中華人民共和國國務院批准的重大文化出版工程

國家文化發展規劃綱要的重點出版工程項目

新聞出版總署列爲「十一五」國家重大工程出版規劃之首

國家出版基金重點支持項目

中華大典

林業典

鳳凰出版社

《中華大典》工作委員會

《中華大典》編纂委員會

《中華大典》前言

《中華大典》是運用我國歷代漢文古籍編纂的一部大型工具書。其目的是爲學術界及願意瞭解中國古代珍貴文化典籍的人士提供準確詳實、便於檢索的漢文古籍分類資料。

中國是世界文明古國之一，幾千年來纂寫和聚集的文化典籍浩如烟海。我國歷代都有編纂類書的優良傳統，具有代表性的《永樂大典》等大多已佚失，現存《古今圖書集成》編就距今也已數百年。爲了適應今天和以後研究和檢索的需要，一九八八年海内外三百多位專家學者和各古籍出版社同仁倡議，在已有類書的基礎上，用現代科學方法編纂一部新的類書《中華大典》。

國務院在關於編纂《中華大典》問題的批覆中指出，編纂《中華大典》「是我國建國以來最大的一項文化出版工程」。本書所收漢文古籍上起先秦，下迄清末，約三萬種，達七億多字，分爲二十四個典，近百個分典，内容廣博，規模宏大，前所未有。

《中華大典》的編纂工作堅持科學態度和百花齊放、百家争鳴方針。儘量採用古精校精刻本，優先採用我國建國後文獻學和考古學的優秀成果。對傳統文化中重要的不同學派的資料，兼收並蓄。運用現代圖書分類的方法，對收集到的資料，精選、精編，力求便於檢索、準確可信。

這項工作從開始起就受到中共中央、國務院和有關部門的重視和支持。國家主席江澤民、國務院總理李鵬分别爲《中華大典》題詞。江澤民的題詞是：「同心同德群策群力認真編好中華大典爲建設有中國特色的社會主義服務」。李鵬的題詞是：「繼承和弘揚民族優秀傳統文化」。全國政協主席李瑞環、國務委員李鐵映也作了重要指示，要求抓緊辦理。自一九九零年五月，國務院批准《中

華大典》爲國家重點古籍整理項目。一九九二年九月，正式成立了《中華大典》工作委員會和《中華大典》編纂委員會，召開了《中華大典》工作、編纂會議。自此，《中華大典》的編纂工作由試點轉入正式啓動，逐步鋪開。

編纂《中華大典》，學術性很强，工作量很大，工程十分艱巨，全賴廣大專家學者和全國各有關高等院校、科研院所、圖書館、出版單位的鼎力支持與積極參與。大家本着弘揚中華民族優秀文化的心願，發揚奉獻精神，克服各種困難，團結協作，給這部巨大類書的出版提供了根本保證。在此謹表示誠摯的謝意。

對本書的批評與建議，我們將十分歡迎。

《中華大典》編纂委員會

一九九七年四月

二〇〇六年十一月修訂

《中華大典》編纂通則

一、性質：《中華大典》（以下簡稱《大典》）是對漢文古籍（含已翻譯成漢文的少數民族古籍）進行全面的、系統的、科學的分類整理和彙編總結的新型類書，是在繼承歷代類書優良傳統、考慮漢文古籍固有特點的基礎上，借鑒和參照近代編纂百科全書的經驗和方法編纂而成。編纂《大典》的目的，是爲學術界及願意瞭解中國古代珍貴文化典籍的人士提供各種分門別類的、準確詳細的古代漢文專題資料。

二、規模和體例：《大典》所收古籍的時限，上自先秦，下迄辛亥革命。全書共收各類漢文古籍三萬餘種，七億多字。全書體例，着重汲取清代《古今圖書集成》所採用的經目和緯目相交織這一統一框架結構的模式，同時參照現代科學的學科、目録分類方法，並根據各類學科内容的實際情況，一般將每一大類學科輯爲一典，也有將幾個相關學科共輯爲一典的。對各典名稱，均以現代學科命名，對於所收入的各種古籍資料，亦儘可能納入現代科學分類體系之中。

三、經目：大典共分二十四個典，即哲學典、宗教典、政治典、軍事典、經濟典、法律典、教育典、語言文字典、文學典、藝術典、歷史典、歷史地理典、民俗典、數學典、物理化學典、天文典、地學典、生物學典、醫藥衛生典、農業典、林業典、工業典、交通運輸典、文獻目録典。典以下以分典、總部、部、分部分級，分部之下的標目根據各學科特點由各典自行擬定。

四、緯目：共設置九項緯目，用以包容各級經目的具體内容：

① 題解：對有關學科的名稱、概念、涵義、特點等作總體介紹的資料。

② 論説：有關理論部份的資料。

③ 綜述：有關學科或事物的系統性資料，凡有關學科或事物的性狀、制度、範疇、特點及學科地位、發展情況等具體内容均編入此緯目中。

④傳記：有關人物的傳記資料。

⑤紀事：有關學科或事物的具體活動或事例的資料。

⑥著録：重要人物或文獻的有關著作資料，如專集介紹、序跋、藏書題記，以及有關著作的成書經過、版本源流等。

⑦藝文：有關屬於文學欣賞性的散文或韻文。

⑧雜録：凡未收入以上各緯目，而又有較高參考價值的資料，均入雜録。

⑨圖表：根據有關經目的内容需要，圖與表附於相關專題之下，或集中彙總於某級經目之後。

《大典》以内容分類安排各級緯目，各級緯目的正文，一般以原書爲單位，按時代順序排列。每一條資料前標明出處，包括書名或作者名、篇名或卷次，以利讀者核對原書。

五、書目：每分典後附有該分典所收書之書目，書目包括書名、作者、時（年）代、版本等内容。時代以成書時代爲準，成書時代不詳者，以作者主要活動時代爲準，并遵從歷史習慣。

六、版本：《大典》在選用版本時儘量採用古人的精校精刻本，亦採用學術界通用的近、現代整理圈點本及現代學者校點整理本。

七、校點：爲儘可能保存古籍原貌，《大典》衹對底本中明顯的脱、訛、衍、倒進行勘正。古本中的避諱字一般不作改動，衹對缺筆字補足筆劃。後人刻書時避當朝人諱而改動的字，據古本改回。《大典》採用新式標點法。

一九九六年八月

二〇〇六年十一月修訂

《中華大典·林業典》工作委員會

主　　任：賈治邦

執行副主任：楊繼平

副 主 任：李育材　趙學敏　江澤慧　雷加富　祝列克
張建龍　印　紅　孫扎根　陳述賢　卓榕生
姚昌恬

委　　員：彭有冬　劉永範　王祝雄　曹清堯　汪　絢
張希武　張　蕾　杜永勝　封加平　魏殿生
曲桂林　張永利　譚光明　楊建新　樊德新
孫傳玉　王永海　程　紅　柳維河　吴　斌
陳景歡　姜小青

辦公室主任：曹清堯　程　紅

辦公室副主任：柳維河　厲建祝　葉　智

成　　員：曹　靖　梁成喜　楊玉芳　劉春華　熊鷟峰
鄒國輝　曾正德　沈和定

《中華大典·林業典》編纂委員會

主　　編：尹偉倫

副 主 編：嚴　耕　熊大桐　羅炳良

委　　員：李　莉　閻景娟　林　震　張連偉

學術顧問：沈國舫　施　丁　瞿林東　曹紅軍

《中華大典·林業典》序

森林是人類文明的搖籃。上古之世，先民構木爲巢以避群害，鑽燧取火以化腥臊，從而擺脱野性，走出荒蠻，踏上文明之途。森林是一座資源寶庫，爲人類提供了生活必需的物質資料，林木可以資材、取蔭，爲宫室，爲器用，林中的動植物可以爲衣食供養。森林還是神話的故鄉，原始自然宗教的温床。它引導人類敬畏自然，尊重自然；它滋養了人類質朴的心靈，激發了人的想像力和創造力，使人類健全心智，升華情感，精神世界日臻豐富。

林業是百業之母。人類的原初活動都是在森林中進行的，並逐漸從男人狩獵、女人採摘的自發模式，演進爲自覺的生産行爲（産業）。作爲最早形成和發展的産業之一，中國古代林業發端於新石器時代，與農業的發端幾乎同時。傳説中的神農氏「斲木爲耜，揉木爲耒，耒耨之利，以教天下」，既開創了農業，又引導了森林開發利用之先。之後的黄帝堯舜，刳木爲舟，剡木爲楫，斷木爲杵，弦木爲弧，剡木爲矢，可見先民對森林利用是多方面的。五帝時期，林業發展已見端倪，諸如農具、舟楫等木器製造，木構建築，以及林中狩獵、植物採集、蠶桑技術、紡織與編織、漆的利用等。河姆渡遺址中還發現了珠蘭、夜合花、旱蓮木、九里香、荷花、杜鵑等植物或孢粉，陶片上繪製有種在陶盆中的三葉和五葉植物圖案，説明此時的先民已經從事觀賞植物的栽培及盆栽藝術。對森林動植物的崇拜，形成圖騰，萌生了先民的原始宗教。以龍鳳爲代表的圖騰崇拜，在本族祖先及本族保護神之間確立了想象性關系，通過頂禮膜拜和禁忌約束，對某些類動植物施以保護，在一定程度上扼制了濫砍濫獵行爲。

關於森林資源的利用和保護問題，早在夏商周時期就已有較深刻的認識。王朝的建立，城邑的建

設，都在很大程度上構成對森林資源的損害。《禹貢》中的「九州」劃定了中華民族的活動範圍，規定了九州的貢品，其中相當一部分是木材、林産品及林副産品，由此可推知古代森林及動植物資源分布、利用及産出情況。自漢代開始的屯田制對森林資源的損害是毀滅性的，其他毀林因素還包括戰争、洪水、病蟲害、惡劣氣候等等。而另一方面，生態保護、生態倫理思想在春秋時就已成形，數罟不入洿池，斧斤以時入山林，不靡，不卵，不殺胎，不殀夭，不覆巢，體現著鮮明的保護森林動植物及生態資源的可持續利用意識。森林培育技術、林業生産觀念也同時發展，《孟子》的「五畝之宅，樹之以桑，五十者可以衣帛矣」，《管子》的「十年之計樹木」等等，成爲後世動員民衆種樹、改善國計民生的勸世良言。中國園林也起源於殷商末修建台囿之期。後世，無論是帝王宫苑還是私家宅園，疊山理水、植物配置等等都是造園的重要因素，實踐著與山水自然不離不棄的詩意般的棲居旨趣。

一部林業史，是見證中華文明崛起和發展的進程史。森林是陸地生態系統的主體，具有製氧固碳、涵養水源、防風固土、改善氣候、維持生物多樣性等十分重要的生態功能，被譽爲地球之「肺」、大地之衣，承擔著維護地球生態平衡和促進碳、水循環的特殊使命。在自然資源消耗超速、生態面臨危機的今天，森林所擔當的生態調節功能日益爲人們所認知、所重用。新世紀以來，隨著經濟社會發展和人類文明的進步，林業的地位越來越重要，林業發展迎來千載難逢的歷史機遇期。黨中央、國務院高瞻遠矚、科學謀劃，作出了一系列加快林業發展的重大戰略決策，特別是召開了新中國成立以來首次中央林業工作會議，確立了新時期林業的「四個地位」和「四大使命」，明確指出，林業在可持續發展戰略中具有重要地位，在生態建設中具有首要地位，在西部大開發中具有基礎地位，在應對氣候變化中具有特殊地位，並明確要求，實現科學發展必須把發展林業作爲重大舉措，建設生態文明必須把發展林業作爲首要任務，應對氣候變化必須把發展林業作出戰略選擇，解決「三農」問題必須把發展林業作爲重要途徑。國家林業局根據中央的要求，提出發展現代林業、建設生態文明、推動科學發展的指導思想，努力構建完善的林業生態體系、發達的林業産業體系和繁榮的生態文化體系，充分發揮

林業的多種功能，滿足社會對林業的多種需求。

在發展現代林業的時代背景下，編纂《中華大典·林業典》，意義尤爲顯著而深遠，主要有四：一是有利於總結林業的歷史經驗和教訓，推動林業科學發展；二是有利於深化全社會對森林的科學認知，提高林業的社會影響力和戰略地位；三是有利於弘揚生態文明，積極促進人與自然和諧；四是有利於學者和有識之士開展學術研究，傳承和弘揚祖國極其珍貴的森林文化遺産。

《中華大典·林業典》下設五個分典：《林業思想與文化分典》、《森林生態與資源分典》、《森林培育與管理分典》、《森林利用分典》和《園林與風景名勝分典》。五個分典互爲彼此、相互支撑，囊括了中國古代森林資源及林業科技與文化的全部重要資料。按照現代學科體系對資料内容進行分類，設分典、總部、部、分部四級經目。經目之内，按資料性質，設三至九個緯目不等。全典約一千伍佰萬字，是歷史上第一部集古代林業經典之大成的類書。

以史爲鑒，可知未來。願讀者開卷，切實受益。

是爲序。

賈治邦

二〇一〇年五月八日

《中華大典·林業典》編纂説明

編纂《中華大典·林業典》是新中國成立以來林業領域最重大的一項文化工程。在《中華大典》工作委員會和國家林業局的高度重視和支持下，《中華大典·林業典》曾於一九九八年立項，成爲《中華大典》計劃編纂的二十四個典之一。工作基地設於北京林業大學林業史研究室，來自國内多所林業院校專家組成的編輯組經多次討論，草擬了《中華大典·林業典》編纂大綱，爲後來者提供了重要參考，但此番編纂工作由於種種原因而擱置下來，成爲《林業典》編纂的一個序曲。

二〇〇六年八月，《中華大典·林業典》重新啓動，由北京林業大學校長、中國工程院院士尹偉倫教授出任主編，編纂機構設於北京林業大學人文社會科學學院，由院長嚴耕教授協助主編負責具體組織和編纂工作。我們堅持《中華大典·林業典》的編纂要與林業史的學科建設結合起來，並將它與林業史學科的人才培養融爲一體，使之成爲一項富有挑戰性的科研工作，一個創新性學科的奠基工程和推進學科可持續發展的工作平臺。這種將學術創新與人才培養有機結合的做法，給予參編者極大的工作動力。

回顧《林業典》編纂的歷程，可用四個特點概括之。一是編纂難度高，首次系統地研究、整理和收録古代林業文獻，其開創性和付出之艱辛可想而知。不同於農業史有歷代大型《農書》、醫學史有歷代《本草》，雖然中國古代林學專著可舉出《南方草木狀》、《植物名實圖考》等等及一些植物譜録類書籍，園林專著首舉《園冶》爲巨，但更多的林業資料則散見於浩如煙海的古籍之中，深藏於各類古籍的縫隙、褶皺裏，需要廣泛、深入地查找發掘，摘録專輯。這一初辟草萊、砂裏淘金的編輯工作，

因其開創意義而頗具挑戰性，因其浩繁瑣細而要求極高。唯有效組織，通力合作，才能共舉大業。

二是涉及學科衆多，内容豐富，規模宏大。《中華大典·林業典》資料收集採取拉網式普查和有針對性地倒查相結合的方法，盡可能保證資料來源既準確權威，又廣泛豐富，重要資料不被遺漏。普查古籍上萬種，引用典籍幾千種，獲得可用資源近三千萬字。《中華大典·林業典》由《林業思想與文化分典》、《森林生態與資源分典》、《森林培育與管理分典》、《森林利用分典》和《園林與風景名勝分典》共五個分典構成，涉及林業、園林、生態、林産加工、森林文化等等，成稿總字數達一千五百多萬字，堪稱巨著。

三是科學分類，融古貫今。在編纂方面，用心最苦、用力最多的是對大綱的調整修訂。主編們一面檢閱收集上來的古籍資料，一面研讀現代學者的著作或論文，根據材料收集情況和不斷的研究思考，對原始大綱進行了較大幅度的增、删、併、轉，不僅重新確定了現在各分典的名稱，還調整了各分典中的總部、部和分部的設置，使經目名稱更爲準確，更便於資料的分類，更具科學性，並適度體現當今的生態理念。大綱修訂幾經編輯工作會議討論，並呈請中華大典辦公室和數位院士、學科專家審核，得到充分肯定。《中華大典·林業典》的框架、體例均按《中華大典》編輯條例要求執行，編纂工作一直得到中華大典辦公室德高望重的諸位先生的指導和鼓勵。

四是工作量巨大，參與人數多。以北京林業大學爲基地，在山西平定師範學校、揚州大學、華中科技大學、南昌大學、華南農業大學、安慶師範學院組建了六個資料普查點，分別普查不同的古籍。除書中列出的一百多位編纂人員、工作人員外，前後曾參與領導和組織這項工作的人員也有幾十名，他們是王志寶、李昌鑒、董啓昌、黎祖交、封加平、莊義國、湯升享等，在此一並致謝。

文章千古事，得失寸心知。親爲修典盛事，我們既倍感榮耀，又誠惶誠恐，戰戰兢兢。《林業典》重新啓動以來，歷時四年，我們時時以先賢皓首窮經的執著精神鞭策自己，自知功底淺薄而責任重大，未敢有絲毫怠慢。現在，雖然我們竭盡全力完成了《中華大典·林業典》的編纂工作，但由於編

者水平有限，加之工作浩繁，參編人員衆多，資料重複、分類可榷、句讀可議的情況在所難免，敬請海內外方家雅正。

尹偉倫

二〇一〇年五月八日

中華大典·林業典

總目

中華大典·林業典

園林與風景名勝分典

主　編：閻景娟
副主編：王嘉川　趙瑞玲　史建橋

目録

草本植物部……五九〇

園林綜述總部

園林綜述總部提要

中國園林是文化史上的一個奇迹。不同於西方的規則式園林，中國園林以師法自然、因地制宜爲基本原則，摹山範水、樹木莳花，居處建築力求與自然環境相融合，實踐著與山水自然不離不棄的詩意棲居旨趣。中國園林開創的自然式園林體系，影響遠及海内外，爲世界園林發展做出了巨大貢獻。

中國的造園實踐雖然源遠流長，但是直到明代，第一部園林專著《園冶》纔横空出世，成爲前無古人、後無來者的巨獻。它集中論述了造園活動的各種因素和細節，在理論上高屋建瓴，在細節上一一分説，文辭半散半賦，圖文並茂，華美精致，一舉成爲園林營造的寶典。園林論題還在少數作者如明代文震亨、清代李漁等人的著作中相對集中地被討論。除此之外，大量零散的著述都隱藏在各種傳記詩文中。查找到這類資料已屬不易，編輯這些資料也同樣不輕鬆。我們一直處於求整體性還是求針對性的兩難中。一方面，大典的體例、大綱經目的設置需要體現現代園林學科的分類，這就意味著必須斷章取義，即將原本完整的一份資料或一部著作中的一個章節拆散，分别歸入相應的經目，因此一篇完整的東西常被四分五裂。這看來是一個必須付出的代價，衹有這樣纔能使同類資料集中在一起，便於讀者查找和研究。另一方面，我們深知，所謂學科之分是現代教育機制下的結果，它往往將原本統一的物質世界進行分析和肢解，做分别的、孤立的研究。這種做法固然有利於授業、研習，但它總是讓我們忘記並非客觀世界可以被如此孤立地看待。園林作爲一個學科是相當晚近的事，它是一個發展中的概念，要處理的要素或面對的問題也處於發展變化中。嚴格的、固定的分類其實並不存在。因此，即使我們按資料的内容設置了經目，但各經目中的内容

仍有一定程度的交叠重合。比如,《園林綜述總部》的資料既然出自各朝代,自然都可以放入《歷代園林總部》。而且,除了極少量的園林專著外,古人著述完全没有學科分類的概念,對園林的描述是綜合性的、隨意的,難以分割。爲了避免一條資料過於零碎而顯得語焉不詳,有時我們會照顧到一篇文章或一段文字的相對完整性,因此針對性也就減弱,部分内容甚至可以歸入其他經目。

《園林綜述總部》是《園林與風景名勝分典》中提綱挈領的一個總部。收録有關園林活動的思想淵源、具有理論及技術指導意義的資料。分成三個部:《總論部》、《造園理論部》和《造園技術部》。

《總論部》收録一般性、總體性的資料,涉及造園活動必須處理的主要因素如山地、水體、建築等(植物部分見《園林植物總部》)内容。「釋名 原説」關乎園林的基本概念,各類園林與造的功用或用意等。「山水石論 園圖題詠」涉及山、石、水的一般特性及意義闡發,也收録了對造園活動影響極大的山水畫論;對園林摹臨圖的題詩或文記也輯於此處。「園林建築」側重建築在園林中的位置及其與周邊環境的關係。另有「園林雕塑」如石魚、珊瑚或形似獅虎的奇石,「園林動物」如魚、鶴等資料相對單薄而又不能忽略,連同其他未能單列經目的内容,並做一處。

《造園理論部》所録的資料,屬於現代園林學科意義上的理論只占小部分,如造園寶典《園冶》的全部内容。但是任何一種理論都不是空中樓閣,都與歷史文化有著千絲萬縷的聯係。本部試圖展示與園林活動有關的、或顯或隱的思想淵源及聯係。「仙境 桃源」包括海上三山,崑侖仙境如瑶池、縣圃等,以及陶淵明以來的世外桃源。神仙思想是對中國古代園林産生深遠影響的思想淵源之一。「點景 命名」是對園景的點題,它可以物化爲扁額、楹聯,但古人著述往往記敘事件,闡發義理,從中可見出造園活動對主題的把握,以及一樓一閣、一水一石中所滲透的理念。「生境 畫境 意境」是中國古代園林在藝術風格方面力求達到的幾種境界。它們是園林客體與園主或遊觀者主體之間刹那間形成的心物契合,它稍縱即逝,似有還無,帶有亦實亦虚、若即若離、宜理宜趣的意

味，因此所收録的資料不可避免地以詩詞爲多。「園林志趣　適意園居」是古人對園居況味的體悟，它們不僅傳達著詩意的人生態度和超脱曠達的處世立場，更重要地是將園林棲居與大自然融爲一體，抒發了造化有待、人領其趣，物我兩值的愜意與欣喜，是天人合一思想在造園活動中的體現。與上述這些較虛的理論相比，「擅勝　卜築　選址」是對理想的人居環境及築園地址的選擇；「治園相地　立基　營度」關乎園林營造中因地制宜、營度布局；「因借」是園林設計中的借景。這些是造園理論部的核心部分。

《造園技術部》收録的資料涉及築山理水、工程法式等園林建築技術層面。由於本典另設《園林植物總部》，所以植物部分此處不録。「尋源　引水　穿池」涉及園用水發掘、收集和引用，引水器械亦收録於此。「築山理水　水石」收録的是山水不易分割的資料。這裏的築山，可以是堆築土山、叠石爲山或二者兼爲。「水石」分部收集的是一些小而精致的山景、水景、水石景，如瀑布、溪流（包括曲水流觴）等資料。「叠石　掇山　築山」收録的是用不同石材叠石爲山。「置石」是園中孤置、聚置或散置石。「選石」是對園用石材的選用。「品石　盆玩」是對園石及以石爲主的盆景的品賞。「規制法式　圖案」包括從匾額、楹聯到園路、門窗欄杆等的樣式及某些園林工程的制度、造法。其他未盡事宜均入「拾餘」。

《園林綜述總部》主編：閻景娟。

總論部

釋名　原説

題解

秦　呂不韋　漢　高誘注《呂氏春秋》卷一　昔先聖王之爲苑囿園池也，足以觀望勞形而已矣。畜禽獸所，大曰苑，小曰囿。《詩》云：王在靈囿。樹果曰園。《詩》曰：園有樹桃。有水曰池。可以游觀娛志。故曰足以勞形而已。其爲宫室臺榭也，足以辟一作備燥濕而已矣。宫，廟也。室，寢也。《爾雅》曰：宫謂之室，室謂之宫。築土方而高曰臺，有屋曰榭。燥謂陽炎，濕謂雨露，故曰足以備之而已。

宋　韓琦《安陽集》卷二一《定州衆春園記》　天下郡縣無遠邇小大，位署之外，必有園池、臺榭、觀游之所，以通四時之樂。前人勤而興之，後輒廢焉者，蓋私於其心，惟己之利者之所爲也。彼私而利者不過曰：吾之所治，傳舍焉耳。滿歲則委之而去。苟前之所爲尚足以容吾寢食飲笑於其間可矣，何必勞而葺之，以利後人，而使好事者以爲勤人而務不急，徒取戾焉。吾不爲也。噫！彼專一人之私以自利宜其所見者，隘而弗爲也。公於其心而達衆之情者則不然。夫官之修職、農之服田、工之治器、商之通貨，蚤暮汲汲以憂其業，皆所以奉助公上而養其室家。當良辰嘉節，豈無一日之適，以休其心乎？孔子曰：百日之蜡，一日之澤。子貢且猶不知，况私而自利者哉！中山之地，自唐天寶失御，盜據戎猾，兵革殘困，民不知爲生之樂者百有餘年。至我朝而後始見太平，亭障一清，生類蕃息。不有時序觀游之所，俾是四民間有一日之適，以樂太平之事，而知累聖仁育之深者，守臣之過也。非公於其心而達衆之情者，又安及此乎！郡城東北隅，瀦水爲塘，廣百餘畝，植柳數萬本，亭榭花草之盛冠於北垂。蓋今宣徽李公昭亮始興之，後實廢焉。予之來，懼陷其心於不公也，復完而興之。凡棟宇樹蓺前所未備者，一從新意，罔有漏缺。又治長堤，鑿門西南隅，以便游者。於是園池之勝益倍疇昔，總而名之曰衆春園。庶乎良辰佳節，太守得與吏民同一日之適，游覽其間，以通乎聖時無事之樂。此其意也，後之人視園之廢興，其知爲政者之用心焉。皇祐三年正月日記。

宋　劉敞《公是集》卷三六《東平樂郊池亭記》　古者諸侯雖甚陋，必有苑囿、車馬、鐘鼓之好，池臺、鳥獸魚鼈之樂，然後乃能爲國。非以娛意，崇不急也。以合士大夫交賓客賢者而同吏民也。「蟋蟀」、「山樞」、「車鄰」、「駟驖」、「有駜」之詩是已。不然，則觳觳者墨術也。不侈于禮樂，不暉于度數，曰「人我之養畢足而止」，亦瘠矣。夫東平，蓋古之建國，又有州牧連率之政，于今爲重。其地千里，其四封所極，南則梁，東則魯，北則齊，三者皆大國也。其土沃衍，其民樂厚，其君子好禮，其小人趨本。其俗習于周公、仲尼之遺風餘教。可馴以詩書，而不可詭以朱墨。詭以朱墨鄙矣。鄆故有負城之園，其廢蓋久。士大夫無所于游，四方之賓客賢者無所于觀，吏民無所于樂。殆失「車鄰」、「駟驖」、「有駜」之美，而况于「蟋蟀」、「山樞」之陋。敞以謂非敦詩書，節禮樂之意也。據舊造新，築之鑿之，增之擴之，營之闢之。有堂有臺，有池有榭，有塢有亭有館，有南北門。堂曰燕譽，臺曰陳戲，池曰芹藻，榭曰博野，塢曰吾竹，亭曰玩芳，館曰樂游。南門曰舞詠，北門曰熙春。其制名也，或主于禮或因于事，或寓于物或諭于志。合而命之以其地曰樂郊。所以與上下同樂者也。其草木之籍：松，梧，槐，柏，榆，柳，李，梅，梨，棗，梬，柿，安榴，來檎，木瓜，櫻桃，葡萄，太山之竹，汶丘之篠，嶧陽之桐，雍門之荻，蒲圃之檟，孔林之香草、奇藥。同族異名：洛之牡丹，吳之芍藥。芙蓉，菱，芡，亭蘭，菊，荇，茆，可玩而食者甚衆。孟子曰：賢者而後樂。此不賢者雖有此不樂也，吾其敢自謂賢乎！抑亦庶幾焉。後世將必有追數吾過者矣。吾請以此謝。

宋　談鑰《吳興志》卷一三　都有苑囿，所以爲郡侯燕衎、邦人游息之地也。士大夫從官自公鞅掌之餘亦欲舒豫，乃人之至情。方春，百卉敷腴，居人士女競出游賞，亦四方風土所同也。故郡必有苑囿，與民同樂。囿爲亭觀，又欲使燕者、款行者憩也。故亭堂樓臺之在園囿者宜附見焉。吳興山水清遠，城據其會。騷人墨客狀其景者，曰水晶宫，曰水雲鄉，曰極樂城。楊漢公詩曰：谿上玉樓樓上月，清光合作水晶宫。景祐中，王惟正《送葉參知鄉郡》詩曰：雲谿水雲鄉。元祐中，知州事林希因上地圖，詩云：繞郭芙蕖拍岸平，花深蕩槳不聞聲。萬家笑語荷香裏，知是人間極樂城。一城之内觸處見山，洛陽民居

見山出見山錢。觸處可以引谿流。故凡爲苑囿，必景物幽雅。雖近市，如在雲巖。江郡所以爲貴也。唐開成中，白蘋洲有三園。錢氏時，清源門内有芳菲園。宋寶元中，定安門内有南園。今者，是園廢爲庚廩矣，爲居宅矣，爲招提矣。園之亭館自白蘋外俱不可見。鄉老寓公多爲芳圃，亭宇相望，沼沚旁聯，花木蓊茂，游者争眩。物故不能兩盛也。城北舊有俞安撫園、向安撫園，今有趙太師園、葉左司園。城南舊有沈尚書園，今有萬侍郎南園。月河有莫郎中園。其他未易悉數。郡圃在郡治之後。

清 王愈擴《王印周老師園居記》（《瑞竹亭合稿》卷上） 古之爲園以事藝植，故稱園廛。漆林之税自園囿興。而士大夫之居林下者，臺榭陂池之勝，樓觀之美，率皆稱之以園。則又舉具園之最勝者，而題之以嘉名。漢唐之長安，北宋之洛陽，其最勝也。然其可以爲此者，非獨徵召過從，極一時觴詠之樂，亦見昇平無事。衆君子自公退食，委蛇優游，草木鳥獸，咸足以寫人之性情。雖代殊地易，而其載之詩與文者，至今猶可想見。明興二百年，休養之餘，吴越間園林號爲最多。獨吾鄉樸陋，園不一二數。然名山大澤之游賞，奇花好鳥之悦於目與適於耳者，固與他處無異。

論説

唐 歐陽詹《歐陽行周文集》卷五《二公亭記泉州》 勝屋曰亭，優爲之名也。古者創棟宇，纔御風雨，從時適體，未盡其要，則夏寢冬室，春由秋户，寒暑酷受不能自滅。降及中古乃有樓觀臺榭，異於平居，所以便春夏而陶湮鬱也。樓則重構，功用倍也。觀亦再成，勤勞厚也。臺煩版築，榭加欄檻，暢耳目，達神氣，就則就矣，量其材力，實猶有蠹。近代襲古增妙者，更作爲亭。亭也者，藉之於人，則與樓觀臺榭同。製之於人，則與樓觀臺榭殊。無重構再成之靡費，如版築欄檻之可處。事約而用博，賢人君子多建之。其建之，皆選於勝境。

唐 蘇鶚《蘇氏演義》卷上 苑者，園也，援也，謂墻之圍園者也。《白虎通》云：苑囿在東方。蓋生養萬物之處。今漢諸苑在舊長安城北，煬帝築東都，西都爲放螢苑，皆不取其東也。

明 金幼孜《金文靖集》卷八《澹湖八景話》 夫天下之樂，莫過於山水泉石、烟雲花竹魚鳥之物，會於心而觸於目，以供游賞之適、臨眺之娱，使人神志舒暢，意態蕭散，無一毫塵累足以動其中。然後有以浮游於萬物之表。此其快且適當何如哉！

明 丘濬《大學衍義補》卷四七 孟子曰：文王之囿方七十里，芻蕘者往焉，雉兔者往焉。與民同之，民以爲小，不亦宜乎？

朱熹曰：古者四時之田皆於農隙以講武事，然不欲馳騖於稼穡場圃之中，故度閒曠之地以爲囿。

臣按，古之人君設苑囿育鳥獸以爲蒐田之所，蓋因之以講武事、備祀牲也。有之固不爲過，但不可多奪民田，嚴爲厲禁耳。

明 潘士遴《尚書葦籥》卷二七 唐孔氏曰《釋宫》云：宫謂之室，室謂之宫。李巡曰：所以《古今通》語明實同而兩名。此傳不解宫室義，當然也。《釋宫》又云：闍謂之臺，有木者謂之榭。李巡曰：臺積土爲之，所以觀望也。臺上有屋，謂之榭。又云：無室曰榭，四方而高曰臺。孫炎曰：榭但有堂也。郭璞曰：榭，即今之堂堭也。然則榭是臺上之屋，歇前無室，今之廳是也。《詩》云：彼澤之陂。毛傳云：陂澤，障也。障澤之水，使不流溢，謂之陂，停水不流謂之池。《殷本紀》云：紂厚賦税以實鹿臺之錢而盈鉅橋之粟，益收狗馬奇物，充牣宫室。益廣沙丘苑臺，多聚野獸飛鳥置其中。大聚樂戲，沙丘以酒爲池，懸肉爲林。使男女倮相逐其間。説紂奢侈之事，書傳多矣。

清 乾隆《元和縣志》卷一八《園亭》 園林之葺，所以適游觀也。水則渟泓明瑟，石則刻削峥嶸，即一壑一邱，輒令人作濠濮間想。然而玉樓金谷，不逾時而蕩爲墟，莽榛叢矣。陸天隨《過辟疆園》詩云：草色與行人，誰能問遺跡。撫今弔古，懷愴獨深。舉其知名者著之於篇。池平臺圮之餘，猶髣髴當時之勝槩焉。

綜述

漢 班固 唐 顔師古注《漢書》卷六五《東方朔傳》 （竇太主曰）願陛下時忘萬事，養精游神，從中掖庭回輿，枉路臨妾山林。應劭曰：公主園中有山，謙不敢稱第，故託山林也。服虔曰：主所豫作廟陵，故曰山林。師古曰：山林，應説是也。不當請帝臨其冢墓也。

唐 歐陽詢《藝文類聚》卷六四《庭》

《左傳》曰：初，楚恭王無冢適，有寵子五人，無適立焉。既乃與巴姬密埋璧於太室之庭，使五人齋而入拜，平王弱，抱而入，再拜，皆壓紐。

《羅含別傳》曰：含致仕還家，庭中忽自生蘭。此德行幽感之應。

《語林》曰：謝太傅問諸子侄曰：子弟何豫人事正欲使其佳？諸人莫有言，車騎答曰：譬如芝蘭玉樹，欲使其生庭階也。

陳沈炯《幽庭賦》曰：矧幽庭之閑趣，具春物之芳華。轉洞房而隱景，偃飛閣而藏霞。築山川於户牖，帶林苑於東家。草纖纖而垂緑，樹搖搖而落花。於是秦人清歌，趙女鼓筑，嗟光景之遲暮，詠羣飛之棲宿。顧留情於君子，豈含姿於嬌淑。於是起而長謡曰：故年花落今復新，新年一故成故人。那得長繩繫白日，年年日月但如春。

又 卷六五《園》

《易》曰：賁于丘園。

《詩》曰：樂彼之園。又曰：園有桃。又曰：無踰我園。又曰：游于北園。

子建詩曰：清夜游西園。

古詩曰：鬱鬱園中柳。

《説文》曰：樹果曰園，樹菜曰圃。

《莊子》曰：漢陰丈人灌園，鑿隧而入井。

韓子曰：昔彌子瑕有寵於衛，與君游於果園，食桃而甘，以其半啖君。君曰：愛我哉。

《史記》曰：公儀休相魯，拔園葵、去織婦。又曰：董仲舒下帷講誦，三年不觀於舍園。

《漢書》曰：和帝詔有司，自京師果園悉假與貧人。

《國語》曰：趙簡子田於螻。螻，園名。

《三秦記》曰：漢武有名園曰樊川，一名御宿。有大梨如五升瓶，名含消。

《漢書》曰：明帝詔：先帝時靈芝生芳林園中，自吾建成承露已來，甘露復降芳林園。

《淮南子》曰：夫臨江之鄉，其人汲水以溉其園，江水弗減也。又曰：山有猛獸，林木爲之不斬。園有螫蟲，藜藿爲之不采。

謝承《後漢書》曰：法真隱居大澤講論術藝，歷年不問園圃。又曰：吴祐遷膠東侯相時，濟北戴宏父爲縣丞。宏年十六，從在丞舍。祐每行園，常聞諷讀之音，甚奇之，與爲友。宏卒成儒宗，知名東夏，爲河間相。因自免歸家不復仕，灌園蔬，以經書教授。年九十八卒。

《華陽國志》曰：何隨家養竹園，人盜其笋，隨行遇見，恐盜者覺怖走竹傷其足，挈履徐步而歸。

《桂陽先賢記》曰：蘇耽嘗除門庭。有衆賓來，耽告母曰：人招耽去。已種藥著後園梅樹下，可治百疾，一葉愈一人，賣此藥過足供養。

《魏志》曰：明帝起景陽山於芳林園中。又曰：京城内有園，患無水，傅玄先生乃作翻車，令童轉之，灌水更入，其功百倍。

《向秀别傳》曰：秀常與吕安灌園於山陽，收其利以供酒食之費。

《晉宫閣名》曰：洛陽有瓊圃園、靈芝園、石祠園，鄴有鳴鵠園、蒲萄園、華林園。

《世説》曰：簡文帝入華林園，顧謂左右曰：會心處不必在遠，翳然林水，便自有濠濮間想，覺鳥獸禽魚自來親人。又曰：王子敬入會稽，經吴門。顧辟疆有名園。先不識主人，逕往其家。值顧方集賓友酣飲園中，而王游歷既畢，指麾好惡，傍若無人。顧勃然曰：不足齒之，傖爾。使驅其左右出門。王獨坐輿上，展轉顧望而僕從不至，遂移時。又曰：管寧、華歆園中鋤菜，見地有片金，管揮鋤與瓦石不異，華捉而擲之。

《法顯記》曰：舍衛精舍東北六百里，毗舍佉母作精舍，請佛及借此處，故在祇洹舍大園落，有二門，一門東向，一北向。此園即須達長者布金錢買地處也。精舍當中央佛住此處最久，説法度人，經行坐處，亦盡起塔，皆有名字。又曰：拘夷那竭城東行，到毗舍離城北，有大林、重閣精舍、佛住處及阿難半身塔。其城裏本菴婆羅女家，爲佛起塔。今故在城南三里道西，菴婆羅女以園施佛住處。

晉陶潛《雜詩》曰：開荒南野際，守拙歸園田。方澤十餘畝，草屋八九間。餘竹蔭後檐，桃李羅堂前。　結廬在人境，而無車馬喧。問君何能爾，心遠地自偏。采菊東籬下，悠然見南山。　秋菊有佳色，裛露掇其英。泛此忘憂物，遠我達世情。

宋謝靈運《還舊園詩》曰：浮舟千仞壑，總轡萬尋巔。流沫不足險，石床

豈爲艱。夫子昭情素，探懷授佳篇。

宋謝莊《北宅秘園》詩曰：夕天霽晚氣，輕霞澄暮陰。微風清幽幌，餘日照青林。收光漸窗歇，窮園自荒深。綠池翻素景，秋槐響寒音。伊人倘同愛，絃酒共棲尋。

齊竟陵王《游後園》詩曰：託性本禽魚，棲情閒物外。蘿徑轉連綿，松軒方杳藹。邱壑每淹留，風雲多賞會。

齊王儉《春日家園》詩曰：徙倚未云暮，陽光忽已收。羲和無停晷，壯士豈淹留。苒苒老將至，功名竟不修。稷契匡虞夏，伊呂翼商周。撫躬謝先哲，解紱歸山邱。

梁簡文帝《游韋黄門園》詩曰：息車冠蓋里，停轡仲長園。檐疏遠興積，賓至羽觴繁。又《夜游北園》詩曰：星芒侵嶺樹，月暈隱城樓。暗花舒不覺，明波動見流。又《臨後園》詩曰：隱淪游少海，神仙入太華。我有逍遥趣，中園復可嘉。千株同落葉，百尺共尋霞。

梁元帝《游後園》詩曰：暮春多淑氣，斜景落高春。日照池光淺，雲歸山望濃。入林迷曲徑，度渚隔危峰。又《晚景游後園》詩曰：高軒聊騁望，煥景入川梁。波横山渡影，雨罷葉生光。日移花色異，風散水文長。

梁沈約《宿東園》詩曰：槿籬疏復密，荆扉新且故。樹頂鳴風飈，草根積霜露。驚麏去不息，征鳥時返顧。茅棟嘯愁鴟，平岡走寒兔。夕陰帶層阜，長烟引輕素。又《行園》詩曰：寒瓜方卧壠，秋菰亦滿陂。紫茄紛爛漫，綠芋鬱參差。初菘向堪把，時韭日離離。

漢枚乘《梁王兔園賦》曰：修竹檀欒，夾池水，旋兔園，並馳道。鸇鶚鶬鵰，翡翠鴝鵒。巢枝穴藏，被塘臨谷。聲音相聞，啄尾離屬。於是晚春早夏，邯鄲襄國，相與雜沓而往款焉。高冠扁焉，長劍閑焉，左挾彈焉，右執鞭焉。日移樂衰，游觀西園，從容安步。鬥雞走兔，俛仰釣射，煎熬炰炙，極樂到暮。若夫采桑之婦。連柚方路。

齊謝朓《游後園賦》曰：積芳兮選木，幽蘭兮翠竹。上蕪蕪兮陰景，下田田兮被谷。左蕙畹兮彌望，右芝原兮寫目。山霞起而削成，水積明以經復。於是敞風闈之藹藹，聳雲館之迢迢。周步檐以升降，對玉堂之泬寥。爾乃日栖榆柳，霞照夕陽。孤蟬已散，去鳥成行。惠風湛兮帷殿肅，清陰起兮池館凉。

梁裴子野《游華林園賦》曰：諒無庸於殿省，且栖遲而不事。譬籠鳥與池魚，本山川而有思，伊暇日而容與。時遨游以蕩志。正殿則華光弘敞，重臺則景陽秀出。赫奕翬焕，陰臨鬱律。絶塵霧而上征，尋雲霞而蔽日。經增城而斜趣，有空巃之石室，在盛夏之方中，曾匪風而自慄。溪谷則沱潛派别，峭峽則險難壁立。積峻寶，溜闌干。草石苔蘚，駮犖叢攢。既而登望徙倚臨遠憑空。廣觀逖聽，靡有不通。

梁江淹《梁王兔園賦》曰：或重古輕今者。僕曰，何爲其然哉？無知音則已矣。聊爲古賦體，以奮枚叔之製云。於是金塘細演，綠竹被坂。繚繞青翠，若近復遠。水鳥鴛鵝，鸝瑀鴻鴈，上飛衡陽，下宿沔漢。十十五五，忽合而復散。於是大夫之徒稱詩而歸。春陽始曉，朱華未稀。卒逢邯鄲之女，蕙色玉質。綺裳下見，錦衣上出。

周庾信《小園賦》曰：若夫一枝之上，巢父得安巢之所。一壺之中，壺公有容身之地。豈必連闥洞房，南陽樊重之第，綠墀青瑣，西漢王根之宅。余有數畝之廬，寂寞人外，聊以擬伏臘，聊以避風霜。雖復晏嬰近市，不求朝夕之利。潘岳面城，且適閒居之樂。爾乃窟宅徘徊，聊同鑿壞。琴號珠柱，書名玉杯。有棠梨而無館，足酸棗而非臺。猶得敧側八九丈，從斜數十步，榆柳三兩行，梨桃百餘樹。撥蒙密兮見窗，行敧側兮得路。蟬有翳兮不驚，雉無羅兮何懼。草樹混淆，枝格相交。山爲簣覆，水有堂坳。崎嶇兮狹室，穿漏兮茅茨，檐直倚而妨帽，户平行而礙眉。坐帳無鶴，支床有龜。鳥多閑暇，花隨四時。心則歷陵枯木，髮則睢陽亂絲。一寸二寸之魚，三竿兩竿之竹。離披落格之藤，爛熳無叢之菊。落葉半床，狂花滿屋。名爲野人之家，是謂愚公之谷。試偃息於茂林，乃久羨於抽簪。雖有門而常閉，實無水而恒沈。草無忘憂之意，花無長樂之心。鳥何事而逐酒，魚何情而聽琴。薄晚閑閨，老幼相攜，蓬頭王霸之子，椎髻梁鴻之妻。樹搔搔而風急，天慘慘而雲低。聚空倉而雀噪，驚懶婦而蟬啼。昔早濫于吹噓，藉文言之慶餘。門有通德，家藏賜書。遂乃山崩川竭，冰碎瓦裂。關山則風月悽愴，隴水則肝腸斷絶。百齡兮倏忽，菁華兮已晚。不雪鴈門之踦，先念鴻陸之遠。非淮海兮可變，非金丹兮能轉。不暴骨兮龍門，終低頭兮馬阪。

晉潘尼《後園頌》曰：茫茫在昔，悠悠結繩。太樸未散，玄化需凝。羲皇繼踵，三代相承。五德更王，文質迭興。天命匪諶，祐謙輔信。乃眷我皇，光有大晉。應期納祚，天人是順。和氣四充，惠澤旁潤。神祇告祥，四靈效質。游

龍升雲，儀鳳翳日。甘露晨流，醴泉湧溢。華夏既寧，八荒静謐。人亦有言，吾何以休。乃延卿士，從皇以游。長筵遠布，廣幕四周。嘉肴惟芳，旨酒思柔。巖巖峻岳，湯湯玄流。翔鳥鼓翼，游魚載浮。明明天子，肅肅庶官。文士濟濟，武夫桓桓。講藝華林，肄射後園。威儀既具，弓矢斯閑。恂恂謙德，穆穆聖顔。賜以宴飲，詔以話言。黍稷既登，貨財既豐。仁風潛運，皇化彌隆。征夫釋甲，戰士罷戎。遐夷慕義，絶域望風。無或慢易，在始慮終。無或安逸，在盈思冲。

謝莊《懷園引》曰：鴻飛從萬里，飛飛河岱起。辛勤越霜露，聯翩泝江汜。去舊國，違舊鄉，舊鄉悠且長。迴首瞻東路，延翮向秋方。登楚都，入楚關，楚地蕭瑟楚山寒。歲去冰未已，春來鴈不還。風肅幌兮露濡庭，漢水初緑柳葉青。朱光藹藹雲英英，離禽喈喈又晨鳴。菊有秀兮松有蕤，憂來年去容髪衰。流陰逝景不可追，臨堂危坐悵欲悲。試託意兮向芳蓀，心綿綿兮屬荒樊。想緑蘋兮已冒沼，念幽蘭兮已盈園。夭桃晨暮發，春鶯旦夕喧。青苔蕪石路，宿草塞蓬門。

晉湛方生《游園詠》曰：諒兹境之可懷，究川阜之奇勢。水窮清以徹鑒，山鄰天而無際。乘初霽之新景，登北館以悠矚。對荆門之孤阜，傍漁陽之秀岳。乘夕陽而含詠，杖輕策以行游。襲秋蘭之流芬，幙長猗之森修。任緩步以升降，歷丘墟而四周。智無涯而難恬，性有方而易適。差一豪而遽乖，徒理存而事隔。故羈馬思其華林，籠雉想其皐澤。矧流客之歸思，豈可忘於疇昔。

梁張纘《謝東宫賚園啓》曰：性愛山泉，頗樂閑曠。雖復伏膺堯門，情存魏闕。至於一丘一壑，自謂出處無辨。常願卜居幽僻，屏避喧塵，傍山臨流，面郊負郭。依林結宇，憩桃李之夏陰。對徑開軒，采橘柚之秋實。而王畿陸海，畝號一金。涇渭土膏，豪傑所競。徙居好時，必待使越之裝。別館河陽，亦資牧荆之富。此園左帶平湖，修陂千頃，右臨長薄，清潭百仞。前逼逸陌，朝夕爽塏。後望鍾阜，表裏烟霞。每牋春迎夏，華卉競發。背秋向冬，雲物澄霽。歸瞰户牖，不異登臨。升降堦墀，已窮歷覽。舟楫所届，累日不能究其源。魚鳥之豐，山澤不能喻其美。

又《圃》毛詩曰：九月築場圃。又曰：折柳樊圃。

《傳》曰：晉侯取蔦氏之圃以爲囿。

《論語》曰：樊遲請學爲圃。子曰：吾不如老圃。

《列子》曰：三畝之圃不能耘。

《楚詞》曰：忽死蘭圃，楚有蕙圃。

《山海經》曰：槐江之山，實惟帝之平圃。即懸圃也。

《淮南子》曰：崑崙山有層城九重，其高萬一千里。懸圃、凉風在崑崙之中，是其疏圃。疏圃之池，滿足潢水。

《穆天子傳》曰：春山之澤，清水出泉，温和無風。飛鳥百獸之所飲食，先王之所謂懸圃。

梁庾肩吾《從皇太子出玄圃》詩曰：春光起麗譙，屣履步山椒。閣影臨飛蓋，鶯鳴入洞簫。水還登故渚，樹長蔭前橋。緑荷生綺葉，丹藤上細苗。顧循慚振藻，何用擬瓊瑶。

陳江總《玄圃石室銘》曰：仙巖石檎，仙宇石牆。地云正域，道示修羊。紫烟碧露，絳雪玄霜。廣成不踐，王烈未翔。移華甲觀，徙搆震方。遠跨飛梁，俛臨倒景。瓊蕊珠樹，金階玉井。映日分暉，摇風共影。岫濃翠合，林虚桂静。朔去偷桃，董來貨杏。檐非刻削，户恣登臨。迎春花近，避暑凉深。秋雲卷閣，冬霰停陰。桐棲鳳采，竹化龍吟。輕飛亂色，激溜成音。天縱儲睿，生知作兩。弦誦餘隟，仁智爲賞。河曲停游，洛濱息往。祥梨吐秀，瑞燕流響。一物或鑴，萬國斯仰。

宋 沈棐《春秋比事》卷一〇《書築者八》莊二十八年冬，築郿。《左》謂非都也，《穀》謂山林藪澤之利，所以與民共也。虞之非正也。按，《穀梁》之説謂「規罔山澤之利則築郿」，非邑也。然果非邑，則《春秋》所書與築臺築囿同文，安得止曰郿哉？是築郿，築邑也。特非若城高大其制耳。二十一年書三築臺。《公羊》謂：築臺於郎，譏臨民也。築臺於薛，譏遠也，築臺於秦，譏臨國也。《穀梁》之義同於築郿之文，皆失聖人之旨。蓋莊公比歲興作，一年而三築臺，其妨農害民莫甚於此。《春秋》屢書之，所以甚公之惡也。成十八年秋，築鹿囿。《左謂》書不時。《公羊》謂譏有囿矣，而又爲也。《穀》亦同築郿之文。昭九年冬，築郎囿。《左》謂書時。 定十三年夏，築蛇淵囿。三傳無義。夫池臺苑囿皆非賢君好尚，《春秋》書此，所以深疾三君困黎庶之力，廣游觀之地，借曰「得時」亦不免於罪也。使聖人以其得時而書之，則是起後世驕淫之君借閑暇之時縱汰侈而不恤耳，豈垂世立訓之義哉！雖然，詳觀魯君自隱、厲、哀更二百餘年，未有不書城築者。其不城一邑、不築一囿，愛

民力而重農事者，惟僖一人而已。至於莊公，則驕奢淫佚特甚於諸公，故《春秋》於其季年書城築爲尤多。幸僖公嗣位，克荷其業。故魯之宗社得以緜遠而不墜，使繼其位復如莊公。則魯已并吞於他國將不得與春秋並終矣。宜乎僖公見頌於詩人，而莊公之見刺也。

宋 程大昌《雍録》卷三《長楊宫射熊館 五柞 青梧**》** 《黄圖》曰：長楊宫在盩厔縣東南三十里，本秦舊宫，漢修飾之。宫有垂楊數畝，因爲宫名。五柞宫之與長楊相去八里，張晏曰有五柞樹，故以名。中間有青梧觀，又以梧名也。若夫射熊館者，即長楊宫門也。故《黄圖》曰：長楊宫門曰射熊館，秦漢游獵之所也。《漢書》曰：武帝好自擊熊，相如從至上林，上疏諫。元帝永光五年幸長楊射熊館。射音食亦反。《揚雄傳》：成帝大誇胡人以多禽獸載檻車輸長楊射熊館，令胡人手自搏之。雄從至射熊館，還上《長楊賦》。師古曰：長楊宫中有射熊館也。合此數者言之，乃知長楊在上林苑中，而射熊館乃在宫門之臺上。《黄圖》所記是也。搏獸、射熊必在此館者，爲其館在門上，凡獸可前、人力可及也。是故言長楊宫者，必及射熊也。

又 卷一〇《罘罳》 罘罳者，鏤木爲之，其中疏通可以透明。或爲方空，或爲連瑣，其狀扶疏，故曰罘罳，讀如浮思。浮思者，猶曰髣髴也。因其形似而想其本狀，自可見矣。罘罳之名既立，於是隨其所施而附著以爲之名。其在宫闕，則爲闕上罘罳。臣朝於君，至闕下，復思所奏是也。在陵垣，則爲陵上罘罳。王莽斸去陵上，罘罳而曰「使人無復思漢」者是也。却而求之上古，則《禮》經疏屏亦其物也。疏者刻爲雲氣、蟲獸而中空玲瓏也。又有網户者，刻爲連文遞相綴屬，其形如網也。宋玉曰「網户朱綴刻方連」是也。既曰刻，則是雕木爲之，其狀如網耳。後世因此遂有直織絲網而張之檐窗，以護禽雀者。文宗甘露之變，出殿北門，列斷罘罳而去，是真網也。此又沿放楚詞而施網焉者也。元微之爲承旨時詩曰：蘂珠深處少人知，網索西臨太一池。浴殿曉聞天語後，步廊騎馬笑相隨。自注云：網索在太一池上，學士候對歇於此。予按，網索乃是無壁或有窗處，以索掛網，遮護飛雀，故云。網索猶掛鈴之索，爲鈴索也。宋元獻喜《子京召還爲學士》詩曰：網索軒窗邃，鑾坡羽衛重。用微之語也。若並今世俗語求之，則門屏鏤明格子是也。其制與青瑣同類。顧所施之地不同，而名亦隨異耳。如淳之釋青瑣謂爲門楣之格也。

宋 王應麟《玉海》卷一六二《臺 靈臺附**》** 四方而高曰臺。晉《天文志》曰：明堂西二百里曰靈臺。觀臺也，主觀雲物，察符瑞，候灾變。《禮含文嘉》曰：天子靈臺，以考觀天人之際，法陰陽之會。

又 卷一七一《苑囿 園》 《隋天文志》：天苑十六星，在昴畢南，天子之苑囿。《詩正義》：有蕃曰園，有牆曰囿。《漢書注》：養鳥獸曰苑，苑有垣曰囿，種植謂之園。

元 方回《續古今考》卷一〇《故秦苑囿園池令民得田之》 師古曰：養禽獸曰苑，苑有垣曰囿，所以種植之謂園。田謂耕作也。孟子齊宣王問曰：文王之囿方七十里，有諸？對曰：於傳有之。曰：若是，其大乎？曰：民猶以爲小也。曰：寡人之囿方四十里，民猶以爲大，何也？曰：文王之囿方七十里，芻蕘者往焉，雉兔者往焉，與民同之，民以爲小，不亦宜乎？臣始至於境，問國之大禁，然後敢入。臣聞郊關之内有囿方四十里，殺其麋鹿者如殺人之罪，則是方四十里爲阱於國中，民以爲大，不亦宜乎？朱文公注：囿者，蕃育鳥獸之所。古者四時之田，皆於農隙以講武事，然不欲馳騖於稼穡場圃之中，故度閒曠之地以爲囿。然文王七十里之囿，其亦三分天下有其二之後也與。然予考之《周官》，不見天子諸侯之苑囿園池春蒐、夏苗、秋獮、冬狩。山虞采山野，澤虞采澤野，六鄉六遂，二百里内皆井田，溝洫畎澮，非獵車之所可馳驟，亦非小禽獸之所能踰越。必有高原而枯、下澤而涸，秋冬之獵可騁也。春夏則草木茂盛，禽獸乳字，其獵必不大甚，且其所謂艾蘭以爲防，以旌爲左右和，門有槷有表，設爲射禽之場，然後馳驅禽入焉，則防外之驅獸者。鄉遂之萬民也，天子之軍也，必搜山抉澤，禽獸始出。禽獸出則驅入於蘭艾之防内，則天子殺、諸侯殺、大夫殺。古無騎，以馬駕車馳逐。而射者在車上，有御有右如軍禮。有射左膘達於右腢之上殺，有射左膘達於右髀之中殺，有射左膘達於右骼之下殺，則又傷面不獻，踐毛不獻，不成禽不獻。禽雖多，擇三十焉。其餘以與大夫士習射於澤宫，中者取之。田不得禽而射中則得禽，田得禽而射不中則不得禽。上殺中心而死速者爲乾豆，乾之以獻宗廟之豆。次殺遠心而死緩者爲賓客之豆，中腸胃汙泡而死尤緩者以充君庖。而又所取不過三十，於以習武，又以尚德，又以見君之不貪。夫以興軍動民如是之勞而終之以廉，其必有意也已。是皆出於山原藪澤、幽遠曠僻之地，尋常所不采不虞之地，蓄息自然之禽獸，以供人主一年而四獵。人主既獵，而後百姓得獵，恐非養禽獸於苑以待獵也。後世常令野人捕取禽獸，置之所築之苑囿以待獵，遂有文王

之囿之説。予竊疑，捕得生物置之苑中，而無以食之，則必虎豹啖鹿豕，大吞小，强噬弱。故又築垣以囿之歟？如此則亦不勝其煩矣。秦得志，侈大苑囿，圈檻毛齒、蹄角之物以待田獵，大於齊宣王之囿不待言論。園池則如後世蒔果、栽蔬、種花、蓄魚鼈之類。漢王一切弛之，許民田耕，亦得民心之一端也。

元　朱德潤《秀野軒記》（《珊瑚木難》卷一）　一元之氣，生物而得其氤氲，扶輿以成其精英，淑粹者，爲秀焉。故鄉雲景星，天之秀也。崇崖繚溪，山之秀也。麒麟鳳凰，羽毛之秀也。美材碩德，人之秀也。人介乎兩間，又能覽其物之秀而歸之好樂，寓之游息，如昔人棲霞之樓、醒心之亭，見諸傳記者不一也。

明　孫承恩《文簡集》卷三二《小西園記》　雖然，竊嘗聞之，古之君子其役志於苑囿以爲游觀之樂者，苟非勢家豪族，則皆隱逸之士不得志於當時者之所爲。乃若得位以行道，則固將盡心於竹帛之事，其於游觀之計，宜不暇爲。即有之，亦必待功成身退，若裴晉公之緑野、李文饒之平泉，固未嘗有及夫仕而爲太早計也。魏公之西園，則因寓宦於兹以爲游息者。若吾戒庵公方柄用中朝，思濟天下。而兹園之治，無乃非其時乎。中歲，士大夫以官爲家，戀禄位而忘鄉土，去而無所於歸，自昌黎韓子固已有是歎矣。今公獨有事於此，則知公未老而有歸心，方進而爲退計。於此見公之視富貴爲何如，而其高懷雅量，豈瑣瑣者可及也。某不佞，竊因是而有以窺公之心，兹承命而申其説，以爲兹園記。公必掀髯疾讀，拊掌一笑曰：生言真知我哉。

明　吴楚材《疆識略》卷二五　園圃　《説文》：樹果曰園，樹菜曰圃。太宰九職，二曰苑囿毓草。《易》：賁于丘園。《詩》：九月築場圃。《文選》：鳴鳳翳于黄帝之園。《家語》：孔子射矍相之圃。莊周爲吏漆園見《史記》。仲子桔槔灌園見《白帖》。梁孝王築東園，名兔園，今曰梁園。又有淇園、黎園、玄圃、唐圃。

明　穆希文《説原》卷五《原丘陵城郭宫室等説》　山之空處應者曰谷，田中高處曰壠，大陂不平曰坂。墟，大丘也。市者，交易之所也。村者，民所聚也。平地有堆曰墩。養禽獸之所曰苑囿。平地有叢木曰林。墻垣，墉也。壁，墻也。又曰：卑者爲垣，高者爲墉。路之小而捷者爲徑。塢堡，障也。國外百里爲郊，野則郊之别名耳。園圃所以樹花果、蒔蔬菜者也。莊者，藏聚之義，墅則别業也。疆界，境界也。堠，里堡也。道，人所踏者也。岐，路之分者也。溝洫，田間水道也。晝曰燧，夜曰烽。丘，阜也。一成曰頓丘，再成曰陶丘，三成曰崑崙丘。南北爲阡，東西爲陌。

宫殿，宫穹也。穹，崇然也。殿，大堂也。秦始皇始作前殿，宸帝居也。楓宸，言植此木于宸中也。殿堂象東井形，刻水藻等物，所以厭火也。闕在門兩傍，中央闕然爲道也。然其上懸法象，故謂之象魏，使人觀之，故又謂之觀。

上棟下宇，以待風雨。蓋取諸大壯。室有東西廂曰廟，無東西廂，有室曰寢，無室曰榭。正中曰楝，次曰楣。室東隅曰突，室南隅曰奥。屋，宇也，居處也。第，次第也。宅，擇也，言擇吉處而營之也。樓，重屋也，亦閣也。土高曰臺，齋謂于此平心養思而齋戒之也。小閨謂之閤，堂謂堂堂高顯貌。軒，廂也。前曰軒，後曰輊。家亦居也。室，實也。小曰室，大曰廈。亭，人所停集也。閣，大樓也，四隅皆有欄楯可通行者。房，防也，防風雨燥濕也。庭，庭除也。窩，穴處也。窖，地藏也。門、户，字象形，兩扇曰門，一扇曰户。又云在外曰門，在内曰户。門闔曰扉，門限曰樞。窗，聰也。助户爲明者也。

明　張存紳《增定雅俗稽言》卷七　放生池　水圓曰池，曲曰沼。唐太平公主於京西市掘地爲池，贖水族之生者放之，謂之放生池。世以放生建碑起於唐，非也。按，梁之元帝已有《荆州放生亭碑》，見《藝文類聚》之七十七卷，元帝碑「玄龜夜夢，終見取于朱王；朱鷺晨飛，尚張羅于漢后」是也。

清　陳元龍《格致鏡原》卷二〇《欄檻》　漢《袁盎傳》：百金之子不騎衡。注，如淳曰：騎，倚也。衡，樓殿邊欄楯也。《史記》：建章宫後閣重櫟中有物狀似麋。注：重櫟，欄楯下有重欄處也。《演繁露》：欄檻之版爲蘭。《子虚賦》云：宛虹拖於楯軒。注云：楯軒，軒之蘭版也。張平子《西都賦》曰：伏欞檻而俯聽。薛綜曰：欞，臺上欄也。爲軒檻，可以限隔高下，故名之爲欄。是皆闌干之闌也。《名義考》：階際木勾欄，曰欄杆，亦作闌干。蓋闌干以横斜爲義。勾欄，木縱横爲之，故曰闌干。以木爲之，故字從木。李濟翁《資暇録》：今園庭中藥欄，欄即藥，藥即欄，猶言圍援，非花藥之欄也。有不悟者以爲「藤架」、「蔬圃」堪作切對，是不知其由乖之矣。按，漢宣帝詔曰：池籞未御幸者，假與貧民。蘇林注云：以竹繩連綿爲禁籞，使人不得往來爾。《漢書》：闌入宫禁，字多作草下闌。則「藥欄」作「藥蘭」尤分明易悟也。按：漢詔「池籞」，非「藥」字。濟翁此説大謬。《吴志》：建昌侯孫慮於堂前作鬥鴨欄，頗施小巧。陸遜正色曰：君侯勤覽經典，用此何爲？慮即毁之。《玉塵録》：

穆宗每宮中花香，則以重頂蒙蔽欄，檻置惜春。御史掌之，號曰括香。《夢華録》：京師七月七夕，城市悉以雕木彩裝欄坐，或用紅碧紗籠，或飾以金珠牙翠，有一對直數千者。王逸《楚辭注》：檻，楯也。縱曰檻，横曰楯。漢《史丹傳》：天子自臨軒檻上。師古注：軒檻，闌版也。漢《朱雲傳》：雲攀殿檻。師古注：檻，軒前欄也。班倢伃賦：房櫳虚兮風泠泠。注：櫳，疏，檻也。《天寶遺事》：楊國忠子弟每春至之時，求名花異木，植于檻中。以板爲底，以木爲輪，使人牽之自轉。所至之處，檻在目前，而便即歡賞。目之爲「移春檻」。李義山詩注：鏡檻，水檻也。《甘泉賦》：據軨軒而周流兮。注：軨軒，謂前軒之軨。軨者，軒間小木軨，字與櫺同。

又《檐 附廊霤鐵馬》 霤《逸雅》：霤，流也。水從屋上流下也。《漢宣帝紀》：金芝産於函德殿銅池中。顔師古注：銅池，承霤也。以銅爲之。《席上腐談》：古之承霤以木爲之，用行水，即今之承落也。

檐馬《芸窗私志》：元帝時臨池觀竹，既枯后每思其響，不能寢。帝爲作薄玉龍數十枚，以縷綫懸於檐外。夜中因風相擊，聽之與竹無異。民間效之，不敢用龍，以什駿代。今之鐵馬是其遺制。《丹鉛總録》：古人殿閣檐棱間有風琴、風筝，皆因風動成音，自諧宮商。

清 陳元龍《格致鏡原》卷二〇《堦》《墨子》：堯之土堦三尺。《尚書》：舞干羽於兩堦。《周書》：夾兩堦戺。《升菴外集》：古者堂之前無堦，惟左右設兩堦。右爲賓堦，左爲阼階。天子之尊，亦惟兩階。《書》曰「舞干羽于兩階」是也。至秦時中爲甬道，亢然自尊。今佛寺道觀猶有古制。摯虞決疑要注：凡大殿乃有陛，堂則有階無陛也。左墄右平者，以文磚相亞，次墄者爲階級也。九錫之禮，納陛以登，謂受此陛以上。《漢官儀》：尚書奏事於明光殿。省中以丹漆地，故曰丹墀。尚書伏其下奏事。《漢書》注：丹墀上之堦曰螭頭。王仁裕《入洛記》：含元殿玉階三級，其第一級可高二丈許。每間引出一石，螭頭東西鱗次而排，一一皆存，猶不傾墊。第二三級各高五尺許，蓮花石頂亦存。階兩面龍尾道各上六七十步，方達第一級，皆花磚，微有虧損。《演繁露》：龍尾道夾殿階旁上，而玉階正在道中。階凡三大層，每層又自疏爲小級。其下二大層，兩旁雖皆設扶欄。欄柱之上，但刻爲蓮花形，無壓頂横石。其上一大層者，每小級固皆有欄，欄柱頂更有横石通亘壓之，而刻其端爲螭首，溢出柱外。《漢武故事》：玉堂去地十二丈，基、階皆用玉也。藻林釦砌，以玉飾階砌也。見《文選》。《朝野僉載》：宗楚客造一宅，磨文石爲階砌。著吉莫韡者行則仰仆。楊儀《壟起雜事》：陽山産白墡，膩滑精細，張士誠取之作堦面之飾，和以脂膠，久而不變。有水雲、白雪、浪花、玉鱗墀等，各以形製名也。

又《罘罳》《古今注》：罘罳，伏思也。入朝行至内屏思惟，故曰罘罳。《中華古今注・漢西京》罘罳，合板爲之，亦築土爲之。每門闕殿舍皆有焉，如今郡國廳前亦樹之也。《漢文帝紀》：未央宮東闕罘罳災。師古注：罘罳，謂連闕曲閣也。以覆重刻垣墉之處，其形罘罳然。一曰屏也。《禮疏》：屏，天子之廟飾也。鄭注：屏謂之樹，今浮思也。刻之爲雲氣、蟲獸，如今闕上之爲矣。《演繁露》：漢人釋罘爲復，釋罳爲思，義取臣朝君至罘罳下而復思。至王莽劚去漢陵之罘罳，曰：使人無復思漢也。《演繁露》：罘罳云者，刻鏤物象著之板上，取其疏通連綴之狀而罘罳然，故曰浮思也。以此刻鏤施於廟屏，則其屏爲疏屏。施諸宮禁之門，則爲某門罘罳。而在屏，則爲某屏罘罳。覆諸宮寢闕閣之上，則爲某闕之罘罳。非其别有一物。元無附著，而獨名罘罳也。至其不用合板鏤刻而結網代之，以蒙冒户牖使蟲雀不得穿入，則别名絲網。蘇鶚《演義》：罘罳，字象形。罘，浮也。罳，絲也。謂織絲之文、輕疏浮虚之貌。蓋宮殿窗户之間網也。杜寶《大業雜記》：乾陽殿南軒垂以朱絲網絡，下不至地，七尺以防飛鳥。周祈《名義考》：罘罳，《博雅》謂之屏，顔師古曰：連闕曲閣也。二説往嘗疑之，求之字義，亦不合今宮殿檐栱之間有銅絲網以避飛鳥。初疑即此亦未是。後見夏月以黄絲爲網，自檐及階張之，遇視朝則捲，朝罷復設，此即罘罳之遺制。唐文宗甘露之變，出殿北門，裂斷罘罳而去。温庭筠《補陳武帝書》：罘罳晝捲。此皆可證。若屏與曲閣，則字不當從网，又豈可裂斷可捲耶！《釋文》請事復思之説，爲尤謬。

及公府以衡木爲斜，好别以木交錯穿之，樹于門外，俗謂鹿角叉，即古之行馬也。魏文帝拜楊彪光禄大夫令，門施行馬。晉孝武置檢校御史，知行馬外事。《漢成帝紀》：從胡客大校獵。師古注：校，謂以木自相貫穿爲闌校。

又《籬》《爾雅》：樊，藩也。郭注：藩，籬也。《逸雅》：籬，離也。以柴竹作之。疏：離離也。青徐曰：椐椐居也，居於中也。《名義考通俗文》：柴垣曰杝，木垣曰栅。南土悉以竹爲之，斜織者謂之巴飛杝。杝，本作籬。《魏志》：鄭渾爲魏郡太守，課百姓乏材木乃課種榆爲籬。傅咸《劾夏侯駿文》：

令史張濟案行城東，見新立屋間筣笓障二十丈。推問，是少府夏侯駿作。請免駿官。筣與籬同。《詞林海錯》：裴潛爲尚書令，妻子貧乏，織筣笓以自供。司馬相如賦：木擁槍纍以爲儲。胥注：槍纍，作木槍相纍爲柵也。范元實《詩眼》：儲胥，軍中藩籬也。

紀事

漢 趙岐《孟子疏》卷一《梁惠王上》 孟子見梁惠王。王立於沼上，顧鴻鴈麋鹿，曰：賢者亦樂此乎？注：沼，池也。王好廣苑囿、大池沼，與孟子游觀乃顧視禽獸之衆多，其心以爲娱樂，誇咤孟子曰：賢者亦樂此乎？孟子對曰：賢者而後樂此，不賢者雖有此不樂也。注：惟有賢者，然後乃得樂此耳。謂修堯舜之道，國家安寧，故得有此以爲樂也。不賢之人，亡國破家，雖有此亦爲人所奪，故不得以爲樂也。《詩》云：經始靈臺，經之營之。庶民攻之，不日成之。注：《詩·大雅·靈臺》之篇也。言文王始初經營規度此臺，衆民並來治作之，不與期日，自來成之也。經始勿亟，庶民子來。注：言文王不督促使之亟疾也，衆民自來趣之。若子來爲父使之也。王在靈囿，麀鹿攸伏。麀鹿濯濯，白鳥鶴鶴。注：麀鹿，牝鹿也。言文王在囿中，麀鹿懷妊，安其所而伏，不驚動也。獸肥飽則濯濯，鳥肥飽則鶴鶴，而澤好而已。王在靈沼，於牣魚躍。注：文王在池沼，魚乃跳躍喜樂。言其德及鳥獸魚鼈也。文王以民力爲臺爲沼，而民歡樂之，謂其臺曰靈臺，謂其沼曰靈沼，樂其有麋鹿魚鼈。注：孟子爲王誦此詩，因曰文王雖以民力築臺鑿池，民猶歡樂之，謂其臺沼若神靈之所爲，欲使其多禽獸以養文王者也。古之人與民偕樂，故能樂也。注：偕，俱也。言古賢之君與民同樂，故能得其樂。《湯誓》曰：時日害喪，予及女偕亡。民欲與之偕亡，雖有臺池鳥獸，豈能獨樂哉！

藝文

晉 謝靈運《山居賦》（《會稽志》卷二〇引） 古巢居穴處曰巖棲，棟宇居山曰山居，在林野曰邱園，在郊郭曰城傍。四者不同，可以理推。言心也，黄屋實不殊於汾陽。即事也，山居良有異乎市廛。抱疾就閒，順從性情，敢率所樂，而以作賦。揚子雲云：「詩人之賦麗以則。」文體宜兼，以成其美。今所賦既非京都宫觀游獵聲色之盛，而叙山野草木水石穀稼之事。才乏昔人，心放俗外，詠於文則可勉而就之，求麗邈以遠矣。覽者廢張左之豔辭，尋臺皓之深意，去飾取素，儻值其心耳。意實言表，而書不盡，遺迹索意，託之有賞。其辭曰：謝子卧疾山頂，覽古人書，於其意合，悠然而笑曰：夫道可重，故物爲輕。理宜存，故事斯忘。古今不能革，質文咸其常。合宫非縉雲之館，衢室豈放勛之堂。邁深心於鼎湖，送高情於汾陽。嗟文成之却粒，願追松以遠游。嘉陶朱之鼓棹，乃語種以免憂。判身名之有辨，權榮素其無留。孰如牽犬之路既寡，聽鶴之塗何由哉！若夫巢穴以風露貽患，則大壯以棟宇袪敝。宫室以瑶璇致美，則白賁以邱園殊世。惟上託於巖壑，幸兼善而罔滯。雖非市朝而寒暑均和，雖是築構而飾樸兩逝。昔仲長願言，流水高山。應璩作書，邙阜洛川。勢有偏側，地闕周員。銅陵之奥，卓氏充鈲掘之端。金谷之麗，石子致音徽之觀。徒形域之薈蔚，惜事異於栖盤。至若鳳叢二臺，雲夢青邱，漳渠淇園，橘林長洲，雖千乘之珍苑，孰嘉遁之所游。且山川之未備，亦何議於兼求。覽明達之撫運，乘機緘而理默。指歲莫而歸休，詠宏徽於刊勒。狹三閒之喪江，矜望諸之去國。選自然之神麗，盡高棲之意得。仰前哲之遺訓，俯性情之所便。奉微軀以宴息，保自事以乘閒。愧班生之夙悟，慚尚子之晚研。年與疾而偕來，志乘拙而俱旋。謝平生於知游，棲清曠於山川。

唐 王諲《柱礎賦》（《文苑英華》卷五二引） 稽古太初，穴處巢居。則大壯之垂象，上棟下宇，成其室廬。迨于中葉，僭奢違道。木衣緹緗，土被文藻。列蟠螭於欄檻，拖長虹於欀橑。謂桂柱之不堅，施柱礎以侔其壽考。相萬祀而一人，偕天地而相保。其始也，徵士尚方，聚徒巖畔。經迴溪之紆鬱，梯嵳峨於天半。披林離之脩蘿，刮莓苔之爛漫。曜雲霞之彩駁，嘉錦章之輝焕。圖嵌空，設妙算，或攻或鑿，叫嘯相贊。碓山成雷，擊石火散。初髣髴而縷析，忽砰碯以冰泮。五丁力殫，九牛流汗。自彼幽藪，登庸華觀。乃命王爾操繩，公輸削墨。規上成範，方下爲則。錯坎缺之參差，開青熒之古色。入紅壁，對朱扉。廊迴月皎，殿廣星稀。隨風起潤，逐日呈輝。扣逶迤之環珮，拂迴旋之舞衣。及夫荏苒時移，崢嶸歲久。堂惟荆棘，塵埋户牖。嗟建章之火流，何金石之可守。礎則不易，人將誰壽。礎兮礎兮金堅固，曾見深宫幾人故。夫礎之爲德，既堅且貞，華而尚素，晦而尚清。象君子之待問，扣之則鳴。誠在位之

有式，居必底平。平則可久，久則不傾。無靳固而守樸，非昭章而眩明。庶夫人之鋭意，覽兹物而篤誠。

雜　録

舊題晉　張華《博物志》卷六　周時德澤盛，蒿大以爲宫柱，名曰蒿宫。

唐　李肇《唐國史補》卷中　古之屋室，中爲牖，東爲户。故今語曰：二十三日正南，二十五日當户。

山水石論　園圖題詠

題　解

宋　郭熙《山水訓》（《林泉高致集》輯）　君子之所以愛夫山水者，其旨安在邱園。養素所常處也，泉石嘯傲所常樂也，漁樵隱逸所常適也，猨鶴飛鳴所常觀也。塵囂韁鎖，此人情所常厭也。烟霞仙聖，此人情所常願而不得見也。直以太平盛日，君親之心兩隆，苟潔一身出處，節義斯係，豈仁人高蹈遠引爲離世絶俗之行，而必與箕潁埒素黄綺同芳哉。白駒之詩，紫芝之詠，皆不得已而長往者也。然則林泉之志，烟霞之侣，夢寐在焉，耳目斷絶。今得妙手鬱然出之，不下堂筵，坐窮泉壑，猨聲鳥啼，依約在耳，山光水色，滉漾奪目。斯豈不快人意，實獲我心哉！此世之所以貴夫畫山水之本意也。不此之主而輕心臨之，豈不蕪雜神觀、溷濁清風也哉！

又　世之篤論，謂山水有可行者，有可望者，有可游者，有可居者。畫凡至此，皆入善品。但可行、可望不如可游、可居之爲得，何者？觀今山川，地占數百里，可游可居之處十無三四，而必取可居可游之品。君子之所以渴林泉者，正爲佳處故也。故畫者當以此意造，而覽者又當以此意求之，謂不失本意。

又　水，活物也。其形欲深静，欲柔滑，欲汪洋，欲迴環，欲肥膩，欲噴薄，欲激射，欲多泉，欲遠流，欲瀑布插天，欲濺撲入地，欲漁釣怡怡，欲草木欣欣，欲挾烟雲而秀媚，欲照溪谷而光輝。此水之活體也。山以水爲血脈，以草木爲毛髮，以烟雲爲神彩。故山得水而活，得草木而華，得烟雲而秀媚。水以山爲面，以亭榭爲眉目，以漁釣爲精神。故水得山而出，得亭榭而明快，得漁釣而曠落。此山水之布置也。

又　石者，天地之骨也。骨貴堅深而不淺露。水者，天地之血也。血貴周流而不凝滯。

明　王立道《具茨文集》卷六《泉釋》　有東吴主人航揚徐之津，涉齊魯之郊，倚軨息駟，來游于燕，不知幾何年矣。燕大夫疑其爲而造焉，乃問焉曰：夫顯隱違方，林市戾趣，故士不貳業而聖不蕪濟。今子棲志於冲泊之鄉，凝心於虚寂之埸。被纓組不汩其貞，游公卿不和其光。若隱若顯，與時翱翔，瞿瞿抑抑，退然自將。而名聲熾乎四張。子獨何以有是也？吾儕耽優游則罕簪紱之榮，嗜進取則寡山野之適。將姁媮喔咿，則内不自得。或偃蹇傲睨，則外遝於物意。子必有奇道善術，可無秘焉？主人聞之，矍然興曰：有是哉，有是哉！吾聞夸世者徇名而葆己者遺迹，砥行者譽立而内朒者不章。今子不鄙讇陋，幸臨眂之，顧無博論碩談以砭我頑冥、療我憒憒，而盛相推揄。吾且茫然失吾對已，又安所取道術。雖然，吾日嘗有樂乎泉若終身焉，其於物澹如也，願因子之言繹之。

大夫曰：夫高世之士，林卧而巖居。蕭然無營，以泉自娱。蓋嘗觀於泉之出也，經巑岏，越嶔崎，歷峪岈，縣崔嵬，薄深崖，注層谿。俄而千巖噴溜，萬壑傾欹，矚飛流之百仞，似天際而下垂。耿雄虹之連延，逴銀漢之逶遲。揮書迅奮，翕吻曶紛披。觱沸瀄汩，電逝飈馳。潗然雨集，滃然霧瀰。飛鳥振翼而不敢下，騰猱掉足而不敢窺。吕梁因兹喪險，匡廬以之失奇。静而聽之，溤溤殷殷，鏘鏘錚錚，隆隆淫淫，淙淙泠泠，若沸若吟。有金石絲竹之聲，倡和中律。清濁比音，若聆洞庭之廣樂，而聞蘇門之仙嘯也。子豈有意於斯乎？主人曰：子言則善矣。吾方嬰情市朝，饕禄干位，又安敢假隱金門貽譏北山。子幸知我，願言其他。大夫曰：夫泉之出也，泛潰林麓，横溢溪澗。風文淪漣，春流汗漫。於是有河柳緣堤，海棕蔭岸，珍卉霍靡，芳林葱蒨。菱華始發夫容照爛，紫荇白蘋，旖旎紛亂。錦鵜文鴛，鳷鶄鳧鴈，唼喋荇藻，隨波隱見。爾乃有吴娃燕姬，曳纖縞，出洞房，衷白紵，被羅裳。襲齊紈之輕袿，懸隋珠之鳴璫。御以蘭楫桂棹，縱横舒皓腕，蛾眉颺攘，素袖流芬芳。發采蓮之妙倡，遡迴波

以徜徉。歌曰：采芙蓉兮淥水湄，青春莫兮愁芳菲。望空明兮露沾衣，所思不來兮將安歸。此真佳冶靡麗之觀也，子豈有意於斯乎！主人曰：冶容誨淫，五色眩目，是易老之攸戒，宜吾人之三復。請更命之。

大夫曰：夫泉流既清，激爲陂池，繚以曲檻朱欄，參差土山石林，礧砢離奇，乃有層樓列館，飛甍蔽虧。虹梁偃蹇架其上，華榱煒煜照其涯。夜月浮光，朝雲鏡輝。魚從容以出游，鳥顧影而翻飛。時惟陽春，日在上巳。乃速嘉賓、延名士，步障横舒，行厨錯置。翠斿朱輪，方軌狎至。擬華林之高會，尋洛濱之遺事。頫流水而列筵，洗霞尊以修禊。引筆長吟，憑檻四睇。唱籌則金谷推豪，摛翰則蘭亭讓麗。濯纓言歸，聊以娱志。吾子誠厭鄭衛之妖冶、屏嬿婉之繁麗，則此似未足累子也。主人曰：臺池之樂，亦貴游侈泆之習耳。吾儕區區，安可語此？

大夫曰：夫嘉賓良燕，非酒弗交。於是酌清流之芳瀾，汲深澗之春濤。醖以秫蘖，醇酎清縹。儀狄奏盎，杜康挫糟。則有宜城竹葉，中山松醪，河東桑落，西域蒲桃。味擬神瀵，香踰玉膏。乃矢瑶席、操鸞刀，割鮮導腴，或寒或炰。窮天産，傾土毛。水陸多方，甘辛既調。芬芳馥郁，炶爗煎熬。麯車接軫，炙騎連鑣。畢罕若星摇，酹鍾如電交。於是與鄭朝齊髡、劉伶之徒，浮白箕肆、裸嗷爲豪。或奮袖低卬、或絶纓遁逃。一飲晝夜，其樂陶陶。乃歌曰：今日何日兮，有酒盈尊。歡樂易終兮，悵獨惜此芳辰。衷情永懷兮，誰與陳。此真游宴之至樂也，子亦有意於是乎？主人曰：酒以成禮，不及於亂。荒酣沉湎，君子非之。

大夫曰：夫烏程御荈，蒙頂真茶，摘以春旗，焙以冬牙。簏以文竹，沃以金沙。龍團雀舌，隱如蒸霞。爾乃斟石罇之清液，收山谷之精英。湯鼎旋淪，瓷甌細傾。香浮白花，光淪緑塵。可以釋滯，可以通靈。則有江湖逸士、縉紳先生，相與掇莊老之浮談，駕孔墨之遺評。左揮麈，右操罌。揚眉扼擥，鼓吻風生。九流雜遝，百家縱横。紆譎微眇，誇詡紛紜。齊諧夷堅之志，岐陽鄒嶧之文。探奇獵古，語傀搜神。談天炙轂，軼衍陵髡。方朔聞之而卷舌，夷甫嘅然以失聲。此真談説之樂也，子豈有取於是乎？主人曰：清談成習，晉以陵夷。尤而效之，吾不爲也。願言其餘。

大夫曰：惟彼大江之南，厥田上上。乃陌乃阡，衡從萬區。土膏墳淤，陸海廣腴。當其時雨既至，溪流渺瀰。乃命僮奴巾柴車，戒鎛耜、觀新畬，疏湮導瀦，決塍分畦。遠而望之，則滮兮潛兮，瀏兮洌兮，紛曼延兮；浩兮瀇兮，泱兮沆兮，流沄沄兮。茫兮若朝夕之池，泛兮若鄭白之渠。糾笠煙屯，襏襫風驅，亞旅彊以旁午而趨。繽紛跆籍，緁獵柴池。於是百穀既播，載耕載耘。黍麥穜稑，其稼如雲。紛披葳蕤，緑葉翠莖。則有和風交於遠疇，白日麗乎原隰。野雉羣雊，天雞拊翼。浩浩穰穰，晦刈畎穫。在塲盈塲，在室滿室。此真豐庶之樂也，子豈有意於斯乎？主人曰：務本力穡，信異乎侈肆淫泆之爲矣。然仲尼有言「不如老農」。請姑舍是。

大夫曰：夫上池之水，其源莫測。清明淳和，挹而不竭。爾乃參以岐黄之秘，綜以倉扁之術。察陰陽、診虚實，審四時、覸五色。輕重剛柔，齊和不忒。可以濯胸中之淫衺，滌腠理之癥結，溉五内之沉痾，浣膏肓之錮疾。功在一勺，渾渾冥冥，浸淫大宅，起廢持傾。巧奪俞跗，效擬巫彭。大旱爍金而不爲加少，百川灌河而不爲加盈。其山則雄黄空青丹砂，礬礜石英，五金百材之所生也。其鳥獸則鹿麋熊彘犀豹之所游也。孔雀、燕、鴈、鴝鵒、啄木、伏翼之所棲宿也。其木則有松、桂、椿、柏、槐蘖、枳橘、棗、桌、女貞，布實垂榮。其草則有昌陽、參、苓、稿本、辛夷苓、艾、葵、藿、芎藭、芍藥、茺蔚、菴蕳、蘭芷、杜若。而又有良玉、夜光，靈草冬秀，灑潤則千林同春，飲滋則百物俱壽。辟若家菊潭者，必擅耆頤之年。飡石髓者，必登仙聖之域也。今子守此自足，恬然無求，而王公貴人莫不欲探其涯涘，挹其津流，餘波剩沫，委地不收。窮閻遠境，霑濡未休。則子之樂者其在是矣。於是主人逌爾有間，曰：夫大隱不出市，良醫不易相。民各有心，亦惟其尚。子乃蠱我以耳目之娱，侈我以荒唐之觀。是甘玩物之宿鎰而闇折肱之成業也，溺美炙之鴆毒而忘苦口之利躬也。幸聞後論，請終身誦之。

明 文震亨《長物志》卷五《論畫》

山水第一，竹樹蘭石次之，人物、鳥獸、樓殿屋木小者次之，大者又次之。人物顧盼語言，花果迎風帶露，鳥獸蟲魚精神逼真。山水林泉，清閒幽曠。屋廬深邃，橋彴往來。石老而潤，水淡而明。山勢崔嵬，泉流灑落。雲烟出没，野逕迂回。松偃龍蛇，竹藏風雨。山脚入水澄清，水源來歷分曉。有此數端，雖不知名，定是妙手。若人物如尸如塑，花果類粉捏、雕刻，蟲魚鳥獸但取皮毛，山水林泉布置迫塞，樓閣模糊錯雜，橋彴强作斷形，徑無夷險、路無出入，石止一面，樹少四枝，或高大不稱，或遠近不分，或濃淡失宜，點染無法，或山脚無水面、水源無來歷，雖有名款，定是俗

筆，爲後人塡寫至於臨摹，贗手落墨設色，自然不古，不難辨也。

論說

南朝梁 元帝蕭繹《山水松石格》（《繪事微言》卷上引） 夫天地造化，筆墨有靈。設奇巧之體勢，寫山水之縱横。或格高思逸，體異丹青。由是設粉壁，運神情。山脈濺撲，首尾相應。丈尺分寸，約有常程。樹石雲水，俱無正形。樹有大小，叢貫孤平，扶疏曲直，聳拔凌亭。闕隱隱半壁，高潛入冥，插空類劍，陷地如坑。秋毛冬骨，夏蔭春英，炎緋寒碧，暖日涼星。巨松沁水，噴之蔚泂。裒茂林之幽趣，割雜草之芳情。泉源至曲，霧破山明。精闕觀宇，橋約關城，人行犬吠，獸走禽驚。高墨猶緑，下墨猶赬。水因斷而流遠，雲欲墜而霞輕。桂不疏於吴越，松不難於弟兄。路廣石隔，天遥鳥征。雲中樹石宜先點，石上枝柯末後成。高嶺最嫌臨刻石，遠山大忌學圖經。審問既然傳筆法，秘之勿泄於户庭。

舊題 唐 荆浩《畫山水賦·山水賦》 凡畫山水，意在筆先。丈山尺樹，寸馬豆人。此其格也。遠人無目，遠樹無枝。遠山無皴，高與雲齊，遠水無波，隱隱似眉。此其式也。山腰雲塞，石壁泉塞，樓臺樹塞，道路人塞。石看三面，路看兩蹊，樹觀頂顛，水看岸基，此其法也。凡畫山水，尖峭者峰，平夷者嶺，峭壁者崖，有冗者岫，懸石者岩，形圓者巒，路通者川。兩山夾路者壑，兩山夾水者澗，注水者溪，泉通者谷。路下小土山者坡，極目而平者坂。若能辨別此類，則粗知山水之仿佛也。觀者先看氣象，後辨清濁。分賓主之朝揖，列羣峰之威儀。多則亂，少則慢，不多不少，要分遠近。遠山不得連近山，遠水不得連近水。山腰回抱，寺觀可安。斷岸亂堤，小橋可置。有路處人行，無路處林木。岸斷處古渡，山斷處荒村，水闊處征帆，林密處店舍。臨岸古木，露根而藤纏；臨流石岸，嵌空而水痕。凡作林木，遠者疏平，近者高密。有葉者枝柔，無葉者枝硬。松皮如鱗，柏皮纏身。生於土者脩長而净直，長於石者拳曲而伶仃。古木節多而半死，寒林扶疏而蕭森。春景則霧鎖烟籠，樹林隱隱，遠水拖藍，山色堆青；夏景則林木蔽天，緑蕪平坂，倚雲瀑布，行人羽扇，近水幽亭；秋景則水天一色，簌簌疏林，雁横烟塞，蘆裊沙汀；冬景則樹枝雪壓，老樵負薪，漁舟倚岸，水淺沙平，凍雲黯淡，酒帘孤村。風雨則不分天地，難辨東西，行人傘笠，漁父蓑衣。有風無雨，但看樹枝。有雨無風，枝葉垂下。雨霽則雲收天碧，山光添翠，網曬斜暉。曉景則千山欲曙，霧靄霏霏，朦朧殘月，曉色熹微。暮景則山銜殘日，帆卸江湄，路人歸急，半掩柴扉，或烟斜霧横，或遠岫雲歸，或秋江晚渡，或古冢斷碑。如此之類，須要筆法布置，更看臨期。山形不得犯重，樹頭不得整齊。山借樹爲衣，樹借山爲骨。樹不可繁，要見山之秀麗；山不可亂，要顯樹之精神。若留意於此者，須心會於玄微。

唐 李成《山水歌》（《繪事微言》卷上引） 凡畫山水，先立賓主之位，次定遠近之形，然後穿鑿景物，擺布高低。落筆無令太重，重則濁而不清。不可太輕，輕則燥而不潤。烘染過度則不接，辟綽繁絮則失神。發樹枝左長右短，立石勢上重下輕，擺布栽插，勢使相偎上下。雲烟取秀，不可太多，多則散漫無神。左右林麓鋪陳，不可太繁，繁則拍塞不舒。山高峻無使傾危，水深遠勿教窮涸。路須曲折，山要高昂。孤城置之遠邊，墟市依於山脚。雪天不用雲烟，雨裏無多遠望。山舍仍居隘窄，漁翁要在平灘。朝晴晃朗，暮雨陰昏。舍屋不在多開，漁釣有時而作。藤蔓依纏古木，窠叢簇扎山頭。高山烟鎖其腰，長嶺雲翳其脚。遠水縈紆而來，還用雲烟以斷其派，怪石巉巖而立，仍須土阜以培其根。原野曠蕩相連，蒼山依其低淺。石須圓混鋒芒，八面棱層，木要交又挺幹，四時枯茂。迅風拔木，暴雨崩崖，淺流則岸畔平灘，深澗則陡崖直下，聳坡之土必要高，低則地淺，烟林之木亦宜疎，密則繁絮。重巖切忌頭齊，羣峰更宜高下。孤峰遠設，野水遥拖。道路時隱時顯，橋梁或有或無。遠怕陰昏，近防重濁。顛崖怪石，不用頻施，峻嶺枯槎，也宜少作。遥烟遠曙，太繁恐失朝昏，密樹稠林，斷續防他版刻。山原峻險，依稀樵逕猶存，崖岸傾危，隱約雲林深暗。平川雖遠，參差皴染而成，流水泉源，仿佛還多攧撲。布兩路有明有晦，起雙峰陡高陡低。霧薄明爽，舒晴烟靄，濛騰欲雨。喬木聳直，蟠屈者一株兩株，亂石磈堆，奇怪者三塊兩塊。點樹葉稀疎間密，皴石脉以重分輕。亭庵不在常施，樓觀仍須間作，人物轉顧多般，野店猶防相似。氣象：春山明媚，夏木繁陰，秋林摇落蕭疎，冬樹槎牙妥帖。樹根栽插，龍爪宛若抓拏，石布棱層，根脚還須帶土。之字水不過三轉，濺瀑水不過兩重。侵天一道飛泉，湧瀑多湍徹底。翻濤巨浪，淺瀨平流，烟波茫茫，雲浪浩浩。山無獨木，石不孤單，林烟一派便休，古木數株而已。喬木踈於平野，矮窠密布山頭，孤烟遠自水邊，薄靄驟依巖脚。野橋寂寞，遥通竹塢人家，古寺蕭條，掩映松林佛塔。春

水綠而瀲灩，夏津漲而瀰漫，秋潦盡而澄清，寒泉涸而凝泚。新窠肥滑，岸石須要皴蒼，古樹槎牙，景物兼還秀媚。分清分濁，庶幾輕重相兼，淳重淳輕，病在偏枯損體。千巖萬壑，要低昂聚散而不同，疊巘層巒，但起伏崢嶸而各異。不迷顛倒，回還自然，游戲三昧。

宋 陳襄《古靈集》卷一八《天台山習養瀑記》 夫水有君子之道二。其大焉者，《易》曰「習坎有孚」，言其用焉者。孔子曰「水哉，水哉」，言其本焉者。聖人有憂患，言能行天下之險者莫善於水。故文王取之。君子之道，猶原泉之有積，不可以不養也。故孔子取之。予游天台山，始至福聖觀觀瀑，尋而上，觀三井，涉潭洞，歷桐柏觀，登瓊臺，下龍湫，顧其飛流壯猛，出高入下，不見所困，竟又不得其原焉。其畜之也不匱，其施之也不困，非善習險而固有本者歟！宜名其前曰習養之瀑。縣令石牧之進士余京與吾勉焉。其餘巖峰之秀，林麓之好，真神人所居，吾不能言。

宋《宣和畫譜》卷一〇《山水敍論》 岳鎮川靈，海涵地負。至於造化之神秀，陰陽之明晦，萬里之遠，可得於咫尺間。其非胸中自有丘壑，發而見諸形容，未必知此。自唐至宋，畫山水得名者類非畫家者流，而多出於縉紳士大夫。然得其氣韻者或乏筆法，或得筆法者多失位置。兼衆妙而有之者，亦世難其人。昔人以泉石膏肓、煙霞痼疾爲幽人隱士之誚。是則山水之於畫，市之於康衢，世口未必售也。

元 虞集《南昌劉應文文稿序》（《文章辨體匯選》卷三〇六輯） 江西之境，其山奇秀而水清寫，委折演注至於南昌，則山益壯、水益大。故生人稟是氣者，多能文章，而其爲文又能脱略其鄙樸之質，振作其委靡之體，故言文者未有先於江西。

明 楊循吉《松籌堂集》卷三《天方池記》 玉峰張先生性流而不壅，通而不泛，有類于水。乃鑿池一區，延天一隅，遂謂之天方。予謂天圓者，池方者。使以地表天，則曰方可也，而方也以池若天則無預。使以天命池，則曰圓亦可也，而圓也以天若池則何關。故天天也，池池也。圓者自圓，方者乃方。以方激圓，非圓就方，非合二者而一之之謂也。何疑哉。然水聚則止，溢則行亦足以爲仕道況焉。何者？時未通則隱，隱即水聚而爲坎，爲池塘。隱既起則仕，之即水溢而爲川，爲江漢。于斯而朝宗于海，汩汩滔滔，一瀉千里，非彼止而聚者比矣。當夫仕而隱則反，厥本原又止而聚矣。故東坡曰：鑿地得泉而曰水專在是，豈理乎哉！正維此也。故池一水也，水一通也。道外無水，之外無道也。所以聚而爲坎流而爲江漢者，此也。道見而仕，晦而隱，亦此也。仕而通籍金閨身爲國有，而國之君實臣之夫，致身捐軀，臣之分也。致而捐則欲方且不可得。今養身而退留餘而樂，非自能方也，天方之也。夫亦先生獨斯理明而寓之于池耶，知之餘無贅語矣。雖然，源源活水波及後人顧不在斯池哉，斯池又非斯道之所擬哉！

明 謝肇淛《五雜組》卷三《地部一》 以中國之水論之，淮以北之水河爲大，而淝也、潁也、汴也、汶也、泗也、衛也、漳也、濟也、潞也、滹沱也、灤也、沁也、洮也、渭也，皆附於河者也。淮以南江爲大，而吴也、越也、錢唐也、曹娥也、螺女也、章貢也、漢也、湘也、賀也、左蠡也、富良也、瀾滄也，皆附於江者也。至其支流小派，北以河名而南以江名者，尚不可勝計也。而淮界其中導南北之流而會之以入於海，故謂之淮。淮者，匯也。四瀆之尊，淮居一焉。淮之視江河漢大小懸絶，而與之並列者，以其界南北而別江河也。

又 登州海上有蜃氣時結爲樓臺，謂之海市。余謂此海氣，非蜃氣也。大凡海水之精，多結而成形，散而成光。凡海中之物得其氣久者皆能變幻，不獨蜃也。余家海濱，每秋月極明，水天一色，萬頃無波。海中蚌蛤、車螯之屬大者如斗，吐珠與月光相射，倏忽吐成城市樓閣，截流而渡，杳杳至不可見方没。海濱之人亦習以爲常，不知異也。至於蚌蛸蚶蠣之屬積殼厨下，暗中皆生光尺許，就視之，熒熒然。其爲海水之氣無疑矣。

又 管子曰：齊之水道躁而復，故其民貪粗而好勇。楚之水淖弱而清，故其民輕果而賊。越之水重濁而洎，故其民愚疾而垢。秦之水泔最而稽，淤滯而雜，故其民貪戾罔而好事。晉之水枯旱而運，淤滯而雜，故其民諂諛而葆詐，巧佞而好利。燕之水萃下而弱，沉滯而雜，故其民愚戇而好貞，輕疾而易死。宋之水輕勁而清，故其民簡易而好正。校之於今，亦不甚然矣。大抵江北之水迅激而濁，故其人重而悍。江南之水委紆而洌，故其人緩而巧。至於五方之變，亦有不能盡符者，人不受命於物也。

輕水之人多禿與癭，重水之人多腫與躄，甘水之人多好與美，辛水之人多疽與痤，苦水之人多尫與傴。余行天下，見溪水之人多清，鹹水之人多戇，險水之人多癭，苦水之人多痔，甘水之人多壽。滕嶧、南陽、易州之人飲山水者無不患癭，惟自鑿井飲，則無患。山東東兖沿海諸州縣井泉皆苦，其地多鹻，

飲之久則患痞。惟不食麵及飲河水則無患。此不可不知也。

明 張丑《清河書畫舫》卷三下 山水論 凡畫山水，意在筆先。丈山尺樹，寸馬分人。遠人無目，遠樹無枝。遠山無石，隱隱如眉。遠水無波，高與雲齊。此是訣也。山腰雲塞，石壁泉塞，樓臺樹塞，道路人塞。石看三面，路看兩頭，樹看頂顛，水看風脚。此是法也。凡畫山水，平夷頂尖者巔，峭峻相連者嶺，有穴者岫，峭壁者崖，懸石者巖，形圓者巒，路通者川。兩山夾道名爲壑也，兩山夾水名爲澗也，似嶺而高者名爲陵也，極目而平者名爲坂也。依此者，粗別山水之髣髴也。觀者先看氣象，後辨清濁。定賓主之朝揖，列羣峰之威儀。多則亂，少則慢，不多不少，要分遠近。遠山不得連近山，遠水不得連近水。山腰掩抱，寺舍可安。斷岸坂堤，小橋可置。布路處則林木，岸絶處則古渡，水斷處則烟樹，水闊處則征帆。林密處則居舍。臨巖古木，根斷而纏藤。臨流石岸，欹奇而水痕。凡畫林木，遠者疏平，近者高密。有葉者枝嫩柔，無葉者枝硬勁。松皮如鱗，柏皮纏身。生土上者根長而勁直，生石上者拳曲而伶仃。古木節多而半死，寒林扶疏而蕭森。有雨不分天地，不辯東西。有風無雨，只看樹枝。有雨無風，樹頭低壓，行人傘笠，漁父蓑衣。雨霽則雲收天碧，薄霧霏微，山添翠潤。日近斜暉，早景則千山欲曉，霧靄微微，朦朧殘月，氣色昏迷。晚景則山銜紅日，帆捲江渚，路行人急，半掩柴扉。春景則霧鎖烟籠，長烟引素，水如藍染，山色漸青。夏景則古木蔽天，緑水無波，穿雲瀑布，近水幽亭。秋景則天如水色，簇簇幽林，鴈鴻秋水，蘆鳥沙汀。冬景則借地爲雪，樵者負薪，漁舟倚岸，水淺沙平。凡畫山水，須按四時。或曰烟籠霧鎖，或曰楚岫雲歸，或曰秋山曉霽，或曰古冢斷碑。一云古渡横州。或曰洞庭春色，或曰荒路人迷。如此之類，謂之畫題。山頭不得一様，樹頭不得一般。山藉樹而爲衣，樹藉山而爲骨。樹不可繁，要見山之秀麗。山不可亂，須顯樹之精神。能如此者，可謂名手之畫山水也。《右丞別集》

清 陸世儀《思辨録輯要》卷二五 問：水皆就下，亦有西流之水乎？曰：水只是就下，非必東流也。如弱水是西流，瀾滄江是南流。又海中有落漈海，舟入則漂而不返，殆昔人所謂尾閭者。又一處兩水相背而翻，其深不測，舟經其上則曳而入，必乘快風乃可過，海人謂之汋。性各不同，總之皆就下耳。即山東趵突泉，噴薄而上，高且數尺，亦終必歸於就下。

著録

宋 孔傳《雲林石譜原序》 天地至精之氣結爲石，負土而出，狀爲奇怪。或巖竇透迤，峰嶺層棱。凡弃擲於娲鍊之餘，遁逃於秦鞭之後者，其類不一。至有鵲飛而得印，鱉化而銜題，叱羊射虎挺質之尚存，翔燕鳴魚類形之可驗。怪或出於《禹貢》，異或隕於宋都，物象宛然，得於髣髴。雖一拳之多而能蕴千巖之秀，大可列於園館，小或置於几案。如觀嵩少而面龜蒙，坐生清思。故平泉之珍，秘於德裕。夫餘之寶，進於武宗。皆石之瑰奇宜可愛者。然人之好尚，故自不同。葉公之好龍，支遁之好馬，衛懿公之好鶴，王右軍之好鵝，齊宣王之好竽，嵇康之好鍛，所好自異。然無所據依，殆無足取。聖人常曰仁者樂山。好石乃樂山之意，蓋所謂静而壽者，有得於此。竊嘗謂陸羽之於茶，杜康之於酒，戴凱之於竹，蘇太古之於文房四寶，歐陽永叔之於牡丹，蔡君謨之於荔枝，亦皆有譜，而惟石獨無，爲可恨也。雲林居士杜季揚蓋嘗采其瑰異，第其流品，載都邑之所出而潤燥者，有别秀質者。有辨書於編簡、其譜宜可傳也。且曰幅幀之至遠聞見或遺山經地志未能淹該編覽尚俟講求當附益之。居士實草堂先生之裔，大丞相祁國公之孫。余嘗聞之詩史有「水落魚龍夜」之句，蓋長沙湘鄉之山，魚龍蟄土化而爲石，工部固嘗形容於詩矣。讀是譜者，知居士之好古博雅，克紹於餘風不忘於著録云。時宋紹興癸丑夏五月望日，闕里孔傳題。

明 王慎中《遵巖集》卷八《竹軒册記》 上杭余生仁夫，性好竹，所居之軒，種竹皆滿。雪晨風宵，森然其玉立，琤然其金鳴。以爲世之耳目之愛，皆無足以易此也。生又好游，顧以爲不能常處於是軒，而與其自所種竹者朝夕對也，則命畫工圖所謂竹軒者於册。東西南北，挾册以行。晝馳夜宿，輒披册而玩，則若其身之在於故軒，而森然者常拂於其目，琤然者常盈於其耳也。嗟乎，是亦可爲篤於好而巧於計矣。余謂之曰：昔王子猷好竹，遇人家有竹，則命駕往觀，不問主人識否、在不在也。如此，則固不必其家有竹而後快，其所好况於圖其家之竹哉。生行四方，園囿林麓，青青猗猗，孰非竹者，必惟册之爲見而後若處於其軒，雖其巧於計，而無乃狹於見乎。且畫竹之似，孰與生竹之真也。生所爲説以反余者則云：徽之遇有竹輒造，固誠好竹，然何其不

憚僕僕也。又人家之竹有無常，而主人之户開閉不定，吾恐其雖不憚僕僕，猶未得常常而見也。至於欲去被邀，雖意不爲忤，足名高致，亦涉生迹，固不如吾之取於方尺之素而好已足。且所謂好於物者，豈獨在聲色、形貌之間，亦貴得其意耳。苟得其意，則竹之森然立而琤然鳴者，誠不出吾方尺之素，奚必其根幹枝葉沐雪擺風、蒼然而出土者，乃爲可好於耳目哉！予悦其語，不復置難，因相與披册對玩。十月寒風，草堂如洗，鬖髿颼然欲疏此君。箇箇生面相看，脩質奇姿，呼之不應。忽然如命子猷之駕，徑造生軒中，坐於竹下。久之，乃知其在予室閱生册也。

綜述

宋 祝穆《古今事文類聚前集》卷一四《石 假山附**》**《羣書要語》：土精爲石。石，氣之核也。氣之生石，猶人筋絡之生爪牙也。《物理論》。《周易》：艮爲山，爲小石。石，陰中之陽，陽中之陰。陰精補陽，故山含石。《春秋説題辭》。燒泥爲瓦，燔木爲炭，蜂窠爲蠟，水沫爲石。凡此皆其柔脆變爲堅剛。又曰磁石引針。《抱朴子》。隕石于宋，五隕星也。《左傳》。「泗濱浮磬」注：水中見石，可以爲磬。《書》。石韞玉而山輝。《文中子》。流洲在西海中，上多積石，名爲昆吾石。冶成鐵作劍，光明洞照，如水精狀，割玉物如切泥土。《十洲記》。將爲穹谷嵁巖，淵池於郊邑之中，則必輦山石、溝澗壑，凌絶險阻，疲極人力，乃可以有爲也。然而求天作地生之狀咸無得焉。《柳永州新堂記》。好奇之士聞此石者可以一賞，何必取而去哉！歐公《菱溪大石記》。

明 徐應秋《玉芝堂談薈》卷二五《松風石》 石之異者：蘇頲錦紋石，每天欲雨，則津出如汗。閩海之潛英石，質輕如羽，冬温夏冷，刻爲人像，能傳人語。扶餘國之松風石，瑩徹如玉，中有樹形，若古松偃蓋，凉颷生于其間。水窗炙轢之龍駒石，取水置石其中，有一馬現石中，狀如飛動。以水浸之飲馬，輒生龍駒。丁謂之龍精石，高纔數寸，蒼翠嵌空，掬水灑之，即有雲霧自竅中出，小龍如綫，掛雲霧中。宣和人士之蠹魚石，至午則堅冷爲石，至巳時則蠕動爲小蠹魚，文彩陸離。《幕府燕談》所載之協金石，色青如磚，有鼻，穿鐵索長數尺垂之海中，經夕引出，上必有金。李德裕平泉之醒酒石，以水沃之，有林木自然之狀，謂之娑羅石。《續墨客揮犀》：朝儀李芬好奇有異石高二尺，嵌空可愛，每日在未時即有氣出石穴中，若煙雲之狀，因目之爲未石。《酉陽雜俎》之鳥巢石，置醋中則四足如蜓，舉之，足亦隨縮。楊瑀所藏之觀音石，大如鵝卵，上有兜鍪觀音像，天然如畫。或加磨洗，精神如見。《癸辛雜識》：宋汴京天津橋上有奇石大片，有自然華漢圖。山青水緑，沙黄路白，粲然如畫。《圖經》：花石在慈利縣武口寨，石上自然有色，如堆心牡丹，枝葉繚繞，雖精于畫者莫能及。或以物擊之，花葉應手而碎，略加拂拭，其花復見。

紀事

清 張照 梁詩正等《石渠寶笈》卷二三 第十七幅，署「濠濮間想」四字。序云：清流素練，緑岫長林。好鳥枝頭，游魚波際。無非天適，會心處在南華秋水矣。詩云：茂林臨止水，閒想託身安。飛躍禽魚静，神情欲狀難。第十八幅，署天宇咸暢四字。下注云：調萬斯年曲。序云：湖中一山突兀，頂有平臺，架屋三楹，北即上帝閣也。仰接層霄，俯臨碧水。如登妙高峰上，北固烟雲，海門風月，皆歸一覽。

宋 呂南公《灌園集》卷七《陳君益宅觀假山序》 上豫亭北顧，其牆廡之間，小山叢然面南如畫幛者。即而觀之，工之壞繪所就也，而幽致乃不少。凡其爲山，枝者爲峰，頓者爲阜，灑者爲岩崖，捍者爲崗嶺。攤之成阪，衍之成隰，竇之成洞，陷之成谷。有鳥道，有夷路，有裊繚之徑，有邐迤之坡，而交聱蟠勃，變狀總總。又引自牆後穴而釃之，流乎絶壁之前，垂爲瀑，注爲潭，平爲谿，析爲渠，遏爲陂。如是者又多態。其間列茂林，突枯楂，渚沙磯石層雜附見，乃至人物諸類皆在焉。其正中峰特險而長，其頂冢之陰亂石駢羅，若可坐憩處。有兩書生趨之，視其緣陟，危然乎哉而猶未至也。其路由東洞出者，稍近寬原。有二游僧出焉，軒軒有得色。北下而西一徑更深，有道士跨驢背之，而南一樵翁沾沾望驢後以行。其東洲橋堰之交，則又有三牧兒伴二牛息焉。夫工之所就亦勞矣。余既徘徊觀之，已乃興感于中。夫山林藪澤之深懿，爲天所覆皆有之，然人常徒愛之以言，而身不肯安之。此文雅之士每借耕漁清曠爲説，而要知其所願不在焉者皆是矣，况下此者乎哉！今道士、僧俱背而去之，而書生則方抵巘未止，豈非道士僧樸直不知矯飾其情迹，而書生善詐乃區

區蕲出峻絶之上，以成其好高之妄歟！道士、僧皆背去山林，而僧徒步、道士乘，豈僧貧于道士而然歟？世言僧之徒工以罪福脅誘人，得皆常厚，而道士之説不及此，故不爲流俗所鄙。今見于此乃不然，其亦有偶然者歟？今又豈壊家病世故之非平而作此以譏之歟？言之座客，皆大笑。君益曰：是皆不足議，不若平之以酒。于是取酒而散焉。

元 朱德潤《秀野軒圖記》（《趙氏鐵網珊瑚》卷一五輯） 一元之氣生物，而得其氤氳扶輿以成其精英淑粹者爲秀焉。故夫卿雲景星，天之秀也。崇厓繞溪，山之秀也。麒麟鳳皇羽，毛之秀也。賢才碩德，人之秀也。人介乎兩間，又能攬其物之秀，而歸之好樂，寓之游息。如昔人棲霞之樓，醒心之亭，見諸傳記者不一也。吴人周君景安居餘杭山之西南，其背則倚錦峰之文石，面則挹貞山之麗澤，右則肘玉遮之障，左則盼天池之阪。雙溪界其南北四山之間，平疇沃野，草木葱蒨車然而軒者，景安之所游息也。軒之傍幽蹊曲檻、佳木秀卉，翠軿玉映于闌楯之間，得江浙行省左丞周公題其軒之顔曰「秀野」，以志其美，此其是歟！嗟乎，物有托而傳野，得人而秀，雷塘謝池是以。景安居是軒也，又將觀列史諸書以鑒其事，服前言往行以進其學，使他日有蔚然秀出於餘杭之野者，吾于景安有望焉。因書以爲記。至正二十四年歲甲辰四月十日，睢陽山人時年七十有一。朱德潤畫并記。

明 邵寶《容春堂續集》卷一〇《石記》 邵子作點易臺，基既定矣，偶行於其崖之上，有石突出，其高數尺，其廣半之。其西有如級者可升，其上有如榻者可坐，其右有如几者可倚可枕，右之前有如案者，誦可攤書，書可伸紙，飲可置蔬一盂、酒一壺。其東若北皆嶄焉壁立，有巖巖之象，或坐而東北望，則武進之横山，江陰之定山，吾東野之膠山、高山、芙蓉山、鴻山、㞦山、嵩山、石室諸山歷歷可指。近瞰蓉湖如沼在圃，通波柱渚錯襟互帶，而奇松一株適當其前。觀者以爲此真臺也。邵子喜遂以所書「點易臺」三字刻於石上。

明 李夢陽《空同集》卷四八《三渠陳氏家園一覽圖記》 三渠陳氏者，莆人也。舉進士，官至户部郎中。無何，謫均州同知。尋陞汝州知州，以留滯不能歸。蓋夢魂常游於家園，於是作《家園一覽圖》，曰：吾覽之即，猶見家園爾。其友人李子，叩之陳君，曰：直吾宅而南三里許，突然而倚空者，莆之壺公山也。其山蟠踞數十里，高逾千丈，狀端士搢笏而立，而一支蜿蜿蜒蜒奔而西，盡處稍突爲穴，則先大夫贈户部郎中毅菴先生先妣贈宜人吴氏墳也。前有峰對峙，面溪。溪之源有二。一自寶勝溪西來，一自龍潭溪南來，合流於墳之西南半里許，是爲南溪。口北行三百餘步，匯爲潭，墳亦面之。潭蓄復流，折而東行亦三百餘步，北面有峻山石坳，則葬㚃我先太母黄氏太叔母張氏。而其墳亦面溪。二墳隔水略相朝拱，故曰夾溪先隴。溪東流，折而西北行里許，又折而東，有石山，岸北俗呼龍臂嶺。又東二百步，夾溪皆田，以供墓祭者。南有屋十餘間，此所謂龍臂南莊也。莊有二水，磨粉麥、獲微息，亦以供祭。至是而溪始曲折東北行四五里，又折而西，有石橋，名壺公橋，今《圖》内邊橋。夾溪蒼蒼鬱鬱者，皆荔枝樹也。岸北稍東，荔枝樹中，故有屋數間，今圮矣，不圖。溪又西北行半里許，始入大渠，蓋永春德化仙游。三縣之水迤邐三百里入莆，至木蘭山。下通海，號木蘭溪。而宋時有李姓者，築陂鑿渠以溉田，今《圖》邅延左行者是也。渠繞山東行四里，一股分而北，名曰横渠。又二里許，又一小股分而北，名曰西渠。又三里許，又一股分而北，名曰下渠。是爲三渠，今予竊之爲號。西渠北行二里許，亦岐爲二，俗呼雙义溝。一東流里許，匯爲池，可二畝。池北築田爲地，植荔枝與雜樹。池蓄而復流東行百步，則先兄庶吉士五瑞與弟，今刑部員外郎邦器居之。又東又折而北二百步許，有通衢甃，小橋通水于田。田之東，吾宅焉。旅聚凡百餘家。其林森森，即前所謂直南對壺公者也。宅西有傑坊，則予中鄉試所樹。雙义溝一北流二里許折而東，而南復折而東，繞宅後里許與下渠水會，東北曲折行十餘里入于海。蓋《圖》之大槩如此。而予曩與兄弟輩展墓而游林，登夾溪之隴，宴龍臂之莊，躋壺公之橋，逍遥于荔枝之圃，翱翔乎三渠之徑。瞻嶺望海，陟崇泛深，酌醴割鮮，敦朋叙族，坐詠行歌，蓋旬浹不究其巔委，今是圖一覽而即見其首末。故凡繞家園而峙者、流者、植者、繚而直者、通而曲者、浮者、凸者、潴者、蔚而離離者、次而峭隅者、望之若翔就之若伏者，凡予故所釣、所采、所舟、所騎、所坐、所卧、所行者，皆列吾前也。故予覽之未始，不豁然喜也已，又鬱然而戚焉。李子曰：子之戚者，何也？陳君曰：《傳》曰：「君子過其故邱，則黯然以悲。」予行年五十餘矣，宦情落落。均汝去故鄉八千里，音信罕往，來今一覽而見吾家園，有能不戚者乎？陳君又曰：莆有四山，北曰陳巖，東曰成山，西曰紫帽，與壺公均敵而對峙，高聳如四柱。海潮自東北入莆，莆人分之爲南北洋，西南行曲折數十里至木蘭山下，與木蘭溪會，

故曰「壺公蘭溪」，莆之望也。今不能盡《圖》，亦略見其仿佛。李子曰：夫形家者流，君子所不道也。然述者奚取焉，予讀《漢》、《唐史》至《藝文志》，見其載堪輿金櫃、葬經、青鳥子等書。而牛眠馬跑亦時時見于他說。陳君曰：邑人相傳宋朱子赴同安簿時，一見壺公，即曰：「莆田多人物，乃此公作怪於乎？」信斯言也，則岳降尼禱之説不虚矣。余曩立朝著，蓋數見莆縉紳於户部，又見三渠陳子與其弟五器已，又見其子舉人，竊謂陳氏更多賢。今覽是《圖》，則陳氏多賢有以哉！有以哉！

明　顧璘《柳山清湘書院圖記》（《粤西文載》卷二九引）　予作清湘書院成，因觀山石圖，跡其堂宇，多湮廢不存者。乃歎曰：非圖乃今曷由知之也。於是命工繪柳山圖，刻石以傳諸後。凡池澗之經流、堂宇亭臺之面勢，與其古今所稱名咸具焉。夫柳山者，固郡之北山，以宋刺史仲塗居之，故名曰柳山。巃嵸秀卓，帶山環阜。泉自高縈下，石之奇怪者皆聳峙道旁。登其上，高爽軒豁，三面而望各數十里外，皆峰巒削立，參差起伏，平若列嶂，雖巧者設之，未易得其遠近之宜若是也。四方來游者咸謂鮮見。昔人嘗稱山水甲天下，豈不然邪。自刺史始建書院，因時廢興者屢矣。始予之至，鞠爲荒墟。度吾力所及，復二祠宇，以無墜先正之迹。庸詎知賢士大夫及吾民之好義者，協然來同，一新其地之至此乎。詩曰「民之秉彝，好是懿德」，信爲懿焉。斯同好之矣，是天理之在人心。唯其所化眇。予小子聞道淺薄，不能弘之以禮樂，故僅止於此。苟有賢者作舉先生之道以道之，又何三代之治之不可臻乎。因記斯圖，并志予愧，以俟夫將來者。

明　王世貞《弇州四部稿》續稿　卷六一《暘湖别墅圖記》　甌之山自西來，沿江而下，其一枝入於江，斷而復起若珠連者，曰九斗山。郡城據之。其一枝自朱浦分，亦西行可數里，爲二小枝，折而南，凡東西奥一，總名曰暘奥。奥之水自西南來者，曰雄溪、瞿溪、郭溪，爲里四十而遥，南山折之，匯而平爲湖，曰暘湖。當暘湖之前突起兩峰，其高逼漢，峰頂有臺，曰吹臺。或云其先子晉吹笙地也，亦名吹笙臺。暘奥之東麓，則吾大參王公陽德别墅在焉。其三垂皆山，吹臺前聳，俯臨湖。湖之中宛然而洲者，曰浮碧。墅之後，清泉懸崖下瀧瀧入溪，環堂而流，坐其中若齋舫焉，曰湛然堂。堂之後，迂徑而東有軒焉，叢甌之異卉木于庭，曰衆芳軒。又東，有樓焉，以當山色，初暘承之，松竹如沐，曰青旭樓。軒之後脩竹將萬挺，循竹而西北，有徑四，曰四時，其卉木如其時。公爲諸生，未幾而薦於鄉，一再屈南宫，即不出，隱而讀書其間，甚適。峰上碧千仞，而湖下碧千畝，朝暮之異態，晴晦之異狀，寒暑之異姿，皆悠然與公會，而公亦悠然會之。得其流峙之旨，以成吾德。得其潛植之用，以成吾材。得其風行露潤之華，以成吾文章。蓋業益就而公不得久爲湖山有矣。公爲備兵使者，以功晉今官，猶治兵事。經略之暇，時時過余山園，輒停盼久之。一日慨謂余曰：以吾墅之壯不能望子園。然吾墅無待，而子園有待者也。雖然，昔子有園而無主，吾時時能代若主。今子園有主矣，而吾墅未有主也。吾將歸矣，其主吾墅矣。余笑曰：公欲歸，天子其即歸公耶？以余之爲時厭也，與公之不能厭時也，皆理也。抑昔賢有言，居廊廟而不忘江湖，彼豈謂其遽能江湖耶！姑寓其所以不忘者，毋使廊廟勝之而已矣。公聽然悟曰：善。乃命黄生爲之圖，而屬余記于首。

清　姜宸英《湛園集》卷三《五園圖記》　奕美何子，家山陰之峽。山去蘭亭舊址五里許。嘗欲傍山依流結園，雜植花果、叢竹、菜茹、靈藥、奇草於其中，而未就於其游也。命友人鍾陵樊會公，按其山川營構而爲之圖，又屬予記之，庶時觀覽以自慰焉。今夫士之窮居蓬蓽揣摩干進者，其晝而思夜而夢，所爲取富貴、立功名以及於宫室田園、妻妾之奉子孫之計，無所不至。及其思闌而夢醒，迴視所居，依然四壁也。此真可謂之妄耳。若夫所求者僅在一邱一壑、魚樵麋鹿之所羣居，而獨游此，復與造物何與，乃亦若有靳焉，而不即予求焉而不易得者，而徒托之無聊之思，則士之窮至此，誠有無可如何者矣。此五園圖之所以作也。雖然，以圖爲妄耶，則非獨功名富貴之不可恃，即一邱一壑之孰爲吾有而執之以爲得喪邪？以此圖爲非妄邪，則古固有戴冕垂紳，鳴鐘鼎食，享天下之奉而若固有之者。蓋君子無入而不自得。何子雖倦游，吾知其於蘭亭之所謂崇山峻嶺、茂林修竹之趣無日不在胸臆間，而特以其興之所托，無所往而不遇也，則於是圖蓋亦有足喜者焉。

藝文

唐　白居易《白氏長慶集》卷二五《題洛中第宅》　水竹誰家宅，門高占地寬。懸魚掛青甃，行馬護朱闌。春樹籠煙暖，秋庭鎖月寒。松膠黏琥珀，筠

粉撲琅玕。試問池臺主，當爲將相官。終身不曾到，唯展宅圖看。

宋 蘇軾《東坡全集》卷三三《灩澦堆賦》 天下之至信者，惟水而已。江河之大與海之深，而可以意揣。惟其不自爲形而因物以賦形，是故千變萬化而有必然之理。掀騰勃怒，萬夫不敢前兮，宛然聽命，惟人之所使。予泊舟乎瞿唐之口，而觀乎灩澦之崔嵬。然後知其所以開峽而不去者固有以也。蜀江遠來兮，浩漫漫之平沙。行千里而未嘗齟齬兮，其意驕逞而不可摧。忽峽口之逼窄兮，納萬頃於一杯。方其未知有峽也，而戰乎灩澦之下。喧豗震掉，盡力以與石鬥。勃乎若萬騎之西來，忽孤城之當道，鈎援臨衝，畢至於其下兮，城堅而不可取。矢盡劍折兮，迤邐循城而東去。於是滔滔汩汩相與入峽，安行而不敢怒。嗟夫！物固有以安而生變兮，亦有用危而求安。得吾説而推之兮，亦足以知物理之固然。

宋 蘇轍《欒城集》卷一六《題李公麟山莊圖并序》 伯時作龍眠山莊圖，由建德館至垂雲沜，著録者十六處，自西而東凡數里，巖崿隱見，泉源相屬，山行者路窮於此道。南溪山清深秀峙，可游者有四，曰勝金巖、寶華巖、陳彭漈、鵲源。以其不可緒見也，故特著於後。子瞻既爲之記，又屬轍賦小詩，凡二十章，以繼摩詰輞川之作云。

建德館 龍眠淥净中，微吟作雲雨。幽人建德居，知是清風主。

墨禪堂 此心初無住，每與物皆禪。如何一丸墨，舒卷化山川。

華嚴堂 佛口如瀾翻，初無一正定。畫作正定看，於何是佛性。

雲薌閣 清溪便種稻，秋晚連雲熟。不待見新春，西風薌自足。

發真塢 山開稍有路，水放亦成川。游人得所息，真意方澹然。

薌茅館 山居少華麗，牽茅結净屋。此間不受塵，幽人亦新沐。

瓔珞巖 泉流逢石缺，脈散成寶網。水作瓔珞看，山是如來想。

棲雲室 石室空無主，浮雲自去來。人間春雨足，歸意帶風雷。

秘全庵 世道自破碎，全理未嘗違。溪山亦何有，永覺平日非。

延華洞 共恨春不長，逡巡就摇落。一見洞中天，真知世間惡。

澄元谷 石門日不下，潭鏡月長臨。細細溪風渡，相看識此心。

雨花巖 巖花不可攀，翔蕊久未墮。忽下幽人前，知子觀空坐。

泠泠谷 層崖落飛泉，微風泛喬木。坐遺谷中人，家家有琴筑。

玉龍峽 白龍晝飲潭，修尾挂石壁。幽人欲下看，雨雹晴相射。

觀音巖 倚崖開翠屏，臨潭置苔石。有所獨無人，君心得未得。

垂雲沜 未見垂雲沜，其如歸興何。路窮雙足熱，爲我洗盤陀。

勝金巖 置馬步巖間，巖前得平地。肴蔬取行籠，粗飽有遺味。

寶華巖 團團寶華巖，重重蔭珍木。歸來得商鼎，試浴溪邊緑。

陳彭漈 蒼壁立精鐵，縣泉瀉天紳。山行見已久，指與未來人。

鵲源 溪深龜魚驕，口瘦椿楠勁。借子木蘭船，寬我芒鞋病。

宋 李彭《日涉園集》卷五《題盧鴻草堂圖》 丈室幽雲織翠微，盧生草堂雲作扉。陰崖絶壑鳥跡稀，扶藜縱觀拂雲霓。心知丹轂赤吾族，要須愛身如愛玉。三十六峰幽意足，何必鑒湖分一曲。老仙曾上登封壇，一夜畺生雙足間。不知此圖筆筆妙，巖巒映帶冰霜顔。集賢學士從省歸，僧床卧觀畫掩扉。繡鞍那補塵化緇，不如盧郎駕鴻飛。老色蒼顔今采薇，故山風煙常滿衣。眼明見此社中客，盡謝東阡與西陌。

金 趙秉文《滏水集》卷四《南麓畫華清宫圖》 天寶遺事今幾年，華清樓殿非人間。五家羅綺溢山谷，驅入尺紙天工閒。豆分繡嶺綫涇渭，人物微茫纔位置。想當睥睨下筆時，兩眼猶能書細字。乃知棘端可以造沐猴，巧奪造化非人謀。胸中度世乃吾事，坐令千里當雙眸。明皇初心小姚禹，肯比金陵一孱主。一盼遥爲妖姬留，奈何坐此覆神州。太白西去有鳥道，蜀山秦樹令人老。浮雲一蔽漁陽城，禄山馬飽宫前草。恩流四海一玉環，胡兒不合窺潼關。至今脂澤下蟾口，時有飲鹿疑神姦。豈知水洗凝脂滑，一掬傷心馬嵬血。多年鬼火化爲碧，還遣離宫送行客。龍巖幾度過華清，筆端山高水泠泠。嗚呼興廢今已矣，祇有丹青留典型。畫詩雙絶兼書工，留傳遜公到松公。今年盜入嬀川東，火燒塔寺一洗空。松公間關來帝里，一身與畫同生死。吾聞挈瓶之智不假器，支郎大勝潼關騎。

金 麻九疇《梁山宫圖》（《中州集》卷六引） 梁山宫高高切雲，秦家簫鼓空中聞。宫殿作雲王作龍，何人敢謁滈池君。珠圍翠繞窮天下，道上行人衣半赭。不覺生靈血液枯，化爲宫上鴛鴦瓦。朝盧生，暮侯生，師事二人學羨門，焉知以此戕其身，神仙亦死何曾神。空能詐取六孱國，不識盧生真間客。種成間隙盧生去，尚令道士作鬼語。祖龍竟墮此機中，以璧見欺猶未寤。魚腥引得扛鼎來，梁山火滅漢旗開。何如後世丹青手，一夫不役千樓臺。梁山之圖却傳世，梁山之宫安在哉。

元　王惲《秋澗集》卷一一《題任南麓畫華清宮圖後并序》　圖有閒閒公題詩，作擘窠真書，與畫爲三絶。

三郎年耄誇精健，歲歲華清事游宴。玉蓮湯殿浴行雲，傾城幾顧環兒倩。一掬游塵散馬嵬，餘波不涴香囊怨。龍巖畫筆寫興亡，墨花暈出真妃傳。謫仙辭翰兩超脱，媲以任公世三絶。我昔西游不到秦，披圖空夢驪山月。林谿家藏什襲珍，楊生已殁歸何人，護持當有松公神。

又　卷二八《徽宗畫周靈臺圖二首》　靈沼臺高倚碧霄，當時魚鳥被恩饒。

徽廟初年布政優，丹青揮灑想西周。其如私慾横流後，花石綱船塹九州。可能積德千年久，盛世看來僅四朝。

元　程文海《雪樓集》卷九《姑蘇臺圖》　吴王大凱破越回，西施飛上層層臺。撞鐘樹羽臨四野，重江疊巘煙霞開。捐衰棄舊窮游逸，不信佳人解傾國。春風楊柳鬥腰肢，秋水芙蓉比顔色。珠歌翠舞儼成行，鳳躍熊蹯安足嘗。願天回光繼白日，願地注海供玉觴。君王宴樂無終極，伍子昌言空激切。焦勞嘗膽卧薪人，辛苦安知在仇敵。山自青青水自流，君王日日臺上頭。麋鹿未游吴已沼，西施還上五湖舟。

又《昆明池》　蒲萄苜蓿邛竹杖，萬里來自西南夷。瀾翻浪漭四十里，上林更鑿西滇池。牽牛左躋右織女，朝暮日月相吞吐。魚龍萬變世莫聞，曼延百尋人豈覩。樓船笳鳴角觝張，千官劍佩鳴鏘鏘。身毒蕞爾猶阻絶，四表何以昭天光。君王好武古莫當，海宇如此仍開疆。金堤楊柳秋風起，落日輪臺遺恨長。憶昔世祖規南國，刳木爲舟神莫測。江漢功成指顧間，中天垂裳開八極。老臣撫卷重太息，可惜畫工描不得。

元　鄧文原《題開元宮圖》（《歷代題畫詩類》卷一一三輯）　西湖春動風泠泠，欻忽鼓瑟窺湘靈。夫君要眇降雲軿，椒堂桂棟羅芳馨。春城日逝崦嵫暮，幽夢重門鎖花霧。玉簫聲沈鳳飛去，迸入秋風五陵樹。至人高懷視雲浮，昔者金屋今丹丘。白鶴來下明月樓，知有王喬飛舄游。仙人好幻多戲劇，海變桑田蓮變碧。百靈呵護融風息，依舊瓊臺絳宇炫燿雲五色。

元　袁桷《清容居士集》卷三《題弋陽巖山精舍圖》　紅塵落青山，飛瀑遽洗之。孕此巖中，居寒膏漾淪。漪白雲偉衣，冠修松古鬚。眉書聲出虚，牝杳杳空中。篪桃源有神，界天光固幽。機一爲漁父，游妙筆工研。窺至今武陵，郡山水傳清暉。

元　王士熙《驪山宫圖》（《歷代題畫詩類》卷一一三引）　翠嶺含煙曉仗催，五家車騎入朝來。千峰雲散歌樓合，十月霜晴浴殿開。烽火高一作空臺留草樹，荔支長路入一作認塵埃。月中人去青山在，始信昆明有劫灰。

元　楊載《楊仲弘集》卷三《題信州九天觀圖二首》　高林褰翠氣，虚谷散虹光。道士多騎虎，仙人自牧羊。洞泉通地遠，山嶺際天長。戴子文爲記，流傳示不忘。

四圍山不斷，狀若碧芙蓉。谷遠含風細，崖深下露濃。茂林藏虎豹，陰洞伏蛟龍。恍惚神人降，浮空羽蓋重。

又　卷四《招真觀圖》　欲學無爲道，來居小有天。精神消物怪，采色變風煙。恬澹知天德，虚無象帝先。高風何特達，古迹尚流傳。地涉鴻荒表，山開混沌前。谷幽疑鬼聚，峰巧類人鐫。疊起三重閣，分流百道泉。巖穿留虎跡，石冷逗蛟涎。放浪曾無日，遨游未有年。古經披攬罷，毛骨爲醒然。

元　黄溍《文獻集》卷二《題金明宴游圖》　危樓縹緲碧波中，曲檻方檽面面通。雲氣傍花如欲雨，柳絲垂地不驚風。千年華表人非是，九奏鈞天樂未終。更有殘山并剩水，煩君迴首六橋東。

元　馬祖常《石田文集》卷四《驪山圖》　萬户千門春殿開，温泉花發翠華來。可憐十月無陽節，獨見浮波玉鴈回。

又　卷五《九成宫圖》　泉溅溅而響，谷風瑟瑟以動。林夾兩山以爲阯，絡下塹與上岑。宫纖麗以媚女，觀騫翥以淩塵。矢池魚而泳泳，飼囿麟而馴馴。帝奈何兮，不樂將弭旆乎江津。

元　揭傒斯《文安集》卷二《題祝道士龍虎山先天觀圖》　聞説先天觀，重重絶壁環。鳥啼青澗裏，花落白雲間。樵子能長嘯，居人識大還。洞門無處認，唯有水潺湲。

元　張翥《蜕菴集》卷一《吴儁仲傑横河精舍圖》　横河精舍誰所居，豐城隱者吴仲傑。是中林壑特幽勝，一幅劉權畫尤絶。遠山數曲重復重，炊煙一村樹叢叢。嵐光雲氣紛滉瀁，盱水汝水遥相通。近山什伯青匼匝，峰底斜穿鵰鵰峽。跳波直下却洄漩，怪石截斷雙流合。竹窗桂棟溪之隅，過門好客無時無。溪魚長肥酒長埶，撥棄世務談詩書。梧川春雨草木長，櫸塘耕稼仍膏壤。鉏翁牧子行唯諾，沙鳥風帆自來往。獨不見陶縣令松菊園，又不見杜陵老桑麻田。人生得此不歸去，有如頭上之青天。傑乎傑乎吾羨汝，毋負山中故人招

隱篇。

元　鄭元祐《僑吴集》卷一《仙山樓觀圖》　嵯峨三神山，仙聖之所居。芝草布庭闕，霞光曳衣裾。渴飲碧玉漿，飢餐紫琳腴。霓旌冉冉下，彤樓擁鸞輿。青童啟藏室，帝命較寶書。齋心始能讀，字字皆玄樞。朗詠以相授，靈風舞神魚。天遠靡得聞，何以能啟予。空嗟珊瑚日，照耀金芙蕖。

元　錢惟善《江月松風集》卷三《題金明池圖》　金明池涌彙虺虹，鴽幸瓊林歲歲同。貔虎羽儀陳鹵簿，魚龍角觝戲珠宫。樂游臺殿今成沼，習戰旌旗昔蔽空。寂寞畫圖傳後鑑，六飛回首塞池紅。

明　高啓《大全集》卷九《題趙希遠萬松金闕圖》　長松掀髯若羣龍，下繞宫闕雲千重。鳳凰山頭望前殿，翠濤正涌金芙蓉。海門日出潮初上，白鶴飛來近仙掌。百官候綴紫宸班，露滴朝衣氣森爽。漢家楊柳唐宫花，容易零落空繁華。何如可獻至尊壽，茯苓美似安期瓜。鑾輿因戀湖山好，樓閣清陰勝蓬島。不知風雨汴陵前，虜卒新樵幾株倒。當日榻前初進圖，黄金趣賜聞傳呼。何年流落在人世，父老猶看思舊都。客行近過吴山下，落葉空林惟敗瓦。豈無畫史似前人，秋色凄凉不堪寫。

明　趙迪《題山水人物》（《石倉歷代詩選》卷三〇一輯）　德星堂倚碧山限，喬木縈紆曲澗迴。蘿逕亂侵紅葉滿，松扉不揜白雲來。深秋庭發黄金桂，積雨堦生碧玉苔。千嶂停雲修竹暝，孤琴候月綺窗開。夜凉醉倚岩前瀑，香暗吟餘雪後梅。谷口幽期時悵望，輞川佳興俱徘徊。溪聲夢入寒猿斷，鳥影愁將夕磬催。佳句多情追沈謝，閒居有賦勝鄒枚。珠林落景明窗户，翠壁飛花入酒杯。泉石趣幽依枕席，芝蘭香靄近樽罍。鳥聲閒對雲間榻，林影青浮江上臺。即此端居人境外，更須何處問蓬萊。

明　于謙《忠肅集》卷一一《題李景昌竹間書舍圖》　萬玉蕭森遶四檐，坐來惟覺雨纖纖。小窗展卷循環誦，古鼎焚香取次添。爽籟隨風來净几，清陰和月度疏簾。看碧山爽夕，泛晴波緑。江湖有襟帶，冠屨無拘束。昔聞東吴老，本出南州族。封非渭川户，乞豈鑑湖曲。溪山舊業在，圖史清風續。華躋歷臺省，雅尚在林谷。夢寐三十年，此邨還此屋。宦途復傾蓋，佳畫時秉燭。指點入丹青，依稀過江麓。感今復懷舊，歲月如轉轂。儻遂江南游，鄰哉我當卜。

明　謝晉《蘭庭集》卷上《題輞川圖》　木蘭紫近辛夷塢，芳樹高高結翠陰。回首輞川裴迪老，不知誰與伴行吟。

明　王行《半軒集》卷一〇《虎丘春霽圖》　羣巘抱西郭，一峰出平田。孤秀凌太清，旁絶絡與聯。古迹遍林谷，干將閟重泉。劃開千尺巖，下見清泠淵。翠壁絢霞彩，葩辭詠前賢。于時屬青春，霽色明高天。鳴鳥亦已和，衆卉紛自妍。夙駕爰此游，襟懷遂悠然。豈曰事賞心，觀俗古所傳。來牟蔽丘壠，饁耕滿疇阡。樂土有若兹，勤政復勉旃。願同擊壤氓，熙熙度餘年。

明　沈周《題德忠觀圖》（《歷代題畫詩類》卷一一三輯）　飛觀岧嶢擁赤闌，清都曲密到應難。月移殿影瑶階静，風引簫聲碧樹寒。竊藥靈尨窺石室，繞香仙鶴下經壇。尺書早晚通相訊，洞裏桃花欲借看。

又《隋宫圖》（《歷代題畫詩類》卷一一五輯）　誰云玉樹無人讀，馬上還聞夜游曲。君王不自固苞桑，却道雍州能破木。楊花千里撲離宫，富貴濃酣似夢中。百隊蛾眉皆門月，千林彩樹不驚風。悲歡只在循環裏，莫道征遼偶然耳。鹿車載怨重於山，人心未愜遼東死。一聲桃李天下知，皇后自將神器移。漳南未顧鼠竊計，太原已及龍飛時。如何只醉揚州酒，酒杯在前兵在後。白練天教泄勇冤，醉骨沈沈當速朽。孤墳寂寞向雷塘，秋螢星散已無光。惟餘二十四橋月，獨照游魂歸洛陽。

明　嚴嵩《李學士薇園秋霽圖題贈》（《石倉歷代詩選》卷四八一輯）　玉堂仙人入直還，盡日閒園惟閉關。展席平臨堦下樹，開簾遥對几前山。紫薇陰深日卓午，石榻微凉過鳴雨。磵道聲飛泉瀑寒，雲根色颭莓苔古。仙人步屧出幽林，長嘯時聞鸞鶴音。手揮彩筆吟芳杜，目玩飛鴻彈素琴。琴書偃傲有餘清，竹窗今夜月華明。誰言西掖絲綸貴，更有東山蘿薜情。

明　朱吉《秀野軒》（《趙氏鐵網珊瑚》卷一五輯）　得覽先公筆，悠然記昔時。松楸先隴近，花竹故人稀。圖畫留遺跡，雲山起遠思。投閒身未遂，感慨一題詩。

秀野軒者，吴中周景安眺覽之所也。鄱陽周公爲題其顔，我先公寫而圖之，復從而記之。蓋軒與吾先隴密邇，景安乃先公之愛友，非若是，孰從而得之哉。先公暮年每倦于此，明年遂即世，此絶筆也。景安亦已物故。景安之壻何幼澄氏持以示予，予拜觀圖後題詠，多吴中秀士，俛仰之間已四十餘年矣。諸公亦多淪没，豈易得哉！且夫名之著者因以德境之勝者由乎人，他日何氏子孫傳示永久亦足以侈外家之雅集矣，幼澄宜珍藏焉。予既賦之以詩，復求識之于後，遂書而歸之。永樂庚寅二月，鄉人朱吉識。

含夕虛。境勝固云適，況復有琴書。諷詠佳游外，留連清賞餘。應知獨樂意，無復慕華裾。浚儀張肯

短棹曾經錦里過，高軒虛敞蔽烟蘿。溪浮淨碧澄寒綠，山送遥青疊翠螺。松雨來時涼吹急，梅花香處白雲多。畫橋東隔龍池近，碧殿陰陰俯澗阿。永嘉陳亢宗

明 廖道南《上林圖為何舉人偉題》（《歷代題畫詩類》卷九〇輯） 上林花開滿紅紫，林深花簇香塵起。翠蘂葳蕤翳日華，丹房旖旎飄霞綺。日華霞綺映明光，駁娑駘蕩通天梁。露臺窈窕瑶芳爛，星閣微茫錦樹香。錦樹瑶芳護雙闕，羣仙鳴珮靈飈發。鳧氏初鳴落曙星，雞人未報懸明月。月明星曙花連緜，昆明有客何承天。乘槎萬里浮銀漢，懷璧三投到玉田。玉田銀漢殊清絶，何郎意氣真雄杰。甘泉賦罷草玄文，郢里歌餘飛白雪。白雪玄文誰與同，花神消息付東風。知君采花更采實，春在梅花太極中。

清 朱彝尊《曝書亭集》卷一四《爲魏上舍坤題水村圖二首》 鷗波亭子趙王孫，曾爲錢郎畫水村。過眼雲煙難再覩，披圖髣髴筆蹤存。

斜插魚標颺酒旗，柳陰小犬吠笆籬。歸田最是分湖好，我亦相期作釣師。

清 楊謙 李高孫補輯《梅里志》卷六 李繩遠《題史卯君苹橋水榭圖卷》詩：十畝餘園半緑筠，層陰若與衆山鄰。憑流更築虛房靜，只恐山棲尚有塵。《尋壑外言》 李良年《題卯君苹橋水榭圖》詩：江村但平遠，幽境豈易尋。偶然水屈曲，便似青山深。獨有君家亭榭好，一水西來復東抱。宛如漁艇落桃源，隔谿隱隱桑麻繞。主人雅有静者心，讀書聲罷弄瑶琴。遠風皎月到几案，冷然三面流清音。此境由來畫不足，屠生妙理嗟神速。君身入畫君不知，却向霜縑看水竹。吾園記接水南隅，松菊荒涼往跡虛。欲作東橋倒衣叟，未妨高枕乃吾廬。《秋錦山房集》

又 又《題勺園八詠圖》：茅雖不供客，祖竹已生孫。白髪扶藤杖，看花又一村。奉輿軒 跨突分靈源，十年勞既達。在山與出山，視此清一勺。古靈源 新竹初破笑，老竹喜共醉。消夏腷膊棋，北窗收涼吹。拜竹詩龕 旖旎六峰間，玲瓏面面環。最宜秋雨後，來看一房山。一朵山房 插柳爲鄰界，春來但住鶯。曉風殘月裏，無夢到蓬瀛。柳界 花草城未蕪，果熟園丁餉。幾樹留房陵，此間有亭長。小橋李亭 曾讀天上書，歸來忘辱寵。一壺斟酌之，酒家有南董。酌史巖 但謀彭澤酒，未買浣花田。何時五十五，來送草堂錢。一把香茅屋

園林建築

題解

唐 歐陽詹《歐陽行周文集》卷五《二公亭記泉州》 勝屋曰亭，優爲之名也。古者創棟宇鎭御風雨，從時適體，未盡其要。則夏寢冬室，春由秋户，寒暑酷受，不能自滅。降及中古，乃有樓觀臺榭異於平居，所以便春夏而陶湮鬱也。樓則重構，功用倍也。觀亦再成，勤勞厚也。臺煩版築，榭加欄檻，暢耳目、達神氣，就則就矣，量其材力，實猶有蠹。近代襲古增妙者，更作爲亭。亭也者，藉之於人則與樓觀臺榭同，製之於人則與樓觀臺榭殊。無重構再成之靡費，如版築欄檻之可處。事約而用博，賢人君子多建之。其建之，皆選於勝境。

論說

漢 劉熙《釋名》卷五《釋宫室》 宫，穹也，屋見於垣上穹隆然也。室，實也，人物實滿其中也。室中西南隅曰奥。不見户明，所在秘奥也。西北隅曰屋漏。禮，每有親死者，輒撤屋之西北隅，薪以爨竈，煮沐供諸喪用。時若值雨則漏，遂以名之也。必取是隅者，禮既祭改設饌於西北隅，令撤毁之，示不復用也。東南隅曰窔。窔，幽也，亦取幽冥也。東北隅曰宧。宧，養也。東北陽氣始出布養物也。中央曰中霤。古者寢穴，後室之。霤當今之棟下，直室之中，古者霤下之處也。宅，擇也。擇吉處而營之也。舍，於中舍息也。宇，羽也。如鳥羽翼自覆蔽也。屋，亦奥也。其中温奥也。廟，貌也。先祖形貌所在也。寢，寢也。所寢息也。城，盛也。盛受國都也。郭，廓也。廓落在城外也。城上垣曰睥睨，言於其孔中睥睨非常也。亦曰陴。陴，裨也。言裨助城之高也。亦曰女墻，言其卑小，比之於城，若女子之於丈夫也。寺，嗣也。治事者嗣續於其内也。廷，停也。人所集之處也。【略】亭，停也。亦人所停集也。傳，傳也。人所止息，而去後人復來，轉相傳無常主也。瓦，踝也。踝，确堅貌也，亦言腂也在外，腂，見也。梁，强梁也。柱，住也。檼，隱也。所以隱桷也。或謂之望，言高可望也。或謂之棟。棟，中也，居屋之中也。桷，确也。其形細而

疏确也。或謂之椽。椽，傳也。相傳次而布列也。或謂之榱，在檼旁下列，衰衰然垂也。梠，旅也。連旅旅也。或謂之槾。槾，緜也。緜連榱，榱頭使齊平也，上入曰爵頭，形似爵頭也。楣，眉也。近前若面之有眉也。棳，儒也。梁上短柱也。棳儒，猶侏儒短故以名之也。牾，在梁上，兩頭相觸牾也。欒，攣也。其體上曲攣拳然也。盧在柱端都盧，負屋之重也。斗在欒兩頭，如斗也。斗負上，員檼也。笮，迮也。編竹相連迫迮也。屋脊曰甍。甍，蒙也。在上覆蒙屋也。壁，辟也。辟禦風寒也。墻，障也。所以自障蔽也。垣，援也。人所依阻以爲援衛也。墉，容也。所以蔽隱形容也。籬，離也。以柴竹作之。疏離離也。青徐曰椐。椐，居也。居於中也。柵，賾也。以木作之，上平賾然也。又謂之撤。撤，緊也。詵詵然緊也。殿，有殿鄂也。陛，卑也，有高卑也。天子殿謂之納陛，言所以納人言之階陛也。階，梯也。如梯之有等差也。陳，堂塗也。言賓主相迎陳列之處也。屏，自障屏也。蕭，廧在門内蕭蕭也。將入於此自肅敬之處也。宁，佇也。將見君，所佇立定氣之處也。序，次序也。夾室在堂兩頭，故曰夾也。堂，猶堂堂高顯貌也。房，旁也。在堂兩旁也。楹，亭也。亭亭然孤立，旁無所依也。齊魯讀曰輕。輕，勝也。孤立獨處，能勝任上重也。檐，檐也。接檐屋前後也。霤，流也。水從屋上流下也。闕，在門兩旁，中央闕然爲道也。罘罳在門外。罘，復也。罳，思也。臣將入請事，於此復重思之也。觀，觀也。於上觀望也。樓，謂牖户之間有射孔，樓樓然也。臺，持也。築土堅高，能自勝持也。櫓，露也。露上無屋覆也。門，捫也。在外爲人所捫摸也。障，衛也。户，護也。所以謹護閉塞也。窗，聡也。於内窺外爲聰明也。屋以草蓋曰茨。茨，次也。次此草爲之也。寄上曰廬。廬，慮也。取自覆慮也。草圓屋曰蒲。蒲，敷也。總其上而敷下也。又謂之庵。庵，奄也。所以自覆奄也。大屋曰廡。廡，幠也。幠，覆也。并冀人謂之庌。庌，正也。屋之正大者也。井，清也。泉之清潔者也。井一有水一無水曰瀱汋。瀱，竭也。汋，有水聲汋汋也。竈，造也。造創食物也。爨，銓也。銓度甘辛調和之處也。倉，藏也。藏穀物也。庫，舍也。物所在之舍也。故齊魯謂庫曰舍也。廐，勼也。勼，聚也。牛馬之所聚也。廩，矜也。寶物可矜惜者投之其中也。囷，綣也。藏物繾綣束縛之也。庾，裕也。言盈裕也。露積之言也，盈裕不可稱受，所以露積之也。囤，屯也。屯聚之也。圌，以草作之團團然也。廁，言人雜在上非一也。或曰溷，言溷濁也。或曰圊，至穢之處，宜常修治使潔清也。或曰軒，前有伏似殿軒也。泥，邇也。邇，近也。以水沃土，使相黏近也。塗，杜也。相塞孔穴也。堊，亞也，次也。先泥之，次以白灰飾之也。塈猶煟。煟，細澤貌也。

唐　歐陽詢《藝文類聚》卷六四《齋》　王孚安成記曰：太和中，陳郡殷府君引水入城，穿池。殷仲堪又於池北立小屋讀書，百姓于今呼曰讀書齋。

詩。晉湛方生《後齋》詩曰：解纓復褐，辭朝歸藪。門不容軒，宅不盈畝。茂草籠庭，滋蘭拂牖。撫我子侄，攜我親友。茹彼園蔬，飲此春酒。開櫺攸瞻，坐對川阜。心焉孰託，託心非有。素構易抱，玄根難朽。即以匪遠，可以長久。

梁簡文帝《山齋》詩曰：玲瓏繞竹澗，間關通槿蕃。缺岸成新浦，危石久爲門。北榮下飛桂，南柯吟夜猿。暮流澄錦磧，晨冰照采鸞。

梁庾肩吾《和竹齋》詩曰：百拱橫笻節，千櫨跨篻竿。迴龍仍作柱，通笛且成欒。向嶺分花徑，隨堦轉藥欄。蜂歸憐蜜熟，燕入重巢乾。欲仰天庭揆，終知學步艱。

陳徐陵《奉和簡文帝山齋》詩曰：架嶺承金闕，飛橋對石梁。竹密山齋冷，荷開水殿香。山花臨舞席，水影照歌床。

宋謝靈運《山居賦》曰：上古巢居穴處曰巖棲，居山曰山居，在林野曰丘園，在郊郭曰城傍。四者不同，可以理推。昔仲長願言，流水高山，應璩作書，邙阜洛川。勢有偏側，地闕周員。至若鳳叢二臺，雲夢青丘，漳渠淇園，橘林長洲。雖千乘之珍苑，孰嘉遁之所游覽。明達之撫運，乘機感而理默。悼三閭之浮江，矜望諸之去國。仰前哲之遺訓，俯性情之所。便奉微軀以宴息，保息事以乘閑。爰初經略，杖策孤征。入澗水涉，登嶺山行。紆頂不息，窮泉不停。櫛風沐雨，犯露乘星。研其淺思，罄其短規。非龜非筮，擇良選奇。剪榛開徑，尋石覓崖。四山周迴，雙流逶迤。陵名山而屢止，過巖室而披情。雖未偕於至道，且緬絶於世纓。若乃南北兩居，水通陸阻，觀風瞻雲，方知厥所。九泉別澗，五谷異巘。抗北頂以葺館，瞰南風以啓軒。羅層崖於户裏，鏡清瀾于窗前。修竹葳蕤以翳會，灌木森叢以蒙茂。蘿蔦蔓延以攀援，香花芬薰而媚秀。日月投光於柯間，風露披清於峴岫。夏涼寒燠，隨時取適。此焉卜寢，玩水弄石。及其二川合流，異源同口，赴隘入險，俱會山首。瀨排沙以積岸，島倚渚以起阜。畦町斸藝，含蘂藉芳。緑葵春節以懷露，白薤感時而負霜。伊昔齠齓，實愛斯文。援紙握管，會性通神。詩以言志，賦以敷陳。爰暨山棲，彌歷年紀。幸多暇日，自求諸己。

宋顏延年《新喻侯茅齋贊》曰：葺草作壯，采茅昭儉。哲人素節，貴而能貶。羃結茨危，瞰臨涯隒。

陳江總《永陽王齋後山亭銘》曰：叢臺造日，淄館連雲。錦墻列繢，繡地成文。吾王卓爾，逸趣不羣。梅梁蕙閣，桂棟蘭枌。竹深蓋雨，石暗迎曛。激流疑疏，搆峰似削。苔滑危磴，藤攀聳崿。樹影搖窗，池光動幕。月澄遥潊，風清近壑。雪岸難消，花園易落。高桐百尺，垂楊五株。開榮九畹，結秀三株。山條紫的，水葉紅鬚。抽芳繞霤，接翠分衢。亭讙旅鶴，浦噪驚鳬。前列牧馬，後招郇伯。諷誦楚詩，精微沛易。叢桂留賞，散金匪惜。不羨睢陽，還嗤碣石。馳聲終古，服義無斁。

唐 李白《李太白文集》卷二六《夏日奉陪司馬武公與羣賢宴姑孰亭序》 通驛公館南，有水亭焉。四甍翬飛，巉絶浦嶼。蓋有前攝令河東薛公棟而宇之，今宰隴西李公明化開物成務，又横其梁而閣之，晝鳴閑琴，夕酌清月，蓋爲接輶軒、祖遠客之佳境也。製置既久，莫知何名。司馬武公長材博古，獨映方外，因據胡床，岸幘嘯詠，而謂前長史李公及諸公曰：此亭跨姑孰之水，可稱爲姑孰亭焉。嘉名勝槩自我作也。且夫曹官紱冕者，大賢處之，若游青山、卧白雲，逍遥偃傲，何適不可。小才居之，窘而自拘，悄若桎梏，則清風朗月、河英岳秀，皆爲棄物，安得稱焉。所以司馬南鄰當文章之旗鼓，翰林客卿揮辭鋒以戰，勝名教樂地，無非得俊之塲也。千載一時，言詩紀志。

唐 張友正《歙州披雲亭記》（《文苑英華》卷八二五輯） 處高明所以蕩陰滯，臨顯敞所以窮遠睇。故有岳峙九層，雲峨百里，極玄功以壯址，殫山林於崇構者，人力也。今則排層空、架重峰，高出星漢之上，坐馳寰區之表者，天造也。州之陽漸乎水，木之陰攢乎山。山有佛寺，而迴廊翼旋，飛閣雲騫，萬家井邑，在我宇下，實一方之勝槩也。杜史魏公將命駕游焉，公徘徊賞味，情有餘致，每美其峰聳絶，靈氣紛郁。乃竦勁策、躡輕屐，縋蔓梯崖，逕造夫巔焉。高哉曠乎，果天下之絶境也。乃命剷巉巖、夷翳薈，心匠密構，亭形虛無而賓從莫之窺也。然後跨峻谷、掖修木，疊石爲趺。無尋常之地，其崇卑廣袤與斲樸杇塗之節稱焉。峨峨絶頂，一上集作不一。千仞，未幾營之，屹而冠焉。一作兮屬東風敷和，春物爛山。公乃敞層軒、披晴空，憑九霄以高視，周八極而遐觀。塊如衆山，杯分百川。籠吴楚之封境，領江湖之氣象。有足廓虛懷而攄曠抱矣。眺覽未既盡，一無此字。壺觴云舉。瞽史陳藝，笙簧合奏。仁風洋洋，下俚同觀。一作歡而吴哇裊空，楚舞嬌春，隨天籟以遠去，映花林而半出。仰之者有若子喬方平，弄玉飛瓊，相與樂羣仙於上清。【略】又兹峰之高棲天宇，上篋雲族，朝薈蔚而暮一有氣字氤氲，亭無處所，晴景一照，夐焉標空。今建名披雲，義在此也。其潤色寺宇輝華郡郭、增東南之巨麗者無終極乎。

宋 李誡《營造法式》卷一《總釋上》

宫

《易繫辭》：上古穴居而野處，後世聖人易之以宫室。上棟下宇，以待風雨。

《詩》：作于楚宫，揆之以日。作于楚室。

《禮》：儒有一畝之宫，環堵之室。

《爾雅》：宫謂之室，室謂之宫。皆所以通古今之異，語明同實而兩名。室有東西廂曰廟，夾室前堂。無東西廂有室曰寢。但有大室。西南隅謂之奥，室中隱奥處。西北隅謂之屋漏，《詩》曰：尚不愧于屋漏。其義未詳。東北隅謂之宧，宧見《禮》，亦未詳。東南隅謂之窔。《禮》曰：歸室聚窔。窔亦隱闇。

《墨子》：子墨子曰：古之民未知爲宫室時，就陵阜而居穴而處。下潤濕傷民，故聖王作爲宫室之法，曰宫。高足以辟潤濕，旁足以圉風寒，上足以待霜雪雨露，宫牆之高足以别男女之禮。

《白虎通義》：黄帝作宫。

《世本》：禹作宫。

《説文》：宅，所託也。

《釋名》：宫，穹也。屋見於垣上，穹崇然也。室，實也，言人物實滿其中也。寢，侵也，所寢息也。舍，於中舍息也。屋，奥也，其中温奥也。宅，擇也，擇吉處而營之也。

《風俗通義》：自古宫室一也，漢來尊者以爲號，下乃避之也。

《義訓》：小屋謂之廑音近，深屋謂之庝音同，偏舍謂之㢐音亶，㢐謂之康音次，宫室相連謂之謻直移切，因巖成室謂之廣音儼，壞室謂之庘音壓，夾室謂之廂，塔下室謂之龕，龕謂之椌，音空。空室謂之㝩宧，上音康下音郎。深謂之戡，音耽。頹謂之𢉼𢈔，上音批下音鋪。不平謂之庯庩。上音逋下音途。

闕

《周官》：太宰以正月示治，法於象魏。

《禮》：天子諸侯臺門，天子外闕兩觀，諸侯内闕一觀。

《爾雅》：觀謂之闕。官門雙闕也。

《白虎通義》：門必有闕者何？闕者，所以釋門，别尊卑也。

《風俗通義》：魯昭公設兩觀於門，是謂之闕。

《説文》：闕，門觀也。

《釋名》：闕在門兩旁，中央闕然爲道也。觀，觀也，於上觀望也。

《博雅》：象魏闕也。

崔豹《古今注》：闕，觀也，於前所摽，表宫門也。其中可居，登之可遠觀。人臣將朝至此，則思其所闕，故謂之闕。其上丹壁，其下皆畫雲氣仙靈、奇禽怪獸，以示四方蒼龍、白虎、玄武、朱雀，並畫其形。

《義訓》：觀謂之闕，闕謂之皇。

殿 堂附

《蒼頡篇》：殿，大堂也。徐堅注云：商周以前其名不載。《秦本紀》始曰作前殿。

《周官考工記》：夏后氏世室堂脩二七，廣四脩一。商人重屋堂修七尋堂崇三尺。周人明堂，東西九筵，南北七筵堂崇一筵。鄭司農注云：脩，南北之深也。夏度以步，今堂修十四步，其廣益以四分。修之一，則堂廣十七步半。商度以尋，周度以筵。六尺曰步，八尺曰尋，九尺曰筵。

《禮記》：天子之堂九尺，諸侯七尺，大夫五尺，士三尺。

《墨子》：堯舜堂高三尺。

《説文》：堂，殿也。

《釋名》：堂，猶堂堂高顯貌也。殿，殿鄂也。

《尚書大傳》：天子之堂高九雉，公侯七雉，子男五雉。雉，長三丈。

《博雅》：堂，堭殿也。

《義訓》：漢曰殿，周曰寢。

樓

《爾雅》：狹而脩曲曰樓。

《淮南子》：延樓棧道，雞棲井幹。

《史記》：方士言於武帝曰：黄帝爲五城十二樓，以候神人。帝乃立神臺、井幹，樓高五十丈。

《説文》：樓，重屋也。

《釋名》：樓，謂牖户之間有射孔，慺慺然也。

亭

《説文》：亭，民所安定也。亭有樓，从高省，从丁聲也。

《釋名》：亭，停也，人所停集也。

《風俗通義》：謹按《春秋》、《國語》，有寓望，謂今亭也。漢家因秦，大率十里一亭。亭，留也。今語有亭留、亭待，蓋行旅宿食之所館也。亭亦平也，民有訟諍，吏留辨處，勿失其正也。

臺榭

《老子》：九層之臺，起於累土。

《禮記》：月令五月，可以居高明，可以處臺榭。

《爾雅》：無室曰榭。榭，即今堂堭。又，觀四方而高曰臺，有木曰榭。積土四方者。

《漢書》：坐堂皇上。室而無四壁曰皇。

《釋名》：臺，持也。築土堅高，能自勝持也。

宋 程大昌《雍録》卷三《宣政紫宸螭頭》 含元螭頭，王仁裕所記與賈黄中之説合則可據矣，而宣政紫宸螭頭，《唐志》雖不明載其制，亦嘗因事及之，尚可考也。《唐志》曰：天子御正殿，則起居郎舍人分左右立，有命則俯陛以聽退而書之。夫正殿者，宣政也。既曰俯陛聽命，則是命出墀上，人立墀下，故可云俯也。《志》又曰：若仗在内閣，則夾香案分立殿下，直第二螭首，和墨濡筆，皆即坳處。夫内閣者，紫宸殿也。第二螭者，紫宸殿前自上而下第二小欄橫頂之飾也。坳處，即欄石之窪陷而礲不盡平者也。故既可即以和墨，又可涉筆而書也。唐之三殿合二者而求之紫宸之螭，志已明載，而二史之在宣政必皆俯陛乃可聽命，則陛峻必有石螭自可因事想制矣。蓋三殿也者，南北相重，先含元，次宣政，又次紫宸，皆在龍首山上。古記龍首山近渭處，高二十丈。今含元殿墀高於平地四十尺，則四丈耳。康駢《劇談録》曰：殿鑿龍首崗爲基，高五十餘尺。是含元雖高，猶未據極也。故其後兩殿相重，爲宣政，爲紫宸地，轉北則階愈高，愈高則其升殿也不容不爲峻道，而峻道必有扶欄，與夫壓頂石螭。是皆不待察察以言而其制可想者也。

又 卷九《漸臺》 滄池 太液池

未央宫有漸臺。文帝之夢鄧通、王莽之死於兵，皆在其處。漸者，漬也。一作瀸音，義同也。言臺在水央，受其漸漬也。建章宫亦有漸臺。《郊祀志》

曰：建章北有大池，漸臺高二十丈，名曰泰液。王根治第亦有之。百姓歌曰：土山漸臺西白虎。然則凡臺之環浸于水者，皆可名爲漸臺。顧王根爲之則僭耳。《長安志》疑王莽之在未央爲漢兵所逼，倉卒出避，無由有暇得趨建章。因疑兩宮各有漸臺也。此其疑之是也。《水經》：未央漸臺在滄池中，建章漸臺在太液池中。則正與《漢志》所載相合，最可據矣。《黃圖》曰：舊圖云未央宮有滄池，其水蒼色，故曰滄池。此即《水經》言漸臺之在滄池者也。《漢書》又曰：建章宮北治大池，名曰太液。池中起三山，以象蓬萊、方丈、瀛洲。此之三山即是太液、漸臺之詳也。至《黃圖》曰漸臺在未央宮太液池中，則未央似有太液矣。而《漢志》無之，則疑《黃圖》不審也。《圖》之下文又曰：未央宮有滄池，池中有漸臺，王莽死於此。則此地本是滄池，而誤爲太液池也。案，昭帝紀始元元年黃鵠下建章太液池。則太液自在建章甚明，而正史之於未央又無太液之文，故予得以議其不審也。然予於此別有疑焉。

宋 楊簡《先聖大訓》卷一 《爾雅・釋宮》：無室曰榭，四方高曰臺。然則臺者巧於橧巢，榭則屋之，唯無室爾，至於宮室牖户則詳備矣。

明 崔銑《讀易餘言》卷四 「上古穴居而野處，後世聖人易之以宮室，上棟下宇，以待風雨。蓋取諸大壯。」

穴居窟室，則无棟宇之壯，野處橧巢，則有風雨之侵。外垣四周曰宮，户牖之内曰室。棟，㯳也。宇，椽也。取象之義缺。

明 葉盛《水東日記》卷三〇 南軒張先生曰：「今州縣祭社却是要典。祭時當築一大壇于山下，望山而祭。今立殿宇，已爲不經。塑爲人像，又配之以夫婦，褻瀆甚矣。」以是觀之，宋祭社稷，嘗爲屋矣。若設壇爲主以祭，以報以祈，我朝得禮之正無踰焉。

明 謝肇淛《五雜組》卷三《地部一》 閣與閤世人多混用之。閣，夾室也，以板爲之，亦樓觀之通名也。内則天子之閣，左達五，右達五，蓋古人制。此以庋飲食之所，即今房中之板閣。而後乃廣其制，爲「天禄」、「凌烟」等名。或以藏書，或以繪像，或以爲登眺游覽之所，此樓閣之閣也。閤者，門旁小户也。漢公孫弘開東閤以延賢人，蓋避當門，而東向開一小門引賓客，以别於官屬。即今官署脚門旁有延賓館是也。韓延壽爲太守，閉閤思過，即如今閉脚門，不聽官屬入耳。唐正衙日喚仗入閤，則百官亦隨以入，謂之入閤。蓋中門不啟而開脚門也。然則夾室謂之閣，傍門爲之閤，義自昭然。漢三公黃閤。注：不敢洞開朱門，以别於人主。故黃其閤。今國家設文淵閣藏書，而大學士主之，故謂之閣老。若以黃閤東閤之義言之，亦可謂之閤老耳。

又 《爾雅》：小閨謂之閤。閨，即門也。故金門亦謂金閨。處子謂之閨女，以其處門内也。今人閨閤槩作閨閣，至以朝廷「東閤」亦巍然揭東閣之額，而不覺其非。蓋黃閤老子美詩已誤用之矣。今若稱閤下爲閣下，舉世有不笑之者耶？

清 陳元龍《格致鏡原》卷六《宮》 《釋名》：宮，穹也。屋見垣上，穹隆然也。《蘇氏演義》：宮，中也。宮處都邑之中也，又方也，爲宮必以雉堞方正也。《禮記》：儒有一畝之宮。《初學記》：自古士庶通謂之宮。漢以來尊者以爲帝號，下乃避之。《管子》：黃帝有合宮以聽政。《東方朔傳》：殷作九市之宮，而諸侯畔。《大戴禮》：周時德澤和洽，蒿茂大，以爲宮柱，名曰蒿宮。《述異記》：闔閭搆水精宮尤極，珍怪皆出自水府。《西京雜記》：武帝爲七寶床，雜寶案，廁寶屏風，列寶帳，設於桂宮，時人謂之四寶宮。漢《禮樂志》：天子自竹宮望拜。注：韋昭曰：以竹爲宮，天子居中。《拾遺記》：漢成帝於太液池傍起宵游宮，以漆爲柱，鋪黑綈之幕。《魏略》：大秦國城中有五宮，相去各五十里，宮室皆以水精爲柱。《列子》：周穆王時西胡國有化人來，王執化人之祛，騰而上天。暨化人之宮構以金銀，絡以珠玉，出雲雨之上，實爲清都紫微也。《神異經》：東方有宮，青石爲牆，高三仞左右，闕高百丈，畫以五色。門有銀榜，以青石鏤題，曰天地長男之宮。西方有宮，白石爲牆，五色黃門，有金榜而銀鏤題，曰天地少女之宮。西北方有宮，以金爲牆，門有金榜以銀題，曰天皇之宮。南方有宮，以赤石爲牆，赤銅爲門，有銀榜題，曰天地中女之宮。北方有宮，以黑石爲牆，題曰天地中男之宮。東北有宮，以黃石爲牆，以黃碧鏤題，曰天地少男之宮。西南有宮，以黃銅爲牆，題曰地皇之宮。東南有宮，題曰天地長女之宮。《十洲記》：方丈山上有琉璃宮。又，青丘山上有紫宮，天真仙女多游於此。《大洞真經》：圓華宮，黃老之所處。《上清經》：納臺宮，南朱君居之。音光宮，西華君居之。七瑶宮，九元君居之。返香宮，元昭君居之。紫曜宮，司命君居之。金華宮，黃房君居之。

清 孫岳頒《佩文齋書畫譜》卷一二《宋宣和畫譜叙論・宮室》 宮室有量，臺門有制，而山節藻棁，雖文仲不得以濫也。畫者取此備之形容，豈徒爲

是臺榭牖户之壯觀者哉！雖一點一筆，必求諸繩矩，比他畫爲難工。

清　高宗愛新覺羅·弘歷《御製詩集》四集卷八三《題清娛室》　爲室由來必有鄰，書軒山近步廊循。取之左右適其可，耐以周旋任彼真。過雨山容翠如濯，摇風樹韻静而倫。清娛欲得心無滓，養此寸田福萬民。

清　沈起元《周易孔義集説》卷一九「上古穴居而野處。後世聖人易之以宫室，上棟下宇，以待風雨。蓋取諸大壯。」

蔡節齋曰：棟，脊檩。宇，椽也。棟直承而上，取四剛義。宇兩垂而下，取二柔義。

按，乾爲天主，覆物上，下四方爲宇，皆天所覆。有宫室，象雷動則風雨將至，宫室成於下，雷動於上，故曰以蔽風雨。

清　李斗《揚州畫舫録》卷一七《工段營造録》　匾有龍頭、素綫二種。四圍邊抹，中嵌心字板，邊抹雕做三采過橋，流雲拱身宋龍，深以三寸爲止，謂之龍匾。素綫者爲斗字匾。龍匾供奉御書，其各園斗字匾，則槩係以亭臺齋閣之名。廳事猶殿也，漢晉爲聽，六朝加广爲廳。《老學菴筆記》云：路寢，今之正廳。治官處之廳多廠，今謂廠廳。《靈光賦》云「三間兩表」，即今廳之有四榮者。如五間，則兩稍間設槅子或飛罩，今謂明三暗五。宋排當云「三間五㢠」。《輟耕録》云「三間兩夾」，皆是也。湖上廳事署名不一，一曰福字廳。本朝元旦朝賀，自王公以下至三品京堂官止，例得恭邀頒賜福字。各官敬裝匾，供奉中堂，以爲奕世光寵。南巡時各工皆賞福字，如辛未，則與石刻坐秋詩水嬉賦仝賞之類，工商敬裝龍匾，恭摹于心字板上，擇園中廳事未經署名者懸之，謂之福字廳。如皆已有名，則添造廳事，或去舊匾换福字，如冶春詩社之秋思山房，荷蒲薰風之清華堂之屬，皆是今之福字廳。其次有大廳、二廳、照廳、東廳、西廳、退廳、女廳，以字名如一字廳、工字廳、之字廳、丁字廳、十字廳，以木名如楠木廳、柏木廳、桫欏廳、水磨廳，以花名如梅花廳、荷花廳、桂花廳、牡丹廳、芍藥廳，若玉蘭以房名，藤花以榭名，各從其類。六面庋板爲板廳，四面不安窗檽爲凉廳，四廳環合爲四面廳，貫進爲連二廳及連三、連四、連五廳。柱檩木徑取方爲方廳，無金柱亦曰方廳。四面添廊子飛椽攢角爲蝴蝶廳，仿十一檩桃山倉房抱廈法爲抱廈廳，枸木椽脊爲捲廳，連二捲爲兩捲廳，連三捲爲三捲廳。樓上下無中柱者，謂之樓上廳、樓下廳。由後檐入拖架爲倒坐廳。

正寢曰堂，堂奥爲室，古稱一房二内，即今住房，兩房一堂屋是也。今之堂屋，古謂之房。今之房，古謂之内。湖上園亭皆有之，以備游人退處。廳事無中柱，住室有中柱，三楹居多，五楹則藏東西兩稍間于房中，謂之套房，即古密室、複室、連房、閨房之屬。又巖穴爲室，潛通山亭，謂之洞房。各園多有此室。江氏之蓬壺影、徐氏之水竹居最著。又今屋四週者，謂之四合頭，對霤爲對照，三面連廡謂之三間兩廂，不連廡謂之老人頭。凡此又子舍、丙舍、四柱屋、兩徘徊、兩厦屋、東西霤之屬。其二面連廡者，謂之曲尺房。

正搆皆謂閣。旁搆爲閣道，加飛椽攢角爲飛閣，露處爲飛道，露處有階爲磴道，磴道曲折紆徐者爲頻頓，是皆閣之制也。湖上閣以錦鏡閣爲最，閣道以篠園爲最，飛閣、飛道、磴道、步頓以東園爲最。

兩邊起土爲臺，可以外望者爲陽榭，今曰月臺、晒臺。晋塵曰「登臨恣望，縱目披襟」。臺不可少。依山倚巘，竹頂木末，方快千里之目。湖上熙春臺，爲江南臺制第一傑作。

樓與閣大同小異。梯式創于黄帝，今曲梯折磴，極窈窕深邃，非持火莫能登，謂之螺螄轉。京師柏林寺大悲閣最稱詭制。湖上以平樓第三層梯效之，崇屋敧前爲榭，蓋樓臺中之斜者，即錦泉花嶼中藤花榭之屬。

行旅宿會之所館曰亭。重屋無梯，聳檻四植，如溪亭、河亭、山亭、石亭之屬。其式備四方、六八角、十字脊及方勝圓頂諸式。亭制以《金鼇退食筆記》九梁十八柱爲天下第一。湖上多亭，皆稱麗矚。

古者肅齊不齊曰齋。黄岡石刻東坡墨蹟一帖，有思無邪齋。晋塵曰：齋宜大雅。窗檽朗明，庭苑清幽，門無輪蹄，徑有花鳥。

浮桴在内，虚檐在外，陽馬引出，欄如束腰，謂之廊。板上甃磚，謂之響廊。隨勢曲折，謂之游廊。愈折愈曲，謂之曲廊。不曲者修廊，相向者對廊，通往來者走廊，容徘徊者步廊。入竹爲竹廊，近水爲水廊，花間偶出數尖，池北時來一角，或依懸厓，故作危檻，或跨紅板，下可通舟，遞迢于樓臺亭榭之間，而輕好過之。廊貴有欄。廊之有欄，如美人服半背腰爲之細。其上置板爲飛來椅，亦名美人靠。其中廣者爲軒。《禁扁編》云，窗前在廊爲軒。

大屋中施小屋，小屋上架小樓，謂之仙樓。江園工匠，有做小房子絶藝。

古者依水爲屋，謂之船房。凡三間屋，靠山開門，槩以船房名之。全椒金絜齋棨詩云「啟關竟穿蔣詡徑，入室還住張融舟」，謂此。

綜述

北魏 酈道元《水經注》卷一九《渭水》 泬水又逕漸臺東。《漢武帝故事》曰：建章宫北有太液池，池中有漸臺三十丈。漸，浸也，爲池水所漸。一説星名也。南有璧門三層，高三十餘丈。中殿十二間，階陛咸以玉爲之。鑄銅鳳五丈，飾以黄金。樓屋上椽首薄以玉璧，因曰璧玉門。

宋 談鑰《吴興志》卷一三 明月樓，在子城西南隅。知州事徐仲謀《會景樓記》云由臺門而西至明月樓，建已久矣。自譙門火，止存舊阯。《舊編》載唐人范傳正《正月十五夜玩月詩》有「風凄城上樓」、「月滿庾公樓」、「夕照下西樓」之句，指言此樓。蓋楊漢公《八月十五日夜銷暑樓玩月》有「人在虚空月在谿，谿上玉樓樓上月」。沈城上十樓，未有確據也。又云，舊傳郡治大廳居中，譙門翼其前，卞蒼擁其後。清風、會景、銷暑蜿蜒於左，有青龍象明月一樓，獨峙西南隅，爲虎踞之形，合陰陽家之説。

宋 袁甫《蒙齋集》卷一六《鉛山縣石梁銘》 鉛之山兮蒼蒼，鉛之水兮泱泱。劚山骨兮爲梁，卧洪波兮康莊。題巨扁兮彌章，萬目具瞻兮萬古之光。

宋 周密《武林舊事》卷五《湖山勝槩·豐樂樓》 舊爲衆樂亭，又改聳翠樓。政和中改今名。淳祐間趙京尹與簄重建，宏麗爲湖山冠。又甃月池，立秋千梭門，植花木，構數亭。春時游人繁盛。舊爲酒肆，後以學館致争，但爲朝紳同年會拜鄉會之地。林暉、施北山皆有賦，趙忠定《柳梢青》云：水月光中，煙霞影裏，湧出樓臺。空外笙簫，雲間笑語，人在蓬萊。天香暗逐風回。正十里，荷花盛開。買箇小舟，山南游遍，山北歸來。吴夢窗嘗大書所賦《鶯啼序》於壁，一時爲人傳誦。

元 劉道明《大觀樓記》（《如皋縣志》卷二八引） 掘港雖彈丸土，而三面環海，以一河西受淮流之委。積氣所聚匯，人士羣族而居焉。皋以東一大都會也，乃俗習魚鹽，不聞絃誦，人尚黠健，不敦禮讓，篤於時而拘於墟，曾未有望洋而嘆者何？所觀之不大也。北燕金公孝，友人也。分符兹邑，有古儒將風。其持躬正，故不交人以勢而以義。其居室廉，故不惠人以利而以道。一捐崖角，以善迎人，而澹泊以化。民安于市，兵静于伍。無冗政，是以多暇時。城之北有樓久塌，公闢而廣之，奉神於中，虚其左以爲講學地，延士雋異者時往登眺，而顔之曰大觀。又於樓之東隅，因高爲閣，作文峰焉。夫樓東南踞海十餘里，洪波壯勇，極目無際。沐日浴月，雲蒸霞起，朝景夕暉，氣象萬千。豈僅以是爲觀之大乎！而公意不在此矣。固期與諸君子窮理辨欲，析疑賞奇，共澤于詩書，而恢宏其心志，炳於道德，而變化其氣質。務大而不務小，移俗而不爲俗移。異日者，朴者以秀，而黠者以純，相與不懈，而及于古。文章焕若星日而功業著于天壤，然後共濯心以相慶也。是則公命名之意也。夫粤稽先賢之言曰：觀於海者難爲水，游於聖人之門者難爲言，以志大也。夫五經四子之書俱在，非所謂洋洋大觀乎？學山至山，學海至海，則惟登斯樓者是望矣。

元 曹文晦《石梁雪瀑》（《元詩選》二集卷二九輯） 山北山南盡白雲，雲中有水接天津。兩龍争壑那知夜，一石横空不度人。潭底怒雷生雨雹，松頭飛霧濕衣巾。曇華亭上茶初試，一滴曹溪恐未真。

明 貝瓊《清江文集》卷一五《擁翠樓記》 四明之奉化依山爲縣，而處士汪公幼海由城西徙，家縣治東三十武，且朝暮與山相接也，猶病其蔽於崇墉，不能周遠近之勢，復即後圃建小樓，爲登眺之所焉。於是大山横亘於南者，玉几第一，寶麓次之。其西則爲石棋盤，而鯉湖在石棋盤西五里，絶嶺有神龍居焉。此山之在二方者，環拱几席之間矣。東有長汀七十二曲，如巴蛇赴壑、束鱗蹙節，宛轉而不得肆，世傳唐葉靖命龍所開，以泄水於海也。益東三十里有山，曰金鵝。又衆水匯於東南，爲龍潭。龍潭之上陗壁千仞類屏風狀者，曰南山。又轉而北望，則青錦嶄然與玉几對峙，一名蓮花巖。此山之在三方者，錯出窗户之外矣。觀其或起或伏或前或却，争奇獻秀不啻海濤湧而石筍列，終日玩之有不厭者。廣平舒汝臨爲題曰擁翠，而曹南吴主一書之，乃馳書京師求余爲記。余惟宋謝靈運好山，日事游放，至伐木開徑，窮天下之奇觀，是有山之癖而未得其趣者也。今幼海據其要領，而闔境之勝畢效於一樓，不待陟雁蕩、放羅浮、上匡廬、游太華爲足矣。秋高木脱，霜露天空。延朝景之飛雲，送夕陽之歸鳥。山之翠罨於甌越者無盡，而吾之趣亦無盡焉。噫！有其地而無其人，雖美弗居。有其人而無其地，雖居弗美。此之遺於昔而見於今，天固將待於人乎，不可以不志。於是乎書。

明 黎淳《黎文僖公集》卷九《鍾英樓記》 芝田據邑中土，徐之宅又在芝田正中。廷章乃選宅中勝地作樓三間，挹攬地靈。暇日拉客登焉，則北峙覆

釜雄蹲以待，南迴鳳凰翔舞而來。左環金錢，右擁卧佛，爭奇競秀，畢集軒檻。而金溪一水繞覆釜背，東北過金錢，又南過鳳凰而西下，乃經流也。又一溪繞金錢背，東南會于金溪。又一澗出覆釜西北，過卧佛東南，入于金溪。皆支流也。四山列侍以相親，三水會同而爲一。斯樓皆得專而有之。宜誦焉，爽氣靈光，溢滿篇帙。宜觴焉，清輝瑞彩，浮動罇罍。宜嘯詠焉，嘉期美景，助與興趣。隨所取之松濤竹雪，韻諧瑟琴，菊霜梅冰。

明王樵《方麓集》卷一一《金陵雜紀·智居樓》 南京都察院後堂之北有敬亭，立洪武八年敕諭碑，基高五尺，欄檻四周，旁多古木。敬亭之北爲智居樓，左山右湖，兩面皆空曠，可以遠眺，而於觀山尤宜。鍾山之盤鬱、紫氣之鬱葱，朝夕相對，可以忘倦。聞之山以遠而妍，以近而得其真，此可謂兼得之矣。惟不見江上山耳。按敕諭言，設置貫城，取法天象。欲刑官法天以從事也。又言獄清而無事，心静而神安，以玄武之澄波，印鍾山之蒼翠，雖飛巢巔而走窩下，亦莫潛毫釐，洞見其真。智人居是，能不開懷抱而長嘯終日，引觴侶酌以快今生？汝其敬哉！

明高濂《遵生八牋》卷七 東坡守汝陰，作亭，以帷幕爲之，世所未有。其製若亭，四圍柱架空插成之，裝起則以帷幕圍之，拆束則揭而他往。其銘略云：乃作新亭，檐楹欒梁。鑿枘交設，合散靡常。不油仰承，清幄四張。我所欲往，十夫可將。與水升降，除地布床。又云：豈獨臨水，無適不臧。春朝花郊，秋夕月埸。無脛而趨，無翼而翔。敝又改爲，其費易償。榜曰擇勝，名實允當。又《觀子由繼作》四言詩内云：視身如傳，苟完不求。山磐水嬉，習氣未瘳。風有翠幄，雨有赤油。匪車匪舟，亦可相攸。則晴用布帷，雨用油幕可知。

明王路《花史左編》卷二《花之寄·大舫》 孫德璉鎮郢州，合十餘船爲大舫，於中立亭，池植荷芰。良辰美景，賓僚並集，泛長江而置酒。一時稱爲勝賞。

明祁彪佳《祁彪佳集》卷七《寓山注·浮影臺》 從踏香堤望之，迥然有臺，蓋在水中央也。翠碧澄鮮，空明可溯。每至金蟾蹙浪，丹嶂迴清，此臺乍無乍有，上下於煙波雪浪之間。環視千柄芙蓉，又似蓮座莊岩，爲衆香湧出。水經注所云「迴峙相望，孤影若浮」，似爲寫照矣。

又《友石榭》 自升降巖阿，以此地爲適中處。丹楹接阜，飛棟陵山。探園之流，曠覽者神情開滌，棲遁者意况幽閒，莫不留連斯榭，感慨興懷。主人於此都無托契，所可箕踞相對者，惟冷雲小友，不因人熱，堪作歲寒交耳。

又《虎角菴》 松徑之北折而西，得選勝亭，復折而東，有掌大地，石色至此益深古，叩之鏗然作碎玉聲，與修竹數竿，瀟疏相應其旁。得太湖之最奇者，一如水波，一如蜂穴，皆米老袖中物。於此結構一菴，曲椽三之，望若梅瓣然。菴成，問名於家季超，題之以虎角。而爲余説曰：吾弟搆此奉大士，近且孜孜祖道矣。然亦嘗有意於浄土乎？予曰：願聞其説。季兄曰：六祖不與西方，此塗毒鼓也。逐塊者遂岐禪浄而二之，夫不悟本心，謂别有浄土可往，此心外有法也。悟心之士，而必却西方於心外，亦惡在其爲悟心也哉。故永明禪師云：有禪有浄土，猶如帶角虎。深有味其言之也。吾嘗戲諸禪者曰：衲僧家不惜草鞋錢，遍參知識，今彌陀於極樂界大開粥飯鋪，公輩試一往參胡不可，而必以浄土爲諱耶。予曰：浄土之説，謹聞命矣。虎且角，何以馴而養之？季兄提起數珠曰：向這裏會取，若也會得，便能繫之以龜毛，飼之以谷響。伴之以木馬泥牛，守之以幻人化士，正恁麼時，且道是甚麼人行履處。良久云：吾嘗於此切。

又《瓶隱》 昔申徒有涯放曠雲泉，常攜一瓶，時躍身入其中，號爲瓶隱。予聞而喜之，以名卧室。室方廣僅丈，擴兩楹以象耳，圓其肩，高出脊上，隱映於花木幽深中，儼然瓶矣。然申徒公以大千世界都在裏許，如取頻伽瓶，滿中擎空，用餉他國。此真芥子納須彌手，若猶是作瓶觀也。不淺之乎視公哉。

又《妙賞亭》 寓山之勝，不能以寓山收，蓋緣身在山中也。子瞻於匡廬道之矣。此亭不暱於山，故能盡有山。幾疊樓臺，嵌入蒼崖翠壁。時有雲氣往來縹緲，掖層霄而上，仰面貪看，恍然置身天際，若并不知有亭也。倏然迴目，乃在一水中，激石穿林，泠泠傳響，非但可以樂飢，且滌十年塵土腸胃。夫置嶼於池，置亭於嶼，如大海一漚然，而衆妙都焉，安得不動高人之欣賞乎？

清顧炎武《歷代宅京記》卷六《關中四》 康駢《劇談録》曰：含元殿，國初建造，鑿龍首崗以爲基址，彤墀釦砌，高五十餘尺，左右立棲鳳、翔鸞二闕，龍尾道出於闕前，倚欄下瞰前山，如在諸掌。殿去五門二里，每元朔朝會，禁軍與御仗宿於殿庭，金甲葆戈，雜以綺繡，羅列文武，纓珮序立，蕃夷酋長仰觀玉座，若在霄漢。

清高士奇《金鰲退食筆記》卷上 芭蕉園。自太液池東行半里許，蒲葦盈水，榆柳被岸，松檜蒼翠，果樹分羅。中崇闓廣，砌一殿，穹窿以黄金雙龍作

頂，纓絡懸綴，雕櫳綺窗，朱楹玉檻，望而敞豁。舊曰崇智殿。殿後藥闌花圃，有牡丹數十株。轉西有亭八面，内外皆水，曰臨漪亭，一曰釣魚臺。金魚作陣，游戲其中。又一小石梁出水中。向西，一亭在水際，曰水雲榭。

清　乾隆《江南通志》卷三〇《輿地志·古蹟一·江寧府》　三閣在上元縣臺城，陳至德二年建，曰臨春，曰結綺，曰望仙。在華林園光昭殿前，高數十丈，並數十間窗牖。户壁、欄檻之類皆以沉檀爲之。又飾以金玉，間以珠翠。外施珍簾，内設寶帳。閣下積石爲山，引水爲池，植以奇樹，雜以花藥。

清　梁詩正　沈德潛等《西湖志纂》卷三《孤山勝蹟》　錦帶橋　在白沙堤中間。堤南爲前湖，堤北爲後湖。亦稱裏湖。中開一港，以通舟楫。疊石爲梁，横跨十錦塘，望若錦帶，故名。聖祖仁皇帝臨幸孤山，御舟由此轉入後湖，改架木梁。雍正八年，重甃以石。臣謹按，《西湖游覽志》載：斷橋稍西有涵碧橋，在孤山路中，宋轉運使陳堯佐重修，而不載錦帶橋。考十錦塘之名始於萬曆間，司禮監孫隆修白沙堤而易其稱者。嘉靖作志時有涵碧而無錦帶明矣。隆修堤甃石，因十錦塘而名其橋曰錦帶。則錦帶當即爲涵碧無疑。

又　卷五《南山勝蹟中》　蕉石山房　丁家山上有高埠，平臨湖曲。雍正九年，甃石爲磴道，建亭其上。復於山半更置一亭，高下相映。山上多紫石，瓌瓏秀削，狀類蕉葉。爲軒數楹，曰蕉石山房。乾隆十六年春聖駕臨幸，御製《丁家山》詩。見《恭紀名勝》。

又　卷六《南山勝蹟下》　浣雲池　在報恩寺内。白居易《浣雲池》詩：白雲本無心，舒卷長自潔。影落一鑑空，可浣不可涅。鳶飛魚躍間，上下俱澄澈。此意難與言，覽之自怡悦。

清　姚之駰《元明事類鈔》卷二九　萬竹亭　范椁《萬竹亭》詩：誰能買山種萬竹，殘年請老住巴蜀。結亭更在竹中間，四面雲溪寫山麓。

清　李衛等《西湖志》卷九《園亭》　翁莊　在葛嶺之下，明季翁開之别業。中有「湛華亭」額，爲開之手書。亭後有池，池上水閣四楹。西爲小軒二楹，迴廊曲折，通於亭上。庭前老桂婆娑，猶開之手植，曾孫廣東提學副使嵩年拓而新之。中建御書碑亭，恭勒聖祖仁皇帝御賜朱子詩及臨董其昌書於亭上。階前古桂五株，大可合抱，干霄蔽日。花時香飄雲外。其下結屋數楹，題曰天香書屋。後有小池，味極甘冽，甲於葛嶺諸泉，惜名不傳。疏爲曲沼，通於湛華亭後水閣之池，架以石梁，環以曲闌。前有殿春舫，植牡丹數十本。又前爲水樓三楹，平臨湖面。其書屋舊址向爲前大學士黄機别業，機退老於此，自題曰漁家。殁後歸翁。由是改築，遂合湛華亭爲一云。

清　雍正《江西通志》卷四一《古蹟·饒州府》　碧雲軒，《鄱陽遺事録》：芝山寺海會堂後之小軒也。外瞰危石，中鏁幽檻軒檐之庭，栽列花木蘭蘆諸藥，似有高人達士趣嚮。公守饒時，有昇上人占居此軒，公每到寺，必適其處，愛其閑寂瀟灑，常爲之留題曰：愛此詩家好，幽軒絶世紛。澄宵半床月，淡曉數峰雲。遠意經年就，微吟並舍聞。只應虚静處，所得自蘭芬。

清　乾隆《静寧州志》卷八《雜集》　息肩亭在州東城外三將軍祠西，周圍二十五畝。州祝祥建。内有後樂堂、詠風亭、玩月軒諸處，引水繞亭，徧植花柳。州守迎送往來，輒憩息於此。今廢。

清　乾隆《晉江縣志》卷一五《雜志》　中和堂　宋時建。舊名清徹，尋改愛松。蔡襄詩云：偏愛東堂砌下松，三年瀟灑伴衰翁。寒聲動蕩潮初上，疏影孤圓月正中。又改中和。王十朋詩云：堂前老樹幾經春，閲徧泉南舊守臣。盡向中和堂上坐，中和爲治有何人。

清　蔣溥等《盤山志》卷四《名勝二·橋》　投閒橋，俗名大石橋。晾甲石北上半里，怪石參錯，若拒流怒激作鏜鞳聲。松聲和之，聲益厲。

又　青龍橋，横跨不受履，兩山夾之若磵户。仰視峭壁，去天尺五。鑿石而成。上爲古中盤。

又　仙人橋，萬松寺東南五十步。有巨石數丈横磵上，水自下出。又古中盤觀音洞右石，亦有此名。

鄭纘祖《仙人橋》詩：見説仙橋險，苔深少人跡。停笻一俯觀，澗底千餘尺。

清　李斗《揚州畫舫録》卷一《草河録上》　高橋、迎恩橋作法同。兩崖甃石鯨獸，欄楯鏤鐫如玉。中流駕木貫鉄縴連之。過橋亭雕檐峻宇出没雲霞，上可結駟，下可方舟。過此南去，有橋四，爲小迎恩橋、小市橋、葉公橋、鞠橋。小迎恩橋、鞠橋皆磚橋，小市、葉公皆石橋。皆無過橋亭。

自迎恩橋直行向西，有邗上農桑、杏花村舍、平岡艷雪、臨水紅霞四段，至長春橋而止。自迎恩橋少西南行，至北門橋止，爲草河内支流，亦稱草河。

又　卷六　涵光亭面城抱寺，亭右築小垣，斷岸不通往來。寺外游人至此，廢然返矣。亭中水氣如雨，人烟結雲。僅此一亭，湖水之氣已足。聯云：

臨眺自兹始高適，烟霞此地多朱放。亭右通雙清閣。【略】薜蘿水榭之後，石路未平，或凸或凹，若踐若齧，蜿蜒隱見，綿亘數十丈。石路一折一層至四五折，而碧梧翠柳、水木明瑟。中搆小廬，極幽邃窈窕之趣。顔曰契秋閣。聯云：渚花張素錦杜甫，月桂朗冲襟駱賓王。過此又折入廊，廊西又折，折漸多，廊漸寬。前三間，後三間，中作小卷通之。霜脊如工字。廊竟又折，非樓非閣，羅幔綺窗，小有位次。過此又折入廊中，翠閣紅亭，隱躍欄檻。忽一折入東南閣子，躐步凌梯，數級而上，額曰委宛山房。聯云：水石有餘態劉長卿，鳧鷖亦好音張九齡。閣旁一折再折，清韻丁丁自竹中來。而折愈深，室愈小，到處粗可起居，所如順適。啟窗視之，月延四面，風招八方，近郭溪山，空明一片。游其間者如蟻穿九曲珠，又如琉璃屏風，曲曲引人入勝也。

又 卷八《城西録》 南紅橋本南湖狹處。編木渡水，後湖嘴漸出，輒植木成杠，謂之南橋。紅其欄，謂之南紅橋。春草夏蒲，秋芡冬葦，遠浦明滅，小橋出入，一段水局最盛。過橋西岸，入秋雨庵路。

美人橋在掃垢山尾硯池，南岸自中埂以下，地脉隆起，直趨塔灣，静慧園即在中埂分支。壇巷以上土阜隆起，直趨掃垢山，秋雨庵即在掃垢山尾。其中湖田十數頃，水大爲湖，水小爲田，謂之美人峒。峒口建石橋，謂之美人橋。夢香詞云「聽鶯宜近美人橋」，即此。西爲社稷壇，居民築屋其上，謂之壇巷。其下乃掃垢山，接西門二釣橋西岸之都天廟巷。此皆由南門大街財神廟巷而來者也。

又 卷九《小秦淮録》 大東門外城脚河邊，半爲居人屋後圩牆，半爲河邊行路，無河房。惟土倡王天福家，門外有河房三間，半居河中，半在岸上，外圍花架，中設窗櫺，東水關最勝處也。

又 卷一〇《虹橋録上》 流波華館後牆在湖滸，前榮在湖中，地上皮板，板上以文磚亞次，步之一片清空。聯云：澗道餘寒歷冰雪杜甫，浪花無際似瀟湘温庭筠。館右復作板廊數折入湖心亭，左作宛轉橋，曲折上小江潭。聯云：竹室生虚白陳子昂，波瀾動遠空王維。

又《虹橋録上》 輞川圖畫閣三楹，在楊柳間。樹光蒙密，日色玲瓏，禽鳥上下，水紋清妍。聯云：此地惟堪圖畫障白居易，不妨游更著南華皮日休。

又 懷仙館八柱四榮，重屋十脊，臨水次，前榮對鎮淮門市河。聯云：白雲明月偏相識任華，行酒賦詩樂未央杜甫。

又 卷一二《橋東録》 接青琅玕館之尾，復搆小廊十數楹，額曰春雨廊。廊竟，廣築杏花春雨之堂。聯云：明月夜舟漁父唱孟賓于，隔簾微雨杏花香韓偓。今其堂已墟爲射圃矣。

又 怡性堂後竹柏叢生。取小徑入圓門，門内危樓切雲，名曰江山四望樓。聯云：山紅澗碧紛爛熳韓愈，竹軒蘭砌共清虚李咸用。

涵虚閣在江山四望樓之左，凡四間，後窗在緑楊灣之小廊内，游人多憩息于此。聯云：圓潭寫溪月，遜邈。華岸上春潮。清江。

又 卷一三《橋西録》（長春）嶺在水中，架木爲玉板橋。上搆方亭，柱欄檐瓦，皆裹以竹，故又名竹橋。湖北人善製竹，棄青用黄，謂之反黄。與剔紅琺瑯諸品，同其華麗。郡中善反黄者，惟三賢祠僧竹堂一人而已。是橋則用反黄法爲之。

又 蓮花橋在蓮花埂，跨保障湖，南接賀園，北接壽安寺茶亭。上置五亭，下列四翼洞，正側凡十有五。月滿時每洞各銜一月，金色滉漾。乾隆丁丑高御史創建。

又 卷一四《岡東録》 西爽閣前夾河外，堤上樹木蒼茂。搆小屋，高不盈四五尺，枋楣梁柱，皆木之去膚而成者，名曰木假亭，如蘇老泉「木假山」之類。今謂之天然木。是園爲程宗揚建，今歸巴樹保。

又 望春樓前有圓池，左右設二石橋，曲如蟹螯。額曰一渠春水。聯云：北樹遠峰開即望薛能，月華星采望來收杜甫。池前高屋五楹，露臺一方。臺外即新河灣處，大石側立，作驚濤怒浪，篙刺蜂房。飛樓傑閣崛起于雲霄之間，複道四通於樹石之際。朱金丹青，照耀陸離，額曰小李將軍畫本。聯云：萬井樓臺疑繡畫杜甫，千家山郭静朝暉張九齡。屋後小捲對望春樓，聯云：飛閣凌芳樹張九齡，雙橋落彩虹李白。

又 如意門中牡丹極高，花時可過墻而出。中築清妍室，聯云：露氣暗連青桂苑李商隱，春風新長紫蘭芽白居易。室右環以流水，跨木爲渡，名天然橋。橋取朽木，去霜皮，存鐵幹，使皮中不住聚脂而鬱跂頓挫。欄楯皆用附枝，委婉屈曲，偃蹇光澤，又一種木假詭制也。

又 菉竹軒居蜀岡之麓，其地近水，宜於種竹。多者數十頃，少者四五畦。居人率用竹結屋，四角直者爲柱楣，撑者榱棟，編之爲屏，以代垣堵，皆仿高觀竹屋、王元之竹樓之遺意。張氏於此仿其製搆是軒，背山臨水，自成院

落。盛夏不見日光，上有烟帶其杪，下有水護其根。長廊雨後，劚笋人來。虚閣水腥，打魚船過。佳構既適，陳設益精，竹窗、竹檻、竹床、竹灶、竹門、竹聯。聯云：竹動疏簾影，盧綸。花明綺陌春。王維。蓋是軒皆取園之惡竹爲之，於是園之竹益修而有致。

又 卷一五《岡西録》 曠如亭在東岸小山上。過此山平水闊，水中築雙流舫，後增丁字屋，周以紅欄，設宛轉橋，改名流香艇。聯云：重檐交密樹，王勃。隔岸上春潮。清江。至是有長廊數十丈。

又 過蕭家橋入樹石中，得屋四五楹，冉冉而轉，入廳事三楹，與水更近，顔曰清陰堂。聯云：風生北渚烟波闊，權德輿。雨歇南樓積翠來。李憕。

曠觀樓十二間如弓字，每間皆北向。蓋至此三山漸出矣。聯云：烟草青無際，周伯奇。溪山畫不如。杜牧。樓後老梅三四株，中有一水如江村通潮，可以單櫂而入。水上搆兩間小屋，題曰嫩寒春曉。聯云：鶴羣常繞三株樹，司空圖。花氣渾如百和香。杜甫。

昔蕭村有倉房十楹，臨九曲池。是園因之爲水廊二十間，由露臺入涵清閣。聯云：雲林頗重疊，賈島。池館亦清閒。白居易。旁增水廳五楹，水大時，石礎松欞，間在水中。紫荇白蘋，時來屋裏。題曰風月清華。聯云：舟將水動千尋日，張説。樹出湖東幾點烟。曹鄴。過此土脈隆起，搆緑雲亭。聯云：山深松翠冷，朱慶餘。樹密鳥聲幽。崔翹。亭旁石上題曰萬松疊翠，吴園至此乃竟。

又 尺五樓在九曲池西角坡上，大門在炮石橋路北。門内廳事三楹，西爲十八峰草堂，東爲延山亭。亭東爲尺五樓，樓後爲葯房。十八峰草堂，謂黄山有十八峰，汪氏居黄山下，舊有是堂，因擇園内是屋名之。吴杉亭詩云：闌檻憑虚望，峰峰積翠浮。琅玕千箇晚，鐘磬數聲秋。塔影明流外，人烟古渡頭。重來玩凉月，桂樹小山幽。杭大宗詩云：草堂俯春郊，列岫青不捨。一一排闥來，秀色堪玩把。地勝辰又良，於此掄羣雅。東風不是情，密雨亂飄灑。俄焉頑雲封，婉孌露者寡。遠望接混茫，目營力難假。既虞妨履綦，聊且荐杯斝。亟呼米於菟，濃墨恣塗寫。酒闌雨未闌，簌簌響檐瓦。

延山亭在竹樹中，亭扁爲梁巘所書。左右廊舍，比屋連甍。由竹中小廊入尺五樓，樓九間，面北五間，面東四間。以面北之第五間靠山接面東之第一間，於是面東之間數與面北之間數同，其寬廣不溢一黍，因名曰尺五樓。其象本于曲尺，其制本于京師九間房做法。

尺五樓面東之第五間樓，下接葯房。先築長廊於葯田中，曲折如阡陌，廊竟，小屋七八間，營築深邃，矮垣鏤續，文磚亞次，令花氣往來氤氲不隔。

微波峽在兩山之間，峽東爲錦泉花嶼，峽西爲萬松疊翠。峽中河寬丈許，不能容二舟，故畫舫至此方舟者皆單櫂而入。入而復出，爲九曲池。山圍四匝，中凹如椀，水大未嘗溢，水小未嘗涸，今謂之平山堂塢。塢中建接駕廳，八柱重屋，飛檐反宇，金絲網户，刻爲連文，遞相綴屬，以護鳥雀。方蓋圓頂，中置塗金寶瓶琉璃珠，外敷鎏金。廳中供奉御製平山堂詩石刻，後設板橋，橋外則水窮雲起矣。是園爲汪光禄孫冠賢彝士所建。

又 廿四橋即吴家磚橋，一名紅藥橋，在熙春臺後。平泉湧瀑之水，即金匱山水，由廿四橋而來者也。橋跨西門街東西兩岸，磚牆庋版，圍以紅欄，直西通新教場，北折入金匱山。橋西吴家瓦屋圩墻上石刻烟花夜月四字，不著書者姓名。

清 和珅 梁國治等《熱河志》卷二八 泉源石壁 北山之麓，危崖直下數仞，旁無路蹊。古樹根盤迸出石罅，蒼苔紫蘚，沿蔓繡澀。壁間懸流百丈，飛注所謂泉源者也。磨崖恭勒

御書「泉源石壁」四字，大徑二尺。西爲半月湖，更西有亭曰矚朝霞，皆

聖祖御題聖製元韻皇上和章並鐫石壁上

又 香遠益清 萬樹園東南、金山之陰，搆殿數重，曲沼漣漪，凉軒明净，緑房紫葯，芳菲襲人。當雨過風來，生香遠挹，對之覺心境雙清。前殿五楹，

聖祖御題額曰香遠益清。聯曰：遠見波光來玉澗，近臨山翠入書窗。後殿三楹，額曰紫浮。稍西置八楹，額曰依緑齋，聯曰：喬木拂窗連嶺翠，澄波映檻接天光。齋左有亭，御題額曰含澄景。

又 卷三八 敞晴齋 山莊西北隅，緣岡冠嶺，構室其上，御題額曰敞晴齋。游目披襟，因高得迥，秋空氣朗，蒼碧千里，於晴宜也。門外有橋，奇石嶔崟高下，前列古松童童如青蓋，左曰清綺書屋，右曰繪韻樓。

又 卷四一《養粹堂》

庚子

山堂據崇阜，曠望非深邃。以其鄰敷露，顔之曰養粹。取例横渠銘，謂西銘東銘無非淑身義。更遠溯子輿，曰養浩然氣。浩然無不純，純即粹之致。然而孟近傲，未若張平易。居高心自卑，時存近民意。

古松書屋己亥 草房雖不古，而松與古之。借問松何年，不知種者誰。宇

宙以來山，有山松在茲。適茲構草房，宛共松同時。落落凉陰翻，謖謖寒濤吹。郙覺當夏五，直如對伊耆。無須閲世書，總可兒孫其。

清 乾隆《鄞縣志》卷二四　四明窗　吴潛既濬舊池，跨兩虹於上，而闢虚堂於中。户牖四達，似四明石窗，因題斯扁。《開慶續志》

又　秋思亭　在檜山之西。橙、菊、芙蓉相爲掩映，與四明窗隔池。《開慶續志》

清 鄭大孚《西亭記略》（《如皋縣志》卷二八輯）　古老相傳，西亭壩舊矣，亭之興廢莫可考。據稽，壩所自昉由淮水至此西折而入於江。昔人築壩蓄止之。南下通於十山海門，以亭名壩，而無其亭。恐是名亦將久而湮也。余家於此數世，先大夫築屋其側，榜曰濠上。壬子大水，屋圮焉。丙寅秋重搆西亭，承先志也。亭樹石柱，四周以闌檻，不設窗户。堤上雜樹棠、梨、夜合、橘、柚、芙蓉，左右編短籬，藝蔬數畦。環亭種紅白蓮花。蒲之人攜榼詠宴其上，咸曰兹亭。商賈貿遷，舟車輻輳，當溽暑烈日，涷塗朔雪，投斯亭而憩息，可以休勞人矣。五狼南踄，林梓北循，笠簑荷雨，罷秧連雲，可以話桑麻、課陰晴矣。櫻筐春陌，蟹籪秋溪，雅歌投壺，被襟散髮，可以寄傲而契賞矣。埭接荆華，莊環古柏，寒潮暮鐘，晴皐雨雁，鏗鏗潒潒，咾咾啞啞，可以陶寫性靈而流連景光矣。客撫手而笑，把醆而歌，歌曰：夜既晏兮清露零，縱横列兮斗與參。悲秋氣之蕭瑟，挹旨酒之芳醇。慨九原之不作，紹前志於斯亭。

清 徐喬林《雲臺新志》卷七《勝蹟》　蓮臺　《雲臺山圖》：在孫家山觀音堂側，疊石簇纍，形似千葉蓮花。

清 趙之壁《平山堂圖志》卷二《名勝》　虹橋　吴綺《揚州鼓吹詞序》：在城西北二里。崇正間形家設以鎖水口者。朱闌數丈遠，通兩岸，雖彩虹卧波，丹蛟截水不足以喻。而荷香柳色，曲檻雕楹，鱗次環繞，綿亘十餘里。春夏之交，繁弦急管，金勒畫船，掩映出没于其間。誠一郡之麗觀也。

又　蓮花橋亘保障河上，巡鹽御史高恒建。橋上置五亭，下列四翼，洞正側凡十有五，月滿時每洞各銜一月，金色滉漾，卓然殊觀。

又　尺五樓，汪秉德搆，在蜀岡之麓，臨河西。向爲樓五楹，北轉亦如之，是爲尺五樓。樓下疊石爲山，老桂叢茂。山後由竹徑入邃室，爲葯房。樓西由長廊至延山亭，亭西再折，爲十八峰草堂。堂之前臨高爲室，一望平遠，隔江諸山若可指數。

清 黄鈞宰《金壺七墨・金壺浪墨》卷五《大悲閣》　城西北隅有大悲閣，高可五丈，宛在水中。相傳水大則閣與俱浮，未嘗没其趾也。閣之東爲老君殿，而蔡公祠及諸蘭若當其南，達以長橋，蜿蜒如虹，環城如平岡卧嶺。樓臺錯落，水木清華。郡人游憩於是焉。五月既望，劉琴白、程獻清、家庶春，以予二十初度，買舟載酒而往。四面芙蕖，香風馥郁。紅妝素服，綽約凌波。有「境如蓬島三山外，身在蓮花萬朵中」之句。

清 同治《蘇州府志》卷七《公署》　初陽樓在郡中池上，宋時已廢。唐皮日休《登初陽樓》：危樓新製號初陽，白粉青薿射沼光。避酒幾浮輕舴艋，下棋曾覺睡鴛鴦。投鈎列坐圍華燭，格簺分明占靚粧。莫怪重登頻有恨，二年曾侍舊吴王。陸龜蒙《初陽樓》：遠窗浮檻亦成年，幾伴楊公白晝筵。日暖煙花曾撲地，氣和星象却歸天。閑將水石侵軍壘，醉引笙歌上釣船。無限恩波猶在目，東風吹起細漪漣。

清 光緒《海鹽縣志》卷七《古蹟》　綺川館　《圖經》：本移風亭，舊址在縣東南尉廳之南。景德三年，令翁緯建夫子廟，廟南鑿池，池之陽作亭，名移風，臨之。廟遷，亭廢。靖康元年，尉黄唐傑以廟址建尉廳。淳熙八年，尉趙善沛以亭址建此館，方瑜重修，扁爲綺川也。

清 光緒《江西通志》卷一一七《勝蹟略二・署宅四》　春香亭，虚靜亭。春香、虚静分峙慶朔之前，與二花檻並列，乃范文正公之所建也。慶朔舊常爲宴賓之憩樂，既作於庭，而卉木環抱，得二亭掩映，真娱樂之趣也。

清 光緒《雅州府志》卷一二《西藏》　水閣凉亭　在布山寺北，有池，中建樓閣，壯麗高爽。登覽者必乘舟以濟。風景殊佳。

紀事

漢 袁康《越絶書》卷八　女陽亭者，句踐入官於吴，夫人從道，産女此亭，養於李鄉。句踐勝吴，更名女陽，更就李爲語兒鄉。

晉 王嘉《拾遺記》卷三　僖公十四年，晉文公焚林以求介之推。有白鴉繞煙而噪，或集之推之側。火不能焚。晉人嘉之，起一高臺，名曰思賢臺。種仁壽木，木似柏而枝長柔軟，其花堪食。故《吕氏春秋》云「木之美者有仁壽之華焉」，即此是也。或云戒所焚之山數百里，居人不得設網羅，呼曰仁烏。俗亦謂烏白臆者爲慈烏，則其類也。

在？吴興東部主人許氏所由作也。亭製約而雅，溪流安以清，是二者相爲用，而主人盡有之，其智可知也。夸目㕘心者或大其閈閎，文其節棁，儉士耻之。絶世離俗者或梯構巖巘，紉結蘿薜，世教鄙之。曷若此亭，與人寰不相遠而勝境自至。青蒼在目而潺湲激砌，晴煙蔭嵐，明晦萬狀。鷗飛魚游，不驚不喁。時時歸雲，來冒茅洞。許氏方岸鷃冠支笻竹，目送溪鳥，口吟《招隱》，則神機自生，集作王利欲自薄，百骸六藏之内累無自而入焉。有田二頃，傅于亭下。鎡基之功，出於僮指。每露蟬一聲，秋稼成實，倚杖眺遠，不覺日暮。歲食之羡則以給樽中。方其引滿陶然，心與境冥，集作寂則是非得喪相與奔北之不暇，又何可滑於胸中。嚱夫！舉世徇物以失性而不能自適，一有其適二字且繆戾於動静之理。君之動也，代耕筮仕必於山水之鄉，故尉義興、贊武康皆有嘉聞而無粃政。其静也，則偃曝於斯亭，循分食力，不矯不躁，庸詎知今日善閉不爲異時之大來耶？予知之深，故因斯亭以廣其詞云。

宋 蘇軾《東坡全集》卷三五《凌虚臺記》 臺因於南山之下，宜若起居飲食與山接也。四方之山，莫高於終南，而都邑之麗山者，莫近於扶風。以至近求最高，其勢必得。而太守之居，未嘗知有山焉。雖非事之所以損益，而物理有不當然者，此凌虚之所爲築也。方其未築也，太守陳公杖屨逍遥於其下，見山之出於林木之上者纍纍，如人之旅行於墻外而見其髻也。曰：是必有異。使工鑿其前爲方池，以其土築臺，出於屋之危而止。然後人之至於其上者，怳然不知臺之高，而以爲山之踊躍奮迅而出也。公曰：是宜名凌虚。以告其從事蘇軾，而求文以爲記。軾復於公曰：物之廢興成毁，不可得而知也。昔者荒草野田，霜露之所蒙翳，狐虺之所竄伏。方是時豈知有凌虚臺耶？廢興成毁，相尋於無窮，則臺之復爲荒草野田，皆不可知也。嘗試與公登臺而望，其東則秦穆之祈年、槖泉也，其南則漢武之長楊、五柞，而其北則隋之仁壽、唐之九成也。計其一時之盛宏，傑詭麗堅固而不可動者，豈特百倍於臺而已哉，然而數世之後，欲求其髣髴，而破瓦頽垣無復存者，既已化爲禾黍、荆棘、丘墟、隴畝矣，而況於此臺歟。夫臺猶不足恃以長久，而況於人事之得喪忽往而忽來者歟！而或者欲以夸世而自足，則過矣。蓋世有足恃者，而不在乎臺之存亡也。既已言於公，退而爲之記。

宋 杜範《清獻集》卷一六《黄巖縣譙樓記》 黄巖爲浙東壯邑。其治當舟車之會，占江山之勝，有民物之庶。方岑崇崇以鎮于東，松巖嵬嵬以峙于西，澄江汩汩以經于北。而山于江之北者，浮嵐聳秀，十里一碧，蔚爲奇觀。其南爲委羽之山，委蛇蜿蜒，介乎群峰，隱然有卑不可踰之勢。如虎之踞，如鳳之集，其融結巧特，實爲衆山之宗，爲黄巖之望。古人審面勢以畫井邑，豈苟云乎哉！由其外而觀之，若偉然衣冠儼立兩旁而擁所事也。由其内而觀之，若燕豆肆列設寶篆而在其前也。縣樓與山直，草木可數，光氣相接。自市居競侈，棟宇争麗，萬瓦突兀以障其前，而班詔之亭又障之。且楹桷蠧瘵、垣甃圮闕，而扁額亦曠落不存。令往往苟歲月賦輸而不暇問。黎君領斯邑，入其治，見其閈閎而心陋之。既而登樓以望，方岑、松巖翼于左右，江北諸巘崎巇獻狀，獨委羽仙宅，乃睽隔而不得一睹也。心益陋之，欲易之，未暇。一年訪民疾苦，心惻手摩，未忍於役。二年浚河疏閘，民以不病役而忘勞。三年爰議經度，爰命梓人圖畫其制高下以稱。庳者崇之，壞者新之，闕者葺之，圮者築之。仍班詔之舊，易爲疏欞以環之。其矮屋之在左右也，撤之，求名筆篆額以揭之。其址三尺有二，視舊加三之一。其樓三尺有尋，視舊加六之一。爲工之數，二千有奇，爲費之數，錢以萬計者五十餘，米以斛計者百，皆取諸銖積粒儲而用之，毫髮無資於民。屬鄉之士葛元善、阮應龍董其役，鬻材鳩工，無抑取、無靳予。故其具也備，而民不知其成也速。而民滋悦，經始於淳祐二年冬十二月，竣事於三年春。三月樓成，上入青冥。按群宇而下之，如翳斯豁，如壅斯達，憑高敞以納空明之秀，據虚曠而挹仙子之風，於是古人審面勢而畫井邑者，一覽而盡得之矣。黎君走書來言曰：是役也，幸邑人之不我非也。夫子居是邑，將不非邑人之不非我也，其爲我志之。余居北山之趾，去委羽十里而遥。拳石擁翠，撲撲可即。而比屋之間、短檐之下，曾不得搴箵推牖而飫茹之，使之偃蹇而莫吾就也。顧邑治之所拱嚮，亦委之形格，勢禁而不相顧耶。且是役也，俟農隙而始興，時也。先成民而後舉，順也。約己以足用，節也。征斂不下及，惠也。一役而四美具焉，是亦可以書矣。

宋 王藻《梁源蟠松亭記》（《赤城集》卷一一輯） 於古有挺特負材、離羣獨立、偃然而傲世者，余得而聞矣。今乃寤寐之莫能仿佛，則於梁源之松知敬愛焉。梁源於寧海爲會山，由邑右趨三里而近，其奥或得遺劍器者。相傳蕭梁宣帝昔所避地，山由以名也。其峭然秀發爲錦繡峰，下爲精廬，創唐武德歲。旁夾徑連抱者萬松，此其一也。於徑以達奥，皆爲勝覽，而是松其尤焉。

去松数步爲驛道，鞭轂趨競，日相挨摩。有聞山之高而弗克窮者，惟近則於松無不即焉。既必充然，以爲極瓌詭之觀。問其得失，適與余會。令君桐廬方公始度其旁爲亭，提提桷榱左右以翼。顧鄉先學皆宦游靡居也，屬予記之。辭弗獲得，以名問焉。則命松以蟠。亭則松名也，余靦然曰：此余夙焉，求得乎松而未能者。又奚爲言？夫曲直，木性也。惟松則不以産植滋養之異，莫不絶苯蕁，參青冥。是顧以蟠取之。然曲者折而不對其直，伏者踞焉不奪其操，低回尋仞，兀硉未降，雲披水匯，倐亘畝陌。扶輿矯折，纖末具態。皆將遠舉横騖乎無際畔也。視夫錚焉競立、鬭焉相高者，不以末乎？聞之古曰龍未之升爲蟠，取形若義，斯得兼矣。苟徒曰蜿蜒其資而不戾乎近觀，容與其材而適遠乎世用。有勵志操者，將夷而艾之，踣而拜之，於亭何有哉？惟斯邑，三薄鴻寖，西北紫翠，萬馬相奔，則山之原剡歷天台來者，蓋至此則仰顧屹若遏不進，伏爲夷壤，岡巒蒙茸，繚如掩抱，回溪沄沄萬折乃東。蓋其勢宅而深，氣雄而廓。斯松是鍾而豈徒哉！惟天之和，惟地之英，山川炳靈物盈其間，各有得焉。惟萃其美者，則必抗焉自異，而天地山川之相與無窮者，其發越則未始既也。使是松得獨當奇，則余懼焉孰從，是而得大觀者，風雲月露不足尚也。他時雷電晦冥，有抱膝諷吟，踞坐而捫蝨，相與問松斯亭者，毋詰其所從來，姑以斯名余語訪焉將有異聞，不可以不告也。公名懋烈字仲勳，由學省擢高第，綜理淵通，賢令君也。事無小必勇以集大者，將次第舉是亭，非以夸也。力其事者，山之僧法雨云。

明 王圻《稗史彙編》卷一二一《會龍橋》　蜀相許寂至洛，以尚書致政。葺園館，引水爲溪，架巨竹爲橋，號會龍橋，謂竹可以化龍耳。

明 袁中道《珂雪齋近集》卷五《楮亭記》　金粟園後有蓮池二十餘畝，臨水有園，楮樹叢生焉。予欲寘一亭納涼。或勸予：此不材木也，宜伐之，而種松柏。予曰：松柏成陰最遲，予安能待？或曰種桃李。予曰：桃李成陰亦須四五年。道人之跡如游雲，安可枳之一處？予期目前可作庇陰者耳，楮雖不材，不同商丘之木嗅之狂酲三日不已者。蓋亦界于材與不材之間者也。以爲材，則不中梁棟桁櫨之用。以爲不材則皮可爲紙，子可爲藥，可以染繒，可以頮面，其用亦甚夥。昔子瞻作宥老楮詩，蓋亦有取于此。今年夏酷暑，前堂如炙，至此地則水風泠泠襲人，而楮葉皆如掌大，其陰甚濃，遮樾一臺。植竹爲亭，蓋以箬，即曦色不至，并可避雨，日西驕陽，隱蔽層林，啼鳥沸葉中，沉鬱有若深山。數日以來，此樹遂如飲食衣服，不可暫廢，深有當于予心。自念設有他樹，猶當改而植此，而况已森森如是，豈惟宥之哉。且將九錫之矣，遂取之以名吾亭。

明 董應舉《李皞如重修黄樓記》（《明文遠》引）　昔蘇文忠公守徐，值河漲欲敗城，極力捍護，得以無事。乃作樓於城上，堊以黄土，眡水所向，以厭冰也。其事若近於戲，然自是以後，樓之興廢，水爲戢暴，父老嘗歷歷言之有徵。故樓雖圮而復興，時葺而長存。予以乙巳秋道徐，登焉。入拜公像於樓之下，登而履其上，踧然不寧。以告同年李皞如。皞如曰：是在我。時皞如謫判是州，而署其政也。越六載再過，而張仲恢爲守，招予游，則見樓下奥窔拓入丈許矣，坐公其中，登者不犯。樓上風檻直出，屬於睥睨，而三闢其牖，前則汴泗二河，如虹貫入，來自天際，亘以九里如月内向。左右顧視，則東西諸山，若拱若侍，若蹲若伏，若飛舞奔走，求屬人目。下則帶水束抱，流光蕩魄，連艫歌唱，若在席前。倚檻而笑，若浮空倒影與雲氣相騰，忽不知其身之着世。蓋斯樓之觀於是乎始大。仲恢曰：此李皞如所作也。

清 乾隆《江南通志》卷三〇《古蹟·江寧府》　清暑殿在上元縣臺城内，晉孝武帝造。殿前重樓複道，通華林園。爽塏奇麗，雖暑月常有清風，因以爲名。宋大明五年，鴟尾中生嘉禾，一株五莖，遂改爲嘉禾殿。

清 張岱《夜航船》卷一一　清私閣　倪雲林所居。有清秘閣、雲林堂。其清秘閣尤勝。前植碧梧，四周列以奇石。蓄古法書、名畫其中，客非佳流不得入。嘗有夷人入貢道經無錫，聞雲林名，欲見之，以沉香百斤爲贄。雲林泠人紿，云適往惠山飲泉。翌日再至，又辭以出探梅花。夷人不得一見，徘徊其家。倪密令開雲林堂使登焉。東設古玉器，西設古鼎彝尊罍。夷人方驚，顧問其家人曰：聞有清秘閣，可以觀否？家人曰：此閣非人所易入。且吾主已出，不可得也。夷人望閣再拜而去。

清 薛所藴《澹友軒文集》卷一〇《賓翠臺記示兒》　翕園地坦平，有池塘亭廡，而無崗巒樓樹。步之所趨，目之所寓，止見吾園以内，園以外盲如也。己亥夏，乃構木疊甓爲臺，初秋告成。扶笻登眺，西北太行、王屋突起青嶂，若王公貴客聳立而儼臨也。東南一望皆高樹，夭喬蒙茸，重緑撲人，若朋好親串蒨巖靚妝，拱侍而揖讓，相暱就焉。即吾園以内，曲檻、雕欄、佳花修竹，亦一時咸相顧盼，殊異平日之隨所至而見，或有不及見者。曰：美哉！環

吾園者何多翠色也，而臺實主之，爰名臺曰賓翠。夫臺惟高，故群翠來賓，然則士人奮志立身，有不處己於高明之域而朋來自遠者哉？吾於是得爲學焉。小子識之。

清　同治《蘇州府志》卷四六《第宅園林·元和縣》　醒心亭，熙寧間曹儀履中所葺，在葑門内。有土阜對峙水際，雖巨浸弗没，因號浮墩。後避諱，改名浮邱。相傳此地昔有雙松，竦然參天。建炎之難，有潰兵欲伐之，隕石如雨。今放生池即其地也。盧志

清　光緒《江西通志》卷一一六《勝蹟略二·署宅三·臨川縣》　杏庭，饒君孟持故詩書家。其先祖手植文杏一章於其所居之西，兵燹之餘，風枝露幹，屹然蒼煙。因樹亭其側，名曰杏庭。

藝文

唐　閻邱均《臨水亭》（《文苑英華》卷三一五輯）　高館基曾山，微幂生花草。傍對野村樹，下臨車馬道。清明悟心術，幽遐備瞻討。回含峰隱雲，聯綿渚縈埆。氣似滄洲勝，風爲青春好。相及盛年時，無令歎衰老。

唐　歐陽詢《藝文類聚》卷六三《居處部三·觀》　後漢崔駰大將軍臨洛觀，賦曰：濵曲洛而立觀，營高壤而作廬。處崇顯以閒敞，超絶鄰而特居。列阿閣以環匝，表高臺而起樓。步輦道以周流，臨軒檻以觀魚。於是迎夏之首，末春之垂。桃枝夭夭，楊柳猗猗。既乃日垂西陽，中曜内光。弛銜縱策，逸如奔飈。

唐　孟浩然《孟浩然集》卷二《和宋太史北樓新亭》　返耕意未遂，日夕登城隅。誰謂山林近，坐爲符竹拘。麗譙非改作，軒檻是新圖。遠水自嶓冢，長雲吞具區。願隨江燕賀，羞逐府寮趨。欲識狂歌者，丘園一竪儒。

唐　祖詠《題韓少府水亭》（《極玄集》卷上輯）　梅福幽棲處，佳期不忘還。鳥啼當户竹，花遶傍池山。水氣侵堦冷，松陰覆座閑。寧知武陵趣，宛在市朝間。

唐　杜甫《過南鄰朱山人水亭》卷四九（《全唐詩》卷二二六引）　相近竹參差，相過人不知。幽花欹滿樹，小水細通池。歸客村非遠，殘樽席更移。看君多道氣，從此數追隨。

唐　劉長卿《劉隨州集》卷一〇《銅雀臺》　嬌愛更何日，高臺空數層。含啼映雙袂，不忍看西陵。漳河東流無復來，百花輦路爲蒼苔。清樓月夜長寂寞，碧雲日暮空徘徊。君不見鄴中萬事非昔時，古人不一作何在今人悲。春風不逐君王去，草色年年舊宮路。宫中歌舞已浮雲，空指行人往來處。

唐　白居易《白氏長慶集》卷八《郡亭》　平旦起視事，亭午卧掩關。除親簿領外，多在琴書前。况有虚白亭，坐見海門山。潮來一憑檻，賓至一開筵。終朝對雲水，有時聽管絃。持此聊過日，非忙亦非閒。山林太寂寞，朝闕空喧煩。唯兹郡閣内，囂静得中間。

又　卷二一《葺池上舊亭》　池月夜凄凉，池風曉蕭颯。欲入池上冬，先葺池中閣。向暖窗户開，迎寒簾幕合。苔封舊瓦木，水照新朱蠟。軟火深土爐，香醪小瓷榼。中有獨宿翁，一燈對一榻。

又　卷三三《自題小草亭》　新結一茅茨，規模儉且卑。土階全壘塊，山木半留皮。陰合連藤架，藂香近菊籬。壁宜藜杖倚，門稱荻簾垂。窗裏風清夜，檐間月好時。留連嘗酒客，勾引坐禪師。伴宿雙棲鶴，扶行一侍兒。綠醅量盞飲，紅稻約升炊。齷齪豪家笑，酸寒富室欺。陶廬閒自愛，顔巷陋誰知。螻蟻謀深穴，鷦鷯占小枝。各隨其分足，焉用有餘爲。

唐　姚合《姚少監詩集》卷七《題鳳翔西郭新亭》　西郭塵埃外，新亭制度奇。地形當要處，人力是閒時。結搆方殊絶，高低更合宜。棟梁清俸買，松竹遠山移。佛一作僧。寺幽難敵，仙家景一作境。可追。一作遺。良功惭巧盡，上客恨逢遲。兩面寒一作清。波漲，當前軟一作嫩。柳垂。清虚宜月入，凉冷勝風吹。宴賞軍容静，登臨樂妓隨。魚龍聽絃管，鳧鶴識旌旗。泛鷁春流闊，飛觴白日攲。閒花一作雲。長在户，嫩蘚乍緣墀。永望情無極，頻來困不辭。雲峰晴轉出，一作翠。煙樹曉逾滋。向野惟貪静，臨空遽覺危。行人如不到，游樂更何爲。一作游樂信虚爲。

又　亭亭河上亭，魚躑水禽鳴。九曲何時盡，千峰今日清。晨光秋更遠，暑氣夏常輕。杯裏移檣影，琴中有浪聲。岸莎連砌静，漁火入窗明。來此多沈醉，神高無宿酲。

又《題長安薛員外水閣》　亭亭新閣成，風景益鮮明。石盡太湖色，水多湘渚聲。翠筠和粉長，零露逐荷傾。時倚高窗望，幽尋小徑行。林疏看鳥語，池近識魚情。政暇招閒客，唯將酒送迎。

唐　黄滔《黄御史集》卷一《水殿賦以翻量去日有水空流爲韻》　昔隋煬帝幸江都宫，制龍舟而礙日，揭水殿以淩空。詭狀奇形，雖壓洪流之上。崇軒峻宇，如張丹禁之中。當其城苑興闌，煙波思起。截通魏國之路，鑿改禹門之水。於是怪設堂殿，妙盤基址。屏開於萬象之外，岳立於千艘之裏。還如玉闕，控鼇海以峥嶸。稍類雲樓，拔蜃江而聳峙。皆以彩飾無比，雕鎸罕量。裝羽毛而摇裔，疊瓊璧而熒煌。鏡豁四隅，遠近之風光寫入。花明八表，古今之壯麗攢將。天子乃縱巡游，極駕馭，登巨艦以龍躍，擴深扃而虎踞。旌旗劍戟以絡野，珠翠歌鐘而觸處。三十六宫之雲雨澒洞隨來，一千餘里之煙塵冥蒙撲去。百幅帆立，千夫脚奔。上摇烏兔，下竄蛟鼉。天吴邂逅以驚殺，地軸參差而軋翻。蘭棹桂檝之駢闐，行辭洛口。鴛瓦虹梁之岌業，坐徹夷門。啓閉詎常，登臨罔畢。雷訇之竹箭衝過，輻凑之木蘭貯出。柳絲兩岸，褭爲朱檻之春。水調千聲，送下清淮之日。既而遄驚鬼瞰，遽及神謀。鑾輅而飄成覆轍，樓船而墮作沈舟。寶祚皇風，一傾亡於下國。霞窗繡柱，大零落於東流。嗟夫！駕作禍殃，樹爲罪咎。穿河彰没地之象，泛水示沈泉之醜。血化兆庶，財殫萬有。所以湯武推仁，不得不加兵於癸受。

宋　范仲淹《范文正集》卷四《蘇州十詠·觀風樓》　高壓郡西城，觀風不浪名。山川千里色，語笑萬家聲。碧寺煙中静，紅橋柳際明。登臨豈劉白，滿目見詩情。

宋　歐陽修《文忠集》卷一〇《逸老亭》　上相此忘榮，怡然物外情。池光開小幌，山翠入重城。野鳥窺華衮，春壺勞耦耕。枕前雙鴈没，雨外一川晴。解組金龜重，調琴赤鯉驚。雖懷安石趣，豈不爲一作念蒼生。

又　卷五三《題滁州醉翁亭》　四十未爲老，醉翁偶題篇。醉中遺萬物，豈復記吾年。但愛亭下水，來從亂峰間。聲如自空落，瀉向兩檐前。流入巖下溪，幽泉助涓涓。響不亂人語，其清非管絃。豈不美絲竹，絲竹不勝繁。所以屢攜酒，遠步就潺湲。野鳥窺我醉，溪雲留我眠。山花徒能笑，不解與我言。惟有巖風來，吹我還醒然。

又　卷五四《和人三橋》　笳鼓下層臺，旌旗轉長嶼。橋響騺歸軒，溪明望行炬。北臨白雲澗，南望清風閣。出樹見人行，隔溪聞魚躍。斷虹跨曲岸，倒影涵清波。爲愛斜陽好，迴舟特特過。

又《晚步緑陰園遂登凝翠亭》　餘春去已遠，緑水涵新塘。漸愛樹陰密，初迎蕙風涼。高亭可四望，繞郭青山長。野色晚更好，嵐曛共微茫。幽懷不可寫，雅詠同誰觴。明月如慰我，開軒送清光。

又　卷五六《雙桂樓》　嘉樹叢生秀，兹樓層漢傍。飛甍臨萬井，伏檻出垂楊。卷幕晴雲度，披襟夕籟涼。山河瞻帝里，風月坐胡床。愛客東阿宴，清歡北海觴。淮南多雅詠，歲晚玩幽芳。

又《題張損之學士蘭皋亭》　碕岸接芳蹊，琴觴此自怡。林花朝落砌，山月夜臨池。雨積蛙鳴亂，春歸鳥哢移。惟應乘興客，不待主人知。

宋　蔣堂《春卿遺稿·南湖臺三首》　危臺竹樹間，湖水伴深閒。清淺采香徑，方圓明月灣。放魚隨物性，載石作家山。自喜歸休早，全勝賀老還。

嶢榭水中央，兹爲隱遁鄉。小園香寂寂，一派曉泱泱。煙草碧彌岸，霜桃紅壓墻。鴟夷倘在此，未必入滄浪。

水次揭危亭，煙堤四面平。栽蘆延宿鷺，種柳待啼鶯。雪霽清流漲，風來野艇横。輕肥莫臨顧，我老懶逢迎。

又《題山亭》　山亭深處枕清溪，萬目回環盡翠微。梅萼破香知臘近，柳梢含緑認春歸。風前列嶂琴三疊，雪後羣山玉四圍。顧我此來盤礴久，塵勞瀟灑頓忘機。

宋　蘇舜欽《蘇學士集》卷八《滄浪亭》　一逕抱幽山，居然城市間。高軒面曲水，脩竹慰愁顔。迹與豺狼遠，心隨魚鳥閑。吾甘老此境，無暇事機關。

宋　陳襄《古靈集》卷二五《留題天游閣》　誰榜天游向此軒，欲令幽隱味真篇。一心泯絶渾無計，萬事攖寧付自然。持鉢隨緣朝乞供，閉門扣寂夜安禪。如師早契南華旨，即是逍遥物外仙。

宋　文同《丹淵集》卷一七《天漢橋》　風吹兩岸菰蒲乾，雨灑一汀鳬鶩寒。夜深霜月照湖水，須上此橋憑畫欄。

又《瀟泉亭》　竹列蒼戟枝幹稠，亭開翠幄窗户幽。下分瀟水入渠口，正坐小榻臨清流。

宋　王珪《華陽集》卷三《依韻和梅聖俞從登東樓》　五雲扶闕對南山，風獵丹邱燒影還。鳳蓋斗回天北畔，瑶臺直到海中間。漏寒錦帳遲歸夢，波暖金鍾艷醉顔。誰在玉樓歌未足，林梢春鳥已關關。

宋　劉敞《公是集》卷二四《過臨波亭》　緑楊芳草蒨無蹊，竹塢花源敵剡溪。水影時翻高檻動，天形略抱暮城低。逢迎野興鷗雙下，點綴春愁鶯亂

啼。宿雨楚山雲正滿，高樓莫上使人迷。

宋 曾鞏《元豐類稿》卷七

芍藥廳 小碧闌干四月天，露紅煙紫不勝妍。肯爲雲住陽臺女，恐逐風飛石室仙。清外送歸情放蕩，省中番直勢拘攣。何如蕭灑山城守，淺酌清吟濟水邊。

水香亭 臨池飛構鬱岩嶢，欞檻無風影自摇。羣玉過林抽翠竹，雙虹垂岸跨平橋。頻依美藻魚争餌，清見寒沙水滿橈。莫問荷花開幾曲，但知行處異香飄。

北渚亭 四楹虚徹地無鄰，斷送孤高與使君。午夜坐臨滄海日，半天吟看泰山雲。青徐氣接川原秀，常碣風連草木薰。莫笑一尊留戀久，下階塵土便紛紛。

芙蓉橋 鴈翅横連杜若洲，碧闌干影在中流。蓬萊日日游人到，誰道仙風解引舟。

百花臺 煙波與客同尊酒，風月全家上釆舟。莫問臺前花遠近，試看何似武陵游。

宋 劉攽《彭城集》卷三《清漣閣》 平湖侵危臺，天水相競入。縈迴古嶼間，空闊衆境集。大邦屏東南，開府記百十。勝游雖日來，面勢忍遺葺。能聲紹豈弟，敏政常暇給。喜聞棟梁新，甫見規模立。横空眩藻麗，構迥愁嶫岌。居然心意會，似匪人謀及。草樹亦增華，神明非舊習。青凝夕霏翠，冷激迴風濕。去鳥指暝飛，潛鱗視幽蟄。達生貴夷曠，外物辭妄執。臯壤正欣然，蒼波仍可挹。雖云吏隱最，世復登賢急。徒使棠樹詩，千秋意相襲。

又 卷一〇《野竹亭》 勁節四時好，此君常眼青。影摇金破碎，聲動玉瓏玲。方丈塵埃絶，高齋醉夢醒。由來謀野意，不異在林坰。

宋 韋驤《錢塘集》卷二《和太守臨清閣一首》 朱閣新前構，峥嶸枕水端。地饒千頃秀，天付四時寒。波蹙龍鱗活，山斜鳳翼攢。晴光照毛髮，翠靄奪華丹。賀老空游鑑，岩公浪記灘。軒窗通浩蕩，榱桷變雕殘。静極塵機喪，清多餌釣難。來當思潔白，意不在游盤。氣爽如開凌，堤環若刈蘭。繪工憂措手，詩將勇濡翰。遠目窮層漢，澄心俯曲欄。鳶魚皆自得，宇宙始知寬。神物應相護，賢侯與衆懽。政聲喧盛美，隅泣解辛酸。登覽臨春晝，雍容兀醉冠。千齡幸臣宋，五袴正歌潘。環佩鏘芳席，旌麾揭晝竿。笳簫音嘒嘒，貔虎勢桓桓。俗樂芹争采，賓歸鋏不彈。落成今日事，遺愛詠斯干。

又 卷三《凌翠閣》 凌翠閣，翠光寒不落。公事餘閒日日來，檐前好鳥無驚作。

凌翠閣，突兀撑寥廓。滿眼蒼煙萬里春，忍負十分金鑿落。

凌翠閣，四面袪欞箔。千里無雲看月明，何必庾家樓上樂。

凌翠閣，山繞如城郭。風味都侔陶令居，所慚猶被青綸縛。

又 卷七《鑒亭》 虚亭屹立沼中央，古匠施工亦異常。略彴相聯虹對影，漣漪四面鏡涵光。雕楹圓檻環然敞，碧瓦飛甍勢欲翔。杖履時來滌塵慮，可能隨事見毫芒。

又《探春軒》 東園亭榭巧相因，更闢東軒探早春。面直小橋通沼沚，背臨宏搆擁松筠。鳥鳴魚躍先時得，柳綻桃苞入眼新。造物也知摇落久，應憐著意何芳辰。

宋 游酢《游廌山集》卷四《水亭》 清溪一曲繞朱樓，荷密風稠咽斷流。夾岸垂楊烟細細，小橋流水即滄洲。

宋 鄒浩《道鄉集》卷一四《妙高亭》 四望山長老文照即山頂造一亭，求名。以妙高名之。而示此句。 四望山頭老比丘，笑他思大浪經由。巧將三十三天好，都向青雲青處收。金翅遠投雲際歇，銀河低遶砌邊流。高高更有堪行路，騎取潙山水牯牛。

宋 謝逸《溪堂集》卷五《題疊翠軒》 星落江東化梵宫，樓臺金碧駭魚龍。此軒端有南康趣，只欠匡廬五老峰。

宋 許景衡《横塘集》卷六《寸碧亭》 杖履尋常行樂處，不論小徑與幽亭。誰知蒼莽千峰外，尚有仙山一點青。

宋 羅從彦《豫章文集》卷一三《顔樂齋》 山染嵐光帶日黄，瀟然茅屋枕池塘。自知寡與真堪笑，賴有顔瓢一味長。

宋 謝邁《竹友集》卷二《登同樂亭飲泉》 何人愛斯泉，結搆亭上屋。空亭何所有，冷氣宜三伏。泠泠石甃浄，鬚眉真可矚。欲飲無樽罍，挹彼繞盈掬。何事近亭居，更種亭畔菊。日飲潭中甘，庶用稽死録。

宋 王庭珪《盧溪文集》卷一〇《水亭》 新暑池亭上，竹風吹我衣。殘花經眼盡，好鳥傍檐飛。水面澄陰闊，橘林香氣微。儻容攜茗具，來此避炎威。

宋 李彭《日涉園集》卷三《雨過清曉登鄴宮鐘閣》 倦夜思重閣，曙登興悠哉。殿古木亦老，江闊眼逾開。宿雨風前落，幽雲鏡裏來。高懷無一欠，

客底悲徘徊。書空復長嘯，鳥雀莫相猜。

宋　鄧肅《栟櫚集》卷四《芙蓉軒》　我開幽軒榜芙蓉，琉璃十頃浸新紅。此來踏雪空無有，黄蘆敗葦争號風。却坐明窗弄書史，新詞仍試佳毫楮。香風忽到簾幙開，一朵芙蓉却能語。我生眼中萬妖嬈，爲渠還作夢渠勞。炙牛未數劉師命，驂鸞便學王子喬。

宋　王之道《相山集》卷一《映雪亭》　蕭然數株梅，皓與雪相映。臨池鑒踈影，影落大圓鏡。不煩粉塗株，寒光助岩靚。

又　卷九《題元發弟竹軒》　竹林深處敞軒楹，分我西園一半清。蒼玉幾番披夏籜，老龍長此戰秋聲。寒侵虚幌詩增爽，緑浸踈醽醉不醒。應許七賢追盛集，煩君書入鄙夫名。

又《題無爲秀溪亭》　畫橋雕檻接招提，新有幽人榜秀溪。十頃净明天上下，兩奩光映水東西。飛樓湧殿參差見，古木修篁咫尺迷。此景此時君信否，緑楊陰裏囀黄鸝。

宋　曹勛《松隱集》卷一六《過鄭吏部水閣》　九夏銷煩日正長，沈沈虚閣枕横塘。更無塵土侵衣裓，只有荷花度晚香。一道清泉供枕漱，千章古木進風凉。相從時得游佳處，何必持杯玉色光。

宋　王洋《東牟集》卷四《無盡齋》　矯首層霄俯翠巒，虚空不住骨毛寒。古今等是無窮境，風月何嫌取意看。巢寄一枝惟自足，風摶九萬豈知難。與君同入逍遥境，方信乾坤宇宙寬。

又　卷六《題沈氏小橋》　能去塵埃幾里遥，隨香步步透蘭橈。主人可是饒風月，分與游人倚小橋。

宋　阮閲《郴江百詠・砌臺》　翠珉斜倚若危梯，上出高城下枕池。不但綺羅爲戲事，又將臺使補廬兒。

宋　黄彦平《三餘集》卷二《三月十三日步至杏亭》　禪房幽討有誰期，竹徑穿花蝶不知。山擁暮寒斜照裏，樹含芳思欲開時。和風第放千林喜，勝日閒成一段奇。何必紅塵污人後，始從簫鼓看繁枝。

宋　王之道《相山集》卷一三《和子厚弟九日登魏文振亭園》　瀟灑湖東小小亭，一時酬唱有三明。亭前澄練無邊際，應助詩人寫物情。

雨餘東北望銀屏，一帶寒山映骨清。誰道西風能换物，染紅楓樹亦多情。

宋　趙公豫《燕堂詩稿・冷泉亭》　泉不因人熱，淵源自古今。名流耽韻致，智士悦清音。徑有煙霞趣，亭無鳥鼠侵。浮生徒碌碌，誰自滌凡心。

宋　李彌遜《筠溪集》卷一二《寄題翠樊亭　何斯舉所居》　何郎愛山知貴目，不着芒鞋踏空谷。誅茅結竹亟丈間，坐揖崔嵬遶江緑。我亦尋幽不憚遠，半世一身隨轉轂。峰巒過眼已成夢，南北空嗟髀消肉。羡公登亭如歷塊，睥睨乾坤輕一芥。春繁嫵媚發奇姿，秋净孤高見真態。固知静者自超詣，世上憧憧良足隘。智愚何止三十里，咫尺須論百千界。四時秀色供盤礴，筆下雲烟醉中落。雕鎪苦欲覷天巧，造物有靈應作惡。蓬萊方壺或上下，紛紛陵谷今非昨。倘令夸子與霄遁，胸中頼有藏山壑。

宋　張鎡《南湖集》卷五《清夏堂》　去歲臨池未蓋堂，暑天來看已多凉。穿花鷺立青爲傘，放櫂人眠錦作床。今夏好風簾影動，良宵閒坐月華香。低頭笑向闌干説，有汝詩中味更長。

又　卷六《南湖二亭落成各書長句一首》　望處陰雲縱復横，落梅那更兩關情。清愁入夢時飛蝶，遠樹和煙欲囀鶯。多病半春詩債滿，經旬無客酒緣輕。湖亭記取初成日，正是菖蒲斫水生。野芳

不負從今浦浦風，柳陰方稱繫疏篷。窗前細雨攤魚網，壁上斜陽曬釣筒。肯厭鄰僧頻見過，有來窠燕亦相容。甘心到老無人采，莫比當年渭水翁。漁鄉

又　卷八《圜繡亭》　盤屈迴廊面面同，頂門開竅更神通。非關意匠玲瓏巧，示現圓融轉物功。

又《雲露堂》　種玉栽瓊樹樹匀，主人心地況長春。便教不假雲間路，亦有芳菲日日新。

宋　孫應時《燭湖集》卷二〇《巫山祠梳洗樓》　山川楚國六千里，雲雨陽臺十二峰。神女可無哀郢意，强教梳洗爲誰容。

宋　任希夷《宴玉津園江樓七首選四》（《華陽集》卷一五輯）　風静潮痕減，江空夕照多。星星波上艇，隱隱岸邊莎。風光連北闕，景物傍西湖。禁籞濤江上，茲樓天下無。虚齋留御榻，小徑近層崖。再拜觀奎畫，渾疑侍玉階。參天宫柏翠，布地禁花紅。臺沼如文囿，規模有汴風。

宋　曾極《金陵百詠・木圍》　寢殿重重設木圍，崎嶇天位不勝危。高人巢許應知此，占得箕山最坦夷。

又《射殿》　有七十間，旁多槐竹。　鶴蓋陰陰覆苑牆，更添蒼雪助清凉。高皇

儉德規模遠，不作南朝石步廊。李賀詩：春熱張鶴蓋，兔目宮槐小。蘇子瞻竹詩：蒼雪紛紛落夏簟。丁公言詩：因憶南朝石步廊。

宋 葛紹體《東山詩選》卷下《題趙獻可撫幹池亭》 浸碧虛亭煙水中，參差荷渚小橋東。露花相對立清曉，閑裏絲桐歌舜風。

明 姚廣孝《逃虛子詩集》卷六《朝天宮》 六代興王地，千年上帝宮。絳扉隨日啟，黄道與天通。左掖龍威盛，西垣虎勢雄。瑶壇依碧落，貝闕際玄穹。飛閣璇題迥，迴廊畫壁崇。逕開群竹裏，亭起雜華中。靈迹金庭異，仙游玉局同。瑞雲春啞匝，香霧晚溟濛。森爽低瀛閬，清虛鄙華崧。轟翻空界黑，旌曳下方紅。樓響鍾初叩，臺明鏡乍礱。丹光晨掩旭，劍氣夜成虹。寶籙吴紗閟，陰符蜀綺籠。爐氛烟縹緲，簾影月玲瓏。偃蓋松承露，垂瓔檜引風。神龜時出沼，儀鳳暮栖桐。緑髮垂虬客，青衣放鶴童。辭凡修素默，望聖達淵冲。完録思茅固，全生慕葛洪。尋真須到此，不用問崆峒。

明 文徵明《甫田集》卷一〇《西苑詩·承光殿在太液池上，圍以瓮城。殿搆環轉如蓋，一名圓殿。中有古栝，數百年物也》 小苑平臨太液池，金鋪約户鎖蟠螭。雲中帝座飛華蓋，城上鈎陳繞翠旗。紫氣曾迴雙鳳輦，青松猶有萬年枝。從來清蹕深岩地，開盡碧桃人未知。

明 秦夔《五峰遺稿》卷六《東園草亭》 地僻塵喧少，亭虛景物賒。捲簾通乳燕，開徑踏殘花。翠竹和煙暗，青山繞户斜。從來幽絶處，多在隱君家。

明 沈明臣《豐對樓選》卷七《秋水亭賦》 秋水亭，何所有，上有琅玕萬立青，下有蓮花大如斗。芙蓉曉石綴眠鷗，燕子晴簾拂踈柳。水底青天流白雲，座上金尊注春酒。四面紅闌壓月宮，一鑑青銅冷雲母。漪漣藻荇帶風牽，雷雨魚龍向人吼。朝暾五采射金盤，初月一鈎墮清溜。天空鶴睡露凝簾，夜静客歸星在霤。青山骨立若争癯，老樹杈枒如露肘。當階紅藥翻三春，滿徑黄花鬭重九。玄冬龍女貢霞桃，八月鮫人薦冰藕。瀟湘雲夢似爲鄰，海若天吴自相偶。高雲渺渺九疑飛，怪石巉巉六丁剖。主人乃是方壺仙，坐客元爲偓佺友。閒來月下共傳觴，醉起花前齊擊缶。圖披縑素走雲烟，蠹落芸香蝕蝌蚪。商彝周鼎列西東，龍劍犧尊紛左右。羅襪輕盈度水仙，銀櫛低垂出溪婦。不同金谷鬥繁華，似與嫦娥較妍醜。緩歌金縷啓朱唇，笑弄玉笙明素手。行呼洞前一羽衣，釣引波心雙巨口。觥籌亂轉無後先，爛熳新題記誰某。酒兵花令握陰符，暮鼓朝鍾忘子丑。人生得意須盡歡，莫把青春暗中負。君不見古來賢達秉燭游，逢時不樂誰將咎。我持杯，爲君壽。漱濁醪，剪春韭。燈下舞，君肯不？頹然醉卧無何有，秋水亭，白眉叟。渴來直將滄海呑，留得狂名垂不朽。明朝萬事付蒼茫，覆足須令錦衾厚，君不見秋水亭白眉叟。

明 周復俊《涇林詩文集》卷二《檜亭》 青山落天外，高木一亭懸。秀葉流春日，靈條集野烟。琴尊猶獨往，鵬鴿任孤騫。自是丹陵侣，冲霞興已翩。

明 孫應鼇《學孔精舍詩鈔》卷一《半山亭》 侵晨發山麓，亭午憩山半。仰止若易窮，攀援益元晏。雲游導和風，樹交排絶岸。在路泉石分，開林晴暝判。清曠藻野鮮，歷歷引雄觀。逶迤不知疲，絶頂冀佳玩。翻歎入谷初，望此已霄漢。

明 申時行《賜閒堂集》卷三《牡丹亭》 洛中移小景，亭北倚新妝。題處皆名品，開時正艷陽。露凝酣酒色，風度返魂香。解道稱姚魏，繁華壓衆芳。

明 佘翔《薜荔園詩集》卷三《題翠漪亭》 草閣玲瓏俯碧池，翠雲低壓萬年枝。床頭濁酒葡萄色，醉倒山公白接䍦。

明 釋如愚《止啼齋集》卷上《石梁橋》 兩峰懸丈石，宛似駕殘虹。鳥度魂猶憚，龍飛伎亦窮。瀑流纔幾肘，擬步即千弓。多少人難過，吾將一杖通。

明 潘一桂《畫村閣賦》（《北固三山志·北固山志》卷八輯） 篤坤靈之玄址，闢幽豁之峻基。台非引而逶迤，崖若築而嶔崟。景無美而不集，目無觸而不奇。固息心之勝地，亦忘慮之幽棲。於是支遁之侣，惠琳之屬，因巖搆址，相原葺木。棲棟山阿，結根巖麓。飛宇峭而星懸，層甍峙而霓矗。邈階阤之雲構，蔚枌橑其霞縟。荷舒藻井，芰繞蘭椽。分光共映，合沓相牽。凌浮霄而抗疏，槩碧影而開軒。爰有修埂紆宛而左翔，洪流澎濞而右隱。高岨峻崎而遥立，重城穆肅而近整。羅駢田之絡繹，鏡郊原之閭井。此其大較也。若夫露台含月，珠幡拂空，金繩輝煌，化池朧朣。花灑微雨，鈴動輕風。靈心肸蠁，有感必通。至於虛籟清耳，文嵐悦目，游氣仰散，輕雲返谷。煙霞呑吐，奔走靈族。收萬象於微睇，攬八荒於一目。雖升降於户牖，已周極乎巖谷。觀靡靡而無窮，景躍躍而相續。豈僧繇可寫其奇，而惠遠能圖其幅。擬違世以自遠，永棲心而裏足。

明 鄒迪光《石語齋集》卷三《瀸瀸亭》 澗自一曲而下，如建瓴然。凡爲障者七，而此其一也。亭其上曰瀸瀸，雨過泉走亭下，鼓㕯潮湱，飛灑人面，政所謂瀸瀸不絶，流爲江河也。

厓隒立石猛，虹梁架其間。羣霓紛下踞，昂首欲奮騫。濆沫散飛霰，震雷鼓青天。汩汩一何駛，瀸瀸使之然。

又《蔚藍亭》 亭三楹，其後壘石爲山，不數丈而喬木藟蘙，圍以桂樹，真成小山叢桂。前臨方塘，淥波淰淰，窗軒四敞，水空雲净，作蔚藍色。

後嶺攢喬柯，前池簸香浪。孤亭立中央，妖嬝非一狀。水月宿檐牙，山煙引蘿幌。躧步無遠躅，足已有深況。

又 卷四《净月亭觀荷作》 霞紋織翠煙濤簸，岬嶆寂寞便門鎖。主人禪誦禮金仙，不向山厨問白墮。石泉泠泠烹石火，瓦盆羅列盛山果。園丁老大習谿髁，廣畦聯緜不植蓏。鷄身毿毿鹿足跛，銀塘水闊波粼粼。十二簾鈎掛水濵，玉荷撥浪擎嶙峋。粉濃脂滑多精神，蓮葉田田簇成蓋。其中大者如車輪，風翻露瀉真珠匀。珊瑚鈎出千金鱗，藕絲斜長繫白日。六月不熱疑青春，越羅單衫坐亭午。捫蝨抵掌論今古，繞池蛙吹是清商。那用新聲叶新譜，周遭密樾屏雲母。水花縺纚冷如雨，洪爐不鑠此中土。香颸人據栴檀府，青蓮端不異祇洹，祇無人在蓮心吐。

明 錢千秋《迴龍橋》（《增修雲林寺志》卷六引） 鷲嶺東來跨石梁，冷泉飛濺定中香。橋邊曾作靈山會，小閣長熒佛火光。

明 汪姬生《岣嶁山房翠雨閣》（《增修雲林寺志》卷六引） 眈僻幽人搆此樓，岧嶢怪石澗西頭。寒生六月疑飛雨，短葛輕綃未可留。

明 祁彪佳《遠山堂詩集·篴亭》 識得中郎事，爲亭足古今。自傳敲玉韵，猶剩拂雲心。花落新翻譜，山空静有音。卧聽松上石，時作水龍吟。

清 朱彝尊《曝書亭集》卷八《題福州林秀才竹亭》 道南移宅後，蕭瑟草堂貲。尚有孤亭在，堪歌伐木詩。翠兼梧下竹，黄拆圃中葵。最愛凉風滿，無煩羽扇持。

清 高士奇《北墅詩紀·逃禪閣》 閣踞瀛山館上，四檐虚朗，可以瞰遠。中設西方聖人像。清池皓月，倚户可窺。稍厭塵囂，即來趺坐。擊磬數聲，焚香一片，足以消塵滌慮。若云留心静理，則吾不能。

我聞謝靈運，繙經事禪悦。非爲半偈愚，自樂水花潔。飛閣凌瀛山，檐廊繚曲折。金像晃朝陽，緑幢風飄瞥。清磬時一聲，悠然萬慮絶。不用焚栴檀，花氣勝迷迭。

又《耨月樓》 耨月樓本祀花神，亦堪登覽。開窗四望，灌木叢篠，蓊翳無極。若夫新月初升，頹陽返照，會心者自得之。

千林布濃緑，層樓矗其巔。平遠供眺望，鬱鬱見遐阡。積翠環面面，杳靄凝蒼煙。小窗晚雨過，蛾眉吐嬋娟。對影淺深酌，嘯傲同羅仙。

清 姚子莊《留雲亭歌》（《廣東詩粹》卷一一輯） 循川城下水西頭，山圍寒碧淡光浮。漁簑烟艇横空出，篙影如虹没野鷗。層層遠黛六橋路，行人細雨鳥啼樹。遥看大隱號留雲，築亭對月觴金注。我屢從之亭上過，主人躍馬舊鳴珂。（葽通委，音邊。）貂大纛一朝棄，與人長伴粤山蘿。兹山有亭兼有圃，梁雕文杏花莳杜。連綿數畝芡荷香，隔溪歌吹横塘午。雲兮出岫歎影危，礴向青山作錦帷。畫閣離披蒼蘚涷，扶筇曳履漫相隨。坐嘯亭前真足羡，湖山幾處開生面。雲去雲來不記年，且慎風吹變霾雹。

清 厲鶚《增修雲林寺志》卷六《合澗橋》 緑樹層層怪石重，東西磵邊梵王宫。橋間流過雙溪合，雨後聲喧萬鼓雄。游客乍聞成久立，老禪無聽似真聾。碧闌我昔曾來倚，俗累都教一洗空。

清 高宗愛新覺羅·弘歷《御製詩集》五集卷六《月臺》 叠石爲山路不長，月臺重肖米襄陽。（月臺，見米芾西山書院帖。）限于地異平湖好，登望微嫌似面墻。（此臺在文瀾閣前，是以近東墻，故戲及之。）

又 五集 卷三五《占峰亭》 叠石爲山棲四柱，坐來佳景俯臨供。翻思欲問額楣者，峰占亭乎亭占峰。

清 吴可馴《平樓賦》（《平山堂圖志》卷三輯） 平山堂左，栖靈寺東，宅幽據爽，有樓横空。斯樓也，上切璇霄，下臨寶地。齊雲尚陋，散花未擬。比中天之百尺，大可憑欄。上佛國之初，恍如聞彈指。於是携麈尾、藉氍毹，茶竈挈、奕匳俱。松風入袂以蕭颯，竹煙縈几而紛敷。當吴楚川原之會，展江淮名勝之圖。乃有兔徑牛涔，平烟灌木。草蔓三城，波荒九曲。選樓之跡已陳，蕪城之賦誰續。若夫天容晶晶，平碧迢迢，千枰田小，一桁峰遥。塔書空以穎露，樓飲水以虹摇。香門磬遞，酒舫歌飄。蕪徑之塵遺屧印，枳籬之樹掛吟瓢。點鳥犍於遠牧，下白鳥以歸樵。王粲則晚際而登，徧誇信美。庾亮則月明而望，自發長謡。此則樓中之勝概，所爲與士友相招要者也。

清 胡敬《崇雅堂詩鈔》卷一〇《仰山樓落成戲題四絶》 柳塘花隝恣句留，管領明湖十四秋。我是前身蘇玉局，水邊新起看山樓。

樓臺起徧地東西，身後何人爲品題。（書院後秋水菴爲賈似道别業遺址。）輪與

窮愁杜陵老，草堂長占浣花溪。

望中蘇白兩堤斜，煙水磯仍傍水涯。書院爲門張瀚別業，有煙水□，即宋□院遺址。割取菜畦三五棱，换栽楊柳與梅花。

事如春夢了無痕，蘇句膾有名心一點存。佗日師生齊不朽，仰山樓對相公墩。□□相國師撫浙時以濬湖，土積湖中。近築亭於上，人呼爲阮公墩。

雜　録

漢　東方朔《**神異經**》　東方外有東明山，有宫焉，左右有闕而立，其高百尺，畫以五色。青石爲墻，高三仞。門有銀，榜以青石碧鏤，題曰天地長男之宫。

舊題晉　張華《**博物志**》**卷六**《南荆賦》：江陵有臺甚大而有一柱，衆木皆拱之。

宋　李昉《**太平廣記**》**卷一三五**《**越王**》　越王入吴國，有丹鳥夾王飛。故勾踐之霸也，起望鳥臺，言丹鳥之瑞也。出王子年《拾遺記》。

宋　彭乘《**墨客揮犀**》**卷五**　漢以宫殿多災，術者言天上有魚尾星，宜爲其象，冠于室以禳之。今自有唐以來寺觀舊殿宇，尚有爲飛魚形，尾指上者，不知何時易名爲鴟吻，狀亦不類魚尾。

元　陶宗儀《**説郛**》**卷六八上**《**朱雀門**》　晉咸康二年，作朱雀門，新立朱雀浮航，南渡淮水，亦名朱雀橋。對吴都城，相去六里，爲御道，夾御溝植柳其上。

又《**謝安墩**》　在半山報寧寺之後，基址尚存。謝安與王羲之嘗登此，超然有高世之志。

又《**輟耕録**》**卷一五**《**塔影入屋**》　平江虎丘閣版上有一竅，當日色清朗時，以掌大白紙承其影，則一寺之形勝悉於此見之，但頂反居下耳。此固有象，可寓非幻出者。松江城中有四塔，西曰普照，又西曰延恩，西南曰超果，東南曰興聖。夏監運家乃在四塔之東，而小室内却有一塔影，長五寸許，倒懸于西壁之上。不知從何而來，然不常有，或時見之焉。是又不可曉也。

元　劉一清《**錢塘遺事**》**卷一**《**冷泉亭**》　冷泉亭正在靈隱寺之前。一泓極爲清泚，流出飛來峰，下過九里松而入西湖，或題詩云：一泓清可浸詩脾，冷暖人情祇自知。流出西湖載歌舞，回頭不似在山時。

清　梁詩正　沈德潛等《**西湖志纂**》**卷三**　竹閣　《咸淳臨安志》：舊在廣化寺柏堂之後。有小閣，多植竹。白公居易嘗偃息於此，遂名。今與寺俱徙。白居易《宿竹閣詩》：晚坐松窗下，宵眠竹閣間。清虚當服藥，幽獨抵還山。巧未能勝拙，忙應不及閒。無勞別修道，只此是玄關。蘇軾《孤山竹閣詩》：海山兜率兩茫然，古寺無人竹滿軒。白鶴不留歸後語，蒼龍猶是種時孫。兩叢却似蕭郎筆，千畝空懷渭上村。欲把新詩問遺像，病維摩詰更無言。又《竹閣憶樂天翁詩》：柏堂南畔竹如雲，此閣何人是主人。但遺先生披鶴氅，不須更畫樂天真。

又　挹翠閣　《遂昌雜録》：閣臨水，上下皆拱斗砌成，極爲宏麗。建西太乙宫時所創。

清　乾隆《**淮安府志**》**卷二八**《**古蹟·山陽縣**》　萬柳亭　在舊城西南隅，即萬柳池上亭也。昔年池上芰荷楊柳極多，爲游宴之地。

清　道光《**武康縣志**》**卷二四**《**佚叢**》　邑西北有山，曰七里嶠。其頂石橋横卧，長一丈六尺，甚峻滑，狀類天台石梁。《山墟名》

清　光緒《**青浦縣志**》**卷三〇**《**雜記**》　八卦亭在方家窑西，舊名南楊家莊，有九宫八卦，地四面皆水，中築土爲太極圖形，按方位作八卦。卦上建亭，以橋通之。相傳元楊維楨居址。宋《府志》

清　光緒《**容縣志**》**卷二八**《**舊聞志·雜記**》　城南黎村墟之下游，有石船廟。四旁皆巨石，載土成一小阜，中平而首尾稍昂，其形如船。嘉道間，河流出其下，結而爲潭，深不可測。有漁人没水入潭，見其下虚而無薄，惟大石一片，載以上浮，狀如船底，因名石船。蒼梧舉人許懿林題曰石船勝蹟。

清《**湖南通志**》**卷三五**　野春亭，在（桃源）縣城内。武陵儒生苗彤，事園池以接賓客，有野春亭者，雜植山花，五色錯列。

形勝　都城位置

題　解

清　藍鼎元《**鹿洲初集**》**卷一〇**《**盤陀宜城記**》　出浦南二十里許，無象盤陀之間有地寬曠，彌漫數里，置之荒煙荆棘者千餘年矣。昔人就其西爲

市，市亦寥落，今未廢。附近居民若晨星，十數里外，亦無薦紳賢達、巨公名儒。地瘠薄而人鮮少，覘風景者之所不道。壬辰夏五，余與李君遜唐游展南下至斯境，心甚異之。氣象開豁，山川聳秀，遠近地無可與比者。其高而潤者如圭璧，錯而列者如旌旗，昂然插雲霄者如鎗如筆，坦然圓且厚者如鼓。近者不逼，遠者咸朝。土田既多，溪水縈帶。吾兩人顧而樂之，謂其宮府之才廢置間散。因相與度地指畫，窮原竟委，允宜築城而居，爲東南第一勝槩。城西因舊市恢廓規模，以來四方之商賈。西偏瀦水爲湖，大開書院，集四方學者，相師友其間。城北行二里許，有雙澗從大山負石飛下，境幽奇清絶。種梅竹成林，搆別業於中。夾道植楊柳，直接北門。城南跨水港，當孔道，爲闉。廣往來之衝。種松陰三十里，下接蒲葵關，上達浦邑。東臨綏安溪，縱舟順流，亦達邑治。兩岸桃柳聯綿，紅緑參錯，依稀江浙風致。城之中，祖廟、廒庫、居室、社倉、家塾、樓臺各有位次，花塢、果園、沼沚、卉木各有等差。凡内外，宜高者築，深者浚，亭者亭，榭者榭，橋者橋，閣者閣。凡花之類無不蒔，果木之類無不植。不十年間，棟宇連雲，菁蒼暢茂，人民多則田地肥美，詩書盛則名賢奮興。人傑地靈，遂爲東南一大都會。嗚呼，何其快也！關東鄙語曰：人聞長安樂，出門向西而笑。知肉味美，則對屠門而嚼。其吾兩人之謂乎！然以兹山形勝，不生於大江南北之間，爲王公貴人所識，拔徒偃蹇，荒徼見渺於田夫牧豎，而吾邑士大夫亦無有獨具隻眼，相賞於風塵。蓋亦兩有不幸者矣。顯微闡幽，是誰之責也。作宜城記。

論說

宋 秦觀《安都》（《汴京遺蹟志》卷一八輯） 臣聞，世之議者皆謂天下之形勢莫如雍，其次莫如周。至於梁，則天下之衝而已，非形勢之地也。故漢唐定都皆在周雍，至五季已來，實始都梁。本朝縱未能遠觀長安，盍亦近卜於洛陽乎？而安土重遷，眷眷於開封之境，非所以爲萬世計也。臣竊以爲不然。何則唐漢之都必於周雍，本朝之都必於梁而後可也？夫長安之地，左殽函，右隴蜀，襟憑終南、太華之山，縈帶涇、渭、洪、河之水，地方數千里，皆膏腴沃野。卒有急，百萬之衆可具，形勢便利，下兵於諸侯如建瓴水四塞之國也，故其地利守，自古號爲天府。開封地平四出，諸道輻輳，南與楚境，西與韓境，北與趙境，東與齊境。無名山大川之限，而汴、蔡諸水參貫，巾車錯轂，蹄踵交道，軸艫銜尾，千里不絶。四通五達之郊也，故其地利戰，自古號爲戰場。洛陽左瀍右澗表裏山河，扼殽澠之隘，阻成皋之險，直伊闕之固，廣袤六百里，四面受敵，以守則不如雍，以戰則不如梁。然雍得之可以爲重，自古號爲天下之咽喉。凡天下之形勢，無過此三者也。故彼蜀之成都，吴之建業，皆霸據一方之具，而楚之彭城，特盜賊之窟耳。《易》曰：天險不可升也，地險山川丘陵也。王公設險以守其國，所謂險者豈必山川丘陵之謂哉。在天而不可升，在人而不可奪，則皆爲險矣。夫雍爲天府，梁爲戰場，周爲天下之咽喉，而臣以謂漢唐之都必於周雍，本朝之都必於梁而後可者，漢唐以地爲險，本朝以兵爲險故也。漢高祖曰：吾以羽檄召天下，兵莫有至者。武帝曰：吾初即位，不欲出虎符發兵郡國。蓋漢踵秦事，郡國背道，材官有變，則以符檄發之。京師惟有南北兩軍，有期門羽林孤兒以備扈。從唐分天下爲十道，置兵六百三十四府，其在關中者惟二百六十有一府。府兵廢，始置神策爲禁軍，亦不過數萬人。以此見唐漢之兵皆在外也，故非都四塞之國則不足以制海内之命，此所謂以地爲險者也。本朝懲五季之弊，舉天下之兵宿於京師，名掛於籍者號百餘萬，而衣食之給一毫已上皆仰縣官，又非若府兵之制一寓之於農也，非都四通五達之郊則不足以養天下之兵，此所謂以兵爲險者也。夫以兵爲險者不可以都周雍，猶以地爲險者不可以都梁也。而昧者乃以梁不如周，周不如雍。嗚呼！亦不達於時變矣。夫大農之家，連田阡陌，積粟萬斛，兼陂池之利，并林麓之饒，則其居必卜於郊野。大賈之室，斂散金錢以逐什一之利，出納百貨以收倍稱之息，則其居必卜於市區何？則所操之術殊，則所託之地異也。今梁據天下之衝，歲漕東南六百萬斛以給軍食猶恐不贍，矧欲襲漢唐之迹而都周雍之墟，何異操大賈之術而欲託大農之地也。由是言之，彼周雍之地者，漢唐之險耳，本朝何賴焉。

綜述

漢 袁康《越絶書》卷八 句踐小城，山陰城也。周二里二百二十三步，陸門四，水門一。今倉庫是其宮臺處也，周六百二十步，柱長三丈五尺三寸，霤高丈六尺。宮有百户，高丈二尺五寸，大城周二十里七十二步，不築北面而

滅。吴徙，治姑胥臺。

漢《三輔黄圖》卷一《咸陽故城》 漢之故都，高祖七年方修長安宫城，自櫟陽徙居此，城本秦離宫也。初置長安城，本狹小，至惠帝更築之。按惠帝元年正月，初城長安城。三年春，發長安六百里内男女十四萬六千人，三十日罷。城高三丈五尺，下闊一丈五尺。六月發徒隸二萬人常役，至五年，復發十四萬五千人，三十日乃罷。九月城成，高三丈五尺，下闊一丈五尺，上闊九尺，雉高三阪，周回六十五里。城南爲南斗形，北爲北斗形，至今人呼漢京城爲斗城是也。《漢舊儀》曰：長安城中，經緯各長三十二里十八步。地九百七十三頃，八街，九陌，三宫，九府，三廟，十二門，九市，十六橋。地皆黑壤，今赤如火，堅如石。父老傳云，盡鑿龍首山土爲城，水泉深二十餘丈。樹宜槐與榆，松柏茂盛焉。城下有池，周繞廣三丈，深二丈，石橋各六丈，與街相直。

宋 王欽若等《册府元龜》卷一三《帝王部·都邑》 《周禮》曰：惟王建國，辨方正位，體國經野以爲民極。《春秋傳》曰：有宗廟先君之主曰都。巢穴已往，棟宇未備。順民遷徙，不常厥居。伏羲而下，可得而紀。或基乎始興就爲之制，或測景地中用安九鼎，或相其形勝以從便利。故王畿千里，法日月之經。天府四塞，保河山之固。提封萬井，旁流百川。内則闕庭神麗，宫室翬飛。仿太紫之圜方，順陰陽而開闔。于以嚮明布政，懸法示人，訪道棲神，登降有序。繇是景靈翔集，佳氣鬱葱，善哉！鄭侯之言，天子以四海爲家，非令壯麗無以重威者也。乃至通門十二經，涂九軌，順流爲沼，造舟爲梁，厥初經營，咸存軌制。《詩》不云乎：京邑翼翼，四方是則。于以見化民成俗，里仁處義，維桑維梓，雞犬相聞，熙熙之衆，咸躋壽域者矣。且夫端拱清穆，王者之大德；樂生懷土，庶物之常情。故商民屢遷，民用胥怨，自耿至亳，弗堪其勞。班固所以賦兩都者，蓋明安土重遷之深旨也。

宋 趙德麟《侯鯖録》卷三 唐東京宫城東西四里一百八十八步，南北二里八十五步，周回十三里二百四十一步，高四丈八尺。西京宫城東西四里，南北二里二百七十步，周回十三里八十步，高三丈五尺。本朝東京宫城周回五里，舊城周回二十里一百五十五步，即汴州城。唐建中二年，節度使李勉重築，國初號曰闕城，亦曰裏城。新城乃周世宗顯德二年四月詔，别築新城，周回四十八里二百三十三步，號曰外城，又曰羅城，亦曰新城。元豐中，裕陵命内侍宋用臣重築之。

宋 邵伯温《聞見録》卷一七 洛中形勢，郟鄏山在西，邙山在北，成皋在東以接嵩。闕塞直其南，屬女几、連荆華，至終南山。洛水來自西南，伊水來自南，右澗水，左瀍水。隋文帝登邙山，對闕塞而歎曰：真天闕也。今之洛城也，周公所卜，在其西北。郟鄏二山相屬，定鼎於郟鄏是也。前臨澗、洛二水，故曰穀洛鬥將毁王宫也。洛誥曰：我又卜瀍水。東亦惟洛食，東漢洛陽是也，在今洛城之東十八里。跨洛水，前直轘轅，北屬邙山，極平遠。西晉、後魏皆都焉。晉又築金墉城在其西北，其山川秀潤有餘，形勢雄壯，差不逮長安。長安東崤函，東南荆華以屬終南山，面南太白、雞足山，又西秦隴、岐山，北梁山，東北雷首、中條山，與平陽諸山相屬。涇、渭、滻、灃、滈、澇、潏之水在其後前左右，以入於河。故堯都平陽，舜都蒲阪，周都岐山，文王都豐，武王都鎬。秦初建國於秦，後遷岐山之陽，今寶雞是也。穆公羽陽宫故基、三良墓尚存。至始皇都咸陽，跨渭水爲阿房宫。西漢都秦宫之東，今未央、長樂、章臺諸宫城闕尚存。隋文帝初都漢宫，後遷稍東，枕龍首渠山，築長安新城。制度甚壯，南接華岩川，以祝南山，北臨渭水，城南北三千餘里，東南二千餘里。漢末未央宫在其苑囿中，唐因爲都，又起東内，今含元殿、太液池故基尚存。又起南内，謂之興慶宫，今池殿故基亦在。自東築夾城複道，南至興慶宫。又南至曲江，東跨灞、滻以屬驪山。山上起羯鼓、望京樓，山下，起華清宫。宫有温泉，以白玉石爲芙蓉出水，爲御湯、遵花湯、太子湯、百官湯。其宫闕北臨渭水，由華清宫、東離宫相望以屬。東都自堯、舜、周、秦、漢、唐，都城皆相近高山大河、平川沃野，形勢壓天下。洛陽民俗和平土宜花竹。長安尚有秦漢游俠之風，地多長楊花、老槐，耕桑最盛。古稱陸海。前代英雄必得此然後可以有爲。今陸沉於北狄，惜哉！

宋 張敦頤《六朝事迹編類》卷上《越城》 春秋時，越既滅吴，盡有江南之地，於是築城江上，以鎮江險。《圖經》云周回二里八十步，在秣陵縣長干里。後崔慧景寇建鄴，蕭懿入援，自采石濟岸頓越城，舉火臺上，鼓噪相慶，兹建康之南也。今南門外有越臺，與天禧寺相對，見作軍寨處是也。

宋 程大昌《雍録》卷一《咸陽》 秦都咸陽，在府西微北四十里。本杜縣地也，至唐咸陽縣則在秦都之西二十二里，名雖襲秦地，非故處矣。古語山南曰陽，水北曰陽。陽，日也。日出天東，躔景斜射。凡山之南面、水之北厓，皆

先受照，故山以南爲陽，水以北爲陽。秦之所都，若槩舉其凡，則在九嵕諸山之南、渭水之北，名爲咸陽，其不爽矣。若細細推求，則秦之朝宮苑殿固在渭北，而秦都實跨渭水，跨渭則兼據渭南，不得名爲咸陽矣。《史記》、《黄圖》、《元和志》皆曰：始皇都咸陽，引渭水貫都以象天漢，横橋南度以法牽牛。此既可見渭之兼在都南矣。而猶謂山水皆陽者，本秦之朝市宮苑多在渭北而總命名以此也。於是《史記》、《水經》凡序長樂悉以其地繫之咸陽，而於甘泉、阿房，亦自明命以爲咸陽之前殿也，則咸陽之名又嘗兼踰渭南也，此又不可不知也。

又　卷三《漢唐宮殿據龍首山》　龍首山，首枕渭之南岸，尾達樊川。首高尾下。尾在漢長安城南，逶迤而北，至建章宮上下乃始折北，而趨東漢世未央宮，在折北向東之地，其基已高。故宮殿皆出長安城上，而張衡曰「疏龍首以抗殿也」。未央又東，龍首愈增高，而唐大明宮尤在高處。故含元殿基高於平地四丈。含元之北爲宣政，宣政之北爲紫宸。地每退北輒又加高，至紫宸則極矣。其北遂爲蓬萊殿。殿有池，則平地矣。大明之東有苑，苑有池，龍首渠水自城南而注入于此，則可見其不在山上也。惟其三面皆低，而大明之基獨高，故《長安志》曰：大明宮北據高原，南望爽塏，視終南如指掌，在京坊市可俯而窺也。未央本亦甚高，不減大明，惟其取土爲城，故殿基稍低。《三秦記》曰：長安城地皆黑壤。今城赤如火，堅如石。《關中記》曰：取山土以爲城也。《括地志》曰：山首在長安，故城中自漢築長安城及營宮殿咸以堙平。其餘即今宮城太倉以東也。按《括地志》者，太宗子魏王泰所爲也。作記之時，唐止有西内，即太極宮也。未有東内。其謂餘山之在太倉以東者，其後大明宮據以爲基者也。説皆相應也。若太極宮在未央之東南、大明宮之東北，而遂卑濕不爽者，蓋其基在南，舍山而就平地也。以方求之，太極宮進前而在大明西北角，則其低可想矣。

又《龍首原六坡玄都觀　裴度宅附》　玄都觀在朱雀街西之第一街，而街之自北向南之第五坊也。名安善坊。宇文愷之營隋都也，曰朱雀街南北盡郭有六條高坡，象乾卦六爻，故於九二置宮殿，以當帝王之居，即隋之大興宮，唐之太極宮。九三立百司，以應君子之數，即朱雀門，内百司庶府皆是。九五貴位，不欲常人居之，故置玄都觀及興善寺以鎮其地。劉禹錫賦看花詩即此也。裴度宅在朱雀街東第二街，自北而南則爲第四坊，名永樂坊，略與玄都觀東西相對，而其第基之比觀基蓋退北兩坊，不正相當也。《唐實録》曰：帝城東西横亘六崗，此六崗從龍首山分隴而下，東西相帶，朱雀街自北而南，爲街所隔，故山崗枋爲十二也。符《易》象乾卦六爻，度之永樂里第偶當第五崗，又會度在興元自請入覲，李逢吉之黨有張權輿者出死力上疏排之，云「度名應圖讖，宅據乾崗，不召而來，其旨可見」。蓋權輿之謂「宅據乾崗」者，即龍首第五坡之餘勢也。《長安志》。然而度之所居，張説在其西，尤與玄都觀相近，而張嘉貞之第正在坊北，何獨指度以爲據占乾崗也，小人挾私欺君皆此類。

元　陳師凱《書蔡氏傳旁通》卷五　規度其城郭、宗廟、郊社、朝市之位。

《周禮·匠人》：營國方九里，旁三門。國中九經九緯，經涂九軌。左祖右社，面朝後市，市朝一夫。王宮門阿之制五雉，宮隅之制七雉，城隅之制九雉。經涂九軌，環涂七軌，野涂五軌。旁三門，則四面通十二門也。國中，城内也。九經，直路九條也。九緯，横路九條也。涂，路也。九軌，言路之廣也。軌，車轍也。乘車之轍六尺六寸，兩旁加各七寸，通八尺。九軌之廣，七十二尺也。左祖宗廟，在王宮之東也。右社，社稷壇在西也。面朝者，面猶鄉也。布政之朝廷在王宮之前也，後市，市在後也。市朝一夫，市與朝各方百步也。阿，棟也。高一丈長三丈，謂之一雉。王宮之門，屋脊高五丈也。隅者，角上浮思也。疏云：浮思，小樓也。上刻畫雲氣、蟲獸。宮隅之制七雉者，王宮之四角高七丈也。城隅之制九雉者，城角高九丈也。環涂者，遶城下路也。七軌，廣五丈六尺也。野涂，國外之路也。五軌，廣四丈也。又案，《周書作雒》云：周公將致政，乃作大邑成周于土中。城方千七百二十丈，郛十七里。南繫于洛水，北因于郟山，以爲天下湊。乃設丘兆于南郊，以祀上帝，配后稷。愚案，以六尺爲步算之，則九里之城計方一千六百二十丈。《汲書》云七百者，古本字訛耳。郟山，即郟鄏之郟。《史記正義》云：郟山名鄏，邑名。《括地志》云：故王城一名河南城，本郟鄏。周公新築在洛州河南縣北九里苑内也。

明太祖朱元璋《明太祖文集》卷一四《閱江樓記》　朕聞三皇五帝下及唐宋，皆華夏之君建都中土。《詩》云「邦畿千里」，然甸服五百里外要荒不治，何小小哉。古詩云「聖人居中國而治四夷」，又何大哉。詢於儒者，考乎其書，非要荒之不治，實分茅胙土，諸侯以主之，天王以綱維之。然秦漢以下不同於古者何？蓋諸侯之國以拒周，始有却列土分茅之胙，擅稱三十六郡。可見後人變古人之制如是也，若以此觀之，豈獨如是而已乎？且如帝堯之居平陽，人傑地靈，堯大哉聖人。考終之後，舜都蒲坂，禹遷安邑。自禹之後，凡新

興之君，各因事而制宜，察形勢以居之，故有伊洛陝右之京。雖所在之不同，亦不出乎中原。乃時君生長之鄉，事成於彼，就而都焉。故所以美稱中原者爲此也。孰不知四方之形勢，有齊中原者，有過中原者，何乃不京而不都？蓋天地生人而未至，亦氣運循環而未周故耳。近自有元失馭，華夷弗寧。英雄者興亡疊疊，終未一定。民命傷而日少，田園荒而日多。觀其時勢，孰不寒心。朕居擾攘之間，遂入行伍，爲人調用者三年。俄而匹馬單戈，日行百里，有兵三千效順於我。於是乎帥而南征，來棲江左，撫民安業，秣馬厲兵，以觀時變。又有年矣，凡首亂及正統者咸無所成。朕方乃經營於金陵，登高臨下，俯仰盤桓，議擇爲都。民心既定，發兵四征，不伍年間，偃兵息民，中原一統，夷狄半寧。是命外守四夷，内固城隍新壘，具興低昂，依山而傍水，環繞半百餘里，軍民居焉。非古之金陵，亦非六朝之建業，然居是方而名安得而異乎，不過洪造之鼎新耳，實不異也。然宫城去大城西北將二十里，抵江干，曰龍灣，有山蜿蜒如龍，連絡如接翅飛鴻，號曰盧龍，趨江而飲水末，伏於平沙。一峰突兀，凌烟霞而侵漢表，遠觀近視，實體狻猊之狀，故賜名曰獅子山。既名之後，城因山之北半，壯矣哉若天霽。登峰使神馳四極，無所不覽，金陵故迹一目盈懷，無有掩者。俄而復顧其東，玄湖鍾阜，倒影澄蒼。巖谷雲生，而霤水市烟薄霧而蓊鬱。人聲上徹乎九天。登斯之山，東南有此之景。俯視其下，則華夷舸艦泊者，檣林上下者，如織梭之迷江。遠浦沙汀，樂蓑翁之獨釣。平望淮山，千巖萬壑，羣嶁如萬騎馳奔。青天之外，極目之際，雖一葉帆舟，不能有蔽。江郊草木四時之景，無不繽紛，以其地勢中和之故也。備觀其景，豈不有御也歟。朕思京師軍民輻輳，城無暇地。朕之所行，精兵鐵騎，動止萬千。巡城視險，隘道妨民。必得有所屯聚，方爲公私利便。今以斯山言之，空其首而荒其地，誠可惜哉。况斯山也，有警則登之，察奸料敵，無所不至。昔僞漢友諒者來寇，朕以黄旌居山之左，赤幟居山之右，謂吾伏兵曰：赤幟揺而敵攻，黄旌動而伏起。當是時，吾伏精兵三萬人於石闞山之陽，至斯而舉旌幟畢如我約。一鼓而前驅斬溺二萬，俘獲七千。觀此之山，豈泛然哉。乃於洪武七年甲寅春命工，因山爲臺，構樓以覆山首，名曰閲江樓。

明　劉定之《游梁氏園記》（《明文衡》卷三七輯）　梁氏園在今京師西南五六里，其外有舊城。舊城者，唐藩鎮遼金别都之城也。元遷都稍東，於是舊城東半遂入于朝市間，全無迹可見。而西半猶存，號爲蕭太后城，即梁氏園所在也。蕭太后者，遼后皆以蕭爲姓，有子爲帝，則太后别居，宫城統部屬故其亡也。末帝淳之妻猶得獨存，稱太后，以至其國踰年乃滅也。或謂此雖遼金都城，而非唐藩鎮城。不然也。唐時此爲范陽藩鎮。安史反後，改名盧龍，而所治幽州薊縣不改。今移薊以名州，移盧龍以名衛，各去此數百里，其實唐之盧龍與薊在此也。惡得非唐藩鎮舊城乎？遼金不因藩鎮以爲都而曷因乎？稽諸史志，遼金又曷嘗創建都城乎，其城僅存土爾，鏟皆爲人取去，今取猶未已。其土皆真黄土，人取之和煤炭以燒，亦有即之作墓者，以其猶高堅也。

明　丘濬《大學衍義補》卷八五　蔡沈曰：周，鎬京也。去豐二十五里，文武廟在焉。成王至豐，以宅洛之事告廟也。成王在豐，使召公先周公行，相視洛邑。召公于豐迤邐而來也，卜宅者用龜卜擇都之地，既得吉卜，則經營規度其城郭、宗廟、郊社、朝市之位。位成者，左祖右社，前朝後市之位成也。周公至，則徧觀新邑所經營之位。郊，祭天地也，故用二牛。社，祭用太牢，禮也。皆告以營洛之事。《春秋傳》曰：士彌牟晋大夫名營成，周計丈數揣度高曰揣，高低度厚薄仞度深曰仞。溝洫物土，方議遠邇。量事期計，徒庸慮材，用書餱乾食糧以令役於諸侯亦此意。又曰，《左傳》曰：武王克商，遷九鼎于洛邑。《史記》載武王言：我南望三塗山名，北望岳鄙太行山下，都鄙之地，顧瞻有河，粤瞻洛伊毋遠天室，營周居于洛邑，而後去。則宅洛者武王之志，周公成王成之。召公實先經理之。洛邑既成，成王始政，召公因周公之歸作書致告，達之于王。

明　田汝成《西湖游覽志餘》卷一二　吴山，春秋時爲吴南界，以别于越，故曰吴山。或曰以伍子胥故，訛伍爲吴。故《郡志》亦稱胥山，在鎮海樓之右。蓋天目爲杭州諸山之宗，翔舞而東，結局於鳳凰山，其支山左折，遂爲吴山派，分西北爲寶月，爲蛾眉，爲竹園。稍南爲石佛，爲七寶，爲金地，爲瑞石，爲寶蓮，爲清平，總曰吴山。奇萼危峰，澄湖靚壑。江介海門，回環拱固，扶輿淑麗之氣鍾焉。是以邑居叢集，華艷工巧，殆十萬餘家，聲甲寰宇，恢然一大都會也。其陟山之徑有門，曰登高覽勝。石磴斗折，可數百級許。元時平章達爾罕托歡所甃也。立而環眺，則官司廨署，衛鎮崇岩，闤闠街衢，紅塵霧起，市聲隱振，漏盡猶喧。道院僧廬，晨鐘暮鼓，青樓畫閣，雜以笙歌。升其巔，則縹緲凌虚，碧天四匝，山川包界，脈絡縷分。或昂而爲首，或穹而爲脊，或掉而爲尾，若亂若聯，運掌可數。楊仲弘同平章庫庫子山《吴山晚眺》詩：山椒暈構四垂寬，上連星斗界清寒。龍宫

永鎖函書閟，鳳嶺遥看苑樹殘。此際獨無雲蔽日，正宜翹首望長安。

明 陸楫《古今説海》卷一二《城郭》 州城周圍可二十里，有五門，門各兩重，惟東向開二門，餘向皆一門。城之外巨濠，濠之外皆通衢大橋，橋之兩傍各有石神五十四枚，如石將軍之狀，甚巨而獰。五門皆相似。橋之闌皆石爲之，鑿爲蛇形，蛇皆九頭，五十四神皆以手拔蛇，有不容其走逸之勢。城門之上有大石佛頭五面，向西方。中置其一，飾之以金。門之兩傍，鑿石爲象形。城皆疊石爲之，可二丈。石甚周密堅固，且不生繁草。却無女墻，城之上間或種桃榔木，比比皆空屋。其内向如坡子，厚可十餘丈。坡上皆有大門，夜閉早開，亦有監門者。惟狗不許入門。其城甚方整，四方各有石塔一座，曾受斬趾刑人亦不許入門。當國之中，有金塔一座，傍有石塔二十餘座，石屋百餘間。東向金橋一所，金獅子二枚列於橋之左右，金佛八身列于石屋之下。金塔至北可一里許，有銅塔一座，比金塔更高，望之鬱然。其下亦有石屋十數間。又其北一里許，則國主之廬也。其寢室又有金塔一座焉。所以舶商自來有富貴真臘之褒者想爲此也。石塔出南門外半里餘，俗傳魯般一夜造成。魯般墓在南門外一里許，周圍可十里，石屋數百間。東池在城東十里，周圍可百里，中有石塔、石屋。塔之中有卧銅佛一身，臍中常有水流出。北池在城北五里，中有金方塔一座，石屋數十間，金獅子、金佛、銅象、銅牛、銅馬之屬皆有之。

明 謝肇淛《五雜組》卷三《地部一》 古今建都，形勝之地無有踰關中者。蓋其表裏山河，百二重關。進可以攻，退可以守，治可以控制中外，亂可以閉關自守。無論汴京，即洛陽不及也。江南之地，則惟有金陵耳。

又 燕山建都，自古未嘗有此議也，豈以其地逼近邊塞耶？自今觀之，居庸障其背，河濟襟其前，山海扼其左，紫荆控其右。雄山高峙，流河如帶，誠天造地設以待我國家者。且京師建極，如人之元首，然後須枕藉而前須緜遠。自燕而南，直抵徐淮，沃野千里，齊晉爲肩，吴楚爲腹，閩廣爲足，浙海東環，滇蜀西抱，真所謂扼天下之吭而拊其背者也。且其氣勢之雄大、規摹之弘遠，視之建康偏安之地固已天淵矣。國祚悠久非偶然也。

又 金陵鍾山，百里外望之，紫氣浮動，鬱鬱葱葱。太祖孝陵在焉，知王氣之未艾也。又，城中民居凡有小樓，東北望無不見鍾山者。其他四遠，諸山重沓環抱。劉禹錫詩「山圍故國周遭在」，高季迪「白下有山皆繞郭」是也。但有牛首一山，背城而外向。然使此山亦内繞，則無復出氣，不成都矣。

建業之似閩中有三：城中之山半截郭外，一也。大江數重環繞如帶，二也。四面諸山，環拱會城，三也。金陵以三吴爲東門，楚蜀爲西户。閩中以吴越爲北門，嶺表爲南府。至於阻險自固，金陵則藉水，閩中則藉山。若夫干戈擾攘之際，金陵爲必争之地，閩可畢世不被兵也。

近人有謂金陵山形散而不聚，江流去而不留，非帝王都也，其言固似太過。但天下如人一身，帝都不在元首，亦當在胸。今大一統之時，金陵在左腋下，何以運四方乎。天之北極，人君之位也，必正中而近北，則今日之燕京近之矣。江左六朝失淮以北，則又建康爲上游，且相承正朔二百餘載矣，何不可都之有。

清 顧祖禹《讀史方輿紀要》卷一九《南直一》 朱子曰：天下山皆發源於岷山，鍾山實其脉之盡者。蓋自六朝以來，東南名勝鍾山其最著矣。國初敗元人於方山，營進敗元人於蔣山，直抵集慶城下，遂克之。《金陵記》明陳沂撰：鍾山磅礴奇秀，比諸山特高。林木鬱葱，泉流清冽。山之陽陵寢奠焉。俯視群山，氣象雄偉，鍾祥衍慶有繇來矣。嘉靖中，詔改山名曰神烈山，以表功德云。

清 雍正《陝西通志》卷七二《古蹟・宫闕》 **秦** 咸陽城 在今咸陽縣東二十里。《雍勝略》。自秦孝公至始皇帝胡亥並都此城。案，孝公十二年作咸陽，築冀闕徙都之。始皇徙天下高貲富豪於咸陽十二萬户，引渭水灌都以象天漢，横橋南渡以法牽牛。咸陽北至九嵕、甘泉，南至鄠杜，東至河，西至汧、渭之交，東西八百里，南北四百里，離宫别館相望聯屬，木衣綈繡，土被朱紫。宫人不移，樂不改懸，窮年意歸，猶不能徧。《三輔黄圖》。秦之咸陽，孝公所都也，在漢長安西北角。故《漢書》紀高帝項羽自霸上而入秦都，皆曰「西上咸陽」也。惟《元和志》則曰「正東微南」，是爲雍州，則東多南少也。《志》蓋審言其詳也。古語山南水北曰陽，秦之所都若槩舉其凡，則在九嵕諸山之南、渭水之北，名爲咸陽，其不爽矣。若細細推求，則秦之朝宫苑殿固在渭北，而秦都實跨渭水。《史記》、《三輔黄圖》、《元和志》皆曰「始皇都咸陽，引渭水灌都以象天漢，横橋南渡以法牽牛」，此既可見渭之兼在都南矣，而猶謂山水皆陽者，本秦之朝市宫苑皆在渭北而總命名以此也。於是《史記》、《水經》凡序長樂，悉以其地屬之咸陽，而於甘泉、阿房亦自明命以爲咸陽之前殿也，則咸陽之名又嘗兼踰渭南也，此又不可不知也。《雍録》

漢 長安故城 在西安府城西北二十里《馬志》，高祖七年築長安宫，城自櫟陽徙居此。城本秦離宫也，初本狹小，至惠帝更築之，高三丈五尺，下闊

一丈五尺，上闊九尺，雉高三坂，周迴六十五里。城南爲南斗形，北爲北斗形，至今人呼漢京爲斗城是也。漢舊儀曰：長安城中經緯各長三十二里十八步，地九百七十二頃，八街《長安志》有華陽街、章臺街、夕陰街、香室街、尚冠街、太常街、藁街、前街。《漢書》：長安有熾盛街。九陌，三宮九府，三廟十二門，九市，《長安志》云内六市在道東，三市在道西。十六橋。水泉深二十餘丈，城下有池，周繞廣三丈，深二丈。石橋各六丈，與街相直。《三輔黃圖》 長安城面三門，四面十二門，皆通達九逕，以相經緯。《三輔決録》 長安在渭水南，隔渭水北對秦咸陽宮。漢於其地置未央宮，曰長安城，因名縣。《括地志》長安城中地皆黑壤，今城赤且堅如石如金。父老相傳云盡鑿龍首山中土以爲城，□詣城闕亦然。《三秦記》 漢築長安城，及營宮殿，咸以堙平。至今坊市北據高原，南望爽塏，視終南如指掌。《關中記》 漢都長安，其城在渭之南，而咸陽之東南也，凡漢城之水，皆取諸昆明一派，自西而東，横亘城南之鼎路門，已而東折，以注青門。《水經》固謂之漕渠。漢明堂、圜丘、博望苑皆在漕渠之南。而《呂圖》亦具著渠迹，暨至清明門外，合王渠以入於渭，第二枝自都城西面南來，第一門名章門者，於其旁設爲飛渠，東向入城，注於未央宮之西，以爲大池，是名滄池。滄池下流，向東而往逕石渠，天禄閣、桂宮、北宮、長樂宮皆用此水也。未央地勢甚高而此水能自西面而轉北以行，是行於未央山背窪下之處也。滄池下流有石渠者，礲石爲之，以導此水。自此以往，凡水既周偏諸宮，自清明門出城，是爲王渠。王渠至清明門外與漕渠合而北入渭也。《雍録》 漢城惠帝築，後趙石虎亦嘗修之，符姚、西魏宇文皆都之。隋開皇三年都龍首川，此城遂廢。至今民呼猶曰楊家城。《長安志圖》

清 乾隆《西安府志》卷五四《古蹟》 秦 咸陽城《雍勝略》：在咸陽縣東二十里。《黃圖》：自秦孝公至始皇帝胡亥并都此城。案：孝公十二年築冀闕徙都之，始皇徙天下高貲富豪於咸陽十二萬户，引渭水灌都，以象天漢。横橋南渡，以法牽牛。咸陽北至九嵕甘泉，南至鄠杜，東至河西，至汧渭之交。東西八百里，南北四百里。離宮别館，相望聯屬。木衣綈繡，土被朱紫，宮人不移樂，不改懸，窮年忘歸，猶不能偏。《雍録》：咸陽，孝公所都，在漢長安西北。惟《元和志》則曰正東，微南古語山南水北曰陽，秦都若舉其凡則在九嵕諸山之南、渭水之北，而其實跨渭水。諸書皆謂始皇引渭水灌都，以象天漢，横橋南渡，以法牽牛。可見渭之兼在都南矣，猶謂山水皆陽者，不過以秦之朝市宮苑皆在渭北，實則咸陽之名兼踰渭南也。

又 隋 大興京城，《隋文帝紀》：開皇二年六月，詔左僕射高熲等創造新都于龍首山。十二月，名新都曰大興城。三年三月，入新都。《地理志》：開皇三年，置雍州城，東西十八里一百一十五步，南北十五里，各一百七十五步。東面通化、春明、延興三門，南面啓夏、明德、安化三門。西面延平、金光、開遠三門，北面光化一門。里一百六，市二。《長安志》：開皇二年，自故都徙其地，在漢故城之東南，屬杜縣，周之京兆郡萬年縣界。《雍録》：宇文愷之營隋都也，曰朱雀街，南北盡殿。有六條高坡，象乾卦六爻。故于九二置宮殿，以當帝王之居。九三立百司，以應君子之數。九五貴位，不欲常人居之，故置元都觀及興善寺以鎮其地。至大興立名，或曰文帝嘗封大興，或曰宮之太極殿本大興材，或曰隋文夢洪水浸没都城，故改營大興。洪水者，高祖名淵故也。然韋述謂本大興材名者，其説近之。蓋嘗有僧坐大木下曰：此後當爲宮殿。大木即在大興殿基上，亦如漢高因長安鄉而立爲都名也。皇城，《長安志》亦曰子城，東西五里一百一十五步，南北三里一百四十步。城中南北七街，東西五街，其間並列臺省寺衛。自西漢至于宋齊梁陳，並有人家在宮闕之間，隋文帝以爲不便，于是皇城之内惟列市府。

又 卷五五《古蹟》 唐 京城，唐《地理志》：上都初曰京城，天寶元年曰西京，至德二載曰中京，上元二年復曰西京，肅宗元年曰上都。京城前直子午谷，後枕龍首山，左臨灞岸，右抵灃水。《德宗紀》：貞元四年，築夾城。《長安志》：唐京城東西一十八里，一百一十五步。南北一十五里，一百七十五步，周六十七里。郭中南北十四街，東西十一街。其間列置諸坊。有京兆府，萬年、長安二縣，所治寺觀、邸第編户錯居焉。當皇城南朱雀門，有南北大街曰朱雀門，街東西廣百步。萬年、長安二縣以此街爲界。萬年領街東五十四坊，及東市長安領街西五十四坊，及西市。《天禄識餘》：其陽有六岡，如乾之六爻。唐宮殿皆在九二岡上，而作太清宮于九五岡上。百官府在九四岡上。

清 黃鈞宰《金壺七墨·金壺浪墨》卷六《京師形勢》 論京師形勢者，皆以泰山東聳爲龍，華山西峙爲虎。是已然前人謂泰山之脈自函谷而來，東盡於海，而諸水又皆由西而東，則山水順趨，氣難凝聚。惟恭讀聖祖文集，載泰山脈絡自盛京長白山分支入海，海中磯島數十，皆其發露之處，至山東登州之福山，起陸西南行八百餘里，穹隆盤屈，結爲泰山，巍然爲五岳之首云。如

是則諸水順流，泰脈逆峙，與華山支絡相接。中原形勢拱衛甚固，而京都宅中臨外，適在右山左海之間，信乎天地之奧區矣。

紀　事

晉　陳壽　裴松之注《三國志·吴志》卷八　紘建計宜出都秣陵，權從之。《江表傳》曰：紘謂權曰：秣陵，楚武王所置，名爲金陵。地勢岡阜連石頭。訪問故老，云昔秦始皇東巡會稽，經此縣。望氣者云金陵地形有王者都邑之氣，故掘斷連岡，改名秣陵。今處所具存。地有其氣，天之所命，宜爲都邑。權善其議，未能從也。後劉備之東，宿於秣陵。周觀地形，亦勸權都之。權曰：智者意同。遂都焉。

漢　趙煜《吴越春秋》卷五《勾踐歸國外傳第八》　越王曰：寡人之計未有决定，欲築城立郭，分設里閭，欲委屬於相國。於是范蠡乃觀天文，擬法於紫宫築作小城，周千一百二十一步，一圓三方。西北立龍飛翼之樓以象天門，東南伏漏石竇以象地户，陵門四達以象八風。外郭築城而缺西北，示服事吴也。不敢壅塞内以取吴，故缺西北而吴不知也。北向稱臣，委命吴國左右易處，易音亦處上聲不得其位，明臣屬也。城既成而怪山自生者，琅琊東武海中山也，一夕自來，故名怪山。即龜山也。在府東南二里，一名飛來，一名寶林，一名怪山。《越絶》曰：龜山，勾踐所起游臺也。《寰宇記》：龜山即琅琊東武山，一夕移於此。范蠡曰：臣之築城也，其應天矣，崑崙之象存焉。越王曰：寡人聞崑崙之山乃地之林，上承皇天，氣吐宇内，下處后土，稟受無外。滋聖生神，嘔養帝會。故帝處其陽陸，三王居其正地，吾之國也扁。扁疑當作偏天地之壤乘東南之維，斗去極北，非糞土之城何能與王者比隆盛哉。范蠡曰：君徒見外，未見於内。臣乃承天門制城，合氣於后土，岳象已設，崑崙故出，越之霸也。越王曰：苟如相國之言，孤之命也。范蠡曰：天地卒，號以著。其實名東武，起游臺其上，東南爲司馬門，立增樓增與層同冠其山巔，以爲靈臺。《水經注》：怪山者，越起靈臺於山上，又作三層樓以望雲物。起離宫於淮陽，《越絶》曰：離臺周五百六十步，在淮陽里丘。《越舊經》：淮陽宫在會稽縣東南二里。中宿臺在於高平，《越絶》「宿」作「指」，云中指臺。馬丘週六百步，在高平里。《越舊經》：中宿在會稽縣東七里。駕臺在於成丘。《越絶》：駕臺馳於離丘。立苑於樂野，《越絶》曰：越王弋獵之處大樂，故謂樂野。其山上石室，越王所休謀也。《十道志》：樂野，勾踐以此野爲苑。今有樂瀆村。燕臺在於石室，《越舊經》宴臺在州東南十里。齋臺在於襟山。按，越境無襟山。《越絶》曰：稷山者，勾踐齋戒臺也。既曰齋臺，則襟當作稷。稷山在會稽縣東五十三里。

五代　黄憲《遇樵》（《陝西通志》卷九四輯）　徵君入秦，倚歌于渭橋。有負薪者過而問曰：子何人，斯倚歌于渭水之梁乎？徵君對曰：甫漢室之徵君也，弔古于秦，悲而倚歌，非汝所測也。負薪者曰：吾秦人也，以負薪爲職。凡秦之名山廣谷，遺基故苑，吾皆得而樵焉。子以弔古于秦，以釋厥志，吾爲子肆言可乎？今日暮重關，渭水東流，秦嶺蒼然，鳥憩雲木，有廬在焉。請與子偕歸，以薪爲榻，舉瓦觴飡，鬼草聊以娱子懷也。夫秦，四塞之壤也。雖偏鎮于西隅，而國之形勢，實爲天下雄，固帝霸之業也。若夫盤互而秀于南者，則終南太乙焉。嶐嶐乎陰于西極而東望潼關者，則華岳焉。東注乎咸陽，則澧水之所導也。其境有蘭池、阿房之宫，咸陽之南、周之鎬京也。茫茫四陵，南北相望。秦宫所營，澧其鬱焉。豈惟涇水之望陵哉疑有誤。西北極乎豳國而奕奕者其梁山也，絪緼而蒼蒼，内有離宫别館，昆明西陂，輦道紆曲而相屬者，秦之上林也。鬱然起于鄠之南者，有紫閣峰焉，其周之靈臺廢也久矣。横亘乎藍田者，有秦嶺焉。霸水之所出、嶢關之所鎮也。限于北漢之陲、匈奴倚垣而窺者，秦之長城紫塞也。扞蔽乎朔方而胡笳戰馬之所集者，其賀蘭之山乎。聲下龍門，景入太華而浩蕩者，黄河也。積雪千里而瀑布之漭漾者，則太白焉。荆山峙于河，則大禹鑄鼎之墟也。若夫太液、曲江之池，樂游、細柳之原，驪山之温泉，新豐之枌社，隴山之九坂，長安之章臺，又有博望西郊，芙蓉、未央、長樂、建章、甘泉之宫不可勝數。其近而羅列者，皆鍾秀于雍州，其遠而環帶者，皆隱耀于關中也。

宋　畢仲游《西臺集》卷六《慶州平溝接城記》　慶陽之在西州，初非名城也。寶元康定之間，元昊寇邊，朝廷歲用兵，始作陝西道，建置四帥，其一開府于慶之陽，守以貴臣，繕修增飾，始爲名城。元豐辛酉，仲游從軍方渠過慶陽，見其城高十仞，廣五六里，週迴逶迆而下者數重，背高面深，跨山趾而守之，其堅如此。而州之北偏有大溝焉，斷城之東西，城缺不屬。問其名，則曰鵝池。問其所從來，則曰不知紀年之多少。以目度之，長幾百步，廣幾七十步，深十丈有畸。俯而視之，窅然，以溝之未平、城之未合，雖慶甚堅，而常人徼幸萬一不戒之虞，且不得爲完城，是可恨也。其年從軍至靈武，還復留慶陽。登城覽觀，與三二友者歎息溝之未平、城之未合，雖非己事而心以爲病。元祐元年

八月，寶文閣待制延帥范公德孺繼其父兄守慶陽，惟父兄世有功于慶，慶人樂之，而羌人懾伏，故德孺五年不得代。德孺亦以其父兄慶人之故不求代留慶，五年如一日也。纔至，則有意平溝接城，以足父兄之事。會夏人有罪兵未解，歲發民數千防秋。因其無所事，迭爲番休，俾運東山之土，實于溝中而築之。人以爲戲，而公五年不徙，溝遂平。治州廨之後至溝緣五尺，及溝平，盡城之北數百步乃傅合。其城經度，其東爲大堂，而藝其西以爲圃。堂未成，以户部侍郎召還京師。持材與工，遺今帥直龍圖閣章公質夫成之。堂成，大作樂，置酒樂于其上。仲游居鄭聞而壯之，乃爲詩三章，以遺慶人。其詩曰：匪穿而池窅且巇，不棘不求陸而逶迆，慶人之所宜。匪析而缺呀且豁，不棘不求崇墉嵽嵲，慶人之所悦。既囿其中，又闢其旁。有閎其閫，有翼其堂。可謀可燕，可饗可觴。子孫之不忘。詩既成，遂以遺慶人。雖未得坐其堂上，酌旨酒、蔭嘉木，與賓朋徜徉而自適，然猶記昔日覽觀之所病，想像而樂之。客謂仲游曰：平溝接城，則固云美矣。吾子之所言，得無少多乎？曰：是客未燭仲游之所志也。昔陶士行綜理微密，下及竹頭木屑之細，而能扶危定傾、御患折難，爲晉之宗臣。謝幼度得人于履屐之間，而識者知其能摧苻堅百萬之衆。蓋事有言近而見遠，論指而知歸者？理固然也。今范氏父子兄弟世爲慶陽所以幸慶人者，甚厚其功在氣節，刻金石，傳史官，諷誦于天下士大夫之口有年矣。至平溝接城，則豈特無不戒之虞以累來者，固將見逃遁之寇交臂屈膝請事于塞下，畫地而守之，長無犬吠之驚，則仲游之言非，敢故爲侈然也。既與客道其語，因并載其所作以重遺慶人而屬二公。元祐七年六月十三日左朝奉郎集賢校理畢仲游記

宋 孟元老《東京夢華録》卷二《御街》 坊巷御街自宣德樓一直南去，約闊二百餘步。兩邊乃御廊，舊許市人買賣於其間。自政和間官司禁止，各安立黑漆杈子路心，又安朱漆杈子兩行，中心御道不得人馬行往，行人皆在廊下朱杈子之外。杈子裏有磚石甃砌御溝水兩道，宣和間盡植蓮荷，近岸植桃、李、梨、杏，雜花相間，春夏之間，望之如繡。

元 陶宗儀《輟耕録》卷一《相地理》 江陰州宋季時，兵馬司在州治東南里許平地上。司之後置土牢。歸附後，有善地理者，以爲宜帝王居之。人問其故，曰：君山龍脉正結於此，是以知其然也。皆弗之信。越數年，就其上起蓋三皇廟。亦奇術哉。君山，州之主山也。

明 王圻《稗史彙編》卷一一《宋都》 《宋朝會要》曰：自朱梁建都以汴州爲東京，皆因藩鎮舊制，但改名額。而周顯德五年始廣新城，周迴四十八里二百三步。宋敏求《東京記》曰：周世宗顯德二年四月，詔京城四面别築羅城。三年正月，發京畿渭鄭曹之民，命薛言等四面督之。韓通總其事，王朴經度。凡通衢、委巷、廣濠之間，皆朴創制，踰年而成。宋朝神宗熙寧中，始四面築爲敵樓，作瓮城及濬治壕塹。

又《大業雜記》 大業元年，敕有司於洛陽故王城東營建東京。以越國公楊素爲東京大監，安德公宇文愷爲副。廢三崤舊道，今開柵道。時有術人章仇大翼表奏：陛下是木命人，雍州是破木之衝，不可久住。開皇初有童謠云「修治洛陽還晉家」，陛下曾封晉王，此其驗也。帝覽表，有遷都意。即日駕往洛陽，改洛州爲豫州。自豫州至京師八百餘里，置一十四屯，屯有宫殿。發河南諸道，州郡兵夫開通津渠，自河入淮。又開邗溝自山陽至楊子入江，通龍舟，兩岸爲大道，種榆柳，自東都至江都樹蔭相交。每兩驛置一宫，凡離宫四十餘所。東都大城周迴七十三里，西距王城，東越瀍澗，南跨洛川，北踰谷水。宫城開端門街，一名天津街。道旁植櫻桃、石榴兩行，自端門至建國門，四望成行，人由其下。中爲御道，通泉疏渠，映帶其間。端門即宫南正門，上名紫微觀，直南正當龍門。出龍門有黄道渠，上有橋三道，至洛水，有天津浮橋，跨橋南北，有重樓四所。又疏洛水爲重津渠，上有浮橋津，有時開闔，以通樓船入苑。重津南有大堤，堤南有坊，坊各周四里，開四門，門皆爲重樓，飭以丹粉。洛南有九十六坊，洛北有三十坊，大街小陌，縱横相對。自重樓南行盡六坊，有建國門，即羅城南正門也。門南有甘泉渠，疏洛入伊。渠上有通仙橋五道，時人亦謂之五橋。橋南北有華表。建國門西有白虎門，門西過苑城，旁城行，有天經宫，宫南有仙都宫，並置先帝廟。建國門東有長夏門，門南至甘泉渠。渠南至伊水，水東北流入洛。端門西有右掖門，門南過黄道渠，橋南道西有右候衛府。出右掖門，旁渠西有龍天道場，南臨石瀉口，即煬帝門師濟闍黎所居。石瀉並用青大石自上至下積三重，並用大鐵爲細腰，互相鈎牽，正當瀉口三十步。初造瀉之時，鑿地得大窖，容千斛許。於是填塞。瀉成不過一年即碎破，上令師濟闍黎咒之，後更脩，得立二年。闍黎亡，還復毁破，前後計用四十萬工以瀉王城池水下黄道渠。入洛陽門，東有左掖門，門南道左有左候衛府。左掖門東二里有承福門，即東城南門。門南洛水有翊津橋，通翻經道場，本從外國來，用貝多樹葉，葉形似枇杷葉而厚大，横作行書，約經多少，綴其一邊牒

牒然。今呼梵夾道場。北有道術坊，並是陰陽梵咒，有道術人居之。東城有東宣仁門，臨大街，與天津街相似。東行盡六坊，有上春門，門外夾道南北，有東西諸郡邸百餘所，每年朝集使停止之處。宮城正門曰則天門，則天門東有興教門，興教門一里有重光門，即東宮正門。正門東有太和門并重觀門，內即左右藏。左藏總一百五十間，右藏屋總四十間。左貯絲綿布絹，右貯麩金銅鼓、雜香牙角等物。出則天門，南直東有東太陽門，門東即東城門。北行三里有含嘉門，門北即含嘉城。城北德猷門，出含嘉城，西有圓壁門，門西有圓壁城，正南有曜儀門，門南即曜儀城。城南有玄武門，門內即宮。出則天門，直西有西太陽門，出門道西南行，第一院齊王宅，第二院燕王宅，第三院陳王宅，第四院代王宅，第五院越王宅，王宅西距周王古城，城西即入院。則天門南，橫街道東有東朝堂，道西有西朝堂，西連內史省，省連謁者臺，臺連右翊衛府，西抵右掖門街，街西有輦庫，庫西即西馬坊，坊西抵西城。西朝堂第二街北壁第一右驍衛府，府西連右御衛府，府西抵右掖門街，街西有子羅倉，倉有鹽二十萬石。子羅倉西有粳米五十餘窖，窖至西城。西朝堂南第三街第一御史臺，臺西連秘書省，省西連尚食庫，庫西連右監門府，府西連長秋監，監西抵右掖門街，街西即掌醢署，西連良醞署，署西東粳米窖坊。東朝堂東連門下省，省東殿內省，省東連左掖衛府，府東即抵右掖門街。街東即西錢坊，坊連東錢坊。東朝堂南二街第一左驍騎衛府，府東連右備錢府，府東左武衛府，府東連左屯衛府，府東連左御府，府東抵左掖門。街東即少府監，監東至城，即東朝堂南第三街第一司隸臺，臺東連光祿寺，寺東連左監門府，府東連大府寺，寺東抵左掖門街，街東即少府監連南監，監東至城。出東太陽門街，北道東第一街有鴻臚寺，寺東有司農寺，寺東即少府監連南監，監東至城。出東連太常寺，寺東拒城第二街即宣仁門大道，大道北即尚書省第三街將作監，監東連太僕寺，寺東至城。第四街有衛尉寺，寺東連都水監，監東宗正寺，寺東連大理寺，寺東距城。則天門兩重觀，觀上曰紫微觀，觀左右連闕，闕門內有永泰門，門東至會昌門。永泰西至景運門並步廊連市，坐宿衛兵。永泰門內有朝陽殿，雲楣秀柱，華欀碧瑠，窮軒甍之壯麗。其柱二十四圍，倚井垂蓮，仰之者眩。曜南軒垂以朱絲網絡，下不至地七尺，以防飛鳥。四面周以軒廊，坐宿衛兵。殿廷左右各有天井，廷東南西南各有重樓一，懸鐘一，懸鼓、刻漏則在樓下，隨刻漏鳴鐘鼓。大殿北有大業殿，規模小於朝陽殿，而雕綺過之。朝陽殿東有東上閣，閣東又南行，有東華門。門道北有文成門，門內有文成殿，周以軒廊。東華門南有左延福門，出門東行，至章善門街。朝陽殿西有西上閣，入內宮。閣西有西華門，出門西道北有武安門，門內有武安殿，周以軒廊。西華門南有右延福門，出門西行至明福門街。大業、文成、武安三殿，御坐見朝臣則宿衛隨入，不坐則有宮人。殿廷並種枇杷、海棠、石榴、青梧桐及諸名蕊奇卉。東有大井。其三殿之內，內宮諸殿甚多，不能盡知。則天門東有興教門，門北有會昌門，門北有章善門，入內上食進食、上樂進物，皆由此門。會昌門內道左有內殿，內省少府，內監，內尚光祿，內廊。道右門下內省，左少衛內府，左監門內府。入章善門，橫街東有重潤門，東有東宮。則天門西有光政門，門北有景運門，門北有明福門，入內宮命婦入朝學士進書皆由此門入。景運門內道左有內史、內省學士館，右監門內府，右六衛內府，鷹坊內甲庫，道右命婦朝堂，惠日、法雲二道場，通真、玉清二玄壇，接西馬坊。入明福門北行有玄清門，門內玄清殿，周以軒廊。宮內別供養經像之處。出玄清門，橫街東行有修文殿，西行百步有閶闔重門，門南北並有仰觀，臺高百尺，門西即八寶城。城內有儀鸞殿，殿南有烏桲林、栗林，有蒲萄架四行，長百餘步。架南有射堂，對閶闔門。直西有寶城門，出北旁城有方諸門，門即負璧城。

又《南北京城門名》　皇明初欲建都鳳陽。其城池九門，正南曰洪武，南之左曰南左甲第，右曰前右甲第，北之東曰北左甲第，西曰後右甲第。正東曰獨山，東之左曰長春，右曰朝陽，正西曰塗山。後定鼎金陵，乃設中都留守司於此。金陵本六朝所都，本朝拓其舊址而大之，東盡鍾山之麓。城池周迴九十六里，立門十三。南曰正陽，南之西曰通濟，又西曰聚寶，西南曰三山，曰石城。北曰太平，北之西曰神策，曰金川，曰鍾阜。東曰朝陽，西曰清涼，西之北曰定淮，曰儀鳳，後塞鍾阜、儀鳳貳門。其外城則因山控江，周迴一百八十里，別爲十六門，曰麒麟，曰仙鶴，曰姚坊，曰高橋，曰滄波，曰雙橋，曰夾岡，曰上方，曰鳳臺，曰大馴象，曰大安德，曰小安德，曰江東，曰佛寧，曰上元，曰觀音。永樂十七年，改北平爲北京。十九年，營建宮殿，尋拓其故城規制，周迴四十里。凡九門，正南曰正陽，南之左曰崇文，右曰宣武，北之東曰安定，西曰德勝。東之南曰朝陽，北曰東直。西之南曰阜城，北曰西直。然其時尚稱行在。正統七年，諸司題署始去行在字，舊諸都司印文皆增南京字，而兩京之制於是定矣。

清　吴任臣《十國春秋》卷九〇　天祐二年【略】是歲築南北夾城，謂之

南北月城，合大城而爲三，周二十六里四千八百丈。大城之門八，曰福安門、清平門、清遠門、安善門、通遠門、通津門、濟川門、善化門。南月城之門二，曰登庸門、以登庸名門者，應郭璞合沙之議。門有橋，曰合沙橋。道清門。北月城之門二，曰道泰門、岩勝門。舊有岩氏居邇于豪家，鬻米取嬴極薄。會天旱，刺史夢神告之曰：必得如岩者使禱。刺史致岩，遂得雨，因以名門。復塑北方毘沙門，天王以鎮之。命唐國子四門博士黄滔爲碑文以紀其事。碑文略曰：公之築城也，恢守地養民之本，隆暫勞永逸之策。其名舉一而生三，法陽數也。曰大城焉，南月城焉，北月城焉。周圍二十六里四千八百丈，基鑿于地，十有五尺。杵土胎石而上，上高二十尺，厚十有七尺，甃以磚，凡一千五百萬片。上架以屋，其屋曰廊。其大城之廊也，一千八百有十間。自廊凸而出之，爲敵樓之層者二十有三，又角立之樓六，其二者層復層焉，皆欄干鈎聯，參差焕赫。而廊之若干步一鋪，又各以鼓而司更焉，凡三十有六，謂之更鋪。其四面之門八，其南曰福安門，福安之東曰清平門，西曰清遠門，其西北曰安善門，安善之東曰通遠門，其東曰通津門，通津之北曰濟川門，其西曰善化門，皆鐵扇銅扃，開陽闔陰。門之上仍揭以樓三間，兩挾兩噏，修廊雙面。遠碧門之左右又引而出之，爲之亭，兩門一廈。又匪樓之門九，曰暗門焉。又水門三，其二樹欞，篩波卸航。入舟鳴舷，柳浦迴環，一郊堤諸萬户。注之以堰二，渡之以橋九。鏡瑩虹横，交舫走蹄，斯大城之制也。粤南月城也，東貯九仙，西盛烏石之二山，嘉樹蓄雲，茂草藏獸。城上之廊一千有三間，敵樓四十有九。樓之層者三，其門二，曰登庸門、道清門。其上之樓其下之扉左右之，引亭建暗門八，水門二，其堰一，其橋五，及廊之更鋪二十，悉與大城類。其外之東西復距而出之，謂之横城。其東也，城上之廊四十二間，五廈，其門一。斯南月城之制也。伊北月城也，城上之廊六百四十二間，敵樓二十有六，樓之層者十，其門二，曰道泰門、岩勝門。其上之樓，其下之扉，左右之引亭，建暗門四，水門二，其橋一，及廊之更鋪十有四，復與南月城類。又犄而出之，謂之横城。城上之廊五間，一廈，其門一。斯北月城之制也。其東畫長川以爲洫，西連乎南，盤别浦以爲溝，悉通海鰌。朝夕盈縮之波，底澤鱗介，岸泊艓艘，北截越王之故山派，西湖之爲隍，若鼇之負，如甌之置，軒軒然，翼翼然，天設之府，神開之地也。

清 李斗《揚州畫舫録》卷六　北水關在舊城鎮淮門旁。嘉靖《惟揚志》云：南水門通舟楫，北水門廢塞。嘉靖十八年，巡鹽御史吴悌知府劉宗仁疏通修築水門，并浚城内市河及西北城濠。其濠周圍一千七百五十七丈五尺，即此水門也。今城内市河久湮，水門皆設而長關，門外則爲鎮淮門市，河即昔之所謂小秦淮也。其護城河岸，即昔之所謂松濠畔也。門外建板橋，以通游人。岸上祇爲堞雲春暖一景。

清 嘉慶《新修江寧府志》卷一二《建置》　江寧府城，明太祖洪武二年九月始建，六年八月成。其外城周九十六里，門十三。宋元舊城因楊吴所築，跨秦淮南北，周迴二十里，南近聚寶山。明建都城，其南門、大西、水西三門因宋元之舊，更其名曰聚寶、石城、三山。自舊東門處截濠爲城，開拓八里，增建南門二，曰通濟，曰正陽。城址極東北轉建東門一，曰朝陽。城址極北西轉，自鍾山之麓據岡建北門一，曰太平。又西復北轉緣後湖之右，復西轉八里，建北門二，曰神策，曰金川。城址西北曲括獅子山於内，雉堞東南相向建門二，曰鍾阜、儀鳳。自儀鳳迤邐而南，建定淮、清涼二門，以接舊西門焉，而建宫城于其東隅，其宫端門南當正陽門，北門當鍾山，謂之内城。

藝文

漢 班固《兩都賦》（《後漢書》卷三九四〇輯）　漢之西都，在于雍州，寔曰長安。左據函谷、二崤之阻，表以（泰）〔太〕華、終南之山。右界褒斜、隴首之險，帶以洪河、涇、渭之川。華實之毛，則九州之上腴焉；防御之阻，則天下之奥區焉。是故横被六合，三成帝畿，周以龍興，秦以虎視。及至大漢受命而都之也，仰寤東井之精，俯協《河圖》之靈，奉春建策，留侯演成，天人合應，以發皇明，乃眷西顧，寔惟作京。於是睎秦領，睋北阜，挾酆霸，據龍首。圖皇基於億載，度宏規而大起，肇自高而終平，世增飾以崇麗，歷十二之延祚，故窮奢而極侈。建金城其萬雉，呀周池而成淵，披三條之廣路，立十二之通門。内則街衢洞達，閭閻且千，九市開場，貨别隧分，人不得顧，車不得旋，闐城溢郭，傍流百廛，紅塵四合，煙雲相連。於是既庶且富，娱樂無疆，都人士女，殊異乎五方，游士擬於公侯，列肆侈於姬、姜。鄉曲豪俊游俠之雄，節慕原、嘗，名亞春、陵，連交合衆，騁鶩乎其中。

若乃觀其四郊，浮游近縣，則南望杜、霸，北眺五陵，名都對郭，邑居相承，英俊之域，黻冕所興，冠蓋如雲，七相五公。與乎州郡之豪桀，五都之貨殖，三選七遷，充奉陵邑，蓋以彊幹弱枝，隆上都而觀萬國。封畿之内，厥土千里，逴犖諸夏，兼其所有。其陽則崇山隱天，幽林穹谷，陸海珍藏，藍田美玉，商、洛緣其隈，鄠、杜濱其足，源泉灌注，陂池交屬，竹林果園，芳草甘木，郊野之富，號曰近蜀。其陰則冠以九嵕，陪以甘泉，乃有靈宫起乎其中。秦、漢之

所極觀，淵、雲之所頌歎，於是乎存焉。下有鄭、白之沃，衣食之源，堤封五萬，疆埸綺分，溝塍刻鏤，原隰龍鱗，決渠降雨，荷臿成雲，五穀垂穎，桑麻敷棻。東郊則有通溝大漕，潰渭洞河，泛舟山東，控引淮、湖，與海通波。西郊則有上囿禁苑，林麓藪澤，陂池連乎蜀、漢，繚以周牆，四百餘里，離宮別館，三十六所，神池靈沼，往往而在。其中乃有九真之麟，大宛之馬，黄支之犀，條枝之鳥，踰崐崘，越巨海，殊方異類，至三萬里。

其宮室也，體象乎天地，經緯乎陰陽，據坤靈之正位，放（泰）（太）、紫之圓方。樹中天之華闕，豐冠山之朱堂，因瓌材而究奇，抗應龍之虹梁，列棼橑以布翼，荷棟桴而高驤。雕玉瑱以居楹，裁金壁以飾璫，發五色之渥采，光爓朗以景彰。於是左墄（城）右平，重軒三階，閨房周通，門闥洞開，列鍾虡於中庭，立金人於端闈，仍增崖而衡閾，臨峻路而啓扉。徇以離殿別寢，承以崇臺閒館，焕若列星，紫宮是環。清涼宣温，神仙長年，金華玉堂，白虎麒麟，區宇若玆，不可殫論。增槃業峨，登降炤爛，殊形詭制，每各異觀，乘茵步輦，唯所息宴。後宮則有掖庭椒房，后妃之室，合歡增成，安處常寧，茝若椒風，披香發越，蘭林蕙草，鴛鸞飛翔之列。昭陽特盛，隆乎孝成，屋不呈材，牆不露形，裛以藻繡，絡以綸連，隨侯明月，錯落其閒，金釭銜璧，是爲列錢，翡翠火齊，流燿含英，懸黎垂棘，夜光在焉。於是玄墀釦切，玉階彤庭，碝磩采緻，琳珉青熒，珊瑚碧樹，周阿而生。紅羅颯纚，綺組繽紛，精曜華燭，俯仰如神。後宮之號，十有四位，窈窕繁華，更盛迭貴，處乎斯列者，蓋以百數。左右廷中，朝堂百僚之位，蕭曹魏邴，謀謨乎其上。佐命則垂統，輔翼則成化，流大漢之愷悌，蕩亡秦之毒螫。故令斯人揚樂和之聲，作畫一之歌，功德著於祖宗，膏澤洽于黎庶。又有天禄石渠，典籍之府，命夫諄誨故老，名儒師傅，講論乎《六蓺》，稽合乎同異。又有承明金馬，著作之庭，大雅宏達，於玆爲羣，元元本本，周見洽聞，啓發篇章，校理秘文。周以鉤陳之位，衛以岩更之署，總禮官之甲科，羣百郡之廉孝。虎賁贅衣，閹尹閽寺，陛戟百重，各有攸司。周廬千列，徼道綺錯。輦路經營，脩塗飛閣。自未央而連桂宮，北彌明光而亘長樂，陵墱道而超西墉，混建章而外屬，設璧門之鳳闕，上柧棱而棲金雀。內則別風之嶕嶢，眇麗巧而竦擢，張千門而立萬户，順陰陽以開闔。爾乃正殿崔嵬，層構厥高，臨乎未央，經駘盪而出馺娑，洞枍詣與天梁，上反宇以蓋戴，激日景而納光。神明鬱其特起，遂偃蹇而上躋，軼雲雨於太半，虹霓回帶於棼楣，雖輕迅與僄狡，猶愕眙而不敢階。攀井幹而未半，目眴轉而意迷，舍櫺檻而却倚，若顛墜而復稽，魂怳怳以失度，巡迴塗而下低。既懲懼於登望，降周流以彷徨，步甬道以縈紆，又杳窱而不見陽。排飛闥而上出，若游目於天表，似無依（之）（而）洋洋。前唐中而後太液，攬滄海之湯湯，揚波濤於碣石，激神岳之嶈嶈，濫瀛洲與方壺，蓬萊起乎中央。於是靈草冬榮，神木叢生，巖峻崔崒，金石峥嶸。抗仙掌與（以）承露，擢雙立之金莖，軼埃壒之混濁，鮮顥氣之清英。騁文成之丕誕，馳五利之所刑，庶松喬之羣類，時游從乎斯庭，實列仙之攸館，匪吾人之所寧。

爾乃盛娛游之壯觀，奮大武乎上囿，因玆以威戎夸狄，燿威而講事。命荆州使起鳥，詔梁野而驅獸，毛羣內闐，飛羽上覆，接翼側足，集禁林而屯聚。水衡虞人，理其營表，種別羣分，部曲有署。罘罔連紘，籠山絡野，列卒周匝，星羅雲布。於是乘（鑾）輿備法駕，帥羣臣，披飛廉，入苑門。遂繞酆鄗，歷上蘭，六師發冑，百獸駭殫，震震爚爚，雷奔電激，草木塗地，山淵反覆，蹂躪其十二三，乃拗怒而少息。爾乃期門佽飛，列刃鑽鍭，要趹追蹤，鳥驚觸絲，獸駭値鋒，機不虛掎，弦不再控，矢無單殺，中必疊雙，颮颮紛紛，矰繳相纏，風毛雨血，灑野蔽天。平原赤，勇士厲，猨狖失木，豺狼懾竄。爾乃移師趨險，並蹈潛穢，窮虎奔突，狂兕觸蹷。許少施巧，秦成力折，掎僄狡，扼猛噬，脱角挫脰，徒搏獨殺。挾師豹，拖熊螭，頓犀犛，曳豪羆，超迴壑，越峻崖，蹷嶄巖，鉅石隤，松柏仆，叢林摧，草木無餘，禽獸殄夷。於是天子乃登屬玉之館，歷長楊之榭，覽山川之體勢，觀三軍之殺獲，原野蕭條，目極四裔，禽相鎮厭，獸相枕藉。然後收禽會衆，論功賜胙，陳輕騎以行炰，騰酒車而斟酌，割鮮野食，舉燧命爵。饗賜畢，勞逸齊，大輅鳴鑾，容與裴回，集乎豫章之宇，臨乎昆明之池。左牽牛而右織女，似雲漢之無崖，茂樹蔭蔚，芳草被堤，蘭茝發色，曄曄猗猗，若摛錦布繡，燭燿乎其陂。玄鶴白鷺，黄鵠鵁鶄，鶬鴰鴇鶂，鳧鷖鴻鴈，朝發河海，夕宿江漢，沈浮往來，雲集霧散。於是後宮乘輚路，登龍舟，張鳳蓋，建華旗，祛黼帷，鏡清流，靡微風，澹淡浮。櫂女謳，鼓吹震，聲激越，謍厲天，鳥羣翔，魚闚淵。招白閒，下雙鵠，揄文竿，出比目。撫鴻幢，御矰繳，方舟並騖，俛仰極樂。遂風舉雲搖，浮游普覽，前乘秦領，後越九嵕，東薄河華，西涉岐雍，宮館所歷，百有餘區，行所朝夕，儲不改供。禮上下而接山川，究休祐之所用，采游童之歡謠，第從臣之嘉頌。于斯之時，都都相望，邑邑相屬，國藉十世之基，家承百年之業，士食舊德之名氏，農服先疇之畎畝，商修族世之所鬻，工用

高曾之規矩，粲乎隱隱，各得其所。

漢　張衡《西京賦》（《歷代賦彙》卷三一輯）　先生獨不見西京之事歟？請爲吾子陳之。漢氏初都在渭之涘，秦里其朔實爲咸陽，左有崤函重險，桃林之塞，綴以二華，巨靈贔屓，高掌遠蹠，以流河曲，厥跡猶存。右有隴坻之隘，隔閡華戎，岐梁汧雍，陳寶鳴雞在焉。於前則終南、太一，隆崛崔崒，隱轔鬱律。連岡乎嶓冢，抱杜含鄠，欱灃吐鎬，爰有藍田珍玉，是之自出。於後則高陵平原，據渭踞涇，澶漫靡迤，作鎮於近。其遠則有九嵕甘泉，涸陰沍寒，日北至而含凍，此焉清暑。爾乃廣衍沃野，厥田上上，實爲地之奥區神皋。昔者大帝悦秦繆公而覲之饗以鈞天廣樂帝有醉焉乃爲金策錫用此土而翦諸鶉首。是時也，並爲彊國者有六，然而四海同宅西秦，豈不詭哉。自我高祖之始入也，五緯相汁以旅於東井婁敬委輅幹非其議天啓其心人惎之謀及帝圖時意亦有慮乎神祇，宜其可定以爲天邑。豈伊不虔思於天衢，豈伊不懷歸於枌榆。天命不滔，疇敢以渝。於是量徑輪，考廣袤，經城洫，營郭郛。取殊裁於八都，豈稽度於往舊。爾乃覽秦制，跨周法，狹百堵之側陋，增九筵之迫脅。正紫宫於未央，表嶢闕於閶闔。疏龍首以抗殿，狀嵬峨以岌嶪。亘雄虹之長梁，結棼橑以相接。蔕倒茄於藻井，披紅葩之狎獵。飾華榱與璧璫，流景曜之韡曄。雕楹玉碣，繡栭雲楣。三階重軒，鏤檻文㮰。右平左墄，青瑣丹墀。刊層平堂，設砌厓隒。坻崿鱗眴，棧齴巉嶮。襄岸夷塗，脩路峻險。重門襲固，姦宄是防。仰福帝居，陽曜陰藏。洪鐘萬鈞，猛虡趪趪。負筍業而餘怒，乃奮翅而騰驤。朝堂承東，温調延北。西有玉臺，聯以昆德。嵯峨崨嶫，罔識所則。若夫長年神仙，宣室玉堂，麒麟朱鳥，龍興含章。譬衆星之環北，極叛赫戲以煇煌。正殿路寢，用朝羣辟。大廈眈眈，九户開闢。嘉木樹庭，芳草如積。高門有閌，列坐金狄。内有常侍謁者，奉命當御。外有蘭臺金馬，遞宿迭居。次有天禄石渠校文之處，重以虎威章溝岩更之署。徼道外周，千廬内附。衛尉八屯，警夜巡晝。植鎩懸瞂，用戒不虞。後宫則昭陽飛翔，增成合歡。蘭林披香，鳳凰鴛鸞。羣窈窕之華麗，嗟内顧之所觀。故其館室次舍，采飾纖縟。裛以藻繡，文以朱緑。翡翠火齊，絡以美玉。流懸黎之夜光，綴隨珠以爲燭。金戺玉階，彤庭煇煇。珊瑚琳碧，瓀珉璘彬。珍物羅生，煥若崐崘。雖厥裁之不廣，侈靡踰乎至尊。於是鉤陳之外，閣道穹隆。屬長樂與明光，徑北通於桂宫。命般爾之巧匠，盡變態乎其中。於是後宫不移，樂不徙懸。門衛供帳，官以物辨。恣意所幸，下輦成燕。窮年忘歸，猶弗能徧。瓌異日新，殫所未見。惟帝王之神麗，懼尊卑之不殊。雖斯宇之既坦，心猶憑而未攄。思比象於紫微，恨阿房之不可廬。覛往昔之遺館，獲林光於秦餘。處甘泉而爽塏，乃隆崇而弘敷。既新作於迎風，增露寒與儲胥。託喬基於山岡，直墆霓以高居。通天訬以竦峙，徑百常而莖擢。上辯華以交紛，下刻峭其若削。翔鶤仰而弗逮，况青鳥與黄雀。伏櫺檻而頫聽，聞雷霆之相激。柏梁既災，越巫陳方。建章是經，用厭火祥。營宇之制，事兼未央。圜闕竦以造天，若雙碣之相望。鳳騫翥於甍標，咸遡風而欲翔。閶闔之内，别風嶕嶢。何工巧之瓌瑋，交綺豁以疏寮。千雲霧而上達，狀亭亭以岧岧。神明崛其特起，井幹疊而百增。峙游極於浮柱，結重欒以相承。累層構而遂隮，望北辰而高興。消雰埃於中宸，集重陽之清瀓。瞰宛虹之長鬐，察雲師之所憑。上飛闥而仰眺，正覩瑶光與玉繩。將乍往而未半，怵悼慄而聳兢。非都盧之輕趫，孰能超而究升。馺娑駘盪，燾奡桔桀。枍詣承光，睽罛庨豁。增桴重棼，鍔鍔列列。反宇業業，飛檐轍轍。流景内照，引曜日月。天梁之宫，實開高闈。旗不脱扃，結駟方蘄。櫟輻輕騖，容於一扉。長廊廣廡，連閣雲蔓。閈庭詭異，門千户萬。重閨幽闥，轉相逾延。望窈窱以徑廷，眇不知其所返。既乃珍臺蹇産以極壯，隥道邐倚以正東。似閬風之遐坂，横西洫而絶金墉。城尉不弛柝，而内外潛通。前開唐中，彌望廣潒。顧臨太液，滄池漭沆。漸臺立於中央，赫昈昈以弘敞。清淵洋洋，神山峨峨。列瀛洲與方丈，夾蓬萊而駢羅。上林岑以壘嵬，下嶄巖以嵓齬。長風激於别隯，起洪濤而揚波。浸石菌於重涯，濯靈芝以朱柯。海若游於玄渚，鯨魚失流而蹉跎。於是采少君之端信，庶欒大之貞固。立脩莖之仙掌，承雲表之清露。屑瓊蕊以朝飧，必性命之可度。美往昔之松喬，要羨門乎天路。想升龍於鼎湖，豈時俗之足慕。若歷世而長存，何遽營乎陵墓。徒觀其城郭之制，則旁開三門，參塗夷庭。方軌十二，街衢相經。廛里端直，甍宇齊平。北闕甲第，當道直啓。程巧致功，期不陁陊。木衣綈錦，土被朱紫。武庫禁兵，設在蘭錡。匪石匪董，疇能宅此。爾乃廓開九市，通闤帶闠。旗亭五重，俯察百隧。周制大胥，今也惟尉。【略】封畿千里，統以京尹。郡國宫館，百四十五。右極盩厔，并卷酆鄠。左暨河華，遂至號土。上林禁苑，跨谷彌阜。東至鼎湖，斜界細柳。掩長楊而聯五柞，繞黄山而款牛首。繚垣緜聯，四百餘里。植物斯生，動物斯止。衆鳥翩翻，羣獸駓騃。散似驚波，聚似京峙。伯益不能名，隸首不能紀。林麓之饒，於何不有。

又《東京賦》 昔先王之經邑也，掩觀九隩，靡地不營。土圭測景，不縮不盈，總風雨之所交，然後以建王城。審曲面勢，泝洛背河，左伊右瀍，西阻九阿，東門于旋。盟津達其後，太谷通其前。迴行道乎伊闕，邪徑捷乎轘轅。太室作鎮，揭以熊耳。底柱輟流，鐔以大岯。温液湯泉，黑丹石緇。王鮪岫居，能鼈三趾。虙妃攸館，神用挺紀。龍圖授羲，龜書畀姒。召伯相宅，卜惟洛食。周公初基，其繩則直。萇弘魏舒，是廓是極。經途九軌，城隅九雉。度堂以筵，度室以几。京邑翼翼，四方所視。漢初弗之宅也，故宗緒中圮。巨猾閒釁，竊弄神器，歷載三六，偷安天位。於時烝民，罔敢或貳，其取威也重矣。我世祖忿之，乃龍飛白水，鳳翔參墟。授鉞四七，共工是除。欃槍旬始，羣凶靡餘。區宇乂寧，思和求中。睿哲玄覽，都茲洛宮。曰止曰時，昭明有融。既光厥武，仁洽道豐。登岱勒封，與黄比崇。逮至顯宗，六合殷昌。乃新崇德，遂作德陽。啓南端之特闈，立應門之將將。昭仁惠於崇賢，抗義聲於金商。飛雲龍於春路，屯神虎於秋方。建象魏之兩觀，旌六典之舊章。其内則含德章臺，天禄宣明，温飭迎春，壽安永寧。飛閣神行，莫我能形。濯龍芳林，九谷八溪。芙蓉覆水，秋蘭被涯。渚戲躍魚，淵游龜蠵。永安離宮，脩竹冬青。陰池幽流，玄泉冽清。鵯鶋秋棲，鶻鵃春鳴。雎鳩鸝黄，關關嚶嚶。於南則前殿靈臺，龢驩安福。謻門曲榭，邪阻城洫。奇樹珍果，鈎盾所職。西登少華，亭候修敕。九龍之内，寔曰嘉德。西南其户，匪雕匪刻。我后好約，乃宴斯息。於東則洪池清籞，渌水澹澹。内阜川禽，外豐葭菼。獻鼈蜃與龜魚，供蝸䗍與菱芡。其西則有平樂都場，示遠之觀。龍雀蟠蜿，天馬半漢。瑰異譎詭，燦爛炳煥。奢未及侈，儉而不陋。規遵王度，動中得趣。於是觀禮，禮舉義具。經始勿亟，成之不日。猶謂爲之者勞，居之者逸。慕唐虞之茅茨，思夏后之卑室，乃營三宫，布政頒常。複廟重屋，八達九房。規天矩地，授時順鄉。造舟清池，惟水泱泱。左制辟雍，右立靈臺。

魏 徐幹《齊都賦》（《歷代賦彙》卷三七輯） 齊國實坤德之膏腴，而神州之奥府。其川瀆則洪河洋洋，發源崑崙。驚波沛厲，浮沫揚奔。南望無垠，北顧無堮，蒹葭蒼蒼，莞菰沃若。瑰禽異鳥，羣萃乎其間，帶華蹈縹，披紫垂丹，應節往來，翕習翩翩。靈芝生乎丹石，發翠葉之煌煌。其寶玩則玄蛤抱璣，駮蚌含璫。搆厦殿以宏覆，起層榭以高驤。龍楹螭桷，山畕雲牆。其後宫内庭，嬪妾之館，衆偉所施，極巧窮變。然後修龍榜，游洪池，折珊瑚，破琉璃，日既仄而西舍，乃反宫而棲遲。歡幸在側，便嬖侍隅，含清歌以詠志，流玄眸而微眄，竦長袖以合節，紛翩翻其輕迅。王乃乘華玉之輅，駕玄駮之駿，武騎星散，鉦鼓雷動，旌旃虹亂，盈乎靈圃之中。於是羽旌咸興，毛羣盡起，上蔽穹庭，下被皋藪。

魏 劉楨《魯都賦》（《歷代賦彙》卷三七輯） 昔大庭氏肇建厥居，少昊受命亦都茲焉。山則連岡屬嶺，嶝嶮峽北，紫金揚輝於鴻崖，水精潛光乎雲穴，岱宗邈其層秀，干氣霧以高越。其木則赤楝、青松、文莖、蕙棠，洪幹百圍，高徑穹皇。竹則填彼山，根陔彌阪域，蒙雪含霜，不渝其色。夏蕩攢包，勁篠並殖，翠實離離，鳳凰攸食。水産衆夥，各有彝倫，頳首華尾，豐顱重斷，戴兵挾刃，盤甲曲鱗。且觀其時謝節移，和族綏宗，招歡合好，肅戒友朋。蛾眉清眸，顔若雪霜插曜日之珍笄，珥明月之珠璫。舞人就列，整飾容華，和顔揚眸，眄風長歌。飄乎猋發，身如轉波，尋虚騁迹，顧與節和，縱修褏以終曲，若奔星之赴河。及其素秋二七，天漢指隅，民胥祓禊，國於水游，緹帷彌津，丹帳覆洲，蓋如飛鶴，馬如游魚。應門巖巖，朱扉含光，路殿巋其隆崇，文陛巘其高驤。聽迅雷於長除，若有聞而復亡。其園囿苑沼，駢闐接連，渌池分浪，以帶石垠。文隅瓊岸，華玉依津。邦乃大狩，振揚炎威，教民即戎，講習興師。絡幕包括，連結營圍，毛羣隕殪，羽族殲剥。填崎塞畎，不可勝録。

魏 劉邵《趙都賦》（《歷代賦彙》卷三七輯） 且敝邑者，固靈州之敞宇，而天下之雄國。南則有洪川巨瀆，黄水濁河，發源積石，經拂太華，灑爲九流，入於玄波。其東則有天浪水府，百川是鍾，包絡坤維，連薄太濛。其北則有陶林玄壇，增水沍寒。其西則有靈丘平圃，斜接崑崙。其近則有天井句注，飛狐太行，璀錯璟珞，屬阜連岡，龍首嵯峨以岪鬱，羊坂崙崮以屹嵣。清漳發源，濁滏汩越，湯泉涫沸，洪波漂厲。爾乃都城萬雉，百里周迴，九衢交錯，三門旁開，層樓疎閣，連棟結階。峙華爵以表甍，若翔鳳之將飛。正殿儼其造天，朱櫺赫以舒光。盤虬螭之蜿蜒，承雄虹之飛梁。結雲閣於南宇，立叢臺於少陽。及至暮秋陟冬，朔風烈寒，猛豻鷙攫，鷹隼奮翰。國乃講武，狩於清源，駕鶩冥之駿駁，抗冲天之旌旃。北連昭餘，南屬呼池，西眄太陵，東結繚河。然後嵔子放機，戈矛亂發，决斑鬐，破文頞，當手斃僵，應弦倒越。爾乃進夫中山名倡，襄國妖女，狄鞮妙音，邯鄲才舞，六八駢羅，遞奏迭舉，體凌浮雲，聲哀激楚。其珍玩服物，則崑山美玉，玄珠曲環，輕綃啓繒，織纊綈紈。其器用

良馬，則六弓四弩，緑沉，黄間，堂嵠，魚腸，丁零，角端，飛兔，奚斯，常驪，紫燕，豐鬣確顱，龍身鵠頸，目如黄金，蘭筋參精，迅躡飛浮，軼響追聲。若乃至季春元巳，辰火熾光，挺新贈往，祓於水陽，朱幕蔽野，彩帷連岡，妖冶呈飾，顔如春英。

晉　庾闡《揚都賦》（《歷代賦彙》卷三七輯）　子未聞揚都之巨偉也，左滄海，右岷山。龜鳥津其落，江漢演其源。磵金標乎象，浦注桐柏乎玄川。昔勾吴端委，延州儷臧。高讓殆於庶幾，英風亞乎穎陽。土映黄旂之景，巒吐紫蓋之祥。巖棲赤松之館，岫啓縉雲之堂。龍符焕而夏德興，羣神萃而玉帛昌也。天包龍軫，地奄衡霍。玄聖所游，陟方所託。我皇晉之中興，而駿命是廓。靈運啓於中宗，天綱振其絶絡。於是乎源澤浩瀁，林阜隱薈。彭蠡吞江，荆牙吐瀨。赴三峽之隘，洞九川之會。泮五嶺而分流，鼓沱潛而碎沛。滏渤灃淯，潰漾瀰湧。驚波霆激，駭浪山動。東注尾閭，呼噏洞庭。茫若雲漢，窈若青城。其山則重岡峨屼，峻巘嵦崿。陽侯鱗萃，龍濤綺錯。嵱嵂磊砢，嵬峞嶓薄。旁帶千溪，下周萬壑。木則灌以杞梓，被以沙棠，結根九疑，布葉天柱。林爲五岳之苑，材爲八都之府。埽飛虹，虧陽景。拂白雪而增翠，凌廣莫而敷穎。竹則篠風箘簵，篠簜林篵。單棘筡箹，蓊蔚蕭踈。貞條捎風，勁節集霧。望之猗猗，即之倩倩。蒼筤之竿，東南之箭。其林可游，其芳可薦。草則陵苕海藻，山英江蘺，綸組菁茅，繁露卷施。獸則騊駼狻猊，鋸牙披蹄。登重巘蹲嶸巇，噫氣則風生，噴沫則雨灑，其間則有騰猨夭嬌，閃儵柯杪。風母果然，星流電遷。或凌虚赴絶，或繚繞希閒。鳥則鷫鵬孔翠，丹穴之羽。鳴鳳自歌，翔鸞自舞。魚則鮫鱣鰫鮪，比目鰽魦，修鯤横海，長鯨偃波。其中則有靈蛟白黿之族，種繁六眸，類豐三足。鸚螺蛻骨，寄居負鰲。餘泉如輪，文蚳如琢。果則黄柑朱橙，楊桃枇杷。林蔚八桂之叢，色燿三珠之華。爾其寶怪，則有瑶琨琅玕，青碧素珉，陽珠散火，陰甲潛珍。雲英水玉，錯燿龍鱗。焕若金膏，晃若燭銀。琉璃冰朗而外映，珊瑚觸石而搆翹。牙簟裂文於象齒，火布濯穢於炎焱。西徂石城，則舟車之所混并。東盡金塘，則方駕之所連箱。其中則有龍坻華屋，晨凫之舸。青雀飛艫，艅艎鼓栧。鷁首鋪於黄宫，盤蛟纏於赤馬。爰有蘭堂華室，高門重構。羅鼎玉食，絲竹並奏。龍驤汗血於廣塗，朱輪擊轂而輻輳。

晉　左思《三都賦·蜀都》（《歷代賦彙》卷三二輯）　吾子豈亦曾聞蜀都之事歟？請爲左右揚摧而陳之。夫蜀都者，蓋兆基於上世，開國於中古。廓靈關以爲門，包玉壘而爲宇。帶二江之雙流，抗峨眉之重阻。水陸所湊，兼六合而交會焉；豐蔚所盛，茂八區而菴藹焉。於前則跨躡犍牂，枕輢交趾。經途所亘，五千餘里。山阜相屬，含谿懷谷。岡巒糾紛，觸石吐雲。鬱葐蒕以翠微，崔巍巍以峨峨。干青霄而秀出，舒丹氣以爲霞。龍池瀥瀑潰其限，漏江伏流潰其阿。汩若湯谷之揚濤，沛若濛汜之涌波。【略】於是乎金城石郭，兼市中區。既麗且崇，實號成都。闢二九之通門，畫方軌之廣塗。營新宫於爽塏，擬承明而起廬。結陽城之延閣，飛觀榭乎雲中。開高軒以臨山，列綺窗而瞰江。内則議殿爵堂，武義虎威。宣化之闥，崇禮之闈。華闕雙邈，重門洞開。金鋪交映，玉題相暉。外則軌躅八達，里閈對出。比屋連甍，千廡萬室。亦有甲第，當衢向術。壇宇顯敞，高門納駟。庭扣鐘磬，堂撫琴瑟。匪葛匪姜，疇能是恤？亞以少城，接乎其西。市廛所會，萬商之淵。列隧百重，羅肆巨千。【略】遠則岷山之精，上爲井絡。天帝運期而會昌，景福肸蠁而興作。碧出萇弘之血，鳥生杜宇之魄。妄變化而非常，嗟見偉於疇昔。近則江漢炳靈，世載其英。蔚若相如，皭若君平。王褒暐曄而秀發，揚雄含章而挺生。幽思絢道德，摛藻掞天庭。考四海而爲儁，當中葉而擅名。是故游談者以爲美，造作者以爲程也。至乎臨谷爲塞，因山爲障。峻岨塍埒長城，豁險吞若巨防。一人守隘，萬夫莫向。公孫躍馬而稱帝，劉宗下輦而自王。由此言之，天下孰尚？故雖兼諸夏之富有，猶未若兹都之無量也。

又《吴都》　子獨未聞大吴之巨麗乎？且有吴之開國也。造自泰伯，宣於延陵。蓋端委之所彰，高節之所興。建至德以創洪業，世無得而顯稱。由克讓以立風俗，輕脱躧於千乘。若率土而論都，則非列國之所觖望也。故其經略，上當星紀。拓土畫疆，卓犖兼并。包括於越，跨躡蠻荆。婺女寄其曜，翼軫寓其精。指衡岳以鎮野，目龍川而帶坰。爾其山澤，則嵬嶷嶢屼，巊溟鬱嵂。潰渱泮汗，滇洒淼漫。或涌川而開瀆，或吞江而納漢。磈磈磓磓，滮滮涆涆。磝硂乎數州之間，灌注乎天下之半。百川派别，歸海而會。控清引濁，混濤并瀨。濆薄沸騰，寂寥長邁。濞焉洶洶，隱焉礚礚。出乎大荒之中，行乎東極之外。經扶桑之中林，包暘谷之滂沛。潮波汩起，迴復萬里。歊霧漨浡，雲蒸昏昧。泓澄奫潫，澒溶沆瀁。莫測其深，莫究其廣。澶湉漠而無涯，總有流而爲長。瓌異之所叢育，鱗甲之所集往。【略】徒觀其郊隧之内奥，都邑之綱紀。霸王之所根柢，開國之所基址。郛郭周匝，重城結隅。通門二八，水道陸衢。所以經始，用累千祀也。憲紫宫以營室，廓廣庭之漫漫。寒暑隔閡於邃宇，

虹蜺迴帶於雲館。所以跨跱炳焕萬里也。造姑蘇之高臺，臨四遠而特建，帶朝夕之濬池，佩長洲之茂苑。窺東山之府，則瓌寶溢目；覵海陵之倉，則紅粟流衍。起寢廟於武昌，作離宫於建業。闡闔閭之所營，采夫差之遺法。抗神龍之華殿，施榮楯而捷獵。崇臨海之崔嵬，飾赤烏之韡曄。東西膠葛，南北崢嶸。房櫳對櫎，連閣相經。閽闥譎詭，異出奇名。左稱彎崎，右號臨硎。雕欒鏤楶，青瑣丹楹。圖以雲氣，畫以仙靈。雖兹宅之夸麗，曾未足以少寧。思比屋於傾宫，畢結瑶而構瓊。高闈有閌，洞門方軌。朱闕雙立，馳道如砥。樹以青槐，亘以渌水。玄蔭眈眈，清流亹亹。列寺七里，夾棟陽路。屯營櫛比，廨署棋布。横塘查下，邑屋隆夸。長干延屬，飛甍舛互。其居則有高門鼎貴，魁岸豪傑。虞魏之昆，顧陸之裔。岐嶷繼體，老成奕世。躍馬疊跡，朱輪累轍。陳兵而歸，蘭錡内設。冠蓋雲蔭，閭閻闐噎。其鄰則有任俠之靡，輕訬之客。締交翩翩，儐從奕奕。出躡朱履，動以千百。里宴巷飲，飛觴舉白。翹關扛鼎，抃射壺博。鄱陽暴謔，中酒而作。於是樂只衎而歡飫無匱，都輦殷而四奥來暨。水浮陸行，方舟結駟。唱棹轉轂，昧旦永日。開市朝而普納，横闠闤而流溢。混品物而同廛，并都鄙而爲一。

又《魏都》 魏國先生有睟其容，乃盱衡而誥曰：异乎交益之士，蓋音有楚夏者，土風之乖也；情有險易者，習俗之殊也。雖則生常，固非自得之謂也。昔市南宜僚弄丸，而兩家之難解。聊爲吾子復玩德音，以釋二客競於辯囿也。夫太極剖判，造化權輿。體兼晝夜，理包清濁。流而爲江海，結而爲山岳。列宿分其野，荒裔帶其隅。巖岡潭淵，限蠻隔夷，峻危之竅也。蠻陬夷落，譯導而通，者鳥獸之氓也。正位居體者，以中夏爲喉，舌不以邊陲爲襟帶也。長世字甿者，以道德爲藩，不以襲險爲屏也。而子大夫之賢，尚弗曾庶翼等威，附麗皇極。思稟正朔，樂率貢職。而徒務於詭隨匪民，宴安於絶域。榮其文身，驕其險棘。繆默語之常倫，牽膠言而踰侈。飾華離以矜然，假倔彊而攘臂。非醇粹之方壯，謀蹐駮於王義。孰愈尋靡蓱於中逵，造沐猴於棘刺。劍閣雖嶛，憑之者蹶，非所以深根固蒂也。洞庭雖濬，負之者北，非所以愛人治國也。【略】伊洛榛曠，崤函荒蕪。臨菑牢落，鄢郢丘墟。而是有魏開國之日，締構之初。萬邑譬焉，亦猶犨麋之與子都，培塿之與方壺也。且魏土者，畢昴之所應，虞夏之餘人。先王之桑梓，列聖之遺塵。考之四隈，則八埏之中；測之寒暑，則霜露所均。卜偃前識而賞其隆，吳札聽歌而美其風。雖則衰代，而盛德形於管絃；雖踰千祀，而懷舊藴於遐年。爾其疆域，則旁極齊秦，結凑冀道。開胸殷衛，跨躡燕趙。山林幽峽，川澤迴繚。恒碣碪碍於青霄，河汾浩涆而皓溔。南瞻淇澳，則綠竹純茂；北臨漳滏，則冬夏異沼。神鉦迢遞於高巒，靈響時驚於四表。温泉毖涌而自浪，華清蕩邪而難老。墨井鹽池，玄滋素液。厥田惟中，厥壤惟白。原隰畇畇，墳衍斥斥。或嵬罍而複陸，或黋朗而拓落。乾坤交泰而烟熅，嘉祥徽顯而豫作。是以兆朕振古，萌柢疇昔。藏氣讖緯，閟象竹帛。迴時世而淵默，應期運而光赫。暨聖武之龍飛，肇受命而光宅。爰初自臻，言占其良。謀龜謀筮，亦既允臧。修其郛郭，繕其城隍。經始之制，牢籠百王。畫雍豫之居，寫八都之宇。鑒茅茨於陶唐，察卑宫於夏禹。古公草創，而高門有閌；宣王中興，而築室百堵。兼聖哲之軌，并文質之狀。商豐約而折中，準當年而爲量。思重爻，摹大壯。覽荀卿，采蕭相。僝拱木於林衡，授全模於梓匠。遐邇悦豫而子來，工徒擬議而騁巧。闡鈎繩之筌緒，承二分之正要。揆日晷，考星曜。建社稷，作清廟。築曾宫以迴匝，比岡隒而無陂。造文昌之廣殿，極棟宇之弘規。對若崇山崫起而崔嵬，髣若玄雲舒蜺以高垂。瓌材巨世，插壥參差。枌橑複結，欒櫨疊施。丹梁虹中以並亘，朱桷森布而支離。綺井列疏以懸蔕，華蓮重葩而倒披。齊龍首而涌霤，時梗槩於滮池。旅楹閒列，暉鑒抰振。榱題黮䨴，階陏嶙峋。長庭砥平，鐘虡夾陳。風無纖埃，雨無微津。巖巖北闕，南端攸遵。竦峭雙碣，方駕比輪。西闢延秋，東啟長春。用覲羣后，觀享頤賓。左則中朝有赩，聽政作寢。匪樸匪斲，去泰去甚。木無雕鎪，土無綈錦。玄化所甄，國風所稟。於前則宣明顯揚，順德崇禮。重闈洞出，鏘鏘濟濟。珍樹猗猗，奇卉萋萋。蕙風如薰，甘露如醴。禁臺省中，連闥對廊。直事所繇，典刑所藏。藹藹列侍，金蜩齊光。詰朝陪幄，納言有章。亞以柱後，執法内侍。符節謁者，典璽諸吏。膳夫有官，藥劑有司。肴醳順時，腠理則治。於後則椒鶴文石，永巷壼術。楸梓木蘭，次舍甲乙。西南其户，成之匪日。丹青炳焕，特有温室。儀刑宇宙，歷象賢聖。圖以百瑞，綷以藻詠。茫茫終古，此焉則鏡。有虞作繢，兹亦等競。右則蔬圃曲池，下畹高堂。蘭渚莓莓，石瀨湯湯。弱蔓係實，輕葉振芳。奔龜躍魚，有䁖吕梁。馳道周屈於果下，延閣胤宇以經營。飛陛方輦而徑西，三臺列峙而崢嶸。亢陽高於陰基，擬華山之削成。上累棟而重霤，下冰室而沍冥。周軒中天，丹墀臨猋。增構峨峨，清塵彯彯。雲雀踶甍而矯首，壯翼摛鏤於青霄。雷雨窈冥而未半，皦日籠光於綺寮。習步

頓以升降，御春脈而逍遥。八極可圍於寸眸，萬物可齊於一朝。長塗牟首，豪徼互經。晷漏肅唱，明宵有程。附以蘭錡，宿以禁兵。司衛閑邪，鈎陳罔驚。於是崇墉濬洫，嬰堞帶涘。四門𨋢𨋢，隆廈重起。憑太清以混成，越埃𡋯而資始。邈邈標危，亭亭峻峙。臨焦原而弗怳，誰勁捷而無⿰犭思？與岡岑而永固，非有期乎世祀。陽靈停曜於其表，陰祇濛霧於其裏。苑以玄武，陪以幽林。繚垣開囿，觀宇相臨。碩果灌叢，圍木竦尋。篁篠懷風，蒲桃結陰。回淵漼，積水深。蒹葭贙，雚蒻森。丹藕凌波而的皪，緑芰泛濤而浸潭。羽翮頡頏，鱗介浮沉。棲者擇木，雊者擇音。若咆渤澥與姑餘，常鳴鶴而在陰。表清籞，勒虞箴。思國郵，忘從禽。樵蘇往而無忌，即鹿縱而匪禁。腜腜坰野，奕奕菑畝。甘荼伊蠢，芒種斯阜。西門溉其前，史起灌其後。墱流十二，同源異口。蓄爲屯雲，泄爲行雨。水澍粳稌，陸蒔稷黍。黝黝桑柘，油油麻紵。均田畫疇，蕃廬錯列。薑芋充茂，桃李蔭翳。家安其所，而服美自悦。邑屋相望，而隔踰奕世。内則街衢輻湊，朱闕結隅。石杠飛梁，出控漳渠。疏通溝以濱路，羅青槐以蔭塗。比滄浪而可濯，方步櫚而有踰。習習冠蓋，莘莘烝徒。斑白不提，行旅讓衢。設官分職，營處署居。夾之以府寺，班之以里閭。其府寺則位副三事，官踰六卿。奉常之號，大理之名。厦屋一揆，華屏齊榮。肅肅階𨵻，重門再扃。師尹爰止，毗世作楨。其閭閻則長壽吉陽，永平思忠。亦有戚里，寘宮之東。閈出長者，巷包諸公。都護之堂，殿居綺窗。輿騎朝猥，蹀䟙其中。營客館以周坊，飾賓侣之所集。瑋豐樓之閈閎，起建安而首立。葺牆幕室，房廡雜襲。剞劂罔輟，匠斲積習。廣成之傳無以儔，稾街之邸不能及。廓三市而開廛，籍平逵而九達。班列肆以兼羅，設闤闠以襟帶。濟有無之常偏，距日中而畢會。抗旗亭之嶤嶭，侈所眺之博大。百隧轂擊，連軫萬貫。憑軾捶馬，袖幕紛半。一八方而混同，極風采之異觀。

唐 盧照鄰《盧昇之集》卷二《長安古意》 長安大道連狹斜，青牛白馬七香車。玉輦縱横過主第，金鞭絡繹向侯家。龍銜寶蓋承朝日，鳳吐流蘇帶晚霞。百丈游絲争繞樹，一羣嬌鳥共啼花。游蜂戲蝶千門側，碧樹銀臺萬種色。複道交窗作合歡，雙闕連甍垂鳳翼。梁家畫閣天中起，漢帝金莖雲外直。樓前相望不相知，陌上相逢詎相識。借問吹簫向紫煙，曾經學舞度芳年。得成比目何辭死，願作鴛鴦不羡仙。比目鴛鴦真可羡，雙去雙來君不見。生憎帳額繡孤鸞，好取門簾帖雙燕。雙燕雙飛繞畫梁，羅幃翠被鬱金香。片片行雲着蟬鬢，纖纖初月上鴉黄。鴉黄粉白車中出，含嬌含態情非一。妖童寶馬鐵連錢，娼婦盤龍金屈膝。御史府中烏夜啼，廷尉門前雀欲棲。隱隱朱城臨玉道，遥遥翠幰没金堤。挾彈飛鷹杜陵北，探丸借客渭橋西。俱邀俠客芙蓉劍，共宿娼家桃李蹊。娼家日暮紫羅裙，清歌一囀口氛氲。北堂夜夜人如月，南陌朝朝騎似雲。南陌北堂連北里，五劇三條控三市。弱柳青槐拂地垂，佳氣紅塵暗天起。漢代金吾千騎來，翡翠屠蘇鸚鵡杯。羅襦寶帶爲君解，燕歌趙舞爲君開。别有豪華稱將相，轉日回天不相讓。意氣由來排灌夫，專權判不容蕭相。專權意氣本豪雄，青虬紫燕坐春作生。風。自言歌舞長千載，自謂驕奢凌五公。節物風光不相待，桑田碧海須臾改。昔時金階白玉堂，即今惟見青松在。寂寂寥寥揚子居，年年歲歲一床書。獨有南山桂花發，飛來飛去襲人裾。

唐 白居易《白氏長慶集》卷二四《答客問杭州》 爲我踟躕停酒盞，與君約略説杭州。山名天竺堆青黛，湖號錢塘瀉緑油。大屋檐多裝雁齒，小航船亦畫龍頭。所嗟水路無三百，官繫何因得再游。

唐 吕令問《雲中古城賦》（《歷代賦彙》卷三九輯） 正北曰并，有唐作京，密近戎狄，張皇甲兵。尹也總居守之任，將也當節制之名，故卒乘輯睦，而王都肅清。於是斷武誼，按亭燧，電轉前旌，風飄横吹，楊葉箭的，蓮花劍騎，下代郡而出鴈門，抵平城而入胡地。挾纊稱暖，投醪必醉，則知撫之者誠難，用之者不易。是時陰閉羣山，寒雕衆木，川平塞迥，冰飲霜宿。慷慨乎大荒，倘佯乎游目，區脱潛遁，屠耆懾逐，訴古城之謂何？傳魏家之所築。伊昔晉京板蕩，海縣沸騰，不有所命，將何以興？王師赫怒，爰整其旅，霧集雲屯，龍驤鳳舉，棄萬里之沙漠，傍五原之風土，肇爲此都，實惟太祖。夫其規典章，辨封疆，池桑乾之水，苑秦城之牆，百堵齊矗，九衢相望，歌臺舞榭，月殿雲堂，開儒士於璧沼，貯美人於玉房，翕習沸渭，熒熒煌煌。取威定霸，於是乎在，施令作法，罔或不臧，武破六州之内，文宅三川之陽，何其壯也。既而年代倏忽，市朝遷徙，干戈鼙鼓之雄，綺羅絲竹之美。孰不煙散雨絶，沙埋灰委。樹名歡而詎存，鳥稱樂而俱死。危堞既覆，高墉復夷，寥落殘徑，依稀舊墀，榛棘蔓而未合，苔蘚紛乎相滋。伏熊門贙，騰麏聚麇，常鳴悍鶩，乍嘯愁鴟。不可勝紀，但令人悲。胡風起兮馬嘶急，漢月生兮鴈飛入。可憐久戍人，懷歸空佇立。有客志遠才雄，秉義由衷，負詩書禮樂之用，藴蕭曹魏邴之風。虜庭高枕，

河源鑿空，霜犯鬢而先白，塵染顏而少紅。三爲都護，五掌元戎，益封而廣國，事利而業崇。獨見凌雲而作賦，誰言坐樹而論功者哉。

宋 沈遘《西溪集》卷一《和君倚景靈行》 東城大道何逶迤，中直清廟表六扉。右臨景靈秘館之翼翼，左帶相國浮圖之巍巍。道旁第舍多艷赫，車無停輪馬交策。風塵勃鬱千丈高，素衣化緇雙眦塞。南阡窮巷我所居，上下省户兩歲餘。病軀羸乘實厭畏，每趨徑路宮城隅。宮墻倚空背環極，隱嶙樓臺露金碧。朝霞夕照天半明，墻下行人徒眩惑。我嘗入謁得縱觀，威容物采岩且完。鸞車歲歲躬獻享，孝思肹蠁神通歡。重門設衛日常閟，靈境那令世人雜。但見長松怪石列若屏，突兀陰森兩遮匝。我家東南滄海涯，乘時偶來觀德輝。歸飛故隱自有期，何必於此空歎欷。

宋 王仲旉《南都賦》（《宋文鑑》卷一〇輯） 若宮室苑囿之盛，池沼臺榭之廣，侈靡誇前，光輝絶後，惟梁孝王有足稱者。僕願繼其説，而先生自覽其切焉。漢有天，下至文而昌，九族敦序，帝室以光。乃命子武俾侯于梁，惟梁大國，城四十餘，北限泰山之險，西界高陽之墟。御備東南，則九州之奥區焉。廣衍沃壤，則天下之膏腴焉。於是舍大梁之故土，卜睢陽之新都，傍漻城而連屬，起道以縈紆。外廣池洫，内經郭郛，陋九筵與百堵，法上國之規模。發小鼓以始倡，下節杵而和之。流樂府而度曲，豈餘音之獨遺。於是乃作曜華之宮，擬阿房與林光，鬱正殿之嵲嶭，巍然起乎中央。散彤彩而澔汧，復煒煒以煌煌。鸑虬龍於金楹，乍矯首以騰驤。軒鸞翥於飛甍，欲乘風而下翔。歷太階之寶砌，駢璧瑛與玉璫。光陸雜而眩目，足幾往而徜徉。旁有曲室，後連洞房，叫窱窈窕，仰不見陽。列方疏而散騎，玉女睨而悠颺。又有宴閒之館，寔曰忘憂。文章灝博卓犖瑰奇者，萃乎其中，貢以文鹿白鶴，參以淥酃細柳，間以連璋沓璧，綴以清管弱絲。東苑望囿三百餘里，駿鸃鵕鸏，山鵲野雉，守狗戴勝，鶬鴰翡翠，聲音相聞，翱翔往來，萬端鱗崪，不可勝記。

宋 曾極《金陵百詠・金陵》 楚威王以其地有王氣，埋金鎮之，故曰金陵。或曰以其地接華陽金壇之陵。

鑿地破除函谷帝，埋金厭勝郢中王。興亡總不關君事，五百年前枉斷腸。

又《秦淮》 在縣南三里。始皇時，望氣者言金陵有天子氣，使朱衣鑿山爲瀆，以斷地脉，改金陵爲秣陵。晉陽秋秦開，故曰秦淮。或云淮水發源屈曲，不類人工。

鑿斷山根役萬人，祖龍癡絶更東巡。石城幾度更新主，贏得淮流尚繫秦。

宋 周應合《景定建康志》卷三七《鍾山》：石城爲虎此爲龍，都邑無如此地雄。萬壑千巖皆拱北，三江七澤盡朝東。埋金依舊祥光現，鑿浦仍前地脉通。吴晉六朝嘗已驗，如今留鑰比關中。

明 董其昌《容臺詩集》卷一《帝京篇 館課》 澗瀍風雨會，殽函天地區。河山靈氣有遷换，一一拱北開皇都。皇都險扼居庸麓，不斷華夷山矗矗。八聖經營巩帝圖，三犁掃滌維坤軸。形勝曾標天府雄，烟花複道畫圖中。勢壓九龍丹地迥，雲中千雉禁城重。中天閶闔開宮扇，承露雙莖霄漢見。凌風却月門嶙峋，建章鳷鵲寵嵸觀。太液池邊白玉堤，蓬萊闕上紫金泥。浴天巨浸疑通漢，耀日層樓爲祝釐。長安甲第干霞起，四術九衢平若水。朝聞珂珮接西清，夕聽歌鐘喧北里。道旁無復酒人悲，碣石徒傳擁篲臺。擊壤應多堯市曲，和歌時出柏梁裁。吾聞都邑四方極，昇平繁侈窮物力。縱賦長楊諷幾何，高髻之謡良可則。京華春色日邊舒，蔀屋遐陬豈盡如。願闢九重明四目，不使人間有何隅。

雜録

晉 陸翽《鄴中記》 鄴宮南面三門。西鳳陽門，高二十五丈，上六層，反宇向陽，下開二門。又安大銅鳳于其巔，舉頭一丈六尺。門窗户，案此句疑有缺字朱柱白壁。未到鄴城七八里遥望此門。案，此條見《太平御覽》。

鳳陽門五層樓，去地三十丈，安金鳳凰二頭。石虎將衰，一頭飛入漳河，會晴日，見于水上。一頭以鐵釘釘足，今存。案，《太平寰宇記》引《鄴中記》云：魏太祖都城之内諸街有赤闕，南面西頭曰鳳陽門，上有鳳二枚，其一飛入漳水，其一仍以鎖絆其足。鄴人舊歌曰：鳳陽門南天一半，上有金鳳相飛唤，欲去不去著鎖絆。其文與此詳略互異。

唐 劉肅《唐新語》卷一三 則天時，新豐縣東南露臺鄉，因風雨震雷，有山踴出，高二百尺。有池，周迴三頃。池中有龍鳳之形，禾麥之異。則天以爲休禎，號曰慶山。荆州人俞文俊上書曰：「臣聞天氣不和則寒暑并，人氣不和而瘤贅出，地氣不和而堆阜出。今陛下以女主處陽位，反易剛柔，故地氣隔塞而出變爲災。陛下謂之慶山，臣以爲非慶也。宜側身修德，以答天譴。不然殃禍立至。」則天大怒，流之嶺南。

元　陶宗儀《説郛》卷六八上《石城》吴孫權沿淮立柵，又於江岸必争之地築城，名曰石頭。諸葛亮論金陵地形云：鍾阜龍盤，石城虎踞，真帝王之宅。

明　宋濂《文憲集》卷三《閲江樓記》金陵爲帝王之州。自六朝迄于南唐，類皆偏據一方，無以應山川之王氣。逮我皇帝，定鼎於兹，始足以當之。由是聲教所暨，無間朔南；存神穆清，與道同體。雖一豫一游，亦思爲天下後世法。京城之西北有獅子山，自盧龍蜿蜒而來。長江如虹貫，蟠繞其下。上以其地雄勝，詔建樓於巔，與民同游觀之樂。進錫嘉名爲「閲江」云。

圖表

清　雍正《陝西通志》卷七二《古蹟一 宫闕》

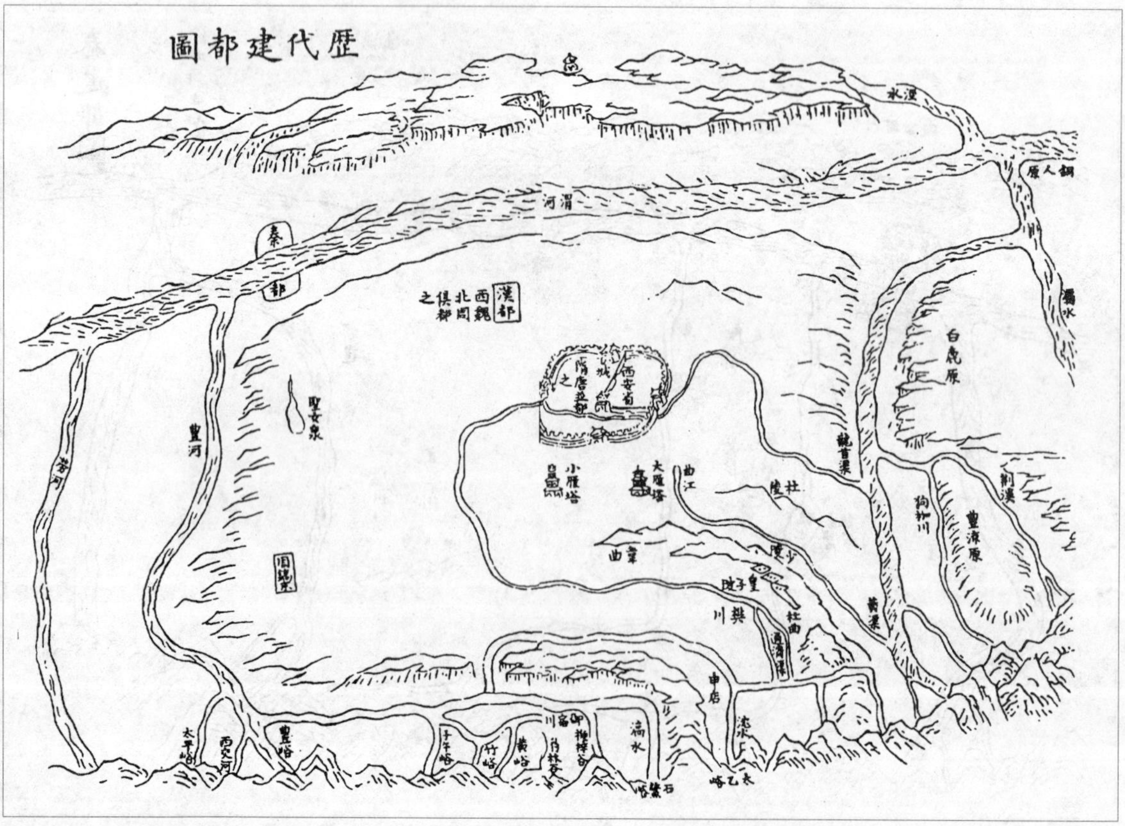

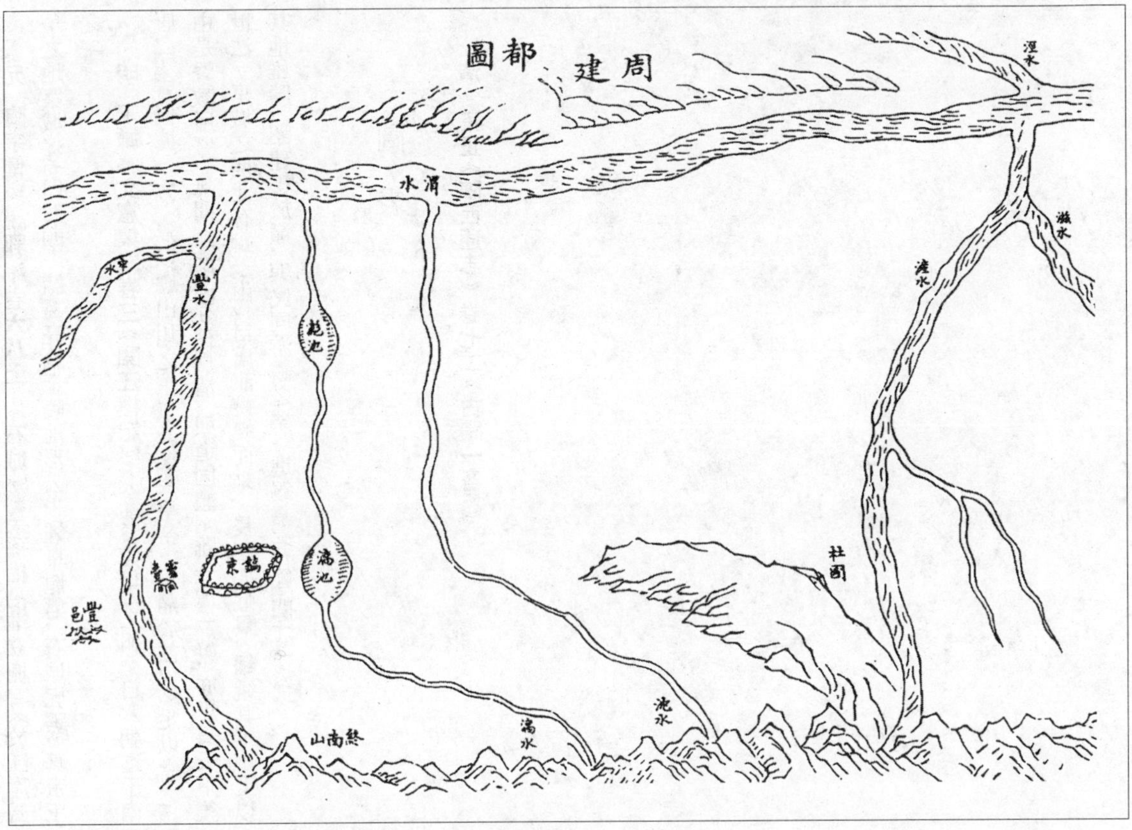
周建都圖
涇水
渭水
灞水
滻水
灃水
鎬京
滈池
終南山

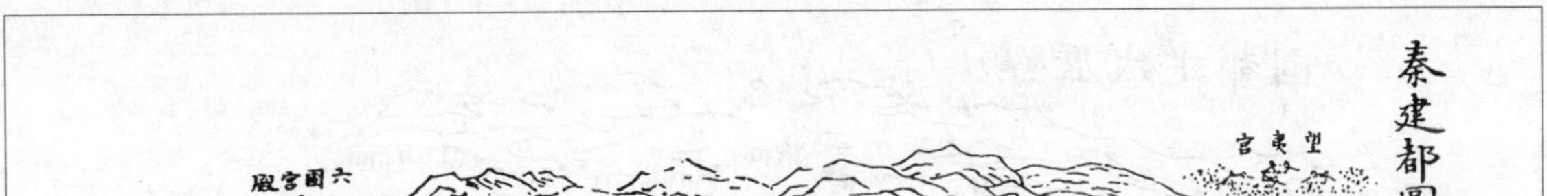
秦建都圖
望夷宮
六國宮殿
涇
渭
橫橋
阿房
灃
上林苑
鎬池
宜春下苑
皇子陂
軹道
滻
灞
潏
滈

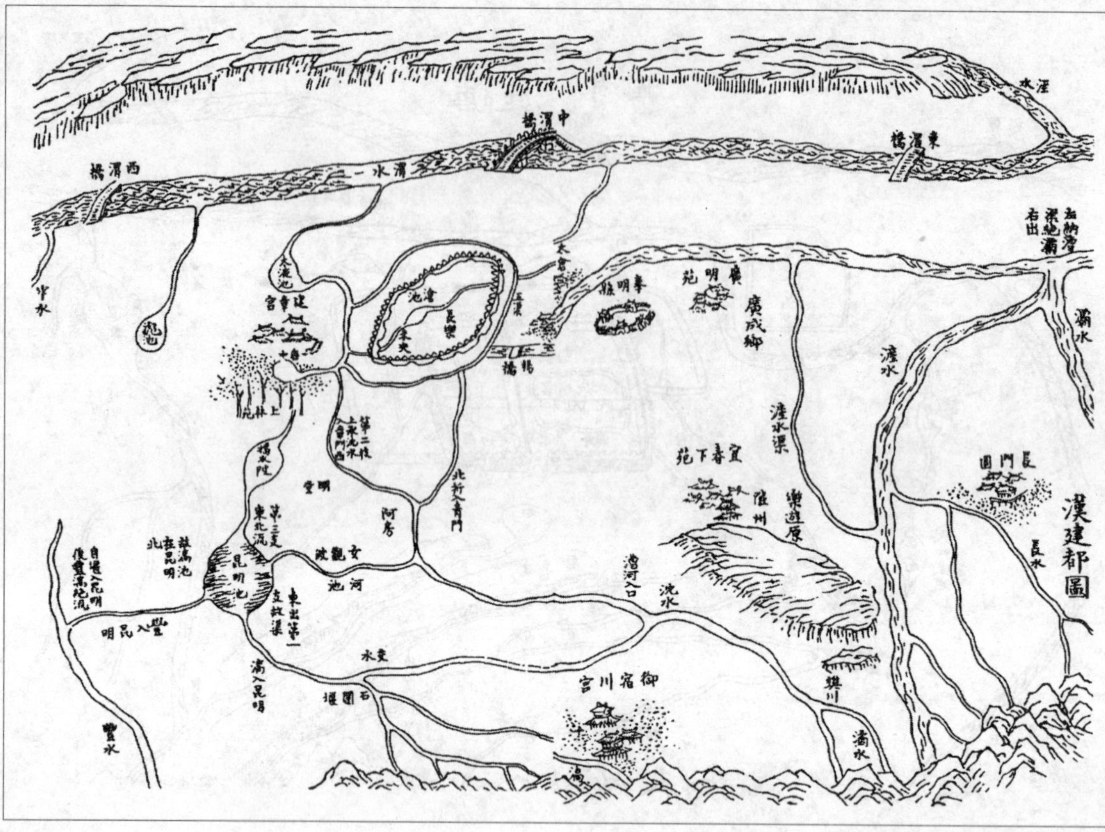
漢建都圖
中渭橋
東渭橋
西渭橋
渭水
涇水
灞水
滻水
滻水渠
廣明苑
廣成鄉
宜春下苑
長門園
長水
御宿川宮
昆明池
灃水
潏水
樊川
建章宮
上林苑
滈池
交水

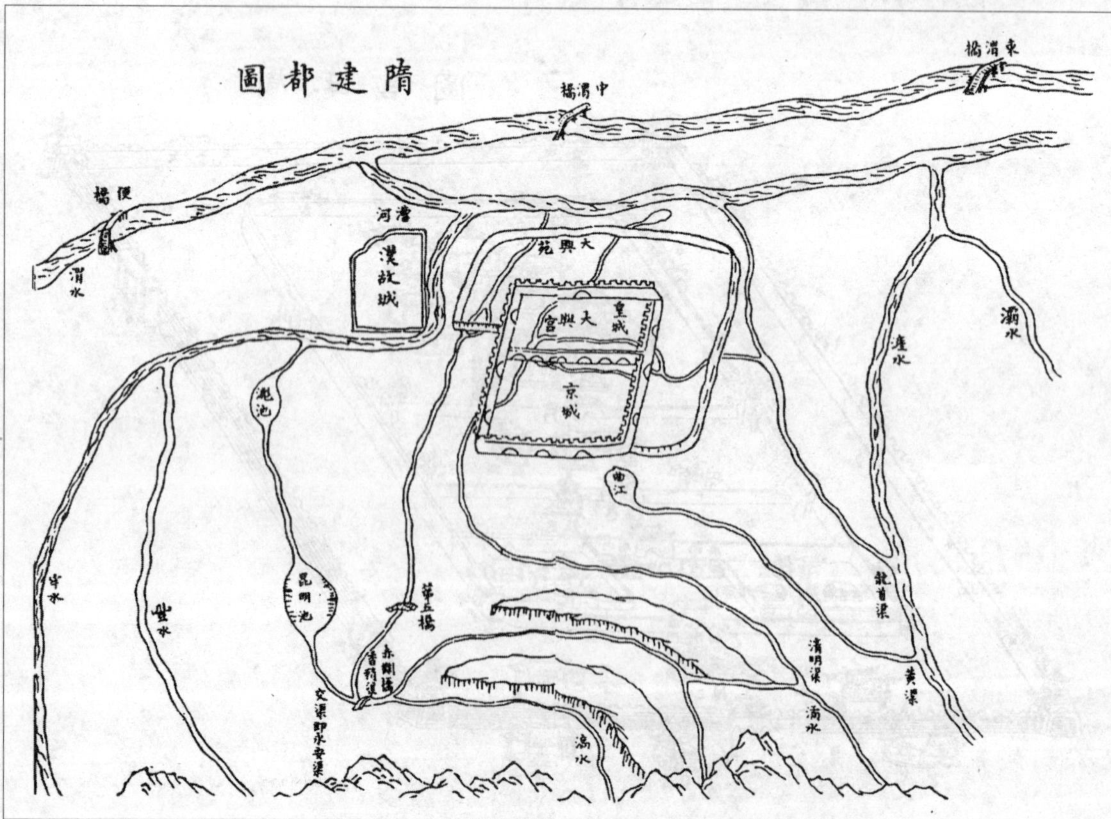
隋建都圖
東渭橋
中渭橋
便橋
渭水
漕河
漢故城
大興苑
大興宮
皇城
京城
曲江
滈池
昆明池
第五橋
灃水
灞水
滻水
龍首渠
清明渠
黃渠
潏水

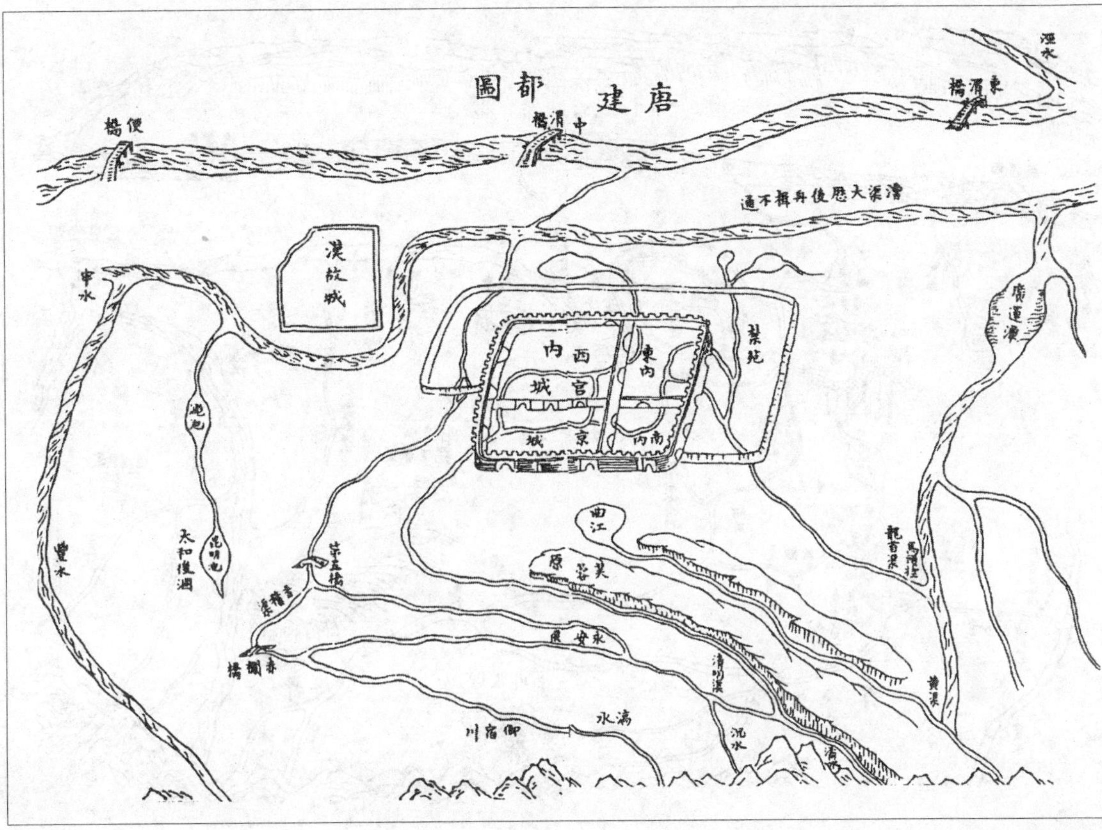
便橋
中渭橋
東渭橋
涇水
漢故城
西内
内宫城
東内
京城
南内
禁苑
廣運潭
曲江
芙蓉原
灃水
滈水
御宿川
黃渠

唐建都圖

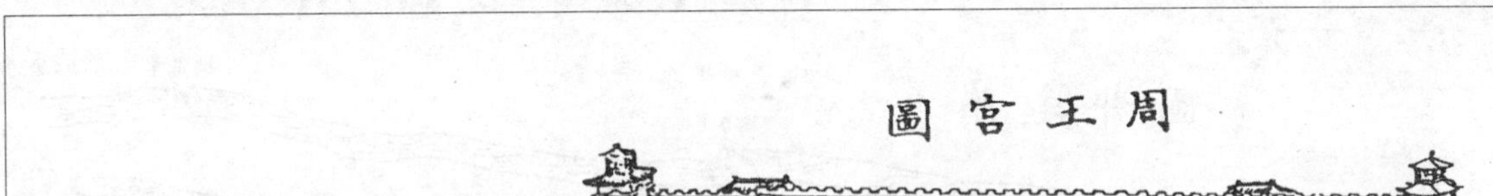
次舍
小宮
路門
應門
庫門
皐門

周王宮圖

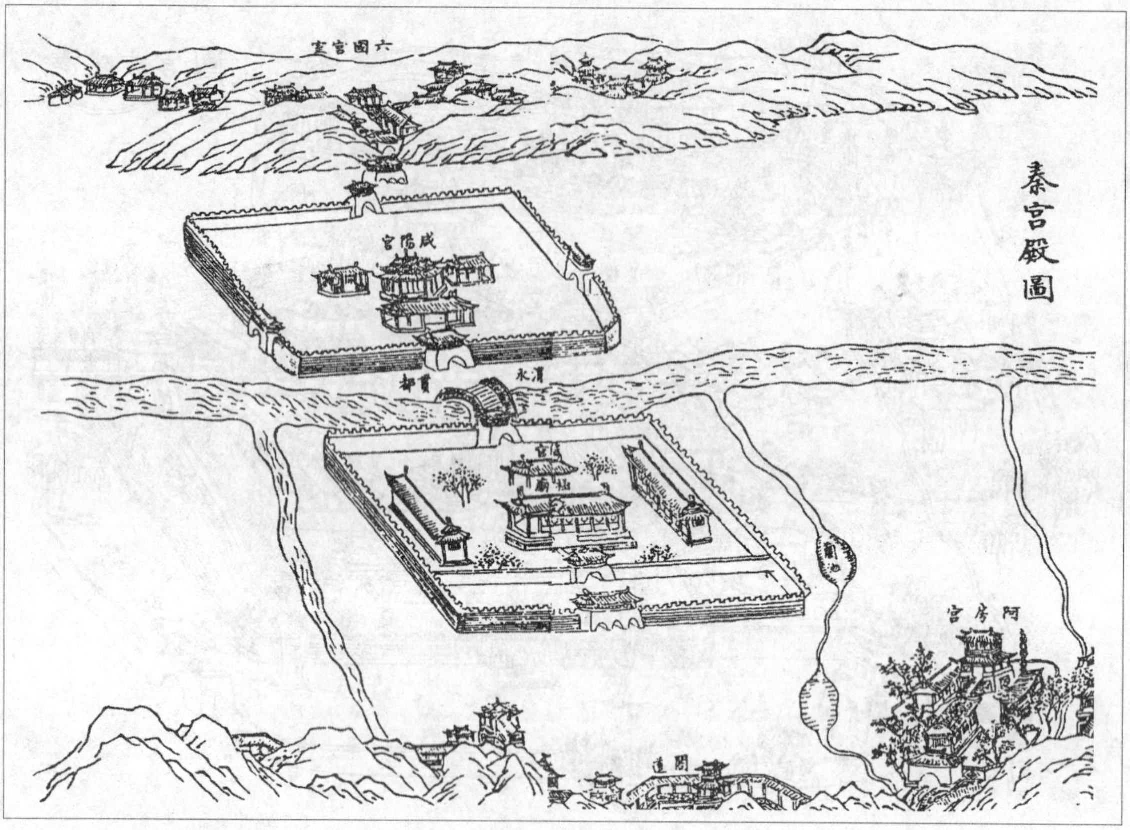

秦宮殿圖

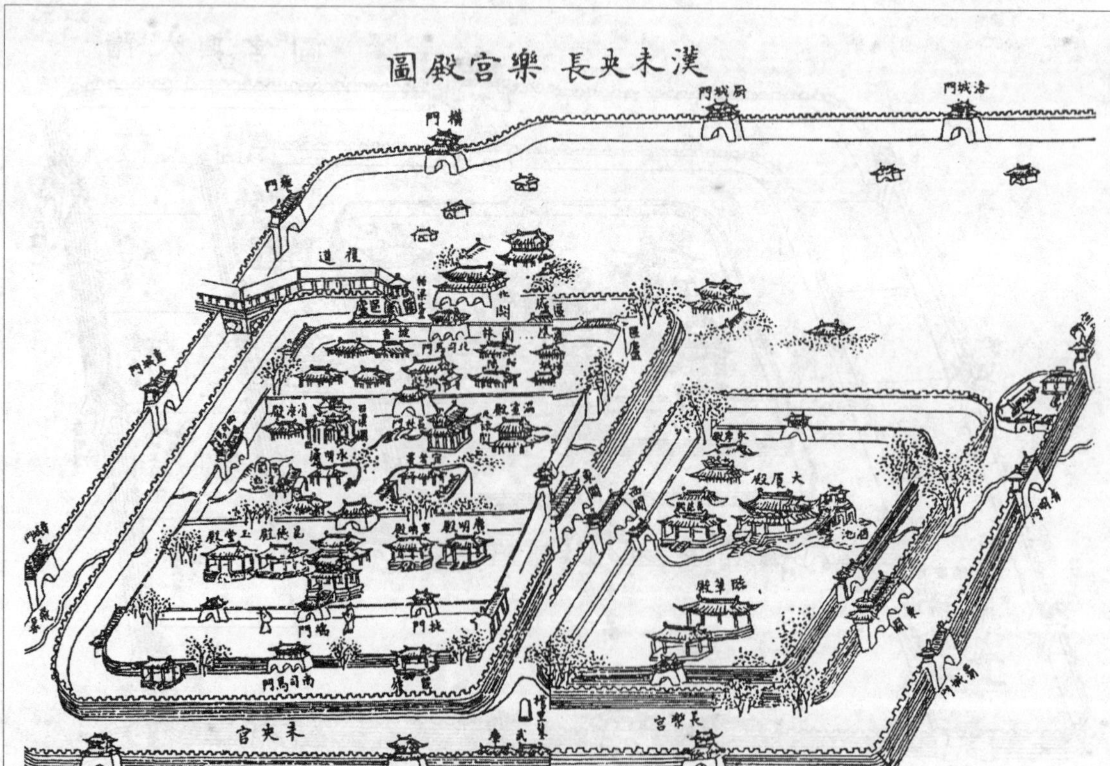

漢未央長樂宮殿圖

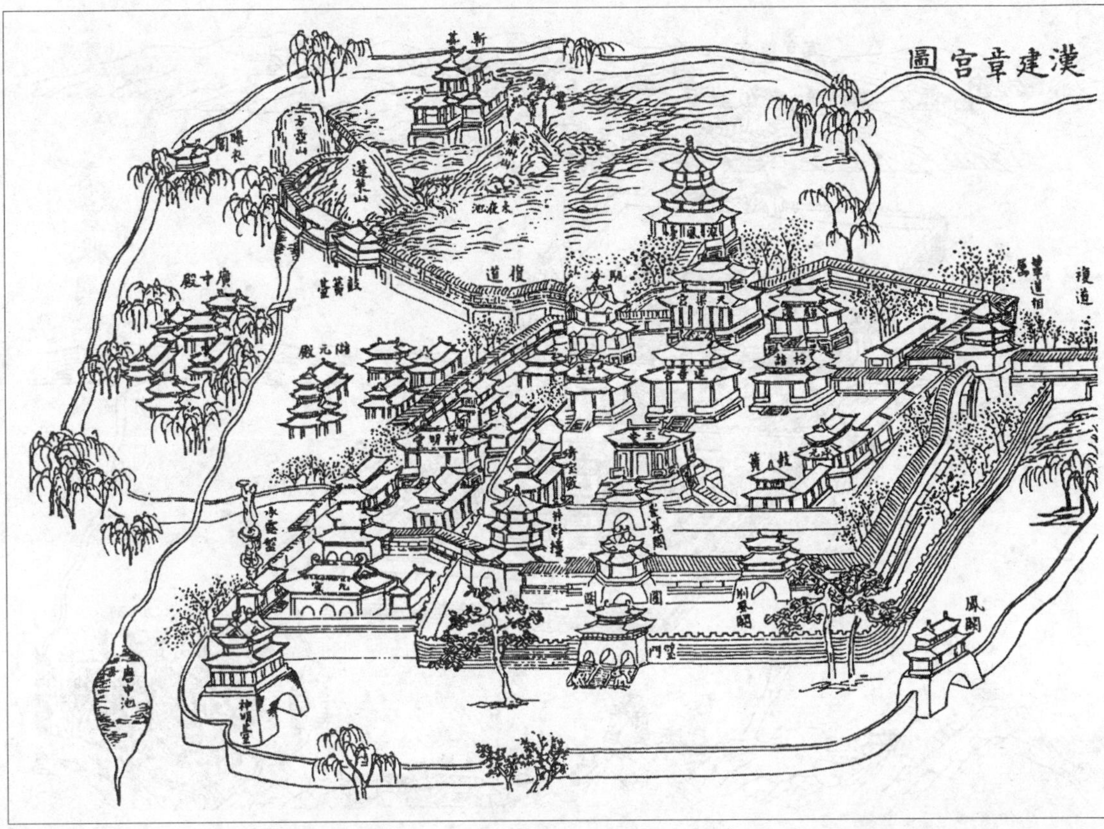
漢建章宮圖

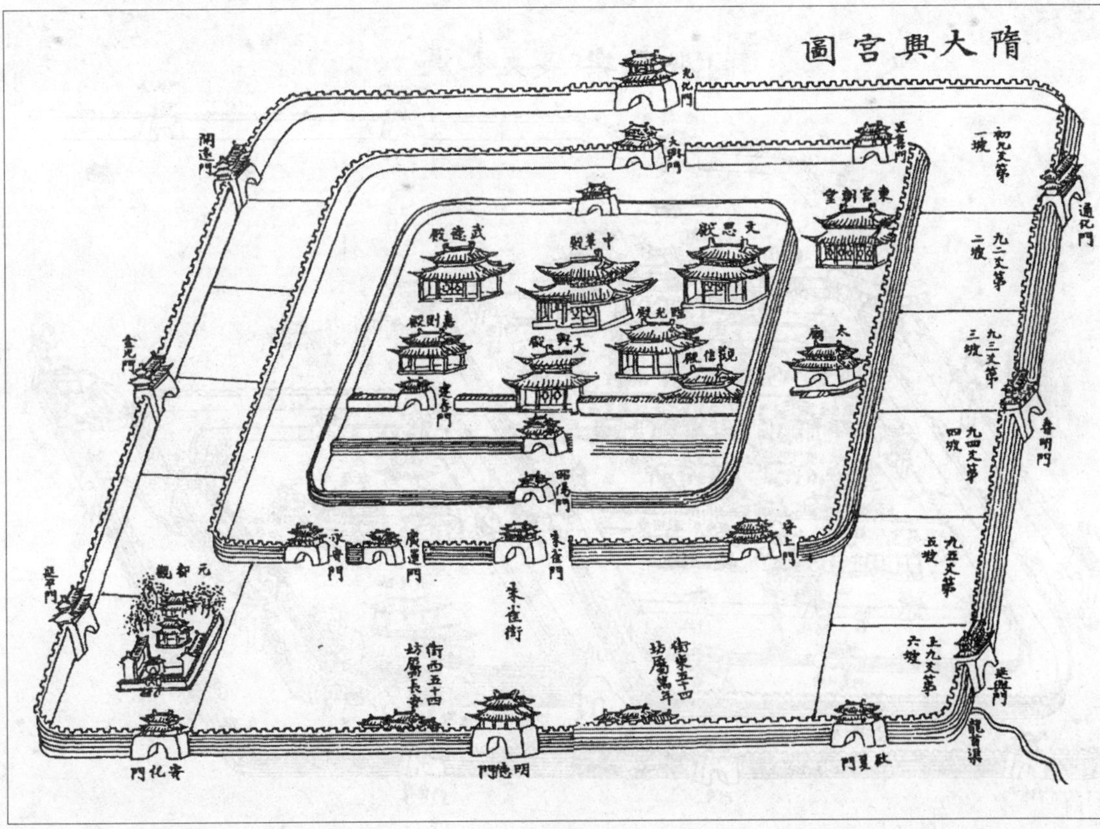
隋大興宮圖

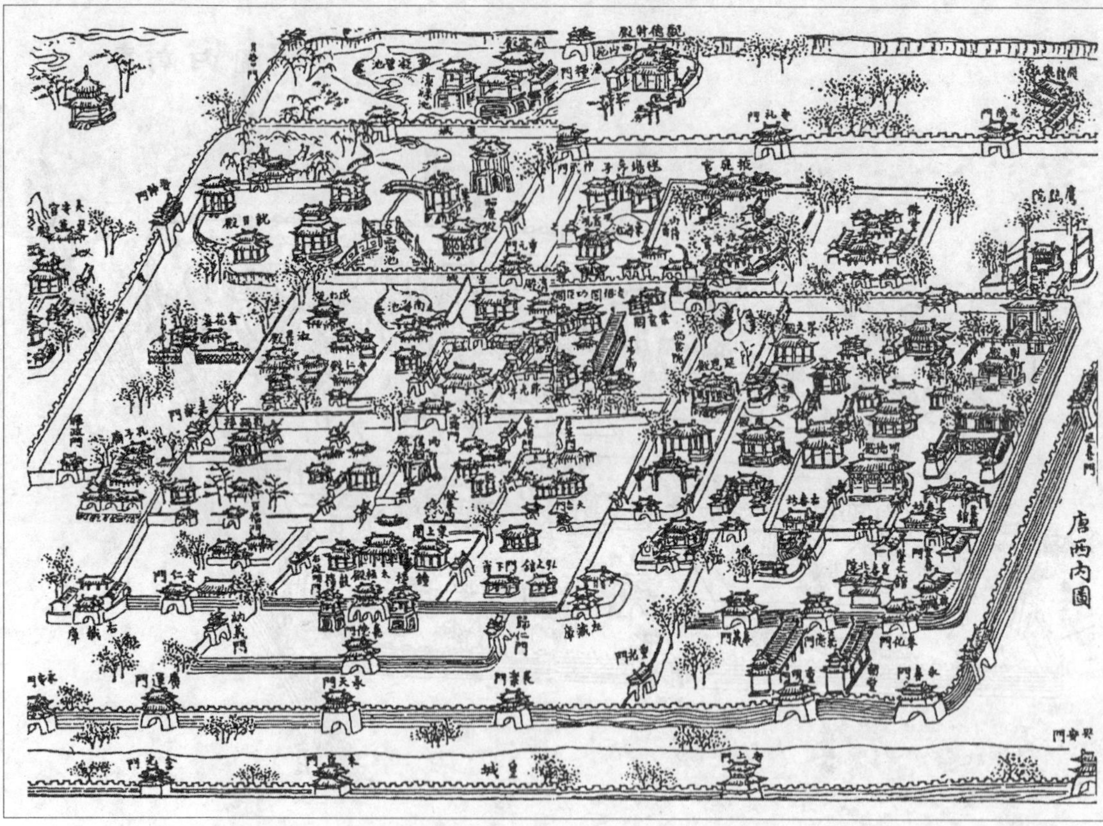
唐西内圖

唐東内圖

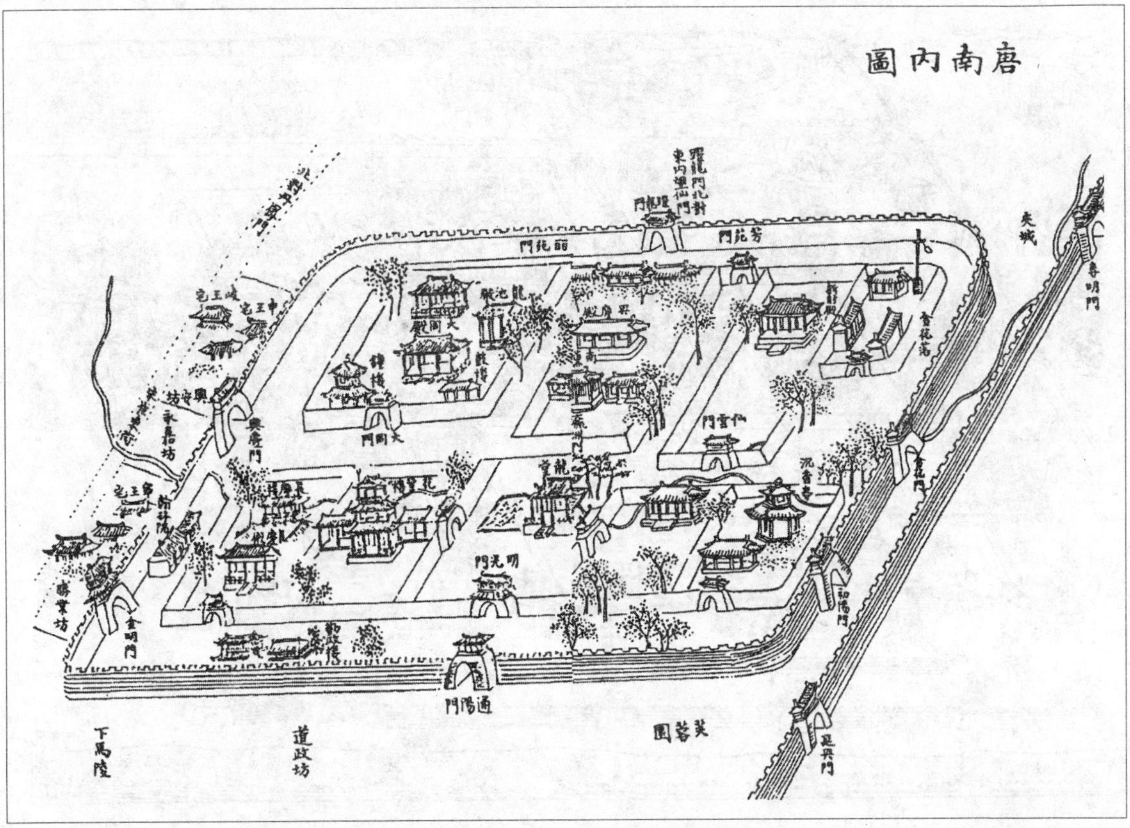
唐南內圖

華清宮圖

雕塑 壁畫 動物等

題解

明 文震亨《長物志》卷四《禽魚》 語鳥拂閣以低飛，游魚排荇而徑度，幽人會心，輒令竟日忘倦。顧聲音顔色，飲啄態度，遠而巢居穴處，眠沙泳浦，戲廣浮深；近而穿屋賀廈，知歲司晨，啼春噪晚者，品類不可勝紀。丹林緑水，豈令凡俗之品，闌入其中。故必疏其雅潔，可供清玩者數種，令童子愛養餌飼，得其性情，庶幾馴鳥雀，狎鳧魚，亦山林之經濟也。志《禽魚第四》。

論說

明 文震亨《長物志》卷四《鶴》 華亭鶴窠村所出，具體高俊，緑足龜文，最爲可愛。江陵鶴津、維揚俱有之。相鶴但取標格奇俊，唳聲清亮，頸欲細而長，足欲瘦而節，身欲人立，背欲直削。蓄之者當築廣臺，或高岡土壠之上，居以茅菴，鄰以池沼，飼以魚穀。欲教以舞，俟其飢，置食於空野，使童子拊掌頓足以誘之。習之既熟，一聞拊掌，即便起舞，謂之「食化」。空林別墅，白石青松惟與君最宜。其餘羽族，俱未入品。

又《鸂鶒》 鸂鶒能敕水，故水族不能害，蓄之者，宜於廣池巨浸，十數爲羣，翠毛朱喙，燦然水中。他如烏喙白鴨，亦可蓄一二，以代鵝羣，曲欄垂柳之下，游泳可玩。

又《鸚鵡》 鸚鵡能言，然須教以小詩及韻語，不可令聞市井鄙俚之談，聒然盈耳。銅架食缸，俱須精巧。然此鳥及錦鷄、孔雀、倒掛、吐綬諸種，皆斷爲閨閣中物，非幽人所需也。

又《百舌畫眉鸜鵒》 飼養馴熟，緜蠻軟語，百種雜出，俱極可聽，然亦非幽齋所宜。或於曲廊之下，雕籠畫檻，點綴景色則可，吳中最尚此鳥。余謂有禽癖者，當覓茂林高樹，聽其自然弄聲，尤覺可愛。更有小鳥名黄頭，好鬥，形既不雅，尤屬無謂。

又《朱魚》 朱魚獨盛吳中，以色如辰州朱砂故名。此種最宜盆蓄，有紅而帶黄色者，僅可點綴陂池。

又《魚類》 初尚純紅純白，繼尚金盔、金鞍、錦被，及印頭紅、裹頭紅、連腮紅、首尾紅、鶴頂紅，繼又尚墨眼。雪眼、硃眼、紫眼、瑪瑙眼、琥珀眼，金管、銀管，時尚極以爲貴。又有堆金砌玉、落花流水、蓮臺八瓣、隔斷紅塵、玉帶圍、梅、花片、波浪紋、七星紋種種變態，難以盡述，然亦隨意定名，無定式也。

又《藍魚白魚》 藍如翠，白如雪，迫而視之，腸胃俱見，此即朱魚別種，亦貴甚。

又《魚尾》 自二尾以至九尾，皆有之，第美鍾於尾，身材未必佳。蓄魚身必洪纖合度，骨肉停匀，花色鮮明，方入格。

又《觀魚》 宜早起，日未出時，不論陂池、盆盎，魚皆蕩漾於清泉碧沼之間。又宜凉天夜月，倒影插波，時時驚鱗潑刺，耳目爲醒。至如微風披拂，琮琮成韻，雨過新漲，縠紋皺緑，皆觀魚之佳境也。

又《吸水》 盆中換水一兩日，即底積垢膩，宜用湘竹一段，作吸水筒吸去之。倘過時不吸，色便不鮮美，故佳魚，池中斷不可蓄。

又《水缸》 有古銅缸，大可容二石，青緑四裹，古人不知何用？當是穴中注油點燈之物，今取以蓄魚，最古。其次以五色内府、官窑、瓷州所燒純白者，亦可用；惟不可用宜興所燒花缸，及七石牛腿諸俗式。余所以列此者，實以備清玩一種，若必按圖而索，亦爲板俗。

綜述

漢 劉歆撰 晉 葛洪輯《西京雜記》卷三 五柞宮有五柞樹，皆連三抱，上枝蔭覆數十畝。其宫西有青梧觀，觀前有三梧桐樹，樹下有石麒麟二枚，刊其脇爲文字，是秦始皇酈山墓上物也。頭高一丈三尺，東邊者前左脚折，折處有赤如血。父老謂其有神，皆含血屬筋焉。

《三輔黄圖》卷五 青梧觀在五柞宮之西，觀亦有三梧桐樹，下有石麒麟，二枚刊，其脇文字是秦始皇驪山墓上物也。頭高一丈三尺，東邊者，前左脚折處有赤如血，父老謂其有神，皆含血屬筋焉。

宋 司馬光《資治通鑑》胡三省音注 卷八七《晉紀九・孝懷皇帝中》 帝步出西掖門，至銅駝街。《水經注》：洛陽城中，太尉、司徒兩坊間，謂之銅駝街。魏明帝置銅駞於閶闔南街，即此。陸機《洛陽記》曰：洛陽有銅駞街。漢鑄銅駞二枚，在宮南四會道相對。俗語曰：金馬門外集衆賢，銅駝陌上集少年。

宋 王讜《唐語林》卷八 西明寺、慈恩寺多古畫。慈恩塔前壁有濕耳獅子，趺心花，爲時所重。聖善、敬愛兩寺亦有古畫。聖善寺木塔院多鄭廣文畫并書。敬愛寺山亭院有畫雉尾若丹砂子，上有進士房增題名處，後有人題曰：姚家新聟是房郎，未解芳顔意欲狂。見説正調穿淚箭，莫教射破寺家墻。西北角有病龍院並吴生畫。

宋 杜綰《雲林石譜》卷上《涵碧石》 婺州東南縣之南五里，有涵碧池。唐令于典宗得其勝，槩鑿池。面瀑布，有二大石魚置池面。魚之前有石一塊，高二尺許，嶮岩可觀。石之半間凹然如掌。羅（列）江東著書嘗以爲研，好事者每往游覽。劉禹錫有詩在集中。

宋 程大昌《雍録》卷二《含元螭頭》 殿前螭頭，蓋玉堦扶欄上壓頂横石，刻爲螭頭之狀也。唐都城中有三大内，皆嘗受朝，而螭頭也者，惟大明宮有之，爲其據高而道峻，故峻道兩旁有石扶欄也。既有扶欄，則其下必立石柱，既有石柱，其上必有壓頂横石，横石南出突兀不雅馴，故刻螭以文之，此螭頭之所從起也。王仁裕自蜀入洛，過長安，記其所見，曰含元殿前玉堦三級，第一級予今變級爲層，貴與小級之文不相混。可高二丈許，每間引出一石螭頭，東西鱗次，一一皆存，猶不傾墊，第二第三級各高五尺，仁裕所分三級，以自上而下爲次。蓮花石頂亦存，階兩面龍尾道，各六七十步方達，第一級皆花磚，微有虧損。仁裕此記，比賈、康所記最爲詳明也。予於是合三説而言其制，蓋含元殿南疏階升殿，凡爲三大層，自下而上。其下兩層皆培土鋪磚，爲坡阤斜道，不疏小級。其鋪磚處逶迤屈曲，凡七其轉，故自丹鳳門北望，則如龍行而垂其尾，是以命爲龍尾道也，龍尾云者，亦附並龍首山爲義，而立爲之名也。此之龍尾也者，其培土處合爲一階，而階上所鋪磚道，則分而爲兩，可以引班對上，故仁裕曰階兩面龍尾道各六七十步也。龍尾道者，其兩畔亦有石欄，石欄柱之頂止刻蓮花，不刻螭頭矣。此兩層之上，又有一大層，則仁裕之謂第一級者矣。通數小級共爲一層，庶與仁裕語相應易見。與殿墀相接，其高二丈，故制度不與下兩層同，蓋下兩層培土砌磚，而上一層則列石爲級也。此之小級，兩旁各有石扶欄，扶欄上壓頂横石，即刻螭者也。其謂東西鱗次者，足以見小級皆有螭首也，故左右二史立則直第二螭也。自殿北數來第二小級也。凡此螭頭、龍尾，皆含元之制，而宣政、紫宸叙載在後。

又卷一〇《銅人》 《史記》：秦始皇二十六年，有大人長五丈，足履六尺，皆夷狄服，凡十二人，見于臨洮。是歲始皇初并六國，喜其爲己瑞，銷天下兵器，作金人十二以象之。《三輔舊事》曰：鑄金狄立阿房殿前。師古曰：即翁仲也。《黄圖》曰：收天下兵聚之咸陽，銷鋒鏑以爲金人十二，以弱天下之人。立於宮門，坐高三丈，銘其後曰：皇帝二十六年，初并天下，改諸侯爲郡縣。一法律，同度量。大人來見臨洮，其長五丈，足跡六尺。銘李斯篆，蒙恬書。按此數説，或云立，或云坐，以文考之，則云坐者是也。蓋《黄圖》先云立於宮者，猶言設此金人云耳，而非謂其象之立乎宮門也。故《黄圖》又申言金人坐殿前也。《漢魏春秋》曰：魏明帝鑄翁仲，坐司徒府前。此之翁仲固魏明帝之所創鑄，然其鑄之之橅實本諸秦，則其坐而不立亦必仿秦也。故予得以知其坐象之爲是也。金人之外更有一臺，高及三丈，而董卓并銷爲錢。既曰有臺，則可以見其坐而不立矣。漢興，移寘長樂宮大夏殿。《長安志》先叙秦宮，引《三輔故事》云：大夏殿，始皇所造。後於漢長樂宮又引《三輔故事》云：漢徙秦金狄，寘長樂大夏殿前。則謂自阿房移寘長樂者是也。蓋漢世阿房宮室已自不存，則銅人無由尚在阿房也。及董卓入關，悉鎚破銅人、銅臺，以爲小錢。銅臺即前云坐高三丈者是也。《英雄記》曰：大人見臨洮而銅人鑄，臨洮生卓而銅人毁，天下大亂有以也餘二人。魏明帝欲徙洛陽，載至霸城，重不可致，便留之霸城。漢《蓟子訓傳》曰：人有於長安東霸城見子訓與一老翁共摩挲銅人曰：適見鑄此，已近五百年。李賢注曰：秦始皇二十六年鑄，至此四百二十餘年。

明 王圻《稗史彙編》卷一〇 驪山之華清宮毁廢已久，今所存惟繚垣而已。天寶所植松柏徧野岩谷，望之欝然。朝元閣在北嶺之上，基址最爲嶄絶。次南即長生殿故基。東南有湯泉，凡一十八所。第一是御湯，周環數丈，悉砌以白石，瑩徹如玉，面背隱起魚龍花鳥之狀，四面石坐。階級而下，中有雙白石蓮，泉眼自花口中湧出噴注。白蓮之上御湯。西南角即妃子湯，面稍狹。湯側有紅石盆，作蒸於白石之面。餘湯逡巡相屬。下鑿石作暗竇

走水。東南數十步復立石表，水自石表湧注灌之石盆中。賈君云：此是後人置也。

明 劉宇《安老懷幼書》卷二《養龜》 龜者，壽物。養庭檻中，可以愛玩，愈於觀他物。尤宜畜山龜，《爾雅》謂之攝龜者，腹下殼能開合。此龜啖蛇，蛇甚畏之。庭檻中養此龜，則蛇不復至，以至園圃中多畜之，大能辟蛇。兼此龜不賴水，陸地畜之，不失其性。予在隨州時寓法雲寺，之後有竹園，常苦多蛇。寺僧乃畜龜于園中，自爾不復有蛇。相鶴、養龜二事皆懷山録所述。

明 徐應秋《玉芝堂談薈》卷三 元祖肇建内殿，制度精巧。題頭刻螭形，以檀香爲之。螭頭向外，口中銜珠下垂。珠皆五色，用彩金絲貫串。負柱融滚霞砂爲猊，置目張牙，有欲動之狀。瓦滑琉璃，與天一色。朱砂塗壁，紅重胭脂，彤橑華梲，金桶雕邊林檔，務窮一時之麗。殿上設水晶簾，堦琢龜文，繞以曲檻，檻與堦皆白玉石爲之。太陽東升，殿中燦爛，堦更飛輝。古謂天子有金殿玉墀，名不虚也。又有紫檀殿，以紫檀香出爲之。光天、玉德、七寶、瑶光，通雲、凝翠、廣寒等殿，不可一一數也。大内又有德壽、興聖、翠華、擇勝等宫，又連天樓、紅鸞殿、入霄殿、五花殿。東設吐霓屏，曰玉華。西設七星雲板，曰金華。南設火齊屏風，曰珠華。北設百藥龍脉，曰木華。并中央木、蓮花紫、香木座、千鈞案、九朵雲，蓋爲五華。元順帝又乘龍舟泛月池上，池起浮橋三處，每處分三洞，洞上結彩爲飛樓，樓上置女樂橋，以木爲質，飾以錦綉。九洞不相直達，龍泉井瑪瑙石爲井床，雨花臺石爲井湫，香檀爲蓋，離朱錦爲索，雲母石爲汲瓶。又九龍墀，龍形九曲，金鬌玉鱗。繞羅亭，紅梅百株。延香亭，春時宫人各折花傳杯于此。【略】迎祥亭漾碧池，池用紋石爲質，以寶石鏤成奇花繁葉，雜砌其間。上置紫雲九華龍蓋，四面施幃，幃皆蜀錦爲之。跨池三橋，橋上結錦爲亭。中扁集鸞，左扁凝霞，右扁承霄，三亭雁行相望，又設一橋，接乎三橋之上。祓畢則宴飲其中，謂之爽心宴。池旁有潭，曰香水積香水以注池中。又置温玉狻猊，白晶鹿，紅石馬等物。

清 陳元龍《格致鏡原》卷七 《漢書》：武帝作昆明池，置二石人相對，以象牽牛織女。又刻石爲鯨魚，每雷雨，魚常吼，鬐尾皆動。

清 乾隆《臨潼縣志》卷二《宫殿》 御湯九龍殿 《長安志》：在飛霜殿之南，亦名蓮花湯。《明皇雜録》：元宗幸華清，新廣湯池，制作宏麗。安禄山於范陽以白玉石爲魚龍、鳧雁、石梁、石蓮花以獻。雕鐫巧妙，殆非人工。上大悦，命陳于湯中，仍以石梁横亘其上，而蓮花纔出水際。上因幸，解衣將入，而魚龍、鳧雁皆若奮鱗舉翼狀欲飛去，上甚恐，遽命撤去，而蓮花石至今猶存焉。《賈氏談録》：湯泉凡一十八所。第一是御湯，周環數丈，悉砌以白石，瑩澈如玉。面皆隱起魚龍花鳥之狀。四面石坐，階級而下，中有雙白石蓮，泉眼自甕口中湧出，噴注白蓮之上。

清 光緒《順天府志》卷二《京師志二·宫禁》 太和殿殿基，崇二丈，殿矗十一丈，廣十一。楹縱五楹，康熙八年建，上爲重檐，脊四垂，前後金扉四十，金瑣窗十。有六龍墀丹陛，陛間列寶鼎十八，銅龜、銅鶴各二，日圭、嘉量各一。

又 保和殿後正中，相對南嚮門，廣五楹，中三陛，三出各九級，周以石闌列，金獅二。

紀事

漢 司馬遷《史記》卷一二《孝武本紀第十二》 其後則又作柏梁、銅柱、承露仙人掌之屬矣。

晉 陸翽《鄴中記》 華林園中千金堤上作兩銅龍，相向吐水，以注天泉池通御溝中。三月三日，石季龍及皇后百官臨水宴賞。二銅駝如馬形，長一丈，高一丈，足如牛尾，長三尺，脊如馬鞍。在中陽門外，夾道相向。案，此條見《太平御覽》。

銅鐘四枚如鐸形，高二丈八尺。大面廣一丈二尺，小面廣七尺。或作蛟龍，或作鳥獸繞其上。案，此條見《初學記》。

又 石虎正會殿前有白龍樽，作金龍于東箱，西向龍口，金樽受五十斛。案，《太平寰宇記》載此條云：作金龍吐酒于殿前，金樽可容五十斛，供正會。其文與此小異。

又 銅鐘四枚如鐸形，高二丈八尺，大面廣一丈二尺，小面廣七尺，或作蛟龍，或作鳥獸，繞其上。案，此條見《初學記》。

唐 鄭處誨《明皇雜録》卷下 玄宗幸華清宫，新廣湯池，制作宏麗。安禄山于范陽以白玉石爲魚龍鳧雁，仍爲石梁及石蓮花以獻，雕鐫巧妙，殆非人功。

上大悅，命陳于湯中，又以石梁橫亘湯上，而蓮花纔出於水際。上因幸華清宮，至其所，解衣將入，而魚龍鳧雁皆若奮鱗舉翼，狀欲飛動。上甚恐遽，命撤去。其蓮花猶存。又嘗于宮中置長湯屋數十間環迴，甃以文石，爲銀鏤漆船及白香木船，置于其中，至於楫櫓皆飾以珠玉。又於湯中壘瑟瑟及丁香爲山，以狀瀛洲、方丈。

宋 李昉等《太平御覽》卷一九六《居處部二十四・苑囿》《漢官・典職》曰：宮内苑聚土爲山，十里九坂，種奇樹，育麋鹿麑麂鳥獸百種。激上河水，銅龍吐水，銅仙人銜杯受，水下注。天子乘輦游獵苑中。

《漢舊儀》曰：上林苑中廣長三百里，置令丞、左右尉。苑中養百獸。天子遇秋冬獵射苑中，取禽獸無數。其中離宮七十所，皆容千乘萬騎。

宋 司馬光《資治通鑑》卷七〇《魏紀五・明帝景初元年》是歲，徙長安鍾簴、橐佗、銅人、承露盤於洛陽。盤折，聲聞數十里。銅人重，不可致，留于霸城。霸城，即漢京北霸陵縣故城也。大發銅，鑄銅人二，號曰翁仲，列坐於司馬門外。又鑄黄龍、鳳皇各一，龍高四丈，鳳高三丈餘，置内殿前。

宋 袁樞《通鑑紀事本末》卷一〇下《明帝奢靡》景初元年，徙長安鐘簴橐佗、銅人承露盤於洛陽。盤折，聲聞數十里。銅人重不可致，留于霸城。大發銅，鑄銅人二，號曰翁仲，列坐於司馬門外。又鑄黄龍、鳳凰各一，龍高四丈，鳳高三丈餘，置内殿前。起土山於芳林園西北陬。使公卿羣僚皆負土，樹松竹、雜木、善草於其上，捕山禽雜獸致其中。

宋 楊侃《兩漢博聞》卷一〇 天禄 渴烏 靈帝紀中平三年 張讓傳 六十八 前漢西域傳六十六上

靈帝修玉堂殿，鑄銅人四，黄鍾四，及天禄蝦蟆。

注云：黄鍾，其音中，黄鍾也，子爲黄鍾。天禄，獸也。案，今鄧州南陽縣北有宗資碑，旁有兩石獸鐫其膊，一曰天禄，一曰辟邪。據此，天禄、辟邪並獸名。時漢有天禄閣，亦因獸而立名。

宋 周密 明 朱廷焕補《增補武林舊事》卷四 孤山凉堂，規模壯麗。下植梅數百株，以備游幸。堂成，中有素壁四堵，幾三丈。高宗翌日命駕，有中貴人相語曰：官家所至，壁乃素耶。宜繪壁。亟令御前蕭照，圖繪山水。照受命，即乞尚方酒四斗，昏出狐山，每一鼓即飲一斗，盡一斗，則一堵已成畫。若此者四，畫成蕭亦醉。駕至，周行視壁間，爲之歎賞，知爲照畫，賜以金帛。《杭州府志》

明 李濂《汴京遺蹟志》卷八 朝元萬壽宮。在城内汴河之側。金兵燬之。今延慶觀即朝元萬壽宮之齋堂也。

周密《癸辛雜識》：朝元宮殿前有大石香鼎二，製作高雅。熙春閣前元有十餘座，徽宗每宴熙春，則用此燒香於閣下，香煙蟠結凡數里，有臨春結綺之意。朝元宮虛皇臺，亦上清移來者。下有青石礎二，刻龍鳳團花，極工巧。舊時是朱温椒蘭殿舊物。臺上有拜石，方廣二丈許，光瑩如碧玉。四畔刻龍鳳、雲霞環繞。内留品字三方素地，云是宣政内醮時，徽廟立於中，林靈素、王文則居兩旁也。

明 喬宇《游龍門山記》《天下名山諸勝一覽記》卷一〇輯） 予少讀《禹書》，至于道河自積石歷龍門，未嘗不邈然想游其地。今幸奉命傳祀于西，及將往行，禮于商湯王廟下。適河津去龍門止三十里，且有朱、來二君偕，遂出河津西門。是時陰雲四翳，風顛木號，而興以勃發，奈路沾雨，由石棧進，謁神禹王廟，遍覽壁間圖畫。東西壁皆次第治水。隨刊之蹟，每段標以經語，怪怪奇奇。予所見圖畫，變化雄妙者，莫踰於此。東有圖，其標曰雪竇飛泉，堯郡席天章筆。西有圖，其標曰烟凝古柏，晉溪素菴筆。後屏有圖二，其標曰揭石尋珠、湧露出波。前楣有圖，其標曰春江晚渡，雪軒誠意筆。想皆宋元名工，因題名於柱。二君設酒于飛丹亭，下瞰黄河自西北而來，驚濤駭波，騰驤而下，輪風驟雨，相挾而作，勢益洶湧，蒼崖青嶂，爲之響振。

明 王世貞《弇州續稿》卷五八《無住館記》 中楹洞虛，籠白鸚鵡一頭，右楹空之間，憩剪頭雛，左廡畜馴鴿十餘頭，賦之餘粒，以下烏雀，玩其飲啄。庭中鑿方沼延袤各五尺許，畜金魚十餘頭，亦玩其涵泳而已。

明 王圻《稗史彙編》卷一一《華清池》 玄宗於華清宮新廣一池，制度宏麗。安禄山於范陽以白玉石爲魚龍、鳳雁，仍爲石梁及石蓮花以獻。雕鐫巧妙，殆非人工。上大悅，命寘於池中，仍以石梁橫亘其上，而下蓮花出於水際。上因幸華清宮，至其所，解衣將入，而魚龍、鳳雁皆若奮鱗舉翼，狀欲飛動。上甚恐遽，命撤去之，而蓮花石梁尚存。又嘗於宮中置長湯池數十間，屋宇環迴，甃以文石，爲銀縷漆船及檀香木船致於其中，至楫棹皆飾以珠玉。又以檀

香木爲山，狀瀛洲、方丈。出《談賓録》。

又 卷一二一《神明臺》 《漢書》曰：建章有神明臺，武帝祭仙人處。上有承露盤，有仙人舒掌捧銅盤、玉杯以承雲表之露。以露和玉屑服之，求仙。道臺上有九天道，金林象床，琥珀鎮，雜玉爲簟。

明 徐應秋《玉芝堂談薈》卷三 唐天寶六載更温泉曰華清宫，新廣一池，文瑶密砌製度宏麗。禄山于范陽以玉魚龍鳧鴈、石梁、石蓮花以獻，雕鐫尤妙，上命陳于湯中，石梁横水，蓮花纔出水上，魚鳧鴈狀若飛動。

又 卷三 霍光園中，鑿一大池，植五色睡蓮，養鴛鴦三十六對，望之若披錦。

清 陳宏緒《江城名蹟》卷三 鹿囿 在章江門外。陳友諒聚鹿數百於此，嘗自跨一角蒼鹿，綴琴珠爲纓絡掛于角上，縷金爲花鞍。羣鹿皆飾以錦繡，遨游江上。明初，駕至南昌，宴於滕王閣，上乃命儒臣賦詩，放其所蓄鹿于西山。友諒愛姬苕華夫人善月琴，友諒出師，必以隨，呼爲妝駕。鹿囿其游觀之地也。

清 戴明琮《明州岳林寺志》卷二《古蹟》 洗面石 長二丈，闊四尺二寸，深四寸，可以出水，并石魚四尾，安置茶房門首，左刻梁貞明四年二月八日吉旦。

清 吴任臣《十國春秋》卷六八《楚二·衡陽王世家》 是歲（天福八年）作九龍殿。刻沈香爲八龍，飾以金寶，各長百尺，抱柱相向作趨捧之勢。已居其中，自言身一龍也，製襆，頭脚長丈許以象龍角。向晨，將御殿，先焚香龍腹中，煙氣鬱然而出，若口吐焉。

清 光緒《丹徒縣志》卷九《古蹟》 麟鳳二瑞圖石，在府學淵源堂。又四靈圖石。今久亡，惟存麟鳳石。康熙《志》：乾道壬辰，教官熊克因閲漢碑，取麟鳳二瑞圖勒於學壁。慶元四年，教官陳德一易之以石。嘉熙中，教官劉卿月又得四靈圖於應天府治，摹刻於大成殿之西廡。麟鳳二贊與熊直院所傳同。龜龍今廢，惟麟鳳石刻在學宫淵源堂。

藝 文

南朝齊 虞羲《和新浦侯詠鶴》（《古詩紀》卷一〇一輯） 閒園有孤鶴，摧藏信可憐。寧望春皋下，刷羽玩花鈿。何時秋海上，照影弄長川。曉鳴動遥怨，夕唳感孀眠。哀咽芳林右，憫默華池邊。猶冀凌雲志，萬里共翩翩。

唐 蕭穎士《蕭茂挺文集·白鷴賦》并序 白鷴，羽族之幽奇也。素質黑章，爪觜純丹。體備冠距，頗類夫雞。翟神貌清閑，不雜於衆禽。棲止遐深，與人境罕接，固莫得而馴狎也。上聞而徵焉，處以雕籠，致以驛騎，將集長楊，游太液，行有日矣。天寶辛卯歲，予旅泊江會，流宕逾時。秋八月，自山陰前次東陽，方議夫南登西泛，極聞見之義，諒褊懷所素蓄而未之從也。會有命自天，召赴京闕，適與兹鳥偕至於會稽之傳舍。觀其宛頸旁睨，徊徨掩抑，往往孤鳴，音韻凄凉，如慕侶而不獲。因感而賦之曰：

鳥之生矣於彼江山，彩之玄素文不綺斑。備文武之玉飾，微妖姬之殊顔。情莽眇以耿潔，貌軒昂以安閑。無馴擾之近性，故不愜於人寰。游必海裔，棲必雲間。冀養拙以自保，袪未萌之憂患。不然豈陋彼都邑之佳麗，顧投身乎阻艱。以其標自然之静，故名之曰白鷴者歟。何天聽之緬邈，辱微禽之瑣細。偶一日之見羈，委微軀以受制。望層城以斂翼，懷衆侶而孤唳。從廄置之駿奔，仰君門以遐逝。君門兮九重，洞杳窱兮穹崇。池太液兮島方壺，萬族翔泳乎其中。晝聒未央之繁弦，夕警長樂之靈鐘。顧疏野之賤迹，豈敢求一枝而見容。越水清兮鏡色，吴山遠兮天逼。窺淺深以颺影，逗杳冥兮一息。謂杉松可得永日而噪聚，蓴荇足以窮年而啄食。一與心賞兮暌違，念歸飛兮何極。鸚能言而入座，鶴善舞而乘軒。殊二者之俗態，諒慚惶於主恩。是以雖信美而非其志，獨屏營而兢魂者焉。

唐 韋應物《韋蘇州集》卷八《述園鹿》 野性本難畜，玩習亦逾年。麚班始力直，麑角已蒼然。仰首嚼園柳，俯身飲清泉。見人若閒暇，蹙起忽低騫。兹獸有高貌，凡類寧比肩。不得游山澤，跼促誠可憐。

唐 權德輿《權文公集》卷一《傷馴鳥賦》 紛羽族之多端兮，同翾飛而類殊。有鸜鴿之微禽，亦播質於洪鑪。因稚子之嬉游，得中園之墜雛。恣飲啄以馴擾，來目前與座隅。爾乃棲以籠檻，鎩其羽翼。留軒所以爲娱，俾遐翥之無力。乍踉蹌而將舉，顧襹褷而復息。雖主人之見容，終使喪天和於自得。或親賓至，止徽軫徐觸，每聞絃而鼓翼，亦逗節而翹足。貌宛轉以成態，聲間關而助曲。乍寂寞以閒暇，若凝情於相矚。理輕毳以自潔，類山玄之佩玉。每翔集以安卑，同君子之自牧。思謝尚之起舞，邁風流之逸躅。苟魯昭之不君，因乾侯之出辱。方渡濟以申儆，伊凉德之自覆。徵故老之相傳，驗曩記之或存。

在端午之司辰，剪其舌而能言。巧喉轉以達情，順人心而不諼。方渴日以呈材，願朱明之駿奔。忽愀愴以顛頓，響哀音於簾箔。竟啁啾而不去，若徊翔之有託。悦心訝而未辯，歘狸狌之攫搏。俄斃踣而不勝，紛血灑以毛落。彼葛盧與冶長，通鳥獸之音聲。闕君子之周防，無古人之至精。既不能縱爾於遼廓，又不能遂爾之生成。使異類之得志，曾未極其飛鳴，則本夫養之之惠，適所以害其生。生又憶夫清江之使者，東海之波臣。苟其時之不來，則刳腸而涸鱗。鶢鶋鐘鼓而反悲，馬皂棧而多死。雖爲遇之已甚，固又失其天理。嘗聞乎聖賢之理物也愚智殊方，薰蕕異藏。善用無棄兮互見其長，各有攸處兮兩不相傷。官天地而府萬物，由此道而爲常。吾既悟斯理之不早，因失之而後防。收視聽以冥觀兮，遂羣性之茫茫。

唐 白居易《白氏長慶集》卷一六《箬峴東池》 箬峴亭東有小池，早荷新荇緑參差。中宵把火行人發，驚起雙棲白鷺鷥。

又 卷二三《失鶴》 失爲庭前雪，飛因海上風。九霄應得侶，三夜不歸籠。聲斷碧雲外，影沉明月中。郡齋從此後，誰伴白頭翁。

唐 杜牧《樊川文集》卷三《齊安郡後池絶句》 菱透浮萍緑錦池，夏鶯千囀弄薔薇。盡日無人看微雨，鴛鴦相對浴紅衣。

宋 蘇舜欽《蘇學士集》卷八《初晴游滄浪亭》 夜雨連明春水生，嬌雲濃暖弄陰晴。簾虛日薄花竹静，時有乳鳩相對鳴。

宋 文同《丹淵集》卷一五《守居園池雜題·蓼嶼》 孤嶼蓼花深，清波照寒影。時有雙鷺鷥，飛來作佳景。

又 卷一七《百舌鳥》 衆禽乘春喉吻生，滿林無限啼新晴。南園花木正繁盛，小小大大皆來鳴。藏枝映葉復誰使，不肯停住常嚶嚶。就中百舌最無謂，滿口學盡羣鳥聲。自無一語出於己，徒爾嘲哳誇從横。朝朝泊我高柳上，叫破一窗殘月明。幽人穩睡正酣美，無計可奈遭爾驚。少年挾彈彼誰者，安得爲我來五更。

宋 廖剛《高峰文集》卷一〇《題沈宗師雙鳧軒》 高懷暫寄小軒亭，池浴雙鳧便借名。島上飛時真得意，網中朝處肯留情。静同鷗鷺窺秋净，閑伴龜魚戲晚晴。他日和鳴烟浪闊，主人端亦在蓬瀛。後聯一云：屏戀屏立何妨久，容雪相看一種清。池中疊下，更有白鷺一枚。

宋 張鎡《南湖集》卷七《鵲泉》 鵲飲樹底泉，人立石邊路。相親不相疑，所性平等故。

宋 周應和《景定建康志》卷三七《石麒麟》 石虎石羊還石人，此間獨有石麒麟。定應側近藏陵墓，仗此威靈護鬼神。一石琢成高且大，兩頭相望儼如真。參天宰木知何在，今與漁樵作四鄰。

明 周瑛《翠渠摘稿》卷七《題松鶴軒》 階下蒼松立，階前白鶴行。軒中何所有，終日此雙清。松外見白鶴，鶴外見青松。小軒終日坐，清氣落重重。

明 徐渭《徐文長逸稿》卷三《鈕大夫園林按察公號石溪》 前屏度白鳥，隔水敞朱扉。柳葉爲絲拂，梨花作雪飛。羅衣烟色映，寶瑟月光晞。萬樹繁桃李，耽游正未歸。

細雨作梅黄，微薰帶遠芳。方舟閑菡萏，圓沼拍鴛鴦。帳淺鶯歌短，屏深燕語長。卧淹西日永，起换博爐香。

明 王鏊《震澤集》卷二《匏菴惠鶴》 鴛鴦困雕籠，鸚鵡桎金索。人情雖甚憐，物性終不樂。不如鶴性閒，近人殊不愕。雪中立伶俜，風前步略却。或俛啄蒼苔，或側睨冥漠。翛然物外情，自得彼此各。所以亦樂園，一名爲一鶴。歸來睇小園，欠此殊寂寞。清晨坐茅齋，蘇帖宛如昨。人從玉延亭，致此小岩嶨。應憐我家園，草樹頗荒落。青泥黄葉間，此物殊可著。風清月夜時，相應如唯諾。鶴貌自孤高，公意尤不薄。便當掃園亭，小池爲汝鑿。鶴鶴來我前，今日與汝約。汝本九皋禽，非人可籠絡。既爲詩家玩，又受主翁托。有木從汝棲，有泉從汝瀹。雖無乘軒貴，止此亦不惡。切勿隘吾園，不足恣飛躍。一朝凌天風，萬里向寥廓。

明 黄省曾《山亭下鷗鷺》（《石倉歷代詩選》卷五〇〇引） 玉鷺霜鷗湛羽儀，雲波日映泛參差。清湍啄蔓尋常見，碧渚羣游何所思。霧擊風摶那可得，江妃素女自相隨。乾坤秋色孤亭暮，對汝悠悠動遠悲。

明 王士騏《調鸚鵡賦》（《明文海》卷四〇輯） 家畜兩鸚鵡，一白一緑。一鎩其翮，一縶其足。緑者雄，白者雌。戲命合之，兩不相宜。乃知此鳥非獨惟靈矣。遂賦之曰：

有鳥有鳥，來自西極。氣別雄雌，喙分丹黑。或耀采而緑表，或襯蜜而白飾。度梨花而迷影，藏柳葉而無色。如能言而不言，亦不知而不識。胡伉儷以相求，遂遭羅而見弋。彼縶足以傷心，此鎩羽而填臆。棄妃徘徊於故林，怨偶悲愴於路側。而乃閑之以雕籠，調之以越童。音信絶於隴西，姓

名播於江東。豈山河之頓異，抑言語之不通。各淒涼於夜雨，爭怨訴於西風。時或人靜簾虛，庭空月照。綠既增輝，白亦生耀。回清夢於萬里，覺形影之相弔。睹容顔於咫尺，慨爾我之非調。淚落兮長門，腸斷兮陽臺。遞鳴兮聲促，孤唱兮心摧。嫠婦聞之隕涕，寡夫聽之生哀。於是主人遣畫眉爲媒，鶺鴒贊襄。清泉當酒，珠罝爲房。將冰肌玉骨之女，嫁綠衣年少之郎。何迹疑於比翼，乃心覺其參差。蘐爲冠而怒發，雪作羽而偏垂。始含顰而若詈，終掩抑以致辭。顧主人之恩重，胡鄙心之未知。悲莫悲於死別，痛莫痛於生離。倘異類之見欺，誓九死而不移。主人聞言而歎息，顧命童子按拍歌之。歌曰：西望兮關山杳，清夜兮夢魂繞。彼照影兮綠波，此嗷心兮素縞。嗟嗟，可以人而不如鳥。於是悄然四顧，拆影分身。綠憔悴而氣索，白睥睨其猶嗔。已自呼而自舞，復宛轉以重陳。若見假以羽毛，願傳言於西方之美人。

明 祁彪佳《遠山堂詩集・讓鷗池》 主人無所競，鷗鳥亦相偕。曠爾雲濤際，悠然煙水涯。狎餘還識性，宿虜可忘懷。泛泛堪爲侶，何須以讓諧。

清 高宗愛新覺羅・弘曆《御制詩集》三集 卷一五《園鶴》 園鶴年年飽稻粱，每因尋鹿試神鎗。一般都是仙家畜，無可欲惟爾所長。

清 胡濤《竹素園觀鶴》（《兩浙輶軒録》卷三五輯） 素影靜照池波鮮，高格自是禽中仙。吾觀相經識上品，雙睛點漆丹塗顛。何時羅致受拘束，數畝踏遍秋園烟。淒淒無侶抱孤怨，清唳遠散明湖前。雲霄萬里長掛眼，六翮已搬難騰騫。鳥鳶銜鼠漫見嚇，苔石凈掃聊獨眠。有如志士縻五斗，隨時俯仰無人憐。君不見孤山咫尺烟水接，先生歸去七百年。行當築室繼幽躅，待汝毛羽能冲天。

雜録

漢 劉歆《西京雜記》卷三 五柞宮有五柞樹，皆連三抱上枝，蔭覆數十畝。其宮西有青梧觀，觀前有三梧桐樹。樹下有石麒麟二枚。刊其脇爲文字，是秦始皇酈山墓上物也。頭高一丈三尺，東邊者前左脚折，折處有赤如血。父老謂其有神皆含血屬筋焉。

元 陶宗儀《輟耕録》卷一〇《鴈子》 《漢書》：太液池中，鳧雛鴈子，布滿充積。用鴈子甚佳。王維詩：蘆筍穿荷葉，菱花罥鴈兒。又新。

明 王同軌《耳談類增》卷一七《脞志地里居室篇・石獅子字》 松江府門首石獅子一對，傳自古昔。其東邊獅子右腿黑質白文，乃是筋脉所成「松江府」三字。乃曹孝廉介人談，謂己生長其地，未及察視，後見《蓬窗日録》載此，遂往視之，果見「松江」二字犁然天文，但「府」字稍成形象耳。「松」本作「淞」，宋代以累傷水去傍水，而石字已先之矣。

清 孫岳頒等《佩文齋書畫譜》卷一一《宋景靈宮畫》 高宗十三年建景靈宮，命有司圖，配饗功臣像於景靈宮廷之壁。《玉海》

清 于敏中 英廉等《日下舊聞考》卷四〇 （龍德）之北有橋，橋皆白石雕水族于其上。《可齋筆記》

造園理論部

擅勝 卜築 選址

題解

唐 李翺《李文公集》卷一八《題靈鷲寺》 凡山居，以怪石、奇峰、走泉、深潭、老木、嘉草、新花、視遠爲幽。自江之南而多好山居之所，翺之對者七焉，皆天下山居之尤者也。蘇州有虎丘山，則外惟平地，入然後上，高石可居數百人。劍池上峭壁聳立，憑樓檻以遠望。

明 蔡羽《石湖草堂後記》（《吴都文粹續集》卷三一輯） 形無大小，在全其趣而已。趣無古今，在領之而已。東南之形勝萃於吴，其大者震澤、洞庭、穹窿鄧尉，小者虎邱、石湖。爲壤不同，其爲趣則一也。《禹貢》所志，《周禮》所載，吴越居先，孫錢居後。高人間氣騷士鍾靈。故范蠡蟬蜕，角皓鴻冥，松陵發響，白傅登臨。矧茲近代之賢，獨得於形迹之外者乎！石湖范文穆歸休之地形，視震澤百之一而趣自全。當楞伽之北、茶磨之南，其岡可踰，中半而作夫差之郊臺也。緣臺而却還顧茶磨，進退之間可以憩息治平之竹林也。王子子輩作草堂之四年，爲嘉靖丙戌，二月，余獲繫舟溪口，休其楹，訊其竹，王子輩方攝卷散帙，挹芬茹芳，笑傲泉石，陶寫風烟，若將無事人世者。然經綸獻納周孔之實用，至於科第又細細也。迹雖高能遂忘乎？以吴之勝，湖得其小矣。湖之勝，竹得其小矣。然而皆全焉。湖之觀，非楞伽之亭不獲盡。至於風雨不侵，人聲不至，巖巒巉岏，陰翠蒙翳。暑多其凉，雪多其煦。晨作暮休，飫心醉睇。謂亭克盡之乎？微是堂將無歸夫？夫差騁其巔，句踐鬥其下，文穆館其間，適意不同而皆有所領。謂今日之領不在諸子，吾不信也。雖然，堂之外，山光水色、萬象朝夕之變而已，堂之内，寒翠滿室而已。若夫可以景得而不可以景窮者，別有在也。諸子當自知之。

論説

宋 李格非《洛陽名園記·湖園》 洛人云，園圃之勝不能相兼者六：務宏大者少幽邃，人力勝者少蒼古，多水泉者艱眺望。兼此六者，惟湖園而已。予嘗游之，信然。在唐爲裴晉公宅園，園中有湖，湖中有堂，曰百花洲。名蓋舊，堂蓋新也。湖北之大堂曰四并堂，名蓋不足，勝蓋有餘也。其四達而當東西之蹊者，桂堂也。截然出於湖之右者，迎暉亭也。過横地，披林莽，曲逕而後得者，梅臺、知止菴也。自竹逕望之超然、登之翛然者，環翠亭也。眇眇重邃，猶擅花卉之盛，而前據池亭之勝者，翠樾軒也。其大略如此。若夫百花酣而白晝眩，青蘋動而林陰合，水静而跳魚鳴，木落而羣峰出，雖四時不同，而景物皆好，則又其不可殫記者也。

宋 葉夢得《避暑録話》卷下 李翺習之論山居，以怪石、奇峰、走泉、深潭、老木、嘉草、新花、視遠七者爲勝。今吾山所乏者，獨深潭、老木耳。深潭不可無，松亦不多得。五方地土風氣各不同。古之立社，各以其所宜。木非所宜，雖日培之不植許。洛地相接嵩山，至多松而許更無有。王幼安治第，遣人取松栽百餘本種之，僅能活一株，纔三尺餘，視之如嬰兒也。乃獨宜柏，有伐以爲椽者。睢陽近亳，有檜而見推重。州宅堂前有兩株樛枝者，約高二丈餘，百年物也。至杉則三州皆無之。木之佳者無如是四種。而余仕四方，未嘗兼得。今此山乃無不宜，種之得法，十年間便可合半抱。惟柏長差比遲爾。今環余左右者，略有數千株。常目松磊落昂藏似孔北海，檜深密紆盤似管幼安，杉豐腴秀澤似謝安石，柏奇峻堅瘦似李元禮。吾閒居久，賓客益少。何幸日得與四君子游耶。范文正公嘗謂：吾木會有時而老，但吾不及見也。然習之記虎丘池水不流，天竺石橋下無水，麓山力不副天奇，靈鷲擁前山不可遠視，峽山少平地，泉出山無所潭，此五所者，極天下之奇觀猶不能備，况吾居獨得其七之五哉！人心終不能無累。余雖忘此，而每見潭水澄澈，高木鬱然，未嘗不有慕。圓證寺大松合抱三十餘株，夾道蔽日，猶國初時故物。石橋合諸澗水道。朱氏怡雲閣之前，其深處水面闊四五丈，張文規所謂金碧潭者也。其下流注朱氏子嵩之圃，噴薄激射，交流左右，去吾廬不滿三里，自可爲吾之別館。但寺僧不好事，比歲松有伐而薪者，當祝使善護持

之。朱氏子約今年田熟作草堂三間泉上，暇日時往來，則習之所不足者，吾可以兼得矣。

宋 郭彖《睽車志》卷六 趙三翁，名進，字從先。中牟縣白沙鎮人。自言遇孫思邈，授以道要從之十稔。【略】年已一百八歲矣，技術無所不通，能役使鬼神，知未來事。吹呵按摩，疾痛立愈。密縣堕門山道友席洞雲，築室於獨紇嶺瀑水潭側，慕其清峭高爽。落成，甚喜。既遷入，百怪畢見。未及一年，禍變相踵。席謁翁，且告之故。翁曰：「得無居五箭之地乎？」席曰：「地理之説多矣，素不聞五箭之説。敢問何謂也？」翁曰：「峰顛、嶺脊、陵首、隴背、土囊之口，直當風門，急如激矢者，名曰風箭。峻溪急流，懸泉瀉瀑，衝石走沙，聲如雷動，晝夜不息者，名曰水箭。堅剛爍燥，斥鹵沙磧，不生草木，不澤水泉，硬鐵腥錫，毒蟲蟻聚散若壞壤者，名曰土箭。層崖疊巘，峻壁巉岩，鋭峰峭岫，拔刃攢鍔，聳齒露骨，狀如浮圖者，名曰石箭。長林古木，茂樾叢薄，翳天蔽日，垂蘿蔓藤陰森肅冽如墟墓間者，名曰木箭。五箭之地，射傷居人，皆不可用。要在回環紆抱，氣象明邃，形勢寬閒，壤肥土沃，泉甘石清，乃爲上地。固不必一一泥天星地卦也。子歸，依我言，去凶就吉，當自無恙。」席悉遵其教，居止遂安。

宋 姚勉《雪坡集》卷三四《辛居安水閣記》 天下之至清，莫山水若也。而水於山清尤勝，有山而無水清弗具。古之人結廬築亭，必于江湖，于澗溪，于陂池者，蓋以是也。松垣先生之從子，字曰居安，家于釀溪之上，去其家二里許。怪石壁立，清流帶縈。創複閣以爲游宴之所，其有得於古人之遺意乎。市橋柳細，江路梅香，即少陵之浣溪也。水田白鷺，陰木黄鸝，即摩詰之輞川也。茂林修竹，清流激湍，即右軍之蘭亭也。采山釣水，可茹可食，即李愿之盤谷也。緑野有堂，日醉賓客，即裴晉公之午橋莊也。青山屋上，流水屋下，即司馬公之獨樂園也。居安性好客，是水復宜釀，釀而熟，則與客而游于此。或杖而屨，或楫而舟，仰青山，俯碧灣，傲古木，蔭叢竹，坐怪石，釣清流，飲酒賦詩，上下斯閣，醉歌笑舞，沙鷗林鳥，相與忘形。騎氣馭風，飄飄乎欲游於八極之表。清樂顧可量哉！未仕而隱居則爲少陵、爲摩詰、爲李愿，爲羲之，已仕而歸休則爲晉公、爲司馬，窮達一此，水豈徒閣云乎！雖然，居安之樂在此水乎？否也。在此閣乎？否也。予嘗觀居安賦斯閣之詩，有吟風弄月之趣。居安之樂，其諸異乎人之樂歟！此樂也，客不可得而問，居安不可得而言。有欲知此樂，其必於清風明月之夜登斯閣，而游泳乎清風明月之天。

元 吴澄《吴文正集》卷四三《百泉軒記》 昔孟子之言道也，曰「若泉始達」，曰「原泉混混」。泉乎，泉乎，何取於泉也？泉者，水之初出也。《易》八卦之中坎爲水，六十四卦之中有坎者十五。水之在天爲雲爲雨，而在地則爲泉。故坎十五卦象，水者十一，象雲者二，象雨者一。獨下坎上艮之蒙，水出山下，其象爲泉，而以擬果行育德之君子。岳麓之泉，山下之泉也。岳麓書院在潭城之南、湘水之西、衡山之北，固爲山水絶佳之處。書院之右有泉不一，如雪如冰，如練如鶴，自西而來，趨而北，折而東，環遶而南，注爲清池。四時澄澄，無毫髮滓。萬古涓涓，無須臾息。屋於其間爲百泉軒，又爲書院絶佳之境。

明 楊循吉《周氏池亭記》（《名山勝槩記》卷一一輯） 有名園而無水，是塵土猶未滌也。有水而無臨觀之亭，亦棄水耳。所謂園者，林木一勝也，水二勝也。有是二勝，又必亭館點飾而後可游。樹亦易植，水亦易瀦，亭館亦易搆。但使蒼鬱成林，迴遶成流，照映成境，難耳。周君廷憲治園在吴中。閑曠清遠。植雜樹百餘本，開沼爲回抱之勢。周匝相通，水亘館下。乃作一亭跨于緑流之上，羣窗洞開，俯而觀焉，可以鑒游鮮，閲卧藻。微浪之因風，墮雲之在波，皆可得而覽也。余欲名之，莫得其似。總名之曰池亭。周君之園，可謂足乎林木，饒乎水，侈乎亭館者矣。大凡胸次不高，雖頓寘一樹一石，必不得其地。若兹園之水木亭館，皆以心匠出天巧，合乎自然，而有此全勝也。好游者可不至哉。

明 蔡羽《石湖草堂記》（《吴都文粹續集》卷三一輯） 吴山楞伽、茶磨並緣於湖，茶磨嶼爲尤美。北起行春橋，南至紫薇村，五步之内，風景輒異。是茶磨使之也。上爲拜郊臺，下爲越來溪。緣溪曲折，旋入山腹。其林深黑，治平寺也。夫登不高不足以盡江湖之量，入不深不足以萃風烟之秀。平湖之上，環以羣峰之陰。崖谷之間，翳以數畝之竹。於其所宜，得而有之草堂、泉石之位置，造物者必有待也。使無是堂，則游焉者不知其所領，倦焉者不知其所休。是湖與山終無歸也。辛亥之秋、今天子踐阼之初，治平僧智曉方謀卜築，事與緣合。乃諸文士翕至贊助經畫，不終朝而成。明年，改元嘉靖，來主斯社。爰自四月縮版盡六月，九旬而三廡落成。左帶平湖，右繞羣巒，負以茶磨，拱以楞伽。前蔭修竹，後擁泉石，映以嘉木，絡以薜蘿，翛然羣翠之表。於是文

先生徵仲題曰石湖草堂。王子輩以記來屬。夫湖之勝概尤萃於茶磨，茶磨之勝以其能容深林，而尤深於兹竹。則是堂也勝將焉讓。且地微人雖靈奚傳，人微地雖高奚發。向也山猶是，湖猶是，竹猶是，而游不兼息，息不兼游，人與地得無病。今也林不加闢，地不加深，而湖山在函丈，禽鳥在尊俎，游於是，息於是，暝觀霽覽集於是，人與地不亦皆遭乎！喜二者之遭，作石湖草堂記。

明　陳繼儒《陳眉公集》卷九《梅花樓記》　王元美嘗謂：「余市居之迹于喧也，山居之迹于寂也，惟園居在季孟間耳。」然王氏之弇山枕城中，朝曦映門，游屐磨集，即主人亦往往支門謝客，欲放而之于曠間無人之鄉而不可得。余然後知園之與衆也，寧獨與其謀于市，也寧謀于野。

又《緑野池記》　李翺論山居，以怪石、奇峰、走泉、深潭、老木、嘉草、名花爲勝。而葉少藴又言：虎丘池水不流，天竺橋下無水，峽山少平地，泉出無潭。則山居之樂，又若挾池而後勝者。兖山汪氏，世以科名冠冕東南鄉，其文行尤蔚，曰叔圖先生。先生所居之上流，山水交匯，决而爲渠。于是緣渠鑿池，緣池點樹。叢桂抱其陽，高梧幕其陰。翠柏黄柑、老梅湘竹映帶左右，而主人日擁鼎彝圖史，嘯歌堂中。又有南樓半月軒，可以延素光，有北窗垂雲之木三章，可以清煩暑。有堂後之環碧軒，泉聲淙淙，凄絃哀玉可以浣俗塵。至于香風微來，紅雨狼藉，錦鱗數千頭，唼波鼓鬣，與荇緑花扳離褷上下。先生顧而樂之，不知身在空青冷翠中坐也。其友邵明卿題曰緑野池，而因并其堂如此。昔裴晉公解相印歸而私丘壑以老，天下高之。然公嘗灰心忍事，霜髩談兵，至有太原題壁之句，所謂「危事經非一，浮榮得是空」者，則此公胸中亦未得全爲無事人，緑野游豈易享哉！今叔圖先生經明行修，將以高第顯，而又華裾舄奕幸際清朝，出無淮蔡羽書之勞，入無憂讒畏譏之苦，花明雲暗，泉甘酒香，即晉公且不能享有今日之適，而况李翺、葉少藴之所難于諸名山者，公皆坐而置之几席之下，其樂顧不大勝歟！余五岳人也，竹林蓮社久落夢中，而世無郗生，又不能辦山裝十萬之具。則幸兖山緑野煙蕪，秀色煒煒如在眉睫間。而主人又以長者好士聞天下，吾將叩叔圖而訪焉，相與登高臺、漱清流，爲鼓琴浮觴于池上，以觀游魚之出没于衣裄間也。先生其有以許我乎？乃草記一通以訂之。而他日來爲緑野堂客，則請敕鶴雛門以待我。

明　王世貞《弇州續稿》卷六〇《安氏西林記》　凡山居者恒恨於水，水居者恒恨於山。山水居者，或陿且瘠，而不可以園。適於目者，不得志於足。適於足者，不得志於四體。適於四體者，不得志於口。是四者具矣，而多不得志於人與文。懋卿之西林，俺得之哉！

又　卷六一《暘湖别墅後記》　諸稱名山者，得水則雄。諸稱名園墅者，得山水則亦雄。而園墅之雄，尤不可兼得。都會之地，王侯貴人足以號集財力，而苦於山水之不能兼。山而顛、水而涯，肥遁幽貞之士樂棲焉，而苦於財力之不易兼。以是有兩相羨而已。余之治三弇，其地雖非大都會，然差亦易辦，而其不能兼山水則如之。余不愛其財力，以鑿深而壘危。初若以爲小兼者，而終不能得其真。

清　張伯行　陸世儀《思辨録輯要》卷二〇　大凡書院建立，多在郭外名勝之處。不獨遠絶塵囂，而山水之勝，亦足以蕩滌俗情，開發道妙。學者於此處讀書、講道、觀星、算歷，誠爲至便，深合管子處士就燕閒之意。雖盛王之世，不可廢也。但當領於學校，爲學校之分曹，不當另爲一家耳。

清　潘耒《遂初堂詩集》卷一二《濤園記》　福州城中凡三山，烏石山最大。環山而爲寺觀、園亭者數十，許氏濤園最勝。園之門徑在山足，若堂若亭，若廊若榭，錯布乎山之肩腹，極於絶顛而止。山有峰，園因以爲巧石。山有泉，園因以爲清池。山有巖洞，園因以爲宴休之所。山有高阜，園因以爲臨眺之區。山有題名石刻，園因以爲碑版。山有長松美箭，楓楠栟櫚，園因以爲林苑。經營布置，悉出自然，而穿鑿雕飾者不能逮。天下之善爲園者，莫許氏若也。【略】大都物之成乎人者易移，而因乎天者難壞。吾見豪家之園，纍石爲山，鑿土爲池，高高下下窮人力爲之，一時非不爛然也，寢假而化爲兔葵燕麥，有求其蹤影不可得者。豈若兹園之依山憑壑，有大力者不能負之而趨，雖洊經兵火，一整頓間，水石依然，烟巒無恙。爲之不勞，而傳之可久，不亦善夫。雖然，奇山秀水就而爲園池者何限，不旋踵而易主，則可久之道，又不惟其地，惟其人。

清　李斗《揚州畫舫録》卷六　劉大觀，字松嵐。【略】嘗謂人曰：杭州以湖山勝，蘇州以市肆勝，揚州以園亭勝。三者鼎峙，不可軒輊。洵至論也。

綜　述

唐　王績《東皋子集》卷上《游北山賦序》　吾周人也，本家於祁。永嘉

之際，扈從江右，地實儒素，人多高烈。穆公銜建元之耻，歸於洛陽同州，悲永安之事，退居河曲。始則晉陽開國，終乃安康，受田墳壠，寓居條焉。五葉桑榆成蔭，俄將百年。績南山故情，老而彌篤。東陂餘業，悠哉自寧。酒瓮多於步兵，黍田廣於彭澤。皇甫謐之心事，壠畝終焉，仲長統之規模，園林幸足。獨居南渚，時游北山，聊度世以爲娱，忽經年而忘返。西窮馬谷，北達牛溪，丘壑依然，風烟滿目，孫登獨坐，對嵇阮而無言，王霸幽居，與妻孥而共去。窗臨水石，砌遶松篁，類田園之去來，亦已久矣。望山林之故道，何其樂哉！

宋 李綱《**李忠定公文集**》卷九《**蘄州黄梅山真慧禪院法堂記**》 此堂倚白蓮峰，下瞰九江。前揖廬阜，清静爽塏，具勝妙境。而水鳥林巒，熾然常説。墻壁瓦礫，咸助法機。妙法宣明，不假開示。

宋 洪邁《**臨湖閣記**》（《**古今事文類聚前集**》卷一七輯） 燭於遠者遺於近。廛市之居江與山，燕越如也，豈地勢則然天實嗇之。予家番城，面澹津三湖有勝矣，而山不副。買小圃，撰樓以爲高，平林四出，山意如鶩。而澄江之境政墮滅没蔽虧中，非霜清木落不見也。二者不得兼，其難如此。吾友向巨源獨以書來曰：自吾卜居南昌，擅東湖之陽，人行湖邊，頫大明鏡，荷華十里，炤影徹目。晨霏夕靄，開闔而摩蕩。屬玉交青，浮游而後先。西山横陳，蜿蟺旁薄。空翠長煙，舒慘異狀，常若洪崖浮丘。翁挹袂拍肩其間。凡湖山賦我以佳賞，撩我以瓌觀，謂不能俯而有也。今吾臨之以桀閣，崇而爲丈者四，去一以爲從，益一以爲横。既成，而日登焉。湖之所以爲湖，山之所以爲山，次且自失，不能嘉遁相與，收精會神，俎豆於吾軒楹之間。東則十畝之園，池臺竹花輸幽呈茂。有草堂在湖堤北，其北與西折旋皆山，淡然如修眉横遠，可玩而不可狎。物色位置，大略似輞川，臨湖亭故即而名之。吾夷猶其上，非更衣就枕不釋也。吾困厄，與世不諧，偶一旦獨得此，吾心樂焉。願子爲我記。

宋 樓鑰《**攻媿集**》卷五五《**嵊縣嶀浦廟記**》 剡，壯縣也。兩火一刀，自古記之。晉宋名勝遺跡至多，地以谿名以谿之，山水俱秀也。邑城之北山圍平野，谿行其中，至四十里許，兩山相向愈迫，剡之水易于暴漲者以此。然水口氣聚，所以爲壯縣也。西曰嶀山，巨石突踞水上，其下曰嶀浦，巖壑奇聳，尤爲勝絶。溪多積沙，深淺不等，惟此數里間，淵渟澄澈，不知爲幾尋丈。潭在石下，爲羣魚淵藪。相傳中有神物，無敢觸犯，亦險絶之地也。上善濟、物侯廟貌像嚴毅，夙著威靈。據山瞰谿，稱其爲明神之居。

宋 李復《**潏水集**》卷六《**游歸仁園記**》 洛陽泉甘土沃，風和氣舒。自昔至今，人樂居之。青山出於屋上，流水周於舍下。竹木百藹茂美。故家遺俗，多以園囿相高。歸仁園特高於洛。

宋 吴儆《**竹洲集**》卷一一《**尚書宋公山居三十韻序**》 新安郡治與其所屬邑，皆憑山瞰江，映帶林壑。山皆秀拔奇偉，多佳木，葱蒨蕃蔚貫四時而不變。江流激冽，紆餘澄清，與山相稱。【略】尚書宋公，當塗人，世宦於新安，樂其山川之勝而家焉。郡治之北有山磐礴，而南與西北山川相爲賓主。奇峰遠岫，蒼顔秀色，羅列於几席之上。平沙漫流，風檣煙艇，出没於履舄之下。遠近隱見朝暮晦冥，雖巧繪妙言語者，莫能窮其狀，盡其變也。山之麓有石有泉，有昂霄聳壑，千章之木、萬竿之竹，名花雜果綜錯其間。公夷荒斸險，結屋於西。崇堂傑閣，吞吐風月。紅軒碧甃，照映闤闠。既足以稱江山之麗，又依石之奇壯而層出者爲巖，疏泉之餘委爲池，因茂林之可茈，修竹之可逕，華實纖妍之可玩，高下夷險之異趣者，爲堂爲亭，爲臺爲榭，爲齋房，爲射圃。布置設施曲折窈窕，雖窮足力不能徧也。某嘗從公舉大白於雲端，歌金縷於木末。公出其所賦《山居三十韻》，命某屬和。某不能爲詩而爲之序。

宋 葉適《**水心集**》卷一〇《**北村記**》 余嘗評天下山水之美，雖質文變態各異，而吴興特爲第一。其山脉地絡，融液而浸灌者，莫非氣之至清。渟止演漾，澄瑩紺澈數百千里接以太湖，蒲荷蘋蓼盛衰榮落，無不有意。而來鷗去鳥，風帆浪楫，恣肆渺莽，不知其所窮。昔之功已就若范蠡，身不用若張志和之流，未嘗不遁逸嘯歌於其間。蓋仙聖之宅，非人世也。

宋 周密《**癸辛雜識前集**》 丁氏西園 丁葆光之故居，在清源門之内。前臨茗水，築山鑿池，號寒巖。一時名士洪慶善、王元渤、俞居易、芮國器、劉行簡、曾天隱諸名士皆有詩。臨茗有茅亭，或稱爲丁家茅菴。

倪氏園 倪文節尚書所居月河，即其處爲園池。蓋四至傍水，易於成趣也。

元 袁桷《**延祐四明志**》卷一八 普明律寺，縣西南一十五里。梁天監初置，名湧泉。宋治平初改今額。御史臺檢法官王庭秀方丈記曰，普明距縣西南一十五里而近。其地得於兩山之間，背岡面阜，東西纔踰里許，而林巒相屬，山光競翠，幽泉遞響，含溪空谷，岫幌雲關。一別區也。

明 金幼孜《**金文靖集**》卷八《**巢筠别業記**》 常之宜興有勝地，曰柚

山。其東南平皋沃壤，聯絡夷曠，而層峰疊嶂，嶄然高出乎雲漢之表。北則洮湖之水浩渺澄深，瀦匯其傍，而蔣氏所居寔在於此。居之四隅則環植以竹，其條暢脩聳，鬱然如翠葆下垂蒼玉之交映也。其清聲逸響，鏘然如金石遞奏、韶鈞之諧如也。其淩傲雪霜，虛心勁節，凛然如莊人正士之不可以屈撓也。蔣氏之彦曰希文者，日對玩徜徉而心甚愛之，乃築軒其下，以其盤屈若巢焉，遂扁之曰巢筠别業。

明　劉球《兩谿文集》卷五《石谿新隱記》　石溪在邑上游三十里。其石錯布溪中，昂若柱立，蹲若龜伏，鉅若息舟，細若列棋，莫不隨溪消長以爲隱顯。濵溪多芳洲稼壤，連山奥谷，是蓋天遺佳境以俟乎人也。有達時變之士吴與粟氏宅闤闠間，不樂交接之煩，圖得閒曠之區以自息，遂受石溪于前。真定守芹寓彭先生之胤乃列宇其上，闢扃飾徑以涖之，雜植茂樹森篁以周環之，於是巉巖磊落布在中流者，皆得獻其奇。湍激鬥喧、波洄相盪，皆得雜乎吟誦之聲。蝦魚鳧鷺出没竅穴濤浪之間者，皆得與人同其樂。幽葩異卉、封苔漾藻雜然生於水陸者，皆得以悦人情。皓月柔風、光霞暝靄之往來無窮者，皆得以發人之妙思。商帆魚艇欣以歸，儒冠士屨樂以洊。則石溪因居與粟而勝益增，美益彰矣。使與粟之負器藏道，果如石之重、溪之深，堅所守而潔所行？果如石之磨不磷，溪之涌不濁，基德衍慶以貽其後之人也？果如石之磐以固、溪之流不息，則其有石溪又豈不足砥其操、濯其行哉。昔者輞川名顯於摩詰，德秀道就於陸渾，地之與人交相贊也。余於是既慶與粟之得石溪，且慶石溪之遭與粟焉。遂爲之記。

明　王訓《東坡月潭寺記》《貴州通志》卷四〇引　貴與楚鄰，封當兩疆之界曰東坡。由道左入，躋攀林麓僅百武許，有飛巖倒懸，巑岏巧怪，垂珠滴乳，盡態極奇。若神蛟之駕秋雲，鳴鳳之騫晴漢。又如千乘萬騎浮空以馳，仙子靈姝御風而下，雖以五丁之力、吴剛之技追而琢之，不足以方其妙。蓋天成也。旁有崆峒，邃不可入，而一清泉泠泠，自半巖出，奔流平野，居人飲焉。其佳勝無與爲比，惟在夷區，古所弗治，故轍跡罕焉。爰自皇明一統，始制兵衛，隸貴曰興隆，隸楚曰偏橋。而周道由之，由是來往者得以覩游。間有學佛者結廬，號普陀岩。正統間游僧德彬來營寺址，名曰月潭。時貴之都指揮使常智爲衛興隆，倡衆募財，首建正室，中塑法像。金碧麗美，茂林修竹，環擁芳翠，遂有聞於四方。余惟山川因人而顯，宇内佳山水，經品題而載輿志者固多，若斯巖之美，蓋千百而什一也。

明　羅倫《一峰文集》卷五《雯峰別墅記》　遡臨汝而上盱者千里，山水名天下最善者三焉。在臨汝，蘇山最善，浮屠氏之宫也。在盱郡，王城最善，親王之所遺也。在廣昌，雯峰最善，古今莫能知，太守饒公秉鑑始主而居之湖西。羅倫過而顧焉，樂而不能去。其右則吴王芮之軍峰也，其左則鎮縣之金章也，其前則壺公之紫霄也，其後則南齊雲霽也。尊者如帝，卑者如臣，比者如友，横者如屏，卓者如筆，簇者如臺殿，甌者如城屋，湧者如波濤，驟者如馬，翼者如鷲，踞者如獅象，蹲者如虎豹，蜿蜒者如龍蛇。繪如削、如鑄、如琢、如神施鬼設，不可名狀。雲霞往來，變態翕忽，合而名之曰雯峰焉。盱水中注，迤邐迴抱，如不欲去，易之爲雯溪。雯溪之東，兩澗夾流，爲雯澗。支隴傍峙，翼澗而出，乘雯溪而止，爲雯岡雯澗中夷，平田沃壤可六七百畝，窊地成池，形若環壁爲雯池。梁池而入池上，爲雯門。門内通渠，泉聲琤然。嘉木異石，雜置左右，爲雯渠。有堂翼然臨於渠上，爲雯輝之堂，合雯峰山水之輝也。堂後爲寓樂，寓形宇宙之内而樂於此也。爲安晦祠，顯而居晦，非安不能也。祀先之堂，爲昭孝繼述之善裸薦之，成昭其孝於祖考也。雲消日明，重門洞開，雯峰衆奇雜，然前陳于几席之下矣。合而名之曰雯峰别墅焉。夫雲霞成章，天之文也。山水成奇，地之文也。仁義成德，人之文也。以地之文合天之文，雯峰山水之奇也。以人之文合天地之文，然後可以主雯峰山水之奇也。於戲！有常者此山也，無常者此人也。有常主乎？無常主乎？主乎常，斯文而已。若尼丘之常主於孔，雲谷之常主於朱是已。主人曰：善吾而今而後知，無常之爲有常也，於是乎書。

明　張詡《東所先生文集》卷五《竹田記》　竹田乃今右都御史長樂林公舜舉所居之勝，而因以爲别號焉者也。長樂，八閩名邑也。去城東南三舍許爲南鄉，地名星溪者。長樂之名村也。環村皆山也，自北迤邐數十里，融結爲峰，名曰西峰。峰之左右兩山對峙，如張鳳翅。自東六七里許，爲大海。海風搏沙，噴薄成磧，不絶如堤。去峰僅里許，地如盤盂形，而公家在焉。背震面兑，遠近秀嶺如錦屏繡障，奇峰貌神人環顧而張拱作拜揖狀。山澗匯爲星溪，岐爲支流夾之。地多美竹，含烟霏、帶雨露，四時蒼翠如織。西峰（璧）（壁）立萬仞，與北嶺聯絡。沿麓多種龍眼、荔枝，鵝黄渥丹，天然色相奪目於夏秋之交。南山則蒼松古檜掩映雲日，飛泉珊珊如注，怪石離立，如人擺列爲之者，

與夫沙磧。朝暾夕照，光景倒射。千態萬狀，殆不可名目。其中腴田延袤數百頃，故自昔名其地曰竹田。竹田山水靈秀之氣蜿蟺磅礴而鬱積久之，篤生如公者，一代之名臣也。公爲按察使時，嘗語予曰：予從仕俯仰脱然，無絲髮之累者，由竹田生意之多也。噫！古之人大有爲於世者，寧獨其才大過人哉？亦必其志之素定云爾。昔諸葛武侯嘗謂其後主曰：臣成都有桑八百株，薄田十五頃。子孫衣食自有餘饒，臣死不長尺寸以負陛下。説者謂其經世之業、忠純之志素定於草廬中矣。公開府蒼梧，坐控百粤，更張文武，秋肅春生。遂使鯨鯢掃跡，兩藩元元，陰被其膏澤而不知誰之爲之者。士大夫聚首談今之用世宏才，口口以公爲巨擘也，固也。至于其志之素定如所謂竹田者，則未必知也。公以懿蹟芳聲，不日特召大拜，展盡底裏。吾知公一嚬一笑弗古之人若焉弗措也。百世下將使人指竹田爲成都之桑田，目公爲三國之諸葛，則竹田之所以取重者，蓋在此而不在彼也。與不爾美材沃土、佳山勝水，域中亦在在有之矣，安在其能稱重於天下後世爲哉！予不肖，受知公非一日，故因公屬爲記。輒敢原公爲一代名臣者，本於志而志本於竹田者如此。若夫棲烟霞而伴麋鹿，此幽人逸士之所尚，固不敢以望公而亦非公之志也。

明　邵寶《容春堂續集》卷一〇《龍泉精舍記》　惠泉之南百步許，有泉出石鏬，涓涓南流，鏬黄公澗，東入于溪，謂之龍縫泉。廣東僉憲馮公作堂於其流之匯處，榜曰龍泉精舍。日游息其中。上自黄羲、下至莊列之書，手一帙而玩焉。六合之外，萬古之前無不窮也。凡鄉邦之元夫鉅人、湖海奇逸之士，席無虚日，左酬右應，無不宜也。或曰公之趣泉，蓋發之。抑非也。【略】古有所謂列仙之儒者，殆其人乎泉乎？泉乎所以發公之趣者在是，而公之重未嘗不歸之泉也。始泉之出於石也，其源甚細，至公之堂之旁，而始行。翛竹成徑，水流其中，淙淙有琴筑聲。既而東出，衍迤瀰漫，凡若干畝。荷花叢生，水禽翔集，若無畔岸，而東流之勢於石梁焉。見之道眼觀物，又于是乎在吾。

明　黄姬水《高素齋集》卷一七《凌虚閣記》　夫冥寂玄曠之士，非炎濁界所可居。靈秘之區，非生死身所可到。豈曰心生取舍，寔乃人境冥合者也。故習禪之輩，必就名山。夫既背俗乖世，自然違埃離霧，靡不裹足重巖寓形絶石矣。凌虚閣者，沈居士棲息寂觀之所也。古稱陽羡佳山水，而山之神秀者，莫若荆南。荆南峰巒潭洞，瓌異莫可殫記。其幽麗深蔚，擅一山之勝者，莫若龍池。龍池之奇處，則凌虎閣也。蓋始入龍池，兩山環合如峽。盤紆坂、涉重澗，而後至下龍池寺。又折而上，曰中龍池。寺圮，鞠爲林谷。又折而上，曰上龍池。有禹門禪院在焉。其中長松修竹之布絡，飛泉怪石之轇轕，石菊、天竺羅生于庭，芝草、芳蘭交蔓千逕。至是，行若窮，地若絶，悄愴寥廓，非區中所有。由禹門循一蹊窅窱而登，攀懸磴，陟崇巘，其上廣平。後有穹崖，峻削千仞，上摩切天，下臨無地。石梁横跨，其罅隙嵌以閣焉，欲化造神營也。其右有白雲巖。巖有湫，即龍之所棲。雲氣常蒸繞其上。有石類盤陀可坐，有洞類屋可居。閣中延矚，則太湖若杯，越山若垤，日月之吐納，煙霞之縈繚在衽席間。信寰中之殊域物外之奥壤也。山僧逋于役，將鬻閣以償。居士捐貲，因爲居士所有焉。

明　俞允文《仲蔚先生集》卷一一《西野書屋記》　休寧有連山。連山之中拔起而深秀者，曰岐。岐之西有璜琅，二川之水折而合流，曰汊口。其地風氣鬱茂，清洲程于行氏家焉。稍去其家之西，地益勝，而野延眺連。山則峻嶺峭壁，攢青接翠，出於天標。又如高濤怪雲，奔湊蹙沓，靡有斷絶。昔于行之先子汝義喜茲地之勝，遂滌薈蘙，剷磽確，决沮洳，使就夷曠。爲屋數十楹，以藏九流之書，命之曰西野書屋。其前清池，漣淪澄瑩玉潔。池之外匝以平疇。果園其後，古松千章，其傍翛竹萬个，昏旦與連山一色。氣候變狀，雖善畫者莫能悉其變也。不遠舊廬，别出新賞。人跡罕雜，囂塵不來。

明　王弘誨《太子少保王忠銘先生文集天池草重編》卷八《對雪樓記》　奉化蓋有雪竇山云。山由四明東南來，蜿蜒綿亘可百餘里。羣峰環合，兩溪縈洄，從西南石澗合流。下臨絶壁千仞，噴礴奔注激射，霏霏皚皚，望若灑雪，故名。而故與雪竇山相對，則有徐青山。五峰當前，剡溪經其下，亦稱最勝矣。大司成愚齋戴光生謝事歸，築樓其地，顔曰對雪。蓋徐青南望，雪竇相距百武而遥，飛泉瀑沫近在襟帶間。朝霞夕曛，畢來獻狀。每一屬盼，令人應接不暇。先生顧而樂之，以爲日可支頤對也。

明　龍膺《倒水巖漁仙洞記》（《湖南通志》卷二三三引）　予足跡半宇内名山，恒謂太華峭削，雁宕幻巧，崆峒幽崛，黄山靈峻，白岳奇詭，太和雄麗，九華葱蒨，金山孤絶。然皆以石勝，而皆病無水。惟金山扼長江、注南泠爲勝。復孤立無侣，游覽易窮。孰與茲山，以青瑶翠珉爲骨，以丹霞蒼靄爲姿，以琪花珠樹爲裾，以沅流溪水爲帶。俯仰顧眺，騈矚不能周；蒐獮躋攀，繭足不能

竟。而又雲根拔地，罔所依憑，砥柱狂瀾，曾不譎靡。其石之温潤光澤，苔蘚弗生處，如墨如鏡，可鐫可摩，錯列如星，可綸可席。泉流清冽，如白玉漿，可飲可濯。山靈儲以待我。往予拮据塞上，今幸歸老，爲買山計，浮雲鐘鼎於我何有哉。客有問予者曰：聞公負郭有灑園，具湖山勝，亦足自適，何復爾爾。予笑曰：入林惟恐不深耳。吾園曰灑，吾洞曰漁，吾以一艇一竿，逍遥放浪。即不能杖窮五嶽。亦何必塊處一邱爲？因爲之記。

明　袁中道《珂雪齋外集》卷四《游居柿録》（吴氏新居）園后臺上白水一湖，澄人心脾，而臺狹不可亭。乃募土工益之。大都置園，以水爲主，得水始可脩治。此地擅水之勝，爲可喜也。

明　鍾惺《鍾伯敬全集》卷四《梅花墅記》　出江行三吴，不復知有江，入舟舍舟，其象大氐皆園也。烏乎園？園于水。水之上下左右，高者爲臺，深者爲室，虚者爲亭，曲者爲廊，横者爲渡，竪者爲石，動植者爲花鳥，往來者爲游人，無非園者。然則人何必各有其園也？身處園中，不知其爲園，園之中各有園，而後知其爲園，此人情也。予游三吴，無日不行園中，園中之園，未暇遍問也。于梁溪，則鄒氏之惠山；於姑蘇，則徐氏之拙政，范氏之天平，趙氏之寒山。所謂人各有其園者也。然不盡園于水。園于水而稍異于三吴之水者，則友人許玄祐之梅花墅也。玄祐家甫里，爲唐陸龜蒙故居。行吴淞江而後達其地。三吴之水，不知有江，江之名復見于此，是以其爲水稍異。予以萬曆己未冬與林茂之游此，許爲記，諾諾至今爲天啟辛酉，予目常有一梅花墅，而其中思理往復曲折，或不盡憶，如畫竹者雖有成竹于胸中，不能枝枝節節而數之也。然予有《游梅花墅》詩，讀予詩而「梅花墅」又在予目。大要三吴之水，至甫里始暢。墅外數武，反不見水，水反在户以内。蓋别爲暗竇，引水入園。開扉垣，步過「杞菊齋」，盤磴躋暎閣。暎者，許玉斧小字也，取以名閣。登閣所見，不盡爲水，然亭之所跨，廊之所往，僑之之所踞，石所卧立，垂楊修竹之所冒蔭，則皆水也。故予詩曰：閉門一寒流，舉手成山水。迹暎閣所上磴，回視峰巒巖岫，皆墅西所輦致石也。從閣上綴目新眺，見廊周于水，牆周于廊，又若有閣亭亭處牆外者。林木荇藻，竟川合緑，染人衣裾，如可承攬，然不可得即至也。但覺鈎連映帶，隱露斷續，不可思議。故予詩曰：動止入户分，傾返有妙理。乃降自閣，足縮如循，褰渡曾不漸裳，則浣香洞門見焉。洞窮得石梁，梁跨小池。又穿小西洞，憩招爽亭。苔石嚙波，曰錦淙灘。指修廊中隔水外者，竹樹表裏之，流響交光，分風争日，往往可即，而倉卒莫定其處，姑以廊標之。予詩所謂「修廊界竹樹，聲光變遠邇」者是也。折而北，有亭三角，曰在澗。澗氣上流，作秋冬想，予欲易其名曰寒吹。由此行峭蒨中，忽著亭，曰轉翠。尋梁契集，映閣乃在下。見立石甚異，拜而贈之以名，曰靈舉。向所見廊周于水者，方自此始，陳眉公榜曰流影廊。沿緣朱欄，得碧落亭。南折數十武，爲庵，奉維摩居士，廊之半也。又四五十武，爲漾月梁，梁有亭可候月，風澤有渝，魚鳥空游，冲照鑒物。渡梁入得閒堂，堂在墅中，最麗。檻外石臺可坐百人，留歌娱客之地也。堂西搆，結竟觀居，奉佛。自映閣至得閒堂，由幽邃得宏敞，自堂至觀，由宏敞得清寂，固其所也。觀臨水，接浮紅渡。渡北爲樓，以藏書。稍入爲鶴籞，爲蝶寢。君子攸寧，非幕中人或不得至矣。得閑堂之東流，有亭曰滌研。始爲門于牆如穴，以達牆外之閣。閣曰湛華，映閣之名，故當映此，正不必以玉斧爲重，向所見亭亭不可得即至者是也。牆以内所歷諸勝自此而分，若不得不暫委之，别開一境，昇眺清遠。閣以外，林竹則烟霜助潔，花實則雲霞亂彩，池沼則星月含清岩晨肅月，不輟暄妍。予詩曰：「從來看園居，秋冬難爲美。能不廢暄萋，春夏復何似。」雖復一時游覽，四時之氣，以心准目，想備之，欲易其名曰「貞萋」，然其意渟泓明瑟，得秋差多，故以滴秋庵終之，亦以秋該四序也。鍾子曰：三吴之水皆爲園，人習于城市村墟，忘其爲園。玄祐之園皆水，人習于亭閣廊榭，忘其爲水，水乎？園乎？難以告人。閑者静于觀取，慧者靈于部署，達者精于承受，待其人而已。故予詩曰：何以見君閑，一橋一亭裏。閑亦有才識，位置非偶爾。

明　祁彪佳《越中園亭記》卷四《城東·觴濤園》　會稽之東有賀家池，傳爲賀季真觴咏處。渟泓百頃，魚鳧與烟波共滅没。旁有錢懋士搆室三楹，旁一小軒，皆可飽挹湖光；是别墅之以淡遠勝者。

又《康家湖園》　傖塘爲羅康洲先生所居，湖在宅北。去里許，文孫太僕天樂君築湖之中，樓臺層疊，皆從碧波擎出。面對龍衛諸山，影入泱漭，洵山水大觀也。湖之西復爲天樂郎君園。朱欄委折，有堂在垂柳之下，更覺以幽邃勝矣。

又《讓木園》　在鏡漪之右，爲陶仰雲公建。園可二十畝，池居五之四。池上列堂，曰文漪。向有橘奴千頭，今鞠爲茂草矣。

又　卷五《城西·密園》　先子生平有園林之好。上公車時，即廢箸搆此，

然亦止密閣、夷軒、淡生堂數處耳。嗣後俸餘所入，盡用置園。曠亭一帶以石勝，紫芝軒一帶以水勝，讀書齋一帶以幽邃勝，蔗境一帶以軒敞勝。先子於此具有匠心焉。載《密園前後記》及《行園略》中。

又《祁彪佳集》卷七《寓山注·梅坡》 予園率以亭臺勝，獨野趣尚少。於是積土爲坡，引流爲渠，結茅爲宇，蘋蓼蕭蕭，儼是江邨沙浦。蘆人漁子，望景争途。坡上種西溪古梅百許，便是林處士偕隱細君棲託者。徘徊愛境，蓋謂此淡妝西子，足令脂粉削色矣。

清 孫承澤《春明夢餘録》卷六五 海淀米太僕勺園，園僅百畝，一望盡水。長堤大橋，幽亭曲榭，路窮則舟，舟窮則廊，高柳掩之，一望彌際。傍爲李戚畹園，鉅麗之甚，然游者必稱米園焉。

清 王士禎《紅橋游記》（《平山堂圖志》卷九輯） 出鎮淮門，循小秦淮折而北，陂岸起伏多態，竹木蓊鬱，清流映帶，人家多因水爲園亭。樹石溪塘幽窈而明瑟，頗盡四時之美。拏小艇循河西北行，林木盡處，有橋宛然如垂紅下飲于澗，又如麗人靚妝袨服，流照明鏡中。所謂紅橋也。游人登平山堂，率至法海寺，舍舟而陸，徑必出紅橋下。橋四面皆人家荷塘，六七月間菡萏作花，香聞數里。青簾白舫，絡繹如織，良謂勝游矣。予數往來北郭，必過紅橋，顧而樂之。登橋四望，忽復徘徊感歎，當哀樂之交乘于中，往往不能自喻其故。王謝冶城之語，景晏牛山之悲，今之視昔，亦有然耶。壬寅季夏之望，與籜庵、茶村、伯璣諸子倚歌而和之。籜庵繼成一章，予亦屬和。嗟乎！絲竹陶寫何必中年，山水清音自成佳話。予與諸子聚散不恒，良會未易遘，而紅橋之名或反因諸子而得傳于後世。增懷古憑弔者之徘徊感歎，如予今日，未可知也。

清 雍正《江西通志》卷四二《古蹟·南安府》 金鰲閣 《名勝志》：水南城北門名也。閣在其上。《金潤記》：南安介萬山間，得掌平之地爲郡治。門臨清流，其上有樓，高出霄漢。下有重灘，萬派百折入江。嵐煙與旭日相銜，青螺翠黛隱隱重重，雖畫圖不如。

清 乾隆《西湖志纂》卷九《吴山勝蹟》 宗陽宫 在新宫橋東。《西湖游覽志》：去吴山東北五百步，宋紹興間望氣者言其地有鬱葱之祥，遂建德壽宫。高宗禪位後居之，以此宫爲北内。鑿池引水，疊石爲山，象飛來峰。建冷泉亭。規制宏麗。咸淳四年，以後圃築道宫，曰宗陽。《浙江通志》：南關工部分司，本宋德壽宫後圃址。西有梅花廳，芙蓉石在焉，篆曰鐵雲。傳是宋德壽宫舊物。

清 乾隆《南巡盛典》卷八七《名勝·徐州》 德雲菴在西峰之麓。幽篁繞屋，間以喬柯，清陰彌望。菴臨桃花澗，奇石玲瓏，萬竅穿溜。雨後澗水懸瀑而下，屈曲環流於菴外。清響泠泠自成絲竹，誠西麓最勝處。前岡飛翠盤空，參雲翳日，即九株松也。

清 于敏中 英廉等《日下舊聞考》卷七九 燕中不乏名勝，大抵皆貴璫墳院，位置一律，殊不雅觀。惟武清侯海淀别業，引西山之泉，匯爲巨浸，繚垣約十里，水居其半。疊石爲山，巖洞幽窅，渠可運舟，跨以雙橋，堤旁俱植花果，牡丹以千計，芍藥以萬計。京國第一名園也澤農吟稾。

又 清華園前後重湖，一望漾渺，在都下爲名園第一。若以水論，江淮以北亦當第一也。《明水軒日記》

清 張志行《東白山禪林院重建大殿記》（《金華文略》卷五輯） 東陽永寧，歸然一峰，名曰太白。其險未易尋尺計也。登其絶頂，錢塘大江茫然咸在目圍，信乎爲浙東羣山之雄。左右前後，幾八百餘里。草木花藥，含芳孕秀，四時不雕。又土産春芽，名在茶譜。與婺源顧渚共播天下。前世學道之士，即古寮爲禪林，建精藍，舍緇徒。跨若千年，所出奇釋子堪爲空門津梁者，蓋亦非一。然縱觀勝槩，襟山帶水，岧嶢衍迤，修竹茂林，折柏病檜，高森映蔽。三伏之間，不知有炎蒸氣。殆非人間世之宜有也。

清 王培荀《鄉園憶舊録》卷一 白雲湖，一名郎中泊。章邱張元明光啓隱其間，闢一圃曰省園，以種樹藝花自樂。有張仲子百餘首，漁洋題其集後云：君家郎中泊，何似郎官湖。雲氣流銀浦，人家在玉壺。林園交水石，烟火出菰蘆。他日遺民録，千秋道不孤。

又 卷四 趙秋谷罷官甚早，林泉之樂，實爲獨擅。其地隨處泉湧，無不清澈。人家往往引入宅中，爲曲水流觴，或决渠繞宅。山不高竣，而石作黛色。秋谷作因園，門外一溪，隔絶塵囂。橋上復有流水入園。有坊曰小蓬萊。水閣之下方塘净緑，紅白魚洋洋碧藻。幽亭曲徑，花木蔚如。園雖不廣，坐卧其中，可以忘世。

清 李斗《揚州畫舫録》卷一〇《虹橋録上》 倚虹園之勝在于水，水之勝在于水廳。自桂花書屋，穿曲廊北折又西，建廳事。臨水窗牖洞開，使花山

澗湖光石壁褰裳而來。夜不列羅幃，晝不空畫屏。清交素友，往來如織。晨餐夕膳，芳氣竟如涼苑疏寮。雲堦月地，真上黨熨斗臺也。

湖上水廊，以四橋烟雨之春水廊爲最。水閣以九峰園之風漪閣、四橋烟雨之錦鏡閣爲最。水館以錦泉花嶼之微波館爲最。水堂以荷蒲薰風之來薰堂爲最。水樓則以是園之脩禊樓爲最。蓋以水局勝也。樓在園東南隅，彎如曲尺。

又卷一五《岡西録》 蜀岡朝旭，李氏別墅也。李志勳築初日軒、眺聽烟霞、月地雲堦諸勝，今歸臨潼張氏。至乾隆壬午，是園臨河建樓。恭逢賜名高詠。【略】又賜清韻堂額。樓前本保障湖後蓮塘，張氏因之葺太湖石數千石，移堡城竹數十畝，故是園前以石勝，後以竹勝，中以水勝。由南岸堤上過篠園外石版橋爲園門。門内層巖小壑，委曲曼迴。石盡樹出，樹間築來春堂，廳後方塘十畝，萬竹參天。中有竹樓，竹外爲射圃。其後土山又起上指顧三山亭過此爲園後門。門外即草香亭。

又 萬松疊翠在微波峽西，一名吴園。本蕭家村故址，多竹，中有蕭家橋，橋下乃炮山河分支由炮石橋來者，春夏水長，溪流可玩。上構廳事三楹，廳後多桂，築桂露山房，下爲春流畫舫，由是過蕭家橋入清陰堂。堂左登曠觀樓，樓左步水廊，顔曰嫩寒春晚。廳後爲涵清閣，閣左築水廳，顔曰風月清華。至此山勢漸起，松聲漸近。於半山中建緑雲亭，題曰萬松疊翠。是園勝槩，在于近水。竹畦十餘畝，去水衹尺許。水大輒入竹間。因蕭村舊水口開内夾河，通于九曲池，遂緣舊堤爲嶼。嶼外即微波峽，西岸近水樓臺皆於此生矣。

清 嘉慶《東流縣志》卷一七 又陳春《藝松記》曰：東流縣治，瀕江負山。脉自歷山東北來，蜿蜒起伏，至縣北結爲後山，僅如覆釜，似與對照，諸山不相稱。自堪輿家論之，若失其所謂向背。以故宰斯邑者，鮮見超擢，間有蹉跎不齊之事。是雖所值之偶然，而堪輿家之説未必盡無也。歲辛未，予宰是邦，入公衙，環堵蕭然，繚垣盡圮，至與齊民之廬無少界限。舍後所謂後山者，荒蕪特甚，縱爲鄰近芻牧之區。余即垣之而衙舍之，逼陋仍其舊。乃閲日闢後山之荒蕪，結茅而亭，曰四望。又躬督園丁，植松苗萬餘本，庶使他日成林，有所蔭護。雖不敢擬堪輿之説，以希福將來，然而簿書之暇，登而笑傲，俯而盤桓，不亦可以暢宦情、寄旅思乎。或曰：植松似矣，何能目覩其成材也。余曰：不然，余非爲己地也。繼予而宰者，歲復一歲，官復一官，勿翦勿伐，則倏

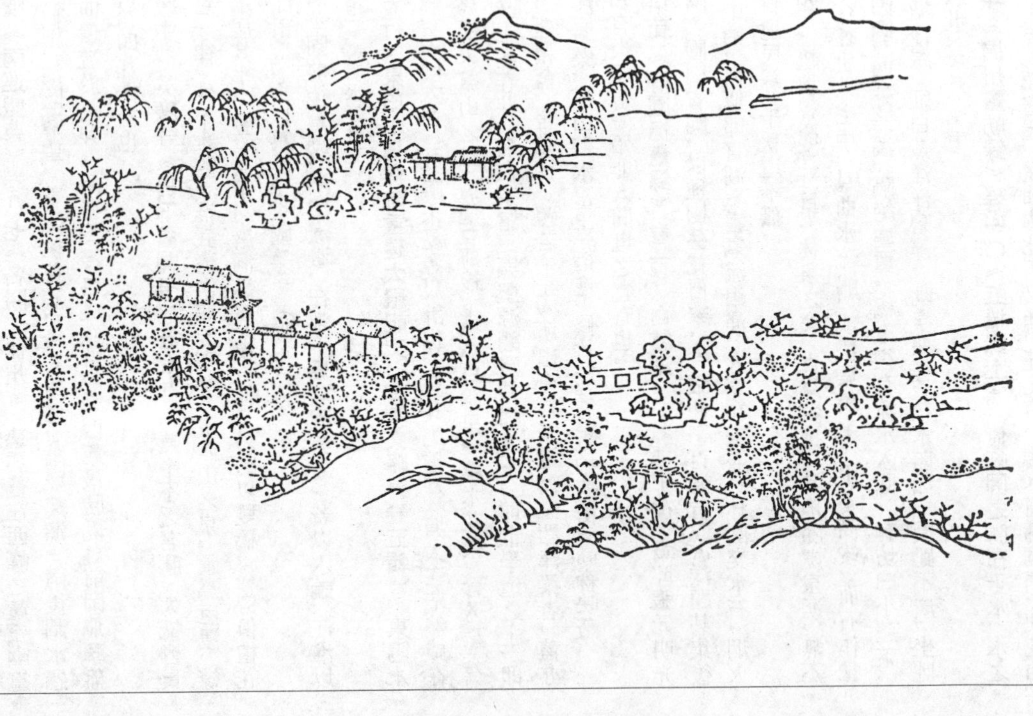

蜀岡朝旭

岡西録圖三一之十

然而拱把，喬然而蒼蔚，固其必至者。又何必余爲親見哉！否則視公廨爲傳舍，適以供其樵采而已。繼余者幸相體焉。

紀　事

唐　歐陽詢《藝文類聚》卷八《石門山》　梁吳筠與顧章書曰：僕去月謝病，還覓薛蘿。梅溪之西有石門山者，森壁爭霞，孤峰限日，幽岫含雲，深溪蓄翠，蟬吟鶴唳，水響猿啼，英英相雜，綿綿成韻。既素重幽居，遂葺宇其上，幸富菊華，偏饒竹，實山谷所資於斯，已辦仁智所樂。豈徒語哉！

唐　李德裕《李衛公别集》卷九《平泉山居戒子孫記》　經始平泉，追先志也。吾隨侍先太師忠公在外十四年，上會稽，探禹穴，歷楚澤，登巫山，游沅湘，望衡嶠。先公每維舟清眺，意有所感，必凄然遐想。屬目伊川，嘗賦詩曰：龍門南岳盡伊原，草樹人煙目所存。正是北州梨棗熟，夢魂秋日到郊園。吾心感是詩有退居伊洛之志。前守金陵，於龍門之西，得喬處士天寶末避地。遠游爲荒榛首，翠微山尚有薇蕨，山陽舊徑唯餘竹木。吾乃剪荆莽，驅狐狸，始立班生之宅，漸成應叟之地。又得名花、珍木、奇石列於庭際，平生素懷於此足矣。

宋　劉跂《學易集》卷六《歲寒堂記》　東平李公自熙寧間歷藩服登從官，言論風旨在人久矣。中歲，退休汶陽城東崇仁坊之里第，地近而曠，帶園爲宅，隱然静深，有山林丘壑之氣。即其第中構爲虛堂，不侈不迫，制度甚古。其旁松竹蔽虧，不受風日，不改冬夏，榜曰歲寒。日與賓客游適其上。

宋　陸九淵《象山集》卷一二《書·與朱元晦》　鄉人彭世昌得一山在信之西境，距敝廬兩舍而近。實龍虎山之宗，巨陵特起，豗然如象，名曰象山。山間自爲原塢，良田清池，無異平野。山澗合爲瀑流，垂注數里。兩崖有蟠松、怪石，却略偃蹇。中爲茂林。瓊瑶冰雪傾倒激射，飛灑映帶於其間。春夏流壯，勢如奔雷。木石自爲梯階，可沿以觀。佳處與玉淵卧龍未易優劣。往歲彭子結一廬以相延，某亦自爲精舍於其間。春間携一侄二息讀書其上。又得勝處，爲方丈以居。前揖閩山奇峰萬疊，後帶二溪下赴。彭蠡學子亦稍稍結茅其旁，相從講習，此理爲之日明。舞雩詠歸，千載同樂。

宋　洪咨夔《平齋集》卷三〇《會心樓記》　潛負、天目、支峰、石柱爲縣治前繚，鳳凰、青山右峙。岩崿三面，騰躍峻拔，多奇觀。東山獨庳伏不稱疇。昔嘗於門阿少左，作近民樓以亢厥勢，而地迫雜囂非宜久，且十年矣。今令荆溪張君本末，公餘憑高周覽，謂景岡觀泉，辨陰陽而位置，古人所重相攸。衆樂園亭之列岫正枕東麓，可駕庳以爲崇。屬時農隙，買材賃力，斥亭爲重屋三間飛跋縹緲，脱氛埃而接雲氣，扁以會心。其下軒窗静深，仍列岫之舊名。前二十步山碕斗立，碕外八十步許爲圃以射。北有净凉亭，環立巨竹。乃取徑於亭之東南，涉圃級碕而升樓，羣山奔湊，一覽而有如主人由阼階肅賓及介相與揖遜，酧酢几席間。不譁不偪，左右具宜，邑勢隱然以尊。非直爲臨眺故也，而却紛領要，疏瀹此心之煩鬱，以熙其民，厥有助焉人心。元體湛然，太虛之涵。萬象無主，則物誘於外，心往會境。有主則理融於内，境來會心定而明静，而所見物物皆春意，斯得所會矣。

宋　陳公亮　劉文富《嚴州圖經》卷一　朱池距城三十里，相傳朱買臣讀書處。其東有朱太守祠，唐李頻文。其碑石今不存，而文傳。然詞頗淺近，又頻集不載，爲可疑。文謂：吴王濞舉兵，民不遑居。公逃難至此，挹下涯水飲之，曰水香而善其地可居。於是深入大周，大周地名得地，爲蓬葦而居之。後去官，因家於下涯之上築室讀書，鑿池爲滌硯所。後人即其姓而名之曰朱池。因其地招公之來，名其里與橋皆曰招賢。此皆本傳所無者。

宋　潛説友《咸淳臨安志》卷三二《先賢堂》　獨先賢祠典未秩，嘗度有日，擇勝良艱。近聞南山之北新堤之上，居民有以屋廬、園池求售者。因捐公帑以酬其直，計緡錢七十有畸。嘗躬往相視，其地前挹平湖，四山環合，基址夷曠，意象窈深。今欲建立堂皇，表以臺門，翼以廊廡，繚以墻垣，通以橋梁，創爲岩奉先賢之所。

宋　王應麟《玉海》卷一六七《嵩陽書院》　國初，斯民新脱五季鋒鏑之厄，學者尚寡。海内向平，文風日起，儒老往往依山林，即閒曠以講授。大率多至數十百人，嵩陽、岳麓、睢陽及白鹿洞爲尤著，天下所謂四書院者也。

宋　汪炎昶《古逸民先生集》卷二《游雪矼記》　在雪矼左，前卓草閣，沖陶隱君所居也。凡詩友之來游者，皆自谷口徑懸崖而上，名緣雲逕。有石印鶴指爪跡者，名鶴礀。有泉先雨而溢者，名作雨泉。下有石潭，曰沖漭，窺之深黑，蓋雪矼之瀑至是而匯也。巨石枕潭，爲柳磯。磯後有半塢，繚而深，有田疇竹樹。樹外列悠山，内疊蒼屏。南者石耳，北者芙蓉，諸峰傑出，環峙清

畫。登雪矼而望，咸若畫然，皆若拱翊乎雪矼，而雪矼特爲最。於是屋於西趾，曰樂此之堂，日奉其族。父沖陶君從諸昆弟友朋遨游其間，蓋皆有樂乎此也。

元 朱德潤《秀野軒記》（《珊瑚木難》卷一輯） 吴人周君景安，居餘杭山之西南，其背則倚錦峰之文石，面則挹貞山之麗澤，右則肘玉遮之障，左則盼天池之陂。雙溪介其南北四山之間。平疇沃野，草木葱蒨，卓然而軒者，景安之所游息也。軒之旁，幽溪曲逕，佳木秀卉，翠軿玉映於闌楯之間，得江浙行省左丞周公題其軒之顔曰秀野，以志其美。此其是歟！嗟乎，物有托而傳，野得人而秀，雷塘、謝池是已。景安居是軒也，又將觀列史諸書，以鑑其事，服前言往行，以進其學。使他日有偉然秀出於餘杭之野者，吾於景安有望焉？因書以爲記。

元 李繼本《一山文集》卷五《曲河軒記》 鴈門之東有邑曰繁畤。其山秀雄，其水清瑩，其風氣勁，武而朴茂。予往歲驛過其間，故老指以示予曰，某峰爲某山，某水爲某溪，某田廬爲某隱居處。時秋高木脱，天宇空闊，毫末皆在目中。邑之東，其水曰曲河。河之北，梁先生惟敬居之。碧嶂清流，映帶下上。樵涜之聲，響振林樾。跨水締室，爲碾爲磨，迅湍激之，機輪自轉。勝地也。

明 劉基《誠意伯文集》卷八《活水源記》 靈峰之山，其上曰金雞之峰。其草多竹，其木多楓、櫧，多松。其鳥多竹雞，其狀如雞而小，有文采，善鳴。寺居山中，山四面環之。其前山曰陶山，華陽外史弘景之所隱居。其東南山曰日鑄之峰，歐冶子之所鑄劍也。寺之後薄崖石有閣，曰松風閣，奎上人居之。有泉焉，其始出石罅，涓涓然，冬温而夏寒。浸爲小渠，冬夏不枯，乃溢而西南流，乃伏行沙土中。旁出爲四小池。東至山麓，瀦爲大（地）（池）。又東注于若耶之谿，又東北入于湖。其初爲渠時，深不踰尺，而澄澈可鑒。俯視，則崖上松竹華木皆在水底。故秘書卿白野公恒來游，終日坐水傍，名之曰活水源。其中有石蟹，大如錢。有小鯖魚，色正黑，居石空中。有水鼠常來食之。其草多水松，菖蒲。有鳥大如鸜鵒，黑色而赤觜，恒鳴其上，其音如竹雞，而滑有二脊令。恒從竹中下立石上，浴飲畢，鳴而去。予早春來，時方甚寒。諸水族皆隱不出。至是悉出。又有蟲四五枚，皆大如小指，狀如半蓮子，終日旋轉行水面，日照其背，色若紫水晶，不知其何蟲也。予既愛兹水之清，又愛其出之不窮，而能使羣動咸來依，有君子之德焉。上人又曰，屬歲旱時，水所出能溉田數十畝。則其澤又能及物。宜乎！白野公之深愛者也。

明 唐文鳳《梧岡集》卷六《西山後記》 大江之西有西山焉，巍然高以大，自南岳衡山分支走脈，延袤數千里，綿跨數十州。由南而轉折於西，峰巒巖壑，千態萬狀，剜奇削巧，不知其幾何而蹲駐，爲是山也。山於方爲西，地之清也。於行爲金，於時爲秋氣之清也。裘氏重實世居山麓，人之清也。豈非西山清秀之所鍾與？裘氏之先自會稽徙居於是已十世矣。七世祖從龍號西麓，高祖興仁號西峰，今而重實亦扁其軒居曰西山。非特樂山也，蓋所以不忘二祖之德也。耕焉而憩。其下西麓在焉，游焉而涉其巔，西峰在焉，如見羹墻，如覩河洛。則爲雲仍者，安得忘水木本源之理哉？而重實之居是軒也，肅然而敬，悠然而想，琴瑟書册，祖之手澤存也。花木竹石，祖之遺植存也。翠微蒼壁，祖之神魂游也。雲氣嵐光，祖之容顔寓也。若是二祖之德，無時而不致其思也。吾重實曷能專美於西山哉？予又讀余安道《記》，在縣西四十里，巖岫四出，千峰特起，高二千丈，屬連三百里。下有天寶洞天，載於酈道元《水經》。若夫景物之勝見於羅縣令余修撰二公之文，既詳且美矣。予知不能出其右，姑爲後記，以玷卷末云。

明 黄紱《平越衛儒學碑記》（《貴州通志》卷四一引） 宣德癸丑，宣宗章皇帝始命建學置官，頒篆而隸於衛泮宫，講室則有貴州按察司副使李公睿、僉事屈公伸初焉。相土之宜，得佳勝於衛西南之隅。蓋前隆平侯爲衛之日所居之址也。厥位南向，厥勢高廣，山水之清、林樾之秀所共鍾萃。僉謂協吉，遂命指揮王俊、劉璿版築之。殿庭門廡講堂齋舍一時略備。

明 鄭紀《東園文集》卷五《寒栖館記》 武夷之山環轉九曲，溪流因之而曲。或三峰、四峰，或五峰、九峰，曲中爲峰三十有六，皆奇秀險怪，峭拔磽礐，不類人間境。天下山川不可盡知，在閩中此其第一也。有宋大儒晦菴先生，愛其幽深静寂不雜塵世，乃築精舍于五曲隱屏山下，以爲講學授徒之所。九曲適中處也，視諸曲山水頗夷曠衍沃，而奇古過之。舍之旁有堂，曰隱求、曰止宿，曰仁智。齋曰觀善，館曰寒栖，塢曰石門，亭曰晚對、曰鐵笛。又有釣磯，漁艇布列左右。一時諸儒聚會，講道游息，繼往開來，實關天下萬世斯文之命脈，亦武夷山川一時之遭遇也。

明 田汝成《西湖游覽志》卷一七《南山分脈城内勝蹟·道院》 宗陽宮，本宋德壽宮後圃也。去吴山東北五百步、新宫橋之東、三聖廟橋之左。先是紹

興間，望氣者言其地有鬱葱之祥，遂建德壽宮，高宗禪位後居之。咸淳四年，以後圃築道宮，曰宗陽，祀感生。帝每遇孟享，車駕嘗臨幸焉。

明 劉節《梅國前集》卷二七《華構告成述》 嘉靖二十有六年丁未春正月甲寅，武昌郡守鶴菴王公謝歸里第，十有五年矣，始事作室。乃謀於心曰：夫作室也者，上嗣祖禰，下燕孫曾，不可苟也。古人稽疑，卜筮偕止。予先卜乎，乃命卜人。吾相吾土，郡墉之東，昔建其居，其居弗容。章河之南，今拓其基。其基孔安，维龜正之。卜一人灼焉，惟南基食。二人灼焉，三人灼焉，亦惟南基食。獻圖以俟，乃擇其吉。命筮人曰：假爾泰，筮有常。吾將作室，諏日從事。維爾有神，尚明告之。筮人乃揲以蓍。揲已釋策，進曰：吉日辰良，孟秋甲子肇厥工也，季冬丁卯樹厥棟也，舉厥梁也，來歲季春戊子立綽楔也，工亦可告成矣。公喜曰：有是哉，龜從蓍從，是謂大同。身其康强，子孫其逢吉矣。經之營之，究之度之。乃命工師揆于南基，由南而北，爲筵者五，爲几者七，爲尋者九，爲軌者十有三。由東而西，軌倍於尋，尋倍於几，几倍蓰於筵。弘矣，廣矣，邃矣，可以居矣。乃召攻木之工，匠氏梓氏至矣。乃召攻石之工，厲氏鍜氏。乃召設色之工，畫氏繢氏至矣。乃召摶埴之工，陶氏旊氏咸至，而坧者鏝者亦至矣。乃伐于木，巨者合圍，長者數仞。梁可矣，棟可矣。數尋其丈，數丈其尺者，莫以數計。楹柱榱桷，高深廣闊、長短方圓不可勝用矣。乃伐其石，豐礎堅礪不可勝用矣。乃取其陶，隆甓厚甋不可勝用矣。乃至孟秋甲子，旭日始旦，梓人首事焉。持引執杖，群工從之。左揮右顧，運其斧斤。刀者削鋸者斷，巧力兼盡矣。石工鑱鑿，色工采繪，摶埴之工坧鏝，日供乃役，各竭其智，奏其能矣。乃至季冬丁卯定之方中，平在朔易，僝工鳩焉。有隆其棟，棟則樹矣。有穹其梁，梁則舉矣。楹柱榱桷，則秩秩矣。門則門矣，厥門將將。堂則堂矣，厥堂枚枚。樓則樓矣，厥樓巍巍。寢則寢矣，厥寢翼翼。宗祊室奥，倉庾庖庫殖殖噦噦，而群工百役衎衎閑閑矣。乃至逾歲戊申季春戊子日之方中，陽和熙暢，樹乃綽楔，表厥宅里，山節藻棁，侖哉奂哉，而居室大成矣。

明 胡松《胡莊肅公文集》卷六《石瀾説》 出城西百武而近，有潤潺潺，迤邐而東。來自花山、馬鞍、清流之陽，原本可數十里，曲折曼演，隨在合匯。過赤湖而漸衍。兩岸率皆黄壤，時或徙易。惟赤湖之北里許而遠，有石突起，聳爲巖崿，折旋而下，横亘澗底。雜立縱横，斜欹參錯，大者如象如馬，如蛟如螭，小者如黿鼉，如羊如豕，遠睇近窺，各具狀態。水流過之，湍崩漩激，殷爲春雷，漂爲雪浪，高可丈許，卑亦尋尺。飛沫濺珠，如雨如露。陰森涼爽，炎暑爲驅。故前人號曰石瀨飛瓊，斯亦僻壤幽勝之觀，江野瓌奇之玩矣。然以地偏道左，無豐林喬木之蔭，故尋幽鑒勝之士，不皇來游。又雨多水漲，則泙洋浩若瀰漫滅頂。旱久泉涸，即羞澀淺露，平漫不流，故皆不能爲瀾，無以愜所聞聽，至者蓋或興盡而返焉。内舍蔣子汝鳴，外質凝重，内性疎朗，山水之好，兩皆兼之。言卜茲旁，修築别墅，蓋慕石之確而愛瀾之文，將以比德而則象其志趣遠矣。故其交游朋好，因私呼之曰石瀾、石瀾云。余他日過之，適瀾盛作，喜得快覽。乃蔣子亦因爲請説厥義，遂不辭而竟其本末如此。蓋孔子言之，質勝文則野，文勝質則史，文質彬彬，然後君子。如茲石茲瀾相合而成章，其亦庶乎其彬彬矣。於乎蔣子其懋諸，其尚毖懋諸。

明 唐順之《荆川集》卷八《西峪草堂記》 靈寶，陝洛之衝也。環而山者以數十，而西原獨當其僻處。西原蔽泰山之南，委蛇數百里，散而藪者以數十，而西峪又獨當其最深處。峪口偪仄，始疑路窮，忽然中開，更出異境。茂樹淺草，森陰蔽虧。水泉瀌瀌，若驚蛇出没草間。其人鹿視而穴居，可二十餘家。於是許君廷議游而樂之，乃即峪口作草堂於其上。仰而眺秦山，俯而顧西峪。煙雲竹樹，隱見千態，不下席而盡取之，其勝又於是爲最。

明 吴寬《家藏集》卷三二《興福寺記》 吴地多水，其最鉅者曰太湖。湖中多山，其最鉅者曰洞庭。洞庭爲山，周可百五十里。中有穴，相傳禹藏治水符於此，因名。其東十里又山，相距而差小，其勝略等，人稱東洞庭以别之。當波濤浩渺間，兩山對峙，鬱然蒼翠，儼如畫圖。殆道家所謂蓬萊、方丈者。民環山而居，善植果木，世擅其利。而屋宇閭巷聯絡映帶，忽不知其爲山林也。其尤勝處，往往有佛寺據之。成化十五年二月既望，予與李兵部應禎爲東洞庭之游。自岱心吴氏肩輿行十里許，入俞隖，得寺曰興福。主僧恩復出迓客，延登其後小閣。是時梅華方盛開，彌望如白雲，崖谷莫辨。山有九隖。九隖之水合流，循寺門而行。松根石罅，水聲瀌瀌，意甚樂之。予既留詩而去，未幾，北來京師。車馬塵埃間，未嘗不想東洞庭之游之樂也。一日，有僧叩門來謁，予熟其貌，則昔者復公之徒也。其言曰：興福寺久矣甚恨無文字刻石可考。往者幸辱游覽，惟終畀之。此智勤所以來者。予嘗愛其寺據山水深遠處，殊爲幽僻，宜學佛者居其徒。歲食田園所入，可以自足。而予所接如復如勤輩，又皆恭謹能守戒律，稱學佛者。予何愛，一言不爲記之？寺建于梁天監

二年，傳有于將軍者所捨。宅故在山之東麓，始居者曰清禪師。至唐遷於此。歲久，興廢皆莫能知。可知者廢於國初，而深谷邃公復興之。二傳仍廢而僧亦絶矣。景泰間，今復公始自其山法海寺，從里人之請而來。凡建門堂殿閣數十楹，而佛像咸具。蓋智勤實相其事而成之。是爲記。

明 汪道昆《太函集二》卷七二《濟溪游氏坤維山記》 余不習堪輿，家言家大夫往往面命之，未喻也。鄉先生中丞游公善《易》，又善堪輿，家言先生謂余：堪輿具而《易》行乎其中矣。坤成乾始，地承天施。著不息，故大來。著不動，故重積。故曰一動一静。天地之間，吾將持此以爲教父。余高其議，心竊志之。隆慶改元，先生猶家食，其諸弟諸子謁余曰：吾宗世家濟溪，不啻千室之聚。藉先世之澤，亦既蕃滋。往吾居之西南，寔爲地户，故有培塿當其下，材木殖焉。堪輿家以爲宜，其芘吾宗久矣。其後或夷丘刊木，于鄰有言，鄉大夫居其間，卒不解。先生自閩歸，語諸子弟：吾鄰不啻秦晉親也，終不以此蔑親。於是違言遂平，不待其詞之畢也。先生則又以善鄰善矣，乃今徒釋憾於旦暮而或流禍於無窮，非善之善者也。夫唯培塿，故可夷。唯薪木，故可毁。爲今之計，第爲山以當坤維。老夫雖衰，請以一簣，爲諸子弟率。異日，諸子弟接踵而起，拓地而遞增之。於事便乃計工力、立程期。先生出三百緡有奇，授巡工者。乃爲山，廣若千尋，高若千尺，不旬月而告成功。伯子雅善先生，願伯子稱載其事。余不敏，顧數聞教於先生，即先生有事堪輿、《易》教章章著矣。《易》曰「地勢坤，君子以厚德載物」，彼至静而德方，厚之本也。含弘光大，萬物載焉。故置杯以浮勺水則膠，引江河以奉漏卮則盡。不厚不載，不含不弘，地之道也。諸君子不觀《易》之繇乎？三曰含章，四曰括囊，此内外之介也。由是而内則直方，外則黄裳，積中盛矣。然猶必虔其始，故曰履霜。必厚其終，故曰玄黄。懲戒備矣。西南，坤位也。厚載，坤德也。先生其以此爲訓，凡爾後世，務長厚以保阜昌。效法之謂坤，諸君子蓋辨此矣。先生既受命入官，聞余言也，輾然笑曰：昔愚公伐山以堙東海，達者猶然多之。今之愚公震得是已，乃今反愚公所爲而伯子獨多。我顧二三子畢吾志，毋令姍笑於愚公。

明 王世貞《弇州四部稿》卷七五《復清容軒記》 吴興水至多，割地幾十之五。其城西南隅爲勝。西南隅枕水而宫者至多，慈感寺爲勝。慈感寺之景至多，清容軒爲最勝。軒故旁寮，然其地據寺左而獨南嚮，前枕通塘，有蓮、芡、木芙蓉之屬。橈吹容與，笭箵散布。軒之中，碧浪諸山淩睥睨而上，其外，碧浪諸水穿睥睨而下，以故其景最勝。考《志》所以名，則故元學士袁先生桷、號清容者，微時客吴興，讀書其中，因取其號軒之。趙文敏公孟頫爲題字，而文敏亦時往來，流憩若舍館，以故其名稱。益著軒業以屬寺。然寺僧不得而有之，而以供邦君大夫鄉薦紳豪賢之游目者。二百餘年于今矣。少時不戒於火。予來吴興，過慈感寺，問軒於范太史，而得其故意。微欲復之以屬守黄君、丞藍君、司理孫君，則有郡士岩姓者，慨然出而應募發其帑，而竹木墁瓦至，不逾月而軒復。雖其宏壯侈麗不逮前，而山林之觀争出於睥睨之上下者如故也。始予未爲吴興，則讀吴興諸書稱文敏公第，環三面而水，勝甲一郡。及余至而訪求其故阯，所謂水晶宫者，蓋陸沈於闤闠鼃祝之間，想像於暮煙春波而不可得，爲之慨歎。而其旁一軒，獨以伯長之所偶游，文敏之所偶題，二百餘年而不隳，一隳而輒復之若新。抑何説也？物吾自有之則吾爲主，吾有盡，而代吾而主者亦有盡。物吾不自有之，不得已而付之天地，天地無盡，而爲天地之人者亦無盡。故驪山之陽，翠微、玉華更而爲禪室佛廬。而後能有永者恒也。人見夫王珣、周顗之徒舍其宅而寺之，誚以爲媚佛。及余游虎丘，望而知其爲千年之宫，且因以知有珣也。則夫世之君子陰利其有，而陽文之曰廬。其居其不一轉而泯其主，再轉而泯其跡者，幾希也。作復清容軒記。

明 陳柏《蘇山選集》卷六《蘇山記》 沔介江漢之間，古稱竟陵，豈惟無重岡複嶺，即地脉墳起者亦罕矣。太蒙子家世江北，據古城之竹塢。其地視郡中，獨隆隆然高而若藏。又賴先人之澤以躬耕力讀爲世業，而子姓率彬彬然，人多謂其爲地靈云。嘉靖戊戌，蒙子旋自北都，乃奉家君古莊翁之命更卜樂丘焉。得地於家居之東不半里許，蒙子與家君周爰裴回，樂而卜焉。前對七里城，後據青石埦之堤，水自漢津而下，當其前獨瀠洄焉，又（拆）（折）入小河而旋。其後廣可二十五丈，延倍五丈，高視他處加尺餘，實循泗水而若聚焉。堪輿者相之，得負艮面坤，乃作堤於其後，高丈餘，種竹數百箇，將築土而垣之。距堤二十丈之前其左，别築爲垣。前建草堂四楹，後作寢室如之。又前，作卉圃爲别業焉。其右稱是，亦别築爲守者居焉。其外區田數畝，下者鑿爲塘，别繯爲堤，植木而繚焉。中有喬木數十本，其一可丈圍者，槁已三十餘年。自余有之，倏爾有由櫱，今芃芃然，清蔭十餘丈矣。來游者登其上，可眺城中。又俯視村落，且以兹木之更生也，相率呼爲蘇山。丁未之春，蒙子七試於南宫，不第而歸，又悔其所學，四十而無成，徒負疇曩之志。乃率兒子輩就

草堂卒業焉，日游其中，課童子六七人，團土以埴，灌渠以圃，見其稼者、蔬者、植者，生意日油油焉。而予尚阿蒙也，乃奮然曰：豈人心之不若山木哉？顧養之何如耳。即此地之蕪穢也，詎有今日哉？況由兹而拓之，又何可量也。以余之知學道也垂十年餘，而所得堇堇，若今日顧不可畏也哉！獨其競業者尚不敢自棄耳，況夫不翕聚者不能以發散，故必昃而升，必晦而明，雖日月亦然也。而獨人心之蒙，有不可蘇者乎？是故艮止也，坤載也，蘇生也。必得其止而後載，而後生，生則惡可已。惟學亦然。則余之學，誠有取於兹山而始卜焉，亦非以徒樂也。繼自今日泄泄焉，使夜氣不足以息，而旦晝又牿亡之，寧不有媿於兹山之木矣乎！乃易其蒙曰蘇山山人，扁其堂曰蘇山精舍，因以自警，并以警我後之人之知學者。

明　祁彪佳《越中園亭記》卷五《城西・彤園》　王雲岫别駕所居，盡鑑湖之勝。左有彤山，搜剔之，石質玲瓏，不減太湖、靈璧。主人蓄梅種桃，有志於搆造者三十年矣，旦取而園之。虬枝老幹，攢踞於石罅間。穴山趾爲沼，削壁亭亭立水中。入門度小橋，委折而登清鑑閣，心目豁然。自閣西行，曲廊小軒，各極幽夷之致。北望寓園，搴裳可至。柯園亦近在咫尺。予與止祥兄時操小艇過之，覺魯望、襲美不能擅勝於古昔矣。

又《寓園》　予於乙亥乞歸，定省之暇，時以小艇過寓山。披蘚剔苔，遂得奇石。欣然搆數楹始。其後漸廣之，亭臺軒閣具體而微，大約以樸素爲主。游者或取其曠遠，或取其幽夷，主人都不復知佳處。惟是搆造來，典衣銷帶，不以爲苦。祁寒暑雨，不以爲勞。一段癡癖，差不辱山靈耳。别有《寓山志》，頗載其詳。

清　王士禎《漁洋山人文略》卷一四　魯泉在望湖頂，下林壑清美，泉水尤甘。有成氏别業。

又　魚子溝曲流至黄山南，如月半規，曰月河。多水竹。張氏别業。

又　滸山濼，在九龍山西醴泉寺北。中多芙蕖、菱芡、茭蘆、魚蚌之産。漁舟虎落交於山麓，周迴三十里。蓋漯水之委也。濼中有墨王亭，乃族祖洞庭别業。

清　李光地《榕村集》卷一四《榕村記》　枝谿以爲澮，曲折灌數百頃，復入於谿。水勢依山自成隆窪。有榕生其上，舊爲風摧，横卧澗中，折而復迴，翹然兩橋，可以通涉。扶踈遠望，亭亭然三也。村廣輪二百步，澗之南有方沼二，沼上爲亭，傍亭爲臺，皆就榕陰。下臨潭潤，蒼巖遠岫，濯影清漪。水族微鱗，游泳可矚。樹陰深處，棟甍隱隆，周以垣户，皆吾甥孫氏之所經始。其北月池，引入澗流。有長廊疏窗，可以憑俯，蓋余所營也。余又即榕之遠陰砌爲石臺，與孫相望。炎月西曦，如擁翠幃。又却而西北爲小山，山之高可四仞許。下竹行源輸之山腹，降流出於石罅。結茅室，使僧居之。自吾軒而至者環徑輶丘，忘爲十畝焉。移四序花木，雜蒔村中。薜荔藤梢，漬蝕牆苑。登高之所，聽眺栽秧穫稻、諠呶笑呼之讙，月麗村光、墟烟野燒、雲雹摎流、長風高枝、幽壑靈瀨之狀。

清　王培荀《鄉園憶舊録》卷四　博山孫文定公有沚園。自序云：予有半畝蔬圃在孝水之涘，面山背郭，梧柳深茂，清流貫之。臨水處因爲高臺，盛夏時解帶婆娑，濯足其側。白鳥漣波，文魚激水。四圍山色遠近窺人。又雙峰並起於南峽間，故有横橋。循峽徐進，則泉湧山根，往往觸石而出。晴瀾渌漪，遥注此梁。梁下居人爲堤縈之，半入郭閭，用資浣漱，半縈沙石，瀉於廣川，齒齒潺潺，過予短垣而去。一水分流，皆爲園有，因采蒹葭之詩，命之曰在沚之園。

又　文敏公琦，因夢韓魏公入室而生，故名。家有治園，擅水竹之勝。朱竹垞嘗游之，以爲山水勝絶。高梧一林，修竹萬个。泉流其中，酈善長所云「分沙漏石」者也。緤馬林閒，想見東山絲竹之盛。後游莫再，恒縈於懷。讀汝行先生七里溪别墅二詩，猶不禁神往。

清　百一居士《壺天録》卷上　天生勝境，必有天地間偉人居之，方足稱人傑地靈。如西湖爲杭州絶景，三潭印月實爲十景之冠，風亭水榭，碧檻紅廊，環以藕池，逝以略彴，爲消夏第一佳處。兵燹既平，湘鄉蔣公任方伯重爲脩葺，一仿前式，宏整勝昔。其地之東，由小橋迤邐而入，則爲退省庵，乃彭公雪琴之别墅。每歲於巡江閲武之暇，小住月餘，蓋曾奏乞爲養痾所，如賀季真之鑑湖一曲也。時有德清俞蔭甫先生，以名翰林督學河南，後遂主詁經經舍教，肄業者醵金，於講舍東創一俞樓，以爲公來省憩息之地。於是先生來杭，無不置榻其中，背水面山，全湖在目，足占一湖之勝矣。某歲先生至，適彭公方在退省庵静養，互相造訪，談歎極洽。兩地相去只一蘇堤之隔，駕輕車，理短棹，往返捷便。當時艷之者皆謂文昌武曲隔水相望，真如南北兩峰並峙矣。地以人重，人以地彰，何相巧之若此哉！天下事無獨有偶，蓋於此二公信之。

清 吴嗣仲《慕園晏敘圖畫略》（光緒《永昌府志》卷六五輯） 余家滇之永昌，世居城内朱紫街。近闢小園一區，距宅三里許，在城西南龍泉門外。由易羅池沿堤而南，越石象溝，即達此園。園西發几隆，南枕晉盤。晉盤者，本山名也，以漢諸葛曾列營其上，故云。東開平壩，迤邐百餘里。遠近邨莊，星羅棋布。紗帽古哀牢山没骨，大小尖山蜿蜒兜裹山脚。清華海微茫滉瀁，斜連東河，盈盈如帶。北面郡城萬家羅列，桃紅柳緑，一望無際。所謂春滿隆陽者是也。其上太保、寶蓋、蓮華諸峰蒼茫，環抱琳宫梵宇，聳翠流丹，竹樹煙雲，參差掩映。而慈雲一塔高插天際，尤擅一方之勝。

藝文

南朝梁 陶弘景《太平山日門館碑》（《文章辨體彙選》卷六四六引） 日門館者，東霞起暉，開巖引燭，以爲名也。先是吴郡杜徵君，聲高兩代，德貫四區，教義宣流，播乎數郡。拓宇太平之東，結架菁山之北，爰以此處幽奇，别就基搆。栖集有道，多歷世年。

唐 王勃《王子安集》卷六《游冀州韓家園序》 銅溝水北，石鼓山東。星辰當畢昴之墟，風俗是唐虞之國。雖接燕分晉，稱天子之舊都，而向街當衢，有高人之甲第。祥風塞户，瑞氣冲庭。芳酒滿而緑水春，朗月閒而素琴薦。家童掃地，蕭條仲舉之園。長者盈門，廓落東平之室。梧桐生霧，楊柳摇風。眺望而林泉有餘，奔走而煙霞足用。神龍起伏，俱調鼎鑊之滋。鳴鳳雌雄，並入笙竽之奏。高情壯思，有抑揚天地之心。雄筆奇才，有鼓怒風雲之氣。南庭興晚，東徑陰生。石髓拆而隱士歸，玉山崩而野人醉。僉爲文在我，卜翰苑當仁。王羲之之蘭亭，五百餘年直至今人之賞；石季倫之梓澤，二十四友始得吾徒之游。陶陶然，落落然，則大唐調露之元年獻歲正月也。

唐 宋之問《藍田山莊》（《文苑英華》卷三一九輯） 宦游非吏隱，心事好幽偏。考室先依地，爲農且用天。輞川朝伐木，藍水暮澆田。獨與秦山老，相歡春酒前。

唐 張九齡《曲江集》卷三《與生公尋幽居處》 同方入厭俗，相與事遐討。及此雲山去，窅然巖徑好。疑入武陵源，如逢漢陰老。清諧欣有得，幽閒歘盈抱。我本玉堦侍，偶訪金仙道。兹焉求卜築，所過皆神造。歲晚林始敷，日晏崖方杲。不種緣嶺竹，豈植臨潭草。即途可淹留，隨目成黼藻。期爲静者説，曾是終焉保。今爲簡書畏，祇令歸思浩。

唐 孟浩然《孟浩然集》卷三《題李十四莊兼贈綦毋校書》 聞君息陰地，東郭柳林間。左右灑澗水，門庭緱氏山。抱琴來取醉，垂釣坐乘閒。歸客莫相待，緣源殊未還。

唐 盧象《家叔徵君東溪草堂》（《文苑英華》卷二三〇輯） 闢山十餘里，青壁森相倚。欲識堯時人，東溪白足一作雲是。雷聲轉幽壑，雲氣相表裏一作杳流水。澗影生蟲蛇，巖端翳樫梓。大道終不易，君恩曷能已。鶴蓋一作羡無老時，龜言攝生理。浮年笑六甲，元化潛一指。未暇掃雲梯，空慚阮家子。

唐 韋應物《韋蘇州集》卷七《題鄭拾遺草堂》 借地結茅棟，横竹挂朝衣。秋園雨中緑，幽居塵事違。陰井夕蟲亂，高林霜果稀。子有白雲意，構此想巖扉。

唐 白居易《白氏長慶集》卷七《香鑪峰下新置草堂即事詠懷題於石上》 香爐峰北面，遺愛寺西偏。白石何鑿鑿，清流亦潺潺。有松數十株，有竹千餘竿。松張翠傘蓋，竹倚青琅玕。其下無人居，悠哉多歲年。有時聚猿鳥，終日空風煙。時有沉冥子，姓白字樂天。平生無所好，見此心依然。如獲終老地，忽乎不知還。架巖結茅宇，斲壑開茶園。何以洗我耳，屋頭飛落泉。何以洗我眼，砌下生白蓮。左手攜一壺，右手挈五絃。傲然意自足，箕踞於其間。興酣仰天歌，歌中聊寄言。言我本野夫，誤爲世網牽。時來昔捧日，老去今歸山。倦鳥得茂樹，涸魚反清源。捨此欲焉往，人間多險難。

唐 張祜《張承吉集》卷三《題蘇州思益寺》 四面山形斷，樓臺此迴臨。兩峰高崒屼，一水下滛滲。鑿石西龕小，穿松北塢深。會當來結社，長日爲僧吟。

唐 温庭筠《題中南佛塔寺》（《瀛奎律髓》卷四七輯） 鳴泉隔翠微，千里到柴扉。地勝人無慾，林昏虎有威。澗苔侵客履，山雪入禪衣。桂樹芳陰在，還期歲晏歸。

宋 陳襄《古靈集》卷二四《和程公闢游宿猿洞》 幾年營此草堂棲，施飾名園百卉齊。曾學子真耕谷口，今容摩什老山西。洞中有老僧。 龍臺日上千峰出，鴈塔雲生一徑迷。知有嶺猿猶在否，使君高卧莫教啼。

宋 文同《丹淵集》卷一七《王氏北溪榮州》 石龜州北羣峰起，一去距

城無十里。煙嵐秀氣護巖扃，松菊清香泛溪水。輕裘肥馬正榮耀，春韭秋菘任凋毀。待將底物勒移文，谷口濃雲白如紙。

宋 劉攽《彭城集》卷八《游濟堤傅家園亭》 濟水與河俱至海，陶邱之北川原改。由來天事不可料，黄濁長存清晦在。猶餘平堤十里長，透迤東注如高岡。水泉味甘土脉腻，固知餘潤宜羣芳。君家園籞臨濟堤，荆扉茅屋隨高低。當軒古木密如蓋，無數雜花行有蹊。谷虚遥聞樵斧應，晝静便有幽禽啼。穿栽卜築事未已，上爲層臺深鑿溪。東鄰可買莫惜費，臘月課原注平聲種當令齊。柳緑正如陶令宅，桃紅應似晉人迷。城中老守厭窘束，行樂得至城東西。

宋 蘇軾《東坡全集》卷八《司馬君實獨樂園》 青山在屋上，流水在屋下。中有五畝園，花竹秀而野。花香襲杖屨，竹色侵盞斝。樽酒樂餘春，棋局消長夏。

宋 米芾《寶晉英光集》卷六《净名齋記》 帶江萬里，十郡百邑。繚山爲城、臨水爲隍者，惟我丹徒重樓。參差巧若圖刓，地靈極倪而雲霞出没，星辰挂腹而天光不夜，高三景、小萬有者，惟吾甘露。東北極海野，西南朝數山者，謂之多景。然臺殿羽張寶堵中盤，五州之後與西爲阻。若夫東眺京峴，西極棲霞，平林坡陀，淮海之域。遠岫隱見滁泗之封，洪流東折，白沙之雲濤如綫。大磧南絶中澪之屭贔，蔚起竿山之隙。岧嶤雙聳五州之外，峻嶒千疊。黄鶴寶勢，珠捧于豆。長山異氣，龍矗于天。晨曦垂虹時媚於左，長庚纖月每華其右。千林霜落，萬嶺雪饒。春郡於西郛、而秋留於南巖者，惟吾净名。天下佳山水固多矣，在東南則杭以湖山障其境，洪以西山彌其望，潭以周麓岳其區，皆一山也而望兩邦。逮窮荒迢遞，發周羽皇之歎者有之矣。百川匯流而赴北，既濬既淵，亦沃亦蕩也。多山引嶺而趨東，且列且驅，各羣各醜也。吾齋在萬井之中、半天之上，乃右卷而一揖焉。此其所以得山川之多，而甲天下之勝也。至若水天鑑湛而博望弭槎，葭葦榔鳴而詹何投餌。洪鐘動而飛仙下，疾飈舉而連山湧。地祇聽法，水怪效珍。或鵬雲壓山，海氣吞野，纖雲漏月，清籟韻松。兜羅密而靈光生，陰霧合而大霆走。瑰奇忽怳，又不可得而詳言之。襄陽米芾，字元章，將卜老丹徒。而仲宣長老以道相契，會内閣蔣公穎叔以詩見寄云：京塵汩没興如何，歸棹翩翩返薜蘿。晝室生涯寄京口，滿床圖籍鎖巖阿。六朝人物風流盡，千古江山北固多。爲借文殊方丈地，中間容取病維摩。於是宜公以其末句命名。余居亦冀公之與余同此樂也。余今來也，歲時在其間。去也，自筆藏爲圖。念老矣無佳句壓其勝，後之登吾齋、覽吾勝者，得不爲吾賦乎？元符紀元八月望日，漣漪郡嘉瑞堂書。

宋 李復《潏水集》卷一四《杜城陳文惠公園有桂林亭》 杜曲西游訪物華，門前潏水渌涵沙。南城天近無雙譽，北斗魁前第一家。當日不知龍卧久，今朝空羡桂交花。高文遺墨皆漫滅，林下祠堂春日斜。

宋 郭印《雲溪集》卷四《題李彦澤紫雲洞》 老李天中仙，一念人間世。簪裳四十秋，不取公卿位。星斗爛文章，日月懸忠義。緣斷還帝鄉，飄飄若蟬蜕。玉骨瘞高丘，乃其所卜地。山川暨草木，拱揖浮蒼翠。向來峰之巔，勃鬱蟠紫氣。神物常護持，景色多秀異。郎君久慕道，泥滓唾聲利。石洞琢青苔，萬古開天秘。非關痼烟霞，稍欲遠朝市。要棲老仙靈，以奉香火事。不知騎鯨去，塵宇寧俯視。洞兮既清幽，且盡人子志。

宋 趙汝鐩《野谷詩稿》卷六《崇真觀東軒》 東軒面水枕山阿，左右雲煙濕翠蘿。風度鶴聲聞遠壑，日移松影轉前坡。愁來獨靠清樽遣，老去休憎白髮多。道士罷琴揮醉筆，詩成自唤小童哦。

宋 高似孫《剡録》卷六下《居剡一篇寄鄭天和》 金庭洞在桐柏山，山高一萬八千丈。中有神仙不死區，郁郁黄雲覆其上。透巖流壑遶四旁，面勢參差皆意向。雞登天姥有時聞，鶴羨沃洲何待放。彩衣大勝宫錦袍，白髮奉親仍縱賞。異才争出輔清朝，爽氣自欣游碧嶂。古來無位有重名，吾家謫仙陸魯望。平生願到猶不諧，矧彼區區走俗狀。桃源康樂舊鄉存，路接風煙聽還往。渡江正爲九華丹，石笋飛泉歸指掌。鸞翔鵠浴傳異時，列岫方池間想像。剡溪隨處可卜居，乘興扁舟一相訪。

宋 林希逸《雲木相參歌》（《江湖後集》卷一〇輯） 溪翁結茅傍溪南，近山繞屋青如藍。天垂四野雲到地，千頃萬頃羅松杉。著亭小小寄面勢，往來萬象窗中含。有時倚杖日未吐，但見雲木朝相參。蒼蒼古木大百圍，白雲無心出復歸。雲無盡藏木不老，雲木千載長依依。我醉呼雲雲不飛，風和萬竅如塤篪。此時此景誰能盡，既以名亭聊賦之。

元 尹廷高《玉井樵唱》卷上《楓塘别業》 白雲缺處露檐牙，鷄犬相聞僅數家。幽鳥不啼林寂寂，滿山黄霧落松花。

明 劉三吾《野莊賦有序》（《歷代賦彙》卷八三輯） 汴進士通判長沙王

侯師魯繇尹猗氏投紱龍門，得金源時故著姓段氏遺址。段輔惟德，屢任憲使。姑射山之麓曰芹溪，一水溉田，可四五村。疃侯築室其上游，以地之出幽蔚而曠適也，宜田舍而不沮洳也，謂之野莊。上以奉母，下以友于諸兄弟，非直求田問舍而已。其來茶陵屬予文。既爲之記，復廣其意而賦之曰：

龍門之西，姑射之東，一水芹香，界玉其中。惟是溪之上游，寔形勝之所鍾。在林樾而不幽蔚，軼沮洳而特崇隆。可以供野眺而寄高情於無外，可以爲田舍而適雅趣於不窮。何代見於偉人，繇原出於仙蹤。此王侯野莊之所在，非世俗田廬之得同也。在昔金源則有段氏，簪纓名家，廟堂重器，來居是莊。實啟其閟。華屋生存，海桑換世。幸地靈之未歇，有人傑之來繼。振三槐之家聲，擢春官之上第。繇猗氏以投簪，即是莊之留意。樹棟宇於荆榛之故墟，葺田園於萊蕪之久翳。邈高風於異鄉之後來，慨廢興於崇岡之一睇。然後知高賢之卜居，蓋以勝槩而非以地利者矣。是莊也，不村不郭，匪市匪廛。天開圖畫，地占林泉。蓀壁葯房，桂棟蕙櫋。雜以楩楠之材，甃以璘瑸之堅。廣不四五之畝，多不八九之椽。青來幾山之闔，緑護一水之田。岸蘭汀芷，馥郁雨餘之日；園梨山柿，紅白霜後之天。樵青婦汲，往往村巷。雞鳴犬吠，在在人烟。侯也幅巾藜杖，勝日佳時，或依巖閲畊，或臨流賦詩。但見良苗交風，遠近一碧。亦既穎秀，亦既堅實。奄觀銍艾，畢是稼穡。竭三時之辛勤，事一日之燕集。斯雞豚之有社，亦人情所共適。此則野莊人，平居所藉乎耕之力。及其鳴騶入谷，薦剡交舉，負疾力辭，蒙恩見許。還家教乎龍門，講道擬乎鄒魯。恨孔突之未黔，由及門之房社。雖繫匏於禮曹，恒馳情於莊所。此則野莊人，前後所異乎出處之故。潘輿上壽，四時杯酌。彩衣蹁躚，萱庭酬酢。母見子兮怡愉，子喜母兮矍鑠。願椿松兮遐齡，永康彊兮勿藥。則是莊之居本以奉母，而始作五人兄弟。平居雁行壎篪，迭奏棣萼相望。問起居兮母所，具甘旨兮上堂。願友于兮勿替，使母心兮樂康。則是莊之居，又以友乎兄弟而不可忘抑。人知侯之野莊，其畊以田，而不知侯之墨莊，其畊以舌也。當河汾之授徒，紛衿佩之雲集。聞歲奉之清俸，猶賦役之所入。顧此田之所收，豈野莊之能敵。自徵登於仕塗，已筆耒之久歇。幸心田之克治，無草茅之交塞。種之以經訓之菑畬，溉之以伊洛之道脈，耘之以克己之工夫，斂之以道德之充實。始循序而升堂，終深造而入室。則義理純熟之餘，皆芻豢悦口之適。斯固吾性分中之墨莊、人心内之安宅也，又何羡乎淵明栗里所在之高風，陸氏門生爲莊之故迹也哉！爲之歌曰：野莊兮龍門，樂此所兮王河汾。宅幽兮勢廣，宜爾居兮與爾田壤。伏臘兮有餘，上奉萱闈兮下以友于。野之莊兮既久別，墨之莊兮亦以歇。志不遂兮奈何，白髮倚門兮山之阿。安得解組綬兮如淵明賢，我當爲侯兮續《歸來》篇。

明 張寧《方洲集》卷九《竹溪書屋》 竹林書舍語溪頭，萬玉叢深一水流。涼氣入簾湘帙潤，緑陰當户石床幽。偶乘淇澳詩人興，又起沅湘旅夜愁。雅頌不忘清節在，春風行見鳳來游。

明 顧璘《浮湘稿》卷一《游净慈寺因訪孫山人一元》 晨游招提境，愛此幽勝偏。南山峙其後，西湖漾其前。華標凌波起，邃閣承崖懸。脩竹挺寒翠，長松濯秋鮮。豈惟會禪悦，亦以招靈仙。吾生厭塵網，久懷奉真詮。刀圭脱相授，情愛亦易捐。攀援洪厓侣，翱翔凌紫煙。

明 何景明《大復集》卷二七《寄題鄭園》 三山今有鄭公園，避俗從來亦避喧。蘿竹青青垂谷口，花林靄靄覆桃源。天邊鴻鴈春廖廓，海畔蛟龍晝曲蟠。南斗尺書招隱意，白雲叢桂幾攀翻。

明 皇甫涍《皇甫少玄集》卷二〇《題朱秋官水竹卷》 主人構室滄江瀆，室前溪傍饒此君。檀欒夾池有幽賞，潺湲入林無世紛。碧篠微侵煙艇亂，瑶琴獨引風泉聞。今擬披圖日相對，龍潭婉變時爲雲。

明 于慎行《穀城山館集》卷三《題張中丞傅野萬玉山房卷》 吾慕竹溪逸，愛此竹樹林。悠然展幅素，緑玉何蕭森。萬竿挺寒翠，千畝横素陰。亦有高節士，結廬江水潯。夾池亂橘柚，拂檻鏘球琳。詎開蔣詡徑，但撫山公琴。揭來仙省游，雙管耀華簪。截彼虬龍籟，寫兹鸑鷟音。無爲睠荆渚，寤宿增遐心。此君在几席，可以濬塵襟。念本孤生植，冉冉泰山岑。願爲琅玕贈，徙倚一長吟。

明 陳繼儒《陳眉公集》卷四《題山中臨水僧舍》 石橋忽斷空沙，垂楊影帶蒹葭。客至一鐺新火，半是門前浪花。

明 顧起元《蟄菴日録·園居》 卜築西臨古渡邊，數椽蕭瑟可留連。林花陰密籠棋局，岸柳絲長拂釣船。月滿潮痕光射壁，風高樹影緑摇天。浮雲世事那能問，長日真堪似小年。

明 吴文奎《蓀堂集》卷四《望鍾成觀》 漢代神仙宅，巋然傍水門。山低環作障，樹古密藏村。烟縷出林細，鶴巢接席繁。何當弢盡解，燒煉續

遺言。

明 祁彪佳《遠山堂詩集·丙子元旦》 佳水佳山入畫圖，吾家於此寄菰蘆。豐年每見人稱壽，樂國無妨客有逋。卜築小山方半畝，猶夷一艇出平湖。如何此日多休暇，謝得君恩已自殊。

清 彭孫遹《松桂堂全集》卷一〇《梅溪草堂》 梅溪一曲碧江潯，水白沙明好結林。小築正當溪盡處，幽花不改歲寒心。琴樽晚潤分嵐氣，洞壑風迴引谷音。此地棲遲堪自老，披裘誰屑問遺金。

清 王師猷《鄭氏南園序》（同治《葉縣志》卷九輯） 必如平泉以花木著名，獨樂以衣冠見貴。青松鬱鬱，遠映銅臺。紫障翩翩，還遮金谷。犢車鶴蓋，雜踏曲水之濱。凫渚鴈汀，縈迴輞川之次。則是定過鄴下，方有奇觀。除去洛陽，別無幽趣矣。豈知半成半郭，地居雅俗之間。不寂不枯，神出淡涼之外。千堆錦浪，堂號浣花。一片寒煙，庵名野渡。略加人力之點綴，便得天然之風流。則有通德高門，仙鄉望族，汝墳橋畔，住近祖詠山莊。尤潦波頭，家鄰歐陽咸里。老農老圃既所，不爲一壑一邱，聊以自放。於是橋通北路，地闢南園。運意匠之經營，還心地之位育。謝氏池塘特多夢草，江家亭榭饒有筆華。移芍藥於廣陵，長旋金帶。分檐卜於天竺，雅抱同心。感合歡之繽紛，思考當時置譯。愛書帶之瀟灑，願學康成傳經。年年築館，此是否壇。歲歲聚徒，何必泗水。花朝月夕，先生則負手曳杖而來。煙没露濃，主人亦笠檐蓑袂而至。加以蜂蝶尋芳，賓朋爲樂，興復不淺。

雜録

唐 姚思廉《梁書》卷五一《列傳第四十五·處士》 建武末，青溪宮東門無故自崩，大風拔東宮門外楊樹。或以問孝緒，孝緒曰：青溪皇家舊宅。齊爲木行，東者木位，今東門自壞，木其衰矣。

唐 劉肅《大唐新語》卷一〇 玄宗嘗謁橋陵，至金粟山，覩岡巒有龍盤鳳翔之勢，謂左右曰：「吾千秋後宜葬此地。」寶應初，追述先旨而置山陵焉。

唐 房千里《廬陵所居竹室記》（《唐文粹》卷七四輯） 凡天地之氣，煦嫗乎春，曦形乎夏，凄乎秋而冽乎冬。楚之南當冬而且曦，燕之北當夏而且慄，是皆不得氣之中正。人之百骸，上陽而下陰。陽戒於炏，故膏肓欲寒。陰戒於溺，故腎脇欲煥。人之外好欲軒冕，文彩以爲榮，似若動且陽焉。人之內好欲寡慮，恬默以爲泰，似若静且陰焉。其門外欲肥馬大車，以爲熱者。其室內欲虛堂廣廈以爲清者。果反是必爲災，且妖且病，且離且窮矣。天地之氣，當夏而冽，當冬而曦，其歲時惡。人之百骸，上陽而不能寒，下陰而不能煦，其神瘵。外飾文彩不能動而榮，而必慊，其心躁。內思恬默不能静且泰，而必汩其志（亂）。外門凄凄而寒者，內室彤彤而熱者，其事窮。予三年夏待罪于廬陵，其環堵所棲者，率用竹以結。其四周，植者爲柱楣，撑者爲榱桷，破者爲霤，削者爲障，臼者爲樞，篾者爲繩，絡而籠上者爲級，横而格空者爲梁。方大暑，火烘爆，霤圻壞者，岩墜于鑪，若燎于原，舌呀而不能持，支墮而不自運。赫赫焰焰，如列千萬炬于室內。視其門，即寂寥虛間，若清秋之山焉，若寒浦之波焉。予乃知鄉所謂天地之氣，人之百骸，與其心形之內外，居室之寒煥，反是果爲災，且妖且病，且亂且窮也。今予方窮不能奮，果窮也，其處於是亦宜矣。天地之氣，不能易者也，鄒子有吹律之變。人之生死不可制者也，俞扁有鍼砭之術。是二者尤不可革，且有道而得之。今予室之曦，予門之寒，予亦姑思其治之之道，將爇其廬，而斬其工，竹室其能永以爍。予書其詞於壁堂上。

宋《分門古今類事》卷一《明帝移宅》 宋明帝封湘東王，孝武爲開宅邸。方鑿池，獲赤玉二枚。及入朝，乃居西邸。建平王景起宅在建陽門外，始成，詔以一宅换之。自西邸移入新宅。河洛讖云：靈耀豫見東南隅。而二邸皆處宮城之東南，在巽地。蓋天應之也。《宋明帝自叙》

又 卷八《濟陽築宅》 濟陽丁公謂，嘗因月夕召李虞部畋坐於涼堂，因語及宅基，始甚卑濕。初應舉年，僦此屋一間居之。蓋與錢內翰宅往還甚近。一夕，夢白衣老人告吾曰：君能築起此地，於上安宅，必拜相矣。吾後官給事中，總判三司。因憶老人之言，適值役夫淘蔡河，運土并遺填之坎窞，基址悉皆平正，遂建茲宅於上。今果忝三事矣。誠宅之祥歟？天之命歟？應之曰：有開必先，蓋天命也。《該聞録》

又 卷一二《中和布算》 太宗皇帝嘗游後苑，登一小亭，制度極湫隘。顧謂近侍：此處尤爽塏，而土木卑陋如此。遽命毁去，將重新之。於梁間得數板，記乃建隆初太祖所造。上頗悔之，新亭之意遂寢。一日，司天監邢中和奏事得對，上因以板記年月日謂中和曰：卿試算斯人，今如何。中和搢笏布策畢，奏曰：斯人已亡矣。上曰：何也？曰：數已盡矣。上曰：非人而物，如

何？中和曰：凡萬物異類，皆不能逃五行成敗之數。雖物亦當廢矣。初帝以此爲慊，及得中和之奏，乃釋然。徐謂中和曰：此苑中一亭子，其年月乃所建人時也。中和曰：凡臺榭樓閣屋，木數盡則廢矣。上曰：卿之言斯人已亡，何也？對曰：五行木爲仁，仁主壽，臣以其壽而言之。太宗甚嘉之，賜予頗厚。《幕府燕閒録》

又卷一四《昭宗易梁》 昭宗季年，有一鳥極大，晝止含元殿，夜棲丹鳳樓，俯仰有聲，云塞胡突。帝引弓射之，中，血雨下流，直透殿梁，入木尤深，削之莫能盡。帝惡之，命易梁。自茲天下多事，帝數蒙塵，後爲朱温所奪，方知易梁之文。秦再思《紀異録》

宋 陳公亮 劉文富《岩州圖經》卷二 都督山，《郡國志》云山極高峻，臨江以占吉凶，石崩墜水内者死，到半山而止者吉，消散至水際者免。又有承金山，相次以占吉凶焉。

宋 周密撰 明 朱廷焕補《增補武林舊事》卷四 臨安玉牒殿災，延及殿門。宰臣以「門」字有勾脚，帶火筆，故招火厄，遂撤額投火中。乃息。後書門額者，多不勾脚。《馬氏日抄》

元 楊瑀《山居新話》卷四 江浙參政哈迪爾公，字本初。嘗云：向任留守都司事時，本司諸先輩同談内苑。萬歲山、太液池，本非我朝創建，乃亡金之治圃也。初，聖朝起朔廷，絶塞土。有一山，形勢雄壯，峰巒秀異。金人望氣者言此山有王氣，當出異人，非金之利。謀欲傾圮之，計無從出。時金已衰微，因通好，託以入貢爲辭，願求此山之土爲報。衆皆鄙笑而許之。金人遂掘其山，自備車馬挽載，運至幽州城北，積累成山，開挑海子，栽植花木，營構臺殿，以爲游幸之所。未幾，金亡。世祖皇帝登大寶，改築京城。山適在禁苑之中，至今塞土遺跡尚存，其土赤潤，草木不生。乃知帝王之宅、都會之京，興衰之兆，天已默定，豈人力之所能爲也。公因和萬歲山詩韻，有「水泝顛崖流自轉，山移絶塞勢尤雄」之句。史册必載之詳。姑録其略，以廣聞見耳。

元 陶宗儀《説郛》卷六一上《梁京寺記·寶林寺》 梁天監中，武帝與寶公同游此山，見林巒殊勝，命建精藍。

明 李賢等《明一統志》卷八二《廉州府》 文明書院 在欒民千户所城内。宋蘇軾謫儋州徙廉州，道經于此，謂人曰：斯地景勝，當有文明之祥。後人遂即其地建書院，扁曰文明。元彭從龍重修。凌光謙作記。

明 邵寶《容春堂續集》卷一〇《修松風閣記》 寶初卜太夫人壽藏於繡嶺之下，其兆當聽松菴、松風閣左。人謂閣也右勝非宜，盍徙諸。寶不可。既而徙，其兆於上，當閣之後。人謂閣也前塞，盍徙諸。寶又不可。越數日，説者不已。乃擇日齋戒，以周易筮之。遇萃之。漸史曰：「吉兆其宜矣，閣亦無庸徙矣。」於是盡謝諸説者而定議焉。或曰，僧之閣，故方伯秦公所建也。徙而弗廢，何不可之有？寶曰：閣吾有不欲徙者四。卜兆將以安吾親，親安則福生。吾其可毁人以自成哉？且筮得吉占，不從何爲？矧菴之先僧交於吾高祖，以下凡五世矣。寶何忍涣而棄之。方伯公，吾壻汶之祖也。若吾徙其所建，雖勿廢亦烏乎可？於是説者皆止。然念閣不修且壞，壞則其勢必至於毁。吾雖不欲，其能遂諸？於是告於姻友之有行義者，數人胥助工力，易其棟梁之撓腐者，榱桷之朽折者，益其瓦若甓之圮敗者。中爲虚楹，而徙其佛像以從秦公之舊。又爲髹塗采繪，侈彼舊規，作我新觀。始事於正德庚辰冬十一月，明年辛巳二月告成。菴之長僧宗曰：昔秦公之建斯閣也，有記焉。實刻在壁。今兹之修功不減於作，而記乃無述，敢以爲請。寶曰：燁而弗聞維我邵氏勝國時世墓在張山，國初我五世祖考妣葬於而聽松，而菴僧以懷德。故實與薰薌之事，有守焉。今也不他之卜而眷眷於是，豈惟壤土之擇，亦惟德，是思是繼。而是地也，蜿蜒一脉，上由繡嶺是來，左二澗夾岡下行，匯而爲池，池之西北有泉出焉，淙淙石聲，冬夏不息。雙松並峙門右，皆數百年物。其左配石床有唐人篆刻者，人謂之稱閣之有亡，蓋不與焉。我先祖容春府君以來，積德數百年而始至於寶。寶不肖，敢不仰承遺澤，以圖似續。閣之修，其猶吾祖之也夫。燁曰：此公之德也，此固邵氏之祉也。吾先僧有實聞公言，記其能外於斯？敢以刻請。寶曰諾，遂刻之。

明 王圻《稗史彙編》卷一二一《感夢更閣名》 漢武帝未誕之時，景帝夢一赤彘從雲中直下，入崇蘭閣。帝覺而坐於閣上，果見赤雲如烟霧來蔽户牖，望上，有丹霞翳鬱而起。乃改崇蘭閣爲綺蘭殿。後王夫人誕武帝于此。

又《招仙閣》 元鼎元年，起招仙閣於甘泉宮西，編翠羽鱗毫爲簾，青琉璃爲扇，懸黎火齊爲床。其上懸浮金輕玉之磬，有霞光綉，有藻龍綉，有連烟綉，有走龍錦，有雲風錦，番風錦。閣上燒無靡香屑以迎。神女留玉釵以贈帝，帝以賜趙婕妤。至元鳳中，宮人猶見此釵。黄諃欲之，明日既發匣，有白燕飛升天。後宮人學作此釵，因名玉燕釵。

明 錢希言《獪園》卷一六《瓌聞·石中金鯉魚》 平昌黄家，初卜文里

山新居。相其地在山之麓，約二十餘畝。鑿之皆五色土，土細如麪，絶無砂石。深之得一石板，長三尺許，仿佛如玉圭形。匠石異之，發其下，有泉一勺。泉中養金色鯉魚一頭，長不踰尺，忽躍而起，鱗甲爛然。涓涓之流，亦僅及其脊耳。衆以爲祥，欣然定宅。及堂成，主人名之曰瑞鯉。宅其中央，即魚所窟處也。未久魚亦化去，不知所在。趙石勒時，途中有大石二丈許自立。勒命斷之，有魚羊之文。唐杜綰剖石鎮紙，内得小魚。酈縣河灘上有亂石，隨手碎之，得魚二三寸。五代陶穀破李後主研上圓石，内亦有小魚。是皆有是事而無是理者。以古證今，何足怪哉！

明 朱孟震《河土楮談》卷一《石匣池》 邑東鄧氏居山中，家業農，族大而富。相傳其先世喜延接青鳥之術，爲卜一地，在道傍池中。池爲某大姓物，度不能得，乃收綿布數百疋，若將往閩中貨者，而故覆之池中，走詣大姓借宅曝之。因以布託大姓暫貯之而去。久不至，大姓家稍落，漸取其布貨之。一日詣大姓取布，則殆盡矣。其家度無可償直。鄧因謂曰：前布落池中，數也。必無可償，願得池爲灌溉。因爲券納之。青鳥者乃令實土其中，而出其水。葬之日，掘地深數尺，見石匣一。鄧不知，啓之。匣中見二鴨，一飛去，一爲家人壓其足，仍置匣中葬。後家族益盛。其最富者，足少跛，今呼地石匣池云。

清 谷應泰《明史紀事本末》卷一四《開國規模》（太祖洪武十年）秋八月庚戌，改建圜丘於南郊。先是郊祀，一如周禮行之。既久，風雨不時，災異迭見。上謂：天地猶父母，父母異處，人情有所未安。乃命即圜丘舊址爲壇，而以屋覆之，名大祀殿。癸丑，改建社稷壇於午門之右，共爲一壇。十一月丁亥冬至合祀天地奉天殿。

清 翟灝等輯 王維翰重訂《湖山便覽》卷一〇《鳳凰山》 別是一家春 《舊事》云：度宗創亭宮中，題曰「別是一家春」。或謂此非佳讖也。未幾，果驗。

治園 相地 立基 營度

題 解

明 計成《園冶》卷一《興造論》 世之興造，專主鳩匠，獨不聞「三分匠、七分主人」之諺乎？非主人也，能主之人也。古公輸巧，陸雲精藝，其人豈執斧斤者哉！若匠惟雕鏤是巧，排架是精，一梁一柱，定不可移，俗以「無竅之人」呼之，甚確也。故凡造作，必先相地立基，然後定其間進，量其廣狹，隨曲合方。是在主者，能妙於得體合宜，未可拘牽。假如基地偏缺，鄰嵌何必欲求其齊，其屋架何必拘三五間，爲進多少，半間一广，自然雅稱。斯所謂主人之七分也。第園築之主，猶須什九，而用匠什一，何也？園林巧于因借，精在體宜，愈非匠作可爲，亦非主人所能自主者。須求得人，當要節用。因者，隨基勢高下，體形之端正，礙木刪椏，泉流石注，互相借資。宜亭斯亭，宜榭斯榭，不妨偏逕，頓置婉轉，斯謂精而合宜者也。借者，園雖別内外，得景則無拘遠近。晴巒聳秀，紺宇凌空，極目所至，俗則屏之，嘉則收之，不分町畽，盡爲煙景。斯所謂巧而得體者也。體、宜、因、借，匪得其人，兼之惜費，則前工并棄，即有後起之輸、雲，何傳于世？予亦恐浸失其源，聊繪式于後，爲好事者公焉。

又《園説》 凡結林園，無分村郭，地偏爲勝，開林擇剪蓬蒿，景到隨機，在澗共修蘭芷。徑緣三益，業擬千秋。圍墻隱約于蘿間，架屋蜿蜒于木末。山樓憑遠，縱目皆然。竹塢尋幽，醉心即是。軒楹高爽，窗户虚鄰。納千頃之汪洋，收四時之爛熳。梧陰匝地，槐蔭當庭。插柳沿堤，栽梅遶屋。結茅竹里，濬一派之長源。障錦山屏，列千尋之聳翠。雖由人作，宛自天開。刹宇隱環窗，仿佛片圖小李。巖巒堆劈石，參差半壁大癡。蕭寺可以卜鄰，梵音到耳。遠峰偏宜借景，秀色堪飡。紫氣青霞，鶴聲送來枕上。白蘋紅蓼，鷗盟同結磯邊。看山上箇籃輿，問水拖條櫪杖。斜飛堞雉，横跨長虹。不羨摩詰輞川，何數季倫金谷。一灣僅於消夏，百畝豈爲藏春。養鹿堪游，種魚可捕。涼亭浮白，冰調竹樹風生。暖閣偎紅，雪煮爐鐺濤沸。渴吻消盡，煩頓開除。夜雨芭蕉，似雜鮫人之泣淚。曉風楊柳，若翻蠻女之纖腰。移竹當窗，分梨爲院。溶溶月色，瑟瑟風聲。静擾一榻琴書，動涵半輪秋水。清氣覺來几席，凡塵頓遠襟懷。窗牖無拘，隨宜合用。欄杆信畫，因境而成。製式新番，裁除舊套。大觀不足，小築允宜。

又《相地》 園基不拘方向，地勢自有高低。涉門成趣，得景隨形。或傍山林，欲通河沼。探奇近郭，遠來往之通衢。選勝落村，藉參差之深樹。村庄眺野，城市便家。新築易乎開基，祇可栽楊移竹。舊園妙於翻造，自然古木繁花。如方如圓，似偏似曲，如長彎而環壁，似偏闊以鋪雲。高方欲就亭臺，低凹可開池沼。卜築貴從水面，立基先究源頭。疏源之去由，察水之來歷。臨溪

越地，虛閣堪支。夾巷借天，浮廊可度。倘嵌他人之勝，有一綫相通，非爲間絶，借景偏宜。若對鄰氏之花，纔幾分消息，可以招呼，收春無盡。駕橋通隔水，別館堪圖。聚石壘圍牆，居山可擬。多年樹木，礙築檐垣。讓一步可以立根，斫數椏不妨封頂。斯謂雕棟飛楹搆易，蔭槐挺玉成難。相地合宜，構園得體。

山林地

園地惟山林最勝。有高有凹，有曲有深，有峻而懸，有平而坦，自成天然之趣，不煩人事之工。入奧疏源，就低鑿水。搜土開其穴麓，培山接以房廊。雜樹參天，樓閣礙雲霞而出没。繁花覆地，亭臺突池沼而參差。絶澗安其梁，飛巖假其棧。閒閒即景，寂寂探春。好鳥要朋，羣麋偕侶。檻逗幾番花信，門灣一帶溪流。竹里通幽，松寮隱僻。送濤聲而鬱鬱，起鶴舞而翩翩。堦前自掃雲，嶺上誰鋤月。千巒環翠，萬壑流青。欲藉陶輿，何緣謝屐。

城市地

市井不可園也。如園之，必向幽偏可築，鄰雖近俗，門掩無譁。開徑逶迤，竹木遥飛疊雉。臨濠蜒蜿，柴荆横引長虹。院廣堪梧，堤灣宜柳。別難成墅，兹易爲林。架屋隨基，濬水堅之石麓。安亭得景，蒔花笑以春風。虛閣蔭桐，清池涵月。洗出千家煙雨，移將四壁圖書。素入鏡中飛練，青來郭外環屏。芍藥宜欄，薔薇未架，不妨憑石。最厭編屏，束久重修，安垂不朽？片山多致，寸石生情。窗虛焦影玲瓏，巖曲松根盤礴。足徵市隱，猶勝巢居。能爲鬧處尋幽，胡舍近方圖遠？得閒即詣，隨興攜游。

村庄地

古云樂田園者，居於畝畝之中。今耽丘壑者，選村庄之勝。團團籬落，處處桑麻。鑿水爲濠，挑堤種柳。門樓知稼，廊廡連芸。約十畝之基，須開池者三，曲折有情，疏源正可。餘七分之地，爲壘土者四，高卑無論，栽竹相宜。堂虛綠野猶開，花隱重門若掩。掇石莫知山假，到橋若謂津通。桃李成蹊，樓臺入畫。圍墻編棘，竇留山犬迎人。曲徑遶籬，苔破家童掃葉。秋老蜂房未割，西成鶴廩先支。安閒莫管稻糧謀，沽酒不辭風雪路。歸林得意，老圃有餘。

郊野地

郊野擇地，依乎平岡曲塢，疊隴喬林，水濬通源，橋横跨水。去城不數里，而往來可以任意，若爲快也。諒地勢之崎嶇，得基局之大小。圍知版築，構擬習池。開荒欲引長流，摘景全留雜樹。搜根懼水，理頑石而堪支。引蔓通津，緣飛梁而可度。風生寒峭，溪灣柳間栽桃。月隱清微，屋遶梅餘種竹。似多幽趣，更入深情。兩三間曲盡春藏，一二處堪爲暑避。隔林鳩唤雨，斷岸馬嘶風。花落呼童，竹深留客，任看主人何必問，還要姓字不須題。須陳風月清音，休犯山林罪過。韻人安褻，俗筆偏塗。

傍宅地

宅傍與後有隙地可葺園，不第便于樂閒，斯謂護宅之佳境也。開池濬壑，理石挑山。設門有待來賓，留徑可通爾室。竹修林茂，柳暗花明。五畝何拘，且效温公之獨樂。四時不謝，宜偕小玉以同游。日竟花朝，宵分月夕。家庭侍酒，須開錦幛之藏。客集徵詩，量罰金谷之數。多方題詠，薄有洞天。常餘半榻琴書，不盡數竿煙雨。磵户若爲止静，家山何必求深。宅遺謝朓之高風，嶺劃孫登之長嘯。探梅虛蹇，煮雪當姬。輕身尚寄玄黄，具眼胡分青白。固作千年事，寧知百歲人。足矣樂閒，悠然護宅。

江湖地

江干湖畔，深柳疏蘆之際，略成小築，足徵大觀也。悠悠烟水，澹澹雲山，泛泛魚舟，閒閒鷗鳥。漏層陰而藏閣，迎先月以登臺。拍起雲流，觴飛霞竚。何如緱嶺，堪誚子晉吹簫。欲擬瑶池，若待穆王侍宴。尋閒是福，知享即仙。

又《立基》 凡園圃立基，定廳堂爲主。先乎取景，妙在朝南，倘有喬木數株，僅就中庭一二。築垣須廣，空地多存，任意爲持，聽從排布。擇成館舍，餘構亭臺。格式隨宜，栽培得致。選向非拘宅相，安門須合廳方。開土堆山，沿地跤岸。曲曲一灣柳月，濯魄清波。遥遥十里荷風，遞香幽室。編籬種菊，因之陶令當年。鋤嶺栽梅，可並庾公故跡。尋幽移竹，對景蒔花。桃李不言，似通津信。池塘倒影，擬入鮫宮。一派涵秋，重陰結夏。疏水若爲無盡，斷處通橋。開林須酌有因，按時架屋。房廊蜒蜿，樓閣崔巍。動「江流天地外」之情，合「山色有無中」之句。適興平蕪眺遠，壯觀喬岳瞻遥。高阜可培，低方宜穵。

廳堂基

廳堂立基，古以五間、三間爲率。須量地廣窄，四間亦可，四間半亦可。再不能展舒，三間半亦可。深奥曲折，通前達後，全在斯半間中，生出幻境也。凡立園林，必當如式。

樓閣基

樓閣之基，依次序定在廳堂之後。何不立半山半水之間，有二層，三層之説：下望上是樓，山半擬爲平屋，更上一層，可窮千里目也。

門樓基

園林屋宇，雖無方向，惟門樓基，要依廳堂方向，合宜則立。

書房基

書房之基，立于園林者，無拘内外。擇偏僻處，隨便通園，令游人莫知有此。内構齋館房室，借外景自然幽雅，深得山林之趣。如另築，先相基形方圓長扁，廣闊曲狹，勢如前廳堂基餘半間中，自然深奥。或樓或屋，或廊或榭，按基形式，臨機應變而立。

亭榭基

花間隱榭，水際安亭，斯園林而得致者。惟榭止隱花間，亭胡拘水際？通泉竹里，按景山顛，或翠筠茂密之阿，蒼松蟠鬱之麓，或假濠濮之上，入想觀魚。倘支滄浪之中，非歌濯足？亭安有式，基立無憑。

廊房基

廊基未立，地局先留。或餘屋之前後，漸通林許。躡山腰，落水面，任高低曲折，自然斷續蜿蜒。園林中不可少斯一斷境界。

假山基

假山之基，約大半在水中立起。先量頂之高大，纔定基之淺深。掇石須知占天，圍土必然占地。最忌居中，更宜散漫。

明　祁彪佳《祁彪佳集》卷七《寓山注》　予家梅子真高士里，固山陰道上也。方干一島，賀監半曲。惟予所恣取。顧獨予家旁小山若有夙緣者，其名曰寓。往予童稚時，季超、止祥兩兄以斗粟易之。剔石栽松，躬荷畚鍤，手足爲之胼胝。予時亦同拏小艇，或捧土作嬰兒戲。迨後餘二十年，松漸高，石亦漸古，季超兄輒棄去。事宗乘，止祥兄且搆柯園爲菟裘矣。捨山之陽建麥浪大師塔，餘則委置於叢篁灌莽中。予自引疾南歸，偶一過之，於二十年前情事，若有感觸焉者。於是卜築之興遂勃不可遏。此開園之始末也。卜築之初，僅欲三五楹而止。客有指點之者，某可亭，某可榭。予聽之漠然，以爲意不及此。及於徘徊數四，不覺向客之言耿耿胸次，某亭、某榭，果有不可無者。前役未罷，輒於胸懷所及，不覺領異拔新，迫之而出。每至路窮徑險，則極慮窮思，形諸夢寐，便有别闢之境地，若爲天開。以故興愈鼓，趣亦愈濃。朝而出，暮而歸，偶有家冗，皆於燭下了之。枕上望晨光乍吐，即呼奚奴駕舟，三里之遥，恨不促之於跬步。祁寒盛暑，體粟汗浹，不以爲苦。雖遇大風雨，舟未嘗一日不出。摸索床頭金盡，略有懊喪意。及於抵山盤旋，則購石庀材，猶怪其少。以故兩年以來，橐中如洗。予亦病而愈，愈而復病，此開園之癡癖也。園盡有山之三面，其下平田十餘畝，水石半之，室廬與花木半之。爲堂者二，爲亭者三，爲廊者四，爲臺與閣者二，爲堤者三。其他軒與齋類，而幽敞各極其致。居與菴類，而紆廣不一。其形室與山房類，而高下分標其勝。與夫爲橋、爲榭、爲徑、爲峰，參差點綴，委折波瀾。大抵虚者實之，實者虚之。聚者散之，散者聚之。險者夷之，夷者險之。如良醫之治病，攻補互投。如良將之治兵，奇正並用。如名手作畫，不使一筆不靈。如名流作文，不使一語不韻。此開園之營搆也。園開於乙亥之仲冬，至丙子春孟，草堂告成，齋與軒亦已就緒。迨於中夏，經營復始。榭先之，閣繼之，迄山房而役以竣。自此則山之頂趾鏤刻殆遍，惟是泊舟登岸，一徑未通，意猶不慊也。於是疏鑿之工復始，於十一月自冬歷丁丑之春，凡一百餘日。曲池穿牖，飛沼拂几，綠映朱欄，丹流翠壑，乃可以稱園矣。而予農圃之興尚殷，於是終之以豐莊與豳圃，蓋已在孟夏之十有三日矣。若八求樓、溪山草閣、抱甕小憩，則以其暇偶一爲之，不可以時日計。此開園之歲月也。至於園以外山川之麗，古稱萬壑千巖。園以内花木之繁，不止七松五柳。四時之景，都堪泛月迎風。三徑之中，自可呼雲醉雪。此在韻人縱目，雲客宅心。予亦不暇縷述之矣。

論　説

唐　柳宗元《柳河東集》卷二七《永州新堂記》　將爲穹谷、嵁巖、淵池於郊邑之中，則必輦山石，溝澗壑，凌絶險阻，疲極人力，乃可以有爲也。然而求天作地生之狀，咸無得焉。逸其人，因其地，全其天，昔之所難，今於是乎在。永州實惟九疑之麓，其始度土者環山爲城。有石焉翳乎奥草，有泉焉伏于土塗。蛇虺之所蟠，狸鼠之所游，茂樹惡木，嘉葩毒卉，亂雜而争植，號爲穢墟。韋公之來既逾月，理甚無事。望其地，且異之。始命芟其蕪，行其塗，積之丘如，蠲之瀏如。既焚既釃，奇勢迭出，清濁辨質，美惡異位。視其植，則青秀

敷舒，視其蓄，則溶漾紆餘。怪石森然周于四隅，或列或跪，或立或仆，竅穴逶邃，堆阜突怒。乃作棟宇，以爲觀游。凡其物類，無不合形輔勢，效伎於堂廡之下。外之連山高原，林麓之崖間廁隱顯，邇延野緑，遠混天碧，咸會于譙門之外。已乃延客入觀，繼以宴娱。或贊且賀曰：見公之作，知公之志。公之因土而得勝，豈不欲因俗以成化？公之擇惡而取美，豈不欲除殘而佑仁？公之蠲濁而流清，豈不欲廢貪而立廉？公之居高以望遠，豈不欲家撫而户曉夫？然則是堂也，豈獨草木、土石、水泉之適歟，山原林麓之觀歟。將使繼公之理者，視其細知其大也。宗元請志諸石，措諸屋漏，以爲二千石楷法。

又 卷二八《永州龍興寺東丘記》 游之適，大率有二：曠如也，奥如也，如斯而已。其地之凌阻峭，出幽鬱，廖廓悠長，則於曠宜；抵丘垤，伏灌莽，迫遽迴合，則於奥宜。因其曠，雖增以崇臺延閣，迴環日星，臨瞰風雨，不可病其敞也；因其奥，雖增以茂樹藂石，穹若洞谷，蓊若林麓，蓊，烏孔切。不可病其邃也。今所謂東丘者，奥之宜者也。其始龕之外棄地，余得而合焉，以屬於堂之北陲。凡坳窪坻岸之狀，無廢其故。屏以密竹，聯以曲梁。桂檜松杉楩柟之植，幾三百本，嘉卉美石，又經緯之。俛入緑縟，幽蔭薈蔚。步武錯迕，不知所出。溫風不爍，清氣自至。水亭陿室，曲有奥趣。然而至焉者，往往以邃爲病。噫！龍興，永之佳寺也。登高殿可以望南極，闢大門可以瞰湘流，若是其曠也。而於是小丘，又將披而攘之。則吾所謂游有二者，無乃闕焉而喪其地之宜乎？丘之幽幽，可以處休。丘之窅窅，可以觀妙。溽暑遁去，兹丘之下。大和不遷，兹丘之巔。奥乎兹丘，孰從我游？余無召公之德，懼翦伐之及也，故書以祈後之君子。

明 倪謙《倪文僖集》卷一五《石室小隱記》 山川奇特敻絶之壤，深藏遠秘，人跡所不能到。固宜讓猿狖麕鹿以爲宅，使其與人境相接，乃棄辱於樵童牧竪，得以躑躅轅轢焉。夫豈君子之所忍哉！故古之幽人畸士，遇有佳景，必薙蕪畚穢，以出其勝。亭焉、臺焉，以當其會。從而游觀嘯傲以暢其懷。非志敦高尚者，孰克與于斯常之。宜興有東山别墅焉，乃蹇律伯度之所居也。去西南十五里，有石山。山有一洞，洞前多脩竹。竹陰有一磵，自山之陽而來，注於慈湖。磵外平疇彌望，有遠山，皆屏列拱揖于前，真佳景也。洞爲崩土煙塞，棄辱有年矣。居人雖多，莫知其爲異也。伯度顧而惜之，命工除拓。於是深得數十尺，廣得丈餘，高得幾丈，怪石玲瓏，石笋下垂，奇絶始露，豈天藏此固有待於伯度耶！伯度搆屋數椽竹間，名曰石室小隱。士林諸公以「細草春香小洞幽」之句分題賦詩，以詠其勝。亦有序而記之者矣。僉憲羅公與伯度交契，復爲求言於予。予以謂，隱無有大小也。出處苟合乎道，又何朝市山林之擇哉！故君子非不欲仕，衒玉求售，則喪其所守矣。隱居求志，席珍待聘，孔子有取焉。伯度生當國家治化隆洽之時，身躋太平之域，不知帝力之我及，穴山而居，臨水而亭，延脩竹之清風，聽流泉之嗽玉，覽遥岑之凝翠，使石室之勝，棄於昔而顯於今。忻而游、倦而憩，逍遥卒歲，以怡天真。客至則相與談詩書而究道德，以觴以咏，以絃以弈。其隱居求志之樂，雖考槃、碩人，豈是過哉！此其心，蓋泊然以道自守而無求于世，故能攄幽發奇，日與之娱若是。使或有累於物，則寂寞之濵不能一朝居也。是知伯度豈非高尚之士也歟？宜諸公之咏之也。彼世之處士，顧藉隱逸以盜虛名，索高價致貽林磵之慚愧，烏可與伯度同日語哉！因僉憲之請，爲記之若此。倘石室肯分半榻，當命駕而宿留焉。雖老矣，尚能爲伯度一賦。

清 趙士麟《讀書堂彩衣全集》卷九《寄園游記》 夫有名園而無山，是闤闠也。有山而無水，是塵土未滌也。有水而無臨觀之亭臺，亦棄水耳。所謂園者，林木一勝也，山二勝也，水三勝也。有此三勝，又必亭館點飾而後可游。樹亦易植，水亦易濬，亭館亦易搆，但使葱鬱成林，迴繞成流，嶮崎成勢，照耀成景，則難耳。

清 高宗愛新覺羅・弘歷《御製文集》二集 卷一二《塔山西面記》 室之有高下，猶山之有曲折，水之有波瀾。故水無波瀾不致清，山無曲折不致靈，室無高下不致情。然室不能自爲高下，故因山以搆室者，其趣恒佳。慶霄樓既據山之高，樓西緣廊而降，有二道。其一向南，不數武，爲一房山，蓋中覆湖石成山云。歷磴以下，爲蟠青室，迴廊環其外。緣廊北降，達山之西。憑廊向南，俯睇有深淵。東則山之西脚，而山半腰有亭曰揖山，乃從悦心殿西角門而出者。其下峭壁插入，滉然靚然，若龍湫之有神物也。波與太液通，石橋鎖其口。橋之南步堤東轉，可通悦心殿及永安寺前，橋之北則琳光殿。前爲山西總路矣。又其一轉而北，有亭焉，曰妙鬘雲峰。歷石磴而下，則水精域其下，有古井。古井向有記，闢諸家記載，謂引金水河轉機運斞之非、及輦土壓勝之謬。凡山之陰、山之麓所爲屈注飛流、綫溪畝池，皆綆汲此井，以成其勢。水精域之下爲甘露殿，又下爲琳光殿，則就平陸爲山。西之路轉而北爲

閱古樓。樓壁砌三希堂法帖碑版。攀梯而登與平地稍北則鑑畝室。窗臨清池，即鑿山溪引古井之水也。閱古樓後楹平臨山溪，石橋架其上。度橋有小石亭，梁柱皆泐詩。過亭，峆岈峛岃，徑衹容人攝齊而上。出巖墻，門與慶霄樓後門相望，而山西之景略畢。

清 沈復《浮生六記》卷二《閑情記趣》 若夫園亭樓閣，套室迴廊，疊石成山，栽花取勢，又在大中見小，小中見大，虛中有實，實中有虛，或藏或露，或淺或深，不僅在周迴曲折四字，又不在地廣石多徒煩工費。或掘地堆土成山，間以塊石，雜以花草，籬用梅編，牆以藤引，則無山而成山矣。大中見小者，散漫處植易長之竹，編易茂之梅以屏之。小中見大者，窄院之牆宜凹凸其形，飾以綠色，引以藤蔓，嵌大石，鑿字作碑記形。推窗如臨石壁，便覺峻峭無窮。虛中有實者，或山窮水盡處，一折而豁然開朗，或軒閣設廚處，一開而可通別院。實中有虛者，開門於不通之院，映以竹石，如有實無也；設矮欄于牆頭，如上有月臺，而實虛也。

又 卷四《浪游記快》 有故人韓春泉在上洋幕府，因往訪焉。【略】投札約晤于郡廟園亭中。【略】園爲洋商捐施而成，極爲闊大，惜點綴各景雜亂無章，後疊山石亦無起伏照應。

又 南城外又有王氏園。其地長于東西，短于南北，蓋北緊背城，南則臨湖故也。既限于地，頗難位置，而觀其結構作重臺疊館之法。重臺者，屋上作月臺爲庭院，疊石栽花于上，使游人不知脚下有屋；蓋上疊石者則下實，上庭院者則下虛，故花木仍得地氣而生也。疊館者，樓上作軒，軒上再作平臺，上下盤折重疊四層，且有小池水不漏泄，竟莫測其何虛何實。其立脚全用磚石爲之，承重處仿照西洋立柱法。幸面對南湖，目無所阻，騁懷游覽，勝于平園，真人工之奇絕者也。

綜 述

唐 白居易《白氏長慶集》卷六九《池上篇并序》 都城風土水木之勝在東南，偏東南之勝在履道里，里之勝在西北隅，西閈北垣第一第，即白氏叟樂天退老之地。地方十七畝，屋室三之一，水五之一，竹九之一，而島樹橋道間之。初樂天既爲主，喜且曰：雖有臺，無粟不能守也。乃作池東粟廪。又曰：雖有子弟，無書不能訓也。乃作池北書庫。又曰：雖有賓朋，無琴酒不能娛也。乃作池西琴亭，加石樽焉。樂天罷杭州刺史時，得天竺石一、華亭鶴二以歸，始作西平橋，開環池路。罷蘇州刺史時，得太湖石、白蓮、折腰菱、青板舫以歸，又作中高橋，通三島逕。罷刑部侍郎時，有粟千斛，書一車，洎臧獲之習筦磬絃歌者，指百以歸。先是潁川陳孝山與釀法酒，味甚佳。博陵崔晦叔與琴，韻甚清。蜀客姜發授《秋思》，聲甚淡。弘農楊貞一與青石三，方長平滑，可以坐卧。太和三年夏，樂天始得請爲太子賓客，分秩於洛下息。躬於池上，凡三任所得，四人所與，洎吾不才身，今率爲池中物矣。每至池風春、池月秋，水香蓮開之旦，露清鶴唳之夕，拂楊石，舉陳酒，援崔琴，彈姜《秋思》，頹然自適，不知其他。酒酣琴罷，又命樂童登中島亭，合奏霓裳散序，聲隨風飄，或凝或散，悠揚於竹烟波月之際者久之。曲未竟，而樂天陶然已醉睡於石上矣。睡起偶詠，非詩非賦，阿龜握筆，因題石間，視其粗成韻章，命爲《池上篇》云爾。

十畝之宅，五畝之園。有水一池，有竹千竿。勿謂土狹，勿謂地偏。足以容膝，足以息肩。有堂有亭，有橋有船，有書有酒，有歌有絃。有叟在中，白鬚飄然。識分知足，外無求焉。如鳥擇木，姑務巢安。如龜居坎，不知海寬。靈鶴怪石，紫菱白蓮，皆吾所好，盡在吾前。時飲一杯，或吟一篇。妻孥熙熙，雞犬閒閒。優哉游哉，吾將終老乎其間。

宋 周孚《蠹齋鉛刀編》卷二三《樊氏讀書堂記》 永陽樊君德明於其所居之前得廢地，幅員僅十畝。前對歷陽諸山，後有坂可眺。大木十圍，修竹森然，度而爲堂，面山而背坂。堅完爽塏，悦可人意。既成，取六藝百家傳注之書，與夫秦漢以來前人所作奇偉譎異之文章，皆置其中，而君朝莫游息，未嘗不在是也。

明 歸有光《震川集》卷一五《真義堂記》 崑山治之西有地，名真義。其水曰真義浦，其里曰真義村。太湖之水，逾郡城婁門，東出經崑山，入海。自昔湖瀼相連，茫然巨浸。疑古之所謂三江五湖，或有在於此者。其後通漕築塘，水跡之非其故久矣。真義在今所謂致和塘上。今之塘蓋即古之江也。其浦則自巴城、湖南來，並其村之東，而南入於塘。巴城以西有包湖、傀儡蕩、鰻鱺湖，諸湖相灌輸。或束或放，乍大乍小。而陽城湖最大，從西北望之，水與天際，真澤國也。世傳梁天監時，於此置信義縣，而後人失傳，遂以信爲真。或謂天監所置，即真義。以真爲信，蓋爲宋昭陵諱也。前元時，其地爲金粟道

人所居，極一時園池、臺榭之盛，四方名士如張翥、柯九思、楊維禎、李孝光皆館於其家，號爲玉山佳處。予嘗訪其遺趾，求所謂碧梧、翠竹、蓬萊、百花之坊，館不可得而見。

明 王世貞《弇州續稿》卷五九《弇山園記一》 園之中爲山者三，爲嶺者一，爲佛閣者二，爲樓者五，爲堂者三，爲書室者四，爲軒者一，爲亭者十，爲脩廊者一，爲橋之石者二、木者六，爲石梁者五，爲洞者，爲灘若瀨者各四，爲流杯者二。諸巖磴澗壑不可以指計，竹木卉草香藥之類不可以勾股計。此吾園之有也。園畝七十，而贏土石得十之四，水三之，室廬二之，竹樹一之，此吾園之槩也。

明 李維楨《大泌山房集》卷五七《雅園記》 余嘗聞人言，海陽商山吳氏素封家可千計，其人率治經術，美秀而文。其地多山，峭蒨鬱律，澗縈繞之。作蔚藍觀，華屋櫛比，又莫不有別業。審曲面勢，程巧致功。白石設切，厓隒數倍九齒。顧見水中粼粼，上下一色朱欄，垂柳夾岸如碧，油幢延屬，度一亭皋地乃已。其最著者，無如內史季園。左司馬汪伯玉先生爲之記，傳誦人間。內史丈夫子九人，幼時其八郎也，治園與父齊名。初，季園有夾谷堂。出堂而西，遵山循澗，歷數百武，其王父窀穸在焉。繹思祖武以脩時事勿替引之折而東約二百武，爲朝天塢。塢負北，南面其峰千仞，紫氣丹霞，冪歷籠蓋，如天門閶闔，朱旗彩仗，扈從紛綸。塢所繇稱名，亦畎畝不忘君之義乎？左右畝鍾之田，溝塍刻鏤，秔稻穲稏，上風吹之，五里聞香。其畔桃李春花萬樹，如金谷、玉洞，間以松竹，擢本垂陰，雲日蔽虧。塢口繚亘短垣，廣輪十里。當山之半夷峻築堂五楹。小樓長廡，輔而掖之，可以居高明，可以遠眺，望南山秀色可餐。其兄大夫顏堂曰南山。大夫爲邑爲州，有循良聲，遽致其政而歸。胸次丘壑，頹然宜於此有深賞耳。山麓諸水發源巖穴，匯而爲沼於仞魚躍復溢而爲澗。沈休文所謂「洞澈隨深淺，皎鏡無冬春。千仞寫喬樹，百丈見游鱗」。新安江水，大都然也。鳧鷖鷗鷺、鵁鶄鴉翠、蘋蘩薀藻、菰蒲葭菼所在。而是其石爲礐爲磝，爲島爲磯，爲砥柱，爲井幹，爲仙鞭，爲帝棋，爲督郵袂，爲廪君舟，爲玉女房，爲伏虎，爲叱羊，爲沈犀，爲化鵲，爲昆明鯨，爲零陵燕，爲陳寶雞。受雨受風，濆薄沸騰，迴復汩急。其聲爲笙簧，爲鐘鼓，爲雷霆，爲鼎沸，爲堤激。其象爲漣，爲淪，爲珠，爲璣，爲瀑布，爲散花，爲濯錦，爲垂簾，爲馬鬣。瓢傾爲靈胥怒濤，不可殫狀矣。絕壁有松百章，斧斤終古所不及。猿鳥鼪鼯奔走託宿而已。堂後由東而西，山如堵牆。有竹萬箇，孚尹之色，琳琅之韻，耳目應接不暇。穿竹而上，石徑盤紆錯繆，升者三休，陟于椒人境，閴寂茫然，太古顥氣。清英吐欱咽吻，飄揚襟袖。千巖萬壑，可俯而窺。夜則瑤光可鑒，玉繩可攬結也，季園所有一一在目。主人每徘徊久之不能去。西有小山，百武三折而至。有亭曰玄覽，小憩以蘇登頓之勞。西下忽有人烟出木末，則一小聚。雞犬籬落，如武陵漁父乍見秦客。其傍通幽谷，弇中石門劣容人，入之廓然，可設千人坐。一丸泥封函谷，勢殆此類。谷外爲圃，木則有柏栝松杉、杞梓椅漆、檜樫桑柘、槐榆椿楮、楊柳柞椐、棠杜、栟櫚、梧桐之屬。竹則有篠簜箘簵、靈壽篔簹、桃枝簩箊、雲母、班皮之屬。果實則有梅棗梨栗李杏、柹樝榠榛橡栭橘柚、葡萄、林檎、枇杷、若榴、燕薁、三桃三柰及椒桂之屬。蔬蓏則有瓜芋薑芥葑蓴筍蕨藜芹瓠茄韭薤芑莧鳧茈藷蕪蓮芰之屬。花草則有舜華、茹藘、玉蘭、海棠、山茶、薝蔔、紫荊、紫薇、木筆、木香、木芍藥、木芙蕖、菊葵萱苕蘭蕙藿芸莜苕藹蔚、蘪蕪、杜若、江蘺、昌歜、芣苢、蔏蔞雕胡葛藟艾藍蓼菉之屬。禽則有鶴雉鵲鳩鴿鴿、鸂鶒、鴛鴦、鴻鴈、駕鵝、鸚鵡之屬。服食器用取給無非土所產，非時所有，以爲珍異也。廣廈奧室、崇臺閒館、曲房，便坐具足，土無綈錦、木無文繡也。春雨夏雲，秋月冬雪，朝曦夕陽，山光水態，禽言花氣，茂對時育無所不佳。而室家於斯，歌哭於斯，聚族於斯，不必贏糧治裝、僦任舟車而後至也。家藏書四部九流大都略備，不必二酉汲冢宛委嫏嬛之神奇也。法書、名畫、敦卮、鼎鐺、琴劍多古物，無贗物。位置宜賞鑒，覈筆研精良。人生一樂不必顧厨米船好事家之侈也。以釣以牧，以耕以稼，以薪以蒸，以筏遡沿，以徒杠輿梁津濟，以籃轝乘，以蠟屐藜杖步，以髹几憑，以胡床坐，以素榻眠，以如意麈尾談，以茗飲，以香薰，以召密戚勝友，以集田庚三老，以訓令子哲孫，以論文說詩，以壺矢、棋局、擊磬、彈琴、奏笛、弄簫爲歡。穀取之廪，酒取之釀，鮮取之池，食品取所樹畜。無幻人、蘭子之戲，無聲色狗馬之娛，無市井猥鄙、邪贏蚩眩之務，無淫朋比德、沉湎號呶之過，無敖辟喬志、飛鳶墮鼠之患也。年甫四十，其子九人，亦如內史馴謹稱是。庭訓門風，可謂卓犖不羣矣。園落成，會直指使者省方問俗，旌其門曰雅士，遂以雅名園。而余爲記其大致如此云。

又《素園記》 商山有質行君子曰吳太學君遂，而其伯子內史仁伯式穀似之。太學嘗爲菴，曰澹爲，居曰味玄，而總之爲園曰素園。園有樓，所藏六

經、諸史、二氏、百家書萬卷，而有味乎《淮南》、《叢桂》、《招隱》之篇。手植八桂前楹，以象番禺，而糾約之爲亭，輔以佳木奇石。復離石徑爲八卦，其西種蒼琅竹，踈豁聳秀，爲棲鳳臺。有亭曰觀我。清風時至，天籟吹萬，鳳鳴雍雍喈喈，亦何讓焉。臺下方池，漾漣漪而浴空明，臨以闌楯，署其顔曰水心雲影。蓋理學家見道語。池中□□□色，迴環吟眺，有濠梁之樂。北石假山，山復有臺□□□墓與祠百步許。登臺而望，緬然長思，如將見之。悽□□惕之心日，如春秋霜露時也。臺畔溪流濯濯如曳練，纍纍如貫珠，泠泠如鳴玉。平疇百里封内，疏峰沓嶂，衣以草樹。四時烟景，青螺翠黛，可掔而得。有方丈之室，曰間間。則取義「十畝之間，桑者事也」。有小山鑿而爲洞。洞石竇出泉汩渥，引以爲沼。沼上亭爲小山陰，以亭前石狀似右軍題筆，得名沈滄湜。先生極賞其致。陟石磴委蛇而東，有閣曰香雪，梅百株，不減羅浮勝處。左爲搜間堂，堂外蓮池，池跨石梁，搆軒對之，曰香勝館。夾池脩竹。與棲鳳等右爲閣，供大士，名之曰登雲。閣前石色黝，其形如椽，其文如錦，高十五尺，下可設十人席。荼蘪、薔薇、木香周遭，延緣如宊㡚，六月無暑。西爲容春堂，前疊宣州石三，各有奇狀。左右石臺，草木芍藥累百花，時爛若披錦。無處不佳，而園之觀畢矣。

又《隑洲園記》 總計園之地，廣輪不三十丈，而池臺亭館，工於取致。寒燠早暮，要於合時。山不必策杖，水不必浮航，而漁樵耕牧，人間可樂之事坐而分之。客好游者，徒步出城闉即至。位置妍雅，祓飾華整。草解忘憂，花堪長樂，使人不住亦終日忘疲，出户去尚有餘思，以是園之勝甲邑中矣。昔王東亭謂江左地促，不如中國。設使仟伯條暢，則一覽而盡。丞相營建康，紆餘委曲，若不可測，所以爲巧。玄平之治園類此，令得時而駕，豈在江左夷吾下哉！其自署「在河之干」，《魏風》語也。意有託矣。邑無名園，名園自兹始。

又《繹幕園記》 平原宋公爲御史中丞，甫艾而遽謝歸。越二十五年，中外推轂章數十上，起家陪京少司寇。公之歸也，爲園邑負郭，命之繹幕。蓋平原在漢爲繹幕云。一日，顧余而言曰：吾雖守官，意未嘗不在園。圖園四復與其亭池之屬於册，以當卧游，終不令吾園林慚澗愧。煩孔德璋移文耳。按圖，園門東鄉，循逕而入，其北則歲寒亭，柏爲之，枝條扶踈，輪囷盤紆，不設簾櫳帷帟，而綠陰長合，黛色可餐。君子有心如是。其北則聞籟亭，四虛受風，風作而園衆竅承之，于喁調刀吹萬不同，自取自己，物論可齊俗耳，夫何砭焉！又北則白雲樓，繚以周垣，陟而望遠，齊之長白、華不注，魯之梟繹、岱宗，汶、泗、沂、濟、黄河、滄海、蓬萊金銀宫闕，若遠若近，若有若無，直吞十二東秦于胸臆間矣。稍西而北則問月亭，蓮池環之。佳夕待月，月得水盪爲金波，凝爲冰壺。晃朗清徹，鬚眉在鑑，五内若滌。當芙渠菡萏時，芳潤襲人，不殊天香桂子。假於異物，託於同體。方且偶結，鄰御纖阿，彼影娥夜明，奚足羨哉！又北有小隱堂、容膝軒，爽塏都雅，貯書連屋。展閲諷誦千古。旦莫客至，憑髹几、負隱囊、挹薰罏、具茗椀，披襟揮麈而談無非名理，投壺對奕、彈琴命酒，或策藜床而步，或掃石榻而眠，或聚落英而坐，或聽啼鳥而歌，無非韻事。池前樹塞門，其南復有蓮池。池畔釣磯，箕踞偃息，綸餌不施。經傳范蠡，意類王弘。覺游魚㖃沫與人相忘，即鷗鷺馴狎不驚杖履。問月之西則亦蘭亭，藤蘿蒙茸，纁夏無暑。下有曲水，寫而傳觴，四時燕賞，匪直春禊也。度亭而北則錦雲窩，薔薇爲之。駢羅布濩，若垂纓絡，若綴流蘇，若衆香林，若四寶宫。濟陰香草五色，嵩室種樹三花，所不足論。【略】蘭亭南則攬暉臺，上多松柏，倚樹而吟，聲成鸞鳳，如蘇門之嘯。書雲物、察氛祥，如大庭氏之庫焉。出園歷城西，則公所明農處，顔其軒曰不如，取尼父對樊遲語也。而園之觀止矣。古園稱巨麗，莫如金谷。平泉石以牧守劫遠使商客，致富不貲。李以宰相權力輦四方珍異，窮奢極欲，其穢已甚。宋公仕兩朝，位御史、中丞而後有此園，無雕几金碧之飾，無文木怪石之玩。累塊積蘇以爲營宇，汲井收潦以爲沼沚，風雨以爲掃除，烟霞以爲丹青，林樾以爲藩衛，田庚、褐父、牧兒、樵叟以爲親昵，雞鳴犬吠、禽言蟲語以爲鼓吹，果蓏、稻粱土所恒産，耕稼畜字人所共務，不廣地而自曠，不辟世而自幽。中無所期，必外無所妒競。守之不爲沉溺，係戀別之不爲厭薄。故常以之獨樂，以之與人、與衆，以之付造化、還太虛，無適不可。在昔達人逍遥之墟，苟簡之田，不貸之圃，壙埌之野，無何有之鄉，殆此類夫！嘗考齊往事，有辭三公爲人灌園者，儒家比之於蚓。黄泉稿壤，塊然一物，于人世靡所短長。有登牛山北臨國城而涕泣不長守者，其臣竊笑之，謂之不仁。惟曲轅之櫟社，以無可用爲大用而見夢于匠石。匠石寤而語弟子，彼亦直寄焉，爲不知己者詬厲也，其所保與衆異而以義譽之不亦遠乎？公之有園、園之有圖也，皆寄也。公囅然而笑曰：吾寢無夢久矣。子之説猶匠石之説夢也。經怪此意未熟悉於足下，何從便得。屬園丁記之。

又《術園記》 江夏曾頑夫太學所居，在黄鶴樓文昌門間。除治後，隙地爲亭館臺榭若干事，極意匠經營之妙。棨梲栭檻，斲削雕鏤，具有體裁。丹青素堊，雲蔚霞駮，高明光大。可以遠眺，攬結三楚名山大川，朱邸粉堞、千門萬户輻湊于前，而一切囂塵邈不連染，令人耳目宣朗，神情超忽。其中貯圖史琴書、鼎鎗巵盌，或傳自前代。胡床髹几、清簟踈簾、棋局壺矢，都雅精麗，所向宜人。堂涂結隅，植嘉樹脩竹、名花奇卉，或致自遠方。四時擢秀吐芬，婀娜軋芴。所蓄錦鱗，可飼而躍。言鳥可狎而語，鹿麛、鶴子可馴而擾。疊石爲峰巒洞壑，嵌空瑩净，磊砢相扶，蹇産相通。衣芳草，帶清樾，態以時異，景以日新。坐嘯行吟，率有韻致。而總命之曰術園。

明 盧象昇《忠肅集》卷二《湄隱園記》 園未構而記先之，明吾志也

陽羨桃溪在邑西七十里。萬山環匝，林壑鮮深，溪水漣淪。其中復有平疇墟落，廣雅曰落居也案今人謂院爲落。映帶左右，真習静奥區也。出城舟行雪蓑、煙寺間《宜興縣志》十景有雪蓑、洴洌、及國山煙寺。自邑舟行至桃溪，雪蓑植其右，煙寺當其左。一作罨畫中誤。凡數百曲，乃至溪湄，余家讀書園在焉。千柳垂垣，清流繞垞。蒼巒繡壁當其前，遠岫煙村繞其後。籬落雞犬，景色蓊薆。衡門數尺，不容車馬。今將鑿石爲額，曰湄隱園。門以内松徑桐蹊，花棚竹塢，及所謂雙桂軒、斑衣亭、豹隱齋、聽鶴山房皆創自家君，年來稍廓旁址，得曠地十餘畝，余思築室而歸休焉。擬構書樓五楹，即顔曰讀書樓。列架滿其四，懸籤萬餘，《唐書》：李泌爲鄴侯，多書。經書用紅牙籤，史書用緑牙籤，子書青牙籤，集書白牙籤。韓詩：鄴侯家多書，插架三萬軸。一一懸牙籤，新若手未觸。爲朝夕自課地。樓須高敞，週以複道，遶以迴欄，丹堊不施，綺繡不入。虚其中，前後洞達，令溪山煙月據吾坐上，時時遺我岑寂。啟樓後望，作露臺與複道，平寬廣可十餘武，列怪石、盆草、磁墩、石几之屬。夜深人静，月冷風長。瑶琴一彈，李詩：遺我緑玉杯，兼之紫瑶琴。洞簫一弄，《前漢·元帝紀》：鼓琴瑟，吹洞簫。《三禮圖》：無底者謂之洞簫。此亦吾之丹丘也。《楚詞·遠游》：仍羽人於丹丘兮，留不死之舊鄉。臺名「敞居」，鐫片石識之。去臺二丈許，高垣圭竇，别爲院宇，曲室數區，宛委而入，東西莫辨。巖壑同幽，爲避暑室三楹，曰月窟。張説詩：月窟窮天遠，河源入塞清。爲暖室三楹，曰旭塢。大寒暑則入而盤礴焉。過此，開隙地植女桑、弱柘、菜畦、稻壠其間，值山雨乍晴、吟誦餘息，荷鋤戴笠，親執其役，以察物理攸宜、四時亭毒，老子《道德經》：亭之毒之。注：亭以品其形，毒以成其質。毒，今作育。唐代宗詔，中孚及物，亭育爲心。曰「明農逸墅」。此樓以後之大槩也。樓前三丈許，鑿藕池半畝，引流以入。星布怪石於蓮芡間，可據坐以釣。疊石爲島嶼，峙乎中流，荷香釀時，或一披襟其上，亦不減登華頂看玉女洗頭盆也。《列仙傳》：華山石臼，號玉女洗頭盆。中有積水，未嘗增減。詳馬理《陝西通志》。池旁垂柳瘦石，短草欹花掩映蕭疏，俾有遠致。再前丈許，編柏爲蒼屏，作高軒五楹，名之曰石友堂。堂與雙桂軒近矣。客過予者，當止於是。勝日偶逢，良朋適至，汲清溪以煮茗，采園果而開樽，藉草飛觴，蔭桐點筆。搜討疑義，則代麈以松枝。《南史·張機傳》：後主常幸鍾山開善寺，召從臣坐於寺西松林。寺敕機竪義時索麈尾未至，後主敕取松枝，手以屬機曰：可代麈尾。嘲弄風月，則取茵於花片。樂不取乎絲竹，禮無拘乎送迎。堂前寬平，令有餘地，石丈可呼。《石林燕語》：米芾詼諧好奇。知無爲軍，初入州廨，見立石頗奇，喜曰：此足以當吾拜。遂命左右取袍笏拜之，每呼曰石丈。故所以名吾堂者，於石、於友，有取焉。花須茂密，樹貴蕭森。松、檜、竹、柏、棕櫚、高杉有不瘁之顔、後凋之操，吾愛其貞。牡丹、芍藥、桃、梅、海棠有歡悦之色，吾尚其不寒儉。蘭、桂、蠟梅、茉莉有激烈之香，吾欣其不柔媚而臭味佳。芙蓉、垂柳、梧桐、蓮、菊以及水仙、秋海棠之屬，並以韻勝，石菖蒲、薜荔、芭蕉以及古槐、老藤之屬並以幽冷勝，橘、柚、葡萄、香橼、佛手、銀杏之屬枝柯已極可玩，果實復具珍珠。咸當博求佳種，多植遠移。夫吾園之富有至於如此，視古人三徑松菊蓬蒿一室，不太侈乎？然木石煙霞，造物不忌，吾將奢取之。

清 李斗《揚州畫舫録》卷一五《岡西録》 「春臺祝壽」在蓮花橋南岸，汪氏所建。由法海橋内河出口築扇面廳。前檐如唇，後檐如齒。兩旁如八字，其中虚檽如摺疊聚頭。扇廳内屏風、窗牖又各自成其扇面最佳者。夜間燃燈廳上，掩映水中，如一盌扇面燈。

清 錢泳《履園叢話·造園》 造園如作詩文，必使曲折有法，前後呼應，最忌堆砌，最忌錯雜，方稱佳構。園既成矣，而又要主人之相配，位置之得宜，不可使庸夫俗子駐足其中，方稱名園。今常熟、吴江、崑山、嘉定、上海、無錫各縣城隍廟俱有園亭，亦頗不俗。每當春秋令節，鄉傭村婦，估客狂生，雜沓歡呼，説書彈唱，而亦可謂之名園乎？

吾鄉有浣香園者，在嘯傲涇，江陰李氏世居。康熙末年，布衣李芥軒先生所搆，僅有堂三楹，曰恕堂。堂下惟植桂樹兩三株而已，其前小室，即芥軒也。沈歸愚尚書未第時，嘗與吴門韓補瓢、李客山輩往來賦詩于此，有《浣香園唱

和集》，乃知園亭不在寬廣，不在華麗，總視主人以傳。

有友人購一園，經營構造，日夜不遑。余忽發議論曰：園亭不必自造，凡人之園亭，有一花一石者，吾來嘯歌其中，即吾之園亭矣，不亦便哉！友人曰：不然，譬如積貲巨萬，買妾數人，吾自用之，豈可與他人同樂耶？余駁之曰：大凡人作事，往往但顧眼前，儻有不測，一切功名富貴、狗馬玩好之具，皆非吾之所有，況園亭耶？又安知不與他人同樂也？

吴石林癖好園亭，而家奇貧，未能搆築，因撰《無是園記》，有《桃花源記》、《小園賦》風格，江片石題其後云：萬想何難幻作真，區區邱壑豈堪論。那知心亦爲形役，憐爾飢軀畫餅人。寫盡蒼茫半壁天，煙雲幾疊上蠻牋。子孫翻得長相守，賣向人間不值錢。余見前人有所謂烏有園、心園、意園者，皆石林之流亞也。

紀事

唐 柳宗元《柳河東集》卷二八《永州法華寺新作西亭記》 法華寺居永州，地最高。有僧曰覺照，照居寺西廡下。廡之外有大竹數萬，又其外山形下絕。然而薪蒸篠蕩，蒙雜擁蔽，吾意伐而除之，必將有見焉。照謂余曰：「是其下有陂池芙蕖，申以湘水之流，衆山之會，果去是，其見遠矣。」遂命僕人持刀斧，羣而翦焉。叢莽下穨，萬類皆出，曠焉茫焉，天爲之益高，地爲之加闢，丘陵山谷之峻，江湖池澤之大，咸若有而增廣之者。夫其地之奇，必以遺乎後，不可曠也。余時謫爲州司馬，官外乎常，而心得無事。乃取官之禄秩，以爲其亭，其高且廣，蓋方丈者二焉。或異照之居於斯，而不蚤爲是也。余謂昔之上人者，不起宴坐，足以觀於空色之實，而游乎物之終始。其照也逾寂，其覺也逾有。然則嚮之礙之者爲果礙耶？今之闢之者爲果闢耶？彼所謂覺而照者，吾詎知其不由是道也？豈若吾族之挈挈於通塞有無之方以自狹耶？或曰：然則宜書之。乃書于石。

後晉 劉昫《舊唐書》卷一六六《列傳第一百十六・白居易》 嘗與人書言之曰：予去年秋始游廬山，到東西二林間香鑪峰下，見雲木泉石，勝絶第一。愛不能捨，因立草堂。前有喬松十數株，修竹千餘竿，青蘿爲牆援，白石爲橋道，流水周於舍下，飛泉落於檐間，紅榴白蓮，羅生池砌。【略】每獨酌

賦詠於舟中，因爲《池上篇》曰：東都風土水木之勝在東南偏，東南之勝在履道里，里之勝在西北隅，西閈北垣第一第，即白氏叟樂天退老之地。地方十七畝，屋室三之一，水五之一，竹九之一，而島樹橋道間之。初樂天既爲主，喜且曰：雖有池臺，無粟不能守也。乃作池東粟廩。又曰：雖有子弟，無書不能訓也。乃作池北書庫。又曰：雖有賓朋，無琴酒不能娱也。乃作池西琴亭，加石樽焉。樂天罷杭州刺史，得天竺石一、華亭鶴二以歸。始作西平橋，開環池路。罷蘇州刺史時，得太湖石五、白蓮、折腰菱、青板舫以歸，又作中高橋，通三島逕。罷刑部侍郎時，有粟千斛，書一車，洎臧獲之習管磬絃歌者指百以歸。先是潁川陳孝仙與釀酒法，味甚佳。博陵崔晦叔與琴，韻甚清。蜀客姜發授《秋思》，聲甚澹。弘農楊貞一與青石三，方長平滑，可以坐卧。

宋 歐陽修《文忠集》卷三九《畫舫齋記》 予至滑之三月，即其署東偏之室治爲燕私之居，而名曰畫舫齋。齋廣一室，其深七室，以户相通。凡入予室者如入乎舟中。其温室之奥，則穴其上以爲明，其虚室之疏以達，則欄檻其兩旁，以爲坐立之倚。凡偃休於吾齋者，又如偃休乎舟中。山石崷崒，佳花美木之植列於兩檐之外，又似泛乎中流。而左山右林之相映皆可愛者。故因以舟名焉。

宋 蘇舜欽《蘇學士集》卷一三《滄浪亭記》 予以罪廢，無所歸，扁舟南游，旅於吴中，始僦舍以處。時盛夏蒸燠，土居皆褊狹不能出氣，思得高爽虚闢之地，以舒所懷，不可得也。一日過郡學東，顧草樹鬱然，崇阜廣水，不類乎城中。並水得微徑於雜花修竹之間，東趨數百步有棄地，縱廣合五六十尋，三向皆水也。杠之南其地益闊，旁無民居，左右皆林木相虧蔽。訪諸舊老，云錢氏有國近戚孫承右之池館也。坳隆勝勢，遺意尚存。予愛而徘徊，遂以錢四萬得之。構亭北碕，號「滄浪」焉。前竹後水，水之陽又竹無窮極。澄川翠幹，光影會合於軒户之間，尤與風月爲相宜。予時榜小舟，幅巾以往，至則灑然忘其歸。觴而浩歌，踞而仰嘯，野老不至，魚鳥共樂。形骸既適，則神不煩。觀聽無邪，則道以明。返思向之汩汩榮辱之場，日與錙銖利害相磨戛，隔此真趣，不亦鄙哉！噫！情固動物耳。情横於内而性伏必外，遇於物而後遣寓，久則溺，以爲當然。非勝是而易之，則悲而不開。惟仕宦溺人爲至深。古之才哲君子有一失而至於死者多矣。是未知所以自勝之道。予既廢而獲斯境，安於沖曠，不與衆驅，因之復明乎内外，失得之原沃。然有得笑閔萬古，尚未能忘其所寓目，用是以爲勝焉。

宋 蘇軾《東坡全集》卷三六《超然臺記》 於是治其園圃，潔其庭宇。伐安丘高密之木，以脩補破敗，爲苟完之計。而園之北因城以爲臺者舊矣，稍葺而新之。時相與登覽，放意肆志焉。南望馬耳常山，出没隱見，若近若遠，庶幾有隱君子乎。而其東則盧山，秦人盧敖之所從遁也。西望穆陵，隱然如城郭。

宋 張栻《南軒集》卷一一《南樓記》 廣西轉運判官所治便廳之前故有樓，棲官府之文書，鬱而不治。予每睨而病之。他日過之，則焕然一新矣。詹侯體仁觴予於其上，倚檻而觀，凡四旁之嘉花美木悉獻其狀，而遥岑寸碧挺然屋山之隅。樓之下爲堂，堂之前爲亭，皆幽雅有趣。予怪而問之。詹侯笑曰：吾皆因其舊云耳。始吾闢樓之塞而觀之，則其美已具。易其楣桷之腐壞者，與其窗户之隘狹者，周以闌楯，而吾樓成焉。又視其下，居然一堂也。則敞其檐桯而重飾之。前有茀地，去其積壤，而柱之礎存焉。則又因之以爲亭，名吾樓曰南樓，取其面勢所直也。堂曰梅雪，因吾治之故名也。亭曰須友，亭之旁植竹與梅與松，吾將與之友，亦且須吾友朋而共樂乎此也。爲我書其扁且記之。予歎詹侯之智能，因其故而損益，不宿勞，不重費，不出户庭而得美觀，是可志也。予於此竊有感焉。嗟乎！物之通塞固有其時。向也人所棄賤弗顧之處，一旦而吾曹相與談笑周旋於其間，闢暗鬱爲光明，變荒穢爲整治，此非其時也哉？通塞固有時，然使其不遇詹侯，則歸於廢壞而已，時固存乎人哉！凡物皆然，豈獨是邪。且詹侯方以使指按行一路，一路之郡邑亦廣且夥矣。政事之驟弛，人情之鬱拂，與夫利之所壅而病之所生，蓋不一矣。詹侯將次第而振其弊，導其鬱，通其所壅，而去其所病，亦若爲是樓因其故而損益、不勞而有條也。則斯人之所遇，豈不在於斯時邪，抑有待於詹侯者邪？予方賴侯以免於戾，其涉筆而俟也，又豈特記是觀覽之間而已邪？

宋 周密撰 明 朱廷焕補《增補武林舊事》卷二 景定春，詔以魏國公賈似道有再造功，命有司建第宅家廟。賈固辭，遂以集芳園及緡錢百萬賜之。園故思陵舊物，古木壽籐多南渡以前所植者。積翠四抱，仰不見日。架廊疊磴，幽渺透迤，極營度之巧。猶以爲未也。則隧地通道，抗以石梁，傍透湖濱，架百餘楹，飛樓層臺，凉亭燠館，華卉精妙。前揖孤山，後據葛嶺。兩嶺映帶，一水横陳。各隨地勢搆架焉。堂榭之有名曰蟠翠古松，雪香古梅，翠巖奇石，倚

蘗繡雜花，浥露海棠，玉蘂瓊花，荼蘼，清勝。假山已上集舊物，高宗御扁。西湖一曲奇勳，理宗御書。秋壑遂初容堂，度宗御書。初陽精舍。熙然夢砌臺。山坳曰無邊風月見天地心，水濱曰琳琅步歸身。早船。通名曰後樂園。四世家廟則居第左。廟有記。又以爲未足。於第左數百步瞰湖作別墅，曰光漾閣，春雨觀、養樂堂、嘉生堂，千頭木奴。生意瀟然，生物之府，通名曰養樂園。其傍則廖羣玉香月陵在焉。又於西鄰之外樹竹千挺，架樓臨之，曰秋水觀，第一春，梅塢，剡船亭。則通謂之「水竹院落」。後復葺南山水樂洞賜園有聲在堂介堂愛此留照獨喜玉淵漱石宜晚。上下四方之宇諸亭。據勝專奇，殆無遺策矣。其後志之郡乘從而爲之辭曰：園圃一也，有藏歌貯舞、流連光景者，有曠志怡神、蜉蝣塵外者，有澄想遐觀、運量宇宙而游特其寄焉者。意使園圃常興而無廢，天下常治而無亂，非後天下之樂而樂者其誰能？嗚呼！當時爲此語者，亦安知俯仰間遽有荒田野草之悲哉！昔陸務觀作《南園記》，於平原極盛之時，尚能勉之以抑畏退休，今賈氏當國十有六年，諛之者惟恐不極其至，况敢幾微及此意乎？近世以詩弔之者甚衆。

明 劉球《兩谿文集》卷四《滁溪山水間記》 有山自武功東來，至邑城之西二十里，横爲疊嶂。出嶂下又數里，峰聳谷回，盤爲夷坂水縈之流者，數折而後去。其前有嶺，曰金船洞，曰桃花潭，曰紫石溪，曰瀘溪。溪上有瀘南處士書臺，其後有靈湫，能出雲發雨。其四面諸峰，聳者筆立，横者屏張。其傍水疇陸壤皆良於樹藝，然未有人能知其勝而擇以爲居者。永樂中，今翰林侍讀李公時勉，以庶吉士鄉居。時與其里戴隱君誠辯及其兄前督府斷事誠問游至其地，徘徊久之，同聲嘆曰：「是誠山水佳處，不可棄而不居。」乃營書舍其中，以其環列皆山而山依於水有似乎滁也，因名曰滁溪。及侍讀官于朝，滁遂歸于誠辯。於是剗剔污淖，寔以燥壤，厥中爲堂，揭僉憲黄公大書「山水間」于楣，以肅賓客。厥西爲塾，樞豁几明，圖書庋列，以尊師儒訓迪子姓。厥東爲軒，飭以名畫，面以層臺、深池、奇花、異石，以悦心目。蔬畦果林各適土宜水，杵池漁足逸人勞。跨山爲墉，濵水設扃。廣庭脩徑，益邃益清。遂使山溪增勝，雲樹陰連，禽魚交樂，湍籟諧聲。環滁佳境又皆其家兄弟所宅，無日不相與叙天倫，爲文會其間，由是滁中山水之樂盡有於戴氏矣。嗟夫！山水之勝固出於天之所造、地之所成，亦待夫人之好樂而品題之，然後勝愈勝，而名可傳之無窮。是故滁之爲郡，非不古也，必歐陽子至而後釀泉之甘、瑯琊豐山之秀得臨之。以亭臺文之，以詞翰使天下後世曉然同知其勝。今吾邑之滁，始名于翰林，終歸于誠辯，安知其山水之勝他日不與滁郡並稱于世乎。爲戴氏後人其積累以竢之。姑記其槩，以見其得名所由始焉。

明 文徵明《甫田集》卷一九《玉女潭山居記》 宜興諸山，銅官、離墨最巨，其次穿石山，峻巀不如二山，而巖竇虚窾，湍瀨聯絡，窔交瑰譎，最爲奇勝。而張公洞最有聞玉女潭，在張公洞西南，相去不三里而近。相傳玉女嘗修煉於此，唐以前名賢勝士多此游覽，而李幼卿、陸希聲蓋嘗居之，一時倡酬篇詠流傳，至今有以想見其盛也。自後湮塞不通，人鮮知者。溧陽史恭甫葬母山中，土人有以其地售者，恭甫喜而得之。乃疏土出石，決澮導流，剗闢翦刈，盡發一山之勝。幽巖絶壑，靈湫邃谷，悉爲標表。而兹潭實首發之。潭在山半深谷中，渟膏碧瑩潔如玉，三面石壁下插深淵。石梁亘其上如楣，而偃草樹蒙冪，中深黑不可測。上有微竅，日正中流影穿漏下射潭心，光景澄澈，俯挹之心凝神釋，寂然忘去。潭之湄有坻，即坻爲臺，構重屋其上，曰玉光閣。閣成而潭之勝益靚以顯。潭石之巔有靈應亭，山中嘗旱禱於潭而雨，因爲亭以識。潭四周無隙水伏流，而南出巖石之下，匯爲小池。玉潔不流，爲亭其上，曰凝玉。凝玉之西淵泓洄洑，其流漸駛。別疏一渠激其流。北出行亂石間，緣石旋轉，可以流觴，曰流觴嶼。凝玉之南，古櫸一株，根柯鬱磻，碨魄如石。獨孤及詩所謂「日日思瑀樹」者，即此。其下湍瀨瀠洄，與樹映帶，曰瑀樹湍，漱玉軒在焉。湍流西下折旋而南屬於灣，碕石累屬如龍馬下飲，如砥柱中矗，水奔注激射如鬥。再折而東，水益駛，石亦益奇。夭矯如虯蟠如鼉奮，飛流噴薄，濺沫成輪，聲震蕩如行峽中，曰虬鼉峽。峽左石梁曰沸玉橋。踰沸玉橋而北，地多美箭，間以江梅，曰梅竹隩，琅玕所聽玉寮在焉。又北偃沼如初月，曰生明池。絶沼爲梁，曰隔凡橋。隔凡而上，則玉陽山房也。中爲玉虚堂，周堂爲八室。室三楹，依易卦爲面勢隨方，署名曰純陽，曰中陽，曰初陽，曰循陽，曰明陽，曰通陽，曰來陽，曰升陽。自升陽北出，地漸高且廣，蓋山之麓也。因山爲臺，嵦爽層出。陟級而上，延閣若干楹。前軒施檻，可以肆目，曰大觀廊。廊之後爲丹室，又後爲雲耆臺。臺方三十尺有奇，始築臺而耆生也。又其後爲環玉岡。由環玉岡東下，出雲耆臺之左，曰澄觀樓。其前爲上元祠，又前爲東岡別館，爲護雲莊，爲仙寓。仙寓之南爲來仙橋。由環玉岡而西轉出玉潭之後，蘗祠奠焉，曰玉清祠，祀玉女也。祠右隙地，白礫纍纍散卧松竹間如羊，曰初平

林。出初平林，西行二百步，巨石盤踞，環匝如墉，曰盤玉隁。自盤玉隁西上繞出，山椒有亭，直太湖之縹緲峰，曰縹緲亭。亭下怪石林立，鯨騫獸伏，競爲奇狀。嘉木出石罅，一本七幹，挺特修聳，與石爭秀，曰琪樹峽。琪樹峽之西爲集靈谷，又西爲飛雲洞。自此下上登頓，緣石逕而行，逕盡，出於山脊。平壤空曠，甃以文石，曰瑶臺。負臺爲室，曰超然宇。宇後羣石掀舞如華葉駢植，聯延如睥睨，曰芙蓉城。石之有奇者，曰天成碑，曰雨霤，曰小蒼弁，曰青騾巖，曰三珠洞，曰二姑，曰雙仙，皆以狀類名。而二姑、雙仙之間有期仙壑。由期仙壑東下二百步爲文殊峰，又東爲普賢峰、觀音巖在焉。山自環玉岡而下，左右盤亙蜿蜒不絶，總若干畝。其中臺榭樓閣、祠宇杠梁凡三十有一。林壑巖竇可名者二十有三。他細瑣不暇紀者不在也，以其地在玉女潭之陽，因名玉陽山，而標其前曰玉陽洞天。玉陽洞天之東境之可紀者四，金晶巖最勝。巖去玉陽五百步，軒揭如垂。石下嶔巇顔如斷齶，深廣十尋。其中石壁奇峭，水出壁下，平流兩涯交絡如織。瀨水石坻可羅坐十客，水環之如玦。巖石晶瑩，日射之焰爍如金，故云金晶。金晶巖之東稍南，曰佛窟。窅陿邃深中空洞可居，別竇尤深。秉炬而入，詰屈不可窮。其北爲回陽洞，玉潭之水至是回流而南，故曰回陽，青鳥磯在焉。其上有留仙橋。踰橋而東爲鐘竇，水激其中，聲洪如鏞也。玉陽洞天之西境之可紀者六，龍湫最勝。湫去玉陽數百步，在積石之下，而淵潛澄湛微類玉潭。懸艇而入，中空如室，石皆下垂，峆岈岝㟧，不可名狀。其後石壁插水，壁盡處有穴，劣可容舟。欹仄以入，中空如外室而通明虚敞，石尤奇麗。緣石而上，得穴甚隘。僂而入，轉出，石室之下中空如土室，石柱合抱，色正白如玉，曰玉陽洞。此龍湫尤異處。龍湫之西曰水犀洞，水足勝舟，而石壁幽峭。石上有穴通天，故曰水犀。其水潛行而南出於南洞磐石之下，石平衍可坐，水瀠之如浮，曰浮磐。浮磐之南爲君陽洞，洞凡三穴，最後一穴稍深，曰白龍藏。三洞相屬，石皆穿漏如蹄股交峙，水瀉其間湍激若瀧，揭跣行可環游出入，彼此嘯呼與水聲相雜，亦一奇也。水自凝玉而來，東南互流至此，凡百折，乍盛乍微，乍浮乍伏，而其源皆出於玉潭石。自玉潭而來或隱或見，亦皆綿亘相屬。其間松檜梗楠、幽蘭靈卉叢生蔓被，與水石相蔽虧。周游其中，若去塵寰、歷異境，既違復合，若窮而通。綺錯繡綰不出里道而羣景畢集，殆造物者效奇呈異獨媚於兹，以成一方之勝如此。夫自清濁肇判，流峙攸分，而是境已具，其前未暇論考之。唐賢篇詠玉潭之外，他固未有聞也。由唐至今八百餘年，始自恭甫發之，豈天秘絶景必待其人之賢而勝者而授之耶！恭甫以粹美之質，具有用之才，不究於時而肆情丘壑。搜奇抉異，發幽而通塞。俾伏者以顯，鬱者以申，而無有所蔽夫。其志豈直山水之間而已哉！昔謝康樂伐山開徑以極游放，柳子厚發永柳諸山而著爲文章，皆以高才棄斥用，攄其抑鬱不平之氣耳。或謂恭甫類是而實非也。恭甫恬靜寡欲，與物無忤，而雅事養神，邂逅得此，用以自適。而經營位置，因見其才。初非若二公有意於其間也。雖然，二公在，當時或有異論。而風流文雅千載之下，可能少其名乎？嗚呼！地以人重，人亦以地而重。他時好奇之士游於斯，庶幾有知恭甫者。

明 邵寶《容春堂別集》卷六《鳳山書屋記》 鳳山書屋者，封户部主事皋牧秦先生之所築也。自始築至今，凡若干年矣。其爲制也，臨流爲門，依林爲垣，幽雅朴儉，望之知爲儒者之宫。矧所謂鳳山者當其前左，若有相顧之狀，而烟霞草木發光露彩，播散芳澤，日相尋於軒窗焉。先生讀書其中，得於山者不爲少矣。乃追惟其祖某府君始築之意，而扁其堂曰「鳳山書屋」。

明 黄姬水《白下集》卷一〇《青溪田舍記》 青溪田舍者，惺吾王子寓金陵之所築也。金陵古稱佳麗也，而青溪尤擅勝焉。溪自吴鑿有九曲，連綿數十里，發源鍾山，泄湖播溝，以達于秦淮。前朝聞族多居之。王荆公詩云「昔時江令宅，今日段侯家」是已。昭代創建天邑，青溪爲廛市，車轍馬足交其墟，非厭囂埃、樂林草者之所栖矣。循溪而南，出禁城外五里許，窈乎迴陌，漠乎神坰，山益深，水益幽，邃索泱漭之區，是則王子別墅之所介也。墅環以溝，溝上樹桑、棗、榆、柳，蓊薱匝布，別自成壤。溝内有田，田上有池，池上有圃，中構三舍。舍凡三楹，堂寢雖不宏大，而繚垣周屋，曲有奥思。蓋宅崇岫、蔭茂樾，搴高霞，玩流泉，悠然會心矣。登舍而望，雖瞥目可盡，然椒塗蘭術，般紆衡折，若中宿而後至者也。厥田畝百，黍若千鍾。厥池畝十，魚若千石。厥圃千畦，果章百頭，竹竿萬箇，牛蹄角幾、羊足幾，僮指幾，一歲之入，僅足以爲一歲饘粥之供。王子讀於是，稼於是，優游卒歲，不知金陵之非家也。

明 魯鐸《大椿洞記》（《皇明文範》卷三四輯） 芳秀亭西坡有坳土，色正赤。嘗欲因之爲洞。客有以陰淫爲説沮之者，聽焉。既逾年，初志横胸中不能除。一日登夢野臺，適書院庭，水出東牆石竇，徑臺北溝中，趨磐池。雜樹交翳其上，但聞直折高下爲聲有異。喜曰：曩使南，交道群山，往往聞洞中泉

出。茲頗類之，吾作洞乃舍是乎？遂比枝跨溝，屋而茭覆之，門其端，東向以爲洞。近門木多椿，刪冗黜惡，特大而奇者留焉。練一株，蔭小臺如蓋。臺前則桃竹佛桑蒙密，不剪伐，貴障蔽也。洞之脊重組蘿薜，不異坡陀蓁薄然。自洞視臺，顔仰欲墮幘，及俯瞰園池，諸處相高下亦稱是。樹間竃罌，茶具略備。有涉園者，洞口見之，歷歷如隔簾，其外乃莫知有洞者。每客款外户，童子必辭焉，非所識不至入書院。客或及聽事，童子必辭焉，非素稔不至入已有園。既入，則登林亭，坐奕石，渡凫洲，以入草堂，試釣紅雪午陰之磯，啓東塢北軒以閲群藹，登臺縱遠望皆得與童子俱，苟非深誼分實，不復知有吾洞。洞粗如六一之所謂舫者，旦迎旭日，暮延霽景。塵氛所不至，喧囂所不聞。讀書，哦詩，鳴琴瑟諸無不宜。吾病夫則静坐熟眠爲至要也。洞未定名。一日，客有古貌野冠服入者，童子不得辭，請刺曰第入報吾無名氏也。入曰：子誠静者，有園如是，而復爲此洞。子誠静者已。復環視修辭曰：吾聞静者壽，爲子名洞以「大椿」可乎？余曰：大椿以萬六千歲爲春秋，斯不已駭聞矣乎？雖然，吾餘四十而登進士，改庶吉士，受史職以及於今，同年三百人而今死者幾三之一，庶吉士凡二十死者今至七八人，同官凡八人死者今亦三人矣。於同年吾預長列於庶吉，同官吾最長。今雖病，幸生逾下壽。故嘗種橘，有悴及期而復生者，人謂兆永年也，因别號甦橘山人。此殆可名洞矣。曰：孰與據洞之有子以爲駭，則詩所謂「萬壽無疆」者非與！辭去，懇其姓名，曰：吾無名氏，吾無名氏。子奚以名爲？徑去，不復顧。或者以爲異人之有道者。竟從之，扁洞曰大椿。

明 湛若水《朱明洞記》（《羅浮山志會編》卷一二引） 甘泉子宏治丙辰，同李世卿與諸子游博羅。因曾子魯胡子學造冲虚觀，歷大小石樓，以覽黄龍諸勝。辛酉，偕趙元默由增江口而入，經梅花村，以宿冲虚觀，亟以書報胡、曾二氏。黄時卿氏來會焉，求古所謂朱明洞者而卜築焉，以爲退居之地。朱明在冲虚觀之後，左倚蝦蟆、玉女諸峰，臨以飛雲之頂。右挹麻姑峰，諸秀掩映，流水瀰瀰繞洞前，以出冲虚。有大石刻，曰朱明洞者，當其前，蓋古迹湮没已久，人所不到，極幽處也。於是，亟令人伐木，剪荆定卜焉。栖霞道士李以賢曰：吾等當力爲之。於是内爲寢者五間，前爲堂者五間，又前爲門者如寢堂之數，兩廊翼之者八間。繚以周垣，引泉入於厨。經始於丁酉之冬，訖工于戊戌之秋。張千兵世武視工焉。

明 王世貞《弇州續稿》卷六〇《石亭山居記》 環陽羡而四郭之外無非山水。其山之冠，則皆青峭鬱麗。其中則宛轉深窱，而其下則多嵌空玲瓏。其水之爲湖、若溪若汊者，皆泓渟清泚，可濯纓而鑒髮。山水之所交蔭則皆沃野，有稻禾、荈茗、美箭、柿栗之屬，而又爲寓公騷人之所咨賞。若蘇長公輩，詠歌而志識之不一。以故環陽羡而四郭之外亦無非甲墅名圃。嘉靖中，邑之賢大夫吴先生强棄其印綬，歸而邑。邑於郭，居之不快。行求地，至城南之五里，得一故墅而樂之。問其田與賦，則皆中下錯也。曰：吾且以爲孫氏之寢丘乎。傍有一小山，曰石亭。其高與延袤，皆不能里許。質之人，某已氏之所棄，可損緡籠而有也。乃益置廳宇、治丙舍，爲凉榭、暖閣、庖湢、浴室之屬。雜莳名卉，翼以松柏、篁竹。相土之宜，以滋果蓏，旁畝益拓，粳秫參之。瀦流以爲魚防，闢埸以爲雞豚栖。曰：吾宫於是，飲食於是。其羡猶可以沃賓客也。暇則扶藜杖、躡蠟屐而登所謂石亭者，則銅官、離墨、荆漢二九上下之勝一望而既之。曰：是不必皆吾有也，庶幾哉不皆吾目有乎。

明 陳鶴《海樵先生全集》卷一七《山水園記》 越城東南有隙地焉，廣不百步，蔓草交蕪，敗垣四穿。余愛其市遠而逕偏，人烟不鄰。惟前傍猷畝，後臨古河，危橋倚木，遠近映帶，往來延佇，宛然一村落也。乃就其中濬池二百餘丈，爲三曲若困龍屈蟠，水波澄深。即池之西，累土爲山。周栽花樹，蓊鬱披靡。每至林，日半含則山影在水，上下摇漾，故名之曰曲池山。山下叢竹森立，若覆若羅，支笻而入，不異高巖窮谷之中。陰寒襲人，萬慮俱遠。遂名曰竹壑。池中有堤二帶，傍值柳樹數百株，春至則條葉舒青，絲垂堤上，望之蒨然，乃名曰柳堤。引堤道爲池梁，西穿山麓，繞梁有老梅雙峙，時則淡香霏微，踈影横月，其名曰探梅橋。橋通小軒，開軒而見池。客至軒際，魚游萍間，往來不驚，浮沉相樂，若忘於客也。因扁曰擬濠軒。軒後復左循一坡，乃會於山路，而上直躡其巔，有亭兀然。仰見霄漢，平臨秦望、天柱諸峰，星月之所照耀，雲霞之所吐吞，捫危矚遠，莫可窮際。梁溪王仲山聞而寄其題，曰太虚亭。而北數十步，搆堂三楹，弱楣曲梁，任其野朴。木門土檻，僅可栖遲。郡守江村沈侯、通政甬江趙公訪予，唑堂上，網魚爲黍，摘柑薦觴。乃顧其山而言曰：佳哉，是山。嶟若天産排拱，中附列八山而俱也。甬江手書扁曰九山草堂。

明 郝敬《山草堂集·小山草》卷五《康樂園記》 晉謝康樂有山水之好，爲永嘉守。後千年而予爲永嘉令。江天寥落、雲嶠煙渚之間，恍然如見昔人。

所稱射堂南樓、孤嶼赤石諸勝游，屐跡雖堙，而風景猶在。簿書之暇，脱身幽討。彼美伊人，宛在一方。甲午徵補諫官，乙未謁假歸沐。因買山於西郊十里之外。問其地，曰此康樂阪也。予聞似而喜。寧赤石孤嶼，與吾偕歸乎？徐叩之，則其地主姓名也。予曰：可哉，他山故山，今人古人，何常之有。因以其名名吾園。園初闢，不盈十畝。後負高山，深秀逶迤如屏幛。前開平陸千頃。兩泉，一自東麓來，五百步而注于井，一自北麓來，三百步而注于厨。烹茶洗墨之餘，清流涓涓狼藉爲野水，謀所以收蓄之者。迄今十七年所矣。甲辰，解組大歸。拓園外地百畝，遶屋爲池，受水以代藩牆。外爲大池三匝。內池與中池潛通，而中池長可二里。外池半壁以承餘瀝，隁以修堤三百丈，表曰煙雨堤。堤亘水中央，蜿蜒西入。槐柳夾道，浴鳧飛鷺之屬，與林水出没，如雲夢圃草，行人不知爲山谿也。半里阻斷橋，浮艇而北登岸，藤棘鉤衣，則內池之隩也。石徑齒齒，柴門東向。小橋女墻之內，緑樹壓檐，清漣平砌。乃南其户，遂有怪石，獰猙屹立。客至則夥頤詫之。遶庭東西升，是爲春草堂。堂下石一片，如流雲欲飛。上有槐龍，緑髯婆娑罩之。下臨小池，清泉百斛。繚以石楯，雜花因依，青松離立如人長。皆主人手植也。堂後爲軒，軒東復爲側軒。梅花二株，蔭以茅亭，署曰香雪。堂後鑿方池，可二畝許。圍以長廊。架竹引泉，絶重堤而入，歷堂室、井竈皆徧，而後達于池。池内藝菡萏，岸植桃李梅杏橘柿梧桐之屬。良宵清晝，振舄行歌。清蔭月樹，訖可小憩。池中央爲臺。編柏爲籬，架石爲梁。由南軒登，是爲清越亭。亭北仰眺飛閣、花塢三重。表以奇石，覆以荼蘼。盈盈一水，咫尺不可度。南由石梁，遶廊東西，栗九級而升，則向所仰眺，蒲伏階下矣。躡梯更登，是爲紫煙閣。覽遠岫于林端，瞰危巢于木末。四顧園林，變態隱伏之情靡不畢獻。雖有煙霞雲霧，不復能傲漁父以迷津矣。閣西，遶廊而出，是爲浮筠亭。修竹千個，在水之湄。竹裏泉聲潺潺然出，遶亭石田如砥。主客班荆濫觴，仿佛河朔。可以避暑，依稀蘭亭。可以賦詩，樂彼七賢。可以醉隱，不恨我不見昔人，恨昔人不見我耳。迤南爲西清軒，軒前海棠夾道，千枝婀娜，軒後密竹映水。每夕陽散綺，微風摇玉，主人隱几而坐，則龜魚戲于階下，鵯鶋哺于牖上。稍前爲穮蓑堂。堂南向，右爲寢，左爲浴室。入其寢，虚駛響于枕。入其浴，石髓漬于房。堂前盆石，蔭以紫薇。主人黄昏獨坐，諷樂天佳句。白首夕郎，有卧聽金鑰之想。犬馬何功，殘骸病骨，占此丘壑。嗚呼，主恩厚哉。南出，曲檻臨水，小橋十步而前，爲清華閣。閣浮水面，支以石筍。憑欄投餌，則鯈魚唯唯出人履下。莊生知濠上之魚，而不知主人之知魚，如此其狎也。凡自紫煙閣西，觀止此矣。閣東，高梧當小門八，幽洞沈沈，忽阻深澗。過小橋，磬折而南，竹樹兩行如翠幄。寬可容身，長可二十丈，表曰一徑。徑抵小廊，東當古槐。折而北，廊盡。平臺半畝，欄楯四周，藝芍藥三百本。欄外翠柏森森，荆棘蓬蒿，往往而殖。園丁請鉏之。主人曰：生不當户，何必盡芳蘭也。臺北爲戲彩堂。堂俯藥欄。莫春天氣清和，百藥開放，則率婦子、舁板輿，共奉太孺人自城中來。宿宿焉，信信焉，池魚林筍，花間一觴。庶人之孝也。堂後危樓突起，雲梯三盤，重累而上者四十尺，嵯峨與北山争雄，是爲聽鶯樓。則主人之宛委柱下，古書數種藏焉。凡自紫煙閣東，觀止此矣。樓下西廡，小徑北出。短墻之外，深壑藏舟，繫纜於雙樹之下。主人出游，則自此理棹而西，歷紫煙閣、浮筠亭，西清軒後。皆斷岸深谷，灌木濃蔭，蛇龍之所蟄也，山精之所藏也。過西清軒，支流石轉，迴抱小陸，茅舍一區，是爲園丁之居。由此達中池焉。直南則遶清華閣左，高柳方塘，跨以横橋，是爲內池。此西游也。由雙樹理棹而東，稍折而南，沿小山右港達中池。直東則沿小山左，長波蕩漾，數里之外半浸山足。岸低水淺，野色平曠，村舍墟煙，迎舳艫而入望。此東游也。落帆東浦，陵波而西。回眺園林，在水中央，乃有小山如伏兕。碧樹亭亭，戴以茅茨，是爲晞髮亭。兩岸架木如衣桁，舴艋隨波上下，是爲浮梁。中流飛甍翔起，履圓丘，東向而立，是爲問月亭。亭西小山北隋，長堤南横，水天平闊，澄鮮一碧。稍剡而北，入小港，緣隈而東，曲阿環擁，一泓中開。湧珠林于香海，建寶幢于龍宮。停橈登岸，是爲海願菴。則母孺人之香火于瞿曇氏者也。【略】右个爲香積厨，左个爲禪室。劗東壁而入爲雪竇，磬曲可五丈許，銀瓮皎潔，如不夜天。竇窮，有室虚白如玉斗。茅檐覆水，窗含東嶺，喬木巃嵸。是爲水竹居。用杜甫「拾遺不奏數行書，懶性從來水竹居」之句也。老僧椎魯無懷，主人小艇頻至。清茗妙香，一榻相對。不話因果，不問净土，不説無生，尋常世法覼縷。而夕陽在山，明月印水。時或風雨夜分，昏衢理棹，循溪而歸。艤舟卧榻之側，解衣就枕。而林鳥亂鳴，旭日當窗矣。杜審言詩云：「獨有宦途人，偏驚物候新。」不知山中歲月，驚新尤易。閒緣冗于簿領，幽夢短于黄粱。酒債詩逋，新故交催。而居諸匆匆，已七易寒暑矣。昔漢祖五載而成帝業，孔子謂七年教民，可以即戎侯王七年，爲政於天下。司徒教士，七年小成。予徒以澮沼灌園，栽花種樹，經營于草衣木食

之業，沈淪于卧雲枕石之鄉。且竊竊然誇蓬藋侈榆枋，豈非小年大年，分量固逕庭也哉！夫富貴成于巧宦，豪華生于多貲。樵風煙艇，豈津要之梁。繡屋朱户，非蓬累之居。予之爲是園也，因陸爲山，即水爲池。天真有餘，而物力不足。蕭散非乏，而豐腆全輪。無金碧莊岩之采，無般爾結搆之奇，無名花異卉之植。無清歌妙舞之戲，無結駟連騎之客，無椎牛釃酒之會。鴻飛雪印，鹿脱山厨。椶鞋布襪，竹杖柴車。形影相招，風月同攜。釣魚閒處，譚道讀書。爲善最樂，知足有餘。蓋偃鼠之量不過滿腹，而鷦鷯之安惟取一枝。甘悠悠以終老，奚逐逐以求知？是以禄不過儋石，而人曰富矣。官不過七品，而人曰貴矣。年不過五十，而人曰死矣。進有官謗之速，退無鄉曲之譽。知我者惟魚鳥，好我者惟泉石。已焉哉世棄予，予亦棄世。或者曰：「子命園康樂，志欲爲康樂乎？」嗟乎！予之不能爲康樂，可悉數也：家世侯封，資業不如。二巫兩山，勝地不如。伐山通海，疏鑿不如。無「春草」、「池塘」之麗句，無霜臺籠日之秀姿。徒以宦迹偶同，妄希高矩。然而石壁精舍，始臨別墅，非幽人之考槃，白駒之空谷歟，胡不奄有？而雞肋一官，羊肉五斗。風波失所，身首異處。所稱高揖七州，拂衣五湖。託之空語，若斯之謬，吾知免夫。乃復自謂慧業文人，争先成佛，緇塵未净，白業攸虚。證果入聖，吾當前驅。

明 倪宗正《倪小野先生全集》《天然洞記》 天然洞，未始爲洞也。仰而觀，若洞焉。於是隆而規之，朽而加堊，不假安排，而天然一洞矣。洞之左，圮而若坡，横亘於前。舊嘗雜植竹樹花卉，至是則森鬱妍麗，交相掩映。點以紫雲三石，如排峰疊嶂，環秀拱奇，恍在深谷雲霞之中。夏回緑陰滿户，微颸自來；冬則離照送暄，朔風弗厲。可凉可温，足逃暑寒。櫻花於春，桂花於秋，豔色清香，各擅時美，而洞之景又天然矣。吾乃吟於斯，奕於斯，而坐卧於斯。接佳氣，弄流暉，驅俗想，澄神養知，而有以啓天然之悟矣。因是而見天下之事，爲圓爲方，爲平爲直，皆天然也，何必安排爲哉？夫是洞成於天然，而吾乃怡天然之景，啓天然之悟，以見夫天然者，故名洞曰天然洞。

明 王文禄《小瀛洲記》（《皇明文範》卷三八輯） 海城之西有地隆起而爽夷，周圓直方，廣大彌望。古木蟠錯，蒼藤纍垂。河流發源天目，灌注隍陂，瀠紆遶映。紫雲、金粟、秦駐、豐山屹峙東南，與滄溟潮汐相盪潏。女牆環帶，斷續見於密葉踈條間。近市阛而喧闐不聞，截津梁而舟楫堪濟。《實考槃境》云，東濵先生夙抱高尚未艾，懸車，即命橐駝柞菑翳、芟蕪荒，畫以理疆，分其行列，徧植梅桃李杏、櫻鬱柰梨。居無何，薈蔚朝隮天翹林藪。維歲庚子，相度尤勝，經營一亭，亭聯三舍，舍啓八窗。漆楹黛凝，堊壁玉瑩。後接二室，設爨竈以待烹名試茗。所飾雪窩，以懸榻名遽夢窩。疊奇石爲峰巒，名招隱山。架薔薇爲前屏，名雲錦屏。循曲徑編槿爲闌，名秀卉闌。倚南涯結竹爲洞，名醒醉洞。因西阜增培爲臺，名鳳凰臺。傍横老梅，槎牙罩俯。枕郭公琴磚。于下列三坐石，名太古壇。據北匯甃石峻起爲漁磯，名收綸磯。地盡東界，儲沚水，種魚以供饌膾，名玩躍池。池西隙地蒔蔬以備旨蓄，名茹美圃。亭名「時賞」，蓋以四時皆與賞宜。統呼之曰小瀛洲。

明 戴澳《仙都游乘》（《名山勝槩記》卷一九輯） 縉雲縣治，邐以連峰，清谿曲抱，嶺樹菀繡，青入春潭。是即仙都矣。筍輿出東門，岸谿皆山，漸露奇骨。行數里，望見姑婦巖，宛然姑坐而直其婦於前也。復數折，長壁瞰谿，紆迴千丈。縹霞横抹，歷劫愈新。是爲仙榜。【略】榜盡而獨峰迎矚矣，然猶隔谿。上初暘洞，上橋截鏡，危磴割霞。轉入窈梯，爰出陽谷。凡洞冥深，此獨朗闢。古雲敞竇，澄雪浴根。宛轉闢通，光景曲暢。聞昔有臨崖作屋者，是眼中看砂也。良久乃下，回視絶壁，便詑身是飛仙矣。方舟渡谿，登忘歸洞。洞殊不佳，徒以謝客一憩，遂使山靈擅聲耳。漸近獨峰，望所爲鼎湖者，止見古松冪頂，獨峰故自奇，正不必假荆山神蹟爲此峰葛藤也。先至玉虚宫。宫已廢，僅存一亭。置酒亭中，引滿者再徑趣獨峰。拔地迴立，高可百餘丈，圍三之一，如志所載，太侈矣。一面柱谿，傍有童子峰，遠望似及膝，近乃齊腰。亦拔地起。後有步虚峰，峭石林立，若此峰可登，當俯視獨峰之頂。溪對有獨峰書院，朱紫陽建。獨峰信奇，第恨其能獨而不能出，又恨其能出而不能藏，則以東掩於步虚，使高嵐滅頂。而游客西來，入望太早，苦無重帷襲幕，令人步步可思耳。

明 吴應箕《樓山堂集》卷一八《暫園記》 于是隨山勢營爲園，壘而週之。園林其中，林際搆亭，對亭爲堂，亭側列舍數間，貯所讀書。旁爲廊入，梅桂環擁。然後掃除荆棘，剪滌蕴叢，而向之森挺盤曲、棄置草間者，盡爲檻楹間物。蓋凡兩年而園成，成而自題之曰暫。

明 丁元薦《尊拙堂文集》卷一二《瀧園記》 出邑北郭十餘里，有泉曰龍潭。潭北稍東半里許，跨石梁而西，小埠點點如拳。東南行數十武，地平，衍湍四面嚙之，竹林翳其南可數畝，若張喙飲于河。丁子臨流卜築焉，瀧園

者，何介山水也。由吾園而西，南北萬峰，合沓如邁軸，潨流縈之，大如練，小如縷，引而注之前楹。怪石參差，勢若相攫。東望白氣如雲，下爲五湖。軒翥澄碧，曰兩洞庭，矗然東南峙，曰蒼弁。王摩詰不云乎：「大壑沿堦轉，羣山入户登。」吾庶幾有焉。春漲夏潦，瀑飛如龍，驟如駟，怒如轟雷。秋冬泓澈可鑑，沁人肺腑。朱鬣泳沫，驚飈乍波，時與松濤、梧葉、寒蛩、哀雁交韻雜吹。夜半卧聽，如朱絃入枕。庭中馴孤鶴，晨輒鳴舞，若有解者。竹萬箇，梅千樹，橘、柚、桃、李、梨、杏殺之。葯蘭、薜荔、芙蓉、牡丹、芍藥俯仰交媚，菖蒲刺水濱，雨後秀色可飡。牆外榆柳，綴以丹楓，霜後如赭。東鄰一古梨，廣十數圍，蔭數席。花時映帶如畫，予架長廊以受之。或曰：此獨不能爲而有耶！予笑曰：夫孰非園也，何必我山。田數畝，資于泉。傭人耕之。主人時觀稼穡焉。花畦竹徑隨宜，蔬蒔無虛地。山不蘄靈，泉不蘄名，花不蘄奇，臺榭不蘄麗，意在自適。生平負書癖，扃户下，帷率子弟肄其中，平頭竊笑曰：老蠹魚不了夙業耶？予亦捫腹自哂。沿磵結小茅茨，錯落峭蒨間，以待問奇者。客不同調不時過，過輒汲泉瀹茗，烹笋擷蔬以佐酒。班荆談謔，真率酣暢。或主人欲眠客去，或不留而信宿。鄉人往來間，與譚風雨暵溢，時亦關情。倦則蒲團，興則一笻一屐，一吟一嘯。昔有入箕潁者，見一老叟，揖曰：子許先生耶？何樂而居此？不應，再拜扣之。老叟曰：能棄家乎？不火食乎？居吾語若。其人心動，未及對，輒失故處。丁子曰，世蓋有覥面而不知者，焉有終身其中而不知者焉？寧渠不知，抑以爲累夫！予何敢驕語岩穴，聊以遣累已矣。

明　吴文奎《蓀堂集》卷七《蓀園記》　海陽之南牧，有市曰臨溪。入市首路，故名蓀圻，余世業在。去四百武而遥，爲蓀園。前達横正，後達方干，西隣聚族櫛比，惟東則沃野崇山，足稱大觀。先是余課子家塾，即所謂適園者。大僅半畝，喧囂特甚。會先兄廷開以廢圃售，家侄後割圃畔膏腴足之，遂得匠心議土物焉。園負坎向離，群峰矗刺天外。門内舊植槐、柏、江梅，行列井然，因取道其中。折而東，抵魁父草堂。下堂，地墳如一丘，因名草堂，志小也。庭中祀先迪，功室龕巋然，詳具《家祭志》中。登中霤，周遭皆雷竹、桂竹蒼翠，檀欒映帶。綺疎廣三尋，高二仞，深仞以半。堂背爲都房，慈孝竹一蘽幾萬竿，松一株，偃蹇抑鬱，無復凌雲望。余感亡兒賁志，坎掩筆硯其下。兒輩憐之，爲題石，書「吴仲穆瘞筆研處」。東端爲清凉室，蔽牖俱竹，密不受日月。西端爲蜚肥室，盧橘叢桂，勁幹離立，蒨葱可挹。翠柏一株合抱，扶踈直干雲霄，皆百年物。簸窗受之，令人作天際真人想。附牆低屋五楹，泡湢浴室具在，取近也。循魁父東折，步檔可數十武，題以「緑雪檻」。上覆美蔭，下滋崇蘭，過之泠風翏然，六月忘暑。又東折度門，爲葵圃。澗水竇牆入，淙淙不絶。課獠奴斞水灌溉，以代桔槔。汙池可數弓，花嶼中峙，若鳧雁象馬。菡萏茭蒲雜植，宛在蕭湘。一曲平橋，曲折亘兩岸間。洲上爲蓀亭。崇山峻嶺，茂林脩竹，差具體山陰。余暇則趺坐其上，甚樂也。至盛夏方碣一築，清流怒湍，浮杯迅駛，令人忘死。穿灌莽，級石磴，得緑天坐。隔岸巴且百株，飄颻蕩漾，縞素對之，凝緑如染。旁隙通希夷洞，主人故好眠，日可三眠，不聞不見，是以名。然抵洞口而東出之，步盡矣。由緑雪檻直北出衡門，嘉桑一，柿一，高且十尋。濵水多梅竹，設石几。少憩路畔，蘽桂與桑争奇鬥勝。循墻以西，爲達生臺。朱欄臨水，臺上古柏二株，亭亭相倚。花卉點綴，倒影參差。游魚跳躍水中，小有濠梁之致。從西岸竹百个，藩屏蔭界，鐘磬、香火、梵唄時時起。房中其主人休影息陰，汰漉塵坌，思一濯清泠之淵乎！北度萬里橋。橋頭桂一株，勁幹虬枝，如蓋如屋。下置黟石一拳，足揮麈逍遥，名曰逍遥坐。少進，爲麗桂齋。廣庭列植四桂，齋當之。聚經生隆師都講地也。堂楹三，得室四。會饌、栖童僕具在左掖。即授本業，不妨宴息，榜曰麗桂，竊取離騷語也。逕齋頭竹中可十數武，叫窱深黝。抵門，古梅一株，犬真蔽牛。甫出門，目境曠如，圍以短垣。高閣飛跨塘水，憑虛四望，東密巖、三跳石當東南方，山嶺當東，方口、拄棒山，嚮山當北，赤山頭當東北，餘環拱諸土山，如困廩，如蛾眉月，如屏扆丫髻雙峰。磈砢雲巖，石骨峻嶒。李青蓮云「五疊屏風雲錦張」，因以名樓。登樓則見平疇曠野，阡陌縱横，煙樹室廬雜沓，豆櫳麥蹊錯出。時青時黄，時紅瘦、時緑肥。五禾具備，田間水流涓涓，穿舍下經，隆冬不涸。塘口原道上行旅梭織。諸遠峰贏尖，黄羅公山、伯山歷歷可數矣。下曰水華榭，波光動盪梁棟間，四周環植榆柳桃李梅千百本。深水種魚，淺水種蓮。朱明啓侯，祝融司令。幽芳吹風殢人，逮朗月踈雨更爲增勝。東北行拾級爲方廣臺，正面東雲巖，先輩程克勤學士紀游詩語也。過此以往，歷水月廊七楹而園之事窮。外宅童僕重青氊故物爾。總之，計地八畝有奇，計緡千金有奇。魁父、麗桂以幽邃，水華、葵圃以踈豁。幽邃者，樛木壽藤，翳陰積蘚，十九在因。踈豁者，山環水注，短垣飛甍，十九在創。因者易，創者難。因者襲人，創者乘天。此蓀園大槩也。客謂主人曰：「里中園墅，棋置宏鉅瑰麗，吊詭爾雅，何氏無之夫！夫五十角

而游觀，不貽笑大方乎？」嗟乎！余直日暮途窮，計無復之。上奉蒸嘗，下思貽穀。托之區區，少償夙志耳。且也新安山贏水詘，罕能得兼。天幸贊我，灌木可蔭，溝澮可瀦，層巘良田可眺，衽席几筵以全收之。竭蹷從事，庶幾弛張之道哉！若避虛嫌辭，實亨世所爲譏撲滿也，主人業已辯之矣。

明 祁彪佳《越中園亭記》卷五《城西・意園》 鄰不謩軒有園，極幽潔。合玄先生第三公所搆也。小沼當門，疏花遶徑，書舍祇數楹，環而涉之，若無窮際。於此見作者之巧思。

清 王艮《鴻逸堂稿・龍溪記》 予家龍溪之上。前列五峰，後擁疊翠。鍾山抱其左，黄龍峙其右，中有良疇膏畲。居人耕食之水自溉禾以鋤爲壅決，不憂旱潦。溪水自東來，兩端束而中廣。有板橋二，迢迢卧溪上。溪首有元廟，曰廣仁，祀張睢陽、汪越國。有蕭梁寺，在前三峰下，門亘卧峰，林木蒼鬱，紅牆露其間。有二園，一藏内，修竹古樹蔽之。遥望妖紅瑩白，與飛閣爭麗者，溪上園也。園右一亭，曰環翠。立其前可望黄山雲門峰。一亭名碎影，在下板橋松林中。自此夾溪桃柳沿接。鍾山麓，佳石散溪内，可濯可釣。當春仲時，緑霞紅霧中鷗鷺羣飛，但聞水聲潺潺，不復知所去。先祖龍山公偕族王父寧、寵完三公於山麓搆石梁，亭子立其上。宜暑坐，宜觀紅葉。有松百株。東望黄龍，後鴉青十丈倚空，奇麗奪人目，石耳山也。金液三泉在石肩金嶺下，味甘冽，踰惠山，若隱君子跧伏衡茅，不炫一美。五峰具五行體，莊悍秀冶，又若五方之賓，巖巖臨顧爲之主人者，真有應接不暇之樂。金嶺旁一澗前合溪水，水皆甘冽，使陸生過之無處着舌矣。溪上多紅白梅，多碧梧、芙蓉、李柏，春鳥近人，夏陰接武。霜降後，千林如錦。板橋南岸，水色作柴窑片。歲暮雪飛，人家散前峰。下者酒帘烟穗，摇漾銀光，中大癡雲林，可劃數十幅。時有紅苞綴艷於寒溪槎枿間，則畫家前所未有。夕陽欲下，樵歌牧笛遠出諸山谷，暮煙横峰腰不散。予嘗坐園閣上，平視松林可撫，山寺鐘聲隱隱而至，幽意不可狀。命酌至月上，散步溪頭，濯冰壺莫能喻。清風徐來，栩栩欲仙去。偶發長嘯，響答至十聲不止。此固靈奇異境，非水光山色、名園麗矚所得而易有者。嘗謂名山難值佳月，而雪候多不可游，爲古今恨事。予居之溪山雪月如此，桑麻雞犬世長，子孫使無科税之擾，居人得稼穡不廢，即奇踪五百，不必更問武陵溪口矣。先王父初號龍溪，後於郡中福城山房受王龍溪先生良知之學，以姓皆同，乃更曰龍山。所居實無是山也。因記龍溪之槩，畀子孫世守，庶無忘先王父昔之爲號云。

清 白胤謙《東谷集・歸庸齋文》卷三《念園記》 因復營斯園，以備菟裘。且近先人兆址，若奉省視。又以之巡阡陌，測雨暘，休疲病，精學藝，蒔蓏蔬，靡弗便者。此莊地形當山谿之交，其勢迴互，去留如有意。雲樹莽蒼可觀。園之制：中爲虛堂，曠朗宜夏。左爲朝室，有窗有廊，宜春秋。左上爲夕室，置卧處，宜冬。井宜灌植。土垣石逕，素樸不華。

清 邵長蘅《邵子湘全集・青門賸稿》卷五《客山園記》 上虞治之東北三十里，有山竦拔而挺峙□如賓客者，曰客山。對面有山類横琴者，曰琴山。形類鳳者，曰鳳皇山。迤西一峰離立，高及客山半，若俛而拱揖然，曰主山。羣山迴合，隱然如環，中有居人數百家，其里名五大夫鎮。相傳昔焦媼居此，五子皆爲大夫，因以名。而王梅溪《會稽賦》則又稱五松云。地多水田平疇，宜秔秫。其東有湖曰新湖，淪漣十里，漁莊蟹舍，映帶如畫，是姚虞之界矣。予友尹君迂夫居其地，數爲予言之如此。君又言曰：客山距舍下僅百武，舍旁故有隟地一畝，而贏中有池，有梧柳。予將甃池種荷，環池益植巨竹、梅花、叢桂之屬。又將搆屋五楹於池北，中爲天放軒，虛其左右，以庋書籍，貯茶器酒具，而榜其扉曰客山園。予故倦游，將歸老於是矣，敢以記請。予笑曰：吾記易耳，須子園成，記之未晚也。尹君曰：不然，吾園既成，則園娱心也。吾園未成，則心造園也。久矣夫，吾心之有一客山園也，而奚不可記？且夫造物者有亡、成、毁之數相循無端，而金谷、平泉、履道之勝亡論已。近而李文叔《洛陽名園記》，周公謹《吴興亭館記》，更近而遺老所親睹記，弇山、紅□諸園，其呑若吾園什伯，而不蒂芥者何限，而今有存乎？亡有也。嘗試曠覽古今，當已毁之後，視吾園未成之前，孰有耶，孰無耶？抑吾園浸假自亡而之有，浸假又自有而歸亡，有亡成耶，亡果毁耶？吾不能知也。夫既已銷沈剗滅矣，而區區之名仍存天壤，則豈非文章之垂後者差能久與。予喜其言類聞道者。乃次第之，作客山園記。君名鋘，能詩，工臨池，亦豪於酒。迂夫其號也。

清 潘耒《遂初堂詩集》卷一二《縱棹園記》 侍讀喬君石林歸臼田，得隟地於城之東北隅，治以爲園。園内外皆水也。水之瀦者因以爲陂，流者因以爲渠，平者爲潭，曲者爲澗，激而奔者爲泉，渟而演迤者爲塘爲沼。水中植蓮藕十餘畝，芙蓉、射干羅生水畔。反土爲山，山上下雜蒔松梧柳梅，多至二百餘本。桂百本，桃李無數。有堂臨水，曰竹深、荷净之堂。有亭在水心，曰洗耳。有閣覆水，曰剪淞。有橋戴水，曰津逮。不疊石、不種魚、不多架屋，凡雕

組藻繪之習皆去之，全乎天真，返乎太樸，而臨眺之美具焉。君家去園不半里，每午餐罷，輒刺小舟來園中。巡行花果，課童子剪剔灌溉，瀹茗焚香，捫松撫鶴，婆娑久之而後去。有佳客至則下榻焉，琴奕觴詠，陶然竟日。蓋爲園最難得者水，水不可以人力致强而蓄焉，止則濁，漏則涸。茲地在城中，而有活水注之，湛然淵渟，大旱不枯，宜園之，易以爲勝。而至者樂而忘歸也。往余在京師，見王公貴人治園館極其閎麗，怪石蟠松，珍禽異卉，皆可羅致，而獨患無不竭之水。黑龍潭蹄涔一泓，遂爲名勝。豈知吾鄉在在皆濠濮哉。然士大夫縻於好爵，家居之日少，往往不暇爲園。或間歸，乘興經營，未落成而遽出，蹉跎不返，有終其身不復見者。則地雖勝，而主人不能有也，亦足悲矣。今喬君爲天子侍從，臣參預密勿徒，以正直挺勁不容於朝，乃得從容休暇，以偃仰於此，非斯人之不幸而君之幸歟？然使君未能與世淡忘，身在江湖而情馳魏闕，則雖景物當前，恒有邑邑不自得者。今觀君恬然自足，蕭然無悶，若將終身焉。蓋君之身雖絀而言已行，澤被乎鄉邦，聲垂乎簡册，不愧不怍，有異乎他人之去國者，茲其所以爲樂也。余既信宿茲園，愛林水之幽勝，而嘉君之能樂其樂也。於是乎書。

清　王愈擴《王印周老師園居記》（《瑞竹亭合稿》卷上）　今來雲間，謁印周夫子，復攜余游所居之園。入其中，魚鳥忘機，山静日長。登閣而望，九峰三泖隱現窗外，桑麻蔽野耕鑿相安。其東則煙樹蒼茫，盡海而止。夫子之樂尚矣。向使夫子大行其志，斯世之安於田園者樂且未央，而吾夫子之自適其適，或且不如今日也。園去城六十里，去金山衛十餘里，去黄浦二十餘里，地最僻。自夫子園之，高者益之爲陵，下者坎之爲池，爲谷邃者曲折之爲洞，固泉石一時之幸耶。

清　汪懋麟《百尺梧桐閣集》卷三《假園記》　居士既歸之明年，無所棲息，假於故人魯子郭外之小園，以少休焉。園在城北，去郭不數里。蜀岡爲背，南山當前。隋河左流而曠其右。地以畝度，得十之四五，菜畦、竹圃、花谿、藥欄具焉。屋以間度，如畝之數而倍之，軒庖、涼燠之室具焉。揚俗爲園，豐於宇，嗇於植。此獨植爲豐，草木之華幾備四時。居士既休於此，門其兩扉，握一卷，枕一榻，終日不聞人語，甚樂也。

清　李鍇《廌青山堂記》（《盤山志》卷一二引）　奮起乎馮翊之區，龍翔而馬逸者，盤之山也。其陽衷虚而骨露，其勢竦，其氣遒，其名亦頗著。至其陰岡嶺巖壑，則奔放而委蛇焉。勢固少殺，而其氣若有所激，如暮年烈士，矍鑠未肯下人者。以其在陰也，名亦遂不著。一山也，而顯晦異矣。枕北山之麓者，曰蘿村。其西南，石齒嵒嶷，吐納雲日者，曰鷹峰。北俯小溪，數里清泚。溪左則雙阜疊峙，長松匝焉，舉夭矯欲飛。町疃小壤錯其間，山氓耕之，大抵皆磽确也。村之北有廢陸，荒絶虚無人。木盛草隨，亂石扼塞。側肩俛首，乃可入。入數十武，一坡隆起，陟而望之，中坦幅削，如風臺百尺，聳立塵表。予曰：卜地樹堂，誰能舍此？遂與二三傖，把鋤握斧，共宣乃力，拔冗剔繁。旬有餘日，頑石徙矣，菑木作矣，羣陰辟矣。廓然清明，日月照灼。於是山環水縈，雲行霞起。沙之粼粼，石之齒齒，山鳥之啁啾，山花之靡靡，莫不獻色呈聲，畢效其下。而吾堂亦適成。子睇視久之，喟然嘆曰：嗟乎！小人斥而君子立，穢私去而神明出。有如是夫。客過而落之，曰：悠哉此堂也。顧何以名之？予曰：名者，實之著也。茲山之不著，何予堂之有。客曰：雖然，幸卒畀之。曰：蒼然而業業者，非廌峰乎？適帶吾堂南，請畀之以此。時辛丑秋九月望也。

清　袁枚《小倉山房文集》卷一二《隨園記》　金陵自北門橋西行二里，得小倉山。山自清涼胚胎，分兩嶺而下。盡橋而止，蜿蜒狹長。中有清池水田，俗號乾河。沿河未乾時，清涼山爲南唐避暑所，盛可想也。凡稱金陵之勝者，南曰雨花臺，西南曰莫愁湖，北曰鍾山，東曰冶城，東北曰孝陵，曰雞鳴寺。登小倉山，諸景隆然上浮。凡江湖之大，雲煙之變，非山之所有者，皆山之所有也。康熙時，織造隋公當山之北巔構堂皇繚垣牖，樹之萩千章，桂千畦。都人游者，翕然盛一時，號曰隋園。因其姓也。後三十年，余宰江寧，園傾且頹弛，其室爲酒肆，輿臺嚾呶，禽鳥厭之不肯嫗伏，百卉蕪謝，春風不能花。余惻然而悲。問其值，曰三百金。購以月俸。茨牆剪闔，易檐改塗。隨其高爲置江樓，隨其下爲置溪亭，隨其夾澗爲之橋，隨其湍流爲之舟，隨其地之隆中而欹側也爲綴峰岫，隨其蓊鬱而曠也爲設宦窔。或扶而起之，或擠而止之。皆隨其豐殺、繁瘠，就勢取景而莫之夭閼者。故仍名曰隨園，同其音，易其義。落成，歎曰：使吾官于此，則月一至焉。使吾居于此，則日日至焉。二者不可得兼，舍官而取園者也。遂乞病，率弟香亭、甥湄君移書史居隨園。聞之，蘇子曰：君子不必仕，不必不仕。然則余之仕與不仕，與居茲園之久與不久，亦隨之而已。夫兩物之能相易者，其一物之是以勝之也，余竟以一官易此園，園之奇可以見矣。己巳三月記。

清 嘉慶《濬縣志》卷一二《雲半山房》《劉志》：在大伾東岩，明知縣張肯堂建。

張肯堂《雲半山房記》：名山如麗人，玉浄花明，其本質也。然而分膏、理澤、助態、增妍、梳掠之功所關，正自不小。余登大伾，訪其佳處。山僧前指，有所爲大佛巖者、朝陽洞者，類皆藉手斧鑿。夫山骨可斲，世自不乏巧匠。然鑱之、刻之，兹山面目所存有幾？此乃漆琴削杖手耳。有識者勿善是也。循覽之，次乃得勝地於豐澤廟南。山形崒嵂，樹色蘢葱。地近龍湫，雲氣蜿蜒。時多異態。余顧而樂之，於是以聽政之暇，搆兹房於其上。屋止三楹，向背委折，各隨地勢。其外則白板柴扉，規制樸雅。啟扉乍入，旋折而南以半楹，東向軒窗明豁，前對古槐一株，敷張偃仰，蓋數百年物也，因名其室爲小槐安。自小槐安而西以半楹，南向排窗，縱目若亭若寺，勝槩畢收，嶺上白雲狼籍，堪贈名曰雲郵。從郵轉北，一龕肅然，供天竺古先生于其中，龕旁取道，遂歷中楹，即所稱維石齋者是也。石壁環繞，天然迴合，礙日阻雲，磊砢萬狀。其東則繚以短垣，以扃外望。游人至此，真如躍入費長房壺中，各疑別有大地矣。齋右虚廊一往窈窕，廊盡得室境趣幽寂，紙屏木榻，最宜黑甜，命曰卧禪門。設常關，忽一關之，則又命展處也。石徑欹斜，度壑緣崖，殊愜幽賞。南行數武，豁然平坦，有亭負山，取摩詰居士詩句，顔曰藹□。登斯亭也，孤峰凌烟，隔河桑柘，不悠然想見當日乎而覯于是止矣。是役也，選勝標奇，未愧前喆。惟是簿書殢人，無緣。慘淡經營，而此中匠石拙于運斤，凡所指授十不能喻其一二，以此不無遺憾耳。夫名山未經點綴，素質故在也。一入俗手，無異黥涅。余不自揣，欲爲兹山薄施鉛澤，發其婉孌，即未能如吾家。京兆畫眉人，時然與灼額爲妝者則有間矣。山靈其許我哉？

清 光緒《廣州府志》卷八五《古蹟略》 櫟園。明歐大任《櫟園記略》：余邑南冲鶴里，土壤夷衍，林木叢茂。蓋靈和蓄結、膏澤涵浸之鄉也。潘君子朋世於是家焉。於近宅選勝一區，依古樹爲園。因高爲山，因窪爲池。池上爲臨漪亭，前爲襲芳館，後爲餐霞閣，旁有静寄軒、易安齋，合而名之曰櫟園。

清 沈復《浮生六記》卷二《閑情記趣》 貧士屋少人多，當仿吾鄉太平船後梢之位置，再加轉移其間。臺級爲床，前後借湊，可作三榻，間以板而裱以紙，則前後上下皆越絶。譬之如行長路，即不覺其窄矣。余夫婦喬寓揚州時，曾仿此法，屋僅兩椽，上下卧房，廚竈客座皆越絶，而綽然有餘。芸曾笑曰：位置雖精，終非富貴家氣象也。是誠然歟？

清 胡鳳丹《退補齋文存》卷六《紫藤仙館圖記》 余自同治丙寅夏仲由皖來鄂，理榷務嗣兼書局。初至時，暫寓城西之都府堤。屋小如舟，不容旋馬，每一入室，局促如轅下駒。後於城東得宅一區，靈光巋然，爲劫火所未及。有屋四十餘間，園亭樓舍，奥如、曠如。地名黄家巷。入門而北爲廳，廳之外有廊。繞廊而東，小園在焉。南則廣廈三楹，軒窗四啓，夏可以招凉，冬可以納日。舊題其額曰崇山疊翠，今移廳檐下。檐前藤花一架，雙柯蔭碧，屈曲如虬龍狀，蓋百餘年物也。余題其額曰紫藤仙館，屬郭君仙坡書之。其前叠石爲山，或立或倚，或俛或仰，詭譎異狀，嵌空玲瓏，恍如靈鷲飛來，別有境界。穿石而西，有小室焉，額曰學書山房。復折而西，有圜門一重，顔之曰蓬門。入門則庭宇修潔，復有書屋，明窗浄几。雲破月來，得幽深之趣。歷階南上，危亭一角。亭前古藤一株，枯而復生。藤下芭蕉掩映，緑滿窗櫺。東接長廊，有修竹百餘竿，清陰可掬入一軒，額曰坐中佳士。又東行二十步許，有亭翼然。其下鑿地爲池，架石爲梁，清澈可鑑。循廊稍北，朱欄一曲。拾級復上，小樓巍然，主人曰是仙靈之所窟宅也。樓下有井深數丈，水淡而香，四時不竭。迆北一門入，奇石當户，曲徑斜通。有室二楹，其一曰三聲草舍。移置西廳上，讀書聲、紡織聲、兒啼聲兼而有之。東一楹，舊有額曰床上書連屋。余萃二十餘年所積之書藏弆其中，庶幾名副其實矣乎！園中花木頗繁，果則枇杷、石榴、香櫞、紅柿，花則紫薇、黄梅、桃李梅杏之屬。此外古柏凌霄，老槐臨水，梧桐篩月，叢桂留人。復佐以珠蘭、茉莉，小品雜花，盆瓮羅列，生意盎然。四時流觀，亦復粗備。余自公退，食棲息其中，頗足樂也。此園爲前人種瓜繫馬，漸就荒蕪。余此來，爲之糞除指拭，焕然改觀。花神有知，當不笑寓公之俗矣。爰倩劉君半青爲之圖，袁君廉叔題圖額，裝潢成軸，並求諸名公題詠，以志雅賞云。

著録

明 計成《園冶·自序》 不佞少以繪名，性好搜奇，最喜關仝、荆浩筆意，每宗之。游燕及楚，中歲歸吴，擇居潤州。環潤皆佳山水，潤之好事者，取石巧者置竹木間爲假山，予偶觀之，爲發一笑。或問曰何笑？予曰：世所聞有真斯有假，胡不假真山形，而假迎勾芒者之拳磊乎？或曰：君能之乎？遂偶爲成

「壁」，覩觀者俱稱：儼然佳山也。遂播聞於遠近。適晉陵方伯吴又于公聞而招之。公得基於城東，乃元朝温相故園，僅十五畝。公示予曰：斯十畝爲宅，餘五畝，可效司馬温公獨樂製。予觀其基形最高，而窮其源最深，喬木參天，虬枝拂地。予曰：此製不第宜掇石而高，且宜搜土而下，令喬木參差山腰，蟠根嵌石，宛若畫意；依水而上，構亭臺錯落池面，篆壑、飛廊，想出意外。落成，公喜曰：從進而出，計步僅四百，自得謂江南之勝，惟吾獨收矣。別有小築，片山斗室，予胸中所蘊奇，亦覺發抒略盡，益復自喜。時汪士衡中翰，延予鑾江西築，似爲合志，與又于公所構，並騁南北江焉。暇草式所製，名《園牧》爾。姑孰曹元甫先生游於兹，主人偕予盤桓信宿。先生稱贊不已，以爲荆關之繪也，何能成于筆底？予遂出其式視先生。先生曰：斯千古未聞見者，何以云牧？斯乃君之開闢，改之曰冶可矣。時崇禎辛未之秋杪否道人暇於扈冶堂中題。

又《跋》　崇禎甲戌歲，予年五十有三，歷盡風塵業游已倦，少有林下風趣，逃名丘壑中，久資林園，似與世故覺遠，惟聞時事紛紛，隱心皆然，愧無買山力，甘爲桃源溪口人也。自歎生人之時也，不遇時也；武侯三國之師，梁公女王之相，古之賢豪之時也，大不遇時也！何况草野疏遇，涉身丘壑，暇著斯《冶》，欲示二兒長生、長吉，但覓梨栗而已。故梓行，合爲世便。

明　阮大鋮《冶叙》　余少負向禽志，苦爲小草所紲。幸見放，謂此志可遂。適四方多故，而又不能違兩尊人菽水，以從事逍遥游；將鷄塒、豚柵、歌戚而聚國族焉已乎？鑾江地近，偶問一艇於寤園柳淀間，寓信宿，夷然樂之。樂其取佳丘壑，置諸籬落許；北垞南陔，可無易地，將嗤彼雲裝烟駕者汗漫耳！兹土有園，園有「冶」，「冶」之者松陵計無否，而題之「冶」者，吾友姑孰曹元甫也。無否人最質直，臆絶靈奇，儂氣客習，對之而盡。所爲詩畫，甚如其人，宜乎元甫深嗜之。予因剪蓬蒿甌脱，資營拳勺，讀書鼓琴其中。勝日，鳩杖板輿，仙仙於止。予則着五色衣，歌紫芝曲，進兕觥爲壽，忻然將終其身，甚哉，計子之能樂吾志也，亦引滿以酌計子，於歌餘月出，庭峰悄然時，以質元甫，元甫豈能已於言？崇禎甲戌清和届期，園列敷榮好鳥如友，遂援筆其下。

明　鄭元勳《園冶題詞》　古人百藝，皆傳之於書，獨無傳造園者何？曰：園有異宜，無成法，不可得而傳也。異宜奈何？簡文之貴也，則華林。季倫之富也，則金谷。仲子之貧也，則止於陵片畦。此人之有異宜，貴賤貧富，勿容倒置者也。若本無崇山茂林之幽，而徒假其曲水；絶少鹿柴、文杏之勝，而冒托於輞川，不如嫫母傅粉塗朱，祇益之陋乎？此又地有異宜，所當審者。是惟主人胸有丘壑，則工麗可，簡率亦可。否則强爲造作，僅一委之工師、陶氏，水不得潆帶之情，山不領迴接之勢，草與木不適掩映之容，安能日涉成趣哉？所苦者，主人有丘壑矣，而意不能喻之工，工人能守，不能創，拘牽繩墨，以屈主人，不得不盡貶其丘壑以徇，豈不大可惜乎？此計無否之變化，從心不從法，爲不可及；而更能指揮運斤，使頑者巧、滯者通，尤足快也。予與無否交最久，常以剩水殘山，不足窮其底藴，妄欲羅十岳爲一區，驅五丁爲衆役，悉致琪華、瑶草、古木、仙禽，供其點綴，使大地焕然改觀，是亦快事，恨無此大主人耳。然則無否能大而不能小乎？是又不然。所謂地與人俱有異宜，善于用因，莫無否若也。即予卜築城南，蘆汀柳岸之間，僅廣十笏，經無否略爲區畫，别現靈幽。予自負少解結構，質之無否，愧如拙鳩。宇内不少名流韻士，小築卧游，何可不問途無否？但恐未能分身四應，庶幾以《園冶》一編代之。然予終恨無否之智巧不可傳，而所傳者祇其成法，猶之乎未傳也。但變而通，通已有其本，則無傳，終不如有傳之足述，今日之「國能」即他日之「規矩」，安知不與《考工記》並爲膾炙乎？崇禎乙亥午月朔友弟鄭元勳書於影園。

藝文

唐　白居易《白氏長慶集》卷二三《池上竹下作》　穿籬遶舍碧逶迤，十畝閒居半是池。食飽窗間新睡後，脚輕林下獨行時。水能性淡爲吾友，竹解心虚即我師。何必悠悠人世上，勞心費目覓親知。

又　卷二八《重修府西水亭院》　因下疏爲沼，隨高築作臺。龍門分水入，金谷取花栽。遶岸行初匝，憑軒立未迴。園西有池位，留與後人開。

又　卷三三《奉和裴令公新成午橋庄緑野堂即事》　舊徑開桃李，新池鑿鳳凰。只添丞相閣，不改午橋庄。遠處塵埃少，閒中日月長。青山爲外屏，緑野是前堂。引水多隨勢，栽松不趁行。年華玩風景，春事看農桑。花妒謝家妓，蘭偷荀令香。游絲飄酒席，瀑布濺琴床。巢許終身穩，蕭曹到老忙。千年落公便，進退處中央。

唐　姚合《姚少監詩集》卷七《題李頻新居》　賃居求賤處，深僻任人嫌。蓋地花如綉，當門竹勝簾。勸僧嘗藥酒，教僕辨一作認書簽。庭際山宜小，

休令着石添。

又《題田將軍宅》 焚香書院最風流，莎草緣牆緑蘚秋。近砌別穿澆藥井，臨街新起看山樓。棲禽戀竹明猶在，閒客觀花夜未休。好是暗移城裏宅，清凉渾得似江頭。

宋 曹勛《松隱集》卷一二《題王懋功秀才秀野堂》 卜築清幽遠市塵，一川窈窕静松筠。下臨城郭千門曉，中有軒窗五畝春。游藝本圖佳客語，好賢不覺主人貧。我來登覽秋風晚，喜揖清言月色新。

宋 陸游《劍南詩稿》卷一《游山西村》 莫笑農家臘酒渾，豐年留客足雞豚。山重水複疑無路，柳暗花明又一村。簫鼓追隨春社近，衣冠簡朴古風存。從今若許閒乘月，拄杖無時夜叩門。

宋 陳造《江湖長翁集》卷二〇《東莊小留二首》 南陂荒茀已成圍，北墅田租頗應期。兩地徑規槃薄地，小爲庵屋大爲池。

夾溝欲插柳千株，遶舍先營五畝蔬。供爨御冬須次第，西歸新得務農書。是書得之歸州

宋 施樞《芸隱横舟稿·高園》 入門雖較小，中却是壺天。委曲松篁逕，清新錦繡篇。蟠胸有丘壑，隨處是林泉。更讀鼇峰句，風流似謫仙。扁名俱不俗，難得此規模。一鏡荷香冷，四圍花逕蕪。沼寬魚自樂，竹静鶴同孤。仿畫東州景，何須作畫圖。

明 陳繼儒《陳眉公集》卷二《沈園與諸生讀書作》 沈郎城邊有荒圃，九分池塘一分土。年來催盡百花枝，唯有垂楊秀楚楚。吾從春風掃屋坐，茗椀薰爐與茶磨。但將池水作藩籬，橋斷那容俗兒過。十二時中何所爲，洗竹澆花是功課。諸生莫向堦前行，白鳥驚飛碧苔破。

明 包節《芳園曲四首》（《盛明百家詩》卷三二四輯） 水榭風亭結構奇，幽偏還勝習家池。數枝婉約西川柳，摇漾闌干百尺絲。

池牽荇藻分星海，石疊芙蓉學華山。引徑鹿麋隨意住，恍同韓衆白雲間。

洞口藏雲苔更滑，林端過雨竹尤斑。留賓不用頻投轄，密葉深叢作夜關。

射堂閒敞競摴蒱，滿座歡呼顧作盧。誰是勝朋誰是負，笑看明月散驪駒。

明 祁彪佳《遠山堂詩集·寓山草堂成》 堂成終日掩松關，只有禪僧自往還。片石當門通小徑，疎林半檻出諸山。晚村籬外炊烟起，流水橋邊釣艇閒。一棹可從西墅去，朋儕不必費追攀。

明 敖文禎《薜荔山房藏稿》卷二《春晴理薜荔園》 春日放晴好，風柔野潤暄。幽棲尋舊業，緩步到山園。劚竹扶花穩，分畦種菊蕃。鳥聲亭外度，泉響落籬根。

幽事乘春早，平明恣野行。嵐開山面吐，路軟馬蹄輕。宿莽初除翳，新枝總向榮。園林歸興杳，帶月到前楹。

又《爲園》 爲園披曉霧，冒雨荷鋤歸。松下沾踈髩，風前曳短衣。度橋防履滑，策杖撥雲飛。午餉初炊熟，辛劬正解饑。

明 王守仁《王文成全書》卷一九《龍岡新構》 營茅乘田隙，洽旬稱苟完。初心待風雨，落成還美觀。鋤荒既開徑，拓樊亦理園。低檐避松偃，踈土行竹根。勿剪牆下棘，束列因可藩。莫擷林間蘿，蒙蘢覆雲軒。素昧農圃學，因茲得深論。毋爲輕鄙事，吾道固斯存。

明 莫止《開園》（《石倉歷代詩選》卷五〇二輯） 開園近南郭，日涉聊自適。卉木各葱蒨，花開間紅白。力作督僮奴，循行謾扶策。編茅八九間，疏渠十餘尺。未儗柴桑居，竊比揚子宅。菜熟不食心，果熟不鑽核。夜無扣門吏，時款山中客。歌謳雜諧謔，豪飲至一石。世事問不知，床頭有周易。

明 朱日藩《山帶閣集》卷二一《入宅》 西營大樹漫遮樓，二十七竹無囂湫。門前講肆非馬隊，宅南對新泉書院。溪上宫府爲鴻溝。地冷不妨花自發，林深惟見鳥相求。烏蠻橋下童時路，向市猶疑放學游。先君爲南户部，舊宅在會同館前，今爲總巡廳。

清 竇遴奇《倚雉堂集》卷六《治圃》 方春土膏動，晨興觀我畦。草生懼荒穢，硯土深一犁。灌溉督健僕，嘉蔬先後齊。何必多弋釣，至味得虀藜。烏雀尋舊巢，牛羊遵故蹊。我亦覺微勞，轉盼日將西。

長夏科頭坐，南窗手一編。忽聞牆外響，轆轤出井泉。勾萌既已達，不久自葱芊。瓜瓞當户垂，菱藕應節鮮。捋取佐冰椀，一嚼有餘歡。悠悠千載間，抱瓮亦稱賢。

西陸移修晷，白露變秋旻。草根鳴蟋蟀，涼風萎白蘋。菜熟歲不饉，巾駕入丘樊。耘鋤功甫畢，羣蔬多實賁。周子嗜晚菘，張君思美蓴。我有一壺酒，野外可娛賓。

窮冬霜雪下，谷風轉凄其。藜藿日就凋，不獨百卉腓。寒菜既收藏，登盤飲薄醨。雖不比鼎俎，但取可療饑。寒暑有衰旺，物理相推移。俛仰適吾情，

役役欲何爲。

清 馮廷櫆《吾山別墅乞言啓》（道光《東阿縣志》卷一七輯） 吾山東阿之西山也，分齊、魯、衛三國之墟，當汶、濟、清諸水之會。巖巒挺秀，澗壑競奇。分形則綿亘天孫，面勢則睥睨東帝。嵯岈怪石，横截瓠子之流。突兀神峰，高壓桃邱之野。攲斜螺髻，日冒山頭。縹緲雲鬟，晴飛洞口。倘令挾策探去，定費十旬。若論持錢買來，須償四萬。縱山非萬仞，藉仙以靈。顧臺不千金，緣人而重。我年友房子中公與其弟蘇公者，雅負奇情，偏饒勝事。謝家兄弟，盡是才人，魯國生徒，斯爲狂士。家在高村樹下，門臨秋浦井邊。每蠟屐以看山，還圍棋而賭墅。於是歷九級之阪，規地闢基。開千畝之宫，繚垣甃舍。編蘆緝茨，三重茅屋秋風。鑿石疏泉，一逕柴門流水。亭直子午，中央高明之居。户列東西，僻壤附庸之國。汙者沼，隆者臺，疏者籬，華者薄，經營都出匠心。凉爲堂，燠爲館，密爲室，敞爲軒，結構皆由天□。覽其大致依稀，布卦置棋，錫以佳名，儼若銘几箴牖。此吾山之勝概，而别墅之規模也。若夫遠而望之，則長松高柳，翠竹倉梧，山間之木稠矣。就而玩之，則紅蓼緑荷，紫奈黄菊，山間之華盛矣。入其户，則茗椀粥鉢，藥竈香爐，山間之器用完矣。披其帷，則水注山經，農書藝譜，山間之卷帙富矣。幅巾道服，主人宴坐其間。雖田父釣徒，素侶時過其地。此又别墅之風流，而吾山之借以不寂寞者矣。雖然，茂林修竹，借籠鵝之筆以傳。白雲碧山，因馬退之記以顯。以故平原莊上，相國稱詩。桃李園中，翰林作序。風流未遠，才士實難。望山下遺祠，子建墓在山腦。猶祀五言鼻祖。溯河流故道，還思七字權輿。如無愧於古人，是有待於作者。敢陳末簡，祈惠佳言。

清 趙良霨《肖巖詩鈔》卷六《園林》 水邊亭子竹邊樓，兩岸名園一日游。衹當讀書觀大意，每逢佳處略遲留。

疏泉累石置亭臺，欲奪天工不計財。閉户四時花鳥换，主人曾見幾回來。

清 史夢蘭《爾爾書屋詩草》卷三《宅東闢園數畝，池亭花木，粗有位置。佔俾之餘，時游玩其間，致足樂也。客有謂園尚小者，因賦東園四時詩以答之》 莫道東園小，春來滿院花。柳絲抽碧玉，杏纈醉紅霞。水暖魚先覺，林深鳥自譁。還分牆外地，一半種桑麻。

莫道東園小，亭虚夏亦凉。蒲桃張翠幄，芍藥門紅妝。移石栽新竹，分泉拓小塘。不知炎暑酷，一覺竹方床。

莫道東園小，逢秋亦灑然。窗鳴黄葉雨，井暗碧梧煙。築圃雲堆屋，停琴月照絃。釀成新菊酒，更喜晚菘鮮。

莫道東園小，經冬景倍添。雪晴花滿窖，日曉雀争檐。暖酒煨殘火，攤書整舊籤。梅花香入夢，睡醒不開簾。

雜録

清 翟灝等 王維瀚重訂《湖山便覽》卷一〇《鳳凰山》 鳳咮堂 文同《寄題杭州通判官居》詩叙云：鳳凰山真如鳳有兩翅，翅上各建一塔，而其咮正落所居地上。舊有一堂，在山欲落處，近葺之，謂之鳳咮堂。

因借

題解

明 計成《園冶》卷三《十 借景》 搆園無格，借景有因。切要四時，何關八宅。林臯延竚，相緣竹樹蕭森。城市喧卑，必擇居鄰閒逸。高原極望，遠岫環屏，堂開淑氣侵人，門引春流到澤。嫣紅豔紫，欣逢花裏神仙。樂聖稱賢，足並山中宰相。《閑居》曾賦，「芳草」應憐。掃徑護蘭芽，分香幽室。捲簾邀燕子，間剪輕風。片片飛花，絲絲眠柳。寒生料峭，高架鞦韆。興適清偏，貽情丘壑，頓開塵外想，擬入畫中行。林陰初出鶯歌，山曲忽聞樵唱。風生林樾，境入羲皇。幽人即韻于松寮，逸士彈琴于篁裏。紅衣新浴，碧玉輕敲。看竹溪灣，觀魚濠上，山容藹藹行雲故落憑欄，水面鱗鱗，爽氣覺來攲枕。南軒寄傲，北牖虚陰。半窗碧隱蕉桐，環堵翠延蘿薜。俯流玩月，坐石品泉。苧衣不耐凉新，池荷香綰。梧葉忽驚秋落，蟲草鳴幽。湖平無際之浮光，山媚可餐之秀色。寓目一行白鷺，醉顔幾陣丹楓。眺遠高臺，搔首青天那可問。憑虚敞閣，舉杯明月自相邀。冉冉天香，悠悠桂子，但覺籬殘菊晚，應探嶺暖梅先。少繫杖頭，招攜鄰曲，恍來林月美人，却卧雪廬高士。雲冥黯黯，木葉蕭蕭。風鴉幾樹夕陽，寒雁數聲殘月。書窗夢醒，孤影遥吟。錦幛偎紅，六花呈瑞。棹興若過剡曲，埽烹果勝黨家。冷韻堪賡，清名可並。花殊不謝，景摘偏新。因借

無由，觸情俱是。

夫借景，林園之最要者也。如遠借，鄰借，仰借，俯借，應時而借。然物情所逗，目寄心期，似意在筆先，庶幾描寫之盡哉。

論　說

清 李漁《閑情偶寄》卷八《居室部・窗欄第二・取景在借》 開窗莫妙於借景，而借景之法，予能得其三昧。向猶私之，乃今嗜痂者衆，將來必多依樣葫蘆，不若公之海內，使物物盡效其靈，人人均有其樂。但期於得意酣歌之頃，高叫笠翁數聲，使夢魂得以相傍，是人樂而我亦與焉，爲願足矣。向居西子湖濱，欲搆湖舫一隻。事事猶人，不求稍異，止以窗格異之。人詢其法，予曰：四面皆實，獨虛其中，而爲便面之形。實者用板，蒙以灰布，勿露一隙之光。虛者用木作匡，上下皆曲，而直其兩旁，所謂便面是也。純露空明，勿使有纖毫障翳。是船之左右，止有二便面，便面之外，無他物矣。坐於其中，則兩岸之湖光山色，寺觀浮屠，雲煙竹樹，以及往來之樵人牧豎，醉翁游女，連人帶馬，盡入便面之中，作我天然圖畫。且又時時變幻，不爲一定之形。非特舟行之際，摇一櫓，變一象；撑一篙，換一景。即繫纜時，風摇水動，亦刻刻異形。是一日之內，現出百千萬幅佳山佳水，總以便面收之。而便面之制，又絶無多費，不過曲木兩條，直木兩條而已。世有擲盡金錢，求爲新異者，其能新異若此乎？此窗不但娱己，兼可娱人。不特以舟外無窮之景色，攝入舟中，兼可以舟中所有之人物，並一切几席杯盤射出窗外，以備來往游人之玩賞，何也？以內視外，固是一幅便面山水，而以外視內，亦是一幅扇頭人物。譬如拉妓邀僧，呼朋聚友，與之彈棋觀畫，分韻拈毫，或飲或歌，任眠任起，自外觀之，無一不同繪事。同一物也，同一事也，此窗未設以前，僅作事物觀，一有此窗，則不煩指點，人人俱作畫圖觀矣。夫扇面非異物也，肖扇而爲窗，又非難事也。世人取象乎物，而爲門爲窗者不知凡幾，獨留此眼前共見之物，棄而弗取，以待笠翁，詎非咄咄怪事乎。所恨有心無力，不能辦此一舟，竟成欠事。茲且移居白門，爲西子湖之薄倖人矣。此願茫茫，其何能遂。不得已而小用其機，置此窗於樓頭，以窺鍾山氣色。然非創始之心，僅存其制而已。予又嘗作觀山虛牖，名「尺幅窗」，又名「無心畫」。姑妄言之，浮白軒中，後有小山一座，高不踰丈，寬止及尋，而其中則有丹崖碧水，茂林修竹，鳴禽響瀑，茅屋板橋，凡山居所有之物，無一不備。蓋因善塑者肖予一像，神氣宛然；又因予號笠翁，顧名思義，而爲把釣之形。予思既執綸竿，必當坐之磯上。有石不可無水，有水不可無山，有山有水，不可無笠翁息釣歸休之地，遂營此窟以居之。是此山原爲像設，初無意於爲窗也，後見其物小而蘊大，有須彌芥子之義，盡日坐觀，不忍闔牖，乃瞿然曰：是山也，而可以作畫；是畫也，而可以爲窗。不過損予一日杖頭錢，爲裝潢之具耳。遂命童子裁紙數幅，以爲畫之頭尾。及左右鑲邊，頭尾貼於窗之上下，鑲邊貼於兩旁，儼然堂畫一幅，而但虛其中。非虛其中，欲以屋後之山代之也。坐而觀之，則窗非窗也，畫也。山非屋後之山，即畫上之山也。不覺狂笑失聲，妻孥群至，又復笑予所笑。而「無心畫」、「尺幅窗」之制，從此始矣。予又嘗取枯木數莖，置作天然之牖，名曰梅窗。生平制作之佳，當以此爲第一。己酉之夏，驟漲滔天，久而不涸，齋頭淹死榴橙各一株。伐而爲薪，因其堅也，刀斧難入，臥於階除者纍日。予見其枝柯盤曲，有似古梅，而老幹又具盤錯之勢，似可取而爲器者，因籌所以用之。是時棲雲谷中，幽而不明，正思闢牖，乃幡然曰：道在是矣。遂語工師，取老幹之近直者，順其本來，不加斧鑿，爲窗之上下兩傍，是窗之外廓具矣。再取枝柯之一面盤曲，一面稍平者，分作梅樹兩株。一從上生而倒垂，一從下生而仰接。其稍平之一面，則略施斧斤，去其皮節而向外，以便糊紙。其盤曲之一面，則匪特盡全其天，不稍戕斲，並疏枝細梗而留之。既成之後，剪彩作花，分紅梅緑萼二種，綴於疏枝細梗之上，儼然活梅之初着花者。同人見之，無不叫絶。予之心思，訖於此矣。後有所作，當亦不過是矣。

便面不得於舟，而用於房舍，是屈事矣。然有移天换日之法在，亦可變昨爲今。化板成活，俾耳目之前，刻刻似有生機飛舞，是亦未嘗不妙，止廢我一番籌度耳。予性最癖，不喜盆內之花，籠中之鳥，缸內之魚及案上有座之石。以其局促不舒，令人作囚鸞縶鳳之想。故盆花自幽蘭、水仙之外，未嘗寓目。鳥中之畫眉，性酷嗜之，然必另出己意而爲籠，不同舊制，務使不見拘囚之跡而後已。自設便面以後，則生平所棄之物，盡在所取。後來作便面者，凡山水人物、竹石花鳥，以及昆蟲，無一不在所繪之內。故設此窗於屋內，必先於牆

外置板，以備承物之用。一切盆花籠鳥，蟠松怪石，皆可更換置之。如盆蘭吐花，移之窗外，即是一幅便面幽蘭。盎菊舒英，内之牖中，即是一幅扇頭佳菊。或數日一更，或一日一更，或一日數更，亦未嘗不可。但須遮蔽下段，勿露盆盎之形。而遮蔽之物，則莫妙於零星碎石。是此窗家家可用，人人可辦，詎非耳目之前第一樂事。得意酣歌之頃，可忘作始之李笠翁乎？

此湖舫式也，不獨西湖，凡居名勝之地，皆可用之。但便面止可觀山臨水，不能障雨蔽風，是又宜籌退步，以補前説之不逮。退步云何？外設推板，可開可闔，此易爲之事也。但純用推板，則幽而不明，純用明窗，又與扇面之制不合。

湖舫式

須以板内嵌窗之法處之。其法維何？曰即仿梅窗之制，以製窗櫺。亦備其式於左。

便面牕外推板裝花式

四圍用板者，既取其堅，又省製櫺裝花人工之半也。中作花樹者，不失扇頭圖畫之本色也。用直櫺間於其中者，無此則花樹無所倚靠，即勉强爲之，亦浮脆而難久也。櫺不取直，而作欹斜之勢，又使上寬下窄者，欲肖扇面之折紋。且小者可以獨扇，大則必分雙扇。其中間合縫處，糊紗糊紙，無直木以界之，則紗與紙無所依附故也。若是則櫺與花樹縱横相雜，不幾涇渭難分，而求工反拙乎？曰：不然。有兩法蓋藏，勿慮也。花樹粗細不一，其勢莫妙於參差，櫺則極匀而又貴乎極細，須以極堅之木爲之，一法也。油漆並着色之時，櫺用白粉，與糊窗之紗紙同色，而花樹則繪五彩，儼然活樹生花，又一法也。若是涇渭自分，而便面與花，判然有别矣。梅花止備一種，此外或花或鳥，但取簡便者爲之，勿拘一格。惟山水人物，必不可用。

板與花櫺俱另製，製就花櫺，而後以板鑲之。即花與櫺亦難合造，須使花自花而櫺自櫺，先分後合。其連接處各損少許以就之，或以釘釘，或以膠黏，務期可久。

便面牕花卉式

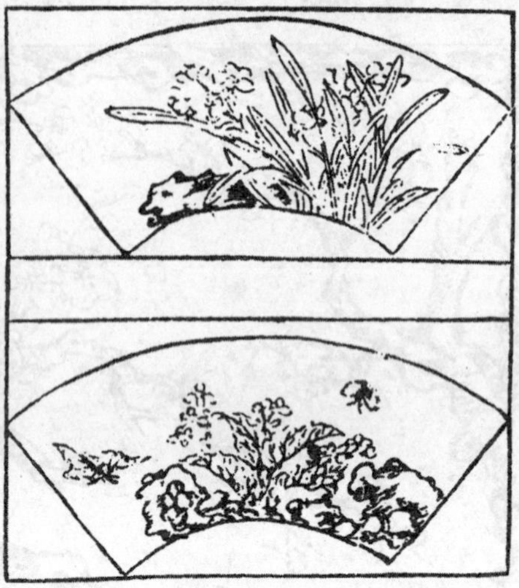

便面牕蟲鳥式

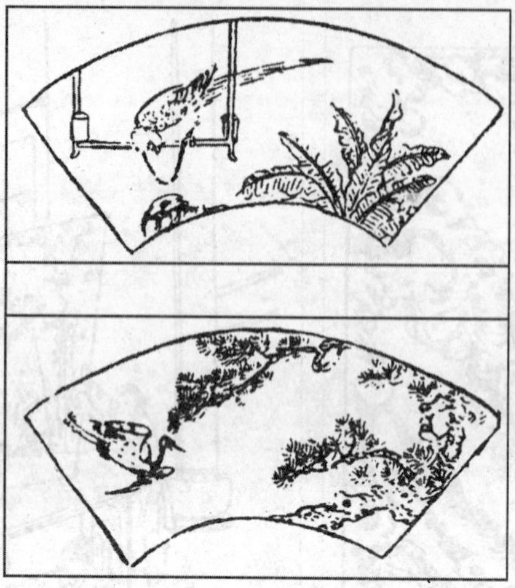

諸式止備其概，餘可類推。然此皆爲窗外無景，求天然者不得，故以人力補之。若遠近風物儘有可觀，則焉用此碌碌爲哉。昔人云「會心處正不在遠」，若能實具一段閑情、一雙慧眼，則過目之物盡在畫圖，入耳之聲無非詩料。譬如我坐窗內，人行窗外，無論見少年女子，是一幅美人圖，即見老嫗白叟扶杖而來，亦是名人畫幅中，必不可無之物。見嬰兒羣戲，是一幅百子圖。即見牛羊並牧，鷄犬交譁，亦是詞客文情內未嘗偶缺之資。牛溲馬勃，盡入藥籠。予所製便面窗，即雅人韻士之藥籠也。

山水圖牕

此窗若另製紗窗一扇，繪以燈色花鳥，至夜篝燈於內，自外視之，又是一盞扇面燈。即日間自內視之，光彩相照，亦與觀燈無異也。

凡置此窗之屋，進步宜深，使坐客觀山之地。去窗稍遠，則窗之外廓爲畫，畫之內廓爲山，山與畫連，無分彼此，見者不問而知爲天然之畫矣。淺促之屋，坐在窗邊，勢必倚窗爲欄，身之大半出於窗外，但見山而不見畫，則作者深心有時埋沒，非盡善之制也。

尺幅窗圖式，最難摹寫。寫來非似真畫，即似真山，非畫上之山、與山中之畫也。前式雖工，慮觀者終難了悟。茲再繪一紙，以作副墨。且此窗雖多開少閉，然亦間有閉時。閉用他槅他欞，則與畫意不合，醜態出矣。必須照式大小，作木槅一扇，以名畫一幅裱之，嵌入窗中，又是一幅真畫，並非「無心畫」與「尺幅窗」矣。但觀此式，自能了然。

裱槅如裱迴屏，托以麻布及厚紙。薄則明而有光，不成畫矣。

尺幅窗圖式

梅牕

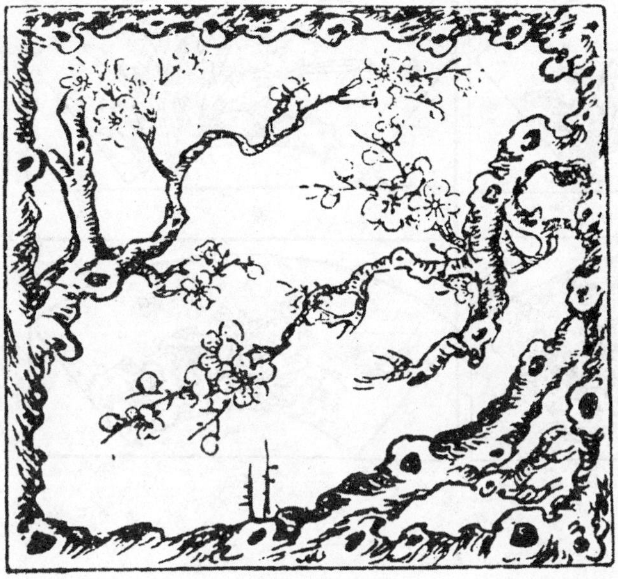

製此（梅窗）之法，總論已備之矣。其略而不詳者，止有取老幹作外廓一事。外廓者，窗之四面，即上下兩旁是也。若以整木爲之，則向内者古朴可愛，而向外一面屈曲不平，以之着牆，勢難貼伏。必取整木一段，分中鋸開，以有鋸路者着牆，天然未斲者向内，則天巧人工，俱有所用之矣。

綜述

宋 楊萬里《誠齋集》卷七五《遠明樓記》 後十年，予宦江東。予之倩安福劉介以書來，爲言：「西昌佳士陳誠之所居，距快閣不遠，而距澄江又加不遠。然出門則江甚遠。蓋闤闠居者百餘室，蔽遮其前，有陳誠之者曰盍樓其上既潰於成。呼酒與二三詩友落之，開窗卷簾，江光月色，飛入几席，凄神寒骨，便覺貝闕珠宫去人不遠。因摘山谷語，扁曰遠明，願先生記其說。」予許之，未暇也。

宋 周密撰 明 朱廷煥補《增補武林舊事》卷六《冰壑書堂》 金樞密淵，號冰壑，嘗作書堂于此，因葬焉。積慶、永清二山在後，平鼎山在左，湖山在前，凡錢塘城邑、江湖之勝，皆近在几席間，乃南北二峰中之最高一山也。有君子、天一二泉。理宗御書「積慶山怡顔藏書農圃」以賜。又賜功德寺名曰積慶教忠，後不及建而止。

元 戴良《九靈山房集》卷二〇《四景樓記》 慈溪北行可二舍，有隙地曰横塘。方氏之族居之。方氏避睦州之亂，蹈海而東適，海舟漂蕩至兹所，遂留家焉。迨今若干世矣。其地去海纔二三里，近荒塗，斥鹵土，不毛食。雖有山川邱壑，未見其爲勝也。自方氏以來，居者、附行者止。地闢人稠，閭閻枕籍。方氏益廣第舍，治樓居。樓成而境大勝。前俯平原，後臨巨浸，島嶼拱其左，阡陌亘其右，而旁近諸浦溆，逶迤南折北匯而入於海，如虹飲江而馬奔文廐也。主人憑欄望遠，見海氣騰上，與林光山色相蕩漾。倏兮昂青，忽兮浮白，眇乎鬱乎，如抹如畫。而雲霞風雨之晦明，花草竹樹之榮悴，四時景物之變，皆輸奇獻秀於几席之間，則斯樓又勝於横塘矣。

明 方孝孺《遜志齋集》卷一五《巾山草堂記》 踰浙江以東，多大山，東南極海上尤秀絶。其最著者，天台、四明、鴈蕩、天姥，皆穹窿嶻峻，爲天下奇觀。跡擬乎蓬閬，名播乎區極。士之選幽探勝者，宜其樂趨之。

然而居其旁者，往往終身未嘗一至。豈以其崇高不易援企而遺之歟！臺城中有小山特立，圓秀蒼潤，遠望之如人之弁冠，人因語之曰巾山。其上有樓閣室廬之美，高人至郡者，無不往游。凡宅於左右者，必搆危架迴，以挹取朝嵐夕霏之異態。蓋其勢邇且卑矣，所蘊易見至，而窮之不難也。是以衆樂觀焉。盧處士定谷家正與山相面，因名其堂曰巾山草堂。定谷知讀書、識義理，其才智可用，而恬静不競。非安於卑近者，豈其心有所得，鉅小崇卑，固不足較乎？

明 金幼孜《金文靖集》卷八《東皋八景記》 道金川東下一舍許，有地曰莒洲。坡陀延袤，大江之水交流。其傍地宜竹樹、桑麻，森鬱蔽虧，蒼然可愛。而連山高陵，遠近俯仰，環乎汀岸之外者，一舉目而盡得之。誠天造地設，負奇毓秀之奥區。故姓謝氏居焉。謝故衣纓家，有號碧潭居士者。世家洲上，數百年來子孫之盛甲於他族。厥後碧潭之曾孫公焕復卜築於洲之東，因自號曰東皋。今公焕之子仕禮益新而大之，乃瞰江滸。撤其舊觀，構以層軒，發抗爽而據幽勝，蓋欲盡得夫山川之趣也。於是指其景之尤勝者，命爲八題，曰鳳谷棲雲，曰鰲湖釣月，曰東皋晨牧，曰南岸春耕，曰莒浦帆歸，曰裏河魚躍，曰松林巢鶴，曰義渡横舟。縉紳大夫皆爲之歌詠。間來京師，丐予文以爲之記。余謂天下山水之樂無窮，而或地之所寓非奇勝之區，景之所得乏雄偉之觀，則其樂有不能盡者矣。今仕禮所居，有幽曠遼敻之美，無塵俗喧囂之雜。長汀遠渚，映帶乎户庭。水光山色，涵浸乎几席。烟雲斂舒於朝暮，蒼翠綰錯於上下。以至菱荷蘭芷之紛敷，魚鳥鳧鷖之游泳，風帆雲檣之往來，煙簑雨笠之出没，凡可以供臨眺之樂者，舉出於履舄之下。然則東皋之勝，所以著名於今日者，誠得所遭矣。柳子曰：地雖勝，得人焉而居之，則山若增而高，地若闢而廣。以此觀之，東皋非得吾仕禮爲之品題，其能有聞於今日乎？雖然，東皋特隱居之勝耳，若仕禮之出爲時用，固將建功立事，期於遠大而思所以爲山水之光。若然則東皋之得名，不徒爲今日之美，將必爲斯文出色而同垂不朽矣。姑爲記其槩，以俟徵於他日焉。

明 李賢等《明一統志》卷一二《揚州府》 平山堂 在蜀岡上。宋慶歷中，郡守歐陽修建。江南諸山拱列檐下，因名平山。沈括爲記。王安石詩：城北横岡走翠虬，一堂高視兩三州。淮岑日對朱欄出，江岫雲齊亂瓦浮。劉敞詩：蕪城此地遠塵寰，盡借江南萬疊山。水氣横浮飛鳥外，嵐光平墮酒杯間。

明 馬理《谿田文集》卷二《送上川洪先生致政還歙序》 癸巳之夏五月，大夫上川洪先生致政于宗伯，買舟而還歙，維時都下親舊咸郊送之。有司寇氏曰於承志言，歸于徽，無案牘之勞、朝參之儆，中其寬矣，得無山水之樂矣乎？上川子曰伊無，似守有先人之遺廬在焉。以言其廬，則北有七峰，南有月山。碧岑左盤，蒼岩右繞。或當窗疊翠，或排闥送青，或黛色臨軒，或嵐光入室，或銜日吐月，或棲霞卧雲。呈奇獻秀，狀難具述。西岩之下乃多青寘石室，前人謂之仙府洞天。東岑之麓，乃有綠波環繞，昔賢名爲金山蓬島。其中則有洪源之水自岩而來，東過月山，又東抱岑而逝。水北峰前、村居之隅，則有修竹萬竿，其間嘗編草爲亭，名曰君子。復有喬松千株，其下嘗葺茅爲菴，扁曰大夫，伊斯歸也。蓋將釣於斯、樵於斯、浴於斯、風於斯、咏歌於斯，以終此生矣。

明 謝肇淛《五雜組》卷三《地部一》 牛首山寺，窗中見塔影，閉門則影從門罅入。其影倒見，尖反向門，塔相去甚遠，此理之不可曉者。何處無塔，何處無窗隙，而塔影未必入，即入，而未必倒也。

明 祁彪佳《越中園亭記》卷三《城南·松舫》 一家嶺之下。爲樵風祠。去此平疇中馮氏莊也。樓不可以藏山，堂不可以容水，惟籬落外有翠蒼之色耳。

又 卷四《城東·麗澤小築》 未至適門山數里，爲獨樹港，水光無際。稷峰亭，亭前向有文昌閣，兩旁皆書室。近芬舟，孟君精搆其南，爲閣爲臺爲軒，皆面水對山。挹朝爽觀夕靄，無景不佳。至其結搆逶迤，亦復迴出塵俗。

又《歇庵》 陶文簡石簣公所居也。卒以名其集。菴後爲酣中閣。湖山秀色，在几席間。文簡予告歸，每棲息於此。

又《青棘園》 在石簣山房之東，陶蘭風先生所新搆。旁有護生庵，盪舟入者，從此登崖。園幽敞，各極其致。堂可看山，閣可俯沼。靈軒曲榭，可嘯可歌。有此園不負曹山之靈矣。

又《賸圃》 近白塔。瑞州守陶樗曲君别墅也。稷峰亭亭相拱揖。中開小池，以涵風影。若三山之倒水下。

又 卷五《城西·柯園》 吾鄉水國也。梅市之西，諸水畢匯。予兄止祥孝廉，儉於搆室，豐於取景，虚堂小閣，皆若隱現於雲濤雪浪中。游人以畫舫

過之，足奪明聖一席矣。

又《祁彪佳集》卷七《寓山注・静者軒》 與草堂若連雞然，而勢稍南。軒三楹，東户以達酣漱廊，其下爲繫珠菴，麥大師搭院也。遠岫疏林，若出欄檻下。及於雨餘新霽，則蒼翠之色，迫之而入几席間矣。向與名僧數輩，一瓢一團焦，嗒然坐對。或聽唄梵潮生，鐸鈴風動，令人心神俱寂。覺此地仁壽之氣居多，故名之以静。静固在静者而不在山。旨哉，王皞長之爲言也。

清 陳宏緒《江城名蹟》卷二 臨湖閣 在東湖傍，宋向巨源建。乾道中，巨源搆北閣，以書求記於洪景盧邁。景盧爲作記，甚奇，文多不録。巨源書筆於此：自某卜居南昌，擅東湖之陽。人行湖邊，頫大明鏡，荷花十里，炤景徹日，晨霏夕靄，開闔而摩盪。屬玉交青，浮游而後先。西山横長蜿蟺旁薄，空翠長烟舒慘異狀，常若洪崖浮丘，翁挹袂拍肩其間。凡湖山，賦我以佳賞，撩我以環觀，謂不能俯而有也。今吾臨之以傑閣，崇而爲丈者四。去一以爲從，益一以爲横。既成而日登焉。湖之所以爲湖，山之所以爲山，次且自失不能嘉遁，相與收精會神，俎豆於吾軒楹之間。東則十畝之園，池臺竹樹，輪幽呈茂。有章堂在湖堤北，其北與西折旋皆山，淡然如修眉横遠，可玩而不可狎，物色位置大略似輞川臨湖亭，故即而名之。吾猶夷其上，非更衣就枕不釋也。

清 雍正《江西通志》卷四二《古蹟・南安府》 箹坡，宋程實之記族子誠叔築室於里居，西倚阜，東瞰湖，雷溪縈之，金山屏之，花木薦芳，雲物效奇，水石逞秀。其諸瓌奇殊特之秀觀，得於晦明、涼燠之變者總總也，而「箹坡」是名。

清 李斗《揚州畫舫録》卷一五《岡西録》 紫霞居在北山口，爲尺五樓，水馬頭編竹爲籬，植月季數十種。中屋三楹，後屋短垣及肩，消納隔江山色，秋時蓼花垂垂。

清 黄鈞宰《金壺七墨・金壺浪墨》卷六《陶然亭》 連日宴集之地，曰龍爪槐。小有餘芳，而陶然亭爲最勝。亭爲康熙間郎中江藻所建，取香山詩「一醉一陶然」意。地勢高敞，望西山如列屏。附近人家，茅舍竹籬，囂然意遠。都門車馬雜沓，得此可洗塵坌。雜詠句云：西來雲氣擁山頭，野色遥遮佛寺樓。一味清涼好風景，不知身在帝王州。亭之東爲慈悲庵，其北爲黑窑廠。由靈官閣坡徑紆迴，盤折而上，巍然高峙者，真武殿也。夏日居人支涼篷，設茶具，以待游客。重九前後，葦花如雪，都人於此登高焉。

紀 事

唐 柳宗元《柳河東集》卷六《永州龍興寺西軒記》 永貞年，余名在黨人，不容於尚書省。出爲邵州，道貶永州司馬。至則無以爲居，居龍興寺西序之下。余知釋氏之道且久，固所願也。然余所庇之屋甚隱蔽，其户北向，居昧昧也。寺之居於是州爲高。西序之西屬當大江之流，江之外，山谷林麓甚衆。於是鑿西墉以爲户，户之外爲軒以臨，羣木之杪，無所不矚焉，不徙席、不運几而得大觀。夫室，嚮者之室也，席與几，嚮者之處也，嚮也昧而今也顯，豈異物耶：因悟夫佛之道，可以轉惑見爲真智，即羣迷爲正覺，捨大闇爲光明，夫性豈異物耶。孰能爲余鑿大昏之墉，闢靈照之户，廣應物之軒者，吾將與爲徒。遂書爲二：其一志諸户外，其一以貽巽上人焉。

宋 司馬光《傳家集》卷七一《獨樂園》 洛城距山不遠，而林薄茂密，常苦不得見。乃於園中築臺，搆屋其上以望，萬安轘轅，至於太室。命之曰見山臺。

宋 富弼《燕堂記》《宜陽縣志》卷一五引 今人舉洛都，寰内邑歷歷，獨福昌居勝絶。二山夾起，迤邐西去，嶮聳如峙，河流在中。鄉人濬其流以蒔稻，横斜瀦獻，枝鶩脉散，爲畦爲隴，爲溝澮，爲堤塍，方如棋者逾數萬計。厥田膏沃，多邱陵原岡，厥植多竹蘭，多松柏，於近水多蒲、蕖、蕙、芷。厥獸多熊、麝、麏、麖，厥鳥多鷺、鷗、鶤、鴇。山水重疊，氣秀色潤，不假御桴舟、馳驚瀾，而坐見江山。又風俗富腴，人情舒閑。耕者漁者或傍山址，或臨水湄，與野物雜居不識鬥爭。樂君長於治劇，至是法令罕任收志，静慮而已。一日得廳背露地，誅叢薄發，石礫代以潔壤，乃溝乃塹，作爲是室，以納休燕。林木逶邃，左右回合。前俯池，縱廣裁百尺，水色溶漾，風去如鑑。飛梁跨越，渴虹下飲。中有亭，曰凝碧。後倚山屈折而上凡數十步，脇間有亭，曰凌雲。周旋環視，羣峰插天，相連無間。噫！不出户庭而所得之景如游萬里外。思水則臨前池，思山則登後亭。登臨既怠，于是立而憩，偃而寢，起而吟咏，圖書琴瑟、玩好古器莫不備具。熙熙雍雍，不知景物之怡乎性也。娱燕如此，予命名曰燕堂。堂東西五楹，南北五椽，任材之質不以藻畫。自興工至畢，凡二十日。明道二年冬月記。舊志

宋 蔡確《北園記》（《太平府志》卷三六輯） 余來官之明年，因暇日視其舍後，有廢地，連跨山阪，叢榛蘿蔓，殆不可入。余疑其去甍霤之下不能百步，而蕪茀如此，未以爲奇也，然不得不治。于是糞壤既撤，惡草木既盡，而形勢高下相映抱。有巨松數株，修竹萬竿，蕭然自一嘉處也。余心甚樂之，乃闢小徑直穿竹間，竹之後益植美花雜果，廁以梧、柏，被以蘭莎花，之後又與竹會，而建翠雲亭於其中。亭之後即有高嶺，以爲縹緲臺，而立射亭與埒於竹林之外，而總名之曰北園。然予所以樂者，非特園中之勝也。四面而望焉，其東南則公孫、覆釜諸峰，連延以爲之屏。其西北益峻，則臨大江、俯孤竹，以對濡須之津。坐於亭上而百餘里之物象歷歷在其目下。其爲境也，蟠蓄秀蔚，而又有曠遠無窮之趣。此余所以爲樂也。治事之隙，則與友生抱書擕几而往焉，於此笑傲觴咏，使於視聽不得役役於簿書、牒訟之煩。而歲時嘉節，又得與邑人共之，人之游者往往徘徊而不能去。余將罷官一日至其間。客有謂予曰：自司馬晉時即有此縣，雖廢置不常，然閲士君子蓋已多矣。江東之奇游異觀雖號爲饒，若此境者，豈易得哉！顧非深山幽谷之阻而臺榭登覽之迹不少掛昔人之翰墨，而祇見辱於樵芻，良可怪也。豈其地之偶不偶亦有數邪！君之來也，既搜剔經營以發景物之堙鬱，今且行矣，乃默無文辭以遺來者，使得考其所自，則於義尚爲缺也。余曰：諾。遂書以刻石。熙寧元年十二月十五日記。

宋 孫覽《五詠堂記》（《桂勝》卷一引） 桂林爲郡，千山環秀。而井邑之内，一山峙立，狀如冠冕。凡州堂臺亭榭，開户相倚，清輝可掬玩之無斁，游者忘歸。名曰獨秀山。山復有巖，可容十許人。蕭爽虚凉，坐却煩暑。宋顔延年出守是邦，來游巖間，讀書爲文以自娱，名曰讀書巖。蓋紀於《圖志》者其略如此。唐大歷中，李昌巙爲桂管觀察使，因建學其下。【略】余元祐五年被命承乏於此視事，累月聞斯巖名。嘉顔延年好尚不凡，訪求故迹，而荒崖斷石，榛莽蕪穢，殆不可見。乃命寺僧芟夯營葺之。創爲堂軒，以面巖曲。而唐人名刻猶有存者，因鑱其旁，曰顔公讀書巖。延年才高性偏，放蕩不羈，前後見斥於徐羨之、劉湛輩，不能無怨。嘗著《五君咏》，旨味閒淡，推重一時。然亦以此取怨當路。故又榜其上曰五詠堂。五詠雖非延年在桂所爲，而乃平日自況也。并刻之左右。

宋 洪邁《風亭》（《衢州府志》卷四引） 吴興施侯德初登城，西邊立屋兩檻，而名之曰風亭。凡亭之見，遠則與山謀，近則與水謀。馮闌而左，萬室了吾目中，右顧悠然，村舂相而漁榔響也。予爲寓客過焉，侯飲於其上。因記之。

宋 舒岳祥《閬風集》卷一〇《篆畦詩序》 篆畦者，予宅西之小園也。閬風之山自天台華頂天封東下，過寧海、分水，爲鴈蒼，東踰嶺爲紫洞，二山腹背爲西谷。紫洞之山逆海而上爲龍舒山，自龍舒起爲大山，曰香巖。又伏而爲小山，曰花架尖。尖北爲大霧山，其里爲閬風，其村爲尚義。此山周回七十里。是爲鴈蒼、紫洞之面目也。花尖之麓引而爲二，其南下爲長壠，予種梅植桃之地也，曰平皋。東騖十里而爲樟海，其北下曰下澤，爲予五畝所居之廬。廬當北麓兩臂之阿，其右臂伸而東，舊爲竹杏之隴。其左臂自花尖、大霧之間，有小澗出焉，昔人嘗名之爲曲水流觴之觀。水南過左臂之曲趨于平田，田實分受其灌溉之利。有咸平間古松偃蹇，周覆百步，據左臂之曲，曰篆畦。蓋右臂之肘腋也。其門與松相對，予少而喜，曰真佳山水。又思爲彩衣板輿奉親之適，二親暇日游焉休焉，雖未樹亭宇，然窪隆曲折隱見於竹樹之隙，南可以眺寧海黄溪，歸帆落鴈之縹緲也，東可以攬月中峰雲歸石室洞，西可以眺玉峰之雙竦錦屏之九疊也，北可以思故埼天封，滄海之吐吞、蓬島鎮亭神物之變化也。二親指顧之所頗得要領，予唯唯而退，經營其中，一手茨葺，積歲月而成。

金 王寂《鴨江行部志》 甲午登明秀亭，此亭蓋完顔信之參政大定癸卯爲郡時經創也。前列數峰，下臨一水，想見佳時勝日。埽榻開簾，横琴煮茗，晴嵐暖翠，煙水微明，盡得于几席之上，豈不佳哉！夫自有宇宙，有此溪山，惜乎無騷人勝士題品，遂使湮没無聞。今遼左從衡數千里，共指證爲望郡，此所謂地因人興者耶。

元 危素《説學齋稿》卷三 卷一二八《雲林圖記》 余所居高橋，有小溪發源山麓。至元廿一年，先大父白鹿府君，由邑之梯雲坊徙居于此。讀書之室曰處一。堂開窗，正面諸峰。韓子云「横雲平凝，時露數岫。修眉新畫，浮于天宇」，與此甚類。

明 邵寶《容春堂别集》卷六《十峰樓記》 明府尤君遂良還自崇陽，作樓于居第之西，面龍山爲牖。山之九峰，近在几席，君對之若賓主焉。有客過之，爲之題曰十峰之樓。

明 康海《對山集》卷五《心遠亭記》 見山先生結亭於西郭弘農川之浒，命之曰心遠亭。亭下則川之東陬，土沃而易，左右皆善圃，而先生之圃居其中。

翠岩榮木掩映環列，大河又自秦晉之間衝而東下，横射兹川。川自秦山朱陽川來至虢，略北與永寧澗口川合，透迤至數十里，經亭北里許，始與河遇。灝蕩之氣，晨夕交鶩，卓爲關東奇觀。微雨新霽，則大華三峰舉在目前，而此亭特擄其會。

明　慎蒙《天下名山諸勝一覽記》卷三　嘉靖己卯秋九月，予登齊雲。至山際，則週圍峰石環抱如城内外隔絶，已無路可通矣。於石堵中忽開一門，由之以便登眺，名曰天門。真爲天造，非人力也。俗人乃樹石坊以障之，致使天巧不彰。予命休寧縣去之，仍作《毁坊記》以紀其事，使後知設坊之俗有障自然景象。并題曰復還天巧。其餘泉石之勝舊記已詳，不復贅詞。

清　雍正《江西通志》卷三八《古蹟·瑞州府》　高遠閣《松垣集》：嘉定辛未，高安楊公憑相其室之南創一小閣，輪奐翬飛，上出層空，俯瞰廛市，郭居十萬，鱗鱗可數。南望荷山千巖紫翠飛舞，北顧華林縹緲峻聳凌霄。青雲之興，碧岑之目不孤矣。

清　王培荀《鄉園憶舊録》卷四　銀臺公有園在城南三十里。園傍般溪，崖閒有泉，自石龍口瀉出，下入于溪園，高於地五六尺。栽竹數畝，入其中，陰森逼人，毛髮、衣衫盡緑。春雷怒發，萬筍并抽。主人燒玉版宴客，如在篔簹谷中，最爲北方所少。園中有泉平地湧出，奔入般溪。西山爽翠近落几席。洵幽人、逸士之湯沐邑也。

藝　文

南朝宋　謝靈運《田南樹園激流植援》(《漢魏六朝百三家集》卷六六輯)

樵隱俱在山，繇來事不同。不同非一事，養痾邱園中。中園屏氛雜，清曠招遠風。卜室倚北阜，啓扉面南江。激澗代汲井，插槿當列墉。羣木既羅戶，衆山亦對窗。靡迤趨下田，迢遞瞰高峰。

唐　孟浩然《孟浩然集》卷二《冬至後過吴張二子檀溪别業》　卜築因自然，檀溪不更一作更不。穿。園廬二友接，水竹數家連。直取南山對，非關選地偏。草堂時偃曝，欄棹集作槐。日周旋。外事情都遣，中流性所便。閒垂太公釣，興發子猷船。予亦幽棲者，經過竊慕焉。梅花初集作殘臘月，柳色半春天。鳥泊隨陽鴈，魚藏縮項鯿。停杯問山簡，可以習池邊。

唐　杜甫《絶句四首之三》(《成都文類》卷一四輯)　兩個黄鸝鳴翠柳，一行白鷺上青天。窗含西嶺千秋雪，門泊東吴萬里船。西山白雪四時不消。

唐　白居易《白氏長慶集》卷六《新構亭臺示諸弟侄》　平臺高數尺，臺上築茅茨。東西疏二牖，南北開兩扉。蘆簾前後卷，竹簟當中施。清泠白石枕，疏凉黄葛衣。開襟向風坐，夏日如秋時。笑傲頗有趣，窺臨不知疲。東窗對華山，三峰碧參差。南檐當渭水，卧見雲帆飛。仰摘枝上果，俯折畦中葵。足以充飢渴，何必慕甘肥。況有好羣從，旦夕相追隨。

唐　張祜《張承吉集》卷三《題潤州甘露寺》　千重構横險，高步出埃塵。日月光先見，江山勢盡來。冷雲虚水石，清露滴樓臺。況是東溟上，平生意一開。

唐　沈亞之《侯仙亭》(《增修雲林寺志》卷六引)　新創仙亭覆石壇，雕梁峻宇入雲端。嶺北嘯猿高枕聽，湖南山色捲簾看。

唐　許渾《丁卯詩集》卷上《晨起白雲樓寄龍興江準上人兼呈竇秀才》

兹樓今是望鄉臺，鄉信全稀曉鴈哀。山翠萬重當檻出，水光千里抱城來。東巖月在僧初定，南浦花殘客未回。欲弔靈均能賦否，秋風還有木蘭開。

唐　杜牧《題袁處士高亭》(《文苑英華》卷三一六輯)　水接西江天外聲，小齋松影拂雲平。何人教我吹長笛，與倚秋風弄月明。

唐　姚合《姚少監詩集》卷七《題刑部馬員外修行里南街新居》　帝里誰無宅，青山祇屬君。閒窗連竹色，幽砌上苔文。遠近高低樹，東西南北雲。朝朝常獨見，免被四鄰分。

宋　王禹偁《小畜集》卷七《游虎丘山寺》　寺牆圍着碧孱顔，曾是當年海湧山。盡把好峰藏院裏，不教幽景落人間。劍池草色經冬在，石座苔花自古斑。珍重晉朝吾祖宅，一迴來此便忘還。

宋　蘇舜欽《蘇學士集》卷八《滄浪亭》　一逕抱幽山，居然城市間。高軒面曲水，脩竹慰愁顔。迹與豺狼遠，心隨魚鳥閑。吾甘老此境，無暇事機關。

宋　文同《丹淵集》卷一〇《夏秀才江居五題》　**枕流亭**　愛此煙景佳，開軒故臨水。晴暉照寒浪，飛影動窗紙。倚檻見魚游，卷簾知鴈起。憔悴笑湘纍，區區詠蘭芷。

門碧亭　雨餘山景鮮，風定水光好。晴陽破宿霧，秀色濃可掃。平時一樽酒，野客共傾倒。朝暮山水間，年華不知老。

天隱洞　層崖削青瑶，誰昔此鐫鏤。潭潭門孤洞，中可百人受。巑岏列岫

繞，洶湧大江漱。虞卿方著書，入此幾年就。

直鉤磯 盡知人鈎曲，獨見君鈎直。年年此磯上，萬掣無一得。持竿只自苦，吞餌何嘗識。試效人所爲，君魚不勝食。

醉經庵 垂茅緝爲庵，有類穹廬形。之人伏其中，日醉乎羣經。世俗安爾知，但謂長不醒。寄此語二豪，渠非彼劉伶。

又《寄題杭州通判胡學士官居詩四首之一》 鳳咮堂。太史書言：官居在鳳凰山下，此山真如鳳有兩翅，翅上各建一塔，而鳳觜正落所居池上。舊有一堂，在山欲落處，近葺之，謂之鳳咮堂。因而求詩。四詩爲子瞻賦，今易以胡侯。豈黨禍未解，故竄易失真歟。

胡侯外補來錢塘，所居之山名鳳凰。不知元本發何處，虵頸魚尾盤高岡。婆娑欲下大江飲，萬里一息頭低昂。誰將浮圖壓兩翅，直使帖地不得翔。前人眼俗不知顧，會有賢者來形相。憐汝困欲共汝語，故近汝咮營斯堂。起居飲食不離上，外孰有耳聽琅琅。應云汝德未衰在，旦暮可起鳴朝陽。

又卷一四《會景亭》 誰兹敞高亭，磴道繞千蹋。江山接平遠，百里俱會合。人間最佳景，窗户供遠納。煙雲互蔽虧，蟲鳥相應答。吟牋摘奇勝，畫筆寫紛雜。安得日從公，短屐手自蠟。

又卷一五《守居園池雜題·望雲樓》 巴山樓之東，秦嶺樓之北。樓上捲簾時，滿樓雲一色。

又卷一七《涵虛亭》 雲外衆峰檐際横，竹間飛泉窗下鳴。欲往二樂即歇此，胸懷已自如冰清。

宋 韋驤《錢塘集》卷六《步雲亭》 官居瀟灑並城壖，城上危亭勢屹然。庨豁四檐通日月，回環千里見山川。凌虛迥絶尋常地，據要追吟尺五天。莫訝白雲隨步起，望中祠宇指梅仙。

宋 畢仲游《西臺集》卷一八《静勝軒》 官居背西墉，有居惟蔀室。川原在其外，指掌千里隔。李侯富天巧，鑿壁盜山色。清風灑面至，竹蔭横西北。坐令方丈地，萬古遺勝蹟。管氏南州來，謂侯有静德。朱輪走岐路，夫子駕牛軛。權門聚冠蓋，夫子偃空壁。甘貧分始定，樂道心乃得。自怪塵土人，兹焉憩行役。欲爲居士操，聲淡不可識。欲學幽人吟，詞野不可易。忘懷古今混，問道乾坤窄。此意竟如何，青燈夜方寂。

又卷一九《陪蒲守景叔學士會暢家園》 亭幽宜更酌，樹近合頻行。蒲劍槮槮長，荷錢疊疊生。隔林千岫踴，帶郭一川横。共選尋山屐，無心更濯纓。

宋 劉一止《苕溪集》卷七《題楊吉老知軍玉輝亭二首》 向來風月雄清地，今日昇平將相家。自啓窗扉放山入，使君聊欲傲雲霞。

清閒寧有清如許，買斷嵐烟入樽俎。我來愁此玉輝寒，要上峰頭呵佛祖。

宋 王之道《相山集》卷一《廉餘堂》 高堂面山水，境與動静兼。惟動故能樂，惟静故能廉。樂也知有餘，廉也笑無饜。

又卷二《題王亦顔清心閣》 湖光浩無際，遠與列岫并。風澄烟霧開，炯若鏡面平。高人對萬變，寸田常默耕。擾擾亦何爲，豈容方寸攖。有時鑒湖光，愛其静而明。那知水是物，心清物還清。徘徊不忍去，傑閣指顧成。閣成何所喜，畫棟連朱甍。大江西南來，羣山東北横。江山不待招，宛轉趨檐楹。諏度多暇日，登臨有餘情。論文一樽酒，對客手自傾。酒闌復徜徉，觀書弄潁泓。使人之意消，鄙吝何由萌。嗟予頑鈍姿，栖栖亦勞生。從今事疏瀹，永守清心盟。

又卷九《爲彭積甫題熙春堂》 似聞伐石誅茅，已見高堂蔭樂郊。百里湖山供眼界，滿城桃李動春梢。寒梅過盡看成實，乳燕飛來欲定巢。何日登臨閒信馬，路邊人復少年嘲。

宋 劉無言《題斗野亭》（《竹莊詩話》卷一八輯） 地勢如板掌，天形似覆盤。三星羅户牖，北斗掛闌干。晚色芙蕖静，秋香穲稏寒。更無山礙眼，剩覺水雲寬。

宋 王洋《東牟集》卷三《游吕庵偶題》 結屋得勝處，羣山簇畫屏。春城花覆白，回顧遶城皆李花盛開。野路麥鋪青。趁暖鳩呼婦，先時柳化萍。年年寒食近，心自歎飄零。

宋 陸游《劍南詩稾》卷二《巴東令廨白雲亭》 寇公壯歲落巴蠻，得意孤亭縹緲間。常倚曲闌貪看水，不安四壁怕遮山。遺民雖盡猶能説，老令初來亦愛閒。正使官清貧至骨，未妨留客聽潺潺。

宋 阮閲《郴江百詠·真仙亭》 雕甍畫棟對羣山，遠目增明盡日看。無奈人心多險僞，須求拳石作峰巒。

又《西樓》 危樓百尺對東山，簾幙秋風捲暮寒。每向殘陽新月看，幾人曾此憑欄干。

又《燕堂》　山有香爐水有瓶，齋無塵榻閤無鈴。胡床塵拂枯藜杖，門對江山日夜扃。

宋　陳造《江湖長翁集》卷一四《登平山堂》　平山堂上命琴樽，前輩風流肯見分。戀客懶斜當檻日，藏山不斷隔江雲。吟牋得意窺天巧，醉面禁凉減纈紋。杖策歸來新月上，落梅如雪點風裘。

又　卷一八《題趙秀才壁》　日日危亭憑曲欄，幾山蒼翠擁烟鬟。連朝策馬衝雲去，盡是亭中望處山。

宋　張鎡《南湖集》卷五《野芳亭寫望》　晚雨凄微葉未斑，小亭非但揖西山。船行半出青蒲末，塔立參排雜樹間。了事兒癡妨劇醉，澹陰天氣合清閒。幽居不與紅塵隔，退食何能一往還。

又《游新市趙侍郎園》　步屧沾泥得望新，霽光飛上雜花明。漁篷就向池旁入，山翠盡從窗外橫。因想主人持酒興，直須居士詠詩聲。浮生果解隨緣足，適意真強爵與名。

又　卷六《官舍夢歸南湖》　林野相望不隔關，夢魂徑到豈爲難。恍如天上飛升客，忘却人間走俗官。巖桂直通籠鶴檻，水蘋斜倚釣魚竿。覺來不忍輕開眼，窗外芭蕉戰曉寒。

又《游叔祖次對宅南新園詩》　入門疑是洞中天，有此人間事兩全。深窈高明俱要景，安閒榮盛未衰年。軒窗處鶴千層竹，風雨催詩十畝蓮。聞道從今畢婚嫁，陰功專爲子孫傳。

又　卷七《前後植木犀樓上有月臺盡見諸山》　盛世適親逢，樓臺得地雄。無形兼有象，俱在太和中。

又　卷八《湖南午坐雨作歸山堂共成四絶句》

簾外青山隱樹林，雲時來看便沉吟。騎聲蓋色都除盡，唯恨詩情染最深。

或擬香山或擬陶，有時無句只蟲號。作詩蕞苴猶之可，字寫不成方是高。

西山俄起一聲雷，不覺如拳雨點來。滴遍池中萬荷葉，又催薝卜海榴開。

平時吾亦愛吾廬，今雨巢禽亦引雛。好是堦前四高檜，枝枝葉葉綴明珠。

又《聽鶯亭》　墻頭正對南湖柳，湖柳迎風翠掃空。最喜音聲爲佛事，亂蟬賡唱夕陽中。

宋　曾丰《緣督集》卷四《寄題左叔寶昆仲松竹書院》　南窗晃朗宜春夏，松竹與君爲大雅。雨雜伊吾聲灑灑，勸君讀書無苟且。北窗窈窕宜秋冬，松竹與君爲大忠。風雜伊吾聲颯颯，戒君讀書無雷同。竹生受虚松受實，根氣性天道之質。他人見疏君見密，一薰舊染百俱失。風雨不移君讀書，由松之實悟竹虚。回首書皆糟粕餘，一真超然萬物初。松竹於學機相觸，學成終不負松竹。拔地摩天立於獨，逃獨歸羣成更熟。

宋　劉過《龍洲集》卷七《龔山長栖閣》　愛客龔山長，能容日日過。栽培初種竹，愛護乍生荷。堂對青山短，門關白日多。細聽閒議論，不似我狂歌。

宋　孫應時《燭湖集》卷一七《武擔西臺和師文作》　西臺在何許，秋草暮雲間。十畝有餘竹，一窗無數山。望遠足離思，憂時多苦顔。相看終惜醉，更挈酒瓶還。

宋　吳儆《竹洲集》卷二〇《驀山溪效樵歌體》　清晨早起，小閣遥山翠。頮面整冠巾，問寢罷，安排菽水。隨家豐儉，不羨五侯鯖，軟煮肉，熟炊秔，適意爲甘旨。中庭散步，一盞雲濤細。迤邐竹洲中，坐息與，行歌隨意。逡巡酒熟，呼喚社中人，花下石，水邊亭，醉便頽然睡。

又　老人和

園林何有，脩竹搖蒼翠。春到小桃溪，看緑滿一池春水。花開日暖，兒侄競追隨。挑野蔌，網溪魚，有酒多且旨。去來聚散，無必亦無意。說地或談天，更休問語言粗細。誰強誰弱，誰是又誰非，過去事，未來事，一枕騰騰睡。

宋　許綸《涉齋集》卷一三《趙昌芍藥》　風雨藥欄西，殘紅落錦溪。明窗時展卷，春色任提携。

宋　嚴粲《華谷集・任機宜新圃》（《江湖小集》卷一一輯）　小斸煙苔地，春生一笑間。亭邀鄰圃樹，臺揖隔城山。幽夢壺天曉，清時幕府閑。旋移花盡活，容我醉來攀。

宋　釋斯植《采芝集・西園即事》　一徑落花紅，迴廊復舊蹤。千峰遥隔水，萬水遠涵空。沙鳥晴雲外，寒帆夕照中。幾宵曾宿此，江月夜相通。

元　黄庚《對竹》（《元詩選初集》卷九輯）　門對南鄰竹，青青玉萬竿。雖然無地種，且得隔籬看。露葉晴猶濕，風枝夏亦寒。但教休翦伐，日一作何用報平安。

明　藍仁《藍山集》卷一《宿田家望武夷山》　仙崖蓄靈異，怪石盤空曲。一水隔花村，千峰入茅屋。金芝暖逾秀，瑶草寒更緑。雲中武夷仙，一一

顔如玉。白馬去不歸，玄猿叫相逐。昔陪丹丘侶，酣歌紫霞谷。雞鳴洞天曉，落月在林木。空瞻仙子高，舊夢那可續。荒林激悲風，日入對樵牧。佇立望歸雲，解衣田舍宿。

明 練子寧《中丞集》卷下《水竹居詩》 高人結宇修篁裏，軒户玲瓏瞰流水。庭皋月轉翠陰生，溪上風回青浪起。翠陰青浪映窗扉，曲徑臺深客到稀。林下移床揮麈坐，沙頭繫艇釣魚歸。柴門無事臨流敞，高卧支頤聽清響。千山暮雨石泉通，一夜春雷籜龍長。几席清幽俗事疏，波光盡日映圖書。何年得遂辭塵坱，杖策相從此卜居。

明 朱誠泳《小鳴稿》卷四《游山》 緣崖入翠微，嵐氣濕羅衣。澗水浮花出，松雲伴鶴飛。行歌樵互答，醉卧客忘歸。安得依書屋，開窗碧四圍。

明 周瑛《翠渠摘稿》卷七《題有竹軒》 半畝翠雲濕，一簾蒼雨涼。分明闤闠裏，舉目見瀟湘

明 王守仁《王文成全書》卷一九《龍岡新構》 謫居聊假息，荒穢亦須治。鑿巘薙林條，小構自成趣。開窗入遠峰，架扉出深樹。墟寨俯逶迤，竹木互蒙翳。畦蔬稍溉鋤，花藥頗雜蒔。宴適豈專予，來者得仝憩。輪奂非致美，毋令易傾敝。

明 李夢陽《空同集》卷一三《宿圓通寺》 曉發蒲亭邑，暮投石耳峰。僕夫困霑濡，山雨猶響松。茲壑况眾阻，顧望惟溟濛。幽巖託層房，豁然臨候江。竹脩苞北基，巖峭垂南窗。俯觀褭户蘿，仰聆走檐淙。挹此暫足遣，遡想情難降。陶公有遺墳，黄子留孤蹤。通止良固殊，羈縛誰爲悰。坐聞吟猿暝，祇令歸思忡。

明 黄衷《矩洲詩集》卷三《清虚亭》 結構切紅雲，闖山未覺深。中天分氣色，下界割晴陰。看竹溪流影，鳴琴谷借音。崇高方有地，猶自愛喬林。

明 孫一元《太白山人漫藁》卷三《西湖山居》 道人縛屋南山裏，西湖正對柴門底。藜杖經旬懶出門，門前看湖聊爾耳。秋風撫掌桂花開，坐對白石歌隱士。溪翁住近不相知，晨昏同飲西湖水。

明 唐錦《竹亭》（《石倉歷代詩選》卷四五二引） 懶將塵事溷幽懷，遶屋琅玕手自栽。碎影點窗秋月滿，清聲入座午風來。門深惟許王猷造，徑僻曾看蔣詡開。轉眼碧梢抽紫實，傍雲須築鳳凰臺。

明 李攀龍《滄溟集》卷九《過吴子玉函山草堂》 玉函山色草堂，偏恰有幽人擁膝眠。樹杪徑迴千澗合，窗中天盡四峰連。緑陰欲滿桑蠶月，白首重論竹馬年。就此一樽無不可，因君已辨阮家錢。

明 楊旦《題白巖新竹庵》（《石倉歷代詩選》卷四五一引） 清影離離半窗竹，浥露凝烟翠堪掬。託根此地何孤高，絶勝山阿并水澳。月姨故故夜深來，寫出此君真面目。賦形不入草木流，勁節虚心自天育。諦盟誰共歲寒三，迸地如陳爻位六。結實終期鳳鳥栖，敲風應遣詩魔伏。主人觴詠有餘興，滿院緑陰濃入屋。門牆豈無桃與李，奈此春華零落速。眼看穉子又生孫，厚植深培爲君祝。勛庸次第收汗青，懸賞旌功安用卜。

明 王世貞《弇州續稿》卷一八《過吴太學新園賞菊卜夜作》 門外軒車若水流，能虚要地結清幽。連峰半隱嵯峨閣，閣高而山小故云暗室中穿窈窕溝。銀燭媚迴黄菊暝，緑窗驕借翠筠秋。狂夫丙夜猶呼酒，寄語陳遵轄慢投。

又《諸公會趙中貴園》 西華西去有園亭，爲客高樓日不扃。檻外四收吴苑緑，杯中一送蔣山青。溝從太液寬分潤，席傍微垣好聚星。莫笑貴人覲粉黛，只今姚魏未全零。

又《詹東圖内翰遷吏部郎移舍過題園亭》 新佐天官領百司，可如供奉玉堂時。向來仙骨應俱羡，此去冰心祇自知。衙散圖書周四壁，亭虚花竹隱三垂。牆頭一片鍾山色，好是長吟謝朓詩。

明 顧璘《息園存稿詩》卷一二《鮑太守新堂》 鮑叔新堂泗水濱，虚檐瀟灑隔風塵。巧當竹逕開庭户，直取雲山作主賓。病起馬卿多懶慢，位高文子亦清貧。疎簾曲几觀書地，白髮投簪興更新。

明 閔如霖《午塘先生集》卷一《陽峰草堂》 傑搆岐陽下，遥臨江漢清。彩雲團綺户，白日麗雕楹。負郭絃歌接，緣蹊漁弋行。書藏瑶軸富，誥列錦函明。樹杪看飛澗，林端聽早鶯。露濃花曉重，風暖桂冬榮。俯仰成佳致，窺臨足勝情。幾年淹宦轍，不日宰台衡。鄉夢宵徒作，迢迢歷楚城。

明 陳繼儒《陳眉公集》卷四《山居》 四面群峰集草堂，尚餘竹木繞迴廊。莫言處士無功業，種得秋花滿地香。

明 李言恭《題補陀》（《普陀山志》卷一七引） 五岳三山總浪游，法門

高敞海天秋。窗前雲氣蛟龍起，檻外波光島嶼浮。月映寶珠明上界，星隨燈火散中流。黃塵白髮真無賴，彼岸慈航何處求。

明　祁彪佳《遠山堂詩集·卜築寓山》　卜築山陰道，幽懷亦暢哉。分花和露種，鑿石帶雲開。偶借松爲逕，常看月貯臺。憑軒頻眺望，爽氣自西來。

開山誰是主，摩詰擬前身。爲愛林泉好，翻令結搆新。野花能對客，籬竹可窺人。不與千岩競，柯峰自作鄰。

又《游小隱山錢相別業》　探古耽奇賞，兹山小隱存。看題披石蘚，躡履破雲根。迴閣藏平塢，開堂帶遠村。每聞真率會，花鳥未須論。

又《通霞臺》　宜雪兼宜月，都將貯此臺。萬青當壁立，一鏡對湖開。醉卧松根石，行吟露下苔。狂呼通帝座，霞表任徘徊。

又《游賀家池》　賀老當年事，斯池遂得名。柳蹊青岫出，鷗起碧波輕。水闊諸村遠，天長落鏡明。卜鄰從此地，洗耳作新盟。

鑑曲曾分與，留兹勝地名。平波得月近，孤岫落雲輕。氣薄千層碧，光涵一片明。虛堂人跡少，止水欲爲盟。

又《寓山草堂成》　自去深林結一茅，煙雲留我在谿坳。安排嫩柳藏鶯語，拂拭長松待鶴巢。曾許山光青入座，試窺潭影碧環郊。何須更乞湖中曲，敢向前賢浪解嘲。

又《初夏楓社諸友集寓園》　搆得林居近水濵，朋來尚喜及餘春。似無乍有山容遠，欲雨還晴天氣新。荷葉出池香片片，桐花落地錦鱗鱗。當杯勸客須拋醉，脩禊於今迹已陳。

暫時賒得是閒身，載酒論文不厭頻。偶借青山供好客，可容白社有遺民。如君詩句清而老，到我交情澹始真。臨別叮寧期後會，葵榴漸已蹴成茵。

畫舫遥遥西墅濵，山中從此卜芳鄰。中來酒約無苛禮，吟就詩篇得遠神。花裏步時冠影側，石間題處墨痕新。當其得意能忘返，稽阮之流豈異人。

明　潘寔《凝翠軒》（《檇李詩系》卷一〇引）　小洞幽深日到難，蒼蒼煙景隔林看。一簾晴翠四時雨，半榻凉陰六月寒。清晝有時還下鶴，碧雲無處不棲鸞。莫隨羣卉秋摇落，留取青青護石壇。

明　程燁《澄江閣》（《貴州通志》卷四五引）　欲陟層巒路未通，憑欄覽盡郡中峰。前墟麥秀田家宅，隔岸芹香泮水宮。雨霽有聲生翠竹，日高無影覆蒼松。省耕偶向澄江閣，消受清凉一榻風。

清　李應徵《游朗山寺》（《澄遠堂三世詩·藿園詩存》卷三輯）　以吾逋客侶，翻向草堂留。寺有僧寮，名草堂。賦欲歸與就，林宜静者投。懸峰墜檐瓦，移席俯梧楸。不作長安夢，維摩意可酬。

清　張實居《蕭亭詩選》卷一《半園偶成》　黄山連長白，峰巒何重重。煙雲未盡處，吾廬在其中。拋卷時偃息，神魂亦從容。幽禽鳴深竹，流泉下長松。軒窗四面敞，披葛來南風。悠然對山色，上與羲皇通。須臾飛鳥盡，皎皎月行空。

清　沈峻曾《漣漪堂遺稿》卷二《月月紅》　一卷南樓静對中，隔窗花影露深紅。芳心欲語含朝雨，春色初濃動晚風。未免有情憐獨立，豈能無意許相通。夜來皎月如窺鏡，照爾含香錦繡叢。

清　宋廣業《羅浮山志會編》卷二〇引王煐《羅浮見雪用東坡白鶴山鑿井得泉韻》　山樓傍雲結，峭削生高寒。蕭條幾喬木，葉葉交聲乾。開窗嗅梅花，朔風吹辛酸。昨從飛雲頂，下瞰諸峰巒。渺乎華首臺，小如青石磐。雲海思匡廬，浩瀚翻波瀾。屢憩烹清流，燧火頻爲鑽。今朝阻寒威，兀坐憑危欄。雪花久不見，忽喜隨風摶。松濤不停吼，聲疑澗水湍。擬尋武夷客，道路嗟艱難。仙馭從空臨，杯酒聊供歡。

清　高宗愛新覺羅·弘歷《御制詩集》初集卷一一《望西山》　落葉游絲素宇空，疏眉八字點丹楓。秋山無恙秋光好，盡入高軒一覽中。

翠微幽逕入雲斜，矮屋踈籬三兩家。到晚千峰銜落日，紅蓮朵朵罨窗紗。

怪底朝來切峭寒，遥峰天外玉龍蟠。昨朝菊雨蘇新蕊，香滿階墀珠滿盤。

秋霖净洗緑鬟濃，蘭若鐘聲度澗松。他日吟詩何處好，白雲紅樹最高峰。

又二集卷六《天成寺》　每到盤山無不到，坐來高閣憶曾來。窗含四面秋山翠，座招萬壑松風哀。欲落未落葉戀樹，三點兩點雨濕苔。我豈維摩無所著，手接天花置講臺。

又三集卷七《題翠雲堂》　四株松樹四時翠，一坐書堂一賞雲。何必山嵐將谷靄，怒濤細浪總氤氲。

又　卷七五《翠雲堂》　别墅築灤陽，依巖復搆堂。有雲都是翠，無樹不含蒼。游目屬空廓，研精寓縹緗。雨過風益峭，納得八窗凉。

又　卷八三《水牖放舟至影湖樓》　盡啓樓窗納水風，昆明一碧接長空。去年題句横楣看，瞬息分明昨日同。

又 四集卷七六《題延山樓》 山袛静爲體，樓乃延之來。而樓豈解延，以人憑窗開。三者設闕一，斯名託誰哉。子輿亦知此，曰萬物我該。愁覺執我矣，未若順應恢。

又 卷八三《延山樓》 近山軒左側，樓復號延山。一再寧非甚，性情偶寄閒。開窗納蒼翠，梯几俯孱顔。點筆便宜者，無勞事陟攀。

清 沈復《浮生六記》卷四《浪游記快》 煙雨樓在鏡湖之中，四岸皆緑楊，惜無多竹，有平臺可遠眺。漁舟星列，漠漠平波，似宜月夜。

清 胡敬《崇雅堂詩鈔》卷六《初秋園亭納凉》 虚亭面面接山光，山缺屏風借緑楊。一鷺影明晨靄散，萬蟬聲急午曦長。碧梧葉大秋先入，紅藕花多水亦香。巾拂任閒蒲箑屏，竹飂吹鬢有新凉。

清 童槐《今白華堂詩録》卷五《蕉窗》 斗室緑天底，窗開影轉深。此中青玉案，祇合撫瑶琴。夜雨幽人耳，秋雲古硯心。瓶花紅數點，揺漾在清潯。

清 王慶勳《詒安堂詩初稿》卷六《同薇洲游端園》 到此倍幽寂，來消半日閒。門前懸怪石，窗隙補遥山。打槳驚魚起，彈琴引鶴還。靈巖青似睇，招客夕陽間。

園林志趣 適意園居

題 解

宋 鄒浩《道鄉集》卷三二《語録》 雖居軒冕之間，當有山林之氣。士不可無山林氣，節義、文章、學術，大抵皆然。何謂山林氣？即純古之氣也。達於命者，不以得失爲休戚。

明 李豫亨《推篷寤語》卷六《還真篇·還游覽之真》 嘗記堯夫《洛下園池》一詩：洛下園池不閉門，洞天休用别尋春。縱游只却輪閒客，遍入何嘗問主人。更小亭欄花自好，儘荒臺榭景纔真。虚名誤了無涯事，未必虚名總到身。讀此詩，其胸中灑落可見矣。《記黄處士》一詩：偶向東湖更向東，數聲鷄犬翠微中。遥知楊柳是門處，似隔芙蓉無路通。樵客出來山帶雨，漁舟過去水生風。物情多與閒相稱，所恨求安計不同。人生可不營園林，但不可無園林趣味耳。

明 徐學謨《歸有園文編》卷一〇《歸有園記》 昔之爲園者多矣，自石季倫金谷之後，莫移於李文饒。及覩其劄記平泉花木，何至悕情如是，然終其身未嘗一晞發於所謂十丈凉堂者。而淵明三徑，自松竹之外似無可娱，然竟藉是以解彭澤之組。故曰：成趣無大，會心無小。

明 謝肇淛《五雜組》卷三《地部一》 唐裴晉公湖園宏邃，勝槩甲於天下。司馬温公獨樂園，卑小不過十數椽，然當其功成名遂，快然自適，則晉公未始有餘，而温公未始不足也。況以晉公之勳業，當時文人已有「破盡千家作一池」之誚。而温公之園，亦儼然與洛中諸名園並列而無慚色。乃知傳世之具，在彼不在此，苟可以自適而止矣，不必更求贏餘也。

論 説

南朝梁 劉峻《東陽金華山栖志》（《廣弘明集》卷二四輯） 夫鳥居山上，層巢木末。魚潛淵下，窟穴泥沙。豈好異哉，蓋性自然也。故有忽白璧而樂垂綸，負玉鼎而要卿相，行藏紛糾，顯晦蹐駁，無異火炎水流，圓動方息。斯則廟堂之與江海，蓬户之與金閨，並然其所然，悦其所悦。鳥足毛羽，瘡痏在其間哉。予生自原野，善畏難狎。心駭雲臺朱屋，望絶高蓋青組。且霑濡霧露，彌願閒逸，每思濯清瀨，息椒丘，寤寐永懷，其來尚矣。蚓專噬壤，民欲天從。爰泊二毛，得居巖穴。所居東陽郡金華山。東陽實會稽西部，是生竹箭，山川秀麗，皋澤坱鬱。若其羣峰疊起，則接漢連霞。喬林布濩，則春青冬緑。迴溪映流，則十仞洞底。膚寸雲合，必千里雨散。信卓犖爽塏，神居奧宅。是以帝鴻游斯鑄鼎，雨師寄此乘烟。故澗勒「赤松」之名，山貽「縉雲」之號。近代江治中奮迅泥滓，王徵士高拔風塵，龍盤鳳栖，咸萃兹地。良由碧湍素石，可致幽人者哉！金華山，古馬鞍山也。藴靈藏聖，列名仙牒。左元放稱此山云可免洪水，五兵可合，神丹九轉。金華之首有紫巖山，山色紅紫，因此爲稱。靡迤坡陀，下屬深渚。嶒屼嵔嶙，上虧日月。登自山麓，漸高漸峻，壟路迫隘。魚貫而升，路側有絶澗，閈閎庨豁，俯窺木杪。焦原石邑，匪獨危懸。至山將半，便有廣澤大川，皋陸隱賑。予之葺宇，實在斯焉。所居三面皆迴山，周繞有象郛郭。前則平野蕭條，目極通望東西帶二澗，四時飛流泉，清瀾微霔，

滴瀝生響。白波跳沫，洶涌成音。並漕瀆通引，交渠綺錯。懸溜瀉於軒甍，激湍迴於階砌。供帳無綆汲，盥漱息瓶盆。楓櫨椅櫪之樹，梓柏桂樟之木，分形異色，千族萬種。結朱實，包緑裹，杌白帶，抽紫莖。槭轟苯蓴捎清風鳴籟。垂條櫚户，布葉房櫳。中谷澗濱，華蘂攢列。至於青春緩謝，萍生泉動，則有都梁含馥，懷香送芬。長樂負霜，宜男泫露。芙蕖紅華照水，皋蘇縹葉從風。憑軒永眺，蠲憂忘疾。丘阿陵曲，衆藥灌叢。地髓抗莖，山筋抽節。金鹽重於素璧，玉豉貴於明珠。可以養性消痾，還年駐色。不藉崔文黄散，勿用負局紫丸。翱翱羣鳳，風胎雨轂。緑翼紅毛，素纓翠鬣。肅肅毛羽，關關好音，皆馴狎園池，旅食鷄鶩。若乃鵠日伺辰，響類鐘鼓。鳴蚿候曙，聲像琴瑟。玄猨薄霧清囀，飛猨乘烟詠吟。嘈囋嘹亮，悦心娱耳。諒所以跨躡管籥，韜軼笙簧。宅東起招提寺，背巖面壑，層軒引景，邃宇臨崖。博敞閒虛，納祥生白。左瞻右睇，仁智所居。故碩德名僧，振錫雲萃，調心七覺，詆訶五塵。郁列戒香，浴滋定水。至於熏鑪夜爇，法鼓旦聞。予則跕躧摳衣，躬行頂禮，詢道哲人，欽和至教。每聞此河紛梗，彼岸永寂，熙熙然若登春臺而出宇宙。唯善是樂，豈伊徒言。寺東南有道觀，亭亭崖側。下望雲雨，蕙樓菌樹，隱映林篁。飛觀列軒，玲瓏煙霧。日止却粒之氓，歲集神仙之客，餌星髓，吸流霞，將乃雲衣霓裳，乘龍馭鶴。觀下有石井聳跱中澗，雕琢刻削頗類人工。躍流瀁瀉，濟涌泱咽。電擊雷吼，駭目驚魂。寺觀之前皆植修竹、檀欒，蕭瑟被陵緣阜。竹外則有良田區畛通接山泉膏液，鬱潤肥腴。鄭白決漳，莫之能擬。致紅粟流溢，鳧鴈充厭，春鱉旨膳，碧鷄冬蕈，味珍霜鷄。縠巾取於丘嶺，短褐出自中園。蓑蔣逼側於池湖，菅蒯駢填於原隰。養給之資，生生所用，無不阜實蕃籬，充牣崖巘。歲始年季，農隙時閒，濁醪初釃，醥清新熟，則田家野老提壺共至。班荆林下，陳鐏置酌，酒酣耳熱，屢舞諠呶。盛論箱庾，高談穀稼。嘔噱謳歌，舉杯相抗。人生樂耳此歡豈訾。若夫蠶而衣、耕而食，日出而作，日入而息，晚食當肉，無事爲貴。不求於世，不忤於物，莫辨榮辱，匪知毁譽。浩蕩天地之間，心無怵惕之警。豈與嵇生齒劍、揚子墜閣較其優劣者哉！

宋 陳文蔚《克齋集》卷一〇《蘇坡記》 山川之與人物，可以相有，不可以相無，而以相值之爲美。有是山川而人物不足以發揮，則通者窒，明者晦。天地之閟藏亦訖於榛翳，無自以呈露。胸中有邱壑，而適在荒郊迴野之所，崇岡秀嶺之嵳崒，清泉白石之奇怪，雖欲登高舒嘯，臨流賦詠，而興寄無所托。以是知山川之與人物，嘗相須以相成，不可以偏廢也。

明 王直《抑庵文後集》卷一《環秀堂記》 距浮梁邑最近，有地曰田西者，蓋山水之會也。峰巒疊秀，連亘遠邇，隱然如一大環。長溪之水出乎其中，深若渟膏，淺若浮練，逶迤而東，清見毛髮，乃一邑之勝處，而李氏世居焉。今監察御史遵安之堂適當其勝，因名之曰環秀之堂，而請予文爲記。予謂，山水之勝，隱者之所樂也。彼富貴者，得志於一時。居有廣宇豐堂之安，行有雕軒文駟之華。進則垂紳正笏以立於大廷，退則美飲食、好聲色以悦乎朝暮，無不如意者。其於山水之樂非不好，雖好之，亦不能兼有也。惟幽人貞士，進不得志於當時，乃退而樂乎此。披莽蒼、横清泠，俯湍瀨之奇，瞻崖崿之秀，以自快於其心。雖不若富貴者之娱，然亦各適其適也。李氏出自唐衛公，子孫嘗以科第入官，簪纓之貴不絶。至遵安，遂居風憲之重任。耳目之寄，蓋非隱者也。然猶不忘乎斯堂，豈以富貴之娱、山水之樂爲可以兼得也哉。夫既不可以兼得矣，而尚眷眷焉，毋乃非仕者之義乎？雖然，吾知之矣。孔子曰，知者樂水，仁者樂山。夫人，稟天地之秀以生，仁、知固所有也。假於物以致其美焉，此君子之所謂善學也。因其安重不遷而以篤吾仁，因其周流無滯而以廣吾智。使不爲私意所移，而至於不可勝用，此固仕者之所宜務也。遵安之意，誠出於此。其爲良御史可必矣。不然，則連山絶壑、洄汀曲渚，虎豹之所家，虺蜮之所穴，雖曰美矣，將有時而厭也，惡能有益於學哉？願以是爲記，庶幾進德之助云耳。

明 謝肇淛《五雜組》卷三《地部一》 紈袴大賈，非無臺沼之樂而不傳於世者，不足傳也。拘儒俗吏，極意脩飾以自娱奉而中多可憎者，胸無丘壑也。文人墨士，有魚鳥之致、山林之賞，而家徒四壁，貧不可爲悦也。窮鄉潟壤，沙塞陋域，空藏白鏹而無一竹一石可供吟嘯者，地限之也。幸而兼此四者，所得於造物侈矣，而猶然逐於聲利，耽於仕進，生行死歸它人入室，不亦可歎之甚哉！

又 王氏弇州園，石高者三丈許，至毁城門而入，然亦近於淫矣。洛陽名園以苗帥者爲第一，據稱大樹百尺對峙，望之如山，竹萬餘竿。有水東來，可浮十石舟。有大松七，水環繞之。即此數語勝槩，已自壓天下矣。乃知古人創造，皆極天然之致。非若今富貴家，但鬥鉅麗已也。

明 吳文奎《蓀堂集》卷七《適園記》 余性戇，不能與世浮沉。逐逐里

巷，弗適也。戊子秋，白門下第，歸謝去舉子業。念栖託無所，乃於明經堂之東，得隙地半畝許，創屋五楹，負北面南。循步檐入中霤，爲談藝居。方廣一筵，取受兩三人盈庭，聚訟無爲也。東爲諸兒呻吟地。折而西，復轉而南，取道房中，會心齋在焉。茗椀鑪薰，張坐卧具，攤書數十卷。洞前楹疏櫺髹几，暇輒繙經，解衣礴薄其中。左退爲奥内，帷帟備置，與齋對峙，則青蓮宇也。堦除植小竹數竿，堊墍粹白，繪以石青，奉維摩大士。廣雖方丈乎，芥子中藏山河大地，故是不二門中伎倆。蒲團經藏，差消磨雄心。循墻而走梯上，出爲蓀閣。以蓀折得名。中多藏書。壁後三楹，綺疏豁達，遠見百里外赤嶺雲巖、翁山伯山迭出，幻景皆几席間物，足當大觀。顧北向地尚數武，意猶未盡，因面東爲便坐，顔以栩栩，示適也。房左個懸榻爲謁。舍周遭設竹埤，雜蒔花木於中，遞謝遞開，宛若步障。穴埤而入，碧梧兩章，江梅壹株。夏翳緑雲，冬霏香雪。墻隅築聽雨亭，以當其勝。深花掩映，拳石離立。常小憩，清譚若謝尚，窗間彈琵琶，不覺作天際真人想矣。遡經始，逮樂成，量事期旬月，慮材用什伯。主人游衍其間，謷哉仙仙乎適也。客有涼主人庳而陋者，謂：之園也，斧其植曾不任薪，伐其石曾不任礎。散步而足縶，邀賓而膝促。坎有鼃，井有蛙，主人之適也，烏乎！園主人謝不敏，曰：嗟乎！客之不適也，未游適之藩也。請言崖略。凡適之云者，自適其適也，而非適於適也。適物者物適，適我者我適。以物適物，孰若以我適我？故澤雉在樊，神必不王祭爰居以鐘鼓彼有駭而俛首爾。且人大喜耶戾于陰，大怒耶戾于陽。適則情境兩融，意象俱洽。有駭形而無損心，心口不能相語。來莫却往，莫御不煩。外護不勤，内護亦難言矣。主人脩渾沌之術，以有是園。朝于斯，夕于斯，祁寒暑雨于斯，而行填填，而視顛顛，而卧徐徐，而覺于于。遺榮名，棄嗜好，解懸去毁，一切窮達、貧富、生死、是非、毁譽、得失，循環更代，不滑其天，庶幾乎無適也而無不適。潛淵之鱗，集茂之羽矣，浸假而搰搰矻矻求多土木，是謂不恬。浸假而屑屑瑟瑟屏營相度，是謂不愉。不愉不恬，方且爲懸旌，方且爲桎梏，方且爲觸藩，方且爲飲冰。即力能移五岳、藪十洲、林漢苑，吾知其無能適也。故鵬徙南溟，不必詫其大。鷦巢蚊睫，不必鄙其小。乘時委化，齊物忘我，要之於適而止。試觀忘履而足適，忘帶而腰適，安所事蹋珠而圍玉哉！有味乎蒙莊之陶鑄，肖貌乎適也，曰：造適不及笑，獻笑不及排，安排而去化，乃入于寥天一。夫大適不適，其適無極，非語適者之所税駕乎哉！雖然，客且休矣。不佞而曉曉然，鳴其適不適，不適矣。作適園記。

明　茅坤《耄年録》卷四《何氏園林記題辭》　海内之佳山水與園林，並以其人竹帛、鼎彝所載相上下。峴山則羊公怙，匡廬則陶公潛及僧慧遠，竹林則劉伶、阮籍輩七賢，會稽蘭亭則王逸少，茅山則陶隱君貞白，輞川則王右丞維，滁陽則歐陽學士脩，西湖放鶴亭則林和靖逋。要之或以勳業，或以德望，或以放達，或以蕭逸。世之搜覽好奇之士，從而歌之，甚且勒石志而銘之，故及以之聞當時而傳後世。

清　高珩《栖雲閣文集》卷一一《偕老園題辭》　古來園亭之勝，咸以平泉、金谷爲歸。此古今卿大夫之豔羨而不可得者也。至於鹿門采藥、山澤好逑、臯廡齊眉、琴瑟素節，亦士人之佳耦、門内之芳型矣。然而贊皇、潘令，席高位擁，多貲極欲窮奢，笳鳴鼓吹，盪壑轟山，粉黛蘭香，疑仙胡帝，謂足以騰耀九州、誇示千秋矣。而時事一移，繁華頓歇。海外名花、日南語鳥，一旦化爲冷雨寒煙，迄於樵夫牧豎躑躅而行吟之地。豈復有四十里紫絲步帳、二十四友琴樽響答乎！至於龐、梁兩君子，唱隨顧步，道風秀世，誠飄飄霞外有餘矣。而東窗眉黛，鏡臺裝新，南園春輝，花閒路曲。閨閣勝事，恐亦窮巖斗室之所瞠乎。其後者也，去巧。安君以名卿之後，清白克世。其家與王孺人白首相莊，撫膝下，森森蘭玉盛矣。乃復於閨閣之内，小搆午橋。交枝芍藥，影分織錦之窗。比翼鴛鴦，聲喈合歡之樹。晨夕延懽，愉愉自適。豈非跨鶴揚州，移家樊圃，兼前賢之所難兼，而並擷裴王之勝者乎？

清　顧景星《百茅堂集》卷三七《仙掌閣記》　富貴聲色，衆人之所娱而聖賢之所逃。山林癯儉，衆人之所逃而聖賢之所娱。其故何也？聖賢高覽遠想，知富貴聲色之脆而難持也，故不求。豈惟不求，或身處富貴聲色，慊慊然恒若不足於山林癯瘠者。其意識高遠，固然。夫意識高遠，有生而天縱，神智曉冷，有長年涉歷，厭薄人事，如是逃其脆而難持，取其貞而可久。祝世之經營事，功不轉盼爲陳迹，况富貴聲色乎。吾友秝侯張子，少年蕭散有出霄漢意，中更涉歷，厭城市，安山林，廿年於兹。所居筆戀，構傑閣名曰仙掌。夫仙掌，非漢武故事乎？青龍以還，入關弔古。驪山崒於前，渭水流其下。其址已不可問。而士之能高覽遠想者，莫不俯仰欷歔，悟盛衰之有期，感宇宙之無盡。今無暇遠論，試與子游乎城市。昔之章臺戚里，吹樓舞榭，縱酒賦詩之地，呼盧角技之朋，皆化爲寒煑，陰爲野土。游鹿躑於吴宫，

野竹管於梁苑。而歸而登此閣，凴高瞻眺，覩春葩之旉施，閱秋容之摇落，順乎自然之榮瘁，而無盛衰之悲。及夫蔽虧林嶺，周玩丘壑，風雲會栭櫨，霜露入寮牖，使人有乘扶摇，吸膠葛之意，而後知所謂仙掌者，義在斯乎！由是以言，富貴聲色安能與山林癯儉争修短哉！張子與道人五芝、心蘭者游，倘然吾言，即書爲記。

清 丘嘉穗《東山草堂文集》卷三《丘園記》 出邑西門，循城南去復折而西，烟樹迷離，樓臺高廻，望之超然而靈秀者，丘園也。先是家儀生兄游郊外，得隙地半臨溪上，度可營别業。卜吉，鳩工以爲斯園。園成而環視其中，門有曲徑，堂有深室。前有臺榭，後有苑囿。旁植名卉數十本，類足供游息之觀。每當月夕花晨，溪光明媚，把酒臨風，凝眸遠矚，南對玉笏，西接石潭，東臨琴崗，普陀諸名勝，所謂造物自然之秘，常不待指呼而自呈于几席之前，洵足樂也。爰命諸子嘯歌其間，而徵余文以爲記。余竊惟古今來，山水園林之樂，士大夫家類能好之而不知溺乎其中與游乎其外者，蓋亦有得失之辨焉。彼溺乎山水園林之樂者，侈樓觀、積花石、畜歌童舞女而宴酣其中，非不極一時之快，曾幾何時，而破瓦頹垣已，無復爲其後人有者。俯仰之間，感慨繫之，如臨春、結綺之屬是也。若乃高人達士，往往游心於山水園林之外。凡花鳥魚蟲之變、風雲月露之形，日交接乎吾前，而吾自出其胸懷，與之流連而往復，雖千載而下，過其地者，猶且嘆想其風流，以爲不可及，如元亮之三徑、子美之草堂是也。嗚呼！以得若此，以失若彼，山水園林之樂，豈易爲一二流俗人道哉！今吾兄生長紛華之中，而能不爲所溺，舉杭人聲色裘馬諸嗜好，皆一切屏去，而獨搆斯園，以供諸子講學之所，俾得朝夕從善師友游。雖山水園林窮極偉麗，適足爲文章進修之助。吾知其所樂者，在此而不在彼也，審矣。獨愧余無似。年來奔走名場，方役役而未有已。即欲假君之園一棲遲焉而不可得，游覽之下，其能無臨淵之羨也耶！

清 王晦《王石和文集》卷七《培風山堂之始園記》 昔未有而今有之，則始。園有於昔，何爲始？不知，則弗有也。既有，何以不知？以園固富貴者之所有，吾以貧賤，辱園不園觀，故不知園之有也。今非富貴，何以知？蓋歷觀富貴之園，而竊喜吾之不貧賤也。富貴者厭於甘食、美衣、崇樹，不足，則繼之羣石，引澗而爲園，故能爲園者率稱富貴之尤。然當其爲之也，窮工極巧，不惜繪天下山川雲物以求克肖。一有不肖，則引爲憾。及退觀吾園，適爲彼之繪本，彼求肖吾園，吾園不求肖彼也。園出芝山之麓西，背松嶺，結室於上。有澗從嶺之絶谷而來，雨集則奔流，委匯於室之前。林木上下蔭翳，環池掩映。厥樹楸、檀、榆、柳、白楊，厥果梨、棗、杏、桃、李。山花之不培而榮，鳥之飛鳴而啼陰噪晴者不可品識。其負戴馳驅、喧踏於林之外者爲行人。迤素曳翠、隱現變幻於林之間者，爲遠山與川霧。每攜觴坐石，遥極萬類，風自東來，則園林唱而嶺松和如波濤，西來則嶺松唱而園林和如琴瑟。於時得之耳成聲，得之目成色，得之心則聲色俱入於化。舉人世之窮工極巧，靡費數千萬金，求仿佛泉石之奥而不可得，吾獨得之。

清 方濬頤《二知軒文存》卷二〇《儀董軒記》 有客軒渠告余曰：邗上園亭多矣，類皆誇多鬥靡，疊床架屋，壘山鑿沼，畫棟雕甍。侈華麗之觀，少疏宕之致。費鉅萬白鏹，以經營一臺一榭。倏遭寇劫，頓長蓬蒿。試問年時存者尚有幾耶？曷若兹軒，結構玲瓏而不傷於綺，點綴蒙密而不病其繁。使君之工於位置，洵乎超前軼後已！予曰：唯唯，否否。濬頤之築此軒也，誠以辨天人、明義利。江都爲千古醇儒，掌牢盆者朝斯夕斯，咸宜奉爲典型，毋得囿於塵俗。亦猶重修平山、谷林二堂，俾後人毋忘兩文忠之文章政事耳，豈得謂之騁游觀、耽逸豫云爾哉？客退，遂濡筆而爲之記。

綜述

宋 王禹偁《小畜集》卷一七《野興亭記》 昔裴晉公作緑野堂，負功名而務閒適也。李衛公作精思堂，居密勿而彰盡瘁也。雖各有趣尚，而不無豪華。異乎兹亭，獨履中道。參政尚書隴西公，器業宏大，識度清遠。踐三司論道之地，奉兩朝知己之主。以爲訏謨獻替，君子所以行道也。消息盈虚，達人所以養神也。行道必假於權，我則操鈞軸而無避。養神必務乎静，我則營林壑以潛游。帝城之南，郊壇之下，闢小園以樹蓺，敞幽亭以宴息。雜以蔬果，間以花卉。緑野之色亂入，四時之景互見。

宋 黄庭堅《山谷别集》卷四《張仲吉緑陰堂記》 嘉陽張仲吉，寓舍於僰道，以酒壚爲家。産若朝夕汲汲於闠中之贏惟不足，及能種花養竹，閒閒於林下之樂嘗有餘。其子寬夫又從予學，故予數將諸生過其家。近市而有山林趣，花竹成陰，啼鳥鳴蛙，常與人意相值。或時把酒，至夜漏下二十刻。雲陰

雷風，與諸生衝雨踏泥而歸。諸生從予，未嘗有厭倦焉。則仲吉父子好士、喜賓客可知也。今蒙恩放還，去此有日矣。故書游息之樂，使工李燾刻之緑陰堂上，使後之不及與予同時者得觀焉。元符三年六月丙子涪翁記。

宋 周密《武林舊事》卷一〇上《張約齋賞心樂事并序》 余掃軌林間，不知衰老，節物遷變，花鳥泉石，領會無餘。每適意時，徜徉小園，始覺風景與人爲一。間引客攜觴，或幅巾曳杖，嘯歌往來，澹然忘歸。因排比十有二月燕游次序，名之曰四并集。授小菴主人，以備遺忘，非有故，當力行之。然爲具真率，毋至勞費及暴殄沈湎，則天之所以與我者，爲無負無褻。昔賢有云，不爲俗情所染，方能説法度人。蓋光明藏中，孰非游戲。若心常清浄，離諸取著，於有差別境中，而能常入無差別定，則淫房、酒肆徧歷，道場、鼓樂音聲，皆談般若。倘情知物隔，境逐源移，如鳥黏黐，動傷軀命，又烏知所謂説法度人者哉！聖朝中興七十餘載，故家流風淪落幾盡。有聞前輩典型，識南湖之清狂者，必長哦曰：「人生不滿百，常懷千載憂。晝短苦夜長，何不秉燭游。」一旦相逢，不爲生客。嘉泰元年歲辛酉十有二月約齋居士書。

明 梁本之《坦菴先生文集》卷二《大田别墅記》 宣慰播南楊公去州治東一舍許，得深靚閎廓之所，曰大田。重岡複巘，如拱如趍，如列帡帷，皆環翼内向，外固中寬，其平曠衍迤爲原田，周二十餘里。公喜曰：斯境美矣，而其勝不彰，未有即而愛之者。豈造物者故晦其迹，有以待予哉！乃鳩工，積石壘土以閉其水之泄，而瀦之渟泓淵深，漫衍廣平，彌望如湖。岸湖之山，剪灌木、薙榛荆以出。松竹環洲之渚，植榆柳，種蓮茨、芙蕖而集鷗鷺，臨以時雨之亭，泛以畫舫之舟，海神之祠峙其右，水月之庵直其前。而勝益增，合而名之曰大田别墅。因其舊也。佳時，令節公與其屬及州之賓客者游焉。當夫雲烟斂霽，山影沉碧，水光接天，鳥飛魚泳，上下浮沉。亭榭飛豁，簾幌洞開。佳花美木，掩映左右。微風動而遠響生，可以脱塵埃而滌煩囂者，皆盡於四矚。公舉觴命客，或投壺雅歌，分題賦詩，或扣舷待月，投竿取魚。雖四時之景不同，而寓於耳目以陶寫其性靈者，無所遇而不可也。公豈所謂不娱意於繁華、而放心於物外者歟？嗟乎！公遠有播土，二十餘世，歷年六百。忠孝大節，著在累朝。深仁厚澤，流衍一方。公之樂此有以哉！雖然，孔子有言，仁者樂山，知者樂水。公之樂，蓋欲廣其仁以覆露乎播人，使皆樂生安土，無寇攘竊發之警變。鄒魯禮義之風達其智，以博觀事物之理，以宣布朝廷之教化，使周流無滯，潤澤生民，此公樂也。然則公之樂，蓋有得乎山水之外者矣。柳子以觀游爲爲政之具，信哉。噫！子午橋以裴晋公得名，輞川以王維增重。美不自美，因人而彰。大田得公之賞識，其永有令聞於時矣！余素聞其勝，適有具其事來徵記，遂爲之書。

明 顧璘《息園存稿文》卷四《南可堂記》 英德朱君道叔佐予守全，悃愊無華，能外得失以自適。予與之深。嘗屬予曰：吾英在嶺南，多佳山水。山有奇石，天下致以爲玩。某家邑南有堂三間，得地之勝。吾往年罷官家居，角巾宴坐，隱几而觀之，凡漁舟、鴈鶩、煙雲、竹樹舉不出軒序而見諸目睫。因名南可。先生幸記。余曰：凡物當其理之謂可適情者亦云。然理寓於物，故一定而不可易，情發於吾心，隨所寓而無不得，奚以南北云乎？故情有所適，則環堵蓬蒿，浩然與天地萬物周游上下。凡山川魚鳥之類，悉吾玩具。要不足爲有無也。若有所累，則雖山川映發於前後，魚鳥出没於左右，猶置牆壁之中，一無見矣。乃若吾子之情，冲夷澹泊，雖無是堂與英之山川魚鳥，固樂也。顧獨以南爲可，不亦狹乎？君答曰：余固即所居者言之也。使吾居果北或且東西也，余安得不以爲可乎？余乃囅然大笑曰：達人遺物，至樂無方。所寓則殊不失吾常。彼擇地而居，待備而足者，烏足以知吾黨之情？

明 孔天胤《文谷集》卷五《長樂園序》 長樂園在城之北、峪之南、莊之下。其地有清流激湍，茂林脩竹，如山陰蘭亭之勝云者。而崇山峻嶺，雲霞出没，嵐采氤氲。可以遠望，蓋望之而若屏風焉。而園之選勝撰於斯矣。大宗正南村翁携其家嗣，東皋君與諸孫七泉君等，日游偃其中以爲樂焉。然未有以名其園者。幽谷朽生，名曰長樂。蓋天生斯人，原以真樂付之，令弗憂煩，是爲本性，是爲自然，乃老子所謂「爲常道」者也。而人情奪目於富貴，役志於紛華，未得則憂其難，既得則患其失。悄悄焉，憧憧焉，寤無寧心，寐無好夢，丹顔早消，素絲先現。計其初心，欲以盡一生之歡窮當年之樂，則歡樂之時少，而憂患之日多矣。南村翁居足富貴，處滿紛華，而乃逍遥山水之間，棲遲魚鳥之際。樽酌循環，翰墨閒作，象谿谷以怡神，先俯仰而上德，遂令憂患無所入之。夫憂患不入，即心是樂。此樂無改，是名永長。即長而言，其説有二：守此天真，以保百齡，延而綿之，萬有千歲，是一長樂也。父以是傳之子，子以是傳之孫，子而又子，孫而又孫，以永守此樂，永保此壽，是又一長樂也。故余名其園曰長樂云爾。

明 汪循《汪仁峰先生文集》卷一二《環秀軒記》 新安好山水，而休寧富溪其一也。程氏世居之。鷄峰峙其前，北山擁其後，奇巒秀巘，層見旁出。清流激湍，映帶左右。程之彥曰：正大者樂其勝。就所居之旁，築一軒以攬之，而日游眺其中，樂琴書於太古，傲身世於無懷，不知年數之不足也。客有過正大，舉觴於此，甚適。因以環秀名之。厥子程生友，爲城北葉君孟奇塾師與偕，來仁峰山中求記。仁峰子與之坐，而問曰：何哉子所謂秀者，亦知其所自出乎？生對曰：友不敏，何足以知之。嘗聞之嚴君曰，巃嵸蒼翠，山之秀也。波洄瑩潔，水之秀也。自峙自流，自形自色。粤自開闢以來，往者不知其幾，來者不見其窮。推之於前而不見其始，度之於後而不見其終。其秀何居，出於天乎？仁峰子曰：子信知其秀之所自來矣，亦知人所以能攬是秀者亦有道乎。曰：嚴君日游是軒，或鼓琴，或論文，或賦近體詩，或焚香讀易，或與賓客燕觴，投壺、雅歌，無所適而不清致雍容自得焉。若此溪，山之秀之所助而能也。餘不知其他，惟先生有以教我。仁峰子曰：若子所云，是知資於物而不知反求諸己，求養於外而不求自修於中。謂之攬秀可也，謂之能攬秀則未也。且萬物之秀者出於天，而人又稟天地五行之秀，靈於萬物者也。溪山之秀，豈秀於人乎？何則雲行雨施，品物流形，天之秀也。含弘光大，品物咸亨，地之秀也。木暢、火燥、土厚、金革、水濕，五行之秀也。兼健順之德而聰明，睿知以出之，人之秀也。人人有秀於我者，故可久可大，可賢可聖。而謂不能者，自棄而不思之過也。子歸語而翁俾坐是軒之中，攬溪山之秀溢於眉睫之間，盍亦思養吾降衷之秀擴充靈臺之内者乎？以之修身應事接物治人，其道之妙，蓋有不可云喻者。思則得之，不思則不得也。故曰，思者，聖功之本夫！然是軒之秀有裨於身心，不徒爲耳目之娱而已。豈非善攬其秀者乎。苟或攬秀於外，而日失其秀於中，恣耳目之娱而忘身心之大，是正所謂舍放心而求雞犬者，弗思甚矣，惡在其爲攬秀也哉！程生起謝曰：教之矣。用書以爲記。

明 茅坤《皆可園記》《浙江通志》卷二六二引 沃洲者，界天姥石橋之間，多長林美壑，而古之隱君子之所托而逃焉者也。中丞吕公間稱之，以自名其廬。予爲公記之舊矣。久之，公又擇其林壑之最佳處，而懸之以閣，曰可仰。閣之陰，俯以圖史之室，曰可玩。左則賓客數過，或嘯或歌，投壺博奕，飲酒無算，懽然適也。曰可游。右則客且忘歸，或枕石而卧，曰可休。前覆之以蘭徑，檻列之以名花，而穿竹爲亭以自媚焉，曰可君。閣之西則又縱之以千百若干尺，横之以千百若干尺，分畦而樹椒、桂、橘、柚、柰李、櫨梨、枇杷、樕柿、丹栗、元棗、緋桃、絳梅、石榴、黄楊、金櫻、銀杏之屬，一切奇卉異果若帶而綰也，曰可圃。圃之中矚以曲池，引泉而魚，因以亭於其上焉，曰可泳。亭之北又别爲小亭，客或選林麓，分曹治射，曰可觀。其再北則又屏田，而庚之以百穀之屬，曰可稼。當其四時之勝，幽香繁陰，刻露岩霜而無所不可也。於是合而名之曰皆可園。大略仿柳柳州以愚字其溪谷丘泉池島之勝而名之者也，而貽書屬予記之。予竊疑幽林邃谷、飛泉峭壁，惟世之沉寂、枯槁之士不得志當世者之所適也。而公之位日高，其所席中外之望者日以重，而公安得移柳柳州所自汙且困者以相附也乎？故久不報公。而客或過焉，予謂之曰：君獨不聞達人者之適其適，而不適於其所適也乎？古之豪傑嘗有躡足行伍，而赤松子之隨悲時之陸沉，而執戟於金馬門，譬之蟬方擁樹而吟，而其中之蜕也舊矣。今公之所席者於此，而其所引而夢思者則於彼。蓋以所可因，以游其所不可。公之所存者遠矣。客曰然。因記之。

明 唐順之《荆川集》卷八《任光禄竹溪記》 余嘗游於京師侯家富人之園，見其所蓄自絶徼海外，奇花石無所不致而所不能致者，惟竹。吾江南人斬竹而薪之，其爲園亦必購求海外。奇花石或千錢買一石、百錢買一花，不自惜然。有竹據其間，或芟而去焉。曰：毋以是占我花石地。而京師人苟可致一竹，輒不惜數千錢。然纔遇霜雪又槁以死，以其難致而又多槁死，則人益貴之。而江南人甚或笑之，曰：京師人乃寶吾之所薪。嗚呼！奇花石誠爲京師與江南人所貴。然窮其所生之地，則絶徼海外之人視之，吾意其亦無以甚異於竹之在江以南。而絶徼海外或素不産竹之地，然使其人一旦見竹，吾意其必又有甚於京師人之寶之者，是將不勝笑也。語云：人去鄉則益賤，物去鄉則益貴。以此言之，世之好醜亦何常之有乎！余舅光禄任君治園於荆溪之上，徧植以竹，不植他木。竹間作一小樓，暇則與客吟嘯其中。而間謂余曰：吾不能與有力者争池亭花石之勝，獨此取諸土之所有，可以不勞力而蓊然滿園，亦足適也。因自謂竹溪主人。甥其爲我記之。余以謂君豈真不能與有力者争，而漫然取諸其土之所有者，無乃獨有所深好於竹，而不欲以告人歟！昔人論竹，以爲絶無聲色臭味可好，故其巧怪不如石，其妖艷綽約不如花，孑孑然有似乎偃蹇孤特之士，不可以諧於俗，是以自古以来知好竹者絶少，且彼京師人亦豈能知而貴之？不過欲以此鬥富，與奇花石等耳。故京師人之貴竹與江南人之

不貴竹，其爲不知竹一也。君生長於紛華而能不溺乎其中，裘馬、僮奴、歌舞，凡諸富人所酣嗜，一切斥去，尤挺挺不妄與人交，凛然有偃蹇孤特之氣，此其於竹必有自得焉，而舉凡萬物可喜可玩，固有不能間也歟？然則雖使竹非其土之所有，君猶將極其力以致之而後快乎其心，君之力雖使能盡致奇花石而其好固有不存也。嗟乎！竹固可以不出江南而取貴也哉！吾重有所感矣。

明 徐學謨《歸有園稿文編》卷五《鷃適園記》 侍御秦君少説嘗爲園於其所居之後，直治城東北彈丸土耳。而是時海上之名園無數，侍御君顧以鷃適名其園，識其小也。蓋若僅取於槍榆之逍遥，而不欲與摶扶九萬争雄槩者。嗟夫，此侍御君之所以爲適哉，而世之知適者難矣。疑莫難於形勢之役、功名之會，以其儻來於前者無窮也。若夫既仕而老，既老而得歸其鄉，無柴栅之爲縶，無鞅掌之交責，宜可以爲適矣。然以真心之無所於縶，而酣豢已極，猝無醒燠之期，則未免攖情於闤闠，而奔騖馳突，或有甚於居官者之所爲而爲。名高者常掩口而竊笑之，則思蟬蜕埃壒，而慨然有慕於山水之游。此世之所謂清流也。顧標揭而影從，鈴懸而響，及或蕩而忘反，其流連脂染，勢不至則足於輪蹄，藉資於外府不已也，以名高始者，不以厚利終乎？於是逃虚遠俗之士，則不得不假息於十畝之間而閉關於一室之内，冀以棲神而肆志，此園居之不可少也。昔陶令偶需於松菊，蔣生僅集乎求羊，即如是焉，亦足以樂而忘世矣，而後之爲園者，果盡畸窮之所，自託而栖遲之所必資哉。其始不過斥其力之所至，以稍逞其耳目之好。而爲之不厭，則務詭飾於瓌奇絶特、宏遐窅眇之觀，而競侈其崇臺曲沼、虹梁紺宇、雕甍綺榭、奇花異卉、珍禽怪石之勝，使人望之以爲仙闕帝宫在是，何其愉快而自得也。未幾而夭艷叢之矣，貴游挾之矣，其賓筵雜遝，管絃迭奏，不爲輿臺之所狼藉、酒食之所腥穢者幾希。而冀以棲神而肆志，其可得乎？【略】侍御君之園，其爲臺、爲榭、爲宫室、爲泉石花竹、爲谿徑橋梁，若張生長輿所叙總，翠瑶華、從漚止觀，桃源、雪堤、天香、含白諸勝，亦何甚異於他名園之所。爲第其不爲大而爲小，以是僉緣扳慕有所不至，而差足以爲棲神肆志之具，乃侍御君之所以爲適者，又自有在也。

明 李維楨《大泌山房集》卷五七《衎園記》 江夏曾頑夫太學所居，在黄鶴樓文昌門間。除治後隙地爲亭館臺榭若干事，極意匠經營之妙。窠柷楯檻，斲削雕鏤，具有體裁。丹青素堊，雲蔚霞駮，高明光大。可以遠眺，攬結三楚名山大川，朱邸粉堞、千門萬户輻湊于前，而一切囂塵邈不連染，令人耳目宣朗，神情超忽。其中貯圖史琴書、鼎鐺巵盌，或傳自前代。胡床髹几、清簟踈簾、棋局壺矢都雅精麗，所向宜人。堂涂結隅，植嘉樹脩竹名花奇卉，或致自遠方。四時擢秀吐芬，婀娜軋芴。所蓄錦鱗，可飼而躍。言鳥可狎而語，鹿麛、鶴子可馴而擾。疊石爲峰巒洞壑，嵌空瑩净，磊砢相扶，蹇産相通。衣芳草，帶清樾，態以時異，景以日新。坐嘯行吟，率有韻致。而總命之曰衎園。

明 徐𤊹《榕陰新檢》卷一六《鄭圃題詠》 鄭吏部繼之謝病家居，築别墅名桑苧園。自書其門曰少谷柴門。顔其堂曰青野。信陽何景明《寄題鄭圃》云：三山今有鄭公園，避俗從來亦避喧。蘿竹青青垂谷口，花林靄靄覆桃源。天邊鴻鴈春寥廓，海畔蛟龍晝曲蟠。南海尺書招隱意，白雲叢桂幾攀翻。園今寥落不可問矣。（竹窗雜録）

清 高宗愛新覺羅・弘歷《盤山千尺雪記》（《盤山志》卷首二引） 昨歲巡幸江南，觀民問俗之暇，流覽江山勝概，尋古跡之奇、文物秀麗區也。其悦性靈而發藻思者，所在多有，而獨愛吴之寒山千尺雪，創於明隱士趙宧光，今范氏搆園其地者。境野以幽，泉鳴而冷。題其閣曰聽雪，爲之流連，爲之倚吟。歸而肖其處於西苑之淑清院。蓋就液池尾閭，有明時所作假山，喬木峭蒨噴薄之形似之矣，而乏天然。及秋而駐避暑山莊，乃得飛流漱峽，盈科不已者，作室其側，天然之趣足矣，而尚未得松石古意。今春來盤山，游文皇所爲晾甲石者。匯萬山之水而歸於一壑，潨潨之湍奏石面，謖謖之籟響松顛。時而陰雨忽晴，衆谿怒勃，則暴漲砰訇，砉焉直下，挾石以奔，觸石以停，豁然鏗然，激揚澅然，雖千夫撞洪鐘有不足比其壯者。爰相面勢結廬三間。兹重游而其屋適成，開虚窗、俯流泉，覽松濤石籟，問答親人。乃嘆寒山千尺雪固在是間，而勞勞往返、營營規寫者，不幾爲流水寒潭笑未能免俗哉？率筆記之，亦以存高風之慕也。

清 袁枚《小倉山房文集》卷二九《榆莊記》 凡園，近城則囂，遠城則僻。離城五六里而遥，善居園者必于是矣。揚州撫松主人有榆莊城外，游者約炊五斗黍許，即詣其所。乾隆庚子春，主人招余同往。門外白榆歷歷，始悟命名之意。堂三楹，署曰城南别墅。裁鼠姑花，循堂而右，爲無隱樓。再右，爲同春閣。樓下植桂。閣上望遠，江南諸山可坐而致也。東有薜荔覭髳，號翠微。深處竹猗猗者，號此君軒。架石棧，曲榭紆回，以達于梅亭。而遠見耕氓者一，號寒手。亭一，號小滄浪。其宋廇戌削、窔宧蔽虧而宜于冬者，號雲窩。爲佩

邪隥彴以通小池者，號魚樂國。此園中即景分名之大概也。是日酒半巡，主人索余爲記。余思揚州古稱信士，左思所謂繁富夥夠處也。又孔穎達云，揚州人性輕揚，故曰揚州。因之爲園者，靡不百栱千櫨以爲勝，抗虹翼綺以爲華。而且所與游者，非高軒引隍，即豪士投凳，其爲魚鳥所嗤，業已久矣。獨撫松主人，道韻平淡，朴角不斲，素題不枅，除一二幽人憩息外，雖顯貴挾勢以臨之，卒色然而拒。守園如守身，有古人鑿坏闔土之遺風。園將隱，焉用文之哉？然而余羸老也，路隔一江，未卜何時再到。性又善忘，勝景過目，少縱即逝矣。畫以珍之，不如記以存之。雖微主人諈諉，亦必纂梗槩爲卧游張本。而況二人之趣甚同，交甚狎耶。其時偕游者，一爲孫君芝亭，一爲汪君芝圃者，余戚也。合牽連得書。

清 沈復《浮生六記》卷四《浪游記快》 游陳氏安瀾園，地占百畝，重樓複閣，夾道迴廊。池甚廣，橋作六曲形，石滿藤蘿，鑿痕全掩，古木千章，皆有參天之勢，鳥啼花落如入深山。此人功而歸于天然者，余所歷平地之假石園亭，此爲第一。曾於桂花樓中張宴，諸味盡爲花氣所奪，維醬薑味不變。

清 管同《因寄軒文集補遺·繼園記》 國家既下江南，改黔寧王居爲總督尚書之署。東望有高峰矗立如屏、出乎林際者，鍾山也。水出後湖，西流而環於署側者，潮溝也。稍折而南，有水西出與相會而合注於淮者，古青谿之一曲也。兼是三勝，雄秀而宏遠。於建牙也宜，於觀游也必爲美。而園囿池臺閎於署後，匪士庶所得瞻，喜事者悵焉。署之西門有大姓曰李氏，自厥祖至於今富三世矣。始者，其尊人南康太守欲於家爲園而不就。今其子紉秋兄弟乃繼爲之。凡園，爲水者十之一，爲石者十之三四，爲亭、爲臺、爲樓、爲閣者十之四五，而爲工幾至於二年。城中多勝地而少園，督署有園而非盡人所得。至是園成，而觀游之美略備矣。於是紉秋兄弟飲予而請名。予見其前軒春卉條達，氣燠以和，遂名曰芳藹之軒。旁建小室，啟牖户以達園，曰窺園之室。由是以入，有門焉，步曲廊登高樓，曰通幽之境。循徑而上，有亭翼然，西城諸峰涵翠而拱揖，曰挹翠之亭。南嚮之樓，背見山也，曰達觀之樓。北嚮之閣，山相面也，曰屏山之閣。南樓之下，曰緑净之居。池側之齋，曰畫舫之齋。石之上下復有二亭焉，高多梅，庳際水。高曰霏香，庳曰斂碧。穴垣如月勢，置屋三楹。朱魚出游從容，取莊惠濠梁之意，曰觀魚之堂。凡此者，皆園之勝境也。然要皆繼先志以爲之，故合而名曰繼園。吾嘗觀世豪富之家，凡有興創，父子兄弟輒多同異，故聚族也難，而保家也不克遠。《書》曰：「若考作室，既底法，厥子乃弗肯堂，矧肯構。」「厥考翼，其肯曰：予有後，弗棄基。」此雖喻言，而周公播爲大誥矣。然則李君之事，不既賢乎哉！抑予聞之繼其志者不若繼其美之爲尤懿也。李氏雖世以富聞，而祖父以來多善行，鄉黨稱焉。戊亥之歲，江南大饑，君兄弟本先志捐數萬金，活疲氓以萬數。此其善繼前烈足以風世勵俗，而其美豈盡於一園乎。仁恕以將之，恭儉以持之，世世子孫，其皆有繼也已。

清 承壽《梅園記》（《黟縣三志》卷一五） 古黟名於漢代，桃源别有仙風。莅斯土者，咸稱化淳俗美。署在山之麓，坐之西偏有園，有古梅三十樹，修竹數千竿。園之北爲春雨山房，供奉靈仙，由來久矣。往往有愛山房幽静僑居其中，輒著神異事。葺而新之，仍爲仙人之居。又築亭於西南，顔曰鋤月。每於文案間隙，小憩此園，濁酒一壺，素琴三弄，仙亦樂人之樂，習而相安焉。昔人謂，居軒冕之間當有山林之氣。春風秋月，夏雨冬雪，四時之景不同，而不能樂其樂者，是自生障礙也。顧念雪泥鴻爪，亦如傳舍遽廬。後之賢者時而葺之，庶斯園之幸云。是爲記。道光戊申秋月長白祗膺承壽。

傳記

宋 范曄《後漢書》卷七九《仲長統傳》 仲長統，字公理，山陽高平人也。少好學，博涉書記，贍於文辭。【略】常以爲凡游帝王者欲以立身揚名耳而名不常存，人生易滅，優游偃仰，可以自娱。欲卜居清曠以樂。其《志》論之曰：使居有良田廣宅，背山臨流，溝池環匝，竹木周布。場圃築前，果園樹後。舟車足以代步涉之難，使令足以息四體之役。養親有兼珍之膳，妻孥無苦身之勞。良朋萃止則陳酒肴以娱之，嘉時吉日則烹羔豚以奉之。躕躇畦苑，游戲平林。濯清水，追涼風，釣游鯉，弋高鴻。諷於舞雩之下，詠歸高堂之上。安神閨房，思老氏之玄虚。呼吸精和，求至人之仿佛。與達者數子論道講書，俯仰二儀，錯綜人物。彈南風之雅操，發清商之妙曲。消摇一世之上，睥睨天地之間。不受當時之責，永保性命之期。如是則可以陵霄漢，出宇宙之外矣。豈羡夫入帝王之門哉？

紀事

唐 姚思廉《梁書》卷八《列傳第二·昭明太子》（昭明）性愛山水，於玄圃穿築，更立亭館，與朝士名素者游其中。嘗泛舟後池，番禺侯軌盛稱：此中宜奏女樂。太子不答，詠左思《招隱詩》曰：何必絲與竹，山水有清音。侯慚而止。

又 卷二五《列傳第十九·徐勉》嘗爲書誡其子崧曰：【略】中年聊於東田營小園者，非在播藝事，以要利入。正欲穿池種樹，少寄情賞。又以郊際閒曠，終可爲宅。儻獲懸車致事，實欲歌哭於斯。【略】不能不爲培塿之山，聚石移果，雜以花卉，以娛休沐，用託性靈。隨便架立，不在廣大，惟功德處，小以爲好。所以內中逼促，無復房宇。【略】由吾經始，歷年粗已成立。桃李茂密，桐竹成陰。塍陌交通，渠畎相屬。華樓迥榭，頗有臨眺之美。孤峰叢薄，不無糾紛之興。瀆中並饒菰蔣，湖裏殊富芰蓮。

唐 權德輿《司徒岐國公杜城郊居記》（《唐文粹》卷七五輯）司徒岐國公以盛德相三朝，以大中敷五教。帝載叶穌，太階齊平。既致用於方內，亦宅心於事外。神京善地啓夏，南出凡十有六里，而仁智之居在焉。縈迴巖巘，左右勝勢，徑術透迤於木杪，臺亭巉嵯於山腹。下崇岡，冒青蒼，步履平夷，以至于堂皇四敞。賓榻中容宴豆，孤齋閒館，幽槩隨之。乃開洞穴以導泉脉，其流泠泠，或決或渟。激而杯行，瀑爲玉聲。初蒙於山下，終匯於池際。白波淪漣，繚以方塘。輕艫緩棹，沿洄上下。見煙霞澄霽之狀，魚鳥飛沈之適，濯于潺湲，風于碧鮮，紅葩火燃，素英雪翻。芊緜葱蒨，杳窱迴合。含虛籟以四達，遡清輝而交映。故其休沐燕息，盍簪投轄，則有鳴佩拖紳，宗工儁人，金閨玉堂之賓，淑姿修態，迴風遏雲之藝，流光含睇，中飲笑抃，交歡擊節。不知公相之貴適其適故也。

宋 王禹偁《小畜集》卷一七《黄州新建小竹樓記》黄岡之地多竹，大者如椽，竹工破之，刳去其節，用代陶瓦，比屋皆然，以其價廉而工省也。于城西北隅，雉堞圮毁，榛莽荒穢，因作小樓二間，與月波樓通。遠吞山光，平挹江瀨，幽闃遼夐，不可具狀。夏宜急雨，有瀑布聲。冬宜密雪，有碎玉聲。宜鼓琴，琴調和暢。宜咏詩，詩韻清絶。宜圍棋子，聲丁丁然。宜投壺，矢聲錚錚然。皆竹樓之所助也。公退之暇，披鶴氅衣，戴華陽巾，手執《周易》一卷，焚香默坐，銷遣世慮。江山之外，第見風帆、沙鳥、煙雲、竹樹而已。待其酒力醒，茶煙歇，送夕陽，迎素月，亦謫居之勝槩也。彼齊雲落星，高則高矣。井幹麗譙，華則華矣。止於貯妓女、藏歌舞，非騷人之事，吾所不取。吾聞竹工云，竹之爲瓦僅十稔。若重覆之，得二十稔。噫！吾以至道乙未歲自翰林出滁上，丙申移廣陵，丁酉又入西掖，戊戌歲除日有齊安之命，己亥閏三月到郡，四年之間，奔走不暇。未知明年又在何處，豈懼竹樓之易朽乎！後之人與我同志，嗣而葺之，庶斯樓之不朽也。咸平二年八月十五日記。

宋 林光朝《艾軒集》卷五《金山草堂述事》四兄作屋數椽於金山之下。前有一水，謂之金谿。引水循除作方池。此山發於仙人臺，其最上層常有雲氣茫濛然，旁有烏齒石、雞冠石。又有石室，可容十許人。登高臨眺，並見海上數山若蓮花之狀。草堂當中有一軒，榜之曰靜佚。每以酒食散比鄰，隨鼎分送，有八十來鼎。此所謂「粔籹人情隨鼎送，吾將老於蒲弄山」。視金山爲鄰，舍翁也。

明 烏斯道《春草齋集》卷六《水竹居記》龍山之麓有永樂寺，寺有僧室，扁曰水竹居。蓋指堂禪師所居之地也。長廊縵迴，别院斗折，而豬水培竹其中，其水則因山之潨流屈曲而溝歸之，仍堤其廣狹，以避汙濁。是以恒清而不涸，若秦宮方鏡，洞燭肝膽，凛凛不敢萌毫髮私意。其隅土特隆起，竹生之離離出屋脊。萎者黜之，瑣者耗之，惡木雜産其下者刊去之。故其蕭森挺拔若槍櫑劍戟之擁轅門，過者不敢褻玩闌入。水光涵竹，竹影入水，水竹交致其媚而交致其光。上人則蘧蘧焉、栩栩焉，猶形川上之嘆，而發淇澳之詠也。余獲館於兹，朝夕與上人俱，從容問曰：師之志以物言之，潔而澤者莫水若，勁而節者莫竹若。節以持身，澤以濟世。方禪燕時有蕭散澹泊之趣，而證悟圓通，非持身歟？既而慈意博洽，辨才無礙，庶幾其以啓迪羣有兹，非其濟世歟？然則如何？曰：非也。蛟龍以之宅，鳳鳥以之食，其鱗羽之至貴者，而非得水若竹不可，其必取此以自喻乎？上人笑曰：子知吾佛之道者也，而奚其問之左耶？夫佛舉色空無非般若者。自吾祖插草於此，有水焉，有竹焉，故以識其居而名之焉耳。奚有事乎其間哉。吾祖固昭其般若之妙教，詔其後如此，豈若世之必擇某地、某樹，以爲所玩好，而習於偷惰晏安哉。今吾胤其家，惟燕茀隳廢其迹，而不克祇承葺治之是懼，又敢以子之問爲可不可耶？余甚異上人之

言，因以知其識見超詣，而與吾儒所謂見堯於羹牆，如出一軌。於是乎記。

明 邵寶《容春堂續集》卷一〇《東堂新第興建記》 東堂新第者，翰林嚴先生惟中之所建也。嚴氏爲分宜望族，世居介溪。自先生之高祖方伯公某以下，子姓日繁，隘至不可容。先生以茲地密邇學宫，故擇而居之。其先止有其東之半，作堂東向，號曰東堂。鄉之人久而習稱焉。説者往往謂夫南有鈐岡，背而不嚮，於物理若有非宜者。正德辛未，予以貴州之節過之，蓋亦謂然。越八年，己卯，先生奉使還自桂林，乃作堂以面鈐，題曰鈐山之堂。掖以兩齋，右曰鄰類，左曰迎暉。其南當出入之途，建太史坊。其北即前所建東堂也。又北爲燕居亭，曰謹思。又西折而北作樓以藏書，曰遵訓東。堂之東舊逼易氏園，近貿得若干步，所建先祠焉，題曰方伯之祠。方伯於世得祠，而以是名者以爵以德，爲他日不祧之地。今年春，先生北上過錫，爲某道山堂之槩，謂凡鍾山仙臺諸峰遠近環列，而鈐獨蒼然秀出，端若屏障。嵐霏空翠，近落軒几。風松烟竹，灑如沐如。而夏雨方雲、冬雪初日，滿盈光潔，盪胸耀日，朝夕萬狀而堂得專之。堂之前瀦水爲池，環以嘉樹。城市山林，不惟其趣，亦惟其景。先生於是蓋有以得夫勝觀焉。予再至鈐，一登其頂，今聞先生言，尤不勝躍然者。惟先生以奇偉之才、博雅之學，膺臺閣妙選，爲國太史。儲養延登，屹然爲天下之望。一鄉之士宜不屑居。然自鄉之人論之，亦固不能不以爲冠冕也。鈐也，一邑之勝也。先生之居適與之對，昔人所謂「天設地藏以遺其人」者，非此之謂乎？且營室而廟焉，是先禮也。廟而特尊方伯，公義也。燕居而思，謹敬也。藏書而遵訓，博而能正識之，明也。樹而務滋，崇德也。沼而涵清，澄心也。禮以經之，義以緯之，敬以持之，識以廣之澄心崇德，以終擇鄰之意。先生之啓渥經綸，於是乎在。觀乎其小可以知其大矣。予昔視學分宜，以茲地故爲僧寺，不宜居學之左，祛其徒而虚之所。存佛堂，改題曰視學之堂。至是乃有賢人如先生者，入直于官闕其東之隙居焉，而堂固歸然不尤愈乎！先生聞之曰：重哉，邵子之言！吾居成矣，請書以爲興建記。

明 徐獻忠《長谷集》卷八《真率園記》 園何以真率名？鳳峰先生平生任真而率素，其爲園亦不甚飾，自然有真意，故云。先生世居郊廛之東，即旁宅爲園，四週林木蔽翳，平田廣野迤衍而秀發。雖非盡皆其業，自其園觀之，固隱然林丘也。其地有廣池瀰漫，魚鳥相狎，古木壽藤，素多蔭蔽。稍位置亭館，不加藻設，而朴野有餘。間或點綴木石，亦不甚飽飣，而參列旁午，各有天然之勝。雜蒔花藥，錯以果蔬。緑陰芳草之間，蒼寒茂密。時復鳴鳥變聲，若招而集也。先生甫入仕爲尚書比部郎，即寄情其中。酬對少暇，必逍遥著書，竟日夕不出。其後參佐湖藩，方將柄用，乃念太夫人高年，即興潘岳閒居之思，翻然告歸，以承其歡。聞其風者，無不高其志節。而園趣日廣，所著書亦成矣。園東有曲水環帶，因以環溪草堂名其集，有自也。歲癸丑以來帶方諸夷爲難海上，諸大夫徙宅入城，競問高居。先生獨取幽寂，有竹樹者居之。其性固如是。人因名爲小真園。

明 汪循《汪仁峰先生文集》卷一二《兩園記》 兩園者，仁峰道人退休於家之所葺也。南園爲先子居廬之所，既葬，改撤其廬，爲静觀亭。亭之前窪而爲池，水自中迸洌無所通，名爲止水。北構書屋三間，以舍子弟讀誦者。南依山。山下有泉，乾涸不竭，結一小亭其上，名曰静清。山之上有三峰，低者圓秀而巔平，搜剔山坳，誅茅爲亭，名曰三峰。以其次也。中峰下瞰溪流，湍激湁湁，結一亭以臨之，曰觀瀾。以所見也。其上最高峰奇崛巉巖，有石如臺，登眺之間，先隴宛然在目，不任感愴之思。因名其石爲望思臺，志孝思也。北園瀕溪，輦石填壤，爲堤以止水。不堪蓄魚鱉，無以供蒸嘗、饋賓客。復坎其地，作堨决流，以通爲活水池。其土用以實堤。高二級，憑高爲蓬窗三間，以爲游眺之所。沿堤植竹木，以翳蔽道塗之人。西有竹數十個，緑陰匝地。即其隙罅爲石臺，臨風登之，名曰聽玉。臺前矩石爲堈，養蓮數本，觀物仰哲，名曰小濂。此兩園之大觀也。餘地或藝葱韭，或植蔬果，或樹花木，所謂「穠郁蒼翠，芬馥不替於四時」者，亦或有之。但並取給於日用之需，而所謂奇葩異卉、怪石佳木，可玩而不堪采録者，不以占吾地也。道人游息其中，雖天象有晴曀、月露、風雨、烟霧、雪霰、旦夕、寒暑、晦暝之變，而吾之情歡忻、歆慕、怨惡、悲愁、憂患、恐懼、震怒蘊乎中者，卒然遇之，雖不能無感焉，然一真自如，萬感俱寂，終不能因之而易其固有之樂也。然則古人所謂「游息之物、高明之具」非徒爲者，其亦有裨於人之性情也哉！或曰，自古天下名園，無踰於洛陽者，皆不旋踵而爲貴人之所奪。子何取於此，而往往因勝築亭，志亭著義，譊譊而不已者，將以傳之悠遠耶？道人曰：天之生物也，不能使之久，亦不以其不能久也，絶之而不生。故生生化化，無終窮者，天之道也。而況於人哉？人之於事物物也，苟懲其不能久而不爲，則天下皆化爲丘墟灰燼，不復有生育豫樂之道矣，豈理也哉！雖然，爲之者必思全其所以不可奪之理，奪之者必思

審其所以不可奪之人，二者俱有道焉，然皆非志於富貴者之所知也。程子有曰，緑野堂不可奪。如王維庄，雖奪而有之可也。此所謂奪之者之道也。今吾之所爲也，園中之所有者，皆非貴人之所御。園中之所樂者，又非貴人之所知，致奪之道其或免矣。而人之賢不肖審之者，其在於後之人哉？或者唯唯。因書以爲記。

明　許孚遠《敬和堂集》卷九《德清山館記》　天目在德清西南百里外。龍翔虎躍，湧出諸山，各有脈絡，難圖狀。而其迤邐而來亘餘不溪之北者，爲百僚山。其西爲金鵝山，南爲乾元山，東爲德清山。四山峥嶸列峙，若四維無闕。德清山古名烏山。考《唐志》，以德清名邑，因名山。然獨以名東之一山，則其故不可曉也。是山尊岩厖厚，西對金鵝，而乾元、百僚在其左右。復有支脈盤旋，横於襟帶之間。遠近峰巒，森羅如畫。余家世阻山爲居，丘隴之所依，蓋旦暮春秋而在於山。其入山稍深處，窈静可隱。余始除地而築焉。伐木爲材，壘土爲垣，疏泉爲池。凡營搆之具，半取諸山而得。於是當山之中，爲樓數楹，曰尊樂樓。前爲軒，曰朋來。軒闢徑爲園，曰逍遥園。池在園，曰獨照池。距樓北百步而近，崇爲臺，曰函虚臺。大都因地之宜，從吾之便，取其意不求其工，故功易就也。嘗坐小樓之上，萬樹蒼然，照映几席。鳴禽之音，間關在耳。而清風時至，明月滿樓。看飛鳥於雲際，聽流泉之涓涓。所以發吾之性靈，而除其煩穢之思者，蓋觸處而在。其或雲霧之朝，風雨之夕，閉户静息，亦足以收斂其性情。誦於斯，讀於斯，考德而論道恒於斯。暇則與二三子振衣高岡，徜徉幽谷。詠歌唱和，壺觴自隨。不知足之蹈之、手之舞之者也。夫德清山，自開闢而來不知幾千萬年於此，其游息於山者不知幾何人斯。而余也創爲小築，百年之間，聊以居身而適志，譬壘空之於大澤，曾何足爲兹山重輕。然而山川靈秀鍾毓於人，又每得人焉發山川之勝。俛仰古今，規建各别，顧所養何如耳！韓子不云乎：「人與地交相贊者也。」嗟夫！余安得玩愒偃蹇、虚度此生，令貽羞於山靈也哉！隆慶己巳夏五月許孚遠孟中甫記。

明　蔡羽《碧筠精舍記》（《吴都文粹續集》卷三〇輯）　天王寺之南洲爲精舍，竹二畝，池倍之，閣十尋，軒五，竹之一。客之造南洲，先於軒，次竹，次池，次閣，還休於軒，古器像充焉。暑之月，池於濯，竹於巾，窗於書，席於琴於奕，閣於風。酒食之會則於軒。其霽也，池明竹明窗明席明軒明，而閣又極明。城中之臺榭，城外之雲山，皆在閣前。其晦也，池暝竹暝窗暝，而閣亦暝，聞萍藻之聲竹之韻而已。余之卧是軒也，當壬午六月，洞心澄覽，則得之池焉。灑襟臆，颭毛髮，則得之竹焉。晝書昏誦，則得之窗焉。憑空御遠，觀中吴之氣、雲物之變，則得之閣焉。憩息舒倦守神，則得之軒焉。彌月居得已多，使終身居之，得又何如也。書以爲碧筠精舍記。

明　何良俊《何氏語林》卷二〇　范蜀公居許下，於所居造大堂，以「長嘯」名之。前有荼蘼架，高廣可容數十客。每春季花繁盛時，燕客其下，約曰有飛花墮酒中者，爲余嚼一大白。或語笑諠譁之際，微風過之，則滿坐無遺者，當時號爲飛英會，傳之四遠，無不以爲美談。

明　歸有光《震川集》卷一五《菊窗記》　去安亭二十里所曰錢門塘，洪氏居之。吴淞江之東爲顧浦，折而北，洪氏之居在其西。地平衍無丘陵，而浦之厓岸隆起，遠望其居如在山隖中。昔仲長統嘗論：使居有良田廣宅，背山臨流，溝池環匝，竹木周布，舟車足以代步涉之勞，使令足以息四體之役，養親有兼味之膳，妻孥無苦身之勞，良朋萃止則陳酒肴以娱之，嘉時吉日則亨羔豚以奉之。躕躇畦苑，游戲平林，永保性命之期，不羡入帝王之門也。大率今洪氏之居隱然如統《樂志論》云。而君家多竹木，前臨廣池，夏日清風芙蕖交映，其尤勝者。君不取此，顧以菊窗扁其室，蓋君嘗誦淵明之詩，云「酒能祛百慮，菊能制頽齡」，又云「我屋南窗下，今生幾叢菊」。夫以統之論雖美，使人人必待其如此而後能樂，則其所不樂者猶多也。卒爲尚書郎，濡跡於初平建安之朝，有愧于鴻飛冥冥矣。爲昌言何益哉！淵明「採菊東籬下，悠然見南山」，「笑傲東軒下，聊復得此生」，可謂無入而不自得也，今君有仲長統之樂而慕淵明之高致，此予所以不能測其人也，將載酒訪君菊窗之下而請問焉。君名悦，字君學。

明　王世貞《弇州四部稿》卷七五《日涉園記》　今大都督楊公歸自帥越，乃損禄之餘，擇勝地於其居之西南爲園，而顔之曰日涉，蓋取晉徵士陶潛所賦《歸去來辭》語也。夫以陶先生令彭澤僅八十餘日即去之，而其所謂園者，亦僅樹欅柳、藝蔬茹，杞菊之英斐亹於籬落間而已。其所謂日涉者，又僅一漢陰之叟。朝而灌、夕而墾以其間，假息於桑榆之間，而謂之趣。今楊公號爲都督，踞十一郡三樓船將軍之上，而提衡之位不爲不尊。出入戎馬幾二十餘年，不爲不久。擁高牙，建大纛，金紫銀艾爲之後先奔走，不爲不重。及其歸，而所謂園者，前棹楔而後庖湢，左亭右樹，凉堂奥室，便房迴廊在在，而有

太湖、靈壁之石，紅鵑素馨，閩越蜀廣之卉紛錯臚列，而不可名計。其所謂曰涉者，多守相之干旄、學士、大夫之几屐。鐘鼓管籥，夕奏而朝流響，脂遺馥沾於階砌之傍而不散，而後謂之趣。

明 程可中《程仲權先生文集》卷五《葛太學百可園記》 徒高之間地肥饒者樹木棉，視播黍稷，利不啻倍之。而斥鹵者，即黍稷勿植也。故地至頃不當畝。鹵者既收，藁不足禽獸食，而腴者人爭易之，不遺一畎。夫誰忍曠地力，平昌之望惟葛。則先端肅公之令德，光昭三朝。而司空奉敕營幽宮，去城東三里，祠祀傍擅林水魚竹之勝，再三里則太學百可園也。端肅臣門如水，禄入贍姻族之外僅辦饔餐。而文肅公實當户，才極高，屈未用世，故家政齊而稍以裕。太學則文肅季子也。伯尚璽公共適園在南薰門外，花石之麗，甲東秦。仲翰撿公亦將有拓，會謝禄，京邸其基，歸焉爲猿鶴怨悼。而邑諸右族鉅室，率多别業。要之館耒耜者十八，館壺觴者不十二也。即太學雖稱園哉，亦惟是大宅一區，喬木數十章，菜甲覆畦耳。問其雲廊水榭、药房桂牖，未遑有也。夫豈有待哉。太學曰：先端肅以名臣弼國，先文肅用大命世儒，伯若仲列卿太史，率能恢其先業。某癡稚，席廣大之後肆力於學，不成，更而肆力於畊而爲此，亦猶是二畝半在田，館若十八耒耜耳。嘉木之陰足以息午作，菜甲覆畦，恃之代肉。人之言曰：能咬菜根，百事可做。某之業在是矣。毋寧曠其肥饒，高下臺沼，縱耳目之游觀，而又令肆其力於耕者不成如學乎？蓋共適已稱鉅美矣，吾侍吾伯氏，杖履如行山陰道上，應接疲矣。退而就百可，蒸梨、剪韭、班荆於嘉蔭，夫豈無澹泊蕭散之趣於心？又先端肅一二門生故吏問道境上，郡邑大夫薦謁祠墓。鄉閭姻族過從，則咸惟共適歸焉，伯氏任之矣。若百可者，吾以享田畯焉耳已。是敢與伯氏埒美哉！予聞太學言，有槩於中而記之。予先所爲記共適者，記園也。記百可，記其志耳。

清 朱鶴齡《愚菴小集》卷九《蓴鄉草堂記》 吾友杜子子亮夙以高才生推重一時，亂後隱洚溪，跡絶城市，顔其居曰蓴鄉草堂。自爲長歌，貽示余，且屬爲記。適沈子聲遠自洚溪來。余問草堂若何，沈子曰：堂之址，本工部先生故居。歲久傾陊，杜子樸斵而新之。圬壁以土，繚垣以竹，北户南榮，裁遮風雨。杜子體故弱不任耕，乃命其子習蒲茅、襏襫之事。旦晚行田，操錢鎛、薅荼蓼，溝塍相望，而桔槔之聲相聞也。及十月滌場，則黍稷穜稑無不登，而菹醢酒漿之須無不備也。家故有池一方，畜魚其中。每臨流而釣，可以佐鮝菜之供。或挺叉而取，可以給賓朋之宴。此草堂之樂事也。余曰：杜子則何爲哉？沈子曰：杜子之隱，養真而已不求名，悦生而已不求餘。雞溝蟹舍鱗次籬間，稚笋娃蓮羅生舍側，玩峰雲之映沼，延竹月之緣堦，此杜子之所以娱朝夕也。穫田下潠，兒無懶惰之訶。拜客荷衣，孫有詩書之寄。此杜子之所以怡家庭也。紬繹舊聞，網羅佚事，追數承平，則《夢華》之餘，録怛傷時，變則桑海之續，編灌園不廢操觚抱瓮。時聞命詠，此杜子之所以耗壯心而遣餘年也。余作而嘆曰：樂哉！杜子之隱。是可以記矣。我觀《伐檀》之君子，深鄙素食，故不稼不穡而禾有三百，則詩人刺焉。後世如徐孺子、梁伯鸞之徒，皆非其力不食，誠以食非其力則必有求於人，有求於人則不得不骫骳以從之。凍餓阨窮之迫其中，而紛華靡麗之誘其外，其尚能兀寡自守、确然獨遂其初志也哉？若杜子者，種柳若柴桑而無待于乞食，誦經類魯望而不至于忍饑，斯可爲隱士之法矣。昔工部先生嘗榜其書齋曰無求，勝在三公上，知足常如萬斛餘。杜子爲其文孫，而能衣德言，纘祖烈。是豈僅以隱士稱者哉？《詩》亦有云：繩其祖武，受天之祜。愚請以爲杜子頌焉。

清 孔毓埏《拾籜餘聞》《四氏學録》：家垣三公貞燦。明懷宗朝禮，垣過庭先生之季子也。家世華膴而自處恬退，兩胞侄相繼爲世尹，從未嘗干以私，宗黨推重。居邑之西偏，因號曰西園。數弓之地，叠石爲山，縈以曲沼，樓閣臺榭，靡不悉備。特具體而微耳。經營布置六十餘年，寢處其中，吟詠嘯傲。四方賓客造門，户屨恒滿。生平無攢眉之時，曾遍游吴越，歸語子曰：名山大川，高矣美矣。視此園峰，直同蟻垤。然究不能移吾情，苟得而移吾情，則此不可一朝居矣。襟懷坦易，不可及也。

清 蔡世遠《二希堂文集》卷五《石丈峰别業記》 環一山於城中削成峻拔，莫如吾漳芝山最奇。由芝山而下，地最高處有石突起，高可丈餘，瘦秀特甚。吾友林蔚巖搆築於此，成别業焉。康熙丁亥春，招余同陳石民、馬求仲來游。始入，見所爲石丈峰者，歎曰：「此洪谷子、董北苑得意筆也。」旁列假山怪石，有小池。池之旁作數斗室，室容一人坐。池之中有小山，如小亭闕蓋，如石洞無底，高不及石丈峰之半。由小山轉而登樓，爽朗高騫，仰眺則諸山屹嵂巉刺，其有情也若拱之。低眺則烟火萬家，其參錯也若繞之。左爲奉仙宮，今廢。右則俯視開元寺。開元寺者，吾漳第一巃嵸壯麗地也。斯居直以蕞爾

俯視之。穿堂中而下，有小亭。階而上，有庭樹荔枝諸果，石又奇多，磥砢磊砢。庭之後爲三楹。折而左有小室，石横，當其門。背小室三間，一陽而二陰。多幽勝。余因謂石民、求仲曰：山林絶景，蔚巖得之。城市中豈不奇哉！二君曰：此何黄如先生舊址也，經蔚巖布置尤奇絶。余曰：得之矣！黄如先生文章氣節爲一代偉人，奇傑之氣得之斯居爲多。君子之居有陋屋而榮身者，况英特而挺異乎！芝山之靈將在子矣。

清　童能靈《冠豸山堂文集》卷二《李信夫郊園記》　南郊李山翁有園在文溪之曲。童子過焉，爲之扣清漻，擊天籟而作歌。歌聲跌宕，而山翁與其平生呑吐風烟竹樹，雲溪沙鳥，皆摩戛鼓盪於雲飛梁繞之中。則大喜笑謂：山翁生自負，不入俗籠。今童子噫氣舉之，則其人與境皆童子。奚囊物也？山翁曰：不然。吾之居是園也，園非吾有也，吾亦非園有也。而子爲之歌，歌者子耶。倘子亦有不自已於中，而并不得自主者耶。吾聞之以鳥鳴春，以雷鳴夏，以蟲鳴秋，以風鳴冬。其鳴之也風雷蟲鳥，而風雷蟲鳥不得而知也。子顧以歌自己出耶，則風雷蟲鳥之貪天以自功也。子獨不見吾之居休乎是園耶？豈特木石與偕而魚鳥之與游處哉？春則與之俱和，秋則與之俱澹，而風與俱輕，月與俱幽，雲與俱閒，溪與俱流。而溪雲風月我不得而有之，而我未嘗不與之共適其適。溪雲風月不於我園乎吝也，此吾之所以老是園而不厭已。子既爲之歌，而汲汲以自詡。嗚呼！溪雲風月之驕人不在子後矣。童子顧笑曰：有是哉！又起而歌曰：萬物熙熙兮孰非吾有，吾忘其私兮乃以翕受。李子在園兮園不汝醜，童子長歌兮而忘其私。左雲川兮風月右，木石欣欣兮齊聞歌而肯首。

藝文

晉　湛方生《游園詠》（《詩雋類函》卷一六輯）　諒兹境之可懷，究川阜之奇勢。水窮清以澈鑒，山鄰天而無際。乘初霽之新景，登北館以悠矚。對荆門之孤阜，傍魚陽之秀岳。乘夕陽而含詠，杖輕策以行游。襲秋蘭之流芬，幙長椅之森脩。任緩步以升降，歷丘墟而四周。智無涯而難恬，性有方而易適。差一毫而遽乖，徒理存而事隔。故羈馬思其華林，籠雉想其皋澤。矧流客之歸思，豈可忘於疇昔。

晉　陶潛《陶淵明集》卷五《歸去來兮辭并序》　余家貧，耕植不足以自給。幼稚盈室，瓶無儲粟，生生所資，未見其術。親故多勸余爲長吏，脱然有懷，求之靡途。會有四方之事，諸侯以惠愛爲德，家叔以余貧苦，遂見用于小邑。于時風波未静，心憚遠役，彭澤去家百里，公田之利，足以爲酒，故便求之。及少日，眷然有歸歟之情。何則？質性自然，非矯厲所得。飢凍雖切，違己交病。嘗從人事，皆口腹自役。於是悵然慷慨，深媿平生之志。猶望一稔，當斂裳宵逝。尋程氏妹喪于武昌，情在駿奔，自免去職。仲秋至冬，在官八十餘日。因事順心，命篇曰《歸去來兮》，乙巳歲十一月也。

歸去來兮，田園將蕪胡不歸。既自以心爲形役，奚惆悵而獨悲。悟已往之不諫，知來者之可追。實迷途其未遠，覺今是而昨非。舟遥遥以輕颺，風飄飄而吹衣。問征夫以前路，恨晨光之熹微。乃瞻衡宇，載欣載奔。僮僕歡迎，稚子候門。三逕就荒，松菊猶存。攜幼入室，有酒盈罇。引壺觴以自酌，眄庭柯以怡顔。倚南窗以寄傲，審容膝之易安。園日涉以成趣，門雖設而常關。策扶老以流憩，時矯首而遐觀。雲無心而出岫，鳥倦飛而知還。景翳翳以將入，撫孤松而盤桓。歸去來兮，請息交以絶游。世與我而相違，復駕言兮焉求。悦親戚之情話，樂琴書以消憂。農人告余以春及，將有事於西疇。或命巾車，或棹孤舟。既窈窕以尋壑，亦崎嶇而經丘。木欣欣以向榮，泉涓涓而始流。喜萬物之得時，感吾生之行休。已矣乎！寓形宇内復幾時，曷不委心任去留。胡爲乎遑遑兮欲何之？富貴非吾願，帝鄉不可期。懷良辰以孤往，或植杖而耘耔。登東皋以舒嘯，臨清流而賦詩。聊乘化以歸盡，樂夫天命復奚疑。

唐　張九齡《曲江集》卷三《林亭詠》　穿築非求麗，幽閒欲寄情。寓懷因壤石，真意在蓬瀛。苔益山文古，池添竹氣清。從兹果蕭散，無事亦無營。

唐　孟浩然《孟浩然集》卷四《李氏園卧疾》　我愛陶家趣，林園無俗情。春雷百卉坼，寒食四鄰清。伏枕嗟公幹，歸田羡子平。年年白社客，空滯洛陽城。

唐　白居易《白氏長慶集》卷二三《履道新居二十韻》　履道坊西角，官河曲北頭。林園四鄰好，風景一家秋。門閉深沉樹，池通淺沮溝。拔青松直上，鋪碧水平流。籬菊黄金合，窗筠緑玉稠。疑連紫陽洞，似到白蘋洲。僧至多同宿，賓來輒少留。豈無詩引興，兼有酒銷憂。移榻臨平岸，攜茶上小舟。果穿聞鳥啄，萍破見魚游。地與塵相遠，人將境共幽。泛潭菱點鏡，沉浦月生鈎。厨曉煙孤起，庭寒雨半收。

又卷三一《小宅》 小宅里閈接，疏籬雞犬通。渠分南巷水，窗借北家風。庾信園殊小，陶潛屋不豐。何勞問寬窄，寬窄在心中。

又卷三六《小閣閒坐》 閣前竹蕭蕭，閣下水潺潺。拂簟卷簾坐，清風生其間。静聞新蟬鳴，遠見飛鳥還。但有巾掛壁，而無客叩關。二疏返故里，四老歸舊山。吾亦適所願，求閒而得閒。

又《池上幽境》 褭褭過水橋，微微入林路。幽境深誰知，老身閒獨步。行行何所愛，遇物自成趣。平滑青盤石，低密綠陰樹。石上一素琴，樹下雙草屨。此是榮先生，坐禪三樂處。

又《自題小園》 不鬥門館華，不鬥林園大。但鬥爲主人，一坐十餘載。迴看甲乙第，列在都城内。素垣夾朱門，藹藹遥相對。主人安在哉，富貴去不迴。池乃爲魚鑿，林乃爲禽栽。何如小園主，拄杖閒即來。親賓有時會，琴酒連夜開。以此聊自足，不羡大池臺。

又卷四三《草堂記》 匡廬奇秀，甲天下山。山北峰曰香爐，峰北寺曰遺愛寺。介峰寺間，其境勝絶又甲廬山。元和十一年秋，太原人白樂天見而愛之，若遠行客過故鄉，戀戀不能去。因面峰腋寺，作爲草堂。明年春，草堂成。三間兩柱，二室四牖，廣袤豐殺，一稱心力。洞北户，來陰風，防徂暑也。敞南甍，納陽日，虞祁寒也。木斲而已，不加丹。牆圬而已，不加白。雨露滴瀝，飄灑隨風。遠去其四傍，耳目杖屨可及者，春有錦繡谷花，夏有石門澗雲，秋有虎谿月，冬有鑪峰雪。陰晴顯晦，昏旦含吐，千變萬狀，不可殫紀。覼縷而言，故云甲廬山者。噫！凡人豐一屋，華一簣，而起居其間尚不免有驕矜之態，今我爲是物主，物至致知各以類至，又安得不外適内和、體寧心恬哉！昔永遠宗雷輩十八人同入此山，老死不反。去我千載，我知其心以是哉。矧予自思，從幼迨老，若白屋若朱門，凡所止，雖一日二日，輒覆簣土爲臺，聚拳石爲山，環斗水爲池，其喜山水病癖如此。一旦蹇剥來佐江郡，郡守以優容而撫我，廬山以靈勝待我，是天與我時，地與我所，卒獲所好，又何以求焉。尚以冗員所羈，餘累未盡，或往或來，未遑寧處。待予異時，弟妹婚嫁畢，司馬歲秩滿，出處行止得以自遂，則必左手引妻子，右手抱琴書，終老於斯，以成就我平生之志。清泉白石，實聞此言。

又《冷泉亭記》 東南山水，餘杭郡爲最。就郡言，靈隱寺爲尤。由寺觀，冷泉亭爲甲。亭在山下水中央、寺西南隅。高不倍尋，廣不累丈，而撮奇得要，地搜勝槩，物無遁形。春之日，吾愛其草薰薰，木欣欣，可以導和納粹，暢人血氣。夏之夜，吾愛其泉渟渟，風泠泠，可以蠲煩析酲，起人心情。山樹爲蓋，巖石爲屏，雲從棟生，水與階平。坐而玩之者，可濯足於床下。卧而狎之者，可垂釣於枕上。矧又潺湲潔澈，粹冷柔滑，若俗士，若道人，眼耳之塵，心舌之垢，不待盥滌，見輒除去。潛利陰益，可勝言哉！斯所以最餘杭而甲靈隱也。杭自郡城抵四封，叢山複湖，易爲形勝。先是領郡者有相里君造虚白亭，有韓僕射皋作候仙亭，有裴庶子棠棣作觀風亭，有盧給事元輔作見山亭。及右司郎中河南元藇最後作此亭，於是五亭相望如指之列，可謂佳境殫矣，能事畢矣。後來者雖有敏心巧目，無所加焉。故吾繼之，述而不作。長慶三年八月十三日記。

唐　許渾《丁卯詩集補遺・題陸侍御林亭》 野水通池石疊臺，五營無事隱雄材。松齋下馬書千卷，蘭舫逢人酒一杯。寒樹雪晴紅艷吐，遠山雲曉翠光來。定知别後無多日，海柳江花次第開。

又《奉命和後池十韻》 疊石通溪水，量波失舊規。芳洲還屈曲，朱閣更逶迤。浴鳥翻荷葉，驚蟬出柳絲。翠煙秋檜聳，紅露曉蓮披。攀檻登樓近，停橈待客遲。野橋從浪没，輕舸信風移。竹韻遷棋局，松陰遞酒巵。性閒鷗自識，心遠鶴先知。應想秦人會，休懷越相祠。當期穆天子，簫鼓宴瑶池。

唐　趙嘏《題杜侍御别業》（《文苑英華》卷三一八輯） 紫陌煙多不可尋，南溪酒熟一披襟。山當晝枕石床穩，泉落夜窗煙樹深。白首逢人羞問計，青雲何路覓知音。惟君懷抱閒一作長。於水，他日門墻許醉吟。

唐　周賀《題何氏池亭》（《唐僧弘秀集》卷四輯） 信是虚閒地，亭高亦有苔。繞池逢石坐，穿竹到山回。果落纖萍散，龜行細草開。主人偏好事，終不厭頻來。

唐　姚合《姚少監詩集》卷七《題厲玄侍御所居》 幽棲一畝宫，清峭似山峰。鄰里不通徑，俸錢唯買松。野人時寄宿，谷鳥自相逢。朝路床前是，誰知曉起慵。

又《題崔駙馬宅》 心在林泉身在城，鳳凰樓下得閒名。洞中見鑿尋仙路，月裏猶燒煮藥鐺。數樹異花皆敕賜，並竿脩竹自天生。詩人多説離君宅，不得青苔地上行。

又《寄題尉遲少卿郊居》 卿仕在關東，鄰居思不窮。朝衣掛壁上，厩馬放田中。隅坐惟禪子，隨行只藥童。砌莎留宿露，庭竹出清風。濃翠生苔點，

辛香發桂叢。蓮池伊水入，石徑遠山通。愚者心還静，高人跡自同。無能相近住，終日羡鄰翁。

唐 雍陶《**和劉補闕秋園寓興六首**》（《**唐百家詩選**》**卷一七輯**） 水木夕陰冷，池塘秋意多。庭風吹故葉，堦露浄寒莎。愁燕窺燈語，情人見月過。砧聲聽已別，蟲響復相和。

閉門無事後，此地即山中。但覺鳥聲異，不知人境同。晚花開爲雨，殘果落因風。獨坐還吟酌，詩成酒已空。

自得家林趣，常時在外稀。對僧餐野食，迎客着山衣。門雀翻檐散，驚蟬出樹飛。功成他日後，何必五湖歸。

秋色庭蕪上，清朝見露華。疏篁抽晚笋，幽藥吐寒芽。引水新渠浄，登臺小徑斜。人來多愛此，蕭爽似仙家。

禁掖朝回後，林園勝賞時。野人來辨藥，庭鶴往看棊。晚日明丹棗，朝霜潤紫梨。還因重風景，猶自有秋詩。

聖代少封事，閒居方屏喧。漏寒雲外闕，木落月中園。山鳥宿檐樹，水螢流洞門。無人見清景，林下自開罇。

唐 聶夷中《**題賈氏林泉**》（《**文苑英華**》**卷三一六輯**） 市朝束名利，林泉繫清通。豈知黄塵内，迴有白雲蹤。輕流逗密篠，直幹入寬空。高吟五君詠，疑對九華峰。我知種竹心，欲扇清涼風。我知決泉意，將明濟物功。有琴不張絃，衆星列梧桐。須知淡泊聽，聲在無聲中。地非樵者路，武陵又何逢。祇慮迷所歸，池上日西東。

宋 蔣堂《**春卿遺稿·溪館二首**》 宅南溪上結宇十餘楹，名溪館。及築南湖臺於水中，亦皆有詩。皇祐中於溪館知州李仲偃集賓僚賦詩爲壽，因立靈芝坊。胡宿撰《溪館記》。

年來納組去，林下得身還。泚泚清流處，童童碧樹間。淵魚樂且静，庭鶴壽而閒。粗有淮安趣，誰同賦小山。

野意本自遂，兹溪稱獨醒。雲蘿環静室，水石照疏櫺。殺竹編書古，紉蘭作佩馨。王通昔不遇，時亦坐汾亭。

宋 文同《**丹淵集**》**卷一七**《**此樂**》 吏散收簿書，公館如山居。歸來换野服，攜策將馬如。園亭極瀟灑，陰森脩竹下。拂石坐終日，徙倚不知夜。山月照我明，林風吹我清。口誦太古文，往來池上行。露下覺微凛，南窗歸就枕。心閒神自安，達旦得酣寢。亂曰：懶守爾何爲，日日常若斯。爲言我自爾，此樂非汝知。

宋 鄭剛中《**北山集**》**卷二五**《**可友亭記跋**》 予丁未歲作小亭于舍西，與山名四尖者正相對。亭四柱，南北可坐二人。其前桑柘蔬茹，雜以桃李。後則梅楠、松柏、黄楊、篔簹，小徑紆曲，與永慕亭通。蓋太夫人棲真之隴也，布衣時，每泛掃永慕，徘徊既久，則攜書至亭上，觀之空翠蕭森，山氣連接。禽鳥自在，聞其聲而不見其飛。往往忘言自得，竟日孤坐，家人求之，復懷書自木葉間出。是時能文之士以詩相貴者近百篇，里人待制潘公義榮一詩尤予心所甚愛。有意掛冠得歸，少加增葺，以遂餘志。近聞義榮已下世，予復身在萬里，詩亦散亡。今無乃使西山有索居之歎乎！因追省舊所作亭記，并録義榮詩於此，用以自慰。記見初集。

君不見子猷嗜好與俗殊，愛竹不可一日無。又不見太白清狂世絶倫，舉杯邀月獨相親。風流二子去已遠，塵埃那復聞高人。鄭侯未遇身更閒，躬耕自樂園圃間。開軒容膝日寄傲，坐對蕉蕘崒律之西山。蒼翠如堆玉，松奏笙竽雲作屋。澄鮮爽气日夕佳，不學時情易翻覆。田文唾面真小兒，翟公署門良可悲。悠悠權利悲一世，樂哉此友誰能知。鄭侯與我論心久，年少相從今白首。對山勿著絶交書，要須著我成三友。

宋 王之道《**相山集**》**卷三**《**和因老游水寨府治東軒**》 市井從東州，水竹自西府。我來與公偕，槃礴日欹午。從容河底魚，樂哉得其所。此意與誰論，相看默無語。

宋 張嵲《**紫微集**》**卷九**《**崇山圖七賢詩選四**》 居士胸中有丘壑，買山占得水雲寬。七峰環合三溪碧，盡付騷人一倚欄。

負郭幽崖面武當，襄江前占水雲長。四時景趣無窮盡，俱向公家静隱堂。

兩山列影作眉愁，盡付襄江一鑑收。問訊風光應更好，賦詩誰與共清流。

山容渾似闕南見，水曲初疑峴首看。聞説新堂多勝槩，待飛一葉上雲端。

宋 陳造《**江湖長翁集**》**卷一**《**怡軒辭爲臧子與作**》 金碧兮丹朱，瓊其堂兮金鋪。瞢危機之在是，曾未間於憂虞。秀眉兮曼膚，銜宫吐羽兮鎗金奏竽。詑聚蚊兮一醉，竊暫快於營營之餘。吾居兮若陋而安，吾中兮若局而舒。陶冶兮羣書，蕭散兮槁梧。與俗兮風馬牛，解卷兮櫪株拘。子臧子所以自得而適，而不知者以爲疏而迂也。胖吾體兮道之腴，游吾心兮化之初。推而大之，

庶幾孔氏之所謂忘憂，顏子之所謂不愚。蓋將挹古聖賢而造膝，雖造物者亦惡得而加諸。

又 卷三《寄題徐虞卿醒心亭》　人間聲利場，疾馳不知反。營營計毫末，一益味百損。徐侯大雅士，探道自其本。策勳虛明地，外累不待遣。出能同光塵，歸念寄蕭散。著亭得勝處，竹茂水清淺。亭中視亭外，畏塗塵眯眼。翛然得此心，萬化無餘蘊。老我尚問津，人與室俱遠。向來卜鄰計，欲舞嘆袖短。會當尋此盟，蔬飯同茗椀。灑落無何游，共閲世沈湎。昔嘗託虞卿買屋丹陽，價高不果。

宋　張鎡《南湖集》卷六《游韓氏園有客先歸》　風日催荷作老香，便將新句責胡床。重山抱屋臨幽爽，四月邊湖納晚涼。扇景不驚蛙黽坐，盤飧還愛筍蔬長。佳賓壯論能投俗，歸路誰憐鬢雪光。

又 卷八《園中口占》　石楠花似碎瓊花，只就香中便點茶。欲識此堂奇絶處，山林朝暮不離家。

宋　杜範《清獻集》卷四《寄題蘆洲》　幽人作計築幽居，傍水爲亭手植蘆。何愛世間閑草木，只緣胸次有江湖。

宋　陳文蔚《克齋集》卷一四《回鄭家橋小酌復以臨清流而賦詩爲韻得流字》　愧我困塵冗，因君得清游。脱身桃李場，慰彼林壑幽。水光晚更碧，山色翠欲流。詩情天萬里，浩蕩不可收。

宋　薛嵎《雲泉詩・薛野鶴》　瘦形如鶴頭如雪，流浪江湖歲月深。但是胸中有丘壑，何分城市與山林。

宋　釋道璨《柳塘外集》卷二《梅莊》　白雲繞屋，青山當户。中有玉人，自娱歲暮。熟鋤明月，深種春風。不暴其力，不計其工。玲瓏疎花，槎枒老樹。有香可濯，有花可茹。霜雪貿貿，生意無邊。我寒徹骨，我富薰天。外無町畦，内無屏蔽。所蓄者何，乾坤清氣。

元　仇遠《山村遺稿》卷二《秋日西湖園亭》　西湖一曲百泉通，漠漠青山遶梵宫。故國園林秋色浄，明朝風雨桂花空。銀笙玉笛清歌外，畫舫珠簾落照中。人物風光兩相稱，兒童遮莫笑山翁。

元　吴景奎《葯房樵唱》卷二《過趙敬德别業》　結廬人境澹無心，空谷猶聞喜足音。自是胸中有丘壑，何須眼底見山林。清琴濁酒疎簾晚，嘉木幽篁小院陰。别業蕭閒誰得似，浣花流水草堂深。

元　房祺《河汾諸老詩集》卷五《題張信之見山堂》　自古朝市人，罕與山相會。山豈欲遠人，人自與山背。張侯創新居，正在闤闠内。何以得青山，坐上日相對。胸中有丘壑，眼前無障礙。人物既蕭散，山不問内外。晚來天氣佳，收目入清快。乾坤無一塵，草木有多態。千里好風來，幾縷殘霞在。拄笏當此時，未覺功名大。

元　倪瓚《清閟閣全集》卷五《居竹軒》　翠竹如雲江水春，結茅依竹住江濱。堦前迸笋從侵徑，雨後垂陰欲覆鄰。映葉黄鸝還自語，傍人白鶴亦能馴。遥知静者忘聲色，滿屋清風未覺貧。

明　王冕《竹齋集》卷上《揚州成元章居竹軒》　老夫住近山陰曲，萬竹中間一草堂。開徑不曾防俗客，讀書恰是得清涼。好風時時動環珮，明月翩翩來鳳凰。正與諸君軒子近，可能携酒共徜徉。

明　薛蕙《考功集》卷七《早春南園作》　眼看花鳥繁華日，心醉煙霞錮疾人。月下啼鳥長達曙，雨中垂柳不勝春。應門僮僕能延客，旁舍漁樵競卜鄰。莫羨夔龍扶聖代，總輸巢許得天真。

明　田藝蘅《香宇集》卷三三《易適園》　洼即爲池疊即峰，化工隨物自從容。小園矮屋聊成隱，厚地隆天故放慵。春水四圍蛙合部，烟林雙番竹加封。大年雙番，亦曰上番。便教鼓吹侯千户，不博田郎酒萬鍾。

明　李攀龍《滄溟集》卷六《張氏園亭》　辟疆開别業，載酒雨中看。亭敞千花暝，樓空萬竹寒。呼童攜枕簟，勸客解衣冠。宿我山窗下，聽詩坐夜闌。

明　王世貞《弇州續稿》卷五《凌大夫且適園》　爲園何必廣，聊以答吾寄。勝從蘋洲采，嫩許薌林媲。水石有真色，桑榆信所植。好雨東南來，百卉欣自媚。時禽宛宛鳴，鯈魚悠然逝。念彼非有托，叶此成偶契。谷愚豈真徙，河清焉可俟。尺鷃與雲鵬，逍遥不相倍。有待終愧煩，無營乃爲貴。

又 卷二〇《避暑園居得長律二十句》　今年毒熱異常年，似爲吾園稍見躅。謝客琴樽寬約束，親人魚鳥恣留連。已多苔色侵衣上，時有松聲到枕邊。鑿就雙溪長貯月，疊成三島别藏天。鶯花得所朝偏麗，鰕菜趨時晚更鮮。中散酒鎗盛沆瀣，右軍書筆走雲烟。絃中白雪非江左，篋裏青山是輞川。大雅詩歌篇十九，古文金石卷三千。乍談颸爾凉颸至，小坐翛然大火捐。見説長安饒炙手，可容分借北窗眠。

明　王兆雲《湖海搜奇》卷上《行香子》　水竹之居，吾愛吾廬。石鄰鄰妝砌階除，軒窗隨意，小巧規模。也清幽，也瀟灑，也寬舒。　懶散無拘，此

樂何如。撫欄杆臨水觀魚，風花雪月贏得工夫。炷些香，説些話，讀些書。

短短横墻，矮矮疎窗。忔憎兒小小池塘，高低疊障，緑水邊傍。有些風，有些月，有些凉。日用家當，竹几藤床。據眼前水色山光，客来無酒，清話何妨。細烹茶，熱烘盞，淺澆湯。

浪苑瀛洲，金谷瓊楼。莫不如茅屋清幽，野花繡地，莫也風流。也宜春，也宜夏，也宜秋。酒熟堪篘，客至須留。更無榮無辱無憂，退閑一步，看甚来由。倦時眠，渴時飲，醉時謳。

净掃塵埃，惜取蒼苔。任門前紅葉鋪堦，也堪圖画，還也奇哉。數株松，数株竹，数枝梅。花木栽培，取次教開。朝事天自有安排，知他富貴，是幾時来。且優游，且隨分，且寬懷。

明 潘緯《潘象安詩集》卷四《甘露園在城中》爲園傍市廛，瀟灑即林泉。載酒開三徑，藏書搆十椽。牽風蘿拂地，承露樹參天。石室高人榻，松龕大士筵。南軒脩竹下，東閣老梅邊。莫謂無多地，禽魚樂蒲前。

明 陳繼儒《陳眉公集》卷一《隱居》十畝之園，數椽之屋。旁列圖書，隨意花竹。召客有酒，耕田有犢。晚厭娥眉，餌藥獨宿。

又 卷四《池上作》一溪樹色一簾烟，茗椀薰爐秋水篇。正合香山居士句，芙蓉開在卧床前。

又《青蓮山房即包莊》（《增修雲林寺志》卷六輯）名園極華麗，反欲學村莊。編户留柴葉，磊牆帶石霜。梅根常塞路，溪水直穿房。覓主無從入，裴徊走曲廊。

明 黄汝亨《寓林集詩》卷一《午後步戚懋循園林》餘午涉芳園，長林散幽步。窈窕行深陰，秀緑莽回互。雲間花氣紛，竹下鳥聲赴。選石復陟岡，青山歷可遡。周還尋故蹊，幾作桃津誤。主人敬愛客，杯酒停堦樹。微飲度蘭薰，小坐挹葵露。冲然披我襟，鹿鹿何足慕。

明 敖文禎《薜荔山房藏稿》卷一《題鑑湖草堂二章》鑑湖草堂，楊宜菴丈甫翁所築也。翁息肩畏途，寓樂于玆。既以適況即授丈業，惟是蘊抱淵邃不可涯涘。年籍中，余最辱丈知，則于翁有通家猶子之誼，而情更相屬。不揣謭陋，敬題二章，一以紀翁樂事，一以述丈克家之志云。翁號鑑湖，故名堂云。

棲樂留真境，玄亭駐客星。考槃嘉陵澔，舞鳳效其靈。冥筌脱空賞，問字廠前扃。琅玕淇澳碧，蘭桂錦城馨。神游建德里，静狎海鷗汀。衡門謝軒冕，燕山儼儀刑。翩翩皇家子，扶摇當妙齡。不羨移家隱，能令弱喪醒。高風並芳訓，萬古仰玆廷。

開軒在西蜀，鄰架充楹庭。堦前蘭玉茁，池上鳳凰翎。對此尋真趣，千載讀書屏。占星荀氏史，趍訓孔家經。浣溪濯雲錦，劍閣倚青萍。出以答明主，忠孝夙心銘。摩霄騰萬里，峻坂履平坰。策彼竹帛勳，軌道鳴和鈴。悠悠白雲望，靈椿翠竹亭。

又 卷二《偶題》誅茅非選勝，卜築爲耽幽。曲徑穿花度，疎蘿蔭水流。逍遥園吏夢，曠達酒人游。方朔今逃隱，何須訪十洲。

又《蓮池石上小酌觀引水灌花》埽石移尊酒，臨池納晚凉。涓涓疏磵溜，冉冉裛荷香。疎蕊紅初吐，扶莖緑更長。灌園方汲罷，歸鳥噪斜陽。

又 卷四《集陶四景》春水滿四澤，鳥弄歡新節。弱湍馳文魴，濁酒聊自適。

夏雲多奇峰，北林榮且豐。薪者向我言，歸去来山中。

秋月揚明輝，農務各自歸。揮杯勸孤影，問君亦何爲。

冬嶺秀孤松，負杖肆游從。清謡結心曲，何必升華嵩。

明 鍾惺《游梅花墅》（《翠娱閣評選鍾伯敬先生合集》詩集卷二輯）閉門一寒流，舉手成山水。動止入户分，傾返有妙理。修廊界竹樹，聲光變遠邇。從來看園居，冬日難爲美。能不廢暄萋，春夏復何似。何以見君閒，一亭一橋裏。閒亦有才識，位置非偶爾。

明 祁彪佳《遠山堂詩集·中秋前二日仝友人游彤園主人出酒快飲賦此》彤山泉石天荒闢，主人疏剔抱奇僻。我亦寓山搆数椽，扁舟往返無朝夕。朝煙夕霞恣品評，一亭一榭皆有情。問誰閒者得爲主，逍遥杖履我與卿。笠澤之濱有皮陸，以觴以詠混樵牧。公榮不飲亦何妨，把臂便可入林麓。西泠高士名曰逋，妻梅子鶴亦不孤。況我三人共語笑，清光醉弄足歡娱。歡娱未已生感慨，佳節無多人面改。病愁風雨去一半，良夜好天不易買。良夜無過秋色深，山空水落静有音。二仲永期三徑裏，皎然月出照素心。

明 范志易《客中懷西園》（《如臯縣志》卷二八輯）城西一片地，久係荒凉土。方廣十畝餘，棄置無人取。我見曠且幽，去家近百武。誅茆構數椽，有廊并有廡。桃李傍水栽，榆柳植無數。羣卉頗充斥，修篁欲飛舞。幽禽鳴樹顛，游魚躍淺浦。小橋通前楹，編竹爲環堵。春水便操舟，長日堪揮塵。宜月

亦宜雪，可晴亦可雨。兩兒居其中，讀書學閉户。我時策短笻，來作斯園主。携尊邀良朋，逸興爲之鼓。日涉已成趣，樂此無所苦。何爲客京華，此景了不睹。役役混塵市，僕僕謁官府。佳節正重陽，登臨人旁午。緬懷故園秋，光景實堪譜。黄花想已開，芙蓉知盡吐。家人共歡聚，笑我干圭組。圭組我何心，終當學老圃。

清　嚴正矩《董湖涉園》（《孝感縣志》卷二二引）　林居不厭僻，築地此中偏。水闊含秋色，峰青映遠天。古臺高見月，喬木澹生煙。夕鳥歸飛外，漁人駕短船。一畝幽棲地，清流繞幾迴。經旬無客至，竟日有鷗來。菰米棱棱實，蘆花面面開。水痕依岸落，石角長莓苔。剪棘成茅屋，臨溪敞竹軒。游魚隨意樂，浴鳥自相喧。榛草從填徑，扁舟長繫門。桃花流近畔，仿佛武陵源。寂寂空亭上，孤居無四鄰。江湖藏漫叟，風月趁閒人。波宕三湘色，煙生五柳春。始知巖谷下，可以託天真。自得煙霞趣，山林觸自成。野花隨地發，春水逐門生。近浦鳧初下，空階鶴獨行。幽居人事絶，不用更逃名。

清　田雯《古歡堂集》卷五《同袁杜少游張氏園亭》　百本枳櫪十圍大，城内空闊如城外。小園沙塹柴縛門，巷口鴨柵水爲界。下馬穿雲衣襯重，沿池曳杖禽魚怪。芭蕉當户葉似簾，薔薇引蔓壁如疥。遠疊翠嶂石千棱，横截奔流泉一派。莓苔平鋪柔可坐，藤蘿高架午不曬。陰崖蝌籀疑頡書，假山螺髻遭米拜。橋邊行酒細腰鼓，竹裏充厨銀魚鱠。我輩不妨恣狂吟，向火旗亭景清快。好待西風秋雁斜，再來攤飯聽松籟。

清　桑調元《弢甫詩集》卷一〇《園二首》　清游約屢爽，連雨紛如麻。黟雲催解駁，高空漏曦車。招邀屐聲厲，沙逕衝高窪。逃虚不多侶，齊上煙湖槎。風萍漂何所，荒荒一水涯。秋園露白未，雜樹青羅遮。冷響戛檀欒，靈氣皴谽谺。小山團團馥，早桂亦已花。吟訪水周堂，姚尚書園堂名。故基懸秋瓜。浪花漾空碧，澹泡鷗所家。却顧枳笆外，小舠横菰葭。築居水中央，結夢空復賒。溪翁久占此，流憩生咨嗟。

選境清難得，葉舟去復迴。朱髹鬱相望，未若荒池臺。生香泄秋氣，流水蠲飛埃。梧桐挂我衣，好風徐徐來。雜坐陂下上，黏損新莓苔。最憐割鷺雲，幾片青嵬嵬。東西魚自戲，童兒洗樽罍。移登曉樓上，園中樓名。詄蕩青天開。浮生意沉冥，所得惟此杯。水花出豔靚，村蝶翻黄灰。主客一羣鷗，百過無纖猜。長水未遄别，柔櫓尋灣洄。

清　惠棟《漁洋山人精華録訓纂》卷一上《梁曰緝爲言輞川雪中之游》　少志愛山水，夢想懷藍田。終南西峰下，水石餘清妍。憶昔維摩詰，于此曾挂冠。揮手謝時輩，草堂常晏眠。輞水遶舍下，湖光明雲端。繩床閒藥鐺，清齋日蕭然。春鷗漸矯翼，夏木紛綿芊。時尋名僧會，自泛湖中船。

清　馬常沛《九月晦日西園分韻》（《晚晴簃詩匯》卷五二輯）　攜笻池邐上沙堤，秋老名園萬木凄。細徑常隨松曲折，孤亭直界竹東西。尋幽愛向空林坐，覓句閒從落葉題。杳靄青峰看近遠，晴光十里野雲低。

雜　録

唐　李延壽《南史》卷四一《列傳第三十一・齊宗室・衡陽元王道度》　居身清率，言未嘗及時事。會稽孔珪家起園，列植桐柳，多構山泉，殆窮真趣，釣往游之。珪曰：「殿下處朱門，游紫闥，詎得與山人交邪？」答曰：「身處朱門，而情游江海，形入紫闥，而意在青雲。」珪大美之。

明　王圻《稗史彙編》卷八《囚山》　柳子厚有《囚山賦》。晁無咎曰：仁者樂山。自昔達人有以朝市爲樊籠者矣，未聞以山林爲樊籠也。宗元謫南海，久厭山林不可得而出，朝市不可得而復，丘壑草木之可愛者，陷穽也。故賦囚山。

點景命名

題　解

宋　劉敞《公是集》卷三六《東平樂郊池亭記》　堂曰燕譽，臺曰陳戲，池曰芹藻，榭曰博野，塢曰吾竹，亭曰玩芳，館曰樂游，南門曰舞詠，北門曰熙春。其制名也，或主于禮，或因于事，或寓于物，或諭于志。合而命之，以其地曰樂郊，所以與上下同樂者也。

明　李維楨《大泌山房集》卷五七《松石園記》　時正甫奉晉督學簡書且啓行，其園尚未有緒。垂二十年，而自七閩，予告歸，園始成。園之所有，有書院曰親賢。有亭曰綏予，曰既右，曰凈植。有庵曰極樂。有軒曰虚籟。有嶺曰

百果。有山房曰愚公。有齋曰永言。有窩曰燕息。有室曰迴向。有圃曰蕙。有塢曰佳實。有林曰寶樹。有坊曰長林豐草，曰雨華深隱。有臺曰省穫。有逕曰竹。有橋曰雲。有門曰净土，曰道岸，曰又玄。而槩之以松石。或取適于花草禽魚，或取勝于泉石湖山，或取景于烟雨風月，或取事于耕釣樵牧。或以睦宗戚，或以訓子孫，或以集朋友，或以叩禪宗。往往與諸爲園者同，而其深指殊不在是。

論　説

宋　洪邁《容齋隨筆・四筆》卷一《亭榭立名》　立亭榭名，最易蹈襲。既不可近俗，而務爲奇澀，亦非是。東坡見一客，云：近看《晉書》。問之曰：曾尋得好亭子名否？蓋謂其難也。秦楚材在宣城，於城外並江作亭，目之曰知有。用杜詩「已知出郭少塵事，更有澄江消客愁」之句也。王仲衡在會稽，於後山作亭，目之曰白凉。亦用杜詩「越女天下白，鑑湖五月凉」之句。二者可謂甚新，然要爲未當。廬山一寺中有亭頗幽勝，或標之曰不更歸，取韓詩末句，亦可笑也。

宋　黄震《黄氏日抄》卷八六《林水會心記》　行都間北可十里有瓜涇焉，苕溪之沈氏居之。園池静深可樂也。一日復築室，其勝處曰「林水會心」，屬余記之。余曰：會心處不在遠，翳然林水，便有濠濮間想。此晉人之言，莊子之學也。子之名室，得無有取於是乎？夫人一心，物物可以坐照。然使一有所奪，雖泰山頹乎其前而不覺。惟凝神息念，脱去世慮，則雖草木榮華之飄風，鳥獸好音之過耳，一一皆吾真樂也。晉人夷曠，宅心事外。盼庭柯以怡顔，枕清流而自潔。脱然瀟灑之趣，固宜往往如此。然此特晉人之所謂會心者爾。天高地下，萬物散殊，皆造化生息之入，而至理流行之寓。人爲萬物之最靈，而此心又人之所以爲靈。天包宇宙，細入無倫，何莫非此心之所會。豈徒會之？要當實以體之，真見天地萬物之與我爲一。又當仁以行之，使天地萬物皆由我而各得其所。此則有貴於吾心，而人之所當盡其心者也。聖賢之功雖未易一蹴到，亦豈容自娱於林水之近者而已耶？吾夫子川上之歎，周茂叔窗前之草，生意流動，近而有遠者，存必如是。斯可言會心矣。沈子曰：然，是吾心也。幸書之以代座右銘。咸淳元年慈溪黄震謹書。

明　桑悦《思玄集》卷六《煮石山房記》　虚與實對，物實而名虚，實可暫，虚斯久。故以名寓物者有限，以物寓名者無窮。君子所寓名必隨之物，因之而恒新者，實棲於虚故也。吾邑仲雍過化之區，子游所産之地，素爲文獻之邦，特地大而民夥賦重，而頌繫號稱難治。浙之慈谿楊侯，由名進士出宰崑山，高平，俱著治績。當道爲吾邑借冠以掃夙秕。侯至，盤錯互前，游刃恢恢仍有隙陰。尋幽覽勝，澄心於静，以爲制動之本。邑有致道觀，在虞山東麓，景勝一方。弘治戊午春二月暇日，侯同吾叔父廷瓚游焉。入觀，撫梁朝檜，歷東雲堂，遡丹井而上覩脩竹千竿，喬松萬株。俯視全邑，萬室鱗次，尚湖繞前，緑波貼目。侯謂叔父曰：此地宜建一室爲茶話之地。乃因高爲臺，毁淫祠，材爲屋三楹。西建厨房。其物料之益，工匠之費，侯實捐俸資。叔父同道士曹道榮則區畫課護其成。侯因置酒落之，覩房之前後，巨石林立，李德裕平泉莊之所蓄，柳宗元萬石亭之所記，悉萃於前。以仙家有煮石之説，遂名之曰煮石山房。叔父命予記其事。嗚呼！物之堅剛莫逾於石，石其可煮之哉？且茲室未建，未有山房之名，未爲山房之石，安有煮石之名。是謂名寓於物，虚寓於實，實物之成，劫數必壞。侯高才博學，清心寡慾，仁鋪百里，小大得所，誠西漢班孟堅循吏六傳中人物。後人敬甘棠如敬召伯，見魯門如見高子。遺愛所在，孰不保護。而況勝跡既留嗣葺相繩，以名召物，以虚召實，循環無窮。吾知山石可爛，侯名不朽，則兹山房之中石，不真煮之耶？

明　王儀《碧環亭記》（《新安文獻志》卷一四輯）　凡狀山川、草木、天宇、煙雲之色而寄興於悠遠者多曰碧。夫碧與青相似而不同，均是物也。近視之則青，遠視之則碧。秋物多碧，氣清而視遠也。董君直卿作亭於溪園之上，扁曰碧環。内之苔蘿竹樹，外之雲山煙水，極目四周，籠以天宇，千品萬彙，混爲一碧。而是亭也，宛然處其中。跬步户庭而寄興甚遠。客每爲予道其勝如此。

明　謝肇淛《五雜組》卷三《地部二》《名園記》水北胡氏園，其名皆可笑。如其臺，四望百餘里，縈伊繚洛，雲烟掩映，使畫工極思不可圖畫，而名之曰玩月臺。有庵在松檜藤葛之中，闢旁牖，則臺之所見亦畢備於前，而名之曰學古庵。乃知此失古人已有之，但不如今人之多耳。今人之扁額，又非甚不通者，但俗惡耳。入門曲逕，首揭「城市山林」，臨池水檻，必曰「天光雲影」。「濠濮想」多見魚塘，水竹居必施「筠塢」。「日涉」、「市隱」屢見園名。環翠、

來雪皆爲樓額。至於俗聯尤不可耐，當借咸陽一炬了之耳。此失閩最多，江右次之，吳中差少。

清 金武祥《粟香隨筆》卷二 楹聯須切合其地，不能移掛他處。鎮江焦山聯云：回看佛國青螺髻，誤入仙人碧玉壺。都門陶然亭聯云：穿荻小車疑泛艇，出林高閣當登山。到此游覽，方覺聯語之妙。

綜　述

北魏 酈道元《水經注》卷一〇 漳水又對趙氏臨漳宫。宫在桑梓苑，多桑木，故苑有其名。

宋 歐陽修《文忠集》卷六三《非非堂記》 權衡之平，物動則輕重差，其於静也，錙銖不失。水之鑒物，動則不能有睹，其於静也，毫髮可辨。在乎人耳司聽，目司視，動則亂於聰明，其於静也，聞見必審。處身者不爲外物眩晃而動，則其心静。心静則智識明，是是非非無所施而不中。夫是是近乎諂，非非近乎訕。不幸而過，寧訕無諂。是者君子之常，是之何加？一以觀之，未若非非之爲正也。予居洛之明年，既新廳事，有文紀于壁末。營其西偏作堂，户北嚮，誼叢竹。闢户於其南，納日月之光。設一几一榻，架書數百卷。朝夕居其中，以其静也，閉目澄心，覽今照古，思慮無所不至焉。故其堂以非非爲名云。

宋 蘇轍《欒城集》卷二四《王氏清虚堂記》 王君定國爲堂於其居室之西，前有山石瓌奇琬琰之觀，後有竹林陰森冰雪之植。中置圖史百物，而名之曰清虚。日與其游，賢士大夫相從。於其間嘯歌吟詠，舉酒相屬，油然不知日之既夕。凡游於其堂者，蕭然如入於山林高僧逸人之居，而忘其京都塵土之鄉也。或曰：此其所以爲清虚者耶？客曰：不然。凡物，自其濁者視之，則清者爲清。自其實者視之，則虚者爲虚。故清者以濁爲汙，而虚者以實爲礙。然而皆非物之正也。蓋物無不清亦無不虚者，雖泥塗之渾，而至清存焉。雖山石之堅，而至虚存焉。夫惟清濁一觀，而虚實同體，然後與物無匹，而至清且虚者出矣。今夫王君生於世族，棄其綺紈膏粱之習，而跌蕩於圖書翰墨之囿。沉酣縱恣，灑然與衆殊好。至於鍾、王、虞、褚、顔、張之逸迹，顧、陸、吳、盧、王、韓之遺墨，雜然前陳，贖之傾囊而不厭，慨乎！思見其人而不得，則既與世俗遠矣。然及其年日益壯、學日益篤，經涉世故，出入患禍，顧疇昔之好，知其未離乎累也。乃始發其箱篋，出其玩好，投以與人而不惜，將曠焉黜去外累，而獨求諸内意。其有真清虚者在焉，而未之見也。王君浮沉京師，多世外之交，而又娶於梁張公氏。張公超達遠騖，體乎至道而順乎流俗，君嘗試以吾言問之，其必有得於是矣。熙寧十年正月八日記。

宋 廖剛《高峰文集》卷一〇《環翠樓記》 余族兄蟾字元明【略】乃於紹興乙亥，即所居之西山爲樓于其上，由北堂之寢室，紆層梯而登焉。一日特游其中，八風俱來，四面皆暢，慈顔爲之悦甚。顧謂元明曰：登高如是，樂耶。青嶂屏圍，茂林雲合，嵐光靄色，鬱鬱蒼蒼而照吾樓者，皆平居所未見也。於是元明感其意，因以環翠榜其顔。

宋 陳造《江湖長翁集》卷二一《知樂亭記》 直雄邊之西爲小橋，橋南有池，從昔深之，養魚其中。今太守張侯創草亭。池之北，郡人陳某請以知樂名之，蓋取莊生濠上之意。夫道可以兼物而事事者，于其理也。未有深於道而不徹於理者。君子超然領解而舉天下芸芸生遂職職陳露了於方寸無遺者。彼魚至微物，而泳游喁噞，圉圉發發，有頒首之適，無赬尾之勞，是樂也。而隱几者則知之，其必有融悟於言意之表者。侯於道造詣深矣，出而爲郡刃，無肯綮千里貼泰，相忘而各得，吾以名亭，魚云乎哉！

宋 談鑰《吳興志》卷一三 三匯亭在疊翠亭北，以衆谿所會名亭，以爲公廨者二。會谿亭在白蘋亭北，近運河，水會霅谿處，故名。今爲歸安主簿廨舍。乾道中，主簿沈與求請建。

元 吳澄《吳文正集》卷四三《雪香亭記》 洛陽名園、名花之盛自唐以來嘗爲天下最。宋既南渡，逮於金亡，洊罹兵禍，殆不能如舊也。然地氣得其中正，民俗習於承平，故雖僅定小康之時，士大夫往往亦修治亭臺以爲游觀之適。楊獻卿，河南舊族。居後有園，植梅其間，築臺構亭。曩時郡守東平嚴侯爲書其扁曰雪香。雪，梅之色也。香，梅之氣也。「祇言花是雪，不悟有香來」，前之詠梅者云爾。「遥知不是雪，爲有暗香來」，後之詠梅者云爾。語略轉而意愈超。詩人固嘗以「白雪香」詠梨花，而梨花不敢當也，則悉舉而歸之於梅。蓋梨花能如雪之白，不能與雪同時而白也。深冬凝沍，衆木枯槁，兩間之生意索如，而梅也，傲極陰於方隆，回微陽於最先，魁百卉而得春，冠三友而獨葩。色之白、氣之清、士之素節特異，芳譽遠聞者似之。岩侯之以此名亭也，豈非欲楊氏世世爲清白吏乎！獻卿官大都、官外省，無汙玷而有聲稱。子

益試仕于風憲也亦然，其可無愧於侯之所以名亭者哉！夫洛陽之園，自昔相夸以富貴艷麗之花爲甲也。今不取於富貴艷麗，而取於清寒孤節，嗜好與衆殊絶矣。獻卿諱庭實，終南陽府判官。其子請記此亭者，彰父之美、堅己之操也。予亦樂爲之記者，洛陽之人競愛牡丹，而楊氏之亭獨因梅而名，於以見其爲清白之家云。

明　劉基《誠意伯文集》卷八《魚樂軒記》　至正癸巳，番陽程邦民以進士授官，判紹興之餘姚州。明年春，奉府檄至郡，理鈔法及賑濟事，寓永福寺之東軒。東軒者，上人善啓之所居也。其廣不盈丈，而清明不煩。有榻可息，有花木竹石可玩。軒之前甃瓦石爲小池，有魚六七十頭，皆長五六寸，赤鱗錦章。出入蕰藻中，悠悠焉或泳或翔，或吹而漚，或施而漣。與與焉，不啻如處江湖而乘秋濤也。程君觀而悦之，命其軒曰魚樂之軒。或難之曰：詩不云乎：「魚在于沼，亦匪克樂。」今此無乃又迫于沼，而非魚之所樂乎？程君曰：吁！果然哉。子見其一而未見其二也。夫惡憂患而樂無害，凡物之同情也。是故性遷于習，習貫而樂生焉。豈惟魚哉！野鳥之處籠中，其始至也，憧憧焉，聞聲而躍，見動而惕，如不能須臾生也。及其久而馴也，則雖舉而之野，縱之而不逸，驅之而不去，徘徊盤旋，恐違其所。離之則悲以鳴，狂顧而疾赴焉。於是籠其家而樂在是矣。夫山野之優游豈不勝樊籠之局促哉！彼既習而耽之矣。我局促而彼優游之矣，又烏得不樂哉？今夫洿澤之間，數罟不禁，繒罔如雲，鮫人蜑夫，鼓檝生風。獱獺、鶖鶬、鶖鷺成羣，利觜長骹，没淵泉、撇波濤，無隱弗屆。鯤鮞登于庖厨，鰕鱻殈于胎卵，患害日至而無所避，優游云乎哉？則又曷若處此之爲樂也？難者無以應。遂書以爲記。吾聞釋氏好生而戒殺，雖蚤蝨蚊蠍必思所以完之。然則是魚之得，上人以爲宜，依其有樂而無憂矣。

又　卷九《苦齋記》　苦齋者，章溢先生隱居之室也。室十有二楹，覆之以茆。在匡山之巔。匡山在處之龍泉縣西南二百里，劍溪之水出焉。山四面峭壁拔起，巖崿皆蒼石，岸外而臼中。其下惟白雲，其上多北風。風從北來者，大率不能甘而善苦。故植物中之其味皆苦。而物性之苦者，亦樂生焉。於是鮮支、黄蘗、苦楝、側柏之木，黄連、苦杖、亭歷、苦參、鈎夭之草，地黄、游冬、葴芑之菜，櫧櫟草斗之實，楛竹之笋，莫不族布而羅生焉。野蜂巢其間，采花髓作蜜，味亦苦。山中方言謂之，黄杜初食頗可難，久則彌覺其甘。能已積熱除煩渴之疾。其槚茶亦苦於常茶，其泄水皆齧石，出其源，沸沸汩汩，澌潀曲折，注入大谷。其中多斑文小魚，狀如吹沙，味苦而微辛，食之可以清酒。山去人稍遠，惟先生樂游，而從者多艱其昏晨之往來，故遂擇其窊而室焉。攜童兒數人，啓隕籜以藝粟菽，茹啖其草木之荑實，閒則躡屐登崖，倚修木而嘯。或降而臨清泠，樵歌出林，則拊石而和之。人莫知其樂也。先生之言曰：樂與苦相爲倚伏者也。人知樂之爲樂，而不知苦之爲樂。人知樂其樂，而不知苦生於樂，則樂與苦相去能幾何哉！今夫膏粱之子，燕坐於華堂之上。口不嘗荼蓼之味，身不歷農畝之勞。寢必重褥，食必珍美，出入必輿隸。是人之所謂樂也。一旦運窮福艾，顛沛生於不測，而不知醉醇飫肥之腸不可以實疏糲，藉柔覆温之軀不可以御蓬藋。雖欲效野夫賤隸，踢跳竄伏，偷性命於榛莽而不可得，庸非昔日之樂爲今日之苦也耶！故孟子曰：天之將降大任於是人也，必先苦其心志，勞其筋骨，餓其體膚。趙子曰：良藥苦口利於病，忠言逆耳利於行。彼之苦，吾之樂。而彼之樂，吾之苦也。吾聞井以甘竭，李以苦存。夫差以酣酒亡，而勾踐以嘗膽興。無亦猶是也。夫劉子聞而嘉之，名其室曰苦齋。作苦齋記。

明　陳敬宗《澹然先生文集》卷三《同樂園記》　予觀張子西銘之言曰：天地之氣吾其體，天地之帥吾其性。民吾同胞，物吾同與也。蓋言天地萬物本同一體，奚可歧而觀之。及觀司馬温公適意園圃之中，而以獨樂名園，予竊惑焉。予近得園林數畝於壽藏之傍，環植松竹杉檜之木与桃李橘柚不一之果，且以四時瓜蔬藥品雜植於其中。或時幅巾藜杖，游目縱觀，聽林鳥之和鳴，俯溪魚之游泳，魚鳥之性樂矣，而吾心亦必与之同其樂。觀松竹桃李、瓜蔬藥品，自花而自實，自榮而自茂，物性樂矣，而吾心亦必与之而俱樂。此無他，吾与萬物雖各具一太極，然太極一理也。自吾一心之理，推而極之於萬物之一心，其理則同，但吾心能知物性之樂，而物性不能知吾心之同其樂。人爲萬物之靈，知覺運動有不同耳。是即物吾同與之意也。因名其園曰同樂。然又觀温公平日讀書，自未始有形之。前暨四達，無窮之外事，物之理舉集目前。由是觀之，則其胸次宏博闊達，足以包萬物之理於一心，而同胞同與之樂即是而在，又何必較其樂否於一草一木間而哉。則吾所謂同樂者亦□矣。書此爲記。復繫之以詩，曰：

花木欣欣百果生，園林藹藹總芳榮。閒從溪上觀魚泳，静向林端聽鳥鳴。
愧与三才齊一體，喜於萬物最多情。因忘物我同娱樂，顧續温公千載名。

明　沈愷《采詩樓記》（《明文選》輯）　余少小時即愛慕人論詩，每侍翁

長者，見酒酣擊缶，豪吟朗咏，即不意會，輒沾沾喜。及長，爲諸生，日困於業。既而學爲吏，日又困於簿書。輒復棄去，不果學。吾聞善詩者往往得於所感。昔者司馬子長行天下，故其文多。少陵華詞藻句，多得於峨眉錦江之助。吾松鮮佳山水，又無名寺院及物外奇觀可資逸興，每以爲欠事。余家城東草堂之北，去可百步，皆修坰曠野。嘗與客對坐，雲氣冉冉墮几席。而物外奇觀，騰英吐藻，悉來獻狀。乃喟然曰：明珠在懷，而顧索之途異矣乎！乃搆一小樓。樓東西相距無踰二丈，南北稱是，其高倍之。四面不設屏障，八窗洞開，而觴景皆詩矣。遂名之曰采詩。余於是乎得大觀焉。時惠風晨至，靈雨既零，倚樓北顧，春水瀰漫，橋夫始服田事，耕犁相屬，江村農務，隱隱可想見。薄暮天宇晶明，九山最高峰頂，可一二數。縹緲出雲外，離立聳翠。環以芳洲，洲旁多蘭芷雜英，春深翠色欲滴。客有好事者，舉酒酹水，浮觴其上，樵童牧豎爭以爲異。洲稍北有方池，植荷蕖數莖。六月退暑，樓居晏坐，清風徐來，荷香襲襲可掬。東望烟霞薄林木，行人時時躡足蒼苔水石間。遺影在地，仿佛如畫。月出清光射牖，皎然如練。間聞吴歌婣婣，宛轉凄切。羇人孤子，倚闌而聽，感極生悲，或繼之以泣。時維九月，白露爲霜。涼風颯至，楓林落葉，蒼碧如染，雅宜遠眺。秋高景肅，天空水碧，橫塘在左，葉舟放流，帆影隱見。迅駒過隙，不可窮狀。冬夜過長，竹窗易寒，沈沈數漏箭不易曉。西去古寺咫尺，聽鐘聲歷歷，鄉晨即披襟起坐。宿酲睡思，灑然去矣。歲晏作風，樓外積素凝白。客至，呼童掃雪烹茗。晚霽開軒，園林珠璣相錯落，又若水晶屋宇羅列上下，疑是中別有一天地。若不知塵外之有瀛海也。嗟乎！是其爲樓也甚隘，而四時之景、天地之達觀咸於是乎在。是故其爲詩也日益富，采而詩之也自益無窮。余嘗怪天地間雲嵐木石，崇丘絶壁，足以發奇潛老。然往往人跡所不至。即人跡可至，或風雨晦冥，至爲塵襟俗駕所苦，亦有遇有不遇。吾采而詩之也有時而窮，吾獨取夫茲樓不踰足越限，而四時之景、天地之達觀咸於是乎在。是故境與意會，詩以興感，譬之取材荆楚，楩柟豫章，皆可堂構而材無留良矣。

明　李維楨《大泌山房集》卷五七《冰玉山房記》　吴太學仲類，海陽人也。其父某賈當塗，仲類從之，以業自占。當塗令爲今文部章元禮。元禮試諸生而得仲類，奇之，裒然舉首。于是仲類聲稱藉甚三吴間，而數奇不獲一第，歸海陽。居冰玉山房。時有正業，退有居學也。蓋海陽三天子鄣，仲類家其下，曰仙家塢。其前有水，清可鏡鬚眉，曰冰谿。其後有山，峭蒨狀如負扆，曰玉屏。故以冰玉爲名。父某兄某經營之，仲類與從子文學孔璋益繕治之，三十餘年而功始竟。入門有樓，余無且名之曰凝碧。水光竹色，上下澄鮮，而有桂偃蹇連卷，枝相繚也，出樓若乘危。桂初連理，析而植之，並茂。君子以爲祥。樓前堂元禮名之曰有斐，以下有竹渚故。諸子弟于焉受經。淇澳緑竹，如簀有斐，君子如切如磋，如琢如磨，如金如錫，如圭如璧。夫非師友，安得斐然成章乎。堂前臺縱橫可二仞，步櫩句規折磬，其里張太學應奎所相地，而無且命之曰步雲。臺後小軒，余文學食其名之曰亦發。軒後樓，度支郎汪以正名之曰文明，以仲類父字。故其下小齋，侍御史張仲言名之曰吾伊。仲言嘗讀書其中，不忘所自始也。其後左右石磴高一仞，跉踔而升，有室，吴司訓瑞穀名之曰時享。更升，有祠，名之曰薦成。當室祠間有臺，仲類名之曰五思，蓋取諸禮，思親之居處，笑語志意樂嗜，儼然耳目中夫，然後能享能薦成也。祠之堧左有閣，名之曰賓旭。右有圃，名之曰延春。深而入塢，有池，名之曰騰蛟。泉出石罅，亭居不增減，蛟嘗騰其中。孟學士之詞宗如此，則仲類與從子及無且所命名也。無且爲之記、爲之賦，于冰玉大有所發明，而離其景爲十詠。廣大悉備矣。仲類復因文部俾不佞爲之記不佞觀今之爲别業者，所居則文繡土木、雕鏤金石，所樂則曲房隱間，歌舞俳諧，淫酗號呶。有能耽泉石、結烟霞、蔭花竹而玩禽魚，稱清流雅士已矣。仲類山房樸不陋，華不靡，不逆天時，不失地宜，不違人情物理。其出於奉先者三，出於務學者五。上不忘父與兄，而下不違諸子弟。入其閾，踐其位，顧名思義，油然生孝弟心。以爲堂搆，以爲舟艧，以爲庠序之教，以爲牖户之銘藏。而脩息，而游静，而聖動，而王無爲，而尊樸素，而天下莫能與之爭美，其斯以爲冰玉也，與哉！仲類蹶然而起，負墻而立，曰：此父兄之教也，非小子所及也。先生幸而詔之。周徹不敏，奉以周旋吴氏，萬子孫其服之無斁。

明　張鳴鳳《桂勝》卷三《潛洞》《俟德亭記》：嘉定甲戌仲夏，管定夫新作小亭於潛洞之口。於是映帶遠近，洞以增邃。初伏後一日，期方孚若、陳膚仲來觀，參坐洞中，酌酒數行，颯然秋也。主人曰：亭宜何名？有客曰：昌黎公以「俟德」名丘，謂蔽於古而顯於今，有俟德之道，與此同意，借以名亭，可乎？咸曰然。遂書諸石。

明　王原采《静學文集》《環翠樓記》　樓以環翠名者多矣。或以竹樹之周遭，或以山林之回互，其所處不同，而其義一也。天台固吾郡名邑，山水奇

勝。然其土地瘠隘，溪山林壑十居六七，可耕可藝之地絕少，可以開心目舒、眺望之地尤少。獨爲邑治之所地稍平衍，長林大山包羅四面，岡巒秀偉，草木森鬱，足以游目騁懷。而胡氏之居實在邑之東門，有樓以爲登覽之資。憑闌四望，惟見蒼翠之色照耀人目，爛然如金碧相輝，甚可賞也。是以其樓有環翠之名。胡氏之秀士曰彦理者，爲邑庠生，與余交間，嘗屬余記之。且曰：斯樓蓋有資於吾者。於兹讀書焉，則無塵務之干，心融而理得。於兹鼓琴焉，則無俗士之擾，氣定而心和。吟咏則景趣在目，而妙語自得焉。燕飲則風物稱懷，而累觴不醉焉。喜而登於兹，諸峰之態若舞躍于前，而與吾同體者。悲而登於兹，衆壑之狀若斂戢于下，而與吾同戚者。觀於泰然者足以忘吾憂，觀於淡泊者足以消吾慾。仰瞻宇宙之大豁乎，其開吾之心胸也。俯視品物之盛充乎，其益吾之智慮也。斯樓之有資於吾，非一言之可盡也。吾於他所非不有得焉，而獨於兹所得尤多且深也。余聞而歎曰：嗟乎！人之有環翠者不知其幾矣，其亦有得如彦理者哉？然其所得者，不過山林竹樹之色而已。胡氏之樓，其取名雖同於人，而彦理之所得獨有出於名義之外者。其識趣豈淺哉！夫人莫不觀於水也，而智者之於水則有得於其周流無滯。莫不觀於山也，而仁者之於山則有得於其安重不遷。傳稱智者樂水，而樂仁者樂山，而壽以其得之之深，故其致效之大也。吾恐彦理之所得未能如其言耳。使果如其言，則斯樓也非徒爲游息之所，而爲進修之地矣。是余有望於彦理者矣。若其游焉息焉而已，豈余所望於彦理者哉！洪武十九年十一月日記。

明 李賢等《明一統志》卷七《鳳陽府》 觀魚臺 在府舊鍾離縣西南七里。昔莊子與惠子游於濠梁之上，莊子曰：鯈魚出游從容，是魚樂也。惠子曰：子非魚，安知魚之樂？莊子曰：子非我，安知我不知魚之樂？宋蘇軾詩：欲將同異較錙銖，肝膽猶能楚越如。若信萬殊歸一理，子今知我我知魚。

明 汪循《汪仁峰先生文集》卷一二《蓬窗記》 仁峰子既鑿活水池於北園，臨池憑高結小屋三間，虛其中，後及前通三間爲闌檻，旁爲兩室。規木筏之制，編篾傅箬葉覆之，名曰蓬窗。客有過而哂之曰：筏之行於江河也，涉蛟龍之窟，鼓鯨鯢之波。雪浪風濤，吼激澎湃，既摧而幸全，瀕死而後生者屢矣。所賴者暫耳，豈可當耶？今子治游息之所，不樂於常而樂於暫，就於險而舍其安，不亦異乎？仁峰子曰：噫嘻！子不聞操舟者不死於瞿唐而死於溪壑？蓋戒險則全，玩平則覆也。何安危之足憑乎？自其不變者而觀之，則與天地俱、與造化游可也。自其變者而觀之，則萬物一漚，古今一息耳，又常暫之足云乎？且吾生更歷，如飄蓬之無定止者久矣。【略】今得請家居，息東西南北之念，脱顛摧傾覆之虞，將藉此以需盡，而又懼夫宴安鴆毒之不可懷也。於以奉持此心常使如飛蓬破浪之時，庶幾戰兢戒謹以保全歸，則斯窗之作，未必無益於我也。若夫合久暫者而觀之，則銅柱玉關一蓬也，泰華海瀆一蓬也，天地一大蓬也。生奇也，死歸也，惡足恃乎？客起而謝曰：子之放達達於理者。予喜今日而聞古人之言。客退，書之以爲《蓬窗記》。

明 王世貞《弇州續稿》卷六〇《離薋園記》 始余待罪青州，以家難歸竄處，故井公除之。後數數虞盜窺，徙而入城，不勝闤闠之囂煩，乃請於太夫人，以創兹圃。問寢之暇，輒攜吾仲氏徙倚其間，三四友生參之，濁酒一壺，束書數卷，佐以脯炙，間以諧謔，不自知其晷之易昃也。園土狹而瘠，獠奴頗率職，溉壅三之，芟薙五之，以故嘉木名卉出，而不能容惡草。因讀屈氏《騷》，得「離薋」二語，取以名之。夫「薋菉葹」，所謂草之惡者也。屈氏「離」而弗服，乃女嬃呻呻而詈之，何哉？謂其有所別擇也。夫余方柱下漆園之是師，而敢有所藉於屈氏哉！第諸名大夫士人不以余鄙而時過從，又不以兹園鄙而辱之，詩歌若李于鱗、徐子與、彭孔嘉、皇甫子循輩，爲人者三十而贏，爲古近體者四十而奇，凡兩卷皆滿。錢叔寶，尤子求各爲之圖，而王禄之、周公瑕又各以小篆題額。噫嘻！爲兹園者，亦幸矣。余再解鄖，節日棲息弇州山池，與兹園若避者月不能再至。偶曝書，得此卷，因追爲一記，以志余之非有惡於薋而無所托於離也。不然，即諸名大夫士人憐而詩歌之，女嬃而在復呻呻詈余矣。或者曰：不然，子之園固未有薋也，子何以薋之而復離之，而又復名之，子不亦贅哉，而又何女嬃之？怪余亡以應。

又《澹圃記》 大抵據圃之勝者，池。能盡池之勝者，橋。能盡圃之勝者，臺。敬美以爲老，於是三者足矣。第總而名之曰澹圃。元美乃悠然而歎曰：吾師乎，吾師乎，大雄氏得之而爲禪悦，道家者流得之而爲天人糧，儒者得之，而爲玄酒大羹。今夫五色之有玄也，五音之有雅也，皆是澹也。然而獨歸之味者，舌之所入根深且也，與身之所饗際一也。天下之稱爲穠者，必與澹對。吾美其穠而受之，既受而思焉，未有不厭者。知其所以不厭而後有真得，則是澹也始基之矣。或曰：不然也。吾嘗游是圃矣，秋水涸，天根露，百草辭青，萬葉謝條，所覩惟一黯靄蕭瑟之區而已。以此思澹，澹或歸之。時至而羣匠舒雜

英獻，木藥叢鞠之淫巧争組於吾目，醇醲鮮脆，與客共之，便房曲廊，宛轉深靚，邃古之物，遥裔之珍，不移而具，澹安從至哉！元美曰：不然，子之言。侯境而後澹者也。夫侯境而後澹者，非真澹也。敬美甫丱而未嘗一日不與余偕。余故勉自割，尚於世味時時染指焉。敬美則知足少欲，自天性矣。再出而小離我，歸而復就我。扣之而所謂知足少欲，如故也。故其宦兩都，歷名藩，握蘭建禮，尚璽承明，褰帷江右，秉鐸關中，未嘗一日不以身受循吏規然而若固有者。銀黄之組，一辭而去之，再辭而不就，然而若固無者，皆澹也。是故敬美之署，澹圃也。以澹圃者也，非以圃澹者也。或人曰：美哉，子之言！雖然不侯境而澹乎，則何以不離賨之湫、弇山之麗而必是圃擇哉？吾聞之道之出口，澹乎其無味。子誠知澹者，其叙致胡藻而抗辨，一胡詳也！於是元美乃不言，而第以澹與敬美共之終身。

又《約圃記》 無住館之西北偏，得一竇穿而出，可十餘武。軒三楹翼然，前爲中庭。庭有臺，悉莳木芍藥，其左右隅皆種竹數百箇。枕軒之後者池，東西横亘渺渺，扁其軒曰媚清，取康樂「緑篠媚清漣」語也。遂東穿竹逕垂二十武，而庭有老梅數樹。軒承之，凡三楹。中楹正受梅，當花時目境與鼻觀競新，扁之曰玉鱗，取李羣玉「玉鱗寂寂飛斜月」語也。然羣玉之目以花落若敗龍之鱗，而余所取梅既已老如鐵虬拏攫，而花綴之爲若鱗又若玉者。左楹逼於逕，右楹則稍寬，而復爲三小楹，中庋之，爲兒騏讀書所。向背就池爲明晦，寬者支榻，陋者容膝，亦各自有名。復循而東轉，小嶺皆種竹及梅桃。度平橋復西，則梅桃益盛，海棠、杏間之。復有軒三楹，不扉不窗，其前亦臨池，扁之曰適我。取靖節「適我無非親」語也。後贅一楹，闢周除，其背雜莳花草，夏木陰陰時，禽弄聲騏，坐其中甚懌也。扁之曰欣托，亦取靖節「衆鳥欣有托語」也。更穿而西，得一丘，正與媚清軒對。登丘而望，則三隅之煙樹矗矗如青螺者不可指數。扁之曰煙鬟，取昌黎「擢玉紆煙鬟」語也。丘之後皆植竹。東西之爲赤者垂一百，南北四之一，而圃事窮。

明 田藝衡《香宇集》卷八《竹亭記》 余聞鳳皇非竹不棲，非練實不食。昔黄帝命伶倫截竹爲筒，以寫其音，雌雄之鳴，各六律吕以調，而陰陽和。虞舜張九成之樂于蒼梧之野，故桂林韶音洞在焉。英皇洲前多美竹，即鳳皇來儀之所也。魏君汝學，嶰谷良材，丹山上瑞，爰構數椽于碧玉叢中。池敷菡萏，闌擁篁簹。素影摇秋，清陰却暑。娅娟萬竿之月，爽朗千畝之風，欣然會心。標曰竹亭。命余記之。余惟森森凌霄，抱君子之操。歷四時而不改柯易葉者，獨此君能之，平居固不可無此君，而人亦不可一日不對此君也。余嘗南游，泛西湖，謁二妃祠。愛其水竹幽奇，遂有不返之志。惜乎未能。而魏君居斯游斯，他日解組歸田，深隱于斯，非若孤山之竹閣、黄州之竹樓，如樂天、子瞻徒寄宦興而已。且汝學之心虚，其節勁，挺然玉立，與此君雅宜。而其在臨安也，栽者培之，荒穢者删之，牧養元元，如護龍孫犢角。蓋以治竹之道治其邑者也。行將九苞，文明朝陽聲振，結阿閣之巢，拜渭川之爵，書錦此亭，咸竹林之七賢，登竹溪之六逸，爲八桂勝事矣。爾時跨白鳳、弄紫簫者，山人也。逕造三徑，當握二君手，叙歲寒之盟。

明 董斯張《吴興備志》卷一四《松竹堂》 德清縣治有松竹堂，在廳西。舊名宜堂，後取韓退之「出宰山水縣，讀書松竹林」之句易名。又有醉花堂、香雪亭。明秀亭在縣圃内，亭北甃藥欄，種桃花、海棠，榜曰紅雲島。醉雪亭在明秀亭左，取王荆公《醾醾》詩「醉紅撩亂雪争開」之句爲名。

明 楊於庭《楊道行集》卷二二《戇山記》 家故有容膝園。累石爲山，顧其巔不可亭，不足蔽風雨。山之下有池，池有橋，甎爲之，峻滑不可度。庭既廢，世無所用，而用其力于一丘一壑間以自娱。于是仍其址，更而大之。山高二丈餘，下爲洞，上爲亭，旁爲兩小亭，坳如枚如，望之翼如。甃石而池，金鱗牣如。鋪木而橋，往來于于。既成，名其山曰戇山，池曰戇池，亭曰容戇亭。庭既廢，孫辟諸貴人顯者，而獨一二野人過焉。或曰：子以戇廢，子則有之，并以辱山若池，何也？庭應之曰：夫山之大者蓊葱薈蔚，力能騰雲而爲霖。而其石之瓌瑋而絶異者上之，充文石之陛而下之，亦蒐而致之王公貴人之囿中。今兹石既皆頑愚而不程于用，而奇章、平泉之所棄而不采者，乃獨見畜于余。又其累而爲山，雖取適于峭壁之觀，而其下淺植而寡樹，亦若庭之孤立于世而無援。至于池，水清而無巨魚，非有納污茹垢之量，而其與余之淺中入適相似，則遂舉而以戇名之可也。子厚貶柳州，至名冉溪曰愚溪。夫冉溪名山水，自開闢以来已有之，而猶無辭以解于子厚之辱。今庭罪重于子厚，而山爲庭之所自累而成，池爲庭之所自鑿而成，其亭榭又爲庭之所自搆而成。夫其成于戇廢罪臣之手，而欲辭其名，不居其戇可得邪？

明 祁彪佳《祁彪佳集》卷七《寓山注·約室》 昔先子之名園也，以密以澹。予師意庭趨，而於數椽曰静曰約，亦古人銘几銘盤之意爾。夫君子處

世居身，莫妙於約之爲道，且如所居，堪容膝足矣。予守先子之締搆，儘足抱膝自娱。無端有開園之舉，初亦以一軒一堂已耳，後漸廣之，情以境移，心隨物轉。是亦不能約之一端也。予之所以名約，志愧也。然約其名矣，而登是室也，横目之所見，爲流爲峙，無不畢羅於吾前。是取景又何其奢乎！約其名而奢其實，予滋愧矣。

又《海翁梁》 從讓鷗池架梁而廊，下可通舟楫，讀易居所繇以達四負堂也。夫予既以池讓鷗，斯名不其贅乎。曾見史唾所載，劉繼銓得芙蓉鷗，曰：鷗宇三品鳥，宜封碧海舍人。不幾猶秦官之褻岱松哉？爲斯名也，夫亦代鷗洗耳，令其常與我相親，如青蓮之所招耳。

又《試鶯館》 海翁梁環向北面，餘片地。搆爲書室，軒然池上。室成，當春日，睍睆弄舌，思以聽鶯題館。友人曰：吾聞貞觀中有女子號試鶯者。其名甚韻，曷若舉以贈之？予考《真率齋筆記》、《玄散堂詩語》、《謝氏詩源》、《采蘭雜志》所載。試鶯能佳釀，製鯉魚函，作獨自舞。其與宋遷倡和，有「花箋製葉寄郎邊」之詩。遷亦以「霞光牋裁作小番。書人似楚山雲」句。不但名韻而事亦韻，以贈予館，亦奚辱焉。

明 吴從先《小窗自紀》卷四《灌莽山居記》 俞五如山居成，百穀王穉登顔以灌莽。名流第進圖記，不受。謂芙蓉結屋孟浪，草爲蓋，風雨不蔽，且蠹恣桂橘，即杏梁蓮柱，不足充一飽，誰爲魯靈光者巽亭之名。獨拂掌大一石，取記余片語，人可知矣。鮑明遠《蕪城賦》曰「灌莽杳而無際」，裁「灌莽」字源此。居在鵲水聖堂闕曲，築不數宇，宇不數椽，不足容僮僕，充以牛衣鷄棲。屋後護秫如朱草，結桑爲垣，飼冰蚕。池種菱芡蓮藕供客。樹白榆、青楊作關，壁上縣蒲鞴水田衣。或帶經出鋤，或挂漢書牛角。非高士詞人禪衲，不許踏碎落花。兒童書聲，飄出竹外。武林何晉生、王晉公，以二晉想二仲也。王公大人徵，輒效踰垣以上策未收，未便出名山水，托宗少文夢中矣。初百穀題額至，瞪目若不相似，開門曠觀，拍掌清嘯，曰：得之已。陳山葱映、龍瀑濺寒者，灌莽。秦駐蓮削、吸海濯巔者，灌莽。雅山横鎮，仙人縹緲者，灌莽。浦川環碧，飛練萬端者，灌莽河梁屈駕，虹蜺亂流者，灌莽。獨寧草木茸茸，溟濛極目，始無際哉。然五如家世有如蕪城，四會五達之莊，爪剖豆分，門遷石易。故山何居天地之灌莽也，而山居小。五如曰：壇羅虺蜮，階鬥麏鼯。明遠且爲我山居賦矣。余謂得無心窘而日隘耶。噫！天下大矣，心獨不灌莽乎！走筆記右。

清 姜宸英《湛園集》卷三《雲起樓記》 樓居惠山禅寺之左二百步。其下爲惠泉。舊有築於泉之上者，曰極目亭。後改爲三賢祠，皆背山而俯瞰泉，以爲游觀者之所登眺而休息。然其規制庳隘，浸圮以隳。伯成公之莅兹土也，拊摩嫗煦，民以大愉。謳誦接乎閭閻，祥風被乎山川。乃以其休暇，與客登山飲泉。久之，仰視山半，邱壤穢茀，草木叢蔽，以爲無以蕩滌神明、助耳目之觀也。爰謀於邑之士大夫，披石剪萊，相其舊址而廣之。創高樓其上，懸若天半。圍以雕欄曲楯，夾以栝、柏松杉，砌以文石，周以清泉，然後躡梯而升，倚樓而望，則澄江遠帶，衆山如拱，射貴之湖澹灔滄溕，澄碧萬頃，皆若攬挹於杖履之下。往來得所憑依，登覽者以爲快焉。是山自惠山而北矗起九峰，岡壠合沓，狀若九龍之相連綴，故名爲龍山。或傳嘗有龍鬥於其上，故亦名鬥龍也。而以雲起名其樓者，則自公今日始。山取其騰踔如龍，樓取其烝變如雲，公所以願望乎邑之人士也。彼邦之人沐浴滲漉，慶公之有作，反以祝乎公：龍之蚴蟉，兹山之下。雲往而合，崇朝其雨。龍之蜿蜒，兹山之巔。雲之油油，布護自天。公所居地，潁川南陽，實龍之藏。誰靳公以澤而以潤於一方，皇皇寵命有降。自昔公不可遺民以衽席，余以公與民之交相得也，異日政成而去，民將視其所憩而樂依焉，則是樓之建，其可輕乎？遂因縉紳先生之有請紀石以告來者。

清 翟鳳翥《涑水編》卷二《桐園記》 桐園者，象陸氏城南涑上之園也。桐者何？以其地多桐，又邑古桐地，園爲桐麗矚，有同人之義焉。桐質直而心空，蘺蘺然葉大而蔭厚，君子也。故名園。

清 乾隆《江南通志》卷三〇《古蹟·江寧府》 青溪園亭在上元縣。舊志，溪西自百花洲入，臨水小亭曰放船。入門有四望亭，榜曰天開圖畫。環以四亭，曰玲瓏池，曰玻瓈頃，曰金碧堆，曰錦繡段。其東有橋，曰鏡中。橋東爲青溪莊。南有萬柳堤，榜曰溪光山色。北有亭臨水，曰撑緑。其徑，前曰添竹，後曰香遠。尚友堂西，扁曰香世界。先賢祠之東，有亭曰花神仙。清如堂南、緑波橋西，有亭曰衆芳，曰愛青。其東又曰割青。青溪閣之南，清風關之北，有橋曰望花隨柳。其中有亭，曰心樂。其前曰一川風月。自清風關東折而北，亭出溪東二，曰看竹，曰蒼雪。其後則爲静菴。菴後有石亭，曰最高。山後跨梁陟徑爲堂二，前曰開暇，後曰近民。諸亭惟「割青」爲舊，餘皆馬光祖所建，

宋名青溪園，爲小西湖。今廢。

又 卷三五《輿地志》 翛然亭在臨淮倅廳子城上，舊名觀瀾。元祐中，王雍爲郡丞，因晉簡文帝「翛然臨水，便有濠濮間想」語，乃易今名。

清 梁詩正 沈德潛等《西湖志纂》卷八《北山勝蹟下》 紅于閣 在官客堂後。深秋北山一帶楓木皆丹，昔人取唐詩「霜葉紅于二月花」之句，以顔其閣。

清 乾隆《梧州府志》卷四《古蹟》 濯纓亭在縣西三里。江上有石，横江上，平如砥，可坐數人，石罅如紫玉尊，受水數斗。元次山名之爲霆尊。水色澄澈似滄浪，故以名。

清 乾隆《騰越州志》卷四《亭榭》 萬華館在頭塘後，前州牧余懋學爲鄧子龍建，而漆文昌記之曰：萬華館主人，武橋鄧公也。乃武橋建，斯館之主人也，館則客所主矣。客以館爲主，館以客爲主也。館有亭，有池，有圃，有石，有竹木花草、禽魚，有奇峰藻野秀田，皆不足以當萬華乃寄慨於館之所客。客有錦轡翠旌、長纓麗服而過斯者，斯館之春華也。客有瘠馬敝裘、危冠空履而過斯者，斯館之秋華也。客有輕别而擊缶、慷慨撫劍、激烈酣歌、懷古而過斯者，斯館之春華也。客有重别而越鄉、興思怨離、贈恨傷世、含毫而過斯者，斯館之秋華也。以往俯今，以今俟後，以新成舊，以舊間新，以歌成泣，以泣當歌，所謂别雖一事，緒乃萬族。斯萬華之寓言也。客不知萬華之不在斯館，而在吾轔轔蕭蕭車馬之過客也。如以其名而已，則是館成於萬曆二十年中秋日。余轉官廣東，而武橋偕余大夫心宇銜杯聚别於斯館。覽心池蓮蓋田田敷華，的的是萬華館所取名歟！願客斯館者，收萬華於一實，以爲斯館重可也。萬曆二十一年季春記。

清 乾隆《新蔡縣志》卷九引 吕民服《大吕書院碑記》 前鑿池以種蓮，後聚石爲山，植花木于旁，以爲游息地。又循唐人「遠上寒山」之句，於山後右基築室，曰白雲深處。於左幽篁中創亭，曰禪琴處。蓋取王維《竹里館》餘意。更於院之西搆觀德堂三間，爲習射圃。

清 于敏中 英廉等《日下舊聞考》卷一七 延春閣之西門上御題石刻。南向者曰含象，北向者曰懷芬。閣前疊石爲山，上結亭曰積翠。山左右有奇石，西曰飛來，東曰玉玲瓏。山之西穿石洞而南，洞口恭勒御題曰鷲峰。南有静室，東向，額曰玉壺冰，又額曰鑑古。聯曰：湘管摛新會，芸編發古香。折而南，有聯曰：地學蓬壺心自遠，身依泉石興偏幽。又聯曰：奇石盡含千古秀，好花長占四時春。其上有樓，供大士像。聯曰：智珠不斷恒河界，明鏡長懸兜率邊。又聯曰：流水如有意，高雲共此心。

清 傅爲詝《借蔭軒記》（《滇繫》八之一四輯） 蔭者何？槐也。曷爲乎借之？借槐之蔭也。何借乎槐之蔭？槐，東鄰之槐也。東鄰之槐，何爲借之？槐生於東而蔭及於西，西有軒焉，巖溪子旅京之寓也。槐非己有而蔭爲己有，未嘗假之而若假之，故曰借也。每歲夏秋，緑陰貯庭，黄雪飛香，逍遥乎寢處其下，幾忘日之暑矣。興至取琴鼓之，或倚楹而咏，或圍棋，或啜茗。時有微風弄影，禽鳥上下，與岭聲相答。月從東來，碎水□身，荇藻横錯，清景逸趣，無不借而得之。適人之適，因以自適，其適焉。或曰：天地，逆旅也。形骸，塵垢也。無之而非借也，奚獨蔭哉？巖溪子曰：有是夫，子之言也。彼得失榮辱與一切是非，毁譽蓋可知矣。是不可以不記。時乾隆丁卯秋七月二十有六日也。

清 李斗《揚州畫舫録》卷六 新月樓在拂柳亭畔，與田園治春樓相對。湖上得月最早處也。聯云：蝶銜紅蕊蜂銜粉，高隱。露似珍珠月似弓。白居易。

水明樓本杜工部「殘月水明樓」句而名之也。《圖志》謂仿西域形製。蓋樓窗皆嵌玻璃，使内外上下相激射，故名。聯云：盈手水光寒不溼，李羣玉。入簾花氣静難忘。羅虬。

清 嘉慶《東流縣志》卷一六《蔣鳳色菊江亭題辭》 靖節先生之愛菊也，《愛蓮説》稱之曰獨。且曰陶後鮮有聞仰之也。而或以水陸異趣，蓮之不染不淤，未可爲菊頌。古之人其亦各領其妙矣乎！及登是亭，覩其額曰菊江，問其址，曰種菊之區。噫！菊耶，胡爲而江耶？豈當日鋤雲耨，月者亦有出淤泥，濯清漣之意乎？已而憑欄遠眺，野色葱葱，客曰：此蓮花洲也。余不禁浩然歎矣。夫菊之氣維清，蓮之體維潔。昔人且各領其妙，不能並一日居之，今何幸而得兼覽其勝耶！於是臨風把酒，對客頻斟，俯仰憑弔，如有所得。其視世人之愛若不啻浮雲矣。爰不顧狂妄，書曰菊蓮相映之樓。

清 同治《上海縣志》卷八《園林》 歸雁亭在城東。費用和畜雙白雁，生二雛於園池，以鐶繫足。元統間去而復返，足鐶如故。時築亭初成，因以爲名。

清 同治《蘇州府志》卷二一《公署》 四照亭在郡圃東北。宋紹興十四年王唤建。爲屋四合，各植花石，隨時之宜。紹定中廢。《負暄野録》：慶元中，趙伯驌會客，問名亭所自。席間有新銅陵主簿閩人姚行簡對曰：《山海經》云「招摇之木，

其光四照」。《華嚴經》云「無量寶樹普莊嚴，華焰成輪光四照」，又云「光雲四照常圓滿」。今亭四面見花，故以此爲名耳。趙令人閲視，信然。遂大稱賞，贈遺甚厚。

清　光緒《江西通志》卷一一五《勝績略二・署宅二》　蘭薰堂雪岫閣之北架一堂，前檐栽蘭四十斛。摘淵明「幽蘭生前庭，含薰待清風」之意，扁曰蘭薰。

又　竹深亭　新淦之鵬溪有廖隱君叔敏，性嗜竹，自號竹窗。其孫中山，嗜竹猶其祖，故屋旁多植美竹，而築亭其中，名以竹深。

又　友直軒　太霞宫多竹，諫議尹穡構軒以居之，曾文清爲名友直，贈詩云：直哉少稷甫，一室清於冰。危坐對書帙，曲几非所憑。日暮無人來，疏籬上空藤。惟有手種竹，挺然得其朋。

又　萬竹亭　即緑筠亭，在開先寺内。宋知軍樓杓喜其萬竹森然，瀟灑清虚，故創亭名之。

清　光緒《淳安縣志》卷四《故蹟》　鳴玉軒　在縣東靈瑞院。揚玗記略：予與客游乎東山之東軒，聞山間之飛泉。客曰：吁！嘉乎哉。冷然清圓，若薰風之於泛弦。滴泪出谷，若幽鳥之於啄木。予曰：吁！客之言似而非也。胡不曰環佩之琳耶斷而復續，磬聲之鏗鏘曾未終曲？如其不然，胡爲目之曰鳴玉？

清　周於禮《留櫝園記》（《滇繫》第八册《藝文》引）　櫝，梓也。《爾雅》曰：椅梓，郭云即楸。《埤雅》云：今俗呼爲木王故，書以梓材名篇，禮以梓人名匠，昭其良也。而余以名園，有説焉。先君子之言曰：爾祖善琴，能手製。問材，曰梓爲最。其文疏而理白，優於桐。《定之方中》曰「椅桐梓漆」，爰伐琴瑟並用也。乃樹之梓。歲庚午，距先祖之殁六十有五年。先君子呼而詔曰：禮兹樹合抱矣。南屋北稼，風雨之漂摇可虞，盍伐之，製爲器。俾爾小子，其永永無忘。栖捲已伐，而其根轉盛，萌蘖生其旁，先君子灌之藝之，載芟而條之，今又二十六年，其勃然順而俯者如故也。余葺西園，而泫然于兩世手澤之猶幸存焉。乃作亭於其側，而以櫝名園。或曰，古有之矣。孔叢子云「西壓梓園」是也。余曰：孔園余不知何義也，而余園則可念也。故記之。

清　光緒《容縣志》卷四《古蹟》　面面亭在城東，故址尚存。《府志》按：《輿地紀勝・明統志》作面面樓。其云在城西北，誤也。唐大歷間，元結爲容筦經略使，植蓮於廨後池，搆亭曰面面。以其四周爽豁，可矚蓮花而名。

清　陳作霖《可園文存》卷八《可園記》　可園非園也，子强名以爲園也。地縱横無半畝，而堂、寢、庖、溷間之。築園者當不若是，然高者山，深者塢，邃者徑，實斯園之所自具。雖欲不園之，不可也。於是即聽事之側，啟門而入，顏其堂曰於斯，爲應接賓僚之所。取先世舊名以名之，食德之意也。稍進爲養穌軒，家君及予兄弟讀書之齋也。雜花絡壁，芳草侵階，雖未及園，有園意焉。再進則凝暉室，前梅後蕉，冬夏皆宜。南啟明窗，北開洞户，寒晝日燠，暑宵月凉，蓋吾父母之所燕息也，室之後有廊，砌下徧蒔長春，四時皆花。取室之名以名之，曰凝暉廊。廊之窮有複室，曰徵文，考獻之室，予修志時嘗居之。北牖洞達，清風徐來。院中有榴一株，舊植之所僅存者。又曰瑞花館，因己卯之歲，麗春並蒂同心而錫此號也。至此，而園在目中矣。自凝暉廊東出，歷籬門一重，梅花夾道，瘦枝泠豔，最宜雪月。是爲寒香塢。稍折而北，過籬門，數步至叢碧徑，梧竹交陰，寥天皆緑，夏日不到，三伏如秋。由是路漸曲，地漸隆，就山勢之坡陀歷級而上，則望蔣墩在焉。萬屋鱗次，鍾山如龍，朝暉夕陰，氣象千變。園之最高處也。從墩下稍南，有亭翼然，面對西嶺，石頭諸山拱列几案，延清之名所由來也。過岡而東，是爲蔬圃。青黄歷落，交錯若繡，芳香媚舌，味勝肥甘。而園之地至此盡矣。是園也，在人視之鮮不以爲陋者，而予上奉親歡，旁招弟妹諸雛，跳躑婆娑其間。覺梓澤、平泉雖極華靡，不若予園之有真趣也。乃作可園八詠，詩暇輒歌之以自娱焉。

紀事

唐　韓愈《燕喜亭記》（《别本韓文考異》卷一三輯）　太原王弘中在連州，與學佛人景常、元慧游。異日，從二人者行於其居之後，丘荒之間，上高而望，得異處焉。斬茅而嘉樹列，發石而清泉激。輦糞壤，燔椔翳，却立而視之，出者突然成丘，陷者呀然成谷，窪者爲池，而缺者爲洞，若有鬼神異物，陰來相之。自是弘中與二人者，晨往而夕忘歸焉，乃立屋以避風雨寒暑。既成，愈請名之。其丘曰竢德之丘，蔽於古而顯於今，有竢之道也。其石谷曰謙受之谷，瀑曰振鷺之瀑，谷言德，瀑言容也。其土谷曰黄金之谷，瀑曰秩秩之瀑，谷言容，瀑言德也。洞曰寒居之洞，志其入時也。池曰君子之池，虚以鍾其美，盈以出其惡也。泉之源曰天澤之泉，出高而施下也。合而名之以屋，曰燕喜之亭，取《詩》所謂「魯侯燕喜」者頌也。於是州民之老，聞而相與觀焉，曰：

「吾州之山水名天下，然而無與燕喜者比。經營於其側者相接也，而莫直其地。凡天作而地藏之以遺其人乎？」弘中自吏部郎貶秩而來，次其道途所經：自藍田入商洛，涉淅湍，臨漢水，升峴首，以望方城。出荆門，下岷江，過洞庭，上湘水，行衡山之下。由郴踰嶺，蝯狖所家，魚龍所宫，極幽遐瑰詭之觀，宜其於山水飫聞而厭見也。今其意乃若不足。《傳》曰智者樂水，仁者樂山，弘中之德，與其所好，可謂協矣。智以謀之，仁以居之，吾知其去是而羽儀於天朝也不遠矣。遂刻石以記。

宋　陶穀《清異録》卷下《會龍橋》　蜀相許寂相王衍，衍終秦川，寂至洛，以尚書致政。葺園館，引水爲溪，架巨竹爲橋，號會龍橋。謂竹可以化龍耳。

宋　談鑰《吴興志》卷一三　會景樓在清風之下，銷暑之上。舊未有名。治平中，知州事徐仲謀以爲高下得所、景物羣會，取今名，有記。

清風樓在會景樓東。貞元十三年，刺史王浦重建。宏壯於舊，見統記。上有張文規詩云：清風樓下草初出，明月峽中茶始生。謂此也。徐仲謀詩曰：郡城重疊聳危樓，最愛清風景物優。説者謂此樓與銷暑、會景棟宇相接如修廊，盛暑無畏日，而清風常有，因得名。

宋　林岊《柳山書堂記》（《粤西文載》卷三一引）　登書堂西山，其高去平地六七十丈許。望三江東北流，岡巒回複，渺不見蹤迹。忽獻波光，照人心目。約百餘尺許，名其臺曰寸月，而將爲之記。臺方就，余以守滿浮湘。至瀟湘合流處，連值風雨，陰雲迷冥，未覩所謂月也。舟泊浯溪，三更登元水部堂亭。時孟冬望後六日，月半璧，羡三二分許。瑞光出於林表，坐客停杯，浩影散於波心。歸舟列炬，同游僅二十人許。下水上天，月行其間。水月之光滉漾太虚，水澄之光粧嚴色界。雖未到洞庭君山，而有洞庭名山之氣象。雖未抵蜀江嘉陵，而有蜀江嘉陵之景趣。廣陵八月之濤，黄河千年之清，碧海神山之島，飄飄焉可以意遇也。因思寸月臺别去甫旬，兹余適斯時，登斯臺，不知山中何人亦以斯時登斯臺邪！讀書夜半，仰觀星宿者，古有之矣。噫！何必夜半江光，四時皆月也。昔人詠未望之月，曰龍爪、曰玉鈎、曰開鏡、曰磨鎌。詠既望之月，曰金鉦、曰半輪、曰金樞、曰寸銀，各以所見也。余取寸月，比書屋西望之江流，適與命意云爾。後之覽者，當有賞於余心，是爲記。

明　烏斯道《春草齋集》卷一《栖碧軒記》　郡胡君公鼎之室，東去月湖咫尺許，至宏敞，復構小軒於堂東，蓄經史彝鼎圖畫，日以自適。比加「栖碧」之名楣間，蓋以隙地有碧梧一章，中峙而起，蓋取其脩潔類己之獨也。歲月滋久，梧大圍可二拱，高出軒脊有半，枝葉蓊蒨陰翳，計鳳凰之可託也。因念曰：凡禽鳥煩數之音，寔瀆吾耳，吾疾焉。其音之雝雝喈喈，鳴天地之和者，鳳凰也。吾則始而願聞，或庶幾來哉。余曰：鳳凰非梧桐不棲，固也。然梧桐植物也，不擇地而生。鳳凰，靈鳥也，曠數千載不一出。苟出而翔焉，則隨所至而集，惡必其此之託哉！世有秉禮赴義，博洽羣典，窮性命之徼，空萬物而薄聲利。其爲文也，則焕若雲漢，澹焉孤處，雖終老不失足於他人之户限者，亦鳳凰而已。聞公鼎之才之德皆戾止是軒，從容游息，俾公鼎才德有加，又豈非鳳凰惟是梧之託焉者乎！不然公鼎之藴才德也，弸中彪外，而不以自衒。相時之利則出，而翽翽乎天朝。亦鳳凰之托於梧也。於斯之時，必有歌卷阿之。詩曰：鳳凰鳴矣，于彼高岡。梧桐生矣，于彼朝陽。上羡朝廷，下美公鼎者矣。公鼎笑曰：吾惡乎敢哉！宜書以爲記。於是乎書。公鼎名鉉世，明之族姓也。

明　汪叡《棲雲軒記》（《新安文獻志》卷一六輯）　自予再來郡城，馬生良德稱輒館予於城東新構之軒，病卧若素安焉。生請軒名，應曰棲雲。生又請記，則又應曰：吾老且病，忘乎軒矣，奚記焉？雖然，病者吾身也，身吾身者，初未病也。且吾胡爲而來也，又胡爲而止也？亦嘗觀諸雲乎，何思何爲？浮游太虚，薄日月而翳光景，雨下土而澤萬物。迨其歸而棲也，倏焉斂藏，不見蹤跡。孰使然哉？静無而動有者也。今生逍遥乎人世，隨隙地而構斯軒。岡阜環列，静安有常。澗泉細流，清泠自在，與人若相得也。吾之來而游乎是、而止乎是，與生夙相契也。雲乎天游，人乎雲卧。吾何知也，吾何爲也？而亦無不知且爲也。況吾與生是非利害相忘久矣，靡存於中，靡形於外，而又奚記焉？德稱默識吾言，命其友書於軒中以爲記。

明　陳敬宗《澹然先生文集》卷二《梅月軒記》　毘陵名勝甲於他邑者，曰江陰。江陰秀氣鍾會之所，曰文林。章甫逢掖之士世居於文林之間者，曰朱氏。朱氏先世皆好讀書，至維吉明敏清秀，志尚脩潔。尝於宅第之東偏闢一小軒，蓄古書數千卷，琴張彝鼎石刻副之。軒之外惟植古梅數十株，當夫冰雪凌厲之後，陽和乍舒之時，千葩萬萼，璀璨的皪，素彩清艷，欺瓊奪玉。少焉，暮色凝霽，兔魄東升，河漢澄影，金波爛然。於斯時也，維吉宴坐於兹軒之中，潄六藝之芳潤，味百氏之英華。推窗玩之，但見疏影在地，暗香襲人，神游物表

与灝氣俱。志趣超速，毛髮颯爽，恍然似覺身在羅浮而登躋廣寒之上矣。於是挾謫仙之詩豪，抽廣平之詩思，發諸吟咏，而得「半窗明月浸梅花」之句。其師尤世儂因名其軒曰梅月。鄉先達監察御史陳公遂爲大書，以勖進之。且偕維吉請予爲記。凡物各有相合，而人之志尚亦各有相契者。竹之秀，水映之而益清。松之蒼，雪罥之而愈古。梅也雅素潔白如玉妃，凌空而又月華瑩之，則其皓然之姿愈益濯濯。維吉與梅月論心托契，攬其輝足以瑩吾之靈瑩，挹其芳可以滋吾之德馨。夫物之相合，類其迹而已。而維吉之於梅月，將資之以進德焉，其契好之深爲何如哉？予雖不獲一造兹軒，想其風致，則浩乎東閣之興，邈乎南樓之思，亦沛然莫之能御矣。

明　朱應登《凌谿先生集》卷一四《虛亭記》　方伯素菴許公治第于成都之里，將俟倦而休焉。第之後有地百武，闢爲園，肆然而閎也。園之中爲軒三楹，蔽以灌木，東西偏植竹數百个，錯以花卉，絢爛交互，固髟髟然繁矣。軒之後有亭峙焉，亭後垣限於鄰，其前三面，又洞然空也，有虛受之道焉。因名之爲虛亭。客有問以請者曰：夫虛之云者，乃機事之竅而物之竅也。虛亭之義，將謂其延納羣牖、生息庶品，足以資游觀之槩乎？抑別有指焉而非吾所知也？請言之。公曰：縷乎吾之人之情也，變乘乎其事，止随乎其寓，明发乎其見。夫情也者，□之則鬱，擴之則閎，限之則滯，宣之則通。吾懼吾之鬱也，於是乎以紓吾懷。吾懼吾之滯也，於是乎以蓄吾見。是故紓吾懷則志可怡也，蓄吾見則識可進也，於吾身有補焉。抑吾因是亭而進于理矣。夫室虛則白，谷虛則□，籟虛則風，激之鳴，水虛則衆流匯焉。此理之□□也。昔文惠君觀解牛知養生，張旭觀舞劍知草書。夫解牛與養生相懸也，舞劍與草書不類也，然視之若一伎焉者，意誠虛則通，通則跡不足以蔽之也。故曰不虛則不能通。乃若堂坳之水，置杯則膠者，以其不能虛故也。東郭氏有大瓠，實以石，漿則溢者，以其虛有止而不能通也，非真虛也。夫虛與通恒相爲用焉，故曰吾因是亭而進于理矣。凌谿子聞之，憮然而歎曰：虛之時義大矣哉！周子曰：靜虛動直而聖可學焉，況其凡乎！夫虛以之察理則其視不悖，以之受人則其聽不違，以之盡下則其情必達，以之體物則其德必周。公執卑而正，情察邇而容衆，蓋將因是亭而進於治人之道焉，何啻于其身邪！傳曰：川澤納汙，山藪藏疾。夫所謂納汙藏疾者，即虛亭之説也。然則公且進于不已也。客曰：有是哉！請以是述名亭之義。

明　王偀《思軒文集》卷一《小瀛洲記》　南京翰林院之後圃，有方池焉，歲久堙塞。予暇日命僕夫操畚鍤以浚治之。深甫及尋，有泉涓涓出土脉中，時雨繼至，衆流所匯，益以深廣。乃謀結亭其上，以爲公餘偃息之所，必價廉而工省者可辦。於是購之江淮富商，得巨艦之篷。凡兩楹三室。室廣七尺，深八尺有奇，高如其深之數。自傑構視之，若甚庳且隘者，然虛明洞徹，自與予意會。遂欣然命工，粱堅木以承之，而欄楯其南，以便徙倚。其西爲橋，通往來。北窗蔭以脩竹。穿竹林東行以遶，出於池之左，皆垂柳護堤，奇花行徑。春和景淑，卉木敷暢。天日開霽，池水澄澈。紫金諸山皆倒影如濯，蒼翠灔灔，浮几席間，而纖塵不飛，人跡罕到，翛然一物外，真境也。既落成，予友朱忞易自毘陵来，延之入座，問所宜名，忞易曰：是宜名小瀛洲。予聞而異之。瀛洲在渤海東，與方丈、蓬萊拔起于霄漢之間，日月之所蔽虧，神仙之所窟宅。而予欲以一泓之水，數尺之篷，而强名之，不幾於誕而無實乎？然唐人謂入翰林爲登瀛洲，以翰林之深岩宥密與瀛洲等，而房、杜諸賢遂擅稱於來世。予也眇然，儒素遭時，明盛承乏，詞林方懷，慚負而妄，以是自儗，不幾於誇詡而不以其倫者乎？雖然，忞易之意，予亦有以諒之矣。古之君子，其自待也厚，故所儗常高，其自期也遠。故所處常暇。若夫堇堇然日馳騖於聲利之塲，與庸人、憸夫較得失於近且小者，皆非其所屑也。然則凌玉、清邇、紫霄，固不止於登瀛洲，等而上之又當與伊周諸賢爭軌轍以共圖不朽。若唐以下不足論也。雖以是名之可也，而實非予之所敢當也。姑記之，苟有訾我爲誕爲誇者，請執此以往。

明　孔天胤《文谷集》卷一〇《愚公園記》　愚公於嘉靖三十三年甲寅典南壖屋址一區，至三十八年己未貼買之。明年庚申六月，築爲園，記曰：占有愚谷、愚溪，今有愚公園焉。奚以言之？始愚公知其不可而爲之。進而無位，行而失塗。蒙止棘之汙，中含沙之射，瀕九死而一生。歷百折而纔返，何其愚也。既而問舍。上之不能昇華蹈滄，下之不能買山而隱。顧安此垣一方地，出直三倍而始得之。傍有巨窞，填萬箱土平焉。蓬藋柱宇，鼪鼯穴徑，劬損之多而休益之少，何其愚也。背後荒城假以爲山，面前廢井借以爲溪。晏坐有向隅之形，行汲多抱瓮之累。孤雲蕭條而靡依，奇樹焦卷而稀潤。物且不堪，身自恬之，何其愚也。攬六籍之空文，終白首而無效。自昔難朔嘲雄槩已談之，而今竹几繩床，尚自堆積。風雨晦冥，耽研不輟，何其愚也。天生耳目爲受聲色，今將絶毁譽之聽、斷榮辱之觀，塊然獨遠，闇然孤瑩，惟寂惟寞，

抱神以静，何其愚也。性與天道，微妙難言。窮神知化，當不易極。今桑榆之光，更期遠照，孜孜終朝，亹亹闌夕，欲以躅先師之跡，軌躡二老之玄蹤，挾三光之明，超四氣之變，淩霄漢而出宇宙，何其愚也。夫愚谷、愚溪，愚乃是哲。園之云愚，都無哲處，故自表現之云爾。或有問愚公爲誰者，對是文谷山人也。

明 歸有光《震川集》卷一五《悠然亭記》 余外家世居吴淞江南千墩浦上。表兄澱山公自田野登朝，宦游二十餘年歸，始僦居縣城。嘉靖三十年，定卜于馬鞍山之陽，婁水之陰。憶余少時，嘗在外家，蓋去縣三十里。遥望山，頽然如積灰。而烟雲杳靄，在有無之間。今公於此山日親高樓曲檻、几席户牖常見之，又于屋後搆小園，作亭其中，取靖節「悠然見南山」之語以爲名。靖節之詩類非晉宋雕繪者之所爲，而悠然之意每見于言外，不獨一時之所適而中無留滯，見天壤間物何往而不自得。余嘗以爲悠然者，實與道俱，謂靖節不知道不可也。公負傑特有爲之才所至，官多著聲績而爲妒娟者所不容。然至今，朝廷論人才有用者必推公，公殆未能以忘于世，而公之所以自忘者如此。靖節世遠，吾無從而問也，吾將從公問所以悠然者。夫「山氣日夕佳，飛鳥相與還。此中有真意，欲辨已忘言」。靖節不得而言之，公烏得而言之哉？公行天下，嘗登泰山覽鄒嶧歷嵩少間，涉兩海入閩越之陳阻，兹山何啻泰山之壘石，顧所以悠然者特寄于此。莊子云：舊國舊都，望之暢然。雖使丘陵草木之緡入之者十九，猶之暢然况見。見聞，聞者也。予獲侍斯亭而借爲之記。

明 王思任《謔菴文飯小品》卷四《通明亭初記》 去吾廬之東十武而近，有隙地半宫。枕橋帶堞，對南山秦望屏如，望秦几如，飛鳥准之繩也。會稽山陰暨陽諸山，千疊萬矗，俱褒袖而朝。衆水遶會更鏡潭，光來蜿蜒，碧波秀軟，游魚聽人。又地有灌木柚梧，翠羽穿弄，雞鳴桑顛，静入太古。王子樂之，於是臨流相度，積石爲丘，搆亭其上，亭成而榜之曰通明。客曰：何居乎其通明也，得毋謂巽齊離見木交火禪，取《易》之義與形家合乎？王子曰：義矣，而未該也。天地萬物有生之後，俱各章章而與我不相通，則穆忞隱閔，闐沕晦墨，而還其混沌。即以人我論，莫明于人矣，然而不通之不明也。吾昔游京都廟市，遭五方之冠蓋，其官爵姓氏、鬚眉某某，亦既無可冒蔽者矣。第肩摩踵接，略不揖拱。入深山，見似人者而喜，相與招呼款戀。一頃刻而得其家室之事。非野人之靈捷于冠蓋也，通與不通之故也。今夫山川孕靈，固在血肉之先。其傲兀之氣，即相對而不肯下。始吾游于此地，巖壑位置，非不分明，覺與吾話言不洽，酬應無序，徘徊四望，各涣散底滯而不相蒙。自有此亭以通之，於是乎有君臣賓主之分，於是乎有朝迎環衛之情，於是乎有貢陳酌贈之禮，於是乎有翔舞踴躍之節，於是乎有韻流響應之聲，於是乎有納牖排闼之好。繇此而進之，朝烟夕靄，凉風美月，四氣之和，百昌之媚，莫不以各正者保合于此。其爲通也，不已暘乎！而子亦知兔和寺之蜂乎？其室于繭窓也，一霧縠之，隔耳觸首無策，股支疲頓，却而復前，心誠求之而不得其明也。一針破決，飛出空恍，計其快絶，必甚于藝人得叫者。吾之所謂通亦猶是矣。客曰：子心通而言不昧似矣。吾聞之山藏水洄，奚明之足貴？介石塞淵，而又何定取于通？不如虚其環中以待無窮。請以此益新亭之記。

明 吴應箕《樓山堂集》卷一八《暫園記》 蓋凡兩年而園成，成而自題之曰暫。客謂予曰：子築室著書，非旦暮事，意將久于其中。向使書成，則子園亦千秋百世矣。何暫也？且天未即以此園老，吾子使子遂其經營四方之志，名成身退，而此園固無恙耳。前此子未爲園，而子之先人壘土植木以待之。園成而益無披折摧敗之虞。又子族多賢子，即久，客而游涉觴咏，可使（園）〔園〕不荒寂。又爲園在萬山中，雖易世後，無豪右侵奪之患。天下有壽如子園者乎！而暫之也，何居？予曰：使予誠著書乎，不必園也。果名成身退乎，不必園也。木之成毁，時也。非園之繫。族即無園，而游涉觴咏者不乏人。雖微侵奪，吾見人數代之業者寡矣，况區區一園哉！予偶念至而園成，園成而復念園可不必有也。故曰「暫」也。

清 王岱《且園近集》卷一《且園記》 丙午七月，余就漢東廣文之官，寓城東之祝融祠，而廣文實無官舍也。於是僦民居。久之，遷祠廡，幾與流遺，偶。而黌宫之側有隙地，叢莽坑塹，不可措趾。余乃披徑入，覺有可結搆者，爲倩力開闢，數月而園之規制出，又越數月，築室六楹，前庭後宅，而園之規制愈出，顔其宅曰愚庭。既已，有記所稱，園者方圓各十丈，種竹樹木蒔花果，積日累月，而園之規制成。因名曰且園。子弟請爲記，以表乎且之義。余方有事，僕僕未暇也。至甲寅之二月花朝，念居是園者七八年，園之自余闢，爲余有者久，異時或聞且之名，求其所爲園者，並不悉夫「且」之義，園不其虚設乎！園其爲余有乎，園固非余有，而且之名終爲余有。世固有地失而名存，後之人猶因名而思其人者，是園之不可無記也。記曰：且者何？聞之《春

秋》、《書》，次，明乎徐而不疾也，婉而不遽也。且則有次之義。又公子荊居室之善，每稱苟，明乎知足不侈，知止不盈也。且則有苟之義。又物之不備，儀之不飾，爲簡。且則有簡之義。又暫而非久，權而非經，爲姑。且則有姑之義。夫余壯髮，事制舉公車者四十年，其間運會之否泰、朝代之隆替、人事之通塞、風景之盛衰，以及存亡聚散、流離顛沛、患難饑寒，不知其幾，而始受此一廛之席。無論同學少年，登崇秩陟，顯樞久已。告老懸車，即後生輩出，躡清華、踞高位者，亦已功成身退，是不獨躍冶躁進，無須此數十年之久，即優游仕宦者，進退綽然有餘。而余止受此一廛，其爲不疾不遽，庶幾近之，此有取於「次」之義也。當龍戰之會，青紫滿塗，纓情好爵者，陰鳴相和。竈下中郎，爛羊廷尉，如拾芥折枝。而余僅守氈寒，菜根敗絮，茹檗飲冰，立廉隅而勵勁節。我用我法，吾愛吾鼎，不以改吾陶咏之適，可謂知足知止。此有取於苟之義也。余生平窮約，又久經喪亂，千金散盡，一錢留看。苜蓿本已無盤，茅屋支難一木。余誅萊削棘，填塹平坵，向之沮洳、隘塞者，遂坦然而舒、寬然而衍。既容架築，復可藝植。室無軒闥，止蔽風雨。榱椽檐桷，雕琢不施。垣牖户庭，丹彩不設。楮留舊本，漸蔭成陰。竹植新竿，久因叢發。花無名貴，草止菊萱。可謂不備不飾，此有取於簡之義也。至於官舍如郵，無容張老之視林谷易變，寧效平泉之癡、李氏之東園，漢東今不知其地，況其他乎？則余之官既冷席，園尤草萊，可謂暫而非久。夫廣文之官，多桑榆向暮，升斗是沾，傾頹一隅。妻孥百指，糟床醋甕，收豕祝雞。銳者計錙銖，營子母。因爇釜沾餘瀝，親炙手藉，奧援衰者，與碌碌子衿，倖倖胥隸。日銜杯酒，結殷勤歡。此近代廣文之經也。若夫闢閒園、架幽室，左經右史，琴書精良，筆硯古潔，雅流高衲，清言佳咏，可謂權而非經。此有取於姑之義也。凡此數者，皆得且意，與吾園合名之，曰且園。夫復何疑？

清 賀貽孫《水田居文集·影帆閣記》 余既爲龍去泥記水月閣矣，既而閣材敗於白蟻。乃上徙數十武，購良材新之。其址加闢焉。讀書閣上，仍以閣後奉大士，更名曰影帆。余以戊申臘朔，與季子僧護薈平至閣上。閣臨江滸，旁多雜樹，與水盪摇。樹青曰紫，霜白水碧，樹霜麗日，鳥弄殘秋。五色暈焉，鳥凍怯飛，舉礫投之，撲刺而出，衝波拂雲，致足快也。須臾風起水動，有四五小舟呼風並進，悉挂蒲帆。高者盈檣，卑亦片席。鷁首龍尾，銜雪曳練。余乃歎曰：此影帆之名所由起也。雖然，影之與帆待風而行耳，寧有定哉？余嘗渡章水、涉鄱湖矣。順風使帆，一日夜走五百里。帆勁舟欹，影不留行，如劈箭飛空，雖鴻鵠不能逐也。及至高灘峻石，懸舟逆水，影石相守。篙師雜出，手口并作，終日舉帆，不離故影。乃知帆影疾則大驟，徐則大延。而兹閣之下，其影悠颺，不疾不徐，去泥父子讀書之樂盡在是矣。更有進焉者，其在惠施之言乎？惠施曰：飛鳥之影，未嘗動也。天下豈有鳥動而影静者哉？又曰：矢疾於鏃。天下豈有矢疾而鏃徐者哉？今此閣也，帆其動耶，影其静耶？舟其疾耶？帆其徐耶？誰識其然，誰識其不然？去泥於此其獨有不言而喻者乎。如以爲偏辭而未舉也，方將招才辨之士。於此閣中談文晰義，以極鷄足臧耳之説，則影帆固稷下之始哉。遂飲酒賦詩，而記其言於座右。閣名影帆，景入於化。兹以化筆而寫化景，深得力於南華，故手到了然有會。後學龍天向識。

清 石龐《天外談初集》卷二《南園記》 予有荒園，無草無木，借山之松，借鄰之竹，以光我園，以樂我目，是名曰南，虚無之谷。客問於予曰：以爾卧北窗之下，居中土之濱，參西天如來之教，學東魯夫子之行，盍爲而園以南名耶？予曰：爾不見登南樓而嘯月者，晉庾亮也。入南柯而化夢者，淳于棼也。南陽居諸葛之廬，南畝饁田畯之耕。學佛住南禪之地，談玄著南華之經。歌風誦周南、召南之什，浪跡爲天南地北之人。南越有建德之國，南楚曰冥靈之春。隱几慕南郭之子綦，讀史思南郭之雍存。西山之雨南浦雲，北阮何富南阮貧。雁南歸兮草木黄，鷓鴣翥兮向南行。藏世南之秘書，無幕南之王庭。仲宣江南之獨步，仁傑斗南之一人。召父南陽之太守，馬援征南之將軍。陽子居南之沛，伊洛據南之濱。稱龐統南州之冠冕，魄祖逖南塘之鼓行。霧隱南山之豹，壽比南極之星。涉南山而采薇，游南陌而踏青。南方曰丙丁之火，南斗照六星之君。道學淮南子，家無雙南金。歌烏鵲之南飛，長夏日之南行。南海之帝曰儵，南面之王非尊。參南方之諸佛，游南方之八天。南馳蒼梧，南游洞庭。羲叔之宅南郊，莊鵬之徙南冥。向丹丘而南望，去沅湘以南征。南枝暖兮北枝寒，南風時兮東風輕。秦氏樓頭，歌東南之日出；共工觸怒，破東南而天傾。放在南之鶉，通南流之汀。御指南之車兮遠出，隱終南之山兮亡名。南山之桂垂芳，南省之柳聞聲。謹言學南宮之三復，叩石發函胡之南音。南山有鳥名啄木兮適所欲，南山有鳥覩張羅兮而不驚。登仙謁淮南之八叟，讀書處捷徑之南城。南方之原樂婆娑之舞，南山之陽感殷雷之聲。從軍買南市之轡，彈

琴歌南風之薰。種豆南山兮芳草盛，唱望江南兮倦游行。南越之犬吠雪，南枝之鳥棲林。傷南浦之別，操南音之琴。轉狐南之星斗，參南海之觀音。凝脂貌如南子之美，斬猫識合南泉之心。歌白鶴南飛之曲，聽壯宇南來之聲。顧赤龍之南下，指南陸而南行。坐南窗而作記，撫南園以況生。予故以南園名也」。客相對而笑，三謝而去。予起而歌曰：昔我長吉，種竹南園。朝吟暮嘔，零落迷魂。生無知己，死也誰援。罵爾鬼才，污爾溷軒。茫茫千載，誰雪爾冤。我不見子，渺在九原。我靈杳杳，與子通元。神血數凝，毋昧爾源。客子何知，答不勝繁。客謝而去，月白風喧。

清　厲鶚《增修雲林寺志》卷五《清繞橋新建春淙亭記》　清繞橋當鷲峰之陰，跨北澗之上，對理公巖之口。橋舊無亭，乾隆癸亥，巨公重新雲林寺，飭餘材牖甓成之。登斯亭者，仰挹山翠，俯聽泉響，炎曦陰霖有所庇，而物色之奔赴若天造而神輸也。巨公問名於予，余以合澗橋舊有春淙亭，蓋取蘇文忠「兩澗春淙一靈鷲」之句，見貝廷臣清江文集中。今亭廢久矣，宜移其名於此。巨公曰：昔亭之澗合，而今亭之澗分，昔亭廢而名存，今亭新而名舊。天下推移、起滅之幻，有如是乎！然其爲春淙則一也。當夫天根見、秋潦縮，斯澗也若斷若續，涓流如綫，其聲滴瀝幽咽，或有時而涸，四顧林谷，萬籟悄然，此非君子之潛德未施而吾宗之憩寂入定時耶！若夫土膏脈動，山澤乃通斯澗也。如風雨交作，震動巖岫，又如奏洞庭之樂，五音繁會，瑽琤激盪自遠而近，此非君子之乘時利見而吾宗之當機倡導時耶！以是名斯亭也，意深矣。遂書以爲記。

清　王元弼《芝山亭記》（**《零陵縣志》卷二輯**）　亭以芝名，猶零邑之有芝山也。亭在餘署，與拙存居相對。蓋以茅覆而成。亭取其素也。夫芝之爲物也，產之則瑞，食之則可以永年。不易得之物也，不常有之物也。沈子中立謂余曰：今子以芝名亭，亭中果有芝乎？余曰：無也。有芝則不名亭矣。亭養我性也，求我心也，修我身也，識我學也，省我事也。要德我性心、身學、行事如芝之爲物也，故以芝名亭也，取其素也。沈子曰：素，無文飾之謂。以素修其身，以素識其學，以素省於事，是聖賢養功業以位也，養天下以道，養民以政也，養萬世以著述之謂也。沈子疾世之士也，無其素也久矣。今子知所養以芝山名亭也，當與芝山並存矣，循良之務進之哉！余於是書於石。

清　康熙《湖廣通志》卷七九　樂令園在縣署後。《廣輿記》：樂藹仕南齊，爲武陵令。治園，植桃李。去後，百姓愛之，不忍剪伐，因名樂令園。

清　雍正《陝西通志》卷七二　長楊宮　在盩厔縣東南三十二里。《雍勝略》本秦舊宮，至漢修飾之，以備行幸。宮中有垂楊數畝，因爲宮名。《三輔黃圖》漏水東北流經長楊宮東。《水經注》

清　乾隆《騰越州志》卷四《公館》　州城公館，以州右書院爲之。

大樹園公館，是園本民間寸姓所有。乾隆三十四年，經略傅恒征緬時駐節鎮署，見左首樹木蒼翠，游焉，命前州蔣曰杞築室數楹於內，題爲大樹園，作文記於壁。

清　嘉慶《三水縣志》卷一四輯鄭玫《一適亭記》　官署之東舊有園圃，荒蕪久矣。命僕人芟榛莽，蓺花竹。園中蒼松二株，屈曲奇古，如偃蓋，如翻虬。公事稍暇，坐松陰，聽濤聲，不知身在塵寰也。友人謂余曰：此處宜建亭，可納涼，可坐月，可賞花，可飛觴。余曰然。乃鳩工庀材，閱月而亭成。與友人飲酒賦詩以樂之。番禺彭艾庵先生題曰一適亭，以余雖處煩劇，未嘗無一適也。雖然丈夫屈身州縣，頫首簿書，拘束煩苦，不得舒展，非余素志。行當解組歸田，逍遥于丹山碧水間。理亂不知，黜陟不聞，文法不能繩，世網不能拘，其適意可勝言耶！友人曰：有是哉，子志之達也。請書於亭之左偏。

清　桑悅《奎星閣記》（**《直隸南雄州志》卷一九《藝文》輯**）　貴溪江侯伯温守南雄，思以文翁之化化成其郡。首建郡庠，移邑庠相縫輳。堂廟既極，切雲敞爍，必得一高閣殿後，方能標全郡之秀，以壯二庠之觀。僉以得巨木爲艱，郡之耆民忽因別駕。黃公恭告曰：湞江之濱，相傳有鐵力巨木，歲久蟄於客土。成化初，采補太平橋樑，射地啓藏，竟無所得。侯曰：宜其不出也。凡物之非常者，俱若蘊靈焉。以帡幪之資，爲踐履之具，可乎？茲得托身文廟之後出，其時也。既得其一，相繼而得者十餘株，閣因以成。高五丈有奇，闊稱之。經始於戊戌春三月，落成以秋八月，扁曰奎星，冀興文教也。按奎，二十八宿之一，爲天武庫，一名天豕，主兵。明則天下清平。至宋，五星聚奎，識者以爲周、程、張、朱之道德，歐、蘇、曾、王之文章於是乎兆。遂以之職文，而與璧並事矣。侯名閣之意，殆欲郡賢之生上應列宿於宋有光者乎，他日降婁之次，有光爆然，斯爲有人副閣之名。

清　光緒《江西通志三》卷一一八《勝績略二·署宅五》　竹軒　張九成謫居大庾，借僧居數椽閱七年。即東窗種竹數竿，爲讀書之所。因榜之曰竹軒。

藝文

唐 盧鴻《枕煙庭》（《唐詩類苑》卷二八輯） 枕煙庭者，蓋特峰秀起，意若枕煙。秘庭凝虛，窅若仙會，即揚雄所謂「爰静神游之庭」是也。可以超絶紛世，永潔精神矣。及機士登焉，則寥闃儻恍，愁懷情累矣。詞曰：

臨泱漭兮背青熒，吐雲煙兮合窅冥。怳欻翕兮沓幽靄，意縹緲兮群仙會。窅冥仙會兮枕煙庭，竦魂形兮凝視聽。聞夫至誠必感兮祈此巔，契顥氣，養丹田，終仿像兮覯靈仙。

宋 韋驤《錢塘集》卷三《内樂亭》 誰謂兹亭浪得名，寥寥氣象副深誠。地饒松竹千年色，天與雲山四合清。靖節固嘗爲傲吏，子真元不勢名卿。伊余竊慕恬然樂，肯以紛華戰性情。

宋 鄒浩《道鄉集》卷五《題成立道飛香閣》 與其侄逸少隱會予于浯溪，求易閣名。以其翬飛紅蓮中，名之曰飛香閣。而作是詩。

碧池千畝紅蓮花，敕書樓下醇儒家。躋民仁壽逢主聖，欣與萬邦無歎嗟。六經變化天地闊，何處不可爲生涯。只今耆域在庭户，信手掇取皆靈芽。氣運回環助調爕，各正性命逾塵沙。是渠病愈我亦愈，紅蓮影裏薰風斜。陰功乘香飛北極，上帝首肯羣仙誇。贈之丹桂一千尺，攀條直上凌蒼霞。

宋 李光《莊簡集》卷四 向丞廳舊有小軒，榜曰日哦。庳隘不爽。近徹墻向南，植竹數竿，改曰分翠。與僚友、邑之賢彦日游其間，且索鄙句。因賦二詩呈諸友。

旋植修篁一逕深，蕭然便可滌塵襟。碧移湘浦千梢净，清借淇園十畝陰。曉檻秋聲風撼玉，空庭寒影月篩金。造門賴有山陰客，酒熟時來伴醉吟。

先生活計未全貧，一徑篔簹碧玉新。野趣近依陶令宅，幽姿深隔庾公塵。獨餘世外冰霜操，不逐人間草木春。吏隱何妨成小築，風流重見竹林人。

宋 孫覿《鴻慶居士集》卷二《游鐘石寺，問名寺之因，老僧指門旁石，如覆鐘狀。賦詩一首，邀何襲明登仕同賦》 月斧琢朧朧，團圞覆石鐘。連絡青雲根，點注碧眼封。補天記女媧，移山宅愚公。當年偶遺漏，墮此草棘中。奇礓久淪蟄，化出金仙宫。老僧慣見之，笑視瓦礫同。礪角戲烏犍，送火敲青童。摩挲問無恙，千歲今一逢。堂堂張茂先，扣我蜀井桐。噌吰振林莽，叱吸萬竅風。澒洞衆壑滿，吼徹九地通。狂奔竄幽題，驚怒拔老龍。豐山霜霰零，彭蠡波浪舂。一鳴固有待，寸莛那得攻。水曹筆五色，東序羅笙鏞。辟易四坐傾，踏蹴萬馬空。偉兹抱奇音，伴我窺靈蹤。賦詩乃不如，露草號秋蟲。

宋 陳造《江湖長翁集》卷一《遠宜亭賦》 創小亭，名而賦之曰：游女之翩翾，望之疑仙也。迫而視之，或不逮前。奏樂于座，鏗鉱膠葛。心之適，耳之妍也。有不若張諸空曠，聞之眇綿，婉以清和而圓。南山之信美兮，吾乃挹其杪顛。惟夫近故，湫束於闉堞，蔽虧於市鄽。繄斯亭之表，立峰岫隥嶺之嵐霏濃淡。煙雲幻變，按領其全。謍斯名斯，庸諗詩賢。休暇日而一登，是可以誦遠游，賦超然也。

明 楊榮《文敏集》卷五《竹雪書房爲畫士戴大進題》 戴君舊業家錢塘，幽齋剩種青篔簹。冰森玉立鬱蕭爽，珮珂時動音鏗鏘。一林遥接淇園緑，萬个如臨渭水曲。涼宵白晝風月清，翠影重重覆書屋。四時佳致迥不同，况兹清絶當岩冬。朔風吹雪滿空下，凝梢綴葉相玲瓏。素娥冉冉來雲表，皓鶴翩翩舞林杪。是時掩卷一憑闌，清興滿襟應不少。自從寄跡京華地，翹首山房想初志。陽春桃李任紛紛，勁節貞心自無異。何人爲君寫此圖，故鄉景物渾不殊。興來展玩對立久，一點塵埃窗外無。

明 方獻夫《西樵遺稿》卷四《賦得竹亭》 古稱此君子，直節多清風。更有歲寒心，將與松柏同。君子不可少，世情良惡逢。况有桃李華，依依競春容。小人本易進，君子道固窮。雅好自天性，深交若神通。日夕對君子，蕭然坐亭中。君子不可違，宦轍隨西東。亭移竹不改，晚節能有終。湖江流澤遠，甌越納春融。善政在人心，誰知君子功。至德本難言，山歌詎能工。歌罷魂孤飛，可愛不可從。

明 邵寶《容春堂後集》卷二《海天亭記》 亭於惠山之麓，曷爲以海天名？山有泉，發自巖竇，匯而爲池，七池相注，東入於溪北，東百里入於江，又東百餘里入於海。海，泉之所歸也。吾嘗觀泉於池，徘徊鑑影，濯吾纓而樂之。因思其所歸焉，登高而東北望，曰：海其在是，吾泉至是極乎！望而不見，則仰天以歎，嘯咏而歸山之麓，於是乎亭。亭成之明日，予與客登之，語之以其故，復韻而歌之。歌曰：兹山兮我泉，始流兮涓涓。東行兮何極，指滄海以爲淵。逝晝夜兮不舍，又焉知兮歲年。吾窮源兮思委，方在此兮忽彼。望夫海兮未見，見雲天兮興喟。天寘寘兮雲深，深登兹亭兮勞我心。客有和者曰：

泉流兮山中，日流兮日東。彼東海兮伊邇，吾舍此兮焉從。源之委兮朝復，宗子不聞兮古人。曰有本兮如是，孰進之見兮未見其止。海際天兮天有光，遠在彼兮近吾汪。知子者謂子之有望，不知子者謂子爲荒。海匯然兮天一方。予聞而使反之，飲泉而退。

明 鄒迪光《石語齋集》卷三《瀸瀸亭》 澗自一曲而下如建瓴然。凡爲障者七而此其一也。亭其上，曰瀸瀸。雨過泉走，亭下鼓启淜渚，飛灑人面。政所謂「瀸瀸不絕，流爲江河」也。

匡隙立石猛，虹梁架其間。羣霓紛下踞，昂首欲奮鶱。濆沫散飛霰，震雷鼓青天。汩汩一何駛，瀸瀸使之然。

明 祁彪佳《遠山堂詩集·四負堂》 不負佳山水，何妨得此名。息機三逕就，托意一丘成。出處從消息，登臨亦性情。虛懷光友道，片語勒檐楹。

清 高士奇《北墅詩紀·巖耕堂》 草堂之西，疑無徑路，忽由小室宛轉而入，有堂爽朗，舊名醉星。勒石於壁，其事近誕。余先人薄田在姚江之匯堰，愛孟襄陽「歸來物外情，負杖閱巖耕」句，遂以名堂。平湖無巖谷可耕，而不忍棄其所愛，遂易於此。堂前瘦石數拳，鳳尾竹三五叢，如管道昇横卷。或曰：此不謂之巖乎？

一勺飽鼷鼠，一葉栖焦螟。所以柴桑老，惟願粟滿瓶。我本田家子，計左成乾螢。尚幸深巖下，壠苗環青青。茅蒲課晴雨，仰看箕畢星。小堂敢嫌窄，差可修農經。

清 王沛恂《匡山文集》卷一《松石居銘並序》 僕骨東北有康于河，投松入水久則化石，青色而松紋。東坡偕李伯時作《松石圖》寄柳仲遠，本諸此。張雨若衙齋有松化石，大小五，松理而石質，大是奇觀。雨若畫圖而以詩屬和者甚夥。余所隱匡山，植松萬本，奇石即羅布其下，未知松爲將化之石耶，石爲已化之松耶？恨不得坡仙、龍眠輩妙手作圖耳，乃以「松石」顔吾居，而繫之銘曰：

山名小匡，形勢非隘。二水環山，九仙分派。有松則奇，有石則怪。松赤石黄，孺子百拜。長青兮質堅，永劫兮不壞。大患兮爲有身，虛静兮吾何憊。少而買山兮愜素心，老而歸山兮償夙債。松化爲石兮誰傳其真，我愛松石兮不在圖畫。造室兮告成，書額兮稱快。松石與居兮美名，胎骨俱换兮仙界。

清 秦武域《君子亭賦有序》（《兩當縣志》卷一一引） 兄紫峰於署西搆亭植蓮，用漢法，以君子顔其額，而擊之鉛云：亭名君子，池繞蓮花。匪貪碧藕，寧慕丹霞。清漣自潔，有美孔嘉。誰同茂叔，望古思遐。因賦，以廣其意。

余維伯氏，作令於廣鄉。環山翠滴，簾静晝長。緑莎廳西，有園就荒。香泉波貯，鑑開一方。載蔣菡萏，將下鴛鴦。編茅結竹，新亭古淡兮，宛在水之中央。於是亭既告成，憑闌環視。霞落迴汀，錦耀曲洗。雅愛净妝天然，默參濂溪奧旨。稽説命名，顔曰君子。乃倩毛穎，垩帚會形。欲飛欲白，輕重不停。余攬書而歌之曰：昔知花也，作儒之鑒。今知花也，作官之型。有客聞歌，軒渠不經。爰懷體物，以牖其靈。若夫玲瓏七竅，纏綿千絲，有本堪監，惟踈與癡。若穀植身，如矢立影。多室多曲，可發三省。榮宜於水，鮮本於泥。以清處濁，摻持何迷。涷雨豈驚，畏日自好。慣耐威烈，堅貞是寶。輕摇翠扇，緩曳紅衣。清風兩袖，人也依稀。亭亭花房，的的湖目。鎰夫厥名，貪墨不復。功入素問，用出騷歌。第一之要，治同則和。重臺瑞麗，覆幕閑雅。景行風流，願歸其下。此皆秀擷玉井，華分鑑湖。毓五沃之元氣，衆星列於天都。故足稱有悳，而爲仕之模。客乃聳然聽，瞿然起，長揖而向余曰：善哉！人必蓮花，而始君子也。何以過柳門、登琴堂，訪績之考，察政之張。惠以術市，才以利揚。不必肖蓮花之君子，亦歷見愷悌懸榜，樂只建坊。余曰：我之所狀，君子之真。爾之所疑，君子之假。聿茂叔之微吉，興千百世而同者寡。感不絕於余心，緬華芊而傾寫。於是客服而默，余懷則悠。樂滿塘之君子，羌致詔以綢繆。荀四序其有托，庶芳名以不休。願襲清風兮九畹，邀香韻兮羅浮。尋髯叟以來岱岳，携此君而問子猷。斯皆秉君子之質，凌波者興爲氣求。不慕富貴之植，不甘隱逸之傳。恍兮列箴銘於檻外，用以勵循良之孔修。

清 曹雪芹《紅樓夢》第一七回《大觀園試才題對額 榮國府歸省慶元宵》 這日，賈珍等來回賈政：園内工程俱已告竣，大老爺已瞧過了。只等老爺瞧了，或有不妥之處，再行改造，好題匾額對聯的。賈政聽了，沉思一會，説道：這匾對倒是一件難事。論禮該請貴妃賜題纔是，然貴妃若不親觀其景，亦難懸擬。若直待貴妃游幸時再請題，若大景致，若干亭榭無字標題，任是花柳山水，也斷不能生色。衆清客在旁笑答道：老世翁所見極是。如今我們有個主意。各處匾對斷不可少，亦斷不可定。如今且按其景致，或兩字、三字、四字，虛合其意擬了來，暫且做出燈匾聯懸了，待貴妃游幸時再請定名，豈不兩全？賈政聽了道：所見不差。我們今日且看看去，只管題了，若妥便用，若

不妥再將雨村請來，令他再擬。衆人笑道：老爺今日一擬定佳，何必又待雨村。賈政笑道：你們不知，我自幼于花鳥山水題詠上就平平，如今上了年紀，且案牘勞煩，于這怡情悦性文章上更生踈了。縱擬出來，不免迂腐古板，反使花柳園亭因而減色，轉没意思。衆清客道：這也無妨。我們大家看了公擬，各舉所長，優則存之，劣則删之，未爲不可。賈政道：此論極是，且喜今日天氣和暖，大家去逛逛。説着起身，引衆人前往。賈珍先去園中知會衆人，可巧近日寶玉因思念秦鍾，憂傷不已，賈母常命人帶他到新園中來戲耍，此時亦纔進去。忽見賈珍來了，向他笑道：你還不快出去，一會子老爺來了。寶玉聽了，帶着奶娘小厮們，一溜烟就出園來，方轉過灣，頂頭撞見賈政引着衆客來了，躲之不及，只得一傍站了。賈政近因聞得塾師稱讚他專能對對，雖不喜讀書，偏有些歪才，所以此時便命他跟入園中，意欲試他一試。寶玉未知何意，只得隨往。剛至園門，只見賈珍帶領許多執事旁邊侍立，賈政道：你且把園門閉了，我們先瞧外面再進去。賈珍命人將門關上。賈政先秉正看門，只見正門五間，上面銅瓦泥鰍脊，那門欄窗槅，俱是細雕時新花樣，並無朱粉塗飾，一色水磨羣墻，下面白石臺階，鑿成西番花樣。左右一望，皆雪白粉墻，下面虎皮石，隨意亂砌，自成紋理，不落富麗俗套，自是歡喜。遂命開門，只見一帶翠嶂擋在面前，衆清客都道：好山，好山！賈政道：非此一山，一進來園中，所有之景悉入目中，則有何趣。衆人都道：極是，非胸中大有邱壑，焉能想到這裏。説畢，往前一望，見白石峻嶒，或如鬼怪，或似猛獸，縱横拱立，上面苔蘚班駁，或藤蘿掩映其中，微露羊腸小逕。賈政道：我們就從此小逕游去，回來由那一邊出去，方可遍覽。説畢，命賈珍前導，自己扶了寶玉，逶迤走進山口。抬頭忽見山上有鏡面白石一塊，正是迎面留題處。賈政回頭笑道：諸公請看此處，題以何名方妙？衆人聽説，也有説該題「疊翠」二字的，也有説該題「錦嶂」的，又有説「賽香爐」的，又有説「小終南」的，種種名色，不止幾十個。原來衆客心中早知賈政要試寶玉的才，故此只將些俗套來敷演，寶玉亦知此意。賈政聽了，便回頭命寶玉擬來。寶玉道：嘗聞古人云，編新不如述舊，刻古終勝雕今。况此處並非主山正景，原無可題之處，不過是探景一進步耳。莫如直書古人「曲逕通幽」這舊句在上，到也大方。衆人聽了讚道：是極，妙極。二世兄天分高，才情遠，不似我們讀腐了書的。賈政笑道：不當過奬他，他年小的人，不過以一知充十用，取笑罷了，再俟選擬。説着，進入石洞來，只見佳木蘢葱，奇花爛灼，一帶清流，從花木深處瀉於石隙之下。再進數步，漸向北邊，平坦寬豁，兩邊飛樓插空，雕甍綉檻，皆隱於山坳樹杪之間。俯而視之，則青溪瀉玉，石磴穿雲，白石爲欄，環抱池沼，石橋三港，獸面銜吐，橋上有亭。賈政與諸人到亭内坐了，問諸公以何題此。諸人都道：當日歐陽公《醉翁亭記》有云「有亭翼然」，就名「翼然」罷。賈政笑道：翼然雖佳，但此亭壓水而成，還須偏於水題爲稱。依我拙裁，歐陽公句「瀉于兩峰之間」，竟用他這一個「瀉」字。有一客道：是極，是極，竟是「瀉玉」二字妙。賈政拈鬚尋思，因叫寶玉也擬一個來。寶玉回道：老爺方纔所説已是，但如今追究了去，似乎當日歐陽公題釀泉用一「瀉」字則妥，今日此泉也用「瀉」字，似乎不妥。况此處既爲省親别墅，亦當依應制之體，用此等字亦似粗陋不雅，求再擬蘊藉含蓄者。賈政笑道：諸公聽此論何如？方才衆人編新，你説不如述古，如今我們述古，你又説粗陋不妥，你且説你的。寶玉道：用「瀉玉」二字，則不若「沁芳」二字，豈不新雅？賈政拈鬚，點頭不語，衆人都忙迎合，稱贊寶玉才情不凡。賈政道：匾上二字容易，再作一副七言對來。寶玉四顧一望，機上心來，乃念道：

繞堤柳借三篙翠，隔岸花分一脉香。

賈政聽了，點頭微笑。衆人又稱赞個不已。于是出亭過池，一山一石，一花一木，莫不着意觀覽。忽抬頭見前面一帶粉垣，數楹修舍，有千百竿翠竹遮映。衆人都道好個所在，于是大家進入。只見進門便是曲折游廊，堦下石子漫成甬路，上面小小三間房舍，兩明一暗，裏面都是合着地步打的床几椅案。從裏間房裏又有一小門，出去却是後園，有大株梨花並芭蕉。又有兩間小小退步，後院墻下忽開一隙，得泉一派，開溝僅尺許，灌入墻内，繞堦緣屋至前院，盤旋竹下而出。賈政笑道：這一處倒還好，若能月夜坐此窗下讀書，也不枉虚生一世。説着便看寶玉，唬的寶玉忙垂了頭。衆人忙用閒話解説。又二客説此處的匾該題四個字，賈政笑問：那四字。一個道是「淇水遺風」，賈政道俗，又一個道是「睢園遺跡」，賈政道也俗。賈珍在旁説道：還是寶兄弟擬一個來。賈政道：他未曾做，先要議論人家的好歹，可見就是個輕薄人。衆客道：議論的極是，其奈他何。賈政忙道：休如此縱了他。因命他道：今日任你狂爲亂道，先説出議論來，方許你做。方纔衆人説的，可有使得的否？寶玉見問，便答道：都似不妥。賈政冷笑道：怎麼不妥？寶玉道：這是第一處

行幸之所，必須頌聖方可。若用四字的匾，又有古人現成的，何必再做。賈政道：難道「淇水睢園」不是古人的？寶玉道：這太板了，莫若「有鳳來儀」四字。衆人都閧然叫妙。賈政點頭道：畜生，畜生，可謂「管窺蠡測」矣。因命再題一聯來，寶玉便念道：

寶鼎茶閑煙尚緑，幽窗棋罷指猶涼。

賈政摇頭道：也未見長。説畢引人出來，方欲走時，忽想起一事來，問賈珍道：這些院落屋宇，並几案桌椅，都算有了，還有那些帳幔簾子並陳設玩器古董，可也都是一處一處合式配就的麼？賈珍回道：那陳設的東西，早已添了許多，自然臨期合式陳設。帳幔簾子，昨日聽見璉兄弟説還不全。那原是一起工程之時就畫了各處的圖樣，量准尺寸，就打發人辦去的，想必昨日得了一半。賈政聽了，便知此事不是賈珍的首尾，便叫人去喚賈璉。一時來了，賈政問他共有幾種，現今得了幾種，尚欠幾種。賈璉見問，忙向靴筒内取出靴掖内裝的一個紙摺略節來，看了一看，回道：妝蟒繡堆，刻絲彈墨並各色紬綾大小幔子一百二十架，昨日得了八十架，下欠四十架。簾子二百掛，昨俱得了。外有猩猩毡簾二百掛，湘妃竹簾一百掛，金絲藤紅漆竹簾一百掛，黑漆竹簾一百掛，五彩綫絡盤花簾二百掛，每樣得了一半，也不過秋天都全了。椅搭，桌圍，床裙，杌套，每分一千二百件，也有了。

一面説，一面走，忽見青山斜阻。轉過山懷中，隱隱露出一帶黄泥墻，墻上皆用稻莖掩護。有幾百枝杏花，如噴火蒸霞一般，裏面數楹茅屋，外面却是桑、榆、槿、柘，各色樹稚新條，隨其曲折，編就兩溜青籬。籬外山坡之下，有一土井，傍有桔槔轆轤之屬。下面分畦列畝，佳蔬菜花，一望無際。賈政笑道：倒是此處有些道理，雖係人力穿鑿，而入目動心，未免勾引起我歸農之意。我們且進去歇息歇息。説畢，方欲進去，忽見籬門外路傍有一石，亦爲留題之所。衆人笑道：更妙，更妙。此處若懸匾待題，則田舍家風一洗盡矣。立此一碣，又覺許多生色，非范石湖田家之咏不足以盡其妙。賈政道：諸公請題。衆人云，方纔世兄云編新不如述舊，此處古人已道盡矣。莫若直書「杏花村」爲妙。賈政聽了笑向賈珍道：正虧提醒了我，此處都好，只是還少一個酒幌，明日竟做一個來，就依外面村庄的式樣，不必華麗，用竹竿挑在樹梢頭。賈珍應了，又回道：此處竟不必養别樣雀鳥，只養些鵝鴨鷄之類，纔相稱。賈政與衆人都説妙極。賈政又向衆人道：杏花村固佳，只是犯了正，村名直待請名方可。衆客都道：是呀，如今虚的，却是何字樣好？大家想想，寶玉却等不得了，也不等賈政的命，便説道：舊詩有云，紅杏梢頭挂酒旗，如今莫若且題以「杏帘在望」四字。衆人都道好個在望，又暗合杏花村意思。寶玉冷笑道：村名若用「杏花」二字，則俗陋不堪了。又有唐人詩云，柴門臨水稻花香，何不用稻香村的妙？衆人聽了，越發同聲拍手道：妙！賈政一聲斷喝：無知的業障！你能知道幾個古人，能記得幾首舊詩，也敢在老先生跟前賣弄！你方纔那些胡説，也不過是試你的清濁，取笑而已，你就認真了！

説着引衆人步入茆堂，裏面紙窗木榻，富貴氣象一洗皆盡。賈政心中自是歡喜，却瞅寶玉道：此處如何？衆人見問，都忙悄悄的推寶玉，教他説好。寶玉不聽人言，便應聲道：不及「有鳳來儀」多矣。賈政聽了道：無知的蠢物，你只知朱樓畫棟，惡賴富麗爲佳，那裏知道這清幽氣象。終是不讀書之過。寶玉忙答道：老爺教訓的固是，但古人嘗云「天然」二字，不知何意。衆人見寶玉牛心，都怪他獃痴不改，今見問天然二字，衆人忙道：别的都明白，如何天然反不明白？天然者，天之自成而非人力之所爲也。寶玉道：却又來。此處置一田庄，分明是人力造作而成，遠無鄰村，近不負郭，背山山無脉，臨水水無源，高無隱寺之塔，下無通市之橋。峭然孤出，似非大觀。争似先處有自然之理，得自然之趣，雖種竹引泉，亦不傷穿鑿。古人云「天然圖畫」四字，正畏非其地而强爲其地，非其山而强爲其山，即百般精巧終不相宜。未及説完，賈政氣的喝命：叉出去！纔出去，又喝命：回來！命再題一聯，若不通，一并打嘴。寶玉只得念道：

新緑漲添浣葛處，好雲香護采芹人。

賈政聽了摇頭道：更不好。一面引人出來，轉過山坡，穿花度柳，撫石依泉。過了荼蘼架，入木香棚，越牡丹亭，度芍葯圃。入薔薇院，來到芭蕉塢。盤簇曲折，忽聞水聲潺潺出於石洞，上則蘿薜倒垂，下則落花浮蕩。衆人都道：好景，好景！賈政道：諸公題以何名？衆人道：再不必擬了，恰恰乎是「武陵源」三字。賈政笑道：又落實了，而且陳舊。衆人笑道：不然就用「秦人舊舍」四字也罷。寶玉道：越發過露了，「秦人舊舍」説避亂之意，如何使得，莫若「蓼汀花溆」四字。賈政聽了道：更是胡説。於是賈政進了港洞，又問賈珍：有船無船？賈珍道：采蓮船共四隻，座船一隻，如今尚未造成。賈政笑道：可惜不得入了。賈珍道：從山上盤道亦可以進去。説畢，在前導引，大家

攀藤撫樹過去。只見水上落花愈多，其水愈清，溶溶蕩蕩，曲折縈紆。池邊兩行垂柳，雜以桃杏，遮天蔽日，真無一些塵土。忽見柳陰中又露出一個折帶朱欄板橋來，度過橋去，諸路可通。便見一所清涼瓦舍，一色水磨磚墻，清瓦花堵。那大主山所分之脉，皆穿墻而過。賈政道：此處這一所房子，無味的很。因而步入門時，忽迎面突出插天的大玲瓏山石來，四面羣繞各式石塊，竟把裏面所有房屋悉皆遮住，且一株花木也無。只見許多異草，或有牽藤的，或有引蔓的，或垂山巔，或穿石脚，甚至垂檐繞柱，縈砌盤堦，或如翠帶飄颻，或如金繩蟠屈，或實若丹砂，或花如金桂。味香氣馥，非凡花之可比。賈政不禁道：有趣，只是不大認識。有的說：是薜荔藤蘿。賈政道：薜荔藤蘿那得有此異香。寶玉道：果然不是。這衆草中也有藤蘿薜荔，那香的是杜若蘅蕪，那一種大約是茝蘭，這一種大約是金葛，那一種是金荳草，這一種是玉蕗藤，紅的自然是紫芸，綠的定是青芷。想來那《離騷》、《文選》所有的那些異草，有叫作什麼霍蒳薑蕁的，也有叫做什麼綸組紫絳的，還有什麼石帆、水松、扶留等樣的，見於左太冲《吴都賦》。又有叫做什麼綠荑的，還有什麼丹椒、蘼蕪、風連，見於《蜀都賦》。如今年深歲改，人不能識，故皆像形奪名，漸漸的喚差了，也是有的。未及說完，賈政喝道：誰問你來！唬的寶玉倒退不敢再說。

賈政因見兩邊俱是超手游廊，便順着游廊步入，只見上面五間清廈連着捲棚，四面出廊，綠窗油壁，更比前清雅不同。賈政歎道：此軒中煮茶操琴，亦不必再焚香矣。此造却出意外，諸公必有佳作新題以顔其額，方不負此。衆人笑道：莫若「蘭風蕙露」貼切了。賈政道：也只好用這四字，其聯云何？一人道：我想了一對，大家批削改正。道是：

麝蘭芳靄斜陽院，杜若香飄明月洲。

衆人道：妙則妙矣，只是「斜陽」二字不妥。那人引古詩「蘼蕪滿院泣斜陽」句，衆人云：頹喪，頹喪。又一人道：我也有一聯，諸公評閱。評閱。念道：

三徑香風飄玉蕙，一庭明月照金蘭。

賈政拈鬚沉吟，意欲也題一聯，忽抬頭見寶玉在旁不敢作聲，因喝道：怎麼你應說話時又不說了？還要等人請教你不成！寶玉聽了回道：此處並沒有什麼蘭麝、明月、洲渚之類，若要這樣着迹說來，就題二百聯也不能完。賈政道：誰按着你的頭，教你必定說這些字樣呢？寶玉道：如此說，則匾上莫若「蘅芷清芬」四字，對聯則是：

吟成豆蔻詩猶艷，睡足荼蘼夢也香。

賈政笑道：這是套的「書成蕉葉文猶綠」，不足爲奇。衆人道：李太白《鳳凰臺》之作，全套《黄鶴樓》，只要套得妙。如今細評起來，方纔這一聯竟比「書成蕉葉」尤覺幽雅活潑。賈政笑道：豈有此理。說着大家出來，走不多遠，則見崇閣巍峨，層樓高起，面面琳宫合抱，迢迢複道縈紆，青松拂檐，玉蘭繞砌，金輝獸面，彩焕螭頭。賈政道：這是正殿了，只是太富麗了些。衆人都道：要如此方是，雖然貴妃崇尚節儉，然今日之尊禮儀，如此不爲過也。一面說，一面走，只見正面現出一座玉石牌坊，上面龍蟠螭護，玲瓏鑿就。賈政道：此處書以何文？衆人道：必是「蓬萊仙境」方妙。賈政摇頭不語，寶玉見了這個所在，心中忽有所動，尋思起來，倒像在那裏見過的一般，却一時想不起那年月日的事了。賈政又命他題咏，寶玉只顧細思前景，全無心於此了。衆人不知其意，只當他受了這半日折磨，精神耗散，才盡詞窮了。再要牛難逼迫，着了急，或生出事來，倒不便。遂忙都勸賈政道：罷了，明日再題罷了。賈政心中也怕賈母不放心，遂冷笑道：你這畜生也竟有不能之時了。也罷，限你一日，明日題不來，定不饒你。這是第一要緊處所，要好生作來。說着引人出來，再一觀望，原來自進門至此，纔游了十之五六。又值人來回，有雨村處遣人回話。賈政笑道：此數處不能游了，雖如此，到底從那一邊出去，也可略觀大概。說着引客行來，至一大橋，水如晶簾一般奔入，原來這橋便是通外河之閘引泉而入者。賈政因問此閘何名，寶玉道：此乃沁芳源之正流，即名沁芳閘。賈政道：胡說！偏不用沁芳二字。於是一路行來，或清堂，或茅舍，或堆石爲垣，或編花爲門，或山下得幽尼佛寺，或林中藏女道丹房，或長廊曲洞，或方廈圓亭。賈政皆不及進去，因半日未嘗歇息，腿酸脚軟，忽又見前面露出一所院落來。賈政道：到此可要歇息歇息了。說着一徑引入，繞着碧桃花，穿過竹籬花障編就的月洞門，俄見粉垣環護，綠柳週垂。賈政與衆人進了門，兩邊盡是游廊相接。院中點襯幾塊山石，一邊種幾本芭蕉。那一邊是一株西府海棠，其勢若傘絲垂金縷，葩吐丹砂。衆人都道：好花，好花。海棠也有，從没見過這樣好的。賈政道：這叫做女兒棠，乃是外國之種。俗傳出女兒國，故花最繁盛，亦荒唐不經之說耳。衆人道：畢竟此花不同，女國之說，想亦有之。寶玉云：大約騷人咏士，以此花紅若施脂，弱如扶病，近乎閨閣風度，故

以女兒命名。世人以訛傳訛，都未免認真了。衆人都説：領教妙解。一面説話，一面都在廊下榻上坐了。賈政因道：想幾個什麽新鮮字來題。一客道：「蕉鶴」二字妙。又一個道：「崇光泛彩」方妙。賈政與衆人都道：好個「崇光泛彩」。寶玉也道妙，又説只是可惜了。衆人問如何可惜，寶玉道：此處蕉、棠兩植，其意暗蓄紅、緑二字，在内若説一樣，遺漏一樣，便不足取。賈政道：依你如何？寶玉道：依我，題「紅香緑玉」四字，方兩全其美。賈政摇頭道：不好，不好。説着引人進入房内，只見其中收拾的與别處不同，竟分不出間隔來的。原來四面皆是雕空玲瓏木板，或流雲百蝠，或歲寒三友，或山水人物，或翎毛花卉，或集錦，或博古，或萬福萬壽各種花樣，皆是名手雕鏤，五彩銷金嵌玉的。一槅一槅，或貯書，或設鼎，或安置筆硯，或供設瓶花，或安放盆景。其槅式樣，或圓或方，或葵花蕉葉，或連環半壁，真是花團錦簇，玲瓏剔透，倏尔五色紗糊，竟係小窗。倏尔彩綾輕覆，竟如幽户。且滿墻皆是隨依古董玩器之形摳成的槽子，如琴劍懸瓶之類，俱懸於壁，却都是與壁相平的。衆人都讚：好精緻，難爲怎麽做的！

原來賈政走了進來，未到兩層，便都迷了舊路，左瞧也有門可通，右瞧也有窗暫隔，及到跟前，又被一架書擋住，回頭又有窗紗明透，門徑可行，及至門前，忽見迎面也進來了一起人，與自己形相一樣，却是一架玻璃鏡。轉過鏡去，一發見門多了。賈珍笑道：老爺隨我來，從此門出去便是後院。出了後院，到比先近了。引着賈政及衆人轉了兩層紗厨，果得一門出去。院中滿架薔薇，轉過花障，則見青溪前阻。衆人咤異：這水又從何而來？賈珍遥指道：原從那閘起流至那洞口，從東北山坳裏引到那村庄裏，又開一道岔口，引至西南上，共總流到這裏，仍舊合在一處，從那牆下出去。衆人聽了都道：神妙之極。説着忽見大山阻路，衆人都迷了路。賈珍笑道：隨我來。乃在前導引，衆人隨着由山脚下一轉，便是平坦大路，豁然大門現于面前。衆人都道：有趣，有趣。搜神奪巧，至于此極。於是大家出來。

清 尤淑孝《東園十詠有序》（《即墨縣志》卷一〇輯） 予令即四年，簿書少減，亦閒有暇日。署東偏隙地幾畝許，誅鉏草茅，築土爲山，雜植花木，即舊蓬屋而新之，以爲憩息之所。臺池亭榭，畀以佳名，各繫以詩。非敢炫飾，聊志興會云爾。

杏苑雲根 半畝之荒原，主人闢作園。一枝紅杏放，幾片緑雲存。點染山生色，勾留月到門。賞心惟嗜酒，何必過前村。

深柳垂煙 一帶濃煙合，茅堂垂柳深。觀山如有障，玩月喜多陰。樹樹藏蟬噪，時時聽鳥音。詩人添逸興，把酒欲高吟。

梨花春雨 春雨殊難得，梨花開正春。繞園山色潤，入夜月光新。隔岸飄如雪，沾衣不染塵。年年二三月，宴飲莫嫌頻。

花榭香風 何處稱花國，中庭花繞廊。堪留高士榻，恍遇美人妝。開宴風生座，披襟身惹香。三春多勝事，嫣紫門嬌黄。

紅欄新月 天上添良月，清宵獨倚欄。娟娟新照瘦，夜夜耐人看。境静花含笑，凉生露未乾。漫言三徑小，到處影姗姗。

雨山叠翠 園徑開南北，南山映北山。蜿蜒分曲直，登陟任躋攀。半嶺松千樹，中流水一灣。游人探勝處，蒼翠有無間。

草堂琴韻 絃歌隆雅化，我愛理瑶琴。鞅掌心先定，希聲指上尋。遠沙聞落鴈，流水響高岑。調罷宫商後，山禽弄好音。

東臺眺遠 攻書須閉閣，游覽務登臺。北闕星辰近，南天海岳開。凌雲空有志，作賦竟無才。一望周民隱，胸懷亦快哉。

古梧常青 問年同松柏，古梧正年長。色自參天黛，皮因溜雨霜。禪庭開衲悟，博府看鳥翔。慚愧萊公治，巴東愛比棠。

師廉聽雪 六出豐年兆，瓊梅三百添。烹茶陶氏韻，詠絮謝姬纖。舞蝶紛投牖，飛花亂撲檐。掩關聽落久，瑞氣滿珠簾。

雜録

宋 曾慥《類説》卷六 芙蓉園 京師芙蓉園者，本名曲江園。隋文帝以曲名不正改之。

宋 周密《癸辛雜識》别集 卷下《亭名》 牟存齋桂亭，曰天香第一。趙春谷梅亭，曰東風第一。賈秋壑梅亭，曰第一春。

明 徐𤊹《徐氏笔精》卷五《芙蓉園》 傅丁戊山人初家朱紫坊，即宋陳忠肅芙蓉園故址也。鄭繼之爲題門帖云：「巷陋過顔老去無心朱紫，園名自宋秋來有意芙蓉。」晚歲移居桂枝坊，有詩云：巷隱桂枝堪偃息，家存土窟省經營。

明 周嘉胄《香乘》卷一〇《四香亭》　四香亭在州治，淳熙間趙公建。自題云：永嘉何希深之言曰：荼䕷香春，芙蕖香夏，木犀香秋，梅花香冬。《華夷續考》

生境　畫境　意境

題解

宋 郭思《林泉高致集·畫意》先子嘗誦詩可畫者　女几山頭春雪消，路傍仙杏發柔條。心期欲去知何日，惆悵回車下野橋。唐羊士諤《望女兒山》

獨訪山家歇還涉，茅屋斜連隔松葉。主人聞語未開門，繞籬野菜飛黃蝶。長孫左輔《尋山家》

南游兄弟幾時還，知在三湖五嶺間。獨立衡門秋水闊，寒鴉飛去日沉山。竇鞏《寄南游》

釣罷孤舟繫葦梢，酒開新瓮鮓開包。自從江浙爲漁父，二十餘年手不交。無名氏

舍南舍北皆春水，但見羣鷗日日來。老杜

渡水蹇驢雙耳直，避風羸僕一肩高。雪詩

思嘗助記

遠水兼天净，孤城隱霧深。老杜

犬眠花影地，牛牧雨聲陂。李拱《村舍》

密竹滴殘雨，高峰留夕陽。夏侯叔簡

天遥來鴈小，江闊去帆孤。姚合

雪意未成雲着地，秋聲不斷鴈連天。錢惟演

春潮帶雨晚來急，野渡無人舟自横。韋應物

相看臨遠水，獨自上孤舟。鄭谷

論説

明 茅元儀《石民四十集》卷二三《初游烏龍潭記》　石頭城内有水一區，延清涼諸山而貯之，曰烏龍潭也。水不沃山而山若潤，山入水而水益澄，觀山水者一合也。有隙地一畝，茅子乃開軒焉。軒面水，身目入於水，忘其軒矣。築一小閣，顔之曰森。樹之交於前者，色入於閣也。拓於後者，聲入於閣也，而山與水又交入而不倦，故取於萬象之森焉。而主人之游此也屢矣。自卜築以來，無日不在焉。在即游也，而載客而游則自七月三日始。客曰宋子獻孺、傅子遠度、譚子友夏。宋子隱於瀨者也，心入於山水者久，而目爲之眩。傅子産此者也，山水入其身者久，而目爲之眩。譚子楚人也，家有寒河之勝，而足跡遍岳瀆，則其身心、山水互相入者久矣，而亦曰目眩矣。茅子曰：三子之目習於山水者也，而清涼諸山則一初也。清涼諸山自石頭東西步步可望也，而觀山於水則一初也。潭之園亭、刹宇若星布焉，而自森閣而觀則一初也。今之游，其吾與二三子之初乎。傅子曰：情無窮而境限之。境者，情之所造也。二三子之觀止此乎！遂鼓棹入荷叢而不顧。

又《再游烏龍潭記》　譚子望傅子而情不束也，爲之歌，茅子和之。茅子曰：境者，情之所造也。境何限，情亦何限。潭之水淵渟而静静者宜筏，吾加闌焉，以束水也。加幔亭焉，以束山也。筏成而七夕至矣。吴子凝甫續祠社於此，社之客冒子伯麐、洪子仲韋、許子無念、宋子、譚子與余俱赴焉。攬客於閣，而閣不能束客。陳酒於軒，而軒不能束酒。遂移坐於筏。驟風忽馳，山不能束其雲。雲截水而渡，影與筏平，而傅子向入之荷叢，不俟筏到而先送香矣。譚子歌之，諸子和之。俄而雨出林中，烟出波中，電聲轟轟，出客耳者數矣。而筏能束客，客或笠、或蓋、或衛，以酒靡不堅於筏也。嗟乎！曩之閣與軒，二三子之所目眩者也，縱曰故不如新，豈不曰安勝於危耶？而二三子不顧也。俄而星月呈光，諸子將援筆課鵲橋仙之詞，始舍筏而還軒。宋子曰：西方聖人以筏爲喻，吾與二三子今日之游喻於筏矣，遂題曰喻筏。期越五日，終筏之興焉。

明 祁彪佳《祁彪佳集》卷七《寓山注·遠閣》　閣以「遠」名，非第因目力之所極也。蓋吾閣可以盡越中諸山水，而合諸山水不足以盡吾閣，則吾之閣始尊而踞於園之上。閣宜雪、宜月、宜雨。銀海瀾迴，玉峰高並，澄暉弄景。俄看濯魄冰壺，微雨欲來，共詫空濛山色。此吾閣之勝概也。然而態以遠生，意以遠韻。飛流夾巘，遠則媚景争奇。霞蔚雲蒸，遠則孤標秀出。萬家煙火，以遠，故盡入樓臺。千疊溪山，以遠，故都歸簾幕。若夫邨煙乍起，漁火遥明，

蓼汀唱欸乃之歌，柳浪聽睍睆之語，此遠中之所孕含也。縱觀瀛嶠，碧落蒼茫，極目胥江，洪潮激射，乾坤直同一指，日月有似雙丸，此遠中之所變幻也。覽古蹟依然，禹碑鵠峙，歎霸圖已矣。越殿烏啼，飛蓋西園，空愴斜陽衰草，迴鶬蘭渚，尚存修竹茂林，此又遠中之所吞吐。而一以魂消、一以懷壯者也。蓋至此而江山風物，始備大觀，覺一壑一邱，皆成小致矣。

綜述

明 蔣冕《湘皋集》卷二〇《小水十景圖記》 渝北有勝地，曰小水，體齋傅先生世居焉。居之前爲月池，池南爲垣垣之東爲門。出門而望，環其居，若山若水若田巷若亭祠，皆極勝。其山則尖，岡在其南，圓秀如卓筆然。大嶺障其北軒，拔而拱抱，如樹屏然。龍王嶺峙其西北，曉晴日未高，嵐氣氤氳，倏飛忽下，如潑黛然。其水則西有虎溪，石橋横亘其間，衆流皆出橋下。方春漲，一碧彌望。虎溪龍嶺間有黄塘，方廣可數十畝。舊廢爲田，秋成時，禾稼蔽野。循虎溪南行又折而東，有灌水寒冽妨農，傅氏五世祖範銅爲巨釜覆之，至今流涓涓成渠。其巷有柳，春暮鶯鳴其上，聽之令人心凝形釋，萬慮皆忘。其田有池，池有荷，入夏花盛開，白鷺翔集，宛然若圖畫。其亭在門左，傍有古樹，蓋數百年物也。祠在龍嶺南，舊傳爲漢張衡□□祠。鍾聲遠聞，可以警昏曉。皆一方之勝也。

清《國朝宮史》卷一六《宮殿六・西苑下》 池北相對爲畫舫齋，匾曰竹風梧月。東室聯曰：詩句全從畫裏得，雲山常在鏡中留。東次聯曰：於淡泊中尋理趣，不空色際忘言詮。又曰：常借青山作屏障，由來大塊假文章。西室門匾曰浴德，曰汲古。聯曰：布席只疑天上坐，憑欄何異鏡中游。室内聯曰：雲容水態不相厭，畫意詩情分與投。又曰：窗近春洲宛爾棹波聞欸乃，簾開秋水恍然載月漾空明。四周以廊臨瞰方池，澄波映照，不殊浮畫舫於碧波中也。

清 王培荀《鄉園憶舊録》卷四 泗水發源處名泉林，即「子在川上」處。建有亭臺，四面古木陰森蔽虧，竹韻松聲，朝烟夕靄，加以層廊複道，游蹤惝恍迷離。登高望之，則天光雲影，一片琉璃界中。宜聖人怡情會心，悟道機之活潑也。

紀事

明 王思任《謔菴文飯小品》卷三《歷小洋記》 由惡谿登括蒼，舟行一尺，水皆污也。天爲山欺，水求石放。至小洋而眼門一闢。吴閎仲送我，挈睿孺出船口席坐引白，黄頭郎以櫂歌贈之。低頭呼盧，俄而驚視，各大叫，始知顔色不在人間也。又不知天上某某名何色，姑以人間所有者仿佛圖之。落日含半規，如胭脂初從火出。溪西一帶山，俱似鸚緑鴉背青，上有猩紅雲五千尺。開一大洞，逗出縹天。映水如繡，鋪赤瑪瑙。日益曶，沙灘色如柔藍懈白，對岸沙則蘆花月影，忽忽不可辨識。山俱老瓜皮色，又有七八片碎剪鵝毛霞，俱金黄錦荔，堆出兩朵雲，居然晶透葡桃紫也。又有夜嵐數層鬥起，如魚肚白穿入出鑪銀紅中。金光煜煜不定，蓋是際天地山川。雲霞日采，烘蒸鬱襯，不知開此大染局作何製意者。妒海蜃，凌阿閃，一漏卿麗之華耶。將亦謂舟中之子，既有蕩胸决眦之解，嘗試假爾以文章，使觀其時變乎？何所遘之奇也！夫人間之色僅得其五，五色互相用，衍至數十而止。焉有不可思議，如此其錯綜幻變者。曩吾稱名取類，亦自人間之物而色之耳。心未曾通，目未曾覩，不得不以所覩所通者。達之于口而告之于人，然所謂仿佛圖之，又安能仿佛以圖其萬一也。嗟呼！不觀天地之富，豈知人間之貧哉！

又 卷四《四瑟亭記》 先壠之右有支坡陀，八松迎澗，清風穆如余心函之，竊土人金氏不可問。日久，金氏鐻斧睨其下，適值余來憩，命鼎兒解橐以贖，一松一金，幾薪盡矣，而僥倖得完其舞鶴擎虬之體，快哉！因割其壠少許，價翔不較。而余建亭其上，顔曰四瑟，鳥音、松韻、澗響、溪聲也。聯曰：山能人語，樵亦仙風。又曰：尋松看鶴眠丹竈，燃竹烹溪飯白雲。皆此亭之實録云。山行者于此息肩，于此蔭暍，于此避雨，又或于此傍居人逃虎，俱無所不可。而予之會心處，終在八松，風花雪月亦無所不宜。余老矣，樂行其志耳，何必平泉、金谷之爲勝哉！

清 姚之駰《元明事類鈔》卷二九 檀園 李長蘅讀書處曰檀園，水木清華，市囂不至。一樹一石，皆長蘅父子手自位置。客過者，恍如身在圖畫中。

藝文

南朝陳　陳叔宝《同江僕射游攝山棲霞寺》（《文苑英華》卷二三三輯）　時宰磻溪心，非關狎竹林。鷲岳青松繞，雞峰白日沉。天迥浮雲細，山空明月深。摧殘枯樹影，零落古藤陰。霜月夜鳥去，風露寒猿吟。自可盡出俗，詎是願抽簪。

唐　曹著《曲江亭望慈恩寺杏園花發》（《文苑英華》卷一輯）　渚亭臨浄域，憑望一開軒。晚日分初地，東風發杏園。異香飄九陌，麗色映千門。照灼瑶華散，葳蕤玉露繁。未教游妓折，乍聽早鶯喧。誰復争桃李，含芳自不言。

唐　盧照鄰《盧昇之集》卷一《宿晉安亭》　聞有絃歌地，穿鑿本多奇。游人試一覽，臨玩果忘疲。窗横暮捲葉，檐卧古生枝。舊石開紅蘚，新荷覆緑池。孤猿稍斷絶，宿鳥復參差。泛艷月華曉，徘徊星鬢垂。今日删書客，悽遑君詎知。

唐　李嶠《王屋山第之側雜構小亭暇日與羣公同賞》（《文苑英華》卷三一五輯）　桂亭依絶巘，蘭榭俯回溪。綺棟魚鱗出，雕甍鳳羽栖。引泉聊漲沼，鑿磴且通溪。席上山花落，檐前野樹低。弋林開曙景，釣渚發晴霓。狎水驚梁鴈，臨風聽楚鷄。復看題柳葉，彌喜蒼桐圭。

唐　孟浩然《孟浩然集》卷三《晚春遠上人南亭》　給園支遁隱，虚寂養身和。春晚羣木秀，閑關一作間。黄鳥歌。林栖居士竹，池養右軍鵝。炎月北窗下，清風期再過。

唐　孫逖《宿雲門寺閣》（《文苑英華》卷三一四輯）　香閣東山下，煙花象外幽。燃燈千嶂夕，卷幔五湖秋。畫壁飛鴻鴈，紗窗宿斗牛。更疑天路近，夢與白雲游。

唐　李白《李太白文集》卷二〇《尋山僧不遇作金陵》　石徑入丹壑，松門閉青苔。閑階有鳥跡，禪室無人開。窺窗見白拂，挂壁生塵埃。使我空歎息，欲去仍徘徊。香雲隔山起，花雨從天來。已有空樂好，况聞青猿哀。了然絶世事，此地方悠哉。

唐　常建《常建詩》卷三《題破山寺後禪院》　清晨入古寺，初日照高林。竹逕通幽處，禪房花木深。山光悦鳥性，潭影空人心。萬籟此都寂，但餘鐘磬音。

唐　盧綸《秋晚山中別業》（《文苑英華》卷三一八輯）　樹老野泉清，幽人好獨行。去閒知路静，歸晚喜山明。蘭芰通荒井，牛羊出古城。茂陵秋最冷，一作晚。誰念一書生。

唐　楊巨源《題賈巡官林亭》（《文苑英華》卷三一六輯）　白鳥閒栖亭樹枝，緑罇仍對菊花籬。許詢本愛交禪侣，陳實由來是好兒。明月出雲秋館思，遠泉經雨夜窗知。門前長者無虚轍，一片寒光動水池。

唐　崔垌《登蔣山開善寺》（《文苑英華》卷二三六輯）　山殿秋雲裏，香煙出翠微。客尋朝磬食，一作至。僧背夕陽歸。下界千門見，前朝萬事非。看心兼送目，葭菼暮依依。

唐　張暈《題栖霞寺》（《文苑英華》卷二三六輯）　躋險入幽林，翠微含竹殿。泉聲無休歇，山色時隱見。潮來雜風雨，梅落成霜霰。一從方外游，頓覺塵心變。

唐　李端《雲陽觀寄袁稠》（《剡録》卷六上引）　花洞晚陰陰，仙壇隔杏林。漱泉春谷冷，擣藥夜窗深。石上開仙酌，松間對玉琴。戴家溪北住，雪後去相尋。

又《雨後輞川》（《文苑英華》卷三一八輯）　驟雨歸山盡，頹陽入輞川。看虹登晚墅，踏石過春泉。紫葛藏仙井，黄花出野田。自知無路去，迴步就人煙。

唐　白居易《白氏長慶集》卷五《前亭凉夜》　露簟色似玉，風幌影如波。坐愁樹葉落，中庭明月多。

又　卷八《林下閒步寄皇甫庶子》　扶杖起病初，策馬力未任。既懶出門去，亦無客來尋。以此遂成閒，閒步遶園林。天曉煙景淡，樹寒鳥雀深。一酌池上酒，數聲竹閒吟。寄言東曹長，當知幽獨心。

又　卷一三《旅次景空寺宿幽上人院》　不與人境接，寺門開向山。暮鐘鳴鳥聚，秋雨病僧閒。月隱雲樹外，螢飛廊宇間。幸投花界宿，暫得静心顔。

又　卷一四《答劉戒之早秋別墅見寄》　凉風木槿籬，暮雨槐花枝。并起新秋思，爲得故人詩。避地鳥擇木，入朝魚在池。城中與山下，喧静闇相思。

又　卷一六《遺愛寺》　弄日臨溪坐，尋花遶寺行。時時聞鳥語，處處是泉聲。

又　卷一九《春夜宿直》　三月十四夜，西垣東北廊。碧梧葉重疊，紅藥樹低昂。月砌漏幽影，風簾飄閣香。禁中無宿客，誰伴紫薇郎。

又 卷二〇《江樓晚眺，景物鮮奇，吟玩成篇，寄水部張員外》 澹煙疏雨間斜陽，江色鮮明海氣涼。蜃散雲收破樓閣，虹殘水照斷橋梁。風翻白浪花千片，鴈點青天字一行。好著丹青圖寫取，題詩寄與水曹郎。

又 卷二一《郡中西園》 閒園多芳草，春夏香靡靡。深樹足佳禽，旦暮鳴不已。院門閉松竹，庭徑穿蘭芷。愛彼池上橋，獨來聊徙倚。魚依藻長樂，鷗見人暫起。有時舟隨風，盡日蓮照水。誰知郡府内，景物閒如此。始悟喧静緣，何嘗繫遠邇。

又《北亭卧》 樹緑晚陰合，池涼朝氣清。蓮開有佳色，鶴唳無凡聲。唯此閒寂境，愜我幽獨情。病假十五日，十日卧兹亭。明朝吏呼起，還復視黎甿。

又《宿東亭曉興》 温温土爐火，耿耿紗籠燭。獨抱一張琴，夜入東齋宿。窗聲渡殘漏，簾影浮初旭。頭癢曉梳多，眼昏春睡足。負暄檐宇下，散步池塘曲。南鴈去未迴，東風來何速。雪依瓦溝白，草遶牆根緑。何言萬户州，太守常幽獨。

又 卷二二《池上夜境》 晴空星月落池塘，澄鮮净緑表裏光。露簟清瑩迎夜滑，風襟蕭灑先秋涼。無人驚處野禽下，新睡覺時幽草香。但問塵埃能去否，濯纓何必向滄浪。

又《舒員外游香山寺數日不歸，兼辱尺書，大誇勝事。時正值坐衙慮囚之際，走筆題長句以贈之》 香山石樓倚天開，翠屏碧立波環迴。黄菊繁時好客到，碧雲合處佳人來。謂遺英、舊二妓與舒君同游。酡顔一笑夭桃綻，清吟數聲寒玉哀。軒騎逶遲棹容與，留連三日不能迴。白頭老尹府中坐，早衙纔退暮衙催。庭前階上何所有，纍囚成貫案成堆。豈無池塘長秋草，亦有絲竹生塵埃。今日清光昨夜月，竟無人來勸一杯。

又 卷二三《春題湖上》 湖上春來似畫圖，亂峰圍繞水平鋪。松排山面千重翠，月點波心一顆珠。碧毯綫頭抽早稻，青羅裙帶展新蒲。未能抛得杭州去，一半勾留是此湖。

又《池西亭》 朱欄映晚樹，金魄落秋池。還似錢塘夜，西樓月出時。

又 卷二四《題報恩寺》 好是清涼地，都無繫絆身。晚晴宜野寺，秋景屬閒人。净石堪敷坐，寒泉可濯巾。自慚容鬢上，猶帶郡庭塵。

又 卷二七《令狐尚書許過弊居先贈長句》 不矜軒冕愛林泉，許到池頭一醉眠。已遣平治行藥逕，兼教掃拂釣魚船。應將筆硯隨詩主，定有笙歌伴酒仙。祇候高情無別物，蒼苔石笋白花蓮。

又 卷三〇《小臺》 新樹低如帳，小臺平如掌。六尺白藤床，一莖青竹杖。風飄竹皮落，苔印鶴迹上。幽境與誰同，閒人自來往。

又 卷三一《題王家莊臨水柳亭》 弱柳緣堤種，虚亭壓水開。條疑逐風去，波欲上階來。翠羽偷魚入，紅腰學舞迴。春愁正無緒，争不盡殘杯。

又《衰荷》 白露凋花花不殘，涼風吹葉葉初乾。無人解愛蕭條境，更繞衰叢一匝看。

又 卷三六《池上幽境》 裊裊過水橋，微微入林路。幽境深誰知，老身閒獨步。行行何所愛，遇物自成趣。平滑青盤石，低密緑陰樹。石上一素琴，樹下雙草屨。此是榮先生，坐禪三樂處。

唐 姚合《姚少監詩集》卷七《題大理崔少卿駙馬林亭》 每來歸意懶，都尉似山人。臺榭栖一作停雙鷺，松篁隔四鄰。迸泉清勝雨，深洞暖如春。更看題詩處，前軒粉壁新。

又《題鄭一作崔駙馬林亭》 東園連宅起，勝事與心期。幽洞自生藥，新篁迸入池。密林行不盡，芳草坐難移。石翠疑無質，鶯歌似有詞。莎臺高出樹，鮮壁净題詩。我獨多來賞，九衢人不知。

又《題郭侍郎親仁里幽居》 入門塵外思，苔徑藥苗間。洞裏應生玉，庭前自有山。帝城唯此静，朝客更誰閒。野鶴松中語，時時去復還。

又《題宣義池亭》 春入池亭好，風光暖更鮮。尋芳行不困，逐勝坐還遷。細草亂如髮，幽禽鳴似絃。苔文翻古篆一作畫，石色學秋天。花落能漂酒，萍開解避船。暫來還差一作猶愈疾，久住合成仙。迸笋揞堦起，垂藤壓樹偏。此生應借看，自計一作謂買無錢。

又《題薛十二池亭》 每日樹邊消一日，遶池行過又須行。異花多是非時有，好竹皆當要處生。斜立小橋看島勢，遠移幽石作泉聲。浮萍著岸風吹歇，水面無塵晚更清。

唐 元稹《元氏長慶集》卷二一《松鶴》 渚宫本坳下，佛廟有臺閣。臺下三四松，低昂勢前却。是時晴景麗，松梢殘雪薄。日色相玲瓏，纖雲映羅幕。逡巡九霄外，似振風中鐸。漸見尺帛光，孤飛唳空鶴。徘徊耀霜雪，顧慕下寥廓。蹋動樛盤枝，龍蛇互跳躍。俯瞰九江水，旁瞻萬里壑。無心眄烏鳶，有字悲城郭。清角已沉絶，虞韶亦冥寞。騫翻勿重留，幸及鈞天作。

又《**寺院新竹**》 寶地琉璃坼，紫苞琅玕踴。亭亭巧於削，一一大如拱。冰碧林外寒，峰巒眼前聳。槎枒矛戟合，屹仡龍蛇動。烟泛翠光流，歲餘霜彩重。風朝竽籟過，雨夜鬼神恐。佳色有鮮妍，脩莖無臃腫。節高迷玉鏃，籜綴疑花捧。詎必太山根，本自仙壇種。誰令植幽壤，復此依閒冗。居然霄漢姿，坐受藩籬壅。噪集倦鴟烏，炎昏繁蟣蠓。未遭伶倫聽，非安子猷寵。威鳳來有時，虛心豈無奉。

唐　趙嘏《**題昭應王明府溪亭**》（《**文苑英華**》**卷三一六輯**） 靖節何須彭澤逢，菊洲松島水悠溶。行人自折門前柳，高鳥不離溪畔峰。曉渭度檐帆的的，晚原含雨樹重重。軒車過盡無公事，枕上一聲長樂鐘。

唐　温庭筠《**温飛卿集箋注**》**卷四**《**偶題林亭**》 月榭風亭繞曲池，粉墻集作垣迴互瓦參差。侵檐片白摇翻影，落鏡愁紅寫倒枝。鸂鶒刷毛花蕩漾，鷺鷥拳足雪離披。山翁醉後如相憶，羽扇清罇我自知。

又《**南湖**》（《**全唐詩**》**卷五七八輯**） 湖上微風入檻涼，翻翻菱荇滿回塘。野船著岸偎春草，水鳥帶波飛夕陽。蘆葉有聲疑霧雨，浪花無際似瀟湘。飄然篷頂東歸客，盡日相看憶楚鄉。

唐　馬戴《**謁仙觀**》（《**文苑英華**》**卷二二七輯**） 我生求羽化，齋沐造山集作仙居。葛蔓汲丹井，石函盛集作開道書。寒松多偃側，靈洞遍清虛。一就泉棲嶺集作飲，雲中采藥蔬。

唐　曹松《**李郎中林亭**》（《**文苑英華**》**卷三一六輯**） 祇向砌邊流野水，樽前上下看魚兒。笋溪已長過人竹，藤徑從添拂面絲。若許白猿垂近户，即無紅葉壓低枝。大才必擬逍遥去，更遣何人佐盛時。

唐　劉得仁《**冬日題駱家亭子**》（《**文苑英華**》**卷三一六輯**） 亭臺臘月時，松竹見貞姿。林積煙藏日，風吹水合池。恨無人此住，静有鶴相窺。是景與秋景，吟詩亦各宜。

唐　楊發《**溪南書齋**》（《**三體唐詩**》**卷五輯**） 茅屋往來久，山深不閉門。草生垂井口，花落擁籬根。入院將雛鳥，攀蘿抱子猿。曾逢異人説，風景似桃源。

唐　喻坦之《**題耿處士林亭**》（《**文苑英華**》**卷三一六輯**） 身向閒中老，生涯本路然。草堂山木下，魚艇鳥花邊。窺井猿兼鹿，啼林鳥雜蟬。何時人事了，依此亦高眠。

唐　羅鄴《**夏月題遠公北閣**》（《**文苑英華**》**卷三一四輯**） 危閣壓山岡，晴空疑鳥行。勝搜花界盡，響益梵音長。有月堪先到，無風亦自涼。人煙紛繞繞，諸疑。樹共蒼蒼。楊戀高樓語，甌憐畫茗香。此身閒未得，驅馬入殘陽。

唐　鄭谷《**雲臺編**》**卷下**《**郊墅**》 韋曲樊川雨半晴，竹莊花院徧題名。畫成煙景垂楊色，滴破春愁壓酒聲。滿野紅塵誰得路，連天紫閣獨關情。渼陂水色澄於鏡，何必滄浪始濯纓。

宋　趙湘《**南陽集**》**卷二**《**江秀才新居**》 營居知避俗，領鶴過秋郊。泉照書初架，窗移樹未巢。留題新墨濕，掩户舊鄰敲。數本當簾竹，茶煙漸欲交。

宋　范仲淹《**范文正集**》**卷二**《**峻極上寺**》 徘徊峻極寺，清意滿烟霞。好風從天來，吹落桂樹花。高高人物外，猶屬梵王家。

宋　歐陽修《**文忠集**》**卷五五**《**早夏鄭工部園池**》 夜雨殘芳盡，朝暉宿霧收。蘭香纔馥徑，柳暗欲翻溝。夏木繁堪結，春蹊一作畦翠已稠。披襟楚風快，伏檻更臨流。

又　卷五六《**錢相中伏日池亭宴會分韻**》 罇俎逢佳節，簪纓奉宴居。林光拂衣冷，雲影入池虛。酒色風前緑，蓮香水上踈。飛談交玉麈，聽曲躍文魚。粉籜春苞解，紅榴夏實初。睢園多美物，能賦謝相如。

又《**柴舍人金霞閣**》 檐前洛陽道，下聽走轅聲。樹蔭春城緑，山明雪野晴。雲藏天外闕，日落柳間營。緩步應多樂，壺歌詠太平。

宋　趙抃《**清暑堂**》（《**西湖志纂**》**卷一二輯**） 江上潮音曉暮聞，天饒風月地無塵。自誇清暑堂中景，容得衰翁未退身。

宋　魏野《**東觀集**》**卷一**《**和寇寺丞夏日游麗春園**》 麗春園甲召公城，池想游魚恨至清。一簇樓臺如畫出，数羣鷗鷺似家生。芰荷香裏垂綸坐，楊柳陰中把卷行。不領管絃惟静憩，相門年少有高情。

宋　文同《**丹淵集**》**卷四**《**王會之秀才山亭**》 盤盤翠城山，君在城中住。溪流遞縈轉，岡勢復回互。蒼林無春冬，啼鳥常旦暮。漠漠嶺頭雲，霏霏岩底霧。中間列亭榭，佳景實天付。物象皆自然，人巧誰能寓。浮生欲何事，有此即樂處。況君弟兄賢，信道各已固。詩書誨兒侄，觴豆燕逢遇。敢問彼簪裾，何如此巾屨。

又《**鳳山古祠**》 林木摧折堂廡傾，其中塐像猶縱横。狂巫騰踏野老拜，瘦雞薄酒邀神明。形容詭怪蛇虺亂，聲音醜惡鴟梟鳴。災牛禍犬亦可作，世有此事何由平。

又 卷九《房公湖》 一頃清波四面平，宛然唐相舊經營。高秋林木形容老，落日樓臺彩繪明。有景可尋蘭櫂遠，無幽不入竹橋橫。二年所得官居樂，肯厭頻來緩帶行。

又 卷一一《洗竹》 斤斧從來到此稀，爲撩疏密遶藩籬。已繁不用饒新笋，縱礙何妨惜舊枝。風外清音聞曲閣，月中寒影下方池。想公日在琅玕逕，正是棠陰訟少時。琅玕逕在西園，竹逕名也。

又 卷一七《篔簹谷》 池通一谷波溶溶，竹合兩岸煙濛濛。尋幽直去景漸野，宛爾不似在塵中。

宋 王安石《臨川文集》卷二九《鍾山晚步》 小雨輕風落楝花，細紅如雪點平沙。槿籬竹屋江村路，時見宜城賣酒家。

又 卷三〇《鍾山即事》 澗水無聲繞竹流，竹西花草弄春柔。茅檐相對坐終日，一鳥不鳴山更幽。

宋 鄭獬《鄖溪集》卷二七《月波樓》 古壕鑿出明月背，樓角飛來兔影中。野色更無山隔斷，天光直與水相通。溪藏畫舫青紋接，人住荷花碧玉叢。誰把金魚破清暑，晚雲深處待歸風。

宋 刘攽《彭城集》卷八《桃源》 武陵溪深山合沓，巖谷掩映秦人家。仙俗迷塗不可到，春風流水空桃花。山中道人多百歲，翠髮蕭條神骨異。漁舟往往傍林麓，相逢亦問人間世。

又《竹間亭作》 溪東雜花亂如谷，溪西老樹交篁竹。橫槎波水纔一葦，繚逕出林凡幾曲。半旬霖雨泉脉動，四岸春風柳芽緑。眼前景物向人好，心事幽憂傷局促。

宋 韋驤《錢塘集》卷二《水中亭》 回環水面碧于藍，曉夕清虛萬象涵。佳趣不容爲獨榷，史君横彴在亭南。

又 卷五《和見招游城東園》 東城老圃埽青苔，竹柏深中一逕開。桃蘂柳芽俱有意，安排春態待公来。

宋 蘇軾《東坡全集》卷二七《萬山》 西行度連山，北出臨漢水。漢水蹙成潭，旋轉山之趾。禪房久已壞，古甃含清泚。下有仲宣欄，綆刻深容指。回頭望西北，隱隱龜背起。傳云古隆中，萬樹桑柘美。月炯轉山曲，山上見洲尾。緑水帶平沙，盤盤如抱珥。山川近且秀，不到懶成耻。問之安能詳，畫地費簪筆。

宋 陳舜俞《都官集》卷一三《開先寺》 山門屹屹横青嶂，巖屋霏霏帶紫烟。千尺老松當大道，一條飛瀑落中天。重來覽物應相識，此地尋僧似有緣。自謂讀書非俗吏，謫官猶得近林泉。

宋 畢仲游《西臺集》卷二〇《書軒》 書軒東向木欄干，寒食相招對酒盤。日色帶陰春竟晚，幽花未落蝶成團。

宋 謝薖《竹友集》卷四《斸苓軒》 萬鍾辭屠羊，五鼎貪主父。是間多毒腊，可茹亦可吐。緬懷陶隱居，朝服挂神武。餌苓期却老，曠蕩適林莽。我家城西偏，有地一廛許。開軒俛長松，倒影廕庭廡。嵌空宿龍蛇，晻曖藏霧雨。流脂入地脉，凝結歲月古。長鑱白木柄，生事聊付汝。想彼塵外人，遲暮肯同煮。但當捎兔絲，敢望擘麟脯。

宋 鄒浩《道鄉集》卷七《南堂八絶句》 聖賢祠畢諸生散，曳履斜陽哦杜詩。幽鳥飛來似相好，竹枝深處語多時。

桐竹交陰覆廣庭，秋風時與葉争鳴。可憐一曲明君操，不似高山流水聲。

長廊耿耿注西東，鼓腹循環返照中。更擬將心寄明月，無端雲葉上晴空。

盆水如池傍竹根，早期功業在龍孫。爾來取飲多奇羽，更得南堂幽趣繁。

窶人何緣有遺啄，一飲聊分秋水清。貪泉盜泉滿機械，烏鵲故應知此情。

風摇疎影落清漪，泛泛魚兒趁晚嬉。不是來禽驚不去，窗前從此使人疑。

倦來拄策立階除，深喜官居似隱居。寒日西流報衙鼓，紛紛清影上圖書。

緑竹不應忘舊好，黄花還擬結新交。欄邊醉倒非吾事，只愛金英媲玉梢。

又 卷一四《寄題妙峰閣慧照堂》 威藏主授業院有閣有堂，求予名。既名之而示此偈。

妙峰閣外雲收翳，慧照堂中日放光。大地山河都見了，此心聊寄一罏香。

宋 孫覿《鴻慶居士集》卷二《妙覺寺適軒》 古寺秋崖上，清風掩半關。晚花明艷艷，曉溜落潺潺。松笋穿階瘦，苔窠蔽石斑。翹沙憐鷺静，抱葉看蜂還。心以空無累，身從病得閒。儀曹獨何事，終日賦囚山。

老厭風沙惡，安閒且當禪。開簾延白月，倚杖立蒼烟。鳥散人聲裏，鐘殘客夢邊。小蒲風葉偃，薄槿露華鮮。句好吟鬚斷，歡餘醉帽偏。人生但如此，何處不翛然。

又 卷三《雉山寺青羅閣》 蠻村避謗三年過，野寺尋僧半日閒。小檻吹香花漠漠，斷崖漱碧水潺潺。桃榔葉底秋聲滿，柏子煙中午夢還。便擬買舟隨

釣叟，一蓑烟雨繫滄灣。

又 卷四《**横山堂**》 波間指點見青紅，雪脊嶒棱倚半空。幻出生綃三萬幅，游人渾在畫圖中。

宋 吕本中《**東萊詩集**》卷一《**小園**》 小園常在眼，春事已天涯。雨暗堤前路，苔深林外家。曲池通小徑，密樹隱殘花。長愧鄰翁酒，囊空尚可賒。

宋 趙鼎《**忠正德文集**》卷五《**獨樂園夜飲梅花下再賦**》 我有一樽酒，爲君消百憂。當春梅盛發，去作花間游。嫦娥從東來，愛此亦遲留。便欲買花去，玉玦戀枝頭。花動月光亂，月移花影流。横斜滿杯盤，酒面香浮浮。舉觴吸明月，與花相勸酬。君若不盡飲，恐爲花月羞。緬想李太白，對酒無朋儔。當時明月下，還有此花不。

宋 李復《**潏水集**》卷一四《**寒泉亭**》 孤亭結架開巖扃，山深氣偏冬常侵。驚浪一溪噴飛雪，陰檐五月垂堅冰。長風不斷響空峽，崩石欲落纏巨藤。三伏火雲愁病暍，投鞭知有幾人登。

又《**八月十六日後池上**》 竹户深扃滿逕苔，芙蓉落盡曉池開。數番雨勢隨風去，一片秋光入座來。已老林蟬餘韻斷，將歸檐燕强飛回。沙鷗時下知人意，近岸相親眼不猜。

又《**李氏園**》 城近斜臨南郭路，地寬分得奉誠園。垂竿引水穿回徑，種竹成陰補壞垣。曉露不收荷已敗，新霜將落柿初繁。天晴野曠秋風厲，借榻虚堂負午暄。

宋 李彭《**日涉園集**》卷一〇《**幽園風雨**》 妙手春工如畫史，鵝溪百幅掛城隅。却將李成驟雨筆，掩映邊鸞花鳥圖。

宋 鄧肅《**栟櫚集**》卷二《**秋日白蓮**》 竹外玻瓈十頃寬，水芝高下刻琅玕。冷香剪剪秋風動，孤艷泠泠曉月寒。康樂氣豪猶出社，易之韵俗更誰看。笑談今日親姑射，太華高吟不數韓。

宋 王之道《**相山集**》卷一《**月臺**》 低迷委徑柳，氛氲被池蓮。亭前秋雨餘，明月來嬋娟。高臺甃蒼玉，清風夜周旋。舉杯屬姮娥，醉舞還蹁躚。

又 卷一〇《**避寇姥山**》 山前湖水抱煙村，湖外山光隱若存。泛宅浮家聊自託，蔭松藉草欲誰論。物情魚沫真堪笑，世事槐安不在言。回首故園煨燼裏，歸歟猶勝傍人門。

宋 吴可《**藏海居士集**》卷上《**題翹翠軒詩**》 老木拔雲蒼翠起，新篁挾雨枝葉美。下有數峰莓苔寒，先生俯仰一笑喜。乘興把書坐秋風，超然吐論飛長虹。客星忽去璧月上，陶陶醉卧玻璃中。

又 卷下《**簇翠亭**》 此老作亭蒼翠間，定知胸次有東山。朝陽破霧烘林影，醉袖扶花繞鬢鬟。露警丹哥傳妙響，雲眠碧友自清閒。欲專一壑從來事，回首塵埃亦厚顔。

宋 張擴《**東窗集**》卷三《**瑞華堂秋晚**》 山石亂崔嵬，虚堂面石開。幽香催檻菊，疎影轉庭槐。羽扇驚秋老，衣砧破夢回。坐看雲四合，奔電數聲雷。

宋 阮閱《**郴江百詠・題春波亭**》 數葉荷衣一短蓑，春波亭上倚斜暉。無人會得詩中畫，憑盡闌干又獨歸。

宋 曾協《**雲莊集**》卷一《**暮春雜詠八首選二**》 曲徑穿深樾，支流旁小亭。鳥將雲共遠，天與樹俱青。水色清堪掇，風聲静可聽。壁間餘地在，落筆記曾經。

蓮沼瓊瑶墮，萱庭錦繡張。静聞人語好，閑愛水風凉。藜杖休行樂，蒲團且坐忘。沙禽相識慣，趯趯近胡床。

宋 朱松《**韋齋集**》卷五《**梅花**》 霜谿咽絶照冰姿，誰見無人弄影時。香逐曉風穿暗户，夢隨落月掛寒枝。

宋 楊萬里《**誠齋集**》卷一〇《**芭蕉雨**》 芭蕉得雨便欣然，終夜作聲清更妍。細聲巧學蠅觸紙，大聲鏘若山落泉。三點五點俱可聽，萬籟不生秋夕静。芭蕉自喜人自愁，不如西風收却雨即休。

宋 陳造《**江湖長翁集**》卷一〇《**贈畫士龔子**》 古人論畫索畫外，世俗區區較形似。眼明亦有可人者，龔子畫形兼畫意。秋蘭春蕙相與芳，梅花照影生暗香。倚煙映霧各夸嫮，并作短軸供寶藏。斬新雪色三丈壁，勝日煩渠揮淡墨。楂牙老樹對醜石，龍騰獸伏起恍惚。松底跳波隱隱轟千聲，石間横斜風竹相因依。長翁雅趣在水竹，新開湖南規辦五畝緑。此松此石偕四友，身未出門先在目。暮年供給良易足，龔子惠我真絶俗。萬錢酬贈不領頤，新詩渠能飽君腹。平生好事吾屢空，龔子好事未後翁。藏詩寶畫從人笑，與子把玩無終窮。

又 卷一二《**題潘德久竹居**》 竹裏幽棲不掩關，解將應俗等居山。風流彭澤羲黄上，詩力蘇州季孟間。官縛猶存紫公服，客來肯斬玉條環。雪兒小直珠千斛，可但疏簾見一斑。

又 卷一四《**次韻嚴文炳兼簡張守二首**》 嬉游有願自今償，回首春容已

浩茫。霽景偏遲張錦地，小園秀出卧雲莊。梅林破玉香沾袂，池水摇漪淥泛堂。茶具筆床陪語笑，未妨日飲慰還鄉。

梅梅柳柳護深行，倦客重游眼更明。谷鳥自應尋舊約，渚蘭潛欲换新萌。詩工已可醒人醉，賦就當須冰坐清。老我客渠真得計，夢魂無復鳳凰城。文炳許作賦。

宋 趙公豫《燕堂詩稿·黄岡》 黄岡臨古岸，依谷盡人家。老稚崇清儉，衣冠鄙俗華。花香幽徑僻，鳥噪夕陽斜。俯仰情何寄，煙霞自足誇。

宋 陳傅良《止齋集》卷五《海棠絶句》 淡月看花似霧中，遽呼燈燭倚花叢。夜來月色明如畫，却向庭蕪數落紅。

宋 李流謙《澹齋集》卷二《木芙蓉》 秋光冷如冰，秋花淡無色。偶見此粲者，濃艷照孤寂。天寒翠袖薄，那得在空谷。東風嬖桃李，倚樹三嘆息。

宋 張鎡《南湖集》卷二《千葉黄梅歌呈王夢得張以道》 笛聲吹起南湖水，散作奇葩滿園裏。被春收入玉照堂，不逐餘芳弄紅紫。一春開霽能幾時，江梅正多人來稀。光風屈指已過半，賴有緗蕊森高枝。今朝拄杖偏宜到，暖碧紅烟染林草。悠然試就花下行，便有踈英點烏帽。細看寶靨輕金塗，密網粲綴萬斛珠。一香舉處衆香發，幻巧更吐冰霜鬚。叵羅盛酒如春沼，不待東風自開了。呼童撼作晴雪飛，雪飛爭似花飛好。上都賞玩爭出城，日高三丈車馬塵。誰能擺脱熱官與銅臭，肯學花底真閒人。時平空山老壯士，不得滅秦報君死。鷄鳴撫劍起相歎，夢領全師渡河水。吾曹恥作兒女愁，何如且插花滿頭。一盞一盞復一盞，坐到落梅無始休。無梅有月尤堪飲，醉卧蒼苔石爲枕。醒來明月別尋花，桃岸翻霞杏堆錦。

又 卷三《山堂紀實》 莓苔牆下斑斕長，烟霏谷口依稀上。晨輝逕奔去聲鳥聲来，夕影屢逢蟾魄晃。杖拖瘦路鳴敲鏗，天台廬阜着脚行。中林穩置盤陀石，並坐不與孤雲爭。疏紅疊翠如先有，霜藤蔓緣驚蛇走。枝枝葉葉巧相攙，歲寒俱是論心友。菴前臺上晴最嘉，數杯薄酒聊隨茶。客来勸主主勸客，醉倒冠履從欹斜，且道如今詩甚處，見成不是虚排句。堂前新展假山詩，約齋老子堂中住。

又 卷五《立春日訪梅裴氏園》 下馬東風恰到來，午煙沙際日烘開。長松寂歷寒聲少，遠柳葱蘢緑意回。零落歡游逢故地，夤緣幽勝逐深杯。湖邊不使儂先詠，枉却今年處士梅。

又《次夜月色復佳游霞川錦池二首》 倚欄看月興難平，載酒還須入澗行。竹頂有時翻鵲翅，草根隨處鬧蟲聲。城中豈是無人賞，船裏何曾卧地撑。游遍一池心未足，亂荷叢底聽三更。

晝橋烟重柳垂垂，露濕衣裳透始知。丹桂花香牆畔起，水荇枝影席間移。思量究竟都如夢，戀著休閒煞不癡。夜半江潮聲正熟，歸來纔是欲眠時。

又《竹軒詩興》 柴門風捲却吹開，陋徑初成竹旋栽。梢影細從茶椀入，葉聲輕逐篆烟來。暑天倦卧星穿透，冬晝閒吟雪壓摧。預想此時應更好，莫移牆下一株梅。

又 卷六《回渡荷葉浦》 宿雨驚眠變早涼，喜成風便放歸航。山雲野樹水墨暗，蘆葉荷花文繡香。藉枕冰藤醒倦思，打簾珠浪發清狂。天圍平浦方宜眼，便腹飛帆莫太忙。

又《南湖夕泛》 欲知家住畫圖中，静向波心漾短篷。粉墨暈開天水色，碧朱堆上柳花叢。雲邊鷗影來還去，籬畔雞聲西復東。別浦夷猶豈無謂，細看蘋末受清風。

又《題昌化縣雙溪館》 犇流檻外薄谿鳴，曾入坡仙拄杖聲。天目遠連山勢曲，路頭爭説縣官清。林重鳥愛衝煙没，橋毁人看涉水行。忙裏能偷此閒樂，抗塵寧復嘆勞生。

又《題臨川道中玉虚觀》 拔宅清都去不還，尚留仙事警其頑。靈茅歲久香猶發，丹井功成水自閒。日轉空庭松影瘦，雨餘幽徑蘚痕斑。雲軿鶴駕何曾遠，滿耳天風吹珮環。

又 卷七《行次下渚湖二首》 綿延蒼岫補林空，菱荇通船萬鏡中。黄白花明如繡出，蜻蜓猶愛蓼成叢。

野童緑草牧鵝羣，詩料今朝得幾分。俯仰縱横皆合律，雲如層樹樹如雲。

又 卷八《題本覺寺》 繞架蒲萄葉尚稀，瓦爐閒炷柏煙微。年年緑暗軒窗意，却恨春風不早歸。

一徑横穿蘚翠封，滿空聲動玉琤淙。林居豈是無修竹，未有清陰似此濃。

又《閒步游紫極觀》 孤榜前春冰雪清，山祠閒步意無營。曾耽幽槩穿廊曲，猶記筇冠問客生。

又《晨步西澗》 日炙芹泥積漸融，一灣新漲小橋通。不因野鴨飛來喜，忘却生涯書卷中。

又《園中口占》 荇帶荷錢漸滿池，吹香隔岸盡荼蘼。潛魚忽擲金梭起，補足今朝未了詩。

又　卷九《書蒼寒堂壁二首》　隔竹紅梅酷似桃，政宜修澗緑周遭。武陵風景何時别，不絶人來意更高。

一燈清坐欲三更，月到疏欞朧鬆明。除了當欄松上鵲，無人聽得讀書聲。

宋　劉過《龍洲集》卷七《吴尉東閣西亭》　襲桂行香徑，朱欄稍轉西。水風飄石冷，雲月墮檐低。棋敗深杯罰，詩豪健筆題。舞忙釵鬢亂，更爲捧醉帽斜。但驚風露冷，飄落怕還家。

石板橋東閣，軒窗如此華。碧虚澄水鑑，紅影浸霜花。似串歌雲駐，如泥柔荑。

宋　孫應時《燭湖集》卷一七《益昌僧寺静境軒》　落照久未夕，斷雲低不飛。孤舟上水急，歸鳥度山微。蕭颯天涯髩，淋浪醉後衣。憑欄一笑去，客夢轉頭非。

宋　姜夔《白石道人詩集》卷下《題華亭錢參園池》　花裏藏仙宅，簾邊駐客舟。浦涵滄海潤，雲接洞庭秋。草木山山秀，闌干處處幽。機雲韜世業，暇日此夷猶。

宋　趙汝鐩《野谷詩稿》卷三《水閣秋夜》　雲收一點無，秋洗四山净。野水吞長天，涼月分兩鏡。倚湖閣虚窗，緣石竹修勁。孤斟領幽寂，新醪快村硬。露冷欺病骨，更闌瞻斗柄。欲去未屬饜，倚欄成短詠。

又　卷四《琳宇》　琳宇棲巖谷，翛然一徑深。風篁竿戛玉，霜橘顆垂金。是院皆扃户，無人但聽琴。遶廊行數匝，聊以洗塵心。

宋　汪晫《康範詩集·環谷初夏》　荷錢新緑點池塘，竹枕方床午夢長。山鳥數聲簾影寂，松窗風遞煮茶香。

宋　葛紹体《東山詩選》卷上《浸碧亭月夜》　夜半横空一片雲，雲邊明月帶疏星。松關露重驚飛鵲，荷渚風輕低度螢。粟綴嫩黄懷老圃，酒篘新緑見虚亭。秋吟不作相思調，許我西湖伴醉醒。

又　卷下《題戒珠寺竹閣》　松雪半梢寒鵲語，風敲疏竹度斜陽。幽尋有客自來去，静對僧禪一縷香。

宋　嚴粲《重過雷園》（《江湖小集》卷一一引）　静處人來少，園扉本不關。寒叢凄古徑，落日思空山。倚樹吟情遠，臨池立影閑。晚林看更好，一抹冷煙還。

宋　袁甫《蒙齋集》卷一九《分題得莫氏荷池》　我老貧無居，借宅横水北。軒窗五月涼，四面繞脩竹。方塘貯清泉，緑净蔭湖目。初疑青錢小，稍展圓蓋緑。紅妝出菡萏，斂萼似羞縮。清晨露華滋，掩苒耀容服。風來香十里，雨過珠百斛。全家在清涼，衾枕有餘馥。吾師老瞿曇，六入漸驅逐。塵囂化五濁，熱惱變三伏。食實餐其根，對案何用肉。

宋　姚勉《雪坡集》卷一三《山齋》　茅齋住翠林，一逕總清陰。澗近水聲入，窗虚山色侵。讀書依竹静，送客出花深。此地無塵俗，令人長道心。

宋　釋斯植《采芝集续集·池上曲》　曉雨生池荷，圓珠漾新緑。入手不成珠，空歌采蓮曲。

又《春日湖上五首》　繞堤衰草緑纖纖，老裏吟情覺未厭。應是踏青天氣近，柳條多插野人檐。

曉山漠漠畫烟霏，四面樓臺白鳥稀。芳草年年湖上路，柳花風送釣船歸。

樂天遺跡暫徘徊，路入深雲滿徑苔。花影上欄吟未穩，東風空倩蝶飛來。

雨餘蛙吹歇池塘，庭院人閒日正長。獨倚畫闌看不盡，海棠無處是山光。

今朝纔得是閒身，来往琳宫不厭頻。燕葺舊巢春又暮，風光一半屬游人。

宋　吴龍翰《古梅遺稿》卷一《嘉禾沈園》　景物何其異，虚巖人力成。清池沈鳥影，高樹落蟬聲。花月樓臺麗，香風簾幙輕。我來一吟賞，莫怯百杯傾。

元　黄庚《月屋漫稿》《鶴林仙壇寺》　古壇歸鶴杳，野鹿自成群。嵐氣浮清曉，鐘聲出白雲。樹穿僧屋老，水到寺門分。人世無窮事，山中了不聞。

元　何中《知非堂稿》卷二《清江鎮靈峰寺員嶠亭》　拔迹囂塵區，置身清涼境。深深蒼松林，炎曦不通影。松根得散坐，肅然心自醒。閒草膏以緑，新蟬咽而警。元非造幽邃，已足移視聽。何當真物外，無慚虚與静。

元　歐陽玄《圭齋文集》卷三《錙山立梅圖》　山澤癯儒面目真，見梅往往見先人。屋梁月色新湔拂，茅舍玉堂同一春。

明　唐桂芳《白雲集》卷三《題彭正卿竹溪吟卷》　何妨結屋清溪上，領取琅玕萬箇風。淇澳有詩生筆底，渭川佳境在胸中。月明沙净摇疎影，雨過波深長舊叢。借問籜龍今幾尺，會逢雷震嘯長空。

明　高得暘《節菴集》卷二《題盛子昭小景》　茅堂溪上立，溪水三面繞。波光入虚牖，玉臺蕩空渺。遠與城府違，而無塵俗擾。秋聲減楓梧，晚色集蘋蓼。孤吟不出户，思在雲樹表。故人扁舟来，厚意慰幽悄。便當掃蘿逕，

□爲致清醥。近作得細論，佳趣應不少。

明 薛瑄《敬軒文集》卷一《游習家池》 谷口一逕入，蒼山四邊開。中有習池水，澄碧無纖埃。泉源初噴薄，交流遂瀠洄。飛鳥鏡中度，行雲天外來。微風一蕩拂，林影久徘徊。寒光空心性，俯玩何悠哉。愛此不能去，載歌寫中懷。

明 王野《出郭訪王叟園居》（《宋金元明四朝詩·明詩》卷三三輯） 遥想棲託佳，春霽引坦步。鳥聲牆外聞，花隔鼻先悟。入門及賓館，宛若下山路。葱蒨清意滿，簡密幾叢樹。衆草冗不芟，存爲蠢動寓。草木遂本性，愛物見平素。人静池出魚，屋衰梁飽蠹。壁苔如畫山，天然卧游具。園叟齒逾耋，似鶴林間遇。内深冥真寄，外淺備禮數。恍惚異世人，相對心疑懼。雖疑且盤桓，嘯歌日至暮。

明 柯潛《竹巖集》卷四《游瓮山圓静室在西湖北》 尋常只説西湖勝，今日纔知有瓮山。曲檻飛花香冉冉，小橋流水碧灣灣。樹經千歲不曾老，雲在孤峰長自閒。痛飲一樽償絶景，醉時騎馬月中還。

明 沈周《石田詩選》卷九《慶雲菴月下觀杏花》 杏花初開紅滿城，我眠僧房聞雨聲。侵朝急起攬晴艷，對房兩株令眼明。還宜夜坐了餘興，静免蜂蝶來紛争。嫣然紅粉本富貴，更借月餘添妍清。青蘋流水未足擬，金蓮影度雙娉婷。庭空月悄花不語，但覺風過微香生。老僧看慣不爲意，却愛小紙胭脂縈。高齋四壁可長有，不由零落愁人情。

明 張和《燈下觀海棠》 明 周復俊輯《玉峰詩纂》卷三引 露濕雲屏月轉廊，一簾花霧靄天香。畫堂今夜春如海，醉剔銀燈看海棠。

明 楊慎《升菴集》卷二九《奚柏軒李西崖許松溪三君子枉過張氏園》 海上羣仙貫月槎，辟疆園裏踏晴沙。芊綿薙草開三徑，窈窕穿林似兩家。戛玉敲金君子竹，長紅小白女郎花。流年不用驚華髮，良會何辭醉紫霞。

明 懷悦《士林詩選》卷上《杏花》 微紅滿樹隔闌干，爛熳東風錦作團。萬蕊晴霞迷曉色，一簾香霧護春寒。倚雲曾向天家種，沽酒多從野店看。

明 莊昶《定山集》卷二《花園四時詞》 殘山剩水也春光，何謝園池舊洛陽。秉燭放歌天欲曉，雨香檐外更花香。

藤床兀兀已抛書，起倒無餘懶有餘。花到薔薇好報道，老頭今亦爲渠梳。

月亦停杯花亦停，又生恤緯後來情。聲橫南徼千山馬，勢破西天萬里鷹。短褐人間無紫鳳，連村闕足清波。氣含公鼎花神笑，影對寒崖十丈蘿。

明 周瑛《翠渠摘稿》卷七《游廣德東山寺三首》 地窄剛容寺，山深不見人。回頭望城郭，無處不紅塵。

屋外山雲濕，門前溪水寒。禪心安未穩，明月上蒲團。

山高日易下，地滑雪初消。共説前途險，溪深獨木橋。

明 王廷相《石井别業》（《古今詩删》卷二六輯） 花暗棠梨浦，禽鳴桑樹林。濃霞淹曙色，微雨作春陰。田父班荆坐，漁翁濯足吟。偶來人境外，銷却宦游心。

明 邊貢《華泉集》卷六《游林慮山黄花寺》 黄花峪臨千萬山，招提更在萬山間。窗圍白石冬逾静，門偃紅椒晝下關。迎日岫煙生裊裊，咽冰岩瀑下潺潺。場苗可用維吾馬，已判東峰上月還。

明 韓邦奇《苑洛集》卷一一《徐家園竹》 碧闌重護小山陰，誰種淇涯緑滿林。千尺雲霄看鳳宿，五更風雨聽龍吟。寒香欲挹芳梅操，直節還通翠柏心。却憶故園棲迹處，秋來高覆草堂深。

明 顧璘《顧華玉集·浮湘稿》卷一《靈隱寺》 水泛趣已綿，山行路仍窈。迤邐經層巒，花宫冠林杪。峭壁槩微霄，下映樓觀小。崖傾樹孤撑，亭遠泉重繚。蕭條僧氣閒，肅穆人聲悄。來游屬秋暮，蕉葉青嫋嫋。入徑薰名香，憩澗狎幽鳥。顧瞻桃源幽，捐佩苦不早。寄言都城子，來者一何少。誅苑儻吾遂，庶離寰中擾。

明 何景明《大復集》卷一〇《集吴子寺館》 首夏憩祇園，游息解冠簪。窗楹抗疏敞，殿宇閟深沈。緑竹帶陰渠，丹葩綴陽林。既枉高人躅，亦協静者心。琴書散煩慮，鐘磬發幽音。清言忘朝昃，玄思超古今。

明 張寧《方洲集》卷四《水南别業四首选二》 幽居異前業，喜無塵俗喧。東風扇微和，忽此春事繁。游魚泛深沼，好鳥鳴檐端。布穀正及時，呼童理荒園。羣動各有爲，予生固多般。感之欲自見，對景已忘言。

夙昔愛林壑，遂懷泉石居。下焉安所適，上焉荷唐虞。無窮畢日歡，耻與放浪俱。此意不自昧，付之耕鑿餘。秋凉入林薄，時復課兒書。先民有遺詔，經訓乃菑畬。

明 文彭《博士詩集·立春日同彭孔加過袁與之桃花别墅》（《文氏五家

集》卷七輯） 暧爾桃花塢，臨溪新草堂。烟籠寒篠翠，風轉野梅香。積雪留殘白，垂楊試淺黄。山公行樂地，時許野人狂。

春日尋幽賞，行行路轉迷。忽驚高柳變，似聽早鶯啼。翠桁依危峙，紅橋度淺堤。即看新水滿，疑入武陵谿。

明 張治《梅園秋游》（《宋金元明四朝詩·明詩》卷八〇輯） 燕門九月天雨霜，瘦馬城西衝曉凉。曲岸傍橋蘆葉短，斷畦臨水稻花香。鵝池清淺移舟入，鳥樹蒼茫載酒嘗。不有主人知愛客，可能垂釣對斜陽。

明 孔天胤《文谷漁嬉稿·題鄭溪園》 堵翻紅藥盡，簾捲翠微來。鳥趁嵐光下，魚吹荷氣開。林香縈宿靄，泉潔澹炎埃。樹裏仙人館，雲邊帝子臺。扶笻愜登眺，岸幘重徘徊。緑篠紛瑶席，青蒲泛玉杯。自然淹客醉，況復鳳笙催。

明 邵寶《容春堂後集》卷一二《幽居四詠》 涯翁老師近寄至園亭四詩，正與幽居景物相合。依韻寫意，聊以自適。他日有便將呈焉請教。

樹色

乍濃還淡弄朝暉，樹色依稀定是非。樓上望回川歷歷，城陰遮斷路微微。曉雲有影團傾蓋，春水無波淥染衣。獨坐懷人心正遠，天空渭北鴈初歸。

花香

花氣絪緼共暖風，誰從起處問西東。偶來似與游絲下，却散還隨夢蝶空。曲檻有時應獨駐，幽居何地不相通。等閒擬得涯翁句，已落人間色相中。

鳥聲

一鳥不鳴山可憐，更憐鳴鳥過檐前。友聲信有如鶯語，喜報曾聞是鵲傳。南國音成非別調，北窗夢醒正閒眠。近來習静心初定，獨把無聲寄五絃。

鶴舞

誤向丹邱共羽流，多情今得此亭幽。長鳴似與高人語，屢舞誰於醉客求。風羽九遠能抗晚，野心萬里欲横秋。試將衣袖閒招引，轉畫花陰意未休。

又《自和幽居四詠》 昨和四詩，以專詠物而略於所見。兹復用韻如左。

晚晴無物不含暉，此樹天將悦我非。一碧故涵秋水净，半黄初着曉霜微。吟隨望遠長憑几，情憶陰多坐解衣。莫道寂寥誰與共，天風時引白雲歸。

忽有幽香共午風，小春庭院菊籬東。一絲何處來應遠，百和無端界本空。漫道芝蘭隨物化，真聞黍稷與神通。麓堂地隔四千里，三嘆餘情數紙中。

緑樹春聲正自憐，秋深幽鳥復庭前。谷中音似聞人語，池上書應爲客傳。短調自須風静聽，多情誰起日高眠。閒來漫擬成新曲，長嘯臨流付一絃。

饒州遺鶴剩風流，小圃新開竹徑幽。見影淺將於水監，聞聲高欲自天求。圖中恨識青田晚，夢裏疑看赤壁秋。莫向主人撩醉眼，病餘如我且須休。

又《過舍弟小庄復用前韻》 溪深竹密兩三家，樹柳爲牆近北涯。淺水漸容新渚出，疏林猶作遠山遮。路迴賈客帆初轉，風急行人帽欲斜。日暮相看興無盡，漫從舟畔采蘋花。

明 楊巍《存家詩稿》卷二《行板橋山中時赴晉臬》 山色橋西處，清幽與世分。霜崖出野館，苔徑入松雲。巒氣晴還濕，水聲斷復聞。隱居惟此好，詎敢負明君。

又 卷三《雪後見樹凇二首俗名樹掛》 未到春風裏，忽驚樹樹花。寒光凝磵壑，野氣亂烟霞。遠路歸樵子，何枝棲暮鴉。佇看消曙色，錯認是瑶華。

開門看霽雪，似霧復如花。自訝非玄圃，何緣得素霞。占年知大有，施食到饑鴉。爲愛千林色，渾忘兩鬢華。

明 周廷用《八厓集》卷四《東坡寺次韻》 石壁芙蓉纈，雲崖雨雪流。松門丹籞静，草徑碧苔幽。象教元清境，禪心遠俗愁。仙源應絶境，野鶴散林陬。

又 卷五《靈隱寺》 東來天竺通靈隱，寺外諸峰亦太奇。乳柱雲牙撑古洞，奇花錦石照青池。鳴騶忽下巢松鶴，入院驚看獻果麋。謾道金沙能脱屣，眼中八解有誰知。

明 王世貞《弇州續稿》卷五《入弇州園北抵小祇林西抵知津橋而止》 維東有蕭寺，澄潭面若鏡。步武稍逶迤，林香發幽興。荼蘼組春玩，橘柚文秋飣。祇林未易攀，仙源或堪偵。胎禽引圓吭，萬樹竅相應。游屐自麇集，毋勞開蔣徑。

又 卷一八《潘方伯邀游豫園》 豫園長日鎖岧嶤，爲我聊徼鳥雀驕。碧沼静能涵象緯，朱甍高自割烟霄。嵯峨玉聳栖雲岫，宛轉銀題上漢橋。却笑閒居先散騎，枋榆三尺也逍遥。

又《端陽後一日薛鴻臚邀宗伯二司寇司農游武氏園即事》 偶值幽園字辟疆，羣公多暇此傳觴。蒲香可是餘端午，竹色將無勝洛陽。僧眼細分紅葉水，小池通御溝水。仙踪深掩白雲鄉。有樓奉仙像甚秘。莫愁歸騎天街暝，新月紛

紛已過墻。

又《武定侯故邸竹園》 碧陰如帶擁琅玕，閣静潭澄五月寒。淇澳雨餘添峭蒨，夾池雲起助團欒。前朝金穴恩猶在，謂翊公勛也貴主粧樓蹟已殘。先朝都尉鎮尚永嘉大長公主。見説侯家千畝賦，可因郵使報平安。

明 何良俊《何翰林集·傲園雜興五首園在清溪》（《盛明百家詩》卷三二四輯） 結宇依曾曲，翛然離垢氛。渚花含宿雨，苑樹鬱春雲。濁酒鶯歌勸，幽襟蕙氣薰。此生成獨往，何日友人羣。

小艇乘川漲，輕舠散野塘。放歌春溜滿，欹卧夕林長。酒約嵇公載，帆因謝客㧞。會心何必遠，得趣即亡羊。

一丘青嶂遶，三徑緑蘿紛。不見求羊輩，空隨鷗鷺羣。松關踈雨氣，竹院净霞文。人境都閒寂，泠泠天籟聞。

樹暗斜通徑，村深迥帶渠。青枝忽度鳥，碧藻欲藏魚。晏坐時参佛，高眠斷著書。獨餘常闃寂，得似子雲居。

爲臺高十尺，静嘯俯人寰。園内有嘯臺。伊鬱風煙狀，棲遲江海顔。鶯音清晝發，鶴使杪秋還。自有仙源接，寧容俗駕攀。

明 張元凱《伐檀齋集》卷七《金昌亭偶述》 錦浪逐蘭橈，桃花映畫橋。巫山魂欲斷，洛水影偏嬌。倚醉斜雲髻，臨風曳霧綃。當年溱與洧，芍藥戲相要。

又 卷一二《山中二首》 清溪瀑溜碧潺湲，猿鶴幽棲夕照間。采采紫芝高嶺上，携筐兼得白雲還。

空山樵路石嶙峋，麛鹿悠然狎隱淪。松下流泉清似玉，一瓢同潄潁陽人。

明 楊士奇《東里詩集》卷二《紹興王氏居竹軒》 萬玉森森翠作林，王家清致自山陰。開軒六月暑氣薄，閉門一逕秋雲深。晴當霄漢看鸞舞，夜或風雨聞龍吟。歲寒栗冽不改色，共矢平生金石心。

明 于慎行《穀城山館集》卷五《桃花嶺圖歌壽太宰楊夢山先生》 長安三月煙如織，上苑桃花看不極。主人舊是武陵人，别有春林千樹色。千樹萬樹玉嶺隙，爛漫風前十里花。細纈半含仙掌露，繁枝齊吐赤城霞。主人數椽築洞口，手植城堤幾十畝。笛裏香分畫閣梅，樓頭艶拂金堤柳。花間漉酒醉朱顔，石几松床自閉關。不遣紅塵來陌上，惟容流水到人間。只道林中聊可住，芳菲又滿咸陽路。掃盡玄都觀裏泥，栽成濯錦江頭樹。還將幅素寫花源，半染山光半水痕。拂拭自疑真境近，不知春色在公門。君不見，度索山前花落晚，千年一結條支卵。東方先生太苦饑，噉餘半核如金椀。又不見，仙人子晉遨五城，白鶴朝驂海上行。緱山瞥見花成雨，沈醉吹殘月夜笙。主人亦住三山島，瑶池仙種分来早。花開幾度笙幾曲，日上扶桑春未老。

明 陳邦瞻《陳氏荷華山房詩稿》卷二一《東林寺》 石林窈窕入花宫，一嘯還來謁遠公。堦樹似隨新臘改，壁塵已逐舊緣空。風過梵動千巖裏，月上蓮開一水中。此去客愁無着處，長應夢落虎溪東。

又 卷二四《後湖曲四首》 湖光一片入雲長，風動荷花水自香。凉夜無人秋寂寂，獨留明月照紅妝。

玄武湖頭秋水波，晚風蕭瑟月明多。若教一棹乘流去，便拂寒星入絳河。

涵風漾日自悠悠，花氣如春樹色秋。疑是天開圖畫處，平鋪銀漢不會流。

鳷鵲觀前新月亭，鳳凰樓上曉雲經。更開一鏡明湖色，長照鐘山萬古青。

明 黄汝亨《寓林詩集》卷一《玉版詠有序》 城南寺在霧嶺上，寺後片地，竹林最佳。予既于中築玉版居，有記矣。時而獨往，亦或偕客。撫景有會，亦不能自言其佳，聊得五首，託好此君，粃糠在前，聊以免俗。

偶無門庭喧，步出城南隅。披霧漸得嶺，開雲遂升衢。中有祇樹林，古木鬱以紓。亭亭青琅玕，玉立與衆殊。小搆成密陰，静嘯恣所娱。

忽忽白日速，五載壇石長。事事不如人，此間有微尚。空林澹何求，泠風起清唱。峰前烟光霏，松際霞氣上。徙倚無定依，葳蕤轉相向。山僧罷逢迎，我欲數來往。

塵軌詎有塵，禪扉亦何禪。蒨蒨巖壑間，此君足周旋。佛火明空翠，鐘聲和疏煙。啁啁衆鳥語，時與經梵宣。懶慢謝人理，聊以代歌絃。

生平愛結客，有酒常盈樽。傴僂巖邑下，蕭疏孟嘗門。豈無湖海豪，清枉相存。松下折玉版，聊以充盤餐。未足快人意，素交夙所敦。

坡老妙禪喜，啓予有器之。攜手長林下，參承玉版師。託根詎離塵，冲味了不緇。漠漠玄風揚，濯濯清露滋。渫然衆味餘，冥契良在斯。

又《張洪陽相公小集桃花嶺次韻一首》 驅車帝子洲，杖策桃花嶺。中有神仙人，眠雲石窗静。峰峰鬱千林，茫茫蕩萬頃。循崖潄紫泉，澄砂渫丹井。霧術既以披，霞容壹何靚。還視區内動，辟如大江影。深山貯古月，長林照初景。喧寂何足言，神超理彌永。

明 鍾惺《過文啓美香草垞》(《翠娛閣評選鍾伯敬先生合集》詩集卷四輯） 入户幽芳小徑藏，身疑歸去見沅湘。一廳以後能留水，四壁之中别有香。木石漸看成舊業，圖書久亦結奇光。君家本自衡山出，楚澤風烟不可忘。

又 卷五《游天平山范長倩園居》 始吾來此地，祇作范家園。是日登臨半，玆山本末存。天將全物與，人許夙懷敦。徑借廊分合，巖隨樹吐吞。會心頻拜石，尋響或逢源。孤月照登閣，千峰生閉門。高深如一氣，墜倚互爲根。自幸游皆静，秋冬事不煩。

明 王思任《謔菴文飯小品》卷二《紀京西舊事·其六玉泉亭妙絶》 玉泉龍舌，瀉出西湖。馬嘶芳草，人在蓬壺。

又《游慈雲寺贈僧》 寒光染墨凍溪冰，溪路穿岡不記層。虎過新泥樵語澀，鴉窺古澗鹿苔凝。千山殘葉飄孤磬，一槿梅花伴冷僧。人外偶來如隔世，雪風厭處緑雲崩。

老佛原賒何胤居，於今學井尚雲書。芙蓉浪底千峰墮，苦竹籬邊半沼虚。梅插净瓶僧似鶴，經翻寶座木呼魚。空階白月門常閉，幾架寒松弄影疏。

萬山深處一龕身，來叩柴關虎半人。石硯開星傳舊帖，竹床標月轉空輪。相逢不語看茶白，偶送忘歸覺路新。我亦頭顱銜髮誤，已穿雲服又淄塵。

明 佘翔《薜荔園詩集》卷四《秋日還故園》 渡水登山到草堂，田家稻黍喜新嘗。墻邊薜荔秋多雨，池上芙蓉夜有霜。看竹每尋扶老杖，借書先録養生方。歸來自笑白頭客，况復江南是故鄉。

明 朱應登《園居即事》(《石倉歷代詩選》卷四五六輯） 首夏衡門裏，清波四望通。古槐垂密蔭，細草結幽叢。庭灑黄梅雨，簾鈎紫燕風。林堂多發興，興至復誰同。

明 康海《西園眺望》(《石倉歷代詩選》卷四五七輯） 五月不來溪上游，溪雲猶自伴溪流。雖非給事茱萸沜，絶勝郎官鸚鵡洲。半頃稻花迷浴鷺，萬株垂柳報新秋。何當更挈同心者，小酌微吟盡日留。

明 田汝耔《宿惠公禪堂》(《石倉歷代詩選》卷四六五輯） 曲徑幽齋不可尋，禪扉行處竹陰陰。客來深院無人語，香裊空簾有磬音。竟日懸燈无不滅，中宵清梵忽微吟。蒼苔白石青菁飯，月滿東林興不禁。

明 朱諫《題珍溪朱南鳳書院》(《石倉歷代詩選》卷四六七輯） 鴈蕩諸峰盡向西，芙蓉水落到珍溪。瓊枝玉樹連書屋，白石清泉帶柳堤。雨過杏川看犢飲，春深草閣聽鶯啼。眼前即是神仙地，何必桃源更問蹊。

明 靳貴《章孝夫鴈麓山莊》(《石倉歷代詩選》卷四六七輯） 陰陰竹樹遶山根，石徑雲深蕩北村。無數落花浮水面，盡隨鷗鳥到柴門。鈎簾静對千峰月，種藥新開五畝園。長日南窗事高卧，漫將風景説桃源。

明 孟洋《暮春後園》(《石倉歷代詩選》卷四七二輯） 暇日西園内，問春春欲歸。雀驚看果落，蝶懶覺花稀。積水斜通徑，游絲暗着衣。流光不可轉，心事苦多違。

明 嚴嵩《蕭子卜居梅林賦贈》(《石倉歷代詩選》卷四八一輯） 溪上梅花玉作林，溪邊茅屋苦寒侵。孤山倚棹逢詩興，潁水移家見客心。日暮漁歌來浦溆，雪晴花色上衣襟。風塵擁傳勞爲郡，時向滄洲寄一吟。

又《西園賦贈徐六公子用陳侍講韻此地即鳳臺遺址》 幽人宴息在林園，不信城闉車馬繁。鏡裏芙蓉臨玉沼，煙中樓閣俯青原。荒臺鳳去雲俱寂，茂苑鶯啼日自喧。合有神仙來此地，時占紫氣候前軒。

明 釋如愚《止啼齐集》卷上《雨中投萬年寺》 翠嶺循烟陟，蒼崖撫杖尋。水歸雲處盡，山入雨中深。大地環樞轉，諸天象緯沉。九旬談妙者，焉得對披襟。

明 敖文禎《薜荔山房藏稿》卷二《觀荷》 獨坐池亭晚，芙蓉净浣芳。緑珠擎露蓋，紫氣襲霓裳。曲徑通渠細，幽居駐景長。餘暉涵倒影，澹月寫流光。

又 卷三《成趣園兩承清宴賦謝》 名藩舊邸對雲山，十畝芳園自閉關。日涉獨成方外趣，天游最樂性中閒。松篁戛玉鳴虚谷，蘿薜牽帷浸碧灣。菟苑更誇傳郢調，鄒枚長此奉清顔。

賢王愛客頻開宴，三日名園而接歡。醉浚恍泛蓬島坐，雨中翻作畫圖看。花枝對酒秋光净，松逕扶歸夜色闌。讀罷陽春真寡和，猶疑清籟發琅玕。

明 李雲鴻《李秋羽集》卷三《花影》(《六李集》輯） 飄飄曳曳最多姿，影弄花梢定幾枝。濃淡可分疏密幹，陰晴難卜有無期。鶯梭織處風初颭，蝶夢回時月半移。莫向雕欄輕掩映，不禁望裏注相思。

明 顧紹芳《寶菴集》卷四《寶華寺》 乘興尋初地，千山面面幽。竹深猶有徑，花滿正當樓。水上白雲老，林間清磬流。未能從惠遠，空復問滄洲。

又 卷五《碧雲寺》 逕逐籃輿盡，天圍寶刹開。石梁浮蝃蝀，松壑隱風

雷。萬劫黄金相，千盤白玉臺。泉聲緣砌響，樹影抱峰迴。魚競清齋出，花依暖洞栽。丹梯含薜荔，朱户繡莓苔。嶺勢環如障，湖光浸若杯。鐘鳴山更杳，路轉月仍來。欲問無生偈，支公安在哉。

又《游靈巖寺》 遠岫難逢寺，靈巖況有名。盤空一磴出，揮手萬山迎。棟宇梁朝接，風煙魯甸横。樹隨巒壁轉，天入棧雲平。積蘚埋碑篆，懸厓落磬聲。競窺金閣麗，誰悟鐵衣輕。列嶂雄千雉，飛泉湛一泓。古林深駐馬，春壑半藏鶯。竹翠含虚館，霞標擁化城。向來塵不到，從此境長清。杖屨淹留日，乾坤汗漫情。坐餘登岱興，惆悵把行旌。

又卷六《香山寺》 松檜陰森繞百盤，自扶雙屐門春寒。高臨北極千門敞，晴指西湖匹練看。石裏流泉鳴磵道，雲邊飛鳥出闌干。即今矯首諸天近，何必乘風借羽翰。

手弄晴霞俯翠微，坐來山色黯相依。上方佛殿峰前擁，下界人家寺半圍。面面風煙銷濁酒，垂垂蘿薜裊春衣。尊前一片清流在，可是江南舊釣磯。

又《碧雲寺》 石子班班小徑成，寺門雙抱翠微横。疏簾月蕩峰巒影，曲檻泉飛日夜聲。步步芳菲春後劇，紛紛車馬畫中行。平生苦覺浮名累，莫向山僧道姓名。

又卷七《天竺寺》 開山何日創珠林，入寺翻容上翠岑。松檜老成祇苑樹，石泉喧作海濤音。風吹寶界三花落，日射丹樓萬竹深。習静不妨來此住，白雲常自護禪心。

又《游招隱寺》 覆谷松長草徑迴，最深重見寺門開。天排複嶺成雙障，地縮澄江浸一杯。石裏幽泉喧客屐，巖間新緑隱化臺。山空路僻人稀到，誰更明朝載酒來。

明 吕克孝《露香園》（《如皋縣志》卷二一輯） 雲深迷水竹，地僻富煙蘿。物外成清賞，林中足嘯歌。花香分几潤，鳥韻雜風和。爲認前溪路，扶筇許再過。

明 祁彪佳《遠山堂詩集·宿崇安彭本之文學山房因題以贈》 吏俗身猶隱，心閒境亦空。市聲黄鳥外，山色翠屏中。石帶烟霞性，書披羲上風。小楹多逸趣，傲殺武夷翁。

有客棲車馬，幽居可卜鄰。户開雲入隈，簾静鳥窺人。細菊猶驚露，寒花自帶看。武陵知不遠，何必問漁津。

又《寓山草堂》 冠頂虚堂出，還將寓作名。花何常戀蝶，柳不盡啼鶯。得境先諸妙，開襟度衆聲。總成無住相，山水託爲情。

又《宿化鹿山房》 楓林餘夕照，隱約見村家。谷口歸新犢，田邊噪晚鴉。柴門臨水閉，竹路傍溪斜。方聽無生話，遥傳梵響賒。

又《冷泉亭》 無物不堪賞，寒香入景偏。照泉能作月，捫石只如烟。山葉鳥銜去，野亭人獨眠。自於喧寂外，領略境之先。

又《宿白石公館》 天風吹徹海雲漫，隱約楼臺浸碧湍。繞動角聲龍窟吼，閒翻書幌燕巢殘。棲林宿霧烟光暮，拍岸江濤月色寒。爲問明朝津渡者，晴波漁艇泛安瀾。

又《春夜仝諸友宿暢鶴園》 映樹穿雲水半湾，畫圖一幅翠巖間。孤亭縹渺如相失，危石騫騰不可攀。收得遠山開竹閣，爲通幽徑出松關。濤聲月色成佳話，欲續歡游幾日閒。

又《游曹山陶氏别業》 爲探曹山勝，舟行到曲隈。崩崖天似拆，仄逕水都洄。潭影當門静，虚亭遶樹開。玄風留桂柏，梵宇洗莓苔。鳥雀喧空幕，魚龍護講臺。長廊穿雪竇，小艇濯雲堆。架壑層楼出，憑空遠岫来。細沉如綫月，高起作濤雷。嵌壁泉分乳，奔流石破胎。淡烟浮曠莽，怒巘壓崔嵬。積氣晴光變，凝寒暮色催。談禪思古宿，得句愧新裁。獨此幽襟豁，重游能幾回。

明 王樵《方麓集》卷一四《題于見素南園》 堂開緑野水平磯，檻閣通幽花滿蹊。波淡淡時魚或躍，柳陰陰處鳥于飛。坐逢嘉話杯行速，月愛清輝客散遲。從此芙蕖紅十里，不妨隨到有新題。

明 陳正學《灌園草木識》卷六《灌園絶句》

水雲居

花潭魚乍戲，竹嶼易相窺。亦有探玄者，來過或問奇。

小池閣

是處花茸茸，耽幽更避蹤。鳴泉到枕畔，櫺外列諸峰。

百和館

花氣蒸山牖，吞風襲客衣。晴霞生晚翠，綺色弄朝暉。

樂志軒

生平寡意愛，朝夕事文囿。後苑莳深花，前山結遠秀。

明 姚思孝《岣嶁山房》（《增修雲林寺志》卷六輯） 彼户無人至，如探

畫半縑。竹香容我飽，雲液許君廉。浪語何妨韻，幽囊隨意添。仙凡俱是障，坐此即安恬。

清 吴綺《林蕙堂全集》卷一五《憶蘭》 崇蘭何處密，湘澧舊曾游。谷遠琴音寂，江空佩影秋。蜂鬚知種異，燕尾識香浮。尚憶王摩詰，黄蕘賞獨幽。

又 卷一七《梅花》 西湖無處訪遺民，老樹猶看照眼新。全勝百花因耐冷，纔開一萼已知春。天清絶壑塵難到，水凍晴溪影更真。却憶故鄉何水部，年年東閣爲傷神。

清 田雯《古歡堂集》卷一《雙蓮寺高閣晚眺試士》 千疊皖山嵐，四圍皖江水。白塔與紅亭，隱見烟樹裏。大龍如笠圓，小孤一拳耳，稻雨石𥑮傍，蘋花樅川尾。渺渺二喬宅，但聞漁唱起。

揭袂一長嘯，半空鸞鶴吟。元氣抱空冥，人代閲古今。寒柳媚江滸，枯荷翻水禽。烟際黄篾舫，岸上斜陽岑。涪翁去千載，松石無賞音。

芙蓉花正開，參差秋水邊。衆卉葉半脱，窈窕何澄鮮。思招釋寶志，采采凌江烟。曳杖狸子峰，行歌自流連。城角烏尾訛，歸借僧房眠。

又 卷九《方氏園林四首》 睡穩竹邊屋，坐看溪上雲。波平風有暈，花艷午如醺。可笑田京兆，翻憐鄭廣文。春駒飛不定，衣桁亂紛紛。

蜿蜿長堤好，何人築小園。官蛙皆給廩，老鶴亦乘軒。空闊巢賓爵，頽唐卧醉凫。吾廬鬲津水，恨少此丘樊。

白勃通溪柵，山雌入麥田。柳花飛似蝶，荷葉小于錢。水調聲初歇，蕪城賦又傳。來朝挂帆去，二十四橋邊。

肘後懸何益，尊前興莫辭。門人争送酒，小吏解吟詩。春筍登盤日，河豚入饌時。堂堂三月盡，白盡使君髭。

又《方氏園林後四首》 抱病眠西郭，牽船並水城。罷官吏人少，避地客懷清。江上回飄鼓，花邊煮藥鐺。園林好風日，深树一聲鶯。

紅亭一溪遶，白板兩重扉。漁艇有時入，水禽無數飛。理琴過小雨，看畫立斜暉。但住爲佳耳，言歸未肯歸。

僕馬須長避，休教蹋緑苔。魚沉緣屐響，鶴静怪官來。草屋三層好，畦葵二畝栽。桃花開未了，又報牡丹開。

書案排幽閣，花棚繫短橋。竹根穿户檻，柳絮没人腰。風雨白門樹，帆檣揚子潮。秦郵木瓜酒，鎮日醉無聊。

清 吴雯《蓮洋詩鈔》卷三《清極觀在中條》 靈祠四山口，積翠俯重陰。獨立神境寂，微風生北林。秋篁全迸節，老樹半空心。亂水當門過，泉源不可尋。

清 高士奇《北墅詩紀·問花埠》 問花埠，北墅後徑也。門對溪灣，檜楫蓀橈。時來停泊，屢度小橋，蜿蜒竹徑，雜花野卉夾路。皆有閧閧雞犬，不異桃源深處，游者於此問津焉。

老懶學避人，山扉終日閉。陰森花木叢，一徑自幽邃。猛聞剥啄聲，瓦枕破午睡。借問客何爲，云是問花至。紅船打兩槳，幽伴結三四。載酒擕盤餐，主賓同一醉。全當君往還，莫語劉子驥。

清 彭孫遹《松桂堂全集》卷一〇《龍泉寺寺東舊設南冏卿署，西爲龍潭》 高林行欲盡，古寺出斜曛。秋草人無跡，寒岩路不分。樹含卿署月，龍帶講堂雲。向夕鳴清磬，山空到處聞。

清 沈德潛《雲棲梵徑》（《西湖志纂》卷一二輯） 長松萬壑蛟龍吟，引我入山深復深。老僧修行惟贊佛，客子訪道還洗心。巖前白雲有來去，池裏青蓮無古今。誰能此地結茅屋，壁觀峰頂常幽尋。

清 聖祖愛新覺羅·玄燁《御製文集》四集卷三六《山莊遠眺》 島嶼堪圖畫，溪橋宛自成。池邊樹影接，峰外月華生。衆鳥巢檐穩，羣獐伏地平。無知知德化，推擴至民情。

清 世宗愛新覺羅·胤禛《御制文集》卷二五《梅》 瘦影亭亭立，幽香細細清。竹希霜後操，松訂歲寒盟。先得東風意，猶含太古情。超然羣卉外，一味澹爲生。

清 曹溶《寓言集·月上海棠招友人看杏花》（《名家詞鈔》輯） 玉梅落後開雙眼，笑時光，應屬妖紅管。同樣催開，粉墻低，枝枝獨軟。春難瘦，簾外嬌波吹轉。朝來不放心情淺，絳痕微，只共輕衫暖。料理金樽，好隨風，當年池館。花如故，誰信眠花人懶。

清 孫琮《山曉閣詩存》卷一二《後海雲舫訪雪莊大師爲予鼓琴煮茗》 高步清涼境，飄然身世忘。海將雲作舫，僧以雪名莊。焙茗香盈室，彈琴水一床。泠泠聽未竟，山月落松旁。

清 陸洽原《園居》（《檇李詩系》卷二九輯） 古木參霄漢，迢迢納遠風。地衣當畫濕，天鏡過雲空。幽借山棲並，吟非枯樹同。盤桓未能去，人影緑陰中。

清 黄媛介《閬園詩爲豫章李太虚先生賦四首》（《檇李詩系》卷二九輯）
堂築翛陂外，常來書畫船。入春花照地，不夜水連天。香發聞芳杜，鴻飛識渚田。林居知氣候，無事此高眠。
居近神仙里，丹經早自知。堂成初似畫，世變已如棋。溢浦雲歸晚，廬峰鳥下遲。依依天際想，去住是前期。
禹穴探奇歲，摛毫賦兩京。坐嫌天地窄，行覺水雲輕。鐘遠虛聲應，林幽夕照生。十年耽異致，蓬閬豈虛名。
境逐滄桑換，身同詩卷留。望雲生絶壑，見月老寒湫。道在心無染，名高世是求。聊將少君隱，共賦鹿門游。

又《同祁夫人商媚生祁修嫣湘君張楚纕朱趙璧游寓山分韻二首》 名園多異植，花遶曲闌邊。山抱蒼潭水，林藏碧樹烟。栖烏啼月下，迴棹泊霜前。酒罷同歸閣，開奩納翠鈿。
佳園饒逸趣，遠客一登臺。薜老蒼烟静，風高落木哀。看山空翠濕，覓路亂雲開。欲和金閨句，慚非兔苑才。

清 高宗愛新覺羅・弘曆《御製詩集》初集卷二《登盤山天成寺江山一覽閣作》 兩峰天闢仙壺路，到眼江山萬派分。樹匝丹崖空外合，泉鳴碧澗静中聞。緣階犖走秋聲細，裊鼎香飄瑞靄紛。今日身行圖畫裏，六塵幻有等浮雲。

又 初集卷九《蘭》 芽茁紫箭新，葉抽青劍短。著雨生意佳，逗風真馥遠。緑窗影遲遲，篸瓶作清伴。逸興吟五言，遐心企九畹。

又 二集卷一三《即景》 夷峻築室道心清，時有山禽三兩聲。繞砌黄花秋未老，滿林紅葉日偏明。石邊過雨瀑猶響，松下無風籟亦鳴。暫向雲莊寄高躅，漫同芝圃學長生。

又 卷八〇《題小金山》 蓊然嘉蔭入林間，一朵芙蓉頂結廬。既豁而寥宜眺聽，匪今伊昔閲居諸。來原揭爾去無約，下是滄江上碧虚。浮玉昨年同異處，澄觀了不可分疏。

又 三集卷一五《影湖樓十詠》

天光
湖樓縹渺水中央，艤棹攀梯納夏涼。不著太清些子翳，舉頭落落衹天光。

雲縷
極目天邊一縷雲，今来却少見爲欣。須臾散去無蹤跡，水裏何曾半點分。

山容
西山微遠北山近，翠暹青圍碧鏡中。鹿苑蜂臺胥佛力，攜將峰色住於空。

波態
波光翻影上楣欄，指暑風来漾細瀾。恰似當前展畫幀，於流動處正宜觀。

塔影
定光突兀玉峰頂，八面玲瓏十丈披。乍憶杭西盪畫舫，南屏塔影落湖時。

鐘聲
招提不著俗僧住，也有鐘聲下界聞。底事十分清入聽，度来水氣帶氤氲。

鶴唳
方壺曾是唳雲濤，小試溪山亦自豪。設使伯牙篪鐘撫，定成朗朗水仙操。

蟬吟
園湖緑柳已成陰，最喜高蟬唤霽吟。誰道脇鳴物無識，此聲端愜望晴心。

樹色
高低樹色影波中，倒正雖殊動静同。恰似美人臨玉鏡，絲絲緑髮不勝風。

荷香
仙想精神霞想裳，層樓小憩水風凉。沈檀甲煎都無藉，自在光中自在香。

又 三一《月夜游湖四詠》

山月
山峰一帶有低高，低處輪團高半韜。稍待飛升雲漢表，誰能特地掩分毫。

湖月
溶溶塞水匯成湖，也有金波一片鋪。已自清凉欣少見，何須謾説御園孤。

林月
塞中何處不叢林，最喜傑池傍碧潯。每自度疎見寥朗，更因入密悟深沈。

舟月
凌波青雀起平臺，座裏銀蟾覿面來。岸轉峰迴無不共，直疑飛駕上蓬萊。

清 馮詠《桐村詩》卷四《青山庄並序》 曩在京師，京江張學士出其相國所闢青山庄圖見示。今邂逅武進徐某，始知即其祖父舊圃也。慨然有作。
相國園亭野水春，故家門巷緑苔新。多情最是舊時月，仍向迴廊照主人。
細數牙檣錦檻前，水迴嶂合憶當年。無人不道江家宅，竹樹池臺尚宛然。
一代金張屬後塵，舊時王謝總前身。空憐燕子差池去，曾憶堂前玉樹人。

隋苑荒沉起昔愁，斜陽烟樹白蘋秋。離宫十六都銷盡，桂楫蘭堂任水流。

清　葉英《園中木芙蓉開放諸昆弟宴集賦詩入夜》（《七十二峰定徵集》卷三七輯）　拒霜初蕊映寒潭，群季携樽此盍簪。明月掛檐澄夜氣，彩雲當檻落晴嵐。謝公好句生池草，阮氏家風傍釀壜。且喜詩成皆敏捷，不煩金谷酒行三。

清　汪如洋《葆冲書屋外集》卷一《玉簪》　筠簾暑意漸闌珊，瘦影平遮蘚徑寬。點鬢新霜增綽約，墮懷孤月奈清寒。抽來瓶膽蟲心碎，卸向籬腰蝶夢殘。一種秋情自瀟灑，晚香休認玉芽攢。

清　張問陶《船山詩草》卷一一《京朝集·庭中丁香盛開飲酒花下作》　卯飲三春醉，丁香一樹開。雨聲窗外歇，花氣月中來。笑我無心得，何人信手栽。繞枝晴雪滿，蝶影亦裴回。

清　仝毓賢《竹林晚翠》（《唐縣志》卷一〇輯）　古刹緣城帶水閧，井烟浦霧日飛來。清寒恣飽千山雨，碧瘦鋪茵一院苔。野鶴歸棲青掩映，落霞返照緑徘徊。月移虚影風絃奏，却勝看花弄酒杯。

清　黄本騏《三十六灣草廬稿》卷三《茉藶花》　銀絲串串玉森森，月影昏黄雪影沉。夜半夢回雲墮枕，一枝香沁美人心。

清　陳廣《長廊得月》（《龍巖州志》卷一九《藝文志》輯）　花枝掛月出東方，又見當頭在異鄉。無地起臺聊近水，有情作賦且游廊。停杯欲與娥相問，顧影須知酒近狂。夢入清虚傳客到，披衣笑接是吴剛。

清　謝堃《春草堂集》卷六《杏花》　春風幾處綻墻頭，紫燕銜香墮玉鈎。絶憐寒食疏疏雨，紅染一林煙滿樓。

清　萬夢丹《韻香書室吟稿·杏花》（《國朝閨閣詩鈔》卷一〇輯）　江南二月占韶光，杏苑花開錦作坊。紅雨一簾鶯夢老，春風十里馬蹄香。滿園艷影闌難住，深巷餘芳賣轉忙。怡喜玉樓人醉後，雙雙燕子話雕梁。

清　譚宗浚《荔村草堂詩鈔》卷七《使蜀集上·詠園中草木·芭蕉》　昔泛洞庭櫂，潑墨雲模糊。長飆翼飛絖，急雨如箭粗。繁聲戰梧柏，密響翻菰蒲。雷風入呼竅，九域隨挾驅。邇來走塵土，清景難追摹。君山渺何處，搔首心煩紆。侵晨坐窗外，逸興來江湖。但聞萬點細，錯落跳明珠。

清　釋敬安《八指頭陀詩集》卷一〇《題麓山寺》　迢遥鐘梵下斜陽，寂寂巖花渡水香。殿角一鈴風自語，窗前萬木雨初凉。山銜雲氣窺人浄，江挾濤聲入海長。却羨巢松千歲鶴，不知塵世有滄桑。

清　王慶勳《詒安堂二集》卷四《韜光》　穿過靈隱寺，韜光闢奇境。無數青琅玕，排擠直到嶺。壁蘿扶瘦笻，踏破緑雲影。竹筧承仙泉，一滴一聲静。羣峰似論文，到此益奇警。僧房如旋螺，一層换一景。下視越州山，幾抹修眉整。樹杪逗江光，匹練界天冷。危樓倚碧岑，佳趣全湖領。幽探未能已，賴此春晝永。金蓮池上開，香欲將詩請。鐘聲何處來，彌覺發深省。

又《龍井》　青山迎面來，步步得佳趣。仄徑誤人行，又入雲霞路。洞壑相鈎連，流泉伏深樹。遥見白雲中，一輿如鳥度。高岡過未半，清磬出花霧。循聲至上方，寒烟濕芒屨。可惜好邱壑，山靈不掩護。梵宇半榛蕪，布地金誰募。破屋三四椽，僅留老僧住。剩有頑石頑，蹲踞仍如故。

又　卷八《靈巖即景》　湖水無邊白，山花着意紅。馬蹄淹客路，鳥語洽春風。野樹遥連隊，晴巒陡插空。青蒼攔不盡，都入混茫中。

清　邵潛《游惠錫園》（《晚晴簃詩匯》卷三四輯）　零雨暮云歇，秋氣晨益清。名園逝探歷，四顧抒中情。空翠映簾幕，飛泉瀠階庭。巖花漸凋謝，汀芷揚其馨。翔翼拂高漢，游鱗浮且沉。式覯孤征雁，載聆寒蜩鳴。眷此愜幽賞，離憂聿已平。何當占一壑，永畢吾餘生。

清　陳文藻《宿山寺》（《晚晴簃詩匯》卷一二九輯）　古寺荒凉對夕曛，寥寥禪境絶埃氛。斷巖石氣侵衣冷，曲澗泉流過竹分。林静鶴棲雙樹月，山高僧卧一樓雲。到來便覺塵機息，風磬泠泠入夜聞。

清　張應昌《彝壽軒詩鈔》卷三《雲棲竹徑》　幽塢棲霞自古封，迴龍亭畔緑重重。遮山古樹堆巖翠，繞徑疏陰淡日容。萬竹參天雲破碎，百泉鳴澗雨琤琮。廣長清浄溪山意，鳥語蘋迦和梵鐘。

清　童槐《今白華堂詩録》卷一《嫏環仙館蕉花曲》　嫏環花綷重闌干，飛英紅配流霞餐。靈書一卷坼風角，碾空縹碧春雲寒。春雲低向檐牙吐，翦作蓮跗綴瓊樹。雀扇兜圓寶相花，螺杯捧滿金莖露。瑶宫仙子青羅裳，珊珊雜佩千明璫。掌上無聲振微步，翠裾斜曳蘭飆香。吟香綺席瀛洲選，碧檻三層衍波展。芸臺師招集己未翰林於花下，命酌賦詩。摘將翠鳳尾毰毸，繡出美人心宛轉。金毾晴薰濃靄霏，石壇人去帶餘菲。空廊蝙蝠撩淺黛，潑翻玉乳沾鸚衣。閒來手捲芙蓉幕，琅玕倦倚無人覺。香風吹透緑天心，蘸月滿盤寒不落。轉首紗籠芝檢韜，瓔房蘂闔光迴遭。悟得書城孕奇秀，青藜夜結珠星高。游仙一夢張華記，綺思占斷羣芳麗。爲表花神寫緑章，雲膏小滴蟾蜍膩。

清 尋鑾晉《游清涼山寺題壁》（《保安州續志》卷四輯）游仙一夢張華記，綺思占斷羣芳麗。爲表花神寫緑章，雲膏小滴蟾蜍膩。

又《游清涼山寺題壁》 古寺何年闢翠微，四山環繞帶斜暉。野桃花綻紅含雨，殿檜陰濃翠染衣。蒲薦竹床容小住，鬢絲禪榻欲忘歸。偶然壁上留鴻爪，來歲天涯何處飛。

清 光緒《梅里志》卷六 沈進《題溪東竹亭》詩：茅齋修竹暗檐楹，三十年前舊雨聲。蟋蟀吟秋香滿渚，藕花菱葉最關情。

清 陳璞《天岡草堂遺集》遺詩卷三《龍泉庵》 松根瀉澄碧，樹杪横闌干。林厂納秋暝，石池生古寒。聞泉客更寂，栖鳥僧同安。相對酌甘冽，冷冷涼肺肝。

又 卷七《次韻朗兄過夢香園兼呈園主人》 招得青山到座隅，幽居如展輞川圖。欄迴徑曲攲斜入，草色花光次第摹。短策尋春拖屐去，餘杯盡醉隔籬呼。城中此獨囂塵遠，始信壺公自一壺。園主人能畫知醫。

清 寶廷《偶齋詩草》外次集卷一《壬庚集・游地安門外湖》 葛衫蕉扇獨遨游，颯颯西風已似秋。幾樹蟬聲喧午日，一堤草色映清流。芰荷香繞臨湖寺，楊柳陰迷隔岸樓。欲咏小詩無客和，横橋北畔自勾留。

清 吴昌碩《缶廬詩》卷一《金蓋山》 漫山白雲起，浩蕩得兹游。竹影暗交翠，天風横素秋。鳥嘑溪澗寂，花落洞門幽。多少巢居客，黄冠只自由。

仙境 桃源

題 解

晉 陶潛《陶淵明集》卷五《桃花源記》 晉太元中，武陵人捕魚爲業。緣溪行，忘路之遠近。忽逢桃花林，夾岸數百步，中無雜樹，芳草鮮美，落英繽紛。漁人甚異之。復前行，欲窮其林。林盡水源，便得一山。山有小口，髣髴若有光。便捨船，從口入。初極狹，纔通人。復行數十步，豁然開朗。土地平曠，屋舍儼然。有良田、美池、桑竹之屬。阡陌交通，鷄犬相聞。其中往來種作，男女衣着，悉如外人。黄髮垂髫，並怡然自樂。見漁人，乃大驚，問所從來，具答之。便要還家，設酒殺鷄作食。村中聞有此人，咸來問訊。自云先世避秦時亂，率妻子邑人來此絶境，不復出焉，遂與外人間隔。問今是何世，乃不知有漢，無論魏晉。此人一一爲具言所聞，皆歎惋。餘人各復延至其家，皆出酒食。停數日，辭去。此中人語云：不足爲外人道也。既出，得其船，便扶向路，處處志之。及郡下，詣太守説如此。太守即遣人隨其往，尋向所志，遂迷，不復得路。南陽劉子驥，高尚士也，聞之，欣然親往。未果，尋病終。後遂無問津者。

論 説

明 汪瑗《楚辭蒙引》卷下《離騷篇・懸圃》 王逸曰：懸圃，神山也，在崑崙之上。《淮南子》曰：崑崙懸圃，維乃通天。言已夕至懸圃之上，受道聖王，而登神明之山。洪氏曰：《山海經》云：槐江之山，上多琅玕金玉。其陽多丹粟，陰多金銀，實維帝之平圃。南望崑崙，其光熊熊，其氣魂魂。西望大澤，后稷所潛。平圃，即懸圃也。《穆天子傳》云：春山之澤，清水出泉，温和無風。飛鳥百獸之所飲食，先王之所謂懸圃。《水經》云《崑崙説》曰：崑崙之山三級，下曰樊桐，一名板松。二曰玄圃，一名閬風。上曰層城，一名天庭。《淮南子》言：傾宫、旋室、懸圃、涼風、樊桐，在崑崙閶闔之中。樊，音飯。又曰：崑崙之丘，或上倍之，是謂涼風之山。登之而不死。或上倍之，是謂懸圃之山，登之乃靈，能使風雨。或上倍之，乃維上天，登之乃神，是謂太帝之居。東方朔《十洲記》曰：崑崙之山有三角。一角正北，上干北辰星之耀，名閬風巔。其一角正西，名曰玄圃臺。其一角正東，名曰崑崙宫。「玄」與「懸」古字通。《天問》曰：崑崙玄圃，其居安在。瑗按，《淮南子》、《十洲記》，俱以懸圃、閬風並言，此下又有「登閬風而緤馬」之句，則懸圃、閬風之爲二山也明矣。懸圃一名平圃，一名玄圃。「懸」與「平」其義相近，「懸」與「玄」其音相同。洪氏又謂玄與懸古字通用，則曰懸圃、曰玄圃、曰平圃之爲一山也明矣。《水經》以玄圃一名閬風，非也。據《山海經》，則懸圃亦可謂之槐江也。要之皆是寓言，本無是山也。或曰，據《山海經》懸圃在崑崙之北，據《十洲記》，懸圃在崑崙正西。雖未知其審，蓋此等名目當是大崑崙諸支山之號，未必絶無是山而妄言之者。但以絶遠無人常到故，後世浪傳以爲神仙之所居耳。《天問》曰「崑崙懸圃，其居安在」，蓋譏後世其上有瓊宫璇室、神仙往來之説也。

曰：非也。屈子已明言「崑崙懸圃，其居安在」矣。烏得謂其真有是山也？其説詳見後《崑崙》條下。又按，王逸解《天問》，謂懸圃「上與天通」，《朱子辯證》言：懸圃、閬風之説皆爲寓言。是矣。及自注上「跪敷衽」章，又曰：吾心既得此中正之道，上與天通，無所間隔，所以埃風忽起，而遂乘龍跨鳳以上。征也其「上與天通」二句，又未免竊《淮南子》、王逸之意，以解之非是。

晉 王嘉《拾遺記》卷一〇《崑崙山》 崑崙山有昆陵之地，其高出日月之上。山有九層，每層相去萬里。有雲色，從下望之，如城闕之象。四面有風，羣仙常駕龍乘鶴，游戲其間。四面風者，言東南西北一時俱起也。又有祛塵之風，若衣服塵汙者，風至吹之，衣則净如浣濯。甘露濛濛似霧，著草木則滴瀝如珠。亦有朱露，望之色如丹，著木石赭然，如朱雪灑焉，以瑶器承之，如飴。崑崙山者，西方曰須彌山，對七星之下，出碧海之中。上有九層，第六層有五色玉樹，蔭翳五百里，夜至水上，其光如燭。第三層有禾穟，一株滿車。有瓜如桂，有奈冬生如碧色，以玉井水洗食之，骨輕柔能騰虚也。第五層有神龜，長一尺九寸，有四翼，萬歲則升木而居，亦能言。第九層山形漸小狹，下有芝田蕙圃，皆數百頃，羣仙種耨焉。傍有瑶臺十二，各廣千步，皆五色玉爲臺基。最下層有流精霄闕，直上四十丈。東有風雲雨師闕。南有丹密雲，望之如丹色，丹雲四垂周密。西有螭潭，多龍螭，皆白色，千歲一蜕其五臟。此潭左側有五色石，皆云是白螭腸化成此石。有琅玕璆琳之玉，煎可以爲脂。北有珍林別出，折枝相扣，音聲和韻。九河分流。南有赤陂紅波，千劫一竭，千劫水乃更生也。

又《蓬萊山》 蓬萊山亦名防丘，亦名雲來，高二萬里，廣七萬里。水淺，有細石如金玉，得之不加陶冶，自然光净，仙者服之。東有鬱夷國，時有金霧。諸仙説此上常浮轉低昂，有如山上架樓，室常向明以開户牖，及霧滅歇，户皆向北。其西有含明之國，綴鳥毛以爲衣，承露而飲，終天登高取水，亦以金、銀、倉環、水精、火藻爲階。有冰水、沸水，飲者千歲。有大螺名躶步，負其殼露行，冷則復入其殼，生卵着石則軟，取之則堅，明王出世，則浮於海際焉。有葭，紅色，可編爲席，温柔如罽毳焉。有鳥名鴻鵝，色似鴻，形如禿鶖，腹内無腸，羽翮附骨而生，無皮肉也。雄雌相眄則生産。南有鳥，名鴛鴦，形似雁，徘徊雲間，棲息高岫，足不踐地，生於石穴中，萬歲一交則生雛，千歲銜毛學飛，以千萬爲羣，推其毛長者高翥萬里。聖君之世，來入國郊。有浮筠之簳，葉青莖紫，子大如珠，有青鸞集其上。下有沙礰，細如粉，柔風至，葉條翻起，拂細沙如雲霧。仙者來觀而戲焉，風吹竹葉，聲如鐘磬之音。

又《方丈山》 方丈之山，一名巒雉。東有龍場，地方千里，玉瑶爲林，雲色皆紫。有龍，皮骨如山阜，散百頃，遇其蜕骨之時，如生龍。或云，龍常鬥此處，膏血如水流。膏色黑者，著草木及諸物如淳漆也。膏色紫光，著地凝堅，可爲寶器。燕昭王二年，海人乘霞舟，以雕壺盛數斗膏，以獻昭王。王坐通雲之臺，亦曰通霞臺，以龍膏爲燈，光耀百里，烟色丹紫，國人望之，咸言瑞光，世人遥拜之。燈以火浣布爲纏。山西有照石，去石十里，視人物之影如鏡焉。碎石片片，皆能照人，而質方一丈，則重一兩。昭王舂此石爲泥，泥通霞之臺，與西王母常游居此臺上。常有衆鸞鳳鼓舞，如琴瑟和鳴，神光照耀，如日月之出。臺左右種恒春之樹，葉如蓮花，芬芳如桂，花隨四時之色。昭王之末，仙人貢焉，列國咸賀。王曰：「寡人得恒春矣，何憂太清不至。」恒春一名沉生，如今之沉香也。有草名濡姧，葉色如紺，莖色如漆，細軟可縈，海人織以爲席薦，卷之不盈一手，舒之則列坐方國之賓。莎蘿爲經。莎蘿草細大如髮，一莖百尋，柔軟香滑，羣仙以爲龍、鵠之轡。有池方百里，水淺可涉，泥色若金而味辛，以泥爲器，可作舟矣。百煉可爲金，色青，照鬼魅猶如石鏡，魑魅不能藏形矣。

又《瀛洲》 瀛洲一名魂洲，亦曰環洲。東有淵洞，有魚長千丈，色斑，鼻端有角，時鼓舞羣戲。遠望水間有五色雲；就視，乃此魚噴水爲雲，如慶雲之麗，無以加也。有樹名影木，日中視之如列星，萬歲一實，實如瓜，青皮黑瓤，食之骨輕。上如華蓋，羣仙以避風雨。有金巒之觀，飾以衆環，直上干雲。中有青瑶几，覆以雲紈之素，刻碧玉爲倒龍之狀，懸火精爲日，刻黑玉爲烏，以水精爲月，青瑶爲蟾兔。於地下爲機棙，以測昏明，不虧弦望。時時有香風泠然而至，張袖受之，則歷年不歇。有獸名嗅石，其狀如麒麟，不食生卉，不飲濁水，嗅石則知有金玉，吹石則開，金沙寶璞，粲然而可用。有草名芸苗，狀如菖蒲，食葉則醉，餌根則醒。有鳥如鳳，身紺翼丹，名曰「藏珠」，每鳴翔而吐珠累斛。仙人常以其珠飾仙裳，蓋輕而燿於日月也。

唐 狄中立《桃源觀山界記》（《全唐文》卷七六一輯） 桃源山洞開顯，廡宇興創，神仙異境，具武陵經。【略】秦人洞在障山中峰之陰，厥狀如門，巨石屏蔽，靈跡猶存。有水自中，涓涓不絶。竹樹陰森，雖盛夏炎熾，凛然若秋。又多奇花奇木，禽獸非凡，信仙境也。朱老師閣在觀西一百步。老師名靈晉，於此朝禮，常聞異香仙樂。既終，後人莫敢居。年久摧毁，厥址尚存。今有杉木十餘株，枝幹盤屈若龍蛇之形，凌冬不凋，有松柏之操。桃源洞在祠堂北，大江南岸。漁人黄道真見桃花處。備於陶淵明伍安貧記云。

宋 李昉等《太平廣記》卷五六《西王母》 西王母者，九靈太妙龜山金母也。【略】所居宫闕在龜山春山西那之都，崑崙之圃，閬風之苑。金城千重，玉樓十二，瓊華之闕，光碧之堂，九層玄臺，紫翠丹房，左帶瑶池，右環翠水。其山之下，弱水九重，洪濤萬丈，非飈車羽輪不可到也。所謂玉闕暨天，緑臺承霄。青琳之宇，朱紫之房，連琳彩帳，明月四朗，戴華勝，佩虎章。左侍仙女，右侍羽童。寶蓋沓映，羽摻蔭庭。軒砌之下，植以白環之樹，丹剛之林。空青萬條，瑶幹千尋。無風而神籟自韻，琅琅然皆九奏八會之音也。神州在崑崙之東南，故《爾雅》云西王母日下是矣。

宋 祝穆《方輿勝覽》卷三〇《常德府》 桃源山 在桃源縣二十里。《圖經》云：山下有桃川宫，西南一里即桃源洞。云是昔秦人避亂之地，有洞如門，巨石屏蔽，靈跡猶存。有水自中流出，涓涓不絶。

明 王圻《稗史彙編》卷一二《小蓬萊》 違命侯苑中鑿池，廣一頃，池心疊石，象三神山，號曰小蓬萊。

清 宋廣業《羅浮山志會編》卷八《述考志·紀聞一》 宋鄭玠詩小序：唐時有人避地入觀源洞，見石室壁刻穉川詩云：「松門石逕茸芳草，落花滿院香沉沉。」及再觀，不見其處，恨不見其全篇。玠爲足成全云：麻姑峰頭黄鶴歸，穉川竈上丹霞棲。寒猿嘯木山月白，正是仙人朝斗時。壺天景象何靈杳，松門石逕茸芳草。落花滿院香沉沉，緣似劉郎應解到。碧溪數聲連暮鐘，夢迴已覺松窗曉。

清 王培荀《鄉園憶舊録》卷二 吾邑蒼龍峽，兩峰夾峙，山不高而蒼秀，狹處不容車馬。過峽，一灣流水，數株桃花，别一世界，如桃源也。郝允秀詩云：攬勝春山路不迷，縷腰乍到板橋西。連天樹色浮晴野，滿目峰光接碧溪。茅屋幾村花欲折，東風一路鳥爭啼。行行忽覺林巒别，流水聲中問小傒。

清 光緒《東安縣志》卷八《山水志》 嶺下山保洞，有長松流泉，廬舍幽静。蔣南枝記曰：從蠟園田塍上至唐家山，境愈進愈奇，極險隘，不可以牛。一水潺湲，流聲輕肥如鼓簧。窮其源，乃諸泉合而爲之也。再進，境地小開，洞然又一天地。中有田園人家，花卉禽鳥。當天雨小潤，露氣晨凝時，花盡蜜。摘小蕨莖，抽去絲絲者，空其中而吸之。又有殷紅熟軟、纍纍似楊梅子者，山民所謂鋪稟也。其左岡培塿，上長松千尺，類數百年物。游人至是，率坐翠蓋下以望雲日，及尋歸路，則煙横霧塞，幾迷不得出。若再添數百株桃樹，又一武陵源矣。相傳其先有山保者，嘗家于此。山保不知何人，姑記其洞。

紀事

漢 司馬遷《史記》卷一二《孝武本紀第十二》 於是作建章宫，度爲千門萬户。前殿度高未央。其東則鳳闕，高二十餘丈。其西則唐中，數十里虎圈。其北治大池，漸臺高二十餘丈，名曰泰液池，中有蓬萊、方丈、瀛洲、壺梁，象海中神山龜魚之屬。

又 卷二八《封禪書第六》 自威、宣、燕昭使人入海求蓬萊、方丈、瀛洲。此三神山者，其傳在勃海中，去人不遠；患且至，則船風引而去。蓋嘗有至者，諸仙人及不死之藥皆在焉。其物禽獸盡白，而黄金銀爲宫闕。未至，望之如雲；及到，三神山反居水下。臨之，風輒引去，終莫能至云。世主莫不甘心焉。及至秦始皇并天下，至海上，則方士言之不可勝數。始皇自以爲至海上而恐不及矣，使人乃齎童男女入海求之。船交海中，皆以風爲解，曰未能至，望見之焉。其明年，始皇復游海上，至琅邪，過恒山，從上黨歸。後三年，游碣石，考入海方士，從上郡歸。後五年，始皇南至湘山，遂登會稽，並海上，冀遇海中三神山之奇藥。不得，還至沙丘崩。

晋 張華《博物志》卷一 《史記·封禪書》云，威、宣、燕昭遣人乘舟入海，有蓬萊、方丈、瀛州三神山，神人所集。欲采仙藥，蓋言先有至之者，其鳥獸皆白，金銀爲宫闕，悉在渤海中，去人不遠。

唐 康駢《劇談録》卷下《老君廟畫》 政平坊安國觀，明皇朝玉真公主所建。【略】殿南有精思院。【略】院南池沼引御渠水注之，壘石像蓬萊、方丈、瀛洲三山。女冠多上陽退宫嬪御。其東與國學相接。咸通中有書生云，每清風朗月，即聞山池之内步虚笙磬之音。

宋 程大昌《雍録》卷三《宣政紫宸螭頭》 若夫紫宸又北，則爲蓬萊殿。蓬萊殿後雖有蓬萊山，然此山聳起池中，是用穿浚之土累成其高焉耳。至其能鍾爲池，必藉外水自外而來，乃可注之入池也。相其高下，必是地勢斗低乃始可受，不然不可也。故知龍首山岡勢至蓬萊而盡，遂爲平地也。此與金鑾坡説相貫憲宗泛舟蓬萊池，欲獵苑中，疑李絳必諫而止。蓋此池在東内之北，其欲往獵則禁苑也。禁苑又在東内苑之北也。若夫東内苑有龍首池，池上有龍首殿，則以此水自龍首原來故，本其源而名之，以爲龍首池也。龍首渠在平地，平地之水既能注入以爲之池，則知其池已在平地，不在山上矣。

宋 羅願《羅鄂州小集》卷三《小蓬萊記》 江西之勝者，有南安之小蓬萊焉。其始自城外釃水，爲渠分流以入。守貳之舍蓄以爲池，非專爲觀游也。池既足於水，異時通守喜事者不知其何人，即池中之隱起者爲亭，環以嘉木、巧石，使略相蔽虧，望之鬱然，島勢成就。因取於道家所謂三神山者而爲之名。歲益久，或負其石以去，亭亦捐棄不治。今年，承議郎鄱陽胡君惜其虧於已成，爲之起廢。願時從旁郡以事來相從，於其上而樂之。君謂我盍記之。聞三神山之傳在勃海中，昔之求者患不見，其氣至則山反居水下，臨之則風輒引去。故嘗使人三反太息，獨知其迴臨大壑，終古靈峙而爲長往自好者之所宅，其荒忽不可得而詳也。南安故秦横浦關，諸侯之起，尉佗移檄絶道以自守，至漢六世。吕嘉函封漢使者節置塞上，即關下之地是也。其地於今當庾嶺之北三十里。逮樓船將軍伐越，亦下横浦。宋興淳化初始割於虔州，使自爲守。遭世承平，不見火盗之警，吏得以間日寓其勝槩，故於秦漢故塞之地，而有燕齊海上恢詭之觀。其軒牖淒潤，宿雲之所出納。檐宇煇焕，倒景之所浮動。徒越漸車之水，登降步仞之上，非有風濤險遠隔絶之助，而氣象清奥，塵土不雜，果若乘飛車、超弱水、踏靈鼇而嬉也。蓋吏之患，常患於失真，而仙之過，過在離人，不能以相通。爲通守者於其境内無所不統，誠并心以流化，使官不過求而民安之，令有休沐，上之所賜也。時亦自縱於池島之間，而託興於囂壒之外，有吏之治而無失真之患，有仙之適而無離人之過。從容紳笏，而願與游方之外者第其樂之廣狹，豈必渺然真相求於海瀕之寂寞者然後爲快哉。君於事無不經意，到官期月，首撤其聽事而新之，百年朽屋化爲高明。稱其爲半刺史之居而餘力有及於此。此其少時從包山程公游，諳吏事，喜爲詩。山水之樂，其有以知之矣。

明 陳文燭《二酉園續集》卷一《玉壺亭記》 海上蓋有三山云，方丈曰方壺，蓬萊曰蓬壺，瀛洲曰瀛壺。君子比德于玉，則曰冰壺。敬所王先生家近天台赤城，爲園東郊，中有池沼，建亭于上，名以玉壺，畜白鶴文魚，樹橘柚美蓉，青梧修竹，景秀而野，趣澹而深。風月之夕，椅亭而歌，意翛然也。

藝文

唐 駱賓王《駱丞集》卷一《同辛簿簡仰酬思玄上人林泉四首选一》 聞君招隱地，髣髴武陵春。緝芰知遠楚，披蓁似避秦。崩查年祀積，幽草歲時新。一謝滄浪水，安知有逸人。

唐 王勃《王子安集》卷一《游廟山賦并序》 玄武山西有廟山，東有道君廟，蓋幽人之别府也。長蘿巨樹，梢翳雲日。王子馭風而游，泠然而善，蓋懷霄漢之舉，而忘城闕之戀矣。因欲攀洪崖於烟道，邀羨門於天路。仙師不存，壯志徒爾。俄而泉石移景，秋陰方積，松柏羣吟，悲聲四起。背鄉關者，無復向時之榮焉。嗚呼！有其志，無其時，則知林泉有窮路之哭，一作嗟。烟霞多後時之歎。不其悲乎。遂作賦曰：陟彼山阿，積石峨峨。亭皋千里，傷如之何。啟松崖之密蔭，攀桂岊之崇柯。隔浮埃於地絡，披顥氣於天羅。爾其緑巖分徑，蒼岑對室。菌軒丹絢，芝塲翠密。俯泉石之清泠，臨風飈之瑟飀。仰紺臺而攜手，望玄都而容膝。於是躡霞岡於玉砌，步雲岊於金壇，懷妙童與真女，想青螭及碧鸞。情恍恍而將逸，心迴迴而未安。見丹房之晚晦，知紫洞之宵寒。既而露昏十嶂，烟浮四野。恨流俗以情多，痛飛仙之術寡。驅逸思於方外，局高情于天下。使蓬瀛可得而宅焉，何必懷於此都也。亂曰：已矣哉，吾誰欺。林壑逢地，烟霞失時。託宇宙兮無日，俟鸞虬兮未期。他鄉山谷，祇令人悲。

唐 宋之問《嵩山天門歌》（《文苑英華》卷三四二輯） 登天門兮坐盤石之磷硐，前漎漎兮未半，下漠漠兮無垠。紛窈窕兮巖倚披以鵬翅，洞膠葛兮峰岐層以龍鱗。松移岫轉，左變而右易。風生雲起，出鬼而入神。吾亦不知其靈怪如此，願游杳寘兮見羽人。重曰，天門兮窮崇，迴合兮攢蘩，松萬接兮柱日，石千層兮倚空。晚陰兮足風，一作嵐夕陽兮艶紅。試一望兮魂奪，况衆妙

之無窮。

唐 盧鴻《嵩山十志十首并序·草堂》（《唐詩類苑》卷二八輯） 草堂者，蓋因自然之溪阜，前當墉洫。資人力之締構，後加茅茨。將以避燥濕，成棟宇之用。昭簡易，叶乾坤之德，道可容膝休閑。谷神同道，此其所貴也。及靡者居之，則妄爲剪飾，失天理矣。詞曰：

山爲宅兮草爲堂，芝蘭兮藥房。羅靡無兮拍薜荔，荃壁兮蘭砌。蘼蕪薜荔兮成草堂，陰陰邃兮馥馥香，中有人兮信宜常。讀金書兮飲玉漿，童顔幽操兮不易長。

唐 李白 清 王琦注《李太白集注》卷三〇《小桃源》 黟縣小桃源，煙霞百里間。地多靈草木，人尚古衣冠。《方輿勝覽》：樵貴谷在徽州黟縣北。昔土人入山，行七日，至一穴豁然，周三十里，中有十餘家，云是秦人避入此地。按《邑圖》有潛村，至今有數十家同爲一村，或謂之小桃源。

唐 武元衡《桃源行送友》（《石倉歷代詩選》卷六七輯） 武陵川徑入幽遐，中有雞犬秦人家，家傍流水多桃花。桃花兩邊種來久，流水一通一作道何時有。垂條落蘂暗春風，夾岸芳菲至山口。歲歲年年能寂寥，林下青苔日爲厚。時有仙鳥來銜花，曾無世人此攜手。可憐不知若爲名，君往一作任從之多所更。古驛荒槁平路盡，崩湍怪石小溪行。相見維舟登覽處，紅堤緑岸宛然成。多君此去從仙隱，令人晚節悔營營。

唐 李端《游終南山寄蘇奉禮》（《唐詩品彙》卷七八輯） 半嶺逢仙駕，清晨獨采芝。壺中開白日，霧裏捲朱旂。猿鳥知歸路，松蘿見會時。雞聲傳洞遠，鶴語報家遲。童子閒驅石，樵夫樂看棋。依稀醉後拜，恍惚夢中辭。海上終難接，人間益自疑。風塵甘獨老，山水但相思。願得燒丹訣，流沙永待師。

唐 白居易《白氏長慶集》卷二〇《西湖晚歸回望孤山寺贈諸客》 柳湖松島蓮花寺，晚動歸橈出道場。盧橘子低山雨重，棕櫚葉戰水風涼。煙波澹蕩摇空碧，樓殿參差倚夕陽。到岸請君回首望，蓬萊宫在海中央。

唐 劉禹錫《劉賓客文集》卷二三《游桃源一百韻》 沅江清悠悠，連山鬱岑寂。回流抱絶巘，皎鏡含虚碧。昏旦遞明媚，烟嵐紛委積。香蔓垂緑潭，暴龍照孤磧。山下潭名緑蘿，磧名暴龍。淵明著前志，子驥思遠蹠。寂寂無何鄉，密爾天地隔。金行太元歲，漁者偶探賾。尋花得幽蹤，窺洞穿闇隙。依微聞雞犬，豁達值阡陌。居人互將迎，笑語如平昔。廣樂雖交奏，海禽心不懌。揮手一來歸，故溪無處覓。緜緜五百載，市朝幾遷革。有路在壺中，無人知地脈。皇家感至道，聖祚自天錫。金闕傳本枝，玉函留寶歷。禁山開秘宇，復户潔靈宅。詔隸二十户免徭以奉灑埽。藥檢香氛氲，醮壇烟冪冪。我來塵外躅，瑩若朝醒析。崖轉對翠屏，水窮留畫鷁。三休俯喬木，千級攀峭壁。旭日聞撞鐘，彩雲迎躡屐。遂登最高頂，縱目還楚澤。平湖見草青，遠岸連霞赤。幽尋如夢想，緜思屬空闃。寅緣且忘疲，耽玩近成癖。清猿伺曉發，瑶草陵寒坼。祥禽舞葱蘢，珠樹摇玓瓅。羽人顧我笑，勸我稅歸軛。霓衣何飄颻，童顔潔白晳。重巖是藩屏，馴鹿受羈靮。樓居邇清霄，蘿蔦成翠帟。仙翁遺竹杖，王母留桃核。姹女飛丹沙，青童護金液。寶氣浮鼎耳，神光生劍脊。虚無天樂來，僁窣鬼兵役。丹丘肅朝禮，玉扎工紬繹。枕中淮南方，床下阜鄉舄。明鐙坐遥夜，幽籟聽淅瀝。因話近世仙，聳然心神惕。乃言瞿氏子，骨狀非凡格。往事黄先生，群兒多侮劇。謷然不屑意，元氣貯肝鬲。往往游不歸，洞中觀博奕。言高未易信，猶復加訶責。一旦前致辭，自云仙期迫。言師有道骨，前事嘗被謫。如今三山上，名字在真籍。悠然謝主人，後歲當來覿。言畢依庭樹，如烟去無迹。觀者皆失次，驚追紛絡繹。日莫山逕窮，松風自蕭槭。適逢修虵見，瞑目光激射。如岩三清居，不使恣搜索。唯餘步綱勢，八趾在沙礫。至今東北隅，表以壇上石。列仙徒有名，世人非目擊。如何庭廡際，白日振飛翮。洞天豈幽遠，得道如咫尺。一氣無死生，三光自遷易。因思人間世，前路何湫窄。瞥然此生中，善祝期滿百。大方播羣類，秀氣肖翕闢。性静本同和，物牽成阻厄。是非鬥方寸，葷血昏精魄。遂令多天傷，猶喜見斑白。喧喧車馬馳，苒苒桑榆夕。共安緹繡榮，不悟泥途適。紛吾本孤賤，世業在逢掖。九流宗指歸，百氏旁攟摭。公卿偶慰薦，鄉曲謬推擇。居安白社貧，志傲玄纁辟。功名希自取，簪組俟揚歷。書府蚤懷鉛，射宫曾發的。起草香生帳，坐曹烏集柏。賜宴聆簫韶，侍祠閱琮璧。嘗聞履忠信，可以行蠻貊。自迷希古心，妄恃干時畫。巧言忽成錦，苦志徒食蘗。平地生峰巒，深心有矛戟。曾波一震盪，弱植果淪溺。北渚弔靈均，長岑思亭伯。禍來昧幾兆，事去空歎惜。塵累與時深，流年隨漏滴。才能疑木鴈，報施迷夷跖。楚奏繫鍾儀，商歌勞寧戚。禀生非懸解，對境方感激。自從嬰網羅，每事問龜策。王正降雷雨，環玦賜遷斥。儻復夷平人，誓將依羽客。買山構精舍，領徒開講席。冀無身外憂，自有閑中益。道牙期日就，塵慮乃冰釋。且欲遺姓名，安能慕竹帛。長生尚學致，一溉豈虚擲。芝术資糇

糧，煙霞拂巾幘。黄石履看墮，洪崖肩可拍。聊復嗟蜉蝣，何頻哀虺蜴。青囊既深味，瓊葩亦屢摘。縱無西山姿，猶免長戚戚。

又　卷二六《桃源行》　漁舟何招招，浮在武陵水。拖綸擲餌信流去，誤入桃源行數里。清源尋盡花綿綿，踏花覓逕至洞前。洞門蒼黑烟霧生，暗行數步逢虚明。俗人毛骨驚仙子，争來致詞何至此。須臾皆破冰雪顔，笑言委曲問人間。因嗟隱身來種玉，不知人世如風燭。筵羞石髓勸客餐，燈爇松脂留客宿。鷄聲犬聲遥相聞，曉光葱蘢開五雲。漁人振衣起出户，滿庭無路花紛紛。翻然恐失鄉縣處，一息不肯桃源住。桃花滿溪水似鏡，塵心如垢洗不去。仙家一出尋無蹤，至今水流山重重。

宋　梅堯臣《宛陵集》卷三《武陵行》　生事在漁樵，所居亦煙水。野艇一竿絲，朝朝狎清沚。忽自傍藤陰，乘流轉山背。始覺景氣佳，潛通小溪裏。常時不見春，入谷驚紅蕊。幽興窮緑波，玩芳心莫已。花外一峰明，林間碧洞啟。遥聞雞犬音，漸悟人煙邇。捨舟遂潛行，石徑劣容屐。豁然有田園，竹果相叢倚。尨眉髽髻人，倏遇心顔喜。尚作秦衣裳，那知漢名氏。自言逢世亂，避地因居此。來時手種桃，今日開如綺。更看水上花，幾度逐風委。競引飯雕胡，邀歡酌瓊醴。復呼童穉前，緑鬢仍皓齒。翻遺念還茅，思歸釣鱣鮪。將辭亦贈言，勿道邱壑美。鼓枻出仙源，繁英猶邐迤。薄暮返蒼洲，微風吹白芷。他日欲重過，茫茫何處是。

宋　田錫《咸平集》卷八《羣玉峰賦以玉峰聳峭鮮潔新明爲韻》　昔穆王以閬苑希風，宸游縱欲，適玄圃之仙界，悦靈峰於羣玉。乃顧謂祭公謀父曰：斯山也，拔厚地，摩穹天，舍珍蓄寶，藏神宅仙。軼銀臺之比，峻踰太白之相鮮。歷落排空有處，類巫山十二，崖峨倚漢有處，如蓮峰五千。朕知卿之才者，卿爲朕而賦焉。祭公乃拜，手對敭揮毫應詔。心鶩崤崒，情忘聳峭。或勞想於璘玢，或馳神於窅篠。以爲一氣初判，三才既生。融而流者有四瀆之靈，結而粹者有五岳之名。雖羅封而列爵，謂生賢而誕英，未若我傑出紫府，高踰赤城。虎踞龍盤，聳圭璋而疏朗。霜華雪彩，皆琬琰之融明。或孤而高，或峭而絶，或掩映以相翼，或巇呀而半缺。遠而望也，則仙家青瑣，含秀氣以玲瓏。類而言之，則春宴金盤，點蘇山而皎潔。宜乎培塿玉壘奴隸圭峰藍關之英安足比於形勝荆谿之秀固亦陋其聲容若。總而狀之，則高者如飛，欹者如恐，背者如遁，向者如聳。瑰姿琦態兮信非尋常，戛翠摩青兮可以瞻奉。祭公既筆不停綴，辭妍若春。賦詠既就，箴規載伸。以爲士林之羣、藝圃之人，有道有德，有賢有仁。磨琢材能而益峻，切磋名節而尤新。儻一人之延納，則多士之來親。穆王乃曰：吾願益求賢哲，比羣玉之嶙峋。

宋　陳襄《古靈集》卷二四《經武夷山》　萬疊層巒接遠空，瑞雲晴靄氣溶溶。高於太華五千仞，秀出巫陽十二峰。蕙帳曉寒飛鶴怨，桃源春盡落花穠。鸞凰一嘯最深處，仙客樓臺有幾重。

宋　王安石《臨川文集》卷四《桃源行》　望夷宫中鹿爲馬，秦人半死長城下。避時不獨商山翁，亦有桃源種桃者。此來種桃經幾春，采花食實枝爲薪。兒孫生長與世隔，雖有父子無君臣。漁郎漾舟迷遠近，花間相見因相問。世上那知古有秦，山中豈料今爲晉。聞道長安吹戰塵，春風回首一霑巾。重華一去寧復得，天下紛紛經幾秦。

宋　畢仲游《西臺集》卷二〇《題崇因寺》　閒游偶此共攀緣，勝事誰能爲我傳。山鳥無巢任來往，溪流有石更潺湲。路迷空谷寒生霧，目極平林遠自煙。便是瀛州與方丈，不知何處有飛仙。

宋　李綱《梁谿集》卷一二《桃源行并序》　桃源之事，世傳以爲神仙。非也。以淵明之記考之，特秦人避世者子孫。相傳自成一區，遂與世絶耳。今閩中深山窮谷、人跡所不到，往往有民居田園，水竹鷄犬之音相聞，禮俗淳古，雖斑白未嘗識官府者。此與桃源何以異？感其事，作詩以見其意。

武陵溪水流潺潺，漁舟鼓枻迷泝沿。豁窮路盡恍何處；桃花爛漫蒸川原。花間邑屋自連接，雲外雞犬聲相喧。衣裳不同俎豆古，見客驚怪争來前。殺雞爲黍持勸客，借問世上今何年。自從秦亂避徭役，子孫居此因蟬聯。不知漢祖以劍起，況復魏晉稱戈鋋。慇懃留客不肯住，落花流水空依然。淵明作記真好事，詩人粉飾言神仙。我觀閩境多如此，峻溪絶嶺難攀緣。其間往往有居者，自富水竹饒田園。耄倪不復識官府，豈憚黠吏催租錢。養生送死良自得，終歲飽食仍安眠。何須更論神仙事，只此便是桃花源。

宋　王之道《相山集》卷二《蒸紅亭》　桃源果何處，溪流出殘紅。忽然見桃花，灼灼摇春風。蒸成日邊霞，高吟思無窮。

宋　朱松《韋齋集》卷二《谿南梅花》　巉巉石逕鳴枯筇，意行詰曲無西東。心知幽壑梅已動，一枝寄我曾未蒙。暗香横路忽驚顧，采蕊的皪蠻烟中。有如佳人久去眼，邂逅相得情何窮。蔬畦壓霜翠羽亂，已覺雪片棲芳茸。嗟吾

辜此來已晚，攀條嚼蕊聊從容。玉仙游戲下塵世，絶艷一洗朱鉛空。不知閬苑在何許，叱回風馭無忽忽。溪寒沙浄迷俯仰，坐待山月來朦朧。豈無尊酒相暖熱，錦裘起舞如驚鴻。仇池老仙羽化久，妙曲三疊餘仙風。歸時醉倒不知，一作成。和明日來此誰能同。

宋 阮閱《郴江百詠·北園》 一塢春風北苑芽，滿川流水武陵花。溪東舊觀仙人宅，城内高樓刺史家。

宋 朱熹《晦庵别集》卷四《題赤城觀》 落日空山秋氣清，泠泠古木亂蟬鳴。仙人一去鶴不返，劍客重來丹已成。静對竹爐烟縷直，細看月窟桂華生。此身舊有蓬瀛約，玉簡歸來問姓名。

宋 趙汝鐩《野谷詩稿》卷二《瀛州行》 臨川林史君岊與江西章倉使良肱同游三館，今把麾持節皆駐臨川，遂於郡圃築亭，扁曰瀛州。

神山鼎峙滄海東，瑶池翠水環銀宫。朝霞夕霏自今古，飈車羽輪何憧憧。文館岧嶤霄漢立，群賢飛珮翔鵷鴻。人間風日總不到，逍遥宛在神山中。苕溪閩山兩仙伯，雙槎貫月凌溟濛。分光東壁筆摛錦，攜手西崑氣垂虹。承明厭直江湖去，回首雲霧迷方蓬。風萍既散俄復聚，赤帷朱轓巧相逢。舊游共説横秋下，城隅勝概髣髴同。寓意瀛州規小築，軒楹突兀浮青紅。弱水休論三萬里，玉樓未羡十二重。洞門無鎖棠陰晝，太華吹香藕花風。夜藜吐耀來太乙，旨酒共飲煩壺公。臨汝自昔號仙窟，左有靈谷右峨峰。浮邱老翁跨白鶴，魏壇元君攜青童。欣聞瓊宙出金柅，往往挽袂來相從。祇恐濟世緣未了，一麾一節難久容。九天丹鳳銜雙詔，修門並轡摇冬瓏。不但十八學士同步武，風雲廊廟兩兩登夔龍。共辦霖雨舟楫功，他年相與騎鯨追喬松。

元 劉秉忠《藏春集》卷一《過玲瓏山》 世外徒聞説洞天，桃源迷路再無緣。摩青磈磊誰能鑿，繡白玲瓏自可穿。別有一壺藏日月，正看萬竅吐雲煙。勞生得遇崆峒客，煉訣還丹問隱仙。

元 郝經《陵川集》卷一《瓊華島賦》 歲癸丑夏，經入於燕。五月初吉，由萬寧故宫登瓊華島。徜徉延佇，臨風肆矚，想見大定之治，與有金百年之盛，慨然有懷，乃作賦焉。其辭曰：

栝矢飛燕，遼傾宋奔，中夏壯觀，萃於金源。鬱天居之宏麗，開陸地之海山。忽陵飛而阜走，見虎踞而龍蟠。建瓴水於河朔，浩不知其波瀾。沉沉覃覃，旋坤轉乾。赤城紫府，幻出塵寰。粤惟瓊華之一島，突兀乎其間。崑崙之顛，海風怒掀。劈濤頭而迸落，結水面之青蓮。巖巖磐磐，僵立孱顔。嶷如鼇頭冠日，覩而却走。傴如鱷背負月，窟而横高寒。瑶光樓起，金碧鉤連。斷霓飲海，頡地頏天。華陽九州之塵，遼海百年之藴，烽湧煙填。慶雲佳氣，郁郁芊芊，時屬清平，天下晏然。【略】宜乎於此樂天下之樂，軼邁往而追羲軒。收萬方之瑰詭，盡九土之纖妍。紆青雲之環珮，奏鈞天之管絃。御長風於絶頂，訪蓬壺之飛仙。開八荒之壽域，正一氣之陶甄。躋斯民於仁壽，而君臣與焉；挈斯民於遂樂，而君臣享焉。涵浸醲郁，上格於天；舒愉粹暢，下達於泉。濟濟洋洋，殆三十年，見始終之全。倏九龍之飛去，墮神鼎於羽淵。宗沉社僨，而乃屢遷。雖則屢遷，竟不能永其傳。功如是，德如是，不克負荷，一舉而棄捐。孰爲之司而使之然？涸金源於汴蔡，卧一島於蒼煙。悲風射關，枯石荒殘。瓊華樹死，太液池乾。游子目之而興歎，故老思之而淚潸。蓋餘恩遺烈，膏於骨髓，著於肺肝。雖死而若生，雖亡而若存。有與析津同沛、箕尾共騫者，雖曰假山，而實德山也。彼虐政虐世，昏君暴主，以萬人之力，肆一己之欲，刳吾乾坤，穢吾山川，雖曰石山，而實血山。民欲與之俱亡，卒聚而殲旃，寧不愧於兹焉？

元 劉因《静修集》卷三《桃源行》 六王掃地阿房起，桃源與秦分一水。小國寡民君所憐，賦役多慚負天子。天家正朔不得知，手種桃枝辨四時。遺風百世尚不泯，俗無君長人熙熙。漁舟載入人間世，却悔桃花露蹤跡。曾聞父老説秦强，不信而今解亡國。畫圖曾識武陵溪，飛鴻滅没天之西。但恨於今又千載，不聞再有漁人迷。

元 程端禮《畏齋集》卷一《桐川三峰歌次劉教授韻》 秦漢海上求蓬萊，方士一去不復回。三山元只在人間，蔽匿雲霧不爲開。萬騎南游上秦望，乃獨遺此何爲哉！此山迢遞東南來，勢至桐汭爲低徊。三峰雄秀插天半，下視培塿皆陪臺。此山峨然如三皇，初議制作陳尊罍。此山澤民如三后，調燮雨暘符三台。或疑女媧煉色石，補天功成遺餘材。又疑張騫使河源，歸囊梱載多奇瑰。河流衝決流至此，不爾何爲洗濯瑩浄無塵埃。使我有疑不能決，欲語神怪非，吾儕安得辨口如齊諧。劉公胸中有丘壑，酒酣筆下寫此磊塊懷。我欲繼作豈其敵，語險韻絶如懸崖。

元 雅勒呼《劉仙巖》（《佩文齋詠物詩選》卷七六輯） 削雲千丈倚蒼崖，箭括通天一竅開。草樹陰森藏洞府，烟霞縹緲護樓臺。白雲已向空中去，黄鶴時聞月下來。欲向仙翁借笻杖，凌高長嘯望蓬萊。

明　錢仲益《三華集》卷一八《錦樹集八·蓬萊曉色奉令作》　滄溟弱水浮蓬萊，六鼇戴出通天臺。金雞初鳴海色動，紫霞散落紅雲開。火輪水底忽飛出，萬里紅波半天赤。遥看彩仗引羣仙，翳鳳驂鸞朝太乙。珊瑚碧樹交青葱，穹樓傑閣空明中。氛埃隔斷飛不到，寶鈴戛激流天風。秦皇漢武亦何故，徐福來歸鑾大去。謾求靈藥度長生，風舟欲至終無路。聖皇當天開早朝，天闕曉闢聞簫韶。卿雲五色捧扆座，環珮鏘鏘遺九霄。羣玉峰巒間瑶草，萬歲桃花春不老。蓬萊始信在人間，何用求仙覓三島。

明　楊士奇《東裏集》卷二《從游西苑》　廣寒宫殿屬天家，曉從宸游駐翠華。瓊液總須仙掌露，金支皆插御筵花。棹穿萍藻波間雪，旗颭芙蓉水上霞。身世真超人境外，玉盤親捧棗如瓜。

明　謝晉《蘭庭集》卷上《題桃源圖》　細草幽花山洞春，春深閑却種桃人。源頭不放漁舟入，塵世那知有遁秦。

明　李賢　程敏政編《古穰集》卷二四《桃花源》　武陵桃花源，邈矣隔人世。祖龍流毒深，秦人從此逝。君臣道雖乖，父子倫不廢。桑麻接墟里，林泉任游憩。奉先潔蘋藻，課子匪文藝。永結比鄰歡，夙駕久已稅。樹顛有鷄鳴，花間聞犬吠。柴門倚山開，衣服隨身製。物外自成村，世人孰能詣。川平土氣和，老稚無札厲。草木遞榮枯，因之驗時歲。禽鳥聲相和，猿狖性多慧。當時商山隱，同此遠塵界。仙源不易尋，白雲重遮蔽。漁郎獨何幸，能造塵境外。再訪不可得，徒此感神契。

明　祝允明《懷星堂集》卷八《錢園桃花源》　落英千點暗通津，小有仙巢問主人。狂客莫容劉與阮，流年不管晉和秦。桑麻活計從巖穴，蘿兔芳緣隔世塵。只有白雲遮不斷，卜居還許我爲鄰。

明　俞允文《仲蔚先生文集》卷三《桃源行》　昔有武陵人，捕魚谿水湄。谿暖桃花深，沿洄遂忘疲。所歷既已遠，忽復值山崖。初行路纔通，豁然就平夷。雲屋儼千家，桑竹蔭陂池。隨山起阡陌，覽化測天時。即事多古法，歡歌自相追。驚問所向從，競引還其私。云先避秦亂，窮奔躋險巇。始得此絶境，與世遂長辭。具諮興亡理，所聞皆惋悲。各復餚酒食，數日方語離。既出思故路，念言當復來。安知峰巒轉，奇蹤竟參差。寥寥此中人，千載空自知。

明　沈明臣《豐對樓詩選》卷八《觀桃源》　四明山，武陵水，桃花之源何處是。山翁指點來一觀，秋泓照天湛如沚。野花斑斑冒緑池，迴波苒苒紛蘭芷。古云異僧有神術，卓錫取泉泉即起。高如趵突泉，細若星宿海。雪花浮動散青天，銀箭倒穿日五彩。嗚呼此説非荒唐，吾欲持之問蒙莊。蒙莊已化誰可語，仰面忽睹天蒼蒼。即今十月水勢縮，神瀵不生秋日暴。且待桃花春水時，拄杖來觀洗雙目。

明　皇甫涍《皇甫少玄集》卷八《七山詩并序》　客有淹頓世網，思去人間者。暇日讀王子年所記諸山，睠然慕之。爰述幽蹤以慰遐想，共詩七首，貽同好覽焉。

其一　崑崙

崑崙乃九山，相去各萬里。玉樹五色光，清風四面起。翔龜躍喬林，潛螭蜕神沚。中州非我居，流想丹雲裏。千歲方逍遥，來觀赤陂水。

其二　蓬萊

瑶空結雲邱，璇基開霧觀。紅葭泛溟波，青鸞集浮幹。吞舟惟所運，緬邈無窮岸。維南有奇鴛，棲息常霄漢。啟圖寄靈矚，臨風發幽讚。

其三　方丈

嘗聞三神山，乃在渤海中。極目龍鸞臺，瑶林鬱青葱。照石一何神，可以沃芳容。側思西王母，翻然念相從。迢遥金池楫，無假愁雲空。

其四　瀛州

神魚戲環淵，慶雲不崇朝。丹鳥繽紛翔，文殊被山椒。列樹蔭仙臺，華蓋上岧嶢。羲和警黑玉，望舒御青瑶。何事魯陽德，迴日向層霄。

其五　員嶠

環邱抗絶岳，靈異無不有。鼉鱗靄霜雪，龜圖映星斗。粟必千雲穗，人多雙瞳叟。桑海迭虧盈，天地相終久。自從五龍來，聊可驗塵阜。

其六　岱輿

嫉世閲山經，友道羨芳躅。靈岱怡我神，尋企願拔足。玉梁亘中天，金沙翳穹谷。七芝光日茂，三桂華雲馥。終期躡紫苔，税駕玄流隩。

其七　洞庭

玉女閟靈源，金堂輝楚澤。窅然思其人，脱履靡所惜。絲桐豈世樂，雲霞爲帝宅。一舉凌九天，流覽周八極。始悟黄石君，允非青雲客。

明　殷邁《玉女潭題贈史吏部恭甫》（《宋金元明四朝詩·明詩》卷二七輯）　玉陽古洞天，名是神仙宅。因君地始顯，令人思俱逸。玉岡遶鸞鵠，雲莊

藪芝术。修廊俯大觀，列卦開玄室。虹橋迴隔凡，蓍臺静研易。生明抱弦月，澄觀披雲物。玉虛奠其中，别館竦而翼。門前萬梅竹，葱蒨麗綿密。琅玕羣玉山，環珮藐姑射。想當經始時，頗極位置力。探妙溯邃初，選勝窮搜剔。爰建玉清祠，實表上真蹟。禪棲儼大士，仙寓藹羽客。岧嶢玄真閣，杳渺古佛窟。招邀緇素流，迴移造化德。疏幽美石露，翦莽珍木出。導潤龍馬呈，芟林鳳麟集。青騾張果繫，白羖初平叱。踞獅與馴象，殊狀各異質。巍碣訝天成，承霤雨欲滴。盤玉擁琳琅，期仙望裙舄。宴處超然宇，徙倚瑶臺側。坐對芙蓉城，一一青可摘。杯浮縹緲峰，太湖翠如拭。琪樹挺瓊枝，獨本蘖維十。幽洞俯靈木，三株原自一。飛雲被綺郁，采藥路詰屈。豈無斸苓者，欲往迷所適。巒嶂妙連絡，草樹相翁鬱。回巖上盤互，側錦厓四塞。中爲玉女潭，靈源澄水碧。陰壑天倒開，蒼蒼疑正色。月魄墮深谷，寶氣浮瑟瑟。石梁亘清漢，龍鼻吸金液。伏流轉地中，萬壑争灌射。翠微玉一泓，淵凝瑩沈寂。稍下瀉爲湍，瓊樹上蒙羃。輪囷壽千載，扶疏影百尺。曲碕可浮觴，廣蔭不見日。嶼遠始逶迤，峽束遽奔突。虬鼉奮相角，贔屭怒方勃。盤渦車輪轉，溯湃雷霆擊。飛橋沸萬玉，砥柱中流屹。西行得龍湫，崩厓雷斧劈。渟渟湛碧林，峭壁漱金骨。娟娟净如染，杳杳深莫測。懸舟浮空明，俯首度偪仄。中虛别有天，外視如無域。井氣上通幹，陽光下容隙。嘗觀蝘蜓游，知有髯羊蟄。厓顛虛竅存，猶蛻蜿蜒跡。靈鬌矯玉柱，瑩帶流漿白。其旁洞谽谺，三折互齗齶。恍游君山陽，由唐履其閾。牖通水犀靈，屋偃龍藏闕。天碑矗崢嶸，净槃舒的皪。穿石倚撑拄，飛瀾迴蕩激。嵌空垂地肺，溢狀交泉脉。右盤青牛峽，紫氣紛可挹。朝日照金晶，巖下光奕奕。抑捫瓌寶羅，奇怪不可識。方坻環玉流，圓折數珠瓅。赴壑急於奔，緣厓亂如織。鐘竇聲始洪，喤喤音孔翕。回陽勢忽旋，怒湧歸潮入。安行孰爲達，逆捲竟誰扼。磯頭止青鳥，如欲對以臆。玄津示吐咽，一氣妙呼吸。吾因灌輪理，悟彼蒼生術。睠兹靈異境，信與塵凡隔。歷世閟勝絶，一發邁古昔。蓬萊豈在遠，桃源邇可即。我來竭幽興，游覽盡微賾。森奇目屢奪，惝怳神如失。初來即忘歸，欲去更遲歷。君本謫仙人，名猶在籙籍。帝命主兹山，功成有申錫。吾聞白玉京，官府足衆職。不如且住世，逍遥領泉石。願攜金光草，長共爾游息。

明 周復俊《涇林詩文集》卷一《憶昔行贈袁羽士還崑山清真觀》 竹洲館下莓苔生，樓松坐聽寒濤聲。金門忽遇存真子，令我平添無限情。自言洞裏乾坤好，翠樹紅霞類蓬島。況是風輕桃雨飛，白雲滿地縈瑶草。夢中猶憶虹飛橋，月明山静吹璚簫。赤鯶白兔驂烟下，子夜翱翔禮玉霄。我懷爾祖苞玄性，劍佩箕裘復輝映。清微爐火色常温，幻玢琳文子能詠。杯乾即泛滄海楂，須臾鶴影翻雲沙。何時載叩松陰竹，同看山中緑玉花。

明 陳伯康《龍龕禪寺追和王高二太史題壁詩》（《石倉歷代詩選》卷三一二輯） 海上靈山孕神秀，萬木蒼蒼碧雲溜。山頭霽色襯朝霞，樹裏嵐光宜晚照。塵囂迴隔絶纖埃，金仙之宅如蓬萊。神房半自花間出，定室多從松下開。勝槩岧嶤真絶境，目極神馳與俱永。飛巖踏上聽天雞，疊巘攢雲愁半嶺。終南太華休争奇，其中佳趣人不知。岩扉静掩薜蘿月，法水光涵祇樹枝。不用傷心怨遲暮，且須載酒隨玄度。玉堂詞客解長歌，揮灑何須便歸去。自笑狂吟非等倫，麗句從來貴有鄰。他年詔許還山日，結社應須訪舊人。

明 于慎行《穀城山館集》卷五《大伾山亭圖歌爲朱令君賦》 誰持一幅綃，掃作千林碧。奇峰崒嵂浮煙空，秀色横分白馬跡。山下草堂瞰古城，百花潭水飛春英。長楊翠柏蔽雲日，静聽似聞風雨聲。亦有高臺臨灌莽，岧嶤百尺浮雲上。何人月夜舒長嘯，一聲遥和竹林響。臺下悠悠河水來，亂帆東去接天迴。青山一片明湖裏，翠黛光摇寶鏡開。春風滿巖杏花裂，光中乍見輕煙滅。艷如赤城霞，皎若天山雪。修竹檀欒碧萬竿，清風瑟瑟動庭蘭。了然瀟湘色，對此心神寒。西北一畝丘，厥形如負局。仙人對奕揮素手，華山幾更春草緑。我彼此圖開心顔，一時坐我煙霞間。恍如身到輞川曲，目中已自無塵寰。又似桃花源裏去，碧流紅雨不知處。黎陽仙翁聖代英，欲卧滄浪絶世名。一朝解綬謝天子，杳然自寫丹青裏。有子重看上苑花，河陽萬樹還相似。仙翁可望不可親，繪爲此圖傳世人。真游莫訝人間少，方丈蓬萊别有春。

明 鄒迪光《石語齋集》卷二《桃源澗》 吴會饒靈區，兹山更秀絶。我游桃花澗，正值桃花節。依依媚青陽，霏霏散紅雪。緣巒臒以塗，夾磴繡堪結。似待秦人居，若爲劉阮設。四山何嶐嵸，衆水何泌滑。山翠襲襟巾，水韻叶琴瑟。止坎并在斯，枕漱咸所獲。不言成蹊逕，有分在山澤。還復想綏桃，一食生羽翮。

明 曹履吉《博望山人稿》卷六《桃源洞五首》 年年花浪逐閒春，豈解耕桑辨采真。何處望夷灰斷火，空山憑占避秦人。

一勺靈源伏磴穿，想隨香瓣擲仙仙。若教鼓枻餐霞官，只是春山過雨泉。

田園誰解夢蘧蘧，天上人間比不如。合是一般癡透骨，通槎漢使武陵漁。

横舟恍作游仙夢，遠逕翻成異代逢。不使長竿與興廢，白雲千載抵秦封。

花開不信有人行，鷄黍聊傾避世情。聽説鄰家尚相慰，已閒馳道罷長城。

明 吴承恩撰 李贄評《李卓吾先生批評西游記》第九四回《四僧宴樂御花園 一怪空懷情慾喜》（天竺國）那國王排駕，請唐僧都到御花園内觀看。好去處！

徑鋪彩石，檻鑿雕闌。徑鋪彩石，徑邊石畔長奇葩；檻鑿雕闌，檻外闌中生異卉。天桃迷翡翠，嫩柳閃黄鸝。步覺幽香來袖滿，行沾清味上衣多。鳳臺龍沼，竹閣松軒。鳳臺之上，吹簫引鳳來儀。龍沼之間，養魚化龍而去。竹閣有詩，費盡推敲裁白雪。松軒文集，考成珠玉注青編。假山奉石翠，曲水碧波深。牡丹亭，薔薇架，叠錦鋪絨；茉藜檻，海棠畦，堆霞砌玉。芍藥異香，蜀葵奇艷。白梨紅杏鬥芳菲，紫蕙金萱爭爛漫。麗春花，木筆花，杜鵑花，夭夭灼灼；含笑花，鳳仙花，玉簪花，戰戰巍巍。一處處紅透胭脂潤，一叢叢芳濃錦繡圍。更喜東風回暖日，滿園嬌媚逞光輝。

明 陳邦瞻《陳氏荷華山房詩稿》卷二一《廬山》 蒼嵐片片點征衣，夢裏廬山知是非。霧織松林無鳥度，雪深石徑有僧歸。屏風匝地鋪雲錦，瀑布連空落翠微。耳畔嘈嘈天樂遠，仙人不見紫烟飛。

清 卞永譽《式古堂書畫彙考》卷五九《陸叔平桃源圖并題》 樹樹桃花春雨香，武陵何處問漁郎。湖山表裏如圖畫，洞口烟霞天一方。

清 康熙《武定府志》卷四《烏蒙山》 此山奇絶不可比，鬱鬱蒼蒼孰能紀。晦明幻化神器潛，讓帝艱難不到此。山鬼啾啾木客號，古藤絙索垂猿猱。山禽百韻隔雲木，落日熊羆呼其曹。路斷吊橋懸怪石，宛若晴虹高萬尺。懸撞度索越他山，颯颯天風吹羽翮。烟霞不隔仙源深，仙境渺茫何處尋。人似避秦雞犬近，松根屐足蛩然音。洞門深鎖桃千樹，山靈謝指桃源路。翠觀岑青紫拍圖，鬼工鑿處心驚怖。上有惠婿清且漪，天地常來沐浴此。雙頭孔雀有千年，白鹿麀麀獨角長。仙人酤我長春醑，一飲歡襟無處所。仙詞瀏浣滌塵煩，自信仙緣吾與汝。

清 蔣驥《山帶閣注楚辭》卷三 崑崙縣圃，其尻居同。安在。增城九重，其高幾里？

《水經注》：崑崙山三級，下曰樊桐，二曰元圃，三曰增城。是爲大帝之居。《穆天子傳》春山之澤，所謂縣圃。百獸所聚。桓驎《西王母傳》：崑崙之圃，有城千里。其下弱水九重，非飈車、羽輪不能到。《淮南子》：層城九重，高萬一千里百十四步二尺六寸。《化狄經》：崑崙山九重，重相去九千里。《拾遺記》：崑崙山有九層，層相去萬里。天對增城之里萬有三千。尻，與居同。一説臀尾所坐處爲尻。縣圃，神人之圃，下無所繫，懸空而居，故問其所坐何處也。增城又在其上，則愈高而愈奇矣。

清 杜詮《題來仙閣并序》（《貴州通志》卷四五引） 雪厓洞，溪山秀朗，稱黔中勝地。洞左舊建吕真人神宇三楹，昔年降鸞處也，歲久傾圮。方伯陳公因其址以修殿，又於洞右甃石爲臺，建來仙閣。辛酉夏落成，挹山光，吞石瀨，巍然鉅觀。其前後經營俱盡地勢，又增植竹樹，蔽翳菁葱，游人宛在閬風之苑。爰賦詩以紀之。

雲中臺榭壓層城，一磴仙都窅畫明。薜荔牆邊山出没，松杉徑裏鳥飛鳴。躋攀不覺烟霞近，嘯傲還疑羽翼生。泉石儘堪招隱士，蓬壺萬里不勝情。雕甍繡闥碧琳宫，羽駕飄摇紫氣中。鄂渚醉吟人世改，邯鄲塵夢古今同。龍蛇舞處通玄妙，錦繡裁成盡化工。風露夜深聞鶴唳，溪光月色兩融融。

清 韋謙恒《傳經堂詩鈔》卷九《桃源洞》 不待桃花水，仙源路已通。黄雲千頃外，洞前皆水田，一望黄雲，可期大有。翠竹萬山中。洞古門常閉，僧閒夢亦空。片時茶話好，轉惜去悤悤。

清 介福《田盤風物助》（《盤山志》卷一〇引） 宸娱秋暮，烟嵐景更殊。霜染楓林半紅紫，雨開山色不糢餬。海中蓬島曾尋否，洞裏桃源始信夫。極目蒼茫烟水際，凌雲鸞鶴遠相呼。

清 孫原湘《天真閣集》卷一二《瑶臺篇》 梅花一熏凡骨仙，清夢欲上非非天。不知何生倏得到，飄然已在瑶臺巔。瑶臺中人皎如雪，洞啓蘭房鑄秋月。埽盡輕雲四面空，窗櫺挂起湘江碧。江水緑似葡萄醅，玉龍倒噴玻瓈杯。醉持珊瑚敲赤日，天花亂落心花開。紫陽真人喜跌宕，邀我吹笙和鸞唱。清歌高卷入晴空，曲與行雲共摇漾。隔屏似花不是花，春風來揭輕紅紗。千秋美事寧有此，姮娥竟在天孫家。博山爐中紫烟舉，飛出青天忽雙縷。直是仙人一寸心，依稀聽得幽蘭語。寶刀割香香不斷，香縷穿珠珠不貫。一日一月合幾時，雙影分明在天半。天雞夜叫海水横，蟾精兔魄紛相迎。玉軿聲杳廣寒閉，頓覺河漢無光明。臺前一聲飄玉笛，臺下落紅深數尺。賸有瀟湘烟水寒，風吹一片無情色。

清 釋敬安《八指頭陀詩集》卷七《憶天台》 天台四萬八千丈，曩者幽尋悵孤往。躡屐遥侵積雪前，捫蘿直踏層雲上。石梁跨壑凌紫煙，下有千尺之飛

泉。鎚幽鑿險詎人力，太古靈搆信自然。奇哉赤城鬱神麗，秀色難名豈空翠。應真羽客紛來儀，瑶草琪花常不萎。華頂摩空星斗寒，登臨始壯平生觀。乾坤俯仰但一氣，吴耶越耶青漫漫。忽而昆嵐吹海立，雷火燒空雨聲急。妖藏鬼匿長河懸，虎嘯龍吟百靈集。須臾浄洗羣峰環，乃乘白鹿辭名山。爾來屢諗草木改，風塵行脚凋朱顔。每念舊游長太息，夢痕夜度剡溪碧。真人天際坐相邀，指點神巒是吾宅。袈裟猶掛枯藤枝，山阿寂寥猿鳥悲。寒山拾得今尚在，歡顔出揖開巖扉。落英滿地無人掃，苦言忘歸惜余老。定裏微嫌天樂繁，人間那憶仙山好。何處鳴鐘喚我醒，松風還作海濤聲。煙霞一覽渺無迹，迴首東南空復情。

清 魏源《古微堂詩集》卷五《黄山雲海詩》 海成山憶蓬萊閣，山成海則文殊庵。我來正值月華霽，玻璃影涵千萬參。山童忽報將鋪海，是時雨後山气酣。山山樹林噴薄有形無聲之飛瀾，分流互注相回盤，驚奔亂騖如脱驂。初各一縷合萬族，從足至腰漸脊鬣。不風不波千萬里，以天爲岸山爲黏。一白光中萬青攢，天荒地老無人帆。俄頃凹凸高下渾一函，但餘方丈瀛洲三衆山。反下水，反上翻，怪碧空，如此藍。人天世界空中嵌，但少倒月沈秋潭。良久海風漸蕩漾，白光始与青光參。中有松濤萬谷助岈峪，更有萬怪出没相吞眈。又恐三山隨波漂没化爲嵐。日光忽躍金烏趯，飢蛟倒吸無留痰。以下還下嵁還嵁，惟見北斗參横南。歸來勿与癡人譚，夢中説夢誰曇聃。

雜録

宋 李昉等《太平廣記》卷二八《僧契虚》 契虚曰：吾願游稚川有年矣。捀子驚曰：稚川，仙府也。吾師安得而至乎？契虚對曰：吾始自孩提好神仙，常遇至人勸我游。稚川路幾何耳？捀子曰：稚川甚近，師真能偕我而去乎？契虚曰：誠能游稚川，死不悔。于是捀子與契虚俱至藍田上治具，其夕即登玉山，涉危險，逾巖巘且八十里，至一洞，水出洞中。捀子與契虚共挈石填洞口，以壅其流。三日，洞水方絶。二人俱入洞中，昏晦不可辨見。一門在數十里外，遂望門而去。既出洞外，風日恬煦，山水清麗，真神仙都也。又行百餘里，登一高山。其山攢峰迴拔，石徑危峻。契虚眩惑不敢登，捀子曰：仙都且近，何爲彷徨耶？即挈手而去。既至山頂，其上坦平，下視川原，邈然不可見矣。又行百餘里，入一洞中，及出，見積水無窮，水中有石徑横尺餘，縱且百里餘。捀子引契虚躡石逕而去。至山下，前有巨木煙影繁茂，高數千尋。捀子登木長嘯，久之，忽有秋風起於林杪，俄見巨繩系一行橐自山頂而縋。捀子命契虚瞑目坐橐中，僅半日，捀子曰：師可寤而視矣。契虚既望，已在山頂，見有城邑宫闕，璣玉交映，在雲物之外。捀子指語：此稚川也。於是相與詣其所。

又 卷四八《白樂天》 唐會昌元年，李師稷中丞爲浙東觀察使。有商客遭風，飄蕩不知所止。月餘，至一大山。瑞雲奇花，白鶴異樹，盡非人間所覩。山側有人迎問曰：安得至此？具言之。令維舟上岸，云須謁天師。遂引至一處，若大寺觀。通一道入，道士鬚眉悉白，侍衛數十，坐大殿上與語曰：汝中國人，兹地有緣方得一到，此蓬萊山也。既至莫要看否。遣左右引於宫内游觀。玉臺翠樹，光彩奪目，院宇數十，皆有名號。至一院，扃鎖甚嚴，因窺之，衆花滿庭，堂有裀褥，焚香階下，客問之，答曰：此是白樂天院，樂天在中國，未來耳。乃潛記之，遂别之。

宋 徐兢《宣和奉使高麗圖經》卷三四《蓬萊山》 蓬萊山望之甚遠，前高後下，峭拔可愛。其島尚屬昌國封境，其上極廣，可以種蒔，島人居之。仙家三山中有蓬萊，越弱水三萬里乃得到。今不應指顧間見，當是今人指以爲名耳。過此則不復有山。惟見遠波起伏，噴豗洶涌，舟檝振撼，舟中之人吐眩顛仆不能自持十八九矣。

宋 祝穆《方輿勝覽》卷一〇《福州》 榴花洞在閩縣之東山。唐永泰中，樵者藍超遇白鹿，逐之，渡水入石門。始極窄，忽豁然有鷄犬人家。主翁謂曰：吾避秦人也。留卿可乎？超云：欲與親舊訣乃來。與榴花一枝而出，恍如夢中。再往，竟不知所在。

造園技術部

尋源 引水 穿池

題解

明 文震亨《長物志》卷三《水石・廣池》 鑿池自畝以及頃，愈廣愈勝。最廣者，中可置臺榭之屬，或長堤橫隔，汀蒲、岸葦雜植其中，一望無際，乃稱巨浸。若須華整，以文石爲岸，朱欄迴遶。忌中留土，如俗名戰魚墩，或擬金焦之類。池傍植垂柳，忌桃杏間種。中畜鳧雁，須十數爲羣，方有生意。最廣處可置水閣，必如圖畫中者佳。忌置簰舍。於岸側植藕花，削竹爲闌，勿令蔓衍。忌荷葉滿池不見水色。

明 祁彪佳《祁彪佳集》卷七《寓山注・水明廊》 園以藏山，所貴者反在於水。自泛舟及園，以爲水之事盡。迨循廊而西，曲沼澄泓，繞出青林之下。主與客似從琉璃國來，鬚眉若浣，衣袖皆濕。因憶杜老「殘夜水明」一句，以廊代樓，未識少陵首肯否。

論說

唐 歐陽詹《歐陽行周文集》卷五《曲江池記》 水不注川者，在藪澤則曰陂曰湖，在苑囿則爲池爲沼。苑之沼、囿之池，力墾而成則多，天然而有則寡。兹池者，其天然歟？循原北峙，迴岡旁轉，圓環四匝，中成窞坎，窐窬港洞，生泉翕源，東西三里而遥，南北三里而近。當天邑别卜，繚垣未繞。乃空山之濼，曠野之湫。然黄河作其左塹，清渭爲其後洫，褒斜右走，太一前横。崇山濬川，鈎結盤護，不南不北，湛然中渟。西北有地平坦，彌望五六十里而無窪坳。紫蓋凝而不散，黄旗鬱以常在。實陶鈞之至，造化之功，沙汰一氣之辰，財成六合之日。既以磽确外爲寰宇，敞無垠堮，以居億兆。又選英精内爲區域，束以襟帶，用宅君長。若人斯生，支體具矣，有心以繫其神焉。若堂斯考，廊廡設矣，有室以處其尊焉。彼如紫蓋、黄旗之氣，豈陶鈞、造化者用宅君長英精之所耶！夫物苟相表裏，製必同象。泄夫外則廓以靈海，導夫内則融乎此湫。歷代帝王未得而有，豈降巢宅土之後，聯綿千百之代，建卜都邑，不欲合夫天意而居乎？將天意尚同其根深蒂固，可與終畢者而命處乎。故於有隋，兆我皇唐之存孕，逮其季主，瞥之以須焉。揆北辰以正方，度南端而製極，墉隍劃趾，鈎陳定位。地迴帝室，湫成厥池。既由我署，纔成伊去。真主巍巍，龍盤虎踞。爰自中而軌物，取諸象以正名。字曰曲江，儀形也。觀夫妙用在人，豐功及物。則總天府之津液，疏皇居之墊隘，潢汙入其洞澈，銷涎漦以下澄。汙盧隨其佳氣，蕩鬱攸而上滅。萬户無重膇之患，千門就爽塏之致。其流惡含和、厚生蠲疾有如此者。皎晶如練，清明若空。俯睇冲融，得渭北之飛鴈。斜窺澹泞，見終南之片石。珍木周庇，奇華中縟。重樓夭矯以縈映，危榭巉巖以輝燭。芬芳蔭滲，滉瀁電烻，凝煙吐靄，泛羽游鱗。斐郁郁以閑麗，謐徽徽而清肅。其涵虛抱景、氣象澄鮮有如此者。皇皇后辟，振振都人，遇佳辰於令月，就妙賞乎勝趣。九重繡轂，翼六龍而畢降。千門錦帳，同五侯以偕至。泛菊則因高乎斷岸，祓禊則就潔乎芳沚。戲舟載酒，或在中流。清芬入襟，沉昏以滌。寒光炫目，貞白以生。絲竹駢羅，緹綺交錯。五色結章於下地，八音成文於上空。砰輷沸渭，神仙奏鈞天於赤水。黤藹敷俞，天人曳雲霓於玄都。其洗慮延歡、俾人怡懌有如此者。至若嬉游以節，宴賞有經，則纖埃不動，微波以寧，熒熒渟渟，瑞現祥形。其或淫湎以情，泛覽無斁，則飄風暴振，洪濤噴射，崩騰駱驛，妖生禍覿。其棲神育靈、與善懲惡有如此者。小子幸因受遣，觀光上國。身不佞而自棄，日無名以多暇。詢奇覽物，得之於斯。矚太始之玄造，訪前跡於碩老。天生地成之理，識之於性情，物義人事之端，徵之於耳目。夫流惡含和、厚生蠲疾，則去陰之慝，輔陽之德也。涵虛抱景、氣象澄鮮，則藻飾神州，芳榮帝宇也。延歡滌慮，俾人怡悦，則致民樂土而安其志也。棲神育靈，興善懲惡，則俗知所勸而重其教也。號惟天邑，非可謬創。一山一水，拳石草樹，皆有所謂。兹池者，其有謂之雄焉。意我皇唐，須有此地以居之，有此地須有此池以毗之。右至仁之亭毒，贊無言之化育，至矣哉！以其廣狹而方於大，則小矣。以其淵洞而諭夫深，則淺矣。而有功如彼，有德若此，代之

君子，蓋有知之而不述，今民無德而稱焉。輒粗陳其旨，刊諸片石，庶元元荷日用之力也。貞元五年，歲在己巳，夏五月十有五日記。

宋 程大昌《雍録》卷六《漢唐都城要水説》 漢長安都城北據龍首山，故子午谷正在南面，迦午則背子矣。子午道從杜陵直絶南山，徑漢中。樊川、御宿川、沉水、交水、潏水也者，原皆出子午谷。子午谷正在都南，則諸水遂宜徑北以入都城矣，而皆向西以行，直至昆明池。正在城西乃始得折而之北者，其避礙之地可考也。以《呂圖》求之，少陵原、鳳棲原横據城南，此即水皆礙高不得貫都之由矣。雖龍首山自樊川入渭，亦其礙高之一也。至隋文帝開皇三年開永安渠後，則交水、坑水皆入城入苑，始不與漢世流派相應，蓋皆有堰壩之類壓而入之。孟子所謂「激而行之，可使在山」者是也。王商傳商嘗穿城引豐水入第。至正觀間，又堰豐、鎬，以入昆明，而二水於是乎斷流。《括地志》。韋堅堰渭，爲渠以漕，而霸、滻皆爲廣運潭之所并，奄若無記載，則豐鎬滻霸存亡尚不可考，況於他哉！

又 卷九《飛渠》 本朝都汴。城内有大水二，其一自北趨南，直貫都城者，汴渠也。其一自西而東，横亘都城者，京水也。名金河水。太祖欲通京水使東下，以達五丈河。而中間有所謂汴渠者焉，實與京水交午，而京水高於汴渠，若決京注汴，則必隨汴南流，不能東出。故遂於金水會汴之地，架空設槽，横跨汴面，其制如橋，而金水河之水乃自西横絶，以東注乎五丈河也，本朝名惠民河者是也。予意《水經》之謂飛渠者，如架汴橋渠而遂名之爲飛也。飛者，底不附土而沿空以行，如禽之不以足履而以翼飛也。蓋未央殿址據山爲高，而明渠之欲入城也，必有窪下之地，中斷不接，故架空爲渠，使得超窪下而注滄池也。飛渠之制，恐必爾也。

明 王圻《稗史彙編》卷一一 穆天子西征，有玄池、瑶池、樂池。與西王母宴所。又《風俗通》曰孫子有湯池之説。後人因此開地爲池，以養魚鱉。《記》爲池沼之始，非也。按，孫武子三篇言兵事，而《史》記紂爲酒池，可以運舟。文王以民力爲沼，謂沼曰靈沼，樂其有魚鱉。則池沼見于孫之前遠矣。《黄帝内傳》曰：帝既煞，蚩尤因之濬池沼。蓋池沼之起始于此也。

又《傾飛池》 少府佽飛外池。《漢儀注》：傾飛具繒繳，以射鳧雁，給祭祀，故有池。

潘耒《縱棹園記》（《寶應縣志》卷二輯） 侍讀喬君石林歸白田，得隙地於城之東北隅，治以爲園。園内外皆水也。水之瀦者因以爲陂，流者因以爲渠，平者爲潭，曲者爲澗，激而奔者爲泉，渟而演迤者爲塘爲沼。水中植蓮藕十餘畝，芙蓉、射干羅生水際。反土爲山，山上下雜蒔松、栝、桐、柳、梅，多至二百餘本，桂百本，桃李無數。有堂臨水，曰竹深、荷浄之堂。有亭在水心，曰洗耳。有閣覆水，曰翦淞。有橋截水，曰津逮。不疊石，不種魚，不多架屋。凡雕組藻繪之習皆去之，全乎天真，返乎太樸，而臨眺之美具焉。君家去園不半里，每午餐罷，輒刺船來園中，巡行花果，課童子翦剔灌溉。瀹茗焚香，捫松撫鶴，婆娑久之而後去。有佳客至，則下榻焉。琴奕觴詠，陶然竟日。蓋園居最難得者水。水不可以人力致。强而蓄焉，止則濁，漏則涸。兹地在城中，而有活水注之，湛然淵渟，大旱不枯，宜園之，易以爲勝。而至者樂而忘歸也。往余在京師，見王公貴人治園館極其閎麗，怪石蟠松，珍禽異卉，皆可羅致，而獨患無不竭之水。黑龍潭蹄涔一泓，遂爲名勝。豈知吾鄉之水，在在皆濠濮哉！然士大夫縻於好爵，家居之日少，往往不暇爲園。或閒歸乘興經營，未落成而遽出，蹉跎不返，有終其身不復見者。則地雖勝，而主人不能有也。亦足悲矣。今喬君得從容閑暇偃仰於此，非君之幸歟！然使君未能與世淡忘，身在江湖，情驅魏闕。雖景物當前，恒有邑邑不自得者。今觀君恬然自足，蕭然無悶，若將終身焉。蓋君之身雖絀，而言已行，澤被乎鄉邦，聲垂乎簡册，不愧不怍，有異乎他人之去國者。兹其所以爲樂也。余既信宿兹園，愛林木之幽勝而嘉君之能樂其樂也。於是乎書。

綜述

唐 獨孤及《毘陵集》卷一七《慧山寺新泉記》 此寺居吴西神山之足。山小多泉，其高可憑而上。山下有靈池異花，載在方志。山上有真僧隱客、遺事故迹，而披勝録異者賤近不書。無錫令敬澄字深源，以割雞之餘，考古案圖，葺而築之，乃飭乃圬。有客竟陵陸羽，多識名山大川之名，與此峰、白雲相與爲賓主。乃稽厥創始之，所以而志之談者，然後知山之方廣，勝掩他境。其泉伏涌潛泄，潗潸舍下，無沚無竇，蓄而不注。深源因地勢以順水性，始雙墾袤丈之沼，疏爲懸流，使瀑布下鍾，甘溜湍激，若釃醴噴乳。發於禪床，周於僧房，灌注於德地，經營于法堂。潺潺有聲，聆之耳清。濯其源，飲其泉，能使貪

者讓、躁者靜，靜者勤、道者堅，固境净故也。夫物不自美，因人美之。泉出於山，發於自然，非夫人疏之鑿之之功，則水之時用不廣。亦猶無錫之政煩。民貧，深源導之，則千室襦袴，仁智之所及，功用之所格，動若響答，其揆一也。予飲其泉而悦之，乃志美於石。

北魏 酈道元《水經注》卷一一《滱水》 （黑水）池水東北際水，有漢中山王故宫處，臺殿觀榭皆上國之制。簡王尊貴，壯麗有加。始築兩宫，開四門，穿北城。累石爲竇，通池流于城中，造魚池、釣臺、戲馬之觀。歲久頽毁，遺基尚存。今悉加土爲利刹靈圖。池之四周居民駢比填褊穢陋，而泉源不絕。暨趙石建武七年，遣北中郎將始築小城，興起北榭，立宫造殿。後燕因其故宫，建都中山。小城之南，更築隔城，興復宫觀。今府榭猶傳故制。自漢及燕，池水逕石竇。石竇既毁，池道亦絕。水潛流出城，潭積微漲，涓水東北注于滱。

又 卷一三《㶟水》 其水自北苑南出，歷京城内河，干兩湄。太和十年，累石結岸，夾塘之上，雜樹交蔭。郭南結兩石橋，横水爲梁。又南逕籍田及藥圃。西明堂東明堂，上圓下方，四周十二堂九室，而不爲重隅也。室外柱内綺井之下，施機輪，飾縹碧，仰象天狀，畫北道之宿焉，蓋天也。每月隨斗所建之辰轉，應天道。此之異古也。加靈臺于其上，下則引水爲辟雍，水側結石爲塘。事準古制，是太和中之所經建也。

又 卷二七《沔水》 水又東，入侍中襄陽侯習郁魚池。郁依范蠡養魚法作大陂。陂長六十步，廣四十步。池中起釣臺。池北亭，郁墓所在也，列植松、篁于池側。沔水上，郁所居也。又作石洑逗，引大池水于宅北，作小魚池。池長七十步，廣二十步。西枕大道，東北二邊限以高堤，楸竹夾植，蓮芡覆水，是游宴之名處也。

又 卷二八《沔水》 沔水又東南逕蔡洲，漢長水校尉蔡瑁居之，故名蔡洲。洲東岸西有洄湖，停水數十畮，長數里，廣減百步，水色常緑。楊儀居上洄，楊顒居下洄，與蔡洲相對。在峴山南廣昌里，又與襄陽湖水合。水上承鴨湖東南流逕峴山西。又東南流注白馬陂水。又東入侍中襄陽侯習郁魚池。郁依范蠡養魚法作大陂，陂長六十步，廣四十步。池中起釣臺。池北亭，郁墓所在也，列植松篁于池側。沔水上，郁所居也。又作石洑逗，引大池水，于宅北作小魚池。池長七十步，廣二十步。案近刻訛作十二步西枕大道，東北二邊限以高堤。楸竹夾植，蓮芡覆水，是游宴之名處也。山季倫之鎮襄陽，每臨此池，未嘗不大醉而還，恒言「此是我高陽池」。故時人爲之歌曰：山公出何去，往至高陽池。日暮倒載歸，酩酊無所知。

宋 張敦頤《六朝事迹編類》卷上《真武湖建康之北》 按《建康實録》，吴後主皓寶鼎元年開城壯渠，引後湖水流入新宫，巡遶殿堂，窮極伎巧。至晉元帝，始創爲北湖。故《實録》云：元帝大興三年，創北湖，築長堤，以遏北山之水。東至覆舟山，西至宣武城。又按《南史》：宋文帝元嘉二十三年，築北堤，立真武湖於樂游苑之北。湖中亭臺四所。後黑龍見于湖，側春秋使道士祀之。至孝武大明五年，常閲武于湖西。七年，又于此湖大閲水軍。按《輿地志》云：齊武帝亦常理水軍于此，號曰昆明池。故沈約《登覆舟山》詩「南瞻儲胥館，北眺昆明池」，蓋謂此也。又于湖側作大竇，通水入華林園天淵池，引殿内諸溝，經太極殿，由東西掖門下注城南塹。故臺中諸溝水常縈流迴轉，不舍晝夜。又按《南史》：元嘉二十三年，開真武湖。文帝于湖中立方丈、蓬萊、瀛洲三神山。尚書右僕射何尚之固諫，乃止。今《圖經》云：湖中有蓬萊、方丈、瀛洲三神山。不知何所據也。本朝天禧四年，改爲放生池。其後廢湖爲田，中開十字河，立四斗門，以泄湖水。跨河爲橋，以通往來。今城北十三里有古池，俗呼爲後湖，見作大軍教場處是也。

宋 祝穆《方輿勝覽》卷一四《建康府》 半山寺今名保寧寺，即王介甫故宅。自東門往蔣山，至此半道，故以爲名。亦曰白塘。自王介甫卜居，乃鑿渠决水以通城河。後請以宅爲寺，因賜今額。

宋 程大昌《雍録》卷六《昆明池定昆池》 昆明池，漢武帝所鑿，在長安西南，周回四十里。臣瓚及《西京雜記》、《三輔黄圖》所記皆同。武帝欲通西域，爲昆明之所閉隔。聞昆明有滇池，方三百里，鑿此池習水戰，期以伐之。中有樓船，上建樓櫓。又有戈船，上施戈矛。四角悉垂幡旄旍葆麾，蓋照燭涯涘。其始鑿也，固以習戰，久之，乃爲游玩之地耳。《三輔故事》曰：池周三百二十頃。《長安志》曰：今爲民田。今者唐世作《圖經》時也。夫既可爲民田，則元非有水之地矣。然則漢時於何取水也？《長安志》引水經曰：交水西至石堨，武帝穿昆明池，所造有石闥堰，在縣西南三十二里。則昆明之周三百餘頃者，用此堰之水也。交水即福水也。《經》曰：上承樊川，御宿諸水。昆明基高，故其下流尚可壅激，以爲都城之用。於是並城疏别三派，城内外皆賴之。此地至漢仍在。《括地志》曰：豐、鎬二水，皆已堰入昆明池，無復流派。《括地志》作於太宗

之世，則唐初仍自壅堰不廢，至文宗而猶嘗加濬也。然則《圖經》之作當在文宗後，故水竭而爲田也。中宗時，安樂公主欲請昆明爲己有，帝以民資蒲魚不可其請。公主遂別穿定昆池以勝之。定昆池在長安縣西南十五里。

又《唐曲江》 唐曲江本秦隑州，至漢爲宣帝樂游。廟亦名樂游，苑亦名樂游。原基地最高，四望寬敞。《兩京新記》。隋營京城，宇文愷以其地在京城東南隅，地高不便，故闕。此地不爲居人坊巷，而鑿之爲池，以厭勝之。又會黃渠水自城外南來可以穿城而入故，隋世遂從城外包之入城，爲芙蓉池，且爲芙蓉園也。《長安志吕圖》同。劉餗《小説》曰：園本古曲江，文帝惡其名曲，改名芙蓉。爲其水盛而芙蓉富也。韓愈詩曰：曲江千頃荷花淨，平鋪紅蕖蓋明鏡。長安中，太平公主於原上置亭游賞，後賜寧申岐薛王。正月晦日、三月三日、九月九日，京城士女咸即此祓禊，帟幕雲布，車馬填塞。詞人樂飲歌詩。《兩京新記》。康駢《劇談録》曰：曲江池本秦時隑州，唐開元中疏鑿爲勝境。南即紫雲樓、芙蓉苑，西即杏園、慈恩寺。已上四地，本皆曲江地。詳在《宜春苑下》。花卉環周，煙水明媚。都人游賞盛于中和。上巳節即錫宴臣僚，會于山亭，賜太常教坊樂池，備彩舟，唯宰相、三使北省官、翰林學士登焉。傾動皇州，以爲盛觀。《長安志》曰：文宗太和九年，發左右神策軍各一千五百人，淘曲江，修紫雲樓、彩霞亭。仍敕諸司，如有力欲創置亭館者，宜給與閑地，任其營造。先是鄭注言：秦中有災，宜以土工厭之。加浚昆明、曲江二池。帝又曾讀杜甫詩云「江頭宮殿鎖千門」，遂思復昇平事，而加修創焉。予按，此地在都城中固爲空隙，便於游觀，然亦緣黃渠可引，故游觀者樂之也。於是紫雲樓在其南，杏園慈恩寺在其西，皆以此池之故也。漢武帝時，池周回六里餘，《黄圖》。唐周七里，占地三十頃，《長安志》。又加展拓矣。地在城東南昇道坊、龍花寺之南。

又《龍首渠》《長安志》於萬年縣既著龍首渠，曰：一名滻水渠矣。因引《漢書》曰：穿渠得龍首，故名龍首渠。唐引滻水，由都城東入長安界。予按，《志》此語，凡渠勢曲折，固皆得之，而謂滻渠名龍首渠者，誤也。龍首渠者，漢武帝所穿，在同州商顔山下。因穿地得龍骨，乃立名以識，而曰龍首渠也。雍州居渭南，同州居渭北，無由可合爲一。而滻之一水，史漢皆嘗志之，但云有渠，不云嘗得龍骨也，則龍首名渠，果何自也？《兩京道里記》曰：龍首渠，開皇三年開鑿，引滻北流入苑，在長樂坡上，堰近龍首，即大明宮所據。龍首，原也。故以名之。此其説是也。《六典》：隋大興城，西據龍首原。宇文愷營都之初，謂横坡六條，可象乾爻者，正龍首山之支脉也。詳在龍首山下。若夫此渠分滻爲堰，則在萬年縣龍首鄉馬頭堰。而龍首鄉者，在縣東十五里。自此引滻，從長樂坡入而分爲兩枝，西北以注入于苑也。

宋 吴自牧《夢粱録》卷一一 湧金池在豐豫門裏，引西湖水爲池。吴越王元瓘大書湧金池三字，刻石識之，其旁書：清泰三年丙午之歲建午之月特開此池。有前輩賦詩曰：湧金春色晚，吹落碧桃花。一片何人得，流經十萬家。又云：衆沼皆涵碧，斯池獨湧金。寶光終夜見，不是月華深。聖母池在吴山中興觀側，以石闌護，工建聖母廟。白龜池在錢塘門裏，沿城南。金牛池已廢。仁和倉池在倉南。明清池在大理寺。議廳池畔有潘閬詩刻。白洋池在梅家橋南。鴻雁池在龍山北。龍母池在錢糧司嶺。金魚池在開化寺後，山澗水底有金銀魚。放生亭池在西湖德生堂。瑶池在錢塘門外寶勝寺側，今屬吕氏園。有二飲馬池，一在西溪飲馬山下，一在菜市門外廟子灣。碧沼水池、西水池在長橋東錢湖門外，在湖州市左八郎廟巷。池廣三畝，水清甘，人多汲飲，有扁曰碧沼。磨劍池臨平山，下有片石，俗傳錢王磨劍於此。宮城外護龍水池二十所，自候潮門裏，南貼中軍寨壁，宮城之東，直至便門裏，南水門北，和寧門外。水池袤一百一十尺，自是近南。居民去水絶遠者皆恃此防虞，以爲安矣。城内外居民水遠去處，官置防虞水池者二十有二，以便民之利。塘者如艮山門外尉司衙側，名之五里塘。艮山門外蔡官人塘，月塘。其塘地宜種瓜，有周姓者擅其利，土人呼月塘周家。算筒瓜是也。上塘在殿司右軍教場側，又在團園頭。石塘、北沈塘在北關門外，又名沈家灣。永和塘在仁和、永和鄉，地接古鼎湖、白龍潭，俗謂之三里陰，水勢漲溢，一遇卯風震蕩，則數百頃中瞬息堙没。鄉民患之。後得邑士倡其義役捐財以助修築。塘成，歲無水患。邑宰范光命名曰永和堤。官河塘在北新橋之北，接廣運河大塘。又有一塘曰西塘，袤一十八里，抵安溪，通四川驛路，淳祐間並加築治，至今無頹圮之患矣。

宋 袁褧《楓窗小牘》卷上 汴京河渠凡四。曰蔡河，自陳蔡由西南戴樓門入京城，繚繞向東南陳州門出。曰汴河，自西京洛口分水，從東水門入京城，繞州橋御路，水西門出。曰五丈河，表自濟鄆，自新曹門入，通汴河。曰金水河，自京城西南，分京索河築堤，從汴河上用水槽架過，從西北水門

入京城，夾牆遮擁，入大內灌後苑池浦。先是詔析金水河，透槽回水入汴北，引洛水入禁中，賜名天源河。然舟至即啓，槽頻妨行舟。乃自城西超宇坊引洛，由咸豐門立堤，凡三千三十步，水遂入禁，而槽廢。

元 王禎《農書》卷一八《灌溉》

翻車，今人謂龍骨車也。《魏略》曰：馬鈞居京都，城内有地可爲園，無水以灌之，乃作翻車，令兒童轉之而灌，水自覆。漢靈帝使畢嵐作翻車，設機引水，灑南北郊路。則翻車之制又起於畢嵐矣。今農家用之溉田。其車之制，除壓欄木及列檻樁外，車身用板作槽，長可二丈，闊則不等，或四寸至七寸，案：四寸七寸制太狹，疑有誤。高約一尺，槽中架行道板一條，隨槽闊狹，比槽板兩頭俱短一尺，用置大小輪軸，同行道板，上下通週以龍骨板葉。其在上大軸兩端各帶拐木四莖，置於岸上木架之間，人憑架上，踏動拐木，則龍骨板隨轉，循環，行道板刮水上岸，此翻車之制。關楗頗多。必用木匠可易成造。其起水之法，若岸高三丈有餘，可用三車，中間小池倒水，上之足救三丈已上高旱之田。凡臨水地段皆可置用。但田高則多費人力。如數家相助，計日趨工，俱可濟旱。水具中機械巧捷，惟此爲最。東坡詩云：翻翻聯聯銜尾鴉，犖犖确确蛻骨蛇。分畦翠浪走雲陣，刺水緑秧抽稻芽。洞庭五月欲飛沙，鼉鳴窟中如打衙。天公不念老農泣，唤取阿香推雷車。

筒車，流水筒輪。凡制此車，先視岸之高下，可用輪之大小。須要輪高於岸，筒貯於槽，乃爲得法。其車之所在，自上流排作石倉，斜擗水勢，急湊筒輪。其輪就軸作轂，軸之兩傍閣於樁柱山口之内，輪輻之間，除受水板外，又作木圈縛繞輪上，就繫竹筒或木筒，謂小輪則用竹筒，大輪則用木筒。於輪之一週，水激輪轉衆筒兜水，次第下傾於岸。上所横木槽謂之天池，以灌田稻，日夜不息，絶勝人力，智之事也。若水力稍緩，亦有木石製爲陂柵，横約溪流，旁出激輪，又省工費。或遇流水狹處，但壘石斂水湊之，亦爲便易。此筒車大小之體用也。有流水處俱可置此，但恐他境之民未始經見，不知制度，今列爲圖譜，使仿效通用，則人無灌溉之勞，田有常熟之利，輪之功也。張安國詩云：象龍唤不應，竹龍起行雨。聯綿十車輻，咿軋百舟櫓。轉此大法輪，救汝旱歲苦。横江鎖巨石，濺瀑疊城鼓。神機日夜運，甘澤高下普。老農用不知，瞬息了千畝。抱孫帶黄犢，但看翠浪舞，餘波及井臼，春玉飲酥乳。江吴誇蹋車，足繭要背僂。此樂殊不知，吾歸當教汝。

牛轉翻車，如無流水處用之。其車比水轉翻車卧輪之制，但去下輪，置於車傍，岸上用牛拽轉輪軸，則翻車隨轉，比人踏功將倍之。與後水轉翻車皆出新制，欲遠近效之，俱省工力。詩云：日日車頭踏萬回，重勞人力亦堪哀。從今壠首澆田浪，都自烏犍領上來。

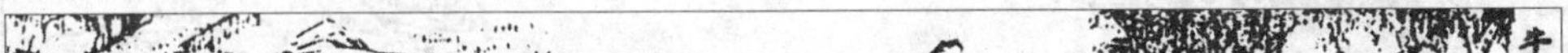

水轉翻車，其制與人踏翻車俱同，但於流水岸邊掘一狹塹，置車於內，車之踏軸外端作一竪輪，竪輪之傍，架木立軸，置二卧輪，其上輪適與車頭竪輪輻支相間，去聲乃擗水傍，激下輪，既轉，則上輪隨撥車頭竪輪而翻，車隨轉倒水上岸，此是卧輪之制，若作立輪，當别置水激立輪，其輪輻之末，復作小輪，輻頭稍闊，以撥車頭竪輪，此立輪之法也。然亦當視其水勢隨宜用之。其日夜不止，絶勝踏車。東坡《踏車詩》略云：天公不念老農泣，唤取阿香推雷車。

范至能詩云：地勢不齊人力盡，丁男多在踏車頭。此皆憫人事之勞也。今以水力代之，工役既省，所利又溥，其殆仁智事歟。詩云：從來激浪轉筒輪，却恨翻車智未仁。誰識人機盜天巧，因憑水力貸疲民。

衛轉筒車，即前水轉筒車，但於轉軸外端别造竪輪，竪輪之側，岸上復置卧輪，與前牛轉翻車之制無異。凡臨坎井或積水淵潭，可用澆灌園圃，勝於人力汲引。詩云：世間機械巧相因，水利居多用在人。可是要津難必遇，却將畜力轉筒輪。

高轉筒車，其高以十丈爲準，上下架木，各豎一輪，下輪半在水内，各輪徑可四尺，輪之一週兩傍高起，其中若槽，以受筒索，其索用竹，均排三股，通穿爲一，隨車長短，如環無端，索上相離五寸俱置竹筒，筒長一尺，筒索之底，托以木牌，長亦如之。通用鐵綫縛定，隨索列次，絡於上下二輪。復於二輪筒索之間，架刳木，平底行槽一連，上與二輪相平，以承筒索之重，或人踏或牛拽，轉上輪則筒索自下兜水，循槽至上輪，輪首覆水，空筒復下，如此循環不已。日所得水，不減平地車戽。若積爲池沼，再起一車，計及二百餘尺。如田高岸深，或田在山上，皆可及之。今平江虎邱寺劍池亦類此制，但小小汲飲，不足溉田，故不録此。近創此法，已經較試，庶用者述之。所轉上輪，形如軖制，易繳筒索，用人則於輪軸一端作掉枝，用牛則制作竪輪，如牛轉翻車之法。或於輪軸兩端造作拐木，如人踏翻車之制。若筒索稍慢，則運移上輪，其餘措置當自忖度，不能悉陳。詩云：戽車尋丈舊知名，誰料飛空效建瓴。一索繳輪升碧澗，衆筒兜水上青冥。溉田農父無虞旱，負汲山人賴久寧。顛倒救時霖雨手，却從平地起清泠。

水轉高車，遇有流水，岸側欲用，高水可用此車。其車亦高轉筒輪之制。但於下輪軸端別作竪輪，傍用卧輪撥之，與水轉翻車無異。水輪既轉，則筒索兜水，循槽而上，餘如前例。又須水力相稱如打輾磨之重，然後可行。日夜不息，絕勝人牛所轉，上聲此誠秘術。今表暴之以諭來者。詩云：通渠激浪走轟雷，激轉筒車幾萬回。水械就携多水上，天池還瀉半天來。竹龍解吐無雲雨，前人有「象龍喚不應，竹龍起行雨」之句。旱魃潛消此地灾，安得臨流施此技。樓居滌去暑天埃。今都城已有高車用水，飛上樓閣，散若霧雨，頗聞費力，故有上句。

連筒，以竹通水也。凡所居相離水泉頗遠，不便汲用，乃取大竹，内通其節，令本末相續，連延不斷，閣之平地，或架越澗谷，引水而至，又能激而高起數尺，注之池沼及庖湢之間。如藥畦蔬圃，亦可供用。杜詩所謂：連筒灌小園。詩云：刳竹作連筒，流泉一脉通。勢雖由上下，用不限西東。遠借居人便，常資沛澤功。伊誰憑好手，扶赴卧龍公。

架槽，木架水槽也。間有聚落，去水既遠，各家共力造木爲槽，遞相嵌接，不限高下，引水而至，如泉源頗高，水性趨下，則易引也。或在窪下，則當車水上槽，亦可遠達。若遇高阜，不免避礙，或穿鑿而通。若遇坳險，則置之叉木，駕空而過。若遇平地，則引渠相接，又左右可移，鄰近之家，足得借用，非惟灌溉多便，抑可瀦蓄爲用。詩云：刳木作槽身，架水自泉口。遠引無崇卑，量移能左右。梯空越澗壑，穴高穿培塿。人能御天災，豈非霖雨手。

戽斗，挹水器也。《唐韻》云：戽，抒也。抒，水器挹也。凡水岸稍下，不容置車，當旱之際，乃用戽斗。控以雙綆，兩人挈之，抒水上岸，以溉田稼。其斗或柳筲，或木罌，從所便也。詩云：虐魃久爲妖，田夫心獨苦。引水瀦陂塘，爾器數吞吐。繘綆屢挈提，項背頻傴僂。搰搰弗暫停，俄作甘澤溥。焦槁意悉甦，物用豈無補。毋嫌量云小，于中有倉庾。

刮車，上水輪也。其輪高可五尺，輻頭闊止六寸。如水陂下田可用。此具先於岸側掘成峻槽，與車輻同闊。然後立架安輪，輪輻半在槽內，其輪軸一端擐以鐵鈎、木拐。一夫執而掉之，車輪隨轉，則衆輻循槽刮水上岸溉田，便於車戽。詩云：創物須憑智巧先，泝流能使迅如川。一輪隨手供翻轉，衆輻循槽入斡旋。已藉機衡欹矮岸，頓教膏澤上枯田。桔槔戽斗雖云舊，試向車頭較湧泉。

桔槔，挈水械也。《通俗文》曰：桔槔，機汲水也。《説文》曰：桔，結也，所以固屬。槔，皋也，所以利轉。又曰：皋，緩也，一俯一仰，有數存焉，不可速也。然則桔其植者，而槔其俯仰者與。《莊子》曰：子貢過漢陰，見一丈人方將爲圃畦，鑿隧而入井，抱瓮而出，灌搰搰然，用力甚多，而見功寡。子貢曰：有械於此，一日浸百畦，鑿木爲機，後重前輕，挈水若抽，數如沃湯，案，《莊子》作數如泆湯。其名爲槔。又曰：獨不見夫桔槔者乎？引之則俯，捨之則仰，彼人之所引，非引人者也。故俯仰不得罪於人。今瀕水灌園之家多置之，實古今通用之器，用力少而見功多者。王契賦云：智者濟時以設功，强名之曰桔槔。何樸斲之太簡，俾役力兮不勞。作固兮爲我之身，臨深兮是我之理。若虞機張，如鳥斯企。山有木用，工見汲引之能。巽乎水自，我成潤物之美。不贏瓶而上出，何抱瓮之勤止。執虛趨下，雖自屈於勞形，持滿因高，終見伸於知己。鄭圃之側，潘園之旁，溝塍綺錯，畎畝相望。帶嘉蔬兮映芳草，背古岸而面垂楊。欲建標以取別，能舉直而自强。若垂竿兮匪釣，象爟火兮無光。不忘機以棄俗，乃習坎而爲常。隨用舍而俯仰，應淺深而短長。重泉之水兮不滯，九畹之蘭兮益芳。雖欲絶學以棄智，其若得存而失亡。歌曰：大道隱兮世人薄，無爲守拙空寂寞。老圃之道可行，何耻見幾而作。

轆轤，纏綆械也。《唐韻》云：圓轉木也。《集韻》作「樚櫨」，汲水木也。井上立架，置軸貫以長轂，其頂嵌以曲木，人乃用手掉轉纏綆於轂，引取汲器。或用雙綆，而逆順交轉所懸之器，虛者下，盈者上，更相上下，次第不輟，見功甚速。凡汲於井上，取其俯仰則桔槔，取其圓轉則轆轤，皆挈水械也。然桔槔綆短而汲淺，獨轆轤深淺俱適其宜也。【略】

瓦竇，泄水器也，又名函管。以瓦筒兩端牙鍔相接，置於塘堰之中，時放田水。須預於塘前堰内叠作石檻以護筒口，令可啟閉。不然則水湊其處，非惟難於窒塞，抑亦衝激滲漏，不能久穩，必立此檻，其竇乃成。唐韋丹爲江南西道觀察使，築堤扞江，竇以疏漲，此雖竇之大者，亦其類也。詩云：坡塘泄水瓦爲筒，好在田夫啟閉中。守口如瓶常處静，軔犀脱鞘忽爲通。高低獨限淵源地，早晚能施沛澤功。若道此中能救旱，只疑窟宅接龍宫。

明 王圻《稗史彙編》卷一〇《剖竹引泉》 臘月剖竹相接，各釘以竹釘。引泉之甘者，貯之以缸。杜甫所謂「剖竹走泉源」者，此也。又須愛護用之。諺云「近水惜水」，此實修福之事云。

又 卷一一《影娥池》 影娥池，武帝鑿之以玩月。其旁起望鶴臺以眺月，影入池中，使宫人乘月弄影，故名影娥池。至唐，上官儀《咏雪》詩云：禁園凝朔氣，瑞雪掩晨曦。花明棲鳳閣，珠散影娥池。飄素迎歌上，翻花向舞移。幸因千里映。還繞萬年枝。中用「影娥池」，學士無解其事者。祭酒令狐德棻召張柬之等十餘人示之。柬之對曰：《洞冥記》漢武帝於望鶴臺西起俯月臺，臺下穿影娥池。每登臺眺月，影入池中，使宫人乘舟，笑弄月影，因名影娥池。亦曰眺蟾臺。時皆歎其博識。

明 虞淳熙《萬工池記》（《文章辨體彙選》卷五七八輯） 萬工池在寺門列柏外，兩坊夾之。宋建炎以前寺累遭回禄鞠爲荆墟。熙寧間，有善青烏術者云，雷峰火星，須鑿池以禳之。圓照本禪師乃募有力者萬人，濬未終日而成，故名。池方廣淵渟，峻岸綺亙，繪垣前照。古木傍蔭，根如虬龍蟠擁石几。良辰正晝，野筵山市喧於都城。惟東畔退居而三面俱成。游徑珠、履方舄、蹴香塵而封紫藥者，日以百計。時則爆竹、鐘魚之遞響，酒截伊蒲之各陳，麗人寂士，真俗同適。憩林投石，逸戲自娱。寶光寺之咸池不若也。乃若杖藜照影，披襟弄月，濠濮之想特，夕照曉鐘，兩時許耳。今且潛通鄰治，購以放生。移栽西渚之藕花，宛承德水之蓮座，橋梁、亭閣。他日更費萬工，當與兩湖争勝矣。

明 張鳴鳳《桂勝》卷四《虞山》 出自北城，山起東隅，灕水漾其左，黄潭縈其後。下有洞，曰韶音。入洞面潭，水石清漪。其地一名爲皇澤灣。洞南平原，舜祠在焉。前則古松數十株，樛枝密葉，交撑互擁，圓若軒蓋，長若旌幢，仿佛有駕蒼虬、翼翠鳳，遠巡南表之狀。於後則重巘上盤，平障倒列，又若負扆南嚮。黄潭本灕小支，疑即宋王祖道相城之北，穿爲長池，引潭灌注，用作癸水。范方繼踵鳩工增繕，或爲渠，或爲閘，名曰朝宗。使東接灕江，西達隱山之湖。其曰癸水，以方隅所直，故云。山左側臨灕處枕麓特高，上有亭，曰南薰。倚檻東睇，堯山積翠，與波澹淡。倏有風至，前掠松林，後戛潭壑，鳥鳴其間，諸響迭臻，笙鏞璆石，如奏有韶。

明 彭大翼《山堂肆考》卷二二《轉宫》 東漢宦官張讓、趙忠説靈帝鑄天禄蝦蟆，吐水於平門外橋東，轉水入宫。又作翻車、渴烏，施於橋南，用灑南北郊路，以爲可省百姓灑道之費。按，天禄，即蝦蟆也。伯樂之子按圖索驥，以蝦蟆爲馬，即此。翻車，轉動之器，激水而上者。渴烏，受水之器，如烏之渴飲，故名渴烏。

明 吴文奎《蓀堂集》卷七《蓀園記》 又東折度門爲葵圃。澗水竇牆入，淙淙不絶。課獠奴斛水灌溉，以代桔槔。汙池可數弓，花嶼中峙，若鳧雁象馬。菡萏、芰荻雜植，宛在蕭湘。一曲平橋，曲折亘兩岸間。洲上爲蓀亭。崇山峻嶺，茂林脩竹，差具體山陰。余暇則趺坐其上，甚樂也。至盛夏方碣一築，清流怒湍，浮杯迅駛，令人忘死。穿灌莽、級石磴，得緑天坐。隔岸巴且百株，飄颻蕩漾縞素，對之凝緑如染。旁隙通希夷洞。主人故好眠，日可三眠，不聞不見，是以名。然抵洞口而東出之，步盡矣。

明 王徵《諸器圖説・引水之器二圖説引》 田高水下，苦難逆灌。爰制

引器，用利高田。厥器凡二，一名虹吸，一名鶴飲。虹吸引之，既通，不假人力而晝夜自常運矣。鶴飲雖用人運，然視他水器則猶力省而功倍焉。矧其制簡易，尤便作者，故並圖說之如左。

虹吸圖說

刳木爲筒，筒之容或方或圜。圜徑寸方，徑不及寸者分之二。毋薜，毋暴，毋齘。筒之長無定度，竑井及泉以爲度。筒之下端橫曲尺有二寸，而爲之口，口迤而上高數寸。口之容弱於腹之容，惟防口之内有舌，開闔戚速而無倚於圍。筒之上端出井及尋，橫曲二尺有奇乃垂，垂四尺奇迤而下，長及常而爲之管。管視筒之腹，惟窻筒之曲若審，惟樸屬爲良。筒之圍肉以寸緄縢之，斂以油灰之齊腥塗其郤，毋俾針芒之或耗。筒兩端有檠相以施約，無甐無杌而止。管入以籥惟岩，假鞴鼓之，度水衝於管。遄捎其籥，則霤吐如趵突也以終古。

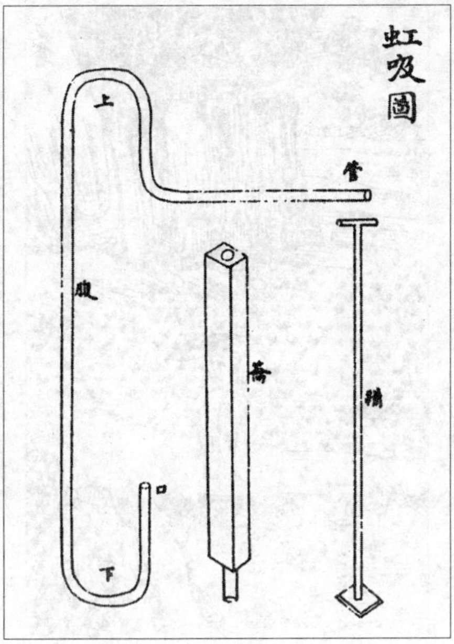

薜，破裂也。暴，墳起不堅緻也。齘，切齒怒，亦傴窄之意。竑，量也。防，謂三分之一。八尺曰尋，倍尋曰常。窻，小孔也。審，兩木交湊處。樸屬，附著堅固也。緄，繩也。縢，約束也。斂，塞也。齊與劑同。腥，厚也。甐，壞。杌，動也。遄，速也。捎，除去也。泉水之上出者曰趵突。

鶴飲圖說

爲長槽，或以巨竹，或以木。其長無度，竑水淺深以爲度。尾殺於首三之一，首施戽，惟樸屬爲良。戽之容則以觳。戽⿱殹食施木刀如棹末之制，俾與木無忤。中其槽設兩耳函軸，乃於岸側菑兩楹，高地僅尺，俾毋杌。楹之巔對設以軹，貫軸其中惟活，昂其尾入之戽也，水滿則首一昂而流之奔於槽外也。其孰御，視桔槔之功挈無虛而捷也，可省夫力十之五。

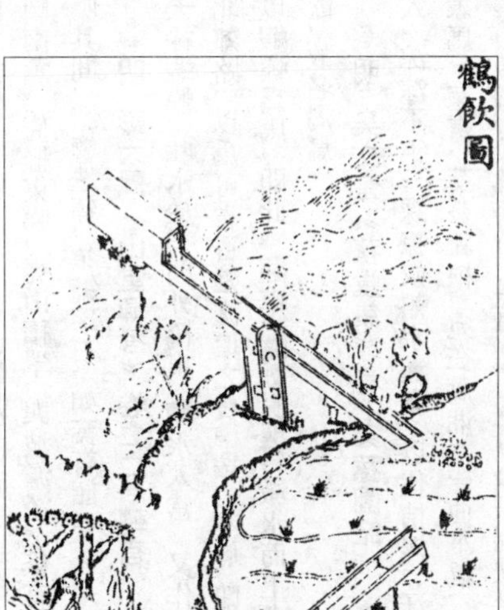

戽，水戽，所以盛水者也。觳，受一斗二升。⿱殹食，謂下面覆處。菑，樹立也。楹，柱也。軹，小穿也。

明 文震亨《長物志》卷三《水石·鑿井》 井水味濁，不可供烹煮。然澆花洗竹、滌硯拭几俱不可缺。鑿井須於竹樹之下，深見泉脈。上置轆轤引汲。不則蓋一小亭，覆之石欄，古號銀床。取舊製最大而古朴者置其上。井有神井，傍可置頑石，鑿一小龕。遇歲時奠以清泉一杯，亦自有致。

又《天泉》 秋水。梅水次之。秋水白而洌，梅水白而甘。春冬二水，春勝於冬，蓋以和風甘雨故。夏月暴雨，不宜。或因風雷蛟龍所致，最足傷人。雪爲五穀之精，取以煎茶，最爲幽況。然新者有土氣，稍陳乃佳。承水用布，於中庭受之。不可用檐溜。

又《地泉》 乳泉漫流如惠山泉爲最勝。次取清寒者。泉不難於清，而難於寒。土多沙膩泥凝者，必不清寒。又有香而甘者。然甘易而香難，未有香而不甘者也。瀑湧湍急者，勿食。食久令人有頭疾。如廬山水簾、天台瀑布，以供耳目則可，入水品則不宜。溫泉下生硫黄，亦非食品。

又《流水》 江水取去人遠者。楊子、南泠夾石渟淵特入首品。河流通泉竇者，必須汲置候其澄澈，亦可食。

又《丹泉》 名山大川，仙翁修煉之處，水中有丹，其味異常，能延年却病。此自然之丹液，不易得也。

明 祁彪佳《祁彪佳集》卷七《寓山注·呼虹幌》 出讀易居，廊盡而見幌。一水環迴，飛清激素。每至菡萏乍吐，望踏香堤，如長虹吸海，帶萬縷赤霞，與波明滅。倪鴻寶太史因以呼虹字之。

又《越中園亭記》卷四《城東·柳溆》 出倉塘北十餘里爲涇口，周觀國先生於此開兩大池。夾池有堂，堂之左小閣，可眺望。游時芙蓉方盛開，炤水弄色，依依媚人。

清 高士奇《金鰲退食筆記》卷上 上避暑瀛臺，余與張敦復學士寓直于無逸殿之東。小室五楹，茂樹迴環，幽蔭蓊蔚。池水下注，泉聲淜湃，曉烟初散，荷香出水。時步豳風亭，坐石砌上，雨後蟬鳴，風來花氣凉滿襟袖，以爲身在蓬壺閬苑間。

清 雍正《陝西通志》卷七三《古蹟第二·園林·唐》 九曲池 在長安城西，興慶池西，唐寧王山池院。引興慶水西流，疏鑿屈曲，連環爲九曲池。上築土爲基，疊石爲山，植松柏。有落猿巖、栖龍岫，奇石異木，珍禽怪獸畢有。又有鶴州仙渚，殿宇相連。左滄浪，右臨漪。王與宫人、賓客宴飲弋釣其中。《雍大記》

又 定昆池 本安樂公主西莊也，在京城延平門外。景龍初，命司農卿趙履溫爲公主疏園植果，中列臺榭，憑空架迴棟宇相屬。又敕將作監少監楊務廉引水作沼，延十數里，時號定昆池。《通典》曰：安樂公主恃寵請昆明池，中宗不與。公主怒，自以家財别穿地，號曰定昆。景龍中，中宗幸焉。《雍大記》

清 陳元龍《格致鏡原》卷四八《水車附戽斗》 《莊子》：子貢過漢陰，見一丈人爲圃畦，鑿隧而入井，抱瓮而出灌，用力甚多而見功寡。子貢曰：有械於此，一日浸百畦。鑿木爲機，後重前輕，挈水若抽，數若沃湯。其名桔槔。《通俗文》：桔槔，機汲水也。《説文》：桔，結也，所以固屬。槔，皋也，所以利轉。《魏略》：馬鈞巧宦絕世。居京都，有地可以爲園，而無水以灌。乃作翻車，令兒童轉之而灌，水自覆，更出更入，巧百倍於常。《演繁露》：水車，古無見。莊子所云桔槔之制意，是就有水處立木，其上交午如十字，一頭繫瓮，一頭虛垂。人爲制其低昂，故其挈水若抽，數如沃湯也。沃湯者，湯之沸騰而湧起者也。此其爲械比之抱瓮則事半而功加倍矣。然而自此時至漢，皆未有今世捲水之車也。《魏略》所云馬鈞之翻車，此方是今之水車也。《稗史類編》：今田家有水車，天旱時引水以溉田。其制起自魏馬鈞。而漢靈帝使畢嵐作翻車、設機束以引水灑南北郊路，又自畢嵐所制矣。王鳳稑《名物通》：江浙間目水車爲龍骨車。《留青日札》：今水車中，蝦蟆練頭名曰龍骨。蓋龍能行水，亦取其形似脊骨也。王安石詩「倒持龍骨掛屋敖」，又云「龍骨長乾挂梁梠」，又云「翛翛兩龍骨，豈得長挂壁」。蓋龍骨節節，故可挂。今遂以爲水車。非也。《三才圖會》：翻車之制，除壓欄木及列檻椿外，車身用板作槽，長可二丈，闊則不等，或四寸至七寸，高約一尺。槽中架行道板一條，隨槽闊狹，比槽板兩頭俱短一尺，用置大小輪軸，同行道板上下通，週以龍骨板葉其在上。大軸兩端各帶枴木四莖，置於岸上木架之間，人憑架上踏動枴木，則龍骨板隨轉循環，行道板刮水上岸。又，水轉翻車，其制與人踏翻車大同小異，視水勢隨宜用之。日夜不止，絶勝踏車。又有牛轉翻車，比人踏功倍。《稗史類編》：嚴州山中灌禾之法有水輪，其制約水面至岸，高若干尺如。其度爲輪，輪之輻以軸大幹爲之，每軸出枸處繫一竹筒，但微繫其腰，使兩頭活動可以俯仰，置軸半岸，貫輪其上。岸上近輪處置木槽以承水。溪水散緩則以石約歸輪下，使水急。水急則輪轉如飛。每筒得水則底重口仰，及轉至上，則筒口向下，水瀉木槽，分流田中，不勞人力而水自足。蓋利器也。夫桔槔隨處有之，或運以手，或運以足，或運以牛，機器之巧無踰此矣。山中深溪高岸，桔槔之巧莫能施矣。於是乎有水輪之制焉。

戽斗 物原公劉作戽斗。《事物原始》：戽，以木爲小桶，桶旁繫以繩，兩人用以取水，名曰戽桶。

清 梁詩正 沈德潛等《西湖志纂》卷四《南山勝蹟上》 萬工池 在浄慈寺前。《杭州府志》：宋建炎以前，寺累遭火。熙寧間，有善青鳥之術者云須鑿井以禳之。寺僧宗本乃募鑿池，與力者萬人，故名。

又 卷五《南山勝蹟中》 花家山 在大麥嶺後西湖。《游覽志》：一名蛇山。下爲花港，瀕湖而登爲茅家埠。港側舊有盧園，宋内侍盧允升别墅。引港水入池，文石甃砌，異魚游泳。

清王德浩 曹宗載《峽川續志》卷三《寺院》 羅漢堂 即西方殿址。乾隆五十五年，僧乘車構屋四十餘楹，供五百阿羅漢。堂外池亦開鑿深廣，以引山泉。週以曲廊，架以石梁，構亭其上。爲放生魚鼈之所。

清李斗《揚州畫舫録》卷四《新城北録中》 東園牆外東北角，置木櫃于牆上，鑿深池，驅水工開閘注水爲瀑布，入俯鑒室、太湖石罅八九折，折處多爲深潭，雪濺雷怒，破崖而下，委曲蔓延，與石争道。勝者冒出石上，澎湃有聲。不勝者凸凹相受，旋濩縈洄。或伏流尾下，乍隱乍見，至池口乃噴薄直瀉于其中。此善學倪雲林筆意者之作也。門外雙柏，立如人，盤如石，垂如柳，游人謂，水樹以是園爲最。

又卷七 安江門在舊城正南，即南門。《嘉靖惟揚志》謂之鎮淮。城外有子城。子城中有隍通響水橋。上建頭釣橋，釣橋之外又有子城，子城中有隍通二道溝，上建二釣橋。《嘉靖惟揚志》云：南門月城三重，餘皆二重。是也。響水橋即古市河閘，在西半鋪，兩岸植木爲杙，中寘磚石，上爲衡木，加厚版，又甃石，屈鐵鍵之液填之。左右廣袤二十餘丈，中爲牐，下置版蓄水。水與版齊，版滿水槩，即以泄水。河出頭釣橋分二支，一從南水關出北水關，一沿城出西門頭釣橋，入轉角橋，與保障湖通。二道溝製法與響水橋同，即古城河閘水出二釣橋，會于市河，于古渡橋入硯池。池南有嶼池，北皆蘆葦，深處與花山澗、保障湖通。出南紅橋，匯爲巨津。《郡志》云：湖自南門古渡橋北，抵紅橋西，繞法海寺。自雍正十年長白尹制府濬市河，時博陵尹太守復濬保障與炮山通，使古炮山河襟帶蜀岡，繞法海寺，匯于古渡橋。又于南紅橋西濬深，會市河於轉角橋，至是炮山、保障、市河皆通。賈人鳴榔，游人鼓枻，紛紜争渡，欸乃相聞。是河南水關一支，過利濟橋、新橋、太平橋、通泗橋、文津橋、開明橋、奎橋，凡七，出北水關，會於外隍。北水關終年不啟，南水關尚以時啟閉。水關内荇藻胖合，篙刺不開，門洞上水氣鬱蒸，凝結而垂，如檐溜鐘乳。畫舫入門，抵利濟橋輒止。而城南游人間有于此上畫舫者。

又卷一六《蜀岡録》 西園在法净寺西，即塔院西廊井舊址。盧轉運《紅橋修禊》詩序云：自乾隆辛未，始修平山堂御苑。即此地。園内鑿池数十丈，瀹瀑突泉，庋宛轉橋。由山亭南入舫屋，池中建覆井亭，亭前建荷花廳。缘石磴而南，石隙中陷明徐九皋書第五泉三字石刻。旁为觀瀑亭，亭後建梅花廳。廳前奇石削天，旁有泉泠泠，説者謂即明釋滄溟所得井。良常王澍書天下第五泉五字，石刻今嵌壁上。《圖志》所谓是地擬濟南勝境者也。

是園以泉勝。蜀岡中峰之泉見於閻九經《隱語記》。考張又新《煎茶水記》，以天下第五泉久已無考。迨張邦基《墨莊漫録》，有塔院西廊井及下院蜀井之分，是則大明寺水本有二泉。《小志》云：明僧滄溟掘地得泉。並有大明禪寺碑，火光禄建亭，金知府重修。此梅花廳旁石隙中井也，是時蜀岡仍是一泉。及《攬勝志》云應庚鑿山池得古井，中有唐景福錢數十，古磚刻殿司二字，謂爲《墨莊漫録》之塔院井。此覆井亭中之井也。至是蜀岡始有二泉。蓋蜀岡本以泉勝，隨地得之，皆甘香清冽。故天下高山易無水，蜀岡乃爲貴耳。是地覆井亭中之泉不必據爲古之塔院真蹟，而梅花廳旁石中之泉，不必據爲滄溟所得。總之大明寺水自與諸水不同也。

覆井亭在池中，高十數丈，重屋反宇，上置轆轤，效古美泉亭之制。先是雍正辛亥間，王虚舟爲馬秋玉書天下第五泉五字，欲嵌入小玲瓏山館廊下舊泉之側，忽爲劉景山索去，迨應庚建是園得泉，遣人往索虚舟書時，虚舟病作不得書，因命來者往惠山歇馬亭拓其少時所書天下第二泉石刻，即以「二」字改「五」字，故是地天下第五泉石刻之字與惠山同。

梅花廳奇石爲壁，兩壁夾澗，壁中有第五泉，黝黑不側。洞外石隙，層級而上，築閣嶺際。中有便門，通行春臺。昔時剖竹相接，釘以竹丁，引五泉水貯僧厨，即入此門。杜工部詩所謂「竹竿裊裊細泉分」，仁和李夫人詩所謂「引泉竹溜穿厨入」，即此。

清王培荀《鄉園憶舊録》卷四 《濟南撫署傳》云：聖駕南巡，駐驛居之，故正門常閉。巡撫各官，俱由東角門出入。署内西偏，巨竹挺生。再西，廣廈五楹，向南。前有池，方廣畝餘，水深而清瑩徹底。氣自下騰結成圓泡，如萬斛明珠，隨流湧出，纍纍不絶，謂之珍珠泉。水内有臺，可演優。兩廊宴客。池水北流繞官宅，後停蓄汪洋，謂之海子。深莫測。扁舟一葉，凌波泛緑，不出牆垣。可命酒邀月，誠勝概也。按，珍珠泉上舊有白雲樓，爲明時平安宅故址。乾隆間，撫臺徐公名績蓄鹿數頭于海子上，忽觸人，乃令軍士以鳥鎗擊斃。署内銅缸甚巨，不知鑄自何年。署東有馬道，海子水自後牆流出，入大明湖。

又　范泉出博山顔神鎮范文公祠下。前臨秋谷，澗道迴合。舊富喬木，其泉流入澗，遶樹穿林去。木葉泉聲，蕭蕭響答。居人於谷上遠駕石梁，平通山脚。接引泉水，遂乃於梁上跨谷分流。每當憩集，虛谷來風，青巖阻日，弄溪光，拾澗藻，石梁上下，南澗北流，東泉西逝，月淨波明，宛成十字水逕乎。城中與二女泉合。支流之上石梁者，注逕趙濟美涼洞亭，南落於澗，於城北會爲范河，入淄。

又　仙洲園在吾村北十餘里。別有候仙園，去吾村西北二十餘里。引河水環園四周，以閘蓄泄。園方二十餘畝，藤架花籬，掩映曲折。涼亭煥室，布置隨宜。有牡丹二百餘本，他花稱是。

清　同治《高縣志》卷一三　蓮花池在安寧鄉胡家村，爲胡司馬致仕時所開。形如半壁，夏月蓮花盛開，右有竹樹，濃蔭儘堪憩息。

清　道光《東阿縣志》卷三《東流泉》　在天池山下，亦甃石爲池，方十餘丈。泓澄瑩澈，可鑒毛髮。《水經》謂之西流。左丞岩實據有數州之地以奉元，故改之曰東流。其西爲東流書院，即洪福寺也。明嘉靖中，有詔毀寺改以爲書院。中丞劉隅因搆精舍其旁。茂林修竹，間以流泉、亭臺、池沼，爲一方之勝。西有嚴公花臺，方可三畝，而高丈許。左丞所築也。

清　吴振棫《養古齋叢録》卷一八　太液池約五里許，中以兩橋隔之。明時已有「三海」之稱。瀛臺諸處爲南海，五龍亭諸處爲北海，蕉園諸處爲中海。北岸有人字柳，數百年以上物也。液池之尾，爲淑清院。院有日知閣，康熙間御題，嘉慶庚申，宣宗奉命與惇親王讀書於此。南岸有寶月樓，乾隆間建，俯臨長安街。街南爲移居西域回户，俗呼回子營。

清　阿克達春　文秀等《清水河廳志》卷五《古蹟》　花園　在巡檢署。相傳以爲係四公主園囿。導青龍渠水入園澆灌花木，餘水引入池沼。至今渠流如舊，而園亭池沼花卉無有存者，惟依稀見臺榭形跡而已。後人於中補建小亭三間。

清　同治《桂東縣志》卷一〇《古蹟志》愛蓮池　在城内濂溪書院。池寬十餘步，上有亭翼然，名君子亭。繞以曲欄，中植紅蓮，一水澄清，四時不涸。雲映波心，魚游鏡裏，極静深之致。昔人慕濂溪遺跡而作也。先生於慶歷四年令桂陽，嘗行春至宜城鄉，即今縣境，相傳與州牧李初平講學處。後人思其化澤不置云，或曰：先生於桂東時偶一至，未必留有遺跡，恐爲附會，不知先生愛蓮有説。所莅之區，如邵陽、桂陽，均有池曰愛蓮。此地雖暫停車，平生嗜好所存，亦命植之。或有其事。千載餘芳，益深景仰矣。

清　同治重修《蘇州府志》卷七《公署》　北池，又名後池，初在木蘭堂後。池中爲塢，塢上有白居易手植檜。宋皇祐間，蔣堂增葺池館。嘉定十四年，綦奎作白檜軒於池上。自爲記。

清　光緒《湖南通志》卷二〇　愛蓮池在（邵陽）縣城東北隅。宋周子以永州倅攝郡事，闢池種蓮。方數十丈，中壘石爲亭。知軍州事傅伯崧扁曰君子亭。上有光風霽月堂，後有四君子祠。《舊志》　明張元忭《愛蓮池》詩：古郡荒池在，東山資水邊。絃歌曾幾月，俎豆自千年。色借庭前草，香分池上蓮。甘棠還有筱，遺澤共流傳。

傳記

南朝宋　范曄《後漢書》卷一〇八《宦者列傳·張讓傳》　又鑄天禄蝦蟆，吐水於平門外橋東，轉水入宫。又作翻車、渴烏，翻車，設機車以引水。渴烏，爲曲筒以氣引水上也。施於橋西，用灑南北郊路，以省百姓灑道之費。

宋　鄭樵《通志》卷一八二《藝術傳第二·魏·馬鈞》　鈞居京師，城内有地可以爲園，患無水以灌之。乃作翻車，令童兒轉之而灌，水自覆，更出更入，其巧百倍於常。

宋　周應合　蔣維鈞《景定建康志》卷二〇　考證：會稽王傳嬖人趙牙爲道子開東第，築山穿池，列樹竹木，工用鉅萬。帝嘗幸其宅，謂道子曰：府内有山，因得游矚，甚善也。然修飾太過，非示天下以儉道。子謂牙曰：上若知山是版築所作，爾死矣。牙曰：公在，牙何敢死。其城東北角有土山曰靈秀，即牙所築也。

清　李斗《揚州画舫録》卷一四《岡東録》　徐履安，贊侯兄弟之子孫也。有詭氣，善弄水。【略】丁丑間爲園中杉木對聯，仿斜塘楊匯髹鎗金法，以黑漆爲地，鋮刻字畫，傅以金箔，光彩異艷。作水法：以錫爲筒一百四十有二，伏地下，上置木桶，高三尺，以羅罩之。水由錫筒中行至口，口七孔，孔中細絲盤轉千餘層，其户軸、織具、桔槔、轆轤、關捩、弩牙諸法由機而生，使水出，高與檐齊，如趵突泉。即今之水竹居也。

紀事

漢 袁康《越絶書》卷二　無錫湖者，春申君治以爲陂。鑿語昭瀆以東到大田。田名胥卑。鑿胥卑下以南注太湖，以寫西野。去縣三十五里。

北魏 酈道元《水經注》卷一〇　魏武又以郡國之舊，引漳流自城西，東入逕銅雀臺下，伏流入城東注，謂之長明溝也。渠水又南逕止車門下。魏武封于鄴爲北宮，宫有文昌殿。溝水南北夾道，枝流引灌，所在通溉。東出石竇堰下，注之隍水。故魏武《登臺賦》曰「引長明灌街里」，謂此渠也。

唐 柳宗元《柳河東集》卷二九《石渠記》　自渴西南行不能百步，得石渠。民橋其上。有泉幽幽然，其鳴乍大乍細。渠之廣或咫尺，或倍尺，其長可十許步。其流抵大石，伏出其下。踰石而往，有石泓，昌蒲被之，青鮮環周。又折西行，旁陷巖石下，北墮小潭。潭幅員減百尺，清深多鯈魚。又北曲行紆餘，睨若無窮，然卒入於渴。其側皆詭石怪木，奇卉美箭，可列坐而庥焉。風摇其巔，韻動崖谷，視之既靜，其聽始遠。予從州牧得之，攬去翳朽，決疏土石。既崇而焚，既釃而盈，惜其未始有傳焉者，故累記其所屬。遺之其人，書之其陽，俾後好事者求之得以易。元和七年正月八日，蠲渠至大石。十月十九日，踰石得石泓小潭，渠之美於是始窮也。

又《石澗記》　石渠之事既窮，上由橋西北下土山之陰，民又橋焉。其水之大，倍石渠三之一。石爲底，達於兩涯。若床若堂，若陳筵席，若限閫奥。水平布其上，流若織文，響若操琴。揭跣而往，折竹箭，掃陳葉，排腐木，可羅胡床十八九居之。交絡之流，觸激之音，皆在床下。翠羽之木，龍鱗之石，均蔭其上。古之人其有樂乎此耶！後之來者其能追余之踐履耶！得意之日，一無意字。與石渠同。由渴而來者，先石渠，後石澗。由百家瀨而來者，先石澗，後石渠。澗之可窮者，皆出石城村東南，其間可樂者數焉。其上深山幽林逾峭，險道狹不可窮也。

唐 武少儀《王處士鑿山引瀑記》（《文苑英華》卷八二八輯）　琅邪王易簡，今之獨行士也。雖承冠冕之緒，不踐名利之途。怡心曠澹，篤志廉直。精識雅鑒，洞元鏡微。司徒相國好山水之游，深吏隱之興。啓沃多暇，不孤勝賞。遇良辰麗景，必載酒攜賓，將陶性情。屢造郊野，每車馬嚮至，簪裾蒲席。布褐之客，唯王生焉。得賢而親，亦可知矣。岐公有林園亭沼，在國南朱陂之陽地，名樊川。鄉接杜曲，却倚峻阜。舊多細泉，縈樹石，而散流瀝沙壤而濳耗，注未成瀑，浮不勝杯。王生睨之，歎而言曰：天造斯境，人有遺功。若能疏鑿控會，始可見其佳矣。公乃命僮，使具畚鍤，稽度力用，而請王生主之。生於是周相地形，幽尋水脉，目指頤諭，浚微導壅。穿或數仞，通如一源。竇巖腹、渠總引，涓溜集爲一作于。澄潭。始旁決以淙瀉，復湧流而環曲。觴斝徐泛，自符洛汭之飲。管絃乍舉，若試舒姑之泉。映碧甃而夏寒，間蒼苔而石净。懿夫！曩滴瀝以珠墮，今潺湲而練垂。又何以助清瀾於荷池，滋雜芳於藥圃。不易舊所，別成新趣。岐公乘閒留玩，畢景忘疲，優游宴適，更異他日矣。王生之靈襟巧思，不其至歟！在昔神龍、景龍之間，故人中書令韋公嗣立有別業在驪山之下，雲松泉石，奇勝幽絶。中宗皇帝嘗親幸焉。既而第從臣之篇詠，爲國朝之盛美。因詔瓊其谷名幽栖谷，賜韋公號逍遥公。渥恩稠叠，時罕爲比。上之愛女一有曰字。安樂公主恃寵驕恣，求無不得。遂奏請買韋公此莊，以爲游觀之地。上不許之，一作之許曰：大臣所置，宜傳子孫，不可奪也。公主竟慚而止。信足以輝煥史筆，作程將來。況茲池臺林圃，密邇舊廬。所居之別館也，貽厥百代，保之無窮，猗彼瀑泉，亦與慶流而不竭矣。少儀忝公門客，竊迹翰苑，謬當授簡俾紀。王生之能事，因獲略而叙焉。其餘則已具奉常權公之記述，故復重列云。

宋 司馬光《資治通鑑》胡三省音注 卷五八　帝使鈎盾令宋典脩南宮玉堂，南宮有玉堂殿。又使掖庭令畢嵐鑄四銅人，又鑄四鐘。皆受二千斛。賢曰：銅人列於蒼龍玄武闕外，鐘懸於雲臺及玉堂殿前。又鑄天祿蝦蟆，吐水於平門外橋東，轉水入宮。賢曰：天祿，獸也。案，今鄧州南陽縣北有宗資碑，旁有兩石獸鐫其膊，一曰天祿，二曰辟邪。此即天祿、辟邪，並獸名也。漢有天祿閣，亦因獸以立名。又作翻車、渴烏，施於橋西，用灑南北郊路。賢曰：翻車，設機車以引水。渴烏，爲曲桶以氣引水上也。車，尺遮翻。以爲可省百姓灑道之費。

宋 李燾《續資治通鑑長編》卷七二（大中祥符二年九月）先是命供備庫使謝德權決金水河爲渠，自天波門並皇城至乾元門，歷天街，東轉繚太廟，皆甃以礲甓，樹之芳木。車馬所度，又累石爲梁，間作方井，宮寺、民舍皆得汲用。復東引，由城下水竇入于濠，京師便之。丁卯，德權奏功畢，詔宗正告廟室，賜役卒緡錢。

宋 彭百川《太平治迹統類》卷二《太祖聖政》 開寶九年六月，上以晉王光義所居地勢高仰水不能及，庚子步自左掖門至其第，遣工爲機輪，激水注第中。且數臨視，促成其役。

宋 袁樞《通鑑紀事本末》卷二六下（煬帝大業）辛亥，命尚書右丞皇甫議發河南淮北諸郡民，前後百餘萬，開通濟渠。自西苑引穀洛水，達于河，復自板渚引河，歷滎澤入汴。又自大梁之東，引汴水入泗，達于淮。又發淮南民十餘萬開邗溝，自山陽至楊子入江。渠廣四十步，渠旁皆築御道，樹以柳。自長安至江都，置離宫四十餘所。庚申遣黄門侍郎王弘等往江南，造龍舟及雜船數萬艘。

宋 張敦頤《六朝事迹編類》卷上《真武湖建康之北》 按《建康實録》，吴後主皓寶鼎元年，開城北渠，引後湖水流入新宫。巡遶殿堂，窮極伎巧。至晉元帝始創爲北湖。故《實録》云：元帝大興三年，創北湖，築長堤，以遏北山之水。東至覆舟山，西至宣武城。又按，《南史》宋文帝元嘉二十三年，築北堤，立真武湖於樂遊苑之北。湖中亭臺四所，後黑龍見于湖側。春秋使道士祀之。至孝武大明五年，常閲武于湖西。七年，又于此湖大閲水軍。按《輿地志》云，齊武帝亦常理水軍于此，號曰昆明池。故沈約《登覆舟山詩》：南瞻儲胥館，北眺昆明池。蓋謂此也。又于湖側作大竇，通水入華林園天淵池。引殿内諸溝，經太極殿，由東西掖門下注城南塹。故臺中諸溝，水常縈流回轉，不舍晝夜。又按，《南史》元嘉二十三年，開真武湖。文帝于湖中立方丈、蓬萊、瀛洲三神山，尚書右僕射何尚之固諫，乃止。今《圖經》云：湖中有蓬萊、方丈、瀛洲三神山。不知何所據也。本朝天禧四年改爲放生池。其後廢湖爲田，中開十字河，立四斗門以洩湖水。跨河爲橋，以通往來。今城北十三里有古池，俗呼爲後湖，見作大軍教場處是也。

宋 僧如璧《新廣冷泉亭記》（《西湖志》卷九《園亭》輯） 靈隱冷泉，其源出於寺西南百步之近，直寺之前潴而爲池，唐刺史河南元藇作亭池上。後刺史白公居易記之，刻石亭中，其叙勝槩甚備。然士大夫有識者，猶以池量狹陋，爲未足以盡冷泉之美，蓋三百年於此矣。政和初，兵部尚書張公以龍圖閣學士出守是郡，暇日醼客池上，徜徉不忍去，意將廓而大之。長老雲公樂然用其説，撤屋斸地，伐石爲堤，東西三倍其初，南北半之。長松巨檜，不改其列，而池已浩乎大矣。池傍故有巖竇，嶔巇空洞，如刻如斲，至是揚波石中，倒影水面，湛净明碧，不以育魚鼈而豢蛟龍，使人登此亭者，超然有絶人遺物之意。餘波渺瀰，浮閘而下者，雷奔電激，飛雪噀霧，使人臨是池者，怳然如在天台、廬阜，窺石橋而睨三峽，莫知其在湖山俯仰之間也。嗟夫！天下之物，用之有不極其材。駭雞之犀，夜光之璧，世有不盡見其美者，古今之通患。是舉也，能使累世未盡之奇，一日呈露，蓋張公之意，而雲老之力，此豈偶然哉！亦嘗徘徊周覽壁間之題，如唐丞相李嶠、裴度、裴休，與夫元稹、張籍之徒，讀其詩，未嘗不想其人。是數公者，功名文彩，照耀後世。今其流風遺澤，固已雲散夢掃，漠若與凡輩共盡，而斯泉固自如也。於是，慨然而嘆。今此地三廣，冷泉之名當益張，士大夫之游者當益衆，援筆而賦者當益多。然逝者如流，日遷月謝，客一過之，或昔少而今壯，或昔壯而今老，盛衰得失，相尋於無窮。後之視今，將猶今之視昔，則視斯池者，亦可矍然以驚，翻然而懼矣。

宋 楊侃《兩漢博聞》卷一 天禄 渴烏（《靈帝紀》中平三年，《張讓傳》六十八，《前漢西域傳》六十六上。）

靈帝修玉堂殿，鑄銅人四，黄鍾四，及天禄蝦蟆。使掖庭令畢嵐鑄銅人四，列於蒼龍玄武闕外，鍾縣於玉堂及雲臺殿前。天禄蝦蟆，吐水於平門外，橋東轉水入宫。又作翻車、渴烏，施於橋西，用灑南北郊路。

注云：翻車，設機車以引水。渴烏，爲曲筒以氣引水上也。

宋 程大昌《雍録》卷二《石渠閣》《三輔故事》曰：在未央大殿之北。礱石爲渠，以導水。中藏蕭何所得秦世圖籍。以《水經》約其地望，則滄池在未央西南。此之爲渠，必引滄池下流，轉北以充成其爲渠也。水之又北遂轉，行乎明光、桂宫之間，謂之明渠也。又益趨東，則長樂之有酒池、都城之東有王渠，皆此水也。宣帝甘露中，五經諸儒雜論於石渠閣。

宋 陳郁《藏一話腴》外編 卷下 明之慈溪縣西北有慶安寺，寺前有古松夾道，綿亘數里，望之如蒼雲。其一最巨而奇，蜿蜒若龍飛，偃如蓋，臨池之上。寺後有泉出於深谷，僧以巨竹連筒引行數里，支分千松，下石池，溢入干溪。

宋 潛説友《咸淳臨安志》卷二九《水樂洞》 嘉泰以來，洞爲楊郡王谷家別圃。壘石築亭，最號幽雅。都人歲時游觀集焉。歷年多蕪穢弗治，水樂絶響。今新太傅平章魏國賈公，以其密邇同氣南山之墓，於往來憩息便，遂用厚直得之。乃因其舊增葺，且命寺僧深求水樂所以廢興者。久之，不得其説。一

曰，公游焉。俯睨旁聽，悠然有契。曰：谷虛而後能應，水激而後能有聲。今水瀦其中，土壅其外，欲振響，得乎？亟命疏壅導瀦，有聲從洞間出，節奏自然。二百年勝槩於是始復。乃葺亭，以所得坡公真蹟刻寘其上。又取詩語名其亭。若堂曰聲在，曰愛此，曰留照，曰獨喜。他如介堂、玉淵、漱石、宜晚，則皆紀其勝處。又即山之左麓，闢犖确爲徑。循徑而上，亭其三。山之巔，杭越諸峰、江湖海門盡在目睫，扁曰上下四方之宇奇觀也。洞中泉由愛此引貫，其下入於漱石，匯於聲在，達於玉淵。山之窪爲池以受之。每一撤楗，伏流飛注，噴薄如崖瀑然。景物之勝，視昔有加。而净化院則仍其舊云。

宋 祝穆《方輿勝覽》卷一《臨安府》 蘇公堤 元祐間，蘇子瞻築堤湖上，自孤山，抵北山，夾道植柳林子，中榜曰蘇公堤。章子厚詩：天面長虹一綫痕，直通南北兩山春。後呂惠卿奏毀之。乾道作新堤，自南山净慈寺前，直抵北山。湖分爲兩，游人大舟不能達於北山。紹興中始造二高橋，出北山，達於大佛頭。舟行往來始無礙。

宋 周密《齊東野語》卷四《楊府水渠》 楊和王居殿巖日，建第清湖洪福橋，規製甚廣，自居其中，旁列諸子四舍，皆極宏麗。落成之日，縱外人游觀。一僧善相宅，云：此龜形也，得水則吉，失水則凶。時和王方被殊眷，從容聞奏，欲引湖水以環其居。思陵首肯，曰：朕無不可，第恐外庭有語。宜密速爲之。退，即督濠寨兵數百，且多募民夫，夜以繼晝，入自五房院，出自惠利井，蜿蜒縈繞，凡數百丈，三晝夜即竣。事未幾，臺臣果有疏言擅灌湖水入私第以擬宮禁者。上曉之曰：朕南渡之初，金人退而羣盗起，遂用議者羈縻之，策刻印盡封之，所有者止淮浙數郡耳。會諸將盡平羣盗，朕因自誓，除土地外，凡府庫金帛俱置不問。故諸將有餘力以給泉池園圃之費。若以平盗之功言之，雖盡以西湖賜之曾不爲過，况此役已成，惟卿容之。言者遂止。既而復建傑閣，藏思陵御劄，且揭上賜「風雲慶會」四大字於上，蓋取大龜昂首下視西湖之象，以成僧説。自此百餘年間無復火災，人皆神之。至辛巳歲，其家捨閣於佑聖觀。識者謂龜失其首，疑爲不祥。次年五月竟燬，延燎潭潭數百楹不數刻而盡。益驗燬閣之禍云。

宋 鄧牧《洞霄圖志》卷二《三池》 在洞天福地門裏，路左二，路右一，若品字然。唐乾寧年間，錢武肅王開鑿，由大滌洞前疊石爲暗溪約里許，接天柱流泉，瀦畜其中，澄澈可愛。於池口復爲暗溪，曲折五六，深合地理。

元 脱脱等《宋史》卷九四《河渠志七》 金水河，一名天源。本京水，導自滎陽黄堆山。其源曰祝龍泉。太祖建隆二年春，命左領軍衛上將軍陳承昭率水工鑿渠，引水過中牟，名曰金水河。凡百餘里抵都城。西架其水横絶於汴，設斗門入，浚溝通城濠，東匯于五丈河，公私利焉。乾德三年，又引貫皇城，歷後苑内庭，池沼水皆至焉。開寶九年，帝步自左掖，按地勢命水工引金水，由承天門鑿渠，爲大輪激之，南注晉王第。真宗大中祥符二年九月，詔供備庫使謝德權决金水，自天波門並皇城，至乾元門，歷天街東轉，繚太廟，入后廟。皆甃以礲甓，植以芳木。車馬所經，又累石爲間梁，作方井。官寺民舍皆得汲用。復引東由城下水竇入于濠，京師便之。神宗元豐五年，金水河透水槽，阻礙上下汴舟。遣宋用臣按視，請自板橋，别爲一河，引水北入于汴。後卒不行，乃由副堤河入于蔡。以源流深遠，與永安、青龍河相合，故賜名曰天源。先是舟至啟槽，頗滯舟行。既導洛通汴，遂自城西超字坊引洛水，由咸豐門立堤，凡三千三十步。水遂入禁中，而槽廢。然舊惟供灑掃。至徽宗政和間，容佐請于七里河開月河一道，分減此水，灌溉内中花竹。命宋昇措置導引。四年十一月畢工。重和元年六月，復命藍從熙、孟揆等，增堤岸，置橋槽壩牐，濬澄水道。水入内，内庭池籞既多，患水不給，又于西南水磨引索河一派，架以石渠絶汴，南北築堤，導入天源河以助之。

明 宋濂《元史》卷六四《志第十六·河渠一·隆福宮前河》 隆福宮前河，其水與太液池通。

英宗至治二年五月，奉敕云：「昔在世祖時，金水河濯手有禁，今則洗馬者有之，比至秋疏滌，禁諸人毋得污穢。」於是會計修浚，三年四月興工，五月工畢，凡役軍八百，爲工五千六百三十五。

明 邵寶《容春堂續集》卷一〇《泉記》 臺之始卜也，邵子作詩志焉，有「安得泉分一道來」之句。既而臺之右石壁下，忽傳有泉出焉。始涓涓流，繼鑿渠而引之，則源源如注，淵然成池。邵子喜，名之曰滴露。

明 何良俊《何氏語林》卷一〇 漢時侍中習郁，嘗於峴山南依范蠡養魚法作池，池邊有高堤，偏種長楸修竹，芙蓉緣岸，菱芡覆水，是游宴名處。山季倫臨荆州時，每到此池，未嘗不大醉而還，曰：「此是我高陽池。」

明 汪道昆《副墨》卷三《曲水園記》 豐樂水出黄山，東行百里而近，水浸深廣。其上則諸吴千室之聚，里名溪南。左黄羅，右金竺，蓋新都陾區

也。里南良田千畝，里人呼楊柳于。其東則曲水園。倏廣不啻十畝，疏畎爲澗道，經垣内外如隍。其中鑿池坼南北如天塹，畎入澗道。澗道入池，句如規，折如磬，故曰曲水。【略】新都什九山也，水居一焉。曲水以水勝，聞斯善用奇也已。

明 張鳴鳳《桂勝》卷三《潛洞》 宋張維《開潛洞記》：乾道四年春正月浚西湖，秋七月開潛洞。明年春二月，疏鑿李蹊一百六十步有畸，可通畫鷁，而洞山宛在水中矣。疏鑿之力，汲郡袁進、平原聶倫、東明石良弼競率所部，不日成之。延平張維識於洞濱之石，同里曹總書。

鮑同復《西湖記》：桂林西湖，今經略使徽猷張公所復也。舊曰蒙溪。述溪潭可以方泳，然歲久廢爲田，尚可考者，特一潭二池。池有芰荷，廣不踰尋丈餘，盡耕稼之壠矣。初，公游山中，得二記按之以求。後讀吴記，至「走方舟，泛畫鷁，渺然有江湖趣」，則歎曰：鬱兹觀美，可謂殺風景者矣。遂已默記。厥由居山之麓，衆泉所會，中偃而四穹，兹蓋天成，第流泉使之不得去，則湖可坐而復。乃相所從泄，作斗門以閘之。未幾，水遂盈衍澶漫，若潭若池，横徑將數十畝，望之蒼茫皎澈，千峰影落，霽色秋清，景物輝煌轉盼若新。然吴記以爲溪，而云作亭牖北，夾溪潭之間。韋記以爲池，而云北牖洞口有田砥平，可施欄檻。以知昔時猶有淺陸，水所不及之處。而今洪深之匯矣。其中流平沙隆出波面如島嶼，因築亭其上，命之曰瀛洲。植卉藝竹，映帶遠近。南聞招提西隱山爲亭，每游覽，則憶家山，因命之曰懷歸。北依茂林，俯流爲閣，用老杜湖水林風之句，命之曰湘清。放船集賢，于是乎在。環山循趾，引水疏渠，繚繞縈迴。索奇討幽，得新洞二，命曰北潛、南潛。又爲亭於其陽直西，命之曰望崑。是皆出乎六洞之外，發前人之遺逸，增往牒之未載。遂使西湖勝槩，倏然如立塵寰之表。江浙雖稱，亦未能遠過焉。

明 章潢《圖書編》卷六七《螽斯塘九曲》 歲乙亥孟春，予築河西螽斯塘，引水灌田。堤成，予往閱焉，隱隱望西北岡下巨石嶙峋，於是沿溪而上。溪凡九曲，東界大路，水發路旁，石壑中莫窮其源也。折而西止，溪北高阜突出二石，左如龍，昂其首。右如虎蹲踞而伏心，頗奇之。約二石之址，僅容亭，即以廿八日戊辰基其地，二月辛未草搆方亭，匾曰出潛，義取見龍兆文明爾。郊外荒僻，亭不足居，謀建草堂。堂成，匾曰收春。予自經始日出偕出，日入偕入，旁搜諸景半屬隔溪，爰伐木得椶株爲百節。橋以度溪，旁有石類鳳。方春水涸，形體全露。西南一石，孤高壁立，與鳳石對，仿佛十洲三島所稱鰲嶼，特大小殊爾。環繞兩峰，劍門、戟户，雨榭、雲窩，層見疊出，轉瞬應接不暇。復循鼇峰而北，有地一區，平衍如掌，與出潛亭相峙。地脈從東北三台山降，岡巒拱衛，勢來形止，堪輿家謂「全氣之地」。庶幾焉惜多荆棘，人跡罕至。予始芟刈周遭、密察，宜建八閣岑樓，闔郡山川盡在目睫，不特收春堤之勝已也。大平之北西岡之麓，俄聞水聲潺潺。予復令童子引手步入後洞，洞陰而深，泉水四出，有正、有隱、有懸、有仄，《爾雅》記濫沃汍是也。滄而爲一，飲之味甘，出洞遵古溝南行，探水所委，則衆壑攢簇，絶類灩澦堆狀，水灌其中。予逡巡躡之，石竇生成，宛陶冶所製。自九月至三月，其内可席而坐，深僅五丈。崖覆者，三之一餘，吐日吸月，天光掩映，惟陰雨則巖溜浸滴。上建亭，可蔽之。洞前石壁，峽峙兩柱。于雲旁左一池如硯，四時不竭。予笑曰：其殆張芝洗墨乎。仰首，則天乙、文筆二峰若相拱揖。因憶丁巳仲冬望前之夕，曾夢二洞，一正南、一東南，不數日，有授産者，予貧莫能應爲其强也。翌午，率諸豚往觀之，與夢中景象不爽毫髮。水出山腰，逾洞頂東注。洞如懸鍾，揆日測景，且向正南。予喜始售以值時，乃據西北石屋，有三石下垂，姑名鼎洞，以應厥夢。庸知東南之洞，實潛於此。其上左、右二石，形如鼎圓，則疇昔鍾鼎之題豈偶然耶？夫以丁巳入夢，乙亥成之。二洞相去，曾未二里。洪荒迄今，爲草莽蔽翳，不知幾千萬禩。予一夕而得之，服闋北征，金陵胡秋宇時在翰林，繪圖鍾鼎，并贈長句「清平孫淮海」。己巳，撫鄖臺寄壽，有鍾鼎長樓小洞天之什可徵也。剛出洞口，則溪之四曲以至七曲，一望草木蒙密、亂石雜沓，高者類笏、卑者各成形質。八曲内一石高廣、方平，可當抵柱，往游秣陵，覩方印南屏，不足多也。遂鳩工合四曲，大闢一池，與舊池連接，盛夏狂瀾。藉斯石障之復砌，閘爲防，以通舟楫。水涸，則閉水。溢，則啟。兩湖相望三翼，舟名游翔，王子安謂「列岡巒之體勢，窮島嶼之縈迴」，借彼喻此，殆非假托而溢美矣？方臺榭草创，猶憾諸勝，盡屬溪南。一日，坐草四顧，荆榛漸闢，迤西有大石壁，乃捫蘿而下，北望石澗中，秀巖森列如笋，謫仙詠「青天削出玉芙蓉」。近之最北，有天生橋稍狹，澗水從橋下過，則溪之鄰大路，第一曲也。橋南數步一石面南者，甚奇，其上可亭。芙蓉石之左有泉，自峽湧出，流爲方池。

明 祁彪佳《祁彪佳集》卷七《寓山注·天瓢》 鐵芝峰旁，一石隆起如覆盂。季超、止祥兩兄開山時，瀦爲池以蓄水。亡兄元孺顧而樂之，取蘇長公「馬上傾倒天瓢翻」之句，題之曰天瓢，作詩以紀其勝。予不忍没舊名，復志之如此。

明 錢福《錢太史鶴灘集》卷四《天方池記》 崑山張汝勉得壁經，學於其仲父副使公叔參政公，一時舉進士高第，守祁州。四年，以母夫人憂歸。既即吉，故舊趣上，道辭曰：吾爲禄養，而今已矣。吾何以官爲。乃營別業于所居之傍，示終老焉。堂三楹，軒如之。適中方渠。軒之前爲池數畝，廣若干，長差，而南面端視則方也，命之曰天方池。叩其説，則曰：吾猒小智，拙於狥人。吾任吾真，而幸天時可乘，地勢可借，以有爲焉，則吾計得矣。故凡吾之所爲者天地，非人也。吾烏得而與吾力。蓋其居背妙涇環石浦，地勢庳窪。搆室者恒艱於基築，鑿池者畢畚而沮洳，及盡而漫流，類不克底於成。汝勉擇平疇之差，高者基之，計所用土，鑿其前，畚而築之。池深幾許，基高可幾許。人咸謂曰智偵天時。適得歲大旱，適吴下井皆竭。或就深淵濬穴以汲者，乃興役。自戊午冬十月迄已未春，三月不雨，池遂得深丈餘，中莫測。是吴下所罕遭也。池成，友人錢福自華亭過而眺焉，竹匝簷而魚仞躍矣，乃爲之歌曰：爲高匪丘兮鑿平以深，爲下匪澤兮馮畢歲之弗陰。裒多益寡兮吾何心，因天用地兮誰吾禁。先生其天兮，勢簡易兮流古今。汝勉乃賡曰：吾智不人若兮姑聽乎天，吾高吾深兮吾樂其全。吾行吾止兮吾不知其然，吾由是以熙兮終吾天年。福又從而歌之曰：地可鑿兮六竅不鑿，混沌未老兮天自若。方鏡如斗兮迤柄成杓，酌元氣以運四時兮與斯世酬酢。又歌曰：波光宕漾兮堂若浮舟，池杪若舵兮吾操以游。吾不知其坎兮以流，吾聽其所止兮以休。汝勉笑曰：吾斗杓兮可以挹酒，不可以與世運量。吾舟舵兮可以與吾浮，不可以濟川流。吾方兮肖地，坎兮以止正。吾達觀四方兮以及吾上世，吾計已熟矣，又孰知吾天方之有以。于是爭號之曰天方子。

清 高士奇《金鼇退食筆記》卷上 樂成殿入西苑門，循水南行，有牐瀉池水。轉北，别爲小池，中設九島三亭。一亭藻井門角爲十二面，上貫金寶珠頂，兩金龍盤柱作升降狀。丹檻碧牖，盡皆侈麗。中設御榻，四面皆梁檻通小朱扉而出，名涵碧亭。其二亭制少樸，梁檻惟東西達涯際。東有樂成殿，左右檻各設龍床。殿後小室，亦設御榻。明宣宗游歷處也。殿右有屋，設石磨、石碓二，下激湍水自動。南田穀成于此春治，故曰樂成。後改殿爲無逸。亭曰豳風，曰省耕。每歲秋成，有打稻之戲。駕幸無逸殿，鐘鼓司扮農夫、饁婦及田畯官吏徵租交納詞訟等事，亦知稼穡艱難之意也。

又 卷下 本朝康熙年間，即清馥殿基址改建爲寺，迎旃檀佛居之。黄甓碧甃，齋館敞麗。前樹二坊，東曰廣恩敷化，西曰普度能仁。入寺數武，白石甃方池，上跨三梁，緑荷出水，朱魚吹藻。其西作龍首，自牆外汲太液水貫注之。

清 姚之駰《元明事類鈔》卷二九 瀛洲亭 《燕都游覽志》：瀛洲亭在翰林院内堂之右。故有隙地一區，萬曆中甃爲方池，搆亭中央，額曰瀛洲。

清 高宗愛新覺羅·弘歷《御製詩集》餘集 卷一四《觀瀑詠事》 觀瀑雙文經祖題，論年百歲逮將齊。搆亭溪中，對飛泉。皇祖御題曰觀瀑，逮今歲及百年矣。紀源我亦曾留句，兩事然疑始定兮。

按，亭仰對石壁，俯臨溪水。石壁名爲湧翠巖，亦皇祖御題也。其上三間佛宇，傍有池。瀑水瀉自池，擘石壁而出，飛流落長溪。溪上構亭，觀瀑所以得名也。但瀑之源，乃出佛宇傍之池，而池中實無泉源。康熙年間於茲寺西，歷數道谷壑，尋得一山泉，接木板匣爲溝渠，沿山邊谷壑，引流至寺池。乃擘石壁而下，則誠飛瀑矣。飛瀑誠真飛瀑乎？以皇祖聖明，無微弗照，不過藉司工者之巧爲託，綴景之虚名而已。其後，朕視木板匣爲溝渠置山邊不雅，且每費修飾，因循其上，山逕側果有一小泉。命建一亭，名曰瀑源。事在己卯年。鳩工疏山邊爲溝渠，越壑過谷，引流曲折以達於湧翠巖之寺池，則真有瀑源矣。兹又閲數十年，往來山逕中，覺其泉細，而石罅噴乳竇處不高於寺側之石池，且越數層谷壑之遠，無論木石之渠溝，胥不能引細微且遠之泉，以達寺池、爲飛瀑。則所謂飛瀑者，不過人舉置水滿寺池，使泄而爲飛瀑耳。我皇祖不名之曰聽而名之曰觀，或亦知其假借而寓有深意乎。且予命以石溝易木匣之時，未曾深知此事。而司工之大臣三和必當知此，乃隱而不言，以遂朕過，則爲君者有過，人臣不敢言以遂其過者多矣，是不大可懼哉！兹命皇帝率御前大臣及司工之人，攜儀器步步測量，乃知泉果低於寺池。且其流細，不能引至爲飛瀑，而自泉之下至寺池，有山池九，疊疊皆置閘，積雨後山水漲流，由沿山邊石溝以至山寺，則誠真瀑矣。山池在泉下，泉漲水高，亦未嘗不流至池，則命泉爲源庶亦可耳。然三和終未明言及此也。夫瀑源誠細事，積數十年之久，而

玆乃得其實。事之久遠，文之委曲，心之操蘊，意之好實惡假，皆不可以不記。序而書之，後之人或有以識吾志也矣。

清 畢沅《關中勝蹟圖志》卷二 龍首山在長安縣北十里，接咸寧縣界。《水經注》：蕭何因龍首山營未央宮，山長六十餘。里頭入於渭，尾連樊川。頭高二十丈，尾漸下，高五六丈。土色赤而堅。李好文《長安志圖説》：山之餘尾城南皆已湮平，陂陀北出，東西横亘，迤邐而去。《名山記》：山西北高處爲秦長樂、漢未央。稍東南六坡象乾爻者爲隋城。唐西内其東，爲唐南内興慶龍池之所。其北爲唐東内，大明宫、含元、宣政、紫宸、蓬萊金鑾諸殿。南内東南引滻水入城，爲龍首渠，入東苑爲龍首池，一名龍首原。《咸寧縣志》：龍首原起終南東義谷，徑可數十武，蟠曲西北行，漸行漸闊。杜陵、鴻固、鳳棲諸原皆其横岡，宜春、芙蓉、曲江諸苑池皆其窪下。東界滻水，西界樊川，延六七十里，一稱小兒原。

又 卷三 龍首渠在西安府城東南咸寧縣界。《咸寧縣志》：龍首渠一名清水渠，隋開皇初堰。滻水至大興城東南入城，唐分爲二渠，一西入通北門，至興慶宫景龍池，又西入西内太極宫。一北入東苑，至龍首殿，爲龍首池，又注凝碧、積翠二池，又西北入大明宫後，灌太液池。五季後涸。《宋史・河渠志》：大中祥符七年，陳堯咨知府事，以城内井泉鹹苦，乃相度城東二里之龍首渠。其水清甘，可五六十丈，開引入城散流，廛閈民咸賴之。謹按，隋唐分東西二渠，宋止修西渠，故道東渠填廢。

又 卷六 九曲池 《雍大記》：在長安城西興慶池西，唐寧王山池院。引興慶水西流，疏鑿屈曲，連環爲九曲。池上築土爲基，叠石爲山，植松柏。有落猿岩、棲鳳岫。奇石異木，珍禽怪獸。又有鶴洲仙渚，殿宇相連。左滄浪，右臨漪，王與宫人賓客宴飲，弋釣其中。

清 李斗《揚州畫舫録》卷一四《岡東録》 九曲池西南角有二泉，水極清冽，謂之雙泉。即錦泉也。張氏于此築水口引入園中。夾河即東岸，觀音山尾，任嘉卉惡木，不加斧斤，令其氣質敦厚。中有古梅數株，游人不能辨識，惟花時香出，披荆斬棘，巡之乃可得見。爰于其上建梅花亭。亭外半里許，竹疏木稀，岸與水平。臨流築室，稱曰水廳。

又 卷一五《岡西録》 園中池長十餘丈，與新河僅隔一堤。池上搆樓，舊名鏡泉，今易名環翠。聯云：冉冉修篁依户牖，包何。曈曈初日照樓臺。薛逢。池高於河，多白蓮。堤上築花籬爲疏欞間之，使内外水氣相通。上置方屋，顔曰玲瓏花界。聯云：花柳含丹日，宋之問。樓臺繞曲池。盧照鄰。玲瓏花界之後，小屋兩間。屋後小池方丈許，潛通園中。大池亦種荷，顔曰綺緑軒。

清 吴振棫《養吉齋叢録》卷一八 玉泉山以泉名。乾隆間製銀斗較水輕重，玉泉之水斗重一兩，惟雪水輕三釐。他水無輕於玉泉者。有御製《玉泉山第一泉記》。其泉趵突仰流，噴出巖脚，合諸泉而成河，繼爲巨浸，舊稱西海。歲久淤塞。乾隆庚午，發帑疏濬。工成，命名昆明湖。湖中水志以露岸三尺爲準。由玉泉而下爲玉河，過玉帶橋爲昆明湖。青龍橋爲湖之尾閭，建閘以備宣泄。閘軍隸奉宸苑，給月糧，供牽縴之役。後於上游復開一湖，以資稻田灌溉。中亘長堤，仿西湖爲六橋。橋以西爲外湖。景明樓在堤上，内外湖皆可俯瞰。有水周堂、界湖樓在堤側。放棹至此，换舟而行。會波樓、沼鏡閣、藻鑑堂在湖中，寄瀾堂、水村居、嘉蔭軒在湖北岸。睇佳榭、暢觀堂在湖西南角。春風，啜茗臺在湖中山上。鳳凰墩在湖中，仿江南黄埠墩爲之。有樓，建金鳳張翼，隨風而轉，以相風也。

清 楊謙 李高孫《梅里志》卷六《園亭》 馮登府《荷花池荷花記》：竹垞檢討於順治十四年移居梅里，宅南有荷花池半畝，上安略彴以通南北垞。康熙丁丑，有並頭蓮之瑞，傳諸歌詠蓋百餘年矣。花猶昔之花也，池猶昔之池也。後人以其供游觀無所取資也，去花而種魚，淤泥不祟，萌櫱遂絶，荒波葑草而已。道光丙戌，余重葺曝書亭，和叔復命園丁種之，葉而不花。明年疏池，又種之，上膏脈奮，苯蓴莚蔓，鱗被夤緣，一碧無縫。楝風告至，柔葉始圓，亭亭田田，浸潭倏遍。一東一西間以菱芡。傍有水閣，憑闌而眺，多思曩時舉觴臨風，賦新詩，坐長夏也。夫花於日月之遷移，寒暑之代謝。其開落榮悴不過一瞬耳。人於世外觀之，其開落榮悴，亦適然遭之而已矣。然先生詩云：惟有荷花憐舊雨，年年一爲主人開。今花猶昔之花也，池猶昔之池也。回憶垞南諸老如青士山子輩，往來觴詠無虚日。今其後多不振，而先生之孫清門零落，有白莧紫茄之感。頹垣風雨幸而僅存。余與和叔以時檢校反來作看花之主人。是則觀於其中者之不能無感也已。

清 光緒《順天府志》卷一六《京師志十六・寺觀一》 碧雲寺在昭廟北石橋之北。【略】寺最閎麗，因山下上築臺。殿乾隆年間重修。山門東向，門前有石獅二，雕鏤極工。度橋爲天王殿，殿前有池，跨以石梁。池水引自寺後

石罅出噴薄入小渠，人以卓錫名之。寺僧導之，過齋厨，遶長廊，出殿兩廡左右折，復匯於殿前石池。

藝文

南朝陳　江總《芳林園天淵池銘》（《陳文紀》卷八輯）　歲次執徐，月維大吕。爰命梓匠，廣修畚鍤。標置舊址，開浚昔基。東西彌望，雲霧之所澄蕩。南北紆縈，虹霓之所引曜。曉川漾璧，似日御之在河宿。夜浪浮金，疑月輪之馳水府。前瞰萬雉，列樹參差。却拒三襲，危巒聳峭。瓌鳥異禽，自學歌舞。神木靈卉，不知摇落。但叔皮覽海，序蛟螭之泛濫。吉甫臨舟，美梩松之蓊茸。尚復著在吟詠，緘彼緹緗。况我君門盛事，未記謬頌。待詔謹製銘云：石溝溜密，蘭渚潮平。九華閣道，百丈層盈。液摇殿色，殿寫波明。

唐　萬齊融《三日流潭篇》（《歲時雜詠》卷一六輯）　春潭滉漾接隋宮，宮闕連延潭水東。蘋苔嫩色涵波淥，桃李新花照底紅。垂菱布藻如妝鏡，麗日晴天相皎映。素影顥顥對蝶飛，金沙礫礫窺魚泳。佳人祓禊賞韶年，傾國傾城并可憐。拾翠總來芳樹下，踏青争遶淥潭邊。公子王孫恣游玩，沙場水曲情無厭。禽浮似挹羽觴杯，鱗躍疑投水心劍。金鞭玉勒騁輕肥，落絮紅塵擁路飛。淥水殘霞催席散，畫樓初月待人歸。

唐　王建《王司馬集》卷五《上陽宮》　上陽花木不曾秋，洛水穿宮處處流。畫閣紅樓宮女笑，玉簫金管路人愁。幔城入澗橙花發，玉輦登山桂葉稠。曾讀列仙王母傳，九天未勝此中游。

唐　白居易《白氏長慶集》卷八《過駱山人野居小池》駱生棄官居此二十餘年。　茅覆環堵亭，泉添方丈沼。紅芳照水荷，白頸觀魚鳥。拳石苔蒼翠，尺波煙杳眇。但問有意無，勿論池大小。門前車馬路，奔走無昏曉。名利驅人心，賢愚同擾擾。善哉駱處士，安置身心了。何乃獨多君，丘園居者少。

又　卷一五《題王侍御池亭》　朱門深鎖春池滿，岸落薔薇水浸莎。畢竟林塘誰是主，主人來少客來多。

又　卷一七《晚題東林寺雙池》　向晚雙池好，初晴百物新。裊枝翻翠羽，濺水躍紅鱗。萍泛同游子，蓮開當麗人。臨流一惆悵，還憶曲江春。

又《題韋家泉池》　泉落青山出白雲，縈村遶郭幾家分。自從引作池中水，深淺方圓一任君。

又　卷二二《引泉》　一爲止足限，二爲衰疾牽。邴罷不因事，陶歸非待年。歸來嵩洛下，閉户何翛然。静掃林下地，閑疏池畔泉。伊流狹似帶，洛石大如拳。誰教明月下，爲我聲濺濺。竟夕舟中坐，有時橋上眠。何用施屏障，水竹繞床前。

又《崔十八新池》　愛君新小池，池色無人知。見底月明夜，無波風定時。忽看不似水，一泊稀琉璃。

又《玩止水》　動者樂流水，静者樂止水。利物不如流，鑒形不如止。淒清早霜降，淅瀝微風起。中面紅葉開，四隅緑萍委。廣狹八九丈，灣環有涯涘。淺深三四尺，洞徹無表裏。净分鶴翹足，澄見魚掉尾。迎眸洗眼塵，隔胸蕩心滓。定將禪不別，明與誠相似。清能律貪夫，淡可交君子。豈唯空狎玩，亦取相倫擬。欲識静者心，心源只如此。

又　卷二三《臨池閒卧》　小竹圍庭匝，平池與砌連。閒多臨水坐，老愛向陽眠。營役抛身外，幽奇送枕前。誰家卧床脚，解繫釣魚船。

唐　白居易《白香山詩集》卷一六《題廬山山下湯泉》　一眼湯泉流向東，浸泥澆草暖無功。驪山温水因何事，流入金鋪玉甃中。

唐　沈亞之《沈下賢集》卷五《閩城開新池記》　閩城吻海而派江輔山以居。先時，無安沼平池爲游舟娱席之地，而娉花媚竹，散生擲華。故酒笑酣視之晨，而佳思莫極矣。高平公牧察之，余乃經度隟空之所，因卑污塹而岸之，浦嶼環迴之勢，所造必勝。羣山左右，瀉影浮秀者，轃空而入。十一月辛卯，新池成。明日，軍副者亞之疾間，公延護軍及從事、絃工、吹師、裾袖之曹，游池而酒。既坐，謂軍副亞之曰：吾踈汙隟以就此，而海波朝夕盈來之候，遞輪足給。（以）〔必〕爲我狀而石之，以期乎不朽。軍副亞之不敢讓，遂執巵俯船，祭酒於其流。因祝且詞曰：水能濁清，首冠五行。波流已大，有神爲宰。環塘縈縈，爲公藻鏡。新池泱泱，與地興禪。嘉鯉鮐魴，於水息昌。嚵鰤嘘虒，即水與死。翡翠鵁鶄，浴涘眠晴。辛蒲剪剪，扇荷擎擎。時未云來，勞思乃馨。柘槿紺竹，滲縮醽沃。延榮接姿，以水爲禄。輔佑堙隍，吐孕百福。惟我公之明之通之智之忠，保壽考兮與池之無窮。軍副者亞之詞既，復再拜跪巵奉壽于公前。公大喜，還列就坐。以酒以歌，日

入而起。

唐 杜牧《樊川文集》卷四《盆池》 鑿破蒼苔地，偷他一片天。白雲生鏡裏，明月落階前。

唐 許渾《丁卯詩集》補遺《石池》 通竹引泉脉，泓澄瀲石盆。驚魚翻藻葉，浴鳥上松根。殘月留一作斜日。回山影，高風耗水痕。誰家秋洗藥，來往自開一作關。門。

唐 姚合《姚少監詩集》卷七《題家園新池》 數日自穿池，引泉來近陂。尋渠通咽處，遶岸待清時。深好求魚養，閒堪與鶴期。幽聲聽難盡，入夜睡常遲。

又《題僧院引泉》 泉眼高千尺，山僧取得歸。架空横竹引，鑿石透渠飛。洗藥溪流濁，澆花雨力微。朝昏長遶看，護惜似持衣。

又《題薛十二池》 每日樹邊消一日，遶池行過又須行。異花多是非時有，好竹皆當要處生。斜立小橋看島勢，遠移幽石作泉聲。浮萍着岸風吹歇，水面無塵晚更清。

又《題家園新池》 數日自穿池，引泉來近陂。尋渠通咽處，遶岸待清時。深好求魚養，閒堪與鶴期。幽聲聽難盡，入夜睡常遲。

唐 徐寅《徐正字詩賦》卷一《御溝水賦》 陸海之中，昆明以東。御爲溝而有自，溝注水以無窮。縈紫閣之千峰，清辭玉洞。瀉銀河之一派，冷入瑰宮。我西都也，地正三秦。天連五緯，不知此水之出，但見斯溝之貴。既非減灞以分滻，又匪疏涇而鑿渭。是何飛下雲霓，沿高走低。潺湲乎玄豹岡北，繚繞乎靈龜岸西。豈因水伯穿地維通來玉毬，必是神龍爲天子吐灌金堤。上繞蓬瀛，中侔溟渤。涵暮景於瓊殿，倒晴光於絳闕。色入天池，遠不遠兩岸垂楊。聲喧金屋，眠不眠六宮明月。迴寫岧嶤，高連碧霄。朝宗而鳳沼將近，習坎而龍宮不遥。漱今古之雄都千門水鏡，截東西之大道幾處虹橋。豈不以決泄年長，泉源地遠。青蕪濯翠兮宵雨霽，紅杏飄英兮春日晚。堪歌聖代浮通其德澤恩波，莫問當時流破其秦宮漢苑。香徹天涯，先來帝家。重輪而瑞蘸紅日，五色而光摇彩霞。時時翡翠隨波飛穿禁柳，往往鴛鴦逐浪銜出宮花。其或赫日流金，輿人望歲，咸憂地利以將失，願假天波而下濟。分紫禁以餘潤，作黔黎之大惠。則禹濬川也不爲己而爲人，農擊壤焉不荷天而荷帝。玉堂金殿兮知不知，敢進芻蕘於此際。

唐 吴融《唐英歌詩》卷上《御溝》 一水終南下，何年派作溝。穿城初北注，過苑却東流。遶岸清波溢，連宮瑞氣浮。去應涵鳳沼，來必滲龍湫。激石珠爭碎，縈堤練不收。照花長樂曙，泛葉建章秋。影炫金莖表，光摇綺陌頭。旁沾畫眉府，斜入教簫樓。有雨難澄鏡，無萍易擲鈎。鼓宜堯女瑟，盪必蔡姬舟。皋的一作着通鳴鶴，津應接斗牛。逗風還瀲瀲，和月更悠悠。淺憶觴堪泛，深思杖可投。祇懷涇合慮，不帶隴分愁。自有朝宗樂，曾無潰穴憂。不勞誇大漢，清渭貫神州。

唐 馮贄《雲仙雜記》卷八《龍口渠》 翰林有龍口渠通内苑。大雨之後，必飄諸花蕊經由而出。有百種香色，名不可盡。春月尤妙。《金鑾密記》

宋 田錫《咸平集》卷一八《御溝》 春半桃花水初下，一溝潤緑光如研。夾道宫城數里中，静稱潺湲明月夜。千門萬户建章宫，金鏁横門溝闇通。三月花飛若零雨，水聲何處咽香紅。

宋 蔣堂《春卿遺稿・和梅摯北池十詠》 池上有虚閣，翬檐迅若翔。百壺多盛集，四座仰惟良。蘚印文綦緑，蓮依桂楫香。何由陪嘯咏，敷衽納微凉。

池上有奇檜，青青歲紀深。舊枝憐茂植，時亦助清吟。夕月漏孤影，秋霜滋勁心。今方遇真賞，風什播瑶音。

池上有孤島，影摇波底天。蓬壺欣髣髴，仙客得留連。岸草襯丹轂，灘蘆偎畫船。羡君休澣日，寄傲一尊前。

池上有修竹，遥聞手自栽。幾因風韻響，時感隼旟來。粉籜經梅脱，虬根遇石回。嬋娟緑陰下，小閣爲誰開。

池上有垂柳，煙籠濯濯枝。芳根逢茂育，老翠勝平時。體弱因風舞，詞清入篴吹。金城久不到，遥想歎羈離。

池上有叢菊，繁英滿舊蹊。金刀惜頻翦，粉蝶得幽棲。醉卉誰同插，香牋手自題。遥思清賞處，野步岸東西。

池上有時釣，閒忘侍從身。波平方浸月，吏退閴無人。藻映魴魚尾，風摇獨繭綸。一亭容膝地，雅飾免荒蓁。

池上有時宴，笙簧沸欲凝。歡多漏移刻，坐久月和燈。席客詠持蟹，女娼歌采菱。醉來忘萬事，風静水波澄。

池上有雛鶴，來從淮水壖。舊巢離海樹，清唳入吴天。骨峭翹霜月，翎疏

刷野泉。使君宜得伴，仙格本千年。

池上有馴鹿，亭臺深處行。長隨熊軾慣，且免兔罝驚。遥草眠多穩，流泉飲亦清。寸岑有靈囿，可使遂微生。

又《北池賦并序》 姑蘇北池，其來古矣。昔刺史韋應物詩云「海上風雨至，逍遥池館凉」，即其地也。韋與白樂天皆有池上之作，盛詫其景。自韋、白没，僅三百年寂無歌咏者。余景祐丁丑歲被命守蘇，池館必葺。常賦北池宴集詩。是時端明張安道爲邑崑山，亦留風什傳刻於石，故事在焉。去此涉一紀，余復佩蘇印。感舊成賦，聊以寄懷云。

澤國秀壤，句吴故城。其野齋之勝者，有曲池之著名。環碧曉漲，迴光晝渟。接琅津之餘派，分銀潢之一泓。危橋跨波，迅若走鯨。虚閣延月，清如構瓊。乃飛蓋之所集，靄芳塵之不凝。主人一去，余去此十二年春草羅生。賦詠幾廢，嶔嵜未平。今兹税鞅之日，復慰臨流之情。目與景會，神將喜并。是時霽色疏净，羣動紛盈。魚在藻以性遂，龜游蓮而體輕。禽巢枝而自適，蟬得蔭而獨清。科斗成文書之象，鼃黽有鼓吹之聲。以至鷗鳥羣嬉，不觸不驚。菡萏成列，若將若迎。崖産并柯之木，波孕紫莖之萍。灘露沙而金紫，垣疊蘚以衣青。新蒲鏘鏘，挺水心之劍。緑竹整整，矗羽林之兵。别有島檜，高聳枝幹。相撑水石，結操冰霜。薦英若古君子，與世寡偶，而獨立特行，吁可異也。噫！景之勝者可稱，物之秀者可旌。故萬狀在目，吾得題評者已。吾方岸野幘、踞風亭，觴賓友、奏竽笙。或獨繭静釣，或扁舟醉乘。惟蔗有漿，用以析朝酲。惟菊有花，可以制頽齡。而况庭無留事，身若遺榮。泯得喪乎意表，育平粹於心靈。姑徜徉於池上，亦何慮乎何營？

宋 劉敞《公是集》卷二九《芙蓉池》 緑華青蓋滿方塘，雨灑風吹著處香。净埽釣磯雙樹下，醉攲凉枕弄秋光。

宋 歐陽修《文忠集》卷五七《小池》 深院無人鏁曲池，莓苔繞岸雨生衣。緑萍合處蜻蜓立，紅蓼開時蛺蝶飛。

宋 陳襄《古靈集》卷二五《題毗陵郡圖》 平湖千里接荆溪，萬頃良田不可堤。我欲决渠疏積水，干塘江口地形低。

宋 曾鞏《元豐類稿》卷七《閲武堂下新渠》 方渠新鑿北林開，流水遥經畫閣來。洗耳厭聞誇勢利，濯纓羞去傍塵埃。不憂待月供詩筆，已欲看花泛酒杯。却憶虎谿橋上過，夜凉臨砌尚徘徊。

宋 文同《丹淵集》卷九《幽沼》 促促開幽沼，涓涓引細渠。無由安島嶼，才可活龜魚。秀苻新宜食，圓荷净好書。時來坐高柳，濯足蔭扶疏。

又 卷一二《山池》 偪側蒼苔地，佤邪白石池。數枝紅菡萏，幾尺碧漣漪。魚鱉争香餌，兒童簇釣絲。愛來芳蔭下，每日日西時。

宋 刘攽《彭城集》卷四《題歐陽永叔新鑿幽谷泉》 江南多名山，少有瑯琊比。琅琊盛泉石，晚得幽谷美。將非造物者，留以待君子。乃知智且仁，必好山與水。公有高世材，此山共森峙。公有濟物心，此泉共清泚。泉始居地中，隱塞未如此。今爲萬丈流，近自一勺始。東浮滄溟廣，下益松檜喜。奈何公之惠，及更局千里。安得從公居，曲肱偃吾几。安得從公游，枕石洗吾耳。是非付天壤，塵事如脱屣。當爲谷中叟，肯爲軒冕起。

又 卷八《寄題岳陽酒務水樓》 洞庭蒼蒼水拍天，巴陵居人無斗泉。天生地勢正如此，抱甕臂飲真堪憐。架樓竅木出百尺，剖竹接筒如筆直。驚雷發地山鬼憂，白波統霤湘君惜。吾侯智與神鬼侔，古來能事皆悠悠。會令太湖變春酒，更使騷客忘離憂。

宋 蘇轍《欒城集》卷二《木山引水二首》 引水穿牆接竹梢，谷藏峰底大容瓢。將流旋滴廬山瀑，已盡還來海上潮。亂點落池驚睡覺，半山含潤沃心焦。瓦盆一斛何勝滿，溢去猶能浸菊苗。

檐下枯槎拂荻梢，山川迤邐費公瓢。幽泉細細流巖鼻，盆水瀰瀰漲海潮。但愛堅如湖上石，誰憐收自竈中焦。蒼崖寒溜須佳蔭，尚少冬青石罌苗。

又《興州新開古東池》 山遶興州萬疊青，池開近郭百泉并。昔年種柳人安在，累歲開花藕自生。波暖跳魚聞樂喜，人來野鴨望船鳴。西還過此須終日，爲問使君行未行。

宋 彭汝礪《鄱阳集》卷一《答同舍游凝祥池》 仙宫神靈之所宅，樓閣倚天一千尺。先生好游猶挾册，藜莧不慚吾鼎食。凝祥池頭三月春，腰金騎狨多貴人。天邊五岳烟霞闊，海上三山雨露新。蛺蝶能飛燕能舞，鳳皇在雲鴻在渚。仙人驂鸞入雲霧，寂寂不聞青鳥語。洞天落日晚沈沈，漁舟縹緲桃源深。紅玉坐看花著子，青雲行見葉成陰。疾雷怒飛風雨急，瘦馬不行歸旆濕。投閒一日須一來，歲時變化猶呼吸。

宋 阮閲《郴江百詠・白蓮亭》 石甃方池種白蓮，庵僧欲紹遠公禪。文皮麈尾來游處，誰似廬山十八賢。

宋 畢仲游《西臺集》卷二〇《登瀛閣》 穿池引水事清幽，水有寒魚釣艇浮。慣識蓬萊好風月，裝成滄海舊汀洲。波涵弱柳雙行影，露裛衰荷半頃秋。從此東州富賓客，非才先得從公游。

宋 李復《潏水集》卷一四《後園小池》 鑿地開方斷石根，潤通草樹亦欣欣。築基偏傍孤亭闊，引水初從曲徑分。風約落花回近岸，露垂欹竹滴圓紋。春晴山鳥常來浴，淺處喧喧故作羣。

城陬荒僻自開鋤，野性難忘水竹居。岸側星機楂錦石，波心仙仗立紅蕖。閒中有客唯來鶴，静去無竿不釣魚。八卦神靈今可問，玄夫時出御輜車。

又《定昆池》 風煙當日競豪華，故里猶傳貴主家。何處可尋樓下水，平南不見面前花。陰機鬼伏天沉海，危禍波翻骨委沙。游客乘秋與永嘆，高林不覺見棲鴉。

又 卷一六《隴州神泉鋪後池》 山腰緑映女郎祠，祠下泉通竹下池。時有游鯈自來去，祇應曾見理鉤絲。

宋 張擴《東窗集》卷五《題枕流軒詩四首选三》 世間無路不榛荆，且枕清流巧避名。俗客若來休舉似，恐渠笑倒斷冠纓。

誰酌貪泉計已疎，但知辛苦立廉隅。君今樂水自智者，未用休官乞鑑湖。

坐有談玄墨客卿，家無銅臭孔方兄。夢餘更聽滄浪水，洗盡微塵見太清。

宋 李若水《忠愍集》卷二《諸刹以水激磑磨殊可觀爲賦此詩》 疊石壅寒派，滿流瀉迴溪。誰將方便智，成此圓妙機。輪輻互高下，波濤鬱翻飛。磨牙遞旋斡，磑杵紛昂低。玉粒已粲粲，瓊花亦霏霏。術存機械巧，利澤成博施。試語漢陰老，使知渾沌非。惟當善用心，巧與天地齊。

宋 周文璞《方泉詩集》卷一《方泉賦》 惟山居之嶔崟兮，有泉出而方窪。彌歲年而沃渫兮，雖苦寒而萌芽。蓋隨區以賦形兮，非浚土之所加。吾初以道爲澤兮，以溥博而爲家。既自抱於潔清兮，又含咀乎英華。贊商易而非僭兮，效坤輿而非夸。摩大蛤非神奇兮，出矩玉非矜誇。雖使女盗冠而窺兮，僕夫汲而盈車。泉豈嗽以爲貪兮，方豈蹈而爲邪。將引竹以種樹兮，放爲池而漚麻。順脉絡而襲水土兮，則又豈退虎豹而進龍蛇？噫！吾命濡滯於此丘兮，又何敢懟而舛差。

宋 陳與義《簡齋集》卷二《游葆真池上》 牆厚不盈咫，人間隔蓬萊。高柳唤客游，我輩御風來。坐久日落盡，淡淡池光開。白雲行水中，一笑三徘徊。鴨兒輕歲月，不受急景催。試作弄嵩鶩，徐去首不迴。無心與境接，偶遇信悠哉。再來知何似，有句端難裁。

又 卷一五《盆池》 三尺清池窗外開，茨菰葉底戲魚回。雨聲轉入浙江去，雲影還從震澤來。

明 莊昶《定山集》卷一《定山泉歌和杜韻》 此泉門外不可斷，日日來過如相依。小扶藜杖看清濁，老人雨後鋤園歸。游人一見詎敢唾，白鷺偶來何忍飛。耳聾眼暗與世惡，此泉磊落人間稀。

明 文徵明《甫田集》卷一〇《西苑詩十首選二》 太液池在子城西乾明門外。周凡數里，環以林木，亭榭東西，跨以石梁。瓊華島在其中。

泱漭滄池混太清，芙蓉十里錦雲平。曾聞樂府歌黄鵠，還見秋風動石鯨。玉蝀蜿蜒垂碧落，銀山縹緲自寰瀛。從知鳳輦經游地，鳧鴈徊翔總不驚。

樂成殿在芭蕉園之南。引水爲池，中建三亭，架朱梁以通。梁左右浮以小山，名曰九島。其東別鑿澗，激水以轉碓磨。南田穀成，於此舂治。故云樂成。

太液東來錦浪平，芙蓉小殿瞰虚明。碧欄蘸影雙龍卧，緑水浮渠九島輕。漾日金鱗堪引釣，拂天翠柳亂聞鶯。激流静看飛輪轉，天子無爲樂歲成。

明 王世貞《弇州續稿》卷一七《弇山堂後石甃芙蓉池》 弇山堂北四綺樹，落花盡落芙蓉池。丙夜盈盈璧月照，伏日習習香風吹。衛軍開府誇上客，秘監擘紙裁新詩。野夫但解碧筒飲，九竅凉生當語誰。

又《竹逕之右方小白蓮池》 懶病難畊緜上田，不因中聖始逃禪。行穿王舍城中竹，小得東林社裏蓮。月色細分金瑣碎，露香偏施玉嬋娟。欲知雙屐錘情處，多在朝暉未吐前。

明 佘翔《薜荔園詩集》卷三《題小山宗侯狎鷗汀四首》 高館新開汴水頭，忘機日日狎沙鷗。澄潭春動魚龍戲，截得珊瑚作釣鉤。

風雨扁舟混釣徒，親人魚鳥若堪呼。臨流更愛桃花色，肯載西施泛五湖。

豈是江潭賦卜居，眼中花木滿庭除。夜來還住青藜閣，著就劉家七略書。

香生金粟桂叢開，樓閣參差近吹臺。欲問淮南鴻寶訣，倘容招隱小山來。

明 李攀龍《滄溟集》卷四《虎跑寺泉》 大士始結構，鑿空偏此丘。二虎自南岳，掉尾從師游。神威攫地脉，佛力驅陽侯。枯火迸石罅，松根解綢繆。勢寧泱踊去，揮錫怒不休。至今噴巖壑，水猶咆哮流。酌言生壯心，一嘯風颼颼。海眼在其下，潮汐故可求。不然胡僧呪，争使波瀾浮。穿壁吐長澗，

夾寺瀦龍湫。疑作故山雨，片雲駐岣嶁。歸應出東林，無爲惠遠留。

明 敖文禎《薜荔山房藏稿》卷二《小池》 小池集新漲，演漾曳寒漪。傍砌摇花檻，當軒寫竹枝。根深蓮未出，春暗月來遲。獨步憐哀鬢，塵纓莫自羈。

又《池上》 耦影坐臨池，回風曳緑漪。荷翻魚鱍刺，菊擁岸麗披。樹杪蟬聲墜，籬根螢照窺。浮雲逐波駛，流盼一支頤。

又《觀魚》 池水明於鑑，游魚可數頭。縱觀真得所，投餌不垂鈎。群引金波戲，潛依荷蓋浮。影回高馬度，臨望自悠悠。

清 彭孫遹《松桂堂全集》卷二《太液晴波二十韻》 太液繞宫城，春波入望平。滄池傳舊蹟，瑞靄敞新晴。翠縠籠煙淺，青蘋卷霧輕。斜從金闕度，遥向玉泉生。空水餘霞映，寒暉竟日明。百川來作匯，千頃挹逾清。縹緲飛銀蝀，嵯峨跨石鯨。鳧鷖紛唼喋，蘭茝淡縈盈。魚藻游相樂，鷗沙夢不驚。静含樓閣影，細戛珮環聲。仙境鄰三島，靈臺接九成。文漪何瀲灩，薄暮更渟泓。色净澄江練，光涵若水英。虹梁花外轉，鳳舸鏡中行。徙倚舒幽眺，留連愜勝情。搜奇羅玳瑁，弋遠下鵁鶄。何事登濠濮，真如上閬瀛。宴觴周大雅，風咏漢西京。地迥宸居壯，年芳睿賞并。臨流思欲濟，還擬濯塵纓。

清 厲鶚《增修雲林寺志》卷六《觀雲林寺竹竿引泉》 山腹流泉漫浩浩，穿雲絡石縈蘿島。琮潺聲落梵王家，錢源龍潟東西抱。林坡犖确寺後斜，山僧競把泉源討。截竹刳心曲折通，挽得銀河落晴顥。跳珠走玉響泠泠，不與溪流争故道。涓涓滴滴入香厨，餘波猶得灌瑶草。漢陰老人憎桔槔，此方更比桔槔巧。試看齋鉢溢清泉，海衆不愁生熱惱。

清 高宗愛新覺羅·弘歷《御製詩集》二集卷一七《西海名之曰昆明湖而紀以詩》 西海受水地，歲久頗泥淤。疏濬命將作，内帑出餘儲。乘冬農務暇，受值利貧夫。蕆事未兩月，居然肖具區。春禽於以翔，夏潦於以瀦。昨從淀池來，水圍徵澤虞。此誠近而便，可習佽飛徒。師古有前聞，錫命昆明湖。

又二集卷二〇《池上居》 竹柏妙神心，山水樂仁智。田盤蔚山秀，合以水相濟。飛流有數派，匯合入平地。設法疊石岸，爲池半畝計。荇藻莖易滋，鯉鰱族頗備。其上搆雲房，屧石波心至。澄泓協静觀，天半滄浪意。

又三集卷七六《秋水澗》 小堂跨澗臨崔嵬，名之秋水意悠哉。莫訝澗壑無曲注，欲看潺湲雨後來。

清 楊謙 李高孫《梅里志》卷六 馬洵勺園有古靈源泉，柳東開鑿成池。用東坡韻見示，同作。

卜宅絶勝西枝村，頻年高卧清心魂。看花昨日喜踐約，酒中疏影浮黄昏。古靈源泉僅一勺，何意海眼潛通園。細雨點波縠紋縐，柳絲拂檻東風温。一經開鑿便成趣，瀲灩夜光涵朝暾。釣竿人手坐磐石，洗頭濯足關籬門。此水與君同一潔，慧斐離垢非空言。釀成春酒應難老，好獻高堂介壽樽。

雜録

明 王世貞《弇州四部稿》卷七四《張氏新泉記》 順義張君既罷職方歸，乃即邑東北五里圃焉。圃故去河遠，千樹棗，千樹栗，千畦薑、韭、菘，它蔬屬稱是。顧安所得水乎？於是張君厚募工穿井，下可十餘丈，而土入益憔，坌勃若墟。工報曰：是不可爲水也。燥而堅，是類焰穴。叩之空空，如下天狀。盍他徙穴乎？張君意不懌，乃操豚酒爲文，告於神。大略言：不佞不足以要神天一之貺，雖然，掘井九仞，而神閟焉亡涓勺報。自今而往，請與神約其重之。妄愚不飭志於隱者，罰之涸如故。自絶於尺寸之澤而枯於鮒者，涸如故。請得舍畚鍤焉。既畢告，而張君乃以暮行井傍，有若蠕蠕於土者，試以杖導之，則泉暴起，慫涌觱沸，巨若疋練，細若瑟瑟，倏忽充凸，寒冽静旨。環井而圃，諸非張氏者咸取汲焉。邑薦紳先生人人來言張君祥也。在《易》，井之九三，井渫不食，爲我心惻。可用汲，王明並受其福。三間大夫得此繇而歎，豈足福哉。今天子明聖，井養萬彙。即抱一才藝者，思自奮勿幕之效。而况張君，則豈其遂不食也。吴人王某過井酌水甘焉，張君語之故，而命記之。

清 梁詩正 沈德潛等《西湖志纂》卷八《北山勝蹟下》 金蓮池 在韶光菴。舊傳韶光引水種金蓮處。

又 卷九《吴山勝蹟》 天一井 在佑聖觀内。《西湖游覽志》：元道士王景周開東園以居。即今錢塘公館是也。有泉甘冽異常，以所得開元宫浴鵠池，八棱石欄置其上，名天一泉。石欄上刻虞集《天一泉銘》。

築山理水　水石

題　解

唐　李華《李遐叔文集》卷三《賀遂員外藥園小山池記》　悦名山大川，欲以安身崇德。而獨往之士，勤勞千里，豪家之制，殫竭百金。君子不爲也。賀遂公衣冠之鴻鵠，執憲起草，不塵其心，夢寐以青谿、白雲爲念。庭除有砥礪之材，礎礩之璞，立而象之衡、巫。堂下有畚鍤之坳，圩埴之凹，隨而象之江湖。種竹藝藥，以佐正性。華實相蔽，百有餘品。鑿井引汲，伏源出山，聲聞池中。尋竇而發，泉躍波轉而盈沼，支流脈散而滿畦。一夫躡輪，而三江逼戶。千指攢石，而羣山倚蹊。智與化侔，至人之用也。其間有書堂琴軒，置酒娱賓，卑痺而敞若雲天，尋丈而豁如江漢。以小觀大，則天下之理盡矣。心目所及，自不忘乎賦情遺辭。取興茲境，當代文士目爲詩園。道在抑末敦元，可以扶教。趙郡李華舉其略而記之。

明　文震亨《長物志》卷三《水石》　石令人古，水令人遠。園林水石最不可無。要須迴環峭拔，安插得宜。一峰則太華千尋，一勺則江湖萬里。又須修竹、老木、怪籐、醜樹，交覆角立，蒼崖碧澗，奔泉汛流，如入深巖絶壑之中，乃爲名區勝地。約略其名，匪一端矣。志《水石第三》。

論　説

明　文震亨《長物志》卷三《水石·小池》　階前石畔鑿一小池，必須湖石四圍，泉清可見底。中畜朱魚翠藻，游泳可玩。四周樹野藤，細竹，能掘地稍深引泉脈者更佳。忌方圓八角諸式。

又《瀑布》　山居引泉，從高而下，爲瀑布稍易。園林中欲作此，須截竹長短不一，盡承檐溜，暗接藏石罅中，以斧劈石疊高，下鑿小池承水，置石林立其下，雨中能令飛泉濆薄，潺湲有聲，亦一奇也。尤宜竹間松下，青葱掩映，更自可觀。亦有蓄水於山頂，客至去閘，水從空直注者，終不如雨中承溜爲雅。蓋總屬人爲，此尤近自然耳。

宋　荆浩《畫山水賦·山水賦》　凡畫山水，意在筆先。丈山尺樹，寸馬豆人，此其格也。遠人無目，遠樹無枝。遠山無皴，高與雲齊。遠水無波，隱隱似眉。此其式也。山腰雲塞，石壁泉塞，樓臺樹塞，道路人塞。石看三面，路看兩蹊。樹觀頂顛，水看岸基。此其法也。凡畫山水，尖峭者峰，平夷者嶺，峭壁者崖，有穴者岫，懸石者岩，形圓者巒，路通者川，兩山夾水者澗，注水者溪，泉通者谷，路下小土山者坡，極目而平者坂。若能辨別此類，則粗知山水之仿佛也。觀者先看氣象，後辨清濁。分賓主之朝揖，列羣峰之威儀。多則亂，少則慢，不多不少，要分遠近。遠山不得連近山，遠水不得連近水。山腰回抱，寺觀可安。斷岸亂堤，小橋可置。有路處人行，無路處林木。岸斷處古渡，山斷處荒村。水闊處征帆，林密處店舍。臨岸古木，露根而藤纏。臨流石岸，嵌空而水痕。凡作林木，遠者疏，平近者高密，有葉者枝柔，無葉者枝硬。松皮如鱗，柏皮纏身。生於土者脩長而净直，長於石者拳曲而伶仃。古木節多而半死，寒林扶疏而蕭森。春景則霧鎖烟籠，樹林隱隱，遠水拖藍，山色堆青。夏景則林木蔽天，緑蕪平坂，倚雲瀑布，行人羽扇，近水幽亭。秋景則水天一色，簌簌疏林，雁横烟塞，蘆裊沙汀。冬景則樹枝雪壓，老樵負薪，漁舟倚岸，水淺沙平，凍雲黯淡，酒帘孤村。風雨則不分天地，難辨東西，行人傘笠，漁父蓑衣。有風無雨但看樹枝，有雨無風枝葉垂下，雨霽則雲收天碧，山光添翠。網曬斜暉。曉景則千山欲曙，霧靄霏霏，朦朧殘月，曉色熹微。暮景則山銜殘日，帆卸江湄，路人歸急，半掩柴扉，或烟斜霧横，或遠岫雲歸，或秋江晚渡，或古冢斷碑。如此之類，須要筆法布置，更看臨期，山形不得犯重，樹頭不得整齊。山借樹爲衣，樹借山爲骨，樹不可繁，要見山之秀麗。山不可亂，要顯樹之精神。若留意於此者，須心會於玄微。

宋　郭熙《山水訓》（《林泉高致集》輯）　山欲高，盡出之則不高，烟霞鎖其腰則高矣。水欲遠，盡出之則不遠，掩映斷其派則遠矣。

山因藏其腰則高，水因斷其灣則遠。蓋山盡出，不唯無秀拔之高，兼何異畫碓觜。水盡出，不唯無盤摺之遠，兼何異畫蚯蚓。

綜　述

晉　陸翽《鄴中記》　華林園中千金堤上作兩銅龍相向吐水，以注天泉池通御溝中。三月三日，石季龍及皇后百官臨水宴賞。

宋 周必大《玉堂雜記》卷上 靈隱寺冷泉亭，臨安絕景。去城既遠，難於頻幸。乃即宮中鑿大池，續竹筒數里，引西湖水注之。其上疊石爲山，象飛來峰宛然天成。必大作端午帖子云：聚遠樓頭面面風，冷泉亭下水溶溶。人間炎熱何由到，真是瑤臺第一重。蓋謂此也。

宋 潛説友《咸淳臨安志》卷二 太上雅好湖山之勝，恐數蹕煩民，鑿大池宮内，引水注之。疊石爲山，象飛來峰。有堂名冷泉。孝宗皇帝嘗賦詩曰：山中秀色何佳哉，一峰獨立名飛來。參差翠麓儼如畫，石骨蒼潤神所開。忽聞彷像來宮囿，指顧已驚成列岫。規模絶似靈隱前，面勢恍疑天竺後。孰云人力非自然，千巖萬壑藏雲烟。上有峥嶸倚空之翠壁，下有潺湲漱玉之飛泉。一堂虚敞臨清沼，枝蔭交加森羽葆。山頭草木四時春，閲盡歲寒長不老。聖心仁智情優閒，壺中天地非人間。蓬萊方丈渺空闊，豈若坐對三神山。日長雅趣超塵俗，散步逍遥快心目。山光水色無盡時，長將挹向杯中渌。太上御跋曰：吾兒自幼岐嶷，進德修業，如雲陞川增，一日千里。豈特義方之訓、師保之功，蓋生知夙成，有不由言傳而自得者。吾比就寬閒之地，疊石爲山，引湖爲泉，作小亭於其旁，用爲娱老之具。且俾吾兒萬幾之暇，時來游豫。父子杯酒相屬，挹山光而聽泉流，濯喧埃而發清興，恍若徜徉乎靈隱天竺之間。其樂可勝既哉！

宋 梅應發 劉錫同《四明續志》卷二《郡圃》 雙檜泉　泉在四明窗之西南，其東則木香臺，而北則武藏也。二檜虬拳古挺，湮没墻隈，不知幾年。公既建武藏，日徘徊其旁，摩挲雙檜。一日忽聞檜下泉聲涓涓然，亟疏鑿之，泉流如注。遂取檜間甃爲圓池，因營摺廊五間，左右二檜爲憩息之所，環以檜屏，翳然有濠濮間想。公親題雙檜泉三字於池上。

宋 周密《武林舊事》卷四《故都宫殿·園》 禁中及德壽宫皆有大龍池、萬歲山，擬西湖冷泉、飛來峰。若亭榭之盛、御舟之華，則非外間可擬。春時競渡及買賣諸色小舟並如西湖，駕幸宣唤，錫賚鉅萬。大意不欲數蹕勞民，故以此爲奉親之娱耳。

又《聚遠樓》 高宗雅愛湖山之勝，恐數蹕煩民，乃於宫内鑿大池，引水注之，以象西湖冷泉。疊石爲山，作飛來峰。因取坡詩「賴有高樓能聚遠，一時收拾與閒人」名之。周益公進端午帖子云：聚遠樓高面面風，冷泉亭下水溶溶。人間炎熱何由到，真是瑤臺第一重。孝宗御製《冷泉堂》詩以進，高宗和韻。真盛事也。

宋 周密《癸辛雜識前集》 趙氏小隱園　在北山法華寺後。有流杯亭，引澗泉爲之。有古意梅竹，殊勝。

明 程敏政《篁墩文集》卷一三《月河梵苑記》 月河梵苑在朝陽關南，苜蓿園之西。苑之池亭小景爲都城最。苑後爲一粟軒，軒名曾西墅學士題。軒前峙以巨石，西闢小門，門隱花石屏。屏北爲聚星亭，亭四面爲欄檻，以息游者。亭東石盆池，高三尺强，玄質白章，中凸而坎其旁。云夏以沉李浮瓜者。亭之前後皆磐石，石多崑山、大湖、靈璧、錦川之屬。亭少西爲石橋。橋西爲雨花臺，上建石鼓三。臺北爲草舍一楹，曰希古。桑樞瓮牖，中設藤床、石枕及古瓦、塤篪之類。草舍東，聚石爲假山四峰，曰雲根，曰蒼雪峰，曰小金山，曰壁峰。下爲石池，接竹以溜泉，泉水涓涓自峰頂而下，竟日不竭。僧指爲水戲臺。南爲石方池，貯水養蓮。池南入小牖，爲槐屋。古樗一株，枝柯四布，蔭於階除，俗呼龍爪槐。中列鑾墩四。槐屋南爲小亭，中庋鸚鵡石，其重二百斤，色净緑，蓋石之似玉者。

明 李默《西内前記》（《明文海》卷三五五輯） 北行古松間，隱隱見岡阜鬱然。至則小軒峙其前，又前甃石爲九曲黄河。軒北石假山也。石多削爲形肖剥泐不可識。山數疊，上松皆偃蹇如天成。絶頂列銅池者六，皆貯水。池傍多穿孔竇，下注洞口。洞中爲龍，勢若噴吐。前爲圜池，龍盤其間。駕幸，則瀉銅池，從孔竇迸落，名曰水晶簾，吞以洞。龍狀流地中，激而上出池，龍口復入地，注于黄河。制特幻巧，恨不見其吞吐竟作何狀。

明 王世貞《弇州四部稿》卷一六六 梁孝王廣睢陽城七十里，西苑方二百里。作曜華宫，築兔園。園中有百靈山，膚寸石，落猿巖，栖龍岫又有鴈池，池間有鶴洲鳧渚。其諸宫觀相連延亘數十里，奇果異樹，珍禽怪獸畢備。王日與宫人賓客弋釣其中。是漢之諸王踰於後世人主也。梁冀廣開園囿，采土築山，十里九坂，以象二崤。深林絶澗，有若自然。奇禽馴獸，異方珍怪畢有，是漢之貴戚踰於後世人主也。袁廣漢於北山下築園，東西四里，南北五里。激流水注其中，横石爲山，高十餘丈，連延數里。養白鸚鵡、紫鴛鴦、犛牛、青兕，奇獸珍禽委積其間。積沙爲洲嶼，激水爲波濤，致江鷗海鶴，孕雛産鷇延漫林池，奇樹異草靡不植培。屋皆徘徊連屬，重閣脩廊，行之移晷不能徧。是漢之富民踰於後世人主也。

明 祁彪佳《祁彪佳集》卷七《寓山注·讀易居》 寓園佳處首稱石，不

盡於石也。自貯之以水，頑者始靈。而水石含漱之狀，惟讀易居得縱觀之。居臨曲沼之東偏，與四負堂相左右。俯仰清流，意深魚鳥。及於匝岸燃燈，倒影相媚，絲竹之響，捲雪迴波，覺此景怳來天上。既而主人一切厭離，惟日手《周易》一卷，滴露研硃，聊解動躁耳。予雖家世受易，不能解易理。然於盈虛消息之道，則若有微窺者。自有天地，便有玆山。今日以前，原是培塿寸土，安能保今日以後，列閣層軒長峙乎巖壑哉。成毁之數，天地不免。却怪李文饒朱崖被譴，尚諄諄於守護平泉，獨不思金谷、華林，都安在耶！主人於是微有窺焉者，故所樂在此不在彼。

又《讓鷗池》 寓之爲山，善能藏高於卑，取遠若近。而園足以貯之，池又足以涵之。池南折於水明廊，北盡豐莊，中引踏香堤，而以聽止橋爲素湍迴合之所。風動清波，縠文細展。影接巒岫，若三山之倒水，下及於夕藹斜暉。迷離蘆蓼，金波注射。纖玉騰鶩，四顧泱漭，怳與天光一色。主人於此，亦云樂矣，終不若輕鷗容與，得以飽挹波光。任是雪練澄泓，雲濤飛漱，在鷗不作兩觀。翻覺濠濮之想，猶有機心未净。主人故不敢自有其池，而以讓之鷗。但恐鷗亦見猜，避而不受耳。

又《沁月泉》 浮影臺右第三石下得泉眼二，一如滿月，一如弦月。旱不涸，潦亦不盈。要其味，豈堪敵中泠北幹，予謂正不必爾。但得啜之者，到舌空雋，有一種松風之韻，可沁詩脾足矣。此泉新出石肺，性帶煙霞，好事之水遞所不及，良與迂僻人相宜。故足樂也。

又《小斜川》 當鑿池時，畚鍤纔興，石趾已棱然欲起。及深入丈許，岩崿怒出，有若渴驥奔泉、俊鶻決雲者。水入罅齒間，微風激之，噌吰響答，似坡老所記石鐘山狀。淵明春日之游，摩詰輞川所築，將無是耶？舟泛讓鷗池，繇此及岸。有别徑可達太古亭。川上多種老梅，素女淡妝，臨波自照。從讀易居相望，不止聽隔壁落釵聲矣。

又《通霞臺》 寓山之右爲柯山。萬指鎚鑿，自吴大帝赤烏以迄於今，幾於刊山之半。絶壁竦立，勢若霞褰。秀出層巖，罩絡羣山之表。而飛流注壑，嘗如猛獸攫人，窺深魂悸。頽崖虹卧，懸棧蟻引，一小亭翩然峙之。昂首，石佛高數十丈。紺宇覆焉，金碧鮮麗，蓋巧工以鎚鑿破渾沌。而劈石奔巒，更能補造化所不及。柯山之勝以此甲於越中。今盡以供此臺之眺聽，則臺之爲景，有不必更爲敍志者矣。

明 王永積《心遠堂遺集》卷八《游東亭園小記》 澹泉於岑華堂。堂五間，去地可五六尺，三面皆長廊。松、桂、老梅皆二百餘年物，桂尤盛。盡高出屋上。迤西至虹帶樓以百十計，但草深四五尺，假山巧石，皆没入蔓草中，不可辨識。繞而前，右鑿小池種荷，荷葉已田田起於水面。左爲書室。皆澹泉新構，高低曲折，備極精巧。庭中空缺處則以古梅補之，皆不能活。小飲後微雨，便與言别。聲子游興未闌，欲往東園看弇州石。因歷正宅，拜稺武昆仲。出大門，啓園門而入，前數椽，爲他氏所踞。從左側進幾百武，始穿畫廊，樓臺隱隱已在櫺牖間。廊盡，歷小橋，橋上仍覆以畫廊，凡三曲至石臺。飛樓一座，四面皆水迴廊繞之。登樓，八窗瓏瓏，前面巧山，西面金粟嶺。叠石爲堤，沿堤植桂，亦以百計。題曰棲霞。樓後置飛檐三楹，題曰蓬萊閣。已復下橋過畫橋，度迴廊，盡處折而東，爲浣花草堂。堂前有文魁峰，旁爲石洞，俱用碎石攢成，反失大雅。穿洞，一石坐牆角間，紋多層折而無斧鑿痕。此弇州所青目者，實出衆石之上。聲子倚徙久之。予因穿堤過衆妙門，得登假山。山頂一石，嵌空飛舞，栩栩欲語。兩松覆之，尤爲奇勝。山上置祈仙閣，凡三層。四望田疇，一碧萬頃。皆云閣敝不可登，攀援而上，則予與聲子兩人而已。下閣，雨濛濛不止。俯瞰池中，朱鱗千頭泳游荇藻間，流連不忍去。而日已就晡。乃别澹泉，則惟以農忙爲恨，見予操舟，人恨不留，以助工尚期異日以觀成效，則亦可云好奇已。

明 田汝成《西湖游覽志》卷六《南山勝蹟》 華津洞，宋時趙冀王園中層叠巧石爲之者。曲引流泉灌之，水石奇勝，花竹蕃鮮。有仙人棋臺在焉。

又 卷一三《南山分脉城内勝蹟》 壽域坊在白馬廟南，西通七寶山。山側宋韓侂胄第。第近太廟，鑿山爲園，僭擬宫禁，引青衣泉注於閲古堂。秀石環繞，絶類香林、冷泉之景。有桃坡十二級。夜宴則殿巖用紅燈數百，出於桃坡之後以燭之。其巖洞最勝者曰雲岫。危峰隱石，淺灣深沼，窈窕渟泓，自比於洞天福地云。

明 袁宏道《錦帆集》卷二《吴中園亭紀略》 錢氏南園，蘇子美滄浪亭、朱長文樂圃，范成大石湖舊隱，今皆荒廢。近日唯葑門徐參議園最盛，云是吴匏菴舊圃。湖石數峰，亭亭立水上。疊而爲壁穴，而爲洞懸，而爲飛瀑，匝而爲湖。朱樓複閣，古木幽篁，與王元美小祇園争勝。祇園軒豁爽塏，一花一石，有林下風氣。徐園微傷巧麗耳。王文恪園在閶胥兩門之間，旁枕夏駕湖，水石

亦美，稍有傾圮處，葺之則佳。徐冏卿園在閶門外下塘，宏麗軒舉，前樓後廳，皆可醉客。石屏爲周生時臣所堆，高三丈，闊可二十丈，玲瓏峭削如一幅山水橫披，了無堆疊痕，真妙手也。堂側有土壠甚高，多古木。壠上太湖石一座，高二丈餘，妍巧甲于江南。相傳爲朱勔所鑿石，盤沉湖底，覓之不得，遂未果行。後爲烏程董氏搆去，載至中流，石没。董氏乃破貲募善没者取之，須臾得盤，石亦隨出。今爲徐氏有。范長白爲余言此。石每夜有光燭空然，則石亦神物矣哉。拙政園在齊門內，余未及觀，陶周望甚稱之。喬木茂林，澄川翠幹，周迴里許，方諸名園爲最古矣。

明 呂毖《明宮史》卷一《宮殿規制》（飛虹）橋之東西有天光、雲影二亭。又北疊石爲山，山下有洞，額曰秀巖。以磴道分而上之。其高高在上者，乾運殿也。左右各聳一亭，曰凌虛，曰御風。隔以山石，藤蘿、花卉若牆壁焉。又後爲永明殿，最後爲圓殿。引流水遶之，曰環碧。

清 孫承澤《春明夢餘録》卷六（龍德殿）東西有天光、雲影二亭。又北疊石爲山，曰秀巖。山上有圓殿，曰乾運。其東西二亭，曰凌雲、御風。山後有佳麗門，又後爲永明殿。最後爲圓殿。引流水繞之，曰環碧。

又 又南有殿臨池，曰迎翠。有亭臨水，曰澄波。又西東小山引泉噴激，曰水簾。有殿曰翼然。

又 卷六五 海淀李戚畹園，方廣十餘里，中建挹海堂。堂北有亭，亭懸清雅二字，明肅太后手書也。亭一望盡牡丹，石間之，芍藥間之。瀕于水則已飛槁而汀。槁下金鯽長者五尺。汀而北一望皆荷望盡，而山婉轉起伏，殆如真山。山畔有樓，樓上有臺，西山秀色，出手可挹。園中水程十數里，嶼石百座，靈壁、太湖、錦川百計，喬木千計，竹萬計，花億萬計。閩中葉公向高曰：李園不酸，米園不俗。

清 趙士麟《讀書堂彩衣全集》卷九《金碧園記》 吾愛此園灑墨錯繡，花草斑斕，奇石萬種，林立水上，與水相遭，爭妍騁巧。大約以石尼水而不得往，則匯而成潭，以水間石而不得朋，則峙而爲嶼。石偶詘而水嬴，則紆徐而容與。水偶詘而石嬴，則頹疊而吼怒。水之行也迅，則石之静者反動而轉之爲龍、爲虎、爲象、爲兕。石之去地也遠，則水沉者反升而躍之爲花、爲蕊、爲珠、爲雪。以水洗石，水能予石以色，而能爲雲、爲霞、爲砂、爲翠。以石捍水，石能予水以聲，而能爲琴、爲瑟、爲歌、爲唄。石之趼避水而其巖上覆，則水常含雨霰之氣而不勝泠然。石之巓避水而其顛内却，則水恒映羲日之光而不勝爛然。生平觀水石之變，莫暢於此者，兹桂之叢也。

清 王士禎《池北偶談》卷一一《錦秋亭辨》 自夏莊橋渡時水俗名烏河。而東，並河北行，内河外湖浩淼無際，十里至灣頭、新博二邑分界處也。時水自南而北，小清故河自西而東，匯於灣頭，與湖相望。中亘長堤，灣頭煙火數百家夾河以居，艖舟漁艇，鱗次市橋。再渡灣頭橋而北，市廛盡處，堤直如弦，屬於博昌城。凡十里，櫸柳夾之。兩岸皆稻塍，荷塘、籬落、菜圃與緯蕭交錯。時十月，下澣過之，煙雨空濛，水禽矯翼，黄葉滿地。人行其中，宛若畫圖。時見牧人蓑笠御觳觫歸村落間，邈然有吴越間意。明日晴，遂由東城騎行而南，舍騎過石梁，登架筆山。山疊土爲之，三峰起伏，雜植桃柳。錦秋亭在東峰。此亭元中統所建，齊乘以爲在東南城上，而山乃嘉靖甲辰僉事黄鼇所築，則亭之移當在是時也。北枕城堞，西望河堤，東南俯臨，極浦備煙波曠渺之趣。

清 高士奇《金鰲退食筆記》卷上 李文達《賜游西苑記》云：西有長橋跨池下，過石橋而北，山曰萬歲。怪石參差。爲門三。自東西而入，有殿倚山。左右立石爲峰，以次對峙，四圍皆石，贔屭齦齶。薜封蔓絡，佳木異草，上偃旁綴，樛葛薈翳。兩掖叠石爲磴，崎嶇折轉而上。巖洞非一。山畔並列三殿，中曰仁智，左曰介福，右曰延和。至其頂，有殿當中。棟宇宏偉，檐楹翬飛，高插于層霄之上。殿内清虚，寒氣逼人，雖盛夏亭午，暑氣不到。殊覺曠蕩瀟爽，與人境異，曰廣寒。左右四亭在各峰之頂，曰方壺、瀛洲、玉虹、金露，其中可跂而息。前崖有壁，夾道而入，壁間四孔以縱觀覽，而宫闕峥嶸、風景佳麗，宛如圖畫。韓右都御史《賜游西苑記》云：萬歲山在池之中，磊石爲之。高數千仞，廣可容萬人。山之麓，以石爲門爲垣。門之内稍高，有小殿。環殿奇峰怪石，萬狀悉有。名卉嘉木，爭妍競秀。琴臺、棋局、石床、翠屏之類，分布森列。峰有最奇者，名翠雲，上刻御製詩。琴臺上横郭公磚，擊之皆鏗鏗有聲。遂沿西坡北上，有虎洞、吕公洞、仙人菴。又上，有延和殿、瀛洲亭、金露亭。瀛洲之西、湯池之後有萬丈井，深不可測。由金露折而東上，則廣寒殿也，高廣明靓。四壁雕彩雲累萬，結砌而成。東下至玉虹，又下而南至方壺、至介福，皆與延和諸殿相對峙，而方壺、瀛洲則左右廣寒而奇特者也。嚴分宜《賜游廣寒殿》詩序云：泛金海，觀于廣寒山，蕩舟持節者皆中使。水光蕩漾，遠近亭臺隱現，金碧交輝，若身造瑶池、弱水之間。捨舟登岸，陟廣寒之殿，絶頂

巍峙，高入雲漢。山麓爲臺爲殿，山下有堆雪、積翠之坊。余歷觀前人記載茲山，實遼、金、元游宴之地。明時殿亭皆因元之舊名，其所叠石巉巖森聳，金元故物也。或云本宋艮岳之石，金人載此石自汴至燕，每石一准糧若干，俗呼爲折糧石。又「瑶島春雲」爲燕京八景之一。李崆峒《秋懷》詩云：苑西遼后洗妝樓，檻外方湖静不流。又曰：雕闌玉樹留天女，錦石秋花隱御舟。蓋指此番佛像多秘，人罕得見者。元官爲昭文館大學士、正奉大夫、秘書監卿，以壽終。《輟耕録》亦載其事。

又 卷下 兔園山在瀛臺之西。由大光明殿南行，叠石爲山，穴山爲洞，東西分徑，紆折至頂。殿曰清虚，俯瞰都城歷歷可見。砌下暗設銅瓮，灌水注池。池前玉盆内，作盤龍昂首而起，激水從盆底一竅轉出龍吻，分入小洞，復由殿側九曲注池中。喬松數株參立，古藤縈繞，懸羅下垂。池邊多立奇石，一名小山子，又曰小蓬萊。其前爲曲流觀，甃石引水作九曲流觴。皆雕琢奇異，布置神巧。明嘉靖時，復葺鑒戒亭。取殷鑒之義。又南爲瑶景、翠林二亭。古木延翳，奇石錯立，架石梁通東西兩池。南北二梁之間，曰旋磨臺。螺盤而上，其巔有甃，皆陶埏雲龍之象。相傳世宗禮斗於此。臺下周以深塹，梁上玉石欄柱，御道鑿團龍，至今堅完如故。老監云，明時重九或幸萬歲山，或幸兔兒山。清虚殿登高，宫眷、内臣皆著重陽景、菊花補服，喫迎霜兔、菊花酒。李文達《賜游西苑記》云：小山子遠望鬱然，日光横照，紫翠重叠，至則有殿倚山。山下有洞，洞上石巖横列，密孔泉出，迸流而下，曰水簾。其淙散激射，飛薄濺灑，最爲可玩。水聲泠泠然潛入石池，龍昂其首，口中噴出，復潛繞殿前左右。危石折旋爲徑，山畔有殿翼然，至其頂，一室正中，四面簾櫳。欄檻之外，奇峰回互，茂樹環擁，異花瑶草，莫可名狀。下轉山前，一殿深静高爽。殿前石橋，隱若虹起，極其精巧。韓右都御史《賜游西苑記》云：又西南至小山子，名賽蓬萊。入其門有殿，殿前一大池，中通石橋，東西二小閣立水中。橋南有娑羅樹，人所罕見。殿之後復有三殿，其階益上益高，至絶頂則與萬歲山坤艮相望。絶頂下至第三殿之前，蓄水作機瞰，其下有水簾洞。洞之中作金龍泱其水。下而觀之，連珠掩洞，形稱其名。龍口中亦噴水。水皆從前殿基下、陰渠之内過而至于其殿之前。鑿石爲曲渠，復作龍頭于其西。水至，出龍口，旋繞而東，可以流觴者。李長史默《游西内記》云：北行古松間，隱隱見岡阜鬱然，至則小軒峙其前。甃石爲九曲黄河。軒北石假山也，石多削爲形肖，剥泐不可識。山數叠，上松皆偃蹇如天成。絶頂列銅池者六，皆貯水。池旁多穿孔竇，下注洞口。洞中爲龍，勢若噴吐。前爲圓池，龍盤其間。駕幸則瀉銅池從孔竇迸落，名曰水晶簾。吞以洞龍，泆流地中，激而上，出池龍口，復入地，注于黄河。制特幻巧。今山前亭觀盡廢，池亦就湮，僅餘一亭及清虚殿，與長松古槐摇落春風暑雨中。

清 卞永譽《式古堂書畫彙考》卷三一 簡文云：會心處不在遠，翳然林木，便自有濠濮間想也，覺鳥獸禽魚自來親人。余過仲醇，歲寒，齋中大不容斗，而花竹娟秀，魚鳥近人。焚香啜茗，有象外之致。此非所爲會心不在遠者耶？喜而作此圖。

清 姚之駰《元明事類鈔》卷二九 海淀别業 《澤農吟稿》：武清侯海淀别業，引西山之泉（淮）〔匯〕爲巨浸。繚垣十里，水居其半。叠石爲山，岩洞幽窅。堤跨雙橋，花果萬樹。京師第一名園也。

清 陳元龍《格致鏡原》卷一九 《廣博物志》：流杯殿兩邊有亭子以間山池。殿上作漆地九曲。從陶光園引水入渠，煬帝于此爲曲水之飲。

清 于敏中 英廉等《日下舊聞考》卷八 增：瓊島在皇城西北苑中，下瞰池水，環以雉堞，地勢坡陀。叠石爲山，塹岩磊砢。層叠而上，石磴、陰洞，縈紆蔽虧，喬松古檜，深翳森蔚。隱然神仙洞府也。謂之大山子。山頂有廣寒殿。殿之四隅各有亭，左二亭曰玉虹、方壺，右二亭曰金露、瀛洲。山半有三殿，中曰仁智，東曰介福，西曰延和。其下太液池，前有飛橋以通儀天殿，東有石橋以通瓊林苑。山之上常有雲氣浮空，氤氲五采，郁郁紛紛。變化翕忽，莫測其妙，故曰瓊島春雲。《燕山八景圖詩序》

又 卷四二 原：從南臺遶西堤，過射苑，有兔園。其中叠石爲山，穴山爲洞。東西分徑，盤紆而上至平砌，又分繞至巔。布甃皆陶埏雲龍之象。砌上設數銅瓮，灌水注池。池前玉盆内作盤龍昂首而起，激水從盆底一竅轉出龍吻，分小洞由大明殿側九曲注池中。殿傍喬松數株參立，百藤縈附於上，復懸蘿下垂。池邊多立奇石，一名小山子。《西元集》原：小山在仁壽宫之西。入清虚門，磴道盤屈，甃甓皆肖小龍文。疊石爲峰，巉巖森聳。元氏故物也。中官云：元人載此石自南至燕，每石一準糧若干，俗呼折糧石。近歲重葺一亭，上扁曰鑒戒亭。亭中設橱貯書，上至以備覽。山頂曰清虚殿，俯瞰都城，歷歷可見。山腰累石爲洞，刻石肖龍，水自龍吻出，噴灑若簾。其前爲曲流觀，甃石

引水作九曲流觴。又南爲瑶景、翠林二亭，中架石梁，通東西兩池。金鱗游泳，水大者可尺許。《鈐山堂集》

又 卷七九 補：燕中不乏名勝，大抵皆貴璫墳院，位置一律，殊不雅觀。惟武清侯海淀别業，引西山之泉匯爲巨浸，繚垣約十里，水居其半。叠石爲山，巖洞幽窅。渠可運舟，跨以雙橋。堤旁俱植花果，牡丹以千計，芍藥以萬計。京國第一名園也。《澤農吟彙》

又 卷八二《苑囿·圓明園三》 循雙鶴齋而西，跨湖爲橋，圓如半璧，映水則爲滿月。繚以長廊，悠然濠濮間想。

清 趙之壁《平山堂圖志》卷一 樓前東南數十步爲瀑突泉。高可人餘，如驚濤飛雪，觀者目眩。樓西度板橋，由小亭下，循山麓而南又東，有屋如畫舫浮池上，遥與北樓對。舫前爲長橋，數折以達於水亭。亭在池中，建以覆井。井即應庚濬池所得，謂即古之第五泉者也。亭前兀起爲荷廳，築石梁以通往來。舫後南緣石磴，循曲廊東轉，緣山而下，臨池爲曲室數楹。修廊小閣，别具幽邃之致。閣東復緣山循池而東，山上有小亭。過其下，折而北，穿石洞出，明徐九皋書「第五泉」三字，刻石在洞中。洞上爲觀瀑亭。亭後又北，爲梅廳，西向。廳前列置奇石，石上有泉，即明釋滄溟所得井。金壇玉澍書「天下第五泉」五字，刻于石。泉以南數步，又一瀑突泉，與廳對。園中瀑突泉二，以擬濟南泉林之勝，無多讓焉。泉北逾山，徑由石磴，延緣而上，東至於平山堂。

又 卷二 卷石洞天，本員氏園址。奉宸苑卿洪徵治别業。北倚崇岡，陟級而下，右轉爲正廳。前爲曲廊。廊左迤南爲玉山堂，廊右爲薜蘿水榭。後臨石壁。緣石壁以西一帶，小亭、高閣悉依山爲勢，藤花修竹披拂縈繞。對岸爲夕陽、工半樓。樓右皆奇石森列。樓西度石橋，有巨石兀峙，鐫(拳)(卷)石洞天四字於上，與北岸一水相望，非舟不能渡其北岸。高閣以西少前，爲羿秋閣。又西，爲平臺。臺上爲牡丹廳，廳右爲宛委山房。前對長廊，廊右爲方廳。廳後爲小池，蓄文魚。山閣踞其上。池右小室鱗次。循廊以西，其北爲半山亭，南爲修竹、叢桂之堂。堂前爲石臺，堂後則自東至西皆石壁也。

清 高晉《南巡盛典》卷八四 堞雲春暖，在北門外城隅。臨水爲園，屋宇參差，竹樹蓊鬱，大有濠濮間想。

清 李斗《揚州畫舫録》卷七《城南録》 一片南湖之旁，小廊十餘楹，額曰烟渚吟廊。聯云：堦墀近洲渚高適。亭院有烟霞郭良。其東斜廊直入，水閣三楹，額曰風漪。聯云：隔岸春雲邀翰墨高適，遶城波色動樓臺温庭筠。是閣居湖北漘，湖水極闊，中有土嶼。松榆梅柳，亭石沙渚，共爲一邱。其下無數青苹，每秋冬間，艾陵野鳧、揚子鴻雁、北郊寒雅皆覓食于此。風雨時作激湧狀，如下石鐘山。對岸南堤，澗中飛動成采。此湖上水局最勝處也。高東井詩云：蘆芽短短釣船低，向晚濃烟失水西。半晌風漪亭上立，無情聽殺郭公啼。

又 卷一六《蜀岡録》 蜀岡中東兩峰之間，猿扳蛇折，百陟百降，如龍游千里，雙角昂霄中。有瀑布三級，飛瓊濺雪，汹湧澎湃。下臨石壁，屹立千尺。乃築聽泉樓。樓下聯云：瀑布松杉常帶雨王維，橘州風浪半浮花陸龜蒙。樓上聯云：風生碧澗魚龍躍曹松，月照青山松柏香盧綸。

環緑閣在功德山石隙中。聯云：碧樹鎖金谷柳宗元，遥天倚翠岑韋莊。下有瀑布瀉入池中，旁有露香亭。聯云：澤蘭浸小徑王勃。流水響空山法振。上建棧道、木橋，道上多石壁，橋旁壁上刻松風水月四字，爲高御史恒所書。

清 嘉慶《松江府志》卷七八《名蹟志·第宅》 日涉園 在縣治南。太僕卿陳所藴别業，後歸贈奉政大夫陸起鳳。園本唐氏廢圃，所藴因張悟石、曹諒、顧山師皆善叠石，相與規畫爲園。起鳳復加葺治，以奉其親明允。園中竹素堂周天球題牓，東西楹曰品題泉石、揚扢風雅。三面臨流，最爲宏敞。西度飛雲橋，爲君子林。有竹千竿。林之前曰長春堂，曰德馨樓。折而北，歷緣漪亭，入五老堂，五老峰在焉。玲瓏蒼秀，爲其先文裕公故物。下有釣魚臺，與殿春軒相望。軒後改傳經書屋。東爲長廊，自北而南。廊之左萬笏山房，羣峰挺峙，望之軒如。前有閣曰濯煙，有堂曰知希，有樓曰揖星，舊爲修禊亭。可攬全園勝境。由是以會於竹素堂。堂之外有水澄泓，西南三神仙山在焉，過雲一峰突兀而起，尤峻絶不可攀。山下浴鳧池館，前抱來鶴樓，俯瞰波心。水際有徑，環列以桃，名曰蒸霞。東南有石梁二，一曰偃虹，一曰漾月。偃虹南去，土岡横亘百武，往時多植梅，故曰香雪嶺。遵岡而東而北，有白雲、桃花諸洞。岡以西明月亭、啼鶯堂、春草軒，久廢。而古香亭、諸小山羣拱於三神仙山之外，各自獻狀，而不相襲。尋河濱而北，拂地垂楊，清流掩映，則與君子林相接矣。園垂二百年，臺榭多變，更漸作頽垣斷礎。而陸氏至今世守遺蹟猶有存者，所

蘊、起龍俱有記。

清 王培荀《鄉園憶舊録》卷四 柿岩在般水之南，瀧水之右。千嶂秀疊，萬木拂雲。入山西行二里，又北折，豁窮崖合，中更開布，有柿林千株，高下扶疏。雖四面林泉殊態，而高深同在一岩。其坡東多紅杏，西多海棠。春秋臨望，爛若雲霞。樹皆托根石棱，叢條交蔭，雖盛夏，坐卧其間，叟叟凉生。孫禹年昔居於此，臨溪作門，依岩布屋。上下三泉，一當村口，潭而不流。一泉對門，出削壁，落石間，丁丁有聲，臨門數折，去作溪流。一出岩下樹根，從屋後穿垣度檻，歷寢門，伏流入石懸崖，潛瀉至讀書精舍石池中。差差側出，文魚映藻，清照軒亭。又伏流出亭後，爲趵泉，潺潺出牆外，入荷陂，漱山根而下注，合爲一溪。亭右偏屋三楹，前列桐竹，後臨深作臺，以對趵泉懸瀑。自下望之，闌干户牖悉在雲中也。

清 光緒《永昌府志》卷六五輯吴嗣仲《慕園晏叙圖畫略》 西敞月洞，甃以方池。源泉混混，如萬斛明珠隨地湧出。池心端立太湖石一，顔曰「洞天一品」，與翠藻紅魚相映。周遭石欄，圍緑護碧。上建二小亭，西爲「盥墨」，南爲「澄源」。不設門闌，置石泉石櫈而已。

清 光緒《順天府志》卷二《京師志二·宫禁》（文淵）閣制三層，上下各六楹，層階累折而上，上覆緑色瓦，前甃方池。跨石梁一，引玉河水注之。閣後壘石爲山，垣門一。北嚮門外直房數楹，爲直閣諸臣所居。

清 光緒《金陵瑣志·鳳麓小志》卷一《考園墅第三》 愚園者，朐齋太守所筑也。【略】庭左數十步爲春暉堂，其後蒔牡丹數種，其前甃石爲池，荇藻漾碧水清見底。池側有小閣，窪然居累石中，兩旁皆假山，崯岈嵚崎，歷落萬狀。閣左出乃達於南堂。循假山而西，磴道盤折。而躋於巔，孤亭聳峙，若飛鳥之將翔。以機引池水爲瀑布，返瀉於池，錚錚聲若琴筑。其東仿倪高士師子林，疊石空洞，曲道宛轉，忽升以高，忽降以下，逕若咫尺而不可以跨越。游者眙眩，幾迷出路。壁嵌一石，有文曰：劉季高父，徘徊其旁。紹興丁丑六月乙未。是即張乖崖之醉石也。與西山相對峙，皆可以來會於南堂下。斯堂軒豁洞敞，列屋延袤，爲一園之勝，署曰清遠堂。張子青相國所書也。其右爲水石居，前臨清塘，大可數畝。芙蕖作花，疏密間雜。紅房墜粉，掩映翠蓋。長夏南窗畢啟，薰風徐來，荷香暗襲。時有潛魚躍波，翠禽翔集。倚檻披襟，溽暑蕩滌。塘泛瓜皮小艇，可容兩三人。弄櫂於藕花深處，新月在天，水光上浮，絲管競作，激越音流，棲禽驚飛，吱吱格格與竹肉之聲相和。堂左則連闥洞房，爲主人操琴之所，素心人來時作一弄。其上有閣，可以望假山。啟後户，曲徑如羊腸，繚以疏籬。竹樹蒙密中爲竹隖。

清 光緒重修《天津府志》卷二二《輿地四·古跡冢墓》 南溪在城東南隅，牛氏園也。曲通濠水，樹柳掩映，宛有江南村落風景。舊爲康氏園。

紀事

漢 劉歆《西京雜記》卷三 茂陵富人袁廣漢藏鏹巨萬，家僮八九百人。於北邙山下築園，東西四里，南北五里。激流水注其内，搆石爲山，高十餘丈，連延數里。養白鸚鵡、紫鴛鴦、牦牛、青兕，奇獸怪禽，委積其間。積沙爲洲嶼，激水爲波潮，其中致江鷗海鶴，孕雛産鷇，延漫林池。奇樹異草靡不具植。屋皆徘徊連屬，重閣修廊行之移晷不能偏也。廣漢後有罪誅，没入爲官園，鳥獸草木皆移植上林苑中。

晉 陸翽《鄴中記》 華林園中千金堤上作兩銅龍，相向吐水，以注天泉池，通御溝中。三月三日，石季龍及皇后百官臨水宴賞。

南朝宋 劉義慶撰 梁 劉孝標注《世説新語》卷上之上 簡文入華林園，顧謂左右曰：會心處不必在遠，翳然林水，便自有濠濮間想也。濠、濮，二水名也。莊子曰：莊子與惠子游濠梁水上。莊子曰：鯈魚出游從容，是魚樂也。惠子曰：子非魚，安知魚之樂邪？莊子曰：子非我，安知我之不知魚之樂也？莊周釣在濮水，楚王使二大夫造焉，曰：願以境内累莊子。莊子持竿不顧，曰：吾聞楚有神龜者，死已三千年矣。巾笥而藏於廟。此寧曳尾於塗中，寧留骨而貴乎？二大夫曰：寧曳尾於塗中。莊子曰：往矣，吾亦寧曳尾於塗中。覺鳥獸禽魚自來親人。

北魏 酈道元《水經注》卷一六《穀水》 水西三里有坂，坂上有土山。漢大將軍梁冀所成。築土爲山，植木成苑。張璠漢記曰：山多峭坂，以象二崤。積金玉，采捕禽獸，以充其中。

又 孫盛魏《春秋》曰：景初元年，明帝愈崇宫殿。雕飾觀閣，取白石英及紫石英及五色大石于太行穀城之山。起景陽山于芳林園，樹松竹草木，捕禽獸以充其中。于時百役繁興，帝躬自掘土，率羣臣，三公已下莫不展力。山之東舊有九江，陸機《洛陽記》曰：九江直作圓水，水中作圓壇三破之，夾水

得相逕通。《東京賦》曰：濯龍芳林，九谷八溪。芙蓉覆水，秋蘭被涯。今也山則塊阜獨立，江無復髣髴矣。穀水又東，枝分南入華林園，歷疏圃、南圃。中有古玉井，井悉以珉玉爲之，以緇石爲口。工作精密，猶不變古，璨焉如新。又逕瑶華宫南，歷景陽山北。山有都亭，堂上結方湖，湖中起御坐石也。御坐前建蓬萊山。曲池接筵，飛沼拂席。南面射侯，夾席武，峙背山堂。上則石路崎嶇，巖嶂峻險。雲臺風觀，纓巒帶阜。游觀者升降阿閣，出入虹陛，望之狀鳧没鸞舉矣。其中引水飛皋，傾瀾瀑布，或枉渚聲溜潺潺不斷。竹柏蔭于層石，繡薄叢于泉側。微飇暫拂則芳溢于六空，寔爲神居矣。其水東注天淵池。池中有魏文帝九華臺，殿基悉是洛中故碑累之，今造釣臺于其上。池南直魏文帝茅茨堂，前有茅茨碑，是黄初中所立也。其水自天淵池東，出華林園，逕聽訟觀南，故平望觀也。魏明帝常言：獄，天下之命也。每斷大獄，恒幸觀聽之，以太和三年更從今名。觀西北接華林隸簿，昔劉楨磨石處也。《文士傳》曰：文帝之在東宫也，宴諸文學。酒酣命甄后出拜，坐者咸伏。惟劉楨平視之。太祖以爲不敬，送徒隸簿。後太祖乘步牽車乘城降閱簿作，諸徒咸敬，而楨拒坐磨石不動。太祖曰：此非劉楨也？石如何性？楨曰：石出荆山玄巖之下，外炳五色之章，内秉堅貞之志。雕之不增文，磨之不加瑩。禀氣貞正，禀性自然。太祖曰：名豈虚哉！復爲文學。池水又東，流入洛陽縣之南池，池即故翟泉也。

南朝梁　沈約《宋書》卷一五　魏明帝天淵池南，設流杯石溝，燕羣臣。晉海西、鍾山後，流杯曲水，延百僚。皆其事也。官人循之至今。

唐　房玄齡等《晉書》卷二一　漢儀，季春上巳，官及百姓皆禊於東流水上，洗濯祓除去宿垢。而自魏以後但用三日，不以上巳也。晉中朝，公卿以下至于庶人，皆禊洛水之側。趙王倫篡位三日，會天泉池，誅張林，懷帝亦會天泉池賦詩。陸機云：天泉池南，石溝引御溝水。池西積石爲禊堂，本水流杯飲酒，亦不言曲水。元帝又詔罷三日，弄具海西，於鍾山立流水曲水延百僚，皆其事也。九月九日馬射，或説云：秋金之節，講武習射，象立秋之禮也。

唐　張鷟《朝野僉載》卷三　安樂公主改爲悖逆庶人。奪百姓莊園，造定昆池四十九里，直抵南山，擬昆明池。累石爲山，以象華岳。引水爲澗，以象天津。飛閣步檐，叙橋磴道，衣以錦繡，畫以丹青，飾以金銀，瑩以珠玉。又爲九曲流杯池，作石蓮花臺，泉於臺中湧出。窮天下之壯麗。

唐　李華《李遐叔文集》卷三《廚院新池記》　遇知己而用者，非唯于人，物亦有之。初，廚院因前池餘派，浸潤坳堂數步及霤，纔供廚飪滌器而已。邑大夫南陽范愔跡累人羣，心在遐曠。每沐浴之暇，訪道山林。見其有天造池沼之形，而遂爲溝瀆。乃命黄冠等頤指廣袤，鑿周於下，駢石以涯之，蓄流以深之。清瀾忽平，秋陰滿院。執爨無欲清之僕，挈瓶無汲深之勞，不造機事，而功贍於物。范公寶所謂新池知己矣。静勝則道純，境幽則神完。

五代　劉昫等《舊唐書》卷一七〇《列傳第一百二十·裴度》　東都立第於集賢里。築山穿池，竹木叢萃。有風亭水榭，梯橋架閣，島嶼迴環，極都城之勝槩。又於午橋創别墅，花木萬株，中起凉臺暑館，名曰緑野堂。引甘水貫其中，釃引脉分，映帶左右。度視事之隙，與詩人白居易、劉禹錫酣晏終日，高歌放言，以詩酒琴書自樂。當時名士皆從之游。

宋　陶穀《清異録》卷上《小蓬萊》　違命侯苑中鑿地，廣一頃。池心疊石，象三神山，號小蓬萊。

宋　樂史《太平寰宇記》卷一一二　曲池水在縣東南二里。梁太清四年，邵陵王蕭綸爲富水郡太守，雅好賓客，善于詩酒，每慕王右軍曲水流觴之興，故以效之。

宋　李昉等《太平御覽》卷一九六《漢官·典職》曰：宫内苑聚土爲山，十里九坂。種奇樹，育麋鹿麑麂鳥獸百種。激上河水，銅龍吐水，銅仙人銜杯，受水下注。天子乘輦游獵苑中。

宋　歐陽修《文忠集》卷一四九　去年夏中，因飲滁水甚甘，問之，有一土泉在城東百步許，遂往訪之。乃一山谷中，山勢一面高峰，三面竹嶺，回抱泉上。舊有佳木一二十株，乃天生一好景也。遂引其泉爲石池，甚清甘。作亭其上，號豐樂亭，亦宏麗。又於州東五里許，菱溪上有二怪石，乃馮延魯家舊物，因移在亭前。廣陵韓公聞之，以細芍藥十株見遺，亦植於其側。其他花竹不可勝紀。山下一徑，穿入竹篠，蒙密中豁然路盡，遂得幽谷。泉名幽谷。

宋　司馬光《傳家集》卷七一《獨樂園》　熙寧四年，迂叟始家洛。六年，買田二十畝於尊賢坊，北闢以爲園。其中爲堂，聚書出五千卷，命之曰讀書堂。堂南有屋一區，引水北流貫宇下，中央爲沼，方深各三尺。疏水爲五派，注沼中，狀若虎爪。自沼北伏流出北階，懸注庭下，狀若象鼻。自是分爲二渠，繞庭四隅，會於西北而出。命之曰弄水軒。堂北爲沼，中央有島，島上植竹，圓周三丈，狀若玉玦攬結其杪，如漁人之廬。命之曰釣魚庵。

宋 范成大《吴郡志》卷一四 東莊（《九國志》謂之東墅）。與南園，皆廣陵王元璙帥吴時其子文奉爲衙内指揮使時所創營之。三十年間極園池之賞。奇卉異木及其身見皆成合抱。又累土爲山，亦成巖谷。晚年經度不已。每燕集其間，任客所適。文奉跨白騾，披鶴氅，緩步花逕，或泛舟池中。容與往來，聞客笑語就之而飲。蓋好事如此。

宋 袁樞《通鑑紀事本末》卷二六下 （煬帝大業元年）夏五月，築西苑。週二百里。其内爲海，周十餘里。爲方丈、蓬萊、瀛洲諸山，高出水百餘尺。臺觀宫殿羅絡山上，向背如神。海北有龍鱗渠，縈紆注海内。緣渠作十六院，門皆臨渠。每院以四品夫人主之。堂殿樓觀，窮極華麗。宫樹秋冬雕落，則翦彩爲花葉，綴於枝條，色渝則易以新者。常如陽春沼内，亦翦彩爲荷芰菱芡。乘輿游幸，則去冰而布之。十六院競以殽羞精麗相高，求市恩寵。上好以月夜從宫數千騎游西苑，作清夜游曲，於馬上奏之。

宋 李心傳《建炎雜記》乙集卷三 德壽，乃秦丞相舊第也，在大内之北。氣象華勝。宫内鑿大池，引西湖水注之。其上叠石爲山，象飛來峰。有樓曰聚遠。凡禁籞周回，分四地。東則香遠、清深，梅臺、竹堂。月臺，梅坡，松竹三徑，菊、芙蓉、竹。清妍，酴醾。清新，木樨。芙蓉岡。南則載忻，大堂乃御宴處。忻欣，古柏、湖石。射廳，臨賦，荷花山子。燦錦，金林檎。至樂，池上。半丈紅，郁李。清曠，木樨。瀉碧，養金魚處。西則冷泉，古梅。文杏館，静樂，牡丹。浣溪。大樓子，海棠。北則絳華，羅本亭。旱舡，俯翠，茅亭。春桃，盤松。松在西湖上得之以歸。

宋 楊萬里《泉石膏肓記》（《古今事文類聚》前集 卷一四輯） 紹熙壬子九月十六日，予以廢疾至自金陵。深念平生無他好，獨好泉石，而故居乃土山，安所得石。忽鄉友王信臣及其猶子林，艘永新怪石以遺予。予喜甚，曰：子犯所謂天賜者。亟召匠，飣餖爲假山。友人王才臣見之，譙予曰：先生居真山而又爲假山，將誰紿？予笑曰：予敢紿人？聊以自紿耳。才臣曰：有石而無泉，非闕歟？予偶思去假山三十步而近，舊有一泉而湮。即命浚焉，泉冽以猛，因接筒引之。又於假山之前十步之間，甓一小方池，深尺，廣五之，泥與泉其深各半。植以芙蕖，雜以荇藻。每疏泉自筒入地中，伏之假山之趾，仰而出於石罅，閉而激之，則爲機泉，噴珠躍玉，飛空而上，苦白金繩焉。與假山相高，開而達之，則爲流水。其將至也，若哽若咽，若嗔若叱，然後滃然而上，决而流，流而入於池。其流有文，其入有聲，頃刻之間，通塞萬變。觀者四顧，莫測所來。予因生致小魚善游而善浮者，畜之池二十許尾。先十，後十。每浮而出也，後者不先夫先者，若徐行後長者之爲者。余固異之。其始畏人不浮，人至則隱於荷盤荇帶之下，去則顯。其後漸與人習，圉圉洋洋若與人爲玩，既而復隱，若耻以身供人之玩者。予益異之。予間以食食之，每食至必出。久之，若疑夫食之餌己者，復不出。予益異之。因命其泉石之上小軒曰泉石膏肓。或曰，膏肓之疾，醫緩云不可爲，後世乃有法可艾也。予曰：膏肓有法可艾也，泉石膏肓無法可艾也。有法可艾，予亦不艾也。一笑而書之。明年重午玉隆病叟楊某記。

宋 陳均《九朝編年備要》卷二八 會寧之北疊石爲山，而上起殿曰翠微。旁爲二亭，曰雲歸，曰層巘。凝和之次閣曰明春，高爲層重，自下而睥睨之，百一十丈有奇，徑量之十楹而衺。閣之側爲殿二，曰玉英，曰玉澗。其背則附城。築土植杏名岡。覆茅爲亭，修竹萬竿，其下翠幹碧欄，交相隱映。宫之右爲位二，閣曰宴春，自方取之，凡十二丈。又舞臺四列，山亭三峙。爲圜池以名海。列二亭以跨海。架石梁以升山亭，曰飛華。横度之四百尺而贏，縱數之二百六十七尺而減。叢石爲基，疏泉爲湖。湖之中作堤以接亭，堤之中作梁以通湖，梁之上爲茅亭以待憩。寒松怪石，嘉花異木，鬥奇而争妍。龜鶴亭莊，鹿砦，蓮濠，孔雀之柵，椒漆，杏花之園，西抵麗澤，不類塵境。舊有延福宫，祖宗以爲燕會之所而制不甚廣。京欲以宫室媚上，召内侍童貫、楊戩、賈詳、何訢、藍從熙，諷以禁中逼窄之狀。五人聽命，乃盡徙内酒坊諸司，又遷二僧寺并軍營於他所。五人者既有分地，因各出新意，故號延福五位。五位既成，樓閣相望，引闕水天源河，築土山其間，奇花怪石，巖壑幽勝，宛若生成。

元 鄧文原《巴西集》卷下《樂古堂記》 （吴義士之子景良）築室舍後，爲堂三間。鑿池疏泉。其北中有石屹立，清瑩可友，名曰浮璧。又北叠石爲山，最峭特者曰層雲。左右各三峰如拱，豁空穴爲洞，曰小隱。有亭翼池，東曰禊，西曰隱。隱言志禊言事也。奇葩美卉蔽虧，池曲植兩槐，若偃蓋在堂。南揭軒序寢室爲屋若干楹，而榜其堂曰樂古。

元 陶宗儀《説郛》卷一一〇下引《海山記》 （隋煬帝）乃闢地周二百里爲西苑。役民力常百萬。内爲十六院，聚巧石爲山，鑿地爲五湖四海。詔天下境内所有鳥獸草木，驛至京師。天下共進花木鳥獸魚蟲莫知其數，此不具

載。詔定西苑十六院，名景明一，迎暉二，棲鸞三，晨光四，明霞五，翠華六，文安七，積珍八，影紋九，儀鳳十，仁智十一，清修十二，寶林十三，和明十四，綺陰十五，降陽十六。皆帝自製名。【略】又鑿五湖，每湖四方十里，東曰翠光湖，南曰迎陽湖，西曰金光湖，北曰潔水湖，中曰廣明湖。湖中積土石爲山，構亭殿，屈曲環遶澄碧，皆窮極人間華麗。又鑿北海，周環四十里。中有三山，效蓬萊、方丈、瀛洲，上皆臺榭迴廊，水深數丈，開溝通五湖、北海，溝盡通行龍鳳舸，帝多泛東湖，因製湖上曲望江南八闋云。

明 黄佐《翰林記》卷六《侍游禁苑》 遂徧游小山，觀二獅子滚毬，并金龍噴水、水簾及曲水流觴之處，皆雕琢奇異，布置神巧，莫不讚歎良久。【略】七月十有一日，召尚書蹇義、夏原吉、楊士奇、楊榮同游東苑。夾路皆嘉植。前至一殿，棟宇宏壯，金碧焜燿。其後瑶臺玉砌，奇石森聳，環植花卉，香藹穠郁。引泉爲方池，上玉龍高盈丈，噴激下注，入於石渠，直透殿内。兩旁石溝之首圓轉，各有二竅並列，其一水貫其中，委曲縈迴，復流至第二竅，乃入於池，直通殿外。石池之中，奇石屹立，不假雕琢，宛若升龍之狀，上四竅以通泉脈而常閉之。啓其竅，則水皆湧出直上盈丈，與殿後石龍吐水相應。池南又有臺高數尺，森列異石，植以花卉，紛披掩映。殿陛前有二石，左如龍翔，右如鳳舞，天然奇巧，宛若生成。

明 王世貞《弇州續稿》卷六三《游慧山東西二王園記》 慧山第二泉名天下。官河轉入三里，至山門而窮。山之泉爲汲者割其清，餘浸渺渺，如建瓴而下，東入秦王諸園，而王氏爲最勝。主人故光禄署丞，某業八十餘，構之可四十年矣。入門，物色皆莽蒼可憐。百武許，復得旁竇穿之，則廣除豁然。一堂不甚高，而頗宏敞。堂後枕方池，敗荷衰落。舊嘗蓄金魚百數十頭，大者至尺許，今皆稱烏有先生矣。池後一樓亦稍敞，不作故時麗壯，而啟北窗倚西户，則西山之故觀無恙。【略】由右廊得一扉，則古木數十章，脩竹彌漫。有亭有樹，流水穿石。芙蓉渺渺，履屐間聽之不厭，以其木之古而奇也。啼鴉争其杪，亦成嫵媚。【略】余過之至是三矣，其室愈敝木愈奇，而山色以四時異態愈壯，故不問主人。然主人計且老憊，而金魚者亦烏有矣將無。無情者壽，而有情者否耶？室無情也，不然則不恃人者壽，而恃人者否耶。當此名山中作葛藤語，不免受殺風景之目，可笑哉！出王光禄之東園，則微雨霏霏矣。華子以舟渡余輩抵岸，而門翼然。稍入十餘武，則有立石一，狀頗磊砢，色亦古已。復得一門，稍轉而東，危樓據之。前爲廣庭，頗亦有卉樹、峰石之類。樓後枕大池。池之陰堂五楹當之，宏厰高爽。左折而上爲山，有亭，樹峰嶺、洞壑之類，宛轉曲折。游者必傴僂，然猶慮觸險，側足詳顧，猶不能無顛越獨。下有一泉，出龍口灌池中，砰訇礧砿，晝夜不絶聲。其聲不以旱潦爲大小。魚得之，樂而倍肥。其右方則從樓阯，拾級而上，取堂道也。中構高臺，政與東山對。上有層屋，亦壯麗。臺半露，雕欄畫楣三周衛之。蓋一小立，而山與池之勝皆在目矣。堂左啟竇而入爲菴，脩可數十武，衡半之。皆壘赤石爲小澗，凡十餘曲折。流水潺湲自北而瀉，深僅可尺餘，淺不過三寸。其水或玄或白，皆用石色。聲亦隨而巨細，可悲可樂，使人忘返。蓋取泉之自慧者。引而轉灌大池者也。又別構一精舍，分泉引之，穿舍而北出。文石一，承其穴。水激上飛如瑟瑟，尤可愛。【略】及瞑乃別此園。故屬談參軍。志伊，今大鴻臚王鑑先生之次子，鄉進士，輕直得之。然拓飭之費幾三千金，故其雄麗在東園上，然雅趣殊不敵也。獨登樓而眺，西園於山色得其三垂，而東園僅當一面。又所引慧山泉，西園遇巧工而宛轉三疊，中注大池。東園則無之耳。嗟乎！使吾弇中有真山一拳、泉一勺，所謂新婦得配參軍，寧詎若是而已哉！兩園堂閣名不甚雅，不志。志其大都云。

又 卷六五《疏白蓮沼築芳素軒記》 余《弇園第七記》所謂出惜別門，土山蛇紆而壯，其右大有隙地者。北垣爲參同室之外屏，鑿方沼，種白蓮。然延袤不能二丈許，於游境無所當，又時苦旱涸。丙戌冬乃募工更疏之，至四丈許。又深之，取其土爲土山於沼之南，高與東山埒。多種玉蝶、緑萼、深淺紅梅，緋桃、木芙蓉之屬，雜以垂柳。東西稱是。山之後隙地畝許，皆令種竹。竹逕設石榻一二。沼左爲曲溝通天鏡潭，資其水以爲沼浸。

明 董斯張《廣博物志》卷六《地形二》 隋煬帝起西苑十六院，又鑿五湖。每湖方四十里，東曰翠光湖，西曰金光湖，北曰潔水湖，南曰迎陽湖，中曰廣明湖。湖中積土石爲山，上搆庭殿，曲屈環繞，澄澄皆碧，窮極人間華麗。《迷樓記》

明 徐應秋《玉芝堂談薈》卷三 政和間，蔡京作延福宮，有穆清、睿謨、昆玉、羣玉等七殿。東有蕙馥、報瓊、春錦、翠葆等十五閣。西有雪香、瑶碧、鉛華、絳雲等十五閣。又叠石爲山，鑿池爲海，鶴莊、鹿砦、孔翠諸柵，蹄尾以數千計。

又　梁孝王好宫室園囿之樂，作曜華宫，營兔園。園中有百靈山，山上有膚寸石、棲龍岫、落猿岩。又有雁沼，沼中有鶩洲、鳧渚。其諸宫觀相連亘數十里，奇果異樹、珍禽怪獸畢有。

清　錢維喬　錢大昕《鄞縣志》卷三　鎮明嶺在州南一里三十步，州之内，案山也。上有佛亭。天禧中，太守李夷庚能地理之學，以州無案山，故直州之南累土爲阜，高丈，名曰鎮明嶺。此蓋夷庚因其舊而增之耳，非創爲也。其後往來憚於登陟，日削月夷，特餘土坡於其側耳。《乾道圖經》

袁士元《鎮明嶺》詩：一嶺坡陀鎮四明，無山無水自天成。閒看來往登瀛客，仿佛金鼇背上行。

藝文

南朝梁　庾信《春賦》（《藝文類聚》卷三輯）　三日曲水向河津，日晚河邊多解神。樹下流杯客，沙頭度水人。鏤薄窄衫袖，穿珠帖領巾。百丈山頭日欲斜，三晡未醉莫還家。池中水影懸勝鏡，屋裏衣香不如花。

唐　王勃《王子安集》卷一《九成宫東臺山池賦序》　九成宫東臺，地接閒曠，面山臨水爾。其松峰桂壑，紅泉碧磴，金石千聲，雲霞萬色。侍郎張公雅思沉鬱，永懷梓匠式侔仙造，聿構靈壓。纖波成止水之源，拳石儼干霄之狀。雖流波覆簣，俯藉人機，而布葉攢花，渺同天會。

唐　李白《李太白文集》卷一六《觀魚潭》　觀魚碧潭上，木落潭水清。日暮紫鱗躍，圓波處處生。涼烟浮竹盡，秋月照沙明。何必滄浪去，兹焉可濯纓。

唐　白居易《白氏長慶集》卷三六《亭西牆下伊渠水中置石，激流潺湲成韻，頗有幽趣，以詩記之》　嵌巉嵩石峭，皎潔伊流清。立爲遠峰勢，激作寒玉聲。夾岸羅密樹，面灘開小亭。忽疑嚴子瀨，流入洛陽城。是時羣動息，風静微月明。高枕夜悄悄，滿耳秋泠泠。終日臨大道，何人知此情。此情苟自愜，亦不要人聽。

唐　姚合《姚少監詩集》卷七《陝下厲玄侍御宅五題·泛觴泉》　不上酒家樓，池邊日獻酬。杯來轉巴字，客坐遶方流。酹滴苔紋斷，泉連石岸秋。若能山下置，歲晚願同游。

又《詠盆池》　浮萍重疊水團圓，客遶千遭屐齒痕。莫驚池裏尋常滿，一井清泉是上源。

宋　薛映《曲水亭在下天竺，水臺盤一曰流杯亭》　臺盤疏石渠，激流環四面。夏屋有餘清，羽觴隨意轉。賓告醉言歸，主稱歡未倦。雖非禊飲辰，豈謝蘭亭宴。

宋　許綸《涉齋集》卷一六《次韻才叔聞笛試燈二絶》　疊石爲山漫崛奇，玉峰欣對似相知。梅梢頂上吹霜笛，却惜流香過别池。

宋　范仲淹《范文正集》卷二《絳州園池》　絳臺史君府，亭閣參園圃。一泉西北來，羣峰高下覩。池魚或躍金，水簾長布雨。怪柏鎖蛟虬，醜石鬥貙虎。羣花相倚笑，垂楊自由舞。静境合通仙，清陰不知暑。每與風月期，可無詩酒助。登臨問民俗，依舊陶唐古。

宋　蔣堂《春卿遺稿·景祐丁丑創曲水亭寮屬同賦》　一派西園曲水聲，水邊終日會冠纓。幾多詩筆無停綴，不似當年有罰觥。

危構跨龠淪，清宜滌世紛。飛湍逢石轉，漱玉隔山聞。影亂林花落，山叢磵草熏。兹爲禊飲地，何羨右將軍。

宋　文同《丹淵集》卷一〇《寄題杭州通判胡學士官居詩四首之二》　濺玉齋（太史書）又言，山上草中多怪石，近取得百餘枚，於東齋累一山，激水其間，謂之濺玉齋。

石林古木森座隅，激水注射成飛渠。寒音琤然落環珮，爽氣颯爾生庭除。主人清標自可敵，底處勝槩爲能如。想君不欲時暫去，其餘滿案堆文書。

又　卷一五《守居園池雜題·禊亭》　懸流效曲水，上巳娱嘉賓。飲罷已陳迹，郵復山陰人。

宋　吕南公《灌園集》卷二《游流杯池》　靈仙心無累，會合祇偶然。當時玉酒杯，放曠隨清漣。不知枯池上，遂有無窮傳。

宋　郭印《雲溪集》卷九《次韻董守流杯池》　巧思潛窺造化兒，更依曲水鑿方池。靈鼉上釣喧紅粉，輕鷁浮觴趁彩旗。落澗寒聲泉濊濊，弄花斜日影遲遲。分明作箇山陰會，仍有當時幼婦辭。

宋　王之道《相山集》卷一《盆池》　剜苔得古鑑，湛湛清不渾。大哉壺中天，勿與俗子言。誰能時汲井，注兹老瓦盆。欲觀從容儵，無羡横海鯤。

宋　劉克莊《後村集》卷五《賦西涼瀑布得斷字》　蒼山七百畝，主人

新買斷。于時積霧開，素瀑掛青漢。泠泠瑟初鏗，璀璀珠乍貫。久晴雨飄翻，忽暖冰柱泮。恍如白浪湧，翔舞下鳧雁。又疑黄河决，禁祭沉玉瓚。不然蟒出穴，或是虹吸澗。客言下有潭，龍伏不可玩。攫拏起雲氣，噴薄蘇歲旱。平生愛奇心，欲此築飛觀。沿流踏淺清，陟巘騰汗漫。低頭拜主人，分此華山半。

元 袁桷《清容居士集》卷五《董道士雷泉齋》 淵淵養空洞，摩盪升天行。翻車震崑崙，旋空紫金明。下有五采雲，散絲隕珠英。以彼一寸光，八表須臾成。逆順有正性，變合無流形。火以明益枯，水以堅始凝。無爲合沖澹，神化淩上清。

明 朱誠泳《小鳴稿》卷五《挹秀爲宗弟永壽王東軒賦》 疊石爲山列畫屏，方塘如鑑對幽亭。水涵雲影連天碧，峰送嵐光入座青。爽氣逼人詩屢就，清風撲面酒微醒。等閒自有濂溪趣，芳草長留翠滿庭。

明 文徵明《甫田集》卷一〇《西苑詩·兔園在太液池之西。崇山複殿，林木蔽虧。山下小池，石龍昂首而蟠，激水自地中轉出龍吻》 漢王游息有離宫，瑣闥朱扉迤邐通。別殿春風巢紫鳳，小山飛澗架晴虹。園雲芝蓋翔林表，噴壑龍泉轉地中。簡樸由來堯舜事，故應梁苑不相同。

明 王世貞《弇州續稿》卷一三《小軒新構，枕白蓮池，即碧蓮也。一丘巋然池上，三方皆竹。閒居偶成四章选三》 壁畫白蓮社，池種白蓮花。清梵既已畢，濁醪徐當賒。遠公故不禁，陶令亦無他。從此西方路，還應置酒家。

前林緑篠潤，後沼碧蓮芳。介爾一丘上，儵然三伏涼。偶憑扶老去，聊唤索郎嘗。除却香山叟，誰能共我狂。

軒中何所有，秋蘭碧葳蕤。鈎簾落花入，圍棋清晝移。何以答韶景，偶然咏新詩。不涉人間境，人間那得知。

又 卷一八《咏徐園瀑布流觴處》 得爾真成煉石才，突從平地吐崔巍。流觴恰自蘭亭出，瀑布如分鴈蕩來。片玉挂空摇旭日，千珠蹙水沸春雷。醉能醒我醒仍醉，一坐須傾一百杯。

明 張元凱《伐檀齋集》卷八《唐觀察招飲洪尚書園亭》 名園樓閣散春晴，飛蓋初停黄鳥鳴。疊石爲山開緑野，鑿池引水接滄瀛。露花靚女臨妝色，風籜尚書曳履聲。獨訝主人渾不見，翻令過客易含情。

明 鄒迪光《石語齋集》卷三《蔚藍亭》 亭三楹，其後壘石爲山不數丈，而喬木蓋蘙，圍以桂樹，真成小山、叢桂。前臨方塘，渌波淰淰。窗軒四敞，水空雲净，作蔚藍色。

後嶺攢喬柯，前池皺香浪。孤亭立中央，妖嬈非一狀。水月宿檐牙，山煙引蘿幌。躧步無遠躅，足已有深況。

明 陳繼儒《陳眉公集》卷三《佘山即事二首》 種花先種藥，買山先買泉。泉流茶竈下，藥繞竹溪間。高齋列圖史，賓主各頹然。相看不忍別，松月共床眠。

幽花開徑後，卷石化名山。岩户轉如畫，雲谿不□灣。簾疏花窈窕，松冷鶴高閒。衹是詩僧至，先生一啓關。

又 卷四《聽泉》 五色離離石子班，誰開新霤試春泉。泉聲如此聽不盡，多買桃花種兩邊。

又 卷九《觀濠堂記》 宇宙芬浮，聖賢沙聚。曾見蓬萊，水淺千年，海底塵飛。虚侍天漢槎來，八月河邊渡去。且尋一壑，漫説三洲。故摩詰圖畫輞川，而香山命篇《池上坐》，以討天機于逝者，非止寄心賞于泠然。今有吾師，寔弘斯理，偶剪蓬蒿之徑，漸成桃李之溪。止水一泓，爲山半簣。鷗磯點綴，飛鳥横于鏡中。雉堞紆連，行人歌于樹杪。清月映郭，鳧鷺在門。寒雲澹而不言，芳草碧兮如染。煙籠薜荔之牆，霜醉芙蓉之渚。垂楊粉樹，疏芰紅亭。神仙于此樓居，大夫緣之賦作。名從刻竹，源分渭畝之雲，倦以據梧，清夢鬱林之石。夕陽林際，蕉葉墮而鹿眠。點雪爐頭，茶煙飄而鶴避。高堂客散，虚户風來。門設不關，簾鈎欲下横。軒有狻猊之鼎，隱几皆龍馬之文。流覽霄端，寓覾濠上。謙而善下，同喆士之虚懷。寬以納瑕，負至人之雅量。談成君子，潔荐王公，進退合乎時中，平流類于無競。登斯堂者，盍往觀乎！眨眼見南華上真彈指，遇香岩童子，豈止羡鬚眉之可鑒，樂魚鳥之親人哉！

明 敖文禎《薜荔山房藏稿》卷二《盆魚》 倚檻畜盆魚，閒觀倦展書。周流真不礙，潛泳自相噓。紫荀穿花動，金波湧日徐。漆園千載興，濠濮在吾廬。

清 高宗愛新覺羅·弘曆《御製詩集》三集卷八三《涵漪齋》 秀已攬山色，明還愛水光。風翻紋自動，雨過漲如常。倒映樓臺影，平鋪荷芰香。階前舟可到，便與泛沙棠。

又《水湢放舟至影湖樓》 四面清波平似鏡，兩層高閣聳如圖。影湖底識

爲佳處，幻景真情半有無。

清 王慶勳《詒安堂二集》卷一《省園即事》 怪石森如噬，渾忘琢削成。風猶帶寒色，鳥已換春聲。簾護花容秀，池涵樹影清。最憐新草懶，窺牖碧盈盈。

雜録

漢 袁康《越絶書》卷二 苲碓山，故爲鶴阜山。禹游天下，引湖中柯山，置之鶴阜，更名苲碓。

南朝宋 劉義慶撰 梁 劉孝標注《世説新語》卷上之上《言語》 謝中郎經曲阿後湖，問左右：此是何水？答曰：曲阿湖。《太康地記》曰：曲阿本名雲陽，秦始皇以有王氣，鑿北阬山以敗其勢，截其直道，使其阿曲，故曰曲阿也。吴還爲雲陽，今復名曲阿。謝曰：故當淵注渟著，納而不流。

圖表

清 和珅 梁國治等《熱河志》卷二八《行宫四》 濠濮間想 澄湖之北，構亭凡四面如意洲，曰濠濮間想。

又 遠近泉聲 緣长堤而北，石路半里許，漸聞水聲。鳴湍響澗，匯音橋畔，摐金戛玉，水樂琅然。殿三楹，南向聖祖御題額曰遠近泉聲。其東二楹額曰聚香齋。聯曰：四圍山色連雲漢，一逕林邊去暑風。殿後爲亭，額曰聽瀑。蓋瀑布最勝處也。聯曰：四面浮青開日景，一泓澄碧見天心。殿外三楹面南，高敞水際，風來泠然善也。御題額曰招涼榭。

又 卷二九《行宫五》 石磯觀魚 由「遠近泉聲」而下，略彴斜通，清溪一曲有石磯焉。俯視澄波，潛鱗涵泳，唫喁瀺灂，悉可指數，如浮空際，如在鏡中。石平如砥，可以坐釣。作亭其上，東向額曰石磯觀魚。聯曰：柳嫩牽詩舫，鷗眠穩釣磯。可以想在沼之文游仰在川之聖悟矣。

又 長虹飲練 長橋之南寶坊，額曰長虹飲練，與雙湖夾鏡對峙，皆聖祖御題。橋碑文石恭勒御詩于上。兩岸烟瀾渺瀰，楊柳紛敷，異花滋蔓，掩映白蓮。縟采清芬，彌望如一。每風來縠縐，雨霽蜺横，元暉「净練」之詞，太白「彩虹」之句，合之兹橋，兼擅其勝矣。

又 卷三〇《行宫六》 青雀舫 山莊以山名而趣實在水。瀑之溅、泉之渟、溪之流咸匯于湖中。有御舟題曰青雀舫。聯曰：虚檻月移松桂影，仙源風送芰荷香。每舟行湖上，四圍山色，亭臺上下，花木參差皆供擷攬。至如皓月空盈，澄波鏡净，蘭橈徐動，如度廣寒。清賞吟情，兹爲一助。舟有塢在臨芳野旁。

御製詩《雨中泛舟》：引水爲湖足放舟，烟篷越可作清游。誰知塞景新宜雨，不意園池舊泛秋。飽挹涼風侵翰席，倏看潦水漲溪流。空明獨對蕭條境，底有機心猜野鷗。

遠近泉聲

石磯觀魚

長虹飲練

青雀舫

叠石 掇山 築山

題解

清 李漁《一家言》卷八《居室部・山石第五》 幽齋磊石，原非得已。不能致身巖下，與木石居，故以一卷代山，一勺代水，所謂無聊之極思也。然能變城市爲山林，招飛來峰使居平地，自是神仙妙術，假手於人以示奇者也，不得以小技目之。且磊石成山，另是一種學問，別是一番智巧。儘有丘壑填胸，煙雲繞筆之韻士，命之畫水題山，頃刻千巖萬壑。及倩磊齋頭片石，其技立窮，似向盲人問道者。故從來叠山名手，俱非能詩善繪之人。見其隨舉一石，顛倒置之，無不蒼古成文，紆迴入畫，此正造物之巧於示奇也。譬之扶乩召仙，所題之詩，與所判之字，隨手便成法帖，落筆盡是佳詞。詢之召仙術士，尚有不明其義者，若出自工書善詠之手，焉知不自人心捏造。妙在不善詠者使詠，不工書者命書，然後知運動機關，全由神力。其叠山磊石，不用文人韻士，而偏令此輩擅長者，其理亦若是也。然造物鬼神之技，亦有工拙雅俗之分，以主人之去取爲去取。主人雅而喜工，則工且雅者至矣。主人俗而容拙，則拙而俗者來矣。有費累萬金錢，而使山不成山、石不成石者，亦是造物鬼神作祟，爲之摹神寫像，以肖其爲人也。一花一石，位置得宜，主人神情，已見乎此矣。奚俟察言觀貌，而後識别其人哉。

清 俞樾《茶香室叢鈔》卷一〇《假山之始》 《三輔黄圖》言：梁孝王築兔園。園中有百靈山，有膚寸石、落猿巖、棲龍岫。此假山之始。

《三輔黄圖》又引《漢舊儀》云，茂陵富民袁廣漢於北山下築園，東西四里，南北五里。激流水注於中，構石爲山，高十餘丈，連延數里。未知與孝王事孰先後也。

《後漢書・梁冀傳》：采土爲山，十里九坂，以象二崤。深林絶澗有若自然。此則土山而非石山也。

後魏楊衒之《伽藍記》云，司農張倫最爲豪侈，園林山池之美諸王莫及。倫造景陽山有若自然，其中重巖複嶺嶔崟相屬，深谿洞壑邐迤連接。高林巨樹，足使日月蔽虧。縣葛垂蘿，能令風煙出入。崎嶇石路，似壅而通。峥嶸澗道，盤紆復直。是以山情野興之士游以忘歸。天水人姜質志性疏誕，麻衣葛巾，有逸民之操。遂造亭山，賦傳於世。按，唐以前假山之見於紀載無詳於此。

論説

宋 張耒《柯山集》卷四四《書小山》 中峰承天石，左峰天鼓石，右峰天冠石。雲幢雨蓋後隊。三石由山下升山左而上。天鼓石上有石如人，俛而白事，曰先報石。承天石、天冠石之間，有一峰如人，冠而拱，若受左峰之報，曰恭受石。予泛大江三千餘里，江山之奇偉峭拔如匡廬、九華者，不可勝數，山水之觀無以加矣，而曾此山之足云乎？應之曰：「遇大于細者，得其意而遺其形。觀拳石而山之意具矣。此山亦足多哉。」客曰：「山，無情之物也。安得意耶意之？」曰：「有情之意有窮，無情之意無盡。王宫侯第，叠石爲山亦多矣，經構裨補，盡人之巧，然攬之無可玩，去之無可思，其于糞壤一間。山水之態雖環奇偉麗，而縱横曲直，未必盡當于人意，而見則愛之，去則思之，無情之意也。

宋 鄭剛中《北山集》卷二 石季平題李南畫石之傍曰：「叠石爲山，已是一重公案，況畫者耶！」鄭子見而笑之。明日，戲成伽佗問隨緣云。隨緣居士，即季平道號也。

筆畫與石叠，二者均是假。惟彼此間山，如叠亦如畫。要當論真空，萬物同一焉。隨緣判此公案時，不知筆作麼生下。

明 張寧《方洲集》卷一九《一笑山雪夜歸舟記》 方洲草堂，叠石爲山。山之上有蒼玉峰，東垣拄頰峰，宿雨巖，滴露巖，歸雲洞，蘭雪坡，茶煙岫，咏月嶠，卓筆礐，洗硯泉，映山池，皆鑱石刻字。周植小檜梅竹雜卉。高曠未滿尋丈，而欲擬諸大山，可發一笑。彼山之大者，非己所有，亦非草堂所能貯。此山可貯，而有以其能小也。山雖小而氣象、景色、生意畢具。庶幾一拳廣大之意。則亦自有可喜，而笑者在，名之曰「一笑山」。其北有舍，南向，深僅及尋，而横廣以倍。其上環竹爲覆篷，仰飾粉素，牖户内外皆墁堊一色，通明虚白，恍若一舟寄泊於湖山風雪間。自念平生，薄游江海，超然順適者幾二十年。早以衰病還家，休卧蓬室。譬諸剡溪夜泛，苟未及門而遽迴，則歸興當復不減，名之曰「雪夜歸舟」。總七字而揭諸檐楣，所以志余之自得也。

明　宋詡《竹嶼山房雜部》卷七　衢之錦川石、鎮江之斧劈石無甚奇巧，俱取其修長，有特立抗獨之勢耳。寧國有馬齒石，閩有將樂石，光瑩碨硃，惟可點化其景趣在衆象中也。而杭州水法石、仙姑石、崑山石、海鹽峽石、韶州英石、鳳陽霹壁石自成巖岫，兀立盆池中，置之軒窗間則宜。南粤羊肚石，體有浮沉，雖多人物鳥獸之肖，亦宜取立盆樹之下，堪養菖蒲。江北礬石色白而明，徐州上水石理疏而濁，不及此數處之石矣。浮石原是海水之沫，歲久結聚土重則沉，必常濯去，始得久游于水面也。疊山宜用甲乙其石爲高下起伏、紆迴曲折、巍峨隱露。有水則流動，有土則崔嵬，有樹則青鬱。岐路梯磴，幽顯相通。亭榭臺館，憩息有所。是真能造出一大化工也。《墨娥小録》云：粘補斷石用黄蠟、白蠟松香鎔化，和以同色石爲末入藥一處，乘熱粘之。

明　謝肇淛《五雜組》卷三《地部一》　假山之戲當在江北無山之所，裝點一二，以當卧游。若在南方，出門皆真山真水，隨意所擇，築菟裘而老焉。或映古木，或對奇峰，或俯清流，或踞磐石。主客之景皆佳，四時之賞不絶，即善繪者不能圖其一二，又何叠石累土之工所敢望乎！

又　假山須用山石，大小高下隨宜布置，不可斧鑿。蓋石去其皮便枯槁，不復潤澤生莓苔也。太湖、錦川雖不可無，但可妝點一二耳。若純是，難得奇品，終覺粉飾太勝，無復丘壑天然之致矣。余每見人園池，踞名山之勝，必壅蔽以亭樹，妝砌以文石，繚繞以曲房，堆叠以尖峰。甚至猥聯惡額累累相望，徒滋勝地之不幸，貽山靈之嘔噦耳。此非江南之賈豎，必江北之閹宦也。

又　《西京雜記》載，茂陵富人袁廣漢，築園四五里。激流水注其内，攝石爲山，高十餘丈，此假山之始也。然石初不甚擇，至宋宣和時，朱勔、童貫以花石娱人主意。如靈壁一石，高至二十餘丈，周圍稱是，千夫舁之不動。艮岳一石高四十餘丈，封爲盤固侯。石自此重矣。李文叔《洛陽名園記》十有九所，始於富鄭公而終於吕文穆，其中多言花木池臺之盛。而其所謂山如王開府宅、水北胡氏二園者，皆據嵩少北邙之麓以爲勝，則知時未尚假山也。自宣和作俑，而後人争效之。然北人目未見山而不知作，南人舍真山而僞爲之，其蔽甚矣。

又　吴中假山，土石畢具之外，倩一妙手作之。及舁築之費，非千金不可，然在作者工拙何如。工者事事有致。景不重叠，石不反背，疏密得宜，高下合作。人工之中不失天然，偪側之地又含野意。勿瑣碎而可厭，勿整齊而近俗，勿誇多門麗，勿太巧喪真，令人終歲游息而不厭，斯得之矣。大率石易得水難得，古木大樹尤難得也。

明　計成《園冶》卷三《掇山》　掇山之始，樁木爲先，較其短長，察乎虚實。隨勢穵其麻柱，諒高掛以稱竿。繩索堅牢，扛擡穩重。立根鋪以粗石，大塊滿蓋樁頭。塹裏掃于查灰，着潮盡鑽山骨。方堆頑夯而起，漸以皴文而加。瘦漏生奇，玲瓏安巧。峭壁貴于直立。懸崖使其後堅。巖、巒、洞、穴之莫窮，澗、壑、坡、磯之儼是。信足疑無别境，舉頭自有深情。蹊逕盤且長，峰巒秀而古，多方景勝，咫尺山林，妙在得乎一人，雅從兼于半土。假如一塊中竪而爲主石，兩條傍插而呼劈峰，獨立端岩，次相輔弼，勢如排列，狀若趨承。主石雖忌于居中，宜中者也可。劈峰總較于不用，豈用乎斷然。排如爐燭花瓶，列似刀山劍樹。峰虚五老，池鑿四方。下洞上臺，東亭西樹。罅堪窺管中之豹，路類張孩戲之貓。小藉金魚之缸，大若酆都之境。時宜得致，古式何裁？深意畫圖，餘情丘壑。未山先麓，自然地勢之嶙嶒。搆土成岡，不在石形之巧拙。宜臺宜榭，邀月招雲。成徑成蹊，尋花問柳。臨池駁以石塊，粗夯用之有方。結嶺挑之土堆，高低觀之多致。欲知堆土之奥妙，還擬理石之精微。山林意味深求，花木情缘易逗。有真爲假，做假成真。稍動天機，全叨人力。探奇投好，同志須知。

園山　園中掇山，非士大夫好事者不爲也。爲者殊有識鑒。緣世無合志，不盡欣賞，而就廳前一壁樓面，三峰而已。是以散漫理之，可得佳境也。

廳山　人皆廳前掇山，環堵中聳起高高三峰，排列于前，殊爲可笑。加之以亭，及登，一無可望，置之何益？更亦可笑。以予見：或有嘉樹，稍點玲瓏石塊。不然，墻中嵌理壁巖，或頂植卉木垂蘿，似有深境也。

樓山　樓面掇山，宜最高纔入妙。高者恐逼于前，不若遠之，更有深意。

閣山　閣皆四敞也，宜于山側，坦而可上，便以登眺，何必梯之。

書房山　凡掇小山，或依嘉樹卉木，聚散而理。或懸巖峻壁，各有别致。書房中最宜者，更以山石爲池，俯于窗下，似得濠濮間想。

池山　池上理山，園中第一勝也。若大若小，更有妙境。就水點其步石，從巔架以飛梁。洞穴潛藏，穿巖逕水。峰巒飄渺，漏月招雲。莫言世上無仙，斯住世之瀛壺也。

内室山　内室中掇山，宜堅宜峻，壁立巖懸，令人不可攀。宜堅固者，恐

孩戲之預妨也。

峭壁山　峭壁山者，靠壁理也。藉以粉壁爲紙，以石爲繪也。理者相石皴紋，仿古人筆意，植黄山松柏、古梅、美竹，收之圓窗，宛然鏡游也。

山石池　山石理池，予始創者。選版薄山石理之，少得竅不能盛水，須知「等分平衡法」可矣。凡理塊石，俱將四邊或三邊壓掇，若壓兩邊，恐石平中有損。如壓一邊，即罅稍有絲縫，水不能注，雖做灰堅固，亦不能止，理當斟酌。

金魚缸　如理山石池法，用糙缸一隻，或兩隻，並排作底。或埋、半埋，將山石週圍理其上，仍以油灰抿固缸口。如法養魚，勝缸中小山。

峰　峰石一塊者，相形何狀，選合峰紋石，令匠鑿筍眼爲座，理宜上大下小，立之可觀。或峰石兩塊三塊拼掇，亦宜上大下小，似有飛舞勢。或數塊掇成，亦如前式。須得兩三大石封頂。須知平衡法，理之無失。稍有欹側，久則逾欹，其峰必頹，理當慎之。

巒　巒，山頭高峻也，不可齊，亦不可筆架式，或高或低，隨致亂掇，不排比爲妙。

巖　如理懸巖，起脚宜小，漸理漸大，及高，使其後堅能懸。斯理法古來罕者，如懸一石，亦懸一石，再之不能也。予以平衡法，將前懸分散後堅，仍以長條塹裹石壓之，能懸數尺，其狀可駭，萬無一失。

洞　理洞法，起脚如造屋，立幾柱著實，掇玲瓏如窗門透亮，及理上，見前理巖法。合凑收頂，加條石替之，斯千古不朽也。洞寬丈餘，可設集者，自古鮮矣！上或堆土植樹，或作臺，或置亭屋，合宜可也。

澗　假山以水爲妙，倘高阜處不能注水，理澗壑無水，似有深意。

曲水　曲水，古皆鑿石漕，上置石龍頭漬水者，斯費工類俗，何不以理澗法，上理石泉，口如瀑布，亦可流觴，似得天然之趣。

瀑布　瀑布如峭壁山，理也。先觀有坑高樓檐水，可澗至墻頂作天溝，行壁山頂，留小坑，突出石口，泛漫而下，纔如瀑布。不然，隨流散漫不成，斯謂「坐雨觀泉」之意。夫理假山，必欲求好。要人説好，片山塊石，似有野致。蘇州虎丘山，南京鳳臺門，販花札架，處處皆然。

清　李漁《一家言》卷八《居室部·山石第五》

大山

山之小者易工，大者難好。予遨游一生，遍覽名園，從未見有盈畝纍丈之山，能無補綴穿鑿之痕，遥望與真山無異者。猶之文章一道，結搆全體難，敷陳零段易。唐宋八大家之文，全以氣魄勝人，不必句櫛字篦，一望而知爲名作。以其先有成局，而後修飾詞華，故粗覽細觀，同一致也。若夫間架未立，才自筆生，由前幅而生中幅，由中幅而生後幅，是謂以文作文，亦是水到渠成之妙境。然但可近視，不耐遠觀，遠觀則襞襀縫紉之痕出矣。書畫之理亦然。名流墨跡，懸在中堂，隔尋丈而觀之，不知何者爲山，何者爲水，何處是亭臺樹木，即字之筆畫，杳不能辨，而只覽全幅規模，便足令人稱許。何也？氣魄勝人，而全體章法之不謬也。至於纍石成山之法，大半皆無成局，猶之以文作文，逐段滋生者耳。名手亦然，矧庸匠乎？然則欲纍巨石者，將如何而可？必俟唐宋諸大家復出，以八斗才人，變爲五丁力士，而後可使運斤乎？抑分一座大山爲數十座小山，窮年俯視，以藏其拙乎？曰：不難。用以土代石之法，既减人工，又省物力，且有天然委曲之妙。混假山於真山之中，使人不能辨者，其法莫妙於此。纍高廣之山，全用碎石，則如百衲僧衣，求一無縫處而不得，此其所以不耐觀也。以土間之，則可泯然無跡，且便於種樹。樹根盤固，與石比堅，且樹大葉繁，混然一色，不辨其爲誰石誰土。列於真山左右，有能辨爲積纍而成者乎？此法不論石多石少，亦不必定求土石相半，土多則是土山帶石，石多則是石山帶土。土石二物原不相離，石山離土，則草木不生，是童山矣。

小山

小山亦不可無土，但以石作主，而土附之。土之不可勝石者，以石可壁立，而土則易崩，必仗石爲藩籬故也。外石内土，此從來不易之法。

言山石之美者，俱在透、漏、瘦三字。此通於彼，彼通於此，若有道路可行，所謂透也。石上有眼，四面玲瓏，所謂漏也。壁立當空，孤峙無倚，所謂瘦也。然透、瘦二字，在在宜然，漏則不應太甚。若處處有眼，則似窑内燒成之瓦器，有尺寸限在其中，一隙不容偶閉者矣。塞極而通，偶然一見，始與石性相符。

瘦小之山，全要頂寬麓窄，根脚一大，雖有美狀，不足觀矣。

石眼忌圓，即有生成之圓者，亦粘碎石於旁，使有棱角，以避混全之體。

石紋石色取其相同，如粗紋與粗紋當栟一處，細紋與細紋宜在一方，紫碧青紅，各以類聚是也。然分別太甚，至其相懸接壤處，反覺異同，不若隨取隨

得，變化從心之爲便。至於石性，則不可不依。拂其性而用之，非止不耐觀，且難持久。石性維何？斜正縱横之理路是也。

石壁

假山之好，人有同心。獨不知爲峭壁，是可謂葉公之好龍矣。山之爲地，非寬不可。壁則挺然直上，有如勁竹孤桐，齋頭但有隙地，皆可爲之。且山形曲折，取勢爲難，手筆稍庸，便貽大方之誚。壁則無他奇巧，其勢有若壘牆，但稍稍紆迴出入之，其體嶙峋，仰觀如削，便與窮崖絶壑無異。且山之與壁，其勢相因，又可並行而不悖者。凡壘石之家，正面爲山，背面皆可作壁。匪特前斜後直，物理皆然，如椅榻舟車之類。即山之本性，亦復如是，逶迤其前者，未有不嶄絶其後，故峭壁之設，誠不可已。但壁後忌作平原，令人一覽而盡。須有一物焉蔽之，使坐客仰觀，不能窮其顛末，斯有萬丈懸崖之勢，而絶壁之名爲不虚矣。蔽之者維何？曰：非亭即屋。或面壁而居，或負牆而立，但使目與檐齊，不見石丈人之脱巾露頂，則盡致矣。

石壁不定在山後，或左或右，無一不可，但取其地勢相宜。或原有亭屋，而以此壁代照牆，亦甚便也。

石洞

假山無論大小，其中皆可作洞。洞亦不必求寬，寬則藉以坐人。如其太小，不能容膝，則以他屋聯之，屋中亦置小石數塊，與此洞若斷若連，是使屋與洞混而爲一，雖居屋中，與坐洞中無異矣。洞上宜空少許，貯水其中而故作漏隙，使涓滴之聲從上而下，日夕皆然。置身其中者，有不六月寒生，而謂真居幽谷者，吾不信也。

零星小石

貧士之家，有好石之心而無其力者，不必定作假山。一卷特立，安置有情，時時坐卧其旁，即可慰泉石膏肓之癖。若謂如拳之石亦須錢買，則此物亦能效用於人，豈徒爲觀瞻而設？使其平而可坐，則與椅榻同功。使其斜而可倚，則與欄杆並力。使其肩背稍平，可置香爐茗具，則又可代几案。花前月下，有此待人，又不妨於露處，則省他物運動之勞，使得久而不壞，名雖石也，而實則器矣。且擣衣之砧，同一石也，需之不惜其費。石雖無用，獨不可作擣衣之砧乎？王子猷勸人種竹，予復勸人立石。有此君不可無此丈。同一不急之務，而好爲是諄諄者，以人之一生，他病可有，俗不可有。得此二物，便可當醫，與施藥餌濟人，同一婆心之自發也。

清 曹溶《倦圃蒔植記》卷下《雜論第十一》 石可拜，而山不必疊。但使疏池取土，堆一土岡，列樹石之奇古者，多少隨意，更以修篁作伴，如此足矣。

綜　述

宋 周密《癸辛雜識》前集《假山》 前世疊石爲山，未見顯著者。至宣和，艮岳始興大役，連艫輦致，不遺餘力。其大峰特秀者，不特侯封或賜金帶，且各圖爲譜。然工人特出於吴興，謂之山匠，或亦朱勔之遺風。蓋吴興北連洞庭，多産花石，而弁山所出，類亦奇秀。故四方之爲山者，皆於此中取之。浙右假山最大者，莫如衛清叔吴中之園，一山連亘二十畝，位置四十餘亭，其大可知矣，然余生平所見秀拔有趣者，皆莫如俞子清侍郎家爲奇絶。蓋子清胸中自有邱壑，又善畫，故能出心匠之巧。峰之大小凡百餘，高者至二三丈，皆不事餖飣，而犀珠玉樹森列旁午，儼如羣玉之圃，奇奇怪怪不可名狀，大率如昌黎《南山詩》中，特未知視牛奇章爲何如耳。乃於衆峰之間，縈以曲澗，甃以五色小石。旁引清流激石高下，使之有聲，淙淙然下注大石潭。上蔭巨竹壽藤，蒼寒茂密，不見天日。旁植名藥奇草，薜荔、女蘿、菟絲，花紅葉碧。潭旁橫石作杠，下爲石渠，潭水溢自此出焉。潭中多文龜斑魚，夜月下照，光景零亂，如窮山絶谷間也。今皆爲力者負去，荒田野草凄然動陵谷之感焉。

又《艮岳》 艮岳之取石也，其大而穿透者，致遠必有損折之慮。近聞汴京父老云其法，乃先以膠泥實填衆竅，其外復以麻筋雜泥固濟之，令圓混，日曬極堅實，始用大木爲車致於舟中。直俟抵京，然後浸之水中，旋去泥土，則省人力而無他慮。此法奇甚，前所未聞也。又云，萬歲山大洞數十，其洞中皆築以雄黄及盧甘石。雄黄則辟蛇虺，盧甘石則天陰能致雲霧，滃鬱如深山窮谷。後因經官拆賣，有回回者知之，因請買之。凡得雄黄數千斤，盧甘石數萬斤。

明 謝肇淛《五雜組》卷三《地部一》 吾聞窮民有以淘沙爲業者，每得小石有峰巒巖穴者，悉置庭中。久之，甃土爲池，疊蠣房爲山，置石其上，作武夷九曲之勢，三十六峰森列相向，而書晦翁《櫂歌》於上，字如蠅頭，池如杯

盌，山如筆架，水環其中，蜆蝲爲之舟，琢瓦爲之橋，殊肖也。余謂仙人在雲中，下視武夷，不過如此。以一賤傭，乃能匠心經營，以娱耳目若此，其胸中丘壑，不當勝紈袴子十倍耶？

明　郎瑛《七修類稿》卷三《假山精緻》　近日富貴家之叠假山，是山雖成也，自不能如真山之有生氣，春夏且多蛇虺，而月夜不可樂也。予聞宋宫之艮岳，其萬歲山之大洞，皆築以雄黄、爐甘石。蓋雄黄則辟蛇虺，爐甘能致雲霧。若天少陰，山遂滃鬱如深山窮谷矣。故不數年而勝真山矣。李德裕平泉亦然。

清　何焯《義門讀書記》卷三〇《和裴僕射相公假山十一韻》　晉會稽王道子嬖人趙牙爲道子開東第，築山穿池，功用鉅萬。孝武帝常幸其第，謂道子曰：「府内有山甚善，然修飾太過。」帝去，道子謂牙曰：「上知山是人力所爲，爾必死矣。」道子帝弟相王，當時築一假山，尚以爲異事。至齊，而武陵王自怨貧薄，名後堂山曰「首陽山」，池由此遂盛，國用人力盡費于園囿。自唐至今視爲常事矣。雖賢如裴、韓，賦詩相誇，曾不致疑也。

清　陳元龍《格致鏡原》卷五《假山》　《西京雜記》：茂陵富人袁廣漢築園四五里，激流水注其内，構石爲山，高十餘丈。《杜子美集》：南曹小司寇舅於我太夫人堂下累土爲山，一簣盈尺，旁植慈竹，蓋兹數峰，嶔崟有致。《五雜組》：宋時巨室治園，作假山多用雄黄、焰硝和土築之。雄黄能辟蛇虺，焰硝能生煙霧。每陰雨之候，雲氣浡鬱如真山矣。《七修類稿》：近日富貴家之叠假山，自不能如真山之有生氣。春夏且多蛇虺，而月夜不可樂也。宋宫之艮岳，其萬歲山之大洞，皆築以雄黄、爐甘石。蓋雄黄則辟蛇虺，爐甘能致雲霧。若天少陰，山遂滃鬱如深山窮谷，故不數年而勝真山矣。李德裕平泉亦然。《春風堂隨筆》：武康石色黑而潤，文如波浪。人家園池叠假山以此爲奇。《五雜組》：假山須用山石，大小高下隨宜布置，不可斧鑿。蓋石去其皮便枯槁，不復潤澤生莓苔也。蘇洵《木假山記》：木之漂沉汩没於湍沙之間，不知其幾百年，而其激射齧食之餘，或仿佛於山者，則爲好事者取去，强之以爲山。《雜組》：葛尚寶園有木假山一座，巖洞峰巒皆木，不用片石抔土也。

清　李斗《揚州畫舫録》卷七《城南録》　石工張南山嘗謂澄空宇二峰爲真太湖石。太湖石，乃太湖中石骨。浪激波滌，年久孔穴自生。因在水中，殊難運致。惟元至正間，吴僧維則門人運石入城，延朱德潤、趙元善、倪元鎮、徐幼文共商，叠成獅子林。有獅子、含輝、吐月諸峰，爲江南名勝。此外未聞有運致者。若郡城所來太湖石，多取之鎮江竹林寺、蓮花洞、龍噴水諸地所産，其孔穴似太湖石，皆非太湖島嶼中石骨。若此二峰不假矣。

清　王培荀《鄉園憶舊録》卷三　鄒瞿塘忘機園，大不盈畝，茅屋三間。編迎春花爲藩籬，開時繞屋，燦若黄金。流水活活穿庭而過，水底鋪石，清澈無滓，其中雜立石筍。諸花芬郁。屋前巨竹如臂摩戛雲日。階植紅藥，間以荼蘼之架、芭蕉之林。復堆石爲小山，磊落嶔崎。入其中者，疑有千巖萬壑游覽不盡，忘其園之小也。自號忘機老人。日與文士談宴，題詩滿壁。自作五古，閒雅稱其爲人。所居村名昌城，昌國君舊封之地也。耿希尹題詩有云：「專心營造在一山，得石且自勤積累。獨憐搜索費人功，安得愚公一爲徙。大石爲礐叠山腰，小石爲磝亘山趾。不分列崎與層巒，佇看咫尺煙嵐起。今年結茅屋新成，爲愛詞賦延文士。窗外芭蕉三兩株，夜雨聲聲滴入耳。其餘蘭蕙芍藥隨意栽，松竹森森傍沼沚。先生産業已中落，那能力辦復爾爾。忘却物力盈與虧，有癖如癡殊可喜。」閲詩可知瞿塘之爲人矣。來蜀，聞其已卒。

又　卷四　畢司農白陽公石隱園，園中積石爲小山，磊落嶙峋，衆石參差散布，奇態怪狀，象形命名，不可勝記。有丈人石，秀削高聳，濟南龍石之亞也，足爲一園領袖。念東先生過之留題有云：「啓户風欞驚簌簌，移床霜簟喜休休。老饕不俟新蓮子，摘取荷花當酒籌。」今園無竹無荷，或疑之曰園非舊地，移石來耳。

清　同治《龍川縣志》卷一二《物産志・雜物》　木假山　有二種。一爲馬梨光，其木性横生錯出，且多在石間，隨亂石磈礧，凸凹成形，取爲山，峰巒洞壑具足，或帶以摺叠紋理，如巖際宿雲，天然有致。一爲竊櫛，木根筋絡糾結穿插，連蜷萬狀，洞竅靈通，巧工鑿削所不到，有極大者，置廳堂，可作屏風之用。

清　光緒《畿輔通志》卷一六〇　宜園在（大興）縣東，明冉駙馬園也。園有石假山，山名萬年聚。《雍正志》。園爲仇鸞所築。鸞敗，歸成國公，後歸於冉。《燕都游覽志》。明吴惟英《九日集宜園》詩：不須登戲馬，池館足徜徉。知否明年健，過從九日觴。風遺竹徑春，再着菊蘼香。閲曉移燈看，毋歸漏未長。張學曾《九日集宜園》詩：小扉幽徑複，游賞幸追隨。石自萬年聚，花知九日期。都人方瞿瞿，園蝶已窺窺。尚約移尊就，霜風莫便吹。英國公張園在東城。《燕都游覽志》。明薛蕙《宴故英國公山亭》

詩：東第君王賜，西國賓客來。將軍原好士，公子復憐才。玉袖花間出，金尊竹下開。還須明月上，莫畏夕陽催。

傳　記

北齊　魏收《魏書》卷九三《列傳·恩倖第八十一·茹皓》　茹皓，字禽奇，舊吴人也。【略】皓性微工巧，多所興立。爲山於天泉池西，采掘北芒及南山佳石，徙竹汝潁，羅蒔其間。經構樓觀列於上下，樹草栽木，頗有野致。帝心悦之，以時臨幸。皓貴寵日昇。

宋　徽宗趙佶《艮岳記》（《揮麈後録》卷二引）　是山（艮岳）可爲功，不可晝於是。太尉梁師成董其事。師成博雅忠藎，思精志巧，多才可屬。乃分官列職，曰雍，曰琮，曰琳，各任其事。遂以圖材付之，按圖度地，庀徒僝工。累土積石，畚插之役不勞，斧斤之聲不鳴。

明　田汝成《西湖游覽志餘》卷一九　杭城假山，稱江北陳家第一，許銀家第二。今皆廢矣，獨洪静夫家者最盛，皆工人陸氏所叠也。堆垜峰巒，拗折澗壑，絶有天巧，號陸叠山。張靖之嘗贈陸叠山詩云：出屋泉聲入户山，絶塵風致巧機關。三峰景出虚無裏，九仞功成指顧間。靈鷲峰來羣玉垛，峨嵋截斷落星間。方洲歲晚平沙路，今日溪山送客還。

明　徐應秋《玉芝堂談薈》卷三　（政和間）復營萬歲山艮岳，特命宦者梁師成董其事。有朱勔者，取浙中珍異花木竹石以進，曰花石綱。置應奉局于平江，所費動以億萬計。舟楫相繼，日夜不絶，廣濟四指揮盡以充輓士，猶不給。

清　戴名世《南山集》卷七　張翁諱某字某，江南華亭人，遷嘉興。君性好佳山水，每遇名勝，輒徘徊不忍去。少時學畫，爲倪雲林、黄子久筆法，四方争以金幣來購。君治園林有巧思，一石一樹，一亭一沼，經君指畫，即成奇趣。雖在塵囂中，如入巖谷。諸公貴人皆延翁爲上客。東南名園，大抵多翁所搆也。常熟錢尚書、太倉吴司業與翁爲布衣交。翁好詼諧，常嘲笑兩人，兩人弗爲怪。益都馮相國搆萬柳堂於京師，遣使迎翁至，爲之經畫，遂擅燕山之勝。自是，諸王公園林皆成翁手，會有修葺瀛臺之役，召翁治之，屢加寵賚。請告歸，欲終老南湖。南湖者，君所居地也。暢春苑之役，復召翁至，以年老，賜肩輿出入，人皆榮之事。竣，復告歸，卒於家。

贊曰：余聞張翁事父母頗孝謹。其父卒，爲營墓地不得。忽夜夢見父攜游郭外，指一阡隴言曰：此吾葬處也。明日，有人持一地圖來求售，宛如所夢，遂售之。一日出游，宿王尚書園亭，夢父撫其背曰：爾急歸，爾母且逝矣。覺而奔抵家，母果不起，持與訣乃卒。其子爲予言如此。子治父術，亦工。

清　吴偉業《梅村集》卷三八《張南垣傳》　張南垣，名漣。南垣其字。華亭人，徙秀州，又爲秀州人。少學畫，好寫人像，兼通山水，遂以其意壘石。故他藝不甚著。其壘石最工，在他人爲之，莫能及也。百餘年來，爲此技者，類學嶄巖嵌特。好事之家，羅取一二異石，標之曰峰，皆從他邑輦致。決城闉，壞道路，人牛喘汗，僅而得至。絡以巨絙，錮以鐵汁，刑牲下拜，劖顔刻字，鈎填空青，穹窿巖巖，若在喬岳，其難也如此。而其旁又架危梁、梯鳥道，游之者鈎巾棘履，拾級數折，傴僂入深洞，捫壁投罅，瞪盼駭栗。南垣過而笑曰：是豈知爲山者耶！今夫羣峰造天，深巖蔽日，此夫造物神靈之所爲，非人力可得而致也。况其地輒跨數百里，而吾以盈丈之址、五尺之溝尤而效之，何異市人摶土以欺兒童哉！惟夫平岡小坂，陵阜陂陁，板築之功可計日以就。然後錯之以石，棋置其間，繚以短垣，翳以密篠。若似乎奇峰絶嶂，纍纍乎墻外，而人或見之也。其石脉之所奔注，伏而起，突而怒，爲獅蹲，爲獸攫，口鼻含呀，牙錯距躍，决林莽，犯軒楹而不去。若似乎處大山之麓，截谿斷谷，私此數石者爲吾有也。方塘石洫，易以曲岸迴沙。邃闥雕楹，改爲青扉白屋。樹取其不凋者，松杉檜栝，雜植成林。石取其易致者，太湖堯峰，隨宜布置。有林泉之美，無登頓之勞，不亦可乎。華亭董宗伯玄宰、陳徵君仲醇亟稱之曰：江南諸山，土中戴石。黄一峰、吴仲圭常言之：此知夫畫脉者也。羣公交書走幣，歲無慮數十家。有不能應者，用爲大恨，顧一見君，驚喜歡笑如初。君爲人肥而短黑，性滑稽，好舉里巷諧媟以爲撫掌之資，或陳語舊聞，反以此受人啁弄，亦不顧也。與人交，好談人之善，不擇高下，能安異同。以此游於江南諸郡者五十餘年。自華亭、秀州外，於白門，於金沙，於海虞，於婁東，于鹿城，所過必數月。其所爲園，則李工部之横雲，虞觀察之預園，王奉常之樂郊，皆備極奇巧。與吴吏部之竹亭爲最著。經營粉本，高下濃淡早有成法。初立土山，樹木未添，巖壑已具。隨皴隨改，烟雲渲染，補入無痕，即一花一竹，疏密欹斜，妙得俯仰。山未成，先思着屋。屋未就，又思其中之所施設，窗櫺几榻，不事雕飾，雅

合自然。主人解事者，君不受促迫，次第結構。其或任情自用，不得已，骫骳曲隨。後有過者輒歎惜曰：此必非南垣意也。君爲此技既久，土石草木咸能識其性情。每創手之日，亂石林立，或卧或倚。君躊躇四顧，正勢側峰，橫支竪理，皆默識在心。借成衆手，常高坐一室，與客談笑，呼役夫曰：某樹下某石可置某處。目不轉視，手不再指，若金在冶，不假斧鑿。甚至施竿結頂，懸而下縋，尺寸勿爽。觀者以此服其能矣。人有學其數者，以爲曲折變化此君生平之所長，盡其心力，以求仿佛。初見或似，久觀輒非。而君獨規模大勢，使人於數日之内、尋丈之間，落落難合。及其既就，則天墮地出，得未曾有。曾於友人齋前作荆關老筆，對峙平礀。已過五旬，不作一折。忽於其顛將數石盤互得勢，則全體飛動，蒼然不羣。所謂他人爲之莫能及者，蓋以此也。君有四子，能傳父術。晚歲辭涿鹿相國之聘，遣其仲子，行退老於鴛湖之側。結廬三楹。余過之，謂余曰：自吾以此術游江以南也，數十年來，名園别墅易其故主者比比是矣。蕩於兵火、没於荆榛，奇花異石，他人輦取以去。吾仍爲之營置者輒數見焉。吾懼石之不足留吾名，而欲得子文以傳之也。余曰：柳宗元爲《梓人傳》，謂「有得於經國治民之旨」。今觀張君之術，雖庖丁解牛、公輸刻鵠，無以復過其藝而合於道者歟！君子不作無益。穿池築臺，春秋所戒。而王公貴人歌舞般樂侈欲傷財，獨此爲耳目之觀，稍有合於清净。且張君因深就高，合自然，惜人力，此學愚公之術而變焉者也，其可傳也已！作《張南垣傳》。

清　姚之駰《元明事類鈔》卷一八《藝術門》　壘石　《吴偉業集》：張南垣少學畫，好寫人像，兼通山水，遂以其意壘石，最工。董元宰、陳仲醇亟稱之曰：江南諸山，土中戴石。一峰、仲圭常言之，南垣知夫畫脉者也。

清　雍正《浙江通志》卷一九六　張漣　《嘉興縣志》：字南垣，少學畫，得山水趣，因以其意築圃壘石。有黄大癡、梅道人筆意，一時名稱藉甚。董其昌、陳繼儒亟稱之。若李工部之横雲，虞觀察之預園，王奉常之樂郊，錢宗伯之拂水園，吴吏部之竹亭，徐司馬之漢槎樓，皆其所作。

清　洪亮吉《更生齋集·同里戈裕良，世居東郭，以種樹累石爲業。近爲余營西圃，泉石饒有奇趣。暇日出，素箋索書。因題三絶句贈之》　奇石胸中百萬堆，時時出手見心裁。錯疑未判鴻濛日，五岳經君位置來。

知道衰遲欲掩關，爲營泉石養清閑。一峰出水離奇甚，此是仙人劫外山。

三百年來兩軼羣，山靈都復畏施斤。張南垣與戈東郭，移盡天空片片雲。

清　李斗《揚州畫舫録》卷二《草河録下》　釋道濟，字石濤，號大滌子，又號清湘陳人，又號瞎尊者，又號苦瓜和尚。工山水、花卉，任意揮灑，雲氣迸出。兼工纍石。揚州以名園勝，名園以壘石勝。余氏萬石園出道濟手，至今稱勝蹟。次之張南垣所壘白沙翠竹、江村石壁，皆傳誦一時。若近今仇好石壘怡性堂宣石山，淮安董道士纍九獅山，亦藉藉人口。至若西山王天於、張國泰諸人，直是石工而已。

又卷一五《岡西録》　余元甲，字葭白，一字柏巖，號茁村。江都邑諸生，工詩文。雍正十二年，通政趙之垣以博學鴻詞薦，不就。築萬石園，積十餘年，殫思而成。今山與屋分，入門見山，山中大小石洞數百。過山方有屋廳舍亭廊二三，點綴而已。時與公往來，文酒最盛。葭白死，園廢，石歸康山草堂。

紀事

北魏　酈道元《水經注》卷一六　（穀）水西三里有坂，坂上有土山，漢大將軍梁冀所成。築土爲山，植木成苑。張璠《漢記》曰：山多峭坂，以象二崤。積金玉，采捕禽獸以充其中。

宋　司馬光《資治通鑑》卷七〇《魏紀五·明帝景初元年》　起土山於芳林園西北陬，《水經注》：大夏門内東側際城有景陽山，即芳林園之西北陬也。裴松之曰：芳林園即今華林園，齊王芳即位，改曰華林園。使公卿羣僚皆負土，樹松、竹、雜木善草於其上，捕山禽雜獸置其中。

宋　范成大《驂鸞録》　霅川有兩玲瓏山。石林爲大玲瓏，又有小玲瓏，在長興縣界路口，聞其尤勝石林，遂過之。小玲瓏今屬沈氏。沈父死，二子幼。方檢校於官。此山石色微黄而更奇古，一峰悉中空，洞穴十數，皆旁相通貫，故名玲瓏。有泉瀉壞，磴中窈如深谷。堂前小池，石如牛馬，飐隤其中。池後山屏上洗出之。石疊積嵌巖巧怪萬狀，缺罅清泉泓泓，叢桂覆其上。亭館既無人居，亦漸荒廢。霅川特無好事者能捐厚貲買之。沈氏雖不得仙，亦足以豪矣。玲瓏山，杜牧之所游即石林，是小玲瓏。

宋　王稱《東都事略》卷一〇六　蜀僧祖秀嘗親覩所謂華陽宫者，記其

事云：政和初，天子命作壽山艮岳於禁城之東陬。詔閹人董其役，舟以載石，輿以輦土，驅散軍萬人，築岡阜高十餘仞，增以太湖、靈壁之石，雄拔峭峙，功奪天造。石皆激怒觝觸，若踶若齧，牙角口鼻首尾爪距千態萬狀，殫奇盡怪。輔以蟠木瘿藤，雜以黄楊對青蔭。其上又隨其旋斡之勢，斬石開徑，憑險則設磴道，飛空則架棧閣，仍於絶頂增高樹以冠之。搜遠方珍材，盡天下蠹工絶技而經始焉。山之上下，致四方珍禽奇獸，動以億計，猶以爲未也。鑿地爲谿澗，壘石爲堤捍，任其石之性，不加斧鑿，因其餘土，積而爲山。山骨虤露，峰棱如削，飄然有雲姿鶴態，曰飛來峰。高於雉堞，翻若長鯨，腰徑百尺，植梅萬本，曰梅嶺。接其餘岡，種丹杏鴨脚，曰杏岫。又增土叠石，間留隙穴以栽黄楊，曰黄楊巘。築脩岡以植丁香，積石其間，從而設險，曰丁嶂。又得赬石，任其自然。增而成山，以椒蘭雜植於其上，曰椒厓。接衆山之末，增土爲大坡，徙東南側柏，枝幹柔密揉之不斷，華華結結爲幢蓋，鸞鶴蛟龍之狀，動以萬數，曰龍柏坡。循壽山之西，移竹成林，復開小徑至數百步。竹有同本而異幹者，不可紀極，皆四方珍貢。又雜以對青竹，十居八九，曰斑竹麓。又得紫石，滑净如削，面徑數仞。因而爲山，貼山卓立。山陰置木櫃絶頂，開深池。車駕臨幸，則驅水工登其頂開閘注水而爲瀑布，曰紫石壁，又名瀑布屏。從艮岳之麓琢石爲梯，石皆温潤净滑，曰朝真磴。又於洲上植芳木，以海棠冠之，曰海棠川。壽山之西别治園囿，曰藥寮。其宫室臺榭卓然，著聞者曰瓊津殿、絳霄樓、萼緑華堂。築臺高九仞，周覽都城，近若指顧。造碧虚洞天，萬山環之。開三洞爲品字門，以通前後苑。建八角亭於其中央，榱椽窗楹皆以馬腦石間之，其地琢爲龍礎。導景龍江，東出安遠門，以備龍舟幸。東西擷景二園，西則溯舟造景龍門，以幸曲江池亭。復自瀟湘江亭開閘通金波門，北幸擷芳苑。堤外築壘衛之。瀕水蒔絳桃、海棠、芙蓉、垂楊，略亡隙地。又於舊地作野店，麓治農圃，開東西二關夾懸巖，磴道隘迫，石多峰棱，過者膽戰股栗。凡自苑中登羣峰，所出入者此二關而已。又爲勝游六七，曰躍龍、澗漾、春陂、桃華、閘鴈池、迷真洞，其餘勝迹不可殫紀。工已落成，上名之曰華陽宫。然華陽大氐衆山環列，於其中得平蕪數十頃以治園圃，以闢宫門於西。入徑廣於馳道，左右大石皆林立，僅百餘株以神運、昭功、敷慶、萬壽峰而名之。獨神運峰廣百圍，高六仞，錫爵「盤固侯」，居道之中。束石爲小亭以庇之，高五十尺，御製記文親書建三文碑附于石之東南陬。其餘石若羣臣入侍幃幄，正容凛若不可犯。或戰栗若敬天威，或奮然而趍，又若傴取布危言以示庭諍之姿。其怪狀餘態娱人者多矣。上既悦之，悉與賜號，守吏以奎畫列於石之陽。其它軒榭庭徑各有巨石，棊列星布，並與賜名。唯神運峰前羣石以金飾其字，餘皆青黛而已，此所以第其甲乙者也。乃命羣峰，其略曰：朝日昇龍、望雲坐龍、矯首玉龍、萬壽老松、棲霞、捫參、銜日、吐月、排雲、衝斗、靁門、月窟、蹲螭、坐師、堆青、凝碧、金鼇、玉龜、疊翠、獨秀、棲煙、䆗雲、風門、靁穴、玉秀、玉竇、鋭雲、巢鳳、雕琢、渾成、登封、日觀、蓬瀛、須彌老人、壽星、卿雲、瑞靄、溜玉、噴玉、藴玉、琢玉、積玉、叠玉、叢秀。而在于渚者曰翔鱗，立津涘者曰舞仙，獨踞洲中者曰玉麒麟，冠于壽山者曰南屏小峰，而附于池上者曰伏犀、怒猊、儀鳳、烏龍。立于沃泉上者曰留雲、宿霧。又爲藏煙谷、滴翠巖、搏雲屏、積雪嶺，其間黄石仆于亭際者，曰抱犢、天門。又有大石二枚配神運峰，異其居以壓衆石，作亭庇之。寘于寰春堂者曰玉京獨秀、太平巖，寘于萼緑華堂者曰卿雲萬態奇峰。括天下之美，藏古今之勝於斯盡矣。

宋　杜綰《雲林石譜》卷上《永康石》　永州署依山，廳事之東隅，頃歲太守黄叔度因其地稍露山骨，除治積壤十餘尺，得真山一座。凡八九峰，巖洞相通，翠潤可喜，遍有唐人刻字於諸峰之側，甚奇。右有一石横尺餘，聯綴石上，全若水禽。因引泉出，水瀦滿巖竇，其石正浮水面，亦有唐人刻字，目之爲鸂鶒石。又羣山之後，下廣二頃餘，率皆怪石，羅布田野間。或爲居人蔽隱。元次山創萬石亭於郡之山巔。

宋　周南《山房集》卷八　崇德人吕援，字權仲，居南場，營治圃。壘湖石山，植海檜五六十株，大者盤枝如鳳，面二丈又屈，其上小枝如倡樂雜戲，尤婆娑可愛。朱勔起花石綱，得直達檄秀守周審言封以黄衣帕。援知不可得匿其事，走汴都，投京尹宣和殿學士盛章，請以園歸上方，以恩换右列，後爲忠翊郎。援亦稍强直，家富得官，里中稍推之。

宋　陳均《九朝編年備要》卷二八　會寧之北叠石爲山，而上起殿曰翠微。旁爲二亭，曰雲巋，曰層巘。凝和之次閣曰明春，高爲層重，自下而睥睨之，百一十丈。有奇徑，量之十楹而袤。閣之側爲殿二，曰玉英，曰玉澗。其背則附城築土，植杏名岡，覆茅爲亭，修竹萬竿，其下翠幹碧欄交相隱映。

宋　吴自牧《夢粱録》卷九《秘書省》　後圃有羣玉堂，以東坡畫竹真跡爲屏。有蓬萊庭，一作亭。前爲鑿池，度以石橋。池上叠石爲山。又有亭者六，

扁曰芳香、席珍、方壺、含章、茹芝、繹志。次有射圃矣。

宋 周密《癸辛雜識》前集《吳興園圃》 **玲瓏山** 在卞山之陰，嵌空奇峻，略如錢塘之南屏及靈隱薌林。皆奇石也。有洞曰歸雲。張有謙中篆書於石上。有石梁，闊三尺許，横繞兩石間，名定心石。傍有唐杜牧題名云「前湖州刺史杜牧大中五年八月八日來」，及紹興癸卯葛魯卿、林彦政、劉無言、莫彦平、葉少藴題名。章文莊公有詩云：短䇿長鑱出萬峰，鑿開混沌作玲瓏。市朝可是無巇嶮，更向山林巧用工。

又 **賽玲瓏** 去玲瓏山近三里許，近歲沈氏抉剔爲之大率。此山十餘里，中間皆奇石也。今歲皆蕪没於空山矣。

元 脱脱等《宋史》卷一五四《輿服志》 北内苑中則有大池，引西湖水注之。其上疊石爲山，象飛來峰。

元 陶宗儀《輟耕録》卷一 萬歲山在大内西北，太液池之陽，金人名瓊花島。中統三年修繕之。其山皆以玲瓏石疊壘，峰巒隱映，松檜隆鬱，秀若天成。引金水河至其後，轉機運㪺，汲水至山頂出石龍口，注方池，伏流至仁智殿後。有石刻蟠龍昂首噴水仰出，然後東西流入於太液池。山上有廣寒殿七間，仁智殿則在山半，爲屋三間。山前白玉石橋長二百尺，直儀天殿後。殿在太液池中圓坻上，十一楹，正對萬歲山。山之東也，爲靈囿，奇獸珍禽在焉。車駕歲巡上都，先宴百官于此，浙省參政齊達爾嘗云，向任留守司都事，時聞故老言，國家起朔漠日，塞上有一山，形勢雄偉。金人望氣者謂，此山有王氣，非我之利。金人謀欲厭勝之，計無所出。時國已多事，乃求通好。入貢，既而曰：「他無所冀，願得某山，以鎮壓我土耳。」衆皆鄙笑而許之，金人乃大發卒，鑿掘輦運至幽州城北，積累成山。因開挑海子，栽植花木，營搆宫殿，以爲游幸之所。未幾金亡。世皇徙都之，至元四年，興築宫城，山適在禁中，遂賜今名云。

又 卷二七《買假山》 陳愛山買顧氏廢族石假山一所，移置家園。一日，邀淵白觀之，指而謂曰：「此公族中之物。」淵白笑答曰：「東搬西倒。」陳默然。

明 朱模《石假山記》（《新安文獻志》卷一六輯） 新安山水，天下之奇觀也。休寧當其中，一州清淑之氣於是焉鍾。故視他邑爲最勝，其民雅馴，其俗簡易，官於此土者，無争辨文書之繁，而有登眺嬉游之樂。其解而去也，往往得書最籍稱能官。故凡宦游於東南者，皆以吾徽爲樂土，而尤有取於休寧也。壬辰以來則兵革之事作矣。自井邑以至於山谷間蕩然無復民居，而生理殆將泯焉。爲民上者，雖有山川之勝，豈能樂之哉。越七年，今錢侯來長是邑，慨然以民物爲己任。扶傷救絶，修廢舉墜，汲汲焉遑遑焉不敢少暇。又明年，政孚俗還，境内向治，謂侯可以適意於山水之樂矣。侯曾不以是而廢民事也。於頹基敗址間得石假山以十數，列而置諸庭中。鑿石爲池，注泉灌木，外爲扶欄以障之。復取所藏雲山圖懸諸堂上。公退則鳴琴讀書其中，憑闌則石峰累乎吾前，升堂則雲山出没乎吾後，若不知松蘿之爲近，黄山之爲遠也。

明 潘希曾《竹澗集》卷五《太湖分趣記》 太僕少卿霜厓曹公作假山于瓮城南隅，號太湖分趣。謂予曰：始僕以御史在告自適，于是别去六七載，湖山情景無日不往來于懷。顧記其事，勒諸石，庶幾他日歸隱，誦斯文而愜吾心焉，且俾後之人知僕所樂嗜也。山累太湖石爲之，崛起平地，峰巒削出，虚其中以爲洞，容三數人。兩傍由石門以升，小橋曲徑達于絶嶺。山畔有四景亭，刻東坡四景帖。有賢己亭，設博奕具。結柏亭二，一置琴磚石几，一豎峭石，刻「小飛來」三隸字。結黄白木香亭各一，桂竹屏各一，柏坊一，左右掩映，參錯于花草竹樹間。面山爲書屋若干楹，壁間陷置古今諸賢石刻。游息宴集于斯萃止。凡園之景以山勝，山之景以太湖之石勝，故命之曰太湖分趣。予惟人之情不能無所好也，彼以聲色勢利取敗者，固好之累，而無知無欲如老氏之説，則亦好高而不情。古稱知樂水、仁樂山，其適情而無累者歟？公其達仁知之理者歟？或曰：瓮城扼萬里長江，東瞰大海，公生長其間，眼界不小。頃將使命持憲節歷揚中外，以極天下之大觀，其胸中之太湖，不啻吞若八九矣，奚以分趣爲哉？予曰：此公之所以賢於人者，而人固莫測也。夫舉卷石可以知山，㪺勺水可以語海，取諸近小以自託者，易足之道也。公以清才贍學薦歷卿列，崇階顯秩，駸駸未已，乃能不以富貴移易其山林之念，是又以知足爲持盈者也。不賢而能之乎？顧予泉石膏肓，聞風感興，恨未能艤舟京江，以少分公之趣。漫爲公記之。公名仿字汝學，以乙丑進士起家。霜厓其别號云。

明 田汝成《西湖游覽志》卷三 清波門外沿城而北，舊有聚景園、仙姥墩，並廢。聚景園孝宗所築。先是高宗居大内，時時屬意湖山，孝宗乃建名園，奉上皇游幸園中。有會芳殿，瀛春、覽遠、芳華等堂，花光、瑶津、翠光、桂景、灧碧、凉觀、瓊芳、彩霞、寒碧等亭，柳浪、學士等橋。疊石爲山，重巒窈窕。其

後累朝臨幸，理宗已後日漸荒落。故高疏寮詩：「翠華不向苑中采，可是年年惜露臺。水際春風寒漠漠，官梅却作野梅開。」不久而黍離之感作矣。今惟柳橋尚存，世稱柳浪聞鶯者是也。

明　都穆《儒學重築應奎山記》（《吳都文粹續集》卷六輯）　嘉定縣學之南有一山焉，名曰應奎，蓋天順間築于縣令龍晉，歲久頹圮。【略】正德己巳，莆陽李公廷梧以才御史出按吳中，【略】謂山迫于學，且乏崇廣，瞻視弗稱，乃以市價歸學，爲修築費。俾縣令涿鹿陳侯淵總其綱，而其事則專委縣丞清泉王侯輗董之。王侯既市民隙地以廣其址，遂移山稍上西南十有四武。其崇視舊六尋有二尺，修加如崇之數，廣加二，深有三尺。復建二亭，其在山之東南者，可以俯瞰横瀝。其在中峰之西者，可以觀射。山之北爲杏壇，面西爲射圃亭樹以綽楔，而山之前復爲亭二東西並峙，以寘乎碑，其下則鑿而爲池，跨之以梁，以通往來。漫山雜植檜柏松桂千數百本，垣于山之西南餘六十丈。池之南復叠石爲山，以相輝映。

明　馮汝弼《祐山文集》卷四《三老峰記》　予家聚樂園有石山，山有三峰。中峰渾厚端岩，不露圭角，如端人正士，可近而不可狎。東峰峻嶒骨立，超然不羣，如狷介之士游神物外，而塵俗紛紜有所不屑也。西峰峭以厲，疏以通，若狂夫有志，立焉而未崇，蓄焉而未大也。予釋政歸，日與兩泉兄、段溪兄游息其間，或觴於巖，或棹於溪，或歌於巔，或嘯於麓。與三峰相盤桓，無間寒暑。久而狎，狎而化。有騷人唐丹泉者，以予三人類此三峰也，因名峰爲三老。厥明，三老視峰，峰無言，三老亦無言，各以意會。哄然一笑。

明　李濂《汴京遺蹟志》卷四　周密《癸辛雜識》：前代累石爲山未見大顯。至宣和間，艮岳之役興。連艫輦致，不遺餘力。其大峰特秀者，不特侯封，或賜金帶，且各圖爲譜。然工人皆出於吳興，謂之山匠。蓋吳興北連洞庭，多產花石，而卞山所出特秀奇。故四方之爲假山者率於此中取之。嘗聞汴京父老云，艮岳之取石也，其大而穿透者，致遠必有損折之慮，乃先以膠泥實填衆竅，其外復以麻筋雜泥固濟之，日曬極堅實，始用大木爲車，致於舟中。直俟抵京，然後浸之水中，旋去泥土，則省人力而無他慮。此法奇甚，前所未聞也。又云，萬歲山大洞數十，其洞中皆築以雄黄及爐甘石。雄黄則辟蛇蝎，爐甘石則天陰能致雲霧，滃鬱如深山窮谷。後因經官拆賣，有回回者知之，因請買之。凡得雄黄數千斤，爐甘石數萬斤。

明　王鏊《姑蘇志》卷六〇　（朱）勔有園極廣，植牡丹數千本，花時以繒彩爲幕帟覆其上，每花飾金爲牌，題其名，如是者里所。園夫畦丁，藝精種植及能叠石爲山者，朝釋負擔，暮紆金紫，如是者不可數計。園有水閣，作九曲路以入。

明　陳文燭《二酉園文集》卷九《五岳山房記》　沔，蓋古雲夢澤云。江漢之水合流繞郭，非司馬長卿所稱「罷池陂陀，下屬江河」者哉？故境内無山。而余世家江北古城竹塢，人稱山林云。家按察公移居郭内，于復中坊搆書屋數楹。前致奇石者五，中高而秀者象太室，東一象日觀峰，西一象蓮花峰，南一象岣嶁峰，北一象太行之碧玉。皆大人題品。

明　焦竑《焦氏澹園續集》卷四《五岳園記》　若夫排層空、駕遥峰，高出星漢之上，坐馳人寰之表，五岳之奇，乃天設也。然亦有基累九成，雲峨百里，極玄功以壯址，殫山林而崇搆。此所謂玄區得之神匠，大地繇乎心造。非夫曠覽之士，忘懷眇域之中，得意形骸之外，惡能與于此乎！榆林杜日章，今之名將也。杜自蓮侯清浄，績最晉陽。元凱淹通，胸藏武庫。君起近代，實亢厥宗。夙以貂蟬之英，抗烟霞之志。乃國恩縻之於前，家聲繫之於後，青山白雲，常在夢寐。因嘆曰：「羊祜日游峴首，吾未之暇也。築土以象東山，吾其爲康樂乎！」于是五岳草堂作焉。庀工程力，疏鑿控會，不易舊區，別成遠趣。南曰岣嶁洞，金簡玉牒，髣髴見之，象衡山也。西蓮花庵，三峰縹緲，象華岳也。草堂之前，鑿石爲池，曰天中館，象中嵩也。東北迤西，曰蓬玄閣、太乙樓，二翼八山，呑吐迴合，象岱恒也。總之怪石森列，或立或仆，堆阜竅穴，委邃突怒。夫以宇内名山，所推者五。宗炳圖而不能游，李固游而未能盡。君乃千巖萬壑，覼縷簇縮，一瞬而得千里，一拳而當五山。坐使幽遐環詭之觀，不鞭而來，無脛而致，斯已異矣。或曰：君駕四牡，鏘八鑾，所至變氛祲爲祥光，駴梟獍無留跡。方將立會表于高阜，敞和門于大荒。令若敖幰其六萃，蚩尤屻其五兵，洸洸乎慴穹廬而震高闕也，胡區區一丘一壑間哉？余應之曰：沈滯者志壅，恬曠者業弘。況乎留連觴詠，寓兵機之淺深。指畫山川，得地形之要害。潛養而深畜，必此階之異日者。獻凱雲臺，飲至宣室，紫綬曳地，金印如斗。即謂茲園爲君之土山峴首，其亦可也。是役也，其用雖小，所明者大。非余紀之，曷示後人。

明　陳所蘊《日涉園記略》（同治《上海縣志》卷八引）　具茨山人雅好泉

石，先後所裒太湖、英石、武康諸奇石以萬計，悟石山人張南陽以善疊石聞，城東南隅有廢圃可二十畝，相與商略，葺治爲園。時三楚江防治兵促急，不得已，以一籍授山人經始。山人按籍經營十有二年，山人物故，後有里人曹生諒者，其伎倆與山人抗衡，園蓋始於張，而成於曹也。入門榆柳夾道，遠山峰突出牆頭，雙扉南啓，爾雅堂在焉。堂東折而北，度飛雲橋，爲竹素堂。南面一巨浸，疊太湖石爲山，一峰高可二十尋，名曰過雲。山上層樓顔曰來鶴，昔有雙鶴自天而下，故云。下爲浴鳧池，館前有土岡，上跨偃虹。度偃虹而上，岡俱植梅，曰香雪嶺。岡下植桃，曰蒸霞。逕西有明月亭、啼鶯堂、春草軒，皆便房曲室。岡東折而北，有白雲洞。穿浴鳧池館，登過雲峰而下，出桃花洞，度漾月橋，逗東臯亭北，沿步屧廊，脩禊亭枕其右，亭在水上，可以祓禊。家故藏褚摹蘭亭真蹟，因摹勒上石，置其中。東八白板扉爲知希堂。有古榆，大可二十圍，仰不見木末。又古檜一株。雙柯直上，皆數百年物也。園蓋得之唐氏，惟此二木及池上一梨，尚爲唐氏故物。堂後爲耀煙閣，閣下爲問字館。前後疊石爲山，亦太湖産。中一峰亭，亭直上小峰，附之磴道，透迤可登閣。南望則浦中帆檣，北望則民間井邑一一呈眉睫間。蓋園中一大觀也。由閣道西出，爲翠雲屏，南爲夜舒池，北有殿春軒。軒後長廊。廊窮，一小室曰「小有洞天」。庭前則疊英德石爲山，奇奇怪怪，見者謂不從人間來。迤邐而東，萬笏山房在焉。所疊石皆武康産，間以錦川、斧劈，長可至丈八九尺。

清　同治《蘇州府志》卷四六　獅子林，在城東北隅。元至正間，僧人如惟則延朱德潤、趙善良、倪元鎮、徐幼文，共商疊成。而元鎮爲之圖，取佛書「獅子」座而名之。近人誤以爲倪雲林所築，非也。中有獅子峰、含暉峰、吐月峰，立雪堂、卧雲室、問梅閣、指柏軒、玉鑑池、冰壺井、修竹谷、小飛虹、大石屋諸勝。湖石玲瓏，洞壑宛轉。上有合抱大松五株，又名五松園。康熙中，聖祖南巡。乾隆中，高宗南巡，皆屢次臨幸。後爲黄殿，撰軒居第。

明　李維楨《大泌山房集》卷五七《海内名山園記》　廷尉陳玉叔，少有向禽之好，自署五岳山人。其足跡所至有三，猶未慊於志，而晚以廷尉免歸也。使石工爲山玉沙故城上，以象五岳。沔，故水鄉，漭沆無涯，玉沙矯若游龍，因其勢而附益之。南岳則有天柱、兜率、回鴈、紫蓋、青岑、彌勒、喜陽、岣嶁、金簡、碧岫、石廪、潛聖、雲隱、翠鷲、赤帝、集賢、聽琴、春草諸峰。北岳則有飛石、大茂、望仙、玄天、龍角、虎風、紫芝、靈山、琴棋、通玄、凌雲諸峰。東岳則有日觀、越觀、秦觀、丈人、乾封、登封、静望諸峰。中岳則有錦屏、太室、五乳、浮丘、少室、黄蓋諸峰。有洗耳巖，有文魚池。西岳則有高静、太華、明星、雙鳳、朝來、松檜、玉女、大羅、少華、玉秀、毛女、玉井、玉柱、白雲、落鴈、天然、神秀諸峰。而白羊城、蒼龍嶺咸具焉。石往往出平泉、履道、艮岳、蘇子瞻、米元章家物，及唐宋以來名賢所賞鑒題識，與近代太湖、錦川之奇絶貴重者，環五岳而錯峙。樓曰皇經，曰天尺，曰望笏，曰仙掌山房，曰大酉堂，曰御風問月，曰講經，曰世美，曰世德，曰世恩，曰世忠，曰讀書，曰晚香閣，曰朱陵，曰鈎玄，曰藏經，曰中天，曰水閣。亭曰翛然，曰狎鷗，曰翠雨，曰日觀，曰觀蓮，曰觀魚。園曰文藥。草堂曰獨耕，曰玉沙菴，曰緑天，曰無垢。中有殿，曰大雄精舍，曰如如。洞曰盧巖，曰希夷，曰宛委。橋曰彩虹，曰平政。名洞天者一，曰華妙。爲祠若廟，以祀伏波、碧霞元君、若水、神若、向子平、禽子夏者各一。天尺樓以藏儒書與玉叔所自論著，無垢菴以藏佛書，泰山廟以藏道書，而先世之冢域、玉叔之壽藏俱在其中。其東西表以兩棹楔，其延袤若干里。其取義取象或以五岳，或自爲名，而總名之曰「海内名山園」。

明　祁彪佳《祁彪佳集》卷七《寓山注・鐵芝峰》　志歸齋北有小阜隱起，寓山之巔也。從園外望，渺焉一丘，以爲是始皇驅石時如拳不得逐隊行而遺落於此者也。及登峰眺覽，覺雲氣霞光都生足底。東揖秦望，西招越峥，可在伯仲間。或因游之者心目曠遠，山亦若躋之而高耶。峰頂坦迤，可坐數十人，但年來爲碧梧郎君共支離叟各分半席去耳。頂有一石，如芝狀，故以鐵芝名。

明　謝肇淛《五雜組》卷三《地部一》　余在德平葛尚寶園見木假山一座，巖洞峰巒皆木頭疊成，不用片石抔土也。余奇而賞之，爲再引滿，因笑謂：「葛君歲久而朽，奈何？」答曰：「此土中之根，非百年不朽也。吾園能保百年乎？」余更賞其達。時萬曆壬寅元日也。

明　徐應秋《玉芝堂談薈》卷三《宫室土木之侈》　（陳後主）又築西苑，周三百里。内爲海，周十餘里。爲方丈、蓬萊、瀛洲諸山，高出水百餘尺。臺觀宫殿羅絡山上，向背如神。北有龍鱗渠，縈紆流注海内。

又（政和間，復營萬歲山艮岳）大率設洞庭、湖口、絲溪、仇池之深淵，與泗濱、林慮、靈壁、芙蓉之諸山，最爲奇特，異瑤琨之石。【略】岡連阜屬，前後相續。大石林立僅百餘株。獨神運一峰，高九十尺，廣百圍，錫爵「磐固

侯」。其餘石棋列星置，其略有朝日昇龍、望雲坐龍、矯首玉龍、萬壽、老松、堆青、凝碧、金鼇、玉龜、風門、雷穴諸名。又有二大石配神運峰，寘于寰春堂者曰「玉京獨秀」、「太平巖」，寘于緑蕚華堂者曰「卿雲萬態奇峰」。又有藏煙谷、滴翠巖、搏雲屏、積雪嶺，其間飛樓傑觀雄偉瓌麗。憑險則設磴道，飛空則架棧閣。有承嵐、昆雲之亭，紫石巖、祈真磴、攬秀軒、龍吟堂、絳霄樓、藥寮、西莊、游龍淵、濯龍峽、倚翠樓、海渚亭、雲浪沼、排衙石、景龍江、躡雲臺、消閒館、飛岑亭、萬松嶺、瀑布屏、海棠川、瓊津殿、漾春陂、桃花閘諸勝，總名曰華陽宫。四面周匝，若在重山大壑、深谷幽巖之底，不知京邑。空曠坦蕩，又不知郛郭寰會，紛萃而填委也。山禽水鳥凡十餘萬，丘壑林塘儼若畫本。

清　姚之駰《元明事類鈔》卷二九　瓊華島　《西苑詩序》：瓊華島在太液池中。從承光殿北度石梁至島，有巖洞窅窕，磴通紆折，皆叠石爲之。

清　乾隆《國朝宫史》卷一三　春閣之西門上石刻御筆，南向者曰含象，北向者曰懷芳。閣前叠石爲山洞，磴道幽邃曲折，間以古木叢篁，饒有林嵐佳致。山上結亭，曰積翠。山左右有奇石，西曰飛來，東曰玉玲瓏。山之西穿石洞，而南洞鐫御筆曰鷲峰。

又卷一六《宫殿六・西苑下》　永安寺爲金源瓊華島，踞太液池中，奇石叠壘而成，皆當時輦致艮岳之遺也。元時稱萬壽山，亦稱萬歲山。石磴陰洞，古檜喬松縈紆蔭鬱，儼然壺嶠。舊有廣寒殿，相傳爲遼后梳妝臺。

清　乾隆《歸善縣志》卷四《古蹟》　文惠堂　在府治旁，宋陳堯佐嘗守郡，故名。堂有堯佐手植荔枝樹。淳祐中，趙守汝馭改爲延相堂。堂後有春香圃，東壘石爲蓬萊島，上有飄雲亭，久廢。

清　乾隆《南巡盛典》卷八四《名勝》　卷石洞天在城河北岸。叠石爲山，玲瓏窈窕，巖壑天然。其旁爲宛委山房、契秋閣。

又　卷八五　獅子林，在城東北隅。中多怪石，狀如狻猊，故名。元至正二年，天如禪師之門人結屋以居其師，有峰有池，有橋有亭，有松有竹。僧寮賓館，無不具備。敕賜寺額曰菩提。後爲勢家所佔，倪瓚曾作圖貌之，真蹟傳入内府。聖人按圖臨幸，寵以天章，一曲林亭遂與南國名山争勝。

清　李斗《揚州畫舫録》卷六《城北録》　卷石洞天在城闉清梵之後，即古郧園地。郧園以怪石、老木爲勝，今歸洪氏。以舊制臨水太湖石山搜巖剔穴爲九獅形，置之水中，上點橋亭，題之曰卷石洞天，人呼之爲小洪園。園自芍園便門，過羣玉山房長廊，入薜蘿水榭。榭西循山路，曲折入竹柏。中嵌黄石壁，高十餘丈。中置屋數十間，斜折川風，碎摇溪月。東爲契秋閣，西爲委宛山房。房竟多竹，竹砌石岸，設小欄，點太湖石。石隙老杏一株，横卧水上。夭矯屈曲，莫可名狀，人謂北郊杏樹，惟法净寺方丈内一株與此一株爲兩絶。其右建脩竹、叢桂之堂。堂後紅樓抱山，氣極蒼莽。其下臨水小屋三楹，額曰丁溪。旁設水馬頭。其後土山逶迤，庭宇蕭疏，剪毛栽樹，人家漸幽，額曰射圃。圃後即門。

羣玉山房聯云：漁浦浪花摇素壁司空曙，玉峰晴色上朱欄李羣玉。過此搆廊，與河蜿蜒入薜蘿水榭，後壁萬石嵌合，離奇夭矯，如乳如鼻，如腭如臍，石骨不見盡衣。蘿薜樹前三面臨水，欹身可以汲流漱齒。聯云：雲生磵户衣裳潤白居易，風帶潮聲枕簟凉許渾。獅子九峰，中空外奇，玲瓏磊塊。手指攅撮，鐵綫疏剔。蜂房相比，蟻穴湧起，凍雲合遝，波浪激衝。下本淺土，勢若懸浮，横竪反側，非人思議所及。樹木森戟，既老且瘦。夕陽紅半樓，飛檐峻宇，斜出石隙，郊外假山，是爲第一。

清　錢泳《履園叢話・獅子林》　獅子林在吴郡齊女門内潘樹巷，今畫禪寺法堂後牆外。元至正間，僧天如、惟則延、朱德潤、趙善長、倪元鎮、徐幼文共商疊成，而元鎮爲之圖，取佛書獅子座而名之，近人誤以爲倪雲林所築，非也。明時尚屬寺中，國初鞠爲民居，荒廢已久。乾隆廿七年，純皇帝南巡，始開闢薙草，築衛牆垣。其中有獅子峰、含暉峰、吐月峰，立雪堂、卧雲室、問梅閣，指柏軒、玉鑑池、冰壺井、修竹谷、小飛虹、大石屋諸勝，湖石玲瓏，洞壑宛轉，上有合抱大松五株，又名五松園。後爲黄小華殿撰府第，其北數百步有王氏之蘭雪堂、蔣氏之拙政園，皆爲郡中名勝。

藝　文

唐　太宗李世民《小山賦》(《文苑英華》卷二七輯)　何四序之交運，轉三陽之暮時。風辭暄而入暑，樹替錦而成帷。想蓬瀛兮靡覿，望崑閬兮難期。抗微山於綺砌，横促嶺於丹墀。啓一圍而建址，崇數尺以成岯。既無秀峙之勢，本乏雲霞之資。承墜宇之殘，露挂低空之斷絲。爾乃參差絶巘，葳紆短

逕。風暫下而將飄，煙纔高而不暝。寸中孤嶂，連還斷尺。裏重巒欹復，正岫帶柳而合雙。眉石澄流兮分兩鏡，爾其移芳植秀，擢幹抽一作芰莖。松新翠薄，桂小丹輕。細影雜兮俱亂，弱勢交兮共縈。纔有力以勝蝶，本無心而引鸎。半葉舒而巖暗，一花散而峰明。何纖微之同景，亦卑細以相成。於是換浮歡於沉思，賞輕仁當作陰於勝地。俯蟻垤而有餘，仰終南而多愧。非爲固於九折，庶無虧於一簣。聊夕玩而朝臨，足攄懷而蕩志。

又《**詠小山**》（《**唐詩紀事**》**卷一輯**） 近谷交縈蕊，遥峰對出蓮。徑細無全磴，松小未含煙。

唐　徐充容《**奉和御製小山賦**》（《**文苑英華**》**卷二七輯**） 惟聖皇之馭寓，鑒敗德於前規。裁廣知以從狹，抑高心而就卑。懼逸情之有泰，欣静慮於無爲。于時，季春移序，初光入暑。露溽池臺，煙霏林藪。睿情悒以無歡，懷仁智而延佇。思寓賞以登臨，非騁麗於茅宇。殊華岳之削成，異羅浮之移所。爾其表玩宸衷，故作離宫。含仁自下，帶險非崇。分上林之卉木，點重巒之翠紅。葉新抽而不樹，花散植而無藂。雜當窗之帶柳，交約砌之珪桐。纖塵集兮朝嶺峻，宵露晞兮夕澗空。影促圓峰三寸日，聲低叠嶂一尋風。風輕兮拂蘭蕙，日斜兮蔭階砌。蝶留粉於巖端，蜂尋香於嶺際。草臨波而側影，石瑩流而倒勢。雖蓬瀛之藴奇，故未留於神睇。彼崑閬之稱美，詎有述於天製。豈若數簣之形，託於掖一作彤庭。俯依丹檻，仰眛疑作映朱楹。耻巖崖之鄙薄，荷眺矚之恩榮。期保終於一國，奉天睠於千齡。

唐　杜甫《**九家集注杜詩**》**卷一七**《**天寶初，南曹小司寇舅於我太夫人**甫**祖母盧氏堂下，累**一作壘**土爲山，一匱盈尺，以代彼朽木承諸焚香瓷甌，甌甚安矣。旁植慈竹，蓋茲數峰嵚岑嬋娟，宛有塵外數**一作贇，詩同。一本無數字。一作格**致。乃不知興之所至，而作是詩**》 一匱功盈尺，三峰意出羣。望中疑在野，幽處欲生雲。慈竹春陰覆，香爐曉勢分。惟南將獻壽，佳氣日氛氲。

唐　權德輿《**權文公集**》**卷二**《**奉和太府韋卿閣老左藏庫中假山之作**》 春山仙掌百花開，九棘腰金有上才。忽向庭中摹峻極，如從洞裏見昭回。小松已負干霄狀，片石皆疑縮地來。都内今朝似方外，仍傳麗曲寄雲臺。

唐　韓愈《**五百家注昌黎文集**》**卷七**《**奉和裴相公假山**》（《**古今事文類聚**》**前集卷一四輯**） 公乎真愛山，看山旦連夕。猶嫌山在眼，不得着脚歷。往語山中人，丐我澗側石。有來應公須，歸必載金帛。當軒乍騈羅，隨勢忽開拆。有洞若神剜，有巖類天劃。終朝巖洞間，歌吹晏賓戚。孰謂衡霍奇，近在王侯宅。傅氏築已卑，磻溪釣何激。逍遥功德下，不與事相摭。樂我盛明朝，於焉傲今昔。

唐　白居易《**白氏長慶集**》**卷一五**《**纍土山**》 堆土漸高山意出，終南移入户庭間。玉峰藍水應惆悵，恐見新山望舊山。元八舊居在藍田山。

又　卷二八《**題岐王舊山池石壁**》 樹深藤老竹迴環，石壁重重錦翠斑。俗客看來猶解愛，忙人到此亦須閑。況當霽景凉風後，如在千巖萬壑間。黄綺更歸何處去，洛陽城内有商山。

唐　許渾《**丁卯詩集補遺·奉和盧大夫新立假山**》 巖谷留心賞，爲山極自然。孤峰空迸笋，攢萼旋開蓮。黛色朱樓下，雲形繡户前。砌塵凝積靄，檐溜挂飛泉。樹暗壺中月，花香洞裏天。何如謝康樂，海嶠獨題篇。

唐　鄭谷《**雲臺編**》**卷中**《**七祖院小山**》 小巧功成雨蘚斑，軒車日日扣松關。峨嵋咫尺無人去，却向僧窗看假山。

金　元好問《**中州集**》**卷一〇**《**先大夫詩·家園假山**》 八尺飛來峰，蒼然立於獨。細看甲乙字，疑是半泉族。山非一草石，見石山亦足。便恐東岫雲，來我檐下宿。今朝鑿盆池，明朝種松菊。自笑住山人，何時返巖谷。

宋　梅堯臣《**宛陵集**》**卷九**《**寄題徐都官新居假山**》 太湖萬穴古山骨，共結峰嵐勢不孤。苔徑三層平木末，河流一道接牆隅。已知谷口多花藥，祇欠林間落狖鼯。誰侍巾韝此游樂，里中遺老肯相呼。

宋　歐陽修《**文忠集**》**卷五四**《**和徐生假山**》 匠智無遺巧，天形極幽探。謂我愛山者，爲山列前檐。頹垣不數尺，萬險由心潛。或開如斷裂，或吐似谺谽。或長隨靡迤，或瘦露巉嵌。陰一作險。穴覷杳杳，高屏立巉巉。後出忽孤聳，羣奔沓相參。巖若氣融結，突如鬼鐫鑱。昔嵗貶荆楚，扁舟極東南。孤山馬當夾，兩岸臨江潭。常恨江水惡，輕風不留帆。峰巒千萬狀，可愛不可談。但欲借粉繪，圖之掛紈縑。豈知几席間，百態生濃纖。暮雲點新翠，孤煙起朝嵐。況此窮冬節，陰飈積凝岩。幽齋喜深處，遠目生遐瞻。晝卧不移枕，晨興自開簾。吾聞君子居，出處無常占。卷道或獨善，施物仁貴兼。於時苟無益，懷禄古所慚。嵩山幸不遠，薇蕨豈不甘。自可結幽侣，披雲老溪巖。胡爲不即往，一室安且恬。辱子贈可愧，因詩以自讒。

宋　蘇軾《**東坡全集**》**卷一六**《**和人假山**》 上党攙天碧玉環，絶河千里抱商顔。試觀煙雨三峰外，都在靈仙一掌間。造物何如童子戲，寫真聊發使

君閒。何當挈取征西去，畫作圍床六曲山。

宋 蘇洵《嘉祐集》卷一五《木假山記》 木之生，或蘖而殤，或拱而夭。幸而得不破折不腐，則爲人之所材，而有斧斤之患。其最幸者，漂沉汩没於湍沙之間，不知其幾百年。而其激射齧食之餘，或髣髴於山者，則爲好事者取去，强之以爲山，然後可以脱泥沙而遠斧斤。而荒江之濆，如此者幾何，不爲好事者所見，而爲樵夫野人所薪者，何可勝數。則其最幸者之中，又有不幸者焉。予家有三峰，予每思之，則疑其有數存乎其間。且其蘖而不殤，拱而不夭，任爲棟梁而不伐，風拔水漂而不破折不腐，不破折不腐而不爲人所材以及於斧斤，出於湍沙之間而不爲樵夫野人之所薪而後得至乎此，則其理似不偶然也。然予之愛之，則非徒愛其似山，而又有所感焉。非徒愛之，而又有所敬焉。予見中峰，魁岸踞肆，意氣端重，若有以服其旁之二峰。二峰者莊栗刻峭，凛乎不可犯。雖其勢服於中峰，而岌然決無阿附意。吁！其可敬也夫，其可以有所感也夫。

宋 文同《丹淵集》卷一〇《寄題杭州通判胡學士官居詩四首之四》 月巖齋（太史書）又言，纍石爲山，上有一峰，穿竅如月，謂之月巖齋。詩中子平即子瞻也。 月爲太陰精，石亦月之類。月常寄孕於石中，事理如此何足異。天地始分判，日月各一物。既名物乃入形器，安有形器不消没。況此日與月，曉夜東西走。珠流璧轉無暫停，豈與天地同長久。其爲勞苦世共知，惟是月有生死時。既然須常换新者，人但不見神所爲。日須天上生，月必地中産。君不見虢州朱陽縣之山谷間，纔成未就知何限。石有不才者，往往其卵㲉。靈媪棄置不復惜，任人取去爲珍玩。佳者留之待天取，藏滿庫樓千萬許。彦瞻博物天下稱更無定，不以予之説爲寱語。予恐世人不知嵩丘巖洞中，中有八萬二千修月户，其人所食盡玉屑。昔有王生見之，滿襆提斤斧。應是當年靈鷲山，直自天竺飛落西湖前，其上有石妊月月已滿。此人竭來就彼剜剔歸上天，所以此石拆疈不復合。至今神胞所附之處其痕圓，抛擲道傍凡幾歲，風刷雨淋塵土穢。子平一見初動心，輦致東齋自摩洗。更選他山相擁列，就中獨爾一峰最奇絶。每至瑶魄流光下照時，玉柱横欹無少缺。子平謂我同所嗜，萬里書之特相寄。邀我爲詩我豈能，窗前累日臨空紙。遥想巖前寶穴通玉蟾，從此去無蹤。請君爲我細書字於側，名爲月母峰。

宋 黄庭堅《山谷外集》卷一四《疊屏巖》 篁竹參天無人行，來游者多蹊自成。石屏重疊翡翠玉，蓮蕩宛轉芙蓉城。世緣遮盡不到眼，幽事相引頗關情。一爐沈水坐終日，唤夢鵓鴣相應鳴。

宋 强至《祠部集》卷八《文懿大師院假山》 繞郭非無海上山，更收紫翠入禪關。竺峰飛過傳聞後，蓬島移來想像間。草樹細含生意足，雲煙輕帶野情還。主人高卧嵩衡畔，應放幽尋杖屨閒。

宋 劉弇《龍雲集》卷四《李宰新成假山》 夫子絶俗姿，趣尚豁雲海。花移洛下品，池割天潢派。中間疊嵯峨，石骨紛磊磊。功侔一簣始，正爾臨爽塏。羅浮窮南勢，迎目出巧怪。洗昏新罅發，秘匿若有待。騫騰天吴揖，聳削虬尾擺。當頭七八峰，縹緲散青靄。直下三四溪，何年取東匯。洞指白鹿迷，路認桃源改。時時攻冥煩，瀟灑遞天籟。得非緣夜半，提挈有真宰。俗物卑培塿，高標想衡岱。我家香罏傍，登躡素心在。一從羈官綴，未省識嵓嵬。俯窺攙雲骨，逸興幾十倍。無爲識真假，自可蠲塵浼。何日升君堂，把酒取一快。

宋 釋惠洪《石門文字禪》卷一六《過小院僧窗有假山絶妙作廬山勢書此》 廬阜歸心久未降，夢魂時復渡溢江。忽驚古寺秋庭上，翠戲煙巒對矮窗。

宋 孫覿《鴻慶居士集》卷四《洞庭沈氏園亭》 雲根瘴滔天，萬疊如連環。峨峨一鏡中，綰結十二鬟。壇殿歲月古，敝石蒼苔斑。毛公已仙去，故物尚人間。羣胡射漢月，獵火焮百蠻。安知橘中樂，避世真商山。英英東陽孫，高情寄人寰。誅茅擇地勝，斬崖破天慳。開軒疊蒼玉，亂峰刻孱顔。循除繞羅帶，淺溜鳴潺湲。意行雲共出，地坐草可班。興至亦乘桴，一簑卧滄灣。

宋 劉學箕《方是閒居士小稿》卷上《石假山》 潭溪散人方是閒，真山不愛愛假山。呼童積疊山磊磈，遠近便擁峰與巒。晴嵐滴翠明窗前，清影掛壁方池邊。色侵書帙日華薄，丘壑坐上生雲煙。雲煙收霏苔蘚緑，山石傍頭更栽竹。三竿兩竿韻不俗，摇盪青風凉意足。方是閒人當此時，以假像真人謂奇。或來静對酌美酒，或來晏坐哦新詩。吟詩搜索繁心脾，酒醉落魄精神癡。吟詩飲酒且不可，況復局上争枯棋。不如對山撫吟琴，琴心三疊舞胎禽。高山流水存至音，古趣澹泊悦我心。老泉三峰欄木材，百年沈埋安在哉。東坡仇池九華石，只有佳篇傳入集。此山亦猶今視昔，與我同生亦同没。

宋 劉攽《彭城集》卷六《作假山》 幽意難具陳，静境可因就。遠求澗側石，置彼窗中岫。前爲嵩華高，側構衡霍秀。巖嵎倏天成，風煙若神授。他

時看圖畫，應接頗意究。氣色形似間，人人輕宇宙。嘗聞山林士，既往又不復。此語我知之，衡茅非所陋。

又 卷一二《靈壁張氏園亭二首》　落帆楊柳渚，步屧松竹園。叢石千巖秀，涼風萬葉翻。主人昔傲吏，燕翼此衡門。略看題詩客，空令悲九原。

密竹換啼鳥，清池添放魚。懸藤林下坐，嚮石洞中居。興趣自無盡，傳聞那得虛。如何仲長子，刻意但成書。

宋　虞儔《尊白堂集》卷一《次韻漢老弟假山》　庭空吏散無公事，一枕清風供午睡。列仙之陬渺何許，化蝶翩翩可坐致。夢中意行不識路，神前那有車乘墜。立壁延緣蘿蔓緑，滑徑行視莓苔翠。南游忽到九疑峰，竹痕斑斑湘娥淚。簫韶聲斷蒼梧雲，石上虛餘千古意。回鑣斜經少昊墟，閬風縣圃窮幽邃。崑崙銅柱高隱天，河流九曲東南被。高掌遠蹠得我驚，二華巨靈留贔屭。三丘却轉問勾芒，首冠連鼇誰所置。蓬萊浪自弱水隔，俛仰之間興已寄。傳聞有棗大如瓜，一笑安期方指示。惡風驟起吹船回，未悟此身在平地。鼕鼕衙鼓忽驚覺，起來恰見羣兒戲。叠石亭前作假山，列嶂層峰生詭異。有如中怒互拏攫，或似畫眉相嫵媚。神獒獅子豈其朋，伏虎卧駞非若類。珠屏九摺地不惜，西柱一峰天所棄。眼中乍見已堪賞，夢裏曾游俱可志。連筒灌水瀑泉飛，薄岸臨坻磐石巋。瓦盤拳石養菖蒲，小有仇池今見二。乃知仙境只人間，跬步不移千里至。向來封國在槐枝，我今此夢真相似。要知萬事孰非夢，何物世間能久嗜。有人夜半欲移舟，讀我此詩寧不愧。

宋　晁冲之《僧舍小山》（《石倉歷代詩選》卷一五八輯）　此老絶瀟灑，久參曹洞禪。胸中有丘壑，手裏斲山川。樹小風聲細，巖深日影圓。江湖不歸客，相對一茫然。

聚沙真足戲，知自法王孫。一運郢斤手，都無禹鑿痕。藤梢未挂壁，荷葉欲生盆。笑問山陰道，潛通何處村。

爛石有佳色，禪房疊更幽。九疑峰不斷，十字水長流。枕簟日逃暑，軒窗時卧游。吾衰更何往，只此對湯休。

宋　王十朋《梅溪前集》卷六《書院雜詠·假山》　君有好山僻，叠山亭院間。不遮山外眼，又得見真山。

宋　吴芾《湖山集》卷七《假山》　我愛青山欲細看，如何不在户庭間。聊移野外玲瓏石，來人選窗前疊山。拄笏已堪供嘯詠，杖藜還更得躋攀。莫言道院過從少，亦有修眉相伴閑。

宋　王之道《相山集》卷二《假山》　幽人愛九華，胸臆富巖竇。叠石談笑頃，窗間列遠岫。一拳儻興雲，其功等高秀。君看負山者，盍亦備兹寇。

宋　周麟之《海陵集》卷一《飛來峰》　西域嶄崱羣玉峰，懸崖萬丈穿玲瓏。世人不識真鬼工，夜半躍起隨雷風。天與西湖作奇觀，嶷然飛墮羣山中。海風吹雨萬壑暝，往往密有雲相通。遥望煙鬟出林塢，重巒面面青蓮宇。孤雲起石風生泉，游人六月不知暑。世傳飛來我亦疑，摩挲蒼壁心更悲。當年禁囿山水遠，艮岑一石須人挽。無人把酒酹山靈，飛入君王上林苑。

宋　許綸《涉齋集》卷一六《爲山》　疊石爲山底用高，經丘驀嶺欲平橋。青林屈曲崎嶇過，疑有碧花無數桃。

宋　葉適《水心集》卷六《靈巖》　穹窿右俛眉，天平左垂鬟。吴人宅沮洳，兹山抑其鎮。陡起爲表著，突兀數尋仞。樛松頗堅瘦，立石乃榮潤。兼有千里陂，杳靄來遠韻。宜乎登椒丘，擺落思奮迅。吴主未亡時，絶色館孤峻。歌聲妙欸乃，俎品窮蛤蜃。援琴固停晷，解甲仍轉瞬。終歸寂寞人，破釜煮枯堇。陳迹不足弔，新締何勞問。三年姑蘇驛，空望此塔近。適當熟食節，暖氣無已吝。豪風增春愁，異雪損花信。聊以壯游衍，歸受兒女嚫。

宋　錢希聖《和司空相公假山》（《古今事文類聚前集》卷一四輯）　劚得古雲根，蒼蒼蘚痕布。叢倚狀峰嵐，霏微起煙素。參差衡霍列，嵬崒虬龍聚。揮扇動林風，飛香暗巖户。誰言盈尺内，自有青霄路。相君機務閒，玩此懷真趣。興似東山歸，境對曹溪悟。美矣仁智心，良哉聖明輔。

宋　梅應發　劉錫同《開慶四明續志》卷九　一望平湖萬頃連，恍如身在鷲峰前。築塗成宅難移地，叠石爲山欲奪天。緑萼枝方停曉鳳，白楊樹已咽寒蟬。達人大觀緣如此，萬事都來付且然。

宋　汪元量《湖山類稿》卷三《花石綱》　假山雖假總非真，未必中間可隱身。若使此山身可隱，上皇不作遠行人。

明　朱有燉《誠齋録》卷三《石假山》　如何小小無根石，草木欣欣自向榮。若解南山移至此，料應松柏也生成。

明　宣宗朱瞻基《御製集》卷三《石假山記》　苑中舊有石十餘，始得之磵中。石爲水衝射激嚙而巖竇穴罅生焉。不雕不琢，自然而成。以其廢置不用也，乃命移於便殿之外，積叠而爲山。高不踰尋，而其勢雄峙峭拔，如東岱

之日觀，西華之仙掌，又如匡廬之五老，巖巖乎，屹屹乎，不特瓌異，奇詭之狀可玩也。天地之初，元氣運行，融而爲水，凝而爲山。石又凝氣之尤堅者。故山水或有時而變，石可以長久不壞，豈非得陰之凝確、陽之堅剛者乎。宜其久而能存也。

明 文徵明《甫田集》卷一〇《西苑詩十首之一》 萬歲山在子城東北、玄武門外，蓋大内之鎮山也。其上林木陰翳，尤多珍果，一名百果園。

日出靈山花霧消，分明員嶠戴金鼇。東來複道浮雲迥，北極觚棱王氣高。仙仗乘春觀物化，寢園常歲薦櫻桃。青林翠葆深於沐，總是天家雨露膏。

明 李東陽《懷麓堂集》卷五四《假山成戲作二首》 叠石危峰起，盤根古樹成。賓留雲宿處，溪待水流聲。意匠疑天巧，林居見物情。退朝先拄笏，爽氣忽焉生。

有意尋丹壑，無錢買白雲。岡巒纔數叠，城市已平分。遠可游松子，清宜隱竹君。山成謝嚴叟，題壁爲書勳。

明 薛蕙《考功集》卷三《石假山》 君家洞庭畔，猶嫌去山遠。園限搆石岫，林際開雲巘。迤邐帶華池，崎嶇入層苑。不載扁舟來，臨流詎能返。

明 李濂《汴京遺蹟志》卷二四《沁園春艮岳弔古》 十里青山，百道流泉，艮岳巧哉。羨芙蓉城闕，飛亭灑雪。海棠臺榭，絶壑鳴雷。萬態奇峰。百花窈洞，一片平原，錦作堆，真如畫。有巖巖紫翠，樹樹琪瑰。 東京舊事堪哀。恨誤國姦臣釀禍胎。昔道君開苑，毒痡四海。蔡京入相，濁亂三台。巢鳳樓前，濯龍峽口，鉦鼓喧天動地來。煙塵起，慨鑾輿不返，弔古徘徊。

明 田藝蘅《香宇集》卷二三《石假山》 繞廬無處不佳山，又費囊金買石還。沈土已經檀寺劫，出林猶帶蘚痕斑。螺鬟掩映三千隊，蟬冕參差十八班。奇友似君難甲乙，論交物外拜何慳。奇章公蓄奇石，以甲乙爲品第。

又 卷三三《假山》 莫以山爲假，須知石是真。達觀惟道眼，引出自天神。粉繪疑縣素，衡廬此效珍。膏肓先世疾，對爾覺重新。

明 王世貞《弇州續稿》卷六《題離賁園小山》 離賁園之壺隱亭小山，東西僅三丈，南北半之，高不能二仞。中匯一小池，南北僅五尺，東西半之，而下有泉脈，非大旱不至涸。中藏磴嶺、澗壑、橋梁之屬，皆具體而微，遂名之曰壺隱山。爲賦古體一章。

昔余陟粢山，秦楚寬自圻。大小七十峰，峰峰插空碧。紛來眩目境，獨往疲足力。及乎泛洞庭，黏天四無辟。日月涵兩丸，魚龍蕩九罭。如何舉武間，亦具仁智德。冷然一蹄涔，縁以數拳石。窈窕若徑庭，沿洄似無極。步步苔誤綦，時時蔓鈎幘。山磐作古樹，瓦松僅盈尺。不任祖龍鞭，寧堪巨靈擘。被以澗嶺名，居然無慚色。勿歸壺公袖，爲我媚几席。昔覬何足奇，天地有時窄。

又 卷一三《題軒中靈璧石》 有石高僅尺，宛爾巫山同。許借從吾弟，移來仗小童。雨垂青欲滴，雲過碧争雄。安得壺公引，輕身住此中。

明 楊循吉《石假山》（《石倉歷代詩選》卷四一九輯） 何哉奇復奇，聚此照眼碧。玲瓏千百竅，突兀八九尺。中居獨尊岩，傍擁互扶掖。猊雄怒張吻，馬瘦高見脊。枯藤絡巖生，老檜鑽崖坼。網湖水獻寶，斧山雲失宅。飛來鷲峰峨，推開劍門劃。狎觀常解帶，肅拜或呼幘。勢掩肺腑層，形標拳臂隻。浪淘猶見紋，虎爪仍存跡。朝惟講僧坐，夜乏將軍射。三槎非可參，一拳兹乃積。風雷蓄深杳，花草栽狼籍。磨堪鏡功名，眠可携被席。曲折畫手知，巧妙詩家得。陟磴披翠篁，臨池扣金鯽。林泉釣初心，漁樵盟舊癖。空支九節杖，莫縱千仞屐。窗窺雖眇小，意賞同弘碩。幸忝司郡人，寧愁竊中夕。

明 姚旅《露書》卷一〇 貴州普定分署内有假山，山間有樹，根、幹、枝條皆石也，而有葉如榴，裊裊茂翠。開花似桂，微黄。嘉靖丁巳僉事焦希程賦詩紀之，而不知其名。按《抱朴子》，石桂芝也。

明 徐𤊹《徐氏筆精》卷五《交州木山海南木石》 先輩許黄門天錫，正德中奉使安南。於僧寮中得枯木一片，狀若山峰。黄門厚酬主僧，携歸閩中，自刻詩云：「萬年木精化青牛，瘦骨不朽沈江洲。江洲水急魚龍湫，神物始出隨迴流。玲瓏崒嵂誰能鏤，山僧得之溪峒酋。蠻荒僻遠絶賞鑒，木爾韜晦誰怨尤。洞江先生好事者，邂逅頋脱千金裘。古今琴材出爨下，扳爾幸免爲人樵。風匡雨谷偕我老，無復夢想仍丹丘。」歲久，流落士夫家已百年，不知寶惜，棄之泥滓。予友高景倩，博物好古，見而賞識，遂乞以歸。洗刷塵垢，置之齋中，名其齋「木山」。同社俱有詩紀其事，然竟不知何木也。黄云金陵姚允初觀察海南，得一石如木有枝，云出之海中，余曾見之。

明 祁彪佳《越中園亭記》卷四《城東·樵石山房》 去曹山五里，有楊家宕者，亦以伐石故玲瓏磈磪。穴爲深池，樵石則其傑出者。陶長吉欲築室巖邊，盡有兹勝。後不果成。

明 陳大謨《師子林》（《師子林紀勝續集》卷下輯） 入門足岡巒，攢蹙

嫌偪側。壺中具九華，境轉更奇僻。心欲升山顛，身先入地脈。見人手可招，尋蹤渺難及。頭上喧杖履，脚底響箏笛。一步景一換，千回勢百折。周遭五畝餘，辰游午未息。石瘦捐寸土，松長挺千尺。濤聲蕩奇峰，狻猊向人嚇。翻然生悔心，失足向空擲。多事老畫師，千秋畫一石。

又　明屠倬《**師子林山石**》　老松不着土，蟠屈石骨堅。陰洞不泄雲，吐納茶竈煙。門交薜蘿暗，磴蝕苔花鮮。上下百千級，咫尺相鉤聯。我聞雲林子，闢此小洞天。踞地吼師子，爪奮顛毛鬈。峰顛作螺旋，地脉成蟻穿。去者方躡踵，來者剛摩肩。飛梁跨左股，孤亭扼中權。鵲巢風欲墮，桂華月初圓。虛中自屈曲，面勢乃獨全。苦心締靈構，不藉神斧鐫。取象肖物情，設想參畫禪。遂移煙霞窟，日對几案前。前游信鹵莽，擾擾物累牽。詩成償夙願，已悔遲三年。

又　明　查初揆《**游師子林**》　瞿曇昔墮地，一吼竄貙豻。亦有阿育柱，怒猊常鬱蟠。何年辭給孤，占此雲水寬。揭來帖耏尾，惟見青巑岏。犀珠迸土出，歲久成琅玕。天風一相戛，疑有聲珊珊。無苔石自緑，不雨池猶寒。縈紆諸巖洞，訝是神所刓。窈窕跨虛碧，空明遂無端。流雲障面面，幽磴行團團。往還五雜俎，出入雙井幹。勝游傲陶峴，褰裳成遐觀。幾時問真宰，五岳劚心肝。

清　韋金《**步前韻二首**》《**西陂類稿**》**卷二一輯**）　閒閒十畝好移家，竹裏煙光竹外霞。疊石爲山登欲遍，埋盆作沼興偏賒。霜遲麥熟蕎麥方争刈，水落魚寒漸可叉。莫道荒村經過少，老僧來往共茶瓜。

清　高宗愛新覺羅・弘曆《**御製詩集**》**四集　卷一八**《**飛睇亭**》　疊石爲山峙碧岐，層梯信步攝齊登。偶然飛睇還同樂，牆外煙村鬧野鐙。

又　五集　卷四九《**磴道**》　疊石爲山背峙齋，嵚崟曲折巧成階。設如百級直而上，一寫無餘有底佳。

又　卷七三《**紫泉行宫十咏・屏山**》　當門叠石聳屏山，以曲爲遥蹀步間。却悟清防特合景，於賢於諫那應閑。

又　卷八六《**雙鶴齋八景・峭蒨居**》　西山怪石如湖石，堆作假山峭蒨深。曲徑偶然循屧步，田盤一例坐雲林。盤山有雲林石室，叠石爲假山，與此頗相肖。

又《**愛景庭詩**》（《**日下舊聞考**》**卷七九輯**）　假山之上敞間庭，遠巘近泉無遁形。北望暢春園咫尺，愛茲恒得奉慈寧。

清　厲鶚《**樊榭山房集**》**卷六**《**王蒻林司勳邀游惠山訪愚公谷**》　前人卜築愛幽奇，叠石爲山勢若移。冷翠空煙吹不散，似和敗葉護荒池。

清　王良佐《**思賢書院假山**》（《**檇李詩系**》**卷三九輯**）　何來搬取崑崙峰，屹然映照池波中。波中瀲灔石玲瓏，石面洗出梨花風。一壺中藏小天地，三十六洞桃花雨。千年髯松鎖不住，只愁化作茅龍去。

清　郭憲高《**假山**》（《**兩浙輶軒録**》**卷三一輯**）　巧匠堆來石幾拳，疊如鱗次砌蟬聯。參差邱壑都成趣，掩映樓臺别有天。長在茂林修竹外，却宜流水小橋邊。買山舊約休辜負，我亦清狂似米顛。

清　陶元藻《**泊鷗山房集**》**卷二八**《**瞻園**》　大功坊内中山居，千章老木臨清渠。移來怪石形倔强，紅羊碧獸羅前除。峰横嶺側布置巧，宛疑衡岱胚胎初。修廊周遭臺榭密，離離花竹兼禽魚。中山遺像英靈在，璧月華槃耀精采。歌姬曾壓十三樓，手植猶傳四百載。終古霄馳白玉驄，至今人見黄金鎧。中山王嘗乘白馬夜游園内，至今猶然。江南别墅多且工，百年世事嗟飛蓬。横雲漸作榛莽窟，水繪早與狐狸宫。高傾曲平已無數，何况前代塵灰空。瞻園長託方伯署，巋然魯殿靈光同。物藉噓培方不汩，人非得地安能雄。我來重訪留題處，廿載游踪逐飛絮。憐渠巒嶂翠如初，歎我髭鬚雪難去。皋禽似識舊詩人，故故松梢款人語。

清　屠倬《**是程堂集**》**卷一三**《**獅子林山石**》　老松不著土，蟠屈石骨堅。陰洞不泄雲，吐納茶竈烟。門交薜蘿暗，磴蝕苔花鮮。上下百千級，咫尺相鉤聯。我聞雲林子，闢此小洞天。踞地吼獅子，爪奮顛毛鬈。峰顛作螺旋，地脉成蟻穿。去者方躡踵，來者剛摩肩。飛梁跨左股，孤亭扼中權。鵲巢風欲墮，桂華月初圓。虛中自屈曲，面勢乃獨全。苦心締靈構，不藉神斧鐫。取象肖物情，設想參畫禪。遂移烟霞窟，日對几案前。前游信鹵莽，擾擾物累牽。詩成償夙願，已悔遲三年。

清　查揆《**篔谷詩鈔**》**卷五**《**獅子林**》　瞿曇昔墮地，一吼竄貙豻。亦有阿育柱，怒猊常鬱蟠。何年辭給孤，占此雲水寬。揭來帖耏尾，惟見青巑岏。犀珠迸土出，歲久成琅玕。天風一相戛，疑有聲珊珊。無苔石自緑，不雨池猶寒。縈紆諸巖洞，訝是神所刓。窈窕跨虛碧，空明遂無端。流雲障面面，幽磴行團團。往還五雜俎，出入雙井幹。勝游傲陶峴，褰裳成遐觀。幾時問真宰，五岳劚心肝。

清　王培荀《**鄉園憶舊録**》**卷四**　唐濟武先生以言事落職，游覽江山名勝，歸築志壑堂，堆山栽竹，爲終焉之計。念東先生詩云：主人逸興忽爲山，

一拳五岳驚巑岏。縹緲危峰不可上，笙鶴仿佛游其巔。逸興未已重栽竹，五日未來已百束。長夏蕭條緑玉寒，廣樹毰毸青鳳簇。桐梢有月更森森，蘋末無風已謖謖。譬如高士立重巖，宛若佳人在空谷。又咏其新成小山云：襟抱由來邱壑全，纔經位置便超然。丹青選出移山手，烟雨催來種竹天。青似九華摇鏡裏，緑疑千頃落樽前。眼中勝賞千秋事，始識蘭亭亦偶傳。

清　吴文鎔《吴文節公遺集》卷七二《師子林》　匠巧移來畫裏山，探奇却合閉柴關。憑將萬壑千巖趣，縮入空庭曲沼灣。石妙玲瓏忘岫複，徑迷咫尺阻雲還。羡他迂叟傳名蹟，榮荷宸章次第頒。

雜　録

宋　范成大《吴郡志》卷一五《山》　鶴阜山，亦名岝崿山。世傳禹治水時，令童男童女入太湖引出此山，欲以填水。至鶴邑墟不肯進，因此以名。或云即師子山也。

宋　祝穆《古今事文類聚》前集卷一四《以假山爲血山》　兖王宫翊善姚坦。王作假山，坦曰：不見假山，唯見血山。皆民生膏血所成。時太宗爲諸王，亦作假山，聞語而罷。《石介聖政録》

宋　潛説友《咸淳臨安志》卷二三　小南屏山在廣教院後，怪石玲瓏，亦類屏障。

清　姚之駰《元明事類鈔》卷二九　廣寒殿　《輟耕録》：廣寒殿在萬歲山頂。明宣宗《廣寒殿記》：萬歲山在宫城西北隅，皆奇石積疊以成，最高者爲廣寒殿。其山石即宋之艮岳也。宋之不振以是。金不戒而徙於兹，元又不戒而加侈焉，乃以皇祖大訓。

置　石

題　解

清　陳元龍《格致鏡原》卷六　劉熙《釋名》：山體曰石。石硌硌也。山多大石曰礐。礐，學也。大石之形學學然。山多小石曰磝。磝，堯也。每石堯堯獨處而出見也。礫，小石也。磊，衆石也。

論　説

宋　釋契嵩《鐔津集》卷一四《解獨秀石名》　其既名獨秀石，章表民以其名爲未當，且以詩評之，更曰「獨怪石」。表民能文，其取義必遠。然吾獨秀之義，亦未始與人語，因得論之。世俗所謂怪石者，必以其詭異，形狀類乎禽獸人物者也爲之焉。如是，則屏山之石盈巖溢壑，無不如禽獸人物者也，何獨一石謂之怪邪？夫獨秀石，有拔數仞，嶷然特立于山之東南隅。端莊不與衆石同趨附，頗似正人端士抱道自處，不以事勢爲朋黨。大凡物禀秀氣而生成者，其所樹立必嶄然超出其羣。吾所謂獨秀石者，意其鍾得秀氣，能自植立，不與其類相爲附麗。要詩人歌以張之，蓋欲有所警耳。苟以怪石名之，彼衆人者自能命之，何待不腆而名之耶？無已，吾請從于獨秀。

宋　郭思編《林泉高致集·畫題》　石有怪石、坡石、松石、兼之松者也。林石兼之林木、秋江怪石。

怪石之在江岸者也，江上蓼花、蒹葭之致可以映帶，遠近作一二也。

靈巖怪石　怪石之在山巖用者也，山中松蘿大木之致可以映帶，隨上下作一二也。

松石平遠　作平遠於松石旁，松石要大，平遠要小，此小景也。

松石濺撲　作濺撲於松石邊，松石要凝重，濺撲要飛動，此小景也。大率分别淺深高下也。

明　任環《山海漫談》卷二《巖巖石説》　滑臺學宫之後有奇石焉，惟巧天出，人力不至。掌教程近齋樂而玩之，命以令名。乃作亭於南，與二三子游息其間，相對終日，若有隱而不發者。嗚呼！近齋豈好奇歟，將玩物歟？抑詩人耽詠，假此而供興歟？或生長吴越，飽飫名山，北來無此景象，蕭索落寞，雖得卷塊即相冥契，若居空谷者聞人足音而喜歟？亦物各有遭，待識者而後顯，與君偶相得歟？噫！非然也。蓋自士以言興，實由文喪，漓而不返久也弊矣。近齋思以易之，又懼以言而教也。故取諸石以垂訓，姑使其由象而得意焉耳。《易》以艮爲石。石者，實也。近齋以爲有其實者，不患乎無文。二三子亦惟實之務而已。是故石之敦敦可以觀仁，石之定定可以見性。崔而峨，維德不

磨。峭而直，維道壁立。峙此而上可以柱朝堂，安此而下可以鎮薄俗。由此而興雲作雨，膏澤可慰乎蒼生。以此而砥中流，又將障狂瀾，迴驚濤，震撼撞激不倚而不折也。大哉石之時義，其輝光之吉乎！旨哉無言之教，其後學之思乎！又曰：石之所以可法者，以德不以形。二三子苟徒視其奇奇怪怪者，而爲剜削雕刻之文，視其險阻峻絶者，而爲艱深詭異之行，辭大圭之譽，來摧車之評，則又貽石之羞，而司教者之心愈戚矣。有應聲者，從而歌《南山》之詩曰：「維石巖巖，民具爾瞻。」願師尹有以倡之。余謂斯言真砭石也。因勒於珉以自厲，且告近齋云。

明　謝肇淛《五雜組》卷三《地部一》　趙南仲愛靈璧一石，而命五百卒舁至臨安。鄭播得象江六怪石，而以六十萬錢，輦歸滎陽。勞民傷財，至於此極。何怪艮岳石綱終貽北狩也。以此爲雅，不敢謂然。

又　王氏弇州園石高者三丈許，至毁城門而入，然亦近於淫矣。洛陽名園以苗帥者爲第一，據稱「大樹百尺對峙，望之如山，竹萬餘竿，有水東來，可浮十石舟。有大松七，水環繞之」。即此數語，勝槩已自壓天下矣。乃知古人創造，皆極天然之致。非若今富貴家，但鬥鉅麗已也。

綜述

宋　趙希鵠《洞天清録・桂川石》　靖江府所出。雖出自然，然石粗而色不佳。或有玲瓏者，雅宜置之花檻中。它無用也。

明　謝肇淛《五雜組》卷三《地部一》　永安溪中出石，多如懸崖倒覆之狀，土人就其勢，少加斵削，置之庭前亦自奇絶。高者五六尺許，但色枯而不吸水，故不能生苔作緑沉色，以此減價耳。

又　李德裕云：「以吾平泉一草一石與人者，非子孫也。」余謂富貴之家脩飾園沼，必竭其物力，招致四方之奇樹、怪石，窮極志願而後已。其得之也既難，則其臨終之時必然留連眷戀，而懼子孫之不能守也。豈知子孫之賢不肖，志趣迥別，即千言萬語，安能禁其不與人哉。況富貴權力一旦屬之他人，有欲不與人而不可得者，其爲惑滋甚矣。余治小圃，不費難得之物。每每山行遇道旁石有姿態者，即覓人舁歸，錯置卉竹間。久而雜沓，亦覺有郊坰間趣。蓋不惟無財可辦，亦使他日易於斂斷，不作愛想也。

又　嶺南英石出英德縣，峰巒聳秀，巖竇分明，無斧鑿痕，有金石聲。置之齋中亦一奇品，但高大者不可易致。

又　山中石掘置池畔草間，自與世間傳玩諸石氣色不同。蓋深山之中受霧露日月之精，不爲耳目之娛。每至樹木茂密煙靄凝浮，一種賞心，非富貴俗子所可與也。

明　張存紳《增定雅俗稽言》卷六　石敢當　西漢史游《急就章》云石敢當。師古注：衛有石䳭、石買，鄭有石製，皆爲石氏。敢當，所向無敵也。故民居衢陌直衝，必立石，鐫曰「泰山石敢當」，以寓壓禳之旨。一曰，石敢當，五代劉智遠時人，亦謂其勇無敵者。又楊公慎云，文人戲作鍾馗。傳言明皇夢見鍾馗啖鬼事，命工畫之，此爲無稽。孫思邈、張説《文集》已有謝賜鍾馗畫表，先於開元久矣。亦如石敢當，本《急就章》中虚擬人名，非實有其人也。

清　雍正《浙江通志》卷一〇一　臨安石　《宣和石譜》：臨安縣石出土中，有兩種，一深青一微青，其質甚怪。無尖峰高十數尺，小者數尺，温潤而堅，扣之有聲。間有質樸，從而斧鑿修治，磨礲增巧。頃歲錢塘千頃院有石一塊，高數尺，估值五百餘千。置方斛中，四面嵌空險怪、洞穴委曲，石罅間植一枇杷，巖竇中嘗有露珠凝滴，目爲醜石。政和間取歸内府，此石之尤者。

清　嘉慶《新修江寧府志》卷九　中山西園在郡城南，新橋西。南抵城處有古松，高可三丈，婆娑可愛。下覆二古石，一曰紫煙，一曰雞冠，上有篆刻模糊「熙寧伯俞」等字。朱之蕃題曰「六朝松石」。

紀事

唐　李德裕《李衛公別集》卷九《平泉山居草木記》　《賈氏談録》：贊皇公平泉莊，周圍十里，構臺榭百餘所，今基址猶存。天下奇花異草、珍松怪石，靡不畢致其間，故德裕自製《平泉草木記》，今悉蕪絶，唯鴈翅檜、珠子柏、蓮房、玉藻等蓋僅有存焉。鴈翅檜，葉婆娑如鴻鴈之翅。珠子柏，柏實皆如白珠子，藂生葉上，香聞數千步。蓮蘂跗萼上，花分五朶，而實同一房。怪石名品甚衆，多爲洛城有力者取去。石上皆刻「女道」二字。唯禮星石及師子石，今爲陶學士徙置梨園別墅。禮星石，縱廣一丈，厚尺餘。有文理成斗極之象。師子石高三四尺，孔竅千萬，遞相通貫，其狀如師子，首尾眼鼻皆具足。

唐 蘇鶚《杜陽雜編》卷下 武宗皇帝會昌元年，夫餘國貢火玉三斗及松風石。火玉色赤，長半寸，上尖下圓，光照數十步，積之可以燃鼎。置之室内，則不復挾纊。才人常用煎澄明酒，其酒亦異方所貢也，色紫如膏，飲之令人骨香。松風石方一丈，瑩徹如玉，其中有樹形若古松，偃蓋颯颯焉而涼飈生於其間。至盛夏，上令置于殿内，稍秋風颼颼，即令撤去。

宋 歐陽修《文忠集》卷四〇《菱谿石記》 菱谿之石有六，其四爲人取去，其一差小而尤奇，亦藏民家。其最大者偃然僵卧於谿側，以其難徙，故得獨存。每歲寒霜落水涸而石出，谿旁人見其可怪，往往祀以爲神。菱谿，按圖與經皆不載。唐會昌中，刺史李濆爲《荇谿記》云：「水出永陽嶺西，經皇一作黄道山下。」以地求之，今無所謂荇谿者。詢於滁州人，曰：「此谿是也。楊行密有一作據。淮南，淮人爲諱其嫌名，以荇爲菱。」理或然也。谿傍若有遺址，云故將劉金之宅，石即劉氏之物也。金，僞一作爲吴時貴將，與行密俱起合淝，號三十六英雄，金其一也。金本武夫悍一作驍。卒，而乃能知愛賞奇異，爲兒女子之一作所好，豈非遭逢亂世，功成志得，驕於富貴之佚欲而然邪？想其陂池、臺榭，奇木、異草與此石稱，亦一時之盛哉。今劉氏之後散爲編民，一作氓。尚有居谿旁者。予感夫人物之興廢，一無此字。惜其可愛而一有反字棄也，乃以三牛曳置幽谷，又索其小者，得於白塔民朱氏，遂立于亭之南北。亭負城而近，以爲滁人歲時嬉游之好。夫物之奇者，棄没於幽遠則可惜，置之耳目，則愛者不免取之而去。嗟夫，劉金者雖不足道，然亦可謂雄勇一作勇悍之士，其平生志意，豈不偉哉。及其後世，荒堙零落，至於子孫泯没而無聞，况欲長有此石乎？用此一無此二字可爲富貴者之戒，而好奇之士聞此石者，一作聞石而來。可以一賞而足，何必取而去也哉！

宋 朱彧《萍洲可談》卷二 劉鋹好治宫室。欲購怪石，乃令國中以石贖罪。富人犯法者，航海於二浙，買石輸之。今城西故苑藥洲有九石，皆高數丈，號九曜石。

宋 范成大《驂鸞録》 郡治在山坡上。山骨，多奇石。登新堂及萬石亭皆柳子厚之舊。新堂之後羣石滿地，或卧或立，沼水浸碧荷，亂生石間。萬石堂在高坡，乃無一石，恐非其故處。然前望衆山，回合如海，登覽甚富。子城脚有蒼石崖，圍一小亭。又有瀟湘樓，下臨瀟水。不葺。

宋 高似孫《剡録》卷八 天竺寺宅山之腰，山極崇峻，多篠竹，前山亦巍竦。寺之前有石曰安禪石，四五枚，又有破石，石平爲半，有清潤環激。

宋 杜綰《雲林石譜》卷上 無爲軍石 無爲軍石産土中，連接而生，擇奇巧者即斷取之，易爲洗滌，不着泥漬。石色稍黑而潤，大者高數尺，亦有盈尺及五六寸者，多作羣山勢，扣之有聲。至有一段二三尺間，羣峰聳拔，連接高下，凡數十許，巉巖澗谷，不異真山。頃年，維揚俞次契大夫家，獲張氏一石，方圓八九尺，上有峰巒高下不知數，中有谷道相通，目之爲千峰石。又米芾爲太守，獲異石拜者，四面巉峻。但石苗所出不廣。佳者頗艱得之。

臨安石 杭州臨安縣石出土中，有兩種，一深青色，一微青白色。其質奇怪，無尖峰崒嵂勢。高者十數尺，小者數尺。温潤而堅，扣之有聲。間有質朴。從而斧鑿修治，磨礲增巧。頃歲，錢塘千頃院有石一塊，高數尺，舊有小承天法喜堂徒弟授衣鉢得此石，價值五百餘千。其石置方斛中，四面嵌空嶮怪，洞穴委曲，於石罅間植枇杷一株，頗年遠，岩竇中嘗有露珠凝滴，目爲醜石。元居中有詩略云：人久衆所憎，歲久衆所惜。爲負磊落姿，不隨寒暑易。政和間取歸内府，此石之尤者。

排牙石 臨安府府署之側一山甚高，名拜郊臺，錢氏故跡。向山之巔險峻處，兩邊各有列石數十塊，從地生出者。峰巒巉巖，穿眼委曲，翠潤而堅，謂之排牙石。

品石 建康府有石三塊，頗雄偉。有巖洞嶮怪，色稍蒼翠。遍産竹木，茂鬱可觀。石罅中有六朝唐宋諸公刻字，謂之品石。

排衙石 鎮江蘇仲恭留臺家有一石，如蹲獅子，或如睡鸂鶒。羅列八九狀。太守梅知勝目之爲「蘇氏排衙石」。又有一石筍，高九尺有奇，混然天成，目之爲「蘇棟樑」。悉歸内府矣。崇寧間米元章取小石爲峴山，甚奇特。峴山石多青潤，而産黄山者色多土脈，少有可鐫治者。

盧溪石 袁州石出溪水中。色稍青黑，有嵌空嶮怪勢。大者高數尺，鮮有小巧者。唐盧肇隱居草堂溪水之側，堂前立一大石，高丈餘，三峰九竅，甚奇怪，指謂「盧溪石」。崇寧間欲輦置内府，以石背多有前人刻字，語或時忌，遂止之。

又 卷下 金華石 婺州金華山有石如羊蹲狀，余於僧寺見之，耳角尾足仿佛形似，高六七尺。《傳》云黄初平叱石之山，正與《筆談》中所載無異，但未見偶者。

雪浪石 中山府土中出石，灰黑，燥而無聲，温然成質，其紋多白脈，籠

絡如披麻旋繞委曲之勢。東坡常往山中，采一石置於燕處，目之爲「雪浪石」。

宋 張邦基《墨莊漫録》卷八 紹聖初元，東坡帥中山，得黑石白脉，如孫知微所畫。石間奔流，盡水之變。又作白石，大盆以盛之，激水其上，名其室曰雪浪齋。公自銘有云：玉井芙蓉丈八盆，伏流飛空漱其根。時四月二十日也。閏四月三日乃有英州之命，其後謫惠州，又徙海外，故中山後政以公遷謫，雪浪之名廢而不問。元符庚辰五月，公始被北歸之命，明年夏方至吳中。時張芸叟守中山，方葺治雪浪齋，重安盆石。方欲作詩寄公，九月聞公之薨，乃作哀詞，有云「我守中山，乃公舊國。雪浪蕭齋，於焉食宿。俯察履綦，仰看梁木。思賢閲古，皆經貶逐。玉井芙蓉，一切牽復」云云。其詞曰：石與人俱貶，人亡石尚存。却憐堅重質，不減浪花痕。滿酌山中酒，重添丈八盆。公兮不歸北，萬里一招魂。思賢、閲古，皆中山後圃堂名也。

又 鎮江府兵火之餘，有石一株在瓦礫中，勢如掀舞，色紺而澤，奇物也，上有刻字，云有「唐上元甲子歲潁川陳良紊叨尹延陵獲此」。石置西齋之前，銘曰：「嵳嵳峨峨，蒼翠其多。是稟混元，非因琢磨。置於庭隅，公退常過。疑乎乃身，居高之阿。後期來者，見兹若何。」其後又有今人刻字云：「皇宋治平丙午歲仲夏晦日，邑令掌文紀於壞垣得之，立於此。」後爲都統王侯勝所得，移置於所居園中。有一士大夫見而愛之，紿曰：「此本吾家舊物也。先君平昔寶惜之，不意尚存於兹。願復歸我。」王欲許之，有一將校聞之，謂主帥曰：「不可與之。此石上有上元甲子及皇宋治平之語，恐朝廷聞之來取之。當以此意拒之。」王用其説，遂止。今按，唐之上元甲子，德宗之興元元年也，距今紹興上元甲子三百六十年矣。堅頑閲世如是之久，信乎金石之壽也。

宋 潛説友《咸淳臨安志》卷二三 南屏山　在興教寺後。怪石聳秀，中穿一洞，上有石壁若屏障然。刻司馬温公所書《家人卦》、《樂記》、《禮樂》、《不可斯須丟身》、《中庸》、《道不遠人》各一章。

又 小南屏山　在廣教院後。怪石玲瓏，亦類屏障。

宋《江南餘載》卷下 德明宫，本南唐烈祖之舊宅，在後苑之北，即景陽臺之故址。有太湖石特奇異，非數十人不能運致。即陳後主之假山遺址。其下有井石欄，有銘，字跡隱隱猶在。

後苑有宫髻石。世傳張祐舊物，上有「杜紫薇杭州刻字相寄」之跡。祐以其形若宫髻故名之云。祐平生癖好太湖石，故三吳牧伯多以爲贈焉。

元 吳萊《淵穎集》卷九《南海山水人物古蹟記》 禹餘宫，漢離宫。九曜石在西城内。城有湖，長百餘丈，水凝緑，列石嵌奇突兀，類太湖、靈壁者九。南漢劉氏集方士煉丹處。

元 陸友仁《研北雜志》卷下 杭州故内觀堂前有太湖石卧峰，陂陀甚大，其中鑿爲泓沱，相傳云思陵滌硯具也。

明 王鏊《姑蘇志》卷二三《官署下》（吳縣治）西園多美石，有太湖甲族、不染塵、移雲三亭。

明 王九思《渼陂續集》卷中《九石記》 弘治乙丑，予買地西城之隅，作衍慶之堂奉二親以居。乃於堂下兩隙地輂石爲山，藝植花卉，供耳目之娱焉。其後二親相繼□養，而假山因以廢棄。今年夏於後園□獲遺石九片，追惟往事不勝酸楚，乃以二片置春雨□之南偏，東向。置其三於書屋南窗竹林之外，北向。置其四於亭之北偏，南向。蓋因地之廣狹而置之，以寓夫叢牆之意云爾。初非有意多寡之也。明日忽自念曰：惟是二者，其陰陽之象乎？其三者，天、地、人乎？其四者，春、夏、秋、冬乎？於以見道器之説無往而弗寓矣。又明日，暑雨乍霽，清風徐來，緑陰掩映。而所謂九石者，或若牛首，或若蹲狷，或若虎頭，或若秉笏，或若冠之峨峨，或峻而立，或拱而揖，或恭而安，或俯而竢，罔不各有態焉。而予扶杖臨之，亦足以樂而忘世也。

明 田汝成《西湖游覽志》卷一五《南山分脈城内勝蹟·官署》 市舶司，本宋德壽宫後圃也。永樂中，命内臣掌海舶互市于此。内有芙蓉石，高丈許，竇穴玲瓏，蒼潤可愛。嘉靖中改爲南關公署。

明 歸有光《震川集》卷二九《西山石銘序》 余得西山石五。竪其一于郡齋，其小者二株貯盆中，爲几案之供。其二猶倒卧壁間，皆勒銘其背。余將行，不忍棄去，攜其四以歸。蓋嘗時至清河涉匯淮，舟苦風飄，須石以鎮之。雖米南宫之癖不可療，亦復慕吾郡陸鬱林之高風云。

明 何良俊《何氏語林》卷二四 到溉山池有奇礓石，長一丈六尺。梁武賭得之，即迎置華林宴居殿前。移石三日，都下傾城縱觀。時謂之「到公石」。

明 吳之鯨《武林梵志》卷四 明覺院即明教嵩古道場也。元末燬其基，没於民間。僧性澄於萬曆間清理六畝。山形狻猊，名獅子山。有石龍在溪，左右頭口相對而出，泉從口流。晝夜如吼，名石龍，又名雙龍。泉有石窩，其中可容二人趺坐，名石龕，有石在澗底，牽如被幅，長五六丈，名交崖石。

明 林有麟《素園石譜》卷一《菱谿石》 菱谿之石有六，其四爲人取去。其一差小而尤奇，尚藏民家。其最大者偃然僵卧於谿側，以其難徙故得獨存。每歲寒霜落水涸而石出谿旁，人見其可怪，往往祀以爲神。歐陽子曳置幽谷，又索小者，得于白塔朱氏。

又 卷二《涵碧石》 婺州東南縣之五里，有涵碧池。唐令尹于興宗得其勝槩，鑿池面瀑布泉，有二大石魚置沼面。魚之前有石一塊，高二尺許，嶮巖可觀。石之半間凹然如掌。

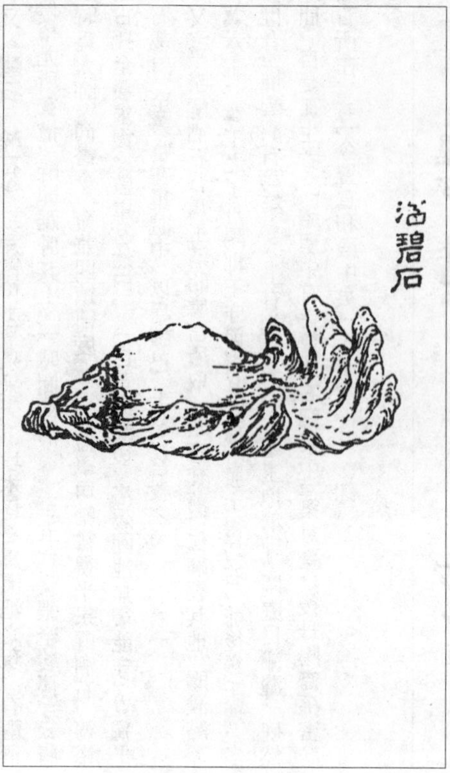

又《透月巖》 王子過鮮伯之居有奇石，鋭上而豐下，百竅洞達。大者爲巖，小者爲竇，聳者爲岑，絡者爲脈。内外瑩潔，渾然天成。如筆峰半圭，高插雲表，名爲透月巖。

王秋澗（詠） 偶到君家思適然，一峰奇石墮吾前。千金欲買初無價，百穴潛通小有天。花露透香滋碧潤，月娥含影愛幽妍。從今紫翠芙蓉夢，不到齊州落照邊。

又《鎮江石》 鎮江府有石一株，勢如掀舞，色紺而澤，奇物也。上有刻字云，有唐上元甲子歲穎川陳良粲獲此石，置西齋之前，銘曰：「嵳嵳峨峨，蒼翠其多。是禀混元，非因琢磨。置於庭隅，公退常過。疑乎乃身，居嵩之阿。後日來者，見兹石何。」其後又有宋人刻字云：「皇宋治平丙午歲仲夏晦日，令掌文記於壞垣得之，立於此。」後爲都統王侯勝所得。

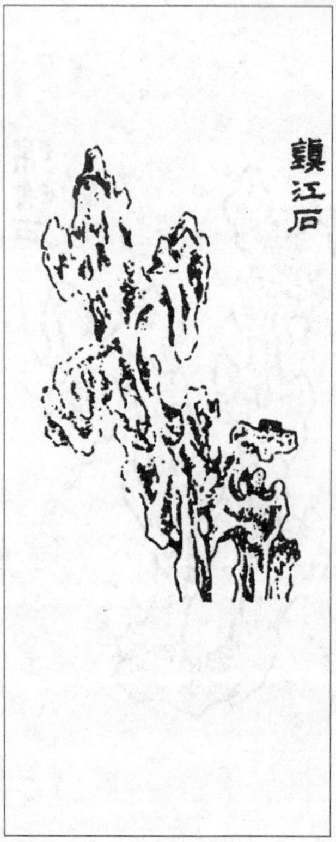

又《醒石　醉石》　李德裕于平泉采天下珍木怪石爲園池之玩。有醒酒石，德裕尤所寶惜，醉即踞卧其上，一時間即清爽。至五代，《張全義傳》云唐莊宗時爲太師、尚書令，命兼四鎮節度使。有監軍司轄嘗得平泉醒酒石，德裕孫延古托全義求復。監軍忿然曰：「自黄巢亂後，洛陽園池無復能守，豈獨平泉一石哉！」全義嘗在巢賊中，以爲譏己，大怒，笞殺之。

又，平泉醒酒石昔爲玉清昭應宮所取。昭應焚蕩，仁廟裂其地，賜濮潞渾越韓冀六王。冀王之子丹陽郡王守節得其園地，發土得巧石，前後幾千塊，多有駭世者，惟醒酒石爲第一。上有刻文云：「韫玉抱清輝，閑庭日瀟灑。磈然天地間，自是孤生者。」紹聖中有旨輦此石歸禁中，築月臺。後丹陽裔孫密訪醒酒石所在，云「今置宣和殿中矣」。

陸文裕銘　昔以醒酒，今以醒心。難如蜀道，勝比山陰。

莫廷韓咏　沈酣寄情真，片石亦名醉。谿風吹不醒，山月照清寐。惟應劉公榮，箕踞日相對。

陶淵明所居東里有大石，淵明常醉眠其上，名之曰醒石。

又《錦紋石》　棘寺廨舍有怪石棄置溝中，因復舁寘臺端。四尺許，兩峰角立，一竅中通，錦紋粲然且瘦漏，誠石中佳品，天壤奇物也。

又卷三《何君石》　臨江軍新塗縣玉笥山玉梁澗有洞名何君。按《圖經》，十人避秦，九人仙去。惟何君爲地仙，居其洞中，故號何君洞。巖穴透通，中有石棋、石枰，山之前後間産巨石，皆嶮怪。有一石懸于洞口，其狀如雲，廣數尺，巉巖秀碧，扣之無聲。土人何氏擊取，置于亭榭中。

又《臨安石》杭州臨安縣石出土中。有二種，一深青色，一微青。其狀奇怪，無尖峰嶠崒勢。高十數尺，小者數尺。温潤而堅，扣之有聲。錢唐千頃院有石一塊，高數尺，置方斛中。四面嵌空，嶮怪，洞穴委曲。于石罅間植枇杷一株，頗年遠。巖竇中嘗有露珠凝滴，目爲美石。元居中有詩云：「人久衆所憎，物久衆所惜。爲負磊落姿，不隨寒暑易。」政和間歸貢內府。

又《静江石》静江府所出，雖出自然，然石粗而色不佳。間有玲瓏者，雅宜置之花檻中。他無用也。奇峰高大可愛，多人力雕刻後置急水中舂撞之。其色枯燥。

又《排衙石》鎮江蘇仲容留臺家有石，如蹲獅，或如睡㶉鶒，羅列八九株。太守梅知勝目之爲蘇氏排衙石。又有一石笋，長九尺餘，混然天成，目之爲棟隆笋。悉歸內府矣。崇寧間，米元章取小石爲硯山，多清潤。而産于黃山者，色多土脈，少可鐫治。

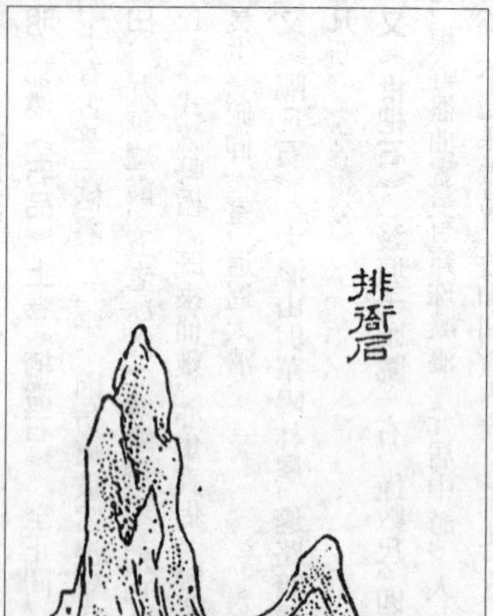

又《盧谿石》袁州石出溪水中，色稍青黑，有嵌空嶮怪勢。大者高數尺，鮮有小巧者。唐盧肇隱居草堂在溪水之側。堂前立大石，高丈餘，三峰九竅，甚奇巧，皆爲瀘溪石。崇寧間欲輦至內府，以石背有前人刻字，語涉時忌，遂止之。

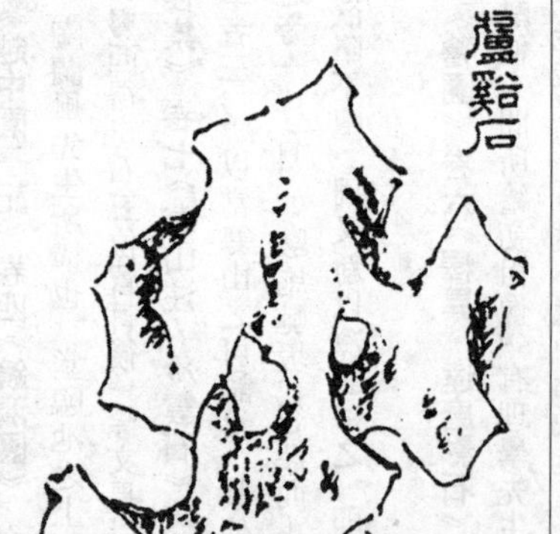

又《袁石》 袁州分宜縣距縣二十里有五侯嶺。嶺上四旁皆山石，峰嶺峭絶，若劃裂摧倒勢。臨江士人魯子明有石癖，親訪其處，以漁舟載歸，列置所居。

又 卷四《青錦屏》 朱太史文石曾以冬米百擔買何柘湖一石，名青錦屏。四面玲瓏，高一丈五尺，太史移置文園，特建青錦亭玩之。太史捐館，縉紳某索取園中小石，夜半鑿垣竊青錦屏去。不□月，縉紳物故，青錦屏尚卧草間。後園屬徐奉，常有客進曰：「青錦屏乃兹園故物，可取而歸也。」奉常忻然，即令人舁歸。不五年，奉常復故。此石不知尚在園否？見李節之《雲間雜記》。

明 祁彪佳《越中園亭記》卷四《鏡漪園》 去後樂園數十武，高柳疏籬，得園曰「鏡漪」。陶蘭風先生所搆也。堂臨池之上，閣居堂之左，水榭一帶，聯貫其中。先生於粵西得奇石三位置軒後。徐文長以三石軒名之。

又《祁彪佳集》卷七《寓山注・冷雲石》 寓園之所少，非石也。浮影臺右有巨靈手擘者三，予以當寒山之可語矣。其他虎而踞、獅而蹲者，不可指屈。獨是笛亭之旁一片石，如駿馬馳坂，忽然而止，銜勒未收，猶有怒色。上又一石，如半月欲墮不墮。周又新以冷雲字之。即未堪具袍笏作丈人拜，亦可呼之爲小友矣。

明 錢希言《獪園》卷六《釋異・達磨影石》 嵩山少林寺初祖洞傍有達磨影石，其石影酷似人間所繪初祖像。有理學先生，迷疑不信佛法。使人刮其影，影愈分明，不能盡，乃止。袁小選中郎說。

又《釋異・徑山寺嚇石》 徑山寺有嚇石，上不着天，下不着地，以綫曳之，可以經過。會稽大龜冢上一石亦然。此皆事之所有，而理之所無也。

又 卷一六《瓌聞・松花石》 浙江布政使後樂亭前西偏有松花石。龍鱗隱起如皺，枝幹與枯松無異，捫之乃知是石。辛亥冬，吴左丞用先邀宴，與陳祼、費元禄秉燭同觀。《録異記》載，婺州永康縣山亭中有松化石。

明 郁濬《石品》上卷《栖霞石》 至正間，錢惟善游江左，獲一石，峰巒秀潤，上有古篆「栖霞」二字。因仿東坡雪浪齋故事，顔其室曰「栖霞山房」，勒銘曰：九華煙霞，五老冰雪。縹緲飛來，幻形嵲巘。光吞玄圃，氣掩赤城。遥鎮丘壑，式耀軒楹。既來仙靈，亦集真侣。絳彩朝餐，紫英夕茹。山人久視，居士長生。俯仰一室，逍遥太清。

又《隔凡石》 大滌山與華陽林屋，邃路暗通，夾道中間一石，若柱倒懸，名隔凡石。《緯真瓊笈》

又《枇杷石》 錢塘千頃院一石，僅數尺，四面險怪，洞穴委曲，罅間植一枇杷，根幹盤曲，嘗有露珠凝滴。元居中詩：人久衆所憎，物久衆所惜。爲負磊落姿，不隨寒暑易。政和間貢内府。《稗史》

又《盧溪石》 袁州石，出溪水。盧肇隱居溪側，堂前立大石，高二丈餘，三峰九竅，甚奇巧。謂盧溪石。《白醉瑣言》

又《仇池石》 王晋卿有二石，其一白色，一緑色。絶壁峭峙，孤嶮雲高，望之形若覆壺，不啻仇池石也，大爲東坡賞鑒。東坡因憶在潁州日，夢人請住

一官府，榜曰仇池，覺而誦杜子美「萬古仇池穴，潛通小有天」之句，乃詩遺晉卿綮之：「夢時良是覺時非，汲水埋盆固自癡。但見王峰横太白，便從鳥道絶蛾眉。秋風與作煙雲意，曉日令函草木姿。一點空明在何處，老人直欲住仇池。」晉卿復以詩乞歸，不得。「海石來珠宮，秀色如蛾緑。坡陀尺寸間，宛轉陵巒足。連捐三華頂，空洞三茅腹。初疑仇池化，又恐瀛洲慼。慇懃嶠南使，餽餉淮東牧。得之喜無寐，與汝交不瀆。盛以高麗盆，藉以文登玉。幽光先五夜，冷氣壓三伏。老人生如寄，茅舍久未卜。一夫幸可致，千里常相遂。風流貴公子，竄謫武當谷。見山應已饜，何事奪所欲。欲留嗟趙弱，寧許負秦曲。傳觀慎勿許，間道歸更速。」秦淮海次晉卿韻：天鑱海濱石，鬱若龜毛緑。信爲小仇池，氣象宛然足。連巖下空洞，鼎漲彭亨腹。雙峰照清漣，春眉鏡中蹙。疑經女媧鍊，或入金華牧。盧薰充雲氣，研滴當川瀆。尤物足移人，不必珠與玉。道傍初無異，漢將疑虎伏。支機亦何據，但出君平卜。奇僵入華林，傾都自追逐。我願作陳那，令吼震山谷。一拳既在夢，二駒空所欲。大士捨寶陀，仙人遺句曲。惟詩落人間，如傳寘郵速。

又《雪浪石》 東坡雪浪齋一石，如蜀孫位孫知微所畫。石間湍激奔流，盡水之變，以曲陽白石，爲大盆盛之。銘曰：畫水之變蜀兩孫，與不傳者歸九原。異哉磔石雪浪翻，石中乃有此理存。玉井芙容丈八盆，伏流飛雪漱其根。又詩：太行西來萬馬屯，勢與岱岳争雄尊。飛狐上黨天下眷，半掩落日先黄昏。削成山東二百郡，氣壓岱北三家邨。千峰石卷矗牙帳，崩厓鑿斷開上門。朅來城下作飛石，一礮驚落天驕魂。承平百年烽燧冷，此物僵卧枯榆根。畫師争模雪浪勢，天工不見雷斧根。離堆四面遠江水，坐無蜀士誰與論。老翁兒戲作飛雨，把酒坐看珠跳盆。此身自幻孰非夢，古園山水聊心存。

又《鎮臺石》 吴思菴從棘寺廨宇溝中，見一棄石，高四尺許，文如濯錦，峰巒巖竇，無所不奇。因爲拂拭，寘之臺端。紀之以詩：草没苔侵幾歲寒，年來移得近臺端。兩峰角立錦紋縐，一竅中通玉竇寬。不用品題標甲乙，衹須謁拜具衣冠。公餘坐對心無轉，留鎮清臺久遠看。

又《待鳳石》 宋張雲莊一石，一峰横出，若待物來棲者，爲田師孟、杜孝先所賞鑒，名待鳳。賦曰：岐山鳳去天爲老，閒殺蒼梧與瑶草。空餘陳迹十文臺，只辨煙霞待凡鳥。朝陽一鳴三千年，天地此心何日了。幾回月下琴罷彈，仿佛玉音來縹緲。雲間九苞望不見，几上一峰空自好。青天倘與達寸誠，白日終當見孤矯。古來奇士志頗同，抱王丘樊不爲少。子陵坐釣桐江春，正則行吟楚潭曉。白石甯戚半夜歌，太華希夷五雲遶。兵曹命名寓世箴，迂叟有詩成腹稿。斯名但恐還徒然，極喜二豪俱悄悄，簾影風微篆煙裊。

又《舞蛟石》 檇李范長康家有一石，蹲踞崒嵂，壁立干雲。名舞蛟。明何三畏詩：選得山頭石，巑岏秀可餐。如飛絶壑裏，聳立層霄端。直欲騰空起，常將帶浪看。見時應下拜，誰不具衣冠。《宛委齋集》

又《碧遠峰石》 金華先生有奇石，攜自蜀中，山形聯翩，名曰碧遠。錫山陳公以詩覓之，金華遂撤所嗜贈焉。王梅溪詩：二公心古貌清癯，趣在林泉世味踈。寸碧來從錦江遠，九疑分向錫山居。山中丘壑奴金谷，筆下波瀾陋石渠。我有千峰藏雁蕩，一擎天柱插空虚。

又《陽冰窪樽石》 唐李陽冰退居縉雲，創亭室以宴居，鑿石爲窪樽。《湘山野録》元結《窪尊詩》：巉巉小山石，數峰對窪亭。窪石堪爲樽，狀類不可名。巡迴數尺間，如見小蓬瀛。樽中酒初漲，始有島嶼生。豈無日觀峰，直下臨滄溟。愛之不覺醉，醉卧還自醒。醒醉在樽畔，始爲吾性情。若以形勝論，坐隅臨郡城。平湖近階砌，遠山復青青。異木幾十株，枝條冒檐楹。盤根滿石上，皆作龍蛇形。酒堂貯釀器，户牖皆罌瓶。此樽可常滿，誰是陶淵明。

又 下卷**《登石》** 登州臨海，有沙門、鼉磯諸島産石。挺特巉巖，金紋班彩，滉漾波濤中。熙寧間，李天章爲登守，吴子野得十二石以歸，寘歲寒堂前。東坡謂：世之好石者多矣，未有取北海而寘南海者也。《太藪外記》

又《奇石》 鎮江兵火後，瓦礫中獲一奇石。有掀舞勢，色紺而澤。上刻有唐上元甲子歲。潁川陳良參叨尹延陵獲此石，置西齋之前，銘曰：「嵯嵯峨峨，蒼翠其多。是禀混元，非因琢磨。」又有刻云：「皇宋治平丙午仲夏晦日，令掌文記於壞垣得之，立此。」後爲都統王侯勝移置居園。《夷堅志》

又《月石》 張景山在虢州治橋，見一石中有月形，色紫月白，月中樹森森，其文黑而枝葉老勁。歐陽脩詩：月從海底來，行上天東南。月當天中時，下照千丈潭。潭心無風月不動，倒影射入紫巖巔。月光水潔石瑩浄，感此陰魄來中潛。自從月入此石中，天有二曜分爲三。清光萬古不磨滅，天地至寶難藏緘。天公呼雷公，夜持巨斧隳嶄巖。墮此一片落千仞，皎然玉鏡在玉奩。蝦蟆

白兔走天上，空留桂影猶杉杉。景山得之惜不得，贈我意與千金兼。自云每到月滿時，石在暗室光出檐。大哉天地間，萬怪難悉談。嗟余不量度，每事思窮探。欲將兩耳目所及，而與造化爭毫纖。煌煌三辰行，日月尤尊岩。若令下與物爲比，擾擾萬類將誰瞻。不然此石竟何物，有口欲説嗟如鉗。吾奇蘇子胸，羅列萬象中包含。不惟胸寬膽亦大，屢出言語驚愚凡。自吾得此石，未見蘇子心懷慚。不經老匠先指訣，有手誰敢施鐫鑱。呼工晝石特奇似，幸子留意其無謙。

又《范石湖藏石》　范石湖有「小峨眉」，靈壁石也；「煙江叠嶂」，太湖石也；「天柱峰」，英石也。皆林下閒玩。

又《吴伯度藏石》　吴伯度有靈壁石，高七尺，闊五尺，上鐫云：「五色水，浮崑侖，潭在頂，出黑雲，掛龍怪，爍電痕，極變化，闔道門。元符元年二月丙申。米芾題。」又篆「泗濵浮磬」四字。

明　鄭仲夔《玉塵新譚》卷七《玩雋》　張雲從問松園多蓄怪石。有丈人石、小石麟、行雲石、龍頭石、石玦、海犀石、角秉圭石、靈芝石、雲鬟柳腰石、獅蹲石、石聖人、枕肱石、青雲芝、天孫石、梭石、擎補它巖石，供廬山石筆閣。雲從各爲記，辭韻妍絶，可入欣賞編。雲從名文龍，廬陵人，兩爲邑令，早歲掛冠，是真能踐泉石盟者也。

明　周詩雅《南北史鈔・宋列傳》卷一四　〔到〕溉，字茂灌。【略】第居近淮水，齋前山池有奇礓石，長一丈六尺，帝戲與賭之，并《禮記》一部。溉並輸焉。未進，帝謂朱异曰：「卿謂到溉所輸可以送未？」斂板對曰：「臣既事君，安敢失禮。」帝大笑。石即迎置華林園宴殿前。移石之日，都下傾城縱觀，所謂到公石。

明　王永積《心遠堂遺集》卷八《雙圓石記》　一在東河錢氏錦樹堂庭中，歷三傳，壽百餘紀矣。其形規像月，像太極，其色黑像鐵，其光煒煒像鏡，其中金色點點像龍尾硯。叩之逢逢然似鼓聲，鏗鏗然似磬聲，悠悠然似金石珮環聲。其厚徑寸，其周圍五尺有奇，可布四五席，可環坐二十人。其産不知何方，其鑿不知何手，其取不知何用，其來不知何歲月。摩挲久之，因憶懷先閣聽松下舊置一石，約略相似，然而一完一毀大相逕庭，因向主人叩所從來。主人潤甫氏曰：先是嘉靖中，東城外有古牆一垛，日就頹仆。里人拆之至牆根，乃有二石對合於中，若雌雄。然當年好事者爭耳目之，於是一歸繼山王公，一歸吾祖文峰公。石旁現有兩耳，其歸繼山公者使石工去之，石遂崩裂，損其一面。既又斵而小之，石質堅，不受斧鑿，劃然中開，分爲二片。繼山公乃移置山麓，已失本來面目矣。萬曆中，何邑侯舜岳遷于阜民臺，石益失所，竟致四裂。崇禎中，陳邑侯志忠碎之，作硯數十枚，匣之以去。其歸於吾祖者，愛之甚，護之益力。往有一强有力者，欲負之走。吾祖兄弟仿藺相如故事，曰：吾頭與石俱碎於此。强有力者爲之色沮。貯庭中。因踰百年尚成完璧，每遇災暑，鑠金颷流，石亦能出火，上可曬麥五斗，立刻熯乾，至晚以水沃之，又復冷侵肌骨。嚴冬積冰雪，慮其受傷，及挹拭之，以質堅故寒不能入。星稀月朗，則蟾光倒浸，宛在中央。及至春明，紅紫芳菲，花映石，石映花，五彩繽紛，上下一色。予思之乃知物各有緣。彼一石者入名園游勝地，反因富貴逼人，壽亦不永。此則落落莫莫，終老丘樊，竟得與貧賤故。吾三世相守，亦一僅事。予曰：否否。孟夫子曰：「所惡於智者，爲其鑿也。」方雨石並出時，已處不能並存之勢，一經斧鑿，則此留太極，彼分兩儀，自屬一定之理。既分爲兩，即可化爲百千萬億。人自鑿之，石則何尤。此則不受人益，豈受天損。雖然，今人之不逮古人遠甚。使此石生當往代，躬遇米顛，急具袍笏拜之，正不知幾千幾萬。乃今落落百年，自兩公賞鑑後，竟無有物色而品題之者，石果知希自貴乎？否耶。爰置酒酹之，相與咨嗟，歎息而别。

明　李豫亨《推篷寤語》卷六《還真篇・還游覽之真》　李德裕於平泉別墅采天下珍木怪石爲園池之玩。有醒酒石，尤寶惜，醉則踞之。戒子孫云：「鬻平泉者，非吾子孫也。以平泉一樹一石與人者，非佳子弟也。」經黃巢之亂，有監軍得醒酒石。德裕孫延古因太師張全義復求之，監軍忿然不與。全義大怒，笞殺監軍。夫德裕之留記，延古之復求，監軍之不與，全義之杖殺，可謂四癡矣。山石之爲祟如此哉！

明　梁雲構《圭山亭記》（《名山勝槩記》卷四六輯）　乙亥二月，予始至宣受事。廳事東是曰射圃，中有虛白堂，東有貫蝨亭。西南隅壘石如山，拾級登之，亭礎在焉，舊則誅茅爲之者，今漂風雨久矣。環植大樹，虧蔽蒨葱。貫蝨亭右有廢廈數楹，棟撓瓦頹。命匠取之，爲小亭於山石之上。中不函丈，磴不容踵，山窄亭矗，厥象如圭。題曰圭山亭。欲置石爲几，以資眺憑，而他山之石，皆頳色觕理，弗堪鐫礱。十月二日，與撫陳方恒閱兵之暇，適西陽僧寺。有石如青脂盛破兀，上以一金餉僧，買置亭中。可枰，可琴，可酌，

可隱。既喜亭之獨立，又得石之介如，則紀之。三隅而虚其上，以受予贊。贊曰：厥質介如，厥文蔚如。拊之肪如，親之温如。獨立卓如，四座凛如。冰霜之氣，不可犯如。

清 孫承澤《春明夢餘録》卷六五 米太僕於大房山得異石，博四五尺，修三丈許。欲致之園中，乃束牲，載書告之曰：惟予之於公也，素性敦好，氣質攸同。爰求於山，乃幸見公。惟公之於予也，自啟雲關，不靳一斑。爰兹披塵，得覩道顔。予既於公爲夙契，公宜爲予而出山云。何屢懇不即，慨然既聞即次，復遲且延。豈謂小園之無地，異空佳客有天。予則有平原茂樹，草蒨花嫣，良辰勝日，佳客名賢。或袍笏之肅拜，或韻事之聯翩，或嘯歌之暱就，或搏俎之留連。視爾山中孰全孰偏，又豈惡石工之佻巧，畏用大之不情？予則有酒伴笙侣，雲幄松栟，自然導窾，百態岐嶷。且物有用而功宏，道有用而名成。不鍊紬補天之績，不鐫晦磨崖之英。視爾山中孰重孰輕，石乎石乎何濡濡而不行。奇石休於良鄉道左，甬東薛罔見之，代石報米書石隱云：僕，山中頑民，賦質堅貞，不能言動。意有所契，僅知點頭孤眠，獨立托處。房山以爲我地莫尊，我計莫得，我心莫静，我體莫寧千巖萬岫間。確乎，其不可轉矣！頃者山靈失職，不守藩籬，俾我支機漫遭漢使，遂承足下安車蒲輪，從者數百。厚幣卑辭，遠辱召命。天壤可敝，知己難逢。昔秦皇帝欲通三山，遣僕入海賞薪帶礪虐以鞭笞。僕義不受辱，身可流血，足必不移。今當足下拜使即行，幾不俟駕。大夫之命重於王者何？則知與不知也。拘攣之夫，寡聞淺見。見僕出山，以爲希事。物議蜂起，毁言曰滋。行雖半途，畏不可涉。躊躇四顧，無復敢前矣。嗟乎！足下實負雅懷，略陳固陋。僕生長幽區，風蔓雨蕪，陶然適也。烟花臺榭，作陷穽觀。竅若玲瓏，而器本窒礙，圭角纖峭，不學模棱。原非世網之具，又豈磬折之姿。足下不察，謬賞爲奇。稱僕以支持乾象，奠守坤維，廣大圓通，卓哉國寶。聞似過情，美殊溢實。恭聆斯語，惟有主臣。僕纍纍族齒，未琢未雕，散居名山，不可數計。其在靈壁者，家聲尤重。莫不鐫鏤祖訓，懷寶懷刑往有，不類不師至人。後身持己，爲天下先。技逞一長，法羅三尺。以驚人服射刑，以補天服煉刑，以砥中流服滓刑。殆哉，岌岌乎殷鑒不遠。足下愛僕甚知，不令補天砥流，此禍無患。然使僕正牆面而立，備弄臣之員貽之以安，似非重徵僕之初意，僕不屑也。使僕展厥生平監峻任鉅不少貶巖巖之度，足下能保人不驚乎？驚斯疑，疑斯畏，畏必有以中之。滓煉可逃，飲羽不免。足下仁慈泣衆蒲不濫施，何忍一介之士爲知己者死耶。里有喬松甘泉者，松慕高而高奔，泉慕深而深注。僕猶然笑之不解我衷，亦若有慕，竊恐今後松泉得反之矣。僕聞人情胥尚，惟位與金，多金高位，自昔重之。足下擅陳思之敏才，兼司空之博物，文人慧性，衆揣不如獨。奈何當官則計拙，與僕則情投。人藉位而營金，足下捐金而贍僕，僕誠何奇，好酷至此。大非人情，愚不可及。僕以足下永附廉吏之稱，足下以僕反蒙愚公之誚。非所以答清貺而安余心也。且足下家傍瓊林，林中則十面仙郎爲政，自號元衣客卿，既態既韻，亦見亦隱。五岳讓其秀聳，八音争其鏗鏘。奇氣逼人，不可一世。擁腫之與游，我形覺穢，何以施面目於此君之前哉。僕尚有虞焉：足下與客卿游有年矣，館之以白玉之宫，此之於紫霞之座。窺彼所宜，曲合其意。行擬偕行，止擬偕止。而使軿在道，無計相將，軀質邱園，貌登縑素。邀人讚跋，對客摩挲。夢裏元衣，卷中斑管。烏啼吏散，悠悠我思。假令僕儼然而至，足下不勝其喜，必袍笏迎拜，晨夕與俱。異日君位漸高，君途漸遠，攜之不去，思之不來，有如今日，何以爲懷？僕之累足下不淺矣。語云：一貴一賤，交情始見。先人壁立，公一卷處士，雖與君家，海岳老人，定方外交。晨星俱殞，世遠澤亡。足下拖紫紆青，不挾其貴，憐我子姓，少即負奇。或居侍從，或掌圖書，濟濟布列，充滿下陳。更惜老成，復迎耆長。世講隆情，古今絶少。况今售惟贋品，鑒鮮真知。物價長於宋人，人羣久無卞氏。足下畫龍弗好旁采，溪山務求邁種。以僕硜硜，均蒙推轂。啟母若來，可追十亂。人之非常，舉之違衆，指示紛紛，良有以也。僕匪不知吐握再興聞風奔走，而憎兹多口，士有同情。伏惟垂原，勿加斧戮，幸甚。足下買骨高名，遍徹厓谷。龍門崇重，人又願登一種不羈之子，不顧一世之非，求價急沽，未必不有。儻能留意，自入彀中望。夫干時掛瓢辟世，所志不一存乎其人。故山可歸，吾完吾璧。嗟乎，足下夫復何言？初游塵界，來路已迷。導之使還，願借力士。古稱金銅仙人辭漢鉛水霑襟，僕既乏羊足，亦鮮燕翎，欲歸未能，淚作時雨。惟足下念之，若足下膏肓有癖，嗜果在痂，請畢鐘鼎之才，薄建山林之業。地無虎豹，鄉頗安恬，俗子不來，惡聲不入。煮之則我即糧，偃之則我即抗。待君結鄰，同吾不老，足下計不出此耶！二書當時傳誦，以爲韻事。

清 高宗愛新覺羅·弘歷《御製文集》二集 卷一〇《雪浪石記》 丙戌春，直隸督臣方觀承獲蘇東坡雪浪石，並其故以聞，請移置苑囿。予曰：否，

否。東坡之石，宜置之東坡之雪浪齋，而此何有焉？然向過定州，齋與石非不屢形之歌貌之圖，而今又出所謂雪浪者，真僞果孰是哉？則稱今所出者乃所謂真稽，其故蓋自康熙初年，有臨城令宋廣業者，自定州移此石於彼。建亭鑿池，詩酒其間，而有「中山一片石」之句。其後亭圮石仆，鞠爲茂草，衙之人或以爲馬厩皂棧，而繫馬於此石。馬輒咆哮踶躕，不敢遺溲齕草，否則跛蹬病以斃。人異之。今牧趙州李文耀者聞其事，乃親詣臨城，掘土剔苔，沃之以水，而石之上宛露雪浪二篆題，因以告之方伯。是可信矣。夫何信在是，其不可信即在是，何言之東坡之石，宜以東坡之詩爲準。東坡之詩，一則曰：揭來城下作飛石，一礮驚落天驕魂。一則曰：異哉礮石雪浪翻。以詩質之，則向置定州者[illegible]屯磊磊，有礮石之用焉。若今之片石，高且盈丈，其不可爲礮石，而非真益明矣。既考《墨莊漫録》，稱東坡帥中山，得黑石白脈，如蜀孫位孫知微所畫，石間奔流云云。則兹得之臨城者，又實似之，而向之定州所置者實不似焉。夫東坡去今六百餘年，風流太守一時遺興摛詞，即瓦礫可爲珠玉，而必争是非真僞於此時，是不大可笑哉！且也可移之中山而去，即可移之臨城而來，又安知他日之不可復移之中山而去哉。然則向之形之歌、貌之圖者爲均誤耶？曰：不誤也。形之歌、貌之圖者，自在東坡之雪浪石，而不在礮石、片石之間也。是不可起東坡並向承，予命圖中山雪浪石之張若靄而一問之矣。

清 厲鶚《東城雜記》卷下《玉玲瓏閣》 玉玲瓏，宋宣和花綱石也。上有字紀歲月。蒼潤嵌空，扣之聲如雜珮。本包涵所靈隱山莊舊物，沈氏用百夫牽挽之，力致之庾園，後歸龔侍御翔麟，因以名其閣焉。侍御爲太常卿佳育子，風流淹雅，少日喜爲樂章，出入梅溪、白石諸公。太常開藩江，左署有瞻園。禾中朱檢討彝尊、李徵士良年、上舍符沈明府皞日上舍岸登，皆在賓榻。酒闌棋罷，相與倡和，刻浙西六家詞行于時。又屬王山人翬寫瞻園舊雨圖。後以貢士起家，歷郎署至南臺。未幾罷歸。貧甚，至舉家食粥，未嘗于監司郡邑有所干請。士論高之。晚年移家白洋池畔，自號田居。舊宅已易主。玉玲瓏之名終播于詞人，傳之海内矣。朱檢討寄侍御《摸魚兒》云：玉玲瓏、閣前松石，經過朱夏曾撫。主人直待秋期近，金粟滿庭香雨。新樂府，早和遍，蕢洲箔譜篔房句。竹垞小住。笑我若歸時留君爛醉，十日不歸去。　西堂冷，孔雀應凋翠羽。鹿麛高下騰距，紅泥亭子方池外，深徑共誰延竚。歲既暮，想皖口，鱘魚又好霅犀筯。粉雲風絮，定吹到山樓，叢梅凍雀，把盞舊吟處。

清 李斗《揚州畫舫録》卷七《城南録》 硯池染翰，在城南古渡橋旁。歙縣汪氏得九蓮庵地建别墅，曰南園。有深柳讀書堂、穀雨軒、風漪閣諸勝。乾隆辛巳，得太湖石九于江南。大者逾丈，小者及尋。玲瓏嵌空，竅穴千百。衆夫輦至。因建澄空宇、海桐書屋，更圍雨花菴入園中。以二峰置海桐書屋，二峰置澄空宇，一峰置一片南湖，三峰置玉玲瓏館，一峰置雨花菴屋角。賜名九峰園。御製詩二。一云：策馬觀民度郡城，城西池館暫游行。平臨一水入澄照，錯置九峰出古情。雨後蘭芽猶帶潤，風前梅朵始敷榮。忘言似泛武夷曲，同異何妨細致評。一云：觀民緩轡度蕪城，宿識城南别墅清。縱目軒窗饒野趣，遣懷梅柳入詩情。評奇都入襄陽拜，筆數還符洛社英。小憩旋教追烟舫，平山翠色早相迎。注云：園有九奇石，因以名峰。非山峰也。

又 雨花菴門外嵌石刻，曰硯池染翰。聯云：高樹夕陽連古巷盧綸，小橋流水接平沙劉兼。門前石版橋三折，橋頭三叟人立。其洞穴，大可蛇行，小者僅容蟻聚，名曰玉玲瓏。又名一品石。《圖志》云，相傳爲海岳菴中舊物。趙雲崧詩云：九峰園中一品石，八十一竅透寒碧。蓋謂此也。園中九峰，奉旨選二石入御苑，今止存七石。高東并文照《九峰園》詩云：名園九個丈人尊，兩叟蒼顔獨受恩。也似山王通籍去，竹林惟有五君存。

又 臨池亭旁，由山徑入，一石當路。長二丈有奇，廣得其半，巧怪巉巖，藤蘿蔓衍，烟霭雲濤，吞吐變化。此石爲九峰之一。旁搆小廳，額曰一片南湖。聯云：層軒皆畫水杜甫，芳樹曲迎春張九齡。是屋窗櫺皆貯五色玻璃，園中呼之爲玻璃房。

又 烟渚吟廊之後，多落皮松、剥皮檜。取黄石叠成翠屏，中置兩捲廳，安三尺方玻璃。其中或綴宣石，或點太湖石。太湖即九峰中之二峰，名之曰玻璃廳。上懸御扁「澄空宇」三字，及「雨後蘭芽猶帶潤，風前梅朵始敷榮」一聯，「縱目軒窗繞野趣，遣懷梅柳入詩情」一聯，「名園依緑水，野竹上青霄」一聯。

清 紀昀《閲微草堂筆記》卷一五《姑妄聽之一》 金巡檢又言：「巡檢署中一太湖石，高出檐際，皴皺斑駁，孔竅玲瓏，望之勢如飛動。云遼金舊物也。」考金嘗拆艮岳奇石，運之北行，此殆所謂「卿雲萬態奇峰」耶？然金以大定府爲北京，今大寧城是也。遼興中府，金降爲州，不應置石於州治。是又

疑不能明矣。又相傳京師兔兒山，石皆艮岳故物，余幼時尚見之。余虎坊橋宅爲威信公故第，廳事東偏一石，高七八尺，云是雍正中初造宅時所賜，亦移自兔兒山者。南城所有太湖石，此爲第一。余又號孤石老人，蓋以此云。

清 王培荀《鄉園憶舊録》卷四 家海州公，諱載揚。歸田時，泊舟海岸，夢二偉丈夫進謁，欲附舟至山東。明晨，夾舟有二巨石露水面。大者百夫莫動，姑取其小者壓舟，作鬱林之裝。歸置園中，穿穴玲瓏，縐瘦俱備。石上刻字糢糊莫辨。旁蔭文官果一株，拳曲臃腫，老幹裂風。蓋三百年物。園既犂爲田，未久，樹亦摧爲薪矣。

又 吾居之東五里許，族間有石足園。嘗見其圖，短垣繞屋，砌石作冰紋。亭階樹隙，大小石羅列如兒孫，極得山居之趣。圖存而園則不可知矣。外此，鄒平張忠定公之湄園，章邱焦大司寇之餘青園，皆不能詳。新城郭外有巨石孤立菜畦中，未知即霽宇大司馬園之遺迹否也。平泉花木，李衛公之記亦多事耳。

又 初，張白雲先生養浩園中有奇石十，呼爲十友。最著者龍、鳳、龜、龍，殷文莊得之，立園中。及爲秋史所有，石如故也。【略】其龍石在府文廟泮池前，高幾二丈，瘦削夭矯，勢欲拏雲。鳳石砌旅店之壁，百竅玲瓏，如鬼斧鑿成。劉寄菴詩云：是石不可煮爲糧，是鳳不可策爲騎。中又云：喜爾嘉名先肖爾，中庭羽毛看新鮮。繒繳險危何足慮，不儀不鳴千萬年。焉知爾來非丹穴，曾巢古昔阿閣前。一朝化此辭雕鐫，其心則虛其體堅。極力摹擬。餘不知散落何處。或云列趵突泉外，其石粗蠢，與前二石不類。按，在店者實龜石。鳳石在藩署。

清 翟灝等撰 王維瀚重訂《湖山便覽》卷一〇《鳳凰山》 觀堂 陳記云：後苑一山崔巍，作堂爲上焚香祝天之所。理宗時吴知古掌焚修，每三茅觀鐘鳴，觀堂之鐘應之，則駕興。堂前有太湖石卧峰，陂陀甚大，其中鑿爲泓沱，相傳思陵滌硯具也。見《研北雜志》。又堂有黑漆厨，內龕二石，高數尺。其一有六星隱起，石上刻金書「南極呈祥」。其一有七星，亦隱起而色白，刻曰「北斗降瑞」。堂後化爲佛寺，此石莫知所在。見《癸辛雜志》。

清 嘉慶《揚州府志》卷三八《古蹟》 萬石園，汪氏舊宅。以石濤和尚畫稿佈置爲園。太湖石以萬計，故名萬石。中有樾香樓、臨漪檻、援松閣、梅舫諸勝。乾隆間石歸康山，遂廢。國朝馬曰琯詩：滿庭林木暗斜陽，石罅天然漏冷光。試上高樓一憑檻，綠楊城郭晚蒼蒼。

又《鳳凰山・燕思閣》 至和中，守張沔建取臨安縣淨土寺立石七株，置之閣前。蒼然奇怪，號七賢石。元祐中，守蒲宗孟改名石林軒。

清 同治《蘇州府志》卷三五《古蹟》 秦國公石亦衛文節公故物，明太僕丞歸有光購之葉文莊家，置安亭宅中，自爲記。

又 沁雪石，舊在縣治中。趙子昂鷗波亭前二石，一曰沁雪，一曰垂雲。垂雲流落雲間，不可考，沁雪在海虞縣中，石上勒子昂八分書「沁雪」二字，錢允言購得之。明沈周作圖繫以詩：亭前峙奇石，突兀當一障。沁此萬古雪，亘地氣魄壯。蒸雲勢欲軒，得月神更王。妙擬軼仇池，潤未下雪浪。刓鑿天借巧，胸次見洞宕。孤立宜有鄰，雅許修竹傍。風雨不敢泐，刻名久無恙。寶此一夔足，碌砢不多尚。貞德允配主，白衣可呼丈。我見便欲拜，良信米非誑。聊與貌高古，敢有愚公妄。

清 汪曰楨《南潯鎮志》卷六 董氏泌園舊址在花園衖。內有太湖石高丈餘，後爲馬要沈氏取去。白皮松一本，高過屋山幾倍，亦爲有力者所奪。《靜歗齋存草》云：先宗伯泌園，不十年化而爲圃，然則此石也松也，是後人所添置，抑即前人所經營耶？今考，松石皆董紹聞園中物，因董園之稱，誤指爲泌園。此詩即承其誤。

清 同治《新化縣志》卷五《輿地志五・中和團北渡村》 有息園雙石。瓊孫曦得雙石於其從父坦，置諸息園，甚寶重之，徧求名人題詠，亦韻事也。曦自賦云：維石之介，維石之堅。玲瓏嵌空，瘦豈刓鐫。包孕造化，吐納雲煙。南宮拜之，東坡題焉。九華壺中，一品洞天。嗜有同癖，敢媲前賢。湘陰郭嵩燾《題息園雙石》詩：杜陵萬古仇池石，近在君家几席間。老眼摩挲對圖畫，半江風雨息園山。艮岳留貽舊見尋，南游曾憩五松林。秋風一夢雲山約，何日留題片石陰。袖中東海鬱波濤，老阮猶憐小阮豪。題作奇章一品石，千秋持配呂虔刀。邑人游智開《題息園雙石》詩：息園主人好奇古，瑯玕萬軸森可數。就中雙石何玲瓏，婉孌陂陁鬱深塢。知君酷嗜追元章，品第甲乙環山旁。大巖礌礌九華碧，小巖落落殊清蒼。礌礌落落俱不俗，坐對靈根抱寒玉。遂教煤麝寫斕斒，名士新題半相屬。喟予惰落塵埃中，往歲舉手攀芙蓉。君山九疑一回望，獅蹲虎踞空遺蹤。摩挲此卷神情喜，洞天長嘯行歸矣。癡心竟欲枕不眠，却驚座上雲頭起。

清 同治《續纂揚州府志》卷五《古蹟》 片石山房，在徐寧門街花園巷，一名雙槐園。舊爲邑人吴家龍別業。池側嵌太湖石，作九獅圖，夭矯玲瓏，具有勝概。今屬粵人吴輝謨搆宅居焉。

清 同治《上海縣志》卷八《第宅園林》 陸深《柱石塢記》略：岩山西偏澄懷閣之下、小滄浪之上，復以暇日周施欄檻。適有川石三，高可丈許，中峰蒼潤如玉，有端人正士之象。題曰錦柱。旁甃兩臺，左曰龍鱗石，蒼碧相暈，比次成文，鱗甲欲化。右石首微墮，而婀娜拱揖，有掀舞之意，名舞花虬。合之曰柱石。鋪曲徑其下通往來。曳杖徘徊，聊寄我孤岸之氣，意甚樂也。

清 陳元龍《格致鏡原》卷六《續墨客揮犀》：朝議李芬好奇，有異石，高二尺許，嵌硿可愛。常置庭檻間，每至日方未時即有氣出石穴中，若煙雲之狀，萬不差一。因目之爲「未石」。

又《游名山記》：嵩山達磨菴殿前有一石，高僅二尺，廣尺許，其上達磨之形宛然，拭之益顯。蓋菴之上四里有達磨洞，玆石乃其九年所面。古謂精誠可通金石，諒哉！

又《洞冥記》：元封中，陽關之外花牛津，時得異石。長十丈，高三丈，立於望仙宮，因名龍鍾石。武帝末，此石自陷入地，唯尾出土上。今人謂龍尾墩也。

清 楊謙撰 李高孫補輯《梅里志》卷六（補）在我山園在斜港北太平橋之西。明國子助教李曙巖所闢，當時號爲名園，今廢久矣。俗猶稱其處花園頭。有三太湖石筍尚存，皺瘦玲瓏，目所罕覯。一峰高丈五六，下者並高丈許。鄉人目爲一佛二菩薩云。王翃有《題天目松詞》，引云：里之北有李曙巖園居，累石爲山，洞盤地底。樹天目松于上，高不盈丈，羣枝平布，諸峰向之，若相授受而終不可得者。吴門范長白曾圖之。《春風録》

清 光緒《丹徒縣志》卷九《古蹟》 很石，一名石羊，在甘露寺側。蘇文忠《游甘露寺》詩云：很石卧庭下，穹窿如伏羱。緬懷卧龍公，挾策事雕鑽。一談收猘子，再説走老瞞。名高有遺想，事往無留觀。其序云：寺有石似羊，相傳謂之很石。諸葛孔明坐其上與孫仲謀論拒曹操。蔡寬夫《詩話》云：潤州甘露寺有塊石，狀如伏羊，形製略具，號很石。相傳孫權嘗據其上與劉備論拒曹操。又施注《輿地志》云：石羊巷在城南，吴孫氏隧道也。劉備詣孫權，與俱出獵，因醉各據一羊。三説不同。又蔡寬夫詩話云：甘露壁間舊有羅隱詩版，云紫髯桑蓋此沈吟，很石猶存事可尋。漢鼎未安聊把手，楚醪雖美肯同心。英雄已往時難問，苔蘚何知日漸深。還有市廛沽酒客，雀喧鳩聚話蹄涔。時錢鏐、高駢、徐温鼎立三方，潤州處其間。隱此詩婉而有味。元符中經火，詩版不復存，石亦毁剥矣。按，曾彦和潤州《類集》引羅隱《石羊》詩，自注云：在妙喜寺。即閃勝寺，見寺觀。又隱《寄默師》詩云：石羊妙喜寺，甘露平泉碑。甘露寺殿前有小石似羊，僧因以隱詩揭其旁，蓋非也。或謂李衛公鼎建甘露寺時，聚境内奇物實之，今很石實自妙喜遷置。然羅隱與衛公相去年遠，石羊在妙喜隱猶及見之，則知非衛公徙置明甚。彦和《類集》作於元豐中，而蘇公過潤亦當元豐時，則當時所見已非舊石矣。明正德間，郡守滕謐建亭，立碑於北固山之西南隅。後亭廢，碑移而石棄在蔬圃積土中。知縣龐公時雍請於郡守王公應麟，覓得之，乃改置之演武場，建亭立碑，與將臺對，扁曰武侯遺石。兼取滕公舊碑樹焉。昔陸游云：石亡已久，僧取别石充數。今贋者自存而故名竟在。謂久亡者，誤也。《嘉慶志》、《北固山志》並同。

藝文

唐 白居易《白氏長慶集》卷二一《雙石》 蒼然兩片石，厥狀怪且醜。俗用無所堪，時人嫌不取。結從胚渾始，得自洞庭口。萬古遺水濱，一朝入吾手。擔舁來郡內，洗刷去泥垢。孔黑煙痕深，罅青苔色厚。老蛟蟠作足，古劍插爲首。忽疑天上落，不似人間有。一可支吾琴，一可貯吾酒。峭絶高數尺，坳泓容一斗。五絃倚其左，一杯置其右。窪樽酌未空，玉山頽已久。人皆有所好，物各求其偶。漸恐少年場，不容垂白叟。迴頭問雙石，能伴老夫否。石雖不能言，許我爲三友。

又 卷三六《北窗竹石》 一片瑟瑟石，數竿青青竹。向我如有情，依然看不足。況臨北窗下，復近西塘曲。筠風散餘清，苔雨含微緑。有妻亦衰老，無子方煢獨。莫掩夜窗扉，共渠相伴宿。

唐 姚合《姚少監詩集》卷七《題金州西園・石庭》 布石滿山庭，磷磷潔還清。幽人常履此，月下屐齒鳴。藥草枝葉動，似向山中生。

又《天竺寺殿前立石》 補天殘片女媧抛，撲落禪門壓地坳。霹靂劃深龍舊攫，屈槃痕淺虎新抓。苔粘月眼風挑剔，塵結雲頭雨磕敲。秋至莫言長矻立，春來自有薜蘿交。

唐 齊己《白蓮集》卷四《謝主人石筍》 西園罷宴游，東閣念林丘。特減花邊峭，來添竹裏幽。憶過陽朔見，曾記太湖求。從此頻吟遶，歸山意

亦休。

宋 張詠《乖崖集》卷四《吴宫石四 正題曰：醉花曬藥石，玩月朝天壇。》 何人移置向何年，牢落空庭見斷頑。竹外松間滋澹仡，土昏苔染更斕斒。貪憐玩月名偏好，莫問朝天信不還。閒醉閒吟聊自得，漸無魂夢憶歸山。

宋 張碧《題祖山人池上怪石》（《古今事文類聚》前集卷一四輯） 寒姿數片奇突兀，曾作秋山秋水骨。先生應是厭風雷，着向池邊塞龍窟。我來池上傾醉尊，半酣書破青煙痕。參差翠縷擺不落，筆頭驚怪粘秋雲。我聞吴中項容水，墨有高價，邀得將來倚松下。鋪却雙繒直道難，掉首空歸不成畫。

宋 蘇軾《東坡全集》卷二一《雪浪石》 太行西來萬馬屯，勢與岱岳爭雄尊。飛狐上黨天下脊，半掩落日先黄昏。削成山東二百郡，氣壓代北三家村。千峰右卷矗牙帳，崩崖鑿斷開土門。揭來城下作飛石，一礮驚落天驕魂。承平百年烽燧冷，此物僵卧枯榆根。畫師爭摹雪浪勢，天工不見雷斧痕。離堆四面繞江水，坐無蜀士誰與論。老翁兒戲作飛雨，把酒坐看珠跳盆。此身自幻孰非夢，故園山水聊心存。

又 我頃三章乞越州，欲尋萬壑看交流。且憑造物開山骨，已見天吴出浪頭。石中似有海獸形狀。履道鑿池雖可致，玉川卷地若爲收。洛陽泉石今誰主，莫學癡人李與牛。

又 卷三八《北海十二石記》 登州下臨大海，目力所及，沙門、鼉磯、車牛、大竹、小竹凡五島。惟沙門最近，兀然焦枯，其餘皆紫翠巉絶，出没濤中，真神仙所宅也。上生石芝，草木皆奇瑋，多不識名者。又多美石，五采斑斕，或作金色。熙寧己酉歲，李天章爲登守，吴子野往從之游。時解貳卿致政退居于登，使人入諸島取石，得十二株，皆秀色粲然。適有舶在岸下，將轉海至潮。子野請於解公，盡得十二石以歸，置所居歲寒堂下。近世好事能致石者多矣，未有取北海而置南海者也。元祐八年八月十五日東坡居士蘇某記。

又 卷九七《雪浪齋銘并引》 予於中山後圃得黑石白脈，如蜀孫位孫知微所畫。石間奔流，盡水之變。又得白石曲陽，爲大盆以盛之，激水其上，名其室曰「雪浪齋」云。

盡水之變蜀兩孫，與不傳者歸九原。異哉駁石雪浪翻，石中乃有此理存。玉井芙蓉丈八盆，伏流飛空漱其根。東坡作銘豈多言，四月辛酉紹聖元。

宋 蘇轍《欒城集》第三集卷一《方築西軒穿地得怪石》 卞氏平日本富家，庭中怪石蹲麏麚。子孫分散不復惜，排棄坑谷埋泥沙。一株躍出隨畚鍤，知我開軒方種花。頹然遠嶺垂澗壑，豁然洞穴通煙霞。十夫徙置幸不遠，軒前桐柏陰交加。我家舊隱久不到，小池尺水三流槎。少年旋遶看不足，時呼野老來煎茶。老人得此且自慰，更訪餘石探幽遐。或言卞氏舊石尚多，但未知沉淪處爾。

宋 謝逸《溪堂集》卷三《從黄宗魯乞怪石》 織女支機棄不用，老盧墜腰誰見收。君從何處得此石，恐有鬼物爲君偷。不堪壓作擣練石，仆在牆東如卧牛。何如置我清溪上，奇峰崒嵂臨清流。鄙夫鬢髯鋭如戟，青眸皓齒不我儔。惟有泉石肯相伴，不索吾米無所求。何時突兀入眼界，白頭相對忘百憂。

宋 程師孟《藥洲九曜石》（《宋金元明四朝詩·宋詩》卷五八輯） 何人移巨石，終日壓寒泉。不逐千秋改，長如九曜連。森然禹州牧，儼若舜官聯。春浴多沂水，宵占盛潁川。舟疑槎泛到，橋訝鵲飛填。暗向吹笳後，明於秉燭邊。風濤撼莫轉，霜霰蝕難穿。可繼奇章嗜，無由靖節眠。廢興時自異，終羡爾長年。

宋 文同《丹淵集》卷一三 山堂前庭有奇石數種，其狀皆與物形相類，在此久矣，自余始名而詩之。

鸜鵒石 静立身微聳，驚窺首略回。何人將至此，應自隴山來。

柘枝石 紫蘚裝花帽，紅藤纏臂韝。被誰留斷拍，長舞不教休。

狻猊石 巨尾蟠深草，豐毛覆古苔。雕欄臨綺席，長欲上香臺。

崑崙石 雨漬身如漆，苔侵面若藍。問時都不語，應是憶扶南。

羅刹石 洗濯形容露，剜挑口眼通。試教常點檢，每夜定飛空。

珊瑚石 海底初生處，扶疏苦未全。幾時隨鐵網，流落漢江邊。

宋 郭祥正《青山續集》卷二《九曜石奉呈同游蔣帥穎叔吴漕翼道》 番禺西城偏，九石名九曜。危根插滄浪，古魄鎮臨眺。何人試巧手，鑿此混沌竅。森森毛髮散，偉偉儀形肖。葱蒼翠霧濕，玲瓏秋月照。痕添海潮上，聲酸朔風叫。龍歸憂利劍，鼉泣怖長釣。曾非借霹靂，安得離巖嶠。菱溪與太湖，所得信未妙。誰將置濠隍，我願植廊廟。堅貞以類舉，邪僻令遁跳。濡毫勒陰崖，卑語君莫誚。

宋 秦觀《淮海集》卷六《和子瞻雙石》 天鏡海濱石，鬱若龜毛緑。信爲小仇池，氣象宛然足。連巖下空洞，鼎張彭亨腹。雙峰照清漣，春眉鏡中蹙。疑經女媧鍊，或入金華牧。鑪熏充雲氣，研滴當川瀆。尤物足移人，不必

珠與玉。道傍初無異，漢將疑虎伏。支機亦何據，但出君平卜。奇礓入華林，傾都自追逐。我願作陳那，令吼震山谷。一拳既在夢，二駒空所欲。大士捨寶陁，仙人遺句曲。惟詩落人間，如傳置郵速。

元 王惲《秋澗集》卷七《風秀丹山歌》 至元壬申來官平陽，得之於録事參軍周幹臣處。周予弱冠時同舍郎也，十一年春三月十五日與兒子孺讀王黼《朱勔傳》及僧祖秀《華陽宮記》，因作此詩以贈周云。

宣和寶石真淵藪，萬狀卿雲照靈囿。當年幾鑿太湖空，贏得綱船枯九有。一峰丹山風秀徽所譜，梟梟金書瘦於柳。周郎攜自河陽城，夜壑雖深縱豪取。一峰突兀玉潺顏，曾在紅雲顧盼間。先榮後悴物常理，我今感汝爲長嘆。揭來伴子茆屋底，憔悴秋娘歸故里。清燈摇摇光滿几，爐烟作雲研涵水。老虬蟠倔似求伸，隱隱猶能鱗甲起。此時對君心境閒，人爲物遷今亶然。掩書瞑坐清思遠，夢繞華陽松桂寒。我思象江老守尤，酷嗜不惜千金輦。致來長安家無婦，兒居無廬六石與。伍歎有餘義山賞，識豈徒爾愛蟠好。尚極類古人之意，歟一杯下咽歌者誰，南鄘小子王共谿。

元 柳貫《待制集》卷一三《蒼劍石銘有序》 越府照磨官林君叔大蓄奇石，修勁秀特，植置官署庭下。娩貞肖剛，石猶人也。予過山陰，見而愛之，乃爲石製號，作《蒼劍石銘》。銘曰：

誰爲龜枋，興雲吐霧。誰爲底柱，截波東注。誰戮防風，骨骸撐拄。有植之修，非冀非敌。不銖而廉，不窾而窳。如英璚瑶，如玉欄具。既庭既直，亦峻亦武。字之蒼劍，以配寶璐。使鎮郊筵，百神爾主。明德惟馨，式穀是與。

明 陳謨《海桑集》卷一《甘湖九曜石，石皆劉漢自大湖徙置，大者名九曜》 樂州甘湖百丈餘，中有長生之神魚。天星入湖化爲石，短肥長瘦八九株。醉翁上馬嗔索扶，蒙頭衲士病且癯。熊蹲豹躑猿狖攫，麟鳳不動雲凝舒。嗟哉天星毋乃愚，下俯奥渫甘同汙。煙霏雨暗叢百怪，鴟鳶糞頂凫鴨呼。嗟乎！南中不可以久留，何當返爾大澤與具區。

明 邵寶《容春堂續集》卷一《雲莊十石辭》 見素公之作雲莊也，其下上左右前後有石維十，其名刻皆出公意。張元玉以請文，見公得達觀焉，歸以語寶，寶聞之，如陟降其間。石爲之辭。

仰高 有石兮山巔，咫尺兮青天。日延企兮愁予，何星辰兮渺然。

一快 左予顧兮騁懷，下方忽兮雲開。坐商謡兮擊石，見雙鶴兮飛來。

臨滄 山北顧兮又東，雲冥冥兮海濛濛。扶桑睇兮安在，空嘆息兮桴翁。

雲莊 山蒼蒼兮白雲，白楊風兮夕曛。懷伊人兮終古，秋吾黍兮春芹。

見素洞 夫何爲兮此峰，中研然兮有容。雲紛紛兮在下，欲躋攀兮焉從。

青野 雲際兮山麓，原離離兮芳菉。天風起兮樵歌，思幽人兮在谷。

碧山 目窅窅兮天涯，岑遥碧兮參差。望重華兮未極，渺何方兮九疑。

後樂 夙游兮四方，江湖兮廟堂。睠兹洞兮吾老，何憂心兮可忘。

隱屏 晨簪兮墓前，夕次兮墓左。有石兮如屏，棲棲兮隱我。

拱北 有石兮應星，萬古兮北向。夕下拜兮老臣，有天臨兮在上。

又《謝馮僉憲惠文石》 昔見石如松，今見石如竹。如松紋在皮，如竹紋在肉。縱横金錯刀，凌亂錦一幅。置之山亭中，爲案比青玉。焚香對初陽，古書時展讀。問之贈者誰，仙人粲山麓。欲報何所將，寒泉手堪掬。石如松皮者，在浙江紫薇樓前。

明 顧璘《浮湘藁》卷四《以奇石獻涇川公辱報長歌輒答一首》 湘西石洞涵杳冥，濕雲倒結蓮花青。山童采斲送官舍，風雨黑夜號山靈。蟄龍驚雷聳頭角，怒豸蹲巖猶撲朔。峥嶸石柱高幾許，眼底分明瞻華岳。簿書堆案煙霞愁，塵顏齷齪真可羞。碧山學士負仙骨，此物正合供幽求。緑蒲朱草映漣漪，净几踈簾日詠詩。不誇醒酒千金價，獨玩通靈五色芝。

明 田藝蘅《香宇續集》卷二七《庭石雜詠》 江南産怪石，曾充任土貢。要知聖王心，期以奠乾棟。

栗里稱醉石，平泉夸醒酒。一醉還一醒，世事復何有。

齋前奇礓石，輸入華林中。流落幾千載，至今呼到公。

蘇家藏仇池，確犖希代珤。蒸豚先仲尼，不在詩句好。

海上無好石，悉受暴秦鞭。靈神或呵護，潛驅列庭前。

叠石俄成山，玲瓏秀而野。各保貞固心，還娱仁壽者。

又卷三三《玉華石出將樂縣玉華洞》 玉華石本玉芙蓉，千里移來若箇峰。想是萬山寒雪積，至今一朵白雲封。肯教寗戚歌時爛，耐學焦先煮日供。欲試青鞋斑竹杖，瓊瑶林壑訪仙蹤。

明 陳邦瞻《陳氏荷華山房詩稿》卷二二《湯陰公署竹石》 片石玲瓏色，疏篁蒼翠陰。此君兼此丈，相對暫開襟。

明 陳繼儒《陳眉公集》卷二《湖石》 我游太湖山，□載太湖石。危檣

張飽帆，輦致如重譯。七十二芙蓉，片片忽狼藉。何意水中雲，遠作堂下客。愧無亭與榭，委頓卧空澤。何當松竹友，錯列衆蒼壁。坎者窪我樽，坦者施我席。老夢洞庭秋，秋陰滿窗碧。

明 鄧雲霄《百花洲集》卷上《湖石》 永日求羊不到門，烟霞片石意猶存。神鞭驅出洞庭泣，仙子騎來震澤翻。幽壑轉疑迷竹徑，危峰直欲壓松軒。參禪一悟生公偈，静坐焚香可對言。

明 祁彪佳《遠山堂詩集・酣漱廊》 剔石憐其瘦，孤清便可耽。似蜺呼醉月，伴鶴立清潭。徑仄蒼雲起，虚通遠色含。冷然堪礪齒，一漱有餘酣。

清 高宗愛新覺羅・弘曆《御製詩集》二集卷二八《青芝岫有序》 米萬鍾《大石記》云：房山有石，長三丈，廣七尺，色青而潤，欲致之勺園，僅達良鄉，工力竭而止。今其石仍在，命移置萬壽山之樂壽堂，名之曰青芝岫，而繫以詩。

我聞莫釐縹緲，乃在洞庭中。湖山秀氣之所鍾，爰生奇石竅玲瓏。石宜實也而函虚，此理誠難窮。誰云南北物性殊燥濕，此亦有之殆或過之無不及。君不見房山巨石磊砐岌，萬鍾勺園初築葺。旁蒐皺瘦森笏立，縋幽得此苦艱澀。致之中止卧道旁，覆以葭屋繚以牆。出萬鍾《記》語。年深屋頹牆亦廢，至今竅中生樹拱把强。天地無棄物，而况山骨良。居然屏我樂壽堂，青芝之岫含雲蒼。摧嵬刻削裒直方。應在因提疏仡以前闢元黄。無斧鑿痕剖吴剛。雨留飛瀑月留光。錫名題什翰墨香。老米皇山之石穴九九，未聞一一穴中金幢玉節紛縈糾。友石不能致而此致之，力有不同事有偶。智者樂兮仁者壽，皇山洞庭夫何有。

又 三集卷五八《青雲片歌》 萬鍾大石青芝岫，欲致勺園力未就。已達廣陽却弗前，土牆繚之葭屋覆。見米萬鍾《大石記》語。適百里半九十里，不然奇物靳輕售。向曾舉運萬壽山，別遺一峰此其副。雲龍氣求經所云，可使一卷獨孤留。伯氏吹塤仲氏篪，彼以雄稱此通透。移來更覺易於前，一例爲屏列園囿。泐題三字青雲片，兼作長歌識所由。葉有時爲根鬖鬢生，有時爲峰芳潤漱。虚處入風籟吹聲，竅中過雨瀑垂溜。大青小青近相望，突兀瓌瓏欣邂逅。造物何處不鍾靈，豈必莫釐乃稱秀。事半功倍萃佳賞，宣和之綱誠大謬。

又 四集卷三〇《玲峰歌》 將謂湖石洞庭産，孰知北地多無限。萬鍾異石大房山，有奇必偶斯爲伴。天地生物弗拘墟，龍井吴山率常見。叶 二處亦多玲瓏怪石，豈皆取自太湖耶？米未能致今致之，青芝岫屏湖裔館。米石棄良鄉縣多年，因運至於昆明湖之樂壽堂，名之曰青芝岫。向有詩。彼勞奇文徒問答，米萬鍾既得異石於大房山，束牲戴書以告。甬東薛岡見之，復代石報米書。二書當時傳誦，以爲韻事。詳見《春明夢餘録》。物遇其時當自顯。玆峰有過無不及，名曰玲實稱豈舛。伊家顛叟上皇山，亦既艷稱百夫輦。致此用力雖倍蓰，賚來寧費修書柬。略發内帑給雇值，肯教張事恣米勔。大孔小穴盡靈透，凸突凹窊仍巉嶮。春風秋月幾閲歷，海水桑田任遷轉。故土鄆郈埋黄沙，素質奚礙皴蒼蘚。一峰峙我文源閣，育秀通書映萬卷。萬卷徵實難更僕，特宜黄石覿面展。又如逸興到棲霞，棲霞有玲峰池。日面月面應誰辨。每來汲古遺幾餘，詎同二米爲高簡。欣於斯即慙於斯，悦目怡情究非善。

又 四集卷三三《再作玲峰歌》 青芝岫及此玲峰，二物均西山神産。前後以徐胥致之，束牲告詎勞書簡。米萬鍾得異石于大房山，束牲載書以告。薛岡見之，因代石報米書。《春明夢餘録》載其事。芝岫樂壽堂名，在萬壽山昆明湖裔。樹塞門，玲峰文源閣名，御園新建以待貯四庫全書。峙溪堧叶。岫横峰竪各適用，造物生材寧可舛。體大器博復瓌瓏，八十一穴過猶遠。見米芾皇山帖。取自崇岡歷平野，原匪不脛實車轉。豈其出于不測淵，豈毁橋樑鑿城闉。所幸在兹愧在兹，作歌箴過非頌善。

清 阮元《揅經室集》四集詩卷九《小園樹石之趣題壁四首》 莫遣鄉心憶選樓，城西僦屋似邘溝。老槐引八三橋路，雜樹圍成一院秋。小有峰巒同石屋，無多窗檻擬瀛舟。此間風月真清暇，竟日能來幾度游。

春來未及海棠顛，接引繁花可半年。松菊雅逢秋土健，棗梨低待小兒懸。遮膺薜荔披風密，壓架藤蘿漏月圓。更與梧桐添緑影，芭蕉瀟灑竹便娟。

小園賦漫比壺公，乳鵲藏狸處處同。桑翳雙亭清夏氣，椒香一閣散秋風。澆花井水朝分研，埽葉琴床暮拓弓。雖是賃居非廡下，未因椎髻愧梁鴻。

二百卷排新著書，高齋插架見經郛。讀碑結習成迂論，修史深情向舊儒。老圃客來秋逕外，西山青到石臺隅。墨莊子弟如相問，寫與詩篇抵畫圖。

又 續集卷八《壽石》 玲石立一峰，刻字在明代。園宅有廢興，此峰故常在。石壽幾千年，勒字三百載。

清 吴嵩梁《香蘇山館詩集》古體詩鈔卷八《石笋》 石丈有奇骨，根借水雲養。其下見游魚，空明自來往。頗聞玉山陰，秀壓太湖上。結屋許巖居，漁樵亦吾黨。

清 彭藴章《松風閣詩鈔》卷二《山房十詠・叠石》 拾得黿山石，庭前

位置來。門花開壁壘，薙草出崔巍。有窟皆穿竹，無紋不繡苔。年年增幻相，蜂蝶莫相猜。

清 王慶勳《詒安堂二集》卷三《聽松石歌》 石高三尺，縱五尺，橫二尺五寸，篆文「聽松石」三字。相傳爲唐李陽冰書，背有行草書，書五行，漶缺不可讀。舊埋惠山寺正廳堦下，曾明府文岩承李觀察榕園之命，移置庭左，築亭覆之。不見喬松但見石，行草五行是誰書。剔蘚欣逢短李來，靈光頓顯陽冰額。我謁碑時秋正中，涼雲隱約一亭籠。那須第二泉嘗到，清氣先攜滿袖風。

清 郭嵩燾《養知書屋詩集》卷八《九日游袁氏園》 名園靜與松山對，寒日生林乍明晦。白雲一片忽飛來，密柚長藤杳何代。淮湖戈戟浩如海，狂歌縱飲浮生內。嵯峨二石空庭幽，誰能持此鎮橫潰。園有巨石二。

清 張裕釗《濂亭文集·遺詩》卷一 張春陔侍御儀徵城中，得異石甚佳，爲賦此篇。

文身舊俗荒不經，百怪巧競鐫幽冥，萬品鑱空貿其形。媧皇所遺龍伯得，戲鑿頑礦瞠瓏瓌。甲角穿穴波痕紫。霧雨蕩磨巖氣青。一卷瓌瑋表獨立，千秋俶詭誰爲聽。侍御來自古真州，一舸載歸此物尤。自言搜取出敗礫，不知當年誰氏留。我爲摩挲三歎息，豪家舊迹今荒棘。菱谿大石出清漪，廬陵苦爲劉金悲，一時志得珍環列，百年事往波東馳。富兒奢惑吁可訕，高人耆好本難删。東坡一死萬事足，仇池片石百回看。寶晉齋前玉珠白，零陵亭畔奔雲環。妖奇瓌怪感精魄，賢愚雅俗同心刓。好奇有癖誰能免，遇物不留安所患。作詩一笑君勿嗛，石不能言儻頭點。

清 皮錫瑞《師伏堂詩草》卷六《永福禪林觀桂林石》 玲瓏卷石山琢骨，傳是前朝相公物。蒼然靈質含古悲，題字桂洲猶仿佛。桂洲登朝事世宗，大禮議後朝廷空。郊廟煌煌考古制，麈糟不數叔生通。奏議一編文典雅，猶勝椎魯少文者。河套方鬥岩家雞，邊庭遽市仇鸞馬。當時相國已歸休，公謹猶承聖眷優。東山不堅安石志，西市乃斫太師頭。高臺曲池狐兔據，飄零一石存何處。石不能言似點頭，浩劫惟憑龍象護。我聞陶令觀廬瀑，醉眠石上酒初熟。介立之節同貞堅，彭澤歸來帶不束。又聞李相營平泉，醒酒之石人爭傳。太尉顧我毛灑淅，朱崖晚節危南遷。嗟公富貴空炫赫，冤甚朱崖愧彭澤。摩挲故物長太息，慎勿重爲勢家得。

清 光緒《騰越廳志》卷一九輯尹藝《夾象石》 一石若獅一石虎，左者高昂右微俯。屹立窄徑駭行人，牙欲磨露爪欲舞。譬彼猛將當雄關，不露奇傑自成武。在昔緬首侵我疆，蹂躪盞干兩宜撫。藩籬盡散半壁虛，大隊闖入及門户。黃陵岡下陣雲生，倒馬坎頭喧鼙鼓。兩鼠相遇鬥穴中，惟將勇者能勝虜。霹靂一聲山谷摇，萬弩齊發猛如雨。象奴恇懼有退心，象隊逡巡失其伍。既不能退不能遂，我士乘之勇可賈。遂北追奔三舍遥，歸來策勳上幕府。遂令卓立兩片石，名以夾象傳千古。何況壯士立邊功，燕然勒石交趾柱。

雜録

漢 郭憲《洞冥記》卷二 元封三年，大秦國貢花蹄牛。其色駮，高六尺，尾環遶其身，角端有肉，蹄如蓮花，善走多力。帝使輦銅石，以起望仙宮。跡在石上，皆如花形。故陽關之外（有）花牛津。時得異石，長十丈，高三丈，立於望仙宮，因名龍鍾石。武帝末，此石自陷入地，惟尾出土上，今人謂龍尾墩也。

宋 葉夢得《巖下放言》卷中 李文饒《平泉草木記》云：「以吾平泉一草一木與人者，非吾子孫也。」歐陽永叔嘗笑之。余謂文饒之惑何至平泉草木而已哉。後讀《五代史》，至張全義監軍與軍將孫延古爭醒酒石事，全義殺之，延古可爲克家之子矣。然以與監軍，則違其戒。守其戒，則或因之以至于殺人一名，亦何足言。使文饒而先悟此，豈宜無以累人，亦當自克其身矣。好石良是一癖，古今文士每見于詩詠者，必有宜好也。其好者正自不能解。余紹聖問春官不第，道歸靈壁縣，世以爲出奇石。余時卧病舟中，行橐蕭然。聞茶肆多有求售，公私未之貴，人亦不甚重。亟得其一，長尺許，價當八百，取之以歸，探其所有，僅七百金。假之同舍而足，不覺病頓愈。夜抱之以眠，知人之好石不特其言也。自行此壑，刳剔巖洞與藏于土中者，愈得奇。今巖洞殆千餘處，而奇石林立左右不可以數計，心猶愛之不已。豈非余之癖哉？賴晚年粗知道，文饒之病則無復有。客欲得者，聽其自取以去，未嘗較。嘗戲謂兒童輩云：「此不但吾無所累，汝亦可以免矣。」夫人事何嘗不類爾，每以文饒之言觀之世間，得更有一物耶！

宋 張邦基《墨莊漫録》卷一 宿州靈壁縣張氏蘭皋園一石甚奇，所謂小蓬萊也。蘇子瞻愛之，題其上云：「東坡居士醉中觀此，灑然而醒。」子瞻

之意，蓋取李德裕平泉莊有醒醉石，醉則據之，乃醒也。蔣穎叔過見之，復題云：「荆溪居士暑中觀此，爽然而凉。」吴右司師禮安中爲宿守，題其後云：「紫溪翁大暑醉中讀二題，一笑而去。」張氏皆刻之。其石後歸禁中。

明 謝肇淛《五雜組》卷三《地部一》《酉陽雜俎》載，利州臨江寺石得之水中。初才如拳，置佛殿中，石遂長不已，經年重四十斤。大凡石在土中水中者皆能長，但無如是之速耳。余在閩山中見一石，竇穴數尺，中空，有宋時人題詩，上半截猶可讀，下半截已爲外面所障。其石一片而生非嵌就者，故知石能長無疑也。

又 金陵鳳凰臺上有奇石丈許，相傳李太白物，好事者又刻太白《鳳凰臺》詩於上。蓋亦宋人墨蹟也。楚陳玉叔官金陵，舁以歸。舟至采石，大風浪作，舟竟覆石沉焉。豈謫仙之英魂不欲此石落他人之手耶？亦異矣。

明 郁濬《石品》下卷《石乳》 包山林屋洞天，中窈幽黑。徐武功裂炬而入，行至一處，明亮平敞，四壁上下，皆金色石乳。刻「金庭玉柱」四字，非人間書。終南山一洞，深數里，乳泉滴瀝，成飛仙狀，有數十眉目，衣服精巧。《酉陽雜俎》

明 王同軌《耳談類增》卷二〇《脞志鱗羽篇·石首魚化石》 石首，魚乘潮而來，潮退或膠沙中，則化石形。色絢巧可玩，人家多移取置庭前，然霉雨易爛，不如石耳。又謂非卵生，故釋氏教禁魚不禁石首有以也。應水部雲溟《談物産志》：首有魫，堅如石，故名石首。魫，腦骨也，則化石其體矣。

清 戴明琮《明州岳林寺志》卷二《古蹟》 彌勒涅槃石 梁貞明三年三月三日布袋和尚涅槃。此石方四尺五寸，安置千佛閣下。順治間，提督田公駐劄，爲兵所損。尚存片碣焉。

清 道光《廣東通志》卷二二三《古跡略七·署宅五》（陽江縣）西園在舊州治西，週二里。喬木、怪石蕭然出塵，亦名盤玉壑。宋乾道中，知州李綸磨堂側大石，鐫曰西園勝槩。

清 鈕琇《觚賸續編》卷四《物觚·石長》 楊州江郢上家中庭有石，苔蘚乍開，繭栗徐湧。察而視之，日有加焉。郢上名爲瑞石。有賦之者曰：「如人累善，惟不覺而常增。似物迎年，非有培而自益。」雉城錢霏玉未顯時，其父墓在吴興，地極褊小，棺後有石如筍，止高尺許，霏玉官日尊，石亦漸長。至山東巡撫罷歸，是石高已八尺，亦可謂瑞石矣。

清 雍正《浙江通志》卷一〇四 浮石《諸暨縣續志》：城東聖姑殿前流泉清溜，能結浮石。

清 梁詩正 沈德潛《西湖志纂》卷七《北山勝蹟上》 壽星石《西湖游覽志》：一在塔後，一在看松臺下，各大數十圍，塊然無根，望之如斵，舊名落星石，吴越錢王改今名。

又 卷八《北山勝蹟下》 三生石 在下天竺寺後。《太平廣記》：唐李源與僧圓澤友善。澤亡時，與源約十三年後相見於杭州天竺寺。逾十三年，源自洛適杭，見葛洪川畔有牧童騎牛背而歌曰：「三生石上舊精魂，賞月吟風不要論。慚愧情人遠相訪，此身雖異性常存。」歌罷，驅牛入煙霞而去。

選石

題解

明 計成《園冶》卷三《選石》 夫識石之來由，詢山之遠近。石無山價，費只人工，跋躡搜巔，崎嶇究路。便宜出水，雖遥千里何妨。日計在人，就近一肩可矣。取巧不但玲瓏，只宜單點。求堅還從古拙，堪用層堆。須先選質無紋，俟後依皴合掇。多紋恐損，垂竅當懸。古勝太湖，好事只知花石。時遵圖畫，匪人焉識黄山。小仿雲林，大宗子久。塊雖頑夯，峻更嶙峋，是石堪堆，便山可采。石非草木，采後復生，人重利名，近無圖遠。

論説

元 陸友仁《研北雜志》卷下 張滄巖好蓄奇石，其論石之品云，靈壁出於泗濱，本樂石所用。《書》云「泗濱浮磬」是也。碩厚清越如被塗澤，而乏煙雨葱蒨之姿。思溪近出於太末，深在土中，堅貞温潤，文質俱勝，扣之如鐘。四面皆可觀，其姿裁明秀，體氣高妙，夐出諸石之上，視靈壁猶儈父也。林慮遠出河朔，土厚水深，體極枯燥，然玲瓏嵌空，宛如鑱刻，其實皆出自然。洞庭在太湖之中咸池一氣下注膏液，石生於水裔，宛轉奇巧，翠潤而文。吴人以植園館，亭然秀聳。高或數丈，低猶數尺，然不及思溪之精絶也。

又 鮮于伯機論石，以太湖爲第一，山石次之。

明 計成《園冶》卷三《選石》

太湖石 蘇州府所屬洞庭山，石産水涯，惟消夏灣者爲最。性堅而潤，有嵌空、穿眼、宛轉、嶮怪勢。一種色白，一種色青而黑，一種微黑青。其質文理縱横，籠絡起隱，於面遍多坳坎，蓋因風浪中衝激而成，謂之「彈子窩」，扣之微有聲。采人攜鎚鏨入深水中，度奇巧取鑿，貫以巨索，浮大舟，架而出之。此石最高大爲貴，惟宜植立軒堂前，或點喬松奇卉下，裝治假山，羅列園林廣榭中，頗多偉觀也。自古至今，采之以久，今尚鮮矣。

崑山石 崑山縣馬鞍山，石産土中，爲赤土積漬。既出土，倍費挑剔洗滌。其質磊塊，巉巖透空，無聳拔峰巒勢，扣之無聲。其色潔白，或植小木，或種溪蓀于奇巧處，或置器中，宜點盆景，不成大用也。

宜興石 宜興縣張公洞、善卷寺一帶山産石，便于竹林出水，有性堅、穿眼、嶮怪如太湖者。有一種色黑質粗而黄者，有色白而質嫩者，掇山不可懸，恐不堅也。

龍潭石 龍潭，金陵下七十餘里，沿大江地名七星觀，至山口、倉頭一帶，皆産石數種。有露土者，有半埋者。一種色青，質堅，透漏文理如太湖者。一種色微青，性堅，稍覺頑夯，可用起脚壓泛。一種色紋古拙，無漏，宜單點。一種色青如核桃紋多皴法者，掇能合皴如畫爲妙。

青龍山石 金陵青龍山石，大圈大孔者，全用匠作鑿取，做成峰石，只一面勢者。自來俗人，以此爲太湖主峰，凡花石反呼爲脚石。掇如爐瓶式，更加以青峰。儼如刀山劍樹者斯也。或點竹樹下，不可高掇。

靈璧石 宿州靈璧縣地名磬山，石産土中，歲久，穴深數丈。其質爲赤泥漬滿，土人多以鐵刃遍刮，凡三次，既露石色，即以鐵絲箒或竹箒兼磁末刷治清潤，扣之鏗然有聲，石底多有漬土不能盡者。石在土中，隨其大小具體而生，或成物狀，或成峰巒，巉巖透空，其眼少有宛轉之勢。須藉斧鑿，脩治磨礲，以全其美。或一面，或三四面全者，即是從土中生起，凡數百之中無一二。有得四面者，擇其奇巧處鐫治，取其底平，可以頓置几案，亦可以掇小景。有一種扁朴或成雲氣者，懸之室中爲磬，所謂「泗濱浮磬」是也。

峴山石 鎮江府城南大峴山一帶，皆産石。小者全質，大者鐫取相連處，奇怪萬狀。色黄清潤而堅，扣之有聲。有色灰褐者。石多穿眼相通，可掇假山。

宣石 宣石産于寧國縣所屬，其色潔白，多於赤土積漬，須用刷洗，纔見其質。或梅雨天瓦溝下水，克盡土色。惟斯石應舊，逾舊逾白，儼如雪山也。一種名「馬牙宣」，可置几案。

湖口石 江州湖口，石有數種，或産水際。一種色青，混然成峰、巒、巖、壑，或成類諸物。一種匾薄嵌空，穿眼通透，幾若木版似利刃剜刻之狀，石理如刷絲，亦微，扣之有聲。東坡稱賞，目之爲世中九華，有「百金歸買小玲瓏」之語。

英石 英州含光、真陽縣之間，石産溪水中，數種：一微青色，有通白脈籠絡。一微灰黑，一淺緑，有峰、巒，嵌空穿眼，宛轉相通。其質稍潤，扣之微有聲。可置几案，亦可點盆，亦可掇小景。有一種色白，四面峰巒聳拔，多棱角，稍瑩徹，面面有光，可鑑物，扣之無聲。采人就水中度奇巧處鑿取，只可置几案。

散兵石 散兵者，漢張子房楚歌散兵處也，故名。其地在巢湖之南，其石若大若小，形狀百類，浮露于山。其質堅，其色青黑，有如太湖者，有古拙皴紋者，土人采而装出販賣，維揚好事，耑買其石。有最大巧妙透漏如太湖峰，更佳者，未嘗采也。

黄石 黄石是處皆産，其質堅，不入斧鑿，其文古拙。如常州黄山，蘇州堯峰山，鎮江圌山，沿大江直至采石之上皆産。俗人只知頑夯，而不知奇妙也。

舊石 世之好事，慕聞虚名，鑽求舊石，某名園某峰石，某名人題詠，某代傳至于今，斯真太湖石也，今廢，欲待價而沽，不惜多金，售爲古玩還可。又有惟聞舊石，重價買者。夫太湖石者，自古至今，好事采多，似鮮矣。如別山有未開取者，擇其透漏、青骨、堅質采之，未嘗亞太湖也。斯亘古露風，何爲新耶，何爲舊耶？凡采石惟盤駁、人工装載之費，到園殊費幾何？予聞一石名米百峰，詢之費百米所得，故名。今欲易百米，再盤百米，復名二百米峰也。凡石露風則舊，搜土則新，雖有土色，未幾雨露，亦成舊矣。

錦川石 斯石宜舊。有五色者，有純緑者，紋如畫松皮，高丈餘、闊盈尺者貴，丈内者多。近宜興有石如錦川，其紋眼嵌石子，色亦不佳。舊者紋眼嵌空，色質清潤，可以花間樹下，插立可觀。如理假山，猶類劈峰。

花石綱　宋花石綱，河南所屬邊近山東，隨處便有，是運之所遺者。其石巧妙者多，緣陸路頗艱，有好事者，少取塊石置園中，生色多矣。

六合石子　六合縣靈居巖，沙土中及水際，産瑪瑙石子，頗細碎。有大如拳、純白五色紋者，有純五色者，其温潤瑩澈，擇紋采斑斕取之，鋪地如錦。或置澗壑及流水處，自然清白。

夫葺園圃假山，處處有好事，處處有石塊，但不得其人。欲詢出石之所，到地有山，似當有石，雖不得巧妙者，隨其頑夯，但有文理可也。曾見宋杜綰《石譜》。何處無石？予少用過石處，聊記于右，餘未見者不録。

綜　述

宋　杜綰《雲林石譜》卷上　靈璧石　宿州靈璧縣，地名磬山。石産土中，歲久穴深數丈，其質爲赤泥漬滿，土人多以鐵刃遍刮，凡三兩次既露石色，即以黄蓓箒或竹箒兼磁末刷治清潤，扣之鏗然有聲。石底多有漬土不能盡去者。度其頓放，即爲向背。石在土中隨其大小具體而生，或成物狀，或成峰巒巉岩，透空其眼，少有宛轉之勢。或多空塞，或質偏朴，或成雲氣、日月、佛像，或狀四時之景。須藉斧鑿修治磨礲，以全其美。或一面，或三四面。若三四面全者，即是從土中生起，凡數百之中無一二。有得四面者，多是磈者。石尖擇其奇巧處鐫治，取其底平。頃歲，靈璧張氏蘭皋亭列巧石頗多，各高一二丈許。峰巒巖竇嵌空具美，大抵亦三兩面，背亦著土。又有一種，石理蹸踆，若胡桃殼紋，其色稍黑。大者高二三尺，小者尺餘。或如拳大，坡陁拽脚如大山勢，鮮高峰岩竇。又有一種産新坑黄泥溝，峰巒嵌空奇巧，亦須刮治。扣之稍稍有聲。但石色清淡，稍燥軟，易於人爲，不若磬山清潤而堅。此石宜避風日，若露處日久即色轉白，聲亦隨減。《書》所謂「泗濱浮磬」是也。

青州石　青州石産之土中。大者數尺，小亦尺餘。或大如拳，細碎磊磈未成物狀。在穴中性頗軟，見風即勁。凡采之，易脆不可勝舉。其質玲瓏，竅眼百倍於他石。眼中多爲軟土充塞，徐以竹枝洗滌净盡，宛轉通透，無峰巒峭拔勢。石色帶紫，微燥，扣之無聲。土人以石藥粘綴，四面取巧，像雲氣枯木怪石欹側之狀。

林慮石　相州林慮石，地名交口，其質堅潤，扣之有聲。一種出土中，采之穴地，見石則尋坑坎處。石多倒生，向下垂如鍾乳，融結皆天然。鑿去粗石，留石座如板山，多自載山一座，峰巒下秀高拔，或如無物狀。石色甚碧，曾貢入内府，有藍關、蒼虬、洞天凡十餘品，各高數寸，甚奇異。又有一種色稍斑而微黑，産土中，微有土漬，易於洗滌。有大山勢，四面徘徊無背，稍着土。千岩萬壑，峰巒迤邐，頗多嵌空，洞穴宛轉相通，不假人爲。至有中虚可施香爐，静而視之，若煙雲出没巖岫間。此石因崇寧年方田相視地脈，偶得之。大不踰三五尺，至如拳大，奇巧百怪。

平江府太湖石　産洞庭水中。石性堅而潤。有嵌空穿眼宛轉嶮怪勢。一種色白，一種色青而黑，一種微黑青。其質文理縱横，籠絡起隱於石面。遍多坳坎，蓋因風浪中衝激而成，謂之彈子窩，扣之微有聲。采人攜鎚鑿入深水中，頗艱辛。度奇巧取鑿，貫以巨索，浮大舟，設木架絞而出之。其間稍有巉巖特勢，則就加鐫礲取巧，復沉水中。經久爲風水冲刷，石理如生。此石巖最高有三五丈，低不踰十數尺，間有尺餘，惟宜植立軒檻，裝治假山，或羅列園林廣榭中。頗多偉觀，鮮有小巧可置几案間者。

江革石　道州江革、永寧二縣皆産石。在亂山間，於平地土空礲積。永寧石疊而生成，或大或小，不相粘綴。江革一種稍青色，一種灰黑，間有巉岩特勢。其質例皆粗澀枯燥，扣之有聲。未見絶奇巧者。唯永寧所産，大者十數尺，或二三尺，至有尺餘。或大如拳，或多細碎。每就山采石，散處地土莫知其數，蓋率皆奇怪。大抵各隨人所欲。既擇絶佳者，多爲泥土苔蘚所積。以水漬一兩日，用磁末痛刷。一種色深青，一種微青，一種微黑，其色質堅潤，扣之有聲。或多坳坎，頗類太湖彈子窩，峰巒巉岩，四面亦多透空，嶮怪萬狀。或有數尺，若大山氣象，千巖萬壑，羣峰環遶。中有谷道拽脚，類諸物像，不可槩舉。非人力能爲之。大抵其石多白脈，又有如大山之巔，合三兩峰，間因石脈相連，數道而成瀑布，直落澗壑。凡遇石塞路，迸濺即散漫分流石之兩邊，如圖寫之狀。

常山石　衢州常山縣思溪，又地名石洪，或云空字。石去水底側垂似鍾乳，雜沙泥不相聯接。采人車戽深水，甚難得之。或大或小，不踰數尺，奇巧萬狀，多是全質。每一石則有聯續尖鋭十數峰，高下峭拔嵌空，全若大山氣勢。亦有如拳大者，又於巉巖嶮怪巖竇中出石筍，或欹斜尖細互相撑拄之勢，蓋石生溪中，爲風水衝激融結而成奇巧。又有峰巒聳秀，洞穴委曲相通，底座

透空，堪施香爐，若煙雲縈遶亂峰間。一種色深青，石理如刷絲，捫之輒隱手。又一種青而滑，或以磁末刷治，而顏色皆温潤，扣之有聲。間有質朴全無巧勢者，石性稍礦，不容人爲，非靈璧可增嶮怪。

開化石　衢州開化縣龍山深土中出石。雖磈，或巉岩可觀，色稍燥，扣之有聲。又地鱉灘，亦多産石，水中色稍青潤，石質骨粗而肉細，率皆全質。間有羣峰，前後羅列若大山，氣勢比之思溪，無峭崪勢，扣之亦有聲。

澧州石　澧州石産土中，磊磈而生。大者尺餘，亦有絶小者，頗多嶮怪巉岩，類諸物狀，其質爲沙泥積漬，費工刷治。石理遍鋪絲，捫之隱手。青白稍潤，有白脈籠絡。土人不知貴，士大夫多攜歸裝視假山。高視之，頗類鴈蕩諸奇峰。

英石　英州含光、真陽縣之間，石産溪水中。有數種，一微青色，有白通脈籠絡。一微灰黑，一淺緑。各有峰巒，嵌空穿眼，宛轉相通。其質稍潤，扣之微有聲。又有一種色白，四面峰巒聳拔，多棱角，稍瑩徹，面面有光可鑒物，扣之無聲。采之人就水中度奇巧處鏨取之。此石處海外遼遠，賈人罕知之。然山谷以謂，象州太守費萬金載歸，古亦然耳。頃年，東坡獲雙石，一緑一白，目爲仇池石。鄉人王郭夫亦嘗攜數塊歸，高尺餘，或大或小，各有可觀。方知有數種，不獨白緑耳。

袁石　袁州萬載縣去縣十餘里，石無數在野田間。其質嶙峋，微青色，間多峰巒，岩竇四向。又有石罅中上下生小林木，蓊鬱可喜，或高三四尺或五六尺，全如一大山氣勢。經行凡數百步不斷目。地名爲亂石里。土人以石占田壟，有妨布種，恨不之去。惜乎地遠，人罕知之。

平泉石　平泉石出自關中。考之李德裕《平泉莊記》草木花石之美，其石産水中，每獲一奇，皆鐫「有道」二字。頃，余於潁昌杜欽益家賞一石，雙峰，高下有渲道挺然，長數寸許，無嵌空岩竇勢，其質不露，圭角磨礲，光潤而青堅，於石罅中鐫「有道」二字，扣之有聲。

兖石　兖州出石如褐色，謂之栗玉。有巉岩峰巒勢，無穿眼。其質甚堅潤，扣之有聲。堪爲器，頗費鐫礲。土人貴重之，與北方所産栗頗相類，但見峰巒一律耳。

石筍　石筍所産凡有數處。一出鎮江府黄山，一産商州，一産益州。諸郡率皆卧生土中，采之隨其長短，就而出之，或有斷而出者。大者二三尺，小者尺餘，皆微著土者。其質挺然尖鋭，或匾側有三面。紋理如刷絲，起隱於石面。或得溯道徹，扣之或有聲。石色無定，間有四面停者。又有高一二丈，首尾一律，因斧鑿修治而成。

泰岩　襲慶府泰山石産土中，大小踰三四寸，間有磊塊。碎小者色灰白，或微青，亦有嵌嶮奇怪勢。其質甚軟，可施鐫礲，土人不甚珍愛。

嶧山石　嶧山在襲慶府鄒縣。山土中産美石，間有岩穴穿眼。眼不甚宛轉深邃，亦有峰巒高下，無峭崪勢。其質堅礦，不容斧鑿。色若拔藍，或如木葉，翠潤可喜。

襄陽石　襄陽府去城十數里，有山名鳳凰。地中出石，横長尺餘，或如拳者，巉岩嶮怪，往往如大山勢。色稍青黑，間有如灰褐者。扣之有聲。土人不甚重。政和間，惟鎮江蘇仲恭留臺家有數塊，置几案間。

又卷中　韶石　韶州黄牛灘水中産石。峰巒巉岩百怪，其色或灰，扣之微有聲。凡就水采取，例皆枯燥。須用磁末刷治，即色稍青，其質頗與道州永明石品相類，間有奇巧小者。

又卷下　菩薩石　嘉州峨眉石正與五臺山石相似，出岩竇中，名「菩薩石」。其色瑩潔，狀如太山、狼牙、信州、永昌之類，映日射之，有五色圓光，其質六棱或大如棗栗，則光彩微茫，間有小如櫻珠，則五色燦然可喜。

琅玕石　明州昌國縣沿海近淺岸水底生琅玕，狀似珊瑚，或高三二尺，尤繁茂，漁獵者多得之。初出水色甚白，經久微紫黑，紋理如彊，枝幹一律，遍多圓圈跡，扣之有聲，稍燥。土人不甚貴。西北遠方往往多装治假山。

滄州石　滄州海岸沙中出石。石質長短不等，色白如粉，以細條縈繞石謂之絡絲石。甚軟燥而無聲。每見裝綴假山，餘無所用。

杭石　杭州石出土中，色多潔白，扣之無聲。其質無峰巒勢，偏多磊磈，若梅李大。尖鋭或如硃砂床，有棱角，望之光明積瑩，頗宜裝綴假山，小有可觀。

宋　趙希鵠《洞天清録》　靈壁石　靈壁石出絳州靈壁縣。其石不在山谷，深山之中掘之乃見。色如漆，間有細白紋如玉，然不起峰，亦無巖岫。佳者如菡萏，或如卧牛，如蟠螭，扣之聲清越如金玉。以利刀刮之略不動。此石能收香，齋閤中有之，則香雲終日盤旋不散，不取其有峰也。僞者多以太湖石染色爲之。蓋太湖石亦微有聲，亦有白脈，然以利刀刮之

則成屑。

道石　道州石亦起峰可愛，但石粗又枯燥之甚，且體脆不任衝撞。

融石　融州老君洞所出，亦起峰，粗燥體脆，又甚於道州石。

川石　奇聳高大可愛，然多人力雕刻後，置急水中舂撞之，其色枯燥。

太湖石　出平江太湖。土人取大材或高一二丈者，先雕刻，置急水中舂撞之，久如天成。或用煙薰，或染之色，亦能黑微有聲。宜作假山用。

宋　范成大《吴郡志》卷二九《土物》　太湖石出洞庭西山，以生水中者爲貴。石在水中歲久，爲波濤所衝撞，皆成嵌空，石面鱗鱗作靨，名彈窩，亦水痕也。没人縋下鑿取，極不易得。石性温潤奇巧，扣之鏗然如鐘磬，自唐以來貴之。其在山上者名旱石，亦奇巧。枯而不潤，不甚貴重。白居易品牛僧孺家諸石，以太湖石爲甲。宣和五年，郡人朱勔造巨艦載太湖石一塊入京，師以千人舁進。是日，役夫各賜銀椀并官，其四僕皆承節郎及金帶。勔遂爲威遠軍節度使，而封石爲盤固侯。勔誅，餘小石未獻者留郡西河兩傍，悉歸張循王家。比年，士大夫好石者多，山中人始以旱石加斧鑿作玲瓏意，又剜石面贋作彈窩紋，衒不識者，或得善價。其非巧石，但青白玉質可作碑碣，及甃砌堦戺者，則出湖中之黿山，瑩潔可鑑，堅潤如金玉，亦爲天下之冠，程俱所賦者是也。

宋　陸游《老學庵筆記》卷二　英州石山，自城中入鍾山，涉錦溪、至靈泉，乃出石處。有數家專以取石爲生。其佳者質温潤蒼翠，叩之聲如金玉，然匠者頗閟之。常時官司所得，色枯槁，聲如擊朽木，皆下材也。

宋　范成大《太湖石志·太湖石》（《説郛》卷九六下引）　石出西洞庭，多因波濤激齧而爲嵌空，浸濯而爲光瑩。或縝潤如珪瓚，廉劌如劍戟，矗如峰巒，列如屏障。或滑如肪，或黝如漆。或如人，如獸，如禽鳥。好事者取之，以充苑囿庭除之玩。

石生水中者良。歲久，波濤衝激成嵌空，石面鱗鱗作靨，名曰彈窩，亦水痕也。扣之，鏗然聲如磬。

明　曹昭《格古要論》卷下《異石論·靈壁石》　出靈壁縣，在深山中掘之乃見。其色黑如漆，間有細白紋如玉。有卧砂，不起峰，亦無巖岫。佳者如卧牛、菡萏、蟠螭，扣之聲清如玉。快刀刮不動。此石能收香，齋間有之，香煙終日不散。假者多以太湖石染色爲之，刀刮成屑。

又　太湖石　出蘇州太湖。先雕，寘急水中舂撞，久之如天成。或用煙薰色黑。

又引　漁陽公《漁陽石譜》　牛僧孺好石，石有一品遠。近代士大夫如米芾亦好石。除知無爲軍，郡宅有怪石，芾具公服，拜之，呼爲「石丈」，時人誚之，不恤也。及研山，一名喜嶺，上有一天池，不假凡水，可以濡筆，天壤間奇物也。東坡好石，獲一石於壺口民家，名曰「壺中九華」，謂九華之體而小也。元章相石之法有四語焉，曰秀，曰瘦，曰雅，曰透。四者雖不能盡，石之美亦庶幾云。仍疏平生所見奇石如右。

又引　常懋《宣和石譜》

神運昭功　右二峰甲品。獨「神運」峰，廣百圍，王錫爵盤固侯，居艮岳道中，束石爲小亭以苑之。高五十尺，「卿雲萬態奇峰」。

寘萼緑華堂　石甲乙爲品第，悉與錫號。守吏以奎畫刻于石之陽。惟神運峰前諸石，以金寶其字，餘皆青黛而已。

朝昇龍　望雲坐龍　捷霞　萬壽老松　御日　捫參　吐月　排雲　衝斗　雷門　月窟　蹲豹　嗎　坐獅　堆青　凝碧　金鼇　玉龜　疊翠　獨秀　曳煙　薜雲　風門　雷穴　玉秀　玉竇　鋭雲　巢鳳　登封　日觀　蓬瀛　須　老人　稱　索星　慶雲　瑞靄　溜玉　噴火　疊玉　藂秀岩　舞仙　玉麒　南屏風　伏犀　怒猊　儀鳳　烏龍尾　拔秀　凝翠　留雲　宿霧　藏燕谷　搏雲屏　積雪　滴露岩　抱犢　桂岩　太平岩　玉京獨秀

明　陸深《儼山外集》卷五　武康石色黑而潤，文如波浪。人家園池疊假山，以此爲奇，大至尋丈者絶少。武康縣今屬湖州，山溪間多産此石。予行江南山中亦見此類。有甚大者，或雲出海島中，水洗而成文。海舶取以壓風者。往年入蜀，自棧道過鳳縣，嶺純是此石。人家用作短牆。有甚佳者，摺皺成文，而方整可坐。其品格頗多，惟疊雪者爲甲。横文疊起如摺，有黑白層疊相間者。有白石作腰帶圍者，曰玉帶流水，其文皆竪麻衣，如人衣麻之狀。錦犀，紅黄色相間成文。虎皮，大文圓嵌作黄黑色。麻皮，如畫家麻皮皴。海石，蒼黑色，面作礬頭紋。鬼面石，紋突出而獰狠，有透漏如太湖石，謂之湖石。武康嘗欲聚而作譜，恐未能悉其品也，粗記如此。

明　谷泰《博物要覽》卷一六《紀各種奇石》　靈壁石，宿州靈壁縣産。

石在磬山，石生土中，歲久穴深數丈。其質爲赤泥漬滿，土人多以鐵刃遍刮，凡三兩次，既露石質，即以竹帚或磁屑刷治清潤，扣之鏗然有聲。石底多有漬泥不能盡。石在土中，隨其大小具體而生，或成物象，峰巒巉巖透空。又有一種，石理蹸跛，若胡桃殼紋，其色稍黑，多白脈包裹。并有純白如雪者。若峰巒巖竇生得有情，且長三五寸，四面完全不能斧鑿者爲上，可以爲硯山。或長二三丈八九尺者，可以列之庭榭，皆屬可貴。

太湖石産蘇州洞庭湖中，石性堅而潤，有嵌空穿眼宛轉嶮怪勢。一種色白，一種色青而黑，一種微青黑。其質紋理縱横，籠絡起隱于石面，遍多坳坎，蓋因風浪中衝激而成。謂之彈子窩，扣之微有聲。采人攜鎚鑿入深水中，頗費艱難。度奇巧者鑿取，貫以巨索，浮大舟設木架繳出之，故價頗貴。然大者多可列之園庭，小者可以登几案者絶少。

武康石産湖州武康山中土内。一種色青，一種色黄黑而斑。其質頗燥，不堅無濕，然巉巖峰巒雖多，透空渲眼亦不甚宛轉。但側峰形扁者多摺道，可作竪峰甚佳。

英石産英州含光、真陽縣之間，石産溪水中。有數種，一種微青色，有白通脈籠絡。一微灰黑色，一淺緑。各有峰巒，嵌空穿眼宛轉相通。其質稍潤，扣之微有聲。又有一種色白，四面峰巒聳拔，多棱角，稍瑩澈，面面有光可鑑物，扣之無聲。采人就水中度其奇處鏨取之。此石處海外，賈人罕知之。

湖口石産江州湖口縣。或在水，或生土中。一種色青，混然成峰巒巖竇，或類諸物象。一種扁薄，空嵌穿眼通透。夷若木板以利刀剜刻之狀。石理如刷絲，色亦微潤，扣之有聲。土人李正臣蓄此石，大爲東坡稱賞，目之爲壺中九華。有「百金歸買小玲瓏」之語。然石諸峰間有外來奇巧者，相粘綴以增隆怪。

兖石産山東兖州。出石如褐色，謂之栗玉。有巉巖峰巒勢，無穿眼，其質甚堅潤，扣之有聲，堪爲器物。頗貴鐫礲，玉人貴重之。與北土所産栗玉頗相類，但見峰巒一律耳。

袁石産袁州萬載縣。去縣十餘里，石無數野舊間，其有嶙峋微青色間，多峰巒巖四向。又有石罅中上下生小林，木蓊鬱可喜，或高三四尺，或五六尺，全如一大山氣勢，經行凡數百步不斷目，地名爲亂石里，土人以石占田礲，有妨布種恨而無之。

襄陽石産襄陽府，去城十數里，有山名鳳凰。地中出石，横長尺餘，或如拳者，巉巖險怪，往往如大山勢，色稍青黑，間有如灰褐者，扣之有聲，土人不甚貴重。

菩薩石産四川嘉州峨眉山。與五臺山相似，出土中，其色瑩潔，狀如太山、狼牙、信州、永昌之類。映日射之，有五色圓光。其質六棱，或大如棗栗，則光彩微芒。間有小者，如櫻桃狀，尤五色燦然可愛。

明 王士性《王太初先生五岳游草》卷一二 山石，小者崑山，直者錦川，膩滑透漏者太湖，咸余吴越中物，未有譚及粤西者。桂林石，方尺至尋丈，千百竅相倚如連環，翩躚欲舞，太湖失色矣。又一種如芝狀，名靈芝盆，俗稱荔枝，聲訛也。即方尺亦具河流九曲勢，可水以魚，夾水石棱棱如堤岸。樹徑寸小古樹，青葱可愛，滴成自洞乳，鑿取之。余欲效陸鬱林，携數片泥海而歸，未能也。峨眉大石，卧踞亦不減，咸以遐僻故，遂令太湖獨擅。

明 謝肇淛《五雜組》卷三《地部一》 洞庭西山出太湖石，黑質白理，高逾尋丈，峰巒窟穴，賸有天然之致，不脛而走四方。其價佳者百金，劣亦不下十數金。園池中必不可無之物，而吾閩中尤艱得之，蓋阻於山嶺非海運不能致耳。崑山石類刻玉，然不過二三尺，而止案頭物也。靈璧石扣之有聲，而佳者愈不可得。宋葉少林自言過靈璧得石四尺許，以八百金市之。其貴亦甚矣。今時靈璧無有高四尺者，亦無有八百金之石也。

又 閩中白沙溪北有温泉焉，地名湯院。山上出石，脆而易琢，粗而滋水，窟宅峰巒礧磈之奇不可名狀。閩人園中常以此代太湖。然太湖終見石質，而湯院歲久苔滋草生，薈蔚其上，竟可作小山矣。

又 嶺南有海石如羊肚，大者七八尺，然無色澤，不足貴。閩有浮石，亦類羊肚，而敗絮其中，置之水中則浮。以語它鄉人，未必信也。

又 吾閩玉華洞石，似崑山而精瑩過之。小者如拳，大者二三尺許。然多止一二面，而其背蝕土者殊粗。若得四面如一，無粗石皮傅之，其價亦不貲也。

明 林有麟《素園石譜》卷一《永寧石》 道州江華、永寧二縣皆産石。或在亂山，或生平地。空瓏積叠，大小不相粘綴。江華一種灰黑色，間有巉巖特立之勢。其質倒生，皆粗澁枯燥。扣之有聲。惟永寧所産，大者十數尺或

二三尺，亦有尺餘者，或大如拳，或多細碎。每就山采取，率皆奇怪。一種色深青，一種微青，一種微黑。其質堅潤，扣之有聲。或邊多拗坎，頗類太湖彈子窩。峰巒嵬峭，四面亦多透空，嶮怪萬狀。或有數尺，若大山氣象，千巖萬壑，羣峰環遶。中有谷道拽脚，類諸物像，不可概舉。有白石凸起，横帶山腰，若飛雲出岫狀。背有「海岳」二小篆字，乃希世之寶。誠百仞一拳、千里一瞬者也。

又 卷二《太湖石》 平江太湖土人取大材或高一二丈者，先雕置急水中舂撞之，久久如天成。或用煙熏，或染之色，亦能黑，微有聲。宜疊假山用。

又《兖州石》 山東兖州府鄒縣嶧山，洞府玲瓏，巖竇峻峭。采置石傍，可供清玩，然無斧鑿痕者爲貴。難得佳者。

又《澧州石》 澧州石産土中，磊塊而生。大者尺餘，亦有細小者。率多嶮怪嵬，其質爲沙泥積漬，費工刷治，石理遍若鋪絲，捫之隱手。青白，稍潤，間有白脈籠絡。可攜作假山，頗類鴈蕩諸奇峰。

又 卷三《菩薩石》 嘉州峨嵋山有菩薩石，人多采得之。色瑩白，若太山狼牙石、水晶之類。日光射之，有五色，如佛頂圓光。

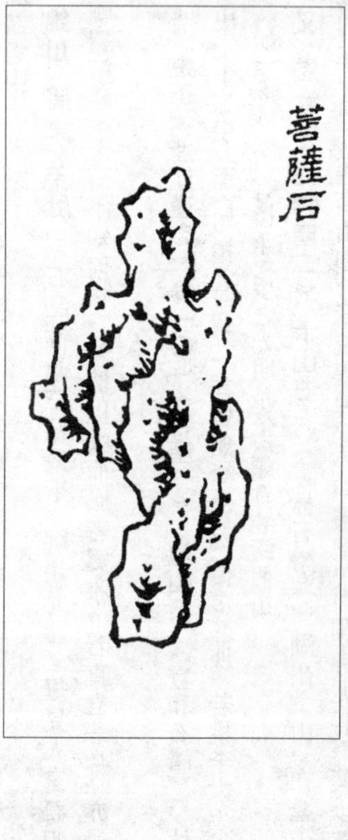

明 郁濬《石品》上卷《靈壁石》 靈壁鳳皇山石。或成物狀，或成峰巒，或成雲氣日月佛像，或狀四時之景。四面全者，最不易淂。又一種，高僅尺許，石理蹸跋，有胡桃紋而色少黑，陂陀拽脚，如大山勢。卧沙不起峰者，所謂狀如眠牛是也，此爲上品。能收香，寘齋閣中，香雲經日不散。明王世貞詩：有石高僅尺，宛爾巫山同。許借從吾弟，移來仗小童。兩垂青欲滴，雲過碧争雄。安得壺公引，輕身住此中。莫雲卿詩：誰向靈巖斵片雲，移來林際隔氤氲。不須更問商山曲，紫氣先從袖裏分。

又《遠雲石》 伐石吏得小山一株。雙峰並秀，若夏雲突兀，因名遠雲。詩以紀之：坤靈凝秀幾千春，一日佳名號遠雲。淡僻性便雖老在，自挑沙礫看奇文。《稗史》

又《武康石》 湖州武康山石，色潤青黑，側多縐紋，宜於叠山。金白嶼詩：叠石是何年，誰移造化權。九疑生足底，三峽在樽前。仿佛高於岸，分明别是天。但教能壁立，一任小如拳。

又《常山石》 常山石，洪石。出水底。每一石，聯十數尖峰，高下峭拔。巖竇中出石筍，有欹斜互柱之勢。《江湖紀聞》

明 王路《花史左編》卷二三《花石》 徐州産，州境諸山皆有，惟出固縣者佳。

明 文震亨《長物志》卷三 靈壁 出鳳陽府宿州靈壁縣，在深山沙土中，掘之乃見，有細白紋如玉，不起岩岫。佳者如卧牛、蟠螭，種種異狀，真奇品也。

英石 出英州。倒生岩下，以鋸取之，故底平。起峰高有至三尺及寸餘者，小齋之前，叠一小山，最爲清貴，然道遠不易致。

太湖石 石在水中者爲貴，歲久爲波濤衝擊，皆成空石，面面玲瓏。在山上者名旱石，枯而不潤，贋作彈窩，若歷年歲久，斧痕已盡，亦爲雅觀。吴中所尚假山，皆用此石。又有小石久沉湖中，漁人網得之，與靈壁、英石，亦頗相類，第聲不清響。

堯峰石 近時始出，苔蘚叢生，古朴可愛。以未經采鑿，山中甚多，但不玲瓏耳。然政以不玲瓏，故佳。

崑山石 出崑山馬鞍山下，生於山中，掘之乃得。以色白者爲貴。有鷄骨片、胡桃塊二種，然亦俗尚，非雅物也。間有高七八尺者，置之高大石盆中，亦可。此山皆火石，火氣暖，故栽菖蒲等物於上，最茂。惟不可置几案及盆盎中。

錦川 將樂 羊肚 石品惟此三種最下，錦川尤惡。每見人家石假山，輒置數峰于上，不知何味。斧劈以大而頑者爲雅。若直立一片，亦最可厭。

清 雍正《浙江通志》卷一〇一《物産一》 假山石 《宣和石譜》：杭州石出土中，色多潔白，扣之無聲。其質無峰巒勢，偏多磊塊，若桃李大。尖銑或〔如〕硃砂床，有棱角，望之光明精瑩，頗宜裝綴假山。

又 卷一〇二《物産二》 卞山石 《雲林石譜》：湖州卞山，在羣山最爲崷崒，奇巧羅布山間，嵌空磊磈，色類靈壁，而潤青尤勝。葉少藴蓋堂以就其景，故號「石林」。石上有李唐游人題字，自顔魯公而下悉署焉。

又 卷一〇三《物産三》 琅玕石 《宣和石譜》：明州昌國縣，沿海近淺岸，水底生琅玕石，狀似珊瑚，或高二三尺。漁獵者多得之。初出水色甚白，經久微紫黑，紋理如織，枝幹一律，遍多圓圈跡，扣之有聲。稍燥，土人不甚貴，遠方多裝治假山。

清 乾隆《烏程縣志》卷一三《物産》 太湖石法最玲瓏，出卞山。《萬正湖州府志》《崇正烏程縣志》：吴興地連洞庭，多奇石，槩名太湖石。出弁山，宋徽宗封翚固侯。

清 道光《廣東通志》卷九四《輿地略一二·物産一》 野豬精石産崖州，白潤可玩。又有羊肚石、棋子石、海花石出文昌。可爲假山。

清 陳元龍《格致鏡原》卷六 《格古要論》：湖山石青黑色，類太湖石，花紋與骰子香楠木相似。性堅，鋸板可嵌桌面，雖不奇異，亦少有之。英石出英州，如銅鏞聲，倒生巖下。以鋸取之，故底平。起峰二三寸，亦可作几案、奇玩，色黑潤者可愛。川石出四川，白地青黑，花紋如山坡。性堅，鋸板可嵌桌面。句容茆山石，白而有光。有水石冷白色，或有水路，或有飯糝色，好者與真玉相似，雖刀刮不動。終有石性，不温潤。永石出永州府祁陽縣，今謂之祁石。石性不堅，色青，好者有山水日月人物之像，多是刀刮成，非自然者。以手摸之凹凸者可驗。紫花者稍勝，青花者鋸石板，可嵌桌面、屏風，廂嵌任用。南陽石，純緑花者最佳。有淡緑花者，有油色雲頭花者，皆次之。性堅，極細潤。鋸板可嵌桌面、硯屏，其石於燈前或窗間照之則明，少有大者。俗謂之硫黄石。

傳記

宋 王稱《東都事略》卷一〇六　朱勔，平江人也。【略】時徽宗頗垂意華石，於是薦之，命以官令。語其父密取浙中珍異以進。其初才致黄楊三四本，徽宗已嘉之，後歲歲稍增加，然不過二三貢，貢不過五七品。童貫握兵，京以勔託，使階邊功以升，貫見之喜，始廣供備以媚上，舟艫相繼，號曰華石綱。凡延福宫、艮岳諸山，皆仰之，一時應奉，天下皆不及也。累遷合州防禦使、提舉惠民河公事。專置應奉局於平江，指内帑爲囊中物，每一發取輒數十百萬，外計所蓄，雖封樁禁錢無問名色悉取之。監司徐鑄、王安道、王仲閎等濟其惡，空竭縣官經，常以爲應奉類以億巨萬計。而所貢之物，豪奪漁取，毛髮不償。諸民搜巖剔藪，幽隱不置。一華一木，曾經黄封，護視不謹，則加大不恭罪。人有嘉木奇卉者，指爲不祥，惟恐芟去之不速。民一與此役，中人之家悉破産，至賣鬻妻子以供其須。斸山輦石，程督慘峭，雖江湖不測之淵力不可致者，百計出之。至名曰神運，遏截諸道運綱，旁羅賈舟。舟揭所貢暴其上。連檣接櫓，日夜不絶。篙工柂師，陵轢郡縣，人以目相謂，不敢誰何。廣濟卒，四指揮盡以充輓士，猶不給。蔡京始患苦之，言於徽宗，願抑其太甚。徽宗亦病其擾，乃禁用糧綱船，戒伐冢藏、毁室廬，毋得加黄封帕蒙人園囿，凡十餘事。獨留勔與蔡攸聽入貢，餘進奉悉罷。自是勔小戢，不兩歲愈甚於初。吴民不聊生矣。

清 同治《蘇州府志》卷一四五《雜記一》　宋朱勔創以花石進媚，建節鉞，役夫賜郎官。至今吴中豪富競以湖石築峙奇峰、陰洞鑿峭嵌空爲妙絶。下户亦飾小小盆島爲玩。朱勔子孫居虎邱之麓，尚以種藝壘山爲業，游於公卿之門，俗呼爲花園子。歲時擔花鬻於城市，而桑麻之事衰矣。（《吴風録》）

紀事

宋 莊綽《雞肋編》卷中　上皇始愛靈壁石，既而嫌其止一面，遂遠取太湖。然湖石粗而太大，後又衢於衢州之常山縣南私村，其石皆峰巖青潤，可置几案，號爲巧石。乃以大者叠爲山，嶺上設殿亭。所用既廣，取之不絶，舳艫相銜。淵聖即位，罷花石綱，沿流皆委棄道傍。金人圍都城，城中之檻石多碎以爲礮。

宋 張邦基《墨莊漫録》卷二　宣和癸卯，平江朱勔采石太湖黿山，得一石，長四丈有奇，廣得其半。玲瓏嵌空，竅冗穴千百，非雕刻所能成也。并郡宅後池光亭臺上白公檜，世傳白樂天手植也。創造二大舟，費八千緡以獻。時常潤間，河渠淺澀，重載不前，乃先繪圖以聞宸翰，賜石名「神運昭功敷慶萬年之峰」。時人莫不目擊，余時初至吴中，亦獲一觀。是秋方至京師，置於艮岳。

明 王鏊《姑蘇志》卷六〇（朱沖）其子勔因賂中貴人，以花石得近幸。時時進奉不絶，謂之花石綱。凡林園亭館以至墳墓間有一花一木奇怪者，輒用黄紙封識，不問其家，徑取之。浙人畏之如虎。花綱徑從之地，巡尉護送。遇橋梁之礙舟者，則撤以毁之。初，江淮發運司於真揚、楚泗有轉搬倉綱，運兵各據地分，不相交越。勔既進花石，遂撥新装運船充御前綱以載之，而以舊者載糧，轉搬（食）（倉）遂廢，糧運由此不繼。禁衛至於乏食，朝廷亦不之問也。

明 谷泰《博物要覽》卷一六　平泉石出在関中。考之李德裕《平泉莊記》花木草石之美，其石産水中，每獲一石，背鎸「有道」二字。頃于潁昌杜欽益家賞一石，雙峰高下有誼道，挺然長數寸許，無嵌空巖竇勢，其質不露圭角，磨礱光潤而青堅，于石罅中鐫「有道」二字，扣之有聲。

明 慎懋官《華夷花木鳥獸珍玩考》卷一二《花石綱》　《宣和遺事》：宣和閏八月，除張閣知杭州兼領花石綱事。先有朱勔者，蔡京以進上頗垂意花石，勔初才致黄楊木三四本，已稱聖意。後歲歲增加，遂至舟船相繼，號作花石綱。專在平江置應奉局，每一發輒數百萬貫。搜岩剔藪，無所不到。雖江湖不測之瀾，力不可致者，百計出之。名做神運。凡事庶之家有一花一木之妙的，悉以黄帕遮覆，指做御前之物，不問墳墓之間，盡皆發掘。石巨者高廣數丈，將巨艦装載，用千夫牽輓，鑿河斷橋，毁堰折閘，數日方至京師。一花費千貫，一石費數萬緡。

明 王士性《王太初先生五岳游草》卷一二　山石，小者崑山，直者錦川，膩滑透漏者太湖，咸余吴越中物，未有譚及粤西者。桂林石，方尺至尋丈，千百竅相倚如連環，翩躚欲舞，太湖失色矣。又一種如芝狀，名靈芝盆，俗稱荔枝，聲訛也。即方尺亦具河流九曲勢，可水以魚，夾水石棱棱如堤岸。樹徑寸小古樹，青茐可愛，滴成自洞乳，鑿取之。余欲效陸鬱林，携數片泥海而歸，未能也。□眉大石，卧踞亦不減，咸以遐僻故，遂令太湖獨擅。

明 蔣以化《西臺漫紀》卷六《紀怪石》　楚沔陽陳五岳先生，諱文燭，

以南京大理卿罷歸。罷之故，則以乞石齊庶人爲南臺所刺也。齊園中有一石長五丈許，玲瓏奇壯，秀麗瑰怪，而質亦厚重，必隋梁間物也。先生愛而求之。不能出金川門，乃毁其門，用千丁拽出，呼聲徹百里，爲南人所側目。方攜石時，園丁長跪請曰：「此非凡石，似難摇動。每見丙夜光怪燭天，或者神物護持乎。」而先生不然也。果舟行至采石，夜半狂風忽起。舫人起視，昏黑中嘈嘈有聲。羣石安流不動，而此石竟沉江底，爲魚龍窟矣。奇哉，異哉！余涉襄過沔，曾游五岳先生之園。見其五山排列，像五岳。中纍異石，多采元章父子、黄魯直所題而不質。亦剥蝕於風雨露雷，如虬如龍，不可名狀。他奇葩異木稱是，而園可吞弇州八九矣。即余所覩記，亦世間鉅麗偉觀，可比於銅池、金谷、綵障、錢埒之地。此可無俟他求者夫。安能以一人一家之園，盡天下之奇麗，悉羅致之爲誤哉！姑無論怪石爲祟，即造化終必妬之。第不值理卿尊官爲一石所敗也。先生有聲，梁楚間，所刻《二酉集》爲世珍玩，園特其贅疣云。

明 林有麟《素園石譜》卷二　平泉石出自閩中。考之李德裕《平泉莊記》草木花石之美，其石産水中，每獲一奇者，皆鐫「有道」二字。穎昌杜欽益家蓄一石，雙峰高下有道，挺然長數尺，無嵌空巖竇勢，甚質不露圭角，磨礱光潤而青堅。石罅中鐫「有道」二字。

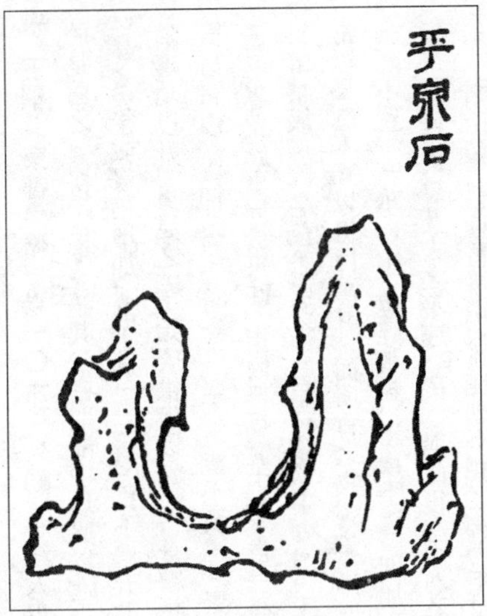

清 楊謙 李高孫《梅里志》卷六　「在我園」在四十二間廊後，花堰橋之北。前明李曙巖築，疊石爲山，捎溝爲池，亭臺花木，一時稱極盛焉。國初，爲吴給諫準菴别業名，惟小園後歸李制府遁麓，今廢。惟三巨石林立桑柘中，俗稱一佛二菩薩。（補）一稱美人峰。乾隆四十八年，邑令金某移置煙雨樓凝碧閣前。其餘小石盡爲海鹽張氏涉園取去。

著録

元 陸友仁《研北雜志》卷下　杜綰，字季揚，嘗知英州，祁公其祖也。博識多聞，作《雲林石譜》三篇，流品皆牛奇章以來論石者所未及。其手書本今在吾家。

藝文

唐 白居易《白氏長慶集》卷二二《太湖石》　遠望老嵯峨，近觀怪嶔崟。纔高八九尺，勢若千萬尋。嵌空華陽洞，重疊屏山岑。邈矣仙掌迥，呀然劍門深。形質冠今古，氣色通晴陰。未秋已瑟瑟，欲雨先沈沈。天姿信爲異，時用非所任。磨刀不如礪，擣帛不如砧。何乃主人意，重之如萬金。豈伊造物者，獨能知我心。

又 卷二五《太湖石》　煙翠三秋色，波濤萬古痕。削成青玉片，截斷碧雲根。風氣通巖穴，苔文護洞門。三峰具體小，應是華山孫。

又 卷三六《楊六尚書留太湖石在洛下借置庭中因對舉杯寄贈絶句》　借君片石意何如，置向庭中慰索居。每就玉山傾一酌，興來如對醉尚書。

又《太湖石記》（《唐文粹》卷七一輯）　古之達人皆有所嗜。玄晏先生嗜書，嵇中散嗜琴，靖節先生嗜酒，今丞相奇章公嗜石。石無文無聲無臭無味，與三物不同而公嗜之，何也？衆皆怪之，（走）（余）獨知之。昔故友李生名約有云：「苟適吾意，其用則多。」誠哉是言，適意而已。公之所嗜可知之矣。公以司徒，保釐河雒，治家無珍産，奉身無長物，惟東城置一第，南郭營一墅，精葺宫宇，慎擇賓客，性不苟合，居常寡徒，游息之時，與石爲伍。石有族聚，太湖爲甲，羅浮、天竺之徒次焉。今公之所嗜者甲也。先是，公之僚吏多鎮守江湖，知公之心惟石是好，乃鉤深致遠，獻瑰納奇，四五年間纍纍而至。公於此物獨不廉讓，東第南墅列而置之，富哉，石乎。厥狀非一，有盤拗秀出，如靈邱鮮雲者。有端儼挺立，如真官神人者。有縝潤削成，如珪瓚者。有廉棱鋭劌，如劍戟者。又

有如虬、如鳳，若跧、若動，將翔、將踴，如鬼、如獸，若行、若驟，將攫、將鬥。風烈雨晦之夕，洞穴開噎，若欲雲歕雷，嶷嶷然有可望而畏之者。煙霽景麗之旦，巖㟧霾霧，若拂嵐撲黛，靄靄然有可狎而玩之者。昏曉之交，名狀不可，撮要而言，則三山五岳百洞千壑，覼縷簇縮盡在其中，百仞一拳，千里一瞬，坐而得之，此所以爲公適意之用也。與公迫觀熟察，相顧而言：豈造物者有意於其間乎？將胚渾凝結偶然成功乎？然而自一成不變已來不知幾千萬年，或委海隅，或淪湖底。高者僅數仞，重者殆千鈞。一旦不鞭而來，無脛而至，爭奇騁怪，爲公眼中之物。公又待之如賓友，親之如賢哲，重之如寶玉，愛之如兒孫。不知精意有所召邪，將尤物有所歸邪，孰不爲而來邪，必有以也。石有大小，其數四等，以甲乙丙丁品之，每品有上中下，各刻于石陰，曰牛氏石甲之上、丙之中、乙之下。噫！是石也，百千載後散在天壤之內，轉徙隱見，誰復知之。欲使將來與我同好者，覩斯石，覽斯文，知公之嗜石之自。會昌三年五月丁丑記。

唐　姚合《姚少監詩集》卷七《買太湖石》　我嘗游太湖，愛石青嵯峨。波瀾取不得，自後長咨嗟。奇哉賣石翁，不傍豪貴家。負石聽苦吟，雖貧亦來過。貴我辨識精，取價復不多。比之昔所見，珍怪頗更加。背面淙注痕，孔隙若琢磨。水稱至柔物，湖乃生壯波。或云此天生，嵌空亦非他。氣質偶不合，如地生江河。置之書房前，曉霧常紛羅。碧光入四鄰，牆壁難蔽遮。客來謂我宅，忽若巖之阿。

唐　皮日休《松陵集》卷三《太湖石出黿頭山》　茲山有石岸，抵浪如受屠。雪陣千萬戰，蘚岩高下刳。乃是天詭怪，信非人功夫。白丁一云取，難甚網珊瑚。厥狀復何若，鬼工不可圖。或拳若虺蜴，或蹲如虎貙。連絡若鉤鏁，重迭如萼跗。或若巨人骼，或如天帝符。胮肛筼簹筍，格磔琅玕株。斷處露海眼，移來和沙鬚。求之煩耄倪，載之勞軸轤。通侯一以眄，貴却驪龍珠。厚賜以賝賫，遠去窮京都。五侯土山下，要爾添巖齬。賞玩若稱意，爵祿行斯須。苟有王佐士，崛起於太湖。試問欲西笑，得如茲石無。

唐　陸龜蒙《甫里集》卷二《太湖石》　他山豈無石，厥狀皆可薦。端然遇良工，坐使天質變。或裁基棟宇，礐砢成廣殿。或剖出溫瑜，精光具華瑱。或將破仇敵，百礮資苦戰。或用鏡功名，萬古如會面。今之洞庭者，一以非此選。槎牙真不材，反作天下彥。所奇者嵌崆，所尚者葱蒨。旁穿參洞穴，內竅均環釧。刻削九琳窗，玲瓏五明扇。新雕碧霞段，旋剖秋天片。無力置池塘，臨風只流眄。

唐　吳融《唐英歌詩》卷下《太湖石歌》　洞庭山下湖波碧，波中萬古生幽石。鐵索千尋取得來，奇形怪狀誰能識。初疑朝家正人立，又如戰士方狙擊。又如防風死後骨，又如於菟活時額。又如成人楓，又如害瘦柏。雨過上停泓，風來中有隙。想得沉潛水府時，興雲出雨蟠蛟螭。今來硉矶林庭上，長恐忽然生白浪。用時應不稱媧皇，將去也堪隨博望。噫嘻爾石好憑依，幸有方池并釣磯。小山叢桂且爲伴，鍾阜白雲長自歸。何必豪家甲第裏，玉闌干畔争光輝。一朝荆棘忽流落，何異綺羅雲雨飛。

唐　牛僧孺《李蘇州遺太湖石奇狀絶倫因題二十韻奉呈夢得樂天》（《文苑英華》卷一六二）　胚渾何時結，嵌空此日成。掀蹲龍虎鬥，挾怪鬼神驚。帶雨新水靜，輕敲碎玉鳴。攙叉鋒刃簇，縷絡釣絲縈。近水摇奇冷，依松助澹清。通身鱗甲隱，透穴洞天明。醜凸隆胡準，深凹刻兕觥。雷風疑欲變，陰黑訝將行。噤痒微寒早，輪囷數片橫。地祇愁墊壓，鼇足困支撑。珍重姑蘇守，相憐懶慢情。爲探湖裏物，不怕浪中鯨。利涉餘千里，山河二字疑。僅百程。池塘初展見，金玉自凡輕。側眩魂猶悚，周觀意漸平。似逢三益友，如對十年兄。旺興添魔力，消煩破宿酲。媲人當綺皓，視秩即公卿。念此園林寶，還須別識精。詩仙有劉白，爲汝數逢迎。

唐　劉禹錫《奉和牛相公題姑蘇所寄太湖石見示兼寄李蘇州》（《文苑英華》卷一六輯）　震澤生奇石，沈潛得地靈。初辭水府出，猶帶龍宫腥。發自江湖國，來榮卿相庭。從風夏雲勢，上漢古查形。拂拭魚鱗見，鏗鏘玉韻聆。煙波含宿潤，苔蘚助新青。嵌穴神工鑿，纖鋩蟲篆銘。孱顔傲林薄，飛動向雷霆。煩熱近還散，餘酲見便醒。凡禽不敢宿，浮壒莫能停。静稱垂松蓋，鮮宜映鶴翎。忘憂常目擊，素尚與心冥。眇小欺湘燕，團圓笑落星。徒然想融結，安可測年齡。采取詢鄉老，搜求按舊經。垂鉤入空隙，隔浪動晶熒。有獲人争賀，歡謡衆共聽。一州驚閱寶，千里遠揚舲。覩物洛陽陌，懷人吳御亭。寄言垂天翼，早晚起滄溟。

唐　白居易《奉和思黯相公以李蘇州所寄太湖石奇狀絶倫因題二十韻見示兼呈夢得》（《文苑英華》卷一六輯）　錯落復崔嵬，蒼然玉一堆。峰駢仙掌出，罅拆劍門開。峭頂高危矣，盤根下壯哉。精神欺竹樹，氣色壓亭臺。隱起磷磷狀，疑成瑟瑟胚。廉棱露鋒刃，清越叩瓊瑰。岌嶪形時動，巍峨勢欲摧。奇應潛鬼怪，靈合蓄風雷。黛潤沾新雨，斑明點古苔。未曾棲烏雀，不肯染塵

埃。尖削琅玕筍，窪剜馬腦罍。海神移碣石，畫障簇天台。在世爲尤物，如人負逸才。渡江一葦載，入洛五丁推。出處雖無意，升沉亦有媒。拔從水府底，置向相庭隈。對稱吟詩句，看宜把酒杯。終隨金礪用，不學玉山頹。疏傅心偏愛，園公眼屢迴。共嗟無此分，虛管太湖來。

宋 胡宿《文恭集》卷四《太湖石》 海岱鉛松妄得名，洞庭山脚失寒瓊。漱成一朵孤雲勢，費盡千年白浪聲。誰向機邊逢織女，直疑巖下見初平。年來賞物多成病，日遶蒼苔幾遍行。

宋 文同《丹淵集》卷一七《詠石》 石，石。陰黑，陽白。岸胚胎，山骨骼。天地鎔鑄，鬼神刻畫。鯤鯢張怒眼，虎兕交鬥額。敲如温玉聲清，洗似精銅色碧。花邊矶爾盡奇品，林下礴然無俗格。冰霜慘冽堅操不移，塵土昏冥孤標自隔。嶤矶獨立見到侍中家，磊落羣居在牛丞相宅。昔時大士常命汝曰聽徒，今日衰翁且對君爲佳客。

宋 吕南公《灌園集》卷二《問玳瑁石所出》 陂陀土中石，含彩若龜具。伊誰攻取之，傳玩詫奇怪。山家厥搜鑿，養草事蔽蓋。閒名偶流聞，尚自困酬對。咨嗟人間世，豈直文爲害。大有可用姿，難能免侵敗。他山石不美，粗雜等頑塊。奈何亦争求，爛漫入磨扢。情知既有物，順以除惡愛。不然悠悠生，孰在形器外。

宋 陳洙《太湖石賦并序》（《吳都文粹》卷六輯） 客有嗜太湖石者，圖其形示余，命爲賦，其詞曰：

江之東直走數百里，有太湖兮澄其清，湖之浪相擊幾千年，有頑石兮醜其形。徒觀夫風撼根折，波流勢横，神助爾怪，天分爾英。駭立驚犀，低開畫屏。素煙散而復聚，蒼苔死兮又生。譬夫枯槎浮天，黑龍飲水，鬼蹲無狀，雲飛乍起，稚戲携手，獸眠盤尾。大若防風之骨，竅如比干之心。蜜房萬穿，秋山半尋。子都之戟前其鐓，韓棱之劍利於鐔。若乃湖水無邊，湖天一色，露氣曉蒸，蟾津夜滴，伊爾堅姿，峭兮寒碧，千怪萬狀，蓋難得而剖悉。吾將弔范蠡於澤畔，問伍員於波際。原君厥初何緣而異公侯。求之如張華之求珠衆人，獻之如卞和之獻玉。植於庭囿，視之不足。噫！爾形擁腫兮，難琢明堂之礎，爾形中虛兮，難刻鴻都之經。用汝作礪兮，汝頑厥姿攻。汝爲磬兮，汝濁其聲。亡所用之而時人是寶，余獨掩口盧胡而笑子之醜。

宋 范成大《石湖詩集》卷二五《小峨眉并序》 近得靈璧古石，絶似大峨正峰，名之曰小峨眉。東坡常以名盧山，恐不若此石之逼真也。作《小峨眉》歌以夸之。

三峨參横大峨高，奔崖側勢倚半霄。龍跧虎卧起且伏，旁睨沫水沱江朝。禹從岷嶓過其下，奠山著籍稱雄豪。告成歸來兩階舞，泗濱錫貢備九韶。覽觀此石三歎息，髣髴蜀鎮俱岧嶤。惜哉擊拊墮簨虡，輦送淮海還山椒。降商訖周謹呵護，磬氏無敢加鐫雕。劉項蝸争鬨靈璧，血漂川谷流腥臊。水官恐此被染涴，韜包席裹吴中逃。市門大隱閱千祀，苔衣塵網薶孤標。尤物顯晦定有數，昨者惠顧不待招。我昔西游踏禹迹，暑宿光相披重貂。十年境落卧游夢，摩挲壁畫雙鬢凋。天憐愛山欲成癖，特設奇供慰寂寥。恍然坐我寶巖上，疑有太古雪未消。嵌根襞積巧入妙，峰頂箕踞貴不驕。爐煙雲浮布銀界，隙日虹貫凝金橋。是時歲杪卧衰病，健起放杖驚兒曹。龍鍾繞圍喜折屐，龜手拂拭寒侵袍。太湖未暇商甲乙，羅浮天竺均鴻毛。小峨之名神所畀，永與野老歸漁樵。作詩賀我得石友，且以并賀兹丘遭。

又《煙江疊嶂》 煙江疊嶂，太湖石也。鱗次重複，巧出天然。王晉卿嘗畫《煙江疊嶂圖》，東坡作詩，今藉以爲名。此石里人方氏所藏，故物非近年以人功雕斲者，比尤可貴。

太湖嵌根藏洞宫，槎牙石生龠淪中。波濤投隙漱且囓，歲久缺罅深重重。水空發聲夜鏜鞳，中有晴江煙嶂叠。誰歟斷取來何時，山客自言藏奕葉。江上愁心惟畫圖，蘇仙作詩畫不如。當年此石若並世，雪浪仇池何足書。我無俊語對巨麗，欲定等差誰與議。直須具眼老香山，來爲平章作新記。

宋 樓鑰《攻媿集》卷一《靈壁道傍怪石》 飽聞兹山産奇石，東南寶之如尺璧。誰知狼籍亂如麻，往往嵌空類鑱刻。長安東南萬歲山，搜抉珍怪窮人間。汴流一舸載數輩，徑上艮岳增孱顔。當時巧匠斲山骨，寘之江干高突兀。干戈動地胡塵飛，坐使奇材成棄物。君不見黄金横帶號神運，不數臺城拜三品。只今零落荒草中，萬古淒涼有遺恨。木人漂漂不如土，坐閱興亡知幾許。行人沈歎馬不前，石雖不言恐能語。

金 元好問《遺山集》卷四《雲巖并序》 觀州倅武伯英崞縣人，少日舉進士，有詩名。其賦《翦燭刀》有「啼殘瘦玉蘭心吐，蹴落春紅燕尾香」之句，甚爲時輩所稱。家故饒財，第宅園亭爲河東之冠。貯書有萬卷樓，嘉花珍果悉自他州移植。爲人多伎巧，山水、雜畫、斲琴、和墨皆極其工。嘗得宣和湖

石一，窾竅穿漏，殆若神剜鬼鑿。炷香其下，則煙氣四起，散佈槃水上，濃淡霏拂，有煙江疊嶂之韻。吾鄉衣冠家法書名畫及藏書之多，亦有伯英相上下者。伯英獨恃寶石以擅奇汾晉間耳。興定末，伯英没於關中，楊户部叔玉購石得之。壬辰圍城中以示予，且命作詩，危急存亡之際不暇及也。乙巳冬十一月，來東平，過聖與張君之新軒，而此石在焉。聖與名之曰雲巖。予問石所從來，聖與言：「夏津王帥得之汴梁泥塗中，而以見貽。」予因歎一物之微，經歷世變，遷徙南北，仍復爲好事者之所寶玩，似不偶然，乃爲詩道其故。聖與三世相家，以文章名海内，其才情風調不減前世賀東山、晏叔原。故卒章以蕭閒明秀峰故事屬之。

壺中九華玉孱顔，紫煙著水往復還。小窗虚明淡相對，不數漢宫銅博山。會稽禹穴深無底，寶石偷來定山鬼。一堆寒碧殊不凡，滿谷春雲更堪喜。阿欣秀髮見眉宇，小杜才情淪骨髓。摩挲不作几上看，繚白紆青便千里。渾沌日鑿餘空嵌，漏天蒸濕饒風嵐。世外元無種香國，海南真有補陁巖。觀州愛玩頻澒祓，民部平生幾熏沐。藏舟夜壑未厭深，竟作新軒坐中物。一天星斗入金尊，翠射娉婷自有人。只欠宣和鄭先覺，爲君留寫五湖真。

元　沈夢麟《花谿集》卷三《松雪齋池中太湖石》　魏公池上玉芙蓉，元氣淋灕濕貝宫。漢女梳頭雲冉冉，天丁鑿翠雨巃巃。品題甲乙平泉遠，變化風雷艮岳通。回首太湖三萬頃，酒酣濯足洞庭空。

明　高啓《大全集》卷九《太湖石》　没人采石山根淵，投身不試饑蛟涎。馮夷不解護潛寶，幾片捧出如青蓮。寒姿本是湖水骨，波濤漱擊應千年。初疑鬼怪離洞府，珊瑚鐵網相鈎連。嵌空突兀多異態，雲吐夏浦芝生田。龍鱗含雨晚猶潤，豹質隱霧朝常鮮。清音叩罷磬韻遠，微靨洗出珠窩圓。坐移各岫置庭砌，日照仿佛生紫煙。三峰削成泰華掌，一穴透入仇池天。醉中時倒倚蒼蘚，秋風冷逼吟詩肩。洛陽園墅汴宫苑，當時駢列誇奇妍。黄羅封蓋素氈裹，萬里貢餉勞車船。奢游事歇家園廢，盡仆荆棘荒池邊。人生嗜此亦可笑，有身豈得如石堅。百年零落竟誰在，空品甲乙煩題鐫。又嗟此石何獻巧，自召鑿取虧天全。不如頑礦世所棄，滿山長作牛羊眠。

明　郁濬《石品》上卷《林慮石》　相州林慮石，堅潤有聲，倒生向下，垂如鍾乳，石色甚碧。供座上，有千巖萬壑，峰巒迤邐，洞穴宛轉相通，中虚可施香爐，若煙雲出没巖岫間。

明　李時漸《三台文獻録》卷二〇引　葉嗣孫《方石》　洞口拾不盡，雲根應旋生。錙銖存地象，棱角自天成。仙去瞳猶在，山靈骨亦輕。攜歸到人世，袖裏有空明。

明　王衡《緱山先生集》卷一《菖蒲石》　秋月影拳石，知復幾許丈。不盡菖蒲青，油油疊春浪。

又《芝石》　燁燁五色芝，生于千仞岡。紫霞澹離披，采之不盈筐。

清　王原《于野集》卷一輯　董杏燧《瀚海五色石子歌》　轟雷夜半山中起，劈裂幽巖十數里。吴赤烏元年，秦山夜有雷聲，忽開洞穴，中多石彈，凡皆有文理。奔泉傾瀉砂礫清，濯出牟尼光玭玭。女媧鍊剩藏九淵，劫灰後出天更始。君從何處得此奇，云是瀚海來包匭。非橢非锐非方圓，不涅不磨亦不剞。靈秀凝結五行精，入水疑蜃陸疑雉。赤如絳旆白如羅，庭實旅百陳文綺。純黄一掬雍州壤，至哉坤元中通理。黑雲旋轉淺間深，殺氣暮壓孤軍壘。四子正色合方隅，三子雜糅膚膩靡。紫英孕緑綴苔蘚，丁香未吐猶含蘂。皎皎素質冠以緋，胎禽頂兮白鳳觜。積翠欲滴紅欲燃，青霞煉就丹砂死。珠玉具錯奚足云，脂粉黛赭寧能似。星羅瓦缶漬寒泉，斗杓夜浴銀河裏。擲向虚空森有芒，門隕飛流驚腐史。我聞神物徵嘉祥，山鵲口銜遺竇氏。吁嗟陸子善秘惜，傾城量金勿輕市。嘔余癖嗜頗相同，求之廿年乃得視。劃然長嘯思遠游，手攜鐵網搜海底。

又輯　陸崑曾《瀚海五色石子歌》　女媧補天曾鍊石，餘者擲向瀚海側。砂磨水盪棱角圓，琢成能具種種色。吾生嗜此久成癖，十年尋覓了未得。故人從軍來絶塞，傾囊攫之甚奇特。一具依樣葫蘆形，光焰放出不可逼。黄絁作帔儼道裝，位以中央當主席。一如辰砂入丹爐，波瀿浪蹙火未熄。一如海雲生重陰，長空濃淡同潑墨。其間正白乃有二，一作月華一羅織。復有淺紫間深緑，欲肖厥形難測識。加以雜采翠欲流，如披古錦絢爛極。嗚呼，天地之氣趍東南，文章日盛莫遏抑。神物苟不産中華，譬猶日月遭薄蝕。自非聖武清沙漠，沉埋誰與爲拂拭。世人所拾寧足誇，麻源巫峽尊拱璧。僞蜀時，文谷于劉元祚齋見兩道士，各出石子一枚。一得于麻谷洞，上有兩仙人形，一得之巫峽，上有飛龍形，不若此石來荒裔，肅慎並知天子德。蓄此直作貢碧觀，傳之子孫千萬億。

又輯　姚廷謙《瀚海五色石子歌》　玉生崑崙涉流沙，翰海之石世亦誇。天公珍秘神鬼護，一朝失守來中華。橢者如指圓者丸，晶熒潤澤秀可餐。其中肌理蘊奇妙，畫工欲畫下筆難。辰砂奪丹黛失青，黑白分別渭與涇。或如海水

耀東日，或如微雲淡疏星。盛以定窑雪色盆，清泉蕩漾舒波文。却疑蛟蜃藏變幻，蠕蠕欲動乘淵沄。始知怪石同貢琛，是物具有天地心。秋毫爲大泰山小，南華寓言意最深。大米袖中未足奇，老坡作供亦兒嬉。但恨古人不見我，茲焉所得寔過之。而況物産各一天，故明防御止九邊。是非臣妾萬方日，此石那來几案前。明窗醮墨開錦函，奇語迸出光怪添。戲謂此石不負汝，世間寶物寧終潛。

又輯　朱霞《瀚海五色石子歌》　瀚海春雷冰盡裂，蛟鼉孕子出自穴。融風陰火幾蕩摩，坼劈飛騰誰敢掣。有時失水剩沙頭，萬顆纍纍明玉屑。生機鬱屈未得遂，文彩盤紆各奇絶。陸君得此從盧敖，薦以清泉色瑩澈。白者野鳧腹上毛，羅紋細漾仙裙折。赤者肌融勾漏砂，圓滑欲吐西施舌。其一鰈鰈似魚眼，紅暈浮眶淚明滅。其一熒熒青紫兼，魏花得露怒苞決。最訝萇弘一點存，已成深碧猶縈血。昆明夜珠何黯慘，菰米沉雲影稠疊。那知六子争瑰奇，更有厥魁王同列。色如蒸栗未足云，中有丹瓢吐虹蜺。誰云玩物有明戒，小小英奇寧可没。怪石作供自子瞻，文登瑣碎那堪絜。畫師泚筆愁烘染，繡閣神針亦停輟。陸君磊落好遠游，江山靈秀恣收擷。世間不少補天餘，抛擲窮荒誰剔抉。

清　高士奇《北墅詩紀·五老石》　北墅籬外，有太湖石五。前人欲移置墅中，以門徑隘狹不可入，遂棄岸側。蔓草縈合，與土壤爲伍。重洗剔之，巖竇玲瓏，峰巒岩粵，將輦致蘭渚之右而未能焉，姑命之曰五老石。

性好游名山，匡廬在夢寐。岧嶢五老峰，登陟願未遂。怪石枕荒陂，鬼斧鑿靈異。才大古難容，磻砢甘棄置。蒙茸枯藤絡，斑駁苔花漬。摩挲輒移日，爬梳疲兩臂。渚旁幸寬閒，隙地可舁致。會當具袍笏，端禮丈人位。

清　高宗愛新覺羅·弘歷《樂善堂全集》定本卷二〇《花石綱》　江南花石新編綱，舳艫銜尾達汴梁。延福五位争工巧，地狹更廓皇城墻。深壑嶄巖極險邃，難妨馳突燕山騎。徽廟精思百藝能，如何獨昧經邦智。

清　曹掄彬《太湖石》（《雅州府志》卷一六引）　尋山原以石爲先，兩見太湖鎮法筵。叠筍回還真宛爾，古苔盤礴更蒼然。米家拜後非無犬，坡老供來別有緣。强認西飛亦幻迹，分明盂內長青蓮。

清　葛一龍《太湖石》（《七十二峰足徵集》卷二一引）　陰精結玄冥，鬼怪百千狀。淪没洪流間，一出甲天壤。好事疲民力，椎鑿元氣喪。所存悉神物，鈎帶不相放。驚霆宿幽隙，仙雲接高曠。昨游九月盡，水落石根剩。觀止無吝奇，更得陟其上。古蘚深一尺，垂藤十餘丈。谽谺翳積土，隱隱蓮花相。何當盡洗剔，高決湖心浪。

清　歐秀松《太湖石并序》（《沅湘耆舊集》卷一八九輯）　太湖石，池中石山也。峰巒起伏，嵌空玲瓏，雨後煙雲蓊然，對之迥超凡境，因以詩記。

太湖嵌根藏洞宫，槎枒石出雲根中。波濤澎湃漱且齧，歲久穿竅深玲瓏。有時雨後噴雲起，雲氣石氣相交融。疑有老蛟伏其內，腥涎吐出煙溟濛。誰與劚取小有穴，袖中猶帶湖雲紅。移置空庭作清供，疏窗謖謖生幽風。憶昔一品石，下拜傳南宫。壺中九華山，見賞蘇髯翁。當年此石若並世，仇池靈壁將毋同。我無叱石法，又無錬石功。與石坐相對，但見青谾巃。安得巨手香山老，作記爲紀奇章公。

雜録

明　袁宏道《解脱集》卷三《游吴山記》　避客不數入城，吴山在城内，以是不得遍觀，僅匆匆一過紫陽宫及一長者園亭耳。紫陽宫石玲瓏窈窕，變態横出，湖石未足方也，奈何辱之郡郭之内，使山林僻懶之人親近不得。其地又近臺使者公署，雖城中游人亦無至者。石固有幸有不幸哉？

明　谷泰《博物要覽》卷一六　松化石，産婺州永康縣松林頃間。馬自然先生在山，一夕大風雨，松林中大松悉仆地，皆截斷化爲石。大者長三四尺，石上有自然松節脂脈紋。土人運去爲缶具。至有小如拳者，亦堪致几案間。

清　雍正《浙江通志》卷一〇二《物産二》　**黄石**　《海鹽縣圖經》：豐山産石，色黄而堅。土人采爲甃築用。

品石　盆玩

題解

清　王棠《燕在閣知新録》卷二五《水石説》　新安至岩灘水清淺，石子歷歷可指而數也。壬戌夏日，艤舟時水嬉，覓石之有色者，攜以歸，盛以盆，沃之水，供於几案。予顧而笑曰：石處水中，風濤相上下，不知幾何年矣。一旦爲人作清玩，詎非石之遭也哉。然不可謂我情之不寄於斯也。昔大舜居深山，

與木石居。米南宫好石，或冠服拜之，或袖之不忍脱手。彼一聖人、一達士，或與居、或爲拜何？莫非其情之寄。今問其石仍有在焉者乎？噫！石那復不在，特無人焉，爲之鐫其名於石。曰「若者舜所與居」、「若者米之所拜」，石不能言，而世亦與汩没不傳耳。今以此石進之於子，石固不足重，抑知爲予情之所寄乎！石也，情也，正可渾而一之也。昔東坡以餅易石於小兒，作怪石供以供佛印。以爲餅供佛印，佛印未必喜。以石供佛印則甚喜。予則謂，萬化不同，究之餅與石又何分别。總以情之一字蔽之。坡供佛印，情也。予喜石而進之於子，亦情也。至於他日石存否，不必記也。可以居，可以不居。可以拜，可以不拜。可以袖，可以不袖。可以怪，可以不怪。可以呼爲餅，可以呼爲石。可可以我今日之進，即爲當日之供。可以請米之拜，即可爲舜之居。異名異處，總歸於不有而皆歸於情。然則情也者，真不朽之物也。雖然，舜之石見於《孟子》，米之石見於外史，蘇之石見於怪石供，然則王子之石不當見於予文乎？文傳則情傳，情傳則石傳。予不文而望傳，難矣哉！

論説

宋　黄庭堅《山谷集》卷二五《書壺中九華山石》　湖口民李正臣得奇石，九峰相倚，蘇子瞻戲名曰壺中九華。又有老巫鄰生，以三奇石隨高下體著成屏風三疊，余戲名曰肘後屏風疊。他日湖中石百怪並出，當以此兩石爲祖云。二石色紺青，嵌孔貫穿，擊之鏗鏗。而視之嶔崟雲雨之上諸峰隱見，忽然疑於九十，猶五老峰之疑於五六也。揭而視俗以求賞音，吾見其覆醬瓿，堆牆角也。世有出塵之因，然後此石爲瀟灑緣爾。邇者象江太守費數十萬錢，自嶺南負載三石。比歸，妻子不免寒餓，未知與此孰賢也。

宋　程大昌《演繁露》卷三《怪石》　《禹貢》：青州貢品，有鉛松怪石。説者疑怪石之爲玩物，不當責貢。予曰非也，其所謂怪，非今世所玩如靈璧太湖之石，嵌空玲瓏，可爲戲玩也。質狀色澤似石而非石，故以怪名也。怪者，異也。《説文》：「瑀璅音繅。玗音于。璦。音變。」《詩》之「貽我佩玖，有蒼璁衡」，以至系璧之琫，充耳之琇，與夫瑎之黑也，珊瑚之赤也，碧雞之碧也。許氏以及漢儒皆嘗枚列其物而命之，名曰「此石之次玉者也」，「此石之能比乎玉者也」，以此之石，而比璠璵璿瓘瑾瑜琳球則不能齊及，然能超出常石之上，得與真玉爲比，豈非石類之卓然秀異者乎！則其命爲之怪，非抑之也，所以高之也。且古之用玉比後世特多，不止六器五瑞而已也。刀劍衣佩、日用之具，皆用玉也。用玉既多，則所須必倍，其勢不得不以似玉者充代足用也。故玖璁琫琇固已明用美石，而夫璣瓚將之類，則玉而雜石亦兼用之。然則兼列怪石以期足用，事之必然者也。則怪石之貢以用而不以玩，亦已明矣。

明　文震亨《長物志》卷三《品石》　石以靈璧爲上，英石次之。然二種品甚貴，購之頗艱，大者尤不易得，高踰數尺者，便屬奇品。小者可置几案間，色如漆，聲如玉者最佳。横石以蠟地而峰巒峭拔者爲上，俗言「靈璧無峰」，「英石無坡」，以余所見，亦不儘然。他石紋片粗大，絶無曲折、屼嵂、森聳、崚嶒者。近更有以大塊辰砂、石青、石緑爲研山、盆石，最俗。

綜述

宋　杜綰《雲林石譜》卷上《崑山石》　平江府崑山縣石産土中，多爲赤土積漬，既出土，倍費挑剔洗滌。其質磊塊，巉岩透空，無聳拔峰巒勢，扣之無聲。土人唯愛其色之潔白，或種植小木，或種溪蓀於奇巧處，或置立器中，互相貴重以求售。至正初，杭州皋亭山後太山出石，與崑山石無分毫之異。

又《湖口石》　江州湖口石有數種。或在水中，或産水際。一種色青，混然成峰巒岩壑，或類諸物狀。一種匾薄嵌空穿眼通透，幾若木板似利刀剜刻之狀。石理如刷絲，色亦微潤，扣之有聲。土人李正臣蓄此石，大爲東坡稱賞，目之爲壺中九華，有「百金歸買小玲瓏」之語。然石之諸峰間，有外來奇巧者相粘綴以增巉怪，此種在李氏家頗多，適偶爲大賢一顧彰名。今歸尚方久矣。又有一種，挺然成一兩峰或三四峰，高下峻峭，無拽脚，有向背，首尾一律。或大或小，土人多綴以石座及以細碎諸石膠漆粘綴取巧，爲盆山求售。正如僧人排設供具，兩兩相對，殊無意味。

又《耒陽石》　耒陽縣土中出石，磊磈巉岩，大小不等。石質稍堅。一種色青黑，一種灰白，一種黄而斑。四面奇巧，扣之無聲。可置几案間，小有可觀。

又《清溪石》　廣南清溪鎮之三五十里，土中出石，巉岩險怪。一種色甚清潤，扣之有聲，韻清越。一種色白。頃年，蘇仲恭家置於几案間，有七八石，甚奇巧，此石所産相鄰青緑坑，尤奇於他處。

又《刑石》 刑州西山接太行山，山中有石，石色黑，亦有峰巒，奇巧亦可置几案間。

又 卷下《黄州石》 黄州江岸與武昌赤壁相對，江水中有石，五色斑斕，光温潤徹，紋如刷絲，其質或成諸物像，率皆細碎。頃因東坡先生以餅餌易於小兒，得大小百餘枚作怪石供。後亦爲士大夫所采玩。

宋 趙希鵠《洞天清録·英石》 英州出此石。如銅鑛，聲亦如銅，倒懸生巖下。以鋸取之，故底有鋸痕。大者或長七八尺，起峰至二三寸，亦几案奇玩。然色潤者可愛，枯燥者不足貴也。

元 鄒鉉《壽親養老新書》卷三《菖蒲石》 怪石奇峰，以沙石器種之，旦暮易水則茂。水濁及有泥滓則萎。一寸九節者，服之可以烏髭、輕身、延年。夜檠燈間置一兩盆可以收煙，不薰人眼。東坡詩云：「碧玉椀盛紅瑪瑙，青盆水養石菖蒲。」曾茶山詩云：「窗明几浄室空虛，盡道幽人一事無。莫道幽人無一事，汲泉承露養菖蒲。」文石清漪，斯亦几案間良玩也。

明 曹昭《格古要論》卷下《崑山石》 出蘇州崑山縣馬鞍山深山中，掘之乃得。玲瓏可愛，鑿成山坡，種菖蒲、花樹及穿松樹。

明 谷泰《博物要覽》卷一六 崑山石產蘇州府崑山縣。石產土中，多爲赤土所漬。既出土，倍費挑剔洗滌。其質磊塊，巉岩透空，無聳拔峰巒勢，扣之無聲。土人惟愛其色潔白，或植種山木，或種溪蓀于奇巧處，或置之器中互相貴重，以求售。石有松花點者爲佳。又有一種扁薄嵌眼者，名雞骨片，最佳。

明 文震亨《長物志》卷三《土瑪瑙》 出山東兖州府沂州。花紋如瑪瑙，紅多而細潤者佳。有紅絲石，白地上有赤紅紋。有竹葉瑪瑙，花斑與竹葉相類，故名。此俱可鋸板嵌几榻屏風之類，非貴品也。石子五色，或大如拳，或小如豆。中有禽魚、鳥獸、人物、方勝回紋之形。置青緑小盆或宣窑白盆內，班然可玩，其價甚貴，亦不易得。然齋中不可多置。近見人家環列數盆，竟如賈肆。新都人有名醉石齋者，聞其藏石甚富且奇。其地溪澗中另有純紅純緑者，亦可愛玩。

明 郁濬《石品》下卷《荔石》 穉竹木不數寸，而具摩空盪雲之勢，碎石似指，拔起峭厲。此盆景之致也。林崇而沼深，岡嶺迤邐，植之美莫宜粵之荔石。大小窪隆，靡不合宜。而特富乳節，又無善兹石者。明陶望齡銘：蒼梧之雲，墮而爲石。縣水所靡，或汗而泐。水非石鑽，古語則然。以鏤以剜。乃合於天。纍而粟者，有似荔鄄。如鼎斯乳，如履斯珠。喻嶺而東，厥塗孔艱。想見頳肩，汗漬石斑。苐而始章，詎識牛米。間庭莫居。一而侈矣。壽木乃孩，老竹如髮。曲沼文瀾，鯤鰤出没。渭川鄧野，千霄蔭柯。微風蕩林，洞庭始波。居士見嬉，小中現大。我聞鍼鋒，運持世界。《歇菴集》

清 王棠《燕在閣知新録》卷二五《木石》 東坡過山澗，見水中有石子奇秀者，置於盆中，種蒲於上，曰：後世以此玩者，自予始也。近世六合石、川石五色具備，爲時所珍，人争購之，最不易得。又燕山有嬰石，穀城山有文石。

清 陳元龍《格致鏡原》卷六《格古要論》：崑山石出崑山縣馬鞍山。此石於深山中，掘之乃得。玲瓏可愛，鑿成山坡，種石菖蒲、花樹及小松柏樹。山在縣後一二里許，山上石是火石，山洞中石玲瓏，好栽菖蒲等物最佳茂盛，蓋火暖故也。

又 卷七《華夷珍玩考》：石梅生海中，一叢數枝，横斜瘦硬，形色真枯梅也。雖巧工造作所不能及。根所附著如覆菌，或云本質爲海水所化，如石蟹、石蝦之類。又，石柏生海中，一幹極細，上有一葉，宛是側柏，扶疏無小異，根所附著如烏藥。

清 金武祥《粟香隨筆》卷三 英石，産粵之英德縣，生山谷間，大小相迭，一一嵌空鬥竦，具峰巒、巖洞之狀。辛巳余攜十餘石歸，因購磐石盆之長者分置之。參差相配，雜蒔文竹、虎刺及花木之小者。葱蒨瓌瓏，頗饒幽趣。竟日玩視，如游畫圖。一夕夢入其中，題其巖曰獅林一角，後有絶句一首。比醒則僅記四字而已。

紀事

宋 蘇軾《東坡全集》卷一〇〇《怪石供》 《禹貢》：青州有鉛松怪石。解者曰：怪石，石似玉者。今齊安江上往往得美石，與玉無辨。多紅、黄、白色，其文如人指上螺，清明可愛，雖巧者以意繪畫有不能及，豈古所謂怪石者耶。凡物之醜好，生於相形，吾未知其果安在也。使世間石皆若此，則今之凡石復爲怪矣。海外有形語之國，口不能言而相喻以形，其以形語也捷於口。使吾爲之，不已難乎！故夫天機之動，忽焉而成，而人真以爲巧也。雖然，自禹以來怪之矣。齊安小兒浴於江，時有得之者，戲以餅餌易之。既久，得二百九十有八枚。大者兼寸，小者如棗栗、菱芡。其一如虎豹，首有口鼻眼處，以爲羣石之長。又得古銅盆一枚以盛石。挹水注之粲然。而廬山歸宗佛印禪師適有使至，遂以爲供。禪師嘗以道眼觀一切世間混淪，空洞了無一物，雖夜

光、尺璧與瓦礫等，而况此石。雖然，願受此供，灌以墨池水，强爲一笑。使自今以往，山僧野人欲供禪師而力不能辦衣服、飲食、卧具者，皆得以净水注石爲供，蓋自蘇子瞻始。時元豐五年五月，黄州東坡雪堂書。

宋 蘇軾《東坡志林》卷九 黄州守居之數百步爲赤壁，或言即周瑜破曹公處，不知果是否。斷崖壁立，江水深碧，二鶻巢其上，有二蛟，或見之。遇風浪静，輒乘小舟至其下，捨舟登岸入徐公洞，非有洞穴也，但山崦深邃耳。《圖經》云是徐邈，不知何時人，非魏之徐邈也。岸多細石，往往有温瑩如玉者，深淺紅黄之色，或細紋如人手指螺文也。既數游，得二百七十枚，大者如棗栗，小者如芡實。又得一古銅盆盛之，注水粲然，有一枚如虎豹者，有口鼻眼處，以爲羣石之長。

宋 朱彧《萍洲可談》卷二 近年拳石之貴其直不可數計。太平人郭祥正舊蓄一石，廣尺餘，宛然生九峰，下有如巖谷者。東坡目爲壺中九華，因此價重。聞今已在御前。東坡集載《怪石供》云謫居黄時所得。余寓居其地，屋後有山名破湖山，乃此石所出處也。每年潦水退，細民往求之。五色瑩徹，中有纏絲者可琢爲環珥，玩飾常苦其細。置斛中，漬水養菖蒲，不適他用。

宋 李復《潏水集》卷六《游歸仁園記》（客）又曰：昔聞牛氏多石，石可聞乎？予曰：思黯喜奇石，方當國人皆以奇石媚之。出守維揚六年，所得佳木奇石皆置於此。石有三品，太湖爲上，天竺爲次，羅浮爲下。三品中又分甲乙丙丁，取其形勢肖類而爲之名，若風流、幽獨、野逸、峭直之類，皆就刻之。

宋 李彌遜《筠谿集》卷一〇 歲戊戌舟行宿泗間，有持小石售於市者。取而視之，其大可置掌握，峰巒鬱然，若巖竇澗壑，水落月吐，雲影渺冥，若遠若近，皆有自然之勢。乃以千金購之，而爲之名，曰羣玉峰，曰水月巖，曰遥岑，曰碧澗，曰陰壑。置諸座隅，卧與對之。且予少時，南游羌廬，升紫霄，以瞰九江。東沿洙泗登泰山而徜徉大伾道鄴，歷趙及燕而還。今年責官羅城，當走蜀問山於蜀人馮濟川。每至佳處，耳傾心愛，恨不能一日千里也。繼改命，不得往，遂自鄭適洛，以窮溱洧兩河之源。歷覽二室之趣，方將踰淮浮江自放於世，猶念深山大澤不能與有足者皆至。偶於圖畫對之，未嘗不慨然興懷。今一旦得是數山，坐四方之勝，豈不幸歟。吾將寓形其間而與之俯仰上下。不知我之在丘壑，丘壑之在我也。

宋 趙希鵠《洞天清録·東坡小有洞天》 東坡小有洞天石，石下作一座子，座中藏香爐。引數竅正對巖岫間，每焚香則煙雲滿岫。今在豫章郡山谷家，其家珍重，常與谷身同置一匣。

又《石筆格》 靈璧英石自然成山形者可用。於石下作小漆朱座，高半寸許，奇雅可愛。

宋 周密《雲煙過眼録》卷四 大衍庫出售雜物時，有靈壁小峰，長僅五六寸，高半，玲瓏秀潤，所謂胡桃玉色。徽宗御書八小字刻于峰傍，云「山高月小，水落石出」。略無琢刻之形，真奇物也。

明 谷泰《博物要覽》卷一六 永康石。蜀水永康軍産異石，錢遜叔遺余一石，平如板，厚半寸，闊七寸。于面上如鋪一紙許，甚潔白。上有山一座，高低前後凡十數峰，劇有佳趣。迴底不脱，其底山色皆青黑，温潤而堅，利刃不能刻，扣之有聲清越，目爲江山小平遠。

明 彭大翼《山堂肆考》卷一一六《攫石》 宋米芾，字元章，守漣水，地接靈壁，畜石甚富。一一品目，加以美名。時楊次公傑爲察使，知米好石廢事，因往廉焉。至郡，正色言曰：朝廷以千里郡邑付公，汲汲公務猶懼有闕，那得終日弄石，都不省録，爾（役）（後）當録郡事，不然按牘一上，悔亦何及？米徑前，以手于左袖中取一石，其狀嵌空玲瓏，峰巒洞穴皆具，色極清潤。米舉石宛轉翻覆以示楊，曰：如此石，安得不愛？楊殊不顧。乃納之左袖。又出一石，疊嶂層巒，奇巧又勝。又納之左袖。最後出一石，盡天劃神鏤之巧，又顧楊曰：如此石，安得不愛？楊忽曰：非獨公愛，我亦愛也！即就米手攫得之，徑登車去。

明 馮夢龍《古今譚槩》卷九《石》 米元章守漣水，地接靈壁，蓄石甚富。一一品目，入玩則終日不出。楊次公爲察使，因往廉焉。正色言曰：朝廷以千里郡付公，那得終日弄石。米徑前，於左袖中取一石，嵌空瓌瓏，峰巒洞穴皆具，色極清潤，宛轉翻落。以示楊曰：此石何如？楊殊不顧。乃納之袖。又出一石，疊峰層巒，奇巧又勝，又納之袖。最後出一石，盡天劃神鏤之巧，顧楊曰：如此石，那得不愛。楊忽曰：非獨公愛，我亦愛也。即就米手攫得之，徑登車去。袁石公曰：陶之菊，林之梅，米之石，非愛菊梅與石也，皆吾愛吾也。僧孜周有端州石，屹起成山，其麓受水可磨。米後得之，抱之眠三日。

明 吴之鯨《武林梵志》卷五 宣德間，僧曇纘建三門面壁軒，良玠建佛殿，殿中有拜石長丈餘，有花卉鱗甲之文，工巧如畫。

明 林有麟《素園石譜》卷一《壺中九華》 蘇東坡於湖口李正臣家見一異石，九峰玲瓏，宛轉若窗櫺，名曰壺中九華。以詩紀之。

前溪電轉失雲峰，夢裏猶驚翠掃空。五嶺莫愁千嶂外，九華今在一壺中。天池水落層層見，玉女囪明處處通。念我仇池太孤絶，百金歸買碧玲瓏。

既作《壺中九華詩》後八年，復過湖口，則石已爲好事者取去。乃和前韻，以自解云。

江邊陣馬走千峰，問訊方知冀北空。尤物已隨清夢斷，真形猶在畫圖中。歸來晚歲同元亮，却掃何人伴敬通。賴有銅盆修石供，仇池玉色自玲瓏。

東坡先生賦《壺中九華詩》實建中靖國元年四月十六日。明年當崇寧之元年五月二十日。黄庭堅繫舟湖口，正臣持此詩來。石既不可見，東坡亦下世矣。感歎不足，因次前韻。

有人夜半持山去，頓覺浮嵐暝翠空。試問安排華屋處，何如零落亂雲中。能回趙璧人安在，已入南柯夢不通。賴有霜鐘難席捲，掛帆來聽響玲瓏。

潘象安題　片石蒼山色，復如山勢奇。雖然在屋裏，自有白雲知。

又《研山》　南唐李後主有研山，廣不盈尺，前聳三十六峰，左右引兩阜陂陀，而中鑿爲研。及李歸宋，遂流轉人間。後爲米元章所得。米歸丹陽卜宅時，蘇仲容有甘露寺下一古基，羣木叢秀，晉唐名士多居之。米既欲得宅，而蘇覬得研。于是王彥昭侍郎兄弟共爲之和會，蘇米竟相易。米後稱海岳庵是也。【略】米元章題：五色水，浮崑崙。潭在頂，出黑雲。掛龍怪，爍電痕。極變化，闔道門。

又《御題石》 大德初，廣積庫官售雜物，有一石，小峰長僅六尺，高半之。玲瓏秀潤，所謂卧沙，水道轉摺，胡桃紋皆具。山峰之頂有白石正圓，瑩然如玉。徽宗御題八小字于旁，曰「山高月小，水落石出」。略無雕琢之跡，真奇物也。

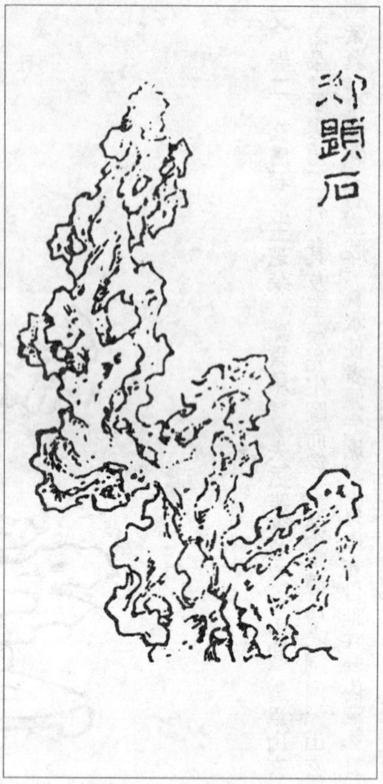

又《玄石》 至正，貢宣城在越江之濱得之。嵌竇峭愕，軒若舞袖，莊若拱璧，湧若波濤，滃若雲詭，燁然若芝，亭然若蓋。玄膚白理，縱橫包絡，若龜兆，若蠶絲，而曳雲點雪之文，若星斗錯落下上，真奇寶也。

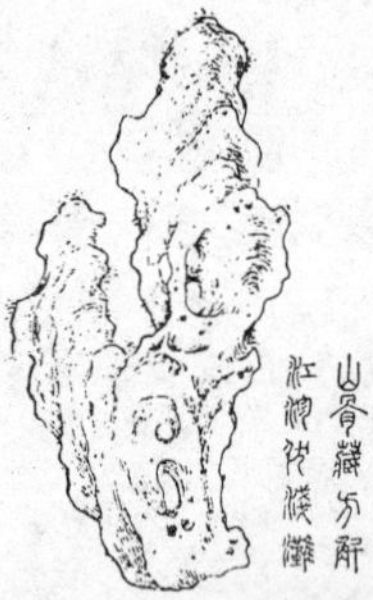

又《崑山石》 蘇州府崑山縣馬鞍山，於深山中掘之乃得，玲瓏可愛。鑿成山坡，種石菖蒲、花樹及小松柏。近詢其鄉人，山在縣後一二里許。山上石是火石，山洞中石玲瓏，栽菖蒲等物最茂盛。蓋火暖故也。

又《林慮石》　相州林慮山，地名交口，其質堅潤，扣之有聲，峰巒秀拔。曾貢入內府，有藍關、蒼虬、洞天數十品。各高數寸，甚奇異。此石自崇寧方出，相視地脈偶得之。大不踰尺，至如拳者，奇巧百出。今彰德府林縣。

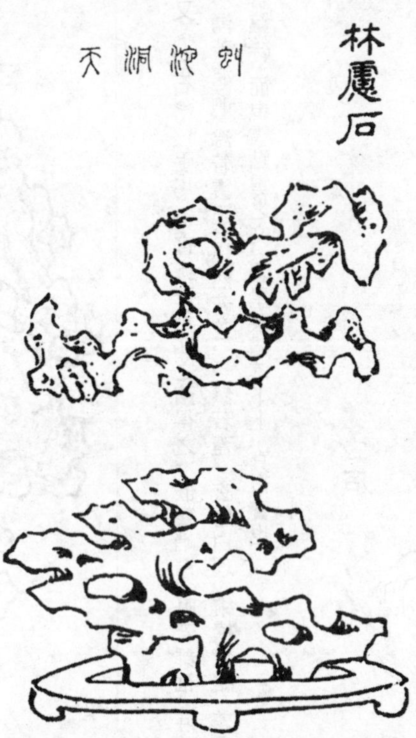

又　卷二《玄膚石　玉芝朵　斷雲角》　朱孟辨獲石聚寶山間，製爲山玄膚、玉芝朵、斷雲角三石。其友王蒙先生圖而銘之，宋景濂爲之詞曰：山玄膚，割紫蕤。星貫魄，石抱腴。蒼水使者佩失琚，山鬼環守目睢盱。內藏一升白龍酥，餐之凌霞躡雙鳧。奮迅八極游清都，山玄膚，玉爲徒。　玉芝朵，自天墮。暈翠霞，栽猗儺。煅以九陽真湏火，有聲泓噌玉之瑳。不學三秀脆而夥，韓終欲攓意仍叵。青鳥傳信以需我，玉芝朵，青婧婧。　斷雲角，鬼斧琢。秀棱棱，文齗齗。霓旌難攀泝寥廓，手折祥氲勵一握。尚帶蛟龍氣旁魄，神毋變幻資橐籥。上衡牛斗香如濯，斷雲角，鎮書幄。

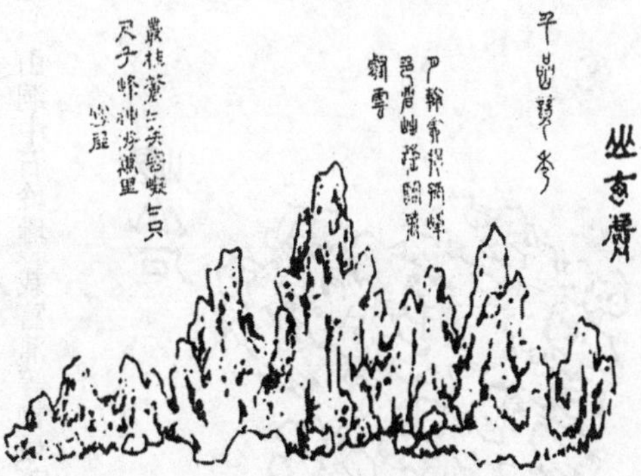

東坡咏 空堂明月清且新，幽人睡息來初勻。了然非夢亦非覺，有人夜呼祈孔賓。披衣相從到何許，朱欄碧井開瓊户。忽驚石上堆龍蛇，玉芝紫笥生無數。鏘然敲折青珊瑚，味如密藕和雞蘇。主人相顧一撫掌，滿堂坐客皆盧胡。亦知洞府嘲輕脱，終勝稽康羨王烈。神山一合五百年，風吹石髓堅如鐵。

莫廷韓咏 誰向靈巖斲片雲，移來林際隔氤氲。不須更問商山曲，紫氣先從袖裏分。

又《英石》 真陽、英德縣間，石産溪水中，有數種。一微青色，間有白脈，一微灰黑，一淺緑，各有峰巒嵌空。質少潤，扣之有聲。一種色白，四面峰巒聳拔，多棱角，瑩徹有光，扣之有聲，采之人就水中奇巧處鑿之。東坡獲二石，一緑一白，亦目爲仇池。此石如銅鑛聲，倒生巖下，以鋸取之，故底平。起峰二三寸，亦可作几案奇玩，色黑潤者可愛。

英石

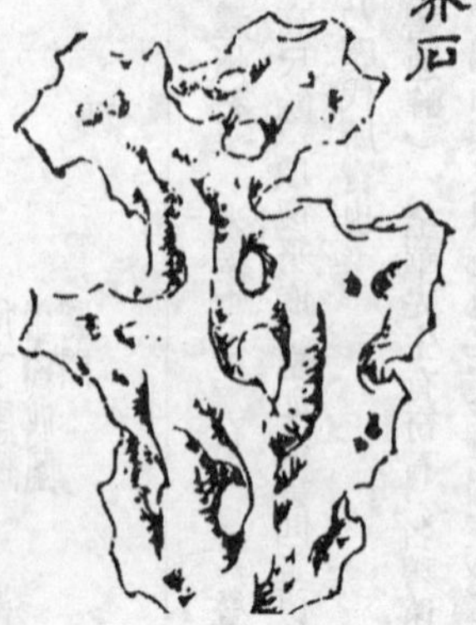

又《湖口石》 青色，混然成峰巒巖壑，或類諸物狀。一種匾薄嵌空，穿眼通透，幾若木板如利刀剜刻之狀。石理如刷絲，色亦微潤，扣之有聲。土人李正臣蓄此石，大爲東坡稱賞，目之爲壺中九華，有百金歸買小玲瓏之語。米芾知無爲軍，初入州廨，見立石頗奇，曰：此足當我拜。呼曰石丈。

湖口石

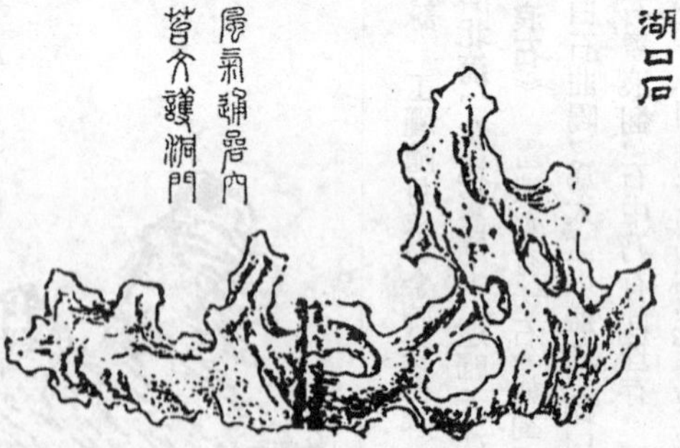

湖口石

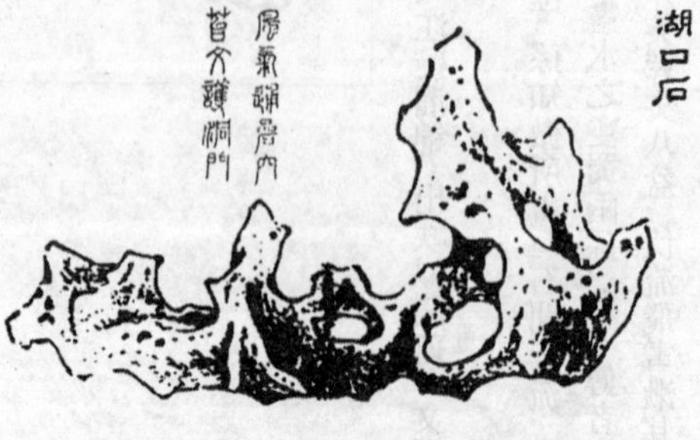

石丈

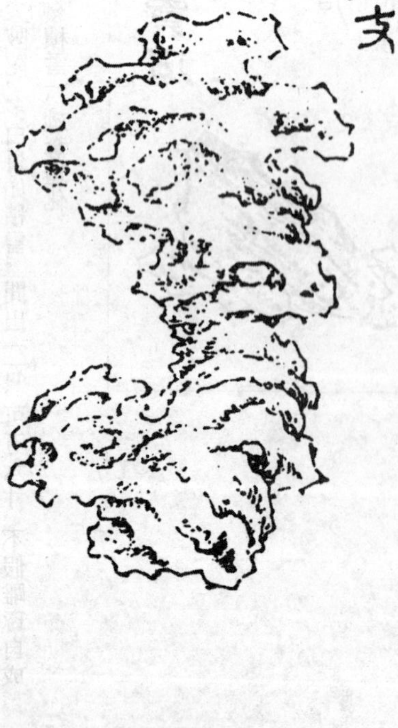

又《**峨嵋石**》　一石絶似太峨正峰，名曰小峨嵋。東坡嘗以名「廬山」，恐不若此石之逼真也。

又《**澧州石**》　米南宫得一石，青翠，叠石，堅響，三層，傍一硎嵌磨墨，上出一峰高尺餘，頂復平嵌，巖如亂雲四垂以覆研，以水澤頂，則隨葉垂珠滴研心上。乃歷代所寶也。

又《**碧遠峰**》　金華先生有奇石，名碧遠峰，攜來自蜀中。其山形聯翩若九疑之狀。錫山陳公以詩覓之，金華撮（輟）所嗜以贈。亦一奇事也。

王梅溪詠　二公心古，貌清臞，趣在林泉世味疏。寸碧來從錦江遠，九疑分向錫山居。山中丘壑奴金谷，筆下波瀾陋石渠。我有千峰藏雁蕩，一擎天柱插空虚。

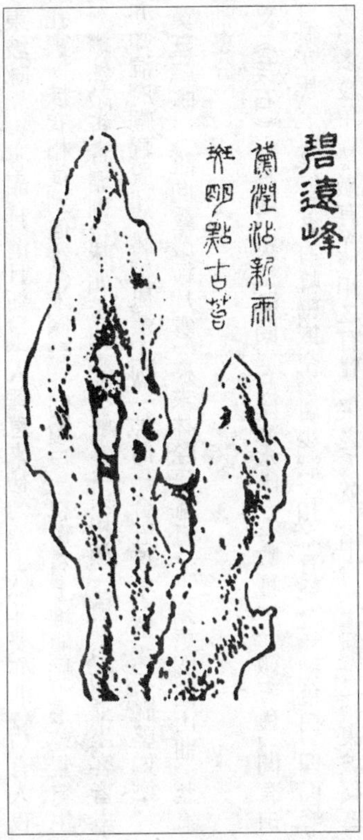

又《**雪竇石**》　大理府點蒼山去郡五十里。山麓内産異石，峰巒重叠，色青黑，堅潤。山尖陂陀，多白質如積雪。間出一石，可五六寸，不假雕琢自成山勢。謂之「秦嶺積雪」，尠奪造化。

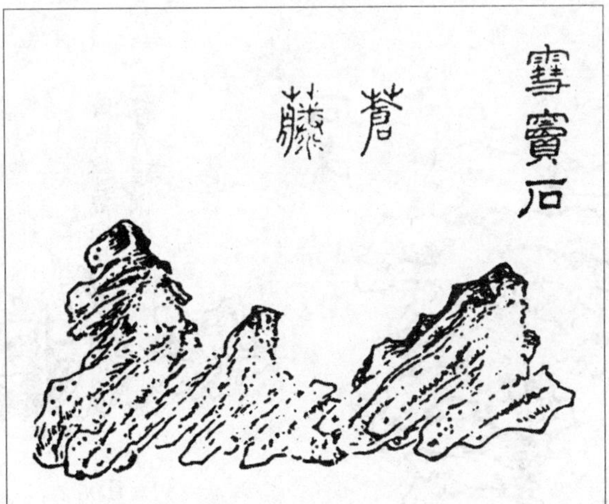

崔仲方詠　玉繩隨月落，金碑映日鮮。入江疑濯錦，出峡似開蓮。文馬河西瑞，兵符濟北篇。會逐靈槎上，還歸天漢邊。

又《**雪浪石**》　雪浪齋有一石，如蜀孫位、孫知微所畫。石間奔流，盡水之變。又得白石曲陽，爲大盆以盛之，銘曰：畫水之變蜀兩孫，與不傳者歸九原。異哉磤石雪浪翻，石中乃有此理存。玉井芙蓉丈八盆，伏流飛雪漱其根。東坡作銘豈多言，四月辛酉紹聖元。東坡復作歌曰：太行西來萬馬屯，勢與岱岳争雄尊。飛狐上黨天下眷，半掩落日先黄昏。削成山東二百郡，氣壓代北三家邨。千峰石卷矗牙帳，崩崖鑿斷開土門。揭來城下作飛石，一駮驚落天驕魂。承平百年烽燧冷，此物僵卧枯榆根。畫師争摸雪浪勢，天工不見雷斧痕。離堆四面遶江水，坐無蜀士誰與論。老翁兒戲作飛雨，把酒坐看珠跳盆。此身自幻孰非夢，故園山水聊心存。

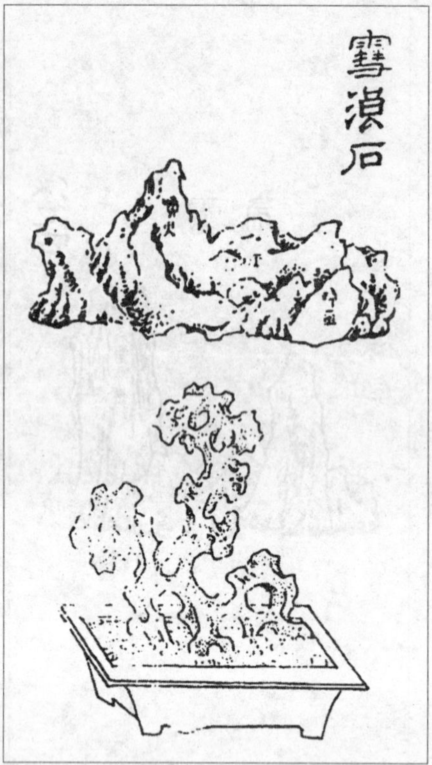

又《栖霞石》　至正間，錢惟善先生游江左，獲奇石。峰巒秀潤，上有古篆文曰栖霞。心異之，作供几上。每神游其間，便有世外之想。因仿東坡居士雪浪齋故事，名其室曰棲霞山房。勒銘壁中，永標奇賞。詞曰：九華煙霞，五老冰雪。縹緲飛來，幻形巉巇。光吞玄圃，氣掩赤城。移鎮丘壑，式耀軒楹。既來仙靈，亦集真侶。絳彩朝餐，紫英夕茹。山人久視，居士長生。俯仰一室，逍遥太清。

又　卷三《小有洞天》　東坡小有洞天石，石下作一座子，座中藏香爐，引數竅，正對巖岫間，每焚香則雲煙滿岫。後在豫章郡山谷家。其家珍重，常與谷身同置一篋。今余過武林得之。僧寮攜歸，置之梅花館。恍然與蘇眉山相對矣。

又　卷四《秀碧石》　張雲莊有怪石拳許，峰巒隱然，色明潤可愛，名曰秀碧。

又《弁山石》　出浙江湖州府下山，一名弁山。石瑩然如玉，旁有別峰，號西陵。趙孟堅嘗得五字不損本《蘭亭》于霅州，乘夜至弁山，得小石一座，儼如山勢，把玩不已。時大風作，孟堅立淺水中向人曰：石帖在此，無憂也。武康石亦出浙江湖州府，亦可作硯山。

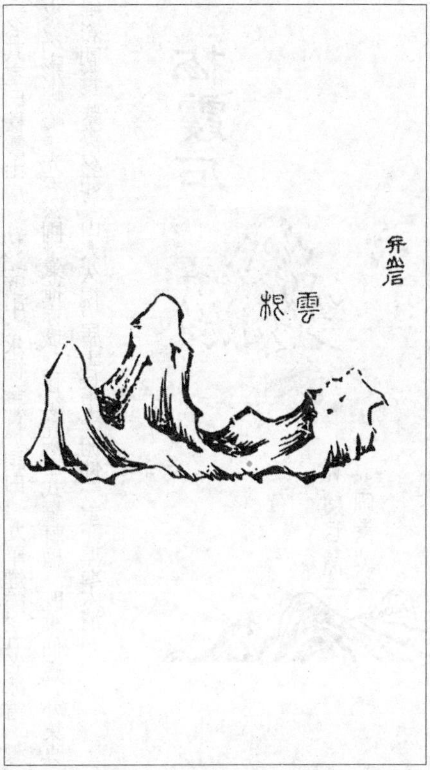

又《仇池石》　仇池絕壁峭峙，孤險雲高，望之形若覆壺。其高二十餘里，羊腸盤道三十六迴。《開山圖》謂之仇夷，所謂「積石嵯峨，嶺岑隱阿」者也。

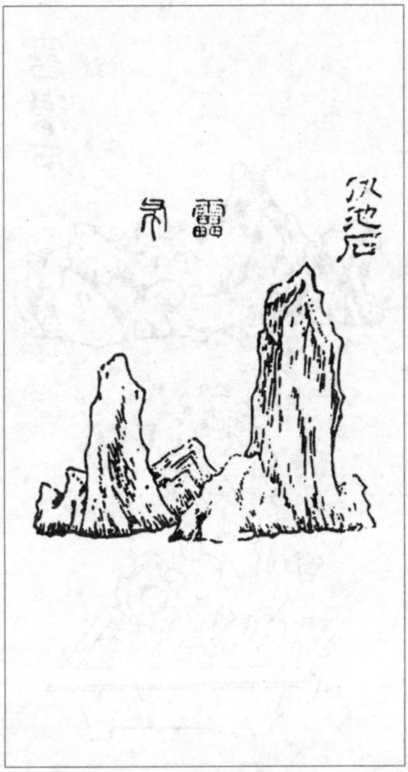

明　郁濬《石品》上卷《湖口石》　湖口石，峰巒巖壑，類諸物狀。匾薄如板，石理如刷絲，扣之冷然。土人李正臣嘗畜之，爲東坡賞，云「百金歸買小玲瓏」。《星槎勝覽》

又《點蒼石》　大理點蒼山石，青黑堅潤，高不盈尺，峰巒重疊，山尖陂陀。又多白者，如白雲籠罩。潘象安詩：片石蒼山色，復如山勢奇。雖然在屋裏，自有白雲知。王元美詩：一夜點蒼山，入君讀書舍。芊眠白雲色，而親在其下。

又《潛蛟石》　溫將軍有潛蛟石，峰巒峻拔，崎嶮峆岈。王秋澗詩：溫郎少年滋潤秀，好古探奇出余右。扣門相訪得怪供，鬼刻神劖未嘗有。我欣植杖三摩娑，秋水潛蛟見蟠紐。何年因鑱出禹穴，不磔鬚牙驚水母。毅然見贈殊不惜，澹僻憐余象江守。深藏夜壑空有戒，當晝兒童負之走。千金求買何所得，一旦擕歸定非偶。清泉湔祓庸玉汝，屹立花間冠吾囿。蒼鱗照水勢若動，口鼻唅呀欲鱷吼。常疑尤物即神物，隱伏地中諒難久。宣和族衆失所在，却恐雷霆下來取。一春病酒日欲眠，忽得此峰如至友。娉婷翠射喜欲舞，復訝舞仙來勸酒。君不見九成論樂一夔足，萬石不須詩五柳。人生意氣貴相傾，走筆酬詩當璚玖。趙孟頫銘：片石何狀，天然自若。鱗鱗蒼窩，背潛蛟鱷。一氣渾淪，略無巖壑。太湖凝精，示我以樸。我思古人，真風眇邈。

又《御題石》　徽宗朝有靈壁石。小峰高六尺，玲瓏秀潤，卧沙水道，轉摺胡桃紋皆具。山峰頂有白石正員，瑩然如玉。御題刻旁：山高月小，水落石出。《稗史》

又《越江石》　至正貢宣城在越江之濱得一石。嵌竇峭崿，軒若舞袖，莊若拱璧，湧若波濤，滃若雲詭，燁然若芝，亭然若蓋，玄膚白理，縱橫包絡，若龜兆，若蠶絲，而曳雲點雪之文，若星斗錯落下上，作歌曰：女媧手鍊五色石，乖龍角鬥人不識。泗濱風捲入韶英，九奏功成萬夫力。清標一染越江塵，歲月蹉跎竟誰栻。秋莖露冷蝕生銅，天柱雲收倚蒼壁。何人爲爾出妖端，萬里遂得相追隨。無諸試劍漫勞刵，螺女學舞空差池。嵌巖泄雨下墨黑，霹靂忽起孤蟠螭。夜深星斗散如雪，曉日朱桂扶桑枝。世間頑曠滔滔是，草根零落何須記。瓦鑠不混璚瑤珍，宗廟別有璠璵器。使君知己爲作歌，雕鶚橫飛見高志。青天五嶺秀芙蓉，且向三山看空翠。

又　下卷《項氏藏石》　檇李項氏靈壁石一座，長二尺許，色青潤，聲亦

冷然，背有黄沙文一帶，峰巒皆雋。下金填刻字云「宣和元年三月朔日」。御製御書，其下押一字。

又《莫廷韓藏石》 莫廷韓有米海岳石。遠望之其色玄，近視之其色澄碧。高約七八寸，長徑尺。多峰巒洞壑，叩之聲清越。雖天燥，蒼潤欲滴，下刻「雲卿」二字。明陸深銘：萬仞雖巍，一簣攸始。咫尺之間，乃有千里。叢桂招隱，淮南邈矣。漱石枕流，子荆可起。卓哉静壽，爲仁不已。我銘斯徵，玆道甚邇。孫克弘銘：叢桂蒼蒼，芙容嶷嶷。咫尺千峰，神游萬里。雲卿自銘：匪雕匪琢，乃合冥樸。爲氤爲氲，與道合真。是分是循，抑亦觀物理，而圖新者與。

又《宋化卿藏石》 宋化卿一靈壁石，秀而多峰巒，其上有白石，如小棋子甚員。背鐫云「山高月小」。並《雲煙過眼録》

又《趙子昂藏石》 靈壁石香山一座，下有「雲根」二字。葉森曾見公一靈壁石，其大如拳，峰巒皆五列，公名之五老峰。手抓之拂之，亦有聲。又一靈壁石筆格，狀如攢雲螭虎。

明 鄭仲夔《玉塵新譚》雋區卷七《玩雋》 朱幼晉曾於冰谿畔得一片石，紫黄相雜光潤如玉，下有趙松雪題六字云「女媧補天之餘」。又在臨海水際得石葉一片，其色紫殊光彩。可作硯，當是玉樹之屬。

又偶記卷八《小樣驪山》 吴越外戚孫承祐，用龍腦煎酥製小樣驪山，園方丈許，山水、屋室、人畜、林木、橋道纖悉備具。

清 孫承澤《春明夢餘録》卷六五 古雲山房，米太僕萬鍾之居也。太僕好奇石，蓄置其中。其最著者爲非非石。數峰孤聳，儼然小九子也。又一黄石，高四尺，通體玲瓏，光潤如玉。一青石，高七尺，形如片雲欲墮，後刻「元符元二月丙申米芾題」。又有「泗濱浮玉」四篆字。太僕嘗以所蓄石，令閩人吴文仲繪爲一卷，董元宰李本寧嘗爲之題。古今好石者，自襄陽後，人輒稱太僕云。

又 引陳衍《米氏奇石記》 米氏萬鍾心清慾澹，獨嗜奇石成癖。宦游四方，袍袖所積，惟石而已。其最奇者有五，因條而記之。爲靈壁者二，一高四寸，有奇延袤坡陀勢如大山，四面皆躋踆礫砢，如繪畫家皴法。巖腹近山脚特起一小方臺，凝厚而削。臺面刻伯原二字，小篆佳絶。伯原，勝國人，杜本之字也。本能詩，工書，尤以篆籀知名，所著有《篆訣》。此其遺物也。其一塊然，非方非圓，渾璞天成。週遭望之皆如屏嶂，有脈兩道，作殷紅色。一脈闊如小指，一細如縷絲。自頂上凹處垂下，如湫瀑之射朝日也。石可高八寸許，圍將徑尺。其聲視前石尤鑑亮，色皆純黑，凝潤如膏。俱磬山産也。更三石，一英德産，如雙虬盤卧，玲瓏透漏，千蹊萬徑穿孔鈎連，雲烟宛轉，欲興雷雨。高四寸許，長七寸有奇。一兖州産，又曰出嶧山深谷中，灰褐色，巉巖渾雅堅緻，有聲，如拳。一韶州産，即仇池石也。鐵色靚晶，聲如響磬，大亦如拳，而峰巒洞壑層迭窈窕，奇巧殊絶。米公刻其庢曰小武夷。五石羅列，各具形勝，皆數百年物。陰陽滋養，風露薄蝕，雖復頑然，若有靈氣矣。

清 沈復《浮生六記》卷一《閨房記樂》 余堂伯父素存公早亡無後，吾父以余嗣焉。墓在西跨塘福壽山祖塋之側，每年春日必挈芸拜掃。王二姑聞其地有戈園之勝，請同往。芸見地下小亂石有苔紋，斑駁可觀，指示余曰：以此疊盆山，較宣州白石爲古致。

清 成性《選石記》卷下 甲午之冬，奉命西蜀。【略】入棧八百里，山高尋雲，溪深見底，石鄰鄰，詣色可辨。予車休之暇，或拾一二塊，置木盆中，飯來佐飯，酒來佐酒，若相鼓也。然石多中少，如村舍野嫗，雞膚鶴髮，形具而鄙。過陽平而西，舟行日三舍。虎嘯林淡，人稀煙絶，凡爲大灘數十處，每於灘之最險者，必舍舟而徒。岸有石子，層層面積，一望如棋置。予隨步隨拾，手盈把則銜之口，口不容則扱襟於帶，帶重，腰爲之不伸。於是從者、牽者、以兵衛者數十人，皆染予癖。而大索乎石狡者得奇而匿，餘則若翼以待射，而聽選於予。予甲之乙之。首體式，次文理，次顔色。最下則仍藉於河。【略】有碎如磁者。有玄豹文者。有淡紅者，名曰西子妝。有質圓細紋如繡團者，名曰錦蒲團。有形如螺而色紅者。有似箬葉者。有白地青翠如松竹株莖者。有枯竹枝者。有質圓、色古淡，合諸色而成文者，名曰舊袈裟。有一質之内如錢、如刀、如尺，不一色者，名曰八寶聚。有爲積浪齧若鋸齒者，名曰鋸浪。有質紅而梅樣者，名曰朱梅。有體圓色古，置水竟如活蝦蟆者，名曰雨蝦蟆，係蜀僧贈，予酬詩者。有如青葡萄者。有龍文紅白色，淡淺相間，如衮服者，名曰龍章。有如龍鬬參差者，名曰雲樓影。有微小而紅，葉如天竹者。有體似鏤刻，小而黄如玉樞丹者。有如碧玉片者。美不一族，各有其長。

藝　文

宋 蘇軾《東坡全集》卷二〇《雙石並引》 至揚州，獲二石。其一綠色，岡巒迤邐，有穴達於背。其一玉白可鑒。漬以盆水，置几案間。忽憶在潁州日，夢人請住一官府，榜曰仇池。覺而誦杜子美詩曰：「萬古仇池穴，潛通小有天。」乃戲作小詩，爲僚友一笑。

夢時良是覺時非，汲水埋盆故自癡。但見玉峰橫太白，便從鳥道絕峨眉。秋風欲作煙雲意，曉日令涵草木姿。一點空明是何處，老人真欲住仇池。

又 卷二一《僕所藏仇池石，希代之寶也。王晉卿以小詩借觀，意在於奪。僕不敢不借，然以此詩先之》 海石來珠宮，秀色如蛾綠。坡陀尺寸間，宛轉陵巒足。連娟二華頂，空洞三茅腹。初疑仇池化，又恐瀛洲蹙。慇懃嶠南使，餽餉淮東牧。僕在揚州，程德孺由嶺南解官，以此石見遺。得之喜無寐，與汝交不瀆。盛以高麗盆，藉以文登玉。僕以高麗所鑄火銅盆貯之，又以登州海石如碎玉者附其足。幽光先五夜，冷氣壓三伏。老人生如寄，衡茅久未卜。一夫幸可致，千里還相逐。風流貴公子，竄謫武當谷。見山應已厭，何事奪所欲。欲留嗟趙弱，寧許負秦曲。傳觀慎勿許，間道歸應速。

又 卷二八《壺中九華詩并引》 湖口人李正臣蓄異石，九峰玲瓏宛轉，若窗櫺然。余欲以百金買之，與仇池石爲偶，方南遷未暇也。名之曰「壺中九華」，且以詩識之。

我家岷蜀最高峰，一作清溪電轉失雲峰。夢裏猶驚翠掃空。五嶺莫愁千嶂外，九華今在一壺中。天池水落層層見，一作石泉影落涓涓滴。玉女窗明處處通。念我仇池太孤絕，百金歸買小一作碧玲瓏。

宋 司馬光《傳家集》卷五《風林石歌蔡著作抗字子直得此石於朱陽山》 聞君家有風林石，鐫刻無痕畫無迹。靡然合勢俱左傾，偃蹇常如負風力。置之坐側野意生，靜聽若有颼颼聲。忽疑身世在丘壑，使我蕭然無俗情。黃金白璧豈非好，子直視之不爲寶。

宋 曾丰《緣督集》卷四《乙巳正月過英州買得石山》 吾之好石如好色，要須肌理膩且澤，真成入眼輕連璧。吾之好石如好聲，要須節奏婉且清，真成入耳輕連城。閩淛江淮隨牒去，豈無一二石佳處，終之難得聲色具。飛蓬今始轉廣東，英石不與他石同，其色燦爛聲玲瓏。小山突兀百千重，萬錢得之歸自奉，稍閒更爲山作頌。

元 王惲《秋澗集》卷七《山中礲研歌寄商左山副樞》 有石有石玳瑁色，遠出姑山兩崖側。我來伐采偶得之，玉潤金堅駭清越。海霞蒸發爛朝暾，蒼雪糢糊點晴碧。石中乃有此理存，斵就庚庚玄色璧。又如神龜負山出，淵水偃僕沙頭曝。秋日山中長夜有餘暇，老眼看書苦無力。挑燈礲洗愛奇章，憑几坐餘腰膝屈。書生習氣老不除，筆研留心朝復夕。自憐持此果安用，欲擬三冬文史畢。呼兒起視夜何其，斗柄參横插東北。

明 鄭坤《柏石賦》（《盛明百家詩選》卷一輯） 仲山公作精舍以頤真。凡器用書畫咸極其選，花竹亦輝映焉。間有石塊處於盆登之几爲清玩，視之，宛然柏也。扣之，硜然石也。蓋産自回鶻之康于。予歎賞良久。公屬賦之。賦曰：

猗歟柏兮厥材良，美蒼蒼柯幹兮矯矯根柢。乃宿鸞鳳兮匪穴蟲螘，既堅且貞兮誰其相比。千歲不變兮胡然而石矣，洵玄溟之妙兮地氣則爾。豈柏即石兮石與柏似，抑匠者雕刻兮造物之獻技。睇兹秀潤兮泮以雪水，嗅之香烈兮形何骫骳。奇崛之節兮交粲膚理，龍轉玉骨兮虎逸金杌。彼白鹿之松兮青牛之梓，著名秦漢兮載於太史。物固有然兮復奚猜擬，嗟木石之同德兮本化生而不已。愧余言之漫兮寧有刺乎韓子，頌山翁之並壽兮日載玩以樂只。對之一笑兮室浮霞綺，公其試餐兮吾見乘風而起。

明 汪砢玉《珊瑚網》卷一五 爾耳軒在槐雨亭後。吴俗喜疊石爲山，君特於盆盎置土、水、石，植菖蒲、水冬青以適興。語云：未能免俗，聊復爾耳。有拳者石，弗崇以巖。上列萑莽，下引寒泉。有泉涓涓，白石齒齒。豈曰高深，不遠伊邇。言敞東軒，睨彼蓁棘。君子于何，惟宴以適。青青者蒲，被于崇丘。歲云暮矣，式宴以游。君子于游，匪物伊理。古亦有言，聊復爾耳。豈不有營，我心則勞。載欣載遨，以永逍遥。

清 丁耀亢《問天亭放言・盆中石》 具體寒山骨，居然五岳觀。一拳藏曲折，四面備高寒。雲氣生虛白，苔光動衆端。不逢顛叟袖，誰作丈人看。

清 鄭日奎《鄭靜菴先生詩集》卷一《盆石》 米顛袖中奇，誰置盆盎間。高廣不盈尺，鬼工所劖剜。嵌空雕玲瓏，峰壑勢多端。雲氣隱欲起，蛇龍岌相纏。莓苔欣有託，點染太古斑。惝恍几案間，千仞爭巑岏。以知天地奇，

大小無殊觀。天台與雁蕩，神理同一拳。會心不在遠，良感造物恩。坐久幽籟生，松風謖謖寒。

清　宋犖《西陂類稿》卷二七《怪石贊》　齊安怪石名天下，自蘇子瞻始。余寓黄年餘，遍求不可得。所謂聚寶山者，斷嶺頹岡，纍纍皆粗石，幾令子瞻之言不信。今歲秋，友人以石餉者屢矣。較文辨色，得十有六枚，甚可寶玩，始信子瞻怪石供非虚語也。爰置晶盤，注以泉水，各即其形象名之，而繫以贊。時康熙四年九月一日也。

其一圓透徑寸，色黄白，上有紅文，鋒棱如翦，因名宜春勝。贊曰：人日有俗，作宜春勝。維此文石，翦彩之賸。繪畫莫及，光彩照乘。爰置雪堂，發我清興。

其二如紫菱，有僧默坐蒲團，凝然在望，其達摩壁上影乎？因名達摩影。贊曰：達摩面壁，影在嵩少。胡爲此石，端然含照。不起不滅，孰擬孰貌。稽首皈依，淵乎微妙。

其三如菱而小上，淡墨色裹肉，其内下紫色瑩澈，白文縷縷，眉目宛然與鴛鴦無異。旁有一卵，以翼覆之。是名紫鴛覆卵。贊曰：文禽斂翼，在河之干。爰覆其卵，相彼流湍。誰賦畀爾，蔚然可觀。采之山麓，薦之晶盤。

其四類棗而扁，色白，内含碧草數莖，如寒潭秋藻，因以名。贊曰：霜飛木落，秋水澄清。數莖翠藻，潭底縱横。維兹景物，造化之妙。三伏炎蒸，於焉攸好。

其五爲紅蜀錦，大如栗，文彩如織。贊曰：爰有紅錦，其色斒斕。不出蜀道，乃在寶山。薄言采采，濯以潺湲。文章之瑞，發此瓌觀。

其六如紅豆，内圓光隱隱，非朱霞籠月而何？贊曰：赤城霞氣，薄暮瀰天。中含片月，既潔且圓。盤中一觀，緬彼列仙。挹浮丘袖，拍洪厓肩。

其七爲鬼面石，大如指頂，色紅白。贊曰：固無形，何有於面。亦既有之，藉石以見。瞪目張脣，誰爲爾撰。選怪探奇，高齋永薦。

其八則玉貝葉也。以淡墨包深紫，色類鴛鴦。石上有白玉貝葉，亦一奇觀。贊曰：念彼梵文，實維貝葉。與此頑石，迥然無涉。誰謂無涉，淵乎其淵。斯焉可悟，奚事陳編。

其九扁小色白，三星在列，是爲三台象。贊曰：三台維六，名取其半。煜煜星文，兩兩同焕。影入斯石，光彩燦爛。以三代六，供我把玩。

其十圓而白，形同芡實，雙眸炯然。豈是白眼看世人耶？名雙白眼。贊曰：人有白眼，維石亦然。聊復爾爾，高致堪憐。人之白眼，可轉爲青。石之不轉，豈曰無靈。

其十一曰紅蝦蟆。造物之狡獪固如是哉，何其宛相肖也！贊曰：蠢然一物，名曰蝦蟆。出入蒲葦，鳴聒泥沙。在彼可憎，在此可嘉。玉形丹色，頫首無譁。

其十二青黄二色，形類棋子。有鸜鵒眼一，因名。贊曰：端溪之良，曰鸜鵒眼。兹石信美，實維楚産。足見造物，好醜無限。人爲地囿，對之慚赧。

其十三與紅蝦蟆相伯仲，眼差小而口甚分明。背有紅點，曰玉蟾蜍，文之也。贊曰：抱朴子曰，壽矣蟾蜍。三千餘歲，頷有丹書。高高者月，亦號蟾光。風清露白，素彩飄揚。斯石玉色，非雕非刻。光不經天，寶堪華國。

其十四扁小而長，仿佛乎美人之肌膚有瘢，殷然可愛。或曰此楊妃瘢也。因名。贊曰：盤中有石，如肌如膚。桃花一片，點綴堪娱。何以象之，曰楊妃瘢。房帷妖豔，作如是觀。

其十五大如松子，青色白點，光比貓睛。因名埒貓睛。贊曰：首飾之珍，有曰貓睛。維其似之，乃錫嘉名。今此片石，實與之衡。晶熒閃鑠，埒彼瓊英。

其十六則諸石之殿也。棗形，冰色，上下白點二，儼然冰天皓月，影在地上。是名冰天月。贊曰：歲云暮矣，滿目冰霜。中宵皓魄，千里流光。一月一影，兩兩相望。誰貌此景，維石之良。效周生術，作袖中藏。

附　張良《跋》　昔蘇公於赤壁有前後賦，而怪石亦有前後供。顧世皆豔稱赤壁，怪石則微之，不知赤壁特石之大者耳。其斜仄蠢頑，較怪石之玲瓏藻繢不敵也。自兩賦既成，飾仄斜以虯龍，被蠢頑以虎豹。又復點綴江山、風月、羽鶴、飛仙。曹劉周郎戰争之槩以增其氣勢，而後赤壁之石乃大異。若怪石供，不過一時贈答游戲及之耳，宜其不能與赤壁争豔，而有待於牧仲先生之揚發也。讀諸贊，其象形切，其取類奇，其撰述古，其斑剥奥，幻如石鼓岣嶁，亦如靈均《天問》。昔干寶記搜神，人謂鬼之董狐。若斯贊即謂石之董狐可也。今而後，玲瓏藻繢者之真面目乃出。而赤壁不得專美於黄矣。良因有所感矣。自有宇宙即有此山，有此山即有此石。何以湮晦數千年，至蘇公而始蒙一盼。幸已閲數百年，而又得先生大加拂拭，文以青黄。然則凡物苟有其質，含光隱耀，終不能自晦而至於知己之前。快遭逢而感遇合者，又不獨此纍纍

片石也。黄安張良跋。

又附《怪石詩用東坡石鼓歌韻爲牧仲先生賦》 髯蘇好事天下無，誰其匹者商丘叟。游蹤宦跡髣髴同，夙昔剖符楚黄走。赤壁賦處頻繫舟，怪石供文常掛口。陶潛自謂羲皇人，何論但距千年後。叟蓄怪石費檢搜，剔粗取精十棄九。奇章品第分甲丙，君平占辨識井柳。十六應真幻化身，偶然游戲下南斗。大如鵠卵細如丸，圓如指螺曲如肘。或丹如霞皓如月，或紫如菱碧如莠。或如胡僧鬼面儕，或如玉蜍蝦蟆友。宜春翦勝錦脱梭，鸜鵒睛殻鴛覆縠。摩荆關畫筆亞化工，鍾張書學失蝌蚪。一雙眼白世無才，三垣星黄國有耇。摩肌索瘢劇惜憐，伺鼠射眸疇指嗾。疑從滄海數珊珠，恍謁閟宫覩鏄卣。即非真賞亦色飛，那能具目甘同瞍。祖龍鞭笞剩璅碎，大禹刻削落岣嶁。養以聖水光綽騰，貯以晶柈影無厚。老蘇之後此發奇，可笑宦游多某某。神工鬼斧雕斲艱，輕易豈爲俗子有。山巔水涯韜精英，不忍衣冠辱鞭杻。翔燕成羊理不誣，須臾白衣變蒼狗。窈冥晦遁留待今，此石此人遇非偶。焦先鐺内嘗療饑，米芾袞中應頫首。即逢周客莫借觀，未得蜀桐休擊掊。澠公珍之逾大貝，心縱涎饞難乞取。公也素負好古癖，自笑多生一宿垢。我謂廉吏嗜頗均，不見當時郁林守。高致超超果足奇，矧有讚語垂不朽。噫吁嗟乎！兼金良璧敢終保，世更何物如石壽。

清 吴家楣《題盆中小石山》（《沅湘耆舊集》卷一八一輯） 怪石小如拳，方盆水一勺。突兀踞其中，儼如載華岳。盤空生雲氣，勢欲騰碧落。幽曲羅浮姿，本是蓬萊脚。衡山聳天南，八九峰如削。往往動仰止，未及攀峭崿。對此徑寸觀，振觸雲山約。安得十日游，使我胸懷闊。

清 徐榮《懷古田舍詩節鈔》卷三《石嬋娟詩・多蝠石》 普陀石也。文理凹凸皆成蝙蝠形，百錢得之杭州市上。 茫茫東海漱曉霞，普陀開出青蓮花。人間無此乾净土，一木一石皆菁華。朱侯贈我一拳緑，述之昔游普陀，贈一石，上皆紫竹紋。 曾訝清風摇紫竹。何來此石紋更奇，蝙蝠紛紛競飛伏。或飛而上衝暝煙，或投而下捎風便。反側横斜各有態，如聞嘖嘖庭花前。入手橢圓僅三寸，玉質瑩然苔色嫩。想見陰崖閲古今，浪囓波裁雲液噴。我聞多福乃自求，惟皇斂錫傳箕疇。富壽康寧考終備，皆以好德爲之修。我窮只願多文在，敢以黄金吒時輩。老讀詩書稱善人，是非不到衡門内。百年如此自足誇，此福人間那有涯。稽首慈雲謝靈貺，子孫寶用傳其家。

清 劉光第《衷聖齋詩集》卷上《賦盆池中小巫峰石》 我乘長風渡海來，袖中東海亦何有。飽飲長江萬里天，驚沙怒泥混蒼黝。老虬嗟呀怪螭憤，尺玉不得供盤紐。峽江舟卧游石國，午夢飛雲走蒼狗。翠巘撑天五千丈，起拔雲根擎在手。剨然高蹠裂秋雷，瞥覺詩眸落仙阜。蓬底峰巒捲入多，筆端雲雨迷離久。騷客微辭工説夢，美人一笑争回首。葱河淼淼流玉乳，海月沈沈浸珠母。仇池萬古老金天，壺中九華秀南斗。嗟余溷俗刓廉角，喜向案頭添畏友。文心蛇徑析絲毫，理窟蜂房闢窗牖。飢猿掛雨翻巖髮，蟄龍抱煙眠洞口。盡把奇情種清淺，力張天骨洗頑醜。芥舟杯水小堂坳，風攜此石問蒙叟。

雜録

宋 陶穀《清異録》卷下《靈芳國》 後唐龍輝殿安假山水一鋪。沈香爲山阜，薔薇水蘇合油爲江池，零藿、丁香爲林樹，薰陸爲城郭，黄紫檀爲屋宇，白檀爲人物。方圍一丈三尺，城門小牌曰靈芳國。或云平蜀得之者。

明 陶宗儀《説郛》卷一七下《南墅閒居録・龍精石》 丁謂有小山，高才數寸，蒼翠嵌空。盛夏常設盆水，置小山其中。一日張宴，有客掬水灑之，須臾雲霧自竅中出，有光如電。細視之，蜿蜒小龍如綫，掛雲霧中。已而散繹蜿蜒，亦莫知所之。衆客驚異，謂曰：此龍精石也。龍交海上，精流於石。

規制　法式　圖案

論説

明 文震亨《長物志》卷一《室廬》 居山水間者爲上，村居次之，郊居又次之。吾儕縱不能栖巖止谷追綺園之蹤，而混跡廛市，要須門庭雅潔，室廬清靚。亭臺具曠士之懷，齋閣有幽人之致。又當種佳木怪籜，陳金石圖書，令居之者忘老，寓之者忘歸，游之者忘倦。蘊隆則颯然而寒，凛冽則煦然而燠。若徒侈土木、尚丹堊，真同桎梏、樊檻而已。志《室廬

第一》。

門　用木爲格，以湘妃竹横斜釘之，或四或二，不可用六。兩傍用板爲春帖，必隨意取唐聯佳者刻於上。若用石梱，必須板扉。石用方厚渾朴，庶不涉俗。門環得古青緑，蝴蝶、獸面或天鷄、饕餮之屬釘於上爲佳，不則用紫銅或精鐵，如舊式鑄成亦可。黄白銅俱不可用也。漆惟朱、紫、黑三色，餘不可用。

階　自三級以至十級，愈高愈古。須以文石剥成。種繡墩或草花數莖於内，枝葉紛披映堦。傍砌以太湖石疊成者曰瀾浪，其制更奇。然不易就。複室須内高於外，取頑石具苔斑者嵌之，方有巖阿之致。

窗　用木爲粗格，中設細條三眼，眼方二寸，不可過大。窗下填板尺許。佛樓禪室間，用菱花及象眼者。窗忌用六，或二或三或四，隨宜用之。室高，上可用横窗一扇，下用低檻承之。俱釘明瓦，或以紙糊，不可用絳素紗及梅花簟。冬月欲承日，製大眼風窗。眼竟尺許，中以綫經其上，庶紙不爲風雪所破，其制亦雅。然僅可用之小齋丈室。漆用金漆或朱、黑二色，雕花、彩漆俱不可用。

欄干　石欄最古。第近於琳宫、梵宇及人家冢墓。傍池或可用然不如用石蓮柱，二木欄爲雅。柱不可過高，亦不可雕鳥獸形。亭、榭、廊、廡，可用朱欄及鵝頸承坐。堂中須以巨木，雕如石欄而空其中。頂用柿頂朱飾。中用荷葉寶瓶緑飾。卍字者，宜閨閣中，不甚古雅。取畫圖中有可用者，以意成之可也。三横木最便，第太朴不可多用，更須每楹一扇，不可中竪一木，分爲二三。若齋中則竟不必用矣。

照壁　得文木如豆瓣楠之類爲之，華而復雅。不則竟用素染或金漆亦可。青紫及灑金描畫俱所最忌。亦不可用六。堂中可用一帶，齋中則止中楹用之。有以夾紗窗或細格代之者，俱稱俗品。

堂　堂之製，宜宏敞精麗。前後須層軒廣庭，廊廡俱可容一席。四壁用細磚砌者佳，不則竟用粉壁。梁用毬門，高廣相稱。層堦俱以文石爲之。小堂可不設窗檻。

山齋　宜明浄，不可太敞。明浄可爽心神，太敞則費目力。或傍檐置窗檻，或由廊以入，俱隨地所宜。中庭亦須稍廣，可種花木，列盆景。夏日去北扉，前後洞空。庭際沃以飯瀋，雨漬苔生，緑褥可愛。遶砌可種翠芸草令遍，茂則青葱欲浮。前垣宜矮。有取薜荔根瘗牆下，灑魚腥水於牆上以引蔓者，雖有幽致，然不如粉壁爲佳。

丈室　丈室宜隆冬寒夜，略仿北地暖房之製，中可置卧榻及禪椅之屬。前庭須廣，以承日色，留西窗以受斜陽，不必開北牖也。

佛堂　築基高五尺餘，列級而上，前爲小軒及左右俱設歡門，後通三楹供佛。庭中以石子砌地，列旛幢之屬，另建一門，後爲小室，可置卧榻。

橋　廣池巨浸，須用文石爲橋。雕鏤雲物，極其精工，不可入俗。小溪曲澗，用石子砌者佳。四傍可種繡墩草。板橋須三折，一木爲欄，忌平板作朱卍字欄。有以太湖石爲之，亦俗。石橋忌三環，板橋忌四方磬折，尤忌橋上置亭子。

茶寮　搆一斗室，相傍山齋。内設茶具，教一童專主茶役，以供長日清談，寒宵兀坐。幽人首務，不可少廢者。

琴室　古人有於平屋中埋一缸，缸懸銅鐘，以發琴聲者。然不如層樓之下，蓋上有板，則聲不散，下空曠，則聲透徹。或於喬松、修竹、岩洞、石室之下，地清境絶，更爲雅稱耳。

浴室　前後二室，以牆隔之。前砌鐵鍋，後燃薪以俟。更須密室，不爲風寒所侵。近牆鑿井，具轆轤，爲竅引水以入。後爲溝，引水以出。澡具巾帨，咸具其中。

街徑　庭除　馳道廣庭，以武康石皮砌者最華整。花間岸側，以石子砌成，或以碎瓦片斜砌者，雨久生苔，自然古色。寧必金錢作埒，乃稱勝地哉？

樓閣　樓閣，作房闥者，須回環窈窕。供登眺者，須軒敞弘麗。藏書畫者，須爽塏高深。此其大略也。樓作四面窗者，前楹用窗，後及兩傍用板。閣作方樣者，四面一式，樓前忌有露臺捲蓬，樓板忌用磚鋪。蓋既名樓閣，必有定式，若復鋪磚，與平屋何異？高閣作三層者最俗。樓下柱稍高，上可設平頂。

臺　築臺忌六角，隨地大小爲之。若築於土岡之上，四周用粗木，作朱闌亦雅。

海論　忌用「承塵」，俗所稱天花板是也。此僅可用之廨宇中。地屏則間可用之。暖室不可加簟，或用氍毹爲地衣亦可，然總不如細磚之雅。南方卑濕，空鋪最宜，略多費耳。室忌五柱，忌有兩廂。前後堂相承，忌工字

體，亦以近官廨也。退居則間可用。忌傍無避弄，庭較屋東偏稍廣，則西日不逼。忌長而狹，忌矮而寬。亭忌上鋭下狹，忌小六角，忌用葫蘆頂，忌以茆蓋，忌如鐘鼓及城樓式。樓梯須從後影壁上，忌置兩傍。磚者作數曲更雅。臨水亭榭，可用藍絹爲幔，以蔽日色。紫絹爲帳，以蔽風雪。外此俱不可用，尤忌用布以類酒舩及市藥設帳也。小室忌中隔。若有北窗者，則分爲二室。忌紙糊，忌作雪洞，此與混堂無異，而俗子絶好之，俱不可解。忌爲卍字窗傍填板，忌牆角畫梹及花鳥。古人最重題壁，今即使顧、陸點染，鍾王濡筆，俱不如素壁爲佳。忌長廊一式，或更互其製，庶不入俗。忌竹木屏及竹籬之屬，忌黄白銅爲屈戌。庭際不可鋪細方磚，爲承露臺則可。忌兩楹而中置一梁，上設乂手笆。此皆元製而不甚雅。忌用板隔，隔必以磚。忌梁椽畫羅紋及金方勝。如古屋歲久，木色已舊，未免繪飾，必須高手爲之。凡入門處，必小委曲，忌太直。齋必三楹，傍更作一室，可置卧榻。面北小庭不可太廣，以北風甚厲也。忌中楹設欄楯，如今拔步床式。忌穴壁爲櫥，忌以瓦爲牆，有作金錢梅花式者，此俱當付之一擊。又鴟吻好望，其名最古，今所用者，不知何物。須如古式爲之，不則亦仿畫中室宇之製。檐瓦不可用粉刷，得巨栟櫚擘爲承溜最雅。否則用竹，不可用木及錫。忌有捲棚，此官府設以聽兩造者，於人家不知何用。忌用梅花篛。堂簾惟温州湘竹者佳，忌中有花如繡補，忌有字如壽山、福海之類。總之，隨方制象，各有所宜，寧古無時，寧朴無巧，寧儉無俗。至於蕭疏雅潔，又本性生。非强作解事者所得輕議矣。

明 計成《園冶》卷一《三 屋宇》 凡家宅住房，五間三間，循次第而造。惟園林書屋，一室半室，按時景爲精。方向隨宜，鳩工合見。家居必論，野築惟因。雖廳堂俱一般，近臺榭有别致。前添敞卷，後進餘軒。必用重椽，須支草架。高低依製，左右分爲。當檐最礙兩廂，庭除恐窄。落步但加重廡，堦砌猶深。升拱不讓雕鸞，門枕胡爲鏤鼓。時遵雅朴，古摘端方。畫彩雖佳，木色加之青緑。雕鏤易俗，花空嵌以仙禽。長廊一帶迴旋，在竪柱之初，妙於變幻。小屋數椽委曲，究安門之當，理及精微。奇亭巧榭，構分紅紫之叢。層閣重樓，迴出雲霄之上。隱現無窮之態，招摇不盡之春。檻外行雲，鏡中流水。洗山色之不去，送鶴聲之自來。境仿瀛壺，天然圖畫。意盡林泉之癖，樂餘園圃之間。一鑒能爲，千秋不朽。堂占太史，亭間草玄，非及雲藝之臺樓，且操般門之斤斧。探奇合志，常套俱裁。

門樓 門上起樓，象城堞有樓以壯觀也。無樓亦呼之。

堂 古者之堂，自半已前，虚之爲堂。堂者，當也。謂當正向陽之屋，以取堂堂高顯之義。

齋 齋較堂，惟氣藏而致斂，有使人肅然齋敬之義。蓋藏脩密處之地，故式不宜敞顯。

室 古云：自半已（前）（后）實爲室。《尚書》有「壤室」，《左傳》有「窟室」，《文選》載「旋室㛹娟以窈窕」，指曲室也。

房 《釋名云》：房者，防也。防密内外以爲寢闥也。

館 散寄之居，曰館。可以通别居者。今書房亦稱館，客舍爲「假館」。

樓 《説文》云：重屋曰樓。《爾雅》云：陜而脩曲爲樓。言窗牖虚開，諸孔慺慺然也。造式如堂高一層者是也。

臺 《釋名》云：臺者持也。言築土堅高，能自勝持也。園林之臺，或掇石而高上平者，或木架高而版平無屋者，或樓閣前出一步而敞者，俱爲臺。

閣 閣者，四阿開四牖。漢有麒麟閣，唐有凌烟閣等，皆是式。

亭 《釋名》云：亭者，停也。所以停憩游行也。司空圖有休休亭，本此義。造式無定，自三角、四角、五角、梅花、六角、横圭、八角至十字，隨意合宜則製，惟地圖可略式也。

榭 《釋名》云：榭者，藉也。藉景而成者也。或水邊，或花畔，制亦隨態。

軒 軒式類車，取軒軒欲舉之意。宜置高敞，以助勝則稱。

卷 卷者，廳堂前欲寬展，所以添設也。或小室欲異人字，亦爲斯式。惟四角亭及軒可並之。

广 古云：因巖爲屋曰广。蓋借巖成勢，不成完屋者，爲广。

廊 廊者，廡出一步也。宜曲宜長則勝。古之曲廊，俱曲尺曲。今予所構曲廊，之字曲者，隨形而彎，依勢而曲。或蟠山腰，或窮水際，通花渡壑，蜿蜒無盡，斯寤園之「篆雲」也。予見潤之甘露寺數間高下廊，傳説魯般（班）所造。

五架梁 五架梁，乃廳堂中過梁也。如前後各添一架，合七架梁列架式。如前添卷，必須草架而軒敞。不然前檐深下内黑暗者，斯故也。如欲寬展，前

再添一廊。又小五架梁，亭榭書樓可構。將後童柱換長柱，可裝屏門，有別前後，或添廊亦可。

七架梁　七架梁，凡屋之列架也，如廳堂列添卷，亦用草架。前後再添一架，斯九架列之活法。如造樓閣，先算上下檐數，然後取柱料長，許中加替木。

九架梁　九架梁屋，巧於裝折，連四五六間，可以面東西南北。或隔三間、兩間、一間、半間，前後分爲。須用復水重椽，觀之不知其所。或嵌樓於上，斯巧妙處不能盡式，止可相機而用，非拘一者。

草架　草架，乃廳堂之必用者。凡屋添卷，用天溝，且費事不耐久，故以草架表裏整齊。向前爲廳，向後爲樓，斯草架之妙用也。不可不知。

重椽　重椽，草架上椽也，乃屋中假屋也。凡屋隔分不仰頂，用重椽復水可觀。惟廊構連屋，或構倚牆一披而下，斷不可少斯。

磨角　磨角，如殿閣攛角也。閣四敞及諸亭決用如亭之三角至八角，各有磨法，盡不能式，是自得一番機構。如廳堂前添廊，亦可磨角，當量宜。

地圖　凡（瓦）匠作止能式屋列圖，式地圖者鮮矣。夫地圖者，主匠之合見也。假如一宅基，欲造幾進，先以地圖式之。其進幾間，用幾柱著地，然後式之列圖如屋。欲造巧妙，先以斯法以便爲也。

五架過梁式　前或添卷，後添架，合成七架列。

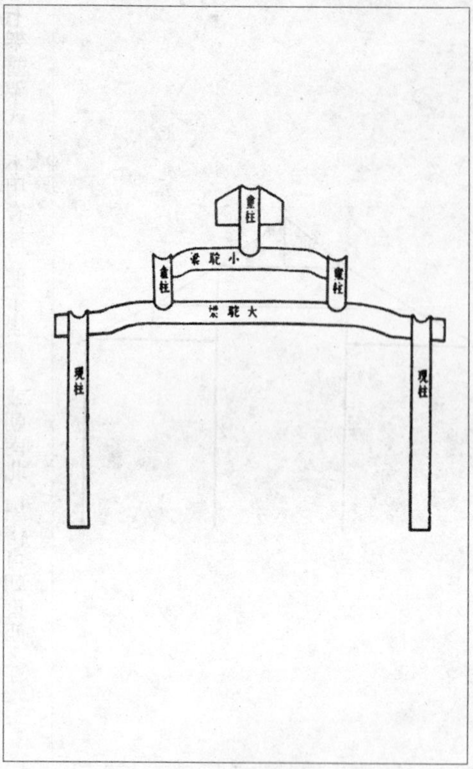

草架式　惟廳堂前添卷，須用草架。前再加之步廊，可以磨角。

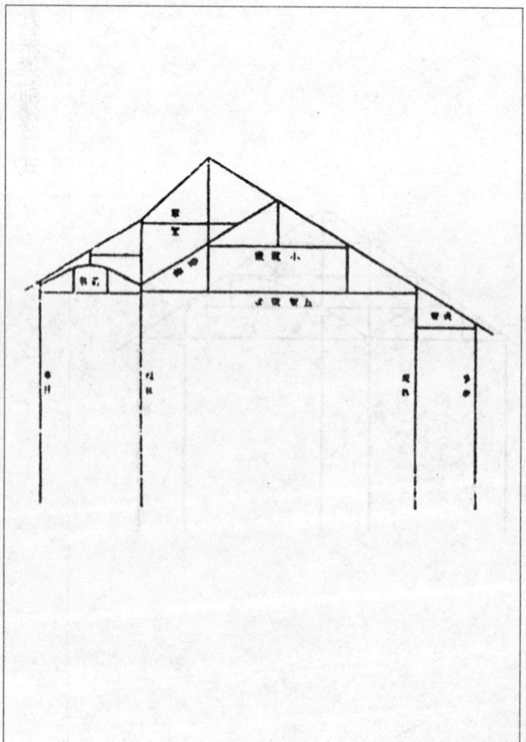

七架列式　凡屋以七架爲率。

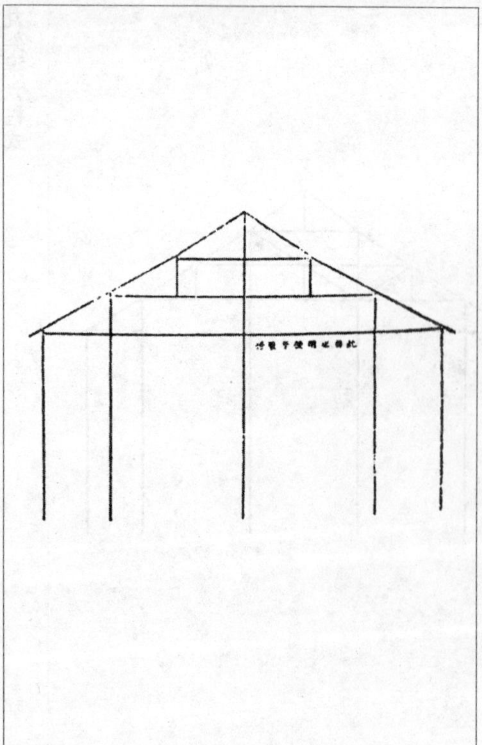

七架醬架式 不用脊柱，便于掛畫。或朝南北，屋傍可朝東西之法。

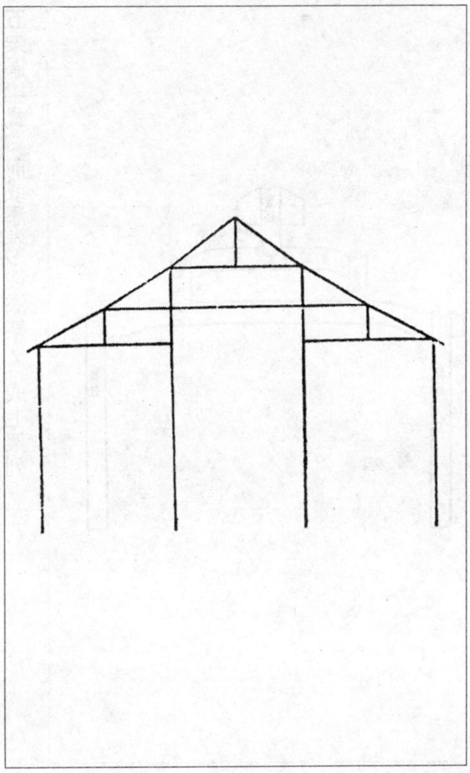

九架梁五柱式 此屋宜多間，隨便隔間，復水或向東西南北之活法。

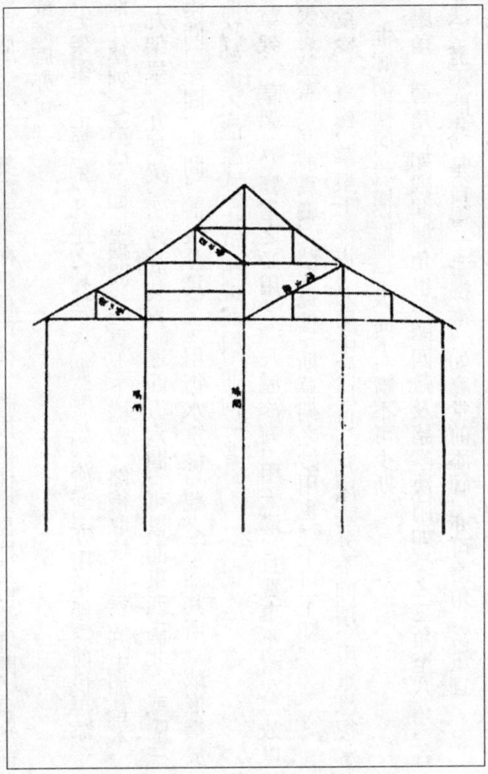

九架梁六柱式

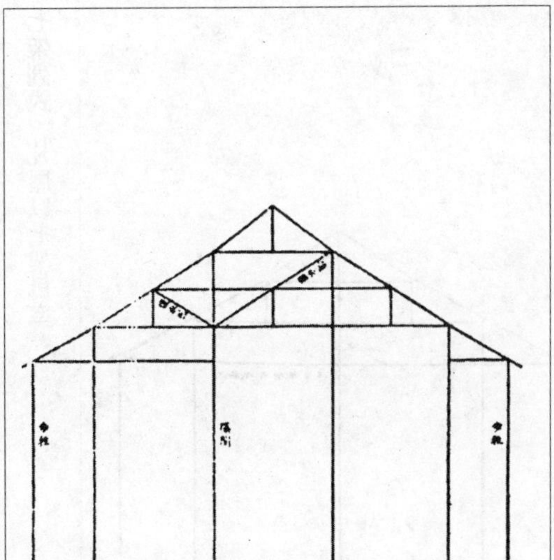

九架梁前後卷式

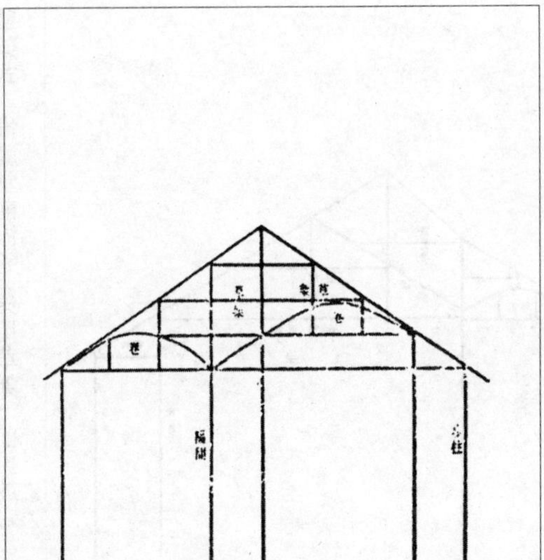

小五架梁式 凡造書房、小齋或亭，此式可分前後。

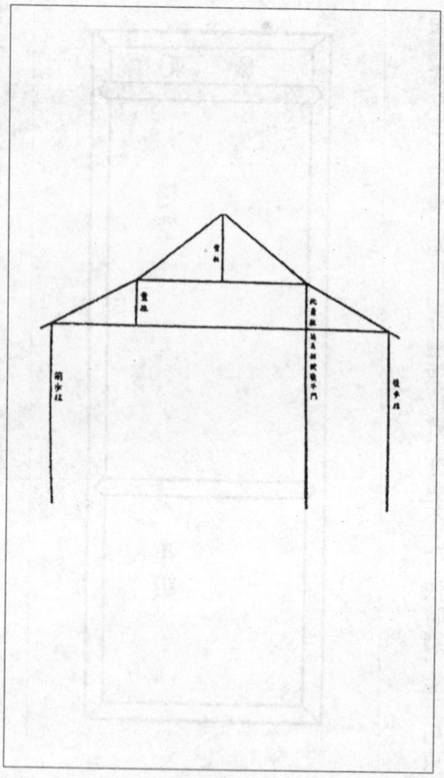

地圖式 凡興造，必先式斯。偷柱定磉，量基廣狹，次式列圖。凡廳堂，中一間宜大，傍間宜小，不可匀造。

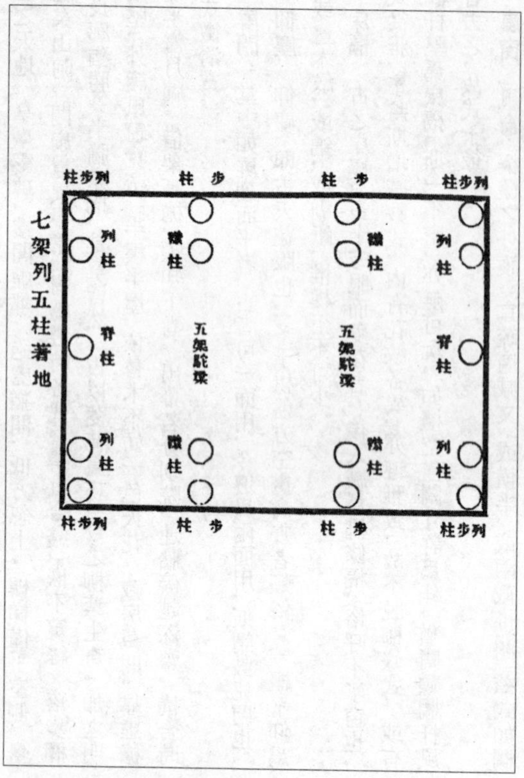

梅花亭地圖式 先以石砌成梅花基，立柱于瓣，結頂合檐，亦如梅花也。

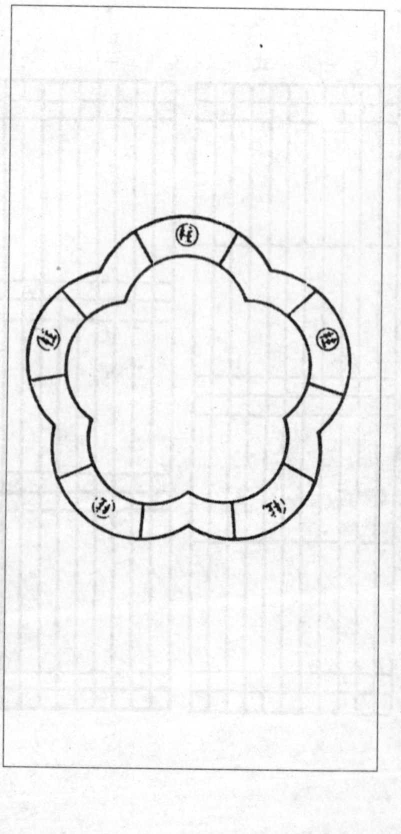

十字亭地圖式 十二柱四分立而立，頂結方尖，週檐亦成十字。諸亭不式。惟梅花、十字，自古未造者，故式之地圖，聊識其意可也。斯二亭只可蓋草。

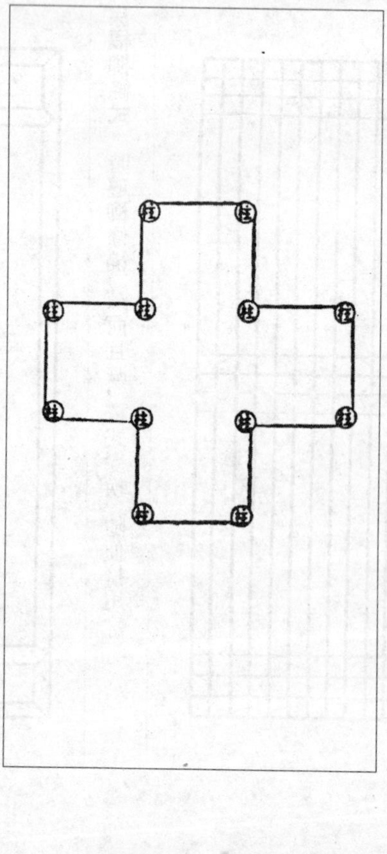

又《四 裝折》 凡造作難於裝修，惟園屋異乎家宅，曲折有條，端方非額。如端方中須尋曲折，到曲折處還定端方。相間得宜，錯綜爲妙。裝壁應爲排比，安門分出來由。假如全房數間，內中隔開可矣。定存後步一架，餘外添設何哉？便徑他居，復成別館。磚牆留夾，可通不斷之房廊。板壁常空，隱出

別壺之天地。亭臺影鏄，樓閣虛鄰。絶處猶開，低方忽上。樓梯僅乎室側，臺級藉矣山阿。門扇豈異尋常，窗欞遵時各式。揜宜合綫，嵌不窺絲。落步欄杆，長廊猶勝。半牆床槅，是室皆然。古以菱花爲巧，今之柳葉生奇。加之明瓦斯堅，外護風窗覺密。半樓半屋，依替木不妨一色天花。藏房藏閣，靠虛檐無礙半彎月牖。借架高檐，須知下卷。出幕若分別院，連牆儗越深齋。構合時宜，式徵清賞。

屏門　堂中如屏列而平者，古者可一面用，今遵爲兩面用，斯謂鼓兒門也。

仰塵　仰塵，即古天花版也。多于棋盤方空畫禽卉者類俗。一概平仰爲佳，或畫木紋，或錦，或糊紙，惟樓下不可少。

床槅　古之床槅，多于方眼而菱花者。後人减爲柳條槅，俗呼不了窗也。兹式從雅，予將斯增减數式，内有花紋各異，亦遵雅致，故不脱柳條式。或有將欄杆竪爲床槅，斯一不密，亦無可玩。如欞空僅闊寸許爲佳，猶闊類欄杆風窗者去之，故式于後。

風窗　風窗，槅欞之外護。宜疏廣减文，或横半，或兩截推關，兹式如欄杆，减者亦可用也。在館爲書窗，在閨爲繡窗。

長槅式　古之床槅欞版，分位定於四六者，觀之不亮。依時製，或欞之七八版之二三之間，諒槅之大小，約桌几之平高，再高四五寸爲最也。

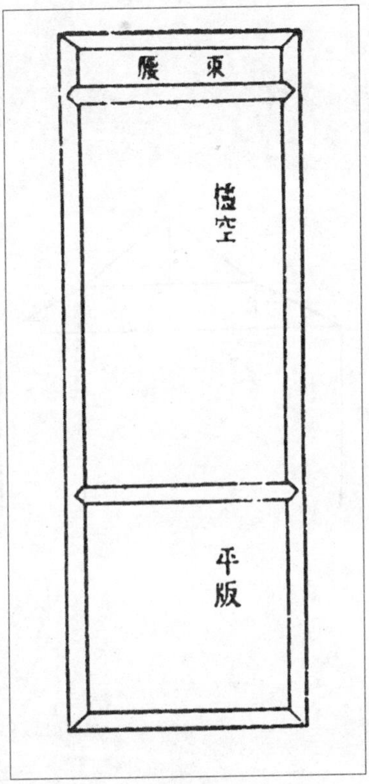

短槅式　古之短槅，如長槅分欞版位者，亦更不亮。依時製，上下用束腰，或版或欞可也。

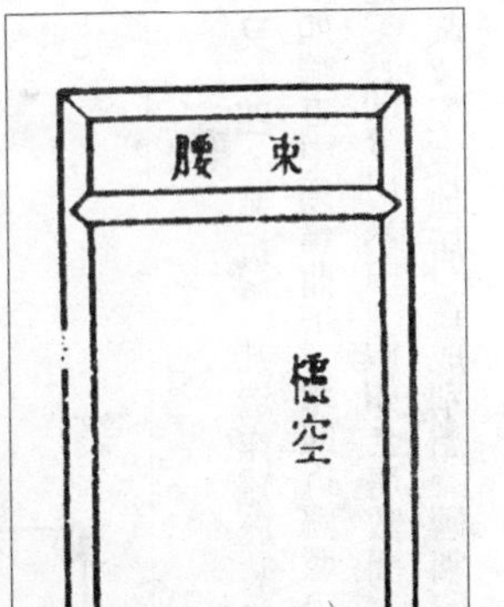

床槅柳條式　時遵柳條槅，疎而且减，依式變换，隨便摘用。

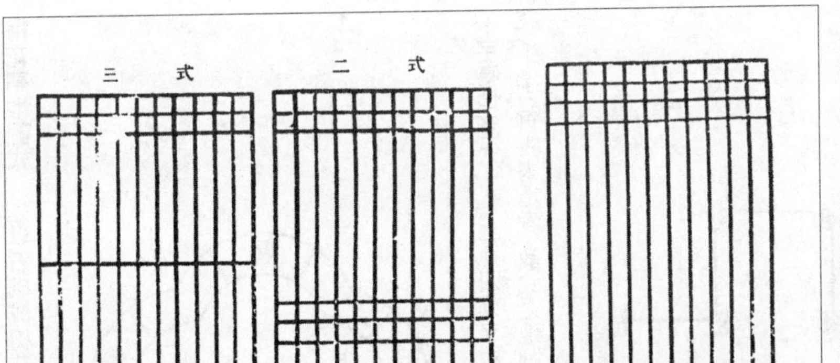

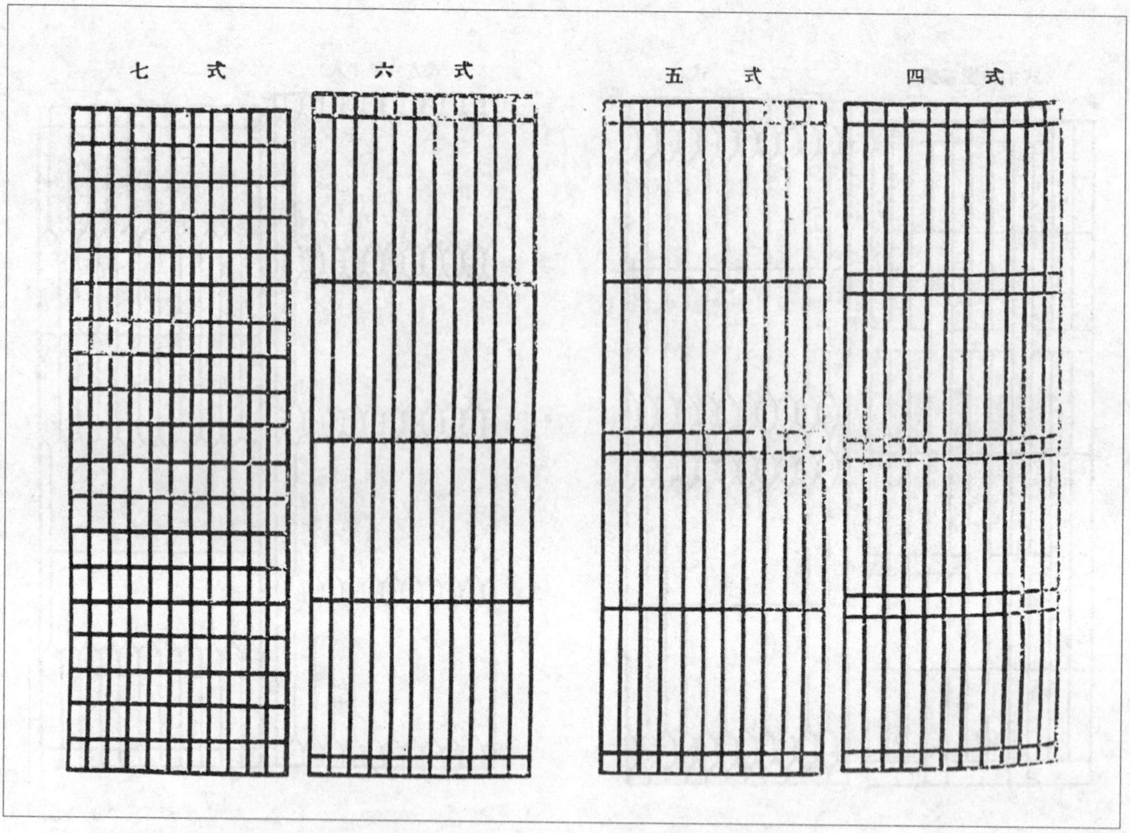
四式
五式
六式
七式

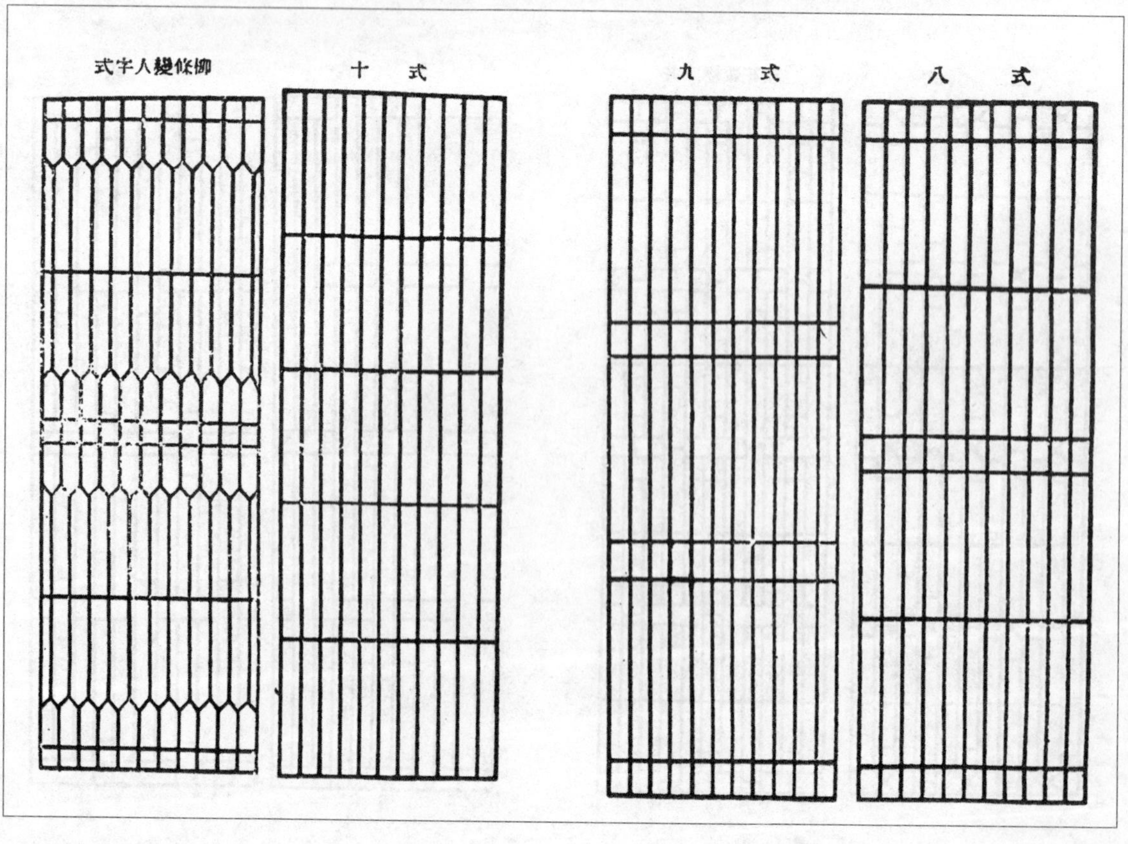
八式
九式
十式
柳條變人字式

柳條變井字式

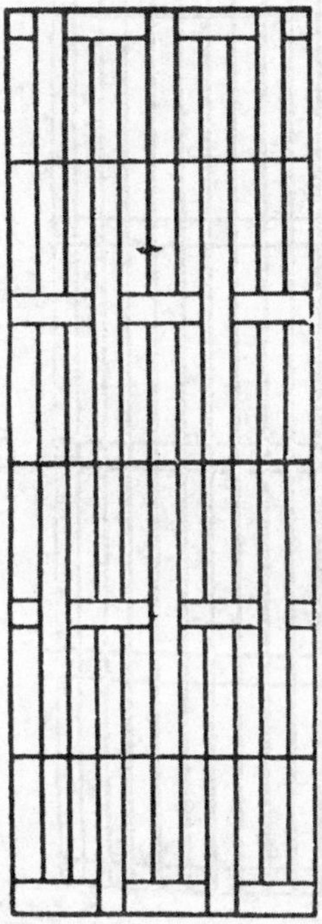

二式

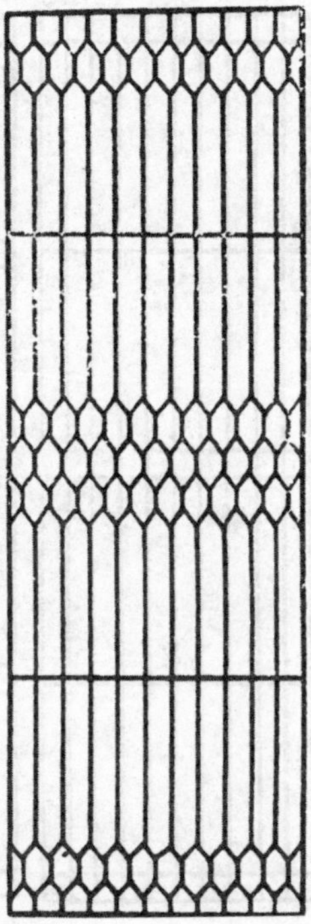

人字變六方式

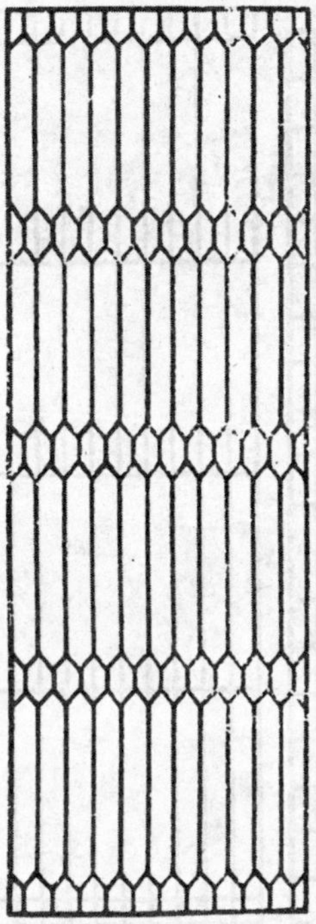

二式

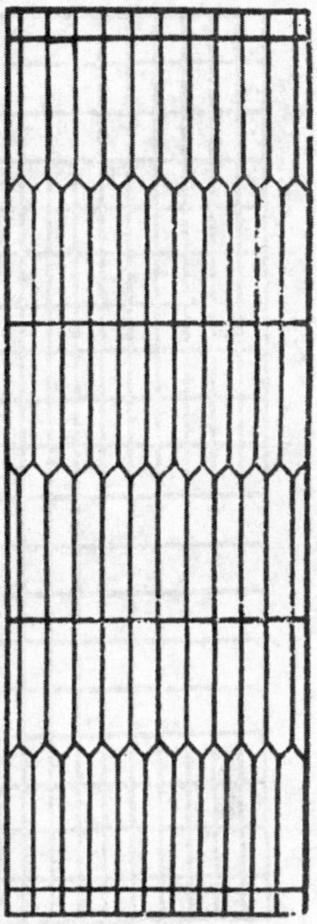

二式

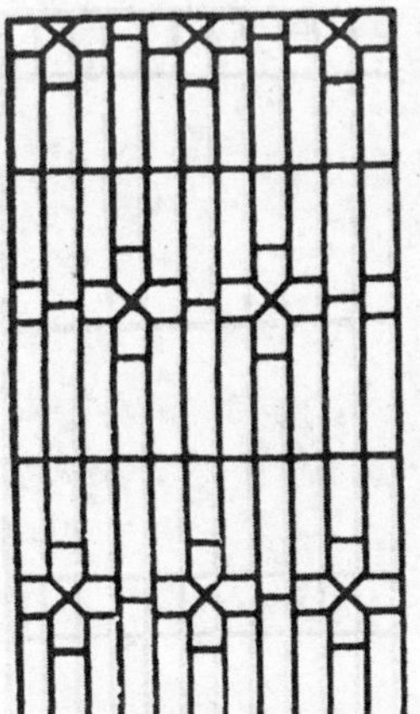

井字變雜花式

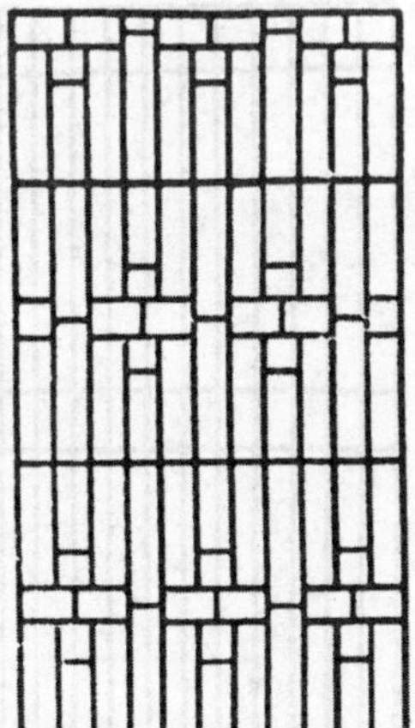

三式

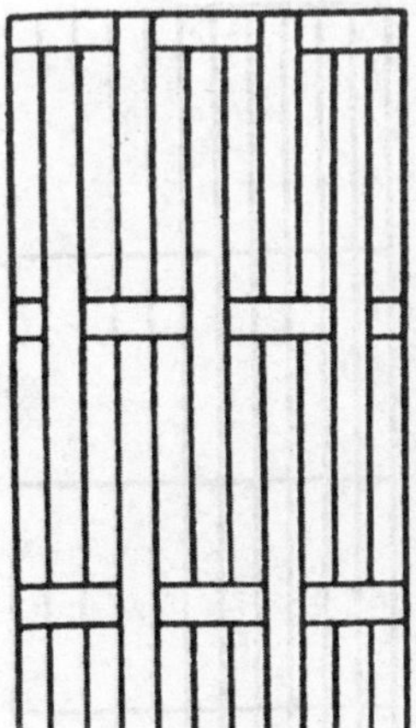

二式

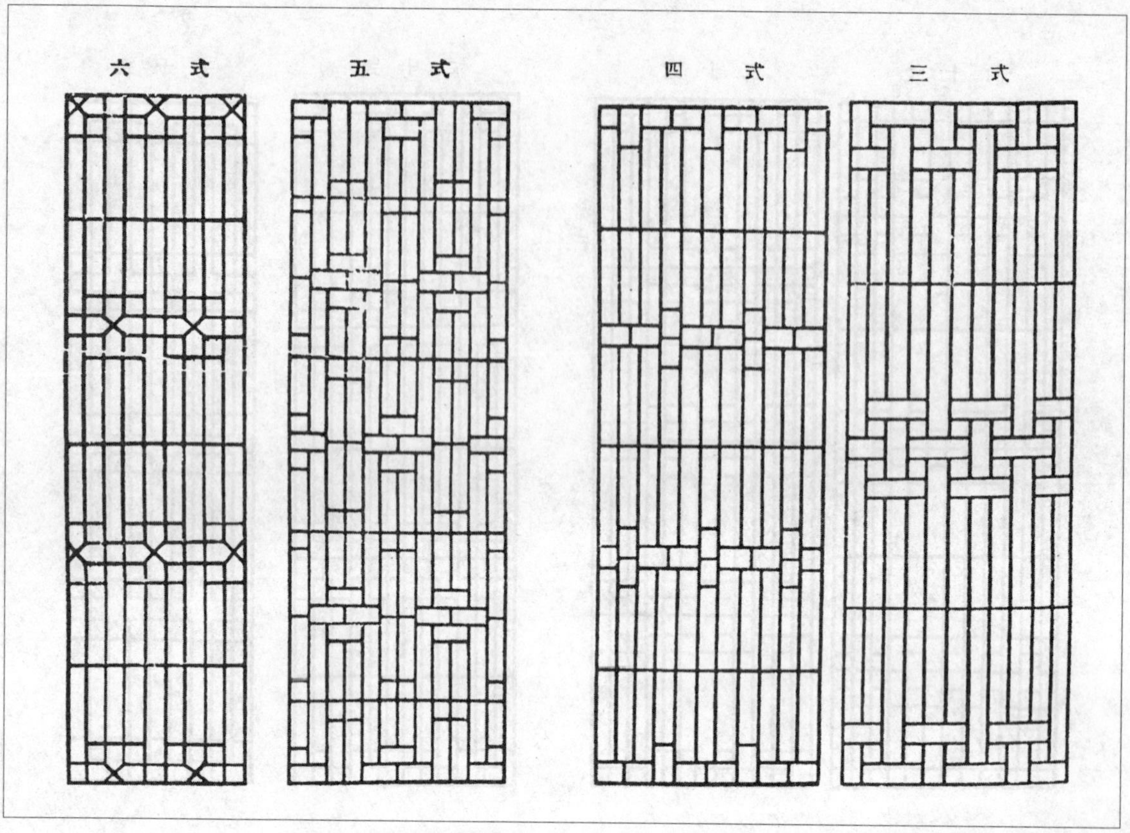
三式
四式
五式
六式

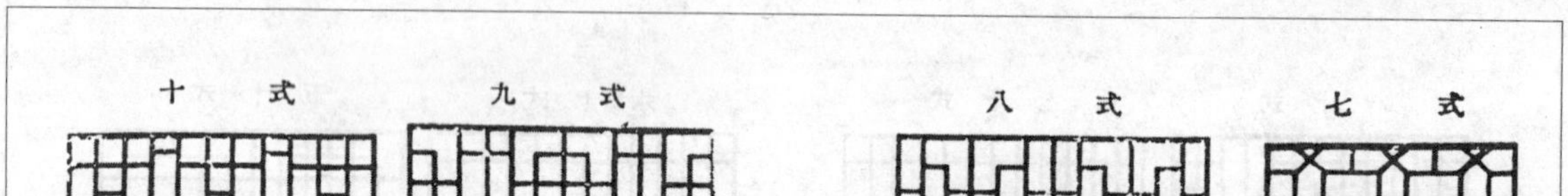
七式
八式
九式
十式

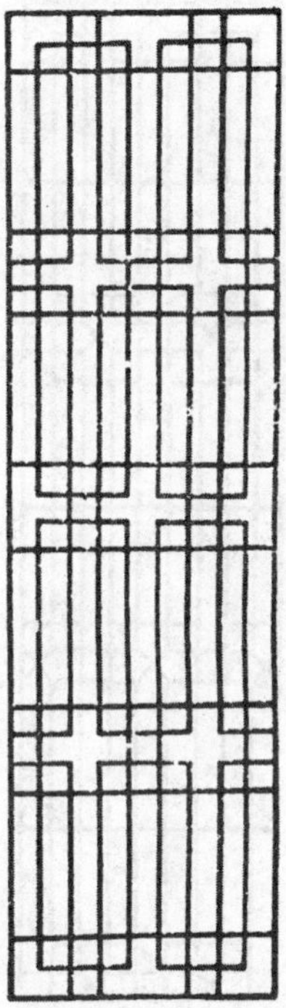
式十一

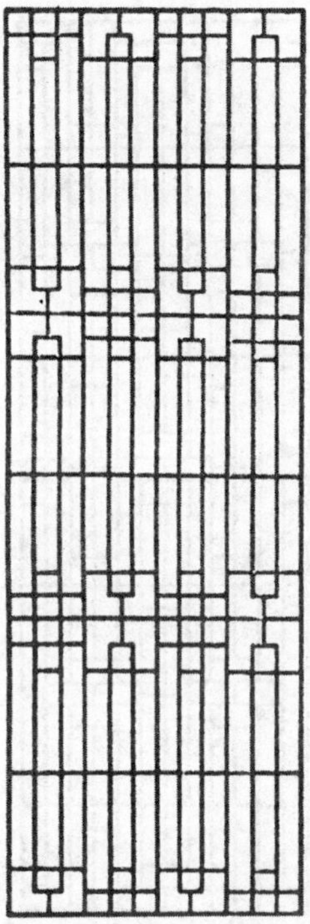
式十二

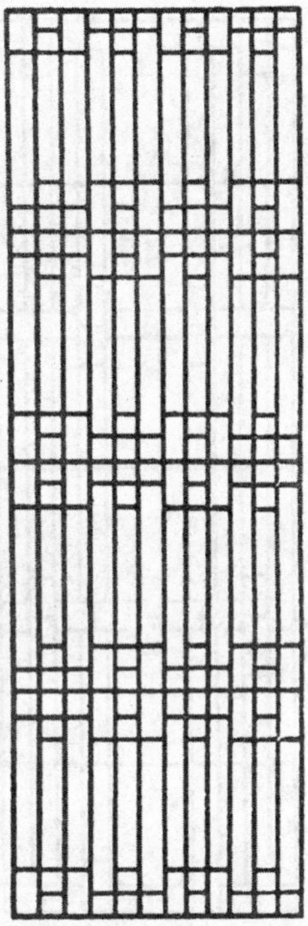
式十三

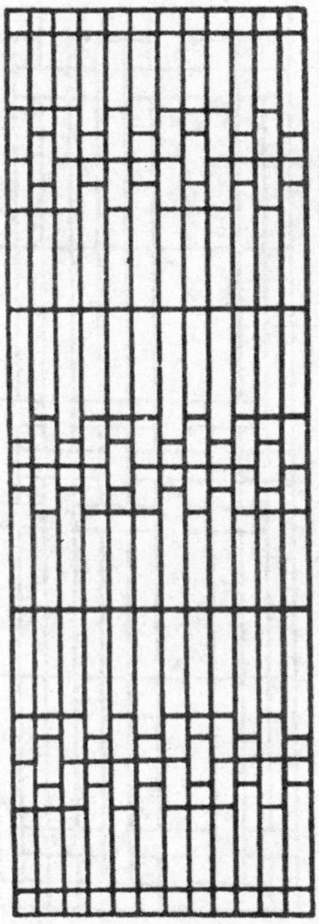
式十四

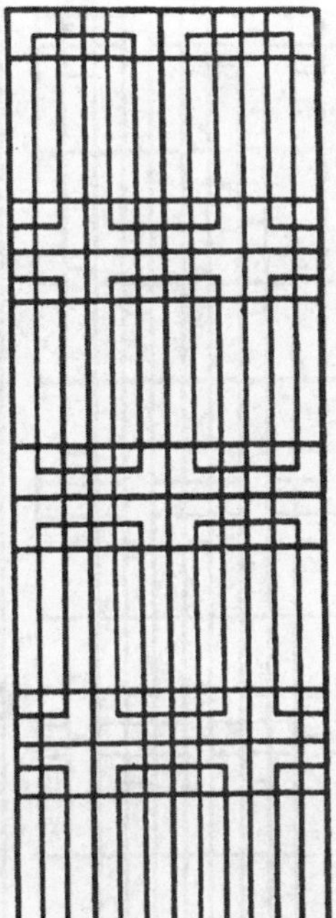
式十五

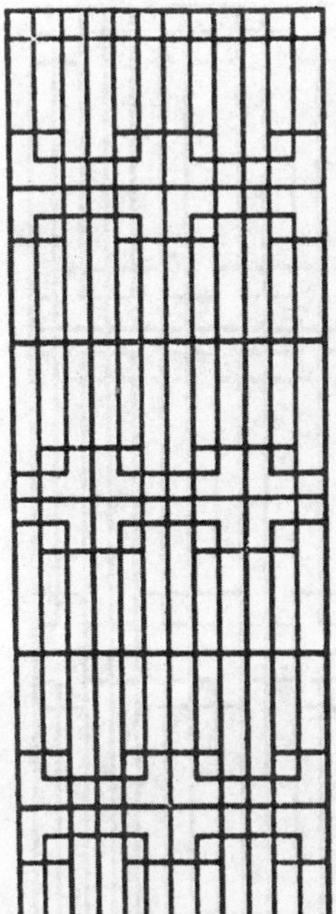
式十六

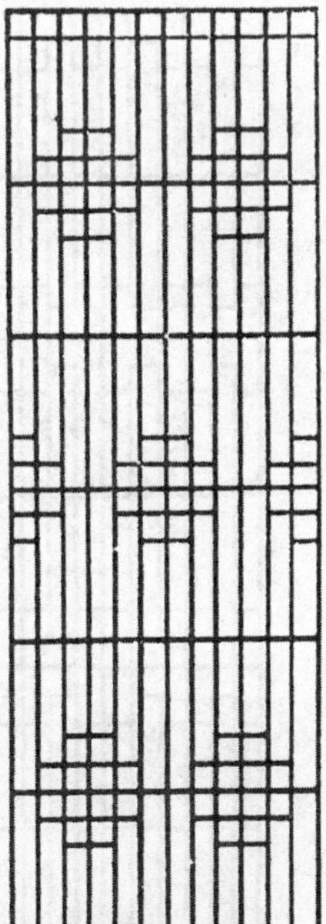
式十七

式十八

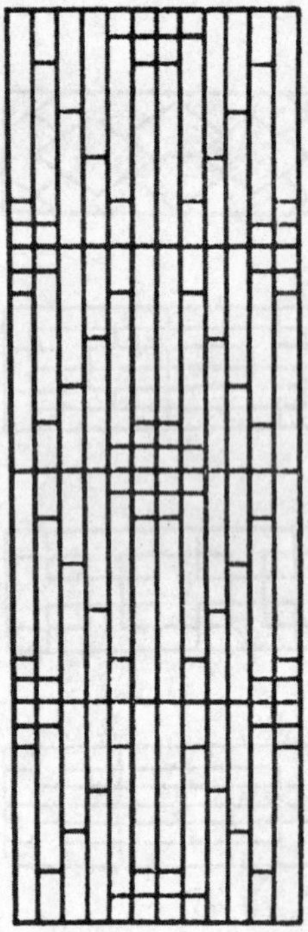
玉磚街式

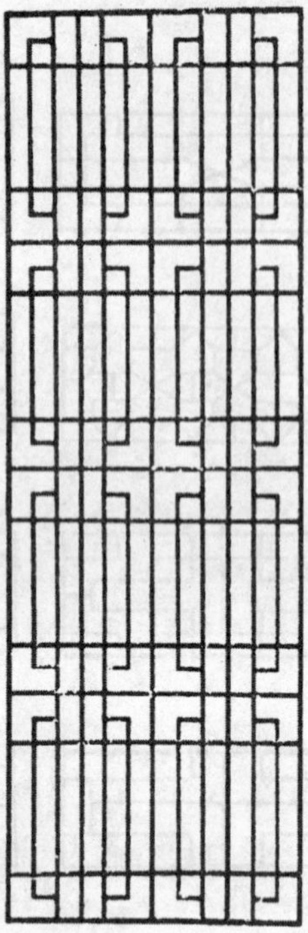
二十一式

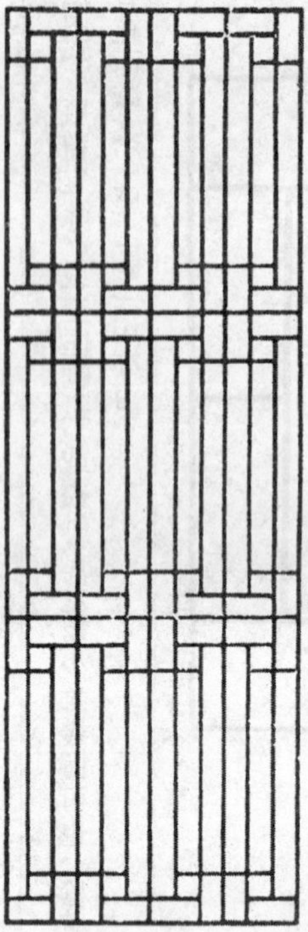
二十式

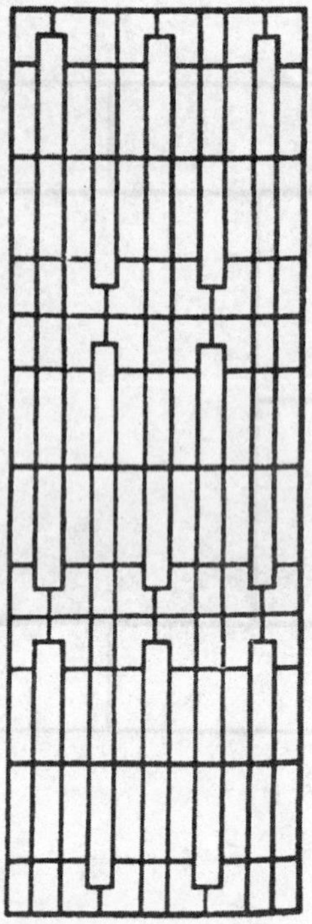
十九式

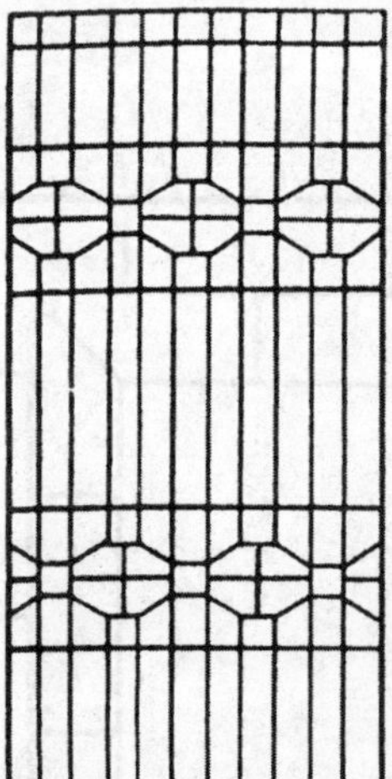
八方式

四式

三式

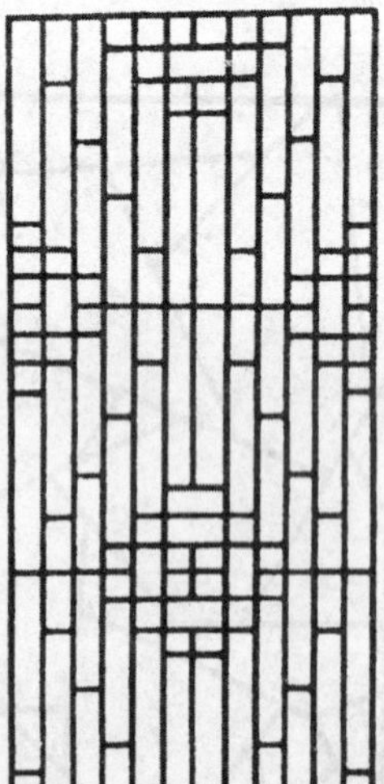
二式

束腰式 如長槅欲齊短槅，并裝亦宜上下用。

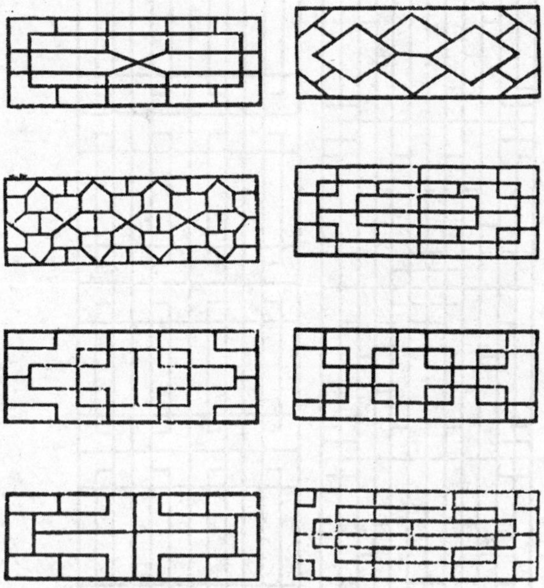

風窗式 風窗宜疏。或空匡糊紙，或夾紗，或繪，少飾幾欞可也。檢欄杆式中，有疏而減文，（堅）〔竪〕用亦可。

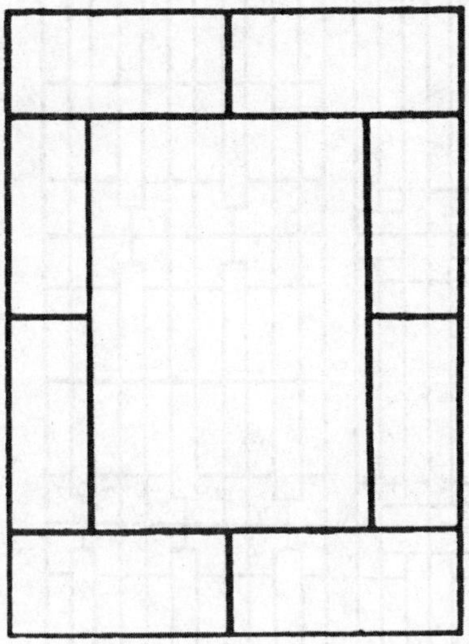

式二

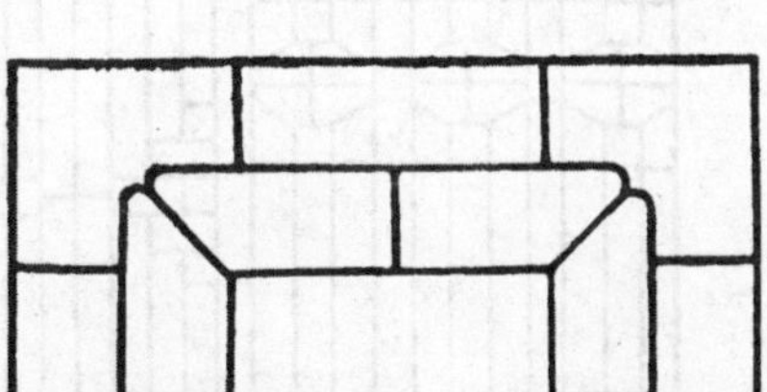

冰裂式 冰裂惟風窗之最宜者。其文致減雅，信畫如意，可以上疏下密之妙。

兩截式 風窗兩截者，不拘何式，關合如一爲妙。

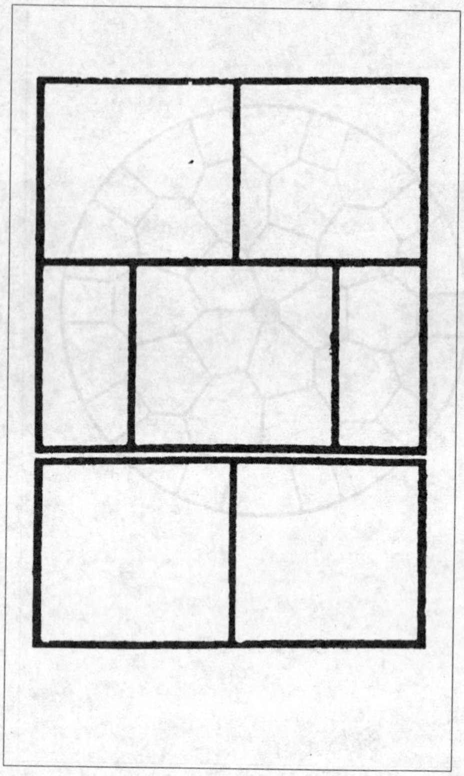

三截式 將中扇掛合上扇，仍撐上扇不礙空處，中連上。宜用銅合扇。

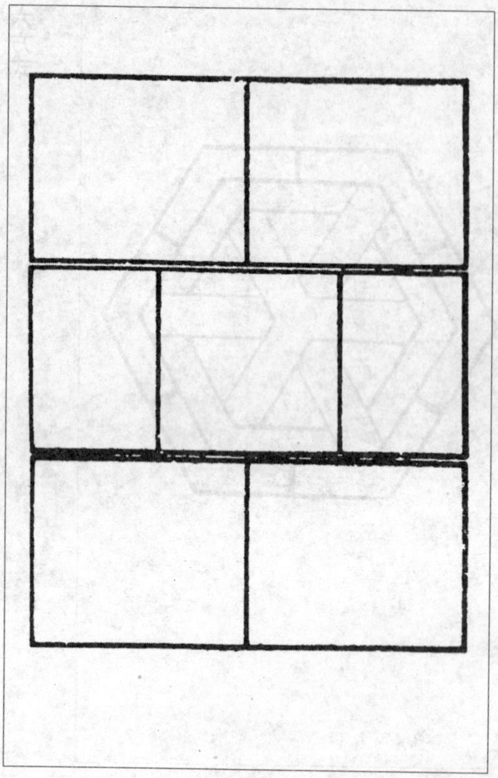

梅花式 梅花風窗，宜分瓣做，用梅花轉心于中，以便開關。

梅花開式 連做二瓣，散做三瓣，將梅花轉心，釘一瓣于連二之尖，或上一瓣二瓣三瓣。將轉心向上扣住。

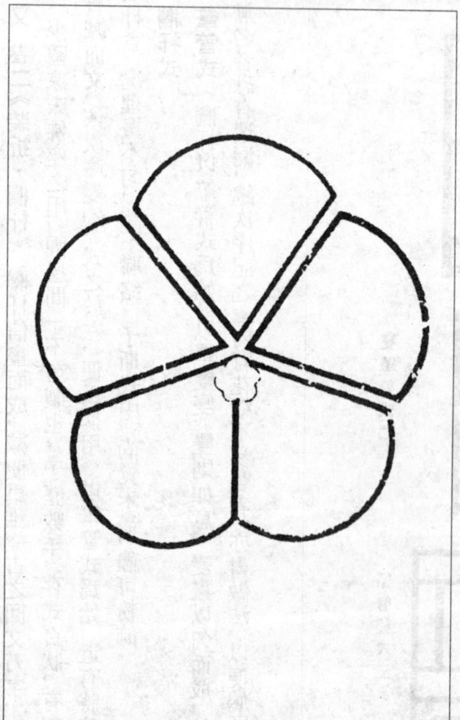

六方式

圓鏡式

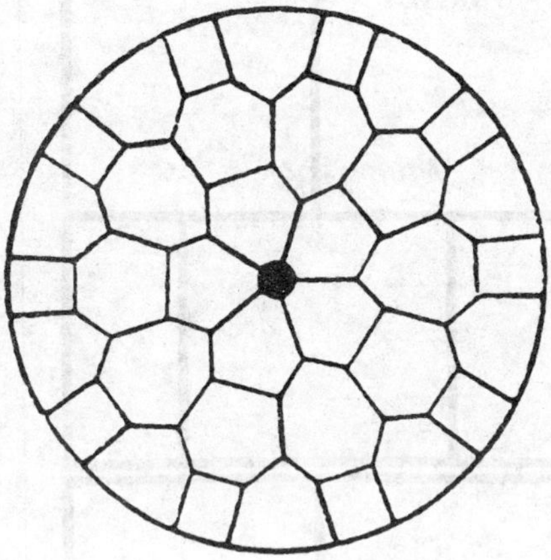

又 卷二《裝折·欄杆》 欄杆信畫而成，減便爲雅。古之回文万字，一槩屏去，少留涼床佛座之用，園屋間一不可製也。予歷數年，存式百狀，有工而精，有減而文，依次序變幻，式之於左，便爲摘用。以筆管式爲始，近有將篆字製欄杆者，況理畫不勻，意不聯絡。予斯式中，尚覺未盡，儘可粉飾。

欄杆式

筆管式 欄杆以筆管式爲始，以單變雙，雙則如意。變畫以勻而成，故有名。無名者恐有遺漏，總次序記之。內有花紋不易製者，亦書做法，以便鳩匠。

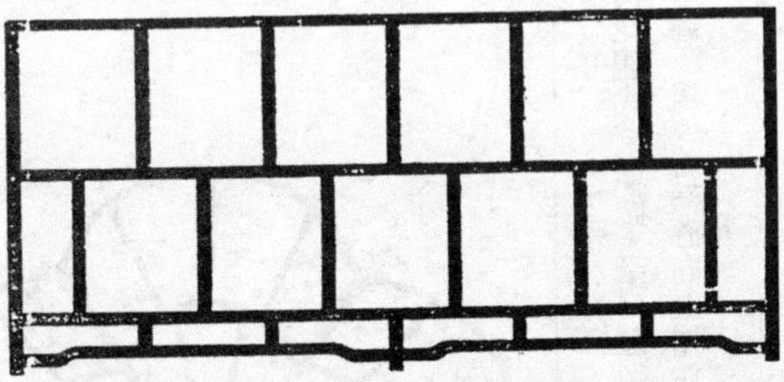

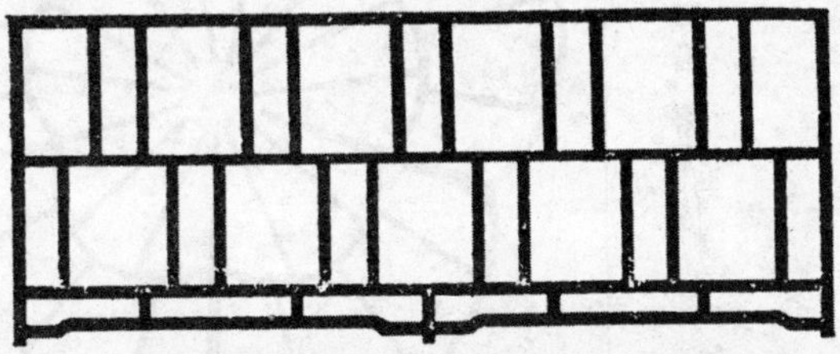

雙筆管式二

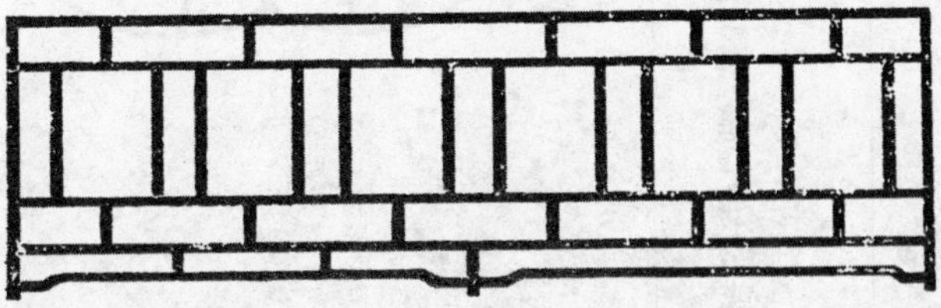

筆管變式三

式四

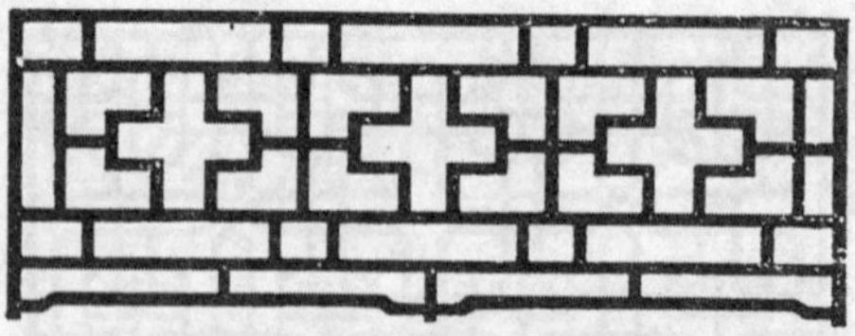

式五

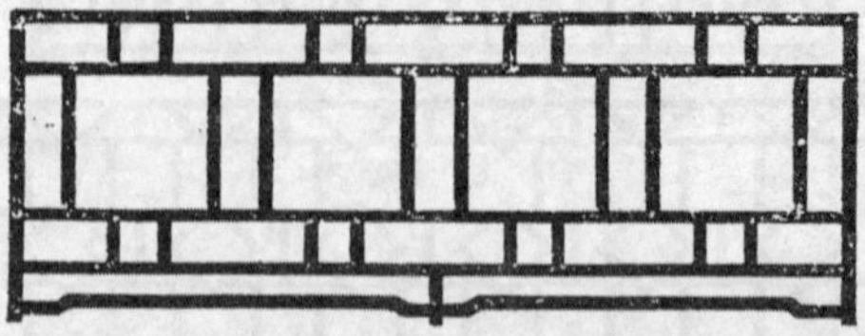

式六

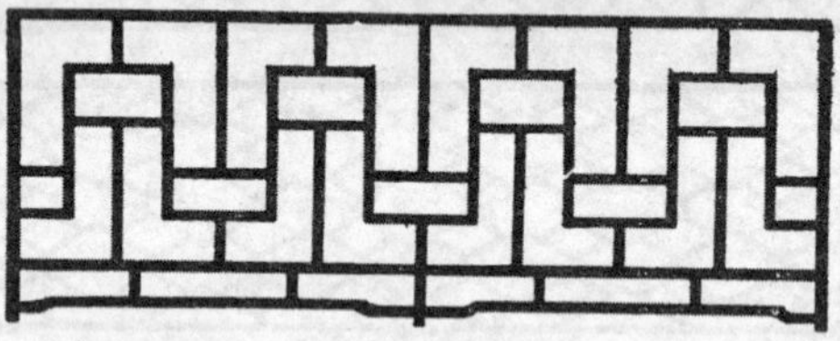

式七

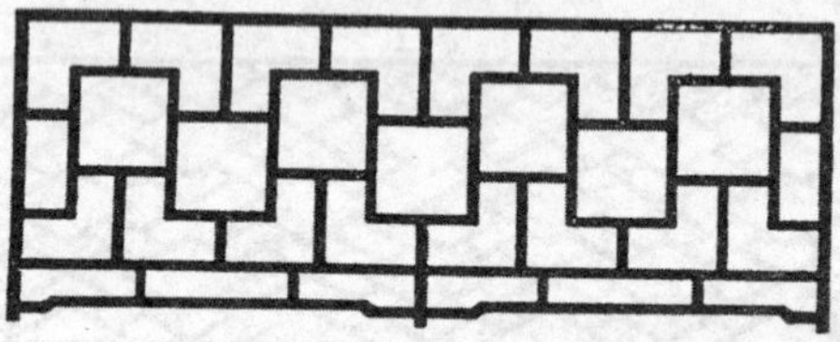

式八

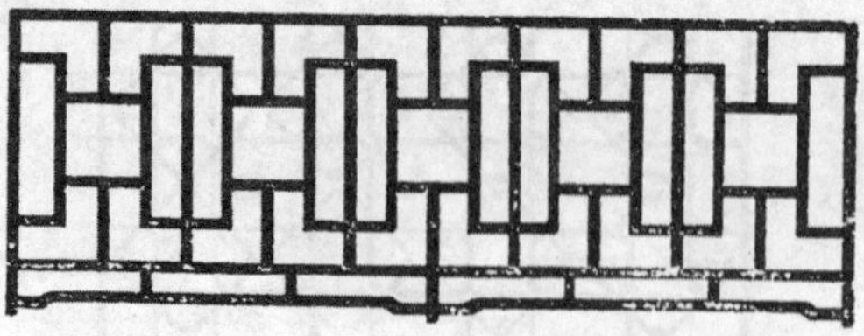

式九

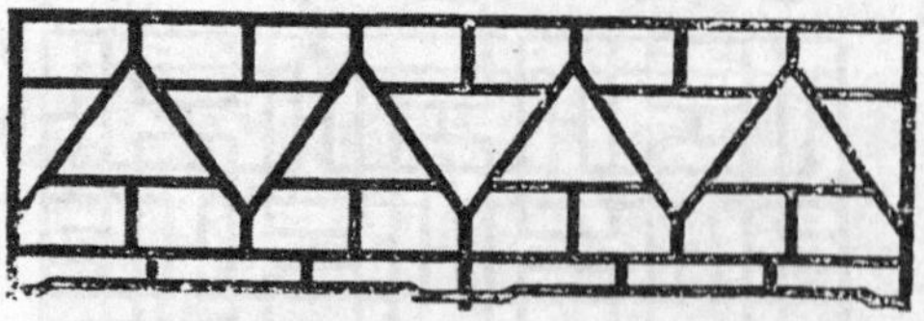

式十

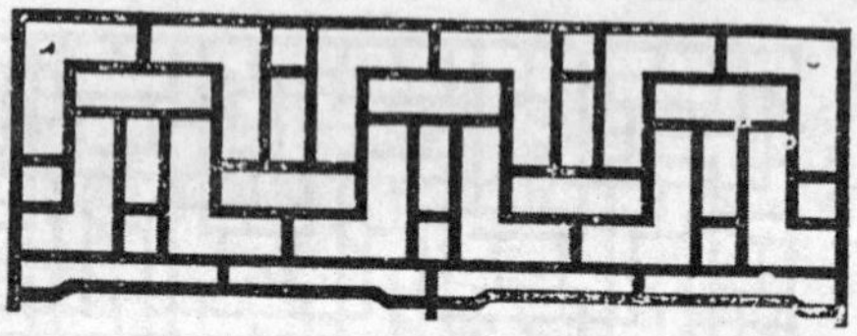

式十一

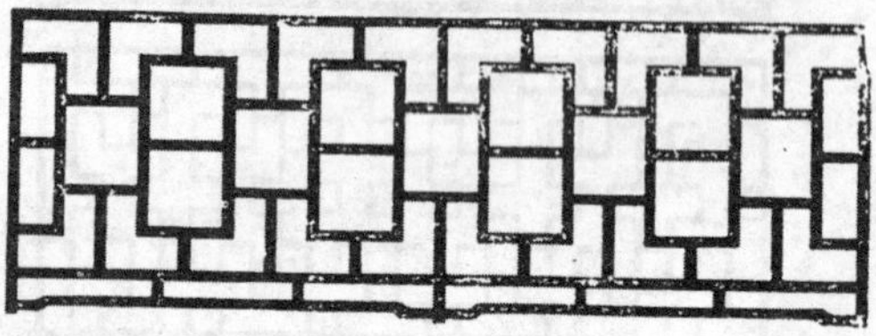

豎環式十二

橫環式十三

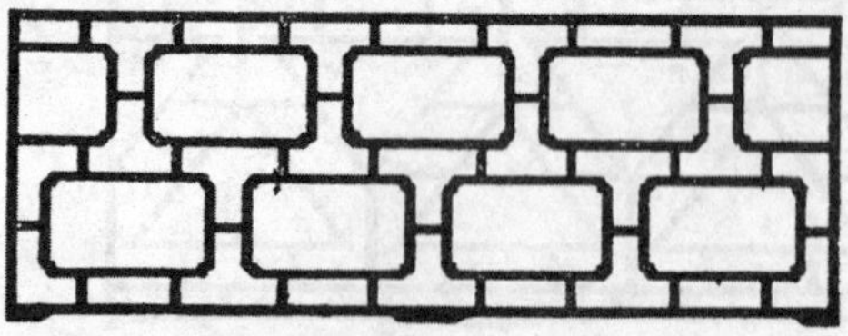

式十四

式十五

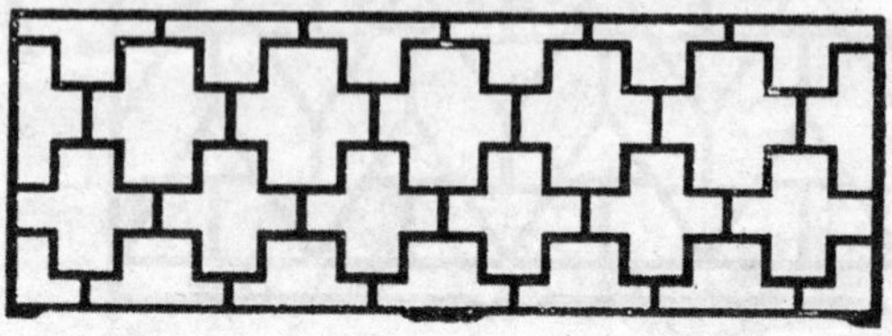

式十六

套方式十七

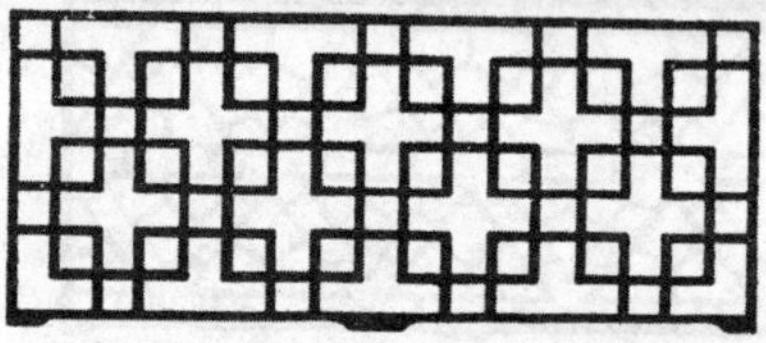

式十八

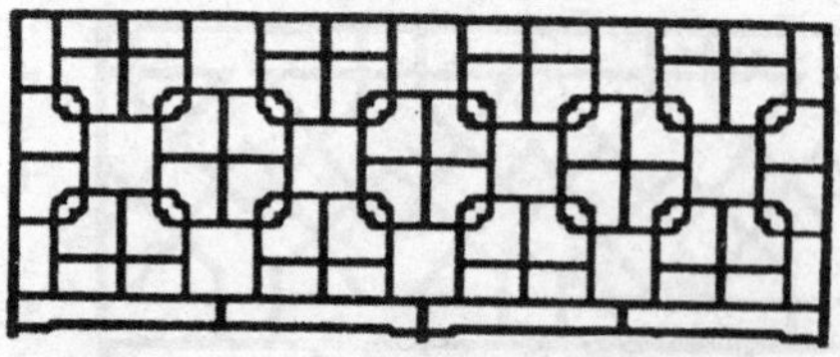

式十九

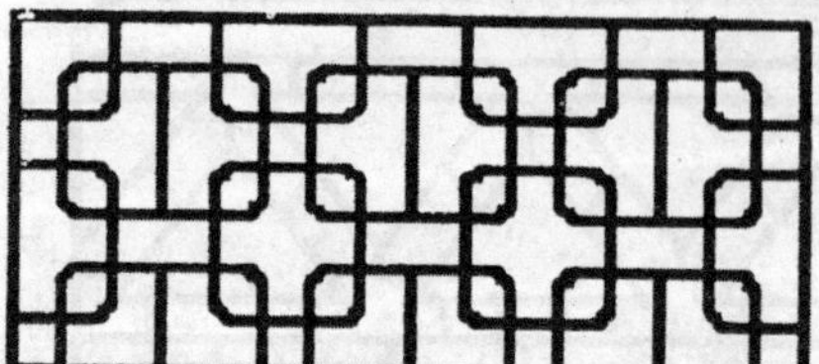

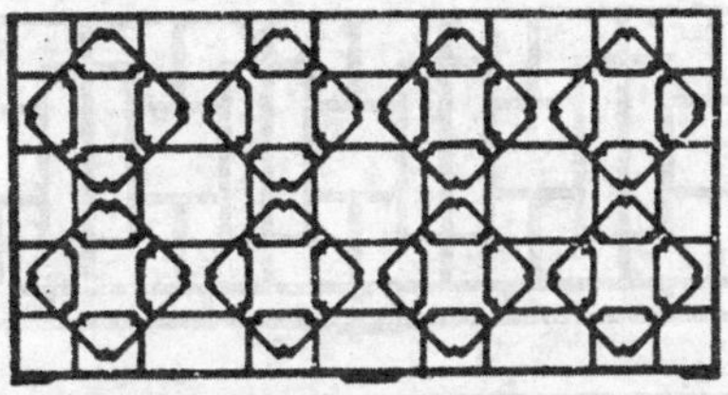
式二十

式二十一

式二十二

式二十三

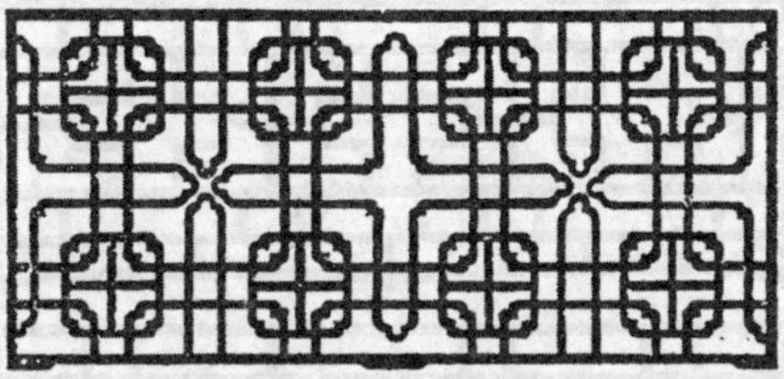
式二十四

式二十五

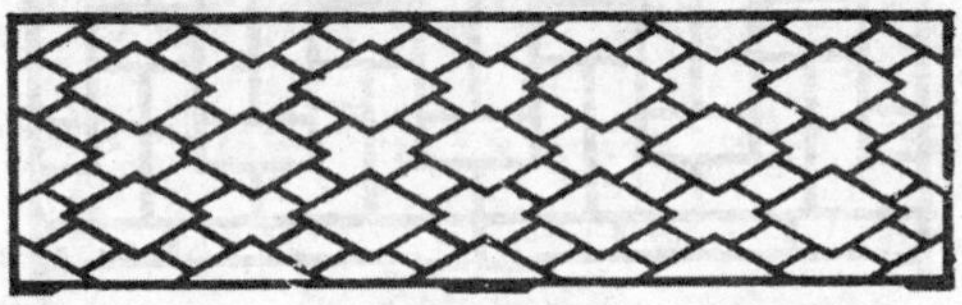
式二十六

式二十七

式二十八

三方式二十九

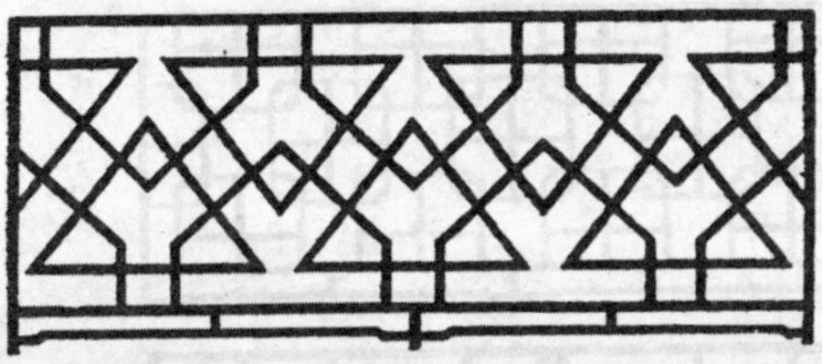
式三十

式三十一

式三十二

式三十三

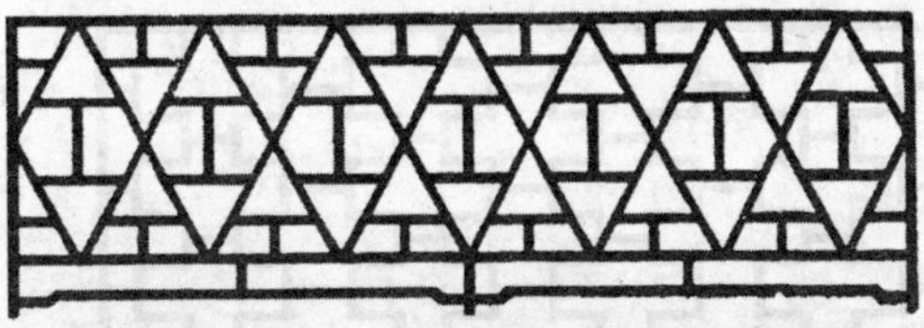
式三十四

式三十五

式三十六

式三十七

錦葵式先以六料攢心，然後加瓣。如斯做法：斯一料攢心，斯一料鬥瓣。

錦葵式三十八

波紋式 惟斯一料可做。

梅花式 用斯一料，門瓣料直，不攢榫眼。

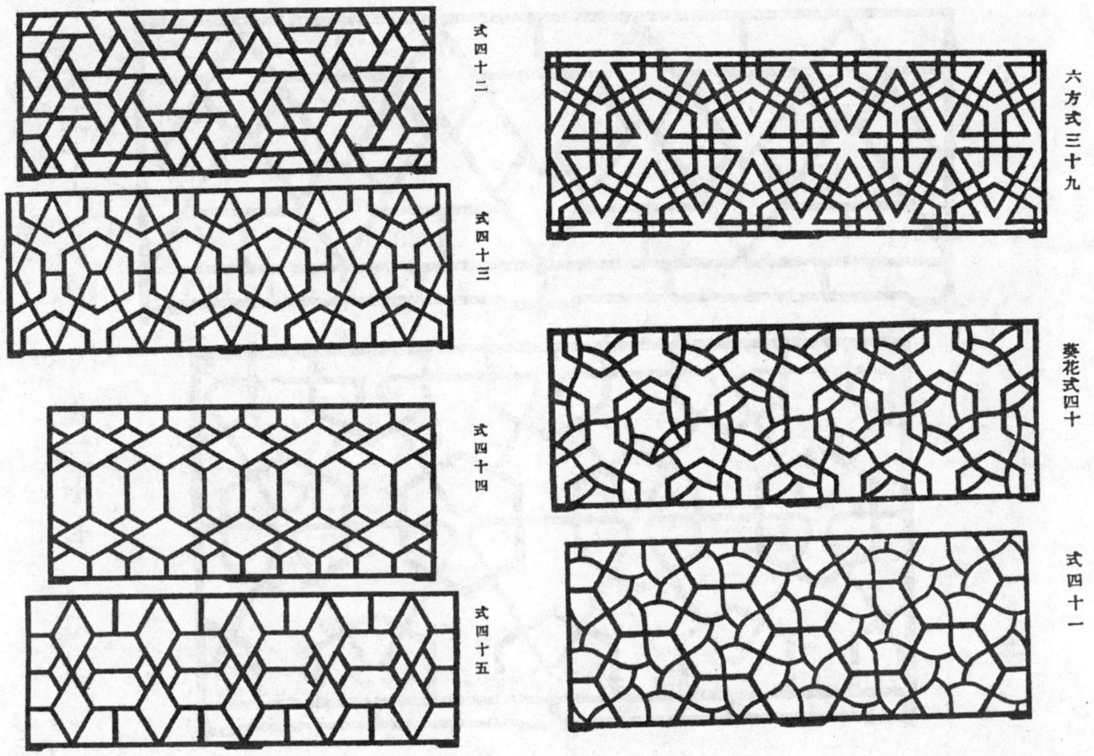

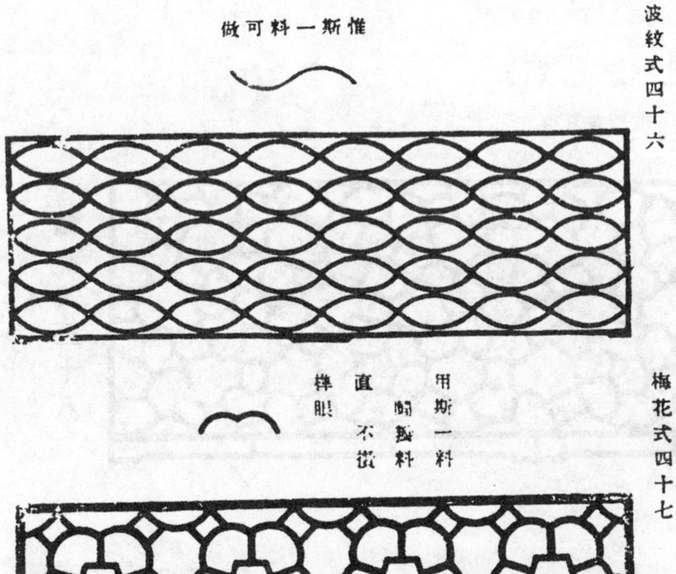

鏡光式

鏡光式四十八

式四十九

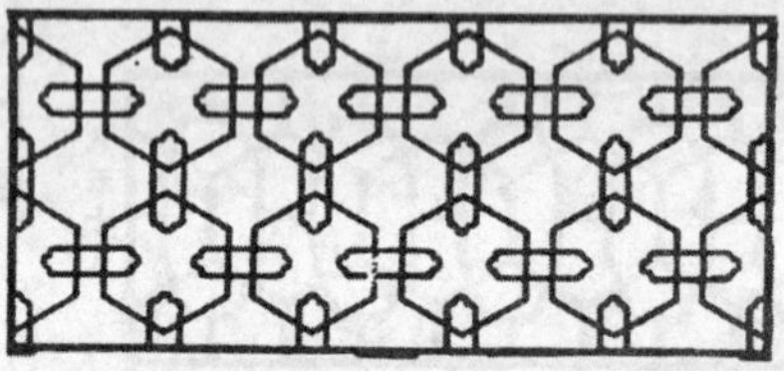

式五十

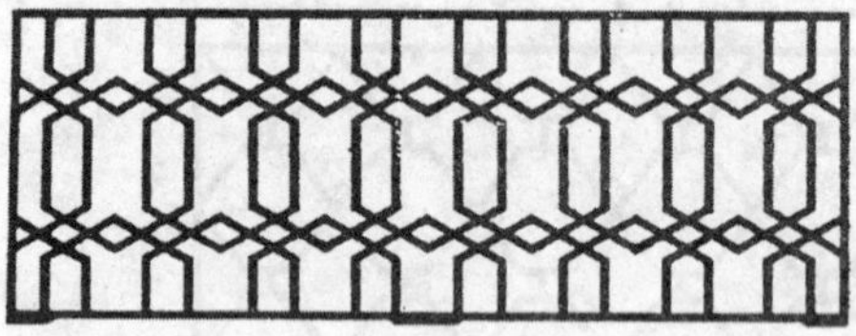

式五十一

冰片式五十二

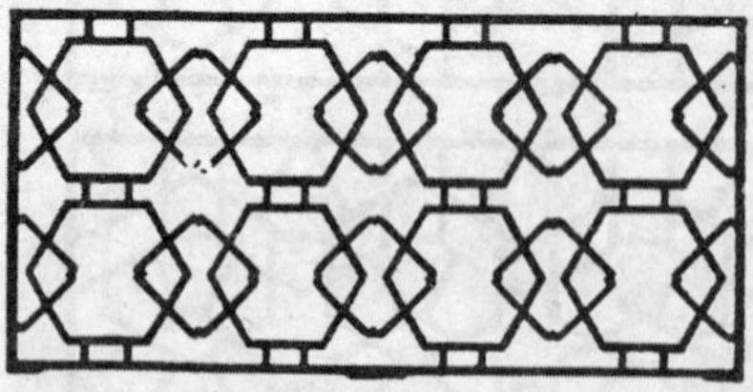

式五十三

式五十四

式五十五

聯瓣葵花式

惟斯一料可做

聯瓣葵花式五十六

式五十七

式五十八

式五十九

式六十

尺欄式 此欄置腰牆用，或置牀外。

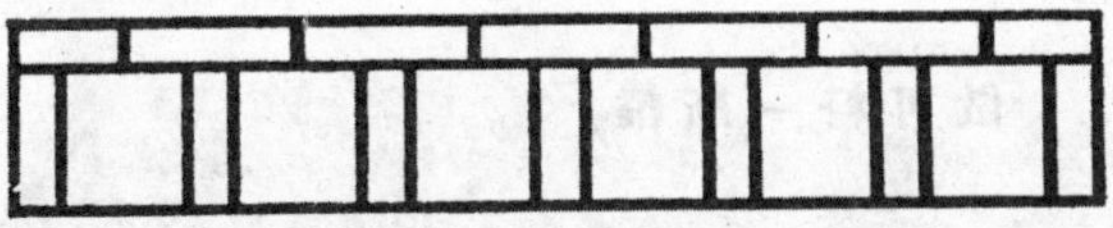
尺欄式一

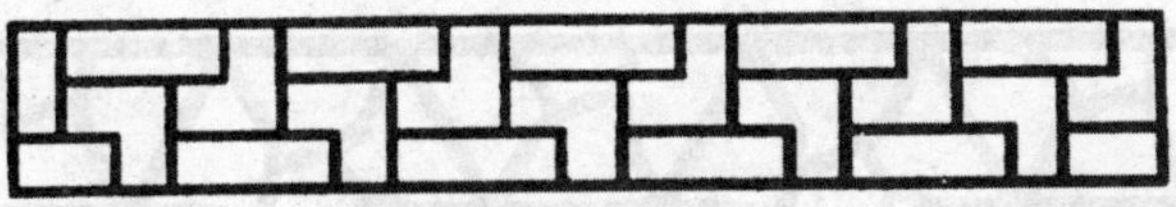
式二

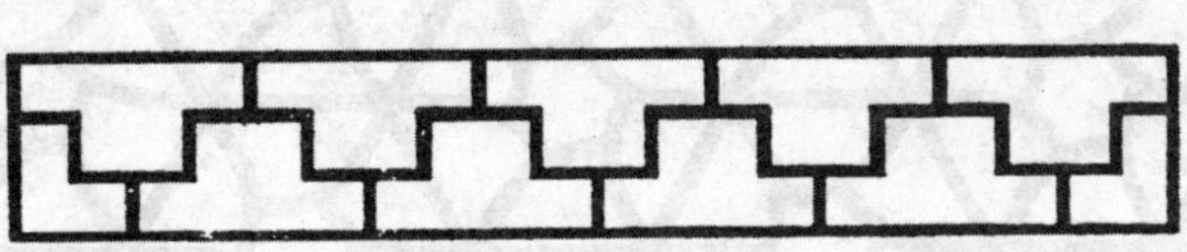
式三

式四

式五

式六

式七

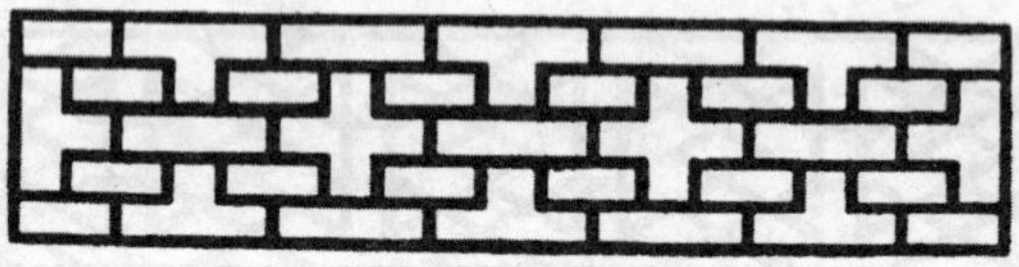

式八

式九

式十

式十一

式十二

式十三

式十四

式十五

式十六

短欄式一

式三

式五

式二

式四

式六

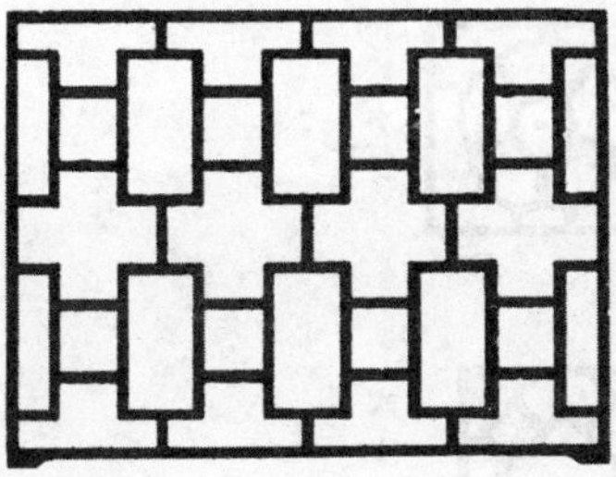

一十式
九　式
七　式
二十式
十　式
八　式

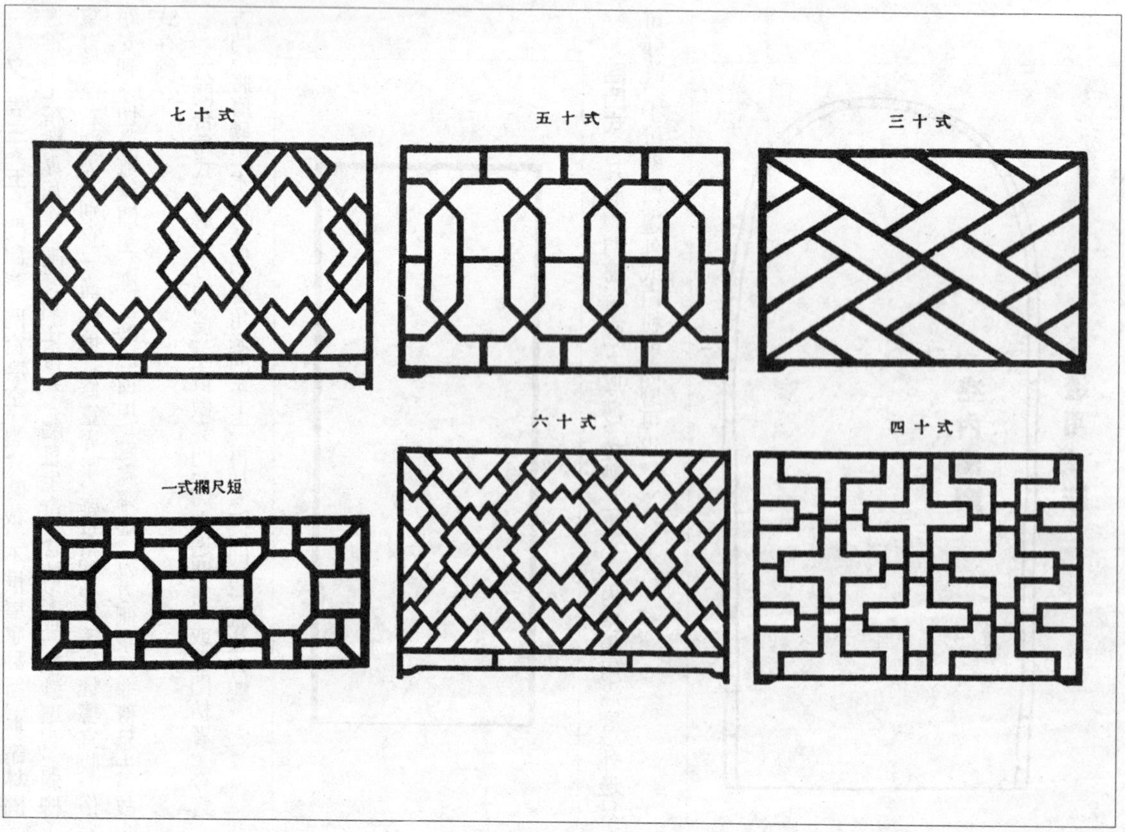
七十式
五十式
三十式
六十式
四十式
一式欄尺短

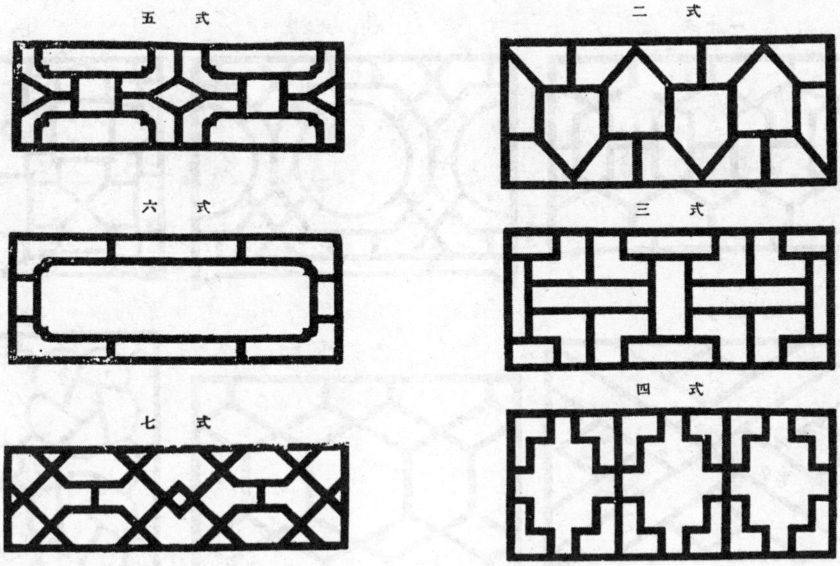

欄杆諸式計一百樣

又 卷三《五　門窗》 門窗磨空，製式時裁，不惟屋宇翻新，斯謂林園遵雅。工精雖專瓦作，調度猶在得人。觸景生奇，含情多致，輕紗環碧，弱柳窺青。偉石迎人，別有一壺天地。修篁弄影，疑來隔水笙簧。佳境宜收，俗塵安到。切忌雕鏤門空，應當磨琢窗垣，處處鄰虛，方方側景。非傳恐失，故式存餘。

方門合角式 磨磚方門，憑匠俱做券門，磚上過門石，或過門枋者。今之方門，將磨磚用木栓栓住，合角過門于上，再加之過門枋，雅致可觀。

圈門式 凡磨磚門窗，量牆之厚薄，校磚之大小。內空須用滿磨，外邊只可寸許，不可就磚，邊外或白粉或滿磨可也。

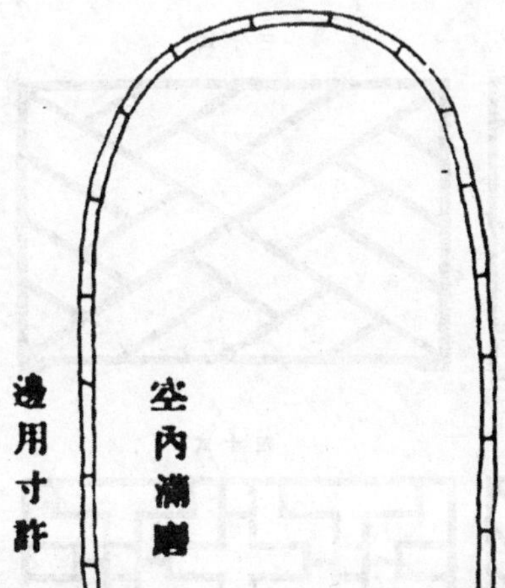

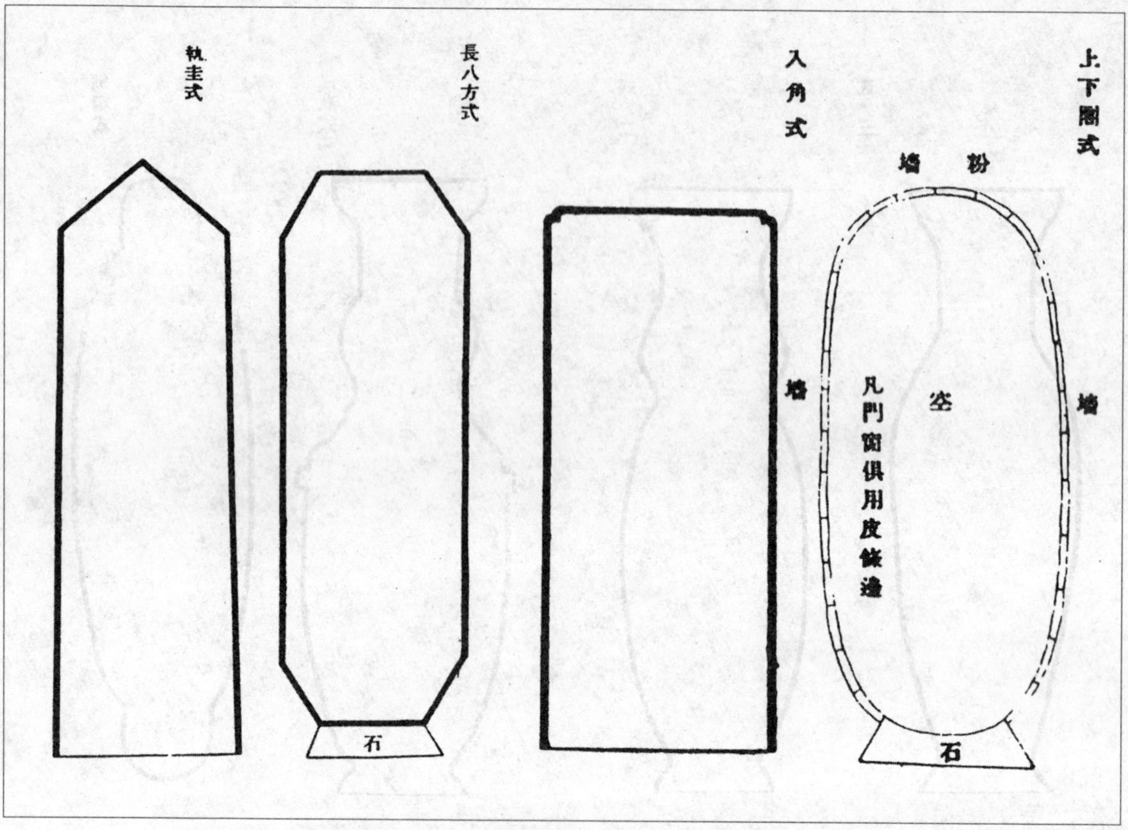
上下圈式
粉牆
牆
空
凡門窗俱用度條邊
石
入角式
長八方式
石
執圭式

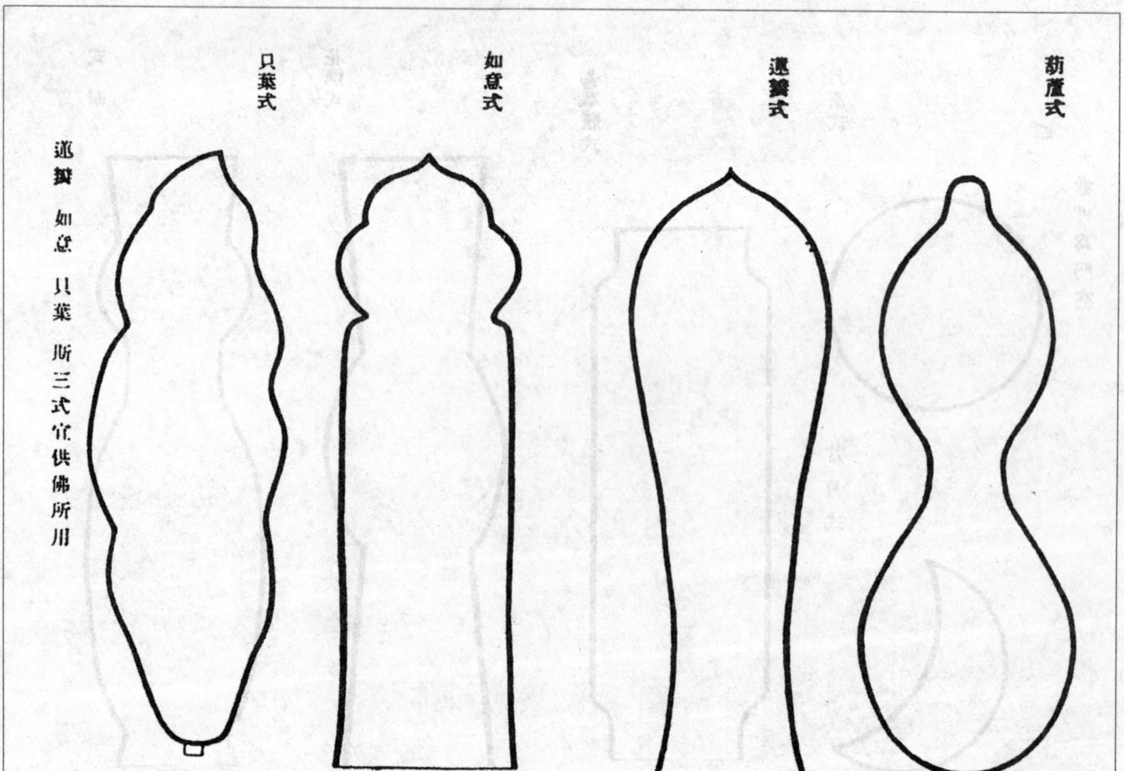
葫蘆式
蓮瓣式
如意式
貝葉式
蓮瓣 如意 貝葉 斯三式宜供佛所用

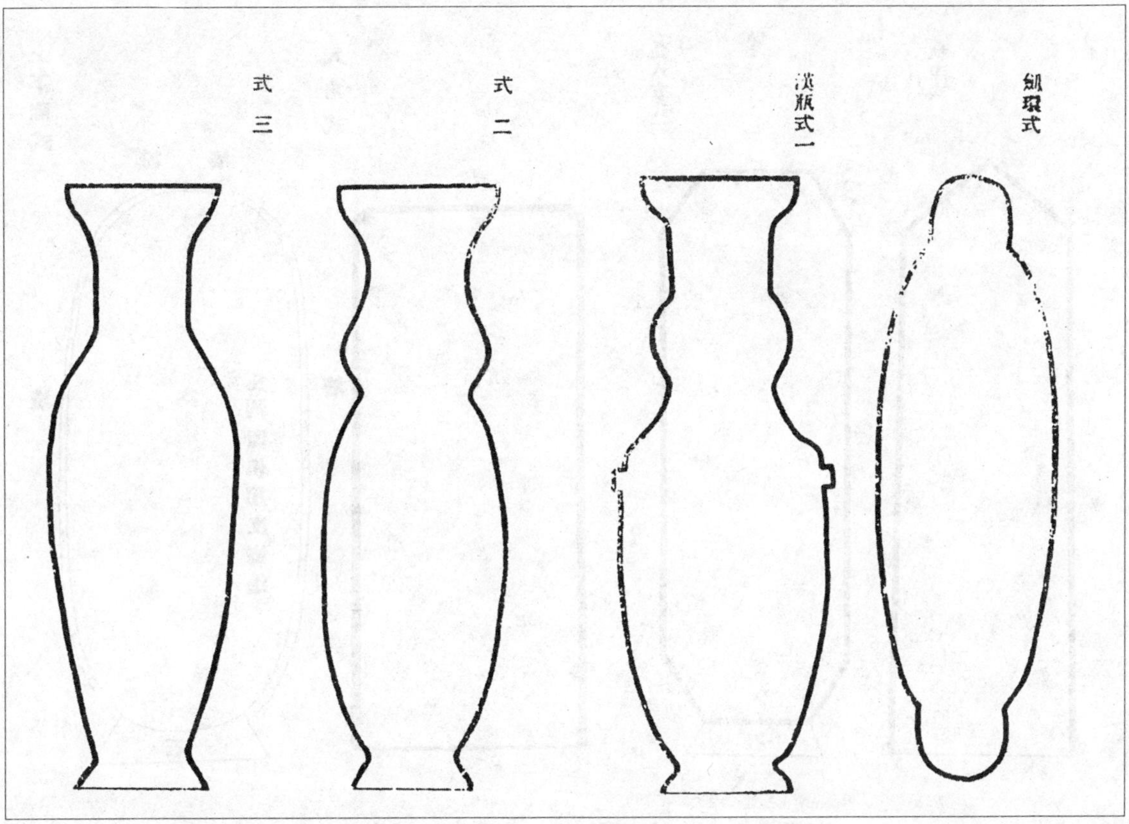
劍環式
漢瓶式一
式二
式三

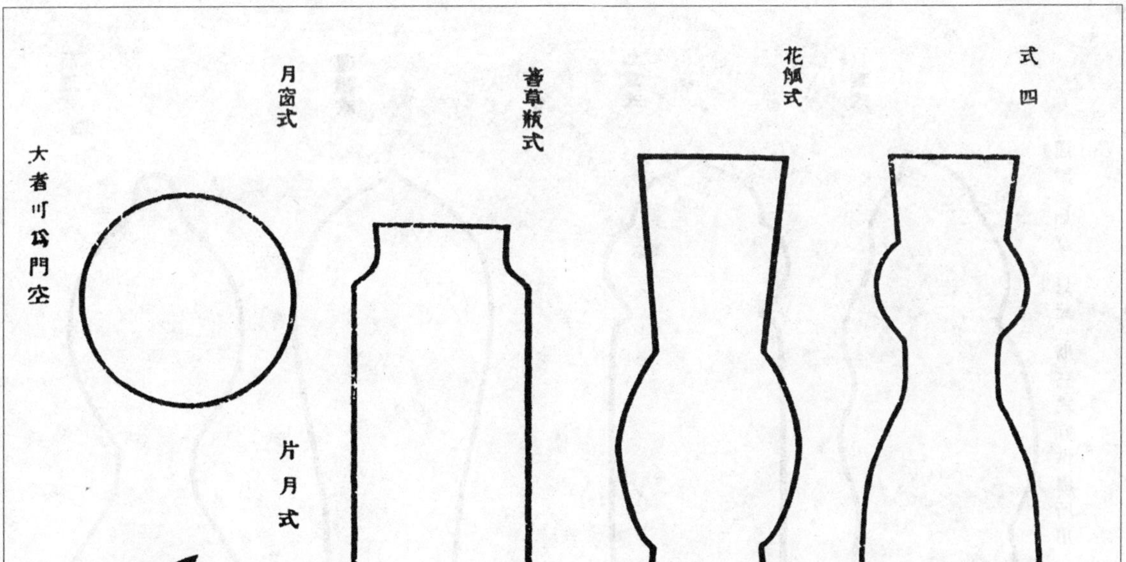
式四
花觚式
蓍草瓶式
月窗式
大者可爲門空
片月式

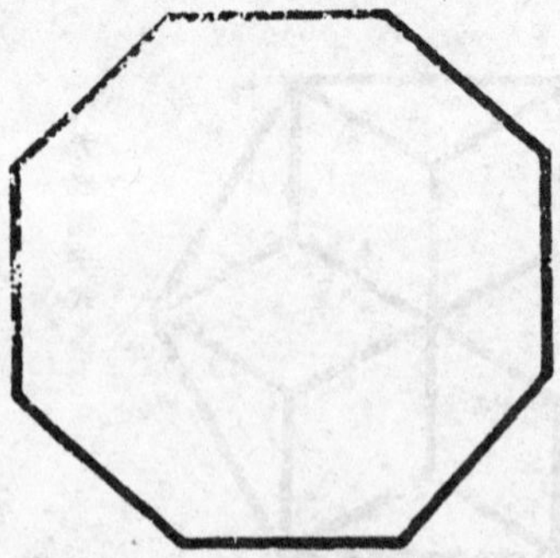

八方式

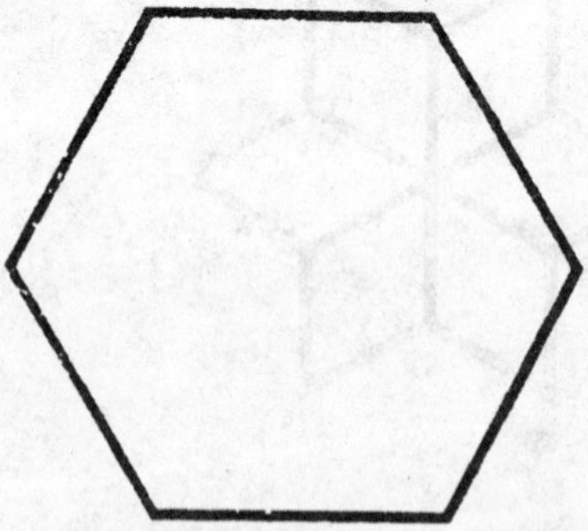

六方式

斯亦可爲門空

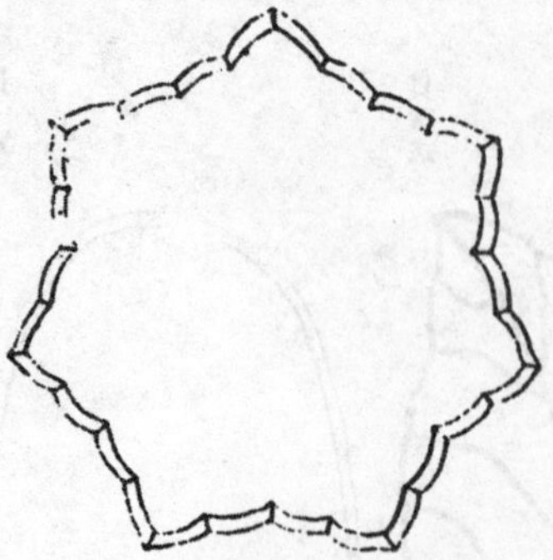

菱花式

如意式

梅花式

葵花式

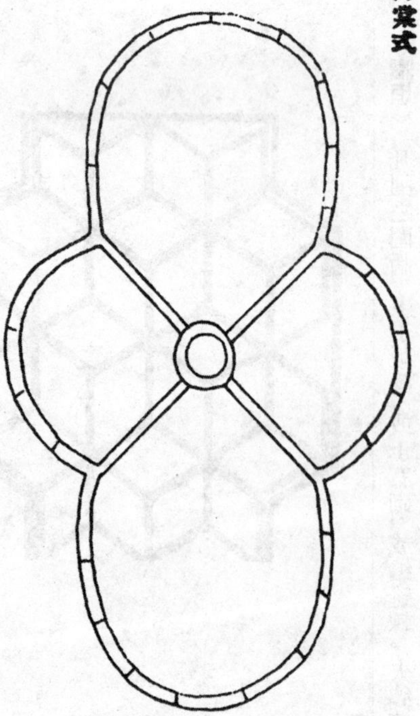

海棠式

粘子式

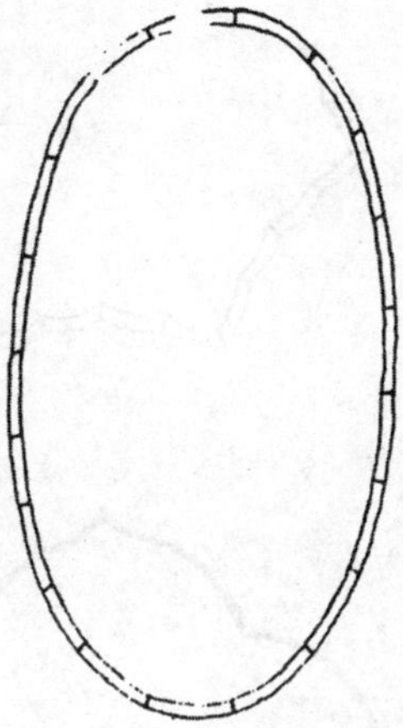

貝葉式

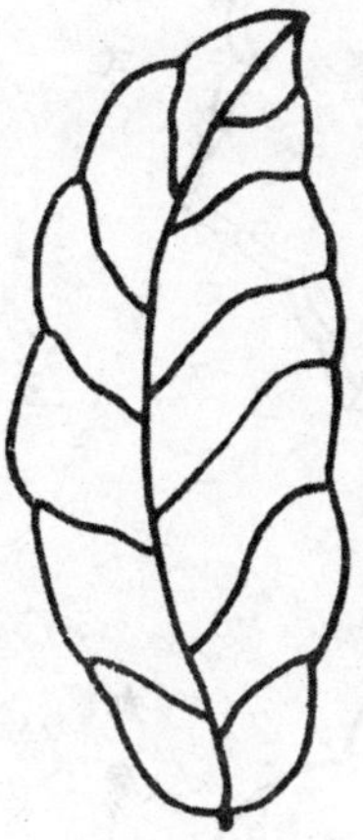

六方嵌梔子式

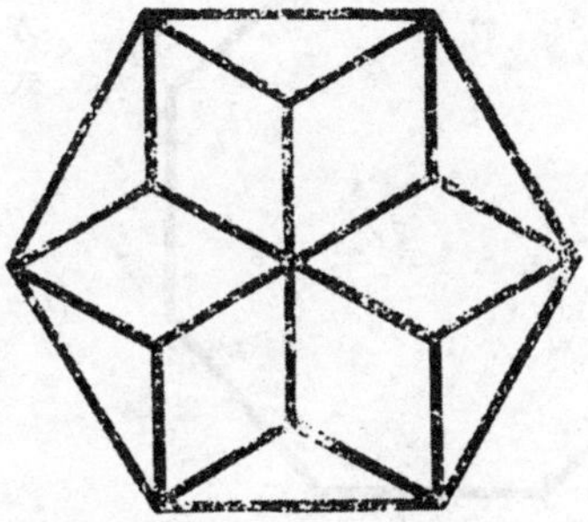

梔子花

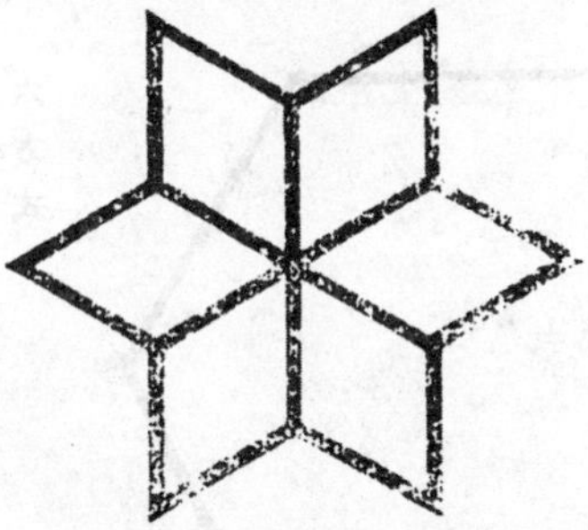

鑑式

又《六　牆垣》　凡園之圍牆，多于版築，或于石砌，或編籬棘。夫編籬斯勝花屏，似多野致，深得山林趣味。如內花端、水次，夾徑、環山之垣，或宜石宜磚，宜漏宜磨，各有所製。從雅遵時，令人欣賞，園林之佳境也。歷來牆垣，憑匠作雕琢花鳥仙獸，以爲巧製，不第林園之不佳，而宅堂前之何可也。雀巢可憎，積草如蘿，袪之不盡，扣之則廢，無可奈何者。市俗村愚之所爲也，高明而慎之。世人興造，因基之偏側，任而造之，何不以牆取頭闊頭狹，就屋之端正，斯匠主之莫知也。

白粉牆　歷來粉牆，用紙筋石灰。有好時（事）取其光膩，用白蠟磨打者。今用江湖中黃沙，并上好石灰少許打底，再加少許石灰蓋面，以麻帚輕擦，自然明亮鑑人。倘有污積，遂可洗去，斯名「鏡面牆」也。

磨磚牆　如隱門照牆、廳堂面牆，皆可用磨或方磚吊角。或方磚裁成八角嵌小方，或小磚一塊間半塊，破花砌如錦樣。封頂用磨掛方飛檐磚幾層，雕鏤花鳥仙獸不可用，入畫意者少。

漏磚牆　凡有觀眺處築斯，似避外隱內之義。古之瓦砌連錢、疊錠、魚鱗等類，一概屏之。聊式幾于左。

亂石牆　是亂石皆可砌，惟黃石者佳。大小相間，宜雜假山之間。亂青石版用油灰抿縫，斯名冰裂也。

菱花漏墙式
實脚
式三
人字式五
聯環式二
竹節式四
式六

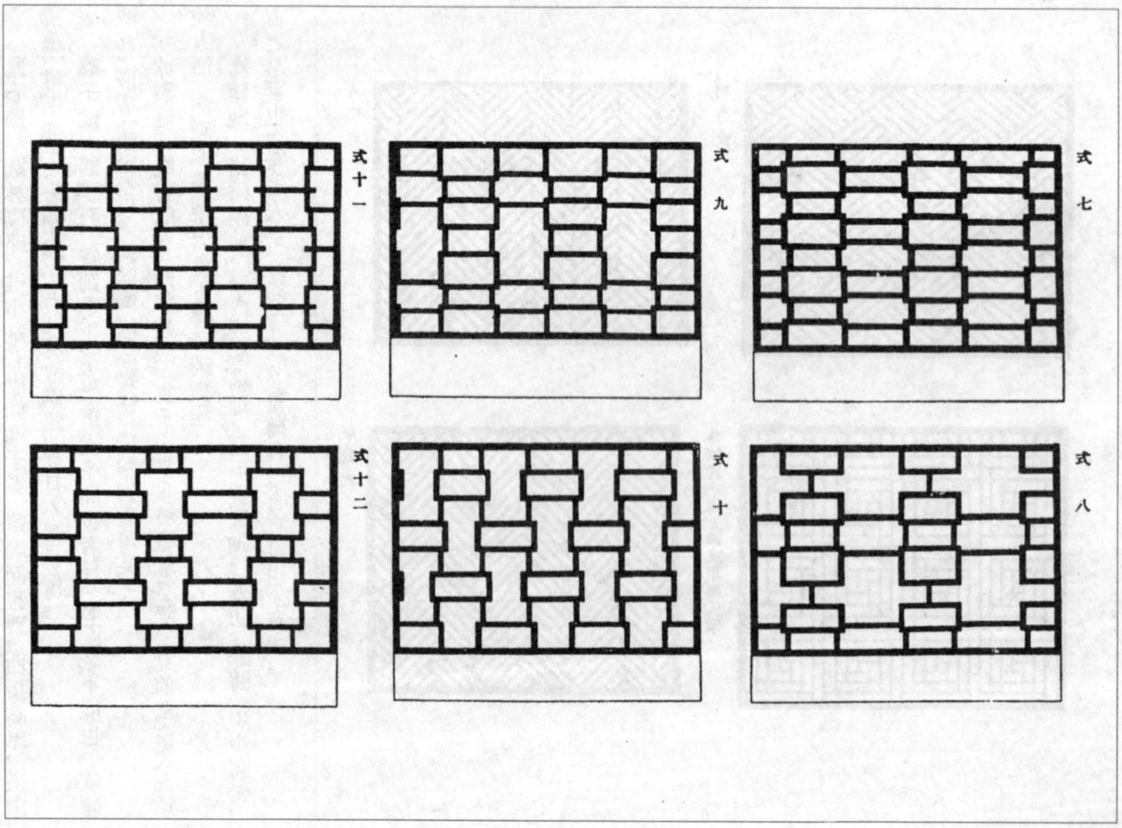
式七
式九
式十一
式八
式十
式十二

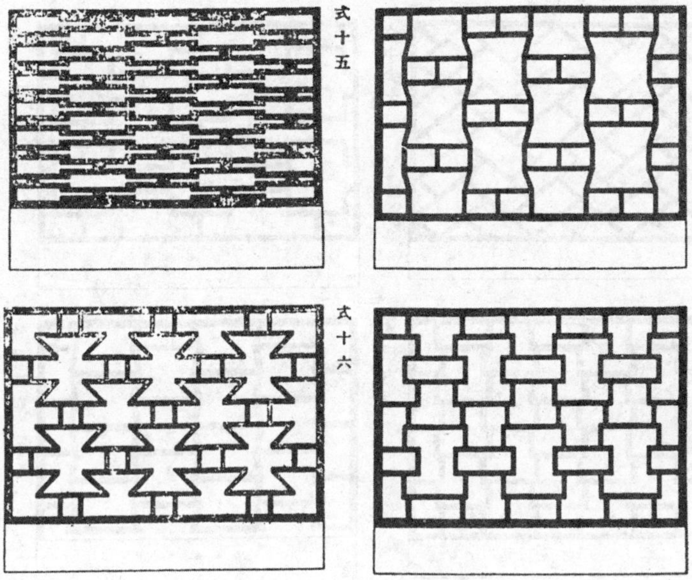

漏明牆，凡計一十六式。惟取其堅固，如欄杆式中亦有可摘砌者。意不能盡，猶恐重式，宜用磨砌者佳。

又《七　鋪地》 大凡砌地鋪街，小異花園住宅。惟廳堂廣廈中鋪一槩磨磚。如路徑盤蹊，長砌多般亂石，中庭或宜疊勝，近砌亦可回文。八角嵌方，選鵝子鋪成蜀錦。層樓出步，就花稍琢擬秦臺。錦綫瓦條，臺全石版。吟花席地，醉月鋪氊。廢瓦片也有行時，當湖石削鋪，波紋洶湧。破方磚可留大用，遶梅花磨鬥，冰裂紛紜。路徑尋常，堦除脱俗。蓮生韈底，步出個中來。翠拾林深，春從何處是。花環窄路偏宜石，堂迴空庭須用磚。各式方圓，隨宜鋪砌。磨歸瓦作，雜用鈎兒。

亂石路 園林砌路，惟小亂石砌如榴子者，堅固而雅致，曲折高卑，從山攝壑，惟斯如一。有用鵝子石間花紋砌路，尚且不堅易俗。

鵝子地 鵝子石，宜鋪于不常走處，大小間砌者佳，恐匠之不能也。或磚或瓦，嵌成諸錦猶可。如嵌鶴、鹿、獅毬，猶類狗者可笑。

冰裂地 亂青版石，鬥冰裂紋，宜于山堂水坡臺端亭際。見前風窗式。意隨人活，法砌似無拘格，破方磚磨鋪猶佳。

諸磚地 諸磚砌地，屋内或磨扁鋪，庭下宜仄砌。方勝、疊勝、步步勝者，古之常套也。今之人字、蓆紋、斗紋，量磚長短合宜可也。有式：

八方間六方式

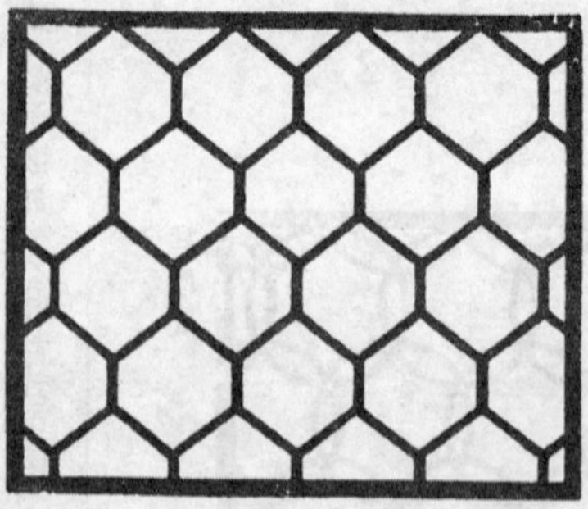
六方式

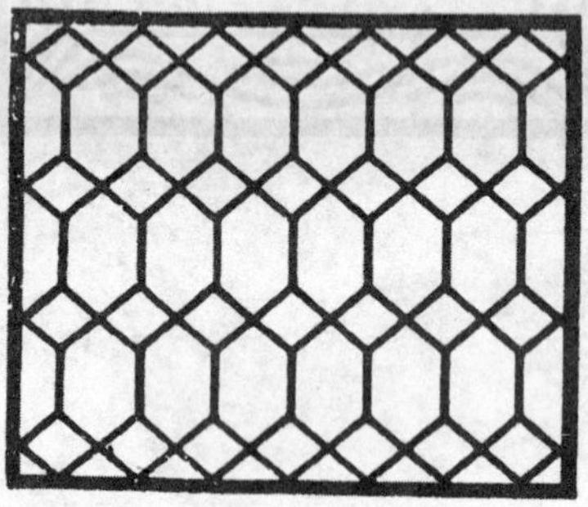
套六方式

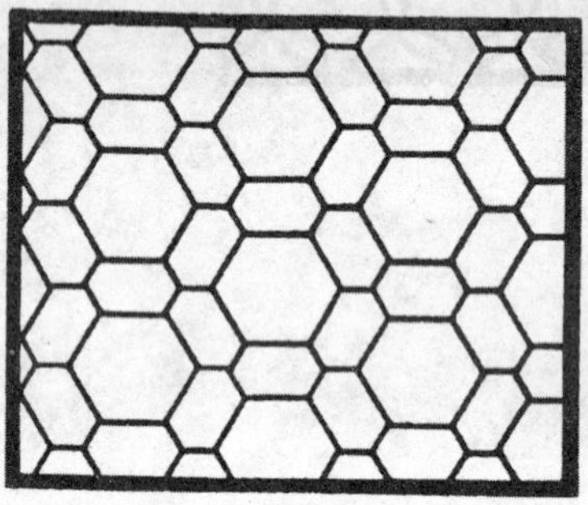
攢六方式

以上八式 用磚條鷺子砌

海棠式

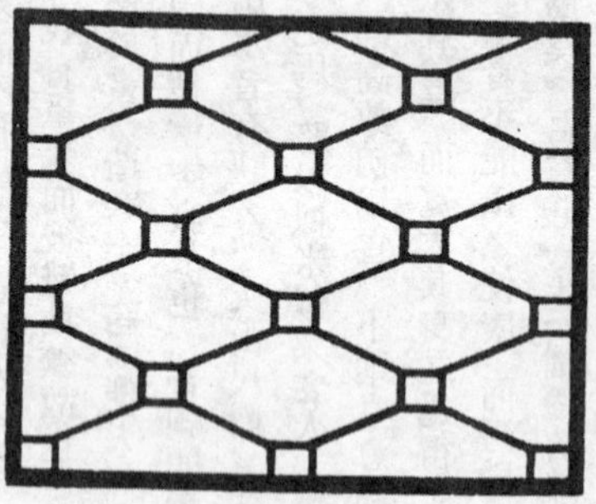
長八方式

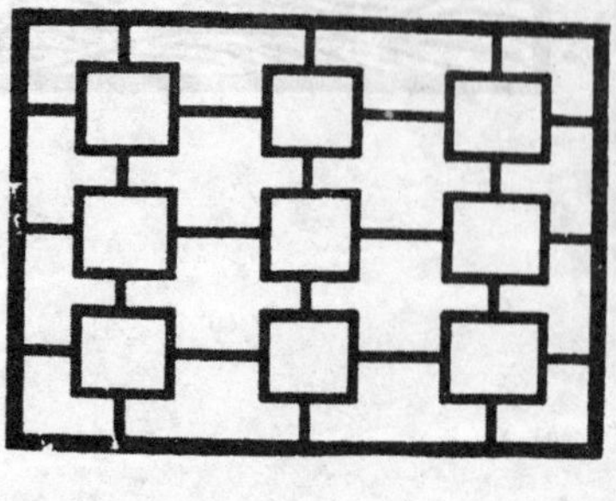
四方間十字式

八方式

香草邊式 用磚邊瓦砌，香草中或鋪磚、或鋪鵝子。

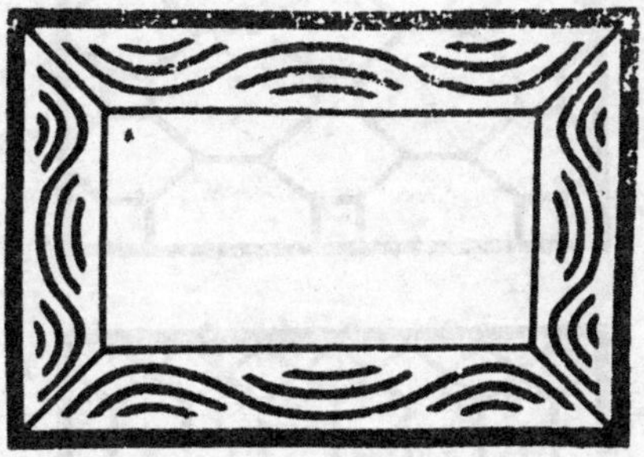

香草邊式

毬門式 鵝子嵌瓦，只此一式可用。

毬門式

波紋式 用廢瓦撿厚薄砌，波頭宜厚，波傍宜薄。

清　李漁《閑情偶寄》卷八《居室部・房舍第一》 人之不能無屋，猶體之不能無衣。衣貴夏涼冬燠，房舍亦然。堂高數仞，榱題數尺，壯則壯矣，然宜於夏而不宜於冬，登貴人之堂，令人不寒而慄。雖勢使之然，亦寥廓有以致之，我有重裘而彼難挾纊故也。及肩之牆，容膝之屋，儉則儉矣，然適於主而不適於賓。造寒士之廬，使人無憂而歎，雖氣感之乎，亦境地有以迫之。此耐蕭疏而彼憎岑寂故也。吾願顯者之居，勿太高廣。夫房舍與人，欲其相稱。畫山水者有訣云：丈山尺樹，寸馬豆人。使一丈之山，綴以二尺三尺之樹，一寸之馬，跨以似米似粟之人，稱乎不稱乎？使顯者之軀，能如湯文之九尺十尺，則高數仞爲宜。不則堂愈高而人愈覺其矮，地愈寬而體愈形其瘠，何如略小其堂，而寬大其身之爲得乎？處士之廬，難免卑隘。然卑者不能聳之使高，隘者不能擴之使廣，而污穢者、充塞者，則能去之使净，净則卑者高而隘者廣矣。吾貧賤一生，播遷流離，不一其處。雖債而食、賃而居，總未嘗稍污其座。性嗜花竹而購之無資，則必令妻孥忍飢數日，或耐寒一冬，省口體之奉以娱耳目，人則笑之，而我怡然自得也。性又不喜雷同，好爲矯異。常謂人之葺居治宅，與讀書作文同一致也。譬如治舉業者，高則自出手眼，創爲新異之篇。其極卑者，亦將讀熟之文，移頭換尾，損益字句而後出之，從

未有抄寫全篇，而自名善用者也。乃至興造一事，則必肖人之堂以爲堂，窺人之户以立户。稍有不合，不以爲得，而反以爲耻。常見通侯貴戚，擲盈千纍萬之資以治園圃，必先諭大匠曰：亭則法某人之制，榭則遵誰氏之規，勿使稍異。而操運斤之權者，至大廈告成，必驕語居功，謂其立户開窗、安廊置閣，事事皆仿名園，纖毫不謬。噫！陋矣。以構造園亭之勝事，上之不能自出手眼，如標新創異之文人，下之至不能换尾移頭，學套腐爲新之庸筆，尚囂囂以鳴得意，何其自處之卑哉！予嘗謂人曰：生平有兩絶技，自不能用，而人亦不能用之，殊可惜也。人問絶技維何？予曰：一則辨審音樂，一則置造園亭。性嗜填詞，每多撰著，海内共見之矣。設處得爲之地，自選優伶，使歌自撰之詞曲，口授而躬試之，無論新裁之曲，可使迥異時腔，即舊日傳奇，一概删其腐習而益以新格，爲往時作者别開生面，此一技也。一則創造園亭，因地制宜，不拘成見，一榱一桷，必令出自己裁，使經其地、入其室者，如讀湖上笠翁之書。雖乏高才，頗饒别致，豈非聖明之世、文物之邦一點綴太平之具哉？噫！吾老矣，不足用也，請以崖略付之簡篇，供嗜痂者采擇，收其一得，如對笠翁，則斯篇實爲神交之助爾。

土木之事，最忌奢靡。匪特庶民之家當從儉朴，即王公大人，亦當以此爲尚。蓋居室之制，貴精不貴麗，貴新奇大雅，不貴纖巧爛熳。凡人止好富麗者，非好富麗，因其不能創異標新，舍富麗無所見長，只得以此塞責。譬如人有新衣二件，試令兩人服之，一則雅素而新奇，一則輝煌而平易。觀者之目，注在平易乎，在新奇乎？錦繡綺羅，誰不知貴，亦誰不見之？縞衣素裳，其制略新，則爲衆目所射，以其未嘗睹也。凡予所言，皆屬價廉工省之事。即有所費，亦不及雕鏤粉藻之百一。且古語云：耕當問奴，織當訪婢。予貧士也，僅識寒酸之事，欲示富貴而以綺麗勝人，則有從前之舊制在。

新制人所未見，即縷縷言之，亦難盡曉，勢必繪圖作樣。然有圖所能繪，有不能繪者。不能繪者十之九，能繪者不過十之一。因其有而會其無，是在解人善悟耳。

向背 屋以面南爲正向。然不可必得則面北者，宜虚其後以受南薰。面東者虚右，面西者虚左，亦猶是也。如東西北皆無餘地，則開窗借天以補之。牖之大者，可抵小門二扇。穴之高者，可敵低窗二扇。不可不知也。

途徑 徑莫便於捷，而又莫妙於迂。凡有故作迂途，以取别致者，必另開耳門一扇，以便家人之奔走。急則開之，緩則閉之。斯雅俗倶利，而理致兼收矣。

高下 房舍忌似平原，須有高下之勢。不獨園圃爲然，居宅亦應如是。前卑後高，理之常也。然地不如是而强欲如是，亦病其拘。總有因時制宜之法。高者造屋，卑者建樓，一法也。卑處叠石爲山，高處浚水爲池，二法也。又有因其高而愈高之，竪閣磊峰於峻坡之上。因其卑而愈卑之，穿塘鑿井於下濕之區。總無一定之法。神而明之，存乎其人。此非可以遥授方略者矣。

出檐深淺 居宅無論精粗，總以能蔽風雨爲貴。常有畫棟雕梁，瓊樓玉檻，而止可娱晴，不堪坐雨者，非失之太敞，則病於過峻。故柱不宜長，長爲招雨之媒。窗不宜多，多爲匿風之藪。務使虚實相半，長短得宜。又有貧士之家，房舍寬而餘地少，欲作深檐以障風雨，則苦於暗。欲置長牖以受光明，則慮在陰。劑其兩難，則有添置活檐一法。何爲活檐？法於瓦檐之下另設板棚一扇，置轉軸於兩頭，可撑可下。晴則反撑，使正面向上，以當檐外頂格。雨則正撑，使正面向下，以承檐溜。是我能用天，而天不能窘我矣。

置頂格 精室不見椽瓦。或以板覆，或有紙糊，以掩屋上之醜態。名爲頂格，天下皆然。予獨怪其法制未善，何也？常因屋高檐矮，意欲取平，遂抑高者就下，頂格一概齊檐，使高敞有用之區，委之不見不聞，以爲鼠窟，良可慨也。亦有不忍棄此，竟以頂板貼椽，仍作屋形，高其中而卑其前後者，又不美觀，而病其呆笨。予爲新製：以頂格爲斗笠之形，可方可圓，四面皆下，而獨高其中。且無多費，仍是平格之板料，但令工匠畫定尺寸，鏇而去之。如作圓形，則中間鏇下一段。是棄物矣，即用棄物作頂，升之於上，止增周圍一段竪板，長僅尺許。少者一層，多則二層，隨人所好。方者亦然，造成之後，若糊以紙，又可於竪板之上裱貼字畫。圓者類手卷，方者類册葉。簡而文，新而妥，以質高明，必當取其有裨。

方者可用竪板作門。時開時閉，則當壁櫥四張。納無限器物於中，而不之覺也。

甃地 古人茅茨土階，雖崇儉朴，亦以法制未盡備也。惟幕天者可以席地。梁棟既設，即有階除，與戴冠者不可跣足同一理也。且土不覆磚，嘗苦其濕，又易生塵。有用板作地者，又病其步履有聲，諠而不寂。以三和土甃地，築之極堅，使完好如石，最爲豐儉得宜。而又有不便於人者。若和灰和土，不用鹽滷，則燥而易裂，用之發潮，又不利於天陰。且磚可挪移，而甃成之土不可挪移。日後改遷，遂成棄物。是又不宜用也。不若仍用磚鋪，止在磨與不磨

之間别其豐儉。有力者磨之使光，無力者聽其自糙。予謂極糙之磚，猶愈於極光之土。但能自運機杼，使小者間大，方者合圓，别成文理，或作冰裂，或肖龜紋。收牛溲馬勃入藥籠，用之得宜，其價值反在參苓之上。此種調度，言之易而行之甚難。僅存其説而已。

藏垢納污　欲營精潔之房，先設藏垢納污之地。何也？愛精喜潔之士，一物不整齊，即如目中生刺，勢必去之而後已。然一人之身，百工之所爲備，能保物物皆精乎？且如文人之手，刻不停批，繡女之躬，時難罷刺。唾絨滿地，金屋爲之不光，殘稿盈庭，精舍因而欠好。是極韻之物，尚能使人不韻，況其他乎？故必於精舍左右，另設小屋一間，有如複道，俗名套房是也。凡有敗箋棄紙，垢硯秃毫之類，卒急不能料理者，姑置其間，以俟暇時檢點。婦人之閨閣亦然，殘脂剩粉，無日無之，净之將不勝其净也。此房無論大小，但期必備。如貧家不能辦此，則以箱籠代之，案傍榻後皆可置。先有容拙之地，而後能施其巧。此藏垢之不容已也。至於納污之區，更不可少。凡人有飲即有溺，有食即有便。如廁之時尚少，可於溷廁之外，不必另籌去路。至於溺之爲數，一日不知凡幾。若不擇地而遺，則净土皆成糞壤。如或避潔就污，則往來僕僕，是率天下而路也。此爲尋常好潔者言之。若夫文人運腕，每至得意疾書之際，機鋒一阻，則斷不可續。然而寢食可廢，便溺不可廢也。官急不如私急，俗不云乎？常有得句將書，而阻於溺，及溺後覓之，杳不可得者。予往往驗之。故營此最急。當於書室之傍，穴牆爲孔，嵌以小竹，使遺在内而流於外，穢氣罔聞，有若未嘗溺者。無論陰晴寒暑，可以不出户庭。此予自爲計者，而亦舉以示人，其無隱諱可知也。

又《居室部・窗欄第二》　吾觀今世之人，能變古法爲今制者，其惟窗欄二事乎？窗欄之制，日異月新，皆從成法中變出。腐草爲螢，實具至理。如此則造物生人，不枉付心胸一片。但造房建宅，與置立窗軒同是一理，明於此而暗於彼，何其有聰明而不善擴乎？予往往自制窗欄之格，口授工匠使爲之，以爲極新極異矣。而偶至一處，見其已設者先得我心之同然，因自笑爲遼東白豕。獨房舍之制不然，求爲同心甚少。門窗二物，新制既多，予不復贅，恐其又蹈白豕轍也。惟約略言之，以補時人之偶缺。

制體宜堅　窗櫺以明透爲先，欄杆以玲瓏爲主。然此皆屬第二義，其首重者，止在一字之「堅」。堅而後論工拙。嘗有窮工極巧以求盡善，乃不踰時而失頭墮趾，反類畫虎未成者，計其新而不計其舊也。總其大綱，則有二語：宜簡不宜繁，宜自然不宜雕斵。凡事物之理，簡斯可繼，繁則難久。順其性者必堅，戕其體者易壞。木之爲器，凡合筍使就者，皆順其性以爲之者也。雕刻使成者，皆戕其體而爲之者也。一涉雕鏤，則腐朽可立待矣。故窗櫺欄杆之制，務使頭頭有筍，眼眼着撒。然頭眼過密，筍撒太多，又與雕鏤無異，仍是戕其體也。故又宜簡不宜繁。根數愈少愈佳，少則可堅。眼數愈密愈貴，密則紙不易碎。然既少矣，又安能密？曰此在制度之善，非可以筆舌争也。牖欄之體，不出縱横、欹斜、屈曲三項。請以蕭齋製就者，各圖一則以例之。

〔縱横格〕是格也，根數不多，而眼亦未嘗不密，是所謂頭頭有筍，眼眼着撒者。雅莫雅於此，堅亦莫堅於此矣。是從陳腐中變出，由此推之，則舊式可化爲新者不知凡幾。但取其簡者堅者自然者變之，事事以雕鏤爲戒，則人工漸去而天巧自呈矣。

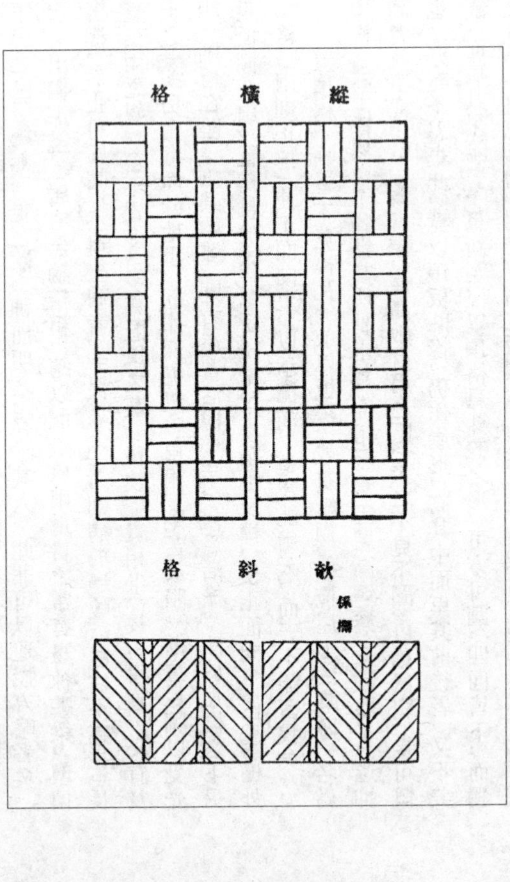

〔欹斜格〕此格甚佳，爲人意想所不到。因其平而有筍者，可以着實。尖而無筍者，没處生根故也。然賴有躲閃法，能令外似懸空，内偏着實，止須善藏其拙耳。當於尖木之後，另設堅固薄板一條，托於其後。上下投筍，

而以尖木釘於其上。前看則無，後觀則有。其能幻有爲無者，全在油漆時善於着色。如欄杆之本體用朱，則所托之板另用他色。他色亦不得泛用，當以屋内牆壁之色爲色。如牆係白粉，此板亦作粉色。壁係青磚，此板亦肖磚色。自外觀之止見朱色之紋而與牆壁相同者，混然一色，無所辨矣。至欄杆之向内者，又必另爲一色，勿與外同。或青或藍，無所不可。而薄板向内之色，則當與之相合，自内觀之，又別成一種。文理較外尤可觀也。

屈曲體

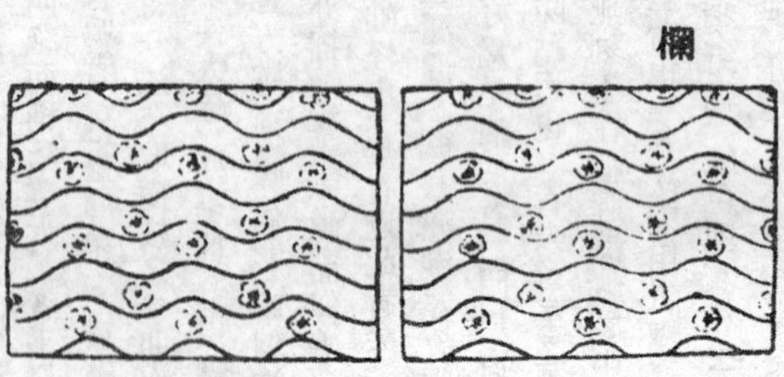

〔屈曲體〕此格最堅，而又省費，名桃花浪，又名浪裏梅。曲木另造，花另造，俟曲木入柱投筍後，始以花塞空處，上下着釘，借此聯絡。雖有大力者撓之，不能動矣。花之内外宜作兩種，一作桃，一作梅。所云桃花浪、浪裏梅是也。浪色亦忌雷同，或藍或緑。否則同是一色，而以深淺別之。使人一轉足之間，景色判然。是以一物幻爲二物，又未嘗於本等材料之外另費一錢。凡予所爲，强半皆若是也。

又《居室部·牆壁第三》峻宇雕牆，家徒壁立。昔人貧富，皆於牆壁間辨之。故富人潤屋，貧士結廬，皆自牆壁始。牆壁者，内外攸分而人我相半者也。俗云，一家築牆，兩家好看。居室器物之有公道者，惟牆壁一種，其餘一切皆爲我之學也。然國之宜固者城池，城池固而國始固。家之宜堅者牆壁，牆壁堅而家始堅。其實爲人即是爲己，人能以治牆壁之一念，治其身心，則無往而不利矣。人笑予止務閑情，不喜談禪講學，故偶爲是説以解嘲，未審有當於理學名賢，及善知識否也。

界牆　界牆者，人我公私之畛域，家之外廓是也。莫妙於亂石壘成，不限大小方圓之定格，壘之者人工，而石則造物生成之本質也。其次則爲石子，石子亦係生成，而次於亂石者，以其有圓無方，似執一見，雖屬天工，而近於人力故耳。然論二物之堅固，亦復有差。若云美觀入畫，則彼此兼擅其長矣。此惟傍山鄰水之處得以有之，陸地平原，知其美而不能致也。予見一老僧建寺，就石工斧鑿之餘，收取零星碎石，幾及千擔，壘成一壁。高廣皆過十仞，嶙峋嶄絶，光怪陸離，大有峭壁懸崖之致。此僧誠韻人也。迄今三十餘年，此壁猶時時入夢，其繫人思念可知。磚砌之牆，乃八方公器，其理其法，是人皆知，可以置而弗道。至於泥牆土壁，貧富皆宜，極有蕭疏雅淡之致。惟怪其跟脚過肥，收頂太窄，有似尖山，又且或進或出，不能如磚牆一截而齊，此皆主人監督之不善也。若以砌磚牆掛綫之法，先定高低出入之痕，以他物建標於外，然後以築板因之，則有旃牆粉堵之風，而無敗壁頹垣之象矣。

女牆　古今注云：女牆者，城上小牆，一名睥睨，言於城上窺人也。予以私意釋之，此名甚美，似不必定指城垣，凡户以内之及肩小牆，皆可以此名之。蓋女者，婦人未嫁之稱，不過言其纖小。若定指城上小牆，則登城御敵，豈婦人女子之事哉。至於牆上嵌花或露孔，使内外得以相視，如近時園圃所築者，益可名爲女牆。蓋仿睥睨之制而成者也。其法窮奇極巧，如《園冶》所載諸式，殆無遺義矣。但須擇其至穩極固者爲之，不則一磚偶動，則全壁皆傾，往來負荷者，保無一時誤觸之患乎？壞牆不足惜，傷人實可慮也。予謂自頂及脚皆砌花紋，不惟極險，亦且大費人工。其所以洞徹内外者，不過使代琉璃屏，欲人窺見室家之好耳。止於人眼所矚之處，空二三尺，使作奇巧花紋。其高乎此及卑乎此者，仍照常實砌，則爲費不多，而又永無誤觸致崩之患。此豐儉得宜、有利無害之法也。

廳壁　廳壁不宜太素，亦忌太華。名人尺幅，自不可少，但須濃淡得宜，錯綜有致。予謂裱軸不如實貼。軸慮風起動摇，損傷名蹟，實貼則無是患，且覺大小咸宜也。實貼又不如實畫，「何年顧虎頭，滿壁畫滄洲」，自是高人韻

事。予齋頭偶仿此制，而又變幻其形。良朋至止，無不耳目一新，低徊留之不能去者。因予性嗜禽鳥，而又最惡樊籠，二事難全，終年搜索枯腸，一悟遂成良法：乃於廳旁四壁，倩四名手，盡寫着色花樹，而繞以雲烟。即以所愛禽鳥，蓄於虬枝老幹之上。畫止空迹，鳥有實形。如何可蓄？曰不難，蓄之須自鸚鵡始。從來蓄鸚鵡者，必用銅架。即以銅架去其三面，止存立脚之一條，并飲水啄粟之二管，先於所畫松枝之上穴一小小壁孔，後以架鸚鵡者插入其中，務使極固，庶往來跳躍，不致動摇。松爲着色之松，鳥亦有色之鳥，互相映發，有如一筆寫成。良朋至止，仰觀壁畫，忽見枝頭鳥動，葉底翎張，無不色變神飛，詫爲仙筆。乃驚疑未定，又復載飛載鳴，似欲翱翔而下矣。諦觀熟視，方知箇裏情形。有不抵掌叫絶而稱巧奪天工者乎！若四壁盡蓄鸚鵡，又忌雷同，勢必間以他鳥。鳥之善鳴者，推畫眉第一。然鸚鵡之籠可去，畫眉之籠不可去也，將奈之何？予又有一法：取樹枝之拳曲似籠者，截取一段，密者聽其自如，疏者網以鐵綫。不使太疏，亦不使太密，總以不致飛脱爲主。蓄畫眉於中，插之亦如前法。此聲方歇，彼喙復開，翠羽初收，丹睛復轉。因禽鳥之善鳴善啄，覺花樹之亦動亦摇。流水不鳴而似鳴，高山是寂而非寂。坐客别去者，皆作殷浩書空，謂咄咄怪事，無有過此者矣。

書房壁　書房之壁，最宜瀟灑。欲其瀟灑，切忌油漆。油漆二物，俗物也，前人不得已而用之，非好爲是沾沾者。門户窗欞之必須油漆，蔽風雨也。廳柱榱楹之必須油漆，防點污也。若夫書室之内，人跡罕至，陰雨弗浸，無此二患而亦蹈此轍，是無刻不在桐腥漆氣之中，何不并漆其身而爲厲乎！石灰堊壁，磨使極光，上着也。其次則用紙糊，紙糊可使屋柱窗楹共爲一色。即壁用灰堊，柱上亦須紙糊，紙色與灰相去不遠耳。壁間書畫自不可少，然黏貼太繁，不留餘地，亦是文人俗態。天下萬物，以少爲貴。步幛非不佳，所貴在偶爾一見。若王愷之四十里，石崇之五十里，則是一日中閲市，錦綉羅列之肆廛而已矣。看到繁縟處，有不生厭倦者哉！昔僧玄覽，住荆州陟屺寺。張璪畫古松於齋壁，符載贊之，衛象詩之，亦一時三絶，覽悉加堊焉。人問其故，覽曰：無事疥吾壁也。誠高僧之言，然未免太甚。若近時齋壁，長箋短幅盡貼無遺，似衝繁道上之旅肆，往來過客，無不留題。所少者只有一筆，一筆維何？某年月日某人同某在此一樂是也。此真疥壁，吾請以玄覽之藥藥之。

糊壁用紙，到處皆然，不過滿房一色，白而已矣。予怪其物而不化，竊欲新之。新之不已，又以薄蹏變爲陶冶，幽齋化爲窑器。雖居室内，如在壺中。又一新人觀聽之事也。先以醬色紙一層，糊壁作底。後用豆緑雲母箋，隨手裂作零星小塊，或方或匾，或短或長，或三角，或四五角，但勿使圓，隨手貼於醬色紙上。每縫一條，必露出醬色紙一綫。務令大小錯雜，斜正參差，則貼成之後，滿房皆冰裂碎紋，有如哥窑美器。其塊之大者，亦可題詩作畫，置於零星小塊之間，有如銘鐘勒卣，盤上作銘，無一不成韻事。問予所費幾何，不過於尋常紙價之外，多一二剪合之工而已。同一費錢，而有庸腐新奇之别，止在稍用其心。心之官則思，如其不思，則焉用此心爲哉！

糊紙之壁，切忌用板。板乾則裂，板裂而紙碎矣。用木條縱横作槅，如圍屏之骨子然。前人制物備用，皆經屢試而後得之。屏不用板而用木槅，即是故也。即如糊刷用椶，不用他物，其法亦經屢試。舍此而另换一物，則紙與糊兩不相能。非厚薄之不均，即剛柔之太過。是天生此物以備此用，非人不能取而予之。人知巧莫巧於古人，孰知古人於此亦大費辛勤。皆學而知之，非生而知之者也。

壁間留隙地，可以代櫥。此仿伏生藏書於壁之義，大有古風。但所用有不合於古者：此地可置他物，獨不可藏書。以磚土性濕，容易發潮，潮則生蠹，且防朽爛故也。然則古人藏書於壁，殆虚語乎？曰：不然。東南西北地氣不同，此法止宜於西北，不宜於東南。西北地高而風烈，有穴地數丈而始得泉者。濕從水出，水既不得，濕從何來？即使有極潮之地，而加以極烈之風，未有不返濕爲燥者。故壁間藏書，惟燕趙秦晉則可，此外皆應避之。即藏他物，亦宜時開時闔，使受風吹。久閉不開，亦有霾濕生蟲之患。莫妙於空洞其中，止設托板，不立門扇，仿佛書架之形，有其用而不侵吾地。且有磐石之固，莫能摇動。此妙制善算，居家必不可無者。予又有壁内藏燈之法，可以養目，可以省膏，可以一物而備兩室之用。取以公世，亦貧士利人之一端也。我輩長夜讀書，燈光射目，最耗元神。有用瓦燈貯火，留一隙之光，僅照書本，餘皆閉藏於内而不用者。予怪以有用之光，置無用之地，猶之暴殄天物。因效匡衡鑿壁之義，於牆上穴一小孔，置燈彼屋而光射此房，彼行彼事，我讀我書。是一燈也，而備全家之用，又使目力不竭於焚膏。較之瓦燈，其利奚止十倍，以贈貧士，可當分財，使予得擁厚貲，其不吝亦如是也。

又《居室部・聯匾第四》堂聯齋匾，非有成規。不過前人贈人以言，多則書於卷軸，少則揮諸扇頭。若止一二字、三四字以及偶語一聯，因其太少也，便面難書，方策不滿，不得已而大書於木。彼受之者，因其堅巨難藏，不便内之笥中。欲舉以示人，又不便出諸懷袖。亦不得已而懸之中堂，使人共見。此當日作始者偶然爲之，非有成格定制，畫一而不可移也。詎料一人爲之，千人萬人效之，自昔徂今，莫知稍變。夫禮樂制自聖人，後世莫敢竄易，而殷因夏禮，周因殷禮，尚有損益於其間，矧器玩竹木之微乎？予亦不必大肆更張，但效前人之損益可耳。錮習繁多，不能盡革。姑取齋頭已設者，略陳數則，以例其餘。非欲舉世則而效之，但望同調者各出新裁，其聰明什伯於我。投磚引玉，正不知導出幾許神奇耳。

有詰予者曰：觀子聯匾之制，佳則佳矣，其如掛一漏萬何。由子所爲者而類推之，則博古圖中，如罇罍、琴瑟、几杖、盤盂之屬，無一不可肖象而爲之，胡僅以寥寥數則爲也？予曰：不然。凡予所爲者，不徒取異標新，要皆有所取義。凡人操觚握管，必先擇地而後書之。如古人種蕉代紙，刻竹留題，册上揮毫，卷頭染翰，翦桐作詔，選石題詩。是之數者，皆書家固有之物，不過取而予之。非有蛇足於其間也。若不計可否而混用之，則將來牛鬼蛇神無一不備，予其作俑之人乎！

圖中所載諸名筆，係繪圖者勉强肖之，非出其人之手。縮巨爲細，自失原神，觀者但會其意可也。

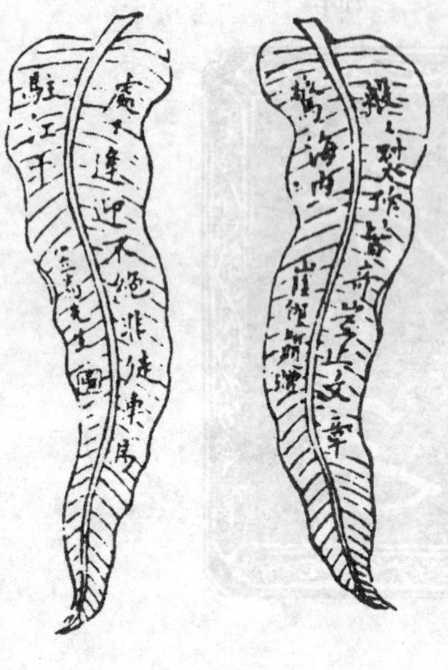
蕉葉聯

蕉葉題詩，韻事也。狀蕉葉爲聯，其事更韻。但可置於平坦貼服之處，壁間門上，皆可用之。以之懸柱則不宜，闊大難掩故也。其法：先畫蕉葉一張於紙上，授木工以板爲之，一樣二扇，一正一反，即不雷同。後付漆工，令其滿灰密布，以防碎裂。漆成後，始書聯句，并畫筋紋。蕉色宜緑，筋色宜黑，字則宜填石黄，始覺陸離可愛。他色皆不稱也，用石黄乳金更妙。全用金字，則大俗矣。此匾懸之粉壁，其色更顯，可稱雪裏芭蕉。

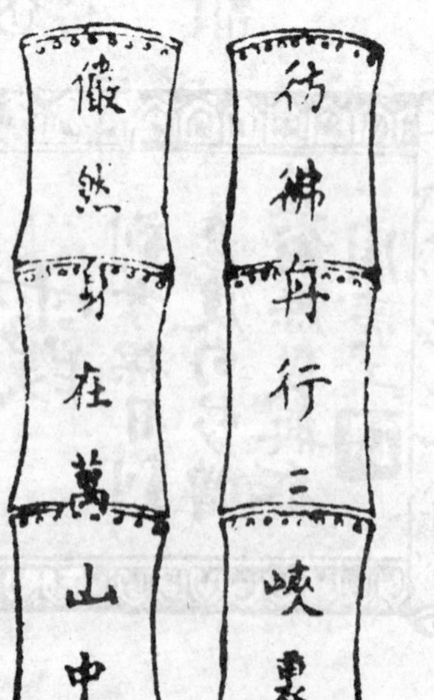

此君聯

寧可食無肉，不可居無竹。竹可須臾離乎？竹之可爲器也，自樓閣几榻之大，以至笥奩杯箸之微，無一不經采取。獨至爲聯爲匾諸韻事，棄而弗録。豈此君之幸乎？用之請自予始。截竹一筒，剖而爲二。外去其青，内剷其節。磨之極光，務使如鏡，然後書以聯句，令名手鐫之，摻以石青或石緑，即墨字亦可。以云乎雅，則未有雅於此者。以云乎儉，亦未有儉於此者。不寧惟是，從來柱上加聯，非板不可。柱圓板方，柱窄板闊，彼此牴牾，勢難貼服。何如以圓合圓，纖毫不謬，有天機湊泊之妙乎？此聯不用銅鈎掛柱，用則多此一物，是爲贅瘤。止用銅釘上下二枚，穿眼實釘，勿使動移。其穿眼處，反擇有字處穿之，釘釘後，仍用摻字之色，補於釘上，混然一色，不見釘形尤妙。釘蕉葉聯亦然。

三字額平書者多。間有直書者，匀作兩行。匾用方式，亦偶見之，然皆白地黑字，或青緑字。兹效石刻爲之，嵌於粉壁之上，謂之匾額可，謂之碑文亦可。名雖石，不果用石，用石費多而色不顯，不若以木爲之。其色亦不仿墨刻之色，墨刻色暗而遠視不甚分明。地用黑漆，字填白粉，若是則爲值既廉，又使觀者耀目。此額惟牆上開門者宜用之，又須風雨不到之處。客之至者，未啟雙扉，先立漆書壁經之下，不待搴帷入室，已知爲文士之廬矣。

碑文額

額身用板，地用白粉，字用石青石緑，或用炭灰代墨，無一不可。與尋常匾式無異，止增圓木二條，綴於額之兩傍，若軸心然。左畫錦紋，以象裝潢之色。右則不宜太工，但象托畫之紙色而已。天然圖卷，絶無穿鑿之痕。制席之善，庸有過於此者乎？眼前景，手頭物，千古無人計及，殊可怪也。

手卷額

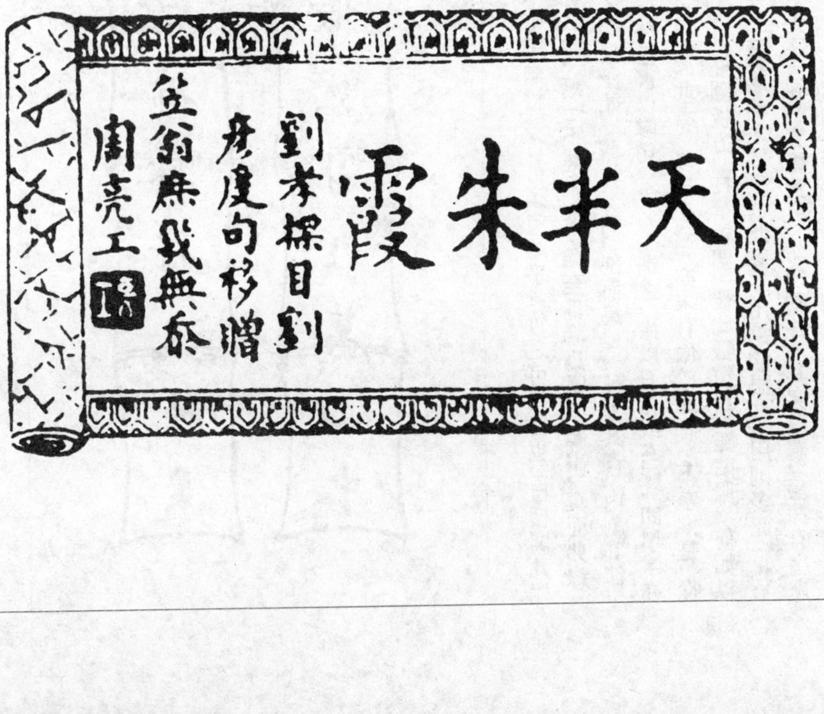

冊頁匾

用方板四塊，尺寸相同，其後以木綰之，斷而使續。勢取乎曲，然勿太曲。邊畫錦紋，亦象裝潢之色。止用筆畫，勿用刀鐫，鐫者粗略，反不似筆墨精工，且和油入漆，着色爲難，不若畫色之可深可淺，隨取隨得也。字則必用剞劂。各有所宜，混施不可。

虛白匾

虛室生白，古語也。且無事不妙於虛，實則板矣。用薄板之堅者，貼字於上，鏤而空之，若製糖食果餡之木印。務使二面相通，纖毫無障。其無字處，堅以灰布，漆以退光，俟既成後，貼潔白綿紙一層於字後。木則黑而無滓，字則白而有光，既取玲瓏，又類墨刻。有匾之名，去其跡矣。但此匾不宜混用，擇房舍之內暗外明者置之。若屋後有光，則先穴通其屋，以之向外。不則置於入門之處，使正面向內。從來屋高門矮，必增横板一塊於門之上。以此代板，誰曰不佳。

石光匾

即虛白一種，同實而異名，用於磊石成山之地。擇山石偶斷處，以此續之。亦用薄板一塊，鏤字既成，用漆塗染，與山同色，勿使稍異。其字旁凡有隙地，即以小石補之，黏以生漆，勿使見板。至板之四圍，亦用石補，與山石合成一片，無使有鑿漬之痕，竟似石上留題，爲後人穿鑿以存其跡者。字後若無障礙則使通天，不則亦貼綿紙，取光明而塞障礙。

秋葉匾

御溝題紅，千古佳事。取以製匾，亦覺有情。但製紅葉與製綠蕉有異，蕉葉可大，紅葉宜小。匾取其橫，聯妙在直。是亦不可不知也。

綜述

宋 王溥《唐會要》卷三一 又奏準營繕令，三公已下舍屋不得施重栱藻井，三品已上堂舍不得過五間七架，廈兩頭門屋不得過五間。五品已上堂舍不得過五間七架，廈兩頭門屋不得過三間兩架，仍通作烏頭大門。勳官各依本品，六品七品已下堂舍不得過三間五架，門屋不得過一間兩架。非常參官不得造抽心舍及施懸魚、對鳳、瓦獸，乳梁裝飾。其祖父舍宅門廕子孫，雖廕，盡聽依仍舊居住其士庶。王公第宅皆不得造樓閣臨人家。近者不守，敕文因循制造，自今後伏請禁斷。又，庶人所造堂舍不得過三間四架，門屋一間兩架，仍不得輒施裝飾。

宋 李誡《營造法式》卷三《石作制度·流杯渠》剜鑿流杯 壘造流杯 造流杯、石渠之制：方一丈五尺，用方三尺石，二十五段造。其石厚一尺

二寸，剜鑿渠道，廣一尺深九寸。其渠道盤屈，或作風字，或作國字。若用底版壘造，則心内施看盤一段，長四尺，廣三尺五寸。外盤渠道石並長三尺，廣二尺，厚一尺。底版長廣同上，厚六寸。餘並同剜鑿之制。出入水項子石二段，各長三尺，廣二尺，厚一尺二寸。剜鑿與身内同。若壘造則厚一尺，其下又用底版石，厚六寸。出入水斗子二枚，各方二尺五寸，厚一尺二寸。其内鑿池，方一尺八寸，深一尺。壘造同。

又 卷二九《石作制度圖樣·流杯渠第五》

流盃渠第五

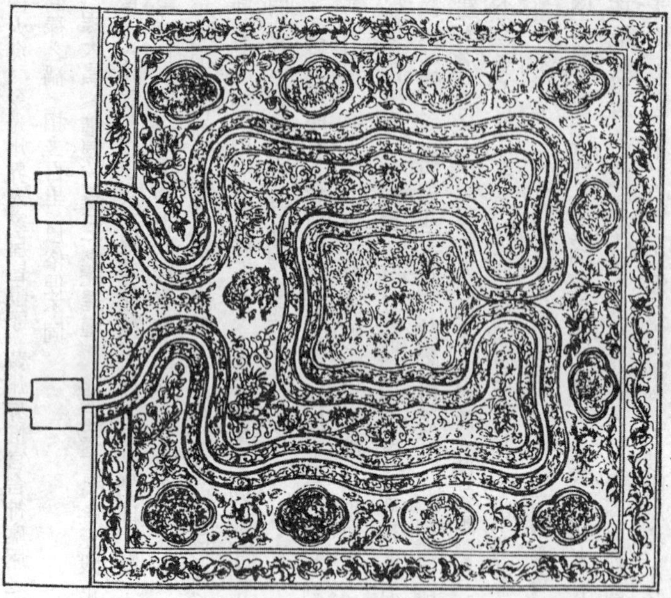

國字流盃渠

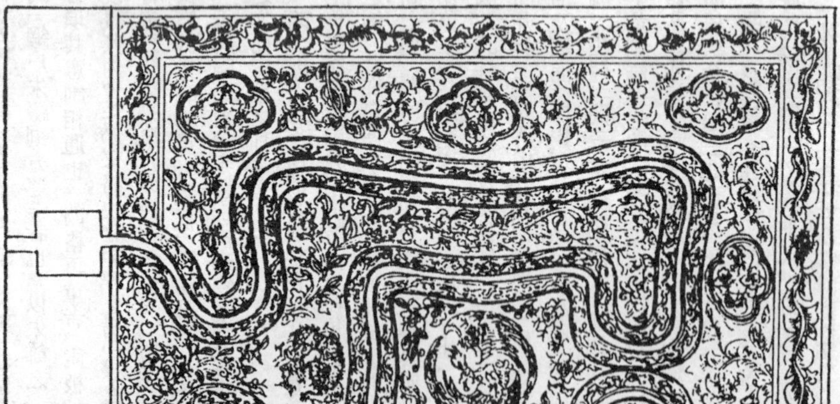

風字流盃渠

宋 朱彧《萍洲可談》卷二 宫殿置鴟吻，臣庶不敢用，故作獸頭代之。或云以禳火災。今光州界人家屋皆獸頭，黄州界惟官舍神廟用之。私居不用，云恐招回禄之禍。相去百里，風俗便不同。

宋 程大昌《雍録》卷三《龍尾道》 龍尾道者，含元殿正南升殿之道也。賈黄中《談録》曰：含元殿前龍尾道，自平地凡詰曲七轉，由丹鳳北望，宛如龍尾下垂於地，兩垠欄悉以青石爲之，至今石柱猶有存者。《兩京新記》曰：含元殿左右有砌道盤上，謂之龍尾道。按此即龍尾之形像，名實皆昭然矣。康駢《劇談録》曰：含元殿左右，立栖鳳翔鸞二閣，龍尾道出於閣前，殿門去南門二里。元會來朝者，仰觀玉座，如在霄漢。

又《含元螭頭》 殿前螭頭，蓋玉堦、扶欄上壓頂横石，刻爲螭頭之狀也。唐都城中有三大内，皆嘗受朝，而螭頭也者，惟大明宫有之。爲其據高而道峻，故峻道兩旁有石扶欄也。既有扶欄，則其下必立石柱，既有石柱其上必有壓頂横石。横石南出，突兀不雅馴，故刻螭以文之。此螭頭之所從起也。王仁裕自蜀入洛，過長安，記其所見曰：含元殿前玉堦三級，第一級予今變級爲層，貴與小級之文不相混。可高二丈許，每間引出一石螭頭，東西鱗次，一一皆存，猶不傾墊。第二第三級各高五尺，仁裕所分三級，以自上而下爲次。蓮花石頂亦存。階兩面龍尾道，各六七十步，方達第一級。皆花磚，微有虧損。仁裕此記，比賈康所記最爲詳明也。予於是合三説而言其制：蓋含元殿南，疏階升殿，凡爲三大層，自下而上。其下兩層皆培土鋪磚，爲坡陁斜道，不疏小級。其鋪磚處逶迤屈曲，凡七其轉，故自丹鳳門北望，則如龍行而垂其尾，是以命爲龍尾道也。龍尾云者，亦附並龍首山爲義而立爲之名也。此之龍尾也者。其培土處合爲一階，而階上所鋪磚，道則分而爲兩，可以引班對上。故仁裕曰：階兩面龍尾道，各六七十步也。龍尾道者，其兩畔亦有石欄，石欄柱之頂止刻蓮花，不刻螭頭矣。兩省官每朝，分班對于此。此兩層之上又有一大層，則仁裕之謂第一級者矣。通數小級，共爲一層，庶與仁裕語相應易見。與殿墀相接，其高二丈，故制度不與下兩層同。蓋下兩層培土砌磚，而上一層則列石爲級也。此之小級兩旁，各有石扶欄，扶欄上壓頂横石，即刻螭者也。其謂東西鱗次者，足以見小級皆有螭首也。故左右二史立，則直第二螭也。自殿北數來，第二小級也。凡此螭頭、龍尾，皆含元之制，而宣政、紫宸叙載在後。

又 卷一〇《青瑣》 漢給事中夕入青瑣門拜。青瑣者，孟康曰：以青畫户邊鏤中，天子制也。師古曰：青瑣者，爲連瑣文而青塗也。故給事所拜在此門也。曲陽侯王根驕奢僭上，赤墀青瑣。如淳曰門楣格再重，如人衣領再重，裏青，名曰青瑣。天子門制也。如淳之謂門格，今世名爲格子者是也。亦宋玉之謂「網户朱綴刻方連」者也。以朱飾之，而紅即爲朱，綴以青塗之。而青則爲青瑣其意制相通也。門格再重者，兩板相合，對鏤成文，使皆中空，乃以紗帛漫幕其内，是爲夾格也。如淳之言，揆之今世猶可驗也。梁冀、賈充第中皆有青瑣，即是物矣。此時習僭已久，雖用青瑣，人不以爲非也。《黄圖》曰：未央宫武帝時爲重軒鏤檻，青瑣丹墀。注曰：青瑣，有窗也。鮑照《詠月》詩曰：玉鈎隔瑣窗。李善曰：瑣窗，窗爲瑣文也。然則青瑣門者，門上鏤空爲連瑣之文而青塗之耳。

明 俞汝楫《禮部志稿》卷一八《房屋器用等第》 凡房屋洪武二十六年定，官員蓋造房屋并不許歇山、轉角、重檐、重拱、繪畫、藻井。其樓房不係重檐之例，聽從自便。公侯前廳七間或五間，兩厦九架造。中堂七間九架，後堂七間七架，門屋三間五架。門用金漆及獸面，擺錫環。家廟三間五架，俱用黑板瓦蓋屋脊，用花樣瓦獸。梁棟、斗栱、檐桷用彩色繪飾，窗枋柱用金漆或黑油飾。其餘廊廡庫厨等從屋房宜從蓋造，俱不得過五間七架。一品二品廳堂五間九架，屋脊許用瓦獸，梁棟、斗栱、檐桷用青碧繪飾，門屋三間五架門，用緑油及獸面，擺錫環。三品至五品廳堂五間七架，屋脊瓦獸，梁棟檐桷用青碧繪飾，正門三間三架，門用黑油，擺錫環。六品至九品廳堂三間七架，梁棟止用土黄刷飾，正門一間三架，黑門鐵環。一品官房舍除正廳外，其餘房舍許從宜蓋造，比正屋制度務要減小，不許太過。其門窗户牖並不許用硃紅油漆。庶民所居房舍不過三間五架，不許斗栱及彩色妝飾。

明 方以智《通雅》卷四七 升菴云：龍生九子，各有所好。椒圖似螺螄好閉，故立門上。《詞曲》「門迎駟馬車，户列八椒圖」，即謂此。見《菽園雜記》。陳無功曰：尸子云法螺蚌而閉户。《後漢書・禮儀志》：殷以水德王，故以螺著門户。此即鋪首也。虮蝮好負重，今碑下獸。鴟吻好望，今屋上獸。蒲牢好鳴，今在鐘上。蜥蜴好水，今立橋上。狴犴好訟，今獄門上。睚眦好殺，今在刀上。饕餮好飲食，故立于鼎。又曰：虮蝮好水，立于橋柱。蚣蝮好險，故立于護朽上。嘲風好險，今殿角作之。狻猊好烟火，今在香爐。囚牛好音，今胡琴上。形智按此多參差，亦後人附會也。霸下乃虮蝮、贔屭之轉，碑趺象

之，即句蠻類也。黃憲《外史》曰：嚮者犴犴之勞，則以犴爲陛音矣。犴是犬類，善守，非好訟也。虬螭即蜥蜴，蚐蛥即虬螭。升菴不能折衷，而反争注蛥爲舌折二音邪。蓋古多字有移侈二音，故螭之笞音相近，蚐則虬字之訛耳。嘲風，即鴟吻。又或以爲蚩尾，水物可以厭火，亦係乎人之説耳。立于殿角者，亦名陽馬，此人象之而名也，即如狻猊，豈盡龍之子乎。狻，音酸，師子也。古師作[illegible]，象獅形。黄省曾以虓爲獅子。《説苑》云：師曠言駿驤食豹，駿驤即狻猊，从犬从馬，一也。然狻則可讀俊。

明　呂毖《明宮史》卷一　（飛虹）橋以白石爲之，鑿獅龍、鼋鼉、魚蝦、海獸，水波洶湧，活躍如生。云是三寶太監鄭和自西域得之，非中國石工所能製者。橋之前右邊一塊缺損，云是中國補造，屢易屢泐，亦古跡也。

《清律例》卷一七　房舍並不得施用重拱重檐，樓房不在重檐之限。職官一品、二品廳房七間九架，屋脊許用花樣獸吻，梁棟、斗拱、檐桷彩色繪飾，正門三間五架，門用緑油，獸面銅鐶。三品至五品廳房五間七架，許用獸吻，梁棟、斗拱、檐桷青碧繪飾，正門三間三架，門用黑油，獸面擺錫鐶。六品至九品廳房三間七架，梁棟止用土黄刷飾，正門一間三架，門用黑油，鐵鐶。庶民所居堂舍不過三間五架，不用斗拱彩色雕飾。

清　姚之駰《元明事類鈔》卷二九　琢龍鳳《故宫遺録》：紅門内數十步許有河。河上建白石橋三座，名周橋。皆琢龍鳳祥雲，明瑩如玉。橋下有四白石龍擎戴水中甚壯。

又　盧溝橋《帝京景物略》：盧溝橋金時建。橋二百步，石欄列柱頭獅母乳態色相向，數之不盡。金幼孜盧溝橋詩：盧溝夭矯出桑乾，月照河流下石灘。

清　翟灝等撰　王維瀚重訂《湖山便覽》卷一〇《鳳凰山》　握髮殿《順存録》云：武肅王于宫中建握髮殿，取周公吐哺握髮之意。吴人語譌，乃云惡發殿，謂錢王怒時即乘此座也。時殿柱大者每條圍十二尺，其壯麗如此。《雞肋編》云：紹興時大享明堂，更脩射殿以爲享所。其基即錢氏握髮殿。

清　李斗《揚州畫舫録》卷二《草河録下》　長春橋，界迎恩河及保障湖之間。橋内爲迎恩河，橋外爲保障湖。白石甃基，刻奇獸蹲距。上覆飛亭，枋楔廣丈許，修百餘步。

又　卷六　（東邊）樓樓後即小洪園。射圃多梅，因于樓之後壁開户，裁紙爲邊，若橫披畫式，中以木槅嵌合。俟小洪園花開輒，抽去木槅，以樓後梅花爲壁間畫圖。此前人所謂「尺幅窗無心畫」也。

又　卷七　穀雨軒種牡丹數千本。春分後，植竹爲枋柱，上織蘆荻爲簾旌，替花障日。花時綺牖洞開。【略】闢卍字徑，開川字畦，朝曰夕陽，蓮炬明月，最稱佳麗。花過後各户全扃。

穀雨軒旁多小室，中一間窗牖作車輪形，謂之車輪房，一名蜘蛛網。

又　卷一五《岡西録》　廳後太湖石壁。攀峰脊，穿巖腹，中有石門，門中石路齒齒，皆冰裂紋。路旁老樹盤踞，與游人争道。小廊横斜而出，透迤至含珠堂。聯云：野香襲荷芰皎然，池色似瀟湘許渾。

又　數椽瀟灑臨溪，屋在來春堂左。小室如畫舫，有小垣高三尺餘，中嵌花瓦，用文磚鏤刻「蜀岡朝旭」四字，與堤透迤。東南角立鞦韆架，高出半天，令人見之愈覺矮垣之妙。由堤入山，山盡步小堤上。

又　卷一七《工段營造録》　古者亭郵立木以文其端，名曰華表，即今牌樓也。大木做法，謂之三檁垂花門法：在中柱以面闊加四定長，面闊十之一見方，所用中柱、邊柱、垂蓮柱，脊額枋、棋枋、坐斗枋、正心檐脊枋，懸山桁條、檐脊檁木、麻葉抱頭樑、穿插枋、檐額枋，檐椽、飛檐椽，連檐，瓦口、裏口，椽椀、博縫板，兩山博縫頭，抱鼓石上壺瓶牙子，兩山穿插枋下雲拱雀替，三伏雲子，拱子、十八斗，廂穿插擋用假雀替墊拱板，廂象眼用角背及象眼板，檐脊檁柱頭科大斗及斗科諸件，見方折數。

碑亭方圓互用。大木有四角攢尖方亭做法：用檐柱，箍頭檐枋，四角花樑頭，桁條，抹角樑，四角交金墩，金枋，金桁，雷公柱，仔角樑，老角樑，（由）戧，枕頭木，檐椽，翼角翹椽，飛檐椽，翹飛椽，腦椽，大小連檐，瓦口閘檔横望諸板。六柱圓亭做法：進深以面闊加倍定，面闊以進深減半定。用檐柱，圓柱，花樑頭，圓桁條，扒樑，並口扒樑，交金墩，金枋，金桁，由戧，雷公柱，六面檐椽，飛檐椽，腦椽，大小連檐，瓦口，閘檔望墊諸板。四柱、八柱同科。

大木做法，以面闊進深宽厚高長見方，以斗口尺寸分數爲準。如九檁單檐廡殿圍廊翹昂做法：用檐柱，金柱，大小額枋，平板枋，挑尖樑，隨樑枋，挑檐桁枋，正心桁，裏外兩拽枋，兩機枋，井口枋，老檐桁，天花樑，枋板，七架樑，柁墩，上下金枋，順扒樑，四角交金墩，五架樑，土金爪柱，角

背，交金爪柱，三架樑，脊爪柱，脊角背，脊枋桁，扶脊木，仔角樑，老角樑，上下花架由戧，脊由戧，兩枕頭木，檐椽，上下花架椽，腦椽，飛檐椽，翼角翹椽，翹飛椽，椽仔閘檔板，連檐，瓦口，裏口，翹飛翼角並墊望諸板。九檁歇山轉角前後廊單翹單昂做法：與廡殿同，多采步金枋，交金墩，兩山出稍，啞叭花架，腦椽，榻脚木，單架柱子，山花博望板諸件。次之七檁有轉角、六檁有前出廊轉角兩做法：七檁轉角房見方，以兩邊房之進深得轉角之面闊進深。柱高徑寸，與兩邊房屋同。如檐柱，假檐柱，裏金柱，斜雙步樑，斜合頭枋，金爪柱，斜單步樑，斜三架樑，脊爪柱，脊角背，檐枋，裏外金檁，脊檁，仔角樑，老角樑，花架由戧，脊由戧，裹掖角，花架由戧，角樑，腦椽，檐椽，仔角樑，枕頭木，檐椽，花架椽，腦飛檐椽，翼角椽，翹飛椽，連檐，瓦口，裏口，閘檔板，椽椀並望墊諸板。見方尺寸有差，六檁前出檐轉角與七檁轉角同法。如斜抱樑，斜穿插枋，遞角樑，隨樑枋。另科見方，自此以下。硬山懸山做法：按柱高加三，出檐一丈以外，如將面闊、進深、柱高改放，寬敞高矮均照法尺寸加算。其耳房、配房、羣廊諸房，照正房配合高寬。次之有九檁、八檁、七檁、六檁、五檁、四檁及五檁川堂之法。九檁做法：柱、檁、枋、桁與六七檁轉角法同。多抱頭樑，懸山桁，帽兒樑，貼樑，單枝條，連二枝條諸件。八檁：多頂爪柱、月樑、機枋條子、頂椽諸件。七檁：多山柱、單雙步樑諸件。六檁：多合頭枋，後檐封蔎檐椽諸件。五檁同四檁，即爲四架樑。五檁川堂，即用三五架樑法，增象眼板並脊，餘同科。至于小式大木，則有七檁六檁五檁四檁之分，與前法同而無飛檐。

上檐七檁三滴水歇山正樓、下檐斗口單昂做法：明間例以城門洞寬定面闊，次稍間以斗科攢數定面闊，以城墻頂寬收一廊定進深，此樓制之例也。做法：用下檐柱，裏外金柱。下檐大額枋，平板枋，正斜采步樑，穿插枋，隨樑承椽，仔角樑，老角樑，正心桁枋，挑檐桁枋，檐椽，飛檐椽，翼角翹椽，翹飛椽，翹飛翼角，裏口，連檐，瓦口，椽椀，枕頭木，順望，閘檔板諸件。次之，平臺品字斗科做法：平臺海墁下桐柱，即平臺檐柱，法與下檐同。多掛落枋，沿邊木、滴珠板、門枋、承重楞木、樓板諸件。次之，中覆檐斗口重昂斗科做法：與下檐同，多擎檐柱，貼樑，海墁元大花，四角頂柱。次之覆檐，與中覆檐同。多桐柱，七五三架樑，上下金柁墩，脊爪柱，金脊桁枋，後尾壓利枋，雨山出稍啞叭花架，腦椽，扶脊木，榻脚木，單架柱子，山花博縫板諸件。又，重檐七檁歇山轉角樓臺四層做法：下檐面闊進深，以斗科攢數而定。用下檐柱，前檐金柱，山柱，轉角房山柱，下中二層承重轉角斜承重。下層間枋，中上層間枋，上中下三層楞木，上層挑檐承重樑，斜挑檐承重。樓板三層，雨山四角挑檐，采步樑，正心桁枋，挑檐桁枋，坐斗枋，采斗枋，仔角樑，老角樑，枕頭木，承椽枋，檐椽，飛檐椽，翼角翹椽，翹飛椽，横望板，裏口，閘檔板，連檐，瓦口，椽椀，周圍榻脚木。其上檐單翹單昂斗科做法：用桐柱，大額枋，平枋板，正斜三五七架隨樑枋，雨山由額枋，扒樑，采步金枋，遞角樑，上下金柁墩，四角爪柱，脊爪柱，正心桁枋，挑檐桁枋，拽枋，後尾壓科枋，轉角諸桁枋，裏掖角。外面假桁條，枕頭木、四面脊由戧諸件。前接檐一檁轉角雨搭做法：以正樓面闊與廡坐平分定進深，用桐柱，檐桁枋，墊板，靠背走馬板，正斜穿插枋，裏角樑，檐椽，博縫、山花板諸件。雨搭前接檐三檁轉角廡坐做法：用檐柱，大額枋，正斜承重。正斜五三架遞角樑，柁墩，脊爪柱，金脊桁枋，坐斗枋，采斗板，正心桁，挑檐桁枋，仔角、老角、裏角諸椽。飛檐同。七檁歇山箭樓四層做法：以斗科攢數，定面闊進深，所用與角樓同。五檁歇山轉角閘樓做法：明間以門洞之寬定面闊，稍間以明間面闊十之七定面闊，以甕城墻之頂寬折半定進深。用上下檐柱，承重枋，楞木，樓板，墜千金棧轉柱，轉杆，兩旁承重枋。上檐順扒樑，采步金枋，四角交金墩，三五架樑，金爪脊爪諸柱，檐枋桁，墊板，金脊桁，兩山代樑頭，四角花樑頭，仔角老，角諸樑，枕頭木及飛檐金（椽）。五檁硐山閘樓做法與歇山閘樓同。

又

古者在墻爲牖，在屋爲窗。《六書正義》云：通竅爲囧。狀如方井倒垂，繪以花卉。根上葉下，反植倒披。穴中綴燈，如珠窋窕而出，謂之天窗。《太山記》云「從穴中置天窗」是也。今之蓬壺影、俯豎室，均用其法。古者牖穿壁孔，兩旁植槺，以三寸爲度。今則有柱有枋，中起棋盤線、劍脊線、擴線、闞花牙、三灣勒水、出色線、雙線、起雙鈎，極陰陽榫之變。有方圓圭角之式，中實槅扇，大曰疏，小曰窗，相並曰方軒。槅心花樣，如方眼、卍字、亞字、冰裂紋、金縷絲、金線釣蝦蟆之屬。一窗兩截，上繫梁棟間爲馬釣窗，疏欞爲太師窗。門制上楣下閾，左右爲棖，雙曰闔，單曰扇。有上中下三户門，及州縣寺觀庶人房門之別。開門自外正大門而入次二重，宜屈曲，步數宜單。每步四尺五寸，自屋檐滴水處起，量至立門處止。門尺有曲尺、八字尺二法。單扇棋盤門，大邊以門訣之吉尺寸定長，抹頭、門心板、穿

帶、插間楔、拴桿、檻框、餘塞板腰枋、門枕、連檻、橫栓、門簪、走馬板、引條諸件隨之。古者外門内户。《文選注》：大門爲門，中門爲闈。《説文》云：半門曰户。《玉篇》云：一扉曰户。諸説異解同趣。門有制，户無制。今之園亭皆有大門，均仿古制。至園内房櫳廂個、巷廐藩溷，皆有耳門，不免間作奇巧。如圓圭、六角、八角、如意、方勝、一封書之類，是皆古之所謂户也。曲尺長一尺四寸四分，八字尺長八寸，每寸堆曲尺一寸八分，皆謂門尺。長亦維均。八字，財、病、離、義、官、劫、害、木也。曲尺十分爲寸，一白，二黑，三碧，四緑，五黄，六白，七赤，八白，九紫。一白也，又古裝門路用九天元女尺，其長九寸有奇。匠者繩墨，三白九紫。工作大用日時尺寸，上合天星，是爲壓白之法。

又　建造橋樑，有木橋做法：以寬長丈尺、橋孔數目，折料計工。尺五椿木，連入土長二丈七尺，一木一椿。二尺管木長一丈二尺，一木二根。尺六橋面，楞木長二丈五尺。簽錠椿木，安裝管頭楞木，用八六寸扒頭釘，觔兩有差。鋪墁橋面，磚以寬長丈尺，除引條分位橫鋪立墁。鋪墁先用土墊平，折方有差，盤礅打瓣，搭脚手，用麻觔兩。及木匠剷砍椿尖，做出鏨鑿管頭，鋪錠面木橋板。闌磚，引條，安裝欄干，定間柱戧柱，瓦匠鋪墁，日記夫油漆匠，油飾闌磚引條，露明欄干，間柱戧柱，桐油、它僧定紅觔兩。熬油打雜各有差。裹頭雁翅，亦以寬長折料計工。石礅跳板，借用不估。此木橋做法也。石橋做法：以金門由身、雁翅寬高折料計工。雁翅迎水，頂底牽長。下分水頂底，用石陡砌，每里計長九十六丈四尺。底石下鋪錠梅花椿，安頓底石。每丈用椿二十假，尺五木一木三椿。迎面排椿，尺四木一木二椿。砌面石每丈油灰二觔，裏石每丈灌漿石灰一百觔，汁米有差。扛抬上住，每丈壯夫二名。此石橋做法也。石岸做法與雁翅同科。若堤垻工程，築堤先牽頂寬底寬高長丈尺用土見方。底寬以入水丈尺，除水深丈尺折方。寬有築寬幫寬，高有築高幫高。幫寬幫高，謂之幫築。在旁幫築，謂之幫戧。平面加高，謂之普面。水深用柴鋪墊，謂之二面防風。以備積築。柴以束計，謂之正柴。用料以土方數目折束。搬柴廂柴，夫工有差。取土以道路遠近折料。謂之新土，隔河取土及湖中撈挖用船運送，均于土方加料築垻，以面底寬長丈尺中心填土見方。垻長于水面，每丈用排椿七，撕木一，蘆笆二，縴纜一。工完銷土，屬之日記矣。

紀事

清　沈復《浮生六記》卷一《閨房記樂》　貧士起居服食，以及器皿房舍，宜省儉而雅潔。省儉之法，曰「就事論事」。【略】初至蕭爽樓中嫌其暗，以白紙糊壁，遂亮。夏月樓下去窗，無闌干，覺空洞無遮攔。芸曰：有舊竹簾在，何不以簾代欄？余曰：如何？芸曰：用竹數根黝黑色，一竪一橫留出走路。截半簾搭在橫竹上，垂至地，高與桌齊。中竪短竹四根，用麻綫扎定，然後于橫竹搭簾處，尋舊黑布條，連橫竹裹縫之。既可遮攔飾觀，又不費錢。此就事論事之一法也。以此推之，古人所謂竹頭木屑皆有用，良有以也。

清　吴振棫《養吉齋叢録》卷一八　附録　宮苑營建開由外省鹽院承辦裝修等件。嘉慶十九年，圓明園搆竹園一所，兩淮鹽政承辦紫檀裝修二百餘件。有榴開百子、萬代長春、芝仙祝壽花樣。二十二年，園中接秀山房。落成，兩淮鹽政承辦紫檀窗檔二百餘扇，多寶架三座，高九尺二寸。地罩三座，高一丈二尺。有萬壽長春、九秋同慶、福增桂子、壽獻蘭孫花樣。俱用周製。周製者，明末揚州周姓創此法，故名。其法：以金銀、寶石、真珠、珊瑚、翡翠、水晶、瑪瑙、車渠、玳瑁、青金石、緑松石、螺填象牙諸物，刻鏤山水、樓閣、人物、花木、蟲鳥於檀梨漆器之上。凡陳設器具皆可爲之。又營建時先進燙樣。樣不過數尺，而山池樓榭高下向背無不畢具。有不愜意則改易之，閲定而後興工。聞造一燙樣，所費亦不貲也。

拾餘

綜述

南朝宋　劉義慶撰　五代　劉孝標注《世説新語》卷上之上《巧藝》　陵雲臺，樓觀精巧。先稱平衆木輕重，然後造構，乃無錙銖相負揭。臺雖高峻，常隨風摇動，而終無傾倒之理。魏明帝登臺，懼其勢危，別以大材扶持之，樓即頹壞。論者謂輕重力偏故也。《洛陽宮殿簿》曰：陵雲臺上壁方十三丈，高九尺，樓方四丈，高五丈。棟去地十三丈五尺七寸五分也。

北魏 酈道元《水經注》卷一三 羊水又東注于如渾水，亂流逕方山南，嶺上有文明太皇太后陵，陵之東北有高祖陵，二陵之南有永固堂。堂之四周，隅雉列榭，階、欄、檻及扉户、梁壁、椽瓦，悉文石也。檐前四柱，采洛陽之八風谷黑石爲之，雕鏤隱起，以金銀間雲矩，有若錦焉。堂之内外四側結兩石趺，張青石屏風，以文石爲緣並，隱起忠孝之容，題刻貞順之名。廟前鐫石爲碑，獸碑石至佳。左右列柏，四周迷禽闇日。院外西側有思遠靈圖。圖之西有齋堂，南門表二石闕。闕下斬山累結御路，下望靈泉宫池，皎若圓鏡矣。

唐 馮贄《雲仙雜記》卷七《七井生涼》 霍仙鳴别墅在龍門，一室之中開七井，皆以雕鏤木盤覆之。夏月坐其上，七井生涼，不知暑氣。《雲林異景志》

宋 陶穀《清異録》卷上《隱士泥》 秣陵孟娘山，土正白色，曰白墡土。周護始調塗其四堵，因呼隱士泥。

又 卷下《長慶赤》 穆宗喜華麗，所建殿閣以紙膏膠水調粉飾牆，名雪花泥。又一等鰾清和丹砂末，謂之長慶赤。

宋 杜綰《雲林石譜》卷上《湖州武康石》 出土中。一青色，一黄黑而斑。其質頗燥，不堅，無混然巉岩峰巒。雖多透空渲眼，亦不堪宛轉。采人入穴，石多卧生，甚廣潤。度奇巧處以鐵鏨揭取之，或多細碎。大抵石性匾。側多涮道摺疊勢。浙中假山藉此爲山脚、石座。間有險怪尖鋭者，即側立爲峰巒。頗勝青州。穿眼宛轉，渾然可觀。

又 卷中《上猶石》 處州上猶縣山土中出石，微紫，質稍粗。多淺黑斑點，兩暈，外暈緑色，堪作水斛或闌檻。好事者往往鐫礲，甃地面，全勝玳瑁。

又 卷下《密石》 密州安丘縣瑪瑙石産土中，或出水際。一種色微青，一種色瑩白。紋如刷絲，盤繞石面。或成諸佛像。外多粗石籠絡，擊而取之，方見其質。土人磨治爲硯頭之類以求售，價頗廉，亦不甚珍。至有材人以此石疊爲牆垣，有大如斗許者。頃因官中搜求，其價數十倍。

宋 范成大《吴郡志》卷一五 黿頭山，一名黿山，在洞庭西。山之東麓有石闖出如黿首，相傳以名。一山皆青石，温潤光瑩，扣之琅琅有金玉聲。浙西碑石與壓砌緣池，皆取此石而出，不知其數山如剥皮矣。

宋 李昉等《太平廣記》卷四〇五《寶六・奇物・李德裕》 東都平泉莊，去洛城三十里。卉水臺榭，若造仙府。有虚檻，前引泉水，縈迴疏鑿，像巴峽、洞庭十二峰九派，迄於海門江山景物之狀。竹間行徑有平石，以手摩之，皆隱隱雲霞、龍鳳、草樹之形。有巨魚脇骨一條，長二丈五尺，其上刻云：會昌二年海州送到。莊東南隅即徵士韋楚老拾遺别墅。楚老風韻高邈，雅好山水。李居廊廟，日以白衣累擢諫署。後歸，平泉造門訪之。楚老避於山谷間，遠其勢也。初，德裕之營平泉也，遠方之人多以土産異物奉之。故數年之間，無所不有。時文人有題平泉詩者：隴右諸侯供語鳥，日南太守送花錢。威勢之使人也。出《劇談録》

宋 鄭虎臣編《吴都文粹》卷四 黿頭山，一名黿山，在洞庭西山之東麓。有石闖出如黿首，相傳以名。一山皆青石，温潤尤光瑩，扣之琅琅有金玉聲。浙西碑銘與壓砌緣池皆取此石而出，不知其數山如剥皮矣。舊有神女祠。

宋 周密《武林舊事》卷三《禁中納涼》 禁中避暑，多御復古、選德等殿。又翠寒堂納涼，長松修竹，濃翠蔽日。層巒奇岫，静窈縈深。寒瀑飛空，下注大池可十畝。池中紅白菡萏萬柄，蓋園丁以瓦盎别種，分列水底。時易新者，庶幾美觀。又置茉莉、素馨、建蘭、麝香藤、朱槿、玉桂、紅蕉、闍婆、檐蔔等南花數百盆於廣庭。鼓以風輪，清芬滿殿。御笐兩旁，各設金盆數十架，積雪如山。紗厨後先皆懸掛伽蘭木、真蠟、龍涎等香珠百餘。蔗漿金盌，珍果玉壺，初不知人間有塵暑也。聞洪景盧學士嘗賜對於翠寒堂，當三伏中，體粟戰慄，不可久立。上問故，笑遣中貴人以北綾半臂賜之。則境界可想見矣。

元 陶宗儀《説郛》卷九六下引范成大《太湖石志・黿山石》 石堅潤。可碑，可礎，可柱，可礪。

一名旱石。《蘇州志》云：堅潤如玉，擊之有聲。刻碑惟此最佳。用之壓堦，世亦罕比。

明 鄺璠《便民圖纂》卷一五 掇假山 生羊肝研爛和麪，掇石甚牢。

穿井 凡開井，必用數大盆貯水置各處。俟夜氣明朗，觀所照星何處最大而明，則地必有甘泉。試之屢驗。

明 謝肇淛《五雜組》卷三《地部一》 京師北三山大石窩，水中産白石如玉，專以供大内及陵寢堦砌欄楯之用。柔而易琢鏤，爲龍鳳、芝草之形。採盡復生。昔人謂愚父所藏燕石當即此耶。

又 滇中大理石，白黑分明。大者七八尺，作屏風價有值百餘金者。然大理之貴亦以其處遐荒，至中原甚費力耳。彭城山上有花斑石，紋如竹葉，甚佳，而土人不知貴。若取以爲几，殊不俗也。

又 宋時巨室治園作假山，多用雄黄、焰硝和土築之。蓋雄黄能辟虺蛇，

焰硝能生烟霧，每陰雨之候，雲氣浡鬱，如真山矣。

清 乾隆《歙縣志》卷一九《古蹟》 程忠壯宅在篁墩湖。世傳忠壯舊居爲水所匯。近及千年礎石，宛然濱水而列。宅左有大樹可十數圍，號千年木。

清 光緒《畿輔通志》卷七四 琉璃 琉璃廠原爲燒殿瓦之用。瓦有黄碧二種，明代各廠俱有内官司之。如殿瓦之外所製，一曰魚瓶，貯魚雜翠藻於中。一曰琉璃片，以五色渲染人物、花草煉成，嵌入窗户。一曰葫蘆，小者寸許，大者至徑尺，其色紫者居多。一曰響葫蘆，小兒口銜成聲，名倒掖氣。一曰鐵馬，懸之檐，以受風曳者也。凡製琉璃，先以琉璃爲管焉。必有鐵、杖、翦刀焉，非是勿工。石之在液，涣然流離，猶金之在鎔。引而出者，杖之力也。受之者，管也。授之以隙，納氣而中空，使口得爲功，管之力也。引之使長，裁之使短，拗之使屈，突之使高，扣之使凹，翦刀之力也。《顔山雜記》

清 陳作霖等《金陵瑣志·金陵物産志·本境礦物品考》 石，天然品也。雨花山所産多五色，雨後尋之，必獲其佳者。碎玉零珠，可以供几席之玩。彼粗醜之質，築園亭者以砌石道，固别有野趣焉。棲霞山石，鑿之皆圓，實中礙磨之材，厥性堅剛。江北修江堤時率來取之。甎瓦者，人工所爲，而亦石之類也。烏龍山西善橋人皆善陶，取江灘之泥，笵而燒之，蓋屋乘墉，各適其用，謂之窑户。近則鍾山之麓有土膩黏，陶爲甎瓦，質尤細緻。凡造洋式房屋者咸資於此。若江沙，又石類之至微者。必乘潮退時淘之極净，輦以入城。學堂、操場及通衢、馬車路，蓋有用之不竭者已。

傳記

北魏 崔鴻《十六國春秋》卷二二《後趙録十二》 邴輔，櫟陵人也。好學多才藝，巧思機智，妙於當時。襄國宫殿臺榭，皆輔所營造。勒悦之，以爲材官將軍。

唐 李延壽《南史》卷三一《列傳第二十一》 （張）永涉獵書史，能爲文章，善隸書、騎射、雜藝，觸類兼善。又有巧思，益爲文帝所知。紙墨皆自營造。上每得永表，啟輒執玩，咨嗟自嘆：供御者了不及也。二十三年，造華林園、玄武湖，並使永監統，凡所制置皆受則於永。永既有才能，每盡心力，文帝謂堪爲將。

宋 鄧椿《畫繼》卷七《屋木舟車》 任安，京師人，入畫院，工界畫。每與山水賀真合手，作圖軸。一日，安先作横披，當中界樓閣，分佈亭榭滿中，以困真。真止作坡岸於下，上則層巒疊嶂，出於屋杪，由是不能困。

元 脱脱等《宋史》卷四六七《列傳第二百二十六》 宋用臣，字正卿，開封人。爲人有精思彊力，以父蔭隸職内省。神宗建東西府，築京城，建尚書省，起太學，立原廟，導洛通汴，凡大工役，悉董其事。

清 李斗《揚州畫舫録》卷二《草河録下》 姚玉調，蘇州人，工小楷，精於醫。子蔚池，有異才。善圖樣，平地頑石，搆製天然。

清 同治《蘇州府志》卷一四六《雜記》 京師有蒯侍郎衕。蒯爲吴香山人，斲工也。永樂間召建大内，凡殿閣樓榭以至迴廊曲宇，隨手圖之，無不中上意者。位至工部侍郎，子孫猶世其業。弘治間有仕爲太僕少卿者。今江南木工巧工皆出於香山。近七陵九廟等功成，工匠爲卿者多矣，而工曹亦被濫恩。時謂工官轉遷，何異斜封墨敕。《皇明紀略》

紀事

晉 王嘉《拾遺記》卷三 （周靈王）二十三年起昆昭之臺，亦名宣昭。聚天下異木、神工，得崿谷陰生之樹。其樹千尋，文理盤錯，以此一樹而臺用足焉。大幹爲桁棟，小枝爲栭桷。其木有龍蛇百獸之形。又篩水精以爲泥。臺高百尺，昇之以望雲色。

又 卷四 始皇起雲明臺，窮四方之珍木，搜天下之巧工。南得煙丘碧樹、酈水燃沙、賁都朱泥、雲岡素竹。東得葱巒錦柏、漂檖龍松、寒河星柘、玩山雲梓。西得漏海浮金、狼淵羽璧、滁嶂霞桑、沉塘員籌。北得冥阜乾漆、陰坂文梓、褰流黑魄、闇海香瓊。珍異是集，二人騰虚緣木，揮斤斧於空中，子時起工，午時已畢。秦人謂之子午臺。亦言於子、午之地，各起一臺。二説有疑。

晉 陸翽《鄴中記》 華林苑在鄴城東二里。石虎使尚書張羣發近郡男女十六萬人，車萬乘，運土築華林苑，周迴數十里。又築長牆數十里。張羣以燭夜作，起三觀四門。又鑿北城，引漳水于華林園。虎于園中種衆果，民間有名果，虎作蝦蟆車，箱闊一丈，深一丈四，摶掘根面去一丈，案，《説郛》引此條，句下有深一丈三字。合土載之，植之無不生。

《三輔黄圖》卷二《漢宫》 未央宫因龍首山以制前殿，山長六十里，頭入渭水，尾達樊川。秦時有黑龍從南山出，飲渭水，其行道因成土山。疏山爲臺殿，不假板築，高出長安城。《西京賦》所謂「疏龍首以抗前殿」，此也。文杏爲梁柱，杏木之有文者。金鋪玉户，金鋪，扉上有金華。中作獸及龍蛇。鋪音，以銜環也。玉户，以玉飾户也。華榱璧璫，雕楹玉碣。楹，柱也。碣，柱下石也。左墄右平，右乘車上，故使之平。左以人上，故爲之階。平、墄，階級也。黄金爲壁帶，間以和氏珍玉，風至其聲玲瓏然。

北魏 酈道元《水經注》卷一〇 石氏于文昌故殿處，造東西太武二殿。（屈）于濟北穀城之山案穀近刻訛作殿。采文石爲基。一基下五百武，直宿衛。（屈）（屋）柱趺瓦悉鑄銅爲之，金漆圖飾焉。又徙長安洛陽銅人置諸宫前，以華國也。

又 卷一六 孫盛《魏春秋》曰：景初元年，明帝愈崇宫殿，雕飾觀閣。取白石英及紫石英及五色大石于太行穀城之山，起景陽山于芳林園，樹松竹草木，捕禽獸以充其中。

又 卷一九 霸水又北，逕王莽九廟南。王莽地皇元年，博徵天下工匠，壞撤西苑、建章諸宫館十餘所，取材瓦以起九廟。算及吏民，以義入錢穀助成九廟。廟殿皆重屋。太初祖廟東西南北各四十丈，高十七丈餘。廟半之。爲銅薄櫨，飾以金銀，雕文窮極百工之巧。褫高增下，功費數百巨萬，卒死者萬數。

唐 張鷟《朝野僉載》卷三 宗楚客造一宅新成，皆是文柏爲梁，沈香和紅粉以泥壁。開門則香氣蓬勃。磨文石爲階砌及地。著告莫韓者行則仰仆。

唐 馮贄《雲仙雜記》卷三《廁上以朮湯盥手》 陳宛盛其居止，廁上以朮湯盥手，槐板覆蔽糞穴。爲都城第一。《洛陽要記》

又《軟漆纏桑枝爲籬障》 杜勝宅，以軟漆纏桑枝，編爲籬障。雨一過，黑光照四面。時通甫愛之，欲以銅官第取，不應。《鄴郡名録》

五代 王仁裕《開元天寶遺事》卷二《富窟》 王元寶，都中巨豪也。常以金銀疊爲屋壁，上以紅泥泥之。於宅中置一禮賢室，以沉檀爲軒檻，以碔砆甃地面，以錦文石爲柱礎，又以銅綫穿錢甃於後園花徑中，貴其泥雨不滑也。四方賓客所至如歸。故時人呼爲王家富窟。

又 卷四《四香閣》 國忠又用沈香爲閣，檀香爲欄，以麝香、乳香篩土和爲泥飾壁。每於春時木芍藥盛開之際，聚賓客於此閣上賞花焉。禁中沈香之亭遠不侔此壯麗也。

宋 郭思《林泉高致集》 睿思殿，宋用臣脩，所謂凉殿者也。前後脩竹茂林陰森，當暑而寒。其殿中皆鑿青石，作海獸魚龍，玲瓏相通透。潛引流水，漱鳴其下。而上設御榻，真所謂凉殿也。上曰：非郭熙畫不足以稱。於是命宋用臣傳旨，令先子作四面屏風。蓋遶殿之屏皆是。聞其景皆松石平遠、山水秀麗之景，見之令人森竦。有中貴王紳好吟詠，有《宫詞百首》，曰：遶殿峰巒合匝青，畫中多見郭熙名。蓋爲此也。

宋 洪芻《香譜》卷上《檀香亭》 《杜陽編》：宣州觀察使楊牧造檀香亭子初成，命賓樂之。

宋 洪邁《容齋三筆》卷一一《宫室土木》 大中祥符間，姦佞之臣罔真宗以符瑞大興土木之役，以爲道宫玉清、昭應之建。丁謂爲修宫使，凡役工日至三四萬。所用有秦隴岐同之松，嵐石汾陰之柏，潭衡道永鼎吉之梌柟櫧，温台衢吉之檮，永澧處之槻樟，潭柳明越之杉，鄭淄之青石，衡州之碧石，萊州之白石，絳州之斑石，吴越之奇石，洛水之石卵，宜聖庫之銀朱，桂州之丹砂，河南之赭土，衢州之朱土，梓信之石青、石碌，磁相之黛，秦階之雌黄，廣州之藤黄，孟澤之槐華，虢州之鉛丹，信州之土黄，河南之胡粉，衛州之白堊，鄆州之蚌粉，兖澤之墨，歸歙之漆，萊蕪興國之鐵。其木石皆遣所在官部兵民入山谷伐取。

宋 周密撰 明 朱廷焕補《增補武林舊事》卷四 淳熙九年八月十五日孝宗過德壽宫起居。上皇釣魚爲樂，遂留賞月，宴香遠堂。堂東有萬歲橋，橋皆白玉石雕欄瑩徹，上作四面亭，皆新羅白木，與橋一色。大池十餘畝，植千葉白蓮。御榻、屏几、酒器俱用水晶。

宋 李燾《續資治通鑑長編》卷二九三 （元豐元年冬十月）丁未重修都城。畢工，詔知制誥直學士院孫洙撰記，刻石。南薰門上城周五十里百六十步，高四丈，廣五丈九尺。外距隍空十五步，内空十步。自熙寧八年九月癸酉興工，以内侍宋用臣董其事。役羡卒萬人，創機輪以發土，財力皆不出于民。

元 高德基《平江記事》 吴城舊傳吴王闔閭時子胥所築，故名闔閭城。《吴越春秋》謂，子胥伐楚還師，取丹陽及黄瀆土以築，利其堅也。城形如「亞」字，世俗不知，以爲龜形。本土城也。梁龍德中，錢氏加以陶甓。至元三十一年重修築之，甓上歲月、工匠皆具。蓋土坯皆澄漿爲之，欲

其堅久故也。

元　陶宗儀《説郛》卷一一〇上《元氏掖庭記》　元祖肇建内殿，制度精巧。題頭刻螭形，以檀香爲之。螭頭向外，口中銜珠下垂。珠皆五色，用彩金絲貫串。負柱融滚霞沙爲猊，怒目張牙，有欲動之狀。瓦滑琉璃，與天一色。硃砂塗壁，紅重胭脂，彤橑華棁，金桷雕欂，務窮一時之麗。殿上設水精簾，堦琢龜文，繞以曲檻。檻與堦皆白玉石爲之。太陽東升，殿中燦爛，堦更飛輝。**【略】**又有紫檀殿，以紫檀香木爲之。

明　何良俊《何氏語林》卷二九　元載末年，造芸暉堂。擣芸香爲屑塗壁，更以沉檀爲梁棟，飾金銀爲户牖。蘇鶚《杜陽雜編》曰：芸香，草也。出于闐國。其香潔白如玉，入土不朽，可以塗壁。

又　魚朝恩有洞房，四壁皆安琉璃板。中貯江水及萍藻，諸色魚蝦，號魚藻洞。

明　王圻《稗史彙編》卷一二一《温室殿》　温室殿，武帝建，以冬處之温暖也。《西京雜記》曰：温室以椒塗壁，被之文綉，香桂爲柱，設火齊屏風，鴻羽帳。規地以罽賓氍毹。

又《清凉殿》　清凉殿，夏居之則清凉，亦曰延清室。《漢書》曰：清室則中夏含霜即此也。董偃常卧延清之室，以畫石爲床，文如錦。紫琉璃帳。以紫玉爲盤，如屈龍，皆用雜寶飾之。侍者於外扇偃，偃曰：玉石豈須扇而後凉耶。又以玉晶爲盤，貯冰于膝前，玉晶與冰同潔，侍者爲冰無盤必融濕席，乃拂，玉盤墜，冰玉俱碎。晶玉，千塗國所貢也。武帝以賜偃。

又《椒房殿》　椒房殿在未央宫。以椒和香泥塗，取其温而芬芳也。武帝時後宫八區，有昭陽、飛翔、增成、合歡、蘭林、披香、鳳凰、鴛鴦等殿。殿有增脩、安處、常寧、蘭若、椒風、發越、蕙草等名。爲十四位。成帝趙皇后居昭陽殿。

又《靈波殿》　漢甘泉宫南，昆明池中，有靈波殿七間，皆桂柱。風來自香。帝既耽于靈泉，得丹豹之髓、白鳳之膏，磨青錫爲屑，以蘇油和之，照于神壇。夜暴風雨，光不滅。有霄城如蜂赴火，侍者舉麟鬚拂拂之。

又《觀文殿》　隋煬帝令造觀文殿，前兩廂爲書堂，各十二間。堂前通爲閤道。承殿每一間十二寶厨，前設方五香重床，亦装以金玉。春夏鋪九彩象簟，秋設秦綾花褥，冬則加錦装須彌氊。帝幸書堂，或觀書十二間内。南北通爲閃電窗，玲瓏相望，雕刻之工窮奇極妙。金鋪玉題，綺井華榱，輝映溢目。每三間開一方户，户垂錦幔，上有二飛仙。當户地口施機，轝駕將至，則有宫人擎香爐在轝前行，去户一丈脚踐機發，仙人乃下閣，捧幔而昇閣，扇即開，書厨亦啓，若自然，皆一機之力。轝駕出，垂閉復常。諸房入户如一。

又　卷一二二《竹節洞》　唐洛下公卿第宅棋布，而郭從義爲冠。巧匠蔡奇獻樣起造竹節洞，通貫明窈，人以爲神工。然從義亦不以爲佳，終往他所。

又《含熏閣》　長安富室王元寶起高樓，以銀縷三棱屏風，代籬落密置。香自縷中透出，號爲含熏閣。

又《藏用仙人》　廣州劉龑僭大號，晚年亦事奢靡。作南熏殿，柱皆通透刻鏤，礎各雕龍鳳，置爐燃香，故有氣無形。謂左右曰：隋煬帝輪車燒沉水香，却成粗疎，争似我二十四箇藏用仙人，縱不及堯舜禹湯，不失作風流天子。

又《檐葡館》　杜祁公别墅建檐葡館，室形亦六出，器用之屬俱象之。按《本草》，梔子一名木丹，一名越桃，乃西域檐葡。

明　徐應秋《玉芝堂談薈》卷三《宫室土木之侈》　宋自真宗以符瑞大興土木。玉清昭應之建，丁謂爲修宫使凡役工日至三四萬。所（有）（用）秦隴岐同之松，嵐流汾陰之柏，潭衡道永鼎吉之梌柟櫧，温吉衢吉之檮，永豐處之梘樟，潭柳明越之杉，節淄之青石，衡州之碧石，萊州之白石，絳州之斑石，吴越之奇石，洛水之石卵，宜聖庫之銀朱，桂州之丹砂，河南之赭土，衢州之朱土，梓信之石青、石緑，磁相之黛，秦階之雌黄，廣州之藤黄，孟澤之槐華，虢州之鉛丹，信州之土黄，河南之胡粉，衛州之堊，鄆州之蚌粉，兖澤之墨，歸歙之漆，萊蕪興國之鐵，皆遣所在。有司取以給用。宫成，總二千六百一十區。

又《自奉之侈》　（秦王楊俊）又爲冰殿，香粉塗壁，玉砌金階。梁柱欀棟之間，周以明鏡，間以寶珠，極瑩飾之。

又　郭從義鎮河陽，于洛中建大第。以香柏爲棟，文梓爲梁，文石甃池，無不具備。費白金五千錠。

又　卷二四《凌雲臺》　凌雲臺，魏文帝築。先稱衆木輕重，乃造。隨風動摇而不傾倒。明帝畏其勢危，别以大木撑之，樓即敗。識者謂輕重力偏故也。《歸田録》：開寶寺塔在京師諸塔中最高，而制度甚精。都料匠豫浩所造也。塔初成，望之不正，而勢傾西北。人怪而問之，浩曰：京師地平無山，而多西北風。吹之不百年，當正也。其用心之精如此。唐大曆中，修含元殿。獨一瓦

工瓦畢不生瓦松。又有李阿黑亦能之，布瓦如齒，間不通綫。虢國夫人堂成，置螻蟻蜥蜴其中，竟日無一罅隙得入。宗楚客鏤文石爲階砌地，着吉莫靴行者輒仆。皆藝有所至極也。

清 孫承澤《春明夢餘録》卷六五 薛瑄《車窗記》：河東薛德温官御史近五年，始買小屋兩間於京師，僅容几榻床褥，又苦其東壁暗甚，力不能辦一窗。小子淳乃取廢車上轅，卸去兩傍長木，以中方穿櫺，類若窗者，穴壁而安置之。余歸自外來，因嘆曰：以御史之顯，曾不能辨一窗，致以此物爲之，使富者見焉，必睨目而哂，掩口而走矣。御史之拙於生事，乃至於此。既而取古書讀其下，則旭日漏彩，清風度凉，心神通融，四體超爽，忽不知天之迥、地之廣，而屋之陋也。復從而自解曰：吾之屋如是，可謂陋矣。然安之而忘其陋，是居雖小而心則大也。彼貪名侈士，巍堂綺户，可謂廣且麗矣。彼方褊躁汲汲，若不足以自容，日夜勞神憊精，思益以擴大之。是其居雖大，而心則小也。小大之説，君子必能辨之。於是作《車窗記》。

清 毛奇齡《西河集》卷一二三《雜箋二十九》 平西額輔搆園亭于吴，即故拙政園址也。因舊爲之，凡長林修竹、陂塘隴坂、層樓複閣、雕坪曲圯，極崇閎靡漫之勝。予入觀時方籍入毁拆，非盛時矣，然一步一境，移人性情。但記其一名楠木廳者，大槩九楹，皆楠木所搆。四嚮虚欄洞槅，軒敞高闢。中柱百餘，柱各有礎。其礎縱橫絜量通約三尺，而高齊人腎。墨石如鑑，雕鏤之巧，龍盤鳳轉，錦卉錯雜。詢之，皆故秦晋楚豫諸王府物，而車徒輦載，所費不億。不足則復取具區石，購工摹仿以補之。其奢麗皆此類。

清 姚之駰《元明事類鈔》卷二九 燃燈望形 《卓異記》：高皇將造大内，欲先觀形勢，而不能大會其全。工部有一郎，請至夜以燈數萬，依宮殿牆門、形勢列之。上御覆舟山，一望盡得其概。

又 金鰲玉蝀 馬驤《西苑詩序》：太液池上跨石梁修二百步欄楯，皆白石，鐫鏤如玉。東西峙華表，東曰玉蝀，西曰金鰲。其北別駕一梁，制差小，亦峙華表，南曰積翠，北曰堆雲。夏言詩：堆雲積翠通山殿，玉蝀金鰲駕石梁。

清 雍正《浙江通志》卷三九 雪齋 《武林舊事》：在方家峪西林法慧寺。《武林雜記》宋慶曆中，僧法言作激水爲池，叠石爲山，灑粉樹杪，狀若飛雪。蘇軾題曰雪齋，秦觀爲記。

清 吴任臣《十國春秋》卷五八《南漢一·烈宗世家》 大有七年春閏月，帝作殿于内宮，曰昭陽殿。殿用金爲仰陽，銀爲地面。檐楹榱桷，皆傳白金。殿下設水渠，浸以真珠。又琢水精、琥珀爲日月，列于東西玉柱之首。《五國故事》云列于東西二樓之上。親題其牓于上。

又 卷六八《楚二·衡陽王世家》 （天福七年）冬十月，王大興土木功建天策府。于長沙城西北，作天策、光政等一十六樓，天策、勤政等五堂，極棟宇之盛。欄檻皆飾以金玉，塗壁率用丹砂，凡數十萬斤。地衣春夏以角簟，秋冬以木棉爲之。先是主者以丹砂非卒致之物，有憂色。未幾，東境山崩涌丹砂如丘陵，於是收用之，頗足。僚吏升殿者，但覺丹砂之氣藹然襲人。

藝文

明 吴寬《家藏集》卷二八《草徑》 翠繁緑縟不知名，石甃中分一徑行。行處莫言人蹟少，青苔踏破不曾生。

清 高宗愛新覺羅·弘歷《御製詩》五集卷七三《紫泉行宮十咏·石逕》 西山石不讓湖石，是石即取自西山，玲瓏峭拔，較之太湖石未堪多讓。護逕玲瓏高復低。八十老人弗攜杖，罷言濟勝衹留題。

雜録

漢 東方朔《神異經》 西北裔外有大夏山，有宮以金爲墻。南方裔外岡明山有宮，以赤石爲墻。西南裔外老壽山有宮，以黄銅爲墻。東南裔外闌清山有宮，以青石爲墻。西方裔外西明山有宮以白石爲墻。

唐 張鷟《朝野僉載》卷六 張易之初造一大堂，甚壯麗，計用數百萬。紅粉泥壁，文柏帖柱，琉璃沈香爲飾。夜有鬼書其壁曰：「能得幾時？」令削去，明日復書之。前後六七。易之乃題其下曰：「一月即足。」自是不復更書。經半年，易之籍没，入官。

唐 段成式《酉陽雜俎》續集卷四《貶誤》 今人每睹棟宇巧麗，必强謂魯般奇工也。至兩都寺中，亦往往託爲魯般所造，其不稽古如此。據《朝野僉載》云：魯般者，肅州燉煌人，莫詳年代，巧侔造化。於凉州造浮圖，作木鳶，每擊楔三下，乘之以歸。無何，其妻有妊，父母詰之，妻具説其故。父後伺得

鳶，擊楔十餘下，乘之遂至吴會。吴人以爲妖，遂殺之。般又爲木鳶乘之，遂獲父屍。怨吴人殺其父，於肅州城南作一木仙人，舉手指東南，吴地大旱三年。卜曰：「般所爲也。」齎物具千數謝之，般爲斷一手，其日吴中大雨。國初，土人尚祈禱其木仙。六國時，公輸般亦爲木鳶以窺宋城。

宋　周密《**癸辛雜識**》**别集卷上**《**燕用**》　汴梁宋時宫殿，凡樓觀棟宇窗户往往題「燕用」二字，意必當時人匠姓名耳。及金，海陵修燕都擇汴宫，窗户刻鏤，工巧以往，始知興廢皆定數。此即先兆也。

明王路《**花史左編**》**卷六**《**花之瑞・附梅梁**》晋孝武太元三年，僕射謝安作新宫太極殿，欠一梁。有梅木流至石頭城下，取用之，画梅花于梁上表瑞。因名梅梁殿。

清　雍正《**江南通志**》**卷三〇**《**古蹟・江寧府**》　木龍亭，在江寧縣西南七十里。舊傳有香木浮水而上，土人迎之以爲亭。又號木牛亭。

清　吴振棫《**養吉齋叢録**》**卷一九**　宫殿園苑，立夏後紙窗内上紗槅，曰替窗。冬用氊簾，夏用竹簾。工部修造。物料銀比較上年數目，開單進呈。嘉慶閑見工部進單，大内用簾二千七百二十架。他園苑隸内務府成造者不在此數。

園林植物總部

園林植物總部提要

在園林活動中，植物既有不可或缺的造景功能，又有深厚的文化内涵，具有至關重要的作用。植樹蒔花不僅是園林造景中的一個手段，更多的是一種生活方式。人們從花木榮枯中體會四季變化，體悟自然之氣的吐吞運行，獲得天理人倫方面的諸多啓示。《園林植物總部》共設五個部：《總論部》收録關於園林植物的綜合性資料。設四個分部。「海論」，收録多種園林植物的性狀描述，幾種植物並論或兩種以上花木的比較性文字，以植物爲主的景物描述等。「花木之意」，側重園林植物文化意義，包括植物的引申意義、植物比德，花卉、樹木靈異奇異現象；以植物爲主旨的園林如蘭莊、菊莊、梅花莊等。「花木之匠」，爲園林植物造景與栽植的闡發概述。「古樹名木」，收録園林中栽植的古樹名木、名人手植樹等史料。

《木本植物部》和《草本植物部》收録的是園林植物配置中經常使用的植物種類的性狀特徵及相關事件資料。如何對這些植物種類進行標目是一個很大的問題。植物中文名歷來存在同名異物、同物異名、一物多名、一名多物現象，古代與現代的植物中文名也有很大變化。爲了盡可能體現古人對園林植物資源的理解和對園林植物應用的方式，這兩個部的種類名稱多以古代文獻中的分類爲主。這樣分類可能與今天系統的植物分類學不同，即所列的每種植物不是現代植物分類學意義上的「種」。具體而言有兩種情況：一是種上級别的分類，將一些同屬或同科植物中觀賞性狀接近的幾個種統稱，如「松」、「竹」、「海棠類」、「葵花類」；二是種下級别的分類，即品種，某些植物只是一個種下的不同栽培品種，如「薔薇」和「七姊妹」，因爲應用頻率較高，花文化深厚，故將其分開單列。我們也力圖在體現古籍記載的原貌的同時，兼顧現代植物分類的科學性。一般來講，凡

是收録的資料條目中包含現代名稱的，就採用現代名稱。如萱草，在條目中有「萱草」、「萱花」、「萱」之稱，即按照現在的通用名稱，標爲「萱草」。如果條目中没有出現植物的現代名稱，而該植物的古代名稱現在一般作爲别名且没有分歧，則採用的古代名稱，如紫玉蘭仍叫「辛夷」。

另外，有些條目中涉及的植物名稱在現代爲幾種植物的别名，很容易産生歧義，如「蝴蝶花」現在是三種不同科植物的别名。經判斷，其條目中所列的應屬於鳶尾科植物，但考慮到條目中没有出現「鳶尾」字樣，爲了便於讀者查找和閱讀，仍然保留「蝴蝶花」這一名稱。同時，對於古代植物名稱不同，但其實是同類植物的情況，則盡量將它們歸爲一類。例如「紅繡球」一目，指的是今天的龍船花，此目下有些名稱用的是「山丹」，但細讀後發現，其與百合科的山丹不同，而是指龍船花，所以歸入此目。木本植物中的「散沫花」一目，文獻中稱是「指甲花」，只有别名提到了散沫花，但指甲花現在一般是指草本植物中國鳳仙的别名。經判斷，條目中所指指甲花是木本植物散沫花，所以歸入木本，標名「散沫花」。

《植物配置部》收録植物在園林造景中的搭配、綜合情況。這些文獻中，真正從現代植物景觀設計角度談植物季相、高低層次、濃密搭配情況的並不太多。根據資料情況，大致從植物的位置分成幾個分部。「綜合配置」，涉及多種植物素材在園林造景中的整體規劃與配置，以及針對某一種植物的多種配置的總結性論述。「植物與建築」，收録植物與園林中亭臺、樓閣、門、橋、墻等建築的配置方法，以及景觀實例的描述性史料。「植物與水石」，收録園林植物與水、石兩造園要素的配置方法，及其相關造景實例的描述性史料。「植物之間」，匯集園林植物造景活動中基於植物自身的諸多配置方法，如孤植、列植、並植、間植、雜植、環植、群植等。

《植物小品部》收録古典園林中的植物小景。設三個分部：「欄檻屏籬」，是以編織植物而成藩籬、棚架、欄杆、花壇等景觀；「植物盆玩」，收録以植物爲素材的盆景的製作技術、作品賞析及文化釋義等文獻；「植物插貯」，收録關於古代插花的製作、養護及品賞等資料。

《園林植物總部》主編：王子凡，李元，趙瑞玲。

總論部

海論

題解

清 曹溶《倦圃蒔植記》總論卷上《總論第一》 凡爲圃之道有二，曰曠如也，曰奥如也。曠宜茂樹長林，森然咸備。奥宜幽馥蟠枝，意到便足。有力者則兼兩美而疊用之，其次則擇一而取給焉，又其次則植寸卉於尺宅，亦奥如也遺意耳矣。

夫色盲聲聾比於斧斤，利逐名馳徒自厮役。曷若挹露華爲姬姜，聆風竹爲管弦。早起晏卧，勤施灌溉，栽培以期勳業之成就。春花秋實，玩熟生，長收藏以窺造化之閫闢。蓋通者可以遺榮，而塞者可以忘悶，豈非目前真樂人人可致者哉！

嘗品列植物，各有第一：大樹惟松，小物惟菖蒲。花之香勝者惟蘭，色勝者惟牡丹。果惟蜜橘，皆就此地現在者而論，若達方難致，則弗敢泛及焉。

君子可以寓意於物，而不可留意於物。凡嘉樹奇花，我固有之，誠可朝夕受用。儻他人所寶，未易羅致；或大地公共，勿許攜歸。此等但當以雲煙過眼之理處之，則無往而不適其適也已。

聖人爲腹不爲目。凡草木之芬芳貞固，可以比德者尚矣。此外則或資其材，或取其蔭，或供爲食，或儲爲藥，末節乃玩其色。雖兼收並蓄，而輕重緩急之間，詎可無微權也耶？

松柏之霜皮翠黛，自是李成寒林圖；梅之冷蕊疏枝，自是花光補之寫意。畫竹之老節直幹，自是篆籀，風篁雨葉，自是草書；葡萄之蔓衍，自是顛素揮毫；蘭蕙之卷舒，自是子昂波磔。乃知蓮花似六郎，雖佞人之言，而借論物理却是妙解。

論說

宋 陶穀《清異録》卷上《五宜》 對花焚香，有風味相和，其妙不可言者。木犀宜龍腦，酴醾宜沈水，蘭宜四絶，含笑宜麝，薝蔔宜檀。韓熙載有五宜説。

宋 孫奕《示兒編》卷一〇《花竹無香》 花竹亦有無香者，世所共知。櫻桃初無香，退之云「香隨翠籠擎初重」，則以香言之。竹與枇杷本無香，子美云「風吹細細香，枇杷樹樹香」，則皆以香稱之。至於太白又以柳爲有香，其曰「風吹柳花滿店香」是也。若夫荆公梅詩有云「少陵爲爾添詩興，可是無心賦海棠」，豈謂海棠無香而不賦乎？

宋 鄧肅《栟櫚集》卷一八《丹霞清泚軒》 邵武丹霞僧明賾作軒於其院之西，中植菖蒲數種，鬱然几案間。不遠數百里來乞石於栟櫚鄧某，某名曰清泚軒。蓋取東坡贊語，所謂「清且泚」是也。因爲之言曰：洛陽之花，隋堤之柳，貧窶之竹，徂徠之松，奇質老幹，非不可喜，要之必資糞壤，乃克有生。是以未能脱然仙去，不離塵土間物耳。獨菖蒲之生不事此。粲粲怪石，涓涓清泉，泉石相映，凛生寒風，於此蒼然得意，四時一色。顧其與凡草木同列哉，其節如夷齊之高，其韻如嵇阮之勝，其清絶如子猷之泛雪，其脱灑如列子之御風，其謝寵辱如扁舟之范蠡，其安淡泊如釣臺之子陵。嗚呼，至哉！非胸中有是德者，烏能嗜此物哉！東坡先生首唱此風，且爲贊叙，以問安否。彼能輕死生，傲爵禄，高視四海，若無介意者，獨於此切切，何也？蓋公所嗜之意不在菖蒲，直寄焉耳。賾能爲東坡之意乎？明窗净几，坐見古人。如其不然，則所嗜一草芥而已。賾作字吟詩，有吾黨風格。其種菖蒲而喜之，意决有在也。雖然，願師進之。《法眼》有云：儵然纖芥在，此岸永淹留。師其無留焉可也。宣和辛丑中秋瑞芝軒書。

宋 洪邁《容齋隨筆》卷一二《玉蕊杜鵑》 物以希見爲珍，不必異種也。長安唐昌觀玉蕊，乃今瑒花，又名米囊。黄魯直易爲山礬者。潤州鶴林寺杜鵑，乃今映山紅，又名紅躑躅者。二花在江東彌山亘野，殆與榛莽相似。而唐昌所産至於神女下游，折花而去，以踐玉峰之期。鶴林之花，至以爲外國僧鉢盂中所移，上玄命三女下司之，已踰百年，終歸閬苑。是不特土俗罕見，雖

神仙亦不識也。王建宫詞云：太儀前日暖房來，囑向昭陽乞藥栽。敕賜一窠紅躑躅，謝恩未了奏花開。其重如此，蓋宫禁中亦鮮云。

元　熊太吉《冀越集記》前卷《花卉種類》　世之花卉，其種類最多。如牡丹、荔枝、菊花皆有譜。然細觀其餘花卉，以□葉香味，因地氣而遷者，何可勝計？其種有高下，其類有多寡，不可一槩言也。非若揚州之瓊花，挺特一種。《本草》作《圖經》，故欲人辨之也。

又　《花多六出》　昔人云，凡花五出，惟雪花六出，太陰之數。余考其説，冬至後陰極陽生，觀梅桃李杏皆五出也。夏至後陽極陰生，觀威靈仙鹿葱射干淨瓶蕉梔子皆六出也。

明　高濂《遵生八牋》卷七《擬花榮辱評》　高子曰：花之遭遇榮辱，即一春之間，同其天時，而所遇迥别。故余述花雅稱爲榮，凡二十有二：其一輕陰蔽日，二淡日蒸香，三薄寒護蕊，四細雨逞嬌，五淡烟籠罩，六皎月篩陰，七夕陽弄影，八開值晴明，九傍水弄妍，十朱蘭遮護，十一名園閒静，十二高齋清供，十三插以古瓶，十四矯歌艷賞，十五把酒傾歡，十六晚霞映彩，十七翠竹爲鄰，十八佳客品題，十九主人賞愛，二十奴僕衛護，二十一美人助妝，二十二門無剥啄。此皆花之得意春風，及第逞艷，不惟花得主榮，主亦對花無愧，可謂人與花同春矣。其疾憎爲辱，亦二十有二：一狂風摧慘，二淫雨無度，三烈日銷爍，四嚴寒閉塞，五種落俗家，六惡鳥翻銜，七驀遭春雪，八惡詩題詠，九俗客狂歌，十兒童扳折，十一主人多事，十二奴僕懶澆，十三藤草纏攪，十四本瘦不榮，十五搓捻憔悴，十六臺榭荒凉，十七醉客嘔穢，十八築瓦作瓶，十九分枝剖根，二十蟲食不治，二十一蛛網聯絡，二十二麝臍薰觸。此皆花之空度青陽，芳華憔悴，不惟花之寥落主庭，主亦對花增愧矣。花之遭遇一春，是非人之所生一世同邪？

明　李夢陽《空同集》卷六五　松柏蒼然，梧竹疏秀，茶梅冷淡，荊棘針刺，樗櫟臃腫，芝菌靈異，荼蘼穠弱，鹿葱、海棠繁艷，並育而同，生氣之變化然也。文固難以拘論也，故文必曰如此如此者，皆拘之類也。

明　謝肇淛《五雜組》卷一〇　歐文忠在滁州命屬吏治花，所謂「我欲四時攜酒去，莫教一日不花開」者，可謂得種花之妙諦矣。滁爲江北，花視南方較少。若吾閩廣，則四時不絶之花人人力可辨，不待教也。今姑毋論其他，只蘭桂二種，已可貫四時矣。閩中桂嘗以七月開花，直至四月而止，五六二月長芽之候，芽成葉則復花矣。蘭則自春徂冬，無不花者，故有四季蘭之名。其它相踵而發者，固不可一二數也。

又　得勝花者未必有勝地，得勝地者未必有勝時。得勝時者未必有勝情，得勝情者未必有勝友。雕欄畫棟，委巷村廛，非地也。淒風苦雨，炎晝晦夜，非時也。宦情生計，愁懷病體，非情也。高官富室，村妓俗人，非友也。具花情然後擇花友，偕花友然後謀花地，定花地然後候花時，庶幾歲一遇之矣。然而不可必得也。淳熙《如皋志》所謂李嵩者，自八十看花，至一百九歲而終，無一歲不預焉，可謂厚幸矣。而吾猶竊有恨也，彼蹉跎於壯年，而徒闤闠於末景也。

明　華淑《花間碎事》　水仙神骨清絶，織女之梁正清也。山茶鮮妍，瑞香芬烈，玫瑰旖旎，芙容明艷，石氏之翔風，羊家之淨琬也。林檎蘋婆，姿媚可人，潘生之解愁也。鶯粟蜀葵，妍于籬落，司馬固之鷩臺也。山礬潔而逸，有林下氣，魚玄機綠翹也。黄白茶韻勝其姿，郭冠軍之春風也。丁香瘦，玉簪寒，秋海棠嬌，然有酸態，鄭康成、崔秀才之侍兒也。

清　李漁《閑情偶寄》卷一三《種植部·藤本第二》　藤本之花，必須扶植。扶植之具，莫妙于從前成法之用竹屏。或方其眼，或斜其槅，因作歲蕤柱石，遂成錦綉牆垣，使内外之人，隔花阻葉，礙紫間紅，可望而不可親，此善制也。無奈近日茶坊酒肆，無一不然，有花即以植花，無花則以代壁。此習始于維揚，今且漸及他處矣。市井若此，高人韻士之居，斷斷不慮若此。避市井者，非避市井，避其勞勞攘攘之情，錙銖必較之陋習也。見市井所有之物，如在市井之中，居處習見，能移性情，此其所以當避也。即如前人之取别號，每用川、泉、湖、宇等字，其初未嘗不新，未嘗不雅，迨後商賈者流，家效而户則之，以致市肆標榜之上，所書姓名非川即泉，非湖即宇，是以避俗之人，不得不去之若浼。邇來縉紳先生悉用齋、菴二字，極宜。但恐用者過多，則而效之者，又入從前標榜，是今日之齋、菴，未必不是前日之川、泉、湖、宇。雖曰名以人重，人不以名重，然亦實之賓也。已噪寰中者仍之繼起，諸公似應稍變。人問植花既不用屏，豈遂聽其滋蔓于地乎？曰：不然。屏仍其故，制略新之。雖不能保後日之市廛，不又變爲今日之園圃，然新得一日是一日，異得一時是一時，但願貿易之人，并性情風俗而變之。變亦不求盡變，市井之念不可無，壟斷之心不可有。覓應得之利，謀有道之生，即是人間大隱。若是則高人韻士，皆樂得

與之游矣，復何勞擾鎦銖之足避哉？花屏之製有三，列于藤本之末。

又《**木本第一**》　草木之種類極雜，而別其大較有三，木本、藤本、草本是也。木本堅而難痿，其歲較長者，根深故也。藤本之爲根略淺，故弱而待扶，其歲猶以年紀。草本之根愈淺，故經霜輒壞，爲壽止能及歲。是根也者，萬物短長之數也。欲豐其得，先固其根，吾于老農老圃之事，而得養生處世之方焉。人能慮後計長，事事求爲木本，則見雨露不喜，而睹霜雪不驚。其爲身也，挺然獨立，至于斧斤之來，則天數也，豈靈椿古柏之所能避哉？如其植德不力，而務爲苟延，則是藤本其身，止可因人成事，人立而我立，人仆而我亦仆矣。至于木槿其生，不爲明日計者，彼日不知根爲何物，遑計入土之淺深，藏荄之厚薄哉？是即草本之流亞也。噫，世豈乏草本之行，而反本其天年，藤其後裔者哉？此造物偶然之失，非天地處人待物之常也。

又卷一四《**種植部·草本第三**》　草本之花，經霜必死，其能死而不死，交春復發者，根在故也。常聞有花不待時，先期使開之法，或用沸水澆根，或以硫黄代土，開則開矣，花一敗而樹隨之，根亡故也。然則人之榮枯顯晦，成敗利鈍，皆不足據，但詢其根之無恙否耳。根在，則雖處厄運，猶如霜後之花，其復發也，可坐而待也。如其根之或亡，則雖處榮，膴顯耀之境，猶之奇葩爛目，總非自開之花，其復發也，恐不能坐而待矣。予談草木，輒以人喻，豈好爲是嘵嘵者哉？世間萬物，皆爲人設。觀感一理，備人觀者，即備人感。天之生此，豈僅供耳目之玩，情性之適而已哉。

又《**衆卉第四**》　草木之類各有所長，有以花勝者，有以葉勝者。花勝則葉無足取，且若贅疣，如葵花蕙草之屬是也。葉勝則可以無花，非無花也，葉即花也。天以花之丰神色澤歸并于葉而生之者也。不然，緑者葉之本色，如其葉之，則亦緑之而已矣，胡以爲紅爲紫，爲黄爲碧，如老少年、美人蕉、天竹、翠雲草諸種，備五色之陸離，以娱觀者之目乎？即其青之緑之，亦不同于有花之葉，另具一種芳姿。是知樹木之美，不定在花，猶之丈夫之美者，不專主于有才，而婦人之醜者，亦不盡在無色也。觀群花令人修容，觀諸卉則所飾者不僅在貌。

清　曹溶《**倦圃蒔植記**》**總論卷上**《**論花第三**》　花之以香勝者，蘭也，梅也，菊也，桂也，蓮也，茉莉也，水仙也，玫瑰也，瞻蔔也，百合也，瑞香也。蠟梅附於梅，木香附於玫瑰，山礬附於水仙。以色勝者，牡丹也，芍藥也，海棠也，石岩也，佛桑也，蜀茶、滇茶也，黄白山茶、白綾也，玉蘭、梨花也，各色千葉桃也，各色千葉石榴也，拒霜也。秋海棠附於海棠，夾竹桃附於佛桑。其他雜花，若紫白丁香、黄薔薇、各色薔薇、各色月季、紫荆、紅紫粉白四微木筆、郁李、棣棠、錦帶之類，皆有可取，惟繡毬以白色無香，吾所獨殿。然嗜好不同，未可以我槩人也。杏李、櫻桃、來禽及單葉桃、石榴之輩，則當別爲果子花一門。

又　草花以玉簪爲冠，金宣次之，水木樨又次之，三種皆有香者。其餘若翦春羅、翦秋羅、渥丹、石竹、洛陽花、罌粟、麗春、蜀葵、秋葵、鳳仙、雞冠、金錢、決明、長春，實繁有，徒悉數之，乃更僕未易終也。

凡花木之品，高而難得者，主人宜親加調護。若夫果花、草花，但園丁之職，所謂籩豆則有司存。

曾見刊行建昌花譜所載，山茶及杜鵑各二三十種，他方物産之盛一至於此。

清　鄒一桂《**小山畫譜**》**卷上**　四知之説前人未發，今特標之。

一曰知天。萬物生於天，天有四時。夏秋之花皆有葉，春則梅杏桃李各不同。梅開最早，天氣尚寒，故無葉而必有微芽。杏次之，則芽長而帶緑矣。桃李又次之，則葉已舒而尚卷曲。至海棠、梨花、牡丹、芍藥之類，已春深而葉肥。水仙本三月花，而以法植之，則正月開，故葉短。迎春與梅花同。蘭蕙宿葉不凋，其新葉亦花後方長。至禽魚蜂蝶，各按四時。梅時無燕，菊候少蜂。冬花不宜緑地，春景勿綴秋蟲。隨時體察，按節求稱，各當其可，則造物在我。

二曰知地。天生雖一而地各不同。庚嶺梅花北開南謝，其顯著矣。北地風寒，百花俱晚。滇南氣暖，冬月春花，如朱藤。江南葉後方花，冀北則先花後葉。小桃、丁香、探春、翠雀、鶯枝，北方多而南方絶少。梅花、桂花、茉莉、珍珠蘭、紫薇，則盛於南而靳於北。芍藥以京師爲最，菊花則吴下爲佳。湖南多木本之芙蓉，塞北無倒垂之楊柳。物以地殊，質隨氣化，生花在手，不可不知。

三曰知人。天地化育，人能贊之，凡花之入畫者皆剪裁培植而成者也。菊非删植則繁衍而潦倒，蘭非服盆則葉蔓而縱横。嘉木奇樹皆由裁剪，否則杈枒不成景矣。或依闌傍砌，或繞架穿籬。對節者破之，狂直者曲之。至染藥以變其色，接根以過其枝；播種早晚則花發異形，攀折損傷則花無神采。欲使

精神滿足，當知培養功深。

四曰知物。物感陰陽之氣而生，各有所偏。毗陽者花五出，枝葉必破節而奇。毗陰者花四出六出，枝葉必對節而偶，此乾道坤道之分也。草本亦有花五出而枝葉對節者，又陰陽交錯之理，木本則無。春花多粉色，陽之初也。夏花始有藍翠，陰之象也。花之苞蒂鬚心各各不同。有有苞無蒂者，有有苞有蒂者，有有蒂無苞者，有無苞無蒂者，有有心無鬚者，有有心有鬚者。花葉不同，幹亦各異，梅不同於杏，杏不同於桃，推之物，物皆然。一樹之花千朵千樣，一花之瓣瓣瓣不同。千葉不過數暈，縱闊宜加横小，謂大瓣直者宜以小瓣嵌插之。刺不加於花項，禽豈集於棘叢。草花有方幹之不同，折枝無蜂蝶之來采。牡丹開時，不宜多生萌蘖；蠟梅放候，偶然乾葉離披。新枝方可著花，老幹從無附萼。欲窮神而達化，必格物以致知。

清 杭世駿《訂訛類編》卷六《植物訛·木蘭無墜露，秋菊不落英》 古人方正不容，往往反物理以爲言。如屈子「朝飲木蘭之墜露，夕餐秋菊之落英」。木蘭仰上而生，本無墜露，秋菊就枝而殞，本無落英。而云云者，猶賈誼賦所謂「鉛刀爲銛」，張平子賦所謂「蕙芷不香」，《卜居篇》所謂「蟬翼爲重，千鈞爲輕」，皆反言而非質言也。

清 謝堃《花木小志·夜合》 魯人呼紫荆花爲夜合，又呼馬纓爲夜合。嘗讀蔣南沙所繪條幅，粉本，花葉皆似百合。然百合開時絶無香氣，馬纓、紫荆亦不甚香。唐人竇叔向詩云「夜合花開香滿庭」，下一滿字，其香可知。且結句似二三月光景，而百合、馬纓、紫荆皆非二三月所開。或曰，百合紅紋香濃，夜合色蜜香穠。未知孰是。

清 俞樾《茶香室叢鈔》卷二八《梅竹宜瘠地》 明張萱《疑耀》云：梅以古爲韻，竹以堅爲材。肥壤植梅，雖華茂而其韻常乏，以枝翰不蒼也。肥壤植竹，雖森發而其材常脆，以枝節易蠹也。宋葉夢得善種竹，後遇王份秀才曰：竹在肥地雖美，不如瘠地之竹，或巖谷自生者，其質堅實，斷之如金石。以爲椽，常竹十歲一易者，此倍之。夢得驗之，果信。余於竹而悟梅不宜肥壤。

余謂此論固佳，而於事理則未必然。今之種竹者，或以馬糞和土，或埋死貓於下。王份秀才之言豈其然乎？大抵梅之古不古，竹之堅不堅，視歷時之久暫。雖肥地之梅，至數十年或百年之後，亦自蒼老。雖瘠地之竹，伐其當年所生者而用之，亦必不耐久也。地之肥瘠，猶士之或出於膏粱，或起於寒畯，歷練老成，固不在此。

綜 述

唐 段公路撰 龜圖注《北户録》卷三 耶悉弭花白末利花，紅者不香。皆波斯移植中夏，如毗尸沙金錢花也。本出外國，大同二年始來中土，今番禺士女多以縷貫花賣之。愚詳末利乃五，印度華名，佛書多載之，貫華亦佛事也。又《扶南傳》曰：頓遜國有區撥花，葉逆花，致祭花，各遂花，摩夷花，燥而合香，末以爲粉，以粉身體。唐初罽賓國獻俱物，頭花丹白相間，香氣遠聞。伽失畢國獻泥樓鉢羅花，如荷葉，缺圓，其花色碧蘂黄，香聞數十步，皆中國無者。

唐 羅虬《花九錫》（《説郛》卷一〇四引） 花九錫，亦須蘭、蕙、梅、蓮輩，乃可披襟，若芙蓉、躑躅、望仙，山木野草，直惟阿耳，尚錫之云乎？

重頂帷障風　金剪刀剪折　甘泉浸　玉缸貯　雕文臺座安置　畫圖　翻曲　美醑賞　新詩詠

唐 丘光庭《兼明書》卷一《社樹》 《論語》曰：哀公問社於宰我。宰我對曰：夏后氏以松，殷人以柏，周人以栗，曰使民戰栗。明曰社所以依神表域也，各隨其地所宜而樹之。宰我謂欲使人畏敬戰慄，失其義也。

宋 陸佃《埤雅》卷一三 《華品序》云：洛陽亦有芍藥、緋桃、碧桃、千葉李、紅郁李之類，皆不減它出者，而洛陽人不甚惜，謂之果子。華曰某華，至牡丹則名直曰華。其意謂天下真華，獨牡丹其名之著，不假曰牡丹而自可知也，其愛重之如此。

宋 程大昌《演繁露》卷一《花信風》 三月花開時風名花信風。初而泛觀，則似謂此風來報花之消息耳。按《吕氏春秋》曰：春之得風，風不信則其花不成。乃知花信風者，風應花期，其來有信也。

宋 羅願《爾雅翼》卷一〇《釋木·杏》 五果之義：春之果莫先於梅，夏之果莫先於杏，季夏之果莫先於李，秋之果莫先於桃，冬之果莫先於栗。五時之首，寢廟必有薦，而此五果適丁其時，故特取之。杏之枝葉華果皆赤，故古者鑽燧，夏取棗杏之火也。夏小正四月，囿有見杏。

宋 陳善《捫虱新話》卷一五《花木類·南地花木北地所無》 南中花木

有北地所無者，茉莉花、含笑花、闍提花、渠那異花之類。以性皆畏寒，故茉莉唯六月六日種者尤盛。含笑有大小，小含笑香猶酷烈。有四時花，惟夏中最盛。又有紫含笑、茉莉含笑，皆以日西入，稍陰則花開。初開香猶撲鼻。予山居無事，每晚涼坐山亭中，忽聞香風一陣，滿室郁然，知是含笑開矣。闍提花微似梔子香而色雪白。渠那異花雖不香，然亦可愛，花開黄。而市中婦女喜簪茉莉，東坡所謂「暗麝著人」者也。製龍涎香者，無素馨花，多以茉莉代之。鄭德素侍其父漕廣中，能言廣中事。云素馨唯蕃巷種者尤香，恐亦別有法耳。龍涎以得蕃巷花爲正云。近日浙中好事者亦時有茉莉，皆閩商轉移而至，然非土地所宜，終亦不盛。

宋 真德秀《西山文集》卷三四《陳慧父竹坡詩稿》 昔王子猷居必種竹，曰何可一日無此君。而子猷行不副名，見謂汙濁然。則子猷固愛此君，政恐此君不愛子猷耳。今竹坡君並溪而廬，種竹萬箇，而有詩千篇，好風涼月，長吟其間。此君有知，亦當欣然爲君一笑也。建人真某爲作歌曰：萬玉兮森森，清風兮滿林。有幽人兮高蹈，時擊節兮長吟。長吟兮陸續，鳳爲起舞兮鸞爲度曲。羌此樂兮誰知，簞瓢兮亦足。

明 解縉《文毅集》卷一〇《蘭菊軒記》 慎初周仲魯氏奉親之暇，讀書鼓琴，退掃閒軒，尤喜種蘭菊。謂蘭取其國香，菊取其晚節。是二物者，春風百卉不能與之爭。高霜摧萬彙，不肯與之俱瘁。是皆出類而拔萃者也。士生天地間，與凡草木等，亦何用有生也哉。予以見仲魯立志之高遠也。予嘗以古之人擬之皋夔、稷契、唐虞之蘭也。夷齊、屈子、陶潛，皆當時之菊也。雖一花卉之微，而臭味乃有相似者。仲魯豈非得尚友古人之義歟。余嘗過之，見其培灌此二物，而與之相忘於賓主之儀。其隆師取友一念拳拳然，不忘尊翁先生所以啟迪之者，其有所源流哉。予請以蘭菊名其軒，非若場師圃人耽溺於是之比也。他日歸鄉復過，吾仲魯能以其餘芳惠及於我乎？繫以詩曰：

郁郁芳蘭，春風澹如。菊有黄花，秋雲粲如。匪紉匪佩，匪咀其英。如賓如友，實陶我情。我節之真，我德之純。不在於物，而在於人。我歌勖勖爾，心無外馳。樂哉素履，永保期頤。

明 陸容《菽園雜記》卷一三 江南名郡，蘇杭並稱。然蘇城及各縣富家，多有亭館花木之勝。今杭城無之，是杭俗之儉樸愈於蘇也。湖州人家絕不種牡丹，以花時有事蠶桑，親朋不相往來，無暇及此也。岩州及於潛等縣，民多種桐漆、桑柏、麻苧。紹興多種桑、苧、茶。台州地多種桑柏，其俗勤儉，又皆愈於杭矣。蘇人隙地，多榆、柳、槐、樗、楝、穀等木。浙江諸郡，惟山中有之，餘地絕無。蘇之洞庭山，人以種橘爲業，亦不留惡木。此可以觀民俗矣。

明 屠本畯《瓶史月表》（《説郛續》卷四〇引） 正月花盟主：梅花，寶珠茶。花客卿：山茶，鐵幹海棠。花使令：瑞香，報春，木瓜。

二月花盟主：西府海棠，玉蘭，緋桃。花客卿：綉毬花，杏花。花使令：寶相花，種田紅，木桃，李花，月季花，剪春羅。

三月花盟主：牡丹，滇茶，蘭花，碧桃。花客卿：川鵑，梨花，木香，紫荆。花使令：木筆花，薔薇，謝豹，丁香，七姊妹，郁李，長春。

四月花盟主：芍藥，薝蔔，夜合。花客卿：石巖，罌粟，玫瑰。花使令：刺牡丹，粉團，龍爪，垂絲海棠，虞美人，楝樹花。

五月花盟主：石榴，番萱，夾竹桃。花客卿：蜀葵，樂陽花，午時紅。花使令：川荔枝，梔子花，火石榴，孩兒菊，一丈紅，石竹花。

六月花盟主：蓮花，玉簪，茉莉。花客卿：百合，山丹，山樊，水木樨。花使令：錦葵，錦燈籠，長鷄冠，仙人掌，赬桐，鳳仙花。

七月花盟主：紫薇，蕙。花客卿：秋海棠，重臺朱槿。花使令：波斯菊，水木香，矮鷄冠，向日葵。

八月花盟主：丹桂，木樨，芙蓉。花客卿：寶頭鷄冠，楊妃槿。花使令：水紅花，剪秋羅，秋牡丹，山查花。

九月花盟主：菊花，月桂。花客卿：月桂。花使令：老來紅，葉下紅。

十月花盟主：白寶珠，茶梅。花客卿：山茶花，甘菊花。花使令：野菊，寒菊，芭蕉花。

十一月花盟主：紅梅。花客卿：楊妃茶。花使令：金盞花。

十二月花盟主：臘梅，獨頭蘭。花客卿：茗花，漳茶。花使令：枇杷花。

明 王象晉《群芳譜》 賈思勰曰：梅花早而白，杏花晚而紅，乃知天下之美有不得兼者。梅花優於香，桃花優於色。若荔枝無好花，牡丹無美實，亦其類也。

明 華淑《花間碎事》 夫花有喜怒、寤寐、曉夕。澹雲薄日，夕陽佳月，花之曉也。狂號連雨，烈焰濃寒，花之夕也。唇檀烘日，媚體藏風，花之喜也。暈酣神斂，煙色迷離，花之愁也。欹枝困檻，如不勝風，花之夢也。嫣然流盼，

清光溢目，花之醒也。曉則空庭大厦，昏則曲房奧室。愁則屏氣危坐，喜則歡呼調笑。夢則垂簾下帷，醒則分膏理澤。所以悦其情性，時其起居也。

又　花之雅稱爲榮。栽灌得時，開值晴明。輕雲蔽熱，暖日蒸香。薄寒護葩，和風拂蕊。清颺舞態，細雨逞嬌。煙籠殘醉，露濕新粧。涼月篩陰，夕陽弄影。蒼蘚裊娜，秀石崛峻。微雪點素，晚霞散彩。清溪照妍，踈籬倚笑。翠竹爲鄰，長松作蔭。小橋斜站，明窗静對。粉墻掩映，朱闌曲護。蒼崖倒懸，緑苔錯綴。珍禽嘈雜，孤鶴步影。名園瀟灑，高齋清供。佳客品題，主人蘊藉。閏值三月，開值生日。種落山家，門無剥啄。家童善衛，美人助粧。

又　凡花之宜稱二十有六：一澹陰，二曉日，三薄寒，四細雨，五輕煙，六佳月，七夕陽，八微雪，九晚霞，十珍禽，十一孤鶴，十二清溪，十三小橋，十四竹邊，十五松下，十六明窗，十七踈籬，十八蒼崖，十九緑苔，二十銅瓶，二十一紙帳，二十二林間吹笛，二十三膝上横琴，二十四石枰下棋，二十五掃雪煎茶，二十六美人淡妝。簪戴花之憎嫉十有四：一狂風，二連雨，三烈日，四苦寒，五醜婦，六俗子，七老鴉，八惡詩，九談時事，十論差除，十一花徑喝道，十二對花張緋帷，十三賞動鼓樂，十四作詩調羹驛使事。

明　周文華《汝南圃史》卷七《玫瑰》　《西湖游覽志》云：宋時宫院多采之，結爲香囊，芬氤裊裊不絶，故又名徘徊花。其似是而非者名繰絲花，此花亦與薔薇同開，三四月間收花，陰乾入茶葉内，極香。摘花瓣搗爛和白糖霜梅，印成小餅，略啖一二，滿室俱香。又取花瓣搗入香屑，製作方圓扇墜，香氣襲人，經歲不改。

明　王圻《稗史彙編》卷一四八《花君子》　温風，細風，清露，暖日，微雲，沃壤，永書，油幕，朱門，甘泉，淳酒，珍饌，新樂，名倡。

又《花亭泰》　閏三月。五風十雨。主人多喜事。婢能歌樂。妻奴不倦排宴。童僕勤幹。子弟韞藉。正開花值生日。欲謝時待解醒。門下人解栽接。從貧處移入富家。借園亭排筵。

明　王世懋《學圃雜疏·花疏》　木則天目松，栝子松，千頭柏，纓絡柏，金綫柳，皆佳品也。次則丹楓、石楠、梧桐、黄楊、西湖柳、烏絨樹，北人謂之馬纓花。皆可植於水次。果則櫻桃、李、枇杷、橘、栗、葡萄，皆可種也，以供盤飣。予所録次者在花，故草木之類從略。竹是吾家子猷所好，園中自當日有，其種類當别有記。

花竟則立夏。

明　焦竑《焦氏筆乘》卷三《花信風》　唐詩二十四番花信風。一月二氣六候，自小寒至穀雨。四月八氣二十四候，每候五日，以一花之風信應之。小寒一候梅花，二候山茶，三候水仙。大寒一候瑞香，二候蘭花，三候山礬。立春一候迎春，二候櫻桃，三候望春。雨水一候菜花，二候杏花，三候李花。驚蟄一候桃花，二候棠梨，三候薔薇。春分一候海棠，二候梨花，三候木蘭。清明一候桐花，二候麥花，三候柳花。穀雨一候牡丹，二候酴醾，三候楝花。楝花竟則立夏。

明　謝肇淛《五雜組》卷一〇　蜀孟昶僭擬宫闕，於成都四十里盡種木芙蓉，每至秋時，鋪以錦繡，高下相照，謂左右曰：真錦城也。然木芙蓉極易長，離披散漫，至不可耐。及其衰也，殘花敗葉，委藉狼狽。蕭索之狀，無與爲比。此與朝菌、木槿何異？而乃誇以爲麗，其敗亡也不亦宜乎。

又　人生看花，情景和暢，窮極耳目，百年之中能有幾時？余憶司理東郡時，在曹南一諸生家觀牡丹，園可五十餘畝，花遍其中，亭榭之外幾無尺寸隙地，一望雲錦，五色奪目，主人雅歌投壺，任客所適，不復以賓主俗禮相慁。夜復皓月照耀，如同白晝，懽呼謔浪，達旦始歸，衣上餘香經數日猶不散也。又十餘年，在長安一勳戚家看菊，高堂五楹，主客几筵之外，盆盎密砌，間色成列，凡數百本，末皆齊正如一，無復高下參差。左右顧盼，若一幅霞箋然，既而移觴中堂，以及曲房夾室、迴廊耳舍，無不若是者，孌童歌舞委蛇其中，兼以名畫古器，琴瑟圖書，縱横錯陳。不行觴政，不談俗事，雖在畫欄朱拱之内，蕭然有東籬南山之致。蓋生平看花極樂境界，不過此二度耳。居諸如流，每一念之，恍如夢寐中也。

明　王路《花史左編》卷一一《鬥勝賞》　長安士女春時鬥花，以奇花多者爲勝。皆以千金市名花，植于庭中，以備春時之鬥。

又　卷一三《花之忌·花祟》　花下不宜焚香，猶茶中不宜置果也。夫茶有真味，非甘苦也；花有真香，非烟燎也。味奪香損，俗子之過。且香氣燥烈，一被其毒，旋即枯萎，故香爲花之劍刃。棒香合香尤不可用，以中有麝臍故也。昔韓熙載謂木樨宜龍腦，酴醾宜沉水，蘭宜四絶，含笑宜麝，檐蔔宜檀，此無異筍中夾肉，官庖排當所爲，非雅士事也。至若燭氣煤烟，皆能殺花，速宜屏去，調之花祟，不亦宜哉！

明　程羽文《花小名》（《説郛續》卷四〇輯）　花問園丁名始知，業習於

專也。若五色殊彩，五方殊俗，園丁拘虛矣。譬紫褒紅，或多逸事，鋤經拾傳，志此小名。

牡丹曰木芍藥。荷曰芙蕖。梔子曰薝蔔，又曰林蘭。櫻桃曰石蜜。木槿曰蕣華，又曰日及，又曰麗木。瑞香曰麝囊。夜合曰蠲忿，又曰合歡。薔薇曰玉鷄苗。罌粟曰米囊。山礬曰海桐。辛夷曰木筆。芍藥曰將離。杜鵑曰紅躑躅。茉莉曰鬘華。芙蓉曰拒霜。蜀葵曰戎葵，又曰一丈紅，又曰茈芣。丁香曰百結。秋海棠曰斷腸花。玫瑰曰徘徊。紫薇曰百日紅。玉簪曰白鶴。萱曰忘憂，又曰宜男。素馨曰悉那茗。凌霄曰紫葳。荼蘼曰佛見笑。木香曰錦棚兒。

又 花有開落涼燠，不可無曆。秘集月令頗與時舛，予更輯之，以代挈壺之位。數白記紅，誰謂山中無曆日也。

正月 蘭蕙芳。瑞香烈，櫻桃始葩，徑草緑，望春初放，百花萌動。

二月 桃夭。玉蘭解。紫荆繁，杏花飾其靨，梨花溶，李能白。

三月 薔薇蔓。木筆書空，棣蕚韡韡，楊入大水爲萍，海棠睡，綉毬落。

四月 牡丹王。芍藥相于堦，罌粟滿，木香上升，杜鵑歸，荼蘼香夢。

五月 榴花照眼，萱北鄉，夜合始交，檐蔔有香，錦葵開，山丹赬。

六月 桐花馥，菡萏爲蓮，茉莉來賓，凌霄結，鳳仙降于庭，鷄冠環戶。

七月 葵傾赤。玉簪搔頭，紫薇浸月，木槿朝榮，蓼花紅，菱花乃實。

八月 槐花黄。桂香飄，斷腸始嬌，白蘋開，金錢夜落，丁香紫。

九月 菊有英。芙蓉冷，漢宮秋老，芰荷化爲衣，橙橘登，山藥乳。

十月 木葉脱。芳草化爲薪，苔枯，蘆始荻。朝菌歇，花藏不見。

十一月 蕉花紅。枇杷蕊，松柏秀，蜂蝶蟄。剪彩時行，花信風至。

十二月 蠟梅坼。茗花發，水仙負水，梅香綻，山茶灼，雪花六出。

清 張能鱗《儒宗理要朱子》卷九 冬間花難謝。如水仙至脆弱，亦耐久。如梅花、蠟梅皆然。至春花則易謝，若夏間花則尤甚矣。如葵榴、荷花，只開得一日畢竟。冬時其氣貞固，故難得謝。若春夏間才發，便發盡了，故不能久。

清 來集之《倘湖樵書》卷一〇《草木花實種異》 凡草木每年一花一實，其常也。若桂樹則一秋再花，而又有四季開花之桂。月季花則一月一花，差爲異矣。若一年三花者，則少見焉。

清 吴寶芝《花木鳥獸集類》卷上《花》《松窗夜話》：花隨土，宜五色，隨五氣。黄者得中和，有深黄淺黄之異，亦隨土地間氣而變也。然獨盛於南方，故海舶所携種甚夥。又有一花而數色，一瓣而二三色相間者。交趾使人嘗言，其國有珍珠粟花，光瑩如水晶，結實如珍珠。

清 鈕琇《觚賸續編》卷一《言觚·桃花園》 宋侍郎楊紹雲，吴江人，去官歸里，于震澤鎮之中築桃源洞，至今猶存。去鎮西三里許，地名馬甫。明萬曆時，諸生錢泊庵自晃湖徙居焉，有桃園十二畝，中坎小池，外環幽竹。春時花光燦照兩岸。日與諸名人觴咏其中，風流勝地足繼宋賢。百年來宅廢園空，子孫俱盡，無有過而問者。余表弟錢雲，字宛朱，其族孫也。好古工文，愴然懷舊，徧索追題詩句，彙而成集，自冠以序云：千株夾岸，記寫幽源。百畝盈庭，句吟紫陌。醉歸杜老，賦韋曲之家家。棹去白仙，歌武夷之處處。乃至揣劉郎之路，滿澗連溪。憶曼鄉之山，倚天照海。桃花勝地，作者名篇。自昔爲然，于今亦有如我泊庵公，少愛園居，老多花癖。營成別業，槎浮笠澤之家。選徧名葩，核裹龍門之種。激流植櫻，佇雨露之三年，漬酒塗箋，候風光于二月。流脂點點，曉放千嬌，骨粉重重，午分一笑。犬吠紅階之影，人驚客到門中。魚吞碧水之香，風送春流村外。幾度詩成金谷，曾自解花貪結子之嘲。一時賓集蘭亭，亦共有觴泛流霞之樂。境殊不隔，争看棹入漁郎，心既常閒，盡謂巖棲雲客。地止踰乎十畝，原對衡門，時忽閱夫百年，已成古路。池欹衰柳，黯縈數樹荒烟。徑没平蕪，冷墮半輪殘月。蒼凉之後，難言香蹟成蹊。零落之餘，孰覩紫絲若障。渺矣話傳送果，玉井常分。慨焉意識逃名，柳橋共訪。園中事往，緬小亭覆綺之年。江上村多，溯密樹烘雲之處。李吟錦浪，近體生新。韓賦紅霞，古風絶麗。叙賓朋之觴咏，述士女之游觀。竹裏芳華，恍見有一家占住。林間春色，儼如從當日看來。故或隻語生香，江花獨燦。亦有數章叠綺，蜀錦紛披。一問棲山，永懷傍井。將比諸人面東風之憶，句可流傳。抑視爲兔葵燕麥之嗟，序堪並録。雲也，居雖分乎北阮，同在吴鄉，路亦出乎南塘，常過甫里。斜陽燕子，無地尋芳。流水鱖魚，有時懷舊。子孫何處，洞中幾世人家；書卷誰傳，陌上一篇風月。公詩失傳，止留《陌上吟》一幅。正賴詩題西瀼，識杜氏之花潭。已多韻用東坡，品我家之錦樹。遂使人歌一曲，興紫雲紅雨之思，因令客唱數聲，動白草黄桑之感。不必過讀書之塢，始知樹接溪橋。無須訪載酒之堤，已見烟迷村路。縱多諸體，皆比瓊瑶。爰勒一編，共登梨棗。冀永垂藝圃，争看好句如花，且共識桃園，續賦佳篇似畫。

清 王棠《燕在閣知新録》卷三一《玉樹》《甘泉賦》云：玉樹青葱。《三輔黄圖》云：甘泉宫有槐樹。今謂玉樹。《隋唐嘉話》、《國史纂異》、《長安記聞見録》等書皆言漢宫以槐爲玉樹。晉人所謂「芝蘭玉樹」，正指槐也。師古與向注《文選》，以碧玉爲葉，集衆寶爲之，則謬矣。然考《漢武故事》，有上起甲帳乙帳，前庭種玉樹，以珊瑚爲枝，碧玉爲葉等語，却非甘泉宫事。棠按後代作詩，形容白色，往往用玉樹，不知碧玉爲葉，則非白色。玉樹青葱，亦不言白，况又爲槐樹乎。

清 李漁《閑情偶寄》卷一三《種植部·木本第一·杜鵑 櫻桃》杜鵑、櫻桃二種，花之可有可無者也。所重于櫻桃者，在實不在花。所重于杜鵑者，在西蜀之異種，不在四方之恒種。如名花俱備，則二種開時，儘有快心而奪目者，欲覽餘芳，亦愁少暇。

清 陳淏子《秘傳花鏡》卷二《辨花性情法》每見世俗好花，不惜重資搆取。有從千里攜歸，未及半載，非枯枯，即聾閉，是昧其理而失其性也。苟得其性，萬無不生之木，不豔之花。推在治圃者，亟當詳察耳。如朱草應月而生，日長一葉，月半即落，謂之蓂莢。梧果隨年而長，每枝十二，立秋解一，謂之知秋。黄楊木遇閏月反短，謂之厄閏。梧桐葉遇閏月獨多，謂之增閏。蔓草皆左旋，順天之左旋也。凡花皆五出，法地之數五也。橘籍尸榮，榴滋骸茂。蕨以猿啼盛發，蕉以雷振蝢長。橄欖畏鹽，納鹽實落。番蕉喜火，釘火愈生。紫薇怕癢，皂角怕箍。茯苓碎瓦，薛荔壓枝。杞板受刀復合，柿木畫皮生紋。建蘭葉喜人捋而緑，水仙葉惡人捋而黄。蘭花向午發香，荷花向午香斂。芡開花向日，菱開花背日。蕉莢生於燕，枳榛死於荆。春分鐵烙梨枝而栽，小雪刀段芙蓉而窖。五月斫桑枝，六月吊水仙。物各有性，所必然也。大槩早苗者茂於和煦之時，遲發者盛於沍寒之候。古云：畜匏之家不燒穰，種瓜之家不焚漆。避物性之相忤也。苟欲園林璀燦，萬卉争榮，必分其燥濕高下之性，寒暄肥瘠之宜，則治圃無難事矣。若逆其理而反其性，是采薜荔於水中，搴芙蓉於水末，何益之有哉！

又《花間日課四則》 **春** 晨起，點梅花湯，課奚奴灑掃曲房花徑，閲花曆，護階苔。禺中，取薔薇露浣手，薰玉蕤香，讀赤文緑字。晌午采笋蕨供胡麻，汲泉試新茗。午後乘欵馬，執剪水鞭，攜斗酒雙柑，往聽黄鸝。日晡坐柳風前，裂五色箋，任意吟咏。薄暮，遶徑指園丁理花，飼鶴種魚。

夏 晨起，芰荷爲衣，傍花枝吸露潤肺，教鸚鵡詩詞。禺中，臨意閲老莊數頁，或展法帖臨池。晌午，脱巾石壁，據匡床，與忘形友談齊諧山海，倦則取左宫枕爛游華胥國。午後，刳椰子杯，浮瓜沉李，搗蓮花，飲碧芳酒。日晡，浴罷蘭湯，掉小舟垂釣於古藤曲水邊。薄暮，籜冠蒲扇立高阜，看園丁抱瓮澆花。

秋 晨起，下帷撿牙籤挹花露，研硃點校。禺中，操琴調鶴，玩金石鼎彝。晌午，用蓮房洗硯，理茶具，拭梧竹。午後，戴白接籬冠，着隱士衫，望霜葉紅開，得句即題其上。日晡，持蟹螯鱸鱠，酌海川螺，試新釀，醉聽四野蟲吟及樵歌牧唱。薄暮，焚畔月香，壅菊觀鴻，理琴數調。

冬 晨起，飲醇醪，負暄盥櫛。禺中，置氈褥，燒鳥薪，會名士作黑金社。晌午，挾筴理舊稿，看樹影移堦。熱水濯足。午後，攜都統籠，向古松懸崖間敲冰煮建茗。日晡，羔裘貂帽，裝嘶風鐙，策蹇驢，問寒梅消息。薄暮，圍爐促膝，煨芋魁，説無上妙偈，剪燈閲劍俠、列仙諸傳，嘆劍術之無傳。

又卷四《藤蔓類考·玉蘂花》玉蘂花向爲唐人所重，故唐昌觀有之，集賢院有之。今自招隱寺得一本，蔓若荼蘼，冬凋春榮，葉似柘，莖微紫。花苞初甚細，經月漸大，暮春方八出，鬚如冰絲，上綴金粟。花心復有碧筒，狀類膽瓶。其中別抽一英，出衆鬚上，散爲十餘蕊，猶刻玉然。世多未之見，亦猶瓊花之難得也。

清 高士奇《北墅抱瓮録·山茶》山茶種有不同，淺爲玉茗，深爲都勝，大爲山茶，小爲海紅。園中特多此樹，淺紅者早開，深紅者遲發，密葉沉緑，間以丹葩，萬蘂繽紛，燦如蜀錦，十月即花。檻外更有大紅寶珠一種，外苞六出，内萼千重，幾同剪簇所成，彌旬不落，射以晴陽，浥以宿雨，倍增絢麗，尤屬奇品。

又《繡毬》繡毬聚花成朵，團圝如毬。初開色本嫩緑，盛開則褪而成白，鏤瓊琢玉，不涴點塵。飄墜之時，繁朵滿砌，無異落梅，足供幽賞。聞閩中産紅繡毬，尤爲豔異，惜不能移植耳。

又《合驩》合驩葉細如槐，比對而生，至暮則兩兩相合，曉則復開。花淡紅色，形類簇絲，秋後結莢，北人呼爲馬纓，取其花之象也。野牆荒塹之側，輒得數株，欲植之草堂前。以本大難遷，遂不復移，采其葉乾之，釀以爲酒，醇醲益人。

又《梨》梨花膩白如玉，綽約有態。江南二月每多風雨，此花經雨，轉覺姿媚動人，月下亦佳，所謂「梨花院落溶溶月」也。

又《金燈籠》金燈籠，元宫中植之，號爲紅姑娘。其實外裹黄苞，内含紅子，一枝得二十餘枚，苞作六棱微尖，子如彈丸，京師極多。余向有秋花雜咏，此亦與焉。

又《玉蘂》唐人最重玉蘂，種之集賢院中，其後失傳，不知玉蘂爲何物，并有疑即是瓊花者。近得一株，似荼蘼而八出，玲瓏明浄，真冰雪姿也。

又《秋海棠》秋海棠，幽姿冷豔，非塵埃中物。性特喜之，園中陰闃之地，無處不種。曉風凉露，一抹輕紅，不覺我情之欲移也。

又《戎葵》葵有數十種，因色之淺深，瓣之單複，各成一類。余前居苑西時，植之最多。自四月至十月，花開不斷。今園居地大，尤得栽蒔。葵愛日而不喜肥，但以清水灌之，一莖百蘂，灼灼照人，諸色間雜，尤極絢爛。

清　陸廷燦《南村隨筆》卷六《辛夷玉蘭》辛夷玉蘭二花形似，今呼白者爲玉蘭，紫者爲辛夷。按唐宋人詩咏辛夷者極多，而咏玉蘭者絶少。陸魯望《揚州看辛夷花》詩，「若得千枝便雪宫」，則白者亦稱爲辛夷矣。可見玉蘭古亦名辛夷，但有紫白二種耳。見天香樓偶得。

清　王應奎《柳南隨筆》卷六　中州重牡丹，故言花即知爲牡丹。成都重海棠，故言花即知爲海棠。吾邑文村有季氏者，宋太常卿陵之後也。其家海棠種異他處，花朵大而且密，俗有季家海棠十八瓣之稱。故白堤賣花者，輒以「文村種」三字簽標於海棠云。世謂此花無香，而西蜀潼川府昌州所産則獨有香，此又物理之不可解者。

清　楊棨《京口山水志》卷六　玉蘂亭有玉蘂樹。《太平寰宇記》：山有玉蘂樹，唐李德裕作記石，存《全唐詩》。李德裕《招隱山觀玉蘂樹，戲書即事。奉寄江西沈大夫閣老詩》：玉蘂天中樹，金閨昔共窺。落英閒舞雪，密葉乍低帷。舊賞烟霄遠，新歡歲月移。今來想顔色，還似憶瓊枝。自注内署沈大夫所居門前有此樹，每花落，空中回旋久之，方集庭際。大夫草詔之月皆邀予同玩。沈傳師和詩：曾對金鑾直，同欹玉樹陰。雪英飛舞近，烟樹動揺深。素萼年年密，衰容日日侵。勞君想華髮，僅欲不勝簪。蔡寛夫《詩話》：李衛公玉蘂詩注，以爲禁林有此木，吴人不識。自予賞玩始得名，此爲潤州招隱山作也。碑今裂爲四段，在通判廳中，而招隱無復此花矣。陳景沂《羣芳備祖》：招隱寺方丈有閣號增華，梁昭明選文於中。左有亭，名虎跑鹿跑，右有亭，名玉蘂，有玉蘂二株對峙一架。其株髣髴乎葡萄，而非葡萄之可比。其葉類栢之圓尖，梅之厚薄。其花類梅而荸瓣縮小。厥心微黄，類小浄瓶。暮春初夏盛開，葉獨後凋。其白玉、其香殊、其高丈餘，土人僉言：此花自唐迄今，天下只有此二株。亦猶瓊花之於維揚。千餘年間，凡幾遭兵燹，而僅餘此，欲天下皆知。此花非礬非瓊，夐出鮮儔而自成一家也。胡仔《漁隱叢話》：晉宋以來，招隱寺名甲京口，古松修竹，清泉幽澗，播在談詠誇詡絶勝。邇者樵伐童赭，實不副名。其中玉蘂累經兵燹，自普覺師來主法席，頓還三百年舊觀，加以年歲，蒼翠環舍，景物增邃。《至順鎮江志》：周文忠必大《玉蘂辨證》跋語云：唐人甚重玉蘂，故唐昌觀有之，集賢院有之，翰林院有之，皆非凡境也。往有自鎮江招隱來遠致一本，條蔓如荼蘼，冬凋春榮，栢葉紫莖，花苞初甚微，經月漸大，暮春方八出，鬚如冰絲，上綴金粟，花心復有碧筒，狀類膽瓶，其中别抽一英出衆鬚上，散爲十餘蘂，猶刻玉然，花名「玉蘂」乃在於此。宋子京《筆記》：維揚后土廟有花，色正白，曰玉蘂。劉原父《移瓊花》詩序云：瓊花别號八仙花，或謂李衛公所賦玉蘂即此。宋次道《春明退朝録》：后土廟瓊花或云自唐所植，即衛公所謂玉蘂。三公博洽無比，不知何故？疑爲瓊花，甚無謂也。又曾端伯《高齋詩話》：廬陵段謙叔有楊汝士與白廿二帖，云唐昌玉蘂以少故見貴耳。

清　嘉慶《漢州志》卷一〇《古蹟》柏擁仙宫城内西街元妙觀前後，古柏環遶。每遇晴霽，絳殿蒼陰，宛然仙境，城市囂塵至此别，爽人心目。桂香禪院沽東北隅開元寺有古桂數株。秋高花放，香若麝蘭，爲詠桂子月中之句，宛然靈鷲仙蹤，顔葳經樓曰天香蓋取此。

清　同治《贛縣志》卷七《古蹟》連理樹　在城内棉布街，章孝子齊純宅後苑中，其樹爲紫荆，高七八尺，梗幹枒杈交互盤糾，並相聯附凡十餘節，儼若生成。其未附者相懸半指，欲相膠合。閒屬奇觀，黄世成有記。

清　同治《南昌府志》卷七《地理·武寧名蹟》連理松　在縣東南四十里横嶺路旁，有松二株合爲一幹，交柯攢翠，垂陰數畝，蓋千年物也。《縣志》

傳記

唐　柳宗元《宋單父種牡丹》（《五百家注柳先生集·柳先生龍城録》卷下引）洛人宋單父，字仲孺，善吟詩，亦能種藝術。凡牡丹變易千種，紅白鬥

色，人亦不能知其術。上皇召至驪山，植花萬本，色樣各不同。賜金千餘兩，內人皆呼爲花師，亦幻世之絶埶也。

唐 段公路撰 龜圖注《北户録》卷三《無名花》 廣州之南數百里，有蔓草生焉。其草吐一葉白華，片大如掌，亦有小片者。蘂緑色，初夏開。翫之，初誤殘花，恬然特異，遍問土人，莫有知者。昔草堂樓法師山居時，法師慧約，字德素。梁，國號也。有一野媪，手持一樹，植之於庭，云是蜻蜓樹也。所植樹歲久，芬芳鬱茂，有一鳥身赤尾長，栖息其上。《聘北道里記》云：木龍寺，寺有三層磚塔，側生一大樹，縈繞至塔頂，枝幹交橫，上平，容十餘人坐。枝杪四向下垂，團團如百子帳，經過莫有辨者。梁武帝曾遣人圖寫樹形還都，大體屈盤似龍，因呼爲木龍寺。又謝惠連目奇草曰仙人草，序云：余之中園有仙人草焉，春穎其苗，夏秀其英，秋有貞實，冬無凋色，可謂四時而不改者也。既嘉其名而美其質，染筆作詠，庶以攄述。《大業記》又説，仙人草如長樂，高三尺，丹葉碧花，花似鷄幘而大者，闊五六寸。又梁伍安公《武陵記》云：巴陵郡西有寺，寺房床下忽有樹生，衆僧移屋避之，晚更滋茂，莫有認者。外國沙門云是波羅密擲，常着花，細白。永嘉四年，忽生一花，狀似芙蓉，推其靈景，未能量也。又金樓子云，孔子冢中樹，在魯城百數，皆異種也。然《小説》云，簡文初不別稻，余今不分此，亦何愧哉。

宋 吴淑《江淮異人録》卷上《花姑》 宋單父有種藝術，牡丹變易千種。明皇召至驪山，種花萬本，色樣不同，呼爲花姑。案，是書所載，皆南唐人事，獨此二條爲唐明皇時。考之宋元以後諸書，所引用皆同。仍仍其舊，列于卷首。

明 慎懋官《華夷花木鳥獸珍玩考》卷六《劉幻接花》 宣和初，京師大興園圃。蜀道進一接花人曰劉幻，言其術與人異常。徽宗召赴御苑，居數月，中使詣苑檢校，則花木枝幹十已截去七八。驚詰之，劉所爲也。呼而詰責，將加杖。笑曰：官無憂，今十一月矣，少須正月奇花當盛開。苟不然，甘當極典。中使入奏。上曰：遠方伎藝，必有過人者，姑少待之。至正月十二日，劉白中使，請觀花，則已半開。枝萼晶熒，品色迥絶。酴醿一本五色，芍藥牡丹變態百種。一叢數品花，一花數品色。池冰未消而金蓮重臺，繁香芬郁，光景粲絢，不可勝述。事聞，詔用上元節張燈花下，召戚里宗王，連夕宴賞。嘆其人術奪造化，厚賜而遣之。

清 陸隴其《三魚堂文集》卷一一 季桂生公娶翁氏，以舌耕奉養。好植名花異卉，插槿編籬，藝菊數十種。每當秋風木脱，與二三知己，觴詠於東籬盤谷之間。不愧清白吏子孫也。

清 吴任臣《十國春秋》卷五七《後蜀十·列傳》 申天師者，唐玄宗之裔也，修道青城山，有奇驗。廣政末，後主頗耽情苑囿，奇花異卉盛極一時。天師輒進紅梔子種兩粒，其花班紅，六出，香氣襲人。後主甚愛重之，令圖寫於團扇，繡於衣服，或以絹索鵝毛做作首飾，號曰紅梔子花。詔賜天師束帛，天師隨手散盡，竟不知其所之。天師著有《怡神論》若干卷。一云名迅。

清 王培荀《鄉園憶舊録》卷六 花隱老人居平陵城之東，鵲華橋之西。不知何許人，亦不自道真姓字。所居有亭臺水石，而蒔花尤多。居常不與人交接，然有看花人來，則無弗納，曳杖傴僂前導，手無停指，口無停語，惟恐人之不及知、不及見也。園無隙地，殊香異色，紛紛拂拂，一望無際。而蘭與菊與竹，尤擅天下之奇。蘭有紅有素，菊有墨有緑。又有丹竹純赤，玉竹純白。其他若方、若斑、若紫、若百節，雖非目所習見，尚爲耳所習聞也。異哉！物之聚於所好，固如是哉！

清 李斗《揚州畫舫録》卷六 勺園，種花人汪氏宅也。汪氏行四，字希文，吴人，工歌。乾隆丙辰來揚州，賣茶枝上村，與李復堂、鄭板橋、咏堂僧友善。後搆是地種花。復堂爲題勺園額，刻石嵌水門上。中有板橋所書聯云：移花得蝶，買石饒雲，是園水廊十餘間。湖光瀲灔，映帶几席，廊内芍藥十數畦。廊西一間，懸溪雲舊額，爲朱晦翁書。廊後搆屋三間，中間不置窗櫺，隨地皆使風月透明，外以三脚几安長板，上置盆景，高下淺深，層折無算。下多大瓮，分波養魚，分雨養花。後樓二十餘間，由層級而上，是爲旱門。

又 卷一〇 六安秀才葉梅夫善種菊，與傍花村種法異。不接艾梗，不植籧篨，先去螻蟻、蚯蚓、薦食諸病根，松青紫杞，都歸自然。著有《將就山房花譜》，以色分類，如銅雀争輝、老圃秋容，皆異艷絶世。梅夫負性孤寂，酒後耳熱，雖名花價值百縑，持贈自若。若不屑與，雖重值，弗顧也。以獨得之奇，思以種遍布天下。歲丁酉，來揚寓是園年餘。土人多于其酒酣時餂得之。至今尚傳其種，然視梅夫所自植，色減其半矣。

清 光緒《潛江縣志》卷八《風土志·别墅·宜莊》 《宜莊花農傳》：宜莊距吾邑一舍而遥，潛水東南流之，隈水樹明瑟，大有佳勝處。甲寅春，石户朱先生避亂胥宇於此，因其先世蕪田數十畝，刈蓬藋、編槿篠，而卜築焉。其言曰：吾將以無用爲用，經吾莊甚宜。其經世有用之用，吾悉授之。其人矣

蓋謂長公，予友悔人也。由是稱宜莊花農矣。【略】凡種植家有好花，往往請花農鑒別，至則手自翦揉、溉壅，不憚勞勩，經數日，而萎灌者起，攣蹙者舒。主人歎服，多掇所愛相遺者。而吾友悔人雅游所至，必搜訪遠致，以供晨夕歡。中州牡丹之盛甲天下，石固王氏園最著。商邱宋相國文康公家園牡丹備五色，又王氏所未有也。悔人入成，均爲四姓。小侯師，今大中丞宋牧仲先生尚居郎署，與悔人忘年壇坫交。一日，謂之曰：君能過吾梁苑者，當割奇花代縞紵，以資君孝，若何？悔人敬起謝。未幾，南旋迂道五六百里至商邱，得奇花數種及牡丹黄、緑數色，不計賃車僦直之費，踰淮、泗、滹、江、漢以歸，花翁對之，色灑然喜也。亟招予輩二三逸老，揚觶酹花神傍，相與屬和。中丞漫堂《緑牡丹》詩成帙，蓋前此宜莊花品稠麗，未能定甲乙，自是遂以牡丹爲冠冕焉。花農治花與稼師治稼等，攘之剔之，薅焫蘊崇之，欲長其兄而去其弟也。覗土膏，疏穢壤。被以牡鞠之煙，滌以蘭氏之瀡。欲使枿不化蝶，而柎不穴蠋也。向背之方，早晚之候，燠宜敞軒，沍宜複屋。谷産者避暵，澤産者防霪，欲其柢彊而氣遂也。精微者可以養生，博大者可以理世。用志不分，乃凝於神。花農之沈冥於斯藝也，而予以爲古之有道者非耶。宜莊内別館數處，皆因勢匠意，不爲方幅。而花之蒙茸敷豁，若與之相貪。緣連蜷者繚簃，延曼者被徑。森而立者可幢，縈而綴者可幄。尺埒畚土，皆花宅，昔耶，垣衣皆花塍也。予時時從花農游，坐汲堂靚爽處，前爲平臺方塘，衙之如玦。憑欄下窺，毛髮可鑑。魚鳥游泳，蒹蒲離披，繞塘數武。煙樾霾靡，雲蘿藹罨。繚青凝碧，紫姹紅嫣。泫露欲笑者與目謀，裊風如吟者與耳謀。花發無虚日，賞會無虚旬。落英藉席，流觴在手。詠言似綺，吐屬成珠。及出莊外，則如從白雲緑幃間瞥爾墮地，不知向所自入。嘻！亦異矣。吾嘗疑洞天之説之有無久矣。緱山之桃，邛都之橘，所稱豪且樂者，當復有加焉。否耶！花農經營垂二十年，讀書對客之暇，輒筆記花之所産所移。種蒔之棄取喜忌，色香之遷換異同，與夫榮瘁成毁之可喜可愕，及今昔人題詠，都爲一編。博而韻，典而核，視《草木狀》、《虞衡志》諸書，蔑如也。凡著書十餘種。有《遇鈔》十卷、《異鈔》十卷、《史略》八卷、《治平要録》五卷行世。編《柳堂全集》，則商邱中丞所鑒定，又鈎纂歷代大部書有裨經濟實用者，如曆律兵農，屯漕鹺鑄。旁逮醫卜、壬遁、相馬、種樹之書，莫不審端竟委，指掌析毫，一一可見諸施行也。悔人手鈔其什二三。公諸海内汲古深思之士，當炳然懸日月矣。《宜莊録》特緒論之一斑云。花農名士尊，字偉臣，號石户。順治甲午恩選，高隱不仕。宜莊其別號也。

又詩一首：潛水東南匯，淪漪散成綺。池西絡横塘，菰蒲森稠委。風物待所闢，雅尚乃經始。結廬河渚曲，高揖仲長子。曠哉撫皋衍，奥矣交霾靡。激流植其援，列卉如莊士。榮木亞牆東，貞松盤石倚。坐石鈎新證，研床亦時徙。著書得練要，羽陵受條理。盪胸高文發，淳深積根柢。齋也以韋名，亭亦用考氏。授簡庭之楹，雒誦復鱗比。我學類搏沙，宕軼隨手指。經旬再三過，有疑豁如洗。上堂忘客主，詎謝漢陰里。

邑侯王又旦詩：清溪一道水瀠洄，高樹千章繞屋栽。亂世避人君始築，春時繫馬我曾來。堂通橘刺真編柳，客啟蓬門欲看梅。陂岸關心防潰决，西風是處有奔雷。

宜莊花農朱世尊自詠詩：位置無穿鑿，誅茅此正宜。延賓呼石丈，抱瓮灌蹲鴟。樹古安巢穩，林深下月遲。治畦資萁翦，芳杜與葳蕤。春風催茂草，秋髮伴勞人。户鍵翻成腐，差繁不讓貧。緇書藏鹿革，蹋壁走龍賓。誤識青門叟，耘瓜説故秦。

紀　事

唐　韋絢《劉賓客嘉話録》　賈嘉隱年七歲，以神童召見。時長孫太尉無忌、徐司空勣，於朝堂立語。徐戲之曰：吾所倚何樹？嘉隱云：松樹。徐曰：此槐也，何言松？嘉隱云：以公配木，何得非松？長孫復問：吾所倚何樹？曰：槐樹。公曰：汝不能復矯對耶？嘉隱曰：何煩矯對，但取其鬼木耳。徐嘆曰：此小兒作獠面，何得如此聰明？嘉隱云：畨頭尚爲宰相，獠面何廢聰明？徐狀畨也。

宋　陳翥《桐譜·記志第九》（《説郛》卷一〇五引）《西山桐竹志》云：慶曆八年冬十有一月，咸聱子陳翥治地數畝于山之南。其下舊有水竹之苗，陳子以厥土惟黄壤，非桑之宜，堪桐與竹耳。始其謀，而童氏謂曰：吾謂植數畝桐竹不如植桑，且以桑一年一葉，質之以買桐竹可數倍矣，桐竹豈爲生之急務乎？陳子默然不對，卒皆植桐與竹而已。自謂曰：農圃之事，余豈不能爲哉？苟有白圭陶朱之術以致富，而亡白圭陶朱之心，誠一聚禍之林藪窟宅耳。昔齊豫章王於郡起山，列種桐竹，號「桐山」，武帝幸之，置酒爲樂。吾雖布

衣，孤而且否，亦心有所好焉。夫竹歲寒不凋，所以堅志性之摻也。桐識時之變，所以順天地之道也。俟桐茂竹盛，則當列坐石，命交友談詩書論古今，以招涼乎其下。豈有期我桑中之刺哉？俾後之好事者觀之，知陳子雖無桑子起家之能，亦有虛心待鳳之意，其豫章子猷之儔乎？乃自號「桐竹君」，既爲《植桐記》又作《桐竹志》以盡之云。

宋 潛説友《咸淳臨安志》卷二四《藥圃》 在大滌洞東山之前，夏侯天師種藥於此。芝畦術塢，百藥之植靡所不有。嘗言古聖人以上藥養神，中藥養性，下藥遣病，可使人神靈，可使人性明，可使人病瘉。故嘗施藥於鄘，隨緣深淺而遇。有《藥圃》詩云：緑葉紅英遍，仙經自討論。偶移巖畔菊，鋤斷白雲根。一日樵者聞圃中有犬嘷，自籬而窺，見師策鞭乘一獸，似虎非虎，行疾如風，入東山而去。今四山生草藥六十餘種，圃跡猶存。

宋 周密《武林舊事》卷二《賞花》 禁中賞花非一。先期後苑及修内司分任排辦，凡諸苑亭榭花木，妝點一新。錦簾綃幕，飛梭綉毬，以至裀褥設放，器玩盆窠，珍禽異物，各務奇麗。又命小璫内司列肆關撲，珠翠冠朵，篦環繡段，畫領花扇，官窑定器，孩兒戲具，鬧竿龍船等物，及有賣買果木酒食餅餌蔬茹之類，莫不備具，悉效西湖景物。起自梅堂賞梅，芳春堂賞杏花，桃源觀桃，粲錦堂金林擒，照妝亭海棠，蘭亭修禊，至於鍾美堂賞大花爲極盛。堂三面，皆花石爲臺三層，各植名品，標以象牌，覆以碧幕。臺後分植玉綉毬數百株，儼如鏤玉屏。堂内左右各列三層，雕花彩檻，護以彩色牡丹畫衣，間列碾玉水晶金壺及大食玻璃官窑等瓶，各簪奇品，如姚魏、御衣黄、照殿紅之類幾千朵，别以銀箔間貼大斛，分種數千百窠，分列四面。至於梁棟窗户間，亦以湘筒貯花，鱗次簇插，何啻萬朵。堂中設牡丹紅錦地茵，自中殿妃嬪，以至内官，各賜翠葉牡丹、分枝鋪翠牡丹、御書畫扇、龍涎、金合之類有差。下至伶官樂部應奉等人，亦霑恩賜，謂之「隨花賞」。或天顔悦懌，謝恩賜予多至數次。至春暮，則稽古堂、會瀛堂賞瓊花，静侣亭、紫笑净香亭采蘭桃筍，則春事已在緑陰芳草間矣。

又 卷七《德壽宫起居注》 乾道三年三月初十日，南内遣閣長至德壽宫奏知：連日天氣甚好，欲一二日間恭邀車駕幸聚景園看花，取自聖意選定一日。太上云：傳語官家，備見聖孝，但頻頻出去，不惟費用，又且勞人。本宫後園亦有幾株好花，不若來日請官家過來閒看。遂遣提舉官同到南内奏過遵依。次日進早膳後，車駕與皇后、太子過宫起居二殿訖，先至燦錦亭進茶，宣召吴郡王、曾兩府已下六員侍宴，同至後苑看花。兩廊並是小内侍及墓士。效學西湖，鋪設珠翠、花朵、玩具、疋帛，及花籃、鬧竿、市食等，許從内人關撲。次至毬場，看小内侍抛彩毬，蹴鞦韆。又至射廳看百戲，依例宣賜。回至清妍亭看荼蘼，就登御舟，繞堤閒游。亦有小舟數十隻，供應雜藝、嘌唱、鼓板、蔬果，無異湖中。

明 陸埛《陸簀齋文集》卷四《遇柏亭記》 屋東地可畝許，樓於後者半，其前之隙者亦半。植柏十餘章，比數年皆拱矣。柯葉分布如翠屏然，顧方曰與予遇而不知。於是葛藟營其上，穢草積其下。禽鳥之或飛或集，自鳴自止於其間。而余漫若無與乃汲汲焉，終日隨物上下可厭已。夫頃思所以疏滌，煩穢悦適耳目而不可得。乃來柏下時，當烈火流金之候，蒼雲沉沉，爽襲襟宇，移間欣欣然依依然，始若有所遇者。於是更命僕芟刈穢草，伐去葛藟，截竹縛茆而亭之。而舊所蓄太湖石數拳，亦雜然自獻厥狀，與柏争勝，若鳥獸騫伏，不一而足。亭宜琴宜奕，宜飲酒賦詩。而余日得盤桓焉，客請名曰「遇柏」，以其目遇之而成色耳，遇之而成聲也。抑予於此不惟耳目遇，而遇之以情焉。噫，是柏也。向雖日與予遇而不知，今而後始若有遇矣，豈直柏耶？夫其于雲霄而直上，歷永雪而逾茂。柏之遇非幸也，而予之不遇有愧焉，因書以記。

明 祁彪佳《祁彪佳集》卷七《寓山注·豳圃》 讓鷗池之南，有餘地焉。衡可二百赤，縱不及衡者半。以五之三種桑，其二種梨橘桃李杏栗之屬。莊奴頗率職，溉壅三之，芟薙五之，於樹下栽紫茄、白荳、甘瓜、櫻粟。又從海外得紅薯異種，每一本可植二三畝，每畝可收得薯一二車，以代粒，足果百人腹。常咏陶靖節詩：歡然酌春酒，摘我園中蔬。有似乎烹葵剥棗之風焉。故以名吾圃。

又《茶塢》 入筠巢，稍折而西南，得隙地。皆磽确也，土膚不盈尺，以是故極宜種茶。向有數本，與僧無公采製之，寒香特異。今盡去他卉，惟蓄木奴千頭，他日吸沁月泉，閒啜於長松下，趣亦不惡。越書所謂龍山瑞草，日鑄雪芽，未識孰爲勝負耳。

明 王同軌《耳談類增》卷二二《竹梅松異》 洞庭君山産方竹，不宜移植，故惟君山有之。仲兄嘉甫游君山，童子掘得一本，而根半露，因棄之舟尾，受曝最久。歸植庭際，本出無意而獨活。次年抽笋，極方，第傷弱小。久之，新

竹可杖，乃漸不方。今滿林，與他竹埒矣。非必湘夫人吝此一枝，猶橘柚之性，過江化枳也。

明 王路《花史左編》卷二《瓊花臺》 府城東蕃釐觀內花，自唐人植，天下獨一株。元時朽，以八仙花補之。平山堂，府治西北歐陽文忠建，上據蜀岡下臨江，壯麗爲淮南第一。夏月公每携客堂中，遣人走邵伯折荷花百朵插四座，命妓以花傳客行酒，往往載月而歸。堂左右竹樹參天，坐者忘暑。

清 謝堃《花木小志·木槿》 花有五色，狀如芍藥，其植似樹。然朝榮暮萎，婦女不甚簪佩。或曰：武后醉敕百花齊放。翌日諸花吐豔而木槿獨否，因是貶之苑外，世亦由是賤之。吁設使實有其事，豈不愧死昌宗三思輩矣。何貶之有？余於空園栽數十株，每當花時呼鄰里之匹夫匹婦，即以此事講説一徧，使其以忠孝爲本，竟有聽之而發憤者，墮淚者。噫吁再四者，是夕夢丈夫衣冠而揖余曰：千載曖昧，一朝爲先生道破，豈不快哉。語畢而醒。

清 孫承澤《春明夢餘録》卷六四 玩芳亭，元栗院使别墅，亭多花卉。一時文人騷客來游賞者，多有題詠。王士熙詩：每憶城南路，曾來好畫亭。闌花經雨白，野竹入雲青。波影浮春砌，山光撲畫扃。褰衣對蘿薜，凉月照人醒。

又 卷六五 張惠安牡丹園在嘉興觀西，其堂室一大宅，其後植牡丹數百畝。每當開日，主人坐小竹輿行花中，竟日乃徧。

袁宏道《游牡丹園記》：四月初四日，李長卿邀余及顧升伯、湯嘉賓、鄭太初出平則門看牡丹。主人爲惠安伯張公元善，皓髮頳顔，伺客甚謹。時牡丹繁盛，約開五千餘。平頭紫大如盤者甚夥。西瓜瓤、舞青猊之類偏畦有之。一種爲「芙蓉三變」尤佳。曉起白如珂雪，已後作嫩黄色，午間紅暈一點如腮霞，花之極妖異者。主人自言經營四十餘年，精神筋力强半疲於此花。每見人間花實，即采而歸之。二年，芽始茁；十五年，始花。久則變而爲異種。單瓣而樓子者，有始常而終冶麗者。已老不復花，則芟其枝。時殘紅在海棠，猶三十餘本。中設緋幕，絲肉遞作。自籬落以至門屏，無非牡丹，可謂極花之觀。最後一空亭甚敞，亭周遭皆芍藥，密如韭畦。墻外有地數十畝，種亦如之。約以開時復來。二十六日，偕升伯、長卿及友人李本石、龍君超、邱長儒、陶孝若、胡仲脩、十弟寓庸，時小脩亦自密雲至，遂同往觀。紅者已開殘，唯空亭周遭數十畝，如積雪，約十萬餘本。是日，來者多高户，遂大醉而歸。附載其詩：看罷南徐紫錦堆，紅亭碧樹又催開。旋心纈子紛難識，唤取維揚舊譜來。雪色玲瓏照地華，飛觥走兕疾如車。等閒倒却春三甕，未了東軒一角花。百千新艷一時開，那遣花妖不下來。好與扶笻枝上去，花頭處處有樓臺。花動難樹亦難酬，炙雪澆風老未休。給與掃花十萬户，靈芳國裏古諸侯。

清 來集之《倘湖樵書》初編卷五《自然之畫》 《名勝志》：岳州慈利縣有花石，在縣之武口寨。石上自然有花，如堆心牡丹，枝葉繚繞。雖精于畫者莫能及，或以物擊花葉，應手而碎，略加拂拭，其花復見，重疊非一。

清 曹溶《倦圃蒔植記》總論卷上《論花第三》 江浙間拒霜，皆大樹。予往時，見處州府學有幹如梧桐，而花則三醉者，不知吾地可效之否也。昔聞有人云，嚴州木本黄菊，高如屋而不改柯。他方物産可勝究哉。

清 田雯《古歡堂集》卷三九《蓮》 黔中蓮少，庚午臬司曹君署池内忽放數千花，内有並蒂一枝，予亟往觀之。踰三月，曹君寂矣。

清 宋長白《柳亭詩話》卷二《石榴雙實》 邵武郡治有石榴一株，士人視所實之數以上登科。熙寧庚戌，有雙實於木末，并有附枝而雙實者。是歲葉祖治上官均聯名一二，而何與京則兄弟同登。祖洽繫以詩曰：已分桂葉争雲路，不負榴花結露枝。

清 方苞《望溪集》卷八《游豐臺記》 豐臺去京城十里而近，居民以蒔花爲業，芍藥尤盛。花時都人士羣往游焉。余六至京師，未得一造觀。戊戌夏四月，將赴塞門，而寓安之上黨，過其寓爲别，曰：盍爲豐臺之游？遂告嘉定張樸村、金壇王篛林、余宗弟文輈、門生劉師向，共載以行。其地最盛者稱王氏園，扃閉不得入。周覽旁舍，於籬落間見蓓蕾數畦，從者曰：止此矣。問之土人，初植時平原如掌，千畝相連，五色間廁，所以爲異觀也。其後居人漸多，各爲垣牆籬落以限隔之，樹木叢生，花雖繁，隱而不見。游者特艷其昔之所聞，而紛然來集耳。因就道旁老樹席地坐，久之，始得圃者宅後小亭而憩休焉。少長不序，卧起坐立惟所便，人暢所欲言，舉酒相屬，向夕猶不能歸。蓋余數年中，未有醼游若此之適者。

清 雍正《江西通志》卷三八《瑞州府》 瑞芝亭，《輿圖備考》：在新昌縣治江西小道院後。黄庭堅記，晉陵邵君叶爲新昌宰，視事三月，靈芝五色十二莖，生於便坐之室。吏民來觀，無不動色。相與廓其室，四達爲亭，命曰瑞芝。《名勝志》：新昌瑞芝是元祐八年事，今縣東二十里瑞芝橋，乃元時産

芝處。

又　卷一六九《寺觀》　白巖寺在縣北十五里白巖山，唐武德二年建，金李晏有詩。明時佛前牡丹甚盛，瀋藩移植府中，砌以文石，圍以朱欄。數載，僧夢有紫袍黃蓋者行至寺中牡丹舊所，倏不見。僧晨起視其地，新芽出土寸許，而藩府所奪者已槁矣。

清　葛震《四言史》卷一二　（後蜀後主）於宣華苑廣植牡丹，名之曰「牡丹苑」。牡丹花凡雙開者十，黃者白者三，紅白相間者四。又有深紅淺紅、深紫淺紫、淡黃鞓黃、潔白、正暈倒暈、金含棱銀含棱，旁枝副搏，合歡重臺，每朵至五十葉，面徑七八寸。復有檀心如墨者，香聞至五十步。從官皆賦詩賞之。游浣花溪，御龍舟觀水嬉。時百姓饒富，夾江皆創亭榭。都人士女，傾城游玩，珠翠羅綺，名花異卉，馥郁十里，望者有若神仙之境。帝謂左右曰：曲江金殿鎖千門，殆未及此。兵部尚書王廷珪賦詩曰：十字水中分島嶼，數重花外見樓臺。帝稱善。又賞紅梔子花於芳林苑，大宴百官。花本青城山叟所貢，初進紅梔子三粒，種之成樹，其花爛紅六出，清香如梅，當時最重之。又命城上芙蓉，盡覆以帷幕。

清　乾隆《江南通志》卷三六《潁州府》　雙柳亭在府治北渚。初，晏殊守潁，建閣曰清漣，嘗手植雙柳於閣前。後去，潁民不能忘，更曰去思。至歐陽修爲守時，雙柳成陰，遂重建亭，更名雙柳。

清　藍鼎元《鹿洲初集》卷十《除庭草記》　己丑夏，余歸自武夷過三山，留中丞儀封張先生官舍西園。桐陰之下，有軒高爽，窗几明淨，余樂焉。庭前荒草蒙茸，多灌莽，名花怪石没其中。余惡之，顧謂童子斬之芟之，集其桀驁多刺者，烈火焚之。蕪穢既清，佳景畢露，余方以爲快。友人陳尚友、李鱗蒼驪焉而來。尚友曰：濂溪窗草不除，子奚爲者？鱗蒼曰：丈夫當掃除天下，安事一室。余曰：噫嘻，善哉。然吾亦聞之矣：稂莠不除，反害嘉禾。槎蘖不翦，終成斧柯。振古如茲，今亦然耳。夫濂溪窗前，細草芊芊，紛披可愛，未如灌莽之害也，故留之，可觀造物生意焉。今斯軒之庭，荆棘蔓延，而其中古幹異卉、奇石假山參差布列，皆數十年之内所羅致於數百里外者。吾不爲表而出之蓬蒿之下也可乎哉！譬諸治心去私，克己而後天真復焉。譬諸治國屏邪，遠佞而後正士昌焉。若陳蕃者，明於大而略於小，雖有掃除天下之志，而疏於爲謀，語以泄敗，是亦大言欺世者耳。古之人夙興夜寐，灑掃廷内，小心慎密，無地不然，未有忽近圖遠、不能治其一室而可以平天下者也。虎狼在野，凡人操戈而逐之。蜂蠆入袖，壯夫爲之動色。天下之禍，常發於細微，而困於所忽，可不慎與？嗚呼，一室雖小，可以觀大。今人含垢，何所不容，而余獨斤斤於此，亦迂且褊哉。然使聽其滋蔓而莫爲擴清，則心目之間常存茅塞。雖使濂溪居此，亦不能以終日。二友喟然嘆曰：有是哉！盍書以記之。

清　嘉慶《寧遠縣志》卷一〇《雜志·祥異》　連理枝　宋縣尉廨前舊有巖桂二枝，忽合爲連理，開花遍樹，氣尤芬烈，觀者傾城市。

清　同治《高縣志》卷六《山川》　樹中樹　在羅家坝紫雲宮側，槎枒奇古，不可逼視。空中忽傑出一榕樹，與之争秀，疑伯仲之間見伊呂也。樹亦靈矣哉！

清　同治《邵陽縣志》卷一〇《雜志·祥異》　國朝順治十八年，愛蓮池産並頭蓮一莖，次年復産。雍正八年産嘉禾，一莖九穗。道光二十五年愛蓮池産並蒂蓮。

又　宋政和四年五月，邵州海棠連理梨橘十四本皆連理，知邵州陳仲孫繪圖以獻，榜其堂曰集瑞。

又　同治三年，愛蓮池産並蒂蓮。六年，南鄉莫家山下梘塘産並蒂蓮。七年，唐世綬家開三蒂蓮。

清　同治《巴東縣志》卷一四《事變志·瑞應》　明萬歷癸卯，縣署内有棗二株，相去三尺許，株各一幹，中兩幹曲向而上，合生爲一，蓋所謂連理木也。時當事方議遷治於西瀼，至是知縣張尚儒以爲瑞，白之中丞趙公，其議遂寢。

清　同治《祈門縣志》卷三六《雜志》　宋寶祐元年癸丑，凌清塘蓮開一枝，雙葩相向，臨風嫣然，狀如交頸。

著　録

宋　陳景沂《全芳備祖序》　古今類書不勝汗牛而充棟矣。録此遺彼，不可謂全。取末棄本，不可謂備。皆纂集之病也。試以生植一類言之，史傳雜記之所編摩，騷人墨客之所諷詠，自非家藏萬卷、目閱群書，祇是其擇焉不精，語焉不詳耳。余束髮習雕蟲，弱冠游方外。初館西浙，繼寓京庠，姑蘇、金陵、兩淮諸鄉校。晨窗夜燈，不倦披閲，記事而提其要，纂言而鈎其玄，獨於

花果草木尤全且備。所集凡四百餘門，非全芳乎？凡事實、賦詠、樂府必稽其始，非備祖乎？嘗謂天地生物豈無所自，拘目睫而不究其本原，則與朝菌爲何異。竹何以壺，木何以實，或春發而秋凋，或貫四時而不改柯易葉，此理所難知也。且桃李産於玉衡之宿，杏爲東方歲星之精。凡有花可賞、有實可食者，固當録之而不容後也。至於潔白之可取，節操之可嘉，英華之覓出，香色之俱全者，是皆稟天地之英，皦然殊異，尤不可不列之於先也。梅先孤芳，松柏後凋。蘭有國香，菊有晚節。紫薇雖粗而獨貴於所託，黄葵無知而不昧於所向。草傷柳別，紫笑萱忘。韭薤最幽於所遇，藜藿甘貧而自得。苜蓿、薏苡可食可飼，茯苓、黄精通神通靈。凡若是者，遽類之不能終其物也。或曰：瓊花、玉蘂胡爲而躐處其上？答曰：此尊之也。或曰：牡丹、芍藥、海棠之無實無香胡爲而亦處其上？答曰：此貴之也。是皆奇葩異卉，特立迥出，胡可以一説拘也。或曰：子之説則信辨而美矣，子之書則信全而備矣，不幾於玩物喪志乎？答曰：余之所纂，蓋昔人所謂寓意於物而不留滯於物者也。惡得以玩物爲譏乎。且大學立教，格物爲先。而多識於鳥獸草木之名，亦學者之當務也。自太極判而兩儀分，五行布而萬物具，凡散之兩間物物各具一太極也。太極動而生陽，則元亨誠之通，而萬物所資始也。静而生陰，則利貞誠之復，而萬物所以各正性命也。稟乎乾者爲木果，稟乎震者爲蒼莨竹、爲萑葦，稟乎巽者爲木，稟乎坎者爲堅多心。稟乎離者爲科上槁，稟乎艮者爲堅多節、爲果蓏。根而幹，幹而枝，枝而葉，葉而華，華而實。初者爲陽，次者爲陰。闓者爲陽，承者爲陰。得陽之剛則爲堅耐之木，得陰之柔則爲附蔓之藤。無非陰陽者，則無非太極也。以此觀物，庸非窮理之一事乎。程先生語上蔡云：賢却記得多許事。謂玩物喪志。今止纂許多，姑以便檢閲備遺忘耳，何至流而忘返而喪志焉。卑於爾雅蟲魚註，可憐無補費精神。觀者幸毋以爲誚。有宋寶祐丙辰孟秋，江淮肥遯愚一子陳景沂謹識。

宋　韓境《全芳備祖序》　類書之作，其來尚矣。自唐率更有《藝文類聚》，白傅有《六帖》，至我朝元獻有《類要》，宜無復加矣。近世乃有《建章萬花谷事類本末》諸書，大概誇多於品彙，競美於纂輯，而原本祖萃羣芳者闕焉。天台陳君少負傑，特讀書數萬卷，目力所及，如富人坐日中之肆，細大涵蓄。感萬物敷榮，乃獨致意於草木蕃廡，積而爲書，思襲前人之躅，以補後來者之闕意。是以嘗客游江淮，縱觀宇宙山川之盛，舉凡舟車之會、人力所及，蒐覽之餘，可以廣紀載，備討論者，畢録無遺。於是物推其祖，詞掇其芳，數十大家之作俱在，而騷人墨客之詠亦不廢。不知螢幾聚，雪幾映，剡溪之藤凡幾閲，而《全芳備祖》之書成矣。陳君益斂華就實，由博趨約，研精洙泗濂洛之書，折衷於渡江諸老，凡昔之泥於物者，今皆反諸心矣。心有經，因知有録。凡昔之會於心者，今皆筆於書矣。名公鉅卿嘉歎不少置，嘗以呈天子之覽，陳君不可謂不遇矣。一日，陳君過予山陰澤中，貌癯氣腴，神采内澤，有道之士也。手數鉅編以示，且歎曰：吾不幸少事華藻，勤半生以資口耳之談，猶幸晚歸朴素，持一念心窮性理之藴，然少年之書雖吾甚悔，好事者或取焉，欲櫝而藏之不可得也。予拱而曰：盈天壤間皆物也，物具一性，性得則理存焉。大學所謂格物者，格此物也。今君晚而窮理，其昭明貫通倏然。是非得喪之表，毋亦自其少時區别草木，有得於格物之功歟？昔孔門學詩之訓有曰：多識於鳥獸草木之名。陳君於是書也，奚其悔。寶祐元年癸丑中秋安陽老。

元　陶宗儀《説郛》卷六八《平泉草木記跋》　《劇談録》：李德裕東都平泉莊，去洛城三十里，卉木臺榭，若造仙府。有虛檻對引，泉水縈回，疏鑿像巫峽、洞庭十二峰九派，迄於海門，江山景物之狀，以間行徑。有平石，以手磨之，皆隱隱見雲霞龍鳳草樹之形。初，德裕營平泉，遠方之人多以異物奉之。有題平泉詩曰：隴右諸侯供語鳥，日南太守送名花。

《賈氏談録》：贊皇公平泉莊周圍十里，搆臺榭百餘所，今基址猶存，天下奇花異草珍松怪石，靡不畢致其間，故德裕自製《平泉草木記》。今悉蕪絶，唯雁翅檜、珠子柏、蓮房、玉藻等蓋僅有存焉。怪石名品甚衆，多爲洛城有力者取去，唯禮星石及獅子石，今爲陶學士徙置梨園別墅。

《河南志》：河南長殿南有婆娑亭，貯奇石處。世傳李德裕醒酒石，以水沃之，有林木自然之狀，今謂婆娑石，蓋以樹名。

明　朱有燉《誠齋録》卷四《芍藥譜詩序》　世稱牡丹盛於洛陽，芍藥盛於廣陵，謂其風土所宜者，余竊疑焉。夫植物之生於穹壤，風土固有宜不宜，如柑枳分南北之類，信矣。至於牡丹、芍藥之盛於一方，皆由人之所尚，非造化有厚薄於彼此而致然也。何以知之？夫牡丹、芍藥之高貴冠絶羣芳，非山桃野杏所可擬，然必資人力調護，始得遂其生。故牡丹昔稱洛陽爲盛，今則以爲罕。而關右爲盛者，是今關右所尚，人力調護，洛人不及也。芍藥昔稱廣陵爲盛，今則以爲罕。而中原爲盛者，是今中原所尚，人力調護，廣陵不及也。若云

風土所宜，豈昔宜於彼今宜於此，造化亦有不常之理乎？噫，中原牡丹自「姚黃魏紫」擅名之後，日就銷歇，不惟無人培養，而芻牧兵燹之相侵，所存者百無一二矣。然而芍藥何以獨全之者？其時隱時顯，有君子之道焉。隆冬盛寒、霰雪交集，則隱而不見也。春日載陽，雨露既濡，則勾萌甲拆，芽茁而莖舉，枝而葉，葉而花。迎脩晷而駐餘春，殿羣葩而擅佳景。金商啓行，仍斂藏銷沮，歸根以復命。無枝葉以受雪霜，無條枚以受翦伐，此物理之可尚者歟！今觀花之大者，不減牡丹風韻，而色香穠粹殆爲勝之。昔人以牡丹、芍藥爲花中之富貴者，余亦云然。白居易有云：罷草紫泥詔，起吟紅藥詩。又云：等量無勝者，惟眼與心知。柳宗元亦云：凡卉與時謝，妍華麗兹晨。欹紅醉濃露，窈窕留餘春。爲人珍重，賞音若此，非一信可尚矣。近闢一圃於書堂之南，植芍藥百餘本，類皆不同，莫不各有佳致可觀。因擇其尤者，品第高下而命名以別之。以千葉樓子、淡黃色爲首，其次紫色，金蕊其中，葉葉皆金綫，正廣陵名品，號金帶圍者。式符韓魏公之貴、《東軒筆録》所謂腰金紫是也。又其次，或黃或紫，惟以穠麗高大爲前列，皆出己見。惜乎書帙有缺，不得繙閲舊譜以較其得失，不能無牴牾於前，爲可慨耳。抑余所譜，非褻其風致、嗜其香而昵其色，爲兒女子嬉劇之舉也。深羡夫草木之微，鍾造化之秀，粹雨暘月露之精華，而爲天地間之奇物，故表而出之。既作爲花譜，復賦詩於各品之下，以賞詠之用，就正於知者云。

明 王兆雲《皇明詞林人物考》卷十 （王敬美）尤好栽花果，晚治一圃，悉搆閩嶺奇卉及牡丹、芍藥、蓮、菊之異名者藝之。作《學圃雜疏》。謂兒輩：吾他無所溷，汝異日致一花供我目足矣。所著《奉常集》若干卷，又《澹思子經子臆解》、《閩部疏》、《三郡圖説》、《窺天外乘》、《二酉委談》、《學圃雜疏》諸書，總名曰《日損齋雜著》。

明 游潛《博物志補》卷下 花木有譜，紀其類也。歐陽公作《牡丹譜》，所記凡二十四種，出丹州延州，東出青州，南出越州，以洛陽所出爲最勝。江都王觀有《芍藥譜》，所記凡三十七種，以揚州所出爲最勝。彭城劉蒙有《菊譜》，所記三十四種，續記四種。范成大外增譜三十一種，又雜色四種。史正志又續增譜記二十八種。陶弘景嘗云：菊有一種，青莖細葉，作蒿艾氣而味苦者，名苦薏，非真菊也。

清 王棠《燕在閣知新録》卷三一《黃海異花》 黃山異花極多，雪莊上人曾爲繪圖，子友吴綺園品題，珍重一一，錫以嘉名。維時江蘇宋中丞見圖賞之，擇其尤者，賦五言絶，計二十首，一時和者多人。先是新城明刑部尚書王公象晉，謫官家居，著有《羣芳》一譜。康熙四十四年，奉旨開館廣續，命編脩汪灝、張逸少等四人爲纂修官，凡一百卷，名曰《佩文齋廣羣芳譜》，載天下異花凡一百一十六種。黃海花之異者，始得列名其內。今將宋中丞等所咏之花爲之摽榜，然其異者不僅於此而已也。金縷梅似臘梅而瓣如縷，春日開時翩翩欲舞。撚臘亦似臘梅，一苞四五朵，其開也以春杪。旌節花老藤上作花，行行垂如旌節，色淺碧，黎州漢源縣亦有之。春桂似桂而五出，三月開。海罽花生雲海，春日遍厓谷，紅色深淺相錯，至鋪海時爛然雲錦矣，仿佛睡香而差。大瓔珞花色黃碧，幽倩澹冶，清香雋永，有垂柳之態。黃桃與桃無異，但花趺先實耳。山櫻木本竹葉，初夏作花，實如舍桃。紫雲花花深紫，日光下燭，晶然凝望。木蓮花在慈光寺前，高柯成圍，密葉蔽日，冬不凋花，肖白芙蕖，惟房菂不類，四五月開，香聞數里，山中無二本。玉鈴花樹高大蘢葱，夏月碧陰中，白花串串，有類雕刻，香甚。香杜鵑、杜鵑處處有之，此則高幹濃香，迥異凡種。石蘭一莖一葉一花，色紫，生峭壁上。查葡花木有芒刺，四月開小黃花如丁香，其結實也如丹砂。覆杯花攢生葉底，空中下垂，似鏤竹鬆朱而成。仙都花生仙都峰下，古幹屈曲，花一苞七八朵，望之如芙蓉而特香。緑心如拳，三年一放，則葉下披如相讓然。傲雲花形色似木蓮，自夏徂秋，香不斷，葉亦微馨，悟公雲舫四圍皆此樹。鵝羣花藤屬，似菰蔣，秋日著花，宛然鵝也。疊雪花花如翦雪，中含一壺盧，九月開。紫綺玉環，草花也，頗肖二物。

清 聖祖愛新覺羅·玄燁《聖祖仁皇帝御製文》第三集卷二二《廣群芳譜序》 粵自神農氏嘗草辨穀，民始知樹藝醫藥。伊耆氏命羲和推步定曆以授時，民始知耕穫之不愆而百工績熙。偉哉！開物成務，啓牖來兹，聖帝之功與天地並矣。朕聽政之暇，披閲典籍，留意農桑，繪耕織之圖，製永言之什。時巡所至，親歷田間，其稼穡之艱難，作勞之辛苦，既周知而洞悉矣。每思究百昌生殖之理，極萬變消長之情，著爲成編，以佑吾民。嘗謂《爾雅》具其名物，而郭璞、陸佃、孫炎之流疏、注、埤、翼又加詳焉。其明備者莫如《本草》，目本經以迄，陶弘景蘇頌而下數十種，凡采治之法，無不該核。他如《齊民要術》、《月令》、《廣義》諸書，其蒔植之宜爲更晰矣。遐稽往牘，擷其英華，歸於簡括，良匪易也。比見近人所纂《羣芳譜》，蒐輯衆長，義類可取，但惜尚多踈漏，因命儒臣即祕府藏帙，攟摭薈萃，刪其支冗，補其闕遺，上原六經，旁

據子史，洎夫稗官野乘之言，才士之所歌吟，田夫之所傳述，皆著於篇，而奇花瑞草之産於名山，貢自遠徼絶塞，爲前代所未見聞者，亦咸列焉。復允廷臣之請，益以朕所賦詠，依類分載，總一百卷，命名曰《佩文齋廣羣芳譜》，冠以天時，尊歲令也。次穀，次桑麻，崇民事也。次蔬茶果木花卉，資厚生溥利用也。終以藥物，重民命也。其諸天時蚤晚之候，人事種溉之方，地力彼此之殊，物性良楛之異，罔弗條舉縷析，燦然可觀焉。是書也，攬品彙之蕃滋，想羣生之率育，一展卷間，化機洋溢，於兹畢呈，固不惟矜淹洽、侈藻麗也。以是刊布天下，垂之久遠，使吾民優游於農圃之中，家室盈寧，樂其業而不憚其勤。而大夫士以及民之秀者，因以區別物宜，審其淑慝，凛嗜好之常，慎節宣之度，於以躋仁壽而享泰平，亦不爲無所裨助也哉。康熙四十七年五月初十日記。

清　曹溶《倦圃蒔植記序》　小園花木率皆舊栽，年來稍補其缺略。而種植之法，素所未諳，實藉場師指授，因一一識之。李贊皇平泉之記殊覺不達，吾所不效，不過偶爾興趣所寄，涉筆及之，略次其大概，無分品之高下，亦非以所愛者先之，所不愛者後之也。康熙甲子立夏後二日，倦圃老人書。

清　陳淏子《秘傳花鏡序》　余生無所好，惟嗜書與花。年來虚度二萬八千日，大半沉酣於斷簡殘編，半馳情於園林花鳥。故貧無長物，只贏筆乘書囊。枕有秘函，所載花經藥譜。世多笑余花癖，兼號書痴。噫嘻！讀書乃儒家正務，何得云痴！至於鋤園藝圃，調鶴栽花，聊以息心娱老耳。淵明有云：富貴非吾願，帝鄉不可期。余棲息一廛，快讀之暇，即以課花爲事。而飲食坐卧，日在錦茵香谷中。時而梅呈人艷，柳破金芽。海棠紅媚，蘭瑞芳誇。梨梢月浸，桃浪風斜。樹頭蜂抱花鬚，香徑捷迷林下。一庭新色，遍地繁華。剸讀腃縱觀並，非三春樂事乎？未幾榴花烘天，葵心傾日，荷蓋摇風，楊花舞雪，喬木鬱蓊，群葩斂實。篁清三徑之凉，槐蔭兩堦之粲。紫燕點波，錦鱗躍浪。剸高卧北窗，聽蛙鼓于草間。散步朗吟，靄薰風于澤畔。誠避炎之樂土也。至於白帝徂秋，金風播爽，雲中桂子，月下梧桐，籬邊叢菊，沼上芙蓉，霞月楓柏，雪泛荻蘆。晚花尚留涷蝶，短砌猶噪寒蟬。鷗暝衰草，雁唳書空。同人雅集，滿園香沁詩脾，餐秀銜杯，隨托足供聯咏。乃清臞佳境也。迄乎冬冥司令，于群芳摇落之時。而我圃不謝之花，尚有枇杷纍玉，蠟瓣舒香。茶苞含五色之葩，月季逞四時之麗。剸曝背看書，猶藉檐前碧草。登樓遠眺，且喜窗外松筠。怡情適志，樂此忘疲。要知焚香煮茗，摹榻澆花，不過文園館課之逸事，繁劇無聊之良劑耳。癡耶？癖耶？余惟終老於斯矣。堪笑世人鹿鹿，非混跡市廛，即縈情圭組。昧藝植之理，雖對名花，徒供一朝賞玩，轉眼即成槁木耳。客曰：唯唯。既非花癖，何不發翁枕秘，授我《花鏡》一書，以公海内，俾人人盡得種植之方，咸誦翁爲花仙，可乎？時康熙戊辰桂月，西湖花隱翁陳淏子漫題。

清　永瑢等《四庫全書總目》卷一一六《倦圃蒔植記》三卷　浙江巡撫采進本　曹溶撰。溶有《崇禎五十宰相傳》，已著録。兹編乃溶自山西陽和道歸里，築室范蠡湖上，名曰倦圃，多植花木其間。因記其圃中所有。分花卉二卷，竹樹一卷。各疏其名品故實，及種植之法。溶學本贍博，故引據多有可觀。惟下語頗涉纖仄，尚未脱明季小品積習。前有自序，題康熙甲子。案，溶卒於康熙二十四年乙丑，年八十三。則此書乃其晚年游戲之筆也。

又《花裏活》三卷　編修程晋芳家藏本　明陳詩教撰。詩教字四可，秀水人。是編輯古今花卉故實，按代分編。然皆因襲陳言，別無奇僻。考證大多疏漏。如云五代梁有王彦章，吴亦有王彦章。不知楊行密之將乃王茂章，後歸梁改名景仁，並無所謂王彦章者。其舛謬率皆此類。至「花裏活」之名，蓋用李賀詩「秦宫一生花裏活」句。然秦宫何人，而可援以自比乎？失考甚矣。

又《花史左編》二十七卷　江蘇巡撫采進本　明王路撰。路字仲遵，嘉興人。此書皆載花之品目故實，分類編輯。屬辭隸事，多涉佻纖，不出明季小品之習。《浙江通志》載王路《花史》二十四卷，有天啟元年李日華序。今此本二十七卷，無日華序，而前有陳繼儒序，與路所作小引，皆稱二十四卷。又此本二十五卷《花之友》，二十七卷《花之器》，皆題潭雲宣猷馭雲子補。二十二卷《花麈》，題百花主人輯。則路書本二十四卷，此三卷乃後人所補入，而刊書者并爲一目耳。又路小序稱此書爲左編，别有右編爲花之辭翰，約一十二卷。蓋有其名而未成書者也。

又《北墅抱瓮録》一卷　編修程晋芳家藏本　高士奇撰。士奇有《春秋地名考略》，已著録。此書前有康熙庚午自序，乃其告歸後所作。北墅者，所居別業之名也。墅中蒔植花木頗多。士奇因取果、樹、卉、竹、蔬、茹、藥、蔓之類，各疏其形色品狀，以爲此編。凡二百二十二種。其叙録頗爲詳備。

又《學圃雜疏》一卷　兩江總督采進本　明王世懋撰。世懋有《却金傳》，已著録。兹編皆記其圃中所有暨聞見所及者。分花、果、蔬、瓜、豆、竹六類，各疏其品目及栽植之法。大致以花爲主，而草木之類則從略。書止一卷，《續説郛》以花疏、果疏各分爲卷者，非也。

又《羣芳譜》三十卷 内府藏本 明王象晉撰。象晉字藎臣，山東新城人，萬曆甲辰進士，官至浙江右布政使。是書凡天譜三卷、歲譜四卷、穀譜一卷、蔬譜二卷、果譜四卷、茶竹譜三卷、桑麻葛苧譜一卷、藥譜三卷、木譜三卷、花譜三卷、卉譜二卷、鶴魚譜一卷。略於種植，而詳於療治之法與典故藝文。割裂餖飣，頗無足取。聖祖仁皇帝詔儒臣刪其踳駁，正其舛謬，復爲拾遺補闕，成《廣羣芳譜》一書，昭示萬世。覆視是編，真已陳之土苴矣。

又《汝南圃史》十二卷 浙江巡撫采進本 明周文華撰。文華字含章，蘇州人。前有萬曆庚申陳元素序，稱之曰光禄君。不知爲光禄何官也。文華自序，稱因見允齋《花史》，嫌其未備，補葺是書。凡分月令栽種花果、木果、水果、木本、花條、刺花、草本、花竹、木草、蔬菜、瓜豆十二門。皆叙述栽種之法，間以詩詞。大抵就江南所有言之，故河北蘋婆、嶺表荔支之屬，亦不著録。較他書剽剟陳言、侈陳珍怪者較爲切實。惟分部多有未確，如西瓜不入瓜豆而入水果，枸杞不入條刺而入菜蔬，皆非其類。

又《花史》十卷 内府藏本 明吴彦匡撰。彦匡爵里未詳。是書蓋本常熟蔣養菴《花編》、松江曹介人《花品》二書推而廣之。得百有餘種。每一花爲一類，各加神品、妙品、佳品、能品、具品、逸品標目，附以前人遺事及咏花詩歌。大都以意爲之，所品第不必皆確也。

又《名花譜》一卷 兩淮鹽政采進本 舊本題西湖居易主人撰，不著名氏，亦無序跋。其書雜鈔《羣芳譜》之類而成，蓋近人作。所列凡九十二種，而附以瓶花訣、盆種訣、十二月花木訣。所言種植之法，掛漏不詳，閒附故實，大穴雜無緒。觀其開卷叙梅一段，字句凡鄙，引用謬誤。不過粗識文義之人，偶然鈔録成册耳。

清 吴儀一《徐園秋花譜序》 山陰徐氏時叔好莳草花，老而彌篤。戊午庚申間，同予客遼海，歸裝既戒，時叔剖壺實土，栽白花馬蘭一本，云南中皆紫花，此是殊種。修塗鞍馬，手自奉持。畏景當中，側帽遮映，瘁可知已。予逾年適越，時叔招過小園。滄桑之餘，畫棟雖黯，一幾一尊尚有古色。素商始吹，涼月新霽，雜花繞屋，薰馨四來。其間數種寔未知名，大凡常翫葩采，亦異故由。藝灌有方，窮神知性。樂水得樂，樂花忘勞，此其效也。酒後耳熱，感溯盛年。時叔歷數衆芳，間誇食品。予手不停毫，爲之寫記園卉百餘種。惟是夕見花者始得闌入。題曰《徐氏秋園花譜》，餘俟及時續爲編次。時叔故善篆刻，願定後期作園花續譜小印贈予，極工。壬戌七月望記。

藝文

唐 李頎《魏倉曹東堂檉樹清》（《全唐詩》卷一三三輯） 愛君雙檉一樹奇，千葉齊生萬葉垂。長頭拂石帶烟雨，獨立空山人莫知。攢青蓄翠陰滿屋，紫穗紅英曾斷目。洛陽墨客游雲間，若到麻源第三谷。

唐 白居易《白氏長慶集》卷一二《庭槐》 南方饒竹樹，唯有青槐稀。十種七八死，縱活亦支離。何此郡庭下，一株獨華滋。蒙蒙碧煙葉，嫋嫋黄花枝。我家渭水上，此樹蔭前墀。忽向天涯見，憶在故園時。人生有情感，遇物牽所思。樹木猶復爾，況見舊親知。

又 卷一六《移山櫻桃》 亦知官舍非吾宅，且劚山櫻滿院栽。上佐近來多五考，少應四度見花開。

唐 方干《玄英集》卷七《越州使院竹》 莫見凌風飄粉籜，須知礙石作盤根。細看枝上蟬吟處，猶是筍時蟲蝕痕。月送綠陰斜上砌，露含寒色濕遮門。列仙終日逍遥地，鳥雀前來不敢喧。

唐 李建勳《小園》（《全唐詩》卷七三九輯） 小園吾所好，栽植忘勞形。晚果經秋赤，寒蔬近社青。竹蘿荒引蔓，土井淺生萍。更欲從人勸，憑高置草亭。

宋 梅堯臣《宛陵集》卷九《早春游南園》 東國春歸早，南園百卉宜。萱芽開翠穎，杏萼破煙姿。青壠將鳴雉，喬林未囀鸝。石尤風莫起，芳物畏君吹。

宋 歐陽修《文忠集》卷一二《去思堂手植雙柳今歲成陰因而有感》 曲欄高柳拂層檐，却憶初栽映碧潭。人昔共游今孰在，樹猶如此我何堪。壯心無復身從老，世事都消酒半酣。後日更來知有幾，攀條莫惜駐征驂。

又 卷五五《小圃》 桂樹鴛鴦起，蘭苕翡翠翔。風高絲引絮，雨罷葉生光。蝶粉花霑紫，蜂茸露濕黄。愁醒與消渴，容易爲春傷。

宋 文同《丹淵集》卷一三《觀音院怪松》 怪松屢見無如此，每度來觀説向僧。若遇風雷宜守護，恐生頭角便飛騰。秋聲遶殿隨齋磬，夜影侵廊對佛燈。韋偃畢宏今不在，欲求人畫有誰能。

宋 鄭獬《鄖溪集》卷二八《招同僚賞雙頭荷花》 爲愛荷花並蒂開，便將荷葉作金杯。桃根桃葉俱殊色，且看相携渡水來。

宋 蘇轍《欒城集》第三集卷一《種花二首》 築室力已盡，種花功尚疏。山

丹得春雨，艷色照庭除。末品何曾數，羣芳自不如。今秋接千葉，試取落人餘。

築室少閑地，種花能幾畦。松筠舊滿眼，桃李漸成蹊。無計通湖水，長思種藕泥。幽懷終不愜，拄杖出城西。

又 卷二《種松》 城郭人家歲寒木，檜柏森森映華屋。青松介僻不入城，野性特嫌塵土辱。中庭冉冉盈尺苗，條幹雖短風霜足。培根不用糞壤厚，插竹預防雞犬觸。他年期汝三丈高，獨立仙翁毛髮緑。老翁自分不及見，子孫見汝知遺直。

又《庭中種花》 空庭一無有，初種六株花。青桐緑楊柳，相映成田家。春雨散膏油，朝暾發萌芽。造物知我心，初来盡枯槎。開花已可貴，結子成益佳。百事盡如此，一生復何嗟。我生本窮陋，中年旅朝衙。失脚墮南海，生還夢荒遐。築室雖不多，於我則已奢。松筠伴衰老，已矣無復加。

又 後集卷四《移竹》 前年買南園，本爲一畝竹。稍去千百竿，欲廣西南屋。本心初不爾，百口居未足。黽勉斤斧餘，慙愧琅玕緑。東園有餘地，補種何年復。凜凜歲寒姿，餘木非此族。

宋 程俱《北山集》卷四 蝸廬有隙地三兩席，稍種樹竹，已有可觀，戲作七篇。

菊 吾聞酈侯國，産菊千丈潭。采華食其葉，垂根漬芳甘。遂令酈川氓，難老如彭聃。庭前有古井，秋霖發清涵。愍懃東籬緑，覆此白玉奩。時能嚼新蘂，汲月散餘酣。

竹 種玉未渠久，疏篁長兒孫。勝會不在多，何須辟疆園。我觀榛蕪地，塵思紆且煩。蕭森對此君，清涼徹心源。草木初無情，妄作浄穢觀。乃知識種子，正是生死根。

鳳仙 微華若幺鳳，倒挂茂蔚中。鳴鳥不可見，幽懷寄芳叢。初移幾寸苞，稍展兩翅紅。能使寂寞濱，餘妍映蒿蓬。

鷄冠 峨冠百草頭，意象出其類。望之如木鷄，正自五官廢。寧須斷其尾，無乃假予臂。可復近幽窗，談玄有深詣。

紅莧 嘉生苦不榮，凡草忽猥大。君看庭中莧，易長劇稂稗。初無封植意，不見蟲鳥害。穰穰筠菊間，紅紫不可殺。微功尚足收，染我盤中菜。

芭蕉 芭蕉中無堅，譬彼泡夢幻。了然觀我身，生死如一貫。學書端未暇，覆鹿真自亂。一雨過空庭，秋聲入深宴。

水青 水青雖楚楚，不復中棟梁。黄封入雕檻，亦足被寵光。朝離糞壤區，暮上君子堂。胡爲伴幽獨，墮此一畝荒。

宋 李彌遜《筠谿集》卷一二《梅塢》 嘉木開繁陰，疊障圍空翠。蟠根得疏梅，凜凜有高致。餘芳敢追扳，薰蕕不同器。相期忘機友，共結棲真計。清姿固可人，所樂在真味。

宋 劉才邵《㰅溪居士集》卷三《次韻陶父雙蓮》 和氣爲霖歲有涯，發祥宜自使君家。池開雙影同心瑞，氣敵三峰十丈花。嘯侶洛妃携翠袖，懼飛蛺蝶護新葩。天公似恐嫦娥妒，時把微雲隔素華。

宋 朱翌《灊山集》卷一《重午菊有花遂與菖蒲同采》 菖蒲秀端午，黄花作重陽。萬物各時行，半歲遥相望。云何忽並開，相與同一觴。仙人九節杖，東坡一枝香。洗去仲夏熱，如逢晚秋霜。均是酒中物，俱使吾年長。莫誇雨露私，勿笑草木狂。登高閲競渡，樂哉未渠央。

宋 吴芾《湖山集》卷一〇《再見雙頭蓮》 我來纔見月初圓，兩度池開並蒂蓮。嘉瑞還來非偶爾，懸知連歲有豐年。

宋 洪适《盤洲文集》卷六《招二弟賞盤洲雙頭蓮》 何須艷質鬥鮮妝，並蒂紅蕖本自雙。却恐花飛成造次，急來相就倒甃缸。

又 卷九《雙頭蓮》 駢花先總角，一體素心同。可是鴛鴦瑞，于飛幻碧潯。

宋 趙公豫《燕堂詩稿·次韻奉和蔣元甫雝瑞蘭詩兼賀誕孫》 名花不與衆爲行，特向瑶階獻吉祥。一幹亭亭標異彩，數枝燦燦發幽香。高懷直與同清艷，雅韻猶能並潔芳。積厚流光邀美報，蘭孫應瑞慶華堂。

宋 姜特立《梅山續稿》卷六《新居覓竹栽》 闢疇事廬井，物色費經營。正擬一壓足，便懷三徑情。吾居恐全俗，君圃有餘清。急欲就佳趣，哦詩乞翠莖。

覓橙曾有句，乞竹可無詩。好輟東南幹，同爲風月期。根豐宜地力，萌達趁春時。他日如相過，清陰滿酒巵。

宋 蘇泂《冷然齋詩集》卷八《庭前菊》 百葉黄香十月春，東籬佳節誤陶巾。開花較晚酒羞澀，風味依然似主人。

宋 王柏《魯齋集》卷三《和無適四時賦雪梅》 蕙歇蘭消菊已乾，横枝疏影到癯仙。向來買種恨無地，我輩鍾情亦有年。最是愛他風骨峻，如何只喜玉姿妍。小園應怪無佳句，未放幽香到酒邊。

宋 文天祥《文山集》卷一《題曾氏連理木》 后皇嘉樹生僑佹，四衢五

衢合一軌。德澤純洽八方一，乘木而王固如此。大明香琴橘，真觀玉華李。一時圖傳傳奇觀，榮華過眼轉九易。惟有武城宅前樹，不知何年已連理。從來縣官不以聞，武城子孫世傳美。人言協氣薰嘉生，此家孝友陶協氣。朱門多少鎖喬木，百年瞬息滋一喟。焉得鼎鼎爲輪囷，受命不遷相曾氏。傳聞此木更八世，方遇麻陽大夫記。誠齋先生字麻陽，誠齋又幾年，却入青螺地。輿志比來徹當路，表名連瑞里有日。捧圖上嘉禾，靈草共青史。物生隱顯殆有時，展如之人亦應爾。楩楠杞梓雖奇生，繼此廬陵城北不止稱三瑞。

宋 葛紹體《東山詩選》卷下《昌園》 昌園梅樹占山林，山淺村深煙日昏。薄暮東風幾籬落，雪濤隱約萬龍奔。

元 楊弘道《小亨集》卷一《中庭植梧竹一首》 中庭植梧竹，有意集鸞凰。孤鶴從東來，雪衣曬朝陽。主人驚且喜，拊掌呼獲臧。俾投數粒粟，招鶴下堦傍。鶴雖不解語，其意或能詳。我非鸞鳳侶，竹梧何可當。亦非黄雀儔，數粒安可嘗。戞然欲長鳴，恐遭彈射傷。左右梳修翎，翻身入雲翔。

元 周巽《性情集》卷二《芳樹》 前庭植芳樹，雨露浥華滋。下有盤根節，上有連理枝。鬱鬱清陰合，離離佳實垂。榮華信可愛，零落亦可悲。佳期彩雲散，倚樹長相思。

元 黄玠《弁山小隱吟録》卷二《種花吟》 滿園種花不種桑，野桑不入名花譜。五陵豪家紈袴兒，快樂豈知蠶績苦。歡娱未足事已乖，富貴欺人年少去。却擕鋤钁向桑間，滿眼看花花不語。君不見金谷荒凉梓澤空，春風錦障俱塵土。悔不當時學種桑，盡遣歌姬作蠶婦。

元 馬祖常《石田文集》卷三《雙頭菊》 金屈巵邊醉袖垂，秋雲如幄貯仙姿。寒生小靨迴鸞動，香入流蘇睡鴨移。結綬巧承西顥曲，落鈿羞帶月支眉。青霜爲我催憔悴，銀屋何人怨別離。

明 姚夔《飲和堂集》卷七《橘林》 一徑芳叢裏，沿江起緑陰。春花浮白雪，秋實點黄金。兵火留遺孑，栽培返茂林。眼觀生聚者，已有十年深。

明 胡奎《斗南老人集》卷五《東園紫薇花》 舊時曾種紫薇花，五載歸來感物華。石徑升堂苔色滿，曳裾坊口第三家。

明 何景明《大復集》卷七《懷化驛芭蕉》 芃芃芭蕉葉，植此園中央。繁緑布重幄，層陰蓋高堂。孟夏日初赫，簫森蔽炎光。衆賓御華館，四座借虚凉。四序互更謝，南陸回朱陽。窮秋多風雨，寒冬多雪霜。危叢旦夕茂，緑葉日夜黄。本無松柏固，安用誇其長。徘徊視草莽，零落同一傷。

明 王立道《具茨詩集》卷四《院中紅杏》 天公何意屬青陽，留却繁紅殿衆芳。仙圃豈應須鼓發，淄林時復見琴張。朱欄露重欹晴錦，翠箔風微浥晚香。羡爾倚雲真得地，野花空自落東墻。

明 敖文禎《薜荔山房藏稿》卷二《薜荔園竹間桃盛開》 乘興尋芳去，園亭一望新。不知桃應節，祇怪竹藏春。攀折兒童鬧，携歸笑語頻。蹊深還愛惜，莫逐武陵津。

明 沈德符《清權堂集》卷九《小園蠟梅水仙諸花早放》 貢包擷無餘，拒霜顔亦槁。那有歲寒人，盛服臨衰草。

自是仲蔚居，忽開齊奴障。以色事人者，後來乃居上。

寒花如雛姬，百態取憐愛。晚菊匿笑云，尚有徐娘在。

嘗笑杜陵狂，憐花死未忘。偶携詩與訂，携手入狂鄉。

百草盡歸蟄，孤芳始漸芽。俗殺武陵人，反種玄都花。

冷韵出蕭辰，矜莊自相語。來似謁幽人，去如離静女。

清 丁耀亢《陸舫詩草》卷二《寄故山僧爲視園林》 見説今年竹，平安笋一園。燕山花正發，海嶠蕨初肥。園果何時寄，林松好待歸。佛燈常不滅，清梵遠依微。

清 陳恭尹《獨漉堂詩集》卷一四《詠物集·胭脂花》 非藤非樹漫成窠，對節方莖用若何。茉莉叢低推特艶，石榴紅綴正相和。纏綿懶蕊珠鬚短，澹薄微香粉汗過。不用浪誇顔色好，焉支山下漢兒多。

清 彭孫遹《松桂堂全集》卷一〇《祖祠喬木·雪梅》 祠外脩林帶列岡，靈柯已是百年强。清陰但覺移來遠，朱果還因薦後嘗。閲世年深非社木，濟川才大亦沙棠。行人歎息豐尋樹，指點溪南舊草堂。

又 卷三三《並蒂牡丹》 瑶階侍女號雙成，繾綣春風别有情。臭比蘭心偏郁烈，枝如棣萼更縈盈。玉奴暖宿連翩影，絳樹清含宛轉聲。見説漢宮多國色，未應獨立是傾城。

漫栽鴛錦護花神，琬琰仙姿不涴塵。雨後難禁同夢態，風前如見比肩人。香流紫鈴雙鬟動，露浥紅綿兩靨春。好是夜來清宴罷，合歡枝上月重輪。

清 邵長衡《邵子湘全集》卷八《詠署中槐》 高槐當檻植，此樹已婆娑。古署清陰滿，炎天緑雪多。頻年承雨露，傍晚拂星河。龍性猶拏攫，蹉跎奈老何。

清 顧八代《敬一堂詩鈔》卷一六《琪園賞蕙》 琪園獨愛蕙蘭香，香滿幽亭水滿塘。更羡仙姿稱國色，不教紅葯冠羣芳。

清 謝重輝《杏林詩集》卷七《文官果》 園林乏佳果，文官八九株。葉細似茱萸，花白如貫珠。我行遍吴會，知爲南地無。結實人多竊，無怪兒窺覦。剥擊充饞口，風味過木奴。不須觀本草，已悔種桑榆。

清 徐元文《含經堂集》卷一一《庭中紫菊一蒂三花》 碧蕖方擢穎，紫蕚競揚華。蕊密凝春彩，條疏散曉霞。枝芬獨異，三秀影交加。他日芙蓉沼，休矜並蒂花。

清 馮景雍《解春集詩鈔》卷二《西園桃花一本二色》 深紅又間淺紅新，合璧争妍兩色匀。雙竇青鳬升絳闕，二喬銅雀鎖深春。渡頭根葉何殊晉，洞口桑麻總避秦。誰道佳人遺世立，邢夫人並尹夫人。

清 宋弼《山左明詩鈔》卷二七《園居紀物雜言》 持荷不可以作柱，析蘆不可以作椽。當道種李苦不售，臨風植梧葉易捐。枯楊生華復何用，散櫟不材虚自全。蓬生麻中能直立，藟緣樛木遂高騫。菌桂有香惜生蠹，黄桃不登何貴妍。槐木黄中猶傍鬼，棘有赤心無柰酸。榆美濟荒增瞑睡，栗房易駭表恂虔。松柏亭中梁棟，節多材大用苦艱。搭柿七絶常病冷，杏金三劑果能仙。葡萄浩繁猷詰屈，朱櫻虚脆空匀圓。南池栽竹挺高節，東離植菊稟貞堅。不隨衆芳競炎景，若比後凋無慚顔。幽人約略書殿最，口占付與園丁傳。

清 高宗愛新覺羅·弘歷《御制詩集》五集卷八《太古堂題梅》 山堂別一區，迥據山之陰。是日有餘暇，因而偶復尋。古梅植中庭，花謝葉已森。我欲寫其貌，惜無貌可臨。咄哉此言失，執象寧知音。試看枯寂中，圈圈點點心。

清 韋謙恒《傳經堂詩鈔》卷四《法源寺看海棠》 三載海棠虚有約，今年真不負東風。踏殘古寺莎痕碧，吟斷斜陽樹影紅。一笑最憐新雨後，半開翻憶故園中。家從父宜園海棠極盛。不知人海勞勞者，尊酒花前更孰同。

清 吴高梁《香蘇山館詩集》《香花雜詩》 附郭園林一畝寬，茅檐春霽鳥聲歡。閒身自笑無拘束，但有花開即往看。

李花開徧又桃花，晴雪枝枝映曉霞。中隔菜花田一段，鏤金錯采是誰家。

紙鳶摇曳正東風，村店谿橋樹樹紅。試上春城高處望，始知身在萬花中。

紅杏梢頭破蕊先，風光綺麗嫩晴天。帽檐却讓門生插，花事低徊四十年。謂周生際雲初成進士。

玉蘭古樹記前朝，樹在虎邱，傳爲宋人所植。花時其白照天，曾攜女郎豔妝宴游於此。曾倚紅妝聽洞簫。今日俊游如斷夢，尋香又過水西橋。

緋桃紅淺絳桃深，人面春風笑不禁。争似碧桃標韻勝，一枝照水有仙心。

香國頻年許寄家，海棠時節最清華。平生宦味寒于水，第一難抛是此花。

微雨廉纖爲洗妝，青旗沽酒趁斜陽。梨花一樹明於雪，詩夢吾懷舊草堂。余家舊有梨花詩夢草堂，其額爲王夢樓太守書。

臨水人家樹十圍，午風香暖透羅衣。折花驚起雙蝴蝶，陌上隨人緩緩歸。

矮屋疏籬一徑諳，折花盈握未嫌貪。膽瓶已是無安處，亂插繁枝借酒罎。

白髮尋春得幾回，花陰小立踐蒼苔。嫣紅莫便吹成雨，拄杖明朝更一來。

清 柏葰《薜箖吟館鈔存》卷一《府試蠟梅》 樹樹寒花細朵催，水村山郭試低徊。風前籬落欹修竹，雪後園林訝早梅。磬口檀心裝妙相，迴廊小院得新栽。漢書攤向芸窗讀，嚼得新香味自回。

清 王拯《龍壁山房詩草》卷七《舍旁隙地治圃未幾時已秋矣慨然有作》 中年愧精亡，懷安在居處。退食常早歸，獨居時閉户。舍旁一甽區，瘦病兩槐古。老屋四三楹，經年蔽塵土。朝來自灑掃，齋舫出清午。笆籬繚旋折，餘地恰規圃。雜植羅花木，通霄感靈雨。惜哉佳時過，栽植定何補。柳弱竟新荑，葵傾遂重蕊。欹牆數莖竹，枝葉亦鮮楚。居然生意滿，清蔭彌檐宇。丈夫志四海，一室安比數。何况抱瓮希，經營殊莽鹵。

汗馬願空奇，歸來尋汗牛。朋交幾迂僻，來往日綢繆。常把種樹書，異聞山海捜。有時樹根讀，偃蹇對龍虯。灼灼桃李華，非時復何求。欒枝紫白丁，美植誇營幽。亦有異産妍，經時難燈毬。朝霞窗牖明，夕靄簾衣流。如何歲黄落，風雨倏飕飗。籬根蟋蟀鳴，零蔓垂牽牛。虚懷涉園樂，漸昵墐户幽。薄暮衆籟歸，蕭然人海舟。時邀鄰圃顧，獻納多良猷。

種麻須蓬直，種松蕭艾單。種竹苦未長，種花何人看。我生味本業，有志徒酸寒。扶持望君子，晏處超榮觀。四序任推移，峥嶸愁歲闌。從來古賢哲，道力嗟同艱。兹屋聊暫寓，居寧百歲安。林宗雖信宿，灑埽不肯閒。亦聞竹林賢，館食修銅盤。圃學縱未成，生機詎容删。明年儻猶此，補植千檀欒。

清 陳夔龍《松壽堂詩鈔》卷七《鶴樓集·詠庭前並頭蘭》 蒲緑榴紅罷舉觴，瓣香都在詠蘭堂。幾回月下兼燈下，照影分明對面妝。

風静天高露滿庭，亭亭如玉門芳馨。始知花亦逢人意，不向枝頭避尹邢。

清　孔興源《桂軒》(《蓮花廳志》卷八引)　此樹婆娑玉兔宮，樹之墻陰何偪仄。因風拂檻襲幽芬，華時恍入華胥國。金粟瓊枝侻緑雲，扶疎詎受霜華蝕。吁嗟乎此花！胡不摩挲粤嶺南，胡不鬖髿燕山比。攀條委頃幾經年，玉立亭亭徒太息。拔之淤泥中者誰，青蓮司馬勤拂拭。亟移庭砌善培根，木樨香滿琴堂側。小築一椽四窗明，髣髴月殿澄秋色。左圖右史几榻橫，對花披吟公退食。乃知仙友異衆芳，獨秀不憂無賞識。栽者傾者今昔殊，視乎所遇爲豊嗇。敷榮歲歲蔭軒窗，召棠潘樹同懷德。

清　楊紹基《惠山寺聽松石歌》(《晚晴簃詩匯》卷一二三輯)　古華山寺高崔巍，舊有雙松倚石碕。靈根入地一千丈，老幹插天數十圍。龍髯落落耐霜久，喬枝高處礙北斗。晴晝常爲風雨吟，三更或作蛟龍吼。桃花塢下聽松庵，亦有萬木松與杉。豈如此松有靈異，蓋影常蔭瞿曇龕。松旁有大石，可以供偃仰。篆字模糊緑苔長，游人到此倚枯筇。坐聽松風石床上，忽然動地聲如雷。驚濤怒捲滄溟來，琳宫貝闕恍摇撼。山鳴谷應愁崩摧，此時股戰膽寒裂。坐使耳聾神氣奪，得毋共工戰鬥酣，頭觸不周天柱折。每逢匝月陰雨時，樹下往往潛蛟螭。人言白日飛霹靂，陰火燒死虬龍枝。空心斷節無遺蹟，留得階前聽松石。至今石畔多松脂，往往掘得紅琥珀。我來石上題新詩，沈吟却動千古悲。滄桑歷劫有遷改，何況草木榮與萎。

清　趙德懋《妙香齋詩集》卷二《下寺銀杏樹歌》　老樹亭亭不計年，雙株高偃梵宫前。每逢盛夏盤石坐，南薰拂拂別有天。濃陰作蔭苔痕緑，脱帽露頂絶拘束。游蝶栩栩清蟬鳴，時唤老僧共棋局。暑去寒來致不同，一切繁華蕩西風。落葉滿地無人埽，離離垂實晚日烘。閲盡榮枯心如擣，草木豈有四時好。青青惟餘階下松，後凋何嫌知非早。

又　卷三《憶家中梅開》　十載費栽培，庭前幾樹梅。遥知霜雪裏，依舊向南開。

雜　録

舊題南朝梁　任昉《述異志》卷上　越中有王氏之橘園，胡氏之梅山，賀氏之瓜邱。吴中有陸家白蓮，顧家斑竹。趙有韓氏之酸棗。

唐　韋絢述《劉賓客嘉話録》卷二《移春檻》　雲陽縣界多漢離宫故地，有似槐而葉細，士人謂之玉樹。揚子雲《甘泉賦》云「玉樹青葱」，後左思以雄爲假稱珍怪，蓋不詳也。

五代　王仁裕《開元天寶遺事》卷二　銷恨花　明皇於禁苑中，初有千葉桃盛開，帝與貴妃日逐宴於樹下。帝曰：不獨萱草忘憂，此花亦能銷恨。

鬥花　長安士女於春時鬥花，戴插以奇花多者爲勝，皆用千金市名花，植於庭苑中，以備春時之鬥也。

宋　陳元靚《歲時廣記》卷一《春・括花香》　唐《玉塵録》：穆宗每宫中花香，則以重頂帳蒙蔽欄檻，置惜春御史掌之，號曰括香。

宋　温革《分門瑣碎録・雜説》　人家園圃中四傍宜種決明，草蛇不能敢入。

明　王圻《稗史彙編》卷一四八《花小人》　狂風，猛雨，赤日，苦寒，蜜蜂，蝴蝶，螻蟻，蚯蚓，白晝青蠅，黄昏蝙蝠，飛塵，妒芽，蠹，射香，桑螵蛸。

又　卷一五一《花蝶樹》　長安城禁苑内一大樹，冬月雪中忽花，葉茂盛，及凋落結實，其子光明燦爛，如火之明。後數日皆化爲紅蛺蝶飛去。至明年，唐高祖自唐國入長安，此必前兆也。出《瀟湘録》。

又　卷一七三《異花妖草》　宣和七年，京城諸園苑中，盛夏六月間，牡丹俱開。始作金色，又變黑色而褪。諸柳皆生黄花，大如林檎之萼，結子黄色，食之甜苦。又瓜圃中瓜生雙蒂，酸不堪食。靖康元年，梨樹生豆莢，木香架生青葡萄，可食。又有王殿直家，籠中貯松花，及啓視之，每一片中生雪白小松一小株。又寶籙宫前，華表柱忽生松一枝，北向者生一大黄花如斗，凡三日而萎。又有童貫轎中，木板上生雜草，剗去復生。未幾，京師果遭金戎破蕩，異花妖木皆爲災應。

又《渝州蓮花》　渝州西百里，相思寺北石山有佛跡十二，皆長三尺許，闊一尺一寸，深九寸，中有魚文，在佛堂北十餘步。貞觀二十年十月，寺側泉内忽出紅蓮花，面廣三尺。游旅往還，無不歎訝，經月不滅。

明　焦周《焦氏説楛》卷二　黄中李，花開則三影，結實則九影，花實上皆有黄中二字，出龍月城，西王母愛之過于蟠桃。

明　王世懋《學圃雜疏一卷》《花疏》　花之四季開者，蘭桂而外有月桂、長春菊。即金盞花。月桂閩種爲佳。

明　陳繼儒《岩幽棲事》　閩有紅茉莉，蜀有紫绣毬，楚有紅梨花，燕有黄石榴，天台有黄海棠、白海棠、白紫碧桂花，白玫瑰，洛陽有黄芍藥，昌州有香海棠。

清 鄭績《夢幻居畫學簡明》卷三 玉蘭，木筆，辛夷，皆同一類。冬蓝春花，九瓣白色爲玉蘭，淡紫爲辛夷，淡黄爲木筆。高者盈丈，一枝一蓝，尖長黄苞，有毛。

清 袁枚《續新齋諧》卷四《黑牡丹》 福建惠安縣有青山大王廟，廟之階下所種皆黑牡丹，花開時，數百朵皆向大王神像而開，移動神像花亦轉面向之。

清 乾隆《江南通志》卷三〇《江寧府》 養種園在上元縣城東，宋南渡，爲行宫，養種花木於內。中有嬰春堂、玉雪堂、清華堂，又有亭二，曰懷洛，曰芳潤。

清 同治《上海縣志》卷八《第宅園林》 小梅源在城外西南，史槐植梅數百本，疏水結茅，游者比之王氏梅花源。有自記

清 光緒《江西通志》卷一一八《署宅五》 白司馬花徑在（九江）大林寺前，樂天曾游於此，於四月見桃花，集中有詩序。

清 曹溶《倦圃蒔植記》總論卷上《論花第三》 花若紅時便不香，專指大紅而言也。此誠遍索天涯竟不可得。至若玫瑰蓮花牡丹芍藥，蓋二色，皆非真大紅耳，或紫或粉，而不妨有香。

又 石竹與洛陽花同宗異派，《本草》所謂瞿麥即此。洛陽花單葉千葉各有，微長植之，頗腴即變態多端。蜀葵、罌粟、鳳仙，俱能變種種色。

清 汪爲熹《鄢署雜鈔》卷七《園圃》 鄢邑舊園圃。三花圃，尚書劉春岡築。長春圃，憲副梁及泉築。學如圃，都憲鄭潛庵築。日涉圃，奉常梁壺嶺築。舊邑志

又《游鄭氏原圃》詩：連騎來游谷口家，黄梅樹樹盡含葩。班荆鄭重留茶話，惜别投予雙木瓜。鄢地木瓜有大于西瓜者。

清 謝堃《花木小志》《紫薇》 紅花者俗名百日紅。白花者俗名百日粉。其實紅者，名紫薇。唐翰苑甚重其花。故詩云「紫薇花對紫薇郎」是也。白者名銀薇，藍色者名翠薇，南方有之。

古樹名木

論説

明 曹學佺《蜀中廣記》卷六一 灌縣有秦時紫柏，團團如蓋，大可蔽畝，其鄉名紫柏鄉。知縣雷叔聞畫圖見遺，因作讚曰：有赤甲丈人者，居於青城之陽。厥生在祖龍之紀，歷漢及唐。有客伐之，鼓鐘鏜鏜，維神保護，爰及我明，中懷嘉果，鵂鶹來翔。其葉如髮，其幹如石，東榮而西殭。圍丈有八尺，其高四倍，臨於大荒。以孔檜爲父，以五大夫爲兄，九州之內，此二三者緊其可相望。

明 謝肇淛《五雜組》卷一〇 余在嶧山見禹時孤桐，於曲阜見孔子手植檜及子貢手植楷木，於閩雪峰見唐時枯木菴。而枯木菴質紋形色政與嶧陽孤桐相類，色如黄金而皮作斷紋，不問知爲數千年物也。二處寺僧守護甚嚴，故至今無恙。楷木已朽腐斷折，獨留根幹丈餘。檜非聖人手植者，乃其遺種也。經金兵火，廟宇樹木盡爲煨燼，而檜復挺一枝於東廡間，經今又五六百年矣。不生不滅，孑然獨聳。數十年間輒一發生，且其紋左旋，而上無傍枝，此爲異耳。按孔林十里中雲木參天，上無鳥巢無鴉聲，下無荆棘蒺藜刺人之草。聖人生前不語怪，乃身後著靈異若此，豈亦以神道設教耶，抑或有地靈呵護之也。

又 曲阜孔林有楷木，相傳子貢手植者，其樹十餘圍，今已枯死。其遺種延生甚蕃，其芽香苦，可烹以代茗，亦可乾而茹之。其木可爲笏枕及棋枰。云敲之聲甚響而不裂，故宜棋也。枕之無惡夢，故宜枕也。此木殊方不可知，以余所經他處未有見之者，亦聖賢之遺跡也。而守土之官，日逐采伐製器以充餽遺。今其所存寥寥，反不及商丘之木，以不才終天年，不亦可恨之甚哉。

清 龔自珍《龔定盦全集》續集 卷一《説京師翠微山》 昔者余游蘇州之鄧尉山，有四松焉，形偃神飛，白晝若雷雨。四松之蔽可千畝，平生至是見八松矣。鄧尉之松放，翠微之松肅。鄧尉之松古之逸，翠微之松古之直。鄧尉之松殆不知天地爲何物，翠微之松天地間不可無是松者也。

綜述

唐 趙璘《因話録》卷五 都堂南門東道有古槐，垂陰至廣，相傳夜深聞絲竹之音，省中即有入相者。俗謂之音聲樹，祠部呼爲「冰廳」，言其清且冷也。

宋 周密《癸辛雜識》續集卷下《石庭苔梅》 宜興縣之西地名石庭，其地十餘里皆古梅，苔蘚蒼翠，宛如虬龍，皆數百年物也。

元 于欽《齊乘》卷四 城陽景王廟 莒州城內祀漢朱虚侯劉章。章齊悼惠王子，誅吕有功，文帝封爲城陽王。漢時惟高廟有神靈，王莽畏而毀之。

城陽廟亦靈異，琅邪王京遷都避去。赤眉軍中猶鼓舞之，蓋其英烈之氣有乃祖之風。廟久廢。州署内有古槐，半體如枯槎而根葉敷茂，相傳是章手植。益都舊城北，南陽水上，古亦有廟，遺址尚存。

元 納新《河朔訪古記》卷下　嵩陽宫在登封縣北五里，本漢武帝宫也。【略】宫有漢武帝御井古柏二株，蔭數百步，武后皆封五品大夫，世稱大小將軍云。

明 鄭仲夔《玉塵新譚》卷三《柏倒栽》　萬載縣慈化寺爲普菴道場，後園中有側柏，以三人圍之，高二三丈，頂上枝鬚如根。相傳以爲普菴手植，乃倒栽之，其木末枯枝堅如鐵石，風霜不能摧折，真奇樹也。

明 王鏊《姑蘇志》卷三四　古松在天平山獅子巖下，自地崛起，甚怪。正中一幹聳拔如幢，延袤二畝，號眠松。張即之書「卧雲」二字扁之。云范文正讀書處也。

明 周子恭《古杉記》（《寧遠縣志》卷八輯）　舜陵有古杉十五，左十一，連理而三者一，連理而二者二，各植者四；右四，連理而二者二，各植者二，圍可八尺，稍次六七尺，高可三百尺，勢俱參天。先是凡十六，寧遠以修孔廟，伐其一。伐之日，天地昏黑，雷風震怒，聲聞數十里，工師奔仆欲絶。嗚呼！杉亦靈異哉，夫舜孔德相似，以舜杉用孔廟，然且不可，况其他哉？是杉宜與天地同壽不朽矣。

明 陸深《儼山外集》卷二〇《豫章漫抄三》　古稱松千年乃偃蓋，果然耶。聞之葉子奇云：松有命根，遇石則偃蓋，不必千年也。再過開先寺，道旁長松二百餘株，一徑森然，若龍起就列。大者數圍，其細瘦者亦不下徑尺，相傳李後主所植，亦已五百餘年矣。此皆江西嘉木也。

明 楊時偉《諸葛忠武書》卷九　成都諸葛武侯祠古柏，喬柯鉅圍，蟠固淩拔，有足異者。杜甫嘗作歌。

明 慎懋官《華夷花木鳥獸珍玩考》卷一《黄葛木》　忠州景德觀前有古木，大數十圍，枝柯盤鬱如蓋，山中人云：此黄葛木，千年物也。

明 謝肇淛《五雜組》卷一〇《物部二》　嵩山嵩陽觀有古柏一株，五人聯手抱之，圍始合，下一石刻曰：漢武帝封大將軍。人但知秦皇之封松，而不知漢武之封柏也。又，唐武后亦封柏五品大夫。

明 曹學佺《蜀中廣記》卷六　《方輿勝覽》云：碧落觀即長生觀，在青城山北二十里。昔有范寂，字無爲，劉先主時棲止青城山中，以修煉爲事。先主徵之不起，就封爲逍遥公，得長生久視之道。劉禪易其宅爲長生觀，觀有古柟高數十尋，圍三十尺，世傳長生手植。胡叔豹詩「更斷盤根藏大樂，也令嘉樹得長生」即此。

又 卷六一《木》　《楊師魯集》云：綿竹武都山岩仙觀雙闕内有漢時古柏，參雲雁行而立，人于蒼翠中行數百步始至。柏老而中虚，可容六人圍坐，夜或有光。人稱君平餌丹，以餘粒埋柏樹下使然也。

又　《本草》：益州諸葛廟中大柏，相傳是蜀世所植，故人多采以作藥，其味甘，香異常柏也。

又　唐大中時，遂州薦福院僧所植柏數十圍。後唐之亂，山林一空，此柏賴寺僧以二縑道其害。

又　《古今集記》：犀浦鎮有蘧仙觀，爲蘧真人舊隱也。有四大楠，甚古。陸放翁云：予在成都，嘗以事至沈犀，過國寧觀，有古楠四，皆千歲木也，枝擾雲漢，聲挾風雨，根入地不知幾百尺。而陰之所庇，車且百兩，正晝日不穿漏，夏五六月暑氣不至，凛如九秋。成都固多壽木，然莫與四楠比，予蓋愛而不能去者彌日。有石刻立廡下，曰是仙人蘧君手植也。

又　《梓潼志》：七曲山有應夢臺，臺側有柏，晉時植。龍首虬枝，霜皮老幹，見者即知爲千年物。《嘉州志》：淩雲山清音亭前有柏四株，霜皮黛色，其葉一則瑣細如翦，一則扁仄如片，一則垂絲如柳，一則蝟刺如毛，異于常柏也。《劍門志》：縣八十里停船山有冲寂觀，唐李真人於此煉丹仙去，手植柏十八株，或云以讖唐十八帝。有石刻，乃宋乾德僧懷義撰。

又　石室有二古柏，見唐宋詩如裴鉶、李石、蘇軾等集，《成都古今記》中亦載之。後有人請于府，恐此柏壞屋，欲去之。李知幾曰：屋壞尚可脩，柏伐不可復。并舉東坡詩「蒼苔高朕室，古柏文翁庭」句争之，始得全。

又　《儒林公議》云：武侯廟前柏圍數丈，唐相段文昌有詩石在焉。唐末漸枯悴，歷王孟二僞國，不復生，然亦不敢伐之。宋乾德五年辛卯夏五月，枯柯再榮，時人異焉。三國迄今千二百餘年矣，新枝聳雲，枯幹並存，矯若虬龍。陸游《劍南稿》云：唐有節度使，取孔明祠柏一小枝以爲手板，書於圖志，非詆至今。則此柏亦稱靈異著聞極矣。宋劉望之云：雙流縣保國觀古柏，其大連九臂乃合，較孔明廟中柏正一倍也。異時震霆，焚其一幹，人以爲昔有伏丹其下，歲久，丹飛去。又嘗有雙鶴棲其上，因作詩以紀之：草木長生亦偶然，不須聞

此便談仙。燒枝競説丹飛日，舉世寧知手種年。雙鶴不歸秋自冷，萬牛回首句空傳。相逢一飲清陰下，與子前生定有緣。胡宗師《題雙流保國觀古柏》云：孔明廟前古柏奇，此木氣象尤過之。幹東髣髴煙焰起，鐵龍空駕焚一枝。真人丹成何所適，世傳乘鶴冲天飛。求詩道士心彌堅，試聽一誦工曹詩。

明 吴之俊《獅山掌録·小山館》卷一八《七星松》 羅浮奉宸溪南有古松七株，上陵霄漢，仙靈常此憩息，號七星松。

明 何喬遠《閩書》卷二三《方域志·興化府·福平山》 寺前有大木，輪囷蔽虧，參漢連牛，東西望不相見，乃甘棠、赤榕、棫樸三木合爲一幹者。蓋其初鳥食二樹之實，遺矢一樹中，若寄生然，久之合爲一樹矣。

明 汪砢玉《珊瑚網》卷一四 虞山至道觀有所謂七星檜者，相傳爲梁時物也。今僅存其三，餘則後人補植者。而三株中又有雷震風擘者，尤爲詭異，真奇觀也。

清 王士禎《香祖筆記》卷三 蜀青城山有牡丹二株，皆高三十丈，號大將軍小將軍，見元人題跋。朱圖南謂在羊亘，見峭壁上。秋海棠高丈餘，吐花如錦，連綿十里，尤奇。又《玉堂嘉話》云：海州東峽島生海棠，作矮樹，花深紅，大如茶盌，香韻殊絶，每歲進御，以金牌記之。

又 明大内英華殿供西番佛像，殿前菩提樹二，孝定皇太后手植也。《光禄寺志》云，英華殿四月八日供大不落夾二百對，小不落夾三百對。叔祖季木考功詩云：慈寧宫裏佛龕崇，瑶水珠燈照碧空。四月虔供不落夾，内官催辦小油紅。蓋紀此事也。慈寧宫當作英華殿爲確。

又《池北偶談》卷二三《松頂生蘭》 予門生翰林湯西厓右曾於湖南永州道中見古松數萬株，是宋刺史柳開所植，亘數百里，有蘭寄生長松杈椏間，可徑丈，葳蕤四垂，時正作花，香聞遠近。其地曰奇蘭鋪，草木寄生，理固有不可解者。

清 楊慶《大成通志》卷一《手植檜紀》 相傳以爲先聖手植檜樹，兩株在贊德殿前，高六丈餘，圍一丈四尺，其文左者左紐，右者右紐。一株在杏壇東南隅，高五丈餘。

清 雍正《廣東通志》卷一一 韓山 亦名筆架山，在城東一里，高六十五丈，周圍五里。唐韓愈嘗游焉，手植橡木二本，後人名曰韓木。舊有思韓樓，今圮。下有韓愈祠，祠左有侍郎亭，亭左有宋陸丞相祠，左峰之麓有寧波亭。

清 雍正《浙江通志》卷四三 古樟 嘉靖《奉化縣志》青錦山下有古樟木，甚巨，藤繞其上，狀如虬龍。

又 秀峰柏 《成化四明郡志》：定海縣東南六十里秀峰山下，古柏甚巨，唐朝舊物。

又 慶安古松 天啓《慈谿縣志》：縣西北慶安寺前古松夾道，綿亘數里。其一最巨而奇，蜿蜒若龍，飛偃如蓋，臨池之上。馮輗《止伐慶安寺古松詩》：寒松一幹老蒼蒼，古寺門前歲月長。匠作偶圖舟楫利，禪翁方忠斧斤傷。得全此日同齊木，勿剪他年比召棠。可但與君期久遠，相將俱列大夫行。

清 雍正《河南通志》卷五一 古槐 在武陟縣東五里馬曲村三元廟，圍三丈餘，老幹排雲，類虬螭蹲視形。《舊志》：植自元，莫識所始。明嘉靖七年枯，十五年復生枝葉。本朝縣令龍待結茆於槐腹，顔曰懷亭。

又 卷五二 古槐 在寶豐縣城東四十里白雀寺，相傳槐蔭甚盛，枝節如龍形，葉如龍爪，螻蟻不敢上。每豐年必有白雀巢其上，寺因以名。

清 雍正《山西通志》卷五八 太平興國觀古柏共十六株，殿前十，閣下閣後共六胥，怪偉，而閣下三株尤奇，相傳唐時植。

清 雍正《湖廣通志》卷七七 荷葉山房在縣南三十里，袁宗道兄弟讀書處。入門老松數十株，高古入畫，澗水出其下，曰松風澗。跨以木橋，古槐壓澗，生蔭可十餘丈。其下爲臺，曰清蔭臺。黄山葱然，一點在望。渡澗而北爲荷葉山，蜿蜒皆土嶺，遠見澧陽諸山及谷昇一帶，湖水浩淼，晶瑩摇蕩。曉日山中古松千本，翠蓋如雲，大者可三人圍。山前有池，闊可四十餘畝，曰荷葉池。經兵火後，村落林木毁伐殆盡，獨此地巋然如舊。

清 雍正《陝西通志》卷九九 棲霞觀中有至元間商州同知孟文昌碑，光瑩如鏡可鑒。碑趺之龜，白色玉光，嘗泚汗如珠，上徹碑巔。堦除古柏，周二十尺，身枝俱旋理，如蠣如螺。謀伐者立致奇災，所謂棲霞三異也。《雒南縣志》

清 乾隆《西湖志纂》卷八 大樹堂 在方丈後。《靈隱寺志》：樹爲慧理手植，巨數十圍，枝幹參天。置堂其下，即見山亭故址。

紅于閣 在官客堂後，深秋北山一帶楓木皆丹，昔人取唐詩「霜葉紅于二月花」之句以顔其閣。

清 乾隆《普陀山志》卷一一《木之屬》 柏，山中惟古柏最多，遷廢來舊植凋殘，柏獨無恙。大者至兩抱，餘皆數百年物也。

又 梅，山上亦少，觀音洞有古梅二樹，大十數圍，青陰覆屋，花時爛熳

如雪；及落，霏霏鱗次厚積寸許，如鋪茵褥，香氣蒸鬱不散。

清 乾隆《江南通志》卷一七《太平府》 尼山在府東南四里，一名尼坡，山麓舊有古梅數十本，寒香沁人，仿佛羅浮。鄧尉又名梅山，宋鄭羽建百花頭上亭，盧鉞爲之記。

又 卷三〇《江寧府》 西園在城内西南近驍騎倉，有古松高可三丈，相傳宋仁宗爲昇王時，手植以賜陶道士者。下覆二石，一曰紫烟，一曰雞冠。宋梅摯有詩，馬光祖有銘，明朱之蕃題曰「六朝松石」，未知何據。

又 卷三一《蘇州府》 七星檜在昭文縣致道觀，相傳梁天監中物，奇古特甚。今尚存其三，餘則慶歷中補植者。沈周繪三株圖。

又 卷三三《太倉州》 婁塘古松在嘉定縣婁塘鎮北野田中，大可十圍，横亘數畝，相傳是宋時物。

又 古梧桐在嘉定縣七都浦陳氏墓，大可兩合抱，高十丈，數百年物也。海船在洋中，百里外即見此樹。

清 乾隆《新野縣志》卷七《古蹟》 晉楸 城北關壯繆祠前，相傳晉時所植，老幹已枯，旁枝猶茂。望之如怪石聳立，真千年物也。

清 乾隆《介休縣志》卷二 漢槐在有道先生祠前，大可四十圍，空中殘半，皮如剥膚，而枝葉鬱葱，歲歲不改，真千百年靈物。或先生呵護之也。

清 于敏中 英廉等《日下舊聞考》卷八七 原 香山門徑寬博，喬木夾道，流泉界之，依山汙隆以爲殿宇。殿前古松二株，虬龍詰曲。左來青軒如衫袖忽開，盡見原隰。寺後有藏經閣，石路净潔，高松列植，四望比來青較遠。其傍僧舍數十處，多植偃蓋之松，引流水周其霤下。《珂雪齋集》

清 楊方晃《至聖先師孔子年譜·聖裏諸圖》（孔廟詩禮堂）堂前有太初石，高丈餘，唐槐在其旁。又銀杏一株，亦千餘年樹也。

清《名花譜》 武林岳廟有雙檜，上合下分，中可通行，世傳爲雷神所分，因名分屍檜。忠邪二氣，千古凜然。

清 嘉慶《繁昌縣志書》卷一《輿地志》 杯渡松，在隱静寺門外。神僧杯渡手植，名曰新羅五葉松。曲屈如虬蠖，或扳折之，即疾首。

清 嘉慶《峽川續志》卷三《寺院》 雙松《硤山圖志》：在崇福寺前。霜皮鐵幹，迥出塵表。《潘志》：在崇福寺丹墀内，古幹蕃蘚，蓋數百年物也。寺燬，二松角立山坡，蒼潤四映。每歲春和，游人集飲其下，俗以爲小虎邱云。今山坡皆侵爲墳基，松亦存其一矣。按吴樵石有《獨松》詩，其序云：東山之麓廣福院下，有老松挺立，傍絶附麗，爲題之曰獨松云。曾於乾隆戊申九日爲大風吹折。明朱象衡《崇福寺雙松》詩：鬱蒼雙虬龍，偃蓋青蓮宇。昨夜風雨多，濕雲飛不起。周御《孤松》詩：感盛懷春風，含悽悲秋色。榮落頻易情，志士爲太息。東山有孤松，天矯古所植。既無淡豔姿，亦不受憐惜。獨立凡材中，霜華不敢逼。雙鶴時去來，羣鳥空嘖嘖。山風凄以清，山月峭以明。颯颯滿溪谷，坐對多凉陰。我與結幽契，盤桓而長吟。何必棟梁任，宜老東山岑。朱嘉徵詩：蓬萊幾清淺，詩書半劫灰。豈云龍象力，不怕春風吹。春風吹落花，美人雙淚垂。可惜盛年去，肯爲落花埋。獨有孤松樹，挺此巖壑姿。凡卉笑啞啞，歲寒心知之。天地終無情，孤松竊自私。寄言與桃李，莫負豔陽時。

長松樹附 《硤山圖志》：在葛井西。逋翁詩「門前有箇長松樹」，意即此。《志略》：讀書臺傍長松一本，離奇詰曲，老骨支天。近年厭棄人間，當是化龍隨逋翁去矣。

清 嘉慶《羅江縣志》卷三五《外紀》 南村冉家林有麻柳樹一株，大十餘圍，蔭蔽數畝，前代遺植也。本幹雖空而枝葉繁茂，下有小石廟，祀五顯神甚靈，禱輒應。乾隆中老幹旁忽發孫枝，狀如雲蓋，以覆其廟。星家皆言一村風脉樹。冉孝廉玉嘉有「靈根盤固葉粉披，仗得神光好護持」句。縣北六里有梨樹數百株，邑庠董勤手植，所産梨味清香與他處所出迥異。有李雨村乞梨樹詩云：庭前檟木緑成陰，缺冒哀家果滿林。最喜門生偏解事，論園相贈不須金。時董勤之子睿昌受業其門。

清 嘉慶《松江府志》卷七四《名跡志·上海縣》 羅漢松 在縣東南金氏宅，相傳爲宋時植。本吴氏墓木，大數十圍，腹空，生竹，交翠成陰，題咏甚多。

清 道光《安陸縣志》卷三七《物産》 圍山一松大數十圍，數百年物也。虬枝偃地，墜釵落股，人不敢拾，稱仙人松。相傳有神物守之。

清 同治《會理州志》卷一《名勝》 盤松張蓋 城西皈依寺舊有古松一株，不識何年所植，盤曲古傲，枝幹糾拏，横鋪滿苑而高，僅與檐齊。魁參戎麟題其廊曰松爽。明狀元楊懷題聯云：亂竹堆成世界，把茅蓋住虛空。

天竺湧泉 小天竺即南無橋，亦即芭蕉箐龍塘也。邑紳馬翊臣都府，建有觀音寺，寺内樟樹七株，皆數百年物。

清 同治《豐城縣志》卷二《雜説》 二坊長樂鄉堎上，蔣姓有銀杏一株，

相傳南唐時蔣蕃手植，迄今千有餘年。枝葉繁茂，遇蔣姓子孫有登科者，輒開花，光輝燦爛，未之或爽。歷代名流題咏甚夥。

清 同治《會理州志》卷一《古蹟》 五里坡梅花 五里坡多梅，約數十樹，皆宋元間物。明楊升菴先生極愛玩之，爲之賦詩數章。惜寶護無人，毀於牧豎，三百年來已不可蹤跡矣。

清 光緒《南匯縣志》卷一九《名蹟》 雙杏堂在二十保，二十二啚，明陸定故居。後有銀杏二株大可四五圍，至今四百餘年，猶蔚然深秀，因名爲雙杏。里定文裕公，深之季父也。

清 光緒《江西通志》卷一一七《署宅四》（建昌）千歲靈根亭：縣北五里，冷水觀側有千歲靈根亭，晉植松樹，盤屈奇怪，名曰壽松。相傳許遜嘗挂劍其上，亦名挂劍松。宋寶慶初知縣曹豳創亭刻石。

清 俞樾《茶香室叢鈔》卷六《首陽二賢祠柏》 明董説《楝花磯隨筆》云：都元敬《游首陽山記》云：山下謁二賢祠，門外有古柏二，其一大二十圍，高二丈許，形狀殊怪；其次圍殺三之二，根相距數尺，而幹上若兄弟之相倚者。

紀事

唐 封演《封氏聞見記》卷八《文宣王廟樹》 兗州曲阜縣文宣廟門内并殿西南各有柏葉松身之樹，各高五六丈，枯槁已久，相傳夫子手植。永嘉三年其樹枯死，至仁壽元年門内之樹忽生枝葉，乾封二年復枯，俗稱「千年木，療心痛」，人多竊割削之，樹身漸細，去地丈餘，皆以泥累，累泥封猶不免焉。亦有取爲笏者，色紫而甚光澤，肅宗時二樹猶在。

宋 王溥《唐會要》卷二八《祥瑞》 興元元年八月，亳州真元縣大空寺李樹植來十四年，長一丈八尺，今春枝忽上聳，高六尺，周迴似蓋，九十餘尺。先天觀玄元皇帝太后陵槐樹下有靈泉湧出，上有雲氣五色，黄龍再見於泉中。

宋 樂史《太平寰宇記》卷三一《關西道七·耀州》（漢）成帝永始四年，行幸甘泉郊秦畤，神光降於紫殿。今按，甘泉谷北岸有古槐樹，在故宮之南。《雲陽宮記》：甘泉宮北有槐樹，今謂玉樹，根幹盤峙二三百年，木色青葱，耆舊相傳，咸以爲此樹即楊雄《甘泉賦》所謂「玉樹青葱」者也。

宋 田況《古柏記》（《全蜀藝文志》卷四〇輯） 成都諸葛孔明祠古柏，年祀寖遠，喬柯鉅圍，蟠固凌拔，有足異者。杜甫嘗作歌，段文昌亦作文，摹狀環奇，人多諳誦。故老相傳及記事者云，自唐李凋瘁及王孟二僞國，蠹槁尤甚，然以祠中樹無敢剪伐者。皇朝乾德丁卯歲仲夏，枯柯復生，日益敷茂。觀者歎聳，以爲榮枯之變，應時治亂，武侯光靈如有意於兹者，誠爲異哉。因命工圖寫，備述本末，以貽好事者，自三分訖今八百餘齡矣。

宋 孔傳《東家雜記》卷下《手植檜》 先聖手植檜三株，兩株雙立御贊殿前，各高六丈餘，圍一丈四尺，其一在杏壇之東南，高五丈餘，圍一丈三尺。晉永嘉三年枯死，至隋義寧元年復生，唐乾封二年又枯，至本朝康定年一枝復生。

宋 范成大《范村梅譜》卷九 去成都二十里有卧梅，偃蹇十餘丈，相傳唐物也，謂之梅龍，好事者載酒游之。清江酒家有大梅如數間屋，傍枝四垂，周遭可羅坐數十人。任子嚴運使買得，作凌風閣臨之，因遂進築大圃，謂之盤園。余生平所見梅之奇古者，惟此兩處爲冠，隨筆記之，附古梅後。

宋 范成大《吳郡志》卷九 虎丘寺古杉在殿前，相傳爲晉王珉所植，唐末猶在。形狀甚怪，不可圖畫。皮日休稱其死奇節，不知雨露之可生，即是時已枯。日休詩曰：種日應逢晉，枯來必自隋。陸龜蒙亦曰：後凋依佛氏，初植必僧彌。寺蓋王氏別墅，僧彌，珉小字也。

又 白公檜，唐白樂天手植，在州宅後池光亭前水中。政和初已槁瘁，高不滿二丈。後爲朱冲取獻京師，死道中。乃以他檜易之，禁中初不知也。今池中復植一株。（《石林避暑録》）

元 徐碩《至元嘉禾志》卷一四 陳朝檜在滬瀆静安寺殿廷之左右。陸龜蒙、皮日休有重元寺雙檜詩，即此也。宋政和間，朱勔圖以進。有旨遣中使取之，時中使欲毀三門而去，一夕風雨震雷，忽碎其一，今殿右者尚存。葉夢得《避暑録》以爲宋冲畫者，取平江白樂天手植檜，與華亭悟空禪師塔前檜皆唐時故物。石林以爲悟空禪師塔前誤矣。按《臨安志》悟空塔亦有雙檜，東坡詩所謂「當年雙檜似雙童」者，乃在鹽官也。

元 陸友仁《研北雜志》卷下 亳州大清宮老子殿，繞壇古檜几數十本，相傳爲老子手植。其遺物有青石羊一，古質詭異，人不知重。唐太和七年，命登仕郎行内侍省掖庭宮教博士柱國景弘皋詣宮，圖貌靈踪。搜而得之，遷於

再生檜之下，鄉貢進士盧璩記。

明 唐汝楫《小漁先生遺稿》卷五《六柏堂記》 晴川時子儼，三衢高士也。挾二硯而謁予，擷菊之華，浮觴而樂之。既而請曰：華門之區堂可容膝，陽明先生嘗題其楹曰六柏堂，獨無記之者，而不以俟諸公乎？乃問之曰：夫柏奚而至哉？時子曰：走。少年夢與六丈人歘歘相周旋，而茫乎其理也。後十年，卜居于城南之西谷塢，乃搆斯堂。又夢六丈人揚裾而來，迎之曰：昔夢之，而今果得與游矣。既覺，則復夢乎哉，栩栩然而不可追也。明日偶，山人貽以柏一筐，握而數之，凡六也。默自悟曰：夢固在斯與？遂麗堂階而駢植之，封以沃土，灌以清泉，而日見其葱蒨修翹，雲舒而虬結也。堂臨鵝鸛湖，湖之前有中洲，於石齒齒然，雙溪港波粼粼然。又有古時子岡，若孰設以界區區者。又有鳳凰山，儼如大賓之峙也。去堂袤丈，藤蔓蒙密，蔭若屋。其蘿扉深處乎？北有墩稍起。先是大水，衣罄漂，僅存一蓑，以夜卧擁，日出曝之。墩曰晒簑墩。墩南有臺爽而塏，揮毫染翰，則憑其高，凌其虛而瀟灑飛動，若或助也，曰書畫臺。迤邐一徑，梅榴糾錯，與柏相映，藹六折乃穿。堂之西曰晚修軒，軒前又一徑斜入，曰饒柯。其間株幹輪囷，撫景呈懷，吐音流響，則刮而刻之，爛然盈也。引垣而東，老柑婆娑，如幡如蓋。下一石蹲而踞，又如座然。每抱琴孤往，倚石而鼓之，柏戛長風，枝葉俱動，鏦錚應焉。野人之居，如斯而已。願聞教。予蹶然而興，曰：異異哉，將得柏而先夢人與柏，而人也則蒼顏長身，翳林聳壑，人不同也，而非人乎？然烈風不摧，繁霜不凋，傑然而有君子之操，人恒比德焉。則曰人亦宜。不然，何以自昔有蒼官之號也？時子棲于草莽之中，而蔚出塵之標，偃仰巖穴，弗張諧俗之態，于柏誠同臭味哉！夫物我離者，其我無所取於物乎？而有所取，斯不離矣。是故羅七松者，貞隱逸之風；植五柳者，托閒静之志。有所取于松與柳而然也。斯堂斯柏，毋亦有所取焉？熙熙乎始以神遇，終以迹合也。而夢耶？真耶？

明 徐應秋《玉芝堂談薈》卷三六《孔廟千年檜樹》 孔廟中檜，歷周秦漢晉幾千年，至懷帝永嘉三年而枯。枯三百有九年，子孫守之不敢動，至隋廢帝義寧元年復重生，五十一年至高宗乾封二年再枯。枯三百七十四年至宋仁宗康定元年復榮，至金宣宗貞祐二年兵火摧折，無復孑遺。後八十二年爲元世祖三十一年，故根復發，遂茂盛。至我太祖洪武二年凡九十六年，其高三丈，至弘治己未爲火所焚，今傍無枝葉而直幹挺然，不折不摧，生意猶隱隱也。

明 徐弘祖《徐霞客游記》卷一下 下至初祖菴，菴中供達摩影石，石高不及三丈，白質黑章，儼然番僧。立像中殿，六祖手植柏，大三人圍，碑言自廣東置鉢中攜至者。夾墀二松，亞少林。少林松柏俱脩偉，不似岳廟偃仆盤曲，此松亦然。

明 吴之屏《大夫松碑記》（《麻姑山丹霞洞天志》卷四輯） 嘗觀摩雲霄、撼風雨、充沆瀣而挺然直節森森者，其松乎？麻姑山中舊有偃蓋松者，相傳爲顔魯公時所植，歷世千百餘年矣。以魯公守兹土，秩爲大夫，世遂稱爲唐大夫松云。迨胡處士母夢麻姑山松而處士托生，故其名益著。余癸亥捧檄來兹，風塵鞅掌，越乙丑春，政事之暇，展始及之。出城西南數里，見白雲冉冉起封中，山人指之曰：此偃蓋松瑞氣耳。及登其山，紺宇雕闌，風亭月榭，變幻于蒼煙翠靄之間，心爲怡曠。叩其所謂古藤、碧蓮、七星杉諸勝，渺不可得，惟存一松，偃蹇如虬龍，蒼皮黛色，鱗鱗如龍腹。余席其蔭，凝睇久之，清籟徐發，鼓鬣如濤。其聲細如環佩，如鳴球，大如轟雷，震撼林谷。山色嵐光，飛揚映帶，遠來襲人衣裾，飄飄然如騰空御氣而欲仙，非特選勝怡情，流連景光而已也。丙寅季夏，復尋舊游，見其鳳矯鵬搏，鸞音鶴唳，參天之木凌霄不萎，古色依然。趺坐其下，恍與魯公對譚。斯知木石之所以勝者，不勝于物而勝于人也。曾幾何時，忽于仲秋之某日，爲盲雨妒風所折，千古神物，一朝化去，豈亦如紫陽之尸解耶？抑廢興存亡，物各有時耶？奈何當吾世而失之？殊爲嘅。結其珍重者，恐落樵采之手，欲斲爲神前供具。余以樵子大匠等耳，不忍戕賊，禁勿爲動。復于松故址之傍另值一枝，以繼魯公遺跡，亦欲後之視今，猶今視昔之意。若曰竊比魯公，則吾豈敢？考元時此松已枯死數十年，至洪武間復茂。今而後，安知無蔭蘖之生乎？雖然，東海三爲桑田，蓬萊水將還爲陸陵，當麻姑時亦已然已。遷化無常，何獨一松乎哉！余弟紀此松之顛末云爾。

明 謝肇淛《北河紀餘》卷三 四女樹在恩縣西北五十里漕河之傍，地名安樂鎮，有古槐一株，相傳云，有四女不嫁，同植此樹。

明 謝肇淛《五雜組》卷一〇 涿州之涞水道中有大桑樹，高十餘丈，蔭百畝。云即昭烈舍前之桑也。自漢及今千五百年矣，而扶踈如故，且其椹視常桑倍大，土人珍之以相饋遺云。余按，蕭道成所住宅亦有桑樹，高三丈許，狀如車蓋。道成好戲其下。兄敬宗謂之曰：此樹爲汝生也。今宅既灰滅，而桑之有無亦無人能知之者，信乎在人不在物也。

清 呼延華國《狄道州志》卷一六《拾遺》 州治西數百步，昔有杏樹一株，垂蔭張蓋，每夜静，枝間嘗現光，宛如列炬。金大定五年，西域異僧白於衆，伐樹驗之，有石佛從地湧出，因建寺，名曰地湧。明嘉靖己亥，郡守李南墩因寺僧坐法，毁之。

清 張岱《夜航船》卷一六《植物部·草木》 孔廟檜 曲阜孔廟有孔子手植檜，如降香一株，無枝葉，堅如金鐵。鐵紋皆左紐，有聖人生則發一枝以占世運。按，檜歷周秦漢晉千百餘年，至懷帝永嘉三年而枯。枯三百有九年，至隋恭帝義寧元年復生。五十一年至唐高宗乾封三年再枯，枯三百七十四年，至宋仁宗康定元年再榮，至金宣宗貞祐三年罹于兵火，枝葉俱焚，僅存其幹。後八十一年，元世祖三十一年再發，至太祖洪武二十二年發數枝，極茂盛，至建文四年復枯。

清 方苞《望溪集》卷八《封氏園觀古松記》 封氏園盤松，偃卧如蓋，南北隩蔭可半畝，爲京師古蹟，而余獨未嘗見。康熙壬寅秋，寓安將南歸，邀余及若霖同往。時餘暑未退，游者雜至，壺觴交譁。余三人就陰坐井欄，移時然後去。雍正元年癸卯冬，寓安復至京師，踰年二月，將歸，曰：吾十至京師，蹉跎竟世。曩吾之歸，不謂其復來也。今吾之來，不謂其復歸也。獨幸與古松得再見耳。時新知又得舒君子展，而若霖改官吏部，無餘閒。期以二月既望，先後集松下。余與寓安子展前至，林空無人。布席，列几案，坐卧。及飲酒，疏數惟所便。拾誦九歌樂府古亂。日入星見，而若霖不至。翼日相期再往，則薄暮矣甫至。厲風起，遽登車。歸，飲於子展氏。坐方定而風止。莊周云：物之生也，若驟若馳，無動而不變，無時而不移。以一日之游而天時人事不可期必如此，况人之生遭遇萬變，能各得其意之所祈嚮耶？余始見兹松，惟南枝色微黄，餘皆鬱然。及再過，而瘀傷者幾半，雖生意未盡，非完松矣。兹松之植也五百餘年，其榮枯乃在閒歲中，而余適見之，豈其蹟之將湮而神者俾借吾輩之游以傳於後耶？見於文，所以志兹松之遭遇，以爲不幸中之幸也。

清 楊方晃《至聖先師孔子年譜》卷一《御制闕里文廟碑文》 金宣宗貞祐二年甲戌正月，罹於兵燹，三檜無遺。好事者取之灰燼之餘，刻爲聖容簪珥，香氣特異。手植檜至此已後八十載，癸巳，是爲元世祖至元三十年，導江張頴來爲教授，明年甲午春仲，東廡頹阯茁焉。其芽躬徙復植故處：贊德殿前二株，杏壇東南隅一株。植竟，矢之曰：此檜日茂，則孔氏日盛。乙未春，翠色葱然，至明洪武二十有二年己巳，凡九十七年。其在贊德殿前者高六丈餘，圍一丈四尺，在左者紋左紐，在右者紋右紐。其在杏壇前者高五丈餘，圍一丈三尺，枝盤屈如虬龍，世謂之再生檜。廟中古檜殊多，惟此三本異於尋常。聖人手澤，蓋有係於綱常名教，庇覆斯文，甄陶萬品，張頴之言殆有徵也。弘治己未六月十六日，聖廟復灾，止存杏壇一株，枝葉盡脱，孤幹獨存。至我朝康熙二十三年甲子又二百年矣，不枯不榮，其堅如鐵，色亦如之，俗皆呼爲鐵樹。

清 紀昀《閲微草堂筆記》卷一五《姑妄聽之》 京師花木最古者，首給孤寺吕氏藤花，次則余家之青桐，皆數百年物也。桐身横徑尺五寸，聳峙高秀，夏月庭院皆碧色。惜蟲蛀一孔，雨漬其内，久而中朽，至根竟以枯槁。吕氏宅後售與高太守兆煌，又轉售程主事振甲，藤今猶在。其架用梁棟之材，始能支拄。其陰覆廳事一院，其蔓旁引，又覆西偏書室一院。花時如紫雲垂地，香氣襲衣。慕堂孝廉在日，慕堂名元龍，庚午舉人，朱石君之妹壻也。與余同受業於董文恪公。或自宴客，或友人借宴客，觴詠殆無虚夕。迄今四十餘年。再到曾游，已非舊主，殊深鄰笛之悲。倪穟疇年丈嘗爲題一聯曰：一庭芳草圍新緑，十畝藤花落古香。書法精妙，如渴驥怒猊。今亦不知所在矣。

清 郭麐《樗園銷夏録》卷上 樗園中有古柏一株，凌霄蔓之至頂，翠葉，絳花，垂條，發穎如纓絡然，予時時步屧其下。雲臺中丞曰：古人最重此花。「爾疋苕陵」，苕即謂此也。凡古碑畫像，其空處及上下方，皆畫此花。余見凡藤蔓轇轕者，附木則木輒不榮。今此柏樹仍青葱悦茂，生意具足，若相得甚懽者，可貴也。放翁言，凌霄花未有不依木而能生者，惟富鄭公園中一株挺然獨立，高四丈，圍三尺餘，花大於杯，旁無所附。宣和初移植芳林殿前，畫圖進御。余家舊有紫藤一本，高丈餘，枝幹皆勁挺，不作柔條，花時如張寳傘。自移家魏塘後一年，樹立槁矣，可爲歎息。

清 乾隆《西湖志纂》卷一 梅林歸鶴 宋和靖處士林逋故廬在孤山之陰，遥對葛嶺，逋嘗放鶴於此。上多古梅，相傳爲逋手植，今皆不存，而後人補植者多已成林。元至元間，郡人陳子安建鶴亭，後圮，明嘉靖中重建。

又 卷八 重榮檜 在下天竺光明懺堂後，《古蹟考》：隋時所植，高數丈，大十圍，後爲兵火所燎。至宋大中祥符間復茂，故名。

清 乾隆《汾州府志》卷二四《祠廟》 柏仙觀在平遥縣西南十里胡村，元皇慶二年重建。中有古柏一本，五枝，圍一疋五尺，西向一枝以石柱擎之，石入柏尺餘，拔柱離地。一柱金泰和七年，一柱明嘉靖三十年，一柱磨滅不可辨。

清 乾隆《鄞縣志》卷二四 育王寺古松 高僅丈餘，虬枝偃地，旁蔭數畝，李泰伯詩所謂晉年松也。昔有貴人入寺戲問舍利何在，僧笑翁指松曰：此外即有。已而松枝皆放光，故又稱爲放光松云。《育王寺志》

清 方履籛《萬善花室文稾》卷一《古藤賦序》 東坡自嶺南歸，寄居毘陵顧塘橋孫氏宅，即余家四世寓廬也。其東楹有紫藤一株，傳爲先生手植。幹大十圍，夭矯如卧虬，層蔓飛霙，蔭庭院百武，蓋余猶及倚玩其下。至嘉慶乙亥，厥根朽蠹，遂俱傾落，所存僅纖條，大不盈握，而生氣猶茂，迄今十餘年，亦已。蓊鬱檜杪，本枝徑尺矣。自宋至今幾七百載，膏脈未絶，爲世珍異。洵名德之所憑，有神物呵護之也。庭有嘉樹，古人識無忘焉。况此藤之奇古，託於昔賢之手澤，又復爲吾家之故物者耶！余雖不敏，輒爲賦之。

清 嘉慶《涇縣志》卷一一《紫荊園在茂林村》 宋吴希賢三子覲京、安國、開國相友愛。安國卜遷連溪西，宋家坦感田氏事，植紫荊樹于庭側，曰：世世子孫無忘此樹也。樹植於熙寧乙卯，今八百餘年，高十數尋，中空，開一面可坐四五人，每歲春紅花燦綴，鄉人嘗辨其色之淺深，卜水旱，且以占科名。乾隆己亥嘉慶庚申皆兩開，吴氏南北榜捷者皆五人。京江張相國玉書寄題有「吹藜散作滿空燃」之句。《采訪册》

清 光緒《湖南通志》卷六〇《食貨志四・物産一》 寧鄉大溈山密印寺有銀杏樹，唐靈祐禪師手置，大十圍。明代嘗枯。崇順五年，大圜禪師來寺，復活一枝，今全樹皆活。寄生香檀一枝，復長桃樹一枝，號曰靈樹。邑人陶汝鼐有《靈樹圓贊》。《溈山志》

善化縣東八十里昭覺寺有銀杏二，大合抱，一枯一榮，歷數百年。省志

清 光緒《撫寧縣志》卷六《壇廟寺觀庵堂附》 山神廟在天門山麓，雍正六年修，前有古松二株，大數圍，生於片石之上，蒼翠挺秀。

清 陳廷桂《曆陽典録》卷七《古蹟》 杜師雄宅 州西南二十里豐山中，杜氏世聚族於此，有師雄手植梅，歷七百餘年，幹大數圍，半枯死，而孫枝尚花，花芬馥可愛。朱學士筠校士至和州，摩娑其下，屬州守劉公長城築亭，顔曰梅豪。

藝文

唐 白居易《白香山詩集》卷一三《題雙溝寺古松》 煙葉葱蘢蒼麈尾，霜皮剥落紫龍鱗。欲知松老看塵壁，死却題詩幾許人。

唐 劉禹錫《劉賓客文集》卷二五《廟庭偃松詩并序》 侍中後閤前有小松，不特立而偃。丞相晉公爲賦詩，美其猶龍蛇。然植於高檐喬木間，上嵌旁軋，盤蹙傾亞，似不得天和者。公以遂物性爲意，乃加憐焉。命畚土以壯其趾，使無欹。索綯以牽其幹，使不仆。盥漱之餘以潤之，顧盼之輝以照之，發於人心，感召和氣，無復夭閼。坐能敷舒扇之跧，蹙化爲奇古。故雖袤丈而有偃號焉。予嘗詣閤白事，公爲道所以，且示以詩。竊感嘉木之逢時，斐然成咏。

勢軋枝偏根已危，高情一見與扶持。忽從憔顇有生意，却爲離披無俗姿。影入巖廊行樂處，韻含天籟宿齋時。謝公莫道東山去，待取成陰滿鳳池。

唐 嚴武《題巴州光福寺楠木》（《全唐詩》卷二六一輯） 楚江長流對楚寺，楠木幽生赤崖背。臨谿插石盤老根，苔色青蒼山雨痕。高枝鬧葉鳥不度，半掩白雲朝與暮。香殿蕭條轉密陰，花龕滴瀝垂清露。聞道偏多越水頭，煙生霽斂使人愁。月明忽憶湘川夜，猿叫還思鄂渚秋。看君幽靄幾千丈，寂寞窮山今遇賞。亦知鐘梵報黄昏，猶卧禪床戀奇響。

唐 李商隱《李義山詩集》卷上《武侯廟古柏》 蜀相階前柏，龍蛇捧閟宮。陰成外江畔，老向惠陵東。大樹思馮異，甘棠憶召公。葉雕湘燕雨，枝拆海鵬風。玉壘經綸遠，金刀歷數終。誰將出師表，一爲問昭融。

宋 劉攽《彭城集》卷一三《曲阜宣聖廟夫子手植檜二首》 秀色拏空四十圍，問年今已倍千斯。移根信假杓關力，息蔭寧無暖席時。文字魯恭經改觀，履綦鐘意想攀枝。季孫亦自譽佳樹，漫負甘棠蔽芾詩。

伐樹商丘去被圍，似於庭檜特勤斯。禹腰堯顙應遺魄，柏葉松身異曩時。恭梓二三千學士，愛棠四十六孫枝。攝衣下馬低回久，更就清風一誦詩。

宋 歐陽修《文忠集》卷四一《中秋古梅盛開次子中兄韻》 抱瓮畦夫破井苔，炎天日日灌陳荄。探枝春夜無聲雨，贏得冰花帶葉開。初無他法，盛夏汲水灌之，遂開花如此。

宋 范鎮《武侯廟柏》（《成都文類》卷六輯） 滿葉是清霜，培根無沃土。耻作秦皇松，寧爲馮異樹。英靈自有風，蔭蔚長如雨。可憐青青姿，不知人事古。

宋 文同《丹淵集》卷一三《慈濟院雙楠》 雙楠高聳緑氤氳，密葉長柯蔭四鄰。佛現寶幢經幾劫，天開雲帳待何人。護持必有諸賢聖，觸犯寧無惡鬼

神。付囑寺僧常灑掃，莫令向下有纖塵。

宋 王安石《臨川文集》卷二三《古松》 森森直幹百餘尋，高入青冥不附林。萬壑風生成夜響，千山月照掛秋陰。豈因糞壤栽培力，自得乾坤造化心。廊廟乏材應見取，世無良匠勿相侵。

宋 王令《廣陵集》卷一五《次韻和人古松》 直枝難立一本作與鳥徘徊，地瘦根孤一本作孤根礙石回。山野不逢終更老，閭閻無用始爲材。更無匠伯身嘗過，衹有幽人眼暫開。誰與一本作向。東一本作春風記霜雪，争令平地肯栽培。

宋 劉摯《忠肅集》卷二〇 庭前有古槐一株，枝葉扶疏，廣蔭一畝，每當月夕風晨，輒爲婆娑。其下空翠滴衣，心神清越，感秋寄興，情見乎詞。

緑玉交柯蔽鬱深，碧蘿寒幄静沈沈。最宜初旭晞晴靄，時有珍禽宅翠陰。終日對爲佳客伴，幾年相慰故谿心。主人已有秋風興，更聽疏蟬抱葉吟。

宋 翁卷《西巖集·常州古廟檜》 此檜何人植，相傳是獨孤。年深成古物，名重入州圖。老節堅難蠹，皴皮裂似枯。託根烈帝廟，應不慮樵夫。

宋 趙公豫《燕堂詩稿·古梅》 古折何如此，吾知本自根。歷年香不改，易世骨猶存。衹守芳心淡，寧期俗士捫。逢春百卉艷，對此似兒孫。

宋 樓鑰《攻媿集》卷九《古梅遺張時可》 枝封蒼蘚澹花疏，一種風流高更孤。試問約齋三百樹，林中還有此枝無。

元 張頊《聖檜銘》（《山東通志》卷三五之十輯） 兹檜之幹，高參於天。兹檜之根，深及於泉。是爲手植，自古有傳。去聖伊何？曰歲二千。氣芬而遠，色殷而堅。誰謂崑岡，良玉以瑱。誰謂斧斨，美茹以連。嘉種載衍，有芽其卷。茁乎甓間，東廡之偏。乃徙故處，全其天然。孔氏以興，矢言有焉。粤若三祀，葱葱芊芊。聖道以緒，聖澤以延。肫肫其仁，淵淵其淵。自今以始，於億萬年。

明 莊㫤《定山集》卷四《觀莊岩寺大樹》 杏壇風雨有桓魋，此樹能容老翠微。夢裏幾番全是幻，人間萬事果誰非。繁陰蔽日三千界，黛色參天五十圍。我欲南堂借斤斧，不勝三匝繞斜暉。

明 吴寬《家藏集》卷六《觀手植檜》 魯宫久已壞，孔宅仍如新。悠悠二千載，手澤嗟猶存。所存匪他物，寄樹當高門。矯矯歷霜雪，青青出埃塵。親承時雨化，生意常欣欣。相傳藉文字，烈火經嬴秦。而此特萌蘖，挺然異其羣。羣木繞庭際，合抱高入雲。尋常豈得似，隱起成旋文。端如人索綯，徽纏依然分。米芾好奇士，于道未必聞。玩物有述作，意與石丈均。我來重謁拜，欲去步幾巡。維魯多松柏，斷度見詩人。徂徠與新甫，遥瞻失嶙峋。

明 李東陽《懷麓堂集》卷五三《成國公家槐樹歌》 東平王家足喬木，中有老槐寒更緑。拔地能穿十丈雲，盤空却蔭三重屋。憶昔前王初種時，高門駟馬相追隨。五朝思露簪纓重，四世威聲草木知。世間植物因人瑞，培植深根乃天意。向月長留宿鳳巢，排霜故作蟠虬勢。舞袖飛花遶北堂，屯陰列戟森成行。碧窗雨過看秋霽，紗帽風低坐晚凉。古來匠石須廊廟，堂中絲竹應同調。馮氏空傳大樹名，王公豈待三槐兆。木天老朽舊通家，樹猶如此我堪嗟。願公人好樹亦好，長共河山閲歲華。

清 尤侗《西堂詩集·看雲草堂集》卷二《清凉寺雙檜》 何代清凉寺，婆娑老檜雙。風聲落翠瀑，日影覆華幢。豈是來西域，長宜卧北窗。白頭僧百歲，對汝亦心降。

清 童槐《今白華堂詩録補》卷一《太學古檜歌》 千年古檜青嶙嶙，徑逾石幢圍車輪。陰廊虧蔽慘白日，崇陛矗立寒蒼旻。柏葉松身後凋質，吟風嘯月惟德鄰。旁附老槐五百載，儼承辟咡還逡巡。滄桑歲月那可溯，種時約略先成均。吁嗟萬物失遭際，大材亦共凡植湮。平泉一雁早折翅，壽岳二龍旋摧鱗。法雲梵寺太清觀，存者方外徒沈淪。詎知造化契神物，位置得地尊無倫。栽植恰宜雨露近，護持不仗風雷頻。東坡詠汝恭有禮，惟恭致壽非無因。不欺自是本性直，有禮終與吾道親。先師手植蔭闕里，定洽臭味通精神。遥遥東北早相待，聞風興起非凡民。不然辟雍臨四海，宫牆萬仞誰能循。况逢盛時光聖澤，菁莪育賢文治新。一朝晻藹傍芝蓋，萬年葱鬱連楓宸。繁陰幾容鸞鳳宿，勁骨長壓鯨鼉踆。階前剔蘚笑同舍，較量石鼓論周秦。

清 張應昌《彝壽軒詩鈔》卷二《超山古梅歌》 超山山下萬重雪，雪徑幽尋到山窟。四山盤紆抱一寺，寺前老梅尤奇絶。溝塍棱棱花童童，土氣千年厚蟠結。其中古樹數十株，兀傲空山忘歲月。旋天踞地恣查牙，根如車輪幹如鐵。老苔裂作虬鱗飛，迸露膚肌赤於血。穿林越澗觀不足，各各意態雄且傑。隨花攜酒坐花間，人意花情共蓬勃。一株古松拳籠鍾，一株怪石立突兀。一株老龍蟠空霄，一株巨靈劈雙闕。其餘縱横盡奇妙，萬玉飛騰暗香發。此樹閲歷幾滄桑，直從炎紹溯吴越。山河南渡久銷沈，冷月黄昏芳不歇。千歲松鶴千歲仙，自古得天在岩穴。我來花下醉歌狂，遐舉欲與塵坱別。歸舟一夢醒羅浮，已覺此身有仙骨。

雜録

宋 范成大《**驂鸞録**》 勝業寺有隋柏，盤踞於地，幾一畝，甚怪奇。

元 袁桷《**延祐四明志**》**卷七**《**定海縣**》 秀峰山，縣東南六十里。山下古柏甚巨，唐朝舊物。

明 陸深《**儼山外集**》**卷三〇** 蜀都大抵雨多風少，故竹樹皆修聳。少陵古柏二千尺，人譏其瘦長。詩固有「放言要之蜀，産與他迥異」。若謂柏之森森者，惟蜀爲然，所謂喬木如山者，亦惟蜀爲然。

明 王鏊《**姑蘇志**》**卷一四** 古梅 樛曲萬狀，苔鬚垂於枝間，飄飄可愛。

清 談遷《**棗林雜俎**》**中集**《**榮植·古木**》 五臺縣五臺山之圓通寺，去三珠泉百步，有七寶珠樹，高二丈許，幹上七枝復合爲一，垂葉四下。

清 雍正《**廣東通志**》**卷五二**《**木**》 潮州韓文公祠有異木，世傳退之手植。去祠十數步，種之輒萎，有題詩者云：韓木有青春谷暖，鱷魚無種海潭清。

清 雍正《**江西通志**》**卷三六**《**南昌府**》 雙松堂《名勝志》，宋南昌縣治在城東北隅，廳側古松二株。司馬光《送鄭紳令南昌》詩有「長江湛湛帶楓林，古木寒林院寺深」之句。紹興間，知縣蔡宰建堂，榜曰「雙松」。

清 雍正《**陝西通志**》**卷一三** 梅柯嶺 在州西北三十里，相傳有梅樹，爲杜甫手植。

清 乾隆《**江南通志**》**卷三二** 羅漢松在吴縣洞庭山福泉寺，舊傳蕭梁時植。

又 卷三三 西隱雙松，在嘉定縣西隱寺大殿前，有羅漢松二株，大可合抱。今殿燬，松榮茂如舊。

又 古桂在寶山縣候氏宅，高數丈，大數圍，可蔭四五畝，花時香聞十里外。

又 卷四三 吉祥寺在府清涼山之北，宋治平二年賜額，後有古梅，虬枝鐵幹，扶疏數畝。

清 乾隆《**山東通志**》**卷一四** 堂邑縣儒學在縣治東北隅，舊在西南隅。金大定間，太子洗馬趙松石徙今所，前後古柏四十株，皆千餘年物也。

清 乾隆《**雲南通志**》**卷二六** 古柏 在城西門内城隍廟，大數圍，高十餘丈，傳爲宋時高氏植。

清 嘉慶《**寧遠縣志**》**卷一〇**《**雜志·祥異**》 合歡竹 宋時九疑山下有竹相對生，中合爲一，枝葉斕熳，因名。

清 同治《**南昌府志**》**卷七**《**地理·新建名蹟**》 羅漢柏 有二株在七都金城，世傳許旌陽手植，病者摘葉食之輒愈。里人金仕洪創亭祀之。《縣志》。

又 半邊槐 在松湖濱江，相傳許旌陽所植，其樹幹只半邊，似久槁枯者，而枝葉如故。乾隆三年水決，無存。《縣志》

花木之匠

綜述

宋 周密《**澄懷録**》（《**説郛**》**卷二三輯**） 插梅每旦當刺以湯。插芙蓉當以沸湯，閉以葉少頃。插蓮當先花而後水。插梔子當削枝而磓破。插芍藥牡丹及蜀葵萱草之類，皆當燒枝則盡開。

宋 彭乘《**續墨客揮犀**》**卷七**《**接百花**》 百花皆可接。有人能于茄根上接牡丹，則夏花而色紫。接桃枝于梅上，則色類桃而冬花。又於李上接梅，則香似梅而春花。投蓮的于靛瓮中，經年植之則花碧，用梔子水漬之則花黄。元祐中，畿縣民家池中生碧蓮數朵，蓋用此術。

宋 温革《**分門瑣碎録·澆花法**》 灌溉花木各自不同。木樨當用猪糞，瑞香當用燖猪湯，蒲萄當用米泔水和黑豆皮。花木有不宜糞穢者甚多，尤宜審問用之，非其宜則其木五稿。

凡種花，欲得花多，須用肥土秋冬間壅根，逢春着花自盛。以猪糞和土令發，熟過爲肥土。

催花法，用馬糞浸水煎，日澆之，三四日方開者，次日開盡。

又 鷄糞壅茉莉則盛，壅百合則甚孳生。用燖猪湯澆茉莉，多馨，香，花則肥。

又《**接花法**》 凡花皆宜春種，唯牡丹宜秋社前後接種。凡接牡丹，須令人看視之，如一接便活者，逐歲有花。若初接不活，削去再接者，只當年有花。

牡丹與於芍藥根上接易發，無過一二年，牡丹自生本根，則旋割去芍藥。

根，成真牡丹矣。

立春如是子日，於茄根上，根上接牡丹花，不出一月即爛熳也。

又　花木接者，或欲移種，須令接頭在土外。

凡接花樹，雖以接活，內有脂力未全，包生滿接頭處。切愛護，勿令梅雨得以浸其皮，必不活。

又《花木忌》　芍藥牡丹不可置木斛中，不耐久，仍須要避風處。

明　王廷相《慎言》卷一〇《五行篇》　草木之枝幹花葉各有定形，以有定種故也。受氣殊矣乎？土以爲質，水以爲液，火以爲運，而生枝幹花葉，隨在各足也一本。故爾枝幹自柔而堅，自細而大，自疎而密，與花葉之生榮凋謝均有變也。《觀物》云，木之枝幹乃土石之所成，故不變。花葉乃水火之所成，故多變，是以土生枝幹而水火生花葉也。然乎？求之實，理滯而不通，誤矣。

明　田汝成《西湖游覽志餘》卷一九　馬塍藝花如藝粟，橐駝之技名天下。往往發非時之品，真足以侔造化、通仙靈。凡花之早放者，名曰唐花。其法：以紙飾密室，鑿地作坎，緶竹置花其上。糞土以牛溲、硫黄，盡培溉之法，然後置沸湯于坎中，少候湯氣薰蒸，則扇之。微風盎然，融淑之氣經宿則花放矣。若牡丹、梅花之類，無不然。獨桂花則反是。蓋桂必清涼而後放。法：當置之石洞巖竇間，暑氣不到處，鼓以涼颸，養以清肅，竟日乃開。此雖揠而助長，然必適其寒溫之性而後可至。於盤結松柏、海桐之屬，多仿畫意。斜科而偃蹇者，爲馬遠法。挺幹而扶疏者，爲郭熙法。他如鸞鶴亭塔之形，種種精妙，可爲庭除清賞也。

明　陶宗儀《説郛》卷一〇四下《栽花法》　凡願栽花，須于四五月間先治地。如地稍肥美，即翻起深二尺，以耒去石瓦礫皮。頻鉏削勿令生草，至秋社後，九月以前栽之。若地多瓦礫或帶鹹鹵，則鉏深三尺以上，去盡舊土，别取新好黄土培填，切不可用糞，即生螬蠐而蠹花根矣。根蠹則花頭不大，而不成千葉也。凡栽花不欲深，深則根不行而花不發旺也。但以瘡口齊土面爲佳，此深淺之度也。掘土坑須量花根長短爲淺深之，堆坑欲闊而平土欲肥而細。然于土坑中心堆成小土墩子，其墩子欲上鋭而下闊，將花于土墩上坐定，然後整理花根，令四向横垂，勿令屈摺爲妙，然後用一生黄土覆之，以瘡口齊土面爲準。

又《種祖子法》　凡欲種花子，先于五六月間擇背陰處肥美地治作畦，鉏欲深而頻。地如不佳翻换。而栽花法，每歲七月以後，取千葉牡丹花子，候花瓶欲折，其子微變黄時采之。破其瓶子，取子于已治畦地內，一如種菜法種之。不得隔日，隔日多即花瓶乾而子黑，則種之萬無一生矣。撒子願密不欲疏，疏則不生，不厭太密。地稍乾則先以水灌之，候水脉均潤然後撒子訖，杷耬一如種菜法。每十日一澆，有雨即止，冬月須用木葉蓋覆，有雪即以雪覆木葉上，候月間即生芽葉矣。生時頻去草，久無雨即須日日澆灌，切不得用糞。候八月社後，别爲治畦而分種之，如栽菜法。如花子已熟，不曾治地，即先取花瓶，連花子掘地坑窖之，一面速治地，候熟可種，即取窖中子依前法撒之其中，間或有却成子葉者。

明　慎懋官《華夷花木鳥獸珍玩考》卷六《栽培法》　歐公《洛陽風土記》：洛陽之俗大抵好花。春時城中無貴賤插花，雖負擔者亦然。花開時士庶競爲遨游，往往於古寺廢宅有池臺處爲市井，張幕帟，笙歌之聲相聞。最盛於月坡堤、張家園、棠棣坊、長壽寺、東街與郭令宅，至花落乃罷。洛陽至東京六驛，舊不進花，自今李相迪留守時始進御。歲差衙校一員，乘驛馬一日一夕至京師，所進不過姚黄魏紫三四朵，用菜葉實竹籠子藉覆之，使馬上不動摇，以蠟封花蒂，乃數日不落。大抵洛人家家有花，而少大樹者，蓋其不接則不佳。春初時，洛人於壽安山中斲小栽子，賣城中，謂之篦子。人家治地，多畦塍種之，至秋乃接。接花尤工者，謂之門園子。蓋本姓東門氏，豪家無不邀之。姚黄一接頭直五千，秋時立契買之，至春花乃歸。其洛陽人甚惜此花，不欲傳。有權貴求其接頭者，或以湯中醮殺與之。魏花初出時，接頭亦直五千，今尚直一千。接時須用社後重陽前，過此不佳也。花之本去地五七寸許截之，乃接以泥封裹。用軟土擁之，以蒻葉作菴子罩之，不令見風日。惟南向留一小户，以達氣。十一月三二日一澆，此澆花之法也。一本發數朵者，擇其小者去之，止留一二朵，謂之打剥。懼分其脉也。花纔落，便剪其枝，勿令結子，懼其易老也。春初既去蒻菴，便以棘數株置花叢上，棘氣暖，可以避霜，不損花芽，此養花之法也。開漸小於舊者，蓋蠹蟲損之，必尋其穴，以硫黄簪之。其旁又有小穴如針孔，乃蟲所藏處，花工謂之氣窗，以大針點硫黄末針之，蟲乃死，花復盛，此醫花之法也。烏賊魚骨用以針花樹，入其皮，花必死，此花之忌也。牡丹最忌者麝香也，有人帶香入園，其花即時萎落。今汴中種牡丹者，於園之四邊種辟麝數株，其枝葉類冬青，每花開時辟麝，正發新葉，氣味辣臭，能辟麝

香，使不傷花。立春若是子日，於茄根上接牡丹，花不出一月即爛熳。周日用曰：愚聞熟地栭生菜蘭，搏石硫黄篩於其上，以盆覆之，即時可待。又以變白牡丹爲五色，皆以沃其根以紫草汁，則變之紫，紅花汁則變紅。種牡丹花以冬至夜撥開根脚下土。來日取水缸内石衣擁之。加肥土即盛。剪牡丹花欲急，則花床無傷。韓湘置藥白牡丹花根下，明年作金棱，碧色四面，又開五色。

明 鄺璠《便民圖纂》卷四《種諸果花木・摧花法》 摧花法。用馬糞浸水澆之，當三四日開者，次日盡開。

明《煙霞小説十三種・馬氏日抄・藝花法》 余游京師，月河寺僧申公出歎。階下鳳仙有一本五色者，余異而問其種。申曰：春日貯五色鳳仙子各數粒於鵝翎管中植之，及芽茁，則合成一本，壅以肥壤，溉以燖雞水，則著花五色矣。又嘗見友人張漢臣几上盆菊，高僅二尺而花面徑二寸，叩之，漢臣曰：貼土牆植菊，時時沃水潤牆，使菊本生鬚，粘入牆土，俟其根固，截去下根數寸，而帶土移植之，可以不死，芟其旁枝，莖短而花肥矣。二者皆藝圃奇法。

明 李日華《六研齋二筆》卷四 宋時馬塍人藝花如藝粟。凡花之早放者名曰堂花，或作塘。其法以紙糊，密室鑿地作坎，緶竹置花其上，以牛糞硫黄盡培溉之法。然後置沸湯於坎中，少候湯氣薰蒸則扇之以微風，勝春時融淑之氣，經宿而花放矣。牡丹、桃、梅之類無不然，獨桂花則反。是桂必涼而後放，法當置之石洞巖竇間，暑氣不到處鼓以涼風，養以清氣，乃開。此雖助長，然必適寒暖之性，乃臻其妙。

清 曹溶《倦圃蒔植記》總論卷上《論花第三》 牡丹品高則花難開。江陰人亦借芍藥新接之力耳，不但菊尚細花，而牡丹芍藥亦皆有細花細葉者。其種固自超余所見，牡丹止緑蝴蝶紅獅頭，芍藥止皺葉紅，共三種是真細花。尺素雖佳，亦粗花耳。舞青霓則聞而未見，然世有博物者必能遍觀盡識之。二花雖以色著，而品高者多香。天香紫、玫瑰紫，雖中品而香俱勝，緑蝴蝶之香尤清遠，是淑氣之所鍾耶。芍藥香草也，自古記之矣。古芍藥牡丹不分，唐人於牡丹始加木字以別之。宋人譜謂牡丹之接或資人力，而芍藥之佳悉由天趣。又芍藥妙品，有維揚人二十餘年始得一見者，其重之如此。芍藥喜肥，必是用糞；牡丹惟宜於玉樓春，其他紅紫中品或有可糞者，如緑蝴蝶等，必不可浪用。又牡丹冬前勿澆肥，若秋間發露芽葉，則明年花必不暢。牡丹芍藥皆宜有新譜，江文通之彩筆，余目望之。僕非老懶避事，恐聞見未廣，不敢叨此任耳。舊譜所載或昔無而今有，或昔最而今殿，已大半爲陳言矣。以新意闡新花，擴前譜所未發。

清 陳淏子《秘傳花鏡》卷二《課花大略》 嘗觀天傾西北，地限東南，天地尚不能無缺陷，何況附天地而生之草木乎？生草木之天地既殊，則草木之性情焉得不異，故北方屬水，性冷，産北者自耐嚴寒。南方屬火，性燠，産南者不懼炎威，理勢然也。如榴不畏暑，愈暖愈繁；梅不畏寒，愈冷愈發。荔枝龍眼，獨榮於閩粤；榛松棗柏，尤盛於燕齊。橘柚生於南，移之北則無液。蔓菁長於北，植之南則無頭。草木不能易地而生，人豈能强之不變哉！然亦有法焉，在花主園丁能審其燥濕，避其寒暑，使各順其性，雖遐方異域，南北易地，人力亦可以奪天功。大喬未嘗不在吾儕掌握中也。余素性嗜花，家園數畝，除書屋講堂，月榭茶寮之外，遍地皆花竹藥苗。凡植之而榮者，即紀其何以榮。植之而瘁者，必究其何以瘁。宜陰宜陽，喜燥喜濕，當瘠當肥，無一不順其性情而朝夕體驗之。即有一二月未之見，法未盡善者，多詢之嗜花友，以花爲事者，或賣花傭，以花生活者。多方傳其秘訣，取其新論。復於昔賢花史花譜中參酌考正而後録之，可稱樹藝經驗良方，非徒采紙上陳言，以眩賞鑒者之耳目也。因輯課花十八法於左，以公海内同志云爾。

接換神奇法 凡木之必須接換，實有至理存焉。花小者可大瓣，單者可重色，紅者可紫。實小者可巨，酸苦者可甜，臭惡者可馥，是人力可以回天，惟在接换之得其傳耳。如樹將發生時，或將黄落時，皆宜接换。大約春分前，秋分後，是其脱胎换骨之候也。凡樹生二三年者易接，其接枝亦須擇其佳種。已生實一二年，有旺氣者過脉乃善。接必兩枝，俟其活後生葉，揀弱者刪去其一。至於斫木，須執刀端直，不至重傷則易成。截樹砧須用細齒利鋸斷之，又將快刀裁砧處令光，使不沁水。遂從砧之一傍裁開其皮，微連以膜，約一小寸，先將剪下之枝裁去兩旁，於口中含熱，連唾插掩，是假人涎以助其氣，則紙封外再以箬封，然後用麻絏縛。如乾壤少潤，總不宜灌，須遮日曝，待其成體方可開也。七頭須木枝與樹砧各斜裁，其半以人唾粘，掩之以瓦規土，灌使少潤，晴陰皆以器覆之。木之佳者須則坎而探釘，斷其中根，止留四散生者，立覆側坎而灌之，則生子必碩大。樹以皮行汁，剥斷相交則生，用泥泥之。或以鋭皮連木者，插所斫之木心而泥之。倒插而生者，析其皮而緒之也。凡接須取向南近下枝用之，則着子多。如以本色樹接本色，惟以花之佳果之美者接，自

不待言矣，若以他木接，必須其類相似者方可。如桃梅李杏互接，金柑橙橘互接，林檎棠梨互接。夫人而知之至於奇妙處，又不可不講也，白梅接冬青或楝樹上，即變墨梅。西河柳接海棠，極易生長。櫻桃接貼梗上則成垂絲貼梗，接梨樹上則成西府。柿樹接桃則爲金桃，梅接桃則脆，桃接杏則肥，桑接梨則鬆而美，桃接李則紅而甘，桑接楊梅則不酸，李接桃杏則可久之類，亦宜留心。圃人接換之法有六：一曰身接。用細鋸截去原樹枝莖作盤砧，高可及肩，以利刀際其盤之兩傍，微啓小罅，深可寸半，先以竹片探之，測其淺深，却其所接絛，約五寸長，一頭削作小篦樣，略噙口中，即納之罅内，使皮骨相對插訖，用樹皮封固得所，再用牛糞和泥斟酌封裹之，勿令透風，外仍留二眼於上，以泄其氣。二曰根接。如小樹，將鋸截去原樹身，離地五寸許，以所接條削尖插之，一如身接法，即以原土培封，外將棘刺圍護之。三曰皮接。用小快刀於原樹身，八字斜劈之，以竹籤測其淺深，將所接枝條。皮骨相向插入，封護如前法，候接枝發茂，斷其原樹枝莖，使其上獨茂耳。四曰枝接。如皮接之法而差近之，一本可發二色或三色花。五曰壓接。只宜小樹，先於原樹橫枝上接，截下留一尺許，於所取接條樹上根外方半寸，尖刀斷皮肉至骨，并帶膜，揭皮肉一方片，須帶芽心揭下，口擒少頃，取出印濕痕於橫枝上，以刀尖依痕刻斷原樹壓處，大小如之以接，按之上下兩頭，將桑皮紙封繫，緊慢得宜，仍用牛糞泥塗護之，隨樹大小，酌量多少接之，俟苞生根，始斷其半而後分植焉。六曰搭接。將已種出芽條，去地三寸許，上削作馬耳，用所接條并削馬耳，相搭接之，封繫糞壅如前法。凡接樹雖活，下有氣條，從木身上發者急宜削去，勿令分其氣力。一概植接，須令接頭向外，則易生。

分栽有時法　一切草木，分各按其時，栽能得其法，則長成捷於核種多矣。凡根上發起小條俱可分，必先就本根相連處斷而不動，以待次年當分時移植。仍記其陰陽，不令轉易即活。若陰陽易位，則難生矣。大樹須髡，不髡恐風搖則死。《戰國策》云，柳縱橫顛倒樹之皆生，使千人樹之，一人搖之，則無生柳。至若小樹，可以不記不髡，每栽必量其樹之大小，先掘深坑，納樹其中，以泥水沃之，著土令加薄泥，東西南北插之，良久待其泥漿入根内已足，再加肥土，自無不活。若此時不搖實，則根虛多死。其根上土決宜堅築，惟留上面三寸勿築，取其鬆柔易受水也。每澆水過，即以燥土覆之，不然恐易乾涸。埋定後，不可再用手捉動搖，及六畜觸突。正月爲上時，自朔暨晦，可栽大木，如松柏桐梓茶竹之類是也。花果樹必須望前望後栽者，果必少實。二月爲中時，可栽百卉。三月爲下時，不宜栽者多矣，須查逐月條例，如棗雞口，槐兔目，桑蝦蟆眼，榆負瘤，與鼠耳虻翅等，各有其時，皆從葉生形容之象，似以此時栽種者多生，雖云早栽者葉晚出，究竟宜早爲妙。凡栽樹，將大蒜一枚，甘草一寸，先放根下，永無蟲患。正月盡至二月，可剥樹枝。二月盡至三月，可掩樹枝。埋樹枝土中令生二年已上，便可移栽。凡栽日宜六儀，母倉除滿收成開。及甲子、己巳、戊寅、己卯、壬午、癸未、己丑、辛卯、戊戌、己亥、庚子，丙午、丁未、戊申、壬子、癸丑、戊午、己未等日，忌死炁。乙日建破日火日，至如栽桃宜審，栽李宜稀，栽杏宜近人家之法不能枚舉，在有園圃者隨地活變之耳。凡草木或有不見栽時之例者，求之此條可也。

扦插易生法　草木之有扦插，雖賈花傭之取巧捷近法，然亦有至理存焉。凡未扦插時，先取肥地，熟劚細土成畦，用水滲定。待二三月間，樹木芽蘖將出時，須揀肥旺發條如拇指大者，斷長一尺五寸許，每條下削成馬耳狀，另以杖刺土成孔，約深五六寸，然後將花條插入孔中，築令土著木，每穴相去尺餘，稀密相等。常澆令潤澤，不可使之乾燥。夏搭矮棚蔽日，至冬則換暖蔭，仲春方去。候其長成高樹，始可移栽。每欲扦插，必遇天陰，方可動手。如遇連雨，則有十分生機，無雨減半。梅雨時儘可扦，晴亦不宜。插須一半入土中，一半出土外。若扦薔薇木香月季及諸色藤本花條，必在驚蟄前後，揀嫩枝斫下，長二尺許，用指甲刮去枝下皮三四分，插於背陰之處，四旁築實不動，其根自生。若果木須揀好枝，先插於芋頭或蘿蔔上，再下土時則易活。腦上必須用箬葉裹之，若扦各色花枝，接頭亦得。總之扦插移栽，不外乎宜陰忌日四字。至於扦盆花捷法，取春花半開者，用快剪斷下，即插芋頭上或蘿蔔内，立以花盆種之，時加澆灌，不見日色，久久自生根芽矣。

移花轉垛法　移花接木，在主人以爲韻事。於花木實繫生死關頭，若移非其時，種不得法，未有能生者也。今述其要，爲圃友知之。凡木有直根一條，謂之命根。趁小時栽，便盤屈，或以磚瓦盛之，勿令直下，則易於移動。若大樹稱春初未芽時，或霜降後，根旁寬深掘開，斜將鑽心釘地根截去，惟留四邊亂根，轉成圓垛，仍覆上築實，不但移栽，便而實結亦肥大。小樹轉垛後一年，即可移，若大樹必須三年，每年輪開一方，乃可移種。轉垛時以稻秸紉成草索，盤縛定泥上，未可移動，復以鬆土，填滿四圍，鋤開處仍用肥水澆實，待

次年正二月間移起就合種處。如種果木宜寬當以丈二爲矩，視樹之大小作區，安頓端正，然後下土半區，將木棒斜築根垛下結實，上以鬆土壅高過地面三二寸，但不露大根足矣。若本身高者，必須樁木扶縛定，勿使風搖動，即以肥水澆之。如無雨，每朝澆水，待月半後根實，生意漸萌，使如隨常澆法可也。若遷移遠路，必髠其稍，未能便栽，必須蔽日，雖遲三五日不妨。但若垛碎日曝，則無生理矣。凡種一切果木，望前移植者多實。在南浙蒔花爲業者則不然，無花不種，無日不移。新啓園亭而欲速搆者，雖非其時，亦可以植，皆由轉垛得法，少俟天雨即移，頃刻便成林麓矣。古云「移樹無時，莫教樹知，多留宿土，記取南枝」，此正轉垛後之謂也。

過貼巧合法　凡花木分栽、壓條、接換皆不可者，乃以過貼法行之。先將樹相等葉相類之小木移於欲貼之木傍，視其可以枝相交合處，以利刀各削其皮一半，相對合之，以竹籜包裹，麻皮纏縛牢固，外以泥封之。如大樹則所合枝傍截半斷，斷小樹所合枝發稍。若欲花果兩般合色，則勿去稍，來年春方可截斷連處，復候長定，然後移種可也。脱果木生之果，八月間以牛羊糞和土，包其鶴膝，再用紙包裹，麻縛令密，以木撑住，以水頻澆，任其發花結實，次年夏秋間始開包視之，其根已生，則斫斷埋土中，其花實自能晏然不動，一如巨木所結。又一法，選嫩樹枝長尺餘者，刮去皮寸許，用有節竹筩，劈作兩開，合着樹枝，用篾縛住，內以土築實，其根自生，二年後方可剪開。凡驚蟄前後，并八日中皆可過貼。

下種及期法　凡下諸色花卉種時，亦有至理存焉。地不厭高，土肥爲上，鋤不厭數，土鬆爲良。至於下之早晚，已載於月令條下，兹不再贅。但種之之法，不可不知。臨下時，核宜排，子宜撒，必於日中燥爆潔净，然後合浸者浸之，不浸者看其子粗則培入土內，細則均撒土面。下訖，即以糞沃其上，暖日區種者亦然。下之日必須天晴，雨則不出。下後三五日，必須得雨，旱則不生，遇旱須頻澆水。若佳果欲種，須候肉難和核拼種之，以尖朝上，將肥土蓋之，否則所生之實便不類其佳，亦且難生。細子下後，必蓋以灰。恐不蓋必爲蟲蟻所食，則無生種矣。

收種貯子法　凡名花結實，須擇其肥老者收子。佳果須候其熟爛者收核，則種後發生必茂。其法：在收子時，取苞之無病而壯滿者，與果之長足而不蛀者，摘下日晒極乾，懸於通風處，或以瓶收貯。各號名色，庶臨期收用，不致差錯。將瓶懸於高處，勿近地氣，不生白萱。如隔年陳者，大多不生。核種者，當於墻南向陽處，鋤一深坑，以牛馬糞和土。平鋪其底，將核尖向上排定，復以糞土覆之，令厚尺許，至春生芽，萬不失一。但忌水浸風吹，皆能腐仁。又一法，以泥包移，圓如彈大，就日晒乾，方投糞土坑中尤妙。凡果實未全熟時，不可使摘，恐抽過筋脉，來歲不盛。摘必兩手弇摘，則年年結實白繁。若孝服人摘之，來年不生。故治圃者能隨時而收，按時而下，遲早不踰，斯得之矣。

澆灌得宜法　灌溉之於花木，猶人之需飲食也，不可太饑，亦不可太飽。燥則潤之，瘠則肥之，全賴治圃者不時權衡之耳。太凡人心喜香艷而惡枯寂，春夏萬卉争榮，則澆灌之力勤，秋冬草木零落，則澆灌之念弛，孰知來年之馥郁，正在秋冬行根發芽時之肥沃也。及至交春，萌蘖一生，便不宜澆肥。肥能菑翳，即有一二喜肥者，亦須停久宿糞。熟糞只可臘月用，餘月用之有害。若用撏猪毛湯，或用鷄鳴翎湯，不宜親木䣭，恐生蛀蟲。湯內若投以荔枝圓眼核，則翎易腐而蟲不生，亦是善貯肥之一法。當果實時宜澆，摘實後并臘前通宜澆。若宿糞和以溏水，勝於諸水，其以暖而壯也。究竟以黄梅水爲最，當多蓄聽用。但澆肥之法，草與木不同。草之行根淺而受土薄，隨時皆有凋謝，逐月皆可澆肥，惟在輕重之間耳。如正月則七分糞三分水，二月六糞四水，三月對和，四月四糞六水，五月三糞七水，八月四糞六水，九月對和，十月六糞四水，十一月七糞三水，十二月八糞而止。即十一二月正月亦有宜輕肥者，并不宜者俱載花曆條下，兹不再贅。若遇天旱，每日要澆，只宜清水。肥須隔數日一用，然亦須分早晚。早宜肥水澆根，晚宜清水灑葉。若果木則不然，二月至十月澆肥，各有宜忌。如二月樹已發嫩條，必生新根，澆肥則稍反枯。倘有萌未發者，澆之不礙，三月亦然。凡花開時不宜澆糞，恐墮其花。夏至梅雨時，澆肥根必腐爛。八月尤忌澆肥。白露雨至，必長嫩根，一澆即死。六七月花木發生已定，皆可輕輕用肥，至小春時，便能發旺。若柑橘之類，又不宜肥，肥則皮破脂流，隆冬必死。杜鵑虎茨，尤不可肥。至如石榴茉莉，雖烈日之下，儘肥澆不害。一云，社酒澆果根則實繁。冬至日糟水澆牡丹、芍藥、海棠，則花艷。皂角無實，根旁鑿一孔，入生鐵屑三五斤，泥封之，即結角。如菖蒲無力萎黄，水和鼠糞澆之即盛。此補澆灌之所不及也。每月九焦日，不但忌種，抑且忌澆。

培壅可否法　地有高下，土有肥瘠，糞有不同。若無人力之滋培，各得其宜，安能使草木盡欣欣以向榮哉！在植物，莫不以土爲生，以肥爲養，故培壅

之法，必先貯土。取好土糞澆，草火煨過，再以糞澆，復煨，如此數次，曝乾搗碎篩浄，揀去瓦石草根，收藏缸内，置之日照雨飄處聽用。或取黄泥，浸臘糞中年餘，亦有用處。至於各花各有宜壅之糞土，必須預爲料理。如或用灰糞、或麻餅豆餅屑和土者，或貯二蠶沙、輓鼓皮屑和土者，鼓皮取其無硝。或以牛馬糞或以猪羊糞，或以鷄鴨等糞和土，當令發熱過方爲肥土。又人之櫛髮垢膩壅花最佳，然不能多得，只可盆花取用耳。壅根宜高三五寸，澆水實定不可太過。如竹木桑菊，根皆上長，每年必添泥覆方盛。各種肥土用法，已詳花曆條下，兹不贅。凡生花果盛時逢霜則無實，當預於園中多貯敗草，牛馬乾糞，逢天雨新晴，北風寒切，是夜必霜，此時放火作煴，令花少得烟氣，可免霜威，則實可保。至若盆花，受氣有限，全賴良土培壅，更不可怠忽。所貯花盆，先須炭屑及瓦片浸糞溝中經月，爲鋪盆之用，不可臨期取辨，使不如法。

治諸蟲蠹法　凡木有蠹，葉有螃，果有蠟，菽有蝗，穀有螟螣蟊蠈，皆由陰陽不時，濕熱之氣所生。雖有佳木奇葩，一經侵蝕，無生理矣。今特録其可以驅除之法，爲治圃者知之。凡樹内蛀蟲，入春頭俱向上，難於鈎取，必用烟薰。逢冬頭向下，只須鐵綫一搇立盡。初春去蠹蝎蛣蝠者，以杉木爲鍼，閉塞其氣則自死。或以硫黄末塞之。如蛀穴深曲，以焰硝、硫黄、雄黄作紙藥綫，維穴中焚之，走其烟臭則皆死。或以芫花或百部葉納火中，亦能殺蟲。若在外，截蟲螃蟲則以魚腥血水灑其葉上，不久自消。能飛之蟲，取江橘藕以膠之，或畜蟻以食柑蟲。若順風燒油簍，可以驅松蟲。若用多年竹燈架挂果樹上，可以去青蟲。或將桐油紙撚條，塞蛀眼亦可。桐油脚入糞，澆蔬菜，亦能去蟲。樹有蠹孔，彈竹篾於孔邊，如蒲蟲聲，其蠹自出，即此可悟啄木鳥取蟲之理矣。桃生蛀，煮猪頭湯冷澆之。橘生蟲用修馬蹄屑塞之。林檎、梨樹生毛蟲，埋蠶蛾於下，或用海魚腥水澆之。槐生蟲，擂鼓於樹下則盡落。芝麻梗挂樹上，則無簑衣蟲。西風久雨，亦能殺毛蟲。桑樹蟲多，用鐵綫鈎取。凡樹生癩，以甘草削釬，鍼之自消。凡栽花草，根下置白斂末，最能辟蟲患。上坑中先置甘草一寸，大蒜一枚，後種樹上，則不生蟲。蓋木實之蠹者，必不沙爛，沙爛者，必不蠹，亦性使然也。一法，清明子時，於諸樹上縛稻草一根，則不生蟲。清明前一二日，多取螺螄浸水中，至清明日，以此水灑墻壁甃砌，能去蜒蚰。盆内有蟻穴，以香油或羊骨引出之。有蚓穴，以鴨糞壅之，或灰水澆之。如用灰水，當即以清水解之。又云，以生人髮挂樹上，鳥雀不敢偷啄其實。

又　枯樹作樹法　天生地長，草木之榮枯，豈人得而主之，然人爲萬物之靈，能殺之，復能生之，挽回造化，亦在掌握之間。如木以肉桂作釘，釘之即死，用甘草水灌之復榮。烏賊魚骨釘之則斃，以狗胆解之仍茂。或曰，鱗魚乾樹，即墨魚也，名海螵蛸。又云河豚骨，若以邵陽魚刺，日西時樹陰即死。一云桂矿木上則茂，矿木下則枯。大榕樹以蘇末作釘，釘其根則死。蒲萄樹以甘草鍼針之即槁。柚樹一抹呵魏人其内，則立枯。以肉桂屑布地，則草不生。人溺焊麻即萎，豆汁澆鼠莽根即爛，韭汁滴野葛上即枯。枇杷、梔子、瑞香、杜若、秋海棠，澆糞即萎。凡樹離根三尺，斫其皮，納巴豆數粒，則汁瀉而枯。穴果樹以鍾乳粉納之，則實多味美，納於老樹根皮内，則瘁者復茂。白斂末置花根下，辟蟲易活。又騙樹法：凡木發芽時，根旁掘土搜其直下命根，截去，則結果肥大易長。

又卷二　變花催花法　天然香艷，何假人爲，然而好奇之士，偏於紅白反常，遲早易時處顯技，遂借此以辨美觀。如白牡丹欲其變色，沃以紫草汁，則變魏紫，紅花汁則變緋紅。黄則取白花初放時，用新筆蘸白礬水描過，待乾再以螣黄和粉，調淡黄色，描上即成姚黄。恐爲雨淋，復描清礬水二次，色自不落。北丹根下置白朮末，諸種花色皆起腰金。白菊蕊以龍眼殼罩住，上開一小孔，每早以溉清水或胭脂水滴入花心，放時即成藍紫色。海棠用糟水澆，開花更鮮艷而紅。凡花紅者欲其白，以硫黄燒烟熏盞，蓋花在内，少頃即白。芙蓉欲其異色，將白花含苞用水調各色於紙，蘸花蕊上，仍裹其尖，開時即成五采。昔馬塍藝花如藝粟，橐駞之技名於世，往往能發非時之花，誠足以侔造化而通仙靈。凡花之早放者名堂花，其法：以紙糊密室，鑿地作坎，緶竹置花其上，糞土以牛溲馬尿硫黄，盡培溉之功，然後置沸湯於坎中，少候湯氣熏蒸，則扇之以微風，花得盎然融淑之氣，不數朝而自放矣。若牡丹、梅花之類，無不皆然。獨桂花則反是，蓋桂稟金氣而生，須清凉而後放，法當置之石洞岩竇間，暑氣不到之所，鼓以凉颸，養以清露，自能先時而舒矣。凡花欲摧其早放，以硫黄水灌其根，便隔宿即開，或用馬糞浸水澆根，亦易開。若欲其緩放，以雞子清塗蕊上便可遲三兩日。此雖揠苗助長之舉，然亦須適其寒温之性而後能臻其神奇也。

又　整頓删科法　諸般花木，若聽其發幹抽條，未免有礙生趣。宜修者修之，宜去者去之，庶得條達暢茂有致。凡樹有瀝水條，是枝向下垂者，當剪去之。有刺身條，是枝向裏生者，當斷去之。有駢枝條，兩相交互者，當留一

去一。有枯朽條，最能引蛀，當速去之。有冗雜條，最能礙花，當擇細弱者去之。但不可用手折，手折恐一時不斷，傷皮損幹，粗則用鋸，細則用剪。裁痕須向下，則雨水不能沁其心，木本無枯爛之病矣。至伐木之期，必須四月七月，則無蟲蠹之患，而木更堅韌耐用。若非時斫伐者，必須水漚一月，或火偪極乾，亦不生蟲。

清 嵇璜 曹仁虎《續通志》卷一七六《昆蟲草木略》 玉蘭一名迎春，叢生，花白微碧，其未開時亦名木筆。寄枝用辛夷體，則花大而成樹。

臣等謹案：胡仔云：木筆迎春自是兩種，木筆色紫，迎春色白。李時珍云：辛夷花有白色者，人呼爲玉蘭。二説互異。伏讀御製《含韻齋詠玉蘭》詩注云：按，玉蘭，取辛夷木本接植之即成。花師皆云玉蘭雖有白花而小，且叢條不成樹，欲花朵大而成樹，必須取辛夷接植。而辛夷不以玉蘭接之，則仍紫花，是辛夷、玉蘭本相近然。《羣芳譜》及詩人率別辛夷、玉蘭若涇渭，而以木筆屬之辛夷。今觀二花，尖鋭形態畢同，獨紫白異色耳。若以擬筆不與白而與紫，吾以爲不然。臣等紬繹之下，恍悟胡仔以木筆專屬辛夷，尚仍前人之誤。而李時珍認爲一物，亦不知玉蘭用辛夷接植而成，皆未深考。又伏讀御製《詠紫白丁香》詩云「辛夷若謂玉蘭別，謂此分身抑合身」，尤爲確証。鄭志但載辛夷而無玉蘭，殊爲疏略，今謹補入。

紀 事

宋 李格非《洛陽名園記・李氏仁豐園》 李衛公有平泉花木，記百餘種耳。今洛陽良工巧匠批紅判白，接以它木，與造化爭妙，故歲歲益奇。【略】遠方奇卉如紫蘭、茉莉、瓊花、山茶之儔，號爲難植，獨植之。

宋 温革《分門瑣碎録・花木忌》 花中忌麝，瓜尤忌之。鄭注赴河中，姬妾百餘騎，自京兆至過中，所過瓜園一蔕不獲。以烏賊魚骨鍼花樹，花輒死。

清 周廣業《過夏續録・菊》 憫忠寺、長椿寺皆種菊數千本。三月間先植蒿草于盆，培壅使肥，以菊傳接之。秋開，分遺仕宦家，亦以鬻錢。必用蒿者，菊種佳者少，傳接則一本可化爲數十本，且明春根發，芽仍爲蒿種，不他傳也。凡傳花接木，雖歷年久，花木盛長，其本苗芽，仍然故質。余家園中，一李樹大盈把，初用桃接，每年春，近根桃葉，其上爲李，不差錙黍。草木子謂此乃天之主宰，所謂帝也。然物莫能兩大，人之嗣續亦然，養子繁盛，本支未有不衰者。

藝 文

唐 白居易《白氏長慶集》卷一一《東坡種花二首》 持錢買花樹，城東坡上栽。但購有花者，不限桃杏梅。百果參雜種，千枝次第開。天時有早晚，地力無高低。紅者霞豔豔，白者雪皚皚。游蜂逐不去，好鳥亦栖來。前有長流水，下有小平臺。時拂臺上石，一舉風前杯。花枝蔭我頭，花蕊落我懷。獨酌復獨詠，不覺月平西。巴俗不愛花，竟春無人來。唯此醉太守，盡日不能迴。

東坡春向暮，樹木今何如。漠漠花落盡，翳翳葉生初。每日領童僕，荷鉏仍決渠。剗土壅其本，引泉溉其枯。小樹低數尺，大樹長丈餘。封植未幾時，高下齊扶疏。養樹既如此，養民亦何殊。將欲茂枝葉，必先救根株。云何救根株，勸農均賦租。云何茂枝葉，省事寬刑書。移此爲郡政，庶幾甿俗蘇。

唐 柳宗元《柳河東集》卷四三《種术》 守閒事服餌，采术東山阿。東山幽且阻，疲薾煩經過。戒徒斸靈根，封植閟天温。違爾澗底石，徹我庭中莎。土膏滋元液，松露墜繁柯。南東自成畝，繚繞紛相羅。晨步佳色媚，夜眠幽氣多。離憂苟可怡，孰能知其他。爨竹茹芳葉，寧慮瘵與瘥。留連樹蕙辭，《楚辭》。屈原《離騷》：經余既滋蘭之九畹兮，又樹蕙之百畝。婉娩采薇歌。伯夷、叔齊隱於首陽山，采薇而食之，及餓且死，作歌曰：登彼西山兮，采其薇矣。以暴易暴兮，不知其非矣。神農虞夏忽然没兮，我安適歸矣。于嗟徂兮，命之衰矣。遂餓死於首陽山。

明 李之世《種茉莉》（《明詩紀事》卷二一輯） 堪嫁江梅媵水仙，蘗蘗香雪鬥芳妍。女郎編綰鬔鬆髻，却道真珠不直錢。

雜 録

宋 温革《分門瑣碎録・接花法》 木樨接石榴，開花必紅。

又《雜説》 春月花欲開時，欲其緩開，以鷄子清塗花蕾，可遲三二日，謝亦如之。

又 棘能避霜，花果以圖之即茂。

明 鄺璠《便民圖纂》卷四《種諸果花木》 麝香觸花 凡花最忌麝香，瓜尤忌之，塍栽蒜薤之類則不損。又法：於上風頭以艾和雄黄末焚即如初。

明 王世懋《學圃雜疏·花疏》 蓮花種最多，唯蘇州府學前種葉如傘蓋，莖長丈許，花大而紅，結房，曰百子蓮，此最宜種大池中。舊又見黄白二種，黄名佳却，微淡黄耳。千葉白蓮亦未爲奇。有一種碧臺蓮大佳，花白而瓣上恒滴一翠點，房之上復抽緑葉，似花非花。余嘗種之，摘取瓶中，以爲西方品。近於南都李鴻臚所復得一種，曰錦邊蓮，蒂緑花白，作蕊時綫苞已微界一綫紅矣。開時千葉，每葉俱以胭脂染邊，真奇種也。余將以配碧臺蓮，甃二池對種。亦可置大缸中，爲無前之玩。若所謂並頭品字、四面觀音，名愈奇愈不足觀，切勿種。

花木之意

題解

明 何三畏《新刻何氏類鎔》卷三〇《花總》 蘭者百草之長，葵者百蔬之王。柏曰蒼官，竹曰青士，梧曰桐君，橘曰木奴，桂曰天香，梅曰御史，甘草曰國老，芙蓉曰文官，荔枝曰傾城姝，五加皮曰追花使，枸杞曰仙人杖，海棠曰神仙姿。牡丹與芍藥爲君臣，橘與梓爲父子，梅花與海棠爲夫婦，山礬與梅爲弟兄，荔枝與龍眼爲主奴，梅與松竹爲朋友。有花神、花師、花姑、花后；有花曹、花史、花妾、花工；有花叢、花影、花信、花朝；有花門、花街、花田、花縣。愛花者有百花之會，譜花者有百花之評，非無以也。梅杏將開而擊催花之鼓，鳥雀時集而擊護花之鈴。親友結宴而鋪坐花之茵，子弟設輪而隨移花之檻。上苑宣報花之詔，杏園置探花之人。迎輦命司花之兒，游春競鬥花之社。養花天披以微風輕雨，看花馬飾以玉轡錦韉。步花幄張于郊野園林，看花局盛于名家豪族。而賞花者，或宜晴日，或宜新月，或宜夕陽，或宜華堂暖房，或宜苔徑水閣。浴花者或宜隱士，或宜奇人，或宜韻客，或宜慧兒靚女，或宜禪伯道流。不然者其爲花妒花刑，而爲花所笑者豈少也哉。蓋初英落蕊，晚樹開花，異林而丹素分，因風而紅紫雜。有拂簾幌墜于茵席之上，有關籬墻落于糞溷之間。如范縝所對竟陵王子良者，其言當不虚爾。

論説

宋 牟巘《陵陽集》卷一五《題松苗圖》 尺寸之木，加乎岑樓之上，高乎哉？不高也，勢也。苗之於松也亦然。松柏之下，衆草不殖，苗非加高於松也。今且易置之，苗居山上，若助苗長者。而松顧居其下，則一寸之莖可以庇百尺之條矣，非高也，勢也。然是松也，勢雖若屈於苗，而正性挺然，無一毫慘沮抑鬱不自得之意。此固處于非據者之所甚愧也。世率謂積薪居上愈于久次之汲直，七葉珥貂愈于白首之馮唐。果何如耶？果何如耶？

宋 程棨《三柳軒雜識·評花品》（《説郛》卷二四下引） 余嘗評花，以爲梅有山林之風，杏有閨門之態，桃如倚門市娼，李如東郭貧女。

宋 陳郁《藏一話腴》卷上 王晉公祐創第京師曹門外，手植三槐於庭。曰，子孫必有登第爲三公者。已而魏公果爲太保。歐陽文忠公作魏公神道碑，首載此語，人因以三槐王氏稱之。韓漕使元吉祖居京師之惠政坊，植桐於門，歲久木大且異，人遂以桐木韓氏稱之，後著《桐陰舊話》十卷。王氏有别族居建康馬糞巷，人俱號爲馬糞王。子曰：擇不處仁焉得智？言君子所居，不得不擇也。

宋 程大昌《雍録》卷一〇《萬年枝·豫章貞女樹》 《文選》：謝玄暉直中書省，詩曰「風動萬年枝」，李善曰：晉宫闕名曰華林，園有萬年樹十四株，然竟不著其物色種類，因何而名萬年也。《西京雜記》曰：武帝初，修上林苑，羣臣遠方各獻異樹，亦有制爲美名以標奇麗，中有千年長生樹十株，萬年長生樹十株，此即玄暉所引萬年之枝也耶？既曰制爲美名以標奇麗，則凡冬夏常不雕改者，皆可名爲千年萬年也。《泊宅編》吴興人撰曰：徽宗時興畫學，命題以試畫者曰「萬年枝上太平雀」。試者皆不知樹爲何樹，雀爲何雀。試已，有問諸中官者，應之曰：萬年枝冬青樹也，太平雀頻伽鳥也，此亦據中官意撰耳。而夫萬年實爲何樹，元無所本也，以其名思之，其類必爲冬青無疑矣。而曰萬年千年者，從其不凋而標之美名，則自可意想也。《黄圖》：建章鳳皇闕，人呼爲貞女樓，注之者曰：司馬相如賦云：豫章貞女樹長十仞，大連抱，冬夏常青，未嘗凋落，若有貞節，故以爲名，則直以豫章爲貞女樹也。木之更冬不凋者多有之矣，松柏栝檜杉櫧桂楠未嘗改柯易葉，若以命之爲萬年

千年無不可者，特不知果爲何木耳。夫木之主名難改矣，而其制爲美名則《黄圖》之説必得其實也。

元　方回《桐江續集》卷二四《題沈伯僔所藏趙子昂墨蘭并序》今之墨蘭，山谷之所謂蘭也，一幹一花。古之蘭，根枝葉花皆香，一樹而千萬蕊。《離騷》曰：紉秋蘭以爲佩。秋蘭兮蘼蕪。漢武曰：蘭有秀兮菊有芳。今八九月開，與菊同時。淵明詩曰：幽蘭生前庭，含薰待清風。清風脱然至，見别蕭艾中。東坡詩曰：幽蘭如美人，不采羞自獻。時聞風露香，蓬艾深不見。今之蘭，十二月、正月開，若蕭、若蓬、若艾，皆枯槁未芽。陶蘇詩指屈子之蘭耳，然山谷之蘭盛行近世。墨竹墨梅之外，加以此品，古畫譜亦所未有。隨時之義一可賦，趙子多能善書二可賦，沈子嗜學好事三可賦。詩曰：

今蘭春秀異秋蘭，世事隨時豈一端。别有古人不死處，陶詩晉字要人看。

元　方回續《古今考》卷一一《附社木社主考》社所宜木，郊特牲。《正義》引《尚書・無逸》篇曰：西社惟松，東社惟柏，南社惟栗，北社惟槐。今《尚書・無逸》無此文，其張霸之僞《尚書》乎？亦未見天子東西南北之四社。《論語》：夏后氏以松，殷人以柏，周人以栗。宰我謂使民戰栗，孔子深責之。三代各以其土之所宜木植於社，不以木取義。而宰我附會戮人於社之説，以爲使民戰栗，非也。鄭玄注「宗伯」云：社之主蓋用石。蓋，疑辭也。故今之社壇有石主自漢以來則然矣。稽之《古師行》載社主襄二十二年。《左傳》陳侯擁社以見鄭子，展石太重車可載也。人可擁乎？唐神龍中，韋叔夏議立社主，引《吕氏春秋》及《鄭義》用石，或檢舊社主，長一尺六寸，方一尺七寸，在《禮》無文。《韓詩外傳》：長五尺方二尺，剡其上，埋其半土中。蓋石地類也。如此則出師掘社壇五尺之石，以入車。陳侯所擁恐一夫不能勝，先儒或以爲不過尺二寸，則太短。回竊疑宗廟之主皆用木，社主或亦用木，植所宜之木於社者。或就以供主用也。宋大丘之社，亡祭祀國之重典，而守視不謹，爲人竊取而去，或石或木未可知也。周制，民居皆樹木，不樹者，無椁樹。其木即用其木，未有徒植之而無用者也。後之學者思之，宋有櫟社，漢祖豐有枌榆社，亦木所用耳。

元　許有壬《圭塘小稿》别集卷上《菊莊記》安陽地稱秀麗，昔人引洹水注城内爲園池。環城之池，晝夜湯湯，民室酒壚，擇奇據勝，無慮數百區。西南匯爲陂。溪山之輸委，亭館舟楫之盛麗，荷蒲葭柳，羽鱗貍互之饒益，實最一郡。水利不修，民生日劻，陂遂爲陸，而亭館爲墟矣。好事者或事築植，胥徒一假館，花蹂木戕，器敗屋損，供頓少弗愜，有遂賈禍者，故莫不恣其敝蔑而已焉。予歸方事游嬉而無所於適，偶送客南郭歸，並闉闍而西微行詰曲，桑榆蔽翳，負城有小圃。徑造焉。地僅餘百弓，庨廝幽潔。問守者，曰此王君季貞菊莊也。雜花並植，菊最多，故以名。時方挺翠怒長，羅列滿地，愛之不忍歸。秋風作花，見餉十盆，品色莫有同者。莖高尋丈，花大徑三寸餘，蓋培溉有時，芟移有法，半歲勤動而後有成，信菊之拔萃者也。季貞知予同其愛，介其友請言。吾方慨吾鄉風物之非昔，而嬉游無所於適也，能無情乎？淵明曠達，芥視軒冕，乃獨愛菊，屢形詠歌，至與松並稱。茂叔談道，有取於蓮，並稱者二，富貴者在所薄。菊獨以隱逸稱，譜之詠之者，又代不絶口，其貴重可知已。季貞其亦慕古人而有見于菊者乎。人生之樂，隨寓可得，口體，居室不與焉。故不他其蓺以見其志，不侈其圃以納其侮。百弓之地，可游可樂。胥徒窺之而不屑來，没吾齒莫有晲而規之者。求寡而獲豐，身安而志遂。是莊之得不亦多且久乎。莊，田舍也。田舍穀爲稱首，不莊於穀而於菊。穀，吾口之所切，菊，吾心之所樂。吾口寧緩，而吾心不可不適也。心適矣，視如京如坻漠如也。古有午橋莊，築山穿池，竹木叢萃，固盛德之宜居。後之主者已墮屠兒墓園之譏。平泉莊之鴈檜珠柏，雖曰僅存，尋亦蕪絶矣。富貴田宅之不可恃如是，夫九原可作吾其從晚節之老圃乎？且吾爲人，莊而日就荒。人爲吾，莊而不獲一稔。獨幸得歸，而時游王氏菊莊，庶幾鄉賢之萬一焉。記菊莊而及鄉賢者，高山仰止。吾鄉之士，其勿以菊莊爲嬉而已矣。

元　楊維楨《東維子集》卷一八《嘉樹堂記》吴之練圻有隱君子，家爲恕齋强氏，其先八世祖某自汴居吴，遂爲吴人。手樹嘉木一本于中庭，在《志》曰：雖栖子，俗云皂莢者，其根抵母堂背，蓋囷囷然蔽風暑，色理堅緻，不爲螻蟻所近。其閲歲已二百，幹益碩大，枝葉亦華，實益美茂。於是强氏子姓繁衍亦且二百餘指，而有食君之禄者矣。余過其家，見其樹而知其先德之覃於後者未已也。恕齋持觴爲予壽，且請記。予聞諸傳，季孫宿有嘉樹，爲韓宣子所美。吾不知其樹何樹，宿曰：敢不封植此樹以無忘角弓之詩，遂賦《甘棠》。夫季氏子孫爲魯公室，斧斤樹之，封植其德，敢比《召南》哉！宣子蔑魯、媚季，其嘉季者果樹乎世澤，如甘棠之後，若孔子之檜、田氏之荆、王氏之槐是已。此非其子孫一時封植之功也。一本之深，百世之下，固有若神明護持者在焉。非偶然

也。嘻！孔子之檜，吾不得而見之。得見如田氏、王氏爾可矣。田氏、王氏不得而見之，若今强氏之植非田氏之荆，王氏之槐者歟？非所謂嘉樹而有光傳記者歟？夫前人所種斯收於後人。後人所培又以固前人之本。恕齋伯仲皆清脩好學，尊德而尚義。周人之意高，至於捐金粟以助國費，而利禄之心未嘗入焉。其於樹所培者厚矣。前人植之，後人培之，一元之氣，雖毋百世而可也，豈直八世十世而已！抑余聞梁甘露降皂莢樹，世有幽宜，《書》載虞晚折枝事。施報尤捷，果信也。强氏義施之報，吾將慶甘露之降是樹。

元　李繼本《一山文集》卷五《蘭莊記》　洛師任宗一氏學行醇正，薦紳大夫多器重之。當勝國時，其先大父憲使公與予先公承旨，皆占籍河南而聯仕臺省，入國朝。予與宗一累佐邑校而以文字爲職業，故予兩家爲里閈，爲世契，爲同道。出薊門東兩舍許，宗一之别業在焉。蘭莊則其讀書之室也。客至舉觴嘯詠，留連終晷。暇則焚香清坐，而静以觀物，非知道不如是也。予聞莊廣不踰十餘弓，蘭也多不踰三數本。而風披雨沐，吐芳氣而出塵氛，迆時之隱處者未易得此也。然萬物之在天壤間，可以愛玩而適情者不一也觀。其助吟眺則有山林泉石之美，供宴樂則有歌舞臺榭之勝，角豪侈則有象犀珠玉之富。至於以智計得者，非智計則莫能致。以聲利得者，非聲利則有時而失，物累使然也。若夫韜智計、遠聲利、遺得喪，布衣韋帶不爲辱，珪組軒冕不爲榮，磅礴萬物不能累，出乎物，而不能物於物也，况於蘭乎？夫蘭雖佳植，而匪金匪玉，雖得亦易致而與凡草木殊。宜其爲人之所好，而不爲人之所同好。爲人之所得，而不爲人之所同得。故惟君子爲能獨得之，而獨好之，其視挾智計、衒聲利、得所願爲以自快一時。此市道人所愧爲，而士大夫争爲之。弗藉亦獨，何哉？於是好事者以蘭之可愛玩也。掇蘭以娱心目，鱝蘭以頤性情，援琴以鼓猗蘭之操，攬佩以寫紉蘭之歌，浴蘭湯而澡雪其天質，入蘭室而想見其善人。紉蘭之生不離乎衆卉，類乎不潔身以亂倫。不植乎槁壤，類乎遠濁世以自藏。不以幽獨而自媚，類乎衣錦而尚絅。不以無人而不芳，類乎弸中而彪外。予以是而知宗一於是焉。是取非世好之可同也。雖然，以蘭爲莊，猶以藝爲圃也。詩書以植之，道德以樊之，禮誼以穮蓘之，聖澤以浸溉之。吾知蘭非孤植，而與九畹同其芳。莊非一地，而與九逵同其軌矣。宗一有見於此，其忍舍其種之美而蕪薉不治，譬之五稼不穫而幸其稊稗之有秋乎？予嘗以爲知道者，非過也。予又聞宗一之幼也見背於父，承訓於母。其長也，教授於鄉，有榮耀矣。紉其讀書學道，礲礪未已而日增月益乎？朝廷方柄用天下士，予知束帛賁邱園蓋始乎此。豈宜嘉遁蘭莊之野，顧瞻童子時耕牧處，山青雲白，低迴而不忍去。予將爲子歌《招隱士》矣。

明　張寧《方洲集》卷一八《怡松記》　吴門有隱君子張姓而字廷肅者，博雅好義，志尚不羣。嘗植松於所居隙地，愛護甚謹，歲久滋長。燕居無事，每相對坐忘意，若與松會者，因自號曰怡松。客有過之者曰：子之怡松良是。風拂之，其聲可聽。雨潤之，其色可觀。花有臭，子有味，枝可采，幹可材。歲晏不驚冬，盛夏不知暑。静撫醉哦不舍，其故松之可喜者博矣。奈之何不爲「松怡」哉？廷肅矍然曰：客之言將怡其利耶。凡天下之物足以怡人者，皆足以戚人，而聲色財勢其甚者。吾方戒世之所怡，而用其所不怡者以自怡。客將謂松能以物怡我耶？吾見世之悦柔屈也，松勁直，吾怡之。吾見世之悦穠豔也，松凝澹，吾怡之，吾見世之悦鋭發也，松晚茂，吾怡之，吾見世之悦多變也，松持久，吾怡之，庭立切切，不撓不阿，吾於是得處人之道。根本茂固，枝葉敷榮，吾於是得保家之道。冰雪岩澤，氣質愈奇，吾於是得處身之道。若此者，吾率用之以自怡，而松不吾意也。誠若客言，則將以利之，將以利之，則客之言未可以止也。客謂風拂之聲，雨浥之色，何不使我聽歌而觀舞？客謂花有臭，而子有味，何不使我薰香而飫肥？客謂枝可采，幹可材，何不使我以蠟代薪，沉檀爲屋？苟無所於見，不此之取而徒事於寒暑游逸之微。棄人之所取，取人之所棄。吾豈若是之聾瞽，而好惡與人大相遠者哉。吾誠懼夫聲色材勢之將以戚人，而柔屈、穠豔、鋭發、多變之不可以久也。故寧取其所遺者以自怡。客何誚吾之深耶？客曰：子之言高古而近情可則也，請筆之爲記。

明　汪循《汪仁峰先生文集》卷一一《梅軒記》　大坂汪君鼎實，不樂仕進，不與人争能，去芬華，即幽雅，構一小軒，植梅其旁，吟嘯其下，雖久不厭，遂以梅名。如古人之槐堂、柳庄、竹居，雖黜取不同，莫不因性所嗜好，居所宜有而名之，以自况豁目而遣懷也。古人愛梅者甚衆，豈獨鼎實，如林逋仙、何法曹其選也。然其所以愛之者，豈徒暗香踈影，徘徊於水月之間，雪骨冰魂，清絶於歲寒之後而已哉。某嘗竊論，人之所得於天而靈於萬物者，有五善，曰仁義禮智信。梅有五美，實似焉。其味和鼎鼐，功篤舟楫，林實垂成，利濟三軍之渴，似仁。六陰剥盡，百卉凋謝，寒花冷幹，獨立風雪中，堅强不屈，似義。時桃紅李白，姚黄魏紫，各負顔色以争春風，乃獨收斂不放一花，優容退

遜，似禮。知春媚，不免爲狂蜂浪蝶所侵污，乃守素隆冬，與高人詩客同瀟灑，而使驕兒游女不能近，似智。至於早春消息，漏泄南枝，與松大夫竹君子爲歲寒友，雖流離顛沛不相去，則又似於信也。人備五善存焉者寡，梅以植然者能全焉，豈非物之真可愛者乎時乎？風雪滿檐，樽酒當軒，援筆賦詩，雅懷清興，炯然見真意。而梅花數點，宛然天地氣象，形相對而心相忘，其梅似人乎？人類梅乎？於此有不願人之金貂文繡也，於此有不願人之膏粱玉食也，於此有不願人之萬鍾千駟也。鼎實能愛梅，不知能得此樂否乎？鼎實精青囊，術喜文章，其游饒浙間，凡有行必請於縉紳先生以求詠歌其所志。成化庚子冬以術謁予爲相得善地館穀，屢日因出其所得，叙詩百餘篇以獻，且索記於予。予嘉其志，故不辭而爲之書如此云。

明 汪舜明《静軒先生文集》卷一一《竹齋記》《易·説卦》：震爲蒼莨竹，言竹之象也。《書·禹貢》：楊州篠簜，既敷荆州。厥貢惟箘簵楛。《周禮·大司樂》：孤竹之管。《禮記·月令》：仲冬，取竹箭禮器，如竹箭之有筠，言竹之材也。《詩·衛風》：瞻彼淇澳，緑竹猗猗。言竹之德也。若吾郡歙棠樾鮑君，崇相世輔，之號竹齋，其有取於詩之緑竹與？蓋齋者，藏修之所。窗前隙地，非渭川千畝之廣，不可以材言。既成爲竹，非蒼莨之幼，不可以象言也。白居易云：竹本固，固以樹德。君子見其本則思善建不拔者。竹性直，直以立身。君子見其性則思中立不倚者。竹心空，空以體道。君子見其心則思應用虚受者。竹節貞，貞以立志，君子見其節則思砥礪名節，夷險一致者。言竹之德，一至於此，亦庶幾乎淇澳之猗猗矣。鮑，詩禮之族也。余之所知，君，江湖之彦也。余未及識其竹若干箇，其齋若干丈尺，余亦未及見。然而其號有如是，則其所嗜好之清也可知。其嗜好有如是，則其所言動之雅也可知。矧君之弟崇德、世基與余素厚。君之名，余聞之，亦素稔乎。今年世基持一册詣余求字與記，其間有大字焉，有圖焉，有詩焉，其後亦有記焉，皆爲竹齋，而作者余又爲隸二字而記之。可謂采文矣。雖然，非余之言也，先賢之名言也，君或有取焉，不爲無益於竹齋也。正德丁卯夏五月朔記。

明 唐順之《荆川集》卷八《任光禄竹溪記》余嘗游於京師侯家富人之園，見春所蓄，自絶徼海外，奇花石無所不致，而所不能致者惟竹。吾江南人，斬竹而薪之。其爲園，亦必購求海外奇花石，或千錢買一石、百錢買一花，不自惜。然有竹據其間，或芟而去焉，曰：毋以是占我花石地。而京師人苟可致一竹，輒不惜數千錢。然纔遇霜雪，又槁以死。以其難致而又多槁死，則人益貴之。而江南人甚或笑之曰：京師人乃寶吾之所薪。嗚呼！奇花石，誠爲京師與江南人之所貴。然窮其所生之地，則絶徼海外之人視之，吾意其亦無以甚異於竹之在江以南。而絶徼海外，或素不産竹之地。然使其人一旦見竹，吾意其必又有甚於京師人之寶之者，是將不勝笑也。語云：人去鄉則益賤，物去鄉則益貴。以此言之，世之好醜亦何常之有乎！余舅光禄任君治園於荆溪之上，偏植以竹，不植他木。竹間作一小樓，暇則與客吟嘯其中，而間謂予曰：吾不能與有力者争池亭花石之勝，獨此取諸土之所有，可以不勞力而蓊然滿園，亦足適也。因自謂竹溪主人。甥其爲我記之。余以謂君豈真不能與有力者争，而漫然取諸其土之所有者？無乃獨有所深好於竹，而不欲以告人歟？昔人論竹，以爲絶無聲色臭味可好，故其巧怪不如石，其妖艷綽約不如花。孑孑然有似乎偃蹇孤特之士，不可以諧於俗。是以自古以來，知好竹者絶少。且彼京師人亦豈能知而貴之，不過欲以此鬥富，與奇花石等耳。故京師人之貴竹，與江南人之不貴竹，其爲不知竹一也。君生長於紛華而能不溺乎其中，裘馬、童奴、歌舞，凡諸富人所酣嗜一切斥去，尤挺挺不妄與人交，凜然有偃蹇孤特之氣，此其於竹必有自得焉。而舉凡萬物，可喜可玩，固有不能間也歟？然則雖使竹非其土之所有，君猶將極其力以致之而後快乎其心。君之力雖使能致奇花石，而其好固有不存也。嗟乎！竹固可以不出江南而取貴也哉！吾重有所感矣。

明 王世貞《弇州四部稿》續稿卷六五《萬玉山房記》司先生顔其讀書之舍曰萬玉山房，而屬世貞爲之記。夫萬玉者，萬竹也。竹何以稱玉也？曰：君子比德於玉，已而比玉於竹。今夫玉中實，竹中虚。竹磊砢而多節，玉渾淪而已。胡以比也？然玉温潤而澤，縝密以栗，竹之質同也。玉有禮地之珪，曰琅玕之青碧，竹之色同也。叩之清越以長，竹之音同也。音之在樂有八，而各居其一，又同也。玉稱君子，竹亦稱君子，又同也。胡弗比也？始，司先生之問舍於江陵也，謀所樹。客或進曰：公不聞之腐史「江陵千樹橘」乎哉？苞可噉也，市之，入與千户侯等。先生笑曰：不爾，吾且樹竹。客曰：渭濵之千畝，入與江陵等歟。先生曰：非是之謂也。吾生平慕君子之佩玉，而居貧不可致，則有竹在。令斥傍舍之隙，悉移竹而加培溉焉。既成，臨風而聽之，琮琮琤琤，與天合籟，悠然若韶濩之停耳。過雨而撫之，青葱峭蒨，與天並色，濯濯

若瓔琳之寓目。暑而就之，驕陽翔舞而不敢下枕。流而玩之，蔚藍之光，下上相接，吾安知夫竹乎玉乎？吾適吾宇而神吾境，暢吾五官，濯吾心腑而已。且去吾舍數百千武，則悍王之宫也，其横行若埽矣。又去之，則大相之府也，其熱可炙手矣。又去之，故郢都，西通巫巴，東有雲夢之饒，其市囂若蜩螗矣。然竟不能越吾所謂萬玉者，而闌入吾之山房，交於吾之視聽，而蕩吾志。吾豈以渭濵千畝爲千户侯計哉。不然，吾何不因池之宜而樹之橘也？然司先生居，無民以見，推擇天官，數遷，選部郎至容臺卿。於是不得長有兹舍，而命工貌其凡，恒挾以自隨。諸通人名士皆爲詩歌詠之，而今宗伯徐公子言序之，司先生意猶未已，以書屬世貞俾爲記。世貞治弇中，有竹萬箇，然不能守舍。而去之金陵，安能爲先生記？雖然，使余能如司先生貌之，而又咏歌之、序之，其亦可以無係於舍已。或曰：子之言甚得司先生意，其比竹於玉甚辨，不然楚之玉也，不且以爲周之璞也耶。余笑不答。

明 謝肅《密庵集》卷五《梅花莊記》 吾鄉管君起明，以才行仕於時，倦游來歸，載書與琴，出邑城西北三里築室以居。環植梅，且碩茂矣，而名之曰梅花莊。間命其子翰章雲以記屬予，予亦何能記。兹莊之梅花，以道夫起明之意哉？一日過起明，低徊四顧。所謂梅花莊者，正在方山之麓。麓平廣二三百畝，而陽溪抱流焉。左卓右淡，右崒蓮華，百樓大蘭横峙乎其前。而館宇之高敞，泉石之幽奇，樹木之葱蒨，則周以援焉。啟户當扉，架橋而跨之溪亭，其上布石，可坐以觀山色而聽泉音也。度橋得徑，曲折林薄以出於野，則田有秫稌，渚有蒲蓮，園有桑、竹、椒、橘，麗於莊而可樂者甚衆。顧獨夫隆冬之月，草木不蕃而獨存生意，粲焉以芳者，非若有恒性乎？静而山溪，喧而城郭。玉堂館舍無適不宜者，非素其位而行乎？蠻煙瘴霧，雨暗風霾，而純白之姿迥出塵表者，非涅而不緇乎？得履之幽貞也，故能獨守以正而不亂於物焉，得賁之白賁也。故能不假文飾而自以梅花名焉，則起明之意，豈無所在耶。夫梅有花而有實者也。昔商高宗命説輔德而比之和羹，斯謂實歟？六朝以來詞賦所稱幽芬絶艷，斯謂花歟？且花與實一本而異名也。實以用而可貴，花以色而可尚。尚花，今也。貴實，古也。古之貴實者既見於經。而今之尚花者，其詞賦足擬於經乎哉？如其未足以擬乎經，請以經言喻之矣。然光瑩焉，蓋所謂昭明有融者也。蓋所謂皜皜乎不可尚已者也。合衆美爲全德，其花之聖者乎？而視夫高宗所用之實何媿？是則實猶花也，花猶實也，而名莊之意得矣。雖然想夫起明露晨月夕，逍遥乎梅花之下，吟咏經言所謂全德者，果且在於經歟？果且在於梅花歟？果且在於其躬歟？樂之三者，必有辨矣。亦惟起明克全其德，則經言可忘而况梅花之足較耶！姑寓意於梅花云爾。或曰：子以經而言梅花，可乎？曰：昔之言梅花者，固已具太極之旨矣。予請以是而記之，若乃花之盛時素雲無際、琴聲琅然，如挾神人以游於藐姑射山，曠然有世外之適也者，則豈無大夫士能爲起明賦之？兹不記。

明 林弼《林登州集》卷一六《筠軒記》 竹可比德，故君子多愛之。自詩人托淇澳之竹以美衛武公，後世脩德之士慕而效之，其亦景行前哲之盛心乎！即竹而論之，其心虚類君子之謙不自滿者焉，其節直類君子之守不自失者焉，其色蒼而不改類君子之有常不爲流俗所移者焉，宜夫脩德之士有取於此也。姑蘇顧氏，清修士也，爲中書掾，即寓舍闢小軒，種竹數十竿。退則閉户清坐，與竹相對，怡然無塵慮之内縈也。因以「筠」名其軒，間請予記之。夫古人之所愛者，亦多矣。蘭愛於屈，蓋自况其清也。菊愛於陶，蓋自况其逸也。蓮愛於周，蓋自况其潔也。晉世好竹者，多有竹林之賢焉，有竹溪之逸焉。宋蘇長公嘗作《緑筠軒歌》，予聞筠者，竹之堅者也。顧氏清修自持，業比德於竹，其尚堅乃操，以無愧於竹之筠。窮而益工，老而益壯，即衛武公何多讓焉。遂書此以爲記。

明 宋濂《文憲集》卷三《看松庵記》 夫植物之中，禀真剛之氣者唯松爲獨多。嘗昧昧思之，一氣方伸，根而蕴者，荄而斂者，莫不振翹舒榮以逞於一時。及夫秋高氣清，霜露既降，則皆黄隕而無餘矣。其能凌歲寒而不易行改度者，非松也邪？是故昔之君子每托之以自厲，求君之志，蓋亦若斯而已。君之處也，與松爲伍則嶷然有以自立。及其爲時而出，剛貞自持，不爲物議之所移奪，卒能立事功而澤生民。初亦未嘗與松柏相悖也。或者不知，强謂君忘世而致疑於出處間，可不可乎。濂家青蘿山之陽，山西老松如戟，度與君所居無大相遠第。兵燹之餘，巒光水色，頗失故態。栖栖於道路中，未嘗不慨然懷君。何時歸，濂當持石鼎相隨，采黄精、茯苓烹之於洞雲間，亦一樂也。不知君能從余否乎？雖然，匡山之靈其亦遲君久矣。

明 謝肇淛《五雜組》卷一〇《物部二》 松柏後凋。松柏未嘗不凋也，但於衆木爲後耳。凡木皆以冬落葉，至春而後發葉，松柏獨以春抽新葉，既長而後舊葉黄落。今南中花木有不易葉者皆然也，乃知聖人下字不苟如此。

王荆公《字説》云：松柏爲羣木之長，故松从公，猶公也；柏从白，猶伯也。此説雖近有理，然實穿鑿松柏之字，直諧聲耳。五等之封始於三代，而松柏之字製於倉頡，寧預知後世有公伯之爵耶？且松字古作「窠」，从公者，後世省文也。即且至微而从公，獮狙至劣而从侯，豈亦以蟲之長乎？

槐者，盧星之精，晝合夜開，故其字从鬼。然《周禮》外朝之法，面三槐爲三公之位。王荆公解槐黄，中懷其美，故三公位之。吴草廬注云：槐，懷也，可以懷遠人也。《春秋元命包》云：槐之言歸也。古者樹槐，聽訟其下，使情歸實也。然則槐之从鬼，或爲歸耳。

又 古人墓樹多植梧楸。南人多種松柏，北人多種白楊。白楊即青楊也，其樹皮白如梧桐，葉似冬青，微風擊之，輒淅瀝有聲，故古詩云：白楊多悲風，蕭蕭愁殺人。余一日宿鄒縣驛館中，甫就枕，即聞雨聲竟夕不絶，侍兒曰雨矣。余訝之曰：豈有竟夜雨而無檐溜者？質明視之，乃青楊樹也。

清 來集之《倘湖樵書》初集卷一《合歡》 嵇康云：合歡蠲忿。唐注云：合歡葉如皂莢槐等，極細，五月花發紅白色，所在山磵中有之。或曰：合昏秋寔，作莢子極細薄。崔豹《古今注》云：一名青裳，似梧桐樹，枝葉繁弱，互相交結，風來輒自相解，了不牽綴。樹之階庭，使人不忿。叔夜種之舍前，故云然也。董子云：欲忘人之憂，則贈之以丹棘。即宜男，萱草。欲蠲人之忿，則贈之以青裳。《詩話》云：心胸填錯爲肺灌，取合歡皮煮服之。其葉至夜即合，故曰合昏。字書本作棔，名合棔木，俗轉爲合歡，又曰合婚。杜子美詩：合婚尚知時，鴛鴦不獨宿。故《圖經》曰夜合也。《衍義》曰：花色如蘸暈綫，上半白下半肉紅。散垂如絲，爲花之異，其緑葉夜合，即今之烏茸樹，但其花不香耳。又草有夜合花，柳子厚詩「夜合花開香滿庭」也。今水田中有草，名夜合草。何首烏以夜交名夜合藤，見《通志草木略》。又《酉陽雜俎》載，胡椒結子兩兩相對，葉晨開暮合，合則裹其子於葉中，是亦當爲合昏椒矣。又南海有菜四葉相對，夜合晝開，名合歡菜，見《番禺雜記》。

清 黄叔琳《硯北雜録》卷一五《蘭》 世謂竹有節而嗇華，梅有花而嗇葉，松有葉而嗇香，惟蘭兼之。其説未盡。竹無華，故中虚而挺，不然是君子乃插鬢畫眉也。梅無葉，故枝疏而老，不然是野叟乃錦衣博帶也。松嗇香故干霄而蒼，不然是偉丈夫乃薰肌膏髮也。蘭草本無枝幹，與三友另論。

清 邱志廣《柴村全集》文集卷一二《爲諸種花題》 花者，草木之吐其美者也。華而不實，是足以悦目而不足以充腹者也。究亦何益於人也哉？然無花之果，世不多有，則有寔者先必有華。且藻繪可以養目，况天然之灼灼可愛，獨不足以養目耶？此周茂叔之所以愛蓮而陶元亮之所以愛菊也。若孟浩然、林和靖則又獨賞夫梅焉。開有早晚，而賞愛之者亦因以異，皆足以寄一時之情而傳千載之玩，亦安問其遲速也哉！如迎春是迎春而即吐其英者也，如探春是探春而即吐其英者也。一陽纔動而寅，萬物方拆其中，而此二花者便争妍於資始，是得時氣之最先者也。然而陽春昭我以烟景，大块假我以文章，初不數于此也。桃李種乎狄門，頻婆盛於佛國，此於「春城無處不飛花」之時，與「寒食東風御柳」共媚鶊黄之班者也。漸而牡丹爲沉香亭之君，草芍藥爲近侍之臣。姚黄魏紫絢爛之極，桃李頻婆且爲之避席，矧迎春、探春流芳於朝華者耶。夏有蓮托根於水，承露於盤，面羞六郎，心通七竅，固茂叔之所謂君子也，榮於盛夏，是寧不爲有道之君子也乎。秋有菊，植本於籬，登盆於屋，人荒三徑，時歷九秋，此元亮之所謂隱逸者也。放於晼涼，是寧不爲卒歲之隱逸也乎。亦有爲富貴容者，名之西施。有名爲赤金盤者。且近於富貴之爛熳，既目之爲隱逸，猶不能忘情富貴，吾不以隱逸待之矣。若耐一寒之徹骨，而踏雪尋之於放鶴亭畔，看疎窗籠月，淡影横斜，此隱逸本色，非和靖，其誰與歸！

又《眼前花》 草木有花有寔，先花後寔，花亦所不可少者也。古人云：庶子春華不如家承之秋寔，則花之爲虚也明矣。然花亦有不同焉，有妝之爲花者，其經時也久於花。惟有畫之爲花者，收而臧之，其經歲月也倍久於花。惟無根蒂、無神采，則讓花之真者耳，即琢玉爲花，出土千年，終不若出水芙蓉可愛也。則以其出於人爲而得其似，固遜天開者之多生意云爾。即寔爲四時之花，有富貴之牡丹，有君子之菡萏，有隱逸之黄菊。桃李可以樹狄門，梅香可以伴和靖。花亦各品，惟朝花之草夕而零落者之最可憫也。若眼前花，則無所謂花也，以别業妄見，生枝葉於虚空，目暈昏蒙，發紫紅於萼蘂，亦何嘗育花也哉！病眼者誤認之倏而焰發，倏而光寒，是誠可笑也。見花者不以爲病而以爲喜，則尤可笑之甚者也。

綜　述

宋 陶穀《清異録》卷上《花經九品九命》 張翊者，世本長安，因亂南

來。先主擢置上列。時邦西平昌令卒，翊好學多思致，嘗戲造花經，以九品九命升降次第之。時服其允當。

一品九命：蘭　牡丹　蠟梅　酴醿　紫風流睡香異名

二品八命：瓊花　蕙　巖桂　茉莉　含笑

三品七命：芍藥　蓮　薝蔔　丁香　碧桃　垂絲海棠　千葉桃

四品六命：菊　杏　辛夷　豆蔻　後庭　忘憂　櫻桃　林禽　梅

五品五命：楊花　月紅　梨花　千葉李　桃花　石榴

六品四命：聚八仙　金沙　寶相　紫薇　凌霄　海棠

七品三命：散花　真珠　粉團　郁李　薔薇　米囊　木瓜　山茶　迎春　玫瑰　金燈　木筆　金鳳　夜合　躑躅　金錢　錦帶　石蟬

八品二命：杜鵑　大清　滴露　刺桐　木蘭　雞冠　錦被堆

九品一命：芙蓉　牽牛　木槿　葵　胡葵　鼓子　石竹　金蓮

宋　程棨《三柳軒雜識·花客》（《説郛》卷二四下引）　花名十客，世以爲雅戲。《姚氏殘語》演爲三十一客，其中有未當者。暇日因易其一二，且復得二十客并著之，以寓獨賢之意。

牡丹爲貴客　梅爲清客　蘭爲幽客　桃爲夭客　杏爲艷客　蓮爲淨客　桂爲岩客　海棠爲蜀客　躑躅爲山客　梨爲淡客　瑞香爲閨客　木芙蓉爲醉客　菊爲壽客　酴醿爲才客　蠟梅爲寒客今改久　素香爲韻客　瑫花爲仙客今改尊　丁香爲情客　葵爲忠客　木槿爲時客今改庄　桃爲狂客　玫瑰爲刺客　月桂爲癡客　含笑爲佞客　石榴爲村客霞天　鼓子花爲田客　蔓陀羅惡客　孤燈爲窮客　棠梨爲鬼客　棠棣爲俗客（兄弟之義不可稱俗，今改爲和）　木筆爲書客以上見姚氏。芍藥爲嬌客　鳳仙爲淚客　紫薇爲高調客　水仙爲雅客　杜鵑爲仙客　萱草花爲歡客　橘花爲雋客　梔子爲禪客　來禽爲靚客　山礬爲幽客　楝花爲晚客　菖蒲花爲隱客　枇杷爲粗客　玉蕣毬巾客　茉莉花爲神客　凌霄花爲勢客　李花爲俗客　迎春花爲僭客　月丹爲豪客　菱花爲水客以上新添。

宋　張淏《會稽續志》卷四　古梅會稽餘姚皆有之，老幹奇怪而綠蘚封枝，苔絲四垂，疏花點綴，極爲可愛，他處所未見也。俞亨宗詩云：疏疏瘦蘂含清馥，矯矯虬枝綴碧苔。疑是髯龍離雪殿，蒼鱗遙駕玉妃來。

元　李衎《竹譜》卷四　慈竹，又名義竹，又名孝竹。兩浙江廣處處有之。高者至二丈許，叢生。一叢多至數十百竿，根窠盤結，不引他處，四時出筍，經歲始成竹，子孫齊榮，前抱後引，故得此名。漢章帝三年，子母竹生白虎殿前，謂之孝竹，羣臣作《孝竹頌》。唐明皇後苑有竹，叢密，筍不外出，顧諸王曰：父子兄弟相親，當如此竹。因號義竹。《天寶遺事》：太液池岸有竹數十叢，芽筍未嘗相離，帝與諸王閒步於竹間，曰：人世父子兄弟尚有離心離德，此竹宗本未嘗相踈。人有懷二心生離間之意者，覩此可以爲鑑勵也。帝因呼爲義竹。又名紫雲蓋。任昉《述異記》云：南中生子母竹，慈竹是也。《酉陽雜俎》云：慈竹，夏月經雨，滴汁下地，生蓐似鹿角，色白，食之已痢。王勃《慈竹賦》曰：如母子之鉤帶。喬琳《慈竹賦》曰：類宗族之親比。《晉安海物記》云：義竹亦曰兄弟竹，秋叢生曰秋竹。注云：其筍叢生，俗謂之兄弟竹，筍味不中食也。《新安志》云：慈竹叢生，不離母，四時有筍，裊裊如釣竿，一名四季竹。今秋竹、四季竹別見。

元　陶宗儀《説郛》卷一〇四《附袁中朗花沐浴》　浴梅宜隱士。浴海棠宜韻致客。浴牡丹、芍藥宜靚妝妙女。浴榴宜豔色婢。浴木犀宜清慧兒。俗蓮宜道士。浴菊宜好古而奇者。浴臘梅宜清瘦僧。

明　文震亨《長物志》卷二《紫荊棣棠》　紫荊枝幹枯索，花如綴珥，形色、香韻無一可者。特以京兆一事爲世所述，以比嘉木。余謂不如多種棣棠，猶得風人之旨。

明　王圻《稗史彙編》卷一四八《優鉢羅花》　佛家有優鉢羅花。《本草》、《爾雅》諸書所不載，意爲幻言。及見胡致堂云：奉佛者每假樹木花草爲佛之名，愚惑世道。故以仙人柏爲羅漢松，三春柳爲觀音柳，獨脚蓮名觀音蓮，薏苡子爲菩提子，大林檎爲貧婆果，金蓮花爲優鉢羅花。然又聞，北京禮部儀制司後堂，舊有千葉青蓮花，開時四月初八至冬，結如鬼蓮蓬，脱去其衣，中有金色佛一座，因名爲此花。昨讀《岑嘉州集》，有《優鉢羅花歌》，則又知其實有此花，其歌之序云：交河小吏有獻此花者，云得之於天山之南。其狀異於衆草，勢巃嵸如冠弁，凝然上聳，生不傍引，攢花中折，駢葉外包，異香盈叢，秀色媚景。其歌云：白山南，赤山北，其間有花人不識，綠莖碧葉好顔色。葉六瓣，花九房，夜掩朝開多異香。何不生彼中國兮生西方，移根在庭媚我堂。恥與衆草之爲伍，何亭亭而獨芳。何不爲人之所賞兮，深山窮谷委嚴霜。吾竊悲陽關道路長，曾不得獻於君王。

明　王路《花史左編》卷一《花正品》　花王　擬照臨萬國　錢思公曰：

人常以牡丹爲花中之王，今姚黄真其王，而魏紫在其次。

花后 擬母儀天下 真宗祀汾陰，還過洛陽，留燕淑景亭。牛氏獻華，魏華者千葉，肉紅，華出於魏相仁溥家。始樵者於壽安山中見之，斷以賣魏氏池館，甚大。傳者云，此華初出時，人有欲閲者，人十數錢乃得登舟渡池，至華所。魏氏日收十數緡。其後破亡，鬻其園宅。今普明寺後林池乃其地，僧耕之以植桑棗。華傳民家甚多，人有數其華者，云至七百葉。故人嘗謂牡丹華王，今姚黄真爲王而魏乃后也。

花相 擬台衡元輔 花有至千葉者，俗呼爲小牡丹。今群芳中牡丹品第一，芍藥第二，故世謂牡丹爲花王，芍藥爲花相。又或以華爲王之副也。

花魁 擬新進英賢 王文正公嘗賦《梅花》詩云：雪中未論和羹事，且向百花頭上開。大魁相業已卜兆於此。

林和靖詩「疏影横斜水清淺，暗香浮動月黄昏」，寫梅之風韻。高季迪詩「雪滿山中高士卧，月明林下美人來」，狀梅之精神。楊廉夫詩「萬花敢向雪中出，一樹獨先天下春」，道梅之氣節。

花妖 擬□邪群小 白樂天詩：煇煇復煌煌，花中無此芳。艷妖宜小院，修短稱低廓。蓋指榴花也。

花男 擬男正位外 《草木記》：萱草一名宜男，婦人懷妊佩之，必生男也。

花妾 擬女正位内 樂天詩云：君爲女蘿草，妾作兔絲花。百尺托遠松，纏綿成一家。

花客 擬延賓 張景修以十二花爲十二客：牡丹賞客，梅清客，菊壽客，瑞香佳客，丁香素客，蘭幽客，蓮净客，桂仙客，荼蘼雅客，薔薇野客，茉莉遠客，芍藥近客。

花友 擬下士 宋曾端伯以十花爲十友：荼蘼韻友，茉莉雅友，瑞香殊友，荷花净友，一作浮巖桂仙友，海棠名友，菊花佳友，芍藥艷友，梅花清友，梔子禪友。

花鶴 擬孤標 坡詩云：誰憐兒女花，散火冰雪中。堂中調丹砂，染此鶴頂紅。蓋指山茶也。

花鼠 擬暗昧 《好事集》：王侍中堂前有鼠從地出，其穴則生李樹，花實俱好。此鼠精李也。

花鸞 擬文明 雙鸞菊花，草本，花開多甚。每朵頭若尼姑帽，然折出此帽，内露雙鸞並首，形似無二，外分二翼一尾，天巧之妙肖生物至此。

豪傑 擬特達 富韓公居洛，其家圃中凌霄花無所因附而特起。歲久遂成大樹，高數尋，亭亭可愛。朱弁曰：是花豈非草木中豪傑乎？所謂不待文王而猶興者也。

隱逸 擬恬退 菊花之隱逸者也。

富貴 擬貪戀 牡丹，花之富貴者也。或云多開富貴家，語亦鄙，反爲花屈辱矣。

風流 擬高雅 蜀漢張翊著《花經》，以瑞香爲紫風流居。

夫婦 擬唱隨 或以水仙、蘭二花爲夫婦花，水仙爲婦，蘭爲夫。詳花妖卷。

神仙 擬度世 唐相賈耽一作王禹偁。著《花譜》，以海棠爲花中神仙。

君子 擬正直忠厚 周濂溪《愛蓮説》以蓮爲花中之君子，亭亭物表，出於泥而不滓。

美人 擬佳冶窈窕 王介甫詩：水邊無數木芙蓉，露滴胭脂色未濃。正似美人初醉着，强擡青鏡照妝慵。

花狀元 擬文華 古辭：桂花，紅是狀元，黄爲榜眼，白爲探花郎，謂之三種。

花大夫 擬簪纓 或以蘭爲君子，蕙爲大夫。

王者香 擬芳名 孔子自衛反魯，見谷中蘭獨茂，歎曰：蘭爲王者香，今與衆草伍。乃援琴而作《猗蘭操》。

晚節香 擬厚德 韓魏公在北門，九日燕諸僚佐，有詩云：不羞老圃秋容淡，且看黄花晚節香。識者知其晚節之高也。

冰玉姿 擬出世 《桂林記》：袁豊之宅復有梅花六株，開時曾爲膦烟所爍，乃圍泥塞罩、張幕蔽風。久而曰：冰姿玉骨，世外佳人，但恨無傾城笑耳。即使妓秋蟾出比之，乃云可與並驅争先，然脂粉之徒正當在後。

清 雍正《江西通志》卷三九 五美堂 《楊誠齋集》：安城歐陽巨卿手種雙桂於所居之堂前，謝艮齋爲記其事。且舉王氏種槐之意，以策勵其二子成務、成文。予因署其紙尾曰：王之槐、歐之桂、巨卿之積善、二子之繼善、艮齋之樂善。一記而具五美。成務兄弟欣然扁其右偏之一堂，曰五美。而請予記。

紀事

宋 陶穀《清異録》卷上《三義亭》 同州郃陽縣劉靖家，兄弟不異居。宅旁榆樹生桑，西廊梧桐生穀枝，明年墳中白楊生檜，並鬱茂相若。鄉人號榆爲義祖，桐爲小義，白楊爲義孫，分先後也。縣令出官錢，爲修三義亭。

宋 龔明之《中吴紀聞》卷四《花客》 張敏叔嘗以牡丹爲貴客，梅爲清客，菊爲壽客，瑞香爲佳客，丁香爲素客，蘭爲幽客，蓮爲浄客，酴醾爲雅客，桂爲仙客，薔薇爲媚客，蘭茉莉爲逐客，芍藥爲近客。各賦一詩。吴中至今傳播。

宋 蔡絛《鐵圍山叢談》卷五 王晉卿家舊寶徐處士《碧檻蜀葵圖》，但二幅。晉卿每歎闕其半，惜不滿也。徽廟默然，一旦訪得之，乃從晉卿借半圖。晉卿惟命，但謂端邸愛而欲得其秘爾。徽廟始命匠者標軸成全圖，乃招晉卿以觀視之。因卷以贈晉卿。一時盛傳，人已僂異，厥後禁中謂之就日圖者。

宋《紺珠集》卷四 松圍三尺 鍾輻作松齋，手植一松，夢朱衣吏曰：松圍三尺，吾子當登第。後三十年始成名，其松圍果三尺。

宋 葉紹翁《四朝聞見録》卷五《浦城鄉校芝草之瑞》 慶元間，予爲兒時，父兄常攜入鄉校，觀大成殿第二第三級有芝二本，甚異，狀如今赤角蕈，大而重，複色而加紫，旁緣以金。其一生於第三級正中，差大；一生於第二級之側，差小。蓋緣金微有缺處，陰陽者流以爲舊校與僧寺相直，且背溪山之秀，致鄉士累舉不利於南省，遂遷而與山相面，山形如月而溪寔朝其下。是歲芝遂産於殿墀，而文忠芝公遂登乙科。文忠宏博，而其婦翁開國楊臣亦同年第。文忠官至腰金，與婦翁所中科級略同。楊公亦至佩金，此未足道，而二公所植立與芝亦相似，造物有以啟之矣。

明 王圻《稗史彙編》卷一四八《晁采題蘭》 晁采閣中蘭花始發，其父命目之，應聲目曰：隱于谷裏，顯于澧潯。貴比白玉，重匹黄金。既入燕姬之夢，還鳴宋玉之琴。其慧敏如此。

明 李賢等《明一統志》卷二三《開封府》 三槐堂 在府城仁和門外。宋兵部侍郎王祜手植三槐於庭，曰：吾子孫必有爲三公者。其後子旦果爲相，遂號三槐王氏。後子孫因建三槐堂。蘇軾有銘。

明 貝瓊《清江文集》卷六《菊莊記》 今年秋九月既望，余出城北三里，訪菊莊李君之居。無五畝之圃，而左右種菊百本。有瑪瑙盤者，株高五尺，開十花，圍徑二寸强，人以比西施中酒時。狀元紅者，株高四尺，開十二花，視瑪瑙盤微劣。金鳳毛者，株高七尺，開十花，色純黄如金，圍徑三寸。繡芙容者，株高五尺强，花如錯金間，深赤色，徑二寸强，此爲第一品。次小金蓮、琥珀杯、玉玲瓏、賓州紅茉莉、白株，皆高三尺强，花小大疏密不一。而鵝翎鶴頂，亦繡芙容之亞也。他不可名紀者，尤衆。雖洛陽牡丹，未有盛於此者，可謂愛之深而培之厚矣。君遂置酒，賓余坐，日既夕，剪瑪瑙盤一枝而去。越翌日，命其子駟來求文以記之。余惟菊爲草木之一，前乎陶靖節鮮有愛者。而陶亦托之菊以見其高。然未始有所標榜也。及宋周子目陶爲愛菊，目菊爲花之隱逸者，後人遂取菊與陶並稱之。朱子《通鑑綱目》書曰：晉處士陶潛卒，陶之高蓋著於百代，菊亦與之俱高矣。吁！一氣之烈，草木摧敗無色，若奔北將士蹂躪大荒之野，而菊挺然冒霜不凋，宜爲陶之所賞，可謂絶類而傑出者乎！君亦慕陶之高，而又色别類分如此，其趣固同乎陶已。余亦愛菊之一也，幸無官守言責之縻。每歲携客過菊莊，掇英泛酒，和靖節之詩，而想其人於千載之上。不可謂菊自陶之後愛者幾何人也？因書爲《菊莊記》。君赤城人，字道原，通尚書經，嘗再試有司，今老於淞上云。至正二十年冬良月檇李貝瓊志。

明 吴鼎《桃柳記》（《明文海》卷三五六輯） 宋蘇子瞻守杭日，既浚西湖，築堤，堤樹楊柳，世稱蘇堤柳。更四百餘載，剪伐衰耗可知已。今上之十一年，侯官王君爲錢塘令，循行故堤，歎曰：仁侯之迹也，而湮廢至此乎？間課民補樹柳若干，桃居其半。君過之，喜曰：是不足想見東坡公風教耶？君既入民部，他日薦紳大夫士女過之，喜曰：是不足想見龍江君風教耶？好事者寫爲王堤桃柳裒諸賦咏，識去思云。往余從君觀堤上，余請君數所樹，籍而藏諸掌故，禁後毋樵伐。君笑不應。今春余過之屬，桃柳盛布。而我君温恭盛德，不復可從，凄然感舊，頓令人思封植嘉樹，以毋忘遺澤。邑中父老子弟，孰不如我而奚俟禁制之哉？又安知後之人不續樹以紹君美，如君之續樹紹蘇公者耶？《詩》云：我躬不閲，遑恤我後。言君子患其身無以示民，毋憂身後變置其法也。昔者君不我應。有以夫，有以夫！

明 王路《花史左編》卷一七 宗測 宗測春游山谷間，見奇花異草則繫于帶上，歸而圖其形狀，名聚芳圖、百花帶。人多效之。

清　趙愈《紺寒亭詩集》卷八《牡丹圖詩序》　芍藥見《毛詩國風》。李唐開寶間始重牡丹，亦名木芍藥。自唐迄宋，盛于洛下，稱洛花。今多産曹、亳二州。定、陶與曹接壤，土人亦有栽者。花時園主每折枝見餉，政暇亦單車抵其地坐玩。移時，故鄉朋舊致書來索，或從便舟寄與數本。然新花經宿易萎，去則凌晨出，抵暮歸，不能頻數。其移栽者，根卷土易，未知其能花否也。成子其章，通人工繪事，目曹過訪，余邀作圖，拔其尤者成十二幅，不能偏也。并略標識花之瓣色，各爲一詩，以詠歎之。偶一披圖，則無時不花，無地不花，不假舟車，而天香國色、滴露迎風之態，蒸雲涌霧之觀，常在眉睫間矣。吁，洵可樂也。昔周茂叔取蓮自況，而於此花若貶損然者，亦一時托寄所及耳。學者不以辭害志，可也。同一富貴，酣豢者溺於其中，孤高者又逃於其外，二者皆過。自有道者處之，窮達夸險一而已矣。彼以此而喪其素履者，非富貴累人，人累之耳。此花傑出羣卉，照耀熙春，不煩雕飾，天然繁富。以之發皇宇宙，黼黻太平富貴，庸何傷而顧少之與？余城壕既種蓮，圍繞四郭而又常對此圖，皆可以遇物陶情，隨時適趣，蓋未嘗區別視之也。獨是宦三年矣，一琴一鶴，外無長物，而水土物力精英所聚，收拾笥篋捆載以行，邦人大夫致怨，盡取於我，將何辭謝之？康熙壬午孟夏二日，紺寒亭主人漫題。

清　紀昀《閱微草堂筆記》卷八《如是聞二》　烏魯木齊泉甘土沃，雖花草亦皆繁盛。江西蠟五色畢備，朵若巨杯，瓣葳甤如洋菊。虞美人花大如芍藥。大學士温公以倉場侍郎出鎮時，堦前虞美人一叢忽變異色，瓣深紅如丹砂，心則濃緑如鸚鵡，映日灼灼有光，似金星隱耀，唯畫工設色不能及。公旋擢福建巡撫去，余以彩綫繫花梗，秋收其子，次歲種之，仍常花耳。乃知此花爲瑞兆，如揚州芍藥偶開金帶園也。

藝　文

唐　楊炯《盈川集》卷一《庭菊賦并序》　庭菊，美貞芳也。天子幸於東都，皇儲監守於武德之殿，以門下内省爲左春坊。今庶子裴公所居，即黄門侍郎之廳事也。其庭有菊焉。中令薛公昔拜瑣闈，此焉游處。今兼左庶子止於東廳。甍宇連接，洞門相向。每罷朝之後，未嘗不游於斯，詠於斯，覽叢菊於斯。歎其君子之德，命學士爲之賦。是日也，薛愷以親賢爲洗馬，田巖以幽貞爲學士。高元思、張師德以至孝託後車，顔强學、沈尊行以博聞兼侍讀。周琮、李憲、王祖英、曹叔文以儒術進，崔融、徐彦伯、劉知柔、石抱忠以文章顯。德行則許子豐，耆舊則權無二，駱縝則詁訓之前識，張相則老莊之後英。並承高命，咸窮體物。小子託於吹竽之末，敢闕其詞哉？遂作賦云：

日之貞矣，于彼重陽。菊之榮兮，于彼華坊。含天地之精氣，吸日月之淳光。雲布霧合，箕舒翼張。鬱兮蔓衍，郁兮芬芳。珉枝金蕚，翠葉紅芒。其在夕也，言庭燎之晢晢，其向晨也，謂明星之煌煌。爾其萬里年華，九州春色。花的皪兮如錦，草綿連兮似織。當此時也，和其光，同其塵，應春光而早植。及夫秋星下照，金氣上騰，風蕭蕭兮瑟瑟，霜刺刺兮棱棱。當此時也，弱其志，强其骨，獨歲寒而晚登。雨還風去，天長地久。純黄象於后土，故尋藥而菊衣。輕體御於神仙，故登山而菊酒。文賓采之而羽化，康公服之而不朽。東極於是長在，南陽以之眉壽。胡太尉之久誠，光輔漢庭。萬機理，泰階平。及暮年華髮垂肩，秋菊落英，觸邪滌瘵，於焉永貞。鍾太傅之家聲，彝倫魏室，道合鹽梅，功成輔弼。降文皇之命，脩彭祖之術。保性和神，此焉終吉。君章請老，歲久懸車。秋風生兮北園夕，白露濕兮前堦虚。佇閑庭之曠邈，對凉菊之扶踈。人生行樂，孰知其餘？淵明解印，退歸田野。山鬱律兮萬里，天蒼莽兮四下。憑南軒以長嘯，坐東籬而盈把。歸去來兮何爲者？若此窈窕重闈，亘青鎖兮接皇扉。深沉大壯，通肅成兮連博望。乃有邑鄉貴族，薛縣名家，共汾河之鼎氣，同庶子之春華。朝游夕處，徘徊顧慕。歎摇落於三秋，偉貞芳於十步。伊纖莖之菲薄，荷君子之恩遇。不羨池水之芙蓉，願比瑶山之桂樹。歲如何其歲已秋，叢菊芳兮庭之幽。君子至止，悵容與而淹留。歲如何其歲將逝，叢菊芳兮庭之際。君子至止，聊從容以卒歲。

唐　杜甫《杜工部集》《戲韋偃爲雙松圖歌》　天下幾人畫古松，畢宏已老韋偃少。絶筆長松起纖末，滿堂動色嗟神妙。兩株慘裂苔蘚皮，屈鐵交錯迴高枝。白摧朽骨龍虎死，黑入太陰雷雨垂。松根胡僧憩寂寞，龐眉皓首無住着。偏袒右肩露雙脚，葉裏公子僧前落。韋侯韋侯數相見，我有一疋好東絹。重之不減錦繡段，已令拂拭光凌亂，請公放筆爲直幹。

唐　李德裕《柳柏賦》《文苑英華》卷一四五輯　夫受天地之正氣者，惟松柏而已。故聖人稱其有心，美其後凋。豈無他木，莫可儔匹。余常歎柏之

爲物，貞若有餘，而華滋不足，徒植於精舍，列於幽庭，不得處園池之中，與松竹相映。獨此郡有柳柏，風姿濯濯，宛若黄楊，而冒霜停雪，四時不改，斯得謂之具美矣。惜其生於遐遠，人罕知之，偶爲此賦，以貽親友。

惟天地之生物，均覆載而不私。雖草木之殊性，皆榮落之有時。感松柏兮自得，經隆冬兮乃知。常集霰於窮節，秉心終而不移。觀夫竹嬋娟以挺秀，松英茂以含滋。可蔭蔚於臺榭，故封植於園池。嗟緑柏之貞苦，爰自託乎幽崖。或森森於寒壟，或蕭蕭於神祠。何炎徼之僻陋，或珍木而在茲。齊芊蔚於蘭茗，儷貞芳於桂枝。遠而象之，聳幹參差，凝翠旌之陸離；迫而玩之，布葉低垂，若孔蓋之葳蕤。又似翠列巢以羣棲，鸞奮翼而來儀。含輕煙於夕景，泫零露於朝曦。逮秋實之蕃衍，綴青珠以纍纍。嗟乎！材不可備，人亦如此斯。子張之容雖盛，柳惠之貞則虧。有長孺之正色，無思曼之風姿。歎此物之具美，以幽深而見遺。非企瑶林於塵外，方玉樹於前墀。望舊國兮無際，思故人兮未期。曾不得倚樹而泛瑶瑟，攀條而獻蘭巵。慨路遠而莫致，抑毫端而孔悲。顧謂稚子，起爲謡曰：楚山側兮湘水源，美斯柏兮託幽根。條總翠兮冬轉茂，實垂珠兮秋始蕃。彼變化兮不測，焉知非張緒之精魂。

宋 韓駒《陵陽集》卷二《題采菊圖》 往在京口，爲曾公卷題采菊圖：「九日東籬采落英，白衣遥見眼能明。向令自有杯中物，一段風流可得成。」蔡天啓屢哦此詩，以爲善。然余嘗謂，古人寄懷於物而無所好，然後爲達況。淵明之真，其於黄花直寓意耳。至言飲酒適意，亦非淵明極致，向使無酒，但悠然見南山，其樂多矣。遇酒輒醉，醉醒之後，豈知有江州太守哉？當以此論淵明，復作二首：

黄菊有何好，且寄平生懷。遇酒興不淺，無酒意亦佳。此理誰復明，自昔寡所諧。空餘采菊圖，寂寞懸高齋。

今日菊始華，叢雁鳴相和。若無一觴酒，如此重九何。悠然數酌盡，會心豈在多。醒來不復記，散髮東山阿。

宋 姜特立《梅山續稿》卷四《李仲永墨梅》 寫竹如草書，患俗不患清。畫梅如相馬，以骨不以形。墨君曩有文夫子，蟬腹蛇跗具生意。當時一派屬蘇公，雨葉風枝略相似。花光道人執天機，信手掃出孤山姿。陳玄幻却西子面，此妙俗士那能知。近時賞愛楊補之，補之嫵媚不足奇。李生於梅却有得，高處自與前人敵。倒暈踈花出古心，瞑雲暗谷藏春色。我一見之三歎息，意足不暇形模索。君若欲求之點畫，胡不去看江頭千樹白。

宋 歐陽修《文忠集》卷二《洛陽牡丹圖》 洛陽地脉花最宜，牡丹尤爲天下奇。我昔所記數十種，於今十年半忘之。開圖若見故人面，其間數種昔未窺。客言近歲花特異，往往變出呈新枝。洛人驚誇立名字，買種不復論家貲。比新較舊難優劣，爭先擅價各一時。當時絶品可數者，魏紅窈窕姚黄妃。壽安細葉開尚少，朱砂玉版人未知。傳聞千葉昔未有，只從左紫名初馳。四十年間花百變，最後最好潛溪緋。今花雖新我未識，未信與舊誰妍媸。當時所見已云絶，豈有更好此可疑。古稱天下無正色，但恐世好隨時移。鞓紅鶴翎豈不美，斂色如避新來姬。何況遠説蘇與賀，有類異世誇嬙施。造化無情宜一槩，偏此著意何其私。又疑人心愈巧僞，天欲鬥巧窮精微。不然元化朴散久，豈特近歲尤澆漓。爭新鬥麗若不已，更後百載知何爲。但應新花日愈好，惟有我老年年衰。

宋 裘萬頃《竹齋詩集》附録卷一《從人覓墨梅》 熏爐束詩魂，茗盌驅睡思。掩關寂無營，翰墨自娱戲。山寒溪正清，月澹雪初霽。横斜兩三枝，見説可人意。天機如胸中，出手特餘事。何時翦冰紈，來對病居士。

宋 家鉉翁《則堂集》卷六《題梅竹圖》 是邦無梅竹。因見王善鄉此圖，感而賦。

余家乎岷之下兮，有梅蕭蕭，有竹森森。今泊乎瀛之野兮，秋草萋萋，黄沙冥冥。有懷彼美兮，在天一垠。夢不可即兮，聊因其似而記其真。真兮似兮，豈墨君筆史之可尋。皓兮蒼兮，吾獨想其歲寒之心。

宋 衛宗武《秋聲集》卷二《和楚渡賦雙竹松梅古風》 挺然昂霄蟠潤阿，彼美松者非凡槎。千林摇落乃孤秀，舞春楊柳徒傞傞。翛然照水溪一涯，彼美梅者非凡葩。冰姿皎潔抱清獨，漫山桃李徒繁華。昔人品題信不苟，每以此木配此花。伊誰挈置小盆盎，高標盤曲良可嗟。然雖矯揉失真性，幽香貞色仍堪誇。況分瑞竹與鼎立，歲寒之侣何以加。竹尤挺特過二者，逸鞭吐秀如蘭芽。兩枝撐出露頭角，一類襁褓髻未丫。於中此更拔其萃，似覺小異如孟嘉。會從尺寸達尋丈，摩拂穹漢生雲霞。可親雅與書帙稱，相對慎勿肉食奢。君之取友莫此尚，此友寧久留君家。須知調鼎待佳實，豈但水影詩横斜。須知大才作隆棟，豈但古幹森虬蛇。虛心勁節豈無用，寧在楚楚儀容佳。爲龍致雨行矣，神變化轟雷，掣電與世驅姦邪。

宋　舒岳祥《閬風集》卷七《和正仲詠荷并序》　一葉一花，此寫生馮家之畫法耳。必如此，花葉乃無疎密之嫌。真花未必然也，畫筆作荷，止有風晴老嫩之本，月露精神，有不能盡。

曾聞畫史傳真訣，一葉旁邊定一花。莫把風晴拘格範，好於月露寫精華。耶溪舴艋花間屋，苕水鴛鴦葉底家。浙水東西江路絶，坐吟濂説自咨嗟。

宋　趙偕《趙寶峰先生文集》卷二《題羅時中梅圖》　花開不待春風吹，豈待時人題好詩。未識漂梅詩大旨，徒然東閣亂尋思。

宋　陳深《寧極齋稿·題梅圖》　玉妃還絳闕，委珮煙江濆。瑶華振英采，照曜山水春。海若不敢受，謂是天上珍。掌管倩姮氏，封護煩滕神。風標二公子，素服靚且新。邂逅蓬萊使，翩然與相親。畫師何從見，泚筆開清真。數幅懸高堂，一洗凡格塵。我欲商妙語，唤起逋仙人。

宋　李綱《梁谿集》卷一《幽蘭賦有序》　蘭有二種華以春者似蕙，華以秋者似菊。《楚辭》曰：秋蘭兮青青，緑葉兮紫莖。又曰：春蘭兮秋菊，長無絶兮終古。今世人之所識者，素葩叢本特春蘭耳。余嘗得一種蘭於亡友蕭子寬家。緑葉紫莖，其香似春蘭而加芳，食之味尤辛甘，可以調羹。曹子建七啓於肴饌之妙言，紫蘭丹椒施和，必節滋味既殊，遺芳射越乃知兹蘭可食，其爲秋蘭無疑也。二蘭皆喜生於高山深林，闃寂無人之境則芬芳郁烈，茂盛而遠聞。移而置於軒庭房室之間，不過一再歲，花益鮮而香益微，蓋其天性如此，故古人又以幽蘭目之與夫山林隱遁之士，耿介高潔不求聞達於人，而風流自著者亦何以異，故感而賦之。

相百卉之芳菲兮，待培植而乃成。何兹蘭之異稟兮，處幽僻而方興。高山崔嵬而巃嵸兮，深林杳以冥冥。下波濤之噴激兮，上雪霰之飄零。邈人跡之不到兮，蘭於焉而獨馨。言茁其芽，載擢其英。春與蕙兮偕秀，秋與菊兮並榮。或素葩而叢本，或緑葉而紫莖。雖春秋之異種，豈殊德於幽貞。耿介自許，芬芳誰與。久而不知其香，晦而不改其度。榮何謝於光風，瘁何傷於白露。配芝桂以爲友，奚蕭艾之能侣。類同心之契合，比明德之欣附。淑人君子愛而不忘。蒸以爲藉，沐以爲湯。紉之爲佩，刈之爲防。實有取於雅操，匪徒慕夫國香。若夫出自故山，同夫小草資耳目之嘉玩，供園林之幽討。雖得托於孤根，蓋已違其所好。譬猶高潔之士，隱遁之人。蹈山林而長往，友麋鹿而同羣。付功名於脱屣，等富貴於浮雲。室雖邇而人則遠，可得聞而不可見。有泉石之枕漱，無猿鶴之驚怨。晦其跡而彌芳，懷其道而愈顯。子真谷口，德公鹿門。二子食薇於首陽，四皓采芝於商山。名與實兮兼茂，心與跡兮俱閑。播清芬於今古，亦何以異於幽蘭。

宋　許綸《涉齋集》卷一六《題曉蓮圖》　生綃未展已生凉，白白紅紅映兩廂。賴得轉庵先著語，幾成虚送許文昌。

又《北方館駐屏風皆畫落墨牡丹》　停車京洛净風沙，幾見屏開落墨花。故國似人猶可喜，穠肌何况謝鉛華。

元　張養浩《歸田類稿》卷一四《萱草花賦》　自余客燕，六易寒暑。篳門圭竇，廣袤尺許。外乏墻以蔽惡，但缺藩之撑拄。家僮陋其荒凉，分寸春於別圃。曾培護之幾何，忽柔金之微吐。初疑列仙風乎欲舞，有黄其冠，有藍其縷。又驚棲鳳色斯不擧，首昂朝陽，翎澣踈雨。余不知其何名，乃大索於花譜。已而童子謂余曰：子獨未聞伯兮之詩乎？所謂焉得萱草，言樹之背，釋者以爲植之令人忘憂者，其謂斯歟？余曰：有是哉，竊有數憂。若負未償，試陳其略。花請與忘。余丱歲學道，植志惟篤。晨繹夕研，潛心理窟。川納山藏，洪纖畢畜。庶幾斯文，載彰載昱。厥志未究，事物交梏。向道冀文，日瘠歲縮。壯心灰如，焰焰無復。不虞雲翔，迄成淵覆。一念及之，可爲痛哭。此余爲學不足之憂也。迨夫年越二衰，迫於親養，奉檄如燕，昧於背向。庶三釜之見酬，乃糜身於利鞅。賞不足以酬勞，得不足以補喪。盼白雲於太行，愧子職之久曠。纍然無異亡家之犬，茫乎其若失雲之鴈。此余奉親無狀之憂也。厥今南沾北洽，西寧東謐，聖元宅中，統萬於一。賢登佞黜，賞信罰必。乃於是時，患得患失。既不能表三代之典謨，疏一時之緩急，又不能訂羣書之異同，作萬年之矜式。空一身於乾坤，無寸功於家國。以嫠婦之至愚，尚懷憂而忘織，矧廁名於仕籍，可玩歲而愒日？此余吏不稱職之憂也。至其登高望遠，山顛水滸，西日其沈，煙渺平楚。仰以觀乾，元块圠之無垠，俯以察民，物錯綜之交處。前稽往古聖賢之事業，後意未來歲月之艱苦。惟人之身，大倉一黍。苟無德以將之，雖規規其何補？欲脱屣於塵凡，懼赤松之或阻。將鄉原以自固，慮聖門之不取。問詹尹以無從，於二者其誰與？此余感今懷古之憂也。凡是四憂，酒不能澆，詩不能釋。巧歷推之而缺籌，良史書之而閣筆。豈期寸草之無知，乃可豁吾之胸臆？言未既，僮子蹙然曰：子何念之深而辭之慼也。竊嘗聞諸夫子，以爲聖人無憂。今子言之若是，豈前論之未析？余怫然

曰：聖人何嘗無憂耶？昔庖犧闢宇，列聖是承。惟天降水，懷山襄陵。九服既奠，庶績乃凝。民飽而嬉，非法曷懲？此堯之所以爲憂也。舜既受禪四罪咸殛。萬邦胥穌，羣辟維則。厥有瞽叟，頑嚚罔德。事而弗悦，籲天爲泣。此舜之所以爲憂也。禹湯繼立，綏厥萬靈。蠢兹有苗，斁我典刑。士醜厥德，天厭其腥。大憝不殄，孰民云寧。此禹湯之所以爲憂也。降而至於周公孔子，曰荀曰孟，或憂人窮，或憂國政，或憂道之多艱，或憂時之失用。雖所趍之多殊，要必歸於一正。竊嘗求夫聖人之處心，猶止水與明鏡，因彼至而此形，吾何有於喜愠。又如太虛之空明，忽雲雷之奮迅。及雲徹而雷收，固無礙夫湛净。故雖謂之無憂，實名正而言順。是以聖人以爲説者而常人不説，常人以爲病者而聖人不病。若夫富者之憂失財，貴者之憂失位，夸者之憂失名，賤者之憂失勢。若槩之於聖賢，舉名教之大罪。今余幸不憂彼而憂此，而汝獨以爲非是？僮子躩然，惶愧無地。欲質諸萱，花亦懷媿。於是酌瓊露於椰觴，拼玉山之醒醉。而筆其言以授僮子，則庶幾猶賢於博奕也。

元 馬祖常《石田文集》卷三《畫海棠圖》 石家五尺珊瑚樹，海國千房火齊珠。風雨春寒圍錦護，艷陽天暖倚闌扶。浣時應貯芙蓉水，香處重熏翡翠爐。紅膩不隨蜂觜蝕，粉匀終爲蝶身敷。葳蕤彩纈盤仙綬，襞積雲羅絡舞襦。青帝化成非幻有，杜陵吟老却知無。催開每賴鶗鴂，吹落還因唱鷓鴣。魯見赤城花亞蕊，丹鉛此去不須圖。

元 王結《文忠集》卷三《松竹梅圖》 蒼髯如戟歲寒姿，持節龍孫此一時。凛冽冰霜盎春意，東風昨夜到南枝。

元 李昱《草閣詩集》卷六《墨菊》 山僧能剪硯池冰，墨色模糊巧作棱。自是東籬栽不得，却將秋影上溪藤。

元 黄庚《月屋漫稿·梅龍》 孤根蟠屈浸冰湖，蟄裏陽和發朽枯。雪樹鱗封寒水玉，月梢頷吐夜明珠。暗香吹冷龍涎濕，疏影涵清蜕骨癯。安得華光葉公筆，共描横水卧雲圖。

元 周巽《性情集》卷四《梅龍》 千年一老樹，瘦骨似蟠龍。玉爪冰霜合，翠鱗苔蘚封。羅浮雲裏見，夏禹廟中逢。乘取驪仙駕，飛光來九重。

元 仇遠《山村遺集·題趙子固水墨雙鈎水仙卷》 冰薄沙昏短草枯，采香人遠隔湘湖。誰留夜月羣仙珮，絶勝秋風九畹圖。白粲銅盤傾沆瀣，清明寶玦破珊瑚。却憐不得同蘭蕙，一識清醒楚大夫。

元 陶宗儀《説郛》卷一〇四《附 陳仲醇花寵幸》 梅芬傲雪偏饒吟魂。杏蕊嬌春最憐妝鏡。梨花帶雨青閨斷腸。荷氣臨風紅顔露齒。海棠桃李爭豔綺席。牡丹芍藥乍迎歌扇。芳桂一枝足開笑語。幽蘭盈把堪贈仳離。以此引類連情，境趣多合。

元 陳旅《安雅堂集》卷一《題趙吴興墨蘭》 江南三月多芳草，緑葉連娟映紫莖。憶昔艤舟苕霅上，一汀香雨入琴清。

又《題張氏風竹圖》 湘江風捲白頭波，北渚雲深帝子過。欲采瓊芳渡江去，翠衫輕薄曉寒多。

又《柯氏山雲竹石圖》 溪上春山生白雲，鷓鴣啼處有湘君。行人來截昭華琯，日暮青林玉氣分。

又《題李學士嫩竹圖》 楚雨初晴野水生，新篁落粉鵓鴣鳴。洞庭春去湘娥老，緱嶺人吹紫玉笙。

又《題曇上人墨竹圖》 道人赤脚蹋海石，石上剪得青珊瑚。一枝雲葉山窗裏，夜半月明生露珠。

又《題竹石圖》 藍田水曲青玉立，雨過秋光滿林濕。故人結屋傍幽崖，静愛石窗晴翠入。

又《題黄筌竹雀圖》 一窗晴色緑猗猗，羣雀飛來占好枝。此竹幾年方結實，空山秋晚鳳雛飢。

又《題趙子固墨梅》 王孫朝罷景陽宫，畫舫湖頭寫雪風。一段寒香留不住，淒涼殘月角聲中。

又《題水仙花圖》 莫信陳王賦洛神，凌波那得更生塵。水香露影空青處，留得當年解佩人。

元 顧瑛《草堂雅集》卷一〇《送盧益修鍊師所畫水仙》 盧敖愛向山中住，長遣看雲一鳥飛。昨夜候神東海上，夢隨環珮月中歸。

又《題虞瑞巖描水仙花》 離思如雲賦洛神，花容婀娜玉生春。凌波襪冷香魂遠，環珮珊珊月色新。

又《題顧定之竹》 吴下幾人能畫竹，風流只數顧參軍。都將數尺雲烟思，寫作當年篆籀文。

又《題宋王孫雨竹》 閟閣春寒寫素屏，兩枝如玉立亭亭。分明自注銀潢水，白日天階洗鳳翎。

又《**題柯丹丘墨竹**》玉文堂上寫琅玕，只作吴興老可看。一夜秋風動寥廓，彩雲零落鳳毛寒。

又《**題柯博士梅竹圖**》天王宴罷奎章閣，博士歸來兩鬢絲。寫得寒梅與修竹，照人清影尚參差。

元　吴師道《**禮部集**》**卷八**《**趙子固畫梅**》千樹西湖浸碧漪，醉拈玉笛邊花吹。祇今無限凄凉意，留得春風雪一枝。

又《**畫松**》風霜不改色，水石淡爲鄰。祇合空山老，豈知人世春。

又《**小竹石圖**》千畝蔭渭川，萬仞峨華嵩。兩竿卷石間，蕭蕭亦清風。

元　劉秉忠《**藏春集**》**卷二**《**宋漢臣墨梅**》體盡江村雅淡情，映來紙上照人清。枝梢欲向風中動，根幹原從筆下生。幾簇芳英雪妝點，一彎新月玉斜横。花光不死西湖見，也索驚嗟問姓名。

元　蒲道源《**閒居叢稿**》**卷八**《**題墨梅圖**》春風不解惜瓊英，可是招魂有客卿。記得小橋曾度處，數枝和月浸溪明。

省識當年玉雪顔，只宜索笑不宜攀。晴空展對罏薰坐，著我孤山籬落間。

明　趙寬《**半江趙先生文集**》**卷三**《**畫松**》徂徠之陽有高樹，鱗甲直上蒼龍怒。排空撼日四望俱，青蓋重重不知數。當時尋丈起枝葉，坐見江山滿煙霧。桃李朱顔幾變更，而此風神宛如故。蟠根不動棲禽安，洪濤騰聲樵子懼。我欲斡旋造化通神靈，飽歷冰霜見貞固。天生大材非偶然，蹇蹇遲留豈云暮。四窗洞啓從之成遠游，日短山深幾迷路。如今恍惚君高堂，收歛天涯在跬步。秋夜凉，萬壑千巖遠相赴。側身睇睨不可極，毛骨凄凉眼生怖。徂徠舊跡杳難攀，見此猶能愜情素。他年雷電應取將，天上君看五雲聚。

明　楊一清《**石淙詩稿**》**卷一九**《**題畫松**》朔風捲地寒凓烈，千巖萬壑無顔色。貞介獨餘秦大夫，力抗玄冥挺高節。燕山有客清且狂，平生毫素久擅場。八月九月天氣凉，解衣盤礴閒清觴。揮毫吮墨鬼神泣，寒飈颯颯生高堂。須臾幻出數株鐵，徂徠乃在身之旁。潛龍出壑鱗甲動，逸叟倚杖鬚眉蒼。歲寒心事此圖識，吾識良工有深意。

明　張以寧《**翠屏集**》**卷一**《**題玄妙觀主程南溟所藏馮太守蓮花圖**》往時毗陵二千石，能作馮荷世無匹。揚州真館驚見之，江水江雲動高壁。紫臺日出群仙朝，露洗榑桑太霞赤。翠蕤絳節光陸離，漢女湘妃失顔色。就中一箇異姿格，彤霞酒銷雪色白。道人一笑三千齡，太華秋風語疇昔。憶予濯足江上游，浩歌小海無人識。荷葉荷花夢裏香，倦游見畫三太息。君當取此葉爲舟，凌厲南溟觀八極。暮年賀老乞身歸，分取鑑湖千頃碧。

明　高得暘《**節菴集**》**卷二**《**題錢舜舉紅白蓮花圖**》服玉既有方，飧霞豈無訣。兩兩仙之人，心同顔色別。一從謫丹邱，雙飛下根閬。襪衣錦春蒸熱。遺之紫瓊霜，報以胭脂雪。穠華詎易保，貞素諒難涅。永結白首期，莫待紅芳歇。波聲散鴛鷺，吴儂正愁絶。

明　吴節《**吴竹坡先生文集**》**卷一六**《**愛蓮圖**》渚晴沙白水如苔，無數荷花相映開。初日乍升張羽蓋，微風纔動覆瓊杯。不論塵襪凌波去，祇喜清香隔岸來。憶自元公題品後，臨溪處處有樓臺。

明　黄雲《**黄丹岩先生集**》**卷三**《**畫松**》

道人何事號梅花，松竹交深幾歲華。模擬筆踪飛活電，破除水墨潤槎牙。

華頂遥飛翠色來，冰綃置象動風雷。隨時變化君知否，晉國還能用楚才。

明　胡奎《**斗南老人集**》**卷五**《**題芙蓉圖**》

越王谿上秋風寒，浣花女兒渡江干。采得花中第一朶，恰似仙人掌上看。

又《**題墨菊**》晚節孤高也自奇，此情惟有墨卿知。夜來酒醒寒無奈，不覺玄霜落硯池。

明　李昌祺《**運甓漫稿**》**卷二**《**題並頭牡丹圖**》誠齋天潢尊，游藝妙通玄。名花擅國色，盡向毫端傳。瑩其冰玉潔，粲若雲錦鮮。朵重幹不弱，蒂比葩相聯。紅嫣白嫩孰可擬，二喬初嫁爭芳妍。娉婷窈窕，俱有傾世貌。淺顰輕笑，並立偎香肩。含情含嬌深自憐，絳杏緋桃總粗俗。掩面却走羞嬋娟，始信摹寫精筆底。造化全能令，欲拆未拆蕊，頃刻爛熳軒窗前。抽萌固弗藉雨露，賦質政爾煩丹鉛。狂蜂窺圖屢往返，癡蝶側目頻留連。從爾四序更迭開依然，寫成便帶長生緣。榮悴不許覆載專，伊誰承恩得之戚。畹錢焚香，正冠再拜，展向素壁懸。方知運思巧，直奪真宰權，永爲寶玩垂千年。

又《**題蘭蕙同芳圖**》少年遨嬉楚山麓，蘭蕙苗深密如簇。推篷政愛江雨晴，沙觜崖根相映緑。芒鞋苧服偶徐步，隨處搴芳清興足。叢叢葉似剪春羅，箇箇花疑刻寒玉。新莖窈窕凝嫩紫，疏蕊參差飄遠馥。燕姞曾徵夢裏祥，宣尼屢操琴中曲。于今老作汴梁客，采擷無由到空谷。生綃忽覩精妙畫，况有珠璣動盈幅。吴興王孫差可擬，茂苑禪僧難並躅。狂塵曠野蕭艾繁，驚見聯芳

開病目。蘇沿怪石傍荆棘，茉苡湘筠伴幽獨。寶之不啻徑尺璧，藏以髹函惟恐瀆。龍眠底用寫九歌，掩卻離騷觀此軸。

明 沈周《石田詩選》卷九《題牡丹圖》 東家牡丹不論葉，西家桑柘不論花。花前把酒酌紅玉，一滴誰沾桑葉緑。隔墻羯鼓春逢逢，人散酒闌花亦空。采桑養蠶百筐滿，子子孫孫衣著暖。明年賃地過東墻，拔卻牡丹多種桑。

明 李東陽《懷麓堂集》卷六〇《水仙》 滄墨輕和玉露香，水中仙子素衣裳。風鬟霧鬢無纏束，不是人間富貴妝。

又《何敬仲墨竹二絶》 奎章博士本書家，畫法翻將上品誇。鐵鎖銀鉤誰解道，人間空夢筆生花。

莫將畫竹論難易，剛道繁難簡更難。君看蕭蕭衹數葉，滿堂風雨不勝寒。

明 祝允明《懷星堂集》卷八《爲朱民部題陶成水仙陶即其婦翁》 帝子不沈湘，亭亭絶世妝。曉烟横薄袂，秋瀨韻明璫。洛浦應求友，姚家合讓王。殷勤歸水部，雅意在分香。

又《徵明墨菊》 凍硯呵寒下筆遲，鬢眉幻出陸天隨。知君繞指冰霜走，更把冰霜吐作詞。

又《題何大參菊花圖卷子》 花有仙靈筆有神，化權終不在陽春。一般秋色成千品，前度桃花卻後塵。誰信珠璣顔色好，獨憐霜雪性情親。菊詩萬首從君選，未必徵篇愧古人。

明 靳貴《芭蕉美人》（《石倉歷代詩選》卷四六七輯） 何處飛來減春色，一葉芭蕉轉深碧。薰風窗下似酒濃，玉顔一醉嬌無力。芭蕉正好窗下看，翠眉掩映憑欄干。莫遣西風剪梧葉，滿庭白露生清寒。君不見玉環舊日看牡丹，玻瓈進酒君王歡。馬嵬山前墮青草，香囊不返蓬萊魂。至今野燒連高原，圖畫芭蕉何足言。

明 金實《覺非齋文集》卷六《題瓊花圖》 瑶姬夢斷梨花月，繡帳温温撲香雪。并刀試翦玉玲瓏，幻作靈葩對仙闕。露華晶熒疏薄寒，層臺深護碧闌干。花落還歸天上去，獨有清影留人間。

明 吴寬《家藏集》卷一六《爲陳明之題墨梅》 溪藤百尺餘，慘慘顔色變。遂令塵埃中，難識冰雪面。秋陽射疏窗，晨起偶開卷。妙手非補之，歷歷花可辨。横柯彎且枯，老幹直不顫。天寒北風高，滿眼集玄霰。

又 卷一七《芙蓉紫菊圖》 芙蓉數枝嬌且新，宛然麗人逢水濱。靚妝緩步不動塵，曉起清露沾朱唇。菊花意態淡可親，老圃秋來初卜鄰。其間顔色或不真，卻立恐遭石丈嗔。江州刺史送酒頻，餘瀝豈緣能醉人。眼中紅紫紛前陳，洛陽何須詫青春。室空未覺詩家貧，咄哉二妙誰傳神。

明 朱誠泳《小鳴稿》卷二《枯木竹石畫》 老木勢槎牙，相依獨幽篠。空山歲月深，苦歷風霜飽。幽篠欲成林，老木自合抱。托根既得所，願言永相保。

又 卷三《葵榴》 南風催送東風去，錦繡離披萬花樹。眼前富貴竟成塵，喜有葵榴供逸趣。我愛丹心向太陽，肯隨桃李爭芬芳。更喜朱英噴真火，纍纍成實包天漿。飛蠅不到宫庭肅，隱几相看樂幽獨。窗前一雨洗深紅，更露本來真面目。藩維事簡守真一，鼓罷虞琴玩湘帙。興來詠物適閑情，一笑優游且消日。

明 徐有貞《武功集》卷一《題畫蘭》 紫莖何旖旎，生彼深巖裏。幽香人不聞，清風是知己。

明 王鏊《震澤集》卷七《杏林》 陸家園裏千株杏，處處花開不待春。種樹由來還種德，枝頭顆顆總含仁。

明 倪岳《清溪漫稿》卷二《墨梅》 歲華欲宴嚴冰霜，山林萬木皆摧傷。天意獨爾儲孤芳，根柯屈鐵何堅剛。冰花競發先春陽，傲睨六雪紛迴翔。珠璣錯落生夜光，天風習習飄清香。姑射仙人整靚妝，鉛華净洗曳素裳。江妃緩步鳴珮璫，縞袂輕舉聲鏗鏘。翠禽飛來月色凉，玉笛吹斷空彷徨。舉桮澆我鐵石腸，浩歌一曲天茫茫。

明 黄仲昭《未軒文集》卷七《畫梅四首爲焦瑞中書賦》 **風梅** 南枝春意深，繁葩吐奇馥。東風一夜來，吹落滿庭玉。樹底莓苔紋，漸失舊時緑。騷客曉開門，忽訝飄滕六。

烟梅 天然玉雪姿，托根依絶巘。縹緲隔寒烟，不辨春深淺。叵人愛桃李，清標識應鮮。天公似有意，欲遮塵俗眼。

雪梅 玄雲晝冥冥，雪滿空山裏。百卉凄以腓，無復舊紅紫。獨有山中梅，凌寒花韡韡。分明烈士心，不隨頽俗靡。

月梅 我家閩山下，種梅遶衡廬。林梢晴月上，風景如西湖。孤吟無與和，酹酒招林逋。乃今墮塵網，慚愧觀畫圖。

清 吴偉業《梅村集》卷一四《芙蓉》 細雨横塘白鷺拳，竊紅婀娜向風

前。千絲衣薄荷同製，三醉顔酡柳共眠。水殿曉凉糊徙倚，玉河春淺共遷延。涉江好把芳名認，錯讀陳王賦一篇。

又 卷一八《題石田畫芭蕉》 一葉芳心任卷舒，客愁鄉夢待何如。平生枉用藤溪紙，緑玉窗前好寫書。

不妨脩竹共檀欒，長對蕭蕭夜雨寒。却笑休文强多事，後人仍作畫圖看。

清 彭孫遹《松桂堂全集》卷三三《墨葵》 北園卉物正萋妍，間眺芳林色黝然。朝露初晞花氣暝，商飈未至墨痕鮮。人因盛飾知孫黑，客有幽棲草太玄。何不將心屏塵黷，一傾葵藿向堯天。

清 高宗愛新覺羅·弘曆《御製詩集》初集卷二五《偶爲歲寒三友圖各題以詩》

松 誰識夢裏吾，幻作寒時友。所欣瀟灑侯，不棄支離叟。

竹 風敲緑琅玕，自奏雲山曲。堪笑世俗人，道是不如肉。

梅 溪邊緑珠仙，倚竹秀而野。寄語貌梅人，識取梅梅者。

又 五集 卷六〇《觀桂菊有省》 冬花自梅之類皆可薰培令早開，惟桂與菊，花師雖巧不能薰培令早開。二種以禀金氣爲發榮之本，是耐冷而不趨炎者也。適然有會，因以成什，且以戒世之趨炎者，雖梅之高不能免誚。

八月桂發枝，九月菊綻梗。晚桂及早菊，頗會同時景。是均得金氣，天然能耐冷。却弗受人工，所以稱清迥。常謂梅之品，可與桂菊等。如何受人工，薰花十月頃。是蓋因趨炎，不安本氣禀。愛梅君子流，可以發深省。

又 卷六六《題蔣廷錫寫生花卉册》 **茶花** 花卉寫生殊刻畫，如元山水四稱家。直廬蒙賜翦彩者，（見廷錫自識語）遂與傳神貌玉華。

桃花 墨惟勾勒無渲染，卉物爲之恐失真。紅白夭桃兹變黑，笑其作俑自陳淳。如黑牡丹之類皆似此。

芍藥 木本原從草本出，後翻居上視輿儓。説詩可譬王與許，東海應輸匡鼎來。

白石榴 一般總是無香氣，色則原分白與紅。筆仿石田寓取舍，清乎謂白艷者謂紅別其中。

梔子 品擬林蘭花雪皚，色香真净兩無埃。祇因微有逐炎意，讓却衝寒溪畔梅。

長春花 四季花頭恒作春，卉中斯可號仙人。雖然尚有開和謝，好向圖中認本真。

桂花 春輕木芍富貴者，夏讓溪荷君子倫。冬玉秋金如相入聲擬，雪猶假借月應真。

萱花 昔日侍臣扈避暑，寫將丹棘一枝黄。向年駐此讀洪範，却述於憂不敢忘。萱花一名忘憂。向年在山莊著讀，洪範謂以六極自省幸，無其五而不能去其一者，曰憂。蓋人君先天下之憂而憂，非惟不能忘實，亦不敢忘也。

又《御制樂善堂全集定本》卷二四《題蔣南沙相國畫屏五景》

桃柳 金絲錦浪舞東風，點綴陽和尺幅中。見説花源春靄靄，遥知灞岸雨濛濛。輕綃雜間參差緑，翠帶低臨深淺紅。消息化工歸燮理，丹鉛未許畫師同。

蒼松牡丹 錦繡堂中開畫屏，牡丹紅間老松青。日烘始識三春麗，歲暮猶看百尺亭。夭矯挐空欣得地，輝煌散彩正當庭。一般都是生生意，坐對從知筆有靈。

荷 玉鏡平鋪一帶長，紅衣翠蓋儼明妝。不爭艶麗當春日，獨濯清漣傍夕陽。雲髻峨峨疑洛浦，秋風嫋嫋憶瀟湘。鷺鷥可是知人意，雙落明波領晚香。

黄蜀葵 色是黄金花是盤，迎風未舞已珊珊。蕊珠宫裏仙人珮，姑射山頭玉女冠。承露更添千葉碧，向陽還有寸心丹。鵝黄淡抹饒深意，漫作尋常渲染看。

梅 天上春陽回未回，早傳消息到庭梅。暗香和雪尋常放，嫩萼侵寒三兩開。每傍階前照清淺，更於月下重徘徊。一枝風物資清供，調鼎還看濟世才。

清 薛雪《斫桂山房詩存》卷六《墨菊》 老圃從君借末光，筆端瀟灑墨痕香。陶潛籬落羅含宅，耐得秋風幾夜霜。

清 韓純玉《蘧廬詞·諸子曦菴畫竹歌》 栖賢自昔稱竹鄉，森然族處羅山陽。雷聲殷殷叩崖户，山靈無主造化忙。春朝怒笋出平地，咫尺具有摩空勢。蟹谷栽成鸞鳳音，中山盡吐龍蛇氣。蘧廬居士自樂羣，未嘗一日無此君。捲幔朝霏淇澳雨，垂簾晝鎖瀟湘雲。曦菴道人來吾里，前繼坡仙後承旨。二公遺蹟儼在茲，俊鶻欲落兔欲起。乍逢此景喜若驚，揮毫直與山相爭。鵝溪絹滑墨海瀉，渭濱千畝須臾生。山齋看畫還看竹，蕭蕭非草亦非木。勁節虛中不厭多，長與畸人伴幽獨。

清　王棠《燕在閣知新録》卷三一《没骨華》　唐鄭虔著《胡本草》芍藥，一名没骨華。駙都尉王銑所收徐崇嗣《没骨花圖》，其花則草芍藥也。崇嗣所畫甚多，皆不名没骨。沈存中言崇嗣創造新意，不華不墨，疊色漬染，當時號没骨花。此説非也。蓋因見崇嗣畫没骨花圖，而謂不華不墨者，皆爲没骨也。不知没骨花，本芍藥名也，廣川畫跋亦云。

清　鄧廷楨《雙硯齋詩鈔》卷一《題鄭灌甫雪月觀梅圖戊辰》　雲裏玉妃翻寶瑟，蟾蜍耐冷繁星失。冰肌姑射試新妝，西風一夜香生室。有人標格最高寒，欲眠不眠蓮漏殘。金缸半燼錦帷卷，抛書無語憑闌干。長河流影向人瀉，茶煙孤嫋鶴欲下。花魂月魄不分明，知誰是我前身者。

清　程晉芳《勉行堂詩集》卷一《籥東集·南園探梅二首》　東風吹緑古溪津，問訊梅花蠟屐頻。短棹破煙驚宿鳥，小門封雪待游人。横枝側幹橋亭暗，峭石荒泉面目真。漠漠疏籬巡繞徧，凍苞猶自淺含春。

卧柳欹槐一徑偏，千林初放半梢妍。眼明鶴步閑停處，香動苔痕未掃邊。人與花枝均老態，春回湖墅又經年。溪頭漸上含霜月，流照歸途蕩夕船。

木本植物部

八仙花

論説

明 李漁《閑情偶寄》卷一三《種植部・木本第一・繡毬》 天工之巧，至開繡毬一花而止矣。他種之巧，純用天工，此則詐施人力，似肖塵世所爲而爲者。剪春羅、剪秋羅諸花亦然。天工于此，似非無意，蓋曰汝所能者，我亦能之；我所能者，汝實不能爲也。若是，則當再生一二蹴毬之人，立于樹上，則天工之鬥巧者全矣。其不屑爲此者，豈以物可肖，而人不足肖乎？

清 謝堃《花木小志・繡毬》 唐詩云：信道陽春真有脚，因風踢上樹梢頭。蓋咏其木本繡毬也。近有草本名洋繡毬者，其葉稍團，由四月開至八月花，與木本相似而顔色過之。尤奇者，一月一轉，其色四月純白，五月帶紅，六月淺紅，七月茄紫，八月則藍色矣。山左所呼洋繡毬者，非繡毬也，乃湖廣之襄陽紅也。其葉似秋瀨棠，色尤深碧，花亦非毬狀，若饅首。葳蕤叢綴，紫粉無香，其葉味不可近，或云有黄色白色，惜未之見。

綜述

宋 梁克家《淳熙三山志》卷四一《土俗類三・物産・花》 衮繡毬 色白圓如毬。

明 宋詡《竹嶼山房雜部》卷一〇《樹畜部二・種花卉法》 繡毬花 大葉，皴體，屈折，一花五瓣，百花成叢，一叢如毬，其毬滿樹。紅花，白花。宜寄枝，寄用八仙花體。

明 高濂《遵生八牋》卷一六《燕閒清賞牋下・粉團花二種》 麻葉，花開小而色邊紫者爲最。其白粉團即繡毬花也，宜種牡丹臺處，與牡丹同開，用爲襯色甚佳。俱用八仙花種於盆内，削去半邊，架起就接。

明 周文華《汝南圃史》卷七《木本花部下・繡毬・八仙附》 繡毬花，藤生，一蒂而衆花攢聚，圓白如流蘇，儼然一毬也。初青後白，開與牡丹同時，潔白富麗，他花罕比。特欠標格，少香韻耳。顧東橋詩：不惜荆山玉，裝成素錦毬。春風解憐汝，抛擲與誰收。夏禹錫亦謂繡字有未當，改名素毬。又一種花小而葉繁者，謂之麻葉繡毬，而開亦同時。又有八仙花，衹八蘂簇成一朵，亦自奇特。今人多於八仙上挨接繡毬，亦以其花相似故。《水雲録》云：先取八仙花，栽瓦盆中，俟春間連盆移就繡毬花畔，將八仙梗離根七八寸，刮去半邊皮約長一二寸，將繡毬嫩枝亦刮去半邊，彼此挨合一處，用麻纏縛，頻用水澆，候樹皮連合，截斷繡毬花下餘枝，次年開花即如巨樹，所生暢茂。凡諸花皮葉相似者，皆用此法挨接。

明 陳正學《灌園草木識》卷一《花之屬・白繡毬》 一名粉團花，滿樹齊開，夜視之恍月色也。

明 夏旦《藥圃同春・三月》（《説郛續》卷四〇引） 雪毬 色白喜陰，常澆以腴，鮮秀異常，花大如斗，近覺微香。 粉團 粉紅色，有香。 墻毬 性宜清肥，藤枝好濕，微香。

清 陳淏子《秘傳花鏡》卷三《花木類考・粉團花》 粉團一名繡球，樹皮體皴，葉青而微黑，有大小二種。麻葉小花，一蒂而衆花攢聚，圓白如流蘇，初青後白，儼然一毬，其花邊有紫暈者爲最。俗以大者爲粉團，小者爲繡毬。閩中有一種紅繡球，但與粉團之名不相牟耳。蔴毬、海桐俱可接繡毬。

又《八仙花》 八仙花即繡球之類也，因其一蒂八蕊，簇成一朵，故名八仙。其花白，瓣薄而不香。蜀中紫繡球即八仙花。如欲過貼，將八仙移就粉團樹畔，經年性定，離根七八寸許，如法貼縛水澆，至十月候皮生截斷，次年開花必盛。昔日瓊花至元時已朽，後人遂將八仙花補之，亦八仙之幸也。

清 高士奇《北墅抱瓮録・繡毬》 繡毬聚花成朵，團圞如毬，初開色本嫩緑，盛開則褪而成白。鏤瓊琢玉，不涴點塵，飄墜之時，繁朵滿砌，無異落梅，足供幽賞。聞閩中産紅繡毬，尤爲艷異，惜不能移植耳。

清 乾隆《雲南通志》卷二七《物産・花屬》 繡毬 有紅白紫色三種。

清 乾隆《續通志》卷一七六《昆蟲草木略三・木類》 繡毬花有紅白二

種，宜寄枝，用聚八仙花體。白者名雪毬，小者名玉團，紫繡毬惟蜀中有之。

藝文

宋 陈景沂《全芳備祖》前集卷二六《玉繡毬》 紛紛紅紫鬥芳菲，爭似團酥越樣奇，料想花神閑戲擊，悮隨風起墜繁枝楊巽齋。

又卷二七《粉團兒》 碎敲瓊玉簇輕紗，蛺蝶穿飛色更嘉，綽約仙姬和露折，烏雲斜插映鉛華《百花新咏》。

明 王世貞《弇州四部稿》卷四三《繡毬花》 淺白微青艷更柔，淡烟輕雨施仍收。流蘇帶綴初成結，翡翠簾垂半壓鈎。誤馬軟塵香自滚，窺枝團月璧俱浮。蘭臺任更吹多少，不結丁香一段愁。

柏

論說

清 曹溶《倦圃蒔植記》卷上《論木第二》 柏當以千頭側柏爲乙之甲，閩種也。繁枝上聳，團如車蓋，而蒼翠可愛。其葉可餌、可湯、可藥。別一種曰扁柏，則常品耳。纓絡柏，檜樹之類，其別族也，亦若羅漢鵓毛，皆冒松姓而未許。《通譜》云，松柏之附庸曰杉，隆冬柏色暫紅而松愈蒼翠，一公二伯，木之序爵，較然。

綜述

宋 陳景沂《全芳備祖》後集卷一五《柏》 柏掬也。《爾雅》。柏曰蒼官。《樊宗師記》。荆州，厥貢杶、幹、栝、柏。《禹貢》。新甫之柏。《魯頌》。四時常保其青青。《莊子》。大谷倒生之柏，與天齊，其長地等其久也。《抱朴子》。信松茂而柏悅。《文選》。柏葉鬆身曰檜。《爾雅》。有雁翅檜，葉如雁翅。《李德裕記》。

明 周文華《汝南圃史》卷一一《竹木部·柏》 柏，一名蒼官。《爾雅》曰：柏，掬也。《廣雅》曰：一名汁柏。《廣志》曰：有續柏，有計柏。崔寔《月令》曰：七月收柏實。《列仙傳》曰，赤松子好食柏實，齒落更生。今柏有四種：扁柏葉扁質黄，一名黄柏；檜柏葉尖質赤，一名檜尖，又名血柏；側柏葉俱側如掌，香味清凉，摘可炮湯；瓔珞柏枝葉如瓔珞。側柏種貴，唯園圃中植之；檜柏體堅難長亦難萎；扁柏易長易萎，山地丘隴並相宜。瓔珞、柏亦難長，可植庭際，俱無花有子，色至冬天愈翠，春分下子，清明或秋後移栽。大抵松柏時時可植，止不宜於夏月，極喜糞澆。檜柏小時可翦縛作盆玩，亦可就其軟枝紮屏闌。材大者伐解，造樹卓甚佳，較勝於黄柏。

清 陳淏子《秘傳花鏡》卷三《花木類考·柏》 柏，一名蒼官，一名掬，與松齊壽。有扁柏、檜柏、黄柏、瓔珞柏之異，惟扁柏爲貴，故園林多植之。因其葉側向而生，又名側柏，其味微澀而甘香，道人多采作服食，用點茶湯。諸木向陽，柏木西指，其性堅緻，有脂而香，故古人破爲暢白，用以擣鬱。三月開細鎖花，不甚可觀，結實成球，狀如小鈴，霜後四裂，中含數子，大如麥粒，亦自芬香。仁亦道家所服食者。檜柏，體堅難長，亦難萎黄，木聳直而皮薄，肌細，葉至冬更青翠。瓔珞柏，枝葉俱垂下，宜栽庭際，皆無花有子。峨嵋山有竹葉柏身者，名竹柏，稟堅凝之質，不與羣卉同凋，其小者止一二尺，可作盆玩。又乾陵有柏，木之文理，大者多爲菩薩、雲氣、人物、鳥獸，狀態分明，徑尺一株，可值萬錢。柏性喜晒，每年中用晒過糞水澆三四次，則色鮮潤。秋時剪小枝二三尺者，插肥地，亦活。或收子至二三月間，用水淘，取沉者著濕地，隔兩日再淘，候芽出，將劉熟地成畦，以子匀撒其中，覆以細土，一二三日亦澆。苗出土後，須圍以短籬，防蝦蟇所食。

清 高士奇《北墅抱瓮録·柏》 有刺柏，有側柏，有瓔珞柏三種，枝葉各異。刺柏圓而上指，側柏扁而側出，瓔珞柏長而下垂，皆貫雪凌霜，不改柯葉。就中瓔珞一種尤佳，堅勁之中，別具嬝娜，所謂魏鄭公之嫵媚耳。

紀事

北魏 酈道元《水經注》卷九 （沁）水北有華岳廟，廟側有攢柏數百根，對郭臨川，負岡蔭渚，青青彌望，奇可玩也。

又卷二二 （陘）山上有鄭祭仲冢，冢西有子産墓。累石爲方墳，墳東有廟，並東北向鄭城。杜元凱言不忘本。際廟舊有一枯柏樹，其塵根故株之上，

多生稚柏成林。列秀青青，望之奇可嘉矣。

南朝梁 任昉《述異記》卷上 盧氏縣有盧君古冢，冢旁柏二株，枝條蔭茂二百餘步，樹文隱起皆如龜甲，根勁如銅石。

唐 段成式《酉陽雜俎》續集卷五《寺塔記上》 上座璘公院有穗柏一株，衢柯偃覆，下坐十餘人。

宋 田況《儒林公議》 成都劉備廟側有諸葛武侯祠，前有大柏，圍數丈，唐相段文昌有詩石在焉。唐末漸枯瘁，歷王建、孟知祥二僞國，不復生，然亦不敢伐之。皇朝乾德五年丁卯夏五月，枯柯再生，時人異焉。三國至乾德初，歷年一千二百餘，枯而復生。予皇祐初守成都，又八十年矣，新枝聳雲，并舊枯幹並存，若虯龍之形。

宋 范鎮《東齋記事》卷四 武侯廟柏，其色若牙，然白而光澤，不復生枝葉矣。

清 謝堃《花木小志・松》 居魯時，有孫叟嘗爲購一柏，天然五臂，不假天工。原主名之曰五鳳樓，倘使小青虬對峙，真堪匹敵。

藝 文

北齊 魏收《庭柏》（《佩文齋詠物詩選》卷二七八引） 古松圖偃蓋，新柏寫爐峰。凌寒翠不奪，迎暄綠更濃。茹葉輕沈體，咀實化衰容。將使中臺麝，違山能見從。

宋 黄庭堅《山谷外集》卷五《何氏悦亭詠柏》 澗底長松風雨寒，岡頭老柏顔色悦。天生草木臭味同，同盛同衰見冰雪。君莫愛清江百尺船，刀鋸來謀歲寒節。千林無葉草根黄，蒼髯龍吟送日月。

宋 陸游《劍南詩稾》卷六《雙柏》 雙柏屹相向，剛嚴如巨人。龍吟風雨夕，山立雪霜晨。閲世易成古，刳心不復春。扶顛要力量，歲晚莫全身。

元 陳樵《鹿皮子集》卷二《雙柏》 亭亭山上柏，柯幹如青銅。蒼古拔俗姿，肯作兒女容。風霜日摇落，萬木爲之空。爾獨不見摧，屹立如老翁。乃知歸根妙，生意恒内融。願乘雷雨興，化作雙飛龍。

明 魏允中《詠柏》（《御選明詩》卷九八輯） 孤立殊不移，四時空翠積。直愁枝漸高，插破秋雲碧。

雜 録

唐 段成式《酉陽雜俎》續集卷九《支植上》 太常博士崔碩云，汝西有練溪，多異柏，及暮秋，葉上斂，俗呼合掌柏。

宋 樂史《太平寰宇記》卷一四八《山南東道七・夔州・土産》 柏柱，巴郡有柏柱，大可十圍，高二十丈餘，乃公孫時樓柱所砍之處。忽生枝而不朽。

棣 棠

綜 述

宋 沈括《補筆談》卷下 今小木中却有棣棠，葉似棣，黄花緑莖而無實，人家亭檻中多種之。

宋 陳景沂《全芳備祖》前集卷七《棣棠》 **碎録** 棠棣，移也。《注》。似白楊，江東呼爲夫移。棠棣，即夫移也。一名奥李，一名爵梅。《出禮記》。又詩云山有苞棣，亦然。《小雅》。

紀要 《棠棣》，燕兄弟也。閔管蔡之失道，故作棠棣焉。棠棣之華，鄂不韡韡。疏鄂，猶鄂鄂然，言外發也，韡韡光明也。《箋》。承華者曰，鄂鄂足也。鄂足得華之光明，則韡韡然盛，喻弟以敬事兄，兄以榮覆弟，恩義之顯，亦韡韡然。又云常棣花，反而復合詩。《小雅》

宋 陳耆卿《赤城志》卷三六 金棣棠 淡金色。

明 宋詡《竹嶼山房雜部》卷一〇《樹畜部二・種花卉法》 棣棠 灌生，葉有紋，如麻。《冀越集》曰：黄花開土旺時。春季則棣棠，夏季則黄葵，秋季則菊，冬季則蠟梅。余觀棣棠遇季月即開，今亦有白花者。花時從根側分小本種之，輔以屏架。

明 王路《花史左編》卷四《花之辨・棣棠花》 花若金黄，一葉一蕊，生甚延蔓，有色白者，又有單葉者，名金碗，喜水。

明 陳正學《灌園草木識》卷一《花之屬》 白棣棠 黄棣棠 二花莖葉相似，特花有黄白之分，俗呼爲繡毬。

明 周文華《汝南圃史》卷八《木本花部上・棣棠》 棣棠叢生，二月中

開黃花，花如垂絲海棠，故名曰棠。《忠雅》云：棣棠春發青苗，弱不能挺立，舒葉如麻而小。三月開黃花，如小菊，至秋尚存，間遇風雨亦不凋謝，蓋花之耐久者也。《松江府志》云：棣棠葉如酴醾而小，條長無刺，花深黃如菊，附幹而生。今按此花開落相因，故見其久，謂如酴醾，大謬。以發條時分栽，或於春分前斫其枝條長尺許，扦之亦活，蓋易生之物。

清　陳淏子《秘傳花鏡》卷四《藤蔓類考·棣棠花》　棣棠花藤木叢生，葉如荼蘼，多尖而小，邊如鋸齒。三月開花，金黃色，圓若小球，一葉一蕊，但繁而不香。其枝比薔薇更弱，必延蔓屏樹間，與薔薇同架，可助一色。春分剪嫩枝，扦於肥地即活。其本妙在不生蟲蛖。

清　謝堃《花木小志·棣棠》　草本，花色鵝黃，比萬壽菊差小，微有香氣。婦女愛與秋瀨棠並插。

清　鄒一桂《小山畫譜》卷上《黃棣棠》　蔓生，花黃，千葉如毬，大如彈丸，長條千朵，開足圓滿，不見蒂，葉尖圓有齒。宜植籬間，四月花開。

藝　文

宋　宋祁《詠棣棠》（《兩宋名賢小集》卷二四輯）　潘賦幽芳在，周詩榮萼傳。佛輪千幅細，公帶萬釘圓。

金　高士談《棣棠》（《中州集》卷一輯）　閒庭隨分占年芳，裊裊青枝淡淡香。流落孤臣那忍看，十分深似御袍黃。

清　張英《文端集》卷二四《松湖後收穫詩八首》　秋潮清淺是今年，葉密花紅著意妍。立向棣棠花下望，彩霞一片蔚藍天。

清　高宗愛新覺羅·弘曆《御製詩集》初集　卷二四《棣棠》　黃金鏤瓣淺深匀，幾縷晴絲染麴塵。任爾柔條羅帶結，知難繫取可憐春。

又二集　卷三八《棣棠》　色占中央爛漫枝，後時約略並荼蘼。不因撿校羣芳譜，誤注誰分周雅詩。

雜　録

清　乾隆《福建通志》卷一〇《物産·興化府》　棣棠　俗爲千葉郁李。

又　卷一〇《物産·福州府》　棣棠　條生，花淡金色，梅聖俞所謂「韡鄂芸黃殿後花」是也。

丁　香

論　説

清　乾隆《熱河志》卷九四《物産三·花之屬》　丁香　《廣羣芳譜》曰：今丁香花三四月開者，又一種也，與入藥之丁香別。今塞外所産有紫白二種。亦有一樹二色者，不由接植，偶然得之。土人名鴛鴦丁香，然不多有。

綜　述

明　陳文《雲南圖經志書》卷一《土産·晉寧州》　丁香花　色紅，花頭蓓蕾未開時形如丁香，自夏初至秋末常開，被岩霜方萎。

明　宋詡《竹嶼山房雜部》卷一〇《樹畜部二·種花卉法》　丁香　花白，葉如瑞香。春月分根側小本種之。

明　高濂《遵生八牋》卷一六《燕閒清賞牋下·紫丁香花》　木本，花如細小丁香而瓣柔色紫。蓓蕾而生，接種俱可。自是一種，非瑞香別名。

清　陳淏子《秘傳花鏡》卷三《花木類考·丁香》　丁香一名百結，葉似茉莉，花有紫白二種。初春開花，細小似丁香。蓓蕾而生於枝杪，其瓣柔，色紫，清香襲人。接分俱可，但畏濕而不宜大肥。

清　高士奇《北墅抱瓮録·丁香》　丁香有紫花，有白花，緣枝遍發，極爲繁密。南北之種不同，京師丁香樹高者數丈，葉大如紫荊。江南所産，枝幹不肥，葉細而小，惟花朵相似耳，而春秋發花二次，則勝於北産也。

清　雍正《浙江通志》卷一〇七《物産·温州府》　丁香　隆慶《樂清縣志》：花色有紫白，有金絲葉。

清　乾隆《山東通志》卷二四《物産志》　丁香　花小而紫白二種，四時開者名四季丁香。

清　謝堃《花木小志·丁香》　有山丁香，可置盆盎，葉似丁香而小，花團

穗纍纍。有紫色一盆，白色一盆，相間而開，饒有風味。

紀事

明 徐弘祖《徐霞客游記》卷一二下《西南游日記二十二》 二十七日霽，乃散步藏經閣，觀丁香花。其花嬌艷在秋海棠之間，滇中甚多，而雞山爲盛，甚折插。

清 乾隆《盤山志》卷一五《物産·山花》 丁香花産五盆溝一帶，花繁香烈，首夏盛開，纍纍石罅中如繡。

藝文

宋 王十朋《梅溪前集》卷二《丁香花》 玄冬萬木落如掃，苦恨江梅開不早。誰言菊後便無花，更有丁香慰枯槁。雨膏碧葉翦琉璃，風薦幽葩噴龍腦。小軒深院夜凄清，月白霜寒天色好。素面含情宋玉愁，仙肌帶濕真妃澡。何人爲取藥中名，端爲花能除病惱。我時獨步瓊枝邊，相向無言意傾倒。臨風三嗅更徘徊，研墨爲花加品藻。

宋 薛季《宣浪語集》卷五《丁香花》 別是南州種，寒花七里香。玉笄騈寶髻，金粟綴銀鐺。自得山林趣，不爲時世妝。紫霞休騁瑞，未及野梅芳。

明 吴寬《家藏集》卷一九《丁香》 花開不結實，徒冒丁香名。枝頭綴紫粟，旖旋香非輕。乃知博物者，名以香而成。或者樹相類，惜未南中行。初栽只一幹，肥壤柄争萌。分移故園內，不知枯與榮。終當問來使，亦欲如淵明。

明 謝榛《四溟集》卷四《丁香》 紫花何太媚，静女若爲看。影動簾櫳曉，香沉煙雨寒。芳菲心有託，零落思無端。一采歸金屋，春深莫倚闌。

清 高宗愛新覺羅·弘曆《御製樂善堂全集定本》卷二三《丁香花》 細葉纖英不染塵，微風時度暗香匀。兩般顔色分枝麗，四出瓊瑶著樹新。淡洗露華披寶粟，斜翻堦影卧花茵。縱令百結猶須解，那鎖芳園荏苒春。

又《御製詩集》初集 卷二一《丁香花》 衣白山人衣紫仙，同參離合味中禪。春閨漫認愁難解，不與人間作愛緣。

又 三集卷一二《戲題紫白丁香》 同是春園百結芳，紫丁香遜白丁香。白者香，紫者不香，故戲及之。山人衣好僧衣俗，鄭谷清詞趣獨長。

又 三集卷八〇《詠紫白丁香》 一樹丁香開紫白，亦稱朝彦亦山人。辛夷若謂玉蘭別，謂此分身抑合身。

又 四集卷二三《紫丁香》 丁丁幾朵結星星，紫白寧須別色形。壓鬢翠爲匐葉稱，故枝弗戀放新馨。

又 卷六三《紫丁香》 紫衣换却白衣裳，色固佳哉恐遜香。紫丁香香味不如白丁香，弗啻此，大凡花之白者多香。更笑僧家多羡此，有人偏惡識超常。

清 范承謨《范忠貞集》卷四《白丁香》 落花春静寂無知，誰剪霜團密綴枝。杵影可宜仙子樹，鈴心不傍隱君籬。鬢乾蝶粉難爲豔，舌倩鶯聲寄所思。爲語封姨休妒盡，尊前贏得一尋詩。

清 湯右曾《懷清堂集》卷四《移種白丁香兩株》 問從老圃得深談，灌植茅齋小似龕。種樹寧爲十年計，看花自笑一春貪。輕陰晝永移簾押，殘夢香清撲枕函。愛爾抱叢千點雪，寸根銜取送江南。

雜録

唐 李德裕《李衛公別集》卷九《平泉山居草木記》 己未歲，又得【略】宛陵之紫丁香。

唐 段成式《酉陽雜俎》續集卷九 衛公平泉莊有【略】紫丁香。

宋 高似孫《剡録》卷九《草木禽魚上木》 剡山白丁香絶多，殊不惡。李賀詩：亂繫丁香梢，滿欄花向夕。錢起丁香詩：露香濃結桂，池影鬥蟠虬。

宋 趙彦衛《雲麓漫鈔》卷二 《華嚴經》云：補陀洛迦山亦云小白花山，今此山皆白丁香花。

宋 陳耆卿《赤城志》卷三六《風土門一》 丁香 有紫白二色，出海山。

杜鵑

論説

宋 施宿等《會稽志》卷一七《木部》 杜鵑花，以二三月杜鵑鳴時

開，一名映山紅，一名紅躑躅。會稽有二種，其一先敷葉後着花者，色丹如血，其一先着花後敷葉者，色差淡。近時又謂先敷葉後着花者爲石巖，以別之。然鄉里前輩舊但謂之紅躑躅，尚未謂之石巖，不知石巖之名起於何年。荆公送黄吉父歸臨川詩云「亦見舊時紅躑躅，爲言春至即傷心」，則江西亦謂之紅躑躅也。越人多植庭檻間，結縛爲盤盂翔鳳之狀。

宋 張淏《會稽續志》卷四 石巖花與杜鵑花本一種，石巖先敷葉後著花，其色丹如血。杜鵑先著花後敷葉，色差淡。仲皎《石巖花》詩：繁英歷歷爍晴空，過了花間幾信風。明日畫欄供徙倚，却須有句到芳叢。

明 周文華《汝南圃史》卷七《木本花部上·杜鵑》 宋培桐曰：石巖乃日顔，石巖則訛字也。杜鵑、春鵑、日顔非一種，因花之相似，故人皆誤稱其爲杜鵑耳，竟不知杜鵑長止尺許，春鵑長有丈許，其枝幹盤圓五六臺者。日顔枝葉若黄楊之狀，盤圓大如輪，花茂如錦，價甚貴。

明 王世懋《學圃雜疏·花疏》 花之紅者杜鵑，葉細花小。色鮮瓣密者曰石岩，皆結數重臺，自浙而至，頗難畜。餘干安仁間，徧山如火，即山躑躅也，吾地以無貴耳。

清 謝堃《花木小志·躑躅》 本名杜鵑，《譜》云：杜鵑以四川産者爲上，吴越産者次之，且衹黄白二色，躑躅又一種，所論非是。按杜鵑，鳥也，傳云蜀帝魂魄思鄉遂化此鳥。夜深啼血，若因鳥血瀝於花上得名，當是紅色，不當又云衹有黄白二色。或謂詩云「杜鵑枝上月三更」爲託，殊不知枝字屬下方，與出句成偶，詩所云杜鵑之鳥歇於枝上，因月而見鳥也。且余於楚北見之滿山遍野，五色兼備，千葉者單花者不一而足，牛羊踐踏，旋踐旋生，其名躑躅明矣。土人亦不之。

綜　述

宋 阮閲《詩話總龜》卷二一 映山紅生於山坡欹側之地，高不過五七尺，花繁而紅，輝映山林。開時杜鵑始啼，又名杜鵑花。成幹詩云：杜鵑花與鳥，怨艶兩何賒。疑是口中血，滴成枝上花。一聲寒食夜，數朵野僧家。謝豹出不出，日遲遲又斜。

宋 陳景沂《全芳備祖》前集卷一六《杜鵑》 碎録 一名山石榴，一名山躑躅，一名杜鵑花，杜鵑啼時開。《白集》。其花生深山，蜀人號曰映山紅，荆楚山壁間最多。《坡詩注》。躑躅，所在有之，春生苗似緑葱，葉似紅花，莖高四尺，夏開花似淩霄、山石榴、旋葍花等，而正黄色，羊誤食其葉，則躑躅而死，故以爲名。今嶺南蜀道徧生，皆深紅金色，如錦繡然。《圖記》

宋 陳耆卿《赤城志》卷三六 杜鵑 俗號映山紅，一曰紅躑躅。王荆公詩所謂亦見舊時紅躑躅是也。又有一種紫色，唐開元中，僧自天台鉢中以藥養其根，種鶴林寺，或見紅裳女子游花下，俗傳花神，即此花也。

宋 潛説友《咸淳臨安志》卷五八《花之品》 映山紅 大概如杜鵑，但色淡質粗耳。

明 宋詡《竹嶼山房雜部》卷一〇《樹畜部二·種花卉法》 杜鵑花 《廣記》南方多躑躅花，照耀如火，即今杜鵑花。《本草》言，羊躑躅，花黄似鹿葱。鮮紅花、粉紅花皆重葉而小。性喜陰，澆宜天雨水井水，畏煙油。

映山紅 全類杜鵑。肉紅花、白花，淺深數種花皆單葉。春時從根側分小本種。

明 李時珍《本草綱目》卷一七下《草之六》 山躑躅 時珍曰：處處山谷有之，高者四五尺，低者一二尺。春生苗，葉淺緑色，枝少而花繁，一枝數萼，二月始開，花如羊躑躅，而蒂如石榴花。有紅者，紫者，五出者，千葉者。小兒食其花，味酸無毒。一名紅躑躅，一名山石榴，一名映山紅，一名杜鵑花。其黄色者即有毒羊躑躅也。

明 高濂《遵生八牋》卷一六《燕閒清賞牋下·映山紅》 本名山躑躅，花類杜鵑稍大，單瓣色淺，若生滿山頂，其年豐稔，人競采之，外有紫粉紅二色。

明 吴楚才《彊識略》卷三〇 杜鵑 樹高四五尺，葉緑花紅，蜀人號曰映山紅。杜鵑啼時始開，羊誤食其葉則躑躅死，故又名山躑躅。

明 王路《花史左編》卷四《花之辨·杜鵑花》 出自蜀中者佳，謂之川鵑。花内十數層，色紅。出四明者，花可二三層，色淡，總名杜鵑。有一種石巖映山紅，接者不佳。

又 卷五《花之候·杜鵑花》 端陽時花茂。

又 卷八《花之宜·杜鵑》 喜陰惡肥，早以河水澆之，樹陰下放置，則葉茂色青。有黄白二色者，畏熱不畏冷。種法：用山泥揀去粗石，羊屎浸水澆之。

又 卷一四《花之運·映山紅》 一本名山躑躅，花類杜鵑，稍大，單瓣色淺，若生滿山頂，其年豐稔。山花應是田禾好友，否則何以豊歉同之。

明 陳正學《灌園草木識》卷一《花之屬》 杜鵑花千葉，朱紅，根甚綿細。難培，只澆以清水，無別宜者，小園屢植屢槁。曾見三山居亭一株甚茂，

植之盆中，安置不甚向陽，抑地氣然與。

滿山紅　名山杜鵑，花色一樣，只單瓣，中吐一絲，瓣上有斑點，一叢之花次第開至三月。

明 周文華《汝南圃史》卷七《木本花部上·杜鵑》　顧長佩《花史》云：杜鵑花有大紅粉紅二色，春初扳枝著地，用黄泥覆之，俟生根截斷，來年分栽。又云：浙人分杜鵑用掇法，以竹管套於枝上，肥土填實，俟生根鬚截下栽之。《瑣碎録》云：杜鵑花，止用雨水澆，最忌糞。

明 文震亨《長物志》卷二《花木·杜鵑》　花極爛熳，性喜陰畏熱，宜置樹下陰處，花時移置几案間。別有一種名映山紅，宜種石岩之上，又名羊躑躅。

明 方以智《物理小識》卷九《草木類》　杜鵑花　即躑躅類，有大紅粉紅黄者，千葉可珍。喜陰畏油烟。映山紅有紅白深淺，皆單葉，紅者取汁可染。

清 吴菘《箋卉》卷一　杜鵑花處處有之，叢生瑣屑。映山紅紫而已，此則高柯撑雲，濃香浮谷，爲特異。

清 高士奇《北墅抱瓮録·杜鵑》　杜鵑，一名山躑躅，唐詩「五渡溪頭躑躅紅」即此花也。春晚發花，密蘂攢簇，其色深紅，久經風日。

紀事

宋 王十朋《會稽三賦》卷上　天衣杜鵑　天衣寺有杜鵑花最奇，每歲競開，觀者雲集。

宋 施宿等《會稽志》卷一一《上虞縣》　雙笋石在釣臺山通澤廟側，石雙立各數百尺，其巔有異花，若人立而冕者，每杜鵑花開，爛若霞錦，里人競觀之。

又 卷一七《木部》（杜鵑花）惟法華山奉聖寺佛殿前者特異。樹高與殿檐等，而色尤紅，花正發時，照耀楹桷牆壁皆赤。舊例花苞欲拆時，寺僧先期以白，郡守府倅率郡僚往燕其下，邦人亦競出。久之，寺僧厭其擾，陰戕之，今枯已二十年。郡齋有杜鵑樓，今廢，李公垂有詩自注云：樓前植杜鵑，因以爲名。王性之詩云「杜宇啼時花正開」是也。法華雲門諸山皆有之。上虞縣南有釣臺山，山足二石笋特起五六十尋，其顛皆有花。春夏照爛，望之有若人立而飾其冠冕者。自國朝太祖太宗真宗遏密之時花枯，瘦者皆三載乃復。此齊賢良唐所記也。

藝文

唐 白居易《白氏長慶集》卷一二《山石榴寄元九》　山石榴，一名山躑躅，一名杜鵑花。

杜鵑啼時花撲撲。九江三月杜鵑來，一聲催得一枝開。江城上佐閒無事，山下斸得廳前栽。爛漫一欄十八樹，根株有數花無數。千房萬葉一時新，嫩紫殷紅鮮麴塵。淚痕浥損胭脂臉，剪刀裁破紅綃巾。謫仙初墮愁在世，姹女新嫁嬌泥去聲春。日射血珠將滴地，風翻焰火欲燒人。閒折兩枝持在手，細看不似人間有。花中此物是西施，芙蓉芍藥皆嫫母。奇芳絶豔別者誰，通州遷客元拾遺。拾遺初貶江陵去，去時正值青春暮。商山秦嶺愁殺人，山石榴花紅夾路。題詩報我何所云，若云色似石榴裙。當時叢畔唯思我，今日欄前只憶君。憶君不見坐銷落，日西風起紅紛紛。

又 卷一六《題山石榴花》　一叢千朵壓欄干，剪碎紅綃却作團。風嫋舞腰香不盡，露銷妝臉淚新乾。薔薇帶刺攀應懶，菡萏生泥玩亦難。爭及此花檐户下，任人采弄盡人看。

唐 韓偓《韓内翰別集·净興寺杜鵑一枝繁艷無比》　一園紅豔醉坡陀，自地連梢簇舊一作蒨。羅。蜀魄未歸長滴血，祇應偏滴此叢多。

宋 梅堯臣《宛陵集》卷三六《九月十八日山中見杜鵑花復開》　山中泉壑暖，幽木寒更華。春鳥各噤口，游子未還家。云誰未及還，對此重興嗟。何必因啼血，顔色勝曙霞。

宋 蘇軾《菩薩南漪堂杜鵑花》（《東坡詩集注》卷二五）　南漪杜鵑天下無，披香殿上紅氍毹。鶴林兵火真一夢，不歸閬苑歸西湖。

宋 王十朋《梅溪前集》卷八《法燈俊上人惠杜鵑花》　杜鵑嘉樹狀非常，久向緇林壓衆芳。春去尚疑啼蜀魄，客來還錯認丁香。高人好事栽蓮社，野叟移根植草堂。習氣未除端自笑，賞花銜惠意難忘。

元 楊公遠《野趣有聲畫》卷上《白杜鵑花》　從來只説映山紅，幻出鉛華奪化工。莫是杜鵑飛不到，故無啼血染芳叢。

明 佘翔《薜荔園詩集》卷三《雨中杜鵑花》　何來杜宇葉離離，三月當庭花滿枝。莫是啼魂哀帝子，至今香染濕胭脂。

清　聖祖愛新覺羅・玄燁《聖祖仁皇帝御製文集》第三集卷四六《詠杜鵑花賜高士奇》石巖如火本天台，秀質丹心日月催。移根禁苑清詩句，朱夏山林惜茂才。

清　陳廷敬《午亭文編》卷一九　杜鵑花，江南處處有之，皆紅色，至武林乃有進白杜鵑花者。扈從諸公皆有作，亦作一首。

杜鵑花發杜鵑枝，絶域經年到玉墀。自有風光隨鶴駕，豈因霜雪老蛾眉。月明影静三更後，香冷聲銷萬籟時。解語無言還獨笑，啼紅空負錦城詩。

清　彭孫遹《松桂堂全集》卷三三《杜鵑花》　萬點猩紅躑躅枝，鶴林風景憶當時。霄光擁樹日將暮，霞氣滿山人未知。偶逐神仙爲狡獪，還同天女播芳蕤。春來花下俱牽恨，殘月三更唤子規。

雜録

唐　李德裕《李衛公别集》卷九《平泉山居草木記》　己未歲，又得【略】稽山之四時杜鵑。

宋　曾慥《類説》卷三《列仙傳・殷七七》　殷七七名文祥，每醉歌曰：琴彈碧玉調，藥鍊白硃砂。解醖逡巡酒，能開頃刻花。時鶴林寺有杜鵑花，每春甚盛，時將重九，或謂七七曰：汝能令開此花乎？七七曰：可爲九日之玩。前二日往，宿其下，次日花發，九日爛漫如春。此花平日每開，常見一紅裳女子護之，及七七欲開此花，女子忽至，曰：妾司此花，今爲道者相共開之。

元　袁桷《延祐四明志》卷一七《奉化州》　慈氏教院州南三里，唐文德初朱會等建，名清化。天祐初改名寶化。宋治平初改今額寺。有杜鵑花，蟠屈如凰。主簿樊圃詠云：山僧取巧蟠珍叢，九苞占盡千葩紅。倚闌精彩欲飛動，百鳥不敢啼春風。

明　張聯元《天台山全志》卷四　杜鵑　道近石梁杜鵑，高二三丈許，二三月間遍山開放，如桃花如紫薇，絢爛奪目。張聯元詩：翠岫從容出，名花次第逢。最憐紅躑躅，高映碧芙蓉。琪樹應同種，桃源許並穠。無人移上苑，空置白雲封。

清　雍正《湖廣通志》卷一一《山川志・長沙府・衡陽縣》　巾紫峰在縣北，山無林木，多杜鵑花，狀若紫巾。

清　雍正《浙江通志》卷一〇四《物産四・紹興府》　映山紅　袁宏道《游五泄記》山中映山紅，有高七八尺者，與他山絶異。

清　雍正《廣西通志》卷一四《山川・平樂府・平樂縣》　北澗水，【略】澗旁石壁多杜鵑花，春時大放如錦屏。

清　乾隆《雲南通志》卷二七《物産》　杜鵑　有五色雙瓣者，永昌蒙化多至二十餘種。

清　乾隆《盤山志》卷一五《物産》　杜鵑花，一名映山紅，遍山有之，較南方者色微紫。

扶桑

論説

宋　戴植《鼠璞》卷上《扶桑》　《離騷》云：飲馬咸池，揔轡扶桑。《東京賦》云：登天光於扶桑。謝莊《月賦》云：擅扶桑於東沼，嗣若英於西冥。張衡《思玄賦》：憑雲遐逝，夕宿扶桑。東坡云：一醉扶桑暾，半夜扶桑開。《淮南子》曰：日出暘谷，拂於扶桑。注曰：東方之野。《山海經》曰：暘谷有扶桑，十日所浴，九日居下枝，一日居上枝，皆戴烏。如此，則扶桑在泬寥之表。及觀南齊《扶桑傳》沙門慧深來説，云扶桑在大漢東二萬里，土多扶桑木，葉似桐，初生如笋，國人食之，實如梨，績其皮爲布錦及紙，其地乃在中國東。或謂日出扶桑，以日自東方出耳，猶倭自謂日出處天子耳。《山海經》多誕，不足爲據。楊炯《渾天賦》謂扶桑臨於大海。李白詩謂「西海栽若木，東溟植扶桑」，竟以扶桑爲日。《西京賦》復與濛汜對説。

明　李時珍《本草綱目》卷三六《木之三・扶桑》　釋名：佛桑《霏雪録》，朱槿《草木狀》，赤槿同，日及。時珍曰：東海日出處有扶桑樹，此花光豔照日，其葉似桑，因以比之。後人訛爲佛桑，乃木槿别種，故日及諸名亦與之同。

明　周祈《名義考》卷二《扶桑若木》　《十洲記》：扶桑在碧海中，樹長數千丈，一千餘圍，兩幹同根，更相依倚，日所出處。《山海經》：灰野之山有樹，青葉赤華，名曰「若木」，日所入處。夫日所出入最爲荒遠，桑曰扶，木曰若，亦以疑似言之耳。根幹花葉孰從而見之耶？暘谷虞淵等，稱亦不過因義立名，非若職方可考而知也。

明 周文華《汝南圃史》卷八《條刺花部・木槿》 別有朱槿，即佛桑花，絶似木槿，大小稍異，今人多混之。按《南方草木狀》：朱槿花莖葉皆如桑葉，光而厚，樹高四五尺，而枝葉婆娑。自二月開花，至仲冬即歇。其花深紅色，五出，大如蜀葵，有蘂一條，長於花葉，上綴金屑，日光所鑠，疑若焰生。一叢之上，日開數百朵，朝開暮落。出高凉郡，一名赤槿。《廣州府志》云：佛桑與朱槿花稍相似，葉如黄桑差小，州人呼爲小牡丹。其色殷紅，大如盞，有數種。白者、青者、小紅者、樓子者，四時皆有花。東坡詩曰「焰焰燒空紅佛桑」是也。《八閩通志》：佛桑葉類桑，花如牡丹而尤紅。又一種淡紅，一種淡黄，又有單葉者，色亦深紅可愛，土人呼爲照殿紅。重瓣者呼爲鶴頂。《海槎餘録》云：佛桑花枝葉類江南槿樹，花類中州芍藥，而輕柔過之。開時當二三月，五色，婀娜可愛。以此觀之，則佛桑與木槿自是二種。而《興化府志》云：佛桑一名木槿。《九江府志》云：木槿一名佛桑。豈有誤耶？今吴中亦有佛桑花，自南方移來，色亦殷紅，唯易凍死。僧紹隆詩云：朱槿移栽梵室中，老僧不是愛花紅。朝開暮落渾閑事，始信人間色是空。

明 方以智《通雅》卷四三《植物》 花奴王蒸，嶺南謂之扶桑花，即椵櫬木槿也。郭注《爾雅》白曰椵音段赤曰櫬。齊魯謂之王蒸，時珍引作玉蒸。《詩》稱「舜華」，故又作蕣。兩廣總呼扶桑。有數色，草木狀，名日及或作日給。《抱朴子》潘尼謂之朝菌，升菴以爲佛桑花，其重臺者，永昌名「花上花」。

清 雍正《廣東通志》卷五二《物産志》 佛桑一名福桑，華首寺左右極多。按木槿佛桑二名不定，南人呼花如牡丹者曰槿，槿有五色，隨色立名，嶺外稱之則佛桑也。《羅浮志》。按，佛桑一名扶桑，即朱槿花。《嶺南雜記》以佛桑與扶桑爲二花，非也。但有單瓣重臺之異耳。《茂名志》云：粤無牡丹，以佛桑花代之，二花相較，蓋亦迥乎，不相及矣。

清 乾隆《續通志》卷一七六《昆蟲草木略三木》 佛桑，一名扶桑，枝柯柔弱，葉深緑，微濇如桑。《臨漳志》云：花似槿，四時常開。案，《梁書・扶桑國傳》云：扶桑國，地在中國之東，其土多扶桑木，葉似桐，而初生如筍，國人食之，實如梨而赤，與此同名異種。

綜　述

晉 嵇含《南方草木狀》卷中 朱槿花，莖葉皆如桑，葉光而厚，樹高止四五尺，而枝葉婆娑。自二月開花，至中冬即歇。其花深紅色，五出，大如蜀葵。有蘂一條，長於花。葉上綴金屑，日光所爍，疑若焰生。一叢之上，日開數百朵，朝開暮落。插枝即活。出高凉郡，一名赤槿，一名日及。

唐 段成式《酉陽雜俎》續集卷九《支植上》 處士鄭又玄云：閩中多佛桑樹，樹枝葉如桑，唯條上勾，花房如桐花，含長一寸餘，似重臺狀，花亦有淺紅者。

唐 劉恂《嶺表録異》卷下 嶺表朱槿花，【略】樹身高者止于四五尺，而枝葉婆娑。自二月開花至於中冬方歇。其花深紅色，五出，如大蜀葵。有蕊一條，長于花。葉上綴金屑，日光所爍，疑有焰生。一叢之上日開數百朵，雖繁而有艶，但近而無香，暮落朝開。插枝即活，故名之槿。俚女亦采而鬻，一錢售數十朵，若微此花，紅妝無以資其色。

宋 王十朋《東坡詩集注》卷七 焰焰燒空紅佛桑 厚晉安海《異名記》：佛桑，其花月重敷，柔澤，葉如桑，花五六出，大如蜀葵。有蘂一條，長如花。葉上綴金屑，日光所鑠，凝爲焰。朝生暮落。

宋 梁克家《淳熙三山志》卷四一《土俗類三・物産・花》 朱槿 一名佛桑，一名佛日。色深紅，葉如桑，高者丈餘。一種色白，一種色紫。淡黄者，俗謂之金木蘭，純白而英間無紫點者，名舜英。

宋 陳景沂《全芳備祖》前集卷二〇《朱槿》 碎録 朱槿花，莖葉皆如桑，葉光而厚，樹高止四五尺，而枝婆娑。自二月開花，至中冬始歇。其花深紅色，五出，大如蜀葵，有蕊一條，長于花葉。上綴金屑，日光所鑠，疑若焰生。一叢之上，日開數百朵，朝開莫落，插枝即活。出高凉郡。一名赤槿，一名日及。《南方草木狀》。蕣，木槿也，朝華暮落《説文》。椵木槿籬。《本草》。有女同車，顔如蕣華。《注木槿也詩》。仲夏之月木槿榮。《月令》。莊子貴支離，悲木槿。《淮南子》

雜著 覽庭隅之嘉木，慕朝華之可玩。《盧湛》覽中堂之奇樹，稟冲氣之至清，應青春之敷蕊，逮朱夏而誕英。紅葩紫蒂，翠葉素莖。《傅咸》。草木朝榮秋悴，此花朝開暮落。《嵇康賦》皎日昇而朝華，玄景逝而夕零。《夏侯湛賦》日及多名，蕤賓肇生，東方憐乎夕死，郭璞贊以朝榮，潘文體其夏盛，嵇賦閔其秋零，此則京華之麗木，非干越之蕣英。南中羣草，衆花之寶，雅什禾名，騷人失，雨來翠潤，露歇紅澡，疊萼疑擎，低莖若倒。朝霞映日殊未妍，珊瑚照水定非鮮，千葉芙蓉詎相似，百枝燈花復羞然。《江總賦》其爲花也，色甚鮮麗，迎晨而榮，日中則衰，至夕而零，《莊周》載。《蘇彦詩序》朝菌不知晦朔，此朝不及夕者乎，朝菌者，蓋朝華而暮落，世謂之木槿，或謂之日及，詩人以爲蕣，宣尼以爲朝菌。其物向晨

而結，逮明而布，見陽而盛，終日而殞，不亦異乎，何名之多哉。《潘尼賦》

又《佛桑花》 花似槿，四時嘗開，婦人簪帶之。《臨漳志》。佛桑花，比朱槿頗耐久，蓋二種也。《清漳志》。佛桑其花丹重敷柔澤，葉如桑，其花五六出，大如蜀葵，有蘂一條，長於花葉，上綴金屑，日光所鑠，疑爲焰，朝生暮隕。《南海異名記》。荔支，以鹽梅浸佛桑花爲紅漿，漬之。曝乾色紅而甘酸。《蔡君謨》

明 宋詡《竹嶼山房雜部》卷一〇《樹畜部二・種花卉法》 佛桑花 葉似桑而小。黄花，紅花，蘇東坡詩云「焰焰燒空紅佛桑」。白花，紫花。淡紅花畏寒，澆法同衣羅。出南粵。

明 顧岕《海槎餘録》 佛桑花，枝葉類江南槿樹，花類中州芍藥而輕柔過之。開時二三月，五色婀娜可愛。

明 慎懋官《華夷花木鳥獸珍玩考》卷四《佛桑》 其葉似桑，其花深紅，俗呼照殿紅，四時常開。

明 屠隆《鴻苞》 佛桑花，樹類木槿，花類芍藥，今閩中亦有之。

明 李時珍《本草綱目》卷三六《木之三・扶桑》集解 時珍曰：扶桑産南方，乃木槿别種也。枝柯柔弱，葉深緑，微澁如桑。其花有紅黄白三色，紅者尤貴，呼爲朱槿。嵇含《草木狀》云：朱槿一名赤槿，一名日及，出南凉郡，花莖葉皆如桑，其葉光而厚，木高四五尺，而枝葉婆娑。其花深紅色，五出，大如蜀葵，重敷柔澤。有蕊一條，長如花。葉上綴金屑，日光所爍，疑若焰生。一叢之上，日開數百朵，朝開暮落。自五月始，至中冬乃歇，插樹即活。

明 高濂《遵生八牋》卷一六《燕間清賞牋下・佛桑花四種》 有大紅，有粉紅，有黄，有白，四色。自四月開至十月方止，花之可愛，妙莫與比，但無法可令過冬，是大恨也。

明 徐應秋《玉芝堂談薈》卷三五 《閩書》：佛桑即扶桑，東海日出處有扶桑，此花光焰照日，其葉似桑，因以比之，後人訛爲佛桑也。一名照殿紅，乃朱槿别種。有紅白黄三種，紅者尤貴。楊用修曰：佛桑花出黎州蠻嶺，蓋朱槿之紅鮮重臺者，永昌名「花上花」。

清 張岱《夜航船》卷一六《植物部・花卉》 佛桑 出嶺南，枝葉類江南木槿，花類中州芍藥，而輕柔過之。開時當二三月間，阿那可愛，有深紅淺紅淡紅數種。剪插即活。

清 吴綺《嶺南風物記》 佛桑花出廣州，其枝葉如桑，花似芍藥稍小，色有數種。單葉花似葵，惟大紅者極可愛。宋長白曰：佛桑即扶桑也。移根海外，閩中最佳，嘗於温陵洪文襄宅見。有高至丈餘者，其花如斗，不減洛陽萬歲紅。

清 吴任臣《山海經廣注》卷一四 大荒之中有山，名曰孽搖頵羝，上有扶木，柱三百里，其葉如芥。郭曰：柱，猶起高也。葉如芥菜。任臣案《合璧事類》曰：扶桑，一名浮桑，生碧海，高數千丈，大二十餘圍，兩幹同根，更相依倚。謝華啓秀曰：扶桑若薺，鬱島若萍。又《南史・外國傳》言，扶桑葉似桐，初生如筍，其實如梨而赤，績其皮爲布，亦爲錦，與此異。

清 曹溶《倦圃蒔植記》總論卷上《論花第三》 花中真大紅者，莫有過於佛桑。其性最爲畏寒。贛州亦自落葉，遇冬暖，則舶上來者青眼半存，花乃及時而發，購者方有實用，第不堪久藏，即謹護必不能存活。然四箇月之花，儘可償二百錢之費矣。又有一種肉紅者次之，他色未遍觀也。

清 陳淏子《秘傳花鏡》卷三《花木類考・佛桑花》 佛桑一名扶桑，枝頭類桑與槿，花色殷紅似芍藥差小，而輕柔過之。開當春末秋初，五色婀娜可愛。有深紅、粉紅、黄白、青色數種，其單葉重葉之異。今北地亦有之，皆自南方移植者，但易凍死，逢冬須密藏之。

清 陳大章《詩傳名物集覽》卷一二《顔如舜華舜英》 廣南有一種扶桑木，枝葉婆娑，色深而厚，微澁如桑，花有紅黄白，白色者尤貴重。亦有朱槿、赤槿、日及之名，皆與木槿相似。自二月開至仲冬，其花深紅，雖荳蔻紅梅無以資其色也。

清 黄叔璥《臺海使槎録》卷三《物産》 佛桑一名朱槿，高不逾五六尺，四時皆花，花有深淺紅淡黄各色。紅則焰焰燒空，尤爲奪目。

又 隆冬木葉不脱，惟佛桑番花落葉，至春敷榮餘，於春日生新葉，逐漸舊葉脱去。青林暗换，紅蘂續開，亦見大造密移之妙。

清 雍正《廣西通志》卷三一《物産・南寧府》 木槿一名佛桑，有紅白紫黄數色，純白者名舜英，其紅者又名裹梅花。

清 乾隆《福建通志》卷一〇《物産・福州府》 佛桑 葉類桑，花如牡丹而尤紅，四時常開，朝開暮落，亦名朱槿。一種色淡紅，一種色淡黄，又有花開單瓣者，色亦深紅可愛。

清 顧棟高《毛詩類釋》卷一四《釋草》 朱槿，號佛桑，光艷照日，疑若焰生。一叢之上日開數百朵，朝開暮落，自五月初至仲冬乃歇。

清 鄭績《夢幻居畫學簡明》卷三 佛桑花有紅黄白紫四色，枝幹皆直

生，高數尺，枝葉如桑，故名佛桑。長條直上，一葉一蕊，多若串珠。一樹花藥百朵，朝開暮落。自五月始花，中秋乃歇。

紀事

宋 李昉等《太平廣記》卷四〇九《草木四·南海朱槿》 南海四時皆有朱槿花常開，然一本之内所發不過一二十花，所開不能如圖畫者，叢發爛漫。

明 顧起元《客座贅語》卷一 三十年前有人自閩中攜佛桑花至者。余外舅王公吒以爲奇，作詩咏之，頃年乃多有此。其花色絶艷美，紅者瓣如襞紅縐紗。又有淡紅者，有赭黄者，有鵝黄者，開之日首尾夏秋間可三月，第不能過冬。齊王孫國華曾爲余言，冬日護持甚謹，而竟萎薾不得活。

藝文

唐 李商隱《李義山詩集》卷下《朱槿花二首》 蓮後紅何患，梅先白莫詩。纔飛建章火，又落赤城霞。不卷錦步障，未登油壁車。日西相對罷，休澣向天涯。勇多侵路去，恨有礙燈還。嗅自微微白，看成沓沓殷。坐疑忘物外，歸去有簾間。君問傷春句，千詞不可删。

宋 蔡襄《端明集》卷四《耕園驛佛桑花》 溪館初寒似早春，寒花相倚醉於人。可憐萬木雕零盡，獨見繁枝爛熳新。清艷夜霑雲表露，幽香時過轍中塵。名園不肯争顔色，的的天紅野水濱。

又 卷五《耕園驛有序》 明道中，予爲漳州軍事判官，晚秋嘗至州西耕園驛。驛庭有佛桑樹十株，開花繁盛，念其寒月窮山方自媚好，乃作《耕園驛佛桑花》詩一首。既而乘桴東下，又作溪行一首。慶歷七年，予使本路，明年夏四月，自汀來漳，復至是驛，花尚仍，故追感昔游，因紀前事，并載舊篇，龕於西壁。

使軺迢遞到天涯，候館還延感歲華。白髮却攀臨砌樹，青條猶放過墻花。悲來唯見金城柳，醉後曾乘海客槎。欲問昔游無處所，晚烟生水日沈沙。

蘇軾《東坡全集》卷二三《正月二十六日，偶與數客野步嘉祐僧舍，東南野人家雜花盛開，扣門求觀。主人林氏媪出應，白髮青裙，少寡，獨居三十年矣。感歎之餘，作詩記之。》 縹蔕緗枝出絳房，緑陰青子送春忙。涓涓泣露紫含笑，焰焰燒空紅佛桑。落日孤煙知客恨，短籬破屋爲誰香。主人白髮青裙袂，子美詩中黄四娘。施元之注：《余皇日疏》：佛桑出嶺南，枝葉類江南槿樹，花類中州芍藥，而輕柔過之。有深紅深紫淺紅數種。剪插於土即活。

宋 文同《丹淵集》卷一六《朱槿》 含露方矜沓裊，摇風旋見離披。湖上先生笑汝，朝開暮落何爲。

宋 姜特立《梅山續藁》卷四《佛桑花一名朱槿》 東方聞有扶桑木，南土今開朱槿花。想得分根自暘谷，至今猶帶日精華。

明 李夢陽《空同集》卷三《朱槿賦》 司陽兮煽烈，涉秋兮逾熾。覽逝兮中蘊，游物兮揄志。睫庭木之榮麗，閔含芳之不脩。傾朝曦以擢華，夕景至而隕枯。伊賦形之靡移，諒天道而奚私。幸見標於哲典，厥登詠於删詩。何有性而易遷，恒隨所而盤據。絛荏苒而孔弱，葉縈陰而繁布。蒙薰風之拂披，爰脩妍而運縟。既抽鉛以剖絳，遂希芬而效馥。濡溥露以膏韻，藉垂光於杲日。熨炎陽之静彩，褒絶代之英質。態疑層而遽損，媚若斂而復出。光飄灼而靡定，恍若流霞過茂草，爛若慶雲游春沼。宛孌窈窕，猗猗縹緲，或爾托文堂之隙寓，奉君子之榮輝。側朱陛以敷蔭，競葵榴於赤墀。屈纖枝於皓腕，徵瓠齒而清歌。歎形微而寵重，屢回笑而增酡。天暮日夕，顔銷華落。辭高塾卑，飄蕪泛濁。檻塵池緯，撲簾繽幕。或委空曲，或飛土苴。颭叢迴波，蹂踏坐隅。觴停鐙昏，主倦容煩。舄履無序，折釵碎鈿。几席狼籍，命駕歸旋。於是棄滕擯嬙，愁女怨姬。出幽房，步苔階，摇金扃，吟殿月。掩團扇而涕零，徙長門而望闕。攀斯木以凝盼，掇實蕚而中熱。足將進而踟躕，立長廊之肅陰。軫蘭臺而罥疾，咎增城而痛襟。思惝怳以攢内，泗交頸而淫淫。嗟容色之難恃，慨懽懮而異詧。佩薰芳以順委，庶生榮而没寧。

明 孫繼皋《宗伯集》卷一〇《佛桑花》 仙艷誰從嶺外移，柔條六月綴花奇。蒸霞定壓祇園樹，浴日疑分碧海枝。朱槿差堪窺色相，石榴那敢鬥容姿。寄言陌上提筐女，莫誤春風摘葉時。

清 聖祖愛新覺羅·玄燁《聖祖仁皇帝御製文集》第四集卷三六《佛桑花》 木槿層樓號佛桑，新移遠道愛芬芳。開時先占榴花艷，留日還同菊蕊香。

清 彭遜遹《松桂堂全集》卷三三《朱槿》 華林曾與託芳標，華户今能貯阿嬌。細雨斜陽成野趣，短籬曲徑傍山寮。能紅能白色殊好，旋落旋開魂暗消。莫爲靈椿生懊惱，八千歲月一終朝。

又《佛桑》 偶將名字附金仙，嘉樹還從嶺外傳。天遠豈曾慳雨露，地偏終不汙風烟。緑疇十畝花如葚，紅浪千層海作田。果否是桑成底用，此鄉方貢八蠶綿。

清 宋犖《西陂類稿》卷四《佛桑》 殷紅朶朶閒輕黄，花起重樓葉是桑。過嶺定知梅遜色，狒人何必薜生香。鷓鴣啼處紛愁態，瘴癘開時爛曉妝。珍重炎州來異種，休將玉蕊説唐昌。

清 汪森《粤西詩載》卷一六《詠佛桑花》 南無麗卉鬥猩紅，净土門傳到此中。欲供如來嫌色重，試藏宜聖訝株同。葉深似有慈雲擁，蘂拆偏禁慧日烘。賞玩何妨三宿戀，只愁燒破大虚空。

雜録

晉 郭璞注《山海經》卷一四《大荒東經》 大荒之中有山，名曰孽摇頵羝，上有扶木，柱三百里，其葉如芥。柱，猶起高也。葉似芥菜。有谷曰温源谷，温原即湯谷也。湯谷上有扶木。扶桑在上。一日方至，一日方出。言交會相代也。

晉 王嘉《拾遺記》卷三 扶桑東五萬里有磅磄山，上有桃樹百圍，其花青黑，萬歲一實。

唐 段成式《酉陽雜俎》續集卷九《支植上》 重臺朱槿似桑，南中呼爲桑槿。

清 雍正《浙江通志》卷一〇七《物産·温州府》 佛桑 崇禎《處州府志》：龍泉縣花有佛桑。

清 乾隆《福建通志》卷一〇《物産·興化府》 佛桑 其單瓣者，俗呼照殿紅。

又 卷一〇《物産·泉州府》 佛桑 其重瓣者，土人呼爲鶴頂。

桂花

論説

清 曹溶《倦圃蒔植記》總論卷上《論花第三》 桂君稟性剛正，深有益於人，與木樨大不同。凡古人所謂桂者，多指藥中桂皮之樹耳。不但此土木樨未是，而閩中結子者亦非也。嶺南患木樨瘴，此地亦頗有聞氣眩暈者。又入茶酒中，或因而腹脹，皆宜慎之。試觀《王局桂酒頌》，則知吴樨閩子能不避三舍耶。

清 李漁《閑情偶寄》卷一三《種植部·木本第一·桂》 秋花之香者，莫能如桂。樹乃月中之樹，香亦天上之香也。但其缺陷處，則在滿樹齊開，不留餘地。予有《惜桂》詩云：萬斛黄金碾作灰，西風一陣總吹來。早知三日都狼籍，何不留將次第開。盛極必衰，乃盈虚一定之理，凡有富貴榮華一蹴而至者，皆玉蘭之爲春光，丹桂之爲秋色。

清 俞樾《茶香室叢鈔》四鈔卷二八《陸放翁未見桂花》 宋無名氏《愛日齋叢鈔》云：陸務觀云楚詞所謂桂，數見於唐人詩句及圖畫間，今不復見矣。屬山僧野人試求之，賦絶句云：丹葩緑葉鬱團團，銷得姮娥種廣寒。行盡天涯八十，至今未得一枝看。又别記其説云：桂花以春芳，其色丹，亦或紫。《南部新書》云：錢唐靈隱山多有之，香紫可愛，白樂天謂之紫楊華。今不復見。雖問靈隱山僧，亦莫知矣。往往妄指木犀爲之，草木顯晦，亦有時如此。按自有木犀，而天下無桂久矣。宋人猶有此種議論，今并不復知也。

又云，李衛公《平泉草木記》中列桂之品三：其一紅桂樹，云此樹白花紅心，因以爲號；其一月桂，云出蔣山，淺黄色；其一山桂，云此花紫色，英蘂繁縟，三者未詳孰是。《爾雅》：梫木，桂。郭景純曰：白華不言丹紫。《選詩》「秋風生桂枝」，亦鮮言春也。孫少媿《東皋雜録》：自邵州至全州，道旁多巖桂。冬初花發，芬馥特異，俗謂之九里香，又謂之木犀，以其文理黑而潤，珠類犀角也。冬初發花，固由土氣有異。以桂與木犀一種，相傳久矣。陸氏之説，孤而不章。按此，則放翁所説，在愛日齋主人已不甚爲然也。

又按，桂花以春芳之説，余終未敢信。唐王績有《春桂問答詩》：問春桂，桃李正芬華，年光隨處滿，何事獨無花？春桂答，春華詎能久，風霜摇落時，獨秀君知否？是初唐人詩已言春無桂花也。

宋楊萬里《木樨花賦》曰：摩挲玉蟾蜍而問焉，亦不知其名，而字之曰桂，蓋以木樨爲桂。宋以來無不皆然矣。

綜述

晉 嵇含《南方草木狀》卷中 桂出合浦，生必以高山之巔，冬夏常青，

其類自爲林，間無雜樹。交趾置桂園。桂有三種：葉如柏葉皮赤者爲丹桂；葉似柿葉者爲菌桂；其葉似枇杷葉者爲牡桂。《三輔黄圖》曰：甘泉宫南有昆明池，池中有靈波殿，以桂爲柱，風來自香。

宋 陸佃《埤雅》卷一四《釋木·桂》 蘇秦曰：「楚國食貴於玉，薪貴於桂，謁者難見於鬼，王難見於帝。」蓋桂藥之長也。凡木葉皆一脊，惟桂三脊。桂之輩三：一曰菌桂，葉似柿葉而尖滑鮮浄，《蜀都賦》所謂「菌桂臨崖」者即此桂也。二曰牡桂，葉似枇杷而大，《爾雅》所謂「梫，木桂者」即此桂也；菌桂無骨，正圓如竹，故此云木桂也。三曰桂，舊云葉如柏葉者即此桂也。皆生南海山谷間，冬夏常青，故桂林桂嶺皆以桂爲名也。《本草》言：桂宣導百藥無所畏，又云菌桂爲諸藥先聘通使，故《説文》以爲百藥之長也。

宋 張邦基《墨莊漫録》卷八 木犀花，江浙多有之，清芬漚鬱，餘花所不及也。一種色黄深而花大者香尤烈，一種色白淺而花小者香短。清曉朔風，香來鼻觀，真天芬仙馥也。湖南呼九里香，江東曰岩桂，浙人曰木犀，以木紋理如犀也。

宋 温革《分門瑣碎録·雜説》 木犀葉有齒如鋸，其紋亦粗，澀者乃香。有一等葉光澤者，殊無香也。又有一種花極白者亦無香，蘭亦如之。

宋 范成大《桂海虞衡志·志草木·桂》 桂，南方奇木，上藥也。桂林以桂名，地實不産，而出於賓宜州。凡木葉心皆一縱理，獨桂有兩紋，形如圭，製字者意或出此。葉味辛甘，與皮無别而加芳，美人喜咀嚼之。

宋 羅願《爾雅翼》卷一二《釋木·桂》 《本草》：桂有三種，菌桂生交趾桂林，正圓如竹，有二三重者。葉似柿，花白蘂黄，四月開，五月結實。《離騷》：雜申椒與菌桂，矯菌桂以紉蕙是也。今有筒桂，筒、菌字近或傳寫之誤，或云即肉桂也。牡桂生南海，葉似枇杷，皮薄色黄，少脂肉，氣如木蘭，削去皮名桂心，所謂官桂也。桂生桂陽，是半卷多脂者，所謂板桂也，陳藏器云同是一物。

宋 梁克家《淳熙三山志》卷四一《土俗類三·物産·花》 巖桂 其葉兩兩相向，粟結其間，及開，清馥斷續而遠聞，俗呼爲九里香。木紋如犀，可以爲器，亦號木犀。數種，有四時開者，紫者，鞓紅者，深紅者曰丹桂。凡色勝則香薄。

宋 陳景沂《全芳備祖》前集卷一三《巖桂花》 碎録 梫木，桂樹也。一名木樨，花淡白。其淡紅者，謂之丹桂。黄花者能子，叢生巖嶺間。《爾雅》

紀要 月中有桂樹。《淮南子》。臯塗之山有桂木，八樹在賁禺東，八樹成桂言，其大也。賁禺即番禺也。《山海經》。桂陽郡有桂嶺，放花徧白，林嶺盡香。《地理志》

雜著 桂樹叢生兮山之幽，偃蹇連蜷兮枝相繚。山氣巃嵸兮石嵯峨。谿谷嶄岩兮水層波。猿狖羣嘯兮虎豹嗥。扳援桂枝兮聊淹留。《小山招隱》。朱桂黝倏于南北。《靈光殿賦》。桂樹列兮紛敷吐，花紫兮布條實孤。飲菌若之朝露兮，搆桂木以爲室。桂蠹不知所淹留兮，蠱不知死於葵菜。桂芳香兮正堅，故君子依之。並《文選》。桂棹兮蘭枻。桂楝兮茅橑。結桂枝兮延佇，沛吾乘兮桂舟，援北斗兮酌桂漿。並《楚詞》。南州之炎德兮，麗桂樹之冬榮。《遠游》

宋 陳耆卿《赤城志》卷三六《風土門一·花之屬》 巖桂 一名木犀，紅者號丹桂，又有黄白紫碧四色與重臺及四時開者，而黄者尤香。

明 郎瑛《七修類稿》卷二六《桂花四出》 諸花皆五出，蓋土之生物，五爲成數也。巖桂止四出者，秋已屬金，西方金之成數又四也。故桂金色而四出，開於秋也。

明 田藝蘅《留青日札》卷三二《白桂》 張曲江云：桂華秋皎潔。段成式云：桂花三月生，黄而不白，以譏九齡之妄。天桂本秋樹，有紅有黄有白，有春桂四季桂。成段公所見，止知有春桂耳。紅桂，宋《象山史》，本初家有之，因接本獻于朝，多植禁中，高宗雅愛之，號曰丹桂。四方争求，歲接數百本。今出象山者，香色芬麗。移之四方，則香色少損矣。蓋地氣使然也。

明 王世懋《學圃雜疏·花疏》 木樨，吾地爲盛，天香無比，然須種早。黄毬子二種不惟早，黄七月中開，毬子花密爲勝，即香亦馥郁異常。丹桂香減矣，以色稍存之，餘皆勿植。又有一種四季開花而結實者，此真桂也，閩中最多，常以春中盛開，吾地亦間有之，宜植以備一種。

明 高濂《遵生八牋》卷一六《燕閒清賞牋下·木樨花四種》 有四種：金黄花、白花、黄花、結子四季花。惟金桂爲最，葉邊如鋸齒而紋粗者其花香甚。灌以猪糞則花茂，蠶沙壅之亦可。

明 王圻《稗史彙編》卷一五一《木犀》 木犀花，江浙多有之，清芬馥鬱，餘花所不及也。一種色黄深花大者，香尤烈。其白者次之。清曉遡風，香來鼻觀，真天芬也。湖南呼九里香，江東曰岩桂，浙人曰木犀，以木紋理如犀也。近人以花半開香正濃時就枝頭采擷，以冬青樹子搗捩其汁，微用拌其花

入磁瓶中，以厚紙冪之，至無花時於密室中，取置盤中，其香裛裛中人。如秋開時復入器藏可留久。

明 王路《花史左編》卷四《花之辨・桂花》 金黄白黄四季，惟金桂爲最，葉邊如鋸齒而紋粗者香。灌以猪糞，蚕沙壅之茂。臘雪高壅於根，則來年不灌自發。桂樹接石榴，開花必紅。

又 卷五《花之候・桂花》 四月間，將枝攀着地，以土壓之，至五月自生根。一年後截斷，八月含蕊時移種，來年尤茂。

明 周文華《汝南圃史》卷七《桂花》 桂花，一名巖桂，謂其多生巖嶺間也。俗稱木犀。《興化府志》又名九里香，有數種。惟深黄色者花蕾繁簇，香尤清烈，俗謂之毬子、木犀，此爲第一。《羣書一覽》以紅爲狀元，黄爲榜眼，白爲探花，蓋取其色之紅耳。其實紅劣於黄，至白色者尤劣。有先數日開者爲早黄，有四時開者，有結子者。

明 文震亨《長物志》卷二《花木・桂》 叢桂開時，真稱香窟。宜闢地二畝，取各種並植，結亭其中，不得顔以天香小山等語，更勿以他樹雜之。樹下地平如掌，潔不容唾，花落地即取以充食品。

明 陳正學《灌園草木識》卷一《花之屬・桂花》 自中秋以後，月月作花，至首夏方止，故名月桂。張曲江《感遇》詩云：「蘭葉春葳蕤，桂花秋皎潔。」段成式以爲桂花三月作花，黄而不白，曲江妄也，不知風土節候不同。未可厚詆曲江，漳有黄白二種，黄者山桂也，一年只九月盛開一次，名木犀。白者月桂也，秋深盛開，花稠葉稀，白若玉樹，歷冬春而至首夏。灌以糞漿，切忌溺水，其花煮以飴蜜而爲膏，擣以糖霜而爲餅，漬以黄楊梅汁而爲葅，皆盤供佳品也。

又《丹桂》 色如紅丹，以博接成樹。二月初剪截山桂叢，接以丹桂枝，過四五年方作花。

明 夏旦《药圃同春・九月》（《説郛續》卷四〇引） 桂花 丹黄白三色，一種名「日月桂」，俱香。

明刻本《花史》秋集《桂花》 《南方草木狀》曰：桂出合浦，生必以高山之巔，冬夏常青，其類自爲林，間無雜樹，交趾置桂園。桂有三種，葉如柏葉皮赤者爲丹桂，葉似柿葉者爲菌桂，其葉似枇杷葉爲牡桂。

《春秋運斗樞》曰：椒桂合剛陽。注云：椒桂，陽星之精所生也。合猶連陸而生也。

韓終《采藥》詩曰：闇河之桂，實大如栗，得而食之，後天而來。

《三輔黄圖》曰：甘泉宫南有昆明池。池中有靈波殿。以桂爲柱，風來自香。

尹子曰：余家圃中有一桂，經年着花不斷。樹身至根皆着花，芳香倍于常桂。又見浙東署中桂樹，秋纔着花。忽于二月間着花，三重十三出，大如茉莉，尤所罕見者。

《格物叢論》曰：桂，梫木也，一名木犀，叢生巖嶺間。桂花數品，或白或黄或紅或紫，或花四出或五出或重臺，四時青青，不改柯易葉。又有一種四季着花。亦有每月一開者，亦有當春着花者，香皆不減於秋桂也。

《爾雅》曰：葉似枇杷而小，花淡白。其淡紅者謂之丹桂，黄花能着子。叢生岩嶺間，枝葉冬夏常青。

四種惟金桂爲最。葉邊如鋸齒而紋粗者，其花香甚。

清 曹溶《倦圃蒔植記》卷中《花卉二・桂》 昔人謂有錢當作五窟室。吴香窟盡種梅株，秦香窟周懸麝臍，越香窟植岩桂，蜀香窟栽椒，楚香窟畦蘭。四木草各占一時，餘日入麝，便廷子一年，死且爲香鬼，况於生乎。栽桂之法，須俟夏初，攀枝着地以土壓之，逾年截斷，含蕊移栽，灌以猪糞，蠶沙壅之。如患蛀損，取芝蔴梗懸之樹間，能殺諸虫。《種樹書》云：木樨接石榴其花必紅。然則宋高宗時，山陰史氏本又不足奇矣。別有草本名水木樨，二月分種，香味不減。又有月桂一種，實非同族，法於花謝摘去其蒂，亦如鳳仙花，發無已。如遇虫食，魚腥澆之，次第栽培，真堪鼻選矣。

清 陳淏子《秘傳花鏡》卷三《花木類考・桂》 桂，一名梫，一名木樨，一名巖桂。葉對生，豐厚而硬，凌寒不凋。枝條繁密，木無直體。花甚香甜，小而四出。或有重臺，亦不易得。其種不一。白名銀桂，黄名金桂，能著子。紅名丹桂，不甚香。又有四季桂，月桂，閩中最多。葉如鋸齒而紋粗，花繁而香濃者，俗呼毬子木樨。花時凡三放，爲桂中第一。澆以猪穢則茂，壅以二蠶沙則肥，但不宜糞，而喜河泥。若移栽，須擇高阜半日半陰處，以臘雪高壅其根，則來年不灌自茂。冬月以撏猪湯澆一次尤妙。如木生蚰，取芝蔴梗懸之樹間，能殺諸蟲。一云，木樨接於石榴樹上，其花即成丹桂。花謝後，摘去其蒂，亦如鳳仙，可發二次。屈其條壓土中，良久自能生根，一年後截斷，八月含蕊時移種。若以冬青樹接亦可。花以鹽滷浸之，經年色香自在，以糖椿作餅，點茶香美。

清 高士奇《北墅抱瓮録·桂》 桂分紅黄白三色。紅者曰丹桂，黄者曰金桂，白者曰銀桂，每秋發花兩度。丹桂有子。凡花之香者，或清或濃，不能兩兼，惟桂花清可絶塵，濃能透遠，一叢盛放，鄰牆别院莫不聞之。江南好事者多結之作屏。余園中小徑鱗次，種植左右成行，接葉交枝，上不通日，花時金粟滿望。李義山所謂「桂巷」，殆不過是。

清 張逸少 汪灝等《佩文齋廣羣芳譜》卷四〇《巖桂》 巖桂似箘桂而稍異。葉（有）有鋸齒如枇杷葉而粗澀者，有無鋸齒如梔子葉而光潔者。叢生巖嶺間謂之巖桂，俗呼爲木犀。紋理如犀，故名木犀。其花有白者名銀桂，黄者名金桂，紅者名丹桂。有秋花者，春花者，四季花者，逐月花者。花四出或重臺，徑二三分，瓣小而圓，皮薄而不辣，不堪入藥。花可入茶酒，浸鹽蜜作香茶及面藥澤髮之類。天竺桂即今閩粤浙中山桂。台州天竺最多，生子如蓮實，或二或三，離離下垂。天竺僧稱爲月桂，其花時常不絶，枝頭葉底依稀數點，亦異種也。

清 鄒一桂《小山畫譜》卷上《桂》 一名木樨，樹高一二丈，枝葉對生。葉如冬青，尖長而彎角，旁超而中陷。花開葉間，四瓣，黄心二點，有柄，將開則苞落，一苞數花，叢密，色正黄，香濃郁。一種色紅者爲丹桂，白者爲銀桂，金色者爲金桂，香俱遜。又有四季桂，四時俱花，結子如小青果。至藥名肉桂者，則白花如茶，非其類也。

清 乾隆《雲南通志》卷二七《物産·花屬》 桂花 有丹桂、金桂、銀桂三種。又有月桂，四季開花，夏秋結子。

清 乾隆《續通志》卷一七六《昆蟲草木略三·木類》 巖桂，一名木犀，其花白者名銀桂，黄者名金桂，紅者名丹桂。

天竺桂生閩粤兩浙，而台州天竺最多，故名大樹。繁花，結實如蓮子狀。天竺僧人稱爲月桂，其花時常不絶，故道經謂之不花，不以供獻。

清 謝堃《花木小志·桂》 桂之花，有赤色者名硃砂桂，深黄色者名丹桂，淺黄色者名金桂，白色者名銀桂。又有名四季桂者，其花雖四季能開，然色香稍減。蓋齊魯間多以翦背羅本接之故耳。其壯大者莫如廣西桂林郡及潯州，余嘗見其有數十抱者，花開不落，結實若梧桐子。駱賓王詩云：「桂子月中落，天香雲外飄」，蓋指此也。

清 鄭績《夢幻居畫學簡明》卷三 桂與木樨同類别種。而桂亦有多種，概其名則有三，枝幹皆直，皮紋皆皺。一曰牡桂，葉長尺許，如枇杷，葉邊有鋸齒，表裏生毛。一名箘桂，葉似柿，葉中有縱紋三道，光浄無毛，與牡異。牡箘皆白花黄蕊，四五開，五月結子，生交趾桂林山谷中，樹高數丈，采其皮即藥，名肉桂。以上種不入畫譜。一曰巖桂，比牡箘樹小，嫩葉長瘦有齒，老葉短肥光厚無齒，如巵子葉，又如茶葉，因叢生巖嶺間，謂之巖桂。今園林中多移接種之，俗呼爲木樨者是也。其花白者名銀桂，黄者名金桂，紅者名丹桂。有秋花者，春咢者，四季花者，逐月花者。

紀事

宋 張淏《會稽續志》卷四《花》 （《平泉草木記》）又有《訪剡溪樵客得紅桂移植郊園》詩云：「來自天姥岑，長凝翠嵐色。」前又有「越叟遺數株，周人未嘗識」之句。意此桂在唐唯龍門敬善寺及剡中有之，今所至婆娑森立，不特剡也。

四季桂有植於剡之雪館者，城圃亦有之。白居易詩「有木名丹桂，四時常馥馥」。棗據詩「芳林挺芳幹，一歲三四花」。

宋 潛説友《咸淳臨安志》卷五八《物産·花之品》 木犀 有黄紅白三色，舊天竺山多有之。東坡有《天竺山送桂花分贈元素》云「月闕霜濃紅蕊乾，此花原屬桂堂仙。鷲峰子落驚前後，蟾窟枝空記昔年」云云。霅川陳大昌《衍蕃露》載明之士子，史有木犀，忽變紅色，異香，因接本以獻闕下。高宗愛賞，畫爲扇面，仍製詩以賜從臣云：「秋入幽岩桂影團，香深粟粟照林丹。應隨王母瑶池宴，染得朝霞下廣寒。」

宋 吴自牧《夢粱録》卷一八《物産·花之品》 木犀有黄紅白色者，其香且韻。頃天竺山多。天長橋慶樂園有數十株，士大夫嘗往賞此奇香。向東坡《送花贈元素》詩云：月闕霜濃細蘂乾，此花原屬桂堂仙。鷲峰子落驚前夜，蟾窟枝空記昔年。高宗在壽宫時，賞桂，嘗命畫工爲岩桂扇面。仍製御詩分賜羣臣親王。

明 慎懋官《華夷花木鳥獸珍玩考》卷四《桂》 《玉虚宫六圖》述，齋堂前老桂三。其最大者，以指絜之，得二十二圍。雖柯幹方盛，然葉遲如子母錢。花枝間時時綴數點，不能多。獨異香不減他植。一本十圍空中立，枯猶崛强如平昔。一本十三圍，偃蹇墻下，若付是非欣戚于人者。蓋皆百餘年物也。

慶元府象山州東一百六十里有山如象形，東南北皆至海，惟西南有陸路接台州寧海縣界。山出紅木犀，嘗移植禁中。高宗雅愛，畫爲扇面，且賦以詩。詩

云：月宮移向日宮栽，染得嬌容入面來。多謝秋風揚雨露，丹心一一爲君開。

清 姚之駰《元明事類鈔》卷三三《花草門一》 重榮桂，宋濂《集》：廬陵周氏廬桂樹一章陰可二畝。元至正間，紅巾盜起，桂焚死。越五年，忽發綠芽膚間，已而怒長，不數年，蓊若雲布。爲賦《重榮桂》。

清 雍正《浙江通志》卷一百四《物産·紹興府》 紅桂 《平泉草木記》：木之奇者，剡中之真紅桂。程顥《剡桂》詩序：李德裕嘗言，洛龍門敬善寺有紅桂樹，獨秀伊川。嘗於江南諸山訪之，莫致。陳侍御知余所好，因訪剡溪樵客，偶得數株，移植郊園，衆芳色阻，乃知敬善所有，是蜀道茵草，徒得其名。

清 乾隆《蓮花廳志》卷四《官署》 廨西舊有丹桂一株，老幹扶蘇，凌霜不改。偪近庖湢，四時花發，徒攀折於奴隸之手。予惜其嘉，植之，委頓，亟拔污泥中，移栽堂陛之西。

藝文

唐 白居易《白氏長慶集》卷一《廬山桂》 偃蹇月中桂，結根依青天。天風繞月起，吹子下人間。飄零委何處，乃落匡廬山。生爲石上桂，葉如剪碧鮮。枝幹日長大，根荄日牢堅。不歸天上月，空老山中年。廬山去咸陽，道里三四千。無人爲移植，得入上林園。不及紅花樹，長栽温室前。

又 卷二《有木詩八首之一》 有木名丹桂，四時香馥馥。花團夜雪明，葉剪春雲綠。風影清似水，霜枝冷如玉。獨占小山幽，不容凡鳥宿。匠人愛芳直，裁截爲廈屋。幹細力未成，用之君自速。重任雖大過，直心終不曲。縱非梁棟材，猶勝尋常木。

又 卷一六《廳前桂》 天台嶺上凌霜樹，司馬廳前委地叢。一種不生明月裏，山中猶校勝塵中。

宋 朱熹《晦菴集》卷一〇《詠巖桂二首》 亭亭巖下桂，歲晚獨芬芳。葉密千層綠，花開萬點黄。天香生静想，雲影護仙妝。誰識王孫意，空吟招隱章。

露浥黄金蕊，風生碧玉枝。千林向摇落，此樹獨華滋。木末難同調，籬邊不並時。攀援香滿袖，歎息共心期。

宋 高翥《菊磵集·桂》 玉蕊琅玕樹，天香知易薰。露寒清透骨，風定遠含芬。

雜録

唐 段成式《酉陽雜俎》卷一《天咫》 舊言月中有桂有蟾蜍，故《異書》言月桂高五百丈，下有一人常斫之，樹創隨合。人姓吴名剛，西河人，學仙有過，謫令伐樹。《釋氏書》言，須彌山南面有閻扶樹，月過，樹影入月中。或言月中蟾桂地影也，空處水影也，此語差近。

宋 陸佃《埤雅》卷一四《釋木·桂》 莊子曰：桂可食，故伐之，漆可用，故割之。言此皆以其能，苦其生者也。桂猶圭也，久服通神。若服以祀，宣道諸藥，爲之先聘。若執以使，又謂之梫，能侵他木，斃之。《談苑記》：江南後主患清暑，閣前草生徐鍇，令以桂屑布磚縫中，宿草盡死。《吕氏春秋》云：桂枝之下無雜木，蓋桂味辛螫故也。然桂之殺草木，自是其性，不爲辛螫也。雷公《炮炙論》云：以桂爲丁，以釘木中，其木即死。一丁至微，未必能螫大木，自其性相制爾。《越絶書》曰：人固不同，慧種生聖，癡種生狂，桂實生桂，桐實生桐，以鲧生禹。考之殆不然矣。《異書》云：月中有桂，下有一人，常斫之，木瘡隨合。

宋 范成大《吴郡志》卷三〇《土物下》 桂本嶺南木，吴地不常有之。唐時尚有植者。白樂天謂蘇之東城，古吴都城也。今爲樵牧之場，有桂一株，生乎城下，惜其不得地，因賦三絶句以唁之。近世乃以木犀爲巖桂。詩人或指以爲桂，非是。白居易：子墮本從天竺寺，根盤今在闔閭城。當時應逐南風落，落向人間取次生。舊説杭州天竺寺，每歲秋中有丹桂子。霜雪壓多雖不死，荆榛長疾欲相埋。長憂落在樵人手，賣作蘇州一束柴。 遥知天上桂華孤，試問姮娥有更無。月宫幸有閑田地，何不中央種兩株？

明 王鏊《姑蘇志》卷一四《土産·生植·雜花十九》 桂 《吴郡志》云：桂本嶺南木，吴地不常有之。唐時尚有植者。樂天守郡日謂，蘇之東城有桂一株，惜其不得地，賦詩唁之。近世以木犀爲巖桂，詩人或指以爲桂，非是。按此則桂與木犀當是二種。今吴中不復有桂，姑因舊志存之。【略】皮日休：一子落天上，生此青璧枝。欻從山之幽，斸斷雲根移。勁挺隱珪質，盤珊緹油姿。葉彩碧髓融，花狀白毫蕤。棱層立翠節，偃蹇繆青螭。影澹雪霽後，香泛風和時。吾祖在月竁，孤真能見貽。願老君子地，不敢辭喧卑。陸龜蒙：諷賦輕入植，擅名方一枝。才高不滿意，更自寒山移。宛宛別雲態，蒼蒼出塵姿。烟歸助華杪，雪點迎芳蕤。青條坐可結，白日如奔螭。諒無劉剪憂，即是蕭森時。洛浦雖有蔭，騷人聊自怡。終爲濟川檝，豈在論高卑。

明 吳楚才《疆識略》卷三〇 桂，梫木也，一名木犀。《山海經》：皋塗山有桂木八樹，在賁禺東。賁禺即番禺也。月中桂樹，高五百丈，吳剛斫之，樹創隨合。見《酉陽雜俎》。故今人謂蟾宮丹桂。宋之問詩「桂子月中落，天香雲外飄。」故今人謂廣寒天香桂子落天竺梵僧云。八月十五夜鷲山事也。《晉史》：郄生對策第一，猶桂林一枝。故今人登第謂之攀桂。又淮南王劉安好道，感八公，共登山，攀桂而賦。有大小桂山，因以自號招隱士者。劉安小山所作也。故今人賦隱士謂叢桂青桂。

明 張大復《梅花草堂集筆談》卷八《老桂》 苕溪施水庵有老桂。本可合抱，枝覆兼之，其高十仞，周廣三十丈許。每秋盛花，香雨繽紛，黃金滿界。庵僧編帚擎畚，忙忙作掃花使，數日乃已，顧莫知其勝也。而溪上人亦絕無賞之者，酒盆茶椀皆未所嘗，何論題識。然此樹竟以是得全其天年，而僧亦無害。即不韻，何患焉？然則苕溪俗賢于他方遠矣。未遠又有圓證寺，丹桂合圍，秋風紅雨，狼籍不收。較之施水，即不以香自伐，未免勞人。

清 雍正《江西通志》卷一二《山川・廣信府》 秋香源，在貴溪縣北，地多桂樹，涼秋著花，清香襲人。

清 雍正《浙江通志》卷一八 桂巖 《常山縣志》：在縣北二十里麻山之麓，上有桂樹百餘株，不種自生，過秋花發，風送清香數里。

檜

綜述

宋 郑樵《爾雅注》卷下《釋木第十四》 檜柏葉松身。檜似柏而茂，人多植庭院。

宋 羅願《爾雅翼》卷九 檜今人亦謂之圓柏，以別於側柏。又有一種別名檜柏，不甚長，其枝葉乍檜乍柏，一枝之間屢變，人家庭宇植之以爲玩。

紀事

汉 劉歆《西京雜記》卷一 初修上林苑，羣臣遠方各獻名果異樹，【略】，栝十株。

北魏 酈道元《水經注》卷二五 （孔子）廟有夫子像，列二弟子執卷立侍，穆穆有詢仰之容。漢魏以來廟列七碑，二碑無字，栝柏猶茂。廟之西北二里有顏母廟，廟像猶嚴，有脩栝五株。

宋 李格非《洛陽名園記・董氏東園》 東園北向，入門有栝，可十圍，實小如松實而甘，香過之。

宋 梅應發 劉錫《四明續志》卷二《蒼雲堂》 直郡圃之北，自老香堂爲步廊數十間，周迴而至堂後，爲牖臨小教場，前有古檜數本奇甚。舊守疊山佐之，傾圮不治。而後之來者不知蒼雲取義於此，易以他名。大使丞相既葺石增舊觀，擇空地以檜補之，「搜蒼雲」舊扁猶在，蓋前守章大醇建，而歷陽張即之書。

清 杜臻《粵閩巡視紀略》卷一 辛丑過七里河，止桐城。蒼山萬叠，松檜蕭森，風景大異北地。

清 聖祖玄燁《南巡筆記》（《江南通志》卷首二之二輯） 檜樹在大成門內，古幹蒼然，苔蘚潤澤，真靈蹟也。

清 雍正《山西通志》卷一七〇《永濟縣》 萬固寺在城東南十五里中條山，兩崖巀嶫，萬檜蔚森，唐大中八年建，初名建元，後改今額。

清 乾隆《清一統志》卷一三〇《兖州府》 孔廟古檜 在曲阜縣孔廟前大成門左。《闕里志》：夫子手植檜三株，兩株在贊德殿前，高六丈餘，圍一丈四尺。其文左者左紐，右者右紐。一株在杏壇東南隅，高五丈餘，圍一丈三尺，其枝盤屈如龍形，世謂之再生檜。晉永嘉三年枯，隋義寧元年復生。唐乾封二年復枯，宋康定元年復生。金貞祐甲戌，寇犯闕里，焚及三檜，無復孑遺。元至元甲午春，東廡頽址甓隙間茁焉其芽，時張須爲三字學教諭，取而植之故所。漸矯如龍形，高一丈，圍四尺。迨弘治己未聖廟災，復燬。至今百餘年間，雖無枝葉而直幹堅挺，深根盤困，皮生苔蘚，生意隱然，不見朽腐。本朝康熙二十三年十一月十八日，聖祖躬祀闕里畢，至樹前撫觀良久，稱其神異，有《御製闕里古檜》詩賦。雍正十年，廟工告竣，復生新條，今高一丈許矣。

藝文

唐 劉禹錫《劉賓客文集》卷二四《謝寺雙檜》 揚州法雲寺謝鎮西宅古

檜存焉。雙檜蒼然古貌奇，含烟吐霧鬱參差。晚依禪客當金殿，初對將軍映畫旗。龍象界中成寶蓋，鴛鴦瓦上出高枝。長明鐙是前朝焰，曾照青青年少時。

宋 蔣堂《春卿遺稿·和梅摯北池十詠》池上有奇檜，青青歲紀深。舊枝憐茂植，時亦助清吟。夕月漏孤影，秋霜滋勁心。今方遇真賞，風什播瑶音。

宋 韓琦《安陽集》卷四《得太清小檜植館中》仙檜移來近紫壇，亭亭將見起毫端。纖枝未覺來風韻，勁節先知度歲寒。得地最宜儒館種，結根須作棟材看。願將軒竹陪蒼翠，帶雪開樽助雅歡。

宋 劉敞《公是集》卷一〇《檜花》百花乘春輝，紅白相嫵媚。暫開已半落，過眼如夢寐。繁奢能幾時，寂寞都埽地。兒童惜徘徊，婦女瞻歔欷。中庭兩檜樹，百尺浮雲際。芳意不玩俗，秀色亦自喜。緑烟凝參差，金粟點細碎。霏霏墮疏香，裊裊隔清吹。足明後凋節，不與衆草類。忽思折瑶花，自放天宇外。

宋 劉攽《彭城集》卷八《兖州古檜》兖州宅西有古檜，十尋度高百圍大。生理成全不增長，半枯半榮常常在。游人相與疑汝年，檜不能言聊臆宣。百番桃李香撲地，一輩蒲柳長參天。束薪尋斧不旋踵，種子著花還比肩。老身寂寞無顔色，猶有黄鵠來枝側。

又 卷一三《雙檜》雙檜森森高出檐，憶昨卜鄰逢吉占。清風似主我爲客，冠蓋相向何凝嚴。愛棠不能如召伯，種柳自覺勝陶潛。春暉漸永羣芳麗，翠影看花一寸添。

宋 梅堯臣《宛陵集》卷八《綿檜》翠色凌寒豈易衰，柔條堪結更葳蕤。松身柏葉能相似，勁拔緣何不自持。

又 卷二〇《檜詠》文章老重欲追古，便作帝宫蒼檜詩。青葱玉樹傳楊子，盤屈洪桃見左思。龍鱗已愛松身直，珠實還看柏葉垂。秀木豔叢那可擬，但將霜雪定堅姿。

宋 蘇軾《東坡全集》卷一九《和趙景貺栽檜》汝陰多老檜，處處屯蒼雲。地連丹砂井，物化青牛君。時有再生枝，（潁之靈壇觀亦有再生檜。）還作左紐紋。王孫有古意，書室延青芬。應憐四孺子，不墮凡木羣。體備松柏姿，氣含芝术薰。初扶鶴立骨，未出龍纏筋。巢根白蟻亂，網葉秋蟲紛。乃知蔽芾初，甚要封植勤。他年皮三寸，狐鼠了不聞。

宋 蘇轍《欒城後集》卷三《任氏閲世堂前大檜》君家大檜長百尺，根如車輪身弦直。壯夫連臂不能抱，孤鶴高飛直上立。狂風動地舞枝幹，大雪翻空洗顔色。人言此檜三百年，未知昔是何人植。君家大夫老不遇，一生使氣未嘗屈。没身不悦歸故里，遺愛自知懷舊色。此翁此檜兩相似，相與閲世何終極。汝南山淺無良材，櫟柱棟椽聊障日。便令殺身起大厦，亦恐衆材無匹敵。且留枝葉撓雲霓，猶得世人長太息。

宋 李廌《濟南集》卷一《臨溪檜》青青弱草陰，猶能蔭寒魚。況乃葱蒨色，百尺映扶疏。月烟含清曠，水氣相吹噓。忽思大明宫，垂楊拂丹渠。豈無蒼翠色，飄飖映茅廬。日暮生幽寒，寂寞意何如。

又 卷三《鼎足檜》巨根盤亘幾百尺，高幹植立參天長。蕭蕭氣清霜月白，雲根桂子飄秋香。松陵高士風骨奇，灑然臨流傲滄浪。油雲委地墨欲滴，霾風拂雨炎天涼。鄴留執策信秉鉞，軍中舞劍語激昂。幽林俯見皆樸樕，反視茂質獨蒼蒼。樂圃先生最珍玩，如神偉象豈等常。夢松蓋有三公兆，蒼檜鼎峙寧非祥。

宋 劉安上《給事集》卷一《檜》蔚蔚傲霜葉，亭亭緑池畔。莫言盈尺材，要是凌雲幹。

明 馬弓《陳檜》（《佩文齋詠物詩選》卷二七九輯）古本凌空百尺過，根盤如石鐵爲柯。濃陰不礙金蓮座，虚籟猶傳玉樹歌。倦客解衣頻徙倚，老禪卓錫定摩挲。雲門寺裏梁朝柏，身上苔痕想更多。

明 章珪《檜》（《佩文齋詠物詩選》卷二七九輯）天挺良材聳百尋，托根仙宿歷年深。能兼老柏冰霜操，不讓寒梅鐵石心。夜静繞壇星布列，月明滿地翠陰森。工師若選明堂用，爲棟爲梁價萬金。

雜 録

宋 陸游《入蜀記》卷一（乾道六年六月）十四日早【略】至東岳廟觀古檜，數百年物也。

宋 羅濬《寶慶四明志》卷二一《象山縣志全》珠巖山縣東北三十里，世傳蕃舶自海中望見此山常有寶氣，因航海至山中尋之，不獲而去。半巖又有古檜一株，盤鬱糾結，狀甚奇怪，人莫能取，或傳常出白堊。

宋 梅應發 劉錫《四明續志》卷二《雙檜泉》 泉在四明窗之西南，其東則木香臺，而北則武藏也。二檜虬拳古挺，湮没牆隈，不知幾年。公既建武藏，日徘徊其旁，摩挲雙檜。一日忽聞檜下泉聲涓涓然，亟疏鑿之，泉流如注，遂取檜間甃爲圓池，因營摺廊五間，左右二檜，爲憩息之所，環以檜屏，翳然有濠濮間想。公親題雙檜泉三字於池上。

宋 潛説友《咸淳臨安志》卷一三《陳朝檜》 舊有堂，蘇軾嘗爲僧志詮作詩以記，今有小亭，孝宗皇帝御書軾詩，刻石亭上。道人手種幾生前，鶴骨龍姿尚宛然。雙幹一先神物化，九朝三見太平年。忽驚華樹依巖出，乞與佳名到處傳。此柏未枯君記取，灰心聊伴小乘禪。

元 徐碩《至元嘉禾志》卷一四《梁朝檜》 梁朝檜在天慶觀，枝柯偃蹇，奇怪可觀，有石刻「梁朝檜」三字在其下。

明 王鏊《姑蘇志》卷三三《白公檜》 白公檜，唐白樂天手植，在州宅後池光亭前水中。政和初已槁瘁，高不滿二丈，後爲朱勔取獻京師，死道中，乃以他檜易之，禁中不知也。

清 雍正《畿輔通志》卷五六《檜》 一名栝，《西山游記》：碧雲寺殿前二栝松，十圍，日出映之，山中蓊蓊如青雲起。

清 乾隆《盤山志》卷一五 檜，天成寺塔下一，少林寺一，香水寺殿後三，龍泉寺殿前一，皆千年物也。

海棠類

論 説

明 郎瑛《七修類稿》卷四四《香海棠》 世謂海棠無香。劉淵材五恨，此其一也。昨讀《墨客揮犀》，劉淵材聞李丹辭昌州議者，吐飯往詢棄之之故。李驚問之，劉曰：昌州海棠獨香。聞者傳笑。予嘗見《草木子》云，海棠惟昌州者香，故號昌爲海棠香國。州治前有香霏閣，予意昌乃蜀郡，海棠稱最於蜀者，恐謂是也。然又見沈立《海棠記》，謂其香清酷，不言某地，似有可疑。及觀宋真宗御製《後苑雜花十章》以海棠云「清香逐處飄」，又云「游蜂逐遠去」。又王元之《題錢塘海棠》云：江東移植在錢塘，手植庭花蒲縣香。此又不特在昌州者，乃知海棠之香如菊花有落不落者，不可一槩論之也。

清 李漁《閑情偶寄》卷一三《種植部・木本第一・海棠》 海棠有色而無香，此《春秋》責備賢者之法。否則無香者衆，胡盡恕之，而獨于海棠是咎？然吾又謂海棠不盡無香，香在隱躍之間，又不幸而爲色掩。如人生有二技，一技稍粗，則爲精者所隱；一術太長，則六藝皆通，悉爲人所不道。王羲之善書，吴道子善畫，此二人者，豈僅工書善畫者哉？蘇長公不善棋酒，豈遂一子不拈，一巵不設者哉？詩文過高，棋酒不足稱耳。吾欲證前人有色無香之説，執海棠之初放者嗅之，另有一種清芬，利于緩咀，而不宜于猛嗅。使盡無香，則蜂蝶過門不入矣，何以鄭谷《詠海棠》詩云：朝醉暮吟看不足，羨他蝴蝶宿深枝？有香無香，當以蝶之去留爲證。且香之與臭，敵國也。《花譜》云：海棠無香而畏臭，不宜灌糞。去此者必即彼，若是，則海棠無香之説，亦可備證于前，而稍白于後矣噫。「大音希聲」「大羹不和」，奚必如蘭如麝，撲鼻薰人，而後謂之有香氣乎？

清 曹溶《倦圃蒔植記》總論 卷上《論花第三》 西府爲真海棠，而紫綿爲真西府，餘皆非至物。所謂河南西府最大，然色淺而葉粗，不足貴也，況其他乎。宋朝宸游有所謂小春海棠，蓋木本者，一歲而再花，色尤嬌好。有識者未嘗不過而問焉。貼梗木瓜，棠之别族耳。

清 李調元《童山文集》卷一二《海棠香辨》 海棠，蜀客也。蜀之海棠皆無香，而惟昌州有香香國之號，由來舊矣。然而香不獨昌州爲然，凡蜀海棠皆有之也。先大夫曾手植一株，在補過亭東，垂五十八年。大幾成拱，下有木香古架，轇葛其上，相與爭繁比茂，其枝叢密，其葉縹緑。每春花時，綽約滿條，外淺絳而内深紅，胭脂萬點，猩血千苞，然童而習之，未嘗知其香也。今年正月二十八日，余以海棠將放，不欲使受木香之欺。命園丁斬其刺藤，别豎櫟架，引蔓使上，于是撥雲見天。而凡海棠之昔罥于莖蔓、受制于蟠屈者，皆理之伸之，而後海棠之精神面目煥然畢露。然亦未知其香也。一旦含苞滿樹，掩户静坐。清風徐來，其香酷清，不蘭不麝，細而領之，非梅非杏，乃出海棠。奇哉，何向之無香而今乃香也？何向之不知而今乃知也？豈以予爲知音者而故貢其香以求知耶？抑久爲非種之纏，素傷匪人之比，而今渣滓去，清虚來，乃揚眉吐氣，一吐其香以報予耶？由前而推，則知己我也，由後而推，則感恩我也。感恩我不敢，知己我或然。嗟乎！天下欲求一知己感

恩而不可得，豈獨海棠也哉。昔羅江東隱在錢塘，手植海棠一株，宋王黄州禹偁題詩，有「江東遺跡在錢塘，手植庭花滿院香」。《花木考》謂：觀此杭州海棠亦香，不獨昌州。非也，蓋知己則臭味相投，故衆人不聞而己獨聞也，王黄州亦江東之知己也。

清 雍正《畿輔通志》卷五六《土産·海棠》 《帝京景物略》：上西府，次鐵梗，次垂絲，贋者木瓜。辨之以其葉：木瓜花先葉。海棠葉先花。韋公慈仁二寺，皆京師海棠盛處。

綜 述

唐 郭橐駝《種樹書·花》（《説郛》卷一〇六下輯） 海棠花，欲其鮮而盛，於冬至日早以糖水澆根下。海棠候花謝結子，剪去，來年花盛無葉。

宋 樂史《太平寰宇記》卷七二《劍南西道一·益州·土産》 海棠花，此樹尤多，繁艷。未開時如硃砂爛漫，稍白，半落如雪，天下所無也。

宋 宋祁《益部方物略記》 脩柯柔蔓，濃淺繁總，盛則重蘤，不常厥種。右重葉海棠 海棠大抵數種，又皆小異。惟其盛者則重葩，疊萼可喜，非有定種也。始濃稍淺，爛若錦章。北方所植，率枝强花瘠，殊不可玩。故蜀之海棠，誠爲天下之奇豔云。

宋 范成大《吴郡志》卷三〇《土物下》 蓮花海棠，花中之尤也。凡海棠雖艷麗，然皆單葉，獨蜀都所産重葉，豐腴如小蓮花。成大自蜀東歸，以瓦盆漫移數株，置船尾，纔高二尺許，至吴乃皆活。數年遂花，與少城無異。

宋 陳景沂《全芳備祖》前集卷七《海棠》碎録 海棠，爲花中神仙。唐賈耽。花木以海爲名，悉從海上來。《李贊皇集》。以梅聘海棠，但恨不同時耳。金城記海棠有色無香，惟蜀中嘉州海棠有香，其木合抱。《花譜》

雜著 仁宗朝張冕學士賦《蜀海棠詩》，沈立所以載諸《海棠記》中，云：山木瓜開千顆顆，水林檎發一攢攢。《注》云：大約木瓜、林檎花初發，皆與海棠相類。若冕言，則江西人正謂海棠梨花耳。《復軒漫録》。惟紫綿色者，正謂之海棠。沈立記言，其花五出，初則極紅，如胭脂點點，及開則漸成纈暈，至落則若宿妝淡粉。審此則似木瓜。林檎二花，若非真者矣。晏元獻云：已定復搖春水色，似紅還白海棠花。然則張冕亦與元獻同意耳。惟紫綿色者，謂之海棠，餘乃棠梨花耳。江浙間有一種，柔枝長蒂，顔色淺紅，垂英向下，謂之垂絲海棠。與此不同類，蓋强名耳。

宋 陳耆卿《赤城志》卷三六《風土門一·花之屬》 海棠 紅色，以木瓜頭接之則色白。又有二種，曰黄海棠，曰垂絲海棠，垂絲淡紅而枝下向。

宋 陳思《海棠譜》卷上 海棠雖盛稱於蜀，而蜀人不甚重。今京師江淮尤競植之，每一本價不下數十金。勝地名園，目爲佳致，而出江南者復稱之曰南海棠，大抵相類而花差小色尤深耳。棠性多類梨，核生者長遲，逮十數年方有花。都下接花工多以嫩枝附梨而贅之，則易茂矣。種宜墟壤青沃之地，其根色黄而盤勁，其木堅而多節，其外白而中赤，其枝柔密而脩暢。其葉類杜，大者縹緑色而小者淺紫色。其紅花五出，初極紅，如胭脂點點，然及開則漸成纈暈，至落則若宿妝淡粉矣。其帶長寸餘，淡紫色，於葉間或三萼至五萼爲叢而生，其蘂如金粟，蘂中有鬚三，如紫絲。其香清酷，不蘭不麝。其實狀如梨，大若櫻桃，至秋熟可食。其味甘而微酸，兹棠之大槩也。沈立《海棠記》

明 王鏊《姑蘇志》卷一四《土産·生植·雜花十九》 海棠 皆單葉，別有蓮花海棠，重葉豐腴，如小蓮花。范成大自蜀移歸，吴中遂有此種。吴人沈立嘗撰《海棠記》一卷。成大《寄題石湖海棠》：手開芳徑越城頭，紅錦屠蘇結綺樓。不把萬枝銀燭照，淡雲微月替人愁。老懶居家似出家，園林春色雨沾沙。海棠尚自無心看，天女何須更散花。

明 李時珍《本草綱目》卷三〇《果之二·海紅》 大抵海棠花以紫綿色者爲正，餘皆棠梨耳。海棠花無香，惟蜀之嘉州者有香而木大。有黄海棠（花黄）、貼幹海棠（花小而鮮）、垂絲海棠（花粉紅向下），皆無子，非真海棠也。

明 王世懋《學圃雜疏·花疏》 海棠品類甚多。曰垂絲，曰西府，曰棠梨，曰木瓜，曰貼梗，就中西府最佳。而西府之名紫綿者尤佳，以其色重而瓣多也。此花特盛於南都。余所見徐氏西園，樹皆參天，花時至，不見葉。西園木瓜尤異，定是土産所宜耳。垂絲以櫻桃木接，開久，甚可厭，第最先花，與玉蘭同時，植之傍，掩映不可廢也。貼梗，草本，郡城中種之，極高大。當訪求種法以備。一種紫綿，宋小説《苕溪漁隱叢話》備載之。

明 高濂《遵生八牋》卷一六《燕閒清賞牋下·海棠七種》 海棠有鐵梗，色如硃紅。有木瓜，粉紅。有西府，有樹海棠二種，一紫一白。有垂絲海棠，吐絲美甚。冬至日用糟水澆則來春花盛，若秋海棠嬌冶柔軟，真同美人倦妝。此品喜陰，一見日色即瘁。九月收枝上黑子，撒於盆内地上，明春發枝，當年有

花。老根過冬者，花發更茂。

明 王路《花史左編》卷八《花之宜・種海棠法》 貼梗海棠，春間攀枝着地，以肥土壅之，自能生根。來年十月截斷，二月移栽。櫻桃接貼梗則成垂絲，梨樹接貼梗則成西府，或云以西河柳接亦可。海棠欲鮮而茂，至冬日早以糟水澆之根下，或云糖水，或云酒脚。

明 周文華《汝南圃史》卷七《木本花部下・海棠 鐵梗 西府 垂絲》 海棠花最艷麗。凡三種：單葉深紅者曰鐵梗。《便民圖纂》云：鐵梗者，色如胭脂。《松江府志》云：磬口深紅，綴枝作花者，名貼梗海棠，則又名貼梗矣。貼梗與木瓜花相似，而不結子，故木瓜亦冒海棠之名。木瓜葉粗，花先開，貼梗葉細，花後開，以此爲別。單葉桃紅者曰西府，初開時嬌媚無比，與錦帶色相似，而西府尤勝。稍久則漸潦倒，不足觀已。結實如小花，紅，秋深始熟，味酢而澀。沈立作《海棠記》指此，范石湖所狀金林檎，疑即此也。多葉粉紅者曰垂絲。《水雲録》云：垂絲海棠柔枝長蒂，垂英向下是也。此花既多葉而色尤嬌，石湖以爲類小蓮花，信然。《便民圖纂》云：春間攀其枝著地，以土壓之，自生根。二年鑿斷，三月移栽，此指貼梗。然今人多不用壓，直於根内分栽。分時在正月中。《浣花雜志》曰：壓枝必在秋分，移栽必在春分，鑿根則不拘時候。如三月間移栽，恐難活。西府於梨樹花紅樹上接，垂絲於櫻桃樹上接，或云西河柳亦可接，然未試驗。二種接換，各就其花之似者，故易活。《瑣碎録》云：冬至日早，以糟水澆根下則花盛而色鮮。又云：海棠候花謝結子即剪去，來年花盛而無葉。

明 文震亨《長物志》卷二《花木・海棠》 昌州海棠有香，今不可得。其次西府爲上，貼梗次之，垂絲又次之。余以垂絲嬌媚，真如妃子醉態，較二種尤勝。木瓜花似海棠，故亦有木瓜海棠。但木瓜花在葉先，海棠花在葉後，爲差別耳。

明 陳正學《灌園草木識》卷一《花之屬・海棠》 鐵幹紅藥，澆以魚腥水則花繁盛。視花謝者，速去其蒂，則花復作，此無異種。第本枝壯則花緑蒂而稷瓣；本枝弱則花紅蒂而單瓣。

又《白海棠》 枝葉相似，花瑩凈豔目，開將闌時作淺紅色。分種於根頭旁枝，劈而植之，或於枝上劈作鴨觜，奪之亦生。

又《西府海棠》 枝頭攢花如櫻桃，結子一簇如小梨，熟時甜酸可食。吴長卿云：江南名櫻桃海棠。

清 陳淏子《秘傳花鏡》卷三《花木類考・貼梗海棠》 海棠有數種，貼梗其一也。叢生單葉，綴枝作花。磬口深紅，無香，不結子，新正即開。但取其花早而艷，不及西府之嬌媚動人。二月間于根傍開一小溝，攀花着地，以肥土壅之，自能生根。來冬截斷，春半便可移栽。其樹最難大，故人多植作盆玩。近法皆不用壓，直於根上分栽，而分必須正月中浣。性不喜肥，頗畏寒，宜避霜雪。亦有四季花者。

又《西府海棠》 西府海棠，一名海紅。樹高一二丈，其木堅而多節，枝密而條暢。葉有類杜。二月開花，五出，初如胭脂點點，然及開則漸成纈暈明霞，落則有若宿妝淡粉。蒂長寸餘，淡紫色，或三萼五萼成叢。心中有紫鬚，其香甚清烈。至秋，實大如櫻桃而微酸。宜種壚壤膏沃之地。如花謝後結子，即當剪去，則來年花盛而葉遲可愛。若以棠梨接之即活。又一種黄海棠，葉微圓而色青，初放鵝黄色，盛開便淺紅矣。

又《垂絲海棠》 海棠之有垂絲，非異類也。蓋由櫻桃樹接之而成者，故花梗細長似櫻桃。其瓣叢密而色嬌媚，重英向下，有若小蓮，微遜西府一籌耳。世謂海棠無香，而蜀之潼川昌州，海棠獨香，不可一例論也。

清 高士奇《北墅抱瓮録・垂絲海棠》 海棠以櫻桃接之，便成垂絲。花瓣叢密，與海棠不同，而色略相似。重英向下，柔蔓迎風，婉孌之姿，如不自勝。

又《貼梗海棠》 貼梗海棠，枝不能大。叢生，單葉，綴枝作花，磬口深紅。若黏絳蠟，雖微乏韻度，而殷麗之色，要足取也。

清 閔麟嗣《黄山志定本》卷二《山産志》 山海棠，葉淡緑，岩冬不萎。其花一苞數蕊，嬌過海棠。按海棠海外種也，本棠屬，不實，春始花，凡數種。有鐵梗，有木瓜，有毛葉，有垂絲。並嬌紅絶艷，西府微淡更艷也。惟昌州與大足縣海棠有香，餘無香。山海棠之奇，不以花以葉。

清 張逸少 汪灝等《佩文齋廣羣芳譜》卷三五《海棠》 海棠有四種，皆木本。貼梗海棠，叢生單葉，枝作花，磬口，深紅無香，不結子。新正即開，亦有四季花者。花五出，初極紅如胭脂點點，然及開則漸成纈暈，至落則若宿妝殘粉矣。垂絲海棠，樹生，柔枝長蒂，花色淺紅，蓋由櫻桃接之而成故。花梗細長似櫻桃，其瓣叢密而色嬌媚，重英向下，有若小蓮。西府海棠，枝梗略堅，花色稍紅。木瓜海棠，生子如木瓜，可

食。海棠盛於蜀，而秦中次之。其株翛然出塵，俯視衆芳，有超羣絶類之勢。而其花甚豐，其葉甚茂，其枝甚柔，望之綽約如處女，非若他花冶容不正者比。蓋色之美者，惟海棠。視之如淺絳外英，英數點如深胭脂，此詩家所以難爲狀也。以其有色無香，故唐相賈耽著《花譜》以爲花中神仙。《花木録》曰：南海海棠，枝多屈曲有刺，如杜梨花繁盛。開稍早，四季花，灌生，花紅如胭脂，無大木即貼梗。又祝家桃花同西府。跗微堅《瑣碎録》曰：一種黄者，木性類海棠，青葉微圓而色深，光滑不相類。花半開，鵝黄色，盛開漸淺紅矣。葉間或三或五蕊，如金粟。鬚如紫絲，實如梨，大如櫻桃，至秋熟可食，其味甘而微酸。

清 雍正《浙江通志》卷一百七《物産七·温州府》 海棠 萬曆《温州府志》：紅色，以木瓜頭接之則白。有黄海棠，又垂絲海棠，花淡紅，以櫻桃接。

清 乾隆《山東通志》卷二四《物産志·花木屬》 海棠 有垂絲、貼梗、西府三種，花紅亦分深淺，皆木本，惟秋海棠草本。

清 鄭一桂《小山畫譜》卷上《海棠》 三月花，五出，多層蘂，叢生，深紅。開足，正面白反瓣深紅。其瓣狹長而圓，末柄蒂俱紅者爲西府海棠。唐時大内所植，今不易得。柄緑而帶紅者爲多。著花處先有尖圓小葉，青色，而其嫩葉反大而微紅。又一種花葉肥大，重臺，梗光潤而青者爲河南西府。若棠梨則單瓣青蒂，葉尖，色態俱不及矣。

又《貼梗海棠》 大紅，花五出，蒂大而青色，三五叢開。開時有葉，但花葉俱著梗，無柄，故名貼梗。黄心一簇，反瓣淡紅，三月開，亦有四時俱花者，結實如栟子。

又《垂絲海棠》 粉紅色，花小，叢生，瓣亦有鋸，長柄下垂如絲，開時有嫩葉微紅。以海棠接於櫻桃本上，故兩似之。三月開，樹不甚高。

清 乾隆《盛京通志》卷一百六《物産一·花類》 垂絲海棠 有絲下垂。一種曰貼根，植者甚稀。

清 謝堃《花木小志·澥棠》 西府澥棠，花色澹紅，枝梗峭拔。惲南田常愛寫其形勢。余得生綃條幅，每於酷寒，縣之坐壁，竟有回春之雅。其次則貼梗者，花若穠脂，蓓蕾叢生。又有名垂絲者，柔枝長蒂，花色微紅。其名木瓜者，所結之實似木瓜而可食。其名梨花澥棠者，色近白矣。

紀事

宋 徐積《節孝集》卷二《雙樹海棠序》 雙株海棠者，余秦中時見也，其高皆數十尺，翛然在衆花之上，與夫江淮所産絶不類矣。或説荆南官舍亦有兩株，其姿艷柔婉豐富之美。

宋 葉夢得《石林詩話》 韓持國雖剛果特立，風節凛然，而情致風流，高其流輩。許昌崔象之侍郎舊第，今爲杜君章家，所有廳後小亭僅丈餘，舊有海棠兩株，持國每花開時，輒載酒日飲其下，竟謝而去。歲以爲常，至今故老猶能言之。

宋 陳思《海棠譜》卷上 東坡《海棠》詩曰：只恐夜深花睡去，更燒銀燭照紅妝。事見《太真外傳》，曰：上皇登沈香亭，召太真妃。于時卯醉未醒，命力士使侍兒扶掖而至。妃子醉韻殘妝，鬢亂釵横，不能再拜。上皇笑曰：豈妃子醉，是海棠睡未足耳。《冷齋夜話》

又 少游在黄州，飲於海橋天，南北多海棠。有老書生家，海棠叢間，少游醉卧宿於此。明日題其柱曰：唤起一聲人悄，衾冷夢寒窗曉。瘴雨過，海棠開，春色又添多少。社瓮釀成微笑，半破椰瓢共舀。覺健倒急投床，醉鄉廣大人間小。東坡愛之，恨不得其腔，當有知之者耳。《冷齋夜話》

又 劉淵材謂人曰：平生死無恨，所恨者五事耳。人問其故，淵材欲説，斂目不言，久之曰：吾論不入時聽，恐爾曹輕易之。問者力請，乃答曰：第一恨鰣魚多骨，二恨金橘太酸，三恨蓴菜性冷，四恨海棠無香，五恨曾子固不能詩。聞者大笑。淵材瞠目答曰：諸子果輕易吾論也？

宋 潛説友《咸淳臨安志》卷五八《物産·花之品》 海棠 羅隱爲錢塘令，手植海棠，王公元之有詩紀之。

明 慎懋官《華夷花木鳥獸珍玩考》卷四《海棠》 嘉定海棠山，在石碑山上，皆植海棠，爲郡守宴賞之地。保寧海棠溪，在州城對江，多海棠。

明 何宇度《益部談資》卷上 海棠有色而無香，惟嘉州色香並勝。大足治中舊有香霏閣，號曰海棠香國，謂杜子美諱母乳名，詩中不之及，恐亦宋人傅會。

清 張逸少 汪灝等《佩文齋廣群芳譜》卷三三《花譜·海棠一》 昌州海棠獨香，其木合抱，每樹或二十餘葉，號「海棠香國」。太守於郡前建香霏閣，

每至花時，延客賦賞。蜀嘉定州海棠有香，獨異他處。

清 曹溶《倦圃蒔植記》卷上《花卉一·海棠》 嘗讀錢塘陳思《海棠譜》，謂海棠一種，自杜陵絶吟，爲世所薄。不知唐玄宗時，楊妃入宫，粉黛無色，而瀕海一卉獨得比妍，其聲價勝梅精十倍矣。子美生當其時，豈不知標榜一語？有謂其諱母所名，理或然耳。花計數種，昌州香海棠不可得矣。其次西府爲上，貼梗次之，垂絲又次之。予里白苧村顔氏有海棠四株，根枝堪抱，落英繽紛，如美人初起時。而老梅攜李復爲之媵，殆生平所未見。予爲作詩記之，有云：山居九徑若爲開，幾樹名花取次栽。色似仙家人未老，嬌如妃子夢初回。攜來西域同丹若，好付東皇嫁落梅。況遇清貧顔處士，一瓢傳得勝鮫胎。恨不能結巢其上，作十日飲耳。栽花之法，宜於春間將貼梗海棠攀枝着地，以肥土壅之，自能生根。來冬截斷，春半移栽，以櫻桃接之則成垂絲，以梨樹接之則成西府，以木瓜頭接之則成白色。若欲其鮮盛，於冬至日早，以糟水或酒脚澆根下，復翦去花子，則來年花茂而無葉矣。瓶花，以薄荷包根，或用薄荷水養之。或云木瓜花似海棠，故亦有木瓜海棠。但木瓜花在葉先，海棠花在葉後，爲差別耳。別有一種曰秋海棠，相傳昔有女子懷人不至，涕淚灑地，遂生此花。色如婦面，名斷腸花。性喜陰濕，宜種堦砌。謂之海棠者，取其似也，大都海棠風韵特勝，昔人欲以梅聘之，雖香不如梅，直堪夫婦矣。

清 吴綺《嶺南風物記》 肇慶府羚羊峽内有春海棠，花樣如秋海棠，惟葉上有刺，其花帶香。

清 姚之駰《元明事類鈔》卷三三《花草門一》 鮮媚沿山 《滇中志》：垂絲海棠高數大，每當春時，鮮媚異常。自大理至永昌、沿山、歷澗，往往而是。

著 録

宋 沈立《海棠記序》（《全蜀藝文志》卷五六輯） 蜀花稱美者，有海棠焉。然記牒多所不録，蓋恐近代有之。何者古獨棄此而取彼耶？嘗聞真宗皇帝御製《後苑雜花十題》以海棠爲首章，賜近臣唱和，則知海棠足與牡丹抗衡，而可獨步於西州矣。因搜擇前志，惟唐相賈元靖耽著《百花譜》以海棠爲花中神仙，誠不虚美。近世名儒巨賢發于歌詠，清辭麗句往往而得立。慶曆中，爲縣洪雅，春多暇日，地富海棠，幸得爲東道主。惜其繁艷爲一隅之滯卉，爲作《海棠記》，敘其大槩，及編次諸公詩句于右。復率蕪拙，作五言百韻詩一章，四韻詩一章，附于卷末。好事者幸無誚焉。

宋 陳思《海棠譜序》 世之花卉種類不一，或以色而艷，或以香而妍，是皆鍾天地之秀爲人所欽羨也。梅花占於春前，牡丹殿於春後，騒人墨客特注意焉。獨海棠一種，風姿艷質，固不在二花下。自杜陵入蜀，絶吟於是花，世因以此薄之。其後都官鄭谷已爲舉似。谷詩：浣花溪上空惆悵，子美無情爲發揚。今本朝列聖品，題「雲章奎畫，烜燿千古」，此花始得顯聞于時，盛傳於世矣。今采取諸家雜録及彙次唐以來諸人詩句，以爲一編，目曰海棠譜。雖纂集未能詳盡，聊預衆譜之列云。開慶改元長至日敘。

藝 文

唐 李紳《追昔游集》卷中《海棠梨》 海邊佳樹生奇彩，知是仙山取得栽。瓊蘂籍中聞閬苑，紫芝圖上見蓬萊。淺深芳萼通宵換，委積紅英報曉開。寄語春園百花道，莫爭顔色泛金杯。

唐 鄭谷《雲臺編》卷中《蜀中賞海棠》 濃澹芳春滿蜀鄉，半隨風雨斷鶯腸。浣花溪上堪惆悵，子美無情爲發揚。

宋 王禹偁《小畜集》卷八《商山海棠》 錦里名雖盛，商山艷更繁。别疑天與態，不稱土生根。淺著紅蘭染，深於絳雪噴。待開先釀酒，怕落預呼魂。香裏無勍敵，花中是至尊。桂須辭月窟，桃合避仙源。浮動冠頻側，霓裳袖忽翻。望夫臨水石，窺客出牆垣。贈別難饒柳，忘憂肯讓萱。輕輕飛燕舞，脈脈息媯言。蕙陋虚侵逕，梨凡浪占園。論心留蝶宿，低面厭鶯喧。不忝神仙品好事者作花品以此爲神仙，何辜造化恩。自期栽御苑，誰使擲山村。綺季荒祠畔，仙娥古洞門。煙愁思舊夢，雨泣怨新婚。畫恐明妃恨，移同卓氏奔。祇教三月見，不得四時存。繡被堆籠勢，燕脂浥淚痕。貳車猶未去，應得伴芳罇。

宋 沈立《海棠百韻》（《海棠譜》卷中輯） 岷蜀地千里，海棠花獨妍。萬株佳麗國，二月艷陽天。叢萼匀如布，脩蕤巧似編。彤雲輕點綴，赤玉碎雕鐫。瑟瑟光輪瑩，猩猩血借鮮。淺深相向背，疏密遞勾牽。輕蒨重重染，丹砂細細研。蘂纖金粟拱，鬚嫩紫絲拳。紅蠟隨英滴，明璣著顆穿。初莖爭裊娜，翹幹共蹁躚。絶代知無價，生香不減箋。分靈應桂苑，鍾粹定星躔。木帝經邦

相，花王入室賢。祥飈加剪拂，卿靄共陶甄。真宰陰推轂，勾芒與著鞭。不須憂薄命，好爲惜流年。贊翼施生柄，扶持煦嫗權。主張韶令正，調燮淑威宣。和氣高低洽，芳心次第還。金釵人十二，珠履客三千。雲雨迷巫峽，風波怨洛川。姘婷宜住楚，妖冶合居燕。繡被通宵展，華燈徹曙燃。橫披前檻外，半出假山巔。暗羡游蜂采，偷輸蟻穴沿。瘦嫌蛛網織，柔怯女蘿纏。蓄恨憑誰訊，無言只自憐。文君酒壚伴，揚子草堂前。品格生來別，風流到老全。繁中生悵望，衆裏見喧闐。暄暖精神出，晴明意態便。關關鶯對語，兩兩燕高騫。天上宜封殖，人間偶佇延。共櫻園別館，與杏擁斜阡。清暖簾争卷，黄昏幕尚褰。低籠金轣轆，高映畫鞦韆。忽認梁園妓，深疑閬苑仙。忽忽來蕙圃，遠遠別芝田。羞隱暝濛霧，輕如淡蕩煙。乍逢開羽扇，初喜下雲軿。髣髴向星曆，依稀帶翠鈿。五銖衣宛轉，七寶帳翩翾。獨立挨霓節，成行列彩旃。困宜欹虎枕，步好襯金蓮。舞定休回袖，妝濃不傅鉛。蓋張松鬱鬱，茵藉草芊芊。馥郁蘭供夢，扶疏柳共眠。軀輕彌綽約，腰細更便嬛。姹姹常顒若，幽柔自灑然。侍兒羅白芷，婢子列芳荃。口口濃檀注，腮腮薄粉塡。解圍施葉幄，買笑有榆錢。旖旎環瑶席，婆娑匝玳筵。嬌依屏曲曲，泣對露涓涓。南陌輕埃蔽，東郊夕照連。幾時休縹緲，從此識嬋娟。是處遺簪珥，誰家不管絃。妒姬貪恐失，戲稚惜何顛。折閃搔頭褪，擎撚約腕揎。戴遮鬟上鳳，裝壓鬢邊蟬。汲引新懽聚，消磨宿忿蠲。縱觀須倒載，命宴必加籩。翻曲教歌媛，更詞送酒船。鄉心須暫解，病眼當時痊。迢遞來油壁，從容住錦韉。雅宜交讓比，穠興棣華聯。不憒參朱槿，寧甘混木綿。酴醿潛失色，躑躅敢差肩。素柰思投迹，夭桃耻備員。梧桐愧金井，芍藥濫花磚。并壓辛夷俗，潛排寶馬薦。天恩無久恃，人寵莫長專。布影交三徑，敷榮遍一廛。凝眸方燕燕，迴首旋翩翩。可忍驚飈挫，胡煩急景煎。珊瑚隨手碎，絳雪繞枝旋。拂漢霞初散，當樓月自圓。飄零隨蛺蝶，散亂逐漪漣。灼灼龜城外，亭亭錦水邊。抱愁應慘慼，有淚即潺湲。午影迷蝴蝶，朝寒怨杜鵑。物情元倚伏，人意莫拘攣。擢秀高羣木，稱珍極八埏。未開獨脈脈，憂落固悁悁。別著新文紀，重尋舊譜箋。共知紅艷好，誰辨赤心堅。實事陪朱李，根宜灌醴泉。栽須鄰竹柏，樹莫繞烏鳶。耻託膏腴茂，當隨富貴遷。爲多猶底滯，因遠尚迍邅。客思易成亂，心期未省愆。晝思摩詰筆，吟稱薛濤牋。醉目休頻送，詩情豈易緣。薛能誇麗句，鄭谷賞佳篇。止感芳姿美，那憐託地偏。山經猶罕記，方志未多傳。巧詠憂才竭，冥搜得意湞。遐陬寡真賞，僻境忍輕捐。抽秘慚非據，探奇敢讓先。援毫叙名卉，聊用放懷焉。

宋 蘇軾《東坡全集》卷一一《寓居定慧院之東雜花滿山有海棠一株土人不知貴也》 江城地瘴蕃草木，只有名花苦幽獨。嫣然一笑竹籬間，桃李漫山總粗俗。也知造物有深意，故遣佳人在空谷。自然富貴出天姿，不待金盤薦華屋。朱唇得酒暈生臉，翠袖卷紗紅映肉。林深霧暗曉光遲，日暖風輕春睡足。雨中有淚亦淒愴，月下無人更清淑。先生食飽無一事，散步逍遥自捫腹。不問人家與僧舍，拄杖敲門看脩竹。忽逢絶艷照衰朽，歎息無言揩病目。陋邦何處得此花，無乃好事移西蜀。寸根千里不易到，銜子飛來定鴻鵠。天涯流落俱可念，爲飲一樽歌此曲。明朝酒醒還獨來，雪落紛紛那忍觸。

又 卷一三《海棠》 東風嫋嫋泛崇光，香霧霏霏月轉廊。只恐夜深花睡去，更燒高燭照紅妝。

宋 梅堯臣《宛陵集》卷三六《海棠》 江燕入朱閣，海棠繁錦條。醉生燕玉頰，瘦聚楚宫腰。曾未分香去，尤宜著意描。誰能共吹笛，樹下想前朝。嘗於宋宣獻宅見圖畫，明皇於海棠花下卧吹觱篥，寧王吹笛，黄幡綽拍。

宋 吴芾《湖山集》卷四《詠海棠》 古人花譜名浮實，獨有海棠真第一。我家千樹足奇花，晚得此花尤傑出。每逢春色鼎來時，争逞新妝媚晴日。渾如酒暈入香腮，宛似胭脂施玉質。雨後妖嬈倍有情，天然富貴曾無匹。夜深燭下更端相，睡起還疑春思鬱。老來百事盡疏慵，頗喜與花時疑密。豈知牢落向江城，驟爾乖離心若失。試從僻陋强搜尋，偶得一株天所乞。纖枝雖瘦不禁春，亦有花光相照拂。一時游子覩争先，共歎凡花難跂及。愈令倦客憶故園，不覺淚沾衫袖濕。

又 卷一〇《寄朝宗海棠》 海棠已賦十分妝，細看妖嬈更異常。不得與君同勝賞，空燒銀燭照花光。

宋 洪适《盤洲文集》卷九《垂絲海棠》 脉脉似崔徽，朝朝長看地。誰能解倒懸，扶起雲鬟墜。

宋 陸游《劍南詩稿》卷三《海棠范希元園》 誰道名花獨故宫，謂故蜀燕王宫。東城盛麗足争雄。橫陳錦障闌干外，盡吸紅雲酒醆中。貪看不辭持夜燭，倚狂直欲擅春風。拾遺舊詠悲零落，瘦損腰圍擬未工。

又 卷八《張園海棠》 洛陽春信久不通，姚魏開落戰塵中。揚州千葉昔曾見，已嘆造化無餘功。西來始見海棠盛，成都第一推燕宫。池臺掃除凡木

盡，天地眩轉花光紅。慶雲墮空不飛去，時有絳雪縈微風。蜂蝶成團出無路，我亦狂走迷西東。此園低樹猶三丈，錦繡却在青天上。不須更著刀尺裁，乞與齊奴開步障。

又 卷九《**張園觀海棠**》 朝陽照城樓，春容極明媚。走馬蜀錦園，名花動人意。嚴妝漢宮曉，一笑初破睡。定知夜宴歡，酒入妖骨醉。低鬟羞不語，困眼嬌欲閉。雖豔無俗姿，太息真富貴。結束吾方歸，此別知幾歲。黄昏廉纖雨，千點裛紅淚。

宋 袁燮《**絜齋集**》**卷二三**《**蜀海棠**》 海棠自是花中傑，西蜀此花尤勝絶。濯錦江邊艷欲然，浣花溪上繁於纈。疇昔聞名未識面，對之頓解憂心結。東皇著意欲開時，不許芳心輕漏泄。風前醉態真嫣媚，雨過啼妝更鮮潔。格高不受塵點汙，韻勝須那香酷烈。東南顔色豈不佳，甲乙品題終少劣。我公胸次秋水瑩，海内人人頌清節。世間珍玩一物無，獨此妖嬈費提絜。墀間堂下不勝春，頳頰丹唇儼成列。嫣然尤物不移人，未害廣平心似鐵。幾年隔絶劍閣外，拔擢孤忠自明哲。願公持此坐廟堂，天下妍媸要區別。

宋 周弼《**端平詩雋**》**卷一**《**海棠**》 海棠最佳須老叢，遠及百年花始紅。歷看名葩此爲盛，剛柯硬葉交相映。倚石攢青二三丈，雨膏倒吸胭脂上。髣髴璇霄發曙光，細簇蓬萊繡旗仗。露欲收珠色轉深，香玉萬顆藏春陰。輕風欲透紫絲障，一片朝霞傾入林。鳳城多少栽花處，低嫩俱無可觀樹。相對令人憶故山，年年雕萼掃朱欄。只今惟有溪童在，應放高枝樓白鷴。

金 元好問《**遺山集**》**卷一四**《**同兒輩賦未開海棠二首**》 翠葉輕籠豆顆匀，胭脂濃抹蠟痕新。殷勤留着花稍露，滴下生紅可惜春。

枝間新緑一重重，小蕾深藏數點紅。愛惜芳心莫輕吐，且教桃李鬧春風。

雜録

唐 李德裕《**李衛公别集**》**卷九**《**平泉山居草木記**》 木之奇者，【略】稽山之海棠。

宋 徐積《**節孝集**》**卷二二**《**海棠花序**》 海棠花盛於蜀中，而秦中者次之，蓋其株翛然，如出塵高步，俯視衆芳，有超羣絶類之勢。而其花甚豐，其葉甚茂，其枝甚柔，望之甚都，綽約如處女，婉娩如純婦人，非若他花，冶容不正，有可犯之色。蓋花之美者，海棠也。視其色如淺絳，而外英數點如深胭脂，此詩家所以爲難狀也。

宋 曾慥《**類説**》**卷七**《**海棠記·百花譜**》 唐相賈耽著《百花譜》，以海棠爲花中神仙。

宋 黄徹《**䂬溪詩話**》**卷八** 介甫梅詩云：少陵爲爾牽詩興，可是無心賦海棠。杜默云：倚風莫怨唐工部，後裔誰知不解詩。曾不若東坡柯丘海棠長篇，冠古絶今。雖不指名老杜，而補亡之，蓋使來世自曉也。

宋 陳思《**海棠譜**》**卷上** 仁宗朝張冕學士賦《蜀中海棠》詩，沈立取以載《海棠記》中云：山木瓜開千顆顆，水林檎發一攢攢。注云：大約木瓜、林檎，花初開皆與海棠相類。若冕言，則江西人正謂棠梨花耳，惟紫綿色者始謂之海棠。按沈立記言，其花五出，初極紅，如胭脂點點然，及開則漸成纈暈，至落則若宿妝淡粉。審此則似木瓜林檎六花者，非真海棠明矣。晏元獻云：已定復搖春水色，似紅如白海棠花。然則元獻亦與張冕同意耶？

明 李時珍《**本草綱目**》**卷三〇**《**果之二·海紅**》 釋名：海棠梨 時珍曰：按李德裕《花木記》云：凡花木名海者，皆從海外來，如海棠之類是也。又李白詩注云：海紅乃花名，出新羅國甚多。則海棠之自海外有據矣。

明 朱孟震《**河上楮談**》**三卷**《**昌州海棠**》 大足，古昌州地。宋人云，海棠無香，惟昌州海棠獨香。余暇日訊之，即無香者亦不可得。鄉士夫云，府治之東有海棠溪，往春時紅英夾岸，士夫相與游賞，今其地鞠爲茂草矣。夫急農桑本業，而後耳目之玩，此太平事也。而勝跡湮没無聞，良可惋嘆。

明 顧起元《**客座贅語**》**卷一** 静海寺海棠，云永樂中太監鄭和等自西洋攜至，建寺植于此。至今猶繁茂，乃西府海棠耳。

明 王路《**花史左編**》**卷一六**《**花之事·海棠類·泛湖賞**》 范石湖每歲移家泛湖賞海棠。

又 《**如杜梨**》 《花木録》載南海棠，木性無異，惟枝多屈曲，數數有刺如杜梨花，亦繁盛，開稍早。

清 姚之駰《**元明事類鈔**》**卷三三**《**花草門一**》 命婦戚里 《邱濬雜志》：重葉海棠曰花命婦，多葉海棠曰花戚里。

清 光緒《**黄州府志**》**卷三**《**疆域志·古蹟**》 海棠橋在城北，橋側多海棠，故名。宋秦觀嘗醉卧此橋，留詞共上，今廢。

含笑

論説

宋 陳敬《陳氏香譜》卷一《南方花》 余向云，南方花皆可合香，如末利、闍提、佛桑、渠那。香花本出西域，佛書所載，其後傳本来閩嶺，至今遂盛。又有大含笑花、素馨花，就中小含笑香尤酷烈，其花常若菡萏之未敷者，故有含笑之名。

綜述

宋 梁克家《淳熙三山志》卷四一《土俗類三·物産·花》 含笑 白花，有二種，小者香猶酷烈，開盡則香微，故以含笑名。

宋 陳善《捫蝨新話》卷一五《南地花木北地所無》 含笑有大小，小含笑香尤酷烈。有四時花，惟夏中最盛。又有紫含笑，茉莉含笑，皆以日西入稍陰則花開，初開香尤撲鼻。予山居無事，每晚凉坐山亭中，忽聞香風一陣，滿室郁然，知是含笑開矣。

宋 陳景沂《全芳備祖》前集卷一九《含笑花》 含笑花出海南，有紫白二種。《本草》

明 宋詡《竹嶼山房雜部》卷一〇《樹畜部二·種花卉法》 含笑花 形葉似梔子，《霏雪録》云：花若菡萏未開時，故名。紫花，白花。春月移種。

明 王路《花史左編》卷四《花之辨·含笑》 産廣東，其花如蘭，形色俱肖。花開不滿若含笑，然隨即凋落。性最耐寒。

明 陳正學《灌園草木識》卷一《花之屬》 含笑，花味濃郁，密瓣紫邊，作花繁穗。又山含笑，樹高丈餘，花純紫稀疏，爲不如耳。

清 曹溶《倦圃蒔植記》總論 卷下《雜論》 含笑花，紫花單瓣，青葉尖長。

清 雍正《廣東通志》卷五二 含笑花紫，蓓蕾微展而香清徹，一種小而色多，白者尤香。延祥寺下達于西麓蒲澗，俱有之。

藝文

宋 李綱《梁谿集》卷二《含笑花賦并序》 南方花木之美者，莫若含笑，緑葉素榮，其香郁然。是花也，方蒙恩而入幸，價重一時，故感而爲之賦，其辭曰：

夫何嘉木之姝嫮兮，藹芬馥之芳容。結孤根於暖地兮，披素豔於幽叢。炫麗景之遲遲兮，浥零露之濃濃。默凝情而不語兮，獨含笑於春空。其笑伊何粲兮，巧倩洞户初啓。曲欄乍見，驚鄰女之窺牆，疑寵姬之教戰。鄙妖姿之齲齒，謝啼妝之半面。態有餘情，忽焉改觀。國香無敵，秀色可餐。抱貞潔之雅志，舒婉孌之歡顔。寧解頤而啟齒，方墮珥而欹冠。苞温潤以如玉，吐芬芳其若蘭。俯者如羞，仰者如喜。嚮日嫣然，臨風莞爾。豈褰幃而覿跛，將忘懷於射雉。輕可買之千金，重迴眸之百媚。拔類邁倫，孰與爲比，泛瀲酷烈，綽約嬋娟。翠葉擁鬟，緑萼承顴。嗅之彌馨，察之愈妍。信色香之俱美，何扈芷而握荃。若夫萱草忘憂，合歡蠲忿，采杜若於洲中，搴芙蓉於澤畔，蓺菊百畦，滋蕙九畹，絜長度美，固不可一槩而論也。方將移自南國，置之玉堂，違霜霰之凄冷，依日月之末光，憑雕檻而凝彩，度芝閣而飄香，破顔一笑，掩乎羣芳，誠可以承天寵而植椒房者乎！

宋 曹勛《松隱集》卷一九《題扇》 含笑殊名縹與緗，就中暈紫最芬芳。纖枝小摘涓涓露，鼻觀須參著肉香。

宋 李吕《澹軒集》卷一《家有含笑花開因成三首》 山花弄春妍，紫霧巧映帶。凝羞香乍吐，顰蹙有餘態。芍藥畏陽艶，愁紅爭斂黛。幽姿小嫣然，已復傾下蔡。

正色巧遮藏，天香清可帶。若爲忍一噱，耻效嬛薄態。奴紅春事退，絶意矜粉黛。質素本任真，藻棁鄙居蔡。

花開哂羣芳，葉密相映帶。根移下岩谷，本無塵俗態。紫萼半含羞，翻嫌污香黛。我欲譜此花，法書今乏蔡。

宋 洪適《盤洲文集》卷八《含笑》 自有嫣然態，風前欲笑人。涓涓朝泣露，盎盎夜生春。

宋 楊萬里《誠齋集》卷一二《含笑》 大笑何如小笑香，紫花不似白花妝。不知自笑還相笑，笑殺人来斷殺腸。

又 卷四一《二含笑俱作秋花》 秋來二笑再芬芳，紫笑何如白笑强。只有

此花偷不得，無人知處忽然香。

宋 陳景沂《全芳備祖》前集卷一九《含笑花》 未嘗逢露齒，只恐欲傾城劉濤。不語向人如欲笑《白氏集》。涓涓滴露紫含笑東坡。花非識面嘗含笑。

雜録

明 張存紳《增定雅俗稽言》卷三八《含笑》 含笑，號殊士，又號馬纓。施宜生詩：百步清香透玉肌，滿堂皓齒轉明眉。搴帷跛客相迎處，射雉春風得意時。可爲含笑花謎。又，丁晉公詩：草解忘憂憂底事，花能含笑笑何人。則知萱草爲忘憂之條，合歡爲蠲忿之葉，含笑爲怡情之種矣。

合歡

論説

晉 崔豹《古今注》卷下《草木第六》 合歡樹似梧桐，枝葉繁，互相交結，每風來輒身相解，了不相牽綴。樹之階庭，使人不忿。嵇康種之舍前。

清 吴景旭《歷代詩話》卷三六《合昏》《詠佳人詩》：合昏尚知時，鴛鴦不獨宿。

吴旦生曰：《本草》：合歡或曰合昏。陳藏器云：葉至暮即合，故曰合昏，今夜合花是也。《古雋考略》作合梧，音昏。庾信詩：建始移交讓，徽音種合昏。陸公佐《新刻漏銘》云：合昏暮卷，蓂莢晨生。注：合昏，槿也，其葉夜合而明舒。《周處風土記》亦以合昏爲槿。黄山谷箋杜云：合昏，木名，朝舒夕斂。

綜述

宋 陳景沂《全芳備祖》前集卷一四《夜合》 安和五臟，和心志，令人歡樂無憂，人云合歡。夜合也，生益州山谷間，近洛有之人家多植於庭。除似梧桐，枝甚柔弱，葉似皂莢，莖細而密，互相交結，風來一似相解不相牽。綴其葉至，莫而合一，名合昏。五月花發，紅白色，瓣上若絲茸，至秋而作莢子，極薄細

欲蠲。《類要圖經》。人之憂，則贈以丹棘。一名忘憂，欲蠲人之忿，則贈以清棠，合歡也。崔豹。

明 朱橚《救荒本草》卷五《木部》 夜合樹 《本草》名合歡，一名合昏。生益州及維洛山谷，今鈞州、鄭州山野中亦有之。木似梧桐，其枝甚柔弱，葉似皂莢葉，又似槐葉，極細而密，互相交結，每一風來，輒似相解，了不相牽綴。其葉至暮而合，故名合昏。花發紅白色，瓣上若絲茸，然散垂。結實作莢子，極薄細，味甘，性平無毒。

明 王路《花史左編》卷五《花之候・合歡花》 五月花開，紅、白。

明 陳正學《灌園草木識》卷一《花之屬》 英花即合歡樹 花銀紅色，茸茸如英，其葉可濯垢衣。

清 高士奇《北墅抱瓮録・合驩》 合驩，葉細如槐，比對而生，至暮則兩兩相合，曉則復開。花淡紅色，形類簇絲，秋後結莢，北人呼爲馬纓，取其花之象也。野牆荒塹之側，輒得數株，欲植之草堂前，以本大難遷，遂不復移。採其葉乾之，釀以爲酒，醇醲益人。

清 張逸少 汪灝等《佩文齋廣羣芳譜》卷三九《合驩》 合驩一名合昏，一名夜合，一名青棠或作裳，處處有之。枝甚柔弱，葉纖密，圓而緑，似槐而小，相對生。至暮而合，枝葉互相交結，風來輒改，不相牽綴。五月開花，色如醮暈，線下半白，上半肉紅，散垂如絲。至秋而實作莢子，極薄細，花中異品也。根側分條藝之，子亦可種。主安和五臟，利心志，令人驩樂。于若瀛曰：夜合生宛朐及荆山，花俯垂有姿，鬚端紫點，手拈之即脱，才破萼，香氣襲人。金陵盆植者，無根而花，花後不堪留，即留亦無能再花。

清 李光地等《月令輯要》卷一《五月令》 合歡，夜合。原《圖經本草》：合歡，夜合也。其葉至暮而合，故一名合昏。五月花發，紅白色，瓣上若絲茸然。

藝文

唐 元稹《元氏長慶集》卷一四《夜合》 綺樹滿朝陽，融融有露光。雨多疑濯錦，風散似分粧。葉密烟蒙火，枝低繡拂墻。更憐當暑見，留詠日偏長。

唐 白居易《白氏長慶集》卷三二《對晚開夜合花贈皇甫郎中》 移晚校一月，花遲過半年。紅開杪秋日，翠合欲昏天。白露滴未死，涼風吹更鮮。後

時誰肯顧，唯我與君憐。

宋 韓琦《**安陽集**》**卷一**《**夜合**》 俗人之愛花，重色不重香。吾今得真賞，似矯時之常。所愛夜合花，清芬踰衆芳。葉葉自相對，開斂隨陰陽。不斷歷草滋，獨擅堯堦祥。得此合歡名，憂忿誠可忘。茸茸紅白姿，百和從風颺。沉水燎庭檻，薰陸紛纓裳。彌月固未歇，況茲夏景長。凡目不我貴，馥烈徒自將。仲尼失滅明，史遷疑子房。以貌不以行，舉世同悲傷。予欲先馨德，羣艷孰可方。直饒妖牡丹，須讓花中王。

又 卷九《**夜合**》 合昏枝老拂簷牙，紅白開成蘸暈花。最是清香合蠲忿，累旬風送入牕紗。

元 歐陽玄《**圭齋文集**》**卷三**《**京城雜詠**》 白玉堂前夜合花，高高緑樹散朱霞。朝來如見唐人畫，繫着誰家白鼻騧。

明 李東陽《**懷麓堂集**》**卷二〇**《**夜合花二絶**》 夜合枝頭別有春，坐含風露入清晨。任他明月能相照，斂盡芳心不向人。

袂掩芳塵欲避春，羞將月夕換風晨。向來花品看應熟，不待開時已可人。

明 吴寬《**家藏集**》**卷二五**《**玉延亭西植夜合花二首**》 夜合花開滿樹紅，吴人賤汝號烏茸。家僮斫去爲薪用，却向亭西植兩叢。東莊有夜合二株，甚鉅，家僮惡其覆水，斫去之。

兩叢如杖植亭西，暑月能遮赤日低。待得成陰吾已去，後人須記白公題。白樂天詩：夜合花開日正西。

明 佘翔《**薜荔園詩集**》**卷三**《**夜合花**》 風動香飄十二欄，雨中相對一尊殘。玉容莫向黄昏斂，正欲攜燈醉後看。

明 于若瀛《**合歡**》（《**佩文齋詠物詩選**》**卷三三二引**） 一莖兩三花，低垂泫朝露。開簾弄幽色，時有香風度。

雜 録

明 徐炬《**新鐫古今事物原始全書**》**百花卷二四**《**合歡花**》 霧籠葉密煙蒙火，風動枝低繡拂墻。

合歡一名合昏，一名夜合。枝柔葉密，至暮而合。五月花開，紅白色。辦上若緑茸，至秋而實作莢子。崔豹《古今注》曰：欲蠲人之憂，則贈以丹棘。丹棘，一名忘憂，即萱草也。欲蠲人之忿，則贈以青棠。青棠，乃合歡也。故嵇康種之庭前。《本草》云：和五臟心志，令人歡樂。人若心胸煩瑣，取夜合皮掌大一枝，水煮服之。陳無己詩云「探囊一試合歡湯」是也。

清 光緒《**畿輔通志**》**卷五六**《**土産**》 夜合，俗呼馬纓。

紅繡球

綜 述

明 慎懋官《**華夷花木鳥獸珍玩考**》**卷四**《**山丹**》 其花一葉百蕊，狀如繡毬，深紅色。一花四英，四月開花，至八月尚爛熳。又有四時開花者，曰四季山丹。見《仙遊縣志》。

明 陳正學《**灌園草木識**》**卷一**《**花之屬**》 山丹 可名紅繡毬，蘂重臺者佳。

明 夏旦《**藥圃同春・五月**》（《**説郛續**》**卷四〇引**） 山丹 有丹紅二色，性宜腴畏霜，花極耐久，俗名馬纓花，微香。

清 曹溶《**倦圃蒔植記**》**總論 卷下**《**雜論第十一**》 紅繡毬一名山丹花，即《雜蔬》所述曰籐本紅繡毬。引蔓爲屏，緑葉勁厚，花粉紅而心深赤，謝未久而舊蒂復發新花。

清 乾隆《**福建通志**》**卷一〇**《**物産**》 山丹 其花一蒂百餘蕊，如繡毬狀，深紅色，一花四英。東坡所謂「錯落瑪瑙」是也。亦有粉紅者，四月開花，至八月尚爛漫。又有四時常開者。

紀 事

明 顧起元《**客座贅語**》**卷一**《**花木**》 大紅繡毬花，中國無此本。沈生予令晉江時海舶自暹羅國攜至，以遺生予。生予載還，育之，數年遂萎。生予言：海舶所攜，多外國奇卉，而此花爲尤。

明 王世懋《**學圃杂疏・花疏**》 繡毬亦無足取。初見閩人來賣一花，云是紅繡毬，倭國中來者。余後至建寧，見縉紳家庭中花簇，紅毬儼如剪彩名，曰山丹，乃知是閩卉也。此種亦堪置庭中。

藝文

宋 林希逸《竹溪鬳齋十一藁》續集卷四《雨中看山丹作》 簇簇團團似剪霞，雨中相對爲咨嗟。固知沾足偏宜稻，只恐淋漓解損花。

宋 陳景沂《全芳備祖》前集卷一九《山丹》 堂前横山丹，錯落瑪瑙盤。東坡。昔游嶺海間，幾見巒卉拆。素英溥夕露，朱葩爛晴日。歸來今幾年，晤對祇寒碧。因君賦山丹，恍復見顔色。朱文公。山丹吹出青藜火，金蝀窺叢何婀娜。朱槿更作猩袍紅，誇道凡人嘗印可。茉莉從傍粲然笑，掩却諸香誰似我。素馨蕭然山澤臞，至香不數脂粉腴。陳山有。亭下佳人錦繡衣，滿身瓔珞綴明璣。晚來銷歇無尋處，花已飄零露已稀。東坡二首。

槐

論說

宋 羅願《爾雅翼》卷一一《釋木·槐》 《釋木》曰：櫰槐，大葉而黑。守宫槐，葉晝聶宵炕。郭璞以爲晝日聶合而夜炕布者名爲守宫槐。按《説文》，聶，木葉摇白，从木聶聲，則聶乃開之義。又炕，乾也。木葉近火而乾，則當相合，然則郭氏之説正反之耳。今江東有槐，晝開夜合者，謂之合昏槐，蓋啟閉以時，有守之義，説者以爲此槐與雅説相反，不知郭氏誤解之也。槐花可以染黄，其子上房可以染皂，其根可作神燭。《淮南子》曰：老槐生火，久血爲燐，人不怪。考。莊子曰：水中有火。乃焚大槐。老槐當夏間，其上忽自起火，焚燒枝葉，所謂極陰生陽者也。古者冬取槐檀之火，槐檀色黑，北方之行也。《淮南子》：槐之生也，季春五日而兔目，十日而鼠耳，更旬而始規，二旬而葉成。《管子》：五粟五沃之土，其槐其楊。

明 王路《花史左編》卷一八《花之證·槐花》 《春秋説》曰，槐者，虚星之精。槐性暢茂上棘。周官外朝之法，左九棘，孤卿大夫位焉；右九棘，公侯伯子男位焉；回三槐，三公位焉。蓋槐取黄中外懷，又其花黄，其成實玄故也。棘取赤中外刺，又其花白，其成實赤故也。蓋聖人取義簡博，植一物而衆善舉。

明 文震亨《長物志》卷二《花木·槐榆》 槐有一種，天然樛屈，枝葉皆倒垂蒙密，名盤槐，亦可觀。他如石楠、冬青、杉、柏，皆丘壠間物，非園林所尚也。

清 李漁《閑情偶寄》卷一四《竹木第五·槐榆》 樹之能爲陰者，非槐即榆。《詩》云：于我乎，夏屋渠渠。此二樹者，可以呼爲夏屋，植于宅旁，與肯堂肯搆無别。人謂夏者，大也，非時之所謂夏也。予曰，古人以厦爲大者，非無取義。夏日之屋，非大不凉，與三時有别，故名厦爲屋。訓夏以大，子特未之詳耳。

清 曹溶《倦圃蒔植記》總論卷上《論木第二》 庭槐緑陰，盛夏翠幕，花實並收，可染可藥。葉製冷淘，杜陵飽嚼，定品爲木之辛。

綜述

宋 梁克家《淳熙三山志》卷四二《土俗類四·物産·木》 槐 葉細而青花，子黄，有葉，大而黑者名櫰。

宋 陳景沂《全芳備祖》後集卷一五《槐》 槐之生也，入季春，五日而兔目，十日而鼠耳。《淮南子》。老槐生火。《本草》。樹槐聽其下。《注》槐之言歸也，情見歸實也。《元命苞》。守宫槐，葉晝聶宵炕。《注》晝聶合而夜舒布。《爾雅》。朝士面槐，三公位焉。秋取槐，檀之火。《並周禮》。南唐諺云：槐花黄，舉子忙。

明 周文華《汝南圃史》卷一一《竹木部·槐》 槐葉細皮粗，質鬆脆，非貴種，只取槐陰。昔齊景公《種槐令》云：犯槐者刑，傷槐者死。王祜嘗手植三槐於庭，謂：吾子必有興者。生子王曾爲丞相。六月開小花，花形彎轉。花謝收取煎汁，染紙布，色深黄，可入藥。結子至明年春盡方落，自生小槐，正二月移栽。灌園史曰，收熟槐子曬乾，夏至前以水浸，生芽，和蔴子撒，當年即與蔴齊。刈蔴留槐，别豎木，以繩欄定，來年復種蔴其上，三年後移植，則亭亭條直可愛。别有盤槐，膚理葉色俱與槐同，而枝從頂生，下垂盤結，蒙密如罩，性難長。雖百年者，高不盈丈餘，植門牆外或廳署前，齊整可觀，不宜種於參差林木處。

清 高士奇《北墅抱甕録·槐》 槐木數株，陰蔽一院。夏月就緑蔭之下，解帶披襟，箕踞盤薄，不知時爲炎暑。花細而黄，香亦清發，凉雨乍過，金英滿地，倍覺幽趣可耽。

清 謝堃《花木小志·槐》 槐花皆黄色，獨四季槐開紫花，花且不斷。

紀事

唐 房玄齡等《晉書》卷八七《列傳第五十七·涼武昭王》 先是河右不生楸槐柏漆，張駿之世取於秦隴而植之，終於皆死。而酒泉宫之西北隅有槐樹生焉，玄盛又著《槐樹賦》以寄情，蓋歎僻陋遐方，立功非所也。

又 卷一一三《載記第十三·苻堅上》 自長安至于諸州，皆夾路樹槐柳，二十里一亭，四十里一驛，旅行者取給於途，工商貿販於道。百姓歌之曰：長安大街，夾樹楊槐。下走朱輪，上有鸞栖。英彦雲集，誨我萌黎。

唐 令狐德棻等《周書》卷三一《列傳第二十三·韋孝寬》 廢帝二年，爲雍州刺史。先是路側一里置一土候，經雨頽毁，每須修之。自孝寬臨州，乃勒部内當候處植槐樹代之，既免修復，行旅又得庇廕。周文後見怪，問，知之曰：豈得一州獨爾？當令天下同之。於是令諸州夾道一里種一樹，十里種三樹，百里種五樹焉。

宋 李昉等《太平廣記》卷四〇七《草木二·異木·三枝槐》 唐相國李石，河中永樂有宅，庭槐一本，抽三枝，直過堂前，屋脊一枝不及。相國同堂昆弟三人，曰石曰福而皆登宰執，唯福一人歷七鎮使相而已。

宋 樂史《太平寰宇記》卷三一《關西道七·耀州·土産》 《三輔黄圖》曰：漢武帝起紫殿，雕文刻鏤，以玉飾之。成帝永始四年行幸甘泉郊，秦畤神光降於紫殿。今按，甘泉谷北岸有古槐樹，在故宫之南。《雲陽宫記》：甘泉宫北有槐樹，今謂玉樹，根幹盤峙二三百年，木色青葱。耆舊相傳，咸以爲此樹即楊雄《甘泉賦》所謂「玉樹青葱」者也。

藝文

三国魏 王粲《槐賦》（《漢魏六朝百三家集》卷二九輯） 惟中唐之奇樹，禀天然之淑姿。超疇畝而登殖，作階庭之華暉。形禕禕以暢條，色采采而鮮明。豐茂葉之幽藹，履中夏而敷榮。既立本於殿省，植根柢其弘深。鳥願栖而投翼，人望庇而披襟。

唐 李嶠《槐》（《文苑英華》卷三二四輯） 暮律移寒火，春宫長舊栽。葉生馳道側，花落鳳庭隈。烈士懷忠觸，鴻儒訪業來。何當赤墀下，疏幹擬三台。

唐 羅鄴《槐花》（《全唐詩》卷六五四輯） 行宫門外陌銅駝，兩畔分栽此最多。欲到清秋近時節，争開金蘂向關河。層樓寄恨飄珠箔，駿馬憐香撼玉河。愁殺江湖隨計者，年年爲爾剩奔波。

宋 梅堯臣《宛陵集》卷二〇《宫槐》 漢家宫殿蔭長槐，嫩色葱葱不染埃。天仗龍旂穿影去，鈎陳豹尾拂枝來。青蟲挂後蜂銜子，素月生時桂並栽。我意方同杜工部，冷淘唯喜葉新開。

宋 劉敞《公是集》卷一五《生槐》 苒苒庭下槐，蒼蒼山中檜。臭味久矣殊，榮枯莫相待。胡爲寓形生，曾不異風概。擢幹初無根，交陰忽成穎。死生詣膠漆，幼壯姿姿態。本同非不佳，末異終恐害。吾意造化巧，淫樂爲狡獪。玩此三公才，比之女蘿輩。不然世俗薄，苟合耻剛介。安彼特立姿，樂附柔弱類。誰能極物理，且以嘲大塊。陶冶如吾言，庸庸亦何怪。

宋 蘇軾《東坡全集》卷三〇《槐》 采擷殊未厭，忽然已成陰。蟬鳴看不見，鶴立赴還深。

宋 張耒《柯山集》卷一九《雙槐晚秀三月一日初見新葉》 東皇無處著繁華，亦復分張到我家。他日老蒼悲敗枿，今晨嫩緑出新芽。禿翁承弁纖髮，村婦縈鬟草草花。桃李蹊中人絶跡，緑陰門巷正藏鴉。

又 卷二五《東齋雜咏·老槐》 雪霜未死閲年華，危葉蕭蕭戰古楂。裊裊秋風官舍冷，半枝斜日帶啼鴉。

明 馮惟訥《古詩紀》卷二七《槐樹詩》 嘉樹吐翠葉，列在雙闕涯。旖旎隨風動，柔色紛陸離。

清 查慎行《敬業堂詩集》卷三五《寓庭槐》 庭隅雙槐樹，手植知何人？自我來此居，婆娑忽經春。初看兔目綻，漸布緑葉匀。高處稍出牆，密將遮比鄰。以兹尋丈地，無窮寓清新。千章豈不多，取蔭及一身。閲人如傳舍，脈脈還傷神。

又 卷三七《槐陰露坐》 我愛雙槐好，婆娑滿院遮。蟠根容穴螘，出屋帶棲鴉。未落三秋葉，將舒六月花。近身安片席，餘蔭給鄰家。

雜録

梁 蕭子顯《南齊書》卷一八 閏月，璿明殿外閣南，槐樹連理。

宋 吴仁傑《兩漢刊誤補遺》卷一〇 天街兩畔植槐成列，謂之槐衙。

黃楊

論說

明 文震亨《長物志》卷二《花木・黃楊》 黃楊未必厄閏，然實難長。長丈餘者，綠葉古株，最可愛玩。不宜植盆盎中。

清 李漁《閑情偶寄》卷一四《竹木第五・黃楊》 黃楊每歲長一寸，不溢分毫，至閏年又縮一寸，是天限之木也。植此宜生憐憫之心。予新授一名曰「知命樹」。天不使高，强争無益，故守困厄爲當然。冬不改柯，夏不易葉，其素行原如是也。使以他木處此，即不能高，亦將横生而至大矣。再不然，則以才不得展而至瘁，弗復自永其年矣。困于天而能自全其天，非知命君子能若是哉？最可憫者，歲長一寸是已，至閏年反縮一寸，其義何居？歲閏而我不閏，人閏而己不閏，已見天地之私，乃非止不閏，又復從而刻之，是天地之待黃楊可謂不仁之至、不義之甚者矣。乃黃楊不憾天地；枝葉較他木加榮，反似德之者，是知命之中又知命焉。蓮爲花之君子，此樹當爲木之君子。蓮爲花，竹無花而以夾竹桃代之，竹不實而以天竹補之，皆是可以不必然而强爲蛇足之事。然蛇足之形自天生之，人亦不盡任咎也。

清 高士奇《北墅抱瓮録・黃楊》 黃楊，木理細膩，枝葉繁多，性堅而韌，然滋長最難。世傳此木終歲長不盈寸，遇閏月年，則頓而不長，蓋物理之至奇者。然考《爾雅》，桐、茨菰皆厄閏年，又不獨黃楊也。

綜述

宋 陳景沂《全芳備祖》後集卷一九《黃楊》 俗説黃楊，歲長一寸，遇閏年退一寸。《坡詩注》

清 陈淏子《秘傳花鏡》卷三《花木類考・黃楊木》 黃楊木，樹小而肌極堅細。枝叢而葉繁，四季長青。每歲止長一寸，不溢分毫，至閏年反縮一寸。昔東坡有詩云：園中草木春無數，惟有黃楊厄閏年。因其難大，人多以之作盆玩。

藝文

《詩經・秦風・車鄰》 阪有桑，隰有楊。

宋 歐陽修《文忠集》卷一五《黃楊樹子賦序》 夷陵山谷間多黃楊樹子，江行過絶險處，時時從舟中望，見之鬱鬱山際，有可愛之色。獨念此樹生窮僻，不得依君子封殖備愛賞，而樵夫野老又一無又字不知甚惜，作小賦以歌之。

宋 朱長文《樂圃餘稿》卷二《百幹黃楊》 寶幹多材美，孤根一氣同。春餘花淡薄，雪裏葉青葱。蕃衍非人力，堅剛稟化工。寸枝裁玉軫，可助舜南風。

宋 陳景沂《全芳備祖》後集卷一九《黃楊》 雖非百尺材，歲晚好顔色。曾文昭。園中草木春無數，只有黃楊厄閏年。東坡。婆娑兩佳木，生長在岩石，移植君子堂，初因醉翁識。曾文昭。黃樹性堅正，枝葉已剛願，三十六旬久，增生但方寸。今何成脩林，左右映霞蔓，良材豈一二，所期不在鈍。李方叔。

明 吴寬《家藏集》卷二七《百幹黃楊》 岩凝霜雪後，蕃衍弟兄同。帖莫題青李，刀難斷寸葱。厄多逢歲閏，材短謝良工。桃李紛如許，終看立下風。

夾竹桃

論說

清 李漁《閑情偶寄》卷一三《種植部・木本第一・夾竹桃》 夾竹桃一種，花則可取，而命名不善。以竹乃有道之士，桃則佳麗之人，道不同不相爲謀，合而一之，殊覺矛盾。請易其名爲「生花竹」，去一桃字，便覺相安。且松竹梅素稱三友，松有花，梅有花，惟竹無花，可稱缺典。得此補之，豈不天然湊合，亦女媧氏之五色石也。

綜述

唐 段成式《酉陽雜俎》續集卷九《支植上》 俱郍衛，葉如竹，三莖一

層，莖端分條，如貞桐花，小類木槲，出桂州。

宋 范成大《桂海虞衡志·志花》 枸那花，葉瘦長，略似楊柳。夏開淡紅花，一朵數十萼，至秋猶有之。

元 李衎《竹譜詳録》卷七 夾竹桃自南方來，名拘那，夷又名拘拏兒。花紅類桃，其根葉似竹而不勁，足供盆檻之玩。

明 高濂《遵生八牋》卷一六《燕閒清賞牋下·夾竹桃花》 花如桃，葉如竹，故名。然惡濕而畏寒，十月初宜置向陽處放之，喜肥，不可缺壅。

明 王路《花史左編》卷八《花之宜·夾竹桃》 惡溼而畏寒，十月初宜置向陽處放之，喜肥，不可缺壅，不可見霜雪。冬天亦不宜太燥，和暖，微以水潤之，但不可多，恐凍耳。五六月天以紅桃配白茉莉，婦人戴之，嬌㒵可挹。

明 周文華《汝南圃史》卷七《木本花部下·夾竹桃》 夾竹桃，本名拘那花。《桂海虞衡志》云：拘那花，葉瘦長，略似楊柳。夏開淡紅花，一朵數十萼，至秋深猶有之。《八閩通志》云：拘那，衛三山人呼爲半年紅。曾師建《閩中記》謂之渠那，異其種，來自西域，本高丈餘，今名夾竹桃，謂花似桃葉似竹也。《水雲録》云：三月栽夾竹桃，一名桃花柳葉。其性惡濕畏寒，四月開花，至十月始歇。宜於向陽處肥土栽之。此花出於南方，今吳中盛行。好事者以大竹管韜於枝節間，肥土填貯，久之生根，截下遂成別本。十月間取置室中，來春取出，否則凍死。唐荆川詩云：桃竹舊傳生碧海，竹桃今見映朱闌。春至芬香能共遠，秋來花葉不同殘。疏英灼灼分叢發，密蘂菲菲對節攢。不信千年將結子，錯疑竹實待栖鸞。蓋亦甚珍之云。

清 曹溶《倦圃蒔植記》總論卷上《論花第三》 夾竹桃，花色媚，葉更雅遠，物之易致而可久者。

清 陳淏子《秘傳花鏡》卷三《花木類考·夾竹桃》 夾竹桃本名枸那。自嶺南來。夏間開淡紅花，五瓣，長筒，微尖。一朵約數十萼，至秋深猶有之。因其花似桃，葉似竹，故得是名，非真桃也。性惡濕而畏寒，十月中即宜置向陽處以避霜雪。最喜者肥，不可缺壅。冬逢和暖日，微以水潤之，但水多則恐冰凍而死。分法，在季春以大竹管韜於枝節間，用肥土填貯，朝夕不失水，久之根生，截下另植，遂可得種矣。今人於五六月間以此花配茉莉，婦女簪髻，婾㒵可挹。

清 高士奇《北墅抱瓮録·夾竹桃》 夾竹桃，本嶺南種，葉類竹而花類桃，姿態娟媚。自初夏着花，經秋乃歇，草卉之最久者。

清 張逸少 汪灝等《佩文齋廣羣芳譜》卷二六《夾竹桃》 夾竹桃，花五瓣，長筒，瓣微尖，淡紅，嬌艷類桃花。葉狹長類竹，故名夾竹桃。自春及秋，逐旋繼開，嫵媚堪賞。何無咎云：溫臺有叢生者，一本至二百餘幹，晨起掃落花盈斗，最爲奇品。

清 鄒一桂《小山畫譜》卷上《夾竹桃》 木本，高五六尺，枝長葉尖，頂上分枝作花。花粉紅，重臺玲瓏，白絲間出，花心，蕊深紅，極繁。六七月開，枝葉對節。

清 謝堃《花木小志·夾竹桃》 山東名柳葉桃，蓋其葉似柳而不似竹也。質粗如盌，枝幹婆娑，高出檐際。一花數蕊，百枝齊放，周年不絶，一大觀也。回視江南草本，真傀儡耳。然性畏寒，蓄之不謹，則無花矣。

清《名花譜·夾竹桃》 花如桃葉似竹。性畏濕而畏寒。花開五六月，宛然春色。以此桃配茉莉插美人鬟邊，真嬌㒵欲絶。

藝文

明 王世懋《夾竹桃花》（《佩文齋詠物詩選》卷三四二輯） 名花踰嶺至，婀娜自成陰。不分芳春色，猶餘晚歲心。絳分疏翠小，青入嫩紅深。本識仙源種，無妨共入林。

何來武陵色，移植向深閨。葉不迎秋墮，花仍入夏齊。菲菲能拂石，冉冉更成蹊。尚挾風霜氣，流鶯未敢棲。

結香

綜述

明 宋詡《竹嶼山房雜部》卷一〇《樹畜部二·種花卉法》 結香 枝葉如瑞香而大，花淡黄，無所奇。惟枝柔可以束結球物之形。春月分根，側小本種之。

明 高濂《遵生八牋》卷一六《燕閒清賞牋下·結香花》 花色鵝黄，較瑞香稍長。花開無葉，花謝葉生。枝極柔軟，多以蟠結。上盆，香色俱無可取。

清 陳淏子《秘傳花鏡》卷三《花木類考·結香》 結香，俗名黄瑞香。幹葉皆似瑞香，而枝甚柔韌，可綰結。花色鵝黄，比瑞香差長，亦與瑞香同時放。俱花落後始生葉，而香大不如。

清 謝堃《花木小志·纈香》 花色黄，四出，攢開若毬，故以纈名。葉盡始花，開頗耐久。風過則幽香遠遞，誠異品也。

錦帶花

綜　述

宋 王禹偁《小畜集》卷一一《海仙花詩并序》 海仙花者，世謂之錦帶。維揚人傳云，初得海州山谷間。其枝長而花密，若錦帶然。予視其花，未開如海棠，既開如木瓜，而繁麗嫋娜過之。或一朵滿頭，冠不克荷，惜其不香而無子。第可鉤壓其條，移值他所。因以釋草釋木驗之，皆無有也。近之好事者作花譜，以海棠爲花中神仙。予謂此花不在海棠下，宜以仙爲號，目之錦帶，俚孰甚焉？又取始得之地，命曰海仙，且爲賦詩三章，題諸僧壁。

一堆絳雪壓春叢，嫋嫋長條弄晚風。借問開時何所似，似將繡被覆薰籠。

春憎窈窕教無子，天爲妖嬈不與香。盡日含毫難比興，花中應是衛莊姜。

何年移植在僧家，一簇柔條綴彩霞。錦帶爲名卑且俗，爲君呼作海仙花。

宋 宋祁《益部方物略記》 苒苒其條，若不自持，緑葉丹英，蔓衍紛垂。

右錦帶花 蜀山中處處有之，長蔓柔纖，花葉間側，如藻帶然，因象作名。花開者形似飛鳥，里人亦號鬢邊嬌。

宋 王闢之《澠水燕談録》卷九 朐山有花，類海棠而枝長，花尤密，惜其不香無子。既開，繁麗裊娜，如曳錦帶，故淮南人以錦帶目之。王元之詩：

春憎窈窕教無子，天爲妖嬈不與香。

宋 郭知達《九家集注杜詩》卷三五《近體詩》 香聞錦帶羹 薛云：荆湘間有花名錦帶，春末方開，紅白如錦，其苗脆嫩可食。

宋 范成大《吴郡志》卷三〇《土物下》 錦帶花又名海仙，蓋王元之名也。此花雖處處皆有，吴中者特香，略如瑞香山礬輩，圃中夾路多植之。

宋 陳景沂《全芳備祖》前集卷二七《錦帶花》 碎録 一名海仙花，一名文官花。此花出荆楚，間有花如錦，遂名錦帶花。條如郁李，春末方開，紅白二色。《杜詩注》

雜著 海仙花者，世謂之錦帶。維揚人傳云：初得於海島間，其枝長而花密，若錦帶。然予視其花，未開如海棠。既開如木瓜，而繁麗嫋弱過之。或一朵滿頭，冠不克荷。惜其香淺而無子，但可鉤壓其條，移植他所，因以《釋草》、《釋木》驗之，皆無有也。近之好事者作《花譜》，以海棠爲花中神仙，予謂此花不在海棠下，宜以仙爲號。目爲錦帶，俚孰甚焉。又取始得之地，命曰海仙，且爲賦詩三章。《王元之海仙花詩序》。貢士舉院，本故勇技營，有花，初開白，次緑，次緋，次紫，故名爲文官花。《萬花谷》

宋 陳元靚《歲時廣記》卷一《羹錦帶》 初生葉柔脆可食，老杜詩云：滑憶雕胡飯，香聞錦帶羹。春時分植。

明 宋詡《竹嶼山房雜部》卷一〇《樹畜部二·種花卉法》 錦帶 灌生，花粉紅若桃。王元之名曰海仙。春月根側分小本種。

明 高濂《遵生八牋》卷一六《燕間清賞牋下·錦帶花》 花開蓓蘽可愛，形如小鈴，色粉紅而嬌。植之籬間，采折供玩。

明 王路《花史左編》卷四《花之辨·錦帶花》 又名髩邊嬌，形如小鈴，白者内而粉紅者外，亦有深紅者。一樹而有二色，類海棠而枝長花密，無子。既開，繁麗裊娜，如曳錦帶。植之屏籬，可供雅玩。

又 卷五《花之候·錦帶花》 二月開花，秋分後剪五寸長插鬆土中，日澆清糞水，二十日則發芽，正月黄梅俱可插。

明 周文華《汝南圃史》卷八《條刺花部·錦帶》 錦帶，條生。三月開花，形如鋼鈴，内外粉紅，亦有深紅者。一樹常二色。其花嬌麗近海棠，嗅之略有香意。

清 陳淏子《秘傳花鏡》卷四《藤蔓類考·錦帶花》 錦帶花，一名鬢邊嬌。三月間開，蓓蕾可愛，形如小鈴，色内白而外粉紅。長枝密花，如曳錦帶。但艶而不香，無子。亦有深紅者。一樹常開二色，有類海棠。植於屏籬之間，頗堪點綴。種法：於秋分後剪五寸長枝插鬆土中，每日澆清糞水，良久自活。

藝　文

宋 劉摯《忠肅集》卷一九《殿廬次韻趙元考錦帶花》 錦花香浸碧琉璃，誰折芳叢下帝闈。横裊正疑豪客纜，雙垂曾見婦人衣。長條卧蘂勝繁李，密葉攢英似紫薇。繫取東風留節物，還家猶及醉春暉。

又《次韻錢純老密學白錦帶花》 天園節物見芳華，春暮重開白錦葩。門

葉淺深瓊散蘂，封條勻鬧雪團花。玉翹無日真仙國，月帔垂欄上帝家。若向閬都論品第，可容滄海碧桃詩。

宋 范成大《**石湖詩集**》卷一六《**錦帶花**》 東南甚珍此花，峽中漫生山谷。

妍紅棠棣妝，弱緑薔薇枝。小風一再來，飄颻隨舞衣。吴下嫵芳檻，峽中滿荒陂。佳人墮空谷，皎皎白駒詩。

宋 楊萬里《**誠齋集**》卷三一《**紅錦帶花**》 天女風梭織露機，碧絲地上茜欒枝。何曾繫住春歸脚，只解長縈客恨眉。節節生花花點點，茸茸曬日日遲遲。後園初夏無題目，小樹微芳也得詩。

蠟梅

論説

明 郎瑛《**七修類稿**》卷二七《**蠟梅**》 蠟梅原名黄梅，故王安國熙寧間尚咏黄梅詩，至元祐中，蘇、黄以其色酷似（密）〔蜜〕脾，故命爲蠟梅，而范石湖《梅譜》又云：本非梅類，以其與梅同時而香又近之，故云梅入譜。若近以付子爲鸚鵡菊，亦以葉梗似菊而花又同時也。

明 王世懋《**學圃雜疏・花疏**》 蠟梅是寒花絶品，人言臘時開，故以臘名，非也，爲色正似黄蠟耳。出自河南者曰磬口，香色形皆第一，松江名荷花者次之，本地狗纓下矣。得磬口，荷花可廢，何況狗纓。

明 高濂《**遵生八牋**》卷一六《**燕閒清賞牋下・臘梅花三種**》 今之狗英臘梅亦香，但臘梅惟圓瓣如白梅者佳，若瓶一枝，香可盈室。余見洪忠宣公山庭有之，後竟滅歿。今之圓瓣臘梅皆如荷花瓣者，瓣有微尖，僅免狗英則可。客云楚中荆襄産者最佳，想忠宣宅中亦得自彼處，故今不復見也。

明 陳正學《**灌園草木識**》卷一《**花之屬・蠟梅**》 花如梅而色似蠟。説有二種，其一磬口，重葉，内葉半紅；其一單葉，内不甚紅。余園中一樹滋培功到，則重葉而紅，有時失培，則花小單葉不紅，似無二種。此花從南都來，未核其詳。吴長卿云磬口者種佳，其小而尖瓣者名狗蠅。

明 文震亨《**長物志**》卷二《**梅**》 蠟梅，磬口爲上，荷花次之，九英最下。寒月庭際亦不可無。

清 李漁《**閑情偶寄**》卷一三《**種植部・木本第一・梅**》 蠟梅者，梅之别種，殆亦共姓而通譜者歟？然而有此令德，亦樂與聯宗。吾又謂别有一花，當爲蠟梅之異姓兄弟，玫瑰是也。氣味相孚，皆造濃艷之極致，殆不留餘地待人者矣。人謂過猶不及，當務適中，然資性所在，一往而深，求爲適中不可得也。

清 曹溶《**倦圃蒔植記**》**總論 卷上**《**論花第三**》 蠟梅貴磬口，取其色香俱勝，不但以形體圓肥耳。

又 卷中《**蠟梅**》 别有一種名蠟梅者，本非梅類，以其與梅同時，香又相近，酷似蜜脾，故曰蠟梅，具載石湖梅譜。或謂其臘中吐葩，遂誤臘梅，便是伏獵侍郎小化身矣。凡計三種，子種者佳。夏問子熟采而種之，秋後發芽，澆灌得宜，數年之後，亦可分栽。

綜述

宋 范成大《**范村梅譜**》 蠟梅本非梅類，以其與梅同時，香又相近，色酷似蜜脾故名蠟梅。凡三種，以子種出不經接，花小香淡，其品最下，俗謂之狗蠅梅。經接花疏，雖盛開花常半含，名磬口梅，言似僧磬之口也。最先開，色深黄如紫檀，花密香穠，名檀香梅，此品最佳。蠟梅香極清芳，殆過梅香。初不以形狀貴也，故難題詠，山谷簡齋但作五言小詩而已。此花多宿葉，結實如垂鈴，尖長寸餘，又如大桃奴，子在其中。

宋 陳景沂《**全芳備祖**》**前集卷四**《**蠟梅**》**紀要** 京洛間有一種花，香氣似梅，花亦五出，而不能品。明類女工撚蠟所成，京洛人因謂蠟梅。木身與葉巧類蒴藋竇，高州家有灌叢香一園也。《山谷詩序》蠟梅，山谷初見之，戲作二絶，緣此盛於京師。《王元之詩話》

雜著 蠟梅，本非梅類，以其與梅同香又相近，色酷似蜜脾，故名蠟梅。以子種，出不經接，花小香淡，其品最下，俗謂之狗蠅梅。經接，花疏雖盛開，花常半含，名磬口梅，言似僧磬之口也。最先開，色深黄，如紫檀花，密香濃，名檀香梅，此品最佳。蠟梅，香極清，芳殆過梅香，初不以形狀貴也，故雖題詠山谷簡齋，但作五言小詩而已。此花多宿葉，結實如垂鈴，尖長寸餘，又如大桃奴子在其中。《范石湖梅譜》

明 宋詡《**竹嶼山房雜部**》卷一〇《**樹畜部二・種花卉法**》 蠟梅 灌

生，葉長，而涪翁《花詩》云：色染薔薇露，體熏山麝臍。磬口花宜子種，芒種時。檀香花、狗蠅花宜從根側分小本種。

明　朱橚《救荒本草》卷六　臘梅花　多生南方，今北土亦有之。其樹枝條頗類李，其葉似桃葉而寬大，紋脉微粗。開淡黄花，味甘微苦，救飢采花煠熟，水浸淘净，油鹽調食。

明　李時珍《本草綱目》卷三六《木之三》　釋名：黄梅花　時珍曰：此物本非梅類，因其與梅同時，香又相近，色似蜜蠟，故得此名。集解：時珍曰：蠟梅小樹，叢枝，尖葉，種凡三種。以子種出，不經接者，臘月開小花而香淡，名狗蠅梅。經接而花疏，開時含口者名磬口。梅花密而香濃，色深黄如紫檀者，名檀香梅，最佳。結實如垂鈴，尖長寸餘，子在其中，其樹皮浸水磨黑有光采。

明　高濂《遵生八牋》卷七《高子花謝詮評》　磬口臘梅　黄色如蜜，紫心，瓣如白梅少大。曾於洪宣公山亭見之，其香撲人。今云臘梅者，皆荷花瓣也，僅免狗英。

明　周文華《汝南圃史》卷七《蠟梅》　蠟梅叢生，葉如桃而闊大堅硬，蠟月開花，香色似蠟。【略】張伯雨《蠟梅詩》云：商略羅浮水月鄉，論資也合地黄香。蠟珠誰與僧虔戲，綴作斜枝小鳳皇。花開時無葉，葉盛則花已盡矣。結實垂鈴，尖長寸餘。以十月中分栽，《浣花雜志》云：蠟梅不宜接，但宜過枝，以狗蠅小本，栽大本邊，扳其枝用麻皮縛緊，候皮相粘下截蠟梅上，去狗蠅便成佳本。春分移栽，澆用半水糞。或曰蠟梅花不可嗅，嗅之則頭痛，試之信然。又云漾蠟梅花水不可飲，飲之有毒，蠟梅尤甚。王梅溪曰：東南蠟。梅葉落始開，峽中地暖，花開而葉不落。宋山甫知縣云：大寧監多蠟梅，土人不識，呼爲狗蠅花。

清　陳淏子《秘傳花鏡》卷三《花木類考·蠟梅》　蠟梅俗作臘。一名黄梅，本非梅類，因其與梅同放，其香又相近，色似蜜蠟，且蠟月開，故有是名。樹不甚大而枝叢，葉如桃闊而厚。有磬口、荷花、狗英三種，惟圓瓣、深黄、形似白梅，雖盛開如半含者，名磬口，最爲世珍。若瓶供一枝，香可盈室。狗英亦香，而形色不及。近日圓瓣者，皆如荷花而微有尖，僅免狗英者，皆由用狗英接换故也。若以子出，不經接過者，花小而香淡，其品最下。實如垂鈴，夏熟采取，試水沉者，種之多生産，荆襄爲上，今南浙亦盛。其本宜過枝，不宜接换。

清　鄒一桂《小山畫譜》卷上《蠟梅》　臘月開花，黄如蠟，對節生九瓣，内一臺，紫色黄心三點，香氣馥郁。葉尖長，花時無葉。其種有荷花、磬口、九英，磬口者佳，狗蠅其最下者一種。素心者花大香甚，名懷素蠟梅，出自中州爲上品。

清　謝堃《花木小志·蠟梅》　此花有名磬口者，有名五蒂者，有名檀香者，有名九英者，香頗幽永，實若垂鈴。名蠟者，因有蠟蟲，嗅則傷人。

紀事

宋　周紫芝《竹坡詩話》　東南有蠟梅蓋自近時始，余童時猶未之見。元祐間，魯直諸公方有詩，前此未嘗有賦此詩者。政和間，李端叔在姑谿元夕見之僧舍中，嘗作兩絶，其後篇云：程氏園當尺五天，千金争賞憑朱欄。莫因今日家家有，便作尋常兩等看。觀端叔此詩，可以知前日之未嘗有也。

宋　趙彦衛《雲麓漫鈔》卷四　今有蠟梅，按山谷詩後云：京洛間有一種花，香氣似梅，花亦五出而不能晶明，類女功撚蠟所成，京洛人因謂蠟梅，木身與葉乃類蒴藋。竇高州家有一叢，能香一園。

宋　周密《癸辛雜識》別集卷上　開封府衙後有蠟梅一株，以爲奇，遂創梅花堂。北人言，河北惟懷孟州號小江南，得太行障其後，故寒稍殺地暖，故有梅。

清　汪爲熹《鄢署雜鈔》卷七《蠟梅》　蠟梅不知有自何時，有名老蘇梅、勝府梅、任家梅，最後出者名金蓮花，絶佳。三種在承平時鄢爲獨勝。兵亂之際，家園無主，土人皆摧折爲薪，故今日遂寥寥無幾。明鄱陽彭汝礪和韻詩：舊作酴醾白，美色絶殊衆，暗香時著人。齊州中州也。終自別，不比嶺頭春。新翻蛺蝶黄。不須多變態，固自有真香。

藝文

宋　文同《丹淵集》卷八《十月梅花》　十月凍牆隈，英英見早梅。應從九地底，先領一陽來。紫膜紛紛脱，黄膚迤迤開。得風渾自變，與雪欲成堆。細暈輕檀口，濃妝膩粉腮。月娥身解寫，青女手能裁。冷豔浮冰沼，清香落玉杯。只憂融乳酪，不惜露瓊瑰。避妒情堪重，禁寒術可猜。有誰憐寂寞，盡日獨徘徊。共語誠無計，將題耻不才。東鄰夜夜客，莫放笛聲哀。

宋　黄庭堅《山谷集》卷五《戲詠蠟梅二首》　金蓓鎖春寒，惱人香未展。雖無桃李顔，風味極不淺。

體熏山麝臍，色染薔薇露。披拂不滿襟，時有暗香度。

宋　陳師道《後山集》卷八《和豫章公黄梅》　色輕花更艷，體弱香自永。玉質金作裳，山明風弄影。

又《黄梅》　花裏重重葉，釵頭點點黄。祇應報春信，故作着人香。

宋　毛滂《東堂詞·踏莎行蠟梅》　粟玉玲瓏，瓮酥浮動，芳跗染得胭脂重。風前蘭麝作香寒，枝頭煙雪和春凍。蜂翅初開，蜜房香弄，佳人寒睡愁如夢。鵝黄衫子茜羅裙，風流不與紅梅共。

宋　陳與義《簡齋集》卷七《蠟梅》　智瓊額黄且勿詩，回眼視此風前葩。家家融蠟作杏蒂，歲歲逢梅是蠟花。世間真僞非兩法，映日細看真是蠟。我今嚼蠟已甘腴，況此有韻蠟不如。只愁繁香欺定力，薰我欲醉須人扶。不辭花前醉倒卧經月，是酒是香君試别。

又卷一三《蠟梅四絶句》　花房小如許，銅剪黄金塗。中有萬斛香，與君細細輸。

來從底處所，黄露滿衣濕。緣憨翻得憐，亭亭倚風立。

奕奕金仙面，排行立曉晴。殷勤夜來雪，少住作珠瓔。

亭亭金步摇，朝日明漢宫。當時好光景，一似此園中。

宋　劉才邵《檆溪居士集》卷二《詠蠟梅呈李仲孫》　霜鋪鴛瓦茸茸白，紅日破寒舒曉色。小枝斜傍碧闌干，光透香融嬌欲滴。緣何便證紫金容，勝妙從來衆香國。時世梳妝嫌不稱，豈假嫩黄拂宫額，清潤疑和玉醴膏，鮮妍似鍊鶯蜂液。團香掠蘂太辛勤，堪笑蜜房屯羽客。更有一般超絶處，畫史畫工描不得。漏板丁丁夜向闌，金波浸影寒光溢。賞奇自昔屬多情，況復南人多未識。恰及開時寄一枝，後時便恐香難拾。須藉高才與發揚，妙句妝歸花萼集。

宋　王十朋《梅溪後集》卷一三《蠟梅》　天工著意點酡酥，不與江梅鬥雪膚。露滴蜂房釀崖蜜，日烘龍腦噴金爐。萬松張蓋黄尤好，三峽藏春緑不枯。東南蠟梅，葉落始開，峽中地暖，花開而葉不落。題品倘非坡與谷，世人應作小蟲呼。宋山甫知縣云：大寧監多蠟梅，土人不知貴，呼爲狗蠅花。

宋　陸游《劍南詩稾》卷四《荀秀才送蠟梅十枝奇甚爲賦此詩》　與梅同譜又同時，我爲評香似更奇。痛飲便判千日醉，清狂頓減十年衰。色疑初割蜂脾蜜，影欲平欺鶴膝枝。插向寶壺猶未稱，合將金屋貯幽姿。

宋　周必大《文忠集》卷二《次韻王龜齡大著省中黄梅》　化工未幻酴醾菊，先放緗梅伴羣玉。幽姿着意慕鉛黄，正色何心輕萼緑。妝成自淺風味深，對此寧辭食無肉。可憐涪翁被渠惱，中歲梅屏杯杓酥。

宋　楊萬里《誠齋集》卷一一《蠟梅》　栗玉圓雕蕾，金鐘細著行。來從真臘國，自號小黄香。夕吹撩寒馥，晨曦透暖光。南枝本同姓，唤我作他楊。

宋　尤袤《梁溪遺稿》卷一《蠟梅》　破臘驚春意，凌寒試曉妝。應嫌脂粉白，故染麴塵黄。綴樹蜂懸室，排箏雁著行。團酥與凝蠟，難學是生香。

宋　虞儔《尊白堂集》卷三《蠟梅》　龍麝濃薰總不宜，幽香細細忽聞時。蜜脾懸磬無餘味，鶴膝横陳有老枝。玉蘂檀心還得似，蠟顔脂貌有誰欺。却疑不是人間物，三嗅慇懃與賦詩。

宋　謝翱《晞髮遺集》卷上《蠟梅》　冷艷清香受雪知，雨中誰把蠟爲衣。蜜房做就花枝色，留得寒蜂宿不歸。

元　耶律楚材《湛然居士集》卷三《蠟梅二首》　越嶺仙姿迥異常，洞庭春染六銖裳。枝横碧玉天然瘦，蕾破黄金分外香。反笑素英渾淡抹，却嫌紅艷太濃粧。臨風浥此薔薇露，醉墨淋漓寄渺茫。

冰姿夢裏慕姚黄，滴蠟凝酥别樣妝。生白紅太濃淡，懶施朱粉自芬芳。寒英深染薔薇露，冷豔微熏篤耨香。受用清絶瓷吟繞，惜花一念未全忘。

元　張翥《蜕岩詞·水龍吟蠟梅》　玉人梔貌堪憐，曉妝一洗鉛華盡。此花應是，菊分顔色，梅分風韻，萼點駝酥，口攢金磬，心凝檀粉。甚女貞染就，仙衣絶勝，蜂兒重，鵝兒嫩。　説與玉龍莫品，怕宫波、一般流恨。故人堪寄，折枝代取，江南春信。沉水全薰，蘂絲密綴，額黄深暈。乍燕姬未識，是花是蠟，笑偎人問。

明　賀裳《蠟梅花賦有序》（《歷代賦彙》卷一二四輯）　余觀世之可好者，惟山川圖史卉木而已。故屈平頌橘，沈約彈蕉，張衡奏憶桂之篇，宋玉製泛蘭之曲。至若盧傷梨病，王惜梧寒。周顒答詔，止言紫蓼緑葵，王勣裁書，惟論黄精白术。潘岳板輿，日依芳枳，嵇康鍛竈，時拂長楊，問藍田之公事，哦句松間，索彭澤之閑情，漉巾菊下。凡以寄幽懷於香草，抒豔思於名花，古今一也。余家小樓三楹，悉植蠟梅，其下每葭灰乍起，槐火初移。垂簾則疏影逾明，閉户而暗香自至。凌晨吐萼，非關武曌詩催，入夜舒榮，無待王瓊藥擁。嗟乎，蓮稱君子，菊名隱逸，然皆經霜即殞，望雨先零。若其涉凝沍而方開，不與葦蕭同敗，避豔陽以先去，耻從桃李爭妍，斯真有烈士艱貞之節，達人高蹈之風者也。余嘗恨法曹麗句徒誇庾嶺之枝，鳳閣英詞止重孤山之種。兹花頌述，不及爲小賦以歌之。

伊造物之敷葩兮，至隆冬而愈奇。秉幽貞之至性兮，賦娟潔之殊姿。信朝榮

爲不久兮，惟晚節爲可持。於時瓊霰零，玄冰結，愁雲起而晝昏，驚飈鳴而暮急。萎芭蕉之翠心，碎茱萸之紫葯。柳枝憔悴，損張緒之腰肢，蓉葉離披，褪文君之臉色。爾乃含芬醲馥，散艷傳芳，垂頭唾雪，聳幹凌霜。憐林樾之蕭條，更裁蝶幔，怨芳菲之銷歇，獨餽蜂糧。漠漠幽香，逐輕風而入幕，離離倩影，攜素月以登牆。玉貌塗金，冰肌噴沉，嫌傅粉之太白，笑懷椒之不馨。效葵妝於秋坂，竊蘭氣於春林。清露晨流，似隋殿之甲煎朝沃，蒼煙暮起，豈魏宮之石葉宵焚。若夫積陰乍晴，微和薦薰，蕊已蘇而猶困，枝既倦而難伸。倚檐牙兮欲寐，偎欄角兮如顰。苞惹輕塵，趙合德臍藏麝屑，蕚濡殘雨，薛瑶英舌擁檀津。遂有折歸幽閣，貯以冰壺。增綺窗之窈窕，助瓊座之芬敷，客去而妄猜荀令，夢回而疑授蘅蕪。固宜雀喜偷嘗，鶯羞早避，何巖桂之足儔，諒庭萱之難比。豈若分寒枝於隴上，空染啼痕，傳豔魄於羅浮，惟霑醉膩。重曰：雲爲幄兮月爲茵，露盥容兮風拂塵。交勁柏兮友貞筠，驅寒沍兮引陽春。終當移根游上苑，寧甘寂寞委荒榛。

清　查慎行《敬業堂詩集》卷二一《沁園春　蠟梅》　不是陶家，不是林家，將金鑄顔。恰避了青霜，甘隨菊後；欺他黷雪，愛占梅先。融蠟爲珠，染梔成蔕，萬蕊千頭顆顆圓。瞿曇面，抱赤心一點，誰鬥嬋娟？　味無味處天然，肯便與蜂脾蜜作緣。看野竹如烟，聊同倚翠；山茶似火，恥並爭妍。酒泛新鵝，塵消舊麴，時有寒香到鼻邊。銅瓶古，把一枝斜插，共餞殘年。

雜　録

唐　馮贄《雲仙雜記》卷二《腸胃文章映日》　元稹爲翰林，承旨朝退，行鐘廊時，初日映九英梅，隙光射稹，有氣勃勃然。百僚望之曰：豈腸胃文章映日可見乎？《常朝録》

宋　張邦基《墨莊漫録》卷九　王直方立之父名棫，家多侍兒，而小鬟素兒尤妍麗。王嘗以蠟梅花送晁無咎，無咎以詩謝之，有云：芳菲意淺姿容淺，憶得素兒如此梅。

宋　任淵《山谷内集詩注》卷五　戲詠蠟梅二首　山谷書此詩後云：京洛間有一種花，香氣似梅，花亦五出，而不能晶明，類女功撚蠟所成，京洛人因謂蠟梅，木身與葉乃類蒴藋。竇高州家有灌叢，能香一園也。王立之詩話云：蠟梅，山谷初見之戲作二絶，緣此盛于京師。

宋　饒節《倚松詩集》卷一　蠟梅異天質，芳香輩蘭芷。蠟梅正如蠟爲之，樹絶不類梅，其香正如蘭。

宋　胡仔《漁隱叢話》前集卷四九《王直方詩話》云：蠟梅山谷初見之作二絶，一云：金蓓鎖春寒，惱人香未展。雖無桃李顔，風味極不淺。一云：體薰山麝臍，色染薔薇露。披拂不滿襟，時有暗香度。緣此蠟梅盛於京師，然交游間亦有不喜之者。余嘗爲作解嘲云：紛紛紅紫雖無韻，映帶園林正要渠。誰遣一枝香最勝，故應有客問何如。《苕溪漁隱》曰：東坡亦有《蠟梅》詩云：天工點酥作梅花，此有蠟梅禪老家。蜜蜂采花作黄蠟，取蠟爲花亦其物。不獨山谷有詩也。余嘗和人詠蠟梅絶句，因紀其事。云：新詩湔拂自蘇黄，想見當年喜色香。草木無情遇真賞，豈知千載有餘芳。

宋　潛説友《咸淳臨安志》卷五八　蠟梅　東坡在杭日有僧趙景晛蠟梅詩云：蜜蜂采花作黄蠟，取蠟爲花亦奇物。今此花亦有數品，以檀心、磬口者爲佳。

宋　張淏《會稽續志》卷四　蠟梅越中近時頗有，剡中爲多。花有紫心者、青心者。紫者色濃香烈，謂之辰州本。蠟梅聲名自蘇黄始，徐師川詩所謂「江南舊時無蠟梅，只是梅花臘月開」。王梅溪剡館《蠟梅》詩：非蠟復非梅，誰將蠟染肥。游蜂見還訝，疑自蜜中來。

宋　吴自牧《夢粱録》卷一八《花之品·臘梅》　臘梅有數種，檀心磬口者佳。東坡詩有「蜜蜂采花作黄蠟」之句，又詩云「萬松嶺上黄千葉，玉蘂檀心兩奇絶」。周必大《詠黄蠟梅在省中次王十朋韻》：化工未幻酴醾菊，先放緗梅伴羣玉。幽姿著意添鉛黄，正色向心輕蕚緑。妝成自銜風味深，對此寧辭食無肉。方憐涪翁被渠惱，中氣悔屏杯杓醁。

元　方回《瀛奎律髓》卷二〇《黄梅花》　庾嶺開時媚雪霜，梁園春色占中央。未容鶯過毛無類，已覺蜂歸蠟有香。弄月似浮金屑水，飄風如舞麴塵場。何人剩着栽培力，太液池邊想菊裳。

熙寧五年壬子館中作是時，但題曰黄梅花，未有蠟梅之號。至元祐蘇黄在朝，始定名曰蠟梅，蓋王才元園中花也。直方之父作頓有亭時，則蠟梅詩開山祖似當以平甫詩爲首也。

明　王路《花史左編》卷一二《花之毒·臘梅花》　或云臘梅花人多愛其香，但可遠聞而不可嗅，嗅之則頭痛，試之不爽。

明刻本《花史》冬集《梅花》　蠟梅結子者，名狗蠅梅。

清　雍正《山西通志》卷四七　蠟梅有二種，一狗蠅梅，一磬口梅，以與

梅時開香又相類，色似蜜蠟，故名。蒲州三晉最南疆，便作羅浮遠想。

清 雍正《畿輔通志》卷五六 蠟梅《燕都游覽志》：隆恩寺小軒蠟梅一株甚大，江南亦不多得。

清 乾隆《雲南通志》卷二七 蠟梅 有磬口、雀舌二種。

梨

論説

明 高濂《遵生八牋》卷一六《燕閒清賞牋下·梨花二種》 有香臭二種。其梨之妙者花不作氣，醉月欹風，含烟帶雨，瀟灑豐神，莫可與並。

清 曹溶《倦圃蒔植記》總論 卷上《論花第三》 梨花以多爲勝，而以月增妍。有一種千葉白花而結實甘美者，尤奇品也。若夫《六一集》中「千葉紅梨花」，則吾聞其語矣。

清 李漁《閑情偶寄》卷一三《種植部·木本第一·梨》 予播遷四方，所止之地，惟荔枝、龍眼、佛手諸卉，爲吴越諸邦不産者，未經種植，其餘一切花果竹木，無一不經葺理。獨梨花一本，爲眼前易得之物，獨不能身有其樹，爲楂梨主人，可與少陵不詠海棠，同作一等欠事。然性愛此花，甚于愛食其果。果之種類不一，中食者少，而花之耐看則無一不然。雪爲天上之雪，此是人間之雪。雪之所少者香，此能兼擅其美。唐人詩云：梅雖遜雪三分白，雪却輸梅一段香。此言天上之雪。料其輸贏不决，請以人間之雪，爲天上解圍。

綜述

宋 陳景沂《全芳備祖》前集卷九《梨花》 碎録 洛陽梨花，時人多攜酒其下，曰爲梨花洗妝《唐餘録》。

雜著 杭州其俗釀酒，趁梨花開時熟，則號梨花春。故白公杭州詩云：紅袖織綾誇柹蔕，青旂沽酒趁梨花《長慶集》。

明 李時珍《本草綱目》卷三〇《果之二·梨》 時珍曰：梨樹高二三丈，尖葉，光膩有細齒。二月開，白花如雪，六出。上巳無風則結實必佳。

明 周文華《汝南圃史》卷三《花果部·梨》 梨木堅實，枝葉扶疏，高二三丈。二月中開白花。花較李花而大，有二種，瓣舒者佳。最宜月下，所謂「梨花院落溶溶月」也。《洛陽風土》：梨花時人多攜酒，曰爲梨花洗妝。別有紅梨花。司馬温公詩云：繁枝細葉互低昂，香敵酴醾艷海棠。應爲窮邊太寥落，并將春色付穠芳。又曰：蜀江新錦濯朝陽，楚國纖腰傅薄妝。何事白花零落早，同時不敢鬥芬芳。

清 曹溶《倦圃蒔植記》卷上《花卉一·梨》 《洛陽風土》：梨花時，人多攜酒，曰爲梨花洗妝。予謂不獨爲梨花洗妝，更足爲俗人洗胃。春風庭院可無此瀛洲玉雨也？花有二種。瓣舒者佳，春間下種，三尺移栽。或將旺梨笋取作拐樣，斫其兩頭，火燒鐵器，烙定津脈，卧栽於地，來春發芽。別取嫩條截長八寸，名曰梨貼，削開原幹，插入梨貼，稻草緊縛，不可摇動。月餘自發，長即生梨。梨生用箬包裹，勿爲象鼻虫所傷。洞庭山梨俱用此法。或云接梨桑上，生子甘脆，然《齊民要術》獨殿桑梨，未可盡信也。一説，接梨以春分前十日，接柹以春分後十日。白樂天《杭州春望》詩：紅袖織綾誇柹葉，青旗沽酒趁梨花。

清 鄒一桂《小山畫譜》卷上《梨》 三月盡花開，五出，色純白。心初黄，開足後赭墨色。長柄叢生，葉嫩緑。亦有柄隨風而舞，花之流逸者也。

清 謝堃《花木小志·梨》 梨有白花有粉紅花者，開時光景莫名其妙。嘗置石筍一具於其側，銘十六字云：閑門雨後，月色溶溶。攜罇花下，其樂無窮。其實有酸有脆有香甜者，種種不一。

藝文

唐 錢起《錢仲文集》卷一〇《梨花》 艷静如籠月，香寒未逐風。桃花徒照地，終被笑妖紅。

唐 韓愈《聞梨花發贈劉師命》（《萬首唐人絶句》卷三輯） 桃蹊惆悵不能過，紅艷紛紛落地多。聞道郭西千樹雪，欲將君去醉如何。

又《梨花下贈劉師命》（《萬首唐人絶句》卷三輯） 洛陽城外清明節，百花寥落梨花發。今日相逢瘴海頭，共驚爛漫開正月。

宋 歐陽修《文忠集》卷一《千葉紅梨花》 峽州署中舊有此花，前無賞

者。知郡朱郎中始加欄檻，命座客賦之。

紅梨千葉愛者誰？白髮郎官心好奇。徘徊繞樹不忍折，一日千匝看無時。夷陵寂寞千山裏，地遠氣偏時節異。愁煙若霧少芳菲，野卉蠻花鬥紅紫。可憐此樹生此處，高枝絶一作紅。艷無人顧。春風吹落復吹開，山鳥飛來自飛去。根盤樹老幾經春，真賞今纔遇使君。風輕絳雪罇前舞，日暖繁香露下聞。從來奇物産天涯，安得移根植帝家。猶勝張騫爲漢使，辛勤西域徙榴花。

宋 韓琦《安陽集》卷一六《同賞梨花》 興福梨珍號素封，千株花發此欣逢。風開笑臉輕桃艷，雨帶啼痕自玉容。蝶舞只疑殘靨墜，月明唯覺異香濃。尋春已恨來傷晚，莫厭頻揮瀲灧鍾。

又 卷一七《同賞梨花》 寒食西藍賞素英，白毫光裏亂雲騰。莊岩金地三千界，顔色瑶臺十二層。后土瓊花慚我寡，唐昌玉蘂豈吾朋。雪香豫約爲亭號，修創終逢好事僧。

宋 司馬光《傳家集》卷七《和道矩紅梨花二首》 繁枝細葉互低昂，香敵酴醿艷海棠。應爲窮邊太寥落，并將春色付穠芳。

蜀江新錦濯朝陽，楚國纖腰傅薄妝。何事白花零落早，同時不改鬥芬芳。

宋 黄庭堅《山谷外集》卷一二《次韻晉之五丈賞壓沙寺梨花》 沙頭十日春，當日誰手種。風飄香未改，雪壓枝自重。看花思食實，知味少人共。霜降百工休，把酒約寬縱。

金 元好問《遺山集》卷二《梨花海棠二首》 梨花如静女，寂寞出春暮。春工惜天真，玉頰洗風露。素月澹相映，蕭然見風度。恨無塵外人，爲續雪香句。孤芳忌太潔，莫遣凡卉妒。

妍花紅粉妝，意態工媚嫵。窈窕春風前，霞衣欲輕舉。金槃涉華屋，國艷徒自許。依依如有意，脉脉不得語。詩人太冷落，愁絶殘春雨。

明 楊基《眉菴集》卷二《北山梨花》 余卜居金川，是金陵城西北門也。去北山無十里。每清明時，梨花盛開，輒動洗粧之想。鄰友薛起宗邀余看者再，俱以猥俗所繫，不能如約。昨又期出郭，風雨泥濘，弗良於行。起宗爲折一枝相贈，喜而賦此，辛亥暮春五日。

北山梨花千樹栽，年年清明花正開。薛君好事兩邀我，騎馬看花携酒來。看花出郭我所愛，況是梨花最多態。我牽塵俗不得赴，花本無情花亦怪。君今折花馬上歸，索我細詠梨花詩。冰肌玉骨未受飾，敢以粉墨圖西施。東坡先生心似鐵，惆悵東闌一枝雪。重門晚掩沉沉雨，疏簾夜捲溶溶月。月宜淺淡雨宜濃，淡非浪白濃非紅。閨房秀麗林下趣，富貴標格神仙風。一枝寂莫開逾徧，朵朵玲瓏看應眩。皓腕輕籠素練衣，蛾眉淡掃春風面。自須玉堂承露華，何事種向山人家。不愁占斷天下白，正恐壓盡人間花。江梅正好憐清楚，桃杏紛紛何足數。只有銀燈照海棠，海棠亦是嬌兒女。

又 卷三《湘陰廟梨花》 癸丑二月廿日，泊舟湘陰廟下。廟東圃有棠梨一株，花猶未開。因念辛亥春與薛起宗賞花於鍾山之北，賦詩酌酒，爲一時勝集。壬子歲，宦居豫章，追憶舊游，嘗與員外方君道其事，復有詩寄薛。今年見花於湘水之上，不惟北山之會不可尋，而豫章僚友亦相望數千里外。人生漂泊蓋如是也。舟中岑寂，賦詩一首，且歸以示方君，預與起宗締來歲之約云。

平生厭看桃與李，惟有梨花心獨喜。海雪樓前雪一株，歲歲清明醉花底。北山岡下花最盛，千樹玲瓏圍緑水。前年騎馬賞花處，我與河東兩人耳。青苔滿地芳草合，只有黄鸝映花蕊。當時美人東閣上，寶髻慵梳初睡起。鏡裏争先試一枝，真態欲將春色比。樓空燕去花自落，細雨黄昏泪如洗。疏籬蕭蕭苑屋破，況復臨春開結綺。我時賞花仍弔古，花亦燦然爲露齒。歸來婆娑簪滿帽，十日羅衣香不止。去年相憶豫章城，咫尺春江如萬里。今年邂逅洞庭曲，細蕚含愁照清泚。人至魂消楚雨中，花應斷腸湘烟裏。三年勝游不再得，百歲歡娱能有幾。吉祥牡丹非舊夢，玄都桃花亦如此。更約明年載酒來，莫笑花前人老矣。

雜録

明 王路《花史左編》卷七《花之妖・梨花》 武后嘗於九月出梨花一枝，羣臣皆賀。杜景全獨不然。后曰：真宰相也。

又 卷一四《花之運・紅梨花》 峽州署中有千葉紅梨花，無人賞者。知郡朱郎中始加欄檻，命坐客賦之。花亦有待，豈終寂寞。

又 卷一六《花之事・梨花類・香來玉樹》 侯穆有詩名。因寒食郊行，見數少年共飲於梨花下。穆長揖就坐，衆皆哂之。或曰：能詩者飲。乃以梨花爲題，穆吟云：共飲梨花下，梨花插滿頭。清香來玉樹，白蟻泛金甌。妝靚青娥妒，光凝粉蝶羞。年年寒食夜，吟遶不勝愁。衆客閣筆。

清 雍正《畿輔通志》卷五六《土産・花屬》 熱河入梨樹峪，過三岔口，循潤西行可里許，梨花萬樹。

清 乾隆《盛京通志》卷一六《物産一・花類》 梨花 千山最勝，每春望之，亦如香雪海。

李

論説

明 王圻《稗史彙編》卷一五三《李花》 蕭瑀陳叔達論李花有九標，謂香、雅、細、淡、潔、密、宜月夜、宜緑鬢、宜冷酒，無異色。

清 李漁《閑情偶寄》卷一三《種植部・木本第一・李》 李是吾家果，花亦吾家花，當以私愛嬖之，然不敢也。唐有天下，此樹未聞得封。天子未嘗私庇，況庶人乎？以公道論之可已。與桃齊名，同作花中領袖，然而桃色可變，李色不可變也。邦有道，不變塞焉，强哉矯！邦無道，至死不變，强哉矯！自有此花以來，未聞稍易其色，始終一操，涅而不淄，是誠吾家物也。至有稍變其色，冒爲一宗，而此類不收，仍加一字以示別者，則郁李是也。李樹較桃爲耐久，逾三十年始老，枝雖枯而子仍不細，以得于天者獨厚，又能甘澹守素，未嘗以色媚人也。若仙李之盤根，則又與靈椿比壽。我欲繩武而不能，以著述永年而已矣。

綜述

宋 陳景沂《全芳備祖》前集卷九《李花》 蕭瑀、陳叔達于龍昌寺看李花。相與論李有九標，謂香、雅、細、淡、潔、密、宜月夜、宜緑鬓、宜從酒，皆實事。《承平舊纂》元微之、白樂天兩不相下。一日同咏李花，微之先成，曰：葦綃開萬朵。樂天乃服，蓋葦綃白而輕，一時所尚。《高隱外書》桃李歲歲同時並開，而退之有「花不見桃惟見李」之句，殊不可解。因晚登碧落堂，望隔江桃李，桃皆暗而李獨明，乃悟其妙。蓋炫晝縞夜云。《誠齋詩序》

明 李時珍《本草綱目》卷二九《果之一・李》 時珍曰：李，緑葉白花，樹能耐久，其種近百。李，李之上品也。若紫粉小青皆下品也。有麥李，紅甚，麥熟而實可食矣，俱花小而蕃。

明 周文華《汝南圃史》卷三《花果部・李》 李之品見於傳記者甚多。《埤雅》云：李，東方之果木子也，故其字從木從子。《爾雅翼》云：李，木之多子者，故從子。又云：李，南方之果也。火者，木之子，故名。與《埤雅》説異。其花白而細，比桃尤繁。楊誠齋常疑韓退之詩不見桃花唯見李花，後登碧落堂，望隔江桃李，則桃暗而李明，乃悟其妙。蓋《炫晝縞夜》云：蕭瑀陳士達於龍昌寺看李花，相與論李有九標，謂香、雅、細、淡、潔、密，宜月夜，宜緑鬢，泛酒，無異色。其實以五月熟，甘脆可啖，有微澀且酸者，亦隨其品之上下而已。青李外青内白，嘉慶李外青内紅，俱核小味甘，而嘉慶李尤勝。韋述《兩京記》云：東都嘉慶坊有李樹，其實甘鮮，爲京都之美，故稱嘉慶李。今人但言嘉慶子，蓋稱謂既熟，不以李名也。建寧李亦甚佳，土人乾之，貨賣四方。聞北地有御黄子，亦李之類而味甘美。《齊民要術》曰：李，性耐久。樹得三十年老，雖枝枯子亦不細。嫁李法：於元日或上元日，以甎石著李樹岐中，令實繁。又臘月中，以杖微擊枝間，至正月晦日復擊，可令足子。其不實者亦於元旦五更，四面照火，亦云嫁李。凡李桃樹下，並鋤去草穢，不用耕墾。耕則肥而無實，樹下犂撥則樹死。大率桃李方兩步一根，根密陰連則子細而味亦不佳。《便民圖纂》云：臘月中取根上發起小條，移種別地，待長行栽。栽宜稀，不宜肥地。取桃樹接之則生子紅甘，或以本色接之亦易活。

明 陳正學《灌園草木識》卷一《花之屬・千葉碧李》 花如指面大，茸茸若堆雪可愛。凡桃李俱剪接而生。獨此種植李樹於旁，視枝大小相敵，各劈其半，合而緄之，混成剪栽。

清 曹溶《倦圃蒔植記》卷上《花卉一・李》 語云「桃李不言，下自成蹊」，予謂桃花如麗姝，歌舞場中定不可少。李花如女道士，煙霞泉石間，獨可無一乎。桃李並稱，良亦不爽。但李性耐久，時與桃異，雖至老朽，子亦不細。復喜開爽，切勿連陰。諺云：種桃宜密，種李亦稀。深得之矣。法：於臘月中，取根上小條，移種別地，待長行栽。或云取桃樹接之則主子紅甘。予里以檇李得名，未知果按此法否。又於元日或上元以甎着樹岐，或於臘月以杖

擊枝間，至正月晦日復擊，可令足子。其不實者，亦於元旦五更以火把四面照之，當年便生，謂之嫁李。

清 陳淏子《秘傳花鏡》卷三《花木類考・李花》 李樹大者有一二丈，性較桃則耐久。可活三十餘年。老枝雖枯，子亦不細。花白小而繁多，開如雪。【略】種桃宜密，種李宜稀。其分根種接之法，皆與桃同，故不贅。但培壅宜豬穢，不可用糞。

清 鄒一桂《小山畫譜》卷上《李》 三月花，五出，色白，朵小而叢發，有柄檀心。開時微葉，枝亦破節。

清 張逸少 汪灝等《佩文齋廣羣芳譜》卷二七《李花》 李樹，大者高丈許，樹之枝幹如桃，葉綠而多，花小而繁，色白。

清 乾隆《盛京通志》卷一百六《物産一・花類》 李花 《松漠紀聞》：寧江州多草木，如桃李之類，皆成園，至八月則倒置園中，封土數尺，覆其枝幹，季春出之，厚培其根，否則凍死。春暮放花，蕊細如雪。種亦不一，惟黑龍江絶少。

清 謝堃《花木小志・李》 一名嘉慶子，葉攢穠綠，花小繁白，實有甘酸苦澀之殊，色有紅、黄、紫、綠、青、白之別，大有如櫻、如彈、如卵、如杯之異。其核又有離者、合者，有無核者。有經霜雪熟而名冬李者最佳。前明李樹有生王瓜者，不祥。

藝文

宋 蘇軾《東坡全集》卷三〇《李》 不及梨英軟，應慚梅萼紅。西園有千葉，淡佇更纖穠。

宋 楊萬里《誠齋集》卷四〇《李花》 李花宜遠更宜繁，惟遠惟繁始足看。莫學江梅作疎影，家風各自一般般。

雜録

明 吴楚才《疆識略》卷三〇 李 《運斗樞》云：玉衡星散爲李。又爲桃仙，縹神紅，冬華春子。見《事類賦》。崑崙玉李，見《抱朴子》。房林朱李，沈約麥李，俱有詩。冬熟曰柰。又有一種，俗號林檎，以味甘能來衆禽，故花一名來禽。趙公伯牖中納李六七枚，見《笑林》。

明 張存紳《增定雅俗稽言》卷三八 九標 昔人言李有九標，謂香也、雅也、細也、淡也、潔也、密也、宜月夜也、宜綠環也、宜冷酒也。嘉靖間，象山縣有李樹，生王瓜。諺云：李樹生王瓜，百里無人家。已而果有倭變。

凌霄

論説

宋 羅願《爾雅翼》卷三《釋草・陵苕》 苕，陵苕，黄華蔈，白華茇。華色既異，名亦不同，今凌霄花是也。蔓生喬木上，極木所至，開花其端。《詩》云：苕之華，芸其黄矣。鄭箋以爲陵苕之華紫赤而繁，華衰則黄，蓋非也。是物雖名紫葳，而花不紫。又或以瞿麥根爲紫葳。瞿麥花紅，亦非此類。然則芸其黄者，正自華開之色耳。周室之於諸夏，猶衣服之有冠冕，木水之有本原，蓋有深根固植之義，不特以其在物上而已。今苕雖居高，在物之上，然荏弱而託於物，所自恃者微矣。雖華而芸黄，葉而青青，識者知其將不久也。故見其華則爲之憂傷，逮其華落而葉存，則不如無生矣。此華亦彌絡石壁，盛夏視之，如錦繡。不可仰望，露滴目中，有失明者。

明 李時珍《本草綱目》卷一八上《草之七・紫葳》 釋名：凌霄蘇恭，陵苕《本經》，陵時郭璞，女葳甄權，茇華《本經》，武威吴普，瞿陵吴普，鬼目吴氏。時珍曰：俗謂赤艷曰紫葳葳，此花赤艷，故名。附木而上，高數丈，故曰凌霄。正誤：弘景曰：是瞿麥根，方用至少。《博物志》云：郝晦行太行山北，得紫葳華，必當奇異。今瞿麥處處有之，不應乃在太行山。恭曰：紫葳瞿麥，皆《本經》藥，體性既乖，生處亦不相關。《爾雅》云：苕，一名陵苕。郭璞注云：一名陵時，又名凌霄，此爲真也。頌曰：孔穎達《詩疏》亦云，苕，一名陵時，今《本草》無陵時之名，惟鼠尾草有之，豈所傳不同，抑陶、蘇之誤耶？時珍曰：按吴氏《本草》，紫葳一名瞿陵，陶弘景誤作瞿麥字爾，鼠尾止名陵翹無陵時。蘇、頌亦誤矣，並正之。

清 張逸少 汪灝等《佩文齋廣羣芳譜》卷四三《凌霄》 凌霄花，一名紫葳，《本草》云：俗謂赤艷曰紫葳葳，此花赤艷，故名。一名陵苕。《爾雅》云：苕，陵苕。黄華蔈，白華茇。注云：一名陵時，華色異，名亦不同。疏云：黄華名蔈，白華名茇，別花色之名也。《詩・小雅》鄭箋云：陵苕之華，紫赤而繁。而此云黄白者，蓋就紫色之中有黄紫、

白紫耳。一名女葳，一名茇華，一名武威，一名瞿陵，一名鬼目。處處皆有，多生山中，人家園圃亦栽之。

清 李漁《閑情偶寄》卷一三《種植部·藤本第二·凌霄》 藤花之可敬者，莫若凌霄。然望之如天際真人，卒急不能招致，是可敬亦可恨也。欲得此花，必先蓄奇石古木以待，不則無所依附而不生，生亦不大。予年有幾，能為奇石古木之先輩而蓄之乎？欲有此花，非入深山不可。行當即之，以舒此恨。

綜 述

宋 陳景沂《全芳備祖》前集卷一四《凌霄》 錢塘西湖有詩僧清順，居其上自名藏春塢。門前有二古松，各有凌霄花絡其上，順常晝卧。子瞻為郡守，一日屏騎從過之，順指落花覓句子，瞻為作木蘭花。《本事集》

明 宋詡《竹嶼山房雜部》卷一〇《樹畜部二·種花卉法》 凌霄 花大紅黃色。《詩》曰：苕又名紫葳，苕音條。春間分根側小本種，緣於他木。《酉陽雜俎》曰：花中露水損人目。

明 李時珍《本草綱目》卷一八上《草之七·紫葳》集解：《别録》曰：紫葳，生西海川谷及山陽。恭曰：此凌霄花也，連莖葉用。《詩》云：有苕之華，云其黄矣。《爾雅》云：陵苕，黄華蔈，白華茇。山中亦有白花者。頌曰：今處處皆有，多生山中，人家園圃亦或栽之。初作蔓生，依大木，久延至巔。其花黄赤，夏中乃盛。今醫家多采花乾之，入女科藥用。時珍曰：凌霄，野生，蔓纔數尺，得木而上，即高數丈，年久者藤大如杯。春初生枝，一枝數葉，尖長有齒，深青色。自夏至秋開花，一枝十餘朵，大如牽牛花，而頭開五瓣，赭黄色，有細點，秋深更赤。八月結莢如豆莢，長三寸許，其子輕薄如榆仁，馬兜鈴仁。其根長亦如兜鈴根狀，秋後采之，陰乾。

明 高濂《遵生八牋》卷一六《燕閒清賞牋下·凌霄花》 蔓生，花黄，用以蟠繡大石，似亦可觀，花能墮胎。

明 王路《花史左編》卷五《花之候·凌霄花》 夏月中乃盛，即藤蔓，花赭黄色。

清 陳淏子《秘傳花鏡》卷三《花木類考·凌霄花》 凌霄，一名紫葳，又名陵苕、鬼目。蔓生，必附于木之南枝，而上高可數丈。蔓間有鬚如蝎虎足，着樹最堅牢，久則本大如杯。春初生枝，一枝數葉，尖長有齒，深青色。開花每枝十餘朵，大若牽牛狀。花頭開五瓣，上有數點黄色，夏中乃盈，深秋更赤。八月結莢如豆角，長三寸許，子輕薄如榆仁。用以蟠繡石，自是可觀。但花香劣，聞太久則傷腦，婦人聞之能墮胎，不可不慎。昔洛陽富韓公家植一本，初無所依附而能特立，歲久遂成大樹，亭亭可愛，亦草木之出乎其類者也。

清 鄒一桂《小山畫譜》卷上《凌霄》 蔓生，緣高樹。花開樹杪，金黄色，五出，有赤點，大如葵，筒長心短，中抽緑莖，蘂如牽牛。一枝十數朵，葉如麻苧，尖長有鋸，葉間有鬚如蝎虎足，附枝甚牢，結莢二三寸。

紀 事

宋 陸游《老學庵筆記》卷九 凌霄花，未有不依木而能生者。惟西京富鄭公園中一株，挺然獨立，高四丈，圍三尺餘，花大如杯，旁無所附。宣和初，景華苑成，移植於芳林殿前，畫圖進御。

藝 文

宋 韋驤《錢塘集》卷四《和凌霄花》 翠蔓緣株上，紅芳冒暑開。凌霄誠有謂，託質豈無媒。

宋 梅堯臣《宛陵集》卷三〇《凌霄花》 草木不解行，隨生自有理。觀此引蔓柔，必憑高樹起。氣類固未合，縈纏豈由己。仰見蒼虬枝，上發彤霞蕊。層霄不易凌，樵斧誰家子。一日摧作薪，此物當共委。

又 卷六〇《凌霄花賦》 厥草惟夭，厥木惟喬。草有柔蔓，木有繁條。緣根兮附質，布葉兮敷苗。朱華粲兮下覆，本幹蔽兮不昭。嗟乎此木幾歲幾年而至於合抱，夫何此草一旦一夕而遂曰凌霄。是使藜藋蒿艾，慕高豔而仰翹翹也，安知蘋藻自潔，蘭蕙自芳。芙容出汙而自麗，芝菌不根而自長。或紉珮帶，或采頃筐。或製裳於騷客，或登歌於樂章。故得為馨為薦，為嘉為祥。皆無附著亦以名揚，奚必託危柯而後昌。吾謂木老多枯，風高必折，當是時，將恐摧為朽荄不復萌蘖，豈得與百卉並列也耶。

宋 蘇軾撰 施元之原注 邵長蘅删補《施注蘇詩》卷四一 我坐華堂上，不改麋鹿姿。時來蜀岡頭，喜見霜松枝。心知百尺底，已結千歲奇。煌煌凌霄花，纏繞復何為。舉觴酹其根，無事莫相羈。白樂天詩：有木名凌霄，擢秀非

孤標。偶依一株樹，遂抽百尺條。託根附樹身，開花寄樹梢。

宋 范浚《香溪集》卷三《凌霄花》 栽松待成陰，種漆擬作器。人皆笑艱拙，往往後得利。君看植凌霄，百尺蔓柔翠。新花鬱煌煌，照日吐妍媚。風霜忽摇落，大木亦雕瘁。視爾託根生，枯莖无殘蒂。先榮疾蕭瑟，物理固難恃。凌霄亟芳華，衰歇亦容易。

宋 趙蕃《淳熙稿》卷七《詠智門佛殿前凌霄花與斯遠同作》 桂栽初得地，藤附亦凌霄。層葉圓如葆，高花豔若燒。故能開續續，殊愈落飄飄。有木方思種，從僧會乞苗。

宋 袁燮《絜齋集》卷二四《詠凌霄花》 松柏扳援有女蘿，紅英亦復蔓高柯。侵尋縱上雲霄去，究竟依憑未足多。

宋 舒岳祥《閬風集》卷七《詠凌霄花》 凌空千尺走龍蛇，隱映柴門野老家。捹把長纓縻落月，亂飄丹粉染晴霞。猿猴升慣能收葯，蝴蝶低飛不到花。最愛豹林种處士，紫英香裏岸烏紗。

明 貝瓊《清江詩集》卷二《凌霄花》 大椿何亭亭，相傳五百載。陵苕亦揚芳，灼灼藉光彩。感彼徑寸苗，附此千尺喬。同心無異俗，假翼在崇朝。朱榮耀白日，翠蕤牽清飈。纏綿欣有托，綽約靜無妖。坐愁莭序易，顔色易俱凋。

明 王世貞《弇州四部稿》卷四九《凌霄花》 枝牽蔓轉葉紛紛，數朵蔫紅學出羣。盤石托根君莫笑，只言身自致青雲。

雜 録

唐 段成式《酉陽雜俎》卷一八《廣動植之三・木篇》 凌霄花中露水損人目。

宋 施宿等《會稽志》卷一七《草部》 凌霄花 天下凌霄藤必依大樹，獨西都富鄭公園歸政堂前一株，不附他木而生。高三四丈，歲着花數百。晁以道寄季申詩云，故園多謝凌霄木，直到丹霄上上頭，蓋指此也。今山陰最多，有一歲三着花者。

宋 羅願《新安志》卷四《休寧》 岐山在縣西六十里，高二百仞，周二十三里。石壁千尺，凌霄花縷絡其上，華時如錦屏。

明 朱朝瑛《讀詩略記》卷四《苕之華》 苕華，即今凌霄花。開花自夏及秋，未爲不久。詩人衹見百物凋耗，苕花獨盛，而無濟于人，故益增其傷感耳。

清 乾隆《江南通志》卷三六《輿地志・古蹟・六安州》 凌霄樹在霍山上，相傳爲漢武帝手植。

柳

論 説

宋 陸佃《埤雅》卷一四《釋木・柳》 柳，柔脆易生之木，與楊同類，雖縱横顛倒植之，皆生。然使十人植之，一人摇之，則無生柳矣。立賢之道，何以異此，又况植之之人寡，而摇之之人衆乎？松柏醜茂，桑柳醜菀。《詩》曰「菀彼桑柔」，又曰「菀彼柳斯」是也。蓋凡物發而成暢茂，積而成菀結，故桑柳醜條，而其詩謂之菀也。菀柳，曰有菀者柳，不尚息焉，言柳之菀非若松柏之茂，未幾而衰矣。然人尚庶幾息焉，以言幽王之不可朝事，曾菀柳之不如也。《東方朔集》曰：首陽爲拙，柳下爲工。一作柱下爲工。柱下，《老子》「柳下展禽」也。二説皆通。《大戴禮》曰：正月柳梯。梯者，發孚也。《本草》曰：柳華一名絮。《抱朴子》曰：柳柞速朽，燎以爲炭，則億載不敗。此言養生之經，有益如此。故廣成子以謂：我修身千二百歲矣，而吾形未嘗衰也。《中朝故事》云：天街兩畔槐木，俗號爲槐衙，曲江池畔多柳，亦號爲柳衙，意謂其成行列，如排衙也，今言宫腰細瘦，謂之柳腰。

清 李漁《閑情偶寄》卷一四《竹木第五・柳》 柳貴乎垂，不垂則可無柳。柳條貴長，不長則無嬝娜之致，徒垂無益也。此樹爲納蟬之所，諸鳥亦集。長夏不寂寞，得時聞鼓吹者，是樹皆有功，而高柳爲最。總之，種樹非止娱目，兼爲悦耳。目有時而不娱，以在卧榻之上也，耳則無時不悦。鳥聲之最可愛者不在人之坐時，而偏在睡時。鳥音宜曉聽，人皆知之，而其獨宜于曉之故，人則未之察也。鳥之防弋，無時不然。卯辰以後，是人皆起，人起而鳥不自安矣，慮患之念一生，雖欲鳴而不得鳴，亦必無好音，此其不宜于晝也。曉則是人未起，即有起者，數亦寥寥，鳥無防患之心，自能畢其能事，且捫舌一夜，技癢于心，至此皆思調弄，所謂「不鳴則已，一鳴驚人」者是也。此其獨宜

于曉也。莊子非魚，能知魚之樂。笠翁非鳥，能識鳥之情。凡屬鳴禽，皆當呼予爲知己。種樹之樂多端，而其不便于雅人者，亦有一節：枝葉繁冗，不漏月光，隔嬋娟而不使見者，此其無心之過，不足責也。然匪樹木無心，人無心耳。使于種植之初，預防及此，留一綫之餘天以待月輪出没，則晝夜均受其利矣。

綜　述

北魏　賈思勰《齊民要術》卷五　種柳：正月二月中，取弱柳枝大如臂，長一尺半，燒下頭二三寸，埋之令没。常足水以澆之，必數條俱生，留一根茂者，餘皆斫去。別豎一柱以爲衣主，每一尺以長繩柱欄之，若不欄，必爲風所摧，不能自立。一年中即高一丈餘。其旁生枝葉，即掐去，令直聳上，高下人任取足，便掐去正心，即四散下垂，婀娜可愛。若不掐心則枝不四散，或斜或曲，生亦不佳也。六七月中，取春生少枝種，則長倍疾。少枝葉青而壯，故長疾也。

宋　陳景沂《全芳備祖》前集卷一八《柳花》　柳花，一名絮。《本草》　柳花入水，經宿化爲浮萍。《東坡詩注》

又　後集卷一六《楊柳》碎録　楊，蒲柳也，從木易聲。檉，河柳也，從木聖聲。柳，小楊也，從木丣聲。《説文》　昔我往矣，楊柳依依。折柳樊圃，菀彼柳斯，鳴蜩嘒嘒。《並詩》　漢苑有人柳，一日三眠三起。《三輔故事》　正月元旦取柳枝懸户，以驅百邪。《齊民要術》　正月柳稊，稊者發葉也。《大戴禮》

明　周文華《汝南圃史》卷一一《竹木部·楊柳》　楊柳在在有之。《説文》曰：楊，蒲柳也。檉，河柳也。柳，小楊也。《通志》云：柳曰天棘。《大戴禮》曰：正月柳稊。稊，發芽也。崔寔《月令》曰：三月三日及上除采柳絮，可以愈瘡。張敞爲京兆尹時，罷朝會過走馬章臺街，有柳終。唐時號章臺柳。《南史》云：劉俊之爲益州刺史，獻蜀柳數株，枝條拂披，裊如絲縷，武帝以植太昌靈和殿前，常咨嗟歎曰：此柳風流可愛，似張緒當年。《隋書》云：煬帝自板渚引河築道，植以柳，名曰隋堤，一千三百里。《毛詩疏義》曰：蒲柳之木二種，一種皮正青，一種皮紅。又曰：杞，柳也，生水旁，葉粗而白，木理微赤，今人以爲轂。《古今注》曰：白楊葉圓，青楊葉長，柳葉亦長細。移楊圓葉弱蒂，微風則大摇，一名高飛，一名獨摇。蒲柳生水邊，蒂似青楊，亦曰蒲移，亦曰移柳，亦曰水楊。枝勁而韌，可任大用。又有赤楊，霜降則葉赤，材理亦赤也。今村居野畔俱植白楊，赤楊唯園圃中植。青楊移楊及柳三種枝幹皆入畫景，扦插須帶嫩條方活，然十必死其二三。白楊赤楊隨手攀折，或老根着地即生發。伐以爲薪，有云順插爲楊，倒插爲柳，此謬語，不可信。法宜臘月扦插，交春犯蛀，扦時削尖大頭，以利刀劈開其皮，夾甘草一片入土，亦不生蟲。扦喜實土，浮則多凍死。

清　陳淏子《秘傳花鏡》卷三《花木類考·柳》　柳一名官柳，一名垂柳。本性柔脆，北土最多，枝條長軟，葉青而狹長。初春生柔荑，粗如筋，長寸許，開黄花。鱗次荑土甚細碎，以漸生葉。至暮春葉長成，花中結細子如粟米大，扁小而黑，上帶白絮如絨，俗名柳絮，隨風飛舞。凡着毛衣即生蛀蟲，入池沼即化浮萍，此乃官柳也。若叢葉成陰，長條數尺，或至丈餘，嫋嫋下垂者，此爲垂柳。雖無香艷，而微風摇湯，每爲黄鶯交語之鄉，吟蟬托息之所，人皆取以悦耳娱目，乃園林必需之木也。

清　高士奇《北墅抱瓮録·柳》　柳性易生，横栽倒插皆可活。早春時嫩緑初荑，柔絲鬖髿，非煙非霧，濃媚迎人。又一種，赤幹細枝，葉青如縷，花粉紅色，名三河柳，《爾雅》之所謂檉也。天將雨，檉先起風以應之，故又稱雨師，亦婀娜可愛。

清　謝堃《花木小志·觀音柳》　古有陽柳陰柳。陽柳有花，入水爲萍。陰柳則無花。後人改陽爲楊，復又改楊爲楊，遂有垂楊、青楊、白楊、長楊等號。改柳爲柳，遂有垂柳、水柳、紅柳、巴柳等號。其實皆陽柳也。陰柳因陰音相混，遂加觀字爲觀音柳矣。嘗植一株於盆，枝葉下垂，春碧夏翠，秋亦蕭疏，頗有幽緻，且爲小兒痧疹要藥。

紀　事

南朝宋　盛弘之《荆州記》（《説郛》卷六一上輯）　緣城邊堤悉植細柳，緑條散風，青陰交陌。

唐　房玄齡等《晉書》卷四九《列傳第十九·嵇康》　宅中有一柳樹甚茂，乃激水圜之。每夏月，居其下以鍛。

唐　李延壽《南史》卷三一《列傳第二十一·張裕》　劉悛之爲益州，獻蜀柳數株，枝條甚長，狀若絲縷。時舊宫芳林苑始成，武帝以植於太昌靈和殿前，常賞玩咨嗟曰：此楊柳風流可愛，似張緒當年時。其見賞愛如此。

又卷四一《列傳第三十一·齊宗室》會稽孔珪家起園，列植桐柳，多構山泉，殆窮真趣，釣往游之。

宋 周密《癸辛雜識》續集卷下《北地賞柳》 焦達卿云：韃靼地面極寒，並無花木，草長不過尺，至四月方青，至八月爲雪虐矣。僅有一處開混堂，得四時陽氣和暖，能種柳一株，土人以爲異卉，春時競至觀之。

元 脱脱等《宋史》卷二七三《列傳第三十二》（郭）進嘗於城四面植柳，壕中種荷芰蒲藺，後益繁茂。郡民見之，有垂淚者曰：此郭公所種也。

清 張逸少 汪灝等《佩文齋廣羣芳譜》卷七六《木譜·柳》《開河記》：大業中開汴渠，兩堤上栽垂柳，詔民間有柳一株賞一縑，百姓競植之。

又《慶陽府志》：寧州治後圃，宋建蓮池柳巷花嶼蘭皋，一郡勝地也。予師帶溪曲公自西粤左轄入覲，爲予言西粤無柳，僅藩司一株，每吐葉，則司中設席請三司賞柳，以爲奇觀。後以質之予同年唐兄抱一，唐云：豈止此，某鄉紳園中仍有一株。夫柳，中土林立，而粤西至比之異卉奇葩，然則物之貴賤豈有定哉。

又《淮南記》南門三里許，有池曼衍，碧瀾映底，菰蔣菱蒲，互相凌亂。柳樹百株，籠煙拂風。架木爲橋，闊可並騎。度橋及洲，洲上築天妃宮，堂楹精楚，庭除清蔭亦柳爲翳景也。宮旁二百步，又爲板橋小渚，渚有亭，亭有柳，澄懷味象，渺然盡陂澤山林之思。

藝文

南朝梁 吴均《柳》（《文苑英華》卷三二三輯） 細柳生堂北，長風發鴈門。秋霜常振葉，春露詎濡根。朝作離蟬宇，暮成宿鳥園。不爲君所愛，摧折當何言。

唐 賀知章《詠柳》（《全唐詩》卷一一二輯） 碧玉妝成一樹高，萬條垂下緑絲縧。不知細葉誰裁出，二月春風似剪刀。

唐 李白《李太白文集》卷一一《望漢陽柳色寄王宰》 漢陽江上柳，望客引東枝。樹樹花如雪，紛紛亂若絲。春風傳我意，草木度前知。一作草木發前墀。寄謝絃歌宰，西來定未遲。

唐 姚係《庭柳》（《全唐詩》卷二五三輯） 裹裹楊柳枝，當軒雜珮垂。交陰總共密，分條各自宜。因依似永久一作夕，攬結更傷離。愛此陽春色，秋風莫遽吹。

唐 白居易《白氏長慶集》卷二一《有木詩八首之一》 有木名弱柳，結根近清池。風烟借顔色，雨露助華滋。峨峨白雪花，嫋嫋青絲枝。漸密陰自庇，轉高梢四垂。截枝扶爲杖，軟弱不自持。折條用樊圃，柔脆非其宜。爲樹信可玩，論材何所施。可惜金堤地，栽之徒爾爲。

唐 李商隱《李義山詩集》卷上《贈柳》 章臺從掩映，郢路更參差。見説風流極，來當婀娜時。橋迴行欲斷，堤遠意相隨。忍放花如雪，青樓撲酒旗。

又《垂柳》 娉婷小苑中，婀娜曲池東。朝佩皆垂地，仙衣盡帶風。七賢寧占竹，三品且饒松。腸斷靈和殿，先皇玉座空。

又 卷下《柳》 江南江北雪初消，漠漠輕黄惹嫩條。灞岸已攀行客手，楚宫先騁舞姬腰。清明帶雨臨官道，晚日含風拂野橋。如綫如絲正牽恨，王孫歸路一何遥。

唐 徐寅《徐正字詩賦》卷二《柳》 漠漠金條引綫微，年年光翠報春歸。解籠飛靄延芳景，不逐亂花飄夕暉。啼鳥噪蟬堪悵望，舞烟摇水自因依。五株名顯陶家後，見説辭榮種者稀。

唐 顧雲《新柳》（《佩文齋詠物詩選》卷二百八九輯） 帶露含煙處處垂，綻黄摇緑嫩參差。長堤未見風飄絮，廣陌初憐日映絲。斜傍畫筵偷舞態，低臨妝閣學愁眉。離亭不放到春暮，折盡拂簷千萬枝。

元 張範《風柳》（《佩文齋詠物詩選》卷二百八九輯） 澹澹池塘近楚宫，緑腰裊娜學盤中。亂摇芳草飛輕白，細搭朱欄拂落紅。枝上嬌鶯啼恰恰，樹邊舞蝶意匆匆。東君應著吹噓力，要把春愁一掃空。

明 袁凱《海叟集》卷二《柳堤》 柔條被晴莎，密陰覆芳杜。逶迤起沙際，寂寞連水滸。鷗眠雨未歇，鶯叫烟初曙。還將竹竿去，從爾釣春渚。

雜録

南朝梁 沈約《宋書》卷九三《列傳第五十三·隱逸》 陶潛字淵明，或云淵明字元亮，尋陽柴桑人也。曾祖侃，晋大司馬。潛少有高趣，嘗著《五柳先生傳》以自況曰：先生不知何許人，不詳姓字，宅邊有五柳樹，因以爲號焉。

唐 魏徵《隋書》卷四一《列傳第六·高熲》 熲少明敏有器局，略涉書史，尤善詞令。初，孩孺時，家有柳樹高百許尺，亭亭如蓋，里中父老曰：此家當出貴人。

唐 段成式《酉陽雜俎》卷四《物革》 河陽城南百姓王氏莊有小池，池邊巨柳數株。開成末，葉落池中，旋化爲魚，大小如葉，食之無味。至冬，其家有官事。

宋 胡仔《漁隱叢話》前集卷二二《西崑體》 《漫叟詩話》云：嘗見曲中使柳三眠事，不知所出。後讀玉溪生《江之嫣賦》云：豈如河畔牛星，隔歲止聞一過；不比苑中人柳，終朝剩得三眠。注云：漢苑中有柳，狀如人形，號曰人柳，一日三起三倒。

宋 周密《武林舊事》卷五《湖山勝槩·斷橋》 又名段家橋，萬柳如雲，望如裙帶。白樂天詩云：誰開湖寺西南路，草緑裙腰一道斜。

玫瑰

論説

唐 李匡乂《資暇集》卷上 梅槐叢有似薔薇而異。其花葉稍大者，時人謂之枚櫰，音瓌。實語訛强名也。當呼爲梅槐，在灰部韻，音回。案，《江陵記》云：洪亭村下有梅槐樹，嘗因梅與槐合生，遂以名之。今似薔薇者，得非分枝條而演亂哉？至今葉形尚處梅槐之間，取此爲證，不乃近乎？且未見梅槐之義也，直使便爲玫瑰字，豈百花中獨珍是耶？取象於玫瑰耶？玫瑰，瑰亦音回，不音瓌，其瑰字音瓌者，是瓊瑰。音回者，是玫瑰，字書有證也。

明 王世懋《學圃雜疏·花疏》 玫瑰非奇卉也，然色媚而香，甚旖旎。可食可佩，園林中宜多種。

明 周文華《汝南圃史》第七《木本花部下·玫瑰》 玫瑰，玉之香而有色者，以花之色與香相似，故名。今人呼爲梅桂，《水雲録》亦同。此豈以其合二花之清香耶？花類薔薇而色紫，香膩艷麗馥郁，真奇葩也。

清 李漁《閑情偶寄》卷一三《種植部·藤本第二·玫瑰》 花之有利于人，而無一不爲我用者，芰荷是也。花之有利于人，而我無一不爲所奉者，玫瑰是也。芰荷利人之説，見于本傳。玫瑰之利，同于芰荷，而令人可親可溺，不忍暫離，則又過之。群花止能娛目，此則口眼鼻舌以至肌體毛髮，無一不在所奉之中。可囊可食，可嗅可觀，可插可戴，是能忠臣其身，而又能媚子其術者也。花之能事，畢于此矣。

清 孫之騄《枝語》卷上《玫瑰》 南海諺曰：蚍珠千枚，不及玫瑰。玫瑰，美珠也。今花中有玫瑰之名，蓋貴之同于美珠也。其花與葉類薔薇，色淡紫，青橐黄蕊，瓣末白色。媚而艷，芬而馥，可食可佩。燕中有黄華者，稍小于紫。嵩山深處有碧色者。唐彦謙詩：麝炷騰清燎，鮫紗覆緑蒙。宮妝臨曉日，錦段落東風。無力春烟裏，多愁暮雨中。不知何事意，深淺兩般紅。可謂曲盡形摹，工于賦物矣。聞此花好潔惡濁，殆得水之清者也。荷出水而香，珠産水而白，玫瑰有焉。世又有紅黄刺梅二種，絶似玫瑰而無香，色瓣則幾勝之矣。玫瑰一名徘徊花。

綜述

宋 陳耆卿《赤城志》卷三六《風土門一》 雪玫瑰 白色。又有紫色者曰徘徊花。

明 宋詡《竹嶼山房雜部》卷一〇《樹畜部二·種花卉法》 玫瑰花 灌生，多刺，細葉。黄色花，紅色花，唐詩云：蕊粘宮額粉，花勝醉仙妝，白色花。皆香，堪入酒入茶入蜜。春時從根側分小本種，輔以屏架。

明 高濂《遵生八牋》卷一六《燕閒清賞牋下·玫瑰花二種》 出燕中，色黄，花稍小於紫玫瑰。種紫玫瑰多不久者，緣人溺澆之即斃。種以分根則茂，本肥多悴，黄亦如之。紫者乾可作囊，以糖霜同搗收藏，謂之玫瑰醬，各用俱可。

明 王路《花史左編》卷一三《花之忌·玫瑰》 其根傍新發嫩枝條勿令久存，即宜植別地，則種茂不零落。

明 陳正學《灌園草木識》卷一《花之屬》 玫瑰 花紫紅色，綴以黄心。亦熬爲露，香甜稍遜番薔薇。澆忌溺水，視諸花忌溺者爲甚。

明 周文華《汝南圃史》卷七《玫瑰》 此花亦與薔薇同開，三四月間收花陰乾，入茶葉內，極香。摘花瓣搗爛，和白糖霜梅，印成小餅，略唊一二，滿室俱香。又取花瓣搗入香屑，製作方圓扇墜，香氣襲人，經歲不改。正月杪二月初分栽。有云十月後移則地脈冷，多不活。大凡花木，不宜常分，唯此花嫩條新發，勿令久存，即移栽別地，則種多茂，故又謂之離娘草。若本根太肥，則翻致憔悴。最喜溝泥壅。或云其性好潔，人溺之即死者，謬也。

明 夏旦《藥圃同春·五月》（《説郛續》卷四〇輯） 玫瑰 色粉紅，一種紫者名薔薇，露可浸油匀粉，亦可和酒。

清 曹溶《倦圃蒔植記》總論 卷上《論花第三》 玫瑰，香，温良而味甘美，花之最有實用者。宜多植以作供，甚與雞毛水相宜，三五年一分則茂。予近得一株，高幾二丈，花作重臺，大如芍藥，頗異凡種。

清 陳淏子《秘傳花鏡》卷四《滕蔓類考・玫瑰》 玫瑰，一名徘徊花，處處有之，惟江南獨盛。其木多刺，花類薔薇而色紫，香膩馥郁，愈乾愈烈。每抽新條，則老本易枯，須速將根旁嫩條移植别所，則老本仍茂，故俗呼爲離娘草。嵩山深處有碧色者，燕中有黄色者，花差小於紫玫瑰。每年正月盡二月初分根種易活，若十月後移，恐地脉冷，多不能生。凡種難於久遠者，皆緣人溺澆殺之也。惟喜穢污澆壅，但本太肥則易悴，不可不察。此花之用最廣，因其香美，或作扇墜香囊，或以糖霜同烏梅搗爛，名爲玫瑰醬，收於磁瓶内曝過，經年色香不變，任用可也。

清 張逸少 汪灝等《佩文齋廣羣芳譜》卷四三《玫瑰》 玫瑰一名徘徊花，灌生，細葉多刺，類薔薇，莖短，花亦類薔薇，色淡紫青槖黄，蘂瓣末白，嬌艷芬馥，有香有色，堪入茶、入酒、入蜜，栽宜肥土，常加澆灌，性好潔，最忌人溺，溺澆即萎。燕中有黄花者，稍小於紫，嵩山深處有碧色者。

清 鄒一桂《小山畫譜》卷上《玫瑰》 花深紫似薔薇，而多刺。葉七出，肥苞開足，花扁，瓣上多白筋，黄心攢簇，香味甜美，四月開。

清 乾隆《盛京通志》卷一〇六《物産》 玫瑰 紅者可入食品，黄者花微小，俗通呼刺玫。野開者花皆單瓣，色紅子赤，名山刺玫。

清 謝堃《花木小志・玫瑰》 枝條與木香薔薇相似，花比薔薇木香較大。花多紫色白色，其黄色者爲最，又有碧色者，未及見。

藝文

唐 李白《玫瑰》（《才調集》卷六輯） 麝炷騰清燎，鮫紗覆緑蒙。宫妝臨曉日，錦段落東風。無力春煙裏，多愁莫雨中。不知何事意，深淺兩般紅。

唐 盧綸《玫瑰》（《文苑英華》卷三二二輯） 獨鶴寄烟霜，雙鸞思晚芳。舊陰依謝宅，新艷出丘墻。蝶起摇輕露，鶯銜入夕陽。雨朝勝濯錦，風夜劇聞香。斷燒千重焰，孤霞一片光。密來驚葉少，動處覺枝長。布影期高賞，留春爲遠芳。嘗聞贈瓊玖，叨和愧登堂。

唐 司空曙《玫瑰》（《文苑英華》卷三二二輯） 仙吏紫薇郎，奇花共玩芳。攢星排緑帶，照眼發和光。暗妒翻堦葉，遥連直署香。透枝蜂遶易，礙刺鳥銜妨。露濕凝衣粉，風吹散蘂黄。蒙籠珠樹合，焕爛錦屏張。留客容看竹，思人比愛棠。如當一作傳采蘋詠，遠思滿瀟湘。

唐 徐寅《徐正字詩賦》卷二《司直巡官無諸移到玫瑰花》 芳菲移自越王臺，最似薔薇好並栽。穠艷盡憐勝彩繪，嘉名誰贈作玫瑰。春成錦繡風吹折，天染瓊瑶日照開。爲報朱衣早邀客，莫教零落委蒼苔。

宋 宋祁《景文集》卷六《玉玫瑰》 瑶楮鏤空濛，冰紈捲重疊。寒光欲銜斗，迴秀難藏葉。誰碎辟邪香，氤氲飛作蝶。

宋 楊萬里《誠齋集》卷二二《紅玫瑰》 非關月季姓名同，不與薔薇譜牒通。接葉連枝千萬緑，一花兩色淺深紅。風流各自燕支格，雨露何私造化功。别有國香收不得，詩人熏入水沈中。

宋 陳景沂《全芳備祖》前集卷二六《玉玫瑰》 瑶楮縷空濛，水繞捲重疊，寒光欲銜斗，迴秀難藏葉，誰碎辟邪香，氤氲飛作蝶宋景文。

又 《紅玫瑰》 非關月季姓名同，不與薔蘼譜牒通，接葉連枝千萬緣，一花兩色淺深紅。風流各自胭脂格，雨露何私造化工，别有國香收不得，詩人薰入水沈中誠齋。

明 楊慎《升菴集》卷一九《玫瑰花》 庭際玫瑰樹，含芳當坐隅。春盤紅瑪瑙，曉帳紫珊瑚。風信翻霞錦，天香綴露珠。仙壺春醖好，留著醉麻姑。

明 黄淳耀《陶菴全集》卷一七《題玫瑰》 新葉烟中冉冉，輕香風外離離。朱英半染蝶翅，緑刺故牽人衣。

清 高宗愛新覺羅・弘歷《御製詩集》四集卷九四《玫瑰》 麝炷鮫紗體物奇，省郎花較且卑之。花經七品還三命，故實疑他述自誰。

又 五集卷三一《玫瑰》 移根那識越王臺，多刺應同衛足材。咨爾盈盈馥馥者，爲誰特地此徘徊。

又 卷九四《玫瑰》 喻珠何事紫芳披，無定名從來若斯。嬝娜惹人覷嗅者，其間多刺亦應知。

清 吴綺《林蕙堂全集》卷二一《玫瑰》 一叢深艷傍迴廊，偏稱鶯釵墮馬妝。珊枕睡殘紅雨落，爲郎還作紫羅囊。

清 彭孫遹《松桂堂全集》卷三三《玫瑰》 火齊千枚暈萬重，蚌胎一坼

麝泥封。仙肌已腐猶然艶，芳氣雖枯分外濃。饒有色香堪結佩，豈無膏沐爲修容。司花好囑春旛在，風雨殷勤護紫茸。

清 朱鶴齡《愚菴小集》卷五《玫瑰》 焰發丹跗與絳房，花林難並此芬芳。擎來色奪紅綾餤，鰒去香流百藴湯。插髻麝熏勾謝女，佩囊霞爛惜檀郎。殘膏剩馥休相棄，汁滓猶堪擅食方。

雜 録

漢 劉歆《西京雜記》 樂游苑自生玫瑰，樹下多苜蓿。

唐 段成式《酉陽雜俎》續集卷九《支植上》 洛中鬻花木者，言嵩山深處有碧花玫瑰，而今亡矣。

明 文震亨《長物志》卷二《花木》 玫瑰一名徘徊花，以結爲香囊，芬氳不絶。然實非幽人所宜佩，嫩條叢刺，不甚雅觀，花色亦微俗，宜充食品，不宜簪帶。吴中有以畝計者，花時獲利甚夥。

明 田汝成《西湖游覽志餘》卷二四《委巷叢談》 玫瑰花類薔薇，紫艶馥郁。宋時宫院多采之，雜腦麝以爲香囊，芬氤裊裊不絶，故又名徘徊花。其似是而非者，名縲絲花。

清 高士奇《北墅抱瓮録·玫瑰》 四月百花已闌，玫瑰始發，濃香艶紫，可食可佩。迴廊之外，灌生作叢，與酴醾相映。京師有刺蘼，即玫瑰之黄者，惜大江以南不能致之。

清 于敏中 英廉等《日下舊聞考》卷一四九 補：玫瑰花有二種，其一種色黄，出燕中，花稍小于紫玫瑰。朱昆田原按，黄玫瑰，京師目爲刺梅者是也。

梅

論 説

宋 朱熹《二程遺書》卷二 早梅冬至已前發，方一陽未生，然則發生者何也？其榮其枯，此萬物一箇陰陽，升降大節也。然逐枝自有一箇榮枯，分限不齊，此各有一乾坤也。各自有箇消長，只是箇消息，惟其消息，此所以不窮。至如松柏亦不是不凋，只是後凋，雕得不覺，怎少得消息。方夏生長時，却有夏枯者，則冬寒之際，有發生之物，何足怪也。

宋 范成大《范村梅譜》 梅天下尤物，無問智賢愚不肖，莫敢有異議。學圃之士必先種梅且不厭多，他花有無多少皆不繫重輕。

又《范村梅譜後序》 梅以韻勝，以格高，故以横斜疏瘦與老枝怪奇者爲貴。其新接稚木，一歲抽嫩枝，直上或三四尺，如酴醾薔薇輩者，吴下謂之氣條。此直宜取實規利，無所謂韻與格矣。又有一種糞壤力勝者，於條上茁短横枝，狀如棘針，花密綴之，亦非高品。

宋 楊萬里《誠齋集》卷八〇《洮湖和梅詩序》 梅之名肇於炎帝之經，著於説命之書，召南之詩，然以滋不以象，以實不以華也。豈古之人皆質而不尚其華歟？然華如桃李，顔如蕣華，不尚華哉？而獨遺梅之華，何也？至楚之騷人，飲芳而食菲，佩芳馨而服葩藻，盡掇天下之香草嘉禾，以苾芬其四體。而金玉其言語文章，蓋遠取於江蘺杜若，而近捨梅，豈偶遺之歟？抑亦梅之未遭歟？南北諸子如陰鏗、何遜、蘇子卿，詩人之風流至此極矣，梅於是時始一日以花聞天下。及唐之李杜，本朝之蘇黄崛起，千載之下而躪藉，千載之上遂主風月。花草之夏盟，而梅於其間首出桃李蘭蕙，而居客之右，蓋梅之有遭未有盛於此時者也。然色彌彰，用彌晦，花彌利，實彌鈍也，梅之初服，豈端使然哉。前之遺，今之遭，其信然歟。吾友洮湖陳晞顔，蓋造次必於梅，顛沛必於梅者也。嘉愛之不足而吟詠之，吟詠之不足則盡取古今詩人賦梅之作而賡和之，寄一編以遺予曰：從古此詩已八百篇矣，不盈千篇吾未止也。予讀之而驚曰：一何豐耶！豐而不奇則亦畏耳，一何奇也！予嘗愛陰鏗詩云：花舒雪尚飄，照日不俱消。蘇子卿云：祇言花是雪，不悟有香來。唐人崔道融云：香中别有韻，清極不知寒。是三家者，豈畏疏影横斜之句哉？今晞顔之詩同梅而清，清在梅前；同梅而馨，馨在梅外。其於三家者，所謂未聞以千里畏人者也。或謂物耋則妖，興梅亦有妖，晞顔此詩非晞顔語也，梅之妖凴晞顔而語也。或曰：非彼凴此乎爾，繄此即彼乎爾。夫語怪聖門所諱。予又烏知二説之然不然哉？因并書之，年月日，楊萬里序。

宋 陳著《本堂集》卷五〇《梅山記》 梅山，陳葴楚秀自號也。北山之陽有阿焉，土密而水疏，築屋三間，手植梅數株，凡卉木映帶左右，而山爲梅所擅，故曰梅山。間而質之余，余謂物之受變足莫如梅。老而後壯拔，枯而後生意，見寒栗洌而後神定，而色應如端士烈丈夫，面目古雅，肝胆明白，粉兒乳子

所驚走，交之者難爲。人雖浣花叟，於此動興，猶未竟底蘊。孤山處士詩以收名，亦不過太平隱趣卓哉。玉局翁登大庾嶺，寄羅浮村，鍊成冰魂雪骨，世之人一追想及，毛髮森灑，吁止矣。今乃命以自況，其稱乎否，因索言以告，而爲貧餬口於外，風雨霜露，玉之久瘦棱棱淡寂寂，去桃李已遠，盍歸而猿鶴相勞。苦藜藿與朝夕，堅忍以厲其操，靜默以全其真，瞬養息存，以壽其根本，於以共歲寒，其殆庶乎？夫然則余雖耄，尚能自力，時至梅下，披香蹈影，把酒賦詩，樂其有梅山矣。余族兄本堂老人也，歲旃蒙協洽中和節記并書。

宋 周密《癸辛雜識》續集卷上《梅無仰開花》 杜南谷云：梅花却無仰開者，蓋亦自能巧避風雪耳，驗之信然。

元 虞裕《談撰》（《説郛》卷三五下引） 卉木皆感於春氣而後發生者，以木旺於寅卯然也。獨梅開以冬，其故何哉？蓋東方動以生風，風生木，故曲直作酸，則酸者木之性。唯梅之味最酸，乃得氣之正北方。水爲之母，以生之則易感，故梅先衆木而華。

明 陳仁錫《潛確類書》（《佩文齋廣羣芳譜》卷二二引） 梅具四德，初生蕊爲元，開花爲亨，結子爲利，成熟爲貞。梅有四貴，貴稀不貴繁，貴老不貴嫩，貴瘦不貴肥，貴含不貴開。

清 李漁《閑情偶寄》卷一三《種植部·木本第一·梅》 花之最先者梅，果之最先者櫻桃。若以次序定尊卑，則梅當王于花，櫻桃王于果，猶瓜之最先者曰王瓜，于義理未嘗不合，奈何別置品題，使後來居上。首出者不得爲聖人，則闢草昧、致文明者，誰之力歟？雖然，以梅冠群芳，料與情必協；但以櫻桃冠群果，吾恐主持公道者，又不免爲荔枝號屈矣。姑仍舊貫，以免牴牾。種梅之法，亦備群書，無庸置吻，但言領略之法而已。花時苦寒，既有妻梅之心，當籌寢處之法。否則衾枕不備，露宿爲難，乘興而來者，無不盡興而返，即求爲驢背浩然，不數得也。觀梅之具有二：山游者必帶帳房，實三面而虛其前，制同湯網，其中多設爐炭，既可致溫，復備暖酒之用。此一法也。園居者設紙屏數扇，覆以平頂，四面設窗，盡可開閉，隨花所在，撑而就之。此屏不止觀梅，是花皆然，可備終歲之用。立一小匾，名曰就花居。花間豎一旗幟，不論何花，概以總名曰縮地花。此一法也。若家居所植者，近在身畔，遠亦不出眼前，是花能就人，無俟人爲蜂蝶矣。然而愛梅之人，缺陷有二：凡到梅開之時，人之好惡不齊，天之功過亦不等，風送香來，香來而寒亦至，令人開户不得，閉户不得，是可愛者風，而可憎者亦風也。雪助花妍，雪凍而花亦凍，令人去之不可，留之不可，是有功者雪，而有過者亦雪也。其有功無過，可愛而不可憎者惟日，既可養花，又堪曝背，是誠天之循吏也。使止有日而無風雪，則無時無日不在花間，布帳紙屏皆可不設，豈非梅花之至幸，而生人之極樂也哉！然而爲之天者，則甚難矣。

清 曹溶《倦圃蒔植記》總論 卷上《論花第三》 梅花本當首選而讓於蘭時，以蜂之頂戴與股夾而決之，物無心而有心者聽焉。千葉緑萼，余甚愛之，惜難得耳。玉蝶兩種，或純白而薄，或銀紅而肥，宜並存之。紅梅三種，春初有淺深二色。別一種色尤淡而香，獨勝，十月後冬至前便盛開，一名早玉蝶，此佳品也。

清 鄭績《夢幻居畫學簡明》卷三 梅報早春，獨占花魁，得陽氣之最先者小，陽春後至臘月開花。【略】花開五瓣，亦有雙層。

綜 述

宋 范成大《范村梅譜》 早梅，花勝直脚梅。吴中春晚，二月始爛漫，獨此品於冬至前已開，故得早名。錢塘湖上亦有一種尤開早，余嘗重陽日親折之，有「横枝對菊開」之句。行都賣花者争先爲奇，冬初所未開枝，寘浴室中薰蒸令拆，强名「早梅」，終瑣碎無香。余頃守桂林，立春梅已過，元夕則見青子，皆非風土之正。杜子美詩云：「梅蕊臘前破，梅花年後多。」惟冬春之交，正是花時耳。

又 江梅，遺核野生，不經栽接者又名直脚梅，或謂之野梅。凡山間水濱，荒寒清絶之趣，皆此本也。花稍小而疏瘦，有韻，香最清，實小而硬。

又 官城梅，吴下圃人以直脚梅，擇他本花肥實美者接之，花遂敷腴，實亦佳，可入煎造。唐人所稱官梅，止謂在官府園圃中，非此官城梅也。

又 消梅，花與江梅官城梅相似，其實圓小鬆脆，多液無滓。多液則不耐日乾，故不入煎造，亦不宜熟，惟堪青噉。比梨亦有一種輕鬆者，名消梨，與此同意。

又 古梅，會稽最多，四明、吴興亦間有之。其枝樛曲萬狀，蒼蘚鱗皴，封滿花身。又有苔鬚垂於枝間，或長數寸，風至，緑絲飄飄可玩。初謂「古木」，久歷風日致。然詳考會稽所產，雖小株，亦有苔痕，蓋別是一種，非必古木。余嘗從會稽移植十本，一年後，花雖盛發，苔皆剥落殆盡，其自湖之武康所得者，即不變移，風土不相宜。會稽隔一江，湖蘇接壤，故土宜或異同也。凡古梅多苔者，封固花葉之眼，惟罅隙間始能發花。花雖稀而氣之所鍾，豐腴妙

絶。苔剥落者，則花發仍多，與常梅同。

又 重葉梅，花頭甚豐，葉重數層，盛開如小白蓮，梅中之奇品。花房獨出，而結實多雙，尤爲瑰異，極梅之變，化工無餘巧矣。近年方見之，蜀海棠有重葉者，名蓮花海棠，爲天下第一，可與此梅作對。

又 緑萼梅，凡梅花紂蒂皆絳紫色，惟此純緑，枝梗亦青，特爲清高，好事者比之九疑仙人萼緑華。京師艮岳有萼緑華堂，其下專植此本，人間亦不多有，爲時所貴重。吴下又有一種萼，亦微緑，四邊猶淺絳，亦自難得。

又 百葉緗梅，亦名黄香梅，亦名千葉香梅。花葉至二十餘瓣，心色微黄，花頭差小而繁密。別有一種，芳香比常梅尤穠美，不結實。

又 紅梅，粉紅色，標格猶是梅，而繁密則如杏，香亦類杏，詩人有「北人全未識，渾作杏花看」之句。與江梅同開，紅白相映，園林初春絶景也。梅聖俞詩云：認桃無緑葉，辨杏有青枝。當時以爲著題。東坡詩云：詩老不知梅格在，更看緑葉與青枝。蓋謂其不韻，爲紅梅解嘲云。

又 鴛鴦梅，多葉紅梅也。花輕盈，重葉數層，凡雙果必並蒂，惟此一蒂而結雙梅，亦尤物。

又 杏梅，花比紅梅色微淡，結實甚匾，有斕斑色，全似杏味，不及紅梅。

宋 陳景沂《全芳備祖》前集卷四《紅梅》 雜著 紅梅，粉紅標格猶，是梅而繁，密則如杏，香亦類杏。詩人有「北人初不識，渾作杏花看」之句，與江梅同開，紅白相間。園林初春絶景也。梅聖俞詩云：認桃無緑葉，辨杏有青枝。當時以爲着題。東坡詩云：詩老不知梅格在，更看緑葉與青枝。蓋謂其不類爲紅梅解嘲云。承平時此花獨盛，於姑蘇晏元獻公始移植西岡圃中。一日貴游賂園叟得一枝分接，自是都中有二本。嘗與客飲花下，賦詩云：若更開遲二三月，北人應作杏花看。客曰：公詩固佳，待北俗何淺耶。晏笑曰：傖父安得不然。王琪君玉時守吴郡，聞盜花種事以詩遺公曰：館娃宫北發精神，粉瘦寒瓊露葉新，園吏無端偷折去，鳳城從此有雙身。當年罕得如此，比年不可勝數矣。世傳吴下紅梅詩甚多，惟方子通一篇絶唱有「紫府與丹來换骨，春風吹酒上凝脂」之句。鴛鴦梅，多葉，紅梅也。花輕盈，重葉數層。凡雙果必並蒂，惟此一蒂而結雙梅，亦尤物也。杏梅花比紅梅色微淡，結實甚匾，有斕斑色，似杏而不及紅梅。《並范石湖梅譜》

紀要 南唐苑中有紅羅亭，四面專植紅梅。《雜志》蜀中有紅梅數本，郡侯建閣扃鑰，游人莫得見。一日有兩婦人，高髻大袖，憑闌大笑。郡侯啟鑰，闃不見人，惟東壁有詩云：南枝向暖北枝寒，一種春風有兩般，憑仗高樓莫吹笛，大家留取倚闌干。《雜志拾遺》

元 胡古愚《樹藝篇·果部》卷二《蠟梅》 賈思勰曰：梅花早而白黄者，白蠟梅。又一種，花色微紅，似桃杏，春深乃開，曰紅梅。《建昌志》

明 高濂《遵生八牋》卷一六《燕閒清賞牋下·梅花七種》 尋常紅白之外有五種。如緑萼，蒂純緑而花香，亦不多得。有炤水梅，花開朵朵向下。有千瓣白梅，名玉蝶梅。有單瓣紅梅，有練樹接成墨梅。皆奇品也，種種可觀。

明 王路《花史左編》卷四《花之辨·梅花》 趙彦林注：江邊曰江梅，在嶺曰嶺梅，在野曰野梅，官中所種曰官梅，插膽瓶曰瓶梅。

又 先發曰蚤梅，飽風霜老水涯曰枯梅，色紅者爲紅梅。紅白之外有五種，如緑萼，蒂純緑而花香，亦不多得；有照水梅，花開朵朵向下；有千瓣白梅，名玉蝶；有單瓣紅梅；有練樹接成墨梅；皆奇品也。

明 陳正學《灌園草木識》卷一《花之屬》 紅千葉梅 白千葉梅 粉口千葉梅 品字千葉梅花大而香，三蘂一簇，結子亦然，若品字焉。 照水千葉白梅一樹之花，無一蘂上仰，亦奇種也。

明 木增《雲過淡墨》卷三 紅梅種來自閩湘中，故有福州紅、邵武紅、潭州紅等號。

明 夏旦《藥圃同春·正月》（自陶珽《説郛續》卷四〇引） 三品梅有紅粉白三種，一花三子，如品。暑月用野梅移接，如子發者，枝大始開。 緑萼梅花白蒂緑，更有一種重臺者，俱有香，灌以清水。 野梅種二，其子大小一如其葉，香而喜腴。

明 陶珽《説郛續》卷二五《泉南雜志》 紅梅，百葉，一花三子，曰品字梅。紫梗疏條，非復霜皮鐵幹可偶。

明刻本《花史》冬集《梅花》 種法 五月間梅熟時，蒂肉埋肥土中，出芽時用灌溉。至次年伺長二三尺方移，必須深擫其坑埋之，不使摇動則無患，却不可失水。

清 曹溶《倦圃蒔植記》卷上《梅》 昔孤山處士以梅爲妻，以鶴爲子，幽人花伴，梅實專房矣。張翊《花經》乃置四品，不幾爲梅花撚酸耶。種法：春間取核埋之糞地，俟長數尺，以桃接之。若欲移種，須去其枝稍，大其根盤，沃以溝泥，無不活者。或云於苦楝樹上接之則成墨梅，予嘗聞之園丁，獨宜江

梅，餘俱不然也。【略】《梅譜》又云：凡古梅多苔者，封固花葉之眼，惟罅隙間始能發花，花雖稀而氣之所鍾，豈腴妙絶夫。一枝春信已甲江南，何必珠玉滿前，作富家翁生活耶。

清　陳淏子《秘傳花鏡》卷三《花木類考·梅》　梅，一名枏，一名藤，葉、實、花俱似杏差小，而花獨優於香。昔范石湖有《梅譜》，約九十餘種，大底一花二三名者多，今特取其山林常有，而人所常植者二十種，詳釋於後。梅本出於羅浮庾嶺，喜暖故也。而古梅多著於吳下吳興、西湖、會稽、四明等處，每多百年老幹，其枝樛曲萬狀。蒼蘚鱗皴，封滿花身。且有苔鬚垂於枝間，長寸許，風至緑絲飄動。其樹枝四蔭週遭，可羅坐數十人，好事者多載酒賞之。蓋梅爲天下尤物，無論智愚賢不肖，莫不慕其香韻而稱其清高，故名園古刹，取橫斜疏瘦與老幹枯株，以爲點綴。早梅冬至前即開，晚梅春分時始放，如多植則相繼而開最久。性潔喜晒，洗以塘水則茂，肥多生蟜。但結實微酸，而酸之功用甚廣，人多取焉。食若畏酸，同韶粉嚼，則味不酸而牙不軟，或以胡桃肉解齼。

附梅花釋名共二十二種

諸色梅

緑萼梅　凡梅跗蒂皆絳紫，此獨純緑。**重葉梅**　花頭甚豐，千葉，開如小白蓮。**玉蝶梅**　花頭大而微紅，色甚妍可愛。**冠城梅**　單葉者實大，五月熟，千葉者實少。**消梅**　即江梅，花與冠城相似，實微甘而脆。**照水梅**　花開朵朵向下而香濃，亦梅中奇品。**鴛鴦梅**　重葉數層，紅艷輕盈，一蒂雙實。**黄香梅**　一名緗梅，花小而心瓣微黄，香尤烈。**品字梅**　一花結三實，但其實小，不堪啖。**紅梅**　丁葉實少，來自閩湘，有福州紅、潭州紅名。**杏梅**　花色淡紅，實扁而斑，其味似杏。**墨梅**　此係楝樹所接江梅，而花成淡墨色者。**麗枝梅**　花繁而蒂紫，但結實不甚大。**冰梅**　實生葉罅而不花，色如冰玉，無核，含自融。**鶴頂梅**　花如常梅，惟實大而紅。**冬梅**　結實甚小，十月可用，不能熟。**九英梅**　此花爲白樂天、杜子美所賞鑒。**朱梅**　較之千葉紅梅色更深而艷。**江梅**　白花，榴心紫蒂，王荆公稱爲花御史。**臺閣梅**　花開後，心中復有一小蕊再放出。**椰梅**　出均州太和山，相傳真武折梅枝揷椰樹上，誓曰：吾道若成，花開果結。後椰果開，梅結實。至今尚在五龍宫北。

清　張逸少　汪灝《佩文齋廣羣芳譜》卷二二《梅花》　原　梅先衆木花，花似杏，甚香，杏遠不及。老幹如杏，嫩條緑色。葉似杏，有長尖。樹最耐久，性潔喜矖，澆以塘水則茂，忌肥水。種類不一，白者有緑萼梅，凡梅花跗蒂皆絳紫色，惟此純緑，枝梗亦青，特爲清高好事者比之「九嶷仙人萼緑華」。吳下又有一種，萼亦微緑，四邊猶淺絳，亦自難得。重葉梅，花頭甚豐，葉重數層，盛開如小白蓮，梅中奇品也。消梅花與江梅、官城梅相似。玉蝶梅，花頭大而微紅，色甚妍可愛。時梅，冬梅。異品有墨梅。花黑如墨，或云以苦楝樹接者。他如侯梅、紫梅、同心梅、紫蒂梅，尚多，而重葉、緑萼、玉蝶尤今人所尚也。

清　鄒一桂《小山畫譜》卷上《梅》　白花五出，枝葉破節，冬春間即開，得陽氣之最先者也。蘂圓蒂小，鬚密，中抽一心，無點，即花謝後結實者。凡結實之花，俱有之，人未之察耳。著梗處有微苞，開足時形扁，花時有微芽，花著新枝，枝青色。老幹屈曲蚪形，墨色略帶赭色。千葉者有玉蝶、紅梅、緑萼，諸品不一。

紀事

漢　劉歆《西京雜紀》卷一　初修上林苑，羣臣遠方各獻名果異樹。【略】梅七：朱梅，紫葉，梅，紫花梅，同心梅，麗枝梅，燕梅，猴梅。

唐　馮贄《雲仙雜記》卷二《烟姿玉骨》　袁豐居宅後有六株梅，開時爲鄰屋烟氣所爍，屋乃貧人所寄。豐即塗泥塞竈，張幕蔽風，久之拆去其屋，歎曰：烟姿玉骨，世外佳人，但恨無傾城笑耳。即使妓秋蟾出比之，乃云可與比驅争先，然脂粉之徒正當在後。張洞林《桂林志》

宋　朱弁《曲洧舊聞》卷三　頃年近畿江梅甚盛，而許洛尤多。有江梅、椒萼梅、緑萼梅、千葉黄香梅，凡四種。許下韓璠景文知予酷好梅也，爲予致椒萼、緑萼兩種，各四根。予植之後圃，作亭，遂以緑萼名之。書曰：它日訪公于溱洧之間，杖履到門，更不通名，岸巾亭上梅乃吾紹介也。

宋　阮閲《詩話總龜》卷二〇　大庾嶺上有佛塔廟，往來題詩多矣。有婦人題云：妾幼年侍父任英州司寇，既代歸，父以大庾本有梅嶺之名而反無梅，遂植三十株于道之右，因題詩于壁。今隨夫之任端溪，復至此，寺前詩已污漫矣，因再書之云：英江今日掌刑回，上得梅山不見梅。輟俸買將三十本，清香留與雪中開。好事者因以夾道植梅矣。《倦游録》

宋　范成大《范村梅譜》　承平時此花（紅梅）獨盛於姑蘇，晏元獻公始移植西岡圃中。一日貴游，賂園吏得一枝分接，由是都下有二本。嘗與客飲花下，賦詩云：若更開遲三二月，北人應作杏花看。客曰：公詩固佳，待北俗何淺耶？晏笑曰：傖父安得不然。王琪君玉時守吳郡，聞盜花種事，以詩遺公

曰：館娃宫北發精神，粉瘦瓊寒露蘂新。園吏無端偷折去，鳳城從此有雙身。當時罕得如此，比年展轉移接，殆不可勝數矣。世傳吴下紅梅詩甚多，惟方子通一篇絶唱，有紫府與丹來换骨，春風吹酒上凝脂之句。

宋 王稱《東都事略》卷一〇六《列傳八十九》 蜀僧祖秀嘗親覩所謂華陽宫者，記其事云：政和初，天子命作壽山艮岳於禁城之東。【略】因其餘土積而爲山，山骨虣露，峰棱如削，飄然有雲姿鶴態，曰飛來峰。高於雉堞，翻若長鯨，腰徑百尺，植梅萬本，曰梅嶺。

宋 周密《癸辛雜識》續集卷下《石庭苔梅》 宜興縣之西地名石庭，其地十餘里皆古梅，苔蘚蒼翠宛如虬龍，皆數百年物也。有小梅僅半寸許，叢生苔間，然著花極晚，詢之士人，云梅之早者皆嫩樹，故得春最早，樹老則得春漸遲，亦猶人之氣血衰旺老少之異也。此説前所未聞。梅間有小溪流水，横貫交午，橋下多小石，圓净可愛。時有産花鳥及人物者，近世以來則有騎而笠者。蓋天地之氣，亦隨時而賦形，尤可異也。

宋 周密《武林舊事》卷七《德壽宫起居注》 淳熙五年二月初一日，上過德壽宫起居，太上留坐冷泉堂，進泛索，訖至石橋亭子。上看古梅，太上曰：苔梅有二種，宜興張公洞者，苔蘚甚厚，花極香。一種出越上，苔如緑絲，長尺餘。今歲二種同時著花，不可不少留一觀。

元 吴海《聞過齋集》卷一《梅花莊詩叙》 齊謹之别墅樹梅三百本，花時瑩然，素合縞積，如冰林雪谷。謹之結小菴其中，吟嘯自適。聞有幽人佳士，則必延致流觴賦詩，焚香彈琴，終日不倦，率以爲常。謂予曰：是菴未有扁題，曰梅花莊如何？予曰：清矣哉，主人之福也！

明 王世懋《學圃雜疏·花疏》 南中梅都於臘月前便開，吾地稍遲，紅梅最先發。元日有開者，此花故當首植，性多蟲易敗，宜時去之。閩中有深淺二種，可致其淺者，次則杭之玉牒、本地之緑萼爲佳。曾於京師許千户家見盆中一緑萼玉牒梅，梅之極品，不知種在何處，當詢而覓之。予賫園中一緑萼梅，偃蓋婆娑，下可坐數十人，今特作高樓賞之，子孫當加意培壅。若野梅可置竹林水際，鶴頂梅種園中，取果不足登几案也。

清 張逸少 汪灝等《佩文齋廣羣芳譜》卷二二《梅花》 長干之南七里許，曰華嚴寺，寺僧蒔花爲業，而梅尤富。白與紅植相若，惟緑萼玉蝶植倍之。率以絲縛，虬枝盤曲可愛。

清 汪森《粤西叢載》卷二〇 廣西桂林府滿山皆梅，開時作梅瘴，易染人。《摭遺》

清 謝堃《花木小志·山茶》 余觀梅於庾嶺、羅浮、鄧尉、香雪瀨以及林逋墓上、閣部祠前，可謂盛矣。舊有小樓數間，在揚城西北隅，環植緑萼數株，倩鄧完伯書「莫吹篴」三大字顔之，内設盆盎數十，植冰梅、墨梅、紅緑梅花於案頭几上，參差錯落，香盈滿室。招老蘆梅叔飲酒賦詩，轉瞬十餘年間，已成今古，思之慨然。

清 鄭光祖《醒世一斑録·雜述》卷三《梅花》 梅花紅白，天下所同，惟今日新增佳種非古所有，并非數十年前所有，若白梅在野，詩稱野梅，非真野梅也。余曾經永善縣荒山中，見梅樹無數，長皆不過二三尺，枝幹四出如棘刺，時爲正月中旬，梅適有花朵，甚小，此非人所種，是天生野梅，意梅花始生之真面目如是也。

著録

宋 范成大《范村梅譜序》 梅天下尤物，無問智賢，愚不肖，莫敢有異議。學圃之士必先種梅，且不厭多。他花有無、多少，皆不繫重輕。余於石湖玉雪坡既有梅數百本，比年又於舍南買王氏僦舍七十楹，盡拆除之，治爲范村。以其地三分之一與梅。吴下栽梅特盛，其品不一。今始盡得之，隨所得爲之譜，以遺好事者。

宋 張鎡《玉照堂梅品》（《齊東野語》卷一五輯） 梅花爲天下神奇，而詩人尤所酷好。淳熙歲乙巳，予得曹氏荒圃於南湖之濱，有古梅數十，散漫弗治，爰輟地十畝，移種成列。增取西湖北山别圃江梅，合三百餘本，築堂數間以臨之。又挾以兩室，東植千葉緗梅，西植紅梅，各一二十章，前爲軒楹，如堂之數。花時居宿其中，瑩潔輝映，夜如珂月，因名曰玉照。復開澗環繞，小舟往來，未始半月捨去。自是，客有游桂隱者，必求觀焉。頃亞太保周益公秉鈞予嘗造東閣，坐甫定，首顧予曰：一棹徑穿花十里，滿城無此好風光。人境可見矣！蓋予舊詩尾句，衆客相與歆豔。於是游玉照者，又必求觀焉。值春凝寒，又能留花，過孟月始盛。名人才士題詠層委，亦可謂不負此花矣。但花豔並秀，非天時清美不宜。又標韻孤特，若三間大夫、首陽二子，寧槁山澤，終不肯頫首屏氣，受

世俗澝拂。間有身親貌悅，而此心落落不相領會，甚至於污褻附近略不自揆者。花雖眷客，然我輩胸中空洞，幾爲花呼叫稱冤，不特三歎、屢歎，不一歎而足也。因審其性情，思所以爲獎護之策，凡數月乃得之。今疏花宜稱、憎嫉、榮寵、屈辱四事，總五十八條，揭之堂上，使來者有所警省。且世人徒知梅花之佳，而不能愛敬之。使予之言傳聞流誦，亦將有愧色云。紹興甲寅人日約齋居士書。

藝文

梁 簡文帝 蕭綱《梅花賦》（《歷代賦彙》卷一二四輯） 層城之宮，靈苑之中。奇木萬品，庶草千叢。光分影雜，條繁榦通。寒圭變節，冬灰徙筩。並皆枯悴，色落摧風。年歸氣新，摇芸動塵，梅花特早，偏能識春。或承陽而發金，乍雜雪而被銀。吐艷四照之林，舒榮五衢之路。既玉綴而珠離，且冰懸而雹布。葉嫩出而未成，枝抽心而插故。標半落而飛空，香隨風而遠度。掛靡靡之游絲，雜霏霏之晨霧。争樓上之落粉，奪機中之織素。乍開花而傍巘，或含影而臨池。向玉堦而結采，拂網户而低枝。于是重閨佳麗，貌婉心嫻。憐早花之驚節，訝春光之遺寒。裌衣始薄，羅袖初單。折此芳華，舉兹輕袖。或插鬢而問人，或殘枝而相授。恨鬟前之太空，嫌金鈿之轉舊。顧影丹墀，弄此嬌姿。洞開春牖，四卷羅帷。東風吹梅畏落盡，賤妾爲此斂蛾眉。花色持相比，恒愁恐失時。

唐 朱慶餘《早梅》（《瀛奎律髓》卷二○輯） 天然根性異，萬物盡難陪。自古承春早，岩冬鬥雪開。艷寒宜雨露，香冷隔塵埃。堪把依松竹，良途一處栽。

宋 林逋《林和靖集》卷二《山園小梅》 衆芳摇落獨暄妍，占盡風情向小園。疏影横斜水清淺，暗香浮動月黄昏。霜禽欲下先偷眼，粉蝶如知合斷魂。幸有微吟可相狎，不須檀板共金樽。

宋 蘇軾《東坡全集》卷一二《紅梅》 怕愁貪睡獨開遲，自恐冰容不入時。故作小紅桃杏色，尚餘孤瘦雪霜姿。寒心未肯隨春態，酒暈無端上玉肌。詩老不知梅格在，更看緑葉與青枝。

又《東坡詞・西江月梅花》 玉骨那愁瘴霧，冰肌自有仙風。海仙時遣探芳叢，倒掛緑毛么鳳。　素面常嫌粉涴，洗妝不褪唇紅。高情已逐曉雲空，不與梨花同夢。

宋 李綱《梁谿集》卷七《用韻賦梅花二首》 寒梅幾樹開前村，靚妝綽約歸仙魂。横斜影落石溪淺，皓潔色洗煙嵐昏。幽香暗動松竹徑，清格自羞桃李園。窮冬萬里霜雪積，獨得一點陽和温。冰姿最宜夜月白，玉彩更炫朝霞暾。明妃失意去朔漠，阿嬌無寵扃長門。芳容寂寂誰復顧，雅意耿耿今何言。天涯相對且相樂，爲爾吸盡黄金樽。

草木凍死山中村，惟有梅花能返魂。孤根不怕雪霜苦，冷豔似笑風雲昏。披芳獨占歲寒地，擢秀肯待春風園。溪邊寒影自的的，月裏皓色還温温。飄零踈雨夕煙暝，厭浥清露晨光暾。玉妃游戲隘崑閬，縞衣飛出瑶臺門。幽姿耿介不可狎，欲問所以難爲言。嗅花嚼蕊更奇絶，侑我一醉玻璃罇。

宋 郭印《雲溪集》卷一一《紅梅》 姿韻清高自一家，不將天艷喚蜂衙。衝寒萬木渾無葉，回暖孤根獨放花。要與雪霜争皎潔，肯隨桃李趁繁華。更看結實調羹在，疏影寒香未足誇。

宋 王十朋《點絳唇梅》（《御選歷代詩餘》卷五輯） 雪逕深深，北枝貪睡南枝醒。暗香疏影，孤壓羣芳頂。玉艷冰姿，妝點園林景。憑欄詠，月明溪靜，憶昔林和靖。

宋 洪适《盤洲文集》卷二 偶得梅一種，疏枝清香，附萼之花五出，與江梅無異。但花色微紅，而五出之上復有一重，或十葉或九葉，他日皆並蒂雙實，俗呼爲鴛鴦梅。昔上林有趙昭儀所植同心梅，疑即此也。因成四絶。

却月凌風一種香，更匀粉面作紅妝。枝頭自結鴛鴦社，爲倩東風謝海棠。

重重香蕊故多情，索笑初開解薄酲。翻恨前村雪深處，一枝幽獨太惸生。

客子逢花心欲灰，異方初見眼還開。故應臨水横斜日，曾作于飛一念來。

開花已作鴛鴦侣，著子還成鴻鴈行。舊日同心上林種，至今千載亦流芳。

宋 范成大《石湖詩集》卷六《次韻知郡安撫元夕賞倅廳紅梅三首》 春入林梢一再風，破寒匀染費天工。雖然媚蕩新妝别，只與横斜舊格同。午枕乍醒鉛粉退，曉奩初罷蠟脂融。後來顔色休論似，夾路漫山取次紅。

宋 陸游《劍南詩稾》卷一○ 蜀王小苑舊池臺，江北江南萬樹梅。只怪朝來歌吹鬧，園官已報五分開。成都合江園蓋故蜀别苑，梅最盛。自初開，監官日報府，報至開五分，則府主來宴游，人亦競集。

又 卷五○《梅花絶句》 紅梅過後到緗梅，一種春風不並開。造物無心還有意，引教日日放翁來。

宋 韓元吉《南澗甲乙稿》卷五《紅梅》 不隨羣艷競年芳，獨自施朱對

雪霜。越女漫誇天下白，壽陽還作醉時妝。半依修竹餘真態，錯認夭桃有暗香。月底瑶臺清夢到，霓裳新换舞衣長。

宋 蕭立之《蕭冰崖詩集拾遺》卷中《和黄立軒梅詩二首》 不肯托根桃李場，千林摇落正孤芳。莫將香影生分别，説着香時影亦香。

移竹移松半死生，移梅便可主花盟。何當繞屋三千樹，撰出人間白玉京。

金 段克己《二妙集》卷四《紅梅》 誰點冰綃絳雪團，黄昏和月倚闌干。差隨桃李争春意，要伴松筠傲歲寒。冷艷只宜寒處著，淺妝難入俗人看。天心固惜調羹便，空抱枝頭一點酸。

元 馮子振 釋明本《梅花百詠》疏梅 數個冰花三兩枝，東風點綴特新奇。黄昏照影臨清淺，寫出林逋一句詩。

和

依稀殘雪浸寒波，桃李漫山奈俗何。瀟灑最宜三二點，好花清影不須多。

新梅

幾年雨露栽培得，此度春風始著花。爲語東君加愛護，要看老樹放横斜。

鴛鴦梅

並蒂連枝朵朵雙，偏宜照影傍寒塘。只愁畫角驚吹散，片影分飛最可傷。

緑萼梅

蕊珠宫裏小仙娃，暫别椒房抑翠華。底事塵緣猶未斷，謫來人世作名花。

移梅

新劚孤根手自栽，荷鋤和雨破蒼苔。寒窗歲晚多清況，直伴幽芳帶雪開。

和

湖邊鋤月换根基，玉樹重栽樹不知。種竹當年遺法在，須留宿土記南枝。

明 王冕《竹齋詩續集·題梅花》 江南十月天雨霜，人間草木不敢芳。獨有溪頭老梅樹，面皮如鐵生光芒。朔風吹寒珠蕾裂，千花萬花開白雪。彷彿瑶臺羣玉妃，夜深下踏羅浮月。銀鐺冷然動清韻，海烟不隔羅浮信。相逢漫説歲寒盟，笑我飄流霜滿鬢。君家白露秋滿缸，放懷飲我千百觴。氣酣脱穎恣盤礴，拍手大叫梅花王。五更窗前博山冷，么鳳飛鳴酒初醒。起來笑揖石丈人，門外白雲三萬頃。

明 高啓《大全集》卷一五《梅花》 縞袂相逢半是仙，平生水竹有深緣。將疏尚密微經雨，似暗還明遠在煙。薄暝山家松樹下，嫩寒江店杏花前。秦人若解當時種，不引漁郎入洞天。

明 謝晉《蘭庭集》卷下《詠梅》 横在溪橋野水濱，半含殘臈半開春。風傳香去無多遠，便有來尋杖策人。

明 曾棨《刻曾西墅先生集》卷二《千葉梅》 枝柯重覆翠含滋，異品同春豈有私。層叠碧雲堆玉屑，高低珠露濕香幃。色身變見觀音相，苞影分華青女身。獨出花房雙結實，瑰奇誰似盛開時。

《鴛鴦梅》 雙花一蒂並聯芳，對影猶疑色滿塘。霜瓦有痕多伴宿，雨荷無蓋爲遮藏。翠禽韻切空惆悵，錦字書沉歎渺茫。但使連枝春意在，笛聲吹散果何傷。

《緑萼梅》 羅郁仙姿得道佳，京師堂接九嶷賒。曾因太白游名寺，恰遇高僧獻異葩。霧拂芳容勻翠黛，烟披嬌態抹青紗。誤疑金谷園猶在，不墜樓頭一樹花。

明 岳正《類博稿》卷二《紅梅》 玉質誰教吐絳英，碧闌干外一枝横。只應春色濃如酒，醉倚東風睡未醒。

雜録

《詩·小雅·四月》 山有嘉卉，侯栗侯梅。

晉 郭璞《山海經》卷五 又東北三百里曰靈山，【略】其木多梅。

唐 馮贄《雲仙雜記》卷二《水松牌》 李白游慈恩寺，寺僧用水松牌刷以吴膠粉，捧乞新詩。白爲題訖，僧獻玄沙鉢、緑英梅、檀香筆、格蘭緋袴、紫瓊霜。《海墨微言》

宋 李格非《洛陽名園記·吕文穆園》 洛陽又有園池，中有一物特可稱者，如大隱莊梅。【略】梅蓋早梅，香甚烈而大，説者云自大庾嶺移其本至此。

宋 王十朋《東坡詩集注》卷二五 君知早落坐先開，莫着新詩四句催。嶺北霜枝最多思，師大庾嶺上梅花，南枝已落北枝方開，寒暖之候異也。忍寒留待使君來。

宋 周密《武林舊事》卷一〇上《張約齋賞心樂事》 十有二月燕游次序：【略】正月 玉照堂賞梅 湖山尋梅 二月 玉照堂西緗梅 玉照堂東紅梅 十二月 湖山探梅 玉照堂看早梅

宋 楊萬里《誠齋集》卷七《瓶中梅花長句》 一尊孤斟懶論文，猶有梅

花是故人。去年今月，予既得麾臨漳，朝士餞予高會于西湖上。劉寺滿谷皆梅花，一望無際，絶頂有亭，牓曰錦屏。予獨倚一株老梅，摘花嚼之。同舍張監簿，蜀人，名珖，字君玉，笑謂予曰：韻勝如許？謂：非謫仙可乎。

宋 張淏《會稽續志》卷四 古梅，會稽餘姚皆有之。老幹奇怪而緑蘚封枝，苔絲四垂，疏花點綴，極爲可愛，他處所未見也。俞亨宗詩云：疏疏瘦蘂含清馥，矯矯虬枝綴碧苔。疑是髯龍離雪殿，蒼鱗遥駕玉妃來。

宋 潛説友《咸淳臨安志》卷五八 梅花 白文公去郡後，有《憶杭州梅花》詩。孤山之梅自唐以來已著稱，和靖居此山，詩于梅花最多。東坡和秦太虛云：西湖處士骨應槁，只有此詩君壓倒。又云：江頭千樹春欲暗，竹外一枝斜更好。又和楊公濟十詩有云：緑鬢尋春湖畔回，萬松嶺上一枝開。今此花有數品，緑萼、千葉香梅尤清絶。

紅梅 舊志有紅梅閣，東坡亦有紅梅詩，有云：寒心未肯隨春態，酒量無端上玉肌。今土人有福州紅、潭州紅、柔枝千葉、邵武紅等種。

元 胡古愚《樹藝篇·果部》卷二 梅多種石亭，蘚梅最奇古。楊誠齋詩云：一様南枝派五房，黄紅萼緑蠟鴛鴦。又有千葉者，名江梅，其實惟團消最酸。《毘陵志》

元 陶宗儀《輟耕録》卷一八 （紹興行宫）玉質亭，梅繞之。由繹已堂過錦胭廊，百八十楹，直通御前廊外，即後苑，梅花千樹，曰梅崗亭。

明 王路《花史左編》卷五《花之候·梅花》 梅先春而華，其實亦早，故標有梅爲昏嫁之候。古者以梅實薦饋食之籩，所謂乾橑是也。江南梅熟之時，輒有細雨連日不絶，衣物皆裛，謂之梅雨。

又 卷六《花之瑞·梅梁》 晉孝武太元三年，僕射謝安作新宫太極殿，欠一梁。有梅木流至石頭城下，取用之，画梅花于梁上，表瑞，因名梅梁殿。

明 徐應秋《玉芝堂談薈》卷一二《白虹跨東井》 梅仙祖師學道白雲山，夏月偶坐化于梅樹下，數里間聞梅花香，經旬不息。

明 董斯張《吴興備志》卷一五 梅溪在安吉東北，昔年嘗有紫梅花盛開，又號紫梅溪。《勞志》

清 張廷玉《明史》卷二八五《列傳第一百七十三》 玉冕，字元章，諸暨人。【略】隱九里山，樹梅千株，桃杏半之，自號梅花屋主。善畫梅，求者踵至。

清 乾隆《清一統志》卷三三四 玉梅堂 在福安縣扆山東，宋淳佑八年建，左右環植梅花。又縣西有錦屏堂，植梅最盛。

茉莉

論説

宋 張邦基《墨莊漫録》卷七 閩廣多異花，悉清芬郁烈，而末利花爲衆花之冠。嶺外人或云抹麗，謂能掩衆花也，至暮則尤香。今閩人以陶盎種之，轉海而來浙中，人家以爲嘉玩。然性不耐寒，極難愛護，經霜雪則多死，亦土地之異宜也。顔博文持約謫官嶺表，愛而賦詩云：竹稍脱青錦，榕葉隨黄雲。嶺頭暑正煩，見此萼緑君。欲言嬌不吐，藏意久未分。最憐月初上，濃香夢中聞。蕭然六曲屏，西施帶微醺。叢深珊瑚帳，枝轉翡翠裙。譬如追風騎，一抹萬馬羣。銅瓶汲清泚，聊復爲子勤。願言少須臾，對此髯參軍。觀此詩，則花之清淑柔婉，風味不言可知矣。

明 楊慎《丹鉛總録》卷四《末利》 末莉花，見于嵇含《南方草木狀》，稱其芳香酷烈。此花嶺外海濱物，自宣和中名著。艮岳列芳草八，此居一也。八芳者，金蛾、玉蟬、虎耳、鳳毛、素馨、渠那、茉莉、含笑也。《洛陽名園記》云：遠方奇卉，如紫蘭、抹厲。《王梅溪集》作没利，又作抹利。《陳止齋集》亦作没利，《朱文公集》作末利，《洪景盧集》作末麗。佛書《翻譯名義》云：末利曰鬘華，堪以飾鬘。北土云柰，《晉書》：都人簪柰花，云爲織女帶孝是也。則此花入中國久矣。

明 陈繼儒《題香儷園並頭茉莉詩輯》（《同人集》卷三輯） 茉莉，嶺外海濱之所産也，一見於《南中行紀》，紀自陸賈。一見於《南方草木狀》，狀自稽含。宣和艮岳列之八芳。《洛陽名園》載之奇卉。曰没利者《王梅溪集》也，曰抹利者《陳止齋集》也，曰抹厲者《李格非集》也，曰末麗者《洪景盧集》也，曰那悉茗又曰鬘華者《梵經》也。諸書臚列，難以詳述。而一叢之中，發爲雙萼連跌，則自如皋冒氏《香儷園》始。主人辟疆子艷而賦之，遠近名流遞有奇作。或謂其大如薝蔔，或謂其瑞似嘉蓮，或謂其花生于情，或謂其情生于花，諸君子不能判。眉道人曰，舊傳有草木之英以千萬計，艷推芍藥，秀侈芙蕖，幽羡畹蘭，逸誇籬菊，著在共賞，此其大凡也。若乃名不列于《騷》《雅》，種先盛于炎荒，合薝蔔以俱來，與素馨而列族。夫豈無挺然拔萃、灼爾見奇者

乎？友人冒辟疆氏，蓋獨匠之豪，而衆芳之藪也。

清 李漁《閑情偶寄》卷一三《種植部·木本第一·茉莉》 茉莉一花，单爲助妝而設，其天生以媚婦人者乎？是花皆曉開，此獨暮開。暮開者，使人不得把玩，秘之以待曉妝也。是花蒂上皆無孔，此獨有孔。有孔者，非此不能受簪，天生以爲立脚之地也。若是，則婦人之妝，乃天造地設之事耳。植他樹皆爲男子，種此花獨爲婦人。既爲婦人，則當眷屬視之矣。妻梅者，止一林逋，妻茉莉者，當徧天下而是也。

欲藝此花，必求木本。藤本一樣着花，但苦經年即死，視其死而莫之救，亦仁人君子所不樂爲也。木本最難過冬，予嘗歷驗收藏之法。此花痿于寒者什一，斃于乾者什九，人皆畏凍而滴水不澆，是以枯死。此見噎廢食之法，有避嘔逆而經時絶粒，其人尚存者乎？稍暖微澆，大寒即止，此不易之法。但收藏必于暖處，篾罩必不可無，澆不用水而用冷茶，如斯而已。予藝此花三十年，皆爲燥誤，今始識此，以告世人，亦其否極泰來之會也。

清 孫之騄《枝語》卷上《茉莉》 茉莉一名抹厲，言其根熱性毒，磨服之，令人昏迷。然用以接骨，則不知痛厲，又去厲也，故曰抹厲。以其有花無實，無所利其後也，曰没利。其名雪瓣者，言瓣如雪色。然其名末利者，言僅能潤肌膚和顔色而已，亦利之末也。或曰廣州城九里曰花田，盡栽茉莉素馨，南越人因以爲利也。其云末麗者何謂？謂其花皆暮開，不麗于春而麗于夏，居春花之末也。謂其能掩衆花也，又謂之抹麗。佛書名鬘華，原出波斯國，移植南海。北土名奈，《晋書》：都人簪奈花，此花入中國矣，以其色似奈花也，故北土以奈稱之。有草本者，有木本者。有千葉者，葉如茶而大，緑色圓尖。謂若寶珠茶，然又名曰寶珠，其香清婉。謂若荷之香，又名小荷花。其紅花者，有艶無香。其粉紅千葉者，初開時花心如珠，又名曰朱茉莉，謂若朱，與珠同也。佛書鬘華之説何解乎？或云海南女子，用彩絲穿花心以爲首飾，謂可飾頭鬘也，故名鬘華云。

綜 述

晋 稽含《南方草木狀·末利》（《説郛》卷一〇四下輯） 末利花似薔薇之白者，香愈于耶悉茗。

唐 郭橐駝《種樹書》（《説郛》卷一〇六下輯） 雞糞壅茉莉則盛。

宋 范成大《桂海虞衡志·花志》 茉莉花亦少，如番禺，以淅米漿日溉之，則作花不絶，可耐一夏，花亦大且多，葉倍常花。六月六日，又以治魚腥水一溉，益佳。

宋 陳景沂《全芳備祖》前集卷二五《茉莉花》 **碎録** 茉莉似薔蘼，之白者香愈於耶悉茗。《南方草木狀》今多採茉莉蒸取其液，以似薔蘼。《香譜》花作末和面，藥甚奇，經歲其香不歇。《王右丞詩注》或以薰茶及烹茶尤香。《雜志》廣州城西九里，曰花田，盡栽茉莉及素馨，鄭松窗。《詩注》

雜著 東坡謫儋耳，見黎女簪茉莉，戲云暗麝，著人簪茉莉。《大全集》

明 宋詡《竹嶼山房雜部》卷一〇《樹畜部二·種花卉法》 茉莉 葉如茶而大，江奎詩曰：他年我若修花史，列作人間第一仙。白花，甚香。重葉白花，甚香。澆法同衣羅，出南粤。《墨娥小録》云：在盆者，立冬時必入房内，遮風，常置有日之處。至立夏乃出外，去上面舊土一層，再加新土培之。不宜太肥，至長葉而後澆，肥也。黄氏《日抄》云：以米漿日溉之，則花，可耐一夏。六月六日以治魚腥水一溉益佳。

明 李時珍《本草綱目》卷一四《草之三·茉莉》 時珍曰：末利原出波斯，移植南海，今滇廣人栽蒔之。其性畏寒，不宜中土。弱莖繁枝，緑葉團尖。初夏開小白花，重瓣無蕊，秋盡乃止，不結實。有千葉者，紅色者，蔓生者。其花皆夜開，芬香可愛。女人穿爲首飾，或合面脂，亦可熏茶，或蒸取液以代薔薇水。又有似末利而瓣大，其香清絶者，謂之狗牙，亦名雪瓣，海南有之，素馨指甲，皆其類也，並附于下。

明 高濂《遵生八牋》卷一六《燕閒清賞牋下·茉莉花二種》 有千葉，初開時花心如珠。有单瓣者，喜肥，以米泔水澆之，則花開不絶，或皮屑浸水澆之亦可。又云宜糞，但欲加土壅根爲妙。惟難過冬，若天色作寒，移置南窗下，每日向陽。至十分乾燥，以水微濕其根。或以朝南屋内泥地上掘一淺坑，將花缸存下，以缸平地，上以篾籠罩花，日傍以泥築實，無隙通風，此最妙法也。至立夏前，方可去罩。盆中週遭去土一層，以肥土填上，用水澆之，芽發方灌以糞，次年和根取起，換土栽過，無不活者。如此收藏，多年可延。又云賣花者惟欲花痒其中。有説夏間收回即換土種之，去其故土，礱糠亦是一法。

明 曹學佺《蜀中廣記》卷六一《方物記第三》 蜀中茉莉，有枝如藤，而花瓣稍大。盧申之詞云：玉肌翠袖，較似酴醿瘦。幾度熏醒夜窗酒。問炎

州何許清涼，塵不到，冰壺剪就。晚來庭户悄，暗數流光，細拾芳英黯回首。念日暮江東，偏爲魂銷，人易老、幽韻清標似舊。正簟紋如水帳如烟，更奈問，月明露濃時候。右調《洞仙歌》。

明 陳正學《灌園草木識》卷一《花之屬》 茉莉 此花最忌溺水。《虞衡志》云：番禺人以淅米漿灌之，則花不絶。六月六日，溉以魚腥水最佳。陳霞麓參軍，南都人，語余云：每初昏時，取茉莉花三十蘂，以甌貯水一半，浮之以紙，置花其上，用紙蓋之，明早花亦堪帶，其水之香烈終日不散。用以盥洗、點茶、烹飪，俱茉莉香也。

明 周文華《汝南圃史》卷七《木本花部下·茉莉》 茉莉，叢生，高二三尺，亦有丈餘者。五六月開小白花，清麗而芳郁。蔡襄詩云：團圓茉莉叢，繁香暑中折。江奎詩云：靈種傳聞出越裳，何年提挈上蠻航。他年我若修花史，列作人間第一香。又云：雖無艷態驚羣目，幸有清香壓九秋。應是仙娥宴歸去，醉來卓下玉搔頭。蓋花之形狀，宛如玉搔頭也。【略】此花有單葉，有重臺。《八閩通志》云：有一種紅色，曰紅茉莉，穗生，有毒。《海槎餘録》云：茉莉花最繁，不但婦人簪之，童穉俱以綫穿成釧，縛髻上，香氣襲人。其多如此。今江東及吴地所有，皆從江右載來，唯贛州者尤佳。舟行路遠，率用礱糠入盆底，取盆輕易擕。種法：須以新泥易去故土，翦摘枯枝老葉，周圍插細竹，以麻皮輕輕縛住，曬於日中。每日用濃糞澆，或有以鹿糞壅者。【略】《水雲録》云：四月插茉莉，比花最香而畏寒，唯寶珠者貴。宜於此月從節上摘斷，插肥土中即活。《廣州府志》云：抹麗較諸素馨，其香尤旖旎。或名抽花。春末夏初開，蘂圓白即折。香似荼蘼花，氣極清，最可薰茶。其性畏寒，往往凍死。宜於十月中，移置南廡下向陽，日以河水灌潤，勿使乾燥，又勿令冰凍，至來春十無一死，花益繁盛。又云茉莉最惡春風，南風尤甚。清明後將交黄梅，方可出，出之又當以漸爲佳。或云寒露入室，立冬用棉花子覆根，高五寸許，取筏作圈，大小長短如其形，以紙糊圈罩花上，五六日一開，略澆冷茶，仍前壅蓋。直至立夏取出，去土一層，填新泥，用水澆，俟芽長方用糞。次年起根换土令栽。或云取溝瀆肥泥，爛草盦過，煅以猛火，和皮屑鋪盆種，其花倍發。

明 夏旦《藥圃同春·五月》(《説郛續》卷四〇輯) 茉莉 色白畏霜，每年二月二日盡去其舊葉，將雞糞並肥泥覆之，盛开清香可愛。

明刻本《花史》夏集 茉莉 一名鬘華，見佛经

《格物叢話》：茉莉花，葉面微皺，無刻缺。性喜地暖，南人畦蒔之，開時在夏秋間，六七月始盛。今人多采以薰茶，或蒸取其液以代薔薇露。東坡目爲暗麝，可謂善平章矣。

灌養法

《花经》曰：茉莉花亦少，如番禺，以淅米漿日澆之，則作花不絶，可柰一夏。又云清蘭花。濁茉莉，大約畏瘦不畏肥，但出自南方，其性畏寒，遇冬當收之地窖中，清明時出之。不然春寒尤能壞茉莉也。

天寒移入閣窗下有日色處，由他自乾，至十分乾燥，略用水盞許，只澆根頭，過冬至交春，其花方發。不須慮其死，亦不可去枯枝。立夏後方可出蔭，去盆中周圍并盆面舊土，不須出根，以新土添上。若次年却和根起，莫壞根，却全換上。換土之後，用水澆之，不可用肥。直候芽出發葉之後，方可澆之。剪去枯枝，如此可養十餘年不壞。

收土法

每日屋下掃聚塵土，堆積于閒房，自然熱過，篩細者用之。

以雞糞壅之則盛，皮屑浸水澆之亦可。

清 曹溶《倦圃蒔植記》總論 卷上《論花第三》 茉莉，此地扦之亦活，但冬必萎耳。有一種重臺者，花葉俱細，徽人所重，謂之寶珠，香特藴藉而開久不落。

又 卷中《茉莉》 南宋禁苑夏月納涼，多置茉莉、素馨等花，鼓以風輪，清芬滿殿。予按：素馨，劉氏妾名，冢生此花，因襲其號。至於茉莉，《洛陽名園記》作抹厲，王梅溪作没利，朱元晦作末利，不若《本草綱目》名爲雪瓣者最雅。大都此花性極畏寒，預於屋下掃聚塵土，堆積静室，俟其熟過，篩取細者，將所得花换去故土，實此種之，澆以米泔水或燖猪湯，復於六月六日以魚腥水澆之。霜降以後，移至窗下，如極乾燥，微濕其根。或於向陽屋内掘一淺坑，將盆埋下，以篾籠罩口，泥實其傍，勿使通風。或以木棉花核覆根半尺，仍罩篾籠，用絲封密，數日一開，略澆冷茶。立夏去罩，出土一層，填新泥，用水澆之，俟芽長，始用糞。次年起根换土全栽。如此收藏，十不失一。或云取溝瀆肥泥，爛草盦過，煅以猛火，和皮屑鋪盆種之。如欲扦插，於梅雨時翦新發嫩枝，折處劈開，置大麥一粒，用亂髮纏之，如扦瑞香法。閩廣人家悉用此術。又聞吴中有隱者，每至秋後輒從人家收買殘枝，開畦列種，結芽爲棚，以蔽風

雪。遇有日色，開簾曬之，畜鴨千頭，夜宿其下，花根襲暖，糞復壅之，來年花發，其息十倍。并記之以告花匹。

清 陳淏子《秘傳花鏡》卷四《藤蔓類考·茉莉》 茉莉一名抹利，東坡名曰暗麝。釋名鬘華。原出波斯國，今多生於南方暖地，北土名奈。木本者出閩廣，幹粗莖勁，高僅三四尺。藤本者出江南，弱莖叢生，有長至丈者，葉似茶而微大，花有單瓣重瓣之異。一種寶珠茉莉，花似小荷，而品最貴，初蕊時如珠，每至暮始放，則香滿一室，清麗可人。摘去嫩枝，使之再發，則枝繁花密。以米泔水澆則花開不絶，或浸皮屑，不經，确有可用。或黄豆汁并糞水皆可。性喜暖，雖烈日不懼，但五六月間每日一澆，宜於午後。至冬，即當加土壅根。霜降後，須藏暖處，清明後方可出。尤怕春之東南風，故藏宜以漸而密，出亦宜以漸而敞。如土藏太乾，日暖時，略洗冷茶，直待芽發後方可澆肥。梅雨時從節間摘斷，將折處劈開，嵌大麥一粒，以亂髮纏之，扦插肥陰地内即活。若根下生蟻，灌以鳥頭冷湯即無。如换盆過，須易新土，更妙。六月六日，宜用魚腥水一澆，或鹿糞，或雞屎壅，最盛。又聞閩廣有一種紅黄二色茉莉，余實未之見，想亦不易得之物也。

清 高士奇《北墅抱瓮録·茉莉》 茉莉有藤本木本兩種。藤本者叢條並生，木本者一幹上發蘂若珠圓，迎晚而放，芬馥絶倫。綃帷竹簟，卧趁微凉，采置枕函旁，足清魂夢。

清 張逸少 汪灝等《佩文齋廣羣芳譜》卷四三《茉莉》 《丹鉛録》：北土名柰。《晉書》「都人簪柰花」是也。則此花入中國久矣。弱莖繁枝，葉如茶而大，緑色團尖。夏秋開小白花，花皆暮開，其香清婉柔淑，風味殊勝。花有草本者，有木本者，有重葉者，惟寶珠小荷花最貴。此花出自暖地，性畏寒，喜肥，壅以雞糞，灌以焊猪湯，或雞鵝毛湯，或米泔，開花不絶。六月六日以治魚水一灌，愈茂，故曰清蘭花濁茉莉。勿安床頭，恐引蜈蚣。一種紅者，色甚艷，但無香耳。又有朱茉莉，其色粉紅。有千葉者，初開花時，心如珠，出自四川。

清 姚之駰《元明事類鈔》卷三四《花草門二》 黄馨 《廣東志》：雷瓊二州有緑茉莉，本如蔫蘿。又有黄茉莉，名黄馨。

清 黄叔璥《臺海使槎録》卷三《物産》 茉莉最易栽植。番茉莉較大，種自柬埔寨來，花徑寸，百餘瓣。早晚街頭，有連十餘蘂簽成一枝，有連數十蘂爲一串，買置床榻，殊有妙香。

清 鄒一桂《小山畫譜》卷上《茉莉》 木本，白花九瓣，蒂亦九出，如爪承筒末，開時如瓜槌。葉圓微尖，對節開花。枝頂一叢四五花，心含管内，香甜静。花小如錢，六月開，至秋則香遜矣。

清 雍正《浙江通志》卷一〇六《物産·衢州府》 茉莉 《西安縣志》：夏月放花，性畏寒，類建蘭。木本者佳。邑中處處有之。

又 卷一〇七《物産·温州府》 茉莉 《甌江逸志》：温州地氣和暖，故茉莉最盛。冬間置檐下，不畏風，不須遮護，逢春發葉甚茂。有高一二丈者，開花無算，其小者亦丈許，花亦不可勝計。

清 乾隆《福建通志》卷一〇《物産》 茉莉 夏開，白色，妙麗而芳郁。此花惟閩中有之，佛經謂之末麗。蔡襄詩云：團圓茉莉叢，繁香暑中折。又有一種，紅色，曰紅茉莉，穗生，有毒。

清 謝堃《花木小志·茉莉》 古名抹麗，産東粤。花色白而香，凡近婦人枕席，其香尤甚而易開，淫豔極矣。花有六出七出者。其名素馨者稍肥。又有草本名茉莉者，其花五出，五色兼備，晚開朝落，砌角籬邊，叢生易長。其實非茉莉，而即俗名晚飯花也。花落結子，剖之可瀝粉。

藝文

宋 李綱《梁谿集》卷二三《茉莉花二首》 泠豔幽芳雪不如，佳名初見貝多書。南人渾作尋常看，曾侍君王白玉除。

風露扶疏蔓翠藤，玉花剪刻見層層。清香夜久偏聞處，寂寞書生對一燈。

宋 王庭珪《盧溪文集》卷二四《茉莉花三絶句》 纖雲捲盡日西流，人在瑶池宴未休。王母欲歸香滿路，曉風吹下玉搔頭。

火雲燒野葉聲乾，歷眼誰知玉蕊寒。疑是羣仙來下降，夜深時聽珮珊珊。

逆鼻清香小不分，冰肌一洗瘴江昏。嶺頭未負春消息，恐是梅花欲返魂。

宋 劉子翬《屏山集》卷二〇《次韻茂元茉莉花詩二首》 翠葉光如沃，冰葩淡不妝。一番秋早秀，徹日坐傍香。色照祇園静，清回瘴海凉。倘堪紉作佩，老子欲浮湘。

三尺婆娑樹，千英一律收。眼孤猶眩彩，鼻熟不知香。向月資清潤，承風

發素凉。衆芳如不忌，移植近瀟湘。

宋 吕本中《東萊詩集》卷一五《茉莉》 香如含笑全然勝，韻比酴醾更似高。所恨海濱出太遠，初無名字入風騷。

宋 鄭剛中《北山集》卷一九《茉莉》 真香入玉初無信，香欲尋人玉始開。不是滿枝生緑葉，端須認作嶺頭梅。

又卷二一 或問茉莉素馨孰優，予曰：素馨與茉莉香比肩，但素馨葉似薔薇而碎，枝似酴醾而短，大率類草花，比茉莉其體質、閑雅不及也。

茉莉天姿如麗人，肌理細膩骨肉勻。衆葉葳葳開緑雲，小蘂大花氣氤氲。素馨于時亦呈新，蓄香便未甘後塵。獨恨雷五雖潔清，珠璣綺縠終坐貧。

又卷二二《茉莉》 小鍤移根帶蘚苔，暑中相對亦佳哉。素英吐處秖如玉，清思牽人全似梅。淺緑蘋羅和葉看，真香擣麝逐風來。觀君可與酴醾並，高士寧容俗子陪。或謂茉莉花帶葉而香可比酴醾，故有是句。

宋 樓鑰《攻媿集》卷一二《茉莉花》 江南創見喜孤芳，見說閩花徧海鄉。安得一居香盛處，帳中巧作寶毬妝。

宋 劉克莊《後村集》卷九《茉莉》 一卉能令一室香，炎天猶覺玉肌凉。野人不敢煩天女，自折瓊枝置枕傍。

宋 姚勉《雪坡集》卷一二《和姚权院送茉莉韻》 清甚冰葩淡不妝，能從盛暑到秋凉。瓊樓合着移春檻，却向山齋供净香。

明 羅欽順《整菴存稿》卷一九《咏茉莉用通政弟韻》 庭前偶結三年伴，嶺表曾聞四季開。弱朵慣涵清露重，幽芳能趁美人來。未論茗椀分餘韻，且向冰檐護宿栽。花譜流傳多鉅筆，總誇顔色亦偏哉。

明 皇甫汸《皇甫司勳集》卷三二《題茉莉二首》 萼密聊承葉，藤輕易遶枝。素華堪飾鬢，争趁晚妝時。

香慣臨風細，花偏映日生。若將人試擬，小玉定齊名。

明 王世貞《弇州四部稿》卷四三《茉莉花》 小立亭亭度夕陽，冰肌却洗市門粧。目成還擬昏黄約，鼻觀先參黯淡香。自是維摩羞薝蔔，虚勞樂府詠都梁。應憐舊侶顔如玉，瘴雨蠻烟總斷腸。

清 高宗愛新覺羅·弘歷《御製詩集》初集卷三《茉莉花》 雨後花房各自開，因風時送異香来。却嫌紅紫三分麗，幻出冰霜一段才。清味醉餘眠蛺蝶，殘芳貼處潤莓苔。林逋當日如相識，應作園中六月梅。

又五集卷四五《茉莉》 原出波斯植南海，而今無處不有之。閒庭小立乘凉際，最合風清月上時。

清 湯右曾《懷清堂集》卷一九《茉莉》 雙姝出南海，玉質臨風並。都人簪柰花，不識那悉茗。

雜録

宋 蘇軾《格物粗談》卷上 茉莉怕冷。

宋 陳善《捫虱新話》 南中花木有北地所無者，茉莉花、含笑花、闍提花、渠那異花之類，以性皆畏寒故。茉莉惟六月六日種者尤盛。市中婦女喜簪茉莉，東坡所謂「暗麝著人」者也。製龍涎香者無素馨花，多以茉莉代之。

宋 周密《武林舊事》卷三《都人避暑》 六月六日【略】茉莉爲最盛，初出之時，其價甚穹。婦人簇帶，多至七插，所直數十券，不過供一餉之娱耳。

明 王路《花史左編》卷一二《花之毒·茉莉花》 昔人詩有「茉莉異香含異毒」之句，曰異毒，則此花不宜點茶。予舊聞欲得其香者，取花浸井，花水覆之杯中，經宿。客至，茶杯間分滴井水少許，不見花而茉莉之香已盈室矣。然老人言，飲之得肚飽發虚之病，則此花豈應嘗試？

明 劉侗輯《名物通》卷七 茉莉 佛書曰鬘花，可飾髮。有一種紅者，無香，佛書名曰昔那級。有名抹麗，謂可掩衆花也。

清 吴綺《嶺南風物記》 茉莉花出廣州花田中。有千葉者，土人至夏秋之交取之，穿箴作燈毬，晚以燃燭，香色皆異，常若明珠光潔，而酷烈尤甚。肇慶亦有之。

清 雍正《浙江通志》卷一〇六《物産·金華府》 茉莉 《永康縣志》：有木藤二種，又名抹麗，謂其能掩衆花也。

牡丹

論説

宋 李石《續博物志》卷六 牡丹初不載文字，惟以藥見《本章》。唐則

天以後，洛花始盛，沈宋元白亦不及也。劉夢得有《詠魚朝恩宅牡丹》，但云一叢千朵。謝靈運言，永嘉竹間多牡丹。今越花不及洛花遠甚。或曰，靈運之所謂牡丹，今之芍藥，特盛於吳越。

宋 丘璩《牡丹榮辱志》（《説郛》卷一〇四上輯） 花卉蕃廡於天地間，莫踰牡丹。其貌正心荏，莖節蒂蕊，聳抑撿曠，有剛克柔克態。遠而視之，疑美丈夫女子儼衣冠當其前也。苟非鍾純淑清粹氣，何以備全德於三月内？迂愚叟頤造化意，以榮辱志其事，欲姚之黄爲王，魏之紅爲妃，無所忝冒。何哉？位既尊矣，必授之以九嬪。九嬪佐矣，必隸之以世婦。世婦廣矣，必定之以保傅。保傅任矣，則彤管位矣，則命婦立。命婦立則嬖倖愿，嬖倖愿則近屬睦，近屬睦則疏族親。疏族親則外屏岩，外屏岩則宫闈壯，宫闈壯則叢脞革，叢脞革則君子小人之分達。君子小人之分達，則亨泰屯難之兆繼，繼之者莫大乎善也，成之者莫大乎性也。稟乎中，根本茂矣。善歸已，色香厚矣。如是則施之以天道，順之以地利，節之以人欲，其栽其接，無竭無滅，其生其成，不縮不盈，非獨爲洛陽一時歡賞之盛，將以爲天下嗜好之勸也。

姚黄爲王： 名姚花，以其名者非可以中色斥萬乘之尊，故以王以妃，示上下等夷也。

魏紅爲妃： 天子立后，以正内治。故《關雎》爲風化之治，妃嬪世婦所以輔佐淑德，符家人之卦焉。然後《鵲巢》、《采蘋》、《采蘩》，列夫人職以助諸侯之政。今以魏花爲妃，配乎王爵，視崇高富貴，一之於内外也。

九嬪： 牛黄　細葉壽安　九蕊真珠　鶴翎紅　鞓紅　潛溪緋
朱砂紅　添色紅　蓮葉九蕊

世婦： 粗葉壽安　甘草黄　一捻紅　倒暈檀心　丹州紅
一百五鹿胎　鞍子紅　多葉紅　獻來紅

今得其十，別求異種補之。

御妻： 玉版白　多葉紫　葉底紫　左紫　添色紫
紅蓮萼　延州紅　駱駝紅　紫蓮萼　蘇州花
常州花　潤州花　金陵花　錢塘花　越州花
青州花　密州花　和州花

自蘇臺會稽至歷陽郡，好事者衆，栽殖尤夥。八十一之數，必可備矣。

宋 徐積《節孝集》卷二《姚黄并序》 天下牡丹九十餘種，而姚黄居第一。其名雖千葉而實不可數，或累計萬有餘英，不然不足高一尺也。花肉既重，其梢下屈如一器欹側之狀，此亦花之巨美而精傑者乎？

宋 王楙《野客叢書》卷五《唐人言牡丹》 歐公謂牡丹初不載文字，自則天已後始盛。唐人如沈宋元白之流皆善詠花，寂無傳焉。惟劉夢得有《詠魚朝恩宅牡丹》一詩，初不言其異。《苕谿漁隱》引劉夢得元微之、白樂天數詩以證歐公之誤，且引開元時牡丹事以證歐公所謂「則天已後始盛」爲信然。近時《容齋隨筆》亦引元白數詩以證歐公之誤，且謂元白未嘗無詩，唐人未嘗不重此花。容齋蓋未見漁隱所言故爾。僕嘗取《唐六十家詩集》觀之，其爲牡丹作者幾半，僕不暇縷數，且以《劉禹錫集》觀之，有數篇，《渾侍中宅看牡丹》、《唐郎中宅看牡丹》，自賞牡丹，皆有作，豈得謂惟有一篇？歐公不應如是鹵莽，得非或者假歐公之説乎？二公引元白數詩以證歐公之誤，要未廣也。《龍城録》載高宗宴羣臣賞雙頭牡丹，舒元輿序謂：西河精舍有牡丹，天后命移植焉，由是京國日盛。則知牡丹在唐已見於高宗之時，又不可引開元事爲證也。閲李綽尚書《故實》，言北齊楊子華畫牡丹，《謝康樂集》言水際竹間多牡丹。陸農師作《埤雅》拾歐公之説，亦謂牡丹不載文字，自則天已後始盛。如沈宋元白之流，寂無篇什，惟劉夢得一篇。亦不深考耳。

宋 鄭樵《通志》卷七五《昆蟲草木略第一·草類》 《古今》言木芍藥是牡丹。崔豹《古今注》云：芍藥有二種，有草芍藥，有木芍藥。木者花大而色深，俗呼爲牡丹，非也。安期生服鍊法云：芍藥有二種，有金芍藥，有木芍藥。金者色白多脂，木者色紫多脉。此則驗其根也。然牡丹亦有木芍藥之名，其花可愛如芍藥，宿枝如木，故得木芍藥之名。芍藥著於三代之際，風雅之所流詠也。牡丹初無名，故依芍藥以爲名，亦如木芙蓉之依芙蓉以爲名也。牡丹晚出，唐始有聞，貴游趨競，遂使芍藥爲落譜衰宗。

明 徐一夔《始豐稿》卷四《臘月牡丹解》 按牡丹生巴延以西及褒斜道中，其名僅列於藥品，人不之貴也。唐開元天寶以來，人始知貴之，自宫禁邸第以及豪門巨族，莫不競植，且致名品以相誇。其品有姚黄魏紫之類，凡七十餘。其花有天然富貴姿態，第《花品》者以王目之，貴可知已。大凡植物皆乘陽而發，但所乘之氣有豐有嗇，其葩萼差不同耳。他植如桃李諸卉，非乏可觀之色，由其所乘之氣稍嗇，故隨其所賦，各獻妍耳。牡丹發當春暮，其時陽和畢達，所乘之氣太豐，故其發也穠芳麗艶，姿態之富貴有非他植所可比並，此

其凡也。然未見有固陰沍寒之時揚芳發艷如春月者也。贛上吕氏，世以詩書名家，至仲善有材而文。既被徵，手植白牡丹一株於其園館而行。久之，仲善官太常，坐弗慎犧牲事，謫耕淮水之南。既而有旨，凡官而謫耕者與之爲期，悉使歸視其家。仲善之歸則洪武六年冬十月也。仲善既抵家兩閲月，所植白牡丹揚芳吐艷於冰雪中，狀若玉盤盂，照映風日，人皆異之。九年春，仲善起自謫所，來爲杭郡幕官，間以語余。余謂之曰：夫植物無知者也，以君家牡丹言之，謂之無知固不可，謂之有知亦不可，何也？使誠以爲有知耶，則是花也揚芳吐艷於春月以衒其穠麗，此常理也，乃今於冬月見之，謂之有知，不可也。使誠以爲無知耶，則是花也自君植之，其揚芳吐艷不避冰雪而適在君歸之日，若有所待而然，謂之無知，亦不可也。昔唐叔之禾，異畝同穎，司空之木，殊本連理。物固有因人而自見者矣。然則君家之牡丹其亦若是乎？吾嘗以物而徵諸人，凡人處亨豫，則志得而氣滿，處憂患則志摧而氣沮。夫人而然，意者處亨豫之時猶春月之牡丹，處憂患之日能不摧於困而思自强，不病於餒而思自充，則猶冬月之牡丹不爲冰雪所挫而以穠艷自衒耳。則是花也發於冬月豈偶然哉！是則同穎之禾，仁之孚也，連理之木，德之暢也。冬月之牡丹處困而亨之徵也，抑又何疑？試以改官之日推而數之，距牡丹發榮之月僅二閲歲，其徵不亦昭昭已乎！今而後吾見君揚鑣郡國之間，鳴玉廟朝之上，光榮烜赫如牡丹之盛，可計日而待矣。非佞也，庸敢？志之以俟。

明 薛鳳翔《亳州牡丹史》卷一《本紀》 宋錢思公云：唐人謂牡丹爲花王，姚黄真其王，魏紫乃其后。張景脩稱爲貴客。唐開元中，沉香亭前得異種，朝暮黄碧異色，晝夜殊香，目爲花妖。宋單父于驪山爲上皇種花，得色萬種，内人呼爲花師，又曰花神。然牡丹前史未嘗及之，惟謝康樂有「竹間水際」一語。至北齊楊子華有牡丹畫本流傳，人始有識者。《圖經》謂其生巴郡山谷及漢中，丹、延、青、越、滁、和諸山中亦有之。花皆單葉，有黄紫紅白數色。一名鹿韭，一名鼠姑，唐人名爲木芍藥。芍藥著於三代，流傳風雅。牡丹初無名，以花相類，故依芍藥爲名。然芍藥自有二種，安期生《服鍊法》云：芍藥有金有木，金者色白多脂，木者色紫多脉，蓋驗其根耳。崔豹《古今注》云：芍藥有草有木，木者花大而色深，俗呼爲牡，非也。天后時，有人自山采歸禁前。開元中花盛開，詔太真賞玩，趣命李龜年捧金花牋，宣翰林李白進《清平調》詞三章。是時裴士淹奉使幽冀，經汾州衆香寺，得白牡丹一本，異之，植於長興私第。豈禁中秘色，民間不易見耶？至宋洛中獨盛。彭門牡丹，在蜀中亦稱第一，故有「小洛陽」之稱。往來僧仲殊作《越州牡丹志》，陸務觀作《天彭牡丹譜》，俱自謂不敢望洛中。歐陽永叔《牡丹記》亦謂洛陽天下第一。今亳州牡丹更甲洛陽，其他不足言也。獨怪永叔嘗知亳州，記中無一言及之，豈當時亳無牡丹耶？德靖間，余先大父西原、東郊二公最嗜此花，偏求他郡善本，移植亳中，亳有牡丹自此始。顧其名品僅能得歐之半。迨顔氏嗣出，與余伯氏及李典客結鬥花局，每以數千錢博一少芽，珍護如珊瑚木難，自是種類繁夥，隆萬以來，足稱極盛。夏侍御繼起，于此花尤所寶愛，闢地城南爲園，延袤十餘畝，而倡和益衆矣。昔宋時花師多種子以觀其變，頃亳人頗知種子能變之法。永叔謂四十年間花百變，今不數年百變矣，其化速若此。然下子五年而始花，花即變，未必奇。奇花若賢人哲士，固不易出，出且非一家。如一品出於賈，軟瓣銀紅出於王，新紅出於趙，三變出於方，而著於任，大黄來於東曾而藏于李，獨方氏所出更多奇變，其他諸姓間有之，今盡叢聚於南里及凉暑兩園，兩園如花之武庫。吾家南園鼎立其間，所餘老本故枝，每歲開放，庶幾花之故鄉耆舊也。花史氏曰：永叔記洛中牡丹三十四種，丘道源三十九種，錢思公譜浙江九十餘種，陸務觀與熙寧中沈杭州《牡丹記》各不下數十種，往岩郡伯於萬曆已卯譜亳州牡丹多至一百一種矣，今且得二百七十四種。然牡丹在洛中，以姚魏爲冠，無論奄有之。至如一莖二花，映日分影，淩風歧香。又如一莖二花，紅白對開，來歲互異其處，二種不更奇于唐之花妖耶？矧花師種藝競巧，不減單父。亳中相尚成風，有稱大家者，有稱名家者，有稱賞鑒家者，有稱作家者，有稱羽翼家者，日新月盛，不知將來變作何狀。蓋余嘗論之，在正嘉間花品淳朴，尚類詩家漢魏，隆萬以來，則冶麗繁衍如六朝矣。豈物理循環，亦有天運耶？

明 王世懋《學圃雜疏·花疏》 牡丹本出中州，江陰人能以芍藥根接之，今遂繁滋，百種幻出。余澹圃中絶盛，遂冠一州。其中如綫蝴蝶、大紅獅頭、舞青霓、尺素，最難得開。南都牡丹讓江陰，獨西瓜瓤爲絶品，余亦致之矣。後當於中州購得黄樓子，一生便無餘憾。人言牡丹性瘦不喜糞，又言夏時宜頻澆水，亦殊不然。余圃中亦用糞乃佳。又中州土燥，故宜澆水，吾地濕，安可頻澆？大都此物宜於沙土耳。南都人言分牡丹種時須直其根，屈之則死，深其坑，以竹虚插，培土後拔去之，此種法，宜知。

明 謝肇淛《五雜組》卷九《物部二》 牡丹自唐以前無有稱賞，僅《謝

康樂集》中有「竹間水際多牡丹」之語，此是花王第一知己也。楊子華有《畫牡丹處極分明》之詩。子華，北齊人，與靈運稍相後。段成式謂隋朝《種植法》七十卷中初不説牡丹，而《海山記》乃言煬帝闢地爲西苑，易州進二十相牡丹，有赭紅、赬紅、飛來紅等名，何其妄也。自唐高宗後苑賞雙頭牡丹，至開元始漸貴重矣。然牡丹原止呼木芍藥。芍藥之名著於風人吟詠，而牡丹以其相類，依之得名，亦猶木芙蓉之依芙蓉爲名耳。但古之重芍藥亦初不賞其花，但以爲調和滋味之具，而牡丹不適於口，故無稱耳。今藥中有牡丹皮，然惟山中單辦赤色五月結子者堪用，場圃所植不入藥也。

清 李漁《閑情偶寄》卷一三《種植部·木本第一·牡丹》 牡丹得王于群花，予初不服是論，謂其色其香，去芍藥有幾？擇其絶勝者與角雌雄，正未知鹿死誰手。及睹《事物紀原》謂武后冬月游後苑，花俱開而牡丹獨遲，遂貶洛陽，因大悟曰：强項若此，得貶固宜，然不加九五之尊，奚洗八千之辱乎？韓詩：夕貶潮陽路八千。物生有候，葭動以時。苟非其時，雖十堯不能冬生一穗。后繫人主，可强鷄人使晝鳴乎？如其有識，當盡貶諸卉而獨崇牡丹。花王之封，允宜肇于此日，惜其所見不逮，而且倒行逆施。誠哉！其爲武后也。予自秦之鞏昌，載牡丹十數本而歸。同人嘲予以詩，有「群芳應怪人情熱，千里趨迎富貴花」之句。予曰：彼以守拙得貶，予載之歸，是趨冷非趨熱也。兹得此論，更發明矣。藝植之法，載于名人譜帙者，纖髮無遺，予倘及之，又是拾人牙後矣。但有喫緊一着，花譜偶載而未之悉者，請暢言之。是花皆有正面，有反面，有側面。正面宜向陽，此種花通義也。然他種猶能委曲，獨牡丹不肯通融，處以南面即生，俾之他向則死，此其骫髒不回之本性，人主不能屈之，誰能屈之？予嘗執此語同人，有迂其説者。予曰：匪特士民之家，即以帝王之尊，欲植此花，亦不能不循此例。同人詰予曰：有所本乎？予曰：有本。吾家太白詩云：名花傾國兩相歡，常得君王帶笑看。解釋春風無限恨，沉香亭北倚欄杆。倚欄杆者向北，則花非南面而何？同人笑而是之。斯言得無定論？

清 邱志廣《柴村全集·文集》卷一二《牡丹芽》 物有牝有牡，如鳥之有雌雄。丹者如人之有丹心，曰牡丹，則有丹心而爲一世之雄者也，非花中之特出者哉。周茂叔曰：牡丹，花中之富貴者也。有芽焉則出土而尚嫩弱者耳，爲絢爛之本，光華之始。生者培之則茂，灌之則愈茂。朝夕無失其滋養，積之數年可以近木，謂之木芍藥，而芍藥反爲近侍焉。則牡丹君也，芍藥臣也。牡丹稱富貴不誣，富有四海，貴爲天子，牡丹近天下一人矣。芽則東宫大子，其叢生則文王之二十五子，而武王之同母者十四人也。《詩》頌之曰「則百斯男」，而後之畫工于是爲百子圖。牡丹芽亦如之，安可以其嫩弱而忽之哉！

清 田雯《古歡堂集》卷三九《牡丹》 歐陽永叔《牡丹譜》曰：牡丹出丹州、延州，東出青州，南亦出越州，而出洛陽者爲天下第一。未嘗及於黔也。又曰：人謂洛陽居三河間古善地，昔周公以尺寸考日出没，測知寒暑風雨、乖與順於此。此蓋天地之中，草木之華得中和之氣，故花獨與他方異。若夫黔則華陽黑水，爲方輿之書所不屑載。一望赬石秃巔，並草木而尠之，況花乎？而況花中之姚黄王而魏紫后者乎？又曰：洛陽於周所有之土，四方入貢道里均，乃九州之中，在天地崑崙旁薄之間，未必中也。天地之和氣宜偏被四方上下，不宜限其中以自私。噫！文忠之爲此言，是殆欲四海之大，九州之遠，無一夫一物之不獲，必不忍牡丹之獨靳於黔，而丹州延州東青南越以幾乎洛陽之所出者，黔皆可兼而有之也。仁人之言藹如，可聽也。又曰：凡物不常有而爲害乎人者曰災，不常有而徒可怪駭不爲害者曰妖。黔之山無草木矣，而何以有牡丹？且牡丹不常有，而僅見於吾署之東齋，不幾疑爲妖且怪歟？然而黔之無草木也，風土殊也，又斧斤之過也，牡丹之不常有也，以藝植而愛惜之寡也。黔乎亦於物何所不宜而曾無人，焉藝植而愛惜之？縱有名花奇卉而終不免於湮没零落，寂寂於蠻徼山谷之間者，可勝道哉？東齋牡丹有二叢，凡四種，一曰鶴翎紅，一曰玉板白，一曰鞓紅，一曰軍容紫，其開之盛也在穀雨之後五日云。

清 王士禛《池北偶談》卷二五《牡丹》 歐陽公《牡丹譜》云：牡丹出丹州、延州，東出青州，南出越州，而洛陽爲天下第一。陸務觀作《續譜》，謂在中州洛陽第一，在蜀天彭第一。今河南惟許州，山東惟曹州最盛。洛陽青州，絶不聞矣。

又《居易録》卷一四 曹州五色牡丹，天下第一。居人于花圃種植，左牡丹右芍藥，則花繁盛，反是則不花，花亦不繁。

綜述

唐 郭橐駝《種樹書·花》（《説郛》卷一〇六下輯） 凡接牡丹，須令人

看視之，如一接活者，逐歲有花。如初接不活，削去再接，只當年有花。牡丹花上穴如針孔，乃蟲所藏處，花工謂之氣倉，以大針點硫黄末針之，蟲乃死，或以百部草塞之。牡丹千葉者，蜀人號爲京花，謂洛陽種也。單葉者只號爲川花，又曰山丹，又曰山花。

菜園中間種牡丹芍藥最茂。

牡丹芍藥不可置木檞中，不耐久，須要避風處。

立春若是子日，於茄根上接牡丹花，不出一月即爛漫。牡丹著蕊如彈子大時試撚，十朵中必有三兩朵不實者，去之，庶不奪他花力。

芍藥牡丹摘下燒其柄插瓶中，後用其柄，以蠟封之，尤妙。

凡花皆宜春種，惟牡丹宜秋社前後種接。

宋 陶穀《清異録》卷上《百葉仙人》 洛陽大内臨芳殿，莊宗所建牡丹千餘本，其名品亦有在人口者，具於後。

百葉仙人淺紅　月宫花白　小黄嬌深黄　雪夫人白
粉奴香白　蓬萊相公紫花黄緑　卵心黄　御衣紅
紫龍杯　三雲紫　盤紫酥淺紅　天王子
出樣黄　火焰奴正紅　太平樓閣千葉黄

又《擡舉牡丹法》 常以九月取角屑硫黄碾如麪，拌細土，挑動花根壅罨，入土一寸，出土三寸。地脉既暖，立春漸有花蕾生如粟粒，即掐去，惟留中心一蕊，氣聚故花肥，至開時大如盌面。

宋 歐陽修《洛陽牡丹記·花品叙第一》 姚黄　魏花　細葉壽安
鞓紅亦曰青州紅　牛家黄　潛溪緋　左花
獻来紅　葉底紫　鶴翎紅　添色紅
倒暈檀心　朱砂紅　九蘂真珠　延州紅
多葉紫　粗葉壽安　丹州紅　蓮花萼
一百五　鹿胎花　甘草黄　一擫紅　玉板白

又《花釋名第二》 牡丹之名，或以氏，或以州，或以地，或以色，或旌其所異者而志之。姚黄、左花、魏花以姓著；青州、丹州、延州紅，以州著；細葉、粗葉、壽安、潛溪緋以地著；一擫紅、鶴翎紅、朱砂紅、玉板白、多葉紫、甘草黄，以色著；獻来紅、添色紅、九蘂真珠、鹿胎花、倒暈檀心、蓮花萼、一百五、葉底紫，皆志其異者。

姚黄者，千葉黄花，出於民姚氏家。此花之出，於今未十年，姚氏居白司馬坡，其地屬河陽。然花不傳河陽傳洛陽，洛陽亦不甚多，一歲不過數朵。

牛黄亦千葉，出於民牛氏家。比姚黄差小。真宗祀汾陰，還過洛陽，留宴淑景亭，牛氏獻此花，名遂著。

甘草黄，單葉，色如甘草。洛人善别花，見其樹知爲某花。云獨姚黄易識，其葉嚼之不腥。

魏家花者，千葉肉紅花，出於魏相仁浦家。始樵者於壽安山中見之，斵以賣魏氏。魏氏池館甚大，傳者云，此花初出時，人有欲閲者，人税十數錢，乃得登舟渡池至花所，魏氏日收十數緍。其後破亡，鬻其園，今普明寺後林池乃其地，寺僧耕之，以植桑麥。花傳民家甚多，人有數其葉者，云至七百葉。錢思公嘗曰：人謂牡丹花王，今姚黄真可爲王，而魏花乃后也。

鞓紅者，單葉深紅花，出青州，亦曰青州紅。故張僕射齊賢有第西京賢相坊，自青州以駞馱其種，遂傳洛中。其色類腰帶鞓，謂之鞓紅。

獻来紅者，大多葉，淺紅花。張僕射罷相居洛陽，人有獻此花者，因曰獻来紅。

添色紅者，多葉，花始開而白，經日漸紅，至其落乃類深紅，此造化之尤巧者。

鶴翎紅者，多葉，花，其末白而本肉紅，如鴻鵠羽色。

細葉、粗葉壽安者，皆千葉肉紅，花出壽安縣錦屏山中，細葉者尤佳。

倒暈檀心者，多葉紅花。凡花近萼色深，至其末漸淺。此花自外深色，近萼反淺白，而深檀點其心，此尤可愛。

一擫紅者，多葉淺紅花，葉杪深紅一點，如人以三指擫之。

九蘂真珠紅者，千葉紅花，葉上有一白點如珠，而葉密，蹙其蘂爲九叢。

一百五者，多葉白花。洛花以穀雨爲開候，而此花常至一百五日，開最先。

丹州、延州花者，皆千葉紅花，不知其至洛之因。

蓮花萼者，多葉紅花，青趺三重，如蓮花萼。

左花者，千葉紫花，葉密而齊如截，亦謂之平頭紫。

朱砂紅者，多葉紅花，不知其所出。有民門氏子者，善接花以爲生，買地於崇德寺前，治花圃，有此花。洛陽豪家尚未有，故其名未甚著。花葉甚鮮，向日視之如猩血。

葉底紫者，千葉紫花，其色如墨，亦謂之墨紫。花在䕺中，旁必生一大枝，引葉覆其上。其開也，比他花可延十日之久。噫！造物者亦惜之耶？此花之出，比他花最遠。傳云：唐末有中官爲觀軍容使者，花出其家，亦謂之軍容紫，歲久失其姓氏矣。

玉板白者，單葉白花，葉細長如拍板，其色如玉，而深檀心。洛陽人家亦少有。余嘗從思公至福嚴院見之，問寺僧而得其名，其後未嘗見也。

潛溪緋者，千葉緋花。出於潛溪寺，寺在龍門山後，本唐相李藩别墅。今寺中已無此花，而人家或有之。本是紫花，忽於䕺中特出緋者，不過一二朶，明年移在他枝，洛人謂之轉音篆。枝花，故其接頭尤難得。

鹿胎花者，多葉紫花，有白點如鹿胎之紋，故蘇相禹珪宅今有之。

多葉紫，不知其所出。初，姚黄未出時，牛黄爲第一；牛黄未出時，魏花爲第一；魏花未出時，左花爲第一。左花之前，唯有蘇家紅、賀家紅、林家紅之類，皆單葉花，當時爲第一。自多葉、千葉花出後，此花黜矣。今人不復種也。牡丹初不載文字，唯以藥載《本草》，然於花中不爲高第，大抵丹、延巳西及褒斜道中尤多，與荆棘無異，土人皆取以爲薪。自唐則天巳後洛陽牡丹始盛，然未聞有以名著者。如沈宋元白之流皆善詠花草，計有若今之異者，彼必形於篇詠而寂無傳焉，唯劉夢得有詠魚朝恩宅牡丹詩，但云「一䕺千萬朶」而已，亦不云其美且麗也。謝靈運言永嘉竹間水際多牡丹，今越花不及洛陽甚遠，是洛花自古未有若今之盛也。

宋 周師厚《洛陽牡丹記》（《説郛》卷一〇四上輯） 姚黄，千葉黄花也。色極鮮潔，精采射人。有深紫檀心，近瓶青旋心一匝，與瓶並色。開頭可八九寸許。其花本出北邙山下白司馬坡姚氏家，今洛中名圃中傳接雖多，惟水北歲有開者，大率間歲乃成千葉，餘年皆單葉或多葉耳。水南率數歲一開千葉，然不及水北之盛也。蓋本出山中，宜高，近市多糞壤，非其性也。其開最晚，在衆花雕零之後，芍藥未開之前。其色甚美，而高潔之性，敷榮之時特異于衆花，故洛人貴之，號爲「花王」。城中每歲不過開三數朶，都人士女必傾城往觀，鄉人扶老携幼，不遠千里，其爲時所貴重如此。

勝姚黄靳黄，千葉黄花也。有深紫檀心。開頭可八九寸許，色雖深于姚，然精采未易勝也。但頻年有花，洛人所以貴之。出靳氏之圃，因姓得之，皆在姚黄之前，洛人貴之皆不減姚花，但鮮潔不及姚而無青心之異焉。可以亞姚而居丹州黄之上矣。

牛家黄，亦千葉黄花。其先出于姚黄，蓋花之祖也。色有紅與黄相間，類一捻紅之初開時也。真宗祀汾陰還，駐蹕淑景亭賞花，宴諸從臣，洛民牛氏獻此花，故後人謂之牛花。然色淺于姚黄而微帶紅色，其品目當在姚靳之下矣。

千心黄，千葉黄花也。大率類丹州黄而近瓶碎蕊特盛，異于衆花，故謂之千心黄。

甘草黄，千葉黄花也。色紅，檀心色微淺于姚黄，蓋牛丹之比焉。其花初出時多單葉，今名園培壅之盛，變千葉。丹州黄，千葉黄花也。色淺于靳而深于甘草黄，有檀心深紅，大可半葉。其花初出時本多葉，今名園栽接得地，間或成千葉，然不能歲成就也。

閔黄，千葉黄花也。色類甘草黄而無檀心，出于閔氏之圃，因此得名，其品第蓋甘草黄之比歟！

女真黄，千葉淺黄色花也。元豐中出于洛陽銀李氏園中，李以爲異，獻于大尹潞公，公見，心愛之，命曰女真黄。其開，頭可八九寸許，色類丹州黄而微帶紅，温潤匀瑩，其狀色端整類劉師閣而黄，諸名圃皆未有，然亦甘草黄之比歟！

絲頭黄，千葉黄花也。色類丹州黄，外有大葉如盤，中有碎葉一簇，可百餘分。碎葉之心有黄絲數十莖聳起而特立，高出于花葉之上，故目之爲絲頭黄，唯天黄寺僧房中一本特佳，它圃未之有也。

御袍黄，千葉黄花也。色與開頭大率類女真黄。元豐時應天院神御花圃中植山篦數百，忽于其中變此一種，因目之爲御袍黄。

狀元紅，千葉深紅花也。色類丹砂而淺，葉杪微淡，近萼漸深，有紫檀心。開頭可七八寸。其色甚美，迥出衆花之上，故洛人以狀元呼之，惜乎開頭差小于魏花，而色深過之遠甚。其花出安國寺張氏家，熙寧初方有之，俗謂之張八花。今流傳諸譜甚盛，龍歲有此花，又特可貴也。魏花，千葉肉紅花也，本出晉相魏仁溥園中，今流傳特盛，然葉最繁密，人有數之者，至七百餘葉，面大如盤，中堆積碎葉突起，圓整如覆鐘狀。開頭可八九寸許。其花端麗，精采瑩潔，異于衆花，故洛人謂姚黄爲王，魏花爲后，誠爲善評也。近年又有勝魏、都勝二品出焉，勝魏似魏花而微深，都勝似魏花而差大，葉微帶紫紅色，意其種皆魏花之所變歟？豈寓于紅花本者，其子變而爲勝魏，寓于紫花本者，其子變而爲都勝邪？

瑞雲紅，千葉肉紅花也。開頭大尺餘，色類魏花，微深，然碎葉差大，不若魏之繁密也。葉杪微卷如雲氣狀，故以瑞雲目之。然與魏花迭爲盛衰，魏花多則瑞雲少，瑞雲多則魏花少，意者草木之妖亦相忌嫉，而勢不並立歟？岳山紅，千葉肉紅花也，本出于嵩岳，因此得名。色深于瑞雲，淺于狀元紅，有紫檀心，鮮潔可愛，花脣微淡，近萼漸深，開頭可八九寸。

間金，千葉紅花也。微帶紫而類金繫腰，開頭可八九寸許，葉間有黄蕊，故以間金目之。其花蓋必黄蕊之所變也。

金繫腰，千葉黄花也。類間金而無蕊，每葉上有金綫一道横于半花上，故目之爲金繫腰。其花本出于緱氏山中。

一捻紅，千葉粉紅花也。有檀心花葉，葉之杪各有深紅一點，如美人以胭脂手捻之，故謂之一捻紅。然開頭差小，可七八寸許，初開時多青，拆開時乃變成紅耳。

九萼紅，千葉粉紅花也，莖葉極高大。其苞有青趺九重，苞未拆時特異于衆花，花開必先青，拆數日然後色變紅。花葉多皺蹙，有類揉草，然多不成就，偶有成者，開頭盈尺。

劉師閣，千葉淺紅花也。開頭可八九寸許，無檀心。本出長安劉氏尼之閣下，因此得名。微帶紅黄色，如美人肌肉然，瑩白温潤，花亦端整，然不常開，率數年乃見一花耳。

壽安有二種，皆千葉肉紅花也，出壽安縣錦屏山中。其色似魏花而淺淡，一種葉差大，開頭不大，因謂之大葉壽安，一種葉細，故謂之細葉壽安云。

洗妝紅，千葉肉紅花也。元豐中忽生于銀李圃山篦中，大率似壽安而小異。劉公伯壽見而愛之，謂如美婦人洗去朱粉而見其天真之肌，瑩潔温潤，因命今名。其品第蓋壽安劉師閣之比歟。

蹙金毬，千葉淺紅花也。色類間金而葉杪皺蹙，間有黄棱斷續于其間，因此得名。然不知所出之因，今安勝寺及諸園皆有之。

探春毬，千葉肉紅花也。開時在穀雨前，與一百五相次開，故曰探春毬。其花大率類壽安紅，以其開早，故得今名。

二色紅，千葉紅花也。元豐中出于銀李園中，于接頭一本上岐分爲二色，一淺一深，深者類間金，淺者類瑞雲。始以爲有兩接頭，詳細視之，實一本也，豈一氣之所鍾而有淺深厚薄之不齊歟？大尹潞公見而賞異之，因命今名。

蹙金樓子，千葉紅花也。類金繫腰。下有大葉如盤，盤中碎葉繁密，聳起而圓整，特高于衆花。碎葉皺蹙，互相粘綴，中有黄蕊，間雜于其間，然葉之多，雖魏花不及也。元豐中生于袁氏之圃。

碎金紅，千葉粉紅花也。色類間金。每葉上有黄點數星，如黍粟大，故謂之碎金紅。

越山紅樓子，千葉粉紅花也。本出于會稽，不知到洛之因也。近心有長葉數十片聳起而特立，狀類重臺蓮，故有樓子之名。

彤雲紅，千葉紅花也。類狀元紅，微帶緋色。開頭大者幾盈尺，花脣微白，近萼漸深，檀心之中皆瑩白，類御袍花。本出于月波堤之福岩寺，司馬公見而愛之，目之爲彤雲紅也。

轉枝紅，千葉紅花也。蓋間歲乃成千葉，假如今年南之千葉北之多葉，明年北之千葉南之多葉，每歲互換，故謂之轉枝紅，其花大率類壽安云。

紫絲旋心，千葉粉紅花也。外有大葉十數重如盤，盤中有碎葉百許簇于瓶心之外，如旋心芍藥然。上有紫粉數十莖高出于碎葉之表，故謂之曰紫粉旋心。元豐中生于銀李圃中。富貴紅、不暈紅、壽妝紅、玉盤妝皆千葉粉紅花也，大率類壽安而有小異。富貴紅色差深而帶緋紫色，不暈紅次之，壽妝紅又次之，玉盤妝最淺淡者也。大葉微白，碎葉粉紅，故得玉盤妝之號。

雙頭紅雙頭紫，皆千葉花也，二花皆並蒂而生，如鞍子而不相連屬者也，唯應天院神御花圃中有之。亦有多葉者，蓋地勢有肥瘠，故有多葉之變耳。培壅得地力，有簇五者，然開頭愈多則花愈小矣。

左紫，千葉紫花也。色深于安聖，然葉杪微白，近萼漸深，突起圓整，有類魏花。開頭可八九寸，大者盈尺。此花最先出，國初時生于豪民左氏家，今洛中傳接者雖多，然難得真者。大抵多轉枝，不成千葉。惟長壽寺彌陀院一本特佳，歲歲成就。舊譜所謂左紫即齊頭紫，如碗而平，不若左紫之繁密圓整，而有夫含棱之異云。

紫繡毬，千葉紫花也。色深而瑩澤，葉密而圓整，因得繡毬之名。然難得見花，大率類左紫云，但葉杪色白，不如左紫之脣白也。比之陳州紫、袁家紫，皆大同而小異耳。安勝紫，紫花也，開頭徑尺餘。本出於城中千葉安勝院，因此得名。延歲左紫與綉毬皆難得花，唯安勝紫與大宋紫特盛，歲歲皆有，故名圃中傳接甚多。

大宋紫，千葉紫花也。本出于永寧縣大宋川豪民，李氏之譜因謂大宋紫。開頭極盛，徑尺餘，衆花無比其大者，其色大率類安勝紫云。

順聖，千葉花也。色深類陳州紫，每葉上有白縷數道，自唇至萼，紫白相間，淺深同。開頭可八九寸許，熙寧中方有。

陳州紫袁家紫一色花，皆千葉，大率類紫繡毬，而圓整不及也。

潛溪緋，本千葉緋花也。有皂檀心，色之殷美，衆花少與比者。出龍門山潛溪寺，本後唐相李潘別墅，今寺僧無好事者，花亦不成千葉，民間傳接者雖衆，大率皆多葉花耳，惜哉。

玉千葉，白花無檀心，瑩潔如玉，溫潤可愛。景祐中開于苑上書宅山篦中，細葉繁密，類魏花而白。今傳接于洛中雖多，然難得花，不歲成千葉也。

玉樓春，千葉白花也。類玉蒸餅而高，有樓子之狀，元豐中生于河清縣左氏家，獻于潞公，因名之曰玉樓春。玉蒸餅，千葉白花也。本出延州，及流傳到洛而繇盛過于延州時。花頭大于玉千葉，杪瑩白，近萼微紅，開頭可盈尺。每至盛開，枝多低，亦謂之軟條花云。

承露紅，多葉紅花也。每朵各有二葉，每葉之近萼處各成一個鼓子花樣，凡有十二個，唯葉杪拆展，與衆花不同，其下玲瓏不相倚着，望之如雕鏤可愛。凌晨如有甘露盈個，其香益更旖旎，與承露紫大率相類，唯其色異耳。

玉樓紅，多葉花也。色類彤雲紅，而每葉上有白縷數道，若雕縷然，故以玉樓目之。

一百五者，千葉白花也。洛中寒食，衆花未開，獨此花最先，故此貴之。

宋 周師厚《洛陽花木記》（《説郛》卷一〇四下輯） 牡丹 千葉五十九品，多葉五十品。

千葉黃花，其別十： 姚黃 勝姚黃 牛家黃 千心黃
甘草黃 丹州黃 閔黃 女真黃 絲頭黃
御袍黃

千葉紅花，其別三十二： 狀元紅 魏花 勝魏 紅都勝
紫都勝 瑞雲紅 岳山紅 間金紅 金繫腰
一捻紅 九蕚紅 劉師閣 大葉壽安 細葉壽安
洗妝紅 蹙金毬 探春毬 二色紅 蹙金樓子
碎金紅 彤雲紅 轉枝紅 蓋園紅 越山紅樓子
紫絲旋心 富貴紅 不暈紅 壽妝紅 玉盤妝
雙頭紅亦多開葉。 遇仙紅 簇四簇五

千葉紫花，其別十： 雙頭紫 左紫 紫繡毬 安勝紫
大宋紫 順聖紫 陳州紫 袁家紫 婆臺紫
平頭紫

千葉緋花一： 潛溪緋

千葉白花，其別有四： 玉千葉 玉樓春 玉蒸餅 一百五

多葉紅花，其別三十二： 鞓紅 大紅深粉紅 濕紅 鶴翎紅
承露紅有十二個子 添色紅深似鶴翎
朱砂紅 揉紅 胭脂紅 獻來紅 賀紅
大暈紅 林家紅色深紅 兩京强 觀音紅 青州紅
玉樓紅 雙頭紅 汝州紅 獨看紅 鹿胎紅
綴州紅 試妝紅 玲瓏紅 青綫棱 延州紅
蘇家紅 白馬山 夾黃蕊 丹州紅 柿紅
唐家紅

多葉紫花，其別十四： 潑墨紫 冠子紫 葉底紫 光紫
段家紫 銀合棱左紫之單葉者 經箴紫 蓮花萼
大紫亦名長壽紫索家紫 陳州紫 雙頭紫 承露紫
唐家紫

多葉黃花，其別三： 絲頭黃 呂黃 古姚黃

多葉白花一： 玉醆白

又《打剥花法》（《説郛》卷一〇四下輯） 凡千葉牡丹，須于八月社前打剥一番，每株上只留花頭四枝，餘者皆可截。先接頭，于祖上接之。候至來年二月間，所留花芽間小葉，見其中花蕊，切須子細辯認，若花芽須平而圓實即留之，千葉花也。若花蕊虛即不成千葉，當此須去之，每株止留三兩蕊可也。花頭多即不成千葉，而開頭小矣。

宋 王闢之《澠水燕談録》卷九《事志》 洛陽牡丹歲久蟲蠹則花開稍小，園户以硫黃簪其穴，蟲死復盛大。其園户相妒，則以烏賊魚刺花樹枝皮中，花必死盡，牡丹忌此魚耳。

宋 蘇軾《物類相感志·花竹》（《説郛》卷二二下輯） 牡丹根下放白木，

諸般顔色皆是腰金。

宋 温革《分門瑣碎録・澆花法》 牡丹將開不可多灌，土寒則開遲。剪花欲急，急則花体無傷。

宋 周必大《文忠集》卷四二 多葉白牡丹，一幹兩花。其一重臺，每葉之上間以青純，前所未聞，名之曰青白圭。

宋 陸游《渭南文集》卷四二《天彭牡丹譜・花品叙第一》 二十一品紅花：

狀元紅　祥雲　紹興春　燕脂樓　金腰樓
玉腰樓　雙頭紅　富貴紅　一尺紅　鹿胎紅
文公紅　政和春　醉西施　迎日紅　彩霞
疊羅　勝疊羅　瑞露蟬　乾花　大千葉
小千葉

五品紫花： 紫繡毬　乾道紫　潑墨紫　葛巾紫　福嚴紫

四品黄花： 禁苑黄　慶雲黄　青心黄　黄氣毬

三品白花： 玉樓子　劉師哥　玉覆盂

碧花： 歐碧

三十二品未詳： 轉枝紅　朝霞紅　灑金紅　瑞雲紅
壽陽紅　探春毬　米囊紅　福勝紅　油紅
青絲紅　紅鵝毛　粉鵝毛　石榴紅　洗妝紅
蹙金毬　間緑樓　銀絲樓　六對蟬　洛陽春
海芙容　膩玉紅　内人嬌　朝天紫　陳州紫
袁家紫　御衣紫　靳黄　玉抱肚　勝瓊
白玉盤　界金樓　樓子紅

又《花釋名第二》 洛花見紀於歐陽公者，天彭往往有之。此不載，載其著於天彭者。彭人謂花之多葉者京花，單葉者川花。近歲尤賤川花，賣不復售。花之舊栽曰祖花，其新接頭有一春兩春者，花少而富，至三春則花稍多。及成樹，花雖益繁，而花葉減矣。狀元紅者，重葉深紅花，其色與鞓紅、潛緋相類，而天姿富貴。彭人以冠花品，多葉者謂之第一架，葉少而色稍淺者謂之第二架，以其高出衆花之上，故名狀元紅。或曰舊制進士第一人即賜茜袍，此花如其色，故以名之。祥雲者，千葉淺紅花，妖豔多態，而花葉最多，花户王氏謂此花如朵雲狀，故謂之祥雲。紹興春者，祥雲子花也，色淡佇而花尤富，大者徑尺，紹興中始傳。大抵花户多種花子，以觀其變，不獨祥雲耳。燕脂樓者，深淺相間，如燕脂染成，重趺累萼，狀如樓觀。色淺者出於新繁勾氏，色深者出於花户宋氏。又有一種色稍下，獨勾氏花爲冠。金腰樓、玉腰樓皆粉紅花而起樓子，黄白間之，如金玉色，與燕脂樓同類。雙頭紅者並蒂駢萼，色尤鮮明，出於花户宋氏。始秘不傳，有謝主簿者，始得其種，今花户往往有之。然養之得地，則歲歲皆雙，不爾則間年矣，此花之絶異者也。富貴紅者，其花葉圓正而厚，色若新染未乾者。他花皆落，獨此抱枝而槁，亦花之異者。一尺紅者，深紅，頗近紫色，花面大幾尺，故以一尺名之。鹿胎紅者，鶴頂紅子花，色紅微帶黄，上有白點如鹿胎，極化工之妙。歐陽公《花品》有鹿胎花者，乃紫花，與此頗異。文公紅者，出於西京潞公園，亦花之麗者。其種獨蜀中，遂以文公名之。政和春者，淺粉紅花，有絲頭，政和中始出。醉西施者，粉白花，中間紅暈，狀如酡顔。迎日紅者，與醉西施同類，淺紅花中特出深紅花，開最早而妖麗奪目，故以迎日名之。彩霞者，其色光麗，爛然如霞。疊羅者，中間瑣碎如疊羅紋。勝疊羅者，差大於疊羅。此三品皆以形而名之。瑞露蟬亦粉紅花，中抽碧心如合蟬狀。乾花者，粉紅花，而分蟬旋轉，其花亦富。大千葉、小千葉皆粉紅花之傑者。大千葉無碎花，小千葉則花萼瑣碎，故以大小別之。此二十一品皆紅花之著者也。紫繡毬一名新紫花，蓋魏紫之別名也。其花葉圓正如繡毬狀，亦有起樓者，爲天彭紫花之冠。乾道紫，色稍淡而暈紅，出未十年。潑墨紫者，新紫花之子花也，單葉深黑如墨。歐公記有葉底紫，近之。葛巾紫，花圓正而富麗，如世人所戴葛巾狀。福嚴紫，亦重葉紫花，其葉少於紫繡毬，莫詳所以得名。按歐公所紀有玉版白，出於福嚴院。土人云，此花亦自西京來，謂之舊紫花。豈亦出於福嚴耶？禁苑黄，蓋姚黄之別品也。其花閒淡高秀，可亞姚黄。慶雲黄，花葉重複，郁然輪囷，以故得名。青心黄者，其花心正青，一本花往往有兩品，或正圓如毬，或層起成樓子，亦異矣。黄氣毬者，淡黄檀心，花葉圓正，向背相承，敷腴可愛。玉樓子者，白花起樓，高標逸韻，自然是風塵外物。劉師哥者，白花帶微紅，多至數百葉，纖妍可愛，莫知何以得名。玉覆盂者，一名玉炊餅，蓋圓頭白花也。碧花止一品，名曰歐碧。其花淺碧而開最晚，獨出歐氏，故以姓著。大抵洛中舊品，獨以姚魏爲冠。天彭則紅花以狀元紅爲第一，紫花以紫繡毬爲第一，黄花以禁苑黄爲第一，白花以玉樓子爲第一。然花户歲益培接，新特間出，將不特此而已。好事者尚屢書之。

宋 陳景沂《全芳備祖》前集卷二《牡丹》紀要 牡丹，前史無説，自謝康

樂集中始言。水間竹際多牡丹，而北齊楊子華有畫牡丹極佳，則知此花有之久矣。但自隨以來，文士集中無歌詩，則知隋朝花藥中所無也。隋種植法七十卷亦無牡丹名。開元末裴士淹得之汾州，天寶中爲都城奇賞，元和初猶少，至貞元中已多與。戎葵同矣。《酉陽雜俎》 自貞元始，于汾州衆會寺宣取牡丹。《薛能詩序》 開元間，禁中初重木芍藥，即今之牡丹也。植于興慶池東，沈香亭前，會花繁開。《開元天寶遺事》 明皇時，沈香亭前木芍藥一枝二頭，朝則深紅，午則深碧，暮則深黄，夜則粉白，晝夜之内香艷各異。帝曰此花木之妖也。上賜國忠木芍藥，國忠以百寶爲闌。《開元天寶遺事》 明皇時有獻牡丹者，謂之楊家紅，乃楊勉家花。時貴妃匀面口脂在手，印于花上，詔于仙春館栽，來歲花開上有指印紅迹，帝名爲一捻紅。《青瑣高議》 明皇時民間貢牡丹，花面一尺，高數寸，帝未及賞，爲野鹿銜去，有佞人奏云：釋氏有鹿銜花以獻金仙。帝私曰：野鹿游宫中，得貴兆也。殊不知應禄山之亂。《青瑣高議》 宋單父有種藝術牡丹變易千種，上皇召至驪山種，花萬本色樣各不同，内人呼爲花神，又曰花師。《異人録》 宋景文公祁帥蜀，彭州守朱君綽始取楊氏園花千品以獻公。公在蜀四年，每花時按其名往取，彭州送花遂爲公故事云。此十品花尤愛重錦被堆，嘗以之爲賦。《蜀志》

明 宋詡《竹嶼山房雜部》卷一〇《樹畜部二·種花卉法》 牡丹花甚肥大，多葉，高簇者曰樓子。《埤雅》曰：世謂牡丹爲花王。周濂溪曰：牡丹，花之富貴者也。花葉单者曰山丹。

花品甚衆，歐陽文忠公及本朝周府皆有譜，記之祥而種植灌溉之法不同。蓋余家松江，薄下隰之處，土中常有潴音豬水，多灌則土冷淖而寒生，意根更蝕朽。初分者天久晴燥，間十日灌一次，至立冬灌一次，臘月終灌一次，纔得春意，遂挾春驕，復不宜灌。怯春風，護著花豐。秋分通起出於土面，視根盛，析而種之。或劚芍藥，剪牡丹枝，兩栽爲七頭接之，至來秋驗其本體生根，栽去芍藥即真也。花過速剪去，則花床無傷。《霏雪録》云：張茂卿嘗接牡丹於椿樹之杪，花開時延賓客推樓玩焉。

明 李時珍《本草綱目》卷一四《草之三·牡丹》 釋名 鼠姑《本經》，鹿韭《本經》，百兩金《唐本》，木芍藥《綱目》，花王。時珍曰：牡丹以色丹者爲上，雖結子而根上生苗，故謂之牡丹。唐人謂之木芍藥，以其花似芍藥而宿幹似木也。《羣花品》中以牡丹第一，芍藥第二，故世謂牡丹爲花王，芍藥爲花相。歐陽修《花譜》所載凡三十餘種，其名或以地，或以人，或以色，或以異，詳見本書。

集解 《別録》曰：牡丹生巴郡山谷及漢中，二月八月采根陰乾。弘景曰：今東間亦有，色赤者爲好。恭曰：生漢中劍南，苗似羊桃，夏生白花，秋實圓緑，冬實赤色，凌冬不凋，根似芍藥，肉白皮丹，土人謂之百兩金，長安謂之吴牡丹者，是真也。今俗用者異於此，別有臊氣也。頌曰：今出合州者佳，和州宣州者並良，白者補，赤者利。大明曰：此便是牡丹花根也，巴蜀渝合州者上，海鹽者次之。頌曰：今丹延、青、越、滁、和州山中皆有，但花有黄紫紅白數色，此當是山牡丹。其莖梗枯燥，黑白色，二月於梗上生苗葉，三月開花。其花葉與人家所種者相似，但花瓣止五六葉爾。五月結子，黑色，如鷄頭子大。根黄白色，可長五七寸，大如筆管，近世人多貴重。欲其花之詭異，皆秋冬移接，培以壤土，至春盛開，其狀百變。故其根性殊失本真，藥中不可用此，絶無力也。宗奭曰：牡丹花亦有緋者，深碧色者，惟山中單葉花紅者根皮入藥爲佳，市人或以枝梗皮充之，尤謬。時珍曰：牡丹惟取紅白單瓣者入藥，其千葉異品皆人巧所致，氣味不純，不可用。《花譜》載丹州延州以西及褒斜道中最多，與荆棘無異，土人取以爲薪，其根入藥尤妙。凡栽花者根下着白斂末辟蟲，穴中點硫黄殺蠹，以烏賊骨鍼其樹，必枯。此物性，亦不可不知也。

明 徐應秋《玉芝堂談薈》卷三六《牡丹譜》 胡賀《牡丹譜》載：黄者御袍黄、淡鵝黄。紅者大紅舞青霓、石榴紅、曹縣狀元紅、金花狀元紅、王家大紅、大紅剪絨、大紅綉毬、大紅西瓜瓤、小葉大紅、金絲大紅、硃砂紅、映日紅、錦袍紅、羊血紅、九蘂真珠紅、石家紅、七寶冠、醉胭脂。桃紅者魏紅、大葉桃紅、桃紅舞青霓、壽安紅、皺葉桃紅、海紅平頭、蓮蕊紅、海天霞、桃紅西瓜穰、翠紅粧、陳州紅、桃紅西番頭、桃紅綫、四面鏡、桃紅鳳頭、嬌紅樓臺、輕羅紅、淺嬌紅、花紅綉毬、嬌紅、醉嬌紅、出莖絲、作西子紅、紫玉、海雲紅。粉紅者玉芙蓉、素鸞嬌、水紅毬、玉兔天香、醉楊妃、赤玉盤、粉西施、觀音面、醉西施、粉嬌娥、西天香、彩霞紅、玉樓春、鶴翎紅、醉春紅、醉玉樓、一百五、合歡花、倒暈檀心、肉西施、三學士。紫者紫舞青霓、腰金紫、瑞香紫、平頭紫、葉底紫、即墨紫、丁香紫、徐家紫、茄花紫、紫仙姑、紫綉毬、紫羅袍、紫重樓、紫雲芳、駝褐毬、淡藕絲、籠烟紫。白者舞青霓、萬卷書、玉重樓、無瑕玉、水晶毬、白剪絨、緑邊白、羊脂玉、楊姿玉、慶天香、玉天仙、玉綉毬、玉盤盂、蓮香白、青心白、伏家白、鳳尾白、雁來白、平頭白、金絲白、佛頭青、鴨蛋青。

明 高濂《遵生八牋》卷七《高子花謝詮評》 牡丹譜類數多佳本，遇目亦少。大紅如山茶石榴色者，寓形於圖畫有之，托根於土壤未見。他如狀元紅、慶雲紅、王家紅、小桃紅、雲容露、濕飛燕、新妝、茄紫、香紫、胭脂楼、潑墨

紫、國色烟籠、玉環、沉醉、尺素、白剪絨、水晶簾捲、月露生香、御衣黄、舞青霓、一捻紅、緑蝴蝶、玳瑁闌開、朝霞散彩数種之外，無地多栽。

又 卷一六《牡丹花譜》 **種牡丹子法** 六月時，候看花上結子微黑將皱開口者，取置向風處晾一日，以瓦盆拌濕土盛起。至八月取出，以水浸試，沉者開畦種之，約三寸一子，待來春當自得花。

牡丹所宜 牡丹宜寒惡熱，宜燥惡濕，根窠喜得新土則旺，懼烈風炎日。栽宜寬廠向陽之地，爲牡丹所宜。

種植法 栽宜八月社前或秋分後三兩日，若天氣尚熱，遲遲亦可。將根下宿土緩緩掘開，勿傷細根，以漸至近。每本用白蘞細末一觔，一云硫黄脚末二兩，豬脂六七兩拌土，壅入根窠填平，不可太高，亦不可築實脚踏。填土完，以雨水或河水澆之，滿臺方止。次日土低凹，又澆一次，填補細泥一層。若初種，不可太密，恐花時風鼓，互相抵觸，損花之榮，此爲種花之法也。其種子落地，直至春芽發葉長，是子活矣。六月須備箔遮，夜則受露，二年八月，移栽別地，則茂，此護子法也。

分花法 揀大墩茂盛花本，八九月時全墩掘起，視可分處剖開，兩邊俱要有根，易活，用小麥一握拌土栽之，花茂，此分花法也。

接花法 芍藥肥大根如蘿蔔者，擇好牡丹枝芽，取三四寸長削尖匾如鑿子形，將芍藥根上開口插下，以肥泥築緊，培過一二寸即活。又以单瓣牡丹種活根上，去土二寸許，用礪刀斜去一半，擇千葉好花嫩枝頭有三五眼者一枝，亦削去一半，兩合如一，用麻縛定，以泥水調塗麻外，仍以瓦二塊合圍壅泥，待來春花發，去瓦，以草蓆護之，茂即有花，此接花法也。

灌花法 灌花須早，地凉不損根枝，八九月五日一澆，積久雨水爲妙。立冬後三四日一澆糞水。十一月後，爬鬆根土，以宿糞濃澆一次二次，餘澆河水。春分後不可澆水，待穀雨前又澆肥水一次，且澆不宜驟。六月暑中不可澆水，旱則以河水黑旱澆之，不可濕了枝葉。北方土厚，不宜糞澆，亦不宜井水，此澆花法也。

培養法 八九月時，用好土根上如前法培壅一次，此根高二寸，須隔二年一培。穀雨時設箔遮蓋日色雨水，勿令傷花，則花久。花落即前花枝嫩處一二寸，六月時亦須設箔，勿令晒損花芽，冬以草薦遮雪，此培養法也。

治療法 冬至前後，以鍾乳粉和硫黄一二錢掘開泥培之，則花至來春大盛。種時以白歛拌土，欲絶蠐螬土蠶食根。有蛀眼處，以硫黄末入孔，杉木削針針之，虫斃。若有空眼處，折斷捉虫，亦一法耳。此爲治療法也。

牡丹花忌 北方地厚，忌澆肥糞油粈肥壅。忌觸麝香、桐油、漆氣。忌用熱手搓摩搖動。忌草長藤纏，以奪土氣傷花。四傍忌踏實，便地氣不升。忌初開時即便采拆，令花不茂。忌人以烏賊魚骨針刺花根，則花弊凋落。此牡丹之所忌也。

又《古亳牡丹花品目》 **黄類** 御衣黄千葉，色似黄葵。

淡鵝黄初開微黄，色如新鵝黄，後漸白，平頭。聞有太真黄，未見。

大紅類

大紅舞青猊千葉樓子，胎短花小，中出五青瓣，宜向陽。

石榴紅千葉樓子，胎類王家紅。

曹縣狀元紅千葉樓子，宜成樹，背陰。

金花狀元紅大瓣平頭，微紫，每瓣上有黄鬚，故名。宜陽。

王家大紅千葉樓子，胎紅而頭尖，微曲，宜陽。

大紅剪絨千葉平頭，花瓣如剪。

大紅繡毬花類王家紅，葉微小。

大紅西瓜穰千葉樓子，宜陰。

小葉大紅千葉，頭小難開。

金絲大紅平頭不甚大，每瓣上有白絲毫，謂之金綫紅。

硃砂紅千葉樓子，宜陽。

映日紅千葉樓子，細瓣宜陽。

錦袍紅千葉平頭。

羊血紅千葉平頭，易開。

九蕊珍珠紅千葉，花中有九蕊。

石家紅千葉平頭，不甚緊。

七寶冠千葉樓子，難開，又名七寶旋心。

醉胭脂千葉樓子，莖長，每開頭垂下，宜陽。

桃紅類

魏紅千葉。

大葉桃紅千葉樓子，宜陰。

桃紅舞青猊千葉樓子，中出五青瓣，河南名睡緑蝉，宜陽。

壽安紅平頭黃心，有粗細葉二種，粗者香。
壽春紅千葉平頭，胎瘦小，宜陽。殿春芳千葉樓子，開遲。
醉桃仙千葉，花外白內紅，難開，宜陰。
美人紅千葉樓子。
皺葉桃紅千葉樓子，葉圓而皺，難開，宜陰。
梅紅平頭千葉深桃紅。
蓮蕊紅千葉樓，瓣似蓮。
海天霞千葉平頭，開大如盤，宜陽。
桃紅西瓜穰千葉樓子，胎紅而長，宜陽。
翠紅妝千葉樓子，難開，宜陰。
陳州紅千葉樓子。
桃紅西番頭難開，宜陰。
桃紅綫千葉。
四面鏡有旋瓣。
桃紅鳳頭千葉，花高大。
嬌紅樓臺千葉，淺紅桃紅，宜陰。輕羅紅千葉。
淺嬌紅千葉樓子。
花紅繡毬千葉，細瓣，開圓如毬。
嬌紅色如魏紅不甚，千葉。
醉嬌紅千葉微紅。
出莖紅桃千葉，大尺餘，其莖長二尺許。
西子紅千葉，開圓如毬，宜陰。
紫玉千葉，白瓣中有紅絲紋，大尺許。
海雲紅千葉，色紅如朝霞。

粉紅類

玉芙蓉千葉樓子，成樹則開，宜陰。
素鸞嬌千葉樓子，宜陰。
水紅毬千葉叢生，宜陰。
玉兔天香二種，一早開，頭微小，一晚開，頭極大，中出二瓣如兔耳。
醉楊妃二種，一千葉，種子宜陽，一平頭，極大，不耐日色。
赤玉盤千葉平頭，外白內紅，宜陰。
回回粉西施細瓣樓子，外紅內粉紅。
粉西施千葉甚大，宜陰。
醉西施千葉，開久露頂。
觀音面千葉，開緊不甚大，叢生宜陽。
粉嬌娥千葉，白色帶淺紅，即膩粉妝。
西天香開早，初甚嬌，三四日則白矣。
彩霞紅千葉平頭。
玉樓春千葉，多雨盛開。
鶴翎紅千葉。
醉春容色似玉芙蓉，開頭差小。
醉玉樓千葉，色白起樓。
一百五千葉，過清明即開，又名滿園春。
合歡花千葉，一莖兩朵，未見。
倒暈檀心千葉，外深紅近蕚反淺白。
肉西施千葉樓子。
三學士千葉三色。

紫類

紫舞青霓千葉，中出玉青瓣。
腰金紫千葉，有黃鬚一圍。
葉底紫千葉莖短，葉覆其花。
即墨紫千葉樓子，色類黑葵。
丁香紫千葉樓子。
瑞香紫千葉大瓣。
平頭紫千葉，大徑尺。
徐家紫千葉，花大。
茄花紫千葉樓子，又名藕絲合。
紫姑仙千葉樓子，大瓣。
紫繡毬千葉花圓。

紫羅袍千葉，又名茄色樓。

紫重樓千葉，難開。

紫雲芳千葉，又名多叢樓。

駝褐裘千葉。

淡藕絲千葉樓子，淡紫色，宜陰。

烟籠紫千葉，淺淡交映。

白類

白舞青猊千葉樓子，中出五青瓣。

萬卷書千葉，花瓣皆卷筒，又名波斯頭，又名玉玲瓏。一種千葉桃紅，亦同名。

玉重樓千葉樓子，宜陰。

無瑕玉千葉。

水晶毬千葉粉白。

白剪絨千葉平頭，瓣上如鋸齒，又名白纓絡，難開。

緑邊白千葉，瓣有緑色。

羊脂玉千葉樓子，大瓣。

慶天香千葉粉白。

玉天仙千葉粉白。

玉綉毬千葉。

玉盤盂千葉平頭，大瓣。

蓮香白千葉平頭，瓣如蓮花，香亦如之。

青心白千葉心青。

伏家白千葉。

鳳尾白千葉。

遲來白千葉。

平頭白千葉花者，大尺許，難開，宜陰。

金絲白千葉白色。

佛頭青千葉樓子，大瓣，群花謝後始開，瓣有緑色，汴名緑蝴蝶，四名鴨蛋青。

明 薛鳳翔《亳州牡丹史》卷一《表一·花之品》 昔班孟堅作人表，次等有九，鍾嶸評詩，列品惟四。則物之巨細精粗必有分矣，況於神花，變幻百怪，總歸巨麗。藉使欣賞失倫，則何以奮造化、謝花神乎？夫其意遠態前，艷生相外，靈襟灑落，神光陸離，如竚如翔，欲驚欲狎，譬巫娥出峽，宓女凌波，故曰神品。至於玉潤珠明，光華韶佚，瓌姿艷質，悸魄銷魂，意者漢室之麗娟，吳宮之鄭旦矣，故曰名品。亦有詭踪幻跡，異派殊宗，騁色流暉，不恒一態，豈龍漦乎？抑狐尾也？故曰靈品。若夫品外標妍，局中競秀，盈盈吳氏之絳仙，嫋嫋霍家之小玉，故曰逸品。又有絳唇玉貌，膩肉豐肌，望靈芸於瓊樓，閱麗華於藻井，都自撩人，總堪絶代，故曰能品。抑或媚色娟如，粉香沃若，徐娘老去，畢竟風流，潘妃到來，猶然羞澀。大雅不作，餘響尚存，故曰具品。作《花品表》。

又《傳·神品》 天香一品 圓胎，能成樹，宜陰。其花平頭大葉，色如猩血欲流。一樹止留一二頭，花盛且大，極莊重蘊藉。有臺閣致。出賈立家，子生，故一名賈立紅。又萬花一品，色若榴實，花房緊密，插架層起，而秀麗明媚如丹飾浮圖。二花品格各異，色亦不侔，風神自是高第。

嬌容三變 初綻紫色，及開桃紅，經日漸至梅紅，至落乃更深紅，諸花色久漸褪，惟此愈進，故曰三變。以余所見，陰處陽處開者各不相類，其色之變亦不止於三也。開必結繡而又艱澀，須以針微爲分畫之，不然花蒂俱碎矣。更宜接，接則此病差少。置之陰地，立夏後猶煒然秀髮，間有抱枝而槁者。歐記中有添色紅，疑即其種也。余以此品寄通侯張公、袁石公過賞，記爲芙蓉三變。原出方氏，任典客購藏之。任善辨花，持枝葉相訊，應聲而別，殆得花之神理者。萬曆己卯，先君得其種，因廣之。

赤朱衣 舊名奪翠，得自許州。花房鱗次而起，緊實小巧，體態婉孌，顔如渥赭，粲粲暐暐，上人衣袂。凡花於一葉間色有深淺，惟此花内外一如流丹，論色則天香一品難乎居優，第一品之神氣生動，諸花實莫能及也。近復得奪錦一種，大瓣深紅，浮光凝潤，尤過於奪翠，尚未廣傳。

無上紅 此花乃蜀僧居亳所種，舊以僧名覺，人遂呼爲覺紅，又謂佛土所産，而紅色無出其右者，乃易今名。其胎紅尖，花放平頭大葉，房亦簇滿，約有數層，而艷過一品，稍恨其單葉時多。

大黄 緑胎，最宜向陰養之，愈久愈妙。其花大瓣易開，初開微黄，垂殘愈黄，簪瓶中經宿則色可等秋葵。花原里中長老爲壽，張簿攜歸，藏李文學伯升家。每花時閉户命酒自賞，不易示人。壬寅秋始分一本于南里園，邇來僅數家有之。文學得花三昧，善譚花理，時一揮麈，令人醉心。

小黄 緑胎，花之膚理輕縐，弱於淵綃，周有托瓣，似仙宮逸弱水，而風度瀟

灑，真淩波品也。大黄何能方駕？次有瓜穰黄者，質亦過大黄，殊柔膩靡曼。但一房不過四五層，而近蕚處微帶紫，故少遜耳。又歹劉黄者，大瓣，色質亦能媲美。

金玉交輝　綠胎，長幹，其花大瓣黄蕊，若貫珠，皆出房外，層葉最多。至殘時開放，尚有餘力，千大勝於鋪錦，此曹州所出，爲第一品。曹州亦能種花。此外有八艷妝，蓋八種花也。亳中僅得雲秀妝、洛妃妝、堯英妝三種，雲英爲最。更有綠花一種，色如豆綠，大葉，千層起樓，出自鄧氏，真爲異品，世所罕見。花叟石孺先得接頭，後復移根，俱未生，豈尤物爲造化所忌歟？又有萬疊雪峰，千葉白花，亦曹之神物，亳尚未有。

黄絨鋪錦　此花細葉，卷如絨縷，下有四五葉差闊，連綴承之。上有黄鬚布滿，若種金粟。其弱質妙態與色，雖少遜于瓜穰黄，而千滿易開，歲歲不變，則瓜穰黄又遠不逮矣。以瓜穰名著，故列於前。

銀紅嬌　其花大瓣，丰姿綽約，如絳雪邊枝，秀色迎人，把玩可以樂饑。牡丹中余所醉心，真同看吴道子畫，坐卧不能去矣。

繡衣紅　肉紅胎，花開平頭。大葉，亦梅紅色花瓣，相映渾然。有黄氣如琥珀，光而明徹可鑒。前代牡丹之名，皆以氏、以地、以色，兹以夏侍御所出者，名繡衣云。

軟瓣銀紅　幹長，胎圓，花瓣若蟬翼，輕薄無礙，其色等繡衣紅而上之。

碧紗籠　出張氏，向陽易開，頭甚豐盈。其色淺紅，如秋雲羅帕，實丹砂其中。望之隱隱，綠趺遮護，更如翠幕。陳之坐上，滿室清涼，故又名疊翠。嘗謂花中如銀紅嬌、小黄、軟瓣銀紅、碧紗籠數種，質之嬌怯，不勝風露，當爲築避風臺耳。

新紅嬌艷　花乃梅紅之深重者，艷質嬌麗，如朝霞藏日，光彩陸離，又若新染未乾，故名新紅。極勝始成千葉，尤出一品上。緣歲多單葉故，乃其病也。方氏一種新紅繡毬，趙氏一種新紅奇觀，皆麗色動人。然所傳多贋，蓋以天香一品亂之。

宫錦　此品碎瓣，梅紅色。開時必俟花房滿實，方爲大放，然後漸成纈暈，玩之猶蜀宫新栽錦耳。

花紅繡毬　紅胎圓小，花開房緊葉繁，周有托瓣，易開且早，綢繆布濩，如疊碎霞。命名繡毬者，以其形圓聚也。一種銀紅繡毬，花微小而色輕，亦殊秀雅。又楊妃繡毬及妒嬌紅，色俱類花紅繡毬而體勢不同。

花紅萃盤　紅胎，枝上綠葉窄小，條亦頗短，房外有托瓣，深桃紅色，綠趺重蕚，映諸葉中，如赤瑛盤欹側枝上。

天機圓錦　青胎，開花小而圓滿，朱房嵌枝，絢如剪彩，名以天機，殆非虚得。

銀紅犯　有二種。一紅艷過天香一品，開花最難。一色視一品稍淺，易開，却更姣麗。俱長條大葉，圓胎。其花緊滿，開期最後。

飛燕妝　有三種：一出方氏，長枝長葉，此花黄紅，最有神氣。而風情閒麗，輕妙迴別，盛時出一花於樹杪，若進女弟于遠條也。一出馬氏者，雖深紅起樓，遠不及方。一出張氏者，乃白花類象牙色，差勝於馬，獨方花可當宜主。餘欲改名，第恐失其舊，而難於物色，姑並列焉。

飛燕紅妝　一名花紅楊妃，細瓣脩長，嫩色生嬌，却望如新妝可憐，意態妍絶，誠縹緲神仙也。得自曹縣方家，飛燕妝庶幾近之。

海棠紅　喜陽易開，綠葉細長，嘗多秋發。諸花皆以紅極稱佳，獨此品通體金黄，兼有紅彩，水光照耀如江天晚霞，人謂似鐵梗海棠，而活色香艷皆過之。盛時則房中四五葉參差突出，故病其不整齊，亦不失爲佳品。其胎本紅，在陰處則綠，春來亦復紅也。大都花胎多四時變易耳。又一種海棠魂者，謂得其神也，亦石氏自許州移至。

新銀紅毬　方家銀紅二種，色態頗類，第樹頭綠葉稍別，其色光彩動摇，如神女御慶雲，冉冉下人間耳。

碎瓣無瑕玉　綠胎，枝上葉圓，宜陽，乃白花中之最上乘者。其花明媚玲瓏，如水壺映月，内外澄徹，雖趙璧隋珠不足貴也。又一種如芹葉者，不及此。又青心無瑕玉者，豐偉悦人。又一種葉幹類大黄者，亦名無瑕玉，花色雖不逮碎瓣，均之佳品。

梅州紅　性喜陰。圓葉，圓胎，花瓣長短有序，疏密合宜。色近海棠紅，而神氣軒軒。但近蕚處稍紫，出曹縣王氏，别號梅州云。

涼暑園新出三種，俱未命名。其花有梅紅色，有水紅色，高闊俱七寸餘，千葉起樓，姿韻咸備。今將三年，余僅得一見，而燿目奪神，果非凡物，無怪其主人之珍重也。

又《傳·名品》　勝嬌容　深紅色，最耐殘，乃牡丹中大家也。此種如一莖有兩胎者，善養家必剪其一，即不剪，亦獨一胎能花。花大可五六圍，高可

六七寸，豐偉殊常，披對奪人心目。

醉玉環　方顯仁所種。乃醉楊妃子花，以太真小字别其名。花房倒綴，故以醉志之。胎體圓緑，葉幹扶疏。不問陰陽，最易成樹。其花下承五六大葉，闊三寸許，圍擁周匝，如盆盂盛花狀。質本白而間以藕色，輕紅輕藍，相錯成繡，真天孫神錦也。其母醉楊妃作深藕色，漸暗，無味，惟憐其大耳，下此種不啻一階，青出於藍矣。

妒榴紅　胎圓如豆，樹葉如菊，最宜成樹。早開應時，色鮮如明霞結綺，第不耐炎日，久之色褪，不殷勤護持，則易成殘粧膩粉矣。又有榴花紅者，色近榴花，而光艶明潤，活色生香。

花紅疊萃　尖胎，花身魁岸，其下大葉五六層。腰間襞積細瓣，鬈曲碎聚，頂上復出一層大葉。花在緑樹之顛，而紅光繚繞，猶積翠池中着絳火樹，光彩照人。

秋水粧　肉紅圓胎，枝葉秀長，其花平頭，易開，花葉叢萃，瑩如赤玉，質本白而内含淺紺，外則隱隱叢紅緑之氣。夏侍御初得之方氏，謂其爽氣侵人，如秋水浴洛神，遂命今名。

老銀紅毬　花本深紅，亦有水紅。時而邊如施粉，中如布朱。其胎青紅，宜陰陽相半所。此萬曆初年王薄子出之，花至今猶足擅場。

楊妃深醉　胎長。花質酷似勝嬌容，名深醉者，謂其色深也。此花不但巨麗，亦芳香襲人，梗幹婀娜，嘗抑首如醉。迎風盤旋，如不勝春。

花紅神品　花葉之末，色微入紅，漸紅、漸黄，若遲日初烘，灼灼有神。命以花名，頗非溢美。蓋得自太康。

花紅平頭　緑胎，其花平頭，闊葉，色動如火，幾欲然枝，羣花中紅而照耀者，獨此爲冠。一入花林，輒先觸目。世傳爲曹縣石榴紅，韓氏重貲得之，邇來幾絶。王氏田間藏一本，購歸涼暑園。但頂稍涣散，中露檀心。又一種千瓣者，南里園有之。凡花稱平頭，謂其齊如截也。

花紅舞青猊　宜陰。老銀紅毬子花，色亦似之，開時結繡。又有銀紅舞青猊及舊品中桃紅舞青猊、紫舞青猊、大紅舞青猊、粉紅舞青猊、茄花舞青猊、藕絲舞青猊、白舞青猊諸色，皆從花中抽五六青葉，如翠羽雙翹。桃紅者，謂之睡緑蟬，以其結緑如合蟬狀。諸品惟花紅者爲上，白次之，桃紅又次之，餘不足入品。豫章瀑泉王孫詠此花云：寶闌風颭錦紛紛，青紫仙標總出羣。户外昭容露作縠，掌中飛燕翠爲裙。粧成京兆眉初嫵，浴罷温湯酒半醺。還似清平李供奉，宫袍新染殿前雲。

花紅魁　出張氏，以其色冠羣花也。萬花魁者出李氏，以其大冠羣花也。又有西萬花魁者，其巨麗尤甚，而各臻妙境。方氏别有銀紅魁，亦自可人。

絳紗籠　胎小，花瓣有紫色一綫分其中，質紅如燭，而幕以絳紗，灼灼摇目。媚人處不及碧紗籠。

杜鵑紅　短莖緑胎，樹葉尖厚，花作深梅紅色。細葉稠疊緊實，如赤玉碎雕而成。其本無論大小，時至則開，開亦甚繁，千紅萬紫，如騰赤鳳，杜鵑安得方幅而談耶？

大素、小素　易開宜陰，小素一名劉六白。二花平頭房小，初開結繡一叢，常發數頭。二種美無優劣，如素白樓子，玉帶白，皎潔更出其上。玉玲瓏、碧玉樓，如瓊樓玉宇。又玉簪白，謂白如玉簪花。鸚鵡白，謂類鸚鵡頂上毛。賽羊羢，謂細瓣環曲如羢。白鶴頂者，色甚白而鶴頂殷紅，取名不類，可怪。以上諸花皆能比肩。稍次者沈家白、平頭白、遲來白、羊脂玉、玉繡毬。種種奇葩，總之咸冰雪瓊瑶極致也。舊有玉板白，其瓣兩頭平齊，寬及寸許，内外一等，如拍板，今傳者少。

緑珠墜玉樓　長胎，花色皚然，厥葉輕柔，葉半有緑點如珠，堪擬石家小妹，而風韻更似之，故名其色，類佛頭青而體異也。

佛頭青　青胎，花大，重樓緑心，緑跗沿房如碧，大類緑萼梅。李子西先生得於永寧王宫中。先《考功》以其花之清異易名萼緑華。羣英凋盡而此花始開，可謂殿春。大梁人名緑蝴蝶，西人名鴨蛋青，蜀中舊品有毆碧，即此花。又一種緑邊白者，類佛頭青，乃緑胎，甚陰，花葉有點如鈿，邊緑如黛，而體質亦多逸氣，弇州詩云：百寶闌前百艶明，號家眉淡轉輕盈。狂蜂采去初疑葉，么鳳藏來祇辨聲。自是色香堪絶世，不煩紅粉也傾城。江南新樣誇天水，調笑春風倍有情。屠長卿先生有云：愁自瑣窗窺冶鬢，死從金谷化啼痕。兩公似與二花傳神。

界破玉　此花如吴江白練，花瓣中擘一畫如桃紅絲纈，宛如約素，片片皆同。舊品中有桃紅綫者，乃淺紅花，又非此種。夏侍御新出一種類界破玉，謂之紅綫，綫外微似雜色組文，侍御没而花亦不見行於世。

花膏紅　梗胎俱紅，其花大葉，若胭脂點成，光瑩如鏡，片片足當浣花溪側理，安得更括玉管，與之賦月寒山色耶？但微恨其花房多散漫耳。

鳳尾花紅　尖胎，開却平頭，内外葉有數層，皆一等。其色見於名，名鳳

尾者，以葉似耳。又綰葉桃紅，花瓣尖細，層層密聚如簇絳綃，第色澤少暗，嘉、隆間最重之，一時並出者。更有大葉桃紅，其花稍不及綰葉，因枝上緑葉名花者獨此三品。

太真晚粧　此花千層小葉，花房實滿，葉葉相從，次第漸高。其色微紅而鮮潔，如太真淚結紅冰，因其晚開，故名。曹縣一種名忍濟紅，色相近，忍濟者，王氏齋名。

平實紅　此花大瓣桃紅，花面徑過一尺，而花之大無過於此，亦得自曹州。

銀紅錦繡　宜陰，花形開法俱似三變，其色微紅，淺深得宜，宛然若繡，而豔如唾染昭儀袖上珍，難喻也。

魏紅　此種嘉靖初年仝氏自杞縣移亳，肉紅尖胎，樹葉緑如嫩柳，此梅紅淺深相間，價自傾城。開時倘鍾氣不足，則花邊稍白。三十年前亳人尚以黄金一朶乞魏花一本者，今因漸多而價少減。亭亭露奇，真色不厭，姚爲王，魏爲后，信非虚語。徐子與先生有「祗應天上移春色，莫向人間問魏家」之句。又有煙粉樓者，色同魏紅而易開，張氏子種花也。

褰幕嬌紅　即縮項嬌紅，長胎，柳緑長葉，因其莖短，花在葉底，狀似麗人新妝，脉脉眝翠簾下。其色梅紅，起樓如千葉桃，足爲助嬌花也。別有縮項一種，葉單，遠不逮此。

花紅剪絨　花瓣纖細，叢聚緊滿，類文縠剪成，大都與花紅纓絡同致。道山先生謂「已從香國深熏染，更惜花神巧剪裁」，此最當。

花紅纓絡　長枝大葉，其花易開，疊瓣穠密，外衛以五六大片，似彤雲之綴朱房，閃灼難狀。

念奴嬌　品有二種，俱緑胎，能成樹。出張氏者，深銀紅色，大而姣好，其妖麗媚人，果出朝霞之上，但少囀喉引聲耳。出韓氏者，色桃紅，大次之，若並肩呈艷，當遜張一籌。

漢宫春　紅胎，硬莖。必獨本成樹，方歲歲有花。花葉直疏而立，其色深紅富麗，若醉春風。名從青蓮漢宫句得之，出張氏。

墨葵　大瓣，平頭。又油紅，高聳起樓。二花明如點漆，黑擬松煙，最爲異色。墨剪絨碎瓣柔軟，墨繡毬圓滿緊聚，其明潤雖不及墨葵、油紅，足堪近侍。

中秋月　緑胎尖小，花房差峨，瑩白無瑕，若月印澄潭，春時便有秋氣。

琉瓶灌朱　樹葉微圓，朱房攢密，類隔琉璃而盛丹漿。潤同赤玉，微嫌葉單根紫，遇千葉時亦自妙品。

藕絲平頭　花葉微潤，繁可數層，俱有倫理，乃藕絲中之傑者。又藕絲繡毬，好叢生，易開而花小。又藕丝楼子，花大而房垂。三種惟平頭爲上，繡毬次之，楼子不逮遠甚。

萬卷書　色白，葉作卷筒。又桃紅萬卷書，細瓣如砌。枝不禁花，垂垂向下。又有波斯頭者，花葉如髮鬈，大類波斯夷首。此花雖高滿而色澤不佳，土人謂即萬卷書，非是。

喬家西瓜穰　尖胎，枝葉青長，宜陽，出自曹縣。花如瓜中紅肉，色類軟瓣銀紅，滑膩可愛。仝氏有桃紅西瓜穰，亦鮮麗如濯錦。又大紅西瓜穰者，當退舍矣。

進宫袍　緑胎，易開，謂色如宫中所賜茜袍也。其體質，當以輕絨赤綃目之。

嬌紅樓臺　胎莖似王家紅，體似花紅繡毬，色似宫袍紅而神彩充足。又有一種極不堪者，亦冒之，魚目混真，難逃賞鑒。銀紅樓臺色有深淺，花實與之表裏。

倚新粧　緑胎脩幹，花面盈尺，豐肉膩理，紅顔精爽，大類緋桃色，真銷恨樹也。處陽不妨，向陰愈妙，出自曹縣。

又《傳・靈品》　合歡嬌　深桃紅色，一胎二花，托蒂偶並，微有大小。日分雙影，風合岐香，此與轉枝一種，皆造化之巧，而轉枝之神更異。

轉枝　一莖二花，紅白對開，記其方向。明歲，紅白互易其處，神異若此。明皇時一花四變其色，豈欺我哉。二花出鄢陵劉水山太守家，亳中亦僅有矣。鄢陵尚有萬卉含羞，傳之者皆極口談其風神，恨莫由致也。

妖血　壬子歲於南里園偶見嬌容三變，一樹數枝，忽一枝出三頭，紅艷絶色，世無比類。坐中客皆駭異。客曰：此妖血也。遂因名。其他枝所開，雖有淺深，而無異於常歲。

醲面嬌　南園於戊寅春，鶴翎紅枝上忽開一花，二色，紅白中分，紅如脂膏，白如膩粉。時郡大夫岩公造賞，呼爲太極圖。余因六朝有「取紅花，取白花，與兒醲面作光潔」之詞，乃易其名。其花明春猶復故也，再一歲遂成枯木。豈靈氣奪其精華耶？

又《傳・逸品》　觀音現　白花中微露銀紅，若水月慈容，清静自在。舊

有觀音面，好叢生，色深，花差大。第平頂而散，爲其疵耳。

非霞　胎長，花房高峙，層層漸起，葉在柯端，花棲葉下，色淺紅，妍如流霞，而霞不足以盡其態，故曰非霞。微病難開，亦佳品。

肉西、醉西　二花紅胎，青葉圓大。肉西出韓氏，此花平齊，其色表裏如一，而姿態亭亭似韻勝者也。醉西成樹，易開，色作粉紅。其酡顔膩質，若飲熏醲，以質勝者。初以西施命名，俗取其便，以一字呼之。

勝西施　花大盈尺，色粉白暈紅，如碧縠映紅膚，春意撩人。又一種香西施，色亦相類，花中香氣郁烈，惹人衣袂者，獨此爲甚。明皇云：「不惟萱草忘憂，此花香艷，尤能醒酒。可謂牡丹實録。濟南詩云：西施自愛傾城色，一出吴宫不嫁人。殊增花韻。

玉芙蓉　紅胎，長葉，花白而微紅，易開，耐殘，更喜純陰，可成樹。其花孤標玉立，閑淡如幽人。別有一種繡芙蓉，亦相類，俱出仝氏。先考功種花時，獨仝氏善種藝，且能遠近圖之，故多佳種。築圃在西郊，今有茂草之嘆。

添色喜容　緑胎，柳緑葉，宜陽，易開，花微小有托瓣，房以内色深，外微暈淡。丰艷笑靨，若駐大丹，欣欣然欲忘老。又一種青葉者，名大添色喜容。花瓣參差，色亦不逮。

玉樓春雪　花大如斗，色類秋水粧。其膏沐鮮潔，若瑶臺雪晃，閃灼難定。又一種玉樓春老，色類鶴翎紅，氣宇瀟灑，雨久漸茂，但品非春雪之比。

胭脂界粉　粉葉，朱絲，文理交錯，蔚然成章，質之妙麗，亦洞心快目。

金精雪浪　白花黄萼，互相照映。花瓣微闊而厚硬，近蕊稍紫。嘗以此亂黄絨鋪錦，蓋欲惑花客耳。

玉美人　大葉，色白，如勻香粉而散淡閑雅，似別有一段幽情，但神色稍不足耳。

輕羅紅　花甚有致。梅紅色，輕綃著茜，足以喻之。葉端有缺如齒，羡彼化工佳品。少植，不知何故。

白蓮花　出自許州。此品明潔潤澤，鱗瓣微圓，層多房大，幽澹過于蓮花。其中黄心如綫，寸許，儼如蓮蕊。或氣弱葉單，則成大瓣，鬆散飄逸，態殊絶倫。

又《傳·能品》　珊瑚樓　莖短，胎長，宜陽。色如珊瑚，寶光射人，更多芳香，助其嬌艷。以此鬥奇，石衛尉當不忍下鐵如意也。

蒨膏紅　即如膏紅。胎紅，尖長，此品亦梅紅色，盛則花葉互峙，弱則平頭。紅光鮮澤，堪擬守宫新血。

大火珠　緑胎，色深紅，内外掩映若然，光焰瑩流。又有火齊紅者，其花邊白内赤，遠不逮火珠。因二花並出一時，人皆以寶珠名。

桃紅鳳頭　肉紅長胎，緑葉肥厚，晚開。大瓣高聳，自下自上，長短相承，其形色如丹鳳舒彩，燦然奪目。更有一種小葉者次之。

太真冠　長胎，開早。花瓣勁健，外白内紅，高下有度，頗類雲髻。韓持國詩云「仙冠裁樣巧」，指此也。

倚欄嬌　肉紅胎，淺桃紅色，花頭長大。嫵媚有醉舞倚欄之態，沉香亭北，令人遐想。又一種滿池嬌，千瓣成樹，色澤亦過之。今重倚欄者，當以致勝。

大嬌紅　向陽，易開。色如銀紅嬌，第葉單難與比肩，然花陣中何可無此。又一種嬌紅，色如魏紅，花微小而難接。

五雲樓　花圓聚如毬，稍長，開則結繡。頂有五旋葉，邊有黄緑相間，類五色雲氣。

玉樓觀音現　花白，難開，開時如水月樓臺，迥出塵外，而莊岩自在，重以大士之名，花與中秋月小異。

喬紅　有二種，皆紅胎，色深重近木紅。一千滿，一開早，俱出沈氏。

玉兔天香　青紅胎，其花粉色，銀紅二種。一早開，房微小。一晚開，房最大，中出二瓣如兔耳，小者因其難開，多不植。

潔白　白花鮮潔，有光映人，出朱氏。舊有紫玉者，花最大，白瓣中紛布紅絲，盤鐕如繡。

睡鶴仙　色淡紅，宜陰，其大如倚新妝。花心出二葉，横陳房顛，狀若嬰兒並卧，乃舊品中之最殊者。

醉仙桃　宜陰，胎紅而長，稍覺難開。其色内則桃紅，外則淺白，芳菲時，不啻玄都武陵。歲歲相逢，增我桃花人面思耳。

素鸞嬌　輕紅白花，諸花外白而内紅，獨此自外微紅，近萼處反淺，在洛則曰倒暈檀心，寔一花二名也。

脱紫留朱　先紫而後深紅，又花紅寶樓臺者，亦然。每於凋落之際，色始呈嬌。

醉猩猩　沈氏首出之。花易開，色深紅中微帶檀紫，亞於花紅平頭，緊密

處却勝。

鶴翎紅　其花輪囷緊密，本肉紅而末白，永叔謂如鴻鵠羽毛。舊品中最有聲價，今人厭其重濁，稍抑之。近養花者不植。

一百五　此品謂冬至後一百五日即開，白如吴練，花大經尺。先年最多，丹初種，可稱花中鼻祖，圃故常留一二，以祀東帝。

又《傳·具品》　王家紅　胎紅，尖微曲，宜陽。其花大紅起樓。亳之牡

狀元紅　成樹，宜陽。蜀《天彭譜》謂重葉深紅，色與鞓紅、潛溪緋相類，而天姿富貴，彭以冠花品，故名狀元。弘治間得之曹縣，又名曹縣狀元紅。又一種金花狀元紅者，宜陽，大瓣，平頭，微紫，每瓣有黄鬚，今絶少。

灑金桃紅　黄鬚，滿房皆布，葉顛點點有度，羅如星斗。別有腰金紫者，腰間黄鬚一圍，花則不及灑金。

淡藕絲　如吴中所染藕色。緑胎紫莖，樹葉圓厚，花平頭，盛亦起樓。瓣中一淺紅絲相界，宛似纖手紋，淡中之艶，亦堪憐愛。　壽春紅，胎瘦小。　蓮蕊紅，瓣似蓮花。　海天霞，平頭大如盤。　羊血紅，微紫。　四面鏡，有旋葉。　石家紅，葉稀。　桃紅樓子，小葉，大紅，皆起樓。　老僧帽，一花五葉，兩葉相參而立，旁兩葉佐之，一葉適其後，花雖單薄，亦稱異種也。最下者如陳州紅、胭脂紅、平頭紅、金綫紅、大紅綉毬、大紅寶樓臺、彩霞紅、七寶冠又名八寶旋心。朱砂紅、粗細葉壽安紅。以上皆大紅。回回粉西細瓣紅，外深内淺。西天香開早，嬌麗三四日，則漸白。殿春芳粉邊。殿春魁平頭。慶天香、水晶毬、玉天仙、粉紅樓子、勝天香、醉春容、粉繡毬、粉重樓、膩粉紅有托瓣，赤根。勝緋桃今絶少。以上皆粉紅。　瑞香紫、紫姑仙皆大瓣。徐家紫、紫重樓皆難開。茄花紫、茄皮紫、煙籠紫、即墨紫、葉底紫、茄色紫、紫纓絡、丁香紫、平頭紫歐譜謂之左花。紫繡毬，以上皆紫花。　玉重樓、白剪絨又名曰鋸齒白。白纓絡、玉繡毬、玉盤盂、青心白、伏家白、鳳尾白、出嘴白、玉碗白、汴城白、蓮香白香如蓮花，瓣亦如之。以上皆白花。　茄色樓、藕色獅子頭，皆藕色。　羣英品色雖各不同，亦各有一端佳處。但春色中差薄於惜花人耳。然名品多出此輩子生，而繁栽廣植，可備秋接之具。至兒女之戲簪，醉客之狂折，何可少此。

按記載，天佑元年，滄州觀察使記，謂冀王宫中花以五十種，分爲三等九品。而潛溪緋、平頭紫居正一品。平頭紫，紫花大經尺，亳多而賤之。惟潛溪緋者亦紫花，忽於叢中抽出緋色一二朵，明年移在他枝，洛人謂之轉枝。今靈品内有紅白互相换之轉枝，疑其是也。其種出潛溪寺，故名。又按，蜀《天彭譜》有紅花二十一品，紫花五品，黄花四品，白花三品，碧花一品，未詳者三十一品。今亳所有紅品相同者：醉西施、彩霞紅、油紅、陳州紅、瑞露蟬即桃紅舞青猊。雙頭紅即靈品中合歡嬌。碧花，謂歐碧者，或即佛頭青也。其餘若獻來紅、丹州紅、延州紅、鹿胎花、蓮花萼、真珠紅、一捻紅及姚黄、牛家黄、鞓黄、甘草黄者，皆屬未聞。亳州諸花與洛譜合者頗多，與彭譜不過十一，豈蜀道遼遠，相傳者遂少耶？抑地迥而名異耶？俟再考定。

又《傳·拾遺》　史既行，明年春，有東郭老叟謂余爲花知友，具壺觴邀余至其家。所藝諸花皆耳目之所未嘗聞見者，不下三十餘種。問之，皆從四方所得。其中或色可消魂，態可醉心，大可駭目，弗克名狀。嘻！何見之晚也。亟收之卷後，名曰《拾遺》，表中仍爲分別，繫於各品。

縷金衣　産自許州。房高莖長，碎瓣綺錯，其色紅極，無類可方。謝在杭工部詩云：恍如燭龍銜燿，倒挂珊瑚枝，明珠萬斛光琉璃。又如妃子初入浴，香水滑膩流胭脂。極狀其温潤艶麗。花之神韻，尤入勝位。大都斯品一出，諸花不免落第，可爲神品之冠。

花紅獨勝　魚鱗小瓣，層層相承，紅如積血，欲濺几閣。又一種，花紅無敵，小葉聚集，重樓巍然，色亦相類。

五陵春　奇色映日，二花大葉蘢葱，樓臺盤鬱，色如晴光射水，金采絢目。

閨艶　絨瓣纖細。又金屋嬌，層分碎葉，斐疊若樓。二者誠閨閣艶質，翠衣霞裳，嬌姿自媚，而賞鑒者情自不薄。

艶陽嬌　小瓣，梅紅。春風蕩漾，流霞滿樹，而紅香飛越。

嬌白無雙、楚素君、白屋公卿、連城玉，皆千層大瓣。黄白繡毬、玉潤白、賽玉魁、冰清白、碧天一色俱碎瓣起樓。瑶臺玉露，絨葉緊聚。雪素，葉繁蘂香。王家大白，大過諸花。大凡白花，病在赤根，又恐枯澀無態。以上衆品雪質霏微，素心自照，不以色媚，其色實在相外也。

藕絲霓裳　此花面徑八寸許，其大無外，色澤亦佳。

三春魁　多葉，桃紅，覽蔓其枝，房出樹表，大亦可愛。

銀紅妙品、銀紅艶粧、銀紅絶唱，俱下布數片大葉，中間細瑣堆積。又一

種銀紅上乘，大瓣簇滿，其色皆如其名，楊光泛采，逸韻非常，閒雅之致，嫣然可人。

采霞綃　千層大葉，積潤凝光，而色如蒨練。

珊瑚鳳頭　房開大瓣，光同翕艴，可以染絳，横出枝杪，如日照火珠。又出奇色獨占魁及獨粹二種，衡量者謂能與衆花争長，余但見其蓓蕾，未見其開放也。

又《外傳・花之氣》　牡丹分栽接種俱在秋，乃以秋爲春也。胎則坐於初夏，長於秋，養於冬，實於春，胚胎几經十有二月。鍾四時之氣，乃傑於穀雨數日耳。所開之早晚，是各花稟性異也。

又《外傳・花之種》　花房不同者有六等。有平頭，有樓子，有繡毬，有大葉，有托瓣，有結繡。平頭者欲充實，樓者欲高聳，繡毬者欲圓滿，大葉者欲蘢蓯，托瓣者欲緊簇，結繡者欲活潑。反此爲六病。

又《外傳・花之鑒》　花佳處亦有十等。曰精神，曰天然，曰嬌媚，曰豐偉，曰温潤，曰輕妙，曰香艷，曰飄逸，曰變態，曰耐殘。各有攸當。

明　焦周《焦氏説楛》卷二《唐莊宗牡丹名》　百葉仙人　月宫花　小黄嬌　雪夫人　蓬萊相公　粉奴香　卯心黄　御衣紅　紫龍杯　三雲紫　盤紫酥　天王子　出樣黄　火焰奴　太平樓閣

明　周文華《汝南圃史》卷六《木本花部上・牡丹》　牡丹，《本草》一名鼠姑，一名鹿韭。周子曰：牡丹，花之富貴者也。木本，大者高四五尺，八月枝上發赤芽，來春二月即發蘂如拳，稍舒則變成緑葉，有稏，花著葉中。三月穀雨前開。《傳家集》云：洛人以穀雨爲牡丹花厄。蓋其時適相值云。其極盛者，花頭或至盈尺，高亦相等，皆由其種之美惡。有單葉、多葉、千葉，及黄、紫、紅、白、緋、碧之色。《草木略》云：古今言木芍藥是牡丹。按崔豹《古今注》云：芍藥有二種，有草芍藥，有木芍藥。木者花大而色深，俗呼爲牡丹。安期生《服鍊法》云：芍藥有二種，有金芍藥，有木芍藥。金者色白多脂，木者色紫多脉，則驗其根也。然牡丹亦有木芍藥之名，其花可愛如芍藥，宿枝如木，故以木名。芍藥著於三代之際，風雅之所流詠也。牡丹初無名，依芍藥以爲名，亦如木芙蓉之依芙蓉以爲名也。牡丹晚出，唐始有聞，宋時洛陽最盛。圃人競求詭異，多於秋分移接，培以壤土，至春盛開，其狀百變。歐陽文忠公始爲作譜記云：牡丹出丹州、延州，東出青州，南出越州，而出洛陽者今爲天下第一。洛人於他花則曰某花某花，至牡丹則不名，直曰花，意謂天下真花獨牡丹，其名之著，不假於牡丹而可知也。又云：牡丹之名，或以氏、或以州、或以地、或以色，或旌其所異而志之。自姚黄以下得二十四種。趙郡李述著《慶曆花品》，專叙吴中之盛，凡四十三種。鄞江周蕲作《洛陽花木記》，所載牡丹至一百九種。陸放翁在蜀作《天彭牡丹譜》，凡三十四種，其尤著名者爲姚黄魏花。《洛記》云：姚黄，千葉黄花也，色極鮮潔，精彩射人，有深紫檀心，近瓶青簇青心匝，與瓶同色，開頭可八九寸許。其花出北邙山下司馬坡姚氏，大率間歲乃成千葉，餘年皆單葉或多葉耳。其開最晚，其色甚著，與高潔之性，敷榮之時，特異於衆花。徐節孝云：天下牡丹九十餘種，而姚黄爲第一，其名雖千葉而寔不可數，或累計萬有餘，不然不足高一尺也。花肉既重，其梢下屈，如一器傾側之狀。此亦花之巨美而精傑者乎？又曰：魏花，千葉肉紅花也。本出晋相魏仁溥園，迄今流傳特盛。葉最繁密，人有數之者，至七百餘葉，面大如盤，中堆積碎葉突起，圜整如覆鍾狀。開頭可八九寸許，其花端麗，精彩瑩潔，異於衆花。洛人謂姚黄爲王，魏花爲后。又有狀元紅、瑞雲紅、左紫、玉樓春、潛谿緋、玉千葉，歐碧諸異種，見前所述記中。蓋自唐人已推重，至宋尤重耳。《五色綫集》云：孟蜀時兵部尚書李昊每將牡丹花數枝遺親友，以興平酥同贈，曰俟花凋謝，以酥煎食之，無棄穠艷也。其風流貴重如此。東坡《雨中明慶寺賞牡丹》詩：霏霏雨霧作清研，爍爍明燈照欲然。明日春陰花未老，故應未忍著酥煎。又云：千花與百草，共盡無妍鄙。未忍污泥沙，牛酥煎落蘂。用此事也。《南部新書》曰：長安三月十五日，兩街看牡丹奔走車馬。慈恩寺元果院牡丹先於諸牡丹半月開，太真院後諸牡丹半月開。裴兵部《題白牡丹》云：長安豪富惜春殘，争賞先開紫牡丹。别有玉杯承露冷，無人起就月中看。白樂天《牡丹芳》一篇，絶道花之妖艷，至有「遂使王公與卿士，游花冠蓋日相望。花開花落二十日，一城之人皆若狂」。《惜牡丹》詩云：明朝風起應吹盡，夜惜衰紅把火看。元稹、羅隱、徐凝、許渾之徒，題詠甚衆，宋時尤盛於洛陽。歐公云：洛陽之俗，大抵好花，春時城中無貴賤皆插花，雖負擔者亦然。花開時士庶競爲游遨，往往於古寺廢宅有臺處，爲市井張幄帟，笙歌之聲相聞。《洛陽名園記》云：洛中花甚多種，而獨名牡丹曰花王，凡園皆植牡丹而獨名此曰花園子，蓋無他，池亭獨有牡丹數十萬本。凡城中賴花以生者，畢家於此。至花時，張幕幄列市肆，管絃其中。城中士女絶煙火游之。過

花時則復爲丘墟矣。陸放翁云：天彭號小西京，以其俗好花，有京洛之遺風。大家至千本。花時自太守而下，往往即花盛處張飲幕，車馬歌吹相屬，最盛於清明寒食時。在寒食前者謂之火前花，其開稍久，火後花則易落。最喜陰晴相半，時謂之養花天。栽接剔治，各有其法，謂之弄花，其俗有「弄花一年，看花十日」之語。故大家例惜花，可就觀不可輕翦，蓋一翦則次年花絶少。州家歲常以花餉諸臺及旁郡，蠟蔕筠籃旁午於道。予客成都，成都帥以善價私售于花户，得數百苞，馳騎取之，至成都露猶未晞。其大徑尺，夜宴西樓下，燭焰與花相映發，影搖酒中，繁麗動人。石湖《吴郡志》云：牡丹，唐以來止單葉，本朝，洛陽始出多葉千葉，遂爲花中第一。頃朱勔家圃在閶門内，植牡丹數十萬本，以繒彩爲幕，彌覆其上。每花身飾以金牌記其名。勔敗，牡丹皆拔爲薪。中興以來，人家稍復接種，有得洛陽花種至吴中者，不過十餘種，姚魏蓋不傳矣。顧清《松江府志》云：牡丹自宋來盛於吴下，吾鄉則國初曹明仲所譜寶樓臺以下十五品最奇，並家傳洛京舊種，其名多見歐譜。近歲人家所植，唯壽安樓子二三種，深紅已爲難得，餘不復見。楊君謙《吴邑志》云：牡丹，人家亭館多種，率粉紅色，號玉樓春，接壞皆是，鮮有紅紫者雖白色亦艱得。吾蘇自玉樓春外，僅有壽安紅、平頭紫、寶樓臺，而寶樓臺紫紅色，尤富麗瓌瑋可觀。求如書傳所記，百不及一，而栽接培壅之法，亦無傳矣。但於花時邀親朋置酒賞玩，略存故事焉。予觀姚燧《牡丹序》載左紫、壽安紅、狀元紅、衡山紫、玉版白諸奇品，而姚魏二種已不復有，且叙其見之之難。彼生於中土且然，况僻處東南者乎？蓋自戎馬蹂躪，南渡以還，宜其絶種。今取古來栽接培壅澆灌脩理諸法，具載於篇，倘遇名花，以此待之也。歐記云洛人家家有花而少大樹者，以其不接則不佳。春初時，洛人於壽安山中斵小栽子賣城中，謂之山篦子，人家治地爲畦塍種之，至秋乃接。接花工尤著者謂之「門園子」，豪家無不邀之。姚黄一接頭直錢五千，秋時立契買之，至春見花，乃歸其直。洛人甚惜此花，不欲傳，有權貴求其接頭者，或於湯中蘸殺與之。魏花初出時，接頭亦直五千，今尚直一千。接時須用社後重陽前秋分内，過此不堪矣。花之本去地五七寸許截之乃接，以泥封裹，用軟土壅之，以箬葉作菴子罩之，不令見風日，唯南向留一小户以達氣，至春乃去其覆。此接花之法也。用瓦亦可。種花必擇善地，去舊土，以細土用白斂末一斤和之，蓋牡丹根甜，多引蟲食，白斂能殺蟲，此種花之法也。澆花亦自有時，或用日未出，或用日初時。九月旬日一澆，十月、十一月兩三日一澆，正月間日一澆，二月一日一澆，此澆花之法也。一本發數朵者擇其小者去之，止留一二朵，謂之打剥，懼分其脉也。花纔落便翦其枝，勿令結子，懼其易老也。春初既去箬菴，便以棘數枝置花叢上，棘氣暖，可以辟霜，不損花芽，此養花之法也。花開漸小於舊者，蓋有蠹蟲損之，必尋其穴，以硫黄簪之。其旁又有小穴如鍼孔，乃蟲所藏處，花工謂之氣窗，以大針點硫黄末鍼之，蟲乃死，花復盛，此醫花之法也。烏賊魚骨用以鍼花樹，入其膚，花必死，此花之忌也。見歐陽永叔《洛陽風土記》。

又《木本花部上・牡丹・接花法》　山丹，單葉牡丹也。千葉牡丹須於山丹上接。穎濱《西軒種山丹》詩云：淮陽千葉花，到此三百里。城中衆名園，栽接比桃李。吾廬適新成，西有數畦地。乘秋種山丹，得雨生可喜。山丹非佳花，老圃有深意。宿根已得土，絶品皆可寄。明年春陽升，盈尺爛如綺。居然盗天功，信矣斯人智。根苗相因依，非真亦非僞。客來但一笑，勿問所從致。又云：築室力已盡，種花功尚疏。山丹得春雨，艷色照庭除。末品何曾數，羣芳自不如。今秋接千葉，試取洛人餘。《洛記》云：接花必以秋社後九日前，餘皆非其時也。接花，預於二三年前種下種子，惟根盛者爲佳。削接頭欲平而闊長，令根皮含接頭，勿令作陡瓣，瓣陡則帶皮處厚而根狹，瓣陡則接頭多退出而皮不相對，津脉不通，遂致枯死矣。接頭繫縛欲密，勿令透風，不可令雨濕瘡口。接頭必以細土覆之，不可令人觸動。後月餘，須時時看覷根下土，勿令枝生芽，芽生即分減却脉而接頭枯矣。凡選接頭，須用木之肥嫩，花芽盛大，平而圓實者爲佳，虚尖者無花矣。《瑣碎録》云：凡接牡丹須令人看視之，如一接便活者逐歲有花，初接不活，削去再接者只當年有花。又云：牡丹於芍藥根上接易發無失，一二年，牡丹自生本根，則旋割去芍藥根，成真牡丹矣。《霏雪録》云：張茂卿好事，其家西園有一樓，四圍植奇花殆遍。常接牡丹於椿樹之杪，花盛時延賓客於樓推窗玩焉。按歐記《洛記》皆云牡丹宜社後重陽前接，而《瑣碎録》云凡花皆宜春種，惟牡丹秋社前後接種。《便民圖纂》乃云接時須二三月間，不知何據，恐不可從。

又《木本花部上・牡丹・栽花法》　《洛記》云：凡欲栽花，須用四五月先治地，如地稍肥美，即翻起深二尺以上，去瓦礫，頻鋤削，勿令生草。至秋社後九日前栽之。若地多瓦礫，或帶鹽滷，則鉏深三尺以上，去盡舊土，别取新好黄土换填。切不可用糞，用糞即生螬蠐蟲而蠹花根矣，根蠹則花頭不大而

不成千葉也。栽花不欲深，深則根不行而花不發旺也。但以瘡口齊土面爲佳，此深淺之度也。掘土坑須量花根長短爲淺深之准，坑欲闊而平，土欲肥而細，先於土坑中心拍成小土墩子，欲上鋭而下闊，將花於土墩上坐定，然後整理花根，令四向横垂，勿使屈摺爲妙。然後用生黄土覆之，以瘡口齊土面爲准。潁濱《補種牡丹》云：野草凡花着地生，洛陽千葉種難成。姚黄性似天人潔，糞壤埋根氣不平。又《同遲賦千葉牡丹》云：未换中庭三尺土，漫種數藂千葉花。牡丹初移，有蘂不可留，亦不可以手犯之，宜以銀簪點其中，花蘂自萎。勿用鐵鍼。又牡丹結蘂，交春時鵶雀白頭公之屬迭迭啄碎，須加意驅逐，愛惜花蘂。每花頭或用落葉卷札，使不得近。韓魏公《安陽集》云：牡丹初芽，爲鵶啄之，感而成咏云：牡丹經雨發香芽，滿地新紅困鵲鵶。利嘴可能傷國色，只教春色入凡花。蓋有所感云。

清　曹溶《倦圃蒔植記》卷上《花卉一·牡丹》　牡丹一種，世稱花王。《事物紀原》云：唐武后冬月遣詔游後苑，百花俱開而牡丹獨遲，遂貶於洛陽，故洛陽花爲天下冠。然北齊楊子華已有畫牡丹，昔人辨之審矣。獨計接花之法始於王愷，而不聞以此種花傲金谷小兒，豈前此未之有耶？花計百種，具載歐陽修、陸務觀史正志諸譜。大抵此花宜秋社前或秋分後緩去宿土，勿傷細根，隨坐壇內，用土輕覆，即以雨水或河水灌之滿壇方止。俟次日土乾低凹，填滿復澆如初。和土宜白斂末，每花一本用末一觔，能殺諸蟲。或云牡丹中秋生日移栽必旺，須直其根，屈之則死，此栽花之法也。

清　陳淏子《秘傳花鏡》卷三《花木類考·牡丹》　牡丹爲花中之王，北地最多。花有五色、千葉、重樓之異，以黄紫者爲最。自歐陽修作記後，人皆烘傳其名，遂有《牡丹譜》。今乃取其一百三十一種詳釋於後，其性宜涼畏熱，喜燥惡濕。根窠樂得新土則茂，懼烈風酷日，須栽高敞向陽之所，則花大而色妍。移植在八月社前，或秋分後皆可。根下宿土少留，切勿掘斷細根。每種過，先將白斂末一斤拌匀新土，内因其根甜，多引土蚕蠐螬蟲，故用白斂殺之。再以小麥數十粒撒下，然後坐花於上，以土覆滿，復將牡丹提與地平，使其根直則易活，不可踏實，隨以天落水或河水灌之。子類母丁香而黑，六月收置向風處晾一日，以瓦盆拌濕土盛之。至八月中，取其下水即沉者而畦種之，待其春芽長大，五六月以葦箔遮日，夜則露之，至次年便可移種矣。然結子畦種，不若根土生苗分植之便。其接换亦在秋社前後，將種活五年以上小牡丹去地留一二寸，將利刀斜削去一半，再以佳種旺條截一段斜削去一半，上留二三眼，貼於小樹上，合如一木，以麻縛定，用濕泥抹其縛處，兩瓦合之，内填細土，待來春驚蟄後出瓦與土，隨以草薦圍之，未有不活者。其花愈接愈幻，昔張茂鄉接牡丹於椿樹之上，每開則登樓宴賞，至今稱之。夏月灌溉必清晨或初更，必候地涼方可澆。八九月五七日一澆，十月十一月三四日一澆，十二月地凍，止可用猪糞壅之。春分後便不可澆肥，直至花放後略用輕肥。六月尤忌澆，澆則損根，來年無花。花未放時，去其瘦蕊，謂之打剥。花將放必，用高幕遮日，則花耐久。開殘即剪，勿令結子，留子則來年不盛。冬至日，以鍾乳粉和硫黄少許置根下有益。如枝梗蟲蛀，當尋其蛀眼，用硫黄或塞或熏，或用杉木作釘釘之自斃。性畏麝香、桐油、生漆氣，旁宜植逼麝草，如無即種大蒜，葱韭亦可。不使亂草侵土，并熱手撫摩。若折枝插瓶，先燒斷處，鎔蠟封之，可貯數日不萎。或用蜜養更妙。花谢後蜜仍可用，養芍藥亦然。如將萎者剪去，不截，用竹架起投水缸中浸一宿復鮮。一法以白未末放根下，諸般花色悉帶腰金，若此方地厚，雖無肥糞，即油籸肥壅之亦盛，不可一例論也。但忌大。二、八月十五，是牡丹生日，洛下名園有植牡丹數千本者，每歲盛開，主人輒置酒延賞。若遇風日晴和，花忽盤旋翔舞，香馥異常，此乃花神至也，主人必起具酒脯，羅拜花前，移時始定，歲以爲當。

又《花木類考·附牡丹釋名》　正黄色計十一品

御大黄千葉似黄葵。　姚黄千葉樓子，産姚崇家。　淡鵝黄平頭，初黄後漸白。　禁院黄千葉起樓子。　甘草黄黄葉深黄色。　愛雲黄大瓣平頭宜重肥。　黄氣毬瓣圓轉淡黄。　金帶腰腰一色深黄。　女真黄千葉而香濃，喜陰。　太平樓閣千葉高樓。　蜜嬌本如樗葉尖長，花五瓣蜜蠟色，中有蕊，根檀心。

大紅色計十八品

錦袍紅即潛溪緋千葉。　狀元紅千葉樓子，喜陰。　朱砂紅日照如腥血，喜陰。　舞青倪中吐五青瓣。　石榴紅千葉樓子，喜陽。　九蕊珍珠纖葉上有白點，如珠。　醉胭脂千葉，頸長頭垂。　西瓜穰内深紅，邊淺淡。　錦繡球葉微小，千幾圓轉。　羊血紅千葉平頭，易開。　碎剪絨葉尖多缺，如剪。　金絲紅平頭，瓣上有金絲。　七寶冠千葉樓子，難開。　映日紅千葉繡瓣，喜陽。　石家紅平頭，千葉，不甚緊。　鶴頂紅千葉，中心更紅。　王家紅千葉，樓尖微曲。　小葉大紅頭小，葉多，難開。

花色計二十七品

蓮蕊紅有青趺三重。西番頭千葉難開，宜陰。壽安紅平頭，細葉，黃心，宜陽。添色紅初白，漸紅，後深。鳳頭紅花高大，中特起。大葉桃紅闊瓣樓子，宜陰。梅紅千葉平頭，深紅色。西子紅千葉圓花，宜陰。舞青霓千葉，心吐五青瓣。西瓜紅胎紅而長，宜陽。美人紅千葉，軟條樓子。嬌紅樓臺千葉重樓，宜陰。海天霞平頭，花大如盤。輕羅紅千葉而薄。皺葉紅葉圓，有皺紋，宜陰。陳州紅千葉，以地得名。殿春芳晚開，有樓子。花紅綉毬細瓣，而圓花。四面鏡有旋瓣，四面花。醉仙桃外白内紅，宜陰。出莖桃紅莖長，有尺許。翠紅妝起樓難開，宜陰。嬌紅似魏紅，而不甚大。䩫紅單葉，紅花，稍白，即青州紅。罌粟紅單葉，皆倒暈。魏家紅千葉肉紅，略有紅，稍開最大，以姓得名。

粉紅色計二十四品

觀音面千葉，花緊，宜陽。粉西施淡中微有紅暈。玉兔天香中二瓣，如兔耳。玉樓春千葉，多雨盛開。素鸞嬌千葉，樓子，宜陰。醉楊妃千葉，平頭，最畏烈日。粉霞紅千葉，大平頭。倒暈檀心外紅心白。木紅毬千葉，外白内紅，如毬。三學士係三頭聚萼。合歡嬌一蒂雙頭者。醉春容似□□瓣，開久，露頂。紅玉盤平頭，邊白心紅。玉芙蓉成樹則開，宜陰。鶴翎紅千葉，細長，本紀未白。西天香開早，初嬌後淡。回回粉細瓣，外紅内白。瑪瑙盤千葉，淡紅，白梢，檀心。雲葉紅瓣層次如雲。滿園春清明時即開。瑞露蟬花中抽碧心，如合蟬。疊羅中心瑣碎如羅紋。一捻紅昔日貴妃匀面脂在手，偶印花上，來年花生皆有指甲紅痕，至今稱以爲異。

紫色計二十六品

朝天紫金紫，如夫人服。腰金紫腰間圍有黃鬚。金花狀元微紫，葉有黃鬚。紫重樓千葉樓，最難開。葛巾紫圓小，富麗，如巾。紫雲芳千葉，花中包有黃蕊。紫羅袍千葉，瓣薄，宜陽。丁香紫千葉小樓子。茄花紫千葉，樓深紫，即藕絲。瑞香紫淺紫大瓣而香。舞青猊千葉，有五青瓣。駝褐紫大瓣，色似褐衣，宜陰。紫姑仙大瓣，樓子，淡紫。烟籠紫千葉，淺淡交映。潛溪緋叢中特出緋者一二。紫金盤千葉深紫，宜陽。紫繡毬即魏紫也。千瓣，樓子，葉肥大，而圓轉可愛。檀心紫中有深檀心。葉底紫似暈，紫花在叢中，旁必生一枝，引葉覆上，即軍容紫。潑墨紫深紫色，類墨葵。鹿胎紫千葉紫瓣上有白點，儼若鹿皮紋，宜陽。魏家紫千葉大花，産魏相家。平頭紫即左紫也。千葉，花大徑尺而齊，如栽宜陽。乾道紫色稍淡而暈紅。紫玉千葉，白瓣，中有深紫色絲紋，宜陰。錦團緑其幹亂生成叢，葉齊小而短厚，花千瓣，粉紫色，合紅如叢瓣細紋。

白色計二十二品

玉天仙多葉，白瓣，檀心。慶天香千葉，粉白色。玉重樓千葉，高樓子，宜陰。綫邊白瓣邊有緑暈。蜜嬌姿初開微蜜，後白。萬卷書即玉玲瓏，千瓣細長。銀妝點千葉，樓子，宜陰。水晶毬瓣圓，俱垂下。玉剪裁平頭，葉邊如鋸齒。白青猊中有五青瓣。蓮香白平頭，花香如蓮。伏家白以氏得名，猶如姚黃。鳳尾白中有長瓣，特出。玉盤盂多葉大瓣，開早。玉版白單葉細長，如拍版。鶴翎白多葉而長，檀心。金絲白瓣上有淡黃絲。羊脂玉千葉，樓子，大白瓣。青心白千葉，青色心。玉碗白單葉，圓花。平頭白花大尺許，難開，宜陰。一百五瓣長多葉，黃蕊檀心花最大此品嘗至一百五日，先開。

青色計三品

佛頭青一名歐碧，群花謝後此花始開。緑蝴蝶一名萼緑華。千瓣，色微帶緑。鴨蛋青花青如蛋殼，宜陰。

牡丹花之五色燦爛，其形其色，其態度變幻，原莫可名狀。後之命名，亦隨人之喜好，約數百種。然而雷同者亦不少，兹存一百三十種，尚有疑似處，望博雅裁之。

清 張逸少 汪灝等《佩文齋廣羣芳譜》卷三二《牡丹》

牡丹一名鹿韭，一名鼠姑，一名百兩金，一名木芍藥。《通志》云：牡丹初無名，依芍藥得名，故其初曰木芍藥。《本草》又云：以其花似芍藥而宿幹似木也。秦漢以前無考，自謝康樂始言永嘉水際竹間多牡丹，而劉賓客《嘉話録》謂北齊楊子華有畫牡丹，則此花之從來舊矣。唐開元中，天下太平，牡丹始盛于長安，逮宋，惟洛陽之花爲天下冠。一時名人高士，如邵康節、范堯夫、司馬君實、歐陽永叔諸公，尤加崇尚，往往見之詠歌。洛陽之俗大都好花，閱《洛陽風土記》可考鏡也。天彭號小西京，以其好花，有京洛之遺風焉。大抵洛陽之花以姚魏爲冠，姚黃未出，牛黃第一，牛黃未出，魏花第一，魏花未出，左花第一，左花之前惟有蘇家紅、賀家紅、林家紅之類。花皆單葉，惟洛陽者千葉，故名曰洛陽花。自洛陽花盛而諸花詘矣。嗣是歲益培接，競出新奇，固不特前所稱諸品已也。性宜寒畏熱，喜燥惡濕，得新土則根旺，栽向陽則性舒。陰晴相半，謂之養花天，栽接剔治，謂之弄花。最忌烈風炎日，若陰晴燥濕得中，栽接種植有法，花可開至七百葉，面可徑尺。善種花者須擇種之佳者種之，若事事合法，時時著意，則

花必盛茂，間變異品，此則以人力奪天工者也。 花有姚黃花千葉，出民姚氏家，一歲不過數朵。 禁院黃姚黃別品，閒淡高秀，可亞姚黃。 慶雲黃花葉重複，郁然輪囷，以故得名。 甘草黃單葉，色如甘草，洛人善別花，見其樹知爲奇花，其葉嚼之不腥。 牛黃千葉，出民牛氏家，比姚黃差小。 瑪瑙盤赤黃色，五瓣，樹高二三尺，葉頗短蹙。 黃氣毬淡黃檀心，花葉圓正，間背相承，敷腴可愛。 御衣黃千葉，色似黃葵。 淡鵝黃初開微黃，如新鵝兒，平頭，後漸白，不甚大。 太平樓閣千葉。以上黃類。 魏花千葉肉紅，略有粉梢，出魏丞相仁溥之家。樹高不過四尺，花高五六寸，闊三四寸，葉至七百餘。錢思公嘗曰：人謂牡丹花王，今姚花真可爲王，魏乃后也。一名寶樓臺。 石榴紅千葉樓子，類王家紅。 曹縣狀元紅成樹宜陰。 映日紅細瓣，宜陽。 王家大紅紅而長尖微曲，宜陽。 大紅西瓜瓤宜陽。 大紅舞青猊胎微短，花微小，中出五青瓣，宜陰。 七寶冠雖開，又名七寶旋心。 醉胭脂莖長，每開頭垂下，宜陽。 大葉桃紅宜陰。 殿春芳開遲。 美人紅 蓮蕊紅瓣似蓮花。 翠紅妝難開，宜陰。 陳州紅 硃砂紅花葉甚鮮，向日視之如猩血，宜陰。 錦袍紅古名潛溪緋，深紅，比寶樓臺微小而鮮粗，樹高五六尺，但枝弱，開時須以杖扶，恐爲風雨所折，枝葉疏闊，棗芽小彎。 皺葉桃紅葉圓而皺，難開，宜陰。 桃紅西瓜瓤胎紅而長，宜陽。以上俱千葉樓子。 大紅剪絨千葉並頭，其瓣如剪。 羊血紅易開。 錦袍紅石家紅葉稀，不甚緊。 壽春紅瘦小，宜陽。 彩霞紅 海天霞大如盤，宜陽。以上俱千葉，平頭。 小葉大紅千葉難開。 鶴翎紅 醉仙桃外白內紅，難開宜陰。 梅紅平頭深桃紅。 西子紅圓如毬，宜陰。 粗葉壽安紅肉紅，中有黃蕊，花出壽安縣錦屏山，細葉者尤佳。 丹州延州紅 海雲紅色如霞。 桃紅綫 桃紅鳳頭花高大。 獻来紅花大淺紅，斂瓣如撮，顏色鮮明。樹高三四尺，葉團。張僕射居洛，人有獻者，故名。 祥雲紅淺紅花，妖艷多態而花葉最多，如朵雲狀。 淺嬌紅大桃紅，外瓣微紅而深嬌，徑過五寸，葉似粗葉壽安，頗捲皺，葱綠色。 嬌紅樓臺淺桃紅，宜陰。 輕羅紅 淺紅嬌嬌紅，葉綠可愛，開最早。 花紅繡毬細瓣，開圓如毬。 花紅平頭銀紅色。 銀紅毬外白內紅，色極嬌，圓如毬。 醉嬌紅微紅。 出莖紅桃大尺餘，其莖長二尺。 西子開圓如毬，宜陰。以上俱千葉。 大紅繡毬花類王家紅，葉微小。 瞿粟紅茜花鮮粗，開瓣合櫳，深檀心，葉如西施而尖長，花中之烜煥者。 壽安紅平頭黃心，葉粗細二種，粗者香。 鞓紅單葉深紅，張僕射齊賢自青州以駱駝馱其種，遂傳洛中。因色類腰帶鞓，故名，亦名青州紅。 勝鞓紅樹高二尺，葉尖長，花紅赤煥然，五葉。 鶴翎紅多瓣，花末白而本肉紅，如鴻鵠羽毛，細葉。 蓮花萼多葉紅花，青趺三重，如蓮萼。 一尺紅深紅頗近紫，花面大幾尺。 文公紅出西京潞公園，亦花之麗者。 迎日紅醉西施同類，深紅，開最早，妖麗奪目。 彩霞其色光麗，爛然如霞。 梅紅樓子 嬌紅色如魏紅，不甚大。 紹興春祥雲子花也，花尤富，大者徑尺，紹興中始傳。 金腰樓玉腰樓皆粉紅花而起樓子，黃白間之，如金玉色，與胭脂同類。 政和春淺粉紅花，有絲頭，政和中始出。 疊羅中間瑣碎如疊羅紋。 勝疊羅差大於疊羅。 瑞露蟬亦粉紅花，中抽碧心如合蟬狀。 乾花分蟬旋轉，其花亦大。 大千葉小千葉皆粉紅花之傑者，大千葉無碎花，小千葉則花萼瑣碎。 桃紅西番頭難開，宜陰。 四面鏡有旋葉。以上紅類。 慶天香千葉樓子，高五六寸，香而清。初開單葉，五七年則千葉矣，年遠者樹高八九尺。 肉西千葉樓子。 水紅毬千葉叢生，宜陰。 合歡花一莖兩朵。 觀音面開緊，不甚大，叢生宜陰。 粉娥嬌大淡粉紅，花如椀大，開盛者飽滿如饅頭樣，中外一色，惟瓣根微有深紅，葉與樹如天香，高四五尺，諸花開後方開，清香耐久。以上俱千葉。 醉楊妃二種，一千葉樓子，宜陽，名醉春容。一平頭極大，不耐日色。 赤玉盤千葉平頭，外白內紅，宜陰。 回回粉西細瓣樓子，外紅內粉紅。 醉西施粉白，花中間紅暈，狀如酡顏。 西天香開早，初甚嬌，三四日則白矣。 百葉仙人 以上粉紅類。 玉芙蓉千葉樓子成樹，宜陰。 素鸞嬌宜陰。 綠邊白每瓣上有綠色。 玉重樓宜陰。 羊脂玉大瓣。 白舞青猊中出五青瓣。 醉玉樓 以上俱千葉樓子。 白剪絨千葉平頭，瓣上如鋸齒，又名白纓絡，難開。 玉盤盂大瓣。 蓮香白瓣如蓮花，香亦如之。以上俱千葉平頭。 粉西施千葉，甚大，宜陰。 玉樓春多雨盛開，類玉蒸餅而高，有樓子之狀。 萬卷書花瓣皆卷筒，又名波斯頭，又名玉玲瓏，一種千葉桃紅，亦同名。 無瑕玉 水晶毬 慶天香 玉天仙 素鸞 玉仙妝 檀心玉鳳瓣中有深檀色。 玉繡毬 青心白心青。 伏家白 鳳尾白 金絲白 平頭白盛者大尺許，難開，宜陰。 遲来白 紫玉白瓣中有紅絲紋，大尺許。以上俱千葉。 醉春容色似玉芙蓉，開頭差小。 玉板白單葉長如拍板，色如玉，深檀心。 玉樓子白花起樓，高標逸韻，自是風塵外物。 劉師哥白花帶微紅，多至數百葉，纖妍可愛。 玉覆盆一名玉炊餅，圓頭，白華。 碧花正一品，花淺碧而開最晚，一名歐碧。 玉盌白單葉，花大如盌。 玉天香單葉大白，深黃蕊，開徑一尺，雖無千葉而丰韻異常。 一百五多葉白花，大如盌，瓣長三寸許，黃蕊深檀心，枝葉高大，亦如天香而葉大尖長。洛花以穀雨爲開候，而此花常至一百五日，開最先，古名燈籠。以上白類。 海雲紅千葉樓子。 西紫深紫中有黃蕊，樹生枯燥，古鐵色，葉尖長。九月內棗芽鮮明紅潤，剪其葉，遠望若珊瑚然。 即墨子色類墨葵。 丁香紫 茄花紫又名藕絲。 紫姑仙大瓣。 淡藕絲如吴中所染藕色，綠胎紫莖，花瓣中一淺紅絲相界，

宜陰。以上俱千葉樓子。　左花千葉紫花，出民左氏家，葉密齊如截，亦謂之平頭紫。　紫舞青猊中出五青瓣。　紫樓子　瑞香紫大瓣。　平頭紫大徑尺，一名真紫。　徐家紫花大。　紫羅袍又名茄色樓。　紫重樓難開。　紫紅芳　煙籠紫色淺淡。以上俱千葉。　紫金荷花大盤而紫赤色，五六瓣，中有黃蕊，花平如荷葉狀，開時側立翩然。　鹿胎多葉紫花，有白點如鹿胎。　紫繡毬一名新紫花，魏花之別品也。花如綉毬狀，亦有起樓者，爲天彭紫花之冠。　乾道紫色稍淡而暈紅。　潑墨紫新紫花之子也，單葉，深黑如墨。　葛巾紫花圓正而富麗，如世人所戴葛巾狀。　福岩紫重葉紫花，葉少如紫繡毬，謂之舊紫。　朝天紫色正紫，如金紫夫人之服色，今作子非也。　三學士　錦團綠樹高二尺，亂生成叢，葉齊小短，厚如寶樓臺，花千葉，粉紫色，合紐如撮瓣，細紋多媚而欠香，根傍易生，古名波斯，又名獅子頭滾繡毬。　包金紫花大而深紫鮮粗，一枝僅十四五瓣，中有黃蕊，大紅如核桃，又似僧持銅擊子，樹高三四尺，葉髣髴天香而圓。　多葉紫深紫，花止七八瓣，中有大黃蕊，樹高四五尺，花大如盌，葉尖長。　紫雲芳大紫，千葉樓子，葉髣髴天香，雖不及寶樓臺而紫容深迴，自是一樣清致，耐久而欠清香。　蓬萊相公　以上紫類。　青心黃花原一本，或正圓如毬，或層起成樓子亦，異品也。　狀元紅重葉深紅花，其色與鞓紅潛緋相類，天姿富貴，天彭人以冠花品。　金花狀元紅大瓣平頭微紫，每瓣上有黃鬚，宜陽。　金絲大紅平頭，不甚大，瓣上有金絲毫，一名金綫紅。　胭脂樓深淺相間，如胭脂染成，重疊纍萼，狀如樓觀。　倒暈檀心多葉紅花，凡花近萼色深至末漸淺，此花自外深色，近萼反淺白，而深檀點其心，尤可愛。　九蕊珍珠紅千葉紅花，葉上有一點白如珠，葉密蹙，其蕊九叢。　添色紅多葉，花始開色白，經日漸紅，至落乃類深紅，此造化之尤巧者。　雙頭紅並蒂騈萼，色尤鮮明，養之得地則歲歲皆雙，此花之絶異者也。　鹿胎紅鶴翎紅子花也，色微帶黃，上有白點如鹿胎，極化工之妙。　潛溪緋千葉緋，花出潛溪寺，本紫花，忽于叢中特出緋者一二朵，明年移在他枝，洛陽謂之轉枝花。　一捻紅多葉淺紅，葉杪深紅一點，如人以二指捻之，舊傳貴妃匀面餘脂印花上，来歲花開上有指印紅迹，帝命今名。　富貴紅花葉圓正而厚，色若新染，他花皆卸，獨此抱枝而槁，亦花之異者。　桃紅舞青猊千葉樓子，中五青瓣，一名睡綠蟬，宜陽。　玉兔天香青紅胎，其花粉色銀紅二種，一早開，頭微小，一晚開，頭極大，中出二瓣如兔耳。　萼綠華千葉樓子，大瓣，羣花卸後始開，每瓣上有綠色，一名佛頭青，一名鴨蛋青，一名綠蝴蝶，得自永寧王宮中。　葉底紫千葉，其色如墨，亦謂墨紫花，在叢中，旁心生一大枝，引葉覆其上，其開比他花可延十日，豈造物者亦惜之耶？唐末有中官爲觀軍容者，花出其家，亦謂之軍容紫。　腰金紫千葉，腰有黃鬚一團。　駝褐裘千葉樓子，大瓣，色類褐衣，宜陰。　蜜嬌樹如樗，高三四尺，葉尖長，頗闊厚，花五瓣，色如蜜蠟，中有蕊，根檀心。以上間色。　大凡紅白者多香，紫者香烈而欠清，樓子高千葉多者，其葉尖岐多而圓厚，紅者葉深綠，紫者葉黑綠，惟白花與淡紅者略同，此花須殷勤照管，酌量澆灌，仔細培養，花若開盛，主人必有大喜，忌栽宅内天井中。

又卷三四《牡丹・移植》　移牡丹宜秋分後，如天氣尚熱或遇陰雨，九月亦可，須全根寬掘以漸至近，勿損細根，將宿土洗净，再用酒洗，每窠用熟糞土一斗，白蘞末一斤拌匀，再下小麥數十粒于窠底，然後植于窠中，以細土覆滿，將牡丹提與地平，使其根直易生。土須與幹上舊痕平，不可太低太高，勿築實勿脚踏，隨以河水或雨水澆之，窠滿即止，待土微乾，略添細土覆蓋，過三四日再澆，封培根土宜成小堆，以手拍實，免風入吹壞花根。每本約離三尺，使葉相接而枝不相擦，風通氣透而日色不入乃佳。不可太密，防枝相磨致損花芽。不可太稀，恐日曬土熱致傷嫩根。小雪前後用草薦遮障，勿使透風。若欲遠移，將根用水洗净，取紅淤土羅細末，趁濕匀粘花根，隨用軟棉花自細根尖纏至老根，再用麻紕纏定，以水灑之。枝上紅芽用香油紙或礬綿紙包扎，籠住不得損動，即萬里可致也。或曰中秋爲牡丹生日，移栽必旺。

清　鄒一桂《小山畫譜》卷上《牡丹》　即木芍藥。古有芍藥而無牡丹，永嘉時始見吟咏。其花木本，高者五六尺，惟玉樓春可丈餘。花大者逕尺，小者五六寸，千葉者貴。或平頭、或起樓，色紅、黃、紫、白俱有，并有牙色、碧色、駝色、藕色、綠色、墨色、灑金等類。葉俱九出，貼花處或三五出。苞大蒂小，而蒂瓣葉大，枝葉破節。

清　余鵬年《曹州牡丹譜・花正色計三十四種》　昔冀王宮花品，宋景祐滄州觀察使記花凡五十種，以潛溪緋、平頭紫居正一品，分爲三等九品。又滎陽張峋撰《花譜》二卷，以花有千葉多葉之不同，創例分類，凡千葉五十八種，多葉六十三種，蓋皆博備精究者之所爲，病未能也。特分正色間色，正色黃爲中央，首列之。次青、紅、白、黑，間色粉紫綠三種，又次於後，凡五十六種云。

清　鄭績《夢幻居畫學簡明》卷三　牡丹，花之富貴者也。正二月開，花紅黃紫白黑，五色之中又深淺之別，而種類名目甚多。其瓣萼千層，花樣無所不有，鮮豔可愛。江南最盛，叢生老幹，高数尺，逢春新枝與葉蕊並發。

紀事

唐 李肇《唐國史補》卷中 京城貴游尚牡丹，三十餘年矣。每春莫，車馬若狂，以不耽玩爲恥。執金吾鋪官圍外寺觀，種以求利，一本有直數萬者。元和末，韓令始至長安，居第有之，遽命斸去，曰：「吾豈效兒女子耶？」

唐 段成式《酉陽雜俎》卷一九《廣動植類之四・草篇》 韓愈侍郎有疏從子侄自江淮來，年甚少。韓令學院中伴子弟，子弟悉爲凌辱。韓知之，遂爲街西假僧院，令讀書。經旬，寺主綱復訴其狂率。韓遽令歸，且責曰：「市肆賤類營衣食，尚有一事長處。汝所爲如此，竟作何物？」侄拜謝，徐曰：「某有一藝，恨叔不知。」因指階前牡丹曰：「叔要此花青紫黄赤，唯命也。」韓大奇之，遂給所須試之。乃豎箔曲尺遮牡丹叢，不令人窺，掘窠四面，深及其根，寬容人座，唯賫紫鑛輕粉朱紅，旦暮治其根，凡七日乃填坑。白其叔曰：「恨較遲一月。」時冬初也。牡丹本紫，及花發，色白紅歷緑。每朵有一聯詩，字色紫分明，乃是韓出官時詩，一韻曰「雲横秦嶺家何在，雪擁藍關馬不前」十四字，韓大驚異。侄且辭歸江淮，竟不願仕。

又 牡丹，前史中無説處。唯《謝康樂集》中言「竹間水際多牡丹」。成式撿《隋朝種植法》七十卷中，初不記説牡丹。則知隋朝花藥中所無也。開元末，裴士淹爲郎官，奉使幽冀。迴至汾州衆香寺，得白牡丹一窠，植於長安私第。天寶中爲都下奇賞。當時名公有《裴給事宅看牡丹》詩。時尋訪未獲，一本有詩云：長安年少惜春殘，争認慈恩紫牡丹。别有玉盤承露冷，無人起就月中看。太常博士張嵊嘗見裴通祭酒説。又房相有言「牡丹之會，琯不預焉。」至德中，馬僕射鎮太原，又得紅紫二色者，移於城中。元和初猶少，今與戎葵角多少矣。

又 興唐寺有牡丹一窠，元和中著花一千二百朵。其色有正暈、倒暈、淺紅、淺紫、深紫、黄白檀等，獨無深紅。又有花葉中無抹心者。重臺花者，其花面徑七八寸。興善寺素師院牡丹色絶佳，元和末一枝花合歡。

又《酉陽雜俎》續集卷二《支諾臯中》 東都尊賢坊田令宅中門内有紫牡丹成樹，發花千朵。花盛時每月夜有小人五六，長尺餘，游於上。如此七八年，人將掩之，輒失所在。

唐 范攄《雲谿友議》卷中《錢塘論》 致仕尚書白舍人初到錢塘，令訪牡丹花。獨開元寺僧惠澄近於京師得此花栽，始植於庭，欄圈甚密，他處未之有也。時春景方深，惠澄設油幕以覆其上。牡丹自此東越分而種之也。會徐凝自富春來，未識白公，先題詩曰：此花南地知難種，慚媿僧閒用意栽。海燕解憐頻睥睨，胡蜂未識更徘徊。虚生芍藥徒勞妒，羞殺玫瑰不敢開。唯有數苞紅幞在，含芳只待舍人來。白尋到寺看花，乃命徐生同醉而歸。

唐 康駢《劇談録》卷下《慈恩寺牡丹》 京國花卉之晨，尤以牡丹爲上。至于佛宇道觀，游覽者罕不經歷。慈恩浴堂院有花兩叢，每開，及五六百朵，繁艷芬馥，近少倫比。有僧思振，常話會昌中朝士數人尋芳，遍詣僧室。時東廊院有白花可愛，相與傾酒而坐。因云牡丹之盛，蓋亦奇矣。然世之所玩者，但淺紅深紫而已，竟未識紅之深者。院主老僧微笑曰：「安得無之，但諸賢未見爾。」於是從而詰之，經宿不去。云：「上人向來之言，當是曾有所覩，必希相引寓目，春游之願足矣。」僧但云：「昔於他處一逢，蓋非輦轂所見。」及旦求之不已。僧方露言曰：「衆君子好尚如此，貧道又安得藏之？今欲同看此花，但未知不泄於人否？」朝士作禮而誓云：「終身不復言之。」僧乃自開一房，其間施設幡像，有板壁，遮以舊幕，幕下啓開，而入至一院，有小堂兩間，頗甚華潔。軒廡欄檻，皆是柏材。有殷紅牡丹一窠，婆娑幾及千朵。初旭纔照，露華半晞，濃姿半開，炫耀心目。朝士驚賞，留戀及暮而去。僧曰：「予保惜栽培近二十年矣，無端出語，使人見之，從今已往，未知何如耳？」信宿，有權要子弟與親友數人同來入寺，至有花僧院，從容良久，引僧至曲江閑步。將出門，令小僕寄安茶笈，裹以黄帕，於曲江岸藉草而坐。忽有弟子奔走而來，云有數十人入院掘花，禁之不止。僧俛首無言，唯自吁嘆。坐中但相盼而笑，既而却歸。至寺門，見以大畚盛花，舁而去。取花者因謂僧曰：「竊知貴院舊有名花，宅中咸欲一看，不敢預有相告，蓋恐難於見捨。適所寄籠子中有金三十兩，蜀茶二斤，以爲酬贈。」

宋 陶穀《清異録》卷上《花・小南强》 南漢地狹力貧，不自揣度，有欺四方傲中國之志。每見北人，盛誇嶺海之强。世宗遣使入嶺館，接者遺茉莉，文其名曰「小南强」。及本朝鋹主面縛僞臣到闕，見洛陽牡丹，大駭歎。有搢紳謂曰：此名大北勝。

宋 錢易《南部新書》卷四 長安三月十五日，兩街看牡丹，奔走車馬。

慈恩寺元果院牡丹，先於諸牡丹半月開。太真院牡丹後諸牡丹半月開。故裴兵部《憐白牡丹》詩自題於佛殿東頰脣壁之上。太和中，車駕自夾城出芙蓉園，路幸此寺。見所題詩，吟玩久之。因令宫嬪諷念。及暮，歸大内，即此詩滿六宫矣。其詩曰：長安豪貴惜春殘，争賞先開紫牡丹。别有玉杯承露冷，無人起就月中看。兵部時任給事。

宋 宋祁《景文集》卷一《上苑牡丹賦序》 聖上即位之七年春三月，内苑出牡丹三種，特異常卉。其一雙頭并幹，其二千葉一房，其三二花攢萼，跗足甚大，葩色正紅。

宋 歐陽修《洛陽牡丹記·風土記第三》 洛陽之俗，大抵好花。春時城中無貴賤皆插花，雖負擔者亦然。花開時，士庶競爲游遨，往往於古寺廢宅有池臺處爲市井，張幄帟，笙歌之聲相聞。最盛於月陂堤、張家園、棠棣坊、長壽寺、東街，與郭令宅，至花落乃罷。洛陽至東京六驛，舊不進花，自今徐州李相迪爲留守時始進御。歲遣牙校一員，乘驛馬一日一夕至京師，所進不過姚黄、魏花三數朶，以菜葉實竹籠子藉覆之，使馬上不動摇，以蠟封花蒂，乃數日不落。大抵洛人家家有花，而少大樹者，蓋其不接則不佳。春初時，洛人於壽安山中斲小栽子賣城中，謂之山篦子。人家治地爲畦塍種之，至秋乃接。接花尤工者一人，謂之門園子，豪家無不邀之。姚黄一接頭直錢五千，秋時立券買之，至春見花，乃歸其直。洛人甚惜此花，不欲傳。有權貴求其接頭者，或以湯中蘸殺與之。魏花初出時，接頭亦直錢五千，今尚直一千。接時須用社後重陽前，過此不佳也。花之本木去地五七寸許，截之乃接，以泥封裹，用軟土擁之，以蒻葉作庵子罩之，不令見風日。唯南向留一小户以達氣，至春乃去其覆，此接花之法也用瓦亦奇。種花必擇善地，盡去舊土，以細土用白斂末一斤和之。蓋牡丹根甜，多引蟲食，白斂能殺蟲，此種花之法也。澆花亦自有時，或用日未出，或日西時。九月旬日一澆，十月、十一月三日二日一澆，正月隔日一澆，二月一日一澆，此澆花之法也。一本發數朶者，擇其小者去之，只留一二朶，謂之打剥，懼分其脉也。花纔落，便翦其枝，勿令結子，懼其易老也。春初既去蒻庵，便以棘數枝置花叢上，棘氣暖，可以辟霜，不損花芽，他大樹亦然，此養花之法也。花開漸小於舊者，蓋有蠹蟲損之，必尋其穴，以硫黄簪之，其旁又有小穴如鍼孔，乃蟲所藏處，花工謂之氣窗，以大鍼點硫黄末鍼之，蟲乃死，花復盛，此醫花之法也。烏賊魚骨用以鍼花樹，入其膚，花輒死，此花之忌也。

宋 高承《事物紀原》卷一〇《草木花果部五十四·牡丹》 隋煬帝世始傳牡丹，唐人亦曰木芍藥。開元時，宫中及民間競尚之。今品極多也。一説武后冬月游後苑，花俱開而牡丹獨遲，遂貶於洛陽。故今言牡丹者以西洛爲冠首。

宋 王闢之《澠水燕談録》卷八《歌詠》 海陵西溪鹽場，初文靖公嘗官於此，手植牡丹一本，有詩刻石。後范文正公亦嘗臨涖，復題一絶「陽和不擇地，海角亦逢春。憶得上林色，相看如故人。」後人以二公詩筆，故題詠極多，而花亦爲人貴，重護欄，歲久茂盛。每歲花開百朶，爲海濵之奇觀。

又 卷九《事志》 洛陽至京六驛，舊未嘗進花。李文定公留守，始以花進。歲差府校一人，乘驛馬晝夜馳至京師。所進止姚黄魏紫三四朶，用菜葉實籠中，藉覆上下，使馬不動摇，亦以御日氣。又以蠟封花蒂，可數日不落，今歲貢不絶。

宋 邵伯温《聞見録》卷一七 洛中風俗尚名教，雖公卿家不敢事形勢。人隨貧富自樂，於貨利不急也。歲正月梅已花，二月桃李雜花盛，三月牡丹開。於花盛處作園囿，四方伎藝舉集，都人士女載酒争出，擇園亭勝地，上下池臺間，引滿歌呼，不復問其主人。抵暮游花市，以筠籠賣花，雖貧者亦戴花飲酒相樂。故王平甫詩曰：風暄翠幕春沽酒，露濕筠籠夜賣花。姚黄初出邙山後白司馬坡下姚氏，酒肆水地諸寺間有之，歲不過十數枝。府中多取以進。次曰魏花，出五代魏仁浦樞密園池中島上。初出時，園吏得錢，以小舟載游人往過，他處未有也。自餘花品甚多。天聖間，錢文僖公留守時，歐陽公作《花譜》才四十餘品，至元祐間韓玉汝丞相留守，命留臺張子堅續之，已百餘品矣。姚黄自穠緑葉中出微黄花，至千葉。魏花微紅，葉少減。此二品皆以姓得名，特出諸花之上，故洛人以姚黄爲王，魏花爲妃云。余去鄉久矣，政和間爲過之，當春時，花園花市皆無有。問其故，則曰花未開，官遣人監護，用開盡檻土移之京師，藉園人名姓，歲輸花如租税。洛陽故事遂廢，余爲之歎，又追記其盛時如此。

宋 劉斧《青瑣高議·鹿銜牡丹》（《説郛》卷二六下輯） 宫中牡丹，品最上者御衣黄，次曰甘草黄，次曰建安黄，次皆紅紫，各有佳名，終不出三花之上。他日宫中貢一尺黄，乃山下民王文仲所接也。花面幾一尺，高數寸，祇開一朶，絳幃籠護之。帝未及賞，會爲鹿銜去，帝以爲不祥。有佞人奏云：釋氏有鹿銜花，以獻金仙。帝私曰：野鹿游宫中，非佳兆也。殊不知應禄山之亂也。

宋 朱弁《曲洧舊聞》卷四 歐公作《花品》，目所經見者，纔二十四種。後于錢思公屏上得牡丹，凡九十餘種。然思公《花品》無聞于世。宋次道《河

南志》于歐公《花品》後，又增二十餘名。張峋或云爲留臺，字子堅。撰譜三卷，凡一百一十九品，皆叙其顔色容狀及所以得名之因，又訪于老圃，得種接養護之法，各載于圖後，最爲詳備，韓玉汝爲序之而傳于世。大觀政和以来，花之變態又有在峋所譜之外者，而時無人譜而圖之。其中姚黄尤驚人眼目，花頭面廣一尺，其芬香比舊特異，禁中號一尺黄。予在南平城，作《謝范祖平朝散惠花》詩云：平生所愛曾莫倦，天遣花王慰吾願。姚黄三月開洛陽，曾觀一尺春風面。蓋記此事也。

宋 孔倜《妖化録》（《説郛》卷一一八輯） 宣和七年，京城諸園苑中，盛夏六月間牡丹皆開，始作金色，又變異色而退。

宋 張邦基《墨莊漫録》卷二 洛中花工宣和中，以藥壅培於白牡丹如玉千葉、一百五、玉樓春等根下，次年花作淺碧色，號歐家碧。歲貢禁府，價在姚黄上，嘗賜近臣，外廷所未識也。

又《陳州牡丹記》（《説郛》卷一〇四上輯） 洛陽牡丹之品見于花譜，然未若陳州之盛且多也。園户植花如種黍粟，動以頃計。政和壬辰春，予侍親在郡，時園户牛氏家忽開一枝，色如鵝雛而淡，其面一尺三四寸，高尺許，柔葩重疊，約千百葉。其本姚黄也，而于葩英之端，有金粉一暈縷之，其心紫蕊，亦金粉縷之。牛氏乃以縷金黄名之，以籧篨作棚屋，圍幛，復張青帟護之。于門首遣人約止游人，人輸千錢乃得入觀，十日間其家數百千。予亦獲見之。郡守聞之，欲剪以進于内府。衆園户皆言不可，曰：「此花之變易者，不可爲常，他時復來索此品，何以應之？」又欲移其根，亦以此爲辭，乃已。明年花開，果如舊品矣。此亦草木之妖也。

蘇長公記東武舊俗，每歲四月大會於南禪資福兩寺，芍藥供佛，而今歲最盛。凡七千餘朵，皆重跗累萼，繁麗豐碩，中有白花，正圓如覆盂，其下十餘葉稍大，承之如盤，姿格絶異，獨出於七千朵之上。云得之於城北蘇氏園中，周宰相莒公之别葉。此亦異種，與牛氏家牡丹並足傳異云。

宋 洪皓《松漠紀聞》卷一 渤海國去燕京女真所都皆千五百里。【略】金人慮其難制，頻年轉戍山東，每徙不過數百家。至辛酉歲，盡驅以行。其人大怨。富室安居踰二百年，往往爲園池，植牡丹，多至三二百本，有數十幹叢生者，皆燕地所無。纔以十數千或五千賤貿而去。

宋 馬純《陶朱新録》 揚州參議廳舍其中堂，每日暮有碧牡丹出地中，視之如水影，以足蹙之，蓬蓬然散如金塵而滅，前後政往往見之。其宇起於兵火後，疑地中有埋没金寶，但未有人决意發之爾。

宋 陸游《渭南文集》卷四二《天彭牡丹譜·風俗記第三》 天彭號小西京，以其俗好花，有京洛之遺風。大家至千本。花時，自太守而下，往往即花盛處張飲，帟幕車馬，歌吹相屬，最盛於清明寒食時。在寒食前者謂之火前花，其間稍久，火後花則易落。最喜陰晴相半，時謂之養花天。栽、接、剔、治各有其法，謂之弄花。其俗有「弄花一年，看花十日」之語。故大家例惜花，可就觀，不敢輕翦，蓋翦花則次年花絶少。惟花户則多植花以侔利。雙頭紅初出時，一本花取直至三十千，祥雲初出亦直七八千，今尚兩千。州家歲常以花餉諸臺及旁郡，蠟葉筠籃，旁午於道。予客成都六年，歲常得餉，然率不能絶佳。淳熙丁酉歲，成都帥以善價私售於花户，得數百苞，馳騎取之，至成都，露猶未晞。其大徑尺，夜宴西樓下，燭焰與花相映發，影摇酒中，繁麗動人。嗟乎！天彭之花，要不可望洛中，而其盛已如此。使異時復兩京，王公將相築園第以相詩尚，予幸得與觀焉，其動蕩心目，又宜何如也。明年正月十日，山陰陸某書。

宋 施宿等《會稽志》卷一七《木部》 牡丹，歐陽公《花品序》云：牡丹出丹州延州，東出青州，南出越州，惟洛陽者天下第一。王文公有《越人以幕養花》詩二首。吴越時，錢傳瓘爲會稽，喜栽植牡丹，其盛若菜畦，其成叢列樹者，顔色葩房，率皆絶異。時人號爲花精。會稽光孝觀有牡丹，亦甚美，其尤者名醉西施。熙寧間，程給事公闢鎮越，嘗領客賞焉。公與坐客皆賦詩，刻石觀中，詩存而花亡。曹娥廟前牡丹二株，亦不凡。雖單葉而着花至數百苞，至今存。

宋 陳振孫《直齋書録解題》卷一〇《農家類·越中牡丹花品二卷》 僧仲休撰。其序言：越之所好尚惟牡丹，其絶麗者三十二種，始乎郡齋豪家名族。梵宇道宫、池臺水榭，植之無間，來賞花者，不間親疏。謂之看花局。澤國此月多有輕雲微雨，謂之養花天。里語曰：彈琴種花，陪酒陪歌。末稱「丙戌歲八月十五日移花日序」。丙戌者，當是雍熙三年也。越在國初，繁富如此，殆不減洛中。今民貧至骨，種花之風遂絶。何今昔之異耶？其故有二：一者鏡湖爲田，歲多不登，二者和買土著，數倍常賦，勢不得不貧也。

宋 羅大經《鶴林玉露》卷四 又如牡丹，自唐以前未有聞。至武后時，樵夫采山乃得之。國色天香，高掩羣花，於是舒元輿爲之賦，李太白爲之

詩，固已奇矣。至宋朝，紫黄丹白，標目尤盛。至於近時，則翻騰百種，愈出愈奇。

宋 潛説友《咸淳臨安志》卷五八《物産·花之品》 牡丹 昌化富陽者頗大，古杭城中吉祥寺最多。東坡有詩。又有《留别釋迦院牡丹》詩。又有一種冬月開者，《和述古詩》云「一朵嬌紅翠欲流，春光回照雪霜羞」者是也。

宋 鄭虎臣《吴都文粹》卷七 牡丹，唐以來止有单葉者。本朝洛陽始出多葉千葉，遂爲花中第一。頃時朱勔家圃在閶門内，植牡丹千萬本，以繒彩爲幕，彌覆其上。每花身飾金爲牌，記其名。勔敗，官籍其家，不數日，墟其圃。牡丹皆拔而爲薪，花名牌一枚估值三錢。中興以來，人家稍復接種。有傳洛陽花種至吴中者，肉紅則觀音、崇寧、壽女、王希、叠羅等紅，淡紅則風嬌、又名勝西施。一捻紅，深紅則朝霞紅、又名富一家。鞓紅、雲葉及茜金毬，紫中貴牛家黄等，不過此十餘種，姚魏蓋不傳矣。

宋《分門古今類事》卷一四《讖兆門下·延瓊孟字》 徐延瓊，僞蜀王衍之舅。於興義門造宅，宅内有二十餘院，皆雕牆峻宇，高臺深池，奇花異木，叢桂小山，山川珍物，無不畢集。秦川董城一村院有紅牡丹一株，所植年代深遠，使人取之。掘土方丈，盛以木櫃。自秦川至成都數千里，歷大小曼天，隘狹險絶之路方致焉。乃植於新第，因請少主臨幸。少主歎基創之大侔於宫禁，遂戲取筆於柱上大書一孟字，時俗謂孟爲不佳也。明年，孟氏入成都，據其第。忽覩楹間有絳紗籠，迫而視之，乃一孟字。孟曰：吉祥，吾無易此居矣。孟之有蜀，蓋先兆也。

元 姚燧《牧庵集》卷三三《爰裔堂牡丹》 宣相家牡丹雖多，然止三種，玉板白、葉底紫、淺紅。惟二十一日最研盛，邵子所謂看花須及未開時，今已凋落矣。

元 高德基《平江記事》 花木之妖世固有之，未有如平江牡丹之甚異者。致和戊辰八月，鐵瓶巷劉太醫家牡丹數株，各色盛開。開凡三度，初開者若茶盂子大，中間緑蕊，有如神佛之狀，數日乃謝。第二度開者若五升竹籠，花蕊成人馬形，耐有半月之久。第三度開者，只如酒盞大，其蕊細長，若幡幢旗幟狀，而羅衫紫與粉紅樓子甚多。三日而萎，觀者日數百人，闌檻盡皆擁毁，不可止遏。童謡云：「牡丹紅，禾苗空。牡丹紫，禾苗死。」明年明宗登極，五月暴崩，而廟諱乃和字也，其應不爽如此。

元 陶宗儀《説郛》卷三三下《錦裏新聞》 牡丹坪，環坪皆牡丹也。春時花發，傾城出游，鴛鴦燕子，飛翔坪上。

明 田汝成《西湖游覽志餘》卷二四《委巷叢談》 牡丹，唐時杭州無此種。長慶間，開元寺僧惠澄自都下乍得一本，謂之洛花。白樂天攜酒賞之，張處士祜題詩云：濃艷初開小藥欄，人人惆悵出長安。風流却是錢唐守，不踏紅塵看牡丹。至宋時漸多，而獨盛於吉祥寺。蘇子瞻通判杭州時，有《牡丹記叙》一篇，其略云：熙寧五年三月二十三日，予從太守沈公觀花於吉祥寺僧守璘之圃。圃中花千本，其品以百數。酒酣樂作，州人大集，金盤彩藍以獻於座者五十有三人。飲酒樂甚，素不飲者皆醉。自輿儓皂隸皆插花以從，觀者數萬人，可謂盛矣。近日杭州牡丹黄紫紅白咸備，而粉紅獨多，有一株百餘朵者。出昌化、富陽者尤大，不減洛陽也。

明 何宇度《益部談資》卷中 牡丹諸色俱備，千葉而大如毬，兩都所不及也。一名魚血紅者獨艷，惟無黄者。

明 王世貞《弇州四部稿》續稿卷一〇 吾師寧齋先生南園牡丹之盛冠絶吴中，而皆師之長郎君手植。中有白牡丹一株曰尺素者，尤奇麗。

明 謝肇淛《五雜組》卷一〇《物部二》 牡丹，自閩以北，處處有之，而山東河南尤多。《埤雅》云：丹延以西及褒斜道中與荆棘無别，土人皆伐以爲薪，未知果否也。余過濮州曹南一路，百里之中，香風逆鼻，蓋家家圃畦中俱植之，若蔬菜然。搢紳朱門高宅，空鎖其中，自開自落而已。然北地種無高大者，長僅三尺而止。余在嘉興吴江所見，乃有丈餘者，開花至三五百朵，北方未嘗見也。此花唐宋之時莫盛於洛陽，今則徒多而無奇，豈亦氣運有時而盛衰耶？

明 曹學佺《蜀中廣記》卷五《成都府五·彭縣》 陸放翁云：天彭號小西京，以其俗好植牡丹，有京洛之遺風。《古今雜記》：孟氏以牡丹名苑，于時彭門爲輔郡，典州者多其戚里，得之上苑，此彭門花之始也。天彭亦謂之花州，而牛心山下謂之花村云。

又卷六《成都府六·灌縣》《古今記》云：老人村有牡丹坪。王溉序謂牡丹高數十丈，花開盈一尺。范至能詩「十丈牡丹如錦蓋，人間姚魏敢争春」即此。《方輿勝覽》云：牡丹坪者，自青城之長平山捫蘿而上，歷鳥道三十里許，有平皐數十畝，高樹蔽天，春深先花後葉，狀如芙蕖，香類牡丹。譙定天授

季浩太素二先生隱其中云。

又 卷六二《方物記第四・牡丹》 按天彭牡丹今已寥寥，成都惟汶川郡邸好植牡丹，已累世矣。故此花特盛，而蜀藩不敢與之較。黄碧二色絶無，紅者曰魚血紅、播州紅，最著，然亦鄰于紫。有平頭紫者，頭有九，合爲一朵，可得徑尺，有五樹高，亦可得丈許者，予江南所未見也。醉西施則與江南同之。紅者一種曰鶴翎紅，亦有斑點，大抵如譜中所稱鹿胎紅耳。白者二種，與鶴翎俱單葉，其神不王也。

明 夏之臣《評亳州牡丹》（《佩文齋廣羣芳譜》卷三二輯） 吾亳牡丹，年来浸盛，嬌容三變，猶在季孟之間，等此而上，有天香一品、妒榴紅、勝嬌容、宫袍紅、琉璃貫珠、新紅，種類不一。惟雜紅最後出，頗稱難得。又有大黄一種，輕膩可愛，不減三變。初開拳曲結銹，不甚舒展，須大開時方到極妙處，爲一病耳。至如佛頭青爲白花第一，此時極多，無難致。大抵紅色以花子紅、銀紅、桃紅爲上，如紫色或如木紅，則卑卑不足數矣。吾亳土脉頗宜花，毋論園丁地主，但好事者皆能以子種，或就根分移。其捷徑者惟取方寸之芽于下品牡丹全根上如法接之，當年盛者長一尺餘，即著花一二朵，二三年轉盛，如上三變之類，皆以此法接之。其種類異者，其種子之忽變者也。其種類繁者，其栽接之捷徑者也，此其所以盛也。他處好事者目擊千葉大紅，即以爲至寶，不遑深辨。而上色上品，即吾亳好事之家，惟有力者能得之。予向于牡丹亦止浮慕，近且精其伎倆，園丁好事之家，窮搜而厚遺之，故所得名品頗多。草堂數武之地，種蒔殆徧。率以兩色并作一叢，紅白異狀，錯綜其間。又以平頭紫、慶天香、先春紅三色插入花叢，間雜而成文章，他時盛開，爛然若錦，點綴春光，亦一奇也。

明 薛鳳翔《亳州牡丹史》卷二《别傳・紀園・單家莊》 去城十八里，長河迤南，故沃壤。單氏【略】爲亳掾，以餘力種牡丹，益獲利。凡有所見，無論本土新生，别鄉初至，輒致之，且能爲花王護法，即達官貴人以至好事者莫能取，故牡丹尤備於諸園，凡遠近市奇花者，必先單氏焉。

又《别傳・風俗記》 吾亳以牡丹相尚，實百恒情。雖人因花而繫情，花亦因人而幻出。計一歲中，鮮不以花爲事者。方春時則灌花，芽生寸許則剪花，甫至穀雨，則連袂結轍以看花，暨秋而分而接，人復爲之旁午，是所餘者特冬時三月耳。然一當花期，互相物色，詢某家出某花，某可以情求某可以利得。異種者獲一接頭，密秘不啻十襲。名園古刹，尤稱雅游。若出花户，輕儇之客，不惜泉布，私諸砌上，争相詩詡。又截大竹貯水，折花之冠絶者，門麗往還，一國若狂。可賞之處，即交無半面，亦肩摩出入，雖負擔之夫，村野之氓，輟務來觀，入暮擕花以歸。無論醒醉，歌管填咽，幾匝一月，何其盛也！其春時剪芽雖多不棄，沃以清泉，驅苦氣，曝乾瀹茗，清遠特甚。殘花凋卸，園丁藏之，可佐鼎食。即眉山以酥煎之，煮根皮，購作藥物，亦爲花户餘潤。吾鄉檢校此花，已無餘憾。昔六一公四經洛陽春，止見其早晚，嘗自悔未逢全盛。生長於斯，清福可偏，但過眼繁萃，觀空者寧堪濡首。

明 徐弘祖《徐霞客游記》卷五下《記游太華山》 余輒從危崖歷隙上，壁雖峭，石峰多棱，懸躍無不如意。壁紋瓊葩瑶莖，千容萬變，皆目所未收。素習者惟牡丹，枝葉離披，布滿石隙，爲此地絶遺，乃結子垂垂，外緑中紅，又余地所未見。土人以高遠，莫知采鑒，第曰山間野藥，不辨何物也。

清 吴任臣《十國春秋》卷四九《後蜀二・後主本紀》 廣政五年春正月，地震。二月，湖南遣使來聘。三月，帝宴牡丹苑。《牡丹譜》云：孟氏于宣華苑廣植牡丹，名之曰牡丹苑。牡丹花凡雙開者十，黄者白者三，紅白相間者四。又有深紅、淺紅、深紫、淺紫、淡黄、鷗黄、潔白、正暈、倒暈、金含棱、銀含棱、旁枝副搏、合歡重臺，每朵至五十葉，面徑七八寸，復有檀心如墨者。香聞至五十步，從官皆賦詩賞之。

清 王士禛《居易録》卷六 高淳縣丹陽湖之南花山有白牡丹，歲開不過五枝七枝，香聞十餘里，散生石罅中，移山下人家，輒不活。山南有孔家村，孔氏聚族于此，每山上花時，村中異香彌月不散。

又《池北偶談》卷二四《黑牡丹》 曹州牡丹，品類甚多，先祭酒府君嘗往購得黄白緑數種。長山李氏獨得黑牡丹一叢，云曹州止諸生某氏有之，亦不多得也。

清 張逸少 汪灝《佩文齋廣群芳譜》卷三二《牡丹》 明袁宏道《張園看牡丹記》：四月初四日，李長卿邀余及顧升伯、湯嘉賓、鄭太初出平則門看牡丹。主人爲惠安伯張公元善，皓髮頳顔，伺客甚謹。時牡丹繁盛，約開五千餘，平頭紫大如盤者甚夥，西瓜瓤，舞青猊之類，徧畦有之。一種爲芙蓉三變，尤佳。曉起白如珂雪，已後作嫩黄色，午間紅暈一點如

腮霞，花之極妖異者。主人自言經營四十餘年，精神筋力强半疲於此花。每見人間花實，即采而歸種之。二年芽始茁，十五年始花，久則變而爲異種。有單瓣而樓子者，有始常而終冶麗者。已老，不復花，則芟其枝。時殘紅在海棠，猶三千餘本，中設緋幕，絲肉遞作，自籬落以至門屏，無非牡丹，可謂極花之觀。最後一空亭甚敞，亭周遭皆芍藥，密如韭畦，牆外有隙地十餘畝，種亦如之。約以開時復來。廿六日，偕升伯、長卿及友人李本石、龍君超、丘長孺、陶孝若、胡仲修十弟寓庸，時小修亦自密雲至，遂同往觀。紅者已開殘，惟空亭周遭數十畝如積雪，約十餘萬本。是日來者多高户，遂大醉而歸。

雍正《浙江通志》卷一〇七《物産七・温州府》 紫牡丹《名勝志》：麗水縣禪智寺有紫牡丹一本，高丈餘，每開五百餘花，花各十二瓣，值閏年，各開十三瓣。宋政和間宣入御苑栽之，花即不開，詔遣還山，復開如故。

雍正《四川通志》卷三八之六《物産・龍安府》 牡丹有數色，紅、紫、白一捻紅，俱重臺，花大如盤，本可繫馬，甲於他處。

清 于敏中 英廉等《日下舊聞考》卷七九《國朝苑囿泉宗廟》 原武清侯別業，額曰清華園，廣十里。園中牡丹多異種，以緑蝴蝶爲最。開時足稱花海。西北水中起高樓五楹，樓上復起一臺，俯瞰玉泉諸山，御書「青天白日」四字於中，東西書「光華」、「乾坤」相對，字各長二尺餘。《燕都游覽志》

清 謝堃《花木小志・牡丹》 國色朝酣，唐人可謂善爲寫照。然所謂者，玉樓春耳。其魏紫、姚黄、胡紅、季白，皆見之矣。或有見其黑色、緑色者，色多闇澹，終不若玉樓春鮮豔明麗。余嘗於曹縣舊宦家見玉樓春一株，高齊厦屋，花發百萼，香色奪目，真大觀也。

著　録

宋 歐陽修《洛陽牡丹記・花品叙第一》 牡丹出丹州、延州，東出青州，南亦出越州。而出洛陽者，今爲天下第一。洛陽所謂丹州花、延州紅、青州紅者，皆彼土之尤傑者。然來洛陽，纔得備衆花之一種，列第不出三，已下不能獨立與洛花敵。而越之花以遠罕識，不見齒然，雖越人亦不敢自譽以與洛陽争高下。是洛陽者，寔天下之第一也。洛陽亦有黄芍藥、緋桃、瑞蓮、千葉李、紅郁李之類，皆不減他出者，而洛陽人不甚惜，謂之果子花，曰某花云云，至牡丹則不名，直曰花。其意謂天下真花獨牡丹，其名之著，不假曰牡丹而可知也。其愛重之如此。説者多言洛陽於三河間古善地，昔周公以尺寸考日出没，測知寒暑風雨乖與順於此。此蓋天地之中，草木之華得中氣之和者多，故獨與他方異，予甚以爲不然。夫洛陽於周所有之土，四方入貢道里均，乃九州之中，在天地崑崙旁礴之間，未必中也。又況天地之和氣宜遍四方上下，不宜限其中以自私。夫中與和者有常之氣，其推於物也，亦宜爲有常之形。物之常者，不甚美，亦不甚惡。及元氣之病也，美惡隔并而不相和入。故物有極美與極惡者，皆得於氣之偏也。花之鍾其美，與夫癭木擁腫之鍾其惡，醜好雖異，而得一氣之偏病則均。洛陽城圍數十里，而諸縣之花莫及城中者，出其境則不可植焉。豈又偏氣之美者，獨聚此數十里之地乎？此又天地之大不可考也已。凡物不常有而爲害乎人者曰災，不常有而徒可怪駭不爲害者曰妖。語曰：天反時爲災，地反物爲妖。此亦草木之妖而萬物之一怪也。然比夫癭木擁腫者，竊獨鍾其美而見幸於人焉。余在洛陽四見春，天聖九年三月始至洛，其至也晚，見其晚者。明年，會與友人梅聖俞游嵩山少室緱氏嶺、石唐山紫雲洞，既還，不及見。又明年，有悼亡之戚，不暇見。又明年，以留守推官，歲滿解去，只見其早者，是未嘗見其極盛時。然目之所矚，已不勝其麗焉。余居府中時，嘗謁錢思公於雙桂樓下，見一小屏立坐後，細書字滿其上。思公指之曰：「欲作花品，此是牡丹名，凡九十餘種。」余時不暇讀之，然余所經見而今人多稱者，纔三十許種，不知思公何從而得之多也。計其餘雖有名而不著，未必佳也。故今所録，但取其特著者而次第之。

宋 蘇軾《東坡全集》卷三四《牡丹記叙》 熙寧五年三月二十三日，余從太守沈公觀花於吉祥寺僧守璘之圃。圃中花千本，其品以百數。酒酣樂作，州人大集，金槃彩籃以獻于坐者五十有三人。飲酒樂甚，素不飲者皆醉。自輿臺皂隸，皆插花以從，觀者數萬人。明日，公出所集《牡丹記》十卷以示客，凡牡丹之見於傳記，與栽植接養剥治之方，古今詠歌詩賦，下至怪奇小説皆在。余既觀花之極盛，與州人共游之樂，又得觀此書之精究博備，以爲三者皆可紀，而公又求余文以冠于篇。蓋此花見重於世三百餘年，窮妖極麗以擅天下之觀美，而近歲尤復變態百出，務爲新奇以追逐時好者不可勝紀，此草木之

智巧便佞者也。今公自耆老重德，而余又愚蠢迂闊，舉世莫與爲比，則其於此書無乃皆非其人乎？然鹿門子常怪宋廣平之爲人，意其鐵心石腸，而爲《梅花賦》則清便艷發，得南朝徐庾體。今以余觀之，凡託於椎陋以眩世者，又豈足信哉！余雖非其人，强爲公紀之。公家書二萬卷，博覽强記，遇事成書，非獨牡丹也。

宋　周師厚《洛陽花木記》（《説郛》卷一〇四下輯）　予少時聞洛陽花卉之盛甲于天下，嘗恨皆未能盡觀其繁盛妍麗，竊有憾焉。熙寧中，長兄倅絳，因自東都謁告往省親，三月過洛，始得游精藍名圃。賞及牡丹，然後信謂向之所聞爲不虚矣。會迫于官期，不得從容游覽。元豐四年，予莅官于洛，吏事之暇，因得博求譜録，得唐李衛公《平泉花木記》，范尚書、歐陽參政二譜，按名尋討，十始見其七八焉。然范公所述五十二品，可考者纔三十八，歐之所録者二篇而已。其叙錢思公雙桂樓下小屏中所録九十餘種，但槩言其略耳。至于花之名品，則莫得而見焉。因以余耳目之所聞見及近世所出新花，參校三賢所録者，凡百餘品，其亦殫于此乎？然前賢之所記與天下之所知，洛之所植牡丹而已。至于芍藥，天下以維揚爲稱首。然而知洛之所植，其名品不減維揚，而開頭之種，殆不如也。又若天下四方所産珍蘗佳卉，得一于園館，足以爲美景異致者，洛中靡不兼有之，然天下之人原闕。

宋　胡元質《牡丹譜》（《全蜀藝文志》卷五六輯）　大中祥符辛亥春，府尹任公中正宴客大慈精舍，州民王氏獻一合歡牡丹，公即命圖之，士庶創觀，闐咽終日。蜀自李唐後未有此花，凡圖畫者唯名洛陽花。僞蜀王氏號其苑曰宣華。權相勳臣競起第宅，上下窮極奢麗，皆無牡丹。惟徐延瓊聞秦州董成村僧院有牡丹一株，遂厚以金帛，歷三千里取至蜀，植于新宅，至孟氏於宣華苑廣加栽植，名之曰牡丹苑。廣政五年，牡丹雙開者十，黄者白者三，紅白相間者四。後主宴苑中賞之，花至盛矣，有深紅、淺紅、深紫、淺紫、淡黄、鉅黄、潔白，正暈、倒暈、金含樓、金含棱、銀含棱、傍枝副搏、合歡重臺至五十葉，面徑七八寸，有檀心如墨者，香聞至五十步。蜀平，花散落民間。小東門外有張百花、李百花之號，皆培子分根，種以求利，每一本或獲數萬錢。宋景文公祁帥蜀，彭州守朱君綽，始取楊氏園花凡十品以獻。公在蜀四年，每花時，按其名往取。彭州送花，遂成故事。公於十種花尤愛重錦被堆，嘗爲之賦，蓋他園所無也。牡丹之性，不利燥濕，彭州邱壤，既得燥濕之中，又土人種蒔偏得法，花開有至七百葉，而可徑尺以上。今品類幾五十種，繼又有一種色淡紅，枝頭絶大者，中書舍人程公厚倅是州，目之爲祥雲，其花結子可種。餘花多取單葉花本，以千葉花接之。千葉花來自洛京，土人謂之京花，單葉時號川花爾。景文所作贊，别爲一編，其《爲朱彭州賦牡丹》詩有「蹄金點鬢密，璋玉鏤跗紅。香惜持來遠，春應摘後空」之句。今西樓花數欄，花不甚多，而彭州所供率下品。范公成大時以錢買之，始得名花。提刑程沂預會歎曰：「自離洛陽，今始見花爾。」程公，故洛陽人也。

宋　陸游《渭南文集》卷四二《天彭牡丹譜・花品叙第一》　牡丹，在中州，洛陽爲第一。在蜀，天彭爲第一。天彭之花，皆不詳其所自出。土人云，曩時永寧院有僧種花最盛，俗謂之牡丹院，春時賞花者多集於此。其後花稍衰，人亦不復至。崇寧中州民宋氏、張氏、蔡氏，宣和中石子灘楊氏，皆嘗買洛中新花以歸。自是洛花散於人間，花户始盛，皆以接花爲業，大家好事者皆竭其力以養花，而天彭之花遂冠兩川。今惟三井李氏、劉村毋氏、城中蘇氏、城西李氏花特盛。又有餘力治亭館，以故最得名。至花户連畛相望，莫得而姓氏也。天彭三邑皆有花，惟城西沙橋上下，花尤超絶。由沙橋至堋口、崇寧之間亦多佳品。自城東抵濛陽，則絶少矣。大抵花品近百種，然著者不過四十，而紅花最多，紫花、黄花、白花各不過數品，碧花一二而已。今自狀元紅至歐碧，以類次第之，所未詳者，姑列其名於後，以待好事者。

元　姚燧《牧庵集》卷四《序牡丹》　余于牡丹，始于中統之元，見壽安紅洛西劉氏園。三年，見左紫洛陽故趙相南園。兩花皆千葉，株皆四尺。壽安二十萼，廣經七寸，高與之等。左紫四萼八寸，高等。又三年，見千秋狀元紅燕都故相楊大參宅，株五尺，四十萼，七寸，高等。後二十年，見之長安毛氏園，最多將百株，株二尺少，然皆單葉，小大參差不齊，無絶奇者。後二十年，玉板白洛陽楊氏欄，株亦二尺少，多葉，十萼七寸少，鄧州見三日。張氏肖齋之衡山紫，陳氏終慕堂之淺紅色，兩花皆千五葉，衡紫株二尺少，將二十萼，五寸少，淺株三尺少，將五十萼，六寸少。惟蕭仁卿之承顔亭白花，天株三尺，大可六七十萼，七寸少，葉最盛。又有色緋紫碧相錯，株尺少，尺可四五十萼，盛亞白花，七尺大。復有緋花，株單，十萼八寸。二花皆多葉，而緋花獨奇，故爲佳品，今失其名者。别有鶴翎紅，爲千葉小株，獨萼五寸大，高等。他日株大，花則故大矣，是爲鄧花之冠。仁卿舊云此（落）（洛）陽壽

安福孫，自余觀之，大非壽安，則淺紅，而今名余所命之，蓋即其形色近似爲言也。長安、洛陽諸花，余忘其香孰勝。萃鄧花而校，噴勃穠綿可喜如紫薇者，衡紫爲第一，此余生五十一年所見者。然自元年至今爲二十九年，其見六年六見，自燕、長安、洛陽而至此，幾數千里。中元及三年與至元二十年三見洛陽，爲同地。至元六年、十八年、二十五年各一見之，燕、秦、鄧爲異地，亡慮百十株。而千葉名品纔四見，則千葉名難遇，亦猶千人爲英萬人爲傑，尤世不恒有者，矧賞酬有數耶。劉趙二(圓)〔園〕雖皆有酒，年甚少，不善飲。楊參時與先世父中書左丞同朝，爲父執，與之酒，不敢飲。毛園時爲秦憲，毛氏方業市酒，纔下馬行觀，擇剪數萼，不同飲而去。楊氏欄時滿，秦憲將走荆，憲借居其廬，客懷牢寂，無誰與爲飲。張齊陳堂纔持一二觴，各箭一二萼歸，不名爲飲。其盡醉相歡者，惟承顔亭一焉而已。嗚呼！似齒可當賞酬者醉。明日，仁卿求記其事，余口未拒而心勿是之，以爲樽俎之樂屑屑者，奚足筆。其夏，白花忽槁死。其秋，又固求記之。余始思昔者之坐五十一年之老，行數千里之遠始觀，至今廿九年之久，六年六見之，希而無負斯定也，孰逆知是花旋踵不可復見，亦可謂異事也。又思左紫止一株，已移植嵩山廟中，洛陽余亦絶聞，壽安固在，其玉板白及毛園百株將如左紫移植他人耶？無亦若是花之已槁死也。嗚呼！往者既然，况來者之不可必耶？細者且然，况大此之倍蓰十百者耶？則吾平生所當勉吾身，而因循弗力以去不可追者已多也，誠可爲老將至之，一慨而植，物之死生又不足怪也。仁卿惟喜余文，已記其承顔而求之屢，如老父取張長史判，吾特賢其能，以是心至而已。然又益思六年之間，不善飲，不敢飲，不可飲，無誰與爲飲，與不名爲飲，非他，蓋無詩人同臭味者發其極意焉耳。而承顔是日者，則梁宣慰貢父、張總管孟卿、王工部景韓，是皆善詩，安知不可爲他日故實？亦未易以復得者。據蘭亭例爲序，惜其時無唱酬，未嘗罰依金谷酒斗數也。

明　焦竑《亳州牡丹史序》　世人語花必曰某花某花，至牡丹，直曰花而已，豈不以牡丹尤物，非凡卉可伍，特不名以標矣之耶？宋時洛陽最有名，歐公所記纔三十四種，丘道源三十九種，陸務觀譜蜀花，史正志譜浙花，至錢思公所記，多至九十餘種，可謂盛矣。熙寧中，沈杭州《牡丹記》十卷，名品之多，種植之深，無不備具。迨近世，北之亳州，南之暨陽爲獨善，豈風氣亦有所移易而致然歟？抑花之盛衰亦以土俗之好尚而矣也？余交薛鴻臚公儀，亳人也，承西原先生遺業，績學之暇，以蒔花學圃自娱。一日出所爲《牡丹史》示余，觀其所載，殆兼昔人所得而奄有之，即周藩以天潢之重，人力所及，僅僅得四十四種。公儀視之，不啻倍蓰而什百。然余讀之，栽接剔治，各有其法，得其法則日矣歲殊，新新無已，豈功力積久，即造化不得而擅其權歟。西原先生孤峭不合時宰，而乃篤好此花，時人有宋廣平之疑，意以花爲浮冶易壞，非正人篤老堅操，苦行者之所喜也。然茂叔於蓮，堯夫於牡丹，時或寄意焉。而不以其□貶儒，余知以小物而寘議論於君子者，非通論也。鴻臚君博學多通，遇物成籍，此特其一端云。瑯琊焦竑撰

明　袁中道《亳州牡丹史序》　天地間之景，與慧人才士之情，歷千百年來互竭其心力之所至以呈工角巧，意其無餘蘊矣。然景雖寫而其未寫者如故也，情雖泄而其未泄者如故也。有苞含即有開敷，又有苞含，前之人以爲新矣，而今視之即故，今之人以爲新矣，而後視之又故甚矣。造物之工巧無窮極也。何以知之？以亳州之牡丹之盛于洛陽，其種蘩矣，其名夥矣，其色爛矣，歷代之所譜者詳矣。以視今亳之所産，其種其名其包新故大不相侔也。今且月異而歲不同矣，奇奇怪怪，變變化化，造物者若不能自秘其工巧。以聽人之轉移，而日獻奇貢艷于人耳目之前，故者新，新者又故，然則牡丹之變，豈有極乎？吾友薛公儀氏，少世其家，博學洽物，閑適之餘，方略見於花事，窮其變態，著而爲史，比前輩所譜，又新之新者也。予取而讀之，與公儀晤譚者累日，且嘆心業畫師不可思議至此，與造物何與焉。公儀素通禪理，爲予首肯者久之。因漫書於史之首，志不忘云。友人袁中道書。

明　鄧汝舟《亳州牡丹史序》　凡花可盆可盎，可蓬籬，可土牖，隨貯隨宜，韻致俱勝。牡丹獨不爾，盆之盎之則褻，置於蓬籬土牖則陋，故惟芳園勝地，玉砌雕欄，臨以畫閣瓊樓，瑶臺碧榭，映以珠簾錦箔，繡户雲廊，幄以綺幕羅幃，華棚彩障，始足壯此花之大觀，暢此花之神色。而對之者，非王公鉅人，即鴻生豪俊若也。寒骨詩人，酸風墨士，第可容爲花賓，而爲花主則非其倫矣。侍之者亦必名姝佳媛，妖娥貴姬。若也。村姑市女，粗姿薄態之妝，弗與矣。及其賞會，亦必金箏寶瑟，艷舞嬌歌，筵窮仙饍之珍，酒極瓊漿之侈若也。貧厨荒酌，澹寂盤餐，弗與矣。昔人謂牡丹，花之富貴者也，詎不信然！公儀兄海内名家子，有史才，石渠中秘，天藻國華，不及史也，而史此花，鑒賞雌黄，工摩肖寫，更復綺語霏霏，精裁有法，其是花之董狐耶？十萬

芳葩，霞蒸雲爛，盡公儀筆花哉，何詞之麗也！每一展閱，不繪而色態宛然，不圃而品倫錯植，雖赤暑玄霜，群芳凋後，亦復香艷襲人，不春而春也。分名別類，魚次鴈行，若漢宮粉黛三千，按圖可覩，神蕩魂迷，心醉天香府矣。亳守歐公昔叙牡丹，以洛陽爲天下第一。夫洛陽比屋皆栽，故花事之富，亦比屋成之耳。公儀家園數十畝，花品以千百計，而二三名流相翼，是數區而收比屋之華。且神異之品，不一而足，今洛陽在諸君家園，則天下第一今不歸之亳耶？唐人詩有「看到子孫能幾家」者，公儀簪紳奕映，家園世守，此花蓋亦故家喬木，顧其所以培之者，多馨德茂義焉。然則閱若史者從華反質，因葩遡本可也。然此史豈徒以一花侈觀宇内哉？厥旨微矣，品花王而第之，是寓王伯之辨也。而珍重之，是寓尊君義也。而植之灌之而養之諸法畢備，是寓保傅君德義也。聖人作史託天王之權，公儀作史亦託東皇之權，而王章國色均於造化不朽者乎？世嘗有譜芍藥、譜海棠、譜梅、譜菊者，非不貞標逸藻，增韻藝林，較之此史，不星淵迴耶？不佞舟學圃江干，寒老而才盡，品作花奴，辱公儀數十年之愛，敢用一言弁之？顧以草莽臏夫而命序富貴名花，公儀黜華崇素之誼，亦於是乎在。

明　李胤華《亳州牡丹史序》　公儀兄蘭心茝質，於古今載籍圖書無所不綜博，於海内名碩彦俊無所不結納。英年掛冠，葺先人之舊廬，嘯傲其中。庋書萬架，栽花萬本，而牡丹爲最盛。公儀之於牡丹，其培之最良，而嗜之也亦最篤。惟培之良而種類繁焉，惟嗜之篤而擬議成焉。一曰紀，二曰表，三曰書，四曰傳，五曰外傳，六曰別傳，七曰花考，八曰神異，九曰方術，十曰藝文志，總曰《牡丹史》。而李子得而觀之曰：嗚呼盛哉！朱紫緑黄，其色備矣，寒燠晴雨，其候詳矣，神名逸能，其品審矣。今人不能見洛陽牡丹，止侈言永叔《牡丹記》後人見公儀《牡丹史》，不又侈言亳州有牡丹耶？況亳州爲我朝鍾靈毓秀地，地靈則花名，花名由人英，人愈英，花愈名，嗚呼盛哉！

明　朱安洸《叢桂莊牡丹譜序》（《明文海》卷三一七輯）　牡丹乃造物之鍾秀者，哲人豪士往往稱賞焉。然時平則縟葩麗藻，油幕朱欄，香輪競逐，管絃叠奏，以樂之繁華焉。世艱則芟於芻牧，毀於兵燹，寒煙荒草之中，敗屋頹垣之内，人亦莫之顧矣。以牡丹之盛衰，不可以觀世道乎？惟唐開元中始盛於長安，太白《清平調》已品題之，樂天詩云「一叢深色花，十户中人賦」是也。宋天聖中復盛于洛陽，邵康節、韓范司馬諸名家皆歌詠而愛重之，歐陽公爲之作記，凡三十品。汴爲宋皇邑，去洛陽四百里，花開每以充貢，汴花之不逮洛陽明矣。我明宣德間，周憲祖于府中開天香圃以植之，府乃宋大内，泉甘土沃，花榮茂不減洛陽。每花時召府僚張筵會，文儒託乘，俊彦盈席，飛鸞觴，錯綺肴，製《牡丹仙傳奇》，流傳以爲盛事。昔高唐菟苑，皆賓從之能賦者，而楚襄梁孝，不過尊貴之人耳。豈如憲祖之操觚染翰，爲當世之作者哉？然譜所載止二十餘品，蓋所收者汴之牡丹耳，未暇取之異地也。汴之城中土鹵而水鹹，百卉不宜，士庶之家罕有焉。嘉靖改元數載，宗人始出郊坰，闢園圃，藝花木，爲游息之所。於是諸邸競以牡丹相尚，珍求四方，西至關陜，南涉江淮，得其絶異之品，以誇奇角勝焉，今皆萃之於汴矣。一園所植者數萬本，其品多至五十餘色，自古未有如此之盛，不知洛陽爲何如也？予棄人也，芻狗天地之間，雌伏蓬茅之下，拓落而約身，懶慢以相成，無所事，乃於城東七里之邊村購得空同李公之故墅，其松竹間有存者，臺榭餘址，稍加修葺，以爲佚老之處。錢塘沈青門過而樂之，取淮南小山之義，題其扁曰叢桂莊。客有王猷之興者，每過訪焉。留春軒前植牡丹數百本，非敢媲美名園，然嘉月柔風，芬馥妖冶，怡性情之真，觀化工之妙則一也。若乃四皓之采芝，七賢之醉竹，淵明之賞菊，和靖之詠梅，皆肥遁山林，取其凌霜傲雪以自勵其清操耳。予之所好，蓋未能脱略綺紈之故態也。暇日，乃辨其色香之美惡，考其名品之高下，參以歐譜之同異，作《牡丹譜》六十二品，每品詠以一詩，雖詞旨蕪陋，不能宣寫佳麗，欲使後之覽者，知余爲盛世閑人，無所用其心也。詳述歐譜栽接澆治之法，復益以今法，使不遺其巧，可以奪天工矣。宋迂愚叟所著《牡丹榮辱志》亦加損益，附之卷末，俾宴賞者審其宜忌，庶不負花神，而國色天香花王，尊貴不與凡卉同也，信矣哉！

清　余鵬年《曹州牡丹譜自序》　《素問》：清明次五日，牡丹華。牡丹得名，其古矣乎。考《漢志》有《黄帝内經》，《隋志》乃有《素問》，非出遠也。《廣雅》：白茱，牡丹也。《本草》：芍藥一名白茱。崔豹《古今注》：芍藥有草木二種，木者花大而色深，俗呼爲牡丹。李時珍曰：色丹者爲上，雖結子而根上生苗，故謂之牡丹。昔謝康樂謂永嘉水際竹間多牡丹。又蘇頌謂山牡丹者，二月梗上生苗葉，三月花，根長五七尺。近世人多貴重。欲其花之詭異，皆秋冬移接，培以壤土，至春盛開，其狀百變，斯其始盛也歟。唐盛於長安，在《事物紀原》洛陽分有其盛，自天后時已然。有宋鄞江周氏《洛陽牡丹記》自序：求得

唐李衛公《平泉花木記》，范尚書、歐陽參政二譜。范所述五十二品，可考者纔三十八。歐述錢思公雙桂樓下小屏中所録九十餘種，但言其略。因以耳目所聞見，及近世所出新花，參校三賢譜記，凡百餘品，亦殫於此乎。陸放翁在蜀天彭爲花品，云皆買自洛中。僧仲林《越中花品》絶麗者纔三十二。唯李英《吴中花品》皆出洛陽花品之外。張邦基作《陳州牡丹記》，則以牛家縷金黄傲洛陽以所無。薛鳳翔作《亳州牡丹史》，夏之臣作評，上品有天香一品、萬花一品。東坡所云變態百出，務爲新奇，以追逐時好者，不可勝紀已。曹州之有牡丹，未審始於何時。志乘略不載，其散載於它品者，曰：曹州狀花紅、喬家西瓜瓤、金玉交輝、飛燕紅妝、花紅平頭、梅州紅、忍濟紅、倚新妝等，由來亦舊。予以辛亥春至曹。其至也，春已晚，未及訪花。明年春，學使者閣學翁公來試士，謁之，問曰：作花品乎？曰：未也。翁公校試它府，去，緘詩至曰：洛陽花要訂平生。蓋促之矣。乃集弟子之知花事，園丁之老於栽花者，偕之游諸圃，勘視而筆記之。歸而質以前賢之傳述，率成此譜。歐陽子云：但取其特著者，次第之而已。乾隆五十七年四月十日懷寧余鵬年自序於重華書院。

藝文

唐 王建《王司馬集》卷四《同于汝錫賞白牡丹》 曉日花初吐，春寒白未凝。月光裁不得，蘇合點難勝。柔膩於雲葉，新鮮掩鶴膺。統心黄倒暈，側莖紫重棱。乍斂看如睡，初開問欲應。並香幽蕙死，比艷美人憎。價數千金貴，形相兩眼疼。自知顔色好，愁被彩光凌。

唐 劉禹錫《劉賓客文集》卷二五《渾侍中宅牡丹》 徑尺千餘朵，人間有此花。今朝見顔色，更不向諸家。

唐 白居易《白氏長慶集》卷四《牡丹芳·美天子憂農也》 牡丹芳，牡丹芳，黄金蘂綻紅玉房。千片赤英霞爛爛，百枝絳點燈煌煌。照地初開錦繡段，當風不結蘭麝囊。仙人琪樹白無色，王母桃花小不香。曉露輕盈泛紫艷，朝陽照耀生紅光。紅紫二色間深淺，向背萬態隨低昂。映葉多情隱羞面，卧叢無力含醉妝。低嬌笑容疑掩口，凝思怨人如斷腸。穠姿貴彩信奇絶，雜卉亂花無比方。石竹金錢何細碎，芙蓉芍藥苦尋常。遂使王公與卿士，游花冠蓋日相望。庳車軟轝貴公主，香衫細馬豪家郎。衛公宅静閑東院，西明寺深開北廊。戲蝶雙舞看人久，殘鶯一聲春日長。共愁日照芳難駐，仍張帷幕垂陰凉。花開花落二十日，一城之人皆若狂。三代以還文勝質，人心重華不重實。重華直至牡丹芳，其來有漸非今日。元和天子憂農桑，卹下動天天降祥。去歲嘉禾生九穗，田中寂寞無人至。今年瑞麥分兩歧，君心獨喜無人知。無人知，可歎息。我願暫求造化力，減却牡丹妖艷色。少迴卿士愛花心，同似吾君憂稼穡。

又卷一九《移牡丹栽》 金錢買得牡丹栽，何處辭叢別主來。紅芳堪惜還堪恨，百處移將百處開。

唐 元稹《元氏長慶集》卷五《與楊十二李三早入永壽寺看牡丹》 曉入白蓮宫，琉璃花界浄。開敷多喻草，凌亂被幽徑。壓砌錦地鋪，當霞日輪映。蝶舞香暫飄，蜂牽蘂難正。籠處彩雲合，露湛紅珠瑩。烏迥切。結葉影自交，摇風光不定。繁華有時節，安得保全盛。色見盡浮榮，希君了真性。

唐 姚合《姚少監詩集》卷一〇《和王郎中召看牡丹》 葩疊萼相重，燒欄復照空。妍姿朝景裏，醉艷晚烟中。乍怪霞臨砌，還疑燭出籠。遶行驚地赤，移坐覺衣紅。殷麗開繁朵，香濃發幾叢。裁綃樣豈似，染茜色寧同。嫩畏人看損，鮮愁日炙融。嬋娟涵宿露，爛漫抵春風。縱賞襟情合，閒吟景思通。客來歸盡懶，鶯戀語無窮。萬物珍那比，千金買不充。如今難更有，縱有在仙宫。

唐 舒元輿《牡丹賦》（《唐文粹》卷六輯） 古人言花者，牡丹未嘗與焉。蓋遁乎深山，自幽而芳，以爲貴重所知，花則何遇焉。天后之鄉，西河也，精舍下有牡丹，其花特異。天后歎上苑之有闕，因命移植焉。由此京國牡丹日月寖盛。今則自禁闥洎官署，外延士庶之家，瀰漫如四瀆之流，不知其止息之地。每暮春之月，遨游之士如狂焉。亦上國繁華之一事也。近代文士爲歌詩以詠其形容，未有能賦之者。余獨賦之以極其美。或曰：子常以丈夫功業自許，今則肆情於一花，無乃猶有兒女之心乎？余應之曰：吾子獨不見張荆州之爲人乎？斯人信丈夫也，然吾觀其文集之首，有荔枝賦焉。荔枝信美矣，然亦不出一果爾！與牡丹何異哉？但問其所賦之旨何如。吾賦牡丹，何傷焉？或者不能對，余遂賦以示之：

圓玄瑞精，有星而景，有雲而卿。其光下垂，遇物流形。草木得之，發爲紅英。英之甚紅，鍾乎牡丹。拔類邁倫，國香欺蘭。我研物情，次第而觀。暮春氣極，緑苞如珠。清露宵偃，韶光曉驅。動蕩支節，如解凝結。百脈融暢，氣不可遏。兀然盛怒，如將憤泄。淑色披開，照曜酷烈。美膚膩體，萬狀皆絶。

赤者如日，白者如月。淡者如赫，殷者如血。向者如迎，背者如訣。坼者如語，含者如咽。俯者如愁，仰者如悦。裹者如舞，側者如跌。亞者如醉，曲者如折。密者如織，疏者如缺。鮮者如濯，慘者如別。初朧朧而下上，次鱗鱗而重疊。錦衾相覆，繡帳連接。晴籠晝薰，宿露宵裛。或灼灼騰秀，或亭亭露奇。或颭然如招，或儼然如思。或帶風如吟，或泫露如悲。或重然如縋，或爛然如披。或迎日擁砌，或照影臨池。或山雞已馴，或威鳳將飛。其態萬萬，胡可立辨。不窺天府，孰得而見。乍疑孫武，來此教戰，其戰謂何？摇摇纖柯，玉欄風滿。流霞成波，歷階重臺。萬朵千窠，西子南威。洛神湘娥。或倚或扶，朱顔色酡。各衒紅釭，爭顰翠娥。灼灼夭夭，逶逶迤迤。漢宮三千，豔列星河。我見其少，孰云其多。弄彩呈妍，壓景駢肩。席奪銀燭，爐昇絳煙。洞府真人，會于羣仙。晶熒往來，金釭列錢。凝睇相看，曾不唔言。未及行雨，先驚旱蓮。公室侯家，列之如麻。咳唾萬金，買此繁華。遑恤終日，一言相誇。列幄庭中，步障開霞。曲廡重梁，松篁交加。如貯深閨，似隔窗紗。髣髴息嫣，依稀館娃。我來觀之，如乘仙槎。脈脈不語，遲遲日斜。九衢游人，駿馬香車。有酒如澠，萬坐笙歌。一醉是競，孰知其他。我案《花品》，此華第一。脱落羣類，獨占春日。其大盈尺，其香滿堂。葉如翠羽，擁抱櫛比。蘂如金屑，粧飾淑質。玫瑰羞死，芍藥自失。夭桃斂跡，穠李慚出。躑躅宵潰，木蘭潛逸。朱槿灰心，紫薇屈膝。皆讓其先，敢懷憤嫉。焕乎美乎，后土之産物也。使其華之如此而偉乎？何前代寂寞而不聞？今則昌然而大來。曷草木之命，亦有時而塞？亦有時而開？吾欲問汝曷爲而生哉？汝且不言，徒留玩以徘徊。

唐 李商隱《李義山詩集》卷上《牡丹》 錦幃初卷衛夫人，《典略》云：夫子見南子，在錦幃之中。繡被猶堆越鄂君。垂手亂翻雕玉珮，招腰爭舞鬱金裙。石家蠟燭何曾翦，荀令香爐可待熏。我是夢中傳彩筆，欲書花葉寄朝雲。

唐 徐寅《徐正字詩賦》卷二《牡丹花》 看遍花無勝此花，剪雲披雪蘸丹砂。開當青律二三月，破却長安千萬家。天縱穠華刳鄙吝，春教妖艷妒豪奢。不隨寒令同時放，倍種雙松與辟邪。

萬萬花中第一流，淺霞輕染嫩銀甌。能狂綺陌千金子，也惑朱門萬户侯。朝日照開攜酒看，暮風吹落遶欄收。詩書滿架塵埃撲，盡日無人略舉頭。

又《追和白舍人詠白牡丹》 蓓蕾抽開素練囊，瓊葩薰出白龍香。裁分楚女朝雲片，剪破嫦娥夜月光。雪句豈須徵柳絮，粉腮應恨貼梅妝。檻邊幾笑東籬菊，冷折金風待降霜。

又《依韻和尚書再贈牡丹花》 爛銀基地薄紅妝，羞殺千花百卉芳。紫陌昔曾游寺看，朱門今再遶欄望。龍分夜雨資嬌態，天與春風發好香。多着黄金何處買，輕橈挑過鏡湖光。

宋 寇準《忠愍集》卷上《奉聖旨賦牡丹花時正言直館》 栽培終得近天家，獨有芳名出衆花。香遞暖風飄御座，葉籠輕靄襯明霞。縱吟宜把紅牋襞，留賞惟將翠幄遮。深覺侍臣千載幸，許隨仙仗看穠華。

宋 宋庠《元憲集》卷三《姚黄》 世外無雙種，人間絶品黄。已能金作粉，更自麝供香。脈脈翻霓袖，差差剪鵠裳。靈華餘幾許，遥遺菊叢芳。

宋 梅堯臣《宛陵集》卷一〇《牡丹》 洛陽牡丹名品多，自謂天下無能過。及來江南花亦好，絳紫淺紅如舞娥。竹陰水照增顔色，春服貼妥裁輕羅。時結游朋去尋玩，香吹酒面生紅波。粉英不忿付狂蝶，白髮强插成悲歌。明年更開余已去，風雨摧殘可奈何。

宋 文彦博《潞公文集》卷六《詩謝留守王宣徽遠惠牡丹》 姚黄左紫狀元紅，打剥栽培久用功。采折乍經微雨後，緘封仍在小奩中。勤勤賞玩傾蘭醑，漠漠馨香逐蕙風。猶恐花心懷舊土，戴時頻與望青嵩。

宋 邵雍《擊壤集》卷一七《牡丹吟》 牡丹花品冠羣芳，況是其間更有王。四色變而成百色，百般顔色百般香。

宋 歐陽修《文忠集》卷二《洛陽牡丹圖》 洛陽地脉花最宜，牡丹尤爲天下奇。我昔所記數十種，於今十年半忘之。開圖若見故人面，其間數種昔未窺。客言一作云近歲花特異，往往變出呈新枝。洛人驚誇立名字，買種不復論家貲。比新較舊難一作莫優劣，爭先擅價各一時。當時絶品可數者，魏紅窈窕姚黄妃，壽安細葉開尚少一作早，朱砂玉版人一作猶未知。傳聞千葉昔未有，只從左紫名初馳。四十年間花百變，最後最好潛溪緋。今花雖新我未識，未信與舊誰妍媸。當時一作年所見已云絶，豈有更好一作妍此可疑。古稱天下無正色，但恐世好隨時移。鞓紅鶴翎豈不美，斂色如避新來姬。何況遠説蘇與賀，有類異世誇嬙施。造化無情宜一槩，偏此著意何其私。又疑人心愈巧僞，天一作各欲鬥巧窮精微。不然元化朴散久，豈特近歲尤澆漓。爭新一作先鬥麗若不已，更後百載知何爲。但應新花日愈好，惟有我老年年衰。

宋 郭祥正《青山集》卷一六《牡丹吟》 三月金張啓仙館，百種名花此尤罕。昭君曉怯邊地寒，太真晝卧華清暖。夢爲莊叟蝴蝶狂，散作襄王雲雨短。莫笑空山芝與蘭，冷豔不隨金剪斷。

宋 范純仁《范忠宣集》卷四《牡丹二首》 牡丹奇擅洛都春，百卉千花浪糾紛。國色鮮明舒嫩臉，仙冠重疊翦紅雲。競馳絶品供天賞，旋立佳名竦衆聞。園吏遮藏恐凋落，直欹青蓋過殘曛。

奪盡春光勝盡花，都人巧植門鮮華。搜奇不憚過民舍，醉賞唯愁污相車。密蘂攢心承曉露，繁紅添色映朝霞。何妨縱步家家到，園圃相望幸不賒。

宋 釋道潛《參寥子詩集》卷一二《僧首然師院北軒觀牡丹》 鳥聲鳴春春漸融，千花萬草争春工。紛紛桃李自繚亂，牡丹得體能從容。琱欄玉砌昇曉日，輕烟薄霧初宜蒙。深紅淺紫忽爛熳，如以蜀錦羅庭中。姚黄貴極未易覩，緑葉遮護藏深叢。露華青沐披正色，肯事夭冶分纖穠。從来品目壓天下，百卉羞澀何敢同。清浄老禪根道妙，即此幻色談真空。上人封植匪玩好，庶敬先烈存遺風。遨芳公子應未耳，且樂樽俎怡歌鐘。

佚名《熊耳牡丹》（《文水縣志》卷二輯） 給園浄地迥人區，松柏亭亭古寺隅。偶步山門探勝蹟，争傳石窟挺神株。當季異豔容誰並，絶代清芬獨爾殊。忽憶瓊花何處有，姚黄魏紫共踟躕。

雜録

唐 段成式《酉陽雜俎》續集卷九《支植上》 （衛公）又言貞元中牡丹已貴。柳渾善言：近來無奈牡丹何，數十千錢買一顆。今朝始得分明見，也共戎葵校幾多。成式又嘗見衛公圖中有《馮紹正雞圖》，當時已畫牡丹矣。

唐 蘇鶚《杜陽雜編》卷中 穆宗皇帝殿前種千葉牡丹，花始開，香氣襲人，一朵千葉，大而且紅。上每覩芳盛，嘆曰人間未有。自是宫中每夜即有黄白蛺蝶萬數飛集于花間，輝光照耀，達曉方去。宫人競以羅巾撲之，無有獲者。上令張網於空中，遂得數百，於殿内縱嬪御追捉以爲娱樂。遲明視之，則皆金玉也。其狀工巧，無以爲比，而内人争用絳縷絆其脚，以爲首飾。夜則光起妝奩中。其後開寶厨，覩金錢玉屑之内將有化爲蝶者，宫中方覺焉。

五代 王仁裕《開元天寶遺事》卷一《花妖》 初，有木芍藥植於沉香亭前，其花一日忽開，一枝兩頭，朝則深紅，午則深碧，暮則深黄，夜則粉白，晝夜之内香豔各異。帝謂左右曰：此花木之妖，不足訝也。

又 卷二《醒酒花》 明皇與貴妃幸華清宫，因宿酒初醒，憑妃子肩同看木芍藥。上親折一枝，與妃子遞嗅其豔。帝曰：不惟萱草忘憂，此花香豔，尤能醒酒。

宋 夏竦《文莊集》卷二九《墓志銘》 恭惟許國長公主，太祖皇帝之第三女也。淑質純茂，柔儀肅祗，處約惟勤，在貴能降。唐襄城之禮度，爲諸親之楷則。漢平陽之慈愛，享累世之崇重。先公十九年而薨。嘗獻瑞牡丹一叢，花皆千葉，色潤殊絶。太祖命以一枝著金壺中，盛以玉盤，令待詔黄居寀圖之，以賜公主，至今存焉。

宋 郭若虚《圖畫見聞志》卷二《紀藝上·五代九十一人》 梁相國于兢善畫牡丹。幼年從學，因覩學舍前檻中牡丹盛開，乃命筆放之，不浹旬，奪真矣。後遂酷思無倦，動必增奇。遺逹之後，非尊親旨命不復舍毫。有人贈詩曰：看時人步澀，展處蝿争來。有《寫生全本折枝》傳於世。

宋 孔平仲《談苑》卷三 王文康公詩云：棗花至小能成實，桑葉雖柔解吐絲。堪笑牡丹如斗大，不成一事又空枝。亦重厚者之辭也。

宋 馬永卿《嬾真子》卷三 富鄭公留守西京日，因府園牡丹盛開，召文潞公、司馬端明、楚建中、劉凡、邵先生同會。是時，牡丹一欄凡數百本，坐客曰：「此花有數乎？且請先生筮之。」既畢，曰：「凡若干朵。」使人數之，如先生言。又問曰：「此花幾時開盡？請再筮之。」先生再三揲蓍，坐客固已疑之，先生沉吟良久曰：「此花命盡來日午時。」坐客皆不答，温公神色尤不佳，但仰視屋。鄭公因曰：「來日食後可會於此，以驗先生之言。」坐客曰：「諾。」次日食罷，花尚無恙。洎烹茶之際，忽然羣馬廐中逸出，與坐客馬相踶齧，奔出花叢中。既定，花盡毁折矣。於是洛中逾服先生之言。先生家有傳易堂，有《皇極經世集》行於世。然先生自得之妙，世不可傳矣。聞之於司馬文季朴。

宋 阮閱《詩話總龜》卷四六《奇怪門》 錢仁伉，尚父之孫也。爲元帥府中書檢校司徒，與中軍都虞候金沼鄰居。沼所居堂東，植牡丹花一本，着花三百朵，其色如血金含棱，每瓶子頂上有碎金絲，如自然蛺蝶之狀，一

城以爲殊異。每歲花開張宴，仁伉預焉。開寶七年春三月，花纔一兩朵開。仁伉一夕洪飲擊劍，袒服中单，背負大籃，左手携鋤，腰插六匕首，踰牆而過沼，中外無知者。鋤取牡丹，置籃中，乃平其地。空中聞有吁歎之聲，微細若游蜂音，辭曰：一花三百朵，含笑向春風。明年三月裏，朵朵斷腸紅。仁伉異之，移植於亭後。明日沼覺失花，爲非人力所及。來年花盛開，乃宴召沼。沼一見無語，得疾以歸。至夜憤悶不已，以刀決腸而卒。腸皆寸寸斷，果符空中之語。

宋 呂本中《童蒙訓》卷上 邵康節居衛州之共城，後居洛陽。有商州太守趙郎中者，康節與之有舊，嘗往從之。時章惇子厚作令商州，趙厚遇之。一日趙請康節與章同會，章豪俊自許，議論縱横，不知敬康節也。語次，因及洛中牡丹之盛。趙守因謂章曰：「先生洛人也，知花甚詳。」康節因言：「洛人以見根撥而知花之高下者，知花之上也。見枝葉而知高下者，知花之次也。見蓓蕾而知高下者，知花之下也。如長官所説，乃知花之下也。」

宋 張邦基《墨莊漫録》卷六 西京每歲貢牡丹花，例以一百枝及南庫酒賜館職。韓子蒼去國後，嘗有詩云：憶將南庫官供酒，共賞西京敕賜花。白髮思春醒復醉，豈知流落到天涯。

宋 樓璹《醉翁寱語》（《説郛》卷三三下輯） 西京牡丹甲于天下，花盛時太守作萬花會，此亦二千石風流罪過。

宋 朱勝非《紺珠集》卷一一《松窗録·木芍藥》 開元《花木記》云：禁中呼木芍藥爲牡丹，當時甚重之。命李白爲新詞，有「漢宫誰第一，飛燕倚新妝」之語。

又《乘異記·一捻紅》 驪山牡丹，最佳者號楊家紅。一株盛開，楊妃因看，於花間捻之。次年花開，果有指痕，因謂之一捻紅，又製一捻紅曲焉。

宋 江少虞《事實類苑》卷四九《休祥夢兆·千葉牡丹》 李司空昉，淳化中家園牡丹一歲中有千葉者五苞，特爲繁艷。李公置酒張樂，召賓客以賞之。自是一歲内長幼凡五喪，蓋地及物之驗。

宋 張淏《會稽續志》卷四《花》 牡丹自吴越時盛於會稽，剡人尤好植之。仲皎有詩云：玉棱金綫曉妝寒，妙入天工不可干。老去只知空境界，淺紅深紫夢中看。

宋 陳耆卿《赤城志》卷三六《風土門一·花之屬》 牡丹 多種，歐陽公《花品序》云：南出越州。吴越錢氏喜栽植，其盛若菜畦。今天台最著。

宋 吴自牧《夢粱録》卷一八《物産·花之品》 牡丹有數種色樣，又一本冬月開花。

宋 周密《癸辛雜識》前集《吴興園圃》 趙氏蘭澤園 亦近世所葺，頗宏大。其間規爲葬地，作大寺，牡丹特盛。未幾，寺爲有力者撤去。

宋 張知甫《張氏可書》 潁昌府陽翟縣有富民孟三郎，元祐間至洛中，飲水山澗，見一婦人甚麗，孟往追之，則失所在。因窮極幽遠，得牡丹一品，紅色灑金，其葉千疊，遂移至洛陽。文潞公愛之，目曰澗仙紅。

元 楊維楨《東維子集》卷一《牡丹瑞花詩卷序》 江浙省檢校孛朮魯子升之庭，有牡丹雪中作花，其大如斗，其色如魏家紫者，人咸謂孛朮氏之瑞也。

明 徐一夔《始豐稿》卷四《臘月牡丹解》 贛上吕氏，世以詩書名家。至仲善，有材而文。既被徵，手植白牡丹一株於其園館而行。久之，仲善官太常，坐弗慎犧牲事，謫耕淮水之南。既而有旨：凡官而謫耕者，與之爲期，悉使歸視其家。仲善之歸，則洪武六年冬十月也。仲善既抵家兩閲月，所植白牡丹揚芳吐艷於冰雪中，狀若玉盤盂，照映風日，人皆異之。

明 陸容《菽園雜記》卷二 吴中有白牡丹，每瓣有紅色一點，云是楊妃妝時指捻痕。

明 王鏊《姑蘇志》卷一四《土産·生植》 牡丹之屬十有三：觀音紅，崇寧紅，壽安紅，王希紅，疊羅紅，風矯紅，一名勝西施。一捻紅，朝霞紅，鞓紅，雲葉紅，茜金毬，紫中貴，牛家黄。舊傳朱勔家園内萬本，皆以飾金牌記其花名。出《吴郡志》。今人家亦有傳其種者。

又卷三二《園池》 何仔園亭在尹山，種植甚繁，而牡丹尤多，周益公嘗游。

明 祝允明《祝子志怪録》卷二《安氏牡丹》 無錫安氏搆一園圃於南門野外，令園丁徐奎掌之。花卉繁劇，如牡丹尤多，各種悉具。成化中春夕，奎聞園中如泣如訴，諦聽之，聲出牡丹花中。云：「我等蒙主翁培植經歲，奈明日亦有厄至。」語畢哽咽不已。奎大聲叱之，乃止。翌日主翁果携酒偕客而至，奎語其異，衆或疑訝。獨一客弗驚，竟折且大且妖者數莖而去。抵家，遂患下堂之厄，旬月而愈。

明 曹學佺《蜀中廣記》卷九《成都府九·彰明縣》 《三洞羣仙録》：

黄奉先移家入蜀，隱太華山。山盛牡丹，奉先栽時盈籬，春時花開，望之如錦幃然。在治北五里。

清　吴任臣《十國春秋》卷八三《吴越七・列傳》　傳瓘在東府時，酷好植牡丹。成叢列樹者，顔色葩芳，率皆絶異。人號爲花精。《海録碎事》又云：忠懿王從兄仁傑，酷好種花，人號爲花精。未詳是非。

清　潘永因《宋稗類鈔》卷三五《草木第五十八》　洛陽牡丹之品見於《花譜》，然未若陳州之盛且多也。園户植花，如種黍粟，動以頃計。政和壬辰，園户牛氏家忽開一枝，色如鵝雛而澹，其面一尺三四寸，高尺許。柔葩重疊，約千百葉。其本姚黄也，而於葩英之端有金粉一暈縷之，其心紫蕊，亦金粉縷之。牛氏乃以「縷金黄」名之。以籧篨作棚屋圍幃，復張青帟護之。於門首遣人約止游人，人輸千錢乃得入觀。旬日間，其家獲數百千。郡守聞之，欲剪以進内。衆園户皆言不可，曰：此花之變易者，不可爲常。他時復來索此品，何以應之。又欲移其根，亦以此爲辭，乃已。明年花開，果如舊品矣。

清　王士禛《池北偶談》卷二六《大將軍小將軍》　錢舜舉《折枝牡丹》一卷，有蜀郡桑門公實悟光題云：三月江南媚景天，姚黄魏紫鬥争妍。那知十丈將軍樹，却在青城古洞前。自注云：青城山丈人觀前牡丹二株。一高十丈，名大將軍。一高五丈，名小將軍。

又《白牡丹》　高淳縣花山有白牡丹，歲開數枝，種非人力，亦無恒所。有折者輒得疾，施侍讀愚山閏章詩云：空山石纍纍，獨立天風吹。攀條莫敢折，含芳貽阿誰。

清　王士禛《分甘餘話》卷一　黄牡丹，今亳州、曹縣皆有之，荷花則未聞有黄色者。

清　雍正《畿輔通志》卷九《宸章》　暢春苑衆花盛開，最爲可觀。惟緑牡丹清雅迥常，世所罕有，賦七言絶以記之。

碧蕊青霞壓衆芳，檀心逐朵韞真香。花殘又是一年事，莫遣春光放日長。

又　卷五六《土産・花屬・牡丹》　《燕都游覽志》：草橋牡丹栽如稻麻。《淥水亭雜識》：北地大房山僧多種之。其色有大紅淺緑，江南所無也。《撫寧縣志》：牡丹坡多産牡丹。

清　雍正《江西通志》卷一二《山川六・九江府》　崑崙山在德安縣西北一百二十里，山前有東西二湖，上有王喬禮斗臺，元陽觀後有牡丹一本，色如丹砂，傳爲王仙手植。

清　雍正《陝西通志》卷一二《山川五・同州・韓城縣》　牡丹山　在縣西北六十里，多産牡丹。開時紅紫滿山，香聞數十里。土人采以當薪。又有牡丹坪，在渚北村西北，亦多牡丹。《縣續志》

又　卷四四《物産二・木屬》　寶雞縣北二里蟠龍山，有故相國少傅党公崇雅别業。公好蒔花竹，一日，有樵人獻牡丹一枝，色如墨，四邊作金綫界道，云得之棧中，令人踪跡之，不復見矣。《隴蜀餘聞》　牡丹色名錯出，約百餘種。《咸寧縣志》　鳳翔廨舍内有牡丹一叢，四十餘枝，枝大如斗，是東坡以斗酒易之者，在蓮池亭之北。蘇子由有《岐下詩》二十一韵。《鳳翔縣志》

清　雍正《甘肅通志》卷六《山川・直隸秦州・通鳳縣》　牡丹原　在州西南六十里嶓冢山西，廣沃宜稼，岩岫間多産牡丹，花時滿山如畫。

清　乾隆《江南通志》卷一一《輿地志・山川一・江寧府》　花山在高淳縣東南四十里，上産白牡丹，名曰仙。

清　乾隆《雲南通志》卷二七《物産・花屬》　牡丹　有紅、黄、紫、香、粉紅數種。

清　乾隆《貴州通志》卷一五《貴陽府》　牡丹　花繁多種，其美者曰鶴鴒紅、軍容紫。

清　于敏中　英廉等《日下舊聞考》卷三二《宫室》　棕殿少西，出掖門爲慈仁殿，又後苑中爲金殿，四外盡植牡丹百餘本，高可五尺。《大都宫殿考》

又　卷九六《郊坰》　都城牡丹時，無不往觀。惠安園者，園在嘉興觀西二里堂後，牡丹數百畝。《帝京景物略》

又　太傅惠安伯張公園在嘉興觀之右，牡丹、芍藥各數百畝。花時主人制小竹兜，供游客行花塍中。《燕都游覽志》

又　惠安伯張元善園中牡丹，自言經營四十餘年，筋力半疲于此花。自籬落至門屏，無非牡丹也。最後一空亭，周遭皆芍藥，密如韭畦，約有十萬餘本。《袁中郎集》

又　卷一四九《物産一》　牡丹近數曹亳。北地則大房山僧多種之，其色有天紅淺緑，江南所無也。《淥水亭雜識》

木芙蓉

論説

宋 洪适《盤洲文集》卷八《木芙蓉》 《離騷》：采薜荔兮水中，搴芙蓉兮木末。蓋言水中無薜荔可采，木末無芙蓉可搴。猶緣木求魚之意，與古詩「涉江采芙蓉」皆指藕花也。韓文公《木芙蓉》詩云「采江官渡晚，搴木古祠空」，乃誤用耳。川陸有芙蓉，名同物不同。采江搴木句，作麽誤韓公。

清 乾隆《欽定續通志》卷一七六《昆蟲草木略》 木芙蓉，一名地芙蓉，一名木蓮，一名華木，一名枇木，一名拒霜花。類牡丹芍藥，有紅白黃三種。宋祁《益都方物略》云：添色拒霜花，生彭漢蜀州。始開白色，明日稍紅，又明日則若桃花然。

案：《花史》：邛州有弄色木芙蓉，一日白，二日淺紅，三日黃，四日深紅，比落花紫，人號爲文官花。此與宋祁所記一類而更異，識於此。

綜述

唐 郭橐駝《種樹書》（《説郛》卷一〇百六下輯） 芙蓉未開，隔夜以靛水調紙，蘸花蕊上，以紙裹蕊口，花開成碧色花，五色皆可染。

宋 宋祁《益部方物略記》 自濃而淺，花則常態。今顧反之，亦反之怪。右添色拒霜花。生彭漢蜀州。花常多葉，始開白色，明日稍紅，又明日則若桃花然。

又 葩秀木顛，狀若芙蕖。不實而榮，馥馥其敷。右木蓮花。生峨眉山中諸谷，狀若芙蓉，香亦類之。木幹，花夏開，枝條茂蔚，不爲園圃所蒔。

宋 范成大《桂海虞衡志·志花》 添色芙蓉花，晨開正白，午後微紅，夜深紅。

宋 周去非《嶺外代答》卷八《花木門·添色芙蓉花》 添色芙蓉花，晨開正白，已午微紅，夜深紅。歐陽文忠公《牡丹譜》有添色紅，與此同意。此花枝條經冬不枯，有高出屋者。

宋 梁克家《淳熙三山志》卷四一《土俗類三》 拒霜一名木芙蓉，秋開，色淡紅。一種百葉，朝開純白，午後則漸紅如醉，謂之醉芙蓉。

宋 陳景沂《全芳備祖》前集卷二四《芙蓉花》碎録 產於陸者曰木芙蓉，產於水者曰草芙蓉，亦猶芍藥之有草木也。《草木記》唐人謂木芙蓉爲木蓮。《鶴山叢志》一名拒霜，其木叢生，葉大而其花甚紅，九月霜降時候開。東坡爲易名，曰拒霜。《東坡集》

紀要 孟後主於成都四十里羅城上種此花，每至秋，四十里皆如錦繡，高下相照，因名曰錦城。《成都記》東坡云：九月十日，君猷置酒秋香亭，有拒霜獨向君猷開。坐客喜笑，以爲非使君莫可當此。故作詩詞以記之。《詞集》

明 宋詡《竹嶼山房雜部》卷一〇《樹畜部二·種花卉法》 芙蓉 灌生，花葉俱大，一名拒霜。唐太宗詩云：游鶯無定曲，驚鳧有亂行。 紅花 肉紅花 黃花 白花 四面轉觀花紅白相間，次第開謝，深淺敷榮。花七月遂開。十月花謝後則髡其條，斬成尺許之段，卧置向南日牆下，覆以乾壤，候來春見節目間勾萌有體，則爲坎深插於中，皮柔韌連條風戾之，至春漚於池，以糾便索縧纏，甚能勝水，歲可髡用也。

明 田汝成《西湖游覽志餘》卷二四《委巷叢談》 木芙蓉一名木蓮，紅白二種，亦有先白而後紅者，名醉芙蓉。白樂天詩云：晚涼思飲兩三杯，招得江頭酒客來。莫怕秋無伴醉物，水蓮花盡木蓮開。

明 慎懋官《華夷花木鳥獸珍玩考》卷四《拒霜》 拒霜花，樹叢生，葉大而其花甚紅。九月霜降時開，故名拒霜。

又《文官花》 邛州有弄色木芙蓉，一日白，次日淺紅，三日黃，四日紅深，比落紫色，人號文官花。

明 吳楚材《疆識略》卷三〇 芙蓉 一名拒霜，有色無香，黃白千葉。又有朝白晚紅，謂之醉芙蓉。近水處栽插茂盛，亦號曰木蓮。

明 李時珍《本草綱目》卷三六《木之三·木芙蓉》 釋名 【略】時珍曰：此花艷如荷花，故有芙蓉、木蓮之名。八九月始開，故名拒霜。俗呼爲枇皮樹。相如賦謂之「華木」，注云：皮可爲索也。蘇東坡詩云：喚作拒霜猶未稱，看來却是最宜霜。蘇頌《圖經本草》有地芙蓉，云出鼎州，九月采葉，治瘡腫，蓋即此物也。

集解 時珍曰：木芙蓉，處處有之。插條即生小木也。其幹叢生如荊，高者丈許。其葉大如桐，有五尖及七尖者。冬凋夏茂，秋半始着花，花類牡丹芍藥，有紅者、白者、黃者。

千葉者，最耐寒而不落，不結實。山人取其皮爲索。川廣有添色拒霜花，初開白色，次日稍紅，又明日則深紅，先後相間，如數色。霜時采花，霜後采葉，陰乾入藥。

明 高濂《遵生八牋》卷一六《燕閒清賞牋下·芙蓉花四種》 有數種，惟大紅千瓣、白千瓣、半白半桃千瓣、醉芙蓉朝白，午桃紅，晚改大紅者。佳甚。不必分根，記在十一月中，將嫩條剪下，斫作一尺一條，向陽地上掘坑埋之，仍以土掩。至正月後起條，遍插水邊林下，無不活者，當年即花。

明 王路《花史左編》卷五《花之候·芙蓉花》 不必分根，十月間將嫩條剪下，砍作一尺一條，向陽地上掘坑埋之，仍以土掩。二月初或清明日，先以硬棒打穴，入糞、河泥滿，然後插入。上露寸餘，遮以爛草，無不活，當年即花。如不先打穴，竟以枝條插下，恐傷其皮，不活。

明 周文華《汝南圃史》卷七《芙蓉》 芙蓉花，九月霜降時開，故又名拒霜。今圃中有四種，純紅者先開，淡紅與白者次之。醉芙蓉俗名三醉芙蓉，朝紅莫白，花極早，與紅色同開。又有處州種，一枝而紅白二色，自長洲趙處州官舍攜歸，傳此種於吴。

明 方以智《物理小識》卷九《草木類·木芙蓉》 木芙蓉 江北木芙蓉冬槁，浙閩廣皆成樹。七月開十月止，故名拒霜。有紅黃白花，有大紅者，四面者。粤西添色芙蓉花，朝開正白，午後微紅，夜深紅，此則轉觀花也。冬髡條置向南日下，覆以乾壤，候春見萌，則爲深坎插之。取皮，風戾之，漚池爲綆，甚能勝水。中通曰：取皮作綫爲汗衫，不臭。

明 夏旦《藥圃同春·八月》（《説郛續》卷四〇輯） 芙蓉 喜近水，有紅白二色。更一種朝白暮紅，名曰醉芙蓉。又一種紅白各半者，微香。

明《花史》秋集《木芙蓉》 《山堂肆考》曰：一名木芙蓉，一名木蓮，一名拒霜。八九月始着花，天高氣肅，春意自如，故有拒霜之名。花有紅黃白之異，有先紅而後白者，又有千葉者。世俗多于近水處栽插，尤覺茂盛。《成都記》：孟後主于成都四十里羅城上種芙蓉花，每至秋，四十里皆如錦繡，高下相照，因名錦城。

種法：十月間斫舊枝條，盦稻草灰内，二月初截作尺許長，插土中，自生根，待花開分栽，近水尤盛。

清 陳淏子《秘傳花鏡》卷四《縢蔓類考·芙蓉》 芙蓉，一名木蓮，又名文官、拒霜。葉似梧桐，大而有尖。花有數種，單葉者多。千葉者有大紅、粉紅、白，惟大紅者花大，而四面有心。一種早開純白，向午桃紅，晚變深紅者，名醉芙蓉。另有一種黃芙蓉，亦異品，不可多得者。此花獨耐寒，但不結實。亦不必分根，惟在十一月中，將好種肥條剪下，俱段作一尺許長，放向陽地上掘坑橫埋之，仍以土掩。至二月初，將條於水邊籬側遍插之。□□先將木針釘一穴，填泥漿並糞令滿，然後插條，上露二寸□□，遮以爛草，無不全活，且當年即能發花。清姿雅質，獨殿群芳，秋色之最佳者。昔蜀後主城上盡種芙蓉，名曰錦城。俗使□爛獺毛，故池塘有芙蓉，則獺不敢來。其皮可漚麻作綫，織□衣，暑月衣之最凉，且無汗氣。

清 張逸少 汪灝等《佩文齋廣羣芳譜》卷三九《木芙蓉》 木芙蓉，一名木蓮，一名華木，一名拒霜花，一名桃木，一名地芙蓉。《本草》云：此花艷如荷花，故有芙蓉、木蓮之名。八九月始開，故名拒霜。俗呼爲桃皮樹。相如賦謂之華木，注云：皮可爲索也。有數種，惟大紅、千瓣白、千瓣半白、半桃紅、千瓣醉芙蓉、朝白午桃紅晚大紅者佳甚。黃色者，種貴難得。又有四面花，轉觀花，紅白相間，八九月間次第開謝，深淺敷榮，最耐寒而不落，不結子。總之，此花清姿雅質，獨殿衆芳，秋江寂寞，不怨東風，可稱俟命之君子矣。欲染別色，以水調靛紙蘸花蕊上，仍裹其尖，開花碧色，五色皆可染。種池塘邊，映水益妍，氣味辛平無毒，清肺凉血，散熱解毒，消腫毒惡瘡，排膿止痛，有殊效，俗傳葉能爛獺毛。

清 乾隆《江南通志》卷八六《食貨志·池州府》 木蓮花 出九華，幹類梔子，苞先於葉，其花與蓮無異，自春開至八九月始已。

清 孫之騄《枝語》卷下《木芙蓉》 木芙蓉名拒霜，實宜霜也。江南有玉芙蓉，色稍白，名南金花。鐘陵有同心芙蓉，一蒂四花，開其二，剖之，復有二花，少陵詩：並蒂芙蓉本自雙。蘇頌《圖經》有地芙蓉，相如賦謂之華木，蓋木以華得名者也。色有紅白黃二種，千葉者最耐寒而不落。有重臺醉芙蓉，一日三易其色，將紅曰初醉，淺紅曰二醉，暮而深紅爲三醉，亦名酒芙蓉。邛州有添色芙蓉，一日白，二日淺紅，三日黃，四日深紅，比落色紫。芙蓉花落不結實，川廣拒霜花，其子自秋至春不落，皮可爲索，爲筆，爲布，故廣州有芙蓉布。

清 謝堃《花木小志·芙蓉》 木本者，其大如樹，荆南有之。花開爛然，大如盤盂。嘗在寶慶與譚鐵簫太守對酌花下，余歌玉芙容南曲一闋，太守吹鐵簫和之，今十稔矣。草本者，其幹若蒜，花皆單瓣，色亦柔媚可觀，江淛近水處多有之。

清 鄭績《夢幻居畫學簡明》卷三 木芙蓉，九月始花，一枝數蕊，逐日暫開，隨時變色。早浄白，午桃紅，晚深紅，二日更紅。瓣中有筋如蓮，故又名木蓮，而叢英堆萼，亦似牡丹，似芍藥，幹葉如桐，但葉有五尖無四缺。枝高而柔，幹老猶緑。

紀 事

五代 劉昫等《舊唐書》卷一六六《列傳第一百十六·白居易》 南賓郡當峽路之深險處也，花木多奇。居易在郡，爲木蓮荔枝圖，寄朝中親友，各記其狀曰：【略】木蓮，大者高四五丈，巴民呼爲黄心樹，經冬不凋，身如青楊，有白文，葉如桂，厚大無脊。花如蓮，香色艷膩，皆同房，獨蘂有異。四月初始開，自開迨謝，僅二十日。

宋 陸游《老學庵筆記》卷四 白樂天有《忠州木蓮詩》，予游臨邛白鶴山寺，佛殿前有兩株，其高數丈，葉堅厚如桂，以仲夏發花，狀如芙蕖，香亦酷似。寺僧云花拆時有聲如破竹，然一郡止此二株，不知何自至也。成都多奇花，亦未嘗見。

宋 陶穀《清異録》卷上 鼎文帔 許智老居長沙，有木芙蓉二株，庇可畝餘。一日盛開，賓客盈溢，坐中王子懷言花不踰萬，若過之，受罰。指所携妓賈三英胡錦鼎文帔以酬直。智老命僕厠羣采，凡一萬三千餘朵。子懷褫帔納主人，靦而默遁。

明 徐弘祖《徐霞客游記》卷一〇上《西南游日記十七·雲南》 東至萬佛堂，此即大寺之前院也。踞寶臺南突之端，其門西向，而堂殿俱南嚮，前臨深峽之南，則南山如屏，高穹如牆面。其上多木蓮花樹，極高大，花開如蓮，有黄白藍紫數色，瓣凡十二片。每二月則未葉而花，三月則花落而葉生矣。

清 雍正《浙江通志》卷一〇七《物産七·温州府》 木芙蓉 《花史》：温州江心寺文丞相祠中有木芙蓉盛開，其本高二丈，幹圍四尺，花幾萬餘，暢茂散漫。有紅白變色者，名醉芙蓉。《甌江逸志》：温州芙蓉高與梧桐等，八月杪即放花，九月特盛，遍地有之，登樓一望，但見紅霞燦爛，亦奇觀也。最妙者名醉芙蓉，晨起白色，午後淡紅，晚則變爲深紅。其樹宛若梧桐，殊堪玩賞。甌江又名芙蓉江者，蓋謂此也。

藝 文

宋 徐鉉《騎省集》卷一《題殷舍人宅木芙蓉》 憐君庭下木芙蓉，嫋嫋纖枝淡淡紅。曉吐芳心迎宿露，晚摇嬌影媚清風。似含情態愁秋雨，暗減馨香借菊叢。默飲數杯應未稱，不知歌管與誰同。

宋 宋祁《景文集》卷一二《江南木芙蓉》 張子春云：其高如樹，中山地寒，纔數尺，花瘠色淡，八月已開。

江南高比樹，塞北僅成叢。向晚誰争艷，防寒淺作紅。弄條風淅淅，銜蘂蝶忽忽。且作黄花伴，無令歎畢空。

又 卷二二《木芙蓉》 芙蓉本作樹，花葉兩相宜。慎勿迷蓮子，分明立券辭。

宋 陳襄《古靈集》卷二五《中和堂木芙蓉盛開戲呈子瞻》 千林寒葉正疏黄，占得珍叢第一芳。容易便開三百朵，此心應不畏秋霜。

宋 陶弼《邕州小集·木芙蓉》 孤景托寒木，一曉一番新。春色不爲主，天香難動人。丹楓見流落，黄菊坐因循。莫訝偏相愛，衰遲似我身。

宋 韋驤《錢塘集》卷三《木芙蓉詞》 木芙蓉，墻頭淺淺紅。秋林枝葉十九空，獨此葩扈當秋風。秋風無意開俗眼，俗眼不開須在儂。接䍦斜欹勿嫌重，滿簪何邮驚兒童。豈必黄金菊，難辜白玉鐘。

宋 梅堯臣《宛陵集》卷三八《廨後木芙蓉》 託根地雖卑，凌霜花亦茂。物稟固不遷，人情自爲陋。幸與時菊開，誰嗟發孤秀。楚人搴木末，已見離騷就。

宋 歐陽修《文忠集》卷一一《木芙蓉》 種處雪消春始動，開時霜落鴈初過。誰栽金菊叢相近，織出新番蜀錦窠。

宋 蘇軾《東坡全集》卷四《和陳述古拒霜花》 千林掃作一番黄，只有芙蓉獨自芳。唤作拒霜知未稱，細思却是最宜霜。

宋 李綱《梁谿集》卷二〇《拒霜》 道人多種木芙蓉，曉着清霜分外紅。萬葉千花本何有，因空成色色成空。

宋 張嵲《紫微集》卷八《種木芙蓉》 去歲經冬百卉空，今年多種木芙蓉。未如蜀國城邊望，疑是秋江渡口逢。定乏雄蜂来慰藉，應與寒菊伴丰容。敢同出水方新句，空自長吟負老松。

宋 李處權《崧菴集》卷一《芙蓉》 佳哉木芙蓉，秋晚芳意足。偶植華堂

下，似續淵明菊。眷此好顔色，可玩不可觸。始見開二三，旋已放五六。濯濯晨風吹，鮮鮮宵露浴。非關競時節，庶用慰幽獨。我老百念空，掃迹坐林谷。猶作煙霞想，久絶脂粉欲。三徑阻幽事，吟苦顛毛禿。河洛未休兵，媿負杯中緑。

宋 趙蕃《淳熙稿》卷一八《木芙蓉》 三兩芙蓉並水叢，向人能白亦能紅。浩然不在芍藥下，如何獨占晚秋風。

宋 王炎《雙溪類稾》卷九《拒霜花》 池上木芙蓉，曉寒摧折之。緑葉未盡雕，紅芳已先萎。空得拒霜名，憔悴不自持。人生亦如此，榮盛須及時。少壯不久留，老疾仍相隨。騰騰當任運，慘慘徒自悲。萬古同有盡，華顛無再緇。及今幸强健，不樂將何爲。

宋 薛季宣《浪語集》卷五《拒霜花》 蘸染木芙蓉，深紅間淺紅。錦籠烘夕照，翠袖揖秋風。艷治歸尤物，淒涼識化工。拒霜高節在，丹藥謾成叢。

宋 許棐《梅屋集》卷一《木芙蓉》 芙蓉艷金谷，秋色錦機中。霜樹不知醜，葉與花争紅。

宋 姚勉《雪坡集》卷一七《醉芙蓉》 庭前木芙蓉，姿色夐殊異。初開花微碧，仙子淡雲袂。逡巡改瑩白，玉骨浄無滓。爛漫欲謝時，潮臉暈紅媚。詩人第花品，獨號此爲醉。花雖無情物，司者定有意。晨醒粲初發，晚醉颯欲墜。乃知沈湎者，顛沛在造次。可以爲酒箴，看花當欹器。

宋 舒岳祥《閬風集》卷二《平皋木芙蓉，千株爛然雲錦，醉行其中，如游芙蓉城也，作歌紀之》 牡丹一名木芍藥，拒霜也號木芙蓉。好花名盡多重疊，不取枝同取貌同。悲鴻一聲天雨血，落霞萬頃江飲虹。水花已盡岸花出，千朵萬朵能白紅。曾共鴛鴦登繡縟，也隨鸂鶒上屏風。金釵欲插嫌花重，玉手高擎與面重。弄色合歡無限思，九心千葉爲誰容。朝看花開紅偏淡，暮見花斂紅轉濃。朝開夕斂如趨市，明日風光移别藹。平生愛花入骨髓，白頭出没與花似。老我逢花六十秋，花開花落水悠悠。未喫太平一杯酒，歲歲花開伴白頭。

元 黄庚《月屋漫稿·木芙蓉》 芙蓉一帶遶池塘，萬緑叢中簇艶妝。錯認園林春富貴，不知葉底有風霜。

元 侯克中《艮齋詩集》卷七《木芙蓉》 落盡羣芳木葉黄，數枝絳雪映寒塘。晚於紫菊嬌無艷，早似紅梅冷不香。萬里西風霜信遠，一天清露月波凉。多情留得幽花在，莫謂秋容只淡妝。

清 陳廷敬《午亭文編》卷六《木芙蓉》 灼灼拒霜花，顔色衆所殊。豈不惜芳時，乃與晚歲俱。夭桃太冶豔，野菊何蕭疏。感此凌寒姿，獨立將焉如。

清 毛奇齡《西河集》卷一二五《木芙蓉賦》 湖西節鎮幕府之庭有木芙蓉，倚乎東楹，根株盛長，枝葉縹碧，鮮葩皆敷，殷泫欲滴。當兹凉秋，佳月白日，爽塏清都，葳蕤標致繁會，宛若美人摇摇天際，歛脣揚蛾，流影揄袂，飄乎多思，静若有待，座客抽觴與之相對。于是翠竹羣扶，丹蕉互倚，當晚霞之明墉，恍叢條之臨水，藻帶露以生妍，花薄寒而增斐。使君顧之，翩然以喜，遂屬毛甡爲之賦：

乃若習氏池頭，蜀王宅裏，玄霜霏霏，寒飈間起。江上雕百花之館，臨川撤茱萸之幕。有紛然其旖旎，翩焉而婥嫽。儼芳華之既施，值清英之初蕚。乍臨風而有懷，雖經秋而未落。則有王儉相依，謝客自好，淥水能浮，初日相炤。美人木末之搴，才子涉江之采，步南皮之通川，騁西峰于天外。況乎近在署中，值之幕裏。掺手能攀，迎眄而起。供座客之賞，得主人之顧。維時爛若披霞，微有墜露。當百卉具腓之時，九欄將凋之候，乃獨望亭而欲前，炫燁燁其恐後。攬修姱于盈庭，揚娥媌于清晝。調頳粉之輕綿，剪緋紗以爲袖。目顧影而自憐，眉礙目而微皺。東家登墻之前，西子倚床之後。豈非托根得所，藐焉眄睞。遂其婀娜，勿怨遲邁。薄凉颸兮傷素情，敷暐曄兮揚修榮，抱秋蒂兮得所生。時有座客，雅不善賦，乃爲詩曰：木荷本脆質，生在秋水邊。凉風采蓮後，花葉何翩躚。何當近中庭，與之揚令妍。

雜　録

唐 李德裕《李衛公別集》卷九《平泉山居草木記》 己未歲，【略】又得鍾陵之同心木芙蓉。

宋 陶穀《清異録》卷上 黄玉玦 錢俶以弟信鎮湖州，後圃芙蓉枝上穿一黄玉玦，枝梢交雜，不知從何而穿也。信截幹取玦以獻，人謂真仙來游，留此以驚世耳。

宋 樂史《太平寰宇記》卷七三《劍南西道二·彭州》 五龍山有神溪水，云是伯陽登山嗽此神水，今爲溪源。五龍山多木蓮花。

宋 潛説友《咸淳臨安志》卷五八《花式·花之品》 木芙蓉 東坡倅杭日，有《和述古中和堂木芙蓉》詩。今蘇堤及岸湖多種，秋日如霞錦云。

宋 周密《癸辛雜識》前集《吴興園圃》 趙氏園 端肅和王之家，後臨顏魯公池，依城曲折亂植拒霜，號芙蓉城，有善慶堂最勝。

明 周祈《名義考》卷九《物部·木芍藥木芙蓉》 拒霜，唐人謂之木芙蓉。柳宗元詩「嘉木開芙蓉」，李白詩「花盡木蓮開」，皆謂拒霜也。

清 雍正《浙江通志》卷一〇六《物産·金華府》 木芙蓉 萬曆《龍游縣志》：大者幹如缶，扶疏可愛。

又 卷一〇七《物産·處州府》 木芙蓉 《青田縣志》：小石門山木芙蓉一本，高二丈，生石巖上。

木槿

論説

明 李時珍《本草綱目》卷三六《木之三·木槿》 釋名 椵，櫬，蕣，日及《綱目》，朝開暮落花《綱目》，藩籬草《綱目》，花奴玉蒸。時珍曰：此花朝開暮落，故名日及。曰槿曰蕣，猶僅榮一瞬之義也。《爾雅》云：椵，木槿。櫬，木槿。郭璞注云：別二名也。或云白曰椵，赤曰櫬。齊魯謂之玉蒸，言其美而多也。《詩》云「顏如蕣華」即此。

明 王世懋《學圃雜疏·花疏》 木槿，賤物也。然有大紅千葉者，有白千葉者二種，可亞佛桑，宜覓種之。

清 李漁《閑情偶寄》卷一三《種植部·木本第一·木槿》 木槿朝開暮落，其爲生也良苦。與其易落，何如弗開。造物生此，亦可謂不憚煩矣。有人曰：不然。木槿者，花之現身説法，以儆愚蒙者也。花之一日，猶人之百年。人視人之百年，則自覺其久，視花之一日，則謂極少而極暫矣。不知人之視人，猶花之視花，人以百年爲久，花豈不以一日爲久乎？無一日不落之花，則無百年不死之人可知矣。此人之似花者也。乃花開花落之期雖少而暫，猶有一定不移之數，朝開暮落者，必不幻而爲朝開午落，午開暮落。乃人之生死，則無一定不移之數，有不及百年而死者，有不及百年之半與百年之二三而死者。則是花之落也必焉，人之死也忽焉。使人亦如木槿之爲生，至暮必落，則生前死後之事，皆可自爲政矣，無如其不能也。此人之不能似花者也。人能作如是觀，則木槿一花，當與萱草並樹。睹萱草則能忘憂，睹木槿則能知戒。

清 杭世駿《訂訛類編》卷六《植物訛·日及花非白芨》 日及，即木槿花，朝開暮落，故曰日及。見《爾雅》，又見《宋史·儒林敏本傳》。後人改爲白及，又變及爲芨，無義矣。

清 陳啓源《毛詩稽古編》卷五《有女同車》 舜凡卉也，而屢見於經。《詩》「顏如舜華」喻其色也。《月令·仲夏》「木堇榮」，紀其時也。《爾雅》別二名，曰椵曰櫬。其華有赤白單葉千葉之殊，或云白曰椵，赤曰櫬也。種之異者名扶桑，言華有光艷照日，如東海扶桑樹也，又名佛桑，音轉也。亦有赤白黄三種，赤者尤貴，名朱槿。《嵇含草木狀》云：朱槿一名赤槿，其華深紅色，大如蜀葵。

綜述

三國吴 陸璣《毛詩草木鳥獸蟲魚疏》卷上《顏如舜華》 舜，一名木槿，一名櫬，一名曰椵，齊魯之間謂之王蒸。今朝生暮落者是也。五月始花，故《月令》：仲夏木槿榮。

唐 段成式《酉陽雜俎》續集卷九《支植上》 郍提槿花，紫色，兩重葉，外重葉卷心，心中抽莖，高寸餘，葉端分五瓣如蒂，瓣中紫蘂，莖上黄葉。

宋 范成大《桂海虞衡志·志花》 裹梅花即木槿，有紅白二種。葉似蜀葵，采紅者連葉包裹，黄梅鹽漬，暴乾以薦酒，故名。

明 李時珍《本草綱目》卷三六《木之三·木槿》 集解 宗奭曰：木槿，花如小葵，淡紅色，五葉成一花，朝開暮斂。湖南北人家多種植爲籬障，花與枝兩用。時珍曰：槿，小木也。可種可插，其木如李，其葉末尖而無椏齒，其花小而豔。或白或粉紅，有单葉千葉者，五月始開，故逸書《月令》云仲夏之月，木槿榮是也。結實輕虚，大如指頭，秋深自裂，其中子如榆莢、泡桐、馬兜鈴之仁，種之易生。嫩葉可茹，作飲代茶，今瘍醫用皮治瘡癬，多取川中來者，厚而色紅。

明 高濂《遵生八牋》卷一六《燕閒清賞牋下·槿花二種》 籬槿，花之最惡者也。其種外有千瓣白槿，大如勸杯。有大紅、粉紅千瓣，遠望可觀，即南海朱槿、那提槿也，且插種甚易。

明 王路《花史左編》卷一八《花之証·木槿花》 木槿，今人植爲籬，易生之物也。仲夏應陰而榮，月令取之以爲候。其花朝開暮落，一名爲舜，或呼

爲日及。陸機賦云：如日及之在條，常雖及而不悟。潘尼云：朝菌者，詩人以爲舜華，莊生以爲朝菌。其物向晨而結，終日而殞。則又以爲朝菌矣。

明 周文華《汝南圃史》卷八《條刺花部·木槿》 木槿一名朝菌，五月開花。花如小葵，葉如小桑。《八閩通志》云：木槿有白有紫有粉紅。又有一種花，瑩白如玉，中心無紫色者，名蕣英。郭璞云：蕣英不終朝。言朝開暮落也。《爾雅翼》云：木槿，今人植爲籬。抱朴子曰：夫木槿，楊柳斷植之更生，倒之亦生，横之亦生，生之易莫過於斯也。仲夏應陰而榮，月令取之以爲候，或呼爲日及。陸機賦云：如日及之在條，常雖及而不悟。木槿作飲，令人得瞑，與榆同功。其花用作湯，代茗可以治風。然茗令人不睡，木槿令人睡，爲異耳。正二月扦插地上，河泥壅之即活。昔唐玄宗新折一枝，爲花奴插帽，即此是也。

明 陳正學《灌園草木識》卷二《花之屬·木槿》 有紅白二種。《南方草木狀》云：一名日及。《桂海虞衡志》云：取紅者裹黄梅，鹽漬之可以薦酒，花可爲羹。

明 夏旦《藥圃同春·五月》（《説郛續》卷四〇輯） 朝槿 有粉紅、大紅、黄三色，俱畏霜，稍香。

清 曹溶《倦圃蒔植記》卷中《花卉二·木槿》 木槿一卉，古名舜華。唐玄宗嘗親折一枝爲花奴插帽。使非從古所珍，安得托根禁苑耶？花譜詆爲賤惡，可謂不知書矣。插種甚易，二三月時新芽初發，翦作尺餘，隨插地上，河泥壅之，如欲編籬，順手緊插，若少停輟，其處必缺。復按，此花别名朝菌，時一寓目，塵念頓空矣。

清 張逸少 汪灝等《佩文齋廣羣芳譜》卷三九《木槿》 木槿，一名椵，一名櫬，白曰椵，紅曰櫬。一名日及，一名王蒸。《爾雅》云：椵，木槿。櫬，木槿。注云：别二名也，或呼日及，亦曰王蒸。一名蕣，本作舜，取僅榮一瞬之義。一名朝菌，見《莊子》。一名朱槿，一名赤槿，一名朝開暮落花。木如李，高五六尺，多岐枝，色微白。可種可插，葉繁密如桑葉，光而厚，末尖而有椏齒。花小而艷，有深紅粉紅白色單葉千葉之殊。五月始開，朝開暮落，結實輕虚，大如指頂，秋深自裂，其中子如榆莢馬兜鈴之仁。嫩葉可茹，作飲代茶，味平滑無毒。潤燥活血，除濕熱，小兒忌弄令病瘧，俗名瘧子花。

清 鄒一桂《小山畫譜》卷上《木槿》 樹高丈餘，葉尖鋭，大者三出如桑。花生葉間，五出，千臺者貴。其色有紅紫黄白數種。苞蒂蘂如葵，枝條勁直，单瓣者以之編籬。花開紫色，朝榮暮落，即此花也。枝葉俱破節，夏秋開。

藝　文

唐 白居易《白氏長慶集》卷一八《白槿花》 秋蕣晚英無艷色，何因栽種在人家。使君自别羅敷面，争解回頭愛白花。

元 舒頔《貞素齋集》卷五《木槿》 愛花朝朝開，憐花暮即落。顔色雖可人，賦質無乃薄。亭亭映清池，風動亦綽約。仿佛芙蓉花，依稀木芍藥。炎天衆芳凋，而此獨凌鑠。慰目聊娱情，蒼松在巖壑。

又《白槿花》 素質不自媚，開花向秋前。澹然超羣芳，不與春争妍。凉夜弄清影，縞衣照嬋娟。佳人分寂寞，零落祇自憐。鮮鮮碧雲樹，皎皎萬玉懸。朝開暮還落，物理乃自然。嗤彼壅腫木，徒爾全天年。

雜　録

清 謝堃《花木小志·木槿》 花有五色，狀如芍藥，其植似樹。然朝榮暮萎，婦女不甚簪佩。或曰武后醉，敕百花齊放，翌日，諸花吐艷而木槿獨否，因是貶之苑外，世亦由是賤之。吁！設使實有其事，豈不愧死昌宗、三思輩矣，何貶之有。余於空園栽數十株，每當花時，呼鄰里之匹夫匹婦，即以此事講説一徧，使其以忠孝爲本，竟有聽之而發憤者，墮淚者，嚱吁再四者。是夕夢丈夫衣冠而揖余曰：千載曖昧，一朝爲先生道破，豈不快哉！語畢而醒。

木　棉

綜　述

宋 陳景沂《全芳備祖》後集卷一三《木棉》 閩嶺江南多木棉樹，實如桐子，口有棉，如蠶之綿，可以作布。《地理》

明 李時珍《本草綱目》卷三六《木之三·木棉》 釋名 古貝《綱目》，

古終。時珍曰：木綿有二種，似木者名古貝，似草者名古終。或作吉貝者，乃古貝之訛也。梵書謂之睒婆，又曰迦羅婆劫。

集解　時珍曰：木綿有草木二種。交廣木綿樹大，好抱其枝。似桐其葉大如胡桃葉，入秋開花，紅如山茶花，黃蕊，花片極厚，爲房甚繁。短側相比結實，大如拳。實中有白綿，綿中有子，今人謂之斑枝花，訛爲「攀枝花」。李延壽《南史》所謂林邑諸國出古貝，花中如鵝毳，抽其緒紡爲布。張勃《吴録》所謂交州永昌木綿，樹高過屋，有十餘年不換者。實大如杯，花中綿軟，白可爲緼絮及毛布者，皆指似木之木綿也。

明　楊慎《丹鉛續録》卷八《木綿》　唐李商隱詩：木綿花發鷓鴣飛。又王叡詩：紙錢飛出木綿花。南中木綿樹大盈抱，花紅似山茶而蕊黃，花片極厚，非江南所藝者。張勃《吴録》云：交趾安定縣有木綿樹，實如酒杯，口有綿，可作布。按，此即今之班枝花，雲南阿迷州有之，嶺南尤多，汪廣洋有《班枝花曲》。

明　王路《花史左編》卷四《花之辨・攀枝花》　高四五丈，顛山茶，殷紅如錦，一名木棉。

清　吴綺《嶺南風物記》　木棉花出廣州。葉如單葉茶花，大如茶鍾口。花時無葉，其色赤，高可數丈，遠望如百尺丹霞，亭亭可愛。實即攀枝花，每挺七葉，其棉輕軟，可作坐裀。

清　陳淏子《秘傳花鏡》卷三《花木類考・攀枝花》　攀枝花一名木綿，産於南越。樹類梧桐，高四五丈，葉類桃而稍大，花似山茶，則時殷紅如錦，結實大如酒杯，絮吐於口，即攀枝花。土人取其實中絮，鋪香甚軟美，但不可作綿綫。若樹上有取不盡者，猶如柳絮，即飛揚四散矣。

清　張逸少　汪灝等《佩文齋廣群芳譜》卷一六《木棉》　春月以子種，稍似木，葉緑似牡丹而小，花黃如秋葵而葉單，幹不貴高，長枝最喜繁茂。結實三棱，青皮尖頂，纍纍如桃，北人呼爲花桃，熟則桃裂而絨現，其絨如鵝毳。

又《梧潯雜佩》：木綿一名瓊枝，其高數丈，樹類梧桐，葉類桃而稍大，花色深紅類山茶。春夏花開滿樹，望之爛然如綴錦。花謝結子，大如酒杯，絮吐于口，茸茸如細毳。舊云海南蠻人織爲布，名曰吉貝，今第以充裀褥，取其軟而温，未有治以爲布者。潯梧間亦多有之，但土人未嘗采取，隨風飄墜而已。

清　雍正《廣東通志》卷五二《物産志・木》　木棉樹，大可合抱，高者數丈。葉如香樟，瓣極厚，一條五六葉。正二月開大紅花如山茶，而蕊黃色，結子如酒杯，老則坼裂，有絮茸茸與蘆花相似。花開時無葉，花落後半月始有新緑。其絮土人取以作裀褥，女工不能治。今詢之粵人亦無有織者，或別是一種耳。

清　乾隆《續通志》卷一七六《昆蟲草木略三・木類》　木棉有草木二種。《吴録》云：交趾安定縣有木棉樹，高丈餘，實如酒杯，皮薄，中有如絲棉者，色正白，破一實得數斤，可作布。此木本也。一名斑枝花，一名瓊枝，作布名吉貝。

清　謝堃《花木小志・木棉》　此花惟兩粵有之。其樹合抱，其花純赤，花大如盌，開時與餘霞相掩映，雖張南本亦不能寫，其形似也。

清　鄭績《夢幻居畫學簡明》卷三　紅棉又曰木棉，二月花開，紅焰如火，南方離明之象，故北地無之。

清　金武祥《粟香隨筆》卷三　木棉高十餘丈大，數抱，枝柯一一對出，排空攫拏，勢如龍奮。正月發蕾，似辛夷而厚，作深紅金紅二色。蕊純黃六瓣，望之如億萬華燈，燒空盡赤。屈翁山詩云：十丈珊瑚是木棉，花開紅比朝霞鮮。此詠花也。子大如檳榔，五六月熟，角裂，中有棉，飛空如雪。

紀事

明　徐弘祖《徐霞客游記》卷四下《西南游日記六・廣西》　木棉樹最高巨，粵西隨處有之，此中尤多。春時花大如木筆，紅色燦然，時有素禽羣啄。

清　雍正《廣東通志》卷五二《物産志・木》　廣州閱武廳前與南海廟各有一株，甚大。開時赤光照耀，坐其下，如入朱明之洞也。《雜記》　按，木綿花一名攀枝花，《肇慶志》云：以吉貝苗接烏柏根，結花爲綿。

藝文

宋　楊萬里《誠齋集》卷一六《二月一日雨寒》　姚黃魏紫向誰賒，郁李櫻桃也淺些。却是南中春色別，滿城都是木綿花。

宋　劉克莊《後村集》卷一二《潮惠道中》　春深絶不見妍華，極目黃茅際白沙。幾樹半天紅似染，居人云是木棉花。

宋　陳景沂《全芳備祖》後集卷一三《木棉》　江東賈客木棉裘東坡。記取城南上巳日，木棉花落刺桐開東坡。幾樹半開紅似染，居人云是木棉花后村。粗

花染春日晒紅，細綿披夏雪輥風，赤皇世界嶺皆熟，敕時徽綿底痴絶蕭文山。

宋 謝枋得《叠山集》卷一《謝劉純父惠布》 嘉樹種木綿，天何厚八閩。厥土不宜桑，蠶事殊艱辛。木綿收千株，八口不憂貧。江東得此種，亦可致富殷。奈何來瘴癘，或者畏蒼旻。吾知饒信間，蠶月如岐邠。兒童皆衣帛，豈但奉老親。婦女賤羅綺，賣絲買金銀。角齒不兼與，天道斯平均。所以木綿利，不畀江東人。避秦衣木葉，矧肯羞懸鶉。天下有元惠，孔融願卜鄰。綈袍望不及，共裘心自仁。贈我以兩端，物意皆可珍。潔白如雪積，麗密過綿純。羔縫不足貴，狐腋難擬倫。絺纊皆作貢，此物不薦陳。豈非神禹意，隱匿遺小民。詩多草木名，箋疏徒諄諄。國家無楚越，欲識固無因。剪裁爲大裘，窮冬勝三春。拜嘉重感激，觸物尤酸辛。吁嗟彼寒谷，鄒律今不神。三宫坐穹廬，雨雪或十旬。安得移此惠，飛到君王身。塞上寒墮指，挾纊誰爲温。人各賜兩端，費銀貳萬斤。大軍四十萬，談笑掃煙塵。感君道義交，何異骨肉親。可與知者道，衆人笑且嗔。玉案未能報，瓊琚情則真。春秋二百年，幣交幾君臣。季札有贈好，千古尚如新。

明 汪廣洋《鳳池吟稿》卷二《班枝花曲》 班枝花，光韡曄，照耀交州二三月。交州人家花滿城，滿城花開未抽葉。焜煌隔水散雲彩，幂歷緣空張錦纈。信非韓郎丹染根，恐是杜宇啼成血。啼成血，著樹枝，點綴穠芳也自奇。嶺南到處足種此，嶺北居人稀見之。穠芳曉落花時雨，東家西家具雞黍。當門笑拾瑪瑙鍾，持向城南踏春去。交州地暖春歸早，一夕東風爲誰老。翠苞半拆漸吐綿，雪花填滿行人道。越娃攜筐争采綿，采綿盈筐勝萬錢。搓就瓊簪膩如璽，絲成冰縷細如烟。細如烟，千萬縷，綿綿到底知幾許。的的燈煤夜結花，軋軋機聲暗相語。停梭掩袂那得眠，吉貝相將下機杼。并刀裁剪秋江雲，與郎爲衣白且新。鄉社年豐載春酒，郎試新衣賽海神。從今只種班枝樹，開花結子兩成趣。勸郎切莫種垂楊，引惹長條繫愁緒。

木香

論説

宋 朱弁《曲洧舊聞》卷三 木香有二種，俗説檀心者號酴醿，不知何所據也。京師初無此花，始禁中有數架，花時民間或得之相贈遺，號「禁花」，今則盛矣。

明 李時珍《本草綱目》卷一四《草之三・木香》 釋名 蜜香《別録》，青木香弘景，五木香《圖經》，南木香《綱目》。時珍曰：木香，草類也。本名蜜香，因其香氣如蜜也，緣沉香中有蜜香。遂訛此爲木香爾。昔人謂之青木香，後人因呼馬兜鈴根爲青木香，乃呼此爲南木香，廣木香以別之。今人又呼一種薔薇爲木香，愈亂真矣。《三洞珠囊》云：五香者即青木香也。一株五根，一莖五枝，一枝五葉，葉間五節，故名五香。燒之能上徹九天也。【略】

集解 《別録》曰：木香生永昌山谷。弘景曰：此即青木香也。永昌不復貢，今皆從外國舶上來，乃云出大秦國。今皆以合香，不入藥用。恭曰：此有二種，當以崑崙來者爲佳，西湖來者不善。葉似羊蹄而長大，花如菊花，結實黃黑，所在亦有之。功用極多，陶云不入藥用，非也。權曰：《南州異物志》云青木香出天竺，是草根，狀如甘草也。頌曰：今惟廣州舶上來，他無所出。根窠大類茄子，葉似羊蹄而長大，亦有如山藥而根大，開紫花者。不拘時月，采根芽爲藥，以其形如枯骨，味苦粘牙者爲良，江淮間亦有此種，名土青木香，不堪藥用。《蜀本草》言孟泉苑中亦嘗種之，云苗高三四尺，葉長八九寸，皺軟而有毛，開黃花，恐亦是土木香種。九斅曰：其香是蘆蔓，根條左盤旋，采得二十九日，方硬如朽骨。其有蘆頭丁，蓋子色青者是木香神也。宗奭曰：常自岷州出塞，得青木香，持歸西洛，葉如牛蒡，但狹長，莖高二三尺，花黃，一如金錢，其根即香也，生嚼即辛香，尤行氣。承曰：木香，今皆從外國來，陶説爲是。蘇頌《圖經》所載廣州者，乃是木類。又載滁鬼海州者，乃是馬兜鈴根，治療冷熱，殊不相似，皆誤圖耳。時珍曰：木香，南番諸國皆有。《一統志》云：葉類絲瓜，冬月取根晒乾。

明 王世懋《學圃雜疏・花疏》 木香惟紫心小白者爲佳，圃中亦有架，宋人絶重。

清 曹溶《倦圃蒔植記》總論卷上《論花第三》 白木香有二種，紫心而小者爲勝。宋人所謂荼蘼定此花也。山家清供，以入米蒸飯，亦善取用。

綜述

宋 趙汝适《諸蕃志》卷下《志物・木香》 木香出大食麻囉抹國，施曷奴發亦有之。樹如中國絲瓜，冬月取其根，剉長一二寸，曬乾，以狀如雞骨者

爲上。

明　王鏊《姑蘇志》卷一四　木香　細朵，淡黄色，垂條匝地，一名酴醾。宋項彦周：天遣司花寶笈開，鮫綃散剪碧雲堆。芳根移自蠶叢遠，薰釀曾隨鳳詔來。衹恐飄風撼新竹，却驚殘雪觸蒼苔。水仙欲逞幽香壓，山谷似無詮品才。

明　高濂《遵生八牋》卷一六《燕閒清賞牋下·木香花三種》　花開四月。木香之種有三，其最紫心白花，香馥清潤，高架萬條，望若香雪。其青心白木香、黄木香二種，皆不及也。亦以剪條插種，不甚多活，以條扳入(上)(土)中一段壅泥，伺月餘根長，自本生枝外剪斷移栽，可活。

明　宋詡《竹嶼山房雜部》卷一〇《樹畜部二·種花卉法》　木香　灌生，條長有刺，花香甚清遠。　黄花，紅花，白細朵花紫心者佳，白中朵花，白大朵花。宜臘月斬其條插之，立屏架以爲輔。

明　夏旦《藥圃同春·三月》(《説郛續》卷四〇輯)　木香　大小二種俱白色，香甚可愛。

清　陳淏子《秘傳花鏡》卷四《藤蔓類考·木香花》　木香，一名錦棚兒，藤蔓附木，葉比薔薇更細小而繁。四月初開花，每穎三蕊。極其香甜可愛者，是紫心小白花。若黄花則不香，即青心大白花者，香味亦不及。至若高架萬條，望如香雪，亦不下於薔薇。剪條扦種亦可，但不易活。惟攀條入土，壅泥壓護，待其根長，自本生枝外剪斷移栽，即活。臘中糞之，二年大盛。

清　張逸少　汪灝等《佩文齋廣羣芳譜》卷四三《木香》　木香，灌生，條長有刺如薔薇。有三種，花開於四月。惟紫心白花者爲最，香馥清遠，高架萬條，望若香雪。他如黄花、紅花、白細朵花、白中朵花、白大朵花，皆不及。

清　姚之駰《元明事類鈔》卷三四《花草門二》　黄紅不及　《花史》：木香有黄色、紅色、白色，細朵、中朵、大朵，皆不及紫心者。

清　鄒一桂《小山畫譜》卷上《木香》　藤本，長條有刺。花千葉叢開於頂心，赭墨色。花蒂如薔薇，有柄。色有黄白二種，白者貴，黄者香亦不及。又有一種雲南紅，帶紅色，此花即荼蘼也。植宜高架，其葉必三，如竹葉而鋭，蘂初放即露，花香味甜静。

清　謝堃《花木小志·木香》　灌生，長條多刺。花有數種，紫心白花者爲佳，白色者又有大小不等，其紅色黄色，遠不逮也。紫心者宜搭高架，萬朵齊開，香敷雪積，頗覺怡情。

藝文

宋　韋驤《錢塘集》卷四《和木香花》　架竹引繁英，青羅簇素瓊。溍卑寶相色，遠過瑞香清。被雨凝雲重，因風舞雪輕。憑誰變花譜，陞在最高名。

宋　陳淵《默堂集》卷二《木香花二首》　翠袖青裙襯雪膚，雨餘終日醉相扶。衹應不使朱鉛汙，獨抱幽香與世疏。

直自江梅墮雪英，便遲幽艷到清明。楊花著地香初破，乞與愁人一解酲。

元　方回《桐江續集》卷一九《木香花》　海南藥物木香重，何似龍鬆高架花。春晚日長香滿院，天教富貴屬詩家。

明　華幼武《和文壽看木香花有感》(《石倉歷代詩選》卷三二九輯)　百舌無聲楚鳩老，餘花漫爛争春好。江頭一夜風雨寒，朱萼丹葩净如掃。三分春色水流東，木香一架開天風。翡翠褰帷玉爲幄，氣薰龍麝日融融。芳芬翦綴瓊琚屑，柔條偃蹇虬龍結。石床陰陰護碧雲，瑶草紛紛墜香雪。白玉洞爲君開，夢魂不到黄金臺。興來呼酒對花飲，醉豪搦筆書幽懷。歌詩看花時已晚，歎息流光逝無返。何如秉燭宴終宵，落景從渠墜西巘。

清　高宗愛新覺羅·弘曆《御製詩集》三集卷五八《木香花》　素雲壓架弄芳蕤，滿院清香四月時。悟得不如野梅者，惜無傲雪老腰支。

七姊妹

論説

清　李漁《閑情偶寄》卷三《種植部·藤本第二·姊妹花》　花之命名，莫善于此。一蓓七花者曰七姊妹，一蓓十花者曰十姊妹。觀其淺深紅白，確有兄長娣幼之分，殆楊家姊妹現身乎？予極喜此花，二種並植，彙其名爲十七姊妹。但怪其蔓延太甚，溢出屏外，雖日刈月除，其勢猶不可遏。豈黨與過多，釀成不戢之勢歟？此無他，皆同心不妒之過也，妒則必無是患矣。故善御女戎者，妙在使之能妒。

綜述

明 宋詡《竹嶼山房雜部》卷一〇《樹畜部二·種花卉法》 十姊妹似金沙花，數朵成叢，肉紅。花色即錦被花。《霏雪録》曰錦團兒。宜冬盡斬其條插之，輔以屏架。

明 高濂《遵生八牋》卷一六《燕閒清賞牋下·十姊妹》 花小而一蓓十花，故名。其色自一蓓中分紅、紫、白、淡紫四色，或云色因開久而變。有七朵一蓓者，名七姊妹，云花甚可觀，開在春盡。

明 王路《花史左編》卷四《花之辨·十姊妹》 花小而一蓓十花，故名十姊妹。其色自一蓓中分紅、紫、白、淡紫四色。或云色因開久而變，然試之，含蕊便有各色。真天姿也。

又《七姊妹》 花似薔薇，而七朵連綴，花甚可觀，開于春盡。

清 陳淏子《秘傳花鏡》卷四《滕蔓類考·十姊妹》 十姊妹，又名七姊妹，花似薔薇而小。千葉磬口，一蓓十花或七花，故有此二名。色有紅、白、紫、淡紫四様。正月移栽，或八九月扦插，未有不活者。

藝文

明 楊基《眉菴集》卷二《詠七姊妹花》 紅羅門結同心小，七蕊參差弄春曉。盡是東風兒女魂，蛾眉一様青螺掃。三姊娉婷四妹嬌，緑窗虚度可憐宵。八姨秦國休相妒，腸斷江東大小喬。

明 劉苑華《辭姊妹》（《御選明詩》卷三五引） 同作花根葉，復作葉前花。花中七姊妹，並蒂復連丫。盈盈二八月，引蔓如蓬麻。春風時見面，秋月明朱華。一旦離長蔓，裊裊天之涯。北柯戀南條，風飄素影遮。柔莖與緑葉，望望長風沙。

清 高宗愛新覺羅·弘歷《御製詩集》三集卷六五《十姊妹》 壽陽妝白曉霞紅，姊妹相將試惠風。若把姓名尋各色，嫏嬛記亦笑難窮。

又 四集卷一三《十姊妹》 一例薔薇名不同，無金買亦笑春風。祇應韓偓香奩體，脂粉裙裾鬢句工。

又卷三八《十姊妹》 瀟灑丰姿潔浄神，千秋評論底爲真。誰將野客稱呼者，唤作嫏嬛隊裏人。

清 彭孫遹《松桂堂全集》卷三三《十姊妹》 別有紅芳倍可人，薔薇枝下弄餘春。繁花未必齊韓號，藻艷猶能比憲倫。十隊宮衣香簇簇，九疑仙袂縢鱗鱗。便應嫁與東風去，月姊花姑并一身。

薔薇

題解

明 李時珍《本草綱目》卷一八上《草之七·營實牆蘼》 釋名 薔薇《別録》、山棘《別録》、牛棘《本經》、牛勒《別録》、刺花《綱目》。時珍曰：此草蔓柔靡，依牆援而生，故名牆蘼。其莖多棘刺，勒人，牛喜食之，故有山刺、牛勒諸名。其子成簇而生，如營星然，故謂之營實。

明 王世懋《學圃雜疏·花疏》 （五色）薔薇俱可種，而黄薔薇爲最貴。易蕃亦易敗。余圃中特盛。

清 曹溶《倦圃蒔植記》總論 卷上《論花第三》 黄薔薇韵勝於香，刺花中當爲第一。最儉陋者，莫過野薔薇，而香乃擅奇，可作籬落用。

綜述

宋 范成大《吴郡志》卷三〇《土物下》 薔薇花有紅白雜色。陸龜蒙詩所謂「倚墻當戶一端晴」。綺者，紅薔薇也。皮日休《泛舟》詩所謂「淺深還看白薔薇」者，則是野薔薇耳。水邊富有之。紅花又有金沙、寶相、刺紅、紫玫瑰、五色薔薇等。白花又有金櫻子、佛見笑等，皆薔薇類也。又有黄薔薇一種，格韻尤高。

宋 梁克家《淳熙三山志》卷四一《土俗類三·物産·花》 薔薇 枝幹有刺，花紅紫色，盛開如錦。亦有薔薇如棠棣，金色。有淡黄薔薇，鵝黄。

宋 陳景沂《全芳備祖》前集卷一七《薔薇》 薔薇，一名牛勒，一名牛棘，一名山棗，一名薔蘼。《本草經》一號野客。

宋 陳耆卿《赤城志》卷三六《風土門一・花之屬》 薔薇 紅紫色，枝幹有刺，又有黃色者。

宋 張淏《會稽續志》卷四《花》 薔薇，越中頗多，自舊見稱於人。李白《題東山》云：不見東山久，薔薇幾度花。又有重臺百葉者。《平泉草木記》：稽山之重臺薔薇，又曰宛陵之紫丁香，會稽之百葉薔薇。

宋 潛説友《咸淳臨安志》卷五八《物産・花之品》 薔薇 園圃多用以編籬屏，有寶象、月季等名。

明 宋詡《竹嶼山房雜部》卷一〇《樹畜部二・種花卉法》 薔薇 灌生有刺，《本草》以花單葉白者結子爲營實，花單白者香。黃花，大朶花。紅花，紫花，肉紅花，白花，香，皆有重葉而厚疊者。宜冬盡斬其條，插之輔以屏架。

明 李時珍《本草綱目》卷一八上《草之七・營實牆蘼》 集解 《别録》曰：營實生零陵川谷及蜀郡。八月九月采，陰乾。弘景曰：營實即薔薇子也，以白花者爲良，莖葉可煮作飲，其根亦可煮釀酒。保昇曰：所在有之，蔓生莖間，多刺。其花有百葉，八出六出，或赤或白，子若杜棠子。時珍曰：薔薇野生林塹間，春抽嫩蕻，小兒掐去皮刺食之。既長則成叢，似蔓而莖硬，多刺，小葉尖薄有細齒。四五月開花，四出，黃心，有白色粉紅二者，結子成簇，生青熟紅。其核有白毛，如金櫻子核。八月采之根，采無時。人家栽玩者，莖粗葉大，延長數丈，花亦厚大，有白黃紅紫數色。花最大者名佛見笑，小者名木香，皆香艶可人。不入藥用。南番有薔薇露，云是此花之露水，香馥異常。

明 吳楚才《疆識略》卷三〇 薔薇 藤身，蒲萄相似。葉類槐，莖青花白，或紫或黃，開時連春接夏，清馥可人。五代時有大食國花露。

明 高濂《遵生八牋》卷一六《燕閒清賞牋下・薔薇花同類七種》 有大紅粉紅二色，喜屏結，肥不可多。腦生莠虫，以煎銀店中爐灰撒之，則虫盡斃。正月初剪枝長尺餘扦種，以下數種類此。花可蒸茶。

又《野薔薇花二種》 色有雪白粉紅二種。采花拌茶，瘧病烹食即愈。

又《黃薔薇》 色蜜花大，亦奇種也。剪條扦種，近廣於昔。態嬌韵雅，薔薇上品。

明 王路《花史左編》卷四《花之辨・薔薇花》 有朱千薔薇，多葉赤色，花大葉粗，最先開。有荷花薔薇，千葉花紅，狀似荷花。有刺縻堆，亦千葉，花大紅，如刺繡所成，開最後。有五色薔薇，花亦多葉而小，一枝五六朶，而有深紅淺紅之别。有黃者，花如棣棠，金色。有淡黃者，有鵝黃色者，易盛而難久。有白者，類玫瑰而無香。

又 卷一三《花之忌・薔薇》 薔薇性喜結屏，不可多肥。腦生莠虫，以煎銀店中爐灰撒之，則虫斃。

又 卷一八《花之証・薔薇》 《格物論》：薔薇，一名牛勒，一名牛棘，一名刺紅，一名薔蘼。藤身，莖青，多刺，其花或白或紫或黃。

明 何三畏《新刻何氏類鎔》卷三〇《薔薇》 薔薇之爲花也，發馥微同茉莉，移根還比葡萄。常栽上蘭之宫，亦植宜春之館。或浮曲池而采采，或列斜岸而依依。蕊逐艶陽，花迎化日。片舒而猶看着紫，半捲而未放全紅。忽吐初芽，猩猩渾疑血點；旋開紫萼，瑟瑟却蹙金裝。挺秀一莖，玲瓏作小窗之玩。紛飛萬朶，爛熳垂滿院之陰。蜀錦催成，艶麗似濡仙掌露。燕脂點就，風流如在蘂珠宫。浪摇千臉淚盈盈，空舞一身香郁郁。鶯藏稠葉，最宜新霽之天。蝶綴低林，偏愛晚暉之景。雖樹底多攢傷手刺，而花中獨墜斷腸英。好鳥踏枝繞架，游春棲不定。佳人插鬢新妝，含笑約還來。嘗聞康家有四出之奇，亦知長沙皆千葉之種。于以徘徊墻下，因之盼睞屋間。所謂「近叢看影密，隔樹望釵踈」者矣。即復木槿垂星辰之文，石榴列珊瑚之架。寧如兹木之在兹時者之爲艶色繁香飛葩散馥者乎哉？裴常侍有十八韻之吟什，白樂天有二十韵之和章，藉非一種名花，未易當二公名咏也。試取而一再讀之，詩思花芬，當亦争妍而並韻耳。

明 周文華《汝南圃史》卷八《條刺花部・薔薇》 薔薇藤生，青莖多刺，三月盛開，爛然如錦，生子若杜棠子。《本草》名營實。范成大《吳郡志》云：薔薇花有紅白雜色。陸龜蒙詩所謂「倚墻當户一端晴」，綺者，紅薔薇也。皮日休《泛舟》詩所謂「淺深還看白薔薇」者，則是野薔薇耳，生水邊，香更穠郁。紅花則有金沙、寶相、刺紅、紫玫瑰、五色薔薇等，又有金櫻子、佛見笑等，皆薔薇類也。又有黃薔薇一種，格韻尤高。《便民圖纂》云：三月八月斫取新發氣條，扦插肥土，旁須築實，勿使傷皮。外留寸許，長則易瘁。今吳中薔薇自紫玫瑰金櫻子外，又有數種。有猪肝薔薇，紅赤色，花大葉繁而粗，開最先。《八閩通志》云：金沙亦玫瑰之流而香不及。山谷詩云：紫綿揉色似金沙。王介甫詩云：海棠開後數金沙，高架層層吐絳葩。咫尺西城無力到，不知誰賞魏家花。今有一種，千葉深紅，一枝一花，端莊富麗，疑即金沙也。《通志》又云：寶相藤生花，類酴醾而秀整過之。今有荷花薔薇，千葉桃紅，比之佛見笑

稍覺緊束，形如荷花，疑即寶相也。刺蘼葉細多刺，四月中開花，比薔薇、木香諸花最後，其花粉紅色，亦有白者，類玫瑰而無香。或指玫瑰爲刺蘼，誤也。今有花堆千葉，如刺繡所成，開最後。又有五色薔薇，葉多而小，一枝五六朵，有深紅淺紅之別。又有十姊妹，一云七姊妹，一枝七朵，紅白相間，千葉，形似薔薇而小。楊孟載詩：紅羅鬥結同心小，七蘂參差弄春曉。盡是東風兒女魂，蛾眉一樣青螺掃。三妹娉婷四妹嬌，綠窗虛度可憐宵。八姨秦號休相妒，腸斷江東大小喬。佛見笑初開甚富麗，稍久則爛熳，不足觀。諸種唯紅薔薇、五色薔薇、荷花薔薇三品最佳。聞有黃薔薇，花如棣棠，金色，有淡黃、鵝黃諸種，皆未經見。又月季叢生，枝幹多刺而不甚長，其花紅色而有深淺之異，亦與薔薇相類而有香，因花開四季，故得名。韓魏公詩：牡丹殊絶委春風，露菊蕭疏怨晚叢。何似此花榮艷足，四時長放淺深紅。今人誤爲月桂，又名長春，又名勝春，又名鬥雪紅。《潁州志》作月繼，俗名月月紅，總之一物而異其稱耳。其花可醫瘰頸，宜妝用。春初分栽，扦亦可活。《瑣碎録》云：月桂花葉常苦蟲食，以魚腥水澆之乃止。《浣花雜志》曰：薔薇，木香之屬，壓枝爲上，扦枝次之。扦潮沙土易活，黃泥土難活。必先杵其穴而入其莖，以肥細土填滿，四面築實即生根。

明 徐光啓《農政全書》卷四九 薔蘼，音牆梅。又名刺蘼，今處處有之，生荒野崗嶺間，人家園圃中亦栽。科條青色，莖上多刺，葉似椒葉而長，鋸齒又細，背頗白。開紅白花，亦有千葉者，味甜淡。

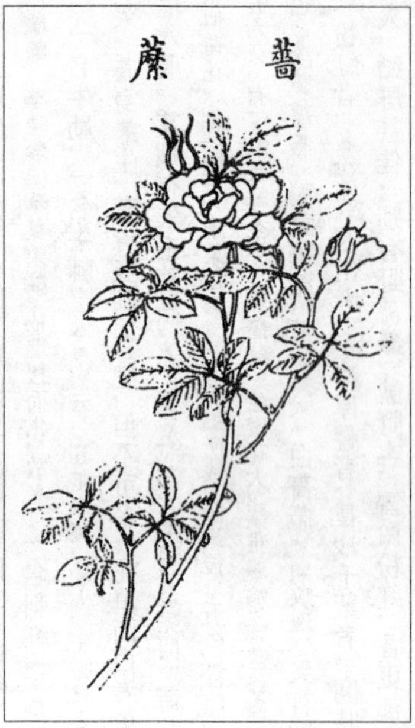

明 陳正學《灌園草木識》卷一《花之屬・番薔薇》 此花從夷國來。短條多刺，花開香烈甜媚。千葉包裹，嬌紅深淺，意態自佳，非玫瑰所敢擬也。吳浙所稱薔薇者，另是一種。漳呼爲番薔薇，蓋著其地以別之也。男女俱帶於首，其乾與肥皂同搗，盥洗尤香。可熬露寄遠，數年如新。日用將露滴湯酒果餡中，甚有韻致。

清 陳淏子《秘傳花鏡》卷四《籐蔓類考・薔薇》 薔薇，一名買笑，又名刺紅，玉雞苗。藤本，青莖多刺，宜結屏種。花有五色，達春接夏而開。葉尖小而繁，經冬不大落。一枝開五六朵。深紅薔薇大花粗葉，最先開。荷花薔薇千葉，淺紅似蓮。刺梅堆千葉大紅，花如刺繡所成，開最後。又有淡黃、鵝黃、金黃之異，爲薔薇中之上品。但易盛而難久。白者類玫瑰而無香。若寶相亦有大紅粉紅二色，其朵甚大，而千瓣塞心，可爲佳品。又有紫者黑者，出白馬寺。正月初，剪肥嫩枝長尺餘者，插於陰肥之處即活。但不可多肥。太肥則腦生莠虫。如有虫，以煎銀鋪中爐灰撒之，則虫自死。夏間長嫩枝時，有黑翅黃腹小飛虫，名鐫花娘子以臀入枝椏生子。三五日後，出細青虫。而嘴黑者食葉傷枝殆盡，大而又變前虫，專在玫瑰、薔薇、月季、十姊妹等樹上生活。見則速宜捉去，以免食葉之患。又薔薇露産爪哇國，以一滴置盆湯內，滿盆皆香。沐面盥手，可以竟日受用。

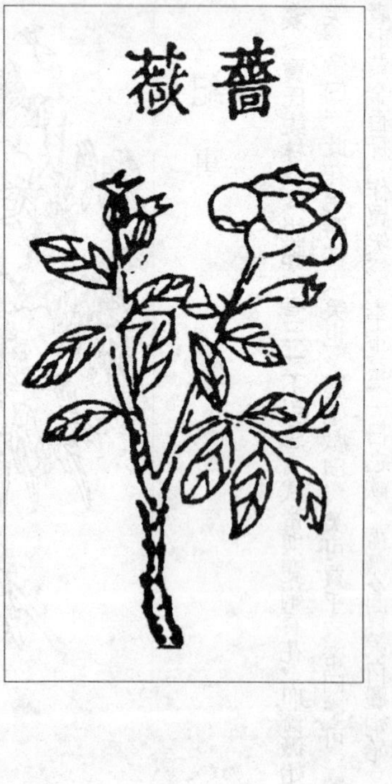

又《野薔薇》 野薔薇一名雪客，葉細而花小。其本多刺，蔓生籬落間。花有純白粉紅二色，皆單瓣，不甚可觀。但香最，甜似玫瑰，多取蒸作露，采含蕊拌茶亦佳。患瘧者，烹飲即愈。若花卸時，摘去其蒂，猶如鳳仙花，開之無已。此種甚賤，編籬最宜。

清 張逸少 汪灝等《佩文齋廣羣芳譜》卷四二《薔薇》 薔薇《本草經》作墻蘼。李時珍曰草蔓柔靡，依墻援而生，故名。一名刺紅《本草》作刺花。一名山棘，一名牛勒，一名牛棘，《本草》云：其莖多刺，勒人，牛喜食之，故有諸名。一名買笑。藤身叢生，莖青多刺，喜肥，但不可多。花單而白者更香，結子名營實，堪入藥。其類有朱千薔薇，赤色多葉，花大葉粗，最先開。荷花薔薇，千葉花紅，狀似荷花。刺梅堆，千葉色大，紅如刺繡所成，開最後。五色薔薇，花亦多葉而小，一枝五六朵，有深紅淺紅之别。黄薔薇，色蜜花大，韻雅態嬌，紫莖修條，繁夥可愛，薔薇上品也。淡黄薔薇，鵝黄薔薇，易盛難久。白薔薇。類玫瑰。又有紫者、黑者、肉紅者、粉紅者，名粉團。四出者、重瓣厚疊者、長沙千葉者。開時連春接夏，清馥可人，結屏甚佳。别有野薔薇，號野客，雪白粉紅，香更郁烈。法：於花卸時，摘去其蒂，花發無已。如生莠蟲，以魚腥水澆之，傾銀爐灰撒之，蟲自死。他如寶相、金鉢盂、佛見笑、七姊妹、十姊妹，體態相類，種法亦同。又有月桂一種，花應月圓缺。

清 乾隆《山東通志》卷二四《物産志・花木屬》 薔薇一名薔蘼，其花有八出六出之别。花上之露可調粉，香膩之極。

清 鄒一桂《小山畫譜》卷上《薔薇》 叢生，青莖多刺，長條著花，色態多般。有紅白花，深淺不一。花蘂繁朵如杯大，葉五七出不等，而以花黄者爲上品，花大蜜色，必過枝乃活。一種名玉堂春，數花叢於一頂，大如錢，色嬌紅，莖無刺。一種名十姊妹，花小而五色俱備，并有花心内復生蘂者，亦叢生於枝末而有刺。又夾竹梅，花白千瓣而葉似竹，多三出，無刺。皆薔薇之别種也。又野薔薇，生於岸坡，單瓣五出，圓而缺，香烈，取之烝滴爲露者是也。

清 謝堃《花木小志・薔薇》 莖青，多刺，單瓣者香佳，千葉者色微。赤色者紫色者，白色黄色，有深有淺，憔黑色者不易得。余得一本，色若墨水，然亦奇矣。

清 吴其濬《植物名實圖考》卷二九《群芳・白薔薇》 白薔薇，滇南有之。五瓣黄蕊，莖紫，葉如荼蘼，香達數里。

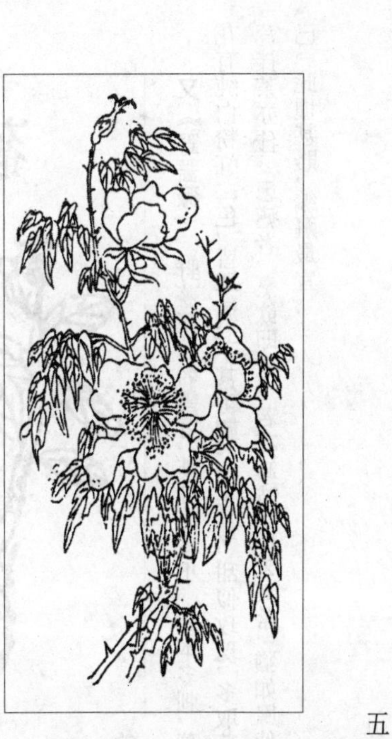

紀事

漢《賈氏説林》《説郛》卷三一下引 武帝與麗娟看花，而薔薇始開，態若含笑。帝曰：此花絶勝佳人笑也。麗娟戲曰：笑可買乎？帝曰：可。麗娟遂命侍者取黄金百斤，作買笑錢，奉帝，爲一日之歡。薔薇名買笑自麗娟始。

宋 宋祁《益部方物略記》 花跗芬侈，叢刺於梗，不可把玩，艷以妍整。右錦被堆 花出彭州，其色一似薔薇，有刺，不可玩。俗謂薔薇爲錦被堆花。

宋 樂史《太平寰宇記》卷一四六 竹林堂，宋臨川王義慶所造，梁元帝因而修，庭前有竹，名桂竹。【略】其中多種薔薇。劉宅紫薔薇、康家四出薔薇、白馬寺黑薔薇，名十里香。長沙千葉薔薇多有品彙，並以長格支其上，使花葉相通，其下有十間花屋，仰而望之，則枝葉交映，迫而察之，則芬芳襲人。

藝文

南朝齊 謝朓《詠薔薇》《古詩紀》卷七一輯 低枝詎勝葉，輕香幸自通。發萼初攢紫，餘采尚霏紅。新花對白日，故蕊逐行風。參差不俱曜，誰肯盼薇叢。

南朝梁 柳惲《詠薔薇》《古詩紀》卷八九輯 當户種薔薇，枝葉太葳蕤。不摇香已亂，無風花自飛。春閨不能静，開匣理明妃。曲池浮采采，斜岸列依依。或聞好音度，時見銜泥歸。且對清酤湛，其餘任是非。

唐 朱慶餘《朱慶餘詩集・題薔薇花》 四面重條密，浮陰入夏清。緑攢

傷手刺，紅墮斷腸英。粉着蜂鬚膩，光凝蝶翅明。雨中看亦好，况復值初晴。

唐 徐寅《**徐正字詩賦**》卷二《**尚書會仙亭咏薔薇寅坐中聯四韻晚歸緝所聯因成一篇**》 結緑根株翡翠莖，勾芒中夜刺猩猩。景陽妝赴岩鐘出，楚峽神教暮雨晴。躑躅豈能同日語，玫瑰方可一時呈。風吹嫩帶香苞展，露灑啼思淚點輕。阿母蕊宫期索去，昭君榆塞闕賫行。藁高恐礙含泥燕，架穩宜棲報曙鶯。鬥日只憂燒密葉，映堦疑欲讓雙旌。含烟散纈佳人惜，落地遺鈿少妓爭。丹渥不因輪繡段，錢圓誰把買花聲。海棠若要分流品，秋菊春蘭兩恰平。

唐 釋齊己《**白蓮集**》卷六《**薔薇**》 根本似玫瑰，繁英刺外開。香高藁有架，紅落地多苔。去住閒人看，晴明遠蝶來。牡丹先幾日，銷歇向塵埃。

雜録

唐 李德裕《**李衛公別集**》卷九《**平泉山居草木記**》 己未歲又得【略】會稽之【略】百葉薔薇。是歲又得【略】稽山之【略】重臺薔薇。

宋 陶穀《**清異録**》卷上《**花·玉雞苗**》 東平城南許司馬後圃，薔薇花太繁，欲分於別地栽插，忽花根下掘得一石如雞狀，五色燦然。郡人遂呼薔薇爲玉雞苗。

明 焦周《**焦氏説楛**》卷二 薔薇一名玉雞苗。子晉與道士浮丘游伊洛之浦，始受玉鷄之瑞。

清 姚之駰《**元明事類鈔**》卷三四《**花草門二**》 五色 珍珠船，崇禎萬壽宫有五色薔薇，是閒閒吴真人手植。

瓊花

論説

宋 周煇《**清波雜志**》卷三 瓊花，海内無二本。唐人謂玉蘂花，乃比其色。許慎《説文》：瓊乃赤玉。與花色不類。煇家海陵，海陵昔隷維揚，亦視爲鄉里。自幼游戲無雙亭，未見甚奇異處，不識者或認爲聚八仙，特以名品素高爾。后土祠前後，地土膏腴，尤宜芍藥。歲新日茂，及春秋敷腴盛大，纖麗富艷，遂與洛陽牡丹並驅角勝。孔毅父嘗譜三十有三種，續之者纔十餘種。夫豈能備？固宜有所增益。錢思公尹洛，一日幕客旅見於雙桂樓下，見小屏細書九十餘種，皆牡丹名也。洛花久汗腥羶，揚花在今日尤當貴重。

宋 陳景沂《**全芳備祖**》**前集卷五**《**瓊花**》 揚州后土廟瓊花，或云自唐所植，即李衛公所謂玉蘂花也。舊不可移徙今京師亦有之。《宋敏求春明退朝録》自淮南還東平移后土廟，瓊花植於濯纓亭，此花天下只一株耳。永叔爲揚州作無雙亭以賞之，彼土人別號八仙花，或云李衛公玉蘂花，即此。《劉原父詩序》瓊花，惟揚州后土廟有之，其他皆八仙花，近似而非。鮮于子駿詩云：百蘤天下多，瓊花天下希，托根古靈寺，地著不可移，八葩冠羣芳，一株攢萬枝。《韻語陽秋》揚州后土廟有瓊花一株，潔白可愛，且其樹大而花繁，不知實何從來也。俗謂之瓊花，因賦詩以狀其態。《劉禹錫詩序》后土廟瓊花本大而花繁，天下無之。孫冕過維揚使人訪之，山人謂山中甚多，但歲苦樵斧野燒，故木不能大，而花不能盛。遂不爲人所貴，復傷之。以詩曰：可憐遐僻地，常化燎原炭。其説蓋誤，以聚八仙花爲此花耳。聚八仙花雖類瓊花，而瓊花之異者，其香如蓮花，清馥可愛，雖剪折之，餘韻亦不減。此聚八仙花之所無也，昔張昌言《瓊花賦》有云：聚八仙之殊種，玉蝴蝶之別族。葉扶疏而韻不勝，色近似而香不足。此善辨者。《廣陵志》

綜述

宋 王禹偁《**小畜集**》卷一一《**后土廟瓊花詩二首并序**》 揚州后土廟有花一株，瓊白可愛，且其樹大而花繁，不知實何木也。俗謂之瓊花云。因賦詩以狀其態。

誰移琪樹下仙鄉，二月輕冰八月霜。若使壽陽公主在，自當羞見落梅妝。

春冰薄薄壓枝柯，分與清香是月娥。忽似暑天深澗底，老松擎雪白婆娑。

清 張逸少 汪灝等《**佩文齋廣羣芳譜**》卷三八《**繡毬**》 繡毬，木本，皺體，葉青色，微帶黑而澀。春月開花五瓣，百花成朵，團圞如毬，其毬滿樹。花有紅白二種，宜寄枝，用八仙花體。

清 鄒一桂《**小山畫譜**》卷上《**繡毬**》 白花，四月開。樹高一二丈，葉肥大，鋸齒。花如千朵梅，結成一毬，圓徑五六寸，開於枝末，經露下垂。

紀事

宋王鞏《聞見近録》 揚州后土廟有瓊花一株，宋丞相搆亭花側，曰無雙，謂天下無別株也。仁宗慶曆中，嘗分植禁中，明春輒枯，遂復載還廟中，鬱茂如故。

清 王士禎《香祖筆記》卷四 世言瓊花天下惟揚州蕃釐觀一株，故宋人作無雙亭于其側。然元遺山《續夷堅志》云：鄧縣南十里炭谷，入谷五里，有瓊花。樹大，四人始合抱。逢閏即花，以初伏開，末伏乃盡。花白如玉，中有玉蝴蝶一，高出花上，花落不著地，乘空而起。按此則不止廣陵有之矣。

藝文

宋 寇準《忠湣集》卷中《南陽市上各賦玉蝴蝶花一絶》 堪賞東君造化奇，裝成蝴蝶滿纖枝。粉融輕翅攢香蘂，疑是尋芳未去時。

宋 宋祁《景文集》卷六《瓊花》 唐昌觀中樹，曾降九天人。鑾駕久何許，雪英如蒨春。豈無遺佩者，來效捧心顰。

宋 胡宿《文恭集》卷五《后土觀瓊花》 楚地五千里，揚州獨一株。香名從此貴，芳格灑然殊。國艷何勞粉，天姿不掩瑜。濃薰霏麝氣，細蘂列蜂鬚。雲朵垂三素，仙衣著六銖。吴中休插柰，天上枉栽榆。神物疑長擁，靈根此未枯。人間如定價，百琲睡龍珠。

宋 韓琦《安陽集》卷一《瓊花》 惟揚一株花，四海無同類。年年后土祠，獨比瓊瑶貴。中含散水芳，外團胡蝶戲。酴醾不見香，芍藥慚多媚。扶疏翠蓋圓，散亂真珠綴。不從衆格繁，自守幽姿粹。嘗聞好事家，欲移京轂地。既違孤絜情，終誤栽培意。洛陽紅牡丹，適時名轉異。新榮託舊枝，萬狀呈妖麗。天工借顔色，深淡隨人智。三春愛賞時，車馬喧如市。草木禀賦殊，得失豈輕議。我來首見花，對花聊自醉。

宋 劉敞《公是集》卷二九《后土廟瓊花》 繁香簇簇三株樹，冷艷飄飄六出霙。移植天中來幾月，欲看憔悴老江城。

宋 王令《廣陵集》卷一三《瓊花》 無雙亭下枝，密密復稀稀。蚌碎珠駢出，鬚牽蝶合圍。會須珍作寶，常恐散成飛。況是東風後一本作暮，游人莫易歸。

宋 張維《魚樂軒吟稿・玉蝴蝶花》（《兩宋名賢小集》卷二九輯） 雪朵中間蓓蕾齊，驟開尤覺繡工遲。品高多説瓊花似，曲妙誰將玉笛吹。散舞不休零晚樹，團飛無定撼風枝。漆園如有須爲夢，若在藍田種更宜。

宋 陳景沂《全芳備祖》前集卷五《瓊花》 崑山采瓊蘂，可以鍊精魄。后土祠中玉蘂花。千點真珠擎素葉，一環明玉破香葩韓魏公。且將書寄南來雁，爲問瓊花果是非陳止齋。蘆笋滿洲銀鱠美，瓊花滴露玉醅醇葉西澗。因此瓊花發，維揚勝洛陽，若無三月雨，占斷一春香俞倩公。

宋 施樞《芸隱勸游稿・玉蝴蝶花》 芳意深深掩緑苔，粉團香翅自裴回。多應又恐春歸早，化作飛花滿樹開。

元 張昱《可閒老人集》卷三《繡毬花次烏雅廉使韻》 繡毬春晚欲生寒，滿樹玲瓏雪未乾。落遍楊花渾不覺，飛來蝴蝶忽成團。釵頭懶帶應嫌重，手裏閒抛却好看。天女夜凉乘月到，羽輪偷駐碧蘭干。

明 謝榛《四溟集》卷一〇《繡毬花》 高枝帶雨壓雕欄，一帶千花白玉團。怪殺芳心春歷亂，捲簾誰向月中看。

清 高宗愛新覺羅・弘曆《御製詩四集》卷一三《蝴蝶花》 繡毬之別種，一莖數十花，四瓣，大小相差而扁，與名逼肖。名同花譜色非同，四出翩躚繞緑叢。黄紫笑他郫宜夢，素姿恰合栩莊蒙。

雜録

宋王闢之《澠水燕談録》卷九 揚州后土廟有花一株，潔白可愛，歲久木大而花繁，世俗目爲瓊花，不知實何木也。世以爲天下無之，惟此一株。孫冕使訪之山中，甚多，但多苦樵斧野燒，故木不得大而花不能盛，不爲人貴。孫傷之，作詩曰：可憐遐地産，常化燎原灰。或曰此詩乃李文饒賦玉蘂也。

瑞香

論説

宋 吴曾《能改齋漫録》卷一五《方物・瑞香花》 廬山瑞香花，古所未

有，亦不產他處。天聖中人始稱傳，東坡諸公繼有詩詠，豈靈草異芳俟時乃出？故記序篇什悉作瑞字。《廬山記》中亦載《瑞香花記》。納禪師云：山中瑞采一朝出，天下名香獨見知。張祠部彊名佳客，以瑞爲睡焉，其詩曰：曾向廬山睡裏聞，香風占斷世間春。竊花莫撲枝頭蝶，驚覺南窗午夢人。

明 文震亨《長物志》卷二《花木》 瑞香別名麝囊。又有一種金邊者，人特重之，枝既粗俗，香復酷烈，能損羣花，稱爲「花賊」，信不虛也。

清 李漁《閑情偶寄》卷一三《種植部・木本第一・瑞香》 茂叔以蓮爲花之君子，予爲增一敵國，曰：瑞香乃花之小人。何也？《譜》載，此花一名麝囊，能損花，宜另植。予初不信，取而嗅之，果帶麝味，麝則未有不損群花者也。同列衆芳之中，即有朋儕之義，不能相資相益，而反崇之，非小人而何？幸造物處之得宜，予以不能爲患之勢。其開也，必于冬春之交，是時群花摇落，諸卉未榮。及見此花者，僅有梅花、水仙二種，又在成功將退之候，當其鋒也未久，故罹其毒也亦不深，此造物之善用小人也。使易冬春之交而爲春夏之交，則花王亦幾被篡，矧下此者乎？唐宋諸名流，無不憐香嗜色，贊以詩詞者，皆以蚤春無花，得此可搔目癢，又但見其佳，而未逢其虐耳。予僭爲香國平章，焉得不秉公持正？寧使一小人怒而欲殺，不敢不爲衆君子密堤防也。

清 孫之騄《枝語》卷下《瑞香》 瑞香，一名蓬萊紫，一名風流樹，即《楚辭》露甲也。又名錦薰籠，又名錦被堆。【略】花如丁香，有黄紫白粉紅三色，紫者香尤烈，謂之麝囊。雜衆花中，衆花往往無香，皆爲所奪，又名奪香花。夫奪他人之所有以爲己物，是亦賊而已矣。又其性惡日喜陰，陽消陰長，君子退小人進之象，不祥莫大焉。且得之晝寢，聞於夢幻。反時爲災，反物爲妖，未見其爲瑞也。

綜　述

唐 郭橐駝《種樹書》（《説郛》卷一〇六下輯） 瑞香花惡濕日，不得頻沃以水，宜用小便，可殺蚯蚓，或從花脚澆之，則葉緑，又用梳頭垢膩，根上有日色即覆之。

宋 陶穀《清異録》卷上 瑞香，有洛白、揚紅、汴黄、江紫，花之變極矣。

宋 侯延慶《退齋雅聞録・瑞香花》（《説郛》卷一七下輯） 瑞香花，種出江州廬山，今長沙競種成俗，一采有至百千花者。最忌麝或佩麝，觸之花輒萎死。惟頻瀹茶灌其根，則不爲蟲所蝕。

宋 陳景沂《全芳備祖》前集卷二二《瑞香》 碎録 瑞香花紫而香烈，非羣芳之比，其始蓋出於廬山之中。《廬山志》

紀要 《成都志》：瑞香，芳草也。其本高纔數尺，生山坡間。花如丁香，而有黄紫二種，冬春之交其花始發，植之庭檻，則芬馥出於户外野。人不以爲貴，宋景公亦闕而不載。予令春城後，二十年守成都，公庭僧圃靡不有也。予恐其没於草，一日見知於时，殆與人事无異，感而圖之，爲之序。《呂大防瑞香圖序》

宋 趙時庚《金漳蘭譜》卷下《奥法・種花肥泥法》 瑞香花，種時用前項肥泥，如栽蘭花一般安排。盆内種，只要泥鬆，不可用實泥。如栽花時將泥打鬆，以十分爲率，八分用肥泥，二分用沙泥拌之。

宋 周密《癸辛雜識》續集 卷上《插瑞香法》 凡插之者，帶花則雖易活，而落花葉生復死。但於芒種日折其枝，枝下破開，用大麥一粒，置於其中，并用亂髮纏之，插於土中，但勿令見日，日加以水澆灌之，無不活矣。試之果驗。

明 宋詡《竹嶼山房雜部》卷一〇《樹畜部二・種花卉法》 瑞香（葉光潤有黄邊者，枝頭甚繁，體幹柔韌。黄花，紫花，楊萬里詩云：紫苴翻了白花枝。白花，二色花，一體有紅白，又有數本。樓子花，單頭花，串子花。皆有香。）帶花枝插於背日處，或於初秋時插於水稻側，俟生根移種之。

明 李時珍《本草綱目》卷一四《草之三・瑞香》 時珍曰：南土處處山中有之。枝幹婆娑，柔條厚葉，四時不凋。冬春之交開花成簇，長三四分，如丁香狀，有黄白紫三色。《格古論》云：瑞香高者三四尺，有數種，有枇杷葉者，楊梅葉者，柯葉者，毬子者，攣枝者。惟攣枝者，花紫香烈，枇杷葉者結子。其始出于廬山，宋時人家栽之始著名。攣枝者，其節攣曲如斷折之狀也，其根綿軟而香。

明 焦周《焦氏説楛》卷四 《楚辭》「露甲」，今名瑞香，有洛白、揚紅、汴黄、江紫，一名錦薰籠，又名錦被堆，張圖之改名睡香。

明 王路《花史左編》卷四《花之辨・瑞香》 紫白二色，紫者厚葉金邊，香甚。有白者，緑葉黄邊者，有粉紅色者。

又 卷八《花之宜·瑞香》 梅甫時開，就老枝節上剪初嫩枝，插於背陰處白生根，帶花更易活，花落葉生後插之必死。芒種中折其枝，枝上破開，用大麥一粒置於中，用亂髮纏之插土，勿令見日，以水澆之亦活。

又 卷一三《花之忌·瑞香》 惡濕畏日，宜用小便可殺蚯蚓。或云宜用梳頭垢膩，又云浣洗衣灰汁澆之，則花肥。蓋瑞香根甜，得水澆則蚯蚓不食。居家必用云：漆渣及鷄鵝毛汁，或燖猪毛湯澆俱茂。最忌麝，觸之即萎。有日色即蓋之，不可露根，露之則不榮。若澆小便，以河水多灌，解小便之鹹，大抵香花怕糞，惟瑞香尤甚。

明 陳正學《灌園草木識》卷一《花之屬》 有紅，有白，有纏枝，有簇錦。纏枝者，花紅而蘂大，價甚貴重。

明 高濂《草花譜·瑞香花》（《説郛續》卷四〇輯） 有紫花名紫丁香，有粉紅者名瑞香，有白瑞香，有緑葉黄邊者名金邊瑞香。惟紫花葉厚者香甚。

明 夏旦《藥圃同春·十二月》（《説郛續》卷四〇輯） 瑞香 紅白二色，畏日，宜清，極香。

明 方以智《物理小識》卷九《草木類》 瑞香 有黄、紫、白樓子、串子者，又有一體紅白者。帶花枝於背日處，或秋插水稻側，生根遂種之。

清 高士奇《北墅抱瓮録·瑞香》 瑞香，枝幹婆娑，葉深緑而邊有白色，繁花成簇，香似薝蔔，極能透遠。一名睡香，相傳廬山僧卧岩石間，夢聞花香，覺而得之，故有此名。早春萬卉未吐，以此花爲梅之先驅。

清 張逸少 汪灝等《佩文齋廣群芳譜》卷四一《瑞香》 瑞香一名露甲，一名蓬萊紫，一名風流樹。高者三四尺許，枝幹婆娑，柔條厚葉，四時長青。葉深緑色，有楊梅葉、枇杷葉、荷葉攣枝。冬春之交開花成簇，長三四分，如丁香狀。共數種，有黄花、紫花、白花、粉紅花、二色花、梅子花、串子花，皆有香，惟攣枝花紫者更香烈。枇杷葉者結子。其始出於廬山，宋時人家種之，始著名。攣枝者，其節攣曲如斷折之狀，其根綿軟而香，葉光潤似橘。葉邊有黄色者名金邊瑞香，枝頭甚繁，體幹柔韌，性畏寒，冬月須收暖室或窖內，夏月置之陰處，勿見日。此花名麝囊，能損花，宜另種。

又《瑞香》 《瑞香圖序》：瑞香，芳草也。其木高纔數尺，生山坡間，花如丁香而有黄紫二種。冬春之交，其花始發，植之庭檻則芳馨出於户外，野人不以爲貴，宋景文亦闕而不載。予令春城，後二十年守成都，公庭僧圃，靡不有也。予恐其没於草，一日見知於時，殆與人事無異，感而圖之，因爲之序。

清 鄒一桂《小山畫譜》卷上《瑞香》 正月開花最早，瓣四出，叢生，有紫白二色。枝葉對節，樹不甚高。開時有葉，葉尖長，花大者徑寸。丁香花小而繁，瑞香花大而疏，一在春早，一在春深，皆香草也。芳譜內有黄紅雜色者，余終未見。

清 謝堃《花木小志·瑞香》 枝幹婆娑，條柔葉厚，長青不敗。開花成簇，狀如丁香。色有黄紫白及粉紅者，內有攣枝紫色者，香尤馥郁。葉似枇杷葉者有子，攣枝者，有節攣曲如斷折狀。其性畏熱畏寒，香氣能損它花，須另置。

清 乾隆《福建通志》卷一〇《物産·福州府·花之屬》 瑞香 花紫白二色，紫者香勝，冬春之際盛開。東坡詞云：領巾飄下瑞香風，驚起謫仙春夢。其意甚婉。

又 卷一一《物産·龍巖州·花之屬》 瑞香 色淡紅，味清香。

紀事

宋 陳舜俞《廬山記》卷二《叙山北篇第二》 錦繡谷，舊録云：谷中奇花異卉不可殫述。三四月間，紅紫匝地，如被錦繡，故以爲名。今山間幽房小檻，往往種瑞香，太平觀東林寺爲盛。其花紫而香烈，非羣芳之比。始野生深林草莽中，山人聞其香尋而得之，栽培數年則大茂。今移植幾遍天下，蓋出此山。

宋 張邦基《墨莊漫録》卷二 瑞香花，其香清婉在餘花上，窠株少見大者。襄陽唐表舅家一株，面闊一丈二三尺，婆娑如蓋，下可坐胡床。趙岍季西知襄陽，欲取之，竟不與也。兵火之後，不復存焉，豈歸閬苑耶？李居仁大夫嘗言：舒州山中深岩間，附石生一株，高二三丈，下可坐十客，不可移也。今浙中以丁香本接者，芬芳極短，不如天生者，其香漚鬱清烈也，不十年即瘦悴就槁矣。

清 孫之騄《枝語》卷下《瑞香》 毛西河云：予家有南來瑞香種，高樹花覆向地，每一蔕合數十孔爲一攢，每孔口黄色四出，十一月開花，至次年三月止，人罕識者。

藝文

宋 楊傑《無爲集》卷七《瑞香》 孤根移自紫霄峰，只鬥清香不鬥紅。憶得婆娑一株桂，歐家曾見月屏風。

宋 韓維《南陽集》卷一四《累日不到西園瑞香忽已爛熳》 錦官翻樣出新機，淺緑深紅各自宜。不是東風送香氣，幽花落盡有誰知。

宋 釋覺範《石門文字禪》卷一〇《瑞香花》 靈根聞是花中瑞，可憐亦肯乘春開。色深卷肉淺巴錦，香濃入骨生秦梅。也知秀麗不羣品，最宜陰潔幽庭栽。落英紅葉不忍掃，從教狼藉蒙蒼苔。

宋 韓駒《陵陽集》卷三《題王充道清芬亭前瑞香花數百本》 著葉團青蓋，開花炷寶熏。遥知三徑馥，尚隔數家聞。但取芳菲襲，無勞灌溉勤。藉令摇落盡，子自有清芬。

宋 趙公豫《燕堂詩稿·瑞香》 本屬廬山種，今移到小堂。疏枝依淺土，永日吐清香。不獨供欣賞，還宜兆吉祥。春深花氣減，對此更微茫。

宋 陳藻《樂軒集》卷一《紫瑞香三首》 中開素粉笑濃霜，外帶凝脂妒夕陽。縱有寒梅祇一色，暗香不似撲人香。

無數枝頭簇簇葩，大枝直上細枝斜。商量開盡商量落，全要前花見後花。

放蘂争先見菊雕，逐花旋拆到桃夭。若爲耐久還柔脆，莫折仙枝本易摇。

宋 洪适《盤洲文集》卷八《瑞香》 紫苞楊柳葉，奇絶錦熏籠。香氣闐襟袖，清尊爲汝空。

宋 楊萬里《誠齋集》卷八《瑞香花》 織錦天孫矮作機，紫茸翻出白花枝。更將沉水濃薰却，日淡風微欲午時。

樹如巖桂不勝低，花比素馨幽更奇。要作團欒小窠錦，春風不長出叢枝。

宋 韓淲《澗泉集》卷一一《瑞香》 花如素馨微較密，葉似楊梅團且長。石竹染成魚尾色，辛夷吹得麝臍香。移根雅入芝蘭室，得種迥非桃李場。小檻平林暗芳草，一軒輕露濕朝陽。

明 藍仁《藍山集》卷三《瑞香》 南園秋色盡凋零，别有幽芳出遠林。葉布緑雲晴靄靄，花攢紅粟曉森森。雪中吐艷争春早，露裏浮香坐夜深。不與梅花同素淡，時人少識歲寒心。

明 宣宗朱瞻基《瑞香花詩》（《御選明詩》卷一輯） 瑞香花有數種，或紅或白或紫。春早盛開，芬馥可愛。蓋唐宋人多有賦詠之者，予亦見之，短篇云：

瑞香花，葉如纖，其葉非一狀，花開亦殊色。或如瑪瑙之殷紅，或如玉雪之姿容，或含淺絳或深紫，細蘂疊葉芬玲瓏。臘後春前花未放，先春獨占梅花上。繞枝芳意露毿毿，萬卉千葩總相讓。曈曨旭日照階墀，澹蕩香風拂面時。初疑沉檀爇寶鼎，亦似蘭麝熏人衣。瑞香花樹高三尺强，山桃野杏動踰丈，得以幽叢約馥香。

雜録

宋 陶穀《清異録》卷上 睡香 廬山瑞香花，始緣一比丘晝寢磐石上，夢中聞花香烈酷，不可名，既覺，尋香求之，因名睡香。四方奇之，謂乃花中祥瑞，遂以瑞易睡。

宋 梁克家《淳熙三山志》卷四一《土俗類三·物産·花》 瑞香 紫色，芬香，舊記無，近州多有之。

宋 高似孫《剡録》卷九《草木禽魚上木》 瑞香 西太白山有此花。廬天驥《剡山瑞香花》詩：入夢生香酒力微，不須金鴨裊孤馡。爲嫌淡白非真色，故著仙家紫道衣。時廬政在西山也。了元《瑞香譜》曰：廬山瑞香比他郡最香，信乎風物各有相宜。

宋 潛説友《咸淳臨安志》卷五八《風土》 瑞香 舊真覺院有此花，東坡詩云「幽香結淺紫，來自孤雲峰。骨香不自知，色淺意殊深」云云。今馬塍種最多，大者名錦薰籠。

明 田汝成《西湖游覽志餘》卷二四《委巷叢談》 瑞香有黄紫二種，有紫瓣而緣金者。蘇子瞻有《次曹子方龍山真覺院瑞香花》詩云：幽香結淺紫，來自孤雲岑。骨香不自知，色淺意殊深。移栽青蓮宇，遂冠薝蔔林。紉爲楚臣佩，散落天女襟。君持風霜節，耳冷歌笑音。一逢蘭蕙質，稍回鐵石心。置酒要妍暖，養花須晏陰。及此陰晴間，恐致慳嗇霖。彩雲知易散，鶗鴂憂先吟。明朝便陳迹，試著丹青臨。今馬塍種最多，大者名錦熏籠。

清 雍正《浙江通志》卷一百六《物産六》 瑞香 《東陽縣志》花如丁香，春開次第千朵，俗名千頭草。婦女以綫穿之，繞髮髻外，謂之花髻。

山茶

論説

宋 潛説友《咸淳臨安志》卷五八《花之品》 山茶 今東西馬塍色品最盛。

陳了齋有接花詩云：花單可使千，色黄可使紫。末意乃歸于不能違時，以謂天者卒不可易也。今觀馬塍栽接，有一本而十色者，有早開而晚發者，大率變物之性，盜天之氣，雖時亦可違矣。他花往往皆然，惟山茶在今爲甚。

宋　吴自牧《夢粱録》卷一八《物産·花之品》　山茶：磬口茶、玉茶、千葉多心茶、秋茶，東西馬塍色品頗盛。栽接一本，有十色者，有早開而晚發，大率變物之性，盜天之氣，雖時亦可違，他花往往皆然。頃有接花詩云「花單可使千色黄」，果奪天之造化。

明　田藝蘅《留青日札》卷三二《茶梅》　劉長卿有海紅花詩。李太白詩注：新羅國多海紅。今茶梅即小樣粉紅山茶，本名海紅花，以其自十二月開至二月，與梅同時，故曰茶梅。劉仕亨詩：小院猶寒未暖時，海紅花發晝遲遲。半深半淺東風裏，好似徐熙帶雪枝。蓋山茶一種數名，花極紅而瓣極厚者曰都勝，即今寶珠也。又以其心紅簇如鶴頂，故曰鶴頂。色淡而無心者曰玉茗，即今粉紅山茶。嘗憶古詩有云：淺爲玉茗深都勝，大曰山茶小海紅。

明　何宇度《益部談資》卷中　山茶有雲南紅、石榴紅、謝萬定數種，朵大勝芍藥，重瓣如芙蓉。土人自能接，他處所莫匹也。寶珠雖有，又拜下風矣。

明　王世懋《學圃雜疏·花疏》　黄山茶、白山茶、紅白茶梅皆九月開。二山茶花大而多韻，亦茶中之貴品。楊妃山茶稍後，與白菱同時開。楊妃是淡紅，殊不能佳，爲是冬初花，當具一種耳。白菱花純白而雅，且開久而繁，人云來自閩中，余在閩間之，乃無此種，始在豫章得之，定是嶺南花也。花至季冬始盡，性亦畏寒，花後宜藏室中。

明　鄧渼《茶花百詠序》（《雲南通志》卷二九之一四輯）　滇茶甲海内，種類之繁，至七十有二。其在省城内外者尤佳。予以庚戌歲按部事竣，駐省候代。時值冬末春初，此花盛開。名園精舍，閒獲寓目。爍日蒸霞，摛文布繡，火齊四照，雲錦成帷。信天壤之奇觀，品物之鉅麗也。昔人謂此花有七絶，予以爲未盡厥美。有十德焉：色之艷而不妖，一也。樹之壽有經二三百年者猶如新植，二也。枝幹高疏，有四五丈者，大可合抱，三也。膚文蒼潤，黯若古雲氣罇罍，四也。枝條黝斜，狀似麈尾龍形可愛，五也。蟠根獸攫，輪囷離奇，可屏可枕，六也。豐葉如幄，森沉蒙茂，七也。性耐霜雪，四時常青，有松柏操，八也。次第開放，近二月始謝，每朵自開至落，可歷旬餘，九也。折入瓶中水養，十餘日不變，半吐者亦能開，十也。此皆他花所不能全者，因考唐人以前，此花獨不經題咏。以僻遠故，不通中土，遂使奇姿艷質淪落無聞。近代有作，率多不能爲此花傳神。暇日因戲爲百咏詩一首，牽綴比擬，未免兒態。庶幾爲此花吐氣，傳之四方，或有採焉。

明　文震亨《長物志》卷二《花木·山茶》　蜀茶滇茶俱貴，黄者尤不易得。人家多以配玉蘭，以其花同時而紅白爛然，差俗。又有一種名醉楊妃，開向雪中，更自可愛。

清　張岱《夜航船》卷一六《植物部·花卉》　茶花　以滇茶爲第一，日丹次之。滇茶出自雲南，色似衢紅，大如茶碗，花瓣不多，中有層摺，赤艷黄心，樣範可愛。

清　李漁《閑情偶寄》卷一三《種植部·木本第一·山茶》　花之最不耐開，一開輒盡者，桂與玉蘭是也。花之最能持久，愈開愈盛者，山茶、石榴是也。然石榴之久，猶不及山茶。榴葉經霜即脱，山茶戴雪而榮，則是此花也者，具松柏之骨，挾桃李之姿，歷春夏秋冬如一日，殆草木而神仙者乎？又况種類極多，由淺紅以至深紅，無一不備。其淺也，如粉如脂，如美人之腮，如酒客之面。其深也，如硃如火，如猩猩之血，如鶴頂之珠。可謂極淺深濃淡之致，而無一毫遺憾者矣。得此花一二本，可抵群花數十本。惜乎予園僅同芥子，諸卉種就，不能再納須彌，僅取盆中小樹，植于怪石之旁。噫，善善而不能用，惡惡而不能去，予其郭公也夫！

清　陳淏子《秘傳花鏡》卷三《花木類考·茶梅花》　茶梅，非梅花也，因其開於冬月，正衆芳凋謝之候，若無此花點綴一二，則子月幾虚度矣。其葉似山茶而小，花如鵝眼錢，而色粉紅心深黄。亦有白花者，開最耐久，望之雅素可人。

清　孫之騄《枝語》卷下《曼陀羅》　山茶名曼陀羅樹。《本草》載曼陀羅花，花與山茶迥别而共膺陀羅之號。究其音義，多不可曉。道書：北斗有陀羅星，使者手執此花，後人因以名之。梵語曼陀羅猶華言雜色也。《法華經》言佛説法時，天雨曼陀羅花。佛家空不礙色，空是真空，色不礙空，色是幻色。然則曼陀羅梵言幻色與？

清　樸靜子《茶花譜·總説》　洋茶花，云自日本來入中土，纔廿年餘，品類之多幾及三十種。莫不各含秀色，另表殊形，與漳南所産十來種判然不同。故其命名有以色取者，有以形取者，亦有蠻名不解其取意者，如干龍是也。或先或後，雖不同時，亦能相繼繽紛。至枝幹之柔細勁直，顯然易辨，而葉之長

短尖圓，幾微難分。總與漳南山茶同似木樨，但厚而有棱，尤覺湛緑光滑。如各種備具一園，加以培植灌溉之功，剪剔有方，位置得所，花亦不負主人，可自九十月至二三月豁目賞心，暢於羣卉。至《雲南志》載，謝肇淛謂，茶花有七十二品，趙璧譜近百種，未傳花之名，亦不見其譜，或他省更有名茶，亦可不必問矣。

又《變色變態説》 譜著三十條，凡四十一種。有一名而兩三種，或四五種者，有一種而兩三名者。據園叟云，花盛則變色變態。揆其理，不特根株老嫩之別，即陰陽燥濕及工夫勤惰，已判然肥瘦濃淡矣。况漳地春冬皆暖，花嘗有放早放遲，過時失候之容，亦不可不知也。余莅兹既久，目覩心賞，爰訂是譜，如虎斑即錦蓮，漳人謂爲兩種，五寶即平分，亦名柳條，漳人謂三種。此正變色變態之驗也，不吝贅筆。

清 乾隆《雲南通志》卷二七《物産·花屬》 海紅 即淺紅山茶，自十二月開至二月，與梅同時，故一名茶梅。

清 乾隆《續通志》卷一七六《昆蟲草木略三·木》 山茶一名曼陀羅，葉頗似茶而厚梗，故名。花有數種，寶珠最勝。

綜 述

唐 段成式《酉陽雜俎》續集 卷一〇《支植下·山茶花》 山茶花，山茶葉似茶，樹高者丈餘，花大盈寸，色如緋，十二月開。

宋 周師厚《洛陽花木記》（《説郛》卷一〇四下輯） 山茶臘月開。 晚山茶寒食開。 粉紅山茶 白山茶

宋 范成大《桂海虞衡志·志花》 南山茶，葩萼大倍中州者，色微淡，葉柔薄有毛。別自有一種如中州所出者。

宋 梁克家《淳熙三山志》卷四一《土俗類三·物産·花》 山茶花深紅色，冬盛開。

宋 周去非《嶺外代答》卷八《南山茶》 南山茶，葩萼大倍中州者，色微淡，葉柔薄有毛，結實如梨，大如拳，中有數子如肥皂子大。別自有一種，葉厚硬，花深紅，如中州所出者。

宋 陳景沂《全芳備祖》前集卷一九《山茶花》 有紅白二種，又有千葉者，名品頗多，不能盡録。《草木記》。南山茶，葩萼大倍中州者，色微淡，葉柔薄，有毛，結實如梨，大如拳。中有數子，如肥皂子大。別自有一種，葉厚硬，花深紅，如中州所出者。《虞衡志》

明 王鏊《姑蘇志》卷一四《生植·雜花十九》 山茶 開於雪中，有單葉千葉之異。別有深紅者，名寶珠山茶。朱長文：柏葉元同翠，桃顔未比紅。留芳占春月，弄蕊耐秋風。自稱階庭玩，休煩帟幕籠。佳蒨補韋白，流品重吴中。珍木何年種，繁英滿舊枝。開從殘雪裏，盛過牡丹時。對日心全展，凌風幹不欹。藥階如賦咏，欠此尚相思。

明 宋詡《竹嶼山房雜部》卷個一〇《樹畜部二·種花卉法》 山茶 葉似木樨而豐厚，經冬不少脱。

寶珠，蘇子瞻詩云：葉厚有棱犀甲健，花深少態鶴頭丹。楊妃花。肉紅色，開早。四季花宜寄枝，寄用本體。黄花香，宜寄枝，寄用茶體，若山茶體，花仍爲紅色。白花宜寄枝同黄花。一種玉茗，如山茶而色白，黄心緑萼。磬口花。罄口花宜子種。

又 茶梅 花萼如山茶而小，凌冬不凋。宜寄枝，寄用山茶體。

明 李時珍《本草綱目》卷三六《木之三·山茶》 釋名 時珍曰：其葉類茗，又可作飲，故得茶名。

集解 時珍曰：山茶産南方，樹生高者丈許，枝幹交加，葉頗似茶葉，而厚硬有棱，中闊頭尖，面緑背淡。深冬開花，紅瓣黄蕊。《格古論》云：花有數種，寶珠者花簇如珠，最勝。海榴茶，花蒂青。石榴茶中有碎花躑躅茶，花如杜鵑花。宫粉茶、串珠茶皆粉紅色。又有一捻紅、千葉紅、千葉白等名，不可勝數，葉各小異。或云亦有黄色者。《虞衡志》云：廣中有南山茶，花大倍中州者，色微淡，葉薄有毛，結實如梨，大如拳，中有數核，如肥皂子大。周憲王《救荒本草》云：山茶嫩葉煠熟，水淘可食，亦可蒸晒作飲。

明 愼懋官《華夷花木鳥獸珍玩考》卷四《山茶花》 樹高者丈餘，低者二三尺許。枝幹交加，葉硬有棱，稍厚，中闊寸餘，兩頭尖，長三寸許。面深緑光滑，背淺緑。花有數種，寶珠茶、雲茶、石榴茶、海榴茶、躑躅茶、菜莉茶、真珠茶、串珠茶、正宫粉、寨宫粉、一捻紅、照殿紅、千葉紅、千葉白者，不可勝數。葉各不同，海榴茶花青蒂而小，石榴茶中有碎花，躑躅茶山躑躅樣，宫粉茶串珠茶皆粉紅色。其中最佳者寶珠茶也。或又言此花品者有黄者，然亦鮮見矣。南山茶，葩萼大倍中州者，色微淡，葉柔薄有毛，結實如梨，大如拳，中有數子如肥皂子。秀山有山茶一株，花如木芍藥，中原所未見也。 鶯聲老矣移雖晚，鶴頂丹時看始嘉。雨葉鱗鱗成小蓋，春枝艷艷首群花。

明　高濂《遵生八牋》卷七《高子花謝詮評》　粉紅山茶，千瓣白山茶，大紅滇茶，大如茶盞，種山雲南。瑪瑙山茶，紅黄白三色夥作，堆心外大瓣，硃砂紅色。寶珠、鶴頂山茶。中心如饅，叢簇可愛，若吐白鬚者不佳。

又　茶梅花　小朵，粉紅，黄心。開在十一月，各花凈盡之時。得此可玩。

又　卷一六《燕閒清賞牋下・山茶花六種》　別名甚多，以可觀玩，世所廣者録之。如磬口外有粉紅者，十月開，二月方已。有鶴頂茶，如碗大，紅如羊血，中心塞滿如鶴頂，來自雲南，名曰滇茶。有黄紅白粉四色爲心，而大紅爲盤，名曰瑪瑙山茶，花極可愛，産自浙之温郡。有曰寶珠，九月發花，其香清可嗅。

又《茶梅花》　開十一月中，正諸花凋謝之候。花如鵝眼錢而色粉紅，心黄，開且耐久，望之雅素，無此則子月虚度矣。

明　顧起元《客座贅語》卷一　山茶，此中三種。一单瓣，中有黄心，一寶珠，单瓣中碎小紅瓣簇起如珠故名。近又有一種白者，花亦如寶珠，色微帶鵝黄，香酷烈，勝於紅者遠甚。

明　王路《花史左編》卷四《花之辨・山茶》　如磬口外有粉紅者。有鶴頂茶，如碗大，紅如羊血，中心塞滿如鶴頂，求自雲南，名曰滇茶。有黄、紅、白、粉四色爲心，而大紅爲盤，名曰瑪瑙山茶，産自浙之温州。有千葉而攢簇曰寶珠，有似寶珠而蕊白色蕉者，蕉萼白寶珠。九月發花，其香清可愛。若杭之所爲寶珠者，花心叢簇，甚少，且有白絲吐出，不佳。

又《南方草木記》：山茶花有數種，有寶珠茶、石榴茶、海榴茶中有碎花、躑躅茶、茉莉茶、宫粉茶、寧珠茶皆粉紅色、一捻紅、照殿紅，葉各有不同。

又　卷五《花之候・山茶》　十月開，二月方已。春間臘月皆可移。

又　卷一八《花之證・山茶》　以單葉接千葉，花茂樹久，或以冬青接，十不活二三也。

明　陳正學《灌園草木識》卷一《花之屬》賽牡丹　茶花千葉殷紅，一名絨茶，漳茶以此爲勝。

山茶　單瓣黄心，灌澆肥壯，亦有開至千葉，第外大瓣深紅，中小瓣淺淡耳。

川茶　花嬌紅可愛，重瓣交覆，從滇中來。莆人買杭浙者，轉致諸漳。漳人近以茶樹博接，第不能渾合無跡。此花與玉蘭，漳並貴重之。澆以糞水及魚腥水，森茂不凋。切忌溺水。

明　周文華《汝南圃史》卷八《木本花部上・山茶》　山茶，葉如木犀，深緑，有棱。花正紅，如小漆盌。冬末春初開，最富麗。《興化府志》云：有數種，花開單葉而極大者曰丹，單葉而小者曰錢茶，有類錢茶而粉紅色者曰溪圃，又有百葉而攢簇者曰寶珠，有類寶珠而蘂白色焦者曰焦萼。當歲暮百花揺落之後，此花獨開，故人重之。曾南豐《以白山茶寄吴仲庶》詩云：山茶純白是天真，筠籠封題摘尚新。秀色未饒三谷雪，清香先得五峰春。瓊花散漫情終蕩，玉蘂蕭條跡更塵。遠寄一枝隨驛使，欲分芳種更無因。注云：初唯此花與揚州后土廟瓊花天下一枝，近年瓊花可接，遂散漫，而此花爲獨出也。今人家園圃所植，多單葉深紅，花中有黄心，樹高丈餘，結子可復出，即寶珠茶，已自難得。所云白色者未見也。《水雲録》云：臘月及春間皆可移栽，三月中以單葉接千葉，其花茂盛，或以冬青接者，十僅能活一二。又有一種來自滇南，花大如蓮，尤爲瑋異。

茶梅花，葉皆小於山茶，其花單葉，粉紅色，秋深始開，殆所謂溪圃耶？然亦有白色者。

明　夏旦《藥圃同春・正月》（《説郛續》卷四〇輯）　山茶　色紅喜腴，一名寶珠。心無黄間者爲上，無香。

又《藥圃同春・三月》　蜀茶　紅白二色，清而喜腴。秋時用烏豆水灌之，其花益妍。

又《藥圃同春・十月》　白錢茶　喜腴，夏月用山茶移接，花極可愛，清香。

明　方以智《物理小識》卷九　茶梅，其萼如山茶而小，淩冬不凋。

清　曹溶《倦圃蒔植記》總論卷上《論花第三》　蜀茶比本地寶迥別，外瓣宏闊而内瓣舒暢，色倍鮮明，《譜》所謂石榴茶即此。有大紅、深紅二種，年久者亭亭如蓋，其紅可亞佛桑。又一種外紅而心如瑪瑙，紅白相間，名曰二喬。右三種皆蜀茶也。滇茶則來自雲南，其性畏熱、畏寒，喜潔，惡穢，花大如碗，二十餘瓣，一樣均匀。而重臺交覆，色比大紅略淺，嬌媚無比。

清　陳淏子《秘傳花鏡》卷三《花木類考・山茶》　山茶，一名萼陀羅，樹高者一二丈，低者二三尺。枝幹交加，葉似木樨闊厚而尖長，面深緑光滑，背淺緑，經冬不凋。以葉類茶故得茶名。花之名色甚多，姑列於後。其開最久，自十月開至二月方歇。性喜陰燥，不宜大肥。春間臘月皆可移栽。四季花寄枝宜用本體，黄花香寄枝宜用茶體，若用山茶體花仍紅色，白花寄枝同上，磬

口花、邕口花宜子種，以單葉接千葉則花盛而樹久，以冬青接十不活一二。

附山茶釋名共十九種

諸色茶花　瑪瑙茶産温州，紅黄白粉爲心，大紅盤。　鶴頂紅大紅蓮瓣，中心塞滿如鶴頂，出雲南。　寶珠茶千葉攢簇，殷紅□丹砂，出蘇。　焦萼白寶珠似寶珠，蕊白，九月開，甚香。　楊妃茶單葉，花開最早，桃紅色。　正宫粉　賽宫粉花皆粉紅色。　石榴茶中有碎花。　梅榴茶青蒂而小花。　真珠茶淡紅色。　萊榴茶有類山躑躅。　躑躅茶色深紅如杜鵑。　串珠茶亦粉紅。　磬口茶花瓣皆圓轉。　茉莉茶色純白，一名白菱，開久而繁，亦畏寒。　一捻紅白瓣，有紅點。　照殿紅葉大而且紅。　晚山茶二月方開。　南山茶出廣州，葉有毛，實大如拳。

清　張逸少　汪灝等《佩文齋廣羣芳譜》卷四一《山茶》　山茶，一名曼陀羅，樹高者丈餘，低者二三尺，枝幹交加，葉似木稺，硬有棱，稍厚，中闊寸餘，兩頭尖，長三寸許。面深緑，光滑，背淺緑。經冬不脱，以葉類茶，又可作飲，故得茶名。花有數種，十月開至二月。有鶴頂茶，大如蓮，紅如血，中心塞滿如鶴頂，來自雲南，曰滇茶。瑪瑙茶，紅黄白粉爲心，大紅爲盤，産自温州。寶珠茶，千葉攢簇，色深少態。楊妃茶，單葉，花開早，桃紅色。焦萼白寶珠，似寶珠而蘂白，九月開花，清香可愛。正宫粉、賽宫粉，皆粉紅色。石榴茶。中有碎花。海榴茶，青蒂而小。萊榴茶、躑躅茶，類山躑躅。真珠茶、串珠茶。粉紅色。又有雲茶、磬口茶、茉莉茶、一捻紅、照殿紅，郝經詩注云：山茶大者曰月丹，又大者曰照殿紅。千葉紅、千葉白之類，葉各不同，或云亦有黄者。不可勝數。就中寶珠爲佳，蜀茶更勝。《虞衡志》云：廣州有南山茶，花大倍中州，色微淡，葉薄有毛，結實如梨，大如拳，有數核如肥皂子大。于若瀛云：寶珠山茶，千葉含苞，歷幾月而放，殷紅若丹，最可愛。聞滇南有二三丈者，開至千朵，大于牡丹，皆下垂，稱絶艷矣。

清　李光地《月令輯要》卷六《二月令·物候》　接山茶　增陶朱公書：山茶二月接，以单葉接千葉，則花盛而樹久。

清　樸静子《茶花譜·澆灌培植法》　花性喜燥，不宜過濕。盆面土色白，始以河水澆之，花卸後澆以燖鷄湯則茂，或以黄荳煮汁浸久澆之亦肥。若移栽，則俟冬至後，勿惜小費，擊碎原盆以山間紅土和河岸板沙栽新盆内，置半陰半陽之地，花倍鮮妍。

剪枝　茶枝多無倫，剪削最易敗。直上之枝謂之命枝，剪去尤甚。欲花得致，但於發生時隨剪，隨以香火燒剪痕，使不得泄氣，亦無傷其津脉也。

摘蕊　芽吐數月不抽條，花卸後，春氣發長，花已暗胎，至四五月間苞乃微見。每兩蕊夾出，而且繁多，俟其稍大，量樹大小留之，餘皆摘去，不可觸傷嫩梗。開時花头大而且鮮，樹之津脉常盛，不然則花漸力弱矣。

又《花品》　觀音白，枝稍細，葉湛緑，一二片或淡黄，經久不凋。初非病水，葉已秀矣。其花大於大茶甌，又名佛座白。賦質瑩潔柔膩，得超塵絶俗之容。瓣有微缺，捲兩邊作菡萏花形。大放，瓣漸舒，片片作銀鱗疊砌。花既圓渾，升滿月矣。觀音佛座之稱，使蘇晉聞之，應合掌於花下，録之神品，足稱第一。所可惜者，不能久耐風日耳。

吐鬚紅，又名紅吐絲。外輪瓣皆大，起樓處小大叢錯。鬚牽黄蕊者少，牽碎瓣者頗多。不細玩不知。碎瓣連鬚，鬚成碎瓣，豈其病春縈花緒耶？否則花中亦有髯公，以之贈坡老，定云譆已。花之命名在此。色比深桃紅，得致甚雅，雖妙染工描，恐不能盡其態。開足色漸淡，致益佳。大亦近茶甌，異品也。

大六角，枝柔長，葉小於各種。花面粉紅，微兼藕色，花背色稍重，力足大於茶甌。蓮心無鬚蕊，尖瓣六出停匀，向内漸小，叠叠層層，整飭不亂。惟外輪數大瓣錯綜而圓，即以通草極人力爲之，不能及化工之妙。含苞最偉，鞸下纍纍，若火珠欲然，心尤緊密，如處女之抱貞芳，不以針刺蒂，不易見其開也，允屬奇品。

牡丹紅，妍品。枝幹虬勁，葉片較小，嫩時色赭赤，及老，緑嘗淺。花之叢，瓣如榴，萼圓渾近繡毬，潛露心鬚，意頗鬆動。宜雨宜晴，耐風耐日。其盛開也，絳綃初染，紫彩枝間，落殘時胭脂失色，偶點蓮青。睇伊有花王之稱，引人作洛陽之想。

醉芙蓉，花大於茶碗，厚，瓣白，其外近心連蒂處淡抹胭脂，紅白可愛。真不亞西風江上，玉露曉暈，秋容惹人着眼。間有一二朵純素精潔者，差擬人醉獨醒。或曰此即白干龍之變也，未確。宜録於佳品。但開不足者有虬屈之嫌，心雖微緑，形不足觀矣。

粉孩兒，憐其么小也。一名出爐銀，一名粉紅蓮，皆狀其色也。質本不鎔於離宫，根原不託乎水國。遠睇其精神，長春惹妒，扶持以桂葉，恨不得月紅耳。余更其名曰長春紅。此種較少，瓣多開展，以助雲妝，誠爲妙品。

麗春紅，洵美品。花形帶匾，大不遜茶甌。起碎瓣於近心，承大瓣於下廓。色重奪麗春之嬌，春光在眼，色淡亞芙蓉之艷，秋意迎人。故其名兩立，其寔一

種也，或曰芙蓉紅。葉稍尖長，又訛傳簪此花者多自撲跌要，皆欺詐之辭。

紅點白、白點紅，與千龍差同致，瓣多大片紅白耳。白多於紅則謂之紅點白，紅多於白則謂之白點紅。紅若塗丹，白疑凝雪，襯以翠葉黃鬚，耀日炫目，花之富麗，至此極矣。二種或舊名所謂瑪瑙茶，一捻紅者，是耶非耶？不録上品，恐花神作嗔也。

大象白，瓣止兩三層，潔白細柔，媚於迎風蝶翅，短鬚疏蕊，滿放大於茶鍾口。大象之稱，豈命自釋氏耶？可植之普賢座右，在白毫光中，花相掩映，不愧爲浄品也。

小六角，大於酒鍾口。其色藕和，與桃紅相犯，又名叠葉，謂如大六角，亦嘗叠其瓣也。又名松塔，以其初放，瓣瓣傴僂，層層叠聳，如細零金粉。之後，結成龍尾梢頭，鼠竄枝間，欲墜松關堦砌。又名菊花，以其既開，狀似霜下之傑，瘦影離披，早晚殘時含玫瑰幽香，是真名茶之逸品也。

青梅枝，多四分對出，直而異致。葉最小，花如玉錢，岐瓣分兩圓。初時緑蒂，含苞纍纍，作珠懸滴翠。既放素姿，鏤玉霏霏，猜庾嶺春魁。獨是心乏寒香，葉添蛇足。另標雋品，花亦榮矣。如攢如觸，憐其將萎之形，難引孤山野鶴，産中土即梅茶。

河蓮茶，有紅白二種。綴枝都似小芙蕖。瓣厚而形尖，到心無鬚蕊。具此不染之冶色，止乏澤畔之清芬。紅者種略少，殘時終未讓蓮芳；白者種倍多，含笑初竊，粉紅展容，漸還淡白，枝勁直，葉淺翠。二種花皆大近茶甌，獨是心抱餘芳，外易黃萎，斯豈君子之未遇乎？録之茶譜，可稱淑品。

五寶，不惟一樹花五異，即嫩緑方舒，間縈絳縷，葉亦出其類矣。花有純白者，美玉無瑕。有淺紅者，其潤如瑞。深紅者，奪映紅之色。半紅半白者，得合璧之稱。有帶紅點紅綫者，琢瑪瑙爲玲瓏，惜不早見。金谷鬥富，石崇竊其花，與秋色平分，原無異致。柳條者，亦别贈其名，枝柔葉長，品可稱貴。

銀紅牡丹，重叠起樓，碎瓣之下承大瓣一層，又叠小瓣。小瓣之下，又以大瓣爲輪廓。粉紅色間帶紅綫數縷。微鬚蕊，花小於各種，不多見。但恨未遇太真，植之沉香亭北，若使春風拂檻，定亦寫入清平，譜爲艷品。

王紅，以其大也。大近宫盌口，瓣柔薄，多翻捲，細理如蜀葵，鬚尤短少。初放深桃紅，漸次轉粉色。開足形常匾，以枝柔不勝花，有嚴威下偃之勢。間放一二朵，不見心鬚，亂攢密瓣作三面妝，有並蒂之形，大可稱賞。豈將以此號令諸茶乎？吾亦尊之爲極品。又名狀元紅，標花中有甲第也。

幹龍，不知何謂，或云籠肩，謂初來時擔入，街市人多未識，但以籠肩取名，無從詳考。余疑茶可作杖，杖能化龍，因花之色，取茶之義以命名歟？花有紅白紫三種，皆可以優品稱。紅者瓣厚近硃赤，微撒雪點，如片如星，此種最易開。白者較五心瓣密而有致，培植不勤，其心淺緑，則虬屈不舒矣。紫色者較二種略小，力足色近大紅，惟沿邊一暈紫，抱心四五瓣粉紅可觀。余疑即錦蓮紅，但其形多與芍藥近，更其名曰芍藥紫。

錦蓮，有二種。枝幹稍勁，翠葉尤厚。苞綻柳黃，如濺血點。既放，葱白引紅綿，或連或斷，成縷成絲，疑花姨竊機杼之餘，摺向枝頭以欺六郎也。再轉柳黃，花其萎矣。有開全蕊玫瑰色者，近心四五瓣色淡白，名曰錦蓮紅，與虎斑開全蕊桃紅者近似。或云虎斑瓣微厚而小，余疑兩名即一類，或借山君作護花計耳，不然誰之虎威抓破花腮耶？稱華品。

五心白，較千龍瓣略小。枝幹勁直，花大於茶鍾。未放輒見蕊，既放作仰盂形。長鬚挺直，錯雜五叢，若有故土之思，遥牽心緒也。或抱朴守素，不屑作媚人妝，抑窮愁莫釋，作托鉢態。又最易焦，置之陰處，得雨稍可以觀。亦不過如人之暫解憂容耳。録殊品。

日丹，産漳南，似絨茶而倍大，可謂偉品。三瓣大展，三瓣短小，中填碎瓣作饅首形，色黑紅。以其豐偉匀圓，擬金烏出扶桑也。燿赤流丹，烘枝射目，及其欲墜殘紅，疑是羲和按馭。

鍾款，有五種葉。輒翻捲，瓣不甚多。花如茶鍾狀，蓋蒂緊不大展也。有桃紅色者，有白色心帶淡黃者，有玫瑰色者，漳人謂之茄花，又有單瓣紅帶白點者，亦名白點紅，有白瓣帶紅點者，亦名紅點白。二種近日少見，總是日爐風炭，陶冶成形，曉色籠烟，疑花姨烹雪，欲把此爲主人消卯酒也，可爲令品。若稱之如懸鐘，則蒲牢作蒂，不洽其好鳴，杜宇啼枝，又焉用釁血？

寶珠，有紅白二種。外廓六瓣大展，餘皆小瓣合抱，中心紅綃簇簇，圓其頂，亦如日丹絨茶狀。悦人已久，入畫亦多，可標名品。白者有微香，開□早，豈老蚌先吐於甓湖，寒光飛落枝上耶？紅者艷媲丹砂，閃葉底之光，疑照十二乘，春起雲雷，恐驪龍欲取之去。

大紅山茶，單瓣長鬚，黃其蕊，漳南之種，取其艷色，光彩如硃，密葉翠攢，有霞蒸雲蔚之觀。我欲向山中覓丹訣可植，此與梅花水仙作三友供，歲寒

之賞，寫入畫圖，亦無一點塵俗氣韵，品哉此茶也！

珠茶，三種，漳南花也。其狀皆近結實之榴，萼有大紅者，緑蒂單瓣，三瓣長，背尖葱翠，兩瓣略小，其一瓣尤小，似瓣似蒂，紅緑相匀。開時花甚繁，模糊，遠視欲作貼梗海棠看。粉紅者色似秋海棠，二種或舊名安石榴、小楊妃者，近是。白者少見，窺其微鋭含苞，原乏滚盤之勢，完貌辭蒂，真有脱串之形。既屬芳珍，何妨小品。

絨茶，不甚紅鮮，碎瓣似披白毫，亦墳其頂，掩罨心鬚，先展三大瓣承其下，間以三小瓣。其一瓣略短小，猶大於間生之小瓣，苞輒焦，無雅致。似機頭之敗絮閨娃拾向紅窗，着意剪縛，爰成細品。

川茶，紅白二種，瓣皆展放稀疏。白色瓣稍長，紅比深桃紅，名以川茶，豈來自西蜀歟？使花識曾經過白帝，芳魂羈此，於今定憶錦官城。紅也妖嬈，白猶濯濯，雖單瓣，品亦雅。

嬌蓮，殿諸茶之後。中抱五心，鬚少蕊黄，瓣亦稀疏，葉常捲。余於春殘見一折枝，憐其怯怯芳容，洵媚品也。因拈二句：不信潘妃湘摺下，於今印得到梢頭。

三學士，一本而三品。花頭有似絨茶碎瓣抱心者，有疏心露鬚蕊者，有單瓣似山茶未大放者。或即絨茶，樹老力微，致花各異歟？學士之稱，大抵以花似宫袍，紅鮮艷麗耳。可許植向上林，傍花磚，充染翰否？得品尚文。

柳條，亦如五寶，有全紅，有純白，有紅白間瓣，有紅絲紅縷牽于瓣上者。漳郡機中有以金綫間彩，織就倭絨，縱横炫目，名曰柳條錦花，名之取義，蓋出此也。非比陽關曲裏，絲絲不綰行人，亦非青瑣闥前，裊裊半藏鶯語。若不另書鮮品，花共向雨中暗泣也。

虎斑，經紅緯白，依稀借機杼於陰陽，非錦蓮之一種而何。但紅色稍淡，瓣似厚勁，或者即錦蓮之炳變也。不然騶虞仁獸，血跡安從掩黑文？補録雄品，風來樹底，莫教咆哮於芳叢。

清 鄒一桂《小山畫譜》卷上《山茶》 木本，單葉。粉紅者名楊妃山茶，破臘開。大紅者爲蜀茶，正月開。皆五瓣，黄心一簇如瓣，大白鬚半寸，苞蒂數層，葉厚，尖長有棱。又重臺大紅者名寶珠山茶。樹高，花千朵，粉色者名玉林山茶，品貴。又洋茶，五色具備，并有灑金二色者，其花平板少韻。

清 乾隆《福建通志》卷一〇《物産·興化府》 山茶 日丹茶，花深紅色，單瓣，大者徑三四寸。寶珠茶，花深紅而千葉。檳榔茶，一本而日丹寶珠二花雜開。粉口茶，花大如日丹而色淡紅。蠟蒂茶，花小如錢，粉紅色。

清 謝堃《花木小志·山茶》 葉似木樨，硬而有棱，花有數種。交冬始開，延至仲春。其大如蓮紅如血者名鶴頂紅。深黄瓣、白心紅盤名瑪瑙茶。攢瓣深紅者名寶珠茶。單瓣色澹紅者名楊妃茶。其它如賽宫粉、一捻紅、千葉白者，種類不一，不可勝記。

清 鄭績《夢幻居畫學簡明》卷三 山茶冬開，花深紅如朱丹，正面如木棉，鬚英亦黑點。葉厚有棱，兩頭尖，腰闊，如茶。蕊緑而黄，形若梅子。茶有數種，寶珠茶，其花簇如珠。

紀事

唐 段成式《酉陽雜俎》續集卷九《支植上》 山茶似海石榴，出桂州，蜀地亦有。

宋 李昉等《太平廣記》卷四〇九《海石榴花》 新羅多海紅并海石榴，唐贊皇李德裕言花中帶海者悉從海東來。

宋 施宿等《會稽志》卷一七《木部》 山茶，《酉陽雜俎》云：山茶葉如茶，樹高丈餘，葉大盈寸，色如緋，十二月開。一説山茶似海石榴，出桂州，蜀地亦有。然今會稽甚多，昌安朱通直莊有樹高三四丈者，蜀地乃絶少。成都海雲寺僅有一樹，每歲花發，則蜀帥率郡僚開燕賞之，邦人競出，士女絡繹於路，數日不絶。

元 楊瑀《山居新話》卷一 余外祖英德路治中馮公世安園中茶花一本，其花瓣顔色十三等，固雖出人爲，亦可謂善奪造化之功者。

明 陳文《雲南圖經志書》卷一《土産·晉寧州》 奇花 有山茶一株，産於州南天王廟前。其花開於冬月，有粉紅、大紅、純白三色相間。謝時葩不落地，土人以爲神異，不敢採。

明 郎瑛《七修類稿》卷二二《海紅花》 世俗每云「紛紜不靖爲海紅花」，今人不惟不知「紛紜不靖」之意，亦未知海紅花。吾友王蔭伯家有一本，即山茶花也。但朵小而花瓣不大放開，其葉與花叢雜蓬菘，不見枝幹，真可謂「紛紜不靖」也。自十二月開至二月，故劉菊庄詩云：小院猶寒未暖時，海紅

花發晝遲遲。半深半淺東風裏，好似徐熙帶雪枝。又世傳一種寶珠花，亦肖山茶，但花極紅而葉極緑，間雜，甚可愛也，殊不知亦山茶也。故古詩有「淺爲王茗深都勝，大曰山茶小海紅」。則知今寶珠乃都勝，粉紅者爲玉茗，大朵爲山茶，小朵爲海紅矣。若《格物論》所載，其名尚多，然耳目所接，不過四種。觀其論曰皆粉紅色是耳。昔楊升菴於丹鉛亦曰未詳爲何花。

明　田汝成《西湖游覽志餘》卷二四《委巷叢談》　山茶，馬塍之間多有之，有紅白二種。其花有寶珠樓子、千葉、單葉之分，有一本而接爲數色者，有早開而晚落者。楊廷秀詩云：江南池館厭深紅，零落山烟山雨中。却是北人偏愛惜，數枝和雪上屏風。

明　王世懋《學圃雜疏・花疏》　吾地山茶重寶珠，有一種花大而心繁者，以蜀茶稱，然其色類殷紅，嘗聞人言滇中絶勝。余官莆中，見士大夫家皆種蜀茶，花數千朵，色鮮紅，作密瓣，其大如盆，云種自林中丞蜀中得來。性特畏寒，又不喜盆栽。余得一株，長七八尺，舁歸植澹圃中，作屋幂於隆冬，春時拆去。蕊多輒摘却，僅留二三，花更大絶，爲余兄所賞。後當過枝廣傳其種，亦花中寶也。

明　王士性《泛舟昆明池歷太華諸峰記》（《雲南通志》卷二九之七輯）余以辛卯春入滇，滇迤東西，花事之勝，甲於中原，而春山茶尤勝。其在昆明者，城中園亡，論外則稱太華蘭若焉。【略】余右陟飛磴，歷龍藏，東下黔寧祠，覽其世像。出文陛前兩墀，山茶八本，高三丈，萬花霞明，飛丹如茵，列繡如幄。

明　姚旅《露书》卷一〇　川茶花，花艷而清，芍藥疑不敢稱弟，莆中嘉靖前未有此。有仕蜀者携至，秘不以分人。鄭僉憲東白訪其人，其人尚以僉憲令蒼頭移去，因折枝插地，明年遂成數十本。自是莆中盛開。初時售人計葉取錢，葉可百錢，今亦計樹之大小。

半月泉不數武有聽松堂，堂前有川茶花可拱把，傳是宋時所植者。

明　陳繼儒《古今韻史》卷一二《鸚鵡山茶》　青山寺庭中有山茶一株，其花宛如鸚鵡狀，二瓣左右互掩爲翼，二瓣合爲腹，其鬚垂爲足，而蒂横出爲頭，兩旁復黑點如目。

明　徐弘祖《徐霞客游記》卷九下《西南游日記十六・雲南》　十四日【略】於市見街北有祠，入謁之，乃祠死節段公者。段名高，選州人，萬曆末以進士，爲重慶巴縣令，閤家死奢酋之難，故奉詔立祠。今其長子暄廕錦衣，在都。祠中有一生，授蒙童，植盆中花頗盛，山茶小僅尺許，而花大如碗。

清　曹溶《倦圃蒔植記》卷中《山茶》　嘗見宋姚伯聲《三十客圖》載，曼陀羅一種，不知何卉。後閲《文苑豹斑》知爲經言山茶，當如《清異録》所載。閩昶春餘宴後庭，飛紅滿空。昶曰：《彌陀經》云，雨天曼陀羅華，此景近似。然此花種色亦多，不獨紅也。春間臘月，皆可移植，以單葉接千葉則花茂樹久。或以冬青接者，十不活二三也。又有一種來自滇南，花大如蓮，尤爲瑋異，假令閩昶見之，又當作何排辦矣。

清　王士禎《香祖筆記》卷一〇　勞山多耐冬花，花色殷紅，冬月始盛開雪中，照曜山谷，彌望皆是。説者謂即南中之山茶，然花不甚大，所云海紅花是也。

清　雍正《浙江通志》卷一〇二《物産二・嘉興府》　山茶《嘉興府圖記》：海鹽常氏園有滇茶一本，丹葩吐焰，照五里外。

又　卷一〇三《物産三・寧波府》　山茶《普陀山志》：山中最多，數千百本。樹高數丈，丹葩滿枝，望之如珊瑚樹。成化《四明郡志》：海紅花産定海。

又　卷一〇四《物産四・紹興府》　山茶《學圃餘疏》：潯陽陶狄祠山茶一株，幹大盈抱，枝蔭滿庭。二月三日祭時花特盛。好事者分種之，竟無一活。紹興曹娥廟亦有之，止如拱把之半，土人云千年外物也。

清　乾隆《福建通志》卷一一《物産・邵武府》　山茶　崇安有一種白色而千葉者，其香可人，蓋茶花中之絶品也。

又　卷六五《雜紀・漳州府》　紹興四年春，威惠廟燕堂中，山茶葉吐兩花如龍爪，一本五出，一本八出，色青緑，有異香。

著　録

清　樸静子《茶花譜序》　茶花何必譜，譜花蓋有意焉。窺其秉造化之精英，吐枝頭之旖旎，殊形變態，鬥白争紅。近年來來自重洋，種出日本，與中土之各色名茶後先含笑，容易動人。或有鍾情芳麗耳，名而未見者，不以道遠維艱，耗財勞力，欲購之以賞，心如前人。不無因花而起事，掘種而致擾也，况以此洋茶乎？茶花之性，喜暖畏寒，以氣候限其地，移去輒悴，非注譜繪圖不

得以廣。博物之學亦且負天地生物之心，若玩而好之，則不免喪志貽譏。是慮第親政臨民，責有攸歸者，亦何暇及此哉。惟漳地以四時皆夏，一雨成秋，培養洋茶猶易生活。余奉莅兹，不以費財致遠而得之，植之庭院，敢因花以妨政耶？每覽花明春暢，則知農事之將興，辭蒂春殘，以考蒔秧之屆候。葉裏胎芳，則已早冬望稼。枝間剔蕊，又及種蓄秋苗。迨夫大冬將刈，則茶花之含苞豐長，似爲田畯報登矣。且其間蓁蓁翠葉，過雨則萎黄，過旱則焦卷，不免灌溉培護之勤，幾何不同桔槔聲裏，識民力之艱難。此固可以借花察農時也，亦何妨政之有？花譜之作，止可云爲花報賽耳，至所謂博物之學，是其小者，意欲見此譜者，知花之品類如此，道遠難致，易地則悴。又如此，則購花不如繪譜，以之供常玩，亦省力。惜費之一端，不復似因花起事而致擾，則譜花者之大功也。更益以俚句詠各品，并爲之序旹。康熙己亥仲秋樸静子題於漳署之天海山堂。

又《茶花譜跋》 茶花之入畫者，惟山茶、寶珠、暨川茶數種而已，其他則牘見于古今。且洋茶至漳郡廿餘年，圖繪品題猶闕焉。恨事，真花之不幸也。今遇我于兹，花皆索笑，乃商之高氏時□以寫生手描來幅上，成不卸之春華，竟有臨風欲顫之意。致因不揣踈庸注品吟花，□前人之未有，發後此之新機，使見者或以有是花而不遺是譜，或以有是譜則不必求是花，置之案頭，非僅作一時之玩好已也。又采培植灌溉接種之法，備録譜中，以示窮民無恒業者，亦可于此覓生活。友人見之請付梓，奈繪事登版不能爲花生色，何故兹集不具圖，閲俚詠與花品亦可知花之槪矣。

藝文

唐 釋貫休《禪月集》卷三《山茶花》 風裁日染開仙囿，百花色死猩血謬。今朝一朵隨堦前，應有看人怨孫秀。

宋 陶弼《邕州小集·山茶二首》 淺爲玉茗深都勝，大曰山茶小海紅。名譽漫多朋援少，年年身在雪霜中。

江南池館厭深紅，零落空山烟雨中。却是北人偏愛惜，數枝和雪上屏風。

宋 曾鞏《元豐類藁》卷二《山茶花》 山茶花開春未歸，春歸正值花盛時。蒼然老樹昔誰種，照耀萬朵紅相圍。蜂藏鳥伏不得見，東風用力先吹噓。追思前者葉蓋地，萬木慘慘攢空枝。寒梅數綻小顔色，霰雪滿眼常相迷。豈如此花開此日，絳艷獨出凌朝曦。爲憐勁意侶松柏，欲攀更惜長依依。山榴淺薄豈足比，五月霧雨空芳霏。

宋 梅堯臣《宛陵集》卷一六《山茶》 紅藕勝朱槿，越丹看更大。臘月冒寒開，楚梅猶不奈。曾非中土有，流落思江外。

宋 蘇軾《東坡全集》卷一五《山茶》 蕭蕭南山松，黄葉隕勁風。誰憐兒女花，散火冰雪中。能傳歲寒姿，古來惟丘翁。趙叟得其妙，一洗膠粉空。掌中調丹砂，染此鶴頂紅。何須誇落墨，獨賞江南工。

宋 王安中《初寮詞·山茶花》 無窮芳草度年華，尚有寒來幾種花。好在朱朱兼白白，一天飛雪映山茶。 巧剪明霞成片片，欲笑還嚬，金蕊依稀見。拾翠人寒妝易淺，濃香別注脣膏點。 竹雀喧喧煙岫遠，晚色溟濛，六出花飛遍。此際一枝紅綠眩，畫工誰寫銀屏面。

宋 陸游《劍南詩稾》卷一六《人日偶游民家小園有山茶方開》 人日西郊路，晨光射淺灘。停橈喜蕭散，照影歎衰殘。社酒香浮瓮，春蔬綠滿盤。山茶雖慰眼，不似海雲看。成都海雲寺山茶花，一樹千苞，特爲繁麗。

又 卷五〇《山茶》 雪裏開花到春晚，世間耐久孰如君。憑□歎息無人會，三十年前宴海雲。成都海雲寺山茶開，故事宴集甚盛。

宋 張鎡《南湖集》卷四《山茶花》 翠翼高攢葉，朱纓澹拂花。來從山塹側，開稱畫檐牙。影薄誰停繡，香清似煮茶。幾多輕斂態，月動夾窗紗。

又 卷九《謝人送白山茶花二首》 韻勝初聞不記年，偶逢俄在軟紅邊。山礬不遇南昌老，争得嘉名亞水仙。山茶花，初因山谷得名而韻勝，字亦見山谷《白山茶賦》。近時都城來有重此花者。

屋角春聲喜報晴，青裳玉面曉妝明。爲君自斷天休問，依倚清香樂此生。

宋 程公許《滄洲塵缶編》卷八《和虞使君賦山茶花二首》 眼明絶艷照凋年，傲雪凌霜分外妍。鶴頂染砂那得似，犀棱削角自蒼然。若爲白瑞三冬裏，獨抱丹心節堅。歲晚須公與商略，儘渠春晝萬紅嫣。

梅花蘸影碧江潯，似怪高人金玉音。詠絮可憐清寡伴，冠霞來與共論心。定知句追瓊瑶響，莫惜杯浮琥珀深。姑射清寒西子醉，一時嫵媚索高吟。

宋 陳景沂《全芳備祖》前集卷二〇《茶花》 青裙玉面初相識，九月茶

花滿地開陳簡齋。細嚼花鬚味亦長，新芽一粟葉間藏，稍經臘雪侵肌瘦，疑得春雷發動狂，開落空山誰比較，蒸烹來歲最先嘗子由。

宋 陳起《江湖後集》卷一二《春晚山茶花數朵艷甚》 萬紅雕落盡，留住隔年花。獨艷迎人笑，殘妝帶雨斜。物情無老少，春意自繁華。顔色休相妒，風流別一家。

宋 張炎《山中白雲詞》卷六《蝶戀花·山茶》 花占枝頭忺日焙。金汞初抽，火鼎鉛華退。還似瘢痕塗獺髓，胭脂淡抹微一作浥透纔。酣醉。 數朵折來春檻外。欲染清香，只一作不。許梅相對。不是臨風珠蓓蕾，山童隔竹休敲碎。

元 方回《桐江續集》卷一九《山茶花》 石楠巖桂萬年枝，方駕分花占四時。犀甲鶴頭傲霜雪，入春猶見歲寒姿。

明 楊慎《升菴集》卷三〇《次沐希甫山茶花韻》 山茶競開如火然，山城淑氣銷寒煙。幾經南國芳華遠，忽憶上林花信前。賞心避地日多阻，抱病閉門春可憐。黄須紫萼莫相惱，青鏡緑樽非壯年。

又 卷三四《山茶花》 緑葉紅英鬥雪開，黄蜂粉蝶不曾來。海邊珠樹無顔色，羞把瓊枝照玉臺。

明 鄧渼《茶花百詠》（《雲南通志》卷二九之一四輯） 偏檢古人句，山茶未得名。形容應有待，品價似難輕。此地本炎德，在天疑火精。芳菲迎暮歲，爛熳及元正。宜壽如山木，《莊子》篇名。經霜似女貞。柔條牽百丈，老幹倚孤撐。美蔭團松蓋，新蕤怒竹萌。重葩翻蔽葉，歧蒂總依莖。接植人工巧，土人植茶法：用兩樹相接，花始繁盛。開先品物亨。光華分若木，肌理細殷檉。疊萼曾承露，豐苞獨嚮明。叢深疑避蝶，春淺未聞鶯。次第開偏久，交紛壓恐傾。巨於璙碧醆，圓若紫繁纓。戟綬交垂彩，綃紈乍染赬。紅膚時綻甲，赤色合居庚。按譜遺金谷，邀歡即錦棚。流雲相照映，射日更光晶。篋啓紅羅纈，餐分紫石瑛。摘鬚嫌斷綫，接蕊愛連瓔。覽德冠稱鳳，能言喙屬鸚。火齊銜粉壁，舍利到金罌。道士霞爲帔，佳兒錦作綳。枝枝經纂組，朵朵薦璣珵。漢苑栽何得，隋宮翦不成。深宜藏翡翠，艷欲惱鵁鶄。摯虞《鵁鶄賦》：見水則喜，睹火則憂。步障褰華薄，氍毹展絳英。影懸金較帶，汗落錦斑騂。似焰噓丹竈，爲霞燒赤城。深元同燕燕，點血類猩猩。繡羽懸雕籠，朱輝發短檠。霜林摇翠葆，海日浴金鉦。錦水徐鄰浪，喬雲不作霙。紅毬分彩索，朱芾閒葱珩。柳絮空傷媚，芝房詎足正。稱名根野莽，奪色妒山櫻。蓮或羞泥汙，葵空向日誠。珠離酒泉柰，蜜剖楚江萍。質本堅蒲柳，香無取杜蘅。道旁徒樹李，庭院枉栽荆。乍可蘭爲友，誰言棣是兄。繽紛異紅藥，憔悴惜朱嬴菊名。逾月遲蓂落，終朝惜蕣榮。古詩：蕣榮不終朝。詎稱霜挺桂，《天台山賦》：八桂森挺以凌霜。何事雨移橙。鶗鴂用杜詩。嘉種雖分部，玆花合主盟。杜鵑殊不類，《二芳記》以杜鵑花配山茶。鶗鴂敢先鳴。的皪披林影，菲微散曉晴。後雕仍早放，霧繞更烟縈。閩婢空慚賤，金鳳花。楊妃別有情。別種有楊妃山茶。寶珠光自溢，磬口韻猶清。枝愛垂絲軟，心憐捲瓣生。蝶翎看墜粉，鶴頂似含瓊。茶品之貴者有寶珠、磬口（軟枝，分心，捲瓣）、蝶翅粉、鶴頂紅諸名。一種皆稱美，羣芳孰與爭。嬌姿長似寤，姱質更如儜。露下啼妝泫，風前舞態呈。施朱嫌太赤，頳玉未辭醒。倏似顰容歛，遥當笑靨迎。口脂香澤傅，眉黛遠山横。合德偕宜主，娥皇儷女媖。令人疲應接，有客更屏營。倚處慚形穢，看時恐目盲。《道德經》：五色令人目盲。每當春澹蕩，及此歲峥嶸。節候佳南詔，繁華匹上京。深紅間淺紫，布谷復彌阬。旭景宜蘭若，霞鋪駭楚傖。紛敷彌繡野，徙植近雕甍。竊慮霜威入，思將夏屋帲。窺垣恒寂寂，隔水更盈盈。早沐緋衣賜，偏宜素腕擎。助嬌斜寶髻，充耳當瓊瑩。賞玩須歌伎，吹噓借墨卿。招摇多伴侣，感愴易嫠惸。天女貪分供，園丁差價贏。每歲元日，市賣此花供佛，紅紫溢目。出門逢巨麗，曳杖陟嶢峥。婀娜隨烏帽，飄颻墮兕觥。杯盤狼藉列，車馬往來偵。曉駐浮雲蓋，宵移玉柱箏。佳人理釵釧，貴客駐干旌。競作尋花使，寧辭醉酒鐺。夷謳徵穆護，曲調擬清平。舞袖淹同坐，纏頭費從伶。攀留思遠道，折贈付來伻。不遇神農録，空留姚魏聲。紅顔銷瘴癘，珍品失寰瀛。安得移中土，猶堪慰此行。僰童應見慣，楚客易心驚。幾樹臨官舍，三年慰旅程。有時還獨倚，竟日但空瞪。盛極憂衰至，憐深與恨并。物華虛冉冉，此意自怦怦。坐撫琴三弄，閒消酒一盛。眠須攜枕簟，狂或繞檐楹。相賞無知己，餘酣對老兵。何心思北土，有賦侈南征。感處人千里，吟當月五更。未須怨摇落，終許伴幽貞。暗覺鄉園近，深嗟世網嬰。嵇含狀草木，桂海志虞衡。逸史奇應續，新詩暇自賡。屬辭深比興，從此定佳評。

清 吴偉業《梅村集》卷七《詠拙政園山茶花并引》 拙政園，故大弘寺基也，其地林木絶勝，有王御史者侵之，以廣其宮，後歸徐氏最久。兵興，爲鎮將所據，已而海昌陳相國得之。內有寶珠山茶三四株，交柯合理，得勢争高。每花時，鉅麗鮮妍，紛披照矚，爲江南所僅見。相國自買此園，在政地十年不

歸，再經譴謫遼海，此花從未寓目。余偶過太息，爲作此詩，他日午橋獨樂，定有酬唱，以示看花君子也。

拙政園内山茶花，一株兩株枝交加。艷如天孫織雲錦，赬如姹女燒丹砂。吐如珊瑚綴火齊，映如蝃蝀凌朝霞。百年前是空王宅，寶珠色相生光華。長養端資鬼神力，優曇湧現西流沙。歌臺舞榭從何起，當日豪家擅閭里。苦奪精藍爲玩花，旋抛先業隨流水。兒郎縱博賭名園，一擲留傳猶在耳。後人修築改池臺，石梁路轉蒼苔履。曲檻奇花拂畫樓，樓上朱顔嬌莫比。千條絳蠟照鉛華，十丈紅墻飾羅騎。門盡風流富管弦，更誰瞥眼閒桃李。齊女門邊戰鼓聲，入門便作將軍壘。荆棘從填馬矢高，斧斤勿剪鶯簧喜。近年此地歸相公，相公勞苦承明宫。真宰陽和暗迴斡，長安日日披薰風。花留金谷遲難落，花到朱門分外紅。獨有君恩歸未得，百花深鎖月明中。灌花老人向前説，園中昨夜零霜雪。黄沙淅淅動人愁，碧樹垂垂爲誰發。可憐塞上燕支山，染花不就花枝殷。江城作花顔色好，杜鵑啼血何斑斑。花開連理古來少，並蒂同心不相保。名花珍異惜如珠，滿地飄殘胡不掃。楊柳絲絲二月天，玉門關外無芳草。縱費東君着意吹，忍經摧折春光老。看花不語淚沾衣，惆悵花間燕子飛。折取一枝還供佛，征人消息幾時歸。

清　樸靜子《茶花譜·茶花别名詠》　佛座白　觀音白别名

净土芳根託上乘，如蓮地湧待飛昇。何須貝葉開靈覺，洗浴身心便可登。

狀元紅　王紅别名

花裏臚傳第一聲，宫袍灑落稱芳名。假他大塊文章麗，儼慰書生燈火情。

出爐銀　粉孩兒别名

花姨原不受追呼，春色曾經銷鑠無。風炭鎔來紅未冷，難償拙宦積年逋。

粉紅蓮　亦粉孩兒别名

未近蓮房露冷時，忽披霞艷亞清池。托根絶異青泥染，那得牽纏不斷絲。

長春紅　粉孩兒新贈名

柔麗安能月月紅，慣憑芳意挽東風。陰霾勿使凌生趣，化洽春曛和氣融。

菊華　小六角别名

羅含宅裏泄韶光，秀色離披似耐霜。誰道春榮無晚節，貞英早已毓秋香。

松塔　亦小六角别名

徂徠春色本無同，偶似蒼鱗馬鬣叢。人羡芳名皆屬目，欲披□□大夫風。

芍藥紫　錦蓮紅新贈名

春葩婪尾儘風流，媚紫尤宜士女儔。莫令繁卿知異種，又教選會病揚州。

紅吐絲　吐鬚紅别名

嬝嫋春從地軸旋，繅車那綰自然妍。抽將寸寸丹靈血，尤比啼鵑喉舌鮮。

桑葉　小六角别名

幻想名花充下陳，花如解語笑生嗔。海疆滯爾單寒跡，那有重裀累褥人。

清　魏方泰《秀山茶花行》（《雲南通志》卷二九之一三輯）　滇中四時春不斷，山行日月褰帷看。絶倫最是秀山茶，仿佛朱霞燦天半。七十二種各夭嬈，卷瓣分心作意嬌。密葉真成青幄幔，臨花偏愛軟枝條。寶花玩月飄輕倩，更聞朶朶隨風轉。到地猶同向日葵，不教泥滓涴花面。自從初夏已含胎，破臘驚看共蚤梅。一花能耐經旬綻，一樹能經兩月開。讀書寒士娱清暇，數枝分種雞窗下。聊學郭駝供筆資，售向人間無高價。豪家競費賞花錢，牡丹富貴芍藥妍。寂寞自開還自落，無人攜酒此花前。我今爲爾澆醽醁，盌大紅毬喜不俗。繞樹日長千百迴，夜深還復燒高燭。高燭頻燒喚奈何，金罇莫惜醉時歌。有客座中忽太息，不知何事感生多。客言海棠雖嬌嫩，香氣有無何足論。有香未到十分憐，無香寧抵十分恨。憐轉深兮恨轉深，此花植得貴沉吟。可惜當年人不見，空抱烟村一片心。我亦雅同彭氏趣，不計無香廁花數。憐到此花恨不生，轉恨客情太膠固。小枝覓得兩三盆，準擬攜歸溪上村。清風也自慚投硯，隔霧不圖老眼昏。更酬司花祝不已，願花長似昆明美。江北江南總是春，莫教橘去翻成枳。

雜録

北魏《魏王花木志·山茶》（《説郛》卷一〇四下輯）　山茶似海石榴出桂州。

唐　李德裕《李衛公别集》卷九《平泉山居草木記》　巳未歲，又得番禺之山茶。

宋　樂史《太平寰宇記》卷七二《劍南西道益州一·土産》　花有山茶，出雅州，紅類海石榴。

宋　高似孫《剡録》卷九《草木禽魚上·山茶》　《平泉草木記》曰：得

會稽之山茗，越山固多也。陶弼《山茶詩》：淺爲玉茗深都勝，大曰山茶小海紅。先公《雪館山茶詩》：江南嘉木蔚蒼蒼，能與山梅次第芳。葉厚耐擎三寸雪，飛初怯受一番霜。

宋 陳耆卿《赤城志》卷三六《風土門一·花之屬》 山茶 有紅白二色。

宋 張淏《會稽續志》卷四 山茶，《平泉草木記》曰：得會稽之貞同山茗。在唐唯會有之，其種今遍於四方矣。

明 徐伯齡《蟫精雋》卷之一一《海紅花》 世傳海紅花，人人能道之，而莫知爲何物。因讀菊莊詩始知即山茶花也。詩云：小院猶寒未暖時，海紅花發晝遲遲。半深半淺東風裏，好似徐熙帶雪枝。蓋古詩有云「淺爲玉茗深都勝，大曰山茶小海紅」。先生之博，於斯見矣。

明 田汝成《西湖游覽志餘》卷二五《委巷叢談》 《漢武故事》上嘗語：「栗姬怒，弗應，又罵上爲老狗，言紛紜不靖曰海紅花。」蓋海紅花乃山茶之小者，開時最繁鬧，故借以爲喻，詈人桀猾不循理者曰雜種。

明 楊慎《升菴集》卷七九《海紅花》 菊莊劉士亨《詠山茶》詩云：小院猶寒未暖時，海紅花發景遲遲。半深半淺東風裏，好似徐熙帶雪枝。蓋海紅即山茶也。而古詩亦有：淺爲玉茗深爲都勝，大曰山茶小曰海紅。

明 謝肇淛《滇略》卷四《俗略》 滇中氣候最早，臘月茶花已盛開。

明 方以智《物理小識》卷九《草木類》 山茶 紅白寶珠，肉紅曰楊妃，有磬口、邕口、黄白、四季者，可以寄枝。白曰玉茗。坡詩「葉厚有棱犀甲健，花深少態鶴頭丹」，咏寶珠也。馮時可《滇記》：滇多茶花，大於牡丹，木高十丈餘，沐府有寶珠樓。

清 王士禎《香祖筆記》卷九 玉茗花、海紅花，皆山茶也。古詩云：淺爲玉茗深都勝，大曰山茶小海紅。都勝即寶珠山茶。

清 乾隆《雲南通志》卷二七《物產·花屬》 茶花 奇甲天下。明晉安謝肇淛謂其品七十有二。豫章鄧渼紀其十德，爲詩百咏。趙壁作譜近百種，以深紅、軟枝、分心、卷瓣者爲上。

清 乾隆《福建通志》卷一〇《物產·福州府》 山茶 花深紅色，冬盛開。東坡詩云：「葉厚有棱犀甲健，花深少態鶴頭丹。」

清 乾隆《貴州通志》卷一五《食貨》 山茶 出府境。自十二月開花至二月，與梅同時。其色淡紅，一名茶梅。

山礬

論說

宋 黄庭堅《山谷集》卷一一《題高節亭邊山礬花二首并引》 江湖南野中有一種小白花，本高數尺，春開極香，野人謂之鄭花。王荆公嘗欲作詩而陋其名，予請名曰「山礬」。野人采鄭花葉以染黄，不借礬而成色，故名山礬。海岸孤絶處補陀山，譯者以謂小白花，予疑即此花爾，不然何以觀音老人端坐不去耶？世作瑒花，山谷寫爲鄭。

高節亭邊竹已空，山礬獨自倚春風。二三名士開顔笑，把斷花光水不通。

北嶺山礬取次開，清風正用此時來。平生習氣難料理，愛著幽香未擬回。

明 李時珍《本草綱目》卷三六《木之三·山礬》 釋名 芸香，椗花，柘花，瑒花，春桂俗，七里香。時珍曰：芸，盛多也。老子曰「方物芸芸」是也。此物山野叢生甚多，而花繁香馥，故名。按周必大云：柘音陣，出《南史》，荆俗訛柘爲鄭，呼爲鄭礬，而江南又訛鄭爲瑒也。黄庭堅云：江南野中椗花極多。野人采葉燒灰以染紫爲黝，不借礬而成，予因以易其名爲山礬。【略】按：沈括《筆談》云：古人藏書辟蠹，用芸香，謂之芸草，即今之七里香也。葉類豌豆，作小叢生，啜嗅之，極芬香。秋間葉上微白如粉污，辟蠹殊驗。又按：《蒼頡解詁》云：芸香似邪蒿，可食。辟紙蠹。許慎《說文》云：芸，似苜蓿。成公綏《芸香賦》云：莖類秋竹，枝象青松。郭義恭《廣志》有芸香膠。《杜陽編》云：芸香，草也，出于闐國。其香潔白如玉，入土不朽。元載造芸暉堂，以此爲屑塗壁也。據此數說，則芸香非一種。沈氏指爲七里香者，不知何據，所云葉類豌豆，啜嗅芬香，秋間有粉者，亦與今之七里香不相類。狀頗似烏藥葉，恐沈氏亦自臆度爾。魯端伯以七里香爲玉蕊花，未知的否。

清 閔麟嗣《黄山志定本》卷二《山産志》 按：山礬稱柘花者，李延壽也。柘音陣，易名山礬者，黄庭堅也。以芸香即七里香者，沈括也。辨七里香爲玉蕊花者，曾端伯也。訛柘爲鄭，又訛鄭爲瑒，或爲春桂，荆楚之俗，江南之人也。老子曰「方物芸芸」，芸，盛多也。稱爲芸香者近是。

清 高宗愛新覺羅·弘歷《御製詩集》三集 卷九〇《山礬》 雪爲花色晚春妍，伯仲寒梅及水仙。未達黄家比物意，直稱冬卉豈其然。《本草》云：山

礬三月開花，繁白如雪。《春風堂隨筆》稱，南歸見堂下有海桐花，即山礬也。因憶山谷《賦水仙》云「山礬是弟梅是兄」，但白花爾，却有歲寒之意。觀此則山礬實開於深春，而非冬花。黄庭堅亦第以色白相比喻，非與梅同時也。

綜述

宋 陳景沂《全芳備祖》前集卷二一《山礬花》 **碎録** 山礬，一名鄭花，一名七里香。《雜志》

紀要 江南野中有一種小白花，木高數尺，春開極香，野人謂之鄭花。王荆公嘗欲作詩，而陋其名，予請名曰山礬花。人采鄭花葉以染黄，不借礬而成色也，故名山礬。海岸孤絶處補陁落伽山，譯者謂小白花山，疑即此花爾。不然何以觀音老人端坐不去耶。《山谷詩序》

明 李賢等《明一統志》卷七二《邛州》 山礬花 邛縣出，花繁如雪，香氣極濃。

明 宋詡《竹嶼山房雜部》卷一〇《樹畜部二·種花卉法》 山礬 花白，江南取以供染，故曰山礬。 宜根側分小木種，又宜以小條插，必存其故土。

明 李時珍《本草綱目》卷三六《木之三·山礬》 時珍曰：山礬生江淮湖蜀野中，樹者大者，株高丈許。其葉似巵子葉，生不對節，光澤堅强，略有齒，凌冬不凋。三月開花，繁白如雪，六出，黄蕊，甚芬香。結子大如椒，青黑色，熟則黄色，可食。其葉味濇，人取以染黄及收豆腐，或雜入茗中。

明 高濂《遵生八牋》卷一六《燕閒清賞牋下·山礬花》 生杭之西山，三月着花，細小而繁，香馥甚遠，故俗名七里香。

明 周文華《汝南圃史》卷七《木本花部下·山礬》 山礬，葉如冬青，三四月開花，花小而香，四出。一名七里香，一名鄭花，北人呼爲瑒花。瑒，玉名，取其白也。【略】陸深《春風堂隨筆》云：世傳花卉凡以海名者，皆從海外來。予家海上園亭中喜種雜花，最佳者爲海棠。每欲取名花填小詞，使童歌之。有海紅花、海榴花，更欲采一種爲四闋，累年不得。辛丑南歸，訪舊至南浦，見堂下盆中有樹，婆娑鬱茂，問之，云海桐花，即山礬也。因憶山谷《賦水仙花》「山礬是弟梅是兄」，但白花耳，却有歲寒之意。今人家墳墓及園亭多植之，二月中可分栽。

明《花史》冬集《山礬花》 三月着花 《格物總論》曰：俗名椗花，枝肥葉密，凌冬不凋。花色白，未開時與木犀相似，及開差木，香氣穠郁，號七里香。

清 閔麟嗣《黄山志定本》卷二《山産志》 山礬，一名芸香，葉似薝蔔，微有齒。可辟蠹魚，又可焚灰染紫爲黝，不藉礬而成。三月開花，花繁而馥。獨黄山仙燈洞道中開於九月，花稍大，香稍減，爲異耳。

清 陳淏子《秘傳花鏡》卷三《花木類考·山礬花》 山礬花，一名芸香，一名鄭花。多生江浙諸山，葉如冬青，生不對節，凌冬不凋。三月看白花，細小而繁，不甚可觀，而香馥最遠，故俗名七里香，北人呼爲瑒花。其子熟則可食，土人采其葉以染黄，不借礬力而自成色，故名山礬。二月中可以壓條，分栽，采置髮中，久而益香。放床席下去蚤虱，置書帙間辟蠹魚。

清 雍正《江西通志》卷二七《土産·撫州府》 山礬 高可數尺，春時開小白花，香氣清甚。王荆公以其白名之曰瑒花，黄山谷以其葉可染，名之曰山礬。

清 雍正《浙江通志》卷一〇七《物産·温州府》 山礬 萬曆《温州府志》：極香，木高數尺，土人以其葉醃鮓。

紀事

宋 陸游《入蜀記》卷一 （乾道六年閏五月）二十五日晚，葉夢錫侍郎衡招飲，案間設山礬數盆，望之如雪。

藝文

宋 謝薖《竹友集》卷七《雨中漫成》 一樹山礬宫樣黄，曉風微送雨中香。鼻端空寂誰知許，莫怪雄蜂取次狂。

宋 陳淵《默堂集》卷八《歸自郡城見道中山礬盛開》 梅豆班班已滿枝，暗香猶未吐酴醾。和風暖日江南路，正是山礬爛漫時。

宋 周紫芝《太倉稊米集》卷二七《次韻孫子紹山礬》 造化出尤物，餘芳若爲容。遥知補陁山，天香落巖風。題評付大手，妙質煩天公。捧心陋嫫母，彼美唯孟庸。但恐雨無情，一笑花遂空。賴此絶世姿，墮君幽句中。相識

苦恨晚，著語今復仝。顧偕九畹蘭，結根永相從。可憐金錢花，亦薦白玉鍾。勿遺倡條滋，亂我風露藂。

宋 楊萬里《誠齋集》卷一五《萬安出郭早行》 玉花小朵是山礬，香殺行人只欲顛。風掠水衣無處去，柳塘著在角頭邊。

宋 趙汝鐩《野谷詩稿》卷五《山礬》 七里香風遠，山礬滿路開。野生人所賤，移動却難栽。

元 劉詵《桂隱詩集》卷一《山礬》 叢叢亂玉糝，蘿蘿含金綫。山明風日醉，香入行人肌。塌然薪樸間，時至有此奇。我欲略下體，持種蓬萊池。美人天上來，萬一充調饑。

明 劉嵩《槎翁詩集》卷五《山礬》 本自托山谷，年年春暮開。野人不愛惜，折送滿城來。皓雪千枝積，香風十里迴。故人墳上路，見爾獨興哀。

清 高宗愛新覺羅·弘曆《御製詩初集》卷二四《山礬》 繁花如雪雪中開，香是荀郎袖裏來。仿佛人從庾嶺過，臨風寄得幾枝梅。

石榴

綜述

宋 温革《分門瑣碎録·種果木法》 種石榴時先鋪一重石子，次鋪沙泥，又鋪石子，安根方著。根在其上，用泥覆蓋，平地多用大石壓子之。《本草》謂之安石榴。

種石榴，取直枝如大拇指，斬取一尺，八九條共爲一窠。燒下頭二寸，作坑深一尺，竪株坑畔，周布令勻，置枯骨石於枝間，下土令實，一重骨石一重土，出枝頭一寸，水澆即生。又以骨石置枝間即茂。

種盤榴法：冬間霜下可收歸南檐下，如土乾時就月色中略用水澆潤。春暖放露地磚石上，如長嫩苗，隨意剪去，勿令高大。夏間置烈日中，或屋上瞧尤佳，免近地氣。長根及有蟻蚓，兼猛日晒則易著花。又須每日侵晨用水一盆，或米泔没花斛，浸約半時許取出，日中晒。如覺土乾又浸，或一兩日一浸，日中不必浸，亦不必添肥。土間用溝泥水澆之不妨，只要浸，別無他法。

宋 梁克家《淳熙三山志》卷四一《土俗類三·物産》 千葉石榴 花紅艷，不結實。

宋 陳景沂《全芳備祖》前集卷二四《石榴》 **碎録** 一名海榴，凡花以海名，皆自海外來。《雜志》。漢張騫奉使西域，還得安石榴花，係出塗林種。《博物志》。温湯朝元閣七聖殿遶殿石榴，皆太真所植。《洪氏雜志》

雜著 被緑葉於脩條，綴朱華於弱幹，豈金翠之足珍，實茲葩之可玩。新莖擢潤膏，葉垂腴丹臉，綴於朱房緗，的點乎紅鬚。《潘岳賦》 風觸枝而翻藹，雨淋條而殖芬，環青軒而燧列，繞翠波而星分。《宋顔氏賦》 縹葉翠萼，紅華絳采，照列泉石，芬披山海。《江淹頌》 其在晨也，灼若九日之栖扶桑；其在夕也，爽若燭龍之吐潛光。《傅玄賦》

宋 吴自牧《夢粱録》卷一八《物産·花之品》 榴花有數種，單葉千葉，色有數色。頃，唐時孤山有此花。白樂天詩云：山榴花似結紅巾，容艷新妍占斷春。色相故開行道地，香塵悔觸坐禪人。

明 田藝蘅《留青日札》卷三二《五色石榴花》 榴本名若榴，初來安石國，故曰石榴，亦曰安石榴。張騫使大夏所得。又云從海外新羅國來，故名海榴。想爾時惟紅色一種，故又名丹若。今則紅者數種，一單葉紅者甚多。一千葉深紅，結實，名寶珠榴，即今千葉石榴。有子大赤者，有子雪白者。有甜酸二種，甜者佳。詳《格物總論》。甘者名天漿，酸者入藥。一千葉深紅，不結實。一單葉樹甚小，長不逾尺，可供盆几之玩，名火石榴，甚能開花。亦有千葉者。此外有一種白花曰白石榴，黄花者曰黄石榴，藍花者曰青石榴，古人所不載者。段成式曰：白馬甜榴，一實直牛。晉安帝時，武陵臨沅獻安石榴，一蒂六實，見《宋書》。

明 李時珍《本草綱目》卷三〇《果之二·安石榴》 **集解** 弘景曰：石榴花赤可愛，故人多植之，尤爲外國所重。有甜酢二種，醫家惟用酢者之根殼，榴子乃服食者所忌。頌曰：安石榴本生西域，今處處有之。木不甚高大，枝柯附幹，自地便生，作叢。種極易，息折其條，盤土中便生也。花有黄赤二色，實有甘酢二種。甘者可食，酢者入藥。又一種山石榴，形頗相類而絶小，不作房。生青齊間甚多，不入藥，但蜜漬以當果甚美。宗奭曰：石榴有酸淡二種，旋開單葉花，旋結實。實中紅，孫枝甚多。秋後經霜則自坼裂。一種子白瑩澈如水晶者，味亦甘，謂之水晶石榴。惟酸石榴入藥，須老木所結，收留陳久者乃佳。時珍曰：榴五月開花，有紅黄白三色。單葉者結實，千葉者不結實，或結亦無子也。實有甜酸苦三種。《抱朴子》言，苦者出積石山，或云即山石榴也。《酉陽雜俎》言，南詔石榴皮薄如紙。

《瑣碎録》言，河陰石榴名三十八者，其中只有三十八子也。又南中有四季榴，四時開花，秋月結實。實方綻，隨復開花。有火石榴，赤色如火。海石榴，高一二尺即結實，皆異種也。案《事類合璧》云：榴大如杯，赤色，有黑斑點。皮中如蜂窠，有黄膜隔之。子形如人齒，淡紅色，亦有潔白如雪者。潘岳賦云：榴者，天下之奇樹，九州之名果。千房同膜，千子如一。禦飢療渴，解醒止醉。

明 慎懋官《華夷花木鳥獸珍玩考》卷二《石榴》 榴本名若榴，初來安石國，故曰石榴，亦曰安石榴。張騫使大夏所得。又云從海外新羅國來，故名海榴。想爾時維紅色一種，故又名丹若。今則有千葉深紅結實者，名寶珠榴。有千葉深紅不結實者。又有一單葉，樹甚小，長不逾尺，可供盆几之玩，名火石榴，甚能開花，亦有千葉者。此外有一種白花曰白石榴，黄花者曰黄石榴，藍花者曰青石榴，古人所不載者。莊布詩云「鸚鵡啄殘紅豆顆」，此言子赤也。皮日休詩云「嚼破水晶千萬粒」，此言子白也。子有甜酸。詳《格物總論》。段成式曰：白馬甜榴，一實直牛。甘者名天漿。

明 高濂《遵生八牋》卷一六《燕閒清賞牋下·榴花八種》 燕中有千瓣白、千瓣粉紅、千瓣黄、大紅者，比他處不同。中心花瓣如起樓臺，謂之重臺。石榴花頭頗大而色更紅深。余曾四種俱帶回杭，至今芳郁，有四色單瓣。

又《火石榴花三種》 上盆小株花多色紅，有粉紅白色三種，甚可人目。然無他法，以其嫩頭長出即摘去。烈日當午，以水澆之則花茂肯發。是即大株分本。外有細葉一種，亦佳。

明 鄺璠《便民圖纂》卷四《種諸果花木》 石榴 三月間，將嫩枝條插肥土中，用水頻澆則自生根。

明 王路《花史左編》卷四《花之辨·石榴》 其本名安石榴，亦名海榴。一種富陽榴，結實大者如碗。餅子榴則花大而不結實。山東有番花榴，其花尤大於餅子榴。又有一種，身不過二尺，栽盆中結子，亦榴。樹壓大石亦多生，取嫩條插肥陰地，無不活者。沉子肥土中，次年亦可開花。大抵榴性喜肥，濃糞澆之無忌。二月初，取嫩枝如指大者，斬長尺許，以指脚刮去一二寸皮，深插於背陰處。若以白榴枝插於紅石榴枝上，其花粉紅。然粉紅亦自有種，燕中有千瓣白，千瓣粉紅，千瓣黄，千瓣大紅，有四色。單瓣者比他處不同。中心花瓣如起樓臺，謂之重臺石榴，花頭頗大，而色更深紅。

又《火石榴》 上盆小株，花多大紅粉紅白三色。外有細葉一種，亦佳。

又 卷八《花之宜·火石榴》 火石榴，其嫩頭長出即摘去，烈日當午，以水澆之則花茂肯揆。

明 周文華《汝南圃史》卷三《花果部·石榴》 石橊一名安石橊，一名丹若，又名天漿。五月間開紅花，此花附萼皆真紅色。瓣如撮丹，鬚黄粟密。唯單葉者結實作房，子甚多。《圖經本草》曰：安石橊，本生西域。陸機《與弟書》云：張騫出使絶域十八載，得塗林安石橊。從安石得之，故名。亦名海橊。李贊皇《花木記》所謂凡花以海名者皆從海外來也。今處處有之。木不甚高大，枝柯附幹，自地便生，作叢。種極易，息折其條，盤土中便生。花有黄赤二色，實亦有甘酢二種。甘者可食，酢者入藥。又一種山石橊，形頗相類而絶小，不作房。青齊間甚多。不入藥，但蜜漬以當果。疑即今之火榴也。

明 夏旦《藥圃同春·四月》（《説郛續》卷四〇輯） 榴花 有紅、白、桃紅三色。

明《花史》夏集《石榴》 《衍義》曰：安石榴，道家謂之「三尸酒」。云三尸得此果則醉。

其始來自安石國，故名曰石榴，或曰安榴。亦有來從新羅國者，故又以海榴名之。其花跗萼皆真紅色，如小琴軫樣。花面寸許，瓣如□丹，鬚黄，粟密，葉修條。盛夏花開，閃爍可愛。有千葉有黄花者，有紅色白緣者。又有一種，花圓如寶珠，名寶珠榴。又有所謂山石榴者，乃杜鵑花別名，不可認爲一類者。《格物叢話》

《鄴中記》曰：石虎苑中有安石榴，子大如椀盞，其味不酸。

《酉陽雜俎》：衡山祝融峰下法華寺有石榴花，春秋皆發。

《廬山記》曰：香爐峰頭有大磐石，可坐數人。石垂生山石榴，三月中作花，色似石榴而小，淡紅，敷紫萼，煇曄可愛。

《襄國記》曰：龍岡縣有好石榴。

《廣志》曰：安名榴有甜酸二種。

清 曹溶《倦圃蒔植記》卷中《石榴》 石榴，張騫使西域從安石得之，故名安石榴。亦名海榴者，李贊皇《花木記》所謂凡花以海名者，從海外來

也。栽花之法，於三月初取指大枝長尺有半，八九餘枚共爲一窠，燒下頭二寸，勿使瀋失。先掘圓坑深尺七寸，廣徑尺，豎枝坑畔，環布令勻，置殭石枯骨於枝間。一層土一層骨石，築實之，令没枝頭寸許，以水澆之，常令潤澤。既生之後，復以骨石布其根下。十月天寒以稿裹之。又有種子之法：先於樹頭號定向背，霜后摘下以稀布囊貯之，仍依舊號懸掛通風處。復敲堅細土，篩去瓦石，潑糞數次，收貯缸内。至次年二月初，取家用火盆，鋪土三寸，不得太厚，每隔數寸，按一小潭，納榴子數粒，蓋土半寸許。灑水令濕，置向陽處，候長寸許，每潭揀留一大株。肥水再澆，既長，分種盆内，盆須極小，種不宜深，仍令向陽，日澆數次，有雨即蓋，勿使淋去土味。或以麻餅浸水，當日午澆之，則花茂盛。或云盆榴無法，只須浸曬，冬閒霜下，收回南檐。如土乾時略將水潤，至春深氣暖可放石上，翦去嫩苗，勿令高大。盛夏置日中或曬屋上，免近地氣，致令根長及爲蚓蟻所穴。每朝用米泔水沉没花斛，浸約半時。取出日曬，如覺土乾，又復浸之，殆良法也。

清　陳淏子《秘傳花鏡》卷三《花木類考·石榴》　石榴，一名丹若，一名金罌，又一種味最甜者名天漿。其種自安石國張騫帶歸。今隨在有之。樹高一二丈，梗紅葉緑而狹長。其花單葉者結實，千葉者不結實。性宜砂石，柯枝附幹，自地便生作叢。孫枝甚繁，種極易息。惟山種者實大而甘，千房同膜，千子如一。花有數色，千葉大紅，千葉白，或黄或粉紅，又有並蒂花者。南中一種四季花者，春開夏實之後，深秋忽又大放，花與子並生枝頭。碩果鱗裂，而其傍紅英燦爛。并花折插瓶中，豈非清供乎。又一種，中心花瓣如起樓臺，謂之重臺榴，花頭最大，而色更紅艷。海榴花跗萼皆大紅，心内鬚黄如粟密。又有紅花白緣，白花紅緣者，亦異品也。其實可禦饑渴，釀酒漿，解醒療病。栽以三月初，取嫩枝如拇指大者，斫令長一尺半，八九枝共爲一窠，燒下頭二寸許，不燒恐漏汁難活。掘圓深坑一尺七寸，口徑尺，豎於培壅，環布枝令勻正。置枯骨殭石於枝間，骨石乃樹性所宜也。下肥土築之。一重土間一重骨石，至平坎乃止。其土令淩枝頭過一寸許，水澆常令潤澤。若已生歲，又將寄石布其根王，則柯圓枝茂可愛。其孤根獨立者，雖生亦不佳。十月終以蒲稿裹其木而纏之，不致凍壞，至二月初解放，若以大石壓其根上，則實繁而不落。性喜暖，雖酷暑烈日中，亦可澆以水糞。

又《火石榴》　火石榴以其花赤如火而得名，究不外乎榴也。樹高不過一二尺，自能開花結實，以供盆玩。亦有粉紅純白者，皆可入目。若嫌其葉多花少，嘗摘去嫩頭，偏於烈日中以肥水澆之，則花更茂，亦物性使然也。大抵盆種土少力薄，更不耐寒，逢冬必須收藏房檐之下，庶不凍壞。養盆榴法，無間寒暑，以肥爲上。盛夏置之架上或屋上，使不近地氣，則枝不大長。若蟻蚓作穴，用米泔水沉没花盆，浸約半時，取出日晒，如土乾又復浸之，則無矣。倘發蕊太密，須掐去其半，則花開始有精神，結實不至半大便落。又有一種細葉柔條者更佳，多産楊州。

清　張逸少　汪灝等《佩文齋廣羣芳譜》卷二八《石榴花》　石榴一名丹若，《本草》云：若木乃扶桑之名，榴花丹頰似之，故亦有丹若之稱。本出塗林安石國，漢張騫使西域得其種以歸，故名安石榴。今處處有之。樹不甚高大，枝柯附幹自地便生作叢。孫枝甚多，種極易息。或以子種，或折其條盤土中便生。葉緑，狹而長。梗紅。五月開花，有大紅粉紅黄白四色。有海榴，來自海外，樹高二尺。黄榴，色微黄，帶白花，比常榴差大。四季榴，四時開花，秋結實。實方綻，旋復開花。火石榴，其花如火，樹甚小，栽之盆，頗可玩。又有細葉一種，亦佳。餅子榴，花大不結實。番花榴。出山東，花大於餅子，移之別省終不若在彼大而华麗，蓋地氣異也。燕中有千瓣白、千瓣粉紅、千瓣黄、千瓣大紅。單瓣者比別處不同。中心花瓣如起樓臺，謂之重臺石榴，花頭頗大而色更深紅。

清　鄒一桂《小山畫譜》卷上《石榴》　五月花，色大紅，六出重臺，枝葉對節，瓣微縐而薄，曜日鮮明。黄心千葉者，少露蒂，六出，紅黄色，狀如軍帽，葉狹長，枝間有刺。種類不一，以进子石榴爲佳。又三台石榴，千葉極大，開足，心出一蘂，又開。能三重，然開至三臺，則初臺乾矣，上二臺連蒂脱下，一臺結子甚大。又有黄色、粉紅、灑金、純白者，其子如松子大，色如其花，砌小蝶甚佳。又綫香石榴，枝柔，花小而多，樹不高。又火石榴更小，單葉，皆花於頂，宜盆植。

清　鄭績《夢幻居畫學簡明》卷三　石榴有數種。結子與不結子，大葉與細葉不同。夏月開花，有單瓣，有千層。

紀事

唐　段成式《酉陽雜俎》續集卷九《支植上》　衡山祝融峰下法華寺，有

石榴花如槿紅花，春秋皆發。

唐 段公路《北户録》卷三《山花燕支》 鄭公虔云：石榴花堪作燕支。代國長公主，睿宗女也，少嘗作燕支，棄子於階，後乃叢生成樹，花實敷芬。

明 景泰《雲南圖經志書》卷二《新興州》 千葉榴花 其地有榴花，多色，艷而不結實。土人唤爲千葉榴，以其産之異也。

藝 文

梁 元帝蕭繹《石榴》（《文苑英華》卷三二六輯） 塗林未應發，春暮轉相催。然燈宜夜火，連珠勝早梅。西域移根至，南方釀酒來。葉翠如新剪，花紅似故栽。還憶河陽縣，映水珊瑚開。

唐 韓愈《題張十一旅舍三詠·榴花》（《别本韓文考異》卷九輯） 五月榴花照眼明，枝間時見子初成。可憐此地無車馬，顛倒青苔落絳英。

唐 白居易《白氏長慶集》卷一六《石榴樹》 可憐顔色好陰涼，葉剪紅牋花撲霜。傘蓋低垂金翡翠，薰籠亂搭繡衣裳。春芽細炷千燈焰，夏蘂濃焚百和香。見説上林無此樹，只教桃柳占年芳。柳一作李。

明 王世貞《弇州四部稿》卷四三《石榴花》 扶疏一樹雨嫣然，緗葯丹鬚倍可憐。貢出塗林朝日媚，栽從積草夜燈然。共誇博望槎中實，還記河陽縣裏篇。雨露恩深多結子，紅顔薄命幾時傳。

雜 録

宋 潛説友《咸淳臨安志》卷五八《物産·花之品》 榴花 唐時孤山有石榴花。白公有詩云「山榴花似結紅巾，容艷新妍占斷春。色相故開行道地，香塵擬觸坐禪人」云云。靈隱舊亦多海石榴，樂天亦有詩云：宿因月桂落，醉爲海榴開。

宋 阮閲《詩話總龜》卷二〇 荆公作相，苑中有石榴一叢，枝葉甚茂，止發一花，題詩云：濃緑萬枝紅一點，動人春色不須多。

清 乾隆《盛京通志》卷一百六《物産一·花類》 石榴 有紅白黄三種，不結果者名番花石榴。

史君子

綜 述

宋 范成大《桂海虞衡志·志花》 史君子花，蔓生，作架植之。夏開，一簇一二十葩。輕盈似海棠。

宋 周去非《嶺外代答》卷八《史君子花》 史君子花，蔓生，作架植之。夏開，一簇一二十葩，輕盈似海棠，白與深紅相雜齊開，此爲最異。《本草》謂開時白久則紅，蓋未詳也。

明 王路《花史左編》卷四《花之辨·史君子花》 花如海棠，柔條可愛。

明《名花譜·史君子》 花如海棠，柔條堪愛。夏中盛開，葩艷輕盈，作架植之，蔓延若錦。

清 陳淏子《秘傳鏡境》卷四《藤蔓類考·史君子》 史君子，一名留求子，藤生，手指大，如葛苗繞樹，而玉葉青似五加葉。四月開花，五出，一簇一二十葩，初淡紅，久則深紅色。市而若海棠，作架植之，蔓延似錦。實長寸許，五瓣合成，有棱，初時半黄，熟則紫黑。其中仁白，上有薄黑皮，如榧子仁而嫩。其味如栗，治五疳，殺蟲，小兒宜食。

藝 文

清 謝堃《花木小志·使君子》 藤本，繞樹而生，一簇十花，花分五瓣，初舒色似澹紅，久乃深赤。實長寸許，五瓣合成而有棱，初結色黄，熟則紫黑。仁如榧，而味如栗，能治小兒百病。

宋 陳景沂《全芳備祖》前集卷二七《史君子》 竹籬茅舍趁溪斜，白白紅紅牆外花，浪得佳名史君子，初無君子到君家。

雜 録

宋 李壁《王荆公詩注》卷一六 史君子細看流光 史君子，形如梔子，棱

瓣深而兩頭尖，亦似訶梨。初始，因潘州郭使君療小兒多是獨用，因號爲史君子。

散沫花

論説

唐 段公路《北户録》卷三《指甲花》 指甲花，細白色，絶芳香，今蕃人重之，但未詳其名也。

綜述

晉 嵇含《南方草木狀》卷中 指甲花，其樹高五六尺，枝條柔弱，葉如嫩榆。與耶悉茗末利花皆雪白，而香不相上下。亦胡人自大秦國移植於南海。而此花極繁細，纔如半米粒許。彼人多折置襟袖間，蓋資其芬馥爾。一名散沫花。

明 李時珍《本草綱目》卷一四《草之三》 指甲花 有黄白二色，夏月開，香似木犀，可染指甲，過于鳳仙花。

明 高濂《遵生八牋》卷一六《燕閒清賞牋下・指甲花》 生杭之諸山中，花小，如蜜色而香甚。用山土移上盆中，亦可供玩。

明 王圻《稗史彙編》卷一四八《指甲花》 花細白，絶芳香。今番人重之，但未詳其名。罽賓國獻泥樓鉢羅花，皆中國所無者。又云，指甲花樹高五六尺，枝條柔弱，葉如嫩榆，與耶悉茉莉花相似，雪白而香不相上下。亦胡人自大秦國移植于南海，而此花極繁細，如米粒半許。彼人多折置于襟袖間，蓋資其芬馥爾。一名散沫花。

明 陳正學《灌園草木識》卷一《花之屬・指甲花》 《南方草木狀》云：散沫花也。女人挼其葉以染指甲，則丹紅色。四月初一起至四月盡，折其枝插之則活，他時萬無活法。子種之十年方能作花。

清 吴綺《嶺南風物記》 指甲花出廣州，本大如佛桑，花黄白色。一花數出，清香甚。婦人采其葉，用礬石染指甲，鮮豔奪目。詩云「彈箏亂落桃花片」是也，俗呼九里香。

清 張逸少 汪灝等《佩文齋廣群芳譜》卷四三《指甲花》 指甲花夏月開，香似木樨，可染指甲，過於鳳仙花，有黄白二色。

藝文

宋 鄭剛中《北山集》卷一九《題異香花俗呼指甲花》 小比木犀無藴借，輕黄碎蕊亂交加。邦人不解聽誰説，一地稱爲指甲花。

立之惠，生花數穗，類藤蔓間。花微黄，四出，蘂如半米。肥而緑跣，葉圓而不鋭。十花百蘂，其下不四五葉。初不知其香之異也，置幾案間，大率氣味如木犀而酷烈過之。三二日後，清芬偏室。凡平時茉莉、素馨所不到處，皆馥馥焉。問其名曰，邦人號指甲花。樹高三四尺，花於枝杪。自窮秋至深冬未已。嗚呼，指甲之名陋矣，求之於花亦不類。豈受名之始，或者無以付之耶？將山鄉習誤而至是耶？抑有事實而今不能傳耶？有一於此，皆花之不幸。竊易其名爲異香，録於詩後。

繅絲花

綜述

明 宋詡《竹嶼山房雜部》卷一〇《樹畜部二・種花卉法》 刺蘼 灌生，細葉，多刺，紅花，重葉，狀如玫瑰而大，無香。春時分根側小本種。

明 高濂《遵生八牋》卷一六《燕閒清賞牋下・繅絲花》 花葉儼似玫瑰，而色淺紫，無香。枝生刺針。時至煮繭，花盡開放，亦以根分。

明 王世懋《學圃雜疏・花疏》 紅黄刺梅二種，絶似玫瑰，而無香，色瓣勝之。黄者出京師，蔓花五色。

清 陳淏子《秘傳花鏡》卷四《滕蔓類考・繅絲花》 繅絲花，一名刺蘼。葉圓細而青，花儼如玫瑰。色淺紫而無香，枝萼皆有刺針。每逢煮繭繅絲時，花始開放，故有此名。二月中，根可分栽。

清 張逸少 汪灝等《御定佩文齋廣羣芳譜》卷四三《刺蘼》 刺蘼，灌生，莖多刺，葉圓細而青，花重葉狀，似玫瑰而大，艷麗可愛，惜無香耳。春時分根旁小株種之，亦易活。

藝文

清 高宗愛新覺羅·弘歷《御製詩集》三集卷六一《刺縻》 多刺休嫌艱曉妝，護遮偏合種圍墻。謾言寥寂無人采，小蝶飛尋翅繭黄。

又 四集卷六三《刺蘼》 重重花瓣逞鮮妍，衛足還同葵亦然。莫惜枝頭香氣少，大凡物頗忌兼全。

又 卷九〇《刺縻》 狀似玫瑰色正黄，灌生牆角與階傍。底訾鉤鋸艱搴秀，衛足寧輸葵擅長。

松

論說

清 李漁《閑情偶寄》卷一四《竹木第五·松柏》 蒼松古柏，美其老也。一切花竹，皆貴少年，獨松柏與梅三物，則貴老而賤幼。欲受三老之益者，必買舊宅而居，若俟手栽，爲兒孫計則可，身則不能觀其成也。求其可移而能就我者，縱使極大，亦是五更，非三老矣。予嘗戲謂諸後生曰：欲作畫圖中人，非老不可，三五少年，皆賤物也。後生詢其故，予曰：不見畫山水者，每及人物，必作扶笻曳杖之形，即坐而觀山臨水，亦是老人矍鑠之狀，從未見有俊美少年厠于其間者。少年亦有，非攜琴捧畫之流，即挈盒持罇之輩，皆奴隸于畫中者也。後生輩欲反証予言，卒無其據。引此以喻松柏，可謂合倫。如一座園亭，所有者皆時花弱卉，無十數本老成樹木主宰其間，是終日與兒女子習處，無從師會友時矣。名流作畫，肯若是乎？噫，予持此説一生，終不得與老成爲伍，乃今年已入畫，猶坐兒女叢中，殆以花木爲我而我爲松柏者乎？

清 曹溶《倦圃蒔植記》總論 卷上《論木第二》 松之常品，世人呼爲柴松。然千歲奇古，形偃蓋而聲步虛，此必其選也，固當爲甲之甲。或邂逅成山澤之癯者，則爲天目松，二松質異而種同，皆兩鬣。其五鬣者，一松而名殊，曰五鬚，曰五粒，曰五釵，其葉翠而細，此土無大者。聞雲南及西北諸藩，皆高樹彌山谷，秀大而子多，今之市充果食者即是物也，當爲甲之乙。括子松俗名剔牙松，三鬣，其葉蒼而勁，房小子少，而亦甘香，此地昔罕而今繁，當爲甲之丙。凡木之結子無踰周星者，惟松實初年青嫩，明年老，足兩周歲而成，是以性耐歲寒，亦非他樹可及，此通二鬣三鬣五鬣皆然，故總爲木之甲品云。

清 高士奇《北墅抱瓮録·松》 松花可服，松節可釀，松脂可爇，松子可餐，松濤可聽，松陰可坐。霜幹煙姿，亭亭千尺，真山居勝友也。園中有青皮紫皮、三鬣五鬣各種，皆黄山天目所産。對此風標，可爲晚節之助，豈僅添雅興已耶？

綜述

宋 陳景沂《全芳備祖》後集卷一四《松》 碎録 松有脂味苦，一名松膏，一名松肪，常食松葉令人不老。皮上緑衣，名艾納香，用合諸香燒之，其煙不散。並《本草》。松脂淪入地，千年爲茯苓，又千年爲琥珀，又千年爲璧。燒之皆有松氣。《本草》千歲之松，下有茯苓，上有兔絲。《淮南子》。徂徠之松。《詩》大陵偃蓋之松大谷倒生之柏。《抱朴子》大松千年，其精化爲青牛，爲伏龜。《嵩山記》。青州厥貢，鉛松怪石。《禹貢》。山有喬松。《詩》石門磵有松林，仰視之離離如駢麈尾。《廬山記》西嶺松如馬鬣，又葉五枝者，服之長生。《本草》松柏爲百木長。《史記》。如松柏之有心也，故貫四時而不改柯易葉。《禮記》。培塿無松柏。《左傳》。歲寒然後知松柏之後彫也。《論語》受命于地，惟松柏在冬夏青青。《莊子》天寒既至，霜雪既降，吾是以知松柏之茂也。同上。蔦與女蘿施于松柏。《詩》

明 周文華《汝南圃史》卷一一《竹木部·松》 《廣志》曰：千歲老松子，色黄白，味似栗，可食。今松有三種，一名剔牙松，幹青而枝葉疏秀，歲久未得高大，種出杭州。一名天目松，出天目山，幹短而枝葉拳折，有古意。柴松，隨地皆有，數載便可參天。小時不堪觀，大則結頂成林，覆陰尤妙。剔牙松宜庭際，天目松宜盆玩，柴松宜山及墓上。

清 陳淏子《秘傳花鏡》卷三《花木類考·松》 松爲百木之長，諸山中皆有之。兩鬣三鬣而細者，常松也。五鬣六鬣爲一朵葉者，別象栝子松也。闊瓣厚葉者，羅漢松也。其質磥砢修聳，多節永年，皮粗如龍鱗，葉細如馬鬣，遇霜雪而不凋，歷千年而不殞。其花色黄而多香，但有粉而無瓣，實似豬心疊成鱗砌，秋老則子長鱗裂，味最甘香可口。千歲松産於天目、武功、黄山，高不滿二三尺，性喜燥背陰，生深巖石塌上，永不見肥，故歲久不大，

可作天然盆玩。又有赤松、白松、鹿尾松之異，惟剔牙松青皮而嫩，稍傷其皮，則脂易溜，須以火鐵燙止，用糞泥密封，方不□□□。欲松偃蓋，必截去松之大根，惟留四旁根鬚，則無不偃蓋矣。種法，於春分前浸子十日，治畦下糞浸撒畦内，如種菜法，其苗自生。一切花木皆貴少壯，獨松柏梅等世人多貴蒼老古勁，歲久松能化石，脂能成珀，如上有兔絲則根下有茯苓，爲仙家服食之藥，其花亦可作粉食。

紀事

宋 羅濬《寶慶四明志》卷一七《慈溪縣志第二》 雲湖慶安院縣西北一十五里，周顯德四年置，名保安。皇朝治平元年改賜今額。常住田三百畝，山二百二十七畝。院本以湖得名，今湖廢矣。院之前有古松夾道，綿亘數里，望之如雲，其一最巨而奇，蜿蜒如龍，飛偃如蓋，臨池上。

宋 陳郁《藏一話腴》内編卷下 明之慈溪縣西北，有慶安寺，寺之前有古松夾道，綿亘數里，望之如蒼雲。其一最巨而奇，蜿蜒若龍，飛偃如蓋，臨池之上，寺後有泉，出於深谷。僧以巨竹連筒，引竹數里，支分千松下石池，溢入干溪。舒龍圖亶有詩云：門前屏障遶潺湲，付與林僧夜定還。松蓋作雲散十里，竹龍行雨出千山。白公香火蓮開後，謝氏池塘草夢間。我亦鳳凰臺上客，圖閒却笑未能閒。其後邑長沈時升有造舟之役，睥睨茲松，將斤焉。里士馮文學駹作詩以遺沈，賴以不伐，松因詩而壽焉。曰：寒松一幹老蒼蒼，古寺門前歲月長。匠伯偶圖舟楫利，禪翁方患斧斤傷。得全此日同齊櫟，勿剪他年比召棠。可但與君期久遠，相將俱列大夫行。

宋 李格非《洛陽名園記・松島》 松柏樅杉檜栝皆美木，洛陽獨愛栝而敬松。松島，數百年松也，其東南隅雙松尤奇。在唐爲袁象先園，本朝屬李文定公丞相，今爲吴氏園，傳三世矣。頗葺亭榭池沼，植竹木其旁，南築臺，北構堂，東北曰道院。又東有池，池前後爲亭臨之，自東大渠引水注園中，清泉細流，涓涓無不通處。在他郡尚無有，而洛陽獨以其松名。

宋 樂史《太平寰宇記》卷一二《河南道・亳州・土産》 枯松，桓裴之《述征記》云：老子宫前有雙松，左階之松久枯，隋煬帝大業十三年，忽從根上一枝聳幹一丈三尺，枝葉青翠。唐武帝二年，更生一叢，直上五尺，横枝兩層，枝葉相覆，異于常樹。

明 李賢《古穰集》卷五《賜游西苑記》 又北行至圓城，自兩掖洞門而升，上有古松三株，枝幹槎牙，形狀偃蹇如龍，奮爪拏空，突兀天表。前有花樹數品，香氣極清。

清 謝堃《花木小志・松》 松之大者，余於泰山及孔聖陵見之，蒼古極矣，真秦漢間物。松之小者，余於黄山朱子偉家見之，秀潤極矣，真圖畫有所不能到者。居揚時，天台山行僧方智來訪，偶譚松之秀潤蒼古莫過泰山孔聖陵及朱子偉家，僧笑曰：它日當爲居士置之。越明年，方智果來，攜一松，約長二尺許，旋植於石盆，於傍點綴小石。初亦不甚奇，三五年，勢若蟠拏，龍鱗斑剥。陳穆堂見之，呼曰小青虬。未幾有鬩牆之釁，爲有力者奪之。至今往往形諸夢寐。

清 高士奇《北墅抱瓮録・偃松》 蘭渚前古松七株，皆黄山所産，又得偃松一本，亦自黄山來，蓋百餘年物矣。而高僅三尺許，攫拏夭矯，幹若屈鐵，旁倚怪石，儼然畢宏韋偃畫本，絶可珍也。

清 雍正《江西通志》卷四一《饒州府》 千歲靈根亭，《名勝志》：縣北五里冷水觀側有千歲靈根亭，晉植松樹，盤屈奇怪，名曰壽松。相傳許遜嘗挂劍其上，亦名挂劍松。宋寶慶初，知縣曹豳創亭刻石。

清 雍正《畿輔通志》卷五六 聖祖《避暑山莊詩序》：無暑清凉之南，長松環翠，壑虚風度，如笙鏞迭奏，不減西湖萬松嶺也。《燕山紀游》：石徑山東南行至林衡署，有古松數百株，參錯平野。《盤山志》：盤山之松以百萬計，而奇絶者多生石罅中，擁腫卷曲，如怒龍之攫。又陂陀土壤而生者，大數十圍，龍鱗斑駁，或挺茸直上，或青葱垂下。口北多松柏，蔽雲干霄，爲千里松林。

藝文

唐 李嶠《松》（《佩文齋詠物詩選》卷二七七輯） 鬱鬱高巖表，森森幽磵陲。鶴棲君子樹，風拂大夫枝。百尺條陰合，千年蓋影披。歲寒終不改，勁節幸君知。

唐 李白《李太白文集》卷二二《南軒松》 南軒有孤松，柯葉自綿冪。清風無間時，瀟灑終日夕。陰生古苔緑，色染秋煙碧。何當凌雲霄，直上數千尺。

唐 白居易《白氏長慶集》卷二《和松樹》 亭亭山上松，一一生朝陽。森聳上參天，柯條百尺長。漠漠塵中槐，兩兩夾康莊。婆娑低覆地，枝幹亦尋常。八月白露降，槐葉次第黄。歲暮滿山雪，松色鬱青蒼。彼如君子心，秉操貫冰霜。此如小人面，變態隨炎涼。共知松勝槐，誠欲栽道傍。糞土種瑶草，瑶草終不芳。尚可以斧斤，伐之爲棟梁。殺身獲其所，爲君構明堂。不然終天年，老死在南岡。不願亞枝葉，低隨槐樹行。

唐 李紳《寒松賦》（《文苑英華》卷一四五輯） 松之生也，于巖之側。流俗不顧，匠人未識。無地勢以衒容，有天機而作色。徒觀其貞枝肅矗，直幹芊眠。倚層巒則梢雲蔽景，據幽澗則蓄霧藏烟。穹石盤薄而埋根，凡經幾載，古藤聯緣而抱節，莫寄何年。於是白露零，凉風至，林野慘慄，山原愁悴。彼衆盡於玄黄，斯獨茂於蒼翠。然後知落落高勁，亭亭孤絶。其爲質也，不易葉而改柯。其爲心也，甘冒霜而停雪。叶幽人之雅趣，明君子之奇節。若乃確乎不拔，物莫與隆，陰陽一作寒暑不能變其性，雨露所以資其豐。擢影後凋，一千年而作蓋，流形入夢，十八載而爲公。不學春開之桃李，秋落之梧桐。亂曰：負棟梁兮時不知，冒霜雪兮空自奇。諒可用而不用，固斯焉而取斯。

唐 元稹《元氏長慶集》卷一《松樹》 華山高幢幢，上有高高松。株株遥各各，葉葉相重重。槐樹夾道植，枝葉俱冥蒙。既無貞直幹，復有罥挂蟲。何不種松樹，種之摇清風。秦時已曾種，顀頷種不供。可憐孤松意，不與槐樹同。閒在高山頂，樛盤虬與龍。屈爲大厦棟，庇廕侯與公。不肯作行伍，俱在塵土中。

唐 李商隱《李義山詩集》卷下《題小松》 憐君孤秀植庭中，細葉輕陰滿座風。桃李盛時雖寂寞，雪霜多後始青葱。一年幾變枯榮事，百尺方資柱石功。爲謝西園車馬客，定悲摇落盡成空。

唐 僧無可《松》（《佩文齋詠物詩選》卷二七七輯） 枝幹怪鱗皴，烟梢出澗新。屈盤高極目，蒼翠遠驚人。待鶴移陰過，聽風落子頻。青青寒木外，自與九霄鄰。

唐 李山甫《松》（《佩文齋詠物詩選》卷二七七輯） 地聳蒼龍勢抱雲，天教青共衆材分。孤標百尺雪中見，長嘯一聲風裏聞。桃李傍他真是佞，藤蘿攀爾亦非羣。平生相愛應相識，誰道修篁勝此君。

宋 王安石《臨川文集》卷二三《古松》 森森直幹百餘尋，高入青冥不附林。萬壑風生成夜響，千山月照掛秋陰。豈因糞壤栽培力，自得乾坤造化心。廊廟乏材應見取，世無良匠勿相侵。

宋 蘇轍《欒城第三集》卷二《種松》 城郭人家歲寒木，檜柏森森映華屋。青松介僻不入城，野性特嫌塵土辱。中庭冉冉盈尺苗，條幹雖短風霜足。培根不用糞壤厚，插竹預防雞犬觸。他年期汝三丈高，獨立仙翁毛髮緑。老翁自分不及見，子孫見汝知遺直。

明 龔詡《野古集》卷中《詠松》 亭亭獨立秀穹林，得地何愁枳棘侵。老節定經千歲久，直根應透九原深。塵埃不染憐渠貌，風雪難移信此心。却怪祖龍封爵汙，不平時作怒濤音。

明 何景明《大復集》卷一一《雲溪古松歌》 岳州地多古松樹，千株萬株植官路。故老猶能記歲年，行人不解知朝暮。臨江西來煙霧起，夾谷連山一百里。黛色寒通七澤雲，秋聲夜捲三江水。郡城之北江水東，鄂王祠廟丹青空。英雄爲謨本宏遠，古木至今多烈風。忠魂義魄知何在，故物依然見遺愛。繁枝百世人不剪，直氣千尋我當拜。六月前過蒲圻城，古松陰中三日行。空山倒樹雷雨黑，盛夏常貯炎風清。郵亭傳舍總蕭瑟，鬱抱煩襟亦飄逸。迴巖峭壁奔洪濤，老蔓長藤翻白日。只今復向巴丘道，野草漸多松漸少。仄徑孤根半蝕苔，夕陽幾樹空垂蔦。昔時所見合抱材，斷枝落葉隨蒿萊。過客山中想清籟，行徒道上愁黄埃。葦山輿嶺萬千重，半作豪家樓上棟。古人之力今人勞，大厦明堂不得用。年年官吏催斧斤，故老雖怒那敢嗔。傍枝出地子成樹，野婦山樵摧作薪。驛前數幹聊可數，我復見之再三撫。霜皮露甲如虬蟠，霧鬣煙鬢學龍舞。陰森氣象凛猶昔，翠色長標不可侮。荒林曠野識者稀，終爲誰家起廊廡。回首鄂廟秋山阿，廟前之樹無高柯。鬼神呵護亦徒爾，英靈不返將如何。逢人且無怨摇落，志士胡爲傷轗軻。君看世事盡如此，拔劍聽我松前歌。

明 馮惟訥《古詩紀》卷一三二《詠松樹》 結根生上苑，擢秀邇華池。歲寒無改色，年長有倒枝。露自金盤灑，風從玉樹吹。寄言謝霜雪，貞心自不移。

清 張英《文端集》卷六《存誠堂詩集二·枯松行》 慈仁古松樹，蒼老不記年。高下近十株，爲態各自妍。中有雙龍鱗，蟠曲香臺前。松頂近可摩，高枝纔覆肩。屈彼百尺勢，空堦恣蜿蜒。横側益奇絶，影若蛟螭眠。濤聲走平

地，雙樹撐如拳。似此蒼勁質，止宜空山巔。藉以一片石，濯以清淺泉。謖謖響絶壑，垂手招列仙。何將故山態，老却車塵邊。横遭廝養辱，强索冠蓋憐。冠蓋那復顧，日落生寒煙。一夕風雨過，萎黄何忽焉。衆松失顔色，臺殿增寂然。惜彼凌霜姿，遽隨羣卉遷。吾子勿復歎，物各全其天。

清 高宗愛新覺羅·弘歷《御製詩集》初集 卷二《詠松三首》 龍鱗百尺欝青葱，獨立亭亭衆植中。謾道性剛多傲物，歲寒梅竹許相同。

扶疎新幹手親栽，偃蓋俄成亦壯哉。豈是上林培植別，由來造物重良材。

高標迥出重霄秀，本色常留四季青。爲重堅貞栽砌畔，緑陰如滴滿軒庭。

又 三集卷三三《秋山四詠·松》 疊巘參天翠越濃，韻金風籟謖重重。低臨萬樹猶同色，咨爾行將認老松。

雜録

宋 潛説友《咸淳臨安志》卷二八 萬松嶺 在和寧門外西嶺上，舊夾道栽松。白樂天《夜歸》詩云：萬株松樹青山上，十里沙堤明月中。東坡《臘梅》詩亦有「萬松嶺下黄千葉」之句。今第宅民居，高高下下，鱗次櫛比。

清 雍正《畿輔通志》卷一八《保定府》 松山 滿城縣西南三里。松山多松樹，風雨撼之，每作笙簧聲。《名勝志》。

清 乾隆《熱河志》卷六八 香臺山 元《一統志》：香臺山在松州南八十里，有石澗寺，周圍松樹茂林。

素馨

論説

宋 吴曾《能改齋漫録》卷一五《方物·素馨花》 嶺外素馨花，本名耶悉茗花，叢脞么麽，似不足貴。唯花潔白，南人極重之，以白而香故易其名。婦人多以竹籤子穿之，像生物，置佛前供養。又取乾花浸水洗面，滋其香耳。海外耶悉茗油，時於舶上得之，番酋多以塗身。今之龍涎香，悉以耶悉茗油爲主也。

宋 范成大《桂海虞衡志·志花》 素馨花比番禺所出爲少，當由風土差寒故也。

明 何宇度《益部談資》卷中 素馨，紅者白者俱奇品。紅開於春，白開於秋。

清 李漁《閑情偶寄》卷一三《種植部·藤本第二·素馨》 素馨一種，花之最弱者也，無一枝一莖不需扶植，予嘗謂之可憐花。

綜述

唐 段成式《酉陽雜俎》卷一八《廣動植之三·木篇》 野悉蜜，出拂林國，亦出波斯國。苗長七八尺，葉似梅葉，四時敷榮。其花五出，白色，不結子。花若開時，遍野皆香，與嶺南詹糖相類。西域人常采其花，壓以爲油，甚香滑。

宋 梁克家《淳熙三山志》卷四一《土俗類三·物産》 素馨 蔓生，白色，露裛愈香。蔡公襄詩：素馨萬里來商舶，團圓末麗叢緐香。

宋 陳景沂《全芳備祖》前集卷二五《素馨花》 素馨，舊名那悉茗，一曰野悉蜜。昔劉王有侍女名素馨，其冢上生此花，因以得名。《龜山志》

明 宋詡《竹嶼山房雜部》卷一〇《樹畜部二·種花卉法》 素馨 灌生，即那悉茗花，生王素馨冢，故名。黄花，細小，香而醖藉，莖葉緑肥而稍堅。白花，細小，香而醖藉，葉青而微柔。春雨時分根側小本種。宜擣猪湯、退雞鵝翎湯澆，立屏架以輔之。

明 李時珍《本草綱目》卷一四《草之三·素馨》 素馨 時珍曰：素馨亦自西域移來，謂之耶悉茗花，即《酉陽雜俎》所載野悉蜜花也。枝幹裊娜，葉似末利而小，其花細瘦，四瓣，有黄白二色，采花壓油，澤頭，甚香滑也。

明 王世懋《學圃餘疏·花疏》 素馨出閩，黄者不甚香，亦間攜至吾地。白者香勝於茉莉，即彼中亦未之見。

明 王圻《稗史彙編》卷一四八《素馨》 素馨有白、淡黄。或曰雙瓣者即茉莉，單瓣者素馨。以淅米漿日溉之，則作花不絶，可奈一夏，花亦大且多。六月六日又溉以魚腥水，亦佳。

明 劉侗《名物通》卷七 素馨 有白，有淡黄。四瓣，香特酷烈。廣中女子以彩絲纏花繞髻。素馨，南漢宮女名也。

明 陳正學《灌園草木識》卷一《花之屬》 素馨 夏月開花，秋冬尤盛，香最遠聞。佛書云耶悉茗。舊傳昔劉王有女名素馨，冢上生此花，故名。

紅素馨 有色無香，冬月作花成穗，漸次而開。開不盡者，多萎於霜。

黃素馨 終年有花，頗似京師黃迎春。亦以花形似素馨得名，殊無香也。

明《花史》冬集《素馨花》《格物叢話》曰：素馨舊名耶悉茗，與茉莉花皆胡人從西域移入南海，自此中國所在而有。其花四瓣，有黃白色者，藤身，枝裊娜，葉小甚，無刻缺，而香不及于茉莉云。

宜肥土培栽。

或云雙瓣者即茉莉，單瓣者即素馨也。

清 陳淏子《秘傳花鏡》卷五《花草類考·素馨花》 素馨花，一名那悉茗花，俗名玉芙蓉。本高二三尺，葉大於桑而微臭，蟻喜聚其上。花似郁李而香艷過之，秋花之最美者。性畏寒，喜肥并殘茶。不結實。自霜降後即當護其根，來年便可分栽，黃霉時扦亦可。廣州城西，彌望皆種素馨，僞劉時美人葬此，至今花香甚於他處。

清 高士奇《北墅抱瓮録·素馨》 素馨似茉莉而小，葉更纖緑。枝弱不能自立，插竹枝扶之。雨過花間，香芬絶世。

清 張逸少 汪灝等《佩文齋廣羣芳譜》卷四三《素馨》 素馨，一名那悉茗花，一名野悉蜜花，來自西域。枝榦裊娜，似茉莉而小，葉纖而緑。花四瓣，細瘦，有黃白二色。須屏架扶起，不然不克自竪。雨中嫵態，亦自媚人。

清 乾隆《盛京通志》卷一〇六《物産·花類》 素馨 本出福建，今郊原有之。黃白二色，白者團而小，香勝茉莉。

清 乾隆《雲南通志》卷二七《物産》 素馨 山野蔓生，家園廣植。蘂紅花白，質秀香清。亦有四季開者。《舊志》：即《南方草木狀》所謂耶悉茗也，稱其種來西域。又《滇略》云：南詔段素興好之，故名。《通雅》云：南漢劉鋹之姬曰素馨，葬處生此，人以名之。

紀事

明 方以智《通雅》卷四二《植物草》 五羊城外三十里有花田，云南漢劉鋹之姬曰素馨死葬於此，故曰花田。多生邪悉茗，即以素馨呼之，其香不及茉莉之清也。

清 屈大均《廣東新語》卷二七《素馨》 素馨本名耶悉，亦名耶悉茗，志稱陸大夫得種西域，因説尉佗移至廣南。《南中行紀》云：南越百花無香，惟素馨香特酷烈。則素馨之名在賈時已著。廣南多花木，賈未嘗言，惟言羅浮山桃、楊梅及茉莉、素馨耳。素馨因陸大夫而有，今花田當祀陸大夫，以素馨爲薦，猶梅嶺之上以梅花薦梅將軍鋗也。花田者，陸大夫之湯沐也。

藝文

宋 程公許《滄洲塵缶編》卷一一《和虞使君擷素馨花遺張立蒸沉香二絶句》 平章江制素馨種，小白花山瓜葛親。借取水沉薰玉骨，便如屏障唤真真。緑雲影覆白雲英，馥郁秋風不易陳。休遣江南誇艷曲，朝朝瓊樹眼中新。

宋 陳傅良《素馨花》（《佩文齋詠物詩選》卷三五〇輯） 羞將姿媚隨花譜，愛伴孤高上月評。獨恨遇寒成弱植，色香殊不避梅兄。

宋 陳景沂《全芳備祖》前集卷二五《素馨花》 細花穿弱縷，盤向緑雲鬟章隐。山林託足雖無地，猶有佳名萬里聞黃公度。衆芳發越充南溟梅，花腦飛水弄沈露，積栫檀薪降真薰，陸射光琉璃瓶，山川草木一天芬，素質如玉備衆馨朱制。昔日雲鬟鎖翠屏，只今烟冢伴荒城，香銷斷絶無人間，空有幽花獨擅名傳天諫。

宋 舒岳祥《閬風集》卷七《賦素馨花》 小蕊清香真有韻，柔條纖葉不勝春。承平時節移新主，離亂風塵見故人。淚重闌干添婀娜，香殘篤褥駐絪緼。舊恩深淺君自會，莫問誰家時與親。

明 林鴻《鳴盛集》卷四 素馨花發暗香飄，一朵斜簪近翠翹。寶馬未歸新月上，緑楊影裏倚紅橋。

明 楊慎《升菴集》卷三四《素馨花》 金碧佳人墮馬妝，鷓鴣林裏鬥芬芳。穿花貫縷盤香雪，曾把風流惱陸郎。

明 黎遂球《素馨賦》（《歷代賦彙》卷一二三輯） 登羊城以西望，見緑草之田田。匪織雨而含珠，乃浮香以如煙，弔美人於黃土，照明鏡於青天。惟斯花之可認，感今昔而相憐。爾乃向午如粟，薄暮放蕊。望通衢之凝雪，列七門而成市。得人氣而轉馥，在晚妝之初洗。圍寶髻之盤盤，貫玉

屑而齒齒。果並擲於車前，香可分於袖底。雜寒具而芬郁，蘸琉璃之露水。則有青樓姊妹，烏衣兒郎，綴流蘇如夾纈，挂斗帳之四方。鈎珊瑚之横枝，枕琥珀而低昂。如香稻之飼鸚鵡，等竹實之供鳳凰。羡同心之可結，羌解佩而垂璫。於是重五之晝，雙七之宵。或張翠幄於龍舫，或方蘭舟爲鵲橋。晝則艾虎纍纍，朱符飄飄，飛八張如比翼，馳千舸若聯鑣。蹋歌珠寺，燕客西壕，買花齊唤，餘錢亂抛。量三斛之蒼璣，疑乍泣乎老鮫。與歌聲兮同貫，侵酒氣兮如消。宵則芳蕤作幄，新月如鈎。海上載求仙之童女，水際排乞巧之高樓。燦明燈於重檐，儼列冕之垂旒。何瓖瓏之雕玉，覆火齊而作舟。總貫蕊之所爲，若鏤冰而籠篝。布經緯以如意，象禽魚之優游，恒有香以避暑，縱無聲而知秋。復有三五之夕，月出朦朧。巫壇禮斗，神絃舞風。白麟雪獅，翠鳳玉龍。覆宫街以列帳，峙重臺而罩櫳。咸當門以結彩，聯比户於栟幪。被華鬘與纓絡，見瓊島之銀宫。齊觀燈而連袂，或駕橋而成虹。譬游蜂之出房，若舞蝶之鑽叢。聆梵吹於香國，見閭巷皆花封。乃若博雅高士，道古名家。知爲那悉之茗，用代陽羡之茶。或云當與楞岩同至，或傳載自博望之槎。比石榴而有馨，較菩提而擅花。又烏能起艷質而問之，夫是以賦芳草於天涯。

雜録

宋 周去非《嶺外代答》卷八《花木門・素馨花》 素馨花，番禺甚多，廣右絶少，土人尤貴重。開時旋掇花頭，裝於他枝，或以竹絲貫之，賣於市。一枝二文，人競買戴。

清 吴任臣《十國春秋》卷六一《檢討南漢四列傳・美人李氏素馨》 美人李氏，亦托養女。後主既立，托長女爲貴妃，復以其次女充美人之職，一時並寵，宫中稱極盛焉。又同時有宫人素馨，以殊色進。性喜插白花，遂名其花曰素馨花。

清 孫之騄《枝語》卷上《素馨》 南中游女，貫花繞髻，事載《南方草木狀》。《龜山志》：昔劉王有侍女名素馨，冢上生此花，因以得名。詩曰：昔日雲鬟鎖翠屏，只今烟冢伴荒城。香消韻斷無人問，空有幽花獨擅名。蓋賦此也。此花來自西域，初名那悉茗花，又名野悉蜜花。葉纖緑，四瓣，似茉莉而小，有黄白二色，枝幹裊娜，不克自樹，雨中嫵態媚人。

太平花

綜述

宋 宋祁《景文集》卷四七《太平瑞聖花贊》 衆跗聚英，爛若一房。有守繪圖，厥名乃章。繁而不艶，是異衆芳。出青城山中，幹不脩大，高者及尋。花率秋開，四出，與桃花類。然數千跗共爲一花，繁密若綴，先後相續而開，凡閲月未萎也。蜀人號豐瑞花，故丞相國琳爲益之年繪圖以進，更號瑞聖花。然有數種，差小者號寳仙紅，淺者白者名玉真。成都人競移蒔圃中，以爲愛玩云。

紀事

宋 李燾《續資治通鑑長編》卷一〇六《仁宗》（天聖六年十一月癸卯） 益州獻異花，似桃，四出而千百苞駢聯成朵。蜀耆舊言，此花不開六十餘年矣。上頗異之，後因目爲「太平瑞聖花」。

藝文

宋 陸游《劍南詩稿》卷四《太平花》 花出劍南，似桃，四出，千百包駢萃成朵。天聖中獻至京師，仁宗賜名太平花。扶床踉蹡出京華，頭白車書未一家。宵旰至今勞聖主，淚痕空對太平花。

宋 范成大《石湖詩集》卷一七《太平瑞聖花》 雪外捫參嶺，煙中濯錦洲。密攢文杏蘂，高結彩雲毬。百世嘉名重，三登瑞氣浮。挽春同住夏，看到火西流。

宋 楊巽齋《醉太平花》（《全芳備祖》前集卷二七輯） 紫芝奇樹謾前聞，未若此花叶氣薰，種向春臺豈無象，望中秀色似卿雲。

宋 陳景沂《全芳備祖》前集卷二七《太平花》 紫芝奇樹謾前聞，未若斯花叶氣薰，種向春臺豈無象，望中秀色似卿雲。楊巽齋。

桃

論説

明 王世懋《學圃雜疏·花疏》 桃花種最多。若金桃、蜜桃、灰桃之類，多植園中取果。其可供玩者，莫如碧桃、人面桃二種。緋桃乏韻，即不種亦可也。壽星桃矮而花，能結大桃，亦奇，可玩，桃殊不中食。

清 李漁《閑情偶寄》卷一三《種植部·木本第一·桃》 凡言草木之花，矢口即稱桃李，是桃李二物，領袖群芳者也。其所以領袖群芳者，以色之大都不出紅白二種，桃色爲紅之極純，李色爲白之至潔，「桃花能紅李能白」一語，足盡二物之能事。然今人所重之桃，非古人所愛之桃；今人所重者爲口腹計，未嘗究及觀覽。大率桃之爲物，可目者未嘗可口，不能執兩端事人。凡欲桃實之佳者，必以他樹接之，不知桃實之佳于接，桃色之壞亦壞于接。桃之未經接者，其色極嬌，酷似美人之面，所謂桃腮、桃靨者，皆指天然未接之桃，非今時所謂碧桃、絳桃、金桃、銀桃之類也。即今詩人所詠，畫圖所繪者，亦是此種。此種不得于名園，不得于勝地，惟鄉村籬落之間，牧童樵叟所居之地，能富有之。欲看桃花者，必策蹇郊行，聽其所至，如武陵人之偶入桃源，始能復有其樂。如僅載酒園亭，携姬院落，爲當春行樂計者，謂賞他卉則可，謂看桃花而能得其真趣，吾不信也。噫，色之極媚者莫過于桃，而壽之極短者亦莫過于桃，「紅顔薄命」之説，单爲此種。凡見婦人面與相似而色澤不分者，即當以花魂視之，謂别形體不久也。然勿明言，至生涕泣。

綜述

宋 陳景沂《全芳備祖》前集卷八《桃花》碎録 桃之夭夭，灼灼其華。華如桃李。園有桃。俱《毛詩》。仲春之月桃始華。《記月令》

紀要 漢武帝上林苑有緗桃、紫文桃、金城桃、霜桃。《西京雜記》。漢明帝，常山獻巨桃核，其桃霜下花，至暑方熟，使植園林。《西京雜記》潘岳爲河陽令，栽桃李，號河陽滿縣花。《開元遺事》石曼卿通判海州，以山路高岐，人路不通，略無花卉點綴照映，使人以泥裹桃仁抛擲於山嶺上。一二歲間，花發滿山，爛如錦繡。《談圃》

明 李時珍《本草綱目》卷二九《果之一·桃》 時珍曰：桃品甚多，易於栽種，且早結實。五年宜以刀剥其皮，出其脂液，則多延數年。其花有紅紫白千葉二色之殊。

明 高濂《遵生八牋》卷一六《燕閒清賞牋下·桃花十種》 桃花平常者亦有粉紅、粉白、深粉紅三色。其外有单瓣大紅、千葉紅桃之變也，单瓣白桃、千葉碧桃之變也。有緋桃，俗名蘇州桃，花如剪絨者，比諸桃開遲而色可愛。有瑞仙桃，花色深紅，花密。有絳桃千瓣，有二色桃，色粉紅，花開稍遲，千瓣極雅。

明 王路《花史左編》卷四《花之辨·桃花》 平常者有粉紅、粉白、深粉紅三色。其外有单瓣大紅、千葉桃紅之變也，單葉白桃、千葉白桃之變也。有緋桃，俗名蘇州桃，花如剪絨者，比諸桃開遲而色可愛。有瑞仙桃，色深紅，花最密。有絳桃千瓣，有二色桃，色粉紅，花開稍遲，千瓣極佳。有金桃，形長，色黄如金，肉粘核，多蛀，熟遲。銀桃，形圓，色清白，肉不粘核，六月中熟。一種千葉，花色淡，結實少。美人桃，花粉紅，千葉，又名人面桃，不實。鴛鴦桃，千葉，深紅，開最後，結實必雙。壽星桃，一名矮桃，高二三尺，實如金桃而圓，秋熟。李桃，花深紅，形圓，色青，肉不粘核，其實光澤如李，一名李桃，一名光桃。十月桃，花紅，形圓，色青，肉粘核，味甘酸，十月中熟，一名古冬桃，又一名雪桃。

又卷八《花之宜·種桃法》 宜於暖處，寬深爲坑，先納濕牛糞其内，核不拘多少，小頭向下，厚蓋鬆土尺許。春深芽生，帶土移植實地，若仍置糞中則實小而苦。桃性早實，三年便結子。桃性皮急，四年以上宜以刀竪劚其皮，否則皮急而死。一法：取核刷净縫中肉，令女子艷妝下種，則他日花艷而子多。一説，過春月以刀疎斫之，則穰出而不蛀。社日令持石壓樹枝，則結實牢。桃子蛀者，以煮猪頭汁冷澆則不蛀。桃上生斗虫如蚊，俗云蚜虫，雖桐油灑之亦不盡，除以多年竹燈檠掛之樹稍間，則紛上墮下，此物理不可曉然，試之即驗。

又卷一八《花之證·桃花》《埤雅》云：桃有華之盛者，其性早華，又華於仲春，故《周南》以興女之年時俱富。諺曰「白頭種桃」，又曰「桃三李四梅子十二」。言桃生三歲便放華，果蚤于梅李，故首雖已白，其華子之利可待也。然皮束莖幹頗急，四年以上，宜以刀劚其皮，不然皮急則死。故《周南》復取少桃以興，所謂「桃之夭夭」是也。

明 朱國楨《湧幢小品》卷二七《花》 黔中緋桃花、夾竹桃花甚蕃。另有一種名日月桃，一枝分花，或紅或白。

明 陳正學《灌園草木識》卷一《花之屬》 千葉紅桃 花殷紅色，臘後春前開，漳名曰早紅，亦能結。

千葉碧桃 花緑蒂白色，其瓣微鬆，亦結果，至秋淺黄，味微酸，可食。園亭植以供花，不爲果也。

千葉銀紅桃 花銀紅色，瓣葉甚多，花中有花，重臺而出，團團若盞大。

千葉緋桃 花深紅色，漳名川桃，亦名晚紅，蓋自蜀中來者。春末夏初時開，桃李之異種者。至川，桃開而净盡矣。

明 陶珽《説郛續》卷一四《人面桃》 桃之品亡慮數十，絳碧夭緋總堪極目。然夭者故是正色耶。至于人面桃，則桃之變極矣。瑩白如雪光，浮白外素者，故艷不艷于此。方之梅花，則今古雅俗正復迥然。藉使敷葩一時，堪作梅嬖，夭夭者雲從。

明 夏旦《藥圃同春・三月》（《説郛續》卷四〇輯） 美人桃 花幾有百，其色水紅，艷麗可愛，亦桃之最冠者，且喜有香。

清 曹溶《倦圃蒔植記》總論卷上《論花第三》 碧桃天趣獨勝緋桃，不可無一，不可有二。粉紅千葉，名楊妃桃，即人面桃，有大小二種，大者開遲，特爲富麗。余曾於金陵四月中見其盛開，比常品，其巨三倍。

又《花卉一・桃》 桃爲仙木，能制百鬼，故神仙家恒多種之。武陵桃源雖五柳寓言，然雞犬桑麻，豈花妖木客事哉？種法：宜擇暖處，寬深爲坑，先納濕牛糞埋爛核其中，尖頭向上，覆土尺餘，春深芽長，移栽實地，若仍置糞中則實少而苦矣。或云種時以桃核刷净，令女子艷妝種之，他時花艷而子離核。又於春後，以刀豎劃其皮，則樹不夭。社日春根下之，或以刀横斫其枝，則實不墜。以煮猪首汁放冷澆之則子不蛀。以多年竹鐙檠懸掛樹間，則虫自落。然桃性早實，十年輒枯，世稱短命花。不若多種碧桃人面桃，或每處遞植以易老朽，庶幾武陵漁人可復踪跡耳。

清 陳淏子《秘傳花鏡》卷三《花木類考・桃》 桃爲五木之精，能制百鬼，乃仙品也，隨處有之。枝幹扶疏，葉狹而長。二月開花，有紅、白、粉紅、深紅之殊。他如單瓣大紅、千瓣粉紅、千瓣白之變，爛縵芳菲，其色甚媚。花最易植，木少則花盛，實甘子繁。性早實，三年便結子。大七年即老，結子便細。十年後多枯。其皮最緊，若四年後用刀自樹本竪劙其皮，至生枝處，使膠盡出，則皮不脹不死，多有數年之活。傳云千歲桃，豈尋常之物，惟仙家稱之。究竟桃無久壽，而種類甚多，詳載於後。種法：取佳種熟桃，連肉埋糞地中，尖頭向上，覆熟肥土尺餘。至春發生，帶土移栽別地則旺，若仍在糞地則實小而苦。北種桃淺則出，深則不生，故其根淺不耐久。近得所傳云，於初結實次年，砍去其樹，復生又斫，又生，但覺生虱即斫。令復長，則其根入地深，而盤結自固，百年猶結實如初。又，桃實太繁則多墜，於社日春根下土石壓其枝則不落。桃子若生蟲，以煮猪首淡汁冷澆之自無。如生蚜蟲，以多年竹燈掛懸樹稍間，則蟲自落。

附 桃花釋名 共一十四品

諸色桃

日月桃其種一枝有二花，或紅或白。 崑崙桃一名王母桃，出洛中，表裏皆赤，冬熟。 巨核桃霜下始花，大暑方熟，出常山。 瑞仙桃花最稠密，其色則深紅。 人面桃花粉紅，千葉，少實，又名美人桃。 毛桃《爾雅》名褫桃，小而多毛，核枯，味劣不堪。 緋桃即蘇桃，花如剪絨，比諸種開遲，色艷。 金桃出太原，形長，色黄，以柿接之，遂成金色。 鴛鴦桃千葉深紅，開最後，結實必雙。 銀桃單葉實圓，色青白肉不結核，六月中熟。 李桃单葉，深紅花實圓，色青，肉不粘核。 雪桃即十月桃，花紅，形圓，色青，肉粘核，味甘酸。 水蜜桃出上海顧氏家，其味甜如蜜。 油桃出汴中，花深紅實，小有赤紅黄，光如塗油。 新羅桃單葉紅花，其子可食，性獨熱。 扁桃出波斯國，形扁而肉澀，核如盒，味甘在仁。 雷震紅雷雨過，輒見一紅暈，更爲難得。 鷹嘴桃花紅，實在六月熟，有尖如鷹嘴狀。 餅子桃單葉紅花，實狀如香餅，味甘。 墨桃花色紫黑似墨葵，亦異種難得者。 白碧桃單葉、千葉二種，惟單葉結實繁。 胭脂桃單葉，紅花，結實至熟時其色如胭脂。 壽星桃樹矮而花千葉，實大，可作盆玩。 附录：羊桃出自福州，其實五瓣，色青黄。

清 張逸少 汪灝等《佩文齋廣羣芳譜》卷二五《桃花》 桃，西方之木也，乃五木之精。枝幹扶疏，處處有之。葉狹而長，二月開花，有紅、白、粉紅、深粉紅之殊。他如單瓣大紅，千瓣桃紅之變也。單瓣白桃，千瓣白桃之變也。爛漫芳菲，其色甚媚。花早易植，木少則花盛，種類頗多。《本草》云：絳桃，千瓣。緋桃，俗名蘇州桃。花如翦絨，比諸桃開遲，而色可愛。千葉桃，一名碧桃，花色淡紅。美人桃，一名人面桃，粉紅千瓣，不實。二色桃，花開稍遲，粉紅千瓣，極佳。日月桃，一枝二花，或紅或白。鴛鴦桃，千葉，深紅，開最後。瑞仙桃。色深紅，花最密。又有壽星桃，樹矮而花亦可玩。巨核桃，出常山。漢明帝時所獻，霜下始花。十月桃，十月實熟，故名。花紅色。油桃，《月令》中「桃始華」即此。其華最繁。《文選》所謂「山桃發紅萼」是也。李桃。花深紅色。王敬美有言，桃花種

最多，其可供玩者，莫如碧桃、人面桃二種。緋桃乏韻，即不種亦可也。

清 鄒一桂《小山畫譜》卷上《桃》 有深紅、淺紅、白色，花五出，枝葉破節，瓣蘂蒂俱尖長，鬚少，開足則紅。

又《千葉桃》 粉紅者，深淺不一。赤者爲緋桃，白者爲碧桃，俗以千葉者爲碧桃，白者爲白碧桃，謬矣。

又《小桃》 亦有深淺紅白三色，五出而花小，枝柔弱，蘂瓣蒂鬚幹俱如桃，開時微芽。此花惟北地有之，開在杏花之前，江南絕無。

清 鄭績《夢幻居畫學簡明》卷三 桃，正月春花，有數種。一曰夭桃，花開五瓣，其色稍淡，花後結子。一曰緋桃，花放數層，其色略深。一曰夾竹桃，花色與緋桃同，而葉則長，厚如竹，五月開花，與夭緋異。

紀事

宋 潛説友《咸淳臨安志》卷五八《物産·花之品》 桃花 嘉會門南包家山冷水峪，舊名桃源，花最盛開。

明 徐弘祖《徐霞客游記》卷九下《西南游日記十六雲南》 乃隨楊君導，遂從北坡下數百步，而桃花千樹，深紅淺暈，倏入錦繡囊中。

藝文

唐 吴融《唐英歌詩》卷下《桃花》 滿樹如嬌爛漫紅，萬枝丹彩灼春融。何當結作千年實，將示人間造化工。

唐 崔護《題都城南莊》（《萬首唐人絶句》引） 去年今日此門中，人面桃花相映紅。人面不知何處去，桃花依舊笑春風。

宋 向敏中《桃花》（《宋詩紀事》卷三引） 千朵穠芳倚樹斜，一枝枝綴亂雲霞。憑君莫厭臨風看，占斷春光是此花。

雜録

五代蜀 王仁裕《開元天寶遺事》卷一《助嬌花》 御苑新有千葉桃花。帝親折一枝，插於妃子寶冠上，曰：此箇花尤能助嬌態也。

宋 阮閱《詩話總龜》卷二九 劉禹錫自屯田員外郎左遷鼎州司馬，凡十年，始召還。方春，贈看花者云：紫陌紅塵拂面來，無人不道看花回。玄都觀裏桃千樹，盡是劉郎去後栽。不日傳於都下，好事白執政，誣其怨憤。他日見時宰，與坐，慰勞久之。既而曰：近日新詩，未免爲累。不數月，遷連州刺史。其自叙云：貞元二十一年春，余爲屯田員外郎，時玄都觀未花。是歲，牧州至荆南，又貶鼎州司馬，居外十年，召至京師，人言有道士手植仙桃，滿觀盛開，遂有前篇，以識一時之事。既出牧十四年，始爲主客郎中，重游是觀，再書二十八字以俟後游，時元和二年三月也。百畝亭中半是苔，桃花開盡菜花開，種桃道士今何在？前度劉郎去又來。《古今詩話》。

明 田汝成《西湖游覽志》卷七《南山勝蹟》 包家山多桃花。宋時有關扁，曰蒸霞。二月游人最盛，號小桃源。董嗣杲詩：綺霞蒸日透林梢，一簇南山尚姓包。冷水峪邊苔色老，冲雲樓下樹陰高。園鄰古道傳耕藉，臺倚青城想拜郊。欲趁桃花尋隱去，關門無鎖不須敲。

又卷九《北山勝蹟》 棲霞嶺上桃花爛燦，色如凝霞。

清 張逸少 汪灝等《佩文齋廣群芳譜》卷二五《花譜·桃花一》 《黄山志》：桃花峰下有桃花源、桃花溪，處處皆桃花。

清 雍正《畿輔通志》卷五六《土産》 《畿輔舊志》：有山桃園桃，惟千葉碧桃爲最。《六街花事》：桃花有白者，梨花有紅者，亦上苑異種。

清 乾隆《盛京通志》卷一百六《物産一·花類》 桃花 有紅白粉紅諸色，千山最勝。又有碧桃花一種。

鐵樹

論説

清 俞樾《茶香室叢鈔》卷二八《鐵樹開花》 國朝褚人穫《堅瓠集》云：星家年月支干謂之六十花甲子，以鐵樹開花得名。此樹必遇甲子年方開花結實。《碧里雜存》載，正德中，湖州王雨舟濟云於書中曾睹此説，後官橫州，別駕親見此樹在一指揮家圃中，其人言洪武十七年、正統九年、宏治十七

年三開花矣，今當嘉靖四十五年再花，信書中所載不誣。惜不記所睹者何書。按，鐵樹即紅豆樹，我郡東禪寺有之。天啟甲子開否無從考，康熙二十六年甲子，其花盛開，結實纍纍。《七修》云：鐵樹遇丁卯年則花開。

按，此事余於《曲園雜纂》卷三十二詳論之矣，彼時從褚而不從郎，今則又有一説，竊謂此花當是六十年一開，而不拘何年。如甲子年開，則再遇甲子又開，乙丑年開，則再遇乙丑年又開，故有六十花甲子之説。若必定其爲甲子，爲丁卯，則餘年皆無干涉，何云六十花甲子乎？姑存此説，惜未得此花一證。

清 汪曰楨《湖雅》卷四 鐵樹　按：相傳丁卯年乃開花，或以爲甲子年，非也。湖地所有，長止尺餘，植之盆盎，從不開花。閩中及温、處等州有高一二丈者，年年開花，結子深紅，其堅如鐵，似紅豆而差大。

綜述

明 王世懋《學圃雜疏·花疏》 福州有鐵蕉，贛州有鳳尾蕉，似同類而稍異狀。然好以鐵爲糞，將枯，釘其根，則復生，亦異物也。云能辟火，園林中存一二株亦可。

明 高濂《遵生八牋》卷一六《燕閒清賞牋下·鐵樹》 產廣中，色儼類鐵。其枝丫穿結，甚有畫意。又聞有鐵樹花，葉密而花紅，想又一種也，未見。

明 李賢等《明一統志》卷八二《瓊州府·土產》 鐵樹花　海南多此樹，纔一二尺，葉密而紅。

明 王路《花史左編》卷四《花之辨·鐵樹花》 黎州安撫司產，樹止一二尺，葉密而花紅。

明 木增《雲薖淡墨》卷一《鳳尾蕉》 出琉球，樹似棕，葉如鳳尾，四時翠色不變。

清 陳淏子《秘傳花鏡》卷四《藤蔓類考·鳳尾蕉》 鳳尾焦，一名番蕉，產於鐵山，江西福建皆有。葉長二三尺，每葉出細尖瓣，如鳳毛之狀。色深青，冬亦不凋。如少萎黃，即以鐵燒紅釘其木上，則依然生活。平常不澆壅，惟以生鐵屑和泥壅之，自茂。且能生子，分種易活。極能辟火患。人多盆種庭前，以爲奇玩。

清 王士禎《分甘餘話》卷三 鐵樹花　狀如竹絲燈籠，廣張千瓣，瓣各一花。

清 張逸少 汪灝等《佩文齋廣群芳譜》卷八九《芭蕉》 蕉，一名甘蕉，一名芭苴，一名天苴，一名緑天，一名扇仙，草類也。葉青色，最長大，首尾稍尖。菊不落花，蕉不落葉，一葉生，一葉焦，故謂之芭蕉。其莖軟，重皮相裹，外微青裏白。三年以上即著花，自心中抽出一莖，初生大萼，似倒垂菡萏，有十數層，層皆作瓣。漸大則花出瓣中，極繁盛。大者一圍餘，葉長丈許，廣一尺至二尺，望之如樹。生中土者花苞中積水如蜜，名甘露，侵晨取食，甚香甘，止渴延齡，不結實。生閩廣者結蕉子，凡三種，未熟時苦澀，熟時皆甜而脆。一種大如指者，長六七寸，鋭似羊角，兩兩相抱。剥其皮，黄白色，味最甘，名羊角蕉，性涼去熱；一種大如雞卵，類牛乳，名牛乳蕉，味微減；一種大如蓮子，長四五寸，形正方，味最劣。《建安草木狀》云：芭樹子房相連，味甘美，可蜜藏，根堪作脯。發時分其勾萌，可別植小者，以油簪橫穿其根二眼，則不長大，可作盆景，書窗左右不可無此君。此物搗汁，治火魚毒甚驗。性畏寒，冬間删去葉，以柔穰苴之，納地窖中，勿著霜雪冰凍。

又 鳳尾蕉　一名番蕉，能辟火患，此蕉產於鐵山，如少萎，以鐵燒紅穿之即活。平常以鐵屑和泥壅之則茂，而生子分種易活，江西塗州有之。

清 雍正《廣西通志》卷三一《物產·南寧府》 鐵樹花，宣化出。樹高衹二三尺幹，葉皆黑色，葉小類石楠，質理細厚。遇丁卯年則開，花四瓣，紫白色，如瑞香，略小而圓，數月不凋。諺語謂「鐵樹開花」，即此。

紀事

明 慎懋官《華夷花木鳥獸珍玩考》卷一《鐵樹》 吴浙間嘗有俗諺云：見事難成，則云須銕樹花開。余於横之馴象衛殷指揮貫家園中見一樹，高可四三尺，幹葉皆紫黑色，葉小類石楠，質理細厚。余問之，殷云：此銕樹也。每遇丁卯年乃花。吾父丁卯生，其年花果開，移置堂上，置酒歡飲，作詩稱慶。其花四瓣，紫白色，如瑞香，瓣較少團。一開累月不凋，嗅之乃有草氣。余因憶銕樹花開之説，且謂不到此地，又焉知真有是物耶？

清 俞樾《春在堂隨筆》卷三 世傳鐵樹每逢甲子歲開花。同治甲子，余在天津，元旦賦詩曰：喜逢鐵樹開花歲，應是銀河洗甲年。後見《七修類稿》云：鐵樹遇丁卯年則開花，因將此詩改易。然長洲褚稼軒《堅瓠集》云：鐵樹即紅豆樹，我郡東禪寺中有之。天啟甲子開花與否無考，康熙二十三年甲子，其花盛

開，結實纍纍。是甲子開花之説又信也。福建福寧府署中有鐵樹一株，嘉慶己卯歲開花，荔園太守誠安曾題「嘉樹」二字以識其事。至今歲同治辛未五十三年矣。吾兄壬甫適守是郡，樹又作花。然則鐵樹開花，初無定歲，但必數十年始一花耳。

清 雍正《浙江通志》卷一〇六《物産・金華府》 鐵樹 正統《義烏縣志》：雲黄菴前有鐵樹，枝葉剥落，一幹膚理不腐，頑墨如鐵。

藝文

宋 楊萬里《誠齋集》卷一八《壬寅歲朝發石塔寺》 曉鐘夢裏苦相呼，强裹烏紗照白鬚。只有銅爐燒柏子，更無玉盞瀉屠酥。佛桑解吐四時艷，鐵樹還如九節蒲。省得一朝疲造請，却教終日走長途。寺法堂前有紅佛桑，四時有花。又有小木，名鐵樹，葉似蒻而紫，幹似密節菖蒲。

明 林弼《林登州集》卷二《題黄誠甫鐵樹開花圖》 刺桐城西仙母家，百年種德如種花。春風吹暖滿庭院，坐見鐵樹開瓊花。瓊花的的簇丹穗，仙母見之一驚異。人名此樹狀元紅，偶爾開花必爲瑞。阿兒讀書五車多，解來瑞應期無他。寫圖寄之喜欲舞，題品直上金鑾坡。玉堂多士誇珍奇，何異漢室生金芝。赤花光照永春縣，黄家瑞應無終期。

桐花

論説

明 王路《花史左編》卷五《花之候・桐花》 榮桐木，物之榮者多矣，獨桐名榮者，桐以三月華，蓋自春首東風解凍，蟄蟲魚獺鴻鴈皆應陽而作，惟桃桐之作華乃在衆木之先，其榮可紀，故名桐爲榮也。《周書時訓》曰：清明之日桐始華，桐不華，歲有大寒。蓋不華則陽氣微，陽氣微則寒可知已。

綜述

宋 陳翥《桐譜・所宜第四》 桐，陽木也，多生於崇岡峻岳、巉巖磐石之間，茂拔、顯敞、高暖之地。即嵇叔夜所謂榮綺季之疇，乃相與登飛梁、越幽壑，拔璚枝，陟峻岳，以游乎其下是也。今桐之所生未必皆茂于崇岡峻岳，但平原幽顯之處、向陽之地悉宜之。

明 王路《花史左編》卷一八《花之証・桐花》 此即白桐，華而不實。賈思勰曰：白桐無子，冬結似子者，乃是明年之華房耳。《爾雅》曰「榮桐木」，即此是也。桐木華而不實，故曰榮桐木也。今亦謂之華桐。華則以其華而不實。賈云：桐葉花而不實者曰白梧，實而皮青者曰梧桐。今炒其實噉之，味似菱芡。桐有三輩，青白之外復有岡桐。即油桐也，生于高岡。蓋桐性便温，不生于岡，故此桐有岡之號。《毛詩傳》曰：梧桐不生山岡，太平而後生朝陽。陶氏云：桐有四種，青桐葉皮青，似梧而無子。梧桐色白，葉似青桐而有子，白桐與岡桐無異。惟有華子爾。岡桐無子，是作琴瑟者。皆不足據。按：青桐即今梧桐，白桐又與岡桐全異，白桐無子，才中琴瑟。岡桐子大有油，與陶説正反。《詩》曰：湛湛露斯，在彼杞棘。愷悌君子，莫不令德。其桐其椅，其實離離。愷悌君子，莫不令儀。杞棘剛木，故詩以况令德，椅桐柔木，故詩以况令儀。蔡邕《月令》曰：桐始華。桐，木名，木之後華者也，穉之，故曰始。《易緯》曰：桐枝濡毳而又空中，難成易傷，須成氣而後華。《淮南子》曰：桐木成雲。言其升氣可以造雲云。《遁甲》曰：梧桐不生，則九州異缺名之曰桐，似本于此。桐，柔木也，而虚其心，若能同者。父喪杖竹，母喪杖桐，竹有節，父道也。桐能同，母道也，母從子者也。舊説梧桐以知日月。無閏，生十二葉，一邊有六葉，從下數一葉爲一月。有閏，則生十三葉，視葉小者，則知閏何月。不生，則九州異君。

藝文

唐 白居易《白氏長慶集》卷一《答桐花》 山木多蓊鬱，兹桐獨亭亭。葉重碧雲片，花簇紫霞英。是時三月天，春暖山雨晴。夜色向月淺，闇香隨風輕。行者多商賈，居者悉黎氓。無人解賞愛，有客獨屏營。手攀花枝立，足蹋花影行。生憐不得所，死欲揚其聲。截爲天子琴，刻作古人形。云待我成器，薦之於穆清。誠是君子心，恐非草木情。胡爲愛其華，而反傷其生。老龜被刳

腸，不如無神靈。雄雞自斷尾，不願爲犧牲。況此好顔色，花紫葉青青。宜遂天地性，忍加刀斧刑。我思五丁力，拔入九重城。當君正殿栽，花葉生光晶。上對月中桂，下覆堦前蓂。泛拂香爐烟，隱映斧藻屏。爲君布緑陰，當暑蔭軒楹。沈沈緑滿地，桃李不敢争。爲君發清韻，風來如叩瓊。冷冷聲滿耳，鄭衛不足聽。受君封植力，不獨吐芬馨。助君行春令，開花應晴明。受君雨露恩，不獨含芳榮。戒君無戲言，剪葉封弟兄。受君歲月功，不獨資生成。爲君長高枝，鳳凰上頭鳴。一鳴君萬歲，壽如山不傾。再鳴萬人泰，泰階爲之平。如何有此用，幽滯在巖垌。歲月不爾駐，孤芳坐凋零。請向桐枝上，爲余題姓名。待余有勢力，移爾獻丹庭。

雜録

清 張逸少 汪灝等《佩文齋廣群芳譜》卷七三《木譜・桐》《龍門山記》：徐童觀多桐木花，其花清香襲人，其子碧，可染青碧色，若移植他處則不活。

酴醿

論説

清 張逸少 汪灝等《佩文齋廣群芳譜》卷四二《酴醿》《花木考》：酴醿，色作淺紅，香氣不足。閲唐宋詩詞，多用粉面、額黄、香瓊、香雪等字，心竊疑之。及考此花，本作荼蘼，以酒號酴醿，花色似之，遂復從酉，則花作白色似無可疑矣。王敬美《學圃雜疏》乃疑酴醿爲白木香，不知陶學士穀云：《洛社故事》賣酴醿、木香插枝者，均謂百宜枝杖。二花並列，豈能無别耶。

明 王世懋《學圃雜疏・花疏》：荼蘼，香，今竟不知何物，疑即是白木香耳。今所謂荼蘼，白而不香，定非宋人所珍也。

明 周文華《汝南圃史》卷八《條刺花部・酴醿木香附》《唐書音訓》：酴醿，本作稌糜，因洛京進酴醿酒，其色相似，故加酉云。《一統志》：酴醿花，成都縣出，蜀人取之造酒。四月初開花，極盛，古詩「開到酴醿花事了」即是。今人呼大者爲酴醿，小者爲木香。《允齋花譜》云：木香雖小而香味清遠，酴醿似不及。然觀古人詩推許鄭重，如韓持國云：平生爲愛此花濃，仰面常迎落絮風。每恐春歸有餘恨，典刑元在酒杯中。東坡云：酴醿不争春，寂寞開較晚。青蛟走玉骨，羽蓋蒙翠幰。不妝艷已絶，無風香自遠。淒涼吴宫闕，紅粉埋故苑。餘香入此花，千載尚悽惋。山谷云：肌膚冰雪薰沈水，百草千花莫比方。露濕何郎試湯餅，日烘荀令炷爐香。風流徹骨成春酒，夢寐宜人入錦囊。輸與能詩王主簿，瑶臺影裏駐胡床。常疑古人無單詠木香者，豈以如此之花而蘇王反見遺？抑其所詠酴醿，即今之木香。而今之酴醿果足當蘇王諸公之詠否？按《格物論》所載，酴醿，形狀藤身，青莖多刺，每一顆着三蘂，品字，青跗紅萼，及開變白，香微而清，盤曲高架，正與今所呼木香同。《姑蘇志》云：木香一名酴醿。又諸書中並無木香可引爲證，則蘇王所詠直是今之木香耳。唯宋學士陶穀云：《洛陽故事》賣酴醿木香插枝者，均謂百宜枝杖。二花並列，却是有别矣。總之，二種同時開花，若扳枝入土，壅泥月餘，俟其根長，截斷移栽，或扦肥地陰濕處，如扦薔薇法，亦易活。一二年後分栽。

清 李漁《閑情偶寄》卷一三《種植部・藤本第二・酴醿》：酴醿之品，亞于薔薇、木香，然亦屏間必需之物，以其花候稍遲，可續二種之不繼也。「開到酴醿花事了」，每憶此句，情興爲之索然。

清 曹溶《倦圃蒔植記》卷中《花卉二・酴醿》：予往見酴醿，色作淺紅，香氣不足。後閲唐宋詩詞，多用粉面、額黄、香瓊、香雪等字，心竊疑之。及考此花，本作荼蘼，以酒號酴醿，花色似之，遂復從酉，則花作白色似無可疑矣。王敬美《學圃雜疏》乃疑宋酴醿爲白木香，不知宋陶學士穀云：《洛社故事》賣酴醿木香插枝者，均謂百宜枝杖，二花並列，豈能無别耶？但酴醿、木香開花同時，若枝條入土，壅泥月餘，俟其根長，翦斷移栽，並植檻□，堪爲執友耳。

綜述

宋 宋祁《益部方物略記》：人情尚奇，賤白貴黄，厥英略同，實寡于香。

右黄荼蘼 蜀荼蘼多白而黄者，時時有之，但香減于白花。

宋 張邦基《墨莊漫録》卷九 酴醿花或作荼蘼，一名木香，有二品。一種花大而棘，長條而紫心者爲酴醿，一品花小而繁，小枝而檀心者爲木香。

宋 梁克家《淳熙三山志》卷四一《土俗類三·物産·花》 酴醿 花白而香，春時極盛。葉公夢得詩：東風吹麝入鉛華，未肯隨春到謝家。夜半粉香垂露泣，定應和月怨梨花。又有檀心而紫者尤香。

宋 陳景沂《全芳備祖》前集卷一五《酴醿》 碎録 酴醿，本作稌糜，後加酉。《海録》

紀要 唐寒食，宴宰相用酴醿酒。酴醿，本酒名，世以所開花顔色似之，故取爲名。《歲時記》。唐召侍臣學士食櫻桃，飲酴醿，並以琉璃盤和以香酪。《景龍文館記》

宋 陳耆卿《赤城志》卷三六《風土門一·花之屬》 酴醿 一名木香，有花大而獨出者，有花小而叢生者。叢生者尤香。舊傳洛京歲貢酒，其色如之。江西人采以爲枕衣。黄魯直詩所謂「風流徹骨成春酒，夢寐宜人入枕囊」是也。

宋 潛説友《咸淳臨安志》卷五八《物産·花之品》 木香 酴醿 已上二種皆柔條，有黄白二種，白而心紫者尤香。

宋 吴自牧《夢粱録》卷一八《物産·花之品》 木香、酴醿二種，有白而心紫者，亦有黄色，俱香，馥馥然可愛者。省中種黄梅在酴醿側，黄魯直《戲答王觀復酴醿》詩云：誰將陶令黄金菊，幻作酴醿白玉花。

明 高濂《遵生八牋》卷一六《燕閒清賞牋下·荼蘼花二種》 大朵色白，千瓣而香，枝梗多刺。詩云「開到荼蘼花事盡」，爲當春盡時開耳。外有蜜色一種。

明 何宇度《益部談資》卷中 酴醿花，志載惟成都最佳。予見三種，曰白玉碗，曰出爐銀，曰雲南紅，色香俱美，可敵南中黄薔薇。

明 王路《花史左編》卷一八《花之證·酴醿》《格物論》：酴醿花藤長，身青，莖多刺。每一穎着三葉，品字。青跗紅萼，及開變白。其香微而清。盤曲高架。一種色黄似酒，故加以酉字。

明 周文華《汝南圃史》卷八《條刺花部·酴醿木香附》 酴醿，蔓生，緑葉青條，承之以架。有大小二種，小者有黄白二色。《興化府志》云：有紅者俗呼番酴醿，不香。唯白者香甚。

明 夏旦《藥圃同春·四月》（《説郛續》卷四〇輯） 荼蘼 有白紫二色，清香。

清 陳淏子《秘傳花鏡》卷四《籐蔓類考·荼蘼花》 荼蘼花，一名佛見笑，又名獨步春、百宜枝、雪梅墩數名。蔓生多刺，緑葉青條。須承之以架則繁。花有三種：大朵千瓣，色白而香，每一穎著三葉，如品字。青附紅萼，及大放則純白。有蜜色者，不及黄薔薇，枝梗多刺而香。又有紅者，俗呼番荼蘼，亦不香。詩云「開到荼蘼花事了」，爲當春盡時開也。種則攀條入土，壅之以肥泥，候其枝長，剪斷移栽自活。

清 張逸少 汪灝等《御定佩文齋廣羣芳譜》卷四二《酴醿》 酴醿一名獨步春，一名百宜枝杖，一名瓊綬帶，一名雪纓絡，一名沉香蜜友。藤身灌生，青莖多刺，一穎三葉，如品字形。面光緑，背翠色，多缺，刻花，青跗紅萼。及開時變白，帶淺碧，大朵千瓣，香微而清，盤作高架，二三月間爛熳可觀。盛開時折置書册中，冬取插鬢，猶有餘香。本名荼蘼，一種色黄似酒，故加酉字。

清 乾隆《山東通志》卷二四《物産志·花木屬》 荼蘼花如月季而大，深紅有香。又名玫瑰，花瓣皆可采食。

清 謝堃《花木小志·荼蘼》 有黄白二色。有花大如盤，有蓓藟而叢生者，有有刺者，有無刺者。開時與芍藥不争遲速，故前人詩有「開到荼蘼花事了」。性愛緣牆繞壁，竟不宜於盆。

藝文

宋 劉攽《公非集·詠荼蘼二首》（《兩宋名賢小集》卷六輯） 明紅暗紫

競芳菲，送盡東風不自知。占得餘香慰愁眼，百芳無得似荼蘼。

瓊林殿側玉釣欄，雪覆新花四月寒。密影酡容千客坐，柔條何處萬龍蟠。

宋 蘇軾《東坡全集》卷一一《杜沂游武昌以酴醾花菩薩泉見餉》 酴醾不争春，寂寞開最晚。青蛟走玉骨，羽蓋蒙珠幰。不妝艷已絶，無風香自遠。淒涼吳宮闕，紅粉埋故苑。至今微月夜，笙簫來絶巘。餘妍入此花，千載尚清婉。怪君呼不歸，定爲花所挽。昨宵雷雨惡，花盡君應返。

宋 蘇轍《欒城集》後集卷四《次韻和人詠酴醾》 蜀中酴醾生如積，開落春風山寂寂。已憐正發香晻曖，猶愛未開光的皪。半垂野水弱如墜，直上長松勇無敵。風中娜娜應數丈，月下煌煌真一色。故園聞道開愈繁，老人自恨歸無日。百花已過春欲莫，燕坐繩床空數息。朝來滿把得幽香，桉頭亂插銅瓶濕。一番花蘂轉頭空，誰能往問天台拾。

宋 黄庭堅《山谷外集》卷七《酴醾》 漢宮嬌額半塗黄，入骨濃薰賈女香。日色漸遲風力細，倚欄偷舞白霓裳。

又《觀王主簿家酴醾》 肌膚冰雪薰沉水，百草千花莫比芳。露濕何郎試湯餅，日烘荀令炷爐香。風流徹骨成春酒，夢寐宜人入枕囊。輸與能詩王主簿，瑶臺影裏據胡床。

宋 劉子翬《屏山集》卷一五《酴醾》 顛風急雨退花晨，翠葉銀苞照眼新。高架攀緣雖得地，長條盤屈總由人。横釵素朵開猶小，撲酒餘香韻絶倫。唯有金沙顔色好，年年相伴殿殘春。

宋 陳景沂《全芳備祖》前集卷二七《佛見笑》 芳葩豐美折輕紅，想是祇園秀氣鍾，解使金仙猶動色，窺闌誰不解愁容異齋。

明 吴寬《家藏集》卷一九《酴醾》 酴醾發長條，叢生類著草。每記衆花開，此種開獨早。南方色多紅，黄色見者少。但嫌易零落，蜂蝶食不飽。曲闌强遮護，童子日必掃。花落當復開，豈似主人老。昔枉詩客來，覓句步頻繞。載誦成感傷，誰來慰幽抱。

清 湯右曾《懷清堂集》卷一九 粲粲黄荼蘼，隨風每低昂。似念攀折苦，棘刺以自防。

清 曹寅《楝亭詩別集》卷一《詠花信·酴醾》 醿醾花發玉醅清，裊娜無端若有情。更摘櫻桃向風立，濃香消受露盈盈。唐時用醿醾酒雜櫻桃賜宴。

雜錄

宋 樂史《太平寰宇記》卷七二《劍南西道一·益州·土産》 荼蘼花香甚，可以爲酒。

宋 張淏《會稽續志》卷四《花》 荼蘼，王十朋《剡館荼蘼詩》：「日烘香倍遠，雨浥韻尤清。」但此白荼蘼爾。近時士大夫圃中有黄者，尤可愛。

明 王路《花史左編》卷五《花之候·荼蘼花》 詩云「開到荼蘼花事了」，爲春盡時開耳。

明 黄衷《海語》卷中 酴醾，海國所産爲盛。出大西洋國者，花如中州之牡丹。蠻中遇天氣淒寒，零露凝結，著他草木，乃冰澌木稼殊無香韻，惟酴醾花上瓊瑶晶瑩，芬芳襲人，若甘露焉。夷女以澤體髮，膩香經月不滅，國人貯以鉛瓶，行販他國。

梧桐

論說

明 王路《花史左編》卷一八《花之証·梧花》 梧一名櫬，即梧桐也。今人以其皮青，曰青桐。華浄妍雅，極爲可愛，故多近齋閣種之。梧囊鄂皆五焉，其子似乳綴其囊鄂，生或五六，少或二三。故飛鳥喜巢其中，莊子所謂「空閎來風，梧乳致巢」是也。今亦謂之梧子。《詩》曰：鳳凰鳴矣，于彼高岡。梧桐生矣，于彼朝陽。蓋梧桐以譬才之柔，令朝陽以譬德之温厚。莊子曰：師曠之枝策也，惠云之據梧也。此言精太用則竭，神太用則弊，故二子疲，或枝策而立昏，或據梧而瞑也。

明 文震亨《長物志》卷二《花木·梧桐》 青桐有佳蔭，株緑如翠玉，宜種廣庭中。當日令人洗拭。且取枝梗如畫者。若直上而旁無他枝，如拳如蓋及生棉者，皆所不取。其子亦可點茶，生於山岡者曰岡桐，子可作油。

清 李漁《閑情偶寄》卷一四《竹木第五·梧桐》 梧桐 梧桐一樹，是草木中一部編年史也，舉世習焉不察，予特表而出之。花木種自何年，爲壽幾

何歲？詢之主人，主人不知，詢之花木，花木不答。謂之忘年交則可，予以知時達務，則不可也。梧桐不然，有節可紀，生一年，紀一年，樹紀樹之年，人即紀人之年，樹小而人與之小，樹大而人隨之大，觀樹即所以觀身。《易》曰「觀我生進退」，欲觀我生，此其資也。予垂髫種此，即于樹上刻詩以紀年，每歲一節，即刻一詩。惜爲兵燹所壞，不克有終。猶記十五歲刻桐詩云：小時種梧桐，桐葉小于艾。簪頭刻小詩，字瘦皮不壞。剎那三五年，桐大字亦大。桐字已如許，人大復何怪。還將感歎詞，刻向前詩外。新字日相催，舊字不相待。顧此新舊痕，而爲悠忽戒。此予嬰年著作，因説梧桐，偶爾記及，不則竟忘之矣。即此一事，便受梧桐之益，然則編年之説，豈欺人語乎？

清 曹溶《倦圃蒔植記》總論卷上《論木第二》 梧桐棲鳳，書齋蔭之特雅。倪元鎮日督童子洗拭，宜也，非迂也。顛木之有由蘖，名曰桐孫，植根深而壽特永，木品定爲戊，梓材孔良，與相頡頏。

綜 述

晋 嵇含《南方草木狀》卷下 海梧子樹似梧桐，色白，葉似青桐，有子如大栗，肥甘可食，出林邑。

宋 陳翥《桐譜·類屬第二》（《説郛》卷一〇五輯） 一種枝不入用，身葉俱滑，如榛之初生。今兼并之家，成行植於階庭之下，門牆之外。亦名梧桐，有子可啖，與《詩》所謂梧桐者非矣。

宋 梁克家《淳熙三山志》卷四二 桐 有四種，青桐皮青，赤桐皮赤，梧桐皮微青，俱有子。白桐有花無子，一名椅桐，又名華桐，岡桐，惟白桐無子，可爲琴瑟。

宋 陳景沂《全芳備祖》前集卷一九《桐花》 季春之月桐始華。《月令》

又 後集卷一八《桐》 雜著 龍門之桐，高百尺而無枝，中鬱結而輪囷。枚乘。含黃鐘以吐幹，據蒼岑以孤生。張協。納谷風以疏葉，含春雨以濯莖。張湛。呂洞賓題汴都峨嵋院云：明月斜，秋風冷，今夜故人来不来，教人立盡梧桐影。《曾慥集仙傳》

碎録 櫜桐，本梧桐也，櫬梧也。《爾雅》椅，桐梓漆爰伐琴瑟。《注》梓實桐，皮曰椅，即梧桐也。《詩·定之方中》鳳凰鳴矣，于彼高岡。梧桐生矣，于彼朝陽。《卷阿》鵷鶵，非梧桐不棲。《莊子》徐州嶧陽，孤桐。《禹貢》梓楰鼠，梓也。《爾雅》維桑與梓，必恭敬止。《小弁》拱把之桐梓。《孟子》

明 李時珍《本草綱目》卷三五上《木之二·桐》 集解 《別録》曰：桐葉生桐柏山谷。弘景曰：桐樹有四種，青桐葉皮青，似梧而無子，梧桐皮白，葉似青桐而有子，子肥可食。白桐一名椅桐，人家多植之，與崗桐無異，但有花子，二月開花，黃紫色。《禮》云「三月桐始華」者也。堪作琴瑟。

明 周文華《汝南圃史》卷一一《竹木部·梧桐》 梧桐直幹，葉稍似芙蓉而大。《爾雅注》：榮木，梧桐也，櫜鄂皆五。陶淵明詩「冉冉榮木，結根於兹」是也。或以爲榮華，失之矣。《禮記》云：季春之月，桐始華。《周書》曰：清明之日桐始華，桐若不花，歲有大寒。《詩義疏》曰：有青桐赤桐白桐，白桐宜琴瑟。《遁甲》曰：梧桐生十二葉，一邊有六葉，從下數，一葉爲一月，至上十二葉。有閏則十三葉，視葉小者，則知閏何月也。王逸曰：松柏冬茂，陰木也，梧桐春榮，陽木也。《風俗通》曰：梧桐生於嶧山之陽，巖石之上，采東南孫枝爲琴，聲極清麗。孫枝，枝之生於根者也。

紀 事

漢 劉歆《西京雜記》卷一 （上林苑）桐三：椅桐，梧桐，荆桐。

又 卷三 五柞宮有五柞樹，皆連三抱上，枝蔭覆數十畝。其宮西有青梧觀，觀前有三梧桐樹。

漢 枚乘《七發》（《藝文類聚》卷五七輯） 龍門之桐高百尺而無枝，中鬱結之輪囷，根扶疏以分離。上有千仞之峰，下臨百丈之谿，湍流遡波，又澹淡之。其根半死半生，冬則洌風漂霰飛雪之所激也，夏則雷霆霹靂之所感也。朝則鸝黃鳱鴠鳴焉，暮則羈雌迷鳥宿焉。獨鵠晨號乎其上，鵾鷄哀鳴翔乎其下。

唐 段成式《酉陽雜俎》卷一二《語資》 歷城房家園，齊博陵君豹之山池。其中雜樹森竦，泉石崇邃，歷中祓禊之勝也。曾有人折其桐枝者，公曰：何謂傷吾鳳條？自後人不復敢折。

藝 文

南朝齊 謝朓《謝宣城集》卷五《游東堂詠桐》 孤桐北窗外，高枝百尺

餘。葉生既婀娜，葉落更扶疏。無華復無實，何以贈離居。裁爲珪與瑞，足可命參墟。

南朝齊 王融《詠桐》（《佩文齋詠物詩選》卷二八三輯） 鶱鳳影層枝，輕虹鏡展緑。豈斁龍門幽，直慕瑶池曲。

南朝梁 吴均《同詠庭中桐》（《文苑英華》卷三二四輯） 龍門有奇價，自言梧桐枝。華暉實掩映，細葉能披離。不降周王子，空將歲月移。岩風忽交勁，遂使無人知。

唐 李嶠《桐》（《文苑英華》卷三二四輯） 孤秀嶧陽岑，亭亭出衆林。春花雜鳳影，秋月弄珪陰。忽被夜風激，遂逢霜雪侵。不因將入爨，誰爲作鳴琴。

唐 王昌齡《段宥廳孤桐》（《佩文齋詠物詩選》卷二八三輯） 鳳凰所宿處，月影孤桐寒。槁葉零落盡，空柯蒼翠殘。虚心誰能見，直影非無端。響發調恒苦，清商勞一弾。

唐 戴叔倫《梧桐》（《文苑英華》卷三二四輯） 亭亭南軒外，貞幹脩且直。廣葉結青陰，繁花連素色。天資韶雅性，不愧知音識。

唐 白居易《白氏長慶集》卷一《雲居寺孤桐》 一株青玉立，千葉緑雲委。亭亭五丈餘，高意猶未已。山僧年九十，清浄老不死。自云手種時，一顆苦果切青桐子。直從萌芽拔，高自毫末始。四面無附枝，中心有通理。寄言立身者，孤直當如此。

唐 雍陶《孤桐》（《文苑英華》卷三二四輯） 疎桐餘一幹，風雨日蕭條。歲晚琴材老，天寒桂葉凋。已悲根半死，復恐尾全焦。幸在龍門下，知音肯寂寥。

唐 李商隱《蜀桐》（《文苑英華》卷三二四輯） 玉壘高梧拂玉繩，上含霏霧下含冰。枉教紫鳳無棲處，斲作秋琴彈壞陵。

宋 歐陽修《文忠集》卷五四《桐花》 猗猗井上桐，花葉何蓑蓑。下蔭百尺泉，上聳凌雲材。日出花照耀，飛香動浮埃。今朝一雨過，狼籍黏青苔。斯桐乃誰樹，意若銘吾齋。常聞漢道隆，上下相和諧。選吏擇孝廉，視民嬰與孩。政聲如九韶，百物絶妖災。優優潁川守，能致鳳凰來。到此幾千載，丹山自崔嵬。聖君勤治理，百郡列賢才。嗟爾不自勉，鳳凰其來哉。

宋 曾鞏《元豐類稿》卷四《桐樹》 棄地瓦礫間，茲桐偶誰樹。憶見擁西墻，俄成劃烟霧。得時花葉鮮，照影清泉助。當軒蔽赤日，對卧醒百慮。惜哉稟受弱，妄使鸞凰顧。商聲動猶微，秀色觸已沮。汯摧亂繁條，逼迫畏清露。暄晴幸未闋，飄落儻可拒。噫號衝飈回，激射陰霰聚。此勢復可言，瞪視空薄暮。

宋 司馬光《傳家集》卷三《桐軒》 朝陽升東隅，照此庭下桐。萋萋復萋萋，居然古人風。疎柯青玉聳，密葉翠羽蒙。午景凝餘清，夕照當殘紅。雨響甍棟外，風生户牖中。主人政多暇，步賞常從容。終當致威鳳，覽德鳴噰噰。又將施五絃，解愠歌帝宫。

又 卷六《梧桐》 紫極宫庭闊，扶疎四五栽。初聞一葉落，知是九秋來。實滿風前地，根添雨後苔。羣仙儻來會，靈鳳必徘徊。

明 高啟《大全集》卷一二《梧桐》 井邊雙玉樹，高結自生涼。影散秋雲薄，聲喧夜雨長。疏英飄碧簟，亂葉響銀床。緑綺誰能斲，持將奏鳳凰。

雜録

北魏 酈道元《水經注》卷四〇 浦陽江自嶀山東北逕太康湖，車騎將軍謝玄田居所在。右濱長江，左傍連山，平陵脩通，澄湖遠鏡。于江曲起樓，樓側悉是桐梓，森聳可愛，居民號爲桐亭樓。

梁 任昉《述異記》卷下 梧桐園在吴宫，本吴王夫差舊園也，一名鳴琴川。

唐 段成式《酉陽雜俎》續集卷五《寺塔記上》 東廊之南素和尚院庭，有青桐四株，素之手植。元和中，卿相多游此院。桐至夏，有汗污人衣，如輠脂不可浣。昭國東門鄭相，嘗與丞郎數人避暑，惡其汗，謂素曰：弟子爲和尚伐此樹，各植一松也。及暮，素戲祝樹曰：我種汝二十餘年，汝以汗爲人所惡，來歲若復有汗，我必薪之。自是無汗。寶歷末予見，説已十五餘年無汗矣。

宋 陳翥《桐譜·雜説第八》（《説郛》卷一〇五輯） 《秦記》曰：初，長安謡曰：鳳凰鳳凰止阿房。符堅遂於阿房城植桐數萬株以待之。其後慕容沖入阿房城而止焉。沖小字鳳也。

清 張逸少 汪灝等《佩文齋廣群芳譜》卷七三《木譜·桐》 《滇南雜記》：永昌有梧桐子，比中州者形頗長，大者幾可當蓮實。過永昌，亦不可得。

辛夷

論説

宋 袁文《甕牖閒評》卷七 宋王荆公詩云：辛夷如雪柘岡西。又詩云：辛夷屋角摶香雪。如是，則辛夷花白色也。《唐書》注乃云：辛夷即木筆，木筆却是紫花，深所未曉。

明 李時珍《本草綱目》卷三四《木之一・木蘭》 時珍曰：木蘭，枝葉俱疎，其花内白外紫，亦有四季開者，深山生者尤大，可以爲舟。按《白樂天集》云：木蓮生巴峽山谷間，民呼爲廣心樹。大者高五六丈，涉冬不凋，身如青楊，有白紋，葉如桂而厚大無脊，花如蓮花，香色艷膩皆同，獨房蕊有異。四月初始開，二十日即謝，不結實，此説乃真木蘭也。其花有紅黄白數色，其木肌細而心黄，梓人所重。蘇頌所言韶州者，是牡桂，非木蘭也。或云木蘭樹雖去皮亦不死。羅願言其冬花，實如小柿甘美者，恐不然也。

清 李漁《閑情偶寄》卷一三《種植部・木本第一・辛夷》 辛夷，木筆，望春花，一卉而數異其名，又無甚新奇可取，「名有餘而實不足」者，此類是也。園亭極廣，無一不備者方可植之，不則當爲此花藏拙。

清 徐大椿《神農本草經百種録》 辛夷與衆木同植，必高于衆木而後已。其性專于向上，故能升達清氣。又得春氣之最先，故能疏達肝氣。又芳香清烈，能驅逐邪風。頭目之病，藥不能盡達者，此爲之引也。

清 高宗愛新覺羅・弘歷《御製詩四集》卷一三《辛夷》 表披紫色裏含白，如詠净香如寫姿。一晌玉蘭疑木筆，世人皆知白者爲玉蘭，紫者爲辛夷，而外紫内白者殊未見，維城爲此必有所本。《花譜》謂玉蘭寄枝用木筆體，向即以木筆爲玉蘭，後知其誤，乃改之。看來終合屬辛夷。

清 吳景旭《歷代詩話》卷一四《新荑並閭》 揚雄《甘泉賦》：平原唐其壇漫兮，列新荑於林薄。攢并閭與茇葀兮，紛被麗其亡鄂。

吳旦生曰：注：新荑，香草也。按古本作新雉，五臣本改作新荑。然新雉即新荑，一作辛夷。其爲樹甚大，非香草也。【略】又名女郎花，陸放翁有《辛夷花詩》：粲粲女郎花，忽滿庭前枝。

綜述

宋 吳仁傑《離騷草木疏》卷三《辛夷》 辛夷楣兮藥房。按，《本草》：辛夷，一名辛矧，一名侯桃，一名木房。陶隱居云：今出丹陽，近道形如桃子，小時氣辛香，即《離騷》所呼辛夷者。陳藏器云：此花江南地暖，正月開，北地寒，二月開。初發如筆，北人呼爲木筆花，其花最早，南人呼爲迎春。掌禹錫按《蜀本圖經》云：木高數仞，葉似柿葉而狹長，花色白而帶紫。花落而無子，夏杪復著花，如小筆。又有一種，三月花開，四月花落，子赤，似相子，花葉與無子者同。今苑中有一本，高三四丈，花葉一如《圖經》所説，身徑二尺許，去根三尺已來便有枝柯，繁茂可愛。花落復生葉，至夏初還生花。經秋歷冬葉落，花漸大，如有毛小桃。至來年正月二月始開花，是興元府進來。

宋 陳景沂《全芳備祖》前集卷一九《辛夷花》 **碎録** 正二月，開花既落，無子，夏秋再著花，即離騷所謂辛夷者。《本草》一名侯桃，人家園庭多種，本高數丈，葉似柿而長，初出如筆，故北人呼爲木筆花，其子如相思子。《本草注》

雜著 剪密葉而對嘉樹。注：辛夷也。李衛公《懷松樓記》

明 宋詡《竹嶼山房雜部》卷一〇《樹畜部二》 木筆 灌生，花紫白深淺二種，即辛夷，《且泉賦》曰新荑。宜根側分小本種之，宜斬小條插之。

明 李時珍《本草綱目》卷三四《木之一・辛夷》 **釋名** 辛雉《本經》，侯桃同，房木同，木筆《拾遺》，迎春。時珍曰：夷者，荑也。其苞初生如荑而味辛也。揚雄《甘泉賦》云：「列辛雉於林薄。」服虔注云：即辛夷。雉夷聲相近也。今《本草》作辛矧，傳寫之誤矣。藏器曰：辛夷花，未發時苞如小桃，子有毛，故名侯桃，初發如筆頭，北人呼爲木筆，其花最早，南人呼爲迎春。

集解 《别録》曰：辛夷生漢中、魏興、梁州川谷，其樹似杜仲，高丈餘，子似冬桃而小。九月采實暴乾，去心及外毛。毛射人肺，令人欬。弘景曰：今出丹陽近道，形如桃，子小時氣味辛香。恭曰：此是樹花未開時收之，正月二月好采，云九月采實者，恐誤也。保昇曰：其樹大連合抱，高數仞，葉似柿葉而狹長。正月二月花，似有毛小桃，色白而帶紫，花落而無子，夏杪復着花，如小筆。又有一種，花蘂皆同，但三月花開，四月花落，子赤，似相思子。二種所在山谷皆有。禹錫曰：今苑中有樹高三四丈，其枝繁茂，正二月花開，紫白色，花

落乃生葉，夏初復生花，經伏歷冬，葉花漸大，如有毛小桃。至來年正二月始開。初是興元府進來，樹纔三四尺，有花無子，經二十餘年方結實，蓋年淺者無子，非有二種也。其花開早晚，各隨方土節氣爾。宗奭曰：辛夷處處有之，人家園亭亦多種植。先花後葉，即木筆花也。其花未開時，苞上有毛，尖長如筆，故取象而名。花有桃紅紫色二種，入藥當用紫者，須未開時收之，已開者不佳。時珍曰：辛夷花初出枝頭，苞長半寸而尖鋭，儼如筆頭重重，有青黄茸毛順鋪，長半分許。及開則似蓮花而小如盞，紫苞紅焰，作蓮及蘭花香。亦有白色者，人呼爲玉蘭，又有千葉者，諸家言苞似小桃者，比類欠當。

又《木之一·木蘭》 時珍曰：其香如蘭，其花如蓮，故名。其木心黄，故曰黄心。

明 慎懋官《華夷花木鳥獸珍玩考》卷四《木蘭》 《蜀本圖經》云：樹高數仞，葉似菌桂，葉有三道縱文，皮如板桂，有縱横文。【略】木蘭堂，多爲太守游燕之地。范文正公作守時，嘗賦詩云：堂上列歌鍾，多慚不如古。却羡木蘭花，曾見霓裳舞。白樂天在蘇，嘗教倡人爲此舞也。堂之前後皆植木蘭，幹極高大。

明 高濂《遵生八牋》卷一六《燕閒清賞牋下·辛夷花》 花如蓮，外紫内白，蕊若筆尖，故名木筆，一名望春，俗名猪心，本可就接玉蘭。

明 王路《花史左編》卷四《花之辨·辛夷花》 花如蓮，外紫内白，蕊若筆尖，故名木筆，一名望春，俗名猪心，本可接玉蘭者。《西湖志餘》云：花鮮紅似杜鵑躑躅，俗稱紅石蕎是也。白樂天《紅辛夷》詩云：紫粉筆含尖火焰，紅胭脂染小蓮花。

又 卷五《花之候·木筆花》 正二月開，花落不結子，夏秋再着花，紫苞紅艷。一名侯桃，一名木筆花。

又 卷一八《花之証·木筆》 《格物論》：辛夷，木高數尺，葉似柿而長，初出如筆。李衛公手植此花，有詩。

明 周文華《汝南圃史》卷六《木本花部上·辛夷》 辛夷，一名木筆，花初開如筆，故曰木筆。一名迎春，其花最早，故曰迎春。又名望春，別名房木，或謂之侯桃。先花後葉，花如菡萏。《離騷》云「辛夷車兮結桂旗」，即此是也。《圖經本草》云：辛夷生漢中川谷，今園亭亦多種植。木高數丈，葉似柿而長，正二月生，花形似著毛小桃，色白帶紫，花落無子，至夏復開花。又一種，枝葉並相類，但歲一開花，四月花落時有子如相思子，或云即是此種。經一二十年，樹老方結實。其花開早晚，亦隨南北節氣。《寒温衍義》曰：有紅紫二本，一本如桃花色，一本紫色，今入藥當用紫者。按《本草》，花在二月中開，粉紅者花大，紫色者花小，名紫心木筆，皆歲一開花，花落結子，如小浮屠，形長而色青，不必一二十年乃結子也。臘月或春初根旁分栽，亦可挨接玉蘭。

明 陳正學《灌園草木識》卷一《花之屬》 木筆　即辛夷，花瓣粉内紫外，點綴春色，最有韻致。

明 夏旦《藥圃同春·二月》（《説郛續》卷四〇輯） 辛夷　色淡紅，一名木筆，花先後葉，亦一奇卉，香似玉蘭。

清 陳淏子《秘傳花鏡》卷三《花木類考·辛夷》 辛夷，一名木筆，一名望春，較玉蘭樹差小，葉類柿而長。隔年發蕊，有毛儼若筆尖，花開似蓮，外紫内白，花落葉出而無實，別名侯桃，俗呼猪心花。又有紅似杜鵑者，俗呼爲石蕎。其本可接玉蘭，亦宜斫條扦插。可同玉蘭並植，至秋後過枝即生，皆可變爲玉蘭。多澆糞水，則花大而香濃，人多取蕊合香。

清 高士奇《北墅抱瓮録·辛夷》 辛夷絶似玉蘭，有淺紅及紫二種。含苞未拆，尖鋭有茸，儼然禿筆，江南以木筆呼之。黄鳥試鳴，曉英乍吐，褰簾坐對，春色正在此中。

清 鄒一桂《小山畫譜》卷上 辛夷 花似玉蘭，心鬚苞俱無二，而色微紅，香不及，亦二月開。

木筆 三月開，花似辛夷，而内白外紫。開時有葉，葉長而闊，末尖圓。

藝　文

漢 揚雄《甘泉賦》（《歷代賦彙》卷四七輯） 平原唐其壇漫兮，列新荑於林薄。攢拜閭與茇莃兮，紛被麗其亡鄂。

漢 王逸《楚辭章句》卷二《九歌章句第二·河伯》 乘赤豹兮從文狸，辛夷車兮結桂旗。辛夷，香草也。言山鬼出入，乘赤豹，從文狸。結桂與辛夷，以爲車旗，言其香潔也。

唐 劉長卿《劉隨州集》卷五《題靈佑上人法華院木蘭花其樹嶺南移植此地》 庭種南中樹，年華幾度新。已依初地長，獨發舊園春。映日成華蓋，搖風散錦茵。色空榮落處，香醉往來人。菡萏千燈遍，芳菲一雨均。高柯儻爲樾，

渡海有良因。

唐 李涉《**木蘭花**》（《**全唐詩**》**卷四七七輯**） 碧落真人著紫衣，始堪相並木蘭枝。今朝繞郭花看遍，盡是深村田舍兒。

唐 韓愈《**感春二首**》（《**全唐詩**》**卷三三九輯**） 辛夷高花最先開，青天露坐始此迴。已呼孺人戛鳴瑟，更遣稚子傳清杯。選壯軍興不爲用，坐狂朝論無由陪。如今到死得閒處，還有詩賦歌康哉。

辛夷花房忽全開，將衰正盛須頻來。清晨輝輝燭霞日，薄暮耿耿和煙埃。朝明夕暗已足歎，況乃滿地成摧頽。迎繁送謝別有意，誰肯留戀少環迴。

唐 白居易《**白氏長慶集**》**卷二〇**《**題靈隱寺紅辛夷花戲酬光上人**》 紫粉筆含尖火焰，紅胭脂染小蓮花。芳情鄉思知多少，惱得山僧悔出家。

又《**戲題木蘭花**》 紫房日照胭脂拆，素艷風吹膩粉開。怪得獨饒脂粉態，木蘭曾作女郎來。

又 卷三一《**題令狐家木蘭花**》 膩如玉指塗朱粉，光侶金刀剪紫霞。從此時時春夢裏，應添一樹女郎花。

唐 李群玉《**李羣玉詩集**》**後集卷五**《**二辛夷**》 狂吟亂舞雙白鶴，霜翎玉羽紛紛落。空庭向晚春雨微，却斂寒香抱瑶萼。

唐 方幹《**玄英集**》**卷二**《**陳秀才庭際木蘭**》 昔見初栽日，今逢成樹時。存思心更感，遠看步還遲。蝶舞摇風蕊，鶯啼含露枝。徘徊不忍去，應與醉相宜。

唐 唐彦謙《**木蘭**》（《**全唐詩**》**卷八八五輯**） 衆花摇落正無憀，脉脉芳叢契後凋。舒卷緑苞臨小檻，剪裁檀的綴長條。獨當春盡情何限，尚有秋期別未遥。桃葉近來消息絶，見君長憶渡江橈。

唐 皮日休《**揚州看辛夷花**》（《**松陵集**》**卷六**） 臘前千朵亞芳叢，細膩偏勝素柰功。螓首不言披曉雪，麝臍無主任春風。一枝拂地成瑶圃，數樹參庭是蕊宫。應爲當時天女服，至今猶未放全紅。

唐 陸龜蒙《**甫里集**》**卷八**《**和揚州看辛夷花韻**》 柳疏梅墮少春叢，天遣花神别致功。高處朵稀難避日，動時枝弱易爲風。堪將亂蘂添雲肆，若得千株便雪宫。不待羣芳應有意，等閒桃杏即争紅。

唐 吴融《**唐英歌詩**》**卷下**《**木筆花**》 嫩如新竹管初齊，粉膩紅輕樣可携。誰與詩人偎檻看，好於箋墨并分題。

宋 宋庠《**元憲集**》**卷三**《**早春雪後見辛夷初發**》 冒霰初分葉，驚春已作花。鮮于紫艾綬，殷過赤城霞。花色淺于紫，深于茜。破蓓香囊小，銜跌彩筆斜。俗號木筆，皆其形似。騷人雖麗思，忍作桂旗車。楚詞有「辛夷車結桂旗」之語。

宋 胡宿《**文恭集**》**卷六**《**辛夷**》 百卉迎韶律，辛夷花最先。與春宜有舊，造物底無偏。棠棣先饒韡，山櫻未敢燃。倚風遥可愛，犯雪不勝妍。影亂梅花地，香迷豆蔻天。紅啼昨夜雨，紫妒曉來煙。上藥能全命，靈滋合永年。帝家瓊圃在，此物未應捐。

宋 陸游《**劍南詩稾**》**卷七六**《**病中觀辛夷花**》 餘生垂九十，一病理一衰。旬月不自保，敢作期歲期。粲粲女郎花，忽滿庭前枝。繁華雖少減，高雅亦足奇。持杯酹花前，事亦未可知。明年儻未死，一笑當解頤。

宋 朱長文《**樂圃餘稿**》**卷二**《**辛夷**》 楚客曾留詠，吴都獨擅奇。風霆存老幹，桃李避芳時。名入文房梦，一名木筆花。功資妙手醫。紫微顔色好，先占鳳凰池。

宋 衛宗武《**秋聲集**》**卷三**《**木蘭花**》 頗費東君巧，晚春纔有芳。森森紫毫束，艷艷粉囊張。凡木難仝譜，猗蘭祇有香。花名傳樂府，雅調更悠揚。

元 王惲《**秋澗集**》**卷九**《**辛夷花歌**》 欒城城南沙水湄，在漢名爲新市里。中山游燕此離宫，亭沼當年百花底。至今辛夷植縣圃，我初來觀欣細履。碧桐爲身梅作葉，好雨初晴更娟美。千年故苑風土香，草木含滋猶泥泥。每逢臘盡花已苞，滿眼故家毛穎子。宛然白筆插秦冠，載事彤庭紛内史。春風芙蓉散木末，紅影亭亭失秋水。騷人取爾爲楣梁，託物豈獨誇芬芳。柔姿中有孤潔操，首出庶物翻春陽。我因繞樹三嘆息，唤起湘纍共一觴。

明 吴寬《**家藏集**》**卷二七**《**辛夷**》 莊周稱散木，形狀獨離奇。名在誰多識，花開每及時。鳥窺無可食，虫蝕也須醫。作筆應全誤，紛紛落研池。

雜録

唐 段成式《**酉陽雜俎**》**續集卷九**《**支植上**》 衛公平泉莊有黄辛夷。

又 東都敦化坊百姓家，太和中有木蘭一樹，色深紅。後桂州觀察使李勃看宅，人以五千買之。宅在水北，經年花紫色。

又 卷一〇《**支植下**》 異木花。衛公嘗獲異木一株，春花紫。予思木中一歲發花唯木蘭。

宋 潛説友《咸淳臨安志》卷五八《物産・花之品》 紅辛夷 唐時靈隱寺有此花。

明 田汝成《西湖游覽志餘》卷二四《委巷叢談》 辛夷，花鮮紅似杜鵑躑躅花，俗稱紅石蕎者是也。白樂天有《靈隱寺紅辛夷戲光上人》詩云：紫粉筆含尖火焰，紅胭脂染小蓮花。芳情鄉思知多少，惱得山僧悔出家。又《躑躅花》詩云：玉泉南澗花奇怪，不似花叢似火堆。今日多情惟我到，明年無故爲誰開。此二詩者樂天詠物一時之作耳，豈意遂爲湖山故實。賓山劉邦彦《西湖》詩云：辛夷塢口春將老，躑躅池邊雨弄晴。盡日無人過湖去，黄鸝晛睆不停聲。蓋聯白詩而用之也。

清 趙殿成《王右丞集箋注》卷一三《辛夷塢》 木末芙蓉花，山中發紅萼。澗户寂無人，紛紛開且落。

辛夷 朱子《楚辭集注》：辛夷樹大連合抱，高數仞，其花初發如筆，北人呼爲木筆，其花最早南人呼爲迎春。

清 雍正《浙江通志》卷一〇一《物産・杭州府》 辛夷 萬歷《靈隱寺志》：唐時靈隱寺有此花，鮮紅可愛。

杏

論説

宋 梁克家《淳熙三山志》卷四一《土俗類三・物産》 杏花 春夏之交開如錦繡，較南方稍遲。黑龍江杏李無成樹者，地氣寒也。

明 張存紳《增定雅俗稽言》卷三八 文杏 《西京雜記》：杏曰文杏，以其木有文采也。杏有紅白二種，世俗習于一色，「杏花紅十里」之句，遂不知杏有白色者。種杏須熟杏，核口中含過。其雙仁者殺人。語曰「望杏教耕，瞻蒲勸稼。」蓋即《吕氏春秋》王時見出而樹生，言候農也。

清 李漁《閑情偶寄》卷一三《種植部・木本第一・杏》 種杏不實者，以處子常繫之裙繫樹上，便結子纍纍。予初不信，而試之果然。是樹性喜淫者，莫過于杏，予嘗名爲「風流樹」。噫，樹木何取于人，人何親于樹木，而契愛若此，動乎情也。情能動物，况于人乎！其必宜于處子之裙者，以情貴乎專。已字人者，情有所分而不聚也。予謂此法既驗于杏，亦可推而廣之。凡樹木之不實者，皆當繫以美女之裳。即男子之不能誕育者，亦當衣以佳人之袴。蓋世間慕女色而愛處子，可以情感而使之動者，豈且一杏而已哉！

清 曹溶《倦圃蒔植記》總論 卷上《論花第三》 杏，此地不乏，家園獨多。但味淡於北方，其樹久而不衰，與梅皆可爲林間古木。八丹杏其美在仁。此地亦有傳種而結實者。

綜述

漢 劉歆《西京雜記》卷一 杏二：文杏，材有文采。蓬萊杏。東郭都尉于吉所獻一株，花雜五色，六出，云是仙人所食。

宋 陳景沂《全芳備祖》前集卷一〇《杏花》 **碎録** 葉似梅花，差大而微紅，其仁可入藥。《本草》 杏者，東方歲星之精也。《典術》 天台山有杏花，六出而五色，號仙人杏。《述異記》 三月杏花盛，可播白沙輕土之田。《四民月令》

紀要 裴晉公午橋莊有文杏百株，其處立碎錦坊。《異景録》 張元性廉潔，南鄰有杏兩株，杏熟多落，元園中元悉還主者。《後周書》 太平園中有杏數株，每至爛開，大宴，一株則令一妓倚其傍立。館曰争春開元中宴罷，夜闌或聞花有歎息之聲。《揚州事跡》

雜著 桃杏郁李，華實照爛。《潘岳閒居賦》 徐州古豐縣朱陳村有杏花一百二十里，近有人爲德慶户曹道過此村，其花尚無恙也。昔東坡詩云：我是朱陳舊使君，勸農曾入杏花村。如今風物那堪話，縣吏催錢夜打門。《詩話》

明 李時珍《本草綱目》卷二九《果之一・杏》 時珍曰：諸杏葉皆圓而有尖，二月開紅花。亦有千葉者，不結實。

明 高濂《遵生八牋》卷一六《燕間清賞牋下・杏花》 本有梅杏沙杏之分，根生最淺。以大石壓根則花盛，果結核種。

明 王路《花史左編》卷四《花之辨・杏花》 花先赤後白，此果多花多寔。本有梅杏沙杏之分，根生最淺。以大石壓根則花盛子牢。杏仁極熟，帶肉埋其核於糞中，至春即換地移栽。杏以核出者，□□□年即生。今陝西出入丹杏，杏肉多查，不可食，惟取其仁。

又 卷五《花之候・杏花》 五果爲五穀之祥，而杏華又候農時四民。《月

令》曰：三月杏花盛，可菑白沙輕土之田。又曰：三月昏參夕，杏花盛，桑椹赤，可種大豆，謂之上時。按五果之義，春之果莫先于梅，夏之果莫先于杏，季夏之果莫先于李，秋之果莫先于桃，冬之果莫先于栗。五時之首，寢廟必有薦。而此五果適丁其時，故特取之。杏之枝葉華皆赤，故古者鑽燧，夏取棗杏之火也。《夏小正》：四月囿有見杏。

明 周文華《汝南圃史》卷三《花果部·杏》 杏葉如梅而圓大，花先赤後白，艷麗可愛。栽種之法與桃李同，但宜近人家，不得移動耳。二月開花，五月實成。其仁有毒，須煮令極熟，以中心無白爲度。此果多花少實，實多亦爲農祥。師曠占術云：杏多實不蟲者，來歲秋禾善。《文昌雜録》云：揚州李冠卿所居堂前杏一株，極大，多花而不實。一老嫗曰：來春爲嫁此杏。冬深，忽攜尊酒，云是婚嫁撞門酒，索處子裙繫樹上，已，奠酒辭祝再三，家人咸哂之。明年結子無數。《瑣碎録》云：杏熟時，合肉埋糞土中，至春，既生則移栽實地，既移不得更動，用桃樹接或本色接。《興化府志》云：杏，北地所產，移種至此不生。生亦不蕃，不久隨絶。亦猶南橘北枳，其性各有所宜也。今陝西出八丹杏，杏肉多查，不可食。惟取其仁食之，亦名杏榛。與今所食杏又自不同也。

明 夏旦《藥圃同春·二月》（《説郛續》卷四〇） 紅杏 色桃紅，清香喜腴。

清 曹溶《倦圃蒔植記》卷上《花卉一·杏》 南海有杏園洲，爲仙人種杏處。朱李蟠桃自堪鼎足。自唐進士有探春宴，春風十里，始落紅塵，花如有知，豈不稱屈？栽種之法與桃李同。但宜近人家，不得移動耳。又聞宋時揚州李冠卿家堂前一株杏，花多而不實。一老嫗曰：來春與嫁此杏。冬深，忽攜一罇酒來，云是婚家撞門酒，索處子裙繫樹上，已，奠酒辭祝再三而去。家人咸哂之。明年結子無數。則嫁樹之術又不當與桃李並驅耶。

清 陳淏子《秘傳花鏡》卷三《花木類考·杏花》 杏花有二種，單瓣與千瓣。劍州山有千葉杏，花先紅後白，但嬌麗而不香。樹高大而根生最淺，須以大石壓根，則花易盛而結實始繁。其核可種，而仁不堪食。其可食者，係關門巴旦杏。一云八丹。實小而肉薄，核内仁獨甘美，點茶上品。梅杏黄而帶酢，沙杏甘而有沙，木杏扁而青黄，奈杏青而微黄。又一種金杏，圓大如梨，深黄若金橘。每種將核帶肉埋於糞土中，任其長大，來年須移栽。若不移，過則實小味苦。又不可栽密，密則雖長少實。

清 張逸少 汪灝等《佩文齋廣羣芳譜》卷二五《杏花》 杏，樹大花多根最淺。以大石壓根則花盛。葉似梅，差大色微，紅圓而有尖。花二月開。未開色純紅，開時色白，微帶紅，至落則純白矣。花五出。其六出者必雙仁，有毒。千葉者不結實。

清 鄒一桂《小山畫譜》卷上《杏》 花紅，深淺不一色。瓣五出，兜而微縐，蘂圓，叢結，蒂大。【略】又三妙杏，千葉重纈，蒂極大。謂三妙者，以花實仁皆妙也。

紀事

清 謝堃《花木小志·杏》 杏花紅艷，人多知之。宋子京極愛簪之，故稱之曰「紅杏尚書」。唐人亦重之，詩有之曰「一枝紅杏出牆來」，又曰「一色杏花紅十里」。然余於肥城李掌書家見杏一株，花開似雪。詢之，不獨花開白色，而實大如甌，香甜異常，真水杏也。惜移種它處多不能活，間有活者，花色仍紅，於是互相歎異。余復笑曰：「若使王戎見之，又當鑽核。」主人亦笑，别贈十數枚。歸貽細君，味雖稍敗，較市之所言水杏者迥别矣。

藝文

北周 庾信《庾子山集》卷四《杏花》 春色方盈野，枝枝綻翠英。依稀映村塢，爛漫開山城。好折待賓客，金盤襯紅瓊。

唐 韓愈《杏花》（《唐詩鏡》卷三九引） 居鄰北郭古寺空，杏花兩株能白紅。曲江滿園不可到，看此寧避雨與風。二年流竄出嶺外，所見草木多異同。冬寒不嚴地恒泄，陽氣發亂無全功。浮花浪蘂鎮長有，纔開旋落瘴霧中。山榴躑躅少意思，照耀黄紫徒爲叢。鷓鴣鉤輈猿叫歇，杳杳深谷攢青楓。豈如此樹一來玩，若在京國情何窮。今旦胡爲忽惆悵，萬心飄泊隨西東。明年更發應更好，道人莫忘鄰家翁。

唐 鄭谷《雲臺編》卷上《杏花》 不學梅欺雪，輕紅照碧池。小桃新謝後，雙燕却來時。香屬登龍室，煙籠宿蝶枝。臨軒須貌取，風雨易離披。

唐 吴融《唐英歌詩》卷中《杏花》 春物競相妒，杏花應最嬌。紅輕欲愁殺，粉薄似啼銷。願作南華蝶，翩翩遶此條。

宋 楊萬里《誠齋集》卷一二《郡圃杏花》 小樹嫣然一兩枝，晴醺雨醉總相宜。纔憐欲白仍紅處，政是微開半吐時。得幸東風無與對，主張春色更還誰。海棠穠麗梅花淡，匹似渠儂别樣奇。

迴出千花合受降，不然受拜亦何妨。行穿小樹尋晴朵，自挽芳條嗅暖香。却恨來時差已晚，不如清曉看新妝。朗吟清露温風句，惱殺詩翁只斷腸。

金 元好問《遺山集》卷九《杏花二首》 芳樹春融絳蠟凝，春風寂寞掩柴荆。畫眉盧女嬌無奈，齲齒孫娘笑不成。已怕宿妝添蝶粉，更堪暖蘂鬧蜂聲。一般踈影黄昏月，獨愛寒梅恐未平。

一穗蘆鞭一穗塵，西園紅艷眼中新。帽檐分去家家喜，酒面飛來片片春。梅柳幾曾同故事，櫻桃纔得綴芳辰。荒城此日腸堪斷，老却探花筵上人。

雜録

明 慎懋官《華夷花木鳥獸珍玩考》卷二《杏譜》《典術》曰：杏者，東方歲星之精也。杏，類梅者味酢，類桃者味甘。《西京雜記》曰：文杏，材有文彩。蓬萊杏，東郭都尉于吉所獻一株。花雜五色出，云是仙人所食。北方有一種杏甚佳，赤色，大而稍區，肉厚，謂之肉杏。又謂之金剛拳，言其大也。《述異記》：洲中有冬杏。武功山圖坪菴，一名小桃源，有二杏樹，逼檐對峙，各大丈餘，東花西實，至明年，花實易向矣。此植物所無也。

明 王路《花史左編》卷一六《花之事·杏花類·杏花村》《詩話》：徐州古豐縣朱陳村有杏花百二十里。坡詩云：我是朱陳舊使君，勸農曾入杏花村。如今風物那堪話，縣吏催錢夜打門。

明 文震亨《長物志》卷二《花木·杏》 杏與朱李、蟠桃皆堪鼎足，花亦柔媚。宜築一臺，雜植數十本。

楊

綜述

宋 陳景沂《全芳備祖》後集 卷二五《楊柳》雜著 夫楊，横樹之則生，倒樹之亦生，折而樹之又生。《戰國策》

明 李時珍《本草綱目》卷三五下《木之二·白楊》集解 恭曰：白楊取葉圓大，蒂小，無風自動者。《藏器》曰：白楊北土極多，人種墟墓間，樹大皮白，其無風自動者乃栘楊，非白楊也。頌曰：今處處有之，北土尤多。株甚高大，葉圓如梨，葉皮白色，木似楊，采無時。崔豹《古今注》云，白楊葉圓，青楊葉長，是也。

清 陳淏子《秘傳花鏡》卷三《花木類考·楊》 楊有二種：白楊，葉芽時便有白毛，及盡展，似梨葉，長而厚。面淡青而背白，蒂長兩兩相對，遇風則簌簌有聲。人多植之墳墓間。高可十餘丈。又青楊，樹彼白楊較小，葉似杏葉而稍長大，色青緑。本亦聳直。大槩柳枝長脆，葉狹長，楊枝短硬，葉圓闊，柳性耐水，楊性宜旱，二木迥不相侔，何可因其並稱而遂認爲一木耶？特表而出之，赤者近水生根，須可栵以護壖堤。

清 張逸少 汪灝等《佩文齋廣羣芳譜》卷七八《白楊》 楊有二種：一種白楊，葉芽時，有白毛裹之，及盡展，似梨葉而稍厚大，淡青色，背有白茸毛。蒂長，兩兩相對，遇風則簌簌有聲，人多植之墳墓間。樹聳直圓整，微白色，高者十餘丈，大者徑三四尺，堪棟梁之任。一種青楊樹，比白楊較小，亦有二種，一種梧桐青楊，身亦聳直，高數丈，大者徑一二尺，材可取用，葉似杏葉而稍大，色青緑。其一種身矮多岐枝，不堪大用。北方材木全用楊槐榆柳四木，是以人多種之。

紀事

宋 宋祁《唐書》卷一一〇《列傳第三十五·諸夷蕃將》 龍朔中，司稼少卿梁脩仁新作《大明宫植白楊于庭》，示何力曰：此木易成，不數年可庇。何力不答，但誦「白楊多悲風，蕭蕭愁殺人」之句，脩仁驚悟，更植以桐。

元 李好文《長安志圖·圖志雜説》 長楊，關中人家園圃池沼多植白楊，今景龍池尤多，皆大合抱，長數丈，葉厚多風，恒如有雨。因憶唐人詩「朝元閣上西風急，都入長楊作雨聲」，正謂此樹，以見故宫悲涼之意也。說者以長楊爲漢宫，今宫在盩厔，去驪山百餘里，殊無相涉。且漢以木名宫，如桂宫、棠梨、豫章、五柞者非一，又安知長楊不以是木名耶？

清 張逸少 汪灝等《佩文齋廣羣芳譜》卷七八《白楊》《懸笥瑣探》：

予初不識白楊，及來河南巡行郡邑，常經平疇，入山谷，見多大樹。問從者，曰白楊也。其種易成，葉尖圓如杏，枝頗勁，微風來則葉皆動。其聲蕭瑟殊悲慘，陝虢南山谷尤多。高可二三百尺，圓可丈餘，修直端美，用爲寺觀材。久則疏裂，不如松柏材勁實也。

雜録

《三輔黄圖》卷六《雜録》 長安御溝謂之楊溝，謂植高楊於其上也。

明 王世貞《弇州四部稿》卷七八《適晉紀行》 萬善驛四傍栽白楊，蕭蕭悲風，殊益人旅愴，乃知少府齋中之不易也。

清 雍正《畿輔通志》卷一七 香山夾道盡白楊青檜。

清 乾隆《河南通志》卷六四《孝義·開封府》 明郭本，安陽人，早孤，事母孝。天順辛巳，母張氏殁，哀毁幾死。既葬，廬於墓側，茹菜飲水，負土起墳，又築臺高一丈，曰思親，手植白楊數十株。時有白項烏二，飛集馴擾不去，人以爲孝感所致。有司以聞，詔賜旌表。

夜合花

綜述

明 陳正學《灌園草木識》卷一《花之屬》 夜合 花白如玉，裏以緑瓣，香韻極遠聞。唐人詩云：夜合花開香滿庭。

清 曹溶《倦圃蒔植記》總論 卷下《雜論》 夜合花，木本三尺。葉如枇杷，較小而光。花如琢玉，白色帶緑，氣似椒芳。

紀事

宋 陸游《入蜀記》卷一 是日（乾道六年六月十六日）見夜合花方開，故山開過已月餘，氣候不齊如此。

藝文

元 楊士弘撰 張震注《唐音》卷五《夏夜宿表兄宅話舊》 夜合花開香滿庭，夜深微雨醉初醒。遠書珍重何曾達，舊事凄涼不可聽。去日兒童皆老大，昔年親友半凋零。明朝又是孤舟别，愁見河橋酒幔青。夜合花，《格物論》：夜合，一名合歡，亦名合昏，人家多種植於庭除，枝甚柔弱，葉似皂莢，細而密，其枝至莫而合，五月花發，紅白色。

清 高宗愛新覺羅·弘曆《御製詩集》四集 卷一三《夜合花》 樹高二三尺，葉如栗，花六瓣，絶類百合。别有三緑瓣包之，花藏葉中，香清而遠聞。

花如百合夜常合，風拂清香自遠聞。若復嵇康驀然遇，定教繞樹致疑黁。

迎春

綜述

宋 陳耆卿《赤城志》卷三六《風土門一·花之屬》 迎春 一名黄雀兒花。

明 宋詡《竹嶼山房雜部》卷一〇《樹畜部二·種花卉法》 迎春 細葉，柔條，花黄小。又名金鎖玉連環，花二瓣，一紅一白，自相勾挽。

春前從根側分小本種，以屏輔之，或取其枝壓地中，節目間即生根可移。

明 李時珍《本草綱目》卷一六《草之五·迎春花》 集解 時珍曰：處處人家栽插之，叢生。高者二三尺，方莖厚葉，葉如初生小椒葉而無齒，面青背淡。對節生小枝，一枝三葉。正月初開小花，狀如瑞香花，黄色，不結實。

明 高濂《遵生八牋》卷一六《燕閒清賞牋下·迎春花》 春首開花，故名。每於花放時移栽。土肥則茂，燖牲水灌之則花蕃。二月中旬分種。

明 周文華《汝南圃史》卷八《條刺花部·迎春》 迎春栽巖石上則柔條散垂，花綴於枝上，甚繁。以十二月及春初開花，故名迎春花，黄色。晏元獻詩：淺艷侔鶯羽，纖條結兔絲。韓魏公詩：覆欄纖弱緑條長，帶雪衝寒拆嫩黄。迎得春來非自足，百花千卉任芬芳。《水雲録》云：宜候花放時移栽肥土，以退牲水澆之則茂。或云即金雀，非也。迎春與金雀枝柯相似而有强弱之異。

金雀葉如槐而有小刺，二月盡始花，花色亦黄，其形如爵，是以名之。取其花用沸湯綽過，輕鹽醃之，曬乾點茶，甘香可口。

明《名花譜·迎春》花色嬌黄而春首先開，故名迎春。

清 陳淏子《秘傳花鏡》卷三《花木類考·迎春花》 迎春花一名腰金帶，叢生，高數尺。方莖厚葉，開最早，交春即放淡黄色，形如瑞香，不結實。對節生小枝，一枝三葉。候花放時移栽肥土，或巖石上，或盆中，而柔條散垂，花綴枝頭，實繁且韻。分栽宜於二月中旬，須用燖牲水澆方茂。

清 張逸少 汪灝等《佩文齋廣羣芳譜》卷四十二《迎春》 迎春花一名金腰帶，人家園圃多種之。叢生，高數尺，有一丈者。方莖厚葉，如初生小椒葉而無齒，面青背淡。對節生小枝，一枝三葉。春前有花如瑞香，花黄色，不結實。葉苦澀，平無毒。雖草花，最先點綴春色，亦不可廢。花時移栽，土肥則茂，燖牲水灌之則花蕃。二月中可分。

清 鄒一桂《小山畫譜》卷上《迎春》 木本，對節，枝條甚繁，黄花六出，迎春而開，故名。開足後，全朵脱落。開時緑芽尖簇，蒂亦六出，著梗有苞，此花宜盆供。

清 乾隆《續通志》卷一七四《昆蟲草木略·草類》 迎春花一名金腰帶，叢生，高數尺。正月初開小花，狀如瑞草。

清 乾隆《盛京通志》卷一百六《物產一·花類》 迎春 經春即開。又有探春，春過始開，亞於南中。

藝文

唐 白居易《白氏長慶集》卷二五《代迎春花招劉郎中》 幸與松筠相近栽，不隨桃李一時開。杏園豈敢妨君去，未有花時且看來。

又《玩迎春花贈楊郎中》 金英翠蕚帶春寒，黄色花中有幾般。憑君語向游人道，莫作蔓菁花眼看。

宋 韓琦《安陽集》卷九《中書東廳十詠·迎春》 覆欄纖弱緑條長，帶雪衝寒拆嫩黄。迎得春來非自足，百花千卉任芬芳。

宋 劉敞《公是集》卷二九《迎春花二首》 穠李繁桃刮眼明，東風先入九重城。黄花翠蔓無人顧，浪得迎春世上名。沈沈華省鎖紅塵，忽地花枝覺歲新。爲問名園最深處，不知迎得幾多春。

宋 趙師使《坦菴詞·清平樂》 纖穠嬌小，也解争春，早占得中央顔色。好裝點，枝枝新巧。 東皇初到江城，慇懃先去迎春。乞與黄金腰帶，壓持紅紫紛紛。

宋 陳景沂《全芳備祖》前集卷二〇《迎春》 朱門深鏁不知春，苒苒年光暗中換。王岐公。淺艷作鶯羽，纖條結兔絲，偏凌早春發，應謂衆芳遲。晏元獻。幸與鬆筠相近栽，不隨桃李一時開，杏園豈敢教君去，未有花時且看來。香山。金英翠蕚帶春寒，黄色花中有幾般，憑君與向游人道，莫把蔓青花眼看。覆闌纖弱緑條長，帶雪冲寒坼嫩黄，迎得春來非自足，百花千卉共芬芳。韓忠獻。迎得新春入舊科，獨先嘉卉占陽和，今年頓被春摧折，應爲尖頭送暖多。

優曇花

綜述

清 乾隆《雲南通志》卷二七《物產·花屬》 優曇花 葉如婆羅而有九絲，花如芙蓉而開十二瓣，遇閏則多一瓣。

紀事

唐 姚思廉《梁書》卷五四〔波斯國〕國中有優鉢曇花，鮮華可愛。

清 張逸少 汪灝等《佩文齋廣群芳譜》卷五三《花譜·優曇花》 《雲南志》：優曇花在安寧州西北十里曹溪寺右，狀如蓮，有十二瓣，閏月則多一瓣，色白氣香。種來西域，亦娑羅花類也。後因兵燹伐去，遂無其種。今忽一株從根旁發出，已及拱矣。

清 張九鉞《紫峴山人全集》詩集卷五《滇游集·優曇花》 花爲西域僧菩提巴波所種。花十二瓣，遇閏則增一瓣。今歲以閏五月來滇，正值花盛。

清 乾隆《雲南通志》卷二六《古蹟·雲南府》 優曇花樹 在城内土主廟中，高數丈，枝葉扶疏。每歲四月花開如蓮，有十二瓣，歲閏則多一瓣。相傳南詔盛羅皮時，有僧菩提巴波自天竺來，以所攜念珠分其一種之，今枯。

藝文

清 宋翔鳳《憶山堂詩録》卷一《乙卯・土主廟優曇花》 千瓣開百日，兩株蟠一宫。花與葉無二，净緑幽庭空。盡日坐無聲，深林時有風。結根從異域，留跡開芳叢。佛書優曇華，事異名則同。香清貴遠聞，色淡看朦朧。精廬磬聲發，静境真無窮。

玉蘭

論説

明 宋詡《竹嶼山房雜部》卷一〇《樹畜部二・種花卉法》 玉蘭 按，木蘭，翠葉紫房，今玉蘭花白而香如蓮，亦有黄者，相傳即爲木蘭。《大理府志》：木蓮花樹高大，葉如枇杷，花如蓮，有青黄紅白四種，形與玉蘭相似，今疑即其黄白花者耳。

清 李漁《閑情偶寄》卷三《種植部・木本第一・玉蘭》 世無玉樹，請以此花當之。花之白者儘多，皆有葉色相亂，此則不葉而花，與梅同致。千幹萬蕊，盡放一時，殊盛事也。但絶盛之事，有時變爲恨事。衆花之開，無不忌雨，而此花尤甚。一樹好花，止須一宿微雨，盡皆變色，又覺腐爛可憎，較之無花，更爲乏趣。群花開謝以時，謝者既謝，開者猶開，此則一敗俱敗，半瓣不留。語云：弄花一年，看花十日。爲玉蘭主人者，常有延佇經年，不得一朝盼望者，詎非香國中絶大恨事？故值此花一開，便宜急急玩賞，玩得一日是一日，賞得一時是一時。若初開不玩而俟全開，全開不賞而俟盛開，則恐好事未行，而殺風景者至矣。噫，天何讐于玉蘭，而往往三歲之中，定有一二歲與之爲難哉！

綜述

明 王路《花史左編》卷四《花之辨・玉蘭花》 種似木筆，以木筆並植其側，秋後遇枝接生。其花九瓣，色白微碧，狀類芙蕖心。叢生，淺緑，一幹一花皆著木末。花落又從蒂中抽葉，特異他花。冬間結蕊，至三月盛開，澆以糞水則花大而香。古名木蘭。

明 王世懋《學圃雜疏・花疏》 玉蘭早於辛夷，故宋人名以迎春，今廣中尚仍此名。千幹萬蕊，不葉而花，當其盛時可稱玉樹。樹有極大者，籠蓋一庭。然樹大則花漸小，不可不知。余童時猶見人珍重，今不然矣。

明 周文華《汝南圃史》卷六《木本花部上・玉蘭》 玉蘭類木筆，其樹高丈餘。《鎮江府志》云：玉蘭出馬跡山紫府觀，其花表裏瑩白如玉，其香如蘭，不根而植，不蓓而花，生不擇地，亦不常有。開多在莫春，遇者以爲瑞。宋淳祐間忽開，郡守李迪作詩頌之，見《咸淳志》。陳輔之有詩，見《京口集》，乃爲丹陽凝禧觀作。近茅山溪谷間有之，或開於秋冬，山志謂其「蘭芽刻玉」，氣味甚幽，亦芝英之别種也。吴地初未嘗有，近始盛行，人珍重之。俞仲蔚《玉蘭詩序》云：予考前代志記，玉蘭獨不著見。然此花不實，以辛夷並植其側，過枝接生。其花九瓣，色白微碧，狀類芙蕖，心如小浮屠形，叢生淺緑，細棘著根裏，紫色蓮鬚，香氣幽奇，與蘭草無異。又一幹一花皆著木末，疑遂以此得名。花落又從蒂中抽葉，特異他花。冬間結蘂，至二月盛開，蓋卉木之奇種也。昔人詩云：木末標孤穎，靈苞散九華。映空遥泛雪，翳日細通霞。色净黄金屋，香飄碧玉家。更憐搖落後，緑帶吐新芽。周孺允詩云：靈卉無根寄别枝，憑欄一笑逞幽姿。形過檐蔔禪林見，氣溢蘭蓀楚客知。鶴寺可令神女降，兔園偏與月華宜。含芳徙倚無人會，馮仗東風細細吹。

清 陳淏子《秘傳花鏡》卷三《花木類考・木蘭》 木蘭一名木蓮，一名杜蘭。生零陵山谷及泰山上，狀如楠。樹高數丈，枝果扶蘇。皮似桂而香，葉似長生，有三道縱紋。花似辛夷，内白外紫，亦有紅、黄、白數種。交冬則榮，亦有四季開者，實如小柿，甘美可食。

明 陳正學《灌園草木識》卷一《花之屬》 玉蘭 多從吴浙中來，用辛夷博接漳場師亦能之。第接在高處，不能如吴浙中低接，殊渾合可喜。花瓣剪碎可入茶，供成片者，同糖麪煎食之美。

明 夏旦《藥圃同春・二月》（《説郛續》卷四〇輯） 玉蘭 色白韻香，夏月以辛夷接之。

明 馮京第《蘭史・蘭外紀》 玉蘭 九瓣，色白竊碧，叢生，一幹一花皆

著木末，並無柔條，香味似蘭故名。冬結蕾，莫春開花，澆以糞水則花大而香。花落從蒂中抽葉，特異他草木。亦有黄花者最忌水浸。寄枝用木筆，秋後接之。花瓣揀凈拖麪麻油煎食，味美。

清 謝堃《花木小志·玉蘭》 花如白玉、稍含碧色而九出者，玉蘭也。初夏所開外紫内白而不能結實，或四季長開色有黄紅者，木蘭也。花苞尖長儼然如筆而紅焰如蓮者，辛夷也，又名木筆。然花無柔條皆着木末，葉似菌桂縱横扶疏，大可合抱，雪色瑩瑩，誠佳植也。

清 鄒一桂《小山畫譜》卷上《玉蘭花》 花大如碗，九瓣，色白而微黄，中抽一心如毬，旁鬚十數，莖紫檀色，苞二片栗殻色，開時即落，無蒂。樹高數丈，緑芽如豆莢對生，枝幹白色。

紀事

清 高士奇《北墅抱瓮録·玉蘭》 玉蘭喬柯上聳，絶無柔條。花開九瓣，着於木末，其白如玉，其香如蘭。花落後，葉從蒂出，緑蔭陰濃，極娱春晝。余武林舊居樓前玉蘭一本，大可拱抱。花時倚檻吟賞，儼對藐姑冰雪之姿。自浮沉京洛二十餘年，己巳春，扈蹕南巡始得，重過舊里，而樹已不存矣。時作懷舊數篇，中有「吟罷翠螺當檻入，妝成香霧捲簾看」之句，蓋意之所眈，不忍忘也。今園中所植，亭亭明豔，不異舊觀。

藝文

五代 庾傳素《木蘭花》（《全唐詩》卷八九九輯） 木蘭紅艷多情態，不似凡花人不愛。移來孔雀檻邊栽，折向鳳凰釵上戴。　是何芍藥爭風彩，自共牡丹長作對。若教爲女嫁東風，除却黄鸝難匹配。

元 陸文圭《牆東類稿》卷二〇《亭下玉蘭花開》 初如春笋露纖婳，拆似紅蓮白羽揺。亭下吟翁步明月，玉人虚度可憐宵。

明 史鑑《西村集》卷四《木蘭花》 玉色娟娟凈不華，莫教零落委泥沙。不知刳木爲舟日，開過東風幾度花。

清 聖祖愛新覺羅·玄燁《聖祖仁皇帝御製文集》卷三九《玉蘭》 瓊姿本自江南種，移向春光上苑栽。試比群芳真皎潔，冰心一片曉風開。

清 高宗愛新覺羅·弘曆《御製詩二集》卷四七《裕性軒詠玉蘭》 一樹當庭萬玉蕤，春風別館及芳時。色香兩字無餘凈，綈几憑參性所宜。

又《御製詩三集》卷七一《思永齋詠玉蘭》 一株香滿院，萬朵静迎窗。白業寧須習，紅芳祗合降。無枝不灑灑，有色那摐摐。思永思誰是，生花人姓江。

清 彭孫遹《松桂堂全集》卷三三《玉蘭》 仙苞早已濯冰壺，桃李山城葉未敷。昨夜東風作寒食，一庭春雪咀芳腴。鮮華比玉堅牢否，臭味如蘭耐久無。淚灑西堂舊花樹，吟魂渺渺夕陽徂。

清 趙執信《因園集》卷一三《大風惜玉蘭花》 池煙徑柳漫黄埃，苦爲辛夷酹一杯。如此高花白於雪，年年偏是鬥風開。

清 譚瑩《樂志堂文集》卷二《玉蘭花賦有序》 余家舊有玉蘭一株，花時輒賞玩其下，後以析産別居，花亦移植他所。業同顔氏叢蘭，久作庾郎枯樹，爰追憶而爲之賦云：

東風別院，明月雕闌。池平樹古，人静階閒。瓊蕤各各，寶樹珊珊。花原比玉，木總稱蘭。伴瑶臺於夜永，耐釦砌之春寒。爾其樹似辛夷，花如木筆，玉蕊根株，瓊花標格。例江梅而稍肥，比山礬而較逸。落落離離，疏疏密密。居然銕幹虬枝，原是蕙心蘭質。散亦留仙，拈宜供佛。鏤冰翦雪，滴粉搓酥。刻苔華之情思，雕楮葉之工夫。似芙蓉而皎潔，較薝蔔而敷腴。玲瓏剔透，飛動扶疏。水精簾隔宜稱，雲母屏遮有無。豈留香於燕姑，仍作佩於左徒。雲階月地，玉導瓊琚。當夫桂宇懸香，梨雲選夢。寶鼎煙沈，銀瓶水凍。兼木奴以吐芬，儷水仙而作供。三月芳馨，一年迎送。待月徘徊，司風鄭重。何知金谷之春，獨愛瑤閨所種。亦復貫同薜荔，扈等江蘺。被繁霜以摧折，經墜露以離披。豈乏松筠之操，皭然冰雪之姿。昔年臺榭，何處園池。珠閣銀櫳之別，閬風瑶島之疑。憶美人兮撫香樹，思公子兮折瓊枝。幾番開落，兩度相思，已矣哉。金銀宫闕凈無塵，角扇黄衫別有春。夢於群玉山頭見，詎知原是此花身。

雜録

梁 任昉《述異記》卷下 木蘭川在潯陽江中，多木蘭樹。昔吴王闔閭植

木蘭於此，用構宮殿也。七里洲中有魯班刻木蘭爲舟，舟至今在洲中，詩家云木蘭舟出於此。

清 雍正《浙江通志》卷一〇五《物産五・台州府》 玉蘭 《天台山方外志》：台山處處有之，其樹有合抱者，土人謂之望春花。

郁李

論説

明 李時珍《本草綱目》卷三六《木之三・郁李》 釋名：薁李《詩疏》，鬱李，車下李《別録》，爵李《本經》，雀梅《詩疏》，棠棣。時珍曰：郁，《山海經》作栯，馥郁也。花實俱香，故以名之。陸璣《詩疏》作薁字，非也。《爾雅》：棠棣即此，或以爲唐棣，誤矣。康棣乃扶移，白楊之類也。

綜述

三國吴 陸璣《毛詩草木鳥獸蟲魚疏》卷上《常棣》 常棣，許慎曰：白棣樹也，如李而小，如櫻桃，正白，今官園種之。又有赤棣樹，亦似白棣，葉如刺榆葉而微圓，子正，亦如郁李而小，五月始熟，自關西天水、隴西多有之。

明 李時珍《本草綱目》卷三六《木之三・郁李》 集解 《別録》曰：郁李生高山川谷及丘陵上，五月六月采根。弘景曰：山野處處有之，子熟赤色，亦可噉。保昇曰：樹高五六尺，葉花及樹並似大李，惟子小若櫻桃，甘酸而香，有少酸味也。禹錫曰：按郭璞云，棠棣生山中，子如櫻桃可食。《詩・小雅》云：棠棣之華，鄂不韡韡。陸璣注云：白棣樹也，如李而小，正白，今官園種之，一名薁李。又有赤棣樹，亦似白棣，葉如刺榆葉而微圓，子正，赤如郁李而小，五月始熟，關西天水，隴西多有之。宗奭曰：郁李，子如御李子，紅熟堪啗，微澀，亦可蜜煎，陝西有之。時珍曰：其花粉紅色，實如小李。頌曰：今汴洛人家園植，一種枝莖作長條，花極繁密而多葉者，亦謂之郁李，不堪入藥。

明 王路《花史左編》卷四《花之辨・郁李花》 有粉紅、雪白二色，俱千葉，花如紙剪簇成。

又 卷一八《花之证・常棣》 如李而小，子如櫻桃，正白，花萼上承下覆，甚相親爾。《采薇》所謂「彼爾維何，維常之華」是也。唐棣之華，反而後合，詩以譬權。則此華上承下覆，甚相親爾者，常而已矣。故曰常棣也。移从移，棣从隶，言華萼相承，輝榮相隶也。隶，仁也。移，義也。兄弟尚親親。親親，仁也。故常棣以燕兄弟。詩曰：常棣之華，鄂不韡韡。凡今之人，莫如兄弟。傳曰：聞常棣之言爲今也。聞常棣之言爲今，則管蔡之所以失道者，以不聞乎此而已。故序曰：閔管蔡之失道，故作常棣焉。蔡子曰：作人當如常棣，灼然光發。

清 陳淏子《秘傳花鏡》卷三《花木類考・郁李》 郁李，一名棠棣，又名夫移，喜梅俗呼爲壽李。樹高不過五六尺，枝葉似李而小，實若櫻桃而赤，味酸甜可食。其花反而後合，有赤白粉紅三色。單葉者子多，千葉者花如紙剪簇成，色最嬌豔，而上承下覆繁縟可觀，似有親愛之義，故以喻兄弟。周公昔賦棠棣即此，性潔喜暵，春間宜栽高燥處，澆以清水，不用大肥。仁可入藥。

清 謝堃《花木小志・常棣》 花攢雪片，子綴紅英，詩人娍其韡韡。河南諸郡有之。

清 鄒一桂《小山畫譜》卷上《郁李》 粉紅，千葉，花開葉間有柄，結實如櫻桃，葉尖長，微有鋸齒，樹小而枝直。《集注》以棠棣爲郁李者，非也。郁李不能偏反，萼不音浮。亦不多，《詩》所云棠棣者，應是海棠，非郁李也。

藝文

唐 陸龜蒙《郁李花賦》（《吴都文粹續集》卷二七輯） 試問花翁，得郁李之芳叢。移來砌下，出自山中。長沾澗雨，迥灑巖風。曾不得次玉堂而展低豔，承畫閣而逞微紅。虛在芳菲之數，徒干造化之工。弱植攲危，繁梢襞積。一枝上能萬其膚萼，一萼中自參其丹白。且桃以夭而蕣以華，芍藥爲贈兮芙蓉可嘉。誰爲剪細綺，碎明霞。鳳葆蘢葱於水殿，霓襟掩苒於雲車。靜倚庭楹，徐飄蕊氣。落幽閨怨別之夢，寫空谷遺榮之思。初侍東陵聖母，冶態嫣妍，近辭北燭仙人，愁容委墮。嗟其結莓苔之地，抱林麓之姿。蝶喜舞而相掠，鶯能言而見欺。香憐墜少，蒂戀飄遲。當杯者不顧，守道者應知。請看嵇康高士傳，莫信長安輕薄兒。

郁李花，小花，繁縟可愛。

宋 陳起《江湖集》後集卷二〇《郁李花》 花身合向玉新裁，同是玄元指姓來。拋擲人間春色裏，霞衣小豔亦文哉。

宋 蘇頌《蘇魏公文集》卷六《同賦山寺郁李花》 小樹扶疏若剪裁，新英濃淡對山齋。青紅相間垂羅帶，華葉同開綴寶釵。未必無言芳徑列，須看成實翠珠排。禪扃掩映情多感，藥譜標題品最佳。衆卉分敷争欲並，三春顔色此誰偕。誰憐寂寞游觀少，便與移根向玉堦。

宋 趙抃《清獻集》卷五《次韻郁李花》 花縣逢春對曉暉，朱朱白白綴繁枝。梅先菊後何須較，好似人生各有時。

宋 梅堯臣《宛陵集》卷二三《劉仲更於唐書局中種郁李》 冷局少風景，買花栽作春。前時櫻桃過，今日雀李新。榒條紅蓓蕾，婀娜含雨匀。舊來薔薇叢，饒借與近鄰。始移棣蕚密，不慚車下榛。日暮綴書罷，暫賞舉杯踆。

清 高宗愛新覺羅・弘曆《御製詩集》四集 卷六《郁李》 白棣一名曰郁李，由來從果不從花。亦花却作淡紅色，小雅分明莫認差。

清 彭孫遹《松桂堂全集》卷三三《郁李》 春光二月未蹉跎，唐棣偏翻發舊柯。白雪盈條開更合，紅綿寫靨淡相和。國風只賦容顔好，爾雅能疏種族訛。好待落花成子後，吹豳重聽老農歌。

清 張英《文端集》卷一二 予學圃齋前有郁李一株，因見樂天集中有《惜郁李花詩》，即次其韻。

濃縟愛花繁，低小憐枝弱。閑階石砌邊，移近梅花蕚。緣條雪皚皚，含煙春漠漠。剪裁羅綺輕，點染胭脂薄。山園久岑寂，流光任銷鑠。正是豔陽時，東風又開落。

清 查慎行《敬業堂詩集》卷四六《牆角郁李花盛放》 碎霞剪綺綴繁枝，偏反阿儺自一時。春到軒庭無悴物，又收常棣入吾詩。

玉蘂

論說

宋 程大昌《雜録》卷一〇《玉蘂名鄭花》 唐昌觀玉蘂花，長安惟有一株。或詩之曰：一樹瓏鬆玉刻成。則其葩蘂形，似略可想矣。春花盛時，傾城來賞，至謂有仙女降焉。元白皆賦詩以實其事，則爲時貴重可知矣。曾端伯曰：韋應物帖云京師重玉蘂花，比至江南，漫山皆是，土人取以供染事，不甚愛惜。則是江南有花，瓏鬆而白，其葉可用以染者，真唐昌之玉蘂矣。《高齋詩話》又云是楊汝士帖，未知孰是。山谷曰：江南野中有一種小白花，木高數尺，春開極香，野人謂之鄭花。王荆公陋其名，予請名曰山礬。此花之葉自可染黄，不借礬而成色，故以名。又《高齋詩話》曰：玉蘂即今瑒花也。予按瑒，雉杏反；玉，圭名也。瑒鄭音近而呼訛耳。吾鄉又呼烏朕花。朕鄭瑒音亦相近，知一物也。江南凡有山處即有此花，其葉類木犀而花白心黄，三四月間著花，芬香滿野。人家籬援，皆斫其枝，帶葉束之，稍稍受日，葉遂變黄，取以供染，不藉礬石，自成黄色，則魯直之言信矣。至謂僅高三二尺者，蓋土人不以爲材，稍可燃燎，亟樵之，不容其長。惟長安以爲貴異，故其幹大於他處，非别種也。予家塾之西有山礬一株，高可五七丈，春花盛時，瓏鬆耀日，如冬雪凝積，闔一里人家香風皆滿，比予辛未得第而歸，則爲人所伐矣，乃知唐玉蘂正是人能護養所致，非他處無此之木也。

宋 胡仔《漁隱叢話》前集卷四七 《高齋詩話》云：唐人題唐昌觀玉蘂花詩云：一樹瓏鬆玉刻成，飄廊點地色輕輕。女冠夜覓香來處，唯見堦前碎月明。今瑒花即玉蘂花，王介甫以比瑒，謂當用此瑒字。蓋瑒，玉名，取其白耳。魯直又更其名爲山礬，謂可以染也。廬陵段謙叔，多聞士也，家藏異書古刻至多，有楊汝士與白二十二帖，云唐昌玉蘂以少故見貴耳。自來江南，山山有之，土人取以供染事，不甚惜也。則知瑒花之爲玉蘂，斷無疑矣。傅子容見此帖，乃作絶句云：比瑒更礬總未佳，要須博物似張華。因觀異代前賢帖，知是唐昌玉蘂花。《苕溪漁隱》曰：余放浪林泉之日久矣，屢從樵夫野叟問所謂鄭花者，指其木謂余曰：此鄭木也。其葉如凍青，高二三丈，或有小者亦丈餘，暮春開花如凍青。花雖香而甚烈，全不旖旎。但山谷云江南野中有一種小白花，木高數尺，春開極香，與余所見全不類。今江浙山野間别有一種，其木高二三尺，或五六尺，初春開小白花，極香而有遠韻，土人謂之白丁香花，但其葉不能染黄耳。未知孰是。

蔡寬夫《詩話》云：李衛公《玉蘂花》詩云：玉蘂天中樹，金鑾昔共窺。注以爲禁林有此木，吴人不識，自文饒賞玩始得名，此爲潤州招隱山作也。碑今裂爲四段，在通判廳中，而招隱無復此花矣。詢之土人，皆莫知爲何物。或

云即今揚州后土祠瓊花乃是。自王元之始易其名，晏元獻賞以李善《文選》注質之，云瓊乃赤玉，與花不類也。

明 宋詡《竹嶼山房雜部》卷一〇《樹畜部二·種花卉法》 玉蘂花 周必大云：條蔓如荼蘼，冬凋春茂，柘葉紫莖，花苞初甚微，經月漸大，暮春方八出。鬚如垂絲，上綴金粟，花心復有碧筒，狀類膽瓶。其中別抽一英，出衆鬚上，散爲十餘蘂，猶刻玉然，花名玉蘂。曾端伯以爲瑒花，李衛公以爲瓊花，黄山谷以爲山礬，皆非也。王建詩云「一樹玲瓏玉刻成」，楊巨源詩云「蘂珠公主玉花香」，此與玉蘂花傳神也。《一統志》瓊花下曰：一名玉蘂花。今以八仙比之，似非必大之論。

綜 述

宋 陳景沂《全芳備祖》前集卷六《玉蘂花》 紀要 長安安業坊唐昌觀唐昌公主明皇女也，舊有玉蕊花，每發若瓊林瑤樹。《康駢劇談録》

清 陳淏子《秘傳花镜》卷四《藤蔓類考·玉蘂花》 玉蘂花，向爲唐人所重，故唐昌觀有之，集賢院有之。今自招隱寺得一本，蔓者荼蘼，冬凋春榮，葉似柘，莖微紫，花苞初甚細，經月漸大，暮春方八出，鬚如冰絲，上綴金粟，花心復有碧筒，狀類膽瓶。其中別抽一英，出衆鬚上，散爲十餘蕊，猶刻玉然，世多未之見，亦猶瓊花之難得也。

藝 文

唐 楊巨源《唐昌觀玉蘂花》（《萬首唐人絶句》卷八輯） 晴空素艷照霞新，香灑天風不到塵。持贈昔聞將白雪，蘂珠宫上玉花春。

唐 張籍《張司業集》卷七《唐昌觀玉蘂花二首》 千枝花裏玉塵飛，阿母宫中見亦稀。應共諸仙鬭百草，獨來偷折一枝歸。

九色雲中紫鳳車，尋仙來到洞仙家。飛輪回處無蹤跡，唯有班班滿地花。

唐 王建《王司馬集》卷八《唐昌觀玉蘂花》 一樹籠鬆玉刻成，飄廊點地色輕輕。女冠夜覓香來處，唯見堦前碎月明。

唐 楊凝《唐昌觀玉蘂花》（《萬首唐人絶句》卷三五輯） 瑶華瓊蘂種何年，蕭史秦嬴向紫煙。時控彩鸞過舊邸，摘花持獻玉皇前。

雜 録

唐 康駢《劇談録》卷下《玉蘂院真人降》 上都安業坊唐昌觀舊有玉蘂花，甚繁，每發若瑶林瓊樹。元和中，春物方盛，車馬尋玩者相繼。忽一日，有女子年可十七八，衣繡緑衣，乘馬，峨髻雙鬟，無簪珥之飾，容色婉約，迥出於衆。從以二女冠三女僕，僕者皆丱頭黄衫，端麗無比。既下馬，以白角扇障面，直造花所，異香芬馥，聞於數十步之外，觀者以爲出自宫掖，莫敢逼而視之。佇立良久，令小僕取花數枝而出。將乘馬迴，謂黄冠者曰：「曩者玉峰之約，自此可以行矣。」時觀者如堵，鹹覺煙霏鶴唳，景物輝煥。舉轡百步，有輕風擁塵隨之而去，須臾塵滅，望之已在半天，方悟神仙之游。餘香不散者，經月餘日。時岩給事休復，元相國、劉賓客、白醉吟俱有《聞玉蘂院真人降》詩。嚴給事詩曰：味道齋心禱至神，魂消眼冷未逢真。不如滿樹瓊瑶蘂，笑對藏花洞裏人。又云：羽車潛下玉龜山，塵界無由覩蕣顔。惟有無情枝上雪，好風吹綴緑雲鬟。元相國詩曰：弄玉潛過玉樹時，不教青鳥出花枝。的應未有諸人覺，只是岩郎卜得知。劉賓客詩云：玉女來看玉樹花，異香先引七香車。攀枝弄雪時迴首，驚怪人間日易斜。又云：雪蘂瓊絲滿院春，羽衣輕步不生塵。君王簾下徒相問，長記吹簫別有人。白醉吟詩云：嬴女偷乘鳳去時，洞中潛歇弄瓊枝。不緣啼鳥春饒舌，青鎖仙郎可得知。

宋 姚寬《西溪叢語》卷下 唐昌觀玉蘂花，今之散水花。

清 高士奇《北墅抱瓮録·玉蘂》 唐人最重玉蘂，種之集賢院中。其後失傳，不知玉蘂爲何物，並有疑即是瓊花者。近得一株，似荼蘼而八出，玲瓏明浄，真冰雪姿也。

月 季

論 説

清 李漁《閑情偶寄》卷一三《種植部·藤本第二·月月紅》 俗云：人無千日好，花難四季紅。四季能紅者，現有此花，是欲矯俗言之失也。花能矯

俗言之失，何人情反聽其驗乎？綴屏之花，此爲第一。所苦者樹不能高，故此花一名瘦客。然予復有用短之法，乃爲市井之人强迫而成者也。法在屏制之第三幅。此花有紅、白及淡紅三本，結屏必須同植。

此花又名長春，又名鬥雪，又名勝春，又名月季。予于種種之外，復增一名，曰斷續花。花之斷而能續，續而復能斷者，只有此種。因其所開不繁，留爲可繼，故能綿邈若此。其餘一切之不能續者，非不能續，正以其不能斷耳。

綜述

宋 宋祁《益部方物略記》 花亘四時，月一披秀，寒暑不改，似固常守。

右月季花 此花即東方所謂四季花者。翠蔓紅蘤，蜀少霜雪，此花得終歲十二，月輒一開。

宋 陳景沂《全芳備祖》前集卷二〇《月季》 紀要 有紅白二色，每月一開花。

明 宋詡《竹嶼山房雜部》卷一〇《樹畜部二・種花卉法》 月季 灌生小葉。紅花，白花。春前剪其枝，深插於肥土中，俟生根移種之。輔以屏架，花謝結子即摘去，花開恒不绝。

明 李時珍《本草綱目》卷一八上《草之七・月季花》 釋名 月月紅，勝春，瘦客，鬥雪紅。

集解 時珍曰：處處人家多栽插之，亦薔薇類也。青莖長蔓，硬刺，葉小於薔薇而花深紅，千葉厚瓣，逐月开放，不結子也。

明 高濂《遵生八牋》卷一六《燕閒清賞牋下・月季花二種》 俗名月月紅。凡花開後即去其蒂，勿令長大，則花隨發無已。二種，雖雪中亦花，有粉白色者甚奇。月季非長春，另是一種。按月發花，色相妙甚。

明 王路《花史左編》卷四《花之辨・月月紅》 俗名月月紅，又名月季花，又名長春花，又名勝春花，又名鬥雪花。一本叢生，枝幹多刺而不甚長，花有深紅淺紅之異。

清 陳淏子《秘傳花鏡》卷四《藤蔓類考・月季》 月季，一名鬥雪紅，一名勝春，俗名月月紅。藤本叢生，枝幹多刺而不甚長。四季開紅花，有深淺白之異，與薔薇相類而香尤過之。須植不見日處，見日則白者一二紅矣。分栽種扦俱可，但多蟲莠，須以魚腥水澆。人多以盆植爲清玩。

清 高士奇《北墅抱瓮録・月季》 月季花有紅、白、淡紅三色，香甚清越，逐月一開，四時不绝。種之籬落間，晨露未乾，鮮妍有態。臘中映雪，愈覺泥人。

清 吴儀一《徐园秋花譜》 月月紅乃薔薇類也。青莖長蔓，硬刺細葉，而花英層疊，紅厚如肉。應月應潮開，如月事不爽。秘辛陰溝，渥丹紅齊，欲吐其泛蕊時，可以移贈。

清 張逸少 汪灝等《佩文齋廣群芳譜》卷四三《月季》 月季花一名長春花，一名月月紅，一名鬥雪紅，一名勝春，一名瘦客。灌生，處處有。人家多栽插之。青莖長蔓，葉小於薔薇，莖與葉俱有刺，花有紅白及淡紅三色。白者須植不見日處，見日則變而紅，逐月一開，四時不绝。花千葉厚瓣亦薔薇之類也。性甘溫無毒，主活血消腫傅毒。

清 鄒一桂《小山畫譜》卷上《月月紅》 花似薔薇，葉五出，著花處或三出。花色粉紅，每月花開，又謂月季花。又有深紅者爲月桂，白者爲月白。

清 乾隆《續通志》卷一七四《昆蟲草木略》 月季花，薔薇類也。其花逐月開放，故名。一名月月紅，一名勝春，一名瘦客，一名鬥雪紅。

清 謝堃《花木小志・月季》 此花無月不開，冬夏花色稍減，亦不爽信。古人比此花若婦女信水，故又名月月紅。采花入藥，爲婦女調經妙劑。花有紫色、紅色、澹紅色，白而紅邊者，白而有絳色點者，白而帶黄者，白而帶淺緑者。然入藥當以鮮紅者爲佳，賞玩當以純黄純白者爲上。又有水紅色者，花如盌大，名曰寶相，爲最上品。

清《月季花譜》澆灌第一 月季不宜過濕，亦不宜過乾。盆面發白，即澆以清水。其水第一宜過冬臈水與黄梅雨水，否則尋常雨水亦可。若河水，以石子數枚攪澄之，久儲聽用尤妙。至開花時，澆以香茗，花更鮮美耐久。

培壅第二 月季性喜肥。其土以田地兩土對和，拌以濃糞。或將土先用火燒過，置於日曬雨淋之處，隨時取用最妙。但尋常土澆肥得法，亦得好花。第一用隔年臈糞，次則儲三四月後用之亦可，新糞斷不可澆。春則七糞三水，夏則四糞六水，秋則六糞四水，冬則八糞二水。無論有蕊無蕊，每月須澆二次，且紅者喜肥尤甚，多澆一二次無妨。至十二月中，天氣晴和，更宜以濃糞任意澆之，則不但足以御寒，亦不致落葉。來春必早旺。但春初萌芽甫發，及

根邊始出新枝時，決不可澆糞，澆則萌頭焦黑，須俟枝長葉老方可。開花時亦不宜澆，澆則花心過盛，反不能開。落花後必須澆糞，随時察肥瘦而培壅之，當在得宜也。

養胎第三　夏日炎熱，花易開而少瓣，結蕊後宜移陰處，或上用蘆簾遮蓋，微透日光，庶花大而開久。

修剪第四　花幹抽條，若聽其自然，則不特有礙生趣，且分花力，而不茂旺。凡枝下垂，或向裏或兩枝互駢者，老梗枯朽無花者，均當按其向背，量其疏密，時加脩剪。須四面條達，暢茂有致。且剪後數日必獲新枝，此係屢試屢驗，決不可忽也。

避寒第五　月季雖不畏寒，然不可令著風雪霜露。霜降後宜用蘆簾遮蓋，日則去之。至大寒時，或掘鬆地土，將盆半埋土内，日夜均以蘆簾遮護，此足御寒，且得地氣，是最妙法。或移屋内，然須向陽之處，遇天氣晴和，灑以清水，至正月底乃出房。

扦插第六　扦插當在三四月及七八月間，雨天乃扦插，他時不能也。扦枝須擇半老旺枝，於枝末用指甲刮去青皮幾分，插後置陰處半月，方可見日。時灑清水，逾月乃用淡糞水澆之，兩月即花。其土如用火燒過最妙。須拌以礱糠灰，或盆底鋪糠灰亦可，大約十土一灰。如由別處剪枝，須插於芋艿上，或蘿蔔上，山芋梨上，雖過夜入土，亦無傷也。至貴品不易活者，入土後用金汁水半荳澆之，無不活者。

下子第七　近之變種，均由下子。其紅種如漢宫春曉，白種如新春柳，春水緑波，俱黄種密波之子新變者。然下子蒔苗甚難，余未親試，未得其詳，姑述之以備博采。

去蟲第八　以魚腥水密灑花葉，能去一切蟲。如有細青蟲蝟集枝上，傷花葉者，一經魚腥水即浄。又有青蟲如蛀，先捲花葉者，做繭後生息日繁，專食花葉，故一見捲葉，即宜搜剔。又有黄肚蟲，專傷枝梗，爲患尤甚，宜時時留心殺之。倘壅以污物，不但根間易於生蟲，且梗上必多白虱，故止宜浄土也。

品種第九　現在所有佳種列之如左：

藍田碧玉此種不宜過肥，每月澆糞兩次，比剛種更宜淡。　金甌泛緑　朝霞散綺即羽士裝　虢國淡妝　赤龍含珠此種宜肥，否則花甚細小。　曉風殘月即新春柳，又云，瑶臺清品。　淡抹鵝黄即密波淡黄袍。　春水緑波此種最易脱葉，宜爲透風，開花時供屋内，夜必出露，否則葉脱。又，此與新春柳俱不宜過肥，澆法與藍田碧玉同。　六朝金粉　玉液芙蓉即水月妝，此種本無特異，以其色香兼擅，是以列於貴品。若春水緑波，亦漸有香氣也。以上各種，均別有丰姿，獨標新異，爲上品之尤貴者。月季花多有色無香，惟水月妝香氣更甚。

漢宫春晚　漢口黄　猩紅海棠　通草寶相　南海天竹　姣容三變
雨過天青　岳陽三醉　珠盤託彩　飛燕新妝　國色天香　銀紅牡丹
桃湖春曉　西施醉舞　朱衣一品　小玉樓即緑蝴蝶　大富貴
黑葵　一捻紅此種花心過盛，難開，結蕊時不宜澆糞。　洞庭秋月
杏花天　紫驪珠　映日荷　宿雨含紅　丹桂飄香即千瓣黄
楓葉蘆花　歡合巫山　緑珠春醉　血芽黄　金砂寶相　醉青蓮
醉楊妃　粉妝波斯　銀紅卍字　七寶冠　佛背回光　冰輪
秋水芙蓉　荳緑芙蓉　琪緑　緑葵　玉樓春　朱衣象笏
玉顔紅汗

著録

清《月季花譜》　月季花先止數種，未爲世貴，考之花譜，種法未明。近得變種之法，愈變愈多，愈出愈妙，始於清淮，延及大江南北。高人雅士爲之品題，花則盡態，名亦日新，而吴下月季之盛，始超越古今矣。種類之多幾與菊花方駕，而今之好月季者更甚於菊。余有月季之癖，栽種之法頗得其精，用將生平歷試之法著之，以供同好。列目爲九：一曰澆灌，二曰培壅，三曰養胎，四曰脩剪，五曰避寒，六曰扦播，七曰下子，八曰去蟲，九曰品類。

藝文

宋 宋祁《西州猥稿·月季花》（《兩宋名賢小集》卷二四輯）　群花各分榮，此花冠時序。聊披淺深艷，不易冬春慮。真宰竟何言，予將造形悟。

宋 韓琦《安陽集》卷九《中書東廳十詠·四季》　牡丹殊绝委春風，露

菊蕭踈怨晚叢。何似此花榮豔足，四時長放淺深紅。

宋 蘇軾《東坡全集》卷二四《次韻子由月季花再生》 幽芳本長春，暫瘁如蝕月。且當付造物，未易料枯枿。也知宿根深，便作紫筍茁。乘時出婉娩，爲我暖栗冽。先生蚤貴重，廟論推英拔。如今城東瓜，不記召南茇。陋居有遠寄，小圃無闊蹋。還爲久處計，坐待行年匝。子由明年六十。臘果綴梅枝，春杯浮竹葉。誰言一萌動，已覺萬木活。聊將玉蕊新，世謂此玫瑰花。插向綸巾折。

宋 蘇轍《欒城集》後集卷二《所寓堂後月季再生與遠同賦》 客背有芳藂，開花不遺月。何人縱尋斧，害意肯留枿。偶乘秋雨滋，冒土見微茁。猗猗抽條穎，頗欲傲寒冽。勢窮雖云病，根大未容拔。我行天涯遠，幸此城南茇。小堂劣容卧，幽閣粗可蹋。中無一尋空，外有四鄰匝。窺牆數柚實，隔屋看椰葉。葱蒨獨兹苗，愍愍待其活。及春見開敷，三嗅何忍折。

宋 楊萬里《誠齋集》卷三八《臘前月季》 只道花無十月紅，此花無日不春風。初尖已剥胭脂筆，四破猶包翡翠茸。別有香超桃李外，更同梅鬥雪霜中。折來喜作新年看，忘却今晨是季冬。

宋 陳景沂《全芳備祖》前集卷二〇《長春》 長春如稚女，飄摇倚輕颷，卯酒暈玉頰，紅綃卷生衣。東坡。

鄉邑已無路，僧廬今是家，聊乘數點雨，自種兩株花。陳簡齋。

籬落失秋序，風烟添歲華，衰翁病不飲，獨立到栖鴉。自有嬌紅間蒼葉，曾聞桃李開時雨，欲伴梧桐落後風，費盡主人歌與酒，不教閑却賞花翁。

誰言造化無偏意，獨抱春光向此中，葉裏儘藏雲外碧，枝頭賸帶日邊紅。不隨凡卉待春回。巽齋。

又《月季》 四時花不絶。張蕓叟。 開花不遺月。子由。 人間不老春。白氏集。 月季祇應天上物。張文潛。 春色四時長在目。白氏集。 但聞花開日日紅，天下風流月季花。陳參政。

只道花無十日紅，此花無日不春風，一尖已剥胭脂筆，四破猶包翡翠茸。別有香超桃李外，更同梅鬥雪霜中，折來喜作新年看，忘却今辰是季冬。誠齋。

明 劉繪《月季花》（《佩文齋詠物詩選》卷三四四輯） 緑刺含烟鬱，紅苞逐月開。朝華抽曲沼，夕蘂壓芳臺。能鬥霜前菊，還迎雪裏梅。蹋歌春岸上，幾度醉金杯。

明 張新《月季花》（《佩文齋詠物詩選》卷三四四輯） 一番花信一番新，半屬東風半屬塵。惟有此花開不厭，一年長占四時春。

清 吴綺《嶺南風物記》 月月紅出瓊州，有樹高丈餘者。

雜録

樟

論説

清 曹溶《倦圃蒔植記》總論卷上《論木第二》 豫樟一名香樟，參天蒼鬱，淩冬不凋，花葉俱馥。園亭丘壟植之俱宜，定品爲木之乙。

綜述

宋 梁克家《淳熙三山志》卷四二 樟 高大，葉似柟葉而尖長，彌辛烈者佳。爲大舟多用之。

清 高士奇《北墅抱瓮録・樟》 樟葉四時不凋，細花小子，扶疏挺特，具干霄之勢。其肌理錯綜有文，足中器用，非散材可伍。

紀事

北魏 酈道元《水經注》卷三九 建安中更名西安，晉又名爲豫章。城之南門曰松陽門，門内有樟樹，高七丈五尺，大二十五圍。枝葉扶疏，垂蔭數畝。應劭《漢官儀》曰：豫章樟樹生庭中，故以名郡矣。此樹嘗中枯，逮晉永嘉中，一旦更茂，豐蔚如初，咸以爲中宗之祥也。

宋 洪邁《夷堅支志》丙卷一《信豐巨樟》 贛州信豐縣水南有端蔭亭，前兩巨樟，相去百餘步。其高拂雲，枝幹扶疏，類煙霄中物，亭以故得名。紹熙癸丑之秋，贛境大水，至浸淫于縣鼓樓。兩樟之間爲所淘洗，露出一連理枝，自東徂西，長十四五丈，枝下去地丈許。蓋其生已多歷年所，因水暴乃表

見，遂爲一邑奇觀。

宋 祝穆《古今事文類聚》續集卷六《南溪樟隱記》 余卜居南溪上流，溪之滸有喬木一，蓋古之豫章，而今俗以樟名者也。其壽當三百餘載，而大且二十圍。團欒偃蹇，庇及數畝，老根盤踞，高突地面，如巨石礧砢。余因募工畚土，厚培其根，使平若一臺，可坐數客。久焉，根入土深，得所滋養，枝葉益敷暢。停午日不穿漏。夏五六月，清陰敷地，暑氣不入，涼飈時來。方春稚緑競，茂藹若雲屯。及玄冥凍沍，此獨挺秀，余愛護封殖，每爲賦。

藝文

唐 白居易《白氏長慶集》卷二《寓意詩五首·樟》 豫樟生深山，七年而後知。挺高二百尺，本末皆十圍。天子建明堂，此材獨中規。匠人執斤墨，采度將有期。孟冬草木枯，烈火燎山陂。疾風吹猛焰，從根燒到枝。養材三十年，方成棟梁姿。一朝爲灰燼，柯葉無孑遺。地雖生爾材，天不與爾時。不如糞土英，猶有人掇之。已矣勿重陳，重陳令人悲。不悲焚燒苦，但悲采用遲。

元 張翥《蛻菴集》卷三《豫章山房爲見心復公賦》 劍江寺裏古樟樹，百尺如蓋青童童。山靈長此護林壑，雷電不許藏蛇龍。掃石僮來秋葉後，談經僧坐晝陰中。題詩禪房更瀟灑，便與王城衹樹同。

明 李舜臣《愚谷集》卷三《宴都司樟樹下》 幕府樟陰幾畝垂，將軍綺席肯階移。分明翠濕添杯酌，竟夕清吟雜管吹。烏鵲堪輕三伏雨，青霄不礙萬年枝。還須滿月情何似，縱卜今宵露那知。

清 彭孫遹《松桂堂全集》卷四三《樟樹》 風散林香落浦沙，吹來何處野人家。沿溪偶共山僧話，知是江邊樟樹花。

雜録

清 雍正《江西通志》卷八《瑞州府》 社山在府城西四十里。《豫章記》云：南有樟木，枝葉鬱茂。上多奇鳥棲止，土人異之，立爲社壇，歲時祈禱。

清 乾隆《江南通志》卷三一《松江府》 吕公樟在華亭縣北道堂内。相傳宋時有回先生過此，手植樟一株於雲堂。後數年復來，問章公何在，時樟已枯瘁，乃取瓢中藥一丸瘞根下，樟復榮，每葉俱有瓢痕，人始悟吕仙也。

梔子花

論説

宋 郭知達《九家集注杜詩》卷二三《梔子》 《漢書》曰「梔茜薗」。注：梔，支子也。《本草》曰：支子，一名木丹。齊謝朓有《牆北梔子》詩。梁簡文帝有《詠梔子花》詩。

梔子比衆木，人間我未多。梔子，一名薝蔔，花六出，天下之至香，《維摩經》云：如入薝蔔林中，惟臭薝蔔香，不臭餘香。於身色有用，趙云：蜀人取其色以染帛與紙，故曰色有用。與道氣傷和。梔，性大寒，其花可食，可傷氣。《本草》。紅取風霜實，青看雨露柯。趙云：實經霜則紅，雨露潤則柯青。無情移得汝，貴在映江波。趙云：謝朓《牆北梔子樹》詩曰：有美當階樹，霜落未能移。還思照緑水，君階無曲池。其後梁簡文帝詩曰「素華偏可喜，的的半臨池」，則因謝朓以無曲池爲歎，而自言其的然有池之可臨矣。公今云無情移汝于它處，貴在映江波，則又以有江波之可映，蓋又勝于臨池者乎。

宋 陳耆卿《赤城志》卷三六《風土門一》 梔子 一作支子，一名鮮支。《上林賦》：鮮支黄礫。司馬彪注：鮮支，支子也。佛書稱檐蔔花六出。按黄魯直云：八出者勝。近有一種，花瓣尤多且大，名川梔。

明 文震亨《長物志》卷二《花木·薝蔔》 一名越桃，一名林蘭，俗名梔子，古稱禪友。出自西域，宜種佛室中。其花不宜近嗅，有微細蟲入人鼻孔，齋閣可無種也。

清 李漁《閑情偶寄》卷一三《種植部·木本第一·梔子》 梔子花無甚奇特，予取其仿佛玉蘭。玉蘭忌雨，而此不忌雨。玉蘭齊放齊凋，而此則開以次第。惜其樹小而不能出檐，如能出檐，即以之權當玉蘭，而補三春恨事，誰曰不可？

清 曹溶《倦圃蒔植記》總論卷上《論花第三》 瞻蔔花，雖萎猶勝一切花。他花萎即零落，惟梔子花初開潔白，次漸萎黄，後乃乾脱，終不飄散，乃知

佛無諍語，而花之取重也亦以此。世人或以千葉爲尚，我獨取單瓣者，秋林霜子，赭黃可玩。

綜述

唐 段成式《酉陽雜俎》卷一八《廣動植之三·木篇》 梔子，諸花少六出者，唯梔子花六出。陶貞白言：梔子翦花六出，刻房七道，其花香甚，相傳即西域薝蔔花也。

宋 施宿等《會稽志》卷一七《木部》 梔子，諸花少六出者，惟梔子花六出。陶貞白言，梔子翦花六出，刻房七道，芬香特甚。相傳即西域薝蔔也。今會稽有二種，一曰山梔，生山谷中，花瘦長，香尤奇绝。水梔生水涯，花肥大，倍於山梔，而香差減。近歲有千葉梔，六月初始盛。韓退之云「芭蕉葉大梔子肥」，蓋謂水梔也。藥亦用之，然必用山梔。

宋 趙汝適《諸蕃志》卷下《志物·梔子花》 梔子花，出大食啞巴閑、囉施美二國。狀如中國之紅花，其色淺紫，其香清越而有醖藉。土人采花曬乾，藏之琉璃瓶中。花亦希有，即佛書所謂薝蔔是也。

宋 陳景沂《全芳備祖》前集卷二三《薝蔔花》 **碎録** 一名梔子，一名木丹，一名越桃。《本草》 薝蔔，梔子花也，與雪皆六出。《坡詩注》 凡草木，花五出，而薝蔔六出。諸花少六出者，惟梔子六出。《韓詩外傳》 陶貞白曰，即薝蔔花是也。《酉陽雜俎》 如人入薝蔔林中，聞薝蔔香不聞他香。《佛書》 樓石山，多梔子。《名山志》 望氣占人家黄氣者，梔子樹也。《境地圖》

紀要 漢有梔茜園。《漢書》 晉有華林園，種梔子。《晉書》 晉令諸宮有秋梔子，守護者置吏一人同上。 蜀有紅梔花其形六出。孟知祥召百官於芳林園賞之。《萬花谷》

雜著 林蘭近雪而揚猗。注林蘭，梔子也。謝靈運《賦》

明 盧翰《掌中宇宙》卷一三《草木部·梔六出》 一名鮮枝，一名檐蔔，一名林蘭，獨此花六出。

明 焦周《焦氏説楛》卷二 薝蔔，梔子，一名木丹，一名越桃。

明 李賢等《明一統志》卷九〇《三佛齊國》 梔子花 色淺紫，香清越。其花稀有，土人采之曝乾，藏瑠璃瓶中。

明 王鏊《姑蘇志》卷一四《雜花十九》 梔子 色白而香，即佛書檐蔔花。

明 宋詡《竹嶼山房雜部》卷一〇《樹畜部二·種花卉法》 梔子 葉圓長，有紋。一名越桃。《子虛賦》曰鮮支。杜工部詩曰：紅取風霜實，青看雨露柯。 單花生子，重花子少而少，四季花。皆白色。五月芒種時，穿腐木板爲穴，塗以污泥，剪其枝分板穴中，浮水面，候根生，破其板爲密栵而種之，可以樊圃，有每枝以沃壤一團插而置之鬆畦內，常灌水，候生根移種之，亦宜芒種時。其子爲染黄材。《貨殖傳》云：梔茜千石，亦比千乘之家。

明 王世懋《學圃雜疏·花疏》 梔子，佛經名薝蔔。單瓣者六出，其子可入藥入染。重瓣者花大而白，差可觀。香氣殊不雅，以佛所重存之。

明 王圻《稗史彙編》卷一四八《梔子》 梔子可染黄，其花白而甚香。五月間，極茂。凡花不過五出，唯梔六出，大者七出。其實黄赤，亦以七棱者爲良。或曰此即西域之檐蔔花。

明 高濂《遵生八牋》卷一六《四時花紀·山梔子》 大葉梔子花，至秋結子，儼狀薔薇，花蕊經霜，由黄而紅。盆種插瓶，可助十一月中無花之趣。

又《四時花紀·梔子花三種》 有三種，有大花者，結山梔，甚賤。有千葉者，有福建矮樹梔子，可愛，高不盈尺。梅雨時隨手剪扦肥土，俱活。

明 王路《花史左編》卷四《花之辨·梔子花》 有花小而重臺者，園圃中之品卉。又一種徽州梔子，小葉小枝小花，高不過尺許，可作盆景。

又 卷一三《花之忌·梔子》 此花喜肥，宜以糞澆，然澆多太肥，又生白虱。

明 周文華《汝南圃史》卷七《梔子》 梔子花，一名越桃，一名林蘭，佛書又云檐蔔花。比爲禪友。杜悰建檐蔔館，形亦六尺，器用之屬皆象之。其實七棱，單葉者結實，可以供染，千葉者不結子，色潔白而香酷烈。五月中帶花移栽，梅雨中取嫩枝插肥土中即活。《便民圖纂》云：十月選成熟者，取子淘净曬乾，至來春三月斸畦種之，覆以灰土，如種茄法。次年三月移栽，第四年開花結實。《瑣碎録》云：黄梔子候其大，逐時摘青者曬收，至黄熟則消化爲水，言收貴早也。千葉梔子，不必扦插，止用土壓旁生小枝，逾年自生根，分栽極易活。此花喜肥，頻以糞水沃之則盛。折枝插瓶，須搥碎其根，實以白鹽，則花色不改。

明 陳正學《灌園草木識》卷一《花之屬》 玉樓春 山梔之小蘂而千葉者。

明 方以智《物理小識》卷九《草木類》 梔子 有單花，重花，四季花，皆六出。芒種時穴腐版泥塗，翦枝種之，浮水面，候根生而栵種之。入藥取小者，染取大者，然易脱色。周吉甫所言，白雲寺鄭强墓地之薝蔔，則外紫内淡黄者也。景焕言青城申天師進紅梔子種，象踶花含笑花則似梔子者也。

明《花史》夏集《薝蔔花》《格物叢話》：一名梔子花，葉厚深緑，如兔耳。凡草木花多五出，此花六出，色白心黄。又一種花葉差大，謝靈運目爲林蘭。《名山志》曰：樓石山多梔子，漢有梔茜園。《蜀志》曰：蜀有紅梔子花，其形六出。《地鏡圖》曰：占人家黄氣者，梔子樹也。《本草》曰：梔子一名木丹，一名越桃。

種花

帶花移易活，霉雨時插嫩枝易生。十月選成熟者，取子淘净曬乾，至来春三月斸畦種之。覆以灰土，如種茄法，次年三月移栽，第四年開花結實。

清 曹溶《倦圃蒔植記》卷中《梔子》 薝蔔清芬，佛家所重，古稱禪友，殆非虚言。法：於梅雨手翦嫩枝，隨插肥地，以糞澆之，或壓傍枝，週年分種，或於十月選子淘净，來春作畦種之，覆以灰土，如種茄法。折枝插瓶，須搥碎其根，實以白鹽，則花色不改。昔宰相杜悰建檐蔔館，形亦六出，器用之屬皆象之，欲知清净身，當作如是觀。檐蔔一名越桃，一名林蘭，今谓之梔子。

清 陳淏子《秘傳花鏡》卷三《花木類考·梔子花》 梔子花，一名越桃，一名林蘭，釋號檐蔔，小木也。有三種，單葉小花者結子多，千葉大花者不結子，色白而香烈。又有四季花者，亦不生。山梔，徽州産。一種矮樹梔子，高不盈尺，盆玩，清香動人。夏花潔白而六出，秋實丹黄有棱，可染黄色，亦可入藥。昔孟昶十月宴芳林園，賞紅梔子花，清香如梅，近日罕見此種。冬初取子晒乾，來春畦種，覆以灰土，如種茄法。次年三月移栽，至四年即開花結實矣。又梅雨時，隨花剪扦肥地，亦活。若千藥者，宜土壓旁生小枝，久則根生，分栽自活。惟布喜糞，惟以輕肥沃之自茂，若太肥又恐生鼠虱。一法：芒種時穴一腐板、泥塗，剪枝種其上，浮置水面，候其根生後，移而種之。

清 張逸少 汪灝等《佩文齋廣群芳譜》卷三八《卮子》 梔子一名越桃，見陶弘景《别録》。一名鮮支。見《上林賦》。有兩三種，處處有之。一種木高七八尺，葉似兔耳，厚而深緑。春榮秋瘁，入夏開小白花，大如酒杯，皆六出，中有黄蕊，甚芬芳。結實如訶子狀，生青熟黄，中仁深紅，可染繒帛。入藥用山梔。子皮薄圓小如鵲腦，房七棱至九棱者佳。一種花小而重臺者，園圃中品。一種徽州梔子，小枝小葉小花，高不盈尺，可作盆景。山谷詩話云：染梔子花六出，雖香不濃郁。山梔子花八出，一株可香一圃。《酉陽雜俎》云：相傳即西域薝蔔花。或曰薝蔔金色，花小而香，西方甚多，非梔也。此花喜肥，宜糞澆，然太多又生白虱，宜酌之。

清 鄒一桂《小山畫譜》卷上《梔子》 白花六出，重臺者九出，瓣厚而香郁。黄心三粒，紫鬚三莖，開足則瓣如圓頂，實尖瓣也。蒂葉六七不等，如茉莉而粗大，葉如山茶。樹高三五尺，六月開。即西域所謂薝蔔也。蘂卷如螺狀，帶緑色。

清 張宗法《三農紀》卷六《植屬·梔子》 梔子，《圖經》云：木不高大，葉如兔耳而厚緑。春榮秋萃，入夏開白花，皆六出，含黄蕊，甚芬香。陶隱居云：其花剪刀六出，刻房五道，結實如呵子狀，生青熟黄，中藏小仁，可染黄色。有種木不結實者，又有種葉小樹矮者，花惟八出者香甚。《本草》云：越桃，一名丹木，《上林賦》作鮮支，一名林蘭。梵書謂檐蔔花。蘇詩云：六花檐蔔林間佛。曾文昭吟云：欲知清净身，即此林間是。晨開□萎，現身説法，令人警心長覺，故□氏珍之。

清 雍正《廣西通志》卷三一《物産》 梔子花，形似小蓮花，色純白，瓣極厚，而香甚韻。

清 謝堃《花木小志·梔子》 有河梔，有瀰梔，有牡丹梔，皆不若同心梔能結子。其子入藥，能治小兒急慢驚風。花白而香，婦女喜佩之。

紀 事

清 吴任臣《十國春秋》卷四九《後蜀二·後主本紀》 （廣政十二年）冬十月，賞紅梔花于芳林苑，大宴百官。花本青城山叟所貢，初進紅梔子三粒，種之成樹。其花爛紅，六出，清香如梅，當時最重之。

又卷五七《後蜀十·列傳》 申天師者，唐玄宗之裔也。修道青城山，有奇驗。廣政末，後主頗耽情，苑囿奇花異卉，盛極一時。天師輒進紅梔子種兩粒，其花斑紅，六出，香氣襲人，後主甚愛重之。令圖寫於團扇，繡於衣服，或

以綃索鵝毛，做作首飾，號曰紅栀子花。詔賜天師束帛，天師隨手散盡，竟不知其所之。天師著有《恰神論》若干卷，一云名迅。

藝文

唐 劉禹錫《劉賓客外集》卷三《和令狐相公詠栀子花》 蜀國花已盡，越桃今已開。色凝瓊樹倚，香似玉京來。且賞同心處，那憂別葉催。佳人如擬詠，何必待寒梅。

宋 蔣堂《春卿遺稿·栀子花》 庭前栀子樹，四畔有椏杈。未結黃金子，先開白玉花。

宋 蘇籀《雙溪集》卷一《栀子花》 鏤裁雪羽元同質，合輯龍沈更一家。氣襲禪僧鼻端白，葩敷溪女鬢脣斜。牽纏薌色誠虚幻，結習因緣可歎嗟。芍藥調和傳漢殿，酴醾脂澤有渾耶。

宋 李石《方舟集》卷一《栀子賦》 若夫栀子花者，薝蔔花也。天之生物，物各有時，時各有職。職主一時，時主一色。威福之柄，如君如臣，如主如客，不可紊也。榴花妥檐，與鶴頂鬥鮮，芙蓉濯水，與蜀錦争魄。此非天運之叙乎？祝融用威，朱鳥奮翼。火輪曳空，炎炎赫赫。異哉，詫乎。一花纖微束皇刻，一氣浩大天皇織，而乃與較瑞花虚名爲六出乎。紛紛披披，霧霰争馳，凛凛栗栗，圭璧盈尺。與陽俱升，終歲取食。可以實百果，可以瑞黅麥。皎皎乎，浩浩乎。攘汾陰之瓊仙，傾壽陽之粉額，謬老李之鬚鬢，奪蟾桂之標格。六氣旋軫，六月一息。六而六之變化羲畫，凡物待之。曰：此天數也，物各有得。汝自怙權，與天争力，上帝照臨，汝不無責。言畢，夢一道士曰：某即風霆之精，雲雨之澤也。炎黄苗裔皆吾子孫，爰自典謨既遠，有熊是宅。漲風雷之浩渺，攀星虹於倏忽。巫咸之九神，姬旦之土圭所不能測。曰茂曰已，吾之降聖也。繼南離以述志，植九土而立極。西皞之殺物然，洪波之滔天然，吾之役使任爲妃匹也。佐禹治水，我即黄魔，翊漢帝儲，我即黄公。傳授兵略，幃幄帝師，赤松羽化者。薝蔔之爲栀子乎，栀子之爲薝蔔乎？歲晚後凋，屈意樛陰，有不改柯易葉者，猶足以侣青青而娩松柏也。

宋 楊萬里《誠齋集》卷七《栀子花》 樹恰人來短，花將雪樣看。孤姿姸外净，幽馥暑中寒。有朵篸瓶子，無風忽鼻端。如何山谷老，只爲賦山礬。

宋 劉過《龍洲集》卷五《詠余商卿栀子花》 香不求知色自然，朝來何許雪華鮮。如行佛國參知識，未嫁仙姿益净娟。梅子已黄猶夜雨，客游方倦作春眠。地卑山近征衣潤，不費熏爐一炷烟。

宋 蘇泂《泠然齋詩集》卷八《贈耕堂栀子花》 六出英英九夏寒，短叢香玉映清湍。主人自出無人管，輸與泠然隔岸看。

宋 舒岳祥《閬風集》卷六《栀子花》 六出臺成一寸心，銀盤裏許貯金簪。月中不著蠅點璧，春過翻疑蝶滿林。陸地水光山院静，炎天冰片石壇深。揚州只説瓊花好，漠漠風沙何處尋。

宋 彭孫遹《松桂堂全集》卷三三《栀子花》 玉卮貴女七香車，來自曾城阿母家。不向人間鬥金粉，却從天上擲瑶華。凉珠蕊小蜂鬚顫，暖雪窩深蝶翅斜。莫怪紛紛呼薝蔔，未應塵世有仙葩。

元 王義山《稼村類稿》卷三〇《栀子花詩》 當年曾記晉華林，望氣紅黄栀子深。有敕諸宫勤守護，花開如玉子如金。此花端的名薝蔔，千佛林中清更潔。從知帝母佛同生，移向慈元供壽佛。

清 高宗愛新覺羅·弘曆《御製詩集》初集卷三三《栀子花》 葉是緑雲護，花如白玉攢。風情常淡遠，露影已闌干。祗以色香净，因之擬議難。三間如識此，定不更滋蘭。

雜録

宋 阮閱《詩話總龜》卷二 蔣堂侍郎方六歲，父令作栀子花詩。曰：庭前栀子樹，四畔有椏杈。未結黃金子，先開白玉花。

宋 高似孫《剡録》卷九《草木禽魚上·木》 薝蔔 此花生山谷，榛篁間最多，禪月所謂白薝蔔花露滴也。韓渥詩：整釵栀子重，呵酒菊花香。杜甫《栀子》詩其實也。王梅溪詩：禪友何曾到，遠從毗舍園。妙香通鼻觀，静悟佛根源。

宋 張淏《會稽續志》卷四 薝蔔花，越山處處有之，唯剡中爲盛。山谷榛篁間最多，即栀子花也。

清 雍正《江西通志》卷二七《土産·建昌府》 栀子 花瓣重叠，名玉樓春。

清 乾隆《福建通志》卷一〇《物産》 栀子 一作支子。《上林賦》云鮮支。

黄欒注：鮮支，支子也。謝靈運賦「林蘭近雪」，而楊猗注「林蘭，亦支子也。」佛書呼爲檐蔔。花開六出，故東坡詩有「六花檐蔔林間佛」之句。其實七棱，亦名越桃，可入藥。有花開百葉者，名水梔花，都人呼玉樓春。

竹

論説

晉 戴凱之《竹譜》 植類之中，有物曰竹。不剛不柔，非草非木。小異空實，大同節目。或茂沙水，或挺巖陸。條暢紛敷，青翠森肅。質雖冬蒨，性忌殊寒。九河鮮育，五嶺實繁。萌筍苞籜，夏多春鮮。根幹將枯，花復乃縣。舒必六十，復亦六年。簻龍之美，爰自崑崙。員丘帝竹，一節爲船。巨細已聞，形名未傳。桂實一族，同稱異源。簩尤勁薄，博矢之賢。篁任篙笛，體特堅圓。棘竹駢深，一叢爲林。根如推輪，節若束針。亦曰笆竹，城固是任。篾筍既食，鬢髮則侵。單體虛長，各有所育。苦實稱名，甘亦無目。弓竹如藤，其節郄曲。生多卧土，立則依木。長幾百尋，狀若相續。質雖含文，須膏乃縟。厥族之中，蘇麻特奇。修幹平節，大葉繁枝。凌羣獨秀，蓊茸紛披。篔簹射筒，箖箊桃枝。長爽纖葉，清肌薄皮。千百相亂，洪細有差。相繇既戮，厥土維腥。三堙斯沮，尋竹乃生。物尤世遠，略狀傳名。

綜述

吴 陸璣《毛詩草木鳥獸蟲魚疏》卷上《菉竹猗猗》 有草似竹，高五六尺，淇水側，人謂之菉竹也。緑竹一草名，其莖葉似竹，青緑色，高數尺，今淇澳傍生此，人謂此爲緑竹。

北魏 賈思勰《齊民要術》卷五《種竹第五十一》 中國所生不過淡苦二種，其名目奇異者，列之於後條也。宜高平之地，近山阜尤是所宜，下田得水則死。黄白軟土爲良，正月二月中，斸取西南，引根並莖，芟去葉，於園内東北角種之。令坑深二尺許，覆土厚五寸，竹性愛向西南引，故園東北角種之。數歲之後，自當滿園。諺云：東家種竹，西家治地，爲滋蔓而來生也。其居東北角者，老竹，種不生亦不能滋茂，故須取西南引少根也。稻麥糠糞之，二糠各自堪糞，不令和雜。不用水澆，澆則淹死。勿令六畜入園，二月食淡竹笋，四月五月食苦竹笋。蒸煮炰酢，在人所好。其欲作器者，經年乃堪殺。未經年者，軟未成也。

唐 郭橐駝《種樹書·竹》（《説郛》卷一〇六下輯） 凡種竹，正二月斸取西南根，於東北角種，其鞭自然行西南，蓋竹性向西南行也。諺云：東家種竹，西家種地。若得死貓埋其下，其竹尤盛。種竹有醉日，即五月十三日也。

宋 周去非《嶺外代答》卷八《花木門·竹》 簜竹葉大且密，略如蘆葉，穠陰鬱然，它竹不逮。節上出小筍，籜破成枝，春深根旁大筍才出，經冬不已，極易種。

宋 陳景沂《全芳備祖》後集卷一六《竹》 竹，曰青士（《樊宗師記》）。揚州厥貢篠簜，荆州厥貢惟箘簵楛（《禹貢》）。瞻彼淇澳，菉竹猗猗（《衛風》）。仲冬取竹，箭箭矢竹也（《説文》）。如竹箭之有筠，貫四時而不改柯易葉（《禮記》）。渭川千畝竹，其人與千户侯等（《史記》）。東南之美，有會稽之竹箭焉（《爾雅》）。少室之山有大竹，堪爲釜甑（《孝經河圖》）。秦地有鄠杜竹林，南山檀柘，號陸海焉（《漢書》）。江寧縣慈姆山生簫管竹（《丹陽記》）。竹生花，其年便枯。竹六十年一易根，必結實，而枯。死，實落土復生（《山海經》）。種竹者用辰日。山谷所謂「竹須辰日斫，笋看上番成」是也，又用臘月，杜陵所謂「東林竹影薄，臘月便須栽」是也，又用五月十三日，古人謂之醉竹日，栽竹多盛茂。然又有不拘此者，晏元獻詩云：苒苒渭侯族，蕭蕭塵外姿，如能善封殖，何必醉中移。竹有雌者多笋，自根而上生梢，一節發者爲雄，二節發者爲雌（《仇池墨記》）。

元 李衎《竹譜》卷四《竹品譜·全德品》 白眼竹出廣州山中，大槩類淡竹。大者徑二三寸，節密且高，幹圓而瘦，中作椽柱。性脆不可作篾，枝葉婆娑可愛。

又 瀟湘竹凡二種，出七閩山中：一種圓而長，大可爲傘柄，小爲笛材；一種高止數尺，人家移植盆檻中，芃芃可愛。

又 水竹凡二種：一種出黔南管内，或生巖下潭水中，其筍隨水深淺以成節。若水深一丈，則筍出水面爲一節，蠻猺采以爲食；一種江廣處處有之，多生水邊及道傍下濕處，形狀與簕竹相同，人取劈篾，雜用皆可。謝靈運《山居賦注》云，水竹依水而生，甚細密，吴中亦有。《新安志》云，水竹柔韌可爲篾。

又 秋竹生七閩山中，大者不過脚指許，枝幹柔弱，葉長細大，槩如四季竹，與化軍尤多。析爲篾，耐濕而遲腐。

又 哺雞竹又名雞簕竹，出蘇湖山中，人家庭院亦或植之，不甚高大，凡八種，大槩相似，節葉差異。筍出亦有早晚，食之極甘脆。嘉禾人以莽竹之筍爲哺雞筍，湯與權云，春雞哺出時此筍出，故名，非也。《吳郡志》哺雞竹葉大，多濃陰，雖圃徑難得極大者，而至易種。其筍蔓延滿地，若雞之生子衆多，故名。吳人謂雞鶩伏卵爲哺，《番禺志》云雞簕竹。

又 雷竹生浙東山中，人家園圃亦有之，大槩與常竹不異。始聞春雷即發筍，故名。

又 朱簾竹生湖州山中，與常竹不異，但枝葉細長，垂下摇摇如垂簾之狀。又節間頗長條，析之柔韌不折，尤宜織簾，故名。

又 秀竹出上黨，叢生，人家庭院植之。葉如淡竹差細，小莖，如箭竹。

又 砂竹生處州山溪傍砂土，高不過三二尺。彼人移入盆檻中，置几案上，爲雅玩。

又 陰江竹出峽郡。《峽程記》云：瀘合遂蜀四州，皆峽之郡，凡江會於此，前者非一，如大江、中江、北江之水又自峽下。荆州北江，即陰江也。其竹凌雲而葉婆娑，影氣寒冷，故杜子美移種萬竿於浣花草堂。詩云：我有陰江竹，能令朱夏寒。陰通積水內，高映浮雲端。

又 嘉竹出建寧天柱峰南一隅，檀欒可愛，故曰嘉竹。

又 卷五《竹品譜・異形品上》 貓頭竹一名貓彈竹，處處有之。江淮之間生者，高一二丈，徑五六寸。衡湘之間者，徑二尺許，其節下極密，上漸稀，枝葉繁細，筍充庖饌绝佳。此筍出時若近地堅硬，或礙磚石，則無間遠近，但遇可出處即穿土而出，猶狸首鑽隙，無不通透，故寓此名。亦有高丈許者，下半特無枝葉，庭院栽植，枝葉扶疏，清陰滿地，殊可愛悦。然竹身下粗上細，竿大葉小，不宜圖畫。廣中出者，筍味不佳。江西及衡湘間人，入冬視地縫裂處掘之，謂之冬筍，甚美，留不取，至春亦腐朽，別生春筍爲竹，福州人訛爲麻頭竹。

明 周文華《汝南圃史》卷一一《竹木部・竹》 靈竹生蜀中大面山，竹根如龍首，耳角眉目天然而成，見《輿地紀勝》。竹幹凌青雲而直上，枝葉瀟疏，開色青翠，風來有聲。東坡居士曰：可使食無肉，不可居無竹。無肉令人瘦，無竹令人俗。人瘦尚可肥，士俗不可醫。傍人笑此言，似高遠似癡。若對此君成大嚼，世間那有楊州鶴。

明 夏旦《藥圃同春・五月》（《説郛續》卷四〇輯） 天竹 有花，能結子，微香。

清 李漁《閑情偶寄》卷一四《竹木第五・竹》 俗云：早間種樹，晚上乘涼。喻詞也。予于樹木中求一物以實之，其惟竹乎！種樹欲其成陰，非十年不可。最易活者，莫如楊柳，求其陰可蔽日，亦須數年。惟竹不然，移入庭中，即成高樹，能令俗人之舍，不轉盼而成高士之廬。神哉此君，真醫國手也！種竹之方，舊傳有訣云：種竹無時，雨過便移，多留宿土，記取南枝。予悉試之，乃不可盡信之書也。三者之内，惟一可遵，「多留宿土」是也。移樹最忌傷根，土多則根之盤曲如故，是移地而未嘗移土，猶遷人者并其卧榻而遷之，其人醒後尚不自知其遷也。若俟雨過方移，則沾泥帶水，有幾許未便。泥濕則鬆，水沾則濡，我欲留土，其如土濕而蘇，隨鋤隨散之，不可留何。且雨過必晴，新移之竹，晒則葉捲，一捲即非活兆矣。予易其詞曰：未雨先移。天甫陰而雨猶未下，乘此急移，則宿土未濕，又復帶潮，有如膠似漆之勢，我欲多留，而土能隨我，先據一籌之勝矣。且栽移甫定而雨至，是雨爲我下，坐而受之，枝葉根本無一不沾滋潤之利。最忌者日，而日不至，最喜者雨，而雨即來，去所忌而投以喜，未有不欣欣向榮者。此法不止種竹，是花是木皆然。至于「記取南枝」一語，尤難遵奉。移竹移花不易其向，向南者仍使向南，自是草木之幸，然移草木就人，當隨人便，不能盡隨草木之便。無論是花是竹，皆有正面有反面，正面向人，反面向空隙，理也。使記南枝而與人相左，猶娶新婦進門，而聽其終年背立，有是理乎？故此語只當不説，切勿泥之。總之，移花種竹，只有四字當記，「宜陰忌日」是也。瑣瑣繁言，徒滋疑擾。

清 曹溶《倦圃蒔植記》卷二 淡竹，葉能利小水，而花奇妙，枝葉亦雅。

清 高士奇《北墅抱瓮録・斑竹》 斑竹碧幹紫紋，娟净莫比，修篁塢中皆植此種，新梢乍放，殘粉未消，對之令人神遠。

清 陳鼎《竹譜・美人竹》 産中州伊洛之間，幹扁而色青，筍亦甘香可啖，葉如柳葉狀美人之眉，故以美人呼之。植之曲檻，月下風前，楚楚可愛。當秋宵春晝，□香獨對，如擁十二金釵，呼之欲應□。

又《高蓋竹》 産貴州貴筑土司中，長三丈，下無枝葉，及頂方生，枝葉亭亭如蓋。

又《玉版竹》 產江右吉安府白鷺洲，皮潔如玉，而筍味甘香亦如玉版，成竹青青可愛。

又《朱竹》 葉赤質亦□，筍味甘香，瓊州頗多。東甌雁蕩山中者色如渥丹，□曉霞相射，紅映數里。

又《萬王竹》 產湖廣柳州桂東縣萬王城中。萬王，不知何代人，相傳曾寓此城，階砌尚存，砌旁修竹數竿，至今鬱然。每早自仆掃其地而復立，故土人呼爲萬王竹。

紀　事

宋 黄休復《茅亭客話》卷八《滕處士》 園中有慈竹，叢生，根不離母，故名之慈也。有釣絲竹，以其弱，杪低而垂至地也。有絲竹，葉細而青，莖瘦而紫，亦謂之墨竹。有對青竹，身黄色，有一脈青節，節相對，故謂之對青也。有苦竹，葉穠多陰，筍高之時，粉香攢翠。有桂竹，扶疏蓁茂，瀟灑亭臺，無出此數君也。俗以五月十三日種竹，多遭烈日晒乾。園中竹以八月社前後，是月天色多陰，土潤，竹以此月行根也。凡欲移竹，先掘地坑令寬大，以水調細土作稀泥，即掘竹，四面鑿斷大根，科連根以繩錮定，舁時勿令動著根鬚，間土舁入坑，致泥漿中，令泥漿周匝徧滿，乃東西搖之，復南北搖之，令泥漿入至鬚間，便以細土覆之，勿令土壅過竹本根也。若竹稍長者，芟去顛葉，纏竹架之，恐風摇動即死。每窠相去二尺餘，不須實斷，只以一脚踏之，來年生筍速也。宜於園東北軟土上種之，竹性多西南行根，不用頻澆水，水多則肥死。

宋 葉夢得《巖下放言》卷上 山中有竹數千竿，皆余累歲手植。初，但得數千竿，旦旦觀之，既久不覺成林，無一處不森茂可喜，嘗自戲善種竹無如予者。頃過吴江，以語王份秀才。份云：竹殊易種，但得肥地，盡去瓦礫荆棘，深根，頻以水沃，取糞壤更壅培，無不可活，不必擇時，然取美觀則可。如欲爲用，不若瘦瘠地磽瘠，非人力所營，或崖谷間自生，其質堅實而肉實，斷之如金石。以爲常竹十歲一易者，此必倍之。吾居前後多竹椽，既歸，一一驗之，無不如其言，乃知予三十年種竹，初未嘗得真竹。微份，予不聞君子哉！若人份爲大學諸生家，故饒財兵火，雖多壞盡，所餘築室，吴江道旁作圃，兼有湖山之勝。容至即飲之酒，不問識不識，人亦以此多附之，近邑之佳也。

又《避暑録話》卷下 山林園圃，但多種竹，不問其他景物，望之自使人意瀟然。竹之類多，尤可喜者筀竹，蓋色深而葉密。吾始得此山，即散植竹，略有三四千竿，雜衆色有之，意數年後所向皆竹矣。戊申己酉間，二浙竹皆結花而死，俗謂之米竹。于是吾所植亦槁盡，今所存惟介竹數百竿爾。方其初花時，老圃輒能識之，告吾，亟盡伐去，存其根則來歲尚可復生，而余終不忍，至已槁而後伐，則與其根俱朽矣。比雖復補種，而竹種已難得，不能及前五之一，然猶更須三五年，始可望其干雲蔽日。今日有告余種竹法者，但取大竹，善掘其鞭，無使殘折，從根斷取其三節，就竹林燒其斷處，使無泄氣，種之一年，即發細筍，掘去勿存，次年出筍便可及母，此良有理。插柳者燒其上一頭，則抽條倍長；鬻牡丹者燒其柄或蠟封即不蔫，蓋一術也，當即試之。然種竹須當五六月，雖烈日無害，小瘁，久之復蘇。世言五月十三日爲竹醉可移，不必此日，凡夏皆可種也。杜子美詩云「西窗竹影薄，臘月更須栽」。余舊用其言，每以臘月種，無一竿活者，此亦余信書之弊而見事遲也。

又《玉澗雜書》（《說郛》卷二〇上輯） 吾山有竹數萬本，初，多手自移今所在，森然成林。有筀竹、斤竹、哺鷄竹、斑竹、紫竹數十種略備。而筀筍最可食，今歲自春不雨，累月筍類不出，顧頗念之。四月初一日雨踰旬，忽裂地迸出如拔，亟取供庖，而園人靳之甚，請留以候再出。問其故，曰：筍惟初出者盡成竹，次出者多爲蟲所傷，十不得五六。乃悟老杜詩「瓜須辰日種，竹要上番成」之意，遂忻然許之。王子猷聞人有竹，徑造，不問主人，雖爲脱略無所繫，然有時而還，則娱悦亦無幾。李衛公童子寺竹，日使人報平安，不惟不得見，將不免累其胸中，正使無恙亦何所補此？竹吾所已有，但自守之，日往來其間，所得過二子遠也。

宋 王稱《東都事略》卷一〇六《列傳八十九》 循壽山之西，移竹成林，復開小徑至數百步。竹有同本而異幹者，不可紀極，皆四方珍貢，又雜以對青竹，十居八九，曰斑竹麓。

清 張逸少 汪灝等《佩文齋廣群芳譜》卷八二《竹譜》 《東坡集》 古氏南坡修竹數千竿，大者皆七寸圍，盛夏不見日，蟬鳴鳥呼，有山谷氣象。竹林之西又有隙地數畝，種桃李雜花。今年秋冬當作三間一龜頭，取雪堂規模，東蔭修竹，西眺江山，若果成此，遂爲一郡之嘉觀也。

藝文

南朝齊 謝朓《謝宣城集》卷五《詠竹》 窗前一叢竹，青翠獨言奇。南條交北葉，新筍雜故枝。月光疏已密，風來起復垂。青扈飛不礙，黄口得相窺。但恨從風籜，根株長別離。

南朝梁 張正見《賦得山中翠竹》（《文苑英華》卷三二六輯） 翛竹映巖隈，乘風異夾池。複澗藏高節，重林隱勁枝。雲生龍未上，花落鳳將移。莫言棲嶰谷，伶倫不復吹。

唐 李嶠《竹》（《文苑英華》卷三二六輯） 高幹楚江濆，蕭條含翠氛。集作娟娟含暑氛。白花摇鳳影，青節動龍紋。葉拂集作掃東南日，枝捎西北雲。誰知湘水上，流淚獨思君。

唐 釋皎然《杼山集》卷六《寒竹》 褭褭孤生竹，獨立山中雪。蒼翠摇勁風，嬋娟帶寒月。狂花不相似，還共淩冬發。

唐 張南史《竹》（《全唐詩》卷二九六輯） 竹，竹。被山，連谷。出東南，殊草木。葉細枝勁，霜停露宿。成林處處雲，抽筍年年玉。天風乍起争韻，池水相涵更緑。却尋庾信小園中，閒對數竿心自足。

唐 戴叔倫《竹》（《全唐詩》卷二七三輯） 卷籜正離披，新枝復蒙密。翛翛月下聞，褭褭林際出。豈獨對芳菲，終年色如一。

唐 楊巨源《池上竹》（《文苑英華》卷三二六輯） 一叢嬋娟色，四面清泠波。氣潤晚烟重，光閒秋露多。翠筠入踈柳，清影拂圓荷。歲晏琊玕實，心期有鳳過。

唐 方幹《題新竹》（《文苑英華》卷三二六輯） 青苔劚破植貞堅，細碧竿排鬱眼鮮。小鳳皇聲吹嫩葉，短蛟龍尾褭輕煙。節環膩色端匀粉，根拔秋光暗長鞭。怪得入門肌骨冷，緻風粘月滿庭前。

唐 鄭谷《雲臺編》卷中《竹》 宜煙宜雨又宜風，拂水藏村復間松。移得蕭騷從遠寺，洗來疏凈見前峰。幽堦蘚拆春芽迸，繞徑莎微夏蔭濃。無賴杏花多意緒，數枝穿翠好相容。

宋 蘇轍《欒城集》卷二《賦園中所有》 寒地竹不生，雖生常若病。斸根種幽砌，開葉何已猛。嬋娟冰雪姿，散亂風日影。繁華見孤淡，一箇敵千頃。令人憶江上，森聳緑崖勁。無風籜自飄，策策鳴荒逕。

宋 劉安上《給事集》卷一《竹》 繁枝喜删除，勁節見獨立。灌溉未踰浹，新筍已戢戢。

宋 陸游《劍南詩稾》卷五《東湖新竹》 插棘編籬謹護持，養成寒碧映淪漪。清風掠地秋先到，赤日行天午不知。解籜時聞聲簌簌，放梢初見葉離離。官閒我欲頻來此，枕簟仍教到處隨。

梓

綜述

三國吴 陸璣《毛詩草木鳥獸蟲魚疏》卷上《梓椅梧桐》 梓者楸之疏理，白色而生子者爲梓，梓實桐皮曰椅，今人云梧桐也，則大類同而小別也。

宋 梁克家《淳熙三山志》卷四二 梓 似桐而葉小花紫。《爾雅》云：椅，梓。郭璞云：即楸也。陸璣云：梓者楸之疏理，白色而生子者。

明 李時珍《本草綱目》卷三五上《木之二・梓》 頌曰：今近道皆有之，宫寺人家園亭亦多植之。木似桐而葉小花紫。

清 陳淏子《秘傳花鏡》卷三《花木類考・梓》 梓一名木王，林中有梓樹，諸木皆内拱。葉似梧桐，差小而無歧。春開紫白花如帽，極其爛熳。生莢細如箸，長尺許，冬底葉落，莢猶在樹。種法：秋末冬初取莢曝乾播種，一年薅之，二年方可移植。或交春斷其根，瘞於土，亦能發條，其葉飼豕最肥。

紀事

宋 鄧牧《洞霄圖志》卷一《廨院二所》 一在餘杭縣西南半里大溪之上，後唐長興四年建，名天柱廨院，宋咸淳年間重修，門前有梓林，夏日陰翳可愛，在三門東偏。

清 高士奇《北墅抱瓮録・梓》 梓樹大數十圍，老幹上挺，旁枝交讓，花最繁，形如蛺蝶，色淺紅，上有深點，類灑染所成，中含二鬚，落時一鬚在花，一鬚在蒂。余軒前得十餘株，土人呼爲佛樹，開若紫霞，落如紅雨，真異觀也。

藝文

元 倪瓚《清閟閣全集》卷七《三月廿日題所寓屋壁》 梓樹花開破屋東，鄰牆花信幾番風。閉門睡起兼旬雨，春事依依是夢中。

雜録

晉 郭璞注《穆天子傳》卷二《古文》 庚戌，天子西征，至于玄池。天子三日休于玄池之上，乃奏廣樂，三日而終，是曰樂池。因改名爲廣樂池，猶漢武改祠鄉爲聞喜之類。天子乃樹之竹，種竹池邊。是曰竹林。竹林盛者爲林。

南北朝《三輔黄圖》卷三 竹宫，甘泉祠宫也，以竹爲宫，天子居中。漢舊儀云，竹宫去壇三里。

唐 房喬等《晉書》卷四九《列傳第十九·嵇康》 所與神交者，惟陳留阮籍、河内山濤。豫其流者，河内向秀、沛國劉伶、籍兄子咸、琅邪王戎，遂爲竹林之游，世所謂竹林七賢也。

又 卷八〇《列傳第五十》 徽之字子猷，性卓犖不羈。【略】時吴中一士大夫家有好竹，欲觀之，便出坐輿，造竹下，諷嘯良久。主人灑埽請坐，徽之不顧。將出，主人乃閉門，徽之便以此賞之，盡歡而去。嘗寄居空宅中，便令種竹，或問其故，徽之但嘯詠，指竹曰：何可一日無此君邪。

宋 沈括《夢溪筆談》卷二一《異事》 近歲，延州永寧關大河岸崩，入地數十尺，土下得竹筍一林，凡百莖，根幹相連，悉化爲石。適有中人過，亦取數莖去，云欲進呈。延郡素無竹，此入在數十尺土下，不知其何代物，無乃曠古以前，地卑氣濕而宜竹耶？

宋 王明清《揮麈後録》卷二 （景龍江）北岸，萬竹蒼翠蓊鬱，仰不見明。有勝筠庵、躡雲臺、蕭閒館、飛岑亭，無雜花異木，四面皆竹也。

元 李衎《竹譜》卷八《竹品譜·神異品》 瑞竹生洛陽，司馬温公獨樂園中竹一本，去地二尺，分爲二幹，並生六節，節間容綫，復合爲一。

元 脱脱等《宋史》卷四五七《列傳第二百十六·隱逸上》 魏野，字仲先，陝州陝人也，世爲農。母嘗夢引袂於月中，承鬼得之，因有娠，遂生野。及長，嗜吟詠，不求聞達。居州之東郊，手植竹樹，清泉環遶，旁對雲山，景趣幽绝。鑿土袤丈，曰樂天洞。

明 楊慎《丹鉛續録》卷七《拾遺·扶竹》 武林山西舊有雙竹，院中所産脩篁嫩篠，皆對抽並徹。王子敬《竹譜》所謂扶竹，譬猶海上之桑，兩兩相比，謂之扶桑也。扶竹之筍，名曰合歡。案律書注，伶倫取嶰谷之竹，陽律六取雄竹吹之，陰吕六取雌竹吹之。蜀涪州有相思崖，昔有童子丱女相悦交贈。今竹有挑釵之形，筍亦有柔麗之異，崖名相思崖，竹曰相思竹。孟郊詩云「竹嬋娟籠曉煙」指此竹也。

清 道光《廣東通志》卷二三四《瓊山縣》 竹軒在城西一里，明成化間處士唐瑜所居。唐瑜《自題竹軒詩》：鋤園種竹已成林，新築幽居傍緑陰。雙屐煙霞苔徑小，半窗明月草廬深。年來已得閒中趣，老去應無分外心。一調朱弦聊自適，世人能有幾知音。

紫荆

論説

宋 沈括《夢溪筆談·補筆談》卷下 紫荆，陳藏器云：「樹似黄荆，小葉，無刺，夏秋子熟，正圓如小珠。」大誤也。紫叢與黄荆葉，叢生小木，葉如麻，葉三椏而小。紫荆稍大圓葉，實如樗莢着樹，連冬不脱，人家園亭多種之。

明 周文華《汝南圃史》卷六《紫荆》 紫荆叢生，木似黄荆，先花後葉，附木而芳。花深紫色，形如綴珥，二月盡始開。杜子美有「風吹紫荆樹」句，即此也。昔田氏兄弟有欲析居者，後覩三荆同枯，驚歎復合，故爲世所述。或與棣棠並植，金紫相映，且棠棣即古常棣。其花反而復合，詩以兄弟方之，氣味相投也。

清 李漁《閑情偶寄》卷一三《種植部·木本第一·紫荆》 紫荆一種，花之可已者也。但春季所開，多紅少紫，欲備其色，故間植之。然少枝無葉，貼樹生花，雖若紫衣少年，亭亭獨立，但覺窄袍緊袂，衣瘦身肥，立于翩翩舞袖之中，不免代爲踧踖。

清 謝堃《花木小志·紫荆》 葉肥花碎，色無可觀，然能使田氏分而復

合，誼氣如雲，堪配木槿之忠誠，可謂花中之矯矯者也。

清 高士奇《北墅抱瓮録・紫荆》 紫荆，叢生，花無常處，緣幹附枝，上下遍發，故又名滿條紅。王敬美嘗云：此等花雖非奇卉，而點綴春光，不可無一。可謂知言。

綜 述

明 宋詡《竹嶼山房雜部》卷一〇《樹畜部二・種花卉法》 紫荆花 大葉，花繁碎，紫色，灌生。春月，根側分小本種之。

明 李時珍《本草綱目》卷三六《木之三・紫荆》 頌曰：紫荆處處有之，人多種于庭院間。木似黄荆，葉小無椏，花深紫可愛。藏器曰：即田氏之荆也。至秋，子熟正紫，圓如小珠，名紫珠，江東林澤間尤多。宗奭曰：春開紫花，甚細碎，共作朵，生出無常處，或生于本身之上，或附根上，枝下直出花，花罷葉出，光緊微圓，園圃多植之。時珍曰：高樹柔條，其花甚繁，歲二三次，其皮入藥，以川中厚而紫色、味苦如膽者爲勝。

明 王路《花史左編》卷四《花之辨・紫荆花》 花碎而繁，色淺紫，每花一蒂，若柔絲相繫，故枝動，朵朵嬌顫不勝。

又 卷八《花之宜・紫荆花》 喜肥畏水，根傍發條，俟長大分種易活。

明 陳正學《灌園草木識》卷一《花之屬・紫荆》 樹葉圓大如掌，花真紫色，纏攢枝上，花粒如小豆，謝後作莢，次第開，可一月許，花後見葉。

明 夏旦《藥圃同春・二月》（《説郛續》卷四〇輯） 紫荆 枝幹俱花，夏日葉香如荷味。

清 曹溶《倦圃蒔植記》卷上 紫荆，【略】設食花下，尤能害人。【略】開花既罷，傍枝分種，然性喜肥畏水，亦當時護。

清 鄭績《夢幻居畫學簡明》卷三 紫荆，春花，花後生葉。花小紫粒，蕊瓣難分，成簇成團，發無定處，或枝或幹或樹頭，皆有之，儼如楊桃花。其色嬌紫，花多燦爛可愛。

清 鄒一桂《小山畫譜》卷上《紫荆》 花色深紫而小，如豇豆花，微有柄，叢生極密，砌滿枝條。枝梗勁直，開時有嫩葉，圓而有柄，經風則摇。此花有毒，三月盡開，對節生。

梁 吴均《續齊諧記》 京兆田真兄弟三人共議分財，生貲皆平均，惟堂前一株紫荆樹，共議欲破三片。明日就截之，其樹即枯死，狀如火燃。真往見之，大驚謂諸弟曰：樹本同株，聞將分斫，所以顦顇，是人不如木也。因悲不自勝，不復解樹，樹應聲榮茂。兄弟相感，合財寶，遂爲孝門真仕，至太中大夫。

清 光緒《北流縣志》卷二八《雜記》 卞三里有紫荆，樹大丈餘，圍高數十丈，屢閲滄桑，青葱不改，土人因名其鄉曰紫荆根。

藝 文

唐 元稹《元氏長慶集》卷二一《紅荆》 庭中栽得紅荆樹，十月花開不待春。直到孩提盡驚怪，一家同是北來人。

宋 韋驤《錢塘集》卷四《紫荆花》 紫豔暮春庭，少陵詩思清。老蛟蟠曲幹，丹礦綴繁英。花譜元無品，春工别有情。不隨桃李色，俗眼莫相輕。

宋 朱翌《灊山集》卷三《詠紫荆》 鶴骨龍筋結壽枝，紅綃紫綺曝仙衣。只應不奈麻姑爪，獨領春風住翠微。

宋 舒岳祥《閬風集》卷六《詠紫荆花》 自古惟聞棠棣詠，後人多感紫荆回。固知天理隨機觸，亦本詩人起興來。柘條誰綴桃花米，嫩蕊初挼撒酒媒。野老門前栽一樹，纔開桐角此花開。

宋 衛宗武《秋聲集》卷三《紫荆花》 穠艷壓春葩，葩成葉始芽。未張青羽旆，先糝紫金砂。譜接三荆樹，名齊連萼花。移根向深谷，寂寞愛繁奢。

元 方回《桐江續集》卷一九《紫荆花》 踈枝堅瘦骨爲皮，忽迸紅英簇紫蕤。嬌女乍看齒生液，分明茜糝綴餳枝。

清 彭孫遹《松桂堂全集》卷三三《紫荆》 紫綃片片織雲梭，碎剪春心奈爾何。花似寄生隨處著，樹同灌木託根多。班荆人往聞鄰笛，束楚風傳聽戍歌。坐對殘英三歎息，一天暮色入庭柯。

雜 録

宋 陸游《老學庵筆記》卷三 僧行持，明州人，有高行而喜滑稽，嘗在餘姚，法性貧甚，有頌曰：大樹大皮裹，小樹小皮纏。庭前紫荆樹，無皮也過年。

明 慎懋官《華夷花木鳥獸珍玩考》卷九《紫荆》 出鄭州，《廣志》有二種，一曰楚，即《詩》所謂束楚也。一曰牡荆，赤莖大實是也。昔伍舉將入鄭，與聲子遇諸郊，斑荆相與食而言。又《孝子傳》曰：古有兄弟，意欲分異，出門見三荆，同株接葉連陰，歎曰：木猶欣聚，况我而殊哉。還爲雍和。即此也。一名百日紅。

紫藤

綜述

晉 嵇含《南方草木狀》卷中 紫藤，葉細長，莖如竹，根極堅實，重重有皮。花白子黑，置酒中歷二三十年亦不腐敗。其莖截置煙炱中，經時成紫香，可以降神。

明 高濂《遵生八牋》卷一六《燕閒清賞牋下·紫藤花》 花深紫色，柔條可愛。夏開一簇，葩艷輕盈。作架植之，蔓延若錦。

清 高士奇《北墅抱瓮録·紫藤》 紫藤緣木而生，久之，條蔓糾結，與樹連理，屈曲蜿蜒之狀，不異蛟龍出没。二月花發成穗，色紫而艷，披垂摇曳，一望煜然。采供盤餐，更屬佳品。

清 鄭績《夢幻居畫學簡明》卷三 紫藤，一枝數葉，對節而生，花開紫色，心黄，三瓣平，兩瓣竪，形似太保紫金冠。一莖數十蕊，次第盛開成毬，燦爛可愛。

藝文

唐 李白《李太白文集》卷二二《紫藤樹》 紫藤挂雲木，花蔓宜陽春。密葉隱歌鳥，香風留美人。

明 王世貞《弇州四部稿》卷四三《紫藤花》 蒙茸一架自成林，窈窕繁葩灼暮陰。南國紅蕉將比貌，西陵青柏結同心。裁霞綴綺光相亂，蔓雨縈煙態轉深。最是纏綿長到老，羞聽澤畔女貞吟。

明 孫承恩《文簡集》卷一七《紫藤花》 寂寞群芳歇，兹花晚著花。低叢深隱雀，老幹曲盤蛇。裊裊上緣物，鮮鮮濫擬霞。風霜摇落後，爲爾悵韶華。

清 高宗愛新覺羅·弘曆《御製詩集》四集卷一三《題自得軒紫藤花》 女羅施松上，特立頗艱致。獨樹見此花，亭亭與他異。植之自得軒，緊予有深意。表貞殊凡品，扶弱成良器。傅架引其蔓，弗使衆木廁。吐艷既盈庭，鋪陰亦滿砌。雨餘芳潤漱，自得義真契。鐵中有錚錚，卉譜徐宜類。

紫薇

論説

明 王世懋《學圃雜疏·花疏》 紫薇有四種：紅、紫、淡紅、白，紫却是正色。閩花物勝蘇杭，獨紫薇作淡紅色，最醜。本野花種也。白薇近來有之，示異可耳，殊無足貴。

清 李漁《閑情偶寄》卷三《種植部·木本第一·紫薇》 人謂禽獸有知，草木無知。予曰：不然。禽獸草木盡是有知之物，但禽獸之知，稍異于人，草木之知，又稍異于禽獸，漸蠢則漸愚耳。何以知之？知之于紫薇樹之怕癢。知癢則知痛，知痛癢則知榮辱利害，是去禽獸不遠，猶禽獸之去人不遠也。人謂樹之怕癢者，只有紫薇一種，餘則不然。予曰：草木同性，但觀此樹怕癢，即知無草無木不知痛癢，但紫薇能動，他樹不能動耳。人又問：既然不動，何以知其識痛癢？予曰：就人喻之，怕癢之人搔之即動，亦有不怕癢之人，聽人搔扒而不動者，豈人亦不知痛癢乎？由是觀之，草木之受誅鋤，猶禽獸之被宰殺，其苦其痛，俱有不忍言者。人能以待紫薇者待一切草木，待一切草木者待禽獸與人，則斬伐不敢妄施，而有疾痛相關之義矣。

綜述

唐 段成式《酉陽雜俎》續集卷九《支植上》 紫薇，北人呼爲猴郎達樹，謂其無皮，猿不能捷也。北地其樹絶大，有環數夫臂者。

宋 陳景沂《全芳備祖》前集卷一六《紫薇花》 碎録 紫薇花小而叢，

其色紫，俗所謂怕痒花也。《坡詩注》

紀要　唐制，中書舍人知制誥，姚崇爲紫薇令，開元改紫薇舍人，又曰紫薇省。《唐書》虚白臺前有紫薇兩株，俗云樂天所種也，哲宗朝邇英閣講論語終篇，賜執政講讀官吏宮宴，遣中使就賜御書詩各一幅，東坡得樂天紫薇花絶句。《坡集》

明　宋詡《竹嶼山房雜部》卷一〇《樹畜部二·種花卉法》　紫薇花　花碎色紅，開甚久。《格物論》曰：俗名怕癢花，今名百日紅。

明　高濂《遵生八牋》卷一六《燕閒清賞牋下·紫薇花》　花碎而繁，色淺紫。每花一蒂，若柔絲相繫，故枝動，朵朵嬌顫不勝，俗名怕癢，是指此耳。亦以根分。

明　王路《花史左編》卷四《花之辨·紫薇》　紫色之外，有白薇，色近微紅，此種亦可。又有大紅，凡三種。

又　卷五《花之候·紫薇花》　五月開至八月，故俗名百日紅。

明　陳正學《灌園草木識》卷一《花之屬·紫薇》　花有深紅、真紫、淡紫三種。秋開、朵朵成簇。一名不耐癢樹。一名無皮樹，非無皮也，其樹一年之中能自脱其皮，枝幹滑澤可握，似無皮。

明　周文華《汝南圃史》卷七《薇花》　薇花凡五種，紫色之外，有大紅者，有淡紅者，又有白色者，曰銀薇，有紫帶藍者，曰翠薇。少搔其本，則枝葉俱動，俗名怕痒花。

明　夏旦《藥圃同春·五月》（《説郛續》卷四〇輯）　紫薇　色紫，花極耐久，無香。

明《花史》夏集《紫薇花》　紫薇，木本，葉圓似杏葉，花細而紫，四月着花，鮮妍可愛。又有大紅色、白色二種。諸云以紫荆作紫薇，誤矣。

種法：宜向陽，種之不宜失水。

清　曹溶《倦圃蒔植記》卷中《紫薇》　薇花四種，紫色之外，有白色者，有紅色者，又有紫帶藍燄者，曰翠薇。少爪其膚，枝輒摇顫，一名怕癢樹。《酉陽雜俎》云：北人呼爲猴郎達樹，謂其無皮，猴不能捷也。此花易植，勿事功力。鄭都官詩：大樹大皮纏，小樹小皮裹。庭前紫薇花，無皮也得過。語雖鄙俚，蓋實録也。況此花四月開，九月歇，俗謂之半年紅。山園植之，亦可作耐久朋矣。

清　陳淏子《秘傳花鏡》卷四《花木類考·紫薇》　紫薇一名百日紅。其花紅紫之外，有白者，曰銀薇。又有紫帶藍色者，曰翠薇，俗呼爲怕癢樹。其樹光滑無皮，人若搔之，則枝幹無風而自動，亦其性使然也。葉對生，一枝數穎，一穎數花，六月始花，其蕊開謝相接續，可至九月約有百日之紅。其性喜陰，宜栽於叢林之間不蔽雨露處，自茂。根旁小本，分種易活。

清　張逸少　汪灝等《佩文齋廣群芳譜》卷三八《紫薇》　紫薇一名百日紅，四五月始花，開謝接續，可至八九月，故名。一名怕癢花，人以手爪其膚，徹頂動摇，故名。一名猴刺脱，樹身光滑。花六瓣，色微紅紫，皺蒂，長一二分。每瓣又各一蒂，長分許。蠟跗茸萼，赤莖。葉對生。一枝數穎，一穎數花。每微風至，妖嬌顫動，舞燕驚鴻，未足爲喻。唐時省中多植此花，取其耐久且爛漫可愛也。紫色之外，又有紅白二色，其紫帶藍焰者，名翠薇。于若瀛曰：花攢枝杪，若翦輕縠，盛開時爛熳如火。幹無皮，愈大愈光瑩，枝葉亦柔媚可愛。

清　鄒一桂《小山畫譜》卷上《紫薇》　木本，七月間開。樹高丈餘，叢花生於枝末，瓣六出，縐如碎絨，心稀少，蒂圓蘂繁，葉圓小，色不一。紅者爲百日紅。又有藍、黄、粉三色紫薇。其最著者，花繁密，帶露下垂，簾幕間嘉植也。

清　謝堃《花木小志·紫薇》　紅花者俗名百日紅，白花者俗名百日粉，其實紅者名紫薇。唐翰苑甚重其花，故詩云「紫薇花對紫薇郎」是也。白者名銀薇，藍色者名翠薇，南方有之。

紀事

清　田雯《古歡堂集》卷三九《紫薇》　紫薇俗呼爲怕癢花，梅都官詩「薄膚癢不勝輕爪，嫩幹生宜近禁廬」是也。以指搔之梗葉皆動，可用麻姑鳥爪矣。赤莖光膩無皮，葉對生，花瓣紫，皴蠟跗茸萼。仲夏始華，開落相續，至秋深乃罷，省中多植之，謂之薇省，而天上又有薇垣，意其種自天上來也。余昔官秘書舍人，申鳧盟先生贈入直句云：西清今夜月，應照紫薇花。蓋取諸此矣。黔署有二株，大可十圍，高出鴟表，離奇輪囷，傑幹喬枝，數百季物也。以余生平所見，莫大於此。每遇風日晴好，爛漫鋪張，幾於明霞繞閣，高燭臨妝，眺赤城而登日觀。初不知花光之照人也，憶始至署時見此，輒囅然色喜。「亭亭紫薇花，向我如有意」，因三復歐陽公語，令人尋繹無盡。此後冷落衙齋，得以麗目延矚，亦足破除岑寂，遂更吟六一之章曰：人言清禁紫薇郎，草

詔紫薇花影旁，山木不知官况别，也隨紅日上東廊。乃大笑曰：官况如此，似亦不惡。顧念花之居傳舍中，歷年久閱，人已多矣。吾儕碌碌風塵，忽來忽去，何所藉以不朽？不又大可歎哉。

藝文

唐 白居易《白氏長慶集》卷一九《紫薇花》 絲綸閣下文書静，鐘鼓樓中刻漏長。獨坐黄昏誰是伴，紫薇花對紫薇郎。

唐 杜牧《御定全唐詩》卷五二四《紫薇花》 曉迎秋露一枝新，不占園中最上春。桃李無言又何在，向風偏笑艷陽人。

唐 刘禹錫《劉賓客文集·外集》卷三《和令狐相公郡齋對紫薇花》 明麗碧天霞，丰茸紫綬花。香聞荀令宅，艷入孝王家。幾歲自榮樂，高情方嘆嗟。有人移上苑，猶是占年華。

宋 胡宿《文恭集》卷五《閣前紫薇花》 高鬟美人髻，妝閣一何鮮。迷路來春後，開花近日邊。居常澆御水，動欲絢非煙。分潤從仙掌，流薰自帝絃。雅當翻藥地，繁極曝衣天。花至七夕猶盛。色映芝泥熟，香交蕙炷燃。吟殘秋蘂脱，睡起午陰圓。應笑憑欄者，相看已幾年。

宋 蘇軾《東坡全集》卷一八《次韻錢穆父紫薇花二首》 虚白堂前合抱花，秋風落日照横斜。閲人此地知多少，物化無涯生有涯。虚白堂前紫薇兩株，俗云樂天所種。

折得芳蕤兩眼花，題詩相報字傾斜。箧中尚有絲綸句，坐覺天光照海涯。樂天詩云：絲綸閣下文章静，鐘鼓樓中刻漏長。獨坐黄昏誰是伴，紫薇花對紫薇郎。上嘗書此詩以賜軾。

宋 王之道《相山集》卷一二《紫薇花》 過盡紅薇到紫薇，廣庭高檻見芳菲。繽紛不逐槐花落，拂掠應從燕子飛。枝壓畫檐朝露重，影摇苔砌午風微。何當草詔絲綸閣，伴我黄昏坐禁闈。

宋 許綸《涉齋集》卷一八《直舍紫薇花身可以題字因作一绝書其上》 赤立岩霜如槁木，爛開炎日似紅霞。耐寒耐暑真能事，豈是人間怕癢花。

宋 楊萬里《誠齋集》卷九 凝露堂前紫薇花兩株，每自五月盛開，九月乃衰。

晴霞豔豔覆檐牙，絳雪霏霏點砌沙。莫管身非香案吏，也移床對紫薇花。

似癡如醉弱還佳，露壓風欺分外斜。誰道花無紅百日，紫薇長放半年花。

宋 陳造《江湖長翁集》卷一八《隱寺紫薇花二首》 深紅淺紫碎羅裝，竹樹陰中獨自芳。已伴白蓮羞遠供，欵陪黄菊薦陶觴。

絳霞影裏一徜徉，甚欲搜詩與發揚。馬自虺隤塵染袂，句中羞説紫微郎。

宋 舒岳祥《閬風集》卷五 七月初四日賦紫薇花，俗名怕癢樹。皮薄枝弱，人以手搔之無風自動。又名稻熟花，開時早稻熟也。僧寺多喜種之，亦名寳相。

蹙羅紅綫緊，鎔蠟粉鬚黄。野寺花開日，平疇稻熟香。曾陪紅藥省，相對紫薇郎。尚憶絲綸閣，新秋雨露凉。

明 張羽《静菴集》卷一《詠齋前紫薇花》 彼美掖垣秀，遺此荒園中。賦質非有異，置身偶不同。屢供樵爨餘，生條幸不窮。蒙蘢委榛莽，灌溉闕人工。謂同衆卉棄，忽有孤花紅。闕長不擇地，始知元化工。褰衣遶清癯，輕香散晨風。似感幽士知，芳意默自通。一聞清露翻，預恐彩雲空。等是榮謝理，何待植南宫。

明 王立道《具茨詩集》卷四《詠紫薇花》 紫薇開處覓蓬瀛，深院層軒拂曉晴。絢爛只疑春色在，葳蕤偏傍日華明。絲綸閣下人誰伴，虚白堂中韻未成。祇恐秋風不相假，緩吟深酌對寒更。

雜録

明 朱慶禎《湧幢小品》卷二七《花》 紫薇，一名滿堂紅。

明 徐炬《新鐫古今事物原始全書》百花卷二四《紫薇花》 月冷花磚徐就影，風微虚白暗傳香。

紫薇花，俗名怕癢花。樹身高滑，花瓣紫皺。其葉對生，蠟跗茸萼，赤莖。四五月始華，開謝可接六七月。省中多植此花，取其耐久，爛熳可愛。坡詩：虚白堂前合抱花，秋風客日照横斜。李義山詩：一樹濃姿獨看來，秋庭暮雨洗塵埃。天涯地角同榮謝，豈要移根上苑栽。

清 鄭績《夢幻居畫學簡明》卷三 紫薇，七月花，雖五瓣而瓣多攣縮。

芭　蕉

論　説

宋 陸佃《埤雅》卷一七《釋草·蕉》　蕉不落葉亦蕉，一葉舒，則一葉焦而不落，故謂之蕉也。

清 李漁《閑情偶寄》卷一三《種植部·衆卉第四·芭蕉》　幽齋但有隙地，即宜種蕉。蕉能韻人而免于俗，與竹同功，王子猷偏厚此君，未免掛一漏一。蕉之易栽，十倍于竹，一二月即可成陰。坐其下者，男女皆入畫圖，且能使臺榭軒窗盡染碧色，「緑天」之號，洵不誣也。竹可鐫詩，蕉可作字，皆文士近身之簡牘。乃竹上止可一書，不能削去再刻；蕉葉則隨書隨换，可以日變數題，尚有時不煩自洗，雨師代拭者。此天授名箋，不當供懷素一人之用。予有題蕉絶句云：萬花題徧示無私，費盡春來筆墨資。獨喜芭蕉容我儉，自舒晴葉待題詩。此芭蕉實録也。

綜　述

晉 嵇含《南方草木狀》卷上　甘蕉，望之如樹，株大者一圍餘，葉長一丈或七八尺，廣尺餘二尺許。花大如酒杯，形色如芙蓉，著莖末百餘子，大名爲房，相連累，甜美，亦可蜜藏。根如芋魁，大者如車轂。實隨華，每華一闔，各有六子，先後相次。子不俱生，花不俱落。一名芭蕉，或曰芭苴。剥其子上皮，色黄白，味似蒲萄，甜而脆，亦療飢。此有三種：子大如拇指，長而鋭，有類羊角，名羊角蕉，味最甘好。一種子大如鷄卵，有類牛乳，名牛乳蕉，味微減羊角。一種大如藕子，長六七寸，形正方，少甘，最下也。其莖解散如絲，以灰練之，可紡績爲絺綌，謂之蕉葛，雖脆而好，黄白不如葛，赤色也。交廣俱有之。《三輔黄圖》曰：漢武帝元鼎六年，破南越，建扶荔宫，以植所得奇草異木。有甘蕉二本。

北魏 賈思勰《齊民要術》卷一〇《芭蕉》　《廣志》曰：芭蕉一曰芭苴，或曰甘焦。莖如荷芋，重皮相裹，大如盂升。葉廣二尺，長一丈。子有角，子長六七寸，有蒂三四寸，角著蒂生，爲行列，兩兩共對，若相抱形。剥其上皮，色黄白，味似葡萄，甜而脆，亦飽人。其根大如芋魁，大一石，青色。其莖解散如絲，織以爲葛，謂之蕉葛，雖脆而好，色黄白，不如葛色。出交阯、建安。

《南方異物志》曰：甘蕉，草類。望之如樹，株大者一圍餘。葉長一丈或七八尺，廣尺餘。華大如酒杯，形色如芙蓉，莖末百餘子，大名爲房。根似芋魁，大者如車轂。實隨華，每華一闔，各有六子，先後相次，子不俱生，華不俱落。此蕉有三種：一種子大如拇指，長而鋭，有似羊角，名羊角蕉，味最甘好。一種大如雞卵，有似羊乳，味微減羊角蕉。一種蕉大如藕，長六七寸，形正，名方蕉，少甘，味最弱。其莖如芋，取濩而煮之，則如絲，可紡績也。

《異物志》曰：芭蕉葉大如筵席，其莖如芽。取蕉而煮之，則如絲，可紡績。女工以爲絺綌，則今交阯葛也。其内心如蒜，鵠頭，生大如合拌，因爲實房，著其心齊。一房有數拾枚。其實皮赤如火，剖之中黑，剥其皮食其肉，如飴蜜，甚美。食之四五枚可飽，而餘滋味猶在齒牙間，一名甘蕉。

顧微《廣州記》曰：甘蕉與吴花、實、根、葉不異，直是南土暖，不經霜凍，四時花葉展。其熟，甘，未熟時亦苦澀。

宋 宋祁《益部方物略記》　蕉無中幹，花産葉間，緑葉外敷，絳質凝殷。

右紅蕉花　於芭蕉蓋自一種，葉小，其花鮮明可喜。蜀人語染深紅者，謂之蕉紅，蓋仿其殷麗云。

宋 范成大《桂海虞衡志·志果》　蕉子，芭蕉極大者，凌冬不凋，中抽一幹，長數尺。節節有花，花褪，葉根有實，去皮取肉，軟爛如緑柿，極甘冷。四季實，土人或以飼小兒，云性凉，去客熱，以梅汁漬暴乾，按令匾，味甘酸，有微霜。世所謂芭蕉乾者是也。又名牛蕉子。

鷄蕉，子小如牛蕉，亦四季實。

芽蕉，子小如鷄蕉，尤香嫩甘美，秋初實。

宋 梁克家《淳熙三山志》卷四一《土俗類三・物産・果實》 蕉 葩如菡萏，嬀紫而倒垂，左右挺弓駢其間，味甘清。嬀者爲佛指，舊極香美，爲牙蕉。曝乾可以寄遠。無實而花紅者爲紅蕉，白者爲水蕉。

宋 陸佃撰 牛衷增《增修埤雅廣要》卷二九《卉物門・釋草類・芭蕉》 芭蕉一名包目，叢生。大者三四尺圍，葉如扇，廣尺餘，長一丈。中心白餘作花，初生如倒垂菡萏，謂之紅蕉，株大者莖着子百餘，各爲房，相連貫，甜美，可蜜藏，名曰甘蕉。子類羊角者名羊角蕉，如雞卵大，類牛乳者名牛乳蕉。又有麻蕉、㮆焦、酒蕉、鹽蕉。粉蕉一種，其莖解束如絲，灰理，其中餳滑，可績爲絺紵，交廣人多爲之。僧懷素貧，無紙可書，常種之以供揮灑。嶺外多以爲果維摩經，是身如芭蕉，中無有堅，王維畫多不問四時，以桃李、芙蓉、蓮同畫。《袁安卧雪圖》有雪中芭蕉，得心應手，意到便成也。歟通作焦。《三輔圖》云：甘焦三十，又名巴且。

宋 陳景沂《全芳備祖》後集卷一二《芭蕉》 碎録 一名芭苴，江南所在有之，根葉與甘蕉無異，惟子不堪飡。出廣閩中者有花，其實美，可噉甘蕉乃是。有子者，其卷心中抽幹作花，初生大萼如倒垂，菡萏紅者如火炬，謂之紅蕉。白者謂之水蕉。閩人以灰埋其皮，令滑績以爲布。《本草》。莖如水山芋，重皮相裹，大如盂，葉廣，尺長丈許，有角，子長六七寸，四五寸，二三寸，兩兩相對，若相抱剥，其皮色黄白，味似蒲萄而脆，亦飽人。《廣志》。甘蕉，望之如樹林，大者一圍餘。葉長一丈或七八尺，廣二尺許。花大如酒杯，色如芙蓉。莖末百餘子，各爲房相連甜美，亦可密藏，實隨花。每花一各有六子，先後相次，子不俱生，花不俱落。一名芭蕉，或曰芭苴，剥其子，上皮色黄白，味似蒲萄，甘而脆，亦可療饑。此有三種，子大如按指，長而鋭，有類羊角者，味最甘好。一種子大如雞卵。有類牛乳者，味次之。一種大如藕子，長六七寸，形正方，味最下也。其莖解散如絲，以灰練之可紡織，如絺綌，謂之蕉。葛然脆而黄，不如葛也，交廣俱有之。《南方草木狀》

雜著 扶蘇似樹，質則非木。

紀要 僧懷素貧，無紙可書，嘗於故里種芭蕉，以供揮灑。《本傳》

明 宋詡《竹嶼山房雜部》卷一〇《樹畜部二・種花卉法》 芭蕉 苞生，葉甚長大。《漢書》曰巴且草。畏寒冬，以柔穰苴之，護其霜雪，能開花。花倒俯，花瓣中積水如蜜，名甘露，侵晨取食。發時分其勾萌爲種。根堪作脯。

明 李時珍《本草綱目》卷一五《草之四・甘蕉》 集解 弘景曰：甘蕉本出廣州，今江東並有，根葉無異，惟子不堪食耳。恭曰：甘蕉，出嶺南者子大味甘，北間者但有花無實。頌曰：今二廣、閩中、川蜀皆有，而閩廣者實極甘美，可啖，他處雖多，而作花者亦少。近時中州種之甚盛，皆芭蕉也。其類亦多，有子者名甘蕉，卷心中抽幹作花，初生大萼，似倒垂菡萏，有十數層，層皆作瓣。漸大則花出瓣中，極繁盛。紅者如火炬，謂之紅蕉，白者如蠟色，謂之水蕉。其花大類象牙，故謂之牙蕉。其實亦有青黄之别，品類亦多，最甘美。曝乾可寄遠，北土得之，以爲珍果。其莖解散如絲，閩人以灰湯練治，紡績爲布，謂之蕉葛。宗奭曰：芭蕉三年已上即有花，自心中抽出，一莖止一花，全如蓮花，瓣亦相似，但色微黄緑。中心無蕊，悉是花葉也。花頭常下垂，每一朵自中夏開，直至中秋後方盡。凡三葉開則三葉脱落也。時珍曰：按萬震《南州異物志》云：甘蕉即芭蕉，乃草類也。望之如樹，株大者一圍餘，葉長丈許，廣尺餘至二尺。其莖虚軟如芋，皆重皮相裹。根如芋魁，青色，大者如車轂。花着莖末，大如酒杯，形色如蓮花，子各爲房，實隨花長，每花一闔，各有六子，先後相次。子不俱生，花不俱落也。蕉子凡三種，未熟時皆苦澀，熟時皆甜而脆，味如葡萄，可以療飢。一種子大如拇指，長六七寸，鋭似羊角，兩兩相抱者，名羊角蕉，剥其皮，黄白色，味最甘美。一種子大如雞卵，有類牛乳者，名牛乳蕉，味微減。一種子大如蓮子，長四五寸，形正方者，味最弱也。並可蜜藏爲果。又顧玠《海槎録》云：海南芭蕉常年開花結實，有二種，板蕉大而味淡，佛手蕉小而味甜，通呼爲蕉子，不似江南者花而不實。又范成大《虞衡志》云：南中芭蕉有數種，極大者凌冬不凋，中抽一條長數尺，節節有花，花褪葉，根有實，去皮取肉，軟爛如緑柿，味極甘冷。四季恒實，土人以飼小兒，云去客熱，謂之蕉子，又名牛蕉子。以梅汁漬曝壓扁，味甘酸，有微霜，名芭蕉乾。一種雞子蕉，小于牛蕉，亦四季實。一種牙蕉，子小于雞蕉，尤香嫩甘美，惟秋初結子。一種紅蕉，葉瘦類蘆箬，花色正紅，如榴花。日折一兩葉，其中有一點，鮮緑可愛。春開，至秋盡猶芳，俗名美人蕉。一種膽瓶蕉，根出土時肥飽，狀如膽瓶也。又費信《星槎勝覽》云：南番阿魯諸國無米穀，惟種芭蕉椰子，取實代糧也。

明 謝肇淛《五雜組》卷一〇《物部二》 《南州異物志》載：蕉有三種，最甘好者爲羊角蕉，其一如雞卵，其一如藕子，此皆芭蕉耳。今閩廣蕉尚有數種，有美人蕉，樹葉皆似芭蕉而稍小，開花殷紅鮮麗，千葉如槌，經數月不凋謝。摘置瓶中，以水漬之，亦可經一兩月也。此蕉最佳，書齋中多植之。有鳳尾蕉，其本粗巨，葉長四五尺，密比如魚刺，然高者亦丈餘。又有番蕉，似鳳尾而小。相傳從流求來者，云種之能辟火患。

明 顧起元《客座贅語》卷一 芭蕉本盛者，冬日草苫，不使霜雪摧折，二三年間可花矣。花自中心抽一莖，長者至二三尺許，而鈎曲下垂，其瓣自下倒捲，以漸而開，日止一瓣。瓣初微青碧，一二日稍黄，已則純白矣。瓣中夾小蕊，白如水晶，含汁甜如蜜，可采而食之，名甘露。然蕉之開花者次年即萎死，蓋其氣泄露太盡故爾。

明 王路《花史左编》卷八《花之宜·芭蕉》 冬間葉斃，勿去其梗，以草厚護之，來春葉盛而花開。

明 周文華《汝南圃史》卷一一《竹木部·芭蕉》 芭蕉，《漢書》注一名芭苴，《廣志》曰一名芭苴。或云甘蕉，莖如荷芋，大如盂斗，葉廣尺，長丈許。有角子，兩兩相抱，皮色黄白，味似葡萄，甜而脆。其莖解散如絲，績以爲葛，謂之蕉葛，雖脆而色黄白，不如葛之赤色也。出交趾、建安。《南州異物志》曰：甘蕉，草類。望之如樹。大者一圍，花大如酒杯，形色如芙蓉著莖杪，根似芋，大者如車轂。凡三種，一種子大如手拇指，長而鋭，似羊角，因名羊角蕉，味最佳。一種子大如雞卵，似牛乳，遂名牛乳蕉，味微減。一種大如藕，長六七寸，形正方，最下也。取葉以灰練之，如絲可績。梁沈約甘蕉詩曰：抽葉固盈尺，擢本信兼圍。流甘掩椰實，弱縷冠絺衣。唐僧懷素善書，貧無紙，嘗於故里種芭蕉以供揮灑。本茂生花，花實即成甘露。丘文《莊公群書抄方》載：中蠱毒用白蘘荷。柳子厚在柳州種之，蓋亦不知爲何物也。按，《松江志》曰「白蘘荷即今甘露」，考之《本草》，其形性正同。或因袁安《卧雪圖》有雪中芭蕉，遂謂蕉能踰寒，而不知實畏寒。將至霜降，即用稻草密裹，不致凍萎，來年方能長茂。栽宜向陰避風處，不喜糞，性愛暖，故於兩廣山中獨盛。遍地芭蕉，皆生甘露，民間取以和飯，以喂小孩，取其甘甜也。

明 徐光啓《農政全書》卷四〇《種植·雜種下》 芭蕉 《廣志》曰：芭蕉一曰芭菹，或曰甘蕉，莖如荷芋，重皮相裹，大如盂升。子有角，子長六七寸，有蒂三四寸，角著蒂生，爲行列，兩兩共對。若相抱形。剥其上皮，色黄白，味似葡萄，甜而脆，亦飽人。其根大如芋魁，大一石，青色。《南方異物志》曰：甘蕉，草類。望之如樹，株大者一圍餘，葉長一丈或七八尺，廣尺餘。華大如酒杯，形色如芙蓉。莖末百餘子，大名爲房。根似芋魁，大者如車轂。實在華中，每華一闔，各六子，先後相次，子不俱生，華不俱落。此蕉有三種。一種子大如拇指，長而鋭，有似羊角，名羊角蕉，味最甘好。一種大如雞卵，有似羊乳，味微減羊角蕉。一種蕉大如藕，長六七寸，形正，名方蕉，少甘，味最弱。其莖如芋，取濩而煮之則如絲，可紡績。玄扈先生曰：今南中獨漳浦甘蕉絶美味。

《齊民要術》曰：其莖解散如絲，織以爲葛，謂之蕉葛，雖脆而好，色黄白，不如葛色，出交阯、建安。

《異物志》曰：甘蕉如飴蜜，甚美，食之四五枚可飽，而餘滋味猶在齒牙間。顧微《廣州記》曰：甘蕉與吴花實根葉不異，直是南土暖，不輕霜凍，四時花葉展，其熟甘，未熟時亦苦澀。玄扈先生曰：此謬矣，吴下所有者，蘘荷也。

明 包衛《清賞録》卷九 王敬美云：美人蕉福州爲多，而無實。【略】美人蕉花可供玩。盛冬發一紅瓣，上抽緑苗，三四月間齊放，簇若朱蓮，經月不敗，大是佳卉。

清 曹溶《倦圃蒔植記》卷中《花卉二·芭蕉》 芭蕉，花實，閩廣極多，我地無之，遂爲奇貨，夜郎王安知漢大也。或又因袁安《卧雪圖》有雪中芭蕉，更謂蕉能踰寒，不知王維畫不拘四時，往往以桃李蓮菊同畫，安得以膠柱求耶？種法：冬閒去梗，以稻草覆之，俟其發芽，分取小根，用油簪脚横刺二眼，終不長大，可作盆玩。

清 張逸少 汪灝等《佩文齋廣群芳譜》卷八九《芭蕉》 蕉，一名甘蕉，一名芭苴，一名天苴，一名緑天，一名扇仙，草類也。葉青色，最長大，首尾稍尖。菊不落花，蕉不落葉，一葉生，一葉焦，故謂之芭蕉。其莖軟、重皮相裹，外微青裏白。三年以上即著花，自心中抽出一莖，初生大萼，似倒垂菡萏，有十數層，層皆作瓣。漸大則花出瓣中，極繁盛。大者一圍餘，葉長丈許，廣一尺至二尺，望之如樹。生中土者花苞中積水如蜜，名甘露，侵晨取食，甚香甘，止渴延齡，不結實。生閩廣者結蕉子，凡三種，未熟時苦澀，熟時皆甜而脆。一種大如指者，長六七寸，鋭似羊角，兩兩相抱。剥其皮，黄白色，味最甘，名羊角蕉，性涼去熱；一種大如雞卵，類牛乳，名牛乳蕉，味微減；一種大如蓮子，長四五寸，形正方，味最劣。《建安草木狀》云：芭樹子房相連，味甘美，可蜜藏，根堪作脯。發時分其勾萌，可別植小者，以油簪横穿其根二眼，則不長大，可作盆景，書窗左右不可無此君。此物擣汁，治火魚毒甚驗。性畏寒，冬間删去葉，以柔穰苴之，納地窖中，勿著霜雪冰凍。

又 膽瓶蕉 根出土時肥飽，狀如膽瓶。

又　朱蕉　黃蕉　牙蕉　皆花也，色葉似芭蕉而微小，花如蓮而繁，日放一瓣，放後即萎而結子，名蕉黃，味甘可食。《霏雪録》云：蕉黃如柹，味香美勝，瓜冬收岩密，春分勾萌，一如芭蕉。

又　水蕉　白花，不結實。取其莖以灰練之，解散如絲，績以爲布，謂之蕉葛。出交趾。

清　黃叔璥《臺海使槎録》卷三　蕉有芭蕉、金蕉，芭蕉不結子，金蕉花如蓮，色紫，不鮮。每花結子一梳，名蕉果。凡蕉果一枝五六層，每層數十枚，排比而生，剖食味亦甘。《異物志》載，羊角蕉，子大如手拇指，長而鋭，有似羊角者，此也。《南方草木狀》：蕉樹子房相連累，甜美，亦可蜜藏。臺地村舍後每廣植之，四時皆生，藉以獲利。性寒，婦人産後每以蕉果少許置兒口中，謂能清熱。

清　乾隆《續通志》卷一七四《昆蟲草木略》　甘蕉一名芭蕉，一名天苴，一名芭苴。曹叔雅《異物志》云：芭蕉結實，其皮赤如火，其肉甜如蜜，四五枚可飽人，而滋味嘗在牙齒間，故名甘蕉是也。其花紅如火炬者，謂之紅蕉，白者如蠟色，謂之水蕉，其花大類象牙，故謂之牙蕉。其莖解散如絲，閩人以灰湯練治，紡績爲布，謂之蕉葛。又有一種紅蕉，日折一兩葉，其端有一點，鮮緑可愛。春開，至秋盡猶芳，俗名美人蕉。又有一種膽瓶蕉，根出土時肥飽，狀如膽瓶也。

清　謝堃《花木小志・蕉》　名芭蕉者葉可製扇，名水蕉者花香皙白，實形似肥皂，肉可食，根名波羅蜜，亦可食。名嫩人蕉者其葉瘦而長，婉媚可觀。名東蕉者花片如蘭，色紅而豔，子若明天麻，植不甚高，置几案頗稱雅緻。

紀事

清　雍正《湖廣通志》卷八〇《古蹟志》　緑天庵在城東二里，唐僧懷素幼學書庵中，貧無紙，乃種芭蕉萬餘株，取其葉以供揮灑。緑陰翳室，庵以得名。

藝文

宋　宋祁《景文集》卷一二《芭蕉》　逃臘藏深柢，圃人至冬掘其根藏窖中，至春復興而殖之。乘春發故荄。雨障單蓋側，風偃半旗開。脆理繒爭裂，斜規扇欲裁。無堅喻浮世，金粟信多才。

又　卷一二《芭蕉》　不枝惟葉茂，無幹信中空。所以免摧折，爲依君子風。

宋　韓琦《安陽集》卷六《芭蕉》　邊俗稀曾識此科，南方地暖北寒多。孤芳莫念違天性，無奈深恩愛育何。

宋　梅堯臣《宛陵集》卷三五《依韻和行之都官芭蕉詩》　看取有心常不展，亦如隨分拆佳葩。無端大葉映蓮幕，却笑菖蒲罕見花。

宋　蘇轍《欒城集》卷一二《新種芭蕉》　芭蕉移種未多時，濯濯芳莖已數圍。畢竟空心何所有，欹傾大葉不勝肥。蕭騷暮雨鳴山樂，狼籍秋霜脱敝衣。堂上幽人觀幻久，逢人指示此身非。

宋　李綱《梁谿集》卷九《從志宏求芭蕉》　小圃初宜夏，靈蕉日日新。輕風摇鳳尾，疏雨濕青巾。結蔭留嘉客，移根許散人。軒中拙居士，墨對欲觀身。

宋　洪皓《鄱陽集》卷二《芭蕉》　芭蕉非一種，南粤競成叢。結實聯房緑，舒花焰火紅。象蹄形甚偉，筒葛紝尤工。羈旅牽愁思，秋窗夜雨中。

宋　趙孟堅《彝齋文編》卷二《種水芭蕉》　石上芭蕉手自移，黃梅便得雨如期。水根聯絡銀絲漾，風葉紛抽羽扇欹。日驗發生疑有準，心加愛護每忘疲。猶如老大初生子，及見成人長立時。

宋　胡仲弓《葦航漫遊稿》卷四《芭蕉花》　緑蠟一株才吐焰，紅綃半卷漸抽花。窗前映月人無寐，疑是銀燈透碧紗。

明　王恭《白雲樵唱集》卷四《芭蕉》　葉卷花紅色未乾，乳鶯啼斷雨聲寒。玉欄干畔宫簾側，不似家林醉裏看。

明　王紱《王舍人詩集》卷五《芭蕉》　嫩緑開如扇，不禁風雨秋。都來渾幾葉，作出許多愁。

明　薛瑄《敬軒文集》卷六《芭蕉》　弱植亭亭立，新枝漸漸開。自能承雨露，元不愧塵埃。蘂豔抽紅錦，陰長落翠苔。新詩題滿葉，秋意莫先來。

明　張寧《方洲集》卷一一《寫芭蕉題贈張仲敷》　翩翩風影度窗紗，曾記相逢萼緑華。展盡翠箋無一字，太湖石畔有開花。

明　陸深《儼山集》卷五《園中芭蕉産甘露金色若蓮花而大幾盈尺欣賞一首》　園古草木茂，氣和休祥集。老堪寄一廛，當此三江入。緑蕉隱輕霧，紫葩垂巨實。駢房類馬齒，厚味過蜂蜜。蟠桃經千歲，優羅竟誰挹。縹緲仙人

掌，馨香鸚鵡粒。珍奇徒飽聞，何如手可拾。文園素中消，起痾冀一吸。太華玉井蓮，菡萏黄金濕。孤標自無群，惆悵臨風立。食芹想明主，欲起爲什襲。倚檻良有情，搴芳偶無術。把酒一賞之，拊膺百愁失。還聞制頽齡，大藥儻可及。欲草貞符篇，緬慚春秋筆。

清 查慎行《敬業堂詩集》卷一四《芭蕉恒齋再索和》 一葉復一葉，自然成緑陰。後先如有序，舒卷豈無心。漸覺空庭窄，能添曲徑深。野人新得句，題罷亦長吟。

雜録

晉 嵇含《南方草木狀》卷上 水蕉如鹿葱，或紫或黄。吴永安中，孫休嘗遣使取二花，終不可致，但圖畫以進。

宋 周去非《嶺外代答》卷八《花木門・水蕉》 水蕉不結實，南人取以爲麻縷，片乾灰煮，用以織緝，布之細者，一匹直錢數緡。

宋 戴侗《六書故》卷二四《植物四》 蕉 蕉，苴消切。巴蕉，巴且也。葉大如㫌，生南方，其葉可以爲絺，其實甘美。相如賦作巴且。

明 陸容《菽園雜記》卷一〇 南方寺觀及人家庭院中多種芭蕉，但可資觀美而已，實無所用。或以其葉代荷葉襯蒸麵食，然婦人有癥瘕及血氣病者感其氣則益甚，是亦不可用也。聞豬瘟者以其根飼之，魚泛者以其幹剉投池中則已，未之試也。

明 李時珍《本草綱目》卷一五《草之四・甘蕉》 時珍曰：按，陸佃《埤雅》云：蕉不落葉，一葉舒則一葉焦，故謂之蕉，俗謂乾物爲巴，巴亦蕉意也。《稽聖賦》云：竹布實而根苦，蕉舒花而株槁。芭苴乃蕉之音轉也。蜀人謂之天苴。曹叔雅《異物志》云：芭蕉結實，其皮赤如火，其肉甜如蜜，四五枚可飽人，而滋味常在牙齒間，故名甘蕉。

百合

論説

宋 羅願《爾雅翼》卷五《釋草・䔨》 字書曰：䔨，百合蒜也。《説文》則曰：䔨，小蒜也。小蒜已見葷説中，不與百合蒜類。百合蒜近道處有，根小者如大蒜，大者如椀，數十片相累，狀如白蓮花，故名百合，言百片合成也。人亦蒸煮食之，味極甘，非葷辛類也。但以根似大蒜，故名蒜爾。根上一幹特起，葉皆環列幹上，至杪則結花。花有兩種，其一如萱草花，紅斑而小，故一名連珠；其一種白花者，極芳香，花重常傾側，連莖如玉手爐狀，亦搗爲麪。百合一名强瞿，今俗人亦呼爲强仇，聲之訛爾。説者云，是蚯蚓相纏結變作之。《南都賦》：藷蔗薑䔨。

綜述

明 李時珍《本草綱目》卷二七《菜之二・百合》 《别録》曰：一名摩羅，一名重箱，一名中逢花。吴普曰：一名重邁，一名中庭。弘景曰：百合，俗人呼爲强仇，仇即瞿也，聲之訛耳。時珍曰：百合之根，以衆瓣合成也。或云專治百合病，故名，亦通。其根如大蒜，其味如山藷，故俗稱蒜腦藷。顧野王《玉篇》亦云：䔨乃百合蒜也。此物花葉根皆四向，故曰强瞿。凡物旁生謂之瞿，義出《韓詩外傳》。

宋 鄭樵《通志》卷七五《昆蟲草木略第一・草類》 强瞿，曰重邁，曰中庭，曰重箱，曰摩羅，曰中逢花，即百合也，俗呼强瞿。根如葫蒜，根美食，花美觀。舊云蚯蚓化成。有二種，白花者良。其紅花者，一名山丹，一名連珠，俗呼川强瞿，莖上抽花，葉間結子。

宋 梁克家《淳熙三山志》卷四一《土俗類三・物産・花》 百合莖特生而直上，亦名倒仙，花白。一種班紅，謂之川百合。

宋 陳景沂《全芳備祖》前集卷一四《百合》 春生，苗高數尺，幹粗如箭，四面有葉，如雞距，又似柳葉，青色。葉近莖微紫。莖端碧白，四五月開紅白花，如石榴紫而大，根如胡蒜，重疊生三十瓣，人蒸食之益氣。《類要圖經》

宋 陳耆卿《赤城志》卷三六 百合 紅白色，根如胡蒜，疊生二三十瓣。又有川百合，先實後花，杏黄色，上有墨點，如灑墨然。

元 司農司《農桑輯要》卷六《藥草・百合》 《四時類要》二月種百合，此物尤宜雞糞，每阬深五寸，如種蒜法。又云取根曝乾擣爲麪，細篩，甚益人。

明 朱橚《救荒本草》卷三《草部・百合》 百合，一名重箱，一名摩羅，

一名中逢花，一名强瞿。生荆州山谷，今處處有之。苗高數尺，幹麗如箭，四面有葉，如雞距，又似大柳葉而寬，青色，稀疏。葉近莖微紫，莖端碧白。開淡黄白花，如石檀觜而大，四垂向下，覆長蕊，花心有檀色。每一顛須五六花，子色圓如梧桐子，生於枝葉間，每葉一子，不在花中，此又異也。根色白，形如松子殼，四向攢生，中間出苗，又如葫蒜，重疊生二三十瓣。味甘，性平無毒。一云有小毒。又有一種開紅花，名山丹，不堪用。

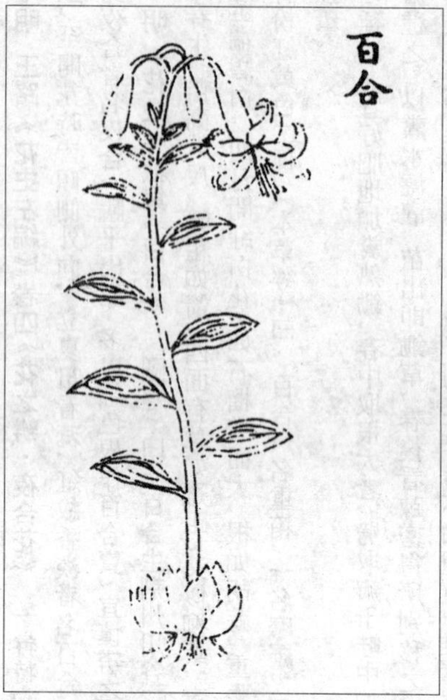

明 宋詡《竹嶼山房雜部》卷一〇《樹畜部二·種花卉法》 百合 長四五尺，葉小而花大，一名摩羅。

明 李時珍《本草綱目》卷二七《菜之二·百合》 集解 《别録》曰：百合生荆州山谷，二月八月采根陰乾。弘景曰：近道處處有之，根如葫蒜，數十片相累，人亦蒸煮食之。乃云是蚯蚓相纏結變作之，亦堪服食。恭曰：此有二種，一種葉大莖長，根粗花白者，宜入藥。一種細葉花紅色。頌曰：百合三月生，苗高二三尺，榦粗如箭，四面有葉，如雞距，又似柳葉，青色，近莖處微紫，莖端碧白。四五月開紅白花，如石榴嘴而大。根如葫蒜，重疊生二三十瓣。又一種花紅黄，有黑斑點，細葉，葉間有黑子者不堪入藥。按：徐錯《歲時廣記》二月種百合法，宜雞糞。或云百合是蚯蚓化成而反好雞糞，理不可知也。時珍曰：百合一莖直上，四向生葉，葉似短竹葉，不似柳葉。五六月莖端開大白花，長五寸，六出，紅蕊四垂向下，色亦不紅。紅者葉似柳，乃山丹也。百合結實略似馬兜鈴，其内子亦似之。其瓣種之如種蒜法。山中者宿根，年年自生，未必盡是蚯蚓化成也。蚯蚓多處，不聞盡有百合，其説恐亦浪傳耳。

正誤 宗奭曰：百合莖高三尺許，葉如大柳葉，四向攢枝而上，其顛即開淡黄白花，四垂向下覆長蕊，花心有檀色，每一枝顛須五六花。子紫色圓如缺子，生于枝葉間，每葉一子，不在花中，亦一異也。根即百合，白色，其形如松子，四向攢生，中間出苗。時珍曰：冠氏所説乃卷丹，非百合也。蘇頌所傳不堪入藥者，今正其誤。葉短而闊，微似竹葉，白花四垂者，百合也。葉長而狹，尖如柳葉，紅花不四垂者，山丹也。莖葉似山丹而高，紅花帶黄而四垂，上有黑斑點，其子先結在枝葉間者，卷丹也。卷丹以四月結子，秋時開花，根似百合。其山丹四月開花，根小少瓣，蓋一類三種也。吴瑞《本草》言白花者名百合，紅花者名强仇，不知何所據也。

明 李詡《戒庵老人漫筆》卷六 百合有麝香、珠子二種。麝香者花甚香，珠子者，每葉有一黑子。胡茄花形色如麝香百合，可觀。分百合，八月中與種蒜同時同法。

明 周文華《汝南圃史》卷一〇《草本花部下·百合》 百合莖高二三尺，葉如柳，四面攢枝而上，至杪則著花。《爾雅翼》云：根小者如大蒜，大者如碗，數十片相累，如白蓮花，故名百合，言百片合成也。有一種白者，極芳香，花重，常傾側連莖，如玉手爐狀，名天香。中有檀心。花色初青黄，既而純白，花形如錦帶而鉅麗無比，每向晚則芳香襲人，晝則稍斂，故又名夜合花。此百合之最上乘也。又有一種名麝香，其花葉與天香相似，但短而繁。麝香開於四月，天香開於六月。别有荆谿一種，則花葉俱小，香韻亦劣，開花亦後。吴中人取其根蒸熟，用以點茶，味甚甘美。最下者爲虎皮百合，形如萱花，紅斑而小，子綴枝葉間如珠，故又名連珠，香與色俱無取，其根最毒，不可食。《水雲録》云：二月種百合，取根大者擘開，以瓣種畦中如種蒜法，以雞糞壅之則盛。其根可蒸食，曬乾搗麪，大能益人。《雁山志》云：百合一名鬼蒜，荒年，山中人取以療饑。《浣花雜志》云：百合於花開時始可分栽，或云二月間者謬。性極喜肥，移植盆盎中可不取本根，莖帶根鬚即活。肥則明歲有花，瘦則隔年方藥。《八閩通志》云：一種莖葉俱小，花深紅色，今呼爲石榴紅，一名山丹，又名渥丹，其花有色無香，亦百合之類。

明 陳正學《灌園草木識》卷一《花之屬》 百合 其根百片浹合如蒜，蒸食之甚美。花開六棱，垂頭黄心。

明 徐光啓《農政全書》卷四〇 百合一名𧄍，一名強瞿，一名蒜腦藷，一名夜合。根如葫蒜，數十片相累，或云是蚯蚓相纏結變作之。其葉短而闊，微似竹葉。白花四垂者百合也，葉長而狹，尖如柳葉，紅花不四垂者，山丹也。莖葉似山丹而高，紅花帶黄而四垂，上有黑斑點，其子先結在枝葉間者，卷丹也。又有一種色微緑者，開花最遲，俗名真百合。

《四時類要》曰：二月種百合。此物尤宜雞糞，每阬深五寸，如種蒜法。又云：取根曝乾搗爲麪，細篩，甚益人。

玄扈先生曰：宜肥地加雞糞熟鋤，春取根大者擘雜於畦中，如種蒜法。五寸一科，二月半鋤之，滿三遍則不鋤。不長三年，大如盞。頻澆則花開爛熳，清香滿庭。秋分亦可分。

明 高濂《遵生八牋》卷一六《燕閒清賞牋下・夜合花二種》 紅紋香淡者名百合，蜜色而香濃，日開夜合者名夜合，分二種。根可食，一年一起，去其最大者供食，小者用肥土排之，則春發如故。

明 王路《花史左編》卷四《花之辨・夜合花》 一幹特起，葉皆環列攢幹上，至開花時皆傾側外向。立夏日看蕊，紅紋香淡者名百合，蜜色而香濃，日開夜合者名夜合。臨平出産，多以紅色根作百合賣，宜慎辨之。

明《花史》秋集《百合》 《圖經》曰：百合生荆州川谷，今近道處處有之。春生，苗高數尺，幹粗如箭，四面有葉如雞距，又似柳葉，青色，葉近莖微紫，莖端碧白。四月開紅白花，如石榴嘴而大，根如胡蒜，重疊生二三十瓣。又有粉紅黄色二種，《本草經》曰：百合一名重箱，一名摩羅，一名中逢花，一名強瞿。

種法 宜好肥地加糞熟鋤，春中取根大者，劈取瓣于畦中如種蒜法，五寸一瓣種之，以糞水澆灌，苗出即鋤草，春後看踈密得所別移之，若乾即澆水。三年後其大如拳，可取食之。種子則生甚遲，不如種瓣。雞糞壅之則盛，頻澆則花爛熳，清香可愛。

清 陳淏子《秘傳花鏡》卷五《花草類考・夜合花》 夜合，一名摩羅春，一名百合。苗高二三尺，葉細而長，四面攢枝而上，至杪始著花。四五月開，密色紫心，花之香味最濃。日舒夜斂，花大頭重，常傾側。連莖如玉手爐狀。又名天香，根如山丹而肥大倍之。百瓣緊裹而合，儼似白菡萏，味甘可餐。一種名麝香，花類天香，短而葉繁，開於四月，天香開於六月之不同。又一種如萱花，紅質黑點似虎斑，而瓣俱反捲，一葉椏生一子，俗名回頭見子。茂者一幹兩三花，無香，賤品。其根與百合同，但味苦不堪食。百合一年一起，其大者剥取外瓣煮食，留内小心，仍用肥土排種，則春發如故。壅以鷄糞則盛，亦須頻澆肥水。

清 張逸少 汪灝等《佩文齋廣群芳譜》卷四七《百合花》 百合一名摩羅。春生，苗高二三尺，幹粗如箭，葉生四面，如雞距，又似柳葉，青色，近莖微紫，莖端碧白。四五月開花，甚大，有麝香珍珠二種。麝香花微黄甚香，珍珠花紅，有黑點，莖葉中有紫珠。按，李時珍《本草》云：百合葉似短竹葉，不似柳葉，五六月莖端開大白花，長五寸，六出，四垂向下，色亦不紅。紅者葉似柳，乃山丹也。又云紅花帶黄而四垂，上有黑斑點，其子先結在枝葉間者，卷丹也。蓋一種三類。根似蒜而大，重疊生二三十瓣。《爾雅翼》云：小者如大蒜，大者如椀，數十片相累，狀如白蓮花，故名百合，言百片合成也。

清 乾隆《福建通志》卷一〇《物産》 百合 莖高三尺許，葉如柳，四面攢枝而上，四五月開白花，長蘂下覆，花心有檀色，根小者如蒜，大者如盌，數十片相累如白蓮花，故名百合。可蒸食，亦可入藥，或以爲粉。子生枝葉間，不附花。一名強瞿，俗呼倒仙，又呼玉手爐。一種花斑紅，名川百合。又一種莖葉俱小，花深紅色，俗呼鶴頂紅。

清 鄒一桂《小山畫譜》卷上《百合》 草本，白花者爲檀香百合。一莖獨挺，高三四尺，葉葉對節，四面交生。花開於頂，六出，無苞蒂，花瓣分襠，鬚六出，末紫點橫斜，中抽青莖，反瓣，及蘂有赭墨瘢。花大如碗，香氣清冽。紅花者爲虎皮百合，瓣狹長，上有黑點，亦六出，開足花下垂，瓣翻卷，葉細狹，尖長。心鬚與檀香略似，有色無香。

清 奚誠《耕心農話・農政發明・百合》 根小者如蒜，大者如碗，數千斤累累相包，若蓮華狀，故名百合。花初開青黄色，後變純白，中有檀心。花重常傾。而種香者名曰天香，此種最佳。其短而繁者曰麝香，小而紅班如萱花者曰虎皮，不香。又大而外白内班紅者，爲洋種，亦不香。二月取大者畦種，如種蒜決，壅以雞糞。或云移在開花時，則來年有花。又小如錢大，色白而香者，乃山中自生之金錢百合也，食之益人，不易多得。

藝文

梁 宣帝蕭詧《百合》（《古詩紀》卷八一輯） 接葉有多種，開花無異色。含露或低垂，從風時偃抑。

宋 呂陶《净德集》卷二九《百合》 盛夏衆芳息，景物殊寂寥。庭前有百合，穎然學春嬌。數枝已聳茂，百朵尤富饒。擁蔽因巨葉，紛敷假長條。吐秀偏得地，争妍欲于霄。素紛間瓔珞，輕黄染璚瑶。静若寶幢植，動如鳴佩摇。盡向杲日麗，不畏炎風飄。太守雅好事，得之詫朋僚。綺思入新句，彩圖上輕綃。衆目遂賞玩，英華不虚凋。此物既異常，論議有以招。人情愛惡間，輕重何以遼。或謂花之祥，或譏草木妖。嗟予豈博物，智慮隨日消。欲窮造化理，茫昧增無聊。疑此亦偶然，發之自根苗。莫議妖與祥，爲公續長謡。

宋 韓維《南陽集》卷三《百合花》 真葩固自異，美豔照華館。葉間鵝翅黄，蘂極銀絲滿。並萼雖可佳，幽根獨無伴。才思羨游蜂，低飛時款款。

元 蒲道源《閒居叢稿》卷八《賦百合花》 曉看蒼玉觜猶呀，漸破觚棱類削瓜。額上宫黄雖可愛，一天風露氣尤嘉。

明 華幼武《百合》（《石倉歷代詩選》卷三二九輯） 一枝高颭一花垂，百葉如鱗取次齊。玉蘂半含黄鵠味，檀心初拆麝香臍。未聞楚客留歌詠，曾覩神農到品題。簾幕幽閒護清馥，肯教零落委沙泥。

清 高宗愛新覺羅·弘歷《御製詩集》二集卷三八《百合花》 接葉開花玉瓣長，雲根百疊可爲糧。却教藝苑傳佳話，歲軸圖成兆吉祥。

又 三集卷六一《百合》 花白雅宜間去聲藥欄，根甘還可佐厨盤。設逢紅紫争顔色，應笑空成適越冠。

又 卷九〇《百合花》 香如百和根百合，郁郁重重結未闌。七佛偈中明説盡，悟因容易解因難。

又 五集卷三一《百合》 花根花朵胥攢簇，莫恨無端浪與名。借問世間一切法，孰非百合幻而成。

又 卷四五《百合》 花爲重邁根爲蒜，見《群芳譜》，贏得玉簪香放輕。絜矩莫予違之説，一言百合訝堪驚。

清 彭孫遹《松桂堂全集》卷三三《百合花》 膩玉千層裹雪兒，炎天六出好花枝。占風别綴無聲鐸，瀉月俄傾有當巵。紫纈生香心婀娜，清暉入抱影垂垂。維摩丈室方消渴，更斷靈根啜露滋。

清 湯右曾《懷清堂集》卷一九《百合》 根作百菡萏，葉作青琅玕。斑斑赤豹文，倒垂花際看。

雜録

唐 段成式《酉陽雜俎》卷六 元和末，海陵夏侯乙庭前生百合，花大於常數倍，異之。因發其下，得甓匣十三重，各匣一鏡，第七者光不蝕，照日光環一丈，其餘規銅而已。

宋 李昉等《太平廣記》卷四一七《光化寺客》 兖州徂徠山寺曰光化，客有習儒業者，堅志棲焉。夏日凉天，因閲壁畫于廊序，忽逢白衣美女，年十五六，姿貌绝異。客詢其來，笑而應曰：家在山前。客心知山前無是女子，亦未疑妖，但心以殊，尤貪其觀視，且挑且悦，因誘致于室，交歡結義，情款甚密。白衣曰：幸不以村野見鄙，誓當永奉恩顧，然今晚須去，復來則可以不别矣。客因留連百端，徧盡而終不可。素寶白玉指環，因以遺之曰：幸視此可以速還。因送行，白衣曰：恐家人迎接，願且回去。客即上寺門樓，隱身目送白衣行計百步許，奄然不見。客乃識其滅處，徑尋究寺前，舒平數里，纖木細草，毫髮無隱，履歷詳熟，曾無蹤跡。暮將回草中，見百合苗一枝，白花绝偉。客因斸之根本，如拱瑰異，不類常者，及歸乃啓，其重付百疊既盡，白玉指環宛在其内，乃驚歎，每恨恍惚成病，一旬而斃。出《集異記》。

宋 陸游《老學庵筆記》卷三 蜀孟氏時，苑中忽生百合花，一本數百房，皆並蒂。圖其狀於聖壽寺門樓之東頰壁間，謂之瑞花圖。至今尚存。乃知草木之妖，無世無之。

明 慎懋官《華夷花木鳥獸珍玩考》卷四《百合》 洲渚山野俱生，花開紅白二種，根如葫蒜。小瓣多層，人因美之，稱名百合。都波不知耕稼，土多百合草，取其根以爲糧。

明 姚旅《露書》卷一〇 百合花，甘蒜也，狀似蒜而甜耳。

清 曹溶《倦圃蒔植記》總論卷上《論花第三》 麝香百合有早晚兩種，早者香濃，晚者稍讓。畦中多種充食，其晚者歟？

清 乾隆《盛京通志》卷一〇七《物産二·藥類》 百合 根如蒜頭，有瓣。又一種卷丹，子生葉間。又山丹似百合而小，亦名紅百合。根皆可食，蓋一類三種，惟百合入藥。奉天、吉林、黑龍江皆産此。

清 黄文琛《邵陽縣志》卷一〇《雜志》 百合，邵陽出者特大而肥美。

鳳仙

論説

清 李漁《閑情偶寄》卷一四《種植部·草本第三·鳳仙》 鳳仙，極賤之花，止宜點綴籬落，若云備染指甲之用，則大謬矣。纖纖玉指，妙在無瑕，一染猩紅，便稱俗物。況所染之紅，又不能盡在指甲，勢必連肌帶肉而丹之。迨肌肉褪清之後，指甲又不能全紅，漸長漸退，而成欲謝之花矣。始作偏者，其俗物乎？

綜述

宋 梁克家《淳熙三山志》卷四一《土俗類三·物産·花》 金鳳 狀如飛鳳，有紅、白、紫、粉紅數種。

宋 陳景沂《全芳備祖》前集卷二六《金鳳花》 碎録 一名鳳仙花。《草木記》菊詩中呼爲菊婢，因此得名。張文潛

宋 陳耆卿《赤城志》卷三六 金鳳 有數色，狀若飛鳳。一又曰鳳仙。

明 朱橚《救荒本草》卷二《草部·小桃紅》 一名鳳仙花，一名夾竹桃，又名海蒳音納俗名染指甲草。人家園圃多種，今處處有之。苗高二尺許，葉似桃葉而窄，邊有細鋸齒。開紅花，結實形類桃樣，極小，有子，似蘿蔔子，取之易迸北諍切散。俗名急性子。葉味苦微澀。

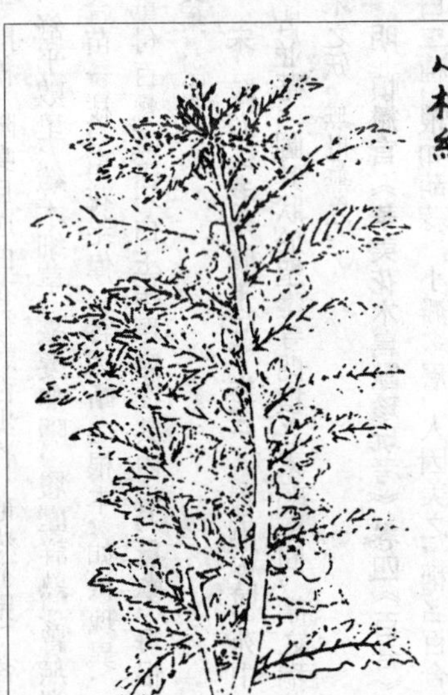

明 宋詡《竹嶼山房雜部》卷一〇《樹畜部二·種花卉法》 鳳仙花 葉長莖肥花嬌，北人名海衲花。一種川鳳仙花，開早。花色紅紫、肉紅、白點紅數種，重葉單葉之異。二月以子播種，搗花葉同礬，可以飾指甲，作絳色。莖亦可以爲菹。

明 李時珍《本草綱目》卷一七下《草之六·鳳仙》 時珍曰：其花頭翅尾足具翹翹然如鳳狀，故以名之。女人采其花及葉包染指甲。其實狀如小桃，老則迸裂，故有指甲、急性、小桃諸名。宋光宗李后諱鳳，宮中呼爲好女兒花。張宛丘呼爲菊婢，韋居呼爲羽客。

又 時珍曰：鳳仙，人家多種之，極易生。二月下子，五月可再種。苗高二三尺，莖有紅白二色。其大如指，中空而脆。葉長如尖，似桃柳葉而有鋸齒。椏間開花，或黄或白，或紅或紫，或碧或雜色，亦自變易，狀如飛禽。自夏初至秋盡，開謝相續。結實纍然，大如櫻桃。其形微長，色如毛桃，生青熟黄，犯之即自裂，皮卷如拳。苞中有子，似蘿蔔子而小，褐色。人采其肥莖汋醃以充萵筍，嫩華酒浸一宿，亦可食。但此草不生虫蠹，蜂蝶亦不近，恐亦不能無毒也。

明 高濂《遵生八牋》卷一六《燕閒清賞牋下·金鳳花六種》 金鳳花有重瓣單瓣、紅、白、粉紅、紫色、淺紫、如藍，有白瓣上生紅點凝血，俗名灑金六色。花開一落即去其蒂，則花茂，與月季同法。其子可收入藥，作種。

明 徐炬《新鐫古今事物原始全書·百花》卷二四《鳳仙花》 開來朵朵瓊肌瘦，染就纖纖指甲紅。

色燦爛，亦爲可愛。

鳳仙花有紅、紫、白、桃紅數色，莖青，葉緑，根紅。結子如鳳頭。夏開花，色燦爛，亦爲可愛。

明 王路《花史左編》卷四《花之辨·鳳仙花》 有紅白紫數種。搗其葉可以染指甲爲紅色。古有紅指甲詩云：一點愁凝鸚鵡喙，十分春上牡丹芽。嬌彈粉淚抛紅豆，戲掐花枝鏤絳霞。一名金鳳花，有重瓣單瓣，紅、白、粉紅、紫色、淺紫、如藍，有白瓣上生紅點凝血，俗名灑金六色。花開一落即去其蒂，則花茂。

又 卷五《花之候·鳳仙花》 其種易生，春間下子。以五色種子數粒和泥埋之，則花五色，亦奇種也。

明 周文華《汝南圃史》卷一〇《草本花部下·鳳仙》 鳳仙一名金鳳，又名鳳兒。花形宛如飛鳳，故名。有淺深紅、紫、灑金、純白六七餘品，又有單葉、重葉之異。《邵武府志》云：其子作房生，微觸之即鏬裂，俗呼爲急性子。【略】二三月下種，五月開花，至秋子落復出，又作花，遇霜而槁。

明 文震亨《長物志》卷二《花木·鳳仙》 號金鳳花，宋避李后諱改爲好兒女花。其種易生，花葉俱無可觀。更有以五色種子同納竹筒，花開五色，以爲奇，甚無謂。花紅能染指甲，然亦非美人所宜。

明《花史》秋集《金鳳花》《格物叢話》曰：金鳳花一名鳳仙，張宛丘《菊》詩中呼爲菊婢。有紅白紫藍四色，又有白瓣上生紅點凝血，俗名灑金，重瓣者佳。

閹法 鳳仙開過，一遇結子便摘去之，則花開甚久。以子置手中，高撒于地種之，生枝幹亦高。

《名花譜·鳳仙》 一名金鳳花，雖易生易茂而顏色鮮媚，有貴本所不及，諸色皆備。又有黄者，藍者，種特少。

清 吳綺《嶺南風物記》 金鳳花出廣州府，一名孔雀花。四瓣，金黄色，首尾兩翼皆全，宛如鳳凰飛翥狀，其尾修長，尤似。

清 高士奇《北墅抱瓮録·鳳仙》 鳳仙雜色善變，而平湖所出，視他處尤佳，紅紫碧白無所不有。有一本兩三色者，有一花兩三色者，重跗疊蕚，莫能名狀。

清 吳儀一《徐園秋花譜》 鳳仙一名金鳳，紅莖中虛，緑葉齒齒。花展椏間狀如飛鳳，紅黄碧白咸有，亦有一雜二三色者。變易不常，儼若彩散五苞於翠雲碎疊間，零羽飛動。女兒采花葉，少和石灰，包染指甲。

清 張逸少 汪灝等《佩文齋廣群芳譜》卷四七《鳳仙》 鳳仙一名海蒳，一名旱珍珠，一名小桃紅，一名染指甲草。《本草》云：女人采其花及葉包染指甲，其實狀如小桃，故有指甲、小桃諸名。宋光宗李后諱鳳，宫中呼爲好女兒花，張宛邱呼爲菊婢，韋君呼爲羽客。人家多種之，極易生。二月下子，隨時可再種，即冬月岩寒種之火坑，亦生。苗高二三尺，莖有紅白二色，肥者大如拇指，中空而脆，葉長而尖，似桃柳，葉有鋸齒，故又有夾竹桃之名。椏間開花，頭翅尾足俱翹然如鳳狀，故又有金鳳之名。色紅紫黄白碧及雜色，善變易。有灑金者，白瓣上紅色數點，又變之異者。自夏初至秋盡，開卸相續。結實纍纍，大如櫻桃形，微長有尖，色如毛桃，生青熟黄，觸之即自裂，皮卷如拳，故又有急性之名。苞中有子，似蘿蔔子而小，褐色，氣味微苦，温有小毒，治産難積塊噎膈，下骨哽，透骨通竅。葉甘，温滑無毒，活血消積。根苦甘辛，有小毒，散血通經，軟堅透骨，治誤吞銅鐵。此草不生蟲蠹，蜂蝶亦多不近，恐不能無毒，花卸即去其蒂，不使結子，則花益茂。

清 鄒一桂《小山畫譜》卷上《鳳仙》 草本，秋花，高一二尺，葉對節，尖長，鋸齒。花生葉間，蘂如鳳首。花開兩瓣如鳳翼，心二，其一即結子者也。色紅、紫、粉紅、白、灑金俱備。千葉者貴，本不高，葉亦小，結子不多，俗名西洋鳳仙。

清 乾隆《福建通志》卷一〇《物産》 金鳳 花如飛鳳，有紅、白、紫、粉紅數種，一名鳳仙，又名小桃紅，又名好女兒花。張宛丘呼爲菊婢，韋后呼爲羽客。

清 乾隆《續通志》卷一四七《昆蟲草木略》 鳳仙一名金鳳花，其花頭翅羽足翹然如鳳，故名。女人采花染指甲，故又名染指甲草。其寔狀如小桃，老則迸裂，故名小桃紅，一名夾竹桃，一名旱珍珠，一名海納。

清 錢泳《鳳仙花譜·志載》《群芳譜》：鳳仙花一名海納，一名旱珍珠，一名小桃紅，一名染指甲草。人家多種之，極易生。二月下子，隨時可種。高二三尺，莖有紅白二色。葉長而尖似桃柳葉，有鉅齒，故又有夾竹桃之名。開花頭翅羽足俱翹然如鳳，又有金鳳之名。其色紅紫白碧及雜色。善變易，有灑金者，白瓣上紅色數點。又變之異者，自夏初至秋盡開卸相續。生子觸之即裂皮，卷如拳，故又有急性子之名。子似蘿蔔子，褐色。《花史》：鳳仙花五月開，主水。宋光宗李后，小名鳳，宫中避諱。有呼爲好女兒花。女史李玉英秋日采鳳仙花染指甲，後於月中調絃，或比之落花流水。《淵鑒類函》：張宛邱呼鳳

仙花爲菊婢，又呼爲羽客。張右史詩曰：金鳳乃婢妾，顔色徒相鮮。僧北澗詩曰：飛花只合秦樓去，莫與金釵厭鬢蟬。徐溪月詩曰：鮮鮮金鳳花，得時亦自媚。劉原父詩曰：緑葉紛映階，紅芳爛盈眼。《廣事類譜》：花名金鳳，開繞朱欄。九苞散彩，紅白相鮮。灑金膏而倒影，染玉指而調絃。譬守宫之夜搗，若鸚嘴之紅尖。誰家好女兒，巧借秦樓色。珍珠雜珮環，小桃紅勝頰。菊婢太相輕，宜呼爲羽客。五月開時，主水多狂風。浪蝶不常過。有子宜旋摘，無如性急何。《花鏡》：鳳仙花一名小桃紅，一名海納，一名旱珍珠，又名菊婢。葉似桃而有鋸齒，莖大如指，中空而脆。花形宛如飛鳳，頭翅尾俱全，故名金鳳花。有重葉、單葉，大紅、粉紅、深紫、淺紫、白碧之異。又有白質紅點色如凝血，俗名灑金。諸色相間而植，開時稍有可觀。有一枝開五色者，但不可多得。每花開一落即去其蒂，則開之不已。與月季同法。其子老，微動即裂，俗名急性子。【略】二月下種，五月開花，子落地復生，又能作花。即冬月岩寒，種之火炕亦生。乃仙品也。《花譜》：一名金鳳花，各色俱有，善變。且有灑金者，開花頭翅羽足翹然如鳳狀。自夏初至秋盡，開卸相續，結實纍纍。花卸即去其蒂，不使結子，則花益茂。女人取花以染指甲，紅鮮可愛。《戒菴漫筆》：金鳳花，都下稱爲海囊。

清 謝堃《花木小志·鳳仙》 一名指甲桃，其形有名龍爪者，有名頂鳳者，有名飛來鳳者。飛來鳳者，其葉綯而成，花頂鳳者，當頭一朵，大如月季。龍爪者，其枝幹若龍形。花有單瓣，有重臺，有並頭者。色有大紅、桃紅、水紅、澹紫、澹緑、潔白、紅白錯雜者。婦女常以此花染指，故名指甲桃。

著録

清 錢泳《鳳仙花譜序》 泳嘗論天地生物，遞更遞换。唐虞三代之鳥獸草木，與今時所生之鳥獸草木，不知其幾經變改，不可以一律拘也。人自不留心耳。至如鳳仙花，不載於《太平御覽》。然唐何扶《送閬州伎人歸楚》有詩云「玉蟾露冷梁塵暗，金鳳花開雲葉秋」，則唐時已有之。亦伏讀聖祖仁皇帝，《廣群芳譜》載之甚詳。大約是花至國朝而極盛耳。昔先君子於乾隆中葉最愛鳳仙花。繞砌盈階，不下數十百本。來觀者如入萬花谷中，不知世上尚有牡丹、芍藥也。何也？以其有變换、無雷同。如六朝詞賦，徐庾鮑謝，各自名家。如今年收紅子，明年可以變白。今年收白子，明年可以變灑金單葉者，忽變而爲千葉，千葉者亦可以變爲單葉。祇需灌溉有法，培植得宜，便生出無窮妙諦，有生平從未經見之奇者。亦如士君子學問文章，千變萬化，所以名之曰仙也。是時先君子年五十餘，嘗命酒花前，引壺獨酌。顧謂泳曰：昔宋歐陽永叔有《洛陽牡丹記》，王觀有《芍藥譜》，范石湖有《梅譜》，劉蒙、史正志俱有菊譜。趙時庚有《蘭譜》，陳思有《海棠譜》。吾將輯《鳳仙花譜》而未遑也。迨七十以後，灌溉稍疏，花亦漸變平平無奇。乃嘆曰：開府有言生意盡矣。然見鄰舍家種此花，猶流連不忍去。嗚呼！是譜也，固先君子之志也。道光癸酉歲，泳卜居尚湖之翁莊，兒輩又種是花，五色陸離，不可名狀。又得江陰陳氏種子，並載其栽培之法，釋其命名之雅，彙而輯之，以補先君子未遂之志云。道光二十四年，歲在甲辰。七夕，梅花溪上老人錢泳書於吉祥花館。時年八十有六。

藝文

唐 吴仁璧《鳳仙花》（《萬首唐人絶句》卷三九辑） 香紅嫩緑共開時，冷蝶饑蜂兩不知。此際最宜何處看，朝陽初上碧梧枝。

宋 舒岳祥《閬風集》卷七《同正仲賦鳳仙花》 其子名急性，不耐人觸也。

本愛真紅一種奇，後來紫白自繁滋。青冠輕舉真仙子，彩羽來儀瑞鳳兒。石竹通家分異樣，園葵附譜亦多姿。莫嫌性急難攖觸，我以爲規勝佩韋。

宋 晏殊《蘿軒外集·詠鳳仙花》（《兩宋名賢小集》卷一一〇辑） 九苞顔色春意動，丹穴威儀秀氣攢。題品直須名最上，昂昂驤首倚朱欄。

宋 陳景沂《全芳備祖》前集卷二六《金鳳花》 金鳳爲婢妾，紅紫徒相鮮。張古史。飛花只合秦樓去，莫與金釵壓翠蟬。僧北磵。天霜雕九陵，梧桐日枯槁，鳳德何其衰，驚飛下幽草。九苞空仿佛，衆彩各自好，黄中獨含章，見晚更傾倒。託根幔亭峰，弱質深自保，便翾金翅短，淡泊乃幾道，俗眼迷是非，人間迹如埽。劉圻父。

元 任士林《松鄉集》卷六《鳳仙花賦》 若知鶴林之神乎，霜月如銀。

西風砭人，丹艷自春。何以羽翼，賁此坡壠。爛然九苞，蹲爲孤鳳。百鳥舞聳，精采欲動。吾聞蜀山之魄，下故墀而蹄冤。灑丹血以成葩，幻七七之妖仙。迓羽族之初服，究來儀之蹁躚。出不化之神，爲帝爲鵑，爲花爲人。而復幻丹究之形，有不可致，詰於洪鈞。雞憚犧而斷尾，鶴存雛而拔羽。機心洞人，網目如雨。將色舉於朝陽，甘草木以同腐者乎。噫嘻，艮岳之植，政和之網。輦而致之，汴水湯湯。一蔫不發，摧折無光。子天子曰：吁，謫歸故鄉，抱荆而旋。東風重芳，蓋天津之聲。舌既饒矣，使一見賞幸，則華林之觀，銅雀之二喬矣。其不爲强項供奉之所笑者幾希，安在德輝而下之。立翠微之曉月，伴楝樹之後風。萬卉欲寂，空山自紅。太牢鐘鼓而不悪，紅裹檀板而不驚。蒼梧楚楚，翠竹亭亭。清風徐來，求凰欲鳴。渺不知花之精、鳳之靈，吾亦蝶我之俱化，歌楚詩之商聲。

明　顧璘《息園存稿時》卷一四《鳳仙花》　碧玉青樓女，盈盈妝粉紅。不應試醮甲，翻令妒守宮。

明　王諠《鳳仙花》（《石倉歷代詩選》三三九輯）　穠豔何曾妒絳桃，瑶池青鳥舊仙曹。可憐日暮西風急，滿地斕斑委羽毛。

清　高宗愛新覺羅·弘曆《御製詩集》二集卷一九《鳳仙》　昂藏態發色離披，引蝶潛蛩兩不知。萋菶梧枝團蔭處，應教比物入周詩。

又　三集卷五七《鳳仙》　尾翅翹然象九苞，尋常秋色短牆坳。楚狂早是歌衰德，漫擬雝雝阿閣巢。

又　四集卷三九《紅白鳳仙》　頭尾翹然欲翥兮，霞紅雲白任昂低。雖然巧對稱金鳳，畢竟高標遜木犀。

清　彭孫遹《松桂堂全集》卷三四《鳳仙花》　初似苔錢綴碧叢，旋開花蕊扇炎風。貪緣蹊徑蕃滋易，輕薄鉛華點染工。莫恨離披秋雨後，頗宜采摘晚涼中。小窗兒女嬌憐甚，手爪爭誇一捻紅。

雜　録

明　田汝成《西湖游覽志餘》卷二四　鳳仙花有紅、白、紫數種。宋時謂之金鳳花，又曰鳳兒花。慈懿李后之生也，有鸞鷟下儀之瑞，小名鳳娘，追正位坤極，六宮避諱，稱曰好女兒花。搗其葉可以染指甲爲紅色。瞿宗吉詩云：高堂不見鳳凰飛，招得仙魂慰所思。秋露庭除蛩泣處，晚風籬落燕歸時。金盆夜搗聲相應，銀甲春生色更宜。好倩良工揮彩筆，寫成竹葉夾桃枝。此詩以夾竹桃爲鳳仙別名，其實夾竹桃自有木本，非草本也。其紅指甲詩云：金盆和露搗仙葩，解使纖纖玉有瑕。一點愁凝鸚鵡喙，十分春上牡丹芽。嬌彈粉淚拋紅豆，戲掐花枝鏤絳霞。女伴相逢頻借問，幾回錯認守宮砂。

明　王圻《稗史彙編》卷一四八《金鳳花》　金鳳花，如鳳咮飛舞，每種各具一色，聚開則五色成花。自夏至秋尤盛，謂之金鳳花。中都習宫闈娭語謂鳳兒花。慈懿之生，有鸞鷟儀于里邸，名曰鳳娘，迨屋坤極，六宮避舊諱，稱曰好兒女花，至今猶然。

荷花

論説

宋　許顗《彦周詩話》　世間花卉無踰蓮花者，蓋諸花皆藉暄風暖日，獨蓮花得意於水月。其香清涼，雖荷葉無花時亦自香也。梁江從簡爲《采荷調》云：欲持荷作柱，荷弱不勝梁。欲持荷作鏡，荷暗本無光。此語嘲何敬容而波及蓮荷矣。

宋　羅願《爾雅翼》卷八《芙蕖》　古詩有「魚戲蓮葉間，魚戲蓮葉東，魚戲蓮葉西，魚戲蓮葉南，魚戲蓮葉北」。今人言池中養蓮者，莖葉茂密，魚動輒損鱗，不得遂長。《古今注》：一名水芝，一名澤芝，一名水花。《管子》曰：五沃之土生蓮。

又　郭璞曰：蔤，莖下白蒻在泥中者，今江東人呼荷華爲芙蓉。北方人便以藕爲荷，亦以蓮爲荷，蜀人以藕爲茄。或用其母爲華名，或用根子爲母葉號。此皆名相錯，習俗傳誤，失其正體者也。

宋　陸游《老學庵筆記》卷一〇　芰，菱也。今人謂卷荷爲伎荷。伎，立也。卷荷出水面，亭亭植立，故謂之伎荷。或作芰，非是。白樂天《池上早秋》詩云：荷芰緑參差，新秋水滿池。乃是言荷及菱二物耳。

明　張存紳《增定雅俗稽言》卷三八《芙蕖》　芙蕖一名芙蓉。《爾雅》及陸璣《草木疏》以荷花爲芙蕖。未開曰菡萏，其莖曰茄，葉曰蕸，根曰藕，實

曰蓮，俗呼稱蓮蓬。郭璞曰：北方人以藕爲荷，江東人呼荷葉爲芙蓉，蜀人以藕爲茄，此皆名實相亂，沿習之誤。《花史》：芙蕖，君子花也。又《太平御覽》引《廣志》曰：君子樹似檉松，曹爽植之于庭。戴崧詩「接越稱交讓，連樹名君子」，江總詩「連檻君子樹，對幌女貞枝」，皆用此事。吁君子吾不得而見之矣，見之花與木。《祥瑞圖》曰：雙蓮爲華萍。《孝經》：援契王者德至于地則華萍感。注：華萍，並頭蓮也。　睡蓮夜則花低入水，南海有之。睡蓮可與「舞草」作對，舞草者，虞美人草也，唱虞美人詞則舞，雅州有之。見《白帖》。睡蓮亦可對「眠柳」。按漢苑中有柳，狀如人形，號人柳，一日三眠三起。見《三朝故事》。又石脾，入水則乾，出水則濕，獨活有風不動，無風則摇。南倭蚌淚，着色，夜現晝隱。沃山石脂，着色，晝現夜隱。睡蓮，晝開花，夜縮入水底。蓋雖縮水，夜半復出，見《宛委餘編》。然則睡蓮亦可對「夢草」。浄土之蓮青黄紅白四色，金光，花長一由，旬諸佛座也。寶蓮臺説，梵語一大由旬八十里，一小由旬四十里。湖目，蓮子也。見《酉陽雜俎》。《廣知篇》云：蓮實下垂，則取其象以治心，故桃實夜縮，則資其形以斂肱。北齊童謡「千金買藥園，中有芙蓉樹。破家不分明，蓮子隨他去」。楊用修詩「偃月堂空罷舞塵，綾安坊冷怨佳人。芙蓉蓮子隨他去，不及當年石季倫」。蓋用此事。《博物志》：藕生應月，潤月益一節，芋以十二子爲限，亦應月之類也。

清　李漁《閑情偶寄》卷一四《種植部・草本第三・芙蕖》　芙蕖與草本諸花似覺稍異，然有根無樹，一歲一生，其性同也。《譜》云：産于水者曰草芙蓉，産于陸者曰旱蓮。則謂非草木不得。矣予夏季倚此爲命者，非故效顰于茂叔，而襲成説于前人也。以芙蕖之可人，其事不一而足，請備述之。群葩當令時，只在花開之數日，前此後此，皆屬過而不問之秋矣，芙蕖則不然。自荷錢出水之日，便爲點綴緑波，及其勁葉既生，則又日高日上，日上日妍，有風既作飄颻之態，無風亦呈裊娜之姿，是我于花之未開，先享無窮逸致矣。迨至菡萏成花，嬌姿欲滴，後先相繼，自夏徂秋，此則在花爲分内之事，在人爲應得之資者也。及花之既謝，亦可告無罪于主人矣，乃復蒂下生蓬，蓬中結實，亭亭獨立，猶似未開之花，與翠葉並擎，不至白露爲霜，而能事不已。此皆言其可目者也。可鼻則有荷葉之清香，荷花之異馥，避暑而暑爲之退，納涼而涼逐之生。至其可人之口者，則蓮實與藕，皆並列盤餐，而互芬齒頰者也。只有霜中敗葉，零落難堪，似成棄物矣，乃摘而藏之，又備經年裹物之用。是芙渠也者，無一時一刻，不適耳目之觀，無一物一絲，不備家常之用者也。有五穀之實，而不有其名，兼百花之長，而各去其短。種植之利，有大于此者乎？予四命之中，此命爲最。無如酷好一生，竟不得半畝方塘，爲安身立命之地，僅鑿斗大一池，植數莖以塞責，又時病其漏，望天乞水以救之。殆所謂不善養生，而草菅其命者哉。

綜述

三國吴　陸璣《毛詩草木鳥獸蟲魚疏》卷上《有蒲與荷》　荷，芙蕖，江東呼荷。其莖茄，其葉蕸，莖下白蒻，其花未發爲菡萏，已發爲芙蕖，其實蓮。蓮青皮裏白子爲的，的中有青，長三分，如鉤，爲薏，味甚苦，故俚語云「苦如薏」是也。的五月中生，生啖脆。至秋表皮黑，的成。食或可磨以爲飯，如粟飯，輕身益氣，令人强健，又可爲糜，幽州揚豫取備饑年。其根爲藕，幽州謂之光旁，爲光如牛角。

晋　嵇含《南方草木狀》卷上　花之美者有水蓮，如蓮而莖紫，柔而無刺。

晋　崔豹《古今注》卷下　芙蓉一名荷華，生池澤中，實曰蓮，花之最秀異者。一名水芝，一名水花，色有赤白紅紫青黄。紅白二色荖多花，大者至百葉。

晋　王嘉《拾遺記》卷三　素蓮者，一房百子，陵冬而茂。

宋　陸佃《埤雅》卷一七《釋草・荷》　荷，總名也。華葉等名具衆義，故以不知爲問謂之「荷」也。昔人正名百物有是哉，故曰「萬物有成理而不説」。郭璞以爲芙蕖一名芙蓉，按：《説文》：未發爲菡蔄，已發爲芙蓉。芙蓉，華之號也，蓋亦通曰芙蕖。《毛詩傳》云：荷，芙蕖也，其華菡蔄。許慎以爲其華曰芙蓉，其秀曰菡蔄，其實曰蓮，蓮之茂者曰華。今其的中有青爲薏，皆倒生兩牙，一成芰荷，一蕅荷也。又生一牙爲華。蕅，荷帖水生蕅者也。芰荷無蕅，卷荷也。與華偶生，出乎水上，亭亭如傘者，是亦或謂之距荷。蕅荷一本，其支旁行爲蕅節，生一華一葉。詩曰「有蒲與荷」，蓋荷善傾欹，蒲無骨幹而柔從。《字説》曰：蕅藏於水，其自處卑，無所加焉，其所與汙，潔白自若，中有空焉，不偶不生，若此可以偶物矣。茄無枝附，泥不能汙，水不能没，挺出而

立，若此可以加物矣。蓮既有以自日又會而屬焉，若此可以連物矣。菡蕳實若臽，隨昏昕闔闢焉。蕸，假根以立而不如蕅之有所偶，假莖以出而不如茄之有所加，假華以生而不如蓮之有所連，菡蕳之有菡也，若此可謂遐矣。夫函物者終於吐，連物者終於散，偶物者或析之，加物亦不可爲常，故遐在此不在彼也。蔤退藏於无用而可用可見者本焉，若此可謂密矣。合此衆美，則可以何物，可以爲夫，可以爲渠，故曰：荷，芙蕖也。荷以何物爲義，故通於負荷之字。

又《菡萏》 《爾雅》曰：其華菡萏，其實蓮。蓋荂曰芙蓉，秀曰菡萏，暢茂華至百葉。然則華亦謂之芙蓉。《楚辭》所謂「搴芙蓉兮木末」，蓋言此也。凡物皆先華而後實，獨此華果齊生，故西域之書多言此。《詩》曰：有蒲與荷，有蒲與蕑，有蒲菡萏。荷言其質之柔，蕑言其氣之芳，菡萏言其色之美。《拾遺記》曰：昆流素蓮，一房百子，凌冬而茂。王文公曰，蓮華有色有香，得日光乃開敷，生卑濕淤泥，不生高原陸地。雖生於水，水不能没，雖在淤泥，泥不能汙，即華時有實，然華事始則實隱，華事已則實現。實始於黄，終於玄，而莖葉緑葉始生也，乃有微赤。實既能生根，根又能生實，實一而已，根則無量，一與無量互相生。起其根曰蕅，常偶而生，其中爲本，華實所出。蕅白有空，食之心歡，本實有黑，然其生起爲緑爲黄、爲玄爲白、爲青爲赤，而無有黑，無見無用而有見有用，皆因以出，其名曰蔤，退藏於密故也。

宋 鄭樵《爾雅注》卷下 荷，芙蕖，其莖茄，其葉蕸，其本蔤，其華菡萏，其實蓮，其根藕，其中的，的中薏。本，謂近根處白莖也。實謂蓮房，的謂子。薏，蓮子中苦心。

宋 施宿等《會稽志》卷一七 山陰荷最盛，其别曰大紅荷、小紅荷、緋荷、白蓮、青蓮、黄蓮、千葉紅蓮、千葉白蓮。大紅荷多藕，小紅荷多實。白蓮藕最甘脆，多液。千葉蓮皆不實，但以爲玩耳。出偏門至三山多白蓮，出三江門至梅山多紅蓮。夏夜香風率一二十里不绝，非塵境也，而游者多以晝，故不盡知。

宋 陳景沂《全芳備祖》後集卷二一《蓮》 碎録 荷，芙蕖也，其莖曰茄，其葉蕸，其本蔤，其花菡萏，其實蓮，其根藕，其中菂，菂中薏。《爾雅》菂，五月中生，噉脆美，至秋皮黑。菂，或可食，或可磨以爲飲，輕身益氣，令人强健。《毛詩注》

雜著 采淳菂，摘員質，折碧皮，食素實，味甘滋而清美。同嘉果于橙橘。《晉夏侯湛賦》龍見萌秀，火中結芳。《傅亮賦》緑房紫菂。《靈光殿賦》金房緑莖。《傅玄賦》

紀要 荷，芙蕖也。其莖茄，其葉蕸，其本蔤，其花菡萏，其實蓮，其根藕，其中的，的中薏。《爾雅》茄古切，荷莖也，蕸，荷葉也，蔤，芙必切荷本也，莖下白，蒻在泥中者，本根也。芙蓉，一名荷花，一名水芝，一名水華，有赤、白、紅、紫、青、黄。紅白二色差多花大者，至百葉。《崔豹古今注》隰有荷花。《注》荷花，芙蕖也。《詩・山有扶蘇》彼澤之陂，有蒲與荷，有蒲菡萏。《詩・澤陂》高原陸地不生此花，卑濕淤泥乃生此花。《維摩經》滄州金蓮華，州人研之如泥，以間彩繪，光彩焕爛，與真金無異，但不能入火而已。更有莖出，其花如蝶，每微風則摇蕩如飛，婦人競采之以爲飾。語云，不帶金蓮花不能到仙家。《杜陽編》南海有睡蓮，夜則花低入水。屯田韋郎中從事南海，親見之。五沃之玉，生蓮花。《管子》九嶷山過半路皆竹松，竹下狹路有青澗，澗中有黄色蓮，芳氣竞谷。《王歆之神華記》華山頂有池，池中生千葉蓮，服之通仙，因名華山。《華山記》麻姑壇東南池中有紅蓮，近忽變碧，今又白矣。《壇記》

明 慎懋官《華夷花木鳥獸珍玩考》卷四《分枝荷》 淋池分枝荷，一莖四葉，狀如駢蓋。日照則葉低蔭根，若葵之衛足也，名曰低光荷。實如玄珠，可以飾珮，花葉雜萎，芬芳之氣徹十餘里。食之令人口氣常香，益人肌理。宫人貴之，每遊宴出入皆含咀。或剪以爲衣，或折以蔽日相爲戲。《楚詞》謂折芰荷以爲衣，意在斯也。

明 高濂《遵生八牋》卷一六《燕閒清賞牋下・蓮花六種》 紅白之外，有四面蓮，千瓣四花。兩花者名並蒂，總在一蕊發出。有臺蓮，開花謝後，蓮房中復吐花英，亦奇種也。有黄蓮。又云以蓮子磨去頂上些少，浸靛缸中，明年清明取起種之，花開青色，有此法而未試。

明 王路《花史左編》卷四《花之辨・蓮花》 紅白之外有四面蓮，千瓣四花。兩花者多並蒂，總在一蕊發出。三蕊者名品字蓮。有一種臺蓮，開花謝後，蓮房中復吐花英，最奇種也。有黄蓮，復有青蓮，以蓮子磨去頂上些少，浸靛缸中，明年清明取出種之，花開青色。花白者香而結藕，紅者豔而結蓮。

又《芙蓉》 有數種，惟大紅千瓣，白千瓣，半白半桃千瓣。有醉芙蓉，朝白午桃紅晚改大紅者佳甚。今人每種池蕩邊，取其映水，俗傳葉能爛獺毛，隔夜以靛水調紙包花蕊上，來日開花青色，黄色者種貴難得。

又 卷六《花之瑞·荷花》《格物叢話》：荷花有重臺者，有雙頭者，世人指以爲瑞。又有曉起朝日，夜入水者，名爲睡蓮。

又 卷八《花之宜·種蓮法》 驚蟄將大缸底用地泥一層築實，上用河泥一淺缸築平，有日曬之，有雨蓋之，曬令開裂。至春分日，買壯大荷秧開泥種之，枝頭向南，泥壅好，勿露出。再曬，雨仍蓋之。至清明日，加河水平口，不可加井水。春分前種一日，花在葉上，春分後種一日，葉在花上，春分日種，則花與葉平。

一説用稻幹泥實其半，壅牛糞寸許，隔以蘆蓆，置萬上，以河泥覆之，晒極乾，再壅之。如此一二次方可下水，遇雨則遮。或云用臘糟少許置藕上，不宜着藕。或云用瓶泥種則花盛。

明 周文華《汝南圃史》卷五《水果部·荷》《爾雅》曰荷，芙蕖，其莖茄，其葉蕸，其本蔤，其花菡萏，其實蓮，其根藕，其中菂，菂中薏。釋曰：芙蕖其總名也，別名芙蓉，江東人呼荷。菡萏，蓮葉也，的蓮實也，薏中心也。郭云：蔤莖下白蒻在泥中者，今江東人呼荷花爲芙蓉。北方人便以藕爲荷，亦以蓮爲荷，蜀人以藕爲茄。或用其母爲花名，或用根子爲母葉號，此皆名相錯，習俗傳誤，失其正體也。陸璣疏曰：蓮青皮裹白子爲菂，菂中有青爲薏，長三分，如鈎，語曰苦如薏也。《埤雅》曰：荷，總名也，華葉等名具衆義，故不以知爲問謂之荷也。《管子》曰：五沃之土生蓮。《古今注》曰：芙蓉，一名荷花，生池澤中。實曰蓮，花之最秀異者也。一名水芝，一名水花。有赤白紅紫青黄數種，然紅白二色最多。花大者至百葉。周子《愛蓮説》云：出淤泥而不染，濯清漣而不妖，中通外直，不蔓不枝，香遠益清，亭亭靜直。可遠觀而不可褻玩，花之君子也。《建昌府志》云：並頭蓮，近自浙江得。種或並頭而鬬，或四面而拱，或蘗突而臺，或紛糾而綴。茜靚欹盈，奇態不可名狀。卒之秋露冷冷，厭而不落，雖經風雨，而池上無殷紅委瓣，殆兼牡丹之豔與菊之操矣。宋時聚景園中有繡蓮，紅瓣而黄緑，結實如飴，此又花之奇品也。《姑蘇志》云：蓮菂，其紅花者實小而甘，其白花者實大而淡。花落實出。始黄中玄爾。《齊民要術》種蓮子法：八九月取蓮子堅黑者於瓦上磨頭令皮薄，取墡土作熟泥封之，如三指大，長二寸。使蒂頭平重，磨去尖鋭，泥乾時擲於池中，重頭沉下，自然周正，皮薄易生，少時即出。其不磨者，皮既堅厚，倉卒不能生也。《便民圖纂》曰：二月間取帶泥小藕栽池塘淺水中，不宜深水，待茂盛，深亦不妨。或糞或豆餅壅之則盛。一云用煮酒瓶頭泥栽種。《瑣碎録》云：種蓮用臘糟少許裹藕種，來年花盛。又云種藕法，春初掘取三節無損者種入深泥，令到硬土。穀雨前種，當年有花。又云蓮藕極畏桐油，就池中以手掐去荷葉，中心滴桐油數點入其中，雖數頃亦盡。今人家種盆荷先用稻管泥椿實其半，壅牛糞寸許，隔以蘆蓆，置藕秧於上，用溇中淤泥覆之。若通潮水者尤妙。或云清明前種，花在葉上，清明後種，花在葉下。

明 陳正學《灌園草木識》卷二《花之屬》 青蓮 出水時外葉甚青，開時千葉如碧玉，韻致逌然。《大智度論》云，蓮華有三種，一者人華，二者天花，三者菩薩花。人華十餘葉，天華百葉，菩薩華千葉。又云，蓮所表示：白，净也。青，喜也。赤覺也。因時開敷，悦可衆心，是謂妙法蓮華。

又 紅蓮 有千葉者，有單葉者。

又 錦邊蓮 花佳，蓬中多子。

又 白蓮 單葉子稀。凡荷最忌桐油，滿沼之荷，滴幾點桐油立斃。種之小盆及沼中，一年一易其泥。取根於立春後種之花盛。如二年不易泥，則花衰，三年不易泥，則花盡。如種之太早，爲寒所欺，葉不蔚起，取雄黄或硫磺成塊者觔許入泥中，則葉盛花開矣。吕良常，桂林人，謫居漳幕，過□取荷葉出水新嫩未開者，淖以滾湯，裹肉絲筍豉若餛飩然，食之信美，名曰荷管。山居取葉爲甑，置烈火中煮粥甚香美，色碧緑，粥熟而葉不焦。《本草》欠詳，故表之。

明 方以智《物理小識》卷九《草木類》 種蓮 夏前淺池腴土築實，卧藕覆泥，疏種露萌而浸之瓨，種以糟查皮屑壅之，女栽則殘。周益公曰，羊角入池，栽荷立成。寧獻王曰，酒瓮頭泥種即開花。建寧饒州蓮子大而矬。墨娥曰，蓮子入雞卵伏如法，取出，以天門冬爲末，和肥泥安盆中，將蓮實磨穿一頭種之，勿令水乾，自然生葉，開花如錢，極惡桐油。又有睡蓮，《北户録》曰：睡蓮如荇而大，沈於水面，花數莖，五色。當夏自開，夜縮入水底，晝復出，乃是萍蓬草類。

別有蓮心 蓮心一名茶菱，出建寧及寧州。五月淺水種，子角柔，肉甘香，非蓮花之心也。

明 木增《雲薖淡墨》卷二《朝日蓮》《方物記》：蜀中有朝日蓮，花色

或黄或白，葉浮水上，開則隨日所在，日入輒斂藏葉下，若葵藿傾太陽也。

明《花史》夏集《荷花》《爾雅》曰：荷，芙蕖，其莖茄，其葉荷，其本蔤，其華菡萏，其實蓮，其根藕，其中的，蓮中子也。的中薏。《廣雅》曰：荷，芙蕖，江東呼荷華爲芙蓉。《古今注》曰：芙蓉一名荷華，生池澤中，一名澤光，一名水花，色有赤白、黄紫、青黄，紅白二色苦，多花，大有至百葉。《華山記》曰：山上有池，中生千葉蓮。《説文》曰：茄，芙蕖莖也。荷，芙蕖實也。蓉，芙蓉本也。《杜詩注》曰：産於陸者曰木芙蓉，産于草者曰草芙蓉。然花有紅白碧黄等色者，有千葉重臺雙頭者，又有曉起朝日、夜入水者，又有出于陸而不出于水者，謂之旱蓮。《拾遺記》曰：周穆王時有冰荷，出于冰壑，火不能鎔。又曰：漢昭帝游柳池，有紫色芙蓉，大如斗。花葉甘可食，芬氣聞十里，其實如珠。《三堂往事》：其宅有釣仙池，池中蓮花一歲再結實。每實子十雙，其花時，香兼桃菊梅英，故謂之分香蓮。郡人諺曰：分香蓮，不論錢。《三輔黄圖》曰：琳池有分枝荷，一莖四葉，狀如駢蓋，日照則葉低蔭根莖，若葵之衛足，名曰低光荷，實如玄珠，可以飾珮。《酉陽雜俎》曰：漢靈時有夜舒荷，長一丈，一莖四蓮，其葉夜舒晝捲，南國所獻也。《筆談》曰：李及之知潤州，園中菜花悉是蓮花，仍各有佛坐花中，形如鵬形。《花經》曰：茄荷葉似藍，根似蘿蔔，味甘脆。又曰：滇池産衣鉢蓮，花，盤千葉，蕊分三色，極佳。又曰：葉如荷而大，沉于水面。其花布繁數重，凡五種色，當夏晝開，夜縮入水底，晝復出也。《遵生八牋》曰：蓮紅白之外有四面蓮，千瓣四花，兩花者名並蒂。總在一蕊發出。有臺蓮，開花謝後蓮房中復吐花英，亦奇種也。有黄蓮。

種法

取藕節頭就用帶草濕泥包裹，却于池塘中栽之。或用封酒壜頭上泥栽種，則當年開花。若種蓮子，用堅黑者于磚上磨蓮子頭，令皮薄則易生，取溝邊土作泥包裹蓮子在内，蓮子頭上作尖，樣約三指大，長二寸，底下務要平重。候泥乾時，擲于池中，重頭沉下自然周正。荷蓮極怕桐油，宜二月間種之。《神隱》

《多能鄙事》曰：初春掘藕稍頭插泥中，當年便生荷，若泥深將損處在下插之，直至硬地乃佳。若種子，卒難長大，且不成藕。

種盆荷

《花經》曰：蓮實裝入雞卵殼中，與雞母伏，雞雛出日取出，天門冬爲末，和肥泥安盆底，種蓮實，在勿令水乾，自然生葉開花，如錢大亦可玩賞。

種青蓮

以蓮子磨去頂上些小浸靛缸中，明年清明取起種之。花開青色，有此法而來試。藕生應月，月生一節，閏輒益一。《埤雅》

清 曹溶《倦圃蒔植記》卷中《蓮》 宋曾端伯以十花爲十友，張景修以十二花爲十二客。予謂蓮花德比君子，更當以師事之。種色甚夥，散見諸帙。可異者，琳池有分枝蓮，南海有睡蓮，滄洲有金蓮，流香渠有夜舒蓮，芸揮堂有碧蓮，玉井有十丈蓮，九疑澗有黄蓮，柳池有斗大紫蓮，儋州有四季蓮，而釣仙池分香蓮爲冠。郡人稱分香蓮不用錢者是也。至如近日所傳并頭、重臺、品字、四面觀音，品目愈奇，風致愈減矣。大約此花白者藕勝，紅者蓮勝。種藕之法，驚蟄之後，先取田泥築實缸底，復將河泥平鋪其上，日曬開裂，雨則蓋之。迨至春分，將秋分種枝頭向南壅好，勿露。夏日酷烈，勿令水乾，冬天凍結，宜遮稻草，既免花刑，且善後計矣。一説半實田泥，壅牛糞少許，隔以蘆蓆，令藕根上行，以河泥覆之。至如藕根之下，糝放硫磺，或以臈糟塗藕少許（古法）。雖然，未可輕試也。種盆蓮之法，將乾黑蓮實裝入卵殼中，令雞母同抱，候子雞既出，聚天門冬搗米和泥安置盆中，收蓮實種之，花開如錢。如欲青蓮，磨穿硬殼，略侵染缸，依法種之。昔湖州染工世治靛瓮，嘗以蓮子浸於瓮底，經歲種之，便生青蓮。事載《太平廣記》，當信此法不謬。

清 張逸少 汪灝等《佩文齋廣群芳譜》卷二九《荷》 花已發爲芙蕖，未發爲菡萏。其莖茄，其葉蕸，其本蔤。葉清明後生，圓如蓋，色青翠。五六月開花，有數色，惟紅白二色爲多。花心有黄蕊，長寸餘，大者花至百葉。

又 花生池澤中最秀。凡物先華而後實，獨此華實齊生，百節疏通，萬竅玲瓏，亭亭物表，出淤泥而不染，花中之君子也。有重臺蓮，一花即開，從蓮房内又生花，不結子。並頭蓮，晉泰和間，生于玄圃，謂之嘉蓮。今所在有之，最易生。能傷別蓮，宜獨種。一品蓮，一本生三萼。四面蓮，周圍共四萼。灑金蓮，瓣上有黄點。金邊蓮，瓣周圍一綫，色微黄。衣鉢蓮，花盤千葉，蕊分三色，産滇池。千葉蓮，華山頂有池産千葉蓮花，服之羽化。今人家亦有之，然頭重易萎，多難開完。黄蓮，王韶之《神鏡記》云：九疑山過半，路皆行竹松下，狹路有清澗，澗中有黄色蓮，芳氣竟谷。金蓮，金池方數十里，水石泥沙皆如金色，其中有四足魚，金蓮花，洲人研之如泥，以之彩繪光輝焕爛，無異真金。

分香蓮，《三堂往事》云：三堂使宅中有釣仙池一，種蓮，一歲再結，每實子十隻，花時香兼桃菊梅英。分枝荷，《拾遺記》云：漢昭帝穿琳池，植分枝荷，一莖四葉，狀如騈蓋，日照則葉低蔭根，若葵之衛足，名曰低光荷，實如玄珠，可以飾珮，花葉雖萎，芬芳之氣徹十餘里，食之令人口氣常香，益人肌理。夜舒荷，《拾遺記》云：靈帝西園渠中植蓮，大如蓋，長一丈。其葉夜舒晝卷，一莖有四蓮，叢生，名曰夜舒荷。亦云月出則舒也，故曰望舒荷。紅蓮，《麻姑壇記》云：壇東南池有紅蓮，忽變碧，今又白矣。睡蓮，《北户録》云：葉如荇而大，沉于水面，其花布葉數重，凡五種色，當夏晝開，夜入水底，次日復出。生南海。四季蓮。儋州清水池，其中四季荷花不絶，臘月尤盛。他如佛座蓮、金鑲玉印蓮、斗大紫蓮、碧蓮、錦邊蓮諸品，尤爲绝勝。

清 乾隆《福建通志》卷一〇《物産》 蓮 紅白二種有千葉者，俱有實。《爾雅》及陸璣疏：荷爲芙蕖，華未發爲菡萏，已發爲芙蓉，其實蓮，其根藕。

清 鄒一桂《小山畫譜》卷上《荷》 水華之極大者，生池澤中，即古所謂芙蓉也。種類不一，紅白二色爲多。清明後生圓葉，初貼水如錢，漸高如蓋，色青翠，六月花開。重葉者多至百葉，惟大紅十八瓣者爲佳。花時已具蓮房，嫩黄色，鬚長寸餘，著花半白，上四分黄，末有米色横粒環抱花房。瓣如勺，外深紅，蘂如筆。花高於葉，一葉一花。花落後蓮房漸青，垂下，子一二十粒。千葉者子少，並有不實者。

清 謝堃《花木小志·蓮》 蓮之大者見於詩，花開十丈藕如船。蓮之小者見於崑山張道士家，嘗以蓮心插於甌泥中，未匝月時，葉大如錢，花開似豆，疑其有術者也。至於池塘之中紅者白者白瓣而紅邊者，又有蓮實高出蓮房者，名八仙蓮，其十八瓣者顔色尤麗。

紀 事

晉 王嘉《拾遺記》卷六 靈帝初平三年游於西園。【略】渠中植蓮大如蓋，長一丈，南國所獻。其葉夜舒晝卷，一莖有四蓮，叢生，名曰夜舒荷。亦云月出則葉舒，故曰望舒荷。帝盛夏避暑於裸游館，長夜飲宴，帝嗟曰，使萬歲如此，則上仙也。

唐 段成式《酉陽雜俎》卷一一《廣知》 歷城北二里有蓮子湖，周環二十里，湖中多蓮花，紅緑間明，乍疑濯錦。又漁船掩映，罟罾疏布，遠望之者，若蛛網浮杯也。魏袁翻曾在湖醼集，參軍張伯瑜諮公言：向爲血羹，頻不能就。公曰：取濼水必成也。遂如公語，果成。時清河王怪而異焉，乃諮公：未審何義得爾？公曰：可思湖目。清河笑而然之，而實未解。坐散，語主簿房叔道曰：湖目之事，吾實未曉。叔道對曰：藕能散血，湖目蓮子，故令公思。清河歎曰：人不讀書，其猶夜行，二毛之叟，不如白面書生。

著 録

清 楊鍾寶《缸荷譜序》 原夫蕅之爲花也，濂溪愛之而不言其色。言其色者，曰紅曰白而已，不聞有輕紅淡白、淺碧深紫之紛然也，不聞有重臺、單瓣、千葉、雙頭之犂然也。其爲名也，曰蓮曰荷，曰苓曰茄，曰水芝，曰澤芝，曰水白，曰水華，曰水旦，曰水芸，曰芙蓉，曰芙蕖，曰菡萏。然即物而異其名，非判其種於名也。其花也，於江於湖，於池於沼，不聞若罌若盎、若盌若琖皆花也，花之蒔於缸也。自紅白尤種始，然類多習見，人亦不甚珍愛。有賈於揚歸者，出數小瓷盆示客。翠擎碧月，香泛霞杯，弱態豐容，掩映於筠簾棐几間。人競以銀錢市艶，賈又故昂其值。亦時出其值以醉客，顧吝其種，種必殘其餘，王戎鑽李，懼人之有我有也。久之，種亦漸廣，賣花傭又爭致其所無。或謂小種皆子出，故不數年。遂得三十餘種。撑夏涉秋，間庭曲院，粲如流綺。展琉璃之簟，倚水精之簾。露香花韻，沁骨侵肌。不必盪槳泝流，求清凉世界也。因爲之按種徵名，詳品辨色，與夫蒔蕅藏秧燥濕肥瘦之得法得宜，一一次序而譜之。庶與洛陽之牡丹、廣陵之芍藥並萃其美。然稽諸古，則南海有睡蓮，滄州有金蓮，樂游有嘉蓮，駁鹿山有飛來蓮，鉤仙池有分香蓮，琳池有分枝荷，儋池有四季荷。證諸今，則越有傲霜蓮，粵有五色蓮，遼海有墨蓮，金川有雪蓮。烏得以耳目之所及，遂以盡天下之奇耶！他日之修花史者，有以廣我所未逮，而並爲李九疑、王敬美、王康節之功臣也可。目如左。嘉慶十三年歲次戊辰閏五月，上海楊鍾寶識。

藝 文

三國魏 曹植《曹子建集》卷四《芙蓉賦》 覽百卉之英茂，無斯華之獨

靈。結修根於重壤，泛清流而擢莖。其始榮也，皦若夜光尋扶桑，其揚暉也，晃若九陽出暘谷。芙蓉蹇產，菡萏星屬，絲條垂珠，丹榮吐緑。焜焜韡韡，爛若龍燭。觀者終朝，情猶未足。於是狡童媛女，相與同游。擢素手於羅袖，接紅葩於中流。

唐 李商隱《李義山詩集》卷中《贈荷花》 世間花葉不相倫，花入金盆葉作塵。唯有緑荷紅菡萏，卷舒開合任天真。此花此葉長相映，翠減紅衰愁殺人。

宋 宋祁《景文集》卷一三《荷花》 晚雨跳珠萬蓋勻，紅房高下照池新。采時雙艇須加槳，行罷微波不見塵。解把清香貽密坐，忍將芳意付蕭晨。如何老帥殘風味，三占秋英作主人。

宋 胡宿《文恭集》卷五《千葉瑞荷花》 絳蘂層層吐翠羅，水妃冠重曉峨峨。應嫌菖本開花少，却鬥榴房著子多。含露自知芳意在，偃風無奈落英何。更憐玉骨藏深怨，暗結千絲在緑波。

又 卷六《荷花》 露夕仙葩卷，風晨寶豔開。妖粲夏庭出，禍水漢宮來。玉冷埋秋骨，珠寒斂夜胎。河分龍浪灌，月借蘂淵栽。神襪能凌水，仙裙不惹埃。文魚纔可戲，鴆鳥莫爲媒。却死熬香釜，延年刻壽杯。息嬀今不語，猶尚怨荆臺。

宋 劉攽《彭城集》卷一〇《荷花》 白水滿方塘，荷花五月芳。弄珠圓不定，濯錦冷逾光。香憶風醒酒，聲宜雨送涼。扁舟學騷客，葺室近滄浪。

宋 文同《丹淵集》卷七《西湖荷花》 紅苞緑葉共低昂，滿眼寒波映碧光。應是西風拘管得，是人須與一襟香。

宋 郭祥正《青山續集》卷六《詠荷花》 一花一葉自相連，待得花開葉已圓。應爲施朱嫌大赤，故將嫩緑間嬋娟。

宋 楊時《龜山集》卷四二《荷花》 照眼紅雲門晚霞，重重青蓋半傾斜。會須直跨三千仞，移取峰頭十丈花。

宋 王之道《相山集》卷一三《荷花》 亭亭青蓋倚宮妝，新浴溫泉體自香。暫借青風來一霎，欲披雲錦見蜂房。

宋 鄭剛中《北山集》卷一一《荷花》 美豔向人花灼灼，青圓如鑑葉田田。月明徙倚闌干處，細得真香憶去年。

宋 宋伯仁《西塍集・荷花》 緑蓋半蒿新雨，紅香一點清風。天賦本根如玉，濂溪以道心同。

宋 釋文珦《潛山集》卷一〇《東湖荷花》 酣紅膩緑三千頃，總是波神變化成。出自淤泥元不染，開於玉井舊知名。暑天勝似涼天好，葉氣過於花氣清。何事濂溪偏愛此，爲他枝蔓不曾生。

明 釋妙聲《東皋録》卷上《荷花詠》 彼澤有嘉植，淤泥擢朱華。宛在水中央，塵土無由加。秀色一何麗，幽氣靜以遐。群魚戲其下，游蜂亦來過。而愛君子心，獨立終非他。我欲集爲裳，佩之以揭車。臨波託文鰩，遺彼帝子家。采蓮者誰子，日暮發清歌。歌長路且迴，使我一咨嗟。

明 何景明《大復集》卷二《荷花賦》 曲池兮清波，緑葉兮丹華。叢生兮若屯，並蒂兮連葩。爾其耀靈株之扶綏兮，搏輕荷而低卬。呈紅顏以流暈兮，麗繁星之煒煌。枝婀娜以承蕤兮，媚清漣而揚芳。委微吹以披靡兮，紛若纖羽之回翔。倏煙霏而霧滃兮，態隱約而凝妝。蔽華月於鮮雲兮，晃朝日之照虹梁。乃若遠兮益清，近兮愈妍。接皋蘭以被縟，映堤楊而聯娟。垂清房以綴珠，結翠萍而連錢。美曼如靜女，翩躚若飛仙。恣意態之横出，匪擬像之可殫。於是乃有姣姬連袂，或三或五。貌傾名都，香出洛浦。袪徽袿，御輕紗，操木蘭，揭蘅莎。赴中流而競擢，竦迅體而揚波。於是稱曰：緑波揚兮清風會，歌宛轉兮聲流喝。花爲房兮翳荷蓋，弗樂胡爲兮歲云邁。又稱曰：製緑芰兮爲衣，把瓊枝兮餐玉蕤。夜已央兮風露微，明河繁宿兮横參差。心中樂兮樂忘歸。

清 世宗愛新覺羅・胤禛《世宗憲皇帝御製文集》卷二五《荷花》 緑蒂紅衣薄醉妝，凌波舒影覆鴛鴦。蓮房有子心偏苦，藕節含香絲更長。

雜録

唐 段成式《酉陽雜俎》卷一九《廣動植之四・草篇》 荷 漢明帝時，池中有分枝荷，一莖四葉，狀如駢蓋，子如玄珠，可以飾珮也。

又 靈帝時有夜舒荷，一莖四蓮，其葉夜舒晝卷。

唐 馮贄《雲仙雜記》卷七《分香蓮》 三堂使宅有鈎仙池。一種蓮，子一歲再結，實子十隻。其花時香兼桃梅萸菊，郡人傳分香蓮，不論錢。《三

堂往事》

宋 徐鉉《稽神録》卷四《朱慶源》 婺源尉朱慶源罷任方還，家在豫章之豐城，庭中地甚爽塏，忽生蓮一枝，其家駭懼，多方以禳之，蓮生不已。乃築堤堰水以沼之，遂成大池，芰荷甚茂。其年慶源授南豐令，後三歲入爲大理寺評事。

宋 吴曾《能改齋漫録》卷一五《朝日蓮》 《宋景文公筆記》謂蜀中有蓮，大如雀殼，葉舒如錢，幹亦有絲。其萼盛開則向日，朝則指東，亭午則遡南，夕則西指，隨日所至，蜀人名曰朝日蓮。予按鄭熊《番禺雜記》，海南有向日蓮，花似木芙蓉而極香，其花東西向日，至暮而謝，一呼夜合。然則景文所記朝日蓮，不特蜀中有也。

宋 吴自牧《夢粱録》卷一八《花之品》 荷花，紅白色，千葉者西湖荷。蕩邊風送，荷香馥然。白樂天有「遶郭荷花三十里」之句。屬官楊萬里《在西府直舍詠盆池種荷》詩二首曰：飛空天鏡墮莓苔，玉井移蓮盆内栽。坐看一花隨手長，挨開半葉出頭來。稍添芰荇相縈帶，便有龜魚數往迴。剩欲遶池三兩匝，數聲排馬苦相催。又曰：西府寒泉汲十尋，深澆淺灑碧森森。高花已照紅妝鏡，小蘂新抽紫玉簪。鈿破尚餘折雨恨，傘疏遶作半池陰。西湖瘦得盆來大，更伴詩人恐不禁。

明 慎懋官《華夷花木鳥獸珍玩考》卷四《百里荷花》 自百里坊至平陽峙，一百里皆荷花，王羲之自南門登舟賞荷花，即此地也。見《温州郡志》。

又《金蓮》 金池可方數十里，水石泥沙皆如金色。其中有四足魚，金蓮花，洲人研之如泥，施之彩繪，光輝焕爛，與真金無異。

明 王路《花史左編》卷六《花之瑞・蓮花》 闕令尹喜生時，其家陸地自生蓮花，光發滿室。

又

平安王子懋，武帝子也。年七歲時，母阮淑媛病篤，請僧行道。有獻蓮花供佛者，子懋誓曰：若使阿姨獲祐，願花竟齋如故。七日齋畢，花更鮮紅，視甖中微有根鬚。母病尋愈，世稱孝感。

又 卷一八《花之證・芙蕖》 《爾雅》曰：荷，芙蕖。江東曰荷花爲芙蕖。其莖茄，其葉荷，其本蔤，其華菡萏，其實蓮，其根藕，其中菂，菂中薏。《華山記》曰：華山頂上有池，生千葉蓮花，服之者羽化。《太清諸草本方》曰：七月七日采蓮花七分，八月八日采蓮根八分，九月九日采蓮實九分，陰乾下篵，每能服方寸匕，令人不老。

清 乾隆《盛京通志》卷一〇六 荷花 即《詩》之菡萏，《爾雅》謂之芙蕖，今名蓮花，有紅白二色。

蝴蝶花

綜 述

明 高濂《遵生八牋》卷一六《燕閒清賞牋下・四時花紀》 蝴蝶花 草花，儼若蝶狀。色黄，上有赤色細點，闊葉。秋時分種。

明 王圻《稗史彙編》卷一四八《蝴蝶花》 予所居京師道院中，有僮豎閒植草花，叢生滋多，葉似竹葉，花小而碧，其蕊黄，稍類飛蟲之狀，俗謂之碧蝴蝶花。其花至晚而斂縮，將及夜而盡結，視之不見。暨乎晨朝，則其花漸出，日升彌高，而花復盛開。因知物理陰慘陽舒，自然有盛衰。以其隨昏明而卷舒，近乎智，而强名之曰近智花。

明 王路《花史左編》卷四《花之辨・蝴蝶花》 草花，儼似蝴蝶狀。色黄，上有赤色細點，闊葉。有一種大者，青花可愛。

又 卷五《花之侯・蝴蝶花》 有二種，俱在秋時分種。

明 夏旦《藥圃同春・四月》（《說郛續》卷四〇輯） 黄蝴蝶 葉秀，喜腴，稍香。

又 射干花 一名白蝴蝶，微香。

清 高士奇《北墅抱瓮録・蝴蝶花》 蝴蝶花，碧白相雜，上有黄斑翠點，翩翾之狀全類蛺蝶，無野卉之佳種。

清 孫之騄《枝語》卷上《春蝴蝶》 春蝴蝶，三月花也。自根茁葉，葉初出形尖，長則扁，闊一寸餘，豐下而鋭上焉。每葉三相夾，中抽一莖，莖有枝，每枝十許蘂，相推而生。花形六瓣，如蝴蝶翅，栩栩乎欲飛矣。每瓣亦三相參，三瓣，邊淡白色，瓣内鵝黄，有藕色細點圍之。三瓣皆淡白一色也。瓣有三心，長分許，每心端開兩叉，蒙茸微密，如剪刻成，作蝴蝶鬚狀。内三之，外六之，如三畫成爻，復三倍其畫以成六爻而得卦也。化工造物都有至理。

清 鄒一桂《小山畫譜》卷上《紫蝴蝶》 闊葉抽莖，幹上生枝，陸續開

放，紫花九瓣，作三臺。大瓣三，有紫點，中起一墻如鋸，白質而紅點。小瓣三，無點。其大瓣之上另擎出三瓣，狹小而拳，白色紅筋。此花宜栽高處，喜日色，土牆上多有之，俗謂之墻頭草。

又《**花蝴蝶**》 花略小，亦九瓣，淡紫色。大瓣有黄心紫點，小瓣無。擎出狹瓣如叉，一莖十數花，三月開。

藝文

宋 許綸《**涉齋集**》**卷一四**《**玉蝴蝶花**》 玉蝶正開時，緑稠紅漸稀。移將永嘉種，夢逐漆園飛。

明 孫繼皋《**宗伯集**》**卷一〇**《**題紫蝴蝶花**》 蝴蝶夢爲花，花開幻蝴蝶。紫艷雙紛翻，香心不可拾。

清 高宗愛新覺羅·弘歷《**御製詩集**》**三集卷五三**《**蝴蝶花**》 天公賦物本無名，誰其名者應非本。於非本裏争是非，多見其爲失之遠。翩翾者蝶翩翾花，即一即二胥名加。謂花非蝶寧非也，曰蝶是花詎是耶。娟娟者藹舒舒草露態風姿聊自好。漆園吏與宋大夫，兩不知号堪絶倒。

又 四集卷三八《**蝴蝶花**》 動若飛而静若翔，分明粉本出滕王。莊生曉夢相述處，那計尋常色與香。

清 彭孫遹《**松桂堂全集**》**卷三三**《**蝴蝶花**》 幽薄寒叢也自繁，宛然舞態乍飛翻。鳳車棲處渾無影，烏足生來別有根。春雨洗妝初褪粉，東風吹夢欲招魂。爲花爲蝶知誰是，此理終須問漆園。

雜録

清 李漁《**閑情偶寄**》**卷一四**《**種植部·草本第三·蝴蝶花**》 此花巧甚。蝴蝶，花間物也，此即以蝴蝶爲花。是一是二，不知周之夢爲蝴蝶歟？蝴蝶之夢爲周歟？非蝶非花恰合莊周夢境。

清 吴儀一《**徐園秋花譜**》 鳳翼根即射干，葉叢生如鳥翅，花瓣六出，瓣起細紋，有紅黄紫白，數種千朵齊開，如七夕曬錦衣，爛然月下。紫碧色者俗呼紫蝴蝶。

雞冠花

論説

清 李漁《**閑情偶寄**》**卷一四**《**種植部·草本第三·鷄冠**》 予有《收鷄冠花子》一絶云：指甲搔花碎紫雯，雖非異卉也芳芬。時防撮却還珍惜，一粒明年一孕雲。此非溢美之詞，道其實也。花之肖形者儘多，如綉毬、玉簪、金錢、蝴蝶、剪春羅之屬，皆能酷似，然皆塵世中物也。能省天上之形者，獨有鷄冠花一種。氤氳其象而鬖鬡其文，就上觀之，儼然慶雲一朵。乃當日命名者，舍天上極美之物，而搜索人間。鷄冠雖肖，然而賤視花容矣，請易其字曰一孕雲。此花有紅紫黄白四色，紅者爲紅雲，紫者爲紫雲，黄者爲黄雲，白者爲白雲。又有一種五色者，即名爲五色雲。以上數者，較之鷄冠，誰榮誰辱？花如有知，必將德我。

綜述

宋 温革《**分門瑣碎録·種花**》 種鷄冠花，如立撒子，則高株方開花。若坐撒子，則小株低矮開花。如以扇或婦人裙撒子，則花大亦如之。如以手撒子，則花如手指。

宋 梁克家《**淳熙三山志**》**卷四一**《**土俗類三·物産·花**》 雞冠 秋生，紫色如纈，畫雞冠之狀。

明 宋詡《**竹嶼山房雜部**》**卷一〇**《**樹畜部二·種花卉法**》 雞冠花 葉長莖肥，長有止長一尺許者，蘇子由謂爲矮雞冠。紫紅花，肉紅色，白色。有匾潤者，有鋭長者。二月以子播種之。

明 李時珍《**本草綱目**》**卷一五**《**草之四·雞冠**》 集解 時珍曰：雞冠處處有之。三月生苗。入夏，高者五六尺，矬者纔數寸。其葉青柔，頗似白莧菜而窄，艄有赤脉。其莖赤色，或圓或扁，有筋起。六七月稍間開花，有紅白黄三色。其穗圓長而尖者，儼如青葙之穗，扁卷而平者，儼如雄雞之冠。花大有圍一二尺者，層層卷出，可愛。子在穗中，黑細光滑，與莧實一樣。其穗如秕麥狀，花最耐久，霜後始焦。

明 高濂《**遵生八牋**》**卷一六**《**燕閒清賞牋下·四時花紀·鷄冠花四種**》

雞冠有掃箒鷄冠、有扇面鷄冠、有紫白同蒂名二色鷄冠。扇面者以矮爲佳，箒樣者以高爲趣。然下子時撒高則高，撒低則低也。若三色鷄冠，一朵同蒂，色分紫、白、粉紅，亦奇種也。俱收子種。

明　王路《花史左編》卷四《花之辨・雞冠花》　俗名波羅奢花。有掃箒鷄冠，有扇面鷄冠，有紫白同蒂名二喬鷄冠，有纓絡鷄冠。用扇子或婦人裙子。扇面者以矮爲佳，箒樣者以高爲趣。三色雞冠一朵同蒂，色分紫白各半，亦奇種也。更有一種五色者最短，名曰壽星。

明　周文華《汝南圃史》卷一〇《花草花部下・雞冠花》　雞冠花，佛書名波羅奢花。形高三五尺，葉似莧而尖，亦可食。其花褊而舒長，狀類雞冠。有紫、白、淡紅三色，亦有紅白相間者。就中又有如纓絡者，各種形狀不一。《浣花雜志》云：清明時下子，撒過即用糞澆，可免雀啄。子細黑，藏於花中。《瑣碎録》云：種雞冠子，立撒則株高，坐撒則株低，盛扇撒之則如團扇，散髮撒之則成纓絡。如欲雙色，各披半邊，紉麻縛之，然屢試不驗。又有矮雞冠，種自金陵來，栽置階下，若侏儒然，一名壽星雞冠。此花秋深與雁來紅、十樣錦爭奇競秀，極爲圃中點綴。唯白雞冠子主治婦人淋症，最驗。

明　陳正學《灌園草木識》卷一《花之屬・雞冠花》　梵書名波羅奢。其種不一，有高者矮者，紅者白者，有如百鳥朝鳳凰者，白者入藥。

清　曹溶《倦圃蒔植記》卷中《雞冠》　蘇黄門《詠雞冠花》詩：後庭花草盛，憐汝繫興亡。世遂以鷄冠爲玉樹後庭花。【略】種花之法，清明撒子，撒高則高，撒低則低，盛扇撒之則如團扇，散髮撒之則成瓔珞。如欲雙色，各披半邊，細麻縛之，法與菊同。別有十樣錦四種，秋後收子，撒肥土中，毛灰蓋之，春初即生。並植堦傍，均堪點綴秋色。

清　高士奇《北墅抱瓮録・雞冠》　雞冠當暑成花，霜後始萎。若扇若簪，若鳳若芝，形狀各殊。色亦有紅紫黄白碧緑之異。根生石罅中，不須肥土。其本高卑不齊，有矮不數寸者。蘇子由詩注：矮雞冠即玉樹後庭花云。

清　吴儀一《徐園秋花譜》　雞冠數十種，高者如人立，庳者纔數寸。其花穗或小圓，或尖長，如毬如琲，如瓔珞，如彗芒，蒙蒙茸茸，纍纍若若。凡世間所有色無不有，擬而似之。可自爲一譜，與譜牡丹、梅菊者競勝，然絶無。一本扁卷而平，像所謂雞冠者。或云此皆番種，自海舶來。予謂像雞冠者在花品最俗，下別而名之。如書名檮杌，昭惡也。《本草》載青葙，思蓂、陶朱術、天靈草，楞莖軟葉，皆似雞冠而花狀則異。安知不洇厥嘉名委諸異域邪。

清　張逸少　汪灝等《佩文齋廣羣芳譜》卷五二《雞冠》　有掃帚雞冠，有扇面雞冠，有纓絡雞冠。有深紫、淺紅、純白、淺黄四色，又有一朵而紫黄各半，名鴛鴦雞冠。又有紫白粉紅三色一朵者。又有一種五色者，最矮，名壽星雞冠。扇面者以矮爲佳，帚樣者以高爲趣，今處處有之。三月生苗，入夏高者五六尺，矮者纔數寸，其葉青柔，頗似白莧菜而窄，艄有赤脉，紅者莖赤，黄者白者莖青白，或圓或扁，有筋起。六七月莖端開花，穗圓長而尖者如青箱之穗，扁卷而平者如雄雞之冠，花大，有圍一二尺者，層層疊卷可愛。穗有小筒子在其中，黑細光滑，與莧實無異。花最耐久，霜後始蔫。苗、花、子氣味俱同，甘寒無毒。

又《雞冠》　清明下種，喜肥地，用簸箕扇子撒種則成大片。高者宜以竹木架定，庶遇風雨不摧折卷曲。

清　雍正《畿輔通志》卷五六《土産・花屬》　雞冠　有紅黄白數種，矮者名壽星雞冠。

清　乾隆《福建通志》卷一〇《物産》　鷄冠　秋開，紫色，如鷄冠狀，亦有白者。佛書謂之波羅奢，又俗名矮脚雞冠，即壽星鷄冠也。又有名垂絲鷄冠者，花最大。又有秀出五色者，又有水紅者，或云即後庭花。

清　乾隆《續通志》卷一七四《昆蟲草木略》　雞冠花有紅白黄三色。其穗圓長而尖者，儼如青葙之穗，扁卷而平者，儼如雄雞之冠。最耐久，霜後始蔫。

清　鄒一桂《小山畫譜》卷上《雞冠》　草本，三月布種，交夏方生，繁則芟之，可芼爲羹。長一二寸即宜移植階砌，高可四尺餘，一幹獨挺，葉對出，尖長有柄。至秋乃花，宛如雞幘，五色俱備，閃爍如剪絨，又如雲卷，如芝房，變態不一。佳者子少。一種紫花，高不滿尺，名壽星雞冠，不足貴也。此花至冬猶豔，經霜乃凋。

清　謝堃《花木小志・雞冠》　雞冠亦然。近日以矬者名波斯雞冠，最爲貴重。

藝文

宋　宋庠《元憲集》卷三《和吴侍郎題寶應僧房白雞冠花》　野卉秀禪

庭，瑶華發素英。託根真不染，肖質似先鳴。露葉疑藏羽，烟蕤更作纓。何妨依忍草，休辯好丹名。

宋 劉敞《公是集》卷四《鷄冠花》 秋至天地間，百芳變枯草。愛爾得雄名，宛然出陳寶。未甘階墀陋，肯與時節老。赤玉刻縝栗，丹芝謝凋槁。鮮鮮雲葉卷，粲粲鳧翁好。由來名實副，何必榮華早。君看先春花，浮浪難自保。此花白露後益殷鮮可愛，《玉書》云：赤如鷄冠。

宋 王令《廣陵集》卷一五《白雞冠花》 如飛如舞對瑶臺，一頂春雲若剪裁。誰爲移根蓂莢畔，玉雞應爲太平來。

宋 郭祥正《青山續集》卷六《雞冠花》 萌芽澆灌已成叢，一一深紅間淺紅。偏近黄昏顔色好，分明秋景畫圖中。

宋 李綱《梁谿集》卷一二《雞冠》 花蘂成冠巧學雞，刻雕誰謂染胭脂。曉來得雨猶鮮好，却似昂然欲鬥時。

宋 陳景沂《全芳備祖》前集卷二六《雞冠花》 雨餘疑飲啄，風動欲飛鳴白氏集。對立如期鬥，初開若欲飛。紫冠黄鈿網絲窠山谷。西風吹得一枝生，昂首風前飛不去郭内翰。神農記百卉，五色異甘酸，乃有秋花實，全如雞幘丹。籠煙何聳聳，泣露更團團，取譬可無意，得名殊足觀。逼真歸造化，任巧即雕剜，赤玉書留魏，丹砂句誦韓。誠能因物化，誰請入時難，有客驅辭穎，臨風運筆端。嘗嗟古今闕，每惜此芳殘，揣情苦精妙，繼音慚未安。梅聖俞

元 陳基《夷白齋稿外集》卷上《雞冠花》 緑陰庭下露華晞，一色腥紅映舞衣。疑是仙家丹熟後，靈雞服得也能飛。

明 凌雲翰《柘軒集》卷二《雞冠花》 花號雞冠類剪裁，一叢却映鳳仙開。裹頭絳幘非籌報，纏項紅羅似鬥回。久養真能同槁木，恒饑寧肯啄蒼苔。亡陳不識孳孳意，玉樹歌殘後世哀。

清 彭孫遹《松桂堂全集》卷三四《雞冠花》 層層雲纈鬥風流，髣髴尸鄉是舊游。獨向金天披艷色，故將絳幘岸清秋。間依水蓼枝相亞，冷壓江楓葉未稠。愛汝幽栖多野趣，山家景物足淹留。

翠羽朱冠太陸離，秋來到處播芳蕤。竹籬茅舍蕭疏影，野店山郵寂寞枝。小徑立殘風雨夜，頹垣倚遍夕陽時。誰施五采成妖色，物態紛紜盡可疑。

清 毛奇齡《西河集》卷一四七《鷄冠花》 每遇秋花發，傷心絳幘紅。故園深樹裏，翹首待墻東。

雜録

宋 袁褧《楓窗小牘》卷下（《説郛》卷三〇下輯） 雞冠花，汴中謂之洗手花。中元節前兒童唱賣以供祖先。今來山中，此花滿庭，有高及丈餘者，每遥念墳墓，涕泣潸然，乃知杜少陵「感時花濺淚」非虚語也。

宋 陳景沂《全芳備祖》前集卷二六《雞冠花》 矮雞冠或云即玉樹後庭花也。《蘇子由詩注》

剪春羅

綜述

元 李衎《竹譜》卷一〇 翦竹生江浙，廣右永湘間甚多。枝間有節，其葉似桃，其花如石竹差大，丹紅一色。人家亦有盆檻内種者，俗名翦春羅。

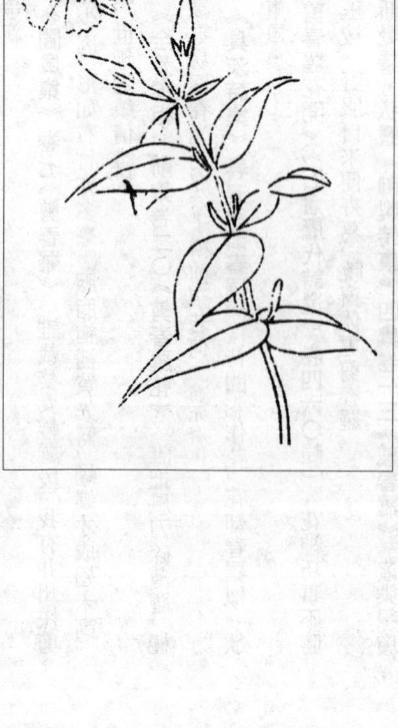

明 李時珍《本草綱目》卷一六《草之五·剪春羅》集解 時珍曰：剪春羅，二月生苗，高尺餘，柔莖緑葉，葉對生抱莖。入夏開花，深紅色，花大如錢，凡六出，周迴如剪成，可愛。結實大如豆，内有細子，人家多種之爲玩。又有剪紅紗花，莖高三尺，葉旋覆，夏秋開花，狀如石竹花而稍大，四圍如剪，鮮紅可愛。結穗亦如石竹，穗中有細子。方書不見

用者，計其功，亦應利小便主癰腫也。

明 王路《花史左編》卷四《花之辨・剪春羅》 春羅又名剪羅。葉似冬青而小，每莖開一花，花瓣上茸茸如剪刀痕。

又卷五《花之候・剪春羅》 五月中開，花紅黄，有色無香。

明 周文華《汝南圃史》卷一〇《草本花部下・剪春羅秋羅》 翦春羅，一名翦金羅，一名翦裙羅，又名碎翦羅。五月中開花，金紅色，無香。《邵武志》云：翦春羅莖高一二尺，葉如冬青而小，攢枝而上。每一莖開一花，緋紅色，花瓣上茸茸類翦刀痕，故名。李息齋《竹譜》云：翦竹生江浙，廣右永湘間甚多。枝間有節，其葉似桃，其花如石竹差大，丹紅一色。多於盆檻内種之。别有翦秋羅，名漢宫秋，與春羅相似而葉赤且尖，以八九月開，花深紅色，瓣分數岐，亦如刀翦狀，其色絶佳。《八閩通志》云：秋開者名翦秋羅，金陵人又呼爲翦紅紗。春初皆可分栽。顧長佩《花史》云：二羅雖並稱而春羅類紙花，了無秀色，不若秋羅之殷紅，映帶晚霞，尤鮮麗可愛。春栽肥土，夏間頻以水灌之，秋必茂盛。不可缺水，亦不可著糞及曝烈日中。花後結子，候其枯，曬乾收藏。來春下種，須防護嫩秧，驟雨濺泥，極能損害。如培養得宜，當年即有花而短，次年則長大。《浣花雜志》云：二花種法，必以分根爲最，如收子，宜於二月中篩細泥鋪平，摻子在上，將稻柴灰密蓋一層，次將河水細細灑上，以溼透爲度。

明 夏旦《藥圃同春・五月》（《説郛續》卷四〇輯） 剪春羅 色黄，一年一發，無香。

清 乾隆《福建通志》卷一〇《物産》 剪春羅 花淡紅色，旁如剪刻。

又卷一一《物産》 剪春羅 秋開者名剪秋羅。

清 鄒一桂《小山畫譜》卷上《剪春羅》 草本，四五月開，色黄紅，用硃標染，五出。瓣有齒如剪，高尺餘。葉圓而長，有尖，心短，五點青色，叢生。一枝數花，花開於頂，蒂如梔子。

清 乾隆《續通志》卷一七四《昆蟲草木略》 剪春羅一名剪紅羅，苗高尺餘，柔莖緑葉，葉對生抱莖，花深紅，花大如錢，凡六出，周迴如剪成。又有剪紅紗花，莖高三尺，葉旋覆，花狀如石竹花而稍大，四圍如剪，鮮紅可愛。又有剪秋羅，一名漢宫秋色，八月開花。又有剪羅花，甚紅，出南越。又有剪金羅，黄色，甚艷。

藝文

宋 許綸《涉齋集》卷一四《剪春羅》 天亦費機巧，紅葩剪似勻。丁寧弄刀女，故故莫爭新。

宋 舒岳祥《閬風集》卷七《剪春羅》 誰裁婺女輕羅段，我有并州快剪刀。色似山丹殊少肉，形如石竹亦多毫。胭脂初褪黄先露，蝴蝶才成翅未高。欲向小窗成扇面，世無陶績倩誰描。

宋 陳景沂《全芳備祖》前集卷二〇《剪春羅花》 誰把風刀碎薄羅，極知造化著工多，飄零易逐春光老，公子樽前奈若何。翁元廣

明 王立道《具茨詩集》卷五《翦春羅》 昔聞彩作花，花却春羅似。欲覓翦刀痕，盡付東風裏。

明 魯鐸《剪春羅花開》（《石倉歷代詩選》卷四六〇輯） 花神巧事不勝多，又逐天孫弄玉梭。野服自來便卉葛，曉窗休更剪春羅。

清 高宗愛新覺羅・弘曆《御製詩集》四集卷一三《翦春羅》 叢染緑瓊瓣染黄，色斯可矣惜無香。春羅細翦知何意，欲擬清和試夏裳。

雜録

清 吴儀一《徐園秋花譜》 剪紅羅，青莖亭亭，緑葉旋覆，花比石竹較大而四圍如剪。臙脂著雨，遜些鮮穠。

剪秋羅

綜述

明 宋詡《竹嶼山房雜部》卷一〇《樹畜部二・種花卉法》 剪金羅 花黄色。剪黄羅 花紅色。剪春羅 花丹色。剪秋羅 花紫色，皆苞生。三月分其苞根種之，或春以其子稀播於絶細濕糞壤中，遂勻萌也。

明 高濂《遵生八箋》卷一六《燕閒清賞牋下・剪秋羅花五種》 花有五種，

春夏秋冬羅，以時名也。春夏二羅，色黄紅，不佳。獨秋冬紅深色美，亦在春時分種，喜肥則茂。又一種色金黄，美甚，名金剪羅。

明 王路《花史左編》卷四《花之辨・剪秋羅》 秋羅又云漢宫秋，與春羅相似而葉且尖，深紅色，瓣分數岐，爲剪刀狀，其色勝春羅，根俱可分，子俱可下。

又 卷五《花之候・剪秋羅》 八月開花，春時待芽已透出土寸許，方可分種。

又 卷八《花之宜・剪秋羅》 喜陰怕糞，肥土種，清水澆。

明 夏旦《藥圃同春・十一月》(《説郛續》卷四〇辑) 剪絨花 色紫，別名剪秋羅，微香。

清 鄒一桂《小山畫譜》卷上《剪秋紗》 色大紅，瓣如火焰，苞蒂，心如春羅，梗赤色，葉尖狹。二花俱對節，秋紗則高可三尺，枝長蘂繁，玲瓏光焰。

清 乾隆《盛京通志》卷一〇六 剪秋羅 有紅黄諸色，四圍參差如剪。結子與春羅同，又名漢宫秋，七月開。

清 謝堃《花木小志・剪秋羅》 花開六瓣，鋸口平鋪，八月舒放，其色水紅。四月開者，其色深黄，一名翦春羅，一名翦春紗。又有六月開者，其色紅而鮮豔，名夏羅。

藝 文

清 聖祖玄燁《聖祖仁皇帝御製文集》四集卷三四《詠剪秋羅》 可惜輕羅任剪裁，名傳南國向秋開。未知紫塞多佳種，雜置嫣紅配緑苔。

清 高宗愛新覺羅・弘歷《御製詩集》二集卷三五《剪秋羅》 七襄誰道不成章，一霎秋風滿院芳。爾許何多費裁剪，天孫爲製嫁衣裳。

又 三集卷一六《剪秋羅》 秋羅底把并州剪，應製仙人霓羽裳。漫説漢宫秋色好，請看秋色在山莊。

又 卷六五《翦秋羅》 淡白深紅各冶妝，臨風莫漫恨無香。漢宫秋淺猶餘暑，翦得輕羅作薄裳。

又 卷七六《翦秋羅》 緑葉已看當夏發，紅葩惟是到秋開。此花解識時寒暖，應節輕羅早翦裁。

又 四集卷一六《剪秋羅》 花開四季足風流，特剪秋羅殿几秋。老去詩人留畫筆，此一桂向年所畫，存山莊兹始題句。空間搜索詠從頭。

又 卷三九《紅白剪秋羅》 天淡雲開秋信來，秋衣羅製合先裁。黄裳却異邶風刺，素絢應知衛國該。

又 卷五九《剪秋羅》 輕羅薄薄剪深紅，秋色傳來自漢宫一名漢宫秋色。似是履霜注坤卦，却教九月先豳風。

金燈花

論 説

清 乾隆《續通志》卷一七四《昆蟲草木略》 山慈姑一名金燈，一名鬼燈檠，一名朱姑，一名鹿蹄草。根如水慈姑，花如燈籠而朱色，故有諸名。段成式《酉陽雜俎》云：金燈之花與葉不相見，人謂之無義草。李時珍曰：試劍草亦名鹿蹄草，與此同名而異實。

綜 述

唐 王方慶《園林草木疏》(《説郛》卷一〇四下輯) 金燈隰生，花開纍纍明艷，垂條不自支，俗惡人家種之。

宋 李昉等《太平廣記》卷四〇九《草木四・草花・金燈花》 金燈一名九形，花葉不相見。俗惡人家種之，故一名無義草。

明 宋詡《竹嶼山房雜部》卷一〇《樹畜部二・種花卉法》 金燈花 苞生，根名石蒜，花紅。數朵爲一叢，横開如張蓋。

明 高濂《遵生八牋》卷一六《燕閒清賞牋下・金燈花二種》 花開一簇五朵。金燈色紅，銀燈色白，皆蒲生，分種。

明 王路《花史左編》卷五《花之辨》 金燈花 花開一簇五朵，金燈色紅，銀燈色白，皆蒲生分種，開時無葉，花完發葉如水仙。

明 周文華《汝南圃史》卷一〇《草木花部下・金燈》 金燈，獨莖直上，末分數枝，枝一花，色正紅，光焰如燈，故名。葉如韭而硬，八九月忽抽莖開花，花後乃發葉。《酉陽雜俎》云：金燈曰九形，花葉不相見，一名無義草。合離根如芋魁，有游子十二環之，相須而生，實不相連，以氣相屬。《本草》謂

之山茨菰，主癰疽瘰癧結核等。醋磨傅之，亦除皯黷。閩人呼爲天蒜，又名石蒜。別有一種名忽地笑，葉如萱，深青色，與金燈別。其花淺黄，似金萱而不香，亦花葉不相見。按楊君謙《吴邑志》云：金燈俗呼忽地笑。乃知二種相類，今總以金名，必是黄色。而《太倉志》云：金燈不甚大，色如黄金。竊謂花謂之金燈矣。《浣花雜志》曰：開花後其根即爛，俟其苗枯，十月中移栽肥土。性喜陰，即或橱下牆邊，無露亦活。

明 陳正學《灌園草木識》卷一《花之屬・金燈花》 有黄紅二種，俗名「花葉不相見」。

清 乾隆《福建通志》卷一〇《物産》 金燈 莖直上，末分數枝，枝一花，光艷如燈。按元獻之説如此。今閩俗呼爲天蒜，又呼爲花葉不相見。

藝 文

唐 薛濤《金燈花》（《全唐詩》卷八〇三輯） 闌邊不見蘘蘘葉，砌下惟翻艷艷叢。細視欲將何物似，曉霞初疊赤城宫。

唐 李商隱《金燈花》（《古今事文類聚》後集卷三二輯） 蘭膏爇處心猶淺，銀燭燒殘焰不馨。好向書生窗畔種，免教辛苦更囊螢。

宋 陳藻《金燈花》（《宋百家詩存》卷一九輯） 小圃金燈滿意芳，苞舒絳采照煌煌。璣珠小滴今朝雨，縞紵難禁昨夜霜。拂秉麟鬐蛾欲避，枝銜螭口蠟猶香。列錢都是銀釭影，莫遣狂風出土囊。

宋 洪適《盤洲文集》卷六《野處送金燈花》 銀燈未茁有金燈，翠葉森森比劍棱。待得花光無斷續，却須拈出問鄰僧。

宋 陳景沂《全芳備祖》卷二十六《金燈花・賦詠祖》 但看青玉五枝燈，蟠螭火盡光欲然。李頎 如龍乍化青藜焰，寧用窗前設短檠楊巽齋。 煌煌五枝燈，下有玉蟠螭，漢宫已荆棘，此地生何爲，既無膏火用，虚名徒自欺。晏元獻 花鬚爲飯露爲漿，黑霧玄霜剪薄裳，飛繞金燈來又去，不知能有幾多香。 蘭香爇處光猶淺，銀燭燒時焰不馨，好向書生窗下種，免教辛苦更囊螢。晏元獻

清 厲鶚《樊榭山房集》續集卷三《雨中金燈花》 盡日淒涼雨，叢花照素秋。碧檠看最瘦，紅艷欲俱流。有淚長門夜，無人小院幽。更憐湖畔路，翠燭冷颸颸。

雜 録

晉 王嘉《拾遺記》卷九 武帝爲撫軍時，府内後堂砌下忽生草三株，莖黄葉緑，若總金抽翠，花條苒弱，狀似金蓙。時人未知是何祥草，故隱蔽不聽外人窺視。有一羌人，姓姚名馥，字世芬，充厩養馬，妙解陰陽之術。云此草以應金德之瑞。【略】後以府地賜張華，猶有此草。【略】至惠帝永熙元年，三株草化爲三樹，枝葉似楊樹，高五尺，以應三楊擅權之事。時有楊駿、楊瑶、楊濟三弟兄，號曰三楊，馬圉醉羌所説之驗。

宋 曾慥《類説》卷六《封氏見聞記》 西門寰爲邯鄲令，以金燈花爲芝草，脩狀申。使司知其妄，不復問。

金盞花

綜 述

明 朱橚《救荒本草》卷二《草部・金盞兒花》 人家園圃中多種，苗高四五寸，葉似初生萵苣葉，比萵苣葉狹窄而厚。播莖生葉，莖端開金黄色盞子樣花，其葉味酸。

明 李時珍《本草綱目》卷一六《草之五・金盞草》 釋名 杏葉草《圖經》，長春花。時珍曰：金盞，其花形也。長春，言耐久也。

集解 頌曰：杏葉草一名金盞草，生常州。蔓延籬下，葉葉相對。秋後有子，如雞頭，實其中變生一小蟲，脱而能行。中夏采花。周憲王曰：金盞兒花，苗高四五寸，葉似初生萵苣，葉厚而狹，抱莖而生。莖柔脆，莖頭開花，大如指頭，金黄色，狀如盞子，四時不絕。其葉味酸，煠熟水浸過，油鹽拌食。時珍曰：夏月結實在萼内，宛如尺蠖蟲數枚蟠屈之狀，故蘇氏言其化蟲，實非蟲也。

明 高濂《遵生八牋》卷一六《燕閒清賞牋下・萵苣花》 俗名金盞花也。色金黄，細瓣攢簇肖盞，當春初即開，獨先衆花。

明 周文華《汝南圃史》卷一〇《草本花部下・金盞》 金盞，花如小盞，與單葉水仙同，故名金盞。葉淺緑，花紅黄色，蓋草類也。植闌檻間，艷麗可愛。八月中下種即出，臘月開花，至春尤盛，四時相繼不絕，故又名常春花。結子白色而彎長，與諸卉絕異。子落自出，不必分栽。其花有色無香，嗅之殊惱人。

明 夏旦《藥譜同春・金盞花》（《説郛續》卷四〇辑） 金盞花 色金黄，一年一發，香濁。

清 陳淏子《秘傳花鏡》卷五《花草類考・長春花》 長春花，一名金盞草，江浙頗多。蔓生籬落間，葉似柳而厚，抱莖對生，莖上開花，金黄色，狀如盞子，有色無香，但喜其四時不絕。結實如雞豆子，其中細子，每粒如尺蠖蟠曲形。子落地隨出，不煩分栽，但肥多易長花□，若結實即摘去，則花不間斷。性不喜濕。近亦有白花種，若冬能保護，霜雪不侵，其葉不壞，則老幹來春仍開不絕。

清 高士奇《北墅抱瓮録・長春》 長春花，色赤黄，類野菊，發藥極多，花不大放。形似小盞，故又名金盞。將蔫者旋即摘去，勿令結子，則新藥旋生，一本可得百餘花，相繼而開，四時不絕。

清 張逸少 汪灝等《佩文齋廣羣芳譜》卷四六《金盞》 金盞花一名長春花，金盞其花形也，長春言耐久也。一名杏葉草，高四五寸，嫩時頗肥澤。葉似柳葉，厚而狹，抱莖而生，甚柔脆，花大如指，頂金黄色，瓣狹長而頂圓。開時團團，狀如盞子，生莖端，相續不絕，結實在萼内，色黑，如小蟲蟠屈之狀，味酸，寒無毒。

清 雍正《廣西通志》卷三一《物産》 金盞草即長春花，狀如盞子，四時不絕。其葉可治腸痔血症。

清 鄒一桂《小山畫譜》卷上《金盞》 草本，花金黄色，形如金盞，緑葉柔厚而長，結實如拳爪。花陸續開，四季不絕，又謂之長春花。

清 乾隆《盛京通志》卷一〇六 金盞 黄花如盞，秋深猶茂。

清 謝堃《花木小志・金盞》 狀如萵苣花，有深黄淺黄二種。江左謂之長春，蓋四季皆有花。近見一種，其花肥大，花開後週遭另生數朵，錯雜而舒，亦奇卉也。

藝文

元 蒲道源《閑居叢稿》卷八《賦金盞花黄》 黄金杯面紫金心，貯露渾於酒滿斟。莫道尋常柔脆質，長春不受雪霜侵。

清 高宗愛新覺羅・弘歷《御製詩集》二集卷四〇《金盞花》 小於玉斝大於錢，好侑流霞玳瑁筵。李白若逢應却置，解醒郸及瓮頭眠。

又四集卷一一《金盞花》 貯酒能醒酒，非金却是金。風前不礙側，《羣芳譜》又有側金盞之名。露下借爲斟。如舉誰爲對，弗傾亦稱吟。石渠多舊蹟，維城以家事還南，尋即物故，然所畫存大内者頗多，隨遇皆可題句。題句得披尋。

菊花

論説

宋 彭乘《續墨客揮犀》卷七《菊性宜冷》 南方百花發皆最早，較之北地，常先一月，獨菊開最遲，十月始開，菊性宜冷故也。歙州王子發秀才云，廬壽間菊有八十八種，惟佛螺菊夏開。

宋 歐陽修《文忠集》卷一二九《辨甘菊説》 《本草》所載菊花者，世所謂甘菊，俗又謂之家菊。其苗澤美，味甘香，可食。今市人所賣菊苗，其味苦烈，乃是野菊，其實蒿艾之類，强名爲菊爾。家菊性凉，野菊性熱，食者宜辨之。余近來求得家菊，植於西齋之前，遂作詩云：明年食菊知誰在，自向欄邊種數叢。余有思去之心久矣，不覺發於斯。

宋 蘇軾《仇池筆記》卷下《論菊》 菊，中黄之色，香味和正，花葉根實皆長生藥也。北方隨秋早晚，大略至菊有黄華乃開，嶺南至冬乃盛。地暖，百卉造化無時，而菊獨後開。考其理，菊性介烈，不與百卉並盛衰，須霜降乃發。嶺南嘗以冬至微霜也。仙卉高潔如此，宜其通仙靈也。

宋 劉蒙《劉氏菊譜·説疑》 或謂菊與苦薏有兩種，而陶隱居日華子所記皆無千葉花，疑今譜中或有非菊者也。然余嘗讀隱居之説，以謂莖紫色青作蒿艾氣爲苦薏，今余所記菊中雖有莖青者，然而爲氣香味甘，枝葉纖少。或有味苦者，而紫色細莖，亦無蒿艾之氣。又今人間相傳爲菊其已久矣，故未能輕取舊説而棄之也。凡植物之見取於人者，栽培灌溉不失其宜，則枝葉華實無不猥大。至其氣之所聚，乃有連理、合穎、雙葉、並蒂之瑞，而況於花有變而爲千葉者乎？日華子曰：花大者爲甘菊，花小而苦者爲野菊。若種園蔬肥沃之處，復同一體，是小可變而爲甘也。如是則單葉變而爲千葉亦有之矣。牡丹、芍藥皆爲藥中所用，隱居等但記花之紅白，亦不云有千葉者。今二花生于山野，類皆單葉小花，至於園圃肥沃之地，栽鉏糞養，皆爲千葉，然後大花千葉，變態百出。然則奚獨至於菊而疑之？注《本草》者謂菊一名日精。按，《説文》從鞠，而《爾雅》：菊，治蘠。《月令》云鞠有黄華。疑皆傳寫之誤歟？若夫馬藺爲紫菊，瞿麥爲大菊，烏喙苗爲鴛鴦菊，旋覆花爲艾菊，與其他妄濫而竊菊名者，皆所不取云。

宋 沈競《評奇·禁苑品》（《養餘月令》卷二八辑） 順聖淺紫，劉譜已見。嘉祐間有油紫，治平間有黑紫，熙寧朝，色加鮮赤，呼爲順聖紫，皆一種也。且紫菊之名，唐宋詩人稱述甚多，蕭穎士「紫英黄萼，照耀丹墀」，杜荀鶴「雨匀紫菊蘗蘗色」，趙嘏「紫艷半開籬菊静」，夏英公「落盡西風紫菊花」，韓忠獻「紫菊披香碎曉霞」，則紫之見重可知已。

又 杜詩云：雨中百草秋爛死，堦下決明顔色鮮。着葉滿枝翠羽蓋，開花無數黄金錢。説者以爲决明子，殊不知甘菊一名石決，其明目與石決明同，杜陵正謂此耳。不然，决明子花如匾豆，葉極稀疏，安□得羽蓋金錢也。

宋 史鑄《百菊集譜》卷三《古今詩話》 愚齋云：菊之開也，四季泛而有之，開於三月者曰春菊。前賢有詩聯云：不許秋風常管束，競隨春卉鬥芳菲。又云：似嫌九月清霜重，亦對三春麗日開。沈譜云：春菊，花小而微紅者。有開於四月者，張孝祥嘗有詩。見《詩選門》。開於五月者，陳子高嘗有詩。開於六月者，符離王常嘗有詞。見《芳菲集》。惟開於秋季者，其品至多。開於十月者，歐陽公及王龜齡皆有詩。朱希真又有詞。以諸公詩詞觀之，果見其所謂春菊、夏菊、秋菊、寒菊者也。雖然，此當以開於秋冬者爲貴，開於夏者爲次，開於春者未必是真菊也。若論其色，亦有差等，菊當以黄爲尊，以白爲正，以紅紫爲卑。楊繪詩：爛紫妖紅色盡卑。漁隱亦云：菊，春夏開者終非其時，有異色者亦非其正。

宋 史鑄《百菊集譜》卷三《古今詩話》 愚齋云：紫菊之名見於孫真人種花法，又見於諸譜中。此品傳植既久，故唐宋詩人稱述亦多。蕭穎士《菊榮篇》：紫英黄萼，照曜丹墀。杜荀鶴詩：雨匀紫菊蘗蘗色。趙嘏詩：紫艷半開籬菊静。夏英公詩：落盡西風紫菊花。韓忠獻公詩：紫菊披香碎曉霞。此既出於名公，稱述必是佳品也。

明 慎懋官《華夷花木鳥獸珍玩考》卷四《菊有黄花》 吾鄉范文穆公至能作菊譜，言《月令》以動植志氣候，如桃桐輩直云始華，而菊獨云菊有黄華。豈以其正色獨立，不伍衆草，變詞而言之與？子始甚疑之，信如譜中所載，其色已不勝其多，而《月令》獨云菊有黄華，何也？及來河南，行熊耳、錦屏、弘農、崤函諸山，時正秋，草木俱衰謝盡，山上下暨水厓籬落皆黄菊，大如錢，蘗生粲然。乃悟河南爲中州，得風氣之正，黄爲正色，而正秋時著花，隨地皆有，此《月令》紀候所以獨言之也。然則如譜中所載諸品，得無人智力變幻所致與？則其見述于《月令》，宜矣。

明 李時珍《本草綱目》卷一五《草之四·菊》 時珍曰：按陸佃《埤雅》云：菊本作蘜，從鞠。鞠，窮也。《月令·九月》：菊有黄華。華事至此而窮盡，故謂之蘜。節華之名，亦取其應節候也。崔寔《月令》云：女節，女華，菊華之名也。治蘠、日精，菊根之名也。《抱朴子》云：仙方所謂日精、更生、周盈，皆一菊，而根莖花實之名異也。頌曰：唐《天寶單方圖》載白菊云：原生南陽山谷及田野中，潁川人呼爲回峰菊，汝南名荼苦蒿，上黨及建安郡、順政郡並名羊歡草，河内名地薇蒿。

明 徐炬《新鐫古今事物原始全書》百花卷二四《菊花》 不羞老圃秋容淡，猶有黄花晚節香。《爾雅》名菊曰治蘠，一名日精，一名周盈。或問菊奚先？曰，先色與香，而後態。然色奚先？曰黄者中色。土旺秋季，菊以九月開，金土相生相得。其次白，西方金氣之應，菊以秋開，金氣鍾焉。陳藏器曰：菊生平澤，花紫者白之變，紅者紫之變也。紫爲白之次，而紅又爲紫之次。若有

色而重有香，有香矣，而復有態，此花之尤者也。菊有名龍腦者，具香與色，而態不足。名都勝者，具色與態，而香不足。其雜羅、香毬、玉鈴之類，則以瓌異而升焉。若順聖、楊妃之類轉紅，受色不正，雖有芬香態度，不得與諸花並也。其鳳窩交、無心對有心、金鎖口、劈破玉、金邊紫鈴、金邊銀鈴、鴛鴦菊、楊妃裙、一捻紅、錦西施，此數種乃花中奇品，奪盡天工之巧，雖良工描畫，不及也。夫菊之名不啻百種，其菊品《花經》載之詳矣，余不復録。

明　謝肇淛《五雜組》卷一〇《天部》　菊有黄華。桃華於仲春，桐華於季春，皆不言有，而菊獨言有者，殞霜肅殺，萬木黄落，而菊獨有華也。菊色不一，而專言黄者，秋令屬金，金以黄爲正色也。

清　王復禮《似菊非菊辨》（《藝菊志》卷二輯）　花有名菊而實非菊者，如藤菊，豆緑色，其大如菊，梗黑而細，蔓沿滿架，花開最多，又名錢線蓮，以其梗似也。然形如菊而稱蓮，非矣。蒿菊，即春時蒿菜花也，色黄有心，大亦如菊。藍菊，草本，有藕合、石青諸色，長尺餘，花極爛漫，即杜若也。萬壽菊，金黄色，千瓣，大亦如菊。沿藤菊，花中無此色，故藉以點綴。波斯菊，重瓣西番菊，單瓣，皆老黄色，蔓生者也。六月菊，又名滴滴金，瓣最紋，心極密，枝高三四尺，惜花小耳。又有花似菊而不名爲菊者，如秋牡丹，色紫，草本，黄心，花亦如菊，萼大倍之。馬蘭，藕合色，形如小菊，野生，開花甚多。千里光，色黄，花更小矣。旋覆花，四月開，色黄，花小而繁，草花之酷似者。又有名爲菊而絶不似菊者，如僧鞋菊，又名鸚哥菊，色青，比之僧鞋、鸚哥，其形絶肖，但其花何嘗似菊。孩兒菊，其葉香，婦人暑月夾于髮中，去穢氣而已，何嘗有花。至若石菊，譜中詩中皆云花，比菊較大，又名石竹，即瞿麥也，此大誤矣。花中無石菊，但有石竹，色紫，千瓣。瞿麥，色藕合，單瓣，入藥，與洛陽花千瓣，單瓣各種色者，剪秋紗大紅及桃紅單瓣者，此數種一類，花皆剪絨，並非菊也，安得載入。史鑄譜云，徧問園官總不知。宜乎退于各條之末。

清　李漁《閑情偶寄》卷一四《種植部·草本第三·菊》　菊花者，秋季之牡丹、芍藥也。種類之繁衍同，花色之全備同，而性能持久復過之。從來種植之書，是花皆略，而叙牡丹、芍藥與菊者獨詳。人皆謂三種奇葩，可以齊觀等視，而予獨判爲兩截，謂有天工人力之分。何也？牡丹、芍藥之美，全仗天工，非由人力。植此二花者，不過冬溉以肥，夏澆以濕，如是焉止矣。其開也，爛熳芬芳，未嘗以人力不勤，略減其姿而稍儉其色。菊花之美，則全仗人力，微假天工。藝菊之家，當其未入土也，則有治地釀土之勞，既入土也，則有插標記種之事。是萌芽未發之先，已費人力幾許矣。迨分殃植定之後，勞瘁萬端，復從此始。防燥也，慮濕也，摘頭也，掐葉也，芟蕊也，接枝也，捕蟲掘蚓以防害也，此皆花事未成之日，竭盡人力以俟天工者也。即花之既開，亦有防雨避霜之患，縛枝繫蕊之勤，置盞引水之煩，染色變容之苦，又皆以人力之有餘，補天工之不足者也。爲此一花，自春徂秋，自朝迄暮，總無一刻之暇。必如是，其爲花也，始能豐麗而美觀，否則同于婆娑野菊，僅堪點綴疏籬而已。若是，則菊花之美，非天美之，人美之也。人美之而歸功于天，使與不費辛勤之牡丹、芍藥齊觀等視，不幾恩怨不分，而公私少鬭乎？吾知斂翠凝紅而爲沙中偶語者，必花神也。

自有菊以來，高人逸士無不盡吻揄揚，而予獨反其説者，非與淵明作敵國。藝菊之人終歲勤動，而不以勝天之力予之，是但知花好，而昧所從來。飲水忘源，并置汲者于不問，其心安乎？從前題詠諸公，皆若是也。予創是説，爲秋花報本，乃深于愛菊，非薄之也。

予嘗觀老圃之種菊，而慨然于修士之立身與儒者之治業。使能以種菊之無逸者礪其身心，則焉往而不爲聖賢？使能以種菊之有恒者攻吾舉業，則何慮其不掇青紫？乃士人愛身愛名之心，終不能如老圃之愛菊，奈何！

綜　述

宋　劉蒙《劉氏菊譜·定品》　或問菊奚先？曰：先色與香而後態。然則色奚先？曰：黄者，中之色，土王季月，而菊以九月花。金土之應，相生而相得者也。其次莫若白，西方金氣之應，菊以秋開，則於氣爲鍾焉。陳藏器云：白菊生平澤，花紫者白之變，紅者紫之變也。此紫所以爲白之次，而紅所以爲紫之次云。有色矣而又有香，有香矣而後有態，是其爲花之尤者也。或又曰：花以艷媚爲悦，而子以態爲後歟？曰：吾嘗聞於古人矣，妍卉繁花爲小人，而松竹蘭菊爲君子，安有君子而以態爲悦乎？至於具香與色而又有態，是猶君子而有威儀也。菊有名龍腦者，具香與色，而態不足者也。菊有名都勝者，具色與態，而香不足者也。菊之黄者未必皆勝，而置于前者，正其色也，菊之白者未必皆劣，而列于中者，次其色也。新羅、香毬、玉鈴之類，則以環異而升焉。至於順

聖楊妃之類，轉紅受色不正，故雖有芬香態度，不得與諸花争也。然余獨以龍腦爲諸花之冠，是故君子貴其質焉。後之視此譜者，觸類而求之，則意可見也。

花總數三十有五品以品視之，可以見花之高下，以花視之，可以知品之得失，具列之如左云。

龍腦第一　龍腦，一名小銀臺，出京師，開以九月末，類金萬鈴而葉尖，謂花上葉。色類人間染鬱金，而外葉純白。夫黄菊有深淺色兩種，而是花獨得深淺之中，又其香氣芬烈甚，似龍腦，是花與香色俱可貴也。諸菊或以態度争先者，然標致高遠，譬如大人君子，雍容雅淡，識與不識固將見而悦之，誠未易以妖冶嫵媚爲勝也。

新羅第二　新羅，一名玉梅，一名倭菊，或云出海外。國中開以九月末，千葉純白，長短相次，而花葉尖薄，鮮明瑩徹，若瓊瑶然。花始開時，中有青黄細葉如花蘂之狀。盛開之後，細葉舒展，乃始見其蘂焉。枝正紫色，葉青，支股而小。凡菊類多尖闕，而此花之蘂分爲五出，如人之有支股也，與花相映，標韻高雅，似非尋常之比也。然余觀諸菊，開頭枝葉有多少繁簡之失，如桃花菊則恨葉多，如毬子菊則恨花繁。此菊一枝多開一花，雖有旁枝，亦少雙頭並開者，正素獨立之意，故詳紀焉。

都勝第三　都勝出陳州，開以九月末，鵝黄，千葉，葉形圓厚，有雙紋。花葉大者，每葉上皆有雙畫直紋，如人手紋狀，而内外大小重疊相次，蓬蓬然疑造物者著意爲之。凡花形千葉如金鈴則太厚，單葉如大金鈴則太薄，惟都勝、新羅、御愛、棣棠，頗得厚薄之中，而都勝又其最美者也。余嘗謂，菊之爲花皆以香色態度爲尚，而枝常恨粗，葉常恨大，凡菊無態度者枝葉累之也。此菊細枝少葉，婀娜有態，而俗以都勝目之，其有取于此乎？花有淺深兩色，蓋初開時色深爾。

御愛第四　御愛出京師，開以九月末，一名笑靨，一名喜容。淡黄，千葉，葉有雙紋，齊短而闊，葉端皆有兩闕，内外鱗次，亦有環異之形，但恨枝幹差粗，不得與都勝争先爾。葉比諸菊最小而青，每葉不過如指面大。或云出禁中，因此得名。

玉毬第五　玉毬出陳州，開以九月末，多葉白花，近蘂微有紅色。花外大葉有雙紋，瑩白齊長，而蘂中小葉如剪茸。初開時有青殼，久乃退去。盛開後小葉舒展，皆與花外長葉相次倒垂。以玉毬目之者，以其有圓聚之形也。枝幹不甚粗，葉尖長，無刓闕。枝葉皆有浮毛，頗與諸菊異，然顔色標致，固自不凡。近年以來方有此本，好事者競求，致一二本之直，比于常菊蓋十倍焉。

玉鈴第六　玉鈴，未詳所出，開以九月中，純白千葉，中有細鈴，甚類大金鈴。菊，凡白花中如玉毬，新羅，形態高雅，出於其上，而此菊與之争勝，故余特次二菊，觀名求實，似無愧焉。

金萬鈴第七　金萬鈴，未詳所出。開以九月末，深黄，千葉。菊以黄爲正，而鈴以金爲質。是菊正黄色，而葉有鐸形，則於名實兩無愧也。菊有花密枝褊者，人間謂之鞍子菊，實與此花一種，特以地脈肥盛使之然爾。又有大萬鈴、大金鈴、蜂鈴之類，或形色不正，比之此花，特爲竊有其名也。

大金鈴第八　大金鈴，未詳所出。開以九月末，深黄。有鈴者皆如鐸鈴之形，而此花之中實皆五出。細花下有大葉承之，每葉之有雙紋。枝與常菊相似，葉大而疏，一枝不過十餘葉，俗名大金鈴，蓋以花形似秋萬鈴爾。

銀臺第九　銀臺，深黄。萬銀鈴葉有五出，而下有雙紋白葉。開之初，疑與龍腦菊一種，但花形差大，且不甚香耳。俗謂龍腦菊爲小銀臺，蓋以相似故也。枝幹纖柔，葉青黄而粗疏，近出洛陽水北，小民家未多見也。

棣棠第十　棣棠出西京，開以九月末，深黄，雙紋，多葉，自中至外長短相次，如千葉棣棠狀。凡黄菊類多小花，如都勝，御愛雖稍大而色皆淺黄，其最大者若大金鈴菊，則又單葉淺薄，無甚佳處。唯此花深黄多葉，大於諸菊，而又枝葉甚青，一枝聚生至十餘朵，花葉相映，顔色鮮好，甚可愛也。

蜂鈴第十一　蜂鈴開以九月中，千葉，深黄，花形圓小而中有鈴。葉攢聚蜂起，細視若有蜂窠之狀，大抵此花似金萬鈴，獨以花形差小而尖，又有細蘂出鈴葉中，以此别爾。

鵝毛第十二　鵝毛，未詳所出。開以九月末，淡黄，纖細如毛，生於花萼上。凡菊大率花心皆細葉，而下有大葉承之，間謂之托葉，今此毛花自内至外葉皆一等，但長短上下有次爾。花形小於金萬鈴，亦近年新花也。

毬子第十三　毬子，未詳所出。開以九月中，深黄，千葉，尖細，重疊皆有倫理，一枝之杪聚生百餘花，若小毬。諸菊黄花最小，無過此者，然枝青葉碧，花色鮮明相映，尤好也。

夏金鈴第十四　夏金鈴出西京，開以六月。深黄，千葉，甚與金萬鈴相類，而花頭瘦小，不甚鮮茂，蓋以生非時故也。或曰：非時而花，失其正也，而

可置於上乎？曰：其香是也，其色是也，若生非其時，則係於天者也，夫特以生非其時而置之諸菊之上，香色不足論矣，奚以貴質哉。

秋金鈴第十五　秋金鈴出西京，開以九月中。深黄，雙紋重葉，花中細蘂皆出小鈴萼中。其萼亦如鈴葉，但比花葉短闊而青，故譜中謂鈴葉鈴萼者，以此有如蜂鈴狀。余頃年至京師，始見此菊，戚里相傳，以爲愛玩。其後菊品漸盛，香色形態，往往出此花上，而人之貴愛寖落矣。然花色正黄，未應便置諸菊之下也。

金錢第十六　金錢出西京，開以九月末，深黄，雙紋重葉，似大金菊，而花形圓齊，頗類滴漏花。欄檻處處有，亦名滴滴金，亦名金錢子。人未識者或以爲棣棠菊，或以爲大金鈴，但以花葉辨之，乃可見爾。

鄧州黄第十七　鄧州黄開以九月末，單葉雙紋，深於鵝黄而淺於鬱金，中有細葉出鈴萼上，形樣甚似鄧州白，但小差爾。按陶隱居云：南陽酈縣有黄菊而白者，以五月采。今人間相傳多以白菊爲貴，又采時乃以九月，頗與古説相異，然黄菊味甘氣香，枝幹葉形全類白菊，疑乃弘景所記爾。

薔薇第十八　薔微，未詳所出。九月末開，深黄，雙紋單葉，有黄細蘂出小鈴萼中。枝幹差細，葉有支股而圓。今薔薇有紅黄千葉，單葉兩種，而單葉者差淡，人間謂之野薔薇，蓋以單葉者爾。

黄二色第十九　黄二色九月末開，鵝黄，雙紋多葉，一花之間自有深淡兩色。然此花甚類薔薇菊，惟形差小，又近蘂多有亂葉，不然亦不辨其異種也。

甘菊第二十　甘菊生雍州川澤，開以九月。深黄，單葉，閭巷小人且能識之，固不待記而後見也。然余竊謂古菊未有環異如今者，而陶淵明、張景陽、謝希逸、潘安仁等或愛其香，或詠其色，或采之於東籬，或泛之於酒斝，疑皆今之甘菊花也。夫以古人賦詠賞愛至於如此，而一旦以今菊之盛遂將棄而不取，是豈仁人君子之於物哉？故余特以甘菊置於白、紫、紅菊三品之上，其大意如此。

酴醾第二十一　酴醾出相州，開以九月末。純白，千葉，自中至外長短相次，花之大小正如酴醾，而枝幹纖柔，頗有態度，若花葉稍圓，加以檀蘂，真酴醾也。

玉盆第二十二　玉盆出滑州，開以九月末。多葉黄心，内深外淡，而下有闊白大葉連綴承之，有如盆盂中盛花狀然。人間相傳以謂玉盆菊者，大率皆黄心碎葉，初不知其得名之由，後請疑於識者，始以真菊相示，乃知物之見名於人者，必有形似之實，非講尋無倦，或有所遺爾。

鄧州白第二十三　鄧州白，九月末開。單葉雙紋，白花，中有細蘂出鈴萼中。凡菊單葉如薔薇菊之類，大率花葉圓密相次。花葉謂頭上白葉，非枝葉之葉，他稱花葉仿此。而此花葉皆尖細，相去稀疏，然香比諸菊甚烈，而又正爲藥中所用，蓋鄧州菊潭所出爾。枝幹甚纖柔，葉端有支股而長，亦不甚青。

白菊第二十四　白菊，單葉白花，蘂與鄧州白相類，但花葉差闊，相次圓密，而枝葉粗繁。人未識者多謂此爲鄧州白，余亦信以爲然，後劉伯紹訪得其真菊，較見其異，故譜中別開鄧州白，而正其名曰白菊。

銀盆第二十五　銀盆出西京，開以九月中。花中皆細鈴，比夏秋萬鈴差疏而形色似之。鈴葉之下別有雙紋白葉，故人間謂之銀盆者，以其下葉正白故也。此菊近出，未多見，至其茂肥得地，則一花之大有若盆者焉。

順聖淺紫第二十六　順聖淺紫，出陳州鄧州，九月中方開。多葉，葉比諸菊最大，一花不過六七葉，而每葉盤疊凡三四重，花葉空處間有筒葉輔之。大率花形枝幹類垂絲棣棠，但色紫花大爾。余所記菊中，惟此最大，而風流態度又爲可貴，獨恨此花非黄白，不得與諸菊争先也。

夏萬鈴第二十七　夏萬鈴出鄜州，開以五月。紫色，細鈴生於雙紋大葉之上，以時別之者，以有秋時紫花故也。或以菊皆秋生花，而疑此菊獨以夏盛，按靈寶方曰：菊花紫白，又陶隱居云：五月采。今此花紫色而開於夏時，是其得時之正也，夫何疑哉！

秋萬鈴第二十八　秋萬鈴出鄜州，開以九月中。千葉，淺紫，其中細葉盡爲五出，鐸形，而下有雙紋大葉承之。諸菊如棣棠是其最大，獨此菊與順聖過焉，或云與夏花一種，但秋夏再開爾。今人間起草爲花，多作此菊，蓋以其環美可愛故也。

繡毬第二十九　繡毬出西京，開以九月中。千葉，紫花，花葉尖闊相次，聚生如金鈴，菊中鈴葉之狀，大率此花似荔枝菊。花中無筒葉，而萼邊正平爾。花形之大，有若大金鈴菊者焉。

荔枝第三十　荔枝，純紫，出西京，九月中開。千葉，紫花，葉卷爲筒，謂花葉也。凡菊鈴葉有五出，皆如鐸鈴之形。又有卷生爲筒無尖闕者，故謂之筒葉，他與此同。大小相間。凡菊鈴并蘂，皆生托葉之上，葉背乃有花萼，與枝相連，而此菊

上下左右攢聚而生，故俗以爲荔枝者，以其花形正圓故也。花有紅者，與此同名，而純紫者蓋不多爾。

垂絲粉紅第三十一 垂絲粉紅出西京，九月中開。千葉，葉細如茸，攢聚相次，而花下亦無托葉。人以垂絲目之者，蓋以枝幹纖弱故也。

楊妃第三十二 楊妃，未詳所出，九月中開。粉紅，千葉，散如亂茸，而枝葉細小，嫋嫋有態，此實菊之柔媚爲悅者也。

合蟬第三十三 合蟬，未詳所出，九月末開。粉紅，筒葉，花形細者與蘂雜比。方盛開時，筒之大者裂爲兩翅，如飛舞狀，一枝之杪凡三四花，然大率皆筒葉，如荔枝菊有蟬形者，蓋不多爾。

紅二色第三十四 紅二色出西京，開以九月末。千葉，深淡紅，叢有兩色，而花葉之中間生筒葉，大小相映。方盛開時，筒之大者裂爲二三，與花葉相雜比，茸茸然。花心與筒葉中有青黄紅蘂，頗與諸菊相異。然余怪桃花、石榴、川木瓜之類，或有一株異色者，每以造物之付受有不平歟，抑將見其巧歟？今菊之變，其黄白而爲粉紅深紫，固可怪，而又一株亦有異色並生者也，是亦深可怪歟？花之形度，無甚佳處，特記其異爾。

桃花第三十五 桃花，粉紅單葉，中有黄蘂，其色正類桃花，俗以此名，蓋以言其色爾。花之形度雖不甚佳，而開於諸菊未有之前，故人視此菊如木中之梅焉。枝葉最繁密，或有無花者，則一葉之大踰數寸也。

宋 鄭樵《通志》卷七五《昆蟲草木略第一・草類》 菊花曰日精，曰節華，曰女節，曰女華，曰女莖，曰更生，曰周盈，曰傅延年，曰陰成，曰治蘠。其白花者，潁川曰回峰，汝南曰茶苦蒿，河内曰地薇蒿，上黨曰羊歡草。

宋 史正志《史氏菊譜》

黄

大金黄　心密，花瓣大如大錢。

小金黄　心微紅，花瓣鵝黄，葉翠，大如衆花。

佛頭菊　無心，中邊亦同。

小佛頭菊　同上，微小，又云疊羅黄。

金埜菊　比佛頭頗瘦，花心微窪。

金鈴菊　心微青紅，花瓣鵝黄色，葉小，又云明州黄。

深色御袍黄　心起突，色如深鵝黄。

淺色御袍黄　中深

金錢菊　心小，花瓣稀。

毬子黄　中邊一色，突起如毬子。

棣棠菊　色深黄，如棣棠狀，比甘菊差大。

甘菊　色深黄，比棣棠頗小。

野菊　細瘦，枝柯凋衰，多野生，亦有白者。

白

金盞銀臺　心突起，瓣黄，四邊白。

樓子佛頂　心大，突起似佛頂，四邊單葉。

添色喜容　心微突起，瓣密且大。

纏枝菊　花瓣薄，開過轉紅色。

玉盤菊　黄心，突起，淡白緣邊。

單心菊　細花心，瓣大。

樓子菊　層層狀如樓子。

萬鈴菊　心茸茸突起，花多半開者，如鈴。

腦子菊　花瓣微縐縮，如腦子狀。

荼蘼菊　心青黄，微起，如鵝黄，色淺。

雜色紅紫

十様菊　黄白雜様，亦有微紫，花頭小。

桃花菊　花瓣全如桃花，秋初先開，色有淺深，深秋亦有白者。

芙蓉菊　狀如芙蓉，亦紅色。

孩兒菊　紫萼白心，茸茸然，葉上有光，與他菊異。

夏月佛頂菊　五六月開，色微紅。

宋 史正志《吴品》（《養餘月令》卷二八輯） 御衣黄，一名淺色御袍黄。千瓣，初開深鵝黄而差疏瘦，久則變白。

茉莉菊，花頭巧小，淡淡黄色。一蕊十五六瓣，或二十瓣，一點緑心，狀似茉莉，每枝條上抽出十餘層小枝，枝皆簇簇有蕊。

蠟瓣西施，花不甚大，而温然玉質，其品甚高。

金錢菊，心瓣俱明黄一色，五層，花與葉層間生，不獨枝頭。香色與態俱勝。

金整菊，中邊同色，花心微窪。

樓子佛頂，徑如錢，外單瓣，中細萼，心茸茸突起，吐出多瓣作頂。初開鵝黃，經霜即白。

腦子菊，花黃，瓣微縐縮，如腦子狀，香亦似之。

橙菊，花瓣與諸菊絶異，色黃不深，其瓣成筒，排竪生於萼上。小片婉變，至於成團，衆瓣之下，又有統裙一層承之，亦猶橙之有皮外包也。

錦雀舌，重黃多瓣，瓣微尖，如雀舌。

殿秋黃，花蜜蠟色，徑二寸餘，瓣闊微皺。開於秋末，葉青稀，大如掌，枝幹粗勁如樹。

玉玲瓏，蓓蕾初淡黃而微青，漸作牙紅，既開純白。其瓣初仰而後覆，葉有棱角，莖淡紅，高可至丈。

象牙毬，花豐碩，初開黃白色，其後牙色，微作鴨卵之形，柄弱不任其花，莖色稠青。

銀鎖口，花初黃後淡，週邊白色如銀，半開時黃白相雜可愛。

栗葉菊，花小白瓣，黃心，葉似栗樹。

銀芍藥，一名太液蓮，初開金黃色，後瑩白，香甚。殘則淺紅，葉極深，幹亦扶疏。

木香菊，花大如錢，初開淺鵝黃，久則淡白，葉瓣尖薄，盛開微卷。又芳氣芬烈，大與木香相似。

劈破玉，小白花，每瓣有黃紋如綫，界之爲二。

鷺鷥菊，出岩州，花如茸毛，純白色，中心有一叢簇起，如鷺鷥頭。

紫絲桃，蓓蕾青緑，花茄色，中暈濃而外暈稍淡。瓣長而尖，初如勺，後平鋪。瓣上有紋，色更紫，花徑二寸有半，厚稱之，開徹鬅鬆明潤。

雙飛燕，淡紫，千瓣，每花有二心，瓣斜捲如飛燕之翅。

紫羅衫，一名紫繡毬，其花粉紫，得養則色蒨麗，泆養則青紅黃白，夾雜而不勻。葉緑而皺。

碧江霞，紫花青蒂，蒂角突出，花外小花，花之極奇異者。

喜容，花千葉，初開微紅，花心極小，中蕊色深，外微暈淡。層數攢蹙，欣欣有喜色，甚稱其名。久則變白，尤耐封植，可以引長七八尺至一丈，亦可攬結。

出爐銀，花瓣厚大，初微紅，後蒼白如銀出爐，終始可愛，徑三寸許，形團，葉青有紋。

芙蓉菊，開徹如小木芙蓉，極盛者如重臺芍藥，但難於培植，多不能繁。

胭脂菊，深紅淺紫，比胭脂更深，近年始有之。此種一出，令諸紅無色，蓋奇品也。

錦丁香，徑寸許，瓣疏，初開黃，漸紅，亦漸黃。色易衰，葉緑厚而短。

王荆公詩：黃菊飄零滿地金。歐陽修曰：秋花不比春花落，憑仗詩人仔細看。荆公笑曰：歐九不學故也，不見《楚詞》云「飡秋菊之落英」乎？噫，荆公蓋拗性自文耳。詩之訪落，訓落爲始，蓋謂花始敷也。草之精秀者爲英，本菊之始英，以其精華所聚而飡之，若是殘芳剩馥，豈堪咀嚼？然菊亦有落者，有不落者，蓋花瓣結密者，不甚萎謝，及盛開之後，黃者轉白而白者轉紅，枯於枝上，漸漸離披，遇風雨撼之，亦未嘗不飄零滿地也。

宋 沈競《評奇・禁苑品》（《養餘月令》卷二九輯） 黃鶴翎，蓓蕾朱紅如泥金，瓣内紅背黃，開時外暈黃而中暈紅。葉青弓而稀大，而長，多尖如刺，枝幹紫黑，勁直如鐵，高可七八尺。韻度超脱，菊中之仙品也。

黃羅撒，花深黃，徑可二寸，體薄，中有頂，瓣紋似羅，下垂如傘，柄長而勁，葉緑而稀，厚而長，椏深枝細。幹勁如鐵，高可六七尺。

報君知，一名九日黃。花黃赤，有寶色，開於霜降前，久而愈艷。徑二寸半，氣香，瓣末稍岐，有尖突起。葉青而稀，長而大。椏深，莖紫，枝幹勁挺，高可八九尺。

金鎖口，瓣葉莖幹，頗似鶴翎，體厚瑩潤，絶類西施。瓣面正黃，背深紅，瓣展則外暈黃而内暈紅，既徹則一黃菊耳，徑可二寸有半。

狀元黃，花開甚早，焦黃焰焰，始終一色。瓣疏細而茸，作饅頭之形，徑二寸餘。萼深緑，氣香。葉緑，厚而綿，莖淡紅，枝幹順直扶疏，高可七八尺。

剪金毬，色瑩黃，瓣末細碎如剪，頂突有細萼，相雜茸茸。氣香，茂則葉而緑，椏深根冗，枝幹勁挺，高可五六尺。

銷金菊，花似棣棠菊而稍大，瓣似荔枝菊而稍禿，九月初開，外暈金黃，中暈焦黃，葉緑狹而尖，根冗莖紫，勁直如鐵，高可一丈。

火煉金，花徑僅寸許，外尖瓣猩紅，中萼金黃，朵垂，殘不變色，葉緑而澤，枝幹勁直，高四五尺。

檀香毬，色老黃，形團，瓣圓而厚。開徹整齊，徑幾三寸，厚三之二，氣香，葉幹短蹙。

黃五九菊，色鵝黃，外尖瓣一層，中瓣茸茸然。徑僅如錢，夏秋二度開。葉青而多尖，椏深，根冗，幹細，高可二三尺。

萬卷書，色金黃，徑二寸半，厚三之二。外夾瓣，中筒瓣，開遲。葉青而稠。其末團而根冗，枝幹粗大，高可五六尺。

金芍藥，蓓蕾黃紅，花金光，愈開愈黃，徑可三寸，厚稱之。氣香瓣闊，葉綠而澤，稀而長大。枝幹扶疏，高可六七尺，菊中極品。

金孔雀，一名金褥菊。蓓蕾甚巨，初開金黃，既開赤黃，其氣不佳。瓣尖而下垂，隨開隨悴，葉青而皺，根冗，枝幹偃蹇粗大，高可一丈。

荔枝菊，花頭大如錢，明黃細瓣，層層鱗次不齊。中央無心，鬚乃簇簇未展，小葉至開遍，凡十餘層，其形頗圓，故名。香味清甚。

金盞銀臺，花外瓣單夾，俱白瑩，中筒瓣，初鵝黃，徹則牙色，徑二寸。葉青而多尖，根冗枝細，幹偃蹇，高可五六尺。

銀撚絲，初微黃，後瑩白如雪，徑可三寸。體薄開早，氣香味甘，瓣如紙撚，蕚黃，開徹則蕚亦不見，殘則淡紅。葉青，稠而椏淺。枝幹頸直扶疏，高可六尺。

試梅妝，每花不過數瓣，瓣大如指頂，每瓣卷皺密蹙，下截深黃，上截瑩白，重臺垂毬，如梅花清逸。開早香甚，葉綠枝柔，幹扶疏，可高丈餘。

玉芙容，初開微黃，後純白，殘則粉紅，徑二寸有半。香甚，開早，瓣瑩潤疏爽，開最久。葉靛色，尖皺，根多冗，莖亦靛色。枝幹偃蹇，高僅三四尺。

一捧雪，一名勝瓊花。花碩大，有寶色，其瓣茸茸然，如雪花之六出，葉長幹直，高可六七尺。

白雪團，花極白，晶瑩，瓣如勺，長而厚，疎朗香清。開遲最久。徑可二寸，殘時紫紅，葉稀似艾，極耐日。深冬，五色斑然如畫，枝幹勁直，高可六七尺。

玉繡毬，色青白而有光焰，花抱蒂，大於鵝卵。其瓣有紋，中有細蕚，開最久，殘則牙紅。葉青而稀，長大多尖，椏深幹勁，高可一丈。

白疊羅，蓓蕾難開，中暈青而微黃，開徹瑩白如雪，徑可三寸。其瓣有羅紋，殘則粉紅。葉青而稠，末團椏深，枝幹勁挺，高僅三四尺。

水晶毬，花瑩白而嫩，初開微青，徑二寸許，中微有黃蕚，瓣細而茸，初褊薄，後乃暄泛。葉青而滑，根冗、莖青、枝勁，高可六七尺。

月下白，花青白，徑二寸，其形團，瓣細而厚。月下觀之，則瑩白也。葉長而狹，枝亦勁，高三四尺。

玉牡丹，千瓣潔白如玉，開早，徑二寸許。中暈青碧，外瓣間吐，開徹疏爽。葉青而稀，莖淡紅，枝幹勁挺，高僅二三尺。

玉寶相，白，多瓣，初開微紅，花徑三尺許，上可坐人。其瓣如大杓，容二三升。

白西施，一名白二色花。初微紅，其中暈紅而黃，既則白而瑩，開早，瓣參差，高僅三四尺。

粉鶴翎，花粉紅，大如芍藥。初開鮮濃，既開四面支撐，紫焰騰耀，後漸似白紐絲。葉大如掌，枝幹順直扶疏，高可七八尺。

玉樓春，一名秋牡丹。花粉紅，徑三寸，厚三之二。開遲，瓣圓而厚，比次整齊，色嬌易淡，葉青而稠。根冗幹勁，可高六七尺。

柴霞杯，開早，初深紅，稍開即木紅，瓣如勺。葉青闊而皺。根多冗，高可四五尺。

紫牡丹，花初開紅黃，間雜如錦，後粉紫，開遲。瓣比次而整齊，氣香葉澤，高三四尺。

朝天紫，蓓蕾青碧，花初深紫，後淺紫，瓣初如兔耳，後尖而覆，蓬鬆而整齊。氣香，徑二寸有餘。葉綠而稀，椏細如縷，根净幹紫，高五六尺。

紫骨朵，蓓蕾鮮紅，頂如泥金，開甚早，先紅紫，後紫紅，徑二寸半。瓣明潤豐滿如榴子，及開徹，則攢簇一團。葉綠而小，根冗，枝幹勁直，高可五六尺。

紫絨毬，蓓蕾圓綠。其開也，碧綠紅紫黃白諸色間雜，而紫焰爲多。瓣細而鑲，四面參差，茸茸如剪。徑僅寸許，圓如毬。葉青而尖，枝幹細直而勁，高可四五尺。

墨菊，色紫黑穠艶，開於九月前，高可四五尺，是紫之極深者，非世俗點染之説也。

菡萏紅，初開似紫牡丹，後漸淡如水紅花，徑二寸，形團瓣疏，開早。葉綠，稀可數，皺面蹙，似芡葉。枝幹勁正，高可一丈。

狀元紅，花深紅，徑二寸，厚半之。瓣闊短有紋，其末黃紅，可耐久。開早，葉綠，似貓脚跡，椏深根冗，枝幹如鐵，高僅三四尺。

海東紅，先殷紅，漸作金紅，久則淡木紅，徑二寸半。其瓣初尖後岐，蕚黃

開，徹鬅鬆。葉青而尖，椏深，枝幹壯大，高可四五尺。

錦心繡口，開極早，外大瓣一二層，深桃紅。中筒瓣突起，初青後黄，筒内嬌紅而外粉，筒口金黄，爛熳如錦，香甚清。葉緑，稀而澤，其缺如截。幹紅紫，細勁順直，高四五尺。

紫綬金章，開稍遲，蓓蕾有頂，初黑紅，漸作鮮紅。既開，仿佛亞腰葫蘆，亞處無瓣，黄蕊繞之。開徹，黄蕊不見，攢簇成毬，大如雞卵，極耐久。葉緑而秀，莖淡紅，枝幹勁直，高三四尺。

大紅袍，蓓蕾如泥金，初開朱紅，瓣尖長，體厚，徑二寸餘。開殘木紅。葉青，厚而澤，椏深末團，莖青幹肥，高四五尺。

慶雲紅，蓓蕾深桃紅，開則紅黄并作，中暈濃，外暈淡，瓣尖細而鬅鬆，徑二寸半，厚稱之。葉青，澤而尖，椏深，莖青，幹直，高可四五尺。

帶笑菊，花頭小，粉紅瓣，黄心千葉，有如笑口。葉青椏深，枝幹偃蹇，高三四尺。

合歡菊，一名襄陽紅。千葉二色，并蒂，雙頭對向，有桃紅、海紅、水紅等棣。葉深碧，幹不甚高。

冬菊，花薄而小，徑僅寸半。色深紅，質加蠟，瓣闊而短，開極遲。葉青而澤，椏深多尖，莖紫，枝幹順直扶疏，高可五六尺。

樓子紅，開早，蓓蕾甚巨。初深黑，漸作鮮紅，瓣垂而長，光焰奪目。既開，徑二寸餘。其蕚如小錢，初青後黄，中瓣抽出，排竪重臺，如牡丹然。枝幹高大，可至四五尺。

鶴頂紅，花薄而小，外暈粉紅，中暈大紅，開徹，粉紅瓣下嚲，大紅瓣上攢，如鶴頂。葉青圓而小，枝幹不甚高大。

猩猩紅，色鮮紅耐久，開早，厚僅二寸。葉澤，長而多尖，莖青枝勁，高可四五尺。

西番蓮，先茜紅，後紅黄色，徑二寸許，厚半之。蕚黄而大，瓣如勺而毛，末微皺，上簇如蓮。又有突起者，葉緑多尖，根冗幹挺，高可四五尺。

添色喜容，花心海紅。次水紅，邊乃大白。單瓣五七層，有如喜容。經霜之後，心乃深紅。邊暈亦以次加紅，如畫家添色漸濃，殊有丰艷。

海棠嬌，色類垂絲海棠，徑寸半，薄而瓦。瓣短多紋，愈開俞奇，有寶色。中暈赤，外暈黄，邊暈純白，或數色錯出，變態不窮。葉緑幹勁，高可四五尺。

赤金盤，花初開紅黄而赤，金星浮動，其後漸作醬色，徑可二寸。形薄而瓦。瓣如枸而尖，葉緑而稀，末團幹紫，高可一丈。

金錢豹，淡紅千瓣，瓣間有黄色點點，甚可觀。

醉楊妃，深桃紅色，開久不變。花頭疏爽潤澤，徑二寸餘，厚半之。瓣尖而硬，下覆如臍。花繁柄弱，其英斜垂。葉尖而多，椏淺根冗莖青，枝幹E2D8蹇，高可五六尺。

平分秋色，徑三寸，厚半之，開最久。初開時，淺紅淡黄各半，迥然不雜。開徹則五彩炫爛，精光奪目。及殘則皆淡紅色也。

金菊對芙蓉，多瓣，每枝有嬌紅嫩黄二蕊雙出，如金銀花，徑僅二寸，蕚黄，瓣如兔耳，葉緑而尖。

鴛鴦錦，一名鸞交鳳友。初作蓓蕾時，每一蒂即迸成三四，亦有至五六者。瓣面深黄，背深紅，開時分爲三截，下截金黄，中截金紅，其頂大紅。四面支撑，紅黄交雜，及徹，則瓣色盡露，紅背俱隱。徑二寸餘，厚如之，上尖亦如之。氣香，葉深碧，莖紫，枝幹勁挺，高可四五尺，花中奇品。

錦麒麟，一名回回菊。其花極耐霜露，徑可二寸。蕚黄，瓣初赤紅，既開則面八黄，而背赤紅。葉緑帶黑色，椏深根冗，高可五六尺。

團圓菊，一名錦絨毬。開時，碧緑紅紫黄白諸色，每層一暈，茸茸如剪，徑僅寸許。

五色菊，一名八寶瑪瑙。千瓣，黄紅白紫，及深淺衆色，各蕊間生，花花畢具。

宋 梁克家《淳熙三山志》卷四一《土俗類三·物産·花》 菊 紫莖而香，葉厚嫩可食者，花微小，味甘，爲真菊。又或莖青根細花白蘂黄，其葉似同蒿，花蘂並黄者，俗傳爲廣菊。狀似嬰兒者，俗呼爲孩兒菊。《遯齋閒覽》：南方花發，較北地常先一月，獨菊花開最遲。菊性宜冷也。惟一種深黄色名滴金，六月開。

宋 范成大《范村菊譜·菊品》 黄花

勝金黄，一名大金黄。菊以黄爲正，此品最爲豐縟而如輕盈，花葉微尖，但條梗纖弱，難得團簇，作大本，須留意扶植乃成。

疊金黄，一名明州黄，又名小金黄。花心極小，疊葉穠密，狀如笑壓，花有富貴氣，開早。

棣棠菊，一名金鎚子。花纖穠，酷似棣棠，色深如赤金，他花色皆不及，蓋

奇品也。窠株不甚高，金陵最多。

疊羅黄，狀如小金黄，花葉尖庋，如剪羅縠，三兩花自作一高枝，出叢上，意度瀟灑。

麝香黄，花心豐腴，傍短葉密承之，格極高勝。亦有白者，大略似白佛頂，丁，勝之遠甚，吴中比年始有。

千葉小金錢，略似明州黄，花葉中外疊疊整齊，心甚大。

太真黄，花如小金錢，加鮮明。

單花小金錢，花心尤大，開最早，重陽前已爛漫。

垂絲菊，花蘂深黄，莖極柔細，隨風動摇，如垂絲海棠。

鴛鴦菊，花常相偶，葉深碧。

金鈴菊，一名荔枝菊，舉體千葉細瓣，簇成小毬，如小荔枝，枝條長茂，可以攬結。江東人喜種之，有結爲浮圖樓閣高丈餘者。余頃北使過欒城，其地多菊，家家以盆盎遮門，悉爲鸞鳳亭臺之狀，即此一種。

毬子菊，如金鈴而差小，二種相去不遠，其大小名字，出於栽培肥瘠之别。

小金鈴，一名夏菊，花如金鈴而極小，無大本。夏中開花。

藤菊，花密條柔，以長如藤蔓，可編作屏幛，亦名棚菊。種之坡上，則垂下，裊數尺，如纓絡，尤宜池潭之瀕。

十様菊，一本開花形模各異，或多葉，或單葉，或大或小，或如金鈴，往往有六七色，以成數通名之曰十様。衢岩間花黄，杭之屬邑有白者。

甘菊，一名家菊，人家種以供蔬茹。凡菊葉皆深緑而厚，味極苦，或有毛，惟此葉淡緑柔瑩，味微甘，咀嚼香味俱勝，擷以作羹及泛茶，極有風致。天隨子所賦即此種，花差勝野菊甚，本不繫花。

野菊，旅生田野及水濱，花單，葉極瑣細。

白花

五月菊，花心極大，每一鬚皆中空，攢成一匾毬字，紅白單葉繞承之，每枝只一花，徑二寸。葉似同蒿，夏中開。近年院體畫草蟲，喜以此菊寫生。

金杯玉盤，中心黄，四傍淺白，大葉三數層，花頭徑三寸，菊之大者不過此。本出江東，比年稍移栽吴下，此與五月菊二品，以其花徑寸特大，故列之於前。

喜容，千葉，花初開微黄，花心極小，花中色深，外微暈淡，欣然丰艷，有喜色，甚稱其名。久則變白，尤耐封殖，可以引長七八尺至一丈，亦可攬結，白花中高品也。

御衣黄，千葉，花初開深鵝黄，大略似喜容而差疏瘦，久則變白。

萬鈴菊，中心淡黄，鎚子傍白，花葉繞之，花端極尖，香尤清烈。

蓮花菊，如小白蓮花，多葉而無心，花頭疏，極蕭散清絶，一枝只一葩，緑葉亦甚纖巧。

芙蓉菊，開就者如小木芙蓉，尤穠盛者如樓子芍藥，但難培植，多不能繁蕪。

茉莉菊，花葉繁縟，全似茉莉，緑葉亦似之，長大而圓净。木香菊，多葉，略似御衣黄，初開淺鵝黄，久則一白，花葉尖薄，盛開則微卷，芳氣最烈，一名腦子菊。

酴醾菊，細葉稠疊，全似酴醾，比茉莉差小而黄。

艾葉菊，心小葉單，緑葉尖長似蓬艾。

白麝香，似麝香黄，花差小，差豐腴韻勝。

銀杏菊，淡白，時有微紅，花葉尖緑，葉全似銀杏葉。

白荔枝，與金鈴同，但花白耳。

雜色

波斯菊，花頭極大，一枝只一葩，喜倒垂下，久則微捲如髮之鬈。

佛頂菊，亦名佛頭菊，中黄心極大，四傍白花一層繞之，初秋先開白色，漸沁微紅。

桃花菊，多至四五重，粉紅色，濃淡在桃杏紅梅之間。未霜即開，最爲妍麗，中秋後便可賞，以其質如白之受采，故附白花。

胭脂菊，類桃花菊，深紅淺紫，比胭脂色尤重。比年始有之。此品既出，桃花菊遂無顔色，蓋奇品也，姑附白花之後。

紫菊，一名孩兒菊，花如紫茸，叢茁細碎，微有菊香，或云即澤蘭也。以其與菊同時，又常及重九，故附於菊。

宋 史鑄《百菊集譜》卷二《越中品類》

黄色

勝金黄　花頭大過折二錢，明黄瓣，青黄心，瓣有五六層，花片比大金黄差小，上有細脉。枝杪凡三四花，一枝之中有少從蘂，顔色鮮明，玩之快人心目。

大金錢開遲。 大僅及折二，心瓣明黄一色，其瓣五層。此花不獨生於枝頭，乃與葉層層相間而生，香色與態度皆勝。

金絲菊 花頭大過折二，深黄細瓣，凡五層一簇，黄心甚小，與瓣一色，顏色可愛。名爲金絲者，以其花瓣顯然起紋絡也，十月方開。此花根荄極壯。

小金黄 花頭大如折二，心瓣黄，皆一色，開未多日。其瓣鱗鱗六層而細，態度秀麗，經多日則面上短瓣亦長，至於整整而齊，不止六層，蓋爲狀先後不同也如此。緑葉頗小。

密友菊 花頭大過折三，明黄闊片，花瓣形色不在諸品之下。初開時長短不齊，開及其盛乃齊，至於六層。其中如抽芽數條，短短小心，與瓣爲一色，狀如春間黄密友花，窠株低矮。緑葉，最繁密，見霜則周圍葉緑變紫色。

橙菊亦名金毬菊 此品花瓣與諸菊絶異，含蘂之時，狀如粉團菊，黄色，不甚深。其瓣成筒排竪生於萼上，後乃開作小片，婉變至於成團。衆瓣之下又有統裙一層承之，亦猶橙皮之外包也。其中無心。愚齋云：據愚視之，橙黄菊與粉團菊必是一種，但橙小粉大，及色異耳。

大金黄 花頭大如折三錢，心瓣黄，皆一色。其瓣五六層，花片亦大，一枝之杪多獨生一花，枝上更無從蘂。緑葉亦大，其梗濃紫色。

側金盞 此品類大金黄，其大過之，有及一寸八分者。瓣有四層，皆整齊，花片亦闊大，明黄色，深黄心，一枝之杪獨生一花，枝中更無從蘂。名以側金盞者，以其花大而重，敧側而生也。緑葉亦大，其梗淡紫。

小金錢開早 大於小錢，明黄瓣，深黄心。其瓣齊齊三層，花瓣展，其心則舒而爲筒。

御愛黄 花頭大如小錢，淡黄色，其狀與御袍黄相類，但此花瓣頗細，凡五六層，向上二三層，黄色鮮明，向下層則色帶微白，層層鱗次不齊。心乃明黄色，其細小料十餘縷耳。

御袍黄 花頭大如小錢，淡黄色。其狀略觀之與御愛黄相類，但此花瓣頗闊，凡五層此色上下層同。上下層層稍齊，心乃深黄色，比之御愛黄，細視則不同，况此心又有大小之別。

黄佛頭 花頭不及小錢，明黄色，狀如金鈴菊，中外不辨心瓣，但見混同，純是碎葉，突起甚高，又如白佛頭菊之黄心也。

九日黄 大如小錢，黄瓣黄心，心帶微青，瓣有三層，狀類小金錢，但此花開在金錢之前也。開時或有不甚盛者，惟地土得宜方盛。緑葉甚小，枝梗細瘦。

黄寒菊 花頭大如小錢，心瓣皆深黄色。瓣有五層，甚細。開至多日，心與瓣并而爲一，不止五層，重數甚多，聳突而高。其香與態度皆可愛，狀類金鈴菊，差大耳。

荔枝菊 花頭大於小錢，明黄，細瓣，層層鱗次不齊，中央無心鬚，乃簇簇未展小葉。至開遍，凡十餘層。其形頗圓，故名荔枝菊。此香清甚，姚江士友云其花黄，狀似楊梅。

茱萸菊 闕

末利菊 花頭巧小，淡淡黄色，一蘂只十五六瓣或至二十片，一點緑心，其狀似末利花，不類諸菊，葉即菊也。每枝條之上抽出十餘層小枝，枝皆簇簇有蘂。

艾菊 闕

金鈴菊 花頭甚小，如鈴之圓，深黄一色。其幹之長與人等。或言有高近一丈者，可以上架，亦可蟠結爲塔，故又名塔子菊。一枝之上，花與葉層層相間有之，不獨生於枝頭。緑葉尖長七出，凡菊葉多五出，例皆不該。

甘菊 陶隱居云：菊有兩種，一種莖紫氣香而味甘，一種青莖作蒿艾氣而味苦。日華子亦云菊有兩種，花大氣香莖紫者爲甘菊，花小氣烈莖青者名野菊。楊損之云甘者入藥，苦者不任。史氏譜云：甘菊色深黄，野菊枝柯細瘦。劉氏譜云：甘菊深黄單葉，閭巷人能識之，固不待記而知。竊謂古菊，陶淵明等采於東籬、泛於酒斝，疑皆今之甘菊也。今據本草諸書所載，二者較然可見矣。

滴滴金夏菊也 花頭巧小，或有如折二大者，蓋所産之地不同也。花瓣最細，凡一二三層，明黄色，心乃深黄，中有一點微緑。自六月開至八月。俗説遍地生苗者，由花梢頭露水滴而出也，故名滴滴金。予嘗與好事者斸地驗其根，其根即無聯屬，方知此説不妄。

野菊亦有三兩種 花頭甚小，單層，心與瓣皆明黄色，枝莖極細，多依倚他草木而長上聲，緑葉七出。又有一種，期花初開，心如旱蓮草，開至涉日，則旋吐出蜂鬚，周圍蒙茸然如蓮花鬚之狀，枝莖頗大。緑葉五出，吾鄉能仁寺側府城墻上最多。

白色

九華菊 此品乃淵明所賞之菊也，今越俗多呼爲大笑。其瓣兩層者，本

曰九華，白瓣，黃心，花頭極大，有闊及二寸四五分者。其態異常，爲白色之冠，香亦清勝，枝葉疏散，九月半方開。昔淵明嘗言秋菊盈園，其詩集中僅存九華之一名。今以重瓣大笑爲九華，此得於諸士友之說，凡畦丁率皆不知。若姚江士夫又稱九華爲大佛頂。或謂九華綠葉，與諸菊葉不相類，疑非菊之正品。然愚嘗觀《本草圖經》所畫鄧州菊、衡州菊，此二名品亦皆是混淨之葉，未見其有出稜角者，且古人別菊，惟在於臭味，豈拘拘論其葉哉。

大笑菊　白瓣黃心，本與九華同種，其單層者爲大笑，花頭差小，不及兩層者之大。其葉類栗木葉，亦名栗葉菊。

佛頂菊　大過折二，或如折三。單層，白瓣突起，淡黃心。初如楊梅之肉蕾，後皆舒爲筒子狀，如蜂窠，末後突起甚高，又且最大，枝幹堅粗，葉亦粗厚，又名佛頭菊。一種，每枝多直生，上只一花，少有旁出枝。一種，每一枝頭乃分爲三四小枝，各一花。

淮南菊　先得一種，白瓣黃心，瓣有四層，上層抱心，微帶黃色，下層黯淡純白，大不及折二，枝頭一簇六七花。後又得一種，淡白瓣，淡黃心，顏色不相染，心瓣有四層。一枝攢聚六七花，其枝杪六花，如六面仗鼓相抵然，惟中央一花大於折三，餘者稍小。予視之，疑非一種，園丁乃言所產之地力有不同也。大率此花自有三節不同，初開花面微帶黃色，中節變白，至十月開過，見霜則變淡紫色，且初開之瓣只見四層，開至多日乃至六七層，花頭亦加大焉。

酴醿菊　闕

木香菊　大過小錢，白瓣淡黃心，瓣有三四層，頗細，狀如春架中木香花，又如初開纏枝白，但此花頭舒展稍平坦耳，亦有黃色者。

粉團菊亦名玉毬菊　此品與諸菊絶異，含蘂之時淺黃色，又帶微青，花瓣成筒排竪，生於蕚上，其中央初看一似無心，狀如橙菊，盛開則變作一團純白色，其形甚圓，其香頗烈，至白瓣雕謝，方見瓣下有如心者，甚大。其白瓣皆匼匝出於上也，經霜則變紫色，尤佳。綠葉甚粗，其梗柔弱。原本闕。開則短，至多日則趲出，近於齊長巧小，淡黃心，瓣凡五層，開至末後，則瓣增多至於七層，側看如千葉白蓮。其態秀麗，枝條婀娜，其葉稍密，亦名甌子菊，見霜則色變淡紫。

玉甌菊　或言甌子菊，即纏枝白菊也，其開層數未及多者，以其花瓣環拱如甌盞之狀也。至十月經霜則變紫色。

金盞銀臺　大如折二，此以形色而爲名也，惟初開似之，爛開則其狀輒變。

寒菊　大過小錢，短白瓣，開多日其瓣方增長，明黃心。心乃攢聚碎葉，突起頗高，枝條柔細，十月方開。

徘徊菊　淡白瓣，黃心，色帶微綠。瓣有四層，初開時先吐瓣三四片，只開就一邊，未及其餘。開至旬日，方及周徧，花頭乃見團圓。按字書，徘徊爲不進，此花之開亦若是矣，其名不妄。十月初方開，或有一枝花頭多者，至攢聚五六顆，近似淮南菊。

銀盤菊　白瓣二層，黃心突起頗高，花頭或大或小不同，想因其地有肥瘠之故也。

輪盤菊　闕

紅色

桃花菊又名桃紅菊　花瓣如桃花，粉紅色，一蘂凡十三四片，開時長短不齊，經多日乃齊。其心黃色，內帶微綠。此花觳之無香，惟撚破聞之，方知有香。至中秋便開，開至十餘日，漸變爲白色。或生青蟲食其花片，則衰矣。其綠葉甚細小。

繡菊　闕

石菊即古之大菊也　花瓣五出，有紫色者，有深紅色者，有深紅，粉綠者，各有種也。其蕚長而小，其莖有節，其葉亦頗類竹，故又名石竹。諸色皆自五月而開或有開遲者，至七月方開。惟紫色者開至八九月方衰衰即結實。或云石菊結實爲蘧麥，愚按《爾雅》云：大菊，蘧麥也。《本草》云：瞿麥，一名大菊。陶隱居云：一莖生細葉，花紅紫赤可愛，子頗似麥。日華子云：又名石竹。《本草圖經》曰：生泰山及淮甸，今處處有之。苗高一尺以來，葉尖小，二月至五月開，七月結實，頗似麥，故名之。予以本土所產石菊，參照《爾雅》、《本草》所言大菊之形色，固相似矣，然本土所產者，初未審有實無實，爲疑，遂問諸老圃，皆云未嘗有結實者。至甲辰八月，予於僧舍見紫色一種，就摘花瓣脱盡一殘蕚，撚破驗其子之有無，其中果有一粒如細麥者存焉，粒中仍有如掐之一痕，易爲辨認。次以摘花瓣未脱者一蕚，亦撚破驗之，其中所存者，與前一同。陶隱居又云：立秋采實，實中子至細。故予今撚破其蕚以視實，復撚破其實以視中有何物，果見有如鰕子者，細不可數也。予初爲老圃所惑，故詳記之。按劉蒙《説疑》曰：瞿麥爲大菊，此乃妄濫竊名者，皆所不取。愚齋亦云此品石菊。初以其花與蘂比之諸品不同且顏色夭冶，兼乏芬馥清致，當以格外菊處之，亦列此名於濫號品中。後

考結實有據，乃知即古之大菊也。竊以《爾雅》、《本草》既載其名，其來也遠，以是論之，非所宜輕，於是陞於正品紅色之後云。

又 卷三《種藝》 孫真人種花法　愚今放此只録種菊一事。二月穀雨後種

紅葉菊　千葉甘菊　金鈴菊　紫幹菊　千葉白菊　紫菊　掃葉菊　黄簇菊　青心柿菊　五色菊　蓮子菊　大黄金菊

范石湖云：吴下老圃伺春苗尺許時掇去其顛，數日則岐出兩枝，又掇之，每掇益岐，至秋則一幹所出數百千朵，婆娑團欒，如車蓋熏籠矣。人力勤，土又膏沃，花亦爲之屢變。

沈莊可譜云：吴門菊自有七十二種。春分前以根中發出苗裔，用手逐枝柯擘開，每一柯種一株，後長及一尺，則以一尺高籃蓋覆，每月遇九日有出籃外者，則去其腦，至秋分則不去矣。夏間每日清水澆灌，遇夜去其籃承露，至早復蓋，不可使乾枯。如此之後，結蘂則平齊矣。

沈譜云：予在豫章，見菊多有佳者，嘗問之園丁，則云菊每歲以上已前後數日分種，失時則花少而葉多，如不分置他處，非惟叢不繁茂，往往一根數幹一幹，之花各自別樣，所以命名不同。菊開過，以茅草裹之，得春氣則其舊年柯葉復青，漸長成其樹，但次年不着花，第三年則接續着花，仍不畏霜矣。

梅雨時收菊叢邊小株分種，俟其茂則摘去心苗，欲其成小叢也，秋到則不摘。見《瑣碎録》後二段同。

黄白二菊各披去一邊皮，用麻皮札合，其開花則半黄半白。

菊花大蘂未開，逐蘂以龍眼殼罩之，至欲開時，隔夜以硫黄水灌之，次早去其罩，即大開。

大笑菊及佛頂菊，御愛黄，至穀雨時以其枝插於肥地，亦能活。愚嘗試之，至秋亦着花。

種菊所宜向陽，貴在高，原其根惡水，不宜久雨。久雨，可於根傍加泥令高，以泄水。

分種小株宜以糞水酵土而壅之，則易盛。按劉君蒙亦有栽鉏糞養之説。

菊宜種園蔬内肥沃之地，如欲其净，則澆壅捨肥糞而用河渠之泥。

種菊之地常要除去蜓蚰，則苗葉免害。

又 卷五《栽值》 初種　仲春土膏流動，菊苗怒生，纔及五六寸，掘起，揀根莖大者，相去四寸許種之，先用麻餅末一大撮拌土。

澆灌　一月凡三度鉏薙，至日暮以溺澆之。春月則用蠶沙，一法，先以溺漬草履置土下，極有力。

摘腦　纔高一尺以上，便與摘腦。摘腦則杈生而花闊，至立秋而止，唯夏佛羅，銀毬菊不用摘。

宋 史鑄《百菊集譜補遺》 菊花多真假相半，難以分別。其真菊花蒂子黑而纖，若野菊則蒂子有白茸而大，味極苦。《博聞新録》

宋 陳景沂《全芳備祖》前集卷一二《菊花》 菊治蘠《爾雅》。馬蘭爲紫菊，瞿麥爲大菊，烏喙苗爲鴛鴦菊，旋復花爲艾菊仝上。菊有筋菊，有白菊，有黄菊。一名延年，一名日。精菊有兩種，一種紫莖，香而味甘美，葉可作羹。一種青莖，而大作蒿，艾氣味苦，不堪食，名薏，非真菊也《本草》。季秋之月，菊有黄華《月令》。

明 朱橚《救荒本草》卷四《草部》 菊花　一名節華，一名日精，一名女節，一名女華，一名女莖，一名更生，一名周盈，一名傅延年，一名陰成。生雍州川澤及鄧衡齊州田野，今處處有之。味苦甘，性平無毒。术、枸杞、桑根、白皮爲之使。

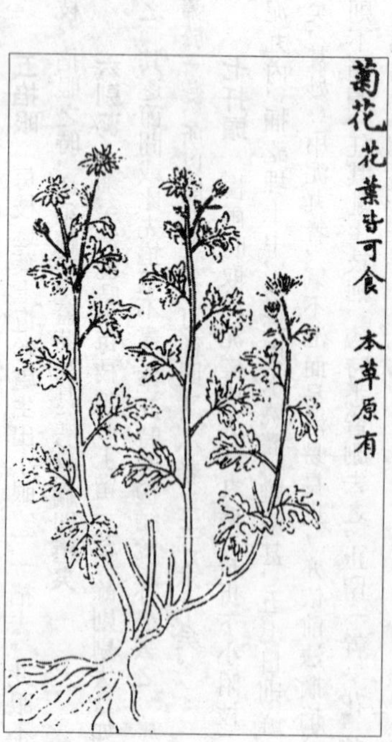

明 宋詡《竹嶼山房雜部》卷一〇《樹畜部二・種花卉法》 菊　色青肥盛，長有五六尺。《本草》云：一種莖紫氣香而味甘，葉可作羹食者爲真。一種青莖而大，作蒿苦氣味，苦不堪食。

花類百餘種，劉蒙、范至能、史正志皆有譜，不能盡品第其花之色。後有

好事者又喜用其巧意，而一種易二三名呼之。季秋時月，得玩此花，亦爲美景。非必爲隱逸花也，濂溪謂陶之愛，亦寓言耳。菊本苞生，清明時每莖分析，預以猪糞更番爲沃土，取瓦規之而種。雖怯水，亦常喜陰。又須三五日澆以糞水。長約八九寸，則斷其中頭，留二三頭，令齊長，插棱爲倚，俟至秋又長枝蕊，必摘去其繁衍，每枝帶花一朵，不過八朵九朵，則花大而茂，耐久觀玩。擊瓦礫覆其土，不使浸點葉上，葉從根跗而青密也。

明 周履靖《菊譜》卷上《藝菊法》　**一培根**　凡菊於夏間澆灌得法，秋後根頭便有嫩苗叢生，俟花開過，摘去枝葉，止留本根尺許，掘地作小窖，澆糞一杓，將菊本埋之，摻軋土置窖中，四向填摻新土，仍愛護嫩苗。比及到春，已茂盛矣。若不曾上盆，原在地上者，不必如此安排，但只於臘月中澆糞可也。

二分苗　正月間擇地一所鋤轉，拾去草根，將糞澆一通。越數日再鋤再澆，又鋤，擊碎土塊，修治方整。視平地而高阜尺許，通溝道週圍以泄水。至春分後清明前，將所培根本掘起，敲去泥土，莖有些小細根，雖無大根亦活。於治地上相去七八寸栽一本，每色隨意種多少，餘者棄之，便可用河水澆灌，逐日侵晨如之，直至莖葉鮮健，方可用河水對勻糞水，十餘日澆一次。

三擇本　穀雨後，別選通風日，無樹根草芽之地，如前修治，形欲高而溝欲深，安排尾盆在上，無則用瓦四片箍成者亦妙。以三分爲率，留一分在上，摻土，將前所分苗本揀擇幹本盛大態度端莊者帶土掘起，種盆內，就於先所澆灌園泥培壅，低盆口三寸庶可，便於澆糞。蓋菊所畏者水耳，略被水滓，則心瘁矣。所用瓦者，雨過水乾，不致浸漬。兼上盆時去箍除瓦，移入盆內，又不傷根，且不泄氣，着花愈久，此法甚妙。若貧家無此，栽根地上，週圍積土培之，如培土高，亦可泄水無恙，但澆糞不悉入於根耳。既種之後，每株相近根邊插紅油小竹一根，入土欲深，以不動摇爲度。此竹乃菊之所倚，藉以爲生者。將本幹縛竹，其岐枝用繩牽拽，亦於竹上縛定。其縛者棕櫚葉曬乾分細用之，亦奈風日，竹不油亦用得，但油昔可辟菊虎，故用之。

四摘頭　分苗之後，高至七八寸便摘去頭，令生岐枝。其初起一枝，去頭之後，必長三四枝，其三四枝長尺許，又摘去，每枝又分長三四枝。始以三枝言之，第三次三三九枝。欲要枝多，再一摘無妨。其枝繁雜，未可删去，多存以防菊牛所傷，直至白露後，酌量根本肥瘦可留幾枝，餘者去之。有宜花多者，有宜花少者，不可一槩論。如綉芙蓉，海棠春之類，則以花多爲入格，大抵多者不過三十花，少者十數花足矣。古法遇九則摘，初九十九二十九之類，然亦不必拘拘于此。

五掐眼　每枝逐葉上近幹處生出小眼，一一掐去。此眼不掐，便生成附枝。掐眼之時，切須輕手，蓋菊葉甚脆，略觸即墮矣。

六剔蕊　菊至結蕊時，每枝頂心上留一蕊，餘則剔去。如蕊細，用針挑之。其逐節間或比先掐眼不盡，至此時又復結蕊，亦盡去之。庶幾一枝之力盡歸於一蕊，所以開花尤大，可徑四寸，小者二三寸不下矣。

七扦頭　梅雨時取河泥搓成大彈丸樣，將折下小附枝三四寸者插入泥丸內，插訖埋土中，日逐用水澆灌，雖瘋甚，五七日則鮮活，蓋根已生矣，甚妙。用泥丸者，氣不泄而易活易長也。亦依前法摘掐，或止用一花，則不摘頭，任其亂生枝柯，臨時悉皆删去之，止留一幹一花，其花甚大而幹甚低也。

八惜花　花雖傲霜，其實畏之，一爲風所凌，便非向者標致。風雨尤然，何況於霜乎？花蕊半開，便可上盆移置軒窗通風日處。每晨澆少水，水不可多，多則傷葉。不若以小盞盛水，放根邊，用紙撚一條，半縛根上，半置水盞內，水乾再添。如此則根潤花滿而色正，可得月餘賞玩。否則，於根所結縛涼棚，上用竹簟蘆箔之類，亦可以爲菊花延壽齡也。

九護葉　養花易，養葉難。凡根有枯葉，不可摘去，摘去則氣泄，其葉自下而上，逐旋黄矣。澆糞時慎勿令糞着葉，一着隨便黄落矣。欲葉清茂，時以韭汁澆根妙。

十灌溉　梅天但遇大雨一歇，便澆些少冷糞以扶助之。否則，無故自瘁。若厭於澆糞，用糞泥于根邊周圍堆壅半升，雨再至，泥自濕，其功勝糞甚遠大，且不壞葉。造糞泥法：先于六月內將碎泥攤場上曬乾，澆潑濃糞，再曬再潑，如此三四次，敲十分碎，粗篩篩過，收盛缸內，不可着雨，至此取用。間或用糞水一二次。六七月内不可用糞，用則枝葉皆蛀。每晨用河水澆灌。若有撏雞鵝毛水，停積作冷清。或浸蠶沙清水，時常澆之，尤妙。最忌酒糟鹽滷。直至立秋後，逐旋用糞。起初冷糞一杓，和水三杓，越數日，糞一杓，水倍之，又數

日糞水停匀乃止。結蓓蕾後，純用冷糞一二次。

十一去蠹　害菊之物有五，曰菊牛，曰蚱蜢，曰青蟲，曰黑蚰，曰喜蛛是也。蚱蜢、青蟲食其葉，黑蚰瘠其枝，喜蛛侵其腦頭，惟菊牛，一名菊虎，形似楊牛而小，菊之大蠹也。五六月内遶皮咬咂，産子在内，變爲蟲，則此一葉葉痛而垂，凡折去可爲也。露未晞時，停葉間，此際可尋殺之。但飛極快，遲不之時，必須於損處更下一二寸，庶免毒氣攻及一樹。以其損處劈開，必有一小黑頭青蟲，當撚殺之。蚱蜢、青蟲，皆當殺之，如不欲害，則拾取送他處可也。黑蚰，古法用油紙撚燈吹滅，以烟熏死，蚰死而枝傷，不若用綿纏筯頭，逐漸惹下，手撚殺之。喜蛛則逐葉舒去其絲。又蚯蚓亦能傷根，時用純糞潑之，俟死即用河水解其酷烈，不常用也。至于蟻亦能傷菊，一經蟻過，則幹葉皆瘁。故種菊最宜潔净，不得以腥羶近之。至如撏雞鵝水，亦不必澆之，恐其引蟻故也，其地更宜絶其蟻種。

十二抑揚　菊之本性有易高者，醉西施之類是也。有特低者，紫芍藥之類是也。高者抑之，低者揚之。抑之法，頻摘頭，比他本多一二次。揚之法，遲摘頭，視他本少一二次，庶無過不及之差。

十三拾遺　黃碧、單葉二種，生於山野籬落堤岸之間，宜若無足取者。然譜中諸菊，皆以香色態度爲人愛好，剪鋤移栽，或至傷生，而是花與之均賦一性，均受一氣，同有此名而能避迹山野，保其自然，有若士君子堅行操節，隱處林壑，不爲時世所奪，故亦無羡于諸菊也。予嘉其大意而收之，又不敢雜置諸菊之中，故特附録于此。

十四品第　或問菊奚先？曰：先色與香，而後有態。曰：然則色奚先？曰：黃。黃者中之色。《易》曰：黃，中通理。《詩》曰「緑衣黃裳」。土旺季月，而菊以九日花，金土之應，相生而相得者也。其次莫若白，西方金氣之應。菊以秋開，則于氣爲有鍾焉。紫爲白變，而紅又紫之變也。紫所以白之次，而紅又紫之次。云有色矣，而後有香，有香矣，而後有態，是其爲花之尤著也。或又曰：花以艷媚爲悦悦，而子以態爲後歟？曰：吾嘗聞諸古人矣，妍卉凡花爲小人，而松竹蘭菊爲君子，安有君子而以態爲悦歟？至於具香與色而又有態，是君子而有威儀也。又嘗聞昔之譜菊者，每稱勝爲最勝，故在也、擬之金鶴翎、非其所仿佛，豈其無祖於古而屈隆于今耶？或見愛之者衆而逞詭獻奇耶？皆不可曉也。班《志》有曰，小説家流千三百八十三篇，蓋出於禪官道塗之説也。矧其事者必先利其器，尋其波者必計其源，吾嘗觀《茶經》、《竹譜》，尚言始末成一家之説，况菊之所受又有不同焉。老圃云：菊有千種，惟花碩豐麗、千葉無心爲上。予之井見十之二三，或因人所好，名器不同，實一色耳。子曰：雖小道必有可觀者焉。苟致遠而不泥，庶幾近道矣。

十五名號　金鶴翎深黃色千葉。　銀鶴翎白色千葉。　蜜鶴翎蜜色千葉。　紫鶴翎淡紫色千葉。　紅鶴翎深紅色千葉。　金芍藥深黃色千葉。　銀芍藥白色千葉。　金寶相深黃色千葉。　銀寶相白色千葉。　金西施嫩黃色千葉。　白西施純白色千葉。　病西施萎黃色千葉。　蜜西施淡黃色千葉。　錦西施紅黃千葉。　蠟瓣西施黃蠟色千葉。　蜜褐西施重蜜褐色千葉。　玉板西施粉紅色千葉。　銀紅西施銀紅色千葉。　二色西施淡黃純白色千葉。　陰陽西施每花中分黃白色千葉。　韃蠻西施白色千葉。　瑪瑙西施紅白色千葉。　黃牡丹嫩黃色千葉。　蜜牡丹蜜色千葉。　白牡丹白色千葉。　錦牡丹紅黃色千葉。　紫牡丹艷紫色千葉。　粉牡丹粉紅色千葉。　紅牡丹大紅千葉。　二色牡丹大紅艷紫色千葉。　紫剪絨深紫千葉，葉茸如剪。　剪蘇桃仿佛紫剪絨，韻度似不侔矣。　墨蘇桃紫黑色千葉。　紅蘇桃重紅千葉，葉茸如剪。　白粉毬淡粉色千葉。　二色粉毬粉紅淡紫二色千葉。　紫粉毬紫色千葉。　粉萬管粉紅千葉，葉如管。　射香毬紅黃色千葉。　紅綉毬大紅千葉，如毬。　粉妲己粉紅色千葉。　紫妲己紫花千葉。　雀舌牡丹花同雀舌，葉似牡丹，千葉。　紫霞觴紫色千葉。　黃鶴頂深黃色千葉。　白鶴頂白色千葉。　檀香鶴頂淡黃色千葉。　瑪瑙鶴頂紅黃色千葉。　鶴頂紅粉紅千葉，中心深紅突出。　紅心鶴頂粉紅色千葉。　粉紅鶴頂粉紅色千葉。　金絲鶴頂粉紅色千葉中有黃紋。　瑪瑙盤紅黃色千葉。　瑪瑙紅淡紅色千葉。　瑪瑙黃紅黃色千葉。　二色瑪瑙粉紅淡黃二色千葉。　粉玉盤紅粉色千葉。　瑤臺雪千葉大白花。　萬卷樓粉紅千葉，葉加卷。　一捧雪千葉大白花。　賽瓊花粉紅色千葉。　玉菡萏粉紅色千葉。　葵菊粉紅色千葉。　二色菡萏粉紅淡黃二色千葉。　出爐銀銀紅色千葉。　水紅蓮粉紅色千葉。　二色芙蓉重粉淡黃二色千葉。　菡萏紅粉紅色千葉。　白佛見笑白色千葉。　嘉興秋牡丹粉紅色千葉。　吴江秋牡丹粉紅色千葉。　常熟秋牡丹粉紅色千葉。　白鑾毬白色千葉，如毬。　粉鑾毬粉紅千葉，如毬。　大楊妃粉紅色千業。　二色楊妃重粉紅黃二色千葉。　退姿白初開微紅，後漸白色，千葉。　浦花粉紅色千葉，花朵極

大。紅玉蓮重粉色千葉。錦瑞香毬紅黃色千葉。金瑞香毬深黃色千葉。紫瑞香毬紫色千葉。散瓣瑞香紫色千葉。八寶瑞香毬粉紅色千葉。紅瑞香毬深紅色千葉。白瑞香毬白色千葉。西番蓮白細色千葉。紅楊妃淡紅色千葉。紫楊妃紫色千葉。金褒姒金黃色千葉。白褒姒白色千葉。紫褒姒紫色千葉。粉褒姒粉紅色千葉。紫撓頭粉紅色千葉。呂公袍淡葱白色千葉。班鳩翎紫蒼色，如班鳩之翎，千葉。王蓮環白色千葉，花開葉皆圓卷。瑣圍大紅千葉，葉邊周圍有黃色。闊板大紅毬大紅千葉，反葉成毬。細葉小紅毬大紅千葉如毬。大紅獅子毬大紅千葉，每花有二三青蕊突起。黃四面重黃千葉。錦四面紅黃千葉。白四面白色千葉。紫四面深紫色千葉。樓子紅大紅千葉，黃心中又起數瓣。紫袍金帶紫紅色千葉，中有細黃心。灑金紅深紅千葉，葉開有黃點如灑。蜜萼蜜色千葉。導金蓮深黃色千葉。通州紅嬌紅千葉。紫雙飛紫色千葉，每花有二心。蜜探蜜色千葉。金芙蓉深黃千葉。錦芙蓉紅黃千葉。紫芙蓉淡色千葉。玉芙蓉粉紅千葉。紅芙蓉淡紅千葉。黃荼蘼蜜色千葉。白荼蘼白色千葉。黃芍藥重黃千葉。蜜芍藥蜜色千葉。白芍藥白色千葉。紫芍藥淡紫千葉。金雀舌重黃千葉，葉尖如雀之舌。白雀舌玉色千葉。錦雀舌紅黃色千葉。粉雀舌粉紅千葉。紫雀舌淡紫色千葉。蜜雀舌蜜色千葉。相袍紅深紅色千葉。銖硃紅嬌紅千葉。倚欄嬌淡紫千葉，花頭倒倒如倚。赭袍黃深黃千葉。勝荷紅粉紅千葉，花如荷瓣。采石黃淡黃千葉。紫薔薇淡紫色千葉，小花。黃眉嫩黃千葉。福州艷紫千葉。鄧州白千葉大白花。鄧州黃淡黃千業。蜜疊雪蜜色千葉。白疊雪白千葉。蓮肉紅肉紅千葉。紅蛾嬌紅色千葉。玉蛾嬌粉紅千葉。粉蓮粉紅千葉。海棠春嬌紅千葉。佛座蓮粉紅千葉。黃樓子淡黃千葉，葉起如樓子。茄菊淡紫千葉。紫袍金甲深紫單葉，中心細管上作黃色。檀香毬重蜜色千葉。白羅毬白千葉如毬。蠍鎖口花似金瑣，口黃蠟色。金瑣口大紅多葉，葉週邊作黃色。黃木樨毬蜜色千葉，如毬，開花極後。白木樨毬白千葉。白羅傘白千葉，葉下垂如傘。羅山錦紅黃千葉，反葉成毬。羅山紫重紫千葉，成毬。紫綬金章紅黃千葉。紫間金深黃重紫二色千葉。勝緋桃深紅千葉，小花。萬管紅深紅千葉，葉如管。剪金紅深紅千葉。紅剪絨淡紅千葉，葉細茸如剪。黃玉樓春淡黃千葉。白玉樓春白千葉。並頭紅重紅千葉。二色並金紅重紅二色千葉。通州黃重黃千葉。金蓮寶相紅黃千葉。紅蓮寶相嬌紅千葉。大金毬深黃千葉如毬。御袍黃重黃千葉。玉指甲粉紅千葉。金剪絨深黃葉，葉茸如剪。蜜彩毬蜜色千葉。水晶毬初開微青，後白千葉，如毬。雞冠紫深紫千葉。象牙毬初開微紅，後蒼白色千葉。銀紅雞冠淡紅千葉。雞冠紅深紅千葉。狀元紫深紫千葉。金鳳毛深黃千葉。銀紐絲白色千葉。龍鬚黃嫩黃千葉。鶯羽黃嬌黃千葉。剪金黃淡黃千葉，如剪。勝紫衫深紫千葉。傲霜黃嫩黃千葉。荔枝丹紅黃千葉。報君知深黃千葉，開于九日前。白雪團白千葉，小花。黃丁香深黃千葉，小花。又名滿天星。黃萬管嫩黃千葉，葉如管。赤丁香紅黃千葉。紫玉蓮粉紅千葉，小花。錦八寶紅黃千葉。僧衣紅淡黃紅千葉。錦玲瓏紅黃千葉，小花。五色梅單葉小花，花具五色。黃都勝紅黃千葉，花朵豐大。五月白白花千葉，一歲中開五月、九月二度。狀元黃深黃千葉。金紐絲重黃千葉。賓州紅淡紅千葉。粉剪毬粉紅千葉，葉茸如剪。茶菊淡黃千葉。紫剪毬淡紫千葉，如粉色者。黃玉蓮嫩黃多葉，小花。相袍黃淡黃多葉。錦荔枝紅黃多葉，中有黃心。金盞銀臺四邊白色，中心正黃，千葉。甘菊深黃多葉，花極小。小金眼深紅多葉，中有黃心。大金錢深黃多葉，小花。銀茉莉單葉小白花。冬菊深黃多葉，開以十月。白冬菊多葉小白花。黃鑾裘嬌黃千葉。

明 黃省曾著 周履靖校《菊譜》卷下

一之貯土 凡藝菊，擇肥地一方，冬至之後，以純糞瀼之，候凍而乾，取其土之浮鬆者置之場地之上，再糞之。收水之後，乃收之於室中。春分之後，出而曬之，日數次翻之，去其蟲蟻及其草梗。草梗不去，則蒸而腐焉，是生紅蟲，生土蠶，生蚯蚓，爲菊之害。土净矣，乃善藏之，以待登盆之需。登盆也，俱用此土，又以待加盆之需。菊之登于盆也，或遭三日以上之雨，土實而根露，則以土加而覆之，一則蔽日之曝，不枯其根，一則收雨之澤，不爛其根。

二之留種 冬初而菊殘也，一衰即并英葉而去其上莖，其幹留五六寸焉。或附於盆，或出於盆，埋之圃之陽鬆土之內。臘之月必濃糞澆之以數次。菊之性而耐於寒，故土糞多則暖而不寒，可以壯菊本，可以御隆寒，可以潤澤而不至於枯燥。

三之分秧 春分之後，是分菊秧。根多鬚而土中之莖黃白色者謂之老，鬚少而純白者謂之嫩。老可分，嫩不可分。分之於新鋤之鬆地，不宜太肥，肥則籠菊頭而不能長發。天之陰可分，有日分之則枯乾而難活。種之，其宿土也

盡去，否則恐有蟲子之害。既秧於土矣，以越席架而覆之，毋令經日，經日則難醒。每日晨灌之，晚灌之，天之陰不可傷於水。秋心發芽矣，可去其覆席。先用半糞之水，復用肥水灌之。葉上不可以沾糞，沾之則葉枯。用河之水則純河之水，用井之水則純井之水，不可雜焉。

四之登盆　立夏之候，菊苗成矣，可五六寸許，是爲上盆之期。將上盆也數日，不可以澆灌，使苗受勞而堅老，則在盆可以耐日。其起秧苗也，掘根之土必廣而大，少則露根而傷其本。用臘前所瀼之土壅之。其灌也視陰晴而爲增損，使土壯而入根，服盆而生葉，則用肥水灌之。久雨加臘土以浥之。其種也根深則不耐水，淺不耐日，隨土而稍深，何也？菊之根，其生也向上，故常覆土爲加。

五之理緝　菊之尺許矣，是宜理緝。欲長也則去其旁枝，欲短也則去其正枝。花之朵，視其種之大小而存之，大者四五蘂焉，次者七八蘂焉，又次十餘蘂焉，小者二十餘蘂焉。惟甘菊寒菊，獨梗而有千花，不可去也。

六之護養　菊稍長也竹而縛之，毋令風之得摇。雨之久也，直出水，盆内亦然。菊傍之蟻多也，則以鼈甲置於傍，蟻必集焉，移之遠所。夏至之前後有蟲焉，黑色而硬殻，其名曰菊虎，晴暖而飛出，不出於巳午未之三時，宜候而除之。菊之爲菊虎所傷也，傷之處，仍手微摘之，磨去其牙，蟲毒可以免。秋後之生蟲如虎之多也，必多栽易壯盛之菊於圃之周。菊有香焉，蟻上而糞之則生蟲，蟲長而蟻又食之，則菊籠頭而不長。其蟲之狀如白虱，以棕綫作帚而刷之，扇以承之，揮之於遠所。秋後而不見蟲也，宜認糞跡，是有象幹之蟲，其色與幹無殊也，生於葉底，上半月在於葉根之上幹，下半月在於葉根之下幹，或破幹取之，以紙撚縛之，常以水而潤其紙條，花乃無恙。或用鐵綫磨爲邪鋒之小刃，上半月於蛀眼向上而搜蟲，下半月在蛀眼向下而搜蟲。有菊牛焉，沿之則蔞，種臺葱則可以辟。麻雀愛取菊之葉而爲巢，取之則蔞，四之月雀乃爲巢時，宜慎也。

明　楊慎《李卓吾先生讀開菴集》卷一六《甘菊》　《埤雅》曰：菊如聚金，鞠而不落，故字從鞠。菊有兩種，花大氣香莖紫者爲甘菊花，此曰精也。花小氣烈莖青味苦爲野菊花。其花相似，惟以甘苦别之。其葉可羹，其花可釀，其囊可枕，其實可仙。菊亦有實，但難得爾。

明　李時珍《本草綱目》卷一四《草之四·菊》　集解　《别録》曰：菊花生雍州川澤及田野，正月采根，三月采葉，五月采莖，九月采花，十一月采實，皆陰乾。弘景曰：菊有兩種，一種莖紫氣香而味甘，葉可作羹食者，爲真菊。一種青莖而大，作蒿艾，氣味苦不堪食者，名苦薏、非真菊也。葉正相似，惟以甘苦别之。南陽酈縣最多，今近道處處有之，取種便得。又有白菊，莖葉都相似，惟花白，五月取之。《仙經》以菊爲妙用，但難多得，宜常服之。藏器曰：白菊至平澤，五月花，紫白色。頌曰：處處有之，以南陽菊潭者爲佳。初春市地生細苗，夏茂，秋花，冬實。然種類頗多，惟紫莖氣香葉厚至柔者，嫩時可食。花微大，味甚甘者爲真，其莖青而大，葉細氣烈似蒿艾，花小味苦者名苦薏，非真也。南陽菊亦有兩種，白菊葉大如艾葉，莖青、根細、花白、蕊黄，其黄菊葉似茼蒿，花蕊都黄。令服餌家多用白者。又有一種開小小花，瓣下如小珠子，謂之珠子菊，云，入藥亦佳。宗奭曰：菊花，近世有二十餘種，惟單葉花小而黄、緑葉色深，小而薄，九月應候而開者是也。鄧州白菊，單葉者亦入藥，餘皆醫經不用。瑞曰：花大而白者爲甘菊，花小而黄者爲黄菊，花小而氣惡者爲野菊。時珍曰：菊之品凡百種，宿根自生，莖葉花色品品不同。宋人劉蒙泉、范至能、史正志皆有菊譜，亦不能盡收也。其莖有株蔓紫赤青緑之殊，其葉有大小、厚薄、尖禿之異，其花有千葉單葉、有心無心、有子無子、黄白紅紫間色深淺、大小之别，其味有甘苦辛之辨，又有夏菊、秋菊、冬菊之分。大抵惟以單葉味甘者入藥，菊譜所載甘菊、鄧州黄、鄧州白者是矣。甘菊始生于山野，今則人皆栽植之。其花細碎，品不甚高，蕊如蜂窠，中有細子，亦可捺種，嫩葉及花皆可焯食。白菊花稍大，味不甚甘，亦秋月采之。菊之無子者謂之牡菊，燒灰撒地中，能死鼃黽，説出《周禮》。

明　慎懋官《華夷花木鳥獸珍玩考》卷四《菊》　菊花，按《爾雅》名落蘠，凡數種。瞿麥爲大菊，馬藺爲紫菊，烏啄苗爲鴛鴦菊，旋覆花爲艾菊。又有所謂節菊，有所謂白菊，有所謂黄菊，或名曰精，或名周盈，或名傅延年，又有紫莖氣香而其味美者，又有青莖而大，氣味苦不堪食者。自昔品名爲最多，前賢譜之者，或謂有二十七種，或謂有三十五種，或謂有三十六種，且猶以爲未備也。今據耳目之所接者言之，有淡黄者，有深黄者，有鵝黄者，有鬱金黄者，有正黄色，且不止此。或純白，或外白内黄，或黄心白葉，或深紅，或淺紅，或淺紫，猶未也。白單葉，白多葉，白五出，白雙紋，或不過六七葉，或葉捲爲筒，或葉細如茸，有鈴葉者，有鐸葉者，抑未也。或以五月開，或以六月開。波斯菊一枝只一葩，倒垂如髮之鬌。順聖淺紫，一花不過六七葉，每葉盤疊三四葉，此花最大。

明　陳繼儒《種菊法》（《藝菊志》卷二引） **一養胎**　冬初菊殘，折去枝葉，掘地作坑，埋根其內，糝以新泥，澆糞數次，菊本既壯，春苗乃發。

二傳種　凡遇奇種，乃朽木鑽眼，插秧其上，浮之水缸，候其生根，移栽陰地。或插泥丸，埋之土中。依法澆灌，數日即活。若得接本，須於花後將枝按下，橫埋肥土，每近節處自然生苗，收其中幹，花本不變。

三扶植　倒鬆肥土，加以濃糞，堆土今高，移花種之，仍覆碎瓦，以防泥濺。莳苗既活，扶以小竹。

四修葺　仲春取老根洗去宿土，雨過分之。土不宜肥，肥則癃頭。仍以箬覆，勿經日色。凌晨水澆，謂之分秧。分秧後，俟高數寸，摘去其頭，令生岐枝。繁者勿删，多存以備蟲傷。長及一寸，用籃蓋覆。月覆九日，有出籃者，則掇其腦，秋分方止。夜去其籃，出以承露。花開平齊，謂之摘頭。頭既摘，葉間生眼，亦須掐去，勿使奪力，謂之掐眼。菊花貴少枝，留一蕊，挑去細蕊，氣力既并，花開倍大，謂之剔蕊。

五培護　菊雖傲霜，實則畏之。俟蕊未開，移至宇下，根縛紙條，就盞引水，根潤花滿，可玩月餘。若有黃葉，以韭汁澆根，則青藍如故。

六幻弄　先於春初，擇取老艾，剪其枝葉，故土培之，接以諸菊。將本土封固接頭，俟其枝茂，然後去之。秋深花開，各依本色。或於九月收霜貯瓶，埋之土中。菊有□蕊，調色點之，透變各色。或取黃白二菊各披半邊，用麻紮合，則開花半白半黃。如欲催花，先將龍眼殼罩菊蕊上，隔夜澆硫黃水，次早去殼，花即大開。

七土宜　須擇好地，大糞酵三次，收之室中。春初出曬，收去蟲蟻，蒸羅既凈，以俟登盆之需。遇雨根露，覆以餘土，不使根爛。

八澆灌　春用蠶沙，夏用毛水，立秋後酌用糞水。初次糞一水三，二次水倍之，三次糞水相半，花蕾既結，始用純糞。

九除害　夏至前後，有黑色蟲名曰菊虎，又名菊牛，宜於早間及巳、午、未三時尋去之。如被嚙傷，此葉偏乖，急摘去之，庶免毒攻，致生秋蟲。又有傷根者曰蚯蚓，以石灰水灌河水解之。癃頭者曰菊蟻，以鱉甲置旁引出棄之。瘠枝者曰黑蚰，以麻裹節頭輕將去之。賊葉者曰象幹蟲，以鐵綫磨鋒尋穴刺之。

十辨別　菊有粗葉細葉不同。粗葉如七色鶴翎，狀元紅、狀元紫、福州紫、灑金香、倚欄嬌、羅傘、紫袍芙蓉、絞絲鎖口、佛頭、二喬、金菊之類，最愛肥濃，除六月外，間三四日一澆，愈肥愈盛。細葉如飛金、剪絨、大小攢花、剪綃、銀薇、牡丹、蘇桃、繡毬、嫦娥、獅蠻、撮頭等類，只可在初種時用淡糞水澆一二次。若用濃肥，反致腐敗。至於月下、蠟瓣、葡萄、西施四種，切不可見糞，一澆即葉大頭籠，消乏無蕊矣。

明　周文華《汝南圃史》卷九《草本花部上·菊》　《西清詩話》載歐陽永叔與王介甫爭辯落英，詢之楚人，實無此種。《離騷》半部，並是英雄欺人語。或謂落字之義當訓作始，如《毛詩》訪落之落，誠然哉。大要菊有數種，黃者爲正。《月令》他卉皆曰始華，於菊獨曰菊有黃華，正其驗矣。王弇州曰：時至暮秋，群芳摇落，而菊獨殿秋光，抱寒馥以競晚節，所以識之者，儕之芝蘭，比之君子。寧有君子而人不悦慕者耶！故幽人貞士，或餐英以療饑，飲水以滋壽，釀酒以袚除不祥，咸於菊焉，取之粤。自漢胡太尉收其實，種之燕都，而其傳遂廣。陶靖節植之三徑，而其名始重。然當時東籬把菊，而白衣送酒，賞之者惟黃花而已，麗色奇態，人亦罕覩。繼後《東陽菊圖》多至七十種，《菊譜》有八十一種，范村所植有三十六種，吴門史老有二十七種，今三吴約有百種，豈風土不同，而名品亦因之以異耶？抑人情所鍾，而花神遂變幻耶？惟其種類蕃衍，色相奇出，故好之者聲應景從，獲異種者藏之若珍，購之者不恤裘帶。若然，則培植愛護，全其天葩以供吾之清賞者，不可不豫也。

明　陳正學《灌園草木識》卷一《花之屬·菊》　菊種甚多，隨年所種，不復分別其名。二月半種者，重陽前開。三月半種者，重陽後開。菊甚難培，其根上行，二月半分苗以後，一日只灌一次清水，至立秋後，方可用糞水澆之。及作花時，以溺水少澆之，可以催花。立秋前澆以肥水，無不斃者。種盆中，泥只居其半，一月兩次添泥，至秋後泥可滿盆。五日一澆以糞水，則花壯而蘂大。種菊之泥，用糞土水沙雜攪，晴時多備土糞，以礐清澆一二次曬乾，遇久晴將雨之時，措一掬於花下，或久雨新晴，亦摻以前糞。上年種菊盆泥，菊殘時曬之，下年以種蘭甚宜。

附墨菊方：取樟樹鋸削，濕而朽之成泥，以種白菊，則開墨菊花。

明　方以智《物理小識》卷九《草木類·菊》　北種最繁，怯水喜陰，五月肥沃之則高，摘蕊少留者花大。若有癃頭菊蟻，傍置鼈甲引出棄之。

有黑蚰瘠其枝，以麻裹筯頭捋出之。蚯蚓傷其根，以石灰水灌河水解之。象幹蟲賊其葉，磨鐵綫穴搜之。劉蒙泉、范至能、史正忠譜至百種，有龍腦、新羅、玉金、萬鈴、合蟬、銀臺諸名物，有以人爲而愈變者。入藥取甘菊，苗亦可芼。

明 屠承魁《渡花居東籬集·原菊略》（《東籬中正》附） 菊有早中晚之别，佳者獨在晚花。晚花者，細葉也。余自總角迄今三十餘年，始悟藝之之術與評之之當，而決其所從來焉。夫細葉之祖，名色雖殊，極其幻化，皆自剪茸、西施二種所變。剪茸本色，花頭鈴管半剪，一鈎一戟，鈎從内向，戟往外張。而管中又抽細絲，攢碎玲瓏，無單散之瓣始佳。有小大二種，小者貴，其灑金滿英者尤貴也。繇剪茸而變，抽瓣皆筒末剪齊簇者，爲攢花。抽瓣皆散邊剪挺出者，爲剪綃。剪瓣末絞尖垂參差者，爲鳳毛。剪瓣末捲鬈屈鬅鬆者，爲獅頭。垂瓣帶剪，間以扭捩者，爲蘇毬。垂瓣帶剪，間以絨綫者，爲絨毬。垂瓣帶剪，間以單散者爲麝香毬。抽瓣如筒，外叢毛刺者爲琅琊。抽瓣如管，外無毛刺者爲萬管。抽瓣如管，捲曲而出，亦無毛刺者爲萬卷。筒瓣捲捩，雜以長管者爲妲己。散瓣捲捩，絶無捲筒者爲駝猊。散瓣交錯，屈曲下垂如兜子，鼠耳中抽一絲寸餘者爲披髮。抽瓣如筒，半剪反鈎向上者爲撮頭。抽瓣皆筒，英剪如丁香者爲丁香。抽瓣如筒，一旗一鎗，間出絨瓣，鈎反成毬者爲絨毬。抽瓣單散，中心盡筒者爲託瓣。此十七種共七十一品，皆自三十六品剪茸所變。西施本色花頭層疊超拱，徑大可逾五六寸，高特捧簇，上下如一，玲瓏鬆整，瓣外叢生芒刺者乃佳也。繇西施而變，團瓣捧簇，間剪而多弻者爲蘇桃。初放如蛤蜊口，英未斂而尖，超而正，外有毛刺者爲荔支。短瓣反鈎，終始不垂，鬅鬆匀疊者爲松子。瓣末尖簇超拱，宛如蓮花者爲荷花。初放蛤蜊口，瓣短而狹，團而瓦，匀齊層疊，上下如一者爲幢尖。瓣下垂，末多捲紐者爲牡丹。尖瓣下垂，邊繞紅暈者爲繡芙蓉。英尖反鈎，鬅鬆圓整如萬珠攢簇者爲珠面。瓣長而厚，圓而匀齊，上拳，外生毛刺，中有雙心攢簇者爲霞觴。瓣尖特倒垂向下捲捩，大而厚，如雀之舌者爲雀舌。蓓蕾雙發有二心，瓣尖捲，下垂如飛燕之翅者爲雙飛。此十一種共五十二品，皆自十六品西施所變。或花變而青葉仍肖其舊者，則來歲斷復還原。必花與葉俱變，始各自成類，不與本來面目相侔矣。故曰剪茸西施，細葉之祖也。此外即有間出新花，變而又變，千態萬狀，原其所自，不能越此别成風格也。若粗葉，自鶴頂鶴翎之下約二百五十餘品，寧無名葩足供一時絶調？而丰姿韻骨，自霄壤耳。嗟乎！吾地藝者日衆，真能好者靡幾。鶴頂鶴翎諸種，且未暇辨其妍媸，别其稱謂，又烏計孰爲剪茸，孰爲西施，一一精詳剖判，定其源流哉？故余特原其略而傷真好之難也。

又《續原菊略》（《東籬中正》附） 菊之種類亦多矣。昔於練川得金粟剪茸、水白剪茸、苕蕘剪茸於侍溪朱氏。蓋剪茸首貴金粟，大約植數本必變幻不一，或爲純黄，或爲純紅，或紅黄間彩。故金粟者，又小剪茸之祖也。水白外微粉暈，鈎戟内含如玉焯，有水光可鑑。苕蕘更自起樓，尖突嬌豔盈盈。始皆繇金粟所變，聲價高絶，冠於羣葩。又得小紫剪茸、大紫剪茸於文學朱氏。凡剪茸小者，花頭恒緊簇玲瓏，鈴管鈎戟參差，絶無單散，更金灑滿面，如游蜂點滴股上之黄，真化工著意之奇。若大者則花雖豐滿，稍嫌質實寡韻，且單散爲多，金亦頗鮮，故不免雲塗之殊焉。又得金紅，大小松子西施。夫金紅亦二品，大小各殊，大者雖超而純瓣，小者瓣與鈎管常相半之，幻化尤異。余圃中手植者，一變爲桃紅牡丹，超捲雜出，瑰麗争妍。一變爲披金大紅毛幢，色逾堆砂，超瓣捧簇，背芒若蝟，而金如飛綴，誠耳目未見聞，參考未紀載者也。又見大墨紫剪茸與錦蘇桃二品，大墨紫者，幹高逾常，濃豔重紫。亦碎剪鈎戟，無單散，大若杯盂，堪作諸花翹楚。蘇桃錦色細瓣捲捩，雖未快人意，然自是名葩流亞，購之再四，終不得，今猶悵然耳。又覓江陰白牡丹於徐氏，瓣挺而帶捲，紐背微紅，面純雪，晶瑩雅淡，種雖稍易，亦佳絶也。又得范莊剪茸於沙上元甫費氏，范莊本虞山范氏，色粉而放早，金雖略少，玲瓏剪簇，無單散，是實小剪茸之傑出者，寧容猥以優劣議哉！又於海虞得油葉紅剪茸與蜜西施於爾碩顧氏。油葉自初植抵夏，青葉作嫩緑色，纖薄輕秀，迨祝融漸退，青陽乍轉，一吸凉飆，即緑潤而膩澤，恍若膏沐新濡，炯爍光亮，另成丰度。此又諸品所從無者，花色雖未及海榴之彩，然異之更異者也。蜜西施則開後嫌其瓣挺而不捧，背刺亦少。猶憶往昔遇此種於吕天遺翁，時超拱上聳，高頭起樓，背刺稠密如狼牙，且黄紫間出，時作鸞鳳雙飛，惜今不可覯矣。又得黄薇一品於養甫孫氏，細瓣捲捩，丰度稍減，時幻黄紫，或一花而半紫半黄，殊覺顧盼生姿。又得水桃紅剪茸、蜜牡丹於槐培孫氏，錦剪茸、碧霞剪茸、水白松子於和仲陸氏。水桃紅者，碎剪而帶水色，絞

金滿英口，鈎戟玲瓏，起樓捧簇，小剪中之奇妙，真可與金剪頡頏。蜜牡丹較海上所得密西施，仿佛似之，因其培溉得宜，悉高六七尺，幹大幾過於指。花若盆盎，精彩煥發，真令人魄動心驚也。錦剪茸原由金粟所變，格調丰神，宛然無二，名葩之傑，誰復可擬。碧霞雖名剪茸而單散居多，第色之嬌倩勝於他種，自不容少此點綴。水白松子花頭緊小，層疊超拱，高及二寸許，亦名玉幢，兼時作水緑色，開徑較大者復名水緑西施。又得紫駝耳，桃花紅松子西施、大紫松子西施、銀紅松子西施於海上黄氏元卿。駝耳重紫，純瓣捲捩上反，富麗爲冠。桃花紅原屬紅者所幻，超拱迥逾常種，嬌冶妍媚，不遜青蓮珠藤之韻，常一花而半作紅色。余一本四花，悉變筒管，絶無散格，遂成萬管西施，神花之奇有至於此，寧非松子最佳者乎？紫西施三品，一則瓣悉捧簇，鈎管間焉，色爛夭桃，背無芒刺，是名荷花。一則亦盡捧簇，絶無鈎管，色稍黑，背芒最多，名瓦灰西施，又名紫色幢。一則色亦微黑，花徑小而厚，層疊如松殼，名小黑荷。皆若仙子凌波，應不爲一塵所染也。銀紅者如銀新出於爐，誠輕珠拂玉之姿，叠叠超突，背芒亦多。色帶微黄者名瑪瑙西施，小而厚者名銀紅幢，皆一種所分。又得紫蘇桃、銀紅蘇桃二品於海昌鄔氏象賢，皆細瓣如薇，覺稍薄耳。又得紫裙鈴一種於北角，高出倍常，一本二花，上下相去幾二尺。開徑大逾六寸，皆半管碎剪，不作鈎戟態，團簇周正，紫豔燦灼如毬，所稱攢花者是也。至若又有見者如葛衣剪茸、沈香剪茸、大小金心剪茸、匾金剪茸、蔗段剪茸、竹庄剪茸，鵝黄西施、蠟黄西施、瓊玉西施、乞耳西施等類，偉夫管茸毛刺之狼牙、中抽絨綫之披髮、頂舒長瓣之舞猊以及萬卷芙蓉托瓣，咸不過一二遇目，多方不易入手。蓋剪茸以金多爲貴，金少者即屬恒流。西施以芒刺爲貴，芒少者即屬變格。總之，諸品皆繇二品所變，余前言已詳。大略繇剪茸出者蕊多，纍纍若楊梅；繇西施出者蕊多，層層若衣夾，此定概也。

清　陳淏子《秘傳花鏡》卷五《花草類考・菊花》　菊本作蘜，一名節華，又名女華、傅延年、陰成、更生、朱嬴、女莖、金蕊皆菊之總名也。春夏秋冬俱有菊，究竟開於秋冬者爲正，以黄爲貴。自淵明而後，人多踵其事而愛之，如劉蒙泉《菊譜》，遂有一百六十三品。范至能史正志、馬伯州、王蕭臣皆有譜，其名目至三百餘種。要知地土不同，命名墮意。儘有一種而得五名者，如藤菊，一丈黄，枝亭菊，棚菊，朝天菊是也。一種而得四名者，九華菊，一笑菊，枇杷菊，栗葉菊是也。有一種而得三名者，水仙菊，金盞銀臺、金杯玉盤是也。一種而得雙名者，如金鈴菊，亦名塔子菊，若此類者甚多，難以盡録。今存其舊譜之名一百五十三品於後，已足該菊之形色矣。其中或有重複，賞鑑家請再裁之。

清　張逸少　汪灝等《佩文齋廣羣芳譜》卷四八《菊花》　其類有甘菊，一名真菊，一名家菊，一名茶菊。花正黄，小如指頂，外尖瓣，内細萼。柄細而長，味甘而辛，氣香而烈。葉似小金鈴而尖，更多，亞淺。氣味似薄荷，枝幹嫩則青，老則紫，實如葶藶而細，種之亦生苗。人家種以供蔬茹。凡菊葉皆深緑而厚，味極苦，或有毛，惟此葉淡緑柔瑩，味微甘，咀嚼香味俱勝，擷以作羹及泛茶，極有風致。都勝，一名勝金黄，一名大金黄，一名添色喜容。蓓蕾殷紅，瓣闊而短，花瓣大者皆有雙畫直紋，内外大小，重疊相次，面黄背紅。開時黄暈漸大，紅暈漸小，突起如傘頂，葉緑皺而尖，其亞深，瘦則如指，肥則如掌，莖紫而細，勁直如鐵，瘦矬，肥則高，可至六七尺。葉常不壞，小花中之極美者也。九月末開，出陳州。御愛，出京師，開以九月末，一名笑靨，一名喜容。淡黄千葉，花如小錢大。葉有雙紋，齊短而闊，葉端皆有兩缺，内外鱗次。上二三層花色鮮明，下層淺色，帶微白，心十餘縷，色明黄。葉比諸菊最小而青，每葉不過如指面大。或云出禁中，因得名。金芍藥，一名金寶相，一名賽金蓮，一名金牡丹，一名金骨朵。蓓蕾黄紅，花金光，愈開愈黄。徑可三寸，厚稱之，氣香瓣闊。葉緑而澤，稀而弓，長而大，亞深，枝幹順直而扶疏，高可六七尺。菊中極品。黄鶴翎，蓓蕾朱紅，如泥金瓣，面紅背黄，開則外暈黄而中暈紅。葉青，弓而稀，大而長，多尖如刺。枝幹紫黑，勁直如鐵，高可七八尺。韻度超脱，菊中之仙品也。蜜鶴翎久不可見，白者次之，粉者又次之，紫者爲下。木香菊多葉，略似御衣黄。初開淺鵝黄，久則淡白。花葉尖薄，盛開則微卷，芳氣最烈，一名腦子菊。大金黄，花頭大如折三錢，三瓣黄皆一色，其瓣五六層，花片亦大，一枝之杪多獨生一花，枝上更無從蕊。緑葉亦大，其梗濃紫色。小金黄，一名明州黄，一名疊金黄。花頭大如折二錢，心瓣黄皆一色。開未多日，其瓣鱗鱗，六層而細，態度秀麗，經多日則面上短瓣亦長，至于整整而齊，不止六層，蓋爲狀先後不同也如此。狀如笑靨，花有富貴氣，開早。勝金黄，花頭大過折二錢，明黄，瓣青黄，心瓣有五六層。花片比大金黄差小，上有細脉，枝杪凡三四花，一枝之中有少從蕊，顏色鮮明，玩之快人心目，但條梗纖弱，難得團簇，作大本須留意扶植乃成。黄羅傘花深黄，徑可二寸。體薄，中有頂瓣，紋似羅，下垂如傘柄，長而勁，葉緑而稀，厚而長。亞深，枝幹細直，勁如鐵，高可六七尺。報君知一名九日黄，一名早黄，一名蟹爪黄。花黄赤而有寶色，開于霜降前，久而愈豔，徑二寸有半，氣香。瓣末稍岐，有尖突起。

葉青而稀，長而大，亞深。莖紫，枝幹勁挺，高可八九尺。**金鎖口**，一名黃錦鱗，一名錦鱗菊。瓣葉莖幹頗類黃鶴翎，開亦同時，體厚瑩潤，絶類西施。瓣背深紅，面正黃，瓣展則外暈黃而內暈紅，既徹則一黃菊耳。徑可二寸有半。沈譜曰：深紅千瓣，週邊黃色，半開時紅黃相雜如錦。**銀鎖口**，花初黃後淡，週邊白色如銀，半開時黃白相雜可愛。上二花可爲絶品，非其他小巧者可比。**鴛鴦錦**，一名四面佛，一名鸞交鳳友，一名孔雀尾。初作蓓蕾時，每一蒂即迸成三四，亦有至五六者。其瓣面重黃而背重紅。開時奇怪，一分爲三截，下截皆黃，中截則紅，其頂又紅。四面支撑，紅黃交雜，如錦開徹，四面盡露，紅背盡隱。厚徑二寸餘，上尖高二寸，如樓臺，氣香。葉黑緑澤，皺而瓦，有棱角，其尖最多，亞甚深。葉根多冗，莖紫。枝幹勁挺，高可四五尺。**御袍黃**一名瓊英黃，一名紫梗御袍黃，一名柘袍黃，一名大御袍黃。花如小錢大，初開中赤，既開瑩黃，徑三寸半，瓣闊。開早，瓣末如有細毛，開最久，殘則紅。葉緑，稀而長，厚而大，亞深。葉根青净，莖葉枝幹扶疏，高可一丈，狀類御愛，但心有大小之分。**青梗御袍黃**，一名御衣黃，一名淺色御袍黃。朵瓣葉幹俱類小御袍黃，但瓣疏而莖清耳。范譜曰：千瓣初開，深鵝黃而差疏瘦，久則變白。**側金盞**，此品類大金黃，其大過之，有及一寸八分者。瓣有四層，皆整齊，花片亦闊大，明黃色，深黃心，一枝之杪獨生一花，枝中更無從蕊。名以側金盞者，以其花大而重，欹側而生也。葉緑而大，梗淡紫。**狀元黃**，一名小金蓮。其花焦黃焰焰，始終一色。瓣疏，細而茸，作饅頭之形，徑二寸許。萼深緑，開甚早，氣香。葉緑而大，長而瓦，厚而綿，似金芍藥而尖。葉根清净，莖淡紅，枝幹順直扶疏，高七八尺。**剪金毬**，一名剪金黃，一名金鳳毛，一名金樓子，一名密剪毬。其色瑩黃，瓣末細碎如剪，頂突，有細萼相雜茸茸，氣香。其殘也紅，葉青而緑，皺而稠，肥而厚，闊而短，亞深。葉根冗甚，枝幹勁挺，高可五六尺。**黃繡毬**，一名金繡毬，一名黃羅衫，一名木犀毬，一名金毬。花深黃，葉色稍淡而高大。**晚黃毬**，深黃千瓣，開極大。**十采毬**，黃千瓣，如毬。**大金毬**，金黃千瓣，瓣反成毬。**小金毬**，一名毬子菊，一名毬子黃，一名金纓菊，一名金彈子。深黃千瓣，中邊一色，花較小，突起如毬。**毬子**，開以九月中，深黃千葉，尖細重疊，皆有倫理，一枝之杪叢生百餘花，若小毬。諸菊黃花最小，無過此者，然枝青葉碧，花色鮮明，相映尤好。**金鈴菊**，花頭甚小，如鈴之圓，深黃一色。其幹之長與人等，或言有高近一丈者，可以上架，亦可蟠結爲塔，故又名塔子菊。一枝之上，花與葉層層相間有之，不獨生于枝頭，緑葉尖長，七出。凡菊葉多五出。**金萬鈴**，開以九月末，深黃千葉。菊以黃爲正，鈴以金爲質，是菊正黃色，而葉有鐸形，則于名實兩無愧也。菊有花密，枝偏、雙心、貌長者，謂之鞍子菊，與此花一種，特以地脉肥瘠使之然爾。又有大黃鈴、大金鈴，蜂鈴之類，或形色不正，較之此花，大非倫比。**小金鈴**，一名饅頭菊。花似大金鈴而小，外單瓣，中筒瓣。葉似甘菊而厚大，開以十月。**夏金鈴**，出西京，開以六月，深黃千葉，與金萬鈴相類，而花頭瘦小，不甚鮮茂，以生非其時故也。**秋金鈴**，出西京，開以九月中，深黃，雙紋重葉，花中細蕊皆出小鈴，其萼亦如鈴葉，但此花葉短，廣而青，有如蜂鈴狀。初出時京師戚里相傳以爲愛玩。**蜂鈴**，開以九月中，千葉深黃，花形圓小而中有鈴。葉擁聚蜂起，細視若有蜂窠之狀，大抵似金萬鈴，獨以花形差小而尖，又有細蕊出鈴葉中，以此別爾。**大金鈴**，開以九月末，深黃。有鈴者皆如鐸之形，而此花之中實皆五出細花，下有大葉承之，每葉有雙紋。枝與常菊相似，葉大而疏，一枝不過十數葉。俗名大金鈴，以花形似秋萬鈴耳。**千葉小金錢**，略似明州黃，花葉中外疊疊整齊，心甚大。**單葉小金錢**，花心尤大，開最早，重陽前已爛熳。**小金錢**，開早，大于小錢。明黃瓣，深黃心，其瓣齊齊三層，花瓣展，其心則舒而爲筒。**大金錢**，開遲，大僅及折二錢，心瓣明黃一色，其瓣五層。此花不獨生于枝頭，乃與葉層層相間而生，香色與態度皆勝。**金錢**，出西京，開以九月末。深黃，雙紋重葉，似大金菊而花形圓齊，頗類滴滴金。人未有識者，或以爲棣棠菊，或以爲大金鈴，但以花葉辨之，乃可見。**荔枝菊**，花頭大于小錢，明黃，細瓣層層，鱗次不齊，中央無心，鬚乃簇簇未展小葉，至開遍，凡十餘層，其形頗圓，故名荔枝菊。香清甚，姚江士友云其花黃，狀似楊梅。**金荔枝**，一名荔枝黃。花金黃，徑二寸餘，厚半之。瓣短而尖，開遲，葉青而稠，大而尖，其亞淺，高可三四尺。**荔枝紅**，一名紅荔枝，紅黃千瓣。**棣棠**，出西京，開以九月末，雙紋多葉，自中至外，長短相次，如千葉棣棠狀。凡黃菊類多小花，如都勝、御愛，雖稍大而色皆淺黃，其最大者若大金鈴菊，則又單葉淺薄，無甚佳處，惟此花深黃多葉，大于諸菊，而又枝葉甚青，一枝叢生至十餘朵，花葉相映，顔色鮮好，甚可愛也。**金䭔子**，花比甘菊差大，纖穠，酷似棣棠，色艷如赤金，他花色皆不及，蓋奇品也。葉亦似窠，株不甚高。金陵最多，開早。**九煉金**，一名滲金黃，一名銷金菊。花似棣棠菊而稍大，瓣似荔枝菊而稍秃。開于九月前，外暈金黃，中暈焦黃。葉緑，狹而尖，亞深。葉根多冗，莖紫而細，勁直如鐵，高可一丈。**黃二色**，九月末開，鵝黃，雙紋多葉。一花之間自有深淡兩色。然此花甚類薔薇菊，惟形差小，又近蕊多有亂葉，不然亦不辨其異種也。**橙菊**，花瓣與諸菊絶異，黃色不甚深，其瓣成筒排竪，生于萼上，後乃開，作小片，婉孌至于成團。衆瓣之下又有統裙一層承之，亦猶橙皮之外包也，其中無心。**小御袍黃**，一名深色御袍黃。花全似御袍黃，瓣稍細，開頗遲。心起突，色如深鵝黃菊，瘦，有心不突。**黃萬卷**，一名金盤橙。其色金黃，徑二寸有半，厚三之二。其外夾瓣，其中筒瓣。開遲，葉青而稠，大而瓦，其末團，其亞深。葉根多冗，枝幹偃蹇而粗大，高五六尺。**鄧州黃**，開以九月末，單葉雙紋，深于鵝黃而淺于鬱金，中有細葉出鈴萼上，形樣甚似鄧

州白，但差小耳。按，陶隱居云，南陽酈縣有黃菊而白者，以五月采。今人間相傳多以白菊爲貴，又采以九月，頗與古説相異。惟黃菊味甘氣香，枝幹葉形全類白菊，疑弘景所説即此。**金絲菊**，花頭大過折二錢，深黃細瓣，凡五層一簇。黃心甚小，與瓣一色，顏色可愛。名爲金絲者，以其花瓣顯然起紋綹也。十月方開，此花根荄極壯。**垂絲菊**，花蕊深黃，莖極柔細，隨風動摇，如垂絲海棠。**錦牡丹**，花之紅黃赤黃者，多以錦名，花之豐碩而矬者，多以牡丹名。或又名秋牡丹。**檀香毬**，色老黃，形團，瓣圓厚，開徹整齊，徑幾三寸，厚三之二。氣香，葉幹短蹙。**麝香黃**，花心豐腴，旁短葉密承之，格極高勝。亦有白者，大略似白佛頂而勝之遠甚，吴中比年始有。**黃寒菊**，花頭大如小錢，心瓣皆深黃色。瓣有五層，甚細。開至多日，心與瓣并而爲一，不止五層，重數甚多，聳突而高。其香與態度皆可愛，狀類金鈴菊，差大耳。**薔薇**，九月末開，深黃雙紋，單葉有黃細蕊出小鈴萼中。枝幹差細，葉有支股而圓。又薔薇有紅黃、千葉單葉兩種，而單葉者差尖，人間謂之野薔薇，蓋以單葉爾。**鵝毛**，一名鵝兒黃。開以九月，淡黃，纖如細毛，生于花萼上。凡菊大率花心皆細葉，如下有大葉承之，則謂之托葉。今鵝毛花自内至外，葉皆一等，但長短上下有次爾。花形小于萬鈴，亦近年花也。**金孔雀**，一名金褥菊。蓓蕾甚巨，初開金黃，既開赤黃，徑三寸半，厚稱之。其氣不佳，瓣尖而下垂，隨開隨悴。葉青而濁，長大而皺，其亞深。根冗甚，枝幹偃蹇而粗大，高可一丈。**黃五九菊**，花鵝黃色，外尖瓣一層，中瓣茸茸然，徑僅如錢。夏秋二度開，葉青而稠，長而多尖，其亞深。葉根有冗，枝幹細，而高僅二三尺。**九日黃**，大如小錢，黃瓣黃心，心帶微青，瓣有三層，狀類小金錢，但此花開在金錢之前也。開時或有不甚盛者，惟地土得宜方盛，緑葉甚小，枝梗細瘦。**殿秋黃**，一名黃芙蓉，一名金芙蓉，一名近秋黃，一名晚節黃，一名大蠟瓣。花蜜蠟色，徑二寸有半。瓣闊微皺，開于秋末，葉青稀，厚而瓦，大如掌，亞深。枝幹粗勁如樹，高可八九尺。**小殿秋黃**，朵瓣葉幹俱似殿秋黃，而清雅過之。**疊羅黃**，狀如小金黃，花葉尖瘦如翦羅縠，三兩花自作一高枝，出叢上，態度瀟灑。**傘蓋黃**，花似御袍黃而小，柄長而細，萼黃莖青。**小金眼**，一名楊梅毬，一名金帶圍，一名腰金紫，與大金眼同，花朵差小，枝幹稍細，高僅三四尺。**太真黃**，花如小金錢，色鮮明。**黃木香**，深黃小千瓣，花僅如錢。**黃翦羢**，色金黃。**黃粉團**，黃花千瓣，中心微赤。**黃蠟瓣**，花淡黃。**錦雀舌**，一名金雀舌。重黃多瓣，瓣微尖，如雀舌。**金玲瓏**，一名錦玲瓏，一名金絡索。金黃千瓣，瓣卷如玲瓏。**錦絲桃**，一名錦蘇桃，瓣背紫而面黃，餘類紫絲桃。**黃牡丹**，其花鵝黃，其背色稍深。**金紐絲**，一名金撚綫，一名出谷箋，一名金紋絲。色瑩黃、開遲、高可一丈，瘦則薄而小，肥則與銀紐絲同。**錦西施**，紅黃多瓣，形態似黃西施。**黃西施**，嫩黃多瓣。**瑪瑙西施**，紅黃多瓣。**二色瑪瑙**，金紅淡黃二色，千瓣。**錦褒姒**，金黃千瓣，似粉褒姒而韻態尤勝。**鴛鴦菊**，一名合歡金，千朵小黃花，皆並蒂，葉深碧。**波斯菊**，花頭極大，一枝只一葩，喜倒垂下，久則微捲如髮之鬈，淡黃千瓣。**茉莉菊**，花頭巧小，淡淡黃色。一蕊只十五六瓣，或止二十片，一點緑心，其狀似茉莉花，不類諸菊。葉即菊也，每枝條之上抽出十餘層小枝，枝皆簇簇有蕊。**紫粉團**，黃花千瓣，中心微赤。**錦麒麟**，一名回回菊。其花極耐霜露，徑可二寸。萼黃，瓣初赤紅，既開則面金黃而背赤紅。葉緑而黑，長厚而尖，其亞深。葉根有冗，高可五六尺。**鶯羽黃**，一名鶯乳黃，嫩黃千瓣，如大錢。**樓子佛頂**，花鵝黃，其瓣大約四層，下一層瓣單而大，二層數疊稍縮，三層亦數疊又縮，四層黃萼、細鈴茸茸然，突起作頂，徑僅如錢，經霜即白。其葉微似錦繡毬，青而皺，長厚而尖，其亞淺。葉根有冗，其枝幹勁直，高可四五尺。凡花之外有大瓣而中有細萼，茸茸然突起作頂，似鈴非鈴，似管非管者，不問千瓣、多瓣、單瓣，皆當從佛頂之稱，惟鈴管分明者，則不可得而混也。**黃佛頂**，一名佛頭菊，一名黃餅子，一名觀音菊。黃，千瓣。中心細瓣高起，花徑寸餘，心突起似佛頂。四邊單瓣，瓣色深黃。**黃佛頭**，花頭不及小錢，明黃色，狀如金鈴菊。中外不辨，心瓣但見混同，純是碎葉，突起甚高，又如白佛頭，菊之黃心也。**佛頭菊**，無心，中邊亦同。**小黃佛頂**，一名單葉小金錢花。佛頭頗瘦，花心微窪。**兔色黃**，蓓蕾葉幹俱似繡芙蓉，瓣似荔枝菊，色似兔毛，徑僅二寸，殊不足觀。**野菊**。亦有三兩種，花頭甚小，單層，心與瓣皆明黃色，枝莖極細，多依倚他草木而長。別有一種，其花初開，心如旱蓮草，開至涉日則旋吐出蜂鬚，周圍蒙茸然如蓮花鬚之狀，枝莖頗大，緑葉五出，能仁寺側府城牆上最多。以上黃色。**九華菊**，此品乃淵明所賞，今越俗多呼爲大笑。瓣兩層者曰九華。白瓣黃心，花頭極大，有闊及二寸四五分者。其態異常，爲白色之冠，香亦清勝，枝葉疏散，九月半方開。昔淵明嘗言秋菊盈園，其詩集中僅存九華之一名。**喜容**，千葉花，初開微黃，花心極小，花中色深，外微暈淡，欣然丰艷，有喜色，甚稱其名，久則變白，尤耐封植，可以引長七八尺至一丈，亦可攬結，白花中高品也。**金杯玉盤**，中心黃，四旁淺白，大葉三數層，花頭徑三寸。菊之大者不過此，本出江東，比年稍移栽吴中。**粉團**，此品與諸菊絶異，含蕊時色淺黃，帶微青，花瓣成筒排竪，生于萼上，其中央初看一似無心，狀如橙菊，盛開則變作一團純白色，形甚圓，香甚烈。至白瓣凋謝，方見瓣下有如心者甚大，白瓣皆匼匝出于上，經霜則變紫色，尤佳，緑葉甚粗，其梗柔弱。**龍腦**，一名小銀臺，一名瑶井欄。出京師，開以九月末，類金萬鈴而葉尖，花色類人間紫鬱金而外葉純白。香氣芬烈，甚似龍腦，是香與色俱可貴也。**新羅**，一名玉梅，一名倭菊。出海外。開以九月末，千葉純白，長短相次，而花葉尖薄，鮮明瑩徹，若瓊瑶然。始開時中有青黃細葉，如花蕊之狀，盛開後細葉舒展，始見其蕊。枝正紫色，葉青，支

股甚小。凡菊類多尖闕，而此花之蕊分爲五出，如人之有支股，與花相映，標韻高雅，非尋常比。**玉毬**，出陳州，開以九月末，多葉白花，近蕊微有紅色，花外大葉有雙紋，瑩白齊長，而蕊中小葉如翦茸，初開時有殼，青，久乃退去，盛開後小葉舒展，皆與花外長葉相次，側垂。以玉毬目之者，以其有圓聚之形也。枝幹不甚粗，葉尖長無殘闕，枝葉皆有浮毛，頗與諸菊異，然顔色標致，固自不凡，近年以來，方有此本。**出爐銀**，一名銀紅西施，一名粉芙蓉。花寶色，瓣厚大，初微紅，後蒼白，如銀出爐，終始可愛，徑三寸許，形團。葉青而黄，有紋蠟色，皺而瓦，長厚而尖，葉根冗。莖青，枝幹屈曲，高僅三四尺。**白繡毬**，一名銀繡毬，一名白羅衫，一名瓊繡毬，一名玉繡毬，一名白木犀，一名玉毬。色青白而有光焰，花抱蒂，大于鵝卵。其瓣有紋，中有細蕚。開最久，殘則牙紅。葉稀而青，長大而多尖，亞深。枝幹勁直而扶疏，高可一丈。**玉牡丹**，一名青心玉牡丹，一名蓮花菊。花千瓣，潔白如玉，徑二寸許，中暈青碧。開早，開徹疏爽。葉青而稀，長而厚，狹而尖，亞深。葉根有冗莖，淡紅，枝幹勁挺，高僅二三尺。**玉芙蓉**，一名酴醾菊，一名銀芙蓉。初開微黄，後純白，徑二寸有半，香甚。開早，瓣厚而瑩，疏而爽，開最久。其殘也粉紅，葉靛色，微似銀芍藥，皺而尖，葉根多冗。莖亦靛色，枝幹偃蹇，高僅三四尺。**銀紐絲**，一名白萬卷，一名萬卷書，一名銀絞絲，一名撚銀條，一名鵝毛菊，一名銀撚絲。初微黄，後瑩白如雪，徑可三寸，體薄開早，氣香味甘，蕚黄。開徹瓣紐則蕚亦不見，瓣如紙撚，殘則淡紅。葉青而稠，亞淺。枝幹勁直扶疏，高可六七尺。**一捧雪**，一名勝瓊花。花碩大，有寶色。其瓣茸茸然如雪花之六出，葉似白西施而長大，幹枝順直高大。**玉寶相**，白，多瓣，初開微紅。**蠟瓣西施**，一名蜜西蠟瓣。花不甚大而温然玉質，其品甚高。此外有紅蠟瓣，大蠟瓣，雖冒蠟瓣之名，而實不相似，惟紫蠟瓣花略相似，而枝葉又全不類。**白疊羅**，一名新羅菊，一名疊雪羅，一名玉梅，一名白疊雪，一名倭菊。蓓蕾難開，中暈青而微黄，開徹瑩白如雪。徑可三寸，厚三之二。其瓣羅紋，其殘粉紅，葉青而稠，大而仰。其末團，其亞深。枝幹勁挺，高僅三四尺。**一團雪**，一名白雪團，一名簇香毬，一名門嬋娟。花極白，晶瑩，瓣如勺，長而厚，疏朗香清，中蕚黄，開遲，最久。徑可二寸，殘時紫紅，葉稀似艾，白而青，大而長，尖而厚，闊如掌，亞最深。葉極耐日，深冬，五色斑然如畫。枝幹勁直，高可六七尺。**玉玲瓏**，一名玉連環。蓓蕾初淡黄而微青，漸作牙紅，既開純白。其瓣初仰而後覆，葉青長而闊，厚而大，有棱角。葉根浄，秋有采色，莖淡紅。枝幹順直，高可至丈。**玉鈴**，開以九月中，純白千葉，中有細鈴，甚類大金鈴。凡白花中如玉毬新羅，形態高雅，而此花可與争勝。**白麝香**，似麝香，黄花差小，亦豐腴韻勝。**蓮花菊**，如小白蓮，花多葉而無心，花頭疏，極瀟散清絶，一枝只一葩。緑葉甚纖巧。**萬鈴菊**，中心淡黄餹子，旁白花葉繞之，花端極尖，香尤清烈。**月下白**，一名玉兔華。花青色白，如月下觀之。徑僅二寸，其形團，其瓣細而厚，葉青似水晶毬，長而狹。其背弓，其亞淺，其枝勁挺，高可三四尺。**水晶毬**，其花瑩白而嫩，初開微青，徑二寸許。其瓣細而茸，中微有黄蕚，初褊薄，後乃暄泛，葉稀而弓，青而滑，肥而厚，大而長，亞淺。根有冗，莖青，枝幹挺勁，高可七八尺。**芙蓉菊**，開就者如小木芙蓉，尤穠盛者如樓子芍藥，但難培植，多不能繁。**象牙毬**，其花豐碩，初開黄白色，其後牙色，微作鴨卵之形。柄弱不任其花，色稠，青而毛，莖亦青。**劈破玉**，小白花，每瓣有黄紋如綫，界之爲二。**大笑菊**，白瓣黄心，本與九華同種，其單層者爲大笑，花頭差小，不及兩層者之大，其葉類栗木葉，亦名栗葉菊。**徘徊菊**，淡白瓣，黄心，色帶微緑。瓣有四層，初開時先吐瓣三四片，只開就一邊，未及其餘。開至旬日，方及周徧，花頭乃見團圓。按：字書徘徊爲不進，此花之開亦若是矣，其名不妄。十月初方開，或有一枝花頭多者，至攢聚五六顆，近似淮南菊。**玉樓春**，一名土粉西。花初桃紅，後蒼白，徑可二寸有半，瓣厚而大，瑩而潤，開疏爽，葉青而毛，稀可數，大如茄葉，亞淺。枝幹勁直如木，高可六七尺。**酴醾**，出相州，開以九月末，純白千葉，自中至外，長短相次。花之大小正如酴醾，而枝幹纖柔，頗有態度。若花葉稍圓，加以檀蕊，真酴醾也。**玉盆**，出滑州，開以九月末，多葉黄心，内深外淡，而下有闊白大葉連綴承之，有如盆盂中盛花狀。世人相傳爲玉盆菊者，大率皆黄心碎葉，初不知其得名之繇，後請于識者乃知，物之見名于人者，必有形似之寶云。**波斯菊**，白千瓣，狀同黄波斯。**白西施**，一名白粉西，一名白二色。花初微紅，其中暈紅而黄，既則白而瑩，徑三寸以上，厚二寸許。瓣參差，開早，葉青而稠，狹而尖，其亞深。葉枝多冗，枝幹偃蹇，高僅三四尺。**銀盆**，出西京，開以九月中，花皆細鈴，比夏秋萬鈴差疏而形色似之。鈴葉之下别有雙紋白葉。謂之銀盆者，以其下葉正白故也。此菊近出，未多見。**木香菊**，一名玉錢。大過小錢，白瓣淡黄心，瓣有三四層，頗細，狀如春架中木香花，又如初開纏枝白，但此花頭舒展，稍平坦耳。亦有黄色者。**銀盤**，白瓣二層，黄心突起頗高，花頭或大或小不同，想地有肥瘠故也。**鄧州白**，九月末開，單葉雙紋，白葉中有細蕊出鈴蕚中。凡菊單葉如薔薇菊之類，大率花葉圓密相次，而此花葉皆尖細，相去稀疏，然香比諸菊甚烈，又爲藥中所用。蓋鄧州菊潭所出，枝幹甚纖柔，葉端有支股而長，亦不甚青。**白菊**，單葉白花，蕊與鄧州白相類，但花葉差闊，相次圓密而枝葉粗繁，人多謂此爲鄧州白，今正之。**金盞銀臺**，一名銀臺，一名萬鈴菊，一名銀萬管。花外單瓣或夾瓣，薄而尖，白而瑩，中筒瓣，初鵝黄後牙色，徑可二寸，殘則淡紅。葉青而狹，長而多尖，其亞深，葉根冗甚。枝幹細，偃蹇，高可五六尺。**佛頂菊**，一名瓊盆菊，一名佛頂菊，一名大餅子。大過折二錢，或如折三錢。單層，初秋先開白瓣，漸沁微紅，突起，淡黄心，初如楊梅之肉蕾，後皆舒爲

筒子，狀如蜂窠，末後突起甚高，又且最大，枝幹堅粗，葉亦粗厚。一種每枝多直生，上只一花，少有旁出枝。一種每一枝頭分爲三四小枝，各一花。小白佛頂，心大，突起似佛頂，單瓣。淮南菊，一種白瓣黄心，瓣有四層，上層抱心，帶微黄色，下層黯淡，純白，大不及折二錢，枝頭一簇六七花。一種淡白瓣，淡黄心，顔色不相染惹，瓣有四層，一枝攢聚六七花。其枝杪六花，如六面仗鼓相抵，惟中央一花，大于折三錢。此則所産之地力有不同也。大率此花自有三節不同，初開花面微帶黄色，中節變白，至十月開過，見霜則變淡紫色。且初開之瓣只見四層，開至多日，乃至六七層，花頭亦加大焉。茉莉菊，花葉繁縟，全似茉莉，緑葉亦似之，長大而圓浄。玉盤菊，黄心突起淡黄，緑邊。粉薔薇，花似紫薔薇而粉色。玉甌菊，或云甌子菊，即纏枝白菊也。其開層數未及多者，以其白瓣環拱如甌盞之狀也。至十月經霜，則變紫色。白褒姒，一名銀褒姒。多瓣小花，此花四色錦者爲最，紫者次之，粉者又次之，白其尤勝者。銀杏菊，淡白，時有微紅，花葉尖緑，葉全似銀杏葉。銀芍藥，一名芙蓉菊，一名樓子菊，一名瓊芍藥，一名太液蓮，一名銀牡丹，一名銀骨朵。初似金芍藥，後瑩白，香甚，殘色淡紅，葉亞深，與金芍藥同。白五九菊，一名銀鈴菊，一名夏玉鈴。外瓣一層純白，其中鈴萼淡黄，徑僅如錢，夏秋二度開，葉青，長大而尖，亞深。葉根有冗，高僅二三尺。八仙菊，花初青白色，後粉色。一花七八蕊，葉尖長而青。蠟瓣粉西施，一名粉西嬌，一名西施嬌。葉幹全類三蠟，瓣似粉西施而差小，瓣厚不瑩。白牡丹，純白。鷺鷥菊，出岩州，花如茸毛，純白色，中心有一叢簇起如鷺鷥頭。蘸金白，一名蘸金香。白千瓣，瓣邊有黄色似蘸。瓊玲瓏，白千瓣，參差不齊。碧蕊玲瓏，白千瓣，葉色深緑。白絨毬，花粉白，餘類紫絨毬。白剪絨，一名剪鵝毛，一名剪鵝翎。色雪白。銀荔枝，大槩似金荔枝。碧桃菊，其花純白，葉與紫芍藥相似。艾葉菊，心小葉單，緑葉尖長，似蓬艾。白鶴頂，似鶴頂紅而色較白。白鶴翎，一名銀鶴翎，一名銀雀舌，一名玉雀舌。花純白，與粉鶴翎同，瓣皆有尖下垂。粉蝴蝶，一名玉蝴蝶，一名白蛺蝶。千瓣小白花。白蠟瓣，一名玉菡萏，花純白，與粉蠟瓣同。腦子菊，花瓣微皺縮，如腦子狀。樓子菊，層層狀如樓子。單心菊，細花心，瓣大。五月菊，花心極大，每一鬚皆中空，攢成一匾毬子紅白，單葉繞承之。每枝只一花，徑二寸，葉似茼蒿，夏中開。近年院體畫草蟲，喜以此菊寫生。殿秋白，一名玉玫瑰。花朵葉幹俱類殿秋黄。寒菊，大過小錢，短白瓣，開多日，其瓣方增長，明黄心，心乃攢聚，碎葉突起頗高，枝條柔細，十月方開。以上白色。狀元紫，花似紫玉蓮而色深。順聖淺紫，出陳州鄧州，九月中方開。多葉，葉比諸菊最大，一花不過六七葉，而每葉盤疊凡三四重。花葉空處，間有筒葉輔之。大率花枝幹類棣棠，但色紫花大爾。菊中惟此最大，而風流態度又爲可貴，獨恨色非黄白，不得與諸菊争先耳。紫牡丹，一名紫西施，一名山桃紅，一名檀心紫。花初開紅黄間雜如錦，後粉紫，徑可三寸，瓣比次而整齊。開遲，氣香。葉緑而澤，長厚而尖，其亞深。葉根有冗，枝幹肥壯，高僅三四尺。碧江霞，紫花青蒂，蒂角突出，花外小花，花之奇異者。雙飛燕，一名紫雙飛。淡紫千瓣，每花有二心，瓣斜捲如飛燕之翅。孩兒菊，紫萼白心茸茸然，葉上有光，與它菊異。紫茉莉，似梅花菊而紫，花雖小而標格瀟灑，氣味芬馥，不可以常品目之。朝天紫，一名順聖紫。蓓蕾青碧，花初深紫後淺紫，氣香，瓣初如兔耳，後尖而覆，鬅鬆而整齊，徑二寸有半。葉緑而稀尖，亞細密如縷，葉根清浄，枝幹細紫，勁而直，高可五六尺。剪霞綃，紫多瓣，瓣邊如剪。其花徑二寸許，瓣疏而大，其邊如繡。佛座蓮，紫千瓣，瓣頗大且開殿衆菊，或以爲紫牡丹，非。瑞香紫，一名錦瑞香。花淡紫如瑞香，色徑寸許，瓣疏，尖而竪，枝葉類金荔枝。紫絲桃，一名紫蘇桃，一名曉天霞。蓓蕾青緑，花茄色，中暈濃而外暈稍淡。瓣長而尖，初如勺，後平鋪。瓣上有紋，色更紫，花徑二寸有半，厚稱之。開徹鬅鬆明潤，枝葉俱類紫玉蓮。墨菊，一名早紫。花似紫霞觴而厚大，色紫黑穠艷。開於九日前，莖葉與紫袍金帶相似，高可五六尺。史譜云：按宋嘉祐中有油紫，英宗時有黑紫，神宗時色加鮮赤，目爲順聖紫，皆紫之極，非世俗點染之説也。夏萬鈴，出鄜州，開以五月。紫色細鈴，生于雙紋大葉之上，以時别之者，以有秋時紫花故也。或以菊皆秋生花，而疑此菊獨以夏盛。按《靈寶方》曰：菊花紫白，又陶隱居云：五月采。今此花紫色而開于夏時，是其得時之正也，夫何疑哉？秋萬鈴，出鄜州，開以九月中。千葉淺紫，其中細葉盡爲五出，鐸形，而下有雙紋大葉承之。諸菊如棣棠是其最大，獨此菊與順聖過焉，環美可愛。荔枝紫，出西京，九月中開。千葉紫花，葉捲爲筒，大小相間。凡菊鈴并蕊皆生托葉之上，葉背乃有花，萼與枝相連，而此菊上下左右攢聚而生，故俗以爲荔枝者，以其花形正圓故也。花有紅者與此同名，而純紫者蓋不多得。紫褒姒，似粉褒姒而色紫。賽西施，又名倚欄嬌。淡紫小花，頭倒側如醉。紫芍藥，一名紅翦春。花先紅後紫，復淡紅，變蒼白，徑可三寸，厚稱之。其瓣闊大而鬅鬆，開早氣香，葉薄緑而澤，稀而多尖。其枝幹順直，高可四五尺。繡毬，出西京，開以九月中。千葉紫花，葉尖闊，相次，叢生，如金鈴菊中鈴葉之狀。大率此花似荔枝菊，花中無筒葉而萼邊正平爾。花形之大有若大金鈴菊者。紫鶴翎，一名紫粉盤，一名紫雀舌。花先淡紫後粉白色。紫玉蓮，一名紫荷衣，一名紫蠟瓣。蓓蕾青緑，花紫而紅，質如蠟。徑可二寸，瓣如勺，終始上竪，葉全似朝天紫。瑪瑙盤，淡紫赤心千瓣，花極豐大。紫薔薇，花略小，似紫玉，蓮而色淡。紫羅傘，一名紫羅袍。花似紫鶴翎，小而厚，色勻，其瓣羅紋而細，葉青，大而稠，根多冗。枝幹勁直高大。紫繡毬，一名紫羅衫。其花粉紫，得養則如紫牡丹之色，蒨麗，失養則青紅黄白夾雜而不

匀。瓣結不舒，葉類錦繡毬，緑而混，厚而皺。**紫蓢絨**，四蓢絨俱小巧，紫者其名獨振。**金絲菊**，紫花黄心，以蕊得名。**水紅蓮**，一名菡萏紅，一名荷花毬，一名粉牡丹，一名紫粉蓮，一名紫粉樓。花粉紫，初開似紫牡丹，其後漸淡如水紅花色，徑二寸，形團瓣疏，開早。葉緑，稀而可數，闊大而厚，皺而蹙，似茨葉。枝幹勁直，高可一丈。或以爲太液蓮，非。**雞冠紫**，一名紫鳳冠。千瓣，高大起樓，取象于雞冠花，非以雞之冠爲比也。**福州紫**。紫多瓣。以上紫色。**狀元紅**，花重紅，徑可二寸，厚半之。瓣闊而短厚，有紋，其末黄，其紅耐久，開早，葉似貓脚跡，緑而麗，亞深。葉根冗，枝幹如鐵，高僅三四尺。**錦心繡口**，一名楊妃茜裾紅，一名美人紅。徑二寸許，厚半之。外大瓣一二層，深桃紅，中筒瓣突起，初青而後黄，筒之中嬌紅而外粉，筒之口金黄，爛熳如錦。香清，開與報君知同。葉緑而澤，團而弓，稀而可數，其缺刻如捷，業枝幹紅紫，細勁順直，高可四五尺。**紫袍金帶**，一名紫重樓，又一名紫綬金章。蓓蕾有頂，開稍遲，初黑紅，漸作鮮紅，既開仿佛亞腰葫蘆，亞處無瓣，黄蕊繞之，其徹色也黄蕊不見，攢簇成毬，大如雞卵。開極耐久，葉緑而秀，闊而長，薄而多尖，葉根有冗。莖淡紅，枝幹勁直，高可三四尺。**大紅袍**，蓓蕾如泥金，初開朱紅，瓣尖細而長，體厚，徑可二寸以上。殘色木紅，葉青澤，厚而大，亞深，末團，葉根清净，莖青，枝幹肥壯順直，高可四五尺。**紫霞觴**，一名紫霞杯。花似狀元紅，厚而大。開早，初重紅，稍開即木紅，葉青，闊而皺，亞深。葉根多冗，枝幹挺勁，高可四五尺。**紅羅傘**，一名紫幢，一名錦羅傘。紫紅千瓣。**慶雲紅**，一名錦雲紅。蓓蕾深桃紅，開則紅黄，並作瑪瑙色，中暈穠而外暈淡。其瓣尖細而髯鬆，徑二寸有半，厚稱之。葉青澤，厚而長，稍尖。亞深，莖青。枝幹順直，高可四五尺。**海雲紅**，一名海東紅，一名相袍紅，一名將袍紅，一名揚州紅，一名舊朝服。先殷紅，漸作金紅，久則木紅而淡。徑二寸有半，其瓣初尖而後岐，其蕚黄，其徹也髯鬆，其葉長而大，青而多尖，其亞深。枝幹壯大，高可四五尺。**胭脂菊**，類桃花菊，深紅淺紫，比胭脂色尤重。比年始有之，此品既出，桃花菊遂無顔色，蓋奇品也。**縷金妝**，一名金綫菊。深紅千瓣，中有黄綫路。**出爐金**，一名錦芙蓉。金紅千瓣，色如爐金出火。**火煉金**，花徑僅寸許，外尖瓣猩紅，其中蕚金黄，朵垂，其紅不變。葉緑而澤，稀而瓦，長厚而尖，亞深。枝幹勁直，高可四五尺。**木紅毬**，一名紅羅衫，一名紅繡毬。花初開殷紅，稍開即木紅，徑可二寸有半，瓣下覆如毬，心蕚黄甚，莖葉枝幹頗類御袍黄，高可五六尺。**紫骨朵**，一名大紅繡毬，一名紅繡毬。蓓蕾鮮紅，頂如泥金，開甚早，先紅紫，後紫紅。徑可二寸有半，厚二寸。瓣明潤豐滿如榴子，其徹也攢簇如毬，葉類紫霞觴，葉緑而小，根有冗。枝幹勁直，高可四五尺。**醉楊妃**，一名醉瓊環。其色深桃紅，久而不變。其花疏爽而潤澤，小徑近二寸以上，厚半之。其瓣尖而梗，下覆如臍，花繁而柄弱，其英乃垂，其葉青，厚短，大而稠，其尖多，其亞淺，葉根冗甚。莖青，枝幹偃蹇，高可五六尺。**太真紅**，嬌紅千瓣。**樓子紅**，蓓蕾甚巨，開早，初深黑，漸作鮮紅，瓣垂而長，光焰奪目。既開，徑二寸以上。其蕚如小錢，初青後黄，其中隱然有頂，有開數瓣上竪者，莖葉如紫袍金帶，枝幹高大，可至四五尺。**紅萬卷**，一名紅紐絲，深紅千瓣，如萬卷書。**一捻紅**，花瓣上有紅點，面徑三寸，瓣大而圖。**紅蓢絨**，初殷紅，後木紅，徑寸有半，其形薄而瓦，其瓣末碎而茸，攢簇如刺，葉緑尖而小，其亞淺，其莖紅，葉根清净，枝幹扶疏，高可三四尺。**錦繡毬**，一名錦羅衫。蓓蕾如栗，其花抱蒂，其初殷紅，既開鮮紅，漸作紅黄色。瓣闊而短，葉似紫繡毬，稀而大，皺而尖，葉根有冗。**鶴頂紅**，一名不老紅。花似晚香紅，薄而小，外暈粉紅，中暈大紅，開徹粉紅。瓣下鞸大紅，瓣上攢如鶴頂，葉青圓而小，枝幹不甚高大。**雞冠紅**，紅千瓣，色如雞冠。**猩猩紅**，花似狀元紅，而厚僅二寸，開早，色鮮紅耐久，葉澤，長而多尖，莖青，枝幹挺勁，高可四五尺。**繡芙蓉**，一名赤心黄，一名老金黄。初開赤紅，既開中暈赤而外暈黄，其瓣面黄而背紅，徑二寸有半，厚半之。開早，棱層整齊，葉青澤而脆，亞深，葉根冗甚。枝幹偃蹇而粗大，高可四五尺。**錦荔枝**，金紅多瓣。**紅牡丹**，開早，初殷紅後銀紅，開最久。**紅茉莉**，似梅花菊而紅。**芙蓉菊**，狀如芙蓉，紅色。**二色蓮**，一名賽紅荷，一名西番蓮，一名蠟瓣紅，一名大紅蓮，一名紅轉金，一名錦蠟瓣。花先茜紅後紅黄色，其蕚黄，徑二寸許，厚半之。瓣如勺而毛，末微皺，上簇如蓮蕚，黄而大。蕚中或突起數瓣，葉緑，長大而多尖，其亞深。葉根有冗，幹勁挺，高可四五尺。**襄陽紅**，並蒂雙頭，出九江彭澤。**賓州紅**，一名岳州紅，一名日輪紅。重紅，褊薄如鏇，徑二寸。中黄蕚，葉幹似紫霞觴。**土硃紅**，其色如土硃。**紅二色**，出西京，開以九月末。千葉叢，有深淡紅兩色，而花葉之中間生筒葉，大小相應，方盛開時，筒之大者裂爲二三，與花葉相雜比，茸茸然，花心與筒葉中有青黄色，頗與諸菊異。**冬菊**。花薄而小，徑僅寸半。色深紅，質如蠟，瓣闊而短。開極遲，葉疏，青而澤，初似銀芍藥，其後弓而厚，長而尖，亞深。尖多、莖紫、枝幹順直扶疏，高可五六尺。以上紅色。**桃花菊**，劉蒙泉云：粉紅單葉，中有黄蕊。其色正類桃花，俗以此名。蓋以言其色爾。花之形度雖不甚佳，而開于諸菊未有之前，故人視此菊如木中之梅焉。枝葉最繁密，或有無花者。史鑄云，一名桃紅菊，花瓣如桃花，粉紅色，一蕊凡十三四片。開時長短不齊，經多日乃齊，其心黄色，内帶微緑。此花嗅之無香，惟撚破聞之，方知有香。至中秋便開，開至十餘日，漸變爲白色，或生青蟲，食其花片則衰矣。其緑葉甚細小，范成大云：多葉至四五重，粉紅色，濃淡在桃杏紅梅之間，未霜即開，最爲妍麗，中秋後便可賞。**粉鶴翎**，一名粉紐絲，一名玉盤丹，一名粉雀舌，一名荷花紅。花粉紅，大如芍藥，瓣尖長而大，背淡紅。初開鮮濃，既開，四面支

撑，紫焰騰耀，後漸白，紐絲，葉青而稀，闊大如掌，亞深。葉根多冗，枝幹順直而扶疏，高可七八尺。**垂絲粉紅**，出西京，九月中開。千瓣，細如茸，攢聚相次。花下亦無托瓣，枝幹纖弱。其花淡紅，似銀紐絲而瓣不紐，其朵俱垂，色態嬌艷，與醉西施醉楊妃各不相涉，或謂三名即一物，非也。**粉蠟瓣**，蓓蕾稀，花微紅，褪白，質如蠟色。徑可二寸有半，厚稱之。氣香，瓣初仰而後覆，其殘如紅粉塗抹。葉青，長大而稀，亞深。葉根清净，枝幹順直，高可一丈。**粉西施**，一名紅西施，一名紅粉西，一名粉西。花豐碩似白西施，初開紅黃相雜，有寶色，開徹則淡粉紅，瓣卷而紐背，慘而紅，如猱頭然。柄弱不任，葉青而厚，長而瓦，狹而尖，亞深。葉根多冗，枝幹亦類白西施。**合蟬菊**，九月末開，粉紅筒瓣，花形細者與蕊雜比，方盛開時筒之大者裂爲兩翅，如飛舞狀，一枝之杪凡三四花。**灑金紅**，一名灑金香，一名金錢豹。淡紅千瓣，瓣間有黄色如灑。**紅粉團**，一名粉團。花粉紅，徑二寸，厚半之。中暈紅，瓣短而多紋，枝葉似金荔枝而青。**樓子粉西施**，一名晚香紅，一名秋牡丹，一名紅粉樓，一名車輪紅。其花粉紅，徑可三寸，厚三之二。其開也遲，瓣圓而厚，比次整齊，中深紅突起，上作重臺，色易淡，葉稠，青而毛，狹而尖，其亞深，葉根冗甚，枝幹亦與白西施同，壯大過之。**醉西施**，淡紅千葉，垂英似醉楊妃。**勝緋桃**，一名紅碧桃。格局似碧桃，色似秋海棠，枝葉似紫芍藥而高大不及。**粉褒姒**，花粉紅而小，徑二寸有半，瓣尖短，厚而無紋，葉綠而澤，似狀元紅而尖，其亞少，葉根有冗，枝幹偃蹇。或遂以粉西施當之，非也。**大楊妃**，一名楊妃菊，一名瓊環菊。粉紅千瓣，散如亂茸，而枝葉細小，婀娜有態。**賽楊妃**，粉紅千瓣，花略小。**粉玲瓏**，一名紫丁香。粉紅小花。按沈譜玲瓏與萬卷萬管並載，今人類多混稱，不知玲瓏者，疏朗通透之物，卷則書卷畫卷之類，管則簫管筆管之類，取象各不同。有詠之連環絡索，即玲瓏之别號，于命名之意寖失，不可不辨。**八寶瑪瑙**，一名八寶菊。千瓣粉紅花，花具紅黄衆色。**紫芙蓉**，一名勝芙蓉，一名芙蓉菊。千瓣，開極大，其葉尖而小。**粉萬卷**，粉紅千瓣。**粉繡毬**，千瓣淡紅花。**夏月佛頂菊**，五六月開，色微紅。**佛見笑**。粉紅千瓣。**紅傅粉**，粉紅千瓣。以上粉紅色。**珠子菊**，白色，見《本草》注云：南京有一種，開小花，瓣下如小珠子。**丹菊**，見嵇含《菊銘》云：煌煌丹菊，暮秋彌榮。**十樣錦**，一本開花形模各異，或多瓣，或單瓣，或大或小，或如金鈴，往往有六七色，黄白雜樣，亦有微紫，花頭小。**滿天星**，一名蜂鈴菊。春苗掇去其顛岐而又掇，掇而又岐，至秋而一幹數千百朵。**二色西施**，一名紅二色，一名黄二色，一名二色白，一名平分秋色。徑可三寸，厚半之。開最久，瓣葉枝幹皆與白西施同。初開時數朵淡紅，數朵淡黄，迴然不類，半開時五彩寶色，炫爛奪目，開徹則皆淡桃紅色矣。**二色楊妃**，一名二喬，一名金菊，對芙蓉。多瓣，淺紅淡黄二色雙出。如金銀花，徑僅二寸，其萼黄，其瓣如兔耳，其葉綠而不澤，厚而尖，皺而瓦。**赤金盤**，一名脂暈黄，一名琥珀杯。其花初開紅黄而赤，金星浮動，其後漸作醬色。徑可二寸，形薄而瓦，瓣如杓而尖。葉稀，綠而澤，其末團，枝幹紫紅順直而扶疏，高可一丈。**錦丁香**，花略似紅翦絨，大寸許，瓣疏。初開黄而紅後紅而黄，色易衰，葉綠，厚而短，尖而長。**檀香菊**，一名小檀香。葉幹似檀香毬，花亦相似。**梅花菊**，一名試梅菊，一名銀丁香，一名試梅妝，一名壽陽妝，一名銀梅。每花不過數瓣，瓣大如指頂，每瓣卷皺密蹙，下截深黄，上截瑩白，重臺，仿佛水仙花，下垂成穟，如梅花清逸。開早，香甚，葉綠，大而皺，尖而長，其亞深。葉根多冗，其枝幹柔細而扶疏，高可一丈。或以爲茉莉菊，甚謬。**海棠菊**，一名錦菊，一名海棠春，一名海棠嬌，一名海棠紅，一名小桃紅，一名鐵幹紅。色類垂絲海棠，徑寸有半，形薄而瓦，瓣短多紋而尖。愈開愈奇，有寶色。中暈赤，外暈黄，邊暈純白，或數色錯出，變態不窮。葉綠而澤，厚而小，亞深。其枝幹勁直扶疏，高可四五尺。**蜜西施**，蜜色千瓣。**蜜鶴翎**，蜜色千瓣與金鶴翎埒，以爲蜜繡毬，非是。**蜜繡毬**，一名金翅毬，一名金鳳團，一名蜜西牡丹。花蜜色瑩潤，徑二寸餘，氣香瓣舒，開遲。其殘也紅而麗，葉青而稠，大而尖，亞深。葉根冗，枝幹偃蹇，高可四五尺。**紫絨毬**，一名紫絲毬，一名紫蘇桃。蓓蕾圓而綠，如小龍眼大。其開也碧綠紅紫黄白諸色間雜，而紫焰爲多，瓣細而鑲，四面參差，茸茸如翦，徑僅寸許，圓如毬。葉類朝天紫，小而青，尖亞似少，葉根清净。枝幹細直而勁，高可四五尺。**僧衣褐**，一名緇衣菊，深栩子色，小。**刺蝟菊**。一名栗葉。花如兔毛，朵團，瓣如蝟之刺，大如雞卵，葉長而尖，枝幹勁挺，高可三四尺。以上異品。

清　鄒一桂《小山畫譜》卷上《菊》　今之菊，古之茱萸也。具五色，種類不一。方梗缺葉，五出，花千瓣，圓者如毬，扁者如盤。苗生宿根，三月分種，四月摘頭，止留四五枝。諺曰：未種菊，先插竹，使有依傍，則不柔蔓。蘂多俟其有微柄，則以針刺之止留頂花，則瓣多而開大。無取太高，三尺餘足矣。【略】佳種開不見心，花紅者梗亦微紅。【略】《記》曰鞠有黄花，陶詩「采菊東籬下」，非今之盆植也，其花小色黄而香甚，性清和，入藥。今人謂之野菊，亦先進禮樂之説耳。近復尚洋菊，而後進又爲先進矣。

清　趙學敏《本草綱目拾遺》卷七《金鈴菊》　《羣芳譜》載，金鈴菊花小如鈴，其幹長與人等。凡菊葉皆五出，此葉獨尖長七出，花與葉層層相間，不獨生於枝頭。此乃家種金鈴菊，非野生金鈴菊也，然功用要亦仿佛。

清　許兆熊《東籬中正・評松子》　古人論細葉菊，只剪茸、西施二種。剪茸，本色花，鈴管半剪，一鈎一戟，鈎從内向，戟往外張，而管中又抽細絲，

攢碎玲瓏，無單散之瓣。有大小二種，小者貴，其灑金滿英者尤貴也。西施，本色花，層層超瓣，徑大可逾五六寸，高特捧簇，上下如一，玲瓏四維。瓣外叢生毛刺者乃佳也，今皆不可得而見矣。由剪茸而出，尚在人間者，曰毬，曰丁香，曰萬卷。由西施而出，今尚存者，曰幢，曰蠟瓣，曰月下，曰芒刺，曰松子檇李。屠承爋《東籬集》曰：由西施而變短瓣反鈎，始終不垂，鬅鬆匀疊者，爲松子。則松子亦西施之一種耳。今之言菊者，但目松子爲細種。餘者俱列中等，所不解矣。若就品色而論，恐不如毬幢之齊整且色佳也。池上手植者，曰老肝紅松子、新肝紅松子、金黄松子、蜜黄松子、金紅松子、水緑松子、白松子、瑪瑙松子、琥珀松子、蘇桃松子，凡十種，而琥珀乃剪茸别種。蘇桃，古譜中稱團瓣捧簇，間剪而多跗者爲蘇桃，則蘇桃自與松子異，王譜所謂紫絲桃者是也。今亦以松子目之。余惡其獨擅虚名，無出類拔萃之奇，不能如王夷甫取三語掾也，故屏而不種矣。

贊曰：春巖澹蕩，松花細落。孕秀疏籬，辭賞高閣。門巧玉楮，振奇縞鶴。鱗比短羽，房攢素葯。錯采霜鮮，冶金風鑠。黄蝶何來，清觴滿酌。

紀　事

宋　張淏《會稽續志》卷四《花》　菊，《前志》云：昌安門内朱氏莊有佳菊數十種，今上原所蓺名品亦多。剡中高氏雪館種菊一二百本，最奇者紫菊、丹菊。

宋　沈競《評奇・禁苑品》（《養餘月令》卷二八引）　東平府有溪堂，爲郡人游賞之地。溪流石崖間，至秋，土人泛舟溪中，采石崖之菊以飲，每歲必得一二種新異之花。

又　予在豫章見菊甚佳，問之園丁，則云，菊每歲以上巳前後分種，失時則花少葉多，如不逐莖分植，非惟花不暢茂，且往往一根數幹，一幹之花各自爲樣，所以命名不同。

明　王世懋《學圃雜疏・花疏》　菊至江陰、上海、吾州而變態極矣，有長丈許者，有大如盌者，有作異色二色者，而皆名粗種。其最貴乃各色剪絨、各色撞、各色西施、各色狼牙，乃謂之細種。種之最難，須得地得人，燥濕以時，蟲蠹日去，花須少而大，葉須密而鮮，不爾，便非上乘。元馭閣老尤愛種菊，京師有一種大紅曰麻葉紅，曰相袍紅，元馭爲翰林時，特命囊之馬首歸。今吾地尚有此種，然開不能大佳，想亦地氣使然。菊中有黄白報君知，最先開。甘菊可作湯，寒菊可入冬，皆賤種也，而皆不可廢。又有一種五、九月開，亦異種也。

清　龔煒《巢林筆談》續編　卷下　菊花莫盛於嘉邑，向推金氏。予問篁老：金處菊花如舊否？篁曰：何必舍近求遠，此地大德寺天笠師栽菊甚盛，今正開，盍往觀乎？予狂喜，即與同往。净室中分列百餘株，高低層疊，濃淡參差，清韻紛霏，五彩不沾。脂粉幽芳，静穆三秋，諳盡烟霞香皁。位置，於地宜逸老相對，與人合啜茗，欣賞之餘，頓使神情開滌，積疴欲瘳，拜花惠即拜笠師惠矣，何不更效遠公一醉陶令也。既反，擇其種尤佳者附録之。

黄薇　紅幢有予直二十四金者，師不售。　紫幢　松針　破金　鶴翎　松子未開。

蜂鈴　獅蠻　蟹爪　金超　銀超　蜜珀　檀香毬　月下白　青心白

一喬　醉楊妃　玉樓春　三學士

又　花中最耐久者無如菊花，極愛之，而苦於不善培植。猶憶少時有僕，嘉定人，知藝菊，先君令栽數十本，中有松子、鶴翎等種，花時陳列，由粗及細，可得一二月賞玩。草堂勝事，已成陳迹久矣。戊午秋杪，過槎溪，適神廟賽會，時有維揚富宦大陳供具於廟中，旁列菊花甚盛，多細種，惜置之熱鬧之地，幽賞不足耳。甲申初冬至甫里，與一友談及菊譜，云鄰舍尚有松子，拉與俱往，所見一二株已殘，不足觀矣。前年笱侄曾有此興，小藝數種，頗可觀尋，亦興闌。秋來輒問親友家有菊花否，自笑生負花癖，但思看現成花，亦太自適意。

清　昭槤《嘯亭雜録》卷九《寧王養菊》　京中向無洋菊，籬邊所插黄紫數種，皆薄瓣粗葉，毫無風趣。寧恪王弘□爲怡賢王次子，好與士大夫交，因得南中佳種，以蒿接莖，枝葉茂盛，反有盛於本植。分神品、逸品、幽品、雅品諸名目，凡名類數百種，初無種復者。每當秋塍雨後，五色紛披，王或載酒荒畦，與諸名士酬唱，不減靖節東籬趣也。王又自製精扇，體制雅潔，名東園扇，一時士大夫争購之，以爲賞鑒云。

清　王槭《秋燈叢話》卷一一　泰安劉月潭，雅好菊，有淵明之癖。每聞佳種，必多方購致，秋日花開，燦若錦繡。泰安多藝菊者，推劉爲冠。一日有道人來謁曰：南山下某種菊數畦，頗堪寓目，子箇中人，能一往賞鑑乎？劉欣然從之，穿林渡澗約數十里，至其處則叢菊盈谷，花大若槃，不下百餘種，光艷奪目，晶瑩可鑑，視己園中所植，真不足觀矣。附根有嫩芽，長尺許，怪問之，

曰：土腴而樹藝有法，故發獨早耳。劉乞其芽，道人靳弗與，堅求之，始分兩芽授焉。劉復强折白菊一枝，歸插諸瓶，隆冬如新，經春分乃萎。芽植園中，花發，與道人所植無異，第微欠瑩澈耳。次歲開漸小，二三年乃同凡質。再造其地訪之，層巒疊巘，烟雲滿目而已。

清 謝堃《花木小志·菊》 居揚郡時，所種菊花有三百餘種，内有二種尤愛重之。其一黄色者，名黄金如意，花大如盌。大開之後，心分二股，一左旋，一右旋，皆突起，相對若如意然。其一白色者，名玉鈎斜，花攢碎瓣，於中心斜拖一瓣，約長二寸許，若匙若瓢，對之怡人。居魯以來，不復能想像矣。

著録

宋 劉蒙《劉氏菊譜·譜叙》 草木之有花，浮冶而易壞。凡天下輕脆難久之物者，皆以花比之，宜非正人達士堅操篤行之所好也。然余嘗觀屈原之爲文，香草龍鳳以比忠正，而菊與菌桂荃蕙、蘭芷、江籬同爲所取。又松者天下歲寒堅正之木也，而陶淵明乃以松名配菊，連語而稱之。夫屈原、淵明寔皆正人達士堅操篤行之流，至於菊，猶貴重之如此，是菊雖以花爲名，固與浮冶易壞之物不可同年而語也。且菊有異於物者，凡花皆以春盛，而實者以秋成，其根柢枝葉無物不然。而菊獨以秋花悦茂於風霜摇落之時，此其得時者異也。有花葉者花未必可食，而康風子乃以食菊仙。又《本草》云：以九月取花，久服輕身耐老。此其花異也。花可食者，根葉未必可食，而陸龜蒙云：春苗恣肥，得以采擷，供左右杯。按又《本草》云：以正月取根。此其根葉異也。夫以一草之微，自本至末，無非可食，有功於人者，加以花色香態纖妙閑雅，可爲丘壑燕静之娱。然則古人取其香以比德，而配之以歲寒之操，夫豈獨然而已哉！洛陽之風俗大抵好花，菊品之數比他州爲盛。劉元孫伯紹者，隱居伊水之瀍，萃諸菊而植之，朝夕嘯詠乎其側，蓋有意譜之而未假也。崇寧甲申九月，余得爲龍門之游，得至君居，坐於舒嘯堂上，顧玩而樂之。於是相與訂論，訪其居之未嘗有，因次第焉。夫牡丹、荔枝、香筍、茶、竹、硯墨之類，有名數者前人皆譜録。今菊品之盛至於三十餘種，可以類聚而記之，故隨其名品，論叙于左，以列諸譜之次。

又《叙遺》 余聞有麝香菊者，黄花，千葉，以香得名。有錦菊者，粉紅碎花，以色得名。有孩兒菊者，粉紅青萼，以形得名。有金絲菊者，紫花黄心，以蘂得名。嘗訪於好事，求於園圃，既未之見，而説者謂孩兒菊與桃花一種，又云種花者剪掐爲之。至錦菊金絲，則或有言其與别名，非菊者。若麝香菊，則又出陽翟洛人實未之見。夫既已記之，而定其品之高下，又因傳聞附會而亂其先後之次，是非余譜菊之意。故特論其名色，列於記花之後，以俟博物之君子證其謬焉。

又《補意》 余嘗怪古人之於菊，雖賦詠嗟歎嘗見於文詞，而未嘗説其花環異如吾譜中所記者，疑古之品未若今日之富也，今遂有三十五種。又嘗聞於蒔花者云，花之形色變易如牡丹之類，歲取其變者以爲新，今此菊亦疑所變也。今之所譜，雖自謂甚富，然搜訪所有，未至與花之變易，後出則有待於好事者焉。君子之於文亦闕其不知者，斯可矣。若夫掇擷治療之方，栽培灌種之宜，宜觀於方册而問於老圃，不待予言也。

又《拾遺》 黄碧單葉兩種，生於山野籬落之間，宜若無足取者。然譜中諸菊多以香色態度爲人愛好，剪鉏移徙，或至傷生。而是花與之均賦一性，同受一色，俱有此名，而能遠迹山野，保其自然，固亦無羡於諸菊也。余嘉其大意而收之，又不敢雜置諸菊之中，故特列之於後云。

宋 史正志《史氏菊譜》 菊，草屬也，以黄爲正，所以槩稱黄花。漢俗九日飲菊酒，以祓除不祥。蓋九月，律中無射。而數九，俗尚九日而用時之草也。南陽酈縣有菊潭，飲其水者皆壽。《神仙傳》有康生服其花而成仙。菊有黄華，北方用以準節令，大略黄華開時節候不差。江南地暖，百卉造作無時，而菊獨不然。考其理，菊性介烈高潔，不與百卉同其盛衰，必待霜降，草木黄落而花始開，嶺南冬至始有微霜故也。《本草》一名日精，一名周盈，一名傅延年。所宜貴者，苗可以菜，花可以藥，囊可以枕，釀可以飲，所以高人隱士，籬落畦圃之間，不可一日無此花也。陶淵明植於三徑，采於東籬，裛露掇英，汎以忘憂。鍾會賦以五美，謂圓華高懸，準天極也，純黄不雜，后土色也，早植晚登，君子德也，冒霜吐穎，象勁直也，杯中體輕，神仙食也，其爲所重如此。然品類有數十種，而白菊一二年多有變黄者。余在二水植大白菊百餘株，次年盡變爲黄花。今以色之黄白及雜色品類可見於吴門者二十有七種，大小顔色殊異而不同。自昔好事者爲牡丹、芍藥、海棠、竹筍作譜記者多矣，獨菊花未有爲之譜者，殆亦菊花之闕文也歟！余姑以所見爲之，若夫耳目之未接，品類之未備，更俟博雅君子與我同志者續之，今以所見具列于後。

又《史氏菊譜後序》 菊之開也既黄白深淺之不同，而花有落者，有不落者，蓋花瓣結密者不落，盛開之後，淺黄者轉白，而白色者漸轉紅，枯于枝上。花瓣扶疏者多落，盛開之後，漸覺離披，遇風雨撼之，則飄散滿地矣。王介甫武夷詩云：「黄昏風雨打園林，殘菊飄零滿地金。」歐陽永叔見之，戲介甫曰：「秋花不落春花落，爲報詩人子細看。」介甫聞之，笑曰：「歐陽九不學之過也，豈不見《楚辭》云『夕餐秋菊之落英』？」東坡，歐公門人也，其詩亦有「欲伴騷人賦落英」與夫「却繞東籬嗅落英」，亦用《楚辭》語耳。王彦賓言古人之言有不必盡循者，如《楚辭》言秋菊落英之語，余謂詩人所以多識草木之名，蓋爲是也。歐王二公文章擅一世而左右佩紉，彼此相笑，豈非於草木之名猶有未盡識之而不知有落有不落者耶？王彦賓之徒，又從而爲之贅疣，蓋益遠矣。若夫可餐者，乃菊之初開，芳馨可愛耳，若夫衰謝而後落，豈復有可餐之味？《楚辭》之過，乃在於此。或云詩之訪落，落，訓始也，意落英之落，蓋謂始開之花耳。然則介甫之引證，殆亦未之思歟？或者之説不爲無據，余學爲老圃而頗識草木者，因并書于菊譜之後。淳熙歲次乙未閏九月望日，吴門老圃叙。

宋 沈競《評奇》（《養餘月令》卷二八引） 潛山朱新仲有菊坡，所種品目不一。有春菊，花小而微紅者。有佛頭菊，花不作瓣而爲小筒樣者。有枇杷菊，葉似枇杷，花似金盞銀盤而極大，却不甚香者。有丁香菊，花小而外紫内白者。頃在舒州見菊多品，有鵝兒菊，色淡黄如笋鵝。水晶菊，花而甚大，色白而透明。鋪茸菊，色緑，光如茸，其花甚大，二月間開。長沙見菊亦多，如黄色，曰孩兒黄、蒲堂金、小千葉、楊妃裙、壽安真珠。白色，曰毬白餅、十月白、孩兒白、腦子白。婺女，則有銷金紫菊，紫瓣黄沿，銷銀黄菊，黄瓣白沿。有乾紅菊，花瓣乾紅。四沿黄色。二菊皆佛頭菊種也。浙間有荷菊，日開一瓣，開足成荷花之形，衆菊未開則已開。衆菊已謝則未謝。金陵有松菊，枝葉勁細如松，其花如碎金，層出於密葉之上。余在臨安西馬城園子。每歲至重陽，各出奇異。謂之鬥花。種類甚夥，不假悉求其名。有謂余於禁中大園子得菊品近六十種與外異者，姑次第之。

宋 范成大《范村菊譜序》 山林好事者或以菊比君子，其説以謂歲華婉娩，草木變衰，乃獨燗然秀發，傲睨風露，此幽人逸士之操，雖寂寥荒寒中，味道之腴，不改其樂者也。神農書以菊爲養生上藥，能輕身延年。南陽人飲其潭水，皆壽百歲，使夫人者有爲於當世，醫國惠民，亦猶是而已。菊於君子之道，誠有臭味哉。《月令》以動植志氣候，如桃桐華，直云始華，至菊獨曰菊有黄華，豈以其正色獨立，不伍衆草，變詞而言之歟？故名勝之士，未有不愛菊者，至陶淵明尤甚愛之，而菊名益重。又其花時秋暑始退，歲事既登，天氣高明，人情舒閒。騷人飲流，亦以菊爲時花，移檻列斛華致，觴詠間謂之重九節物。此非深知菊者，要亦不可謂不愛菊也。愛者既多，種者日廣。吴下老圃，伺春苗尺許時掇去其顛，數日則歧出兩枝，又掇之，每掇益歧，至秋則一幹所出數千百朵，婆娑團植，如車蓋熏籠矣。人力勤，土又膏沃，花亦爲之屢變。頃見東陽人家菊圖，多至七十種。淳熙丙午，范村所植止得三十六種，悉爲譜之，明年將益訪求他品爲後譜云。

宋 史鑄《百菊集譜》卷五 淳祐丙午中夏，愚始飭工爲此鋟梓，越旬餘，又得同志陸景昭特攜赤城胡融嘗於紹熙辛亥歲撰《圖形菊譜》二卷以示，所恨得見之晚，不及寘于其前。今姑摭其要，并序續爲第五卷云。

萬物以節操爲高，與春俱華、與秋偕瘁者盈山滿谷，騷人墨客，歌詠乎古今，務以句語文辭相誇尚，是何足以浼吾之筆端乎哉！吾之所愛者獨菊爾。時維季秋，霜風凄緊，草木之葉，或黄或瘠，或槁或脱。而菊也，方濯濯然獨立於霜露之中，含曜吐穎，精采奪目，與吾相對竟日，冷淡而耐久，瀟灑而有遠韻，正可比方高人貞士，立於世道之風波，操履卓絶，不爲威武勢力之所摧屈者矣。夫其天姿高潔，獨受間氣，生不與草木同流，死不與草木偕逝，可謂物中之英，百卉之桀然者也云云。

又卷六 愚自丙申迄于甲辰，每得菊之一品一目，必稽于衆，其言同者，然後筆而記之。今譜内有六品尚闕其説，緑愚曩嘗一見，今畦丁罕種，未獲再覈以取其的故也。凡九年間，於吾鄉得正品與濫號假名者，總四十五種，以次諸譜之後。予昨當花時，每歲須苦吟體題詩與集句詩一二十篇，以揄揚衆品之清致。積稔彌久，幾至二百篇。今選百篇濫贅卷尾，至此興盡而絶筆矣。爾後雖間有黄薔薇、金萬鈴之類始出，此二品首見於號地品類，近時吾鄉亦有之。然愚年將耋景，則纈眼倦於辨視，未容苟簡增入也，如有與我同志者，幸爲續譜云。

又《百菊集譜補遺序》 前編始成，愚乃標之爲《百菊集譜》，因同里判簿兆偉伯見之，乃哀以佳名曰《菊史續》。又見古人江奎詩有「他年我若修花史」之句，高疏寮有《竹史》之作，但鑄才疏識淺，所愧不足聯芳於前賢。乃者物色，府察盧舜舉諱選録示《黄華傳》，近又蒙同志陸景昭假及《鞠先生

傳》今故并行校正，列於補遺卷端。戲表此編，濫有稱史之名耳。

清 葉天培《菊譜·自序》 余平生嗜花成癖，無論名葩野卉，一花一葉，一香一色，一瓣一鬚，細諦觀之，皆含天趣。因悟化工之巧，誠不可思議。菊在花中，其最著者。菊之品，傲骨凌霜，蕭然自逸。菊之色，奇而正，絶而不妖。菊之味，清芬郁烈，氣別酣甜。前人備序而賦之矣，而猶未盡菊之變態也。宅後荒園半畝，每歲手植千餘本，當秋冬之交，爛然滿徑。其種類形狀，多有未經見者。人每詫菊之於余殆有神助，而不知余之於菊，蓋有獨領之趣焉。憶自藝菊以來數十載，芒鞋竹笠，日從事於疎籬野圃中，其間審氣候，別雨暘，調燮濕，體性情，相時之宜，因地之利，與夫得心應手之妙，神爲契而口弗能言。惟方子養菘得余三昧，惜不能邀延壽容爲制頹齡。至其嗣子慎栖及餘子蒼懷、王叟奏平，張子辛谷，程子廷鏄，張生體元，余子抱潔，王子豈凡，洪子德明，任子香雲，宋子笠薪，江子石思，亦頗稱同嗜。西風籬落，把酒持螯，相視莫逆，殆未可爲外人道者。荒齋無事，杼軸余懷，聊書數則，公諸好事。未知世之同嗜者，且以爲何如也。乾隆丙申九秋，梅夫葉天培識。

清 葉天培《菊譜·跋》 葉子梅夫，花農菊隱，鉏開三徑九華，分陶令之園，種出千般卅種，陋史公之譜。桃月趁催花之雨，纖留逼點香泥，梅天防偃花之風，弱梗牢支瘦竹。翠葉怕晴霞烘萎，殘陽密障蝦鬚，孫莎憎曉露滋生，竟日常攜鴉觜，循枝捕虎，勿令潛蹤。象幹搒蟲，不遺餘力。灌溉則因時之燥濕，壅培則視地之肥墝。抛心力者半年，愛老圃之秋容不艷，賞風光乎九月，重疏籬之晚茗偏香。秀映松青，回首衆芳銷歇，甘同杞紫，呈姿五彩紛披。色屢變而出奇，恐丹青之難畫。樣新翻而入妙，非金玉所能名。卓爾不羣，自然大雅，而况人如其淡，所以友必於端。時時破硯席之工夫，早已諳其情性，歲歲等回家之樹藝，敢辭勞我精神。特發心苗，并傳手法。爲是花而增修是譜，譜已極其精□，依是譜而培養是花，蓋高其聲價。生逢其盛，向星羅雲布而圍煙，快把斯編，佐紫蟹黃鷄而下酒。在江左頻陪雅集，從教飲泛杯香。彼洛陽不乏名園，將見鈔傳紙貴。乾隆丁酉九秋，古井張冰跋。

古人種樹有書，藝蘭有訣，至於果蔬花卉之屬，莫不各舉所知，申其説以俟來者。如二如亭《羣芳譜》，可云集農圃之大成矣。菊載譜中，亦已備詳，栽植之法，其間所已言者，子不猒申其説以爲因；其間所未言者，予不妨舉所知亦爲創。世有爲花之知己而喜花之幸遇知己，將□下交予爲知己者，當不河漢予言。梅夫又識。

藝文

唐 劉禹錫《劉賓客外集》卷三《和令狐相公九日對黃白二菊花見懷》

素萼迎寒秀，金英帶露香。繁華照旄鉞，榮盛對銀黃。琮璧交輝映，衣裳雜彩章。晴雲遥蓋覆，秋蝶近悠揚。空想逢九日，何由陪一觴。滿叢佳色在，未肯委嚴霜。

唐 王棨《麟角集》附録《省題詩·詠菊》 秋來多野菊，節應皆黃花。間葉玉如粟，滿蘂金出沙。池邊迷瑞鵠，洞裏悟仙牙。蘂散非紅豔，香飄異闕葩。贈詩宜魏帝，泛酒稱陶家。明日登高處，期君酒不賒。

又《省題詩·月前菊》 秋菊近重陽，原頭復道旁。蘂滋寒露緑，花綻晚風黃。蘂染枝枝豔，星分處處芳。乍疑金散野，遥誤葉經霜。籬下何人采，鐏中滿座香。唯應未歸客，對此欲沾裳。

宋 宋祁《景文集》卷二《酈潭秋菊賦》 采采佳菊，生潭之湄。託厚土之善養，亦纖植之所宜。乏彊幹之爲衛，保深根以自持。苒苒蕃葉，纖纖縹致。歷青春以戢景，觸素秋而揚蕤。觀其密藹攢敷，圓房四附。英披夕風，帶裛朝露。揮碎金以炫絛，揉寶釘而綴縷。燦兮萃林苑之螢焰，煒兮舒夜池之鵠羽。沿緣煙汭，散蔓霜渚。抱酷郁之幽香，撫變衰之平楚。竊同蘭草，無人而自芳；幸比家苓，得詩而爲主。于是俞跗之徒，居多暇日，心玩其華，手擷其實。紬太清之秘方，咨酈川之茂質。乃可以輕身益氣，可以延期蠲疾。雖甘苦之種有二，精盈之名不一，而胡公餌焉，享曼壽之永，鍾繇奉焉，助養生之術。淵明垂賞於佳色之辰，長房見佩於登高之日。誠仙真之所玩，匪吾人之輕悉也。若乃宗臣名世，駿岳儲休。君託股肱之體，天與忠孝之侯。惟載育之在旦，藹祝延以相求。矧靈卉之可嘉，助永年而是遒。匪蕙車之興謗，越萱背而忘憂。幸春期之可續，庶藥圃其長游。

宋 喻良能《香山集》卷一《菊賦并序》 喻子有園二畝，畦菊百本，日游其間，乃爲之賦。其辭曰：

西風兮東籬，金英兮紫枝。著嘉名兮既遠，豈衆卉兮等夷。標黃華兮月令，寓落英兮楚辭。生高岡兮蠋原隰，吟鮑昭兮賦潘尼。互松兮偕杞，徑淵明

兮宅天隨。秋日兮淒淒，秋露兮離離。萬木槁兮既下，一雁鳴兮初飛。送孟嘉兮帽落，逆王弘兮白衣。其操兮箕山之潔，其韻兮竹林之絶。瀏兮御寇之御風，慄兮馬曹之泛雪。臨清流兮子陵之居瀨，含夕霏兮真長之望月。孤叢兮特秀，幽香兮微透。紫蝶兮黄蜂，凛既寒兮猶湊。聘芙蓉以爲妃兮，命秋蘭以爲友。官槐斂迹以杳逝兮，巖桂容沮而色黝。揖江梅以先發兮，曰子之茂兮其庸可後？邀黄葵以旅處兮，曰珠玉其在側，予豈不知予之陋？一束既多兮魏帝之賜，少者百年兮甘谷之壽。枝葉老硬兮飽予腹於五月，葩華丰好兮悦予目於重九。歲植百本，日遶百匝兮抑臨風而三齅。

明 黄仲昭《未軒文集》卷一一《詠菊》 東籬一夜花開遍，能使秋光勝似春。香遂金風偏馥郁，色滋玉露倍精神。月中恍惚楊妃笑，雨後分明西子顰。試問頹齡端可制，慇懃摘奉白頭親。

清 吴偉業《梅村集》卷一四《菊花》 夜深銀燭最分明，翠葉金鈿認小名。故著黄絁貪入道，却翹紫袖擅傾城。生來艷質何消瘦，移近高人恰老成。幾度看花花耐久，可知花亦是多情。

清 彭孫遹《松桂堂全集》卷三四《白菊花》 冷蘂疏香各占新，天然素艷淡無塵。餐來楚澤冰爲骨，夢斷紫桑月似銀。籬下霜濃花冉冉，枝頭風細玉鱗鱗。斜陽逕裏亭亭立，疑見陶家載酒人。

又《水紅菊花》 艷色偏能傲朔風，疏花密葉占芳叢。輕沾薛女壺中淚，淺拂楊妃簟上紅。心抱幽香寒自束，枝迎曉日暈微烘。東牆若近東籬下，傅粉施朱總未工。

又《黄菊花》 三逕秋深景物賒，淩霜仙卉吐黄芽。疏枝巧映千林葉，芳信長開九月花。清露滴時金縷濕，愁雲合處鶴翎斜。姚家國色多奇麗，未必風流壓衆葩。

又《蜜色菊花》 嘉卉栽來處士家，重陽霜後幾枝斜。春條曾見花成蜜，秋艷誰知蜜是花。蜂蕊初交黄未褪，鵝肪細縷玉無瑕。幽人欲采還相惜，醞釀芳心咽露華。

雜録

晋 郭璞《山海經》卷五《中山經》 岷山之首曰女几之山，【略】其草多菊。

晋 葛洪《抱朴子内篇》卷一一《仙藥第十一》 南陽酈縣山中有甘谷水，谷水所以甘者，谷上左右皆生甘菊，菊花墮其中，歷世彌久，故水味爲變。其臨此谷居民皆不穿井，悉食甘谷水，食者無不老壽，高者百四五十歲，下者不失八九十，無夭年，人得此菊力也。

宋 孟元老《東京夢華録》卷八《重陽》 九月重陽，都下賞菊，有數種。其黄白色，蘂若蓮房，曰萬齡菊。粉紅色曰桃花菊。白而檀心曰木香菊。黄色而圓者曰金鈴菊。純白而大者曰喜容菊。無處無之。

宋 胡仔《漁隱叢話後集》卷六 苕溪漁隱曰：江浙間每歲重陽，往往菊亦未開，不獨嶺南爲然，蓋菊性耿介，須待草木黄落，方於霜中獨秀。故淵明詩云：黄菊開林耀，青松冠岩列。懷此貞秀姿，卓爲霜下傑。此善喻其理也。

宋 史鑄《百菊集譜》卷二《越中品類·濫號》 孩兒菊 白瓣黄心，其狀與諸菊迥然不同，自七月開至九月，其葉甚纖。按劉氏譜，其後《叙遺》乃言「孩兒菊粉紅色」，如此則比越中所有者不同也。按，史氏譜入此於紅紫品中，愚今以本土所出者品格最下，兼之無香可取，故降於是也。或言：此花與葉既不類菊，而世俗皆呼爲孩兒菊者，何也？于意其名以孩兒者，爲品卑微之謂也，呼以爲菊者，敷榮能久之謂也。或謂此花本名鵝兒菊。

又 卷三《雜説》《荆州記》：酈縣菊水，太尉胡廣久患風，羸弱，汲此水後疾遂瘳，年近百歲，非唯天壽，亦菊延之。此菊甘美，廣後收菊播之，京師處處傳植。

又 陳欽甫《提要録》：東坡云：嶺南氣候不常，菊花開時即重陽，凉天佳月即中秋，不須以日月爲斷也。十月初吉菊始開，乃與客作《重九因次韻淵明九月九日》詩云：今日我重九，誰謂秋冬交。黄花與我期，草中實後凋。香餘白露乾，色映青松高。

又 《賓櫝記》云：宣帝異國貢紫菊一莖，蔓延數畝，味甘，食者至死不飢渴。

又 卷五《事實》《嶺南異物志》云：南方多温，臘月桃李花盡坼，他物皆先時而榮。唯菊花十一月開，蓋此物須寒乃發，寒晚，故發亦遲。

又 東坡帖曰：《夏小正》以物爲節，如王瓜、苦菜之類，驗之略不差。而菊有黄花，尤不失毫釐。近時都下菊品至多，皆智者以他草接成，不復與時節相應。始八月，盡十月，菊不絶於市，亦可怪也。黄魯直跋之曰：此何異虹藏不見而虹掛空，雷乃收聲而雷發地耶？

明 朱橚《救荒本草》卷二 六月菊 生祥符西田野中，苗高一二尺，莖似鐵桿蒿莖，葉似雞兒腸葉，但長而澀，又似馬蘭頭葉而硬短，梢葉間開淡紫花，葉味微酸澀。

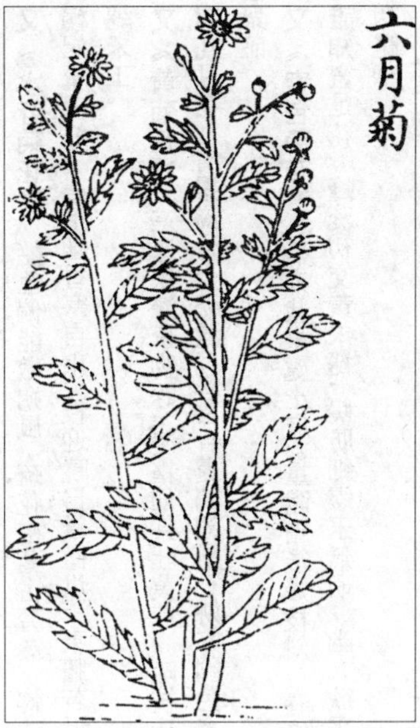

明 李日華《六研齋二筆》卷四 東流彭澤接壤，相傳淵明種菊于此，有菊所，故縣曰菊邑，江曰菊江。

明 王路《花史左編》卷四《花之辨・夏菊》 花瓣雖細，凡一二層，色黃肖菊。俗説遍地生苗者，由花稍滴露而出也，故名滴滴金，又名金錢菊。

又《文菊》 其莖丈餘，幹亦堅粗，每多直生，雖有傍枝，只生一花，大如盤盂。單瓣色黃，心皆作窠如蜂房狀，至秋漸紫黑而堅，劈而秧之，其葉類麻而尖，又名迎陽花。

明 周文華《汝南圃史》卷一〇《草木花部下・僧鞋菊》 僧鞋菊春初發苗如蒿艾，長三四尺。九月中開花，碧色，狀如僧鞋，故名。《松江府志》云：西番蓮，葉如菊，花如寶相，色淡青，與諸花異，人家間有之。蓋指此也。《浣花雜志》曰：此花最易茂，正月即發芽，不耐栽移，極喜肥地。

清 高士奇《北野抱瓮録・萬壽菊》 萬壽菊莖葉細小，花赤黃多瓣，蒂長寸許，不香而艷。其開耐久，盛於秋深，亦有傲霜之意。

清 陸廷燦《藝菊志》卷一《考・記》 終南山《五老洞碑記》：永壽，漢之好時也，出墨菊，其色如墨，古用其汁以書。

又《中外花木紀》：波斯菊一枝只一葩，倒垂如髮之鬈。

又《雜録》 王觀論菊：余竊謂古菊未有環異如今者，而陶淵明、張景陽、謝希逸、潘安仁等或愛其香，或詠其色，或采之於東籬，或泛之于酒斝，疑皆今之甘菊也。

又，余聞有麝香菊者，黃花千葉，以香得名。有錦菊者，粉紅碎花，以色得名。有孩兒菊者，粉紅青萼，以形得名。有金絲菊者，紫花黃心，以蕊得名。嘗訪于好事者，亦未之見也。

又 王龜齡云，鄂渚少黃華，有白菊。

清 雍正《浙江通志》卷一〇一《物産・杭州府》 菊 《菊譜》：南宋臨安有長沙菊、滿堂金、壽安、真珠、孩兒白，《全芳備祖》花色極多。臨安花市，菊花時製爲花塔。楊萬里《經和寧門外賣花市見菊》詩：老眼讐觀一束書，客舍莩葭菊一株。看來看去兩相厭，花意蕭條恰似無。清曉肩輿過花市，陶家全圃移在此。千株萬株都不看，一枝兩枝誰復遺。平地拔起金浮屠，瑞光千尺照碧虛。乃是結成菊花塔，蜜蜂作僧僧作蝶。菊花障子更玲瓏，翡翠六扇排屏風。金錢裝面密如積，金鈿滿地無人識。先生一見雙眼開，故山三徑何獨懷，君不見内前四時有花賣，和寧門裏花如海。

清 來集之《倘湖樵書・初編》卷一《草木雌雄》 菊之無子者號曰牡菊，燒灰撒地中，可死鼃黽，説出《周禮》。

清 俞樾《茶香室叢鈔》三鈔 卷二八《寒菊》 明李日華《紫桃軒又綴》云：寒菊十二月始花，枝葉皆柔荏，青翠燦然，榮茂於風霜冰雪之中而略無悴色，亦異品也。按：十二月菊余未之見，然菊爲壽客，自是耐久。吳下潘文恭公曾有《元日賞菊》詩，其季子玉泉觀察因瓶内菊花新春猶在，追用文恭韻賦詩，余有和作，今失記。

葵花類

論説

宋 羅願《爾雅翼》卷八《釋草・葥》 葥，戎葵。郭氏曰：今蜀葵也。似葵，華如木槿。然今蜀葵非一種，有深紅淺紅，有紫有白，莖皆相似，其開花自本以漸至末，盛夏次第開敷，光彩可觀。惟黃者特異，葉大而瓣深，有如龍爪，黃花紫心，六瓣而側。今人亦謂之側金盞，收以傅瘡腫之屬。大抵作器皿

多仿此。凡草木從戎者本皆自遠國來，古人謹而志之。今戎葵一名蜀葵，則自蜀來也，如胡豆謂之戎菽，亦自胡中來。戎者，胡蜀之總名耳。其來之始，今不復知。蜀羌髳自商時已通中國矣。

又《荍》 荍，荆葵也，蓋戎葵之類，比戎葵葉俱小，故謝氏曰：荍，小草，多華又翹起也。花似五銖錢大，色粉紅，有紫文縷之，一名錦葵。大抵似蘆菔華，故陸氏云：似蕪菁，花紫緑色，可食，微苦，是也。亦其文采相錯，故《陳風》男子悦女，比之曰「視爾如荍」，言如戎葵之葉，小而可愛也。此與戎葵異類，故《釋草》：菺，戎葵。郭氏曰：今蜀葵也，似葵，華如木槿。又曰：荍，芘芣。郭氏曰：今荆葵也，似葵，紫色。則戎葵與蜀葵，荍與荆葵，其所來各不同。《本草》蜀葵中云：小花者名錦葵，一名戎葵，功用更强。則是以此雜之蜀葵中，而又反得戎葵之名矣。崔豹《古今注》又云：荆葵，一名戎葵，一名芘芣，似木槿而光色奪目，有紅有紫，有青有白有黄，莖葉不殊，但花色有異耳。一曰蜀葵，其説戎葵、蜀葵之狀可也，混荆葵、芘芣之名於内者，非也。然今人亦通呼此爲錦蜀葵，則從其類比附之爾。又今有一種，葉纖長而多缺如鋸，花小如錦葵而極紅，每以夜半開，至午則連房脱落，謂之川蜀葵，亦云朝開暮落花。

明 李時珍《本草綱目》卷一六《草之五·蜀葵》 釋名 戎葵《爾雅》，吴葵。藏器曰：《爾雅》云，菺音堅，戎葵也。郭璞注云：今蜀葵也，葉似葵，花如木槿花。戎蜀其所自來，因以名之。時珍曰：羅願《爾雅翼》吴葵作胡葵，云胡，戎也。《夏小正》云：四月小滿後五日吴葵花。《别録》：吴葵即此也。而唐人不知退入，有名未用。嘉祐《本草》重於菜部，出蜀葵條，蓋未讀《爾雅》注及《千金方》「吴葵一名蜀葵」之文故也。今并爲一。

明 曹學佺《蜀中廣記》卷六一《方物記第三·草》 《爾雅》云：菺，戎葵，今蜀葵也。華如木槿，戎蜀蓋其所自出。《古今注》曰：戎葵一名芘芣，有紅、紫、青、白色，莖葉不殊，但花色異耳。晉傅玄曰：蜀葵，其苗似瓜瓠，既大而結，鮮紫，色耀日也。《酉陽雜俎》云：蜀戎葵，一名胡葵，大者紅，可以緝爲布，枯時燒作灰，藏火，火久不滅。花有重臺者。予聞之蜀人，燃其幹作炬，雨中猶熾。按《淳化帖》所載，唐太宗二十三日敕云：鄉昨日道服蜀葵，可録方將來。亦皆紅葵也。宋顔延之《蜀葵贊》曰：井維降精，岷絡升靈。物淑氣麗，卉草之英。渝艷衆葩，冠冕羣英。類麻能直，方葵不傾。梁王筠《蜀葵花賦》曰：惟兹奇草，遷花西道。凌金阪之威夷，跨玉津之浩浩。值油雲之廣臨，屬光風之長掃。仰椒屋而敷榮，值蘭房而舒藻。邁衆芳而秀出，冠雜卉而當闌。既扶疏而雲蔓，亦灼爍而星微。布濩交加，蓊茸紛葩。疏莖密葉，翠萼丹華。岑參《蜀葵花》詩：昨日一花開，今日一花開。今日花正好，昨日花已老。人生不得恒少年，莫惜床頭沽酒錢。請君有錢向酒家，君不見蜀葵花。

清 李漁《閑情偶寄》卷一四《種植部·草本第三·葵》 花之易栽易盛而又能變化不窮者，止有一葵，是事半于罌粟而數倍其功者也。但葉之肥大可憎，更甚于蕙。俗云：牡丹雖好，緑葉扶持。人謂樹之難好者在花，而不知難者反易。古今來不乏明君，所不可必得者，忠良之佐耳。

綜述

吴 陸璣《毛詩草木鳥獸蟲魚疏》卷上《視爾如荍》 荍，一名芘芣，一名荆葵。似蕪菁，華紫緑色，可食，微苦。

晉 嵇含《南方草木狀》卷中 蜀葵有藥一條長於花，葉上綴金屑，日光所爍，疑若焰生。一叢之上，日開數百朵，朝開暮落。插枝即活。出高凉郡。一名赤槿，一名日及。

晉 崔豹《古今注》卷中 荆葵一名戎葵，一名芘芣，華似木槿而光色奪目。有紅有紫，有青有白有赤。莖葉不殊，但花色異耳。一曰蜀葵。

晉 郭璞注 宋 邢昺疏《爾雅注疏》卷八 荍，蚍衃。注：今荆葵也，似葵，紫色。謝氏云：小草，多華少葉，葉又翹起。疏：舍人云：荍，一名蚍衃。郭云：今荆葵也，似葵，紫色。謝氏云：小草，多華少葉，葉又翹起。《詩·陳風》云「視爾如荍」。毛傳云：芘芣也。陸璣云：芘芣一名荆葵，似蕪菁，華紫緑色，可食，微苦，是也。

唐 王方慶《園林草木疏》（《説郛》卷一〇四下輯） 蜀葵，一名茙葵，本胡中葵也。花有重臺者，紅紫蜜白，鮮麗多殊色。

唐 蘇鶚《杜陽雜編》卷中 六合葵，色紅而葉類於戎葵，始生六莖，其上合爲一株，共生十二葉，内出二十四花。花如桃花，而一朵千葉。一葉六影，其成實如相思子。

宋 李昉等《太平廣記》卷四〇九《草木四·茙葵》 茙葵本湖中葵也，一名胡葵。似葵，大者紅，可緝爲布。燒作灰，藏大火，久不滅。有重臺者。

宋 鄭樵《通志》卷七五《昆蟲草木略第一·蔬類》 葵之類多，《爾雅》

曰：菺，戎葵，即蜀葵，一名菺。又曰：荍，蚍衃。注云：荆葵也，一名荍，一名蚍衃。又曰：蔠葵，蘩露。注云：落葵也，一名承露，一名藤葵，一名胡烟脂。蔓生，繞籬落，葉圓而厚，子如豆，生青熟黑，挼之則色紫，女人以漬粉傅顔爲假色。又有龍葵，一名苦葵，葉圓似排風而無毛。

宋 梁克家《淳熙三山志》卷四一《土俗類三·物產·花》 葵 有數種，蜀葵出戎蜀。《爾雅》所謂菁莪。葵花白者主痎瘧，黃者葉尖狹，夏間花，淺黃色，主瘡癧。小花者名錦葵，俗呼爲胡燕脂。

宋 陳耆卿《赤城志》卷三六 蜀葵 《爾雅》曰：眉，戎葵。釋曰：蜀葵也。一種曰夏葵，有紅白紫三色。

宋 陳景沂《全芳備祖》前集卷一四《葵花》 碎録 葵有三種，一取其花，名蜀葵；一取其葉，名蒲葵；一取其可食，名葵菜。《南方草木記》。菺戎葵，今蜀葵也。如木槿花，晉傅玄蜀葵賦序曰：其苗似瓜瓠，既大而潔鮮，黃色耀日。《爾雅志》。黃葵常傾葉向日，不令照其根。《說文》。蜀葵有檀心，色如牡丹，姚黃蕊，則蜀葵也。《本草》。黃葵，治便淋及催生，處處有之，春生苗，葉與蜀葵頗相似，葉尖狹多刻缺，夏末開花，淺黃色。與蜀葵別種，將產時取四十九粒子，研爛，温熱酒調下。小花者，名錦蜀葵，又名戎葵。《本草》。若葵藿之傾太陽。曹子建《表》。葵藿，葵菜也。《說文》。七月亨葵及菽。《豳風》。葵承露也，大莖，小葉，花紫黃色。《爾雅》。一丈紅，浙間又一種葵，俗名一丈紅，花有五色。《南方草木記》

雜著 衰荷依蔭，時藿向陽，綠葵含露，白薤負霜。《潘岳賦》布護交加，蓊茸分葩，疏莖密葉，翠萼丹花。《梁王筠賦》惟茲珍草，懷芬吐榮。挺河渭之膏壤，吸昇井之玄精，繞銅雀而疏植，映昆明而羅生。作妙觀于神洲，扇令名於東京，馳驛命而遠致，攢華林而麗庭。申脩翹之冉冉，播圓葉之青青。《虞翻賦》蝶翅堪憎，蜂鬚可妒。幾多之金粉遭竊，一點之檀心被污。《韓偓賦》

元 王禎《農書》卷八《葵》 葵，《說文》曰：菜也，有紫莖、白莖二種，葉之小者爲鴨脚葵，種出少室山中，今南北皆有之。又一種花有五色者，名曰蜀葵，不可食，《爾雅》所謂「菺，茙葵。」是也。菺音肩。按，葵爲百菜之主，備四時之饌，本豐而耐旱，味甘而無毒，供食之餘，可爲菹腊枯枿之遺，可爲榜簇子若，根則能療疾，咸無棄材，誠蔬茹之上品，民生之資助也。春宜畦種，冬宜撒種，然夏秋皆可種也。詩曰：七月亨葵。此種之早者，俗呼爲秋葵，遲者爲冬葵，崔寔曰：正月可種葵芥。又曰：六月六日種葵，中伏以後可種冬葵，時有先後，爲之在人。

明 宋詡《竹嶼山房雜部》卷一〇《樹畜部二·種花卉法》 蜀葵 葉微大，《爾雅》曰：戎葵。花深紅、淺紅、紫、白色數種，皆有重葉單葉。秋間花後只宜種子，凌冬不凋，春雨時移，澆之肥則多重葉。

又 錦葵 葉大而肥厚，花小。《爾雅》曰：荍曰蚍虾。注曰：今荆葵也。荍音翹，蚍音毘，虾音浮。深紅色花，淺紅色花。皆單葉。種同蜀葵。

又 黃葵 葉如芙蓉花，色正黃而大。二月以子播種。

明 李時珍《本草綱目》卷一六《草之五·蜀葵》 集解 頌曰：蜀葵似葵，花如木槿花，有五色。小花者名錦葵，功用更强。時珍曰：蜀葵，處處人家植之，春初種子，冬月宿根亦自生苗，嫩時亦可茹食。葉似葵菜而大，亦似絲瓜葉，有歧。又過小滿後，長莖高五六尺，花似木槿而大，有深紅、淺紅、紫黑、白色，單葉、千葉之異。昔人謂其疎莖密葉，翠萼艷花，金粉檀心者，頗善狀之。惟紅白二色入藥。其實大如脂頭，皮薄而扁，内仁如馬兜鈴仁及蕪荑仁，輕虛易種。其楷剥皮可緝布作繩。一種小者，名錦葵，即荆葵也。《爾雅》謂之荍，音喬，其花大如五銖錢，粉紅色，有紫縷文掌。禹錫《補注本草》謂此即戎葵，非矣。然功用亦相似。

明 高濂《遵生八牋》卷一六《燕閒清賞牋下·戎葵即蜀葵》 出自西蜀。其種類似不可曉。地肥善灌，花有五六十種奇態，而色有紅紫、白、墨紫、深淺桃紅、茄紫，雜色相間。花形有千瓣，有五心，有重臺，有剪絨，有細瓣，有鋸口，有圓瓣，有五瓣，有重瓣種種，莫可名狀。但收子以多爲貴。八九月間鋤地下之，至春初删其細小茸雜者另種，餘留本地，不可缺肥，五月繁華，莫過於此。

又《錢葵即錦茄花》 花葉如葵，稍矮而叢生，花大如錢，止有粉間深紅一色，開亦耐久。

又《秋葵花》 色蜜心紫，秋花，朝暮傾陽，此葵是也。秋盡收子移種。

明 徐炬《新鐫古今事物原始全書》百花卷二四《葵花》 恐是牡丹重換紫，又疑芍藥雨翻紅。

葵有黃白紅紫數種，其來自蜀，故名蜀葵。然能自衛其足，又名衛足。蜀葵爲百菜之王，花之小者名錦葵，一種名錢葵，其叢低，千葉可愛。一種秋葵，葉如鷄足，其色黃，開於秋，檀蒂白心，黃花綠葉。

明 王路《花史左編》卷五《花之侯·蜀葵》 收子以多爲貴，八九月開，

鋤地下之，至春初删其細小茸雜者另種，餘留本地，不可缺肥。五月繁華，莫過於此。叢生滿庭，花開最久，至七月中尚蕃。

又《**秋葵**》秋盡收子，春下種，色蜜心紫，秋花，朝暮傾陽，此葵是也。

又 卷一八《**花之證·葵花**》《格物叢話》：葵花之種不一，黄如木槿，檀心，與姚黄或白，或紅，或紫，黄色葉相類者，名蜀葵。花之小者名錦葵，大名茂葵，俗號曰一丈紅。

《説文》：黄葵常傾葉向日，不令照其根。

《左傳》：癸酒能衛其足。

又 卷四八《**花之宜·蜀葵花**》其花可收乾，入香炭墼内，引火耐燒，葉可收染紙色，取爲葵箋是也。

明 周文華《**汝南圃史**》**卷一〇**《**草本花部下·葵**》葵花三種。一曰蜀葵，有紅、白、紫、墨、淺深數色。白者微香，八月下種，十月移栽，明年四月始花。當年撒者無花，土肥則單葉成千葉。《爾雅翼》云：菺，戎葵。郭氏曰：今蜀葵也。似葵，花如木槿。然今蜀葵非一種，有深紅、淺紅，有紫，有白，莖皆相似，其開自本以漸至末。盛夏次第開敷，光彩可觀。凡草木從戎者，本皆自遠國來，古人謹而志之。今戎葵一名蜀葵，則自蜀中來也。《酉陽雜俎》云：蜀葵可緝以爲布，枯時燒作灰，藏火，火久不滅。《農桑撮要》云：俟花開盡，帶青取其楷，勿令枯槁，水中漚一二日，取皮作繩用。《瑣碎録》云：蜀葵束作火把，猛雨不滅。遠行宜備。《菽園裸記》云：常見一士人家《葵軒卷》中記序題詠皆形狀今蜀葵花，蓋不知傾陽衛足，自是冬葵可食者，《詩》「七月烹葵及菽」、「公儀休援園葵」是也。二曰錦葵，花小，初夏盛開，莖長六七尺，花綴於枝，亭亭如旌幢，繁麗可愛，一名荍，亦名芘芣。《爾雅翼》云：荍，荆葵也。蓋戎葵之類，比戎葵花葉俱小，故謝氏曰：荍，小草，多花又翹起也。花大如五銖錢，色粉紅，有紫紋鏤之，大抵似蘿蔔花。故陸氏云：似蕪菁，花紫緑色，可食，微苦是也。亦其文采相錯。故《陳風》男子悦女，比之曰「視爾如荍」，言如葵花之小而可愛也。有三種，紫、白、粉紅。今人家園圃中唯見紫與粉紅，而白者絶少。三曰秋葵，《本草衍義》曰：黄葵，花與蜀葵别種，非謂蜀葵中有黄色也。蓋黄葵葉尖狭多缺，如龍爪，紫心六瓣而側，人謂之側金盞，與蜀葵不同。今作器皿多仿之。二月下種，七月開花，九月結子，收花不犯手。

明 文震亨《**長物志**》**卷二**《**花木·葵花**》葵花，種類莫定。初夏花繁葉茂，最爲可觀。一曰戎葵，奇態百出，宜種曠處。一曰錦葵，其小如錢，文采可玩，宜種堦除。一曰向日，别名西番蓮，最惡。秋時一種，葉如龍爪，花作鵝黄者，名秋葵，最佳。

明 陳正學《**灌園草木識**》**卷一**《**花之屬·黄葵**》今犀杯多刻此花樣，俗名山吉貝。

又《**向日葵**》草本，如蓼。枝頭作花一朵，只是東向，花大如鉢，外瓣兩重，金黄色，微香，中如蓮蓬，又如蜂窠。

又《**一丈紅**》一名蜀葵，一名紅葵。

明刻本《**花史**》**夏集**《**葵花**》《爾雅》：蜀葵如木槿花。《本草》：蜀葵有檀心色，如牡丹姚黄蕊。《花經》曰：錢葵叢低，千葉可愛，止有粉間深紅一色開久，即錦茄花。

戎葵出自西蜀，其種類似不可曉。花有五六十種奇態，而色有紅、紫、白、黑紫、深淺桃紅、茄紫，雜色相間。花形有千瓣，有五心，有重臺，有剪絨，有細瓣，有鋸口，有圓瓣，有五瓣，有重瓣，種種莫可名狀。

種法　收子以多爲貴，八九月間鋤地極熟，一下之，至春初删其細小茸雜者另種，餘留本地，不可缺肥。五月繁莫過于此。

成化甲午倭人入貢，見葵不識，因問其故。國人紿之曰：一丈紅。其人以紙狀其花，題云：花於木槿花相似，葉與芙蓉葉一般。五尺闌干遮不盡，尚留一半與人看。

又 秋集《**秋葵**》《花經》曰：秋葵色黄，葉如雞足，放花于秋，與葵相似，故名秋葵。檀蒂白心，黄花緑葉。

種法　二月撒子于畦中，隨手高下不移。

明 馮復京《**六家詩名物疏**》**卷三〇**《**葵**》按《爾雅》云：菺，戎葵。即今之蜀葵也。又云：荍，蚍衃，即今之錦葵也。又云：蔠葵，蘩露。即本草之落葵也。又云：莃，菟葵，似葵而小葉者是也。《本草》又有黄蜀葵、龍葵，皆非此。七月所烹之葵，七月所烹者即今秋葵爾。

清 曹溶《**倦圃蒔植記**》**卷中**《**花卉二·葵**》宋戎州蔡次律家軒外有餘甘子，名之曰味諫軒。友人某某庭植葵花，予戲名爲表忠館。味諫軒、表忠（差）館，堪對耦矣。予按葵花種類莫定，一曰茂葵，奇態百出，蜀漢《花經》所載者是。次曰錦葵花，小如錢，文采可玩。一名荍，亦名芘芣，《詩》云「視爾

如莪，貽我握椒」者是。又次曰秋葵，葉如龍爪，花作鵝黄，今人名爲側金盞者是。大抵蜀葵性喜肥地。收子曬乾，鋤地令熟，秋末種之，春初删去繁細，常以肥壅灌之。五月繁華，莫過於此。秋葵種子宜在春時，以手高撒，梗亦長大。

清 陳淏子《秘傳花鏡》卷五《花草類考・蜀葵》 蜀葵，陽草也。一名戎葵，一名衛足葵，言其傾葉向日，不令照其根也。來自西蜀，今皆有之。葉似桐大而尖，花似木槿而大，從根至頂次第開出，單瓣者多。若千葉、五心、重臺、剪絨、鋸口者，雖有而難得。若栽於向陽肥地，不時澆灌則花生奇態。而色有大紅、粉紅、深紫、淺紫、純白、黑色之異。好事者多雜種於園林，開如繡針奪目。八月下種，十月移栽，宿根亦發，嫩苗可食。當年下子者無花。其梗漚水中一二日，取皮作綫，可以爲布，林梗燒作灰，藏火耐久不滅。

清 高士奇《北墅抱瓮録・錦葵》 錦葵，花小如錢，文彩斑斕可愛。高不過一二尺，而蓓蕾攢簇，吐萼盈枝。梅雨淹旬，賴此花點綴，不至寂寞。

又《戎葵》 葵有數十種，因色之淺深，瓣之單複，各成一類。余前居苑西時，植之最多。自四月至十月，花開不斷。今園居地大，尤得栽莳。葵愛日而不喜肥，但以清水灌之，一莖百蘂，灼灼照人，諸色間雜，尤極絢爛。

清 張逸少 汪灝等《佩文齋廣羣芳譜》卷四六《蜀葵》 蜀葵，一名戎葵。《爾雅》云：菺，戎葵。注云：今蜀葵也，似葵，花如木槿華。疏云：戎蜀，蓋其所自也，因以名之。一名吴葵。《爾雅翼》作胡葵。一名一丈紅。《草木記》云：浙中人種葵，俗名一丈紅，有五色。

又 肥地勤灌，可變至五六十種，色有深紅、淺紅、紫白、墨紫、深淺桃紅、茄子藍數色。《學圃餘疏》云：黑者如墨，藍者如靛。形有千瓣、五心、重臺、重葉、單葉、翦絨、鋸口、細瓣、圓瓣、重瓣數種。五月繁華，莫過於此，庭中籬下，無所不宜。莖有紫白二種，白者爲勝。

又 實大如指頂，皮薄而扁，子如蕪荑仁，輕虚易種。收子以多爲貴。八九月間鋤地下種，冬有雪輒耮之，勿令飛去，使地保澤，無蟲災。至春初删其細小，餘留在地，頻澆水，勿缺肥，當有變異色者。發生滿庭，花開最久，至七月中尚蕃。大風雨後，即宜扶起壅根，少遲，其頭便曲，不堪觀矣。尋千葉者四五，種牆籬向陽處，間色種之，幹長而直，花豔而久，勝種鶯粟十倍。

又《錦葵》 錦葵一名荍。《爾雅》云：荍，蚍衃。注云：今荆葵也。似葵，紫色。疏云：小草，多花少葉，葉又翹起。一名芘芣。《詩傳》云：荍，芘芣也。叢低，葉微厚，花如小錢，文彩可觀。又名錢葵，色深紅、淺紅、淡紫，皆單葉，開亦耐久。《詩・陳風》「視爾如荍」即此種，同蜀葵。

又 卷四七《秋葵》 秋葵，與葵相似，故名秋葵，朝夕傾陽，此葵是也。《本草》作黄蜀葵。寇宗奭云：與蜀葵别種，非蜀葵中黄者也。一名側金盞，莖高六七尺，葉如芙蓉，深緑色。開岐叉有五，尖如人爪形，狹而多缺。六月放花，大如椀，鵝黄色，紫心六瓣而側，雅淡堪玩。朝開午收暮落，隨即結角，大如拇指，長二寸許。本大末尖，六棱有毛，老則黑色，其棱自綻，内有六房，子纍纍在房内，狀如蓖麻子，色黑，秋盡收。二月種，以手高撒，梗亦長大。花子及根氣味並甘，寒滑，無毒，爲催生妙藥。子宜浸油，治瘡塗湯火傷。

清 雍正《畿輔通志》卷五六《土産》 葵 有冬葵、戎葵、菟葵、向日葵、黄葵、錦葵、蜀葵諸種。

清 乾隆《福建通志》卷一〇《物産》 蜀葵 《爾雅》云：菺，戎葵。釋曰：即今蜀葵，亦名戎葵。蓋戎蜀所自出，因以名之。花有紅、白、紫、淡紅數色，小花者名錦葵。又有一種，葉尖狹多刻缺，花淡黄，心下有紫檀色，名黄蜀葵。

清 乾隆《盛京通志》卷一〇六《物産・花類》 蜀葵 花色不一，俗呼黍菊花。紫者可染色，紅白者可治疾。一種莖短花小而單者，錦葵也，俗呼小黍菊。又兔葵，黑龍江土人呼曰鬼臉葵。

清 鄒一桂《小山畫譜》卷上《蜀葵》 草本，高可盈丈，花五出，千葉者貴。色有大紅、桃紅、粉紅、純白、牙色、墨色、碧色。瓣圓鋸不一，苞蒂蘂如槿花，有柄，開於葉間。結子圓砌如磨，苞裹之葉大如芙蓉，而五出。鋸齒筋密，花如碗大，黄心，叢穟，頂白鬚數莖，五月開。

又《秋葵》 草本，一名側金盞，七月開。幹丈餘，葉六七出，形如雞爪而鋸齒。花開葉間，色青黄六出，大如碗。瓣上有絲，内紫色，中抽一心著黄粉，末紫色，亦六出。苞大微紅，蒂尖長，緑色。此花開時下垂，結子六角，尖鋭如稷，向上，又名黄葵，七月開。

又《錦葵》 葉圓微有缺，花小如錢，五出，紫色，瓣上赤紋如石竹，黄心類蜀葵而小，蘂繁叢生，葉間高四五尺，單瓣。

清 謝堃《花木小志・秋葵》 一名雞脚葵，蓋葉似雞脚而名之。幹長四五尺許，一箭數花，五出，黄色而豔，心亦五出，紫黑色，間有白色，甚難得。

清 鄭績《夢幻居畫學簡明》卷三 葵有蜀葵、吴葵、鴨脚葵，各種不一，

【略】鴨脚葵，即秋葵也。因其葉開五尖，形如鴨脚，故名。五六月開，花大如碗，六瓣，淡黄，丹心，朝夕傾陽。

清 姚炳《詩識名解》卷一《葵》 葵，《豳風·七月》篇。葵種類不一，有丘葵，《廣雅》所謂蘬是也。有胡葵，《廣志》所謂其華紫赤是也。有蜀葵，一名衛足葵，一名戎葵。《釋草》所謂「菺，戎葵」是也。又有黄蜀葵、錦葵，與蜀葵相似而各别種，花葉小大亦殊。有終葵，《釋草》所謂「蔠葵，繁露」是也。別有落葵、天葵、承露藤葵諸名。有龍葵，《本草》謂即關河間呼若菜者是也；有菟葵，《釋草》所謂「莃，菟葵」是也。有荆葵，舊謂即荍，《釋草》謂之蚍衃者，以無葵名，今别見有蒲葵，葉大可作扇者是也；有楚葵，《釋草》所謂「芹，楚葵」是也。有澤葵，即莓苔，鮑昭《蕪城賦》所謂「澤葵依井」是也。有鳧葵，一名茆毛，《傳》所謂「茆，鳧葵」是也。又有吴葵，鴨脚葵，春葵，秋葵，冬葵，紫莖葵，白莖葵，是不一名。若蜀葵諸類，或可食，或不可食，雖皆名葵，非葵菜耳。葵菜但有紫白之分，大約四五月種者可留子，六七月種者爲秋葵，八九月種者爲冬葵，正月復種者爲春葵。王禎《農書》云「葵爲百菜之主，備四時之饌，可以防荒儉，可以爲菹臘」是也。

藝文

南朝 梁 王筠《蜀葵花賦》（《歷代賦彙》卷一二三輯） 惟兹奇草，遷花西道。凌金坂之威夷，跨玉津之浩浩。值油雲之廣臨，屬光風之長埽。仰椒屋而敷榮，值蘭房而振藻。邁衆芳而秀出，冠雜卉而當闌。既扶疏而雲蔓，亦灼爍而星微。布濩交加，蓊茸紛葩。疏莖密葉，翠萼丹華。

南朝 陳 虞繁《蜀葵賦》（《歷代賦彙》卷一二三輯） 惟兹珍草，懷芬吐榮。挺河渭之膏壤，吸昴井之玄精。繞銅爵而疏植，映昆明而羅生。作妙觀於神州，扇令名於東京。馳驛命而遠致，攢華林而麗庭。申修翹之冉冉，播圓葉之青青。

宋 梅堯臣《宛陵集》卷三二《葵花》 此心生不背朝日，肯信衆草能翳之。真似節旄思屬國，向來零落誰能持。

宋 劉安《給事集》卷一上《葵花》 物性不可奪，葵藿傾太陽。爲臣兹取節，萬古有餘芳。

元 許衡《魯齋遺書》卷一一《繼人葵花韻》 蜀葵花色耀深濃，偏稱修叢映短叢。絳臉有情争向日，錦苞無語細含風。舒開九夏天真秀，壓倒千年畫史工。但恨主人貧且窶，不教相對舞衣紅。

元 虞集《道園學古録》卷二九《黄蜀葵》 花萼立清晨，鵝黄向日新。金杯承玉露，偏醉蜀鄉人。

元 許有壬《至正集》卷一九《崇真宫葵花》 繞砌亭亭晝影閒，相逢幸及未開殘。紅妝洗露尤宜曉，素性傾陽不畏寒。聖化薰陶等燕越，仙家培植有殷韓。江山信美非吾土，且向西風笑倚闌。

元 舒頔《貞素齋集》卷七《寓居窗外葵花盛開可愛》 窗外花開一丈紅，數枝穠淡倚牆東。寸心也學傾朝日，二色相依競晚風。猶記昔年栽館地，又看佳節走兒童。蒲葵在眼龍舟歇，不道飄零尚梗蓬。

元 陳基《夷白齋稿外集》卷上《蜀葵花》 水晶宫裏是仙鄉，新製黄裳怯嫩凉。獨倚西風無與語，漫將心事訴朝陽。

明 高啓《大全集》卷六《葵花》 豔發朱光裏，叢依緑蔭邊。夕同山蕣落，午並海榴燃。幽馥流珍簟，鮮輝照藻筵。羣芳已謝嘗，孤植轉成憐。

明 于謙《忠肅集》卷一一《庭前葵花盛開詩以賞之》 庭院深沉白日長，羣芳無處避炎光。獨將翠葉承朝露，自吐丹心向太陽。夜短不愁花睡去，春歸何用蝶飛忙。關情相對薰風裏，牋把新詩詠錦囊。

明 邵寶《容春堂續集》卷五《黄葵》 花到秋葵淺著黄，有根還自保無傷。野人寸赤能如此，應託芹衷獻上方。

明 朱誠泳《小鳴稿》卷七《黄葵花》 秀毓中央正色深，花開朵朵盡黄金。道妝莫説無妖豔，自有傾陽一點心。

明 王慎中《遵巖集》卷三《詠署中牆下葵花》 兹葵敷正色，韡韡比兼金。細蘂盈方寸，脩莖聳直尋。成陰徒衛足，背日枉傾心。猶有孤根在，蓬蒿何太侵。

明 羅洪先《念菴文集》卷二〇《葵花》 紅葵赤葵如曉霞，不見天地不逕斜。報道故人須早至，庭前尚有未開花。

雜録

唐 段成式《酉陽雜俎》卷一九 蜀葵可以緝爲布，枯時燒作灰藏火，火久不滅。花有重臺者。

形狀今蜀葵花，蓋不知傾陽衛足，自是冬葵可食者，《詩》「七月亨葵」及菽公儀「休拔園葵」皆是也。

明　陸容《菽園雜記》卷一二　嘗見一士人家《葵軒卷》中，記序題詠皆形狀今蜀葵花，蓋不知傾陽衛足，自是冬葵可食者，《詩》「七月亨葵」及菽公儀「休拔園葵」皆是也。

蘭花

論說

宋　鄭樵《通志》卷七五《昆蟲草木略第一・草類》　蘭即蕙，蕙即薰，薰即零陵香。《楚辭》云「滋蘭九畹，植蕙百畝」，互言也。古方謂之薰草，故《名醫别録》出薰草條。近方謂之零陵香，故《開寶本草》出零陵香條。《神農本經》謂之蘭。臣昔修本草，以三條貫於蘭後，明一物也。臣謹案：蘭舊名煎澤草，婦人和油澤頭，故以名焉。《南越志》云：零陵香，一名燕草，又名薰草，即香草，生零陵山谷，今湖嶺諸州皆有。又《别録》云：薰草，一名蕙草。明薰蕙之爲蘭也，以其質香，故可以爲膏澤，可以塗宮室。近世一種草，如茅葉而嫩，其根謂之土續斷，其花馥郁，故得蘭名，誤爲人所賦詠。

宋　羅願《爾雅翼》卷二《蘭》　蘭是香草之最，而古今沿習，但以蘭草當之。陸璣解溱洧所秉之蕳，以爲蕳即蘭也，莖葉似澤蘭，廣而長節，節中赤，高四五尺。漢諸池館及許昌宮中皆種之，可著粉，中藏衣著書中，辟白魚。劉次莊《説樂府》又引《離騷》「秋蘭兮青青，緑葉兮紫莖」，以爲沅澧所生，花在春則黄，在秋則紫，春黄不若秋紫之芳馥。二家所説皆是。蘭草，一名都梁香，一名水香，以之解秉蕳可也，何關古之所謂蘭乎？予生江南，自幼所見蘭蕙甚熟。蘭之葉如莎，首春則茁，其芽長五六寸，其杪作一花，花甚芳香。大抵生深林之中，微風過之，其香藹然達於外，故曰：「芝蘭生於深林，不以無人而不芳。」又曰：「株穢除號蘭芷覩。」以其生深林之下。似慎獨也，故稱幽蘭。與蕙甚相類。其一幹一花而香有餘者蘭，一幹五六華而香不足者蕙。今野人謂蘭爲幽蘭，蕙爲蕙蘭，其名不變於古。然江南蘭只春芳，荆楚及閩中者秋復再芳，故有春蘭秋蘭。至其緑葉紫莖，則如今所見，大抵林愈深而莖愈紫爾。近世惟黄太史豫章人説蘭蕙合此，餘皆蘭草。蘭草生水傍，非深林之物，又稱紫莖而解以紫花，皆非其理矣。蘭爲王者香草，故夢蘭者以其有國香。《離騷》：滋蘭九畹，植蕙百畝，留夷揭車則畦之，杜衡芳芷則雜種之。又云：覽椒蘭其若茲號，又況揭車與江離。可知蘭之最貴，而説者稱古者之摯。天子鬯，諸侯蕙，大夫芝蘭，士庶人艾，則蘭何以爲王者之草也。蘭雖天子諸侯所服，又女子之事，故古者女子佩之。《左傳》曰「季蘭尸之」，言有齊季女佩蘭而尸祭事。又燕姞夢天與蘭，亦曰人服媚之。文公遂與之蘭而御之。内則曰婦，或賜之茝蘭，則受而獻諸舅姑。此蘭女事，故一名女蘭。《淮南子》曰：男子植蘭，美而不芳。繼子得食，肥而不澤。情不相與往來也。屈平「滋蘭之九畹」，蓋知愛芳矣，而植之者非其人，所以不免於萎絶也歟。

又《熏草》　蘭蕙之名實，已詳辨之諸家説。蕙乃蕙草，蓋即薰草，今之零陵香，南越名燕草者。《西山經》曰：浮山有草，名曰薰草，麻葉而方莖，赤華而黑實，臭如蘼蕪，可以已厲，蓋能去惡臭，令身香，故古之祓除以此草熏之，因謂之薰草。齊得管仲，三釁三浴之。釁，或爲薰是也。古稱薰蕕不同器而藏，又曰「一薰一蕕，十年尚猶有臭」。以薰香而蕕臭，慮爲臭所奪故也，未始以爲蕙。至王逸《章句》始云：菌，薰也，葉曰蕙，根曰薰。陳藏器亦云：薰草一名蕙草。薰草爲蕙，蓋始於此。古今稱蕙草晚，莫知其説。《博物志》乃云：君子國多薰華之草，薰華朝生而夕死。然則蕙草之晚，蓋亦謂薰。又《七諫》曰：飲菌若之朝露。言此草既朝生而夕死，則飲其露者尤不可遲也。《莊子》所謂朝菌，豈亦謂此耶？然司馬云「大芝」，支遁云「舜華」，許慎云「朝生暮死之蟲」，其説各異，故不可得而一。

宋　張淏《雲谷雜記》卷一　《史記・司馬相如傳》：蕙圃衡蘭。司馬貞索隱曰：《本草》云薰草，一名蕙。陸農師《埤雅》：蕙，今之零陵香也。邵氏《聞見後録》：魯直《蘭説》云：一幹一花而香有餘者蘭，一幹五七花而香不足者蕙。非也。蕙，今零陵香，又名薰。所謂「一薰一蕕」者也。又《墨客揮犀》及潘子真詩話亦皆云：蕙，今零陵香也。予謂古人以蘭蕙對言者，正以二物花葉既相似，芳氣亦相若，實爲儕類，故舉蘭必及蕙，如「滋蘭九畹，樹蕙百畝」、「光風轉蕙泛崇蘭」者是也。今既以零陵香爲蕙，不知以何物爲蘭耶？魯直以一幹一花爲蘭，一幹五七花爲蕙，可謂真識蘭蕙者也。而邵公濟反以爲非，亦由司馬貞倡其誤于前也。原其所以致誤者，由讀《本草》不熟耳。《本草》：零陵香一名蕙草，根名薰，故又謂之薰草。諸公見零陵香有蕙草之名，故斷然以蕙爲零陵香，殊不知《本草》中又自别有蕙，實一種。云是

蘭蕙之蕙，此正一幹六七花者也。以其實可用，故云蕙實。如此，則蕙與零陵香各爲一物甚分明，何諸公之未審也。大率物之名字偶爾相同者甚多，要在博考而詳究，最不可于疑似未辨之間而遷就其説。蓋相承稍久，則二物并而爲一，卒至于不可辨云。

又　司馬相如云「蕙圃衡蘭」，張揖于《史注》云「蘭，秋蘭」，顏師古于《漢書注》云：蘭，即今之澤蘭。《文選》郭璞《江賦》「䙬以蘭紅」，李善注：蘭，澤蘭也。予按：蘭非一種，馬蘭、澤蘭、山蘭、蘭草皆見之《本草》中，但相如既與蕙并言之，則非澤蘭矣。澤蘭七月間開花，似薄荷，其香甚微，初無芳馨可取，衹堪入藥，李善、顏師古指以爲蘭，蓋二公未嘗親識所謂蘭者。劉仲馮《漢書刊誤》云：澤蘭自别一種草，非蘭也。蘭，今管城多有，苗如麥門冬，長大，花黄紫兩色。又寇宗奭《本草衍義》云：蘭草，諸家之説異同，是未曾的識，故無定論。葉不香，惟花香。今江陵澧州山谷間頗有，多生于陰地幽谷。葉如麥門冬而闊且韌，長及一二尺，四時常青，花黄中間有細紫點。有春芳者爲春蘭，色深；秋芳者爲秋蘭，色淡。秋蘭稍難得。二蘭移植小檻中，置座右，花開時滿室盡香，與他香别。仲馮、宗奭二説可謂詳的，張揖之注蓋得之矣。其以秋爲言者，蓋秋花芳烈勝于春花，且極難得，所以爲貴，古人多稱之。

宋　趙時庚《金漳蘭譜》卷上《品蘭高下》　余嘗謂天下凡幾山川，而其支派源委與夫人跡所不至之地，其間山坳石罅，斜谷幽竇，又不知其幾何。歲遇古之修竹，矗空之危木，靈種覆護，溪澗盤旋，森羅蔽道，暉陽不燭，泠然泉聲，磊乎萬狀。隨地之異則所産之多，人賤之蔑如也。倏然經乎樵牧之乎而見駭然識者，從而得之，則必攜持。登高岡，涉長途，欣然不憚其勞，中心之所好者，何邪？不能以售販而置之也。其他近城百里淺小去處，亦有數品可服，何必求諸深山窮谷？每論及此，往往啓識者。雖有不韙之誚，毋亦地邇而氣殊，葉萎而花蠹，或不能得培植之三昧者耶？是故花有深紫，有淺紫，有深紅，有淺紅，與夫黄白、緑碧、魚魫、金鏤邊等品，是必各因其地氣之所鍾而然，意亦隨其本質而産之歟？抑其皇穹儲精，景星慶雲，垂光遇物而流形者也？噫！萬物之殊亦天地造化施生之功，豈予可得而輕哉？竊嘗私合品第而類之，以爲花有多寡，葉有强弱，此固因其所賦而然也。苟惟人力不知，則多者從而寡之，强者又從而弱之，使夫人何以知其蘭之高下，其不誤人者幾希。嗚呼！蘭不能自異而人異之耳。故必執一定之見，物品藻之，則有炎然之性在，况人均一心，心均一見，眼力所至，非可語也。故紫花以陳夢爲甲，吴、潘爲上品。中品則趙十四、何蘭、大張青、蒲統領、陳八尉、淳監糧。下品則許景初、石門紅、小張、蕭仲和、何首座、林仲孔、莊觀城。外則金殿邊爲紫花奇品之冠也。白花則濟老、竈山、施花、李通判、惠知容、馬大同爲上品，所爲鄭少舉、黄八兒、周染爲次，下品夕陽紅、雲矯、朱花、觀堂主、青蒲、名第、弱卿、王小娘者也，趙花又爲品外之奇。

又《天地愛養》　天不言而四時行，百物生。蓋歲分四時，生六氣，合四時而言之，則二十四氣以成其歲功。故凡盈穹壤者皆物也，不以草木之微、昆蟲之細而必欲各遂其性者，則在乎人因其氣候以生全之者也。彼動植者非其物乎？及草木者非其人乎？斧斤以時入山林，數罟不入洿池，又非其能全之者乎？夫春爲青帝，回馭陽氣，風和日暖，蟄雷一震而土脈融暢，萬彙蘗生，其氣則有不可得而揜者。是以聖人之人則順天地以養萬物，必欲使萬物得遂其本性而後已。故爲臺太高則捶陽，太低則隱風，前宜面南，後宜背北，蓋欲通南薰而障北吹也。地不必曠，曠則有日，亦不必狹，狹則蔽氣。右宜近林，左宜近野，欲引東日而避西陽。夏遇炎熱則蔭之，冬逢沍寒則曝之。下沙欲疏，疏則連雨不能淫。上沙欲濡，濡則酷日不能燥。至於插引葉之架，平護根之沙，防蚯蚓之傷，禁螻螘之穴，去其莠草，除其細蟲，助其新篦，剪其敗葉，此則愛養之法也。其餘一切窠蟲族類皆能蠹花，並可除之，所以封植、灌溉之法詳載於後卷。

宋　王貴學《王氏蘭譜・品第之等》（《説郛》卷一〇三上輯）　涪翁曰：楚人滋蘭九畹，植蕙百畝，蘭少故貴，蕙多故賤。予按《本草》，薰草亦名蕙草，葉白。蕙根曰薰。十二畝爲畹，百畝自是相等。若以一幹數花而蕙賤之，非也。今均目曰蘭。天下深山窮谷，非無幽蘭。生於漳者，既盛且馥，其色有深紫、淡紫、真紅、淡紅、黄白、碧緑、魚魫、金錢之異，就中品第，紫蘭陳爲甲，吴潘次之。如趙如何、如大小張、淳監粮、趙長秦峽州邑名、紫蘭、景初以下，又其次。而金棱邊爲紫袍奇品。白蘭竈山爲甲，施花惠知客次之，如李、如馬、如鄭、如濟老、十九蕊、黄八兒、周染以下，又其次。而魚魫蘭爲白花奇品，其本不同如此。或得其人，或得其名，其所産之異其名，又不同如此。

宋　謝翺《楚辭芳草譜・蘭》（《説郛》卷一〇四下輯）　《離騷》云：滋蘭

九畹。又云：光風轉蕙氾崇蘭。蘭草大都似澤蘭，其香可着衣帶者是。《素問》云：治之以蘭，除陳氣也。皆槩指香草可見。

又 蕙，大抵似蘭，皆柔荑。其端作花，蘭一荑一花，蕙一荑五六花，香次于蘭。《楚辭》蘭每及蕙，畹蘭而畝蕙也。氾蘭而轉蕙也，蕙殺蒸蘭藉也。

宋 戴侗《六書故》卷二四《植物四》 蘭 蘭，洛干切，芳草也。春蘭葉細，夏蘭葉細而長，秋蘭葉大而澤，冬蘭葉差大，葉皆不冬凋。春蘭一幹一華，夏秋冬一幹十數花。四時之蘭，芬馨最於衆芳。《本草》曰：蘭與澤蘭相似，生水旁。紫莖赤節，高四五尺，綠葉光潤，纖長有岐，葉陰小紫。五六月華，華紅白色而香，一名都梁，一名水香，又名燕尾香。澤蘭葉鐵，微有毛，方莖。按傳曰：鄭穆公予燕姞蘭而御之，曰以蘭有國香，人服媚之。又《楚辭》曰：秋蘭兮青青，綠葉兮紫莖。又曰：紉秋蘭以爲佩。朱子曰：今所謂蘭，雖香而不可佩，本草所指是也。按，《離騷》引物如荷衣蕙帶之類，皆託辭也，佩蘭之說亦未可徵。然以《左氏傳》考之，則蘭固古人所服佩，容臭之物也。澤生者曰澤蘭，木生者曰木蘭，以類推之，則《本草》所指，正古所謂蘭也。但蘭芷之蘭，今不聞服佩，而四時之蘭，獨著於今，予故兩著之。

明 宋濂《文憲集》卷二七《辨蘭》 王度記曰：古者之摯，天子鬯，諸侯薰，大夫蘭，士茝。則蘭爲瑞草而取貴於世也，尚矣。然其種有九，而九之中又有山澤二者之殊。生於山者其葉類茅，當春氣初發，有莖出其荄，長可六寸，而一華冠其顛，華絶香。每行逶迤深谷間，微風忽過，而清馨悠悠遠聞，故昔人有云「芝蘭生於深林，不以無人而不芳。」此花質易萎而不可佩服者也。生於澤者廣而長節，節中亦高四尺。漢諸池苑及許昌宮中皆種之以降神。或雜粉中藏衣，皆取其芬芳耳，即所謂蘭，又所謂都梁香。故昔人之言「士女秉蘭，必於溱洧之曲」，然華葉俱香而可紉佩者也。澤中之蘭，吴郡陸機明之，山中之蘭，豫章黄庭堅始能詳著其說。或者不察二者之異，徒泥佩帨茝蘭之文，力觝庭堅爲非。於是學者始病不知所從矣。京口徐仲輝性愛蘭，室之東西列植者皆蘭也。金華宋濂，故爲作《辨蘭》。雖然，草之類夥矣，其難辨者亦衆矣。唐，一物也，許慎以爲菜名，郭璞以爲今之菟絲也。綠竹，一物也，陸元恪以爲草名，李石以爲今之篁竹也。矧蘭乎哉！仲輝更求博雅君子質之，慎毋以予言爲足信也。

明 李時珍《本草綱目》卷一四《草之三・蘭草》 正誤 寇宗奭曰：蘭草，諸家之說異同，乃未的識，故無定論。今江陵鼎澧州山谷之間頗有之，山外平田即無。多生陰地幽谷，葉如麥門冬而闊且韌，長及一二尺，四時常青，花黄綠色，中間瓣上有細紫點。春芳者爲春蘭，色深，秋芳者爲秋蘭，色淡。開時滿室盡香，與他花香又別。朱震亨曰：蘭葉稟金水之氣而似有火，人知其花香之貴而不知其葉有藥方，蓋其葉能散久積陳鬱之氣，甚有力，即今之栽置座右者。時珍曰：二氏所說乃近世所謂蘭花，非古之蘭草也。蘭有數種，蘭草澤蘭生水旁，山蘭即蘭草之生山中者。蘭花亦生山中，與三蘭迥別。蘭花生近處者葉如麥門冬而春花，生福建者葉如管茅而秋花。黄山谷所謂「一幹一花爲蘭，一幹數花爲蕙」者，蓋因不識蘭草蕙草，遂以蘭花强生分別也。蘭草與澤蘭同類，故陸機言蘭似澤蘭，但廣而長節。《離騷》言其綠葉紫莖素枝，可紉，可佩，可藉，可膏，可浴。《鄭詩》言士女秉蕑。應劭《風俗通》言尚書奏事，懷香握蘭。《禮記》言諸侯贄薰，大夫贄蘭。《漢書》言蘭以香自燒也。若夫蘭花，有葉無枝，可玩而不可紉佩藉浴，秉握膏焚。故朱子《離騷辨證》言：古之香草，必花葉俱香而燥濕不變，故可刈佩。今之蘭蕙，但花香而葉乃無氣，質弱易萎，不可刈佩，必非古人所指甚明。古之蘭似澤蘭，而蕙即今之零陵香。今之似茅而花有兩種者，不知何時誤也。熊大古《冀越集》言：世俗之蘭生於深山窮谷，決非古時水澤之蘭也。陳遁齊《閑覽》言：楚騷之蘭或以爲都梁香，或以爲澤蘭，或以爲猗蘭，當以澤蘭爲正。今人所種如麥門冬者，名幽蘭，非真蘭也。故陳止齊著《盜蘭說》以譏之。方虚谷《訂蘭說》言：古之蘭草即今之千金草，俗名孩兒菊者。今之所謂蘭，其葉如茅而嫩者，根名土續斷，因花馥郁，故得蘭名也。楊升菴云：世以如蒲萱者，爲蘭九畹之受誣久矣。又吴草廬有《蘭說》甚詳，云：蘭爲醫經上品之藥，有枝有莖，草之植者也。今所謂蘭無枝無莖，因黄山谷稱之，世遂謬指爲《離騷》之蘭。寇氏《本草》亦溺於俗，反疑舊說爲非。夫醫經爲實用，豈可誤哉？今之蘭果可利水、殺蟲而除痰癖乎？其種盛于閩，朱子乃閩人，豈不識其土産而反辨析如此？世俗至今猶以非蘭爲蘭，何其惑之難解也。嗚呼！觀諸儒之明析如此，則寇朱二氏之誤可知，而醫家用蘭草者當不復疑矣。

明 謝肇淛《五雜組》卷一〇《物部二》 芝蘭生於空谷，不以無人而不香。然芝實無香也。蘭，閩中最多，其於深山無人跡處掘得之者爲山蘭，其香視家蘭爲甚。人家所種，紫莖綠葉，花簇簇然。若謂一幹一花而香有餘者爲蘭，一幹數花而香不足者爲蕙，則今之所種皆蕙耳，而亦恐未必然也。即山谷中絶香之蘭，未見有一幹一花者。吾閩蘭之種類不一，有風蘭者，根不着土叢，蟠木石之上，取而懸之檐際，時爲風吹則愈茂盛，其葉花與家蘭全無異也。有歲蘭，花同而葉稍異，其開必以歲首，故名。其它又有鶴蘭、米蘭、朱蘭、木

蘭、賽蘭、玉蘭，則各一種，徒冒其名耳。

清 李漁《閑情偶記》卷一四《種植部·草本第三·蘭》 蘭生幽谷，無人自芳。是已。然使幽谷無人，蘭之芳也誰得而知之，誰得而傳之？其爲蘭也，亦與蕭艾同腐而已矣。如入芝蘭之室，久而不聞其香。是已。然既不聞其香，與無蘭之室何異？雖有若無，非蘭之所以自處，亦非人之所以處蘭也。吾謂芝蘭之性，畢竟喜人相俱，畢竟以人聞香氣爲樂。文人之言，只顧贊揚其美，而不顧其性之所安，强半皆若是也。然相俱貴乎有情，有情務在得法。有情而得法，則坐芝蘭之室，久而愈聞其香。蘭生幽谷與處曲房，其幸不幸相去遠矣。蘭之初着花時，自應易其坐位，外者内之，遠者近之，卑者尊之，非前倨而後恭。人之重蘭非重蘭也，重其花也，葉則花之與從而已矣。居處一定，則當美其供設，書畫鑪鉼，種種器玩，皆宜森列其旁。但勿焚香，香薰即謝，匪妒也，此花性類神仙，怕親烟火，非忌香也，忌烟火耳。若是，則位置堤防之道得矣。然皆情也，非法也，法則專爲聞香。「如入芝蘭之室，久而不聞其香」者，以其知入而不知出也，出而再入，則後來之香，倍乎前矣。故有蘭之室不應久坐，另設無蘭者一間，以作退步，時退時進，進多退少，則刻刻有香。雖坐無蘭之室，若依倩女之魂。是法也，而情在其中矣。如止有此室，則以門外作退步，或往行他事，事畢而入，以無意得之者，其香更甚。此予消受蘭香之訣，秘之終身，而泄于一旦，殊可惜也。

此法不止消受蘭香，凡屬有花房舍，皆應若是。即焚香之室亦然，久坐其間，與未嘗焚香者等也。門上布簾，必不可少，護持香氣，全賴乎此。若止靠門扇開閉，則門開盡泄，無復一綫之留矣。

又《蕙》 蕙之與蘭，猶芍藥之與牡丹，相去皆止一間耳。而世之貴蘭者必賤蕙，皆執成見，泥成心也。人謂蕙之花不如蘭，其香亦遜。吾謂蕙誠遜蘭，但其所以遜蘭者，不在花與香而在葉，猶芍藥之遜牡丹者，亦不在花與香而在梗。牡丹係木本之花，其開也，高懸枝梗之上，得其勢，則能壯其威儀，是花王之尊，尊于勢也。芍藥出于草本，僅有葉而無枝，不得一物相扶，則委而仆于地矣。官無與從，能自壯其威乎？蕙蘭之不相敵也反是。芍藥之葉苦其短，蕙之葉偏苦其長。芍藥之葉病其太瘦，蕙之葉翻病其太肥。當强者弱，而當弱者强，此其所以不相稱而大遜于蘭也。蘭蕙之開，時分先後。蘭終蕙繼，猶芍藥之嗣牡丹，皆所謂兄終弟及，欲廢不能者也。善用蕙者，全在留花去葉，痛加剪除，擇其稍狹而近弱者，十存二三。又皆截之使短，去兩角而尖之，使與蘭葉相若，則是變蕙成蘭，而與「强幹弱枝」之道合矣。

清 曹溶《倦圃蒔植記》總論卷上《論花第三》 蘭蕙之辨，自山谷老人發之。然《楚詞》既曰「春蘭兮秋菊」，又曰「秋蘭兮青青」，陶詩亦曰「秋蘭氣應馥秋芳」，絶無一幹一花者而亦名爲蘭，則其説未可盡泥也。今陽羨臨安之蕙，其木如本地之蘭，則誠然矣。閩之多花者豈遽遜近境之一花者耶？閩人舊譜以獻歲蘭如鷹爪者，不列甲品，諒亦自有公論。予嘗細玩興蘭之氣足神全者，其花隨長隨香，彌月不衰，惟玉魫蘭亦然。初疑其蕊瘦弱，吐花後漸舒漸白，大倍常花，香之奇而且久，亦不啻倍焉，所以人人貴之，要非孟浪也。然則閩之甲品乃可當興之獨花，其地位固自迥别，山谷亦具眼哉！

清 高士奇《北墅抱瓮録·蘭》 蘭香最幽，迥出羣卉之上，號稱香祖，古人多愛之。羅畸云：朝襲其馨，暮擷其英。攜書就觀，引酒對酌。可謂愛蘭之癖矣。舊譜春蘭一莖一花，以紫莖青花者爲上品，青莖青花者爲中品，非也。惟莖淡白、花淡緑、心純素者爲玉根蘭，又名素蘭，格價最高，青與紫皆不及。

又《蕙》 《楚辭》「既滋蘭之九畹兮，又樹蕙之百畝」所指爲蘭者，乃澤蘭，非春蘭。所指爲蕙者，乃零陵香，非蘭類也。今人以九節蘭爲蕙，長莖秀擢，芳萼貫連，與春蘭相伯仲。光風晴日，近傍軒窗，幽情殊愜。

清 黄叔琳《硯北雜録》卷一五《蘭蕙》 黄山谷云：一幹一花爲蘭，一幹五七花爲蕙。《遁齋閒覽》云：《楚騷》之蘭蕙，或以爲都梁香，或以爲澤蘭，或以爲猗蘭。當以澤蘭爲正。今人所種如麥門冬葉者，名幽蘭，非真蘭也。故陳止齋作《盜蘭説》以譏之，朱文公《離騷辨正》云：古之香草，必花葉皆香，燥濕不變，故可佩。今之蘭蕙，但花香而葉乃無氣，質弱易萎，必非古人所指甚明。古之蘭似澤蘭，而蕙即今之零陵香。今之似茅而花有二種者，不知何時始誤也。吴草廬《蘭説》云：蘭爲醫經上品草，植者也，今所謂蘭，乃無枝莖，因黄山谷稱之，世遂謬指爲《離騷》之蘭。

清 陸庭燦《南村隨筆》卷五《蘭》 《蘭譜》云：一幹一花曰蘭，一幹數花曰蕙，而蘭與蕙俱以素心者爲極品。閩蘭開於夏秋，花似蘭而葉闊勁，種數甚多，間亦有素者，不可多得，大槩以魚魫嬌爲上品。昔人詩有「蘭花秋更紅」之句。今人慕之而以不得見爲恨。然閩中實有紅者，但花開無香，不足取也。

另有墨蘭一種，葉帶纖柔，花莖瘦勁，花瓣尖長，顏色淡黑，香極清越，開以秋冬，惜無常種，偶一遇之耳。

清　乾隆《福建通志》卷一〇《物產》　蘭　黄山谷云：一幹一花而香有餘者蘭，一説五七花而香不足者蕙。此説本之《爾雅翼》而小變之，要未可盡信也。今閩人所植一花五七花及紫白二種，皆謂之蘭。又有一種，植不用土，惟貯以竹籃，襯以人髮，亦名曰風蘭。竊嘗考之，傳曰德芬芳者佩蘭，《楚辭》所謂「紉秋蘭以爲佩」是也。今之所謂蘭，葉既無香，花雖香亦不過經夕而止，果可佩乎？古有蘭省，蓋以蘭藏之書中辟蠹，故名。今之所謂蘭，果可辟蠹乎？《草木疏》曰：蘭爲王者香草，其莖葉似澤蘭，廣而長節，節中赤，高四五尺，今之所謂蘭，其形狀果如是乎？吴草廬嘗著《蘭畹説》，辨之甚悉。

清　謝堃《花木小志・蕙》　一花一幹爲之蘭，一幹數花爲之蕙，蘭葉柔媚，蕙葉勁健。楚省多蘭，閩省多蕙。蘭有梅瓣、荷瓣、素心之稱，蕙惟一色花而已矣。近□閩賈所攜勁葉一幹數花而曰建草者，蕙草也，識者辨之。

綜　述

三國　吴　陸璣《毛詩草木鳥獸蟲魚疏》卷上《方秉蕑兮》　蕑即蘭，香草也。《春秋傳》曰「刈蘭而卒」，《楚辭》云「紉秋蘭」，孔子曰「蘭當爲王者香草」，皆是也。其莖葉似藥草澤蘭，但廣而長節，節中赤，高四五尺。漢諸池苑及許昌宫中皆種之。可著粉中，故天子賜諸侯茝蘭，藏衣著書中，辟白魚也。

宋　趙時庚《金漳蘭譜》卷上　叙蘭容質　陳夢良，色紫，每幹十二萼，花頭極大，爲衆花之冠。至若朝暉微照，曉露暗濕，則灼然騰秀，亭然露奇，斂膚傍幹，團圓心向，婉媚綽約，佇立凝思，如不勝情。花三片，尾如席徹，青葉三尺，頗覺弱，翠然而緑，背雖似劍脊，至尾棱則軟薄，斜撒粒許帶緇，最爲難種，故人稀得其真。吴蘭，色深紫，有十五萼，幹紫英紅，得所養則岐而生，至有二十萼。花頭差大，色映人目，如翔鸞翥鳳，千態萬狀。葉則高大，剛毅勁節，蒼然可愛。

潘花，色深紫，有十五萼，幹紫，圓匝齊整，疏密得宜，疏不露幹，密不簇枝，綽約作態，窈窕逞姿，真所謂艷中之艷，花中之花也。視之愈久，愈見精神，使人不能捨去。花中近心所，色如吴紫，艷麗過於衆花。葉則差小於吴，峭直雄健，衆莫能比。其色特深。或云仙霞，乃潘氏西山於仙霞嶺得之，故人更以爲名。

趙十四，色紫，有十五萼。初萌甚紅，開時若晚霞燦日，色更晶明。葉深紅，合於沙土則勁直肥聳，超出羣品，亦云趙師傅，蓋其名色。

何蘭，紫色，中紅，有十四萼，花頭倒壓，亦不甚緑。

品外之奇　金殿邊，色深紫，有十二萼，出於長泰陳家。色如吴花，片則差小，幹亦如之，葉亦勁健。所可貴者，葉自尖處分二邊各一綫許，直下至葉中處，色映日如金綫。其家寶之，猶未廣也。

白蘭　濟老，色白，有十二萼，標致不凡，如淡妝西子，素裳縞衣，不染一塵。葉與施花近似，更能高一二寸，得所養致岐而生，亦號一綫紅。

竈山，有十二萼，色碧。玉花枝開，體膚鬆美，顒顒昂昂，雅特閑麗，真蘭中之魁品也。每生並蒂，花幹最碧，葉緑而瘦薄，開花生子，蒂如苦賈菜，葉相似，呼爲緑衣郎、黄郎，亦號爲碧玉幹。

施花，色微黄，有十五萼，合並幹而生，計二十五萼，或迸於根。美則美矣，每根有萎葉，朵朵不暇，細葉最緑，微厚。花頭似開不開，幹雖高而實貴瘦，葉雖勁而實貴柔，亦花中之上品也。

李通判，色白，十五萼，峭特雅淡，迎風浥露，如泣如訴，人愛之，比類鄭花則減。頭低葉小，絶佳。劍脊最長，真花中之上品也，惜乎不甚勁直。

惠知容，色白，有十五萼。賦質清癯，團簇齊整，或向或背，嬌于瘦困。花英淡紫，片色尾凝黄，葉雖緑茂。細而觀之，但亦柔弱。

馬大同，色碧而緑，有十二萼。花頭微大，開有上向者，中多紅暈。葉則高聳，蒼然肥厚。花幹勁直，及其葉之低，亦名五暈絲，上品之下。

鄭少舉，色白，有十四萼，瑩然孤潔，極爲可愛。葉則修長而瘦，散亂，所謂蓬頭少舉也。亦有數種，只是花有多少，葉有軟硬之別。白花中能生者，無出於花。其花之色，姿質可愛，爲百花之翹楚者。

黄八兄，色白，有十二萼。善於抽幹，頗似鄭花，惜乎幹弱，不能支持，葉緑而直。

周染，花色白，十二萼，與鄭花無異，等餘短弱耳。

夕陽紅，花八萼，花片凝火，色則凝紅，夕陽返照於物。

觀堂主，花白，有七萼，花聚如簇，葉不甚高，可供婦人曉妝。

名弟，色白，有五六萼。花似鄭，葉最柔軟。如新長葉則舊葉隨換，人多不種。

青蒲，色白，有七萼，挺肩露骨，甚類竈山，而花潔白，葉小而直，且綠，只高尺五六寸。

弱脚，只是獨頭蘭，色綠，花大如鷹爪。一幹一花，高二三寸，葉瘦，長二三尺。入臘方花，薰馥可愛而香有餘。

魚魫蘭，十二萼，花片澄徹，宛如魚魫，采而沈之水中，無影可指。葉則頗勁，色綠。此白蘭之奇品也。

又 卷中 堅性封植 草木之生長亦猶人焉，何則？人亦天地之物耳，閑居暇日，優游逸豫，飲膳得宜。以蘭而言之，具一盆盈滿，自非六七載莫能至，此皆由夫愛養之念不替，灌溉之功愈久，故根與土合性，與壤俱然，後森鬱雄健，敷暢繁麗，其花葉蓋有得於自然而然者。合焉欲分而析之，是裂其根荄，易其沙土，況或灌溉之失時，愛養之乖宜，又何異於人之飢飽，則燥濕干之，邪氣來間入其榮衛，則不免有所侵損。所謂向之寒暑適宜、肥瘦得時者，此豈一朝一夕之所能成也？故必于寒露之後立冬以前而分之，蓋取萬物得歸根之時，而其葉則蒼，根則老故也。或者於此時分一盆吴蘭，欲其盆之端正則不忍擊碎，因剔出，而根已傷，暨三年培植始能暢茂，予令深以爲戒。欲分其蘭而須用碎其盆，務在輕手擊之，亦須緩緩解析其交互之根，勿使有拔斷之失。然後遂篦蘽取出積年腐蘆頭，只存三年者，每三篦作一盆，盆底先用沙填之，即以三篦蘽之互相枕藉，使新篦在外，作三方向，却隨其花之好肥瘦沙土從而種之。盆面則以少許瘦沙覆之，以新汲水一勺定其根。更有妝沙晒之法，此乃又分蘭之至要者。當預于未分前半月，取之篦去瓦礫之類，曝令乾燥。或欲適肥，則宜淤泥，沙可用便糞夾和，惟晒之，候乾或復濕，如此十度，視其極燥，更須篩過，隨意用。蓋沙乃久年流聚，雖居冰濕之地，而蘭之驟亦分析失性，須假以陽物助之，則來年蘽篦自長，與舊蘽比肩，此其效也。夫苟不知妝晒之宜，用積滓之沙，或憚披曝，必至羸弱，而黄葉者亦有之，篦之不發者有之。積有日月，不知體察，其失愈甚，候其已蘇，方始易沙滌根，加意調獲，易其能復，不亦後乎？抑又知其果能復焉？如其稍可，前活有幾，何時而或遂本質邪？故保爲奈惜之，因并爲之言曰：於其既損之後而欲復全生之，寧若於未分之前而必欲全生之，豈不省力？令逐品所以宜沙土，開列于後。

陳夢良，以黄净無泥瘦沙種，而切忌肥，恐有靡爛之失。吴蘭、潘蘭，用赤沙泥。

何蘭、青蒲、統領、大張、金殿邊，各用黄色粗沙和泥，更添紫沙、赤沙泥種爲妙。

陳八尉、淳監糧、蕭仲和、許景初、何首座、林仲孔、莊觀成乃下品，極意用妙。

濟老、施花、惠知容、馬大同、鄭少舉、黄八兄、周染，宜溝壑中黑沙泥和糞壤種之。

李通判、竈山、朱蘭、鄭伯善、魚魫，用山下流聚沙泥種。

夕陽紅以下諸品，則任意栽種，此封植之槩論。

灌溉得宜 夫蘭自沙土出者各有品類，然亦因其土地之宜而生長之故。地有肥瘠，或沙黄土赤而脊，有居山之巔，山之岡，或近水，或附石，各依而產之。要在度其本性何如耳，不可謂其無肥瘦也。苟性不能別，曰何者當肥，强出已見，混而肥之，則好高腴者因得所養之天，花則輕而繁，葉則雄而健，所謂好瘦者，不因肥而腐敗者，吾未之信也。一陽生於子，荄甲潛萌，我則注而灌溉之，使蘊中者稍獲强壯。迨夫萌芽迸沙，高未及寸許，從便灌之，則截然卓簪。暨南薰之時，長養萬物，又從而漬潤之，則修然而高，鬱然而蒼，若者精於感遇者也。秋八月初交，驕陽方熾，根葉失水，欲老而黄，此時當以濯魚肉水或穢腐水澆之，過時之外，合用之物，隨宜澆注，使之暢茂，亦以防秋風肅殺之患。故其葉弱，拳拳然抽出，至冬而極。夫人分蘭之次年不與發花者，蓋恐泄其氣則葉不長耳。凡善於養花，切意愛其葉，葉聳則不慮其花之不繁盛也。

紫花 陳夢良極難愛養，稍肥隨即腐爛，貴用清水澆灌，則佳也。

潘蘭雖未能愛肥，須以茶清沃之，冀得其本地土之性。

吴花看來亦好種，肥亦灌溉之，一月一度。

趙花、何花、大張、小張青、蒲統領、金殿邊，半月一澆，其肥則可焉。

陳八尉、淳監糧、蕭仲和、許景初、何首座、林仲孔、莊觀成，縱有太過不及之失，亦無大害。於用肥之時，當俟沙土乾燥，遇晚方加灌溉，候曉以清水碗許澆之，使肥膩之物得以下漬其根，使其新來未發之篦自無勾蔓送上、散亂

盤盆之患，更能預以瓮錭之物蓄雨水，積久色緑者，間或進灌之，而其葉則潑然挺秀，濯然争茂，盈臺蔟檻，列翠羅青，縱無花開，亦見雅潔。

白花　濟老、施花、惠知容、馬大同、鄭少舉、黄八兄、周染愛肥，一任灌溉。李通判、竈山、鄭伯善肥，在六之中四之下，又朱蘭亦如之。

魚魫蘭質瑩潔，不須過肥，徐以穢膩物汁澆之。夕陽紅、雲嬌、青蒲、觀堂主、名第、弱卿、肥瘦童，亦當觀其土之燥，晚則灌注，曉則清水灌之，欲儲蓄雨水，令其色緑，沃之爲妙。

惠知容等蘭，用泚沙篩去泥塵，夾糞蓋泥種，底用粗沙和糞。鄭少舉，用糞蓋泥和便晒乾種已，上面用紅泥覆之。竈山，用糞壤泥及用河沙，内草鞋屑鋪四圍種之，累試甚佳，大凡用輕鬆泥皆可。

濟老、施花用糞泥，用零小便糞澆濕攤晒，用草鞋屑圍種。又竈山用園泥，下有糞，澆濕泥種，四圍用草鞋屑然後種之。

又　卷下《奥法》　分種法　分種蘭蕙，須至九月節氣方可分栽，十月節候花已胎孕不可分種，若見雪霜大寒尤不可分栽，否必損花。

栽花法　花盆先以粗碗或粗碟覆之於盆底，次用爐炭鋪一層，然後却用肥泥薄鋪炭上，使蘭栽根在土。如根糁泥滿，盆面上留一寸地，栽時不可雙手將泥捏實，則根不長，其根不舒暢，葉則不長，花亦不結。土有乾濕，依時候用水澆灌。

安頓灌溉法　春二三月無霜雪天，放花盆在露天，四向皆得水澆日晒不妨。逢十分大雨，恐墜其葉，則以小繩束起葉。如連雨三五日，須移避暑通風處。四月至八月，須用疏眼竹籠籃遮獲，冀見日氣，最要通風。

梅天忽逢急雨，須移花盆放背日處，若逢大雨又逢日晒，盆内熱水則盪，害葉亦損根。過雨時，若枝上花蕊頭多，候開次，有未開一兩蕊頭，便可剪去，若留開盡，則奪來年花信。

九月看花，乾處用水澆灌，若濕，則不可澆。或用肥水培灌一兩番不妨。冬十月、十一月、十二月、正月不澆不妨。最怕霜雪，須用密籃遮護，安頓朝陽有日照處，在南窗檐下。但是向陽處，三兩日一番放轉，花盆四面俱要輪轉，日晒均匀，開花時則四畔皆有花，若晒一面，只一處有花。

澆花法　用河水或陂塘水或積留雨水最好，其次用溪澗水，切不可用井水澆。水須於四畔澆匀，不可從上澆下，恐壞其葉也。

四月若有梅雨，不必澆，若無雨時澆之。五月至八月須是早起五更日未出澆一番，至晚黄昏澆一番。又要看花乾濕，若濕則不必澆，如十分濕，恐爛壞其根。

種花肥泥法　栽蘭用泥，不管四時，遇山上有火燒處，取水流火燒浮泥，尋蕨菜草燒灰，和火燒之泥用。或拾舊草鞋，放在小糞中浸日久，拌黄泥燒過黄灰，却用大糞澆放在一壁儘數雨打日照三兩個月，收起頓放閑處，栽花時用。

去除蟣虱法　肥水澆花，必蟣蝨在葉底，恐壞葉，則損花。如生此物，研大蒜和水，以白筆蘸水拂澆葉上，乾净，去除蟣蝨。

雜法　遇盆内泥將乾，則用茶清水灌澆，不拘時用。須用河水，或留下雨水，切不可用井水。四月有花，至八月内交過九月節氣，便可分花。

蘭之壯者有二三十個花頭，弱者只有五六個花頭，恐泥瘦。分時種，無盆内泥取出，再加肥泥和匀，入盆栽種。魚鱗水亦肥，須是浸得氣味過，日久反清用。

尋常盆面泥乾并實，則用竹篦挑剔泥鬆，休要撥根動了。葉紫紅色，則是被霜打了，須移於雨檐窗下背霜雪處安頓，仍舊自青。盆有竅孔，不要着泥地安頓，恐地濕蚯蚓鑽入盆内，則損壞花。又休要放盆在螞蟻穴處，恐引入螞蟻，則損花。黄葉用茶清澆灌，遇有黄葉處，連根披去。花盆要放在南邊架上安頓，令風從底入爲妙，又免得蚯蚓馬蟻之患。

九月分花時，用手劈開。劈不開時，用竹刀劈之，休要損動了根，分訖，如法栽種。

宋　陳景沂《全芳備祖》前集卷二三《蘭花》　蘭，香草也。《説文》。蘭與澤蘭相似，生水旁，紫莖赤節，緑葉光潤。《本草》。同心之言，其臭如蘭。《易繫》。五月五日，以蘭湯沐浴《大戴記》。婦人或賜之茝，蘭則受獻諸舅姑。《禮記》。佩帨茝蘭。《内則》。民之好我，芳若樹蘭。《荀子》。蕙薰草也，生下濕地。《本草》。麻葉而方莖，赤花而黑實，即零陵香也。蕙草，零陵香也。《本草》。唐人但名鈴子香，取其花倒懸如鈴也。《郡志》。古所謂蕙，乃今之零陵香。今之蕙，不知起於何時也。朱文公《蕙花詩注》

宋　王貴學《王氏蘭譜》（《説郛》卷一〇三上輯）　**灌溉之候**　涪翁曰：蘭蕙，叢生，蒔以沙石則茂，沃以湯茗則芳。予於諸蘭，非愛之太息，使之碩而

茂，密而蕃，蒔沃以時而已。一陽生於子，根荄正穉，受肥尚淺，其澆宜薄。南薰時來，沙土正漬，嚼肥滋多，其澆宜厚。秋七八月預防冰霜，又以濯魚肉水或穢腐水，停久反清，然後澆之。人力所至，蓋不萌者寡矣。

分拆之法　予於分蘭次年，纔開花即剪去，求養其氣而不泄爾。未分時，前期月餘，取合用沙，去礫揚塵，使糞夾和，鵝糞爲上，他糞勿用。晒乾儲久，逮寒露之後，擊碎元盆，輕手解拆，去舊蘆頭存三年之穎，或三穎四穎作一盆，舊穎內，新穎外，不可太高，恐年久易隘。不可太低，恐根局不舒。下沙欲疏而通，則積雨不漬；上沙欲細則潤，宜泥沙順性，雖槖駝復生，無易於此。

泥沙之宜　世稱花木多品，惟竹三十九種，菊有一百二十種，芍藥百餘種，牡丹九十種，皆用一等沙泥。惟蘭有差，夢良魚魫宜黄淨無泥瘦沙，肥則腐。吴蘭仙霞宜粗細適宜赤沙，澆肥。朱李竈山，宜山下流聚沙。濟老惠知客馬大同大小鄭，宜溝壑黑濁沙。何趙蒲許大小張金棱邊，則以赤沙和泥種之。自陳八斜夕陽紅以下任意用沙皆可。須盆面沙燥，方澆肥，平常澆水亦如之。而澆水時與澆肥異，肥以一年三次澆，水以二月三次澆，大暑又倍之。此封植之法，受養之地，靖節菊，和靖梅，濂溪蓮，皆識物真性。蘭性好通風，故臺太高冲陽，太低隱風，前宜向離，後宜背坎，故迎南風而障北吹。蘭性畏近日，故地太狹蔽氣，太廣逼炎，左宜近野，右宜依林，欲引東暘而避西照，炎烈蔭之，凝寒晒之，蚯蚓蟠根，以小便去之。枯蠅點葉，以油湯拭之。摘莠草，去蛛絲，一月之內，凡數十週。伺其側，真怪識之。橘逾淮爲枳，貉逾汶則死。余每病諸蘭肩載外郡，取憐貴家，既非土地之宜，又失蒔養之法，久皆化而爲茅，故以得活萌。貽諸同好君子，倘如鄙言，則紉爲裳，揉爲漿，生意日茂，奚九畹而止。

紫蘭

陳夢良有二種，一紫幹，一白幹。花色淡紫，大似鷹爪，排釘甚疎，壯者二十餘萼，葉深緑，尾微焦而黄。好濕惡燥，愛肥惡濁，葉半出架而尚抽蕊，幾與葉齊而未破。昔陳承議得於官所而奇之。陳夢，良字也，棄之雞柵傍，一夕吐萼二十五，與葉俱長三尺五寸有奇，人寶之，曰陳夢良。諸蘭，今年懶爲子，去年爲父，越去年爲祖。惟陳蘭多缺祖，所以價穹。其葉森潔，狀如劍脊，尾焦。衆蘭頂花皆並俯，惟此花獨仰，特異於衆。

吴蘭色深紫，向吾得於龍岩漳州縣名。鐵礦山鐵叢。石心而婉娟，葉之修緑冠諸品，得所養則蕊岐生，有二十餘萼。性頗受肥，亭亭特特，隱然君子立乎其前。初成翁本性有仙霞，色深紫，花氣幽芳，勁操特節，幹葉與吴伯仲，特花深耳。

趙十四，即師博，色淡，壯者十四五萼，葉色深緑，花似仙霞，葉之修勁不及之。

何蘭，壯者十四五萼，繁而低壓，治而倒披。花色淡紫，似陳蘭。芽花幹壯而何則瘦，陳葉尾焦而何則否。或名潘蘭，有紅酣香醉之狀，經雨露則嬌，困號醉楊妃，不常發，似仙霞。

大張青，色深紫，壯者十三萼，資勁質真，向北門張其姓讀書岩谷得之。花有二種，大張花多，小張花少，大張幹花俱紫，葉亦肥瘦勝，小張慳於發花。

蒲統領，色紫，壯者十數萼。淳熙間，蒲統領引兵逐寇，忽見一所，似非人世，四周幽蘭，欲摘而歸，一老叟前曰：此蘭有神主之，不可多摘。取數穎而歸。

陳八斜色深紫，壯者十餘萼，發則盈盆。花類大張青，幹紫過之，葉緑而瘦，尾蒲下垂，紫花中能生者爲最，間有一葉雙花。

淳監粮，色深紫，多者十萼，叢生，並葉。幹曲花壯，俯者如想，倚者如思。葉高三尺，厚而且直。其色尤紫，大紫壯者十四萼，出於長秦，亦以邑名。近五六載，葉緑而茂，花韻而幽。

許景初，十二萼者，花色鮮紅，凌晨浥露，若素練輕茜，玉顔半酡。幹微曲，善於排釘，葉頗散垂，緑亦不深。

石門紅，其色紅，壯者十二萼，花微而促，色紅而淺，葉雖粗，亦不甚高，滿盆則生，亦云趙蘭。小張青，色紅，多有八萼，淡於石門紅，花幹甚短，止供簪插。

蕭仲和，色如褪紫，多者十二萼，葉緑如芳茅。其餘幹纖長，花亦離疏，時人呼爲花梯。

何首座，色淡紫，壯者九萼。陳吴諸品未出，人争愛之，既出，其名亞矣。

林仲孔，色淡紫，壯者九萼，花半開而下視，葉勁而黄，一云仲美。

粉妝成，色輕紫，多者八萼，類陳八斜。花與葉亦不甚都。

茅蘭，其色紫黯，長四寸有奇，壯者十六七萼，粗而俗，人鄙之。是蘭結實，其破如綫，絲絲片片，隨風飄地輕生。夏至抽篦，春前開花。

金棱邊，出於長秦陳氏，或云東郡迎春坊門王元善家。如龍溪縣後林氏花，因火，爲王所得。有十二三蕚，幽香凌桂，勁節方筠，花似吴而差小。其葉自尖處分爲兩邊，各一綫許。夕陽返照，恍然金色，漳人寶之，亦罕傳於外，是以價高十倍於吴、陳，目之爲紫蘭奇品。

白蘭

竈山，色碧，壯者二十餘蕚，出漳浦。昔有煉丹於深山，丹未成，種其蘭於丹竈傍，因名。花如葵而間生並葉，幹葉花同色，蕚齊修，中有薤黄。東野朴守漳時，品爲花魁，更名碧玉幹，特以秋花，故殿於紫蘭之後。

濟老，色微緑，壯者二十五蕚，逐瓣有一綫紅暈界其中，餘絶高，花繁則幹不能制，得所養則生。紹興間，僧廣濟修養窮谷，有神人授數穎蘭在山陰久矣，師今行果已滿，與蘭齊芳，僧植之岩下，架一脉之水溉焉，人植而名之，又名一綫紅，以花中界紅脉若一綫然。幹花與竈山相若，惟竈山花開玉頂，下花如落，以此分其高下。此花慳生蕊，每歲只生一。

惠知客，色潔白，或向或背，花英淡紫，片尾微黄，頗似施蘭。其葉最茂，有三尺五寸餘。

施蘭，色黄，壯者十五蕚，或十六七蕚。清操潔白，聲氣薰香，花頭頗大，岐幹而生。但花間未周下蕊半隨，葉深緑，壯而長，冠於諸品，此等種得之施尉。

李通判，色白，壯者十二蕚，葉有劍脊，挺直而秀，最可人眼，所以識蘭趣者，不專看花，正要看葉。

鄭白羊，色碧，多者十五蕚，岐生過之，膚美體膩，翠羽金肩，花若懶散，下視其跗尤碧，交秋乃花，或又謂大鄭。

鄭少舉，色潔白，壯者十七八蕚，鄭得之雲霄，葉勁曰大鄭，葉軟曰小鄭。散亂蓬頭，少舉葉硃，花一生則盈盆引於齊葉三尺，勁壯似仙霞。

仙霞，九十蕊，色白，鮮者如濯，含者如潤。始得之泰邑，初不爲奇，植之蕊多，因以名花，比李通判則過之。

馬大同，色碧，壯者十二蕚，花頭肥大，瓣緑片多紅暈，其葉高聳，幹僅半之。一名朱撫，或曰翠微，又曰五暈絲，葉散，端直冠他種。

黄八兄，色潔白，壯者十三蕚，葉緑而直，善於抽幹，頗似鄭，花多，猶荔之十八娘。

朱蘭得於朱僉判，色黄，多者十一蕚。花頭似開，倒向一隅，若虫之蠹幹，葉長而瘦。

周染，色白，壯者十數蕚，葉與花俱類鄭，而幹短弱。葉幹長者爲少舉，促而葉微黄者爲白羊，幹短者爲周花。

夕陽紅，色白，壯者八蕚，花片雖白，尖處微紅，如夕陽返照。或謂産夕陽院東山，因名。

雲嶠，色白，壯者七蕚。花大紅心，鄰於小張，以所得之地名。葉深厚於小張，清高亦如之。雲嶠，海島之精寺也。

林郡馬，其色緑，出長泰。壯者十三蕚，葉厚而壯，似施而香過之。

青蒲，色白，七蕚，挺肩露穎，似碧玉而葉低小，僅尺有五寸。花尤白，葉緑而小，直而修。

獨頭蘭，色緑，一花，大如鷹爪。幹高二寸，葉類麥門冬，入臘方薰馥可愛，建浙間謂之獻歲正。一幹一花而香有餘者，山鄉有之，間有變頭。涪翁以一幹一花而香有餘者蘭也。

觀堂主，色白，七蕚，幹紅，花聚如簇，葉不甚高，婦女簪之。

名第，色白，七八蕚。風韻雖亞，以出周先生讀書林，先生諱匡物，元和進士榜。邦人以先生故，愛而存之。

魚魫蘭，一名趙蘭，十二蕚，花片澄澈，宛如魚魫，采而沈之水，無影可指。葉頗勁，緑顛微曲焉。此白蘭之奇品，更有高陽蘭、四明蘭。

碧蘭，始出於葉興化郡名龜山院陳沈二仙修行處。花有十四五蕚，與葉齊修。葉直而瘦，花碧而芳。用紅沙種，雨水澆之。莆中奇品，或山石和泥亦宜之。

翁通判，色淡紫，壯者十六七蕚，葉最修長。此泉州之奇品，宜赤泥和沙。

建蘭，色白而潔，味芎而幽，葉不甚長，只近二尺許，深緑可愛。最怕霜凝，日晒則葉尾皆焦，愛肥惡燥，好濕惡濁。清香皎潔，勝於漳蘭，但葉不如漳蘭修長，此南建之奇品也。品第亦多，而予尚未造奇妙，宜黑泥和沙。

碧蘭，色碧，壯者二十餘蕚，葉最修長，得於所養則蕚修於葉。花葉齊色，香韻而幽，長三尺五寸有餘。更有一品而花葉俱短三四寸許，愛濕惡燥，最怕烈日晒之，不得其本性則腐爛，此廣州之奇品也。

明　宋詡《竹嶼山房雜部》卷一〇《樹畜部二・種花卉法》　**蘭**　苞生，一莖一花，清香。石門山有春蘭、秋蘭、鳳尾蘭、素蘭、石蘭、竹蘭。又福建有建蘭。花時種

之，喜陰，宜皮屑浸水澆，壅便雞糞。《楚詞》：余既滋蘭之九畹，又樹蕙之百畝。山谷云：蘭似君子，蕙似士大夫。大概山林中十蕙而一蘭。

明 田藝蘅《留青日札》卷三三《劍葉蘭》 嶺南劍葉蘭，即今建蘭，其名甚佳。有魚子蘭，迺曼生，細粟花。其春蘭，迺名樹蘭。海濱別有挂蘭，亦頗奇異。

明 顧起元《客座贅語》卷一 蘭花自建蘭而外有樹蘭，樹可高三四尺許，枝葉類冬青而柔碧過之。花如粟，綴于弱幹上。始作青蕊，已放則色黄，香撲鼻如建蘭。又有魚子蘭，似樹蘭而幹柔可架，其花亦類之。又有朱蘭，色紅。道州蘭，葉大，以初冬開。吊蘭，無土而縣之。賀正蘭，以正月開，尤奇異。而建蘭有二種，閩産則葉闊而稍短，江右産者葉長而狹，花之色香不逮閩，而俗皆名曰建蘭。至土産蘭，一幹止一花，長止可三四寸，香色俱類建蘭。又蕙草，花繁，具白紫二種，香不逮蘭。二者宜興所産尤勝。

明 王路《花史左編》卷四《花之辨・蘭花》 紫梗青花者爲上，青梗青花者次之，紫梗紫花者又次之，餘不入品。種時須將山土和匀，團成茶甌大，以猛火煆之，取出搥碎，鋪以皮屑，納盆缶中。二八月分種，溉之以土煆者，爲其根最其，恐蚯蚓傷耳。

莖葉柔細，生幽谷竹林中，宿根移植膩土多不活，即活亦不多開花。其莖葉肥大而翠勁可愛者，率自閩廣移來也，非草蘭比。

又《杭蘭》 此種有紫花黄心，有白花黄心，紫若胭脂白若羊脂，花香可愛。正月間杭人取堆混堂促開，故花不香。須買大本，根内無竹釘者，取横山黄土揀去石塊種之，見天不見日，羊鹿糞灌之，來年花盛。一説用水浮炭種之，上蓋青苔，茂花，且頻晒水，花香。一説用雞鵝毛水澆之亦可。

又《建蘭》 建蘭莖葉肥大，翠勁可愛。其葉獨闊，若非原盆，必用山土栽，取脚缸盛水，中間安頊，恐蟻傷根。水須一日一换，若起水皮，則蟻可度。忽然葉生白點，謂之蘭虱，魚腥水或煮蚌湯頻晒之即滅。夏月用醬豆汁澆之則花茂。

又卷五《花之候・蘭花》 春三二月無霜雪時，放盆在露天，四面皆得澆水，日晒不妨。逢十分大雨，恐墜其葉，用小繩束起，如連雨三五日，須移避雨通風處。四月至八月，須用疏密得所竹籃遮護，容見日色通風。

梅天忽逢大雨，須移盆向背日處。若雨過即晒，盆内水熱，則蕩葉傷根。花開，若枝上蓋多，去其瘦小，留開盡，則奪來年花信矣。

九月，花乾處用水澆灌，濕則不必。十月至正月，不澆不妨。最怕霜雪，更怕春雪，一點着葉，一葉就□。用密籃遮護，安頓朝陽日照處，南窗檐下，須兩三日一番旋轉，取其日曬均匀，則四面皆花。

栽蘭用泥，不管四時，用山上有火燒處，取水流下火燒浮泥。尋蕨菜草，待枯以前泥薄覆草上，後再鋪草於泥上，如此相間三四層，則發火煨之，用糞澆入，乾則再加數次，待乾，栽時取用。

蘭之壯者有二三十，花頭瘦弱者止五六，皆緣種時無肥土故也，故須及時栽種如法。

又卷八《花之宜・蘭花》 盆内先以粗碗碟覆之於底，次用浮炭鋪一層，然後用泥薄鋪炭上栽之。糁泥壅根如法，不可以手捺實，否則根不舒暢，葉不發長，花亦不繁茂矣。乾濕依時，用水澆灌。盆下有竅，不可着泥地，恐蚯蚓螻蟻入孔傷花根。故盆須架起，令風從孔進，透氣爲佳。栽法。

須九月節氣方可分栽，分時用手劈開，不開，將竹片挑剔泥鬆，不可撥傷根本。十月時候，花已胎孕，不可分種。若見霜雪大寒，尤不可分，否則必至損花矣。分法。

或河水池塘水，或積留雨水，或皮屑魚腥水都佳。獨不可用井水，以性冷故也。澆時須四畔匀灌，不可從上澆下，以致壞葉。四月有梅雨，不必澆。五月至八月須早五更或日未出澆一番，黄昏澆一番。又須看花乾濕，濕則不必澆，恐過澆根要爛也。葉黄，用苦茶澆之。澆法。

明 周文華《汝南圃史》卷九《草本花部上・蘭》 蘭一名玉整花，自遠方來者，曰閩曰贛。閩少而優，贛多而劣。凡葉闊厚而勁直色蒼潤者，閩也；葉隘薄而散亂色灰燥者，贛也。閩花大萼多而香韻有餘，贛花小萼少而香韻不足。就閩中亦自有異，從福州抵泉漳五百里而遥，所産蘭彌奇，道路彌艱，梯山航海得之者尤邁等倫。然閩蘭來此地者十未一二。按，舊譜有玉魫蘭，一曰玉幹，一曰魚魫，總名玉魫，其花皜皜純白，瓣上輕紅一綫，心上細紅數點，瑩徹無滓，如净琉璃，花高於葉六七寸，故別名出架白。有金棱邊，花莖俱紫，其色鮮妍，敻出他紫之上。一幹十二萼，花質豐腴而嬌媚動人，香清而郁，勝於常品數倍。葉蒼翠勁健，自尖起分，兩邊各緑，一黄紋直

至葉中，映日鮮明，如金綫可愛。舊譜以此爲紫花中品外之奇。有朱蘭，花莖俱紅，赫如渥赭，光彩耀日，短葉婀娜。一幹九萼，香倍他花。有四季蘭，葉長勁蒼翠，幹青微紫，花白質而紫紋，自四月至九月相繼繁盛。聞諸閩人云，此種在彼處，隆冬亦常有花，要不甚貴，蓋其所長，獨勤於花耳。若宜興杭州皆有，本山蘭蕙，土人掘取，以竹籃裝售。吾蘇几案間皆以盆植之，其花香與閩埒，但質則一妍一癯而遠不逮矣。杭最早出，興即繼之，其品以白爲上，次紫，又次青。唯太垛不動，叢生結密者，乃受培植，售者往往解散，故元氣泄傷，不堪養矣。須益其價，戒令勿析原垛乃妙。蕙蘭亦然，一幹一花爲蘭，開在冬春之交，一幹數花爲蕙，昔魏武帝取以爲香燒之。開在春末夏初，正與閩蘭各占一時。齊中兼蓄二友，即一年芳意綿綿不絕也。其封植有十五則：一曰凡置得佳蘭，即須換盆。向因長途負荷，多是窄盆薄土，若因仍不換，則失養僨事。其舊盆輕手擊碎，勿動原泥，新缸須寬大而滲濕者，底敲大眼，用缸片襯起玲瓏，便於瀉水。下鋪生炭一層，上加好泥，以原垛齊缸口，四圍填平，稍稍澆水，令土勻適。又蘭根之性頗與竹同，向上而長，不可埋太深，以鬱其發生之勢。若新泥未能如法，姑稍待之，作速造成好泥聽用。未換盆時宜加意愛護，勿爲日炙雨淋，土力方淺，不堪外侵耳。二曰造泥。用此地好山土，去瓦石，曬乾篩過，或入火澆通紅，或入鍋炒熱透，然後攤於磚地，用濃糞潑過，曬乾再潑，或三次，或五次。再用草柴鋪上，猛火燒過，篩細妝起，停久聽用，愈久愈佳，多經風雨尤善。若造完即用，則其土太新，糞中鹹毒尚存，求益友損。大抵植物莫不以土爲母，况芳草在盆，受氣有限，全賴良土滋養，但能於土而盡乃心，種蘭之道思過半矣。三曰凡泥太久力衰則換之，稍久不鬆則撥之，不換則氣不生發，不撥則水不滲漉，三年一換最爲調勻，慎毋輕易分栽以泄元氣。蘭是他鄉之客，水土不習，况係肉根，脆如燈心，紛更之際，多涉危險。換土一策，因革兼用，既使氣暢土舒而常自深根固蒂，雖遇暴寒，亦能無畏，真長策也。換土時，先用堅竹削成闊篦，如大刨子脚，輕手挑開，除去舊土，勿傷其根，加上新土，澆水待實，復加至平。土既帶肥，此後止澆清水，即饒益之道已寓其中，不假外求矣。若年深太盛，盆不能容，則換其盆。換新盆必碎舊盆，故凡用盆，不必大佳，每見有惜盆而損蘭者，可爲殷鑒。盆中有積年舊蘆腐頭，亦須輕挑宿泥，細心揀撥，擘而去之，以净爲度。勿遽全盆動摇。蟻封蚓壤，亦乘換泥之便，仔細驅逐。蓋其本意主於不大變更，而隨時補偏救弊耳。四曰蘭貴青翠，多以避日就陰爲善，殊不知其本自是與日相宜，但不可暴之太過耳。蓋群卉中唯此花得陽淑之氣爲最純，是以比德君子，唯初分新植者，根與土未相得，獨爲畏日，宜知趨避。其久植深根，本不畏日。而未免於畏者，其故有三：一曰元氣弱，二曰土不舒，三曰水不勻。是以驕陽燥烈，多致乾枯。養之者當扶其元氣，沃其土膏，時其灌溉，使主本豐隆，遇炎不畏，不可任其衰弱而徒以趨凉避熱爲得計也。蓋徒恃陰凉者，其大弊更有三焉：一者素不慣日則驟見易萎，若紈褲豢養而臨陣畏縮也。二者少受日精則花不敷暢，若火冷力遲而丹頭不結也。三者陰盛陽衰則蟣蝨冗雜，若世道否塞而群枉充斥也。養蘭者其可忽於太陽之力乎？大抵四時之中，唯春風尖酸，最爲南中草木所忌，倘非十分和煦，稍涉俏寒，便當避風而并不見日。其冬天只忌堅冰朔風，若晴天旺日，極宜烘曬，花芽孕育全在於此。嘗讀石函《太陽元精論》，世間一切名花，未有不以太陽爲祖者也。而水中起火，復見天心，冬日之日，尤爲樞要。至如初夏深秋，皆宜近日，唯盛夏初秋大熱之時，須就東陽而避西照。其法當於安頓之地，擇其湊巧適宜者，斯爲簡易不煩。次之則舊譜篾籃遮蔽之法，亦可暫用也。蓋善養之道，無過中和，陽亢陰涸，則多憔悴而不滋榮，陰勝陽微，則又痴肥而不堅秀。唯陰陽調勻，水火兩足，然後葉暢花腴，蟣蝨屏絶，投之所向，無不如意。然以不凉不溫爲得法者，此又子莫之執中也。當凉不嫌太凉，當溫不嫌太溫，陰陽互用而參和不偏，乃爲太易隨時之中。五曰澆灌。黄梅雨水爲上，尋常雨水次之，宜多蓄聽用。不得已而用清净江湖河池之水，其斷斷乎不可用者井水也。燥則潤之，泛則節之，全在圓活。日氣勝則水宜饒，日氣輕則水宜省，亦隨意斟酌，最嫌拘泥。六曰培壅。其理大半寓於造土添換之中矣，泥久力微，尤須幫助，生豆腐漿一味，最爲上品。生豆浸汁亦可，但始終俱臭，殊覺可嫌。或用鞔鼓皮屑浸水，其他經硝皮屑味鹹，勿用。或用白煮肉汁，或用魚鱗水，俱要停久，臭過轉清，方可用之。或拾肉骨，積多入瓦瓶，泥固燒存性，爲末糝根，漸以水沃之。諸法皆能助肥，總未脱腥膻氣，唯有櫛髮垢膩最佳，須預囑櫛工妝積聽用。七曰閩地恒燠，木葉不脱，蘭離彼而至此，多不耐寒，必須霜降入室，立冬閉户，冬至則用紙糊竹籠藏護，周密安頓南牖。遇十分晴和，則揭籠曝之，每數日一轉換，令四面俱得日精，明歲四面有花。若風冷，

即晴亦遮覆，尤畏春風，倘早出密室，多於此敗，切須戒之。清明方可闢户，穀雨方可出户。藏宜以漸而密，出亦以漸而敞。天時人事，必優游不迫而後能無弊，有如乍寒遽重裘，而微暄便袒裼，其爲中寒之症也，必不輕矣。八曰蘭之萎死於冬也，未必皆風霜之過也，多因霜降後不禁澆水，而盆内濕泥一遇驟寒即冰凍根腐，雖有智者，無以善其後矣。切記霜降節氣一交，即滴水不入，至來年春分後，方可以漸沃之。或謂立冬以前、驚蟄以後，倘覺太乾。以竹絲帚輕醮水，但灑其葉，勿沾其根。九曰擬當別作一斗室，卑之無甚高，三面皆牆壁堅完，獨留朝南一面，用明窗稀眼，厚紙密糊，以豆腐漿刷令匀净。單通一門，亦封其縫，不容一隙，風雨攸除，日行南陸，箕伯屏跡。趙衰，孔邇，香岩諸善友同入於毗耶。空室温温然自成一世界。或遇冰雪，或防夜寒，則於窗外另掛竹簟草苫之類，重加遮蔽。至於極寒沍時，用炭團火盆一二置室中，以助其暖，敵其寒，即鳥芻瑟摩火光，三昧無礙，流通於衆香國土矣。十曰日以晅之，雨以潤之，一陰一陽之道備矣。又必風以散之。其法有二，庭階疏爽通風，一也，高架盆竅受風，二也。此皆天人參焉者也。一遇震來虩虩，即芽茁穎脱，莫不蠢然，此又雷以動之，純乎天而人不與焉。然苟非平日善養，則雖鼓之以雷霆而生意不舒者，有矣夫。十一曰蘭葉之有蟣蝨，初若不甚爲害，然未有蟣蝨生而蘭不敗者，蓋非蟣蝨之能病蘭，乃蘭既病而五衰相現爾。舊譜有去除蟣蝨之法，試之輒不驗，後悟其理，遂致探索蟣蝨而不可得。何者？脩其本以勝之也。夫蟣蝨之生，病根有三，元神脱則外邪易干，陽明怯則陰慝潛滋，糞穢觸則醜類紛沓，無此三者，蟣蝨何自而生耶？十二曰蘭花不慕蟻，蟻慕蘭花，甘也。嘬花不已，必至嘬根，由來漸矣。必也造新土則火攻以殲其類，换舊土則探山以擣其巢，勿使滋蔓而難圖也。净土脩而内順治矣，請防其外，毋恃其不來，恃吾有以備之，於是深溝高壘，有金湯之固焉。其法：用寬匾磁缸，内疊厚磚，邊離寸許，磚上置蘭盆，盆底近竅處，其磚虚架，留眼通風，磚外貯水常滿，以隔絶蟻路。此外微有蛛絲，草莖稍可依附，輒能渡蟻，皆須痛絶。又法：用堅木井字高架，上閣蘭盆架之，四足各盛寬深，瓦缽貯水常盈。北方用此貯床，足以防蝎，南方用此頓蜂箱以防蟻，今師其意而變通之，由是蘭伯之庭絶蟻之跡矣。四時唯冬無蟻，仍有鼠患，亦嗜其根之甘也。紙糊竹籠，不唯庇寒，兼可却鼠，更須晨夜巡警，罔俾投間。凡此數者，皆香積國中重門擊柝以御暴客之意。十三曰蚓患尤甚於蟻。蓋一明一晦，明者易察，晦者難窺。故蚓之罪浮於蟻。去之之道，造土燔其孽，换土犂其庭，高架截其路，既與治蟻同意矣。倘有不盡，更於蚓壤所積處，用銀七或竹篦輕挑細撥，探尋驅遣。既塞其源，又障其流，多方屏絶，庶幾乎廓清可冀矣。十四曰靈均，蘭之導師也。其術一言以蔽之曰：亦器使之，道固然耶。

明 周文華《汝南圃史》卷九《閩中每月植蘭歌》 正月安排在坎方，黎明相對接陽光。雨淋日炙都休管，要使蒼顔不改常。吴中正月勿雨淋。

二月栽培最是難，須防變作鷓鴣斑。四圍插竹防風折，惜葉猶如護玉環。

三月潘郎出舊叢，盆盆切忌向西風。堤防濕處多生蝨，根下猶嫌著糞濃。

閩忌春風，何況他境，糞宜全戒，豈但嫌濃。

四月清和日似丹，沙泥立見暫時乾。新鮮井水都休灌，膩水常教進若干。

五月新芽滿舊窠，緑陰深處最平和。此時葉退從他退，翦了之時愈見多。

六月炎陽酷愈加，芬芳枝葉正生花。凉亭水閣宜安頓，否則窗前作架遮。

七月雖然暑氣消，却宜三日一番澆。更防蚯蚓傷根本，肥水三停净一調。

八月天時稍覺凉，任他風日有何妨。經年污水尤堪美，若浸雞毛水亦良。

雞毛水非化盡無滓者不可用。

九月將終有薄霜，階前檐下謹收藏。若生白蟻何黄蟻，葉灑清茶庶不傷。

十月陽春暖氣回，來年花笋又胚胎。玉根不露真奇法，盆滿之時急换栽。

吴地换盆須秋分後。

仲冬宜頓向陽方，夜分還須密處藏。土面常教微帶濕，勿令乾燥葉萎黄。

吴地勿濕，欲潤別有巧術。

臘月天寒霜氣摧，可安屋裏保孫枝。只期凍解東風後，正是斯人道長時。

又訣云：春不出，夏不日。秋不乾，冬不濕。

又《紫蘭》 紫蘭，葉狹如水仙，比蘭蕙短而柔。三月中開紫花，有色無香，春初苗長可分，或云即馬蘭子。

明 文震亨《長物志》卷二《花木·蘭》 蘭出自閩中者爲上，葉如劍芒，花高於葉，《離騷》所謂「秋蘭兮青青，緑葉兮紫莖」者是也。次則贛州者亦佳。此俱山齋所不可少，然每處僅可置一盆，多則類虎丘花市。盆盎須覓舊龍泉均州内府供春絶大者，忌用花缸牛腿諸俗製。四時培植，春日葉芽已發，盆土已肥，不可沃肥水。常以塵帚拂拭其葉，勿令塵垢。夏日花開葉嫩，勿以手

摇動，待其長茂然後拂拭。秋則微撥開根土，以米泔水少許注根下，勿漬汙葉上。冬則安頓向陽暖室，天晴無風舁出，時時以盆轉動，四面令勻，午後即收入，勿令霜雪侵之。若葉黑無花，則陰多故也。治蟻虱惟以大盆或缸盛水，浸逼花盆，則蟻自去。又治葉虱如白點，以水一盆滴香油少許於內，用綿蘸水拂拭，亦自去矣。此藝蘭簡便法也。又有一種出杭州者曰杭蘭，出陽羨山中者名興蘭。一幹數花者曰蕙，此皆可移植石巖之下，須得彼中原本，則歲歲發花。珍珠，風蘭俱不入品。箬蘭，其葉如箬，似蘭無馨。草花奇種，金粟蘭，名賽蘭，香特甚。

明 陳正學《灌園草木識》卷一《花之屬》 歲蘭 葉長四尺餘，花一莖廿餘，蘂亦黑色，無香不韻。拜歲時方開，亦蘭類也，植以備品。

明 方以智《物理小識》卷九《草木類》 蘭 廬山幽蘭有一幹十二花者，王逸以《楚辭》之蘭爲都梁，朱子從之。方虚谷定爲醒頭香，瀕湖從之。傳曰蘭有國香，而以醒頭草專之乎？今貴建蘭，一幹九花，以葉直起者爲上，其斜坡者章蘭也。二月割去。以茅燒之，令其再發，則直起而青潤矣。傷水，葉生蝨，亦宜燒去。而忌酷日，苦雨，盆下宜碎瓦襯之，上乃土培。馮夢禎《快雪堂漫録》曰：山土火煨羅過種，澆清水，以乾土得水，脹而抱根也。蘭根甘而生螘，宜浸根於盆水，取出以溺澆之，復置水中，俟螘浮水爲度。今或置伏龍肝，或置人髮，皆製蟲也，茶油枯梓爲妙。一曰盆底用麩炭屑，則利水而蚓不來。陶石簣曰：蘭喜清而惡肥。此誤説也。愚者曰深澗幽蘭，誰灌之哉？庭蓄建蘭，蓋有道焉。蘭灌肥則易生蟲，須别處燒草皮以肥沃之。至春分時取此土以培蘭，四周作溝，以猪毛水澆之，則沿溝起箭。喜陰惡日，或燖雞鴨毛水，不宜多也。根密則茂，分之亦以春秋分。其品以玉魫爲貴，榅蘭發箭，開榅者也，九節箭其盛也，報春先一幹止一花，臘底發箭。蘭結子曰蘭筍，長房八棱，秋霜裂而子飛去，預護之，熟亦可種也。魚子蘭，木本也，長條，細蕊如粟，小者曰賽蘭，香易入物，然性有毒。幽蘭建蘭根甘，宜入藥。其花可茹，葉以浸油黑髮。都梁蘭，根名土續斷，此亦宜名。武功山有五色蘭，葉似蘭而稍薄。紫蘭，葉似仙茅。兆兗曰：幽蘭花有十瓣者，兗曾見之。黄山有瓔珞蘭，木本而香色俱不減魚魫蘭，莖弱。

明 馮京第《蘭易》卷下《十二翼》 養蘭之道備於天根，易明者述之，以時措之，宜也。然蘭之性情德業，有書言所不盡者，竊嘗折衷百家之説，以衍其義，凡爲傳十有二章，是爲易翼。

喜日而畏暑 蘭以冬春之日爲慈父母，以夏秋之日爲暴王苛政，故冬月只宜置小室南窗下，無風則開窗納日，而盆宜標記，四向輪轉曬之，來年花始四發。蘭出庭中，宜架木棚，上綳葦箔，卷舒常使陰多于日。夏秋炎陽，宜謹覆蔭。

喜風而畏寒 風有陰陽，故有温寒之異，蘭常欲通氣以宣鬱除濕，然而冬春之風皆其所畏，諺云：藏遲出蚤，枝葉不保，藏蚤出遲，冬春有時。十月盡收，二月盡出，雖避氣寒，亦避風寒也。然南北當視地氣及節候爲之消息，不可一側。風雪，人知提防，而不知春風之害凛於冬風，春雪之災酷于冬雪。每見嶺南諸花來中土，常以蚤出受春風而萎，春雪一點著葉即枯，故斷自清明，始可出也。至辟寒之方，向日爲上策。一法，用蠟渣糁根旁，不止祛寒，且大補益。一法，用鹿糞壅之，取其最暖。二法宜擇一用之，圍以草圍，覆以糠粃，此下策矣。夏秋受風，畏摇折，此須插竹架束可焉。

喜雨而畏潦 雨爲百花酒，少則病渴，過則病酲。春月多雨，蘭斯困矣，時方吐芽，傷濕即有不秀之憂，宜以人溺和水解之，補瀉兼用，蘭之良藥也。凡四時雨多，即宜用溺解濕，蓋溺性燥，能去根下積水耳。雨三日以往爲霪，驟則加苫覆，久即移入室中避之。

喜潤而畏濕 養兒寧飢毋飽，養蘭寧乾毋濕。俗云：若要小兒平安，常帶三分飢寒。悟此可以養生，可以格物。《保蘭經》云：蘭根中多水，可經半月，立春後每十日以肥水一灑土上，以春宜壅也。四五月間雨潤即不可復灌。盛夏新秋，雖天時酷熱，土内未燥，不可傷于澆灌。故夏月無雨，亦以三日爲節。七月即視土燥而後澆，不定限三日。九月後旬，尤當慎灌，恐一夜冰凍，不可救也。冬月驗視土潤，即不須水，若燥則待天氣和暖，晝日南窗，以冷茶或洗面水雨水微灑之。蘭以每夜受天露爲上，澆水次之，花時入室，尤忌澆水。惟不可久隔雨露，五六日後即宜移出。澆肥水時，盆底泄出，落水奩中則污濁，宜於架上通作水路，歸輸于一缸，則又爲惜水法耳。若砌臺安盆，尤宜此法。

喜乾而畏燥 灌法：春月肥水，十日一次，夏月清水，五日一次，盛夏三日一次，但覺筍葉枯瘠，即以肥水助長，麻膚水爲佳。秋八月時，根葉失水，漸見枯黄，即宜用大肥水。

喜土而畏厚　閩人口訣云：種蘭宜淺，土深難展，瓦礫墊半，枝枝蕃衍。蓋盆中半截實以碎瓦，則土少下虚，雨過即乾，不致傷濕，根不下行，花葉自茂。一法用螄螺凈殼，一法用水浮炭，此較瓦礫皆更玲瓏也。又當置一竹簽，時時插入疏根，使土常鬆乃宜。

喜肥而畏濁　養蘭之法，全在煉土，土經煉過，則助其肥暖。空地濃糞澆其上，仍以鬆土之患矣。一法，梅糞又澆，翻轉又晒，待其乾極乾篩過，調水作兩處，俟冬至後，隨盆大小，酌尿滓之。乃打碎破草鞋，放廁中浸月許，日所熱氣，每種以十刀細剉碎，鋪蘭根下，以土三分和勻，藏于碎更覆土面，防雨濺渣滓。取山上蕨根連市火燒屋土篩過極細用之。乾草約三四層，過于燥，一取山土黃土煅過，火氣易透，煅後模槌碎篩過，各一半和勻，種糞澆入，如此凡曰煅過之土，宜和以溺，用糞有火燒處水衝，若人糞爲過熱，總宜露中散泥煉如土法，一可用也。下兩則覆以草薦，恐取出拌黄泥，晒皆愈久愈佳，隔年預製更妙之聽其日暴雨黑土最佳，蘭驟移失性，此土用園土七分，打以陰氣助之，則滋潤易長，然共三分和用，若不發至萎弱者有之，大抵沙伏中用鬆土撒去其濁燥，而亦可免于蟻蚓，蓋之曬數日，加兩雨取城市溝壑中爛泥，晒碎爲灰，置無餅再暴乾，燒火煅紅取出，以加之。一法，用更用豬牛骨蟯灰，冷水淋，水中汰浄以分之，鍊土四分，沙三分，骨灰，用瓦磚打極陰室，三月後方可我植。一法，新笋，或取城土，取之曬乾打碎，每層鋪以然屋有石灰，恐發火煨之，或以粗糠藉土，使篩細，及鑄鍋土鋤細，用清糞和入曬乾，再以之最易發生，或數番乾，收藏用。一法，取山上太肥糞，宜用羊浮泥，再尋萁苗暴乾，覆以前共火氣穢氣。方法，收舊草鞋浸尿桶中，日久肥暖盡散耳，此乾煅過擊碎鋪地，用濃糞蓋。一説山岩縫中淋雨，三月後收起聽用。一法，積年流聚陰濕碎，收乾羊糞或鵝糞加以沙，失于收晒氣寒土堅硬，再加沙入。一法，六月土之劑，肥暖鬆細，四義盡之，離土入盆，非肥無以補天氣，離南來北，非暖無以輔地氣，鬆則通氣而利水，使苗易以發，細則疏濕而去寒，使根得以培。灌溉用諸肥水，無純用肥理，清水以雨水第一，貯久緑色更佳，池水河水次之，不可用井水，以性寒也。惟冬月可用，以此時井水暖耳，然不必用之。肥水只用人溺，若人糞，以水和之，二分糞一分水，宿則更佳。或用燖雞治魚屠宰諸湯，或以雞鵝等毛浸之，或用皮屑浸水，和以人溺，半月後用之。或麻膚，或豆餅，或生豆，皆以浸水，俟臭過用之，或用豆未泡熟入罈，亦俟臭過可用，此皆肥水，可代糞者也。盥浴等湯亦佳，用肥節候，十月一次，十一月一次，芽生五寸亦一次，花間後一次，初種時一次，初發芽時慎不可用，總之，每月須肥，視其根葉消息，多者約二三次，立夏後即止，至秋冬復可用。八九月花退泥薄，宜加壅灌，壅宜肥沙及用牛骨灰鋪壅一層最肥，并絶蟻蚓之入。或用麻膚拌肥土薄鋪一層，亦最滋茂，且除生蝨之患。牛骨焚灰，説見前喜肥論中，要將水乘熱淋去火氣，研細始用。閩蘭宜牛骨灰，其糞稻谷亦專用之，此殆土性然也。灌用前浸毛羽諸水，或半糞半水。凡用肥，須于入暮盆冷沙土燥白時，次早即必以清水解之，使肥下根則發篦，無蔓衍之患。

喜樹蔭而畏塵　此蘭本名幽蘭，故雖喜日暖，亦喜樹蔭，酷日暴雨狂風，樹皆能爲蘭御之耳。惟最畏塵埃及糠芒諸屑，尋常浄埽地，勿使近碓磨，若見飛塵，當洗刷去之，即水奩中水面亦不可積塵，恐蟻偷渡也，有蛛網亦須除去。

喜暖氣而畏煙　冬月岩寒，室中不嫌有火氣，但不可逼火及入地炕之室耳。性最畏煙，濕炭且惡之，□論竈突野燒矣。

喜人而畏蟲　傳曰：男子種蘭，美而不芳。夫婦女猶能以自然之性合蘭之天，而况于君子體風騷之遺，得哀樂之中者乎？故蘭雖生于幽谷，然喜得人護，喜受人嘗，喜附人暖氣。凡南方畏寒諸花，雖窖藏或不活，惟著人卧榻後者無恙，此以知人氣之暖，能御天氣之寒也，且人所居兼有火氣耳。若蟲有六，爲蟻、爲鼠、爲蚓、爲蜘蛛、爲蝨、爲小蝸，諸蟲，蘭根最甘，鼠喜食之，故冬不可暗藏土窖。蟻不爲大害，而花蕊一點甘露珠，名爲蘭膏，人所不可多取，每爲蟻啖，減去精英，故必水奩高架，以絶其度，有蟻則以羶骨貯蚕殼中引去之。有蚓則以人溺淋去，而後用水解之。或云十月始可淋溺，他時爲之傷蘭。蜘蛛喜結網葉間，當去。蝨點生葉上，是蟲之窠，蝨形至微，目不可見，能食蘭精氣，致焦枯。二月時陰晴不定，雨後日出，急宜遮蓋，若濕葉見日，即生白點如瑁玳，所云鷓鴣班也，用竹鍼輕剔去，不盡，宜用麻油和黛，或研蒜和水，皆用新筆蘸洗之。或魚腥水及瀹蚌蜆湯頻灑之，或取菜麻油調温湯候冷，以青緝布蘸洗之。或舍絹布用髮，或舍油用冷茶，或以水一椀，入油一盞煎過，冷一宿，待天將雨，遍灑葉上，雨下則油注及根，蝨乃盡落。或夏用皂角，秋用爐灰浸水，既爲灌肥，亦專殺蟲，遇一盆生蟲，即移他

盆遠處，此蟲能度好葉上，防之如防癆蟲也。凡風氣不通，則氣鬱而生蟲，故宜時用竹簽疏之，如洗竹法。又，若花葉萌芽時有小蝸蟲及小蟲食之，須察視驅除。

喜聚族而畏離母　凡蘭之分，不得已生。極盛則分，極衰則分，皆不得已而分也。盛者根滿，小盆淺土，急宜易也。衰者根爛，濕沙蟲穴，急宜除也。人言蘭此朋友，以交結蟠密爲樂，然極嫩脆，稍損折則腐，必用銕推向外輕擊，盆裂，用雙手捧出，撥去濕土爛根，須輕便詳慎，漸漸疏析，性躁手重者，不可任此事。或將盆入水，俟土化根出，或出盆後用水浸根，漾去宿土，此二法皆散氣泄精拙法也。又有以刀切作幾垛，聽其斷者自腐土中，此法益爲粗猛矣。分法，或以三行爲一盆，或以蘆頭五新五舊爲一盆，盆底用椀碟一雙覆眼，後用頭髮或石灰鋪椀四圍，或用木板炭遮眼，綱以頭髮，總以通風泄水，土不内出，蟲不外入爲度。鋪訖，用粗沙填平，即以爛草鞋一隻置沙上方，以三篦聚之，須蟠插安妥，互相枕藉，使舊篦在内，新篦在外，作三方向，却隨其勢，四面圍繞，虛其中外爲灌溉發生之地，然後糁極細肥土以實之，土齊盆口，高一分許，中央漸高如覆盂狀。又有深種淺栽之説，初下根貴深，壅土後漸提起摇實，則土入根中而無空虛積水之憂矣。提葉欲總，摇盆欲緩，不可太高，使根盡出，不可太低，使根不舒，不可旁高中陷，使根積水腐萎。蘭名露根草，性不喜深，根齊盆口，則瀉水面易發也。分後不可驟晒，宜置樹陰或西檐下，種畢以新汲塘水雨水灌之，以定其根。盆面以瘦沙少許覆之，夜間受露，日以水點灑之，止可一次。半月後方灌肥水，始可向陽。舊説春秋二分後皆可分，今定以秋盡冬初爲候。或云寒地宜于春分後分之，似通。用盆不欲貴重，根滿難分，付諸一擊也，不欲大，以便於移賞遷藏也，不欲深，以蘭不宜土厚也。

喜培植而畏驕縱　培植既多法矣，然不可太惜，枯葉急宜剪，腐根急宜斷，二月花太蚤，十月蕊大過，五月葶太多，皆急宜摘除。凡此所以善養蘭也。種蘭葉盡黃，則于臘盡。正初用茅火焚之，存下體寸許，至三四月盛發如初。種蘭之道，三日不彈琴則手生荆棘，三日不視蘭則盆受霜雪矣，正與郭橐駝種樹異法，彼乃治大國若亨小鮮，此乃敎學如術蛾，子君師之義有不同也。

又《蘭史·蘭本紀》　建蘭　建蘭以福建得名，而楚粵山谷皆生之，莖葉皆肥大蒼翠，然種類甚多，開時亦異，故有春蘭、秋蘭、夏蘭、冬蘭、四季蘭之稱。江南蘭止春芳，楚閩皆春秋再芳。春芳者爲春蘭，色深，秋芳者爲秋蘭，色淡，但壅培得法，花常不絶。又有素蘭、石蘭、竹蘭、鳳尾蘭、玉梗蘭諸名。春蘭花生葉下，素蘭花生葉上，秋蘭一莖四五花，葉同春蘭，開于秋月，取根煎湯服，爲催生勝藥，吉州人用之。又有獻戲蘭，元旦開花，報春蘭，先立春三日開花，皆奇品也。紫莖青花爲上，青莖青花次之，紫莖紫花又次之，餘不入格。然細分花色，有深紫淺紫、深紅淺紅、黃白緑碧、金棱諸種。今内品正分紫白二種，而紫嘗爲先，又不可以前説定也。沅澧所産花在春則黃，在秋則紫，而秋芳勝于春，總以葉短莖長，花梃出者爲佳。其産逾幽深，則莖逾紫，惟玉梗莖白如玉耳。花可點湯，以鹽梅乾醉取汁，名曰梅油，用浸鮮花，臨點湯時，先以熱水淪過，乃投茶盌，花色如新。

山蘭　江南諸春蘭皆名山蘭，冠宗奭所謂葉如麥門冬而潤，且韌莖長一二尺，四時常青，花黃緑色，中間瓣上有細紫點，一莖一花，花比常建蘭稍大，香最芳烈。又建蘭一種名山蘭者，一莖七花，緑色，瓣尖薄而狹，莖紫色，葉細短而潤，惟冬月開之。建蘭有名冬蘭者，即四季蘭，何以名冬？若冬蘭，當以名此種耳。又有九節蘭，山蘭之别種也。漸粵山谷多有之，一莖八九花，葉細長，蒼色，不甚緑，黃山谷誤以爲蕙者，故一名蕙蘭。種法：悉芟去浮根，用便溺瓦器打碎漂净，鋪盆底，用山上沙土一層，鋪雞夫其上，又加沙土一層，鋪頭髮其上，乃將煉土與沙土各半拌勻種之，勿以手築實。置盆大樹下通風無日處，平時只澆清水，惟梅雨天一澆糞，歷年彌盛，可勝建蘭。

杭蘭　惟杭州有之，花如建蘭，一幹一花，葉比建蘭差大，有紫白二種，皆黃蕊，最香豔。性宜見天不見日，種用黃沙土或以水浮炭實盆之半種之，上覆青苔則花益茂，澆用羊鹿矢水，或焗雞鵝諸水，頻灑水，花益香。

又《蘭世家》　陳夢良紫，一莖十二華，紫色，花朵最大，三瓣尖竊。碧葉，長三尺許，深緑色，葉梗微桑，背作劍脊，至尾稍處減薄，斜分變緇色，芳豔婉媚，爲衆花冠，希得其真種。種宜黃沙細潔無泥者。此種最難養，忌用肥，稍肥即腐爛，灌宜清水。

吴花紫，一莖十五華，盛者岐生至二十華，色深紫，莖紫苞紅，花朵差大。葉最長勁而緑。種宜赤沙泥，頗好肥，宜一月溉一次。

金棱邊紫，花色如吴，紫瓣差小，幹葉並如之。葉尖兩金綫，緑邊半葉之長，爲紫花奇品。種出長泰陳家，未廣也。

潘花，一名仙霞紫紫。一莖十五華，紫色，近蕊處深紫，同于吴花。莖亦紫色，葉如吴花，但差小。潘氏於西山仙霞嶺得之，故一名仙霞。種亦宜赤沙泥，不喜肥，宜時灌以清茶。

濟老，一名一綫紅，俗名了蘭白。一莖十二華，葉似施蘭差長，得氣則生岐，故名了蘭。潔黯爲白色冠。種宜溝渠黑沙泥和以糞壤，或用糞鍊土種之，盆内草鞋屑四圍鋪種，性愛肥，隨所灌溉。

竈山，俗名緑衣郎白。一莖十五華，碧色，莖尤深碧。花常並蒂，葉緑而瘦薄。種宜河沙糞壤，或山澗下流聚沙泥，盆内用草鞋屑同濟老，溉宜半肥。

魚魫，一名趙花白，花最瑩徹，一如魚魫，沉之水中，不復可見。葉亦勁緑。種宜山下流聚沙泥，性最潔，不可溉諸肥水。

玉莖，一名雪蘭，亦名玉瓣玉梗白。花白如雪，故得雪蘭之名，其莖如玉，又名玉莖蘭。此種至貴，不可易得，爲白蘭奇品。

李通判白，一莖十五華，白色，雅淡爲最。種宜山下流聚沙，同魚魫，溉宜半肥。

葉大施白，華白色，葉作劍脊，甚長而不甚勁直。種溉同濟老。

惠知客白，一莖十五華，色白竊紫，瓣尖帶黄。花體清瘦而簇簇圓整，葉肥緑，頗弱。種溉同濟老，或用河沙淘去垢塵，下用粗沙並和以糞種之。

又《蘭列傳》 趙師博，本名趙十四，紫。一莖十五華，蓓蕾甚紅，開時變紫，特黯，葉亦勁緑。種溉同金棱邊，每半月一用肥。

何花，紫。一莖十四華，紫色苞紅，花朵倒垂，葉蒼色。種溉同金棱邊，每半月一用肥。

大張青，紫。蒲統領，紫。種溉半月一用肥，同趙、何。

淳監糧，紫。蕭仲和，紫。許景初，紫。何首座，紫。林仲孔，紫。莊觀成，紫。皆下品，種溉隨意。

黄殿講，一名碧玉幹西施，白。一莖十五華，岐生或二十餘華，亦有二莖連理生者，莖瘦而長，花白色，竊黄萼，半開合。葉緑色，柔細而勁厚，每葉下有一萎者。

馬大同，一名五暈絲，白。一莖十二華，碧色，中多紅暈，花差大，間有昂首者。莖勁直，半葉之長，葉高聳肥厚。種同惠知客，溉同濟老。

鄭少舉白。一莖十四華，白色，最瑩潔。葉瘦長而踈散，謂之蓬頭少舉。其種不一，以花葉多少柔勁别之，白花易生者惟蓬頭一種。種溉同濟老，或用糞鍊土，上覆赤壤。

黄八兄，白。一莖十二華，白色。莖甚長，然最弱。葉緑而直，略似鄭花。種溉同濟老。

周染，白。一莖十二華，白色，與鄭花相似。莖則短弱。種溉同濟老。

夕陽紅，白。一莖八華，白色，瓣上凝紅，故有夕陽之號。種溉隨意肥潔。

觀堂主，白。一莖七華，花白色，聚如簇。葉不甚高。種溉同夕陽紅。

名弟，白。一莖五六華，白色，似鄭花。葉最柔長，然新葉長即舊葉枯。種溉同上。

弱脚，白。一莖二華，緑色，瓣上如鷹爪，長二三寸。葉瘦，長二三尺。冬深始華，香甚清遠，莖短葉細。種溉同上。

清 屈大均《廣東新語》卷二七《草語·蘭》 蘭爲香祖。蘭無偶，乃第一香。以桠蘭爲上。桠者，莖多岐出。其葉長至三尺，蕾尖花大，且繁多，有一莖及桠開至五十餘花者。色黄有紫點，香味甚厚，稱隔山香，次則公孫偪。每一大莖輔以二小莖，若公領孫。其花從上開下。次曰出架白，花高出葉上，甚潔白，從下開上。次則青蘭，葉長二尺，小而直。其花青碧，以白幹者爲上，青幹紫幹次之。次黄蘭，葉長而稍大，花淡黄，有小紅紋。次草蘭，以短葉白幹者爲上，其花肥，喜食霜雪，不資灌穢，有雙花單花之别。外有風蘭，花如水仙，黄色，從葉心抽出，作雙朵，擊置檐間，無水土自然繁茂。又有花如秋海棠、蘂則蘭、花紫蘂黄、甚幽媚，名鹿角蘭，葉細如鹿角海藻。有石蘭，生於石上，與相類。葉長四五寸，小而柔韌，花色淡白。有小玉蘭，花亦作淡白色，甚清香。有倒蘭，花倒衆，紫色。有報喜蘭，如蠟梅而色紅紫，香味亦同。每莖作七八枝，懸樹間，勿侵地氣，遇有吉事則開。寤生者以花梍懸户上節生，亦曰催生蘭。是皆以空爲梍，以露爲命，乃風蘭之族。有賀正蘭，每當太春及元日開。有夜蘭，尋之不見，夜乃聞香，羅浮多有之。凡蘭生深林中，微風過之，其香藹然達於外，故曰幽蘭。林愈深則莖愈紫，香更有餘，而夜蘭開於夜，尤爲幽黯，斯又蘭之隱者也。有翡翠爾，六瓣三蘂，色如翡翠。有鶴頂蘭、鳳蘭、龍蘭，皆以花形似名，然不香。鶴頂蘭花大，面青緑，背白，蘂紅紫，卷成筒形，微似鶴頂，一莖直上，作二十餘花，葉甚大。有朱蘭，花小色麗，開只一朵。朵六出，葉如百合。有毬蘭，開至五十

餘朵，團圓如毬。有竹葉蘭，葉似竹似萱，花則蘭也。深紫叢生，有微香。有文殊蘭，葉長四五尺，大二三寸而厚，花如玉簪，如百合，而長大。色白，甚香，夏間始開。是皆蘭之屬。或謂蘭與蕙難辯，凡生下濕，方莖赤花者爲蕙，所謂薰也。凡多花者皆蕙，非真蘭。真蘭者，葉短而柔，一莖一花，色如玉瓣，中無黑脈紫紋。蕾未出土，香已噴人，幽谷中亦不可多得，是爲真蘭。然大抵春芳者爲春蘭，色深；秋芳者爲秋蘭，色淺而椏。蘭四時有花，春秋尤盛，故爲蘭之伯長。舊説謂楚人賤蕙而貴蘭，故其室西養蕙而東養蘭，南粤亦然。予有《種蘭經》云：植以蘭盎，培以蘭泥，沃用豨毛之水，或兼白蜆之肥。半陰半陽，風日遲遲，温湯最善，人氣尤宜。美人膏沐，灌之繁滋，於是芽抽不已，葩吐無時。發箭九節，開椏十枝。三歲一分，梠忌盤結。瘠則少花，腴則多葉。凡蘭生虱斑，謂之鷓鴣斑，以佳茗和茶子油麗葉斑，則自除。蘭性畏寒，而荆棘氣可以温之。燥則葉黄，濕則蝨，置之橘柚樹下少蝨，龍眼樹下多蝨。

《離騷》香草皆服御恒珍，而尤以蘭爲貴。言蘭必兼言蕙，蘭花少而香多，蕙花多而香少。蘭兄也，蕙其弟也。蘭又女類，故男子樹之不芳。草木之性，惟蘭宜女子樹之。一名水香，以其多生水旁，故溱洧士女，秉之以祓禊也。然此蘭古謂都梁香，《本草》以爲大澤蘭。其花葉者香而燥濕不變，故可刈而爲佩，凡香草皆然。今之所謂蘭者，花雖香，葉乃無氣。又其花質弱易萎，皆非可刈而佩者，斯乃蕙也，非蘭也。沅澧所生，在春而黄，在秋而紫，秋紫之芬馥勝於春黄。嶺南之蘭不然，其非三閭之所采也明甚。予詩：猗彼幽蘭花，春黄而秋紫。顏色能隨時，所以媚君子。又云：花葉皆有香，乃可持爲佩。幽幽君子心，非蘭無所愛。

種蘭之泥宜色黑，以日暴之，泥既乾則隔以尿，以火燔燒之，亦勿過熟，使生氣多留。蓋暴以取日之陽，燒以取火之暖，亦使泥一一成塊而爽水也。泥不可滿，水不可多，燥濕得宜，蘭斯茂發。故疏之使其不逼，密之使其相親，深之使其相固，淺之使其易芽。芽生於鬆，不於實，花生於暖，不於寒。故冬勿覆蓋，春勿灌溉，夏勿曬，而秋勿肥。依時以爲珍護，而後蘭乃暢盛也。蘭者花之君子，能知恩義，有喜則報，有哀則知。所手植之人死，必以衰麻一片挂之，否則大槁。

清 曹溶《倦圃蒔植記》總論卷上《論花第三》 金邊蘭，細辨，其種有二，一幹十二花，香重而葉邊黄色深長者爲上，一幹九花，香輕而葉邊黄色淺短者爲次，故好事者又有金邊、銀邊之疑云。米蘭，一種色深赤而香勝，又一種色更赤而無香，物之同中有異如此。除此三種奇品之外，莫若四季蘭爲實受用，閩中隆冬亦芳。此地尚自四月以至十月可大半年不乏花也。珍珠蘭，余屢植之，怯寒略輕，今一本已五年無恙矣。樹蘭，曾植而未見花，近又購得，拭目以俟。

又 愚有羅鍾齋《蘭譜》一卷，養法頗詳，然似浩汗，今攏其要於此，以便遵守。大率購時宜擇精神完足者，換土用好泥，烈火煆透。澆灌用天雨淡水，新鮮豆漿，盆底却須滲泄。三伏宜避西曬，立冬入室，滴水勿沾。寒風必避，遇暄則曝，春間忌早出户及驟加冷濕，谷雨後方可隨意，如此即蘭事思過半矣。按月《蘭譜》，六月宜置涼亭水閣，蓋三伏時元無露水，故知此法良是。培蘭四戒：春不出，夏不日，秋不乾，冬不濕。

又《蘭蕙》 《楚辭》滋蘭九畹，植蕙百畝。蘭蕙之臭，幾同靈均矣。及讀《淮南子》，復云：男子種蘭，美而不芳。繼子得食，肥而不澤。則又似有兒女情者。花有數種：一曰建蘭，莖葉肥大，翠勁可愛。若葉生白點，謂之蘭虱，以魚腥水或蚌水洗之。二曰杭蘭，蘇長公詩「春蘭如美人，不采羞自獻。時聞風露香，篷艾深不見。丹青寫真色，欲補離騷傳。對之如靈均，佩冠不敢燕」者是也。今其俗賈利者多置浴室，取暖促開，香韻頗減，大負前詩矣。然取大本，種以黄土，用羊鹿糞澆之，花亦茂盛。三曰興蘭，一名九節蘭，花有餘，香實不足，所謂蕙也。四曰風蘭，幹短勁，花黄白，不用沙土，取竹籃貯之，懸於有露處，或盛以敝髻，用頭髮襯之。五曰箬蘭，其葉如箬，似蘭無香。以上二種俱可勿藝。别有一種名賽蘭者，佛家謂之伊蘭，樹如茉莉，花作金粟，香特馥烈，尤堪戴插。好事者易名金粟蘭，諸譜不載，殆非蘭種，亦猶蠟梅之於梅花也。相傳培蘭四戒：曰春不出，夏不日，秋不乾，冬不濕。大要先於梅雨後取溝瀆肥泥曝乾羅末，或團山頭黄土猛火煆過，取出搥碎，俟九月終，挑起舊本，删去老根，鋪以皮屑，分種盆内，摻泥壅之，勿使根曲，長滿復分，三歲爲度。但性畏寒暑，尤忌塵埃，葉上有塵，當即洗去。又忌春雪，着點即枯，須以竹籃罩盆，計日轉曬。風雪既却，日色復匀，迨至花發，周圍如一。澆用雨水，河水或皮屑魚腥水，須四畔匀灌，勿得灑下致令葉黄，黄則以清茶澆之。又聞注茶瓶中，亦可插花。黄山谷云：培以

沙土則茂，沃以茗汁則芳。良有以也。故肥水頻澆，多生蝨虱，宜研大蒜和水，以筆蘸洗除之。或云盆須水奩，可隔螻蟻。分宜毀盆，不傷花根，最爲得之。

清　陳淏子《秘傳花鏡》卷五《花草類考》《蕙蘭》　蕙葉本多長勁，要擇其葉性柔軟者爲妙，其蕊亦要團頭細膩，凡淺緑如水、清滋有神色者，其花必佳。蕙蘭，一名九節蘭，葉同歐蘭，稍長而勁。一莖發八九花，其形似歐蘭而瘦，即香味亦不及焉。但後歐蘭而開，猶可繼武歐蘭，先建蘭而放，聊堪接續建蘭。則一歲芳香，半窗清供，可以綿綿不絶矣。其澆壅之法，亦同歐蘭。蕙與蘭皆不須澆壅，只要泥土和潤矣。過爆過濕、過熱過冷亡患，便欲茂盛。

又《建蘭》　建蘭産自福建，而花之名目甚多。或以形色，或以地理，或以姓氏得名，俱詳後諸内。其花五六月放，一幹九花，香馥幽異，葉似歐蘭而闊大勁直。凡蘭皆有一滴露珠在花蕊間，謂之蘭膏，雖美不可多取，恐損本花。若年久苗盛盈盆，至秋分後可分種。泥須黄土，預用楛蕨草火將泥煨過方用。分時勿惜小費，必擊碎其盆，將竹刀先剔去其旁土，緩緩解折其交結之根，毋使有拔斷之失。然後逐篦蘘取出種年腐蘆頭。方用新盆，先將瓦片填底，後以煉過土覆上，即將三篦蘘之，互相枕籍，作三方向而種之。上覆瘦沙泥少許，澆清水一勺以定其根。蘭根香甜，蟻最喜食，多做窠其上，以至根傷葉瘁，須置一淺盆坐水，使蟻不能渡。若葉上生黄白斑點，謂之蘭蝨，用魚腥水灑之，或研大蒜和水或蚌水，以白筆蘸之，拂洗葉上數次，則蝨自無矣。如梅雨連朝，則水太多，一遇烈日熱蒸，則根必爛，須移陰處。養蘭訣云：春不出，無霜雪冷風之患。夏不日，最忌炎蒸烈日。秋不乾，多澆肥水或豆汁。冬不濕。宜藏暖室或土坑内。其法盡之矣。

又《歐蘭》　蘭葉要短壯，形如螳螂肚，色要青翠，濃潤者佳。蕊不論大小，只要團頭細膩光矣，紅筋裹住其花，便佳。歐蘭，一名報春先，多生南浙陰地山谷間。葉細而長，四時嘗青。秋發蕊，冬盡春初開花，有紫莖、玉莖、青莖者。一莖一花，其紫花黄心，白花紫心者，酷似建蘭，而香尤甚。盆種之，清芬可供一月，故江南以蘭爲香祖。若欲移植，必須帶土厚廓，方能常盛。種宜黄砂土，用羊鹿屎和水澆。若遇暑月，須每早澆以冷茶。嘗移盆，四面曬，則四面有花。冬月當藏暖處，經霜雪恐凍傷甚蕊，然較起蘭入窖，則不必矣。又一種葉較蘭稍潤而柔，花開紫白者，名蓀。凡花開久香盡，即當連莖剪去，勿令結子，恐耗氣奪力，則來年花不繁也。

清　張逸少　汪灝等《佩文齋廣羣芳譜》卷四四《蘭蕙》　建蘭，莖葉肥大，蒼翠可愛。其葉獨闊，今時多尚之，葉短而花露者尤佳。若非原盆，須用火燒山土栽。根甚甜，招蟻，以水奩隔之，水須日换，恐起皮，則蟻易度，頻分則根舒，花開不絶，此已試妙法也。澆洗須如法，又有按月培植之方，乃閩中士紳所傳，宜照行之。杭蘭。惟杭城有之，花如建蘭，香甚。一枝一花，葉較建蘭稍闊，有紫花黄心，色若胭脂，有白花黄心，白若羊脂。花甚可愛，取大本根内無竹釘者，用横山黄土揀去石塊種之，見天不見日。澆以羊鹿糞水，花茂盛，雞鵝毛水亦可。若澆灌得宜，來歲花發，其香勝新栽者遠甚。一説用水浮炭種之，上蓋青苔，花茂，頻灑水，花香。花紫白者名蓀，出法華山。其類有春蘭、夏蘭、秋蘭、素蘭、石蘭、竹蘭、鳳尾蘭、玉梗蘭。春蘭花生葉下，素蘭花生葉上，至其緑葉紫莖，則如今所見，大抵林愈深而莖愈紫爾。劉次莊《樂府集》云：沅澧所産花在春則黄，在秋則紫，然春黄不如秋紫之芳馥也。凡蘭皆有一滴露珠在花藥間，謂之蘭膏，不啻沆瀣，多取則損花。

清　雍正《浙江通志》卷一〇一　蘭　《蘭譜》：杭蘭，其花如建蘭，香甚。一枝一花，葉稍闊。有紫花黄心，色若胭脂，有白花黄心，白若羊脂，甚可愛。用横山黄土揀去石塊種之，澆以羊鹿糞水，雞鵝毛水。若澆灌得宜，來歲花發，其香勝新栽。白者名蓀，出法華山。《毛詩陸疏》：廣要，江南人，以蘭爲香祖。又云：蘭無偶，稱爲第一香。蘭之種甚多，如竹蘭、石蘭、伊蘭、崇蘭、風蘭、鳳尾蘭、珍珠蘭、玉柱蘭，不可枚舉，凡吴越皆有之。

清　鄒一桂《小山畫譜》卷上《蘭》　春蘭最早正二月即開，莖長三寸，層苞。花五瓣，三長二短，心如象鼻，紫文如貝，著裏處兩旁超起，色白，上另一青。子三角，末微紅，即花後結蓀者也。葉長條尺餘，闊三四分，背有劍脊，經冬不凋。此花本生於深林山澤中，取貯盆盎，經年則葉短而花高，香氣彌郁。一剪一花，間有雙花者。又有翠蘭、蜜蘭、紅蘭，而以素心者爲貴。其大者爲燕銜珠，香達户外，花開月餘，采之風乾，可療心疼。又建蘭，似蕙，一幹數朵，葉闊而直上，香襲人。又漢中蘭，亦幹生，花葉俱小，皆夏秋開。至冬蘭，則花大而不香，以開在冬月也。

又《蕙》　花似蘭而一莖數朵，多至十餘花，以緑莖緑花者爲貴。其花破節生，一花一苞，心亦如蘭。凡蘭蕙，花開有一露珠綴於花底，忌蜂，采去則花不精神。蕙葉長至二尺餘，莖長尺餘，服盆則葉短，四月初開。

紀事

宋 張淏《會稽續志》卷四 蘭，《越絶書》曰：句踐種蘭渚山。《舊經》曰：蘭渚山，句踐種蘭。

明 王世懋《學圃雜疏·花疏》 一莖一花者曰蘭，宜興山中特多，南京、杭州俱有。雖不足貴，香自可愛，宜多種盆中。今人絶重建蘭，却只是蕙。見古人畫蘭，殊不爾。虎丘戈生曾致一盆，葉稀而長，稍粗於興蘭。出數蕊，正春初開花，特大於常蘭，香亦倍之，經月不凋，酷似馬遠所畫。戈云得之他方，今尚活。時花廣求此種，以備春蘭之絶品。

又 建蘭盛於五月，其物畏風畏寒，畏虱畏蚓畏蟻。其根甜，爲蟻所逐。養者常以木奩隔，不令得緣入。余作一屋於竹林南，外施兩重草席，坎地令稍深，貯蘭於其上。無風有好日，開門暴之。所畜二三十盆，無不盛花者。其種亦多，玉魫爲第一，白幹而花上出者是也。次四季，次金邊，名曰蘭，其實皆蕙也。閩産爲佳，贛州蘭葉不長勁，價當減半。

明 徐炬《新鐫古今事物原始全書·百花卷》二四《蘭花 蘭》 已知孕秀鄰芝室，都道芳名擅國香。

蘭，香草也。叢生山谷，紫莖赤節，緑葉。一幹一花，有雙頭者，或白或紫，或淺碧。孔子聘諸侯，莫能見任，自衛反魯，隱谷之中見香蘭獨茂，喟然歎曰：夫蘭當爲王者香，今乃獨茂，與衆草爲伍。乃止車，援琴鼓之，自傷不逢，託辭於《猗蘭操》云：蘭之猗猗，揚揚其香，不采而佩，於蘭何傷。其蕙似蘭，一葉五花，香不及蘭，蘭先開而蕙繼之。

清 高士奇《北墅抱瓮録·建蘭》 建蘭極不易養，今得數盆，每盆各抽箭五十餘莖，含風受露，異香茂發，夏秋之際，清韻殊多，當湖蓄花之家，皆無若此之盛者。

清 江昱《瀟湘聽雨録》卷八 常寧南鄉傜峝間，蘭蕙極多，種類亦繁。有冬開者，有四季者，有紅者，有素心者，有莖瘦如鐵綫者。分別蒔之，奇可愛玩。嘗命僕隸往采，動得擔荷以歸。問諸土人何以不賣，言無售者。貧人刈草供爨，蘭不足薪，輒棄之爾。

清 謝堃《花木小志·蘭》 蘭之有譜舊矣。余於廣西全州見蘭一叢，花色正赤，寄生於古松節穴中。又於齊趙之郊見蘭一叢，花色藍翠，光景可愛。其葉稍勁，亦可謂奇卉矣。然廣東風蘭，不沾水土，縣之檐際，花開甚盛，香氣襲人，不見者難與言矣。

著録

宋 馬永卿《金漳蘭譜跋》 余嘗身安寂然一榻之中，置事物之冗來紛至之外，度極長。篆香芬馥，怡神默坐，峰月一視，不覺精神自恬然也。種蘭之趣，然之否乎？澹齋趙時庚敬爲三卷，以俟知音。余於循修歲之暇，窗前植蘭數盆，蓋别觀其生意也。每日一周旋其側，撫之太息，愛之太勤，非徒悦目，又且悦心怡神。其茅葺，其葉青青，猶緑衣郎挺節獨立，可敬可慕。迨夫開也，凝情瀼露，萬態千妍，薰風自來，四坐芬郁，豈非真蘭室乎？豈非有國香乎？親朋過訪，遺以《蘭譜》，予按味再三，盡得愛之養之之法，因其譜想其人，又豈非懷馨陽馥日乎？時己卯歲中和節望日，懶真子李子謹跋。

宋 王貴學《王氏蘭譜》（《説郛》卷一〇三上輯） 窗前有草，濂溪周先生蓋達其生意，是格物而非玩物。予及友龍江王進叔，整暇於六籍書史之餘，品藻百物，封植蘭蕙，設客難而主其譜，擷英於幹葉香色之殊，得韻於耳目口鼻之表，非體蘭之生意不能也。所稟既異，所養又充，進叔資學亦如斯蘭，野而巖谷，家而庭堦，國有臺省，隨所置之。其房無斁，夫草可以會仁意，蘭豈一草云乎哉？君子養德，於是乎在。淳祐丁未，孟春戊戌，蒲陽葉大有序：

萬物皆天地委形，其物之形而秀者，又天地之委和也。和氣所鍾，爲聖爲賢，爲景星，爲鳳凰，爲芝草。草有蘭亦然，世稱三友，挺挺花卉中。竹有節而嗇花，梅有花而嗇葉，松有葉而嗇香。惟蘭獨并有之。蘭，君子也。飡霞餘露，孤竹之清標；勁柯端莖，汾陽之清節；清香淑質，靈均之潔操。韻而幽，妍而淡，曾不與西施何郎等伍，以天地和氣香之也。予嗜焉成癖，志几之暇具於心，服於身。復於聲譽之間，搜求五十品，隨其性質植之。客有謂予曰：此身本無物，子何取以自累？予應之曰：天壤間萬物皆寄爾。耳，聲之寄，目，色之寄，鼻，臭之寄，口，味之寄。有耳目口鼻而欲絶夫聲色臭味，則天地萬物

將無所寓其寄矣。若總其所以寄我者而爲我有，又安知其不我累耶？客曰：然。遂譜之。淳祐丁未龍江王貴學進叔敬書。

藝　文

唐　楊炯《盈川集》卷一《幽蘭賦》　惟幽蘭之芳草，稟天地之純精。抱青紫之奇色，挺龍虎之嘉名。不起林而獨秀，必固本而叢生。爾乃丰茸十步，綿連九畹。莖受露而將低，香從風而自遠。當此之時，叢蘭正滋。美庭幃之孝子，循南陔而采之。楚襄王蘭臺之宫，零落無叢；漢武帝猗蘭之殿，荒凉幾變。聞昔日之芳菲，恨今人之不見。至若桃花水上，佩蘭若而續魂，竹箭山陰，坐蘭亭而開宴。江南則蘭澤爲洲，東海則蘭陵爲縣。隰有蘭兮蘭有枝，贈遠别兮交新知。氣如蘭兮長不改，心若蘭兮終不移。及夫東山月出，西軒日晚，授燕女於春闈，降陳王於秋坂。乃有送客金谷，林塘坐曛，鶴琴未罷，龍釰將分。蘭缸熠燿，蘭麝氛氲。舞袖迴雪，歌聲遏雲。度清夜之未央，酌蘭英以奉君。若夫靈均放逐，離羣散侣，亂鄢郢之南都，下瀟湘之北渚。步遲遲而適越，心鬱鬱而懷楚。徒眷戀於君王，斂精神於帝女。汀洲兮極目，芳菲兮襲予。思公子兮不言，結芳蘭兮延佇。借如君章有德，通神感靈，懸車舊館，請老山庭。白露下而警鶴，秋風高而亂螢。循階除而下望，見秋蘭之青青。重曰：若有人兮山之阿，紉秋蘭兮歲月多。思握之兮猶未得，空珮之兮欲如何？乃抽琴操爲幽蘭之歌，歌曰：幽蘭生矣，于彼朝陽。含雨露之津潤，吸日月之休光。美人愁思兮，采芙蓉於南浦；公子忘憂兮，樹萱草於北堂。雖處幽林與窮谷，不以無人而不芳。趙元淑聞而歎曰：昔聞蘭葉據龍圖，復道蘭林引鳳雛。鴻歸鷰去紫莖歇，露往霜來緑葉枯。悲秋風之一敗，與蒿草而爲芻。

唐　李公進《幽蘭賦》（《歷代賦彙》卷一二一輯）　幽有寂兮蘭有香。香者取其服媚，寂者契其韜光。是以緑葉紫莖，偶貞士而必佩，深林絶壑，挺奇質而獨芳。觀其異彩特秀，結根自遠，靡生於門，寧滋於畹。朝陽照而雜花不得間其榮，光風轉兮衆草無以齊其偃。杳杳深處，芬芬絶倫。保貞操以擅美，發英華以藻春。葉凝露以珠綴，花含煙而色新。移於友也，則斷金之利；樹之庭也，則如玉之珍。豈比夫協夢呈祥，表嘉名於鄭國；循陔見采，流雅詠於詩人而已哉！蘭之幽兮芳可折，幽無人兮芳不絶。蘭之生兮美自豐，生得地兮美無終。故雖敗於凉飇，諒有嘉於前古。方比契於松筠，詎齊名於蘅杜。且夫麗白雪之綺靡，被長坂之芬敷。激餘芳以孤映，極幽致而自殊。則在握者何居，擇者何無。蘭處幽而轉芳，芳無遠而不襲。賢尚晦而必著，著何道而不入。伊哲人之素履，動徵蘭以自執？苟馨香之發聞，越江山而采拾。

宋　徐鹿卿《清正存稿》卷六《詠蘭》　叢蘭抱幽姿，結根托山壤。所據良孤高，其下俯深廣。雲氣接清潤，雨露從資養。雖然翳深林，未肯逐衆莽。輪蹄紛紫陌，誰此事幽賞。幽賞縱不及，香風自來往。

宋　李綱《幽蘭賦有序》（《歷代賦彙》卷一二一輯）　蘭有二種，華以春者似蕙，華以秋者似菊。《楚辭》曰：秋蘭兮青青，緑葉兮紫莖。又曰：春蘭兮秋菊，長無絶兮終古。今世人之所識者，素葩叢本，特春蘭耳。余嘗得一種蘭於亡友蕭子寬家，緑葉紫莖，其香似春蘭而加芳。食之，味尤辛甘，可以調羹。曹子建《七啓》，於肴饌之妙言「紫蘭丹椒，施和必節。滋味既殊，遺芳射越」。乃知兹蘭可食，其爲秋蘭無疑也。二蘭皆喜生於高山深林、闃寂無人之境，則芬芳郁烈，茂盛而遠聞。移而置於軒庭房室之間，不過一再歲，花益鮮而香益微，蓋其天性如此。故古人又以幽蘭目之，與夫山林隱遁之士，耿介高潔，不求聞達於人而風流自著者亦何以異。故感而賦之。

相百卉之芳菲兮，待培植而乃成。何兹蘭之異稟兮，處幽僻而方興。高山崔嵬而巃嵸兮，深林杳杳以冥冥。下波濤之噴激兮，上雪霰之飄零。邈人跡之不到兮，蘭於焉而獨馨。言茁其芽，載擢其英。春與蕙兮偕秀，秋與菊兮並榮。或素葩而叢本，或緑葉而紫莖。雖春秋之異種，豈殊德於幽貞。耿介自許，芬芳誰與？久而不知其香，晦而不改其度。榮何謝於光風，瘁何傷於白露。配芝桂以爲友，奚蕭艾之能侶。類同心之契合，比明德之欣附。淑人君子，愛而不忘。蒸以爲藉，沐以爲湯。紉之爲佩，刈之爲防。實有取於雅操，匪徒慕夫國香。若夫出自故山，同夫小草，資耳目之嘉玩，供園林之幽討。雖得托於孤根，蓋已違其所好。譬猶高潔之士，隱遁之人，蹈山林而長往，友麋鹿而同羣。付功名於脱屣，等富貴於浮雲。室雖邇而人則遠，可得聞而不可見。有泉石之枕漱，無猿鶴之驚怨。晦其跡而彌芳，懷其道而愈顯。子真谷口，德

公鹿門。二子食薇於首陽，四皓采芝於商山。名與實兮兼茂，心與跡兮俱閑。播清芬於今古，亦何以異於幽蘭！

明 童軒《清風亭稿》卷三《詠蘭》 泛泛崇蘭姿，托根雲水涯。光風披拂，緑葉何葱萋。君子采而佩，馨香竟無比。羞彼春芳榮，嫣然媚紅紫。

明 潘希曾《竹澗集》卷四《詠蘭四首》 蘭蕙一類而蘭特少，其香特勝，開謝之早晚遲速亦異。予於贛之行臺並植之。

山人遺我蘭，百里到城邑。采之千仞崖，故土帶砂礫。瓦盆及時栽，風雨相潤色。空階白日静，緑葉光凝凝。

猗蘭含紫蕤，經冬凍不發。春風幾何時，碧幹争挺拔。一幹僅一花，清香乃傾國。貞姿頗耐久，逾月未衰落。

蕙本蘭之族，氣味亦相似。一幹五七花，生香春夏際。復有閩中産，葉高而稍膩。誰書本草經，誤以零陵視。

古人多佩蘭，貴有君子德。況爲王者香，尼父興歎息。芳名播終古，俗眼常罕識。高齋風日和，相對余心懌。

雜録

宋 陸佃《埤雅》卷一八《蘭》 蘭，香草也，而文闌草爲蘭，蘭，闌不祥，故古者爲防刈之也，一名蕑。有蒲與蕑，蓋蕑以闌之，蕑以間之，其義一也。《傳》曰：德芬芳者佩蘭。古之佩者各象其德，故德芬芳者佩蘭。《楚辭》所謂紉秋蘭以爲佩是也。又曰：遺余佩兮灃浦。今鼎灃之間生蘭。荀子曰：蘭茝稿本，漸於蜜醴，一佩易之。又曰：其漸之滫，君子不近，庶人不服。此言善惡在所與游而已，故交不可以不擇也。《易》曰：同心之言，其臭如蘭。陰爲臭腐，而同人之五陽也，故有蘭之象。《草木疏》云：蘭爲王者香草，其莖葉皆似澤蘭，廣而長節，節中赤，高四五尺，藏之書中辟魚，故古有蘭省芸閣，芸亦辟蠹。《淮南子》曰：芸草可以死復生。舊説青苔，至秋而紫，紫蘭至秋而紅。《詩》曰：溱與洧方涣涣兮，士與女方秉蕑兮。言鄭人會於溱洧兩水之上，秉蕑以自祓除，其風俗之舊也。及其甚也，淫風大行，過時而不反，來者日益以衆。故二章曰：溱與洧瀏其清矣，士與女殷其盈矣。即序所謂「莫之能救」者也。《十道志》曰：鄭俗以三月合於溱洧之上，以自祓除。《淮南子》曰：男子樹蘭，美而不芳。説者以爲蘭女類也，故男子樹之不芳。夫草木之性，蘭宜女子樹之，而靈麻乃欲夫婦對種。則周官内宰上春詔王后帥六宫之人而生穜稑之種，而獻之于王，取其傳類蕃孳之祥，有以也。

宋 高似孫《剡録》卷一〇《草木禽魚下・草・蘭》 《越絶書》曰：句踐種蘭于蘭渚山。《舊經》曰：蘭渚山，句踐種蘭之地，王謝諸人修禊蘭渚亭。《山居賦》曰：風生浪于蘭渚，日倒景于椒塗。豈惟蘭渚多蘭，剡蘭固自漫山競秀，但花不如蘭渚豊挺耳。仲子陵《幽蘭賦》曰：貞正内積，芳華外揚。和氣所資，精明自得。此十六字，超出筆墨蹊逕，其知蘭者乎？王拱辰《送陸軫守越》詩：棋墅風煙清早夏，禊亭蘭茝暗殘春。一時稱傑句，録之。

又《秋蘭》 《山居賦》曰：水香送秋而擢蒨。注曰：水香，蘭草也。當是秋蘭。秋蘭古人最所鍾愛，一經靈均，風騷之士競知慕焉。《離騷》曰：秋蘭兮蘼蕪，羅生兮堂下。緑葉兮素華，芳菲菲兮襲予。又曰：秋蘭兮青青，緑葉兮紫莖。張衡《思玄賦》曰：纗幽蘭之秋華。《東京賦》曰：芙蓉覆水，秋蘭被涯。魏武帝《陌上桑》曰：柱杖桂枝佩秋蘭。曹植《迷迭香賦》曰：芳暮秋之幽蘭兮，麗崑崙之英芝。又詩：繁華將茂，秋霜悴之。君不垂眷，豈云其誠。秋蘭可喻，桂樹冬榮。又詩：秋蘭被長坂。晉傅元《秋蘭篇》：秋蘭蔭玉池，池水且芳香。又詩：秋蘭豈不芬，飽肆亂其芳。元《鼓吹曲》又曰：謀言協秋蘭，清風發其芳。陸機詩：氣惠秋蘭。潘尼詩：流聲馥秋蘭。一秋蘭之微而詞人眷眷如此，是亦環貞挺秀，可以比德歟？比從永嘉移，本大略如蕙，擢花八九月之交，香特重于春蘭也。

又《蕙》 《廣雅》曰：蕙草緑葉紫華。林槩詩：吴娘晚唱穿菱葉，楚客春心記蕙叢。

明 田汝成《西湖游覽志餘》卷二四 蘭蕙同臭而異種，一幹一花而香有餘者爲蘭，一幹數花而香不足者爲蕙。杭州蘭蕙，莖葉柔細，生幽谷竹林中，惟春時取置盆盎間，供一時清玩。宿根移植膩土，多不活，即活亦不多開花。其莖葉肥大而翠勁可愛者，率自閩廣移來，非富貴之家不能有也。自嘉靖已來，滿城皆植，而市里中亦有擔荷而鬻之者。豈地氣之遷易歟？蘇子瞻在杭時，有《題楊次公春蘭詩》云：春蘭如美人，不采羞自獻。時聞風露香，蓬

艾深不見。丹青寫真色，欲補離騷傳。對之如靈均，冠佩不敢燕。其《蕙》詩云：蕙本蘭之族，依然臭味同。曾爲水仙佩，相識楚詞中。幻色雖非實，真香亦竟空。云何起微馥，鼻觀已先通。

明 慎懋官《華夷花木鳥獸珍玩考》卷四六《蘭》 石門山在慶符縣治南，下瞰石門江，其林薄間多蘭。有春蘭、秋蘭、鳳毛蘭、素蘭、石蘭、竹蘭。春蘭花生葉下。素蘭花生葉上。黄庭堅《幽芳亭記》：一幹兩三花而香有餘者蘭，一幹十數花而香不足者蕙，一名蘭。山蜂采百花，俱置翅股間，惟蘭花則拱背入房以獻於王，物亦知蘭之貴如此。

明 王圻《稗史彙編》卷一四八《待女花》 蘭得女子同種則香，故名待女。「待女花」、「宜男草」是絕對也。《采蘭雜志》

又《玉峰幽蘭》 高疏仙玉峰山四畔皆幽蘭，日采數十花，酌明水，箋《離騷》。自謂：靈均有知，當領吾意。

又《世愛君》 南華封蘭爲「世愛君」。

明 王路《花史左編》卷四《花之辨·風蘭》 種小似蘭，枝幹短而勁，類瓦花。不用砂土，取竹籃盛貯，其大窠懸於有露無日之處，朝夕灑水。三四月中開小白花，將萎轉黄色，黄白相間，如老翁鬚。或云宜以冷茶沃之，或云用婦人髻鐵絲盛之，而以頭髮襯之則花茂。又云此蘭能催生，將分娩掛房爲妙。

又《挂蘭》 浙之温台山中叢壑深處懸根而生，故人取之，以竹爲絡挂之樹底，不土而生。花微黄，肖蘭而細，不可缺水。或云宜以冷茶沃之。

又《興蘭》 即蕙草也，又名九節蘭，其葉長杭蘭大半，種之得宜，來年愈盛。買揀大窠得氣者，將根洗净，根剪去一□，盆下用細沙，上用鬆土，無不花者。

明 馮京第《蘭史·蘭外紀》 樹蘭 色紫，花、蓓蕾纍纍如細珠攢簇，其瓣最微，與真珠蘭全同，但有草木之異。每歲夏秋交始華，萌蕊甚久，而開止五六日輒謝。然異香可愛，置衣笥中，歷歲如新，芬芳不歇。亦可合諸香製服。葉色緑沉似桂橘，性畏煙與霜，喜暖。分栽，于有枝處截一節去皮，以銕刀斜剡開，使得生根，置竹筒埋乾土中，日灌以水，生根即去筒入盆。

玉蘭 九瓣，色白竊碧，叢生。一幹一花皆着木末，並無柔條。香味似蘭，故名。冬結蕾，莫春開花，澆以糞水則花大而香。花落，從蒂中抽葉，特異他草木。亦有黄花者，最忌水浸，寄枝用木筆，秋後接之，花瓣揀净，拖麪麻油煎食，味美。

真珠蘭，一名賽蘭，俗名魚子蘭，今或稱金粟蘭。花紫色，蓓蕾如粟。瓣作桃形，嫩莖叢生，如珊瑚枝，花著枝間，纍纍如穗，折之簪佩，香氣甚烈。北粤中牙香、棒香、名蘭香者，皆此花蒸爲之也。葉能断人腸，葉似茉莉，蔓生，喜暖畏寒，與樹蘭形性皆同，但有草木之異。四月内節邊断二寸種之即活，喜肥忌糞，澆以魚腥水，十月中收無風處，以盆覆，土封之，水澆勿令乾。

木蘭，一名木蓮，一名廣心，一名黄心，一名林蘭，一名杜蘭。樹似楠，高五六丈，枝葉扶疏，葉似菌桂，厚大無脊，有三道縱紋。皮似板桂，有縱横紋。花似辛夷，内白外紫，四月初開，二十日即謝，不結實。亦有四季開者。又有紅黄白數色，其木肌理細膩，梓人所重。十一二月采皮陰乾，出蜀韶春州者各異，木蘭洲在潯陽江，其中多此木。

伊蘭，一名賽蘭。蔓生，如茉莉花，小如金粟。香特馥烈，生蜀中。

朱蘭，形似蘭，色深赤，瓣亦大，每瓣有二三黝斑。五月中開，色豔而淡，葉闊而桑。

蘭草，本名蕑。《詩》云「秉蕑」是也。此與澤蘭，正《楚辭》所云蘭也。葉似馬蘭，故名蘭草。生下濕地，故名水香、大澤蘭、蘭澤草、煎澤草。煮水浴風，故名香水蘭。其葉有歧，俗呼燕尾香，婦人和油澤頭，或夏月采置髮中，令髮不膩，故名省頭草，又名女蘭。生都梁山，又名都梁香，又俗因其花形名孩兒菊，入藥名千金草。生水旁下濕處，二月宿根生苗成叢，紫莖素枝，赤節緑葉，葉對節生，有細齒，與澤蘭一類二種。嫩時並可挼而佩之，八九月後漸老，高者三四尺，開花成穗，如雞蘇花，紅白色，中有細子。但蘭草莖圓節長，而葉光潤有歧，根小紫，五六月盛，以此別異也。

澤蘭，又名虎蘭、虎蒲、龍棗，根名地笋，與蘭草通名水香，都梁香，孩兒菊，俗名風藥，今人稱大澤蘭即蘭草，小澤蘭即澤蘭也。或云家蒔者爲蘭草，野生者爲澤蘭，亦通。然二種自是不同，入藥氣味並異。根紫黑色如粟根，二月生，苗高二三尺，莖幹青紫色，作四棱，葉生相對如薄荷微香，七月開花，帶紫白色，萼通紫色，亦似薄荷花，三月采苗陰乾。與蘭草異者生水澤中及下濕地，葉尖微有毛，不光潤，方莖紫節，七八月初采，微辛，乾之亦辛。《禮》：佩帨蘭茝。《楚詞》：紉秋蘭以爲佩。雜粉藏衣書中，辟蠹。此與蘭草皆古所謂

真蘭也，可佩可藏，可浴可食，功用甚多，而品在中上者，其性姿族類，只是人臣之極貴者耳，以擬至尊，便覺有田舍翁故態。

蕙草，《楚辭》所云蕙也，一名薰草，一名黄零草，又名零陵香。古以生零陵者佳，一名燕草，亦通稱香草。生下濕地，葉如麻，兩兩相對，莖方。常以七月中旬開花，至香。三月采苗陰乾，脱節者又藥最良。《山海經》云：浮山有草，麻葉而方莖，赤華而黑實，氣如蘼蕪，名曰薰草，可以已癘，是也。陳藏器云：薰乃蕙草根，今人呼爲廣零陵香者，乃真薰草。出廣、融、宣等州，至多，吴人亦盛蒔之，以酒灑制，芳香益烈。

明 謝肇淛《滇略》卷三 楚雄之響水坡産蘭甚繁。楊慎稱其葉大而香遠，實《離騷》所稱可佩之真蘭，莖葉皆香，不獨花也。

鹿葱

論説

宋 趙彦衛《雲麓漫抄》卷四 晏元獻公《鹿葱花》詩云：宫后扇開青雉尾，羽人衣剪赤霜文。農皇藥録真無謂，不向萱叢辯糾紛。注云：《本草經》云：萱，一名忘憂，一名鹿葱。今驗此花中有鹿斑文，與萱小同而大異。其開花亦不並時，則知當以有鹿斑文者爲鹿葱，無斑文者爲萱云。

清 張逸少 汪灝等《佩文齋廣群芳譜》卷四六《萱花》 鹿葱色頗類萱，但無香爾。鹿喜食之，故以命名。然葉與花莖皆各自一種，萱葉緑而尖長，鹿葱葉團而翠緑，萱葉與花同茂，鹿葱葉枯死而後花，萱一莖實心而花五六朵，節開。鹿葱一莖虚心而花五六朵，並開於頂。萱六瓣而光，鹿葱七八瓣。《本草》注萱，云即今之鹿葱，誤。按嵇含《宜男花序》云：荆楚之土號爲鹿葱，根苗可以薦于俎，世人欲求男者，服之尤良也。則古人亦以鹿葱爲萱花，蓋一類而二種也。

綜述

明 高濂《遵生八牋》卷一六《燕閒清賞牋下·鹿葱花》 花儼蜨蝶，三大圓瓣而三小尖瓣，色葱藕色，中心白地，紅黄點點，摇風弄影，丰韻可人，根枝叢發。

清 高士奇《北墅抱瓮録·鹿葱花》 鹿葱花六出，儼然蛺蝶之狀，三大圓瓣，三小尖瓣，外藕花色，中心白地，有紅黄細點。摇風弄影，姿韻特妍。

清 鄒一桂《小山畫譜》卷上《鹿葱》 草本，花葉俱如萱。高二三尺，分枝對節，牙色，六出。一枝數朵，五月開。

曼陀羅

綜述

宋 黄震《黄氏日抄》卷六七《桂林虞衡志》 曼陀羅花，漫生原野，大葉白花，實如茄，徧生小刺。盜采花末之，置人飲食中，即昏醉。土人又以爲小兒去積藥。昭州公庫，取一枝挂庫中，飲者易醉。

明 李時珍《本草綱目》卷一七下《草之六·曼陀羅花》 釋名 風茄兒《綱目》，山茄子。時珍曰：《法華經》言佛説法時，天雨曼陀羅花。又道家北斗有陀羅星，使者手執此花，故後人因以名花曼陀羅，梵言雜色也。茄乃因葉形爾。姚伯聲《花品》呼爲惡客。

集解 時珍曰：曼陀羅生北土，人家亦栽之。春生夏長，獨莖直上，高四五尺，生不旁引。緑莖碧葉，葉如茄葉。八月開白花，凡六瓣，壯如牽牛花而大，攢花中折，駢葉外包，而朝開夜合。結實圓而有丁拐，中有小子，八月采花，九月采實。

清 雍正《山西通志》卷四七《物産》 曼陀羅花 《本草》：花生北土，故寧武多有之。一名山茄子，緑莖碧葉，高四五尺，花如牽牛，朝開夜合，實如革麻，有刺。

清 乾隆《盛京通志》卷一〇六《物産·花類》 曼陀羅 如牽牛花而大，子如茄。

藝文

宋 陳與義《簡齋集》卷二《曼陀羅花》 我圃殊不俗，翠蕤敷玉房。秋風不敢吹，謂是天上香。煙迷金錢夢，露醉木蕖妝。同時不同調，曉月照低昂。

宋 陳景沂《全芳備祖》前集卷二七《曼陀羅花》 我圃殊不俗，翠蕤敷

玉房，秋風不敢吹，謂是天上香。烟迷金琖夢，露醉木蕖妝，同時不同調，曉月照低昂陈簡齋。

美人蕉

綜　述

宋　范成大《桂海虞衡志·志花》　紅蕉花，葉瘦類蘆箬，心中抽條，條端發花。葉數層，日拆一兩葉，色正紅如榴花、荔子。其端各有一點，鮮緑尤可愛。春夏開，至歲寒猶芳。又有一種，根出土處特肥飽，如膽瓶，名膽瓶蕉。

明　田藝蘅《留青日札》卷三三《美人蕉》　美人蕉産于廣西，樹不甚高，花瓣尖，大紅色，甚美，故名也。嘗移歸植之，不開花，蓋地土寒，不宜也。又有名板蕉、佛手蕉者，皆生子，可食。亦異于浙中黄花者。余嘗詠美人蕉，詩云：芭蕉葉葉颺瑶空，丹萼高擎映日紅，一似美人春睡起，絳唇翠袖舞東風。

明　高濂《遵生八牋》卷一六《燕閒清賞牋下·紅蕉花二種》　紅蕉花二種　種盆短蕉，即芭蕉所出者，掘起根，蒲上用油簪脚横刺二眼，即不長高，可玩。

種自東粤來者名美人蕉，其花開若蓮，而色紅若丹，中心一朵曉生甘露，其甜如蜜，即嘗芭蕉。亦開黄花，至曉，瓣中甘露如飴，食之止渴。

明　王路《花史左編》卷四《花之辨·美人蕉》　産福建福州府。其花四時皆開，深紅照眼，經月不謝。

明　陳正學《灌園草木識》卷一《花之屬·美人蕉》　葉盡見花如蓮，深紅色，久之成穗，開至半年方殘。

明《花史》夏集《紅蕉花》　種自東粤東者名美人蕉，其花開若蓮而色紅若丹心。一朵曉生甘露，其甜如蜜。即常芭蕉，亦開黄花，至瓣中甘露如飴，食之止渴，蜀中呼爲西番蓮。

上盆短蕉，即芭蕉新出者，掘起，根蒲上用油簪脚横刺二眼，即不長高，可玩。

明《名花譜·蕉》　自東粤來者名美人蕉，葉修而大者曰芭蕉，緑色映人，多植書窗，日色照之，几簟皆緑，月色風聲，令人益難爲情。花開若蓮，而色丹黄者，亦有之，中心一朵，曉生甘露，其甜如飴，須臨晨采食，日出即亡。別有鳳尾、鐵屑、番蕉，俱美。

清　高士奇《北墅抱瓮録·美人蕉》　美人蕉自粤東來，葉雖不大，而翻風滴雨，自有幽姿。其花開若小蓮，而色正赤，惟中心一朵，曉生甘露，嘗之如飴。

清　張逸少　汪灝等《佩文齋廣群芳譜》卷八九　美人蕉　自東粤來者，其花開若蓮而色紅若丹。産福建福州府者，其花四時皆開，深紅照眼，經月不謝。中心一朵，曉生甘露，其甜如蜜。即常芭蕉亦開黄花，至曉，瓣中甘露如飴，食之止渴。産廣西者，樹不甚高，花瓣尖，大紅色如蓮，甚美。又有一種，葉與他蕉同，中出紅葉一片，亦名美人蕉。一種葉瘦類蘆箬，花正紅如榴花，日折一兩葉，其端一點，鮮緑可愛。春開，至秋盡猶芳，亦名美人蕉。

清　黄叔璥《臺海使槎録》卷三　美人蕉，花紅黄二種，黄者尤芳鮮可愛，四時不絶。有高丈餘者，子堅黑，或作小念珠。

清　陸庭燦《南村隨筆》卷四《美人蕉》　閩中美人蕉一名紅蕉，葉與芭蕉一類而略小。盛冬發一紅瓣，上抽緑苗，三四月間齊放，簇若朱蓮，經月不敗，大是佳卉。

紀　事

清　鄒一桂《小山畫譜》卷上《美人蕉》　葉大而尖，如扇，層複抱梗，花叢簇幹上，尖長五出，參錯不齊，如火燄，色硃紅，近蒂處帶黄色。圓蒂如豆，上有黑點，結實可爲數珠。

雜　録

明　王世懋《學圃雜疏·花疏》　芭蕉惟福州美人蕉最可愛，歷冬春不凋，常吐朱蓮如簇。吾地種之能生，然不花，無益也。又有一種名金蓮實相，不知所從來。葉尖小如美人蕉，種之三四歲，或七八歲始一花。南都户部、五顯廟各有一株，同時作花，觀者雲集。其花作黄紅色，而瓣大於蓮，故以名。至有圖之者。然余童時見伯父山園有此種，不甚異也。此却可種，以待開時賞之。若甘露則無種。蕉之老者輒生，在泉漳間則爲蕉實耳。

明　曹學佺《蜀中廣記》卷六一《方物記第三》　《方物略》云：紅蕉花

于芭蕉蓋自一種，葉小，其花鮮明可喜。蜀人語染深紅者謂之蕉紅，蓋仿其殷麗云。贊曰：蕉無中幹，花産葉間。緑華外敷，絳質凝殷。

秋海棠

綜　述

明 宋詡《竹嶼山房雜部》卷一〇《樹畜部二·種花卉法》 秋海棠 葉大，俗名斷腸草，花狀海棠，惟四瓣，亦嬌美。二三月取子種於背日巖谷之間，喜陰，有毒。

明 姚旅《露書》卷一〇 秣陵秋海棠，草本也。高尺許，花葉俱似莆中野梧桐，但花如桃花，淡紅而清艷。弱幹舞風，柔婉有態，誠花中之麗華也。《瑯嬛記》曰，斷腸花曰八月春，謂思婦灑淚所生，不可知矣。

明 王路《花史左編》卷八《花之宜·秋海棠》 嬌冶柔軟，真同美人倦妝。此品喜陰，一見日色即瘁。九月收枝上黑子，撒於盆内地上，明春發枝，當年有花。老根過冬者花發更茂。

明 周文華《汝南圃史》卷一〇《草本花部下·秋海棠》 秋海棠，草類。相傳昔有女子懷人不至，涕淚灑地，遂生此花。色如婦面，名斷腸花。花於七八月中開，淺紅色，葉緑，花梗亦紅。更有一種，葉背如胭脂作界紋，似勝緑葉，而花色較淡，結子如薯蕷，著枝間，種之亦可出。性畏日而喜陰溼，最宜背日。牆下或用盆栽，冬間恐凍損，移置室中，稍以木潤之，不令太枯，至三月發芽。此花好潔，唯用清水澆灌，一切污穢皆不可近。然又喜肥，須以糞坑内瓦片漾净放根鬚邊，極盛。切不可用土覆，覆則立萎。顧東橋詩云：陰葉翠瑶濕，薄英紅粉香。絶憐秋苑下，復爾見春光。陳石亭詩云：露浥秋姿膩，風回宮袂凉。無緣被春色，猶得向秋陽。此花盛於金陵，凡士庶家及妓館僧廬無不栽之。二公爲金陵人，故賦詩特工，古人詠花都未及此。

明 夏旦《藥圃同春·七月》（《説郛續》卷四〇輯） 秋海棠 喜陰畏日，葉秀花雅，最宜澆以便水，忌手跡。以上俱一年一發。

明 陳正學《灌園草木識》卷一《花之屬·秋海棠》 色韻俱佳，喜陰畏日，澆以溺水立斃。巖澗之中有高至六七尺者。舊傳昔時有女懷人不至，灑淚所化，未敢然之。

明刻本《花史》 秋集《秋海棠》 秋海棠，嬌冶柔軟，真同美人倦妝。此品喜陰，一見日色即瘁。

種法 九月收黑子，撒地上，明春發枝，當年有花。

清 張逸少 汪灝等《佩文齋廣群芳譜》卷三六《附録秋海棠》 一名八月春，草本。花色粉紅，甚嬌艷，葉緑如翠羽。此花有二種，葉下紅筋者爲常品，緑筋者開花更有雅趣。

又 性好陰而惡日，一見日即瘁。喜净而惡糞，宜盆栽。寘南牆下，時灌之，枝上有種落地，明年自生根，夏便開花，四圍用碎瓦鋪之則根不爛。老根過冬者花更茂，浸花水飲之害人。

清 孫之騄《枝語》卷上《秋海棠》 秋海棠有兩種，葉下緑筋者爲上，紅筋者次之。宜卑濕，多種牆壁間，弱質温柔，不堪烈日。性好潔，以濁水污之即萎瘁死。花粉紅色，枝上有種落地，明年更生，入夏開花，秋深而謝，故名秋海棠。舊傳湘中女子懷人不至，淚灑地生花，色如美婦面，名斷腸花。于念東曰：秋海棠緑葉如翠羽，文似朱絲，莖岐處作淺絳色。婉媚可人，不獨花也。

清 吴儀一《徐園秋花譜》 秋海棠一叢，葉翦緑紈，偏反紅裏。柔莖婀娜，艷簇四英，有大紅、深淺紅、淡緑、白諸色。或花心中復抽花作重臺，予皆熟見之。獨隔遠一本，千葉起樓，若疊碎錦，旁有數朵，隨意參差如燭燄，中欖核放花，莫可名狀。時叔曰：凡卉偶得淑氣，能變種。見有異花，急移植别所，謹護之。稍遲，則氣泄於連臯之根，來歲花時各出奇幻，而精敝叢萎矣。蓋種竹者云。然種竹者，一竹花，急伐之。彼蒙故不知。移此竹，乃歲得琅玕也。又一本栽大罌中，莖高倍，圓徑倍四，葉大倍二，花倍五遥睇如團扇紛披，擁紅妝摇動。其藝法：以版隔半罌，旁竅版貫筒，注水與版平，探耗注如初版，上用燒尸塲當要處土研細栽。始生苗，土與罌平，勿去筒。歲易土。予聞京口市人有得此法栽秋海棠，高一丈，取富貴家厚直者。

清 鄒一桂《小山畫譜》卷上《秋海棠》 草本，葉尖圓，鋸齒大者如盤，紅筋密布，反面微緑而筋全紅。逐節而上，花開四出，圓瓣兩大兩小，黄心如

小毬，有微柄擎出花心。花枝對生，紅柄如絲，蘂圓扁，有蒂如三角鈴者，有有苞無蒂者。子如豆，生於葉間，落地即萌，明秋開花。其舊根經冬復發，花葉更肥。又有白花者，柄亦微紅，秋英娟媚，無如此花。

清 乾隆《盛京通志》卷一〇六《物産·花類》 秋海棠 入秋始花，色亦嬌艷。

藝文

明 邵寶《容春堂續集》卷四《秋海棠》 名姝魂返蜀天涯，猶有餘姿在此花。開處每依庭下石，移來非自海中槎。清含曉露如承雨，淡對秋風更着霞。檢盡圖經無族譜，獨將色相借春詩。

又 卷五《秋海棠》 離離秋草綴紅芳，春睡初醒又晚妝。不是嬌姿解愁絶，人間人自有柔腸。

明 顧璘《息園存稿詩》卷一四《秋海棠》 陰葉翠瑶濕，薄英紅粉香。絶憐秋苑下，復爾見春光。

清 高宗愛新覺羅·弘歷《御製詩》初集 卷三四《秋海棠》 不與春光爭艷冶，却教秋圃擅風流。輸他江氏三分白，借己楊家一半柔。斜倚井桐紈影動，低臨池水鏡光浮。寒蛩唧唧清宵永，仿佛金籠玉枕頭。

又 二集卷一二《秋海棠》 塞中野卉多而脆，幾度經霜委白沙。還是御園饒景色，秋風嬝嬝見唐花。

又 三集卷六《秋海棠》 一種寒英性獨柔，露華拂檻最風流。長生殿裏癡情重，既占春還不讓秋。

又 四集卷一六《秋海棠》 多向牆陰冷處生，向隅獨不鬥芳榮。即看含媚還含戚，尚似懷人一片情。

又 五集卷三一《秋海棠》 未肯韶光强出頭，牆陰砌角也風流。不於草木觀其本，那辨高低春與秋。

雜録

明 姚旅《露書》卷一〇 秋海棠根曰澤瀉，高者一二尺耳。朱圖南謂，在羊亘三十里内見峭壁上吐花如錦，高丈餘，連綿十里，此真異境矣。

山丹

綜述

明 李時珍《本草綱目》卷二七《菜之二·山丹》 集解 詵曰：百合紅花者名山丹，其根食之不甚良，不及白花者。時珍曰：山丹根似百合，小而瓣少，莖亦短小。其葉狹長而尖，頗似柳葉，與百合迥别。四月開紅花，六瓣，不四垂，亦結小子。燕齊人采其花跗未開者，乾而貨之，名紅花菜。

明 高濂《遵生八牋》卷一六《燕閒清賞牋下·山丹花三種》 花如朱紅外，有黄色有白色花者二種稱奇。亦在春分種。

明 王路《花史左編》卷五《花之候·山丹》 春時分種，花色可愛，更夕而謝，相繼只數日。

明刻本《花史》夏集《山丹》 番山丹花大如碗，瓣俱捲，高可四五尺。一種花如硃砂，本止盈尺，茂者一幹兩三花，朵更可觀，每年八月花種。山丹花三種，花如朱紅外，有黄色、有白色花者二種稱奇，亦在春時分種。

種法 揀取根大者劈開以瓣種畦中，如種蒜法。以糞壅之則盛。又法：四月盡，將手按着窠土拔出莖心，無動根頭，另栽亦生，其原窠猶發。

《名花譜·山丹》 花更夕而謝，丹彩如霞，色極可愛。别有黄白二種更自淡雅。又番山丹，花小而色亦佳。分宜正月，番山丹宜八月。

清 高士奇《北墅抱瓮録·山丹》 山丹有赤有黄，四月蠶成繭時，此花正放，赤似渥丹，黄猶蒸栗。一莖直上，柔葉護之，與百合相仿佛，但大小異耳。

清 張逸少 汪灝等《佩文齋廣群芳譜》卷四七《山丹》 山丹一名紅百合，一名連珠，一名川强瞿，一名紅花菜。《本草》云：燕齊人采其花跗未開者，乾而食之，名紅花菜。根似百合，體小而瓣少，莖亦短小，葉狹長而尖，頗似柳葉，與百合迥别。四月開，紅花六瓣，不四垂，亦結小子，根氣味甘平無毒。一種高四五尺，如萱花，花大如椀，紅斑黑點，瓣俱反捲。一葉生一子，名回頭見子，花又名番山丹，根似百合，不堪食。按，此即《本草》所云卷丹也。一種高尺許，花

紅如硃砂，茂者一幹兩三花，花小於百合，無香。一名中庭花，其性與百合同，色可觀，根同百合，可食，味少苦。按，此即《花疏》所云渥丹也，原譜既列於此，又附於後者，誤，今并合爲一。

又　一年一起，春時分種，取其大者供食，小者用肥土如種蒜法，以雞糞壅之則茂。

清　鄒一桂《小山畫譜》卷上《山丹》　草本，亦名沃丹，似百合而小。葉狹長，花六出，大紅。鬚亦六出，瓣上無點，高尺餘，六月開。

清　謝堃《花木小志·山丹》　根似百合，莖短，葉狹似柳，花有紅白二色，其瓣六出，開最耐久。亦有四季開者，又有高如人者，花大如盌，瓣皆反捲，有紅黑斑點，葉杈生子。又有長尺許者，花色如硃，當秋盛開，根竟可食。

藝文

宋　蘇轍《欒城集》後集 卷二《寓居六詠·其二》　山丹炫南土，盈尺愧西京。所至曾無比，知非浪得名。未須求別種，尚欠剥繁英。行復春風度，天涯眼暫明。

宋　劉克莊《後村集》卷三《山丹》　偶然避暑過民舍，一本山丹恰盛開。種久樹身樛似蓋，澆頻花面大如杯。怪疑朱草非時出，驚問紅雲甚處來。可惜書生無事力，千金移入畫欄栽。

清　高宗愛新覺羅·弘曆《御製詩集》二集卷八八《山丹》　離離娜娜照庭除，弄影清光過雨餘。最是風人工體物，錦衣君子比顏如。山丹即《花疏》所云渥丹也。

又　三集卷六《山丹》　五出黃花赤點班，秋來芳意滿西山。枯毫擬議云何似，栩栩春駒卉畹間。

又　三集卷五八《山丹》　柹紅艷色綴枝端，瑪瑙杯擎玉露漙。欲向芳叢還致問，山人心性爲誰丹。

清　彭孫遹《松桂堂全集》卷三三《山丹》　紅藍欲采隔天涯，春去朱顔感物華。大赤獨能修火令，渥丹何事隱山家。珊瑚易碎難成縷，靺鞨無根却有芽。傅白塗黄太狼籍，祇應喚作侍兒花。

芍藥

論說

宋　陸佃《埤雅》卷一八《釋草·芍藥》　《韓詩》曰：芍藥，離草也。《詩》曰：伊其相謔，贈之以勺藥。牛亨問曰：將離，相贈以芍藥者何也？董子答曰：芍藥，一名可離，將別故贈之，亦猶相招贈之以文無故。文無一名當歸。芍藥榮於仲春，華於孟夏。傳曰「驚蟄之節後二十有五日芍藥榮」是也。華有至千葉者，俗呼小牡丹。今群芳中牡丹品第一，芍藥第二，故世謂牡丹爲華王，芍藥爲華相。又或以爲華王之副也。

宋　鄭樵《通志》卷七五《昆蟲草木略第一·草類》　鋋，曰何離，曰解倉，曰犂食，曰餘容，曰白朮，即芍藥也。以有何離之名，所以贈別用焉。古今言木芍藥是牡丹。崔豹《古今注》云「芍藥有二種，有草芍藥，有木芍藥。木者花大而色深，俗呼爲牡丹」，非也。安期生《服鍊法》云：芍藥有二種，有金芍藥，有木芍藥。金者色白多脂，木者色紫多脉。此則驗其根也。然牡丹亦有木芍藥之名，其花可愛如芍藥。宿枝如木，故得木芍藥之名。芍藥著於三代之際，風雅之所流詠也。牡丹初無名，故依芍藥以爲名，亦如木芙蓉之依芙蓉以爲名也。牡丹晚出，唐始有聞。貴游趨競，遂使芍藥爲落譜衰宗。

明　李時珍《本草綱目》卷一四《草之三·芍藥》　時珍曰：芍藥，猶綽約也。婥約，美好貌。此草花容婥約，故以爲名。羅願《爾雅翼》言制食之毒莫良于勺，故得藥名，亦通。《鄭風》詩云：伊其相謔，贈之以芍藥。《韓詩外傳》云：勺藥，離草也。董子云：勺藥一名將離，故將別贈之。俗呼其花之千葉者爲小牡丹，赤者爲木芍藥，與牡丹同名也。

明　高濂《遵生八牋》卷一六《燕閒清賞牋下·芍藥譜》　《本草》一名黑牽夷，韓詩曰：芍藥離草也，詩曰伊其相謔贈之以芍藥。牛亨問曰：將離相贈以芍藥者何也？董子答曰：芍藥一名可離，將別故贈之，亦猶相招贈之以文無，故文無一名當歸。芍藥榮於仲春，華於孟夏。傳曰「驚蟄之節後二十有五日芍藥榮」是也。素問王冰注，雷乃發聲之下有芍藥榮。芍藥，香草。制食之毒者莫良於芍藥，故獨得藥之名，所謂「芍藥之和具而食之」。岑樓慎氏曰，句出《子虛賦》。草謂之榮，與此不同，況今芍藥四月始榮，故知其偽也。其華有

至千葉者，俗呼小牡丹，今群芳中牡丹品第一，芍藥品第二，故世謂牡丹爲花王，芍藥爲花相，又或以爲花之副也。

綜　述

宋王觀《揚州芍藥譜》上之上　冠群芳　大旋心冠子也。深紅堆葉，頂分四五旋。其英密簇，廣可及半尺，高可及六寸。豔色绝妙，可冠群芳，因以名之。枝條硬，葉疎大。

賽群芳　小旋心冠子也。漸添紅而緊小，枝條及緑葉並與大旋心一同。凡品中言大葉小葉堆葉者，皆花葉也，言緑葉者謂枝葉也。

寶妝成　髻子也。色微紫，於上十二大葉中密生曲葉，回環裹抱團圓。其高八九寸，廣半尺餘，每一小葉上絡以金綫，綴以玉珠，香欺蘭麝，奇不可紀，枝條硬而葉平。

盡天工　柳浦青心紅冠子也。於大葉中小葉密直，妖媚出衆，儻非造化無能爲也。枝硬而緑葉青薄。

曉妝新　白纈子也。如小旋心狀，頂上四向，葉端點小殷紅色，每一朵上或三點，或四點，或五點，象衣中之點纈也。緑葉甚柔而厚，條硬而绝低。

點妝紅　紅纈子也。色紅而小，並與白纈子同，緑葉微似瘦長。

又　上之下　疊香英　紫樓子也。廣五寸，高盈尺。於大葉中細葉二三十重，上又聳大葉如樓閣狀。枝條硬而高，緑葉疎大而尖柔。

積嬌紅　紅樓子也。色淡紅，與紫樓子不相異。

又　中之上　醉西施　大軟條冠子也。色淡紅，惟大葉有類大旋心狀。枝條軟細，漸以物扶助之，緑葉色深，厚疎而長以柔。

道妝成　黄樓子也。大葉中深黄小葉數重，又上展淡黄大葉。枝條硬而绝黄，緑葉疎長而柔，與紅紫者異。此品非今日之黄樓子也，乃黄絲頭中盛則或出四五大葉，小類黄樓子，蓋本非黄樓子也。

掬香瓊　青心玉板冠子也。本自茅山來，白英團掬，堅密平頭，枝條硬而緑，葉短且光。

素妝殘　退紅茅山冠子也。初開粉紅，即漸退白，青心而素淡，稍若大軟條冠子，緑葉短厚而硬。

試梅裝　白冠子也。白纈中無點纈者是也。

淺妝匀　粉紅冠子也。是紅纈中無點纈者也。

又　中之下　醉嬌紅　深紅楚州冠子也。亦若小旋心狀，中心緊堆大葉，葉下亦有一重金綫，枝條高，緑葉疎而柔。

擬香英　紫寶相冠子也。紫樓子心中細葉上不堆大葉者。

妒嬌紅　紅寶相冠子也。紅樓子心中細葉上不堆大葉者。

縷金囊　金綫冠子也。稍似細條深紅者，於大葉中細葉下抽金綫，細細相雜，條葉並同深紅冠子者。

又　下之上　怨春紅　硬條冠子也。色绝淡，甚類金綫冠子而堆葉，條硬而緑，葉疎平，稍若柔。

妒鵝黄　黄絲頭也。於大葉中一簇細葉，雜以金綫，條高，緑葉疎柔。

蘸金香　蘸金蘂紫單葉也。是髻子開不成者。於大葉中生小葉，小葉尖蘸一綫金色是也。

試濃妝　緋多葉也。緋葉五七重，皆平頭，條赤而緑葉硬，皆紫色。

又　下之中　宿妝殷　紫高多葉也。條葉花並類緋多葉，而枝葉绝高，平頭。凡檻中雖多無先後，開並齊整也。

取次妝　淡紅多葉也。色绝淡，條葉正類緋多葉，亦平頭也。

聚香絲　紫絲頭也。大葉中一叢紫絲細細是也。枝條高，緑葉疎而柔。

簇紅絲　紅絲頭也。大葉中一簇紅絲細細是也。枝葉並同紫者。

又　下之下　效殷妝　小矮多葉也。與紫高多葉一同而枝條低，隨燥濕而出，有三頭者，雙頭者，鞍子者，銀緣者，俱同根而土地肥瘠之異者也。

會三英　三頭聚一萼而開。

合歡芳　雙頭並蒂而開，二朵相背也。

擬繡韉　鞍子也。兩邊垂下如所乘鞍狀，地绝肥而生。

銀含棱　銀緣也。葉端一棱白色。

新收八品　御衣黄　黄色淺而葉疎，蘂差深，散出於葉間，其葉端色又微碧，高廣類黄樓子也。此種宜升绝品。

黄樓子　盛者五七層，間以金綫，其香尤甚。

素黄冠子　宛如髻子，間以金綫，色比鮑黄。

峽石黄冠子　如金綫冠子，其色深如鮑黄。

鮑黄冠子　大抵與大旋心同而葉差不旋，色類鵝黄。

楊花冠子　多葉，白心色黄，漸拂淺紅，至葉端則色深紅，間以金綫。

湖纈　紅色，深淺相雜，類湖纈。

黽池紅　開須並蕚或三頭者，大抵花類軟條也。

宋 吴曾《能改齋漫録》卷一五《方物・芍藥譜》　御衣黄千葉而淡，其香正如蓮花，比他色最殊絶。凡衣冠、樓髻鞍，皆言其所似也。　青苗黄樓子葉大小間出千餘層，或謂之千層閣。其苗青，故名云爾。餘青苗、赤苗、紫苗仿此。　尹家二色黄樓子與黄樓子大抵不異，而間有微紅，初出於尹氏，故名云耳。花名中有氏及地名仿此。絳州紫苗黄樓子初開時淺紅，經數日乃黄，或謂之紅玉樓子。　圓黄千葉而圓黄。　硤石黄千葉而黄。　鮑家黄千葉而黄，大抵與紅旋心相似，亦謂之黄旋心，但不甚高大，而又晚開。　石壕黄一叢之間，單葉、千葉往往兼有。　道士黄千葉而黄，最先開。　壽州青苗黄樓子與諸樓子相類而花差小。　黄絲頭其葉淺黄，大葉中叢生細葉，如絲也。　白纈子花有紅纈而其外深紅，經日色則自纈之外皆變爲白。　金綫冠子千葉淺紅，間有細葉如金綫。　金繫腰紅葉，有黄暈横，色如金帶然。　沔池紅千葉肉紅。　紅纈子千葉深紅，葉端淺紅。　胡家纈千葉肉紅而有纈紋。　玉樓子千葉而白，上下葉又中出細葉數層。　玉逍遥千葉而白，葉厚而大，如仙冠然。　紅樓子千葉粉紅。　青苗旋心千葉肉紅，花葉成旋。　赤苗旋心千葉深肉紅。　二色紅千葉淡紅，而葉端深紅。　楊家花千葉粉紅。　茅山紫樓子與諸樓子相似而色紫。　茅山冠子千葉而淺紅，尤忌見日，自開至謝常以幕覆，則色不變。　柳鋪冠子千葉粉紅，又柳葉疊成冠子。　軟條冠子千葉肉紅。　常州冠子此花韋州素有之。　紅絲頭狀如黄絲頭，但色紅。　緋多葉鞍子多葉粉紅，其端如粉緑。或成雙頭，謂之雙頭芍藥。尤多開成鞍子，故謂之多葉鞍子。　髻子其色紫紅，下有大葉，其上細葉環抱，而黄葉雜出於其間。其香特甚。

宋 陳景沂《全芳備祖》前集卷三《芍藥》　芍藥之義，見《毛鄭詩》，百花之中其名最古。謝公直中書省詩云：紅藥當階翻。自後詞臣引爲故事。白少傅知制誥，有草詞畢詠芍藥，詩詞采甚爲該備。然自天后以來，牡丹始盛，而芍藥之艷衰矣。考其實牡丹，初號木芍藥，蓋本同而末異也。《王元之詩譜》凡花名天下者，洛陽牡丹，廣陵芍藥爾。紅葉而黄腰，號金帶。圍而無種，有時而出，則城中當有。《后山叢話》。四枝正紫重跗纍蕚中有金蕊遶之，號腰金紫。《東軒筆録》

宋 吴自牧《夢粱録》卷一八《花之品・芍藥》　芍藥有早緋玉、綴露。千葉白者佳。

明 宋詡《竹嶼山房雜部》卷一〇《樹畜部二・種花卉法》　芍藥　苞生，花似牡丹。《埤雅》曰：芍藥爲花相。品類甚衆，劉攽、王觀皆有譜，今不重叙。秋分時分其苞根種者，交春即花。春分時分者，次年方花。澆如牡丹，喜肥，向陽，畏陰濕。《詩・下泉》注曰：苞，草叢生也。

明 李時珍《本草綱目》卷一四《草之三・芍藥》　《别録》曰：芍藥生中岳川谷及邱陵，二月八月采根暴乾。弘景曰：今出白山、蔣山、茅山最好，白而長尺許。餘處亦有而多赤，赤者小利。志曰：此有赤白兩種，其花亦有赤白二色。頌曰：今處處有之，淮南者勝。春生紅芽，作叢，莖上三枝五葉，似牡丹而狹長，高一二尺。夏初開花，有紅、白、紫數種，結子似牡丹子而小，秋時采根。崔豹《古今注》云：芍藥有二種，有草芍藥木芍藥。木者花大而色深，俗呼爲牡丹，非矣。安期生《服鍊法》：芍藥有金芍藥，色白多脂，木芍藥色紫瘦，多脉。承曰《本經》芍藥生邱陵，今世多用人家種植者。乃欲其花葉肥大，必加糞壤。每歲八九月取根分削，因利以爲藥。今淮南真陽尤多，根雖肥大而香味不佳，入藥少效。時珍曰：昔人言洛陽牡丹、揚州芍藥甲天下，今藥中所用亦多取揚州者。十月生芽，至春乃長，三月開花。其品凡三十餘種，有千葉、單葉、樓子之異，入藥宜單葉之根。氣味全厚。根之赤白，隨花之色也。

明 高濂《遵生八牋》卷一六《燕閒清賞牋下・芍藥譜・芍藥名考》　孔常父云：唐詩人如盧仝、杜牧、張祜之徒皆居廣陵日久，未有一語及芍藥者，是花品未有若今日之盛也。芍藥，花譜總別四十二種，其色則世傳以黄者爲貴，餘皆下品也。君子謂此花獨產於廣陵者，爲得風土之正，亦猶牡丹之品，洛陽外無傳焉。宋劉攽《揚州芍藥譜》凡三十一種：

冠群芳　賽群芳　寶妝成　盡天工　曉妝新　點妝紅　疊香英　積嬌紅　已上皆上品也。

醉西施　道妝成　菊香瓊　素妝殘　試梅妝　淺妝匀　醉嬌紅　凝香英　石嬌紅　縷金囊　怨春紅　妒鵝黄　蘸金香　試濃妝　已上皆中品也。

宿妝殷　取次妝　聚香絲　簇紅絲　效殷妝　會三英　合歡芳　擬繡韉　銀含棱　已上皆下品也。

孔武仲《揚州芍藥譜》凡三十五種：

御衣黄　青苗黄　樓子尹黄二色黄　樓子絳州子苗　峽石黄　樓子圓黄　鮑家黄　石壕黄　楊家花　袁黄冠子　龜地紅　湖纈　黄樓子　壽州青苗　黄絲頭　道士黄　白纈子　金綫樓子　金繫腰　沔池紅　紅纈子　青苗旋心　玉逍遥　紅樓子　緋子紅　楊花冠子　胡家纈　二色紅　髻子紅　茅山紫樓子　茅山冠子　柳浦冠子　軟條冠子　當州冠子　蓬頭緋　多葉鞍子髻子紅　多葉紹熙

《廣陵志·芍藥譜》凡三十三種：

御愛黄　御衣黄　玉盤盂　玉逍遥　紅都勝　紫都勝　觀音紅　包金紫　黄樓子　尹家黄　黄壽春　出群芳　蓮花紅　瑞連紅　霓裳紅　柳浦紅　芳山紅　延州紅　綴珠紅　玉板纈　玉冠子　紅冠子　紫鱠盤　小紫毬　鎮淮南　倚欄嬌　單緋　胡纈玉樓子　粉緣子　紅旋心　見《維楊志》

明 周文華《汝南圃史》卷六《木本花部上·芍藥》　芍藥，《古今注》曰：一名何離，一名餘容，一名犁食，一名解倉，一名鋋。春生紅芽，作叢，莖上三枝四葉，似牡丹而狹長。三四月中著花，有紅、紫、黄、白之異，而以黄爲貴。《洛陽花木記》所載至四十餘品。其花敷腴盛大而纖麗巧密，如冠如髻，如鞍如樓，亦牡丹之亞也。故昔人謂牡丹花王，芍藥花相。本出揚州，揚州之芍藥冠天下。其芽可食，其根有赤白二色，俱入藥。《洛陽花木記》云：分芍藥秋分爲上時，八月爲中時，九月爲下時。取芍藥須闊鋤，勿令損根。每窠留四芽，根不欲深，深則花不發旺。令花根低如土面一指以下爲佳。臘月用濃糞澆，春間更看花蘂圓平而實即留之，虚大者無花。新栽，每窠止可留花頭一二朶，候一二年花得地力，方可留四五朶。花頭多即不成千葉矣。王觀《芍藥譜》云：維揚人以治花相尚，九十月時悉出其根，滌以甘泉，剥去老腐之處，揉條，沙糞以培之，易其故土。凡花大約三年或二年一分，分種向陽處所。不分則舊根老硬而侵蝕新芽。然分又不宜數，數則花小。花之顔色淺深與蘂葉繁盛，皆出於培壅剥削之力。若覆以雞糞，渥以黄酒，則花能改色。開時扶以竹篠，則花堪耐久。花既萎落，亟翦去子。屈盤枝條，使不離散，則脉理皆歸於根，明年花繁而色潤。《水雲録》云：十二月取茂盛者，用竹刀劈作兩開，以粗糠及黑糞土栽之，仍用糞水澆灌二三次，則來年花盛。若用鐵器分或春間移之，則不開花。《允齋花史》曰：芍藥用小便澆易開花。或云芍藥於秋後鋤去舊梗，以糞沃之，牡丹亦於冬間將根邊周圍掘開作溝，灌以糞水，花方盛。俗謂芍藥剃頭，牡丹洗足，蓋如此云。

明 戴羲《養餘月令》卷二六《芍藥·漱園考訂》　**種**　宜八月秋分後掘起，用竹刀疏土，勿傷細根。最不可犯鐵器，先壤豬糞，䵩糠，黑泥，加以人糞，擇向陽之地，摻和净土，如法種之。切勿太深，恐花發不旺。又宜尺餘爲行，不可遠，遠則夏日炙土太乾，花根受熱。不可近，近則枝梗自相逼促，不透風露。春夏二季，花性發泄太盡，不宜移動。較之諸卉，最爲喫緊。大率三年一栽種，不種則病，頻種則花小而不舒。欲得年年花盛，須一臺數本，其栽種年分，前後參差乃可耳。

分　處暑爲上，秋分爲中，霜降爲下。諺云：春分分芍藥，到老不成花。必三秋時候，則津液在根，始可分種。亦兩手剖開，如分牡丹法。無用鍬刀之類。至於異種，尤宜仔細，視其根可分處分之。若如切瓜，則兩傷而無用矣。

培　種後，于十二月。用雞糞和土培之，仍渥以黄酒一度，則花茂，且能改色。切不可澆以水糞，大率此種止有栽培，不須灌溉。

護　未開時，看花蕊圓而實則留之，虚大者必無花，則去之。如新栽者，止留一二蕊，候一年則花得地氣，可留四五蕊，多則不成千葉矣。開將徹，則以竹竿每枝扶之，不令欹側。烈日暴雨，亦須設棚遮蔽，免速零落。且掘挖及時，宿土裹護，可以遠負千里。移植之便，無過此種。

修　花謝之後，用剪剪去花頭敗杪，仍將枝條屈曲盤梲，勿令討力，使元氣歸根。九十月洗出老梗腐黑之根，易以新壤肥土。色之淺深，實繇於此。

明 盧之頤《本草乘雅半偈》卷四《芍藥》　出中岳川谷及丘陵，今出白山、蔣山、茅山者最好。處處亦有人家種蒔矣。昔稱洛陽牡丹、廣陵芍藥甲天下。【略】十月生芽，至春乃長。赤莖叢生，三枝五葉。花葉子實都似牡丹，第逗芽在牡丹之前，作花在牡丹之後。傳云驚蟄之節後二十五日芍藥榮，是也。花有單葉千葉，千葉者俗呼小牡丹。今群芳中牡丹昌第一，芍藥第二，故世謂牡丹爲華王，芍藥爲華相。又或以爲華王之副也。花之名曰餘容、綽約、慶雲、紅蓮、香白、醉芙蓉、步步嬌、玫瑰紫、緑衣郎、同心結、西施睡起、楊妃吐舌，槩言之曰花婢。種種幻巧，難以縷述。根之名曰鋋，曰犁食，曰白木，曰餘容。入藥只宜白花單瓣之根，氣味全厚。然根之赤白亦隨

花之赤白也。白者曰金芍藥，赤者曰木芍藥，概根莖花葉統名曰離草，一名曰將離。

清 曹溶《倦圃蒔植記》卷上《花卉一·芍藥》　洛陽牡丹，廣陵芍藥，古來並傳，故芍藥亦號花王。相敬美嘗徧種芍藥，榜曰續芳，亦此意也。譜志所載不下百種，然予竊疑沈存中《筆談》載廣陵有金纏腰，從來無種，有時而生，則城中當出宰相。及閱劉貢父孔武仲諸譜，有金緊腰、金束腰，若無足奇者，豈天時人事有不齊耶，抑當世諸公皆相材也？治花之法，八九月時悉出其根，滌以甘泉，隨用竹刀剖開，剥去老腐，先壤豬糞和泥，分種向陽處。然分不欲數，數則花小，種不欲深，深則花衰。種後培以雞糞，渥以黄酒，則花能改色。開時扶以竹篠，則花不傾倒。有雨遮以葦箔，則花堪耐久。花既萎落，亟翦其子，屈盤枝條，使不離散，則脈理皆歸於根，明年花繁而色潤。知此理者，便堪花市，何必徧訪揚州鶴哉？

清 陳淏子《秘傳花鏡》卷五《花草類考·芍藥》　芍藥，古名將離，因人將離別則贈之也。一名餘容，又名婪尾春。惟廣陵者爲天下最，近日四方競尚，俱有美種佳花矣。春生紅芽作叢，莖上三枝五葉，似牡丹而狹長。初夏開花，有紅紫黄白數色，但巧立名目約百種。今特細釋其十分之八以附於後。其本有二種，草芍藥，木芍藥。木者花大而色深，俗呼爲牡丹，非也。安期生《服鍊法》云：金芍藥色白多脉，木芍藥多紫瘦；多脉。園林中苟植得宜則花之盛更過於牡丹。大抵花初發時，人多愛惜，勤於澆灌之外，多扶以竹篠，使不傾側，遮以葦箔，令其耐久。及花萎之後，逐多葉而不論，孰知其來年之盛衰，全在乎此時，須亟剪去其子，屈盤其枝條，使不離散，則生氣不上行而皆歸於根，明春苗發必肥，花色更麗。至若分栽，在八九月開，開土悉出其根，滌以甘泉，細摘其老梗朽敗之處，揉調豬糞和泥易其放上而另植之。從此灌溉不失其時，來年之花未有不大茂者也。其本無論好醜，必三年一分，不分恐舊根侵蝕其新芽，苗遂不肥。獨芍藥不宜春分移者，蓋因諺云：春分分芍藥，到老不開花。如欲攜根窠致遠，須取本土，則之竹器内，雖數千里，可負而至矣。大略單瓣者其根可入藥，在賞鑑家多不取焉。

又《附芍藥釋名》　黄色　計十八品

御袍黄色初深後淡，葉疏而端肥，碧。　袁黄冠子宛如髻子，間以金綫，出自袁姓。　黄都勝葉肥緑，花正黄，千瓣，有樓子。　道妝成大瓣中有深黄小瓣，上又展出大瓣。　金帶圍上下葉紅，中則間以數十黄瓣。　縷金囊大瓣中於細瓣下抽金綫，細細雜條。　峽石黄如金綫冠子，其色深似鮑黄。　妒鵝黄六小瓣間雜，中出以金綫高條，葉柔。　鮑家黄與大旋心同，而葉差不旋。　黄樓子盛者葉五七層，間以金綫，其香尤甚。　怨春妝御愛黄色淡黄，花似牡丹而大。　二色黄一蒂生二花，兩相背而開但難得。　黄金鼎色深黄而瓣最紫。　淡黄色，千葉平頭。　青苗黄千葉樓子，淡黄色，内係青心。　蘸金香千葉樓子，金黄色而多香味。　楊家黄似楊花冠子，而色深黄。　尹家黄同上，因人之姓得名。

深紅色計二十五品

冠群芳大旋心冠子，深紅牆葉頂分四五旋，其英密簇，廣及半尺，高可六寸，豔色絶倫。　盡天工大葉中小葉密直，心瓣青色。　賽群芳小旋心冠子，漸漸添紅而花繁密。　醉嬌紅小旋心中抽出大葉，下有金綫。　簇紅絲大葉中有七簇紅絲細細而出者。　黽池紅花似軟條，開皆並蕚，或三頭。　擬繡韉兩邊垂下如所乘鞍子狀，喜大肥。　積嬌紅千葉如紫樓子，色初淡而後紅。　楊花冠子心白色黄紅，至葉端則又深紅。　紅纈子淺紅纈中又有深紅點。　試濃妝緋葉五七重，平頭條赤，緑葉硬，背紫。　赤城標千葉大紅花，有高樓子。　湖纈子紅色，深淺相間雜而開，喜肥。　蓮花紅平頭，瓣尖似蓮花。　會三英一蕚中有三花並出，最喜肥。　紅都勝多葉冠子，最喜肥。　點妝紅色紅而小，與白纈子同，緑葉微瘦長。　綴蕊紅蕊初深紅，及開後漸淡。　髻子紅花頭圓滿而高起，有如髻子。　緋子紅花緑色，平頭而大。　騈棱紅蒂上有兩花並出。　官錦紅紅黄白色相間者。　柳浦紅千葉冠子，因産之地得名。　硃砂紅色正紅，花不甚大。　海棠紅重葉黄心，出蜀中。

粉紅色計十七品

醉西施大瓣旋心，枝條軟細，須以杖扶。　淡妝匀似紅纈子而粉紅無點，纈花之中品。　怨春紅色最淡而葉堆起，似絲綫籠子。　妒嬌紅起樓，但中心細葉不堆，上無大瓣。　合歡芳雙頭並蒂，二花相背而齊開。　素妝殘初開粉紅，以漸退白，心青，淡雅有致。　取次妝平頭而多葉，其色最淡。　效殷紅矮小而多葉，若土肥則易變。　倚欄嬌條軟而色媚。　紅寶相似寶相薔薇。　瑞蓮紅頭微垂下，似蓮花。　霓裳紅多葉大花。　龜地紅平頭多葉。　芳山紅以地得名者。　汚池紅花類軟條，須扶。　紅旋心花緊密而心紅。　觀音面似寶相而嬌豔。

紫色計十四品

寶妝成色微紫，有十二大葉，中密生曲葉，回環圓抱，高八寸，廣半尺，小葉上有金

綫，獨香。**凝香英**有樓，心中細葉，上不堆大瓣。**宿妝殷**平頭而枝瓣绝高大，類緋多葉而整。**聚香絲**大葉中一籠紫絲細細而高出。**蘸金香**大葉中生小葉，而小葉尖蘸一金綫。**墨紫樓**其色深紫而有似乎墨。**疊英香**大葉中細葉並重上，又聳大葉，起臺。**包金紫**蕊金色而花紫。**紫都勝**多葉，有樓子。**紫鱠盤**平頭而花大。**金繫腰**即紫袍金帶。**紫雲裁**葉疏而花大。**小紫毬**短葉，開花如毬。**多葉鞍子**瓣兩垂，似馬鞍。

白色計十四品

曉妝新花如小旋心，頂上四向，葉端有殷紅小點，每朵上或三五點，像衣中黦結，白花上品。**銀含棱**花銀緣，葉端有棱，純白色。**菊香瓊**青心玉板冠子，白英團掬，堅密平頭。**試梅妝**白頭中無點纈者，即白冠子。**蓮香白**多葉闊瓣，香有似乎蓮花，喜肥。**玉冠子**千葉而高起。**玉版纈**纈中皆有點。**玉逍遥**花疏而葉大，宜肥。**覆玉瑕**葉緊而有點。**玉盤盂**單葉而長瓣。**壽州青**苗色帶微青。**粉緣子**微有紅暈在心。**鎮淮南**大葉冠子。**軟條冠子**多葉而枝柔。

以上共八十八種名色，皆昔人譜中所載，多有雷同，已皆删去，然或有耳目所不及辨者，以待後之博雅自別之可也。

清　張逸少　汪灝等《佩文齋廣群芳譜》卷四五《芍藥》　一名餘容，一名鋋，一名犁食，一名將離，一名婪尾春，一名黑牽夷。《廣雅》作攣夷。《本草》曰：芍藥，猶婥約也，美好貌。此草花容婥約，故以爲名。處處有之，揚州爲上，謂得風土之正，猶牡丹以洛陽爲最也。白山、蔣山、茅山者俱好。宿根在土，十月生芽，至春出土，紅鮮可愛。叢生，高一二尺，莖上三枝五葉，似牡丹而狹長。初夏開花，有紅白紫數色。世傳以黄者爲佳，有千葉、單葉、樓子數種，結子似牡丹子而小。

清　鄒一桂《小山畫譜》卷上《芍藥》　草本，四月開花，千葉，各色俱備。早晚種類不一，梗方條直，花蘂多。種植者只留頂枝一二，則花朵大。葉九出尖長，彎垂卷起，中陷邊超如桂葉。花形較牡丹更爲綽約，染花與牡丹同，鈎葉筋則順其卷勢，方梗須勒出。此花京師爲最，南方瘦弱，不及也。

清　孫之騄《枝語》卷下《芍藥》　芍藥猶婥約也，美好貌。言花容美好，故又名餘容。《爾雅翼》：制食之毒，莫良於芍，故得藥名。《韓詩外傳》：芍藥，離草也，一名將離。古人將別，贈之以芍藥也。安期生《服鍊法》：有金芍藥，色白多脂，故又名金芍藥。赤者名木芍藥。《古今注》：芍藥有木本草本，木本者花大色深，俗呼牡丹，非是。生中岳川谷及白山、蔣山、茅山，惟楊州芍藥甲于天下，謂得風土之正。春生紅芽，莖上三枝五葉，似牡丹而狹長。莖高一二尺，夏初開花，有紅白黄紫數色，有單葉、千葉、樓子各種。其品黄者名御衣黄、黄樓子、袁黄冠子、峽石黄冠子、鮑黄冠子、道妝成、妒鵝黄。紅者名冠群芳、賽群芳、盡天工、點妝紅、積嬌紅、醉西施、湖纈黽池紅、素妝殘、淺妝勻、醉嬌紅、擬香英、妒嬌紅、紅寶相冠子也。縷金囊、怨春紅、試濃妝、簇紅絲、取次妝、效殷妝、合歡芳、會三英、擬繡韉。紫者名寶妝成、疊香英、蘸金香、宿妝殷、聚香絲。白者名楊花冠子、菊香瓊、曉妝新、試梅妝、銀含棱。計三十九種。又有紅葉黄腰者，號金帶圍。有時而生，則城中當出宰相。韓魏公守淮揚日，郡圃芍藥盛開，得金帶圍四朵，公選客具樂以賞。時王珪爲郡倅，王安石爲幕官，皆在選中，而缺其一。及暮，陳太傅升之來，明日遂開宴折花插賞。後四公皆爲首相。東武舊俗，四月大會，南禪資福兩寺芍藥供佛最盛。明宣德中，帝幸文淵閣，命於閣右植淡紅芍藥一本。景泰初，增植二本，左純白，右深紅。學士李賢命名曰醉仙顏，淡紅也；曰玉帶白，純白也；曰宫錦紅，深紅也。與衆賦詩，名《玉堂賞花集》。《花品》舊傳龍興山子、羅漢、觀音、彌陀四院之花冠於一州，後則有朱氏南北二園所種幾五六萬株，自古種花之盛，未之有也。嗚呼！芍藥見稱於風雅，其來舊矣。今人貴牡丹賤芍藥，不知牡丹初無名字，僅依木芍藥得名，亦如木芙蓉之依芙蓉以爲名，後來者居上，遂使芍藥爲落譜衰宗，亦可怪也。

紀事

宋　沈括《補筆談》卷下　韓魏公慶曆中以資政殿學士帥淮南。一日，後園中有芍藥一幹分四岐，岐各一花，上下紅，中間黄蕊間之。當時揚州芍藥未有此一品，今謂之金纏腰是也。公異之，開一會，欲招四客以賞之，以應四花之瑞。時王岐公爲大理評事通判，王荆公爲大理評事僉判，皆召之，尚少一客，以州鈐轄諸司使忘其名官最長，遂取以充數。明日早衙，鈐轄者或申狀暴泄不至，尚少一客，命以過客歷求一朝官足之。過客中無朝官，唯有陳秀公，時爲大理寺丞，遂命同會。至中筵剪四花，四客各簪一枝，甚爲盛集。後三十年間，四人皆爲宰相。

宋　朱彧《萍洲可談》卷二　陳州芍藥花殊勝，近歲進花，自陳三百里，

一日一夜馳至都下。

宋 胡仔《漁隱叢話集》後集 卷二三《六一居士》 東坡云：揚州芍藥爲天下冠，蔡繁卿爲守，始作萬花會，用花十餘萬株，既殘諸園，又吏因緣爲姦，民大病之。余始至，問民疾苦，以此爲首，遂罷之。花本洛陽故事，亦必爲民害也。會當有罷之者。錢惟演爲留守，始置驛，貢洛陽花，識者鄙之。此宮妾愛君之意也。故《次韻林子中春日見寄》詩云「爲報年來殺風景，連江夢雨不知春」，以此也。

明 王鏊《姑蘇志》卷一四《土産·生植·雜花十九》 芍藥 范成大北使過維揚，買栽於石湖，有深紅、紫、白諸色，千葉重臺數種。成大詩：萬里歸程許過家，移將二十四橋花。石湖從此添春色，莫把葡萄苜蓿誇。

明 王世懋《學圃餘疏》 余以牡丹天香國色而不能無彩雲易散之恨，因復創一亭，周遭悉種芍藥，名其亭曰續芳。芍藥本出揚州，故南都極佳。一種蓮香白，初淡紅，後純白，香獨如蓮花，故以名。其性尤喜糞，予課僮溉之，其大反勝於南都，即元馭所愛也。其他如墨紫、硃砂紅之類皆妙甚，已致數種歸，開時客皆蟻集，真堪續芳矣。

清 乾隆《盛京通志》卷一〇六《花類·芍藥》 芍藥 《大金國志》：金太祖十四年，生紅芍藥花，北方以爲瑞。女真地向多白芍藥花，皆野生，絶無紅者。好事之家采其芽爲菜，以麪煎之，凡待賓齋素則用之。金人珍惜，不肯妄設，遇大賓，縷切數絲置楪中以爲異品。按今英莪門外獵場中有芍藥，兩叢相對，繁柯密葉，鬱然猶存。其下不生雜草，土人云凡鳥獸避跡，不敢蹂踐。花時人過之，畏不采擷，或有所犯，必致疾病，因名其地爲花園。詳見《御製花園詩》序及注。

著　録

宋 王觀《揚州芍藥譜》 天地之功至大而神，非人力之所能竊勝，惟聖人爲能體法其神，以成天下之化。其功蓋出其下，而曾不少加以力，不然天地固亦有間而可窮其用矣。余嘗論天下之物，悉受天地之氣以生，其小大短長，辛酸甘苦，與夫顔色之異，計非人力之可容致巧於其間也。今洛陽之牡丹，維揚之芍藥，受天地之氣以生，而小大淺深一隨人力之工，拙而移其天地所生之性，故奇容異色間出於人間，以人而盗天地之功而成之，良可怪也。然而天地之間事之紛紜出於其前，不得而曉者，此其一也。洛陽土風之詳，已見於今歐陽公之記，而此不復論。維揚大抵土壤肥膩，於草木爲宜，《禹貢》曰「厥草惟夭」是也。居人以治花相尚，方九月十月時，悉出其根，滌以甘泉，然後剥削老硬病腐之處，揉調沙糞以培之，易其故土。凡花，大約三年或二年一分，不分則舊根老硬而侵蝕新芽，故花不成就。分之數則小而不舒，不分與分之太數皆花之病也。花之顔色之深淺與葉蘂之繁盛，皆出於培壅剥削之力。花既萎落，亟剪去其子，屈盤枝條，使不離散，故脉理不上行而皆歸於根，明年新花繁而色潤。雜花根窠，多不能致遠，惟芍藥及時取根，盡取本土，貯以竹席之器，雖數千里之遠，一人可負數百本而不勞。至於他州，則壅以沙糞，雖不及維揚之盛，而顔色亦非他州所有者比也。亦有踰年即變而不成者，此亦係夫土地之宜不宜，而人力之至不至也。《花品》舊傳龍興寺山子、羅漢、觀音、彌陁之四院冠於此州，其後民間稍稍厚賂以匄其本，壅培治事，遂過於龍興之四院。今則有朱氏之園最爲冠絶，南北二圃所種，幾於五六萬株，意其自古種花之盛，未之有也。朱氏當其花之盛開，飾亭宇以待，來游者逾月不絶，而朱氏未嘗厭也。揚之人與西洛不異，無貴賤皆喜戴花，故開明橋之間，方春之月，拂旦有花市焉。州宅舊有芍藥廳，在都廳之後，聚一州絶品於其中，不下龍興朱氏之盛。往歲州將召移，新守未至，監護不密，悉爲人盗去，易以凡品，自是芍藥廳徒有其名爾。今芍藥有三十四品，舊譜只取三十一種，如緋單葉、白單葉、紅單葉，不入名品之内。其花皆六出，維揚之人甚賤之。余自熙寧八年季冬守官江都，所見與夫所聞莫不詳熟，又得八品焉。非平日三十一品之比，皆世之所難得。今悉列於左。舊譜三十一品，分上中下七等，此前人所定，今更不易。

宋 王觀《揚州芍藥譜·後論》 維揚，東南一都會也，自古號爲繁盛。自唐末亂離，群雄據有，數經戰焚，故遺基廢跡，往往蕪没而不可見。今天下一統，井邑田野雖不及古之繁盛，而人皆安生樂業，不知有兵革之患。民間及春之月，惟以治花木，飾亭榭，以往來游樂爲事，其幸矣哉。揚之芍藥甲天下，其盛不知起於何代，觀其今日之盛，想古亦不減於此矣。或者以謂自有唐，若張祜、杜牧、盧仝、崔涯、章孝標、李嶸，王播皆一時名士，而工於詩者也，或觀於此，或遊於此，不爲不久，而略無一言一句以及芍藥。意其古未有之，始盛於今，未爲通論也。海棠之盛，莫甚於西蜀，而杜子美詩名又重於張祜諸公，在蜀日久，其詩僅數千篇，而未嘗一言及海棠之盛。張祜輩詩之不及芍藥，不

足疑也。芍藥三十一品，乃前人之所次，余不敢輒易，後八品乃得於民間而最佳者。然花之名品，時或變易，又安知止此八品而已哉。後將有出兹八品之外者，余不得而知，當俟來者以補之也。

宋 吴曾《能改齋漫録》卷一五《方物·芍藥譜》 孔常甫初官維揚，以維揚芍藥甲天下，因盡取其名以叙云：揚州芍藥名於天下，非特以多爲誇也，其敷腴盛大而纖麗巧密，皆他州之所不及。至於名品相壓，争妍鬥奇，故者未厭而新者已盛，州人相與驚異，交口稱説，傳於四方，名益以遠，價益以重，遂與洛陽牡丹俱貴於時。四方之人盡皆賫攜金帛，市種以歸者多矣。吾見其一歲而小變，三歲而大變，卒與常花無異，由此，芍藥之美益專於揚州焉。負郭多曠土，種花之家園舍相望，最盛於朱氏、丁氏、袁氏、徐氏、高氏、張氏，餘不可勝記。畦分畝列，多者至數萬根。自三月初旬始開，浹旬而甚盛。游觀者相屬於路，障幕相望，笙歌相聞，又浹旬而衰矣。大抵粗者先開，佳者後發，高至尺餘，廣至盈手。其色以黄爲最貴，所謂緋黄千葉，乃其中下者。小人負擔以賣，至於棄擲遺落，不甚愛惜。鄭詩引芍藥以明士風，説者曰香草也。司馬長卿《子虚賦》曰：芍藥之和具而後御之。説者曰：芍藥根主和五臟，又辟毒氣也。謝宣城直省中詩曰：紅藥當堦翻。説者曰：草色紅者也。其議皆與今所謂芍藥者合，但未有專言揚州者。唐之詩人最以摸寫風物自喜，如盧仝、杜牧、張祜之徒皆居揚之日久，亦未有一語及之，是花品未有若今日之盛也。余官於揚，學講習之暇，常裁而定之。六氏之園與凡佛宫道舍有佳花處頗涉獵矣。懼其久而遺忘也，問之州人，得其粗，又屬秀才滿君方中、丁君時中，各集所聞，得其詳。蓋可紀者三十有三種。世之有力者或能邀至善工列之圖畫，可揭而游四方，然未若書之可傳於衆也，乃具列其名，從而釋之。

宋 劉攽《芍藥譜序》（《養餘月令》卷二六輯） 天下名花，雒陽牡丹，廣陵芍藥，爲相侔埒。《禹貢》記揚州「草木夭喬」，聖人之言，然未見其爲夭喬也。廣陵芍藥有自他方種來種之者，經歲則盛，至有十倍其初，而勝廣陵所出遠甚。地氣所宜，信其爲夭乎？然則醫書《本草》所載，雖小物，方土所出，山川原野，氣力不同，或相倍蓰十百，如此花矣，不可不詧也。然芍藥之盛，環廣陵四五十里之間爲然。外是則薄劣不及。雒陽牡丹，繇人力接種，故歲歲變更日新，而芍藥自以種傳，獨得於天然，非剪剔培壅。灌溉以時，亦不能全盛。又有風雨寒暄，氣節不齊，故其名花绝品。有至十四五年得一見者，其開不能成，或變爲他品，此天地尤物，不與凡品同。待其地利人力天時。參并具美，然後一出，意其造物亦自珍惜之爾。芍藥始開時，可留七八日，自廣陵南至姑蘇，北入射陽，東至通州海上，西止滁和州，數百里間，人人厭觀矣。廣陵至京師千五百里，駿馬疾足，可六七日至也。上不以耳目之玩勤遠人，而富商大賈逐利纖嗇不顧，又無好事有力者招致之，故芍藥不得至京師，而雒陽牡丹，獨擅其名。其移根北方者六年，以往則不及初年，自是歲加劣矣。故北方之見芍藥者，皆其下者也。然種芍藥爲生者猶得厚價重利云。熙寧六年，攽罷海陵至廣陵，正四月花時，會友傅欽之、孫莘老偕行，相與歷覽人家園圃及佛舍所種，凡三萬餘株，芍藥嫩好，及雖好而不至者，盡具矣。扶風馬玿，府大尹給事公子也，博物好奇，爲余道芍藥本末，及取廣陵人所第名目示余，余按唐氏藩鎮之盛，揚州號爲第一，萬商千賈，珍貨之所叢集，百氏小説，猶多記之，而莫有言芍藥之美者，非天地萬物無祖於古而特隆於今也，殆時所好尚不齊，而古人未必能知正色爾。白樂天詩言牡丹，取叢大花繁者爲佳，此最雒人所卑下者。古人之不知芍藥何疑？然當時無記録，故後世莫知其詳，今此復無傳説，使後勝今猶不足恨，或人情皆好更變駸駸，日久則名花奇品遂將泯没無傳，來者莫知有此，不可惜哉！故因次序，爲譜三十一種。皆使畫工圖寫，以示未嘗見者使知之，其嘗見者固以吾言爲信矣。

藝文

唐 元稹《元氏長慶集》卷六《紅芍藥》 芍藥綻紅綃，巴籬織青瑣。繁絲蹙金蘂，高焰當爐火。剪刻彤雲片，開張赤霞褁。煙輕琉璃葉，風亞珊瑚朵。受露色低迷，向人嬌婀娜。酡顔醉後並，小女妝成坐。豔豔錦不如，夭夭桃未可。晴霞畏欲散，晚日愁將墮。結植本爲誰，賞心期在我。采之諒多思，幽贈何由果。

宋 韓琦《安陽集》卷二〇《狎鷗亭同賞芍藥》 家園經賞復官園，芍藥多名兩共妍。醉白堂前淮海艷，狎鷗亭下鳳麟天。樓妝瑞玉千層密，冠縷真金半尺圓。不鬥詩豪開酒户，是將傾國欲輕捐。

宋 韋驤《錢塘集》卷四《和潘通甫芍藥十韻》 衆卉已蕭索，朱欄始盛開。尚先秋後菊，肯羨臘前梅。秀出絲頭軟，紅深膾縷堆。踈明憐點纈，巧麗

愛重臺。倍得花神力，偏當吏部才。雨枝成墮髻，風葉自扶腮。彩筆真難寫，金刀未易裁。狂香晴轉暴，醒態曉方迴。議品須推貴，論功鄙接栽。仙宮疑髣髴，安得不徘徊。

宋　蘇軾《東坡全集》卷七《玉盤盂二首並叙》　東武舊俗，每歲四月，大會於南禪資福兩寺，以芍藥供佛，而今歲最盛。凡七千餘朵，皆重跗累萼，繁麗豐碩。中有白花，正圓如覆盂，其下十餘葉稍大，承之如盤，姿格绝異，獨出於七千朵之上。云得之於城北蘇氏園中，周宰相莒公之别業也。而其名俚甚，乃爲易之。

雜花狼藉占春餘，芍藥開時掃地無。兩寺妝成寶纓絡，一枝争看玉盤盂。佳名會作新翻曲，绝品難尋舊畫圖。從此定知年穀熟，姑山親見雪肌膚。

花不能言意可知，令君痛飲更無疑。但持白酒勸嘉客，直待瓊舟覆玉彝。負郭相君初擇地，看羊屬國首吟詩。吾家豈與花相厚，更問殘芳有幾枝。

宋　李彌遜《筠谿集》卷一五《次韻待制兄題孔園芍藥二首》　紅藥開時春可憐，爛雲明錦破晴煙。雍容近侍千花右，綽約翻堦四户前。不分柳條開白眼，直愁榆葉散青錢。我來偶落東風後，只有鮫綃處處傳。

绝勝河陽滿縣香，淡妝濃抹巧相望。七言遠逼能詩謝，萬朵今聞好事黄。繡幕羅幃雲冉冉，風裳水珮日央央。紫薇花底根株在，寂寞山城亦自芳。

宋　陳棣《蒙隱集》卷二《别墅芍藥盛開沈公闢有詩見嘲次韻代柬》　誰爲東君得意忙，尚留紅藥殿群芳。臉霞得酒生朝暈，衣翠籠紗弄晚妝。膩馥倚風來蝶翅，殘膏和露到蜂房。惜花極力搜佳句，瘦損東陽笑沈郎。

翰林憶昔詠孤芳，自合移根向玉堂。貴客親陪天女手，侍臣應帶御爐香。花前未許退之醉，江上空嗟子美狂。一夜殷紅飄落盡，不堪寂寞對霞觴。

宋　許綸《涉齋集》卷一二《芍藥》　揚州千葉舊生涯，詩到坡仙正復葩。喜見故家翻瑞藥，送將新句續名花。日高鬓鬟醺含露，時樣梳妝肉映紗。窈窕留春春不住，詩翁留得鬢邊華。

再用韻

莫問無涯及有涯，眼前萬緑替千葩。故人訪我跫然喜，小閣留春聖得花。美酒急傾門候鑰，清歌未徹燭籠紗。匆匆似此頻能過，猶勝逢人説夢華。

三用韻

緑遍山顛與水涯，苦吟且不到春葩。新篁已接三竿日，紅藥猶開四月花。好句更煩銜兩袖，嫩寒猶覺怯重紗。留連小飲無須醉，明月翩翩扈翠華。

花藥相接可觀復用韻

浄盡天香溢夏寒，滿奩誰擲狡仙丹。洛花不逐林花老，禁藥猶堪木藥團。試問丁香和恨結，何如萱草破憂端。翠屏紅粉腰如束，我是村中老謝安。

傳芍藥復用韻

階藥留春逗晚寒，鬟絲敢傍臉霞丹。肯分騎鶴紅千葉，喜見盤龍緑一團。妖格流傳如有恨，狂香横出亦無端。慇懃爲换瓶中水，排比窗前兩行安。

宋　楊萬里《誠齋集》卷九《多稼亭前兩檻芍藥紅白對開二朵》　紅紅白定誰先，嫋嫋娉娉各自妍。最是倚欄嬌分外，却缘經雨意醒然。晚春早夏渾無伴，暖豔晴香政可憐。好爲花王作花相，不應只遣侍甘泉。論花者以牡丹王，芍藥近侍。

宋　韓淲《澗泉集》卷二《芍藥》　庭中鮮香起，猶覺春有餘。豈謂衆芳歇，而乃自發舒。温風拂波軟，朗日明林虚。盤盂作態度，翡翠爲襟裾。一枝已惱我，滿欄無奈渠。偶爾着醉目，何礙幽人居。

宋　施樞《芸隱倦游稿·芍藥》　雖殊桃李競年芬，色相惟應付夢鄉。綸閣曾看金縷豔，藥宫初試玉樓妝。露凝深淺煙中淚，日泛温柔雨後香。幸蜀歸來花正好，可憐不忍看嬪嫱。

天女霜刀剪亦難，露紅煙紫碧闌干。步摇衣袂飄霞珮，鈿合釵梁間寶冠。枝上任他無力笑，燈前還作有情看。采根若可蘇民病，始信無經載牡丹。

元　王義山《稼村類稿》卷三〇《芍藥花詩》　倚竹佳人翠袖長，阿姨天上舞霓裳。嬌紅凝臉西施醉，青玉欄干説疊香。晚春早夏揚州路，濃妝初試鵝紅妒。何如御傘掖垣中，日日傳宣金掌露。

元　劉詵《桂隱詩集》卷一《芍藥》　夏早衆緑翳，階藹始獨開。窈窕專后德，深房出徘徊。翠蕤擁帝輦，手擎紫霞杯。夜永宫月酣，餘香散蓬萊。

明　薛瑄《敬軒文集》卷一〇《草凉樓驛看紅白芍藥》　芍藥花開山驛中，小闌紅白各分叢。濃粧獨向風前立，素質如從月下逢。明媚并超塵世色，妖嬈均得化神功。誰知傾國傾城者，一往滔滔萬古同。

明　唐順之《荆川集》卷二《同院寮觀閣中芍藥作》　西掖衡連翡翠城，籠煙裊霧百花明。祇謂紫薇初吐萼，忽言紅藥已敷英。紅藥葳蕤盛豔陽，萬年春色在文昌。寧同鄴下芙蓉苑，詎比洛陽桃李場。裁成異瓣千般錦，結就同心一樣黄。金閣披時渾是晝，綺樓臨處並凝妝。濯枝故向鳳池上，裛露偏依仙掌傍。仙掌嶙峋對鳳池，詞郎侍直鷺鴛齊。玲瓏玉珮花間映，飄拽羅

衫葉下迷。花間葉下情無極，含笑含嬌似相識。羞將雞舌門馨香，欲取鷄冠並顔色。翠幕分看態轉新，朱闌斜倚不勝春。未采孤根助靈液，聊持芳蕊贈佳人。

明 謝榛《**四溟集**》**卷五**《**西池園賞芍藥**》 王門設宴款應徐，紅藥相鮮映廣除。地簇晚芳群蝶下，天留春色萬花餘。願將繡幕通宵護，詎使清樽半日虚。共醉瓊樓重吟賞，莫言玄圃是仙居。

清 毛奇齡《**西河集**》**卷一〇八**《**任四辰旦招賞芍藥和韻**》 名花初發日遲遲，共對閒堂把玉卮。紅白間來深淺色，參差開作短長枝。嬌嫌日炙從遮幔，香逐風生似解縭。一自洧川留贈返，到今相顧眼迷離。

雜 録

宋 陶穀《**清異録**》**卷上**《**花·婪尾春**》 胡嶠詩「瓶裏數枝婪尾春」。時人罔喻其意，桑維翰曰：唐末文人有謂芍藥爲婪尾春者。婪尾酒乃最後之杯，芍藥殿春，亦得是名。

宋 張淏《**會稽續志**》**卷四**《**花**》 芍藥，越中所植。其花大，有過尺圍者，而剡尤盛。李易《剡山》詩：斑竹筍行三畝地，紅藥花開一尺圍。王十朋《剡館芍藥》詩：已過花王候，纔聞侍者香。來游禁酒地，免作退之狂。

宋 潛説友《**咸淳臨安志**》**卷五八**《**花之品**》 芍藥 今艮山門外范浦鎮多植此花，冠于諸邑。有早緋玉、白綴露等名，又有千葉白者，土人尤貴之。

明 焦周《**焦氏説楛**》**卷二** 芍藥一名婪尾春，胡嶠詩「瓶裏數枝婪尾春」，蘇鶚以酒巡匝爲婪尾。樂天詩「三杯藍尾酒」，「歲盞能推藍尾酒」。東坡詩「藍尾忽驚新火後，遨頭要及浣花前」，又作藍尾矣。

明 王路《**花史左編**》**卷六**《**花之瑞·芍藥花**》 廣陵有芍藥，紅瓣而黄腰，號金帶圍者，無種。有時而出，則城中當有宰相。宋韓琦守廣陵，一出四枝，選客具宴。時王珪爲郡倅，王安石爲幕官，皆在選，而缺一。私念有客至，召使當之。及暮，報陳太傅升之來，明日遂開宴，後四公皆入相。

又 文淵閣芍藥三本，天順二年盛開八花。李賢遂設燕，邀吕原、劉定之等八學士共賞，惟黄諫以足疾不赴。明日復開一花，衆調諫足當之。賢賦詩，官僚咸和，以爲盛事。

明 木增《**雲邁淡墨**》**卷三** 芍藥一名將離，故送別贈之。《本草》又名黑牽夷。

又 卷八《**贈之以芍藥**》 芍藥，今藥草芍藥，無香氣，非是也。未審今何草。司馬相如賦云：芍藥之和。楊雄賦曰：甘甜之和，芍藥之美，七十食也。

清 汪爲熹《**鄢署雜鈔**》**卷七**《**芍藥**》 芍藥不知盛自何時，其最佳者曰丹山鳳、含嚬嬌、盛奪翠、金玉交輝、胭脂點玉等種。舊志。

清 王棠《**燕在閣知新録**》**卷三一**《**没骨華**》 唐鄭虔著《胡本草》：芍藥，一名没骨華。駙都尉王銑所收徐崇嗣《没骨花圖》，其花則草芍藥也。崇嗣所畫甚多，皆不名没骨。沈存中言，崇嗣創造新意，不華不墨，疊色漬染，當時號没骨花。此説非也。蓋因見崇嗣畫《没骨花圖》，而謂不華不墨者，皆爲没骨也，不知没骨花本芍藥名也。廣川《畫跋》亦云。

清 謝堃《**花木小志·芍藥**》 揚州芍藥五色兼備，所佳者金帶圍也。豐臺有賣芍藥女子者，麗人也。然芍藥稱花婢子者，未嘗不由此也。

射 干

論 説

宋 鄭樵《**通志**》**卷七五**《**昆蟲草木略第一·草類**》 射干曰烏扇，曰烏蒲，曰烏翣，曰烏吹，曰草薑，曰鳳翼。射亦作夜。射干有三物，佛書云：射干貂獄，乃是惡獸，似青黄狗，食人。荀子云：西方有木名射干，莖長四寸，生於高山之上，而臨百仞之淵。其花白莖長，似射人執竿。故阮公詩云「射干臨層城」。此則草類，狀如鹿葱，葉稍大邪。張作扇如翅狀，故有烏扇、烏翣、鳳翼之名。

宋 羅願《**爾雅翼**》**卷三** 射干嘉物，故《九歎》云：掘荃蕙與射干兮，耘藜藿與蘘荷。蓋荃蕙貴而藜藿賤。射干生高山層城，而蘘荷依陰之物。今掘去嘉者而惡物則爲之耘除，使之茂繁，以見去取之失當也。古者瑞草有萐莆，生於庖厨，扇暑而涼。今此亦有萐扇之名。又蒲之字類「莆」，豈亦此類？但以自生爲祥耶？或曰萐莆大如扇。

明 姚旅《露書》卷一〇 吾鄉園林一花，葉如列翅，花若萱草，第近柎白而末紫，上作斑點，狀如飛燕，俗因名之曰紫燕。考之《爾雅翼》，射干也，一名烏翣、烏蒲、烏扇。今世讀書，每讀其名而昧其狀，及見其物而又迷其名，信末世一悶事。秣陵曰蛺蝶花。

明 李時珍《本草綱目》卷一七下《草之六·射干》 弘景曰：射干，方書多音「夜」。頌曰：射干之形，莖梗疏長，正如射之長竿之狀，得名由此爾。而陶氏以夜音爲疑，蓋古字音多通，呼若漢官僕射，主射事而亦音夜，非有别義也。時珍曰：其葉叢生，横鋪一面，如烏翅及扇之狀，故有烏扇、烏翣、鳳翼、鬼扇、仙人掌諸名。俗呼扁竹，謂其葉扁生而根如竹也。根葉又如蠻薑，故曰草薑。翣音所甲切，扇也。

綜述

宋 羅願《爾雅翼》卷三 荀子《勸學篇》曰：西方有木焉，名曰射干。莖長四寸，生於高山之上，而臨百仞之淵。木莖非能長也，所立者然也。以爲物雖微，然能自處者如此。春生，苗高二三尺，葉似蠻薑而狹長，排列如翅羽，故名烏翣、烏蒲、烏扇，翣亦扇也。花以六月開，如萱草而小，上有紅點。人家庭砌多植以爲玩。或説别有花青黑而莖長似射人之執竿者，此即一類，然「射」爲「夜」音，猶漢官「僕射」而亦音「夜」爾。

明 李時珍《本草綱目》卷一七下《草之六·射干》 集解 《别録》曰：射干生南陽山谷田野，三月三日采根陰乾。弘景曰：此是烏翣，根黄色，庭臺多種之。人言其葉是鳶尾，而復有鳶頭，此若相似爾，恐非烏翣也。又别有射干，相似而花白莖長，似射人之執竿者。故阮公詩云：射干臨層城。此不入藥用。恭曰：鳶尾葉都似射干，而花紫碧色，不抽高莖，根似高良薑而肉白，名鳶頭。保昇曰：射干高二三尺，花黄實黑，根多鬚，皮黄黑，肉黄赤，所在皆有。二月八月采根去皮，日乾。藏器曰：射干鳶尾，二物相似，人多不分。射干即人間所種，爲花草，名鳳翼者，葉如鳥翅，秋生，紅花赤點。鳶尾亦人間所種，苗低下於射干，狀如鳶尾，夏生紫碧花者是也。大明曰：射干根潤，形似高良薑大小，赤黄色淡，硬。五六七八月采。頌曰：今在處有之，人家種之，春生，苗高一二尺，葉大，類蠻薑而狹長，横張，疏如翅羽狀，故名烏翣。葉中抽莖，似萱草莖而强硬。六月開花，黄紅色，瓣上有細文。秋結實作房，中子黑色。一説射干多生山崖之間，其莖雖細小，亦類木，故荀子云西方有木，名曰射干，莖長四寸，生於高山之上是也。陶弘景所説花白者，自是射干之類。震亨曰：根爲射干，葉爲烏翣，紫花者是，紅花者非。机曰：按諸注則射干非一種，有花白者，花黄者，花紫者，花紅者。丹溪獨取紫花者，必曾試有驗也。時珍曰：射干即今扁竹也，今人所種多是紫花者，呼爲紫蝴蝶。其花三四月開，六出，大如萱花，結房大如拇指，頗似泡桐子，一房四隔，一隔十餘子，子大如胡椒而色紫，極硬，咬之不破。七月始枯。陶弘景謂射干鳶尾是一種，蘇恭、陳藏器謂紫碧花者是鳶尾，紅花者是射干。韓保昇謂黄花者是射干。蘇頌謂花紅黄者是射干，白花者亦其類。朱震亨謂紫花者是射干，紅花者非。各執一説，何以憑依。謹按：張揖《廣雅》云：鳶尾，射干也。《易通卦驗》云：冬至射干坐土宿真君。《本草》云：射干即扁竹，葉扁，生如側手掌形，莖亦如之，青緑色。一種紫花，一種黄花，一種碧花。多生江南湖廣川浙平陸間，八月取汁煮雄黄伏雌黄，制丹砂，能拒火。據此則鳶尾射干本是一類，但花色不同，正如牡丹、芍藥、菊花之類，其色各異，皆是同屬也。大抵入藥功不相遠。藏器曰：射干之名有三，佛經射干貂獄，此是惡獸，似青黄狗，食人，能緣木。阮公云射干臨層城者是樹，殊有高大者。《本草》射干是草，即今人所種者也。

明 周文華《汝南圃史》卷一〇《草本花部下·蛺蝶花》 蛺蝶花即射干，其花六出，色黄，上有紅點，中抽一心，心外黄鬚三莖繞之。六七月開，結莢有子，葉類萱而扁，以其花似蝴蝶故名。《九歎》云：掘荃蕙與射干兮，耘藜藿與蘘荷。亦嘉草也。《圖經本草》云：射干生南陽山谷，今人家庭砌間亦多種植。春生，苗高二三尺，葉似薑而狹長，横疏如翅羽狀，故一名烏雯，謂其葉中抽莖似萱草而强硬。六月開花，黄紅色，瓣上有細紋。秋結實作房，子黑色。根多鬚，皮黄黑，肉黄赤。三月三日采之，陰乾。《八閩通志》云：俗名扁竹。《毘陵志》云：一名烏扇，亦名鳳翼。《浣花雜志》云：蛺蝶開花於春末，結子於夏初，壅以無灰雞糞，然亦不宜久淹。八月下子，二月移栽高阜處則茂。唐荆川《蛺蝶花》詩云：蜀地羅裁就，蜀有蛺蝶羅。漆園夢始通。何言金翅色，翻在碧林中。未辨逍遥影，争矜點綴工。采香蜂趁侣，啄蘂鳥銜蟲。易濕緣多粉，難飛詎少風。美人笑來撲，誤使損芳叢。

清 陳淏子《秘傳花鏡》卷四《藤蔓類考·射干》 射干，一名扁竹，一名秋蝴蝶。生南陽，今所在有之。仲春引蔓布地，苗似瞿麥，葉似薑而狹長。葉中抽莖，似護莖而硬。六月開花，黄紅色，亦有紫碧者，瓣上有細紋，秋結實作房，一房四膈，一膈數子，咬之不破。根可入藥，分根下子種，俱可。

清 鄒一桂《小山畫譜》卷上《黄蝴蝶》 夏秋方開，葉如羽扇，高三四尺，

分枝結蘂，對節開花。花樣如前而瓣直堅厚，大小瓣俱紅點。花後結實，三棱黑子，圓如蘂丸，明春抛種即出。

清 乾隆《福建通志》卷一〇《物産》 扁竹 按《本草圖經》：春生，苗高二三尺，葉以蠻薑而狹長，横張疏如翅羽狀。葉中抽莖，似萱草而彊硬。六月開花，黄紅色，瓣上有細文。秋結實作房，中子黑色。一名烏扇，一名烏翣。而扁竹者，今俗名也。其根名射干，可入藥。

雜録

宋 羅願《爾雅翼》卷三 後漢《陳寵傳》：陽氣始萌，十一月有蘭、射干、芸荔之應。

石竹

綜述

宋 高似孫《剡録》卷九《石竹》 《山居賦》注曰：石竹别叢，大以充屋，其巨者竿挺之屬，細者簕簩之流。《閩中記》曰：簩竹似石竹。

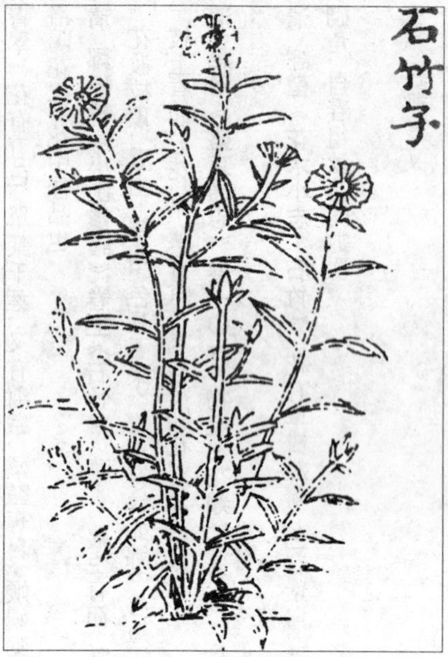

明 高濂《遵生八牋》卷一六《燕閒清賞牋下・石竹花二種》 石竹二種，單瓣者名石竹，千瓣者名洛陽花。二種俱有雅趣，亦須每年起根，分種，則茂。

明 王路《花史左編》卷八《花之宜・石竹花》 須年另起根分種則茂，但枝蔓柔弱，易至散漫，須用小竹扶之。

明 周文華《汝南圃史》卷一〇《草本花部下・石竹》 石竹，草品。莖如細竹，枝葉如苕。其花紫色，類翦碎者。李太白詩有「石竹繡羅衣」之句。《八閩通志》云：錦竹一名石竹，俗呼天南竹，今人誤爲石菊。王荆公詩云：退公詩酒樂華年，欲取幽芳近綺筵。種玉亂抽青節瘦，刻繒輕點絳華圓。風霜不放飄零早，雨露應從愛惜偏。已向美人衣上繡，更留佳客賦嬋娟。别有洛陽花，又名瞿麥，與石竹葉相類，開亦同時，但石竹千葉，洛陽單葉，石竹葉青翠，花豔麗，洛陽較之稍劣，石竹結細黑子，子少，洛陽亦結細黑子，子多，此其辨也。八月中收子種之，即出二花。枝蔓柔弱，易散漫，須用小竹圍柵方可觀。按《吴郡志》：石竹花狀如金錢。而《西湖游覽志》云：石竹纖細而青翠，花有五色，嫵媚動人。《山陰志》云：洛陽花有五色，色甚媚。今石竹多葉，不類金錢。其色唯紫，而洛陽乃有五色，其花與金錢相似，蓋洛陽與石竹實是二種耳。洛陽花將開如卷旗，以漸舒展，常以正午開，午後則卷。山中常有之，今人多植盆盎中，毉家取以入藥。李息齋《竹譜》云：石竹，京都人家好種之階砌，叢生，葉如竹，莖細，亦有節。莫春花開枝杪，或白或紅，或粉紅，或有紅紫暈，或重葉多葉不等。花盡，有子成房，刈去再生，至秋仍如春盛，亦有野生者。

明刻本《花史》夏集《石竹》 石竹二種，單瓣者名石竹，千瓣者名洛陽花，二種俱有雅趣。

種法 宜每年起根分種則茂，宜肥土栽之。

《名花譜・洛陽》 單瓣者名石竹，千瓣者名洛陽。花如錢而開五色，雅韻可愛。故古詩云：洛陽三月春如錦。

清 高士奇《北墅抱瓮録・石竹》 石竹纖柔易生，枝蔓青翠，花具五色，嫵娟動人。以時培灌，亦能作木本重臺。

清 吴儀一《徐園秋花譜》 石竹葉尖似竹，花扁似錢，青節如栽，絳英如盡。亦有淡緑、粉紅、紫白，斑爛諸色，熒煌錯落，疑剪彩繒。俗呼爲洛陽花。

清 張逸少 汪灝等《佩文齋廣群芳譜》卷四六《石竹》 石竹，草品，纖

細而青翠。花有五色，單葉千葉，又有翦絨，嬌豔奪目，娉娟動人。一云千瓣者名洛陽花，草花中佳品也。

清 鄒一桂《小山畫譜》卷上《石竹》 草本，叢生有節，葉細狹尖長，對節生。花發枝頂，五出，鋸齒，色具五采。瓣上有紋如錦。心短，藍點五蒂含苞蘂。一枝上有四五花，千葉者貴。又名洛陽花，宜盆植。

清 乾隆《盛京通志》卷一〇六《物產·花類》 石竹 枝如竹，花色不一，子入藥，名瞿麥。

清 謝堃《花木小志·石竹》 花有單瓣叢瓣，色有紫白，性喜陰濕，多傍牆坳砌角，自春徂秋花開數次。

藝文

唐 王績《東皋子集》卷中《石竹詠》 萋萋結綠枝，曄曄垂朱英。常恐零露降，不得全其生。歎息聊自思，此生豈我情。昔我未生時，誰者令我萌。棄置勿重陳，委化何足驚。

唐 陸龜蒙《笠澤叢書》卷一《石竹花詠》 曾看南朝畫國娃，古羅衣上碎明霞。而今莫共金錢鬥，買却春風是此花。

唐 釋齊己《白蓮集》卷一〇《石竹花》 石竹花開照庭石，紅鮮自稟離宮色。一枝兩枝初笑風，猩猩血潑低低叢。常嗟世眼無真鑒，却被丹青苦相陷。誰爲根尋造化功，爲君吐出淳元膽。白日當午方盛開，彤霞灼灼臨池臺。繁香濃艷如未已，粉蝶游蜂狂欲死。

宋 林逋《林和靖集》卷二《山舍小軒有石竹二叢鬨然秀發因成二章》 麝香眠後露檀勻，綉在羅衣色未真。斜倚細叢如有恨，冷搖踈朵欲生春。階前紅藥推詞客，籬下黄花重古人。今日含毫與題品，可憐殊不愧清新。

青帘有酒不妨賒，素壁無詩未足誇。所重晚芳聊在目，可鬭秋色易爲花。深枝冉冉妝谿翠，碎片英英剪海霞。莫管金錢好行市，寂寥相對是山家。

宋 王安石《臨川文集》卷三三《石竹花》 春歸幽谷始成叢，地面芬敷淺淺紅。車馬不臨誰見賞，可憐亦解度春風。

宋 張嵲《紫微集》卷一〇《石竹》 石竹爲花品最微，當時曾入謫仙詩。新葩競發迷形似，紫蝶翩翾綴碧枝。

宋 許綸《涉齋集》卷一四《石竹》 幹無筇九節，葉類柳三眠。介若此君操，不因霜雪蔫。

宋 張侃《張氏拙軒集》卷五《石竹花賦》 伊夏之始，繁陰在圃。風清日澹，支筇緩步。有花瑣細，山陀依附。愛玩再四，精神姱嫮。不逐群芳，低昂取妒。如高人逸士，所守有素。不然名章俊論，摹擬窮狀，而此獨不預。蓋嘗觀涪翁水仙之辭，廣平梅花之賦。竟垂千載之名，其肯與草栟而同腐。薔薇荆棘而滿林，巴且擁腫而礙路。彼自生而自悴，又無從而告訴。天地之間，物各有主。其果無知，隨世而住。豈所賦之不齊，反在人之取予。又嘗即是而觀，陶朱泛舟，岩光持釣，傲睨一世，潛易其號。名不虛得，亦各有兆。苟有遇焉，庶極其妙。吾當探機緘而叩此花之速肖。彼天隨生，默寓譏誚。比方居下，不足以詔。噫！花之遇有時，而吾因是而反照。

宋 陳景沂《全芳備祖》前集卷二七《石竹花》 種玉亂抽青節瘦，刻繒輕染絳花團王文公。車馬不臨誰見賞，可憐寂寞度春風。麝香眠石竹少陵。萋萋結綠枝，曄曄垂朱英，常恐零露降，不得全其生。歎息聊自思，此生宣我情，昔我未生時，誰者令我萌，棄置勿重陳，委化何足驚王無功。真竹乃不花，爾獨艷暮春。何妨兒女眼，誰復勝霜筠，世無王子猷，豈有知竹人，粲粲好自持，時來稱此君張文潛。

元 蒲道源《閑居叢稿》卷八《賦石竹》 短籬新見出梢梢，葱蒨都無尺許高。茜色芳葩工點綴，莫教容易混蓬蒿。

明 李夢陽《空同集》卷一《石竹賦》 有杳者篠叢彼阿，徙置得地穤以華。托根靈石發生直，翕颮佛樓翠鳳閣。長竿嵬嵬翼紛若，截爲雙簫雛鳳鳴，任心吹之靈霧生。乘鸞挈友騰煙霧，餐霞戲委永無慮，中虛允直性介固。

清 高宗愛新覺羅·弘歷《御製詩集》二集卷四〇《石竹》 此花亦被此君名，嫋嫋裳裳且自榮。世上寧無假君子，底須卉裏太分明。

又 三集卷五八《石竹》 細草纖花亦自芳，名依淇澳泣非湘。此君它是不相拒，語有之云善善長。

雜録

唐 段成式《酉陽雜俎》續集卷九 東都勝境有三溪，今張文規莊近溪

有石竹一竿生瘦，今大如李。

又 衛公言：蜀中石竹有碧花。

宋 范成大《吴郡志》卷三〇 石竹花，草花也。狀如金錢。陸龜蒙《石竹花詠》所謂「金錢買春風」者。

宋 陳耆卿《赤城志》卷三六 石竹 一名曰錦竹，頗多種。李太白詩所謂「石竹繡羅衣」是也。

明 田汝成《西湖游覽志餘》卷二四 石竹，草品，纖細而青翠，花有五色，嫵媚動人。杜子美詩云「麝香眠石竹」，又云「石竹繡羅衣」者是也。杭人多植之盆盎間。林和靖有石竹詩云：麝香眠後露檀菌，繡在羅衣色未真。斜倚細叢如有恨，冷摇疏蘂欲無春。階前紅藥推辭客，籬下黄花重古人。今日含毫與題品，可憐殊不愧清新。又云：青帘有酒不妨賒，素壁無詩未足誇。所重晚芳聊在目，可關秋色易爲花。深枝冉冉妝谿翠，碎片英英剪海霞。莫管金錢好行市，寂寥相對是山家。

明 王世懋《學圃雜疏·花疏》 石竹雖野花，厚培之，能作重臺異態。

清 雍正《畿輔通志》卷五六《土産·石竹》 一名石菊，又名洛陽花，叢生。花色以數十種計。

清 乾隆《雲南通志》卷二七 石竹 五色錯雜，凡十餘種。

水仙

論説

宋 楊萬里《誠齋集》卷二九《千葉水仙花》 世以水仙爲金琖銀臺，蓋單葉者其中真有一酒琖，深黄而金色。至千葉水仙，其中花片捲皺密蹙，一片之中下輕黄而上淡白，如染一截者，與酒杯之狀殊不相似，安得以舊日俗名辱之？要之單葉者當命以舊名，而千葉者乃真水仙云。

薤葉葱根兩不差，重蕤風味獨清嘉。薄揉肪玉圍金鈿，淺染鵝黄剩素紗。臺琖元非千葉種，丰容要是小蓮花。向來山谷相看日，知是他家是當家。

明 王世懋《學圃雜疏·花疏》 凡花重臺者爲貴，水仙以單瓣者爲貴。出嘉定，短葉高花，最佳種也，宜置瓶中。其物得水則不枯，故曰水仙，稱其名矣。前接蠟梅，後迎江梅，真歲寒友也。

清 李漁《閑情偶寄》卷一四《種植部·草本第三·水仙》 水仙一花，予之命也。予有四命，各司一時：春以水仙、蘭花爲命，夏以蓮爲命，秋以秋海棠爲命，冬以蠟梅爲命。無此四花，是無命也；一季缺予一花，是奪予一季之命也。水仙以秣陵爲最。予之家于秣陵，非家秣陵，家于水仙之鄉也。記丙午之春，先以度歲無資，衣囊質盡，迨水仙開時，則爲强弩之末，索一錢不得矣。欲購無資，家人曰：請已之。一年不看此花，亦非怪事。予曰：汝欲奪吾命乎？寧短一歲之壽，勿减一歲之花。且予自他鄉冒雪而歸，就水仙也。不看水仙，是何異于不返金陵，仍在他鄉卒歲乎？家人不能止，聽予質簪珥購之。予之鍾愛此花，非痂癖也。其色其香，其莖其葉，無一不異群葩，而予更取其善媚。婦人中之面似桃，腰似柳，豐如牡丹、芍藥，而瘦比秋菊、海棠者，在在有之；若如水仙之澹而多姿，不動不摇，而能作態者，吾實未之見也。以水仙二字呼之，可謂摹寫殆盡。使吾得見命名者，必頽然下拜。

不特金陵水仙爲天下第一，其植此花而售于人者，亦能司造物之權，欲其早則早，命之遲則遲，購者欲于某日開，則某日必開，未嘗先後一日。及此花將謝，又以遲者繼之，蓋以下種之先後爲先後也。至買就之時，給盆與石而使之種，又能隨手布置，即成畫圖，皆風雅文人所不及也。豈此等末技，亦由天授，非人力邪？

清 曹溶《倦圃蒔植記》總論卷上《論花第三》 水仙獨爲東土所宜，若欲事逸功倍，但須舍己從人。水仙之弟，爰有山礬，樹大香大，何必屈盤。

清 乾隆《續通志》卷一七四《昆蟲草木略》 水仙一名金盞銀臺。李時珍云：葉似薤及蒜，莖頭開花，大如簪頭，狀如酒杯。五尖上承黄心，宛然盞樣。一種千葉，此花皺，下輕黄而上淡白，不作杯狀，人指爲真水仙，蓋一物二種爾。亦有紅花者。按段成式云，奈祇出拂菻國，根大如雞卵，苗長三四尺，葉似蒜，中心抽條，莖端開花，六出紅白色，花心黄赤，不結子，冬生夏死。取花壓油塗身，去瘋氣。據此，形狀與水仙彷彿，豈外國名謂不同耶？

綜述

唐 段成式《酉陽雜俎》卷一八 㮈祇出拂林國，苗長三四尺，根大如鴨

卵，葉似蒜。葉中心抽條甚長，莖端有花六出，紅白色，花心黄赤，不結子。其草冬生夏死，與薺麥相類。取其花壓以爲油，塗身除風氣。拂林國王及國内貴人皆用之。

宋 温革《分門瑣碎録》《種花》 種水仙花須是沃壤，日以水澆則花盛，地則瘦無花，其名水仙，不可缺水。

宋 趙彦衛《雲麓漫鈔》卷四 水仙花有單葉者，有千葉者。

宋 施宿等《會稽志》卷一七《草部》 水仙本名雅蒜，元祐間始盛得名。黄魯直、張文潛皆極稱之。魯直初以爲可比梅，故曰「乞與江梅定等差」，既而曰「但枝不及梅耳」，故又曰「只比江梅無好枝」。今山陰此花有兩種：一曰水仙，一曰金盞銀臺。金盞銀臺香既差減，格韻亦稍下，故徐師川水仙詩曰「金盞銀臺何足比」也。園丁以爲此花六月並根取出，懸之當風，八月復種之則多花。或曰多糞之，花自多。又曰但勿移，三四年數灌溉之而已，不必他法也。

宋 陳景沂《全芳備祖》前集卷二一《水仙花》 雜著 世以水仙爲金琖銀臺，蓋單葉者，其中有一酒盞，深黄而金色。至千葉水仙，其中花片卷皺密蹙，一片之中，下輕黄而上淡白，如染一截者，與酒杯之狀殊不相似，安得以舊日俗名易之。要之，單葉者當命以舊名，而千葉者乃真水仙也。《誠齋詩序》

紀要 馮夷華陰堤鄉堤首人服水仙八石，爲水仙《清泠傳》。杭州西湖上有水仙王廟《坡詩注》。

明 宋詡《竹嶼山房雜部》卷一〇《樹畜部二・種花卉法》 水仙 苞生，根有囊，花清香。山谷詩云：水沉爲骨玉爲肌。

金盞銀臺花 重葉花，六月時其根囊自出土上，通鋤，起曬六七日收，至九月浸糞中，亦如日曬數。取瓦規沃壤用露芽向上苞種之，則花繁密而葉短少。

明 李時珍《本草綱目》卷一三《草之二・水仙》 釋名 金盞銀臺時珍曰：此物宜卑濕處，不可缺水，故名水仙。金盞銀臺，花之狀也。

集解 機曰：水仙花葉似蒜，其花香甚清。九月初栽于肥壤則花茂盛，瘦地則無花。五月初收根，以童尿浸一宿，曬乾，懸火暖處。若不移，宿根更旺。時珍曰：水仙叢生下濕處，其根似蒜及薤而長，外有赤皮裹之。冬月生葉似薤及蒜，春初抽莖如葱頭，莖頭開花數朵，大如簪頭，狀如酒杯，五尖上承黄心，宛然盞樣。其花瑩韻，其香清幽。一種千葉者，花皺，下輕黄而上淡白，不作杯狀，人重之，指爲真水仙。蓋不然，乃一物二種爾。亦有紅花者。

明 高濂《遵生八牋》卷一六《燕閒清賞牋下・水仙花二種》 有二種，單瓣者名水仙，千瓣者名玉玲瓏。又以單瓣者名金盞銀臺。因花性好水，故名水仙。單者葉短而香可愛，用以盆種上几。其法云：五月不在土，六月不在房，栽向東籬下，花開朵朵香。五月取起以人溺浸一月，六月近竈處置之，七月種則有花。甚不然也，余曾爲之，無驗。且杭之近江水處菜户成林種者，無枝不花，未嘗用此法也，惟土近滷鹹則花茂。

明 王路《花史左編》卷五《花之候・水仙》 俗傳云：五月不在土，六月不在房，栽向東籬下，花開朵朵香。五月取起，以人溺浸一月，六月近竈處置之，七月種則有花，甚不然也。試之無驗。杭人近江水處菜户成林種者，無枝不花，未嘗用此法也。想土近鹹滷則花茂。一説五月取起，八月用豬糞和土植之，以後不可缺水。

又 卷一三《花之忌・水仙》 起種犯鐵器，永不開花。

明 周文華《汝南圃史》卷九《草本花部上・水仙》 水仙，葉如蒜，故一名雅蒜。一莖數花，花白中有黄，心如盞狀，俗呼爲金盞銀臺。其中花片捲皺密蹙，一片之中下輕黄上淡白如染一截者，乃千葉，通謂之水仙。然單瓣者貴。黄山谷詩曰：何時持上紫宸殿，乞與宮梅定等差。其見重如此。種須沃壤，日以水澆則花盛，地瘦則無花，其名水仙，不可缺水。又云：收時用小便浸一宿，取出曬乾，懸之當火處。候種取出，無不發花者。《水雲録》云：五月分栽，以竹刀分根，若犯鐵器，三年不開花。《便民圖纂》云：六月不在土，七月不在房，栽向東籬下，寒花朵朵香。《灌園史》曰：和土曬暖，半月方種，種後以糟水澆之。神隱云不移出浸吊，宿根在土更旺。《浣花雜志》云：如在土，恐葉長花短，宜六月初起根，懸於透風廡下，七月終栽於肥土，澆用小便，最威冰雪。《委齋雜録》云：霜降後搭棚遮護霜雪，仍留南向小户以進日色，則花盛。高深甫曰：土近滷鹹，花發必茂。故吳中水仙唯嘉定、上海、江陰諸邑最盛，而插瓶亦用鹽，最可久。宋培桐曰：如種在盆内者，連盆埋入土中，候開花取起，頻澆梅水，則精神自旺。

明 方以智《物理小識》卷九 水仙 六月根囊出土，取縣檐下風吹，又煙薰踰月，浸糞而復檐吹。十月盆栽沙石，水養，不用泥土。花高於葉，金盞銀臺。南京安德門華嚴寺前，花匠畜水仙，云但取大如卵者，夏出土縣之，九月積石子栽，數年乃大，大則開花。

明刻本《花史》冬集《水仙花》 神隱曰：九月初栽，用肥壤地則花繁，地瘦則無花，不可缺水，故名水仙。《多能鄙事》曰：五月初掘其根，以小便浸一宿，暴乾，懸火煙所及處。九月初，拾肥下濕地栽之，常用水澆之。此法曾爲之，無驗。惟土近滷鹹則茂。五月以竹刃分根，犯鐵器，其花三年不開。法云：五月不在土，六月不在房，栽向東籬下，開花朵朵香。

清 曹溶《倦圃蒔植記》卷中《花卉二·水仙》 《水雲集》以玉梅、蠟梅、水仙、山茶爲雪中四友。予按：水仙二種，單瓣者佳。五月初旬竹刀起根，小便浸之，逾月取出，懸近煙灶處，至八九月間純用豬糞拌土植之。不可缺水，凌波之名，殆不虛也。或云和土曬暖，半月方種，覆以肥土，糟水澆之。霜降後搭棚遮護霜雪，仍留南向小户，天暖即開曬之。北方土寒，凡牡丹海棠俱用此法。高深甫云，土近滷鹽，花發必茂，雖花忌水鹽，然梅花水仙插瓶用鹽，當無所損耳。昔馮夷服花八石，得爲水仙，栽向東籬，何啻刀圭耶！

清 陳淏子《秘傳花鏡》卷五《花草類考·水仙》 水仙一名金盞銀臺，因其性喜水，故名水仙。冬季於葉中抽出，莖頂上有數蕊，兩兩層次而開，白瓣中有黄心如盞。葉如萱草而短，其根似蒜頭，外有赤皮裹之。有單葉千葉二種，單葉者名水仙，其清香經日不散。千葉者名玉玲瓏，其花皺，下輕黄而上淡白，不作杯狀。因其難得，人多重之。但種不得法，徒葉無花。昔人種訣云：五月不在土，掘起，以童尿浸一宿後晒乾。六月不在房，懸近竈房暖處。栽向東籬下，八九月間復種，用豬糞拌土壅。花開久且芳。凡種須沃壤，日以肥水澆則花自盛。其葉北生三四片者無花，至五片者方有花。如五六月不掘起浸吊，宿根在肥土内亦旺，但葉長花短，不甚可觀。若於十一月間用木盆密排其根，少着沙石實其罅，時以微木潤之，日晒夜藏，使不見土，則花頭高出於葉。如不起土，冬月必須遮護，使不見霜雪。過日即開晒之。凡起種須用竹扦，若犯鐵器，則永不開花。一槩花木最畏鹹水，惟梅花與水仙插瓶宜鹹水養。拂林國有紅水仙，花開六出，亦異品也。又拘樓國有水仙樹，其樹腹中有甜水，謂之仙漿。其人飲之者，一醉可以七日，皆異聞也。

清 張逸少 汪灝等《佩文齋廣群芳譜》卷五二《水仙》 水仙，叢生下濕地，根似蒜頭，外有薄赤皮。冬生，葉如萱草，色緑而厚。春初於葉中抽一莖，莖頭開花數朵，大如簪頭，色白，圓如酒杯，上有五尖，中承黄心，宛然盞樣，故有金盞銀臺之名。見《洛陽花木記》。其花瑩韻，其香清幽。一種千葉者，花片卷皺，下輕黄上淡白，不作杯狀，世人重之，指爲真水仙。一云單瓣者，名水仙，千瓣者名玉玲瓏。《本草》云：蓋一物二種耳。《學圃餘疏》云：以單葉者爲貴，出嘉定，短葉高花，最佳種也。亦有紅花者。此花不可缺水，故名水仙。根味苦微辛，寒滑無毒，治癰腫及魚骨鯁。花作香澤塗身，理髮去風氣。

又 五月初收根，用小便浸一宿，曬乾，拌濕土懸當火煙所及處。八月取出，瓣瓣分開，用豬糞拌土植之。植後不可缺水，起時種時若犯鐵器，永不開花。訣云：六月不在土，七月不在房，栽向東籬下，寒花朵朵香。又云：和土曬半月方種，以收陽氣，覆以肥土，白酒糟和土澆之則茂。于若瀛曰：水仙，江南處處有之，惟吴中嘉定種爲最，花簇葉上，他種則隱葉内耳。蓄種囊以紗，懸於梁間風之，未播，先以敝草履寸斷，雜溲浡浸透，俟有生意，方入土，以入土早晚爲花先後。金陵即善植者十叢不一二花，余每歲向友人乞三四莖置齋頭，香可十日，兹十日者，縱非風雨亦不易出齋頭也。水仙花以精盆植之，可供書室雅玩。

又 霜重時即搭棚遮蓋以避霜雪，向南開一門，天晴日暖則開之，以承日色。北方土寒，凡牡丹、貼梗海棠皆用此法，不特水仙也。又法：初起葉時，以磚壓住不令即透，則他日花出葉上。杭州近江處園丁種之成林，以土近鹹滷，故花茂。

清 乾隆《福建通志》卷一〇《物産》 水仙 葉如蒜，一莖數花，花白中有黄，心如盞狀，故俗呼金盞銀臺。黄山谷詩有「山礬是弟梅是兄」之句。

清 鄒一桂《小山畫譜》卷上《水仙》 以單葉者爲佳，白花六出，上如金盞，内檀心三點，根葉如蒜，中抽一棧，開四五花，花柄如萱，緑色叢處，有苞二片，尖長，赭色。每剪葉不過四五，以法植之，葉短花高，香氣清微。千葉者爲玉玲瓏，香遜。

清 謝堃《花木小志·水仙》 此種出自外洋，性不畏寒，浸水而生，愈潔愈佳。根似蒜，葉亦如之。一幹數花，花片潔白，花心深黄，故又名金盞銀臺。

紀 事

宋 劉學箕《方是閒居士小稿》卷下《水仙説》 予酷愛水仙花，以金華

仙伯所賦八句隱括作《浣沙溪》詞云：「水上輕盈步月明，淩波仙子襪生塵，是誰招此斷腸魂。種作寒花愁绝意，含香豔素欲傾城，並芳難弟與難兄。」對花把酒，歌之無斁。此花最難種，多不著花，惟建陽園户植之得宜，若葱若蒜，綿亘疇陌，含香豔素。想其風味，恨不醉卧花邊。昨令健步買百十叢而來，空手以返，再三詰責，但云有金琖銀臺而無水仙花。其欺侮固不在言，然政憚於賫擎，姑藉爲辭耳。殊不知水仙花即世人所謂金琖銀臺者是也。俗子敗思，每每如斯，世事欺淩，比比皆是，豈獨水仙花。筆之説似佳客。

藝　文

宋　劉攽《彭城集》卷一八《水仙花》　早於桃李晚於梅，冰雪肌膚姑射來。明月寒霜中夜静，素娥青女共徘徊。

宋　韓維《南陽集》卷一一《謝到水仙二本》　黄中秀外幹虚通，此花黄白中黄，莖幹虚通如葱本，生武當山谷中，士人謂之天葱。乃喜佳名近帝聰。密葉暗傳深夜露，殘花猶及早春風。拒霜已失芙蓉豔，出水難留菡萏紅。多謝使君憐寂寞，許教綽約伴仙翁。

宋　黄庭堅《山谷集》卷一〇《次韻中玉水仙花二首》　借水開花自一奇，水沉爲骨玉爲肌。暗香已壓酴醾倒，只此寒梅無好枝。

淤泥解作白蓮藕，糞壤能開黄玉花。可惜國香天不管，隨緣流落小民家。

宋　王之道《相山集》卷一三《和張元禮水仙花二首》　素頰黄心破曉寒，葉如諼草臭如蘭。一樽坐對東風軟，敢比江梅取次看。

沉水香濃晝不煙，賦花誰是飲中仙。顧予老拙辭源溜，空想東坡萬斛泉。

宋　郭印《雲溪集》卷一二《水仙花二首》　琉璃擢幹耐祁寒，玉葉金鬚色正鮮。弱質先梅誇綽約，獻香真是水中仙。

隆冬百卉若爲留，獨對冰姿不解愁。誰插一枝雲鬢裏，清香渾勝玉搔頭。

宋　史浩《鄮峰真隱漫録》卷三《水仙花得看字》　奇姿擅水仙，長向雪中看。翠碧瑶簪盍，鵝黄粉袂攢。夜闌香苒苒，風過珮珊珊。著在冰霜裏，姮娥御廣寒。

宋　朱熹《晦菴集》卷五《賦水仙花》　隆冬凋百卉，江梅厲孤芳。如何蓬艾底，亦有春風香。紛敷翠羽帔，温艶白玉相。黄冠表獨立，淡然水仙裝。弱植愧蘭蓀，高操摧冰霜。湘君謝遺褋，漢水羞捐璫。嗟彼世俗人，欲火焚衷腸。徒知慕佳冶，詎識懷貞剛。淒凉柏舟誓，惻愴終風章。卓哉有遺烈，千載不可忘。

宋　陳傅良《止齋集》卷四《水仙花》　江梅丈人行，歲寒固天姿。蠟梅微着色，標致亦背時。胡然此柔嘉，支本僅自持。乃以平地尺，氣與松篁夷。粹然金玉相，承以翠羽儀。獨立萬槁中，冰膠雪垂垂。水仙誰强名，相宜未相知。刻畫近脂粉，而況山谷詩。吾聞抱太和，未易形似窺。當其自英華，造物且霽威。平生恨剛褊，未老齒髮衰。掇花寘膽瓶，吾今得吾師。

宋　韓淲《澗泉集》卷一八《水仙花》　清浸數枝香動人，待吟詩句與花新。洞庭風度湘靈瑟，月冷波寒誰寫真。

冬深猶有水仙花，雪打霜催更好葩。歲歲山間連檻種，數枝亦足傲塵沙。

宋　舒岳祥《閬風集》卷七《賦水仙花》　冷淡不生桃李徑，只將素豔伴紅梅。冰清玉潤檀心炯，日暮天寒翠袖迴。似倚蘭舟並桂楫，羞稱金盞共銀臺。誰將六出天花種，移向人間妙奪胎。

元　任士林《松鄉集》卷六《水仙花賦》　眇伊人之蟬蜕兮，宅清泠以爲扉。越蓬隔弱，窅不知其幾千里兮，跂余望之，忽軒窗之翠蒨兮，見此綽約之芳姿。曳青葱之華裾兮，倚玉蕤之披披。逍遥清霜之夕，徘徊明月之辰。佩乞碧霞，衣紉緑雲。金杯盥雨，玉盤承津。軿和注淳，斟酌天均。于時庭空人静，萬竅不作。聲沉步虚之歌，奏杳鈞天之樂。江妃具俎以進羞，海若充賓而酹酢。持杜觶而未揚，想堂中之歡樂。予亦洗盞更酌，接芳蕤而爲客縱歌，頽然不知天河之既落。

元　劉鶚《惟實集》卷六《水仙花二首》　水府羣仙别一家，清標爲洗世鉛華。霜根種種八九月，獨幹亭亭四五花。素質自堪齊玉雪，冰肌那肯混煙霞。他時明月瑶臺下，一笑相逢更绝佳。

淩波仙子太輕盈，鍾得扶輿氣質清。太史謬稱礬是弟，花神應許我爲兄。翠葩不逐春風轉，玉骨惟隨夜月明。置向席間看不厭，哦詩同訂歲寒盟。

清　彭孫遹《松桂堂全集》卷三四《水仙花》　冷艶幽香閲歲華，獨憑水石結根芽。莫將國色輕相比，碧玉從來是小家。

清　查慎行《敬業堂詩集》卷二一《沁園春虎丘買水仙戲填一闋》　根似鵶頭，葉似蒜苗，花名水仙。問仙翁仙姆，幾時留種。不移天上，乃落人間。洛浦

凌波，漢皋捐珮，想像冰肌映玉顔。娉婷意，勝眼中多少，沅芷湘蘭。山塘賣汝堪憐，只一本纔教值一錢。向牆角堆堆，籬根顆顆；漸違物性，欲攬花權。老我婆娑，爲渠愛惜，貯以青磁沃以泉。歸來好，賽渡江桃葉，同上吴船。

雜　録

元 陶宗儀《説郛》卷三一下《内觀日疏》姚姥住長離橋，十一月夜半大寒，夢觀星墜于地，化爲水仙花一叢，甚香美，摘食之。覺而産一女，長而令淑有文，因以名焉。觀星即女史，在天柱下。故迄今水仙名女史花，又名姚女兒。

萱　草

論　説

清 李漁《閑情偶寄》卷一四《種植部·草本第三·萱》萱花一無可取，植此同于種菜，爲口腹計則可耳。至云對此可以亡憂，佩此可以宜男，則千萬人試之，無一驗者。書之不可盡信，類如此矣。

綜　述

南朝 梁 任昉《述異記》卷下 萱草一名紫萱，又呼爲忘憂草。吴中書生呼爲療愁花，嵇中散《養生論》云：萱草忘憂。

宋 梁克家《淳熙三山志》卷四二《土俗類四·物産·草》萱 《詩》曰：焉得諼草。《埤雅》謂一名鹿葱，草之可以忘憂者。夏開者梗高葉大，秋開者短而葉細。別有鞓紅而百葉者，有鵝黄而香者，非一種也。

宋 范成大《吴郡志》卷三〇 麝香萱，吴中有之。《述異記》謂香似紅藍而甚芳，今吴下所植，其花淡黄，比常萱差瘦弱，香全類末利，爲可貴也。

宋 陳景沂《全芳備祖》卷二六《萱草花》碎録 一名鹿葱。《坡詩注》一名宜男，草花如蓮，宜懷妊者佩之，必生男。《風土記》《神農經》曰：中藥養性，謂合歡蠲忿，萱草忘憂。《博物志》吴中謂萱草療愁。《述異記》其葉四垂，其跗六出。《徐勉賦》《惠書慰沃》：雖萱草忘憂了，皋蘇釋悍，無以加也。《王朗與太子書》鹿葱根苗可以薦於俎，世人欲求男者，服之猶良也。嵇含序。水葱花葉如鹿葱，花色有紅黄紫三種。出始興。婦人懷妊佩其花生男者，即此花。非鹿葱也。交廣人佩之，極有驗。然其土多男子，不厭女子，故不常佩也。《南方草木狀》

明 朱橚《救荒本草》卷一《草部·萱草花》俗名川草花，《本草》一名鹿葱，謂生山野，花名宜男。《風土記》云：懷妊婦人佩其花生男故也。人家園圃中多種。其葉就地叢生，兩邊分垂，葉似菖蒲葉而柔弱，又似粉條兒菜葉而肥大，葉間攛葶開金黄花，味甘無毒，根涼，亦無毒，葉味甘。

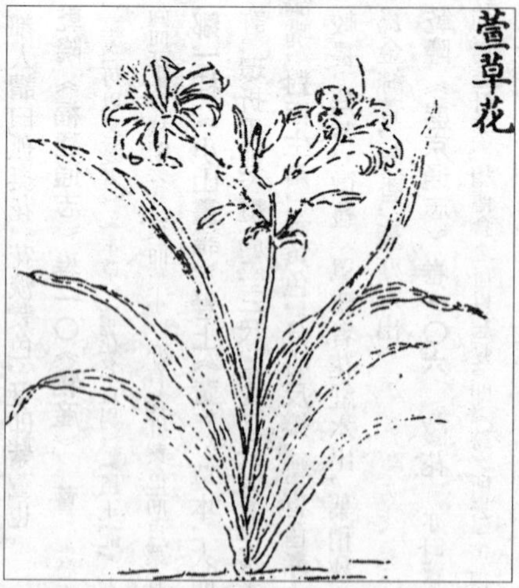

明 鄺璠《便民圖纂》卷四《種諸果花木》萱草即宜男，一名合歡花。春間芽生移栽，栽宜稀，一年自稠密矣。春剪其苗若枸杞食，至夏則不堪食。

明 宋詡《竹嶼山房雜部》卷一〇《樹畜部二·種花卉法》萱 苞生，一名鹿葱，一名宜男。傅玄賦曰：令草，宜男花也。春花，秋花，秋花，冬花，有紅黄，重葉單葉。麝香花。二色花，甚香。淺黄者又曰金萱，白者又曰銀萱。雨中分勾萌種之，其穉芽花跗皆可食，芽跗春宜，夏秋不宜。潁濵詩曰：呀然黄鵠嘴。

明 李時珍《本草綱目》卷一六《萱草》集解 頌曰：萱草處處田野有之，

俗名鹿葱，五月采花，八月采根。今人多采其嫩苗及花跗作葅食。時珍曰：萱，下濕地冬月叢生，葉如蒲蒜輩而柔弱，新舊相代，四時青翠。五月抽莖開花，六出四垂，朝開暮蔫，至秋深乃盡。其花有紅黄紫三色，結實三角，内有子，大如梧子，黑而光澤。其根與麥門冬相似，最易繁衍。《南方草木狀》言，廣中一種水葱，狀如鹿葱，其花或紫或黄，蓋亦此類也。或言鹿葱花有斑文，與萱花不同時者，謬也。肥土所生則花厚色深，有斑文，起重臺，開有數月。瘠土所生則花薄而色淡，開亦不久。嵇含《宜男花序》亦云：荆楚之士號爲鹿葱，可以薦葅，尤可憑據。今東人采其花跗，乾而貨之，名爲黄花菜。

明 王世懋《學圃雜疏·花疏》 萱草忘憂，其花堪食。又有一種小而純黄者曰金萱，甚香而可食。尤宜植於石畔。

明周文華《汝南圃史》卷一〇《草本花部下·萱草》 萱草，春生苗，其花黄色，微帶紅暈，有二種：一種千葉，夏開花，其枝柔，不結子。一種單葉，秋開花，其枝勁，結子，子圓而黑，俗名石蘭。別有一種名金萱，五月初開花，花小而香，鵝黄色，即麝香萱也。《吴郡志》云：麝香萱，吴中有之，其花淡黄，比常萱差瘦弱，其香全類茉莉，爲可貴也。亦有粗細二種，以葉之粗細爲別，而花與子極相類，但細葉者差小，先開。

明 陳正學《灌園草木識》卷一《花之屬》 香萱 花金黄色而香遠聞，蘂將開時摘爲茶供，甚佳。

明 徐光啓《農政全書》卷四〇《種植·雜種下》 萱，《詩》曰：焉得諼草。注曰：諼草忘憂，婦人佩其花則生男，故名宜男。鹿食九種解毒之草，萱乃其一，故又名鹿葱。董子云：欲忘人之憂，則贈之丹棘。吴人謂之療愁。有單臺，有重臺，有秋萱，有夏萱。又有一種以色言之，則名金萱，以香言之名麝香萱，五月開花，姿韻可愛，今田野間處處有之。

玄扈先生曰：春間芽生移栽，栽宜稀，一年自稠密矣。春剪其苗若枸杞食，至夏則不堪食。種時用根向上葉向下，當年開花，皆千葉也。

又曰：五月采花，八月采根。今人多采其嫩苗及花跗作俎食。

明 夏旦《藥圃同春·五月》（《説郛續》卷四〇輯） 萱花 色黄，一名忘憂，有單葉、百葉二種。

明刻本《花史》夏集《萱草花》 《格物總論》曰：萱草花，一名宜男，一名忘憂。跗六出，葉四垂，春末夏初着花。有紅黄紫三種。又一種名鳳頭，或曰一名鹿葱，誤矣。《神農經》中「藥養性」謂合歡蠲忿，萱草忌憂也。單葉可食，千葉者食之殺人。蜜色者香清葉嫩，可充清供。

《述異記》曰：吴中謂萱草療愁，春可食苗，夏可食花。

種法 移根畦中稀種，一年自稠。春剪食如枸杞，夏不堪食，春間移栽。

清 張逸少 汪灝等《佩文齋廣群芳譜》卷四六《萱花》 苞生，莖無附枝，繁萼攢連，葉四垂，花初發如黄鵠嘴，開則六出。時有春花、夏花、秋花、冬花四季，色有黄、白、紅、紫、麝香、重葉、單葉數種。與鹿葱相似，惟黄如蜜色者清香。

清 雍正《畿輔通志》卷五六《土産·花屬》 萱花 《六街花事》：萱草一名紫萱，今京師有草花，葉類萱，春時葉布地，經暑則朽，及秋花發，則葉已無存矣。都人謂曰孤挺花，花淡紫色，疑即紫萱也。

清 乾隆《福建通志》卷一〇《物産》 萱 《詩》曰：焉得諼草。《埤雅》謂一名鹿葱，草之可以忘憂者。《本草》謂花名宜男。《風土記》云：懷妊婦人佩其花生男也。夏開者莖高而葉大，秋開者莖短而葉小。亦有花紅黄色而百葉者，又有花鵝黄色而香者。

清 鄒一桂《小山畫譜》卷上《萱》 草本，大而重葉者爲鳳頭萱，葉如帶，闊寸許，環折垂地，緌高二三尺，頂分枝。著花多者至八九朵，蘂長。將開時如黄鵠嘴，對節生瓣，金黄色，分心反瓣，帶青色鬚六莖，從小瓣内矗出，中青莖一，較長，無蔕，微苞。單瓣者花紅六出，葉稍狹。一種蜜色單瓣，花小，葉更細，爲金絲萱，頗香，鬚亦六出。

清 乾隆《盛京通志》卷一〇六 萱花 亦曰萱，一名鹿葱。喜生陰地，花六出四垂，乾則爲金針菜。相傳食之可以忘憂，即《詩》所云「焉得諼草，言樹之背」是也。

藝文

南朝梁 徐勉《萱草花賦》（《歷代賦彙補遺》卷一五輯） 覽詩人之比興，寄卉木以命辭。惟平章之萱草，欲忘憂而樹之。爰有幽憂，庭閑志静。高木立其陰，蘭芳糅其影，玩叢藹之争芬，悦羣根之競穎。或開紅而散紫，或蒕於上春。信兹華之獨秀，投金質於炎辰。既耀色於袪痗，亦含香而可均。不待合歡之木，無俟孫枝之筠。同芰荷於蘭暑，及蟬露乎首旻。其葉四垂，其跗六出，亦曰宜男。加名斯吉華而不豔，雅而不質。隨晦明而舒卷，與風霜而榮悴。笑杜蘅與揭車，何衆彙之能匹。

宋 宋祁《景文集》卷二二《萱草》 修莖無附葉，繁蕚攢庭首。每欲問詩人，定得忘憂否。

宋 司馬光《傳家集》卷二《萱草》 葉濯宿露翠，花迎朝日黄。昔誰封殖此，儼列侍高堂。達生隱於吏，孰爲行與藏。逍遥玩永日，自無憂可忘。

宋 朱松《韋齋集》卷三《萱草》 水菽怡慈顔，萬鍾亦土苴。時從斑衣兒，藝萱北堂下。穠華夫豈少，愛此入風雅。紛敷翠羽叢，絳英爛如赭。諸孫繞銀鹿，采摘動盈把。誰言壺中春，在此眉壽斝。

宋 王炎《雙溪類稿》卷八《麝香萱草》 穠緑叢中出嫩黄，折來時吐麝臍香。朝開夕謝休惆悵，我已無憂不待忘。

宋 陳景沂《全芳備祖》卷二六《萱草花·賦咏祖》 忘憂當樹萱。李白。萱草含丹粉。温岐。我非兒女萱。東坡。叢疏露始滴，芳餘蜨尚留。韋左司。膩蔼金英撲，纖莛玉股抽。宋景文。若教花有語，却解使人愁。晏元獻。萱草女兒花，不解壯士憂。孟郊。藝萱盈九畹，蘇子憂國病。山谷。我有憂民心，對君忘不得。石舍人。移萱樹之背，丹霞間縹色，萱草朝始開，呀然黄鸛觜。蘇子由。穠花夫豈少，愛此入風雅。朱喬年。不聞幽艷接江蘺。晏元獻。宜男漫作後庭草，不是櫻桃結子紅。温飛卿。野馬不任騎，兔絲不任織，既非中野花，無堪麢麠食。沈約。修莖無附葉，繁蕚攢庭首，每欲問詩人，定得忘憂否。宋景文。萱草雖微花，孤秀能自拔，亭亭亂草中，一一芳心插。東坡。種萱不種蘭，自謂憂可忘，緑葉何萋萋，春愁更茫茫。劉原父。可愛宜男草，垂彩映何家，何時如此葉，結根復含花。梁元帝。萱草生堂階，游子行天涯，慈親倚堂門，不見萱草花。聶夷中。杜蘭能散悶，萱草解忘憂，借問萱逢杜，何如白見劉。白香山。春條擁新翠，夏花明夕陰，北堂罕悴物，獨爾淡冲襟。朱文公。西窗萱草藂，昔是何人種，移向北堂前，諸孫時繞弄，莫訝萱枝小，能施宫様妝，只緣沾染足，絶似杜蘭香。徐竹隱。從來占北堂，雨露借恩光，與菊亂佳色，共葵傾太陽，人生真苦相，物理忌孤芳，不及空庭草，榮衰可兩忘。山谷。人心與草不相同，安有樹萱憂自釋，若言憂及此能忘，乃是人心爲物易。聖俞。

清 高宗愛新覺羅·弘歷《御製詩集》四集卷七一《萱花》 花較山丹大，葉如百合長。宜男誰識吉，妓女太鄰狂。不妒凡卉艶，獨標正色黄。先憂緊我分，樹背亦艱忘。

雜録

晋 崔豹《古今注》卷下《問答釋義第八》 牛亨問曰：將離別，相贈以芍藥者何？答曰：芍藥一名可離，故將别以贈之。亦猶相招召贈之以文無。文無，亦名當歸也。欲忘人之憂，則贈以丹棘。丹棘，一名忘憂草，使人忘其憂也。欲蠲人之忿，則贈之青堂。青堂，一名合懽，合懽則忘忿。

宋 鄭樵《通志》卷七五《昆蟲草木略第一·草類》 萱草曰合歡草，曰無憂草，言能令人樂而忘憂。花曰宜男，婦人喜佩之。《風土記》云：孕婦佩其花則生男。

明 高濂《遵生八牋》卷一六《燕閒清賞牋下·萱花三種俗名鵝脚花》 有三種，單瓣者可食，千瓣者食之殺人。惟色如蜜者香清葉嫩，可充高齋清供，又可作蔬食之，不可不多種也。且春可食苗，夏可食花，比他花更多二事。

明 徐炬《新鐫古今事物原始全書·百花》卷二四《鹿葱花》 古道合昏能釋忿，詩言諼草最忘憂。

鹿葱花一名萱草，聶夷中詩云：萱草生堂階，游子行天涯。慈親倚堂门，不見萱草花。一名宜男草。《草木記》：婦人有娠，佩此花宜男。交廣信之，極有驗。一名諼草。《詩》云：焉得諼草，言樹之背。注云：背者，北堂也。

明 王路《花史左編》卷一八《花之證·萱花》 《説文》曰：萱，忘憂草也。東晳《發蒙説》曰：甘棗令人不惑，萱草可以忘憂。《毛詩》曰：安得萱草，言樹之背。

又 卷二二《花之毒·萱花》 俗名鵝脚花，有三種，單瓣者可食，千瓣者食之殺人，惟色如蜜者香清葉嫩，至夜更香，可玩。予家園金萱最多，亦千葉，摘以供饌，習以爲常，經年食之，未見有毒，應是他種。

明 陳正學《灌園草木識》卷一《花之屬·秋萱》 二種花俱可食，苗白亦可食，惟重瓣者不宜。

清 雍正《浙江通志》卷一〇六《物産六》 萱，《東陽山水記》：東陽東白山有古寺遺址，廣延數百畝，多生萱花，開時居人持筐采之。

清 謝堃《花木小志·萱》 散葉挺生，花片五出，色澹黄者萱也，瓣似萱而稍長者金簪也，四月可食。花片重出而有絳點者，宜男也，婦人佩之生男。無絳點者，忘憂也。色澹而六出者，水葱也。六出而色重者，紫羅欄也。

旋覆花

綜 述

宋 鄭樵《通志》卷七五《昆蟲草木略第一》 旋覆花曰金沸草，曰戴椹，曰盛椹，曰盗庚。《爾雅》：蕧盗庚似菊，俗呼金錢花。

宋 梁克家《淳熙三山志》卷四一《土俗類三·物産·花》 金錢 深紅色，葉長細。

宋 陳耆卿《赤城志》卷三六 金錢 深黄，花圓如赤仄。

明 朱橚《救荒本草》卷一《草部·旋覆花》 一名戴椹，一名金沸草，一名盛椹，上黨田野人呼爲金錢花。《爾雅》云：蕧盗庚出隨州，生平澤川谷。今處處有之，苗多近水傍。初生大如紅花葉而無刺。苗長二三尺已來，葉似柳葉，稍寬大，莖細如蒿䕸。開花似菊花，如銅錢大，深黄色。花味鹹甘，性温微冷利，有小毒。葉味苦，性凉。

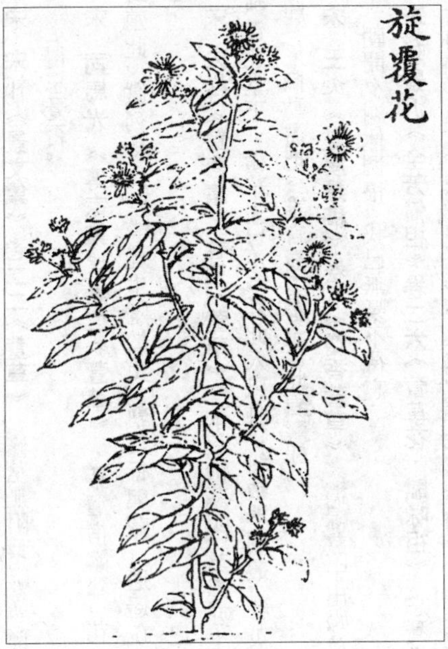

明 李時珍《本草綱目》卷一五《草之四·旋覆花》 宗奭曰：花緣繁茂，圓而覆下，故曰旋覆。時珍曰：諸名皆因花狀而命也。《爾雅》云：蕧盗庚也。蓋庚者金也，謂其夏開黄花，盗竊金氣也。《酉陽雜俎》云：金錢花一名毘尸沙，自梁武帝時始進入中國。

集解 《别録》曰：旋覆生平澤川谷，五月采花，日乾，二十日成，弘景曰：出近道下濕地，似菊花而大。别有旋蕌根，出河南，北國亦有，形似芎藭，惟合旋蕌膏用之，餘無所用。非此旋覆花根也。保昇曰：葉似水蘇，黄花如菊，六月至九月采花。頌曰：今所在皆有，二月以後生苗，多近水旁，大似紅藍而無刺，長一二尺以來，葉似柳，莖細。六月開花如菊花，小銅錢大，深黄色。上黨田野人呼爲金錢花，七八月采花。今近道人家園圃所蒔金錢花、花葉並同，極易繁盛，恐即旋覆也。宗奭曰：「旋覆葉如大菊，又如艾蒿。秋開花，大如梧桐子，花淡黄色，其香過于菊。别有旋花，乃鼓子花，非此花也，見本條。時珍曰：花狀如金錢菊，水澤邊生者花小瓣單，人家栽者花大蕊簇，蓋壤瘠使然。其根細白，俗傳露水滴下即生，故易繁。蓋亦不然。

明 徐炬《新鐫古今事物原始全書·百花》卷二四《金錢花》 厚重圓殊秦半兩，輕飄薄似漢三分。《酉陽雜俎》云：金錢花本出外國，名曰毗尸沙，一名日中金錢，俗名剪金花。梁大同二年進來中土也。緑葉青梗，花圓如錢，四圍如剪碎。其色紅，其蒂青。四月開花，不結子。薛原詩：犯銅觸禁前無限，液铁生姦後益多。若使此錢真可用，不知浮世奈君何。又云：名貴已居三品上，價高仍在五銖先。又云：采采若堪沽酒飲，世間添幾種花人。並佳句也。

明 王路《花史左編》卷五《花之候·金錢花》 此花午開子落，又名子午花。又一種銀錢，七月花。俱以子種，出寸餘長，用小竹扶之。

明 周文華《汝南圃史》卷一〇《草本花部下·金錢》 金錢花午開子落，一名子午花。吴人呼爲夜落金錢，又名川蜀葵。其形細長，附幹而生，花在葉間，葉與子皆類黄蜀葵而小，故得葵之名。花深紅色，亦有玉色者，高僅尺許。種自外國，梁時始進，故有豫州掾屬雙陸賭花之事。三月下子，俟長二寸，即扶以小竹。七月中開花，結黑子，一圓苞内藏數粒。玉色者名銀錢。《白氏集》有咏：能買三村景，難供九府輸。

又《滴滴金》 滴滴金一名滴露，秋開花。《邵武府志》云：莖高可二三尺，葉如柳，附莖而生。花如單葉菊而色黄，其葉上露滴地即生，最易繁衍。

明《花史》夏集《滴滴金》 滴滴金 即旋復花。《圖經》曰：旋復花生平

澤川谷，今所在有之。二月已後生苗，多近水傍，似紅藍而無刺，長一二尺，葉如柳莖細。六月開花，如菊花，小銅錢大，深黄色。上黨田野人呼爲金錢花。《圖經》謂金錢爲旋復，誤矣。金錢花圓而單，莖細，旋復花似菊而莖粗大，有分別。

種法　此花最易發，雨着葉隨葉滴處即遍生，俗名滴滴金。

清　曹溶《倦圃蒔植記》卷中《花卉二·金錢》　金錢午開子落，一名子午花。種自外國，梁時始進，故有豫州掾屬雙陸賭花之事。以子種之，俟長過寸，扶以小竹，亦一奇卉。然花老窮谷，得不入銅臭小兒手，爲不堪役使也。若復可供一擲，豈終爲灌園野人有哉？

《名花譜·金錢》　午開子落，一名子午，又名夜落。梁時始從外國得來。別有白者名銀錢花，開較遲。

清　高士奇《北墅抱瓮録·金錢花》　金錢花午開子落，吹墮苔鋪之上，輪郛圓整，宛然赤仄錢也。

清　張逸少　汪灝等《佩文齋廣羣芳譜》卷四七《金錢》　金錢花一名子午花，《格物叢話》云：花以金錢名，言其形之似也，惟欠棱廓耳。《花史》云：午開子落，故名子午花。一名夜落金錢花。予改爲金榜及第花。花秋開，黄色，朵如錢，緑葉柔枝，娅娟可愛。《園林草木疏》云，梁大同中進自外國。今在處有之。栽磁盆中，副以小竹架，亦書室中雅玩也。又有銀錢一種，七月開，以子種。

又《滴滴金》　滴滴金一名夏菊，一名艾菊，一名旋覆花，《本草》云：花圓而覆下，故名。一名疊羅金。

又《滴滴金》　莖青而香，葉青而長，尖而無椏，高僅二三尺。花色金黄，千瓣最細。凡二三層，明黄色，心乃深黄，中有一點微緑者，巧小如錢。亦有大如折二錢者，所産之地不同也。自六月開至八月，苗初生，自陳根出，既則徧地生苗，繇花梢頭露滴入土即生新根，故名滴滴金。嘗斸地驗其根，果無聯屬。

清　乾隆《福建通志》卷一〇《物産》　滴滴金　葉露滴地而生，秋開，花黄如金色。陶弼詩云：九秋珠露滴成芽。

又　金錢　花深紅色，圓薄如錢。

清　鄒一桂《小山畫譜》卷上《金錢》　草本，大紅，花如錢盤，中心起如燭焰，末有短鬚，青蒂五出。花開葉間，午開子落，又名子午花。高一二尺，葉尖長有鋸，子類牽牛，六月開。

清　乾隆《盛京通志》卷一〇六《物産·花類》　金錢　色紫而圓，落必以夜。

藝　文

唐　羅隱《羅昭諫集》卷四《金錢花》　占得佳名繞樹芳，依依相伴向秋光。若教此物堪收貯，應被豪門盡劚將。

唐　來鵠《金錢花》（《萬首唐人絶句》卷四九輯）　也無棱郭也無神，露洗還同鑄出新。青帝若教花裏用，牡丹應是得錢人。

唐　盧子發《金錢花》（《萬首唐人絶句》卷七二輯）　輪郭休誇四字書，紅窠寫出對庭除。時時買得佳人笑，本色金錢却不知。

唐　吴仁璧《金錢花》（《石倉歷代詩選》卷一二三輯）　淺絳濃香幾朵匀，日鎔金鑄萬家新。堪疑劉寵遺芳在，不許山陰父老貧。

元　蒲道源《閑居叢稿》卷八《賦金錢花》　繁叢滋引更連茹，熠熠花開散五銖。可是小園秋寂寞，何妨爲菊作前驅。

明　宋鑒《金錢花賦》（《明文海》卷四三輯）　異哉，植物之中有至奇之艶，至巧之容。綉毬圓而非刺，錦帶美而非攻。玉盤牡丹之白，木筆辛夷之紅。蕉舒緑扇，荷卷碧筒。標形質異，取類名同。繄兹花之爲卉兮，宛然出乎良冶。九府之規以成，五銖之形以寫。色眩塗丹，光凝點赭。排朵重，交柯粗。爾乃鍾麗水之粹，揚棠谿之燀。陰陽爲之橐籥，天地爲之陶甄。肉好存其周郭，體態像其方圓。囊奚堪貯，貫何能穿。雖心生侈羨，而吾人不資於用焉。是空擅芳菲之數，竟乏富貴之實。累百至千，累一至十，子母不能以相權，商賈不可以貿易。動貪夫之心，錯愛重棱。驚賭客之眸，勝持短陌。風暄則蝶化翩翻，雨暗則蚨歸彷彿。向雕欄而買斷秋光，臨綺窗而挽回春色。陸放翁紅蓉江上，興廢吟哦。陶徵士黄菊籬前，情忘采摘。然一元亭毒之氣，隨所寓而流形。故草木得之，發爲金錢之英。抑豈帝天無主，化工得以賄行。夫錢也，作威福，弄權勢，乍富乍貧，倏來倏去。或愚而摽，或癖而聚，或親以兄稱，或守以虜鄙。軀亡鄧通，國滅劉濞，鮮不爲錢之所制。嗚呼！前車覆，後車戒，觸物感懷，吾何以兹花爲懥。

清　高宗愛新覺羅·弘歷《御製詩集》四集卷三八《金錢花》　不須鑪冶成輪孔，欲奪牡丹富貴花。未識鋪牋設色罷，可曾潤筆獲奇葩。

雜録

唐 王方慶《園林草木疏》(《説郛》卷一〇四下輯) 金錢花，梁大同二年來中土，花黃重疊。魚弘謂得花勝得錢。

唐 段成式《酉陽雜俎》卷一九《廣動植類之四・草篇》 金錢花，一云本出外國，梁大同二年進來中土。梁時荆州掾屬雙陸賭金錢，錢盡，以金錢花相足。魚弘謂得花勝得錢。

明 王圻《稗史彙編》卷一四八《金錢花》 金錢花，梁時荆州椽屬雙六賭金錢，錢盡，以金錢花相足。魚弘謂得花勝得錢。《酉陽雜俎》曰：毗尸沙一名曰中金錢花，出外國，梁大同二年始來中土。

明 陳正學《灌園草木識》卷一《花之屬》 夜落金錢 午開子落，亦名子午花。

又 滴滴金 人盡指爲旋覆花。

清 孫之騄《枝語》卷下《金錢》 其花旋覆，大如折二錢者，名金錢。《爾雅》曰盗庚。庚，金也，謂夏開黃花，盗金氣也。其柔枝翠葉，娗娟可愛，世稱夜落金錢，謂午開子落，又名子午花。昔鄭榮作《金錢花》詩，夢一紅裳女子擲錢與之，曰：爲君潤筆。及覺，探懷中得花數朵，遂呼爲潤筆花。

清 謝堃《花木小志・滴滴金》 六月所開之黃菊花也。其千瓣者瑣碎層層，瓣色輕黃，花心重黃，中有一點微緑。千花無訛，可謂巧矣。

雁來紅

論説

明 王路《花史左編》卷四《花之辯・十樣錦》 十樣錦，枝頭亂葉，有青紅紫黃緑雜色，故名。其鴈來紅，以鴈來而色嬌，故名，非一種二名也。

清 李漁《閑情偶寄》卷一四《種植部・衆卉第四・老少年》 此草一名雁來紅，一名秋色，一名老少年，皆欠妥切。鴈來而紅者，尚有蓼花一種，經秋弄色者又不一而足，皆屬泛稱。惟「老少年」三字相宜，而又病其俗。予嘗易其名曰還童草，似覺差勝。此草中仙品也，秋堦得此，群花可廢。此草植之者繁，觀之者衆，然但知其一，未知其二，予嘗細玩而得之。蓋此草不特于一歲之中，經秋更媚，即一日之中，亦到晚更媚，總之後勝于前，是其性也。此意向矜獨得，及閲徐竹隱詩，有「葉從秋後變，色向晚來紅」一聯，不知確有所見如予，知其晚來更媚乎？抑下句仍同上句，其晚亦指秋乎？難起九原而問之，即謂先予一着可也。

清 孫之騄《枝語》卷上《老少年》 老少年，一名雁來紅。至秋深脚葉深紫，頂葉嬌紅。所謂「開了元無雁，看來不是花」。又謂之老來紅，蓋老而還復似少年時也。

綜述

明 朱橚《救荒本草》卷八《草部・後庭花》 一名鴈來紅，人家園圃多種之。葉似人莧葉，其葉中心紅色，又有黃色相間，亦有通身紅色者，亦有紫色者。莖葉間結實，比莧實微大。其葉衆葉攢聚，狀如花朵。其色嬌紅可愛，故以名之。味甜微澀，性凉。

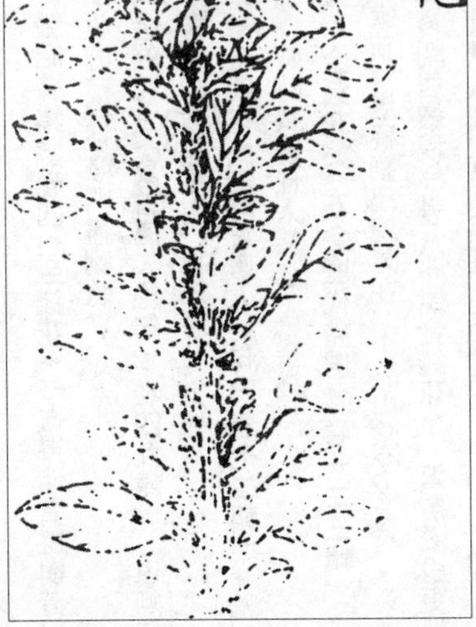

明 李時珍《本草綱目》卷一五《草之四》 鴈來紅 時珍曰：莖葉穗子並與雞冠同。其葉九月鮮紅，望之如花，故名。吴人呼爲老少年。一種六月葉紅者，名十樣錦。

明 高濂《遵生八牋》卷一六《燕閒清賞牋下・十樣錦四種》 十樣錦，

枝頭亂葉，有紅紫黄緑四色，故名。其鴈來紅，以鴈來而色嬌紅。老少年，至秋深脚葉深紫而頂紅。少年老，頂黄而葉緑。收子撒於耨熟肥土中，加毛灰蓋之，恐防蟻食。二月中即生。

明 周文華《汝南圃史》卷一一《草部·雁來紅》 雁來紅，俗呼老少年。春分下種，出後移栽。高六七尺，感秋氣，其莖端新葉層簇，鮮紅可愛，愈久愈妍。別有純黄者。《癸辛雜識》云：雁來紅即藿也。《毘陵志》云：雁來紅似藿而葉端色黄，即玉樹後庭花。又一種名映日紅，其葉盡赤。據此，乃知似藿而葉端色黄者，蓋指十樣錦，而映日紅則老少年無疑矣。二種相類，故其名易混。十樣錦葉緑，初出時與莧無辨，秋深秀出新葉，紅黄相間。老少年葉初出後乃正紅。二種花細，獨取其葉子著枝間，經霜則悴。子落自出，亦不必分栽。周子羽題雁來紅詩曰：翔雁南來塞草秋，未霜紅葉已先愁。緑珠宴罷歸金谷，七尺珊瑚夜不收。説者以爲绝唱。老少年葉可治鼻淵，搗爛取汁，滴入鼻中。《浣花雜志》曰：凡秋色，其根最淺，待苗長尺許，即鋤土壅之，雨過再壅。土高至五六寸，其本始固。秋間風雨，無傾倒之虞，喜在肥地。

明刻本《花史》秋集《十樣錦》 種法 收子撒于耨地熟肥土中，加毛灰蓋之，恐防蟻食，二月中即生。

清 曹溶《倦圃蒔植記》總論卷下《論草第九》 老少年，純紅純黄純淺紅，凡三色，並十樣錦而四焉，多種則變態出奇。

清 高士奇《北墅抱瓮録·老少年》 老少年，莖葉俱紫，秋深鴈來之候，葉變而紅，末梢一叢，鮮赤如染，亦號鴈來紅。此時草木就衰，而反成麗采，亦屬奇觀。

清 汪灝 張逸少等《佩文齋廣群芳譜》卷八八《老少年》 紅紫黄緑相兼者，名錦西風，又名十樣錦，又名錦布衲，以長竹扶之可以過牆，甚壯秋色。

又 以子種，喜肥地。正月撒於耨熟肥土，上加毛灰蓋之，以防蟻食，二月中即生，亦要加意培植，若亂撒花臺，則蜉蝣傷葉不生矣。

清 乾隆《福建通志》卷一〇《物産》 老少年 一名秋紅，一名鴈來紅，葉初生即純紅也。

清 鄭一桂《小山畫譜》卷上《老少年》 有紅黄及間色三種。紅者名雁來紅，紅黄相間者名十樣錦。紅者初時紫色，至秋則紅，葉心内變出黄者，初時緑色，後變黄。間色者紅黄俱變，葉尖長，獨梗。花細砌葉間。結子細而黑，此以葉得名者也。

清 乾隆《盛京通志》卷一〇六《物産·花類》 老少年 一名秋紅，一名雁來紅。春夏葉色青黄，至秋則漸紅如花。土人謂之老來變，一名十樣錦。

清 乾隆《續通志》卷一七四《昆蟲草木略》 鴈來紅，莖葉穗子並與雞冠同。其葉九月鮮紅，望之如花，故名。吴人呼爲老少年。一種六月葉紅者，名十樣錦。

清 謝堃《花木小志·老少年》 一名秋色，又名雁來紅，又名雁來黄。初生似莧，漸長漸嫩。江南紅色者初皆絳色，黄色者初皆緑色。山東初生皆絳，後變紅黄緑色，即所謂十樣錦也，然皆以矬而鮮麗爲上。

清 光緒《孝感縣志》卷五《土物志》 雁來紅似莧而高，經霜漸紅，曰老少年，又曰秋色。洛陽錦似燕麥而蔓生，花有五色，極繁。蘆、荻、蓼、蒿、茭、鬣草生溪中，畜金鯽者求之

藝文

宋 許綸《涉齋集》卷一二《鴈來紅》 非花非葉豔茸茸，鴈未來時已自紅。多似錦衣明晝繡，好同旌節種秋風。雞冠粗俗難争長，金鳳低徊漫作叢。誰道後庭遺恨曲，龍蟠王氣正豪雄。

宋 楊萬里《誠齋集》卷三三《鴈來紅》 開了元無鴈，看來不是花。若爲黄更紫，乃借葉爲葩。藜莧真何擇，雞冠却較差。未應犀菊輩，赤脚也容他。

宋 方岳《秋崖集》卷二《雁來紅》 是葉青青花片紅，剪裁無巧似春風。誰將葉作花顔色，更與春風迥不同。

秋入山籬葉正丹，老天渾誤作花看。不知宋玉今何似，雁欲來時霜正寒。

宋 林希逸《竹溪鬳齋十一稿》續集卷二《雨後贈雁來紅》 雨後欣欣緑萬叢，憐渠葉葉但焦紅。旁人莫作榮枯看，時節因緣各不同。

宋 陳起《江湖後集》卷一六《感鴈來紅》 落落雲中鴈，亭亭階下草。草心將變紅，鴈聲來已早。霜風日夜催，對此忘吾老。玲瓏葉數層，次第顔色好。胭脂染盡時，倚欄如醉倒。年年秋鴈來，每被吟情惱。

宋 陳景沂《全芳備祖》前集卷二七《雁來紅》 葉從秋後變，色向晚來紅。徐竹隱。記得去年今日到，矮籬花滿雁來紅。開了元無鴈，看來不是花，

若爲黄更紫，乃借葉爲葩。藜莧真何擇，鷄冠却較差，未應樨菊輩，赤脚也容他。誠齋。

明 華幼武《雁來紅》（《石倉歷代詩選》卷三二九輯）百草將衰歇，斕斑葉似花。數聲雲過雁，一片錦成霞。翠羽粘猩血，丹砂煉日華。誰將九秋色，附足寄天涯。

雜録

明 陳正學《灌園草木識》卷一《花之屬》雁來紅 一名禽華。班婕妤《擣素賦》云：見禽華之應色。霜深紅葉如染。王方伯《二溟過園》云：蘇人呼爲秋葉。楊升庵有賦甚佳。

虞美人

論説

宋 宋祁《益部方物略記》翠莖纖柔，稚葉相當，逼而歌之，或合或張。

右娱美人草 蜀中傳虞美人草，予以「虞」作「娱」意。其草柔纖，爲歌氣所動，故其葉至小者或動摇，美人以爲娱樂耳。

宋 王灼《碧鷄漫志》《益州草木記》：雅州名山縣出虞美人草，如鷄冠花，葉兩相對。爲唱虞美人曲，應拍而舞，他曲則否。《賈氏談録》：褒斜山谷中有虞美人草，狀如雞冠大，葉相對。歌唱《虞美人》則兩葉如人拊掌之狀，頗中節。《酉陽雜俎》云：舞草出三雅，獨莖三葉，葉如决明。一葉在莖之端，兩葉居莖之半，相對。人或近之歌及抵掌謳曲，葉動如舞。《益州方物圖贊》改「虞」作「娱」，云今世所傳《虞美人》曲，下音俚調，非楚虞姬作意。其草纖柔，爲歌氣所動，故其莖至小者，或若動摇美人，以爲妙耳。《筆談》云：高郵桑景舒性知音，舊聞虞美人草逢人作虞美人曲，枝葉皆動，他曲不然，試之如所傳，詳其曲皆吴音也。他日取琴，試用吴音製一曲，對草鼓之，枝葉皆動，乃因曰《虞美人操》。其聲調與舊曲始末不相近，而草輒應之者，律法同管也。今盛行江湖間，人亦莫知其如何爲真。《吴東齋記事》云：虞美人草唱他曲亦動，傳者過矣。予考六家記，各有異聞。《方物圖贊》最穿鑿，無所稽據。舊曲固非虞姬作，若謂下音俚調，嘻！其甚矣！亦聞蜀中數處有此草，予皆未之見，恐種類雜則所感歌亦異。然舊曲三，其一屬中吕調，其一中吕宫，近世轉入黄鍾宫，此草應拍而舞，應舊曲乎？新曲乎？桑氏吴音合舊曲乎？新曲乎？恨無可問者。又不知吴草與蜀産有異同否耶？

明 李時珍《本草綱目》卷一五《草之四·麗春草》頌曰：麗春草生檀嵎山川谷。檀嵎山在高密界。河南淮陽郡、潁川及譙郡、汝南郡等並呼爲龍羊草，河北近山鄰郡、汲郡並名叢蘭艾，上黨紫團山亦有名定參草，又名仙女蒿。今所在有之，甚療癊黄，人莫能知。時珍曰：此草有殊功而不著其形狀。今罌粟亦名麗春草，九仙子亦名仙女嬌，與此同名，恐非一物也，當俟博訪。

清 李漁《閑情偶寄》卷一四《種植部·衆卉第四·虞美人》虞美人花葉並嬌，且動而善舞，故又名舞草。《譜》云：人或抵掌歌《虞美人》曲，即葉動如舞。予曰：舞則有之，必歌《虞美人》曲，恐未必盡然。蓋歌舞並行之事，一姬試舞，衆姬必歌以助之，聞歌即舞，勢使然也。若謂必歌《虞美人》曲則此曲能歌者幾？歌稀則和寡，此草亦得藉口藏其拙矣。

綜述

唐 段成式《酉陽雜俎》卷一九《廣動植類之四·草篇》 舞草出雅州，獨莖三葉，葉如决明，一葉在莖端，兩葉居莖之半，相對。人或近之歌及抵掌謳曲，必動葉如舞也。

宋 陳景沂《全芳備祖》後集卷一一《虞美人草》碎録 雅州名山縣出虞美人草，花葉兩兩相對，人或近之即向人而俯，如爲唱虞美人曲，則此草應拍而舞，他曲則否。《草木記》

宋 陳耆卿《赤城志》卷三六 麗春莖生，花媚而香。

明 高濂《遵生八牋》卷一六《燕閒清賞牋下·麗春花》罌粟類也。其花單瓣，瓣當飛舞，儼如蝶翅扇動，亦草花中之妙品也。

明 王路《花史左編》卷四《花之辨·麗春花》根苗一類而具數種之色。紅者、紫者、白者、傳粉之紅者、丹青之黄者，有微紅者、半紅者、白膚而絳絡者、丹衣而素純者，又有殷者而染茜。

又卷五《花之侯・麗春花》立夏時開，種細浄地易活。

又卷一八《花之證・麗春花》《格物論》：麗春、鶯粟別種也。叢生，柔幹。多葉有刺。紅紫白三種。今江浙間多此，推金陵最勝。

明 周文華《汝南圃史》卷一〇《草本花部下・麗春》 麗春叢生，莖葉實皆如罌粟而莖稍細。莖有毛，折之則出黄汁。用糞澆則花朵豐腴。有大紅、粉紅、紫、白諸色。一本而數十花，嬌嫩可愛，且耐久，又名「蝴蝶滿園春」。本自雲南來，鎮江呼爲「百般嬌」，吴俗呼爲「虞美人」，蓋罌粟之別種也。

明 陳正學《灌園草木識》卷一《花之屬・南海麗春》 江南一名月月紅，有千瓣者，有微鬆者。灌溉以時，千瓣不變，澆以溺水，不數日而斃矣。非如種種刺花，可以雜灌也。

明刻本《花史》秋集《麗春花》《格物總論》曰：麗春花，鶯粟花別種。叢生柔幹，多葉有刺。有紅白紫三色，而三色之中紅色者又多變態，惟金陵産者獨勝他處耳。花單常飛舞，如蝶翅扇動。

種法 罌粟種之極難。圃人隔年糞地，九月九日及中秋日布子，涉冬至春始生，苗極繁盛矣。蓋以毛灰，免令蟲食其子。

清 高士奇《北墅抱瓮録・虞美人》 虞美人，莖葉花蘂似罌粟而小。或云此花聞人歌聲，能應節而舞，又有舞草之名，花極娟秀。

清 鄒一桂《小山畫譜》卷上《虞美人》 草本，類罌粟而小。一本數花，長柄有毛，花蘂下垂，開時始直。苞兩片頂出花頭，五色俱備。葉多尖叉，形亦五出，瓶心如蓮房，鬚環其外。千葉者不見心。相傳此花出虞姬冢上，四月開。

清 張逸少 汪灝《御定佩文齋廣群芳譜》卷四六《麗春》 麗春，罌粟別種也《本草》云：其花變態不常，豔麗可愛，故曰麗春，又曰賽牡丹，又曰錦被花。叢生，柔幹，多葉，有刺。根苗止一類而具數色，有紅者、白者、紫者、傅粉之紅者、間青之黄者，而紅復數品，有微紅者、半紅者、白膚絳唇者、丹衣而素純者、殷紅如染茜者。姿狀葱秀，色澤鮮明，頗堪娱目，草花中妙品也。江浙皆有，金陵更佳。

紀事

南唐 張洎《賈氏譚録》 褒斜山谷中有虞美人草，狀如雞冠，大而無花，葉相對。行路人見者，或唱《虞美人》，則兩葉漸摇動，如人撫掌之狀，頗應節拍。或唱他辭，即寂然不動也。賈君親見之。

藝文

唐 杜甫《麗春》（《集千家注杜工部詩集》卷八） 百花競春華，麗春應最勝。少須好顔色，多漫枝條剩。紛紛桃李枝，處處總能移。如何貴此重，却怕有人知。

宋 袁説友《東塘集》卷三《常通判惠虞美人花亦名雙魚兒花》 好景無窮巷，名園有異姿。春今十分好，花又一番奇。比目紅綃結，雙魚碧玉枝。孤窗還遣伴，空憶美人詞。

宋 洪适《盤洲文集》卷八《麗春》 纖莛小作罌，瘦殼元無粟。色麗品少雙，詩成看未足。

又 卷九《虞美人草》 尤物鍾芳草，虞兮奈若何。動摇緣體弱，非是感悲歌。

宋 陳景沂《全芳備祖》前集卷二〇《麗春》 塵壓鴛鴦廢錦機，滿頭空插麗春枝《名賢集》。百花競春華，麗春應最勝，少須好顔色，多浸枝頭剩。紛紛桃李枝，處處總能移，如何始貴重，却怕有人知少陵。蓬蒿眼已熟，收拾到阿麗，從分色紅白，未害格奴婢。争研知不足，出刺以自衛，上有寒梅枝，春霜正憔悴張右史。梁苑花銷去，黄臺蚤自薫，不同罌子粟，別有石瑠裙。婀娜纔勝掌，參差莫夢雲，王郎尋水竹，駐履幾殷勤。照眼妝新就，扶頭酒半醒，妖姿隨變化，薄命易飄零徐溪月。

雜録

明 楊慎《升菴集》卷七九《虞美人草》 賈氏《談録》云：褒斜谷中有虞美人草，狀如雞冠花，葉相對。《益州草木記》云：雅州名山縣出虞美人草，唱虞美人曲，應拍而舞。《酉陽雜俎》云：舞草出雅州。《益州方物圖贊》：「虞」作「娱」。唐人舊曲云：帳中草草軍情變，月下旌旗亂。攬衣推枕愴離情，遠風吹下楚，歌聲正三更。烏騅欲上重相顧，豔態花無主。手中

蓮鍔凛秋霜，九泉歸去是仙鄉。恨茫茫。宋黄載萬和云：世間離恨何時了？不爲英雄少。楚歌聲起霸圖休，野葛荒，葵老吴城暮。玉貌知何處，至今芳草解婆娑，只有當時魂魄，未消磨。

玉簪

論説

清 李漁《閑情偶寄》卷一四《種植部·草本第三·玉簪》 花之極賤而可貴者，玉簪是也。插入婦人髻中，孰真孰假，幾不能辨，乃閨閣中必需之物。然留之弗摘，點綴籬間，亦似美人之遺，呼作「江皋玉佩」，誰曰不可？

宋 梁克家《淳熙三山志》卷四《土俗類·物産·花》 玉簪 質素而香，形如玉簪，亦名白鶴。

明 宋詡《竹嶼山房雜部》卷一〇《樹畜部二·種花卉法》 玉簪 花苞生，大葉，花香，白色。又名白萼。涪翁詩云：玉簪墜地無人拾，化作東南第一花。

明 李時珍《本草綱目》卷一七下《草之六·玉簪》 集解 時珍曰：玉簪，處處人家栽爲花草。二月生苗成叢，高尺許，柔莖如白菘。其葉大如掌，團而有尖。葉上紋如車前葉，青白色，頗嬌瑩。六七月抽莖，莖上有細葉，中出花朵十數枚，長二三寸，本小末大，未開時正如白玉搔頭簪形，又如羊肚蘑菇之狀，開時微綻，四出，中吐黄蕊，頗香，不結子。其根連生如鬼臼、射干、生薑輩。有鬚毛。舊莖死則根有一臼，新根生則舊根腐。亦有紫花者，葉微狹，皆鬼臼、射干之屬。

明 王世懋《學圃雜疏·花疏》 玉簪一名白鶴花，宜蘗種，紫者名紫鶴，無香，可刈也。

明 王路《花史左編》卷五《花之候·玉簪花》 春初移種肥土中則茂。白者七月開花，取其含蕊入粉少許，過夜，女子傅面則幽香可愛。紫者花小於白，葉上黄緑間，初發葉時可觀，至開花時則葉一色。喜水分，種盆石栽之。又有一種小紫者，五月中花，花小于白，葉石緑色。

明 周文華《汝南圃史》卷一〇《草本花部下·白萼》 白萼一名玉簪花，未開時其形如簪，又名白鶴。葉大如扇，六月開花，質雅素而香。《水雲録》云：三月種玉簪，宜栽肥土。取半開含蘂拖麪煎食，味甚香美。《續醫説》云：有患魚骨鯁，或令取白萼根搗汁服之約一盞許，明日咽喉腐爛，不食而死。《鎮江府志》云：又一種花葉俱小，色淺紫，名紫萼，先白萼一月開花，香韻比白萼稍劣。大抵花有色則無香，凡白花多香也。

清 曹溶《倦圃蒔植記》卷中《花卉二·玉簪》 玉簪潔白如玉，清香襲人。黄魯直詩：宴罷瑶池阿母家，嫩瓊飛上紫雲車。玉簪墮地無人拾，化作東南第一花。雖似揄評，良亦不爽。法：於春初移種肥土，性復好水，盆石亦可。俟含蕊時納粉少許，凌晨傅面，尤能助妝，不特漢宫搔頭，堪副月旦也。

清《名花譜·玉簪》 一名白萼，葉色如蕉，花開吐莖而潔白堪愛。取其含蘂入粉少許，過夜，女人傅面則幽香可人。又有黄紫二種，色俱超塵，而香不逮。

清 高士奇《北墅抱瓮録·玉簪》 玉簪即白鶴花，山谷老人題爲江南第一。緑葉環匝，類小甘蕉，花似玉搔頭，内玲瓏而外瑩潤，香芬酷烈，冠於秋花。

清 孫之騄《枝語》卷下《玉簪》 玉簪花曰白鶴仙，曰季女飯，牛翁詩：見童莫訝心難展，未展心時正似簪。花四出，中吐黄蕊，七鬚環列，一鬚獨長。氣香而清，朝開暮卷，根連生如鬼臼，有鬚毛。新根生則舊根腐，華而不實。漢武帝愛李夫人，取玉簪搔頭，宫人效之，花名玉簪始此。黄山谷詩：宴罷瑶池阿母家，嫩瓊飛上紫雲車。玉簪墮地無人拾，幻作東南第一花。

清 張逸少 汪灝等《佩文齋廣群芳譜》卷四七《玉簪》 玉簪，漢武帝寵李夫人，取玉簪搔頭。後宫人皆效之，玉簪花之名取此。一名白萼，一名白鶴仙，一名季女，白萼象其色，白鶴象其形，季女象其卦。處處有之。有宿根，二月生苗成叢，高尺餘，柔莖，如白菘菜。葉大如掌，團而有尖，面青背白，紋如車前，頗嬌瑩。六七月叢中抽一莖，莖上有細葉十餘，每葉出花一朵，長二三寸，本小末大，未開時正如白玉搔頭簪形，開時微綻，四出，中吐黄蘂，七鬚環列，一鬚獨長，甚香而清。朝開暮卷，間有結子者，圓如豌豆，生青熟黑。其根連生如鬼臼、射干之類，有鬚毛，舊莖死則根有一臼，新根生則舊根腐。亦有紫花者，《學圃餘疏》云：紫者名紫鶴。葉微狹，花小於白者，葉上黄緑相間，名間道花。又有一種小紫，五月開，花小白葉，石緑色。此物損牙齒，不可著牙。根性甘，辛寒有毒，解毒塗腫下骨。葉性同根，解蛇虺毒。

又 春初雨後分其勾萌，種以肥土，勤澆灌即活，分時忌鐵器。

清 乾隆《山東通志》卷二四《物産志·花木屬》 玉簪 一名白鶴仙，一

名白雀花。如玉簪，空中而直外，根可以治骨梗。

清　乾隆《福建通志》卷一〇《物産》　玉簪　一名白鶴，質素而香。詩云：宴罷瑶池阿母家，飛瓊扶上紫雲車。玉簪墮地無人拾，化作東南第一花。又有一種似玉簪而小，色淺紫，名紫簪，亦名紫鶴。

清　鄒一桂《小山畫譜》卷上《玉簪》　白花長筒，未開如簪。瓣六出，似百合而小。一枝十餘朵，苞圓，鬚六出，末横黄點，中一莖緑色，無點無蒂，而微有柄。葉如扇，長柄尖圓，叢生，花枝高尺餘，香清冽。一種紫色者，花葉俱小，香亦遜，俗名白鶴、紫鶴，俱草本。

清　乾隆《盛京通志》卷一〇六《物産·花類》　玉簪　一名白鶴仙，未開時如白玉搔頭，黄紫者差小，亦名玉簪。

清　謝堃《花木小志·玉簪》　草本叢生，莖似白菜，葉大如掌，葉色頗瑩，而紋若車前子。叢抽數莖，莖生數小葉，每小葉出一花，朵長二三寸，形似玉搔頭。開時四出或五出，花鬚頂尖黄蕊環列，一鬚獨長。香味甚清，子如豌豆。有紫花者，花葉皆小，名紅玉簪，搗根着牙即墮。

清　鄭績《夢幻居畫學簡明》卷三　玉簪有兩種，一葉肥如菜，一葉長如萱。葉肥者花亦肥，莖大而短，莖長者花亦長，莖小而高。夏月中抽一莖直上，結蕊成毬，蕊長如簪，色白如玉，故名玉簪。肥葉花少，一莖數朵，長葉花多，一莖數十朵。肥瓣稍圓，長瓣略尖，皆開六出，莖上有小葉，與水仙莖光無葉有別也。

藝　文

宋　劉跂《學易集》卷四《玉簪花和希純》　有香無色不因春，端是書生席上珍。同作虀鹽賦詩客，定非歌舞賞花人。

根移少日便花開，數子殷懃手自培。更翦素衣成鶴氅，王恭定向雪中來。

宋　李處權《崧菴集》卷二《玉簪花》　秋露日以繁，秋氣日以清。愛此堂下花，色好香滿庭。藉之青玉葉，表以白玉英。微風過披拂，小雨來滋榮。我老味更薄，與世無復情。頹然衰病餘，見花猶眼明。俗客不到門，取琴花前横。小童爲席地，取酒花前傾。昔人工比物，言簪豈虚名。願登君子首，雅與冠弁並。

宋　尤袤《梁谿遺稿》卷一《玉簪花一名鷺鷥》　一種幽花迥出塵，孤高恥逐豔陽辰。瑶枝巧插青鸞扇，玉蘂斜攲白鷺巾。難與松筠争歲晚，也同葵藿趁時新。西風昨夜驚庭緑，滿院清香惱殺人。

宋　袁説友《東塘集》卷三《石上玉簪花》　根齒棱棱石，香銜寸寸心。誤人猜落蘂，眩眼拾遺簪。掬水滋繁種，柔枝倚短岑。清姿浮玉潤，不受暗塵侵。

宋　許綸《涉齋集》卷一二《玉簪花》　琉璃布地緑愔愔，苗長藍田夜照林。雪色能香開有璞，玉光未拆盍成簪。不登雲髻尤孤潔，長浸銅壺更久禁。梅與水仙流品外，幽蘭相友是同心。

宋　陳景沂《全芳備祖》前集卷二六《玉簪花》　宴罷瑶池阿母家，嫩瓊飛上紫雲車。玉簪墜地無人拾，化作東南第一花山谷。素娥昔日宴仙家，醉裏從他寶髻斜，遺下玉簪無覓處，如今化作一林花震齋。玉色瓷盆緑柄深，夜涼移向小窗陰，兒童莫訝心難展，未展心時玉似簪飯牛翁。

明　田藝蘅《玉簪花賦》（《歷代賦彙》卷一二三輯）　白華六出，碧莖森森。緑苞敷豔，翠葉叢陰。縞絲垂鬚，黄檀綴心。色美如玉，形肖惟簪。白貴且重，名比南金。方其根萎岩霜，英抽湛露。酷暑既徂，涼颸初度。拂拂翻榮，亭亭挺素。皓雪凝條，明冰挂樹。山梔爲之抱慚，水仙見而增妒。縱玉井之蓮花，亦同行而却步。乃若微雨乍沐，淡然晚妝，洗盡鉛華，月映霓裳。插瑶笄於緑鬢，解瓊珮於華堂。獨持雅潔，以壓群芳。鄙芙蓉之多態，笑蕙蘭其不香。當百卉之摇落，聳孤秀於清商。故得列君階除，遠彼塵坌。舞媛致疑而反銜，逸士欲投而長遁。采下體而不遺，入麗藻之粲論。苟能刈著而不忘，寧辭磨石而終鈍。感德輝於三秋，媿草心之徑寸。幸朝束於華冠，雖夕隕而何恨。

清　高宗愛新覺羅·弘曆《御製詩集》二集卷八七《玉簪》　花色白多香，玉簪最郁烈。美人起晨裝，搔頭一枝折。

雜　録

明刻本《花史》秋集《玉簪花》　漢武帝寵李夫人，取玉簪搔頭。後宫人皆效之，名疑始此。紫玉簪夏開，葉小，葉上黄緑間道，喜水。

種法　宜用肥土，栽培則茂。其根取汁，可治骨鯁。春初移種。

清　乾隆《續通志》卷一七四《昆蟲草木略》　玉簪一名白鶴，紫者名紫萼，白者名白萼，並似花狀命名。

植物配置部

綜合配置

題解

明 文震亨《長物志》卷二《花木》 弄花一歲，看花十日。故幃箔映蔽，鈴索護持，非徒富貴容也。第繁花雜木，宜以畝計。乃若庭除檻畔，必以虬枝古幹，異種奇名，枝葉扶踈，位置疏密。或水邊石際，横偃斜披，或一望成林，或孤枝獨秀。草花不可繁雜，隨處植之，取其四時不斷，皆入圖畫。又如桃、李不可植於庭除，似宜遠望。紅梅、絳桃，俱借以點綴林中，不宜多植。梅生山中，有苔蘚者，移置藥欄，最古。杏花差不耐久，開時多值風雨，僅可作片時玩。蠟梅冬月最不可少。他如豆棚、菜圃，山家風味，固自不惡，然必闢隙地數頃，別爲一區；若於庭除種植，便非韻事。更有石磉木柱，架縛精整者，愈入惡道。至於藝蘭栽菊，古各有方，時取以課園丁，考職事，亦幽人之務也。志《花木第二》。

清 陳淏子《秘傳花鏡》卷二《種植位置法》 有名園而無佳卉，猶金屋之鮮麗人。有佳卉而無位置，猶玉堂之列牧豎。故草木之宜寒、宜暖、宜高、宜下者，天地雖能生之，不能使之各得其所，賴種植時位置之有方耳。如園中地廣，多植果木松篁，地隘只宜花草藥苗。設若左有茂林，右必留曠野以疏之。前有芳塘，後須築臺榭以實之。外有曲逕，内當壘奇石以邃之。花之喜陽者，引東旭而納西暉。花之喜陰者，植北圃而領南薰。其中色相配合之巧，又不可不論也。如牡丹、芍藥之姿豔，宜玉砌雕臺，佐以嶙峋怪石，修篁遠映。梅花、蠟瓣之標清，宜疏籬竹塢，曲欄暖閣，紅白間植，古幹横施。水仙、甌蘭之品逸，宜磁斗綺石，置之卧室幽窗，可以朝夕領其芳馥。桃花夭冶，宜别墅山限，小橋溪畔，横參翠柳，斜映明霞。杏花繁灼，宜屋角牆頭，疏林廣榭。梨之韻，李之潔，宜閒庭曠圃，朝暉夕藹；或泛醇醪，供清茗以延佳客。榴之紅，葵之燦，宜粉壁緑窗，夜月曉風，時聞異香，柳麈尾以消長夏。荷之膚妍，宜水閣南軒，使薰風送麝，曉露擎珠。菊之操介，宜茅舍清齋，使帶露餐英，臨流泛蘂。海棠韻嬌，宜雕牆峻宇，障以碧紗，燒以銀燭，或凴欄，或欹枕其中。木樨香勝，宜崇臺廣廈，挹以涼颸，坐以皓魄。或手談，或嘯詠其下。紫荆榮而久，宜竹籬花塢。芙蓉麗而閒，宜寒江秋沼。松柏骨蒼，宜峭壁奇峰。藤蘿掩映，梧竹致清，宜深院孤亭，好鳥間關。至若蘆花舒雪，楓葉飄舟，宜重桃遠眺。棣棠叢金，薔薇障錦，宜雲屏高架。其餘異品奇葩，不能詳述。總由此而推廣之。因其質之高下，隨其花之時候，配其色之淺深，多方巧搭。雖藥苗野卉，皆可點綴姿容，以補園林之不足，使四時有不謝之花，方不愧名園二字，大爲主人生色。

論說

唐 白居易《白氏長慶集》卷四三《養竹記》 竹似賢，何哉？竹本固，固以樹德，君子見其本，則思善建不拔者。竹性直，直以立身，君子見其性，則思中立不倚者。竹心空，空以體道，君子見其心，則思應用虛受者。竹節貞，貞以立志，君子見其節，則思砥礪名行，夷險一致者。夫如是故，君子人多樹之爲庭實焉。貞元十九年春，居易以拔萃選及第，授校書郎，始於長安求假居處，得常樂里故關相國私第之東亭而處之。明日，履及于亭之東南隅，見叢竹於斯，枝葉殄瘁，無聲無色。詢于關氏之老，則曰此相國之手植者。自相國捐館，他人假居，繇是筐篚者斬焉，篲箒者刈焉，刑餘之材，長無尋焉，數無百焉。又有凡草木雜生其中，菶茸薈鬱，有無竹之心焉。居易惜其嘗經長者之手，而見賤俗人之目，翦棄若是，本性猶存。乃芟蘙薈，除糞壤，疏其間，封其下，不終日而畢。於是日出有清陰，風來有清聲。依依然，欣欣然，若有情於感遇也。嗟乎！竹，植物也，於人何有哉？以其有似於賢而人愛惜之，封植之，况其真賢者乎？然則竹之於草木，猶賢之於衆庶。嗚呼！竹不能自異，惟人異之，賢不能自異，惟用賢者異之。故作《養竹記》，書于亭之壁，以貽其後之居斯者，亦欲以聞於今之用賢者云。

宋 劉攽《彭城集》卷三二《泰州玩芳亭記》 《楚辭》曰：惜吾不及古

之人兮，吾誰與玩此芳草。自詩人比興，皆以芳草嘉卉爲君子美德，無與玩者，猶《易》「井渫不食」云爾。海陵郡城西偏，多喬木，大者六七尋，雜花桃、李、山櫻、丁香、椒、棣數十種，萱、菊、薜、荔、莎蘆、芭蕉，叢植穭生，負城地尤良。朱氏居之，益種修竹、梅、杏、山茶、橙梨，異方奇卉往往而在。清池瀠洄，多菱蓮蘋藻。於是築室城隅，下臨衆卉，名曰玩芳。於是乎喬木森聳，百歲之積也。衆卉行列，十歲之植也。雜英粉糅，終歲之力也。俄而索之，不易得也。天施地生非爲己設也，能者取玩焉能主客也。惠而不費莫相德也，非《易》所歎渫而不食，爲心惻也，於是刻石亭右，以記歲月云。

元　楊維楨《東維子集》卷一七《槐圃記》　按周禮，朝士面槐，三公位也。槐何取於三公哉？豈其書聶宵炕，一陰一陽之翕闢，而爕理之道見焉。故公所多植槐。齊之君主有犯槐之樹也。列公所尊，異乎羣卉，而不可與凡條繇植于老農之圃者比矣。故宋王祐氏手植三塊于庭，期其子孫曰：吾子孫必有爲三公者。已而旦果相太宗，天下謂之三槐。王氏吁槐之植私庭，而遇如王氏者，天下亦尠矣。北庭文甫氏家于杭之清波門，自其祖參政，忽撒公樹槐三章于居之後苑，稍治園亭其中，名之曰槐圃。文甫氏彈琴讀書，或與客觴詠，必于圃之所。時時與客撫其樹曰：嗟乎！是吾祖之手澤也。予後之人弗克，負荷惟懼，其敢不封植，是樹如昔人之無忘角兮者，以無忘吾祖者耶。客至圃者，愛其人，必敬其樹，知其祖之待文甫氏者，遠且大也。且咸爲之賦槐圃詩。吁文甫氏能思其祖，愛其手植，若是，其孝於家者，可知矣。以其孝於家者，移忠於國，其光於祖者，又可知已。文甫方强年，承參政公之澤，將以六品秩仕于朝矣。吾嘗交其人，識其負大器，且執謙而好學。忽氏子孫之爲三公者，豈下王氏哉？異日文甫居高位，而庭槐若見爾祖之手植也。有不愓然哉！槐以人而名，則圃以槐而重矣。天下謂之三槐王氏者，不屬之三槐。忽氏惟文甫以前人之所，期天下之所望者，勉之而已。至正己丑九月九日記。

明　陳敬宗《澹然先生文集》卷三《同樂園記》　予近得園林數畝於壽藏之傍。環植松竹杉檜之木，與桃李橘柚不一之果。且以四時瓜蔬、藥品雜植於其中。或時幅巾藜杖，游目縱觀，聽林鳥之和鳴，俯溪魚之游泳。魚鳥之性樂矣，而吾心亦必與之同其樂。觀松竹桃李瓜蔬藥品，自花而自實，自榮而自茂，物性樂矣，而吾心亦必與之而俱樂。【略】書此爲記，復繫之以詩曰：花木欣欣百果生，園林藹藹總芳榮。閒泛溪上觀魚泳，静向林端聽鳥鳴。愧與三才齊一體，喜於萬物最多情。因忘物我同娛樂，願續温公千載名。

明　汪循《汪仁峰先生文集》卷一二《兩園記》　沿堤植竹木，以翳蔽道塗之人。西有竹數十個，緑陰匝地。即其隙餺爲石臺，臨風登之，名曰聽玉臺。前矩石爲坰，養蓮數本，觀物仰哲，名曰小濂，此兩園之大觀也。餘地或藝葱韭，或植蔬果，或樹花木，所謂穠郁蒼翠，芬馥不替於四時者，亦或有之，但並取給於日用之需。而所謂奇葩異卉，怪石佳木，可玩而不堪采録者，不以占吾地也。

明　徐渭《刻徐文長先生秘集》卷一一《杏》　杏以繁勝取其華。宜丘樊，宜林圃，宜屋角，宜牆頭，宜疎籬，宜小疃，宜紫陌，宜玉樓，宜斜陽，宜疏雨，宜王孫芳草，宜游妓朱輪，宜孤村酒帘，宜遠浦牧笛，宜横畝粉壁，宜斜插銅瓶，宜翠黛紅妝，低回幽逕，宜金鞭玉勒游賞芳郊。

清　趙士麟《讀書堂彩衣全集》卷九《藤花記銓署》　稽銓曹藤花廳肇於明初。先在堂之後。左廂續移廳於東，北廂則別植之。成弘間又移廳於右廂，更植之，即今之藤花是也。相傳吴諱寬文定公爲少宰時，所雙樹當軒臨砌，碧架紅欄，披離掩覆，蔭可半畝，亦云茂矣。吾聞昔賢周濂溪愛蓮，陶淵明愛菊，孟浩然愛梅，以其異也。今藤木非良材，花亦凡品，柔條緣附，密葉繁陰，未聞有君子之道焉，何取乎爾？而盛名灼灼，光耀人寰，卿士大夫樂道之，兒童走卒咸知之，帝京編載詳志之，文人韻士哦詠之，較之靈根仙種，反若有加，豈非以其地既尊崇署、列卿長，物以人重歟。夫豫章之木千尋，以其長於深山，處幽生邃，雨露之養有殊，斧斤之所弗及。用是披雲干霄，章章大耳。此花幽香清氣，惝怳飄忽，即之若無，遠之馥馥，有蘭桂之馨而處於淡。積雪凝寒，磊磊落落，霜凌不凍，風飄自若，有松柏之槩而永其年。翠翳緑浮，鬱鬱蒼蒼，如幢如蓋，映日愈光，有楩楠之意而讓其巨。寧繄維是，兼可以觀盛衰焉。

清　沈復《浮生六記》卷二《閑情記趣》　若夫園亭樓閣，套室迴廊，疊石成山，栽花取勢，又在大中見小，小中見大，虚中有實，實中有虚，或藏或露，或淺或深，不僅在周迴曲折四字，又不在地廣石多徒煩工費。或掘地堆土成山，間以塊石，雜以花草，籬用梅編，牆以藤引，則無山而成山矣。大中見小者，散漫處植易長之竹，編易茂之梅以屏之。小中見大者，窄院之牆宜凹凸其形，飾以緑色，引以藤蔓，嵌大石，鑿字作碑記形。推窗如臨石壁，便覺峻峭無

窮。虛中有實者，或山窮水盡處，一折而豁然開朗，或軒閣設廚處，一開而可通別院。實中有虛者，開門於不通之院，映以竹石，如有實無也。

清　俞樾《茶香室叢鈔》四鈔卷二八《唐宣政殿松》　宋龐元英《文昌雜録》云：元微之詩：松門待制應全遠，藥樹監搜可得知。蓋有唐宣政殿正衙，殿廷東西有四松，松下待制官立班之地。又云：開成元年正月，詔以入閤日，次對官班退立於東階松樹下，須宰臣奏事畢，齊至香桉前，各言本司事。雖紫宸殿亦有松樹，爲待對官立位。六殿門外有藥樹，監察御史監搜之位在焉。唐制，百官入宮殿門必搜，監察所掌也。按元微之詩，得此乃明。然謂之松門，未詳何義，豈四松相對，有門象邪。

又按，藥樹未知何樹。《文昌雜録》又云：戶部王員外言元昆駕部郎中比自長安歸，攜藥樹數株。至京師，其葉葱翠可愛，于今關右頗多，人罕識者。

又按，《文昌雜録》云，杜甫《紫宸退朝》詩云：香飄合殿春風轉，花覆千官淑景移。又《晚出左掖》云：退朝花底散歸院，柳邊迷乃知唐朝。殿亦種花柳。今殿廷惟對植槐楸，有岩毅之氣。按此知唐制松門藥樹，惟以表位，乃古槐棘之遺意。而此外則花柳扶疏，亦自見天家富貴也。

清　光緒重訂《湖山便覽》卷一〇　翠寒堂　《朝野雜記》云：淳熙中作翠寒堂于禁中，以日本國欏本爲之，不施丹雘，白如象齒。嘗召趙丞相雄三樞使淮奏事。堂下右松數十，清風徐來。上曰：松聲甚清，遠勝絲竹。子瞻以風月爲無盡藏信哉。《武林舊事》云，禁中避暑多御翠寒堂。堂前長松脩竹，蒼翠蔽日。寒瀑飛空，下注大池，可十畝。池中紅白菡萏萬柄，蓋圖丁以瓦盆別種，分列水底，時易新者。又置南花數百盆于廣庭，鼓以風輪，清芬滿座。初不知人間有塵暑也。淇景盧學士嘗賜對于翠寒堂。當三伏中，體粟戰慄，上問故，笑遣中貴以北綾半臂賜之，境界可想見矣。「楊后宮詞：水殿鈎簾四面風，荷花簇錦照人紅。吾王一曲薰風罷，萬俗冷冷解慍中。」

綜　述

漢　劉歆《西京雜記》卷一　初修上林苑，羣臣遠方各獻名果異樹，亦有製爲美名，以標奇麗。梨十：紫梨、青梨、實大。芳梨、實小。大谷梨、細葉梨、縹葉梨、金葉梨、出琅琊王野家，太守王唐所獻。瀚海梨、出瀚海北，耐寒不枯。東王梨、出海中。紫條梨。棗七：弱枝棗、玉門棗、棠棗、青華棗、梬棗、赤心棗、西王棗出崑崙山。栗四：侯栗、榛栗、瑰栗、嶧陽栗。嶧陽都尉曹龍所獻，大如拳。桃十：秦桃、榹桃、緗核桃、金城桃、綺葉桃、紫文桃、霜桃霜下可食、胡桃出西域、櫻桃、含桃。李十五：紫李、緑李、朱李、黃李、青綺李、青房李、同心李、車下李、含枝李、金枝李、顏淵李出魯、羌李、燕李、蠻李、侯李。柰三：白柰、紫柰花紫色、緑柰花緑色。查三：蠻查、羌查、猴查。椑三：青椑、赤葉椑、烏椑。棠四：赤棠、白棠、青棠、沙棠。梅七：朱梅、紫葉梅、紫花梅、同心梅、麗枝梅、燕梅、猴梅。杏二：文杏材有文采、蓬萊杏，東郭都尉于吉所獻，一株花雜五色六出，云是仙人所食。桐三：椅桐、梧桐、荆桐。林檎十株，枇杷十株，橙十株，安石榴十株，楟十株，白銀樹十株，黃銀樹十株，槐六百册株，千年長生樹十株，萬年長生樹十株，扶老木十株，守宮槐十株，金明樹二十株，搖風樹十株，鳴風樹十株，玻璃樹七株，池離樹十株，離婁樹十株，白俞梅、杜梅、桂、蜀漆樹十株，柟四株，樅七株，栝十株，楔四株，楓四株，余就上林令虞淵得朝臣所上草木名二千餘種。鄰人石瓊就余求借，一皆遺棄。今以所記憶列於篇右。

漢　鄭氏箋　唐　孔穎達疏《毛詩注疏》卷七《國風・鄭・將仲子》　將仲子兮，無踰我里。無折我樹杞。將仲子兮，無踰我牆，無折我樹桑。將仲子兮，無踰我園，無折我樹檀。《傳》園，所以樹木也。檀，彊韌之木。豈敢愛之，畏人之多言。仲可懷也，人之多言亦可畏也。

宋　陶穀《清異録》卷下《五窟》　善談者，莫儒生若也。老拙幼學時，同舍生劉垂尤有口材，曹號虛空，錦説他時得志事。余嘗記一説，曰：有錢當作五窟室。吳香窟盡種梅株，秦香窟周懸麝臍，越香窟植巖桂，蜀香窟栽椒，楚香窟畦蘭。四木草各占一時，餘日，入麝窟便足了一年，死且爲香鬼，況於生乎？其人仕而貧財，不副心而卒。

宋　蘇軾《格物粗談》卷上《居處》　造房有梓木，衆木不震。栗木作門關，可以遠盜。大樹不宜當門。中庭不宜種樹。屋後不可種芭蕉。大樹不宜近屋。

宋　宋敏求《長安志》卷六《右東宮章終》　禁苑在宮城之北，隋曰大興苑，開皇元年置。東西二十七里，南北三十里。東接灞水西，長安故城。南連京城北，枕渭水苑。西即大倉，北距中渭橋，與長安故城相接，東西十三里，南北十三里，亦隸苑中。苑中四面皆有監，南面大樂監，北面舊宅監，東監西監分

掌宮中植種及修葺園囿等事，又置苑總監領之，皆隸司農。

宋 **華鎮《雲溪居士集》卷二八《高郵縣尉廳芭蕉軒記》** 昔有東南野叟，旋寓於大江之陽，長淮之陰。居室户南北，方數步，治平如砥，一物不載，惟植芭蕉。柔芳叢生，清陰密合。或朝陽未升，夕照俄景，啜菽既飫，塵紛不起。時則策杖曳履，逍遥乎其下。伊洛豪士過而見之，踵門而告野叟曰，噫嘻乎！叟之爲人何鄙陋，褊迫之甚耶。且人生而耳好和聲，目悦美色，口甘珍味，體便安佚，天之性也。今叟既不搆沈水之材，列山藻之飾，塗丹於楹，粉椒於壁，以爲廣居便其四支，又不能水窮海物，陸搜山珍，前列方丈，庖遺萬金，以爲飲食養其氣體。嶰谷昭華，雲和緑綺，綿駒韓娥，回波激楚，不在左右，娱樂其耳。今有陳地數步，何不取百金於洛浦，遷餘容于溱洧。培以膏壤，甃以翠瑁，繚以丹楹，覆以甘綸。青陽欲暮，煦日遲遲，柳綿盡而緑陰重，黄鳥囀而巧言微。於是時也，奇萼間出，異色雜呈，粲若錦繡，焕若明星，輝映户牖，凌厲雲月，豈不悦目而明視乎。何獨植此野卉，嘈雜翳薈，費天地長養之氣，虚雨露沾濡之澤。野叟乃揖豪士而應之曰：子獨不聞鏤簋朱紘乎？施於天子以爲美，管氏服之，君子不取，非其稱也。僕非伐冰之家，無垂綏之位，禄不過代，耕居不過環堵。若乃强無以爲有，耻約而慕泰，竭一朝之養以資奢麗之玩，何異乎？抱瓮灌畦，假修太古，穿穴混沌，强生聰明，無乃取災於達觀之士乎？子特見夫芭蕉蕃生，人間所至皆有。無美色以回少年之目，無甘實以悦俗人之口，故心輕而目不視焉，殆未聞其善歟。試請道之，夫秋露未冷，霜華未零，百物猶長，先收其英，則有似乎？《大雅》所云：明哲見幾而辨早也。層冰結海，密雪封屋，庶草朽僊，其心不死，則有似乎？常德之君子，困而不失其所亨也。嶺梅纔芳，江柳未黄，靈苗緒抽，先物而出，則有似乎？機神圓邁，復德不遠而居比在先者也。雷電鼓動，化無可覩，一遇震驚，此獨頓茂，則有似乎好善之士，從善如流，而漸摩易入也。理疏而柔，若不能立，而修幹特起，高出牆屋。葉廣而薄，宜易以敝，而夏日流金，扶疏自若，花凝甘露，味超楚醴，體溢芳津，稠於蘭膏，可以鑠癰疣之釁，益如雲之鬢，淮夸象齒，膩滋而色漬。

宋 **司馬光《傳家集》卷七一《獨樂園記》** 沿北横屋六楹，厚其墉茨，以御烈日。開户東出南北，列軒牖以延涼颸。前後多植美竹，爲清暑之所，命之曰「種竹齋」。沿東治地，爲百有二十畦，雜蒔草藥，辨其名物而揭之。畦北植竹方徑丈，狀若棋局。屈其杪，交相掩以爲屋。植竹於其前，夾道如步廊，皆以蔓藥覆之，四周植木藥爲藩，援命之曰采藥圃。圃南爲六欄芍藥、牡丹，雜花各居其二，每種止植兩本，識其名狀而已，不求多也。欄北爲亭，命之曰澆花亭。

宋 **李格非《洛陽名園記》《李氏仁豐園》** 李衛公有《平泉花木記》百餘種耳。今洛陽良工巧匠，批紅判白，接以它木，與造化争妙。故歲歲益奇且廣，桃李、梅杏、蓮菊各數十種，牡丹、芍藥至百餘種，而又遠方奇冉。如紫蘭、茉莉、瓊花、山茶之儔號爲難植，獨植之洛陽，輒與其土産無異。故洛陽園囿花木，有至千種者。甘露院東李氏園，人力甚治，而洛中花木無不有，有四并、迎翠、濯纓、觀德、超然五亭。

宋 **李復《潏水集》卷六《游歸仁園記》** 〔歸仁〕園廣二百畝，南引伊水，舟行竹間，又散入畦檻，會於方塘。高檜稚松，若古大夫立而聚議。冠者與童子列侍在後。殘花泫露若怨而啼。新荷方出，若斂而羞倉。庚時，鳴白鳥，來下眺聽，從容諧悦，人思久而穿深徑，度短橋，登草堂，清池浮軒，竹木環舍，蓊鬱幽邃，與外不相接，若别造一境在遠山深林之間。

宋 **蘇頌《蘇魏公文集》卷六四《靈香閣記》** 又于其傍爲閣五間。楹桷崇高，軒檻虚明。經像岩于中，草石蓄于次。齋房客館左右布列藥欄，花圃前後相望。升其堂，則聞芝术之芬氳。游其庭，則見竹樹之蔭翳。雖密邇闤闠，而山居巖處之趣備焉。

宋 **吕祖謙《卧游録》** 道京師而東，水浮濁流，陸走黄塵，陂田蒼莽，行者勧厭。凡八百里，始得靈壁張氏之園於汴之陽。其外脩竹森然以高，喬木蓊然以深，其中因汴之餘浸以爲陂池，取山之怪石以爲巖阜，蒲葦蓮芡，有江湖之思；椅桐檜柏，有山林之氣；奇花美草，有京洛之態。

宋 **陳仁子《牧萊脞語》卷一五《雜著·植椒説》** 椒，芳草也。甲申春，屋左斷雲燒畲治小圃，所列群葩奇卉。俾四序，各以花應。幽趣横生，清態逸出。復厠石臺蓮池側，夾小笆籬行種椒數十本。

宋 **李心傳《建炎雜記》卷三** 德壽乃秦丞相舊第也。【略】凡禁籞周回分四地。東則香遠清深梅臺竹堂，月臺梅坡，松竹三徑蘭、芙蓉、竹，清妍酴醾，清新木樨，芙蓉岡。南則載忻大堂乃御宴處，忻欣古柏、湖石，射廳臨賦荷花山子，燦錦金林檎，至樂池上，半丈紅郁李，清曠木樨，瀉碧養金魚處。西則冷泉古梅，文杏館，静樂牡丹，浣溪大樓子海棠。北則絳華羅本亭，旱舡俯翠茅亭，春桃盤松松在西湖上

得之以歸。

宋 舒岳祥《閬風集》卷一〇《篆畦詩序》 篆畦者，予宅西之小園也。【略】二親指顧之所頗得要領，予唯唯而退，經營其中，一手茨葺，積歲月而成。予以其行逕紆餘貫穿若篆文焉，故曰篆畦，以扁其門。以上東西南北以地里方位言門於宅爲東向，入門爲小逕，横障以檜。折而西入，分爲三逕。一爲歸樵嶺，陟而登也。一爲小軒三間，曰無弦琴。夾逕植宫梅、香杏。其一爲長逕繞堤而步。夾逕植玉毬、紅茶、月丹、寶相、薔薇、金沙、酴醿、徘徊、玫瑰、錦春、月季、林禽、紫薇、八仙、海棠。下植素馨、冬萱、山薑、杜若，俯臨土谷。谷中望，逕側之衆芳皆覆冒于岸，若珠瓔步摇之粲翠。岸上望谷中，桃李芙蓉雜卉恍與岸平，若雲霞之興于步履之下也。外環以牆。牆之外又皆芙蓉、楊柳、冬青，有谷之勢焉。牆與谷合，故曰谷口。逕至此北岐而爲逕者二。其一折而北，又折而東，至指竹亭之南。夾逕植巖紅、梔子、密囿、百結、紫荆、雀李、金雀之屬。又折而南，過三角畦之地，遇列檜而斜避，與長逕雙馳，隔以月丹。其北則叢桃，桃有千葉、真紅、粉紅、合歡、碧色之異。又折而過，蘗桃之東，老桂之西，北爲好翁亭。又折而東，爲橘徑。又折而東北，與無弦琴之逕合而入於軒中。由軒而西，入小廊爲大亭，即好翁亭也。亭北爲壇三級，下植桂，中植山榴、天竹、鹿葱、玉簪之屬，上植檜。自好翁亭而西爲小廊，入指竹亭。亭北三面爲小廊，自廊北入，累級而登爲乘桴亭。亭勢頗高，東南見海，其下植梅，梅有千葉、紅香、黄香、緑萼、真紅、粉紅之別。指竹左右皆列檜爲屏，環而合於亭之南結爲洞門，以出而達乎。前月丹之徑，由乘桴而北，爲小廊三間。達乎耕養堂，面列檜爲障，穹然如小山，即好翁亭北之上級也。植牡丹、芍藥、檉柳、含笑、赬桐、紅蕉、錦帶、桃、獨帶玉毬、千葉梔、水梔、天竹之屬，中有逕可環繞而行也。堂有二齋，左曰方寸地，右曰静明天，此舊所居堂西之扁也。堂既改造，移置于此，不忘舊也。由耕養而東爲小廊，南入長友亭、書味軒。軒亭皆有複軒，前爲長友，而後爲書味也。長友北有大柑樹二株，蓋百年物也。取楚頌之辭以名之，亦取其甘之義也。由其左爲小廊門以出，又折而爲廊三間，經歸樵嶺，西達山亭，曰羽人臺。蓋臺可以見東山，山有陶隱居，張少霞鍊丹之故迹也。谷口之横逕自篆畦直入，至於老樟之東。鑿牆爲門以出，曰山扉。扉前有竹林，竹有黄、甘、旱、筀、斑、筀之品。指竹之爲指竹，其始指此竹以名之也。由竹林開逕，折而東下，臨荷田爲舫亭，曰燕嬉舟，右曰楊柳栈，左曰芰荷洲，燕嬉亦舊亭名也。亭之西，夾逕植海棠，循坡西北植木筆、拒霜、辛夷、紫笑，逕形正方，與山扉之前逕合，其中斑竹之林也。由山扉北入，植丹桂、木犀，中有亭曰丹林。由丹林西折而北，爲檜障。穿障爲洞，又以八檜爲兩亭，亭左右相對攬結而成，可蔽暑日，不假般斧，旁植椶櫚、緣杉、羅漢樹，又於兩亭之間鑿土爲井，井環以小廊，穿檜爲門，南出爲菊畦，曰花隱。自井北入，爲橘井之藥圃。中外皆有逕，逕列植黄楊。由檜亭橘圃夾徑以東，植栝松。東折而南，又沿檜障以東，右植蠟梅，左植白茶，爲階三級，以上即指竹亭西之檜障也。障外皆植梅，與乘桴亭西之梅接，梅間横開小逕，以入指竹之右腋，又階以升乘桴也。雖無壯武之觀，華麗之飾，然步武尋常，縈迴往復，若陶泳之魚，九島千里也。以上南北東西以居屋之前後左右而言。此篆畦之大略。

宋 吴自牧《夢粱録》卷八《德壽宫》 德壽宫在望仙橋東，元係秦太師賜第，於紹興三十二年六月戊辰，高廟倦勤，不治國事，别創宫庭御之，遂命工建宫殿，扁德壽爲名。【略】其宫御四面，游玩庭館，皆有名扁。東有梅堂，扁曰香遠。栽菊，間芙蕖，修竹處有榭，扁曰「梅坡」、「松菊三徑」。酴醿亭扁曰新妍。木闞堂扁曰清新。芙蕖岡南御宴大堂，扁曰「載忻」。荷花亭扁曰謝聽、臨賦。金林檎亭，扁曰燦錦。池上扁曰至樂。郁李花亭扁曰半綻紅。木犀堂扁曰清曠。金魚池扁曰瀉碧。西有古梅，扁曰冷香。牡丹館扁曰文杏，又名静樂。海棠大樓子，扁曰浣溪。北有欏木亭，扁曰絳葉。闞香亭前，栽春桃，扁曰「倚翠」。又有一亭，盤扁曰松闞。【略】咸淳年間，度廟臨政，以地一半營建道宫，扁曰宗陽，以奉感生帝。其時重建，殿廡雄麗，聖真威岩，宫囿花木，靡不榮茂，裝點景界，又一新耳目。

又 卷一二《西湖》 杭城之西有湖，曰西湖，舊名錢塘湖。週圍三十餘里，自古迄今號爲絶景。【略】西林橋外孤山路有琳宫者二，曰四聖延祥觀，曰西太乙宫。御圃在觀側，乃林和靖隱居之地，内有六一泉、金沙井、閑泉、僕夫泉、香月亭，亭側山椒環植，梅花亭中大書於照屏之上，云「疏影横斜水清淺，暗香浮動月黄昏」之句。【略】自南迄北，横截湖面，綿亘數里，夾道雜植花柳，置六橋，建九亭以爲游人玩賞駐足之地。咸淳間，朝家給錢，命守臣增築堤路，沿堤亭榭再一新補植花木。【略】蓋堂宇參錯，亭館臨堤，種植花竹以顯清槩。堂扁水西雲北，月香水影，晴光雨色。曰北山第二橋，名東浦橋。西建一小矮橋過水，名小新堤，於淳祐間趙節齋尹京之時築此堤。至曲院，接

靈隱三竺梵宫，游玩往來，兩岸夾植花柳。至半堤，建四面堂，益以三亭於道左，爲游人憩息之所。水緑山青，最堪觀玩。咸淳再行，高築堤路凡二百五十餘丈，所費俱官給其券工也，曰北山第一橋，名涵碧橋。過橋出街東，有寺名廣化。建竹閣，四面栽竹萬竿，青翠森茂，陰晴朝莫，其景可愛。

又 卷一九《園囿》 杭州苑圃俯瞰西湖，高挹兩峰，亭館臺榭，藏歌貯舞，四時之景，不同而樂，亦無窮矣。然歷年既多，間有興廢，今詳述之以爲好事者之鑒。【略】慶會閣望仙橋下牛羊司側，内侍蔣苑使住宅側築一圃，亭臺花木最爲富盛，每歲春月，放人游玩堂宇内，頓放。買賣關撲並體内庭，規式如龍船，鬧竿花籃，花工用七寶珠翠，奇巧裝結花朵。【略】觀南聚景園孝光寧三帝嘗幸，歲久蕪圮，僅存者一堂兩亭耳。堂扁曰鑑遠，亭曰花光，一亭無扁，植紅梅。有兩橋，曰柳浪，曰學士，皆粗見大槩，惟夾徑老松益婆娑。每盛夏秋首，芙蕖遶堤如錦，游人艤舫賞之。【略】嘉會門外有山，名包家山。内侍張侯壯觀園，王保生園山上有關，名桃花關，舊扁蒸霞，兩帶皆植桃花，都人春時游者無數，爲城南之勝境也。

元 吴師道《敬鄉録》卷二《鄭氏北野園記》 鄭氏北野距城六七里，依秀江爲園。將至其所，必舍車馬扶杖，由小徑南入，數十步先至所謂悠然亭者，則曠如豁如，奇觀競出。大江横其前，疊嶂距其外。堆螺染黛，互相映發，如欲排闥。而左右前後嘉花美木，幾數百本，皆鄭氏手自封植，高下錯雜，若列綺繡。自亭下再折而東，行二十步，又得二小亭。其一聚怪石爲嵁巖面焉，榜曰擬峴。其一隱竹間，竹四合可一畝餘，寂寥蕭疎，無復纖芥，翠陰茂密，風寒凄人，榜曰緑霧。其餘小軒曲檻，松窗竹門，皆幽邃静深，清絶異甚。

又 卷一〇《西園記》 余居之西，林樾静深，源泉隨之而委。其地視他山，頗夷而多土，宜果蔬葩，繞以藩垣、紫荆，截水爲限，曰西園。入門，巨竹聳其顛，修楊沿其堤。短花細草夾徑，行可百步。有堂曰林堂，【略】去堂堦五六十步，堂後有二室。左所見惟竹，曰竹屋。右香草被其砌，曰蘭坡。從二室階礀而登，有屋四楹，爲宴寢之地，曰復齋。齋之西壁盡伐櫺檻，依山升降而畦之，藝以杞菊。上有老松數百株，皆合抱。杉楠楓楮錯植其間，無算也。蒼藤碧蘿，樛結樹杪，石出林中，嵌空奇怪，谿石罅環行嫳姍而上，僅七十丈。至絶頂，因其峻培而亭之，曰招隱。圍以巖花，花自地而升，猶不及於欄楯。江海數十株耀白於青林中，天寒木脱，心舒目爽，所見甚遠。徑東三十步，有曰杉亭。椽檻皆杉木而不斵。徑二十步，有曰柏亭，悉柏爲之，其郁烈不歇。二亭皆可下瞰，蒼波渺茫，漁舟上下，鷗鷺去來於喬木脩篁之外。亘亭之北，山益深，竹樹陰翳，餘草不植，亘溪皆檐蔔。約行百餘步，有堂屹然，聚書數千卷，曰讀書堂。前甃池以引山溜，有魚數十尾，行池可見，環池皆取草木之宜陰者，樹之幽邃闃寂，人跡所不及，惟青樹萃蔓之所見，松聲鳥語之所聞也。稍東，木奴百樹，亭於其中曰景陸。少折而北，有亭巋然立於叢薄翳條之間。級而登之，遐矚旁睇，遥岑隱見，膚寸數百里，雲黄葛仙之峰俱在望焉，曰餘青。並牆逶迤而去，有別圃曰壺中，穴墉以出其下，絶八十丈奇。海棠翼之，柯葉蒙絡，如行龕洞。屋於其坳曰野堂。堂後益樹以海棠數十百株，花時明豔，綺綰繡錯。有泉側出石岸，泓澄盈咫循途，墮湖中潀然有聲。前爲三欄，盡植芍藥。欄下雜他花卉，每種不過三本，識其名物而已。湖岸多木芙蓉，山水至是益平遠。堂外有地數十畝，其平如掌。梅、杏、梨、柰、橘、柚各植以類，而塢列之。支徑旁，午絡以諸花。其西有坡，壠峔起數丈，其高又二十尺，爲臺而屋其上，前有兩峰屹立，曰兩峰亭，凡圃中之勝可一目而盡也。降亭趨松徑出，湖上絶湖底，南山循湖而堤，遥見隔岸亭榭，參差出没於松竹之末。

明 張寧《方洲集》卷一九《西塍小隱記》 古杭有東西馬塍，地故多畝。畝因畦埒得名。居民至今猶巧于栽植。境界河而中分東西，西塍尤爲静勝。路隘曲度略彴，不可以聯騎並趨，從容緩散，行蒙翳叢薄之中。而回環以入，始有佳處，朱君彦明所居在焉。初涉蹊徑，循垣籬望見其舍宇。雖蕭爽殊前行，尚與村落無大迥異。入門而流憩，幽葩茂卉，古梅奇石，法書名畫交羅於慈節堂、夢椿室、耕讀軒、把翠亭左右前後。暑涼燠寒，皆得所。便時態良適出入，縱觀徹其區，四顧秀遠，通流旁達，田有秔稻，池有魚鼈，場圃有桃李桑竹、橘杏桂茗、櫻花、楊梅、石榴、枇杷，可以供祭養賓客之務。舉趾可以及湖山而游泛之客不至。盡日可以再往返城市，而闤闠之聲不聞，清談雅集，座常不虚。而狹邪俗陋之人無留迹於階庭者，君子以其地互邑野事，均顯晦人，兼質文彦明。又方在求志達道之交，不可謂之隱，亦不可謂之非隱，故名之曰西塍小隱，予因爲之作記。

明 劉乾《鷄土詩集》卷一《閑止園花木記》 園在京口之岑寂中。園有堂，堂前有池，依依嫋嫋煙雨，無力風來斜拂。有柳五株在門之内，杏葉東緑，聲如蒼玉，其氣不俗。有竹萬竿在池之南，葉大陰緑，夜宜雨聲，霽宜月色。

梧桐八章，芭蕉九章，在城徑之側。牡丹紅藥在堂之東。紫薇薔薇在堂之西，桂在堂之除，萱在堂之背。環池皆菊，五色相間，其名種種。有苦榴千頭在牆之下，以果名者多在園之陬，松柏之寒，桑榆之暖，桃李之無言，梅之綺艷，棃花杏花之參差，皆在焉。其他小者，繁各不必書，草卉之名尤繁，故略之。備四時之和氣，供幽人之吟哦玩賞，秀而野，富而有也。觀其佈置安排，雖不如山林之草木之自然，亦可謂養心如草木暴而不寒者矣。使帝天下者，養人村如此園之養草木也，則豈無間鍾異禀秀之秀者出於其間乎。秋九月易菴劉子飲於是園。施鹿泉者，花木主人也。

明 劉繪《玄湖記》（《明文海》卷三三一輯） 堂西有懷忠亭，即射圃也。西之前有高阜，搆亭爲九日登高。松菊亭隨處種花竹，花有海棠、山茶、瑞香、寶象、絳桃、芙蓉之屬。【略】予嘗謂：往昔賢達棲息，咸有精舍與園亭以自適或養老。計要之苑舍土堦有竹百餘竿，花卉三五藂，幽僻閒静。士君子搆之，亦易未費經營于情趣，吟嘯取澹然愉快足矣。若華屋麗館，琪花瑶石，事涉奢侈，相勝有道之士羞見于長老君子，長老君子亦醜之。故湖中雖幽曠，然花樹皆雜列，未成行。亭舍多樸，但汙池縱横，塍畝井然。

明 王世貞《弇州四部稿》續稿卷五九《弇山園記》 **記一** 竹木卉草、香藥之類，不可以勾股計，此吾園之有也。園畝七十而羸，土石得十之四，水三之，室廬二之，竹樹一之，此吾園之槩也。宜花，花高下點綴如錯繡，游者過焉，芬色殢眼鼻而不忍去。

記二 自隆福寺而西，小溪渺渺，垂柳交蔭，而吾園實枕之。扁其門，曰弇州，語具前記中。入門則皆織竹，爲高垣，傍蔓紅白薔薇、荼蘼、月季、丁香之屬。花時雕繢滿眼，左右叢發，不飈而馥，取岑嘉州語，名之曰惹香逕。逕至西而既得平橋，曰知津。取弇山堂道也。高垣之左，方以步武計，雜植榆、柳、枇杷數株。藩之以栖鶴。始有饋余兹禽者後先六頭，每交吭羣唳，聲徹雲表。以鮮食栽之，留其二，名之曰清音柵，静夜所時得也。右方除地爲小圃以畛計，皆種柑橘，土不能如洞庭，名之曰楚頌，取蘇子瞻語也。【略】入門而有亭翼然，前列美竹，左右及後三方悉環之，數其名將十種，亭之飾皆碧，以承竹映而名之曰此君，取吾家子猷語也。【略】（法寶）軒後植數碧梧。自此而北水隔之，路遂窮。閣之左有隙地，與中島對。踞水爲華屋三楹，以竢游客。過者歷歷若鏡中，花木、禽魚，自來親人，名之曰會心處。前植梨、栗、來禽數十本。

記三 知津橋者跨小罨畫溪，北亘數十百丈。溪盡而兩山之趾出，步之則皆在望，以其類吴興之罨畫而小也，故以名。其西臨水五楹，中爲門，張中丞肖甫榜曰城市山林，前有垣障之。稍折而南復西，則廓然一廣除，欲截五洞庭樹之作五老峰，力未能也，姑藩而種含桃。含桃成，歲得一解饞，花亦足飽目。其左方種如之，俱曰含桃塢。堂五楹翼然，名之曰弇山，語具前記。其陽曠朗，爲平臺，可以收全月。左右各植玉蘭五株，花時交映如雪山瓊島，采而入煎，噉之芳脆激齒。堂之北，海棠、棠梨各二株，大可兩拱餘，繁卉妖豔，種種獻媚。又北枕蓮池，東西可七丈許，南北半之。每春時，坐二種棠樹下，不酒而醉。長夏醉而臨池，不茗而醒。游客每徙倚其地，輒詫謂余此何必減王衛軍芙蓉池也，余謝不敢當。而會吾鄉有從廢圃下得一石，刻曰芙蓉渚，是開元古隸，或云范石湖家物，因樹之池右。池從南得小溝，宛轉以與後溪合，傍皆紅白木芙蓉環之，蓋亦不偶云。循堂左而東，沿小罨畫溪，一石坊限之，扁曰始有，其右坊扁曰雖設。稱雖設者，以阻水，故度始有門則左溪而右池。循池而南，其陰皆竹藩之，曰瓊瑶塢。塢内皆種紅白縹梅，四色桃百本，李僅二十之一，瓊言紅瑶言白也。更西得小平橋，名之曰小有，取别入山道也。自是復折而北，溝十步一曲，黄石爲砌，清流灣環可鑑，名之曰磬折溝。緣溝皆木芙蓉，即芙蓉渚立石處也。道左既梅塢，而竹所不能藩者傍出侵道，其稍厰梅益繁，名之曰香雪徑。又厰則爲一亭，前阻溪水，溪即磬折溝所入也。隔岸始得西弇山，怪石奇樹，高下起伏，若坐若立，若舞若騫。日飽於兹亭之中，而游人往往過而忽之，故名其亭曰飽山。復折而東數十武，則徑之事窮，得萃勝橋。

又 卷六五《疏白蓮沼葉芳素軒記》 余弇園第七記所謂「出惜别門，土山蛇紆而壯，其右大有隙地」者，北垣爲參同室之外屏。鑿方沼，種白蓮，然延袤不能二丈許。於游境無所當，又時苦旱涸。丙戌冬，乃募工更疏之至四丈許，又深之，取其土爲土山於沼之南。高與東山埒，多種玉螺、緑萼、深淺紅梅、緋桃、木芙蓉之屬，雜以垂柳，東西稱是。山之後隙地畝許，皆令種竹，竹逕設石榻一二。

明 余有丁《余文敏公文集》卷五《五柳莊記》 五柳莊在甬東東湖青山麓下，面湖枕山，莊計百畝許。週遭鑿渠，渠廣一丈，渠外千樹柏，渠内偏栽桃枝竹，雜以桑柘。莊前樹垂楊五，建棹楔，額曰五柳。門三間，扁曰日涉園，左居閽者，右貯巾車、孤舟、器具。稍進，植槿爲籬，籬間一竹扉，曰常關門。門

内堂除廣六丈，深如之，中有古松一，皮皴皵若老龍鱗，而枝幹詰曲可憑者，鐫字其上，曰盤桓樹。左右築矮垣穴之，左曰猶存徑，右曰不遠途。各畫地一區，廣袤五丈，左藏盆花數十本，右畜諸禽鶴二、鹿二、鴿數十。二垣外曲蹊可通園圃。堂曰歸來，凡三間，左一間曰遺世居，右一間曰情話室，後中一間曰覺是齋，左曰寄傲窗，凡二間，曲通左个，右曰消憂所，亦二間，曲通右个。再後五間，傍各二間，茆覆之，周檐領甓，曰衡宇。最後場圃，廣袤十丈，繚以土牆，書牆上曰植杖，場以穫、稻、蒜，棲雞豚。牆之外植枸杞若。籬中鑿一沟曰窈窕壑，溝傍蒔甘菊及一畦术，一畦門冬，千頭蹲鴟，他藥稱是。東南隅亭六角，曰晨熹。亭傍小屋三間，曰翳景軒，四面攜百卉爲屏，屏下埒花臺種牡丹芍藥，其上蘭十、海棠二、玉蘭一、木菊一。屏花外百樹杏、百樹桃、百樹李、五十樹林禽、二十樹梨、二十樹櫻桃、十樹枇杷、五樹楊梅，樹下二畝韭、十畝靛、五畝茜、五畝蔴。擇隙地引池水使曲，水濱置一版屋，曰引觴處。西南隅鑿池二畝許，栽菡萏，狀如偃月。造草閣三間俯池，曰臨流閣。閣左植葡萄，四大木楮之，右植海榴十，傍作薔薇架、木香亭。甃石池五六尺許，畜金銀魚數十頭。閣後植槐四，又後爲蒷蘁谷可十畝，竹數千竿。竹中茆菴，曰流憩菴。菴前砌石卯方二丈，設負石二。一池環繞閣外，紆曲如帶，長菱芡茭蒲。一池廣十畝，堆石其中，爲十洲三島，畜嘉魚數百頭。繞池百樹芙蓉，中艤一小舟可泛。池邊支石爲磯，設釣竿，駕立一石，曰始流泉，泉即注引觴池中。東北隅樓三間，曰舒嘯樓，樓四角有梧桐四。樓前闢地十丈，高下蟺蜒，栽菊數十種。樓後圃十畝，曰西疇，百樹柑、百樹橘、五十樹柚、二十樹栗、二十樹柿、二十樹胡桃、二十樹棗、十樹銀杏。樓左疊石爲洞，洞深丈許，曰知還洞。洞上臺曰矯首臺。從樓上度若閣道然，通一梁曰孤往梁。西北隅積土爲丘，曰崎嶇丘。丘可五畝，丘上栽五十樹梅、百樹棕、二十樹松柏。背丘小房二間，左曰易安閣，右曰怡顔窩。閣前立太湖石，石畔茶花二雜，蒔水仙花於閣左右。

明 王世懋《學圃雜疏·花疏》 南中梅都於臘月前便開，吾地稍遲。紅梅最先發，元日有開者，此花故當首植。性多蟲易敗，宜時去之。閩中有深淺二種，可致其淺者。次則杭之玉牒，本地之緑蕚爲佳。曾於京師許千户家見盆中一緑蕚。玉牒梅，梅之極品，不知種在何處，當詢而覓之。予賫園中一緑蕚梅，偃蓋婆娑，下可坐數十人，今特作高樓賞之，子孫當加意培壅。若野梅，可植竹林水際。鶴頂梅種園中，取果不足登几案也。

明 高濂《遵生八牋》卷七 松軒 宜擇苑囿中空明塏爽之地構立，不用高峻，惟貴清幽。八窗玲瓏，左右植以青松數株，須擇枝幹蒼古、屈曲如畫，有馬遠、盛子昭、郭熙狀態甚妙。中立奇石，得石形瘦削、穿透多孔、頭大腰細，裊娜有態者，立之松間，下植吉祥、蒲草、鹿葱等花。更置建蘭一二盆，清勝雅觀。外有隙地，種竹數竿，種梅一二，以助其清，共作歲寒友想。臨軒外觀，恍若在畫圖中矣。

又《家居種樹宜忌》 《地理新書》曰：人家居止種樹，惟栽竹四畔，青翠鬱然，不惟生旺，自無俗氣。東種桃柳，西種柘榆，南種梅棗，北種柰杏爲吉。又云：宅東不宜種杏，宅南北不宜種李，宅西不宜種柳。中門種槐，三世昌盛；屋後種榆，百鬼退藏。庭前勿種桐，妨礙主人翁。屋内不可多種芭蕉，久而招祟。堂前宜種石榴，多嗣，大吉。中庭不宜種樹取陰，栽花作欄，惹淫招損。《陰陽忌》云：庭心樹木多閒困，長植庭心主禍殃。大樹近軒多致疾，門庭雙棗喜加祥。門前青草多愁怨，門外垂楊更有妨。宅内種桑并種槿，種桃終是不安康。

又《高子書齋説》 高子曰：書齋宜明静，不可太敞。明净可爽心神，宏敞則傷目力。窗外四壁，薜蘿滿牆，中列松檜盆景，或建蘭一二，遶砌種以翠芸草令遍茂，則青葱鬱然。

明 屠隆《考槃餘事》卷三《擬花榮辱》 花之雅稱爲榮。曰栽灌得時，開值晴明，輕雲蔽熱，暖日蒸香，薄寒護葩，和風拂蕊，清飈舞態，細雨逞嬌，烟籠殘醉，露濕新妝，凉月篩陰，夕陽弄影，蒼蘿裊娜，秀石嵋岐，微雪點素，晚霞鬥彩，清溪照妍，疏籬倚笑，翠竹爲鄰，長松作蔭，小橋斜站，明窗静樹，粉牆掩映，朱蘭曲護，蒼崖倒懸，緑苔錯綴，銅瓶插玩，紙帳藏春，珍禽嘈雜，孤鶴步影，名園瀟灑，高齋清供，把酒傾歡，嬌歌艷賞，嘉客品題，主人韞籍，閏值三月，開值生日，種落山家，門無剝啄，家僮善衛，美人助妝，林間吹笛，膝上横琴，石枰下棋，掃雪煎茶。

花之憎嫉爲辱。曰狂風摧慘，霪雨無度，烈日銷鑠，嚴寒閉塞，種落俗家，惡鳥翻銜，春雪成凍，惡詩題詠，頑童採折，主人慳鄙，栽灌失時，藤草纏攪，臺榭荒凉，沉酣狼藉，藥罈作瓶，蠹食不治，蛛網聯結，麝臍薰觸，談論時政，較量差除，花徑喝道，對花幕緋，賞動鼓板，醜婦命名，蟠結作屏，庸僧窗下，食店插瓶，枝上晒衣，樹下狗矢，青粉畫屏，穢溝猥巷，煤烟塵坌，白晝青蠅，

黄昏蝙蝠，權勢剪摘，頭戴如廁。

明 屠隆《**陳眉公考槃餘事**》**卷四**《**山齋**》 宜明净，不可太廠。明净可爽心神，宏廠則傷目力。中庭列盆景建蘭之嘉者一二本，近窗處蓄金鱗五七頭於盆池内，傍置洗研池一。餘地沃以飯瀋，雨漬苔生，绿褥可愛。遶砌種以翠芸草，令遍茂，則青葱欲浮。取薜荔根瘗牆下，灑魚腥水于牆上，腥之所至，蘿必蔓焉。月色盈臨，渾如水府。齋中几榻琴劍書畫鼎研之屬，須製作不俗，鋪設得體，方稱清賞。永日據席，長夜篝燈，無事擾心，儘可終老。僮非訓習，客非佳流不得入。

明 費元禄《**鼂采館清課**》 甲秀園樓前臨湖，有絳桃數本，間以芙蓉、垂柳。仲春之月桃始華，灼灼然。日文酒佳會，衆客舉觴，幾爲樊夫人之戲。吾聞得綏山桃，雖不得仙，亦足以豪，正不必爾也。

甲秀園樹梧檟之屬畝，樹蘭桂之屬畝，樹桃李之屬畝。其樹荼蘼、長春之屬，不能十之三。柔其枝以爲屏焉。寄傲軒南獨盛，當春發華，燦爛奪目，澄景媚人，如百里錦幛。攜尊往集，香氣襲衣，裾杯斝輒，經時不散。

又（陳眉公）又云：不能卜居名山，即於岡阜迴複及林木幽翳處，闢地五畝，築室數楹，編槿爲籬，結茅爲亭，以一畝蔭竹樹，一畝栽花果，二畝種瓜菜。四壁清曠，空諸所有。畜山童灌園薙草，置二三胡床着亭下，挾書研以伴孤寂，攜琴弈以遲良友。凌晨杖策，抵暮言旋，此亦可以娱老。

明 吴文奎《**蓀堂集**》**卷七**《**蓀園記**》 登中霤，周遭皆雷竹、桂竹。蒼翠檀欒，映帶綺疎，廣三尋，高二仞，深仞以半。堂背爲都房，慈孝竹一蘽幾萬竿，松一株偃蹇抑鬱，無復淩雲望。余感亡兒賁志，坎掩筆硯其下，兒輩憐之，爲題石書「吴仲穆瘗筆研處」。東端爲清凉室，蔽牖俱竹，密不受日月。西端爲蜚肥室，盧橘叢桂，勁幹離立，蒨葱可挹。翠柏一株，合抱扶疎，直干云霄。皆百年物。竅窗受之，令人作天際真人想。附牆低屋五楹，泡湢浴室具在取近也。循魁父東折，步櫚可數十武，題以绿雪檻。上覆美蔭，下滋崇蘭，過之泠風翏然。【略】由绿雪檻直北出衡門，嘉桑一，柿一，高且十尋。濱水多梅竹，設石几少憩。路畔蘽桂與桑争奇門勝。循牆以西爲達生臺，朱欄臨水，臺上古柏二株，亭亭相倚。花卉點綴，倒影參差，游魚跳躍水中，小有濠梁之致。從西岸竹百个，藩屏蔭界。【略】北度萬里橋，橋頭桂一株，勁幹虬枝，如蓋如屋。下置點石一拳，足揮麈逍遥，名曰逍遥坐。少進爲麗桂齋，廣庭列植四桂。【略】逕齋頭竹，中可十數武，叫篠深黝。抵門古梅一株，大真蔽牛。【略】黄羅公山、伯山歷歷可數矣。下曰水華榭，波光動盪梁棟間。四周環植榆柳李梅千百本。深水種魚，淺水種蓮。

明 張萱《**疑耀**》**卷二**《**殿廷植花柳**》 唐朝殿廷皆植花柳。故杜甫詩：香飄合殿春風轉，花覆千官淑景移。又曰：退朝花底散，歸院柳邊迷。宋朝殿廷則植松楸，而不植花柳者，以見嚴毅也。我朝殿廷松楸花柳皆不植，亦有深意。

明 李維楨《**大泌山房集**》**卷五七**《**鹿柴别業記**》 其最勝者曰柴塘。置槮蔽魚，因以薄捕。自趙宋始，廣輪可十畝，澄泓瀲灩，覆以荇藻，錦鱗仞積。朝旭始出，夕陽欲墜，山嵐林藹與波光上下，風雨成聲，煙月成色，令人耳目宣朗。夏時芰荷香襲衣裾。長堤環之多木芙蓉，豔色拒霜。楊柳、杉檜、榸櫸之屬，喬幹塵霄，密葉垂蔭，坐而忘暑。堤外有泉，清瑩甘洌，其上竹林不減篔簹谷。古松數株作海潮音，好鳥遞鳴，類一部清商。中有亭，布榻支枕，時成陶隱居松風之夢。亭畔梅花，軒間以夭桃。

又《**隑洲園記**》 園正臨廁州，與洲文相通，園所繇名矣。門東向，側有美梓，鵲巢數十年，玄平之尊人西安公手植也。入門，小石子徑齒齒成文，南天竺俠逕爲藩。前直小臺，臺有石，出吾邑中物，嵌空與洞庭等色微遜耳。其間有辛夷、牡丹。牡丹花盛者累百，則吾邑不數遘也。臺倚垣，垣外多芙蓉、括柏、榆柳，蔬畦棋布繡錯。臺北亦石子徑，可二筵，爲咸唐。咸唐者，咸池。【略】池兩端稍南，桂與海棠各二，蔭可丈許，亦西安公手植也。池北爲臨高臺，「臨高臺以軒」，漢樂府語也。臺下復爲小臺，莳雜花樹，而竹如鳳尾者最盛。分左右逕登臺，逕饒松竹，清風時至，大如數部鼓吹，細如縹緲步虚。由左逕入者爲扃扃齋，「我心扃扃」，逸詩語也。齋前有牡丹，有海紅，有金橘。由右逕入者爲于于軒，「其覺于于」，漆園吏語也。軒前有石欄，西安公舊物，質理曼朴，昭其儉也。有鳳毛蕉，有棕竹，有楊梅，而皆自墨丈室，以達於臺。「墨丈尋常之間」，周語也。【略】余每造亭，輒披襟脱屨，留連不能已。降臺仍憇室中。當室桂一梔二，而蒼筤竹自垣外衛之。從其右，取小徑至丘亭。丘亭者，「空亭息夫躬」，《傳》語也。亭四方悉梅花，開時坐卧其下，不減趙師雄羅浮之夢。其前列柏，屈而合之若帷幕。緋桃、月季、玉蘭、紫薇諸四時之花咸具。丘亭後編柏爲弄，三折而得亭。亭亦柏爲之，柏前蒼筤竹即當墨丈室之前者也。循柏亭而右，爲牡丹園，視咸唐池前十倍，故别以園稱。其隅有木香、瑤林、玉樹，芳菲襲人。

明 丁元薦《**尊拙堂文集**》卷一二《**灌園記**》 庭中馴孤鶴，晨輒鳴舞若有解者。竹萬箇，梅千樹，橘、柚、桃、李、梨、杏，殺之菊、蘭、薜荔、芙蓉、牡丹、芍藥，俯仰交媚。菖蒲刺水濱，雨後秀色可飧。牆外榆柳，綴以丹楓，霜後如赭。東鄰一古梨，廣十數圍，蔭數席，花時映帶如畫。予架長廊以受之。

明 謝肇淛《**五雜組**》卷一〇 美人蕉華而不實。吴越中無此種，顧道行先生移數本至家園植之。花時賓朋親識賞者如雲，以爲從來未始見也。先生喜甚，以美蕉名其軒。

明 王路《**花史左編**》卷一八《**合歡**》 《格物論》：夜合亦名合昏。按《圖經》安和五臟，和心志，令人歡樂，人家多植于庭除。枝甚柔弱，葉似莢槐，其葉暮而合。

又《**海桐花**》 葉似楊梅而稍闊，長青不凋。花細白如丁香，而嗅味不甚美，遠觀可也。人家園内多植之。

明 文震亨《**長物志**》卷二《**梅**》 幽人花伴，梅實專房。取苔護蘚封、枝稍古者，移植石岩或庭際，最古。另種數畝，花時坐卧其中，令神骨俱清。緑萼更勝，紅梅差俗。更有虬枝屈曲，置盆盎中者，極奇。蠟梅磬口爲上，荷花次之，九英最下，寒月庭際，亦不可無。

又《**葵花**》 葵花種類莫定。初夏花繁葉茂，最爲可觀。一曰戎葵，奇態百出，宜種曠處。一曰錦葵，其小如錢，文采可玩，宜種堦除。一曰向日，別名西番蓮，最惡。秋時一種，葉如龍爪，花作鵝黄者，名秋葵，最佳。

又《**松**》 松柏古雖並稱，然最高貴者，必以松爲首。天目最上，然不易種。取栝子松植堂前廣庭，或廣臺之上，不妨對偶。齋中宜植一株，下用文石爲臺，或太湖石爲欄俱可。水仙、蘭蕙、萱草之屬，雜蒔其下。山松宜植土岡之上，龍鱗既成，濤水相應，何減五株九里哉？

又《**竹**》 種竹宜築土爲壠，環水爲谿，小橋斜渡，陟級而登。上留平臺，以供坐卧，科頭散髮，儼如萬竹林中人也。否則闢地數畝，盡去雜樹，四週石壘令稍高，以石柱朱欄圍之，竹下不留纖塵片葉，可席地而坐，或留石臺石櫈之屬。竹取長枝巨幹，以毛竹爲第一，然宜山不宜城，城中則護基笋最佳，竹不甚雅。粉筋斑紫，四種俱可，燕竹最下。慈姥竹即桃枝竹，不入品。又有木竹、黄菰竹、箬竹、方竹、黄金間碧玉、觀音、鳳尾、金銀諸竹。忌種花欄之上及庭中平植。一帶牆頭，直立數竿。至如小竹叢生，曰瀟湘竹，宜於石巖小池之畔，留植數枝，亦有幽致，種竹有疎種、密種、淺種、深種之法。疎種，謂三四尺地方種一窠，欲其土虚行鞭。密種，謂竹種雖疏，然每窠却種四五竿，欲其根密。淺種，謂種時入土不深。深種，爲入土雖不深，上以田泥壅之。如法，無不茂盛。又棕竹三等，曰筋頭，曰短柄，二種枝短葉垂，堪植盆盎。曰樸竹，節稀葉硬全欠温雅，但可作扇骨料及畫叉柄耳。

又《**菊**》 吴中菊盛時，好事家必取數百本，五色相間，高下次列，以供賞玩。此以誇富貴容則可，若真能賞花者，必覓異種，用古盆盎植一枝兩枝，莖挺而秀，葉密而肥，至花發時，置几榻間，坐卧把玩，乃爲得花之性情。甘菊惟蕩口有一種，枝曲如偃蓋，花密如鋪錦者，最奇。餘僅可收花以供服食。野菊宜着籬落間。菊有六要二防之法：謂胎養、土宜、扶植、雨暘、修葺、灌溉，防蟲，及雀作窠時，必來摘葉，此皆園丁所宜知，又非吾輩事也。至如瓦料盆及合兩瓦爲盆者，不如無花爲愈矣。

又《**銀杏**》 銀杏株葉扶疎，新緑時最可愛。吴中刹宇及舊家名園，大有合抱者，新植似不必。

又《**梧桐**》 青桐有佳蔭，株緑如翠玉，宜種廣庭中。當日令人洗拭，且取枝梗如畫者，若直上而旁無他枝，如拳如蓋，及生棉者，皆所不取，其子亦可點茶。生於山岡者曰岡桐，子可作油。

又《**秋色**》 吴中稱雞冠、雁來紅、十樣錦之屬，名秋色。秋深，雜彩爛然，俱堪點綴。然僅可植廣庭，若幽窗多種，便覺蕪雜。鷄冠有矮脚者，種亦奇。

又《**薝蔔**》 一名越桃，一名林蘭，俗名梔子，古稱禪友。出自西域，宜種佛室中，其花不宜近嗅，有微細蟲入人鼻孔。齋閣可無種也。

又 卷一一《**石榴**》 石榴，花勝于果，有大紅、桃紅、淡白三種，千葉者名餠子榴，酷烈如火，無實，宜植庭際。

明 陳正學《**灌園草木識**》卷一《**千葉碧桃**》 花緑蒂白色，其瓣微鬆，亦結果。至秋淺黄，味微酸可食，園亭植以供花，不爲果也。

明 木增《**雲過淡墨**》卷八《**方秉蕑兮**》 蕑，即蘭香草也。《春秋》傳曰：刈蘭而卒。《楚辭》云：紉秋蘭。孔子曰：蘭當爲王者香，草皆是也。其莖葉似藥草，澤蘭但廣而長節，節中赤高四五尺，漢諸池苑及許昌宮中皆種之。

明 華淑《**花間碎事**》 寒花宜初雪，宜雪霽，宜新月，宜暖房。温花宜晴日，宜輕寒，宜華堂暑月，宜雨後，宜快風，宜佳木蔭，宜竹下，宜水閣。涼花

宜爽月，宜夕陽，宜空堦，宜苔徑，宜古藤巉石邊。

明 駱問禮《見大亭記》（《諸暨縣志》卷五輯） 見大亭者，家君兩英公所作，在宅前之山麓。庭花臺四，臺前陡坡，雜植成林。桃李發時，遠望如錦。近視則竹苗挺挺，高下出，嬌紅嫩緑間，亦自成致。其下園地頗寬，每思爲小構，亦有緒，而卒中止所見，惟薔薇、萊麥之類，不足數也。方池環以短牆，牆下植葵，長池抵砰處，植荷，夏日納凉，則金鱗滿目，清芳撲鼻。

明 計成《園冶》卷一《相地》 設門有待來賓，留徑可通爾室。竹修林茂，柳暗花明。五畝何拘，且效温公之獨樂。四時不謝，宜偕小玉以同游。日竟花朝，宵分月夕。一家庭侍酒，須開錦幛之藏。客集徵詩，量罰金谷之數。

又 摘景全留雜樹。搜根懼水，理頑石而堪支。引蔓通津，緣飛梁而可度。風生寒峭，溪灣柳間栽桃。月隱清微，屋遶梅餘種竹。似多幽趣，更入深情。兩三間曲盡春藏，一二處堪爲暑避。隔林鳩唤雨，斷岸馬嘶風。花落呼童，竹深留客。

又 開徑逶迤，竹木遥飛叠雉。臨濠蜒蜿，柴荆横引長虹。院廣堪梧，堤灣宜柳。别難成墅，兹易爲林。架屋隨基，濬水堅之石麓。安亭得景，蒔花笑以春風。虚閣蔭桐，清池涵月。洗出千家煙雨，移將四壁圖書。素入鏡中飛練，青來郭外環屏。芍藥宜欄，薔薇未架。不妨憑石，最厭編屏。束久重修，安垂不朽。片山多致，寸石生情。窗虚焦影玲瓏，巖曲松根盤礴。足徵市隱，猶勝巢居。

又 新築易乎開基，祇可栽楊移竹。舊園妙於翻造，自然古木繁花。【略】若對鄰氏之花，纔幾分消息，可以招呼，收春無盡。駕橋通隔水，别館堪圖。

又《立基》 遥遥十里荷風，遞香幽室。編籬種菊，因之陶令當年。鋤嶺栽梅，可並庾公故跡。尋幽移竹，對景蒔花。桃李不信，似通津言。池塘倒影，擬入鮫宫。一派涵秋，重陰結夏。

又《園説》 夜雨芭蕉，似雜鮫人之泣淚。曉風楊柳，若翻蠻女之纖腰。移竹當窗，分梨爲院。

又 圍牆隱約于蘿間。架屋蜿蜒于木末。山樓憑遠，縱目皆然。竹塢尋幽，醉心即是。軒楹高爽，窗户虚鄰，納千頃之汪洋，收四時之爛縵。梧陰匝地，槐蔭當庭。插柳沿堤，栽梅遶屋，結茅竹里，濬一派之長源。障錦山屏，列千尋之聳翠。雖由人作，宛自天開。

清 孫承澤《春明夢餘録》卷六五 月河梵苑，僧道深别院。池亭幽雅，甲於都邑。【略】（雨花）臺南爲石方池，貯水養蓮。池南入小牖爲槐室。古樗一株，枝柯四布，蔭於階除，俗呼龍爪槐。中列蠻墩四。槐屋南爲小亭，中庋鸜鵒石，其重二百斤，色净緑，蓋石之似玉者。凡亭屋臺池四圍，皆編竹爲藩，詰曲相通。花樹多碧梧、萬年松及海棠榴之類。自一粟折南以東，爲老圃。圃之門曰「曦先」。曦先北爲窨春，冬以藏花卉。窨春東爲春意亭，亭四周皆榆杜桑柳，叢列密布。【略】（聚景）亭東隙地植竹數挺，曰竹塢。下山少南，門曰看清。入看清結松爲亭，踰松亭爲觀瀾處。自聚景而南，地勢轉斗如大堤。遠望月河之水，自城北逶迤而來，下觸斷岸，有聲潺潺。别爲短牆，以障風雨，曰考槃榭。出看清西渡，小石橋。行叢薄中，回望二茅亭環以葦樊，隱映如畫。盤旋而北，未至曦先，結老木爲門，曰野芳。出曦先少南爲蝸居。東爲北山晚翠樓，樓上望北山，視聚景尤勝。出樓後，爲石級乃至樓下，蓋樓處高阜爲之，故下視若洞然。樓下爲北窗，窗懸籐籃。僧每坐其中，以嬉蓋番物也。樓閣出小牖，爲梅屋。盆梅一株，花時聚觀者甚盛。梅屋東爲蘭室，室中蒔蘭，前有千葉碧桃尤北方所未有者。

清 趙吉士《寄園寄所寄》卷三 西苑初入苑門，即臨太液池。蒲葦盈水際，如劍戟叢立。芰荷翠潔，清目可愛。循池東岸北行，榆柳杏桃，草色鋪岸如茵，花香襲人。行百步許，至椒園。松檜蒼翠，果樹分羅。中有圓殿，金碧掩映，四面豁敞，曰崇智。南有小池，金魚作陣，游戲其中。西有小亭臨木，芳木匝之，曰玩芳。又北行至圓城，自兩掖洞門而升，上有古松三株，枝幹槎牙，形狀偃蹇如龍，奮爪拏空，突兀天表。前有花樹數品，香氣極清。中有圓殿，巍然高聳，曰承光。北望山峰，嶙峋崒嵂，俯瞰池波，蕩漾澄澈。而山水之間，千姿萬態，莫不呈奇獻秀於几窗之前。西有長橋跨池，下過石橋而北，山曰萬歲，怪石參差爲門三，自東西而入，有殿倚山，左右立石爲峰，以次對峙，四圍皆石，贔屭齟齬，薜封蔓絡，佳木異草，上偃旁綴，樛葛薈翳。【略】西至乾隅，有殿用草，曰太素。殿後草亭，畫松竹梅于上，曰歲寒門。

清 李漁《閑情偶寄》卷一三 春海棠顔色極佳。凡有園亭者，不可不備。然貧士之家，不能必有，當以秋海棠補之。此花便于貧士者有二：移根即是，不須錢買，一也。爲地不多，牆間壁上皆可植之。性復喜陰，秋海棠所取之地，皆群花所棄之地也。

清 陳淏子《秘傳花鏡》卷二《敞室置具》 敞室宜近水。長夏所居，盡去窗檻，前梧後竹，荷池繞於外，水閣啓其旁，不漏日影，惟透香風。列木几極長丈者於正中，兩旁置長榻無屏者各一。不必挂佳畫，夏日易於燥裂，且後壁洞開，亦無處可懸挂也。北窗設竹床蘄簟於其中，以便長日高卧。几上設大硯一，青緑水盆一，尊彝之屬，俱取陽大者。置建蘭、珍珠蘭、茉莉數盆於几案上風之所。兼之奇峰古樹，水閣蓮亭，不妨多列湘簾，四垂窗牖，人望之如入清涼福地。

又 卷三《花木類考·梅》 梅本出於羅浮庾嶺，喜暖故也。而古梅多著於吴下。吴興西湖、會稽、四明等處，每多百年老幹，其枝樛曲萬狀，蒼蘚鱗皴，封滿花身。且有苔鬚垂於枝間長寸許。風至緑絲飄動，其樹枝四蔭週遭，可羅坐數十人，好事者多載酒賞之。蓋梅爲天下尤物，無論智愚賢不肖，莫不慕其香韻而稱其清高，故名園古刹，取横斜疏瘦，與老幹枯株，以爲點綴。早梅冬至前即開，晚梅春分時始放。如多植則相繼而開最久。

清 高士奇《北墅抱瓮録·梅》 梅花寒香玉骨，迥出塵表。墅中古幹數百本，構小亭其中。早春破萼，香雪周遮，獨坐長吟，清人心腑。至於水涯籬次，叢竹怪石之畔，間植數株，横斜鬱曲，各具標格。梅種不一，以緑萼爲上品，玉蝶次之，單瓣野梅又次之。紅梅姿韻芳妍，艷而不冶，其開在諸梅之先，寒林點綴。尤不可無也。

清 高士奇《金鰲退食筆記》卷上 芭蕉園自太液池東行半里許。蒲葦盈水，榆柳被岸，松檜蒼翠，果樹分羅中，崇闌廣砌。一殿穹窿，以黄金雙龍作頂，纓絡懸綴，雕櫳綺窗，朱楹玉檻，望而敞豁，舊曰崇智殿。殿後藥蘭花圃，有牡丹數十株。

又 卷下 上從清涼山手移金蓮花，亦付南花園栽種。四月末，花開碧葉黄英，鮮潔可愛。其餘雜花奇樹不可名言，惟設内監司灌溉之事。冬月進花，皆用黄布作綿套，包裹不使見風。菊花以緑竹作架，各懸小牌，書某種。如粉西施、水晶盤、太史黄、紫羅蘭之類，按時舁送各宫殿安放，花殘則隨時易以新者，南書房亦如之。

清 康熙《萬壽盛典》初集卷一一〇 次爲乾清宫總管、首領、太監等棚。彩結門坊，燈圍珠繡，璫貂舞蹈，誦皇極以傳經，宫寺趨蹌，捧壺漿而上食。次爲直隸九府臣民人等棚。華屏曲闌，蕙圃蘭塘。蔭路柔枝濃陰如蓋，緑籬嘉卉吐秀如雲。複廊則縹緲以連綿，高閣則參差而突兀。繪來耕稼，儼田疇阡陌之錯陳。譜出桑麻，宛經緯機杼之畢具。牆上舞花而不落，錦幄争妍。樓頭激瀑以交飛，銀河下瀉。春回閬苑，桃千樹以舒紅。日暖蓬萊，柳萬行而布緑。華燈四照，光徧鼇山。曲水紆流，波溶魚藻。林邸照耀，雲日輝煌。

又 次爲蘇州府屬臣民人等棚，竹籬茆舍，異卉奇花。

又 福建、山東、江西、河南、廣東、廣西六省臣民棚。彩椽六角，繡幕三圍，碧疏窈窕，以玲瓏畫檻盤迴而燁麗。門垂碧柳，户映緋桃，一寸二寸之魚，三竿兩竿之竹，園林曲折，店肆參差，錦帳飄揚，花幡焜燿如入武彝之曲。

又 山西、陝西、湖廣、四川、貴州、雲南六省臣民棚，紅燈肆設，翠幄重遮。舞蝶游絲，帶清飈而散影，分花交柳，映碧浪而成文。采華岳之蓮，祥開十大。酌晉池之水，壽永千秋。楚蜀之錦綺連雲，黔滇之珍書耀日。長橋掩映，俯臨九達之衢。

又 次爲長蘆商人等棚，演曼衍角觝之戲，極銀花火樹之觀。環以藥欄，間以籬落。紅花翠篠掩映崇臺，網户珠簾低垂繡幕，亦極一時之勝概也。

清 葉天培《菊譜》卷上《位置》 款致咸宜置之。不得其所則褻。必須粉牆、素壁、净几、明窗，大小方圓，各几俱備。疏密高下，映帶有情。夜來燒煙願影，疏宕迷離。□之籬下，别饒風韻。

清 李斗《揚州畫舫録》卷一五 是園池塘本保障湖旁蓮市。塘中荷花皆清明前種，開時出葉尺許，葉大如蕉，周以垂柳，幕歷廣廈，窗窱避暑爲宜。高詠樓後築屋十餘楹，如弓字，一曰含青室。樓角小門通之。聯云：日交當户樹蘇頲，花繞傍池山祖詠。室旁小屋十數間，曰眺聽烟霞軒。聯云松排山面千重翠白居易，曰較人間一倍長陸龜蒙。一曰初日軒，本名承露軒，今仍用其舊。聯云：池塘月撼芙渠浪方干，羅綺晴嬌緑水洲孟浩然。軒後度板橋入規門，有十字廳，顔曰青桂山房。聯云：從此不知蘭鹿貴貴思謙，相期共鬥賞絃來孟浩然。聽前老桂數十株，靠山多玉蝶梅，廳後方塘數畝，高柳四圍，秋間蟬聲不絶。塘北後山崛起，搆亭翼然。顔曰指顧三山。其下竹畦萬頃，中搆小竹樓，樓下爲射圃。

清 沈復《浮生六記》卷四《浪游記快》 道署緊靠北城，後有園圃，横長約三畝。【略】西池中有亭，藕花繞左右。東有面南書室三間，庭有蒲萄架，下設方石，可弈可飲。以外皆菊畦。

清 郝懿行《曬書堂集》外集卷下《馬纓花考》 馬纓花即合歡。一名合昏，又名夜合。【略】此花人家園亭多植之。晉華林園中合歡四株。唐人畫宮殿，池臺間多點綴生色。

清 王培荀《鄉園憶舊録》卷五 曲阜城有二南門。左一門直對聖廟東華門。西華門内正面儀門，非駕至不開。左右二門，祭時出入。儀門内古槐一株，僅餘其半，大可蔽牛，斜卧于地，累石支之，枝葉向空竪起，仍自鬱茂，謂之「杖履槐」，蓋千百年物也。大殿前築臺爲杏壇，匝植杏二十餘株，以存古意。兩廡森列，正殿基高幾二丈，臺分三路，中間石刻二龍抱珠，不準人行。殿九楹，盤龍石柱兩人合抱，石質未甚細膩，就近山采取故也。殿後地寬闊，檜柏鬱然，有古檜無枝葉，可三四人合抱，石欄獲之，謂之鐵樹。儀門衆碑羅列，榻字者終歲不絶。

清 嘉慶《梅里志》卷六 竹垞在里南荷花池上，朱太史彝尊築，因以自號。孫侍郎承澤書額，海陵曹岳作圖。有堂曰潛采，堂之西南曰甌舫，金陵鄭簠書額。東有静志居、六峰閣、娱老軒，後結亭於池南，曰暴書，有茭池、芋陂、桐階、同心蘭砌、青桂巖、槐汧、繡鴨灘、釣船坊、落帆步諸景。今亭已圮，惟亭前松樹一株特立桑柘中，乾隆四十七年六月爲大風摧折。

清 方濬頤《二知軒文存》卷二〇《儀董軒記》 於東南隅，別穿一井，以資澆灌。舉向之榛蕪瓦礫，悉芟夷而剗削之。軒以外，桐桂桃杏之屬各十餘樹，竹數百竿。其尤勝者，一松塔，一槐龍。夭矯獨異乎羣木，而金絲柳摇曳其間，醮雨籠煙，別有野趣。柳林之側，紅白梅十五株。花時爛漫可愛，因起團蕉編茆覆之，額以「香雪」。軒之前，編矮籬爲花徑，雜蒔鳳仙、雞冠、雁來紅，爛煸奪目，豔過春陽。軒之兩傍則架高籬，種瓜豆、壺盧、忍冬、薔薇以引蔓其上。今夏多雨，顧盼即成翠帷。

清 吴嗣仲《慕園晏叙圖畫略》（《永昌府志》卷六五輯） 庭前植紫荆二本，園柏翠柏各一。東廂爲園丁住所，西敞月洞，甃以方池。【略】周遭石欄，圍緑護碧，上建二小亭。西爲盥墨，南爲澄源，不設門闑，置石桌石櫈而已。前後左右隙地雜植松、桂、梅、杏、梨、橘、山茶等樹，亭後廣栽墨竹、金竹二種，缺處以芭蕉補之。

清 光緒《盱眙縣志稾》卷一七《雜記》 宋人李格非《洛陽名園記》以園之興廢驗地之盛衰。盱眙，江淮僻邑，然據湖山之勝，名藍精舍，足資游覽。而最勝者爲汪園麟見亭。河帥有《汪園問花記》，其略曰：汪園在第一山東八里，爲孟棠觀察別墅。余同王蓮舟太守、蔡石渠游戎往游焉，仰而登山，俯而涉溪，凡數折始至園門。則見倚山架楹，決泉成沼，臺榭亭宇製作合度。其鐵幹紅萼，横斜穿插。蔽巖而抱閣者，梅三百樹也。蕭疏披拂，舞風梢雲。迸石而蔭檐者，竹萬竿也。雜草名目不可悉數。櫻桃成林，花時翦絨錯繡，飛屑滿徑。仰見笠山矗峙東南，與第一山巒岫相延屬，環青縈翠，若爲園樹作屏嶂者。江北名園允稱第一。《蠙廬詩鈔》嘗紀南園諸景而繫以詩，曰梅坪早春，曰蘭田曉露，曰斗笠山種松，曰雙海棠巢夜飲，曰今桃花潭修禊，曰櫻桃灣消夏，曰柳橋煙雨，曰白雲臺獨立，曰藕汧風香，曰鶴呰攜琴，曰孔雀欄日影，曰雙桂坡秋月，曰清聽樓曉鐘，曰紅葉村望淮，曰竹徑歸樵，曰小珊瑚齋看雪。想見當時林壑之盛。同時又有偶園，邑人王蔭槐所築，在第一山之麓，較汪園爲狹，而軒豁過之。前臨後街，入門爲鉛山堂，堂之廂爲半舫齋。循鉛山堂西迤南行，左巨屋三楹，北向，闢南牖。外爲荷池，池上巖有松、桂、梅、竹、海棠、丁香，竹籬間之忍冬、錦帶徧籬上。迂迴曲折，石級十數達延春門，門北向已見淮流矣。又西南爲紫藤花館，遶以迴廊，庭植紫藤一株，近百年物。緑陰蔽空，飛英積地皆尺許。由廊而東，爲春暉堂。迤東北爲蠙廬堂，面山。石磴嶙峋，上爲美哉亭。亭後山巖徧植牡丹，花時如錦繡。亭左右叢桂古香襲人。由山石東轉，又上爲挹波臺，園之最高處。由春暉堂循堤而西，南鑿石爲渠，曰霏紅澗，有橋跨渠上，曰縠雨橋。兩岸緋桃絲楊相掩映，榆柳參天，數十株皆合抱。橋南石屏高數丈，屏依巖，巖上徧植迎春，黄花下垂，數十武一色。由巖東拾級而上，歷椿巖桐徑，亦至美哉亭。

傳記

宋 黄休復《茅亭客話》卷八《滕處士》 滕處士昌祐，字勝華，攻書畫。今大聖慈寺文殊閣、普賢閣、天花瑞像額，處士筆蹟也。畫花竹鳥獸，體物像形，功妙格品，具名畫録。處士所居州東北隅，竹樹交陰，景象幽寂，有園圃池亭，徧蒔花果，凡壅培種植，皆有方法。及以藥苗爲蔬。藥粉爲饌。年八十五，書畫未嘗輟焉。廳壁懸一大粉板，題園中花草品格名目者百餘件，亦有遠方怪草奇花，蓋欲資其畫藝爾。園中有一柿樹，夏中團坐十餘人，敷張如蓋，無

暑氣。云柿有七絶，頗宜種之。一有壽，二多陰，三無禽窠，四無蟲蠹，五有嘉實，六本固，七霜葉紅而堪玩。有一盆池，云初埋大盆，致細土，拌細切生葱、酒糟各少許，深二尺餘，以水漬之。候春初，掘取藕根粗者，和顛三節已上四五莖，傷損埋入深泥，令近盆底。纔及春分，葉生，當年有花。夫藕有四美，根爲菜，花爲玩，實爲果，葉爲杓，具此四美，池沼亭檻之前爲瑞草，萍蘋藻荇不得與侔也。園中有慈竹叢生，根不離母，故名之慈也。有鈞絲竹，以其弱杪低而垂至地也。有絲竹，葉細而青，莖瘦而紫，亦謂之墨竹。有對青竹，身黄色，有一脈青，節節相對，故謂之對青也。有苦竹，葉穠多陰，笋高之時，粉香籊翠。有柱竹，扶疏叢茂。瀟灑亭臺，無出此數君也。

清 光緒《江西通志三》卷一一五 薌林在（萬載）縣東門外。宋秘閣修撰向子諲治一室，手植衆香草環之，而讀《離騷》其中，自號薌林居士。建炎末，上書謝事，徘徊玉笥之下淦水之濱，登高探勝，築室居焉。藝蘭九畹，采芝三秀，羣芳衆草，羅生庭户。蓋真得所謂薌林者。

紀事

北魏 楊衒之《洛陽伽藍記》卷四 自退酤以西，張方溝以東，南臨洛水，北達芒山，其間東西二里，南北十五里，並名爲壽丘里，皇宗所居也。民間號爲王子坊。當時四海晏清，八荒率職，縹囊紀慶，玉燭調辰。百姓殷阜，年登俗樂。鰥寡不聞犬豕之食，煢獨不見牛馬之衣。於是帝族王侯，外戚公主，擅山海之富，居川林之饒，爭修園宅，互相誇競。崇門豐室，洞户連房；飛館生風，重樓起霧。高臺芳榭，家家而築；花林曲池，園園而有。莫不桃李夏緑，竹柏冬青。

唐 李德裕《李衛公別集》卷九《平泉山居草木記》 余嘗覽想石泉公家藏藏書曰，有《園庭草木疏》，則知先哲所尚，必有意焉。余二十年間，三守吴門，一莅淮服，嘉樹芳草，性之所耽，或致自同人，或得於樵客始則盈尺，今已豐尋。因感學《詩》者多識草木之名，爲《騷》者必盡蓀荃之美，乃記所出山澤，庶資博聞。木之奇者，有天台之金松、琪樹，稽山之海棠、榧檜，剡溪之紅桂、厚朴，海嶠之香檉、木蘭，天目之青神、鳳集，鍾山之月桂、青颸、楊梅，曲房之山桂、温樹，金陵之珠柏、欒荆、杜鵑，茆山之山桃、側柏、南燭，宜春之柳柏、紅豆、山櫻，藍田之栗梨、龍柏。其水物之美者，荷有蘋洲之重臺蓮，芙蓉湖之白蓮，茅山東溪之芳蓀。復有日觀、震澤、巫嶺、羅浮、桂水、岩湍、廬阜、漏澤之石在焉。其伊洛名園所有，今並不載。豈若潘賦《閒居》，稱郁棣之藻麗；陶歸衡宇，喜松菊之猶存。爰列嘉名，書之于石。已未歲，又得番禺之山茶，宛陵之紫丁香，會稽之百葉木芙蓉、百葉薔薇，永嘉之紫桂，族蝶，天台之海石楠，桂林之俱那衛，台嶺、八公之怪石，巫峽之岩湍，琅邪臺之水石，布於清渠之側；仙人跡、鹿跡之石，列於佛榻之前。是歲又得鍾陵之同心木芙蓉，剡中之真紅桂，稽山之四時杜鵑、相思紫苑、貞桐、山茗、重臺薔薇、黄槿，東陽之牡桂、紫石楠，九華山藥樹天蓼、青櫪、黄心桃子、朱杉、龍骨闕。庚申歲，復得宜春之筆樹、楠稚子、金荆、紅筆、密蒙、勾栗木，其草藥又得山薑、碧百合。

宋 黄休復《茅亭客話》卷八《瑞牡丹》 大中祥符辛亥春，知益州樞密直學士任公中正張筵賞花於大慈精舍。時有州民王氏獻一合歡牡丹。任公即圖之，時士庶觀者闐咽竟日，且西蜀自李唐之後未有此花，凡圖畫者唯名洛州花。考諸舊説，謂之木芍藥。牡丹之號蓋出於天寶初。按《酉陽雜俎》云：隋朝文士集中無牡丹歌詩，又隋朝《種植法》之十卷亦無牡丹者。至僞蜀，王氏自京洛及梁洋間移植。廣開池沼，創立臺榭，奇異花木，怪石修竹，無所不有，署其苑曰宣華。其公相勳臣競起第宅，窮極奢麗。時元舅徐延瓊新創一宅，雕峻奢壯，花木畢有，唯無牡丹。或聞秦州董城村僧院有紅牡丹一樹，遂賂金帛，令取之。掘土方丈，盛以木匣，歷三千里至蜀，植于新宅。花開日，少主臨幸，歎其屋宇華麗，壯侔宫苑，命筆書「孟」字於柱上。俗謂孟爲不堪。明年，後唐吊伐孟知祥，自太原馳赴蜀，即知其先兆矣乎。僞通政王宗裕亦於北門清遠江東創一亭，臺榭池塘，駢植花竹，泉石縈遶，流杯九曲，爲當時之甲也。唯牡丹花初開一朵，王與諸親屬攜妓樂張宴，賞其初開者。花已爲一女妓所折，王怒欲誅之。其妻諫曰：「此妓善琵琶，可令於堦前執樂就賞」。王怒稍解。其難得也如此。至孟氏於宣華苑廣加栽植，名之曰牡丹花。外有麗春，與黎州所有者小不同爾。

宋 李格非《洛陽名園記》《松島》 松、柏、樅、杉、檜、栝，皆美木。洛陽獨愛栝而敬松。松島，數百年松也。其東南隅雙松尤奇。在唐爲袁象先園。本朝屬李文定公丞相。今爲吴氏園，傳三世矣。頗葺亭榭池沼，植竹木其旁。南築臺，北構堂，東北曰道院。又東有池，池前後爲亭臨之。自東大渠引水注

園中，清泉細流，涓涓無不通處，在他郡尚無有，而洛陽獨以其松名。

又《苗帥園》 節度使苗侯既貴，欲極天下佳處卜居，得河南。河南園宅又號最佳處，得開寶宰相王溥園，遂搆之。園既古，景物皆蒼老，復得完力藻飾出之，於是有欲憑陵諸園之意矣。園故有七葉二樹對峙，高百尺，春夏望之如山然，今創堂其北。竹萬餘竿，皆大滿二三圍。疏筠琅玕，如碧玉椽。今創亭其南東。有水自伊水派來，可浮十石舟，今創亭壓其溪。有大松七，今引水繞之。有池宜蓮荇，今創水軒，駕出水上，對軒有橋亭，制度甚雄侈然。

宋 周紫芝《太倉稊米集》卷六一《實録院種木》 某紹興丁卯秋七月爲詳定一司敕令所刪定官。後兩月，會實録院修撰罷去，院且無官。朝廷不以某不肖，俾攝檢討官事。越明日，拜命於庭，見其堂宇宏麗，静邃有嚴，巋聳然異之。及洞視內外，雖高明虚曠，地無游塵，而未有一草一木可以覽觀於几席之上者。嘗有意於此而未遑暇焉。明年秋七月，始於是白於諸司曰：實録院建於紹興，十有三年於兹矣，院與圖書之府興於同歲。今道山蓬閣，花竹陰翳，著有行列，足以備四時之觀。緊此獨無，奈何？於是始買木於山中而植之，乃環十木於大廷之下，曰冬青，蓋列於兩榮之前者，各以四植於其中者，二面而視之，猶有四焉，而其數則十也。植二木於堂之前，曰木犀，皆列於兩階之傍，以當宰相燕休之閣也。又植五木於堂之後，其三曰梅，其二曰桃，而錯之以需，其相代而榮也。總木之數凡十有七，雖其高不踰尋丈，儻資以雨露之濡，藉以封植之力，勿剪其柯，而待以歲年，殆見其蔚然而幾以興也，曄然而華以芬也。

宋 陳亮《龍川集》卷二〇《與朱元晦秘書》 亮舊與秘書對坐處橫接一間，名曰燕坐。前行十步，對柏屋三間，名曰抱膝。接以秋香海棠，圍以竹，雜以梅，前植兩檜兩柏，而臨一小池，是中真可老矣。葉正則爲作《抱膝吟》二首，君舉作一首，詞語甚工。然猶説長説短，説人説我，未能盡暢抱膝之意也。同床各做夢，周公且不能學得，何必一一説到孔明哉。亮又自不會吟得，使此耿耿者無以自發。秘書高情傑句橫出一世，爲亮作兩吟。其一爲和平之音，其一爲悲歌慷慨之音。使坐此屋而歌以自適，亦如常對晤也。去僕已別賫五日糧，令在彼候五七日不妨，千萬便爲一作，至懇至懇！抱膝之東側去五七步，作一杉亭頗大，名曰小憩，三面臨池，兩旁植以黃菊，後植木樨八株，四黃四丹，更植一大木樨於其中。去亭可十步，池之上爲橋屋三間，兩面皆著亮窗，名曰舫齋。過池可十四五步地即一大池，池上作赤水堂三間，又作箔水，正臨大池，池可三十畝，池旁又一小池，小池之旁即驛路。去驛路百步，有一古松，甚大而茂，當是七八十年之松。赤水堂正對之，名曰獨松堂。堂後爲寧廊一間，中有大李樹，兩旁爲小廊，分趨舫齋。小廊之兩旁即植桃。堂之兩旁爲小齋以憩息，環植以竹。獨松堂尋赤水，木未足度，與舫齋皆至秋可成。杉亭之池如偃月，西一頭既作柏屋，東一頭當作六柱榧亭一間，名曰臨野。正西岸上稍幽，作一小梓亭於其上，名曰隱見。更去西十步，即作小書院十二間，前又臨一池，以爲秀才讀書之所。度二年皆可成也。兩池之東有田二百畝，皆先祖先人之舊業。嘗屬他人矣，今盡得之以耕。如此老死，亦復何憾？田之上有小坡，爲園二十畝，先作小亭臨田，名曰觀稼。他時又可作一小圃。今且植竹，餘未有力也。此小坡，亮所居屋正對之。屋之東北又有園二十畝，種蔬植桃李而已。

宋 朱鑑《文公易説》卷一九 朱子先生於州治射堂之後圃，畫爲井字九區。中石甃爲高壇，中之後區爲茅菴，菴三窗櫺。左爲泰卦，右爲否卦，後爲復卦，前扇爲剥卦。菴前接爲小屋，前區爲小茅亭。左右三區，各列植桃李而間以梅。九區之外，圍繞植竹。是日游其間，笑謂諸生曰：上有九疇八卦之象，下有九丘八陣之法。陳淳録

明 解縉《文毅集》卷一〇《蓮竹軒記》 廬陽曾氏避新莽之亂來自魯國，蓋千餘年。而學士益初、巽初兄弟以文學行誼名天下，鄉里兒童皆能道其姓字。其家在龍潭，自其父宋兵部侍郎東軒先生始，自吉水分於永豐，其鄉曰遷鶯，則自其先始在南唐登甲科賜名也。然龍潭之溪山環合，九峰白覆，連延其後如屏帷，高陂曲澗，綺錯虹繞。余嘗謂其人與居相宜也。巽初之曾孫子棨間嘗種竹於庭，植蓮於池，開軒臨之以自怡，而請予記。予顔之曰蓮竹，而本其家之故事而爲記焉。其家在宋宣和中有諱閔者，與其弟民瞻並舉進士，其所植竹一本兩竿，蓮二花共幹。而民瞻擢甲科至大官，遂以雙秀名亭，二百年於此矣。今子棨所植娟秀榮甚，其將復爲休祥趾，美前脩乎。但其媚色朝芳，舒霞立玉，亭亭静娟，千紅萬緑。或微颸之奏林，或殊祥之動目，千娃萬枝，艷不綺縠。羣賢聚止，味不粱肉。狎暱之愛莫嬰，而真淑之情至足。比之亂淫哇而溺汙瀆者，天壤懸隔矣。故凡一世之聲色有足乎人之觀聽者，子棨必不能以此而易彼也。雖然，是二者一物也，有嗜好必溺心，惟觀物可窮理。《易》稱震爲龍，爲蒼筤竹，爲蕃鮮，爲旉。艮於木爲堅多節，竹於龍顔也。故其發榮滋長，朝夕丈尋者，與凡草木大異，出乎震，齊乎巽，成言乎艮。震艮，竹之始

終，故貫四時而不改柯易葉也，巽爲木，爲白離，於木也，爲科上槁。乾爲寒，爲金，爲木果。巽，蓮本也。根於金，故榮於巽，華於離。離色赤，蓮之花其正色也。金屬西方，白蓮之本白者，其實與本同也。科上槁者，其爲房密也。的中薏味苦，離也，性寒乾也。故其芳以潔，剛柔合德也，皆非草木之比也。子榮觀物而悟理窮，則如竹之於冬日也。使人以爲難達，則如蓮之於夏日也。使人皆悦之，則庶幾無累於物也。若於其榮瘁開落，栽培傾覆，爲祥，爲不祥，屑屑然如場師圃人之爲，則又深爲物之所累者。吾知子榮之無是也。

明　王恕《王端毅公文集》卷一《後樂亭記》　有司欽承聖諭供應無違。於是作亭於西園東圃之内，以爲游樂之所。其内有果木花卉，松柏竹梅、芭蕉、桃李梨棗杏柿、羌桃、葡萄、榅桲、朱櫻、石榴、木瓜、芍藥、牡丹、薔薇、荼蘼、海棠、山茶、杕棠、玉簪及各種菊花。又有溝渠以通灌溉，池沼養魚栽蓮，復有仙鶴錦鷄往來於樹林花徑之間，飲啄自如，馴擾不驚。

明　韓雍《襄毅文集》卷九《葑溪草堂記》　予家蘇城葑溪之上。家之東有園三十畝，竹木叢深，市井遠隔。中有方池，週二百步。溪流自東南來，注其中。予愛其幽僻，足以爲佚老之區。命子文芰夷修濬，投嘉魚池中，而作堂三楹於其北。堂前植幽蘭數本，左右植老桂兩株。後近垣植籙竹三百竿，大可合圍，高可四五丈。桂之外，西植斑竹，東植紫竹，黄金間碧玉竹，其數皆減籙竹之半，而高低小大亦各不同。又其外植桃、李、杏、雜樹百餘株。池南作假山，植佳菊百本。又南有竹林，中多豐草，山鵲、野雉、翠禽、斑鳩、雜鳥雀時來飛鳴，棲止於其間。池溪東南，夾岸有古梅五株，植諸種柑橘、林檎、櫻桃、枇杷、銀杏、石榴、宣梨、胡桃、海門柿等樹餘三百株。西南復有小池，植千葉紅蓮，臨池與垣有桑、棗、槐、梓、榆、柳、雜樹二百株，餘則皆蔬畦也。物性不同，隨時發生，取之可以供時祀、給家用。而當雪殘雨收，月白風清之時，與良朋佳客游其間，又可以恣清玩、解塵慮。若異卉珍木，古人好奇而貪得者，不植焉。

明　李賢《古穰集》卷五《賜游西苑記》　天順己卯首夏吉日，上命中貴人引賢，與吏部尚書王翺數人游西苑。明年亦如之，又明年亦如之。初入苑門即臨太液池，蒲葦盈水際如劍戟叢立，芰荷翠潔，清目可愛。循池東岸北行，榆柳森排，草色鋪岸如茵，花香襲人。行百步許至椒園，松檜蒼翠，果樹分羅。中有圓殿，金碧掩映，四面豁廠，曰崇智。南有小池，金魚作陣游戲其中。西有小亭臨水，芳木匝之，曰玩芳。又北行至圓城，自兩掖洞門而升，上有古松三株，枝幹槎牙，形狀偃蹇如龍奮爪拏空，突兀天表。前有花樹數品，香氣極清。中有圓殿巍然高聳，曰承光。北望山峰嶙峋崒嵂，俯瞰池波蕩漾澄澈，而山水之間千姿萬態，莫不呈奇獻秀於几窗之前。西有長橋跨池下。過石橋而北，山曰萬歲，怪石參差，爲門三。自東西而入，有殿倚山。左右立石爲峰，以次對峙。四圍皆石，贔屭䶕齶。薜荔蔓絡，佳木異草，上偃旁綴，樛葛蓊翳。兩腋疊石爲磴。

明　魯鐸《魯文恪公文集》卷六《己有園記》　於臺東平地植花木，以其色與開之後先相間，蓋終歲未有一日不見花者。又蟠水築而垣之以爲池。池頗曲，故以磬名之。林中向池爲草亭，吴東湖中丞扁曰秀芳。芳言花木，秀言池水也。池中有州如鳧，而鳧又嘗栖止，故名曰鳧洲。作草堂其上，堂名遂亦因之。堂西有紅梅，下覆釣石，仿李賀詩意，名紅雪磯。洲之南有磯樹間，曰午陰，貴其蔭也。洲北復有小洲，曰中臺。樹冬青、梧、梓，以桃杏夾之。下罫平石，可據而坐且奕也。又其北復有小池，界以甬而橋其中，橋東西分種紅白蓮。將漁大池，登草堂，則小舟東西通焉。舟貯以屋。水立池東北隅，古臺之東，徇地勢爲闌行松竹間，凡數折而下，迤邐出池上，菰蒲、蘋蓼、芙蓉、楊柳、魚鳧、水蟲色不種畜而有，蓋具江湖之體而微耳。日未下舂，則臺周竹樹便復蔽虧，池水皆陰。矯首西望，不得逕路，忽不知其非山林也。

明　汪砢玉《珊瑚網》卷一五《衡山書拙政園記并詩長卷》　槐雨先生王君敬止所居，在郡城東北分婁齊門之間。居多隙地，有積水亘其中，稍加濬治，環以林木。爲重屋其陽，曰夢隱樓。爲堂其陰，曰若墅堂。堂之前爲繁香塢，其後爲倚玉軒。軒北直夢隱，絶水爲梁，曰小飛虹。踰小飛虹而北，循水西行，岸多木芙蓉，曰芙蓉隈。又西，中流爲榭，曰小滄浪亭。亭之南，翳以修竹。而西出於水澨，有石可坐，可俯而濯，曰志清處。至是水折而北，滉漾渺瀰，望若湖泊，夾岸皆佳木。其西多柳，曰柳隩。東岸積土爲臺，曰意遠臺。臺之下植石爲磯，可坐而漁，曰釣磯。遵磯而北，地益迥，林木益深，水益清。駛水盡，別疏小沼，植蓮其中，曰水花池。池上美竹千挺，可以追涼。中爲亭，曰净深。循净深而東，柑橘數十本，亭曰待霜。又東，出夢隱樓之後，長松數植，風至泠然有聲，曰聽松風處。自此繞出夢隱之前，古木疏篁，可以憩息，曰怡顔處。又前，循水而東，果林彌望，曰來禽囿。囿盡，縛四檜爲亭，曰得真亭。亭之後爲珍李坂，其前爲玫瑰柴，又前爲薔薇徑。至是水折而南，夾岸植桃，

曰桃花汧。汧之南爲湘筠塢，又南，古槐一株，旉陰數兮，曰槐幄。其下跨水爲杠，踰杠而西，篁竹陰翳，榆槐蔽虧，有亭翼然西臨水上者，槐雨亭也。亭之後爲爾耳軒，左爲芭蕉檻。凡諸亭檻臺榭，皆因水爲面勢。自桃花汧而來，水益微，至是伏流而南，踰百武，出於別圃蘗竹之間，是爲竹澗。竹澗之東，江梅數百植，花時香雪爛然，望若瑶林玉樹，曰瑶圃。

明 曹學佺《蜀中廣記》卷三〇《中江縣》 眉山程建用《與蘇子瞻書》云：中江於東蜀號爲劇邑，以衰拙臨之。始至若無暇泊，半年而滯獄清，期年而庶事稍就叙。乃謀葺亭臺池館之舊，則西園之勝有環翠亭焉。亭面北而枕南，相傳以薛公田所建也。亭前兩株桐，挺直無節目，高二丈餘，枝葉扶疏。亭後甃石爲山，傍植紅蕉，三面控掩以牆，牆間列詩碑，皆歷公與其子球任本路憲日并歷政諸公之所作也。袤百有五十丈，曰養閒亭。亭之後爲頤正堂，夾堂植花果。堂之東爲潛閣，閣之前牡丹數叢，深紫色，此蜀花之鮮有也。閣後懸窗，窗外竹百餘本，紫如葚，纖如笴，森如束，高出檐際，皆廖公子孟創植。文公同爲之記。其亭雄壯冠於邑居。西有臺，高丈餘，榜曰觀風。登臺倚欄，其南北與西境山川歷歷可覩。惟東則爲亭屋縣樓之所蔽，西有棲妙山，山有洞，田真人所名也，今爲集虚觀。

明 袁中道《珂雪齋集》外集卷四《游居柿録》 從徐寓移至觀音寺塔下吴氏新居。吴氏已移居，予移行李其中。入門，叢桂一株爲瓦礫所侵，急披剔之。募工數人，盡去草菜，花石漸透露。後園有老柏三株，海冬青二株，臘梅二株，白梅一株，石榴二株，雜花尚有多種，皆爲草封。園後臺上，白水一湖，澄人心脾，而臺狹不可亭，乃募土工益之。大都置園以水爲主，得水始可倏治。此地據水之勝，爲可喜也。臺四周皆楮樹，楮于樹爲下品，然葉極濃，其實殷紅可蜜，其皮又爲帋，而仙家服食中亦用楮實，不知何以賤之乃爾。豈謂其易生耶？子瞻有宥楮詩，即此木也。西日方熾時，此樹重重遮蔽，如含雲霞。雖以珊瑚林易之，吾不與也。料理吴氏新園，去其遮天障風者，蓋沙津作宅，不欲見天與風故也。

明 王路《花史左編》卷二《陳山》 平湖上有龍湫山，花爛熳不可枚舉。邇來馮墓植紫荆數本，妖艷特異。近寺茅檐草舍皆繞植桃柳。春游士女輻輳，杯盤狼籍，無不手撚花枝醉呼潦倒者。寺後有臺，萬松擁護。予《花史左編》實成於此，時見萬翠飛來。元名萬松臺，予補作《萬松臺記》。

明 陳繼儒《陳眉公集》卷九《梅花樓記》 吾友范象先有園在横滂野塘之南，去城十里而近，喧寂半之。四面榆椏，蔭翳小池。池上梅花兩樹，婆娑相對。蒼枝老骨，縱横屈曲，挑檐而上。其幹可抱，其葉可蔭一畝餘，其子可得五石。范子謂：吾見梅多，其未有如此君之老而奇者。乃結高樓以臨之，獨與一二野衲，攤虎皮、爇猊鼎，倚樓而歌。歌曰：雪滿山中高士卧，月明林下美人來。已，復笑曰：如李迪詩，不過得花之幽韻閒淡而已，吾家老梅，政如碧眼胡僧修眉露額，又若毒龍怒虬紛拏搆鬥于廣莫之墅，攫爪迸鱗，鬼怪萬狀。度他梅詎足與此君争席？庶幾鍾賈山之嘉樹，四賢祠之紫藤，差鼎足矣。范子樓既成，于是廣蒔霞桃芙客來余之屬以映帶之。池加闢，竹加徒。樓之爲觀日閑以敞，而陳子適來。陳子曰：吾嘗聞往年探梅者過壽安寺中，寺僧爲游客所困，至折而爲薪。而其次，惟光福玄墓之傍，薄雪輕雲，漠漠數里，一快生平。然村人率以種梅爲業，不復有品題護持、與梅花兩相韻者。古今梅花之知己，僅得林逋君，後迄二百年，而有范子于此中塊焉野處，白板、赤欄、朱簾、碧幄依微獨立于暗香疏影之外，何異處士。孤山所少者，童子開籠放鶴耳。他日抱鶴上扁舟，送之花下，煙沙星渚，短笛悠悠，有巍然破輕浪而出者，則陳先生至也。子其報梅花吐一枝以候我。

明 張大復《梅花草堂集》卷五《蕉雨軒記》 朱子既卜居鹿城之南，其旁有隙地焉。叢篠莽蒿，駢羅延蔓，而比枕細流，雨後清響如鳴珮環。朱子曰：嘻，是不有人事耶。乃伐篠刈駢，得平地可十弓，謀作小軒其上。既二年而軒成，拱梁莛柱，茅瓦竹檐。朱子將插籬而環之，雜以時卉，蔭以高梧，引流種竹，日涉成趣，而前後山光樹色，若争出焉媚朱子。十尺之地，八窗虚朗，憩者忘去。或問朱子何名此軒？而朱子泫然曰：吾兄弟耕硯以養老母，常不給，何軒之爲？然而爲此者，蓋有概于中不能已已云。昔者吾父初居此，而吾客孟氏。秋風乍起，雨颯颯着芭蕉上，而父貽薄蹏告我夜聽此相念良苦，不復知蕉葉之多韻也。時謹識之。而有隙地焉，乃縮一歲之糈儲竹與木，不能及墁坧，則又縮一歲爲之。而吾弟子儀者，胼胝之勞蓋亦不遺餘力矣。吾將樹蕉于是，晨夕聽之，而又恐秋風之颯然，驚吾老母也。聞者色動，以告其友張子。張子曰：是蕉雨軒也。

明 徐弘祖《徐霞客游記》卷二下 初七日。静聞同顧僕定永州船。予循麓東入桂花園。乃桂藩新構慶桂堂地，前列丹桂三株，皆聳幹參天，接陰蔽

日。其北寶珠茶五株，高大亞之，鬱森殊匹。又東爲桃花源，西自華嚴、天母二庵來，南北俱高岡夾峙，中層疊爲池；池兩傍依岡分塢，皆梵宮紺宇，諸藩閣亭榭，錯出其間。桃花源上即桃花沖，乃嶺坳也。

二十日。出步柴埠門外，途遇折寶珠茶者，花大瓣密，其紅映日。又見千葉緋桃，含包大如鐘，皆桃花沖物也。余擬往觀之。

二十二日同静聞出瞻岳門，越草橋，過緑竹庵。桃花歷亂。入桂花園，則寶珠盛放，花巨如盤，殷紅密瓣，萬朵浮團翠之上，真大觀。不復知身在窘難中也。望隔溪塢内，桃花竹色，映帶生姿，中有閣臨流，亭新其巔。循級入，登山踞亭爲之憮然。

清　高士奇《金鼇退食筆記》卷上　上避暑瀛臺，余與張敦復學士寓直于無逸。殿之東小室五楹，茂樹迴環，幽蔭蓊蔚，池水下注，泉聲淜湃，曉煙初散，荷香出水。時步豳風亭，坐石砌上。雨後蟬鳴，風來花氣凉滿襟袖，以爲身在蓬壺閬苑間。曾賦《西苑侍直詩》十首。次年，改直廬爲皇太子避暑宫，即水碓。陳列山石，雜植新篁，爲清流激湍，茂林修竹，構亭于無逸殿舊址，曰流杯亭。風櫺水檻，甍桷飛動，細渠屈曲，濺玉飛瓊。上題「曲澗浮花」四字，常宴外藩于此。

清　高士奇《蓬山密記》卷一　康熙癸未三月十六日，臣士奇隨駕入都。十七日至暢春苑，即命入内直。十八日恭祝萬壽。二十一日，御前内侍到直廬傳旨：爾在内歷有年所，與衆不同，今日令爾徧觀園中諸景。隨至淵鑑齋，上垂問許久，觀四壁圖書，轉入暖閣，彝鼎、古玩、西洋樂器，種種清迴。又至齋後，上指示所種玉蘭、臘梅，歲歲盛開。時蓑竹兩叢，猗猗青翠，牡丹異種，開滿闌檻間，國色天香，人世罕覩。左有長軒一帶，碧櫺玉砌，掩映名花。【略】上登舟命臣士奇坐於鷁首，緩棹而進。自左岸歷絳桃堤、丁香堤，絳桃時已花謝，白丁香初開。瓊林瑶蕊，一望參差。黄刺梅含英耀日，繁艷無比。【略】上命臣登樓，樓梯宛轉凡四曲折乃登，不覺其高，遥望西山若在檐左。樓下牡丹益佳，玉蘭高茂。上曰：閏今歲花開極繁。登舟沿西岸行，葡萄架連數畝，有黑白紫緑及公領孫璞諸種，皆自哈蜜貢來。上命各取數枚與臣嘗之，諭曰：可將竹籃懸掛，令乾，歸遺爾母。過觀瀾榭，上曰：爾尚能記此地否？臣云：尚憶創造時大略。少頃，至東岸，上命内侍引臣步入，山嶺皆種塞北所移山楓、婆羅樹，其中可以引縴，可以布帆。隔岸即萬樹紅霞處，桃花萬株今已成林。上坐待於天馥齋，齋前皆植臘梅、梅花，冬不畏寒，開花如南土。【略】二十六日上入宫，經筵畢，召臣士奇至養心殿。諭曰：此爾向年趨走之地，今爾來，仍令一觀。四壁圖史依前陳列長畫。穆清殿前，白石榴、弱枝棗猶然鬱茂。

清　陳淏子《秘傳花鏡》卷三《花木類考·水冬青》　又一種水冬青，葉細而嫩，利於養蠟子，取白蠟。宋徽宗試書院諸生，以萬年枝上太平雀爲題，無一知者；及扣之，冬青也。洪武時，杭城各街市，比屋植冬青，亦取吉祥之意。

清　吴任臣《十國春秋》卷四九《後主本紀》（廣政十二年）　八月，帝游浣花溪，御龍舟觀水嬉。時百姓饒富，夾江皆創亭榭，都人士女傾城游玩，珠翠羅綺，名花異卉，馥郁十里，望者有若神仙之境。帝謂左右曰：曲江金殿鎖千門，殆未及此。兵部尚書王廷珪賦詩曰：十字水中分島嶼，數重花外見樓臺。帝稱善久之。【略】冬十月，賞紅梔花于芳林苑，大宴百官。花本青城山叟所貢，初進紅梔子三粒，種之成樹，其花爛紅，六出，清香如梅，當時最重之。

清　宋徵輿《林屋文稿》卷三《庚子觀南橋鞠氏牡丹記》　吾郡牡丹，南橋鞠氏爲最盛。戊子，予從季父邕菴府君介客而往觀焉。主人肅客入甚恭，其中堂前庭及兩廡花可十五六本，皆高出牆外。其左右傍室及曲檻小窗下，無非花者。凡異品者，具合之花，可不餘本。是日方盛開，花多至不可數，憑欄而望，含黄耀紫，縹朱蕩白，目爲之眩。香光所際，如有雲靄浮于日中，蜂馳蝶舞，恍惚不可名狀。主人喜客好事，爲置酒餚，劇飲而散。

清　藍鼎元《鹿洲初集》卷一〇《游茗川記》　丙戌仲春，既生魄何子馥庭從余游茗川。茗川者，馥庭家别業也。在郡之東南，蔬圃數百弓，環可二里，爲巨園。園有巨池，池有亭，亭後有竹。循竹而下，池之東也有梅花閣，閣外梅樹繚繞，實纍纍如貫珠，葱蘢邃密，宜避暑。池之西，老柳偃蹇倔立，小草芊芊，散花雜木，繽紛蓊薆，皆可愛。行三四十步，有小池，荷錢方出水，從池上過石橋，即南溪草堂也。

清　潘耒《縱棹園記》（《重修寶應縣志》卷二四引）　侍讀喬君石林歸白田，得隙地於城之東北隅，治以爲園。園内外皆水也。水之瀦者，因以爲陂。流者因以爲渠，平者爲潭，曲者爲澗，激而奔者爲泉。渟而演迤者，爲塘爲沼。水中植蓮藕十餘畝，芙蓉、射干羅生水際。反土爲山，山上下雜蒔松、栝、桐、柳、梅，多至二百餘本，桂百本，桃李無數。有堂臨水，曰竹深荷净之堂。

清　厲鶚《東城雜記》卷下《芝蘭室圖》　元時，錢唐高僧古林昌公，幼

祝髮于寶石山。戎律精嚴，智慧明了，曾分净慈之半席。晚年築室於城東，偏移植紫蕌，列樹蘭蓀。倚檻則清心濯目，憑軒則衣芳佩馨。於是王蒙叔明爲芝蘭室圖，并作記，俞和子中爲之書，一時題咏者頗衆。蒲菴來復云：不著維摩獅子床，芝蘭爲友産清香。商巖采到連莖瑞，楚畹移來奕葉光。春雨苾芻還並秀，曉風檐蔔每同芳。也知臭味通元化，物我冥觀與世忘。臨川危素云：築室古城曲，樹此蘭與芝。異芳間奇石，宛有山林姿。芝蘭日長茂，離披滿前墀。緑葉泣朝露，五色含晴暉。道人方燕坐，境寂神不馳。色香了無取，眼鼻忽若遺。嗟予老京洛，無地結茅茨。浩歌望江水，白雲有餘思。南屏山人夷簡云：不以芝療飢，豈用蘭爲佩。芝秀蘭自馨，植此一室内。道人結習盡，與物了無礙。白晝敞禪扉，羣峰遠相對。始豐徐一夔云：草中惟有芝蘭好，不數宜男指佞賢。近喜亦從蕭寺種，誰云獨許謝庭專。尋常道氣留君子，窈窕風姿媚佛天。何用旃檀林下住，只將瀟灑度年年。白雲峰如蘭云芝蘭百本遶階墀，曄曄瓊英間玉甤。楚畹風光摇緑葉，漢宫春雨長銅池。香飄衣袂堪紉佩，味入齋厨足療飢。謝氏芳華歸寶石，封胡羯末宛同時。

清 王令《古雪堂文集》卷一《古雪堂蘭譜序》 予于石城捫一榻，參差其樹，高下其窗，使之覆陰照書。若幽壑深澗，石徑盤曲，砌以清芳。雖擷芳不乏韻人，而蕙谷遷幽之致，匪一種也。予居粵時，置有蘭吏。始種建蘭，九葉七花，通盂含緑，莖皆嫩色，細香逼人。有爲紫梗者，名汀蘭，香亦次之。其最妙者名雅蘭，葉細，色翠如羽，每莖十二三花，暗香遠披，露翻花背，或云此丫蘭也，蓋取其有横枝耳。其種出自小西天，寫風半匀，待月横窗，真出塵佳友。更一種花挫葉茂者，名瓊蘭，出五指山穴中，蔓延叢生。黎人采之，焚薰木蒂爲香，即兹物也。近禺爲樹蘭有三葉五葉者，莫如七葉者佳。蕊似桂粟，釀日成香，每花吏移自花田，即幽夏榻牖。軒之角懸者爲風蘭，露根結花，陰晴自如，亦一種也。串珠短者，名珠蘭。葉蟠花，如在簾幕中窺人，誠佳種也。攜之可涉湘沚。未若樹蘭以庾，關爲閨閣。今遘古雪堂初成，諸小軒深閣，渾襯異種，或寫影于月夕，或裁風于曉烟。無事閉門静坐，獨對諸芳，語曰：予蘭友也。花吏時餉，以醉告以護持之秘。花吏拱予曰：吏未能美如郭橐之順時以生，然茶有品茶之經，竹有篔簹之册。蘭之爲幽，不止抱澗垂巖穴，亦乃盤煙，泛此君也。主家得無失一蘭譜乎？予因允製之。一日宣州高士遺壑蘭半畝，乃耜後圃居之。又逾月，衆香逼文，即詳譜焉。

清 乾隆《邱縣志》卷一 古柏在學宫四十六株，元大德年植。大者連抱，小者約圍八尺。老幹勁節，黛色參天，固所謂三朝法物也。康熙四十年，教諭修映辰以學宫圮壞貨其枯者，俾廟貌聿新。雍正六年，修邑乘記樹三十一株，後以修葺學宫，又貨其枯者應用。今查，現在至聖殿前十八株，戟門前一株，崇聖祠前二株，明倫堂前一株，東儒學甬道左右五株，西廡後二株，共計二十九株，掩映參差，佳氣浮動，蓋不啻先師之杏壇也。夫召伯之棠，尚禁剪伐。孔明之柏，人猶愛惜。何況紛披鬱茂，蔭護聖庭者乎？則職是官者長年於此，其不以榛蕪荒之而多方培植也必矣。是用歷歷數記，告諸後來之秉鐸者。

清 王培荀《鄉園憶舊録》卷二 王父小山公結客好游。渡黄河，游洛下，歷揚州，入金陵，涉八閩，三載而歸。所居舊名南園，宅東老槐數株，緣幄沉沉，西則雜植桑棗。棗爲海州公自南土移來異種。後爲居室中闢書舍，庭前梅杏桃李甚夥，丁香、海棠尤巨，雜以紫荆、迎春、牡丹，春時花開如錦。旦夕與客談宴，或風清月白輒吹笛以暢幽懷。晚歲約族中子侄及戚友英俊爲文會，爲之月旦。席間首唱一詩，箋字韻和者，皆不能及，稿惜失去，僅記結句「最是吾鄉當自愧，書香不振百餘年」。歿後風流歇絶，庭中花木皆殘，屈指會中凋零已盡，惟韓百木樹柏猶在，年近古稀矣。

又 卷四 溉畢公子萬盛育别墅在焉，名黄埠。手植榆柳桑柘數千株。漁洋先生嘗至其家，緩步其上，夕陽在山，萬木交蔭，溪水南注，不知所窮。南有泉曰栗泉，泉出平地，觱沸如神瀵然，引爲陂池。藝樹千頭，種菡萏十餘畝，秔稻菱芡如江鄉，誠幽人之菟裘也。

清 咸豐《興化縣志》卷一《古蹟》 擁緑園 國朝邑夫鄭燮別業，近浮漚館。浮漚後歸於任侍御大椿，未久頽廢，幾爲叢葬所。今并擁緑舊址，歸於板橋从孫，鑿植竹數區，顔其門曰篠園。芍田梅嶺，略復舊觀。於浮漚僅存之地，樹柳種蔬，栽荷蓺菊。草亭翼然於其上，蕭疏遠致，過者猶想見當年。

清 胡鳳丹《退補齋文存》卷六《紫藤仙館圖記》 余自同治丙寅夏仲由皖來鄂，理榷務嗣兼書局。初至時，暫寓城西之都府。堤屋小如舟，不容旋馬。每一入室，局促如轅下駒。後於城東得宅一區，靈光巋然，爲劫火所未及。有屋四十餘間，園亭樓舍奥如曠如，地名黄家巷。今移廳檐下，檐前藤花一架，雙柯蔭碧，屈曲如虬龍狀，蓋百餘年物也。余題其額曰「紫藤仙館」，屬

郭君仙坡書之。歷階南上，危亭一角，亭前古藤株枯而復生，藤下芭蕉掩映，綠滿窗櫺。東接長廊，有修竹百餘竿，清陰可掬。【略】園中花木頗繁，果則枇杷、石榴，香櫞、紅柿。花則紫薇、黄梅、桃李梅杏之屬。此外古柏凌霄，老槐臨水，梧桐篩月，叢桂留人。復佐以珠蘭茉莉，小品雜花，盆瓮羅列，生意盎然，四時流觀，亦復粗備。余自公退食，棲息其中，頗足樂也。

藝文

漢 揚雄《揚子雲集》卷五《蜀都賦》 爾乃其裸，羅諸圃歐緣畛。黄甘諸柘，柿桃杏李，枇杷杜樼，栗㮈棠梨離支。雜以梴橙，被以櫻梅，樹以木蘭。扶林禽爚般關，旁支何若英絡其間。

漢 司馬相如《子虛賦》（《史記》卷一一七引） 臣聞楚有七澤，嘗見其一，未見其餘也。臣之所見，蓋特小小者耳，名曰雲夢。雲夢者方九百里，其中有山焉。其山則盤紆岪鬱，隆崇律崒。岑巖參差，日月蔽虧。交錯糾紛，上干青雲。罷池陂陁，下屬江河。【略】其東則有蕙圃，衡蘭芷若，射干穹窮菖蒲，茳蘺蘼蕪，諸蔗猼且。其南則有平原廣澤，登降陁靡，案衍壇曼，緣以大江，限以巫山。其高燥則生葴菥苞荔，薛莎青薠。其卑濕則生藏莨蒹葭，東蘠雕胡，蓮藕菰蘆。【略】其西則有湧泉清池，激水推移。外發芙蓉菱華，內隱鉅石白沙。其中則有神龜蛟鼉，瑇瑁鼈黿。其北則有陰林巨樹，楩枏豫章。桂椒木蘭，蘗離朱楊。樝梨梬栗，橘柚芬芳。

又《上林賦》 於是乎離宮別館，彌山跨谷，高廊四注，重坐曲閣。華榱璧璫，輦道纚屬，步櫩周流，長途中宿。夷嵕築堂，累臺增成，巖突洞房。俛杳眇而無見，仰攀橑而捫天。奔星更於閨闥，宛虹拖於楯軒。青虯蚴蟉於東箱，象輿婉蟬於西清。靈圉燕於閒觀，偓佺之倫暴於南榮。醴泉湧於清室，通川過乎中庭。槃石裖崖，嶔巖倚傾。嵯峨嶕嶫，刻削崢嶸。玫瑰碧琳，珊瑚叢生。瑉玉旁唐，璸斒文鱗。赤瑕駁犖，雜臿其間。垂綏琬琰，和氏出焉。於是乎盧橘夏熟，黄甘橙楱，枇杷橪柿，楟柰厚朴，梬棗楊梅，櫻桃葡萄。隱夫鬱棣，榙㯀荔枝。羅乎後宮，列于北園。貤丘陵，下平原。揚翠葉，扤紫莖，發紅華，秀朱榮。煌煌扈扈，照曜鉅野。沙棠櫟櫧，華氾檘櫨。留落胥餘，仁頻并閭。欃檀木蘭，豫章女貞。長千仞，大連抱，夸條直暢，實葉葰茂。攢立叢倚，連卷累佹，崔錯發骫，抗衡閜砢。垂條扶於，落英幡纚。紛容蕭蔘，旖旎從風。瀏莅卉吸，蓋象金石之聲，管籥之音。

南朝梁 簡文帝《梅花賦》（《歷代賦彙》卷一二四引） 層城之宮，靈苑之中。奇木萬品，庶草千叢。光分影雜，條繁幹通。寒圭變節，冬灰徙筩。並皆枯悴，色落摇風。年歸氣新，摇芸動塵。梅花特早，偏能識春。或承陽而發金，乍雜雪而披銀。吐豔四照之靈，舒榮五衢之路。既玉綴而珠離，且冰懸而雹布。葉嫩出而未成，枝抽心而插故。標半落而飛空，香隨風而遠度。挂靡靡之游絲，雜霏霏之晨霧。争樓上之落粉，奪機中之織素。乍開華而傍巘，或含影而臨池。向玉階而結采，拂網户而低枝。七言表柏梁之詠，三軍傳魏武之奇。於是重閨佳麗，貌婉心嫻。憐早花之驚節，訝春光之遣寒。裌衣始薄，羅袖初單。折此方花，舉兹輕袖。或插鬢而問人，或殘枝而相授。恨鬢前之太空，嫌金鈿之轉舊。顧影丹墀，弄此嬌姿。洞開春牖，四卷羅幃。春風吹梅落盡，賤妾爲此斂蛾眉。花色持相比，恒愁恐失時。

南朝齊 謝朓《謝宣城集》卷一《游後園賦奉隨王教作》 積芳兮選木，幽蘭兮翠竹。上蕪蕪以蔭景，下田田兮被谷。左蕙畹兮彌望，右芝原兮寫目。山霞起而削成，水積明以經復。於是敞風闈之藹藹，聳雲館之迢迢。周步檐以升降，對玉堂之沉寥。追夏德之方暮，望秋清之始飈。藉宴私而游衍，時晤語而逍遥。爾乃日棲榆柳，霞照夕陽。孤蟬已散，去鳥成行。惠氣湛兮帷殿肅，清陰起兮池館凉。陳象設兮以玉瑱，紛蘭藉兮咀桂漿。仰微塵兮美無度，奉英軌兮式如璋。藉高文兮清談，預含毫兮握芳。則觀海兮爲富，乃游聖兮知方。

漢 王逸《楚辭章句》卷二《九歌章句第二·湘君》 聞佳人兮召予，予，屈原自謂也。將騰駕兮偕逝。偕，俱也。逝，往也。屈原幽居草澤，思神念鬼，冀湘夫人有命召呼，則願命駕騰馳而往，不待侶偶。築室兮水中，葺之兮荷蓋。屈原困於世，願築室水中，託附神明而居處也。蓀壁兮紫壇，以蓀草飾室壁，累紫貝爲室壇。匊芳椒兮盈堂。布香椒於堂上。桂棟兮蘭橑，以桂木爲屋棟，以木蘭爲榱也。辛夷楣兮葯房。辛夷，香草，以作户楣。葯，白芷也。房，室也。罔薜荔兮爲帷，罔，結也。言結薜荔爲帷帳。擗蕙櫋兮既張。擗，析也。以析蕙覆櫋屋。白玉兮爲鎮，以白玉鎮坐席也。疏石蘭兮爲芳。石蘭，香草。疏，布陳也。芷葺兮荷屋，葺，蓋屋也。繚之兮杜衡。繚，縛束也。杜衡，香草。合百草兮實庭，合百草之花以實庭中。建芳馨兮廡門。馨香之遠聞者，積之以爲門廡也。屈原生遭濁世，憂思困極，意欲隨從鬼神，築室水中，與湘夫人比鄰

而處。然猶積聚衆芳，以爲殿堂，修飾彌盛，行善彌高也。

又　卷九《招魂章句第九》　翡帷翠幬，飾高堂些。言復以翡翠之羽雕飾幬帳，張高堂以樂君也。紅壁沙版，紅，赤白也。沙，丹沙也。玄玉之梁些。玄，黑也。言堂上四壁皆堊色，令之紅白，又以丹沙畫飾。軒版承以黑玉之梁，五采分別也。仰觀刻桷，畫龍蛇些。言仰觀視屋之榱橑，皆刻畫龍蛇而有文章也。坐堂伏檻，檻，楯也。臨曲池些。言坐於堂上，前伏檻楯，下臨曲水清池，可漁鈎也。芙蓉始發，芙蓉，木蓮花也。雜芰荷些。芰，菱也。秦人謂之薢茩。言池水之中有芙蓉，始發其華，芰菱雜錯，羅列而生，俱盛茂也。或曰倚荷謂荷立主水中，特倚之也。紫莖屏風，屏風，水葵也。文緣波些。言復有水葵生於池中，其莖紫色，風起水動，波緣其葉上而生文也。或曰紫莖言荷莖紫色也。屏風，謂荷葉障風也。文異豹飾，侍陂陁些。陂陁，長陛也。言侍從之人皆衣虎豹之皮，異采之飾，侍君堂隅，衛階陛也。或曰侍陂池謂侍從於君游陂池之中也。軒輬既低，軒輬，皆輕車名也。低，屯也。步騎羅些。徒行爲步，乘馬爲騎。羅，列也。言官屬之車既已屯止，步騎士衆羅列而陳，竢須君命也。蘭薄户樹，薄，附也。樹，種也。瓊木籬些。柴落爲籬。言所造舍種樹蘭蕙附於門户，外以玉木爲其籬落，守御堅重，又芬香也。魂兮歸來，何遠爲些？遠爲四方而不歸也。

又　卷一五《九懷章句第十五·匡機》　彷徨兮蘭宮，芷閭兮藥房。奮摇兮衆芳，菌閣兮蕙樓。

唐　唐彦謙《移莎》（《全唐詩》卷六七二輯）　移從杜城曲，置在小齋東。正是高秋重，仍兼細雨中。結根妨迸竹，疏蔭説高桐。苒苒齊芳草，飄飄笑斷蓬。片時留静者，一夜響鳴蛩。野露通宵滴，谿煙盡日蒙。試才卑庾薤，求味笑周菘。只此霜栽好，他時贈伯翁。

唐　劉禹錫《劉賓客文集》卷二五《賞牡丹》　庭前芍藥妖無格，池上芙蕖净少情。唯有牡丹真國色，花開時節動京城。

唐　白居易《白氏長慶集》卷八《春葺新居》　江州司馬日，忠州刺史時。栽松滿後院，種柳蔭前墀。彼皆非吾土，栽種尚忘疲。況兹是我宅，葺藝固其宜。平旦領僕使，乘春親指揮。移花夾暖室，徙竹覆寒池。池水變緑色，池芳動清輝。尋芳弄水坐，盡日心熙熙。一物苟可適，萬緣都若遺。設如宅門外，有事吾不知。

又　卷一一《玩松竹二首》　龍蛇隱大澤，麋鹿游豐草。栖鳳安於梧，潛魚樂於藻。吾亦愛吾廬，廬中樂吾道。前松後修竹，偃卧可終老。各附其所安，不知他物好。

坐愛前檐前，卧愛北窗北。窗竹多好風，檐松有嘉色。幽懷一以合，雜志隨緣息。在爾雖無情，於予即有得。乃知性相近，不必動與植。

又　卷一九《晚春重到集賢院》　官曹清切非人境，風日鮮明是洞天。滿砌荆花鋪紫毯，隔牆榆莢撒青錢。前時謫去三千里，此地辭來十四年。虚薄至今慚舊職，院名擡舉號爲賢。

又　卷二五《山石榴花十二韻》　曄曄復煌煌，花中無比方。艷天宜小院，條短稱低廊。本是山頭物，今爲砌下芳。千叢相向背，萬朵互低昂。照灼連朱檻，玲瓏映粉牆。風來添意態，日出助晶光。漸綻胭脂萼，猶含琴軫房。離披亂剪彩，斑駮未匀妝。絳焰燈千炷，紅裙妓一行。此時逢國色，何處覓天香。恐合栽金闕，思將獻玉皇。好差青鳥使，封作百花王。

宋　謝邁《竹友集》卷一《初夏觀園中草木》　翠葉蕃夏初，清陰勝花時。閉關軌長埽，步屧屢相窺。青青溪中蒲，移植井之湄。下有九節根，服食可不迷。往時手種桃，只今與檐齊。枝間有美實，少日將成蹊。采菊香滿襜，擷薺甘如飴。籜龍露新緑，椅梧長孫枝。觀身要若蕉，衛足當如葵。節憐孤筠直，惡戒蔓草滋。天津白玉郎，看花驚洛師。吾人守環堵，草木相娱嬉。逍遥各自適，慎弗相唐嗤。

宋　王洋《東牟集》卷六《幽園即事》　屋頭積雨漲春雪，舍北夭桃堆暮霞。細雨斜風妨病起，窗間把玩數枝花。

殘梅依草遣愁盡，細草緣堦滿意生。莫道中年春思少，每逢佳處眼偏明。

籬邊楊柳似羅敷，裊裊娉娉十五餘。無賴風光相料理，忽看柯葉可藏烏。

曉窗晴哢丁寧語，晚樹幽花委曲香。散策尋春不知遠，片雲作雨度回塘。

宋　趙汝鐩《野谷詩稿》卷三《飲通幽園》　典却身上鸘鷞裘，買酒領客尋清游。欲洗胸襟塵萬斛，快上青雲展秋眸。晴沙翳天風動地，挈壺卷席移通幽。一沼鏡净清可鞠，千竿玉立塵不留。拒霜兩岸花爛漫，紅蓼錯雜争開秋。人生適意未易得，癡兒了事何時休。陶寫豈必在絲竹，山有鳴禽水游儵。酒酣題蕉競新句，景物辟易困雕搜。一梳凉月插空碧，樓頭暮角催歸騶。雙桂餘葩尚堪摘，便道肯訪勿翦不。

宋　許綸《涉齋集》卷一八《信筆戒子種花木》（十四首録十）　栽種成陰動十年，風流遺恨憶蘇宣。西園近有移園法，大樹根盤只儼然。

買宅慇懃爲海棠，却因改築遂移將。前園褊小鄰遷次，好補霓裳斷續行。

池妨屋地故應填，取土成池却自然。愛惜清漪添淤壤，買根歸種撫州蓮。

買石爲山任笑癡，癡翁真箇似童兒。奇峰峭石勤收拾，莫使他年一簣虧。

我山壘土仍栽石，下有嵌岩上有亭。石少闕邊添種樹，種時須要樹長青。

水仙繡菊麝香萱，久種成畦長養便。分向北堂三益近，遶牆秋色要爭妍。

種樹還如種善根，自須積累付兒孫。從人覓得栽培法，緑葉成陰便滿園。

莫將桃杏等閒看，栽接名窠有幾般。爲是開花仍結實，花供賞玩果供餐。

飛霞園地固無多，我愛他時號繭窩。若繚城跟踈織竹，錦屏環列繡成窠。

金沙安敢齒酴醿，白白紅紅間却宜。但是籬邊多種取，他年步障要相隨。

宋　劉克莊《**後村集**》**卷二〇**《**念奴嬌**木犀》　遶籬尋菊，菊猶遲，舍北芙蓉渾未。却是小山叢桂裏，一夜天香飄墜。約束奴兵，丁寧稚子，莫掃青苔砌。風高露冷，倚欄疑匪人世。　客有載酒過予，朗吟招隱，洗盡悲秋意。白髮長官窮似虱，剛被天公調戲。遍地堆金，滿空雨粟，不濟淵明事。殘英賸馥，明朝猶可同醉。

元　楊弘道《**小亭集**》**卷一**《**攬秀亭**》　微宵媚淑景，國香涣瑶英。原注蘭畹。流光追飛轍，蕣華爛朝榮。原注木槿。紅妝蔭翠幰，顔色俱傾城。原注盆池蓮。清泉漬靈藥，細葉開瘦莖。原注石盆、石菖蒲。蒼頑蹲怪石，虎兕伏威獰。原注師子石。玄夫時曝背，原注龜。仙馭能長鳴。原注鶴。碎金溥露白，原注菊徑。叢玉搖風清。原注竹庭。使君衣縫掖，頎然早成名。金紫豈不貴，道重外物輕。觀化一亭中，卒歲娱同情。

又《**靈泉院**》　長原崩赤土，形醜窮且卑。人靈代天巧，竹樹施屏帷。蔭蔚凝青靄，磨戛生凉飔。隱見阿蘭若，寅奉竺乾師。剷場插殿脚，洞穴安門楣。凌霄燃明燈，吐焰髯龍枝。芭蕉駐翠鸞，妥尾靈泉池。方甃流不竭，一片青琉璃。裊裊架蒼竹，冰筯縣無時。甘冷怯漱齒，雅與烹茶宜。肘腋野人家，屬屬復離離。聞説員莊好，未竟神已馳。去此無十里，水竹尤清奇。窮通常傍人，落日游子饑。志願恒滯違，不獨在於斯。滯違亦自佳，庶曰昌吾詩。

元　丁鶴年《**鶴年詩集**》**卷二**《**清勝軒爲姑蘇潤上人作**》　繞屋松杉手自栽，重陰長日護蒼苔。一溪窈窕花間入，三徑參差竹下開。夜半霜鍾寧假莛，秋深月鏡本無臺。主人定起焚香坐，何處扁舟棹雪來。

明　陸埰《**陸簧齋文集**》**卷三**《**有竹軒**》　階下紅蘭映碧渠，繞檐蒼竹影扶踈。炎塵六月園扉滿，願借清風爲掃除。

明　邵寶《**容春堂後集**》**卷一**《**春庭八絶句**》　三年種松五尺彊，松枝盤桓松葉長。歲寒節操久應見，春日開花清更香。

偶栽梅樹是紅花，每歲花開對客誇。知己相看心自白，儘將顔色付詩家。

菖蒲本是仙靈物，却爲冰霜穴底藏。過盡東風更梅雨，水中央看婉清揚。

西園移來兩叢竹，千古湘皋宛舊斑。莫道吴天非楚地，主人眼底有江山。

新梧樹傍舊桐栽，俱自青山寺裏來。幾見霜黄春又緑，有詩空和鳳凰臺。

買栽金橘短婆娑，向來洞庭風雨多。分付蒼頭好澆灌，莫教人力負天和。

燕居亭前石子臺，兩株銀杏一時栽。莫言未得絃歌地，畫裏尼山許見來。

九畹新成古井田，滋蘭又似賦騷年。不如無界還無數，雨露茫然太古天。

明　吴寬《**家藏集**》**卷一九**《**記園中草木二十首**》　**槐**　東園憶初購，糞壤頻掃除。牆下古槐樹，憔悴色不舒。況遭衆攀折，高枝且無餘。愛護至今日，濃陰接吾廬。數步已仰視，偉哉鉅人如。非藉此蔭庇，誰結幽亭居。立爲衆木長，奴僕樫與榆。

榆　始我種三榆，近在亭之左。西日待隱蔽，陰成客能坐。七年長漸高，密葉已交鎖。生錢聞可食，貧者當果蓏。其一忽憔悴，嚙腹緣蟻蜾。持斧欲伐之，材未中船舵。榆性堅，可爲舵。藤蔓方附麗，不伐亦自可。古人無棄物，守圃嘗用跛。

樫　讀詩識其名，誰謂材無用。西戎每度河，此木能載重。所以人字之，一名西河柳。豈在作梁棟。兩株倚東籬，計亦七年種。相對垂青絲，驀地來二仲。

棗　荒園乏佳果，棗樹八九株。纍纍爭結實，大率如琲珠。此種味甘脆，南方之所無。日炙色漸赤，兒童已窺覦。剥擊盈數斗，鄰舍或求須。早知實可食，何須種樫榆。此木頗耐旱，地宜土不濡。所以齊魯間，斬伐充薪芻。近復得異種，攣拳類人痀。曲木未可惡，惟天付形軀。良材却矯揉，不見笏與弧。

檜柏　檜柏性相似，安論不同形。城南久移植，用以護幽亭。檜也漸生粉，柏兮復垂鈴。幸非兩石間，自足全餘齡。古槐雖老大，秋到即凋零。園空霜雪冷，見此獨青青。

槿　南方編短籬，木槿每當路。北地少爲貴，翻編短籬護。要知一物耳，貴賤以地故。夏末蕊纍纍，生意含曉露。花開亦可觀，別種更相妒。獨憐一夕間，顔色已非素。蕊多固應爾，此理真自悟。不見萱草花，開落只朝暮。

榴　團團復亭亭，園子巧相競。都下朝千盆，花市此爲盛。我獨解其縛，高枝遂其性。參差花更繁，緋緑錯相映。安石名已蒙，休從謝公姓。

竹　翛然數君子，落落俱長身。東家每借看，步去不嫌頻。移栽幸許我，已自前年春。自我得此輩，園居豈爲貧。但憂積雨霽，日暴少精神。終然勤灌溉，枝葉還如新。因兹悟爲學，黽勉在斯晨。

丁香　花開不結實，徒冒丁香名。枝頭綴紫粟，旖旎香非輕。乃知博物者，名以香而成。或者樹相類，惜未南中行。初栽只一幹，肥壤枿争萌。分移故園内，不知枯與榮。終當問來使，亦欲如淵明。

馬檳榔　有樹吾不識，人云馬檳榔。檳榔産南海，結實因瘴鄉。平生冒其名，豈亦如丁香。白花細而密，實甘翻可嘗。其葉與麻同，沃若澤且光。麻馬音或譌，欲問郭駝亡。

酴醾　酴醾發長條，叢生類蓍草。每記衆花開，此種開獨早。南方色多紅，黄色見者少。但嫌易零落，蜂蝶食不飽。曲闌强遮護，童子日必掃。花落當復開，豈似主人老。昔枉詩客來，覓句步頻繞。載誦成感傷，誰來慰幽抱。

刺醾　酴醾有數種，同名而異字。花開欲折難，銛鉤如棘刺。白者幹獨長，紅者香更膩。種之小徑旁，所恨罥衣袂。插竹加編縛，步障差可類。石家金谷園，恐乏此佳致。

葵　託身北牆隅，幸免人所踐。苗長已過牆，入土根不淺。葉間蕊何多，濈濈滿圓璽。此種覺尤佳，觀者盡云鮮。傾心識忠臣，衛足存古典。作羹諒非菜，名同亦須辯。

决明　黄花隱緑葉，雨過仍離披。不爲杜老歎，未是涼風時。服食治目眚，吾將采掇之。不須更買藥，園丁是醫師。

黄連　花細山桂然，階下不堪嗅。野人斸其根，根長節應九。苦節不可貞，服食可資壽。其功利於病，有客嫌苦口。戒予勿種兹，味苦和難受。豈不見甘草，百藥無不有。

紫芥　惟芥本菜類，秋深掇而藏。此種乃野生，已向春初長。紫花布滿地，葉嫩亦堪嘗。氣味既不辛，却與芥同行。北人無不食，木枿與草芒。入盤以油和，齒頰流肥香。

馬蘭草　蕤蕤葉如許，豐草名可當。花開類蘭蕙，嗅之却無香。不爲人所貴，獨取其根長。爲箒或爲拂，用之材亦良。根長既入土，多種河岸傍。岸崩始不善，蘭蕙亦尋常。

朱藤　嫋嫋數尺藤，往歲手親插。西菴敞短檐，藉爾兩相夾。歲久終蔓延，枝葉已交接。有花散紅纓，有子垂皂莢。赤日隔繁陰，偃息可移榻。但憂風雨甚，高架一朝壓。霜雪却不妨，忍冬亦藤名共經臘。

牽牛　本草載藥品，草部見牽牛。薰風籬落間，蔓生甚綢繆。誰琢紫玉簪，葉密花仍稠。日高即揫斂，豈是朝菌儔。陰氣得獨盛，下劑斯見收。便須作花菴，誰與迂叟謀。司馬温公獨樂園有花菴，公自注以牽牛瓜豆爲之。

蘆　江湖渺無際，彌望皆高蘆。蘆本水濱物，久疑平陸無。移根偶種植，溝淺土不汙。縱横忽徧地，葉卷多葭莩。白花可爲絮，長幹須人扶。每當風雨夕，蕭蕭亦江湖。宛如扁舟過，榜人共歌呼。浩然發歸興，豈爲思蓴鱸。

明　黄姬水《黄淳父先生全集》卷一六《題惠茂卿緑陰館四植》

梧　百尺高梧碧漢齊，茅齋常自緑萋萋。孤生恰似幽人性，何用栽琴與削圭。

竹　月上閒扉疑葉暗，雲生曉户覺枝低。蓬山移得浮筠幹，應有青鸞上下棲。

蕉　牆畔濃陰覆地垂，春風披拂露華滋。閉門盡日無塵鞅，枕籍閒窗月上時。

紫薇　時臨朱夏度炎曦，一樹繁花覆屋陲。爛熳常看百日艷，芳菲寧減萬年枝。

明　馮惟訥《古詩記》卷三八《金谷集作詩》　何以叙離思，攜手游郊畿。朝發晉京陽，夕次金谷湄。迴谿縈曲阻，峻阪路威夷。緑池泛淡淡，青柳何依依。濫泉龍鱗瀾，一作潤。激波連珠揮。前庭樹沙棠，後園植烏椑。靈囿繁石榴，茂林列芳梨。飲至臨華沼，遷坐登隆坻。

明　敖文禎《薜荔山房藏稿》卷二《午日對菊》　山家饒景物，秋菊對蒲

觴。豈爲頹齡制，先泛續命長。葵階同向日，蘭畹待凌霜。若到羲皇侣，南薰別有香。

明 來知德《重刻來瞿唐先生日録》外篇卷三《快活庵吟》 山人長快活，今逢九日九。卜此快活地，剛剛占一畝。竪此快活庵，圍以先生柳。間之逋仙梅，松竹相成友。樹外鑿一池，種蓮兼及藕。

明 屠隆《栖真館集》卷二《李太僕園醉眠牡丹花下歌》 太僕城南半畝宫，柔絲弱柳摇春風。朱闌盛開木芍藥。游蜂舞蝶飛攢叢。萬葉垂地地猶冷，千花燒天天欲紅。楊家妃子不敢唾，秦虢諸姬髻偏墮。黄冠道人最清狂，酒酣脱幘花前卧。悲哉人生石火期，俟河之清知幾時。君不見暘谷南浦好兄弟，三季腸斷鶺鴒詩。百歲看花幾回醉，今君頭上已成絲。眼前花開爛如錦，何不朝朝唤我飲。與爾同傾座上尊，爲余先拂花前枕。

明 何偉然《四六霞肆》卷一四《園植》 嘗讀柳公梓人傳，于今登種樹之城。偶游謝氏玉樹園，滿地盡栽花之圃。風亂籬邊金萬點，不數姚黄。山輝石重玉連城，誰言趙美。緑葉裁煙翠，招復酴醿之魂。紅英動日華，似挹薔薇之露。先梅花以吐馥，松青柏翠一家。隨桂子以飄芳，柳黛荷緗避舍。絜並水宫之仙子，餘芬吸舞鶴以翩翩。節高春苑之傑魁，清氣襲懸魚以皎皎。漱甘谷之潤，延遐算于百齡。樹彭澤之陰，壽馨號于五柳。雨過姿呈妃沐，月明影砌官衙。

清 田雯《古歡堂集》卷五《同袁杜少游張氏園亭》 百本枳櫪十圍大，城内空闊如城外。小園沙塹柴縛門，巷口鴨柵水爲界。下馬穿雲衣襳重，沿池曳杖禽魚怪。芭蕉當户葉似簾，薔薇引蔓壁如疥。遠疊翠嶂石千棱，横截奔流泉一派。莓苔平鋪柔可坐，藤蘿高架午不曬。陰崖蝌籀疑頡書，假山螺髻遭米拜。橋邊行酒細腰鼓，竹裏兖厨銀魚鱠。我輩不妨恣狂吟，向火旗亭景清快。好待西風秋雁斜，再來攤飯聽松籟。

清 宋弼《山左明詩鈔》卷三二《梅花屋》 官衙有好屋，歷歷開三間。牆近西城隅，時聞遠水潺。榆槐繞屋角，眉目照西山。中有慮澹人，慮澹心静閒。皇皇敬百姓，入奉慈母顔。暇時汲井水，澆我池紅蓮。又復種菜豆，紫榮燦生妍。新竹添十箇，梅花植庭前。積書滿三架，經史詩有編。兼之治心友，與摘文義愆。四野垂禾穗，攜兒彈清絃。所拂我性情，民貧租未蠲。

清 張實居《蕭亭詩選》卷三《題石林先生寓園》 曲巷荒城北，蓬門緑樹遮。蕭蕭三徑竹，草草一庭花。對月同分韻，臨風自品茶。原無緇磷相，不種故侯瓜。

清 胡會恩《清芬堂存稿》卷一《署中古槐歌館課》 玉河橋邊石渠署，虚星之精結根處。曲幹盤空舞作龍，密葉垂青日爲兔。嘉植何年勝地栽，翛然特立長崔嵬。午餘嘒嘒亂蟬急，暑清習習凉飔來。我來横經坐深館，巡檐匝地清陰滿。禁苑雲移曉氣秋，鳳池影落春波暖。前輩風流被草萊，席茵話舊重徘回。百年喬木匪易得，天家至計惟儲材。即今黛色凌空矗，文梓貞松同肅穆。儼若端士整衣冠，孤芳不言信幽獨。羣卉參差莫比肩，亭亭長對閬風仙。環列休誇博士舍，婆娑寧入仲文篇。玉階緑雪紛紛落，簾幕參差點芳萼。翠羽鶯飛別有情，銜花直上蓬萊閣。君不見章華殿前連理株，雙柯交互相踟躕。又不見尚書省内音聲樹，竹脆絲恬夜潛度。玉樹青葱上苑枝，春華秋實共含滋。蘭臺清切含豪地，薇省從容委佩時。自古黄中德堪寶，千秋永抱貞心老。願答瀛洲雨露恩，飽歷風霜拂雲表。

清 朱彝尊《曝書亭集》卷八《鮑家寺白松歌》 鮑家寺中九白松，扶踈宛似桂之樹。密葉陰連古殿寒，霜皮晝偃盤根互。我來繫馬風泠然，入門四顧喜欲顛。巢攲迥見鸛鶴坐，幹老不數蛟龍纏。長廊飯僧僧未至，松子松花飄滿地。半嶺平銜夕照曛，雙林遠勝春浮翠。其餘四株皆可娱，矯矯離立空牆隅。枝柯雖殊無異色，知是歲寒霜雪俱。山僧怪我摩抄久，茗盌簾前一招手。此樹今來二百年，問余歲月能知否。

清 張英《文端集》卷一一《園花十二候歌》 予既以十二花爲候，編輯小月令，因作此歌。命小郎廷瑑、廷瓚習讀，暇時則令其更唱迭和，以云幽人鼓吹。故有取于詞諧意淺，童子可歌，老嫗能解，遂不以鄙俚爲嫌矣。

立春梅蕊正芳妍，暝閣深堂半下簾。自昔寒香比高士，由來萼緑本神仙。香雪草堂三十樹，蒼枝古幹破山煙。玉雪岡頭春似海，閑披鶴氅看花田。一解。二月郫南杏花白，粉腮檀口看微坼。細雨輕煙放轉遲，晴雲曉日光初射。文杏廊前錦覆檐，春暉閣上花侵席。一夕東風春草生，繁英亂點東西陌。二解。三月穠華屬海棠，輕盈佳麗更無雙。曉向朝陽翻錦帔，夕燒高燭照紅妝。枝嫌玉蕊曾無態，色妒梨花合斷腸。試向小樓深處立，不須遥羡碧雞坊。三解。寒食人家竹林裏，桃花處處低臨水。曾聞玉洞隱仙人，還向清谿賺漁子。紅欄橋畔間疏楊，緑樹郫邊伴穠李。等閑千片點淪漪，池面春風吹不起。四解。穀雨名花

是牡丹，千枝金粉壓朱闌。春熙堂畔青油幕，曉露光生赤玉盤。春到花時晴雨易，蝶迷香國去來難。姚黄歐碧潛谿紫，繞砌容予盡日看。五解。勺藥殿春顔色好，櫻紅筍緑荷錢蚤。春情盡付洛陽花，婪尾餘芳偏窈窕。曲徑長廊蔭古藤，荷耡自種將離草。賞花何必金帶圍，不須多費天工巧。六解。五月榴花火樹然，河源佳種昔流傳。烏桕葉經秋露赤，佛桑花破嶺雲鮮。幾株斜映清池岸，萬點丹砂涌碧泉。小院日長紅滿砌，緑陰深護紙窗眠。七解。六月荷蕖錦塘曲，翠蓋紅裳氣芳郁。緑水亭亭一朵開，太真曉向華清浴。扁舟深入藕花叢，鴛央宿處花房蔟。晨昏饜飫水芝香，謾向神仙學餐玉。八解。桂花開日香滿城，六經堂外交柯生。枝垂金粟陰常密，露濕天香夜轉清。雲外月輪當夕滿，人間秋色此中分。微雲冉冉鶴欲下，定有仙人吹玉笙。九解。菊花時節尋霜圃，重陽故作霏微雨。移植孤根古瓦盆，頓教水閣成花嶼。天空木落羣卉摧，別有幽姿偏媚嫵。世間蜂蝶繞朱門，何曾解識陶家墅。十解。十月芙蓉傍水開，拒霜原是不凡材。茆亭四面綃成幄，松館千叢錦作堆。北渚南汀隨意種，深紅淺白間行栽。蓬壺自有仙人島，何不長吟歸去來。十一解。蠟梅開近寒時節，雪屋紅罏稱孤潔。巖蜜攢成點額花，水沉香透檀心纈。紙窗誰與助清幽，朱果垂枝枝欲折。一斛珊瑚照夜珠，空庭堆滿鵝毛雪。十二解。爲君數徧四時花，金谷平泉底事誇。十畝林塘居士宅，一簾風月野人家。但求暇日身無累，不管流年鬢有華。願得常爲農圃客，幅巾筇杖老煙霞。十三解。

又《廣園花十二候歌》 既爲《園花十二候歌》，凡羣卉與之同時者，咸屬之。以此十二種可以多植成林，其他則參差掩映乎其間，有主客陪貳之義焉。小草蔓生，承跗接萼，益態增妍，良有取也。復作《廣園花十二候歌》以繼之。

名花十二管流年，藻績風光又一篇。借問梅花誰作伴，水仙孤冷恰相憐。瑞香紫蒂銜枝小，最宜插鬢香雲繞。別有金英點翠條，憐渠亦解迎春蚤。一解。杏花枝畔綻櫻桃，木筆辛夷玉樹高。幽谷蚤蘭初破雪，香風一夕滿亭皋。二解。海棠誰與爭芳艷，梨花月下依稀見。嬌姿尚有水林檎，學弄春情殊婉孌。三解。天桃仙李好同時，荆樹繁枝點綴宜。蕙草千莖圍石磴，丁香一蔟覆柴籬。四解。牡丹富貴真無比，繡毬八寶攢珠蕊。三千粉黛護龍綃，水晶宮闕差堪擬。鶯粟平鋪作錦茵，薔薇結幄罩香塵。翦春羅巧酴醿瘦，更有虞兮號美人。五解。勺藥春殘夏猶淺，杜鵑花照東西巘。木槿籬邊蕊乍紅，芭蕉窗外陰初展。六解。榴花風温萬緑稠，素馨新上玉搔頭。小摘露葵堪作饌，頻看萱草解忘憂。七解。荷正芳時筠粉碧，紫薇薝蔔交紅白。水亭四面列秋蘭，晨夕香薰嶺南客。艷艷桃開夾竹花，合歡葉密映窗紗。雞冠鳳羽渾無賴，屋角牆陰一道斜。八解。巖桂香濃風露冷，緑橘黄柑共清景。玉簪叢裏斷腸花，夜伴疏桐落金井。九解。菊花風味迥無儔，凡卉誰能耐九秋。錦莧葉燒深院寂，水紅花覆小池幽。十解。秋風秋雨芙蓉國，錦城萬嶺丹楓色。殷紅茜紫間蒼松，穿雲跨水奇何極。十一解。花時最是蠟梅寒，黯澹枇杷不耐看。幸有山茶紅似火，清宵共度雪漫漫。十二解。閑花浪蕊尋常有，乞種分栽動盈畝。平章秋月與春風，萬紫千紅娱一叟。十三解。荷耡帶鍤總逍遥，餐艷披香也足豪。薄搆小園誇庾信，多求異卉笑文饒。深知鄙性原成癖，難索傍人爲解嘲。自笑自吟還自樂，他時應譜入風騷。十四解。

又 卷二二《避暑二首》 碧樹覆檐牙，重門隔市譁。菖蒲銜石草，薝蔔貯瓶花。橘數垂枝實，蘭培出土芽。不須河朔飲，幽事總堪誇。

薄有巖居趣，攤書緑蔭中。迴廊涵翠竹，曲檻倚疏桐。茗竈分微火，桃笙逐好風。海棠秋色蚤，銜露一枝紅。

清 褚介昌《堵陽賦》（《裕州志》卷首輯） 園林則名花蒲徑，珍木羅丘，松濤竹漾，梅蕾柳眸。挹薔薇之朝露，覲合歡之夜綢。棠嬌睡暖，蓉艷醉秋。牡丹與芍藥爭麗，巖桂偕籬菊並幽。

清 汪由敦《松泉集》卷六《題朱聲仲孝廉小照》 朱君昔同舍，一別今十年。京塵偶相遇，雙鬢未改元。朝來示我圖，錦贉裝輕紈。軒窗迴幽邃，綺疏映長欄。檐際排青松，落子驚晝眠。牆角種芭蕉，微雨灑緑天。翠竹金瑣碎，老樹枝連蜷。棐几列清玩，香篆金博山。瓶花静相對，插架羅緗編。階前犀角兒，玉雪姿可憐。嬉笑弄金印，繡戟玉磬懸。乳媪一何艷，明璫綴雲鬟。侍兒亦可人，羅綺愁嬋娟。纖手捧冰瓷，步遲行珊珊。繚垣界銀粉，有桂復有蘭。

清 凌廷堪《校禮堂詩集》卷七《藴山觀察以官齋種梅詩索和次韻四首》

衙齋寂寞素琴横，手種梅花比玉清。瘦影一枝春有跡，大河千里静無聲。滋培總屬經時意，灌溉仍兼濟物情。用作和羹他日事，莫辭霖雨答蒼生。

楂棃疑若桂疑辛，似此微酸最可人。栽處好尋高士伴，開時應現宰官身。風回虚牖雲凝骨，夜汞空階雪借神。除却召棠清蔭在，等閑草木敢爲鄰。

若爲看去記揚州，又綴寒香溯昔游。剛愛横斜籬畔路，最宜高下水邊樓。踈枝自倩冰綃補，密蕊須尋月斧修。此是歲寒松竹侶，爭春桃杏漫悠悠。

分得瑤臺第一花，殷勤移植向官衙。須知東閣行吟地，不比西泠處士家。細雨足時應結子，涷雷驚後早抽芽。新詩一樣留哀浦，敢望重來護碧紗。

清　汪學金《靜厓詩後稿》卷六《園有三章》　園有樹槐，其葉纍纍。歲云莫矣，雨雪其摧。園有樹楊，其葉牂牂。彼生其稊，我根恐傷。園有樹桐，其葉茸茸。朝陽榮女，而萎秋風。

清　胡承珙《求是堂詩集》卷四《松竹軒看牡丹》　春風吹紅來，春雨醮綠灑。雨絲風片中，織成花世界。未放海棠顛，却作牡丹會。初筵既以開，後飲不須戒。更迭爲主賓，脱略肆談話。佳哉松竹軒，絶勝蘭鹿柴。數叢著色花，胭脂淺深畫。但取錦繡多，何須盤盂大。主人頗嫌花小，聊爲解嘲。可惜植花時，位置略緯繣。金屋貯阿嬌，此如置廐廨。安得明瑟軒，宏敞無礙詿。黄蜂作團飛，緑鳳倒身掛。移來三婦艷，合并心始快。斯須羅几筵，肴炙紛可噉。且以醉爲鄉，轉驚詩積債。我友提偏師，薄險逞狡獪。羸者欲當之，交綏甚矣憊。羣看六出奇，坐令兩甄敗。頃與朱蘭坡賦岫列軒牡丹，已六疊韻。已衄不自懲，技癢復如疥。祇因岫列軒，禊日集賓介。裁箋廣徵詩，琳瑯列金薤。於兹獨無言，恐被花神怪。夜永重挑燈，颯聞風雨屆。寄聲賢主人，惜花意無懈。勤張五彩幡，勿令顏色壞。補過視花神，盛賜明年拜。

清　胡敬《崇雅堂詩鈔》卷四《詠庭前草木》　參天雙古柏，植立堂東偏。高柯勢屈蟠，狂草如張顛。縱筆凌虚無，生意相迴旋。斯堂舊侯第，建自朱明年。江陰試院，爲明江陰侯吴良舊第。植此果何時，恐在堂成先。人生感薄植，況乃虚名牽。

戢戢竹萌生，娟娟微露灑。春風乍披拂，一宿苞盡解。森然見風骨，足備伶倫采。吾聞豫章生，受知須七載。遲速雖異時，勁節同不改。

凡材無直幹，嘉木無醜枝。翛翛百尺桐，芳蔭垂階墀。清風颯然至，韻協冰蠶絲。著花濇於雪，開落無人知。何心效春華，與世爭妍媸。

樫栵亦良材，樗散非惡木。擁腫而權奇，厥名乃爲□。陰森大蔽畝，敗葉紛簌簌。枝柯礙高梧，雨露障修竹。如與小人居，君子翻見辱。蟠根亦已固，尋斧驟難斲。得以終天年，不材果爲福。

閒庭多隙地，點綴秋花明。移根五月中，扶寸芽初萌。熏風幾日來，丹萼揚其英。緣枝子離離，隨風自飄零。涼階一雨過，還傍根閒生。種檀得繫迷，種禾根莠盈。同氣而殊性，愧此小草貞。

古牆蔓藤蘿，垂空枝裊裊。柔條無勁心，夏日炙已槁。幸翳嘉樹林，託根自云巧。秋霖積陰晦，生意方未了。朱實何葳蕤，悦目一時好。根株暗穿漏，風雨牆爲倒。滋蔓匪難圖，用力須及早。

清　祁寯藻《饅飢亭集》卷二三《消寒三集分詠西園花木得蠟梅限分字》　小園風雨連朝曛，江上客心愁如雲。南窗蠟梅久爛漫，凍條碎翦黄紛紛。雪亭幾株仍待雪，冷眼未破中酒醺。檀心磬口獨輕捷，鬥巧欲奪東風勳。豈知先開更早謝，紅羅縞袂非其羣。官舍如山幽鳥欣，低頭誦書百不聞。今朝晴日透窗紙，疏影迸裂春冰紋。沈吟暗惜手拗取，膽瓶爲爾收餘芳。夜深褐衣忽見夢，貌癯意靜詞殷勤。自言來自真蠟國，九英族派流江濆。羅浮仙人本同姓，顏色頗頼支條分。一從蘇黄命名字，得與蘭桂齊芳薰。蠟梅因東坡山谷得名，本名黄梅，非梅種也。聞君芟薙及榛莽，枯池瘦石呈厓垠。冬心未忍老寂寞，春氣或助詩氤氳。抽豪再拜謝不文，君家譜系古所云。菁茅橘柚且包貢，何況鼎實香有蕡。牆東高花爛如焚，時山茶盛開。海紅燭雨天爲昕。峥嵘驛使送殘臘，令我鄉思馳横汾。

清　陳慶鏞《籀經堂類稿》卷六《擬唐韓偓紅芭蕉賦以題爲韻有序》　唐承旨翰林學士韓偓累貶鄭州司馬後，隱南安九日山。石林葉氏稱在閩著作甚夥。唐《藝文志》載其文皆閨房，不雅馴。《紅芭蕉賦》亦猶是也。偓出處頗知大義，豈其流落無聊，姑以爲戲，然不可爲訓矣。今效揚雄反騷之作，規其體，而舍其詞。曰：

萬緑叢裏，雲隨朵起。其色嫣然，其花卓爾。揚翠扇以飄摇，矗青旗而旖旎。芳蕤匝地，一庭之蒼翠堪娱。嘉蔭彌天，六月之光風可擬。有芭蕉焉，青油細點，黛葉徐揚，朝迎薄靄，暮納微涼。席常招夫鹿覆，陰未許夫鴉藏。幾疑地近仙居，是色是相。雅見光生佛國，亦皇亦唐。其爲紅也，繽紛霧結，的皪星攢。燦若猩脣之染紫，斑若鶴頂之凝丹。爛若鳳苞之揚襭，奇若鷸彩之聚冠。火然雨後，金剪雲端。依稀寶相之花生當午殿，恍惚珊瑚之樹貢達辰韓。則見紺宇牆邊，琳宮屋角，葉密陰團，花濃翠駁。映曉日以全烘，灑浮塵而細撲。印寫金經，圖張赤幄。掩映菩提旃樹，參世界於葛懷。交加珠草瑶花，佳仙人之籛偓。其在紫薇省畔，紅杏林中。亭亭帶雨，灑灑迎風。月映蟾而遠界，雲移雉以輕籠。紙敲窗而鹿鹿，蓮撤炬以熊熊。以爲臺閣絲綸，繭曾抽碧，可有文章黼黻，箋亦題紅。若夫屋横烏几，櫺透

絳紗，籬疏穿眼，檐矮垂牙。浸紅瓷而穠鬱，連碧砌以橫斜。誰侔予美，曰惟汝嘉，結綠成天，恰喜書工，懷素研朱，滴露允堪，易點侯芭。亦有望郵亭之渺渺，瞻驛路之迢迢。植依辛塢，生傍午橋。霞明絳點，露挺紅翹。華半舒而半卷，華弗琢而弗雕。旁若無人，肯效女蘿施柏。引爲知己，喜逢修竹彈蕉。夫豈以綺結羅張，炎趨勢附。窈窕襲人，婉孌成趣。維覆蔭以無私，乃堅貞其永固。偉質天修，恩光日鑄。朱草合朔，可能擬於其倫。冬蕉卷心，正是全其所賦。

清 賴蘊山《橘中人語》 尋芳偶步杏花村，橘柚浮香賴氏園。檻外竟隨風入座，樓前先得月臨軒。柳塘絮影驚魚躍，竹院棋聲雜鳥喧。觸景偏饒詩酒興，閒敲短句佐琴樽。

清 文廷式《文道希先生遺詩·詠上海辛園草木》 於春得熙陽，園野擢繁秀。冥冥更微雨，滲漉滋灌漱。積李既縞夜，崇桃尤炫晝。叢篁乍倏倏，低枝拂籬右。黃楊厄歲閏，濃綠亦森茂。暄風來海外，百昌種殷富。顔色妖且妍，翻然笑孤陋。日輪不雙飛，坤軸無停輳。各秉氣化力，大造寧薄厚。孰資有爲法，廣被無私覆。幽蘭浥朝露，孤花倚琱甃。徘徊不忍摘，馨香永襟袖。

清 吳重憙《石蓮闇詩》卷三《極樂寺看花》 九日困矮屋，不覺春風生。驅車西郭門，香海紛相迎。距寺尚數武，已聽蜂喧聲。入寺無所覩，紅紫霏繁英。穠者天台仙，桃靨明霞蒸。縞者姑射仙，梨蕊銀雲橫。丁香互交花，紫白枝相縈。宜主與合德，鬥此身輕盈。就中推海棠，絶豔嬌銀屏。沈香亭子北，欲喚楊妃醒。頗謂美人美，可比名花名。娱目即爲色，平視誰能憎。我思草木繁，美醜非一形。蓑葹溷菌桂，蘭蕙埋榛荆。搜采所不及，亦自隨枯榮。豈因遁世悶，改此芳與馨。兹花幸得地，豔傍僧寮明。多少抱孤芳，自賞藏巖扃。安得宇宙間，茅拔茹彙升。桃李盡公門，蘭芷皆明廷。藥欄四相冠，杏宴千佛經。小草亦出山，志在萬里程。此願漫虛擬，佛力應能勝。舉酒酹羣花，搔首天冥冥。

雜録

北魏 楊衒之《洛陽伽藍記》卷四 永明寺宣武皇帝所立也。在大覺寺東，時佛法經像盛於洛陽。異國沙門咸來輻輳，負錫持經，適兹樂土。世宗故立此寺以憩之。房廡連亘，一千餘間，庭列脩竹，檐拂高松，奇花異草，駢闐堦砌。

又 法雲寺，西域烏場國胡沙門僧摩羅所立也。【略】伽藍之内，花果蔚茂，芳草蔓合，嘉樹被庭。

宋 張禮《游城南記》卷一四 張注曰：澄襟院，唐左街僧録遍覺大師智慧之塔院也。碑云起塔於萬年縣神禾鄉孫村，今屬鴻固鄉。元醫世爲樊川人，其居北倚高坡，泉聲泠泠，竹陰相接，圃中植花，穴洞巖間，架閣池上，茂林修竹與之隱映，真有幽勝之趣。

明 桑悦《獨坐軒記》（《明文海》卷三三一引） （獨坐）軒前有池半畝，隙地數丈。池種芰荷，地雜植松檜竹柏。予坐是軒，塵坌不入胸。

明 陳詩教《花裏活》卷上 齊博陵君豹園中雜樹森列。或有折其桐枝者，曰：何爲傷我鳳條。

又 晉陶弘景特愛松風，庭院皆植松，每聞其響，欣然爲樂。

又 煬帝築西苑。每宮樹凋落則剪彩爲花葉，綴於枝條。色渝易以新者，常如陽春。沼内亦剪彩爲荷芰菱芡，乘輿游幸則去冰而布之。

又 卷中 唐鄭熏隱居種松七根，自號七松處士。曰異代可對五柳先生。

明 王路《花史左編》卷二《萬王城》 桂東萬王未詳，世傳王曾寓此，階砌尚存。旁有修竹數竿，日夕自仆，掃其地而復立。内多桃李，實時采食之，味甚甘。但不可取去，或摘而私藏，必迷歸路。

又《三瑞堂》 洪公弼爲寧海主簿時建。適荷花、桃實、竹幹有連理之瑞而生子适。故名。

清 陳宏緒《江城名蹟》卷二 枳園 管理石城府事朱鬱儀先生謀瑋構，雜花香草繽紛馥郁，老樹偃蹇其間，蕭然塵外。

清 嘉慶《梅里志》卷六 （補）篁村在市北三里，石佛、彌陀兩菴之間，與天香精舍相近。草堂數楹，桑圃十畝，小樓低樹，依水爲廬。叢竹雜樹花葉映發，鐘魚梵唄之聲晨夕相續。《天香録》

清 余金《熙朝新語》卷一三 御園十種蒲桃：一伏地公領孫，二伏地黑蒲桃，三伏地瑪瑙蒲桃，四哈密公領孫，五瑣瑣蒲桃，六哈密綠蒲桃，七哈密紅蒲桃，八哈密黑蒲桃，九哈密白蒲桃，十馬乳蒲桃，翰苑諸臣時蒙恩賜。

圖表

清　乾隆《熱河志》卷三四　臨芳墅　水流雲在亭之隔岸，西折而南臨芳墅在焉。殿五楹，其西楹聯曰：岸花霑露滿，湖月漾波寬。爲聖祖御筆。墅左右則曲渚迴汀，藥欄、荷沼咸吐秀於晨風夕露間。對清華而供吟賞，一莖一葉悉含生意矣。

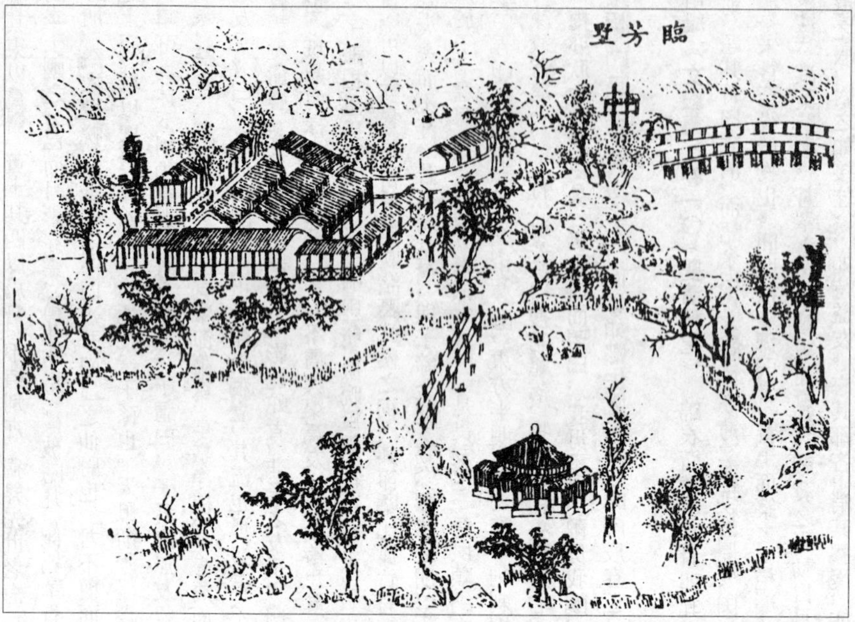

植物與建築

論說

漢　鄭氏箋《毛詩注疏》卷五《國風·衛·陌兮》　焉得諼草，言樹之背。《傳》：諼草令人忘憂。背，北堂也。《箋》云：憂以生疾，恐將危身，欲忘之。

宋　龐元英《文昌雜録》卷六　梁沈約有《修竹彈甘蕉》文，其略曰：渭川長兼淇園貞幹臣修竹稽首言，切尋姑蘇臺前甘蕉一叢，宿漸雲露，荏苒歲月。今月某日，有臺西階澤蘭萱草到園同訴自稱。今月某日，巫岫斂雲，秦樓開照，乾光弘普，罔幽不燭，而甘蕉攢莖布影，獨見障蔽。雖處臺隅，遂同幽谷。臣謂偏辭難信，取察以情。登攝甘蕉左近，杜若江蘺，依原辨覆，兩草各處，異列同款。既有證據，差非風聞。妨賢敗類，孰過於此。而不除戮，憲章何用。請以見事徙根翦葉，斥出臺隅，庶懲彼將來，謝此衆屈。歷觀自昔文集未嘗有此類者，雖曰新奇，蓋亦有所寓託也。

宋　羅願《爾雅翼》卷九《釋木·梓》　梓爲百木長，故古者名制器之工爲梓人。商人尚梓，用此故也。【略】屈原《九章》：望長楸而太息。室屋之間有此木，則餘材皆不復。震其葉，可以飼豕，肥碩三倍。《詩》曰：維桑與梓，必恭敬止。靡瞻匪父，靡依匪母。古者見喬木必下而趨，所以廣孝。桑者，母之所事，以供蠶繅。梓者，父之所植，以伐琴瑟。故見之而恭敬之心惕然生焉，不必待於口澤手澤之所漸也。又，梓之爲木，有子之道。昔者伯禽、康叔見周公，三見而三笞，遂見商子。商子使觀于南山之陽，見橋木高而仰。又使之觀乎北山之陰，見梓焉晉然實而俯。商子曰：橋者父道也，梓者子道也。於是二子再見乎周公，入門而趨，登堂而跪。周公拂其首，勞而食之，則以能子道焉耳。《雜五行書》曰：舍西種梓楸五，令子孫順孝。蓋亦此義。

宋　陳仁子《牧萊脞語》卷六《梅友堂記》　梅友堂者，古迂子爲梅取友之所也。一介之士必有密友。物惟有所比也，故亦有友。蜂與蝶爲友，夔與蚿爲友，蛟龍與魚鱉爲友。方類聚物，羣分者然也，况草木吾臭味者歟。余自丙子更革，越明年秋，先廬兵燼。又越明年春，昉市族叔祖故居，脩刓葺缺，葺支

風雨。鑿牖其東以爲齋，黄土其西以爲臺，不植别卉，獨㝷先世老梅一本。祓濯靈根，封拳土國之。已而月影穿雲，霜花印指，襆被隱几，栩栩華胥若有人兮，雪骨冰肌，縞衣練帨，翩翩來前，曰：吾南昌之仙尉也。君不翦而置之江南，顧延之上座，域以興臺，恩在吾心，死在吾子孫也。天風淅瀝，環顧旁皇，照影自憐，疇可爲林下刎頸交者，君盍念之。予謂曰：子奚患無友？沙清水淺，日暮歲寒，益者三友，損者三友。有翠節蕭森，亭亭浄植，映虚詹而侵書帙者，非子之友乎？曰：是孤竹國之民也。離世獨立，其流也孤，恐渠不易與吾友也。又有碧髮鬅鬙，蒼蒼偃蹇，撼風雨而影龍蛇者，非子之友乎？曰：是秦大夫之輩也。舐鼎爵禄，其流也汙。吾亦不屑與渠爲友也。余溶思其友不獲，乃諗之曰：子識柏皇氏之胄乎？呴噓雨露，傲睨風霜，黛色參天，皴皮溜雨。可以登荆貢，可以斲魯宫，可以掩映諸葛武侯之祠。其節槩比孤竹君而不孤，其氣味比秦大夫而不汙。若三聘是翁，與子締金蘭之契、膠漆之朋，子無愧於渠，亦無嫌於子。意何如？仙乃掀髯抵掌，曰：是畏友也。吾夙願納交，幾交一臂失之者，弄印無以易堯矣。須更夢醒，東方半明，翠羽噍嘈刺刺樹間，則老梅獨立，凍鮫背矣。辭若竹，退若松，搜訪籬落，物色雙柏夾植左右，儼然二豪之侍側，梅亦欣欣有德色矣。仍歃血而盟曰：我毋爾虞，爾毋我醜，生同行藏，死同榮朽，願爲三生莫逆之交，而毋如鄘生之賣友。時庚辰春正月，古迂翁記。

明　解縉《文毅集》卷一〇《雙清軒記》　錦衣衛鎮撫劉君即其舍開軒，樹松竹於前，題其軒曰雙清，而語余曰：余嗜好淡薄，而玩物適情，因物感懷，自勵以崇德，未嘗至役於物也。間取松之穉弱者，畚土而築之，培灌之。未幾而其枝幹條達，濃葉蓊鬱。蒼翠之色承霜雪而愈鮮，葳蕤之影動日月而常清也。余公退之暇，對之如接佳賓，如待益友。忘其鄙吝，消其膠擾，如在千巖萬壑之中。清風颯然，清響泠然，吾心泰然亦莫爲他嗜好之所移也。既而思之，屬詞比事，可以審幾。引物連類，可以窮理。將求夫是松之比，未有過於竹者也，則又取而種之。及其長也，二物甚宜風雨之朝，霜月之夕。端人正士之相語以去就也，廉夫節士之相勖以赴義也。而晴日閒舒之際，又如直清之朋相與共立於朝也。余因二物之相樹吾前也，蓋不敢有怠心，是非惟二物者之相宜也，而又甚與余相宜也。

明　莊㫤《定山集》卷八《竹雪軒記》　予在定山，種竹天峰閣左右各千餘竿。每大雪，竹益蒼翠，清映窗牖。予坐其間，觴咏嘯傲，無不相對，意甚適也。雖窗草不除、花柳前川不過是矣。夫窗草不除，春意也。前川花柳，亦春意也。雪竹何春意哉？夫春意，不過以道言耳。道無不在。使其果以道，何春何夏何冬，何春草，何花柳，又何雪竹。一大渾淪者，散在萬物。散在萬物者，俱可打成一片，而衆人則不知也。窗草自窗草矣，而與花柳無干；花柳自花柳矣，而與雪竹不與。嗚呼！冰亦水也，火亦燈也，吾之親亦吾父也。苟不知是，而徒捉以趾，徒飲以鼻，而徒向夫天者指鴈以爲吾羨，豈道也哉？故予於是未嘗不以雪竹爲庭草，而又未嘗不以庭草爲花柳矣。萬紫千紅總是一般，溪聲山色無非至道。人豈盡知之哉？予至真州，每下總戎蔣公之榻，而公之軒名「竹雪」者，適與予同，蓋無意於同，而自同也。公豈非天資之所到哉？予以是告公，公其勉之，而尚無以天資自恃也。

明　謝肇淛《五雜組》卷一〇　北人於居，宅前後多植槐柳之類。南人即不爾，而閩人尤忌之。按桑道茂云：人居而木蕃者，去之。木蕃則土衰，土衰則人病。今人忌之以此。然術士之談，何足信也？土必膏沃而後草木蕃，豈有木盛土衰之理乎？

綜　述

漢　毛亨傳　鄭玄箋《毛詩注疏》卷四　定之方中，作于楚宫。《傳》：定，營室也。方中，昏正四方。楚宫，楚丘之宫也。仲梁子曰：初立楚宫也。《箋》云：楚宫謂宗廟也。定星昏中而正，於是可以營制宫室，故謂之營室。定昏中而正，謂小雪時其體與東壁連，正四方。揆之以日，作於楚室。《傳》：揆，度也。度日出日入，以知東西。南視定，北準極，以正南北。室猶宫也。《箋》云：楚室，居室也。君子將營宫室，宗廟爲先，廄庫爲次，居室爲後。樹之榛栗，椅桐梓漆，爰伐琴瑟。《傳》：椅，梓屬。《箋》云：爰，曰也。樹此六木於宫者，曰其長大可伐以爲琴瑟。言預備也。

北魏　楊衒之《洛陽伽藍記》卷一　（石崇家）池西南有願會寺，中書舍人王翊捨宅所立也。佛堂前生桑樹一株，直上五尺，枝條横遶，柯葉傍布，形如羽蓋。復高五尺，又然。凡爲五重，每重葉椹各異。京師道俗謂之神桑。觀者成市，施者甚衆。帝聞而惡之，以爲惑衆，命給事中黄門侍郎元紀伐之。其

日雲霧晦冥，下斧之處血流至地，見者莫不悲泣。

又 義井里北門外有桑樹數十株。枝條繁茂，下有甘井一所，石槽鐵罐，供給行人飲水庇陰，多有憩者。有佛殿一所，像輦在焉，雕刻巧妙，冠絶一時。堂廡周環，曲房連接，輕條拂户，花蘂被庭。

宋 陶穀《清異録》卷二《紫風流》 廬山僧舍有麝囊花一叢，色正紫，類丁香，號紫風流。江南后主詔取數十根植于移風殿，賜名蓬萊紫。

宋 蘇轍《欒城集》卷二四《南康直節堂記》 南康太守廳事之東，有堂曰直節，朝請大夫徐君望聖之所作也。庭有八杉，長短鉅細若一，直如引繩。高三尋，而後枝葉附之。岌然如揭太常之旗，如建承露之莖。凛然如公卿大夫高冠長劍立於黄庭，有不可犯之色。

宋 李格非《洛陽名園記・劉氏園》 樓横堂列，廊廡回繚，欄楯周接，木映花承，無不妍穩，洛人目爲劉氏小景。今析爲二，不能與他園争矣。

又《獨樂園》 司馬温公在洛陽，自號迂叟，謂其園曰獨樂園，卑小不可與他園班。其曰讀書堂者，數十椽屋。澆花亭者益小，弄水種竹軒者尤小。曰見山臺者，高不過尋丈。曰釣魚菴、曰采藥圃者，又特結竹杪落蕃蔓草爲之。

又《水北胡氏園》 水北、胡氏二園相距十餘步，在邙山之麓。瀍水經其旁。【略】林木薈蔚，烟雲掩映，高樓曲榭時隱時見。使畫工極思不可圖而名之，曰玩月臺。有庵在松檜藤葛之中，闢旁牖，則臺之所見亦畢陳於前，避松檜駕藤葛，的然與人目相會，而名之曰學古庵。

宋 江少虞《事實類苑》卷六二《風俗雜志》 唐華清宮，今靈泉觀也。七聖殿之西隅十數步間，有皂莢一枝，合數人抱，條頗相萃，相傳云明皇洎貴妃共椎莢於此。每歲結實必有十數莢。合歡者，京兆尹命老卒數十人守視之，移接于他枝則不復合歡也。

宋 曾慥《類説》卷四九《地理新書》 樹木向背 凡樹木皆欲向宅吉，背宅凶。凡宅地形，卯酉不足，居之自如。子午不足，居之大凶。子丑不足，居之口舌。南北長，東西狹，吉。東西長，南北狹，初凶後吉。

宋 羅願《爾雅翼》卷一一《槐》 槐者，虚星之精，其葉尤可玩。古者朝位樹之，私家之朝皆植焉。晉鉏麑觸趙宣子庭之槐。董叔紡於范氏庭之槐。又齋景公有所愛槐，使人守之，皆植於庭之驗也。《釋木》曰：懷槐大葉而黑，守宫槐葉晝聶宵炕。郭璞以爲晝日聶合而夜炕布者，名爲守宫槐。

宋 吴自牧《夢粱録》卷四《七月 立秋附》 七月秋孟，例於上旬内車駕詣景靈宮行孟享之禮。以秋陽正炎，上命宰執分詣。立秋日，太史局委官吏於禁廷内以梧桐樹植於殿下，俟交秋時，太史官穿秉奏，曰秋來。其時梧葉應聲飛落一二片，以寓報秋意。都城内外，侵晨滿街叫賣楸葉，婦人女子及兒童輩争買之，剪如花様，插於鬢邊以應時序。

宋 范成大《吴郡志》卷九 虎丘寺古杉在殿前，相傳爲晉王珉所植。唐末猶在，形狀甚怪，不可圖畫。皮日休稱其死奇節，不知雨露之可生即是時已枯日。休詩曰：種日應逢晉，枯來必自隋。陸龜蒙亦曰：後凋依佛氏，初植必僧彌。寺蓋王氏别墅。僧彌，珉小字也。

宋 岳珂《寶真齋法書贊》卷一三《薛道祖清閟閣詩帖》 四方士大夫宦游京師。類多僦舍，往往庳狹湫隘，室無天游，容膝而已。廳寢厨廐皆苟完苟合，能有齋閣爲便燕棲遲之所者鮮矣，况有隙地以植嘉卉乎。河東三鳳後人道祖于堂之中庭植叢竹甚茂，竹之傍隅榜閣曰清閟，蓋取退之「筍添南階竹，日日成清閟」以名之也。松柏與竹皆有士君子操，歷隆冬勁寒，不改柯易葉。人所顧玩，常與凡草木異。然松柏難植而遲茂，插根數年，其幹始逾拱把，非廣庭盛圃詎能多容。雖有清陰，常疏而不密，殆不若竹之易植而速繁也。幽軒曲檻，在在宜之，或臨牖，或緣逕。始種數竿，不閲歲如林，清森閟邃，蔽映庭户，掃砌拂檐，静若天帚，非高奇之士孰能愛哉。少陵杜之美，達道翁也，僑居遠域，猶曰「平生憩息地，必種數竿竹」。清玩彌劇，則復有「客至從嗔不出迎」之語。子美所謂善假物以捐俗情者，道祖高意正在是爾。若夫炎曦爍石，夏雲火蒸，道無行車，林鳥吞聲，觸熱拭汗，自公就寧。虚堂停翣，静几却冰，蠅蚋斂跡，凉氣自生，翛然一榻，由竹而清。通津要塗，皃趨鷹萃，千百其朋，噂嗒如市。我歸吾廬，以恬養智。繁枝梢雲，密葉凝翠。隟無塵飛，人不雜至。邃然一齋，由竹而閟。君于是逍遥其間，小冠散襟，左圖右書，意澹如也。有客至，則闔扉而飭長鬚曰：余方對此君，披黄卷，與聖賢語耳。客樂此則予通，否則予拒。男俾敗予意。文登馬琮嘗叩關款訪，君鏗然抽扃，晤言久之，遂許觀文房之富，因書清閟之實，又繼之以歌曰：虚堂幽幽竹森森，直節常便静者心。秋檻風高聲戛玉，夜庭月白影篩金。檀欒相對復何有，掛壁丹青古名手。飛泉激石湧崖間，更愛霜鴻下葦灘。錦題玉軸照清閟，敻無一點塵埃氣。百尋砌下日相親，千畝渭川空自翠。

元 馬端臨《文獻通考》卷七四　蔡攸言：明堂五門，廊廡蓋以素瓦，而門堂則以琉璃，其地則隨所向而砌以五色之石，欄楯柱端以銅爲辟邪之象，而飾以五方所向之色。八窗八柱則以青黄緑相間，堂室柱門欄柱並以丹雘塗之。堂階爲三級，每級崇三尺共爲一筵，改火珠爲雲龍之象，堦庭植松、梓、檜之木。

元 魏初《青崖集》卷三　漢中耆艾西軒王先生有亭於新居之西，字曰怡然。蓋其子無疾、無妄爲先生偃息徜徉之所築也。亭以茅，峻以土，階户正，離牖隨日出納北軒，與暑相抗懾，故冬燠夏清。其下植松，植梅竹，植冬青、椶桂，雜樹卉。

明 李賢等《明一統志》卷五二《南康府》　直節堂　舊在郡治。宋徐師回爲守，因庭有八杉，故建堂以直節名之。蘇轍爲記。後朱熹至，求其遺跡，不存。獨廳事南有堂無額，而庭中有老柏焉，生意殆盡而屹立不僵，如志士仁人，更歷百變而凛然不衰者，因取直節寓之此堂，以仿佛前賢之意。

明 陸容《菽園雜記》卷一二　江南自錢氏以來及宋元盛時，習尚繁華。富貴之家於樓前種樹，接各色牡丹於其杪。花時，登樓賞玩，近在欄檻間，名樓子牡丹。今人以花瓣多者名樓子，未知其實故也。

明 陸深《儼山外集》卷三〇　黎州安撫司内小廳東有梨樹一株，高九丈，圍九尺，州人取其枝以接果。豈黎以梨名耶？州人呼爲三藏梨。相傳爲唐僧西游植黎杖於此，曰他日州治在此。恐非實事。古稱黎杖，黎即苜蓿，養之歷霜雪，經一二歲，其本修直，生鬼面，可杖，取其輕而堅，非梨木也。

明 沈鯉《扶杏館記》（《明文海》卷三三七輯）　余市廛五丈，中爲亦玉堂三間，兩旁隙地則各建小樓一所，覆之以茅，若兩翼然。曰醉竹樓者，其一也。其西爲扶杏館，云扶杏者何？館前有杏樹二株，其一居左畔者，兩幹駢起糾纏而上若相爲扶也，故名。而直館之前爲悟迷橋。時方春和，升橋北望，花開如錦，籠館其中，若有若無，隱隱一杏花村也。昔人有詩云：借問酒家何處有，牧童遥指杏花村。

明 王世貞《弇州四部稿》續稿卷五八《喬峰亭記》　喬峰者，信陽王太史公所名亭也。何以亭？公之西圃有玉門、暉章之二樹樹焉。其下幹相距武十而近，其上枝庇畝十而遥。其下若比鄰，而上若互有。室退者若交讓，而進者若交驩。美蔭磅礴，烈炎不侵。公憩而樂之，壘石爲臺，臺不取矩，緣趾而已。構材爲亭，亭不取向，緣臺而已。亭成而昉名之曰喬峰，美其樹也。何以峰？蓋太史公之言曰：不佞嘗使關中，登華岳絶頂，下宿青柯平。夜半起，望三峰爲三巨人，自肩以上，蒸雲封之，亭亭車蓋隙月微射如破萬葉，悲風因之颼飀，砰磅洪濤翻空，疑雨疑霆，倏忽莫蹤。蓋余爽然而快已，凛乎其忡忡者。歸而凝思，未儷其境也。乃者得之吾亭，吾高春而仰望不能得日，夕不能得月。伺其出没東西，乃得煙霏曖曃與頂交翳，爽籟横度，逗而成聲，颼飀砰磅，幾希乎青柯平。昔之三峰寧非樹耶，今我二樹焉知非峰耶。曰亭之樹而峰也，旨哉。雖然，夫峰也，何以喬太史公之言？曰：吾以志吾樹耳。兹樹也，吾高王考之所手植也，蓋二百年於今矣。與食邑相終始不衰。夫峰言象，喬言義也。於是余乃進曰，公知三峰之所以喬乎？兹峰也，巨靈氏之所手蹠也。蓋億萬年於今矣，其陡削而上六千仞，是天地之喬也。兹二樹也，其植不過二百年，而自頂放踵，不能過百尺，是家之喬也。夫九萬里扶摇之大鵬，而方以僅尺之鷃爲逍遥游，一也。雖然，太上立德溢爲立言超華，而尊與岳等堅，是爲太史公之喬。樹耶峰耶，何足以肩。

又 卷六〇《太倉諸園小記》　季氏園，吾師觀察公所有也。在南門外度津橋稍東，枕濠水。有軒一樓一，皆絶庳小。惟中匯大池若方鏡，亭於中央，橋通之。軒四隅皆藝牡丹。其右方一臺，四隅亦皆藝牡丹。有紅於猩血者，白於于闐玉者，紫於葚而香者。其大若盆盎，高至尺許，而玉樓春一株，特出牆表，數之可得二百朵。觀察公惟不食酒，然花時召客，以大白泛之，必令醉而後已。蓋觀察之子穎好種花，於牡丹爲獨精，故能致其盛如此。詹事欲悉力雄勝之，不能也。

明 王世懋《學圃雜疏・花疏》　臭梧桐者，吴地野生。花色淡，人無植之者。淮揚間成大樹花微者，縉紳家植之中庭，或云後庭花也。獨閩中此花紅鮮異常，能開百日，亦名百日紅。花作長鬚，亦與吾地臭梧桐不同，園林中植之，灼灼出矮牆上。至生深澗中，清泉白石，斐然奪目。

明 汪砢玉《珊瑚網》卷一五　倚玉軒在若墅堂後，傍多美竹，面有崑山石。　倚楹碧玉萬竿長，更割崑山片玉蒼。如到王家堂上看，春風觸目總琳瑯。

又　槐雨亭在桃花浒之南，西臨竹澗，榆槐竹柏，所植非一。云槐雨者，著君所自號也。　亭下高槐欲覆牆，氣蒸寒霧濕衣裳。疎花靡靡流芳遠，清蔭垂垂世澤長。八月文場懷往事，三公勳業付諸郎。老來不作南柯夢，獨自移

床臥晚涼。

又　繁香塢在若墅堂之前，雜植牡丹、芍藥、丹桂、海棠、紫瑤諸花，孟宗獻云小築繁香塢。　雜植名花旁草堂，紫蕤丹艷漫成行。春光爛漫千機錦，淑氣薰蒸百和香。自愛芳菲滿懷袖，不教風露濕衣裳。高情已在繁華外，靜看游蜂上下狂。

明　顧養謙《滇雲紀勝書》（《佩文齋廣羣芳譜》卷四一輯）　山茶花在會城者，以沐氏西園爲最。西園有樓，名簇錦。茶花四面簇之，凡數十樹。樹可三丈，花簇其上。樹以萬計，紫者朱者紅者，紅白兼者映日如錦，落英鋪地，如坐錦茵，此一奇也。僕嘗以花時登簇錦賞之，有「十丈錦屏開緑野，兩行紅粉擁朱樓」之句。及登太華，則山茶數十樹羅殿前。樹愈高，花愈繁，色色可念，不數西園矣。

明　高濂《遵生八牋》卷七　檜柏亭　植四老柏以爲之製，用花匠竹索結束爲頂成亭，惟一檐者爲佳，圓製亦雅，若六角二檐者俗甚。桂樹可結，羅漢松亦可。若用薔薇結爲高塔，花時可觀，若以爲亭，除花開後，荆棘低垂，焦葉蠡蟲，撩衣刺面，殊厭經目，無論玩賞。

茆亭　以白茆覆之，四構爲亭，或以棕片覆者更久。其下四柱，得山中帶皮老棕本四條爲之，不惟淳朴雅觀，且亦耐久。外護闌竹一二條，結於蒼松翠蓋之下，修竹茂林之中，雅稱清賞。

明　謝肇淛《五雜組》卷一〇　兖州張秋河邊有挂劍臺，云即徐君墓季札所挂劍處也。臺下有草，一竪一横，如人倚劍之狀，食之能已人心疾。余謂此草不生它所，而獨産挂劍臺，豈季子義氣所感而生耶？至於療人心疾之説，亦不過廉頑立懦之遺意耳。不知其偶然耶，抑好事者傅會之也。余在張秋覓所謂挂劍草者，臺前後乃無有，而鄰近民庄或有之，至水部署中亦間有數莖。此豈聞挂劍之風而興起者耶：可爲一笑也。

明　彭大翼《山堂肆考》卷一七〇《庭間花柳》《朱氏實録》：唐殿庭間多種花柳。杜詩云：花覆千官淑景移。又曰：退朝花底散，歸院柳邊迷。宋朝惟植槐楸，鬱然有嚴毅氣象。

明　袁宏道《抱甕亭記》（《明文海》卷三三九引）　伯修寓近西長安門，有小亭曰抱甕，伯修所自名也。亭外多花木，正西有大柏六株。五六月時凉蔭滿堦，暑氣不得入，每夕陽佳月透光如水，風枝搖曳有若浪紋，衣裳床几之類皆動。梨花二株甚繁，盛開時香雪滿一庭。隙地皆種蔬，瓜棚藤架，菘路韭畦宛似山莊。

明　曹學佺《蜀中廣記》卷六一　瑞草，蜀人多種之庭檻。蔓延長三四尺，珍而愛之，故謂之瑞。贊曰：翠蔓紺莖，回繚可喜。莳之庭堂，珍以爲瑞。

又　成都府治西園有辨蘭亭，爲吕大防、李大臨、李之純三人倡和處。微仲之言曰：蜀有草如諼，紫莖而黄葉，謂之石蟬，而楚人皆以爲蘭。蘭見於《詩》、《易》，而著於《離騷》，古人所最貴，而名實錯亂乃至於此。予竊疑之，乃詢諸游仕荆湘者。云楚國之有蘭舊矣，然鄉人亦不知蘭之爲蘭也。前此十數歲，有好事者以色臭花葉驗之於書，而名始著。況他邦乎！予於是信以爲蘭。考之《楚辭》，又有「石蘭」之語，蓋「蘭」、「蟬」聲近之誤。蘭其葉冬青，其華凌寒，其生沙石瘠土，而枝葉峻茂，其芳不外颺，暖風晴日有時而發，則郁然滿乎堂室。是皆有君子之德，此古人之所以爲貴也。乃爲小亭，種蘭於其旁，而名曰辨蘭。無使楚人獨識其真者。斯命亭之意也。

又《梓潼志》：七曲山有應夢臺，臺側有柏，晉時植，龍首虬枝，霜皮老幹，見者即知爲千年物。《嘉州志》：凌雲山清音亭前有柏四株，霜皮黛色，其葉，一則瑣細如翦，一則扁仄如片，一則垂絲如柳，一則蝟刺如毛，異于常柏也。《劍門志》：縣八十里停船山有冲寂觀，唐李真人於此煉丹仙，去手植柏十八株。或云以讖唐十八帝，有石刻，乃宋乾德僧懷義撰。

又　李膺益州記云江州縣西南有仙池。昔有仙人居池側，起樓，多植香草於樓下。忽一夕縱火自焚，天降紫雲飄然而去。後人尚指此地爲香草樓。按《列仙傳》有園客者，種五色香草，積十年與妻俱仙去，或即此。

明　徐𤊹《徐氏筆精》卷四《在官種樹》　柳子厚貶柳州，種木槲花。詩云：上苑年年占物華，飄零今日在天涯。祇因長作龍城守，剩種庭前木槲花。白樂天守忠州，種荔支。詩云：紅顆珍珠誠可羡，白鬚太守亦何癡。十年結子知誰在，自向庭前種荔支。程師孟守福州種榕樹。詩云：三樓相望枕城隅，臨去頻栽木萬株。試問國人來往處，不知還憶使君無。

明　顧起元《客座贅語》卷一　凡庭畔階砌，雜卉之屬，擇其尤雅靚者。虞美人、罌粟、石竹、翦紅羅、秋牡丹、玉芙蓉、蛺蝶花、鴛鴦菊、秋海棠、矮金雞冠、金鳳花、雁來紅、雁來黄、十樣錦、鳳尾草、翠雲草、脚綫柳、金絲荷葉、玉簪花、虎須草爲佳。至籬落藩援之上，則黄薔薇、粉團花、紫心白末香、酴醿、玉堂春、十姊妹、黄末香、月月紅、素馨、牽牛、蒲桃、枸杞、西番蓮之類，芬

菲婀娜，搖風漏月，最爲綿麗矣。

明 王路《花史左編》卷二《鴻軒》　景陵張未譎居曰建，其側植薔薇。臨別題詩云：他年若問鴻軒人，堂下薔薇應解語。

又《野春亭》　武陵儒生苗彤事園池以接賓客。有野春亭者，雜植山花，五色錯列。

又《梅花屋》　王冕隱九里山，樹梅花千株，桃柳居其半，結茅廬三間，自題爲梅花屋。

又《四香閣》　楊國忠爲四香閣，每於春時木芍藥盛開之際，聚賓於閣上，賞玩此花。

又《玉照堂》　宋張功甫得曹氏廢圃，種梅三百餘木，築堂數間，前爲軒檻。花時居宿其中，環潔輝映，夜如對月，因名曰玉照堂。作《梅品》。

又《紅梅亭》　南唐苑中有紅梅亭，四面專植紅梅。

又《舍前》　晉稽康嘗種夜合於舍前，曰合歡蠲忿，萱草忘憂。

又《保安僧舍》　山谷居保安僧舍，開西牖以養蕙，東牖以養蘭。

又《烟雨樓》　南湖中，五代時建。樓前玉蘭花瑩潔倩麗，與翠柏相掩映，挺出樓外，是亦奇觀。

又《香草樓》　江津舊有仙池。一異人居其側，建樓，多植香草。

又《衆樂園》　府城内池環里許，亭榭花竹周布。宋時每歲二月開園設酤，縱游人盡春而罷。

又 卷一一《榮名之賜》　廬山僧舍有麝囊花一叢，江南後主詔取十根植于移風殿，賜蓬萊紫。

又 卷一二《花幕》　李後主寵小周后，嘗於羣花間作亭，幕以紅羅，押以玳牙，雕繪華侈。而制極迫小，僅容二人，每與后酣飲其中，他寵嬖莫與也。

又 卷一六《桂柱》　漢武帝昆明池中有凌波殿七間，皆以桂爲柱，風來自香。

又《載酒飲》　韓持國雖剛果特立，風節凛然，而情致風流絶出時輩。許昌崔象之侍郎舊第，今爲杜君章所有。廳後小亭僅丈餘，有海棠兩株，持國每花開輒載酒日飲其下，竟謝而去，歲以爲常。至今故吏尚能言之。

又《名花國色》　唐開元禁中初種牡丹，得四本植於興慶池東，沉香亭前。會花方開，明王召太真賞玩，命李白爲詩三章。其三曰：名花國色兩相歡，長得君王帶笑看。解釋春光無限恨，沉香亭北倚欄干。

明 陳耀文《天中記》卷五一《檜》　御愛宋真宗朝寢殿側有古檜，秀茂不羣，名御愛檜。然横礙殿檐，真皇意欲去之。一夕風雷轉折其枝，時以爲瑞。

明 文震亨《長物志》卷二《玉簪》　潔白如玉，有微香，秋花中亦不惡。但宜牆邊連種一帶，花時一望成雪。若植盆石中，最俗。紫者名紫萼，不佳。

又《桂》　叢桂開時，真稱香窟。宜闢地二畝，取各種並植，結亭其中，不得顔以天香、小山等語，更勿以他樹雜之。樹下地平如掌，潔不容唾，花落地，即取以充食品。

又《海棠》　昌州海棠有香，今不可得。其次西府爲上，貼梗次之，垂絲又次之。余以垂絲嬌媚，真如妃子醉態，較二種尤勝。木瓜花似海棠，故亦有木瓜海棠。但木瓜花在葉先、海棠花在葉後爲差別耳。别有一種曰秋海棠，性喜陰濕，宜種背陰堦砌，秋花中此爲最艷，亦宜多植。

又《槐榆》　宜植門庭，板扉緑映，真如翠幄。槐有一種天然樛屈，枝葉皆倒垂蒙密，名盤槐，亦可觀。他如石楠、冬青、杉、柏皆丘壠間物，非園林所尚也。

又《芭蕉》　緑窗分映，但取短者爲佳，蓋高則葉爲風所碎耳。冬月有去梗以稻草覆之者，過三年，即生花結甘露，亦甚不必。又作盆玩者，更可笑。不如棕櫚爲雅，具爲麈尾蒲團，更適用也。

又《椿》　椿樹高聳而枝葉踈，與樗不異，香曰椿，臭曰樗。圃中沿牆宜多植以供食。

明 計成《園冶》卷一《亭榭基》　花間隱榭，水際安亭，斯園林而得致者。

又《峭壁山》　多年樹木，礙築檐垣。讓一步可以立根，斫數椏不妨封頂，斯謂雕棟飛楹搆易，蔭槐挺玉成難。

明 張大復《梅花草堂集》卷五《韓韓閣記》　閣凡三楹，在居第之左，前植叢桂、古杏、含桃、來禽之屬，盆花砌草點綴不群，不具載題額者茂苑。

又 卷三　植黄山松、柏、古梅、美竹，收之圓窗，宛然鏡游也。

清 陳宏緒《江城名蹟》卷一　雙松堂　在故南昌縣之廳側，前植古松二株。閱歲頗久，宋司馬光送沈紳令南昌詩有「長江湛湛帶楓林，古木寒雲縣寺深」之句。紹興中知縣蔡宰建堂，因以雙松榜之。

清 李漁《閑情偶寄》卷一三《石榴》　芥子園之地，不及三畝。而屋居

其一，石居其一，乃榴之大者，復有四五株，是點綴吾居，使不落寞者。榴也盤踞吾地，使不得盡栽他卉者，亦榴也。榴之功罪，不幾半乎？然賴主人善用。榴雖多，不爲贅也。榴性喜壓，就其根之宜石者，從而山之。是榴之根，即山之麓也。榴性喜日，就其陰之可庇者，從而屋之。是榴之地，即屋之天也。榴之性又復喜高而直上，就其枝柯之可傍而又借爲天際真人者，從而樓之。是榴之花，即吾倚欄，守户之人也。此芥子園主人區處石榴之法，請以公之樹木者。

又《合歡》 凡植此花，不宜出之庭外。深閨曲房，是其所也。此樹朝開暮合。每至昏黄，枝葉一一相交結，是名合歡，植之閨房者。

又 卷一四《芭蕉》 幽齋但有隙地，即宜種蕉。蕉能韻人而免于俗。與竹同功。王子猷偏厚此君，未免掛一漏一。蕉之易栽，十倍于竹，一二月即可成陰，坐其下者，男女皆入畫圖，且能使臺榭軒窗，盡染碧色。緑天之號，洵不誣也。

又《苔》 苔者至賤，易生之物，然亦有時作難。遇階砌新築，冀其速生者，彼必故意遲之，以示難得。予有養苔詩云：汲水培苔淺却池，鄰翁盡日笑人癡。未成斑蘚渾難待，繞砌頻呼緑拗兒。然一生之後，又令人無可奈何矣。

清 周召《雙橋隨筆》卷六 歐陽公手植柳一株於揚州之平山堂，故其詞有「手種堂前楊柳，别來幾度春風」之句，人謂之歐公柳。後薛嗣昌作守，相對亦種一株，自榜曰「薛公柳」，人莫不嗤之。嗣昌既去，人遂伐之。世人不自度德而妄尊高者多如此類。雖老大者亦犯此病，不獨年少無知輩也。

清 高士奇《北墅抱瓮録·紫薇》 紫薇皮不頑皴，净滑可愛，一枝數穎，一穎數藥，有紅紫翠白諸色。開花可經數月，牆陰石角，隨處栽之。瀛山尤多，日久皆成連理。當殘暑初消，繁英新吐，苧衫葵扇，雜坐花下，啜茗清譚，亦勝事也。

又《天竹》 天竹枝葉瀟灑，梅雨中開白花，子結枝梢，殷紅璀璨，纍纍若珠，霜雪不落。樹可久而難長，紅雨山房欄檻之前，一叢百餘幹，粗中把握，殊不易得。

又《薜荔》 蘭渚前，繚垣周遭，短僅逾肩，薜荔緣壁上生，縱横縈結。望之碧葉蒼然，山雨欲來，幽響槭槭。

又《芭蕉》 平湖諸家園亭，芭蕉絶少。近從會城移得三四本，種泛渌亭後。密陰冷翠，上襲人衣，晴日對之，亦作風雨之想。幸性本易生，蕉筍駢發，年餘後，應可成緑天矣。

又《百合》 百合花，一名摩羅春。一莖上抽，四旁出葉，花生莖端，有紅白二種，白者尤勝，每拆一藥，滿庭皆香。

又《蕙》 《楚辭》：既滋蘭之九畹兮，又樹蕙之百畝。所指爲蘭者，乃澤蘭，非春蘭。所指爲蕙者，乃零陵香，非蘭類也。今人以九節蘭爲蕙，長莖秀擢，芳萼貫連，與春蘭相伯仲，光風晴日，近傍軒窗，幽情殊愜。

又《翠雲草》 翠雲草，性喜陰濕。與芭蕉、虎刺、秋海棠相似而較爲易生。北窗背日之地，偶植數莖，時月既久，鋪翠盈堦，漸有入簾之色。

又《梔子》 梔子小於玉蘭，而香過之，山館幽僻之所，偶植數本，暑月發花，清芬滿院。

又《剪春羅》 剪春羅葉緑而濃，開花極盛。每瓣刻缺甚多，有如蜀羅被剪，發莖叢密，足充階砌之觀。

又《西風錦》 西風錦與老少年相似，葉外青中紫。經霜色變，青者爲黄，紫者成赤。階除之下，滿目斑斕。

清 劉堅《修潔齋閒筆》卷四《歐柳白檜》 蜀岡平山堂前，歐陽文忠公手植柳一株，謂之歐柳。公詞所謂：「手種堂前楊柳，别來幾度春風」是也。白樂天爲蘇州牧，嘗植檜數本于郡圃。後百姓愛而思之，名曰白公檜，以比甘棠云。

清 雍正《江南通志》卷三一《古蹟·江寧府》 木蘭堂在長洲縣，又名木蘭院。《嵐齋録》云：唐刺史張博於堂前植木蘭，花盛開宴客。陸龜蒙後至，博連浮以大白索詩。陸云：洞庭波浪渺無津，日日征帆送遠人。甫得二句，不覺頽然，他客莫知其旨。陸稍醒，援筆續之，云：幾度木蘭舟上望，不知原是此花身。一時驚爲絶唱。

清 秦蕙田《五禮通考》卷一三一《嘉禮四·朝禮》 屏者，乃門間蕭牆也。今殿門亦設之，設位於庭中，故謂之三槐、九棘者。廷中有樹處，公卿位當其下。

清 乾隆《淮安府志》卷四 萬松山 在漕院署内東南隅，漕使顧公餘所築。高二丈有奇，上建草亭，四圍環植松樹，鬱葱可觀。制軍尹公作記。

清 乾隆《熱河志》卷二八 金蓮映日 金蓮花本出五臺，移植山莊，體

物肖形，載賡天藻。曼陀優鉢無以逾茲。延薰山館之右有殿五楹，西向是花環蒔，葉亞枝交，含風浥露，每晨光啓牖，旭影臨鋪，金彩鮮新，爛然匝地，牓曰金蓮映日。

清 李斗《揚州畫舫録》卷六 觴詠樓西南角多柳，構廊穿樹，長條短綫，垂檐覆脊，春燕秋鴉，夕陽疏雨，無所不宜。中有拂柳亭，聯云：曲徑通幽處高適，垂楊拂細波温廷筠。北郊楊柳至此曲盡其態矣。

又 卷一三 （東園）得樹廳銀杏二株，大可合抱，枝柯相交集。杜聯云：雙樹容聽法，三峰意出雲。金壽門詩云：精廬浄於水，雙樹緑縹初。石琴記心謡，竹扇擅草書。騶從時罕逢，隼旗來已虚。惟有秋燈下，麯生不我疏。

又 卷一五 舊雨亭本盧雅雨所建，延惠徵君棟纂修漁洋山人《感舊集》之地也。亭中花草有三絶：一架古藤，一畝老桂，一牆薜荔。

仰止樓前窗在竹中，後窗在園外，可望過江山色。東山牆圓牖爲薜荔所覆，西山牆圓牖中皆芍田。花時人行其中，如東雲見鱗，西雲見爪。樓下懸「夕陽雙寺外，春水五塘西」一聯，仍是午橋舊物。是樓因枝上村僧文思彈指閣故入官園，因于是地仿其製爲之，亦求舊之遺意也。

清 嘉慶重修《揚州府志》卷三九 朱氏園芍藥最爲冠絶。南北二圃所種幾於五六萬株。當花之盛開，飾亭宇以待來游者，逾月不絶。

清 范承勳《鷄足山志》卷七《物産》 三顆樹 在慧燈庵上。其樹三株，列如品字，質古心空，嘗有游山僧衆坐卧其下，以辟風雨。

祇陀松 在迦葉殿門外，古幹參天，不知歲月。僧衆依樹搆土地廟。相傳此樹有神，憑藉游山者必致禮焉。

如意松 在大悲閣前，高八九丈，大四圍。

靈鷲松 在銅佛殿前，上下參差，數十餘株，高者千尺，大者十圍，依岫憑崖，虬屈各異，樓殿偃映，嵐霧褰迷，深秋氣爽，嘗有靈鷲百十連羣翔宿其上。

三折柏 在迦葉殿前，樹本三折，屈曲如人力刀鋸所裁，不似天植也。

孤山雪 古梅一株在九蓮寺寄齋後，形勢奇古，爲鷄山第一梅。其年代不可考矣。

龍化樹 老松一株在古雪齋之右，大數圍，高數十尺，横拿倒攫，恍疑龍化也。

分開樹 在安心處門外。昔老僧印宗將一樹手分作兩開，左右對種之。今其樹已大十圍，蒼老參天，其心半空云。

摩頂松 大小十餘株在迦葉殿門首，奇古各異。

清 光緒《慈谿縣志》卷四三 竹所 羅彦直所居，以家多美竹，故名。《句章摭逸》

元戴良《竹所銘并序》：慈溪羅彦直以家多美竹，顔其堂曰竹所，徵予銘之。嗟乎！竹於植物中無芬香艷色之可悦，而彦直之取之也何居？然芬香所以悦吾鼻，艷色所以悦吾目，而香不芬色不艷者，乃所以悦吾之心也。則夫植物之可取其有過於是竹者乎？雖然，世之人以芬香艷色役乎其心者亦多矣。予懼彦直所取之不固也，銘斯作。 孰花匪香，孰草匪色。君豈惡此，而竹斯植。問竹之香，香則孔清。孤竹伯夷，靄靄其名。問竹之色，色亦甚美。緑竹武公，其文斐斐。王稱此君，白謂似賢。其色其香，莫或比焉。伊羅氏子，虚而且直。曰芬曰艷，豈爲心役。既顔其居，復勒以銘。庶憑竹友，以振德聲。

清 杜文瀾《古謡諺》卷五八《秦中芭蕉謡》 《玉堂閒話逸文》據《廣記》卷一百四十：天水之地土寒，不産芭蕉。戎帥使人於興元求之，植二本於亭臺間。每至入冬，即連土掘取之，埋藏於地窟，候春暖，即再植之。庚午辛未之間，有童謡曰：云云而又節氣變而不寒，芭蕉於是花開，士女來看者，填咽衢路，尋則蜀人犯我封疆，自爾年年一來，不失芭蕉開謝之候，自隴之西竟爲蜀人所有。暑濕之候一如巴邛者，蓋劍外節氣先布於秦城。童謡之言不可不察。

清 同治《徐州府志》卷一八《木龍寺》 徐之高冢城南有木龍寺，二有三層磚，塔高丈餘，塔側生一大樹，縈繞至塔頂，枝幹交横。上平容十餘人坐枝杪，四面下垂如百子帳。莫有識此木者，僧呼爲龍木。梁武嘗遣人圖寫焉。

清 同治《會理州志》卷一《古蹟》 天竺華林一名水閣寺，沛然沈仙修養處。殿宇幽深，層級七進，繞以古檜長楸。山鳥一鳴，松花亂墜，洵屬仙境。

清 光緒《潛江縣志》卷八《風土志》 謾園 在南城外，邑貢士郭鋏搆帶水設橋，中有四面閣，環古梅百餘株，園爲鋏祖給事公嵩所創，故橋木壽藤錯列樓樹間。

傳記

宋 陶穀《清異録》卷一《蕉迷》 南漢貴璫趙純節性惟喜芭蕉，凡軒窗

館宇咸種之，時稱純節爲蕉迷。

明　顧起元《客座贅語》卷五《苦竹君》　友人張玄度名振，英雋才也。爲諸生有聲，神鮮標令，飄然人外。家四壁，而書室内左圖右史，焚香掃地，秩如也。研床筆格，楚楚皆有致。窗下雜植花卉杞菊，倚而嘯咏，自謂不减古人。興發輒復豪舉高歌，一引數十觴。不惓詩，多谿刻。好林和靖、孫太初之爲人，每摹而效之。字法李北海雲麾將軍碑。得其遒佚，後以酒成疾而卒。間於隙地種竹數十竿，因號苦竹君。蓋以張廌自况也。

清　厲鶚《東城雜記》卷上《西嶺草堂續記》　上人曾不少沮，仍擇地郡城之東搆屋四楹，限以周垣，植竹與樹。其前後有陂池，春夏水長，水氣上行與竹樹會，清芬可挹。上人閉門危坐，披閱内典以探教觀之要。暇則曳袖長吟，顧瞻西山，搜精鍊奇，而西嶺岧嶢宛在眉睫間。因署名曰西嶺草堂，致其志也。

清　張漢《瞻篔亭記》《滇繫》第八册輯）　曾大父愛竹，號篔君。漢生已不獲侍杖履，見其竹如見曾大父焉。蓋竹之爲物遠于俗，而孤介之節歷歲寒不敗。士君子多重之，有明之末歲寒之時也。曾大父以先朝之遺，惓惓君國，卒悲憤以卒，其有似于竹乎。吾家在西湖枕山爲宅，修竹之中先人廬在焉。竹數本，先人所手植，今亦幾百年，猶有存者。余欲造一亭，望曾大父墓，種竹臨其前，題曰瞻篔，以志不忘其在。詩曰「瞻彼淇澳，篔竹猗猗」，思君子也。余瞻其竹，獨無顧祖之思乎，顧思其祖，思述其事也。思其祖不欲述其事。雖日瞻其竹，不徒然已乎。蓋天下無地無竹，無竹不可瞻。瞻其竹，無時不可思其祖，思其祖無時不可述其事，托之于竹亦寓焉。而得其似也。推斯意也即無竹亦可。

紀事

漢　高誘注《戰國策》卷一八《趙一》　張孟談曰：臣聞董子之治晉陽也，公宫之垣皆以荻蒿苦楚廧之，其高至丈餘。君發而用之，於是發而試之，其堅則箘簬之勁不能過也。

漢　劉歆《西京雜記》卷二　太上皇徙長安，居深宫，悽愴不樂。高祖竊因左右問其故。以平生所好皆屠販少年，酤酒賣餅，鬥雞蹴踘，以此爲懽，今皆無此，故以不樂。高祖乃作新豐，移諸故人實之，太上皇乃悦。故新豐多無賴，無衣冠子弟故也。高祖少時常祭枌榆之社，及移新豐亦還立焉。高帝既作新豐，并移舊社。衢巷棟宇物色惟舊，士女老幼相攜路首各知其室，放犬羊雞鴨於通塗，亦競識其家，其匠人胡寬所營也。移者皆悦其似而德之，故競加賞贈。月餘致累百金。

北魏　楊衒之《洛陽伽藍記》卷一　永寧寺，熙平元年靈太后胡氏所立也。僧房樓觀一千餘間，雕梁粉壁，青璅綺疏，難得而言。栝柏松椿，扶疎拂檐。藂竹香草，布護堦墀。是以常景碑云：須彌寶殿，兜率净宫，莫尚於斯也。

唐　張鷟《朝野僉載》卷一　西京朝堂北頭有大槐樹。隋曰唐興村門首。文皇帝移長安城，將作大匠高熲常坐此樹下檢校，後栽樹，行不正，欲去之。帝曰：熲坐此樹下，不須殺之。至今先天一百三十年，其樹尚在。柯葉森竦，株根盤礴，與諸樹不同。承天門正當唐興村門首，今唐家居焉。

唐　史虚白《釣磯立談》　叟曰：昔漢武帝營甘泉宫，度爲千門萬户，以致神靈。是時，南山中有所謂卷舌柏者，一名側柏，一名珠子松。帝愛其纚纚下垂，如建翠鳳之旗，如仙女委佩。其色相照耀，有如奪人之目。因詔：凡傍南山諸縣，如藍田等處，率歲致三十本，列植於階廡之間。

宋　李燾《續資治通鑑長編》卷七一　大中祥符二年春正月丁巳朔，召輔臣至内殿朝拜天書。自是歲以爲常。因覩殿庭假花樹，上曰：此花舊多翦彩爲之，今止用草。自今郊禋，青城園苑，亦令准例。

宋　洪芻《香譜》卷上《沈香亭》《李白後集序》：開元中，禁中初重木芍藥，即今牡丹也。得四本，紅紫淺紅通白者，上因移植於興慶池東、沈香亭前。

宋　莊綽《雞肋編》卷中　廟中有孔子手植檜三株。兩株雙立御贊殿前，高六丈餘，圍一丈四尺。其一在杏壇東南，高五丈餘，圍一丈三尺。晉永嘉三年枯死，至隋義寧元年復生。唐乾封三年又枯，宋康定年中一枝復生，蓋千五百餘歲矣。

宋　曾敏行《獨醒雜志》卷六　李布夢祥言，成都合江園乃孟蜀故苑，在成都西南十五六里外。芳華樓前後植梅極多，故事臘月賞宴其中，管界巡檢營其側。花時日以報府，至開及五分，府坐領監司來燕，游人亦競集。有兩大

樹，夭矯若龍，相傳謂之梅龍。余嘗聞山陰有古梅，極低矮，一枝纔三四花，枝幹皆苔蘚。每一窠至，都下貴家爭取之。又有小爲貴者，梅花見重於世，蓋多寡小大皆有風韻耳。

宋 范成大《吴郡志》卷六：池光亭在郡宅後池北，紹興十七年郡守鄭滋重建。池傍有小山二。東曰芳坻，郡守蔣粲建，飛白書其額。西有檜，郡守洪遵訪故事植焉。唐有白公檜，已不存。淳熙六年，郡守司馬伋以亭名犯曾祖及祖諱，暫以木蘭堂榜之。

又 木蘭堂在郡治後。《嵐齋録》云：唐張摶自湖州刺史移蘇州，於堂前大植木蘭花。當盛開時，燕郡中詩客，即席賦之。陸龜蒙後至，張聯酌浮之，龜蒙徑醉，彊執筆題兩句云：洞庭波浪渺無津，日日征帆送遠人。頽然醉倒，摶命他客續之。皆莫詳其意，既而龜蒙稍醒，援毫卒其章曰：幾度木蘭船上望，不知元是此花身。遂爲一時絶唱。按舊堂基在今觀德堂後，古木猶森列。郡守數有欲興廢者，而卒未就。承平時，堂内有治平二年郡守陳經所刻御書飛白字碑，揭于木蘭堂之新閣上，今不復存。

宋 晁公遡《嵩山集》卷四五《答程奎文秀才書》：某啟：頃者在足下枌榆之社，而爲之長於時，所謂士者無不見之，而足下獨若深藏而不市。僕今來此，去夫枌榆之社百五十里而遠，乃忽自其社，不憚其勞而跋山浮江以來，則若古之人負笈而求之者。僕既恨，始不能訪諸其徒而致之，復愧於斯，無以當足下來之之意也。

宋 程珌《洺水集》卷七《札溪書院記》：齋上爲閣，左曰明經，經史子集之書藏焉。右曰見賢，古先賢哲之像列焉。門之外壘土爲壇，環植以杏，結亭曰風雩，伯仲子姓。肅肅雍雍，蚤夕其間，以脩以游。旁有老桐，莫知其年。

又《勝静樓記》：己丑進士故溧陽尉詹公之仲子廷堅貽書於僕曰：先人之廬，負山面溪，溪上平曠，羣峰羅立。予作樓於右廡以延覽溪山之奇。樓之左右，緑水紅蕖，雜以他葩。

宋 鄧牧《洞霄圖志》卷一《三清殿》：即郭真君結茅之地。殿前三松，其所手植，今不存矣。錢王遷坐庚向甲，蓋指此也。宋政和間方臘之變，惟徽宗本命殿獨存，住持、道士、金致一奉旨改爲三清殿。聖像乃汴京孟成忠所塑，號爲絶技。至元庚寅復建，壯麗殆過於昔，有桂柏相間列峙前向。

元 楊譓《昆山郡志》卷一：高麗國進陰陽柏兩株，高纔二三尺。高宗以賜王綯，綯種於永懷寺殿庭之左右。寺，綯之祖審琦香火院也。後柏長高，與殿齊。每歲左花則右實，右花則左實。

元 劉祁《歸潛志》卷七：先翰林罷御史，閒居淮陽，種五竹堂後自娱，作詩云：撥土移根卜日辰，森森便有氣凌雲。真成闢里二三子，大勝樊川十萬軍。影浸涼蟾窗上見，聲敲寒雨枕邊聞。林間故事傳西晉，不數山王詠五君。以寄趙閑閑。會閑閑亦于閑閑堂後種竹甚多。一日禮部詔余曰：昨夕欲和丈人竹詩，牽于韻自作一篇，答其意可也。因出其詩云：君家種竹五七箇，我亦近栽三四竿。兩地平分風月破，大家留待雪霜看。土膏生意葉猶卷，客枕夢魂聲已寒。見此又思君子面，何時相對倚蘭干。先子後和其韻云：我家陳郡子梁園，不約同栽竹數竿。清入夢魂千里共，笑開詩眼幾回看。幽資淡不追時好，苦節相期保歲寒。八坐文昌天咫尺，得如閒客倚闌干。

明 孫作《杞菊軒記》（《明文海》卷三二九輯）：趙郡蘇先生避地中吴，士大夫爭走其門，因闢軒以延客，環藝杞菊，既字其楣，又屬爲之文。按杞與菊二類，杞即今之枸杞，菊則今之甘菊，菊尤多種。

明 李賢等《明一統志》卷六九《敘州府》：味諫軒 在府治北。宋岳珂《桯史》云：戎州有蔡次律者，家于近郭。黄庭堅嘗過之，延飲小軒，檻外植餘甘子數株，因乞名題曰味諫軒。後王子予以橄欖遺之，庭堅詩云：方懷味諫堂中果，忽見金盤橄欖來。想共餘甘有瓜葛，苦中真味晚方回。

明 張寧《方洲集》卷一九《梅雪記》：余友王均宗動於所居之西偏搆小齋，四周皆古梅樹，雜以叢薄。其地既僻闃所，陳設皆寒澹清净之具。雖家人亦罕至用，是齋益幽雅而奇秀晚出。隆冬時，梅始作花，快雪紛至。宗動坐對竟日，蓋其心必有所自得，而非衆人之所共知者。

明 陸深《儼山外集》卷五《春風堂隨筆》：世傳花卉凡以海名者皆從海外來，理或當然。予家海上園亭中喜種雜花，最佳者爲海棠。每欲取名花填小詞，使童歌之，有海紅花、海榴花，更欲采一種爲四闋，累年而不得。辛丑南歸，訪舊至南浦，見堂下盆中有樹婆娑鬱茂。問之，曰此海桐花，即山礬也。因憶山谷《賦水仙花》云「山礬是弟梅是兄」，但白花耳，却有歲寒之意。

明 彭韶《彭惠安集》卷三《梅陰書室記》：東湖何先生歸自淮庠，傳家

諸子而築室。隙地以居室之左右舊植梅數株，既落實，葉茂密可蔽赫曦，袪煩歊。先生方積書室中，席陰而讀之樂焉，題爲梅陰書室。或見之曰：異哉，先生之取於梅也。當風雪載途，草木搖落之時，而梅方牆角盛開，暗香浮動，高人韻士取焉，吾見其人矣。又當綠暗紅稀，果珍駢蕃之際，而梅以江南佳實，薦鼎調羹，宰臣弼士擬焉。吾聞其語矣，而未聞陰之貴也。先生曰：予非黨異伐同，但梅之花實，夫人皆知愛之，而葉之蒙翳成陰，丈人行輩既無所寓目。官道傍置，又無所可口。然而足以來清風，消長夏，間挾册游遨其間。正襟危冠，無浹背之勞。手披口誦，無睡魔之困。皆是陰之爲助，況於他時德梅尤多。子奚創見而異予哉。

明 王世懋《學圃雜疏·花疏》 余以牡丹天香國色而不能無彩雲易散之恨，因復創一亭，周遭悉種芍藥，名其亭曰續芳。

明 陳詩教《花裏活》 揚州瓊花天下祇一本。士大夫愛重，作亭花側，扁曰無雙。宋仁宗、孝宗皆嘗分植禁苑，輒枯。載還祠中，復榮如故。德祐乙亥北師至，花遂不榮。趙棠國炎有絶句弔曰：【略】

又 張功甫嘗于南湖園作駕霄亭于四古松間，以巨鐵絙懸之空半。當風月清夜，與客梯登之，飄搖雲表。

又 林逋隱居孤山，徵辟不就，搆巢居閣，繞植梅花，吟咏自適，徜徉湖山。或連宵不返，客至則童子放鶴招之。

又 宋吴瑛蘄州人，壯年致仕，築室臨溪，種花釀酒。客至飲必醉。

又 張茂卿好事其家。西園有一樓，四圍植奇花異卉殆徧，嘗接牡丹于椿樹之杪，花盛開時，延賓客，推窗玩焉。

又 梅妃善屬文，自比謝女，淡妝雅服而姿態明秀，筆不可描畫。性喜梅，所居闌檻悉植數株。上榜曰梅亭，梅開賦賞，至夜分，尚顧戀花下不能去。

明 王路《花史左編》卷一一《新賞》 明皇植牡丹數本於沉香亭前。會花方繁開，上乘照夜白，妃子以步輦從。詔梨園子弟李龜年手捧檀板押，衆樂前將欲歌，上曰：賞名花，對妃子，焉用舊樂詞爲？遽命龜年持金花箋，宣賜翰林李白立進清平樂詞三章。承旨猶苦宿酲，因援筆賦之云云。

明 陳繼儒《古今韵史》卷四《桂宫》 陳後主爲貴妃麗華造桂宫于光昭殿。後作圓門如月，障以水晶。後庭設素粉罘罳庭，中空洞無他物，惟植一桂樹，樹下置藥杵臼。使麗華恒馴一白兔。帝每入宴樂，呼麗華爲張嫦娥。

明 徐弘祖《徐霞客游記》卷五下《西南游日記八·記滇中花木》 滇中花木皆奇，而山茶山鵑爲最。山茶花大逾碗，攢合成毬，有分心卷邊軟枝者爲第一，省城推重者。城外太華寺、城中張石夫所居朵紅樓，樓前一株，挺立三丈餘，一株盤垂幾及半畝，垂者重枝密幹，下覆及地，所謂柔枝也。又爲分心大紅，遂爲滇城冠。

又 卷八下《西南游日記十四·雲南》 尋玄明精舍，誤入其旁。又得一龕，則翠月師之廬也。前環疏竹，右結松蓋爲亭，亦蕭雅有致，乃少憩之。遂還宿莘野樓，已暮矣。

又 卷九上《西南游日記十五·雲南》 初十日晨【略】 二把事曰：餒久矣，請少遲之。後有茶花，爲南中之冠，就往一觀而就席。蓋其主命也，余從之。由其後轉過一廳，左有巨樓，樓前茶樹盤陰數畝，高與樓齊。其本徑尺者三四株，叢起四旁，葳蕤下覆，甚密，不能中窺。其花尚未全舒，止數十朵，高綴叢葉中，雖大而不能近覷，且花少葉盛，未見燦爛之妙。若待月終，便成火樹霞林。惜此間地寒，花較遲也。把事言此樹植與老把事年相似，屈指六十餘。余初疑爲數百年物，而豈知氣機發旺，其妙如此已。

明 高珍《瑞椿亭記》（《五河縣志》卷一七輯） 五河邑庠舊在澮河之南泮。東有椿數株，翼列如屏。癸卯夏五月特出三花，色若丹霞，鮮麗奪目，一莖高聳，其蓋如盤。自植有椿未之見也，學士大夫咸以爲科甲之兆，相率具牢醴禱之。莅川沈子暨前令克齋蕭公各有詩以鳴其盛。是歲，莅川果發賢科，繼登庚戌進士。乙卯春，以地官被命督漕，便道歸省，晤予而偶論及此，因示予以詩。嗟夫！環五河皆椿也，惟茲有花，因爲異也。然以泮宫之椿，應制科之期，獨先株而花焉，不爲尤異者乎。莅川少穎異，負奇節，爲流俗砥柱，尤長于問學，馳名黌校者十餘年。茲科甲之登，適與椿花符會，又豈不爲尤異者乎？矧茲邑人文彬彬日出，志莅川之所志者，不少也。然則發嘉樹之祥而繼其芳躅者，固自有人矣。今學宫遷于澮北，林木彫瘁，茲椿尚昂挺特立，蓊蔚鬱暢，若天有以培植之，實一邑之喬木也。予恐其盛而弗傳，故建亭椿側，置碑亭中而扁之曰瑞椿。

明 鄭仲夔《玉塵新譚》雋區卷二《詩雋》 夏公行館前古牆上有桃數

株。每春月，桃花盛開。余偶偕同人過此，賞而忘倦，先賦一律，以待後游者，時辛未之二月也。詩曰：玄都千樹謾堪誇，何事古牆桃有花。結契別開秦世界，窺人疑是宋東家。自然丰韻偏宜月，故作艷妝極妒霞。過客幾番迷望眼，尋芳趁伴日將斜。

清 高士奇《北墅抱瓮録·玉蘭》 玉蘭喬柯上聳，絶無柔條，花開九瓣，着於木末，其白如玉，其香如蘭。花落後，葉從蒂出，緑蔭陰濃，極娱春晝。余武林舊居樓前玉蘭一本，大可拱抱。花時倚檻吟賞，儼對藐姑冰雪之姿。自浮沉京洛二十餘年，己巳春扈蹕南巡，始得重過舊里，而樹已不存矣。時作懷舊數篇，中有「吟罷翠螺當檻入，妝成香霧卷簾看」之句。蓋意之所耽，不忍忘也。今園中所植，亭亭明艷，不異舊觀。

清 高士奇《金鰲退食筆記》卷上 我朝仍名紫光閣，向南隙地盡植桃杏。仲春之際，芳菲滿目。上常於閣前殿試武進士騎射，又于每歲八月中秋前二三日，集上三旗大臣侍衛較射，更設帳殿，次第而入。

清 雍正《江西通志》卷三九《古蹟·吉安府》 丹桂樓 《楊東里集》：五雲洲蕭氏家丹桂一株，莫究所自植，相傳約百數十年。元季燬於兵。雖枯根隱隱，而生意泯然。蕭之彦孟嘗敬修其先人之德，復作樓與桂相直，而桂之荄者復萌。不數歲鬱然，識者知爲蕭氏再興之徵，科第之祥也。遂號其樓曰丹桂。

清 厲鶚《東城雜記》卷下《蘭芳軒》 貝清江《瓊蘭芳軒記》云：永嘉李至剛氏僑居錢唐城東，闢室爲游息之所，樹蘭其前，額曰蘭芳軒。

清 陸廷燦《南村隨筆》卷六《古梅亭》 趙清獻令崇安，栽梅後圃，并建梅亭。後人懷其德，愛其樹，爲之碑以志之。余承乏斯邑，見梅已無存，亭亦久廢，不禁感歎。因亟建亭植梅，以存舊觀。豈敢步武前賢，聊以志景仰之意云。

清 于敏中 英廉等《日下舊聞考》卷一五九 漁陽鮮于樞伯機於廢圃中得怪松一株，移置所居旁，名之曰支離叟，名其齋曰困學。

清 竇遴奇《倚雉堂集》卷四《息園蠟梅記》 予有梅二株，近在樓前。枝幹扶踈，參差横斜，與闌干相掩映。花開時，樓上一嗅，寒香徹骨。

清 黄火燦《銀杏雙株》（《石門縣志》卷一三引） 銀杏雙株 許旌陽手植，在方山麓古仙靈寺前。其西一株，乾隆乙卯歲除日被焚，已成灰燼。嘉慶丙辰歲，忽生萌蘖，士人加土培植，仍復雙株之舊。信神物之有呵護也。

參天古樹繞禪關，曾説旌陽種此間。影挂東西虧日月，漫誇雙杏武功山。

清 嘉慶《臨桂縣志》卷一七《古蹟》 榕樹門 《一統志》：即古南門，在城西府學前。相傳唐時築門，植榕樹一株，歲久根跨門外，盤錯至地，若天成焉。《舊志》郡人祀漢壽亭侯於上。明楊基詩「榕樹城門却倒垂」，即此也。元至正間，其樹忽枯，平章也兒吉尼祭之。旬餘，枝葉復茂。明洪武八年，展南城凡舊基皆毁，而此門獨存。上有樓，正德間御史張鉞題爲應奎樓，嘉靖初御史謝汝儀改名仰高。

清 嘉慶《揚州府志》卷三〇《古蹟》 四柏亭，宋元豐中鄒浩爲教授，作《四柏賦》。其序云：廣陵學宫廳舊爲夫子廟，庭植四柏，皆凛凛合抱，後莫究其所。淳熙中重建學宫，文學掾彭方仍植四柏於廳事之南，因以名亭。宋孔夢斗詩：道鄉采芹暇，手植四株柏。相對有正味，愛此歲寒格。忠言賈奇禍，幾削諫臣跡。柏亦助道鄉，每號風雨夕。柏死公不死，大名召噉白。後人補種之，存棠思召伯。亭亭儼相持，撑雲空百尺。是柏出雖晚，風致猶古昔。我來跂遺芳，清坐假一席。徘徊意難舍，猛把闌干拍。寄語景行人，用意幸勿窄。釋道潛詩：頖宫本凄凉，庭户無冗長。蒼然餘四柏，終日清相向。夫人擅所有，高懷益超放。炎蒸五六月，大厦如瓮盎。凉飈天外來，披拂逾一餉。恍如乘虚舟，破月渡溟漲。嚴冬衆木死，巋巋獨無恙。非永造化私，故與冰雪抗。宜亦有神明，兹焉陰所賞。

又 無雙亭 揚州后土廟有瓊花一株。宋丞相郊搆亭於側，曰無雙，謂天下無別株也。王鞏《聞見近録》舊在后土殿西，劉澤移花殿前，亭遂廢。莫濛嘗即殿之西廡重建。紹興元年鄭興裔移創殿前。

清 同治《續修東湖縣志》卷八《古蹟》 絳雪堂在縣治内楚塞樓前。宋州守朱慶基與僚屬會飲石欄畔，紅梨盛開，座客皆賦詩。歐陽修有句云「風迴絳雪尊前舞，日暖繁香露下聞」。後人遂取以顔其堂。康熙年間知縣鮑孜重建，乾隆二十七年知縣林有席補種紅梨一株。

藝文

屈原《楚辭·九歌·大司命》 秋蘭兮蘼蕪，羅生兮堂下。緑葉兮素枝，芳菲菲兮襲予。夫人兮自有美子，蓀何以兮愁苦？

南朝梁 簡文帝蕭綱《和湘東王陽雲樓檐柳》（《古詩紀》卷七九引） 暖暖陽雲臺，春柳發新梅。柳枝無極軟，春風隨意來。潭沲青帷閉，玲瓏朱扇開。佳人有所望，車聲非是雷。

梁 沈約《翫庭柳》（《藝文類聚》卷八九輯） 輕陰拂建章，夾道連未央。因風結復解，霑露柔且長。楚妃思欲絶，班女淚成行。游人未應去，爲此還故鄉。

隋 煬帝楊廣《北鄉古松樹》（《漢魏六朝百三家集》卷一一四輯） 古松惟一樹，森竦詎成林。獨留麈尾影，猶横偃蓋陰。雲來聚雲色，風度雜風音。孤生小庭裏，尚表歲寒心。

唐 陳子昂《陳拾遺集》卷二《魏氏園亭人賦一物得秋庭萱草》 昔時幽徑裏，榮耀雜春叢。今來玉墀上，消歇畏秋風。細葉猶含緑，鮮花未吐紅。忘憂誰見賞，空此北堂中。

唐 喬知之《長信宫樹》（《全唐詩》卷八一輯） 婀娜當軒樹，華胥倚蘭殿。葉映九春華，香摇五明扇。餘花鳥啅盡，新葉蟲蠹遍。零落親自知，芬芬君不見。

唐 李頎《照公院雙橙》（《全唐詩》卷一三三輯） 種橙夾堦生得地，細葉隔簾見雙翠。抽條向長未及肩，泉水遶根日三四。青青何必楚人家，帶雨凝烟新著花。永願香爐灑甘露，夕陽時映東枝斜。南庭黄竹爾不敵，借問何時堪挂錫。

唐 李白《李太白文集》卷二二《詠槿》 園花笑芳年，池草艷春色。猶不如槿花，嬋娟玉階側。芬榮何夭促，零落在瞬息。豈若瓊樹枝，終歲長翕赩。

唐 杜甫《杜工部集》卷下《嚴鄭公堦下新松》 弱質豈自負，移根方爾瞻。細聲聞玉帳，疏翠近珠簾。未見紫烟集，虚蒙清露霑。何當一百丈，欹蓋擁高檐。

唐 白居易《白氏長慶集》卷七《栽杉》 勁葉森利戟，孤莖挺端標。纔高四五尺，勢若干青霄。移栽東窗前，愛爾寒不凋。病夫卧相對，日夕閒蕭蕭。昨爲山中樹，今爲檐下條。雖然遇賞玩，無乃近塵囂。猶勝澗谷底，埋没隨衆樵。不見鬱鬱松，委質山上苗。

又 卷一〇《東樓竹》 瀟灑城東樓，遶樓多修竹。森然一萬竿，白粉封青玉。捲簾睡初覺，欹枕看未足。影轉色入樓，床席生浮緑。空城絶賓客，向夕彌幽獨。樓上夜不歸，此君留我宿。

又 卷一一《竹窗》 常愛輞川寺，竹窗東北廊。一别十餘載，見竹未曾忘。今春二月初，卜居在新昌。未暇作厩庫，且先營一堂。開窗不糊紙，種竹不依行。意取北檐下，窗與竹相當。遶屋聲淅淅，逼人色蒼蒼。煙通杳靄氣，月透玲瓏光。是時三伏天，天氣熱如湯。獨此竹窗下，朝迴解衣裳。輕紗一幅巾，小簟六尺床。無客盡日静，有風終夜涼。乃知前古人，言事頗諳詳。清風北窗卧，可以傲羲皇。

又 卷一五《題盧秘書夏日新栽竹》 湘竹初封植，盧生此考槃。久持霜節苦，新託露根難。未夜青嵐入，先秋白露團。拂肩摇翡翠，熨手弄琅玕。韻透窗風起，陰鋪砌月殘。炎天聞覺冷，窄地見宜寬。梢動勝摇扇，枝低好挂冠。愛從抽馬策，惜不截魚竿。

又 卷一六《戲問山石榴》 小樹山榴近砌栽，半含紅萼帶花來。争知司馬夫人妒，移到庭前便不開。

又 一叢千朵壓欄干，剪碎紅綃却作團。風嫋舞腰香不盡，露銷妝臉淚新乾。薔薇帶刺攀應懶，菡萏生泥玩亦難。争及此花檐户下，任人采弄盡人看。

又 卷二〇《樟亭雙櫻樹》 南館西軒兩樹櫻，春條長足夏陰成。素華朱實今雖盡，碧葉風來别有情。

又《竹樓宿》 小書樓下千竿竹，深火爐前一盞燈。此處與誰相伴宿，燒丹道士坐禪僧。

又 卷三三《喜小樓西新柳抽條》 一行弱柳前年種，數尺柔條今日新。漸欲拂他騎馬客，未多遮得上樓人。須教碧玉羞眉黛，莫與紅桃作麴塵。爲報金堤千萬樹，饒伊未敢苦争春。

唐 白行簡《貢院樓北新栽小松》（《全唐詩》卷四六六輯） 華省春霜曙，樓陰植小松。移根依厚地，委質别危峰。北户知猶遠，東堂幸見容。心堅終待鶴，枝嫩未成龍。夜影看仍薄，朝嵐色漸濃。山苗不可蔭，孤直俟秦封。

唐 王建《王司馬集》卷八《唐昌觀玉蘂花》 一樹籠鬆玉刻成，飄廊點地色輕輕。女冠夜覓香來處，唯見堦前碎月明。

唐 李遠《鄰人自金仙觀移竹》（《全唐詩》卷五一九輯）　移居新竹已堪看，斸破莓苔得幾竿。圓節不教傷粉籜，低枝猶擬拂霜壇。牆頭枝出如煙緑，枕上風來送夜寒。第一莫交漁父見，且從蕭颯滿朱欄。

唐 馬戴《高司馬移竹》（《全唐詩》卷五五六輯）　叢居堂下幸君移，翠掩燈窗露葉垂。莫羨孤生在山者，無人看著拂雲枝。

唐 李胄《文宣王廟古松》（《全唐詩》卷七八二輯）　列植成均裏，分陰古廟前。陰森非一日，蒼翠自何年。寒影煙霜暗，晨光枝葉妍。近檐陰更静，臨砌色相鮮。每愧聞鐘磬，多慚接豆籩。更宜教胄子，于此學貞堅。

唐 柳宗元《柳河東集》卷四三《茅檐下始栽竹次前篇當元和五六年夏時方築愚溪溪居也》　瘴茅葺爲宇，溽暑常侵肌。適有重膇疾，蒸鬱寧所宜。東鄰幸導我，樹竹邀涼飈。欣然愜吾志，荷鍤西巖垂。楚壤多怪石，墾鑿力已疲。江風忽云暮，輿曳還相追。蕭瑟過極浦，旖旎附幽墀。貞根期永固，貽爾寒泉滋。夜窗遂不掩，羽扇寧復持。諸葛亮乘素輿，葛巾，持白羽扇。清泠集濃露，枕簟淒已知。網蟲依密葉，《文選·沈休文詩》：網蟲垂户織，夕鳥傍檐飛。網一作細。曉禽棲迴枝。豈伊紛囂間，重以心慮怡。嘉爾亭亭質，自遠棄幽期。不見野蔓草，蓊蔚有華姿。諒無凌寒色，豈與青山辭。

又《芙蓉亭》　新亭俯朱檻，嘉木開芙蓉。清香晨風遠，溽彩寒露濃。蕭灑出人世，低昂多異容。嘗聞色空喻，《多心經》云：色即是空，空即是色。造物誰爲工。留連秋月夜，迢遞來山鐘。

又《湘岸移木芙蓉植龍興精舍》　蓮花亦謂之芙蓉，《楚辭》所謂「集芙蓉以爲裳」是也。此詩之所謂木芙蓉，則今之所謂拒霜花，生於岸際者也，故云「芰荷諒難雜，反此生高原」。

有美不自蔽，安能守孤根。盈盈湘西岸，秋至風露繁。麗影别寒水，穠芳委前軒。芰荷諒難雜，反此生高原。

唐 姚合《姚少監詩集》卷七《題金州西園九首之六·垣竹》　種竹愛庭際，亦以資玩賞。窮秋雨蕭條，但見牆垣長。宣尼高數仞，固應非土壤。

唐 李商隱《李義山詩集》卷上《武侯廟古柏》　蜀相階前柏，龍蛇捧閟宫。陰成外江畔，老向惠陵東。大樹思馮異，甘棠憶召公。葉凋湘燕雨，枝折海鵬風。玉壘經綸遠，金刀歷數終。誰將出師表，一爲問昭融。

又 卷下《題小柏》　憐君孤秀植庭中，細葉輕陰滿座風。桃李盛時雖寂寞，雪霜多後始青葱。一年幾變一作度枯榮事，百尺方資柱石功。爲謝西園車馬客，定悲摇落盡成空。

唐 崔塗《題净泉寺古松》（《文苑英華》卷三二四輯）　百尺森疎倚梵臺，昔人誰見此初栽。故園未有偏堪戀，浮世如閒即合來。天暝豈分蒼翠色，歲寒應識棟梁材。清陰可惜不駐得，集作可老住不得歸去暮城空首回。

唐 陸龜蒙《笠澤叢書》卷四《重憶白菊》　我憐貞白重寒芳，前後叢生夾小堂。月朵暮開無絶豔，風莖時動有奇香。何慚謝雪清才詠，不羨劉梅貴主妝。更憶幽窗凝一夢，夜來村落有微霜。

唐 李正封《貢院樓北新栽小松》（《全唐詩》卷三四七輯）　青蒼初得地，華省植來新。尚帶山中色，猶含洞裏春。近樓依北户，隱砌净游塵。鶴壽應成蓋，龍形未有鱗。爲梁資大厦，封爵耻嬴秦。幸此觀光日，清風屢得親。

唐 李中《碧雲集》卷中《庭竹》　偶自山僧院，移歸傍砌栽。好風終日起，幽鳥有時來。篩月牽詩興，籠煙伴酒杯。南窗睡輕起，蕭颯雨聲迴。

唐 崔珏《門前柳》（《五蜀藝文志》卷一八輯）　門前蜀柳闕知春，風澹暖烟愁殺人。將謂只栽郡樓下，不知迤邐連南津。南津柳色連南市，南市戎州三百里。夷陬蠻落相連接，故鄉莫道心先死。我今帝里尚有家，門前嫩柳插一作披仙霞。晨霑太乙壇邊雨，暮宿鳳凰城裏鴉。别來三載當誰道，門前年年緑陰好。春來定解飛雪花，雨後還應庇烟草。憶昔當年栽柳時，新芽茁嫌生遲。如今宛轉稊著地，常向緑陰勞夢思。不道彼樹好，不道此樹惡。試將此意問野人，野人盡道生處樂。爲報門前楊柳栽，我應來歲當歸來。縱令樹下能攀折，白髮如絲心似灰。

南唐 李建勳《李丞相詩集》卷下《薔薇二首》　萬蘂争開照檻光，詩家何物可相方。錦江風撼雲霞碎，仙子衣飄黼黻香。裛露早英濃壓架，背人狂蔓暗穿牆。彩牋蠻榼旬休日，欲召親賓看一塲。

拂檐拖地對前墀，蝶影蜂聲爛熳時。萬倍馨香勝玉蘂，一生顔色笑西施。忘歸醉客臨高架，恃寵佳人索好枝。將並舞腰誰得及，惹衣傷手盡從伊。

宋 歐陽修《文忠集》卷一一《至喜堂新開北軒手植楠木兩株走筆呈元珍表臣》　爲憐碧砌宜佳樹，自斸蒼苔選緑叢。不向芳菲趁開落，直須霜雪

見青葱。披條泫轉清晨露，響葉蕭騷半夜風。時掃濃陰北窗下，一枰閒且伴衰翁。

又 卷五五《**井桐**》 檜欹碧瓦拂傾梧，玉井聲高轉轆轤。腸斷西樓驚穩夢，半留殘月照啼烏。

宋 文同《**丹淵集**》卷一四《**柏軒**》 沈沈敞幽軒，聳聳列寒柏。清音納窗户，爽氣逼几席。主人重端勁，坐若對佳客。時復下撫摩，破蘚交履跡。此意乃如是，來者當愛惜。大厦須良材，相期早千尺。

又《**竹軒**》 此景絶可愛，叢篘挺修竿。侵簾復映幌，翠影何檀欒。霜威忌晚秀，雨氣矜晴寒。每向極静時，幽禽發清彈。自無車馬塵，飛來泊琅玕。宜遣老鈴下，日日申平安。李衛公言，北地童子寺有好竹，其綱維令人每日報竹平安。

又《**桐軒**》 晴影滿空壁，晨曦上清軒。庭下雙高桐，枝葉蔚以繁。種者意自遠，豈並羣木論。謂可絙朱絲，中有雅韻存。成之在誰手，但爲培霜根。須知治世音，盡付於此孫。

宋 王安石《**臨川文集**》卷三《**移桃花示俞秀老**》 舍南舍北皆種桃，東風一吹數尺高。枝柯蔫綿花爛漫，美錦千兩敷亭皋。晴溝漲春緑周遭，俯視紅影移漁舠。山前邂逅武陵客，水際髣髴秦人逃。攀條弄芳畏晼晚，已見黍雪盤中毛。仙人愛杏令虎守，百年終屬樵蘇手。我衰此果復易朽，蟲來食根那得久。瑶池紺色誰見有，更值花時且追酒，君能酩酊相隨否？

又 卷二六《**梅花**》 牆角數枝梅，凌寒獨自開。遥知不是雪，爲有暗香來。

宋 司馬光《**傳家集**》卷三《**桐軒**》 朝陽升東隅，照此庭下桐。萋萋復萋萋，居然古人風。疏柯青玉聳，密葉翠羽蒙。午景凝餘清，夕照留殘紅。雨響甍棟外，風生户牖中。主人政多暇，步賞常從容。終當致威鳳，覽德鳴噰噰。又將施五絃，解愠歌帝宫。

又 卷五《**菊**》 瑣瑣南陽菊，秋潭歲自開。孤根擁紅葉，落蘂媚蒼苔。正以參靈藥，因之植紫臺。願兼金掌露，同入柏梁杯。

宋 鄭獬《**鄖溪集**》卷二六《**後閣四松**》 丞相當時植，幽襟對此開。人知舟檝器，天假棟樑材。錯落龍鱗出，褵褷鶴翅迴。重陰羅武庫，細響静山臺。得地公堂裏，移根澗水隈。吴臣夢寐遠，泰岳歲年催。轉覺飛纓謬，何因繼組來。幾尋珠履跡，願比角弓培。柏悦猶依社，星高久照台。後凋應共操，無復問良媒。

宋 陶弼《**邕州小集**》《**紫薇花**》 人言清禁紫微郎，草詔紫薇花影傍。山木不知官況别，也隨紅白上東廊。

宋 蘇轍《**欒城集**》後集卷三《**詠竹二首**》 湖濱宜草木，脩竹可三尋。壓居多野思，移種近牆陰。及爾迷未醒，方予熱正侵。無嫌不逮本，地薄肯成林。

南鄰竹甚茂，門巷不容賓。縣印君當往，囊金我患貧。翠旌稍亂起，犀角筍初匀。不惜圖書賣，端來作主人。

又《**西軒種山丹**》 淮陽千葉花，到此三百里。城中衆名園，栽接比桃李。吾廬適新成，西有數畦地。乘秋種山丹，得雨生可喜。山丹非佳花，老圃有深意。宿根已得土，絶品皆可寄。明年春陽升，盈尺爛如綺。居然盜天功，信矣斯人智。根苗相因依，非真亦非僞。客來但一笑，勿問所從致。

又 卷六《**柏軒**》 築室城市間，移柏南澗底。山林夙所尚，封植聊自寄。崎嶇脱巖石，擁塞出棼翳。上承清露滋，下受寒泉惠。秋來來霜葉，咀嚼有餘味。苦澀未須嫌，愈久甘如薺。

宋 黄庭堅《**山谷集**》别集卷四《**幽芳亭記**》 蘭生深林，不以無人而不芳。道人住山，不以無人而不禪。蘭雖有香，不遇清風不發。棒雖有眼，不是本色人不打。且道蘭香從甚處來，若道香從蘭出，無風時又却與萱草不殊。若道香從風生，何故風吹萱草無香可發？若道鼻根妄想，無蘭無風，又妄想不成。若是三和合生，俗氣不除；若是非蘭非風非鼻，惟心所現。未夢見祖師脚根有似恁麽，如何得平穩安樂去？涪翁不惜眉毛，爲諸人點破。蘭是山中香草，移來方廣院中。方廣老人作亭，要東行西去。涪翁名曰幽芳，與他著些光彩，此事徹底道盡也。諸人還信得，及否若也，不得更待彌勒下生。

宋 阮閲《**郴江百詠・竹軒**》 軒户蕭條對北垣，誰來此地種檀欒。無人會得青青意，雨洗風吹葉葉寒。

宋 李清照《**漱玉詞補遺・添字采桑子・芭蕉**》 窗前種得芭蕉樹，陰滿中庭。陰滿中庭，葉葉心心，舒卷有餘情。 傷心枕上三更雨，點滴凄清。點滴凄清，愁損離人，不慣起來聽。

宋 陳與義《**簡齋集**》卷一〇《**得長春兩株植之窗前**》 鄉邑已無路，僧

廬今是家。聊乘數點雨，自種兩叢花。籬落失秋序，風煙添歲華。衰翁病不飲，獨立到棲鴉。

宋 黄彦平《三餘集》卷一《題劉氏市隱亭》 雲合日景暮，鳥啼芳意休。閒芳閟佳境，倦客得深投。主人定何人，方技家者流。持廉不二價，博物要兼收。丹砂出勾漏，杜若來芳洲。盧橘上林夏，桂叢小山秋。魚蟲儻適用，剥啄無虚求。潛山仕途捷，隱居吾廬幽。

宋 王庭珪《盧溪文集》卷一七《題青桂亭》 天上犀枝玉蘂秋，何年桂子落巖幽。庭前忽生兩好樹，檐外突出雙青虬。九里香飄吹夢斷，十分圓影暮雲收。他時合抱重來看，不是玄都觀裏游。

宋 王洋《東牟集》卷二《王亞之元夕招客庭下紅梅兩株相對盛開》 君家不種通神錢，只種春色留庭前。庭前春色誰最妍，二女解珮來江邊。沉沉華屋清夜起，火樹銀花月如水。自然顔色變韶稚，況乃新妝露初洗。春初艷粉秋初蓮，絳綃廣袂羅羣仙。華清池畔嬌無力，赤鳳樓中困未眠。後來更許誰相擬，海棠欲睡薰穠李。亦知等級且追陪，格外風流不相似。一枝乞得歸茅屋，窗裏銅瓶窗外竹。不禁清絶意蕭然，大似佳人依草木。閬苑花無世上緣，收香還入四禪天。明朝風雨催歸去，花月重圓又一年。神情邃美膚粗惡，涇渭由來兩清濁。要求繪筆盡芳妍，更問尊前老文學。

宋 李光《莊簡集》卷五《庭植家瓊山水北，小園頗幽勝。予頃寓雙泉，每食罷，招鄰士杖策訪之。園有小亭，常與客對奕，因名坐隱。今歲，亭側輒生雙竹。庭植二子皆卓然有立，豈造物者産此以瑞其家庭乎？作長句贈之》 桃笙灑勒漫成林，並立林亭一徑深。月下競看雙鳳影，風來時聽二龍吟。冰霜不改夷齊操，富貴無忘魯衛心。寄語園人頻愛護，等閒莫遣斧斤侵。

宋 廖行之《省齋集》卷二《和芍藥》 牡丹摧盡蘂初成，花譜還應壓後生。右掖昔年陪俊賞，幽蘭今日助詩情。當階鎮日翻紅艶，傍砌何人玩秀英。國色要須歸第一，花王從此浪收名。

宋 王之道《相山集》卷一三《題烏江官舍木芙蓉》 桃葉蕭踈柳葉黄，清寒應怯夜來霜。芙蓉雅與秋相好，獨對層臺試曉妝。

宋 袁説友《東塘集》卷三《屋後植竹》 穩袖三年手，新鋤十丈園。傍山移早笙，掃徑斷孤根。瑣碎梢頭影，凄涼竹外村。可人風月地，頭角見龍孫。

宋 朱翌《灊山集》卷一《萬竹亭東坡名文與可篆》 氣稟元軒玉立身，露幢烟纛曉初匀。一時頓有七賢集，千畝今餘萬箇春。能以風流誇後日，政緣名篆得斯人。寂寥不見平安報，只有東風爲掃塵。

宋 釋文珦《潛山集》卷一一《墨萱》 丹粉轉成緇，風姿尚瀟灑。對此可忘憂，依依北堂下。

宋 洪适《盤洲文集》卷九《櫻桃》 園官來獻熟，萬顆滴堦紅。緑李高名品，須知論未公。

宋 姜特立《梅山續稿》卷八《紅蕉二首》 一蕖緑鳳尾含烟，徑尺紅英曉更鮮。曾見畫歸丹禁裏，太湖石後粉牆前。

品格清虚壓衆芳，何年分種自炎方。直疑剪破紅羅軸，插向緑綃深處藏。

宋 張鎡《南湖集》卷六《閒步游紫極觀》 青惜高杉覓望寬，仙廬幽占路紆盤。邊花製古裝門榜，老桂枝拳倚醮壇。顔色不同輕紫綬，精神常在慕黄冠。蜂巢蟻垤非吾樂，終買雲扃種术餐。

宋 裘萬頃《竹齋詩集》卷三《窗前古槐二首》 密葉繁陰畫不成，捲簾雙眼爲渠明。人間炎熱無來處，贏得軒窗分外清。

去歲西湖避暑來，藕花無數眼慵開。而今歸臥洪崖側，看盡飛泉看古槐。

宋 姚勉《雪坡集》卷一三《芭蕉》 窗外幾芭蕉，幽懷慰寂寥。晚宜風颭颭，秋稱雨瀟瀟。清滴漁篷碎，徐翻鳳扇摇。進修期似爾，日日長新苗。

宋 張炎《山中白雲詞》卷六《點絳唇·芍藥》 獨殿春光，此花開後無花了。丹青人巧，不許芳心老。密影翻堦，曾爲尋詩到。竹西好，采香歌杳，十里紅樓小。

宋 王柏《魯齋集》卷二《賦雙松堂》 和平堂前列四皓，雙松爲主雙檜賓。深山大澤不肯住，鞭霆駕雨來重闉。蒼髯梳風音瑟瑟，霜皮凝雪冰鱗鱗。静有精神觀世變，悄無顔色阿綬紳。朱幡皂蓋幾來去，丹楹蔘棁方更新。魏武子孫敦夙好，十八公子忻相親。世間靈物妙難測，一氣常存天地仁。巍巍堂下萬休戚，左右冷眼時笑嚬。或然一念私欲勝，垂垂二老能相嗔。起居出入知所敬，願言共保千千春。

元 張觀光《屏岩小稿·春陰芍藥》 點滴檐聲濕徑雲，翻階紅藥帶啼痕。可憐花片都零落，雨露雖多不是恩。

元　馬祖常《石田文集》卷三《賦王叔能宅芍藥》　篤粉分奩艷有光，天工巧製殿春陽。霞繒襞積雲千疊，寶盉脂凝蜜半香。並蒂當階盤綬帶，金苞向日剖珠囊。詩人莫詠揚州紫，便與花王可頡頏。

元　黃庚《月屋漫稿・侍郎亭》　東鄰花圃栽雙松，一朝煨燼枝葉空。侍郎亭前有雙松，至今古色摩蒼穹。此木受命本千載，扶持若有神始終。天留真質表文獻，柯葉蕃茂根本豐。百年培植飽雨露，虬枝風撼鳴笙鏞。掀髯相視雪貿貿，擁蓋對立雲童童。不知天地有黃落，玄冥失柄春無功。雲孫峨冠立亭下，典刑如侍乾淳翁。昂藏自是廊廟具，夭矯亦有山林風。棱棱鐵面不可犯，麾去秦爵如飛蓬。諸孫奉酒立松下，森森頭角皆虬龍。

元　王義山《稼村類稿》卷三〇《石榴花詩》　待闕南風欲上場，陰陰稺綠繞丹牆。石榴已著乾紅蕾，無盡春光儘更強。不因博望來西域，安得名花出安石。朝元閣上舊風光，猶是太真親手植。

又《宮柳花詩》　御牆側畔綠垂垂，接夏連春花點衣。好似雪茵胡旋舞，樓臺簾幕燕初飛。薰風日永彤墀曉，宮妃簇仗呈千巧。就中妙舞最工奇，戲衮玉毬添一笑。

元　周巽《性情集》卷三《上苑梅》　仗外迎春早，花邊待漏遲。雪華飛上苑，日色動南枝。壽陽臨風處，落英點芳姿。珠簾清氣入，倚閣寒雲垂。群妃侍華宴，聽弄玉參差。

又　卷五《溪橋梅》　清溪有客偶相招，步屧微吟過畫橋。花覆石闌晴雪墜，香浮冰澗凍雲飄。水邊人立停蘭櫂，樹下仙迎吹玉簫。不見當年題柱者，擔頭折得唱歸樵。

明　周廷用《八厓集》卷五《芭蕉》　苑牆深覆芭蕉葉，盡日閑看酒半醺。瑞日光分青錦段，香雲細纈綠羅紋。偏於故樹鳴秋雨，慣向深閨隱夕曛。安得裁爲合歡扇，直從關塞獻夫君。

明　胡奎《斗南老人集》卷五《題海棠白頭公十二紅》　一枝斜倚短牆東，上有翩翩十二紅。莫怪無情花裏鳥，白頭端的愛春風。

又《紫薇花下》　天棘移來一尺長，呼兒澆水傍南牆。柔條盤作青羅蓋，借我山窗一夏涼。

明　張寧《方洲集》卷四《蒼松軒》　種竹繞軒居，清素聊自愛。雖無桃李顏，不改冰霰態。孤松色不殊，六月寒尚在。倏然三徑幽，凝碧如有待。

明　王越《黎陽王太傅詩文集・晚翠軒枇杷》　軒前翠樹凌秋風，翠色飛入軒之中。既非先零之蒲柳，亦豈早凋之梧桐。奇哉乃是盧家果，碧玉枝頭琢成顆。清氣吹寒上畫屏，隔囪影亂香雲朵。霜花染作黃金丸，飲餘酒渴詩喉乾。醉拍闌干飽風味，笑殺世間梅子酸。晚翠遲遲猶晚節，吾儒對此心如鐵。還當洗眼看蒼松，歲暮空山卧冰雪。

明　倪岳《清溪漫稿》卷二《謝惠菊》　八月秋高天宇清，東籬菊綻黃金英。感君惠我紛數莖，根連宿土何敷榮。爲愛晚節風霜更，姸華不肯青春爭。閒來移植臨軒楹，晴窗對坐逸興生。有時憑闌詩欲成，幽香馥馥供吟情。有時歌嘯清樽傾，佳色粲粲堦前呈。夕餐落英聞屈平，古來不獨陶淵明。何當過我解我酲，與君同結歲寒盟。

明　朱誠泳《小鳴稿》卷七《過牆竹》　籜龍初卸錦棚香，頭角峥嶸過粉牆。翻訝吹簫秦弄玉，月明騎鳳度瀟湘。

又《堦前竹》　箇箇篔簹手自栽，綠陰密密護蒼苔。小軒不獨添佳致，還有丹山彩鳳來。

又《過舊邸看梅》　一樹寒梅傍砌栽，東風依舊見花開。主人已去猶爲主，不厭花時日日來。

明　吳寬《家藏集》卷一九《檜柏》　檜柏性相似，安論不同形。城南久移植，用以護幽亭。檜也漸生粉，柏兮復垂鈴。幸非兩石間，自足全餘齡。古槐雖老大，秋到即凋零。園空霜雪冷，見此獨青青。

又　卷二一《木筆》　半含成木筆，本號是辛夷。一樹石庭下，故園增我思。

又　卷二五《詠南内新柳五首》　宮柳條長綠漸深，苑牆一帶欲成陰。鑾輿春半稀游幸，不用相如賦上林。

向來千樹總枯楊，又見青青覆苑牆。獨有老人堪歎息，春風不到鬢絲傍。

節近清明柳色新，玉河橋畔少車塵。都門送別應無數，誰敢臨岐折贈人。

綠嫩遥看更碧柔，非煙非霧曉難收。牆高不使花飛過，却化浮萍出御溝。

狂風吹得數枝斜，翔鳳樓高未許遮。忽聽啞啞無處覓，不知葉密已藏鴉。

又　卷二七《公堂槐》　密葉連街上，孤根寄學中。名揚蘇子記，陰覆魯侯宮。既久今何在，惟喬自不同。曾沾時雨化，多幸遇朱公。

明　沈周《石田詩選》卷九《吴元玉邀賞牡丹分韻》　百朵香雲怕急飛，未曾來賞判遲歸。臨軒要約從先定，折簡頻煩恐後違。藥玉酒船羣客送，黃金

筵直主人揮。添燈不道成深夜，起看紅妝覺露微。

明 魯鐸《陳竹坡壽詩分題得竹逕琅玕合》（《石倉歷代詩選》卷四六〇輯） 竹坡先生賸幽暇，種竹成林繞精舍。舍傍引水作方池，竹底泠泠細泉瀉。先生看竹樂有餘，不羨豪奢起臺榭。開逕因裁嶰谷筒，賞心累駐山陰駕。緑玉陰森難比倫，祇須箇箇連城價。衝牙編磬聲戛摩，璆琳琬琰光交射。春風長兒移上林，琪花瓊樹枝相亞。貞懷度世肅霜辰，清思滿襟明月夜。節間詩刻共輝映，窗裏圖書得因藉。三湘渾欲接風烟，六逸還應忘秋夏。閽者寧容俗客通，園丁未許凡禽下。酒力微消衣色寒，茶烟初斷棋聲罷。千年難老棲鳳枝，蒲柳楓楸幾凋謝。先生合是竹中仙，住世逍遥人不訝。誰當從之乞拄杖，試向葛陂看龍化。

明 李濂《嵩渚文集》卷一四《春夜賀侯宅賞緋桃行》 賀侯種花如種穀，春來移榻東園宿。嶺南桂樹吴門菊，千里移栽繞庭屋。昨夜緋桃一樹開，層鬟疊瓣胭脂堆。上枝出牆二三尺，行人立馬俱憐惜。春城細雨水亭碧，掃堦走簡侯延客。清晨上堂吏事罷，旌麾徑指知章宅。緋桃一見雙眼明，上有春鳥關關鳴。錦棚十丈覆金盞，樂人兩行吹玉笙。侯呼諸第拜勸酒，豈知白日沉西城。春宵漏永燈花燦，張燈照花花爛熳。漁翁誤入武陵源，劉郎喜至玄都觀。蹇予作牧湘江濱，簿書潦倒隨風塵。游山頗學謝康樂，愛花每憶潘安仁。吁嗟此桃雖絶倫，栽培非地同蒿榛。即今吐艷侯之門，朱欄十二圍芳春。采摘難忘主人惠，滋榮實荷皇天恩。願侯兄弟慎愛護，莫令風雨摧繽紛。

明 文彭《文氏五家集》卷七《古柏》 吴中昔有梁朝檜，范相祠堂獅子林。喬木只應占世澤，禪關時許坐鳴琴。長廊野鶴巢香葉，古殿丹青鎖翠陰。深夜蛟龍時一吼，獨驚諸葛少陵心。

明 秦夔《五峰遺稿》卷一一《梅軒爲荆溪任庭蘭賦》 任君平生好奇古，手種寒梅香滿林。開軒長日坐相對，共試平生金石心。

生憎桃李競顏色，静愛寒梅手自栽。擬辦青錢覓野艇，荆溪春日看花來。

軒前舊種梅千樹，野雪初晴白滿枝。才似廣平應有賦，狂如杜甫豈無詩。

明 皇甫孝《皇甫少玄集》卷二〇《窗前小梅》 春鳥未聞音，梅開即舊林。幽芳不自已，淑意總難任。襌蕊時親硯，飄香屢襲襟。榮凋亦何事，虚感鏡中心。

明 黎民表《瑶石山人稿》卷一〇《和竹平山人見余庭前桃花》 庭前桃花開不遲，堤邊明月復初宜。流鶯恰恰坐深樹，戲蝶紛紛穿短籬。映水紅妝仍綽約，臨風皂帽故傾欹。梁鴻更有揮毫思，好向芳菲倒接籬。

明 陸深《儼山集》卷三《雨後於都司分種紅蕉》 今日不知來日事，百年枉作萬年圖。青青一種芭蕉樹，春雨敷榮秋雨枯。憶昨歲晚雪飛白，都閫門牆映紅碧。依稀記得建陽過，南北東西總爲客。建陽縣令薛給事，開尊北堂邀我至。對花云是美人蕉，不怕風霜逞嬌媚。前月京師附書還，爲傳給事死諫官。見花憐花爲花惱，萬丈雪山毛骨寒。都司劉郎舉武舉，每以危言動天子。螭頭豹尾不肯留，獨鞚花虬行萬里。萬里邊庭絶羽書，手種芭蕉三百株。一宵蹄囓苦不戒，粉碎玉人傷緑珠。共汝朝來有歸興，細雨沈沈滿三徑。攜鋤斸取舊根荄，且種窗前欹枕聽。

明 温純《温恭毅集》卷二一《次汝脩觀梅》 帝里梅花向日紅，巡檐不與少陵同。已分上苑枝頭月，肯逐高樓笛裏風。醉後共憐西圃盛，賦成誰似廣平工。九重正想調羹手，莫道商岩有傅公。

明 徐顯卿《天遠樓集》卷六《川埠莊栽玉蘭卜子嗣消息着花甚盛》 手種庭階玉樹嘉，春來爛熳着繁花。已知琴酒足三徑，爲卜兒孫受五車。露裏輕紅垂結實，雨中嫩緑倍舒芽。銀魚金馬總閑事，酒熟荆南似紫霞。

明 仲弘道《檐下雞冠花賦有序》（《歷代賦彙》卷一二三輯） 百卉以雨露爲生。檐下則雨露減矣，乃雨露減者霜霰亦減。當草枯木落之時，此花反得因檐下而晚盛。嗚呼！嗇於此者豈於彼，造化生物之盈虧固如是其難料也。人奈何以目前之菀枯，定將來之榮落邪。因作賦以紀之。

聿觀桃李艷春，荷蕖吐夏，秋桂霜迎，冬梅雪迓。夢草開晨，睡蓮閉夜。候既至而芬芳，蕊欲敷而莫假。爰有一藹在欄之下，鸂鶒爲羣，鴨鳧作亞。丹同鶴頂，冠非鶡野。狀毰毸而不飛，類翰音而實啞。乃生長於階除，托根株於檐厦。日光射兮無多，雨露霏兮亦寡。方其炎蒸甫歇，金風乍颺，羣株炫采，爛焉盈枝。爾乃瘦梗寒條，較芙蓉而更寂；疏根朗葉，對籬菊其多思。似班亞退處夫長門，如苧蘿幽閉乎西施。迨夫青霜降乎木落，白露瀼兮草萎。衆卉兮凋謝，爾獨映乎條枚。凉飈凛溧兮，摧之不能摧；風霰飄零兮，欺之不可欺。爾於是强項獨發，傲骨生姿。朱紫奪采，黄白争奇。瓣如扇而半疊，子似綴而分披。露盤擎兮五色，仙掌摇兮九疑。胡前者之偃蹇，而後者之陸離。余仰而

思，俯而惟，識造物之有定理，豈苦樂而無等夷。然則前之偃蹇也，如寧戚之扣角，如百里奚之欣扅。又如蘇武之吞氈卧雪，王章之涕泣牛衣。後之陸離也，如唐且華顛而爲秦相，吕尚皓首而作周師。更如張蒼七十而稱漢佐，王祥六十八而遇晉知。先者未必爲幸，後者不足云遲。苦者乃所釀樂，樂者適足增癡。物有循環之數，人無長盛之時。兹一顛卉兮且然，豈榮枯禍福兮，而造化乃有所私。

明 薛論道《林石逸興》卷八《傍妝臺·玉簪花》 滿庭堦，誰家碧玉碾成釵。斷送秋容淡，勾引月華來。 亭亭氣焰欺白雪，陣陣香風散緑苔。欄干外，太湖側，不言不語爲誰開。

明 張鍊《太乙詩集》卷五《園中四時花木二十詠·榴》 小閣榴花照眼明，秋深結實傍前楹。閨中客散留紅拂，爲寫寒漿一解酲。

又《萱草》 手植芳菲傍小樓，慈顔相對不曾憂。芳菲未改慈顔逝，幷到花間一度愁。

明 王思義《香雪林集》卷一六《庭梅》 欄杆六曲護春風，白雪生香滿院中。夜静月明么鳳下，半窗疏影隔簾櫳。

明 徐渭《徐文長文集》卷八《芭蕉花》 芭蕉種四年，華蕊發茨檐。玉蘭爲媵姊，木筆是曾玄。十二斧蓮菖，尋常類馬肝。圻難劃海蚌，瓣厚落河蚶。香色無非歛，蜂胥有自閒。古妝靨婦出，立馬使君寒。春久枝俱果，霞長鴈正還。寄書蘇蕙老，挾扇婕好孱。我昔南過嶺，蠻多種在田。實甜藤俎上，絲冷葛機邊。和荔燒天紫，同椰蓋海炎。别來頻屈指，禿後止餘顛。不道孤亭畔，言抽徑尺團。逡巡無術致，描寫恨才慳。太華尖崩半，平原潁脱刓。鹿遮樵者夢，魚沈美人丹。苦少榴枝泛，珊瑚奉倚欄。

明 陳繼儒《陳眉公集》卷四《澄鑒寺詠十二絶》九月過泖橋僧舍，移竹裏梅花，種之小閣前 竹壓梅花鶴不來，呼童鋤出傍僧臺。花神若解移花意，好向小春先借開。

竹留梅花 莫教荷鍤入林來，留取踈花香滿臺。别後情知無百步，迢迢如隔隴頭開。

梅花答竹 歸去衆香國裏來，瀟湘化作望鄉臺。若逢驛使書堪寄，報得平安信早開。

梅花别竹 儂出篔簹谷裏來，獨憐君立妙高臺。到門看竹知誰意，不是子猷休浪開。

竹送梅花 清風送汝出林來，獨領羣芳最上臺。汝有素心儂有節，晚香珍重歲寒開。

竹怨梅花 香風冷淡月空來，清影蕭蕭獨倚臺。剪取竹枝裁作笛，落梅吹散也難開。

梅花答竹 分携何處夢重來，回首清陰尚滿臺。有日彈琴修竹裏，爲君絃上落還開。

竹嘲梅花 相依相傍此君來，緑萼仙人緑玉臺。素質紅顔總非昨，巡檐却索老僧開。

梅花嘲竹 誰向此君醫俗來，共誰嘯咏共登臺。渭川千畝侯千户，醉日知花開不開。

僧爲梅解 一枝春信出牆來，留伴山僧舊講臺。梅有暗香吹不斷，何曾與竹兩分開。

眉公爲竹解 笑將梅竹小參來，非色非空共一臺。竹影不辭窗月冷，光生帳底有花開。

眉公又爲梅竹解 梅花道人一笑來，爲爾寫竹清涼臺。更添長松十萬樹，雪裏月明相對開。

清 僧通門《懶齋别集》卷九《移蕉》 微蕉托我庭，始生亦殊苦。數日抽一葉，畏風莫敢舞。遂有清音來，曉空落踈雨。獨以遠窗下，來者恐相侮。清晨手種過，東西同一土。暫移若違性，全身忽傴僂。兹物體本空，衆葉偶合聚。觸類悟其軀，在乎明眼覩。因思滋舊根，盆水頻掬取。山情近草木，非關過惜撫。待看碧陰高，清涼映簾廡。

清 吴偉業《梅村集》卷三《鹽官僧香海問詩於梅村村梅大發以詩謝之》 但訪梅花來，今見梅花去。何必爲村翁，重尋灌園處。種梅三十年，遶屋已千樹。饑摘花蘂餐，倦抱花影睡。枯坐無一言，自謂得花意。師今遠來游，恰與春光遇。索我囊中詩，搔首不能對。寄語謝故人，幽香養衰廢。溪頭三尺水，好洗梅魂句。

清 李念慈《谷口山房詩集》卷二三《庭中鳳仙花》 春遠花事歇，幽居静亦宜。鳳仙隔年子，叢生亂茅茨。芟除惜方長，漫植緣庭階。孟夏已開圻，仲月未離披。日入步庭際，常擁錦一圍。人情賤易生，寧知耐久姿。其性兼透

骨，祛風良有禆。正色應朱夏，采摘入宮闈。用登金盤中，齏身匪所辭。會看染纖指，紅甲拂冰絲。

又 卷三八《**芭蕉**》 芭蕉初移時，其顛與我平。錯植籬內外，預擬掩映青。護持兼灌溉，當暑未敢寧。递抽漸以高，及兹覩長成。外者出籬上，內者拂檐楹。帶雨逞沃若，因風搖娉婷。病中開我窗，相對豁煩情。雖非歲寒姿，亦異朝槿榮。忽忽秋已暮，所愁霜雪零。

清 陸廷燦《**藝菊志**》**卷四**《**謹和相國屋上叢菊**》 屋上有叢菊，結根深瓦縫。既無地勢美，又乏土力擁。乃因塗明生，不由人所種。亦能應節開，焉取入公用。公來步廣庭，聞雁目始縱。忽見粲然英，降植合嘗從。賓僚席其傍，咏玩意已重。物莫厭僻遠，會遇良可頌。

又 卷五《**茅亭移菊**》 誅茅小結晚芳亭，手植黄花滿地星。不事春華爭艷冶，且分秋色慰凋零。餐英可却乾坤老，把酒寧知人世醒。多少市喧驅逐盡，棋聲隔竹静堪聽。

清 龐塏《**叢碧山房詩三集**》**卷二**《**家園八憶·石竹花**》 年年根自續，隨意繞山居。夏至花争發，階前錦不如。臨風渾脉脉，與蝀共蘧蘧。有喜宜吾懶，叢生免川鋤。

清 毛奇齡《**西河集**》**卷一四九**《**黄甫及鴻臚書院前竹**》 修竹映虚堂，菁葱入座凉。筍多緑砌隙，枝曲避檐長。日影移紅幔，風梢出畫牆。連苞如洗露，剥粉類雕霜。近榻繙書静，穿林度酒香。徵歌宜夜色，高嘯動秋光。葉密藏鳩雀，花開待鳳凰。由來江夏郡，清絶勝瀟湘。

清 冒襄《**同人集**》**卷一一**《**菊圃**》 南樓餘隙地，種菊老馳心。長夏甘辛苦，深秋待訪尋。通身肥緑葉，滿地横黄金。屈指重陽後，高臺酒共斟。

清 梁清遠《**祓園集**》**卷三**《**清和堂前海棠花歌**》 吾翁碩隱好種花，虚庭兩樹垂丹葩。春時結客投轄賞，茗椀爐香醉綺霞。十年世事忽多變，古幹喬柯經冰霰。歲久根株日凋傷，踈雲慘澹空悽戀。古來勝跡安可頻，階除坐對獨愴神。黄葉飄蕭秋寂寞，樽前不見百年春。小兒賦性清且淑，讀書好古愛花木。太學歸來有餘閒，朝滋夕溉自修築。萌芽遂爾成遠條，霏紅沓翠欲凌霄。纍纍雙株綴芳蒨，天工神女剪輕綃。夾堦樹石帶煙雨，天際遥看絳雪舞。霽景麗華真足誇，三徑逶迤蝶栩栩。我來東齋學閉關，花枝終日娱蒼顔。危坐孤吟自適意，獨見花枝淚欲潸。昔時曾見花枝老，今時又見花枝好。神物根深藉滋培，始得年年不枯槁。莞爾老人何必愁，有子有孫足貽謀。花發千年終暢茂，雕丘古槐誠良儔。

清 納蘭性德《**通志堂集**》**卷四**《**夜合花**》 階前雙夜合，枝葉敷華榮。踈密共晴雨，卷舒因晦明。影隨筠箔亂，香雜水沉生。對此能消忿，旋移近小楹。

清 曹寅《**楝亭詩鈔**》**卷三**《**廊前玉蘭**》 殘梅擁髻燕差池，開到辛夷晝始遲。淡日輕雲工捉搦，長風闌雨費支持。連城不靳春無價，隔歲先胎玉少疵。却傍青霄漸橐筆，誰傾北斗浥瓊枝。

又 卷八《**軒前殘菊**》 豔豔秋將盡，戔戔葉未零。色衰渾藉紫，露重自扶齡。小憩登高步，長開送客亭。挹香來老伴，清影半山屏。

清 謝重輝《**杏村詩集**》**卷七**《**桑**》 我昔聞諸葛，園林遍種桑。吾宅纔五畝，牆下亦成行。不愛椹子垂，愛此遠枝揚。濃陰日夕佳，常在吾廬旁。五岳老難游，對此可徜徉。鶻鳩忽高飛，三嗅入斜陽。

清 宋犖《**西陂類稿**》**卷四**《**詠庭蕉用松陵集新竹韻**》 蕉林高十丈，櫛比羅前楹。白日不能下，緑天杳冥冥。色割鴨頭水，葉蠹爰居翎。好移青玉案，就此碧雲屏。雨至衆響激，風定微煙生。但苦三秋夜，月不遍閒庭。疏衣鹿可覆，甘露酒能醒。何須美人號，紅萼發清馨。炎州寡霜雪，庶同松柏零。

和前韻

甘蕉環數抱，森緑浮軒楹。苞固若義竹，聳矗連蒼冥。何來垂天翼，委此青雲翎。兀然樓閣表，突起芙蓉屏。翻風碧霤動，過雨飛流生。炎威熾西陸，廣蔭月中庭。揮毫事已邈，覆鹿夢未醒。偃仰高林下，襟袖餘幽馨。終古飽霜霰，蒼翠無時零。

又 卷一五《**含清亭賞芍藥同邵子湘馮山公吴荆山次梅聖俞楊樂道留飲置芍藥韻**》 花事故鄉盛，嘉名錫紅藥。每當婪尾春，平臺展宴樂。老夫客震澤，芳姿想累萼。遠致勞園丁，種植依林薄。昱昱含韡嬌，故園名種。風致宛如昨。壓倒金昌城，不數廣陵郭。招邀滄蕩人，共此花前酌。況我雙戟門，翛然可羅雀。脱帽苔任藉，佐酒筍競斫。經時偪仄懷，偃仰得開廓。浩態與狂香，恍疑天上落。雅宜明月來，生憎寒雨作。觴行儼卷波，矯首聞城柝。折枝惜旖旎，張幄添灼爍。翻階門新句，豈同士女謔。司花何狡獪，蒨譜武仲略。載把都官詩，高吟向鈴閣。

附　前題奉和用韻　邵長蘅

中州盛牡丹，邇又誇芍藥。瑪瑙盈尺槃，樓子十重萼。紅白争繽紛，一一標名各。種詎止三十，翻笑花譜略。風雅得元公，移根自宛洛。種近含清亭，疏畦藉鉏钁。立夏三日晴，名葩披灼爍。枝枝風嫵媚，朵朵露娟嫋。亭空映紅闌，樹密張翠幕。公爲文字飲，飯飣開杯酌。櫻桃筠籠寫，鮮筍清泉瀹。甌香日注嘉，醸渌玻瓈薄。半酣徵故事，高談展懽謔。廣陵金帶圍，魏公久寂寞。東武玉盤盂，髯蘇跡成昨。高韻繼者誰，公應躡前屩。詩篇餘事耳，雅音振韶濩。大馮況詩豪，解衣贏盤礴。季重亦可人，一鼓氣堪作。笑拍都官肩，君筆真可閣。

前題奉和用韻　吴士玉

使院饒名花，奇種來東洛。牡丹最超羣，驂驔乃芍藥。入夏留餘春，窈窕殿羣萼。明公步屧來，賓從攜蓮幕。風迎香冉冉，日照光灼灼。公言故園中，此花如繡錯。大者盈二尺，瓊瑰玉盤託。其餘復善幻，五色粉淖約。高下滋百畝，本本垂瓔珞。折來插作屏，步障季倫若。花時相經過，朋好雜歌咢。高人既瀟灑，才士亦落拓。徑造花下醉，灌漏填巨壑。雪苑風流盛，俛仰猶如昨。公劇談梁園花事之盛，友朋之樂。四座聽公語，興酣添杯酌。把火遶露叢，妍姿倍婀娜。憐此婪尾春，感彼都官作。公詩發高倡，邵馮鬥奇博。逡巡怯大敵，坐令小巫却。一鼓偶試手，觳音還自作。

清　彭孫遹《松桂堂全集》卷三四《水紅菊花》　艷色偏能傲朔風，疏花密葉占芳叢。輕沾薛女壺中淚，淺拂楊妃罇上紅。心抱幽香寒自束，枝迎曉日暈微烘。東牆若近東籬下，傅粉施朱總未工。

又　卷四二《美人蕉》　幽居只合在牆陰，不與甘蕉共入林。蘸碧最宜雙袖淡，施朱不厭十分深。洗妝似欲彈纖指，緘恨誰憐卷寸心。試向花前喚名字，春情憔悴恐難禁。

清　程庭《若菴集》卷二《階下雁來紅一枝婆娑獨立偶賦四絶》　梧葉飄殘玉井空，獨留孤影艷秋風。人人盡道春光好，杜宇聲聲怨落紅。

草堂秋老半荒蕪，賴爾清幽興不孤。笑指階前聊戲客，越人昨夜貢珊瑚。

清夜無聲玉露零，多情待雁立中庭。笑他妃子嬌無賴，酣睡東風喚不醒。

謝客朝朝三徑閑，聊將敗葉自除删。一枝伴我清尊側，分得餘光上醉顔。

清　王項齡《世恩堂詩集》卷一一《相國園亭看芍藥率賦》　緑野堂前婪尾花，殿春開遍爛如霞。垂鞭柳陌看山曉，酌酒槐亭到日斜。絡索銀瓶滋藥畹，堆盤金粽感年華。歸途更覓梁園勝，側帽還來白鼻騧。歸途偕汪文漪宫贊游目耕園

清　盧存心《白雲詩集》卷七《亭梅》　一痕素月下空冥，面面冰華四照亭。寒色高凌霜氣白，孤枝低亞石根青。雀争凍蕊簷前墮，鶴愛清香檻外停。賸我襟懷無繫著，澹然相對兩忘形。

清　高宗愛新覺羅·弘曆《御制詩集》初集卷七《野菊》　野菊小於鈴，依依傍砌庭。知時舒晚豔，爲客發幽馨。洗濯曾經雨，參差似列星。詩情兼書意，緣此暫留停。

又《菊》　苑樹蕭疏籬落斜，芳留庭砌足黄花。曉霑細雨香猶潤，時過重陽色倍嘉。不染纖塵紛露葉，獨餘晚艷傲霜華。今年佳節途中賞，欲補新詩興轉賒。

又　卷一一《菊》　枝頭遲綻太真黄，盡道今年秋信長。忽見階前舒晚艷，菊花端不讓重陽。

不獨傲霜兼傲雪，果然宜畫亦宜詩。明朝九日應開宴，金盞銀臺恰應時。

又　卷二五《問柳絮》　慣能迷客眼，偏解污花心。借日糊天暗，因風卷屋深。鏡渾圓水面，雪聚小墻陰。觸處成憎厭，何如在故林。

又　三集卷七五《就松室》　百歲之松不可移，三間之室實易築。邇來解會箇中趣，每就喬松葺樸屋。嘉陰却暑張童童，静籟翻凉吹謖謖。致有片時坐披箋，猶覺長言之不足。

又　卷八四《就松室》　一樹當庭滿院凉，山中知幾閲滄桑。就松爲室室亦古，憩室看松松自蒼。種代有誰傳姓氏，披風無意傲羲皇。未曾清夜根傍坐，月下應輝琥珀光。

清　弘曉《明善堂詩集》卷二九《過牆杏花》　東鄰初見一枝斜，馬上牆頭勝若耶。蹴踏軟紅塵十丈，回看真似霧中花。

清　劉秉恬《公餘集》卷一《賦得紅藥當階翻》　直省三春暖，瓊葩遶砌叢。艷姿迎旭日，秀色泛微風。寄迹仙廬内，軨材紫禁中。參差看俯仰，偏反任西東。香竊瑶臺秘，光分上苑紅。花開欣得地，金帶屬三公。

又　卷三《芍藥》　衆花摇落後，芍藥殿春開。蘭麝香輪矣，胭脂色遜哉。芳菲遲日月，種植近樓臺。留取調金鼎，居然有用材。

又《詠庭前手植杏花二首》　庭前杏樹手親栽，點綴春光歲首開。不辨滇南陽氣早，定教錯認是紅梅。

碎錦坊前昔日開，海山閣下亦同栽。古人盛事難相擬，勉學滋培莫任摧。

又卷五《惠風堂梅花》 惠風堂上惠風長，拂得梅花幾樹香。嫩蕊疏疏偏愛冷，冰姿皎皎待舒陽。節過冬至纔旬日，時近春初看淡妝。更有山茶齊吐艶，隔簾掩映鬥芬芳。

又《海山閣手植梅花再開二首》 庭前梅是手中栽，已見花時兩度開。樹木樹人堪比擬，所希速獲山羣材。

此花何幸近樓臺，時得人工次第培。若聽自開還自落，焉能歲歲占春魁。

又卷六《芍藥》 當階紅藥燦雲霞，花似牡丹葉少差。不逐羣芳爭早艶，獨含嬌質殿春華。凌晨醉露摇輕幌，向午迎風展絳紗。聞説廣陵多種類，滇中顔色亦堪嘉。

清 王士禎《帶經堂集》卷六三《石帆亭杏花》 萬點殷紅散綺霞，幾枝香雪倚籬斜。南朝自此誇宫體，第一還應爲杏花。

清 薛雪《抱珠軒詩存》卷四《薔薇》 嫣香淡白欲成空，又見重重錦作叢。滋蔓循牆曾幾日，柔姿懷刺獨臨風。麴塵步障深深碧，杏子春衫薄薄紅。占盡清和誰比擬，不分啼笑月明中。

清 習嘉言《詠梅》（《新喻縣志》卷一五引） 種梅千樹繞雞窗，佳實纍纍帶雨黄。好似金九應獨羡，未登金鼎且先嘗。舊時正渴緣兵革，明日調羹屬廟堂。世俗相看莫容易，著花已自耐永霜。

清 錢維城《錢文敏公全集》卷六《御題花卉二十種元韻・秋海棠》 大葉低枝繞砌盈，縱甘卑濕亦分榮。華清彼美如相訊，纔飲香名已目成。

又卷八《階頭三詠・茉莉》 嶺外移根得，階前琢玉成。每勞纖手摘，簪上緑雲明。苞向宵分放，香從夢裏清。盆中休盡采，留伴坐深更。

清 程晉芳《勉行堂詩集》卷二《存園賞梅》 種梅多用桃根接，比似夫人隨婢妾。老梅邗上數存園，雪幹生成無假攝。開花散馥倍清異，無垢真仙脱塵劫。繞欄傍檻三十樹，馣馤香中引行屧。凌風却月總奇致，暢好臨摹歸畫篋。世人但賞香與色，逸態横斜幾經睫。有如千畝翠琅玕，須看風枝和雨葉。成陰結子終自好，未怕吹寒笛初擪。就中點綴頗深邃，桂樹連蜷石稠疊。沉吟恨少十日留，輸却狂鶯與新蝶。斜陽滿地悵言歸，點點繁英衣袂裛。

清 錢維喬《竹初詩鈔》卷三《芭蕉》 幽軒初過雨，静愛緑天居。心與丁香結，聲從乙夜疏。凉分緗帙潤，影覆碧窗虚。何事干修竹，彈教障蔽除。

清 胡季堂《培蔭軒詩集》卷一《宫槐》 亭亭老幹列宫牆，葱蒨盈園慶澤長。最是緑陰垂地密，偏饒翠影繞庭芳。屯雲已識三台貴，蔽日還生九夏凉。看爾扶疏依帝座，滿枝花露鳳池香。

清 徐繼畬《松龕先生詩集》卷下《講堂初成階前植雙柏》 檀欒雙影露初含，嘉樹珍於優鉢曇。參得庭前柏樹子，何如彌勒竟同龕。

側葉翩翩綴細枝，參天黛色定何時。鏡中白髮今如許，却似香山種荔支。

清 王昶《春融堂集》卷七《内閣槐樹》 斷雨殘虹薄霽天，扶疏嘉樹畫堂前。花濃粉壁棲湘燕，葉覆紅牆蔭露蟬。瓊珮趨朝清影重，瑣窗封事緑陰圓。承華愧乏連枝頌，八尺風漪藉晚眠。

又卷一四《薔薇》 薔薇兒女花，花宜傍臺榭。如何背東風，開偏近清夏。有如貧家女，幽獨羞早嫁。嫣然吐紅芳，肯與春榮亞。盈盈梅雨時，冉冉槿籬下。微香不自薦，零落滿横架。誰丐翠微堂，調鉛寫嬌姹。

又卷二四《庭梅試花有作》 依依疏影傍檐楹，空裏寒香逆鼻生。客爲重來增悵望，花如舊侣共淒清。冰霜蕭瑟春猶淺，燈火青熒夢未成。莫怪鄉愁今更亂，天涯又近歲華更。

清 秦瀛《小峴山人詩文集》卷二四《庭竹》 拂月梢雲竹數竿，一竿高出過檐端。低頭我獨拜尊者，好與主人同歲寒。

清 劉嗣綰《尚絅堂集》卷三六《詠庭前紫薇花》 夏緑已如雨，窺園無春風。欲攜千日酒，賞此百日紅。褰衣露猶濕，卷幔烟初籠。髣髴杜紫薇，却立庭堦東。深姿謝淺色，不著淡冶容。花繁任瑣碎，幹曲能玲瓏。觸手無寸皮，搔之輒摇空。方知痛癢意，要在筋脈中。一理通樹人，斬伐難爲功。園丁慎防護，弗使埋榛叢。

清 張問陶《船山詩草》卷一六《辛癸集・階前小松》 種松不盈尺，風格已蒼然。隨意開三逕，無心計十年。新枝花底秀，小影月中圓。少助煙霞想，芝苓或有緣。

清 陳廣《疏篁聽雨》（《龍巖州志》卷一九引） 雨冷風疏細細聽，彤竿細箬滴芳庭。溜堦點驟牆摇緑，灑屋聲高瓦拂青。斷續清香參玉版，淋漓逸韻記柯亭。此君何不爲龍化，大沛甘霖用巨靈。

清 葉紹本《白鶴山房詩鈔》卷一三《官齋種竹偶成》 種竹南窗下，翛然凉意生。月摇層碧影，風作碎瓊聲。塵界迥無暑，澹懷相對清。那知官閣

畔，瀟灑似滄瀛。

夙負名山約，風篁但夢思。豈期燕水側，偏見渭川枝。可使食無肉，莫將疏自疑。干霄青鳳尾，知汝待乘時。

又 **卷一六《意園雜興用東坡和子由記園中草木韻》** 種竹東牆陰，竹生何挺拔。碧葉翠琅玕，萬片桐圭插。行鞭走中庭，到處自萌蘖。雨過翠欲流，風來拜如約。由來干雲姿，未許濁水潑。傲此園中卉，終歲不黄落。

清　沈赤然《五研齋詩鈔》卷一八《小園萱花戎葵盛開各賦一絶句》 朵朵黄花似鳳頭，瘦莖尖葉護階稠。頻年看爾開還落，不療先生半日愁。

清　欒鈞《青芝山館集》卷九《種花》 庶卉無異姿，妙氣獨花有。斸土培芳根，春事庶長久。稍補新篁缺，頓形老樹醜。及時勤灌澆，會復媚窗牖。萬物難自榮，造化寄人手。

清　孫原湘《天真閣集》卷五一《秋海棠賦》 毓文書院繞砌皆秋海棠，隱於叢緑之下，貞静自花。涼颸乍起，渺渺予懷矣，感而賦此。

有佳人兮獨處，懷君子兮天涯。灑相思之清淚，幻絶色之奇花。氣芬菲以感植，情鬱結而生芽。抱秋心之宛轉，殊春色之夭斜。方其似花非花，欲放未放。小朵半含，嫩葉微障。撫幽姿以自憐，怯初涼而誰傍。若淚點之乍彈，趁秋風而飄颺。清氣拆曉，新妝竟朝。微笑實怨，輕顰益嬌。珠以愁而結胎，玉以情而受雕。惟至性之所化，入深土而不銷。烟霏霏兮乍斂，露零零兮尚寒。屏鉛華兮表獨，試羅衣兮怯單。玉容舒兮强慰，檀心吐兮增酸。避衆喧兮趨寂，羌無人兮倚闌。若夫空庭既闃，重門始關。月流素於砌曲，雲弄陰於牆彎。欹霧髩彈風鬟，影夐夐致閒閒。秉幽貞之素德，禁涕泗之潛潸。至於冷雨宵滴，哀蛩夜膺。空階葉覆，幽檻寒凝。低頭兮不語，迴身兮倦憑。乃紅珠之錯落，抑清怨之難勝。夫其鍾大造之秀靈，稟曠世之窈窕。宜令舒明豔於春初，挺神仙於物表。何假託於海棠之名，而遲發於清秋之曉。春借夫八月之中，山隱於一卷之小。不知秋者氣之凝也，得秋者爲清品。名者實之浮也，忘名者爲高格。守清質之娟娟，抱迴腸之脈脈。望天末兮雖遥，心與君兮不隔。與自炫於春風，寧退藏於蘚石。

清　季芝昌《丹魁詩集》卷六《薔薇》 東面牆陰埋碎瓦，西邊臺上築新泥。插花一様勤澆灌，到得花時不等齊。

清　阮元《揅經室集》卷一一《節樓前木芙蓉》 樓前幾樹木芙蓉，看到初冬更覺紅。海暖竟無霜可拒，堂高本有日常烘。千枝次第開相亞，三色參差變不同。最是晚晴廊下坐，一家人在此花中。

清　歸莊《歸玄恭遺著》《詠虎邱玉蘭》 名花託古寺，百載蔭禪房。天半摇仙珮，空中倚古妝。潤難需墜露，光且趁斜陽。最惜將殘瓣，隨風落下方。

清　沈欽《幼學堂詩稿》卷一二《種蕉》 分得半窗緑，稍皴鴨脚莎。送春花影盡，入夜雨聲多。自覺須眉淡，能調筆研和。幽居悉相稱，老屋更牽蘿。

清　張澍《養素堂詩集》卷一八《入都後集下·寓屋栽月季花》 草愛季季緑，花憐月月紅。駢羅階左右，爛漫屋西東。衆豔遞衰盛，羣芳各始終。獨延兩儀内，相伴四時中。閹後顔常少，拈來笑亦同。賞心香不烈，照眼色能空。灌溉吾親試，羈懷問化工。

清　孫衣言《遜學齋詩鈔》卷五《前年從欒泉西舫移得芍藥三本植之食筍齋前至今春乃作一花七疊前韻》 豐臺芍藥千户封，家家户牖分房蜂。城門壓擔初日紅，争新日出日不供。佳人睡起雙鬢蓬，宿酲未解留眉峰。妝點各喜朝來工，我昔移植來牆東。幾歲不放猩脣濃，偶然一花難再得。優曇鉢現將無同，繁華各自希天翁。獨立豈非春所鍾，齋頭牡丹洗曉露。開簾一笑欣相逢，世閒得失浮雲空。不知誰嗇誰爲豐。新詩麗語相矜寵，漫山紅紫東風慵。

清　童槐《今白華堂詩録補》卷三《署郡守王寶橋司馬德寬見過爲賦庭中雞冠花依韻奉和》 垂垂纓絡來仙靈，峨峨絳幘排空庭。凌風欲飛飛不得，泫露籠煙玉階側。粤中吐綬難同價，秦中陳寶此其亞。有時若鬥西風前，傑句欲倩韓孟聯。有時若網絲窠裏，養到疑憑紀渻子。我覺此花名尚賤，直擬雲蒸與龍變。雞蟲得失與世忘，花草精神合丹鍊。鳳仙矯小何足誇，鴈來紅亦輸紅椵。兆君丹頂加冠日，此花便同旌節花。

清　龍啟瑞《浣月山房詩集》卷五《黄春亭前輩暄招賞薔薇賦此卻寄》 江城草緑幫腰斜，雨聲連夕聽鳴蛙。曉來羣豔忽當眼，炯如睡起看朝霞。先生愛花如愛士，攜鉏徧訪山人家。手闢名園種喬木，誅除凡卉留仙葩。此花品質未殊絶，掩映亦足稱穠華。非草非木蔓而衍，緣牆附砌根紛拏。半日新霽忽大放，羯鼓縱有無庸撾。團團火齊珠，一一黄金芽。華清妃子曉出浴，肌膚玉映

無纖瑕。初日照耀難諦視，紅潤欲透中單紗。舊名姊妹一何綺，顔色詎向昭陽詩。花前來謁者誰子，被服儒雅聲無譁。我來幸入談經室，絳帳迴顧驚吴娃。坐中歡賞得名輩，同座者爲廖莘堂先生重機、蔣申甫前輩琦淳。蕊榜先後同衣麻。酒酣却憶曲江宴，紅紫照耀天一涯。南北花事豈殊異，俛仰未足成咨嗟。主人課花老猶健，過眼塵劫如恒沙。愛花結習苦未了，噓咈枒櫱生枯槎。此花幸植桃李側，聲價奚止百倍加。從來樹人如樹木，又見先生養士如養花。

清 朱綗《蒼雪山房稿·庭前夜合大開戲作》 一株夜合倚牆匡，枝葉扶疏數尺强。香氣撲簾清晝永，翠收紅放晚風凉。

清 郭崑燾《雲卧山莊詩集》卷五《窗前有芭蕉》 窗前有芭蕉，離披倚東牆。昔來始抽葉，再至葉已長。及兹遂零落，枯枝戰風霜。四序如循環，倏忽易炎凉。物生固有時，榮悴亦其常。但保一寸心，終待回春陽。

清 袁翼《邃懷堂詩集》卷四《賽金花》 茉莉穿絲架樓閣，萬斛龍涎霧噴薄。珠袍玉帶堆如山，夫人縹緲來雲閒。倚天照海皆紅袖，紛面於菟眉彩秀。抱上蓮花七寶臺，一一夫人賜福壽。別有嫦娥暗祈禱，羅襦親把泥孩抱。歸來含笑背銀燈，今夜星精降瑶島。

清 潘應奎《賦得故種芭蕉待雨聲》（《洛如詩鈔》卷二引） 不奈虚無半畝園，補添蕉本覆牆垣。凉招四面心俱浄，雨過一庭膝可捫。莫謂扶疏遮眼界，最宜慘澹送聞根。此身擇付濃陰底，坐卧難銷到骨恩。

清 王時翔《小山詩餘》卷二《芭蕉雨·芭蕉》 密與桐陰翠接，小庭三兩本，清炎熱。可怕隱疾彈切惟，稱禪老書牋詩，翁畫雪。　美人何處怨別，緘信幾番拆。應最苦不眠，秋時節。總只向，緑窗紗，偏是繡被新凉，風摇破葉。

清 樊增祥《樊山續集》卷一九《詠庭際小松》 叠石三層作小山，種松七本繞亭欄。枝柯未放龍鱗老，膠液真同虎魄看。依託小園憐地瘦，平章晚節待天寒。髯翁自有三公貴，不樂秦時所贈官。

清 張鑑《冬青館甲集》卷一《紫藤花歌呈劉師》 薊門三月春風斜，家家屋角開藤花。豪吟猛憶海波寺，手植不數吏部衙。揭來半載蝸負殼，豐臺舊約行尚賒。映階賴有兩株樹，長身交結同修蛇。昨朝小雨一披拂，急撥塵土搪窗紗。初疑龍鬚噴紫沫，漸看佛胛含丹沙。齊奴步鄣曳落索，季龍斗帳垂鬖髿。千枝萬枝壓幌曲，三朵兩朵飛檐牙。客居百事不快意，花時轉側思歸家。家中老屋在花下，茸茸紫雪春抽芽。小年上樹脚百匝，清晨弄蕊手八叉。已嫌照眼異疇昔，那能插帽羣咨嗟。吾師居官食冰雪，門多問字無麴車。兼旬況值鎖闈去，今予閉置如宫娃。

雜録

漢 劉歆《西京雜記》卷三 五柞宫有五柞樹，皆連三抱，上枝蔭覆數十畝。其宫西有青梧觀，觀前有三梧桐樹。

北魏 楊衒之《洛陽伽藍記》卷三 景明寺宣武皇帝所立也。【略】複殿重房，交疏對霤，青臺紫閣，浮道相通。雖外有四時，而内無寒暑。房檐之外皆是山池，竹松蘭芷，垂列堦墀，含風團露，流香吐馥。

又 卷四 永明寺，宣武皇帝所立也。【略】房廡連亘一千餘間，庭列脩竹，簷拂高松，奇花異草，駢闐堦砌。

宋 羅願《爾雅翼》卷一〇《桃》 桃華之繁麗者，故稱桃之夭夭，灼灼其華。漢二千石綬青色、桃花、縹三彩以爲華也。桃能去不祥，桃之實在木上不落者名梟桃，一名桃奴，及莖葉毛皆去邪，故古者植門以桃梗。

又 卷一一《楓》 漢宫殿中多植之。魏《景福殿賦》猶稱「槐楓被宸」，考漢故事也。

宋 周去非《嶺外代答》卷八《花木門·膽瓶蕉》 膽瓶蕉一根唯一身，離地寸許。其身特大而其上漸小，至葉乃大。開敷長大翠緑，正如膽瓶中插數枝蕉葉也。亭館列植尤可愛玩，亦名象蹄蕉，言如象蹄然。

宋 曾極《金陵百詠·養種園》 後主于宫中作紅羅亭，賞紅梅。韓熙載獻詞云：桃李不須誇爛漫，已輸了春風一半。百花堂裏賞芳菲，江左羈臣淚濺衣。腸斷上林桃李樹，春風一半未全歸。

明 姚廣孝《逃虚子詩集》卷五《芭蕉》 清高與道合，僧舍樹宜稠。凉葉春陰積，虚心夜氣浮。題嫌風處碎，盡喜雪時幽。有物皆凋謝，非惟不耐秋。

明 汪砢玉《珊瑚網》卷四八 （徽宗時）宣和殿前植荔枝，既結實，喜動天顔。偶孔雀在其下，亟召畫院衆史，令圖之，各極其思，華彩爛然。

明 陸深《儼山外集》卷三〇《蜀都雜抄》 蜀城謂之芙蓉城，傳自孟氏。今城上間栽有數株，兩歲著花。予適閲視見之，皆淺紅一色花，亦凋瘵，

殊不若吴中之爛然數色也。

明 **王世懋**《**學圃雜疏**》卷《**花疏**》 柑橘花皆清香，而香櫞花尤酷烈甚於山礬，結實大而香。山亭前及廳事兩墀皆可植。

明 **姚光祚**《**皇明廣蒙求**》**卷四**《**龜蒙杞菊**》 龜蒙僦居淞江之甫里，自號江湖散人、天隨子。累召不起，與皮日休、羅隱、吴融結社。所居前後皆樹杞菊，以供杯案。

明 **高濂**《**遵生八牋**》**卷七** 宣城何子華有古橙四株，面橙建堂，榜曰剖金。霜降橙熟，開樽潔饌，與衆共之。

又 唐子西云：有軒數間，松竹迷道，庭花合圍，直堂屋之後，人事之所不及，賓游之所不至。

明 **陳詩教**《**花裏活**》 武帝植蜀柳數株于靈和殿賞玩。咨嗟曰：此楊柳風流可愛，似張緒當年。

明 **任弘烈**《**泰安州志**》**卷二**《**岳廟**》 明朝御製碑建殿前古松數十株，蟠結偃蓋，非他境所有。炳靈殿前則漢柏，延禧殿前則唐槐，皆特異。雖良繪莫能狀。銀杏大者，圍三仞，火空其中。

明 **彭儼**《**鐫五侯鯖**》**卷五** 廬山僧舍有麝囊花，色正紫，類丁香，號紫風流。江南後主取數十根植移風殿，賜名蓬萊紫。

明 **王路**《**花史左編**》**卷一四**《**香海棠**》 昌州海棠獨香，其木合抱，號海棠。香國太守於郡前建香霏閣，每至花時，延客賦賞。

又 **卷一六**《**合歡類觸忌**》 本草晉嵇康種之舍前，嘗曰合歡花。此花欲觸人之忿，贈以青棠合歡也。

明 **蔣鐄**《**游九疑山記**》（《**寧遠縣志**》**卷八引**） 祠前古杉十四株，皆大合抱，皮脱存勁骨，叩作銅鐵聲，枝葉鬱葱。《摩天志》所稱夜吐天燈者也，真數千年物。又櫧木二，其一當祠門，大數十圍。

清 **孫承澤**《**春明夢餘録**》**卷六四** 遂初堂，元詹事張九思别業。繞堂花竹，水石之勝，甲於都城。

清 **高士奇**《**北墅抱瓮録・海棠**》 海棠同名異種者不一。惟紫綿爲佳，今所稱西府是也。万俟雅言詩云：海棠點點要詩催，日暮紫綿無數開。欲識此花奇絶處，明朝有雨試重來。正謂此種耳。園中海棠甚多，卧齋前一株，乃西川佳種。脂痕淺抹，逸態嫣然，有佳人遺世獨立之意，更不得以無香少之。

又《**臘梅**》 臘梅蜜蘂絳心，香氣濃郁。蘭渚軒一株，磬口種也，雖經盛放，常若半含，花倍大於他種，品格珍絶。

清 **沈復**《**浮生六記**》**卷四**《**浪游記快**》 華山之脚，有玉泉院，即希夷先生化形骨蜕處。有石洞如斗室，塑先生卧像于石床。其地水净沙明，草多絳色，泉流甚急，修竹繞之。洞外一方亭，額曰無憂亭。旁有古樹三株，紋如裂炭，葉似槐而色深，不知其名。土人即呼曰無憂樹。

清 **嘉慶重修**《**揚州府志**》**卷三三**《**古蹟**》 步月臺在南城上。明萬曆間司訓李良知建，植雙檜於側。

清 **嘉慶**《**松江府志**》**卷七八**《**名跡志・第宅**》 三命堂 在張溪，太守吴粱居。又有仰止軒，陸宗伯樹聲書額，今爲錢氏别墅園。有銀杏二株，大數抱，相傳爲吴貞石手植。

清 **同治**《**城步縣志**》**卷二** 古松 治東舊學殿後蒼松一株，古幹虬枝，根蟠蓋翠，合抱數圍。春秋不知幾歷。時或遇風稍欠，得月彌昇。雨則烟披雲帶，晴則蔽日舞空，濤奔天上，秀燦人間。

清 **同治**《**峽江縣志**》**卷一**《**竹深亭**》 《省志》引傳《若金記》云：新淦之□溪有廖隱君叔敏，性嗜竹，自號竹窗。其孫中山嗜竹猶其祖，故屋旁多植美竹，而築亭其中，名以竹深。

清 **同治**《**南昌府志**》**卷七**《**地理・武寧名蹟**》 梧桂林 在縣東南三十里石坪山，宋邑人余規故宅。規手植梧桐、丹桂，歲久成林。

清 **光緒**《**江西通志**》**卷一一五**《**勝績略・署宅**》 葛仙壇在羅霄山巔，即晉葛洪修煉處，上生叢竹，風來垂地如埽，名埽壇竹。

圖　表

清 **乾隆**《**熱河志**》**卷三二** 嘉樹軒 園東老樹輪囷垂蔭數十畝，皆百年前物。因樹爲軒，凡三楹，南嚮。御題曰嘉樹軒。秀木清蔭，長榮永邑。顔以嘉樹，取左氏傳語也。山莊爲聖祖豫游所憩，一草一木咸沾天澤。柞棫斯拔，松柏斯兑。我皇上敬承祖德，封殖無忘，攬筆命篇，會心觸目，如見堯年寶露於枝葉間也。

植物與水石

綜述

唐 王旻《山居録》(《居家必用事類全集》卷戊引) 凡所居須擇形勢地。後高前平。有東流水者爲上。不然，四面平坦爲佳。其土色須黄細沙軟者爲良。此方滋長藥根故也。其地多即二十畝，少不減十畝。四面樹以枳籬，不然牆圍之，任取便耳。其中造藥堂及蔭曝之所。堂前穿大池，種荷芰菱芡，遶池種甘菊，取紫莖黄花引蔓者是真。餘者皆蒿耳，蒿苦而菊甘，但能移根蹙蹙稀栽，一二年間不覺自合，便成菊潭。

宋 朱長文《樂圃餘稿》卷六《樂圃記》 草堂西南有土，而高者謂之西邱。其木則松、檜、栝、柏、黄楊、冬青、椅、桐、檉、柳之類，柯葉相蟠，與風飀飀。高或參雲，大或合抱，或直如繩，或曲如鉤，或蔓如附，或偃如傲，或參如鼎足，或並如釵股，或圓如蓋，或深如幄，或如脱虬卧，或如驚蛇走。名不可以盡記，狀不可以殫書也。雖雪霜之所摧壓，飈霆之所擊撼，槎牙摧折而氣象不衰。其花卉則春繁秋孤，冬曄夏蒨，珍藤幽蔄，高下相映。蘭菊猗猗，兼葭蒼蒼，碧蘚覆岸，慈筠列砌。《藥録》所收，《雅》記所名，得之不爲不多。桑柘可蠶，麻紵可緝，時果分蹊，嘉蔬滿畦。摽梅沉李，剥瓜斷壺，以娱賓友，以約親屬，此其所有也。

宋 羅願《爾雅翼》卷二《釋木·蔄》 今之蘭草，都梁香也。陸氏所説皆是，惟引以解《左傳》《楚辭》之蘭爲非矣。蘭草大都似澤蘭。其澤蘭葉尖，微有毛，不光潤，方莖紫節，八月花白，人多種於庭池。此蘭生澤畔，葉光潤，其陰小紫，所以一名都梁者。盛洪之《荆州記》曰：都梁縣有山，山下有水清淺，其中生蘭草，因名都梁，因山爲號。其物可殺蟲毒，除不祥。故鄭人方春之月於溱洧之上，士女相與秉蕳而祓除。

宋 周必大《文忠集》卷一七六 東閣窗下甃小池，久無雨則涸。傍植金沙、月桂之屬，又有海棠、郁李、玉繡毬各一株，西偏植金橘花，開時香滿院。

宋 周密《癸辛雜識》前集 蓮花莊 在月河之西，四面皆水。荷花盛開時，錦雲百頃，亦城中之所無。昔爲莫氏産，今爲趙氏。

趙氏菊坡園　新安郡王之園也，昔爲趙氏蓮莊分其半爲之。前面大溪，爲修堤畫橋，蓉柳夾岸數百株，照影水中，如鋪錦繡。其中亭宇甚多，中島植菊至百種，爲菊坡中甫二卿自命也。相望一水，則其宅在焉，舊爲曾氏極目亭，最得觀覽之勝，人稱曰八面曾家，今名天開圖畫。

元　李衎《竹譜詳録》卷四《全德品》　簝竹，古人多於欄檻湖石旁畫之。金朝待詔趙紹隆、冀珪等尤喜作此，特裝點景物耳。墨畫則不雅，故前輩略之。

又　觀音竹，江浙兩淮俱有之。一種與淡竹無異，但葉差細瘦，仿佛楊柳，高止五六尺，婆娑可喜，亦有紫色者。永州祁陽有一種，止高五七寸，人家多植於水石之上，數年不凋瘁，彼人亦名觀音竹。張得之云：近道有一斛之中至有盈萬竿者，灑灑可愛，宜植拳石之上，筍必倒垂而下吸水氣，及其長也，根鉤而幹直。即此竹也。

明　李賢等《明一統志》卷一《京師》　萬柳堂在府南，元廉希憲別墅。《輟耕録》：堂臨池數畝，池中多蓮，繞池植柳數百株。每夏，柳陰蓮香，風景可愛。希憲嘗招盧摯、趙孟頫游宴，時有歌小聖詞侑觴者。孟頫賦詩云：萬柳堂前數畝池，平鋪雲錦蓋漣漪。主人自有滄洲趣，游女仍歌白雪詞。手把荷花來勸酒，步隨芳草索題詩。誰知咫尺京城外，便有無窮萬里思。

明　王世貞《弇州四部稿》續稿卷五八《無住館記》　庭中鑿方沼，延袤各五尺許，蓄金魚十餘頭，亦玩其涵泳而已。傍鑿二井以救池之渴，雙梧蔭之。其陽二玉樹翼之，池之南，五垂柳依之。其又南與左右，則側柏列直，以資服餌而已。

又　卷五九《弇山園記四》〔誤游磴〕其脈自芙蓉池之西，北度小有橋，崇異若馬脊，皆植桂，凡數十百樹，曰金粟嶺。東南攀躡而上得平臺。即洞頂，傍植靈楸、玉蘭、胡桃之屬。

又《弇山園記五》　自徙倚亭而南，折下數級得東泠橋，而中弇之事窮。始余失策爲愚公其治山，獨茲弇最先就緒，而所徙乃吾麇涇，故業最饒美，石皆數百年物，即山足可峰也。所徙即非石，而樹山礬、矮松，一尺九節，虬屈擁腫。他桃梅棠栝之屬，若慕之而争爲奇者。

又　卷五九《弇山園記八》〔藏經閣〕舟行閣前，平橋不可度。兩岸皆松、竹、桃、梅棠、桂，下多香草襲鼻。直北可數丈，則爲中弇之東泠橋，橋下兩岸皆峭壁，犾牙坌出，壽藤掩翳，不恒見日。紫薇、迎香、含笑之類時時與篙獼，是曰散花峽。

明　汪砢玉《珊瑚網》卷一五　志清處在滄浪亭之南稍西，背負修竹，石磴下瞰，平池淵深泓渟，儼如湖瀠。義訓云：臨深使人志清。　愛此曲池清，時來美寒玉。俯窺鑑鬚眉，脱屨濯雙足。落日下迴塘，倒影寫修竹。微風一以摇，青天散瀟淥。

明　楊慎《丹鉛總録》卷四《艮岳八芳》　金蛾玉蟬，虎耳鳳尾，素馨渠那，茉莉含笑。

明　謝肇淛《滇略》卷一〇　段氏素興以宋慶曆中嗣位，性好狎游，廣營宮室。於春登堤上，多種黄花，名遶道金棱。雲津橋上多種白花，名縈城銀棱。今二棱河名由此也。

明　王路《花史左編》卷五《芙蓉》　有數種，惟大紅千瓣、白千瓣、半白半桃千瓣，有醉芙蓉，朝白、午桃紅，晚改大紅者佳甚。今人每種池濱邊，取其映水。

又　卷一一《點綴》　霍光園中鑿大池植五色睡蓮，養鴛鴦三十六對，望之爛若披錦。

又　卷一六《萬荷蔽水》　神廟時，中貴采用臣鑿後苑瑶津池。成，明日請

上賞蓮花。忽見萬荷蔽水，乃一夜買滿京盆池沉其下，上嘉其能。

明 文震亨《長物志》卷二《桃》 桃爲仙木，能制百鬼，種之成林，如入武陵桃源，亦自有致第，非盆盎及庭除物。桃性早實，十年輒枯，故稱短命花。碧桃、人面桃差久，較凡桃更美，池邊宜多植。若桃柳相間，便俗。

又《芙蓉》 宜植池岸，臨水爲佳。若他處植之，絶無丰致。有以靛紙蘸花蕊上，仍裹其尖，花開碧色，以爲佳，此甚無謂。

又《柳》 順插爲楊，倒插爲柳，更須臨池種之。柔條拂水，弄緑搓黄，大有逸致。且其種不生蟲，更可貴也。西湖柳亦佳，頗涉脂粉氣。白楊、風楊，俱不入品。

又《李》 桃花如麗姝，歌舞場中，定不可少。李如女道士，宜置烟霞泉石間，但不必多種耳。别有一種名郁李子，更美。

又《萱花》 蘐草忘憂，亦名宜男，更可供食品，巖間牆角，最宜此種。又有金萱，色淡黄，香甚烈，義興山谷遍滿，吴中甚少。他如紫白蛺蝶、春羅、秋羅、鹿葱、洛陽石竹，皆此花之附庸也。

又《金錢》 午開子落，故名子午花。長過尺許，扶以竹箭，乃不傾欹。種石畔，尤可觀。

又《杜鵑》 花極爛熳，性喜陰畏熱，宜置樹下陰處，花時移置几案間。别有一種名映山紅，宜種石岩之上，又名羊躑躅。

又 卷一一《茭白》 古稱雕胡，性尤宜水，逐年移之，則心不黑，池塘中亦宜多植，以佐灌園所缺。

又 卷一一《菱》 兩角爲菱，四角爲芰，吴中湖泖及人家池沼皆種之。有青紅二種。紅者最早，名水紅菱。稍遲而大者，曰雁來紅。青者曰鶯哥青，青而大者曰餛飩菱，味最勝。最小者曰野菱。

明 祁彪佳《祁彪佳集》卷七《寓山注·柳陌》 出寓園，繇南堤達豳圃。堤其北堤則豐莊所從入也。介於兩堤之間，有若列屏者，得張靈墟書曰柳陌。堤旁間植桃柳，每至春日，落英繽紛，微飈偶過，紅雨滿游人衣裾。予以爲不若數株垂柳，緑影依依，許漁父停橈碧陰，聽黄鸝弄舌，更不失彭澤家風耳。此主人不字桃而字柳意也。若夫一堤之外，荇藻交横，竟川含緑，濤雲聳忽，煙雨霏微，撥棹臨流，無不率爾休暢矣。

明 計成《園冶》卷一《相地·村庄地》 今耽丘壑者，選村庄之勝，團團籬落，處處桑蔴。【略】餘七分之地，爲壘土者四，高卑無論，栽竹相宜。堂虚緑野猶開，花隱重門若掩。掇石莫知山假，到橋若謂津通。桃李成蹊，樓臺入畫。

又 卷三 以予見，或有嘉樹，稍點玲瓏石塊。不然，牆中嵌理壁巖，或頂植卉木垂蘿，似有深境也。

明 何三畏《新刻何氏類鎔》卷三〇《蓮》 黄帝時之石蕖覆于波上，千年一花。穆王時之碧藕茂于冬間，一房百子。重臺蓮生于貴涇浦中，遂應紫光之兆。千葉蓮開于太液池上，何如解語之花。蓮子湖之紅緑間，明渾疑濯錦，穿琳池之莖葉駢蓋，名曰低光。睡蓮如荇而浮水面，夜則縮入于波中。朝日蓮如葵之向太陽，夜亦斂藏于葉下。瓦器之所植百餘本，多沉水底，則都城之盈沼。蓮開清源之所，生百餘尺，聳出峰頭，則瀑布之滿山。蓮發宫中，游戲常剪而披之，爲芰荷衣。水上浮杯，或持而吸之，爲碧筒酒。庾杲之爲王儉長史，遂得依紅泛緑，而名儉府爲蓮池。謝靈運與遠公翻經，乃即築臺鑿池，而以經臺爲蓮社。齊王之還鄴郡，嘗濬池而種蓮也。所開一莖兩蒂，占者知遠人入款之符。右軍之守温州，嘗登舟而賞蓮也，所至百里皆花。

清 曹溶《倦圃蒔植記》總論卷下 池本蓄魚。有奉佛持戒者廢之而栽蓮，其宅心誠可尚也。然賓祭之需，吾儒似合通融，則種竹養魚。姑宜從衆，内典所論，在家菩薩不能無罪過，須立殊勝大功德以贖之，此理亦須識得。

清 李漁《閑情偶寄》卷一三《山茶》 得此花一二本，可抵群花數十本。惜乎予園僅同芥子，諸卉種就，不能再納須彌。僅取盆中小樹，植于怪石之旁。噫！善善而不能用，惡惡而不能去。予其郭公也夫。

又《木芙蓉》 木芙蓉之于夏，木芙蓉之于秋，可謂二季功臣矣。然木芙蓉必須池沼，「所謂伊人，在水一方」者，不可數得。茂叔之好，徒有其心而已。木則隨地可植。况二花之艷，相距不遠。雖居岸上，如在水中，謂之秋蓮可，謂之夏蓮亦可，即自認爲三春之花，東皇未去也亦可。有籬落之家，此種必不可少。如或傍水而居，隔岸不見此花者，非至俗之人，即薄福不能消受之人也。

清 孫承澤《春明夢餘録》卷六五 帝京西十五里爲海淀。【略】其地虚敞，面陽有貴人别業在焉。土木甚盛，最後爲樓一區，汫自垣以西，入於樓之瀕，爲小湖。桁二舸二，中多菱芡、魚鱉之屬。上有竹萬箇，菡蓞垂絲，蒽篣雜生。又有石苔、沙萱、甘菊、忍冬、幽蘭之類，蘼蕪蔓延，以入於汫。竹最美，亦帝京之僅有也。

清　高士奇《北墅抱瓮録・桃》桃花有紅、白、粉紅、深粉紅、單瓣大紅、千瓣粉紅、單瓣白、千瓣白諸類，爛漫芳菲，色甚嫵媚。其可供玩者，莫如碧桃、人面桃二種，園中臨水植之，不但取果，二月花時，曉煙初破，宿露未收，早起觀之，大有幽趣。若夫晴陽媚日，與新柳互交遞倚，又是一番佳致。

又《蓮》泛淥池中，有紅蓮、白蓮、臺蓮諸種，葉擎波面。夏雨忽來，千點荷聲，乍緩乍急。凉風過處，香芬襲人。花明浄如拭，清露晨流，晴霞晚映，尤覺鮮妍，使人吟賞忘倦。

又《木芙蓉》木芙蓉瀟灑無俗姿。花色不一，有白有紅，更有一花而日三變，朝白晚紅，名醉芙蓉者。性本宜水，特於水際植之，緣溪傍渚，密比若林。雜以紅蓼，映以翠荻，花光入波，上下摇漾，猶朝霞散綺，絢爛非常。嘗見宋孝宗書唐人刁光胤木芙蓉畫幅云：託根不與菊爲雙，歷盡風霜未肯降。本是無心豈有怨，年年清艷照秋江。善爲此花寫照矣。

又《秋葵》秋葵黄花緑葉，紫蒂檀心，惟玉人道妝差可仿佛其風韻耳。與芙蓉前後開放，枝葉亦復相亂。荷池芹岸之上，夾雜種之，雅態可挹。

又《石榴》南方石榴，佳種不易得，園内亦不多植。惟水傍有大紅臺榴一二株而已。當仲夏之時，新緑初齊，遠近一碧，惟榴花烘晴映日，灼灼欲然，可謂絢爛矣。近又得一鑲邊紅千瓣白松花色者，不異綺綃簇成，尤爲罕有。

清　雍正《浙江通志》卷一〇一《木芙蓉》咸淳《臨安志》：蘇堤岸湖多種木芙蓉，秋如霞錦，今放生池尤盛。

清　雍正《陝西通志》卷四四《荷花》　漢昭帝琳池中植分枝荷，一莖四葉，狀如駢蓋。日照則葉低蔭根，若葵之衛足，名曰低光荷。實如玄珠，可以飾佩。花葉雖萎，芬馥之氣徹十餘里。食之令人口氣常香，益人肌理。宫人或剪以爲衣。《三輔黄圖》張揖曰：蓮根則藕。《上林賦》注。昭帝柳池有芙蕖，素色，大如斗，花葉甘，可食。《藝文初學記》。明皇太液池有千葉白蓮。秋盛開，帝與貴戚宴賞焉。《開元天寶遺事》

又《夜合》葉似皂莢及槐，極細。五月花發，紅白色，上有絲茸，秋實作莢子，極薄細。西京第宅山池間亦有種者，名合昏。

清　乾隆《江都縣志》卷四《山川》《南部烟花録》云：煬帝築堤，詔民間植柳一株，賞一縑。錦帆過處，香聞十里。唐白居易隋堤柳詩：隋堤柳，歲久年深盡衰朽。風飒飒兮雨蕭蕭，三株兩株汴河口。老枝病葉愁殺人，曾經大業年中春。大業年中煬天子，種柳成行傍流水。西自黄河東接淮，緑影一千三百里。大業末年春暮月，柳色如烟絮如雪。南幸江都恣佚游，應將此樹蔭龍舟。紫髯郎將護錦纜，青蛾御女直妝樓。海内財力此時竭，舟中歌笑何日休？上荒下困勢不久，宗社之危如綴旒。煬天子自言歡樂殊無極，豈知明年正朔歸武德。煬天子自言福祚垂無窮，豈知明年皇子封酅公。龍舟未入彭城閣，義旗已入長安宫。蕭牆禍生事大變，法駕不得歸秦中。土墳數尺何處葬，吴宫臺下多悲風。二百年來汴河路，露草木烟朝復暮。後王何以鑒前王，請看隋家堤上樹。杜牧詩：夾岸垂楊三百里，祇應圖畫最相宜。自嫌流落西歸疾，不見東風二月時。羅隱詩：夾道依依十里遥，路人回首認前朝。春風未惜繁華意，猶費工夫長柳條。

清　同治《南昌府志》卷七《地理・武寧名蹟》柏澗　在縣治東南六十步。邑人陳玢築室鶴溪上，植柏數十本環溪岸，自號柏澗居士。萬曆中溪水暴漲，盡拔。旁有桂樹一株獨存。玢孫良謨搆軒桂側，更名桂花書屋。

清　同治《茶陵縣志》卷一二《古蹟志》半塘芙蓉　在上一都大冲。原二塘，其西栽蓮，繼通爲一。至今荷花絶不牽引，若有畛域者然。

清　趙之壁《平山堂圖志》卷二《名勝》雙峰雲棧在功德山西，程玓所搆也。蜀岡相傳地脉通蜀，故此建棧道以擬之。由萬松亭東歷石級而下，北過棧道，循山腰東度石梁，南折過棧道至聽泉樓，樓跨九曲池上，與石梁對，其地即古九曲亭舊址也。樓後緣山數折，爲香露亭，山上下皆種梅，左右叢桂森翳，故以名之。

又　高詠樓，按察使李志勳園。乾隆二十七年，我皇上臨幸，賜今名，又賜山堂。【略】由射圃前直北至園外，爲草香亭。亭右即萬松疊翠也。園内外皆水，繚以周垣，列置湖石，雜植梅柳桂竹、牡丹、荷花，春夏之交延覽不盡。

又卷九輯　汪應銓《萬松亭記》蜀岡東最高處，萬松亭在焉，吾家光禄君所作也。蜀岡無石，其土厚，宜樹木。顧無好事者，君輦松栽十萬餘，緑岡之坳突直屈，櫛比而環植之。數歲中，蟠亘蒼翠，日晴風疏，遠望如薺，鱗張鬣竦。即之挺立，步入林樾，彌天翳景。其東岡勢中斷，旁扈而下削，亭踞其顛，帶長林，倚遥野，二十四橋之煙景，三十六湖之波瀾，浮映檐檻，可攬可掬，洵奇勝也。

清　李斗《揚州畫舫録》卷七《城南録》風漪閣後東北角有方沼，種芰荷，夾堤栽芙蓉花。沼旁搆小亭，亭左由八角門入，虚廊三四折，中有曲室四五楹，爲園中花匠所居，蒔養盆景。

清　鄒一《小山畫譜》卷上《山桃》深紅，千葉，藤本，枝蔓離披，葉蘂

雙出，對節開向一邊，開時葉短小。種山石上爲宜。

清 沈復《浮生六記》卷四《浪游記快》 將及山，河面漸束，堆土植竹樹，作四五曲。似已山窮水盡，而忽豁然開朗，平山之萬松林已列于前矣。

清 謝堃《花木小志》《蓼》 蓼即水葓。葉大於掌，花攢粟穗，其質亭亭。大者似甘蔗，小者粗如拇指然。山坳、水澨之間不可無此。詩人孅其緻，云「紅蓼花深水國秋」者是也。北地園林往往點綴數叢於假山石畔，蜻蜓數枚，上下其間，亦堪入畫。

又《蜀葵》 花最易生，枝葉又粗，人不甚惜。然細審之，其色有深紅、桃紅、水紅、穠紫、滄紫、茄皮紫、淺黑、渾白、潔白、深黃、淺黃、淺藍十餘種，形有千葉、五出、重臺、細瓣、圓瓣、鋸口、重瓣種種不一，五月繁華，賴有此耳。嘗遍種於假山石上，暖風過處，真成錦繡堆矣。

清 光緒《溧陽縣志》卷三《園林》 竹墅在上水關外，明代始屬彭氏，繼歸史太僕際。梁溪王問書額曰水竹平分。蓋園中水一層竹一層，相間爲之也。華亭董其昌復書竹墅二字刻石。其後水竹漸廢寖，失本來。

紀 事

漢 劉歆《西京雜記》卷一 積草池中有珊瑚樹，高一丈二尺，一本三柯，上有四百六十二條，是南越王趙佗所獻，號爲烽火樹。至夜，光景常欲燃。

晉 王嘉《拾遺記》卷六 元鳳二年，於琳池之南起桂臺，以望遠氣。東引太液之水。有一連理桂樹，上枝跨於渠水，下枝隔岸而南生，與上枝同一株。

又 昭帝始元元年，穿淋池，廣千步，中植分枝荷。一莖四葉，狀如駢蓋。日照則葉低蔭根，莖若葵之衛足，名曰低光荷。實如玄珠，可以飾佩，花葉離委，芬馥之氣徹十餘里，食之令人口氣常香，益人肌理。宮人貴之。每游宴出入，必皆含嚼。或剪以爲衣，或折以蔽日，以爲戲弄。《楚辭》所謂「折芰荷以爲衣」，意在斯也。亦有倒生菱，莖如亂絲，一花千葉，根浮水上，實沉泥中，泥如紫色，名紫泥菱，食之不老。

又 卷九 泰始十年，有扶支國獻望舒草。其色紅葉如荷，近望則如卷荷，遠望則如舒荷，團圓似蓋。亦云月出則葉舒，月没則葉卷。植於宮中，因穿池廣百步，名曰望舒荷池。愍帝之末，胡人移其種於胡中，至今絶矣，池亦填塞。

又 晉祖梁國獻蔓金苔。色如黃金，若螢火之聚。大如雞卵，投於水中，蔓延於波瀾之上，光出照日，皆如火生水上也。乃於宮中穿池廣百步，時觀此苔，以樂宮人。宮人有幸者，以金苔賜之，置添盤中，照耀滿室，名曰夜明苔。著衣襟則如火光。帝慮外人得之，衒惑百姓，詔使除苔塞池。及皇家喪亂，猶有此物，皆入胡中。

北魏 楊衒之《洛陽伽藍記》卷四 寶光寺在西陽門外。御道北有三層浮圖。一所以石爲基，形製甚古，畫工雕刻。隱士趙逸見而歎曰：晉朝石塔寺，今爲寶光寺也。【略】當時園池平衍，果菜葱青，莫不歎息焉。園中有一海，號咸池。葭菼被岸，菱荷覆水，青松翠竹，羅生其旁。

五代 王仁裕《開元天寶遺事》卷二《解語花》 明皇秋八月，太液池有千葉白蓮數枝盛開。帝與貴戚宴賞焉，左右皆歎羨。久之，帝指貴妃示於左右曰：爭如我解語花。

又《竹義》 太液池岸有竹數十叢，牙筍未嘗相離，密密如栽也。帝因與諸王閒步於竹間。帝謂諸王曰：人世父子兄弟尚有離心離意，此竹宗本不相疏，人有生貳心、懷離間之意，覩此可以爲鑑。諸親王皆唯唯。帝呼爲竹義。

唐 李延壽《南史》卷四三 豫章王於邸起土山，列種桐竹，號爲桐山。武帝幸之，置酒爲樂，顧臨川王映：王邸亦有嘉名否？映曰：臣好栖靜，因以爲稱。又問曄，曄曰：臣山卑，不曾栖靈昭景，唯有薇蕨，直號首陽山。帝曰：此直勞者之歌也。

唐 余知古《渚宮舊事》補遺《齊代》 湘東王於子城中造湘東苑。穿池構山，長數百丈，植蓮浦緣岸，雜以奇木。

宋 李昉《太平廣記》卷四九〇《三朵瑞蓮》 僞蜀主當僭位，諸勳貴功臣，競起甲第。獨僞中令趙廷隱，起南宅北宅。千梁萬拱，其諸奢麗莫之與儔。後枕江瀆，池中有二島嶼。遂甃石循池，四岸皆種垂楊，或間雜木芙蓉。池中種藕。每至秋夏，花開魚躍。柳陰之下，有士子執卷者，垂綸者，執如意者，執麈尾者，譚詩論道者。一旦，岸之隈有蓮一莖，上分兩岐，開二朵。其時謂之太平無事之秋，士女拖香肆艷，看者甚衆。趙廷隱畫圖以進，蜀主歎賞。其時歌者詠者不少。無何，禁苑中有蓮一莖，岐分三朵。蜀主開筵醼召羣臣賞之。是時詞臣已下皆貢詩。當時有好事者，圖以繪事，至今傳之。

宋 郭思《林泉高致集·畫記》 瑤津亭、玉華殿屏在後苑。聞宋用臣同

楊琰自錢塘特地架一亭來，新鑿一池，安其上。上臨幸，曰：惜乎無蓮荷。用臣曰：願陛下明日賞蓮荷。上曰：用臣又誕也。若無蓮荷如何？用臣曰：惟陛下所誅。明日，蓮荷滿池，上燕幸之，大喜乃用臣一夕買京師盆蓮沉之池底，遂使萬柄倚岸。上曰：此亭之屏不可不令郭熙畫。遂揮一大圖。

宋 李格非《洛陽名園記·大字寺園》 大字寺園，唐白樂天舊園也。樂天云「吾有第，在履道坊。五畝之宅，十畝之園。有水一池，有竹千竿」是也。今張氏得其半，爲會隱園，水竹尚甲洛陽。但以其圖考之，則某堂有某水，某亭有某木。其水其木至今猶存，而曰堂曰亭者無復仿佛矣。

宋 范成大《吴郡志》卷九 白公檜，唐白樂天手植。在州宅後池光亭前水中。政和初已槁瘁，高不滿二丈，後爲朱冲取獻京師，死道中，乃以他檜易之禁中。初不知也。今池中復植二株。

元 虞裕《談撰》（《説郛》卷三五下引） 宋召宣用臣卓有幹才。元豐間，掖廷水殿落成，嘉致既備，偶失種蓮。宋即購於都城，得器缶所植者百餘本，連缶沉水底，再夕視之，則蓮已開盈沼矣。其幹辦可謂精敏。

明 吴之鯨《武林梵志》卷四 永興寺在靈竺山後，唐貞觀建。今重修。【略】禪房三間在池左。高榆修竹間，碧琅緑雪，翛然可人。池右種梅百本，霏霏晴雪，芳馥林表。

明 張寧《方洲集》卷一九《一笑山雪夜歸舟記》 方洲草堂，疊石爲山。山之上有蒼玉峰、東垣拄頰峰、宿雨巖、滴露巖、歸雲洞、蘭雪坡、茶煙岫、咏月嶠、卓筆碞、洗硯泉、映山池，皆鑱石刻字。周植小檜梅竹雜卉。高曠未滿尋丈，而欲擬諸大山，可發一笑。彼山之大者，非己所有，亦非草堂所能貯。

明 桑悦《半畝亭記》（《明文海》卷三三一輯） 桑先生於西昌學圃中洿爲小池，深數尺，闊尋丈，畜以魚數尾，雜植芰蓮菱蒲凡數種，縛茅結亭其上，取晦庵。

明 沈鯉《巢居記》（《明文海》卷三三七輯） 余西圃石假山中植巨槐四本，於新闢蓬逕左右兩兩相對。方時之茂，清樾四合，如幕斯張，可避微雨，其中間旁出老幹，越道相及，如伸肱援手者狀。余命圃人揉而曲之，約之以繩，可容人卧起其上，而其下可通行往來，與樓居之狀仿佛也。

明 王世懋《學圃雜疏·花疏》 近於南都李鴻臚所復得一種，曰錦邊蓮，蒂緑花白。作蕊時緑苞已微，界一綫紅矣。開時千葉，每葉俱以胭脂染邊，真奇種也。余將以配碧臺蓮，甃二池對種。

明 陳詩教《花裏活》 宋昭宣用臣卓有幹才。元豐間，內庭水啓殿落成。嘉致既滿，偶失種蓮。宋即購於都城，得器缶所植者百餘本，連缶沈水底。再夕視之，則蓮已開盈沼矣。

又 石曼卿謫通判海州，以山嶺高峻，人路不通，了無花卉點綴開映，使人以泥裹桃核爲彈，拋擲于嶺上。一二歲間，花發滿山，爛如錦繡。

明 王圻《稗史彙編》卷一二《華陽景致》 政和初，詔作壽山艮岳於禁城。【略】又因土積爲岡陵，山骨暴露，峰棱如削，飄然有雲姿鶴態，曰飛來峰。高於雉堞，勢翻若長鯨，腰徑百尺，植梅萬本，曰梅嶺。接其餘岡，種丹杏白杏，曰杏岫。增土壘赭石爲山，因其自然而植以椒蘭，曰椒厓。接衆山之末，增土爲大坡，植柏萬數，結爲幢蓋、鸞鶴、蛟龍之狀，曰龍柏坡。循壽山而西，種竹數百步，有同本而異幹者，又雜以對青竹，曰班竹麓。【略】北幸擷芳苑堤，外築營壘衛之，瀕水皆桃李、海棠、芙蓉。

明 王路《花史左編》卷二《緑陰亭》 府治内宋郡守李夷庚建。亭之側有池，池左右竹樹陰森，亦勝境也。

明 王同軌《耳談類增》卷二二《脞志草木篇·千葉紅蓮》 千葉紅蓮惟蘇郡學有之，予伯兄理蘇時移歸，故黄郡偏有之。始予植柯園小塘，亭亭四披，秀色可飡。後園丁椮並頭蓮一枝其中，逾年，雜錯與鈞，再逾年，滿塘並頭，蘇蓮絶矣。並頭簇三四不披，必假人披之。又太重多折可憎，故累年掘之欲盡，而旋掘旋生，竟不得盡。此亦貴不敵賤，美不勝悪之驗。語曰：四十賢人座上，著一屠沽不得。何物一枝亂吾塘數載乎？李獻吉詩曰「隔簾誰放游蜂入，樸酒衝琴特恁狂」，吾塘之謂矣。

清 高士奇《北墅抱瓮録·蓼》 向居苑西，於書屋前種紫蓼極盛。北地絶無池沼。每日遣家僮擔井泉沃之，每株皆高六七尺。秋來紅穗低垂，具有幽意。園中多洲渚，蓼生甚繁，不待灌植。沙禽野鷺，時來出沒。蕭疏秋色，在會心者自得之。

清 高士奇《金鼇退食筆記》卷上 本朝順治年間，别建宮室爲避暑之處。向南有亭臨水，曰迎薰。亭後樓九間，樓後有殿，制度質樸。康熙庚申復加修葺，皆易黄屋。複殿重房，交疏對霤，青臺紫閣，浮道相通。又于水邊堆疊奇石，種植花樹，層巖小壑，委曲曼迴，蓼渚蘆灣，參差掩映。東有二亭，以

樓覆之，隔窗雲霧捲幔，山泉別具幽致。

清 乾隆《西湖志》卷九 藕花居 在浄慈寺前。明洪武間僧廣衍建，爲南屏八景之一。國朝康熙二十三年巡撫王國安重葺。去後，浙人即以祠之。外樹石坊，題曰藕花書院。進内，夾道皆方塘，廣可數十畝，盡栽紅蓮，芳氣襲人。中構小屏。門内有堂有亭，軒窗静潔。後臨新開浄慈寺河，藕花尤盛。王守仁《藕花居》詩：掩映紅妝莫浪猜，隔林知是藕花開。共君醉卧不須扇，自有香風拂面來。

清 歐陽齊《永賴堤記》（《槁城縣志》卷一二引） 丙子冬百姓阻饑，公出私橐以賑貧民。民賴以生，乃僉謀於衆曰：槁邑濱於河，數年來屢被水災，厥惟舊池不瀦之故。今春和始布，民力稍休，爾其爲吾瀦斯池，築斯堤，擇嘉木而徧植之，厥水宜蓮，誕播嘉種以備他日之觀爾。

清 雍正《江西通志》卷七《山川·南昌府》 百花洲在府城東湖内。宋紹興間，轉運副使張澄建講武亭于洲上，遺蹟久廢。康熙戊戌，修葺竣工。繞湖甃石，畫檻紅橋，有古講武堂、滄浪亭諸勝。雍正八年，巡撫謝旻布政使李蘭、按察使胡瀛捐貲重修。環堤植柳數千株，春夏間葱鬱尤可愛。

清 趙之壁《平山堂圖志》卷一《名勝》 平山堂西園亦應庚等建，園在蜀岡高處，而池水淪漣，廣踰數十畝。池四面皆岡阜，遍植松、杉、榆、柳、海桐、鴨脚之屬，蔓以藤蘿，帶以梅、竹、夭桃、文杏，相間映發。

又 洛春堂在真賞樓後，汪應庚建。應庚《平山攬勝志》：堂前後疊石爲山，種牡丹數十本。花時宴賞，帬屐咸集。

又 卷二《名勝》 長春嶺在保障河中央，由蜀岡中峰出，脉突起爲此山。主事程志銓加培護焉。山形數折，蜿蜒如蟠螭，山上下遍植松柏榆柳與諸卉竹，紛紅駭緑，目不給賞。山麓面東爲亭，曰梅嶺春深。梅花最盛處也。

清 李斗《揚州畫舫録》卷四 古梅花嶺舊址無考，今因重寧寺旁土阜增而成嶺。皆土山間石，石骨暴露，任石之怪，不加斧鑿，鋒棱如削，飄然有雲姿鶴態。栽梅花數百株，皆玉蝶種，花比十畝梅園遲開一月。極高處有山亭，六角，花時便不見亭。

清 沈復《浮生六記》卷四《浪游記快》 琢堂爲余顔其齋曰不繫之舟。此余幕游以來，第一好居室也。土山之間，藝菊數十種，惜未及含葩。

清 朱超《清水縣志》卷二《山川》 雲影池 縣城西南隅，三池俱乾。隆五十四年朱令所浚。沿堤廣植楊柳，遍蒔荷花，水鳥翻飛，潛鱗游泳，漸有水鄉風景。

藝文

唐 白居易《白氏長慶集》卷四《隋堤柳》 隋堤柳，歲久年深盡衰朽。風飄飄兮雨蕭蕭，三株兩株汴河口。老枝病葉愁殺人，曾經大業年中春。大業年中煬天子，種柳成行夾流水。西自黄河東至淮，緑陰一千三百里。大業末年春暮月，柳色如煙絮如雪。南幸江都恣佚游，應將此柳繫龍舟。紫髯郎將護錦纜，青蛾御史直迷樓。海内財力此時竭，舟中歌笑何日休。上荒下困勢不久，宗社之危如綴旒。【略】龍舟未過彭城閣，義旗已入長安宫。蕭牆禍生人事變，晏駕不得歸秦中。土墳數尺何處葬，吴公臺下多悲風。二百年來汴河路，沙草和煙朝復暮。後王何以鑒前王，請看隋堤亡國樹。

又 卷九《新栽竹》 佐邑意不適，閉門秋草生。何以娱野性，種竹百餘莖。見此溪上色，憶得山中情。有時公事暇，盡日繞闌行。勿言根未固，勿言陰未成。已覺庭宇内，稍稍有餘清。最愛近窗卧，秋風枝有聲。

又 卷一一《東澗種柳》 野性愛栽植，植柳水中坻。乘春持斧斫，栽截而樹之。長短既不一，高下隨所宜。倚岸埋大幹，臨流插小枝。松柏不可待，楩楠固難移。不如種此樹，此樹易榮滋。無根亦可活，成陰况非遲。三年未離郡，可以見依依。種罷水邊憩，仰頭閒自思。富貴本非望，功名須待時。不種東溪柳，端坐欲何爲。

又 卷一八《龍昌寺荷池》 冷碧新秋水，殘紅半破蓮。從來寥落意，不似此池邊。

又 卷二七《小橋柳》 細水涓涓似淚流，日西惆悵小橋頭。衰楊葉盡空枝在，猶被霜風吹不休。

又 卷三一《池邊》 柳老香絲宛，荷新鈿扇圓。殘春深樹裏，斜日小樓前。醉遣收杯杓，閒聽理管絃。池邊更無事，看補采蓮船。

唐 韋應物《韋蘇州集》卷八《慈恩寺南池秋荷詠》 對殿含涼氣，裁規覆清沼。衰紅受露多，餘馥依人少。蕭蕭遠塵跡，颯颯凌秋曉。節謝客來稀，迴塘方獨遶。

唐 岑參《石上藤》（《全唐詩》卷一九八輯） 石上生孤藤，弱蔓依石長。不逢高枝引，未得凌空上。何處可堪托，爲君長萬丈。

唐 張昔《小苑春望宮池柳色》（《全唐詩》卷二八八輯） 小苑春初至，皇衢日更清。遥分萬條柳，迴出九重城。隱映龍池潤，參差鳳闕明。影宜宮雪曙，色帶禁煙晴。深淺殘陽變，高低曉吹輕。年光正堪折，欲寄一枝榮。

唐 黎逢《小苑春望宮池柳色》（《文苑英華》卷一八八輯） 上宮新柳變，小苑暮天晴。始見和煙密，遥憐拂水輕。色乘陽氣重，陰助御樓清。不厭隨風嫋，仍宜向月明。客中愁美景，池上仰光榮。一作垂絲遍閣樹，飛絮觸檐旌漸到依依處，思聞出谷鶯。

唐 元友直《小苑春望宮池柳色》（《全唐詩》卷二八八輯） 柳色新池遍，春光御苑晴。葉依青閣密，條向碧流傾。路暗陰初重，波摇影轉清。風從垂處度，煙就望中生。斷續游蜂聚，飄颻戲蝶輕。怡然變芳節，願及一枝榮。

唐 李觀《御溝新柳》（《全唐詩》卷三一九輯） 御溝迴廣陌，芳柳對行人。翠色枝枝滿，年光樹樹新。畏逢攀折客，愁見別離辰。近映章臺騎，遥分禁苑春。嫩陰初覆水，高影漸離塵。莫入胡兒笛，還令淚濕巾。

唐 陳羽《御溝新柳》（《全唐詩》卷三四八輯） 宛宛如絲柳，含黄一望新。未成溝上暗，且向日邊春。嫋娜方遮水，低迷欲醉人。託空方鬱鬱，逐溜影鱗鱗。美色滋宵露，垂枝染夕塵。夾堤連太液，還似映天津。

唐 楊巨源《池上竹》（《全唐詩》卷三三三輯） 一叢嬋娟色，四面清泠波。氣潤晚煙重，光涵秋露多。翠筠入疏柳，清影拂圓荷。歲晏琅玕實，心期有鳳過。

唐 劉遵古《御溝新柳》（《全唐詩》卷三四七輯） 韶光先禁柳，幾處覆溝新。映水疑分翠，含煙欲占春。悠悠遲日晚，裹裹好風頻。吐節茸猶嫩，通條澤稍均。遠和瑶草色，暗拂玉樓塵。願假鶯飛便，歸棲及此辰。

唐 杜荀鶴《御溝柳》（《唐詩品彙》卷八〇輯） 律到九重春，溝連柳色新。細籠穿禁水，輕拂入朝人。日近韶光早，天低聖澤匀。谷鶯棲未穩，宮女畫難真。楚國空摇浪，隋堤暗惹塵。何如帝城裏，先得覆龍津。

宋 歐陽修《文忠集》卷五八《荷花賦》 步蘭塘以清暑兮，颯蘋風以中人。擷杜若之春榮兮，搴芙蓉於水濱。嘉丹葩之耀質，出渌水而含新。蔭曲池之清沘，漾波紋之漪淪。披紅衣而耀彩，寄清流以一作而託根。挺無華之淺艷，靡競麗乎先春。抱生意以自得兮，及薰時之嘉辰。若夫夏晼蘭衰，夢池草密。慘羣芳之已銷，獨斯蓮之一作而迴出。可以嗅清香以析醒，可以玩芳華而自逸。況其晚浦烟霞，水亭風日，投文竿而餌垂，泳萍莖而波溢。絲縈藕以全折，杯卷荷而半側。墜紫葩以斂煙，斂紅芳而向夕。可憐影兮相顧，列金葩而返植。清風遏以似起，碧露合而乍失。或兩兩以相扶，漸亭亭而獨出。發燕脂於北土，生異香於西域。匪江妃之小腰，即廣陵之清骨。爾乃曲沼微陽，横塘細雨。逐橋上之歸鞍，笑堤邊之游女。墮虹梁而窺影，倚風臺而欲舞。覆翠被以薰香，然犀燈而照浦。雙心並根，千株泣露。湛月白而風清，香池平而樹古。送艇子於西州，聞棹謳於北渚。迎桃根而待檝，逢宓妃而未渡。迫而視之，靚若星妃臨水而脈脈盈盈，遠而望之，香如峽女行雲而朝朝暮暮。其妖麗也，其閒麗也，香荃橈兮木蘭舟，澹容與兮悵夷猶。東西隨葉隱，上下逐渡浮。已見雙魚能比目，應笑鴛鴦會白頭。昔聞妃子貴東鄰，池上金花不染塵。空留此日田田葉，不見當時步步人。

宋 文同《丹淵集》卷一七《菡萏亭》 日高過竹湖水光，風長入座荷花香。交紅映緑滿渠下，各有意態隨低昂。

宋 王安石《臨川文集》卷二八《池上看金沙花數枝過酴醾架盛開二首》 午陰寬占一方苔，映水前年坐看栽。紅蘂似嫌塵染污，青條飛上別枝開。

酴醾一架最先來，夾水金沙次第栽。濃緑扶疏雲對起，醉紅撩亂雪争開。

宋 許綸《涉齋集》卷一二《鑿池添種荷花》 紊石防花拾棄材，鑿池種藕白餘苔。游鯈剩喜波光闊，飛鷺似知人意來。已見圓荷浮小葉，正須細雨熟黄梅。莫言舊隱無多景，一派清泉手自開。

又 卷一八《池荷》 高高碧蓋擁紅衣，拍拍方塘漾渺瀰。前竹後松相映帶，香風何自透禪扉。

宋 鄒浩《道鄉集》卷八《曾園見梅》 濱水娟娟四五枝，不甘柳眼巧相窺。晚來快我江南思，似欲慇懃報小詩。

宋 謝邁《竹友集》卷一《雙蓮閣》 水芝凝露披芳塘，淺妝濃畫争煌煌。其間艷異不世出，連芳並蒂知何祥。有如一座兩殊色，盈盈植立漢昭陽。九回沉水不須沐，風生露洗皆生香。公如瑶林映紅粉，粲然一笑傾澄觴。故開華閣掛銀榜，大篇金薤垂琳琅。吾聞草木正瑞世，箑蒲扇暑芝生房。須煩丹青顧陸手，貌取絶艷歸明光。

宋 蘇轍《欒城集》後集卷三《盆池白蓮》 白蓮生淤泥，清濁不相干。道人無室家，心迹兩蕭然。我住西湖濱，蒲蓮若雲屯。幽居常閉户，時聽游人言。色香世所共，眼鼻我亦存。鄰父閔我獨，遺我數寸根。潩水不入園，庭有

三尺盆。兒童汲甘井，日晏泥水温。及秋尚百日，花葉隨風翻。舉目得秀色，引息收清芬。此心湛不起，六塵空過門。誰家白蓮花，不受風霜殘。

宋 曹勛《松隱集》卷六《隋堤柳》 隋堤柳，千里夾隋堤。堤中有平道，百尺隱金鎚。柳色間桃李，行客迷芳菲。牙檣從西來，雲表開龍旗。一舟挽千人，萬舟若魚麗。舟中盡絶色，不厭荒淫譏。錦帆壓奔流，日夜東南馳。龍舟未及返，身辱吴公泥。神器失所託，化作迷樓灰。向來桃與李，花色猶不衰。向來堤上柳，柳色猶依依。唐公已舉晉陽甲，草木雖小知無隋。

又 卷二〇《聚景園看荷花》 四山收盡一天雲，水色天光冷照人。面面荷花供眼界，頓如身不在凡塵。

又 卷三八《浣溪沙恭請賞帳》 西苑煙光倚檻新，桃花艷艷静無塵。照溪紅映一天雲，肯放落紅流出水。且尋歌舞賞明春，持杯知是洞中人。

又 卷三九《二色蓮》 鳳沼湛碧，蓮影明潔，清泛波面。素肌鑑玉，煙臉暈紅深淺。占得薰風弄色，照醉妝、梅妝相間。堤上柳垂輕帳，飛塵儘交遮斷。重重翠荷淨，列向横塘暖，争映芳岸。畫船木槳，清曉最宜遥看。似約鴛鴦並侣，又更與、春鋤爲伴。頻宴賞，香成陣，瑶池任晚。

又 卷四〇《木蘭花》 斷虹收霽雨，捲簾幕與風期。正燕子將雛，鶯兒弄巧，日影遲遲。荼蘼。牡丹過也，但游絲、上下網晴暉。三月韶華，轉頭易失，密蔭匀齊。常思。入夏景偏奇。是梅雨霏微。更乍着輕紗，凉摇素羽，翠點清池。還思。故山舊隱，想葱蘢，翠竹鎖窗扉。獨倚西樓漫久，此懷冷淡誰知。

宋 王之道《相山集》卷一《映雪亭》 蕭然數株梅，皓與雪相映。臨池鑒疎影，影落大圓鏡。不煩粉塗株，寒光助嚴靚。

又 卷二《白蓮池》 白蓮如玉人，高潔謝脂澤。圓荷作翠蓋，掩映秋水碧。小亭日相對，無言倚輕策。

宋 袁説友《東塘集》卷三《水竹》 拳石環清泚，龍鬚細屈蟠。兩峰低峍崒，一簇小琅玕。密葉風前影，疏枝水底寒。相從此君爾，著意問平安。

又《石上玉簪花》 根盤棱棱石，香銜寸寸心。誤人猜落蘂，眩眼拾遺簪。掬水滋繁種，柔枝倚短岑。清姿浮玉潤，不受暗塵侵。

又《植花於假山》 巖石棱棱巧，盆池淺淺開。空山初幻化，方丈小飛來。屈曲清泉溜，參差細草栽。只今山在眼，着眼便徘徊。

又《石上水蕉》 傍石根斜綴，澄波葉半舒。氣涵流水潤，冷徹内心虚。帶月軒窗外，凝藍雨露餘。憑將摩詰畫，雪裏細尋渠。

又《盆池荷花》 根向盆池束，華敷菡萏叢。細擎深院宇，低裊半窗風。蘸水凝綃翠，當軒試臉紅。化工雖力淺，猶折小蓮蓬。

宋 曾丰《緣督集》卷一《桂巖賦并序》 運使馬少卿于聽事之東葺故屋，爲宴坐所。壘石爲山，植桂其下。揭曰桂巖。賦爲發揚妙致作也。

陽星之精犇入于月，故月窟無凡植。櫰桂樹之婆娑，夜影耿兮澄澈。月桂之種下墮于粤，故粤壤無凡茁。翕桂嶺之葱蒼，秋香撲兮清絶。桂嶺之别，是爲羅浮。下有巖兮谽谺，上有桂兮崒嵍。花縞縞兮粲夜，葉茸茸兮鬱秋。小言之廣東之蓬島，大言之江南之瀛洲。有偉兮異境，孰移寘兮公之屏？天花開於逡巡，石笋拔乎俄頃。不墨不素，寫出月中之真；非水非鏡，照見天上之影。豈公身游月宫，手龥桂華，心欲得之而植于家。決鼻銜其核，望舒擢其芽。授之使歸，種爲生涯者邪？曰：不然。公有斧，修月莫指其痕。公有石，補天莫捫其罅。連根斫桂，端乘修月之餘；平地起山，亦出補天之暇。元勳尚爾其少稽，妙用輒兹其豫借。左擘天台之崖，右搴合浦之涯。斬雲骨與煙苗，幻風軒與雨榭。五丁猶服其敏强，六子不辨其真假。決鼻望舒，公何彼藉。或曰岱輿之嶺，羽人所舍。厥植有桂，其鬻無價。子纍纍兮，雌珠而牝璣；香馝馝兮，僕蘭而奴麝。公聞之，圖詣覓覿，懼成枉駕。叱夸娥兮疾趨，麾禺彊兮横跨。挾彼岱輿而西，頓于牆壁之下。夫如是，則盤古公徒，巨靈公亞。山川繇我而峙流，草木自吾而榮謝。凡囿氣形，率歸造化。夫修月與補天，又特公之細者也。雖然，至人無我，大道同流。寓意出機，猶未免混沌之鑿；反身内景，得無損汗漫之游。蓋摸索公之胸次，自有一壑與一邱。了知假合，誠是贅肬。聊復當凡，弄而竿戲；豈真爲蜩，掇而瓦摳？繼自今扶天柱於無底，絚地維於不周。舉首戴山之力大試，横身負河之志畢疇。厭紫府而思凡，告玉皇而歸休。親戚故舊，勞苦咨諏。公其倒羅浮於囊中，傾岱輿於筆頭以示之。謂吾生宦游之所，滿拾而飽收者，如此而已。若其笑乎，否哉！

又 卷四《賦馬漕桂巖并序》 廣漕馬少卿於宴坐前壘石爲山，植桂映焉。潘帥書桂巖字揭之。

岱輿山峨東海頭，招摇山峨西海陬。兩山相望幾萬里，月桂滿巔花長秋。羅浮山峨南海岸，道取東西蓋其半。銜種非資化鶴功，誰其有力移此粲。廣東使者富民侯，函丈雖褊餘清幽。眼前開闢一混沌，牆角峥嶸小羅浮。侯睨羅浮

吞八九，摩挲縮地挾山手。雷霆驟下震以驚，贔屭爭前負而走。羅浮故與蓬萊連，蓬萊新與羅浮遷。瓊瑶古木葉覆地，玕珠老樹枝參天。花環實娜涵沆瀣，天上那知在鼇背。炎州浸作廣寒宫，鮑肆薰爲香積界。元戎大字蟠蛟虬，扁槧爲侯揭殊尤。一麗山氏一蒼頡，幸自同與造化游，何當同與造物休。

宋 范成大《石湖詩集》卷三〇《再賦郡沼雙蓮三絶》 館娃魂散碧雲沉，化作雙葩寄恨深。千載不償連理願，一枝空有合歡心。

池光闌檻倚斜暉，把酒看花醉不歸。但許鴛鴦相對浴，休驚翡翠一雙飛。

兩岐秀麗已蒿萊，春意還從菡萏回。不是使君和氣勝，此花應向別人開。

宋 蘇洞《冷然齋詩集》卷八《荷花》 荷花宫樣美人妝，荷葉臨風翠作裳。昨夜夜凉凉似水，羡渠宛在水中央。

宋 劉克莊《後村集》卷五《和方孚若瀑上種梅五首選三》 仙翁小試春風手，高拂茅檐矮映窗。選勝多依巖罅種，愛奇或并樹身扛。海山大士寒蒙衲，月殿仙姝夜擁幢。商略此花宜茗飲，不消銀燭彩纏缸。

天賜梅花爲受用，繽紛玉雪被層矼。素芳林下超羣品，繁蕊枝頭巧叠雙。朧月照時霜翦翦，凋風吹處水淙淙。主人筆力迴元化，催發何須杖鼓腔。

瀑映梅花何所似，蚌胎蟾彩浴寒江。夢回東閣頻牽興，吟到西湖始竪降。雪屋戀香開紙帳，月窗憐影掩書缸。若將漢晉間人比，不是淵明即老龐。

宋 趙師秀《清苑齋詩集·池上》 朝來行樂向秋池，池上秋深病不知。一樹木犀供夜雨，清香移在菊花枝。

宋 吴龍翰《古梅遺稿》卷四《荷花》 花列千行彩袖，葉收萬斛明珠。可惜坡仙不在，風情絶勝西湖。

元 楊公遠《野趣有聲畫》卷上《池上芙蓉》 小池擎雨已無荷，池上芙蓉映碧波。初試晨妝銅鏡净，未醒卯醉玉顔酡。一秋造化全鍾此，十月風光尚屬他。除却籬邊叢菊伴，别誰能奈曉霜何。

元 王義山《稼村類稿》卷三〇《萬年枝詩》 百子池邊種最奇，無人識是萬年枝。細花密葉青青子，常得披香雨露滋。東風向晚薰風早，禁路飛花沾壽草。年年聖主壽慈闈，先獻此花名字好。

元 張宏範《淮陽集·白蓮》 瀧淚湘妃不喜妝，和烟迷月漲秋塘。翠盤影裏呈妍白，恨煞詩人玉有香。

元 張觀光《屏巖小稿·池荷》 紅藕花多映碧欄，秋風纔起易雕殘。池塘一段榮枯事，都被沙鷗冷眼看。

又《槿菊》 槿菊叢叢繞水涯，深紅淺紫映山家。平生不識春風面，籬落秋深各自花。

元 馬祖常《石田文集》卷四《芙蓉》 館娃宫裏醉西施，不覺秋生水殿時。酒病却嫌丹粉惡，洗妝天上影娥池。

元 侯克中《民齋詩集》卷七《和吴曼慶中丞御史臺盆池蓮花韻》 堂下荷香散水沈，澹然相對柏森森。若耶溪妒金盆貴，太華峰慚玉井深。本固實甘君子德，中通外直聖人心。好將千載濂溪説，勒作西臺御史箴。

元 劉詵《桂隱文集》卷三《水邊柳影》 江南殘臘冰雪消，人家垂楊如灞橋。窺春嬌眼寒未動，仿佛已學東風腰。東家女兒重歲月，心逐時物先妖嬈。此時欲寄未可折，直待二月黄金條。

明 胡奎《斗南老人集》卷五《題水仙》 洛浦仙人玉佩璫，盈盈宛在水中央。明珠翠羽芳洲上，欲贈佳期遠意長。

明 德勝《友人園居咏梅花》(《古今禪藻集》卷二五輯) 千樹梅花鑿石栽，枝枝相亞玉徘徊。野人不作羅浮夢，地主何如水部才。自恐飄零呵凍折，若爲衰老寄春來。杖頭多插殊無恙，歲歲年年訪雪開。

明 邵寶《容春堂集》續集卷四《秋海棠》 名姝魂返蜀天涯，猶有餘姿在此花。開處每依庭下石，移來非自海中槎。清含曉露如承雨，淡對秋風更着霞。檢盡圖經無族譜，獨將色相借春詩。

又 後集卷九《觀荷永言四首》 鑿池種荷花，東引冉涇水。辟如築堂壇，于焉待君子。南風動清漪，正好看花時。君子有難進，花開故遲遲。花開淡有姿，有香亦清遠。可望不可親，時舒復時卷。夕坐當花前，懷人思悠然。玉井起作者，詩成已千年。

明 朱誠泳《小鳴稿》卷三《芭蕉》 朱絃弄罷南薰起，雨過空庭净於洗。太湖石畔緑叢叢，新葉亂抽青鳳尾。隔户還疑擁碧幢，更宜石下水淙淙。美人翻惡濕陰重，日午停針閨繡窗。我時散步來還去，爲愛清奇閑倚柱。吟成却憶横渠翁，新德新知引新趣。剩欲題詩留醉墨，只恐西風凋翠葉。何當寫入無聲詩，永向吾齋助奇絶。

又 卷五《映水芙蓉》 花滿平堤水滿池，水光花影净相宜。蜀江霞襯千機錦，海國蠶成五色絲。鏡裏崔徽施巧手，溪邊西子露香肌。本來色相皆虚

幻，惱亂魚龍恐浪疑。

明 梁有譽《蘭汀存稿》卷三《賦得臨池柳》 拂岸青陰合，縈堤翠色稠。聲從笛裏聽，影傍鏡中浮。水與柔情漾，波將舞態留。腰肢憐楚細，眉黛學孫愁。濯濯恒籠霧，依依詎奈秋。堪憐張緒去，誰復擬風流。

明 吴寬《家藏集》卷四《凌季行家賞蓮》 盆池當坐長新荷，眼底西湖渺緑波。便可乘舟如太乙，依然臨水散東坡。碧筒涼露先秋下，華屋香風向晚過。酒客不勝金谷數，對花聊賦醉時歌。

明 佘翔《薜荔園詩集》卷三《畫竹》 太湖石畔竹陰陰，影動涼飔曳玉吟。莫問渭川千畝處，蓬蒿一徑白雲深。

明 楊廉《楊文恪公文集》卷一〇《移栽山茶》 移來絶艷自山中，照我湖邊一畝宫。論葉柳還爲淡緑，評花蓮亦讓深紅。詩家似少揄揚句，植物尤高退遁風。蒙叟莫言無正色，闡幽微顯自應公。

明 黎民表《瑶石山人稿》卷一〇《心遠亭探梅得霜字》 京兆池亭萬樹芳，半臨秋水半含霜。風林暗折玲瓏玉，雪徑遥聞斷續香。萼緑解知神女色，額黄曾識漢宫妝。江南地隔瑶臺遠，欲寄璚枝思渺茫。

明 黄相《竹墅》（《石倉歷代詩選》卷四五〇輯） 爲嫌城市土如金，偏種修篁遶碧岑。蔣逕四時秋色裏，渭川千畝翠雲陰。露零湘女凝珠淚，月出仙人散佩音。一踏京塵嗟歲月，故園烟雨望中深。

明 顧清《東江家藏集》卷一〇《蓮縣學泮池分種》 華頂虚傳十丈紅，方塘只在小橋東。天機雲錦應無賴，爛漫西風夕照中。

又《芙蓉姚直夫分種》 兩叢高下映波紅，疏柳池邊落照中。無限江南摇落意，燕山幾日又西風。

明 徐賁《北郭集》卷一《題齋前蕉石呂志學嘗題此故落句及之》 芭蕉倚孤石，粲然共幽姿。南風一披拂，緑葉相參差。新苞曉初解，涼陰午正宜。無由寫閒思，對此詠君詩。

明 袁凱《海叟集》卷二《詠池上芭蕉》 亭亭虚心植，冉冉繁陰布。既掩猗蘭砌，還覆莓苔路。卷舒今自知，衰榮隨所寓。默契方在兹，臨軒挹清醑。

明 申時行《賜閒堂集》卷三《柳堤》 一借河橋色，長留水閣陰。籠煙眉鎖黛，颺日縷垂金。葉底三眠夢，枝頭百囀音。五株頻對詠，真慰故園心。

又《蓮池》 碧沼渟寒玉，紅蕖映渌波。妝凝朝日麗，香逐晚風多。游戲金鱗出，驚飛翠羽過。納涼依水榭，還續采蓮歌。

又《芙蓉沜》 群芳摇落後，秋色在林塘。艷態偏臨水，幽姿獨拒霜。漢皋霞作佩，湘曲錦爲裳。白首滄江上，相看醉夕陽。

明 朱升《朱楓林集》卷五《盆荷五首》 閑向窗前鑿小池，規模雖窄頗稀奇。澄瀾清淺無三尺，嫩蕊初開一兩枝。日照黄心香馥郁，風翻翠蓋碧參差。渾如寶鑑涵明月，對此寧無酒共詩。

堪羡幽人古瓦池，能令眼界足清奇。魚兒閑泳銜萍藻，蓮蕊初開不蔓枝。白石雨餘渾鑿鑿，碧泉風動更差差。二難華萼相輝處，時復臨風共賦詩。

貯水栽蓮瓦盎池，西湖風景豈專奇。高呈艷艷紅妝面，特立亭亭碧玉枝。静影月涵光皎潔，淺波魚戲漾參差。主人心與濂溪會，一日何妨賦一詩。

荷種陶盆當曲池，遠觀褻玩總稱奇。花開水面無多蕊，香噴風前敵萬枝。醉臉臨軒紅掩映，舞裳摇影翠參差。斯花不是真君子，争得騷人苦賦詩。

白石青泥小瓦池，新荷出水影偏奇。華峰移下無雙種，竺國分來第一枝。杯面月光浮蕩漾，鏡中雲影動參差。騷翁行照鬚眉處，安得辭勞不賦詩。

明 敖文禎《薜荔山房藏稿》卷三《山房觀蓮》 池樹芙蓉面面花，種蓮何必問仙家。翠分庭竹摇風荇，紅亂園葵奉日華。坐訝夏雲當户起，香清午夢北窗賒。却憐野外無人到，獨對斜陽散紫霞。

亭館臨池便種蓮，花開的的鬥妍鮮。愁無客到長同醉，喜有詩成獨取憐。興遠一丘饒野趣，坐移隨地會群仙。數峰江上猶知己，日吐紅雲倚檻前。

明 王世貞《弇州四部稿》續稿卷二四《庭有小方池延袤不盈丈，種白蓮花。且植五垂柳環之》 雪白蓮花出水開，陶家仙令好徘徊。縱令無酒攢眉去，且爲薰風五柳來。

明 汪砢玉《珊瑚網》卷一五 來禽囿在滄浪池南，北雜植林禽數百本。清陰十畝夏扶疎，正是長林果熟初。珍重筠籠分贈處，小窗親榻右軍書。

明 于慎思《龐眉先生集》卷七《詠榴花》 藹向南池笑早霞，紅芳冉冉傍人斜。出闌似欲傳心事，絳袖先開繫臂紗。

明 薛蕙《考功集》卷七《瑩心亭觀荷花作》 瑩心亭上逍遥客，照眼池中爛漫花。白苧單衣銷暑日，玉盤纖手送朝霞。身閑但覺牽詩思，年老方知愛物華。笑聽采蓮頻度曲，驚看垂柳乍棲鴉。

明 顧紹芳《寶菴集》卷八《韋公寺海棠》 東林小徑漸成蹊，雨後重來花已齊。忽憶故園春未老，一枝斜卧曲池西。

明 薛論道《林石逸興》卷八《傍妝臺·鷄冠花》 氣昂昂，凌風抖抖欲飛揚。華蓋胭脂透，繡羽錦雲妝，雄心似鬬驕鶡雉。猩面如嘻侮鳳凰。朝迎日，晚帶霜，誰憐節槩置巖廊。

明 陳鶴《海樵先生合集》卷一四《寫荷花題贈雜咏》 風静湖光緑似苔，三三越女棹歌來。含情日暮不歸去，一朵白蓮當路開。

偶來池上得天工，正是荷花六月紅。静裏分明見圓象，始知虚處是吾中。

夏日園居緑樹深，滿池荷葉静生陰。坐來漸覺空香色，朵朵清虚是道心。

西齋盆荷十尺强，灼爍真同越女妝。風來忽動垂垂露，坐久潛飄細細香。

明 李夢陽《空同集》卷三三《夏日盆荷階葵芬敷率爾成句》 候及名叢每自芳，物華清暑倍年光。出波翠蓋枝枝静，入院丹心朵朵香。向日豈期回俗眼，折筒聊得洗詩腸。不應種近榴花奪，繞檻巡池淚數行。

清 方韓《太液新荷賦》（《皇清文穎》卷四二引） 序維仲夏，律中蕤賓，薰風初拂，時雨方新。樹緑陰而冉冉，水碧浪而粼粼。乳燕穿花而上下，游魚唼藻而浮沉。上林則葱菁交蔭，御堤則清迴無塵。蓋天下之平久矣。人物皆熙熙而自得，卉木亦欣欣而向榮。浩浩玉泉，匯爲太液，斜繞宫牆，遥連禁掖，練光萬頃，天宇一色。平開曉鏡之晶熒，静映晴空之澄碧。泛滄海于襟帶，瀉銀河于几席。環臺榭以瀠洄，漾蘋荷之的皪。方其茆蕊既植，菡萏初生，田田剪翠，片片雕瓊，出渌波而霞照，摇綺浪而雲蒸。迴風蕩沫，似弄珠之夜出，映日澄鮮，儼濯錦之晨興。洸朝暉兮瀲灎，裛夕露兮清泠。晴與雨兮俱滌，華並葉兮齊馨。芳香可贈，咏菱江之初月；方舟共采，結錦纜于長汀。但見晴凫出浴，纖鱗吹萍。神龜游于葉上，文鴛宿乎花陰。感萬物之得所，想茂育之生成。今夫蓮皭然不滓，淵然内泓。根有節以自固，莖中虚而不盈。辭烟衡兮澤畔，振華藻兮蓬瀛。葉著如規之目，花稱君子之名。蓋以根植靈沼，跡連梧岡，浥九重之湛露，沐聖人之波光。宜其香薰水殿，藻溢銀塘。並金莖兮吐秀，與芝草兮呈祥。齊木禾爲上瑞，偕幽蘭爲國香。詎同夫折之葺袂，搴以爲裳。羣薜蘿而爲伍，味葵藿之傾陽也哉。

清 汪琬《堯峰文鈔》卷四三《題梅花横軸》 水南有梅花，水北有梅花。於時雪始融，蒲柳猶未芽。伊誰置斯亭，景物乃爾佳。亭前與亭後，老幹紛槎枒。素屏斑竹簾，遥映横枝斜。亭中哦詩人，岸巾玩春華。香風襆衣來，所享良已奢。不問溪橋滑，不愁溪路賒。蹇驢洵多事，牽去還鄰家。惟愁月明時，無酒澆寒葩。

清 竇遴奇《倚雉堂集》卷九《泮宫白蓮》 瞻拜宫牆高幾重，碧池亂出水芙蓉。光分素鶴堦前舞，色借銀河月下逢。皓質晨開風乍颭，淡妝夜合露方濃。我來采藻集多士，應有游魚聽鼓鐘。

清 王澤弘《鶴嶺山人詩集》卷一三《癸酉年稿·示諸僕·栽蓮》 東園環碧盡池塘，滿種荷花送遠香。最是藕多須護惜，爲留蓮葉護蓮房。

又《示諸僕·種海棠繡毬》 海棠聚處如霞錦，疊雪鏤冰是繡毬。買得盡栽臨水處，待余晨夕倚高樓。

又《繡毬花》 石徑尋芳芳草深，繡毬爭發覆濃陰。幾株臨水花千朵，春盡何來雪滿林。

清 葉方靄《葉文敏公集》卷一二《净業寺荷花》 玉立亭亭照水孤，繁紅縟緑勝渠無。清光雅稱閑僧供，静氣如披高士圖。楚服裁鶩衫製異，吴筒飲愛茗香殊。巡池爲共纓堪濯，不遣飛塵到鬢鬚。

神州沃壤，帝里醲膏。甘泉浹潤，太液分鐃。綴景瀛洲，肯藏鴉於密葉；飛華露掌，寧繫馬於柔條。一桁西山，嵐翠淋侵乎御陌；八星南曜，光芒騰射乎魁杓。歸院曾迷，插門亦可。子城陰處，零殘雪以猶霏；東面風過，擺長衢而倍嚲。王恭濯濯，對月争妍。張緒依依，臨風獨坐。一夜緑絲新剪，能忘疇昔之染衫；五更寶炬如城，却憶清明之賜火。

清 魏荔彤《懷舫詩集》卷二《和朱悔人咏新城司寇庭中花木四首·梔子》 庭前檐蔔花，枝枝寒玉碧。曉來溉清泉，水晶光瑩射。蒼苔蔭淺緑，烟月生虚白。翠盎列小峰，仙姝倚瘦石。古稱林間佛，高吟記髯客。猶墮色香界，觀鼻成觸逆。詩翁拈半偈，一笈空今昔。

清 曹鑑倫《玉河新柳賦》（《皇清文穎》卷四三引） 爾其標瑞莢於彤墀，植華平於瑶圃。比漢世而芝發齋房，對堯天而松生棟户。君遷古度，蘭成之所臚陳，玉樹青葱，馬卿之所纂組。榆垂天上之光，桂長月中之樹。靈鳳之所棲遲，祥烏於焉翔舞；縱摛藻以搴華，非見聞之所能譜。若乃九門日朗，萬雉雲輝，玉河如帶，碧水生霏。何以拂靈雨，弄晴輝。罨紅樓而婀娜，臨紫陌而芳菲。於是殷檉始栽，朱陽乍滿。穉態迎風，柔條颺暖。惟

日月照臨之地，在鵷鷺披拂之中。分瓊島之韶華，重城不隔；借液波之沾潤，流水時通。拂面依依，便疑張緒；逢人濯濯，旋類王恭。葉葉輕黃，染檀痕而新畫；枝枝淺緑，蘸黛影以初融。則有貂蟬小隊，來繫花驄。詩命中於百步，貫楊葉於雕弓。亦有詞客，停車流觴迢遞。歌上巳之風光，贈柳圈而修禊。乃其金絲旖旎，翠帶翩翻。仿賦筆於華林，春旗一色，繪風流於漢苑，弱體三眠。或朝回而走馬，或公退而垂鞭。出春明而掩映，過宣武而便娟。柳宿重光，照城南之尺五；柳枝一白，陋東府之三千。豈與夫亞夫營裏，京兆街前，金城路側，灞水橋邊，但攀條以寄興，託風物而流連。想江南之萬樹，争胸水而飛綿。何限藏鶯之縷，徒牽載酒之船。望雲霄之列植，羡雨露於九天。長樂之鐘聲不盡，麗譙之漏點遥傳。銷春光兮歲歲，被化日兮年年。

清 查慎行《敬業堂詩集》卷四〇《自怡園荷花四首》 一片頗黎上下空，芙蓉城現水精宫。已離大地炎埃外，尚在諸天色相中。未免情多絲宛轉，爲誰心苦竅玲瓏。雲烘日炙如相試，賴是清凉不待風。

雕闌北面小亭旁，久坐真成透骨香。翠羽拂奩開皎鏡，緑衣扶扇侍紅妝。繁華肯鬥春三月，淡蕩偏宜水一方。馬跡車輪尋不到，别依净域作花王。

菰蒲響雨午瀟瀟，盡洗胭脂取寂寥。一鷺偶依疏影立，雙魚忽破静機跳。輕橈劃浪紅翻岸，高柳移陰碧過橋。宛在中央情脉脉，微波咫尺去人遥。

菱角雞頭漸滿池，亭亭獨擢出塵姿。難留雨露珠頻瀉，自拔泥汙性不緇。老衲山中移漏處，佳人世外改妝時。白頭相對歸心切，欲捲江湖入小詩。

清 福彭《賦得龍池春草》（《皇清文穎》卷九二引） 上苑陽和早，龍池百卉鮮。萋萋青匝地，冉冉碧連天。濃染花梢露，輕霏樹杪烟。細叢依曲岸，疏影落清泉。色映金階静，陰隨翠荇牽。香塵棲嫩緑，芳草鬥新妍。

清 黄之雋《唐堂集》卷三八《盆松一株移植小山》 短龍蜿蜒三十寸，鱗甲已老毛鬣嫩。雖教偃仰盆盎間，靈物豈爲束縛困。世人隨類呼作松，我疑屈蟠旱地龍。剪拂出之勢夭矯，一時壓倒桃李穠。小山青翠净如澣，立向山頭不嫌短。霑得九霄甘露深，撑來十笏清陰滿。年久柯條大於屋，風吹濤起響謖謖。姑勿拏攫雷雨中，長伴幾枝化龍竹。小山傍有蟠竹。

清 商盤《質園詩集》卷三《太液池新柳》 苑柳含春早，絲絲不綰愁。有恩承鳳沼，無力拂龍樓。翠幰來中禁，青驄控小侯。豈知離别意，攀折灞橋頭。

清 高宗愛新覺羅·弘曆《御製詩集》初集卷六《蓼花》 臨水參差影，摇風綽約叢。霞光不争爛，秋信與添紅。疏景供幽覽，分陰類轉蓬。文鱗瀺灂處，掩映鏡波中。

又《晚荷曲》 金風披拂太液池，池中芰荷疑先知。殘芳亞波紛錯落，餘香猶逐雙鳧飛。雙鳧飛下平湖净，翱翔似戀明妝靚。翠蓋鐃擎露顆多，紅葩却讓霞光映。我來池上弄秋水，南華妙意差堪擬。何必對景惜韶光，山華陸葉俱如此。

又《荷》 澄思臨池鏡，含情對月窗。春光迴洛浦，秋水憶湘江。愛看花無萬，寧聞格有雙。坐忝倚咏，聲色任摐摐。

又卷三四《晚荷》 晚荷弄餘芳，摇曳臨秋池。微露縱有意，承暉覺無姿。西皞令肅若，南國香銷兮。美人寂不采，騷客誰爲題。似懷紈扇怨，如抱凉蟬悲。颯沓振清籟，疑唱秋風詞。偶披稚圭傳，名言頗似之。湛静安舒者，亦戒於後時。

又卷四〇《湯泉新荷》 别浦田田纔見葉，温池灼灼已開荷。寒暄誰令殊所托，遲速因之異幾多。破曉擕來承瑞露，停風對去展晴波。沸湯無礙清凉性，試看心蓮演梵伽。

又二集卷六三《荷》 雨後琳池濯晚霞，蒨標净植越清嘉。後前左右皆君子，春夏秋冬出衆花。點處蜻蜓蓋如颭，游間鯈鯉柄因斜。漾舟一種風流趣，底更遥遥擬若耶。

又四集卷五《惠山園觀荷花》 吴園萬壽山東隅，其水昆明之尾閭。去歲湖水已憂涸，津逮弗及胥井如。自春徂夏湖水足，餘波一方湛且緑。偶來正值荷花開，雨後風前散清馥。洛川湘浦比輕狂，君子微嫌名教傷。試看流霞帶醺者，真是水仙宴水堂。水堂宛轉孰南北，何必燕天隔江國。汗牛充棟詠蓮人，面目誰真識净植。

又七集卷八七《山桃》 仲春春將分，韶意方昌矣。假山植真桃，真假誰辨此。柔枝漸迴青，嫩苞已含紫。遥看近却無，昌黎句相似。

又餘集卷一《馬世榮碧桃倚石》 寫生本自得家傳，《圖繪寶鑑》云：世榮爲興祖之子，善畫花禽、人物、山水，得自家傳。葉緑葩紅春冶鮮。别解喜他善斟酌，脆花傍以石之堅。

清 釋隆寿《歸山重栽剪鑑池梅》（《普陀山志》卷一九引） 適士無如

故，重來憶舊時。欲仍幽徑趣，先植早春枝。香國人難到，冰心我獨知。滄桑何足計，面水問鬚眉。

清 錢維城《**錢文敏公全集**》卷一一《**芭蕉**》 雨後初抽片片多，弄姿故近研池波。濡毫便寫新秋句，看汝翻風舞若何。

清 沈赤然《**五研齋詩鈔**》卷一《**鴻爪集·丁香二首**》 幾樹宛陵紫，婀娜傍石栽。東風爲吹恨，百結一齊開。

屈作海棠婢，相呼何太佻。他年續花史，許爾嫁芭蕉。

清 顧鳳彩《**園柳**》（《**崇川詩集**》卷七輯） 歷歷重條不忍攀，依依獨傍小池閒。冰壺倒浸絲千縷，風絮斜飄水一灣。未免有情歌子夜，不堪回首聽陽關。臨流攜得雙柑美，無數黃鸝學語蠻。

清 任端書《**南屏山人集**》卷四《**杏花**》 曲江池畔杏園東，占斷韶華二月中。綃影生香輕乍翦，粉痕凝露暖初融。枝分上苑天邊樹，蕊暗神仙宅裏叢。漫逐天桃比顔色，年年相亞淺深紅。

清 畢沅《**靈巖山人詩集**》卷一一《**青瑣吟香集·柔兆困敦·善應寺四松**》 伽藍西嶺北，臺殿勢巍峨。蒼翠塞滿庭，奇松盡矮婀。一株倚石壇，傾欹身半觶。枵然臢空腔，云曾經劫火。虬枝蔭石寮，綠影一窗可。一株立亭亭，散作雲數朶。紫藤故相趁，條幹受纏裹。雖抱凌霄心，拘牽仍未果。顧影臨清池，一株獨婀娜。宛若明鏡中，翠釵初貼妥。標格推絶羣，昔爾今亦頗。一株抱幽石，盤拏拗而左。徧體蒼龍鱗，節目最磊砢。露根數丈餘，可供横琴坐。流覽幾摩挲，欲去情無那。白雲忽飛來，無心閑似我。

清 劉秉恬《**公餘集**》卷一《**九龍池觀荷**》 雉堞倚滄浪，荷開數畝香。華山承脈近，昆浦接流長。池在重城内，花看古刹旁。池上建有龍神寺。亭亭初出水，裊裊静含芳。綠蓋藏魚艇，紅衣映女牆。無須馳遠目，咫尺有方塘。

清 石韞玉《**獨學廬稿**》卷三《**燕居集三·庭前種梅**》 營就菟裘老此身，小山花木又成薪。重教鋤月移璚樹，頗似量珠聘玉人。香海飄來千點雪，芳園添得十分春。和羹事業爲虚願，且與逋仙步後塵。

清 汪縉《**汪子詩録**》卷四《**木犀**》 木犀香滿墨池流，别樣心情澹不收。終日臨池古樹下，顔筋柳骨一山秋。

又《**家中秋海棠歌二首**》 半夏耽詩忘出入，石丈軒頭欠拜揖。今晨無謂到軒頭，一庭涼意翠可拾。海棠葉滿一庭前，大如蒲扇小如錢。馮欄有客石無語，葉葉似欲含秋煙。秋來著華嬌無匹，欲華未華意先密。華華葉葉不須分，總與詞人寫蕭瑟。

翻身復入二耕堂，滿堂美人垂翠裳。石背叢叢看不見，百年老桂延清光。桂葉遮雲雲半綠，海棠滿地涼煙足。徑將夏暑變秋空，一片煙雲但寒玉。此中消暑殊可憐，况有唐宋好詩篇。看詩才罷便看葉，二耕堂中人欲仙。

清 王芑孫《**淵雅堂全集**》外集《**人字柳得池字**》 漢苑傳人柳，今觀太液池。兩株明宿影，一桁颺風絲。宛轉如成字，纏綿更有姿。寫來新樣脚，畫出好腰支。垂露雙摇曳，霏烟半合離。絮飛身現在，花押勢參差。張緒神清日，公權筆正時。丹豪垂聖賦，雨露幾回滋。

清 陳文述《**頤道堂詩外集**》卷二《**詠池上白芙蓉**》 玉貌亭亭擁素紈，拒霜花更比霜寒。澹妝雅稱秋潭靚，涼影偏宜夜月殘。湘女翠旗人渺渺，洛神羅襪步珊珊。意中别有嬋娟在，祇作文君臉際看。

清 黄爵滋《**仙屏書屋初集**》卷二《**游保定古蓮花池**》 風塵汩真趣，水石遇至巧。隔嶂接藤梢，夾波通樹杪。敗荷風蕭蕭，殘柳煙裊裊。石竇撲飛魚，橋闌立啼鳥。落葉堆帽檐，游絲罥衣褾。來趁下澤閑，歸謀脱粟飽。疏磬出寺龕，斜陽挂林表。

又卷三《**百花洲**》 百花湖畔百花明，花氣冥冥湖氣清。湖雨湖煙春漲漫，花開花落碧山横。蛛絲罥檻纏緜結，虹影迴波曲折生。歲歲舊游攀折地，曉風楊柳最牽情。

清 沈兆澐《**織簾書屋詩鈔**》卷一《**種花**》 佳種親栽近水邊，無風即是養花天。荼蘼綰得餘春住，莫遣離愁到杜鵑。

清 嘉慶《**梅里志**》卷六 郭徵《槐沜》詩：雙株槐古蘚皮皴，朱老柴荆傍水濵。最是冷淘風日好，碧瓓瓏葉細於鱗。槐沜在暴書亭之西。

又《積雨》詩：没盡荷花紫草田，芟池新水芋陂連。畏寒不獨衰翁甚，年少冬衣未拆緜。同上。芋陂芟池在暴書亭東南。

清 郭嵩燾《**養知書屋詩集**》卷一〇《**藤花塢**》 琉珠嶺上萬年藤，中有雲氣隨飛騰。花開簇簇壓人頂，石磴側滑山藏棱。移栽南國安可得，崛强當道多憑陵。

清 梁煥奎《**青郊詩存**》卷二《**池荷開一花**》 初離濁俗應無偶，不到瑶

池已覺稀。一過蜻蜓剛獨立，頻來蝴蝶莫雙飛。驚人祗自疑高髻，顧影誰當伴羽衣。欲向林塘索同調，參差徒爾鬥芳菲。

清 張鑑《冬青館甲集》卷一《西湖種柳曲爲阮師賦》 藏雅門前柳絲短，流鶯恰恰春風緩。水仙廟外柳絲長，落花蔌蔌湖水香。長條短條不知數，海上春來供軍户。滿堤種取三千株，要與東風作賓主。今年種柳低藏舟，明年種柳高拂樓。山桃未破一痕緑，水荇半落千絲柔。柳花飛飛滿前渡，居人指點沙堤路。依稀記得白與蘇，曾種西湖幾千樹。一枝罳罬摇晴煙，兩枝婀娜當春天。千枝萬枝嬌白日，總在慶曆元和年。七百年來歲月久，宫不知民豈知柳。一任煙苗摧作薪，不管風梢縛爲帚。行宫東面雨初寒，御舫西頭露未乾。停船繫馬一回首，墮枝零葉難爲歡。使君爲政如春日，天與湖山管風月。寒食移來放鴨船，六橋分付司花卒。縣近臨平二月時，年年還到一千枝。老鹽倉冷寒潮色，水磨頭新月子詞。昔人愛柳如愛民，使君愛民如古人。含風鴨緑摇沙觜，弄月鵝黄映水脣。古人種柳已抛擲，今人種柳重愛惜。古人種柳苦寂寥，今人種柳還招要。古人今人好官職，留取長條有人識。風花燮燮水羅羅，曉起湖南望湖北。

雜録

宋 李格非《洛陽名園記·紫金臺張氏園》 自東園並城而北，張氏園亦繞水而富竹木。有亭四。《河圖志》云「黄帝坐玄扈臺」，郭璞云「在洛汭」，或曰此其處也。

宋 周密《癸辛雜識》前集 章氏水竹塢，章南卿北山别業也。有水竹之勝。

明 王世貞《弇州續稿》卷五九《弇山園記六》 度東泠橋一峰當之，曰窮窕峰。自此而南有二峰，一高梧數桃樹甚茂。

明 王路《花史左編》卷二《罨畫溪》 宜典，夾岸花竹照映水中，故名。一名五雲溪。

又《大舫》 孫德璉鎮郢州，合十餘船爲大舫，於中立亭池，植荷芰。良辰美景，賓僚並集，泛長江而置酒，一時稱爲勝賞。

又 卷一一 牛僧孺治第洛陽，多致嘉石美花，與賓客相娛樂。

又 卷一六《東林植》 謝靈運即東林寺，翻《涅槃經》，且鑿池，植白蓮其中。

明 鄭仲夔《玉麈新譚》卷八《物售》 靈隱寺之韜光菴池中有金蓮，相傳是宋高宗南渡時遺種。鄉士夫或移其種栽于家。不數日，即萎。今吴閶另有此種，但花開較小耳。

清 陳淏子《秘傳花鏡》卷三《合歡花》 合歡，一名蠲忿。生益州及近京雍洛間。樹似梧桐，枝甚柔弱。葉類槐莢，細而繁。每夜，枝必互相交結。來朝一遇風吹，即自解散，了不牽縈，故稱夜合，又名合昏。五月開紅白花，瓣上多有絲茸。實至秋作莢，子極薄細。人家第宅園池間皆宜植之，能令人消忿。冬月可以分栽。

清 方士庶《天慵庵筆記》卷下 汪萊堂畫秋水陂塘，菡萏一枝，荇藻掩映，天然娟秀，感而詠之。晚風吹緑動方塘，蛩語階前月到床。清磬一聲來遠浦，湘簾剛透藕花香。

又 自題畫。天盡幾棱山，回坡一片竹。其下崖脚承，斜安面溪屋。老樹聲翹空，榮華謝春緑。流泉雖涓涓，霜降水痕縮。野境託孤情，何心計雅俗。披衣坐夜闌，虚堂飛蝙蝠。

清 雍正《陝西通志》卷四四 紫藤 藤皮著樹從心，重重有皮，四月生紫花，可愛。長安人亦種飾庭池。

清 李斗《揚州畫舫録》卷六 濯滄堂聯云：十分春水雙檐影，徐寅。百葉蓮花萬里香。李洞。堂前方池廣十餘畝，盡種荷花。

清 乾隆《臨潼縣志》卷二 重明閣，《長安志》：今四聖殿北，臨高有重明閣。椅闌北瞰，縣境如在諸掌。閣下有方池，中植蓮花，池東鑿井，每盛夏極甘冷，人争汲之。

清 光緒《南樂縣志》卷二《壇廟》 關帝廟 在典史宅東北，春秋仲月戊日二祭，五月十三日一祭。明萬曆中敕建。 國朝順治七年，知縣蔡瓊枝復修。康熙十一年，知縣方元啟捐貲重修，另構前後捲棚戲樓牌坊。周圍牆垣，式增高大，先是廟前路窄不容車馬，復捐貲培築之，加濬東西二池，植榆柳於其旁，始坦然成大道矣。舊志

清 袁棟《書隱叢説》卷七《芭蕉》 芭蕉，草本而有幹者。抽心成葉，葉盡則開花。花瓣間有囊數十，中有露，甚甘美，故一名甘露。凡草以一歲爲春

秋，春夏開花，至秋黄落。芭蕉以三歲爲春秋，未開花時，至冬凍死則已，若愛護之，三年後必開一花，花盡後，不論何時，幹亦隨朽。余性喜芭蕉，屏石間間植數本，歲歲有花，不足異也。有值冬而花始放者，護之至來春，大放如往年，非死灰復然，乃生意不絶之故也。

植物之間

論　説

漢 王逸《楚辭章句》卷一《離騷經章句第一》 余既滋蘭之九畹兮，滋，蒔也。十二畝爲畹。或曰田之長爲畹也。又樹蕙之百畮。樹，種也。二百四十步爲畝。言己雖見放流，猶種蒔衆香，循行仁義，勤身勉力，朝暮不倦也。畦留夷與揭車兮，畦，共呼種之名。留夷，香草也。揭車，亦芳草，一名䒗輿。五十畝爲畦。雜杜衡與芳芷。杜蘅、芳芷，皆香草名也。言己積累衆善以自潔飾，復植留夷、杜蘅，雜以芳芷，芬香益暢，德行彌盛也。冀枝葉之峻茂兮，冀，幸也。峻，長也。願竢時乎吾將刈。刈，穫也。草曰刈，穀曰穫。言己種植衆芳，幸其枝葉茂長，實核成熟，願待天時，吾將穫取收藏而饗其功也。以言君亦宜畜養衆賢，以時進用，而待仰其治也。

唐 劉巖夫《植竹記》（《文苑英華》卷八二九輯） 秋八月，劉氏徙竹凡百餘本，列於室之東西軒、泉之南北隅。克全其根，不傷其性，載舊土而植新地。煙翠靄靄，寒聲蕭然。適有問者曰：樹椅桐可以代琴瑟，植楂梨可以代甘實，苟愛其堅貞，豈無松桂也，何不雜列其間也？答曰：君子比德於竹焉，原夫勁本堅節，不受雪霜，剛也。緑葉萋萋，翠筠浮浮，柔也。虚心而直，無所隱蔽，忠也。不孤根以挺聳，必相依以林秀，義也。雖春陽氣王，終不與衆木鬥榮，謙也。四時一貫，榮衰不殊，恒也。垂蕡實以遲鳳，樂賢也。歲擢筍以成幹，進德也。及乎將用，則裂爲簡牘，於是寫詩書彖象之命，留示百代。微則聖哲之道，墜地而不聞矣，故後人又何所宗歟。至若鏃而箭之，插羽而飛，可以征不庭，可以除民害，此文武之兼用也。又劃而破之爲篋席，敷之於宗廟，可以展孝敬。截而穴之，爲箎爲簫，爲笙爲簧，吹之成虞韶，可以和人神。此禮樂之並行也。夫此數德，可以配君子，故巖夫列之於庭，不植他木，欲令獨擅其美，且無以雜之乎。竊懼來者之未諭，故書曰劉氏《植竹記》。

宋 羅願《爾雅翼》卷二《釋木·蘭》 漢諸池館及許昌宫中皆種之。【略】蘭爲王者香草，故夢蘭者以其有國香。《離騷》滋蘭九畹，植蕙百畝。留夷、揭車則畦之，杜衡芳芷則雜種之。又云：覽椒蘭其若兹兮，又況揭車與江離。可知蘭之最貴。而説者稱古者之摯，天子鬯，諸侯薰，大夫芝蘭，士庶人艾，則蘭何以爲王者之草也？【略】《淮南子》曰：男子植蘭美而不芳，繼子得食肥而不澤，情不相與往來也。屈平「滋蘭之九畹」，蓋知愛芳矣，而植之者非其人，所以不免於萎絶也歟。

又《蕙》 大抵山林中一蘭而十蕙，故黄太史曰：光風轉蕙氾崇蘭。《離騷》蘭九畹蕙百畝，以是知楚人賤蕙而貴蘭矣。按，《離騷》滋蘭九畹，植蕙百畝，畦留夷與揭車，雜杜衡與芳芷。王逸《章句》曰：十二畝曰畹，或曰田之長爲畹，二百四十步爲畝，五十畝爲畦。然則蘭得一百八畝，蕙百畝，留夷揭車合百畝，則多少亦不相遠矣。若以《説文》言之，田三十畝曰畹，則蘭得二百七十畝，多於蕙兩倍。留夷、揭車各五十畝，多於兩草一倍，亦多少之差。然言蘭者每及蕙，畹蘭而畝蕙也，氾蘭而轉蕙也，蕙殽蒸蘭籍也。蕙雖不及蘭，勝於餘芳遠矣。《楚辭》又有「菌閣蕙樓」，蓋芝草幹杪敷華有閣之象，而蕙華亦於幹杪，重重累積，有樓之象云。

又 卷三《釋木·芸》 仲冬之月芸始生。芸，香草也，謂之芸蒿，似邪蒿而香可食，其莖幹婀娜可愛，世人種之中庭。【略】洛陽宫殿簿曰：顯陽、徽音、含章殿前各芸香一二株而已，而晉宫閣名曰太極，殿前芸香四畦，式乾殿前芸香八畦，乃知《離騷》所謂蘭九畹，蕙百畝，畦留夷與揭車，蓋有之也。

又 卷四《釋木·巵》 一名木丹，一名越桃。《上林賦》謂之鮮支，欲其顔色鮮明也。漢世千畝巵茜，此其人與千户侯等。巵茜千石亦比千乘之家。晉令諸宫有秩巵子，守護者置吏一人。

又 卷九《釋木·棘》 棘心赤而外有刺，故朝位植之。左九棘，孤卿大夫位焉，羣士在其後。右九棘，公侯伯子男位焉，羣吏在其後。面三槐，三公位焉，州長衆庶在其後。蓋槐取懷來，棘欲其赤心而留意於三刺也。又《釋木》云：槐棘醜喬。蓋言枝皆翹竦，有奉上之義，亦藉其繁茂以爲蔽外屏之義也。

宋 吴仁傑《離騷草木疏》卷一《蕙》 薜荔柏兮蕙綢，擗蕙櫋兮既張。

此則以爲屋飾也。皆取香潔自修飾之意，蕙肴蒸兮蘭藉，則取其芬芳以爲俎羞也。又植蕙之百畝，則以喻賢人君子，欲其衆也。

明 高濂《遵生八牋》卷七《高子花謝詮評》 高子曰：歐陽公《示謝道人種花》詩云：深紅淺白宜相間，先後仍須次第栽。我欲四時携酒賞，莫教一日不花開。余意山人家得地不廣，開徑怡閒，若以常品花卉植居其半，何足取也。四時所植，余爲詮評：牡丹譜類數多，佳本遇目亦少。大紅如山茶、石榴色者，寓形於圖畫有之，托根於土壤未見。他如狀元紅、慶雲紅、王家紅、小桃紅，雲容露濕，飛燕新妝。茄紫、香紫、胭脂樓、潑墨紫，國色烟籠，玉環沉醉。尺素、白剪絨，水晶簾捲，月露生香。御衣黄、舞青霓、一捻紅、緑蝴蝶，玳瑁闌開，朝霞散彩。數種之外，無地多栽。芍藥在廣陵之譜三十有奇，而余所見亦惟數種。金帶圍、瑞蓮紅、冠羣芳，衣紫塗朱，容閒紅拂。千葉白、玉逍遥、舞霓白、玉盤盂，膩雲軟玉，色艷緑珠。粉綉毬、紫綉毬，俗名麻葉粉團。歡團霞臉，次第妝新。碧桃、單瓣白桃，瀟灑霜姿，後先態雅。垂絲海棠、鐵梗海棠、西府海棠、木瓜海棠、白海棠，含烟照水，風韻撩人。玉蘭花、辛夷花，素艷清香，芳鮮奪目。千瓣粉桃、俗名二色桃。緋桃、俗名蘇州桃花，瓣如剪絨，非絳桃也。若絳桃，惡其開久色惡。大紅單瓣桃，玄都異種，未識劉郎。千瓣大紅重臺石榴、千瓣白榴、千瓣粉紅榴、千瓣鵝黄榴、單瓣白粉二色榴，西域別枝，堪驚博望。紫薇、粉紅薇、白薇，紫禁漏長，卧延凉月。金桂、月桂，四時開，生子者。廣寒高冷，雲外香風。照水梅、花開朵朵下垂。緑萼梅、玉蝶梅、磬口臘梅，黄色如蜜，紫心，瓣如白梅少大，曾於洪宣公山亭見之，其香撲人。今云臘梅者，皆荷花瓣也，僅免狗英。月瘦烟横，騰吟孤嶼。粉紅山茶、千瓣白山茶、大紅滇茶、大如茶盞，種山雲南。瑪瑙山茶、紅黄白三色夥作堆，心外大瓣，硃砂紅色。寶珠鶴頂山茶，中心如饅，叢簇可愛，若吐白鬚者，不佳。霞蒸雪釀，沉醉中山。大紅槿、千瓣白槿，殘秋幾朵，林外孤芳。茶梅花、小朵，粉紅，黄心。開在十一月各花凈盡之時，得此可玩。茗花，香清，插瓶可久可玩。冷月一枝，齋頭清供。我之所見，調亦可同，倘人我好惡不侔，用捨惟人自取。若彼草花百種，横占郊原，兹爲品題，分爲三乘。花之丰采不一，况栽成佔地無多，奇種剪裁，當與兼收並蓄，更開十徑，醉賞四時。

清 李漁《閑情偶寄》卷一四《竹》 移竹移花，不易其向。向南者仍使向南，自是草木之幸。然移草木就人，當隨人理，不能盡隨草木之便。無論是花是竹皆有正面，有反面。正面向人，反面向空隙，理也。使記南枝而與人相左，猶娶新婦進門而聽其終年背立，有是理乎？故此語只當不説，切勿泥之。總之移花種竹，只有四字當記，宜陰忌日是也。瑣瑣繁言，徒滋疑擾。

綜述

唐 元結《次山集》卷九《菊圃記》 春陵俗不種菊。前時自遠致之，植於前庭牆下。及再來也，菊已無矣。徘徊舊圃，嗟歎久之。誰不知菊也，方華可賞，在藥品是良藥，爲蔬菜是佳蔬。縱須地趍走，猶宜徙置修養，尚忍蹂踐至盡，不愛惜乎！於戲，賢士君子自植其身，不可不慎擇所處，一旦遭人不愛重，如此菊也。悲傷奈何？於是更爲之圃，重畦植之。其地近讌息之堂，吏人不此奔走，近登望之亭，旌麾不此行列，縱參歌妓。菊非可惡之草。使有酒徒，菊爲助興之物。爲之作記以託後人，并録藥經列於記後。

唐 釋慧祥《古清凉傳》卷上（大孚圖寺）寺南有花園，可二三頃許。沃壤繁茂，百品千名，光彩晃曜，狀同野錦，即魏孝文之所種也。土俗云其花夏中稍茂。蓋未是多。至七月十五日，一時俱發，經停七日，颯爾齊凋，但以幽險難尋，故使見之者寡矣。《括地志》謂之花圃，云靈草繡林，異種殊名。鳥獸馴良，任真不撓。信爲佳景也。

宋 樂史《太平寰宇記》卷三一《關西道七・耀州》 黎園《雲陽宮記》：車箱坂下有黎園一頃，樹數百株，青翠繁密，望之如車蓋。

宋 林洪《山家清事》（《遵生八牋》卷七引） 擇故山濱水地，環籬植荆，間栽以竹餘丈，植芙蓉三百六十，入芙蓉二丈，環以松梅，入此餘三丈。重籬外，芋栗羊棗桃李，内植梅。結屋前茅後瓦。入，閣名尊經，藏古今書。左塾訓子，右道院迎賓。

宋 李格非《洛陽名園記・松島》 松、柏、樅、杉、檜、栝皆美木。洛陽獨愛栝而敬松。松島者，數百年松也。其東南隅雙松尤奇。在唐爲袁象先園，本朝屬李文定丞相，今爲吴氏園，傳三世矣。頗葺亭榭池沼，植竹木其旁。南築臺，北搆堂，東北道院。又東有池，池前後爲亭臨之。自東大渠引水注園中，清泉細流涓涓，無不通處。在它郡尚無有，洛陽獨以其松名。

宋 葉夢得《避暑録話》卷下 山林園圃但多種竹，不問其他景物，望之自使人意瀟然。竹之類多，尤可喜者筀竹，益色深而葉密。吾始得此山，即散植竹，略有三四千竿，雜衆色有之意。數年後，所向皆竹矣。

宋 陳思《海棠譜》卷上 閩中漕宇修貢堂下海棠極盛，三面共二十四叢，長條脩幹，頃所未見。每春著花，真錦繡段。其間有如紫綿揉色者，亦有不如此者，蓋其種類不同，不可一槩論也。至其花落，則皆若宿妝淡粉矣。余三春對此，觀之至熟。大率富沙多此，官舍人家往往皆種之。並是帚子海棠正與蜀中者相類，斯可貴耳。今江浙間別有一種，柔枝長蒂，顔色淺紅，垂英向下如日蔫者，謂之垂絲海棠，全與此不相類。蓋强名耳。

宋 羅願《爾雅翼》卷八《釋木·苜蓿》 苜蓿本西域所産，自漢武時始入中國。《史記》曰：大宛有苜蓿，漢使取其實來，於是天子始種苜蓿。離宮別觀旁盡種蒲陶、苜蓿極望。《漢書·西域傳》亦曰：罽賓國有目宿，大宛馬耆目宿。武帝得其馬，漢使采蒲陶、目宿種歸，天子益種離宮館旁，然不言所攜來使者之名。

宋 鄭至道《劉阮洞記》（《赤城集》卷一五引） （嗚玉）澗之東有塢，植桃數畦，花光射日，落英繽紛，點綴芳草，流紅縹緲，隨水西下。此昔人食桃輕舉之地也，遂名曰桃花塢。

元 陸友仁《吴中舊事》 吴俗好花，與洛中不異。其地土亦宜花，古稱長洲茂苑。以苑目之，蓋有由矣。吴中花木不可殫述，而獨牡丹、芍藥爲好尚之最，而牡丹尤貴重焉。舊寓居諸王皆種花，往往零替，花亦如之。盛者唯藍叔成提刑家，最好事，有花三千株，號萬花堂。嘗移得洛中名品數種，如玉盌白、景雲紅、瑞雲紅、勝雲紅、玉間金之類，多以游宦不能愛護輒死。今惟勝雲紅在。其次林得之知府家有花千株，胡長文給事、成居仁太尉、吴謙之待制家，種花亦不下林氏。史志道發運家亦有五百株。如畢推官希文、韋承務俊心之屬，多則數百株，少亦不下一二百株，習以成風矣。至穀雨，爲花開之候，置酒招賓就壇，多以小青蓋或青幕覆之，以障風日。父老猶能言者，不問親踈，謂之看花局。今之風俗不如舊，然大槩賞花則爲賓客之集。

明 劉基《誠意伯文集》卷六《靈峰寺植木贊》 靈峰寺有松杏與樸並植焉。劉見而感之，爲作贊。贊曰：杏葉葱芊，有子可以實籩。松杖扶踈，有苓可以引年。樸狀如樗，衆蠹所穿，擁腫液瞞，不可以鐫。胡並植于庭，溷厥醜妍。明堂求材，般趨爾先。松戕杏割，樸獨宛然。嗚呼樸乎！孰女之憐，惟女之全。抑棄於人，乃獲乎天耶。

明 李賢等《明一統志》卷六一 萬松亭在麻城縣西一百里。宋縣令張毅夾道植松萬株，立亭其中，故名。蘇軾詩：十年栽種百年規，好德無人助我儀。爲問幾株能合抱，殷勤記取角弓詩。

明 劉宇《安老懷幼書》卷二《誠齋三三徑詩》 東園新開九徑，江梅、海棠、桃、李、橘、杏、紅梅、碧桃、芙蓉，九種花木各植一徑，命曰三三徑。其詩云：三徑初開是蔣卿，再開三徑是淵明。誠齋奄有三三徑，一徑花開一徑行。

歐陽公《示謝道人種花詩》云：淺深紅白宜相間，先後仍須次第栽。我欲四時携酒去，莫教一日不開花。

明 王世貞《弇州四部稿》續稿卷五九《弇山園記·記六》 復東數級而下，得老樸，大且合抱，垂蔭周遭幾半畝，傍有桃梅之屬輔之。始僧售地，欲并伐此樹以要余。余謂山水臺榭皆人力易爲之，樹不可易使古也。益之價至二十千，而後許爲亭以承之，曰嘉樹。

明 王世懋《學圃雜疏》《花疏》 福州有鐵蕉，贛州有鳳尾蕉，似同類而稍異狀。然好以鐵爲糞，將枯，釘其根則復生，亦異物也。云能辟火，園林中存一二株亦可。翠筠草極陰處種之，色翠甚可愛，尤宜與秋海棠作伴。

又 杏花無奇，多種成林則佳。城中朱氏園中百株，偃仰水旁，余嘗携榼賞之。今當於廣圃荒池別置一林。

又 芙蓉特宜水際種。類不同，先後開，故當雜植之。大紅最貴，最先開。次淺紅，常種也，白最後開，有曰三醉者，一日間凡三换色，亦奇。客言曾見有黄者，果爾，當購之。芙蓉入江西俱成大樹，人從樓上觀。吾地如榛荆狀，故須三年一斫却。

明 高濂《遵生八牋》卷七《清閟閣》 雲林堂閣尤勝，客非佳流，不得入。堂前植碧梧四，令人揩拭其皮。每梧墜葉，輒令童子以針綴杖頭，亟挑去之，不使點污，如亭亭緑玉。苔蘚盈庭，不容人践，緑褥可愛。左右列以松桂蘭竹之屬，敷紆繚繞。其外則高木脩篁，鬱然深秀。

明 安世鳳《燕居功課》卷二二《四草樹》 園林之勝，于夏最便。長林茂樹之下，他不可植，隨意令生豐草，茸茸彌亘。至赤日在天，流金爍石，北

窗複閣，皆成燠區。乃拂拭竹簟瓦枕，青奴羽扇，任攜一册，盤薄草頭木蔭之間，潔浄如席，柔平如褥。濃陰少轉，委曲就之。旁置一古磚或方石，頃茶盂酒杯其上，或坐或卧，清風徐来，如濯新泉飲冰雪，瞪目四望，不知人世之在洪爐也。

明 費元禄《鼂采館清課》 西湖六橋之間，兩行間值桃柳，不樹他木。春時花飛絮落，聚可成茵。

明 王路《花史左編》卷一一《静詠》 錢塘西湖有詩僧清順居其下，自名藏吾一作春塢。門前有二古松，冬有淩霄花絡其上，順嘗晝卧。蘇子瞻爲郡，一日屏騎從過之，松風搔然，順指落花覓句，子瞻爲作木蘭花詞。

又《梅花園》 庾嶺下舊有驛。宋郡守趙孟適書扁壁間。一女子題云：幼妾從父任英州司馬，及歸，聞大庾有梅嶺而乃無梅，遂植三十株於道旁。《荆州記》：陸凱與范曄善，嘗自嶺折梅花一枝，寄長安贈范。

又卷一二《醉花》 陸放翁因山園草間菊数枝開，席地獨酌，有詩曰：屋東菊畦蔓草荒，瘦枝出草三尺長。碎金狼籍不甚摘，掃地爲渠持一觴。日斜大醉叫堕幘，野花村酒何曾擇。君不見詩人跌宕例如此，蒼耳林中留太白。於此可見放翁愛菊之意。

又《戀花》 梅妃姓江氏，名采蘋，性喜梅，所居闌檻悉植数株，榜曰梅亭。梅開，賦賞至夜分，尚顧戀花下不能去。上以其所好，戲名曰梅妃，妃有《梅花賦》。

又卷八《花之宜・夾种》 秋葵宜夾種芙蓉樹内，同時開花可觀。

明 袁中道《珂雪齋前集》卷一五《洪光寺》 寺内結構不異他寺，獨門外盤道絶奇。凡十餘盤，每盤半里許，夾道濃柏有如列屏，即亭午不見曦日。予每窮一盤，即坐石上不忍别去，此銷夏第一處也。

明 文震亨《長物志》卷二《水仙》 水仙二種，花高葉短，單瓣者佳。次者雜植松竹之下，或古梅奇石間，更雅。馮夷服花八石，得爲水仙，其名最雅，六朝人乃呼爲「雅蒜」，大可軒渠。

又《玉蘭》 宜種廳事前。對列數株，花時如玉圃瓊林，最稱絶勝。别有一種紫者，名木筆，不堪與玉蘭作婢，古人稱辛夷，即此花。然輞川辛夷塢、木蘭柴不應複名，當是二種。

又《山茶》 蜀茶、滇茶俱貴，黄者尤不易得。人家多以配玉蘭，以其花同時。而紅白爛然，差俗。又有一種名醉楊妃，開向雪中，更自可愛。

又《烏臼》 秋晚葉紅可愛，較楓樹更耐久，茂林中有一株兩株，不減石徑寒山也。

又卷一一《銀杏》 葉如鴨脚，故名鴨脚子，雄者三棱，雌者二棱，園圃間植之，雖所出不足充用，然新緑時，葉最可愛。吳中諸刹，多有合抱者，扶疏喬挺，最稱佳樹。

明 計成《園冶》卷一《立基》 凡園圃立基，定廳堂爲主，先乎取景，妙在朝南。倘有喬木數株，僅就中庭一二。

清 孫承澤《春明夢餘録》卷六五 海淀李戚畹園方廣十餘里。【略】園中水程十數里，嶼石百座，靈璧、太湖、錦川百計，喬木千計，竹萬計，花億萬計。閩中葉公向高曰：李園不酸，米園不俗。

清 李漁《閑情偶寄》卷一四 竹無花而以夾竹桃代之。竹不實而以天竹補之。皆是可以不必然而强爲蛇足之事。然蛇足之形，自天生之，人亦不盡任咎也。

清 曹溶《倦圃蒔植記》卷中 萱草一名宜男，春閒芽生，稀栽陰砌。詩云「焉得諼草」，言樹之背。可謂善體物矣。別有蝴蝶、射干、鹿斑、鹿葱等花，功用雖懸，色態近似，殆此花之附庸也，宜並植之。

清 陳淏子《秘傳花鏡》卷三《花木類考・冬青》 冬青，一名萬年枝。樹似狗骨，枝幹疏勁，葉緑而亮，隆冬不枯，可以染緋。庄園徑路，多排直面種，號曰冬墻。

清 高士奇《北墅抱瓮録・杏》 杏花非紅非白，顔色頗妍，多種成林，極有風致。廣圃荒池，偃仰映帶，宛然郵陌，攜壺藉草，興復不淺。

又《銀杏》 銀杏花夜開旋没，罕得見，葉最繁密，片有刻缺，如鴨脚形，霜後葉色變黄，映以丹楓，爛若披錦。秋林黯淡，得此改觀。

又《芍藥》 芍藥之種古推揚州。今以京師豐臺爲盛。浙中雖無佳種，惟培溉有方，花亦頗大，有紅白紫數色，深淺不同。曲院短垣，下疊石砌，排比種之，燦爛滿目。此花宿根在土，十月生芽，至春冒土而出，紅鮮可愛。若花含曉露，嬝娜敧頹，大有美人扶醉之態。

又《杜鵑》 杜鵑一名山躑躅。唐詩「五渡溪頭躑躅紅」，即此花也。春晚發花，密蘂攢簇，其色深紅，久經風日，猶灼灼可愛玩。蘭渚軒前，多古松怪

石，植杜鵑兩株於其下，倍有風趣。

又《玫瑰》 四月百花已闌，玫瑰始發，濃香艷紫，可食可佩。迴廊之外，灌生作叢，與酴醾相映。京師有刺蘼，即玫瑰之黄者，惜大江以南不能致之。

又《月季》 月季花有紅白淡紅三色，香甚清越，逐月一開，四時不絶。種之籬落間，晨露未乾，鮮妍有態，臘中映雪，愈覺泥人。

又《棣棠》 棣棠花色金黄，一葉一蘂，生甚蔓延。春深與薔薇同開，可爲屏籬添色。

又《菊》 菊花種類甚多。園中栽菊作圃，得數百本。有黄、紫、紅、白、藕蜜諸色，每色又各有深淺。并有一本兩色者，其朵瓣亦種種不同，或如毬，或如盤，或如剪翎，或如擘縷，或如松粒，或如柳芽，窮極變態。友人知余嗜菊，多有自遠載送者。環置草堂，清芬連月。而種色之妙，以余圃所栽者爲最盛。

又《金銀消息》 消息，菊之小者，有黄白二種，因色之相似，以金銀名之。菊最難培，此種獨易，籬根徧布，歷歷如星。

又《平地木》 平地木高數寸，葉深緑，子先青後紅若小棠梨，經年不落。巖洞嵌空處，與幽蘭同種，點綴良佳。

又《冬青》 冬青土人呼爲凍青，以其嚴寒不凋也。漱晚磯旁數株夾水而植，與烏桕、丹楓高下相間，垂綸偃仰，縱目皆成佳觀。

又《桂》 桂分紅黄白三色。紅者曰丹桂，黄者曰金桂，白者曰銀桂，每秋發花兩度。丹桂有子。凡花之香者，或清或濃，不能兩兼。惟桂花清可絶塵，濃能透遠。一叢盛放，鄰牆别院莫不聞之。江南好事者多結之作屏。余園中小徑鱗次種植，左右成行，接葉交枝，上不通日。花時金粟滿望，李義山所謂「桂巷」殆不過是。

清 乾隆《歷城縣志》卷一六《古跡考三·劉公花圃》 劉天民《題劉總制城東花圃》詩：中丞休沐在山阿，倚杖看雲髩欲皤。回首北門猶鎖鑰，寄情東圃但松蘿。菊天常掩蕭蕭徑，月夕豪吟浩浩歌。爲念蒼生難稳卧，須知安石奈人何。

清 乾隆《梅里志》卷六 馬園在里南三里，馬曈、馬佩楷所居。梅花極盛，今廢。

馬氏園在馬曈，地可五畝，悉植梅花，無雜樹，又稱梅園。亦有風亭水榭，可以游憩。今則易梅以桑者三十年矣。

清 乾隆《鄞縣志》卷二四 翕芳亭 在老香堂之左，亭前植杏，三面植月丹。

清 嘉慶《寧遠縣志》卷三《建置志·城池》 按鍾《志》，廳事前桂樹、芙蓉各一株。花時芬艷麗，交綴秋景，如目覩花落訟庭景象。今惟見檐下桑樹一株，亭午可蔭數人。新植桂榴二本，高僅及肩耳。

又 卷一〇《雜志·祥異》 天燈樹 即舜祠左右杉，共十六株，大數圍，高百丈。常見有天燈照明其上，蓋木之精明所現也。

清 同治《南昌府志》卷七《地理·府城名蹟》 枳園 管理石城府事朱鬱儀謀埠構。雜花香草，繽紛馥郁。老樹偃蹇其間，蕭然塵外。園中藏書叠架連屋，手所著作百餘種，刻有書目。《江城名蹟記》

又 梅花園 在縣南一里，羊角山邑人盛宗齡築。種梅數百株，紅白掩映，香聞數里，時稱小孤山。《縣志》

清 趙之壁《平山堂圖志》卷二《名勝》 芍園，種花人汪氏所居。門臨水際，舍舟而登。由長廊以西爲舫屋，顔曰溪雲，朱子書也。屋後爲花田，廣盈數畝，高樓峙其北。

清 李斗《揚州畫舫録》卷一四《岡東録》 園中芍藥十餘畝，花時植木爲棚，織葦爲簾，編竹爲籬，倚樹爲關。游人步畦町，路窄如綫，縱横屈曲，時或迷失不知來去。行久足疲，有茶屋于其中，看花者皆得契而飲焉，名曰芍廳。芍廳後，于石隙中種蘭。早春始花，至于初夏。秋時花盛，一幹數朵，謂之蘭渚。渚上築室三間，聯云：名園依緑水杜甫，仙塔儷雲莊馬懷素。過此竹勢始大，築小室在竹中，額曰蒼筤館。聯云：竹高鳴翡翠杜甫，溪暖戲鵁鶄劉長卿。

清 謝堃《花木小志·迎春》 近春發花，故得是名。北地園亭多鋪滿地，故不甚重。販花者蓄其壯，隨其形翦紮成林，飾以佳器，與蠟梅、水仙諸品頡頏而列，亦三冬雅玩也。

清《栽花總録·翠雲草》 翠雲草止可供玩而無香，非芸草也。其根遇土即生，見日則消，性好陰，栽于虎刺、芭蕉、秋海棠之下，極有雅趣。

清 道光《安陸縣志》卷三七《物産·梧桐》 府署桐二株，皆數百年植。近爲風拔其一。經歷署亦有一株。梧與桐非一種，高岡舊多梧，八景所咏「高

岡梧雨」也。

清 光緒《江西通志》卷一一五《勝績略二 署宅》 綠筠清室在万載邑治之東，背山臨流，有宅一區，環室皆竹，蒼然以萬計。王氏允成樂其幽勝，名曰綠筠清室。

清 光緒《蘭谿縣志》卷八《古蹟》 菊圃 在城東隅，元宣城教諭嚴天瑞築。《舊志遺事》云：故友嚴景暉之居，去城東門數百步，而近面對巍峰，俯臨清池，翛然如山林。景暉構軒築圃，栽植名花卉，而菊爲尤盛。每當花時，延賓賦詩，酌酒爲樂焉。迨景暉歿，圃廢久矣，無過而問者。今景暉之子仲起追述先志，廣求佳種，復栽植之，不日而圃成，因號爲種菊人。

清 光緒重纂《邵武府志》卷二八《古蹟》 何園在印石潭上二里許，瀕溪爲園。園廣十餘畝，植梅成林，舊爲何氏宅。每花放時，香雪繽紛，游人不絕。今屢易主，頹垣廢址，花亦稍減。

吴園在黄洲地藏寺之西，種桃數百株，花盛時仿佛武陵深處。

清 汪爲熹《鄢署雜鈔》卷七《鄢陵牡丹》 鄢陵牡丹，品類不一。紳士園圃中栽種數畝，花開如錦。姚黄魏紫，皆經寓目。獨觀在村園叟馬姓者，有大紅牡丹一本，送進衙署，其色鮮艷，尤非諸品可及。

紀事

北魏 楊衒之《洛陽伽藍記》卷一 尚書長孫稚、尚書右僕射郭祚、吏部尚書邢巒、廷尉卿元洪超、衛尉卿許伯桃、梁州刺史尉成興等六宅，皆高門華屋，齋館敞麗，楸槐蔭途，桐楊夾植。

宋 李石《方舟集》卷一一《梅塢記》 石拙於學，其施於吏亦拙也。方會府多事，英俊爭竭其趨走之巧。於大吏之前，獨隱忍以守其前之拙不變。大吏者亦察其一拙外無他能，不怪也。故於考覈文簿瑣瑣中，比他人幸有曉夕須臾之隙。掾舍稍僻且陋，邀求者所不至，獨與學宫相比鄰。學之士子日集説學問，庭户隘甚，恐不足以辱，乃徹去昔之屏伏蔽藏，以爲今之疏明曠達，得數席地。俾客至不以其隘爲嫌，而主人亦得以陋自安也。屋檐之南有老梅，株如柱軸一根，別爲三四股，可蔭十許步，環以數小竹，而蓬艾藜藋者，亦相與溷其清明，而夷佚其側，因留數小竹，外悉芟去之。仍闢屋一角作一窗，以即其蔭。每每風日開闔，燦然之光，蔌然之聲，往來几硯書秩間。與静境相接，如行村塢，因以塢名之。又植稺柏二百，周墻之陰，與梅爲佳伴，作他日凌冬霜雪，愛玩之樹。是又其拙之拙者也。後有我輩人，或不免流落一試。公退燕休於此，爲護此梅，以待其柏之成，仍勿笑其拙也。

宋 李格非《洛陽名園記・歸仁園》 歸仁其坊名也。園盡此一坊，廣輪皆里餘。北有牡丹、芍藥千株，中有竹百畝，南有桃李彌望。

又《叢春園》 今門下侍郎安公買于尹氏。岑寂而喬木森然，桐梓檜柏皆就行列。其大亭有叢春亭，高亭有先春亭。叢春亭出酴醾架上，北可望洛水。

又《環谿》 環谿王開府宅園甚潔華。又西有錦廳、秀野臺。園中樹松檜花木千株，皆品別種。列除其中爲島塢，使可張幄，次各待其盛而賞之。

又《董氏西園》 董氏西園亭臺花木不爲行列區處，周旋景物，歲增月葺所成。【略】又西一堂，竹環之中有石芙蓉，水自其花間涌出。

宋 程大昌《雍録》卷一〇《荔支》 《黄圖》：上林扶荔宫以荔支得名。元鼎六年，破南越，自交趾移種百株，無一株生者，連年移植不息，偶一株稍茂，終無華實，帝亦珍惜之。一旦萎死，誅數十人，遂不復蒔。其實則歲貢焉，郵傳者疲於道路。至後漢安帝時，交趾太守唐羌極陳其弊，乃始罷貢。按此即《相如賦》謂「遝答離支」者矣。離支之實既至長安，而繁夥遝答，或是夸言而謂：離支有木在上林中，則自可移種，不可臆度以爲無有也。

宋 程大昌《演繁露》卷一〇《旌表門閭》 《册府元龜》：石晉天福二年閏七月壬申，尚書户部奏：李自倫義居七世，準敕旌表門閭。先有登州義門王仲昭六代同居，其旌表有廳事步欄，前列屏樹烏頭。正門閥閲一丈二尺，二柱相去一丈，柱端安瓦桶墨染，號爲烏頭，染雙闕一丈，在烏頭之南三丈七尺。夾街十有五步，槐柳成列。今舉此爲例，則令式不該。宜從令式，只表門閭。於李自倫所居之前，量地之宜，高其外門，門安棹楔。門外左右各建一臺，高一丈二尺，廣狹方正，稱臺之形，圬以白泥，四隅染赤。其行列樹植，隨其事力。其同籍課後，一準令式。

宋 范成大《吴郡志》卷三〇 牡丹，唐以来止有單葉者，本朝洛陽始出多葉。千葉遂爲花中第一。頃時，朱勔家圃在閶門内，植牡丹數千萬本，以繪彩爲幕，彌覆其上，每花身飾金爲牌，記其名。勔敗，官籍其家，不數日墟其圃，牡丹皆拔而爲薪，花名牌一枚估直三錢。中興以來，人家稍復接種，有傳

洛陽花種至吴中者，肉紅則觀音、崇寧、壽安王、希疊羅等，紅、淡紅則風嬌又名勝西施、一捻紅，深紅則朝霞紅又名富一家、鞓紅，雲葉及茜金毬、紫中貴、牛家黄等，不過此十餘種，姚魏蓋不傳矣。

宋 吴自牧《夢粱録》卷一二《西湖》 自南迄北，横截湖面，綿亘數里，夾道雜植花柳。置六橋，建九亭，以爲游人玩賞駐足之地。咸淳間，朝家給錢命守臣增築堤路，沿堤亭榭再一新，補植花木。向東坡嘗賦詩云：六橋横接天漢上，北山始與南屏通。忽驚二十五萬丈，老葑席卷蒼烟空。曰南山第一橋，名映波橋。

宋 王處一《西岳華山志》卷一《古柏行》 古柏行，晉太康九年，太守魏君實來去西岳古廟，道栽柏，不知其幾千根也。兩傍烽堠以千字文爲號，禁人牧放樵采。

宋 龔明之《中吴紀聞》卷六《朱氏盛衰》 （朱）勔之寵日盛，父子俱建節鉞，即居第創雙節堂，【略】盤門内有園極廣，植牡丹數千本。花時以繒彩爲幕帟覆其上，每花標其名，以金爲標榜，如是者數里。園夫畦子，藝精種植及能疊石爲山者，朝釋負擔，暮紆金紫，如是者不可以數計。

明 程文《玩齋記》（《新安文獻志》卷一五引） 國子司業貢君居京師，僦屋仁壽坊之北委巷之中，治二小室。一以肅賓客，一以爲燕休之所。室前有地方丈，種葵菊，雜花數十本，插葦以樊之。牆外嘉樹一株，蒼翠布護，小椿樹二，離立若相持，掩映天光，望之如畫，正與室對。禽鳥之聲，如落空谷，野興横集，不知其爲闤闠也。

明 魯鐸《魯文恪公集》卷一〇《書李嘉祚萬松軒》 茶陵李君惟衍家世種松遠舍，鬱然成材。君讀書其中，名其軒曰萬松。松莫知幾何，萬其大數耳。得諸名人詩成卷，持以過余者數四，欲爲之記。余昔奉使南交，行萬餘里，所過林木不知爲類凡幾。至遇松，輒徘徊其下，若不能舍去。心口相語曰：安得一株蔽我東岡草堂，聽其風，足矣。今歸易寒暑，常往來於懷。方與松遇時，固有所謂歲寒後凋者先入乎胸中，至於可以愛重裨益身心，尚若不止於是者。當時似可模寫此意，而今已不能出諸口。蓋若嘗飲大羹玄酒而悦其味，及以語人又難其辭矣。君所居松以萬計，則其境其象當不止如吾所遇者。不履其地，可易言哉！他日過君，信宿萬松深處，一洗塵襟，當爲君記之，今姑爾爾。

明 王鏊《姑蘇志》卷三一《第宅》 萬華堂在資壽寺後，藍師稷提刑所居。植牡丹至三千株，多於洛中名品。後惟勝雲紅存焉。師稷字叔誠，開封府人。

明 郭子章《蠙衣生蜀草》卷四《三友亭記》 予試士廣漢味侯之言，理致深遠，因取其語爲校文法，顔其室曰剛柔並存室。前有亭，亭左右各植小篁一叢，蕉柏各二株。柏，枝幹扶疏，昂昂出亭上。

明 周汝登《周海門先生文録》卷八《車駕司置書記》 庫部牡丹二種，春時爛熳，伐鼓張筵。而司馬署桂樹叢生，秋香堪把。後圃脩竹千竿，納凉宜夏，且壺且奕，錚錚如吹。職方古梅一樹，雪裏携樽。而獨余署不栽一花一竹，燕集孤樽相對澹如也。

明 陳詩教《花裏活》 李衡爲丹陽太守，遣人于龍陽洲作宅，種柑千樹。敕兒曰：吾州里有千頭木奴，不責汝衣食，歲上一匹絹亦足用矣。

又 咸平中進士許洞所居種竹一竿，以表特立之操。

明 程瑶《逍遥園記》（《明文海》卷三三四輯） 予弱冠入官，旅進旅退，履危蹈險，凡三十有七年而歸。歸則創治斯園。【略】及蒙恩致其事而歸，始治斯園，爲堂爲樓，爲殘山剩水。日課童僕，栽松植竹，環以花卉。無者增之，枉者正之，密者疎之，旁出者直而上之。數載間，森然鬱然，可稱茂林矣。

明 王路《花史左編》卷二《梅花莊》 宋趙必漣，字仲漣，崇安人，刻苦讀書。開慶間以父蔭當補官，辭不就，晚植梅數百株，名其居曰梅花莊。與弟若榯日吟咏其中。

又 卷一四《争春館》 楊州太守圃中有杏花數十畷，每至爛開，張大宴，一株命一娼倚其傍，立館曰争春。開元中，宴罷夜闌，人或云花有歎聲。

又 卷一六《紅霞》 唐劉禹錫貶朗州司馬，居十年召至京師。時玄都觀有道士種桃滿觀如紅霞，遂有詩云：玄都觀裏桃千樹，盡是劉郎去後栽。已而復左出牧，十四年得爲主客郎中。復游是觀，無復一存。因有「種桃道士歸何處，前度劉郎今又來」之句。

又 《芳美亭》 錢伸仲於錫山所居作芳美亭，種桃數百千株。蔡載作詩曰：高人不惜地，自種無邊春。莫隨流水去，恐汙世間塵。

又 卷一七 陳英隱居江南，種梅千株。每至花時，落英繽紛，恍如積雪。林逋字君復，隱居孤山，徵辟不就。搆巢居閣，繞植梅花，吟詠自適，徜徉

湖山，或連宵不返。

陳從龍字登雲，嘉魚人，少嗜學，每夜讀書至曙，能詩。環居栽梅，倚樹而歌。

明　陳繼儒《陳眉公集》卷一《題梅墟屋壁》　晚得周逸人。逸人故有梅癖，亦自號周梅顛。所居環植一二百樹，雜以海棠、叢桂、松蘿、竹石。蓋梅花狎主，夏盟而諸卉分錯若繡，爲兄弟之國。逸人則周天王也。

明　祁彪佳《祁彪佳集》卷七《寓山注·櫻桃林》　選勝之下，織竹爲垣，蔓以薔薇數種。籬外多植櫻桃、蠟珠、麥英，不一其品。每至繁英叢集，朱實星懸，如隔簾美人，絳唇半露。但主人方與徂徠處士拂塵玄談，不須幾片紅牙，唱曉風殘月耳。

又《松徑》　園之中不少矯矯虬枝，然皆偃蹇不受約束。獨此處儼焉成列，如冠劍丈夫鵠立通明殿上。予因之疏開一徑，友石榭所繇以達選勝亭也。勁風謖謖，入徑者六月生寒。迎門一松，曲折如舞，共詫五大夫何嫵媚乃爾。徑旁盡植草花，紅紫雜古翠間，如韋文女嫁騎驢老叟，轉覺生韻。

明　丁自申《事賢堂記》（《明文海》卷三三八引）　庭茀治無雜植，有柏森然其中，左右芭蕉可數行，立如張蓋，動如懸旌，如拱如導。余倒屣而迎，則怳乎若釋獄中之囂，而游於蓋公之舍耳。

明　謝兆申《謝耳伯先生初集》卷八《蘭露齋記》　客有饋萃使君以建蘭、珠蘭者。使君樂其芳清而遠也，鑿一池，徑丈許。搆一齊，從廣二丈許，深如之，而列蘭數盆爲堵。且庋山經水牒其間，其南則高樹蔽翳，陰池水皆緑焉。使君訟理之隙，輒引客詠嘯樹下，客坐之，則舉體馥馥若游藻谷矣。使君顧自喜：吏豈俗人乎哉？人俗乎吏耳！其稱騷曰：秋蘭兮蘼蕪，羅生兮堂下。緑葉兮素枝，芳菲菲兮襲予。予其飲蘭之墜露乎！乃扁其齋曰蘭露。其視蘭如珠琲，其承露亦如珠琲。是神液之所滋也，清芬之所襲也，和氣之所津而凝焉者也。豈香露其成沼乎，而棲息於是焉。芳清如蘭，氣清如露，一以是爲國香，一以是爲神漿。予且以是徵使君之祥矣。客乃頌曰：往通守鞅掌爲督賦役猶不能舉。職舉矣猶若啓處不遑者。而使君優焉，兩姑諸谷之奇勝在几案而耳。游者不樂，使君乃搜飛瀑、餝靈峰，若不能一日忘水石間也，豈宴息而忘蘭露哉。

清　乾隆《郯城縣志》卷七　啓聖祠在明倫堂東北，環以繚垣，前爲門，後爲堂三間。雍正三年教諭杜文明於甬道兩旁各植柏樹二行。今一望蒼鬱。

清　乾隆《會同縣志》卷一三《形勝志》　蓮花菴在口一里三門洞脚，結蓮團。乾隆十八年黄光禄等重修。蓮開，黄氏必有入泮者。右古柏三株，樟三株，青蒼可愛。

清　乾隆《西湖志纂》卷一〇《西溪勝蹟》　福勝院　在安樂山麓。《西溪梵隱志》：晉天福間吴越王建，宋僧因本澄重興。遶寺栽梅，故有福勝梅花之目。元末兵燬。明萬曆中，雲棲僧大善重構，顔曰豁巢。崇禎間仍改名福勝院。

清　道光《直隸南雄州志》卷二四《名勝》　官道虬松　距梅關二十里。唐張九齡植松道旁，宋嘉祐間，漕使蔡抗奉旨增植。元泰定間，郡守丁公添植，夾道陰翳，形若虬龍。

清　沈復《浮生六記》卷四《浪游記快》　乘騎至華陰廟。過華封里，即堯時三祝處。廟内多秦槐漢柏，大皆三四抱，有槐中抱柏而生者，柏中抱槐而生者。

清　謝堃《花木小志》《橘》　余自移家於魯，多方購求，所得橘柚柑橙各數種，約二十餘株，皆舊家數十年物也。環植小院，置身其間，當橙黄橘緑之時，不無有故鄉之慨。

清　道光《蘇州府志》卷四六《第宅園林·元和縣》　萬華堂在資壽寺後，藍師稷提刑所居。植牡丹至三千株，多得洛中名品，如玉盌白、景雲紅、瑞雲紅、勝雲紅、間金之類，無不有之。後以游宦不能愛護，惟勝雲紅存焉。師稷字叔誠，開封人。《盧志》

又　何仔園亭在尹山，種植甚繁。牡丹多佳品，周益公必大嘗與崇福寺僧惟妙同游。見《南歸録》。

清　同治《貴溪縣志》卷一〇　訓導邵義爲諸生時嘗游武林，謁岳武穆祠。祠前有樟檜二樹，援筆題云：王祠既植樟，不宜兼植檜。樟無附木枝，檜有遮天罪。植檜王祠前，知王心愈碎。寄語當道人，斬檜人心快。

藝　文

漢　王逸《楚辭章句》卷一三《七諫章句第十三·怨思》　雜橘柚以爲囿

兮，列新荑與椒楨。

晋 成公綏《**木蘭賦**有序》（《**歷代賦彙**》**卷二七輯**） 許昌西園中木蘭樹，余往觀之，遂爲賦曰：

覽衆樹之列植，嘉木蘭之殊觀。至於玄冥授節，猛寒岩烈，峨峨堅冰，霏霏白雪。木應霜而枯零，草隨風而摧折。顧青翠之茂葉，繁旖旎之弱條。諒抗節而矯時，獨滋茂而不雕。

唐 賀知章《**望人家桃李花**》（《**唐詩拾遺**》**卷一輯**） 山源夜雨度仙家，朝發東園桃李花。桃花紅李花白，照灼城隅復南陌。南陌青樓十二重，春風桃李誰爲容。棄置千金輕不顧，踟躕五馬謝相逢。徒言南國容華晚，遂歎西家飄落遠。的皪長奉明光殿，氛氳半入披香苑。苑中珍木元自奇，黄金作葉白銀枝。千年萬歲不凋落，還將桃李更相宜。桃李從來露井傍，成蹊結影矜艷陽。莫道春光不可樹，會持仙實薦君王。

唐 儲光羲《**儲光羲詩集**》**卷四**《**薔薇**》 裊裊長數尋，青青不作林。一莖獨秀當庭心，數枝分作滿庭陰。春日遲遲欲將半，庭影離離正堪玩。枝上嬌鶯不畏人，葉底飛蛾自相亂。秦家女兒愛芳菲，畫眉相伴采葳蕤。高處紅鬚欲就手，低邊緑刺已牽衣。蒲萄架上朝光滿，楊柳園中暝鳥飛。連袂踏歌從此去，風吹香氣逐人歸。

唐 韋應物《**韋蘇州集**》**卷八**《**花徑**》 山花夾徑幽，古甃生苔澀。胡床理事餘，玉琴承露濕。朝與詩人賞，夜攜禪客入。自是塵外蹤，無令吏趨急。

唐 姚合《**奉和四松**》（《**全唐詩**》**卷五〇一輯**） 奉和四松一作和兵部鄭侍郎省中四松，注云松是中書相公任兵部侍郎日手栽，數年後，鄭澣繼之因爲詩獻相公合與唐扶劉禹錫等同和。

四松相對植，蒼翠映中臺。擢幹陵空去，移根斵石開。陰陽氣漸照，造化手親栽。日月滋佳色，烟霄長異材。清音勝在澗，寒影徧生苔。靜遶霜雲履，閑看酒滿杯。同榮朱户際，永日白雲隈。密葉聞風度，高枝見鶴來。賞心難可盡，麗什妙難裁。此地無因到，循墻幾百回。

唐 白居易《**白氏長慶集**》**卷一一**《**庭松**》 堂下何所有，十松當我階。亂立無行次，高下亦不齊。高者三丈長，下者十尺低。有如野生物，不知何人栽。接以青瓦屋，承之白沙臺。朝昏有風月，燥濕無塵泥。疏韻秋槭槭，涼陰夏凄凄。春深微雨夕，滿葉珠蓑蓑。歲暮大雪天，壓枝玉皚皚。四時各有趣，萬木非其儕。去年買此宅，多爲人所咍。一家二十口，移轉就松來。移來有何得，但得煩襟開。即此是益友，豈必交賢才。顧我猶俗士，冠蓋走塵埃。未稱爲松主，時時一愧懷。

宋 趙抃《**清獻集**》**卷四**《**上天竺寺石巖花**》 對植齊開古梵宫，欲求精筆畫難工。直將春占三旬盛，誰謂花無十日紅。未羨山桃資客笑，且陪庭柏作家風。遍尋他處都無此，寶殿前頭只兩叢。

宋 邵雍《**擊壤集**》**卷七**《**南園花竹**》 花行竹逕緊相挨，每日須行四五回。因把花行侵竹種，且圖竹逕對花開。花香遠遠隨衣袂，竹影重重上酒杯。誰道山翁少温潤，這般紅翠却相偎。

宋 陳襄《**古靈集**》**卷二二**《**游宜興法藏院觀桂紫菊花**》 山茶花開菊花紫，青桂童童立花裏。柔姿翠幹已可憐，更傍幽叢看花蘂。山僧揖我臨階坐，眼到欄邊心即喜。便欲攜歸種郡齋，忍令此地風烟埋。

宋 文同《**丹淵集**》**卷一二**《**北園梨花**》 寒食北園春已深，梨花滿枝雪圍遍。清香每向風外得，秀艷應難月中見。若嫌桃李共妖冶，多謝松篁相葱蒨。黄鸝紫燕莫過從，時有一聲拖白練。

宋 劉跂《**學易集**》**卷四**《**梅徑**》 幸蒙託根地，歷歷令著行。莫遣桃李妖，壓我玉雪香。

宋 曹勛《**松隱集**》**卷六**《**隋堤草**》 綿綿隋堤草，草色翠如茵。梧桐間桃李，穠艷驕陽春。楊柳垂金堤，拂舞無纖塵。行人不敢折，守吏岩呵嗔。大業一崩隕，九廟猶荆榛。隋堤草與木，采斫雜樵薪。秋風號枯枝，野火燒陳根。園林宫館尚禾黍，草木於爾何足論。

又 卷二〇《**小雨看海棠**》 浣花紅緑四回環，何事輕陰作嫩寒。應是化工知勝處，海棠宜向雨中看。

宋 李流謙《**澹齋集**》**卷四**《**賦壽康海棠**》 何許園林春最醲，海棠萬萬千千點。不應惟是錦織成，正恐更將猩血染。未開半豆已欲滴，爛吐一庭尤瀲灎。窺月洗雨俱可玩，抹霧横烟猝難掩。梓澤步障烘曉霞，温泉粉玉臨秋鑑。相逢但欲酣且歌，目送誰言美而艷。桃花何處容面皮，欲笑春風無乃僭。光翻牖户翠堆幄，濃逼須眉頮生臉。裹頭朝出常苦晚，燒燭夜看終未厭。見不數數夢來往，百斛可傾心獨欠。老來世味薄如紙，斬斷情根須一斂。隨身鼓笛本游戲，過目埃氛亦俄暫。明朝風雨未可期，委地泥沙混真濫。憑君但向雪落時，

箇裏直須勤點檢。

宋 張孝祥《于湖集》卷一二《題斷堤寺》 古寺留春最得多，紫微花畔海棠窠。無人歲晚同幽獨，古柏陰森著薜蘿。

宋 曾幾《茶山集》卷二《種芭蕉》 僧窗誰與晤，有竹兩三竿。栽培費老手，方法傳多端。朝朝問無恙，暮暮愁其乾。調護閲三載，今年遽雕殘。芭蕉雖小草，長大不作難。一身菡萏然，萬竅玲瓏間。滿中貯春水，烈日何能干。以兹陰凉葉，代彼青琅玕。但恐質柔脆，不堪歲祁寒。人生無牢强，當作如是觀。

宋 洪适《盤洲文集》卷八《常棣徑》 已廢蓼莪篇，難荒常棣徑。步屧不思歸，共看花弄影。

宋 王十朋《梅溪集》後集卷六《梅》○拂雲修竹遶吾家，竹裏仍栽第一花。好句更同林處士，月黄昏後影横斜。

宋 張鎡《南湖集》卷一《自安福過真珠園梅坡》 舒憂早踰關，延晤盡名侣。林亭果幽賞，得計良自許。高鳴迭酬唱，陽春誰激楚。坐移游好園，振策眄芳渚。曾茅舊剪結，冰艷静誰與。幾年楊巨源，句妙聽鐘敔。謫仙繼前躅，凌厲蒼霄舉。吾人潘逍遥，清新出機杼。揆予才獨後，乙乙抽繭緒。肆瞻宇宙宏，氣類混出處。盍簪忍輕散，快意樽中醑。相看豈時情，襟期耐寒暑。

宋 袁燮《絜齋集》卷二三《林寺丞許惠桂花》 羨君仙隱占龍山，愛君風度超人寰。手移仙葩第一品，布列竹籬松徑間。秋來月色轉清好，秋半花蕊方斕斑。對花如在月宫裏，誰道人境非天關。徹骨濃薰真酷烈，可人佳態原幽閒。雖復施朱未嫌赤，定知鄰女難同班。聞説名園富奇麗，芬芳次第如循環。丹心自與君子合，瓊枝更許諸郎攀。我亦生來有花癖，每逢絶艷一解顔。知君百金重然諾，和根遣送應不慳。

宋 陶夢桂《平塘陶先生詩》卷二《種梅》 矮窗元向竹邊開，竹已森然只欠梅。新種一株花尚少，暗香早逐細風來。

宋 衛宗武《秋聲集》卷一《竹外海棠》 我有三徑園，今爲牛馬皂。傍家尋丈地，昔未長茶蓼。琅玕數十挺，新培歲可考。幻出一庭陰，咫尺成深窈。客來可款延，友至或徑造。于時正芳菲，所欠花繚繞。隔籬舊封植，一種媚而好。卷翠護春姿，嬌紅銜天巧。折來侑清尊，嫣然爲一笑。絶勝歌舞羣，聲容託幻眇。久欲構小亭，爲計恨不早。金屋延阿嬌，衹恐人易老。此花擅春妍，獨恨易榮槁。豈若對此君，四時森羽葆。不惟祛塵俗，端可助吟嘯。良辰集朋簪，杯柈慚草草。於焉小徜徉，即此是幽討。

又《賦西軒竹》 種竹纔一畝，便有千畝勢。苟能會其趣，何拘尋丈地。其氣偉丈夫，其德象君子。瑩哉冰雪如，潤與珪璋比。中虚而有容，外直而不倚。迥非凡植儔，惟與喬松齒。攬以入吟篇，引以近書几。好之而樂之，雅致要相似。物清我亦清，相對乃無愧。翛然静秀姿，舉世所同嗜。志趣有不侔，肝膽楚越異。將以洗凡俗，凡俗烏可洗。緑猗喻武公，金璧侈歸美。蕭瑟悦宣尼，食肉至忘味。有之而似之，氣類由默契。此君如有知，噲伍亦所耻。苟或冰炭然，雖多亦奚以。

宋 文天祥《文山集》卷一《題滕王閣》 五雲窗户瞰滄浪，猶帶唐人翰墨香。日月四時黄道闊，江山一片畫圖長。迴風何處搏雙鴈，凍雨誰人駕獨航。回首十年此漂泊，閣前新柳已成行。

元 侯克中《民齋詩集》卷七《庭下兩古槐》 亭亭相對兩枯槐，落莫如人與世乖。獨立我慚君有伴，虚心君似我忘懷。晚凉不礙風生坐，夜永長留月滿階。謾説南柯深處好，定知無夢到吾儕。

明 秦夔《五峰遺稿》卷三《竹軒》 隱君宅種千竿竹，春來亂長參差玉。凉陰晝寒晚不妝，一簾疎影寒仍緑。新梢微動風颼颼，老鶴一聲山谷秋。世無王猷與二仲，擊節題詩誰與儔。

明 陳己聞《題院中八槐》《懷柔縣志》卷八引 八槐何年植，對峙蔚成行。雙秀兩墀側，三耦中道旁。葉交張翠幄，幹老摩穹蒼。我來觀民風，坐愛緑陰凉。相依青青柏，羣鳥自飛翔。吏民應勿翦，留比召公棠。

明 永瑛《芭蕉》《小瀛洲十老社詩》卷五輯 芭蕉固無奇，葉上報寒暑。窗前三五株，蕭瑟多風雨。

明 趙完璧《海壑吟稿》卷六《對菊小飲》 小徑黄花艷艷開，晚風時有異香來。長楊紅粉知多少，争似年年照酒杯。

明 顧清《東江家藏集》卷一〇《蟠槐》 似欲凌空且屈蟠，夾門雙影碧團團。油幢不合書生建，争得薰風日倚闌。

明 錢公善 錢仲益《三華集》卷一七《陳氏蘭蕙軒》 蘭蕙本同族，臭味亦似之。兄弟乃至親，分形實連枝。小草尚知本，天倫那可虧。賢哉陳家

郎，家世業眼醫。昔居錢塘城，佳名四方馳。妙術既上聞，召至居京師。先翁痛捐館，伯仲相怡怡。同居四十載，共食不異炊。賣藥得錢物，公貯無藏私。軒前有隙地，蘭蕙森猗猗。年年七月時，滿室香風吹。或采紉作佩，或綴以爲帷。豈須百畝樹，奚用九畹滋。止兹一席間，奕奕羅堦墀。緑葉紛旖旎，紫花秀葳蕤。金昆與玉季，燕坐鳴壎箎。友悌式相好，終始不少移。吁嗟淳風降，末俗日以漓。奪食或紾臂，煮豆仍燃萁。胡爲骨肉恩，翻作參商離。使聞陳氏風，名教豈小裨。因登蘭蕙軒，慷慨歌此詩。

明 申時行《賜閒堂集》卷三《適適圃十二詠・竹徑》 欲借淇園勝，凌霄挺萬竿。月來金影碎，風動玉聲寒。障暑陰堪息，停雲秀可餐。相過惟二仲，盡日倚琅玕。

明 劉基《誠意伯文集》卷六《靈峰寺植木贊》 靈峰寺有松杏與樸並植焉。劉子見而感之，爲作贊曰：杏葉葱芊，有子可以實籩。松枝扶踈，有苓可以引年。樸狀如槫，衆蠹所穿。擁腫液瞞，不可以鐫。胡並植于庭，混厥醜妍。明堂求材，般趨爾先，松戕杏割，樸獨宛然。嗚呼樸乎，孰女之憐，維女之全，抑棄於人，乃獲乎天耶？

明 敖文禎《薜荔山房藏稿》卷二《酴醾》 烟雨迷春莫，酴醾滿架花。山城含玉潤，蘿晃拂瑶華。洵美丘園貴，偏宜竹素家。香風飄短髩，浮白影交加。

又《來薰軒種葵數種繁花照座》 藝葵羅滿徑，画戟照虛堂。門色非貪寵，傾心總向陽。幾經風雨暗，一任蝶蜂忙。相對荷池上，亭亭凈晚芳。

又 卷四《過叔澄兄洞中見園林小梅數種口占》 松皋竹塢別藏天，洞口金仙坐寶蓮。可是雨花開凈土，小梅無数占春先。

明 王世貞《弇州四部稿》續稿卷一七《弇山堂庭中玉蘭及含桃二塢》

玉蘭萬朵玉屈卮，含桃亦自烟迷離。祇愁紅紛墜瑶砌，忽喜韎韐黏青枝。朝霞碾圓揺妓髻，甘露結液和詩脾。劉郎醉卧舍人横，盭妃女唇甘如飴。

明 鄺璠《便民圖纂》卷四《種諸果花木》 水仙 九月初栽。訣云：六月不在土，十月不在房，栽向東籬下，寒花朵朵香。

明 徐渭《徐文長文集》卷一二《梨花》 名園深鎖麗長空，映户揺扉一萬叢。總使梅花開似雪，却輸毬雪打和風。

故冰玉其質，水月其神。挾梅兄與礬弟，接蘭桂之芳鄰，宜紉佩於君子，亦結禰於幽人。臭不奪於蕕，香不染於薰。操靡摧於霜雪，氣超軼乎埃氛。懷清芬而弗昡兮，乃獨全其天真。非夫至德之世，上器之人，孰爲比儗而與之倫哉。亂曰：清兮直兮，貞以白兮，發采揚馨，含芳澤兮，仙人之姿，君子之德兮。

明 陳邦瞻《陳氏荷華山房詩稿》卷一二《梅花嶼在西湖上》 梅花樹幾行，孤嶼帶横塘。雪在難分色，風來始悟香。横斜依夕照，清絶問修篁。此夜看明月，佳人不可忘。

明 柴惟道《玩梅亭集稿》卷下《題梅陵》 孤根閒傍水雲隈，百卉俱零爾獨開。偏與雪霜同黯澹，故依松竹映崔嵬。羅浮夢醒遺清怨，湖上詩成倩逸才。魯擬調羹風味在，不妨冰骨護仙胎。

清 錢謙益《牧齋初學集》卷一二《霖雨詩集・梅圃谿堂》 秋水閣之後，老梅數十株。古幹虯繆，香雪浮動。今築堂以臨之，左右有長廊修竹，小橋石磵，皆梅之館宇也。

梅花村落傍漁莊，寂歴繁英占草堂。雀啅寒煙翻略彴，鶴窺素艷繞迴廊。過墻月亞疏枝影，度水風含別磵香。傳語緑堤桃李樹，好將穠麗報年芳。

清 汪琬《堯峰文鈔》卷四七《看梅二首》 門前積雪侵凍苔，十枝五枝犯寒開。老人未肯殺風景，且擘鶴氅花間來。

忍寒谿北邨西頭，夜深猶爲梅花留。笑殺雄邊雌蛺蜨，緋桃開時方出游。

清 屈大均《翁山詩外》卷一二《蕉林作》 蕉葉何嘗落，乾時可作書。繞庭三十樹，人道緑天如。

清 錢澄之《田間詩集》卷二《力疾訪程浮槎洲居看菊》 河上老翁住水涯，閉門閒植一庭花。自憐好事能扶病，爲喜留人故在家。檻外淺淡姿爛熳，籬邊高下色交加。與君飲罷身全健，酩酊無辭歸路賒。

清 傅眉《古柏歌》（《太原縣志》卷一四引） 晉祠衆木臨水多，青楊白柳交枝柯。不能老大作嫵媚，此兩柏樹可奈何。左柏劫銅紐鐵起，老龍出没教其子。攫雲搏雨巖阿幽，解牙蛻角風塵裏。造物慾恿其篤生，旁人詆諆爲半死。右柏絶倒人莫嗔，材與不材穩放身。重根抝捩通心直，小節脱略礙眼新。自是氣力憑壓物，豈其頽委依倚人。左柏右柏幽影寒，客子徘徊於其間。右柏左柏幽影淡，客子歌罷高雲散。

清 高士奇《金鼇退食筆記》卷上 勤政樓前幾暇時，古槐夾路影參差。

趨朝瑶浦呼船渡，退食天閑賜馬騎。出水蓮房初結子，沉波菱葉細牽絲。何須作記游西苑，日日螭頭一獻詩。

清 曹寅《楝亭詩鈔》卷六《方屋前竹》 君家一叢竹，適意數能來。緑韻和酣夢，空窗無醭苔。不堪漁作具，休假笛爲材。自刈閒門草，還因拂拭開。

清 陳夢雷《松鶴山房詩集》卷四《白雲别墅二十四景·杏林曉日》 東風一夕遍天涯，春滿仙人董奉家。曙色早披千樹錦，晨光倒映萬峰霞。殘紅漠漠驚飛蝶，香片霏霏撲曉鴉。芳宴曲江當日事，山村索醉酒須賒。

又《咏菊有引庚申孟秋》 鄭雪廬老先生買菊數十本列植庭廡。秋色燦然，寒香滿徑。按譜索之，悉得佳名。各賦一律以志雅尚。

御袍黄 上苑秋深燦晚英，柘黄貴擅衮衣名。高懸本自標天極，正色由來冠日精。彩映金莖仙掌艷，香分玉座御烟清。大官好製延齡醖，垂拱年年獻壽觥。

玉牡丹 控鶴仙人姑射姿，玉堂秋好伴東籬。白衣酒到應相稱，青女妝成祇自疑。素質豈煩寒露洗，暗香寧耐晚風吹。鉛華漫借花王擬，不逐芳菲二月時。

慶雲紅 共訝籬東隱彩虹，金光朱艷冠芳叢。日精散作枝枝火，秋色催來片片楓。瑞結非烟凝晚圃，力持絳節敵西風。玉英曾許劉生和，丹熟相期碧漢中。

剪霞綃 陶令籬前夕照斜，數枝穠艷映明霞。薔薇却訝霜中好，芍藥猶慚晚節賒。英佩有香須並采，羅囊共色未應誇。山人丰度原瀟灑，賜得宫袍覺態奢。

醉楊妃 貞色誰將妃子看，藏羞無語意闌姍。祇緣艷態風前嫋，漫擬妖容酒後丹。紅汗多應含露濕，豐肌恰稱耐霜寒。驪山留得幽香否，只恐花神未肯安。

粉西施 秋老吴宫試淡妝，翠翹掩映玉顔光。鵶黄初染脂微暈，麝片輕拈體暗香。含笑芳心疑待月，半酣舞袖欲凌霜。苧蘿本自傾城貌，三徑今推獨擅場。

殘菊 傲骨猶存减豔姿，秋殘三徑影離離。恩深雨露留他日，苦閲風霜到此時。甘谷通泉珍壽餌，玉英和藥訂仙期。豈因遲暮傷摇落，長結寒香護故枝。

清 錢載《擇石齋詩集》卷一九《丁香曲》 曉風急急吹細煙，低回弄影簾櫳邊。幸自生身在香國，可有心情無氣力。幾夜月溶溶，黎花夢爲濃。紫雲何掩冉，碧玉太瓏鬆。倚著韶華多駘宕，笑將别樹不丰茸。珠樓十丈絲柳寒，錦堂一曲畫欄杆。分明亦豈艷羅紈，僻寂還依松柏看。寶瓔珞綴旃檀吐，佛處差肩學眉嫵。京師諸寺每有此花。後圃元生馥郁蘭，前楹只灑迷濛雨。芳菲復芳菲，愛惜换春衣。君不見數上聲日高槐陰滿院，安巢乳燕語交飛。

清 彭孫遹《松桂堂全集》卷三四《紫菊花》 一枝籬落倚微曛，掩映茱萸色未分。冒雨不辭開爛漫，流霞偏爲染氤氲。栽來吴苑曾名玉，移植華堂定作雲。自寫胭脂添曆後，幾回青女傲幽芬。

又 卷四三《春雨堂芍藥歌》 荔支不過嶺以北，芍藥不過嶺以南。由來物性有如此，風土遷移豈所堪。春雨堂前十數本，來自揚州舊隋苑。胡家纈子鮑家黄，花蕊依然暗香遠。困倚東風不自持，偶乘氣暖一紛披。託根嶺外非得意，逞艷宫中自有時。此花嬌貴世無比，壓盡紛紛衆桃李。可憐國色與天香，憔悴蠻煙瘴雨裏。

清 高宗愛新覺羅·弘曆《御製詩集》初集卷三三《晚香玉》 西域傳來貴似金，繁滋簇簇滿墻陰。晚紉騷客幽蘭珮，閒掠佳人白玉簪。名狀標題應入疏，畫圖省識尚沉吟。尋常悟得香中諦，是卉皆成薝蔔林。

清 徐用錫《圭美堂集》卷五《移菊》 霖潦荒園菊，搜羅亦數叢。陰森四野外，次第一庭中。花重難勝雨，枝柔易舞風。鄭公原嫵媚，不與品流同。

清 沈廷芳《隱拙齋續集》卷二《招及門諸子飲海棠花下分韵》 卧聽一夜雨蕭蕭，起看紅英態已嬌。逢閏莫嫌開較晚，成叢漸覺景逾韶。驚回鑾水三年夢，共倚珊闌一琖澆。任是無香稱獨絶，幽庭得此抵璚瑶。

清 徐釚《南州草堂集》卷九《牽牛花》 翠翹低挂曲籬傍，愛向朝雲鬥曉妝。怪底秋河常作伴，一生都未見斜陽。

清 杭世駿《道古堂詩集》卷一五《桂堂集·佛桑四絶句》 一叢紅豔映廊腰，不肯編籬傍竹梢。好是尉陀臺畔望，珠孃顔色比應嬌。

歷夏經秋任意開，朱朱白白費疑猜。海東若許移根種，也見團團日出來。

陀羅薝蔔並紛敷，贏得佳名震旦呼。初日才烘花正笑，折枝先合祭休屠。

絶少濃香撲畫闌，更無輕瓣可飄殘。朝華謝後斜陽墮，莫要燒燈仔細看。

清　**錢維城《錢文敏公全集》卷七《木芙蓉》**　手植芙蓉四五株，秋來曾已作花無。空園葉落新霜冷，莫把闌干向曉扶。

清　**弘曉《明善堂詩集》卷一〇《杏花》**　送來春色不教遲，人倚樓頭欲醉時。若傍緑楊微帶雨，分明一幅畫中詩。

清　**王之斌《理趣叢林》（《黄坡縣志》卷一八引）**　理趣林在二程祠西一里。喬木聳翠，相傳即傍花隨柳處，故入景之一，有前川花柳。考《程子傳記》春日偶成詩，乃先生爲主簿時作，應改爲《理趣叢林》。

春風花柳步前川，樂處閒尋興卓然。那似叢林真聳秀，無邊趣味憶當年。

清　**劉秉恬《公餘集》卷二《桂杏并發》**　金商司律候，杏與桂齊揚。秋色行過半，春華忽鬥芳。艷葩暄絳粟，幽質對紅妝。不種丹霄日，同擎白帝霜。天時因地異，節令使花忙。誰念昆池上，陽和氣倍長。

清　**符觀《移橘》（《新喻縣志》卷一五引）**　庭前金橘移來晚，苦竹新松漫刺天。雨露不教遮更得，蠨絲從此罥何緣。花開玉粒羣芳浄，霜落筠籠萬顆圓。自愛清酸嘗未敢，可堪馳獻思悠然。

清　**吴高梁《香蘇山館詩集》卷一一《新筠》**　庭院新栽玉兩竿，粉霜觸手未曾乾。可憐生小多風韻，翠袖嬋娟薄寒。

清　**汪學金《静厓詩後稿》卷一二《新蕉》**　隔簾疎竹後，近檻暗苔泉。密卷容杯小，平舒試墨圓。緑天涼有雨，碧落曉非煙。百節能通否，輸君骨抱仙。

清　**何太青《樹萱篇》（《嶺南羣雅》初補卷下輯）**　園林無雜樹，庭砌多芳菲。中有忘憂草，竹裏生趣微。春膏不能到，旭日照無輝。移樹北堂側，轉眼緑成幃。樹萱勿傷葉，葉傷花不肥。樹萱勿傷根，根傷葉亦稀。根培花葉茂，色映游人衣。花花連枝發，葉葉迎風飛。風飛花易落，何以報春暉。春暉報有時，游子勿忘歸。

清　**李賡芸《稻香吟館詩稿》卷三《感秋十詠·花》**　曲池西面畫闌東，點綴秋光一兩叢。尚有游蜂兼舞蜨，未輸姹紫與嫣紅。短筠縛架微沾露，弱蔓牽籬可耐風。留得寒香争晚節，居然松柏後雕同。

清　**許兆椿《秋水閣詩集》卷二《分菊》**　新芽初茁緑蒙茸，牆角横斜草不封。輸却淵明三逕裏，分行栽菊未栽松。

清　**何紹基《東洲草堂詩鈔》卷九《宏恩寺松》**　高松十丈高入雲，低松丈餘低拂人。高者不俛低不仰，各數十幹争輪囷。我來正被炎塵裹，熱雨如湯日如火。手蒲葵扇寺前行，背石磐陀松下坐。清風遠引先蕭騷，高松低松同一濤。黄山白岳夢已到，佛雲香界天增高。逡循捫碑歎且讀，前代璫奴此祈福。滄桑空閲法輪轉，樓闕惟瞻行殿肅。我皇儉德同堯階，金鋪玉户生莓苔。松氣猶龍静自吼，兩朝曾見翠華來。

清　**牛樹海《種松歌》（《通渭縣新志》卷一二引）**　嚴霜鍊節兮，古黛裝容。蟠枝爲虬兮，皺皮作龍。乾坤鬱勃，卓犖之正氣磊磊，終古托長松。我愛松陰静，滿地縱横鋪雲影；我愛松風高，晴空陡起如奔濤；我愛松煙布，元鶴穩睡重幄護；我愛松月低，鏡光夜夜挂東溪。丁酉之歲始來岷，書院宏開基址新。堂前舊有兩松植，對插青霄奇輪囷。前後閒園尚數畝，添種小松百餘株。每當日晡手自灌，一念直與萬年俱。撫爾徑寸根，何時蟠結蛟螭蹲？撫爾盈尺幹，何時聳矗凌天半？撫爾小小柯，何時月影共婆娑？撫爾纖纖葉，何時翠蓋雲中疊？昂首預想樹成林，門階户牖碧陰深。拔地參天十餘畝，登高一覽鬱森森。

清　**乾隆《梅里志》卷六《園亭》**　朱琪《甌舫看竹》詩：垞北垞南竹滿林，短牆繞屋見清陰。昔年夏日消閑地，猶記親書甌舫箴。先生嘗手書《甌舫箴》見贈。齋名舊日曾題句，梧竹西偏人共知。今歲上番看漸少，秋風應種小春時。《東谿詩草》

清　**洪亮吉《卷施閣集》卷一六《蓬臺消暑集·宿海棠庭院》**　墻頭香氣時飄忽，騎馬入門絲雨歇。春風亭外二分花，夜色簾前半規月。梨桃杏李春事忙，參差一畝横海棠。三更窺徑花如活，紅氣入窗蒸夢熱。

清　**范鳳翼《三瑞園》（《如皋縣志》卷二一引）**　仙李蟠根自昔寬，盈庭況復盡芝蘭。尊前不斷函關紫，篋裏長餘勾漏丹。種得名花曾並蒂，插將枯竹亦成竿。尋常却笑鷹揚叟，何事輕辭渭水灘。

清　**李天任《弗過居芭蕉》（《新化縣志》卷七引）**　歸值芭蕉傍竹籬，晴天舒展向人宜。曾經翦燭孤窗下，贍雨酸風夜半時。

雜録

漢　**劉熙《釋名》卷一《釋道第六》**　道，一達曰：道路。道，蹈也。路，

露也。人所踐蹈而露見也；二達曰：岐旁。物兩爲岐，在邊曰旁。此道並通出似之也；三達曰：劇旁。古者列樹以表道。

宋 **陶穀《清異録》卷下《野春亭》** 武陵儒生苗彤，事園池以接賓客。有野春亭者，雜植山花，五色錯列。

明 **陈繼儒《太平清話》卷三** 檇李有山茶二大樹。其一在東塔僧舍，漊娑滿庭。其一在白蓮寺後。屠氏家旁有四老桂輔之，花五萬餘，皆二三百年物也。余花時曾兩造，酹酒酹之。

清 **陸廷燦《藝菊志》卷一《考·紀》** 柳夾岸數百株，中島植菊至百種，爲菊坡。

清 **光緒《江西通志》卷一一五** 阮家竹溪在新昌县小斜川之上。宋進士阮寅植竹爲游樂之地。劉氏芳洲在新昌县小斜川之上。宋劉愿植花木爲吟賞之所。

又 **卷一一八《署宅五》** 此君堂在贛州府治内，郡守林椿建。舊有竹千竿，匝其三面。

又 **卷一二四《寺觀四》** 萬杉寺在星子縣慶雲峰下，唐名慶雲院。宋景德中僧大超手植萬杉。

图 表

清 **乾隆《西湖志纂》卷一《九里雲松》** 唐刺史袁仁敬植松於行春橋西，達靈竺路，左右各三行，每行相去八九尺，蒼翠夾道，陰靄連雲，日光穿漏如碎金屑玉。人行其下，衣袂盡緑，延緣九里，人稱九里松。今舊松多不存，而新植者已漸成偃蓋，時時與靈山白雲相接，故曰雲松。中有亭若一字然，稱一字門。宋《武林舊事》云，一字門扁吴説書九里松三字。高宗欲易以己書，自以爲不及，遂飾以金，而重揭之。今舊額已失，新揭者乃後人續書。乾隆十六年春，駕幸雲林翠華，暫駐回鑾舟中。補題西湖畫册，御製《九里松》詩：不信雲林僻，惟看虬幹青。謖濤無定響，偃蓋有奇形。如導溪頭路，寧遮匡口亭。久聞王子晉，過此斸香苓。

植物小品部

欄檻屏籬

論説

唐 李匡乂《資暇集》卷上《藥欄》 今園庭中藥欄，欄即藥，藥即欄，猶言圍援，非花藥之欄也。有不悟者，以爲藤架蔬圃，堪作切對，是不知其由，乖之矣。按漢宣帝詔曰：池藥未御幸者，假與貧民。蘇林注云：以竹繩連綿爲禁藥，使人不得往來爾。《漢書》「闌入宫禁」字多作草下闌。則藥欄作藥蘭尤分明易悟也。一本無作藥蘭三字。

宋 吴曾《能改齋漫録》卷三《藥蘭》 唐李文正《資暇集》謂，園亭中藥蘭，蘭即藥，藥即欄。猶言園援，非花藥之欄也。有不悟者，以藤架蔬圃堪作切對。按漢宣帝詔曰：池藥未御幸者，假與貧民。《漢書》「闌入宫禁」字多作草下闌。則藥欄尤分明也。方悟杜子美《將赴成都草堂》詩「常苦沙崩損藥欄」及「乘興還來看藥欄」之意。孫少魏以欄爲籞，今本史信然。

宋 袁文《甕牖閒評》卷七 藥欄二字，《漢書》注中云：藥爲藥，欄爲欄，乃是二物。而後之著述者，往往只作一物用。杜子美詩：不嫌野外無供給，乘興還來看藥欄。周少年詩云：藥欄風細才勝蝶，柳陌陰濃不過鶯。初非作二物也。

明 楊慎《丹鉛餘録》卷二五 《説文》：妄入宫掖，曰闌。徐鉉曰：律所謂「闌入」也，通作闌。《漢成紀》：闌入上方掖門。應劭曰：無符傳，妄入宫，曰闌。《西域傳》「闌出不禁」，又加草作蘭。《列子》「宋有蘭子」，張湛注曰：凡物不知生之主，曰蘭。殷敬順曰：《史記》：無符傳出入，謂之蘭。此蘭子亦謂以技妄游，義與蘭同，或又加木作欄。李正己曰：園庭中藥欄，藥音義與籞同。藥即欄，欄即藥，非花藥之欄也。杜子美詩「乘興還來看藥欄」，王維詩「藥欄花徑衡門裏」，皆貪新麗而理不通者也。今或加手作攔，官府文移曰巡攔，曰花攔票是也。以今花攔比古語藥欄，語意益明。若以藥欄爲芍藥之欄，則今之花攔乃花藥之攔，可乎？

清 沈自南《藝林彙考·棟宇篇》卷九 《資暇録》：今園庭中藥欄，欄即藥，藥即欄，猶言圍援，非花藥之欄也。有不悟者，以爲「藤架」、「蔬圃」堪作切對，是不知其由，乖之矣。按，漢宣帝詔曰：池藥未御幸者，假與貧民。蘇林注云：以竹繩連綿爲禁藥，使人不得往來爾。《漢書》：闌入宫禁。字多作草下闌。則藥欄作藥蘭尤分明易悟也。《野客叢書》、李濟翁《資暇集》：園庭中藥欄，欄即藥，藥即欄。此説固是。然考漢《宣帝紀》：池籞未御幸者，假與貧民。非藥字。又觀古人詩，如梁庾肩吾曰：向嶺分花徑，隨堦轉藥欄。唐李商隱曰：水精眠夢是何人，欄藥日高紅髮䰄。王維曰：藥欄花徑衡門裏。又曰：新作藥欄成。杜子美曰：乘興還來看藥欄。許渾曰：竹院晝看筍，藥欄春賣花。又曰：欄圍紅藥盛。張籍曰：借宅常欣事。藥欄多作花藥之欄用也。近見《苕溪漁隱》亦引籞爲證。

《復齋漫録》、《資暇集》謂園庭中藥欄云云，方悟子美詩「常苦沙崩損藥欄」，及「乘興還來看藥欄」之意。

《苕溪漁隱》、《復齋》乃承《資暇集》之誤，引此以證子美詩。余以《漢史》《宣帝紀》考之。地節三年，詔曰：池籞未御幸者，假與貧民。蘇林云：「折竹以繩綿連禁御，使人不得往來。律名爲禁御。」李濟翁殊不細考，乃以籞爲藥，遂穿鑿爲説。復齋從而信之，皆過矣。且子美詩云藥欄者，直花藥之欄檻耳。

綜述

明 劉基《多能鄙事》卷七《作園籬法》 凡作園籬，於地面四畔方整，深耕作三壟，中間相去各二尺。枳實熟時，收子壟中，概種之。至明年秋後，約高三尺，剛去惡者，相去一尺，留一株，務要稀稠均，行列直。至來春削横枝，必留距，否則凍死。種刺榆及柳，亦如之。次以五加皮、冬羅摩並種，爲籬甚固。

明 高濂《遵生八牋》卷七《高子草花三品説》 高子曰：上乘高品，若

幽蘭、建蘭、蕙蘭、朱蘭、白山丹、黄山丹、剪秋羅、二包雞冠、一花中分紫白二色，同出一蒂。黄蓮、千瓣茉莉、紅芍、千瓣白芍、玫瑰、秋海棠、白色月季花、大紅佛桑、臺蓮，花開落盡，蓮房中每夥仍發花瓣。夾竹桃花、單瓣水仙花、黄萱花、黄薔薇、菊之紫牡丹、白牡丹、紫芍藥、銀芍藥、金芍藥、蜜芍藥，金寶相、魚子蘭、菖蒲花、夜合花。已上數種，色態幽閒，丰標雅淡，可堪盆架高齋，日共琴書清賞者也。

中乘妙品，若百合花、五色戎葵、此宜多種。余家一畝中收取花朵一二百枝。比類形色不同，共有五十多種，能作變態，無定本也。白雞冠、矮雞冠、灑金鳳仙花、四面蓮、迎春花、金雀、素馨、山礬、紅山丹、白花蓀、紫花蓀、吉祥草花、福建小梔子花、黄蝴蝶、鹿葱、剪春羅、夏羅、番山丹、水木樨、鬧陽花、石竹、五色罌粟、黄白杜鵑、黄玫瑰、黄白紫三色佛桑、金沙羅、金寶相、麗春木香、紫心白木香、黄木香、荼蘼、間間紅、十姊妹、鈴兒花、凌霄、虞美人、蝴蝶滿園春、含笑花、紫花兒、紫白玉簪、錦被堆、雙鴛菊、老少年、鴈來紅、十樣錦、秋葵、醉芙蓉、大紅芙蓉、玉芙蓉。各種菊花、甘菊花、金邊丁香、紫白丁香、萱花、千瓣水仙、紫白大紅各種鳳仙、金鉢盂、錦帶花、錦茄花、拒霜花、金莖花、紅荳花、火石榴、指甲花、石巖花、牽牛花、淡竹花、蓂莢花、木清花、真珠花、木瓜花、滴露花、紫羅襴、紅麥、番椒、菉荳花。已上數種，香色間繁，丰采各半。要皆欄檻春風，共逞四時妝點者也。

下乘具品，如金絲桃、鼓子花、秋牡丹、纏枝牡丹、四季小白花，又名接骨草、史君子花、金荳花、金錢花、紅白郁李花、繅絲花、蒿苣花、掃帚雞冠花、菊之滿天星、枸杞花、虎茨花、茨菇花、金燈、銀燈、羊躑躅、金蓮、千瓣銀蓮、金燈籠、各種藥花、黄花兒、散水花、槿樹花、白荳花、萬年青花、孩兒菊花、纏枝蓮、白蘋花、紅蓼花、石蟬花。已上數種，鉛華粗具，姿度未閒，置之籬落池頭，可填花林疏缺者也。已上種種，是皆造物化機，撩人春色，分布寰宇。吾黨盡植林園，以快一時心目，無愧歐公詩教可也。

明 謝肇淛《五雜組》卷一〇 茉莉在三吴一本千錢，入齊輒三倍酬直。而閩廣家家植地編籬，與木槿不殊。至於薔薇、玫瑰、酴醾、山茶之屬，皆以編籬。以語西北之人未必信也。

又 今朝廷進御，常有不時之花，然皆藏土窖中，四周以火逼之，故隆冬時即有牡丹花。計其工力，一本至十數金，此以難得爲貴耳。其實不時之物，非天地之正也。大率北方花木，過九月霜降後，即掘坑塹深四尺，寘花其中，周以草秸而密壅之，春分乃發，不然即稿死矣。南方携入北者，如梅、桂、梔子之屬，尤難過臘。至茉莉則百無一存矣。

明 陳詩教《花裹活》 薔薇 長沙千葉薔薇，多品彙並，以長格校其上，使花葉相連，其下有十間花屋。仰而望之，則枝葉交映，迫而察之，則芬芳襲人。

又 僧普寂大好菖蒲，房中種之，成獅子、鸞鳳、仙人各種之狀。

明 王路《花史左編》卷一一《御花繁華》 宋孝宗禁中賞花非一。先期後苑及修内司分任排辦，凡諸苑亭榭花木，妝點一新，錦簾銷幕，飛梭繡毬，以至茵褥設放，器玩盆窠，珍禽異物，各務奇麗。又命小璫内司列肆關撲，珠翠冠朵，篦環繡緞，畫領花扇，官窑定器，孫兒戲具，鬧竿龍船等物，及有賣買果木酒食餅餌蔬茹之類，莫不備具，悉效西湖景物。越自梅堂賞梅，芳春堂賞杏，桃花源觀桃，粲錦堂金林檎，照粧亭海棠，蘭亭修禊，至於鍾美堂大花爲極盛。堂前三面，皆以花石爲臺三層，各植名品，標以象牌，覆以碧幕。臺後分植玉繡毬數百株，儼如鏤玉屏。堂内左右各列三層，雕花彩檻，護以彩色牡丹畫衣，間列碾王水晶金壺及大食玻璃官窑等瓶，各簪奇品，如姚魏、御衣黄、照殿紅之類幾千朵，別以銀箔間帖大斛，分種數千百窠，分列四面。至于梁棟窗户間，亦以湘筒貯花，鱗次簇插，何翅萬朵。堂中設牡丹紅錦地茵，自中殿妃嬪，以至内官，各賜翠葉牡丹、分枝鋪翠、牡丹、御書畫扇、龍涎、金合之類有差。下至伶官樂部等人，亦霑恩賜，謂之「随花賞」。或天顔悦懌，謝恩賜予，多至數次。至春暮，則稽古堂、會瀛堂賞瓊花，静似亭、紫笑净香亭采蘭挑笋，則春事已在緑陰芳草間矣。大抵内宴賞，初坐、再坐，插金盤架者，謂之「排當」。否則謂之「進酒」。

明 王路《花史左編》卷一二《花獅子》 曲江貴家游賞，則剪百花粧成獅子相送。遺獅子有小連環，欲送則以蜀錦流蘇牽之，唱曰：春光且莫去，留與醉人看。

又《括香》 後穆宗每宫中花開，則以重頂帳蒙蔽欄檻，置惜春御史掌之，號曰括香。

又 卷一六《羅幕》 僞吴從嘉嘗於宫中以銷金羅幕種梅花，於外花間立亭可容三座，與愛姬花氏對酌其中。

又《**花洞户**》 孟元老《東京夢華録》：重九都下賞菊。菊有數種，有黄白色，蕊若蓮房，曰萬鈴菊，粉紅色曰桃紅菊，白而檀心曰木香菊，黄色而圓曰金鈴菊，純白而大曰喜容菊。無處無之，酒家皆以菊花縛成洞户。

又 卷二四《**砌刻**》 石崇砌上就苔鮮刻百花，飾以金玉。曰：壺中之景不過如是。

明 文震亨《**長物志**》卷二《**木槿**》 花中最賤，然古稱舜華，其名最遠。又名朝菌。編籬野岸，不妨間植。必稱林園佳友，未之敢許也。

又《**牡丹 芍藥**》 牡丹稱花王，芍藥稱花相，俱花中貴裔。栽植賞玩，不可毫涉酸氣。用文石爲欄，參差數級，以次列種。花時設燕，用木爲架，張碧油幔於上，以蔽日色，夜則懸燈以照。忌二種並列，忌置木桶及盆盎中。

又《**薔薇 木香**》 嘗見人家園林中，必以竹爲屏，牽五色薔薇于上，架木爲軒，名木香棚，花時雜坐其下。此何異酒食肆中？然二種非屏架不堪植，或移着閨閣，供士女采掇，差可。別有一種名黄薔薇，最貴，花亦爛熳悦目。更有野外叢生者，名野薔薇，香更濃郁，可比玫瑰。他如寶相、金沙羅、金鉢盂、佛見笑、七姊妹、十姊妹、刺桐、月桂等花，姿態相似，種法亦同。

又《**杏**》 杏與朱李、蟠桃皆堪鼎足，花亦柔媚。宜築一臺，雜植數十本。

又《**罌粟**》 以重臺千葉者爲佳，然單葉者子必滿。取供清味，亦不惡。藥欄中不可缺此一種。

又《**茉莉 素馨 百合**》 夏夜最宜多置，風輪一鼓，滿室清芬。章江編籬插棘，俱用茉莉，花時，千艘俱集虎丘，故花市初夏最盛。培養得法，亦能隔歲發花。第枝葉非几案物，不若夜合，可供瓶玩。

明 夏旦《**藥圃同春**》（《**佩文齋廣群芳譜**》**卷五三引**） 薔薇有紅黄白三色。開於春月最可扳籬，當植於徑。

明 華淑《**花間碎事**》 牡丹須著以翠樓金屋、玉砌雕廊。白鼻猧兒，紫絲少障，丹青團扇，紺緑鼎彝，才子書素練以飛觴，美人拭紅綃而度曲。不然，乃措大賞花耳。

明 計成《**園冶**》**卷二** 凡園之圍墻，多于版築，或于石砌，或編籬棘。夫編籬斯勝花屏，似多野致，深得山林趣味。

明 方以智《**物理小識**》**卷九** 養花通理 養花木事，當家人以消遣心爲之，故善。不更事者，欲以急就心爲之，安得其理？孔子曰：吾不如老圃。修花盤幹者，穴幹，納巴豆則枝節柔軟可結。花被麝沖，急用艾、雄黄於上風燒之，立解。盆内欲竹木小者，以溺浸大炭多年，穿穴種之，則活而不長。

清 李漁《**閑情偶寄**》**卷一三**《**月月紅**》 俗云：人無千日好，花難四季紅。四季能紅者，現有此花，是欲矯俗言之失也。花能矯俗言之失，何人情反聽其驗乎。綴屏之花，此爲第一。所苦者樹不能高，故此花一名瘦客。然予復有用短之法，乃爲市井之人强迫而成者也。法在屏制之第三幅。此花有紅、白及淡紅三本，結屏必須同植。

又《**木香**》 木香花密而香濃。此其稍勝薔薇者也。然結屏單靠此種，未免冷落，勢必依傍薔薇。薔薇宜架，木香宜棚者，以薔薇條幹之所及，不及木香之遠也。木香作屋，薔薇作垣，二者各盡其長，主人亦均收其利矣。

又《**薔薇**》 結屏之花，薔薇居首。其可愛者，則在富于種而不一其色。大約屏間之花，貴在五彩繽紛。若上下四旁皆一其色，則是佳人忌作之綉，庸工不繪之圖，列于亭齊，有何意致？他種屏花，若木香、酴醿、月月紅諸本，族數有限，爲色不多，欲其相間，勢必旁求他種。薔薇之苗裔極繁，其色有赤、有紅、有黄、有紫，甚至有黑；即紅之一色，又判數等，有大紅、深紅、淺紅、肉紅，粉紅之異，屏之寬者，盡其種類所有而植之，使條梗蔓延相錯，花時鬥麗，可傲步幛于石崇。然徵名考實，則皆薔薇也。是屏花之富者，莫過于薔薇。他種衣色雖妍，終不免于捉襟露肘。

清 曹溶《**倦圃蒔植記**》**總論二** 黄薔薇韵勝於香，刺花中當爲第一。最儉陋者，莫過野薔薇，而香乃擅奇，可作籬落用。

清 陳淏子《**秘傳花鏡**》**卷三**《**花木類考·冬青**》 一種細葉冬青，校條細軟，乘小時種旁籬邊，用以密編，可蔽籬眼，堅久如壁。

又《**迴廊曲檻**》 廊有二種。繞屋環轉、粉壁朱欄者多堦砌，宜植吉祥繡墩草，中懸紗燈，十餘步一盞，以佐黑夜行吟、花香興到用。別搆一種竹椽無瓦者，名曰花郎。以木槿、山茶、槐、柏等樹爲墻，木香、薔薇、月季、棣棠、荼蘼、葡萄等類爲棚，下置石墩、磁鼓，以息玩賞之足。

又《**天然具**》 斫柏成扉，牽蘿就幕；屈竹爲籬，椅松作座。山林真率，自覺天然。

又《**整頓删科法**》 諸般花木，若聽其發幹抽條，未免有礙生趣。宜修者修之，宜去者去之，庶得條達暢茂有致。凡樹有瀝木條，是枝向下垂者，當

剪去之。有刺身條，是枝向裏生者，當斷去之。有駢枝條，兩相交互者，當留一去一。有枯朽條，最能引蛀，當速去之。有冗雜條，最能礙花，當擇細弱者去之。但不可用手折，手折恐一時不斷，傷皮損幹。粗則用鋸，細則用剪。裁痕須向下，則雨水不能沁其心木，木無枯爛之病矣。至伐木之期，必須四月、七月，則無蟲蠹之患，而木更堅韌耐用。若非時斫伐者，必須水漚一月，或火偪極乾，亦不生蟲。

又《**花香耐久法**》 昔人云種花一載，看花不過十日。香艷不久，殊爲恨事。今特載一二耐久之法，以補惜花主人之不逮爾。冬月，用竹刀取梅蕊之將開者，蘸以蠟，投尊缶中。夏月取出，以沸湯就盞泡之，蕊即鮮綻，香亦不減。擣女貞實汁，即冬青子。拌巖桂半開者，入細磁瓶中，以厚紙蓋之，至無花時，密室聊置一盤，其香裊裊，可以久留。或以鹽滷浸桂花，藏至來年，色香俱在。玫瑰同醎梅，白糖拌收瓶內，經年花之色香如故。又一法：取梅或菊，或玫瑰、茉莉、珍珠蘭，皆摘其半開之花，四停茶葉一停花，以罐甖收之。內一層茶一層花，間投至滿，用紙箬縶固，入鍋內以重湯煮之，取出待冷。另用紙封固裹，置火上焙極乾，收用炮茶，其香可愛。又香櫞、佛手，若扦芋於其蒂上，以濕紙□護之，經久不瘠。或擣蒜罨其蒂，則香更充溢。

清 高士奇《**北墅抱瓮録・金銀藤**》 金銀藤葉類薜荔，細蔓緑籬，三四月後開花不絶。長及寸許，一蒂兩蘂，前後繼開，此黄彼白，故得金銀之名。甚有清香，殊於凡卉。

又《**酴醾**》 酴醾香清而微，蔓延高架，露坐最宜。其花青跗紅萼，開時變白。架下可容十餘人，中設石几，與二三同調盤礴其間，共試早茗，洵爲樂事。

又《**薔薇**》 薔薇花有淺紅深紅大紅之異。結花成屏，雅宜山墅。連春接夏，蒨艷可人，落紅成堆，每不忍埽。園後有絶大者二本，緣高樹而生，上引下垂，延蔓百尺，花間樹杪，如綴火齊。又有白薔薇、黄薔薇、單瓣野薔薇，分香鬥艷，圍繞籬落，各極勝賞。

又《**木香**》 木香灌生，長條易茂。編籬引架，芬芳襲人。白花紫心者，香更清遠。又有黄色一種，香少遜而色頗妍。山栗破房，乳鵝脱㲉，不足方其新艷也。

又《**牡丹**》 牡丹雖盛於唐，然謝康樂已言永嘉水際竹間多牡丹。北齊楊子華有畫牡丹，則此花之從來遠矣。其名目至多。宋錢思公作《花品》，得九十餘種，獨以黄紫爲貴。今姚黄之種不傳，惟紫者多有。次之莫如玉樓春，以其姿韻酣妍，香氣穠艷也。園中得魏紫一本，玉樓春數十本，下甃白石，旁設朱闌，上張翠幕。花大於盤，重臺高及尺許，絢爛繁華，動盪心目。所謂瑶臺金谷中人，他花縱極明媚，不得不讓一頭地矣。

又《**木槿**》 園中逾塹設籬，編木槿爲之。盤織縱横，茂緑盈望。花不一種，有深紅、淺紅、藕色、白色。至於重臺千瓣者，則似木芙蓉，雖榮謝不常，而鮮妍可愛。

又《**枳殼花**》 枳比橘爲小，枝幹沉緑多刺。花極香，過橙橘遠甚。蘂珠圓瑩，儼猶茉莉而其大倍之。野人門巷藉此以護籬落。

又《**剪秋紗**》 剪秋紗長莖小朵，弱不勝風。白瓣五出，上有紅絲。命童子削竹作小屏，編花於上，亦殊艷冶。

又《**鳳毛**》 鳳毛引蔓極長，葉細如縷，附莖而生，稠密整齊，有若人巧。花如野茉莉而小，色大紅，頗明艷，宜結小屏。

清 陳元龍《**格致鏡原**》**卷二〇**《**欄檻**》 《玉塵録》：穆宗每宫中花香，則以重頂蒙蔽欄檻，置惜春御史掌之，號曰括香。《天寶遺事》：楊國忠子弟每春至之時，求名花異木植于檻中，以板爲底，以木爲輪，使人牽之自轉。所至之處，檻在目前而便即歡賞目之，爲移春檻。

又《**籬**》 《爾雅》：樊，藩也。郭注：藩，籬也。《逸雅》：籬，離也。以柴竹作之，疏離離也。青徐曰：椐，椐居也。居於中也。《名義考》、《通俗文》：柴垣曰杝，木垣曰栖。南土悉以竹爲之。斜織者，謂之巴飛杝。杝，本作籬。又《魏志》：鄭渾爲魏郡太守，課百姓之材木，乃課種榆爲籬。傳咸刻夏侯駿文令史張濟案行城東，見新立屋間筣笆障二十丈。推問是少府夏侯駿作，請免駿官。筣與籬同。《詞林海錯》：裴潛爲尚書令，妻子貧乏，織筣笆以自供。司馬相如《賦》：木擁槍纍以爲儲胥。注：槍纍，作木槍相纍爲柵也。范元實《詩眼》：儲胥，軍中藩籬也。

清 秦蕙田《**五禮通考**》**卷一三一**《**嘉禮四・朝禮**》 《論語》：邦君樹塞門，管氏亦樹塞門。解鄭曰：人君別內外，於門樹屏蔽之。

清 葉天培《**菊譜**》**卷上**《**編籬**》 編竹爲籬，繞籬種菊，一任枝之横穿

斜插，紛披錯彩，亦屬雅觀。

又《**列屏**》 交木作骨爲屏，内懸筠筒注水，外糊素紙平匀。將花，穿紙入筒，用細銅絲穿紙繫枝，高低反正，因花取致，别趣天然。

清 劉壽眉《**春泉聞見録**》**卷三** 浙固多桂。如城隍山之大觀台，四面繞植不可勝數。方盛開時，樹下市茶酒。游人憩坐，香風馥郁，落帽沾襟，誠爲仙境。寧邑有止觀菴，乃赴省通衢往來投止之所。殿側即僧房，院内有四季桂十數株，外範竹籬如墻，以桂枝盤結其中，號曰桂屏。屏外老梅數本，時届仲冬，萼已半綻，梅桂同芳，更覺罕覯。屏勞客目，頓忘跋涉之艱。花爲人開，幾昧秋冬之候。老僧麓亭勸酒索詩，口占七律以貽之。《屏藩桂結賦》云：四季天香散廣寒，乍見古梅開玉樹，更驚芳粟綴金盤。衲因愛客頻頻酌，我爲憐花故故看。折贈一枝供逆旅，大觀台後又奇觀。

清 沈復《**浮生六記**》**卷二**《**閑情記趣**》 余與芸寄居錫山華氏時，華夫人以兩女從芸識字。鄉居院曠，夏日逼人。芸教其家，作活花屏法甚妙。每屏一扇，用木梢二枝約長四五寸，作矮條櫈式，虚其中，横四擋，寬一尺許，四角鑿圓眼，插竹編方眼。屏約高六七尺，用砂盆種扁豆置屏中，盤延屏上，兩人可移動。多編數屏，隨意遮攔，恍如緑陰滿窗，透風蔽日，紆迴曲折，隨時可更，故曰活花屏。有此一法，即一切藤本香草隨地可用。此真鄉居之良法也。

又 静室焚香，閑中雅趣。芸嘗以沉速等香，于飯鑊蒸透，在罏上設一銅絲架，離火半寸許，徐徐烘之，其香幽韻而無煙。佛手忌醉鼻嗅，嗅則易爛。木瓜忌出汗，汗出，用水洗之。惟香圓無忌。佛手木瓜亦有供法，不能筆宣。每有人將供妥者隨手取嗅，隨手置之，即不知供法者也。

清 謝堃《**花木小志·木香**》 灌生，長條，多刺，花有數種。紫心白花者爲佳。白色者又有大小不等，其紅色黄色遠不逮也。紫心者宜搭高架，萬朵齊開，香敷雪積，頗覺怡情。

又《**朱藤**》 藤花二色。紫色者名朱藤，白色者名銀藤。其藤鈕轉纏繞，院落横架以木，任其沿緣。數年之間，可以爲棚矣。花穗下垂，經旬不落，其初舒放之際，摘取調麪拌糖，炸食頗適口。

清 光緒《**德安府志**》**卷三**《**地理志下·古蹟**》 海棠屏 明安陸柯頌功於後園築一土屏，植海棠百本於茅齋前。日引子孫讀書其下。在府東郊，今廢。

清 陳憲舜《**課民植牧講義稿·園林藩籬法**》 就名下之園林界邊。取酸棗子，於清明後，按住址方圓，逐一撒之。至年底可高三尺許，離一尺留一株，其餘斬去。又將斬下之枝，兩相對插。明年斬插如初，用五尺一株。比及三年，樹枝旁達，虎狼鼠竊不若入矣。或用柳樹榆樹木槿，皆宜斜插，先編其枝，作何形勢聽人爲之，久則天然藩籬永固。凡荒郊壙野空坪之地，可以此法先行之，種長幹之樹，宜果林，植短幹之樹，宜果園。

紀事

五代 王仁裕《**開元天寶遺事**》**卷二**《**花裀**》 學士許慎選，放曠不拘小節，多與親友結宴於花圃中，未嘗具帷幄，設坐具。使童僕聚落花鋪於坐下。慎選曰：吾自有花裀，何消坐具？

又《**移春檻**》 楊國忠子弟每春至之時求名花異木植於檻中，以板爲底，以木爲輪，使人牽之自轉。所至之處，檻在目前，而便即歎賞。目之爲移春檻。

又 卷四《**百寶欄**》 時楊國忠因貴妃專寵，上賜以木芍藥數本，植於家國。忠以百寶妝飾欄楯，雖帝宫之美不可及也。

唐 馮贄《**雲仙雜記**》**卷三**《**軟漆纏桑枝爲籬障**》 杜勝宅以軟漆纏桑枝編爲籬障。雨一過，黑光照四面。時通甫愛之，欲以銅官第取，不應。

宋 陶穀《**清異録**》**卷下** 緑衣元寶 苔一名地錢，一名緑衣元寶。王彦章葺園亭，壘壇種花，急欲苔蘚少助野意，而經年不生。顧弟子曰：叵耐這緑拗兒。

宋 張耒《**柯山集**》**卷四一**《**咸平縣丞廳酴醾記**》 咸平五年，詔以陳留之通許鎮爲咸平縣。先是，章聖皇帝幸亳祠老子，道通許，築宫以待幸。既爲縣，即以宫爲縣令治所，主簿居中書府，而樞密府爲尉舍。熙寧某年始置丞，于是遷縣尉于外而丞居焉。丞居之堂庭有酴醾，問之邑之老人，則爲樞密府時所種也。既老而益番延蔓庇覆，占庭之大半。其花特大于其類，邑之酴醾皆出其下，蓋其當時築室種植以待天子之所休，必有珍麗可喜之物而後敢陳。是以獨秀于一邑，而莫能及也。

宋 周密《**武林舊事**》**卷三**《**端午**》 先期學士院供帖子，如春日禁中排

當，例用朔日，謂之「端一」。或傳舊京亦然。又以大金瓶數十，遍插葵榴、梔子花，環繞殿閣。又分賜后妃諸閣、大璫近侍翠葉、五色葵榴、金絲翠扇、真珠百索、釵符、經筒、香囊、軟香龍涎佩帶，及紫練、白葛、紅蕉之類。大臣貴邸，均被細葛香羅、蒲絲艾朵、彩團巧粽之賜。而外邸節物，大率效尤焉。巧粽之品不一，至結爲樓臺舫輅。又以青羅作赤口白舌帖子，與艾人並懸門楣，以爲禳襘。道宫法院，多送佩帶符篆。而市人門首，各設大盆，雜植艾虎葵花，上掛五色紙錢，排飣果粽。雖貧者亦然。

宋 吴自牧《夢粱録》卷一六《茶肆》 汴京熟食店，張掛名畫，所以勾引觀者，留連食客。今杭城茶肆亦如之，插四時花，掛名人畫，裝點店面。【略】今之茶肆，列花架，安頓奇松異檜等物于其上，裝飾店面。

又《酒肆》 中瓦子前武林園，向是三元樓，康、沈家在此開沽。店門首彩畫歡門，設紅緑杈子，緋緑簾幕，貼金紅紗梔子燈，裝飾廳院廊廡，花木森茂，酒座瀟灑。

宋 張邦基《墨莊漫録》卷九 西京牡丹聞於天下。花盛時太守作萬花會，宴集之所，以花爲屏帳，至於梁棟柱拱，悉以竹筒貯水簪花，釘挂，舉目皆花也。揚州産芍藥，其妙者不減於姚黄魏紫。蔡元長知淮揚日，亦效洛陽，亦作萬花會。其後歲歲循習而爲，人頗病之。元祐七年，東坡來知揚州，正遇花時，吏白舊例，公判罷之。人皆鼓舞欣悦。作書報王定國云，花會檢舊案，用花千萬朵，吏緣爲姦，乃揚州大害。已罷之矣。雖殺風景，免造業也。公爲政之惠利於民，率皆類此。民到於今稱之。

明 王鏊《姑蘇志》卷三〇 廣安教寺在直塘市，唐乾元初簡大師建。相傳簡領二人來游，立菴於此，插竹護籬落，後遂成林，初名竇林寺。

明 慎懋官《華夷花木獸珍玩考》卷一〇《玉堂賞花》 文淵閣右植芍藥有臺，相傳宣廟幸閣時命工砌者。初植一本居中，澹紅者是也。景泰初增植二本，純白居左，深紅居右。舊常有花自增植後未嘗一開。天順改元，徐有貞、許彬、薛瑄、李賢同時入爲學士，居中一本遂開四花，其一久而不落。既而三人皆去，惟賢獨留，人以爲兆。明年暮春忽各萌芽，左二右三，中則甚多。而彭時、吕原、林文、劉定之、李紹、倪謙、黄諫、錢溥相繼同升學士，凡八人。賢約開時共賞。首夏四日盛開八花，賢遂設燕以賞之。時賢有玉帶之賜，諸學士各賜大紅織衣且賜宴。因名純白者曰玉帶，白深紅者曰宮錦紅，澹紅者曰醉仙顔。惟諫以足疾不赴，明日復開一花，衆謂諫足以當之。賢賦詩十章，閣院宮寮咸和，彙成曰《玉堂賞花詩集》。賢序其端謂：昔韓魏公在廣陵時，是花出金帶圍四枝，公甚喜，乃選客具樂以賞之，蓋以人合花之數也。予今會客以賞花，初不取合於花數，蓋花自合人之數也。夫人合花數者係於人，合人數者係於天。係於人者未免有意，係於天者由乎自然。雖然魏公四人皆至宰相，豈獨係於人哉？蓋亦合乎天數之自然矣。花歇於前而發於今，且當復辟之初，實氣數復盛之兆，所關甚大，又非廣陵比也。然不久，諸學士中有從戎謫官者。事見《水東日記》，而不悉其詳，故識之。

明 孫慎行《薔薇壁記》（《明文海》卷三三九輯） 薔薇無處不有，乃於吾園爛開若錦屏，玩之，真所謂敝帚千金者也。然非花之謂也，自海内高賢士所名，松筠其幹，蘭茝其心，一旦捶辱囹圄中，雖光采沖天而形質沉埋九地者，何可勝痛？吾竟荷聖天子赦詔以免，吾得與園日相守，不至流離窮邊。又所謂直木多伐而支離得全者也，不亦榮哉。雖然，亦非吾與花之謂也。丙寅春，吾嘗植兩玉蘭于庭，方春盛開，迨六七月又開。吾以病卧數月不至園，僕持歸盼之，覺了無況味。爾時威政日亟，而禍亂足憂也。今聖天子撫御一年來，蝨賊以翦，瑾瑜以章。吾即老病不復冠帶，而忽逢聖天子特知，排恟議，慨還官誥，得以從容徘徊屏下。然則花之足喜悦，豈直在吾昔也。縱奇花異産，徒增萇楚之悲。今也，即蔓花凡花足歌黍苗之蔭，夫聖天子隆興景運，嘉惠宇内，宏恩不可以無記，因爲薔薇壁記。崇禎元年七月也，又憶丙寅夏有蓮一株，高四尺五寸，穿葉心而出，如佛旛蓋，早晚舒放，開幾十餘日。素知花者嘆未有，然吾不此之記而記薔薇，蓮偶一見而薔薇歲歲見，其歌明盛於無窮者將在是。

明 王路《花史左編》卷二《花之寄·竹林堂》 梁元帝竹林堂中多種薔薇，並以長格校其上，使花葉相連。其下有十間花屋，仰而望之則枝葉交映，迫而察之，則芬芳襲人。

又《長嘯堂》 范蜀公居許下，造大堂，以長嘯名之。前有酴醿架，高廣可容數十客。每春季花繁盛時，燕客其下，約曰有飛花墮酒中者，嚼一大白。或笑語喧嘩之際，微風過之，則滿座無遺者，當時號爲飛英會。

又 卷一一《勝賞》 唐李進賢好賓客。屬牡丹盛開，以賞花爲名，引賓

歸內室。楹柱皆列錦繡，器用悉是黄金，堦前有花數叢，覆以錦幄。妓妾俱服紈綺，執絲簧，善歌舞者至多。客之左右皆有女僕雙鬟者二人，所須無不畢至承接之意。常日指使者不如芳酒綺殽，窮極水陸。至於僕乘供給，靡不豐盈。自午迄於明晨，不覩，杯盤狼籍。

又《護賞》 陳芸叟嘗雜種異花圍繞亭榭。散步花間，霞雪掩映，曰：此我家錦步障也。

明 徐弘祖《徐霞客游記》卷八下 己卯正月初一日在雞山獅子林莘野静室，是早天氣澄澈，旭日當前。余平明起禮佛而飯，乃上隱空蘭宗二静室。又過野愚静室，野愚已下蘭宗處，遂從上徑平行而西入念佛堂，是爲白雲師禪棲之所。【略】（白雲龕）前編柏爲欄，葺翠環繞，若短屏迴合。堦前綉墩草獨高員如疊跏趺其上，蒲團錦茵皆不如也。

清 高士奇《金鼇退食筆記》卷下 南花園在西苑門迤南東向，明時曰灰池，種植瓜蔬于炕洞內，烘養新菜，以備春盤薦生之用。立春日，進鮮蘿蔔，名曰咬春。本朝改爲南花園，雜植花樹，凡江寧、蘇松杭州織造所進盆景，皆付澆灌培植。又于暖室烘出芍藥、牡丹諸花，每歲元夕賜宴之時，安放乾清宮，陳列筵前，以爲勝于剪彩。秋時收養蟋蟀，至燈夜則置之鼇山燈內，奏樂既罷，忽聞蛩聲自鼇山中出。每歲正月進梅花、山茶、探春、貼梗海棠、水仙花。二月進瑞香、玉蘭、碧桃、鸞枝。三月進繡毬花、杜鵑、木筆、木瓜、海棠、丁香、梨花，插瓶牡丹。四月進梔子花、石榴花、薔薇，插瓶芍藥。五月進菖蒲、艾葉、茉莉，黄楊樹盆景。六七月進茉莉、建蘭及鳳仙花，五色斑斕，置玻瓈盤中。八月進巖桂。九月進各種菊花。十月進小盆景、松竹、冬青、虎鬚草、金絲荷葉及橘樹、金橙。十一月十二月進早梅、探春、迎春、蠟瓣梅。又有香片梅，古幹槎牙，開紅白二色，安放懋勤殿，余曾有詩紀之。石榴紅白二種，花單瓣，結實如盂，子大味甘，曰軟子石榴。棗有弱枝密雲瓔珞諸種，甚甘脆，食則漿流于齒。每歲八月初收棗入錫瓶，封口懸井中，寒冬取出進用，如初從樹摘者。葡萄有馬乳、六月鮮、紫瓊瑶。王瓜有高麗種，狀如香櫞，色正黄。扁豆有白花蜜豆，霜後更美。上從清涼山手移金蓮花，亦付南花園栽種。四月末花開，碧葉黄英，鮮潔可愛。其餘雜花奇樹不可名言，惟設內監司灌溉之事，冬月進花，皆用黄布作綿套包裹，不使見風。菊花以緑竹作架，各懸小牌，書某種如粉西施、水晶盤、太史黄、紫羅蘭之類，按時舁送各宮殿安放。花殘則隨時易以新者，南書房亦如之。懋勤殿古幹梅，花發紅白二色。

清 厲鶚《東城雜記》卷下《東里草堂》 元至正間，有王維賢者，隐居嗜古，所交多勝友，築東里草堂於城東。張光弼題詩云：迥遭多是及肩牆，馬過猶知舊草堂。苔徑雨晴蝴蜨亂，藥欄風暝牡丹香。

清 沈復《浮生六記》卷一《閨房記樂》 滄浪風景，時切芸懷。有老嫗居金母橋之東，埂巷之北。繞屋皆菜圃，編籬爲門。門外有池約畝許，花光樹影，錯雜籬邊。其地即元末張士誠王府廢基也。【略】籬邊倩鄰老購菊，遍植之。九月花開，又與芸居十日。吾母亦欣然來觀，持螯對菊，賞玩竟日。

清《彭縣志》卷二 賽丹景 在小北門外寶星菴。陸放翁記宋時惟此寺牡丹最盛，大者徑尺。紹興中，寺有牡丹二十一種，時號天彭，爲小西京，以其俗好植牡丹，有京洛遺風。城外有花市，寺有種花臺，高八丈闊六丈。花時登城眺望如錦堆，較丹景爲盛，故名。

著 録

清 錢大昕《考槃餘事序》 屠長卿先生以詩文雄隆萬間，在弇洲四十子之列。雖宦途不達，而名重海内。晚年優游林泉，文酒自娱，蕭然無世俗之思。今讀先生《考槃餘事》，評書論畫，滌硯修琴，相鶴觀魚，焚香試茗，几案之珍，山鳥之制靡不曲盡其妙。具此勝情，宜其視軒冕如浮雲矣。兹先生之嗣孫繼序等重付剞劂，屬予校正，并題數言歸之。乾隆乙巳季夏晦日錢大昕書。

清 永瑢等《四庫全書總目》卷一一六《名花譜一卷兩淮鹽政采進本》 舊本題西湖居易主人撰，不著名氏，亦無序跋。其書雜鈔《羣芳譜》之類而成，蓋近人作。所列凡九十二種，而附以瓶花訣、盆種訣、十二月花木訣。所言種植之法，挂漏不詳。間附故實，尤冗雜無緒。觀其開卷叙梅一段，字句凡鄙，引用謬誤，不過粗識文義之人偶然鈔録成册耳。

又 卷一二三《長物志十二卷浙江鮑士恭家藏本》 明文震亨撰。震亨字啓美，長洲人。徵明之曾孫。崇禎中官武英殿中書舍人，以善琴供奉。明亡，殉節死。是編分室廬、花木、水石、禽魚、書畫、几榻、器具、位置、衣飾、舟車、蔬果、香茗十二類。其曰長物，蓋取《世説》中王恭語也。凡閒適玩好之事，纖悉畢具。大致遠以趙希鵠《洞天清録》爲淵源，近以屠隆《考槃餘事》爲參

佐。明季山人墨客，多以是相誇，所謂清供者是也。然矯言雅尚，反增俗態者有焉。惟震亨世以書畫擅名，耳濡目染，與衆本殊，故所言收藏賞鑒諸法，亦具有條理。所謂王謝家兒，雖復不端正者，亦奕奕有一種風氣歟。且震亨捐生殉國，節槩炳然，其所手編，當以人重，尤不可使之泯没。故特録存之，備雜家之一種焉。

藝文

唐　姚合《姚少監詩集》卷七《芭蕉屏》　芭蕉叢叢生，月照參差影。數葉大如牆，作我門之屏。稍稍聞見稀，耳目得安静。

宋　韋驤《錢塘集》卷四《和木香花》　架竹引繁英，青羅簇素瓊。潛卑實相色，遠過瑞香清。被雨凝雲重，因風舞雪輕。憑誰變花譜，陞在最高名。

宋　曹勳《松隱集》卷三八《朝中措》　酴醾芳架引繁英。香遠透簾清。殿閣真仙同賞，天顔喜入歡聲。　琉璃萬朵，嬌紅嫩紫，總是嘉名。更與洛陽花市，一齊移在宫庭。

又　卷三九《倚樓人酴醾》　清明池館，芳菲漸晚，晴香滿架籠永晝。翠擁柔條，玉鋪繁蘂，裊裊舞低襟袖。秀蓓凝浩露，疑挂六銖衣縐。檀點芳心，體薰清馥，粉容宜撚春風手。　肯與芝蘭共嗅。洞户花、别是素芳依舊。剪取長梢，青蛟噴雪，挽住曉雲争秀。樓上人未去，嘗恐風欺雨瘦。紅綃收取，舉觴猶喜，賫得醺醺酒。

又《四檻花》　鴛瓦霜濃，獸爐煙冷，鎖窗漸明。芙蓉紅暈減，疏篁曉風清。睡覺猶眠，怯新寒，仍宿酒，尚有餘酲。擁閑衾。先記早梅糝糝，流水泠泠。須知歲月堪驚。最難管，蒼華滿鏡生。心地常自樂，誰能問枯榮。一味情塵，揩摩盡，人間世，更没虧成。惟蕭散，眠食外，且樂昇平。

宋　虞儔《尊白堂集》卷四《小軒四圍織短籬因成絶句》　自插笆籬當藥欄，旋移花木向中間。東偏只要疏疏竹，開牖莫教遮却山。

宋　楊萬里《誠齋集》卷三二《道傍槿籬》　夾路疏籬錦作堆，朝開暮落復朝開。抽心粔籹輕拖糝，近蔕燕支釅抹頳。占破半年猶道少，何曾一日不芳來。花中却是渠長命，換舊添新底用催。

宋　鄭剛中《北山集》卷一九《題異香花俗呼指甲花》　小比木犀無藴藉，輕黄碎蘂亂交加。邦人不解聽誰説，一地稱爲指甲花。　立之惠生花數穗，類藤蔓間花，微黄，四出，蘂如半米，肥而緑，踈葉圓而不鋭，十花百蘂，其下不四五葉，初不知其香之異也。置几案間，大率氣味如木犀而酷烈過之。三二日後清芬徧室，凡平時茉莉、素馨所不到處，皆馥馥焉。問其名，曰邦人號指甲花。樹高三四尺，花於枝杪，自窮秋至深冬未已。嗚呼！指甲之名陋矣。求之於花亦不類，豈受名之始或者無以付之耶？將山鄉習誤而至是耶？抑有事實而今不能傳耶？有一於此，皆花之不幸，竊易其名爲異香，録於詩後。

宋　韓淲《澗泉集》卷一八《牽牛花》　露氣浮風入短籬，蔓延高下復參差。輕清不作妖紅艷，漠漠秋陰分外宜。

元　黄庚《月屋漫稿·問菊》　山園獨立對秋光，一袖西風兩屐霜。笑倚東籬問寒菊，自淵明後幾番香。

元　蒲道源《閒居叢稿》卷八《賦石竹》　短籬新見出梢梢，葱蒨都無尺許高。茜色芳葩工點綴，莫教容易混蓬蒿。

明　胡奎《斗南老人集》卷五《約友東園看花》　故人近有看花約，説道晴來雨也來。昨夜藥闌東側畔，海棠一樹向陽開。

明　沐昂《素詩集》卷六《和慎獨齋薔薇詩韻》　緑葉參差結翠屏，春深開放近閑亭。芳叢帶露依朱户，艷色籠烟映碧欞。可愛鮮明堆錦綉，尤疑羅綺集軒庭。詩篇賦就同吟賞，爛醉花前不欲醒。

明　邵寶《容春堂續集》卷四《水北山莊觀菊》　天留佳色與黄華，每到秋風一拜嘉。栗里地能容醉老，南陽潭竟屬仙家。題應有興心偏苦，插豈無情鬢已華。記取餘香如送客，蕭蕭風徑繞籬斜。

明　吴寬《家藏集》卷一九《槿》　南方編短籬，木槿每當路。北地少爲貴，翻編短籬護。要知一物耳，貴賤以地故。夏末蕊纍纍，生意含曉露。花開亦可觀，别種更相妒。獨憐一夕間，顔色已非素。蕊多固應爾，此理真自悟。不見萱草花，開落只朝暮。

明　陶諧《南川稿》卷五《寺中牡丹》　舊種平章宅，今移會法堂。何師珍色相，特地乞花王。傍砌開渠曲，當階立栅方。品元凌卉部，種定出扶桑。仿佛天孫手，裁成雲錦裳。廣寒魂墮月，太乙魄含陽。湛露沾濡吐，緋霞灼煉芳。優曇驚絶艷，薝蔔避天香。漫説金瓶倚，還應寶貝裝。開時真富貴，撫景

合徜徉。覆簣防泥瘠，忙鋤絶蔓妨。頻探憐酹酒，愛臭倦支床。抱瓮人嗤癖，携燈自笑狂。觴歌春浩蕩，俛仰興蒼茫。梓澤池臺里，銅駝綺繡鄉。當年窮侈糜，盛履豈經常。落日淒凌谷，東風散吉祥。寺名相逢淹客底，侍賞隔宮墻。花萼烟霄迥，春明道路長。幾時隨玉輦，重上染衣章。

明　沈周《**石田詩選**》**卷九**《**東闌牡丹爲好事者掘去**》　荒庭粗整石闌干，始買花栽得牡丹。富貴同心有人愛，繁華移手别家看。烟根已撥苔猶破，兩坎空存土未漫。笑撫老懷無所惜，固知留到子孫難。

明　孫承恩《**文簡集**》**卷十三**《**中庭植小花數種戲述**》　中庭小作砌，種植紛羣葩。園丁昔好事，移自西鄰家。汲水勤灌溉，張席亦周遮。經時土流膏，倏已抽萌芽。逮茲花葉稠，紅白爛交加。雖無姚魏富，幽艷亦可嘉。豪門事珍玩，田家重桑麻。戲劇吾亦誣，聊爲兒童詩。

明　文彭《**文氏五家集**》**卷七**《**陸子虚園賞舞青霓牡丹**》　穀雨園林萬緑齊，名花驚見舞青霓。朝霞麗日腥紅映，返照迎風翠暈低。繡幕參差香露滴，雕欄高下錦雲迷。沈香亭上應如此，却笑清平漫品題。

明　田藝蘅《**香宇集**》**卷二三**《**花竹闌干**》　六曲闌干花滿堂，紫鴛七十二成行。薔薇亂掩荼蘼色，玫瑰全侵芍藥香。擡舉春風斑竹架，平安夜雨白藤床。繡屏翠幄常酣夢，絶勝佳人錦瑟旁。

明　李攀龍《**滄溟集**》**卷一三**《**過殿卿山房詠牡丹二首**》　相國園亭種牡丹，枝枝風雨怨春寒。主人車馬城中慣，知傍誰家錦障看。

國色宫妝倚檻新，一樽堪自對殘春。即令解語應相笑，何必看花定主人。

明　顧清《**東江家藏集**》**卷一〇**《**柏屏**》　屈葉回柯巧蔽虧，畫檐三面碧參差。琉璃隔坐非吾有，冰雪相看正爾期。

明　申時行《**賜閒堂集**》**卷三**《**杏垣**》　坊開裴墅錦，花發董林株。望欲迷瓊苑，栽疑近白榆。微風舒露臉，小雨濕煙鬟。春意枝頭鬧，從教醉玉壺。

又《**藥闌**》　憶在絲綸地，頻經爛熳時。今看溱洧贈，恍似掖垣移。倚檻春容麗，翻堦日影遲。曲欄乘興到，不慕廣陵奇。

明　孫承宗《**高陽集**》**卷九**《**牡丹邨小苑**》　誰家小苑鎖幽香，映日輕紅過短墻。似是硏光誰舞罷，倚欄無意掠殘妝。

明　王廷陳《**夢澤集**》**卷一九**《**王子宅牡丹**》　洛下瓊瑤品，江南富貴叢。寶欄回彩艷，綃幕護香風。細蕊含愁碧，輕霞暈酒紅。低回親舞袖，窈窕出花櫳。國色名傳異，芳園賞幸同。春光遲佳侶，留醉錦屏中。

明　敖文禎《**薜荔山房藏稿**》**卷四**《**薜荔園菊譜**》　倚闌標菊品，隨俗費平章。玉帶龍袍重，金錢雀舌長。半酣擎鶴頂，深態着鵝黄。朝服新緋寵，燕脂靚女妝。却憐回子眼，空對有心郎。丹轉輕紅老，銀傾太白光。樊川真仿佛，栗里得相羊。野興懷高躅，千秋此醉鄉。

清　陸廷燦《**藝菊志**》**卷六**《**側金盞**》　圓模羅列占東籬，西帝賜來宫樣奇。疑是花神清酌罷，儘教放處不妨欹。

又　卷七《**繡芙蓉**》　新竹編籬手自栽，芳姿不照蜀江開。花神何事能奇巧，暗把金針繡出來。

又《**黄鶴頂**》　西風籬落看黄花，色比樓中鶴更佳。想是榴皮隨手畫，不曾留頂着丹砂。

又《**紫牡丹**》　栗里陶家勝魏家，東籬花事自豪奢。西風反得陽春力，不見黄花見紫花。

又《**錦芙蓉**》　一片秋容五彩明，東籬渾似錦官城。石崇步幛豪英後，不若陶家晚節榮。

清　陳玉璂《**學文堂集·離亭燕·薔薇**》　滿架濃陰初暖，醉暈妝含深淺。墻裏佳人窗外影，一抹羅襦紅染。曉起傍紗櫺，却愛露微煙軟。　最是午餘深院，桐刺藤花相亂。無力東風摇蕩處，此際芳魂誰見？障去錦爲屏，日晚依然猶爛。

清　毛奇齡《**西河集**》**卷一五〇**《**題汝南郡西堂牡丹**》　官閣分朱檻，名花長緑叢。深房含曉露，修幹怯春風。薄粉匀綿白，輕衫疊縠紅。苞藏金瑣屑，瓣剪玉玲瓏。簇葉同雲護，留香待日融。重英欹宿蝶，曲蒂小懸蟲。傾國來宫裏，姚家擅洛中。自傷流漫甚，不敢近墻東。

又　卷一五一《**大敬宅牡丹**》　江上棲賢里，城南處士家。春風三月雨，晚日一欄花。覆地垂枝重，當堦散影斜。叢苞含粉絮，卷蘂蹙衣紗。葉潤沾黄蝶，臺空落紫霞。早凉丹蒂合，晝暖碧油遮。清興同欣賞，閑情任麗華。誰言招隱地，定爲詠蒹葭。

清　陳維崧《**黄薔薇**》（《**瑶華集**》**卷四輯**）　櫻桃已謝，牡丹開罷，薔薇滿樹。夕陽漫漫一架，低亞。檀痕汙粉帕。　黄鸝一色枝頭罵，朦朧怕誰，迸金丸打。畫廊東，繡花叢，芳絨。施朱近也慵。

清 董説《豐草菴詩集》卷五《土室種蘭》 土室貴返朴，坐處春草生。拔草種蘭窠，躬學老圃耕。銅瓶朝瀉水，南窗初雪晴。花向架書垂，葉鬧春風聲。春風發几研，勝繞池塘行。

清 宋犖《西陂類稿》卷三《齋中賞芍藥歌》 東風澹蕩吹芍藥，幾日閒園開婥約。重跗累萼相鮮新，獨殿春光破寂寞。曉起園丁爭送花，竹筐絡繹當門遮。一筐千朵千瓣，插來屏幛生雲霞。俯仰高齊花世界，傾城傾國誰能畫。餘花還浸老瓦盆，分送鄰翁償酒債。嗟我當年江漢游，花開不見迴生愁。今也對此堪痛飲，如澠之酒樽中浮。酒闌獨把花枝觀，小史清歌停復奏。春殘無計惜將離，惆悵宵來風雨驟。

清 錢載《蘀石齋詩集》卷四四《憶蔣侍郎家紫藤花》 見君十幾歲時栽，三十年多滿院開。壓架流蘇萬纓絡，飄茵紺雪一莓苔。

清 彭孫遹《松桂堂全集》卷三三《木香》 殘紅滿架泥春酣，春雨春風劇不堪。紫玉芳心愁自結，素娥清怨曉猶含。月流綃帳濃于麝，雪簇花房小似蠶。對此還當憶荀令，餘香三日在巾簪。

又《荼蘼》 穀雨園林似錦幪，姿清肯與衆芳同。姍姍玉骨屏風上，艷艷珠胎落月中。滿眼春愁渾未了，消魂香氣暗相通。釀花天亦知人意，不遣飛英酒盞空。

又 卷三四《牽牛花》 憐他蘭月試花稠，恰與黄姑小字侔。綺節乍臨芳信早，翠翹輕折黛光流。斜縈野岸盈盈水，倦倚疏籬脉脉秋。風露滿天河似練，晚來獨處不勝愁。此花雖小草，却鮮翠可愛。憶壬申七月三日，朱淑人遣小僮于斜街花市買得三數本，戲謂予曰：七夕近矣，君可無緣情之什乎？余遂成詩一章，落句有「風露滿天晚來獨處」之句。當時所作自謂一篇警策，不謂今兹竟成詩讖。壬申至今已六年矣，荏苒歲華，存亡迥别，迴環三復，摧悼可勝言耶。丁丑舟中記。

清 王頊齡《世恩堂詩集》卷二七《枯藤》 曲蔓緣高架，霜催綠葉稀。游龍疑或是，紫蓋已成非。落拓閑情古，蕭條生意微。遥思艷陽日，堪伴薜蘿衣。

清 商盤《質園詩集》卷一五《南園藤花》 芳信來時淑氣暄，龍蛇滿架作花繁。分明别樣蓬萊紫，不入東風廿四番。

清 金兆燕《棕亭詩鈔》卷一六《牽牛花》 五更殘月下樓臺，冷翠浮光映濕苔。滅燭最宜人早起，當風慣趁露先開。穿籬繞砌無拘檢，八竹攀松自去來。粧閣憑肩纔小立，莫教梳洗便相催。

清 王文治《夢樓詩集》卷一八《小止觀齋集·白秋海棠》 數點瑶英月下看，半依碧砌半朱闌。只愁花上秋霜色，吹入玉人羅袖寒。

清 周篆《草亭先生集》卷三《憶薔薇》 水外垂楊水内桑，招摇野色弄年光。但開瓮牖臨岐路，未築泥垣蔽草堂。亂插薔薇資掩映，結成籬落最芬芳。寄書祇問家無恙，遑計枝條幾許長。

明 薛蕙《考功集》卷七《病中對雨憶南園牡丹》 賓客門前問疾迴，圖書案上亂成堆。卧聞片雨空階滴，想見名花别墅開。油幕縱然藏錦樹，畫闌定自汙蒼苔。東風好爲催春霽，扶病還須載酒來。

清 謝元淮《養默山房詩稿》卷五《木槿》 舜華曾比美風姿，密密森森插作籬。已是遲開偏早落，可憐顏色不多時。

清 楊謙 李高孫《梅里志》卷六 朱彝尊《池上編籬偶成》詩：槐洪茭池水一窪，好編六枳作籬笆。客來與乞平安竹，老去思栽頃刻花。農丈人惟知避俗，村夫子更懶移家。試添隔岸香茅屋，眼見南垞勝北垞。郭徵《荷池》詩：暑耽疏豁拓窗紗，亭上香吹水面花。竹簟納涼茶盞好，碧筒吸酒也無差。

清 葉藩《古藤書屋藤花詩》（《兩浙輶軒續録》卷六輯） 主人迹半天下奇，晚以陋室絶衆馳。入門如敬前輩友，根本盛大香紛披。晞陽東海長靈液，奪秀湖渌生春姿。千條聯聯雲袂破，萬花亹亹天鎛彌。羣游紫鳳各得所，眠風躡露相娛嬉。倚赤杖聽白鳥語，况有朋舊來歌詩。流傳好事徵畫本，丹鉛點筆色不虧。家貧不能具肴饌，未免爛漫開酒巵。隔牆書聲喜童丱，座上歎詫多眉黎。蝶勤蜂懶盡物態，落花妝地陰鋪墀。百年閲爾直旦晚，名與宅井常在兹。

雜録

宋 陶穀《清異録》卷一《昌九》 宜春太守虞杲郡齋植昌蒲五檻，次子夢髯翁自號「昌九」，言願賜保養。

明 董斯張《吴興備志》卷一四 德清縣治有松竹堂在廳西，舊名宜堂。後取韓退之「出宰山水縣，讀書松竹林」之句易名。又有醉花堂、香雪亭、明

秀亭在縣圃内。亭北甃藥欄，種桃花、海棠，榜曰紅雲島。醉雪亭在明秀亭左。取王荆公《酴醾》詩「醉紅撩亂雪争開」之句爲名。

明 陳詩教《花裏活》 孟蜀後主以芙蓉花染繒爲帳幔，名芙蓉帳。

孟昶時，每臘日，内官各獻花樹。梁守珍獻忘憂花，鏤金于花上，曰獨立仙。

明 徐應秋《玉芝堂談薈》卷三《自奉之侈》 石崇貲重累巨萬，宫室輿馬僭擬王者。砌上就苔蘚刻百花，飾以金玉。

明 王路《花史左編》卷一四《紅梨花》 峽州署中有千葉紅梨花，無人賞者。知郡朱郎中始加欄檻，命坐客賦之。花亦有侍，豈終寂寞。

明 木增《雲薖淡墨》卷四《木堇》 木堇，今人植爲籬，易生之物也。

清 李漁《閑情偶寄》卷一三《酴醾》 酴醾之品，亞于薔薇木香，然亦屏間必需之物。以其花侯稍遲，可續二種之不繼也。「開到酴醾花事了」，每憶此句，情興爲之索然。

清 陳淏子《秘傳花鏡》卷三《花木類考·木槿》 木槿一名舜英，一名王蒸，又名日給、愛老、重臺，花上花諸名日。惟千葉白與紫、大紅、粉紅者佳。葉繁密如桑而小，花形差小如蜀葵，朝榮夕隕，遠望可觀。若單葉柔條、五瓣成一花者，乃籬槿也，止堪編籬。

木槿

清 高士奇《北墅抱瓮録·龍膽草》 龍膽莖長數尺，葉相對生，花色艷翠如膽形，以細竹引之，極供静玩。

清 姚之駰《元明事類鈔》卷三四《花草門二》 編籬 貢師泰詩：茉莉編籬香旖旎。

清 沈復《浮生六記》卷四《浪游記快》 吾鄉素尚繁華，至此日之争奇奪勝，較昔尤奢。燈彩眩眸，笙歌聒耳，古人所謂畫棟雕甍、珠簾繡幕、玉闌干、錦步障不啻過之。余爲友人東拉西扯，助其插花結彩。閑則呼朋引類，劇飲狂歌，暢懷游覽。

植物盆玩

題解

清 陳淏子《秘傳花鏡》卷二《種盆取景法》 山林原野，地曠風疏，任意栽培，自生佳景。至若城市狹隘之所，安能比户皆園。高人韻士，惟多種盆花小量，庶幾免俗。然而盆中之保護灌溉，更難於園圃。花木之燥濕冷暖，更煩於喬林。盆中土薄，力量無多，故未有樹先須製下肥土。全賴冬月取陽溝汙泥曬乾，篩去瓦礫，將糞潑濕復曬，如此數次。用乾草柴一皮，肥土一皮，取火燒過收貯。至來春，隨便栽諸色花木可也。栽後宜肥者，每日用鷄鵝毛水與糞水相和而澆。如花已發萌，不宜澆糞。若嫩條已長，花頭已發，正好澆肥。至花開時，又不可澆。每日早晚只須清水。果實時亦不可澆，澆則實落。凡植花，三四月間方可上盆，則根不長而花多，若根多則花少矣。或用蠶沙浸水澆之，亦良。草子之宜盆者甚多，不必細陳。果木之宜盆者甚少。惟松、柏、榆、檜、楓、橘、桃、梅、茶、桂、榴、槿、鳳竹、虎刺、瑞香、金雀、海棠、黄楊、杜鵑、月季、茉莉、火焦、素馨、枸杞、丁香、牡丹、平地木、六月雪等樹，皆可盆栽。但須剪裁有致。近日吴下出一種，訪雲林山樹盡意，用長大白石盆，或紫沙宜興盆，將最小柏檜或楓榆，六月雪或虎刺、黄楊、梅椿等，擇取十餘株，細視其體態，參差高下，倚山靠石而栽之。或用崑山白石，或用廣東英石，隨意疊成山林佳景。置數盆於高軒書室之前，誠雅人清供也。如樹服盆已久，枝幹長野，必須修枝盤幹。其法宜穴幹納巴豆，則棱節柔軟可結。若欲委曲折枝，則

微破其皮，以金汁一點，便可任意轉折。須以極細棕索縛吊，歲久性定，自饒古致矣。凡盆花拳石上，最宜苔鮮，若一時不可得，以菱泥、馬糞和勻，塗潤濕處及椏枝間，不久即生，儼如古木華林。

清 陸廷燦《南村隨筆》卷六《盆景》 吾邑出盆景，名聞遠邇，與他處之棕綫紮縛、盤屈而成者迥不相同。始於明季，邑人朱三松摹仿名人圖繪，擇花樹修剪，高不盈尺，而奇秀蒼古，具虬龍百尺之勢，培養數十年方成。或有逾百年者，栽以佳盎，伴以白石，列之几案間。或北苑，或河陽，或大癡雲林，儼然置身長林深壑中，此等購之最難得。後人雖有傳其派者，終不能得其神髓。三松之法不獨枝幹粗細上下相稱，更搜剔其根，使屈曲必露，如山中千年老樹，此非會心人未能遽領其微妙也。秀水朱檢討竹垞先生題余藝菊圖有云：疁城花石愛堆槃，定武紅磁尺半寬。蓋指之也。近葉姓父子之後，并所謂傳其派者亦竟無人。恐使見者遂以爲疁城盆景不過如斯，良可慨矣。

清 劉鑾《五石瓠》卷三《盆景》 今人以盆盎間樹石爲玩。長者屈而短之，大者削而約之，或膚寸而結果實，或咫尺而蓄魚蟲，概稱盆景，想亦始自平泉艮岳矣。元人謂之「些子景」，亦韻。丁鶴年《爲平江韞上人賦些子景》云：尺樹盆池曲檻前，老禪清興擬林泉。氣吞渤澥波盈掬，勢壓崆峒石一拳。彷彿煙霞生隙地，分明日月在壺天。旁人莫訝胸襟隘，毫髮從來立大千。

清 宋振麟《中岩文介先生文集》卷六《雜説·陳君几石盆卉説》 凡奇種嘉彙，每産於人跡不到之處。好之者不憚險遠，摎之邃谷幽澗而僅得之。然出處易地，生氣索然，令人有他方憔悴之慨。惟陳君，一石一卉獨取諸近郭廢壤，皆人所熟耳目厭媟之者。君潛而蓄之，稍稍拭祓，便即神致飛宕，咫尺間位置改觀。往而即之，莫不訝其從來。横渠翁云：萬物形色，本太虚煨燼。今陳君遥情幽趣，驅除塵襟，覽物既精，心手入妙，能令煨燼倏忽化爲神奇，方信人之良能直通於造物。君素研精秘密方書，故紙陳墨皆爲靈物。罇酒坐談，風味別出。從此將合内外於耳目之表，感發必倍爽於他日。昔董氏杏、蘇氏橘，人皆神其術。溯其趣致，大約於此道得之。

論説

宋 王十朋《梅溪前集》卷一七《巖松記》 野人有以巖松至梅溪者，異質叢生，根銜拳石，茂焉匪孤，森焉匪喬，柏葉檜身而松氣象焉，藏參天覆地之意於盈握間，亦草木之英奇者。予頗愛之，植以瓦盆，置之小成室，稽古之暇，寓陶先生、鄭先生之趣焉。是日與同舍飲茗談故事，因共觀之，咸有欲得之色。予曰：有能賞之以言者，予不敢吝。俄，篇章争先而並至，皆佳作也。予不暇品第之，莫知所贈，因徙至予會趣堂，與八齋之衆共之，且告之曰：諸友講於斯，食於斯，游息于斯，是松也，常在眼焉。奚必几案間，然後爲吾物耶。雖然，是松之意，不可不知也。巖産質松肖形，諸友不凡之姿也。青青之色凌傲霜雪，諸友歲寒之心也。鬱密輪囷，若偃若伸，爪距奮而鱗鬣生，諸友變化之象也。今日之觀，豈曰玩物而已哉？唐人之詩曰「勖君青松心」，予於諸友亦云。紹興辛未四月晦日記。

明 屠隆《陳眉公考槃餘事》卷四《盆玩》 盆景以几案可置者爲佳，其次則列之庭榭中物也。最古雅者如天目之松，高可盈尺，其本如臂，針毛短簇，結爲馬遠之欹斜詰曲，郭熙之露頂矍拿，劉松年之偃亞層疊，盛子昭之拖拽軒翥等狀。栽以佳器，槎牙可觀。更有一枝兩三梗者，或栽三五窠，結爲山林排匝，高下參差，更以透漏窈窕奇名古石筍，安插得體，置諸中庭。對獨本者，若坐岡陵之巔，與孤松盤桓。對雙本者，似入松林深處，令人六月忘暑。又如閩中石梅，乃天生奇質，從石本發枝，且自露其根，樛曲古拙，偃仰有態，含花吐葉，歷世不敗。蒼蘚鱗皴，封滿花身。苔鬚垂或長數寸，風颺緑絲，飄飄可玩。烟横月瘦，恍然夢醒羅浮。又如水竹，亦産閩中。高五六寸許，極則盈尺，細葉老幹，瀟踈可人，盆植數竿，便生渭川之想。此三友者，盆几之高品也。次則枸杞，當求老本虬曲，其大如拳，根若龍蛇至於蟠結，柯幹蒼老，束縛盡解，不露做手，多有態若天生。然雪中枝葉青鬱，紅子扶踈，點點若綴，時有雪壓珊瑚之號，亦多山林風致。杭之虎茨，有百年外者，止高二三尺，本狀笛管，葉疊數十層。每盆以二十株爲林，白花紅子，其性甚堅，嚴冬厚雪，玩之令人亡餐。更須古雅之盆，奇峭之石爲佐，方愜心賞。至若蒲草一具，夜則司收燈煙，朝取垂露潤眼，誠仙靈瑞品，齋中所不可廢者。須用奇古崑石，白定方窑，水底下置五色小石子數十，紅白交錯，青碧相間，時汲清泉養之，日則見天，夜則見露，不特充玩，亦可辟邪。他如春之蘭花，夏之夜合、黄香萱，秋之黄蜜矮菊，冬之短葉水仙、美人蕉，佑以靈芝，盛諸古盆，傍立小巧奇石一塊，架以朱几，清標雅質，踈朗不繁，

玉立亭亭，儼若隱人君子，清素逼人。相對啜天池茗，吟本色詩，大快人間障眼。

明 高濂《遵生八牋》卷七《高子盆景説》 高子曰：盆景之尚，天下有五地最盛：南都，蘇、松二郡，浙之杭州，福之浦城。人多愛之，論植以錢萬計，則其好可知。但盆景以几桌可置者爲佳，其大者列之庭樹中物，姑置勿論。如最古雅者，品以天目松爲第一，惟杭城有之。高可盈尺，其本如臂，針毛短簇，結爲馬遠之欹斜結曲，郭熙之露頂攫拿，劉松年之偃亞層疊，盛子昭之拖拽軒翥等狀，載以佳器，槎牙可觀，他樹蟠結，無出此製。更有松本一根二梗三梗者，或栽三五窠，結爲山林排匝，高下參差，更多幽趣。林下安置，透漏窈窕崑石、應石、燕石、臘石、將樂石、靈壁石、石筍，安放得體。可對獨本者，若坐岡陵之巔，與孤松盤桓。其雙本者，似入松林深處，令人六月忘暑。除此五地，所産多同，惟福之種類更夥。若石梅一種，乃天生形質如石燕、石蟹之類，石本發枝，含花吐葉，歷世不敗。中有美者，奇怪莫狀。此可與杭之天目松爲匹，更以福之水竹副之，可充几上三友。水竹高五六寸許，極則盈尺，細葉老幹，瀟疏可人，盈盈數竿，便生渭川之想，亦盆景中之高品也。次則枸杞之態多古，雪中紅子扶疏，時有雪壓珊瑚之號。本大如拳，不露做手。又如檜柏耐苦，且易蟠結。亦有老本蒼柯，針葉青鬱，束縛盡解，若天生然，不讓他本，自多山林風致。他如虎茨，余見一友人家有二盆，本狀笛管，其葉十數重疊，每盆約有一二十株爲林，此真元人物也。後爲俗人所敗。又見僧家元盆，奇古作狀，寶玩令人忘餐，竟敗豪右。美人蕉盈尺上盆，蕉傍立石，非他樹可比。此須擇異常之石，方愜心賞。他如榆椿、山東青、山黄楊、雀梅、楊婆奶、六月霜、鐵梗海棠、櫻桃、西河柳、寸金羅漢松、娑羅松、剔牙松、細葉黄楊、玉蝶梅、紅梅、緑萼梅、瑞香桃、絳桃、紫薇、結香、川鵑、李杏、銀杏、江西細竹、素馨、小金橘、牛奶橘，冬時纍纍朱實，至春不凋。小茶梅、海桐、纓絡柏、樹海棠、老本黄楊，已上皆可上盆。但木本奇古，出自生成爲難得耳。又如深山之中天生怪樹，種落巖竇年深，木本雖大，樹則婆娑。雖見數本，名不可識，似更難得。又如菖蒲之種有六：金錢、牛頂、臺蒲、劍脊、虎鬚、香苗。看蒲之法，妙在勿令見泥與肥爲上，勿澆井水，使葉上有白星，壞苗。不令日曝，勿冒霜雪，勿見醉人油手，數事爲最。種之崑石、水浮石中，欲其苗之蒼翠蕃衍，非歲月不可。往見友人家有蒲石一圓，盛以水底，其大盈尺，儼若青壁。其背乃先時拳石種蒲，日就生意，根窠蟠結，密若羅織，石竟不露，又無延蔓。真國初物也。後爲腥手摩弄，缺其一面，令人悵然。大率蒲草易看，盆古爲難。若定之五色劃花，白定綉花、劃花。方圓盆以雲板脚爲美，更有八角圓盆，六角環盆，定樣最多，奈無長盆。官窑哥窑圓者居多，緣環者亦有，方則不多見矣。如青東磁，均州窑，圓者居多，長盆亦少。方盆菱花葵花製佳，惟可種蒲。先年蔣石匠鑿青紫石盆，有匾長者，有四方者，有長方四入角者。其鑿法精妙，允爲一代高手。傳流亦少，人多不知。又若廣中白石紫石方盆，其製不一，雅稱養石種蒲，單以應石置之，殊少風致。亦有可種樹者。又如舊龍泉官窑盈三二尺大盆，有底冲全者，種蒲可愛。若我朝景陵茂陵，所製青花白地官窑方圓盆底，質細青翠，又爲殿中名筆圖畫，非窑匠描寫，會見二盆上蘆鴈，不下絹素。但盆惟種蒲者多，種樹者少也。惟定有盈尺方盆，青東磁間或有之，均州龍泉有之，皆方而高深，可以種樹。若求長樣可列樹石雙行者，絶少。曾見宣窑粉色裂紋長盆，中分樹水二漕，製甚可愛。近日燒有白色方圓長盆甚多，無俟他求矣。其北路青緑泥窑，俗惡不堪經眼。更有燒成兔子、蟾蜍、劉海、荔枝、薫仙，中間二孔種蒲，此皆兒女子戲物，豈容汙我仙靈？見之當擊碎撞破，爲菖蒲脱災。山齋有崑石蒲草一具，載以白定劃花水底，大盈一尺三四寸，製川石數十子，紅白交錯，青緑相間，日汲清泉養之，自謂齋中一寶。

明 文震亨《長物志》卷二《盆玩》 盆玩，時尚以列几案間者爲第一，列庭樹中者次之，余持論則反是。最古者以天目松爲第一，高不過二尺，短不過尺許，其本如臂，其針若簇，結爲馬遠之「欹斜詰曲」，郭熙之「露頂張拳」，劉松年之「偃亞層疊」，盛子照之「拖拽軒翥」等狀，栽以佳器，槎牙可觀。又有古梅，蒼蘚鱗皴，苔鬚垂滿，含花吐葉，歷久不敗者，亦古。若如時尚作沉香片者，甚無謂。蓋木片生花，有何趣味？真所謂以「耳食」者矣。又有枸杞及水冬青、野榆、檜柏之屬，根若龍蚰，不露束縛鋸截痕者，俱高品也。其次則閩之水竹，杭之虎刺，尚在雅俗間。乃若菖蒲九節，神仙所珍，見石則細，見土則粗，極難培養。吴人洗根澆水，竹翦修净，謂朝取葉間垂露，可以潤眼，意極珍之。余謂此宜以石子鋪一小庭，遍種其上，雨過青翠，自然生香。若盆中栽植，列几案間，殊爲無謂，此與蟠桃、雙果之類，俱未敢隨俗作好也。他如春之蘭蕙，夏之夜合、黄香萱、夾竹桃花，秋之黄密矮菊，

冬之短葉水仙及美人蕉諸種，俱可隨時供玩。盆以青緑古銅、白定官哥等窑爲第一，新製者五色内窑及供春粗料可用，餘不入品。盆宜圓，不宜方，尤忌長狹。石以靈壁、英石、西山佐之，餘亦不入品。齋中亦僅可置一二盆，不可多列。小者忌架於朱几，大者忌置於官磚，得舊石㮶或古石蓮磉爲座，乃佳。

清 曹溶《倦圃蒔植記》總論卷下《論盆樹第十》 盆樹有二途。凡種之貴重者及奇古已成者，祇宜細心愛養，勿更穿鑿。慮以紛，更招損。若未經造就者，名爲生坯，多用輕微種類，略不姑息，任意盡力屈折裁翦，則縱橫變化多於險處生奇，乃有佳致耳。

人有恒言，曰一盆二石三花草。予則顛之倒之。夫花早最急，石次之，盆稍緩。亦猶絲不如竹，竹不如肉，漸近自然耶。

有盆有景，玩之全也。景而不盆，徐圖换盆。盆而不景，速當覓景。不盆不景，是亦不可以已乎。

天趣爲上。天與人葠焉，亞之。人而不天，吾何以觀？

不曰盆樹而曰盆景，何居？蓋最似畫家小景，所謂寸馬豆人者，地步之規模雖隘，而意匠之包涵甚弘，是爲得之。

花園子所結方圓扁實者，號鴉鵲窠，但可入俗眼。略解事者，或用盛子昭畫意，尚爲下乘。知音者乃效馬遠，爲不取齊整滿足，但枯硬寫意而已，此爲庶幾。余嘗戲題倪雲林一景，或者稱之。

石菖蒲第一，漱石枕流，不食煙火，殆非塵寰閒物耶。種似虎鬚，爲最圓細勁直者是也，須用崑山水窠之。玲瓏露頂者栽根而多歷年所，斯爲上乘，其古盆中久植者次之。

蚰蜒松第二，細針瘦枝，長不滿尺而風骨古老，蟠虬偃蓋之美悉備。

福建水竹第三，蒼顔勁節，茂密成林，而根株枝葉均匀細巧。几案間頓有嶰谷渭濱，又時時抽笋，尤助雅典。

古梅第四，須梅貼梅，更以形小而意大，骨老而顔童者爲佳。方寸之木而虬枝椒眼，瓊芳青子，緑陰黄葉隨時消長，誠可玩也。

虎刺第五，以其具體而微，出於天然，不須矯揉也。曰花青子，與隔年紅實並綴於碧翠叢中，固自奇觀。其妙尤在老穉低昂，什伍參錯，新芽旋茁，層臺競聳，爲小景中之大觀耳。令覽者如入山陰道中，應接不暇。細葉者佳，粗葉勿用。然性多避忌，大率喜陰而好潔者也。

迎春第六，質本便於屈曲，而年久則鱗皴自成。然裁翦折伏，良工苦心，其所由來者漸矣獻歲，新花更覺增美。

黄楊第七，厄閏本樹所苦，而侏儒反爲弄臣，因病成奇物固有之。然惟閩中所致者，枝葉倍細，想别是一種，其奇古老幹亦自不凡。

烏子爵梅第八，産於崎嶇磽确之地者。賦質已先險怪，而助以人力屈折，年久更奇。

榆樹冬青第九，亦取其瘠地所産。凋殘已極，瘦骨峥嶸，甚或有皮無肉者，略加人力裁成，遂爲佳景。

貼梗海棠第十，枝黑而勁，天質本近。就中拔，尤束縛。斤斤點綴紅英，更添風韵。鐵網珊瑚，佳名雅稱。

他如石榴、徽州梔子，便於盆植，久則更佳。又有水盆景一法：如白鶴、紫鶴、巳時花，及芭蕉、吉祥草皆可爲之。冬青、野榆、紫薇、梔子亦可爲水樹。清泉白石，根似銀鬚，聊適一時之興而已。

亞於盆景爲缸景。遠方奇物如鐵蕉、鳳尾蕉、棕竹、天目松等，以大爲暢，此缸景之貴重者也。本地所出，或以花盛而佳，或以樹奇而古，雖不登几案，而亦可列庭階者，則爲缸景之第二流焉。天目松亦以小爲貴，而奇古者復不嫌於大。

凡盆景之有花者，枝幹從恕，有果更勝，有花三者備，美之至也。

盆中花卉或愛肥，而用糞則不雅。惟先預造肥土，隨時加壅，最爲上策。或於他處隔遠置缸器，貯肥水，以盆樹輪流浸養半日，旋移供養亦妙。此有三便：一遠穢，二潤燥，三寒水不從頂淋，膏澤自下而升，其益尤多。

古人秉燭夜游，一何興之高耶？然瓊筵坐花，羽觴醉月，未免脂粉氣耳。得趣於盆景者，夜間以紙鐙火照看，爾時菖蒲、虎刺、松竹等色，奇碧異緑，百倍於日間所覩，恍若蔚藍天之帝青寶也。塵世中富者之祖母禄，貴者之翠羽葆，何足道哉？其花之紅者白者在緑葉間，色相亦自迥别。

盆樹天生短小者，因其勢而裁酌之則佳。或用大根株，强就削截，局促安頓，一二年間，元氣漸乏，每見倏萎。此時可暫誑淺識者。

清 趙殿成《王右丞集箋注》卷二八《畫學秘訣》 夫畫道之中，水墨最爲上，肇自然之性，成造化之功。或咫尺之圖，寫百千里之景。東西南北宛爾

目前，春夏秋冬生於筆下。

清　方士庶《天慵庵筆記》卷下　山川草木，造化自然，此實鏡也。因心造境，以手運心，此虛景也。虛而爲實，是在筆墨有無，閒衡是非，定工拙矣。

清　汪由敦《松泉集》卷二〇《盆菊説》　晨起，童子持菊二本，植以甆盎，置之庭中，數以水沃之。視其枝翹然以達，葉菁然以盛，而蕚纍然羅也。告余曰：華可計日得矣。薄暮視之，葉漸萎，翌日益萎，越三日葉則盡萎，而蕚乃稍吐。然以視他本，獨小蓋三之一耳，其色黯淡憔悴。見者訝之。汪子曰：嗟夫！物之榮悴因乎候，是其盛也。候之將至也，掘而鬻之，易土而植之，不得其養而迄於萎也，宜矣，蕚之吐也。固灌溉之勤，實迫而致之乎，抑特其餘氣乎。又豈菊固自悼所遇，終不甘淹然就萎，雖力之不足，亦稍吐露以自見乎。藝菊者鬻以取錢，幸而速售，初不顧其萎也。菊自萌蘖漸長，幸不摧殘夭折，以至於蕚遲之旬日，其爲花必不後於凡爲菊者矣。予獨悲夫藝菊者之不俟其時而速之萎也。彼菊者雖於摧挫之餘蕲以自見，而豈知其候固有不可强者耶。雖然菊無知之物，榮與萎命於人，菊非能自主也。予獨悲夫人之不俟其學之成而速售，以迄於萎也，感之作盆菊説。

清　俞樾《茶香室叢鈔》卷一〇《些子景》　國朝劉鑾《五石瓠》云：今人以盆盎間樹石爲玩，概稱盆景，元人謂之些子景。丁鶴年有《爲不江韞上人賦些子景詩》。

清　龔自珍《龔定盦全集》卷三《病梅館記》　江寧之龍蟠，蘇州之鄧尉，杭州之西谿，皆産梅。或曰：梅以曲爲美，直則無姿。以攲爲美，正則無景。梅以疏爲美，密則無態。固也。此文人畫士，心知其意，未可明詔大號，以繩天下之梅也。又不可以使天下之民斫直、删密、鋤正，以殀梅病梅爲業，以求錢也。梅之攲之疏之曲，又非蠢蠢求錢之民能以其智力爲也。有以文人畫士孤癖之隱明告鬻梅者，斫其正，養其旁條，删其密，夭其稚枝，鋤其直，遏其生氣，以求重價，而江浙之梅皆病。文人畫士之禍之烈至此哉！予購三百盆，皆病者，無一完者。既泣之三日，乃誓療之。縱之順之，毁其盆，悉埋於地，解其棕縛。以五年爲期，必復之全之。予本非文人畫士，甘受詬厲，闢病梅之館以貯之。烏乎！安得使予多暇日，又多閒田，以廣貯江寧、杭州、蘇州之病梅，窮予生之光陰以療梅也哉！

綜　述

唐　馮贄《雲仙雜記》卷三《貯蘭蕙》　王維以黄磁斗貯蘭蕙，養以綺石，累年彌盛。

宋　吴自牧《夢粱録》卷一九《園囿》　（杭州）城北西門外趙郭園，又有錢塘門外溜水橋東西馬塍諸圃，皆植怪松異檜，四時奇花精巧，窠兒多爲龍蟠鳳舞、飛禽走獸之狀。每日市于都城，好事者多買之，以備觀賞也。

宋　周密《武林舊事》卷三《禁中納凉》　禁中避暑，多御復古、選德等殿，又翠寒堂納凉。長松修竹，濃翠蔽日，層巒奇岫，静窈縈深，寒瀑飛空，下注大池可十畝。池中紅白菡萏萬柄，蓋園丁以瓦盎别種，分列水底，時易新者，庶幾美觀。又置茉莉、素馨、建蘭、麝香藤、朱槿、玉桂、紅蕉、闍婆、檐蔔等南花數百盆於廣庭，鼓以風輪，清芬滿殿。御笐兩旁，各設金盆數十架，積雪如山。紗厨後先皆懸掛伽蘭木、真蠟龍涎等香珠百餘。蔗漿金盌，珍果玉壺，初不知人間有塵暑也。聞洪景盧學士嘗賜對於翠寒堂，當三伏中，體粟戰慄，不可久立。上問故，笑遣中貴人以北綾半臂賜之。則境界可想見矣。

宋　陳直《壽親養老新書》卷三《菖蒲石》　怪石奇峰以沙石器種之，旦暮易水則茂，水濁及有泥滓則萎。一寸九節者，服之可以烏髭輕身延年。夜燈，間置一兩盆，可以收煙，不薰人眼。東坡詩云：碧玉盌盛紅瑪瑙，青盆水養石菖蒲。魯荼山云：窗明几净室空虚，盡道幽人一事無。莫道幽人無一事，汲泉承露養菖蒲。

明　王鏊《姑蘇志》卷一三　虎邱人善於盆中植奇花異卉，盤松古梅。置之几案間，清雅可愛，謂之盆景。

明　王世懋《學圃雜疏·花疏》　石榴本在外國來者，然獨京師爲勝。中貴盆中有植幹數十年，高不盈二尺，而垂實纍纍，至巨者皮子之紅白，一隨其花。花而不實者，曰餅子。深紅淡紅二種，皆山亭之珍也。吾地不宜。盆中移歸，不二年壞矣。本地餅子紅榴稍佳而樹大，非几案前物。單葉有黄白淺深紅四種，存以標異可也。

明　高濂《遵生八牋》卷一五《書齋清供花草六種入格》　春時用白定哥窑、古龍泉均州鼓盆，以泥沙和水種蘭，中置奇石一塊。夏則以四窑方圓大

盆，種夜合二株，花可四五朵者，架以朱几，黃萱三二株，亦可看玩。秋取黃蜜二色菊花，以均州大盆或饒州白花圓盆種之。或以小古窑盆，種三五寸高菊花一株，傍立小石，上几。冬以四窑方圓盆，種短葉水仙單瓣者佳。又如美人蕉，立以小石，佐以靈芝一顆，須用長方舊盆始稱。六種花草，清標雅質，疏朗不繁，玉立亭亭，儼若隱人君子。置之几案，素豔逼人。相對啜天池茗，吟本色古詩，大快人間障眼。外此，無多可入清供。

又 卷一六《燕閒清賞牋下·玉簪花二種》 春初移種肥土中則茂，其花瓣拖麵入少糖霜煎食，香清味淡。可入清供，紫者花小，葉上黃緑間道，喜水分，種盆石栽之，可玩。

明 徐應秋《玉芝堂談薈》卷三五《吉祥草》 吉祥草蒼翠如建蘭而無花，不藉土而自活，涉冬不枯。杭人多植瓷盎，置几案間。王元章詩云：得名良不惡，瀟灑在山房。生意無休息，存心固久長。風霜徒自老，蜂蝶爲誰忙。歲晚何人問，山空暮雨荒。

明 顧起元《客座贅語》卷一 凡案所供盆景，舊惟虎刺一二品而已。近來花園子自吳中運至品目益多。虎刺外有天目松、瓔珞松、海棠、碧桃、黃楊、石竹、瀟湘竹、水冬青、水仙、小芭蕉、枸杞。

明 王路《花史左編》卷四《宜男》 形似萱花而小蜜色。婦人帶之，可移女爲男。晚置齊頭，香幽可愛，然須加意培植大盆種之，多多益善。

又《水仙》 單瓣者名水仙，千瓣者名玉玲瓏。又以單瓣者名金盞銀臺。因花性好水，故名水仙。單者葉短而香可愛，用精盆種，可供雅玩。

又《梔子花》 有花小而重臺者，園囿中之品卉。又一種徽州梔子，小葉小枝小花，高不過尺許，可作盆景。

又《金銀蓮》 湖中甚多。園林盆泥蓄水種之，但取二色。重臺者可愛。

明 江之源《百花藏譜·荷花》 老蓮子裝入雞卵殼內，將紙糊好開孔，與母雞混衆子中同伏。候雛出，取開收起蓮子，先以天門冬爲末和羊毛角屑拌泥安盆底，種蓮子在內，勿令水乾，則生葉開花止如銅錢大，可愛。

又《水竹》 福產，高五六寸許，極高盈尺，細葉老幹，瀟踈可人，盆種數竿，便生渭川之想。

又《茅藤果》 藤本，亦可移植盆中，結縛成蓋。其子紅，甚柔，挂虆虆頗可觀玩。

又《芭蕉》 根傍小芽分作盆景，用油簪脚將根横刺二眼，即不長高可玩。

明 周文華《汝南圃史》卷二 凡種盆景，保護務要及時。倘風水相侵，寒熱暴至，當以布帳遮之，或篾簟覆之。如遇輕陰細雨，淡日和風，出架庭中，勿令著地，恐致根長及引蟲蟻。

又 卷三《石榴》 盆榴無法，只須浸曬。冬間霜下，收回南檐，如土乾時略將水潤。至春深氣暖，可放石上，翦去嫩苗，勿令高大。盛夏置日中，或曬屋上，免近地氣，致令根長及爲蚓蟻所穴。每朝用米泔水沉没花斛，浸約半時取出日曬，如覺土乾，又復浸之，殆良法也。

又 卷七《虎刺》 虎刺如狗橘，最難長大，宜種陰濕地。春初分栽，四月開細白花，花四出，花開時子尤未落，紅白相間，甚可愛。花落結子，至冬紅如丹砂。有二種，葉細者佳。吳人多植盆中，以爲窗前之玩。宜頻用梅水澆。

又 卷一一《吉祥草》 《西湖游覽志》云，吉祥草蒼翠如建蘭而無花，不藉土自活，涉冬不枯，性極喜濕。今人多植瓷盎置几案間，日無缺水，則葉茂色益鮮。栽不擇時，若亂植土中，不見其趣。

又《蒀》 蒀即千年蒀，葉闊叢生，深緑色，冬夏不枯，又名萬年青。吳中家家植之，以盛衰占興敗。有造房治壙諸吉事，連根葉取置頂上以爲祥瑞。結姻聘幣，翦綾絹肖千年蒀，與吉祥草及葱松四形並供盆中，大小不一。

又《苔》 《拾遺記》云，晉梁國獻金苔，色如金，若螢火聚。投水中，蔓延波上，其光射目如火。乃於宮中穿地百步以聚苔，或貯漆碗中，照耀滿室。著衣則如火光，名曰夜明苔。宮人有幸者，以金苔賜之。今園圃中花臺石砌及盆盎並喜緑苔點綴，或春時從他處移栽，或用米泔水澆則盛。梅杏諸樹，生苔斑有古趣。

明 文震亨《長物志》卷二《水仙》 水仙二種，花高葉短，單瓣者佳。冬月宜多植，但其性不耐寒，取極佳者移盆盎，置几案間。次者雜植松竹之下，或古梅奇石間，更雅。馮夷服花八石，得爲水仙，其名最雅，六朝人乃呼爲「雅蒜」，大可軒渠。

又《藕花》 藕花池塘最勝，或種五色官缸，供庭除賞玩猶可。缸上忌設小朱欄。花亦當取異種，如並頭、重臺、品字、四面觀音、碧蓮、金邊等乃佳。白者藕勝，紅者房勝。不可種七石酒缸及花缸內。

又《蘭》 蘭出自閩中者爲上，葉如劍芒，花高於葉，《離騷》所謂「秋

蘭兮青青，綠葉兮紫莖」者是也。次則贛州者亦佳，此俱山齋所不可少。然每處僅可置一盆，多則類虎丘花市。盆盎須覓舊龍泉、均州、內府供春絕大者，忌用花缸、牛腿諸俗製。四時培植，春日葉芽已發，盆土已肥，不可沃肥水。常以塵帚拂拭其葉，勿令塵垢。夏日花開葉嫩，勿以手搖動。待其長茂，然後拂拭。秋則微撥開根土，以米泔水少許注根下，勿漬污葉上。冬則安頓向陽暖室，天晴無風舁出，時時以盆轉動，四面令勻，午後即收入，勿令霜雪侵之。若葉黑無花，則陰多故也。治蟻虱，惟以大盆或缸盛水，浸逼花盆，則蟻自去。又治葉虱如白點，以水一盆，滴香油少許於內，用綿蘸水拂拭，亦自去矣，此藝蘭簡便法也。又有一種出杭州者，曰杭蘭，出陽羨山中者，名興蘭，一幹數花者曰蕙，此皆可移植石巖之下，須得彼中原本，則歲歲發花。珍珠、風蘭，俱不入品。箬蘭，其葉如箬，似蘭無馨，草花奇種。金粟蘭名「賽蘭」，香特甚。

明 陳正學《灌園草木識》卷一《杜鵑》 花千葉，朱紅，根甚綿細難培，只澆以清水，無別宜者。小園屢植屢槁。曾見三山居亭一株甚茂，植之盆中安置，不甚向陽，抑地氣然與。

明《花史》夏集《石榴·種盆榴》《花經》曰：預于樹上留實三二枚，霜降後先記號，定上下南北。摘下，用稀布逐箇袋之，依樹上朝向掛陰處。先于六七月間取堅土，其土取尋常鬆而且美者，敲細，篩去瓦石，攤淨土地上，澆潑濃糞曬乾，再澆潑，再曬再篩五六次，收藏缸內，不可經雨。次年二月初二日，取家用缸或火盆，以其有火氣也。無則新者不妨。將所製之土鋪內，厚三四寸許，不要太厚了。却將所采石榴，破開取子。于大盆土內隔三四寸許，按一淺鐔，內安榴子三四粒。安完用土蓋半寸厚，灑土，令土微濕。置有風露向陽處，每日灑水不令乾。候其生出長寸許，每一潭擇長大者留一株，其餘都摘去。每日却用肥水澆，再候長三寸許，逐株帶土分開。每一株用小花盆一箇種之，排放有風露向陽處。每日用肥水澆三四遍，于日午最要澆。每一盆做一本，拍破兩片中剜一竅，遇有雨時則蓋盆面，免到雨淋去土中肥味也。到七八月內，滿樹皆着花。其花甚大。又明年換略大盆，依前法澆灌，其妙不可言也。肥水用雞鴨毛水加皮屑浸，不用毛。毛不肥故也。

栽盆榴將大株分本栽之。嫩枝頭長出，即摘去。烈日當午以水澆之，則花茂青發，樹矮可愛。

清 錢謙益《牧齋初學集》卷四六《遊黃山記序》 松無土，以石爲土，其身與皮幹皆石也。滋雲雨，殺霜雪，句喬元氣，甲拆太古，殆亦金膏水碧，上藥靈草之屬，非凡草木也。顧欲斫而取之作盆盎近玩，不亦陋乎。

清 李漁《閑情偶寄》卷一四《虎刺》 長盆栽虎刺，宣石作峰巒。布置得宜，是一幅案頭山水，此虎丘賣花人長技也。不可謂非化工手筆。然購者于此必熟視其爲原盆與否。是卉皆可新移，獨虎刺必須久植。新移旋種者，百無一活，不可不知。

清 陳淏子《秘傳花鏡》卷二《臥室備物》 庭中不可多植賤木。第取異種，當秘惜者。置數本於內，以文石伴之，如英石、崑山石之類。盆景則設仿雲林或大癡畫意者二三盆，以補密室之不逮。

又 卷三《平地木》 平地木高不盈尺，葉似桂，深綠色。夏初開，粉紅細花，結實似南天竹子。至冬大紅子下綴可觀。其托根多在甌蘭之傍，虎刺之下及巖壑幽深處。二三月分栽，乃點綴盆景必需之物也。

又《火石榴》 火石榴以其花赤如火而得名，究不外乎榴也。樹高不過一二尺，自能開花結實，以供盆玩。

又《鐵樹》 鐵樹葉類石楠，質理細厚，幹葉皆紫黑色。花紫白如瑞香，四瓣，較少團，一開累月不凋，嗅之乃有草氣。因憶古人嘗見事或難成，便云「除須鐵樹開花」，疑無是樹。及至馴象衛殷指揮園中，見有此樹，高可三四尺，詢其名，則曰鐵樹。每遇丁卯年便放花，其年果花。移置堂上，治酒歡飲，作詩稱賀。若非到此目睹，則安知真有是木耶？及聞海南人言，此樹黎州極多。有一二尺長者，葉密而花紅，樹儼類鐵，其棱椏穿結，甚有畫意，盆玩最佳。但人所罕見，故稱奇耳。

又 卷四《月季》 月季一名鬥雪紅，一名勝春，俗名月月紅。藤本叢生，棱幹多刺而不甚長。四季開紅花，有深淺白之異，與薔薇相類，而香尤過之。須植不見日處，見日則白者一二紅矣。分栽種扦俱可，俱多蟲莠，須以魚腥水澆。人多以盆植爲清玩。

清 汪灝 張逸少等《佩文齋廣羣芳譜》卷四六《剪春羅》 翦春羅一名翦紅羅，蔓生，二月生苗，高尺餘，柔莖綠葉，似冬青而小，對生抱莖。入夏開深紅花，如錢大，凡六出，周迴如翦成，茸茸可愛。結實大如豆，內有細子，人家多種之盆盎中。每盆數株，豎小竹葦，縛作圓架如筒，花附其上，開如火樹，亦雅玩也，味甘寒無毒。

清 樸靜子《茶花譜・接花法》於年前預植山茶小盆内，剪去豐條，滋培暢活，即以作根。俟過春分後，擇晴明天氣，架就好種花邊選嫩枝，削去一小半，削所植山茶根，亦如嫩枝大小平，以敗蕉梗緊縛所削兩處，使之皮合，澆灌以時，兩匝月可斷其原本，當年有花，得氣旺也。若過時，雖亦可接，有不旺之説。閩人有以一本接兩三種者，甚有接四五種者，不得自然之趣，不足取也。

清 高士奇《北墅抱瓮録・牛嬭橘》牛嬭即金橘之長者，以其形而名之。秋深始黄，經冬不落，垂金燦爛，滿樹離離。以盆植之，置深室中，極佳。

又《金雀》金雀叢生如棘，花生葉傍，長條直上，行列清疏。取其小本種磁盆中，下磊奇石一二，似雲林片幅，綽有可觀。

又《虎茨》虎茨枝不高大，葉緑多刺，花白子紅，新花已開，舊實未落，間以密葉，三色互映。植之盆盎中，亦書室佳觀也。

又《慎火樹》慎火樹，葉光澤柔厚，夏開白花，相傳可以辟火。南方人多以盆種之，置屋瓦上。今閒栽石罅磽确處，與其清寒之性相宜，其生尤盛。

又《建蘭》建蘭極不易養。今得數盆，每盆各抽箭五十餘莖。含風受露，異香茂發。夏秋之際，清韻殊多。當湖蓄花之家，皆無若此之盛者。

又《水仙》臘蘂春花，能傲冰雪，寒香冷豔，瑩净不凡，石脚陂陀之處，雜種無次，清疏可玩。性喜得水，離土亦活。嘗以古磁盆滿貯清泉，置花數苗，磊石擁護，花更茂悦。山谷所云「明窗净几，香氣撩人」也。

又《石菖蒲》石菖蒲本名堯韭，産山澗砂磧中。萬卉喜肥，此獨喜瘠。以細砂種之，養以清泉，層冰不凋，烈日不萎，座隅清供，罕有其倫。

清 王士禎《居易録》卷一五 京師冬月養花者多鬻牡丹、芍藥、杠白梅，碧桃，探春諸花於廟市。其法：置花樹於暖室地炕，以火偪之，猶《癸辛雜識》所記。馬塍、唐花亦作堂花之類。

清《名花譜・菖蒲》其種有四：福建蒲，細長而直，泉州蒲茂短而黑，龍錢蒲。盤繞而粗，蘇杭蒲壯大而密。性喜潔而忌日，養以清水，供以奇石，取作盆玩，雅稱第一。

清 葉天培《菊譜》卷上《登盆》和瓦入盆，已具前説。瓦外用乾土週圍填實，微灌清水，高低反側，隨其意趣。略爲翦紮，務令生動，置之廠亭透風是宜。

又《盆植》春間，盆中先以白蘞、苦參等藥繞眼鋪平。盆底中加礱糠指許，上實細土栽芽。殺蟲滲水，不致傷根。剪紮較便，澆灌宜勤。

清 李斗《揚州畫舫録》卷二 湖上園亭，皆有花園，爲蒔花之地。桃花庵花園在大門大殿堦下。養花人謂之花匠，蒔養盆景，蓄短松矮楊，杉柏梅柳之屬。海桐、黄楊、虎刺，以小爲最。花則月季、叢菊爲最。冬于暖室烘出芍藥牡丹，以備正月園亭之用。盆以景德窑、宜興土、高資石爲上等。種樹多寄生，剪丫除隸，根枝盤曲而有環抱之勢。其下養苔如鍼，點以小石，謂之花樹點景。又江南石工以高資盆增土叠小山數寸，多黄石、宣石、太湖、靈璧之屬。有北有屾、有罅有杠，蓄水作小瀑布，傾瀉危溜。其下空處有沼，畜小魚游泳呴嚅，謂之山水點景。

清 沈復《浮生六記》卷二《閑情記趣》點綴盆中花石，小景可以入畫，大景可以入神。一甌清茗，神能趨入其中，方可供幽齋之玩。種水仙無靈璧石，余嘗以炭之有石意者代之。黄芽菜心其白如玉，取大小五七枝，用沙土植長方盆内，以炭代石，黑白分明，頗有意思。以此類推，幽趣無窮，難以枚舉。如石菖蒲結子，用冷米湯同嚼噴炭上，置陰濕地，能長細菖蒲。隨意移養盆碗中，茸茸可愛。以老蓮子磨薄兩頭入蛋殼，使雞翼之，俟雛成取出，用久年燕巢泥加天門冬十分之二，搗爛拌勾，植於小器中，灌以河水，曬以朝陽，花發大如酒杯，葉縮如碗口，亭亭可愛。

清 謝堃《花木小志・陸地蓮》此花出自外洋，挺然一幹，非花非葉，瓣攢如斗，其色紺碧。映日則光華焕發，帶霧則瑞煙籠罩，真神品也。余得之東粤，攜之山左。以彩色方盎，置之案頭。如高僧晤對，有出塵之表。

又《芭蕉》名芭蕉者，葉可製扇。名水蕉者，花香，皙白，實形似肥皂角，可食根。名波羅蜜，亦可食。名孅人蕉者，其葉瘦而長，婉媚可觀。名東蕉者，花片如蘭，色紅而豔，子若明天麻，植不甚高，置几案，頗稱雅緻。

又《竹》竹之種類不一。大者如椽，小者似草。《譜》載六十一種，可謂詳備。然友人從遼東來，遺余一種，名脆竹。長尺餘，節葉蕭疏，長養於繫水石上。置石於盆，盆貯净水，供於案頭，每當清風徐來之際，颯颯然有天外真人之想。

又《雒陽金錢》一名日落金錢，蓋午時開酉時落也。花赤紅色，五出

若甌，幹高尺許，假以礬石陪襯亦可玩。

又《楓》 此樹大可合抱，小僅尺餘，其葉三棱，其枝幹盤拏屈曲，生成畫意。好事者以大石盆點綴十數小株，高下成林，霜初葉黄，霜重葉赤。故詩人孅之曰「霜葉紅如二月花」。以余觀之，尚不若纖月西垂之際，一曲清琴數聲長，篴恐神仙之樂不能過此。

又《晚香玉》 葉與金簪相似，花與玉簪相似。近夕則香，可以辟蛟。故婦女愛以盆種之，而宜近帷榻。

又《荷包牡丹》 葉似牡丹，挺抽數幹，一幹數花，花澹紅婉娟，枝枝下垂，宜於磁盎，爲秋澥棠之先聲。

又《丁香》 有山丁香，可置盆盎。葉似丁香而小花，團穗纍纍。有紫色一盆，白色一盆，相間而開，饒有風味。

又《纏松》 磁盆小景，蔓繞湖石。或置枯樹枝，任其盤旋，亦有佳緻。花似丁香，而色硃砂，葉亦柔豔。

又《蒲萄》 余有三株皆植於盆，春花纂纂，秋實纍纍，風味佳甚。其一碧色而長者，馬乳蒲萄也。其一紫色尖而下垂者，西藏蒲萄也。其一澹緑色細圓無核者，瑣瑣蒲萄也，葉亦小異。

清 齊學裘《見聞續筆》卷一《仙人掌》 仙人掌，江南養於磁盎爲几席玩，從無見有作花者。滇中田塍山麓徧處叢生，且高至丈餘，大圍經尺，碥砢層疊，擁腫縱横，望之可憎。每掌端作花，黄瓣紅心，錯雜歧出，不可方物，真足詫異。

清 汪曰楨《湖雅》卷四《細竹》 一作水竹，一作鳳尾竹。《勞志》：水竹，莖葉俱細，植于盆中可玩。《廣羣芳譜》：鳳尾竹，高二三尺，纖小猗那，植盆中，可作書室清玩。

傳 記

明 唐順之《荆川稗編》卷八四 李成，字咸熙，唐宗室，避地營丘，遂家焉。世業儒善文，磊落有大志，因才命不偶，放意詩酒，寓興於畫。師關仝凡，烟雲變滅，水石幽閒，樹木蕭森，山川險易，莫不曲盡其妙論者，爲得山之體貌，爲古今第一。

清 李斗《揚州畫舫録》卷一二《橋東録》 壽腹公號菊士，浙江會稽人。方伯總辦東巡，差菊士任其事。時朱思堂都轉守太安事多繁劇，菊士爲之謀畫，朱深服其才。吴履黄徽州人，方伯之戚。善培植花木，能于寸土小盆中養梅，數十年而花繁如錦。

又卷一五《岡西録》 僧離幻姓張氏，蘇州人。【略】自種花卉盆景，一盆值百金。每來揚州，玩好盆景，載數艘以隨。插瓶花，不用針與鐵絲，每一瓶贈銀四流。

紀 事

宋 陳著《本堂集》卷五二《書夢事付洵》 余於壬辰九月十五日五更初，夢身自東歸，有兩夫肩芝蘭二大盆。又有一几，左頓盆梅，右頓盆蘭，亦壯夫舁之。皆芳秀擢茂，異於常見。

宋 吴自牧《夢粱録》卷二《諸酒庫迎煮》 臨安府點檢所管城内外諸酒庫。【略】諸行社隊如魚兒，活擔糖糕麵食諸般市食，車架異檜奇松賭行。

明 王世懋《學圃雜疏・花疏》 余作一屋於竹林南，外施兩重草席坎地。今稍深，貯蘭於其上。無風有好日，開門暴之。所畜二三十盆無不盛花者。

明 汪砢玉《珊瑚網》卷五 崇禎壬申冬，盛友念修欲余嘉定盆樹，姑以此卷相易。成林獨樹，入畫者約百本，盆俱定均州、龍泉青東磁、宣德填白、嘉靖回青不一，石俱靈壁、將樂、英崑種種。愚父子得之於練川陳情甫輩，供玩數十年矣。今擬北游，恐培灌失課，如天啓丁卯之變，致枯瘁不少。遂割愛易去，亦喜日夕對山谷老人墨彩也。

明 劉崧《槎翁文集》卷五《鍾廷珍翠庭記》 過其庭，見有若蘭芷、若蓀蕙，修葉叢茂，植以巨盎，羅庭户間。前復累土爲臺，高下有成。又以小盆盛水，錯列群石焉，有鋭者，有橢者，圓者，偃而中虚者，跛而雙峙者，若蜂窠者，龍鱗者，若浮屠者，若獅虎蹲踞而睥睨者，高不踰尺，大不盈握，咸有竅穴貫穿，植蒲草貞卉。其四時蔚蔚蓬蓬然，若虎鬚之溅，鳳毛之濯，而蛟骨之蟠蜕也。或者嘉其慕尚，有同於昔周元公窗草不除之意。

明 陳詩教《花裏活》 唐元宗賜虢國夫人紅水仙十二盆，盆皆金玉也，七寶所造。夫人每夜采花一斗，覆裙襦其上，朝詰朝服以見帝，帝謂之肉身

水仙。

明 王路《花史左編》卷二七《花神》 謝辰裾見鳳仙花，謂侍兒曰：吾愛其名也。因命進葉公金膏以麈尾梢染膏灑之，折一枝，插倒影三山環側。明年，此花金色不去，至今有斑點大小不同若灑者，名倒影花。

明 李流芳《檀園集》卷一一《跋盆蘭卷》 二月二日，與子薪、韞父爾凝、家伯季從子泛舟南郊，聽江君長絃歌。值雨，子薪偕爾凝君長宿余家。盆蘭正開，出以共賞。子薪故有花癖，燒燭照之，嘖嘖不已。花雖數莖，然參差掩映，變態頗具。其葩或黄或紫，或碧或素；其狀或含或吐，或離或合；或高或下，或正或敧；或俯而如瞰，或仰而如承；或平而如揖，或斜而如睨；或來而如就，或往而如奔；或相顧而如笑，或相背而如嗔；或掩抑而如羞，或偃蹇而如傲；或挺而如莊，或倚而如困；或羣向而如語，或獨立而如思。蓋子薪爲余言如此，非有詩腸畫筆者，不能得此形容也。余既以病，不能作一詩記之，欲作數筆寫生，而亦復不果。然是夜與子薪對花劇談甚歡，胸中落落，一無所有，伏枕便酣睡至曉，從此病頓減。此花與愛花人皆我良藥，不可忘也。今日子薪邀過花癖齋看鶯粟花，花既爛漫，映帶新緑，時雨驟至，物色韶潤。小窗對飲，情境清適。迴思春夜賞花之樂，皆百年所未易有。子薪出素卷相屬，因髣髴爲寫盆花并追紀其語於後，四月朔日也。

清 沈復《浮生六記》卷二《閑情記趣》 余憶童稚時，能張目對日，明察秋毫，見藐小微物，必細察其紋理，故時有物外之趣。【略】於土牆凹凸處，花臺小草叢雜處，常蹲其身，使與臺齊，定神細視，以叢草爲林，以蟲蟻爲獸，以土礫凸者爲邱，凹者爲壑，神游其中，怡然自得。

又 余掃墓山中，檢有巒紋可觀之石。歸與芸商曰：用油灰疊宣州石于白石盆，取色匀也。本山黄石雖古樸，亦用油灰，則黄白相間，鑿痕畢露，將奈何？芸曰：擇石之頑劣者，搗末於灰痕處，乘濕糝之，乾或色同也。乃如其言，用宜興窑長方盆疊起一峰，偏于左而凸于右，背作横方紋，如雲林石法，巉巖凹凸，若臨江石磯狀。虚一角，用河泥種千瓣白萍。石上植蔦蘿，俗呼雲松。經營數日乃成。至深秋，蔦蘿蔓延滿山，如藤蘿之縣石壁。花開正紅色。白萍亦透水大放。紅白相間，神游其中，如登蓬島。置之檐下，與芸品題：此處宜設水閣，此處宜立茅亭，此處宜鑿六字曰「落花流水之間」，此可以居，此可以釣，此可以眺。胸中邱壑若將移居者然。

又 及長，愛花成癖，喜剪盆樹。識張蘭坡，始精剪枝養節之法，繼悟接花疊石之法。花以蘭爲最，取其幽香韻致也，而瓣品之稍堪入譜者不可多得。蘭坡臨終時，贈余荷瓣素心春蘭一盆，皆肩平心闊，莖細瓣净，可以入譜者。余珍如拱璧。值余幕游于外，芸能親爲灌溉，花葉頗茂。不二年，一旦忽萎死。起根視之，皆白如玉，且蘭芽勃然。初不可解，以爲無福消受，浩歎而已。事後始悉有人欲分不允，故用滚湯灌殺也。從此誓不植蘭。次取杜鵑，雖無香而色可久玩，且易剪裁。以芸惜枝憐葉，不忍暢剪，故難成樹。其他盆玩皆然。

又 至剪裁盆樹，先取根露雞爪者，左右剪成三節，然後起枝。一枝一節，七枝到頂，或九枝到頂。枝忌對節如肩臂，節忌臃腫如鶴膝。須盤旋出枝，不可光留左右，以避赤胸露背之病。又不可前後直出。有名雙起三起者，一根而起兩三樹也。如根無爪形，便成插樹，故不取。然一樹剪成，至少得三四十年。余生平僅見吾鄉萬翁名彩章者，一生剪成數樹。又在揚州商家見有虞山游客攜送黄楊、翠柏各一盆，惜乎明珠暗投。餘未見其可也。若留枝盤如寶塔，扎枝曲如蚯蚓者，便成匠氣矣。

又 卷四《浪游記快》 又去城三十里，名曰仁里，有花果會，十二年一舉，每舉各出盆花爲賽。余在績溪適逢其會，欣然欲往，苦無轎馬。乃教以斷竹爲扛，縛椅爲轎，雇人肩之而去。同游者惟同事許策廷，見者無不訝笑。至其地，有廟，不知供何神。廟前曠處高搭戲臺，畫梁方柱極其巍煥，近視則紙紮彩畫，抹以油漆者。【略】入廟，殿廊軒院所設花果盆玩，並不剪枝拗節，盡以蒼老古怪爲佳，大半皆黄山松。既而開場演劇，人如潮湧而至，余與策廷遂避去。

又 梅將軍，得名梅嶺耶？余所帶送禮盆梅，至此將交臘月，已花落而葉黄矣。過嶺出口，山川風物，便覺頓殊。至南雄，雇老龍船。過佛山鎮，見人家牆頂多列盆花，葉如冬青，花如牡丹，有大紅、粉白、粉紅三種，蓋山茶花也。

清 英和《恩福堂筆記》卷下 嘉慶丙辰廣心齋給諫巡視南漕歸，以臘梅二本贈，告曰：此數十年物也，其善培之。因寄養於西直門外之極樂寺，每花時取回，今逾四十年，拳曲擁腫，老樹著花，枝多韶秀，置之明窗净几間，香沁心脾，屢有題詠，並倩姚伯昂圖之。

清　謝堃《花木小志・麗春》一名虞嫩人，花之形狀宛似米囊，但枝葉柔媚，花小於米囊而豔麗過之。余嘗以白礬石盆栽，蒨色鮮明者數枝，傍襯太湖小石，置東洋几於書案，選妙伶手指皙白者吹笙花下，用紅螺杯酌以孅醞，微風輕颺，真可呼之欲活。

又《向日葵》此花園林寺觀郊野陂塘在在有之，子亦可食。最奇者，餘在湖北孝感縣范效順家見一大石盆，用玲瓏石片堆垛爲山岰狀，種數十幹，長不滿尺，花大如錢，而皆向陽，殆非人工詎能如是。

又《松　柏附》松之大者，余於泰山及孔聖陵見之。蒼古極矣，真秦漢間物。松之小者，余於黃山朱子偉家見之，秀潤極矣，真圖畫有所不能到者。居揚時，天台山行僧方智來訪，偶譚松之秀潤蒼古。暮過泰山孔聖陵及朱子偉家。僧笑曰：它日當爲居士置之。越明年，方智果來，攜一松，約長二尺許，旋植於石盆，於傍點綴小石。初亦不甚奇，三五年勢若蟠拏，龍鱗斑剥。陳穆堂見之，呼曰小青虬。未幾有鬩牆之釁，爲有力者奪之。至今往往形諸夢寐。居魯時有孫叟嘗爲購一柏，天然五臂，不假人工，原主名之曰五鳳樓。倘使小青虬對峙，真堪匹敵。

又《榴》余性喜榴，尤喜其矬而壯者。仍要枝葉相當，不假翦札，蓄有大紅者、桃紅者、水紅者、潔白者。一日，有任城花賈攜一株深黃色者，飾以五彩甆盆，略加碎石較所蓄者，愈覺古雅，乃以舊錦琴囊易得之，置諸几案，直可使人忘暑。然皆不能結實，矬而結實者，惟月榴。月榴乃月月開花之榴，實雖熟而不可食，可食者其大若樹，開單花。有甜榴、有酸榴、有冰糖榴、有罡榴，剖之一房，僅三十六子者爲最佳。間有雙花結實者，皆酸榴耳。

又《聚八仙》聚八仙即唐昌觀玉蘂也。諸書所載極言難得。村農顔四送碧桃來，偶爾言及，顔笑而頷之。明日擔一瓦盆，幹長二尺餘，花開數萼，每萼心攢紅豆十餘粒，週繞粉色，小花八朵，素豔寒光，令人心醉。易以瓷盎，移置内室，與羣姬酌酒賞之，蘭姬填《八仙慶壽》長調，以紀其事，然此花培養頗不易。

又《梅》余觀梅於庾嶺、羅浮、鄧尉、香雪瀬，以及林逋墓。上閣部祠前可謂盛矣。舊有小樓數間，在揚城西北隅，環植緑萼數株。倩鄧完伯書「暮吹篴」三大字。顔之内設盆盎數十，植冰梅、墨梅、紅緑梅花於案頭几上，參差錯落，香盈滿室，招老瓛梅叔飲酒賦詩。轉瞬十餘年間已成今古，思之慨然。

又《枸杞》余蓄二盆，皆老本虬曲，壯而短之，蕭疏枝葉。一盆其色紅若硃砂瑪瑙，一盆其色黃若澹金蜜蠟。子實離離絶可愛。於霜雪之際羣花消歇，渠竟巍然，獨存顔色，不少衰。且可浸酒入藥，爲補劑。功臣豈可以易生而忽之耶？

清　王培荀《鄉園憶舊録》卷四　王幔亭士驪、漁洋之昆弟有就園。自記云：周櫟園先生於船上，其方廣尺寸，僅一舫頭，名曰就園。集友賦詩，一時傳爲佳話。余客寓庭，不旋馬，不能植花木，池塘亦留尺寸之區，似一舫頭，置小小花卉數十盆。暇日，啜清茗於其側，吟咏以遣老病，亦以就園名之。老友琢菴繪圖，邀二三同人題詩於上，作詩云：數盆花卉天然趣，一勺池塘一寸魚。莫道此中邱壑小，維摩丈室自成居。

藝　文

唐　釋齊己《白蓮集》卷一〇《觀盆池白蓮》素萼金英歕露開，倚風凝立獨徘徊。應思瀲灩秋池底，更有歸天伴侶來。

宋　王十朋《梅溪集》卷六《盆中新荷》首夏盤池裏，新荷點數圓。主人行中選，故爲作青錢。

宋　吕勝己《江城子　盆中梅》（《歷代詩餘》卷四六輯）　年年臘後見冰姑。玉肌膚。點瓊酥。不老花容，經歲轉敷腴。向背稀稠如畫裏，明月下，影踈踈。　江南有客問征。途寄音書。定來無。且傍盆池，巧石倚浮圖。靜對北山林處士，裝點就、小西湖。

宋　陸游《劍南詩稿》卷五八《菖蒲》雁山菖蒲崑山石，陳叟持來慰幽寂。寸根蹙密九節痩，一拳突兀千金直。清泉碧缶相發揮，高僧野人動顔色。盆山蒼然日在眼，此物一來俱掃迹。根蟠葉茂看愈好，向來恨不相從早。所嗟我亦飽風霜，養氣無功日衰槁。

宋　陳著《本堂集》卷二六《午酌對盆蘭有感》山中酒一樽，樽前蘭一盆。蘭影落酒巵，疑是湘原魂。乘醉誦離騷，意欲招湘原。湘原不可招，桃李花正繁。春事已如此，難言復難言。聊借一巵酒，酹此幽蘭根。或者千載後，清香滿乾坤。

宋　姜特立《梅山續藁》卷二《石盆水窠》數葉玉簪敷翠，一拳水石含

秋。何須坐我濠濮，自覺心清境幽。

宋 張鎡《南湖集》卷九《盆橘》 懶向江頭置木奴，瓦盆聊玩緑垂珠。何煩二老輸贏決，始悟商山樂不殊。

宋 劉克莊《後村集》卷六《榕溪隱者》 榕溪有隱者，幽事在溪曲。治地可十畝，方整如棋局。始行入荆扉，漸進至茅屋。樹之百盆蘭，繚以萬竿竹。解衣憩繁陰，擁鼻參微馥。主人聞客來，引避若駭鹿。却詢守舍兒，云已出賣墨。壁間見其像，絛褐巾一幅。安知非回仙，寄跡混塵俗。矢詩慕高風，君歸倘肯讀。

宋 劉學箕《方是閒居士小稿》卷上《康侄招飲出示古洲所寄盆梅囑坐客賦詩分韻得言字》 嵌空奇崛石一拳，緑蒲攢劍森且蕃。虬梅屈折龍蜿蜒，蒼幹蘚蝕低盤根。瓊英已露冰樣白，香氣便覺凌芷蓀。吁嗟培養幾歲月，巧奪造化移小盆。晴窗諦玩意無斁，搜索物理究所原。方圓高大僅尺許，典章文獻皆具存。橫斜疏瘦無不備，宛若老樹生山園。鄉邦疇昔少曾見，此花何自來幽軒。云是古洲老詩伯，親手植此冰雪魂。不忘交舊情好密，春色分遺歸山樊。吾家小阮亦好事，美不獨擅招弟昆。更呼賓友同勝集，羅列槃饌開罍尊。舉杯對花與劇飲，情話歘洽相笑言。歸來漸是東方白，醉帽攲傾風袖翻。

宋 許棐《梅屋集》卷四《馬塍種花翁》 東塍白髮翁，勤朴種花户。盆賣有根花，價重無人顧。西塍年少郎，荒嬉度朝暮。盆賣無根花，價廉争奪去。年少傳語翁，同業勿相妒。賣假不賣真，何獨是花樹。

又《小盆花》 小小盆中花，春風隨分足。花肥無臙紅，葉瘦無久緑。心傾幾點香，也飽游蜂腹。太盛必易衰，荒烟鎖金谷。

宋 杜範《清獻集》卷三《和花翁盆梅》 絶澗移來近市園，又還移入賣花盆。體蟠一簇皆心匠，膚裂千梢尚手痕。試問低回隨俗態，何如峭直抱孤根。歲寒風節應無恙，魯兀須知自有尊。

宋 施樞《芸隱横舟稿·盆梅》 白玉堂前樹，誰移此地栽。看教清意足，喚得豔陽回。舞片疑雲墮，留香帶月來。只應標格好，獨爲歲寒開。

宋 艾性《剩語》卷上《憫盆松》 物生天地間，細大各有容。偉哉霄漢姿，厄此盆盎中。嗟吁爾橐駝，局促吾蒼龍。駹兮顧我笑，可憫豈獨松。

宋 熊禾《勿軒集》卷八《詠盆梅和無咎》 一聲羌笛晚風斜，再問花期便覺賒。茵幌泥沙可隨分，莫將春意殢殘花。

元 張之翰《西巖集》卷四《謝譚學正送盆梅》 去年揚州梅數株，紅紅白白纔須臾。中有一盆六尺餘，百計愛護亦漸枯。今年移近甓社居，風土又與揚州殊。只知終歲不復渠，臨風搔首空踟蹰。肖巖譚君解相娱，忽送春色來庭除。盤根曲幹畫不如，若爲幻此清而癯。似開不開白玉膚，欲褪不褪紅羅襦。蘭衰菊悴孰友予，素屏虚幌香撩予。夢回落月澹欲無。筆頭有句追林逋，何必直到杭西湖。

元 侯克中《民齋詩集》卷七《盆梅》 前村移入小陶盆，不比從前自在身。出塞昭君回首怨，入宫妃子捧心顰。幽香宛轉紗窗曉，瘦影徘徊紙帳春。曲直作酸誰會得，園夫豈是傅巖人。

元 丁鶴年《鶴年詩集》卷二《些子景爲平江韞上人作》 尺樹盆池曲檻前，老禪清興擬林泉。氣吞渤澥波盈掬，勢壓崆峒石一拳。仿佛烟霞生隙地。分明日月在壺天，旁人莫訝胸襟隘，毫髮從來立大千。

元 虞集《道園遺稿》卷五《昱上人盆竹二首》 霜枝一寸筍如針，亦有蒼然萬古心。還憶道人分種日，瘦笻八尺度千岑。

我憶靈茨萬竹叢，吴中還見小玲瓏。居然風露千林曉，猶稱行吟白髮翁。

元 程文海《雪樓集》卷三〇《鵲橋仙·次中庵韻題解安卿盆梅》 南枝春盛，斜斜整整。猶帶孤山光景。相逢索笑耐尊空，向老瓦盆中自省。 風霜人老，關河路永。賴得生成慣冷。憑誰移傍太初岩，待雪月交光對影。中庵有奇石，號太初岩。

元 釋善住《谷響集》卷一《盆竹》 瓦缶不多土，娟娟枝葉蕃。豈知么鳳尾，元是古龍孫。蒼雪灑禪榻，細香浮酒尊。王猷來此見，應亦爲銷魂。

元 仇遠《金淵集》卷一《盆梅》 有客送苔梅，來自馬塍裏。斜枝巧盤折，的皪數十蘂。意欲媚春風，寧免少屈己。獨憐鐵石腸，竟作柔繞指。他鄉忽一見，少慰空谷喜。何當解其縛，條直有妙理。幸不入俗眼，入俗梅亦耻。

元 岑安卿《栲栳山人詩集》卷上《盆蘭》 猗猗紫蘭花，素秉岩穴趣。移栽碧盆中，似爲香所誤。吐舌終不言，畏此塵垢污。豈無高節士，幽深共情素。俛首若有思，清風颯庭户。

元 劉鶚《惟實集》卷六《孫錫種盆菊列爲河圖》 菊布河圖眼自寬，緇衣如海不相干。幽姿過雨秋逾好，清意冰人夏亦寒。晚節獨宜高自重，落英雖

美竟誰餐。春風桃李非知己，珍重瑶琴勿浪彈。

元 韓奕《韓山人詩集》卷二《對盆蕉》 弱植不盈尺，是中無有堅。托根依水石，清氣發孤妍。偶移古缶内，置此閑窗前。朝光映寒緑，芳潤浮簡編。端居玩物化，相對默相憐。時方冰雪至，孤生期自全。

明 藍仁《藍山集》卷二《盆竹》 種竹尋盆盎，低迷似磵阿。細聲兼雨有，微影動風多。長筍排針出，成竿數寸過。且無斤斧慮，終老雪霜柯。

又《盆柏》 盆裏仙人柏，千枝共一柯。年深猶短小，雨重却婆娑。翠色孤松並，繁陰片石多。西來指禪意，不敢問如何。

又 卷三《盆松乃慈谷手植》 瓦盆乞得小松栽，誰撥霜根向斷崖。盤屈豈能移本性，低回故欲困長材。呑聲莫向秋風訴，抗節從教臘雪埋。更後千年枝已長，仙人應化鶴飛來。

又《盆梅乃林希玄寄惠》 羅浮喚醒雪霜魂，知是孤山幾代孫。冷蕊疏枝低作幹，蒼苔翠蘚近移根。未論大用調金鼎，已許平生老瓦盆。歲暮徜徉三友在，寒松瘦竹共柴門。

托根盆盎似藏身，五蕊三花小試春。水月影隨燈火轉，山林迹共市塵親。隴頭不爲行人折，湖上空懷處士鄰。最念平生清白操，偶抛霜雪傍光塵。

明 王冕《竹齋集》卷下《盆中樹》 橐駝已矣樹多病，後世誰能諭官政。盤根錯節入盆盂，豈伊所生之本性。童童結蓋擁緑雲，皮膚轉卷生蟲紋。幽人重之如重寶，置諸座右同佳賓。時時玩賞勤拂拭，要做人前好顔色。自憐無路接春風，慚愧荆榛得甘澤。人言此樹受恩愛，我獨悲之受其害。既無所資無所求，何故矯爲阿媚態。嗟哉木命既有虧其所，玩者何爲奇。君不見石家珊瑚高且貴，今日根株在何地。又不見李家花木比異珍，于今野草秋烟昏。姚黄魏紫誇豔美，看到子孫能有幾。人生所重重有德，耳目之娱何足齒。我知萬物各有緣，胡不聽之於自然。平原太谷土無限，樗櫟能與天齊年。此樹那宜此中種，器小安能成大用。願君移向長林間，他日將來作梁棟。

明 倪岳《青谿漫稿》卷八《盆梅一本二幹開紅白花》 雙幹分開二色花，孤山晴雪絢朝霞。有奇有偶自人作，爲李爲桃從客誇。亞父鴻門撞玉斗，葛翁勾漏鍊丹砂。移根换骨非難事，兩種元來是一家。

明 黄仲昭《未軒文集》卷一一《林雲山盆梅九月盛開魏竹溪有詩次韻二首》 □□□處有盆梅，九月寒花的爍開。占取孤標尋菊闘，挽將春意入秋來。天教早實調金鼎，人喜揚芬滿柏臺。三弄瑶琴豪興發，未應何遜擅吟才。

江南臘月見疎梅，此樹高秋已盛開。東閣酒醒驚雪早，羅浮夢覺訝春來。西風入户香浮几，涼月當空影滿臺。欲爲花神重作賦，廣平人去愧非才。

明 吴寬《家藏集》卷一九《盆梅紅白二色二月盡始開》 燕山何處識天寒，細蕊初開春欲闌。之子莫將桃葉詠，有人真作杏花看。素姿似是留晴雪，冷豔分明綴渥丹。縮取江南地來此，暗香浮室勝芝蘭。

又 卷二七《盆中紅梅二首》 盎裏孤根强屈蟠，低枝老硬欲凌寒。不隨桃杏供人目，顔色生來自渥丹。

坐見荒園二月過，莫瞻春色在喬柯。分明一段江南景，日暮頻將老眼摩。

明 張鳳翔《張伎陵集》卷二《盆荷二首》 夜來習記夢中語，隔溪遥見采苓女。采苓女兒顔如花，凌波來到水仙家。變幻似得麻姑術，碧簪捧弄瑶華出。古龜如錢安且閒，浮波日夕游其間。玉井沉沉太華矮，溥露紅衣爲誰解。玉闕亭亭海上仙，鴛鴦七十錦十千。鑑湖百里移居筵，青蓮預賦吴歌篇。

臨溪問花花不語，愁對湘波弔堯女。幽魂化作水上花，阿誰剪取來君家。知君深得種花術，一朵兩朵冒波出。玉立娉婷澹且閒，碧簪竟插青泥間。丈花船藕嫌屋矮，一片入口沉痾解。出塵自恨骨未仙，乘風無地超三千。瑶池燕我開瓊筵，雲中時聽霓裳篇。

明 程敏政《篁墩文集》卷七五《盆梅爲南園蔣大監賦》 雪天誰解返冰魂，春意攙先入禁門。蓓蕾漸看舒五出，胚胎疑爲染孤根。塵空冀北烟花夢，思繞江南水竹村。珍重盛開應有日，洗妝先試緑醅尊。

明 文徵明《甫田集》卷二 小齋盆蘭一幹數花，山谷所謂蕙也。初秋忽抽數幹，芬馥可愛，因與次明道復賞而賦之。

時雨祛殘暑，涼颸集華軒。春徂衆芳歇，晚蕙抽瑤根。重兹蘭之屬，不與凡卉羣。離離水蒼佩，肅肅紫霞紳。耿耿孤榻畔，燕對如高人。啓扉得良友，列案羅清罇。於焉撫靈植，一笑滌塵煩。微風南牖來，濃馥散氤氲。有時參鼻觀，即之已無存。譬彼孤潔士，可望不可親。如何庭階近，有此幽谷芬。相忘餘冽中，漸久不復聞。魯哲日已遠，楚纍亦沈淪。無能被雅操，且復酹芳魂。

又　卷八《賦盆蘭》清真寒谷秀，幽獨野人心。結意清霞佩，傳情緑綺琴。德馨堪自近，道味許誰深。一笑歌璚樹，春風雪滿襟。

明　夏言《夏桂洲先生文集》卷七《咏盆池荷花》　圓荷的歷，一朵高花團衆碧，承露團團，絶勝仙人掌上盤。　孤妍綽約，未數千葩并萬蕚，幽意誰知？小小盆池也自宜。

明　田藝蘅《香宇集》卷二七《蕙花二首》　誰云香不足，一幹十餘花。雅稱荷衣帶，風光轉紫霞。

綺石黃磁斗，何須百畝饒。帳空知鶴怨，耐可作香燒。王維貯蘭蕙用黃磁斗，養以綺石。《楚詞》：又植蕙之百畝。《北山移文》：蕙帳空兮夜鶴怨。魏武帝以蕙爲香燒。

明　馮惟敏《海浮山堂詩稿》卷四《盆桃》　小桃也自領春風，太比凡花分外紅。總爲卑枝親地氣，却憐弱質擅天工。纖塵不到芳堦下，清露都沾淺土中。懶性頓成詩思澀，賞心莫放酒巵空。

明　皇甫孝《皇甫少玄集》卷二〇《崑崙惠盆菊》　几上花偏媚，窗前月未殘。分明在圖畫，惠貺自巖巒。擬對揮毫麗，頻攜裛露寒。素襟終日映，珍賞過幽蘭。

明　王立道《且茨詩集》卷一《盆榴》　嘉木來安石，移根向玉堂。亭亭傾翠蓋，隱隱孕紅妝。

葉潤初晞露，花遲解待陽。層陰清晝氣，奇豔奪天香。

尺土能滋幹，三春獨擅芳。匡廬多紫蕚，南國重朱房。

旖旎時憑檻，紛敷共映觴。時無槖駞子，養樹説誰長。

明　夏言《桂洲詩集》卷二四《物色一十一首·盆中紅梅》　廿載長安不見梅，一枝春向小盆開。紅芳血殷瓊瑶色，疑是桃源洞裏來。

明　王家屏《王文端公詩集·盆菊吟》　有客遺我叢菊盆，盆中曄曄垂芳郁。直幹扶疏白露滋，孤英葳蕤黃雲覆。淵明無酒自怡情，傳玄有詩堪細讀。窗前梅籬下竹歲，寒與此同清馥。君不見西風一夜霜滿盆，依然秀穎秋陽暴。

明　孫可宜《孫漁人集·瓮蓮行》（《盛明百家詩三百》卷二四輯）　雙溪子之別也，贈孫子舒州大瓮。厥廣四尺，高如之。植蓮焉。翠葉春簇，丹葩夏繁，玩之獨佳，賞之同美。於是作瓮蓮行。　舒州陶瓮十石强，赤土爛發青銅光。吴船越舸價塊磊，範師治工名播揚。頗聞此物陶甄窳，就中千百一始良。西川王君素高義，萬錢買之別曾惠。珍重移來簡□如，摩挲見罷人皆異。瓦礫每防童稚損，園池實慮冰霜破。田家斗子二湖名蓮故肥，分栽取植瓮也宜。深根迴□瀲灩際，曲節遠致清漣涯。花神水仙徒愛護，渚鷗汀鶴勞追隨。炎天盛夏花齊放，複院迴堂眇相傍。翠蓋撑持旖旎形，紅蕖晻映婷娉狀。何緣城市有溪浦，怪底軒楹起波浪。緑罇邀客客許同，白日車馬章華宫。錦席還依綺霞切，金杯自薦芳蕚濃。共睹明妝出縹緲，争誇露掌擎虚空。筵收客散庭俄静，岸幘憑欄坐吟咏。獨下時容浴鷺孤，羣行更著游魚陣。酩酊壺觴列欲重，徘徊杖履留期並。君不見若耶溪賀鑑湖，美人歌舞此中舊，狂客風流天下無。采蓮擬泛仙舟去，伏枕方資大藥扶。百年佳麗懷虚晚，盈尺江湖且隨眼。勝地元當几簟親，奇游况是塵沙滿。桂棹蘭橈會有時，瓊巵綺瑟聊相遣。

明　顧清《東江家藏集》卷一〇《盆松俞民威所致園。客請加蟠結子，不許將植之東園，以極其勢。》　神龍不畜蹄涔水，威鳳寧棲枳棘叢。試起槖駞論種樹，此公何得在盆中。

又《銀杏初爲盆景，成化壬辰中使取花石，張氏僕移栽草叢中得免。今在園東南垣外，高數仞矣。》　鴨脚當年自一時，瓦盆雕砌影毰毸。黃封不遇頭綱使，争得凌雲百尺姿。

明　王思義《香雪林集》卷九《盆梅》　根株雖小秀而神，老瓦盆中養性真。竹几假眠無俗夢，蒲團對坐可幽人。從知一白渾如玉，始悟三生不落塵。莫遣鄰家奏羌笛，冰魂凄斷不堪春。

明　焦竑《焦氏澹园集》卷三八《盆菊吟》　林莽蕭疏歲欲闌，霜華射地明琅玕。藕花夢冷鴛鴦浦，白榆摇落西風寒。盆菊君看開正小，錦石高雲相照耀。翠色離離秀可餐，浮香的的寒仍峭。翻羞桃李當春生，淺白輕紅剩有情。連枝無那妖嬈態，一夜空驚風雨聲。高人避喧來海嶠，静女無言偏窈窕。時逢金令意轉佳，移向玉堂看更好。幽姿不與凡卉争，靈氣曾延千萬齡。青霞絳闕有時去，歲寒且締同心盟。

明　朱國禎《湧幢小品》卷二二《瑞榴詩》　嘉靖二十二年，瑞峰陸太學庭中盆榴重樓並蒂。同郡太史程文德詩云：「何處盆榴有異花，銀臺仙吏陸君家。已知多子非凡種，今見丹心更瑞葩。並蒂紅蕖慚豔態，重輪赤日擁青霞。知君世德原忠孝，留福層層正未涯。」餘姚都督僉事孫堪詩云：「炎夏□朱英，柔枝嚲無力。烈烈嬰秋風，昭昭露束赤。」

清 **屈大均**《**翁山詩外**》卷八《**盆荷**》 種荷愁水滿，水滿出荷遲。移向玉缸裏，兼之紅藕枝。葉防公子摘，花待美人持。莫使微莖折，纏綿未有絲。

白藕西園至，花多種不同。茄長方尺寸，葉少未西東。美盎光含緑，肥泥色帶紅。芙蓉開自好，莫讓曲池中。

清 **陸廷燦**《**藝菊志**》卷四《**咏盆菊**》 衆芳豈不妍，秋英自清絶。意與幽人會，標名霜下傑。容以桃李顔，豔彼茱萸節。翩翩五陵子，佳色紛相悦。積紫照朱茵，堆黄象金埒。賞韻一以乖，籬堵寧辭拙。亭亭盆中菊，偏承美人擷。香分甘谷幽，色借冰壺潔。對此讀離騷，心魂坐瑩澈。悠然見西山，孤峰正嶔。

又 卷五《**盆菊吟**》 林莽蕭疏歲欲闌，霜華射地明琅玕。藕花夢冷鴛鴦浦，白榆摇落西風寒。盆菊君看開正小，錦石高雲相照耀。翠色離離秀可餐，浮香的的寒仍峭。翻羞桃李當春生，淺白輕紅剩有情。連枝無那妖嬈態，一夜空驚風雨聲。高人避喧來海嶠，静女無言偏窈窕。時逢金令意轉佳，移向玉堂看更好。幽姿不與凡卉争，靈氣曾延千萬齡。青霞絳闕有時去，歲寒且締同心盟。

清 **王鴻緒**《**横雲山人集**》卷一二《**望雲集·盆梅**》 愛爾盤根大，疏枝裊曲房。鈎簾閒索笑，隱几暗聞香。色借羅浮遠，春知庾嶺長。寂寥懷水部，幽興劇難忘。

又 卷二七《**還朝續集·盆梅**》 斗室清香迴襲人，定磁栽供凈無塵。夭桃巧笑東風面，争似冰姿雪裏春。

清 **陳維崧**《**迦陵詞全集**》卷一八《**念奴嬌·小盎春蘭盛開，與水仙相掩映，瓶梅暗香復爾清冽。雨窗無事，婆娑其間，詞以咏之**》 蘭滋梅粉，被宵來，厭浥嫣然新沐。曉色幽幽，凉逼硯、冷翠遥連苔竹。更喜仙葩，纔離水國，也把幽芬撲。嬌痕媚靨，一時雨後開足。 浪説天上瓊花，月中桂子，多少閒榮辱。只有疏枝和野卉，領略一生閑福。散髮林端，支頤澗側，目取南華録，素甆凝雪，小廊又報茶熟。

清 **查慎行**《**敬業堂詩集**》卷三五《**午日西苑直廬賦雨中榴花**》 小院盆榴樹，花時帶雨鮮。施朱何太赤，似火獨能然。白髮逢佳節，丹心感盛年。蒲葵方滿眼，此本定誰憐。

又 卷三八《**盆梅**》 姑射有仙人，冰肌故綽約。歲寒守巖谷，風雪從饕虐。無端被巧匠，栽接移根脚。本是桃寄生，而含梅跗萼。經冬傍花窖，漸亦喜熏灼。昨登廟市來，帶土入城郭。千錢買一本，手爲解其縛。我室清如冰，依然愁冷落。瓦盆一小器，局促焉足託。本性倘可回，相期返丘壑。

清 **薛雪**《**斫桂山房詩存**》卷六《**盆梅次韻**》 衝寒懶向灞橋游，小盎栽培亦自幽。只恐茅檐低亞慣，更無春色到齋頭。

庾嶺開時是勝游，南枝香暖北枝幽。盆中莫恨無多地，但得春風便舉頭。

清 **朱彝尊**《**曝書亭集**》卷二八《**一剪梅盆梅聯句**》 定武瓷燒幾棱紅，細斛香泥，淺植春叢。魏坤。衝寒載入小車中，三尺苔枝，一翦霜風。彝尊。盡圻椶毛裂紙筒。影漸横斜，態轉玲瓏。坤。花邊鄉夢兩人同。放鶴洲南，聽雪亭東。彝尊。

清 **宋犖**《**西陂類稿**》卷三《**榴花歎用昌黎杏花韻**》 芍藥已盡豐臺空，階前榴花亦自紅。乍開還落炎日裏，狼藉其奈掀天風。京師習俗好花樹，中庭羅列家家同。瓦盆矯屈作壽字，數枝纔發無全功。憶昔梁園掩關卧，閒閒十畝東郊中。名花千本竹千個，海榴百尺抽芳叢。三逕逶迤向别圃，幾間茅屋環青楓。花時觴咏恣盤礴，清香披拂情何窮。年來作客廢幽賞，風塵奔走隨西東。猶對殘英起長歎，抱瓮擬作村居翁。

又 卷一〇《**盆梅**》 素盎疏枝嶺外傳，幽香歲晚把來偏。貯從官閣風簾下，韻奪山橋野店前。映雪清寒渾欲笑，張燈的皪倍增妍。故園回首無消息，每到花時幾悵然。

清 **錢載**《**蘀石齋詩集**》卷一九《**題盆牡丹**》 起早頻澆潤，春遲獨對偏。葉肥翻緑軟，苞嫩坼紅圓。池館槐陰地，園林穀雨天。一聲鶗鴂鳥，幾醉曲欄前。

清 **陶元藻**《**泊鷗山房集**》卷一六《**盆梅**》 芳標本奇特，盤屈竟如斯。春意來何晚，冰心默自持。寧爲孤客伴，肯受野風吹。珍重一枝豔，清芬無盡時。

又 卷一七《**盆蘭**》 好護黄磁斗，休教積霰侵。因依憐歲久，蘊藉識根深。芳氣常在室，故人有此心。烏皮書几上，清供伴孤斟。

又 卷三八《**月華清·盆荷**》 庭院幽閒，盎盆森列，邁種紅顔如此。終日凌波，雅擅洛神姿致。經長夏、何畏炎蒸；生濁淖、不霑泥滓。洵美，那尋芳茂叔，愛蓮有以。 最是平明早起，看旭影初籠，露華纔洗除，靈運詩篇，有

誰堪比。契予懷，其臭如蘭，任風動立而不倚。凝睇，幾花鬟妒殺，西湖十里。

清 聖祖愛新覺羅・玄燁《聖祖仁皇帝御製文集》卷四五《詠盆中松竹梅各一首》

松 歲寒堅後雕，秀萼山林性。移根黼座傍，可託青松柄。

竹 此君霜後青，密葉欲停雪。叢篁傍小山，清節依然潔。

梅 瓊林遺玉骨，粉蕊趁冰姿。香透芙蓉帳，詩成度玉墀。

清 厲鶚《樊榭山房續集》卷六《瓶花齋賦盆中小松用少陵四松韻》 松於衆木中，爲性最堅强。託根在盆盎，鬱屈固不長。雖無鶴來巢，幸免蟻見傷。想以醜怪姿，邱壑難掩藏。移青自遠舸，分影臨清防。我聞天子都，名蹟游軒黄。餐脂斮虎魄，服粉祝桃康。森然未盈尺，來登君子堂。赤日艳天地，微蔭寧爲凉。兒童遭褻視，豈知閱冰霜。今晨暑雨駛，仿佛龍鱗張。拏雲莫便去，奮迅天渺茫。何如供嘯傲，坐使永晝忘。其下置拳石，古色同蒼蒼。

清 盧存心《白雲詩集》卷七《盆梅》 盤屈虬枝一尺身，花奴妝點在磁盆。幽香細細飄簾户，清影疏疏落酒樽。蕭灑豈能藏畫檻，孤高仍自露霜根。渾如兀突靈巖頂，鐵幹冰姿晚歲存。

清 方士庶《天慵庵筆記》卷下《題汪交如黄山五小松圖》 君家盆盎五小松，鱗鬣鼓動苔花封。細葉猶含舊煙霧，枝撑已卓新虬龍。平生愛松入骨髓，每遺森森圖在紙。徜徉尚覺風雨寒，况乃移根庭院裏。黄山之松萬萬株，短小突崛百一無。眼前並列皆瑱瑜，尺寸勢與尋丈俱。結交各以道義重，歲寒對此真吾徒。松感我言如有情，謖謖爲我來濤聲。華堂四顧盡珍異，獨有五松神骨清。

清 商盤《質園詩集》卷一一《暖室盆梅》 林際方含蘂，盆中已作花。總緣重幕暖，早見數枝斜。得氣寧非福，乘時且勿誇。東君自公道，一例到貧家。

本與冰霜敵，誰教錦繡攢。羡他生處好，念彼外邊寒。春意疑先漏，人情反厭看。何當離火宅，玉質免傷殘。

清 梅清《瞿山詩略》卷二七《盆梅》 尺土蟠根未覺難，委身盆盎乍盤桓。香流玉几珍同玩，跡寄瑶臺夢亦安。高置何難親曉日，頻移容易避春寒。漫誇十丈成都樹，那得從君屋裏看。

清 高宗愛新覺羅・弘歷《御製詩集》初集卷四《咏盆中小菊》 最愛東籬種，移陪净几芳。亞盆舒冷豔，擢秀先重陽。辭圃霜羞傲，窺簾蝶任忙。花師腒位置，偏稱小松旁。

又《盆中竹》 未改渭川質，遥從淇水分。影摇銀燭亂，籟藉竹爐熏。憑几坐清晝，忘言對此君。託根非得地，漫想勢干雲。

又《冬夜盆梅》 不必待明月，依然見美人。寒香凝篆縷，破蕾貼花茵。得句思前詠，耽梅是宿因。剪檠相對處，清絶兩無塵。

又 卷一二《盆花》 盆花炕作春，羅植有數品。異候可齊芳，翻風而逗錦。花師欺女夷，竊權亦殊甚。不取蒼松枝，謂比花容寢。韶姿詎久駐，零落乃荏苒。虬蓋撑懸崖，落落挺寒凜。人巧固不牢，奚若天所稟。持以告蒼松，蒼松其懃恁。

又 卷二三《盆菊》 塗龜寧曳尾，不慕藏廊廟。山木寧棲崖，青黄非所好。黄花隱逸材，倜儻寡同調。卉譜偶傳名，藝苑誰能貌。花師鮮法眼，視比春葩耀。杯水引滋溉，圓盆作幽隩。枝幹受束縛，猶詡人工妙。杞柳爲桮棬，戕賊性已拗。繩墨厥天然，俯仰任其詔。垂頭綻冷芳，恐被柴桑笑。剪翅來孤鶴，引吭一相弔。

又《江山一覽閣中橘樹子二盆鬱翠垂金饒有佳致輒題以句》 纍纍金实突黄柑，色映無生古佛龕。橘月燕山吟橘樹，春風一室小江南。

又 卷二九《詠盆中温牡丹》 纔破青韶未匝旬，盆中爛漫火催春。女夷應不禁蕭寞，故遣花王饋歲新。

堂堂鏤瓣葉娑娑，好處惟應唤奈何。爾許春光迴照處，文筵重得晤東坡。

月想丰姿霞想烘，重簾不畏妒花風。韓湘縱是饒仙術，枝上應無兩度紅。

又 三集卷八八《詠温牡丹》 亦是葉緑而花紅，那資暖日與和風。奇松詭石對弗愧，似誇國色盤之中。盤之中固松石美，速成實藉下策耳。三十乃娶四十仕，田盤先生猶笑彼。

清 顧八代《敬一堂詩鈔》卷一五《盆菊》 亦是東籬種，偏教瓦器栽。黄花知九日，對酒幾盆開。

清 錢維城《錢文敏公全集》卷八《秋海棠》 海棠亦冒秋英名，白露已降方敷榮。就陰怕熱有本性，嬌花大葉多幽情。豐臺花匠青磁盆，貼苔屑瓦勞殷勤。朱門棐几作清供，弱質不受霜風輕。於兹委棄閒階庭，凉雨零亂百草縈。無人愁汝爛熳生。

清 佘集《憶漫菴賸稿》《盆梅》 悠悠芳訊隔重湖，瞥見尊前玉一株。遠

道揭來驚歲晚，故園別後覺神癯。膽瓶敢許橫枝好，鬆几偏宜獨座娱。止竟山中標格在，未任約束笑林逋。

不老空山不傍溪，翠禽未許近枝啼。樓東玉瘦春猶恨，漠北魂歸月已低。影入小窗添畫格，香浮紙帳得詩題。孤根差較逾淮橘，爲帶鄉園淺淺泥。

檢校江南幾信風，冰肌初逗曲屏中。一卷石約疏枝瘦，數點春偷小萼紅。品格全教燈影攝，清芬疑入酒杯融。上元時候唐花好，未抵瓊英任化工。

花開不信總輿儓，誰遣江南絶豔來。短艇遠和山月載，小窗晚趁暖烟栽。雖無拂水橫雲格，仍有涵冰嚼雪懷。若置水仙南竹畔，分明畫向歲朝開。

清　弘曉《明善堂詩集》卷四《盆中梅花》　知是庾山第幾枝，小盆靈石伴幽姿。書窗静對清香襲，疏影看他月上時。

清　汪學金《静厓詩初稿》卷八《盆中牡丹》　鞓紅曁價本無倫，出窖穠姿照眼新。繡幕未迴燕谷冷，金錢争買洛陽春。風光大抵都因熱，富貴何須早致身。輸與山窗老梅樹，天然冰雪倍精神。

清　裘日修《裘文達公詩集》卷四《盆梅》　芳影依窗瘦，檐光落几寒。疏疏孤豔净，的的數花攢。作供宜佳客，標名稱冷官。微吟知不厭，長此得清歡。

清　錢維喬《竹初詩鈔》卷四《盆梅》　數枝索笑近華筵，千載孤山買論錢。不分香生虚館外，居然春到曲闌邊。吟殘東閣清尊在，折盡西洲别夢牽。多少陳根誇庾嶺，幽姿原不受人憐。

又　卷八《盆中梅》　以爾秀南國，託根來遠方。如何後殘雪，不自惜幽香。驛使豈相識，空山未可忘。垂垂疏影小，終許占春陽。

清　張塤《竹葉庵文集》卷八《夜賞盆梅之作》　對君秉燭净無埃，雛小冬陽雛小梅。如此花枝能入畫，怎教蠟淚不成堆。湖山處士誰陪坐，風雪明妃遠嫁來。那用彊添三十樹，數將一瓣一飛栖。

清　畢沅《靈巖山人詩集》卷四《盆梅》　疏枝憑束縛，人巧失天真。小閣添清供，殘年逗早春。月流窗隙影，雪横夢中因。素几凝香處，冰壺伴此身。

又　卷二四《庭前叢菊盛開感賦二絶》　洋種分來植瓦盆，幾枝爛漫對黄昏。晚涼陣陣經秋雨，一夕花光滿淚痕。

霜光滿院惜凋隤，晼晚風心夕夕摧。我恨寒花太情薄，一叢依舊向秋開。

清　劉秉恬《公餘集》卷八《題盆植桃樹成實》　誰將千載實，種在一盆中。粒粒迎秋熟，團團暈色紅。財成真有道，灌溉豈無功。㝹倩如知此，瑶池説更窮。

清　趙懷玉《亦有生齋集》卷三二《盆荷》　莫謂盆荷小，何殊池沼寬。屢隨風綽約，竟免雨摧殘。魚少東西戲，人多早暮看。居然開匝月，露冷暑方闌。

清　王士禎《帶經堂集》卷六一《雪中盆蘭又作數花賦之》　素姿不屑涴鉛華，來自西江道路賒。冉冉幽香拂簾額，紛紛急雪落檐牙。六花已入梁園賦，九畹還從楚客誇。猶有東籬一叢菊，歲寒相伴在陶家。

清　吴錫麒《有正味齋諸集》卷五《盆梅》　黄昏亭角月來時，疏影看從紙帳移。無夢空山尋鶴伴，倩誰縮本寫苔枝。江南信息相逢早，硯北光陰欲放遲。消得屏帷好清福，不愁故側風吹。

清　祝德麟《悦親樓詩集》卷一七《深冬蓄水仙一盆二月中旬始放花》　常恐春光促，忽忽已及半。東風豈無情，不吹桃李爛。蕭齋坐閑寂，突兀見此粲。凍胎積久破，婭姹盈几案。邈然陵波姿，芬芳斂不散。滋培昔已勤，冰雪歷無難。終荷陽春暉，敢興遲暮歎。

又　卷一二《唐花二首》　孰支芳信返香魂，春色無端上翠盆。妝點貧家成富貴，吹噓寒意作温馨。火攻未藉東風力，驛遞全移南國根。可惜人心太新巧，先庚後甲總難論。

清　王汝璧《銅梁山人詩集》卷二一《雪夜盆中牡丹再疊前韻》　水光照澈恒河沙，静收蝶夢恬蘧衙。何人鍊火作雲物，元冬開出三春花。微風暗吹黍谷琯，新恩來自東皇家。乍驚黄裹簇火齊，直欲夜半騰金雅。青娥剪彩弄紅纈，素女搗玉揚霜葩。神工妙手不相下，仙人殷七爲捽爬。冰蕤錦帳伴珍供，寒泉雪盌烹團茶。青陽漏泄草根屮，臘鼓動地兒童撾。緑華爲妃水仙媵，孤山孤絶休咨嗟。晶簾月曉么鳳叫，頃刻吐綬如丹霞。

又　卷二二《盆梅》　曉風依約下雲鬟，寒色凌兢動白間。亦有疏星明翠羽，便看拳石似孤山。大千香雪歸帷幄，絶代佳人本静閒。多謝天娥頻剪纈，不勞驛使度河關。

又《華不注集・盆柏》　黛雲碎碎覆花蕤，鬱屈銅柯翠葆支。生兩石間何必大，有參天勢便能奇。凌寒不盡輪囷意，著雨尤多峭蒨姿。俄頃結筋生左

肘，太陰雷電走躨跜。

又《盆竹連發九筍》 錦綳次第綻花甆，數寸泥含百尺姿。斑管鏤成金瑣碎，嶰筒吹出碧參差。湘簾影裏遥峰矗，玉女盆中拄杖奇。一夜雄雷驚劈地，翠螭争上九天時。

清 王文治《夢樓詩集》卷二二《盆蘭》 盆蘭放一枝，居然香滿室。唯恐北窗寒，移之就朝日。

清 王昶《春融堂集》卷二五《月華清・盆梅》 宫粉香飄，仙衣雲卧，幽花獨占窗户。猶憶青鞋，曾訪村南幾樹。聽殘鐘、茶磨山房，蹋曉雪、銅坑石路。凄楚，正版橋流水，翠禽交語。　受盡冷煙疏雨，倩健步移來，碧瓷深貯。爆竹傳柑，喜作新年伴侣。最娉婷、春色三分；好珍重、芳心一縷。留取，莫等閒輕按，江樓笛譜。

清 胡承珙《求是堂詩集》卷一〇《盆中水仙》 馬塍開遍上元宵，稚蝶癡蜂信尚遥。莫惜空齋春事晚，一叢猶及占花朝。

隨分栽來老瓦盆，清泉微注尚嫌渾。憐渠耐過三冬冷，只有朝陽是受恩。

平生水石話因緣，任使濃薰惱破禪。我是金門中隱客，不成學佛愛游仙。

清 汪學金《静厓詩後稿》卷四《盆松》 土膏培養木之神，莫道干霄異屈伸。拱把原知違世用，剪裁豈便損天真。寸心堅處應留骨，尺蠖藏時也蜕鱗。若傍壺中九華境，不妨小有住仙身。

清 吴翌鳳《與稽齋叢稿》卷七《盆梅詠》 盆中一株梅，猶是江南春。主人念羈旅，留伴蕭閒身。虚室絶來客，紙窗净無塵。幽香不得吐，冰雪時相親。有如高世士，寂寞含孤真。我從故山來，幾見芳華新。春風儻吹開，詎惜詩人貧。

清 曾燠《賞雨茅屋詩集》卷六《盆松》 空山千尺强，歲暮多風霜。汝今與衆卉，細瑣升中堂。所遭寧不幸，厥性則已傷。矯矯虬龍枝，翦伐毋使長。區區尺寸地，振撥動有妨。昨來雲鶴下，向汝殊悵悵。不得巢其顛，悲鳴復飛颺。異哉高格損，貞姿故如常。同堂盆供花，榮落何太忙。

清 潘奕雋《三松堂集》卷九《盆中白蓮》 凌波仙子緑雲扶，一片光明鏡裏鋪。浄攝佛香開世界，遠移客夢到江湖。珠凝濃露煙疑化，粉墮涼蟾影欲無。底事廬山懷舊隱，高齋静侣未全孤。

清 朱筠《笥河詩集》卷一一《泗州試院盆中植蕙有作》録一 蕙生山石間，言樹在盆盎。我行卧盱眙，得之若吾黨。緑葉何披披，紫碧茁書幌。殊色而同莖，秀自絶衆莽。鬱鬱雲涌密，瀟瀟雨灑廣。受潤花有氣，著清山無坱。萬古淮泗靈，楚澤浸瀇瀇。中有騷人魂，散入墮露朗。花兮如顧我，空谷音同曩。我胡此山中，十日對曭㬻。

清 劉嗣綰《尚絅堂集》卷二三《盆松》 長松巖壑姿，蜿蜒蟠地軸。束身就盆盎，遠勢忽近蓄。託根雖有幸，垂蔭苦未足。但能逃剪伐，終得勵盤錯。孤直乃寸心，所遭任屈曲。嗟嗟歲寒質，寧羡厥土沃。部婁非所期，荒榛滿山麓。

清 詹應甲《賜綺堂集》卷四《盆蘭》 幽蘭秀空山，素心澹無欲。朱門深幾重，誰剪一痕緑。分移玉盎中，先經箬籠束。蚓結與蟻穿，同根甘屈曲。勉爲霜露滋，弗受膏澤沃。庶幾閟清芬，室中能遠俗。

又卷二〇《盆花十首》

白梅

移得園林雪一枝，人天何處寄相思。前身不合離香案，尺玉平量敢自持。

紅梅

天然冷豔有濃香，屈伏何曾换肺腸。畫上屏風空着色，縞衣從此試紅妝。

緑梅

么鳳枝頭萼尚稀，仙人游戲是耶非。量珠底事歸金谷，依舊當筵舞緑衣。

蠟梅

磬口檀心結古懽，山人野服稱黄冠。虧他嚼出冰霜味，直到春寒過歲寒。

牡丹

名花曾向洛陽開，移傍盆山巧剪裁。塵土滿身泉一勺，却從何處起樓臺。

水仙

平生心跡託微波，香火因緣可奈何。塵海抽身還插脚，累他泉石亦消磨。

山茶

老樹何曾肯作花，冬心獨抱斂風華。憑他點染蒼茫意，雪窖冰天見赤霞。

海棠

不分屈鐵與垂絲，譜入羣芳佚杜詩。坐到夜深燒燭短，重簾低放護燕支。

玉蘭

操筆何曾到木天，珊珊環佩夢飛仙。瑶臺群玉知多少，未必辛夷肯拍肩。

草蘭

年來芳訊斷江洲，分得春叢一剪抽。莫笑湘皋香草賤，瓦盆還爲此花留。

清 周篆《草亭先生集》卷四《盆蘭》 盆蘭雨過日茸茸，不負滋培經歲功。誰信移來從弃寘，畫堂開罷去年風。

清 徐繼畬《松龕先生詩集》卷下《丁巳，平遥館中度歲，植水仙數本，立春盛開。酬以四律，兼索和於同人選二》 霞漳異種海濱來，錦石瓷盆手自栽。箭茁紅蘭包玉朵，根埋銀蒜孕瓊胎。三冬愛日窗前曝，一夜春風座上開。爲覓同心聯臭味，巡檐索笑有寒梅。

真靈位業不尋常，一勺清泉瓦硯旁。雪案裁詩閒對影，晴窗摹帖静聞香。天寒未許蜂衙鬧，禪定無勞蝶夢狂。試上蒲團參妙諦，温柔何異白雲鄉。

清 邵晋涵《南江詩鈔》卷四《盆梅》 漫訪横枝傍水邨，好栽寒玉湛華盆。移來室邇春無跡，望裏窗虚月有痕。遠岫參差排翠黛，重簾依約護香温。環階野鶴翩躚影，記伴梁園雪夜尊。

清 劉墉《劉文清公遺集》卷一一《歸漢升盆梅詩以送之》 春風何處見梅花，盆盎香浮韻自嘉。紅白不妨相映照，稀疏也愛鬥横斜。攜歸襟袖含輕馥，坐對簾櫳散綺霞。結習已空無繫著，還君顔色尚瓊華。

又《盆梅和廿七弟韻》 嫣然一笑淡相逢，也與園林半樹同。花傍人開非待日，香依座送不關風。清如玉雪偏能素，瑞似雲霞更愛紅。何必游仙勞夢遠，羅浮春近夜窗中。

又 卷一二《盆梅》 陌上泥輕步屧頻，忽逢顔色兩枝新。不能萬點尋珠海，也似孤山伴玉人。頩頰未妨含薄怒，冰心聊復鬥輕嚬。誰言十笏藏春少，却月凌風共一春。

清 俞樾《春在堂詩編》卷一八《移盆梅數株於園中擇地種之》 爲愛盆中數樹梅，不辭幾處劚蒼苔。夜寒惜未親鋤月，春暖欣逢始發雷。自較黄楊容易長，只愁白髮要來催。使君種荔香山笑，我顧積齡亦自咍。

清 劉鳳誥《存悔齋集》卷一八《次韻竺君盆梅》 一樹三百蕾，尺計珊株盈。的的倭鬟妝，春影不到屏。水仙文石間，養此花骨清。山癯歛容坐，接袂招飛瓊。丈室納香界，日射風簾爭。美人落掌上，一空雲茶城。春前憶出郭，探徧孤山情。如何蟹爪挂，當我几席平。吹鐙夢緋緑，縮本行寫生。

清 陶澍《陶文毅公全集》卷五七《盆菊》 吾盎忽光彩，居然盛萬金。不妨高處著，猶見故鄉心。地自月宜夜，堂空秋易陰。茲廬有何愛，因汝一遥吟。

清 百齡《守意龕詩集》卷五《盆中水仙》 裊裊娉娉倚玉盤，水紋春醮一痕寬。微香袖底含風透，倩影床頭帶月看。便擬凌波思解佩，可能入室夢徵蘭。神仙姑射分明在，冰雪肌膚慣忍寒。

又《盆中牡丹》 誰遣催芳羯鼓撾，霜天忽放牡丹芽。寒培客土香微泛，暖人薰籠氣總賒。似約嶺梅同傲雪，不隨欄藥共蒸霞。後塵姚魏翻相笑，春到先看富貴花。

清 柏葰《薜箖吟館鈔存》卷一《府試盆梅》 檢點花經深閉門，歲寒心事共誰論。偶携天上千枝雪，種向雲間七寶盆。色與冰壺澄棐几，香邀粉月到芳樽。從今不必巡檐索，紙帳芸窗笑語温。

清 何紹基《東洲草堂詩鈔》卷九《盆竹》 秋篁幾竿直，古鉢三尺圓。下既不得地，上故不造天。無處展枝葉，何由埽雲煙。依然根節好，凉月夜娟娟。

清 祁寯藻《𥗝𧮫亭集》卷二八 都下人家盆植枇杷有結實者。鶴舫相國分致一枚。因憶江陰使署後堂西窗下一株，高出檐際，曾以晚翠名齋。至今額書猶懸吾廬也。感而賦之。

南國生嘉樹，清陰得小齋。曾看花冒雪，不道橘踰淮。晚翠今猶憶，孤芳孰與偕。瓦盆許分致，珍重核先懷。

又《盆中碧桃初開》 本是唐花種，經年發故枝。橐駞非爾力，姑射有仙姿。温室春生早，幽窗日上遲。先開易摇落，應悔太逢時。

滿樹風偏疾，回舟路轉迷。莫嫌盆盎小，猶幸屋檐低。海上誰曾種，人間自有蹊。三千年結實，物理本難齊。

清 王相《友聲集·蓉湖存稿》卷下《盆梅》 春意盎天地，偶然露此中。十旬禁朔雪，數點報東風。窺管只如許，巡檐誰與同。一枝真具體，能冠百花叢。

清 戴熙《習苦齋詩集》卷二《盆蘭》 芳蘭有幽意，書案却相宜。焙土黏根細，沙甌著露滋。曉寒人寂寂，晝暖日遲遲。九畹應難覓，空教讀楚詞。

又 卷八《客座盆梅》 梅花原有格，盆盎別生春。小几盈盈態，檐幃脈脈神。似慚疏戾俗，未肯曲隨人。故國横窗影，今宵對月輪。

清 杜堮《遂初草廬詩集》卷七《盆蘭二首》 沅湘不可極，庭宇颯已秋。含風若有情，絶代固無儔。不矜廊廟華，但娟巖谷幽。君子貴自我，於世將安求。

世不知此花，此花亦遺世。淡泊或相遭，倉猝難可致。太息古人往，悵然生遠思。頗疑含苞初，中有靈均字。

清 樊增祥《樊山續集》卷二三《盆蘭》 一朵能香屋數間，芳風淑氣滿前軒。緑窗盡日箋香草，不是同心定不言。

清 郝懿行《曬書堂集》卷下《書齋盆菊今茲特盛花又耐久賀之以詩》 蘭衰蓉老怯秋凉，籬菊新分瓦瓿藏。冷面相看增嫵媚，清心直欲挾冰霜。到無言處天生淡，如有意開特地香。莫把齋頭輕位置，此花祇合在書堂。

清 羅汝懷《緑漪草堂詩集》卷一七《盆蘭》 大凍曾凋十瓦盆，素心孤負月橋君。三間伴我獨居室，一束采從何處邨。市遠地原空谷似，香多時向曉窗聞。街泥滑澾經過少，更惜幽芳嬾出門。春正大雪，損蘭十盆。其中素心者半，則黎月橋侍御自粵東攜歸者也。

又 卷一八《王蒓圃餽蕙草二盆》 渴想經年到眼纔，葉長三尺絶塵埃。擔頭雨漬雙盆重，簾底香沿百里來。陰洞久藏雲霧窟，漣波新浣薜蘿隈。春風披拂殊多態，轉勝閩蘭費養培。

清 葉衍蘭《秋夢盦詞鈔》卷二《國香慢》 友人齋中見盆蘭十餘架，悉龍巖佳品也。啼煙泣露，悽楚可憐，感賦此解。

霧檻星房，甚伶俜倩影，瘦盡年光。江皋那時紉佩，燕夢思量。惆悵靈均去後，歎流落、誰賦瀟湘。迴身昵郎抱，素袂塵緇，碧玉神傷。　移根空谷遠，恁煙憔露悴，冷泣孤芳。海天琴杳，幽恨應痛鸞腸。怕惹騷魂深夜，悄吟伴、寒蝶啼螿。同心渺何許，一翦秋雲，覓返生香。

清 張謇《張季子詩録》卷一《盆松》 山澤孤生種，誰將到此盆。青蒼一撮土，蟠鬱百年根。宿黛含霜氣，創鱗見斧痕。等閒憐託處，梁棟與誰論。

清 傅山《霜紅龕集》卷七《盆蕉》 惱人蕉五葉，小染一簾秋。夜雨清旻過，幽田緑響留。美人雲不動，草聖筆禁抽。風至自摇曳，無情亦惹愁。

雜録

元 李衎《竹譜詳録》卷三 瀟湘竹凡二種，出七閩山中。【略】一種細小高不過數尺。人家移植盆檻中，芃芃可愛。

又 砂竹生處州山，溪傍砂土高不過二三尺，彼人移入盆檻中，置几案上爲雅玩。

明 王世懋《學圃雜疏》《花疏》 迎春花雖草本，最先點綴春色，亦不可廢。余一盆景結屈老幹天然，得之嘉定，唐少谷人以爲寶。

明 姚旅《露書》卷一〇 盆中菖蒲草，世以爲書室清供。其根九節，即九節菖蒲也。服之長生，即此物矣。

菖蒲花稀，余辛酉在長安端午市之有花三朵。余餐其二，留一爲清玩。

清 曹溶《倦圃蒔植記》總論卷下 花有愛護太過而反壞，故知《郭駝傳》不可不讀。吾有福建水竹二盆。其一茂密者，以愛護太過而槁。其一稀者，以漫不加意而幸存。

清 謝堃《花木小志》《山樝》 嘗種山樝樹於盆，高尺餘，枝柯繁茂，葉有五尖，色青背白，椏枝有刺，花白五出，實頗垂垂，經霜純赤可觀。

清 陳憲舜《課民植牧講義稿·龍絲竹》 此竹莖生出細僅如針，高不盈尺，種於盆景石山之側，足備賞玩。

又《越王竹》 此竹高止尺餘，種於小石山上，以作盆景，極其雅觀。

又《慈竹》 此竹叢生不散，種作盆景，極其雅觀，與孝子竹不同。

圖表

元 李衎《竹譜詳録》卷五 吊根竹又名扶根竹，出温州沿海山中。蓋取釣絲竹根上有小枝葉者，漸漸出土，移入盆檻中，以竹杖扶持懸起，爲几案之玩，非別有種也。

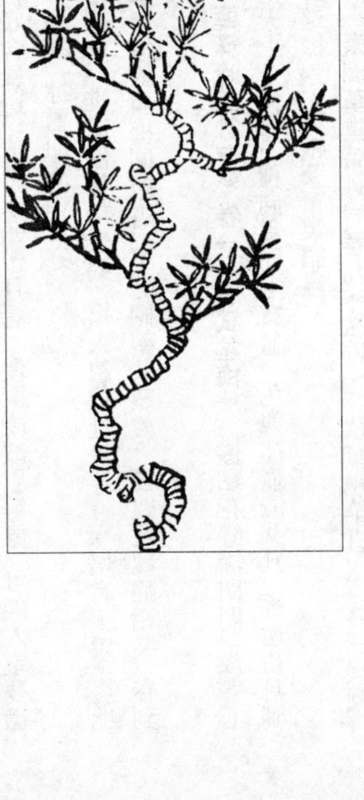

植物插貯

題解

清 陳淏子《秘傳花鏡》卷二《養花插瓶法》 家無園圃，枯坐一廛，則眼前之生趣何來？即有芳華，一遭風雨，則經年之灌溉皆虛。不若采千林於半囱，萃四序於一甌。古人瓶花之説，良有以也。貯之金屋，主人之賞鑑猶存；聊借一枝，貧士之餘芬可挹。但養不得其法，不特花即失神，亦且色不耐久。今略舉各花養法而言之。凡花滋雨露以生，雖瓶養亦當用天落水，每日添換，其開庶久。若三四日不換，花必零落，蕊必乾枯。每夜宜擇無風有露處置之，猶可多延一二日之鮮麗，此乃天與人參之力也。折花之法不可亂攀，須擇其木之叢雜處，取初放有致之枝，或一二種。比枝配色，不冗不孤，稍有畫意者，方剪而燔其析處插之，則滋不下泄，花可耐久。蓋有不宜清水養者，又不可不察也。如梅花、水仙，宜鹽水養。而梅更宜醃猪肉汁。去油，俟冷插花，且瓶不結凍，雖細蕊皆開。若貯古瓶中，常刺以湯，還能結子生葉。海棠花須束薄荷葉於折處，再以薄荷水浸養，細蕊盡開。梔子花折處須搥碎，以鹽入瓶中乾插，自能放花抽葉，花謝後鹽仍可用。牡丹初折，即燃其枝，不用水養，當以蜜浸自榮，謝後蜜仍可用。芍藥燒枝後，即插水瓶中。夜間另浸大水缸内，早復歸瓶，則葉緑花鮮。蓮花先用泥塞其折孔内，再以髮纏之，先插入瓶，後方灌水，夜置無風有露處，則菡萏皆開。芙蓉、竹枝、金鳳花，皆當以沸湯養之，乘熱即塞瓶口，則花易開而葉不損。若蜀葵、秋葵、芍藥、萱花等類，宜燒枝插，餘皆不可燒。凡貯瓶中水，須燒紅瓦片投之，則水不臭。冬月將濃灰汁和酒灌瓶内則不凍。鮮肉凍汁養山茶、臘梅則開耐久。如瓶口大者，内置錫管，冬月貯水，不碎瓶。若小口胆瓶等，投硫黄末數錢，亦可免凍之患。夫花之配搭既善，則花之意態自佳，而貯花之瓶罍，并供花之位置，亦不可不講也。瓶之最忌者，兩對一律。有珥環成行列，以繩束縛，以多爲貴。若銅瓶雖不能得出土舊觚、青緑入骨、砂斑垤起者，亦宜擇其款製精良者一二。磁瓶雖不能皆哥窑、象窑、定窑、柴窑，亦須選細潤光潔好窑瓶一二三，方不辱名花，而虚此一番攀折也。大抵書齋清俱，宜矮小爲佳。喜銅瓶，必花觚、銅觶、尊罍、方漢壺、素温壺、匾壺之類，受窑器必紙搥、鵝頸、茄岱、花尊、花囊、著草、蒲槌、壁瓶之類，方不與家堂香火前五事件内瓶同。至若廳堂大厦所用大瓶，不在此例也。如插牡丹、芍藥、玉蘭、粉團、蓮花等，則花之本質既大，瓶自宜大，又不在此例。嘗聞古銅窑器入土久則得氣深，以此養花，其色必鮮，且能結實。雖無濟於事，無園者亦可眩奇。吁！寒士處此，名花猶可假乞，古器從何而致？若有宣德成化，或龍泉窑者一二，便可脱俗矣。

論説

明 屠隆《陳眉公考槃餘事》卷四《瓶花》 堂供須高瓶大枝，方快人意。若山齋充玩，瓶宜短小，花宜瘦巧，最忌繁雜如縛。又忌花瘦於瓶，須各具意態，得画家寫生折枝之妙，方有天趣。瓶忌有環，忌成對，忌小口瓮肚瘦足藥罈，忌用葫蘆瓶，忌粧彩雕花架，忌香煙燈煤燻觸，忌油手拈弄，忌猫鼠傷殘。忌井水貯瓶，味鹹不宜於花。夜則須見天日。忌以插花之水入口，惟梅花秋海棠二種，其毒尤甚，須防之。

明 高濂《遵生八牋》卷一六《燕閒清賞牋下·瓶花三説》

瓶花之宜 高子曰：瓶花之宜有二用。如堂中插花，乃以銅之漢壺，太古尊罍，或官哥大瓶如弓耳壺，直口敞瓶，或龍泉蓍草大方瓶，高架兩傍，或置几上，與堂相宜。折花須擇大枝，或上葺下瘦，或左高右低，右高左低，或兩蟠臺接，偃亞偏曲，或挺露一幹中出，上簇下蕃，鋪蓋瓶口，令俯仰高下，疎密斜正，各具意態，得畫家寫生折枝之妙，方有天趣。若直枝鬔頭花朵，不入清供。花取或一種兩種，薔薇時即多種亦不爲俗。冬時插梅，必須龍泉大瓶，象窑敞瓶，厚銅漢壺，高三四尺已上，投以硫黄五六錢，砍大枝梅花插供，方快人意。近有饒窑白磁花尊，高三二尺者，有細花大瓶，俱可供聖上插花之具，製亦不惡。若書齋插花，瓶宜短小，以官哥膽瓶、紙槌瓶、鵝頸瓶、花觚、高低二種八卦方瓶、茄袋瓶、龍泉窑瓶、定窑花尊、花囊、四耳小定壺、圓口匾肚壺、青東磁小蓍草瓶、方漢壺、圓瓶、古龍泉蒲槌瓶、各窑壁瓶。次則古銅花觚、銅觶、小尊罍、方壺、素温窑匾壺，俱可插花。又如饒窑宣德年燒製花觚、花尊、蜜食罐、成窑嬌青蒜蒲小瓶、膽瓶、細花一枝瓶、方

漢壺式者，方可文房充玩。但小瓶插花，折宜瘦巧，不宜繁雜，宜一種，多則二種，須分高下合插，儼若一枝天生二色方美。或先湊簇像生，即以麻絲根下縛定插之。若彼此各向，則不佳矣。大率插花須要花與瓶稱，花高於瓶四五寸則可。假如瓶高二尺，肚大下實者，花出瓶口二尺六七寸，須折斜冗花枝，鋪撒左右，覆瓶兩傍之半則雅。若瓶高瘦，却宜一高一低雙枝，或屈曲斜裊，較瓶身少短數寸似佳。最忌花瘦於瓶，又忌繁雜。如縛成把，殊無雅趣。若小瓶插花，令花出瓶，須較瓶身短少二寸，如八寸長瓶，花止六七寸方妙。若瓶矮者，花高於瓶二三寸亦可。插花有態，可供清賞。故插花挂畫二事，是誠好事者本身執役，豈可托之僮僕爲哉？客曰：「汝論僻矣，人無古瓶，必如所論，則花不可插耶？」不然，余所論者，收藏鑒家積集既廣，須用合宜，使器得雅稱云爾。若以無所有者，則手執一枝，或采滿把，即插之水鉢壁縫，謂非愛花人歟？何竢論瓶美惡？又何分於堂室二用乎哉？吾懼客嘲熟矣，具此以解。

瓶花之忌 瓶忌有環，忌放成對，忌用小口瓮肚瘦足藥罈，忌用葫蘆瓶。凡瓶忌雕花妝彩花架，忌置當空几上，致有顛覆之患。故官哥古瓶，下有二方眼者，爲穿皮條縛於几足，不令失損。忌香烟燈煤熏觸，忌猫鼠傷殘，忌油手拈弄，忌藏密室，夜則須見天日。忌用井水貯瓶，味鹹，花多不茂，用河水并天落水始佳。忌以插花之水入口，凡插花水有毒，惟梅花、秋海棠二種毒甚，須防嚴密。

瓶花之法 牡丹花　貯滚湯於小口瓶中，插花一二枝，緊緊塞口，則花葉俱榮，三四日可玩。芍藥同法。一云以蜜作水，插牡丹不悴，蜜亦不壞。

戎葵　鳳仙花　芙蓉花凡折枝花。已上皆滚湯貯瓶，插下塞口，則不憔悴，可觀數日。

梔子花　將折枝根槌碎，擦鹽，入水插之，則花不黄。其結成梔子，初冬折枝插瓶，其子赤色，儼若花蕊，可觀。

荷花　采將亂髮纏縛折處，仍以泥封其竅，先入瓶中至底，後灌以水，不令入竅。竅中進水則易敗。

海棠花　以薄荷包枝根水養，多有數日不謝。

竹枝，瓶底加泥一撮。松枝，靈芝同吉祥草，俱可插瓶。

後録：四時花紀，俱堪入瓶，但以意巧取裁。花性宜水宜湯，俱照前法。

幽人雅趣，雖野草閑花，無不采插几案，以供清玩。但取自家生意，原無一定成規，不必拘泥。

靈芝，仙品也。山中采歸，以籮盛，置飰甑上蒸熟晒乾，藏之不壞。用錫作管套根，插水瓶中，伴以竹葉、吉祥草，則根不朽。上盆亦用此法。

冬間插花，須用錫管，不惟不壞磁瓶，即銅瓶亦畏冰凍，執質厚者尚可，否則破裂。如瑞香、梅花、水仙、粉紅山茶、臘梅，皆冬月妙品。插瓶之法，雖曰硫黄投之不凍，恐亦難敵。惟近日色南窗下置之，夜近卧榻，庶可多玩數日。一法：用肉汁去浮油，入瓶插梅花，則蕚盡開而更結實。

明 文震亨《長物志》卷七《瓶花》 堂供必高瓶大枝，方快人意。忌繁雜如縛，忌花瘦於瓶，忌香煙燈煤熏觸，忌油手拈弄，忌井水貯瓶，味鹹不宜於花。忌以插花水入口。梅花、秋海棠二種，其毒尤甚。冬月入硫黄於瓶中，則不凍。

綜述

宋 陶穀《清異録》卷上《錦洞天》 李後主每春盛時，梁棟窗壁、柱拱階砌并作隔筒，密插雜花，榜曰錦洞天。

宋 蘇軾《格物粗談》卷上 醃肉滚汁，徹去浮油，熱入瓶，插梅花可結實，煮鯽魚湯亦可。

荷花以亂髮纏折處，泥封其竅，先入瓶底，後灌水，不令入竅，則多存數日。

養荷花，以温水入瓶中，以紙蒙固，將花削尖簪，則花開且久。

蜀葵花削煨，以石灰蘸過令乾，插滚水瓶中，塞口，開至頂而葉不軟，鳳仙、芙蓉同此法。

養梅花用煮肉汁，撇去面上肥油，其餘放冷用養，則花盡開而久難謝。

牡丹、芍藥、梔子，並刮去皮，火燒以鹽擦，插花瓶中，加水養之。

用青磁瓶入硃砂四兩，將梅蕊刀割一枝，插入瓶中，常澆水，開花結果可食。

芭蕉初發，分種，以油簪横穿其根二眼，則不長大，可作盆景。

養梔子花，將折枝根搥碎，擦鹽，插入，則花不黄。

凡養柔枝花，以滚湯貯瓶，插下，塞口，可觀數日。

宋 蘇軾《物類相感志》 花瓶中欲水不臭，用火燒瓦一片，在內膠泥亦可。冬月花瓶中插花，欲不凍者，以頭灰汁插之，或每水一碗酒二盌亦妙。

又 養牡丹、芍藥、梔子，并刮去皮，火燒以鹽擦之，插於瓶中。或用沸湯插之亦開。

插鳳仙花，用石灰湯養，不爾連根種瓶，添水，可半月開，石灰種亦得。

又 種牡丹芍藥花。日間簪瓶中，晚間置地濕處，以蒲包蓋之，可多開三五日。如經雷時，即時零落。

養荷花用溫湯入瓶中，以紙蒙了，以花削尖簪則花開且久。又法，削去根少許，以蠟封之，插瓶中，方入水，則開。或以火燒，或以針於花蕊上扦數穴亦可。或於中間切少許亦可。

蜀葵花削煨了，以石灰蘸過令乾，插水瓶中，開至頂而葉不軟。

宋 徐兢《宣和奉使高麗圖經》卷三一《器皿二·花壺》 花壺之制，上鋭下圓，略如垂膽，仍有方坐。四時貯水簪花，舊年不甚作，邇來頗能之。通高八寸，腹徑三寸，量容一升。

宋 倪思《經鉏雜堂志》卷八 瓶養芙蓉一宿而萎。或教之煨其根，如法，經宿如新。

宋 周密《癸辛雜識》續集卷上《插花種菊》 春花已半開者，用刀翦下即插之蘿蔔上。却以花盆用土種之，時時澆溉，異時花過則根已生矣。既不傷生意，又可得種，亦奇法。沈草庭云。梅雨中旋摘菊叢嫩枝，插地下作一處，以蘆席作一棚，高尺四五覆之，遇雨則除去。以受露無不活者，且叢矮作花可觀，上盆尤佳。

又《鹽養花》 凡折花枝，搥碎柄用鹽築，令實柄下滿足。插花瓶中不用水浸，自能開花作葉，不可曉也。

又《插瑞香法》 凡插之者，帶花則雖易活，而落花葉生復死。但於芒種日折其枝，枝下破開，用大麥一粒置於其中，并用亂髮纏之，插於土中，但勿令見日，日加以水澆灌之，無不活矣。試之果驗。

明 宋詡《竹嶼山房雜部》卷七《插花法》 折花用曲折飄散，插之於瓶，自然清絶。繁則不佳。惟梅花多有古枝可愛，亦在人意向能取。凡折木花，先用火燔其折盡處，花不易謝，古銅窑器中貯之良。折草花須帶葉苞，聚之尤宜，插其成雅趣也。海棠花束薄荷於折盡處浸水內。鳳仙花，葵花皆浸于百沸湯。梔子花將折盡處槌碎，內之以鹽置器中，不用水。水仙花用冷水。牡丹花用蜜，不用水。梅花用煮肉汁去油，俟冷養之，其萼盡開，而花難謝。

明 王世懋《學圃雜疏》《花疏》 凡花重臺者爲貴，水仙以單瓣者爲貴。出嘉定，短葉高花，最佳種也。宜置瓶中。其物得水則不枯，故曰水仙，稱其名矣。前接蠟梅，後迎江梅，真歲寒友也。

明 謝肇淛《五雜組》卷一〇 有美人蕉，樹葉皆似芭蕉而稍小。開花殷紅鮮麗，千葉如槌，經數月不凋謝。摘置瓶中，以水漬之，亦可經一兩月也。此蕉最佳，書齋中多植之。

明 張謙德《瓶花譜·事宜》 梅花初折，宜火燒折處，固滲以泥。牡丹初折，宜燈燃折處，待軟乃歇。薔薇花初折，宜搥碎其根，擦鹽少許。荷花初折，宜亂髮纏根，取泥封竅。海棠初折，宜薄荷嫩葉包根入水。除此數種，可任意折插，不必拘泥。牡丹花宜蜜養，蜜仍不壞。竹枝、戎葵、金鳳、芙蓉用沸湯插枝，葉乃不萎。

又《品瓶》 凡插貯花，先須擇瓶。春冬用銅，秋夏用磁，因乎時也。堂廈宜大，書室宜小，因乎地也。貴磁銅，賤金銀，尚清雅也。忌有環，忌成對，像神祠也。口欲小而足欲厚，取其安穩而不泄氣也。

大都瓶寧瘦毋過壯，寧小毋過大。極高者不可過一尺，得六七寸，四五寸瓶插貯，佳。若太小，則養花又不能久。

銅器之可用插花者，曰尊，曰罍，曰觚，曰壺。古人原用貯酒，今取以插花，極似合宜。

古銅瓶鉢入土年久，受土氣深，以之養花，花色鮮明如枝頭，開速而謝遲，或謝則就瓶結實。若水秀傳世古則爾。陶器入土千年亦然。

古無磁瓶，皆以銅爲之。至唐始尚窑器，厥後有柴、汝、官、哥、定、龍泉、均州、章生、烏泥、宣、成等窑，而品類多矣。尚古莫如銅器，窑則柴汝最貴，而世絶無之。官哥宣定爲當今第一珍品。而龍泉、均州、章生、烏泥、成化等瓶，亦以次見重矣。

瓷器以各式古壺、膽瓶、尊、觚、一枝瓶爲書室中妙品，次則小蓍草瓶、紙搥瓶、圓素瓶、鵝頸壁瓶，亦可供插花之用。餘如闇花、茄袋、葫蘆樣、細口匾肚瘦足藥罈等瓶，俱不入清供。

古銅壺、龍泉、均州瓶，有極大高三二尺者，別無可用，冬日投以硫黄、斫

大枝梅花插供亦得。

又《折枝》 折取花枝，須得家園鄰圃，侵晨帶露，擇其半開者折供，則香色數日不減。若日高露晞折得者，不特香不全，色不鮮，且一兩日即萎落矣。

凡折花須擇枝，或上葺下瘦，或左高右低，右高左低。或兩蟠臺接，偃亞偏曲。或挺露一幹中出，上簇下蕃，鋪蓋瓶口。取俯仰高下，疏密斜正，各具意態，全得畫家折枝花景象，方有天趣。若直枝蓬頭花朵，不入清供。

花不論草木，皆可供瓶中插貯。第摘取有二法：取柔枝也，宜手摘。取勁幹也，宜剪却。惜花人亦須識得。

采折勁枝尚易取巧，獨草花最難摘取，非熟玩名人寫生畫跡，似難脱俗。

又《插貯》 折得花枝，急須插入小口瓶中，緊緊塞之，勿泄其氣，則數日可玩。

大率插花須要花與瓶稱，令花稍高于瓶。假如瓶高一尺，花出瓶口一尺三四寸，瓶高六七寸，花出瓶口八九寸，乃佳。忌太高，太高瓶易仆。忌太低，太低雅趣失。

小瓶插花宜瘦巧，不宜繁雜。若止插一枝，須擇枝柯奇古，屈曲斜裊者。欲插二種，須分高下合插，儼若一枝天生者。或兩枝彼此各向，先湊簇像生，用麻絲縛定插之。

瓶花雖忌繁冗，尤忌花瘦于瓶。須折斜欹花枝，鋪撒小瓶左右。乃爲得體也。

瓶中插花，止可一種兩種，稍過多便冗雜可厭，獨秋花不弔也。

又《滋養》 凡花滋雨露以生，故瓶中養花，宜用天水，亦取雨露之意。更有宜蜂蜜者，宜沸湯者。清賞之士，貴隨材而造就焉。

滋養第一雨水，宜多蓄聽用。不得已則用清净江湖水。井水味鹹，養花不茂，勿用。

插花之水，類有小毒。須旦旦換之，花乃可久。若兩三日不換，花輒零落。

瓶花每至夜間，宜擇無風處露之，可觀數日，此天與人參之術也。

又《花忌》 瓶花之忌，大槩有六：一者井水插貯，二者久不換水，三者油手拈弄，四者猫鼠傷殘，五者香烟燈煤燻觸，六者密室閉藏，不沾風露。有一於此，俱爲瓶花之病。

又《護瓶》 冬間別無嘉卉，僅有水仙、蠟梅、梅花數種而已。此時極宜敞口古尊罍插貯，須用錫作替管盛水，可免破裂之患。若欲用小磁瓶插貯，必投以硫黄少許，日置南窗下令近日色，夜置卧榻傍，俾近人氣，亦可不凍。一法用淡肉汁，去浮油入瓶插花，則花悉開而瓶略無損。

瓶花有宜沸湯者，須以尋常瓶貯湯插之，緊塞其口，候既冷，方以佳瓶盛雨水易却，庶不損瓶。若即用佳瓶貯沸湯，必傷珍重之器矣，戒之。

明 袁宏道《瓶史》卷上《瓶花之宜》 瓶花之具有二用，如堂中插花，乃以漢之銅壺，太古尊罍，或官哥大瓶如弓耳壺，直口廠瓶，或龍泉、蓍草、大方瓶，高架兩旁，或置几上。折花須擇大枝，或上葺下瘦，或左高右低，右高左低，或兩蟠臺接，偃亞偏曲，或挺露一幹中出，上簇下蕃，鋪蓋瓶口，令俯仰高下，疏密斜正，各具意態，得畫家寫生折枝之妙，方有天趣。若直枝鬔頭花朵，不入清供。取花或一種二種，冬時插梅，投以硫黄五六錢，欲大枝梅花插供，方快人意。若書齋插花，瓶宜短小，以官哥膽瓶、紙槌瓶、鵝頸瓶、青東磁、古龍泉俱可插花。折枝宜瘦巧，不宜繁雜，宜一種，多則二種，須分高下合插，儼若一枝天生二色方美。或先湊簇像生，即以麻絲根下縛定插之。若彼此各向，則不佳。大率插花，須要花與瓶稱，花高于瓶四五寸則可。假如瓶高二尺，肚大下實者，花出瓶口二尺六七寸，須折斜冗花枝，鋪撒左右，覆瓶兩旁之半則雅。若瓶高瘦，却宜一高一低雙枝，或曲屈斜裊，較瓶身少短數寸乃佳。最忌花瘦於瓶，又忌繁雜。如縛成把，殊無雅趣。若小瓶插花，令花出瓶，須較瓶身短二寸，如八寸長瓶，花止六七寸方妙。若瓶矮者，花高於瓶二寸亦可。插花挂畫二事，是誠好事者本身執役，豈可托之僮僕爲哉？客曰：汝論僻矣，人無古瓶，必如所論，則花不可插耶？不然，余所論者，收藏鑒家積集既廣，須用合宜，使器得雅稱云耳。若以無所有者，則手執一枝，或采滿把，即插之水鉢壁縫，謂非愛花人與？何論瓶之美惡，又何分於堂室二用乎哉。吾懼客嘲，具此以解。

《瓶花之忌》 瓶忌有環，忌放生對，忌用小口瓮肚瘦足藥罈，忌用葫蘆瓶。凡瓶忌雕花妝彩花架，忌置當空几上，致有顛覆之患。故官哥古瓶，下有二方眼者，爲穿皮條縛於几足，不令失頓。忌香煙燈煤燻觸，忌猫鼠傷殘，忌油手拈弄，忌藏密室，夜則須移露天。忌用井水貯瓶，味鹹，花多不茂，用河水或天落水佳。忌以插花之水入口，凡插花之水有毒，惟梅花、秋海棠二種尤甚。

《瓶花之法》 松取其針短寸許、枝幹偃蹇、有古意者，插瓶最清。只用

河水。

竹惟鳳尾水竹，可插瓶中。取其枝葉如筆法者，折入小口瓶內，貯沸湯，以綿紙緊塞其口，勿令泄氣，俟湯寒或易瓶，瓶底加泥一撮。

梅折枝不可太煩，擇其有韻古怪蒼鮮皴者。宜古銅瓶貯之，甚寒時，則銅亦綻裂。須用湯入鹽少許，將花折處火燎之，然後插瓶中，仍用紙塞瓶口。

牡丹折後，即將燈燃折處，待軟爲度，貯滾湯於小口瓶中，緊塞口，則數日不謝。芍藥同法。一云以蜜作水，插牡丹不悴，蜜亦不壞。

戎葵、鳳仙花、芙蓉花，凡柔枝花皆用滾湯貯瓶，插下塞口，則不憔悴。

梔子花，將折枝根搥碎擦鹽入水，則花不黄。其結成梔子，初冬折枝插瓶，其子赤色若花蕊，可觀。

荷花，將亂髮密縛折處，仍以泥封其竅，先入瓶中至底，後灌以魚池水，或天落水，不令入竅。竅中進水，則易敗。

海棠花，以薄荷包枝根，水養，則難謝。

石榴，勿折新條，必隔年枝，乃佳。

金鳳花，千葉灑金者。取其旁枝，將折處用濕石灰封之。紫薇花，用湯製然後水插。

水仙花，泥封折處，用水插。

薝蔔花，取葉細者佳，將折處搥碎，用鹽擦之，其色不黄。凡折花須晨帶露，取半開者，如從登臨訪友處得來，就於此處以法製之，藏之密室，則易謝。可露無風處，冬月不妨。

折花須揀其受氣完足堪玩者。人不善賞花，只愛花之妙。花好在顏色，顏色人可效。花妙在精神，精神人莫造。寓意於物者自得之。

冬間插花，須用錫管，不惟不壞磁瓶，即銅者亦畏冰凍。如瑞香、梅花、水仙、粉紅山茶、臘梅，皆冬月妙品。雖曰硫黄投之不凍，恐亦難敵。惟近日色南窗下置之，夜近臥榻，庶可多玩。一法，用肉汁去浮油，入瓶插梅花，則蕚盡開，而更結實。或云以爐灰置瓶底，則不凍。

又　卷下

一花目　燕京天氣嚴寒。南中名花多不至，即有至者，率爲巨璫大畹所有。儒生寒士，無因得發其幕，不得不取其近而易致者。夫取花如取友，山林奇逸之士，族迷于豕鹿，身蔽於豊草。吾雖欲友之而不可得，是故通邑大都之間，時流所共標共目，而指爲雋士者，吾亦欲友之，取其近而易致也。余於諸花，取其近而易致者。入春爲梅，爲海棠；夏爲牡丹、爲芍藥、爲石榴；秋爲木樨、爲蓮、爲菊；冬爲臘梅。一室之內，荀香何粉，迭爲賓客，取之雖近，終不敢濫及凡卉。就使乏花，寧貯竹柏數枝以充之。雖無老成人，尚有典刑，豈可使市井庸兒，溷入賢社，貽皇甫氏充隱之嗤哉。

二品第　漢宮三千，趙娣第一。邢尹同幸，望而泣下。故知色之絶者，蛾眉未免俛首。物之尤者，出乎其類。將使傾城與衆姬同輦，吉士與凡才並駕，誰之罪哉？梅以重葉緑蕚，玉蝶百葉，緗梅爲上，海棠以西府紫錦爲上，牡丹以黄樓子、玉蝴蝶、西瓜瓤、大紅舞青猊爲上，芍藥以冠羣芳、御衣黄、寶妝成爲上，榴花深紅重臺爲上，蓮花碧臺錦邊爲上，木樨毬子早黄爲上，菊以諸色鶴翎、西施、剪絨爲上，臘梅磬口香爲上。諸花皆名品，寒士齋中，理不得悉致。而余獨叙此數種者，要以判斷羣菲，不欲使常閨艷質，雜諸奇卉之間耳。夫一字之褒，榮於華衮。今以蕊宮之董狐，定華林之春秋，安得不嚴且慎哉？孔子曰其義，則某竊取之矣。

三器具　養花瓶亦須精良。譬如玉環飛燕，不可置之茅茨。又如嵇阮賀李，不可請之酒食店中。嘗見江南人家所藏舊觚，青翠入骨，砂斑垤起，可謂花之金屋。其次官哥象定等窑，細媚滋潤，皆花神之精舍也。大抵齋瓶宜小而矮，銅如花觚、銅觶、尊罍、方漢壺、素温壺、匾壺，窑器如紙搥、鵝頸、茄袋、花樽、花囊、蓍草、蒲搥，皆須形製減小者，方入清供。不然與家堂香火何異？雖舊亦俗也。然花形自有大小，如牡丹、芍藥、蓮花，形質既大，不在此限。嘗聞古銅器入土年久，受土氣深，用以養花，花色鮮明如枝頭，開速而謝遲，就瓶結實，陶器亦然。故知瓶之寶古者，非獨以玩。然寒微之士，無從致此。但得宣成等窑磁瓶各一二枚，亦可謂乞兒暴富也。冬花宜用錫管，北地天寒，凍冰能裂銅，不獨磁也。水中投硫黄數錢亦得。

四擇水　京師西山碧雲寺水、裂帛湖水、龍王堂水，皆可用。一入高梁橋，便爲濁品。凡瓶水須經風日者。其他如桑園水、滿井水、沙窩水、王媽媽井水，味雖甘，養花多不茂。苦水尤忌，以味特鹹，未若多貯梅水爲佳。貯水之法：初入瓮時，以燒熱煤土一塊投之，經年不壞，不獨養花，亦可烹茶。

五宜稱　插花不可太繁，亦不可太瘦。多不過二種三種，高低疏密，如畫苑布置方妙。置瓶忌兩對，忌一律，忌成行列，忌以繩束縛。夫花之所謂整齊

者，正以參差不倫，意態天然。如子瞻之文，隨意斷續，青蓮之詩，不拘對偶，此真整齊也。若夫枝葉相當，紅白相配，此省曹墀下樹，墓門華表也。惡得爲整齊哉！

六屏俗　室中天然几一、藤床一，几宜闊厚，宜細滑。凡本地邊欄、漆卓、描金螺鈿床及彩花瓶架之類，皆置不用。

七花祟　花下不宜焚香，猶茶中不宜置果也。夫茶有真味，非甘苦也。花有真香，非煙燎也。味奪香損，俗子之過，且香氣燥烈，一被其毒，旋即枯萎，故香爲花之劍刃。捧香合香尤不可用，以中有麝臍故也。昔韓熙載謂：木樨宜龍腦，酴醾宜沉水，蘭宜四絶，含笑宜麝，薝蔔宜檀，此無異笋中夾肉，官庖排當所爲，非雅士事也。至若燭氣煤煙，皆能殺花，速宜屏去，謂之花祟，不亦宜哉。

八洗沐　京師風霾時作。空窗净几之上，每一吹號，飛埃寸餘，瓶君之困辱，此爲最劇。故花須經日一沐。夫南威青琴，不膏粉不櫛澤，不可以爲姣。今以數葉殘芳，垢而穢膚，無刻飾之工，而任塵土之質，枯萎立至，吾何以觀之哉？夫花有喜怒、寤寐、曉夕，浴花者得其候，乃爲膏雨。澹雲薄日，夕陽佳月，花之曉也。狂號連雨，烈焰濃寒，花之夕也。唇檀烘日，媚體藏風，花之喜也。暈酣神斂，煙色迷離，花之愁也。欹枝困檻，如不勝風，花之夢也。嫣然流盼，光華溢目，花之醒也。曉則空亭大廈，昏則曲房奥室。愁則屏氣危坐，喜則歡呼調笑。夢則垂簾下幃，醒則分膏理澤。所以悦其性情，時其起居也。浴曉者上也，浴寐者次也，浴喜者下也。若夫浴夕浴愁，真花刑耳，又何取焉？浴之之法：用泉甘而清者，細微澆注。如微雨解酲，清露潤甲。不可以手觸花，及指尖折剔。亦不可付之庸奴猥婢。浴梅，宜隱士。浴海棠，宜韻致客。浴牡丹、芍藥，宜靚妝妙女。浴榴，宜艷色婢。浴木樨，宜清慧兒。浴蓮，宜嬌媚妾。浴菊，宜好古而奇者。浴臘梅，宜清瘦僧。然寒花性不耐浴，當以輕綃護之。標格既稱，神彩自發，花之性命可延，寧獨滋其光潤也哉。

九使令　花之有命令，猶中宫之有嬪御，閨房之有妾媵也。夫山花草卉，妖艷日多，弄煙惹雨，亦自便嬖，惡可少哉。梅花以迎春、瑞香、山茶爲婢，海棠以蘋婆、林禽、丁香爲婢，牡丹以玫瑰、薔薇、木香爲婢，芍藥以鶯粟、蜀葵爲婢，石榴以紫薇、大紅千葉木槿爲婢，蓮花以山礬、玉簪爲婢。木樨以芙蓉爲婢，菊以秋海棠爲婢，臘梅以水仙爲婢。諸婢姿態，各盛一時，濃淡雅俗，亦有品評。水仙神骨清絶，織女之梁玉清也。山茶鮮妍，瑞香芬烈，玫瑰旖旎，芙蓉明艷。石氏之翔風，羊家之净琬也。林禽蘋婆，姿媚可人，潘生之解愁也。鶯粟蜀葵，妍於籬落，司空圖之鸞臺也。山礬潔而逸，有林下氣，魚元機之緑翹也。丁香瘦，玉簪寒，秋海棠嬌，然有酸態，鄭康成、崔秀才之侍兒也。其他不能一一比像，要之皆有名於世。柔佞纖巧，頤氣有餘，何至出子瞻榴花、樂天春草下哉。

十好事　嵇康之鍛也，武子之馬也，陸羽之茶也，米顛之石也，倪雲林之潔也，皆以僻而寄其磊塊雋逸之氣者也。余觀世上語言無味，面貌可憎之人，皆無僻之人耳。若真有所僻，將沉湎酣溺，性命死生以之，何暇及錢奴宦賈之事。古之負花僻者，聞人談一異花，雖深谷峻嶺，不憚蹶躄而從之。至於濃寒盛暑，皮膚皴鱗，汙垢如泥，皆所不知。一花將萼，則移枕攜襆睡卧其下，以觀花之由微至盛至落。至於萎地而後去，或千株萬本以窮其變，或單枝數房以極其趣，或嗅葉而知花之大小，或見根而見色之紅白，是之謂真愛花，是之謂真好事也。若夫石公之養花，聊以破閒居孤寂之愁，非真能好之也。夫使其真好之，已爲桃花洞口人矣，尚復爲人間塵土之官哉。

十一清賞　茗賞者，上也。譚賞者，次也。酒賞者，下也。若夫内酒越茶，及一切庸穢凡俗之語，此花神之深惡痛斥者。寧閉口枯坐，勿遭花惱可也。夫賞花有地有時，不得其時，而漫然命客，皆爲唐突。寒花宜初雪，宜雪霽，宜新月，宜暖房。温花宜晴日，宜轉寒，宜華堂。暑花宜雨後，宜快風，宜佳木蔭，宜竹下，宜水閣。凉花宜爽月，宜夕陽，宜空階，宜苔徑，宜古藤巉石邊。若不論風日，不擇佳地，神氣散緩，了不相屬。比與妓舍酒館中花何異哉？

十二監戒　宋張功甫梅品，語極有致。余讀而賞之，擬作數條，揭於瓶花齋中。花快意凡十四條：明窗净室，古鼎宋硯，松濤溪聲，主人好事能詩，門僧解烹茶，薊州人送酒，座客工畫花卉，盛開快心友臨門，手抄藝花書。夜深鑪鳴，妻妾校花故實。花折辱凡二十三條：主人頻拜客，俗子闌入蟠枝，庸僧談禪窗下，狗鬥蓮子衚衕，歌童弋陽腔，醜女折戴，論陞遷，强作憐愛，應酬詩債未了，盛開家人催算帳，檢韻府押字，破書狼籍，福建牙人，吴中贋畫，鼠矢蝸涎，僮僕偃蹇，令初行酒盡，與酒館爲鄰，案上有黄金白雪、中原紫氣等語。燕俗尤競玩賞，每一花開，緋幕雲集。以余觀之，辱花者多，悦花者少，虚心檢點，吾輩亦時有犯者，特書一通座右，以自監戒焉。

明 王路《**花史左編**》卷四《**臘梅花**》 臘梅叢生，葉如桃而闊大堅硬。開當臘月，如臘故名。凡三種。以子種出，不經接，上等。磬口最先開，色深黄。圓瓣如白梅者佳，若瓶一枝，香可盈室。楚中荆襄者最佳。

又 卷一四《**瓶花**》 宋南渡後，端午日以大金瓶遍插葵花、石榴、梔子，環繞殿閣。偏安之景，豈能長久。

明 江之源《**百花藏譜**》 荷花 將亂髮纏縛折處，仍以泥封其竅，先入瓶中至底，後灌以水，不令入竅，竅中進水則易敗矣。

藏譜訣曰：冬間插花須用錫管，則不壞磁瓶。銅瓶亦畏冰凍，瓶質厚者尚可，否則破裂。如梅花、水仙、粉紅山茶、臘梅皆冬月妙品。插瓶之法，雖曰投之硫黄不凍，恐亦難敵。惟近日色南窗下置之，夜近卧榻，庶可耐久。

明 陳繼儒《**太平清話**》卷二 插花着瓶中，令俯仰高下，斜正疏密，皆有意態，得畫家寫生之趣方佳。

又 瓶花置案頭，亦各有相宜者。梅芬傲雪，偏繞吟魂。杏蕊嬌春，最憐裝鏡。梨花帶雨，青閨斷腸。荷氣臨風，紅顔露齒。海棠桃李，争艷綺席。牡丹芍藥，乍迎歌扇。芳桂一枝，足開笑語。幽蘭一把，堪贈仳離。以此引類連情，境趣多合。

明 文震亨《**長物志**》卷二《**鳳仙**》 號金鳳花，宋避李后諱，改爲好兒女花。其種易生，花葉俱無可觀。更有以五色種子同納竹筒，花開五色，以爲奇，甚無謂。花紅，能染指甲，然亦非美人所宜。

又 卷七《**花瓶**》 古銅入土年久，受土氣深，以之養花，花色鮮明，不特古色可玩而已。銅器可插花者，曰尊曰罍，曰觚曰壺，隨花大小用之。磁器用官哥定窑古膽瓶、一枝瓶、小蓍草瓶、紙槌瓶，餘如閙花、青花、茄袋、葫蘆、細口、匾肚、瘦足、藥罈及新鑄銅瓶，建窑等瓶，俱不入清供，尤不可用者，鵝頸壁瓶也。古銅漢方瓶，龍泉、均州瓶，有極大高二三尺者，以插古梅，最相稱。瓶中俱用錫作替管盛水，可免破裂之患。大都瓶寧瘦無過壯，寧大無過小，高可一尺五寸，低不過一尺，乃佳。

又 卷八《**置瓶**》 隨瓶製置大小倭几之上，春冬用銅，秋夏用磁。堂屋宜大，書屋宜小。貴銅瓦，賤金銀。忌有環，忌成對。花宜瘦巧，不宜煩雜，若插一枝，須擇枝柯奇古，二枝須高下合插，亦止可一二種，過多便如酒肆。惟秋花插小瓶中不論。供花不可閉窗户焚香，煙觸即萎，水仙尤甚，亦不可供於畫桌上。

明 方以智《**物理小識**》卷九《**草木類**》 插花法 折木花，用火燔其折處，花不易謝。海棠花，束薄荷於折處。梔子花，折處槌碎之，以鹽入器中，不用水。牡丹用蜜不用水。梅花用煮肉汁去油俟冷養之。插梅，每旦當刺以湯。插芙蓉當以沸湯，閉以葉少頃。插蓮當先花而後水。插牡丹、芍藥、蜀葵、萱草，皆當燒枝。虚舟子曰：花瓶中水，燒瓦片投之，不臭。冬月，濃灰汁入酒，不凍。鮮肉凍汁插花耐久。

又 製花耐久法 林洪曰：十月後，用竹刀取梅蕊將開者，蘸以蠟，投尊缶中。夏月以熱湯就盞泡之，花即綻香可愛。張邦基《木犀記》曰：搗女貞子汁，拌巖桂半開者，入磁瓶中冪之，至無花時，密室置盤，其香褭褭，藏可留久。顧元夢云：花摘半含半放者，三停茶葉，一停花，罐甖收之，一層茶，一層花，間投至滿，紙箬縶固，入鍋重湯煮之，取出待冷，用紙封固，裹置火上焙乾收用。中德曰：幂盛樹下擊木犀等花，收下，石椎令匾築實於新瓶内，用乾荷葉數層鋪之，復以枯竹片壓之，乃汲井水浸之。冬月五日一易水，春秋三日，夏一日，任意取用。收之如前，經年不壞。

清 曹溶《**倦圃蒔植記**》卷中《**葵**》 秋葵種子宜在春時以手高撒，梗亦長大。瓶花之法，沸湯插之，以紙塞口則不憔悴，可觀數日。或以石灰蘸過，令乾插之，花開至頂葉，亦不軟。鳳仙、芙蓉均同此法。古傳葵箋以葉染紙，詩筒筆床何可無一。

又《**蓮**》 養花之法，瓶貯温湯，以紙蒙之，削尖花枝，隨手急插。或者根少許，以蠟封之，或將亂髮密縛，折處仍以污泥封固，其竅先插瓶中，然後注水。或將竹釘十字扦蕊，使出白汁方始插瓶，蓋此花易萎，非是不可耳。

又《**梔子**》 檐蔔清芬，佛家所重，古稱禪友，殆非虚言。【略】折枝插瓶，須搥碎其根，實以白鹽，則花色不改。昔宰相杜悰建檐蔔館，形亦六出，器用之屬皆象之。欲知清浄身，當作如是觀。檐蔔一名越桃，一名林蘭，今謂之梔子。

又《**鳳仙**》 鳳仙一名金鳳，又號鳳兒。宋有李后，小名鳳孃，六宮避諱，呼爲好兒女花。其種易生，春時下子，花開纔落，即去其蒂，則堪耐久，謂之閹花。若以五色種子同納竹筒埋之，花開五色，亦奇種也。插瓶當用沸水，不爾連根種之，或用石灰入湯，可開半月不萎者。仙人長裾，猶愛其名，目爲菊婢，冤何可語。

又《梅・蠟梅》 瓶花之法，將醃肉汁撇去浮油，入瓶插之，可至結實。或用煮鯽湯亦可。陳眉公云：以乾鹽貯瓶，插梅其中，鹽梅相和，尤覺清韻耳。

清 陳淏子《秘傳花鏡》卷二《香罏花瓶》 每日坐几上置矮香几方。大者一，上設罏一，香盒大者一，置生熟香。小者二，置沉香、龍涎餅之類。筯瓶一。每地不可用二罏，更不可置於挨畫桌上，及瓶盒對列。夏月宜用磁，冬月用銅，必須古舊之物，不可用時罏被薰。凡插花，隨瓶製置大小矮几之上。春冬銅瓶，若磁者必須加以錫膽，或水中置硫黄末。秋夏用磁，堂屋高樓宜巨，書室曲房宜小。貴銅瓦，賤金銀。忌有環，鄙成對。花宜瘦巧，不取煩雜。每采一枝，須擇枝柯奇古。若二枝須高下合宜，亦止可一二種，過多便如酒肆招牌矣。惟藥苗草本，插膽瓶或壁瓶内者不論。凡供花不可閉窗户，恐焚香烟觸即萎，水仙尤甚。亦不可供於畫桌上，恐有傾潑損畫。

清 高士奇《北墅抱瓮録・香橼》 香橼四月發花，青蒂白萼，氣味芳烈過於橙橘。江邨草堂後一樹，嘗結實百餘枚，星毬月魄，磊落滿枝，殊屬異觀，摘置几案，久而彌香。

又《魚子蘭》 魚子蘭花，形似真珠，香亦相等，但屬草本，莖蔓以棕縷繫之，莖乃不靡。花類粟顆，初時色青，及變而黄，香氣乃發。采花置竹箔上，以綿紙覆之，上鋪新茶，經一宿後納入瓶中，瀹茗能作蘭香，清供第一。

又《紫鶴花》 紫鶴莖葉花蘂，與玉簪不異，故亦稱紫玉簪。玉簪有香，紫鶴無香，而㛹娟靚艷，却自遠勝。五月發花，與朱蘐山梔同插瓶中，晴窗清晝，風致不淺。

清《名花譜・瓶花》 芙蓉花 凡柔枝花，俱用滚湯貯瓶插下，則不憔悴。

又 梔子花 將折枝處搥碎，擦鹽入水插之，則花不黄。凡冬日插花，當投之硫黄，不凍，惟近日色南窗下置之，夜近卧榻，庶可耐久。

清 葉天培《菊譜》卷上《插瓶》 瓶不厭多，欵不宜複，花不可雜，致不可重。每插一瓶，花須一色，此瓶業已自然。或与他瓶意致相仿，不妨添小蕊以破之，去旁枝以別之。選取折枝，預於籬下翦紮。瓶大花大，瓶小花小，臨插采入，信手攸宜。或以銕絲矯揉，損其天趣，予素不取。然雅逸之士點綴數枝，作案頭清供一二瓶足矣。至於瓶之新舊，原不必拘，柴汝哥定固佳，田家瓦盆亦可，總以樣式別致爲主。

清 錢謙益《牧齋初學集》卷四六《游黄山記序》 吳人賣花者，揀梅之老枝，屈折之，約結之，獻春則爲瓶花之尤異者，以相夸焉。茲松也，其亦造物之折枝也與。千年而後，必有徵吾言而一笑者。

清 陳元龍《格致鏡原》卷五八《花瓶》 張謙德《瓶花譜》：凡插貯花，先須擇瓶。春冬用銅，夏秋用磁，因乎時也。堂廈宜大，書屋宜小，因乎地也。貴磁銅，賤金銀，尚清雅也。忌其環，忌其對，像神祠也。口欲小而足欲厚，取其安穩而不泄氣也。 袁宏道《瓶史》：嘗見江南人家所藏舊觚，青翠入骨，砂斑垤起，可謂花之金屋。其次官哥象定等窑，細媚滋潤，皆花神之精舍也。大抵齋瓶宜矮而小。銅器如花觚、銅觶、尊罍、方漢壺、素温壺、匾壺，窑器如紙槌、鵝頸、茄袋花尊、花囊、蓍草蒲槌，皆須形製短小者，方入清供。 屠隆《文房具箋》：古銅花瓶入土年久，受土氣深，以之養花，花色鮮明，或就瓶結實。陶玉器亦然，其式以膽瓶、小方瓶爲最。若養蘭蕙，須用觚，牡丹則用蒲槌瓶、方稱瓶，内須打錫套管，收口作一小孔，以管束花枝，不令斜倒。又可注滚水，插牡丹、芙蓉等花。冬天貯水插花，則不凍損瓶質。《瓶史》：冬花宜用錫管。北地天寒，凍水能裂銅，不獨磁也。水中投硫黄數錢，亦得。《清異録》：郭江州有巧思，多創物。見遺占景盤，銅爲之，花唇平底，深四尺許，底上出細筒殆數十。每用時滿添清水，擇繁花插筒中，可留十餘日不衰。

筯瓶 屠隆《香箋》 筯瓶，吳中近製短頸細孔者，插筯下重不仆。古銅者亦佳，官哥、定窑者，不宜日用。

清 李斗《揚州畫舫録》卷一一 每歲正月必有盛集。二月二日祀主神，以虹橋靈土地庙爲最。謂之增福財神會。

畫舫有市有會。春爲梅花桃花二市，夏爲牡丹芍藥荷花三市，秋爲桂花芙蓉二市。又正月財神會市，三月清明市，五月龍船市，六月觀音香市，七月盂蘭市，九月重陽市。每市游人多船價數倍。

清 沈復《浮生六記》卷二《閑情記趣》 惟每年籬東菊綻，秋興成癖。喜摘插瓶，不愛盆玩。非盆玩不足觀，以家無園圃，不能自植，貨于市者，俱叢雜無致，故不取耳。其插花朵數宜單，不宜雙。每瓶取一種，不取二色。瓶口取闊大，不取窄小。闊大者舒展不拘。自五七花至三四十花，必於瓶口中一叢怒起，以不散漫、不擠軋、不靠瓶口爲妙，所謂「起把宜緊」也。或亭亭玉立，或飛舞横斜。花取參差，間以花蕊，以免飛鈸耍盤之病。葉取不亂，梗取

不强。用針宜藏，針長寧斷之，毋令針針露梗，所謂「瓶口宜清」也。視桌之大小，一桌三瓶至七瓶而止，多則眉目不分，即同市井之菊屏矣。几之高低，自三四寸至二尺五六寸而止，必須參差高下互相照應，以氣勢聯絡爲上。若中高兩低，後高前低，成排對列，又犯俗所謂「錦灰堆」矣。或密或疏，或進或出，全在會心者得畫意乃可。若盆碗盤洗，用漂青松香榆皮麪和油先熬，以稻灰收成膠，以銅片按釘向上，將膏火化粘銅片於盤碗盆洗中。俟冷，將花用鐵絲紮把，插於釘上，宜斜偏取勢，不可居中，更宜枝疏葉清，不可擁擠。然後加水，用碗沙少許掩銅片，使觀者疑叢花生于碗底方妙。若以木本花果插瓶，剪裁之法，不能色色自覓，倩人攀折者每不合意，必先執在手中，橫斜以觀其勢，反側以取其態。相定之後，剪去雜枝，以疏瘦古怪爲佳。再思其梗如何入瓶，或折成曲，插入瓶口，方免背葉側花之患。若一枝到手，先拘定其梗之直者插瓶中，勢必枝亂梗强，花側葉背，既難取態，更無韻致矣。折梗打曲之法，鋸其梗之半而嵌以磚石，則直者曲矣。如患梗倒，敲一二釘以筦之。即楓葉竹枝，亂草荆棘，均堪入選。或綠竹一竿配以枸杞數粒，幾莖細草伴以荆棘兩枝，苟位置得宜，另有世外之趣。若新栽花木，不妨歪斜取勢，聽其葉側，一年後枝葉自能向上。如樹樹直栽，即難取勢矣。

紀　事

宋　吴自牧《夢粱録》卷二《暮春》　是月春光將暮，百花盡開。如牡丹、芍藥、棣棠、木香、酴醾、薔薇、金紗、玉綉毬、小牡丹、海棠、錦李、徘徊、月季、粉團、杜鵑、寶相、千葉桃、緋桃、香梅、紫笑、長春、紫荆、金雀兒、笑靨、香蘭、水仙、映山紅等花，種種奇絶。賣花者以馬頭竹籃盛之，歌叫於市，買者紛然。當此之時，雕梁燕語，綺檻鶯啼，静院明軒，溶溶泄泄，對景行樂，未易以一言盡也。

明　陳詩教《花裏活》　歐陽文忠公在揚州作平山堂。每暑時，輒凌晨攜客徑游，遣人走邵伯，取荷花千餘朵，以畫盆分插百許盆，與客相間。遇酒行，即遣妓取一花傳客，以次摘其葉，盡處則飲酒，往往侵夜載月而歸。

明　王路《花史左編》卷一四《芍藥》　東武舊俗：每歲于四月大會于南禪資福兩寺，芍藥供佛最盛，凡七十餘朵皆重附累萼，中有白花正圓如覆盂，其下十餘葉，承之如盤。蘇軾易其名曰玉盤盂。名下無虚，克副其盛。

又　卷一六　洛陽至東京六驛舊不進花。自今徐州李相頲爲留守時始進。御歲遣牙校一員乘驛馬，一日一夕至京師。所進不過姚黄魏花三數朵，以菜葉、實竹、籠子藉覆之，使馬上不動摇，以蠟封花蒂，乃數日不落。

清　錢謙益《牧齋初學集》卷四六《記六游黄山記序》　吴人賣花者，揀梅之老枝，屈折之，約結之，獻春則爲瓶花之尤異者，以相夸焉。

清　王士禎《香祖筆記》卷一〇　宋靖康間，東京織帛及婦人首飾皆備四時，如桃杏荷菊梅花之屬，謂之一年景。予昔使東粤，過贛，報謁丁鴈水憲僉，留飯園亭。時甫過上元數日，瓶中插雜花，如桃、梅、桂花、佛桑之屬，皆盛開。予戲語鴈水：君可謂四時之氣具備。比過嶺，則芭蕉隆冬亦不凋，始知摩詰雪中芭蕉未可輕議。特粤中雪不易得耳。

清　沈復《浮生六記》卷一《閨房記樂》　離余家半里許，醋庫巷有洞庭君祠，俗呼水仙廟，迴廊曲折，小有園亭。每逢神誕，衆姓各認一落，密懸一式之玻璃燈，中設寶座，旁列瓶几，插花陳設以較勝負。日惟演戲，夜則參差高下插燭於瓶花間，名曰花照。花光燈影，寶鼎香浮，若龍宫夜宴。司事者或笙簫歌唱，或煮茗清談，觀者如蟻集，檐下皆設欄爲限。余爲衆友邀去，插花布置，因得躬逢其盛。

又　卷二《閑情記趣》　余閑居，案頭瓶花不絶。芸曰：子之插花能備風晴雨露，可謂精妙入神。而畫中有草蟲一法，盍仿而效之？余曰：蟲躑躅不受制，焉能仿效？芸曰：有一法，恐作俑罪過耳。余曰：試言之。曰：蟲死色不變。覓螳螂蟬蝶之屬，以針刺死，用細絲扣蟲項繫花草間，整其足，或抱梗，或踏葉，宛然如生，不亦善乎？余喜，如其法行之，見者無不稱絶。

著　録

明　張謙德《瓶花譜》　夢蝶齋徒曰：幽棲逸事，瓶花特難解，解之者億不得一。厥昔金潤韶年述譜，余亦稚齡，作是數語。其間孰是孰非，何去何從，解者自有定評，不贅焉。乙未中秋前二日書。

明　袁宏道《瓶史序》　夫幽人韻士，屏絶聲色，其嗜好不得不鍾於山水花竹。夫山水花竹者，名之所不在，奔競之所不至也。天下之人，棲止於囂崖

利藪，目眯塵沙，心疲計算，欲有之而有所不暇，故幽人韻士，得以乘間而踞爲一日之有。夫幽人韻士者，處於不爭之地，而以一切讓天下之人者也。惟夫山水花竹，欲以讓人，而人未必樂受。故居之也安，而踞之也無禍。嗟夫！此隱者之事，決烈丈夫之所爲。余生平企羡而不可必得者也。幸而身居隱見之間，世間可趨可爭者，既不到余。遂欲欹笠高巖，濯纓流水，又爲卑官所絆。僅有栽花蒔竹一事，可以自樂。而邸居湫隘，遷徙無常，不得已，乃以膽瓶置花，隨時插換。京師人家所有名卉，一旦遂爲余案頭物，無扦剔澆頓之苦，而有賞咏之樂。取者不貪，遇者不爭，是可述也。噫！此暫時快心事也。無狃以爲常，而忘山水之大樂。石公記之凡瓶中所有品目，條列於後，與諸好事而貧者共焉。石公袁宏道題。

清　永瑢等《四庫全書總目》卷一一六《瓶花譜一卷兩江總督采進本》　明張謙德撰。謙德後改名丑，有《清河書畫舫》，已著録。是書首品瓶，次品花，以及折枝插貯等事，而終以護瓶。據書首自序，蓋其稚齡所作也。

又　卷一二三《遵生八牋十九卷通行本》　明高濂撰。濂字深父，錢塘人。其書分爲八目。卷一卷二曰清修妙論牋，皆養身格言，其宗旨多出於二氏。卷三至卷六曰四時調攝牋，皆按時修養之訣。卷七卷八曰起居安樂牋，皆寶物器用可資頤養者。卷九卷十曰延年却病牋，皆服氣導引諸術。卷十一至十三曰飲饌服食牋，皆食品名目，附以服餌諸物。卷十四至十六曰燕閒清賞牋，皆論賞鑒清玩之事，附以種花卉法。卷十七十八曰靈秘丹藥牋，皆經驗方藥。卷十九曰塵外遐舉牋，則歷代隱逸一百人事蹟也。書中所載，專以供閒適消遣之用。標目編類，亦多涉纖仄，不出明季小品積習。遂爲陳繼儒、李漁等濫觴。又如張即之宋書家，而以爲元人。范式官廬江太守，而以爲隱逸。其謬誤亦復不少。特鈔撮既富，亦時有助於檢核。其詳論古器，彙集單方，亦時有可采。以視剿襲清言，强作雅態者，固較勝焉。

又卷一二八《瓶花齋雜録一卷編修程晉芳家藏本》　明袁宏道撰。宏道有《觴政》，已著録。此書多記聞見雜事，及經驗醫方。間及書傳，持論亦多偏駁。如孟子説：性善，及儒與老莊同異諸條，第喜逞才辨，不自知其言之過也。

又　卷一三〇《考槃餘事四卷通行本》　明屠隆撰。隆有《篇海類編》，已著録。是書雜論文房清玩之事。一卷言書板碑帖，二卷評書畫琴紙，三卷四卷則筆硯爐瓶以至一切器用服御之物，皆詳載之。列目頗爲瑣碎，其論明一代書家以祝允明爲第一，而文徵明次之，軒輊亦未盡平允。

藝　文

宋　陳與義《簡齋集》卷一〇《瓶中梅》　明窗净棐几，玉立耿無鄰。紅緑兩重袂，殷勤滿面春。

又《梅花》　畫取維摩室中物，小瓶春色一枝斜。夢回映月窗間見，不是桃花與李花。

宋　李正民《大隱集》卷一〇《瓶花》　折得寒梅全未開，銅瓶貯水養根荄。臨鸞競洗晨妝面，疑是春風入户來。

宋　陳文蔚《克齋集》卷一六《書窗碧桃》　銅瓶只插碧桃花，日對幽人静不譁。爲爾細觀冰雪艷，就中便覺牡丹夸。

宋　黄公度《知稼翁集》卷下《對瓶花獨酌》　紅紅白白兩銅瓶，軟飽相看眼倍明。臠肉自能知鼎味，底尋酒海與花城。

宋　楊萬里《誠齋集》卷八《梅花》　花早春何力，香寒曉儘吹。月摇横水影，雪帶入瓶枝。

宋　范成大《石湖詩集》卷二六《春來風雨無一日好晴因賦瓶花二絶》
滿插瓶花罷出游，莫將攀折爲花愁。不知燭照香薰看，何似風吹雨打休。

酒冷花寒無好懷，柴荆終日爲誰開。三分春色三分雨，疋似東風本不來。

又　卷三二《瓶花二首》　水仙攜蠟梅，來作散花雨。但驚醉夢醒，不辨香來處。

小梅未可折，不折惜空回。擁鼻撚一枝，也道探春來。

宋　陳造《江湖長翁集》卷一一《次韻石湖居士瓶中早梅二首》　詩翁静三昧，筇杖壁間横。小閤自清絶，幽芳從瘦生。巧當窗影見，時映燭花明。底用尋春去，衝寒踏月行。

羅帷護春色，羣木未昭蘇。絶勝翻香坐，聊陪琢句臞。天資便静獨，冰影倚空無。後夜逢姑射，仙家白玉壺。翁約相過

宋　虞儔《尊白堂集》卷四《瓶中梅二絶》　銅瓶沁水泫微温，便許爭春雪裏村。應爲詩人太幽獨，西窗和月伴黄昏。

舊樣宮黃羞半額，新番絳領襯陪腮。待簪寶髻連雲重，且插銅壺借水開。

宋 趙師秀《清苑齋詩集》《葉侍郎送紅芍藥》　雕欄迎夏發奇葩，不擬分來野客家。自洗鉛瓶插欹側，暫令書卷識奢華。舊游尚憶揚州夢，麗句難同謝朓誇。應被花嗔少風味，午窗相對一杯茶。

宋 陳傑《自堂存稿》卷四《除夕對梅花燭花》　花與先生共歲寒，坐來不管漏聲殘。移瓶更轉横枝影，貼在窗扉作畫看。

元 張觀光《屏巖小稿·枕邊瓶桂》　巖桂花開風露天，一枝折向枕屏邊。清香重透詩人骨，半榻眠秋夢亦仙。

元 楊公遠《野趣有聲畫》卷下《銅瓶簪梅》　梅花點點自清真，雪虐風饕苦且辛。白玉堂開雖是貴，古銅瓶浸亦非貧。愛渠夜寫燈前影，類我時揮筆底春。雅趣有誰能領會，華光已後更無人。

元 范梈《范德機詩集》卷六《夜誦賦瓶花》　膽瓶折得樹頭花，初是東園一片霞。西澗讀書過夜漏，忽隨燈影上窗紗。

元 李孝光《五峰集》卷一〇　寘磁甌於硯池旁以蓄水。十餘日前得桂花二枝，插瓶中。數日，花葉皆萎落。戊辰早，乍聞香氣滿室，視之，兩枝皆再作花，葉亦鮮碧。佛書云：天風吹萎花，更雨新好者。感之，爲賦詩云：

六六畫欄生晚凉，青鸞對舞渡銀潢。十分天上山河□，萬斛人間雨露香。珠佩風清生□□，玉壺冰薄吐蟾光。白銀宫□紅雲合，金粟繽紛七寶床。

明 夏原吉《忠靖集》卷四《插花瓶》　膽量洪深體態豐，不親俗士與村翁。金猊瑞鴨常相伴，净几明窗賸見容。渴至欲吞三峽水，興來遍走百花叢。何當净滌身心垢，大士巖前究色空。

明 范景文《文忠集》卷九《舟行見荷花折插瓶中三首》　不用陂池不用錢，乘舟采向冶湖邊。但須插架妝生態，自去疏枝自揀泉。

清通高遠挺孤妍，况有山礬作侍鬟。石几紙窗無别供，花成香霧水成烟。

聞香餐秀總堪憐，君子呼名品是仙。茗賞得神原勝酒，水雲傍置一茶顛。

明 沈周《石田詩選》卷九《瓶梅》　銅瓶倚玉枝，棐几獨看時。折樹多可惜，臨窗少不宜。斷根聊活計，勺水小恩私。省得溪橋外，追尋老步遲。

明 文彭《文氏五家集》卷八《邢太史夜坐以雜花插瓶作供》　雜花初上映燈光，露濕羅襟夜氣凉。笑殺風流貧學士，瓶花亂插當紅粧。

明 文徵明《甫田集》卷八《賦瓶梅》　斷枝黏碧蘚，殘蕊疊冰紈。未乏溪山韻，尤宜几格看。移燈傳壁影，垂箔護春寒。應斷西湖夢，東風在席端。

明 張居正《新刻張太岳先生文集》卷六《應制咏瓶花六言二首》　彩筆圖將瑞萼，金瓶貯取仙葩。冉冉清香浥露，盈盈麗色凝霞。

旖旎一叢春色，葳蕤數朵寒香。不是丹青造化，誰知禁苑芬芳。

明 趙完璧《海壑吟稿》卷四《春夜對瓶中杏花獨酌》　紅明團雪水晶中，對酌幽軒入暝清。絳蠟光涵香玉瑩，緑觴影動錦波生。瑤臺十二春何在，粉黛三千意獨輕。叵耐芳妍終夜醉，不須歌舞自多情。

明 汪砢玉《珊瑚網》卷一四《沈啓南雜題絶句墨蹟》　艾葉葵榴亂插瓶，虚堂風約虎符靈。樽前蒲玉須教醉，溷俗由來忌獨醒。

明 吴大經《蘗桂軒詩》卷下《瓶菊》　霜浚籬花耀日明，野人携贈到此刹。水壺冷浸山窗下，黯淡寒香入酒清。

又《瓶梅》　膽瓶分浸一枝低，玉蕊清香伴品題。姑射仙人初隱几，羅浮移入夢魂迷。

明 王思義《香雪林集》卷一二輯周康僖《瓶梅結子》　南巖携贈一枝梅，插向瓷瓶土不培。冉冉幽香浮几案，青青嘉實自根荄。玉盤未足璚瑶薦，金彈翻令燕雀猜。回首和羹虚鼎鼐，不須移向日邊栽。

明 湯濩《夜看瓶内海棠》（《七十二峰足徵集》卷五〇引）　一枝誰解惜餘芳，隱几平添客思忙。夜魄易爲醒醉艷，春心豈在有無香。生生絳雪歌聲遠，盼盼青燈酒夢長。睡起也知嬌未足，妝成何事怨朝陽。

清 翁志琦《瓶花》（《七十二峰足徵集》卷六三輯）　惟爾堪知栽，幽窗許暫親。共尋閒處樂，聊慰客中貧。快意逢良友，消魂當美人。相看莫相厭，容易送殘春。

清 屈大均《翁山詩外》卷六《瓶中白海棠》　枝間開不久，却與膽瓶宜。豈有海棠好，而兼白雪姿。豔含膏露薄，香出粉光遲。異種非西蜀，花翁定未知。

又《瓶花》　射干纔一朵，瓶小不勝花。剪似春羅碎，翩如彩蝶斜。白頭簪不可，素手贈誰家。硯側閒相映，光含一點霞。射干，一名蝴蝶錦。

又 卷七《佛桑花》　玉瓶多麗朵，人插佛桑稀。一日同朱槿，榮華亦有歸。顔紅能愛老，粉白未傷肥。兒女尤栽汝，家家映竹扉。木槿一名愛老，佛桑類。木槿婦女多以爲餐。

燒空嫌太赤，朵朵似朝暉。榮落須臾事，爭開亦未非。簪令雲髻豔，食使玉顔肥。一夏光籬障，因君日掩扉。

又 卷八《瓶中桃花》 暖令花大朵，一一向瓶開。笑入佳人鏡，香浮上客杯。芳春殊未半，嫩蘂莫相催。及此夭夭好，溪邊更折來。

又 卷一二《從石濤禪師乞花插瓶》 方丈多花發，秋深恰似春。從師分數種，來伴坐愁人。

最是芙蓉好，枝枝拂鏡斜。幸無頭上雪，不怕笑人花。

菊花先愛黄，次乃及紅白。黄者味逾甘，落英猶可惜。

清 魏裔介《兼濟堂文集》卷一七《暮春咏齋中瓶花戊午》 每到春來自種花，花開燦爛似雲霞。世人誰解能相賞，獨與園丁嘖嘖誇。

清 陸廷燦《藝菊志》卷四輯清吴鼎芳《寺夜看瓶菊》 分取東籬色，磁瓶晚更宜。香深攜伎處，艷冷著燈時。夜久僧還對，秋深蝶不知。莫教歡賞地，風露正淒其。

又 卷六《瓶中插黄白紅菊花》 淺白深紅間淡黄，重陽已過尚聯芳。莫因顔色分花品，同是秋風一樣香。

清 王鴻緒《横雲山人集》卷二七《齋菊》 紫蟹盈盤沁緑漿，清尊白髮映秋光。齋中黄菊開經月，莫道寒花只暫香。

清 吴綺《林蕙堂全集》卷二二《水仙》 烏几紅窗小貯春，盈盈羅襪淨無塵。不知子建緣何事，却向烟波賦洛神。

清 朱緗 朱絳等撰《棣華書屋近刻·瓶蘭》 夜雨園林静，盆蘭引幹長。鮩紅難比色，魚白恐無香。浥水供清玩，籠烟競曉妝。悠然小閣裏，花氣撲衣裳。

獨坐渾無事，攤書對紫蘭。幾回來紺蝶，未許插花鬘。入夜幽香發，當窗素影寒。還宜留樺燭，夢醒好頻看。

清 黄任《秋江集》卷四《瓶花》 粉蝶來尋亦未通，柔枝深避隔簾風。珊瑚架畔無人動，時復烏皮落一紅。

横斜插亦有工夫，紅蕚須兼緑葉扶。留作徐熙新粉本，生綃渲染折枝圖。

嫣紅媚紫亞枝長，裁剪春風寸寸香。簾下有人偎檻看，學他顔色配衣裳。

鏡臺分插到哥瓷，妝點文窗伴髩絲。可記城南騎馬日，酒旗歌板掬來枝。

自開自落在荒邨，杜曲無緣與托根。不怨爲君攀折去，得登硯席是承恩。

清 查慎行《敬業堂詩集》卷二一《三月二十九日賦瓶花》 客中春忽盡，僧舍少嘉樹。野草着幽花，荒庭邀一顧。膽瓶貯遠汲，紅紫插交互。雖深攀折憐，且免風雨妒。新枝若矜寵，昨者便成故。也復有游蜂，窺尋入窗户。沾泥落衽席，等是閲朝暮。微物感吾心，流光去如鶩。

又《疏影·賦瓶梅影次張玉田韵》 便娟秀月，寫横斜牆角，已是清絶。傍我移來，幾度端相，欲折翻嫌難折。膽瓶位置看如畫，特許伴，燒燈冷節。被燭光，遥妒無端，故向小窗明滅。　宛似佳人空谷，亭亭還自顧，芳意幽潔。爲爾傳神，禿筆疏枝，試與和花點出。依稀林下相逢處，傍紙帳，東風欲活。憶孤山，浮動黄昏，曾掃影邊香雪。

清 曹寅《楝亭詩鈔》卷一《瓶菊》 瓶菊饒天意，含芳入仲冬。南窗欣有托，東里漫爲容。枯槁非時賞，蕭疏與客供。樊籬方集霰，高枕悟黄農。

又《瓶中月季花戲題時西軒寒甚欲雪**》** 智瓊掐額未全黄，洛女凌波尚渺茫。恰似封姨憑薄怒，一天冷韻到書堂。

燕支帳外雪皚皚，口嚼紅藍自抹腮。笑煞吴兒弄香粉，凌殑那見折縣來。

乞取飛瓊作侍兒，老愁曼倩不能詩。要知碧海成塵去，難到霞渦褪淺時。

繭糊房棱爇烏銀，北地催花百樣新。長記幺紅多骨鯁，獨留金盞勸長春。此花火迫則焦，金盞亦名長春花。

誰向鴻荒琢月團，好枝疑似鏡中看。文思院裏千絲繡，羞入金瓶伴牡丹。宋繡有《長春富貴圖》。

眩朱暈碧總難憑，夢裏看花半是僧。晴到小窗無限好，瓦甌消盡一分冰。

粉團嬌死刺撩衣，十月羣紅出市稀。一自亞西傳露法，漫山刮盡野薔薇。

拾得瓊田幾片霞，飛來毛女自無家。三錢買筆休論價，描出隋宮滿樹花。揚州通草花酷肖。

清 朱彝尊《曝書亭集》卷二九《減蘭夾竹桃聯句**》** 石闌干曲，試問是桃還是竹。彝尊。鳳子來時，捧土移根定武瓷。魏坤。崔徐花朵，布葉終須文與可。彝尊。吹徧温風，長伴樽前一簇紅。坤。

清 張英《文端集》卷二〇《退直小暇插瓶中芍藥》 揀得將離四五枝，沸湯親注白花瓷。夜來紙帳高懸却，領取繁香夢醒時。

又 卷三二《秋窗料理瓶花四首》 自疊盆山插菊枝，分紅間白滿花甆。明知老去童心在，只似雕蟲作小詩。

萬紫千紅縱目宜，風沙無地玩芳時。昔人手著瓶花史，却勝黄荃畫折枝。

袁中郎著《瓶史》

揀取花枝貯膽瓶，要兼畫意與詩情。最憐影落紗窗上，一幅輕綃爲寫生。

搗練遥聞巷北碪，薰衣低覆水南沉。經旬粗得閒中味，黄菊花圍緑綺琴。

又《**丁丑九日**》 達士由來愛景光，最珍寒食與重陽。碧潭潦盡文鱗見，丹樹晴烘錦幄張。十載壺觴高會香，九秋松菊故園荒。一龕剩有垂簾地，整理瓶花學趙昌。

清 陳夢雷《**松鶴山房詩集**》**卷四**《**瓶菊**》 幾度風霜耐老成，玉堂深處護餘生。移將荒徑亭亭幹，吐作高齋淺淺英。葉底香微聊寫意，花間豔瘦豈逃名。素心恰稱冰壺伴，洗盡塵泥品更清。

清 陳元龍《**愛日堂詩集**》**卷一**《**敝帚集·瓶中早梅一枝**》 折得東風第一枝，攜來小几任斜欹。忽疑水驛春前路，空憶山家雪滿時。漠漠冷香清俗夢，離離疏影伴題詩。閒窗聽雨愁零落，留取銅瓶護玉姿。

清 薛雪《**斫桂山房詩存**》**卷四**《**瓶中牡丹**》 剪得雕欄艷一枝，畫屏羅幕護瓊姿。貯成碎錦穠開日，賞盡含苞未吐時。仙質祇因詩可擬，異香郵許蝶先知。長安池館笙歌裏，處處殘紅付酒巵。

清 梅清《**瞿山詩略**》**卷二七**《**瓶梅**》 相思何必傍晴檐，却怪游蜂竟入簾。一剪影斜青玉案，數瓣香落水晶鹽。燈前忽引清簫起，鏡側休牽白髮添。好倩美人親手贈，擎時愁絶冷纖纖。

清 張惠言《**茗柯詞·錦堂春瓶中芍藥集字**》 最惜春歸，可憐風雨，欲賞名花何處？藥闌邊留晚艷，喜玉瓶堪采，偶分朝露。曲几疏簾，色香誰主，偏瘦影，如愁欲語；待尊前，期共醉。憶小窗，曾有記紅吟句。

清 高宗愛新覺羅·弘曆《**御制詩集**》**初集卷一一**《**瓶菊**》 野菊多佳色，紛披隨路有。帶露采其英，正值重陽後。簪瓶饒態姿，離野無塵垢。不辨麝香黄，那論金鈴醜。譬彼陶彭澤，得此可無酒。

又 卷三五《**瓶菊**》 霜標冀北獨秀，韻挹籬東致佳。携得重陽景色，絶勝客歲情懷。

瀟灑詩情畫意，芳菲秋末霜初。花雨不霏繩榻，香風常递帷車。

又 二集卷四四《**塞花**》 塞花能耐寒，冒霜越姌嫋。丁星帶煙霏，娟嫕迎風姣。秀如争籬菊，芳自勝坂草。饒有鳥獸游，而無絲管擾。掛瓶雅相宜，拂室亦精好。詎知銀燭下，珍重發芬藻。

又 四集卷四〇《**山莊荷花尚存，簪植膽瓶與盆菊相對，天然清供，朅爾成什，亦興之所寄也**》 菊放深秋荷夏秋，忘年仙境做同游。傲霜裛露誠無忝，開晚謝遲斯有由。內地荷花至八月即凋盡。今已届霜降，而塞湖之荷尚有作花者，蓋由園中有温泉，而開花較内地又晚之故。卉裏更誰堪伯仲，畫中雅合擅風流。恰如隱士逢君子，一望應知氣味投。

清 弘曉《**明善堂詩集**》**卷一**《**咏瓶中蘭花**》 秋蘭瓶貯異羣芳，賜出萱堂意味長。一種清幽塵不染，方知空谷有餘香。

又 卷二《**瓶中牡丹**》 膽瓶三五插天香，白白紅紅燦畫堂。漫道羣芳舒艷早，殿春偏是百花王。

又 卷五《**瓶中芍藥**》 婪尾花開壓衆芳，折來濃艷置書堂。一瓶新汲添生意，風度疏簾不散香。

又 卷九《**瓶中玉蘭**》 折得名花著意栽，幽姿皎潔案頭開。重簾好護無瑕質，不放尋香蜂蝶來。

又 卷一〇《**咏瓶中荷花**》 夏日炎蒸静掩門，一泓水色映遥村。紅香解語淩波好，折向芸窗仔細論。

花名君子孰争先，水注磁瓶分外妍。如畫疏櫺相掩映，香風幾陣拂簾前。

風姿綽約謝娥嚬，瓶際清芬拂拭新。冰簟夢回花態好，沁心凉氣净羅塵。

又 卷二四《**瓶杏**》 紅酣見説西山麓，健步移來三兩枝。試看枝頭春色滿，尚書佳句太情癡。

又 卷二九《**瓶蘭**》 逸韻真吾友，清芬棐几生。軍持頻剪注，伴我坐書城。

又《**瓶荷**》 亭亭泥不滓，裊裊出華池。折向清齋裏，閒繙貝葉詞。

清 方登嶧《**述本堂詩集·星硯齋存稿·瓶花**》 小剪庭花帶碧痕，膽瓶新豔綺窗翻。風烟謝絶凡叢老，雨露滋深舊日恩。借潤豈真憑勺水，向榮何必定高原。芳姿斟酌横斜好，畫閣春陰几席繁。

拈來隨地禮優曇，何處全林許借探。一代繁華枝葉想，三生根蒂有無參。尋香蝶暗棲珠箔，破影燈移上玉函。折露和烟春市賣，幾回幽夢繞江南。

又《**折海棠作瓶供**》 艷影拂垂絲，東風入手吹。屏簾移絳繡，筆硯惹胭脂。銀燭朦朧夜，香杯婀娜時。春陰如可惜，偏護折殘枝。

清 阮葵生《**七録齋詩鈔**》**卷一**《**瓶梅**》 一枝帶嶺雲，青瓷横素影。睠彼冰雪姿，無言人自静。紙閣迎朝曦，暗香度彌永。掩卷咏懷人，耐兹歲寒冷。

清 裘日修《**裘文達公詩集**》**卷七**《**瓶梅四絶句**》 殷勤爲憶故園梅，彈指東風十二回。今日江南春已半，膽瓶纔見一枝開。

落落疏疏蕊不多，窗前鎮日影婆娑。愧無妙句相酬答，爲爾孤吟筆屢呵。

將舒尚斂微含態，似有如無細認香。悟到非空亦非色，晚來清夢海天長。

姑射山頭蕚緑華，向來栽插傍誰家。夭桃穠李紛無數，管領端推第一花。

清 錢維喬《**竹初詩鈔**》**卷一**《**瓶中白荷花**》 幾幹餘殘暑，銅瓶爾亦宜。曉窗清欲墮，秋渚静初移。肯逐菰蒲老，寧辭采折遲。輕香看不定，暫對有餘思。

又 卷七《**瓶蘭**》 沅湘流不盡，餘怨尚風前。空谷曾無偶，羅生只自憐。静纔通臭味，影亦媚嬋娟。不采何勞嘆，青青肯鬥妍。

又 卷一二《**瓶中供白蓮蘭花二種各酬以句**》 未出污泥外，能含太古姿。折來應素手，墮去失清池。色相非吾愛，空王是爾師。天然去雕飾，相贈有新詩。

清 畢沅《**靈巖山人詩集**》**卷三二**《**昭陽續集・天竹**》 棐几排清供，銅瓶鎖舊巢。名依佛火證，人是歲寒交。有實難棲鳳，非珠似泣鮫。松明鑪焰冷，紅暈落枝梢。

清 石韞玉《**獨學廬二稿**》**卷一**《**瓶中换芍藥疊前韻**》 春光爛漫不妨遲，采盡瓊芽次第枝。按譜名多輪日换，賣花聲熟到門知。風人投贈情無間，園叟標題價有差。莫謂新歡移故寵，偶然茴厠幾何時。

清 鄒炳泰《**午風堂集**》**卷五**《**詠白芍藥**》 昨夜春歸又未歸，任他春雨褪紅飛。幾圍簇縷嫌金璵，何處芳塵化素衣。落月有人催曉騎，留香無主怨斜扉。豐臺原是仙臺路，緑杖輕扶萬玉妃。

膽瓶數朵插來斜，别樣清神透淺紗。延閣幾時留玉帶，揚州何地不瓊花。

劉郎譜後王郎續，品到梅妝色味新。朝雨一畦初上市，游人四月更思春。覆盂高會留東武，點綴名香問玉真。移近紙窗風冉冉，與君相對益精神。

獨憐取次狂香送，王觀《芍藥譜》取次妝花色絶淡。未必將離别路賒。秋至家家分種急，買田曾未税春葩。

讓山曾與寫清姿，風味原來淡若兹。玉帳倚餘空有影，藐姑行到亦來遲。丰容約約春常在，香味茸茸客未知。不數米家園一畝，擔頭十日趁花時。

清 孫原湘《**天真閣集**》**卷一〇**《**瓶菊**》 分插霜枝五色新，寒齋清供耐經旬。相看不厭如良友，數見能鮮是妙人。貯得閑情須有膽，養成晚節了無塵。白衣來送銀瓶酒，恰與花枝作比鄰。

清 吴俊《**榮性堂集**》**卷一〇**《**咏瓶中野芙蓉**》 古甃新水養圓金，照我孤羈耿耿心。怯露暗蟲吟易碎，受風衰蝶翅難禁。簟凉初月明窗几，夢覺長河落枕衾。緑葉翠莖良自好，可憐不上女兒簪。

清 吴翌鳳《**與稽齋叢稿**》**卷一五**《**瓶中牡丹花謝**》 一朵輕盈緑葉攢，膽瓶不放水泉乾。愛佗婪尾三春豔，餉我齋頭十日看。癡蜨過窗疑有約，冷風拂几惜初殘。彩雲飛去歸何處，欲向精廬問藥闌。

清 潘奕雋《**三松堂集**》**卷二〇**《**臨江仙・瓶中白蓮和韻**》 昨夜小池暑退，池邊攜得凉雲，玉壺冰簟水晶屏，素心堪晤語，清净契前因。 月曉風輕未墮，煙鬟霧鬢無痕，金波穆穆與傳神，出泥能不染，肯惹世間塵。

清 俞長策《**瓶梅次吴鳳咮韻**》（《兩浙輶軒録補遺》卷二輯） 水邊籬落一番新，折得疏枝正早春。冰雪姿同冰雪句，名花原合伴幽人。

清 劉大紳《**寄庵詩文鈔**》**詩鈔卷三**《**詠瓶中菊花**》 井泉寒浸菊花香，尚帶東籬九日霜。紙閣蘆簾同半月，崇蘭幽桂自斜陽。飄零竹籜裁爲帽，摇落芙蓉集作裳。同是悲秋可憐物，非關處士獨清狂。

又 詩鈔續附卷三《**瓶中茶花**》 屈此凌霄質，瓶中且試看。雲霞無異彩，風雨不先殘。鬥草春光近，催花水勢寬。終憐高樹上，萬朵擁奇觀。

又 卷四《**買松枝插瓶中**》 空山長養化龍虬，夜半濤聲送十洲。盈擔横肩供竈下，一枝斜折市街頭。風霜倔强神全在，烟雨迷離影碎流。尋古銅瓶安置好，甘泉浸潤到清秋。

又 卷七《**瓶中桂花**》 未及成林日，森森已自奇。秋風一樹覺，香氣四鄰知。拗處黄雲覆，吟餘白月窺。石瓶清貯水，浸潤即方池。

清 劉嗣綰《**尚絅堂集**》**卷二三**《**蘆中集・瓶花**》 孤花破岑寂，掩映辭林皋。瓶水足清供，遂分雨露膏。先期慰零落，攀折良已勞。枝低豈不惜，矜此標格高。亦知根蒂空，生意猶動摇。所恐一勺水，復與堅冰遭。垂簾護餘芳，風日方蕭騷。

清 石韞玉《**獨學廬二稿**》**卷一**《**詠瓶中芍藥**》 婪尾花開信已遲，豐臺猶有未殘枝。瑶階舊價千人重，金屋新歡四座知。春色將歸彌絢爛，芳容同列見參差。詩家妙語非相謔，欲采名葩貴及時。

又《獨學廬五稿》卷二《燕居集二・詠瓶中梅花》 名花莫作等閒看，曾與幽人結古歡。筆底冷香吟不盡，燈前瘦影畫應難。十分春色真無價，一點芳心獨耐寒。净几明窗深護惜，免教風雪遽摧殘。

清 張琦《宛鄰集》卷五《水龍吟・瓶中桃花次茗柯韻》 一枝休怨崔郎，從教留得紅雲在。依稀前度，笑痕嬌靨，天姿未改。寂寞黄昏，幾多情緒，看儂憔悴。儘東風陣陣，飄香吹絮，管不到重簾外。 恨煞歸期難數，借花枝、一腔清淚。絲絲斜月，儂心似汝，影兒都碎。殘醉扶來，花猶解語，伴人無寐。算明朝，點點飛紅，儂也毂看他墜。

清 詹應甲《賜綺堂集》卷四《瓶菊》 老圃秋色佳，不合籬下寄。剪除配清供，高下任位置。軍持水涓滴，灌溉良不易。晚節要能完，託根已非地。野花開口笑，爾守挈瓶智。慎勿傲風霜，無言自憔悴。

清 梅履端《瓶梅》（《國朝畿輔詩傳》卷五三輯） 膽瓶閒插小梅花，移映書窗日影斜。骨格雖寒風味古，自宜相賞在貧家。

清 沈學淵《桂留山房詩集》卷一《茉莉花》 洗盡鉛華品格幽，晚妝別樣鬥風流。畫闌人倚月初上，水閣香多風欲秋。小摘愛穿珠絡索，半開先傍玉搔頭。隔宵細挹花間露，手點新樣貯碧甌。

清 百齡《守意龕詩集》卷二《瓶梅盛放喜而得句》 南枝春色逗寒梅，移入銅瓶相向開。卧治堂前清供好，過庭時有暗香來。

清 永瑆《詒晉齋集》後集《以宣德成化瓶插桂枝》 小瓶的是宣成物，火色銷沈四百年。細折桂枝供几硯，深防酒氣屏栝棬。自成閒課奔塵外，欲遣餘齡細意邊。一種天香赴幽賞，莫嘲兒女養風烟。

清 祁寯藻《䜭䜣亭集》卷二八《芝軒夫子以新春瓶菊屬和次韻》 籬落風回徑雪殘，膽瓶移插不知寒。花能獻歲迎春帖，酒亦延齡佐夕餐。晚節孤芳天護惜，新詩一出世傳看。柴桑秋色何須羡，温樹前頭有露盤。

清 潘榞《供梅》（《兩浙輶軒續録》卷二六輯） 新聯松竹歲寒盟，貯向銅瓶細品評。珍重南枝香一瓣，安排東閣夢三生。儘誇月影隨身好，不信春光著手成。斗室莫嫌岑寂甚，淡無言處總怡情。

清 朱寯瀛《金粟山房詩鈔》卷九《晚香玉》 塵海誰貽此玉花，花光真比玉無瑕。宛包翠籜風情別，時插瓷瓶水氣賒。暑夜静中開麝橐，秋容薄處掩蟾紗。羣芳有譜無妨逸，合住瑤臺侍史家。

清 沙琛《點蒼山人詩鈔》卷一《瓶梅》 飛雪隨風撲紙窗，羅帷香動怳聞跫。移鐙乍轉銀瓶影，的歷梅花蒂盡雙。

雜録

宋 吴自牧《夢粱録》卷四《解制日中元附》 七月十五日，一應大小僧尼寺院設齋解制，謂之法歲周圓之日。【略】雞冠花供養祖宗者，謂之洗手花。

元 李衎《竹譜詳録》卷五 翁孫竹【略】生浙閒者，高不盈尺，爲几案之玩。

元 宋褧《燕石集》卷九《白子芳瓶梅結實》 蒙惠泉頭歲暮時，相逢云已及瓜期。捐金築埭功難就，贏得州民死後思。詩書門第寧馨兒，夢寐音容守繐帷。物外春風幾千歲，瓶花常見子纍纍。

明 朱彌鉗《謙光堂詩集》《蘭》 幽谷生來共自芳，紫莖花緑葉偏長。善人折取留書室，久久相親不覺香。

明 陳詩教《花裏活》 宋高似孫嘗作《水仙賦》，後得花一二百本，以兩古銅洗蓺之，學《洛神賦》體復作《後水仙賦》。

又 宋何鑄性喜梅，常作烏木瓶簪古梅，枝綴像生梅數花，置座右，欲左右未嘗忘梅。【略】張伯雨有古銅洗種小芭蕉，名之曰蕉池積雪。【略】吴孺子每瓶中花枝狼籍，則以散衾裯閒卧之。

明 姚旅《露書》卷一〇 謝君采云：大理春時備四時之花，言嘗二月買石榴、芙蓉、菊花插瓶。菊花之朵大如盌，石榴五月在樹，半開花半結子，子大如拳，可剖食。

明 王路《花史左編》卷一四《薔薇花》 《香譜》：大食國薔薇花露，五代時，藩使蒲何散以十五瓶來貢。露如此之多，花應幾許。

明 陳繼儒《岩棲幽事》 余寒齋焚香點茶之外，最喜以古瓶簪蠟梅、水仙。蠟梅，古人云本非梅類，以其與梅同時香，又相近，色酷似蜜脾也。又，山谷謂京洛間有一種香氣如梅類，女工撚蠟所成，故以名之。

清 高士奇《北墅抱瓮録・雙鸞菊》 雙鸞菊即草烏花，形如僧帽，内藏兩萼，若雙鸞之並肩，尾翼宛然，化工之奇，真有不可揣測者。其色紫艷，繁而且久，秋齋之玩，冠絶一時。

歷代園林總部

歷代園林總部提要

《歷代園林總部》大體按照朝代綫索，收録歷代有關園林情况的信息，如造園初衷、過程、園林布局、園居生活等資料。本總部分爲五個部。

《總論部》收録的資料涉及園林興衰、變遷或一時一地的園林整體情况，包括各種園林遺迹、廢墟等，某一園林變遷情况，一方名園或幾處園林的綜合比較等。而其他各部則或按園主性質，或按類型、功能而設置。

《帝王宫苑部》所收材料以歷代帝王宫苑爲主，包括皇家園林、行宫、苑囿，皇帝宗親、諸侯王的宅第中富有園林特色的建築與園景。對帝王建造宫苑提出反對意見的疏、諫等也收入此部。視資料數量，分成「先秦」、「秦漢」、「魏晉南北朝」、「隋唐五代」、「宋代」和「金元明清」共六個分部。由於先秦時期中國園林尚處於萌芽時期，資料記載的多不是成熟的園林情况，但由於年代較早，便將標準放寬，也收集了描寫圃、囿、宫、臺、池等園林因素的資料。金、元、明、清都定都於北京，帝王宫苑具有歷史延續性，因而放在同一個分部。

《私家宅園部》收録個人在城中的園林、庭宅，以及在郊野、山林、湖畔等風景勝地所建的别業、别墅、隱居處等資料。園主可以是達官顯宦、豪門富商、文人墨客或隱客高士，也可能是普通人。視資料多寡情况，分成「魏晉南北朝」及之前、「隋唐五代」、「宋遼金元」、「明代」和「清代」共五個分部。

《園林寺觀部》收録佛寺道觀附屬園林的相關資料，包括寺觀園林主體建築群的庭院布局、寺觀的附屬園林以及寺觀周圍的自然環境。本部也收有少量帝王宫苑中的寺觀材料。由於很多寺觀園林歷史悠久，且同名異處現象突出，本典對某一寺觀園林所屬歷史時期和地域並不做考證，因此寺觀園林部不分時期，不設分部。

《衙署園林部》收集的是州縣治所、衙門的附屬園林或官員居處的環境景觀，以及治所之外，官方出資修建的用於官員宴飲、時而縱民游覽的一方游觀地。

《書院·讀書處部》輯録的是古代學校或名士講學研修或讀書處的園林。書院具有一定園林類型特徵，而讀書處規模有大有小，也可能基本上就是别墅，也可能非常簡陋。而《其他園林部》收録小型園林資料，包括具有公共園林性質的官方修治的游觀處或行樂處，以及祠堂、驛站、會館、酒肆茶館的附屬園林等等。

需説明的是，《歷代園林總部》本可以包含的許多資料都可以在本典《園林綜述總部》及《園林植物總部》中找到。

《歷代園林總部》主編：史建橋，高劉巍。

總論部

題解

論說

宋　李格非《洛陽名園記後記》　論曰：洛陽處天下之中，挾殽澠之阻，當秦隴之襟喉，而趙魏之走集，蓋四方必争之地也。天下常無事則已，有事則洛陽先受兵。予故曰：洛陽之盛衰者，天下治亂之候也。方唐貞觀、開元之間，公卿貴戚開館列第于東都者，號千有餘邸。及其亂離，繼以五季之酷，其池塘竹樹兵車蹂踐，廢而爲丘墟。高亭大榭，烟火焚燎，化而爲灰燼，與唐共滅而俱亡者無餘處矣。予故嘗曰：園圃之廢興，洛陽盛衰之候也。且天下之治亂候于洛陽之盛衰而知，洛陽之盛衰候于園圃之廢興而得，則《名園記》之作，予豈徒然哉。嗚呼！公卿大夫方進于朝，放乎以一己之私自爲，而忘天下之治，忽欲退享此樂，得乎？唐之末路是已。

明　王世貞《弇州四部稿》續稿卷六〇《安氏西林記》　嗟乎，豪而爲袁廣漢、石季倫、司馬文孝王，末矣。以洛陽之履道里，與李文叔紀類，極清曠，適《爾雅》鵾適之觀，彼其於李文叔之《洛陽名園》前所云五者亡論，第不再好之，狎而易爲有，俗者嫉之，接而輕相躪耶！懋卿乃能酌遠邇，劑喧僻，而加力兹林，不侈不陋，人無所用其欲惡而伸其狂，吾因知兹林之長爲安氏物哉。易世而辱於屠酤市販之手。又久之，求其跡而不可得。豈非以其近廛，故豪者吾於文劇喜柳柳州愚溪、愚谷、鈷鉧潭、潭西小丘諸記，於詩喜吾家右丞輞川諸絶，夢寐之所注，像其勝，鬱浡猶宿眉宇間。弟仲近歸自秦，叩所謂輞川者，云仿佛有之，不甚可指辨。而李頤使君前按柳，頗毁柳之溪谷潭丘，以爲不能當其文。然則懋卿與茂長之詩行後世，其不以西林爲輞川、愚溪者幾希。游西林而得其實，其不以二子賢於右丞、柳州者幾希。余竊欣有托焉。

清　毛奇齡《西河集》卷一二七《萬柳堂賦序》　萬柳堂者，益都相公馮公之别業也。其地在京師崇文門外，原隰數頃，污萊廣廣。中有積水，渟濙流潦，既鮮園壥而又不宜于粱稻。于是用饗錢買爲坻塲，垣之壄之，又偃而瀦之，而封其所出之土以爲之山，巖陁坱曲，被以雜卉。構堂五楹，文堦碧砌。芄蘭薜苣，蘞蔓于地。其外則長林彌望，皆種楊柳，重行疊列，不止萬樹，因名之曰萬柳堂。歲時，假沐于其中。自王公卿士，下逮編户、馬醫、傭隸，並得游宴居處，不禁不拒，一若義堂之公人者。昔都城門外多羣公所置别業，如樊川金澗，謝墩韋谷，以及富鄭公園、田游巖宅之類，並有山亭水榭、魚鳥花竹之勝。然數傳以後，或存或毁，未必當時爲世通也。今以公所營而較之于昔，不無朴嗇，然而曠澹之懷與物同之。且去此數里，穿池放魚，豢畜乳婦，而鬻無主之嬰兒。其于游觀自得之外，更有會焉。故其街曰太平，其坊曰興隆，而其途之榜則曰教養，蓋取東南近藉教侯之養之義。至若元時，豐臺有萬柳堂，與此異地。雖其名同，非以襲其事也，因爲之賦。

清　朱彝尊《曝書亭集》卷六六《秀野堂記》　長洲顧俠君築堂于宅之北，闤丘坊之南。導以迴廊，穿以徑。壘石爲山，望之平遠也。捎溝爲池，即之蘊淪也。登者免攀陟之勞，居者無塵壒之患。曉則竹雞鳴焉，晝則佛桑放焉。於是插架以儲書，叉竿以立畫，置酒以娱賓客，極朋友舅弟之樂。【略】予留吴下數過君之堂。俠君請于予作記。思夫園林丘壑之美，恒爲有力者所占。通賓客者蓋寡，所狎或匪其人。明童妙妓充于前，平頭長鬣之奴奔走左右。舞歌既闋，荆棘生焉。惟學人才士著作之地，往往長留天壤間。若《文選》之樓，《爾雅》之臺是已。吴多名園，然蕪没者何限。而滄浪之亭、樂圃之居、玉山之堂、耕漁之軒，至今名存不廢，則以當日有敬業樂羣之助，留題尚存也。俠君築斯堂，嫓羣雅，將自元而宋、而唐、而南北朝、而漢，悉取以論定焉。吾姑記于壁，用示海内之誦元詩者。

綜　述

北魏　楊衒之《洛陽伽藍記》卷四　自退酤以西，張方溝以東，南臨洛水，北達芒山，其間東西二里，南北十五里，並名爲壽丘里，皇宗所居也，民間號爲王子坊。當時四海晏清，八荒率職，縹囊紀慶，玉燭調辰，百姓殷阜，年登俗樂。鰥寡不聞犬豕之食，煢獨不見牛馬之衣。於是帝族王侯，外戚公主，擅山海之富，居川林之饒，争修園宅，互相誇競。崇門豐室，洞户連房。飛館生風，重樓起霧。高臺芳榭，家家而築。花林曲池，園園而有。莫不桃李夏緑，竹柏冬青。而河間王琛，最爲豪首，常與高陽争衡。造文柏堂，形如徽音。殿置玉井金罐，以五色絲纘爲繩。

宋 龔明之《中吴紀聞》卷五《陳了翁鱸鄉亭詩》 陳文惠公《留題松陵》詩，其末有「秋風斜日鱸魚鄉」之句。屯田郎林肇爲吴江日，作亭江上，因以「鱸鄉」名之。了翁初主吴江簿，嘗爲賦詩云：中郎亭榭據江鄉，雅稱詩翁賦卒章。蓴菜鱸魚好時節，秋風斜日舊烟光。一杯有味功名小，萬事無心歲月長。安得便抛塵網去，釣舟閑傍畫欄旁。了翁筮仕之初，已無戀官職之意矣。

宋 邵博《聞見後録》卷二四 洛陽名公卿園林爲天下第一。靖康以後，爲祝融回禄盡取以去矣。予得李格非文叔《洛陽名園記》，讀之至流涕。文叔出東坡之門，其文亦可觀，如論「天下之治亂候于洛陽之盛衰，洛陽之盛衰候于園囿之興廢」。其知言哉！故具書之左方云。

宋 袁褧《楓窗小牘》卷下 先正有《洛陽名園記》，汴中園囿，亦以名勝當時，聊記於此。州南則玉津園，西去一丈佛園子、王太尉園、景初園。陳州門外園館最多，著稱者奉靈園、靈嬉園。州東宋門外麥家園，虹橋王家園。州北李駙馬園。西鄭門外下松園，王大宰園，蔡太師園。西水門外養種園。州西北有庶人園，城内有芳林園、同樂園、馬季良園。其它不以名著約百十，不能悉記也。

宋 耐得翁《都城紀勝・園苑》 在城則有萬松嶺，内貴王氏富覽園，三茅觀，東山梅亭，慶壽菴，褚家塘，御東園係瓊華園，清湖北慈明殿園，楊府秀芳園，張府北園，楊府風雲慶會閣。城東新開門外則有東御園，今名富景園。五柳御園。城西清波、錢湖門外聚景御園，舊名西園。張府七位曹園。南山長橋則西有慶樂御園，舊名南園。净慈寺，前屏山御園，雷峰塔前張府真珠園，内有高寒堂，極華麗。寺園，霍家園，方家谿，劉園。北山則有集芳御園，四聖延祥御園，西湖勝地惟此爲最。下竺寺御園。錢塘門外則有柳巷楊府雲洞園，西園，劉府玉壺園，四并亭園，楊府水閣，又具美園，又飲緑亭、裒府山濤園、趙秀王府水月園，張府凝碧園。孤山路口内貴張氏總宜園、德生堂、放生亭，新建白公竹閣。袁樞尹天府就寺重建。沿蘇堤新建先賢堂園，本裒氏園袁樞新建。又有三賢堂園，本新亭子，袁樞於水仙王廟移像新建。九里松嬉游園。天府酒庫。湧金門外則有顯應觀，西齋堂，張府泳澤園，慈明殿，環碧園，舊是清暉御園。大小漁莊，其餘貴府富室，大小園館，猶有不知其名者。城南嘉會門外則有玉津御園，虜使時射弓所。又有就包山作園，以植桃花，都人春時最爲勝賞，惟内貴張侯壯觀園爲最。城北北關門外則有趙郭家園，東西馬城諸園，乃都城種植奇異花木處。

宋 周密《癸辛雜識》別集卷上《汴梁雜事》 羅壽可丙申，再游汴梁，書所見梗槩。汴學曰：文學武廟，即昔時太學武學舊址。文廟居汴水南，面城背河，柳堤蓮池，尚有璧水遺意。【略】樓閣最高而見存者，相國寺、資聖閣，朝元宫閣，登雲樓。資聖閣雄麗，五檐滴水，廬山五百銅羅漢在焉，國初曺翰所取者也。朝元宫閣，即舊日上清儲祥宫，移至岧嶤半空。登雲樓，俗呼爲八大王樓，又稱譚一作潭樓，蓋初爲燕王元儼所居，後爲巨璫譚積有之。其奇峻雄麗，皆非東南所有也。朝元宫殿，前有大石，香鼎二，製作高雅，聞熙春閣，朝元宫有十餘座，徽宗每宴，熙春則用此燒香於閣下，香烟蟠結，凡數里，有臨春結綺之意也。朝元宫虚皇臺，亦上清移來，下有青石礎二，刻畫龍鳳、團花，極工巧。舊時是朱温椒蘭殿舊物，臺上有拜石，方廣二丈許，光瑩如璧玉，四畔刻龍鳳，雲霧環繞，内留品字三方素地。云是宣政内醮時，徽廟立於中，林靈素王文則居兩傍也。汴之外城，周世宗時所築。神宗又展拓，其高際天，堅莊雄偉。南關外有太祖講武池，周美成《汴都賦》形容盡矣。梁王鼓吹臺，徽宗龍德宫，舊基尚在。開封府衙，後有蠟梅一株，以爲奇，遂創梅花堂。北人言，河北惟懷孟州，號小江南，得太行障其後，故寒稍殺。地暖，故有梅，且山水清遠似江南。云南門外有五岳觀、太乙宫、岳帝殿，極雄壯華麗，宫連跨小樓殿，極天下之巧，俗呼爲暖障。聞汴有大殿九間一作間者五，相國、太乙、景德、五岳盡雕鏤，窮極華侈，塑像皆大金時所作，絶妙。【略】曾記佛書言，山河大地凡爲城邑，宫闕、樓觀、塔廟，亦是緣業深重所致。光教寺在汴城東北角，俗呼爲上方寺，琉璃塔十三層，鐵普賢獅子像甚高。大座下有井，以銅波斯蓋之。泉味甘，謂通海潮。旁有五百羅漢殿，又云五百菩薩像，皆是漆胎，裝麗金碧，窮極精好。普賢洞記石碑甚雅。【略】東坡寺入門先經藏殿。藏殿極工巧，四隅不動，其中運轉。經卷無倫次，皆唐人書也，極精妙。太廟街近城，有古觀音寺，北齊施主姓名碑，佛殿。開寶皇后命孫德元畫「西方净土」，極奇古精妙，僅存半壁，僧崇化大師爲之讚書。亦有法相國寺佛殿，後壁有咸平四年翰林高待詔畫大天王，尤雄偉。殿外有石刻東坡題名云：蘇子瞻、子由、孫子發、秦少游同來觀，晉卿墨竹申先生亦來。元祐三年八月五日。老申一百一歲，又片石刻坡翁草書，哨遍石色，皆如玄玉。寶相寺，俗呼爲大佛寺，有五百羅漢塑像，甚奇古，又嘿水石龍，鐫刻甚精，皆故宫物也。

明 王世貞《弇州四部稿》續稿卷六〇《太倉諸園小記》 吾州城睥睨得十八里，視他邑頗鉅。闤闠之外，三垂皆饒隙地，而自吾伯仲之爲三園，餘復有八園。郭外二之，廢者二之，其可游者，僅四園而已。今世貴富家往往藏鏹至巨萬，而匿其名，不肯問居第。有居第者不復能問園，而間有一問園者，亦多以潤屋之久溢而及之。獨余癖迂，計必先園而後居第，以爲居第足以適吾體，而不能適吾耳目，其便私之一身及子孫而不及人。又園之勝在喬木，而木未易喬，非若棟宇之材，可以朝募而夕具也。於是余弇園最先成，最名爲勝，而天下之癖迂亦無不歸之余者，余記余園，因次第記之。

田氏園者，蓋鎮海衛千户田某所築也，去居第衛左，穿一弄而東百步，有隙地，而壘石爲丘，高不過尋丈餘，廣袤什之。太湖石僅數峰，亦非佳者。亭館橋洞之屬，具體而已，顧獨有大樹十餘章，美蔭婆娑。而池水亦渺瀰，垂柳環之，可泛，然不曉爲舟。始，某以嘉靖癸未山成，而其子參將生，故名之曰應山。後積戰功至大官，其橐累數千金，歸而好陸博俠游，又以訾謀，復用敗，因游貴竹成都之帥幕，皆不遇，狼狽歸其園。今鬻之大司馬淩公，所謂匿其名者也。故不復脩治，所謂大樹者亦幾盡。安氏園者在州之震方，最僻而雅，前阻小溪，水溪外爲廛市，其右與其陰皆稻田，農歡歷歷在耳目。左通一門而入，除竹爲逕，數十武得一室，下踞橋之折，而南北宛宛復爲脩逕。藩其右以圃，皆種梅桃杏李林檎之屬。中有亭一，茅舍一。其北逕盡稍西，爲蓮花池，水亭據之中。爲門以入，則前堂、後閣、東榮之書室及庖湢皆在焉。園之主人曰邦者，罷江右之司訓歸，則日夜課園丁種植溉壅不休，以故花之事獨先，其果蓏足自給，而竹亦獨蔚茂，甲於他園。主人年八十矣，猶時時杖屨攝客，然好面折，人人畏之。而嗣子仁能具家釀盤飧，最名豐腆，客之黠者紿主人入卧，因盤薄竟日夕。

王氏園者，元馭宗伯所治也。始，其大人封詹事，公闢地於宅之後，東西可三百餘尺，南北三之，其陽爲菜畦，蓋皆潘河陽賦中所藝也。畦盡，限以脩垣，竇而入十餘武，則横隔大池，一橋蜿蜒其上。循橋而得逕，其右方爲亭，亭之上爲榭，明瓦覆之，朱欄四周。亭前壘石成小島，盎沼灔灔。其下有襄陽人者能於石虢引機作水戲，亦足供嘔噱。左方池稍廣。前堂五楹，後廊楹如之。種牡丹多至三百本，菊之倍者再。蓋詹事公父子他無所好，顧獨好花，於花獨好菊、牡丹。花時馳價募購，亡論近遠。而姻黨家有奇本，往往輒以贈，公大合樂，高宴酬之。時積歲累，殆不可指。屈公捐館後，元馭痛不忍料理，當非復舊觀矣。二花外多名種佳果，而其最奇者曰蘋婆，曰麝香、紅李、壽星桃。

楊氏日涉園，故都督尚英所築也，詳具余弇山稿。蓋園成之四載，而都督卒。其子指揮之慶不能守，遂以峰石售之人，地今悉歸崇明郁氏。有竹木蔬果轉盛，而亡游者。

吴氏園者，在州南之稍東，最爲闤闠。而園屏居第後，地不能五畝，屈曲呼門。由左方而入，一樓當之，前爲方沼，溝於樓之下，以通後池。水樓不甚高廣而頗敞麗，啓西竇而出，則可以步武，巖嶺曲折上下，有亭，有臺，皆具體而微。山之陰，華堂面之。山之右，層樓類之。堂之左，平池浸之。中爲曲橋以度，東浒亦有亭，冠其阜後，始稍稍見菉竹，竹盡而園之事窮矣。大抵樓高於山，墻高於樓，不令内外有所騁目，而又岩其鐍，無敢闖而入者。至於榱楝之華焕，供張之都美，酒食之腆潔，非士大夫與所親狎莫能與也。主人爲太學雲翀，其祖父以貲傾州邑，然不曉有客。至雲翀始稍知客，又好酒而文，其園最晚成而最整麗，雖於山林之致，微然亦差不俗矣。

季氏園，吾師觀察公所有也，在南門外。度津橋稍東，枕濠水，有軒一、樓一，皆絶庳小，惟中匯大池若方鏡。亭於中央，橋通之。軒四隅皆藝牡丹。其右方一臺，四隅亦皆藝牡丹。有紅於猩血者，白於于闐玉者，紫於葚而香者。其大若盆盎，高至尺許。而玉樓春一株，特出墻表，數之可得二百朵。觀察公惟不食酒，然花時召客以大白泛之，必令醉而後已。蓋觀察之子穎好種花，於牡丹爲獨精，故能致其盛如此，詹事欲悉力雄勝之不能也。園中側柏一株，奇秀甚尤，諸圃所無。世父麋場涇園雄麗，始爲吴地冠。捐館後，爲吾伯氏所狼籍，幾不可游。吾季氏嘗乞余言記之，以志不忘而已。後余治中弇，石從而徙，然僅十七耳。今之土岡溪池竹柏猶有存者，以余記考之，或得其髣髴也。

曹氏杜家橋園者，鄉進士茂來所治也。去城北五里，得之杜氏，故尚襲之。其地多喬木，森然而古。長夏之際，虯龍舞空，赤日不下，脩竹千挺，蒼翠交映。一池澄泓，水亭踞其上，中疊石若三山者，今皆去之。層閣丙舍，可居可游，可以讀書。其城市非遠非近，沽酒買魚，不至淹客。茂來性好治園墅，在吾州城者一，故居沙頭者二。甫成，得少時息，則厭而它徙。晚節築舍於玄墓，不勝其寂。徙築虎丘，與所知一二人，讀書吹笛，繕性而已。杜家橋園，子孫時肄業其中，春時亦有載酒游者，餘三園多蕪，而沙頭一園，大池數畝種魚，魚巨而肥。玉蘭、木樨株可數圍，高出堂表。余欲游之不果，今以爲恨。

余治鄖時，所部近洛陽，頗加詢訪。今郡城僅得四分之一，所見惟公署壓舍而已。城外亦有土圃十數，種牡丹芍藥。二水既改徙而遠，亦僅涓涓，於李文叔所記夾池脩竹之勝無一存者。然賴茲記而至今吐生色，人讀之，尚猶有欲振履而從者。吾州諸園培塿耳，視吾郡故不能十一，三歲不墾，則牧地矣。然則茲記其可以已哉。

明　王世貞《弇州四部稿》續稿卷六三《游練川雲間松陵諸園記》　萬曆丁亥孟冬二日，余以報謝諸君之禮先壟者至嘉定，而大宗伯徐公學謨爲具，要余宴歸有園。園故當第後，隔一街。入門稍東，爲長廊九楹，而折者七，遂通陽春堂。堂五楹，中可布十几而已。庭有槐杏各一株差古。其後爲知勝軒。軒之北疊石成小島，峰巒洞壑之類，具體而微。右穿入曲房尋，有大士齋三楹，供像頗怪偉。復穿而入，爲池，廣可二十赤，脩五之。平橋翼然，實朱其欄。度橋則有書室數楹枕之，亦朱其欄。折而東則樓三楹，政與軒北小島對。樓不甚高廣而頗華整，爲文木庋者以十計，光色可鑑。東西序列，當藏法書名刻之類，扁鐍岩甚，不及發也。樓之後竹千餘竿，傍當復有耳樓，爲卧所。時雨聲淙淙然，酒十餘行，談笑頗適，已而雨益甚，暝色入眦，不及徧游而出矣。計它亦無奇者，以考公故所作園記，不甚合。蓋記成於楚臬時，而後十餘年，自宗伯歸有所創飾，則爲室之事十六，而爲卉木之事僅十四矣。其麗勝於温公之獨樂園，而廣似不及。然温公後入，行其道於鼎革時，竟不獲老於洛，而公之謝邦禮以歸，專茲園者四載矣。然則獨樂之虗更不若歸有之實也。闕

孟冬之十四日，雲間守喻邦相將宴余於顧太學闕　之西郭園，余曾見家弟説之，亦願游焉。是日午陰，邦相要飯於郡齋，與其父素菴翁會。使四子侍酒，而余德甫之子世輔亦與焉。飯畢，坐竹兜子出，過孫漢陽克弘小語。宛轉將六七里至其地，日下春矣。邦相偕其寮陳丞李司理出肅。爲門者二，而得石山，則峰巒洞壑之類略具。時猶在畚鍤間，未可登。有堂承之，堂亦未受几。邦相乃導而穿別室，凡再轉，忽呀然中闢，匯爲大池，周遭可百丈許。華堂北嚮，左循而爲正南之西廊，廊廣可二丈許，脩八之。十步一樓，五步一閣，皆枕水，垂盡則大石橋跨之，精巧宏麗，殆不類人工。折而南一樓，供大士，迤邐而東，其脩廣皆如西廊，後枕長堤。堤外皆平壟，無復致矣。南廊之左築土山，其長與西廊對。方輦洞庭、花山、武康之石，奇木名卉實之，雖氣勢軒豁雄壯，要之一覽而盡，大槩慕古圖畫家所謂仙山樓閣者，然不中，爲太液、昆明作奴也。與邦相飲許，時風橫燭滅，乃移而入一精舍。脩竹當庭，雨聲瑽琤，談詩飛白，不辨客主，夜分乃成別。則輿人告痡矣，躓而顛。余且笑曰：吾貪與邦相飲，不貪顧園游也。聞太學兄園近而稍雅，以暮不及游，志之以俟異日。

余故嘗閲《朱邦憲集》，見所爲上海顧尚寶露香園者而豔之，又聞尚寶之兄道州守有水竹清居，與露香並而加勝，益思一游焉而不果。望後一日過其里，問主人，年八十矣。兩僮掖而出，涕交覆於面，語不可了了，似訴其邑司之見窘也。問其園，則曰：蕪矣，病不能往者六年所。然余意猶未已。會有報訪之便，穿委巷，歷荒陌，至城之西北隅而得之。前爲大道，夾高榆兩行。榆外皆菜畦，露香據其左，清居當其右，外二門而中通，蓋道州死，無子，皆屬之尚璽。然果蕪不復治，中堂猶無恙，丙舍頹圮與鳥雀共，卧石相踵，藤蘿轉驕，竹樹多不依次而蒙翳，有真理至。邦憲所紀亭館臺榭雖尚存，然往往不相應，要亦文人張大之故習也。已過所謂水竹清居者，其池沼稍自然，野趣差勝，而頹圮過之。徙倚小時，不勝榮悴之感，賦一詩而出。闕

潘氏豫園者，方伯允端所創也，成僅可五年，其東爲廣場十餘畝，中雜積潦，一門翼然傍據之，榜曰豫園。入門折而西南有坊，楔孤聳，榜曰闕　度坊爲石橋，過橋稍西曰玉華堂，前列峰石，曰五老峰。一峰曰玉玲瓏，移自烏泥涇朱尚書園，秀潤透漏，天巧宛然，狹於崑山之龍頭石，而高過之，皆隋唐時物也。不知何以得免宣和綱。其西十餘武，得一門呀然，闢爲崇堂五楹，曰樂壽堂。其高造雲，朱甍畫棟，金碧照耀。左右兩楹爲方伯書室，尤自勝麗，巋然魯靈光也。前爲廣除，臨大池，可十畝。左有岑樓，門牡甚岩，方伯與其嬖寔居之。右折爲樓，樓不甚精好，而中庭一小山，皆疊武康石爲之。方伯指示意，沾沾自喜。出循池右方，路不甚飭，已入山，蛇行而上，正枕大池，與樂壽堂對。中亦有峰巒洞壑亭館之屬，而不甚奇。竹細而疏，木庸而童，石亦稱是。

蓋方伯志大而力不副，廊廟多而泉石寡，宜其爾也。時月色致佳，而方伯偕伯氏學憲俱不飲，諸從與門下客能飲，而非予所薦促，巨觴十餘行而別。

又 卷六四《游金陵諸園記》 李文叔記洛陽名園十有九。洛陽雖稱故都，然當五季兵燹之後，生聚未盡復，而所置官司，自留守一二要勢外，往往爲倦宦之所寄秩，其居第亦多寓公之所托息，顧能以其完力致之於所謂園池者，皆極瑰麗宏博之觀。而至金陵爲我高皇帝定鼎之地，二聖之號令萬宇者將六十年，内外城之延袤，蓋自古所創有。其所置官司，皆與神京埒。吏卒亦危割其半。若江山之雄秀，與人物之妍雅，豈弱宋之故都可同日語，而獨園池不盡，稱於通人若李方叔者，何也？豈亦累洽全盛之代，士大夫重去其鄉，於是金陵無寓公，且自步武而外，皆有天造之奇，寶剎琳宫在在而足，即有餘力，不必致之園池以相高勝故耶。余自束髮挂朝版餘四十年，中間里居之日倍於宦路，蓬蒿一畝，蒲焦數赤，足以藏此幻軀。而晚復見迫，時趣召陪留樞，過時之人舉步愧影，唯是職務稀簡，得侍羣公燕游，於栖霞、獻花、燕磯、靈谷之勝約略盡之。既而獲染指名園，若中山王諸邸所見，大小凡十。若最大而雄爽者，有六。錦衣之東園。清遠者，有四錦衣之西園。次大而奇瑰者，則四錦衣之麗宅。東園華整者，魏公之麗宅。西園次小而靚美者，魏公之南園。與三錦衣之北園，度必遠勝洛中。蓋洛中有水、有竹、有花、有檜柏而無石。文叔記中不稱有壘石爲峰嶺者，可推已。洛中之園久已消滅，無可踪跡，獨幸有文叔之記以永人目。而金陵諸園尚未有記者，今幸而遇余，余亦幸而得一游，又安可以無記也。自中山王邸之外，獨同春園可稱附庸，而武定侯之園竹在萬竹園上，因并所游志之。

東園者，一曰太傅園，高皇帝所賜也。地近聚寶門，故魏國莊靖公俌愛其少子錦衣指揮天賜，悉橐而授之。時莊靖之孫鵬舉甫襲爵而弱，天賜從假兹園盛，爲之料理，其壯麗遂爲諸園甲。錦衣自署號曰東園，志不歸也。竟以授其子指揮纘勛。初入門，雜植榆柳，餘皆麥壠，蕪不治。踰二百武復入一門，轉而右，華堂三楹，頗軒敞而不甚高，榜曰心遠。前爲月臺數峰，古樹冠之，堂後枕小池，與小蓬山對。山趾瀲灎没於池中，有峰巒洞壑亭榭之屬，具體而微。兩柏異幹合杪，下可出入，曰柏門。竹樹峭蒨於蔭宜，餘無奇者已。從左方竇朱板垣而進，堂五楹，榜曰一鑑。前枕大池，中三楹，可布十席，餘兩楹以憩從者。出左楹，則丹橋迤邐，凡五六折。上皆正平，於小飲宜。橋盡，有亭翼然，甚整潔，宛宛水中央，正與一鑑堂面。其背一水之外皆平疇老樹，樹盡而萬雉層出。右水盡，得石砌危樓，縹緲翬飛雲霄，蓋纘勛所新搆也。畫船載酒，繇左爲溪達於横塘，則窮。園之衡袤幾半里，時時得佳木。長輩云，武廟狩金陵嘗於此設釣，樂之，移日不返，即此亭也。或云釣地正在心遠堂後，心遠堂以水嚙其趾，不可坐。危樓以扃鐍故不可登。若乃席於一鑑，改於亭，泛於溪，則前後兩游同之。前游以花事勝，後游以月勝，其清襟雅謔、飛白捲波於輕烟淡景中，復前後同也。【略】

西園者，一曰鳳臺園，蓋隔弄有鳳皇臺，故以名，亦徐錦衣天賜所葺。今以分授二子，析而爲二，當別稱西園矣。園在郡城南稍西，去聚寶門二里而近。余時携兒子騏、宗人少卿、執禮陸太學端御游焉。入園爲折逕以入，凡三門。始爲鳳游堂，堂差小於東之心遠堂，廣庭倍之。前爲月臺，有奇峰古樹之屬。右方括子松高可三丈，徑十之一，相傳宋仁宗手植以賜陶道士者，且四百年矣，婆娑掩映可愛。下覆二古石，曰紫烟，最高垂三仞，色蒼白，喬太宰識爲平泉甲品，曰雞冠。宋梅摯與諸賢刻詩，當其時已賞，貴之曰銘石。有建康留守馬光祖銘，二石痺於紫烟色，理亦不稱。堂之背修竹數千挺，來鶴亭踞之。從鳳游堂而左有歷數屏，爲夭桃、叢桂、海棠、李杏數十百株，又左曰擎秀閣，特爲整麗。閣前一古榆，其大合抱，不甚高，而垂枝下飲芙蕖沼，有潛虬渴猊之狀。沼廣袤十許丈，水清瑩可鑒毛髮。沼之陽壘洞庭、宣州、錦川、武康雜石爲山，峰巒、洞穴、亭館之屬，小於東園而高過之。其右則小滄浪，大可十餘畝，匝以垂楊，衣以藻蘋，鯈魚跳波，天雞弄風，皆佳境也。南岸爲臺可望遠，高樹羅植，畏景不來。北岸皆脩竹，蜿蜒起伏。小滄浪垂盡，復得平坡一，四周水環之，華屋三楹，大抵奇卉名果，如頻婆、楊梅、桃李異種，白蒲桃尚繁茂，足飣餖，其蘭菊可盆而植者則無幾矣。考周公瑕所撰《舊志》，堂閣亭館池沼以百十計，呼園父問之，十不能存二三。名亦屢更易，豈爲錦衣之後人不能歲時增葺就頹廢耶，抑詞人多夸大若子虚亡是公之例云爾？余一游西園，遇花時，所得會心倍於東園，蓋尤耿耿云。

鳳凰臺者，舊建初寺之後，一曰保寧寺，在聚寶、石頭之間稍隆處也。宋元嘉十六年有異鳥三五彩集焉，寺僧正顗哀土爲臺識之。或云秣陵王顗，未審孰是。唐李白侈其觀，有三山二水之句。學士大夫想像其雄峻瑰麗之勝，而願游焉。乃其踪跡漫漶不可復識，徐錦衣天賜以其地之近，又與所營菟裘鄰也，崇其土則曰鳳凰臺，疏井而甘，則曰鳳凰泉，而傍阜之高者曰鳳麓臺，爲堂以冠之。後軒臨渟碧池。鳳凰臺之後阜更高者，叢石爲棋，飾以佛宇，曰叢桂菴。其他有古樹脩竹之類。余時與騏兒俟客未至，相與縱步，則以積潦故翬舍摧圮，兔葵旅生，臺亦痺隘，舉目無所覩見。意甚倦之，啜主人茶一盌而出。園丁强作解事語，指墻外一墩曰：此真鳳凰臺已。視之乃塊土峻上，可二仞許，土色正赤。兒子疑之，余笑曰：非也，臺故裒土以人力成耳，今此殆息壤哉。後遇朱彬州衣云，鳳皇臺本僉憲阮丈里居，後有鳳皇泉，水甚洌而甘。余當謁阮質之，雖然奪徐以歸阮，將無兩虞芮也。

魏公南園者，當賜第之對街，稍西南，其縱頗薄，而衡甚長。入門朱其欄楯，以雜卉實之。右循得二門，而堂凡五楹，頗壯。前爲坐月臺，有峰石雜卉之屬。復右循得一門，更數十武，而堂凡三楹，四周皆廊，廊後一樓更薄，而皆高靚瑰麗，朱甍畫棟綺疏，雕題相接。堂之陽爲廣除，前匯一池，池三方，皆壘石，中蓄朱魚百許頭，有長至二尺者，拊欄而食之，悉聚若繢錦，又若炬火爍目。魏公方合六卿之長佐。時余與先至者四五人，從右方十餘折而上，得亭樓一，小飲其中八九行，而客俱至。乃從左透迤而下，甲館脩亭，複閣累榭，與奇石怪樹繡錯牙互，非枳履則棘冠。其左折而下，覩匠氏方西嚮而治軒三楹，不暇入。主人肅客，大合三部樂轟，飲至一鼓乃罷去。【略】酒數行，不勝西州之感，乃起訪所新治軒者而憩焉。其麗殊甚而枕水，西南二方皆有峰巒百疊，如虬攫猊飲，得新月助之，頃刻變幻，勢態殊絶。【略】余乃强往，蓋出中門之外，西穿二門，復得南嚮一門而入，有堂翼然。又復爲堂，堂後復爲門，而圃見。右折而上，透迤曲折，疊磴危巒，古木奇卉，使人足無餘力而目恒有餘觀。下亦有曲池幽沼，微以艱水，故不能勝石耳。錦衣云，當中山王賜第時，僅爲織室、馬廐之屬，日久不治，轉爲瓦礫塲。太保公始除去之，徵石於洞庭、武康、玉山，徵材於蜀，徵卉木於吴會，而後有此觀。至後一堂，極宏麗，前疊石爲山，高可以頫羣嶺。頂有亭尤麗，曰：此則今嗣公之所創也。公居平日必一游，游必以聲酒自隨，取歡適而後罷去，即寒暑雨雪無間也。又指其木曰：此爲海棠，爲古梅，爲碧桃，皆拱矣。春時爛熳若百丈宫錦幄，公能一來乎？余頷之，姑與崇信小飲而出。

盡大功坊之東爲東園，公之第三子繼勛宅，今所稱四錦衣者也。嘗第武進士，領南錦衣篆。自免歸里，主人爲東園公愛子，所授西園爲諸邸冠。顧以遠，不時往，益治其宅左隙地爲園，盡損其帑，凡十年而成。顧以病足多謝客，客亦無從跡之。己丑春四月七日，忽要余與大司寇陸公游焉。入門折而東，南嚮有堂甚麗，前爲月榭堂，後一室垂朱簾，左右小庭、耳室翼之，後加鐍焉。計奉其九十老母以居者也。主人爲具甚豐大，合樂以饗，酒二十餘行，散殽以餕從者。乃起，折而西，得一門，則廣庭廓落，前亦有月榭，以安數峰。中一峰，高可比到公石而不作殭，嵌空玲瓏，莫可名狀。問之，主人目余：此故公郡中物也。往年公郡中人艱食，而吾幸有餘米，故亟得之，然道路之費已不貲矣。北有危樓，其阯已可三尺，凡二十餘級而登。前眺則報恩寺，塔當窗而聳，相輪復踞其上二丈許，得日而金光漾目，陸公絶叫以爲奇。啓北則峰巒環列，若巫女鬟，青翠百態。相與詠賞，佐以酒炙，久之乃下。稍進則有華軒三楹，北嚮以承諸山，余乃躡右級而上登，頓委伏紆餘窈窕，上若躡空而下若沈淵者，不知其幾。亭軒以十數，皆整麗明潔，向背得所。橋梁稱之，朱欄畫楯，在在不乏。而所尤驚絶者石洞，凡三轉，窈冥沈深，不可窺揣，雖盛晝亦張兩角燈導之，乃成武。罅處煌煌，僅若明星數點。吾游真山洞多矣，亦未有大踰勝之者。水洞則清流泠泠，傍穿邃一亭，瑩澈見底，朱鱗數十百頭，以餅餌投之，駢聚躍喋，波光溶溶，若冶金之露鋌穎。茲山周幅不過五十丈，而舉足殆里許，乃知維摩丈室容千世界不妄也。所至皆有酒脯以佐其勝，尋暝色起，絃管發，主人布几於樓之下，再張宴於堂，酬酢久之，街鼓動矣，回首恍惚若夢境，命筆記之。

萬竹園與瓦官寺鄰，故人湯吏部元衡、詹翰林東圖邀游焉。時少司徒方公與余俱爲客，而余屬瓦官之主僧燒筍蕨，合西菜羹，佐起麵餅。四人者食之而甘。次第禮佛像，登重建所謂瓦官閣者，徙倚久之，乃出。不百武抵園，亦魏公家物，主者爲邦寧公孼子也，辭疾不出，使人具茗焉。園有堂三楹，前爲臺，臺亦樹數峰，墻可萬數仞，朱樓扃鐍甚固，啓之亦殊壯，蓋其所栖宿處也。堂左廂三楹，亦可布席。自此以外則碧玉數萬挺，縱横將二三頃許，偃蹇自得，幽深無際。赤日避而不下，凉飈徐發，惜頗爲積潦所敗。主人有餘力置之羅衿香澤中，不能爲此君作緣，又不能鑿池引水以益魚鳥之致，令人有餘憾耳。使付吾家子猷，當爽然作淇渭間觀。湯詹皆能飲。詹酒後耳熱談天，便是重覩鄒衍。二青衣老而能作洛生詠，嗚嗚動人，皆浮白之一助也。酩酊始別。

徐三錦衣者東園，君之仲子而鳳凰臺主人也。余游鳳凰臺【略】穿中堂，貫複閣兩重，始達後門。門啓折而東，五楹翼然，廣除稱是，爲月榭，以承花石。置酒堂中，十餘行，三飯皆有侑。乃復折而東，啓垣則別一神仙界矣。始由山之右躡級而上，宛轉數十武，其最高處得一樓而憩。東北鍾山紫翠在眼，復泛大白十餘行。自是東，其竇下上迤邐，皆有亭館之屬，伏流窈窕，穿中石橋二，麗而整。曲洞二，蜿蜒而幽深。益東則山，致盡而水。亭三楹出矣。亭枕池南而北嚮，啓扉則三垂之勝可一攬而既。池水清冷，鑒毛髮。萍藻時虢，朱魚有徑尺者，鼓鬣自恣。奇峰峻嶺參差岩崿，怪木壽藤樛互映帶，朱樓畫閣上割雲而下翻波，真使人應接不暇。大約其麗埒魏邸之南園，而廣勝之。園之廣不能如東西二園，而山之壯麗勝之。余玆游出意外，甚適。【略】

徐氏兩西園之外復有稱西園者一，曰金盤李園，魏五公子邦慶之別業也。去石城門可一里而近。門俯大街，有堂三楹，頗卑淺。後爲臺，循臺而東北轉可三十武，榔榆夾之，高楊錯植，緑陰可愛。更東蔬圃麥壠彌望。又三十武有堂三楹，堂之陽爲廣除，其南爲臺，列湖石四五，下植牡丹，以纓絡柏參之。堂之陰疊石爲山，高不尋丈，具體而已。其阯皆鑿小溝，宛曲環遶，可以流觴，而不知水所從出處。山之麓爲亭，亭下爲洞，洞不能五六尺。倚墻而竇，竹扉蔽之，或云墻後復有山，山之中有池，當是流觴之水之委也。重堂複閣可以眺而數，然不可即矣。左右老栝八株，大者合抱，偃蹇婆娑，生意迺盡。自此而西，南徑屢折籬落間，亦有木香荼蘼之屬，尚餘少花。傍植梅杏烏桲，皆可實。根既爲藤蔓所制，計得少實，付之烏雀而已。又西南有屋數十楹，甃甓繚之，前樹粉墻，其西爲垣，垣之外竹萬箇，雜高榆數十，與落照相鮮新。歸路稍東北始得水，頗渺瀰，疑即所過屋後池也。亭西高阜，亭其上，曰碧雲深處。可以東眺朝天宫，北望清凉、瓦官浮圖，烏龍之靈應觀，亦有佳處也。大較魏氏諸園，此最寬廣，而不爲倫列，得洛中遺意，然以蕪不治，故遂不能與他園抗。使用五百金授丘壑胸中人治之，當使嵇阮抱臂相尋，不復它詣矣。金盤李者得之，故李將軍金盤事誕妄不足信。

徐九爲魏公叔第，與公府相對而居。今年三月之十二日，邀余與太宰楊公、少宰趙公、大司寇陸公爲牡丹之會。入門，廳事頗壯，然北向。從右門折，稍西南則廳事，轉而南向益壯，前有臺，峰石皆錦川、武康，牡丹十餘種，衣焉。時五日之内爲會者三，而花事皆向殘，獨此猶嫣然。主人小設酒茗而已，俄復肅客。右啓一門，則廳事更壯而加麗。前爲廣庭，庭南朱欄映帶，瀕一池，池三隅，皆奇石。中亦有峰巒松栝桃梅之屬，亭館洞壑縈錯，皆加丹堊。左右畫樓相對而右獨崇，據石臺爲三層。時久旱，甫得雨，意甚暢。登樓而飲，則烟霧幕歷，忽近忽遠，皆有姿態。主人具席於堂甚豐，余謂趙公得無難子復古編乎，趙公無以應，曰是侯家非吾編所能約束也。至街鼓動乃別主人。之右方園尤麗，即鬻於魏公所謂南園者也。莫愁湖園者，亦徐九別業也，出三山門不數百步而近。其園左有樓臺水閣花樹之屬，而以洚水，故多摧塌，主人疲於力不暇飭，然其景爲最勝，蓋其陰即莫愁湖。衡不能半里，而縱十之。隔岸坡陀，隱隱然不甚高而迤邐有致，趙司成、王光禄、沈比曹、袁左軍置酒於中樓，四壁皆壞，意甚危之，然得以縱目無所礙，時夕日將墮，山水映幕，宛若李將軍金碧圖。呼酒甚暢，第歸而聞吾仲氏訃，蓋一轉盼間哀樂相禪極矣。自是不敢復及莫愁湖，不然吾安能一月不一詣也。

同春園者，故齊藩之孽孫某所創也。余嚮者從家弟敬美所得許太常園，記而豔之。宗人光禄湯徐二比部邀余游焉，其地在城西南隅，去某之居第武可數也。入門可方駕，轉而右闢廣除，豁然，月臺宏飭，峰樹掩映，嘉瑞堂承之。堂額故邢參政一鳳古篆。自是復得一門，有堂曰蔭緑，文博士彭隸其額。二書皆名筆，太常所謂垂柳高梧，長松秀柏，緑陰交加，覆於欄檻者是也。堂北嚮，其背枕水，而閣曰藻鑑却南嚮，傍爲漱玉亭，太常所謂亭下有泉，泉外植竹千挺，泉流有聲，琅玕成韻。余再過之，不聞所謂泉聲也。壘土石爲山，逶迤下山，有亭臺館榭之屬，多牡丹芍藥，當花時，爛熳百狀，大足娱目。主人今逝矣，故不恒扃閉，羣公時時過從。以故聲稱與東西二園埒，實不如也。

仲夏廿五日亭午，散衙報謁諸公過許中貴飯，我於凉堂不豐而旨爲一飽。自陸司寇所還，有土垣横亘且里許，其中皆竹，而北其竇闖而入，叩之乃武定侯之故園也。面東一軒，稍入復得一堂，亦面東。又十餘武水亭三楹，臨池南嚮。又數十武復得一池，其外皆菉竹，大者如盌。去西可三十丈，而殺南北總五十丈，而贏東則汗漫無際矣。鸞稍翔空，杲日不下，輕颸徐來，戛玉敲金，三伏之際不待遇阮公，然後把臂入林也。【略】公主府堂前後皆毀圮，僅大門在。其園亦皆竹，廣袤與武定園埒。竹之巨麗不逮也，亦爲之一步而出市隱園者，故鴻臚姚元白園也。【略】入堂後一軒，雖小，頗整潔。庭背奇樹，古木稱是。復轉而東一軒中頗敞，出古畫墨蹟之類，亦間有佳者。評騭少時，苦茗佐勝。出門穿委巷百餘武，始得園。叩北扉而入，有茅亭南嚮，傴僂猶妨幘。其左小山，以竹藩之，不可登，則姚生之仲弟所受也。前爲大池，縱横可七八畝。其右有平橋，狹僅容足，蜿蜒而前。橋盡得平屋五楹，中三楹所謂中林堂者也。堂後一軒枕池，曰鵝羣閣，半敞矣。以考《公瑕記》所稱某亭、某橋、某館、某臺者，今皆不可復跡，豈鴻臚之締飾不能保之，身後耶將公瑕文士誇誕難信耶。時久旱得雨，甚快，坐閣中，雨復琅琅，已而平波盡鱗，蹙風欲立，遥望所謂小山者，黑雲幕之，殆若潑墨，意頗灑然，而主人酒炙乃不時至，蓋幼于實誤之會，余與薛各有所攜壺榼，且酌且談，移時而主人之具至，則頗腆，相與盡適而別得詩一章。

武氏園者，憲副武君之弟，太學某所搆也。【略】園有軒四敞，然無所避日。其陽爲方池，平橋度之，可布十席。橋盡數丈許爲臺，有古樹崇峰之屬，蒹竹外護，池延袤不能數十尺。水碧不受塵，時聞濺濺聲，蓋青溪所借流也。其右方有精舍，啓鐍而入，堂序翼然。又西一樓雕梁畫桷，陳張頗麗，而中供吴偉所畫仙像，殊不稱。【略】吾至白下，凡三過王貢士杞園。園在聚寶門之西，可半里。度委巷轉至其處，門對大河，河之北爲帝城。入門得一堂，三楹。更南鄉庭中牡丹盛開，凡數十百本，五色焕爛若雲錦。時宴余者，繼山、鴻臚、華松、光禄也。與余皆王姓，主亦王姓，大奇。繡毬花一本可千朵，後二旬許復游焉。主之者趙司成也。從牡丹之西竇而得芍藥圃，其花蓋三倍於牡丹，大者如盤，白於玉，赤於雞冠，裛露迎飔，嬌豔百態。茉莉復數百本，建蘭十餘本，生色蔚浡可愛。傍一池，云有金邊，白蓮花甚奇，時葉猶未錢也。

明　張恭懿《松窗夢語》卷二《西游記》　寶雞臨渭水，而城下流有蟠溪，驛曰陳倉，爲漢暗渡處，所謂陳倉口也。自岐山成城間道渡河，曰汧陽，入渭東流，經隴州、鳳翔之間，見鸚鵡飛鳴蔽空，如江南鳥雀之多。過扶風，有伏波墓，武功有楊妃墓，興平有漢武墓，而咸陽則周五陵在焉。渡涇河爲高陵，渡渭河爲富平，而涇渭之中，爲陝西會城，即古長安。中有秦府，扁曰天下第一藩封。每謁秦王殿中公宴畢，必私宴于書堂，得縱觀臺池魚鳥之盛。書堂後引渠水爲二池，一栽白蓮，池中畜金鯽，人從池上擊柳，魚皆躍出，投餌食之，争食有聲。池後疊土壘石爲山，約亭臺十餘座，中設几席，陳圖史及珍奇玩好，爛然奪目。石砌遍插，奇花異木，方春海棠舒紅，梨花吐白，嫩蕊芳菲，老檜青翠，最者千條柏一本千枝，團欒叢鬱，尤爲可愛。後園植牡丹數畝，紅紫粉白，國色相間，天香襲人。中畜孔雀數十，飛走呼鳴其間，投以黍食，咸自牡丹中飛起競逐，尤爲佳麗。都察院近城西北，院有樓七間，遥望終南，而西有二池，水接終南龍首城中，灌汲咸藉于此。藩司在城東南後，堂有玄石一塊，蓋一亭覆之，名曰定官石。石上釘釘不知其數，相傳星夜釘釘能入即顯，否則不祥，亦甚奇異。南門有鴈塔寺，塔高三十丈，唐高宗所建，中刻聖教序。七十里爲終南山麓，爲普光寺，有蓮池數畝。更上爲天池寺，面對五臺，蒼岩秀拔，嵯岈葱蒨，喬松古柏之下，遍地皆芝，麋鹿數十爲群，呦鳴寢處，蕭然自適，真仙境也。西門琉璃局，臺榭透迤，花木繁茂，而渠水曲折，來自終南，由局入城，長流不竭。北門高阜，土人呼爲阿武婆坑，謂武則天也。器用遺址，皆以是。名之東門景龍池，即唐大内臺基，磉碪猶存。前爲花萼樓，又前爲勤政樓，偏西爲况香臺，梳妝樓，皆唐遺址。老檜婆娑，古相虬藤，猶唐故物也。自陝以西，爲醴泉，有唐昭陵，而乾州有乾陵焉。自永壽邠州直走涇州，有王母宫，在回山之上，至此而回。上有瑶池玄圃，宫殿軒敞，中祀王母，貌像莊岩。左廡周穆，右廡漢武，前後多高閣。渡白水爲平凉，中有韓府，宗室之多，甲於諸藩，而藩司禄粮，往往不給自瓦亭至安國鎮，登崆峒，其山壁峙，山麓有傳道宫，即廣成子授道于黄帝處也。山中有二元鶴，道士從山上呼之，間出，飛遠山下。時余登山，二鶴飛鳴旋遠於山麓者三，忽不見，然不時出，見之者少。自固原以北，即榆林，寧夏，甘肅三邊鎮矣。自陝以東，登灞橋，而灞陵在目。至臨潼，當驪山麓，有温泉焉。泉水清洌，石甃光澤，地形如盤，傳爲太真浴處。渭城以南，水自西流經新豐，鴻門寶臺合于黄河，華州當二華山北，時清和景明，白雲飛繞山腰。山峰之下，分爲二三，初春山下小雨，遥望山頭，堆白雪，已滿峰岫已。五岳，惟華山最高，高處不勝寒，皆奇觀也。道傍多石澗，中流水潺潺，遍栽水稻，若蓮花舒紅，嫩柳拖黄，披拂緑水之上，宛若江南風景。

清　納蘭揆叙《隙光亭雜識》卷三　吴梅村有《詠拙政園山茶花》詩，其引曰：拙政園，故大弘寺基也。其地林木絶勝，有王御史者侵之，以廣其宫，後歸徐氏最久。兵興，爲鎮將所據，已而海昌陳相國得之。内有寶珠山茶三四株，交柯合理，得勢争高。每花時，鉅麗鮮妍，紛披照矚，爲江南所僅見。相國自得此園，在政地十年不歸。再經譴謫遼海，此花從未寓目。余偶過，太息爲作此詩。余按《蘇州府志》云：拙政園在婁門内。迎春坊，本道觀也。中多喬木。御史王憲臣侵以爲園，大弘寺在其後，亦半侵焉。崇臺重屋，清川映帶，擅勝吴中。待詔文徵明有記一傳，而其子以蒱博爲徐鴻臚少泉所得。更幾世至本朝順治初年，爲營將寓居，後歸大學士陳之遴。之遴譴謫遼左，園亦籍没，扃户荒凉。中有寶珠山茶樹，花時爛紅奪目。又考文衡山《記》曰：拙政園者，在郡城東北分婁齊門之間，爲戴顒、陸龜蒙故宅，今爲槐雨先生王君敬止所居。凡爲堂一，樓一，爲亭六。軒檻池臺塢澗之屬，廿有三，總三十有一。王君言：余自筮仕，抵今餘四十年。同時或起家至八座、登三事，而余僅以一郡倅老退林下，其爲政殆有拙於潘岳者，園所以識也。文《記》作於嘉靖十二年癸巳，又每處題一詩，古今體不一，道其花木、水竹之勝，令人神往。題獨不及山茶，何耶？《志》與吴《序》俱稱王君爲御史，而其自述乃云「以郡倅老退林下」，殆年久相傳之謬，當以郡倅爲正。又《志》云本是道觀，大弘寺在其後，亦侵其半。而吴《序》則專指大弘，當亦傳襲之誤耳。繼而其子弗克負荷，日縱飲博，即指此園爲賭，一擲而歸之他姓。吴人至今有「花園令」之名焉。梅村詩「歌臺舞榭從何起，當日豪家擅閭里。苦奪精藍爲玩花，旋抛先業隨流水。兒郎縱博賭名園，一擲留傳猶在耳」是也。後此屢易其主，并如上説。而居此者輒以事没入縣官，人皆指爲凶宅。今則齊民雜處其中，瓜分豆剖，昔日繁華銷歇盡矣。又聞其中妖魅出没，毒蟒潛藏，乍見者皆驚竄。意其琳宫梵宇，或有神物護持，本非酒肉歌舞之場，無取巧偷豪敚耳。

清 李斗《揚州畫舫録》卷一 郡城以園勝。康熙間有八家花園。王洗馬園即今舍利庵，卞園、員園在今小金山後，方家園、田内賀園即今蓮性寺，東園、冶春園即今冶春詩社。南園即今九峰園，鄭御史園即今影園，篠園即今三賢祠。夢香詞云「八座名園如畫卷」是也。卞園傳有王文簡聯云：梅花嶺畔三山月，宵市橋頭一草堂。

清 方履籛《萬善花室文稿》卷三《春暮游陶園序》 晉陵多陂池、竹木之勝，而西南之濱尤饒逸致。碧流三尺，紅芷百尋。郭穞接天，檐牙隱樹。早畦未翦，菜香襲衣。遠隴相環，麥秀成浪。時值春寒，芳桃滿枝。忽聞鳥聲，落蘂盈陌。十里五里，飛花有臺。朝陽夕陽，游絲互路。修葉櫛比，中通廣橋。循橋而行，乃得名迹，是曰陶園，蓋唐先生荆川讀書之館也。後歸陶氏，遂以陶名。韋夐之宅，人識其故居。鄭公之鄉，名成於舊德。虬壁當户，椒壀爲徑。廣不百步，邃止十丈。重籬拂雲，皆成喬木。曲沼引岫，通於迴溪。藤陰蟠空，全蔽日月。蒼筱鳴籟，雜以風雨。崇垤如掌，分泰岱之一隅。磩石若拳，鬱蛟龍之萬變。是則竟日而往，莫測其幽。極目而觀，未究其勝者矣。余惟息居多暇，游襟思曠，良朋相攜，好風與俱，騁足於芳浦，税駕乎兹園。顧盼亭皋之外，偃泊虹霞之中。踈苔列裀，畹蘭障袂。高論布響，泉嘶於山。狂歌乍興，室忘其主。蓋自若木之旭，迨乎玉繩之低。渚禽求宿，宛變羣呼。潛鱗戢游，晻映争彩。於是析軫舊轍，停策還途。惟舒嘯之既窮，亦棲薄之所悵也。夫中山之賞，皆擅名流。南澗之情，猶多慷慨。琴樽落落，遐心何從。居諸攘攘，奇懷盡破。況以勞人之生，尤增他鄉之恨。十日促膝，寡平原之歡，千里命駕，無當時之驛。朗月不來，孤煙長抱。斗酒今日，桃李留陰。望在南山之南，北山之北，飛步天末，言念君子。百年雖短，悲胡能已。若兹園者，亦農夫五畝之宫也。徒以積阜作勢，因水爲奇，遂使林壑增其異色，汀洲藉其餘韻，憑眺者有古今之感，流連者有悲樂之殊。彼所遠託，豈泛泛哉？吾人之覽於此者，能無悟思乎！

清 同治《南海縣志》卷二五《雜録》 前明九江堡，樓閣園林稱最。曰迎曦樓，朱讓建。曰醉隱樓，曾應珪建。曰西清樓，朱謨建。曰天語樓、曰夢筆山房，曾仕鑑建。曰水雲樓，朱仰柏建。曰翠英樓，曾儲建。曰來紫臺，朱疇建。曰寄意清齋，曰悠然閣，黎春曦建。曰百花園，曾宏憲建。曰嘯園，朱遐建。而朱氏昆仲所構尤擅絶景，同遂雅懷。實蓮有芝園，伯蓮家園有韡韡洞、引興園。曰華軒、思廣園、天台深處清、言齋等諸勝。協蓮有依園，暨水鏡草堂、怡雲樓、來雋齋、庇歡亭等諸勝。迨經兵燹，倉皇避地，蕪穢不治已。伯蓮嘗賦長歌以寄慨，並序復各繫一絶句，如云「一朝兵燹尋相及，松菊披離三徑荒」。又云「近報萑苻方息影，依稀花柳映西堂」。又云「客久家山勞夢思，春來鶯燕爲誰忙」。讀之令人感喟滄桑。而後彌不可問，並憑弔無人矣。

清 黄鈞宰《金壺七墨・金壺浪墨》卷六《梁家園》 寓館近壽佛寺，即梁家園地，明巨室也。樓榭之外，鑿池引水，可以行舟。漁洋、荔裳諸君，有《梁園泛櫂》之什。吾邑黄蘭巖觀察廣其地，高臺曲池猶存，今則谷而陵矣。《雜詠》云：雲天慘淡近黄昏，行過招提懶叩門。勝蹟何如仙佛壽，金錢空買姓名存。

紀事

宋 孟元老《東京夢華録》卷六《收燈都人出城采春》 收燈畢，都人争先出城采春。州南則玉津園外學方池亭榭、玉仙觀，轉龍灣西去一丈佛園子、王太尉園，奉聖寺前孟景初園，四里橋望牛岡劍客廟。自轉龍灣東去陳州門外，園館尤多。州東宋門外快活林、勃臍陂、獨樂岡、硯臺、蜘蛛樓、麥家園，虹橋王家園，曹、宋門之間東御苑、乾明崇夏尼寺。州北李駙馬園。州西新鄭門大路，直過金明池西道者院，院前皆妓館。以西宴賓樓有亭榭，曲折池塘鞦韆畫舫，酒客稅小舟，帳設游賞。相對祥祺觀，直至板橋，有集賢樓、蓮花樓，乃之官河東、陝西五路之別館，尋常餞送，置酒於此。過板橋，有下松園、王太宰園、杏花岡。金明池角南去水虎翼巷水磨下蔡太師園。南洗馬橋西巷內華嚴尼寺，王小姑酒店北金水河兩浙尼寺，巴婁寺養種園，四時花木，繁盛可觀。南去藥梁園、童太師園。南去鐵佛寺、鴻福寺、東西柏榆村。州北模天坡、角橋至倉王廟、十八壽聖尼寺、孟四翁酒店。州西北元有庶人園，有創臺、流杯亭榭數處，放人春賞。大抵都城左近，皆是園圃，百里之內，並無閒地。次第春容滿野，暖律暄晴，萬花爭出，粉墻細柳，斜籠綺陌，香輪暖輾，芳草如茵，駿騎驕嘶，杏花如繡，鶯啼芳樹，燕舞晴空。紅妝按樂於寶榭層樓，白面行歌近畫橋流水。舉目則鞦韆巧笑，觸處則蹴踘踈狂。尋芳選勝，花絮時墜。金樽折翠簪紅，蜂蝶暗隨歸騎。於是相繼清明節矣。

宋 邵伯温《聞見録》卷一七 洛中風俗尚名教，雖公卿家不敢事形勢，人隨貧富自樂，於貨利不急也。歲正月，梅已花。二月，桃李雜花盛。三月牡丹開，於花盛處作園囿，四方伎藝舉集，都人士女載酒爭出，擇園亭勝地上下池臺間，引滿歌呼，不復問其主人。抵暮，游花市以筠籠賣花，雖貧者亦戴花飲酒相樂。故王平甫詩曰「風暄翠幕春沽酒，露濕筠籠夜賣花」。姚黄初出邙山後白司馬坡下，姚氏酒肆水地諸寺間有之，歲不過十數枝，府中多取以進。次曰魏花，出五代魏仁浦樞密園池中島上。初出時，園吏得錢，以小舟載游人往過，他處未有也。自餘花品甚多，天聖間錢文僖公留守時，歐陽公作花譜才四十餘品，至元祐間韓玉汝丞相留守，命留臺張子堅續之，已百餘品矣。姚黄自穠綠葉中出，微黄，花至千葉。魏花微紅，葉少減此。二品皆以姓得名，特出諸花之上，故洛人以姚黄爲王，魏花爲妃云。余去鄉久矣，政和間爲過之。當春時，花園花市皆無有。問其故，則曰花未開，官遣人監護用。開，盡檻土移之京師。藉園人名姓，歲輸花如租稅，洛陽故事遂廢。余爲之歎，又追記其盛時如此。

明 范景文《文忠集》卷六《衎園小記》 往時南國承平久，士大夫擢官入白門者，目爲仙吏。簿書有暇，輒命觴咏寄傲，或薙荒畦，擴隙壤，遥睇雲嵐烟岫，以資拄笏。從壁上觀蟻門，自謂過之，不似車塵騾勃之爲樂也。以是六曹皆有園，以供游憩。正同苜蓿齋前冷然相對，無穹巒驚峭、朱欄碧巘之勝，取無事此静坐而已。余承之留樞，適值冠氛遍躪楚豫，奄及皖浦，歲一再至羽書，手口應不遑。嘗操藥椀坐武帳中，簡料兵食，寢食時廢，何暇棲遲蕭散，往聽鸝聲。秋杪，冠警少定，乃尋所謂司馬署之别墅名衎園者，重葺之。園去署之西北可里許，歲久而圮，中堂三楹，不庇風雨。乃誅茅剪棘爲一重新，撤後樓廢材，改作小軒，并飾耳房，期可游可憩而止。余戎馬勞勞、病冗交困，落成後僅一止舍，欲如昔賢日涉成趣，何可得也。因憶王元美作弇園，名走天下，乃爲此中少司馬。賓從如雲，不聞秣陵佳地有所畚築，爲流寓奕嘯處，無乃令謝墩王巷笑人懶事事耶。夫一丈之室，雲矞霞變，隱几逍遥，足攬盡三山、二水、雲物，何必不如華林濠濮間。衎者，喜也，信也。詩曰：嘉賓式燕以衎。志信則喜起，志屈而信則亦喜亦起。所志惟先憂後樂之事，所居無内寧外懼之憂，如此乎其喜且信也，衎莫過焉，何舒蔬圃，廣漢北山。摩詰之輞川廿景，少陵之獨樹空庭，它如喜雨、醉翁、雪堂、研山，豈必盡崇構盛飾哉！余往昔家居爲且園，石脚松根草略布置，聊樂我云。頻年留滯周南，飲冰餐蘗，兹園正如三徑舊識，清儉素風雅，與野性相宜。萍踪偶寄，援筆識之，亦昔人旅宿灑掃之意云爾。

明 呂維祺《明德先生文集》卷一〇《游牛首山記》 是年壬申三月二十有九日，呂子與客游牛首佛窟，曉出鳳臺門，芃芃麥浪，桑麻錯野，則意嵐松岩鬱蔚蓊者無非牛首也。及車迴路轉，意中牛首，無一是處。日上春飯麻田，問客曰牛首乎。亭午飯王生園，又問客曰牛首乎，皆曰否。顧從王生園松竹踈處見一塔，矗矗如簪，亂松如髮，在兩峰間者非牛首耶。王生好奇，多爲虚閣幽樹，曲磴連檻以迂客。魚唼鶯囀，橋斷磯迴，客或迷不得出。客意在牛首，欲出益急，而主人出客益緩，賴小奚破籬出客。客或車或步，或馳騎去。比至山門，望山頂，始真如牛，兩角在霄漢上，與向在王生園所見迥異。客聞僧撞鐘戛磬，若從天半落也。石磴盤折歷險非一，有百級雲梯，數之正得百六級。有文杏大數圍，廣百餘仞，蔭覆庭院，翛然生風。呂子與客次第瞻大雄、毘盧、觀音、輪藏祖師諸殿，陟華嚴接引、藏經、彌勒諸樓閣，頂禮諸佛菩薩，於是散步禪堂，箕踞石上，對南山蒼翠萬態即獻花巖也。客或謂是北是東，或取袖中南針，衆畢觀之，方知是南，然何知謂是東北者，畢竟意中不仍作東北想。僧引客觀丹竈，自風浮圖倒影。客或詫爲仙異，或不謂然，于是主人趨。客飯方丈，飯已復循級上，稍西爲辟支洞。洞前爲殿，又前爲方塔，或曰藏辟支佛舍利處也，前代稱佛窟本此。行兩峰間，睇望白門如在畫圖。西揖博望，北朝鍾阜，晉王茂弘所指天闕即此。有池如窌，或曰是昭明太子飲馬處。有石如卧鼓，僧人相傳天欲雨石鼓自鳴。僧又言在宋時曾郊東峰，百官或見一僧趺坐，問之忽無所有，惟留錫杖香爐瓶盂而已。客詫爲仙異與不？謂然者，復半也。主人告小倦，客興未已，復東轉入文殊洞。洞殊迫仄，而道林志對宋明帝言文殊領一萬菩薩各居於此，豈别有日月，非人間耶。洞前有殿，殿前有崖，崖下乃唐大曆中所建七級浮圖，殊壯麗，峭聳攬全山之秀。又東爲含虛閣，閣虛而翼於半山之鼻，啓牖雲來，翁翠襲衣，極望巖壑，洞然心目，不知此身真已在霄漢上矣。回憶向在王生園見者，是耶非耶。煮泉潑芥，清話移晷，復轉而下，下而上，又復更上，乃至觀音大士閣。又復逶迤，循梯乃至兜率巖，即捨身巖。吕子曰，佛氏以空立教身，亦本空空，復何捨，乃至觀吾身中眼耳鼻舌身意，無一不可捨，若到悟時，乃至觀吾身中無有捨處。時吕子復欲與客捫藤蘿陟絶頂，勺錫杖水，觀佛脚跡，更欲遍嘗地湧太虛、白龜、虎跑諸泉，泝桃花之澗，攀雪梅之峰，探安初煤洞之幽，辨石窟石鉢之蹟，攬幽棲芙蓉之勝。客與主人竟皆倦，流汗濕衣，復小憩文杏樹陰。更欲見向所經之王生園，亦無是處。吕子曰，夫人所未見者，其意想或見之，既見之其前所見或非矣，習見之其今所見又或非矣。今見牛首以王生園所見爲非，安知他日習見牛首不又以今所見爲非。且夫天下亦只未見者，或意其神奇，既見之直平澹耳。客曰通乎，此者可與涉世，可與見性，可與忘機。

清 乾隆《南巡盛典》卷八六 宗陽宮在杭城新宫橋東，即南宋德壽宫遺址。宋時亭榭多規仿靈鷲諸勝，今尚存石丈許，玲瓏娟秀，與飛來峰相似。孝宗有《題德壽宫飛來峰》詩，即指此石也。咸淳中改爲道院，曰宗陽宫。雍正九年重修，規制宏敞，爲杭城道院之最。

清 趙翼《西臺漫紀》卷五《紀敗園》 余郡縉紳徐少浦，諱廷祼，官至少參。原籍委江，遷居吴郡，向以性傲不諧于鄉，素爲鄉人側目。雅好園林，于蘇城覓一廣地，纍石，蒔花，種竹，亭榭沼沚樓閣之勝冠于吴中，而精巧纖麗足壓諸園，即弇州猶讓焉。每早則命數蒼頭掃枯葉，驅敗株，拂苔蘚。客入，不能容一唾。守者甚苛，非得阿堵不與入。主人每至，如登金焦，履武陵溪澗間。而佳木美竹等，即華胥、蓬萊所不能兼也。會素不檢蒼頭。其子太學，又貴介不諳世務。遇孝廉陳某，陳以少年氣高，猝受辱于其奴，勃勃不能下。孝廉之弟，青衿士也，復相與慫之往，愬于少浦父子。倘父子知衆怒難犯，少年之氣未易平，亟提惡奴面治之，以泄其忿，或可以免旦夕之禍，長守此園也。乃辭以某家素無此奴，仍盛氣待之。孝廉兄弟益忿忿，遂挾闔郡同輩生五十三人，共率家丁幾百，青衿生復呼同袍百人，擁入園中，數十年朝夕所纍、所蒔、所結搆者，一時毀拆縻爛，無一存。園無半丁相守，衹見亂瓦殘磚，榛莽丘墟。追思昔日之景，化爲烏有，行路無不掉臂而入。徐父子退避不敢出，兢兢保其房闥足矣。而邑令鄧君猶恐激變，復擒其奴，擬配者六人。一時人心稱快。而余過滁陽，得太僕常君言甚詳，相與嗟吁，憮然曰：孝廉横至是哉。徐縱平日不法，罪不至討及其園。惜乎數十年主人之辛勤，驟廢于一旦。即其奴無善狀，有官法可懲。即其父子不達，有正言可撞。何忍恣睢暴戾，毀及薪木至是哉。且吴下敝風，動則擁衆陵鑠，似襲葛賢，故智儒紳不當效之。以此反而思之，人何苦營營爲目觀以動人訴訾耶？吴中名山勝槩不止一丘一壑，提觴挾盒，拉一二故人，相與徜徉爲歡，儘可自適，此天地間所自有之景，非人所得予奪，又何必銅池、金谷，誇勝一時爲哉？且吴中士夫家驟廢成業，墮損名檢，往往起于家奴怙勢。余又以爲一臧一獲，赤脚蓬頭，聊充役使足矣，何必鮮車怒馬，藉彼氣勢爲哉？余不面徐少參，聞其名久矣。倘此園爲陶氏日涉，爲司馬氏獨樂，雖百孝廉，吾知免矣。

著録

明 何良俊《何翰林集》卷一二《西園雅會集序》 上海喬子啓仁，讀書之暇搆一園，以寓游息。初在城外，嘉靖甲寅歲倭夷至，毁于兵，後重搆於城内，皆在所居之西，故總之名西園云。園中有紫芝堂、飛雲樓、香霞館、芙蓉池、碧梧館、玉宇臺、孤竹樓、梅花堂、崇蘭館諸勝處。喬子别號水心，而水心亭者，則又其景之所會處也。水石映帶，竹樹繁密，蓋僅僅不踰數畝。而至者覺人情蕭遠，翳然有濠濮之想。喬子有文章，喜客，客至上海者必造喬子，喬子常款之園中。喬子善吟，凡客之以善吟至者，必相與酬唱，角勝争奇，珠駢玉比。其他如署榜題帖，皆出名人手筆。故一時喬氏西園遂傳播吳中，以爲名處，蓋不獨以其地之勝爾也。喬子彙而成編，名《西園雅會集》。間寓書於太史公牛馬走何良俊，俾序之。良俊曩時嘗從衡山先生游，每至吳中，先生必邀置曲室。先生喜談吳中舊事，凡高人韻士，其奇踪勝蹟皆亹亹殊有味乎，其言之常竟日忘去。一日，出《玉山名勝集》見示。玉山者，崑山顧仲瑛氏也。顧氏在勝國時爲東吳望族。仲瑛讀書好禮，其園苑之盛稱甲於江南，即所謂玉山名勝者是也。一時名流如柯丹丘、楊鐵崖、張貞居、倪雲林、鄭德明輩，樂與之游處。諸名勝處皆經諸公品題，即《名勝集》所載。余頗能憶得之大率，署榜題帖亦皆詳列，與《西園雅會集》不異。嗟夫！叔世之人好名喜誇，故凡家累千金，垣屋稍治，必欲營治一園。若士大夫之家，其力稍贏，尤以此相勝。大略三吳城中，園苑棋置，侵市肆民，居大半然。不過近聚土壤，遠延木石，聊以矜眩於一時耳。主人日唯問田舍，丘金積鏹，其所重在彼不在此，故未聞其款一佳客，作一勝會。扃鐍不數啓，已爲狐兔所保矣。可勝歎哉，可勝歎哉！近代且不論，即勝國末與仲瑛同時者，在姑蘇稱陳氏綠水園，在松江稱瞿氏園，苑之盛爲浙西之最。嘉興有陳愛山園，此亦較著者，然不過散見於郡志諸書，特其名僅存耳。求如玉山名勝，其地雖黍離已久，而名篇雅詠流布於世後，有名德如衡山先生者，與余輩復相與歆艷而賞歎之，曠古以來蘭亭、輞川之後不一二見也。猗歟盛哉，今觀喬子《西園雅會集》，其客既不減丹丘、鐵崖諸公，其文與詩復可與之角立，而主人賞會之致因可槩見，則安知數百年後不有高人如衡山者復相與歆艷而賞歎之耶？余故樂爲之序，若夫兹園之勝，諸公摹寫已盡，余不容復著矣。

明 胡恒《越中園亭記序》（《祁彪佳集》卷八輯） 越中，衆香國也。越中之水無非山，越中之山無非水。越中之山水無非園，不必別爲園。越中之園無非佳山水，不必別爲名。夏淺鶯殘之晨，露清鶴唳之夕。煙嵐草木，各帶香氣，入其國宜稱衆香焉。他處之山，奔悅者必以步以騎，以輿以杖，越中則以舟。他處之水，臨泛者必以舟，越中則以亭、以臺、以橋、以榭，皆絃酒棲尋處也。越之君子，以爲游息之物、高明之具，佳山佳水，領納於斯，娛衷散賞，相率而爲之。園之勝，遂與競秀爭流者同一應接不暇。昔李文叔記洛陽名園，以天下治亂候於洛陽，洛陽盛衰候於園囿。爲其必爭之地，有事則先受兵耳。越自東晉諸君子觴詠以來，桴鼓之警無聞，竹箭之美無恙也。彼京洛多塵，素衣輒化，安得清暉而娛之？即嵩、少、王屋，岡巒靡迤，能如秦望望秦在天鏡中乎？伊、洛、瀍、澗流出平地，能如鑑湖、耶溪在石傘下乎？予嘗惜子長上會稽太白，南尋禹穴，皆無游記。然名山者，千萬年而不改觀者也，即何待文？若無亭臺橋榭與時廢興，易代而後，能使其遺蹤逸跡，猶想見於空翠濕紅間？必託於慧業若康樂、子厚者以傳。子厚惜未入越，僻在荒服，所記小邱小澗，以寄其牢騷而已。康樂名能游覽，然棲尋多在永嘉，乃近有一雁宕而不克舉。於山水尚未盡冥搜，何況園林。今幼文祁先生以慧業文人生長山陰道上，筆墨所及，皆觴詠所到。出是編以行世，世之談名勝者，目若周玩，情若給賞，人衣若香。一園有不皈依越中爲衆香國者哉！楚人胡恒題。

明 呂天成《越中園亭記舊序》（《祁彪佳集》卷八輯） 惟兹越郡，厥古名區。禹穴秦峰，喜翠微之無改。耶溪鑑水，奈淪漪之將湮。鷓鴣啼而臺踐長荒，烏鳶下而江流自咽。園林變徙，曾招先達之游。景物推遷，頓灑壯夫之淚。故激迴觴於蘭渚，誰憐衰草斜陽。攬飛蓋於西園，空愴殘苔暮雨。王謝之徽芬已矣，孔虞之麗藻如何。往事休追，韶光有幾。且眺賞心之巖壑，重尋炫目之樓臺。陋執牙籌，不營泉石，困淹簡籍。寧問煙霞。所幸曠識之時賢，評花品卉，遂使豪襟之才士，策蹇浮舠。隱居不必買山，看竹無須問主。芳墅重來而未厭，元齋欲去而還留。興逐眈幽，豁塵眸於城市。具堪濟勝，開法界於郊墟。既已付之詩歌，又復存乎紀述。但此日登臨者少，而經年卜築也多。娛天放之丘樊，豈蓬瀛於域外。恣仙游之杖履，將窮槃澗於郡中。惟願朋輩搜奇，主人尚雅。春風宴桃李，獨邀太白之百篇，秋月醉絃歌，共倒淳于之一石。則逸事與高情而并載，良辰並勝地以兼題。何必寄慨滄桑，敗人清興，庶幾坐馳海岳，快我餘生而已。癸丑秋日，東海鬱藍生題。

春生按，鬱藍生爲餘姚呂天成別號。天成著有《越園紀略》，見孫月峰《居業次編》。是篇當即呂氏自序，忠敏取以附載書中。非爲此記而作。

藝文

晉 湛方生《游園詠》（《藝文類聚》卷六五輯） 諒兹境之可懷，究川阜之奇勢。水窮清以澈鑒，山鄰天而無際。乘初霽之新景，登北館以悠矚。對荆門之孤阜，傍魚陽之秀岳。乘夕陽而含詠，杖輕策以行游。襲秋蘭之流芬，幕長猗之森脩。任緩步以升降，歷丘墟而四周。智無涯而難恬，性有方而易適。差一毫而遽乖，徒理存而事隔。故羈馬思其華林，籠雉想其皋澤。矧流客之歸思，豈可忘於疇昔。

唐 杜甫《寒雨朝行視園林》（《補注杜詩》卷三〇輯） 柴門雜樹向千株，丹橘黄柑此地無。江上今朝寒雨歇，籬中秀色畫屏舒。桃蹊李徑年雖故，梔子紅椒艷色殊。鎖石藤梢元自落，到天松骨見來枯。林香出實垂將盡，葉蒂辭枝不重蘇。愛日恩光蒙借貸，清霜殺氣得憂虞。衰顔動覓藜床坐，緩步仍須竹杖扶。散騎未知雲閣處，啼猨僻在楚山隅。

唐 盧綸《尋賈山人園林》（《唐詩類苑》卷二五輯） 竹影朦朧松影長，素琴清簟好風凉。連春詩會煙花滿，半夜酒醒蘭蕙香。五字每將稱玉友，一樽曾不顧金囊。長沙流謫君非遠，莫遣英名負洛陽。

唐 白居易《白氏長慶集》卷一九《新居早春二首》 静巷無來客，深居不出門。鋪沙蓋苔面，掃雪擁松根。漸暖宜閒步，初晴愛小園。覓花都未有，唯覺樹枝繁。

地潤東風暖，閒行蹋草芽。呼童遣移竹，留客伴嘗茶。雷滴檐冰盡，塵浮隟日斜。新居未曾到，鄰里是誰家。

唐 姚合《姚少監詩集》卷八《郡中西園》 西園春欲盡，芳草徑難分。静語惟幽鳥，閒眠獨使君。密林生雨氣，古石帶潮紋。雖去清秋遠，朝朝見白雲。

唐 李君房《石季倫金谷園》（《文苑英華》卷一八九輯） 梓澤風流地，凄涼跡尚存。殘芳迷妓女，衰草憶王孫。舞態隨人謝，歌聲寄鳥言。池平森灌木，月落弔空園。流水悲難駐，浮雲影自翻。賓階餘蘚石，車馬詎喧喧。

宋 林逋《林和靖集》卷一《湖山小隱》 猿鳥分清絶，林蘿擁翠微。步穿僧徑出，肩搭道衣歸。水墅香酤熟，煙崖早筍肥。功名無一點，何處更忘機。

園井夾蕭森，紅芳墮翠陰。晝巖松鼠静，春塹竹雞深。歲課非無朮，家藏獨有琴。顔原遺事在，千古壯閒心。

又 卷二《湖上隱居》 湖水入籬山遶舍，隱居應與世相違。閉門自掩蒼苔跡，過客時驚白鳥飛。賣藥比常嫌有價，灌園終亦愛無機。如何天竺林間路，猶到秋深夢翠微。

宋 穆修《穆參軍集》卷上《貴侯園》 名園雖自屬侯家，任客閒游到日斜。富貴位高無暇出，主人空看折來花。

又《故侯園》 池館朝來瓦礫存，路傍看取故侯園。身前便作荒凉計，祇樹芳菲不樹恩。

宋 歐陽修《文忠集》卷一二《酬張器判官泛溪》 園林初夏有清香，人意乘閒味愈長。日暖魚跳波面静，風輕鳥語樹陰凉。野亭飛蓋臨芳草，曲渚迴舟帶夕陽。所得平時爲郡樂，況多嘉客共銜觴。

宋 劉攽《彭城集》卷一四《凝翠堂》 檐前老竹生無數，座上清風處處來。俗客不知看好鳥，紅塵無復汙蒼苔。兒童戲掃黄金影，茗飲時傾碧玉杯。會待秋霜堅草木，簡書羌管倩人裁。

緑竹參差平拂檐，疏陰掩映似重簾。留徑人誰識蔣詡，開窗吾擬學陶潛。古墻莓苔有石色，長夏江山如火炎。避地真宜近幽僻，悠悠笑謝歲華淹。

宋 程俱《北山集》卷六《山居》 **勝林堂** 超然出稠林，無二無分别。若問勝林堂，清風滿庭樾。

妙高堂 君知妙高堂，何異妙峰境。向來妙高人，宛在妙峰頂。

常寂光庵 云何常寂光，徧在一切處。元本住庵人，無來亦無去。

無垢池 滃然集清泠，無厭亦無受。故此巖下池，予名曰無垢。

普潤池 疊翠繞幽谷，清池鍾百泉。安知一壑雲，利澤浸無邊。

妙湛池 妙華出淤泥，定水湛然滿。上有清凉峰，森蒼映清淺。

寂照堂 古鏡懸大虚，摩尼珠五色。紛然百草頭，寂照照常寂。

定林 定林在何許，窈窕鍾山麓。得非夸娥氏，遺我障巖谷。

盤谷 重重翠聯錦，一掩一回處。三徑踏煙霞，披榛自來去。

谷口堂 子真巖石耕，名稱動都邑。不比北山翁，銷聲寄禪寂。

雲巢 朝見雲飛檐，暮見雲生礎。客至覓雲巢，雲深在何許。

競秀泉 千山秀回環，靈液走巖竇。清甘佇方空，可嗽不可漱。

繡谷亭 西山屬黄岡，相錯宛如繡。倚杖立幽亭，歸鴻没煙岫。

韜雲磴 陰陰韜雲徑，步步雲生足。巾裾撲空翠，透迤向山麓。

清音澗 潺湲清音澗，便是偃溪水。長笑箕潁人，區區洗吾耳。

虚緣静 萬緣正繁興，當處即解脱。當知本來空，不受汝摩撮。

崇蘭塢 猗蘭轉光風，幽芳被山谷。悵望斷金人，同心不同躅。

梅谷 穠華敢争先，獨立傲冰雪。故當首羣芳，香色兩奇絶。

三休臺　三徑屬桃煙，遥遥想寧極。終當珮飛霞，頡頏向空碧。

達觀堂　蒼陰冪杉松，延緣幽出谷。豁然天地開，八極放遠目。

通幽徑　躋攀通幽徑，鬱密森松竹。雲雪正埋山，深林閟寒緑。

漆林　敬侯那易學，正自追農圃。平生老瓦盆，安用雕鬃許。

竹嶺　嘉名追輞川，未辨茱萸泬。勿使斤斧侵，煙梢拂雲漢。

慧照峰　賜光出扶桑，照耀四天下。慧日破無明，蒙光失長夜。

清凉峰　崆峨古澗西，萬木集歸鳥。炎炎日流金，爲君除熱惱。

德雲庵　德雲老比丘，經行衆山頂。普光明法門，觸目無二境。

法乳泉　山腰發靈滋，甘美勝牛乳。應持供茶神，慎勿汙烹煮。

菊泉　一泓貯清泉，百本蓊佳菊。長年汲芳甘，霜鬢倘重緑。

冪翠軒　開軒面杉竹，冷翠摇清空。披衣水邊石，長夏來薰風。

宋　孫覿《**鴻慶居士集**》**卷五**《**小園春事**》　屋頭喚雨泥滑滑，萬瓦紛披土囊發。西園春事一時休，繁紅漫亂烟脂雪。緑蘿高張翠蓋羽，蒼巘中斷青玉玦。不見枝上一點紅，千頃桑麻光似潑。

小園花柳春爭發，風雨顛狂二三月。斷梗梢空轉若蓬，細紅糝逕繁如纈。且看繞屋溜潺潺，可厭觸途泥活活。不妨暫柅故人車，大似陳公井中轄。

宋　范浚《**香溪集**》**卷四**《**次韻端臣侄同游藏春園**》　探春着屐犯榛荒，更入名園轉曲塘。紅認蔬畦憐小甲，白尋梅援得幽香。全同花下迷山簡，只欠池頭語葛強。吾土信多行樂地，絶勝酒裏到家鄉。

又《**西園**》　路入西園繞緑苔，我來倚杖一徘徊。霜林有樹葉皆落，風樹無人花自開。奴橘甘酸千百顆，侯梅蕭灑兩三栽。幽人自是便幽勝，終日孤吟只費才。

宋　陳造《**江湖長翁集**》**卷一〇**《**客以詩爲東園飲，不果。次其韻二首**》東園千樹簇白紅，攜壺滿意一醉同。向來可是君宿諾，政復急雨斜驚風。縣知此興未渠盡，暖日晴雲豈終吝。叩門日聽長須來，老夫於子驂之靳。

春池照影紅錦衣，鴛鴦與鴨同低摧。金籠鸚鵡頗辞語，解道春色今寒灰。客來命笑還錯莫，此情不似君情薄。會須把酒杏花前，祇喚茶甌充罰爵。主人怒諸妓，故及之。

又　卷二〇《**題彭尉軒壁三首**》　小軒肯許置琴書，容邸僧垣總不如。豈但郎君可棋酒，舊便江水煮江魚。

甓社家居水四環，房陵官舍祇重山。容中一旦兼雙美，山影江光衽席間。

軒成首作梅仙客，再到園池更可觀。日有脊令栖小樹，時看鸂鶒下前灘。

宋　張鎡《**南湖集**》**卷八**《**園中雜書四首**》　春雲天上白成行，春草人間緑自香。罨岸桃花三百樹，碧溪休問短和長。

爲要看花旋築臺，海棠猶未一分開。從今莫道晴時節，不是晴時也合來。

芍藥抽紅葉未齊，畦丁籠鶴避花時。始知有喙長三尺，輪與藏頭曳尾龜。

初生科斗聚如拳，鼓吹騷騷聒夜眠。料得魚鱉生妄想，麴車那解口流涎。

宋　周南《**山房集**》**卷一**《**姑蘇臺**》　輟杵餘千祼，叢臺此舊都。冰花銷瓴瓦，組練入瀰湖。浩蕩春風在，荒亡霸業蕪。往來吴父老，藉草話城郛。

元　鄭元祐《**僑吴集**》**卷六**《**至元丁丑夏五，宣城汪叔敬、吴人干壽道、丹丘柯敬仲、國人泰兼善同僕游天平，次往靈巖。有作，奉和**》　吴王宫闕草萋萋，飛閣重登意轉迷。洗硯池邊雲欲暝，拜郊臺上日平西。湖涵遠浪千帆没，樹響悲風一鶻栖。江海鴟夷招不返，荒煙野草鷓鴣啼。

元　鄭元祐《**師子林八景選四**》（《**師子林紀勝集**》**卷上輯**）　天目耽耽師子巖，金毛閃日耀煙嵐。轉身却向中吴吼，直與凌霄勢並參。

翩翩朝陽孤鳳皇，緑筠千尺起高岡。何人解續卷阿頌，戛玉鏘金作晚凉。

彩霓連蜷飲長空，老僧留作小飛虹。艤舟因憶吴江釣，蒼雪吹凉滿雨蓬。

活水涓涓一鑑開，玉光射日瑩無埃。臨流照見行禪影，天際孤雲驀地來。

元　釋維則《**師子林即景十四首選六**》（《**師子林紀勝集**》**卷上輯**）　鳥啼花落屋西東，柏子煙青芋火紅。人道我居城市裏，我疑身在萬山中。

萬竿緑玉遶禪房，頭角森森笋稚長。坐起自攜藤七尺，穿林絡繹似巡堂。

素壁光摇眼倍明，隔林風樹弄新晴。樹根蛙鼓鳴殘雨，恍惚南山水落聲。

指柏軒中六七僧，坐忘忽怪異香生。推窗日色暖如火，薝蔔花開雪一棚。

相君來扣少林宗，官從盈門隘不通。散入鳳亭竹深處，石林分坐繞飛虹。

斜梅勢壓石闌干，花似垂頭照影看。白晝同雲天欲雪，半池星斗逼人寒。

明　薛瑄《**敬軒文集**》**卷六**《**錦城寓館八首**》　寓館富花竹，書齋夏日長。芭蕉紅錦秀，梔子白花香。樹密寧知暑，窗開但覺凉。遠懷雖暫遣，世慮未能忘。

曲逕通幽處，交陰翠竹高。書齋成雅趣，花圃愜游遨。石甃涵天影，風林作海濤。寧知城市内，清境勝江皋。

細雨過空庭，纖纖草色青。凉風生近户，淡靄散高冥。林外鵑聲急，檐前燕語輕。錦城雖可樂，終是念歸程。

當户海榴樹，紛紛落絳英。竹林新笋出，石砌緑苔生。小屋知心静，繁花覺眼明。少陵今遠矣，誰與論詩情。

偶居錦城館，還似浣花堂。雨過青苔潤，風來翠簟凉。竹鳴瀟灑韻，花送自然香。清興雖無盡，鄉心未可忘。

紅芳經雨重，翠竹引風多。生意每如此，天心奈樂何。一杯吾自勸，隔户鳥當歌。忽起鄉關念，條山繞大河。

清晨坐書閣，初日照花林。宿露泫庭竹，晴天囀野禽。心無一念雜，窗絶半塵侵。道理無邊在，悠然思轉深。

閒坐竹林内，風來見籜飄。輕烟晴冉冉，凉氣晚蕭蕭。易古還宗邵，書删却自堯。莫嫌耽典籍，清景美相調。

明 王鏊《震澤集》卷四《偶成二首》 獨步園林日幾周，閒花脉脉對人愁。翠禽並立鳴深樹，粉蝶相隨過小樓。

掃地園心坐月明，粉墻踈影幾枝横。何當攜却兒和女，還向桃花樹底行。

明 俞允文《仲蔚先生文集》卷三《夏日園居三首》 抱疾倏已久，彌厭人跡諠。中夏稍歊蒸，聊復棲林園。赤烏鳴始旦，雨氣冒中田。緑池散葭菼，鮮飈潤微涓。游日盡華滋，兹事已適然。佳辰信爲美，偃仰有餘閒。

夏木盛繁陰，時鳥哢晨景。兀傲青林中，蹔與紛務屏。古人雖云遠，其事差若近。慰心良在兹，静言莫余領。悠悠一世内，余駕將焉整。

步游循舊基，宿昔改平常。周垣已就窄，流潦溢中堂。扶踈喬林樹，況此復摧傷。孟夏無條陰，棲鳥失其方。天運既遐漠，何爲獨彷徨。

明 郭諫臣《鯤溟詩集》卷二《蠡東前園即事二首》 春園門久閉，入徑薜蘿封。林駐茶烟細，衣沾花露濃。水邊雙白鶴，檻外數青松。對此幽閑境，頻過意未慵。

地僻塵氛遠，池晴水竹分。孤亭明夕照，列樹暖春雲。戲蝶懸蛛網，游魚避鴨羣。晚來花下坐，漸覺酒微醺。

又 卷二《雨中登蠡東水閣》 雨洗園林潤，風生水閣寒。池荷初起蓋，籬笋漸成竿。曲檻臨花外，高窗隱樹端。閒來此登眺，頓覺眼前寬。

又 卷四《初夏南園雜興一首》 南苑逢初夏，薔薇滿架花。幽香微帶雨，麗色爛蒸霞。地擬東山勝，樽開北海賒。謝公行樂處，沉醉岸烏紗。

明 王世貞《弇州續稿》卷一九《游徐五公子金盤李故園》 戟門垂塌徑微荒，猶詑中山異姓王。堂榜壁聯，俱録中山王誥語。地遠禽魚偏得性，年深檜栝不成行。沉沉隔塢藏朱舫，宛宛流杯出粉墻。醉撚霜髭還自笑，可堪闌入少年場。

又《游徐氏莫愁湖故園》 翠巘無際壓明眸，贏得湖名古莫愁。過雨欲移花外徑，斜陽争漏竹西樓。蟠松别主無拘束，語鳥驕人有唱酬。長取斷橋三兩柱，也堪繫采蓮舟。

又《題故孟光禄怡老園》 昔在先皇日，吾猶識孟嘉。清朝倦黄閣，黄髪岸烏紗。疏傅金雖少，香山社可誇。比鄰共雞黍，近水足魚蝦。汝逐華胥夢，人呼畏壘家。霜餘大令橘，暑憶故侯瓜。往事存喬木，流年問落花。不須論代變，得老便生涯。

明 田藝衡《香宇集》拾遺《蚕春後園雜興》 十畝園如天地寬，儘教赤白弄雙丸。但將麯蘖爲龍虎，便是仙家九轉丹。

明 温純《温恭毅集》卷二二《夏日同游李氏園》 亭子高連睥睨齊，相逢倒屣共君躋。尊開北海憑溪轉，坐對西山返照低。金闕曉開雲外擁，玉樓烟裊雨中迷。清時休沐堪乘興，刻燭新詩子夜題。

主人結屋帝城邊，一徑斜通御柳烟。翠色雨餘山吐月，緑陰風净水銜天。芳樽對爾沿溪坐，好景憑誰作賦傳。醉後登樓還徙倚，忽聞更漏不知旋。

明 高啓《大全集》卷一一《南園》 君不見平樂館，古城何處寒雲滿。君不見奉誠園，荒臺無蹤秋草繁。白日沈山水，歸海寒暑頻。催陵谷，改皇天。大運有推移，富貴於人豈長在。請看當年廣陵王，雙旌六纛何輝光。幸逢中國久多故，一家割據誇雄强。園中歡游恐遲暮，美人能歌客能賦。車馬春風日日來，楊花吹滿城南路。疊石爲山，引泉爲池，辟疆舊園何足奇。經營三十年，欲令子孫永保之。不知回首今歲時，繁華掃地無復遺。門掩愁鴟嘯風雨，種菜老翁來作主。空餘怪石卧池邊，欲問興亡不能語。春已去，人不來，一樹兩樹桃花開。射堂踘圃俱青苔，何須雍門琴，但令對此便可哀。人生不飲胡爲哉，人生不飲何爲哉！

明 范守己《御龍子集》卷一一《過琉璃河行宫故基有感》 閣道森陰俯大川，漢家宫殿數甘泉。真人入侍燒丹後，野老懸思駐蹕年。零落璇題隨逝水，摧殘青瑣起荒煙。小臣不爲悲禾黍，一度徘徊一黯然。

明 吴文奎《孫堂集》卷六《虎丘寺》 廢苑荒臺萬木稠，人天高迥擅清幽。林開綺綉姑蘇市，路轉波濤滸墅樓。石悟磊砢依梵座，劍飛巉嵲注寒流。休尋往事增嗟惋，殿閣風凉已暮秋。

明 唐文獻《唐文恪公文集》卷一四《光禄園亭》 行盡歌樓與吹臺，芙蓉瑟瑟傍池開。參差山徑餘衰，柳惟有啼鳥自去來。

同游客比去年少，堤畔花如舊日明。閒坐小亭看世，諦不須論到曲池平。

明 孫詢《陳氏園》（《檇李詩系》卷八引） 百畝名園已變丘，每憑故老話風流。金釵醉倚觀魚檻，畫槳輕移送酒舟。簫鼓晚衙花底散，笙歌夜月宴中留。感懷莫問當年事，野菜青青滿地愁。

清 于成龍《于清端政書》卷八《銅雀臺》 銅雀空臺漳水流，雲横煙斷笑殘丘。千門鎖鑰風塵暗，萬里河山落日收。才子文章堪極目，美人臺榭半成洲。半爲漳水所壞。英雄一世今安在，明月依然是漢秋。

清 梁佩蘭《六瑩堂集》卷五《秋園》録三首

石塘三畝水，一半種芙蓉。古樹圍秋屋，閒門歇遠峰。避人寒谷鳥，閱世早潮鐘。久矣雲林內，柴車出欲慵。

虛牖如山寂，池穿百尺蘿。寒魚深在藻，幽鳥暗移柯。短髮人將老，高天日易過。此時江上水，白滿洞庭波。

秋菊香滿把，幽蘭芳藴襟。寄情籬落外，牽夢楚江深。仿佛佳人立，低徊獨鳥吟。不知滄海畔，誰和櫂歌音。

清 梁清標《蕉林詩集·潭園歌》 鎮陽昔稱成德軍，裹瘡百戰恒紛紛。我聞潭園自五代，池館壯麗連青雲。數百年來閱今古，江河滚滚揚塵土。當日王鎔貴盛時，曲沼帷房貯歌舞。赫然名城冠四方，河朔雄踞疇能當。年少擁旄歷數世，兹園爲樂春宵長。匡威既滅趙王死，年年花落空潭裏。賦詩再見歐陽公，可惜風光同逝水。我爲潭上人，不覩潭上花。日暮悲風起，城闕喧啼鴉。繁華銷歇霸圖盡，亭臺何處徒咨嗟。徒咨嗟，行且歌。古來富貴幾人在，朱樓金屋餘青莎。人世百年苦易盡，蜂屯蟻鬥何其多。登高望故墟，雪涕一回首。荒冢自纍纍，頗牧今奚有。平原客散邯鄲空，主父宮中麋鹿走。吁嗟，北潭昔爲黿鼉窟，今已没蓬蒿。滹沱白浪蹴天高，南眺忽失趙州橋。賣漿博徒真吾友，欲往尋之阻洪濤。君不見信陵救趙日，獨從毛薛游，片言解紛憂掉臂去談笑，座中無王侯。

清 周茂源《鶴静堂集》卷一八《鄒氏後圃序》 吾郡東南一尉，開壽夢之獵場，朝夕爲池，表昭侯之封邑，維吴會之勝覽，稱辟疆之名園。佳麗成風，林泉巧搆，莫不人矜暇豫，性樂游觀。未須娱老，賜金移居好時。非必棄官，馳射築館藍田。是以蕙畮瓜畦，繡列鱸汀之畔。梧宮菊塢，烟横苧壘之旁。洵澤國之武陵，而江鄉之平圃也。爰有南梁大姓，舊傳邾子世家。貲同樊重之饒，庭懸珠玉。志慕仲長之逸，宅養禽魚。陸則紫岡白沙，環通沃野。川則瑶溪金匯，匝繞清渠。壘基而芝草叢生，疏沼而醴泉溢涌。本擬封君之入，橘柚千頭。豈爭衛尉之豪，珊瑚數尺。固已深知濠濮之趣，而善息漢陰之機者矣。同時，則亭林望族，近郊起光禄池臺；滬瀆名卿，西第種河陽花柳。然而年遠赤烏，業淪金虎。昆明有劫，沁水無春。或錦石苔斑，翳作鄰人之礎。或雕梁燕去，摧爲甲士之薪。觸目慨慷，填膺悲歎。獨鄒公文孫，三吴碩彦，上舍高材，既貽厥之皆臧，實繩其之克永。服先疇而勤，歲事畝號一鍾。述祖德而讀，賜書倉盈萬卷。庭前竹樹，瞻手澤之猶新。席上琴樽，喜風流之常在。繚垣式郭，宛轉紅闌。浚谷滋深，琤琮碧澗。舞胎仙于廣樹，欲下羣真。飼語鳥于華軒，能呼熟客。銀燈如晝，飲不醉而無歸。玉露未晞，詩既成而競爽。庾子山《小園》之賦愧我無文，左太沖《招隱》之篇均斯雅尚云爾。

清 查祥《雲在詩鈔》卷一《廢園》 溯大江南來，林亭見亦夥。所惜非通津，再到輒未果。是間有名園，得徑在道左。過客多停橈，晴好雨亦可。我年五十餘，幾次來閒坐。山則真佳山，非人力堆垛。水則真佳水，非鍬鍾掀簸。大樹經百年，枯藤日纏裹。遥枝集鳴禽，長條掛婀娜。結屋兩三間，位置東西妥。去今曾幾時，摧壞及見我。敗垣磚打頭，荒徑草没踝。興廢皆數存，言談亦煩瑣。且飲一杯茶，出門望平野。

清 乾隆《聞喜縣志》卷一二 輯 佚名《池園序》 三晉神皋，九原佳氣，關西世胄地闢華崗，山右名家天開閬苑。野分參觜，介堯湯發迹之墟。路繞河汾，當禹稷降祥之域。晏嬰有宅，已近高城。李愿造家，便成盤谷。王維入畫之囿，三石支門。杜甫浣花之溪，五株遮屋。鑿芙蓉之池，珠環魚沫。敞梧桐之館，玉節鶯流。泉引涑川，灌緑野青笥之香稻。雲連條岫，摘銅鞮金鎖之翠鈿。鏡亭依沼，人胡爲乎水中。複道勾雲，鳥胡爲乎木末。葩生並蒂，忻同周子愛蓮。樹長十圍，蔭比召公垂芾。緑天種紙，聽雨蕉窗。碧磴攤經，養風竹屋。葯房宛轉，縈書帶之青青。蕙殿玲瓏，佩胡繩之夜滿，吟樞榆於北堂。招姑射之神人，集考槃之佳客。才皆康樂，歌蘭芳菊秀之詞。妓稱莫愁，唱霓裳羽衣之曲。紅牙按譜，响入鳳鸞。丹筆摇光，杯傳鸚鵡。某菰蘆漁叟，綬此大邦。芳草虱官，游兹員嶠。高臺躡屐，乏李白之佳篇。岐路迴車，發楊朱之浩嘆。登山臨水，凄然宋玉將歸。覽景觀風，久矣吳儂志感。聊作筵前短詠，敢云門下長頭。

清　吴錫麒《師子林歌》（《師子林紀勝續集》卷下輯）　雄雷震空六甲驅，空青塞户陰模餬。卷毛舔舌形狀殊，逃盡虎豹豺狼貙。諦視細細蒼苔鋪，伏而不動非石乎。陡回驚悸生歡娱，洞天咫尺開仙都。中不百畝蛇綫紆，五里十里盤崎嶇。前之升者猱附塗，以踵摩頂仰可呼。忽然索之又亡逋，白日在空午欲晡。翻身跳入壺公壺，四壁翠灑松雨粗。松生石隙老更腴，不階尺土元氣扶。松耶石耶德不孤，石以松古青逼膚。松以石怪垂龍胡，天風來往調笙竽。滿身雲氣留斯須，出門輿馬喧九衢。胸中了了邱壑俱，吁嗟乎，胸中了了邱壑俱，千秋畫本思倪迂。

清　胡敬《崇雅堂詩鈔》卷六《園亭即事》　楣題新額小篔簹，蘿薜周遭覆短牆。砌草辨名多入藥，檐花垂實好充糧。筍從比舍貧兒竊，槐爲連年舉子忙。熱惱不來山雨過，蟬鳴高柳又斜陽。

清　沈兆澐《織簾書屋詩鈔》卷七《重游芥園》　水竹幽居似瀼西，重游蹊徑未全迷。孤亭倚石添新築，古壁尋詩認舊題。曲沼橋通芳草遠，夕陽樓俯老松低。名園不改當年景，爲憶詞人此故棲。

曲录迴廊入薜蘿，郊居庭院緑陰多。藏書富比瓌瓏館，引水旁通簡潔河。客到習聞漁父唱，詩成妙付雪兒歌。贈鞭投轄須臾事，門外清風送逝波。

地勝曾經駐翠華，濛濛細雨潤梨花。春流自印青旗影，老樹猶留白鶴家。查儉堂《過水西莊》句：開門鶴到家。又，門外梨花雨正多。竹院近依僧舍静，柳堤遥數客帆斜。悠然塵外供吟眺，無限風光宛若耶。「小築臨春水，風光宛若耶」亦儉堂句。

不到園林近卅年，來游恰值早秋天。荒苔徑裏搜殘碣，尋陳香泉墨刻，不得。流水聲中聽暮蟬。坐久畫簾移樹影，話餘禪榻繞茶煙。家鄉客裏悤悤過，又趁西風夜泛船。

清　徐榮《懷古田舍詩節鈔》卷一《夏日遍游廣州城外諸山林園館用少陵游何將軍山林韻十首》　出郭謝塵鞅，沿溪逢野橋。高雲涵水木，細路接煙霄。白塔如相送，青帘早見招。中天瞻積翠，未覺玉臺遥。北門外

雲泉幽絶處，最憶舉家清。蒲澗三生石，榕庭四月鶯。松黄朝試餅，玉糁晚分羹。借得鄰僧笠，相期采藥行。蒲澗

絶壁千花覆，危橋一木支。聽松來野寺，煎茗過靈池。瘴減癡龍醒，雲凉老鶴知。微吟成坐對，蘿月浄披披。白雲寺

徑轉蕭蕭竹，墻垂面面花。林風喧鐵馬，池日掣金蛇。北牖凉初試，東皋跡未賒。向來歌舞局，容易問山家。東皋

伊昔人文盛，南園雅社開。衣冠追鄂杜，詞賦集歐梅。尚有紅棉在，曾陪白醉來。高風誰抗得，惆悵立蒼苔。抗風軒

雙篷濠口渡，一道柳陰泉。山色供明滅，荷香遞眇緜。藏春誰築隖，買夏祇銷錢。不信紅雲歇，重教畫輞川。柳波漈

路轉雙谿盡，風迴兩棹香。園林沿水出，語笑隔花凉。自古銷魂地，猶傳豔骨藏。芳田三十里，回首暮煙蒼。花埭

舊聞師子國，樓觀碧差池。白玉襄城郭，黄金織羃䍦。鋪張原異俗，摹擬到癡兒。省識皇華館，乘槎遠興隨。十三行

誰賣中華雨，曾興海外雲。人傳布金地，獄起上樑文。榕月塵難到，荷風佛肯分。門前五都市，侵曉看紛紛。長壽寺

一抔俺答墓，地下奈愁何。豚犬承家少，風雲報國多。馬留春酹酒，鴨子夜聞歌。殿角槎枒樹，朔鷹時見過。報恩寺

清　葉紹本《師子林》（《師子林紀勝》續集卷下輯）　名園緬仙蹤，奇構闢禪界。儵然闤闠中，乃具林壑概。入門無平地，仄徑走紆怪。危巒起咫尺，千疊成一簣。磵斷嶺忽遥，岫轉亭已在。複道磴盤迴，石窟路向背。突兀聳九華，奧突藏八卦。連峰七十二，一一峙峭崒。仇池非人間，武夷疑世外。緣壁迷後塗，穿壑阻前隘。其右水樹接，石梁亘長帶。游魚紛可數，荇藻浮如繪。層闌架中沚，碧沼漾清派。上有千載松，裂根石罅内。霜皮溜秋雨，輕濤激鳴籟。翠幰復林立，皴落生古黛。應接人力疲，刻畫鬼工快。異哉高士蹤，天巧恣點綴。想其經營時，萬象方寸會。邇來幾廢興，攀躋盛流輩。蒼苔破帬屐，蘿薜接冠蓋。寥寥千載心，此意付煙靄。買山願未能，覽古一興嘅。且住亦復佳，竹風静梵唄。

清　沈欽韓《幼學堂詩稿》卷七《舟宿虎邱山谿侵晨愒禪房因歷諸家園亭》　一宿谿山深，清夢魚鳥狎。言尋恭子詩，尚憶生公法。芳草閟鈿函，澄潭

灑劍匣。林飈吹井華，援露秀煙甲。高檐排闥重，嘉樹占巖狹。市聲據槁忘，佛香憑襟洽。山堂開新眺，雲棟麗別業。絲柳鏡淵垂，帶蘿錦石壓。青瑣暗藏蟫，緑漣暖睡鴨。栖薄緬通隱，陸沈嗤承乏。終焉指西林，鹿車自荷鍤。

清 咸豐《南潯鎮志》卷六（又園中）清溪迤邐曲通源，野徑池深晝掩門。一鶴天空時自唳，百禽春到總能言。柳因久植陰圍地，花正繁開香滿園。珍重園公好培護，莫教風雨妒芳蓀。

清 姚昇《過田村竹園》（《永年縣志》卷四〇引）摇空修竹萬竿稠，月照叢陰掩畫樓。曲磴盤山隨檻入，危橋引水向池流。且邀金谷成佳會，莫阻蘭亭誤勝游。一夕商飈驚乍起，人生能得幾回秋。

清 鄭官應《羅浮偫鶴山人詩草》卷一《游西貢園林》破浪南來泛碧槎，探奇深入路三叉。澄潭倒影閒過鳥，密樹凝香亂著花。席地笑談蠻女俗，沿江耕稼野人家。海壖莫道無春色，佇看金鈴護碧芽。

雜　録

宋 李昉等《太平廣記》卷八一《趙逸》後魏崇義里有杜子休寺，地形顯敞，門臨御路。時有隱士趙逸者，云是晉武時人，晉朝舊事多所記録。正光初來至京師，見子休寺，歎息曰：此是晉朝太康寺也。時人未之信，問其由，答曰：龍驤將軍王濬平吴後立此寺，本有三層浮圖，用磚爲之。指子休園曰：此是故處。子休掘而驗之，果得磚數萬，并有石銘云：晉太康六年歲次乙巳九月甲戌朔八日辛巳，儀同三司襄陽侯王濬敬造。時園中果菜豐蔚，林木扶疏，乃服逸言，號爲聖人。子休遂捨寺爲靈應寺，所得之磚造三層浮屠。

宋 朱弁《曲洧舊聞》卷七　唐成都府有散花樓，河中府有薰風樓，緑莎廳。揚州有賞心亭，鄭州有夕陽樓，潤州有千巖樓，皆見於傳記。今無復存者，蓋或易其名，或廢而不修也。

宋 邵博《聞見後録》卷二七　牛僧孺、李德裕相讐，不同國也，其所好則每同。今洛陽公卿園圃中石刻奇章者僧孺故物，刻平泉者德裕故物，相半也。如李邦直歸仁園，乃僧孺故宅，埋石數冢，尚未發。平泉在鑿龍之右，其地僅可辨求，德裕所記花木則易以禾黍矣。

宋 張敦頤《六朝事迹編類》卷上《芳林苑》　《寰宇記》云：芳林苑一名桃花園，本齊高帝舊宅，在府城之東秦淮大路北。武帝永明五年嘗幸其苑禊宴。王融《曲水詩序》云「載懷平浦，乃眷芳林」，蓋此也。又按《南史》：齊時，青溪宫改爲芳林苑，梁天監初賜南平元襄王爲第，益加穿築，果木珍奇，窮極雕靡，命蕭子範爲之記，蕃邸之盛無過焉。

又《樂游苑》《輿地志》云：在晉爲藥園，宋元嘉中，以其地爲北苑，更造樓觀，後改爲樂游苑。宋孝武大明中，造正陽林光殿于内。侯景之亂，焚毁略盡。陳天嘉六年，更加修葺，陳亡遂廢。又按《實録》，宋文帝元嘉十一年三月，禊飲于樂游苑，會者賦詩，顔延之爲序。《南史》：梁大通三年，武帝幸樂游苑，時新造兩刀稍。成帝因賜羊侃河南國紫騮馬試之。侃執稍上馬，左右擊刺，特盡其妙。觀者登樹，樹俄而折，因號其稍爲折樹稍。及陳宣帝即位，北齊使常侍李騊駼來聘，賜宴樂游苑，尚書令江總作詩以贈之。《寰宇記》云其地在覆舟山南，去縣六里。

又《石城》　吴孫權沿淮立栅，又於江岸必争之地築城，名曰石頭，常以腹心大臣鎮守之。今石城故基乃楊行密稍遷近南，夾淮帶江，以盡地利。其形勢與長千山連接。《輿地志》云：環七里一百步，在縣西五里，去臺城九里，南抵秦淮口，今清凉寺之西是也。諸葛亮《論金陵地形》云「鍾阜龍盤，石城虎踞，真帝王之宅」，正謂此也。及晉伐吴王濬，以舟師沿江而下，自三山抵石城。劉夢得《金陵懷古》曰：王濬樓船下益州，金陵王氣黯然收。千尋鐵鎖沈江底，一片降幡出石頭。荒苑至今生茂草，古城依舊枕寒流。而今四海歸皇化，兩岸蕭蕭蘆荻秋。宋順帝昇明元年，以司徒袁粲出鎮於此。由晉以來，常爲戰守之地。左太冲《吴都賦》云「戎車盈于石頭」，蓋謂此也。宋大明中，以其地爲離宫，及齊武帝爲世子，即以爲世子宫。城之東有巨石，俗呼爲塘岡，乃王敦害周伯仁戴若思之處。

又《真武湖》　按《建康實録》：吴後主皓寶鼎元年開城北渠，引後湖水流入新宫，巡遶殿堂，窮極伎巧。至晉元帝始創爲北湖，故《實録》云：元帝大興三年創北湖，築長堤，以遏北山之水，東至覆舟山，西至宣武城。又按《南史》：宋文帝元嘉二十三年築北堤，立真武湖於樂游苑之北。湖中亭臺四所，後黑龍見于湖側，春秋使道士祀之，至孝武大明五年常閲武于湖西，七年又于此湖大閲水軍。按《輿地志》云：齊武帝亦常理水軍于此，號曰昆明池，故沈約《登覆舟山詩》「南瞻儲胥館，北眺昆明池」，蓋謂此也。又于湖側作大竇，通水入華林園天淵池，引殿内諸溝，經太極殿，由東西掖門下注城南塹。故臺中諸溝水常縈流迴轉，不舍晝夜。又按《南史》：元嘉二十三年開真武湖，文帝于湖中立方丈、蓬萊、瀛洲三神山，尚書右僕射何尚之固諫乃止。今《圖經》云：湖中有蓬萊、方丈、瀛洲三神山，不知何所據也。本朝天禧四年改爲放生池，其後廢湖爲田，中開十字河，立四斗門以泄湖水，跨河爲橋，以通往來。今城北十三里有古池，俗呼爲後湖，見作大軍教場處是也。

明 王圻《稗史彙編》卷一二《大字寺園》 大字寺園，唐白樂天之園也。白樂天云「吾有第在履道坊，五畝之宅，十畝之土，有水一池，有竹千竿」是也。今張氏得其半，爲會景園，水竹尚甲洛陽，但以圖考之，則曰某堂有某水、某亭有某花木至今尤存，而曰堂曰亭者無復仿佛矣。

清 顧祖禹《讀史方輿紀要》卷五三 杏園 《志》云在曲江池西。唐制，進士放榜後於此宴集。又，園内有慈恩寺塔，本隋無漏寺地。唐初廢，貞觀十二年，高宗在青宮，爲文德皇后請立寺，因名。寺南臨黄渠，竹松森邃，浮圖七層，崇三百尺。唐進士賜宴後，率題名於此，所謂鴈塔題名也。又，梨園在禁苑光化門北。唐景龍四年，御梨園毬場。開元初，教法曲於梨園，即此。又有梨園，在涇陽縣甘泉山下。《志》云，禁苑中芳林門内又有芳林園。奉成園，唐《志》：在丹鳳門南出第六坊之安道坊。德宗初立，命馬璘子獻其園隸官司，謂之奉成園。

清 雍正《西湖志》卷九《園亭》 放鶴亭 在孤山之北，宋和靖處士林逋故廬也。元至元間，儒學提舉余謙既葺處士之墓，因植梅花數百本，構梅亭其下。郡人陳子安，以處士妻梅子鶴不可偏舉，乃持一鶴放之，遂構鶴亭，後與梅亭並廢。明嘉靖間，錢塘令王釴重建，曰放鶴亭。崇禎壬申，鹽運副使崔世召新之。

清 雍正《陝西通志》卷七三 白氏莊 宋朝奉郎白序之莊。中有八題，曰揮金堂、順牛堂、疑夢室、醉吟菴、翠屏閣、林泉亭、辛夷亭、巖桂亭。當時名公來游，皆有題詠。白序，字聖均，自言白侍郎。後金朝爲石氏園亭。疏泉爲方池，曲檻，有四銀亭、八銀亭。至大七年，趙尚書過游，有詩。後爲故中書陝西四川宣撫使襄山楊忠肅公祠。有碑存焉。《烏志》。

清 乾隆《南巡盛典》卷八五 滄浪亭在郡學之東，積水瀰漫，小山曲折。相傳爲錢元璙池館。宋蘇舜欽得之，作亭曰滄浪。歐陽修有「清風明月本無價」之句，其名遂著。尋屬章惇，後歸韓世忠，愈擴其址。元明間廢爲僧舍。嘉靖時，知府胡纘宗重建韓祠，釋文瑩復於其旁建滄浪亭。

本朝宋犖撫吳，搜訪遺蹟，構亭於山巔，得文徵明隸書「滄浪亭」三字，揭諸楣。

清 梁詩正 沈德潛等《西湖志纂》卷四《南山勝蹟上》 御題漪園 在雷峰塔西，瀕湖。宋時名湖曲園，有亭曰小蓬萊，見周密詩。後改爲慈雲菴。乾隆丁丑春，聖駕臨幸，賜題漪園，御製漪園詩。

又 卷七《北山勝蹟上》 福地院 在葛嶺初陽臺下，久圮。即集芳園故址，宋紹興間，收屬官家。有蟠翠、雪香、翠巖、倚秀、挹露、玉蕊、清勝諸扁，皆高宗所題。淳祐間，理宗以賜賈似道，改名後樂園。元大德初，僧滿月即廢址改建，趙孟頫爲記，至正末燬。旁有香月，鄰廖瑩中園，後歸似道，並廢。

清 乾隆《口北三廳志》卷一六《雜志》 七月，次開平，營於斡耳朵，華言所謂宮殿也。蓋元時宮殿故址，猶存荒臺斷礎，零落於荒烟野草之間，可爲一慨。初七日，經元西涼亭故址，四面石墻，東廢殿基，樹木已成抱。殿前有柏兩行仍在，俱蕭條寂寞，不能無感也。

清 乾隆《清一統志》卷五四《蘇州府》 寒山 在府城西，本支硎山之支峰，明處士趙宧光隱此，築小宛堂，後爲僧舍。庭前老梅，相傳宧光手植。芙蓉泉出其旁，西爲寒泉亭，清淺池，千尺雪飛，魚峽。東南爲空谷棕房，石壁，馳煙驛。有篆書刻石，宧光舊跡也。乾隆十六年、二十二年、二十七年、三十年、四十五年、四十九年，翠華南巡，屢駐清蹕。一楹一石，疊邀宸藻。有題寒山別堂、緑雲樓，再題緑雲樓、飛魚峽、琳瑯叢，芙蓉泉、對瀑，馳烟驛，澄懷堂，清暉樓，寒山千尺雪，聽雪閣，寒泉亭。

清 乾隆《歷城縣志》卷一四《古跡考一》 濟南德藩故宮面南山，負百花洲。宮中泉眼以數十計，皆澄泓見底，石子如樗蒲然。青州衡藩故宮，亂後尚存望春樓及流觴曲池。上有偃蓋松，蓋數百年古物。予順治丙申飲於此。甘橘，繡毬尚數十株。後丙午、丁未間，周中丞有德另建撫署，乃即德藩廢宮故址，移衡藩木石以構之。落成，壯麗甚。衡藩廢宮鞠爲茂草矣。放翁記長安民家契券四至，有云某處至花蕚樓，某處至含元殿者。古今皆然。《池北偶談》

清 汪曰楨《南潯鎮志》卷六 范莊 在馬家港懼字二圩，相傳范蠡種竹養魚處，有水一泓，曰范莊池，近朱文肅公宅。後圩之南，又有范莊灣。按：鎮東南三里許曰陶墩，以陶朱公名村也。又數里曰「蠡澤」，而震澤西偏有橋，曰思范。豈鴟夷子皮往來此間獨久耶？按：范蠡舊居，當出明人附會。故

《舊志》亦作疑詞，今姑從《舊志》録之。

孫瑛《范莊留題》：范公遺蹟舊池塘，隔竹人家尚有牆。清絶水邊梅一樹，不教冷落此村莊。

姚石《游范莊》：披榛入竹到溪莊，深草芊芊鶴徑荒。小犬吠人依竹援，歸鳧帶水上漁梁。香疏豆架花成莢，樹老秋園葉半黄。終日徘徊幽意愜，把茅何計得連牆。

清 道光《廣東通志》卷二一八《古跡略三 署宅一》 南漢廢宫，在南海縣子城中。《五代史》：南漢世家劉氏有南宫，大明、昌華、甘泉、玩華、秀華、玉清、太微諸宫凡數百，不可勝記，今盡湮廢。廣州省治，南漢劉鋹故宫鐵鑄四柱猶存。鐵柱凡十二，南漢爲乾和殿鑄者。宋柯述取其四，植于帥府正廳，今藩司署鐵柱是也。一没于城東濠，一没于直司泥淖中，餘莫知所在。

清 同治《上海縣志》卷八《第宅園林》 渡鶴樓在城南，一名南園，喬煒建。池通潮汐，時聞水聲。木石最爲蒼古。中有明志堂、錦石亭、息機山房、珠來閣諸勝。曹垂璨曾居之，後爲太學李心怡别業，更名也。是園今改縈珠宫。

清 光緒《續纂江寧府志》卷一五《拾補》 元王士點《禁扁記》六朝來宫殿之名最爲賅備。兹益以南宋行宫，并明陳沂世紀所記，總計：宫之名三十九，室一，苑二十一，園七，圃二，院八，殿百六十七，堂三十六。其大本堂則明本祖建，以教太子諸王者，蓋如今上書房矣。齋二，亭三十三，房五，廬一，廊一，樓十九，閣十六，臺十五，壇二，省十，館十六，部一，寺三，學四，署十，倉七，山二，石一，池八，湖一，橋六，井一，門八十二，闕三，觀二十九，闥一，城一。而八代之規制具。若明之十六樓、六苑之名皆不屑録。然明制以《勺中志》、《明宫史》爲備已。

帝王宮苑部

先秦

論説

《墨子》卷一《辭過》 墨子曰：古之民未知爲宮時，就陵阜以居。穴而處下，潤濕傷民，故聖王作爲宮室。爲宮室之法曰：高足以辟潤濕，邊足以圉風寒，上足以待雪霜雨露。宮牆之高足，以別男女之禮。謹此，則止費財勞力不加利者，不爲也。是故聖王作爲宮室便於生，不以爲觀樂也。

漢 袁康《越絶書》卷一二《内經九術》 昔者越王句踐問大夫種曰：吾欲伐吳，奈何能有功乎？大夫種對曰：伐吳有九術。【略】五曰遺之巧匠，使起宮室高臺，盡其財，疲其力。【略】乃使大夫種獻之於吳。曰：東海役臣孤句踐，使者臣種，敢修下吏，問於左右。賴有天下之力，竊爲小殿，有餘財，載拜獻之大王。吳王大悦。申胥諫曰：不可，王勿受。昔桀起靈門，紂起鹿臺，陰陽不和，五穀不時。天與之災，邦家空虚，遂以之亡。大王受之，是後必有災。吳王不聽，遂受之而起姑胥臺，三年聚財，五年乃成，高見二百里。

南朝宋 范曄 唐 李賢注《後漢書》卷七〇下《班固列傳》 外則因原野以作苑，順流泉而爲沼，發蘋藻以潛魚，豐圃草以毓獸。制同乎梁騶，義合乎靈囿。《詩·小雅》曰：魚在在藻。《韓詩》曰：東有圃草，駕言行狩。《魯詩傳》曰：古有梁騶者，天子之田也。《詩·大雅》曰：王在靈囿，麀鹿攸伏。毛萇注云：囿，所以域養禽獸也。此言魚獸各得其所，如文王之靈囿也。

宋 吕本中《吕氏春秋集解》卷二八《定公》 夏築蛇淵囿 襄陵許氏曰：魯政不修而非時勤民，築囿奉己而已，志不及國矣。囿成弗克歸而力此何振之有。

宋 林之奇《尚書全解》卷一六 秦爲宮室之麗，起咸陽，而西離宮三百，鐘鼓帷帳不移而具，而其後世曾不得聚廬而託處。爲馳道之麗，東窮燕齊，南極吳楚，隱以金椎，樹以青松，而其後世曾不得蓬顆以蔽冢而託葬。自古人君侈靡之極者無如秦，而亂亡之速，子孫無置錐之地，亦莫若秦。蓋奢侈敗亡之徵也。

綜述

《孟子》卷一上《梁惠王上》 孟子見梁惠王。王立於沼上，顧鴻鴈麋鹿曰：賢者亦樂此乎？孟子對曰：賢者而後樂此，不賢者雖有此不樂也。《詩》云：經始靈臺，經之營之。庶民攻之，不日成之。經始勿亟，庶民子來。王在靈囿，麀鹿攸伏。麀鹿濯濯，白鳥鶴鶴。王在靈沼，於牣魚躍。文王以民力爲臺爲沼，而民歡樂之，謂其臺曰靈臺，謂其沼曰靈沼。樂其有麋鹿魚鼈。古人之與民偕樂，故能樂也。湯誓曰：時日害喪？予及女偕亡。民欲與之偕亡，雖有臺池鳥獸，豈能獨樂哉？

又 卷二上《梁惠句下》 齊宣王問曰：文王之囿方七十里，有諸？孟子對曰：於傳有之。曰：若是其大乎？曰：民猶以爲小也。曰：寡人之囿方四十里，民猶以爲大，何也？曰：文王之囿方七十里，芻蕘者往焉，雉兔者往焉，與民同之。民以爲小，不亦宜乎？臣始至於境，問國之大禁，然後敢入。臣聞郊關之内有囿，方四十里，殺其麋鹿者如殺人之罪，則是方四十里爲阱於國中。民以爲大，不亦宜乎？

秦 吕不韋撰 漢 高誘注《吕氏春秋》卷二三 （商紂王）作爲琁室，築爲頃宮。琁室，以琁玉文飾其室也。頃宮，築作宮牆，滿一頃田中，言博大也。

漢 鄭玄箋《毛詩注疏》卷二三《大雅·靈臺》 王在靈囿，麀鹿攸伏。傳：囿，所以域養禽獸也。天子百里，諸侯四十里。靈囿，言靈道行於囿也。

漢 袁康《越絶書》卷八 美人宮，周五百九十步。陸門二，水門一，今北壇利里丘土城，句踐所習教美女西施、鄭旦宮臺也。女出於苧蘿山，欲獻於吳。自謂東垂僻陋，恐女樸鄙，故近大道居，去縣五里。

《三輔黄圖》卷四《苑囿》 周靈囿，文王囿也。《詩》曰：王在靈囿，麀鹿攸伏，麀鹿濯濯，白鳥翯翯。毛萇注曰：囿，所以域養禽獸也。天子百里，諸侯四十里。靈者，言文王之有靈德也。靈囿，言道行於苑囿也。孟子曰：文王之囿，方七十里，芻蕘者往焉，雉兔者往焉，與民同其利也。文王靈囿，在長安縣西四十二里。

又 卷五《臺榭》 周文王靈臺在長安西北四十里。《詩序》曰：靈臺，民始附也。文王受命，而人樂其有靈德，以及鳥獸昆蟲焉。鄭玄注云：天子有靈臺者，所以觀祲象，察氛祥也。文王受命而作邑于豐，立靈臺。《詩》曰：經始靈臺，庶民子來。經之營之，不日成之。劉向《新序》云：周文王作靈臺，及爲池沼，掘得死人之骨。吏以聞于文王，文王曰：更葬之。吏曰：此無主矣。文王曰：有天下者天下之主，有一國者一國之主，寡人者死人之主，又何求主。遂令吏以衣棺更葬之。天下聞之皆曰：文王賢矣，澤及枯骨，又況於人乎。周靈臺高二丈，周回百二十步。

又《辟廱》 周文王辟廱，在長安西北四十里，亦曰璧廱。如璧之圓，雍之以水，象教化流行也。《詩》云：於論鼓鐘，於樂辟廱。毛萇注云：論，思也。水旋丘如辟廱，以節觀者。鄭玄注云：文王作靈臺，而知人之歸附，作靈沼、靈囿，而知鳥獸之得其所。以爲音聲之道與政通，故合樂以詳之。

又《明堂》 周明堂。明堂所以正四時，出教化，天子布政之宫也。黄帝曰合宫，堯曰衢室，舜曰總章，夏后曰世室，殷人曰陽館，周人曰明堂。先儒舊説，其制不同。或曰，明堂在國之陽。《大戴禮》云：明堂九室，一室有四户八牖，凡三十六户，七十二牖，以茅蓋屋，上圓下方。《援神契》曰：明堂上圓下方，八窗四牖。《考工記》云：明堂五室，稱九室者，取象陽數也。八牖者陰數也，取象八風。三十六户牖，取六甲之文，六六三十六也。上圓象天，下方法地，八窗即八牖也，四闥者象四時四方也，五室者象五行也。皆無明文，先儒以意釋之耳。《禮記明堂位》曰：朝諸侯于明堂之位，天子負斧扆南鄉而立。明堂也者，明諸侯之尊卑也。制禮作樂，頒度量而天下服，知明堂是布政之宫也。又《孝經》曰：宗祀文王於明堂，以配上帝。則周有明堂也明矣。

南朝梁 任昉《述異志》卷下 梧桐園在吴宫，本吴王夫差舊園也。一名鳴琴川。

晉 杜預注 唐 孔穎達疏《春秋左傳注疏》卷一六 鄭穆公【略】使皇武子辭焉曰：鄭之有原圃，猶秦之有具囿也。疏：《正義》曰：下注云中牟縣西有圃。田澤則原圃地名，以其地爲圃，知與具囿皆囿名也。囿者，所以養禽獸，故令自取其麋鹿焉。天子曰苑，諸侯曰囿。吾子取其麋鹿以間敝邑，若何？

唐 李吉甫《元和郡縣志》卷二《關内道二·京兆府·鄠縣》 周鄷宫，文王宫也，在縣東三十五里。《詩》云「既伐于崇，作邑于豐」是也。崇侯無道，文王伐之，命無殺人，無壞室。崇人聞之如歸父母，遂虜崇侯。作豐邑，崇國在秦晉之間。秦莧陽宫在縣西南二十三里。

又 卷一四《河東道一·絳州·正平縣》 晉靈公臺在縣西北三十一里。《左傳》曰「晉靈公不君，從臺上彈人，觀其避丸」，即此臺也。

又 卷一九《河東道六·潞州·銅鞮縣》 晉銅鞮宫在縣東十五里，子産曰：今銅鞮之宫數里。

宋 朱長文《吴郡圖經續記》卷上《往蹟》 長洲苑，吴故苑名，在郡界。昔枚乘諫吴王云：漢修治上林，雜以離宫，積聚玩好，圈守禽獸，不如長洲之苑；游曲臺，臨上路，不如朝夕之池。《吴都賦》亦云：帶朝夕之濬池，佩長洲之茂苑。《注》云：有朝夕池，謂潮水朝盈夕虚，因名焉。庾信《哀江南賦》云：連茂苑於海陵，跨横塘於江浦。亦取諸此。

又 華池、華林園、南城宫，故傳皆在長洲界，闔閭之故迹也。有流杯亭，在女墳湖西二百步，亦云游樂之地。又有吴宫，鄉陸魯望以謂在長洲苑東南五十里，蓋夫差所幸之别觀，故得名焉。魯望作《問吴宫辭》。辭載《總集》。

宋 程大昌《雍録》卷一《周·豐畢郢》 文王都豐，在鄠縣，縣在府西南六十五里。【略】《史記》曰：文王伐崇侯虎而作豐邑。崇國在秦晉之間，蓋龍門河之西也。伐崇之後，自岐遷都于豐，故豐水之西有豐宫也。《長安志》曰：其宫今在鄠縣。靈臺、靈沼、靈囿，皆屬其地也。臺、沼、囿，詩人皆嘗頌其靈矣，而不載其制，今無可考，獨靈臺遺址至貞觀尚在，故魏王泰《括地志》曰：辟雍、靈沼，今悉無復處，惟靈臺孤立，高二丈，周回一百二十步也。

宋 魏了翁《春秋左傳要義》卷一一 十六 圃植瓜蓏，囿養禽獸。《冢宰職》云：園圃，毓草木。鄭玄云：樹果蓏曰圃。園，其樊也。《詩》云：折柳樊圃。成十八年築鹿囿，然則圃以蕃爲之，所以樹果蓏。囿則築牆爲之，所以養禽獸。二者相類，故取圃爲囿。

宋 鄭虎臣《吴都文粹》卷二 姑蘇臺在姑蘇山。舊《圖經》云在吴縣西三十里，《續圖經》云三十五里。一名姑蘇，一名姑餘。《史記正義》云在吴縣西南三十里横山西北麓姑蘇山上。《山水記》云闔閭作春夏游焉，又云夫差作臺三年不成，積材五年乃成。造九曲路，高見三百里。勾踐欲伐吴，於是作栅楣，嬰以白璧，鏤以黄金，狀如龍蛇，獻吴王。吴王大悦，受以起此臺。《越絶書》云，闔閭造九曲路以游姑胥之臺，柵楣之義未詳。此楣所謂神木，一雙大二十圍，長五十尋者。吴王將起臺，子胥諫曰：王既變禹之功，而高高下下以罷民於姑蘇，吴民離矣。弗聽。《洞冥記》云，夫差築姑蘇之臺，三年乃成。周旋詰屈，横亘五里，崇飾土木，殫耗人力，宫妓千人。臺上别立春宵宫，爲長夜之飲，造千石酒鍾，又作天池。池中造青龍舟，舟中盛致女樂，日與西施爲嬉。又於宫中作海靈館、館娃閣，銅溝玉檻，宫之楹榱皆珠玉飾之。《吴地記》云，闔閭十一年起臺於姑蘇山，因山爲名，西南去國三十五里。夫差復高而飾之，越伐吴焚之。又云，闔閭十年築，經五年始成，高三百丈，望見三百里，造曲路以登臨。吴王春夏游姑蘇臺，秋冬游館娃宫，興樂、華池、南城之宫，又獵於長洲之苑。太史公云：余登姑蘇臺，望五湖。按：五湖去此臺南尚二十餘里。《越絶書》云，夫差伐齊越，范蠡泄庸帥師屯海道江以絶吴路，敗太子友，遂入吴國，燒姑胥臺，徙其大舟。《續圖經》考之《傳記》謂，闔閭食不二味，居不重席，器不雕鏤，宫室不觀，舟車不飾。而《吴越春秋》言闔閭晝游蘇臺，蓋此臺始基於闔閭而成於夫差，庶可以合《傳記》之説云。

明 莫震撰 莫旦增補《石湖志》卷二《宫室》 姑蘇臺 在横山東麓，下臨石湖，即今茶磨山是其遺址。與拜郊臺前後相望，故云□臺。上皆平夷，儼然臺殿之跡。或謂在姑胥山者，恐非其説。有五：《文獻通考》云：石湖在太湖之濱姑蘇臺下，此一説也。周益公《南歸録》云：初，吴王築姑蘇，前後兩臺相距半里，俗云拜郊臺。爲城三重，遺基儼然，夫差與西施游樂之處，前有越來溪。此二説也。《圖經》云：姑胥山連横山之北，古臺在其上。此三説也。宋施清臣撰《吴井冽泉亭記》云：横山洽平，梵刹之旁，兩臺對峙。又云：山不可移，則兩臺未泐。地不可改，則一并未湮。此四説也。宋崔鶠《姑蘇臺賦》云：横山之下有臺巋然，越來溪、越王城皆在臺之左右。此五説也。范石湖云：淳熙十六年，與客登姑蘇臺，山頂正平有坳堂，蘚石可列坐。相傳爲吴故宫。所謂山頂正平，石可列坐，正指茶磨山而言，又其説之一也。按此六説，則臺在茶磨山無疑。其曰在姑蘇山，惟《史記正義》與《吴地記》兩説，未見其有據信，聞不如見也。况吴下止有胥臺山在横山西，北麓無所謂姑蘇山也。説者以爲胥與蘇通用，蓋亦遷就耳。旦生斯長斯，考之古跡爲已審，質諸傳記亦已明，故敢辨之，以俟知者。餘説備載於左方。《越絶書》云：闔閭造九曲路以游姑胥之臺，柵楣之義未詳。此楣所謂神木一雙，大二十圍，長五十尋者，吴王將起此臺。子胥諫曰：王既變禹之功，而高高下下以罷民於姑蘇，吴民離矣。弗聽。又云：夫差伐齊，越范蠡泄庸帥師屯海道江以絶吴路，敗太子友。遂入吴國，燒姑蘇臺。《洞冥》記云：吴王夫差築姑蘇之臺，三年乃成。周旋詰屈，横亘五里，崇飾土木，殫耗人力宫妓千人。臺上别立春宵宫，爲長夜之飲。造千石酒鍾。又作天池，池中造青龍舟，舟中盛置妓樂，日與西施爲嬉。又於宫中作海靈館，館娃閣。銅溝玉檻，宫之楹榱皆珠玉飾之。《續圖經》云：闔閭食不二味，居不重席，器不雕鏤，宫室不觀，舟車不飾之。《吴越春秋》言：闔閭晝游姑蘇臺，蓋此臺始基於闔閭，而成於夫差，庶可以合傳記之説。《九術篇》云：越句踐用大夫種計，作柵楣使獻於吴。吴遂起姑蘇臺，三年聚材，五年乃成。高見二百里，行路之人道死路哭。又飾美女西施、鄭旦使種獻吴。太史公云：余登姑蘇之臺，望五湖。《史記正義》云：姑蘇臺在吴縣西南三十里，横山西北麓姑蘇山上，闔閭作春夏游焉。又云夫差作臺，三年不成，積材五年，乃成。造九曲，高見三百里。句踐欲伐吴，作柵楣，嬰以白璧，鏤以黄金，狀如龙蛇，獻吴王。吴王大喜，受以起此臺。《吴地記》：闔閭十一年起臺於姑蘇山，因山爲名。西南去國三十五里，夫差復高而飾之。越伐吴，焚之。又云：闔閭十年築，五年始成。高三十丈，望見三百里，造九曲路以登臨。吴王春夏游姑蘇臺，秋冬游館娃宫。《事文類聚》云：吴王夫差破越，越懼，乃進西施請越軍歸越，吴王許之。既得西施，甚寵之，爲築姑蘇臺，高二百丈，游宴其上。伍子胥諫曰：臣恐姑蘇臺不久爲麋鹿之游。吴王不聽。旦按，今之胥臺山假饒便是姑蘇山，去郡城不過十五六里耳。《史記正義》乃云在吴縣西南三十里。《吴地記》云去國三十五里，是何不審如是耶。人之目力所到遠不過三四十里耳，乃云高見三百里，則望見杭州矣。世之宫殿，雖帝王所居高不過十丈而止，而《事文類聚》乃云姑蘇臺高二百丈，又何不審如是耶！所謂盡信書則不如無書者也。以是言之，則云姑蘇臺在姑蘇山上者，其繆不攻自破矣。

清 顧炎武《歷代帝王宅京記》卷一 《水經注》曰：朝歌城本沬邑。《詩》云：爰采唐矣，沬之鄉矣。殷王武乙始遷居之，爲殷都也。有糟邱池，池城内有鹿臺，紂自投于火處。《竹書紀年》曰：武王親禽帝受于南單之臺。蓋鹿臺之異名也。

清 顧祖禹《讀史方輿紀要》卷五三 靈臺 在縣東，此周靈臺也。《志》云：酆宫又東二十五里，即靈囿之地，中有靈臺。《詩》所稱經始靈臺者，《春秋·僖十五年》秦晉戰於韓，秦獲晉侯以歸，舍諸靈臺是也。又有龍臺，在縣東北三十五里，一名龍臺觀。《三輔故事》：龍臺高六丈，去豐水五里，漢時龍見陂中，故作此臺。張揖曰：龍臺在豐水西北，有龍臺澤，亦名觀水，《上林賦》所云登龍臺者也。澤中又有馬祖壇臺。

清 孫泉頌《佩文齋書畫譜》卷一一《周明堂畫》 孔子觀乎明堂，覩四門墉有堯舜之容，桀紂之象，而各有善惡之狀，興廢之誡焉。又有周公相成王，抱之負斧扆，南面以朝諸侯之圖焉。孔子徘徊而望之，謂從者曰：此周之所以盛也。《孔子家語》

清 秦蕙田《五禮通考》卷二一〇《嘉禮八十三·體國經野》 雪宮，齊宣王見孟子於雪宮。解者謂雪宮孟子之館，宣王就見於此，因誇其禮。【略】《元和郡縣圖志》：齊雪宮故址在青州臨淄縣，縣即其故都東北六里。《晏子春秋》：所謂齊侯見晏子於雪宮，今《晏子春秋》無此語。《游觀勝迹》：宣延見孟子於其地，非就見之謂。然則先孟子雪宮，又爲晏嬰館舍耶，蓋齊離宮之名。

清 陳厚耀《春秋戰國異辭》卷三二《燕·昭王》《劉向別録》：燕昭王於易水築黄金臺，延天下士。鄒衍聞之，乃自梁入燕，昭王築碣石宮師事之。易州有候臺。相傳周武王築，爲日者占候之所。燕昭建五樓於上，更名五花臺。

清 程大中《四書逸箋》卷六《紂》 紂囿中所藏虎二十有二，貓二，麋五千二百三十五，犀十有二，氂七百二十有一，熊百五十有一，羆百一十有八，豕三百五十有二，貉十有八，麈十有六，麝五十，麋三十，鹿三千五百有八。《古周書》

清 雍正《河南通志》卷五一《古蹟上》 周襄王宮 在孟縣西三十里。晉文公勝楚而還，至於衡雍，作王宮於踐土，即此。今在北原上。

清 乾隆《西安府志》卷五四《古蹟》 周 鎬京 《雍勝略》：在長安縣西南三十里豐水東。《詩大雅》：考卜惟王，宅是鎬京。維龜正之，武王成之。《帝王世紀》：武王自豐水居鎬，諸侯宗之，是爲宗周。今豐水之東長安之南三十里有鎬池，即其故都也。《水經注》：漢穿昆明池於是地，基構淪褫，今無可究。

王宮 《考工記》：王宮門阿之制五雉，宮隅之制七雉。《注》：五雉，高五丈。七雉，高七丈。不言宮墻，亦高七丈也。《大全集》：天子之禮，至尊無上。其居處則內有六寢六宮，外有三朝五門。皋門，《周禮注》：鄭司農云，王有五門，外曰皋門。

又 卷五六《古蹟志上苑囿》 周 靈囿，《雍勝略》：在長安西四十里。按《黄圖》作：在西南四十二里，跨長安鄠縣境。《詩·大雅》：王在靈囿。《孟子》：文王之囿，方七十里。又靈臺。《詩·大雅》：經始靈臺。《左傳注》：在京兆鄠縣，縣東五里有酆宮，又東二十五里有靈囿，囿中有臺。《黄圖》：臺高二丈，周回百二十步。又，靈沼在長安西三十里。《詩·大雅》：王在靈沼。《集傳》：臺下有囿，囿中有沼也。《毛詩稽古編》：靈指文王之德言。《說苑》：積愛爲仁，積仁爲靈。朱子謂：如神靈所爲，特從不日取義而已。

清 乾隆《清一統志》卷五四《蘇州府》 長洲苑 在長洲縣西南。《越絶書》：闔閭走犬長洲。《漢書》：枚乘説吴王濞曰：漢修治上林圈守禽獸，不如長洲之苑。服虔曰：吴苑。孟康曰：以江水洲爲苑也。韋昭曰：長洲在吴東。晉左思《吴都賦》：佩長洲之茂苑。《元和志》：長洲取長洲苑爲名，苑在縣西南七十里。《吴郡志》：長洲在姑蘇南，太湖北，闔閭游獵處也。

清 嘉慶《大清一統志》卷二六八《古蹟》 章華臺 在監利縣西北。《左傳·昭公七年》：楚子成章華之臺。杜預注：臺今在華容城內。《水經注》：離湖側有章華臺，臺高十丈，基廣十五丈。左邱明曰：楚築臺於章華之上，韋昭以爲章華，亦地名也。《括地志》：章華臺在荆州安興縣東八十里。范致明《岳陽風土記》：華容世傳有章臺，非也。古章臺在今監利縣離湖上。

清 光緒《山西通志》卷五五《古蹟考六》 瑶臺，亦曰旋臺，與三衢並在夏縣。或云臺在絳縣。

《管子》：昔者桀之時，女樂三萬人端譟晨樂聞於三衢。《晏子春秋》：夏之衰也，其王桀作旋臺。《寰宇記》：絳縣璇臺瓊室在城南門，夏桀造。《列女傳》：璇臺瓊臺，以臨雲雨。羅苹《路史》注：在絳之正平旋臺者，登之轉危，常若旋轉。所謂摇臺，世不知作瑶者非。

案：此臺亦名均臺，見《太公金匱》。而瑶臺之名，見劉向《新序》及張華《博物志》。羅苹謂本動摇之摇，而二書正作瓊瑶之瑶，且《樂史》云：在絳縣。而苹謂在正平，皆非也。此臺今在夏縣城東北。《博物志》又云：桀爲名室，又爲長夜宮於深谷之中，男女雜處，十旬不出聽政。天乃大風揚沙，一夕填此宮谷也。大氐瑶臺即璇臺，亦即均臺、瓊臺。今雖無考，理亦不出夏縣。至縣人以中條中一峰呼爲瑶臺，不知此乃巫咸山也。長夜宮亦必在此左右。既爲風沙所填，不得有遺跡矣。《諸子雜説》存其名焉。可爾若《管子》所云：三衢不過大道，實亦不能確指所在。

又 靈公臺、虒祁宮，並在絳州。

《左宣二年傳》：晉靈公不君，厚斂以雕牆，從臺上彈人而觀其辟丸也。《公羊傳》：已趨而避丸，是樂而已矣。《左昭元年傳》：晉侯方築虒祁之宮。杜注：虒祁，地名，在絳西四十里，臨汾水。《水經注》：汾水又逕絳縣故城北，西逕虒祁宮北，橫水有故梁截汾水中。凡有三十柱，柱徑五尺，裁與水平，蓋晉平公之故梁也。物在水，故能持久而不敗也。又《澮水注》：虒祁宮，在新田絳縣故城西四十里，晉平公之所構也。其宮也，背汾面澮，西則兩川之交會也。《元和志》：絳州正平縣晉靈公臺，在縣西北三十一里，故長修城中。《左傳》：晉靈公不君，從臺上彈人，觀其避丸，即此臺也。案，在今泉掌鎮。虒祁宮，在縣南六里。宮南有澮水，北有汾水，俱西流至宮西而合。隋末依宮餘址築堡，今名修義堡。案，今爲東昇村。

清 同治《蘇州府志》卷三五《古蹟》 館娃宮在吳縣西三十里硯石山，今靈巖寺即其地也。山有琴臺，舊有偃松在其下，甚奇，今不存。石室，俗云西施洞。硯池、玩花池、玩月池，《圖經續記》：三池雖旱不竭，其中有水葵甚美。吳王井。《吳郡志》：在靈巖山腰大石泓也，相傳爲吳王避暑處。《姑蘇志》：井有二，一圓，一八角，猶存。又有響屧廊，亦曰鳴屧廊。《吳郡志》：今寺中以圓照塔前小斜廊爲之，白樂天亦名鳴屧廊。以楩梓藉地而虛其下，令西施與宮人行則有聲，因名。山半有石鼓，即石射棚，大者二十圍，小者半之，相傳石鼓鳴則有兵。山前有采香徑，《吳郡志》：采香徑在香山之旁小溪也，吳王種香於香山，使美人泛舟於溪以采香，今自靈巖山望之，一水直如矢，故俗又名箭涇，互見水。皆吳宮遺蹟。

又 吳宮，甫里鄉名。在長洲苑東南五十里。相傳爲吳王夫差別宮。李商隱詩：龍檻沈沈水殿清，禁門深掩斷人聲。吳王宴罷滿宮醉，日暮水漂花出城。張祜詩：日下苑西宮，花飄香徑紅。玉釵斜白燕，羅帶弄青蟲。皓齒初含雪，柔伎欲斷風。可憐傾國色，誰信女爲戎。杜牧詩：香徑繞吳宮，下帆落照中。鶴鳴山苦雨，魚躍水多風。城帶晚莎綠，池連秋蓼紅。當年國門外，誰信伍員忠。

紀事

《左傳》 莊公十九年 初，王姚嬖于莊王，生子頹。子頹有寵，蔿國爲之師。及惠王即位，取蔿國之圃以爲囿。邊伯之宮近於王宮，王取之。

又 成公十八年 （八月）築鹿囿。《書》：不時也。

又 昭公九年冬，築郎囿。《書》：時也。季平子欲其速成也，叔孫昭子曰：《詩》曰：經始勿亟，庶民子來。焉用速成，其以勦民也。無囿猶可，無民其可乎！

漢 司馬遷《史記》卷三《殷本紀》 （帝紂）厚賦稅以實鹿臺之錢，而盈鉅橋之粟。益收狗馬奇物充仞宮室，益廣沙丘苑臺。《集解》駰案：《爾雅》曰：迆邐沙丘也。《地理志》曰：在鉅鹿東北七十里。《正義》：《括地志》云，沙丘臺在邢州平鄉東北二十里。《竹書紀年》云：自盤庚徙殷，至紂之滅，七百七十三年更不徙都，紂時稍大其邑，南距朝歌，北據邯鄲及沙丘，皆爲離宮別館。多取野獸蜚鳥置其中，慢於鬼神，大聚樂戲於沙丘，以酒爲池，縣肉爲林，使男女倮相逐其間，爲長夜之飲。

漢 袁康《越絕書》卷二 胥門外有九曲路，闔廬造以游姑胥之臺，以望太湖，中闚百姓，去縣三十里。

漢 趙煜《吳越春秋》卷五《勾踐陰謀外傳》 （大夫）種曰：吳王好起宮室，用工不輟。王選名山神材，奉而獻之。越王乃使木工千餘人入山伐木一年，師無所幸。作士思歸，皆有怨望之心，而歌木客之吟。一夜天生神木一雙，大二十圍，長五十尋。陽爲文梓，陰爲楩柟。巧工施校，制以規繩，雕治圓轉，刻削磨礱。分以丹青，錯畫文章。嬰以白璧，鏤以黃金。狀類龍蛇，文彩生光。乃使大夫種獻之於吳王。曰：東海役臣臣孤勾踐使臣種，敢因下吏聞於左右，賴大王之力，竊爲小殿，有餘材，謹再拜獻之。吳王大悅。子胥諫曰：王勿受也。昔者，桀起靈臺，紂起鹿臺，陰陽不和，寒暑不時，五穀不熟，天與其災，民虛國變，遂取滅亡。大王受之，必爲越王所戮。吳王不聽，遂受而起姑蘇之臺。三年聚材，五年乃成，高見二百里。臺始基於闔閭，而新作於夫差。《吳地記》曰：高三百丈，廣八十四丈。行路之人，道死巷哭，不絕嗟嘻之聲。民疲士苦，人不聊生。

晉 張華《博物志》卷七 夏桀之時，爲長夜宮于深谷之中，男女雜處，十旬不出聽政，天乃大風揚沙，一夕填此宮谷。又爲石室瑤臺，關龍逢諫桀言曰：吾之有民，如天之有日。日亡，我則亡。以龍逢爲妖言而殺之。其後，復于山谷下作宮在上。耆老相與諫，桀又以爲妖言而殺之。

又 卷九 昔有洛氏，宮室無常，囿池廣大，人民困匱。商伐之，有洛以亡。

晉 郭璞注《穆天子傳》卷二 季夏丁卯，天子北昇于春山之上，以望四野。曰：春山，是唯天下之高山也。孳木闟華畏雪，天子於是取孳木華之實，曰：春山之澤，清水出泉，溫和無風，飛鳥百獸之所飲食，先王所謂縣圃。《淮南子》曰：崑崙去地一萬一千里，上有曾城九重。或上倍之，是謂閬風。或上倍之，是謂玄圃。以次相及。《山海經》云：閬風、崑崙、玄圃各一山，但相近耳。又曰：實唯帝之平圃也。天子於是得玉策枝斯之英，英，玉之精華也。《尸子》曰：龍泉有玉英。《山海經》曰「黃帝乃取密山之玉策，而投之鍾山之陽」是也。曰：春山，百獸之所聚也，飛鳥之所棲也，爰有闟獸食虎豹，如麋而載骨，盤闟始如麕，小頭大鼻，麕麞是也。爰有赤豹、白虎、熊羆、豺狼、野馬、野牛、山羊、野豕。今華陰山有野牛、山羊，肉皆十斤。爰有白鳥、青雕，執犬羊，食豕鹿。曰：天子五日觀于春山之上，乃爲銘迹於縣圃之上，以詔後世。

晉 王嘉《拾遺記》卷三（周靈王）二十三年起昆昭之臺，亦名宣昭，聚天下異木神工。得崿谷陰生之樹，其樹千尋，文理盤錯，以此一樹而臺用足焉。大幹爲桁棟，小枝爲栭桷。其木有龍蛇百獸之形，又篩水精以爲泥，臺高百尺，昇之以望雲色。

南朝梁 任昉《述異記》卷上 吴王夫差築姑蘇之臺，三年乃成。周旋詰屈，横亘五里，崇飾土木，殫耗人力，宫妓數千人。上别立春宵宫，爲長夜之飲，造千石酒鍾。夫差作天池，池中造青龍舟，舟中盛陳妓樂，日與西施爲水嬉。吴王於宫中作海靈館，館娃閣，銅溝玉檻，宫之楹檻皆珠玉飾之。

唐 李吉甫《元和郡縣志》卷一四《河東道一・絳州・正平縣》 晉虒祁宫在縣南六里。《左傳》曰：石言于晉魏榆。師曠曰：石不能言，或憑焉。抑又聞之，作事不時，怨讟動于民，則有非言之物而言。于是晉侯方築虒祁之宫。今按宫南有澮水，北有汾水，倶西流至宫西而合。隋末依宫餘址築堡今名修義堡。

又 卷二〇《河北道一・衛州・衛縣》 鹿臺在縣西，殷紂營之七年乃成，大三里，高千丈。

宋 孫奕《示兒編》卷四《築囿》 宣公之十三年夏，築蛇淵囿，以游觀而勞民也。成公之十八年八月，築鹿囿，以養獸而勞民也。昭公之九年冬，築郎囿，以遠築而勞民也。魯侯不道，既煩其役，又非其時，斯三者皆貶之。故曰：無囿猶可，無民其可乎？

宋 周應合《景定建康志》卷二一 吴别館在句容縣 考證《述異記》云：吴王夫差立春宵宫，爲長夜之飲，造千石酒鍾。又作天池，池中造青龍舟，日與西施爲水嬉。又有别館，在句容，楸梧成林。《古樂府》云「梧宫秋，吴王愁」是也。

藝文

《詩经・鄘風・定之方中》 定之方中，作于楚宫。揆之以日，作于楚室。樹之榛栗，椅桐梓漆，爰伐琴瑟。

又《大雅・靈臺》 經始靈臺，經之營之。庶民攻之，不日成之。經始勿亟，庶民子來。王在靈囿，麀鹿攸伏。麀鹿濯濯，白鳥翯翯。王在靈沼，於牣魚躍。虡業維樅，賁鼓維鏞。於論鼓鐘，於樂辟廱。於論鼓鐘，於樂辟廱。鼉鼓逢逢，矇瞍奏公。

唐 陸龜蒙《甫里集》卷一六《問吴宫辭并序》 甫里之鄉曰：吴宫在長洲苑東南五十里，非夫差所幸之别館耶。披圖籍不見其説，詢故老不得其地。其名存，其跡滅。悵然興懷古之思，作《問吴宫辭》云。

彼吴之宫兮江之郿涯，複道盤兮當高且斜。波摇疏兮霧濛箔，菡萏國兮鴛鴦家。鴛之簫兮蛟之瑟，駢筠參差兮界絲密。宴曲房兮上初日，月落星稀兮歌酣未畢。越山叢叢兮越溪疾，美人雄劍兮相先後出。火姑蘇兮沼長洲，此宫之麗人兮留乎不留。霜氛垂兮孤榜曉，遠樹扶疏兮愁烟悄眇。欲摭愁烟兮問故基，又恐愁烟兮推白鳥。

唐 黄滔《黄御史集》卷一《館娃宫賦以上驚空壕色施碧草爲韻**》** 吴王歿地兮，吴國蕪城。故宫莫問兮，故事難名。門外已飛其玉弩，座中纔委其金觥。舞榭歌臺，朝爲宫而暮爲沼。英風霸業，古人失而今人驚。想夫桂殿中横，蘭房内創。丹楹刻桷之殊制，鈿砌文軒之詭狀。如從渤澥，徙蓬闕於人間。若自瑶池，落蘂宫於地上。繡柱雲楣，飛蛟伏螭。基扃鬱律，鈎楯參差。碧樹之珍禽夏語，緑窗之瑞景冬曦。吴王乃波伍相，輦西施，珠翠族來，居玉堂而澒洞。笙簧擁出，登綺席以逶迤。觸物窮奢，含情愈惑。欲移楚峽於雲際，擬鑿殷池於檻側。花顔縹緲，欺樹裏之春光。銀焰熒煌，却城頭之曙色。殊不知敵國來攻，攢戈耀空。虎怒而拏平雉堞，雷訇而擊碎簾櫳。甲馬萬蹄，卷飛塵而滅没。瓊樓百尺，爆紅燼之冥濛。悉繇脩袖舞殃，朱唇唱隳。瑶堦而便作泉壤，玉礎而旋成蘚石。恨留山鳥，啼百卉之春紅。愁寄隴雲，鏁四天之暮碧。悲夫！往日層構，兹辰古壕。香逕而同歸寂寂，稽山而杳自高高。遺堵塵空，幾踐羣游之鹿。滄洲月在，寧銷怒濁之濤。已而西日匆匆，東波浩浩。松楸而駢作荒隧，車馬而輾通長道。彼雕牆峻宇之君，宜鑒丘墟於茂草。

唐 杜顧《故絳行》（《唐詩品彙》卷三七輯） 君不見銅鞮觀數里城壕已蕪漫，君不見虒祈宫幾重臺榭亦微茫。介馬兵車全盛時，歌童舞女妖艶姿。一代繁華皆共絶，九原唯望冢纍纍。

宋 范浚《香溪集》卷一《姑蘇臺賦辛丑年作**》** 歲峥嶸其聿遒兮，冬隆寒老。訪蘇臺之遺址兮，遵吴都之古道。日下平林，煙横衰草。慨傷時而感往，增予心之慅慅。念昔吴王，盤游怠荒。次陂池兮臺樹，宿嬪妃兮御嬙。雖生人已困於赬尾，而土木之工未央。於是越人仇之，冬冰是棲。蠡也決策，種焉建奇。蓋君臣鳴鐘而謀于漸臺者，窮日夜而吳初不知。種有七術，越行其三。取丈梓楩楠，以奉吳王之宮室。吳乃營茲築臺，歷三年兮聚材。斧集刃兮疊雪，杵攢林兮殷雷。金碧塗橑，琳瑨城階。巖巍兮嶢峴，干霄兮切霓。佩長洲兮茂苑，帶潮汐兮濬池。意將遠眺數百里，而下窺雲海之涯。

宋 趙汝鐩《野谷詩稿》卷二《楚觀歌》 吾聞楚鄉江山多勝處，今之楚觀尤得江山趣。萬象排拶索應酬，丹青閣筆無所措。大則湘水小臨蒸，衆流合派銀河傾。陶寫秋氣浸明月，夜波爽透百雉城。右則雁峰左石鼓，雙屏競秀蒼龍舞。吞吐嵐光飛亂雲，凉風暝送兩崖雨。江山之趣於此無不宜，朝暮變化愈出而愈奇。最愛鷗鷺甘冷淡，占斷汀渚供娱嬉。東塗西抹晚烟翠，漁父歸舟卷鈎餌。鼓枻而歌倚半醉，中有滄浪濯纓意。杜若一片迷芳洲，憑欄懷古生新愁。更上崔嵬千尺湘春樓，縱目乾坤盡見衡岳秋。楚觀在湖南憲圃，湘春樓在楚觀之後。

元 尹貫道《靈臺賦》（《歷代賦彙》卷一〇八輯） 憩岐周之故墟，步靈臺之遺址。鬱老樹兮千尋，淡寒煙其十里。王澤靄靄乎莫窮，皇風蕩蕩兮未已。覽天宇之宏大，撫千年兮茲土。噫嘻盛哉。靈臺之制作乎，蓋雖後世猶可追像而興起也。想夫天啓其蒙，地廓其夷。高山是甸，京邑是基。屹崇墉之翼翼，列朝市之尊卑。開皇猷，展洪規，肇丕謨，示無私。侈一代之制作，妙大智之設施。爰命太史推測，司土度量。靈龜食墨以協卜，坤軸效異而呈祥。厥土燥剛，厥位面陽。占龍見而致用，建昏中以鋪張。因高原隰，積土爲岡。薦巧思兮班倕，運神造兮夔襄。繚版幹之平平，勤畚築之鏜鏜。程土物之有等，議遠邇兮有常。協羣黎之子來，會衆志之是將。咸鳩工而僝事，畢輸力而茫茫。聳嵯峨兮中天，奔岌嶪兮排陽。混鴻濛予六合，隘宇宙兮八荒。匪計而設，匪謀而良。誇成功於不日，若靈異之無方。爾其司程獻成，繪圖奏功。典瑞呈測侯之規，太常詔啓行之容。玉軑策驅馳之範，八鸞展和鳴之噰。馳道生春，輦路薰風。千官擁仙仗之肅，萬姓慶呼嵩之同。乃登靈臺，乃望氛祲。於時虞淵浴日，五岳捧雲。瑞靄穆郁，元氣氤氲。驗景物之休徵，齊節侯以和平。錦霞貫斗則四夷款塞，青氣徹漢則萬寶告成。將至治之有象，恢生意於無垠。天顔悦豫，羣從和欣。載顧載瞻，乃詠乃賡。瞽目奏《清廟》之瑟，樂工呈《韶》《濩》之音。匪暇豫之是徇，聊舒眺於吾情。若其白鳥翻霜林之翼，赤鯉戲碧藻之鱗，馴鹿濯濯兮卧莎草之翠，祥鳳噦噦兮憩梧桐之鳴。觀物性之自然，咸游泳乎深仁。如日之煦，如春之温。如天地之造，如雨露之恩。妙潛孚而默感，爰及乎喙息而跂行。然後知聖明之德，積仁兮故靈，積靈兮益神。囿之而莫覩其際，詠之而莫可以言形也。悠悠往事，得失如旅。彼瓊宮瑶臺，固已鞠爲園蔬，莽爲蒿穭，雖秖髫犍老，亦莫知其所矣。緬靈臺之舊蹟，思往聖之遺緒。益信姬周之至德，宜垂令譽於千古。

元 劉耕孫《靈臺賦》（《歷代賦彙》卷一〇八輯） 攬余轡兮西往，遄余邁兮岐周。税余馬兮靈臺，騁余目兮遐之陬。緊神聖之制作兮，固靈妙而叵測。念卑服於康田兮，亶不遑乎寢食。豈一臺之經始兮，顧弗恤於民力。歌遺音於周雅兮，良有感乎文之德。美化行兮岐之西，汝之墳兮漢之涯。歌麟趾兮詠騶虞，龜在藪兮鳳鳴岐。馳遐思於八表，察氛祲於二儀。匪工築兮是耽，匪盤游予是嬉。爰始兮爰謀，爰契兮我龜。經始兮勿亟，庶民兮子來。振百堵兮皆作，殷萬杵兮春雷。突九仞於倏忽，峥六合而崔嵬。鹿濯濯兮靈囿，魚躍躍兮在沼。妙川泳而雲飛，感天機於浩渺。均此樂於芻蕘，亦印邮其大小。於論兮鼓鐘，於樂兮辟廱。駕言兮戾止，寢威予盛容。八鸞兮和鳴，千官兮景從。時游觀兮節勞，佚溥聖化兮宣皇。風偉三雍之並建，等世室而增隆。眷余生乎百世兮，竊獨慕乎中古。嘉聖謨之丕顯兮，履周道而踵武。陋東都之制作兮，僅名存而實非。望斯臺而增慨兮，微文王吾誰與歸！

雜録

晉 郭璞《山海經》卷五《中山經》 又東南三十里曰畢山，帝苑之水出焉。東北流注于視，其中多水玉，多蛟。其上多㻬琈之玉。

又 卷一一《海内西經》 海内崑崙之墟在西北，帝之下都。崑崙之墟方八百里，高萬仞。上有木禾長五尋，大五圍，面有九井，以玉爲檻。檻，欄。面有九門，門有開明獸守之。百神之所在，在八隅之巖。在巖間也。赤水之際，非仁羿莫能上岡之巖。

晉 郭璞注《穆天子傳》卷二《古文》 癸丑，天子乃遂西征。丙辰至于苦山，西膜之所謂茂苑。天子於是休獵，於是食苦。苦，屮草，可食。

又 卷五 癸亥，天子乘鳥舟龍，卒浮于大沼。沼，池。龍下有舟字，舟皆以龍鳥爲形制。今吳之青雀舫，此其遺制者。夏庚午，天子飲于洧上，乃遣祭父如圃鄭用闕諸侯。辛未，天子北還，釣于漸澤，食魚于桑野。丁丑，天子里圃田之路。盡規度以爲苑圃地，而虞守之也。東至于房，西至于闕丘，南至于桑野，北盡經林煮闕之藪，南北五十闕十虞。東虞曰兔臺，西虞曰櫟丘，南虞曰富丘，北虞曰相其，御虞曰闕來。十虞所闕辰。天子次于軍丘，以畋于藪。闕甲寅，天子作居范宮，范離宮之名也。以觀桑者，乃飲于桑中。

漢 劉向《説苑》卷九《正諫》 楚莊王築層臺，延石千重，延壤百里，士有反三月之糧者，大臣諫者七十二人皆死矣。

漢 劉安撰 高誘注《淮南鴻烈解》卷四 禹乃以息土填洪水以爲名山，掘崑崙虛以下地，中有增城九重，其高萬一千里百一十四步二尺六寸。中，崑崙虛中也。增，重也。有五城十二樓，見《括地像》，此蓋誕，實未聞也。上有木禾，其修五尋，土崑崙虛上也。五尋，長三十五尺。珠樹、玉樹、琁樹、不死樹在其西，在木禾之西也。沙棠、琅玕在其東，絳樹在其南，絳赤色。碧樹、瑤樹在其北。碧，青玉色。旁有四百四十門，門間四里，里間九純，純丈五尺。旁有九井玉橫，維其西北之隅，北門開以内不周之風，傾宮、旋室、傾宮，宮滿一頃田中也。旋室，以旋玉飾室也。一説室璇璣關可轉旋，故曰旋室。縣圃、凉風、樊桐在崑崙閶闔之中，閶闔，崑崙虛門，名縣圃。凉風、樊桐，皆崑崙之山名。是其疏圃。疏圃之池，浸之黄水，黄水三周復其原，是謂丹水，飲之不死。

漢 司馬遷《史記》卷七〇《張儀列傳》 張儀去楚，因遂之韓，説韓王曰：【略】大王不事秦，秦下甲據宜陽，斷韓之上地，東取成皋、滎陽，則鴻臺之宮桑林之苑，《索隱》按：此皆韓之宮苑，亦見《戰國策》。非王之有也。夫塞成皋，絶上地，則王之國分矣。

又 卷八〇《樂毅列傳》 樂毅報遺燕惠王書曰：【略】齊王遁而走莒，僅以身免；珠玉財寶、車甲珍器盡收入于燕。齊器設於寧臺，《索隱》：燕臺也。《正義》：《括地志》云按元英、磨室二宮皆燕宮，在幽州薊縣西四里寧臺之下。大呂陳於元英，故鼎反乎磨室，薊丘之植植於汶篁，自五伯已來，功未有及先王者也。

漢 袁康《越絶書》卷二 欐溪城者，闔廬所置船宮也，闔廬所造。

又 卷八 樂野者，越之弋獵處。大樂，故謂樂野。其山上石室，句踐所休謀也，去縣七里。

又 東郭外南小城者，句踐冰室，去縣三里。句踐之出入也，齊於稷山，往從田里，去從北郭門。炤龜龜山，更駕臺。馳於離丘，游於美人宮，與樂中宿，過歷馬丘，射於樂野之衢，走大若耶，休謀石室，食於冰厨。領功銓土，已作昌土臺。藏其形，隱其情。一曰：冰室者，所以備膳羞也。

又 北郭外路南溪北城者，句踐築鼓鐘宮也，去縣七里。其邑爲龔錢舟室者，句踐船宮也，去縣五十里。

晉 王嘉《拾遺記》卷一〇 燕昭王二年，海人乘霞舟，以雕壺盛數斗膏以獻昭王。王坐通雲之臺，亦曰通霞臺，以龍膏爲燈，光耀百里，煙色丹紫。國人望之，咸言瑞光，世人遥拜之。燈以火浣布爲纏。山西有照石，去石十里，視人物之影如鏡焉。碎石片片，皆能照人，而質方一丈，則重一兩。昭王舂此石爲泥，泥通霞之臺，與西王母常游居此臺上。常有衆鸞鳳，鼓舞如琴瑟和鳴。神光照耀如日月之出。臺左右種恒春之樹，葉如蓮花，芬芳如桂花，隨四時之色。昭王之末仙人貢焉。

梁 任昉《述異記》卷上 帝舜都郭門，古宮存焉。宮前有堯臺、舜館，銘記古文，莫有識者。

又 卷下 燕昭王爲郭隗築臺，今在幽州燕王故城中。土人呼爲賢士臺，亦謂之招賢臺。

唐 李吉甫《元和郡縣志》卷九《河南道四·陳州·宛丘縣》 八封臺及壇縣北一里，古伏羲氏始畫八卦于此。

又《陳州·溵水縣》 乾谿臺在縣北三里。《左傳》「楚靈王有乾谿之臺」，即此也。

又 卷一一《河南道六·青州·臨淄縣》 齊雪宮故址在縣東北六里，《晏子春秋》所謂「齊侯見晏子于雪宮」也。

又 卷一六《河南道三·太原府·晉陽縣》 晉陽故宮一名大明宮，在州城内，今名大明城是也。昔智伯攻趙襄子，襄子謂張孟談曰：無箭奈何。對曰：臣聞董安于簡主之才臣也。理晉陽公宮之垣，皆以藝蒿楛牆之。蒿至于丈，于是發而試之，其堅則菌簵之勁不能過也。公曰：矢足矣，吾銅少。對曰：臣聞董安于之理晉陽公宮之室，皆以鍊銅爲柱質。請發而用之，則有餘銅矣。高齊文宣帝又于城中置大明宮。

宋 李石《續博物志》卷三 凉土，《異物志》：葱嶺水分流東西，西入大海，東爲河源。禹所言崑崙，蓋本河所出也。潛發于蒲昌，《洛書》所紀出於重野，經積石爲中國河也。張騫但能至大宛見河水初原，達其潛發處。桑欽《水經》云：崑崙在河水西北，去嵩高五萬里，其高萬一千里。酈道元云：崑崙之山三級，下曰樊桐，一曰板松。二曰玄圃，一名閬風。上曰層城，一名天庭。是謂太帝之居。《十三州志》云：山去北海岸十三萬里，有弱水周匝，東南接積石。高誘曰：河出崑山，伏流地中萬三千里。禹導而通之，以出積石。《山海經》乃云：自崑崙至積石一千七百四十里。又曰：西海之南，流沙之濱，赤水之後，黑水之前，有大山曰崑崙，又曰鍾山。西六百里有崑崙。周穆王崑崙瑶池，去周之瀍澗特萬有一千一百里。西王母告穆王云：去咸陽乃三十六萬里。東方朔《十洲記》：方丈在東海之中央，羣仙所治，爲崑崙山。有三角，曰閬風，曰玄圃，曰崑崙宮。張華所叙崑崙銅柱爲天柱，蓋本方朔《神異經》也。《釋氏西域志》：阿耨達山上有大淵，水宫殿樓觀甚大。即崑崙山。穆天子所至，即阿耨達宫也。西爲新頭河，爲天竺諸國，皆度葱嶺。郭璞曰：似别有小崑崙。

元 王士點《禁扁》卷三《臺·三皇》 青靈、九成、明臺。三臺並黄帝。《管子》云：黄帝立明臺之議。

又《臺·周》 靈臺 即神臺義以視天文。時臺 以觀四時施代。囿臺。以觀鳥獸。

清 張逸少 汪灝等《佩文齋廣群芳譜》卷七三《木譜·桐》 《述異記》：梧桐園，在吴夫差舊國，一名琴川。梧園在句容縣。《傳》曰：吴王别館有楸梧成林焉。《古樂府》云「梧宫秋，吴王愁」是也。

清 嘉慶《松江府志》卷七四《名跡志一》 婁縣 吴王獵場，《大清一統志》：在婁縣西。《吴地廣記》：在華亭谷東方。《輿勝覽吴》：陸遜子孫游獵於此，又名陸機茸。陸龜蒙《吴中即事詩》云：五茸春草雉媒嬌。注謂：五茸者，吴王獵所茸，各有名。所謂陸機茸者，殆其一邪。今府城東南，皆獵場遺址。

清 同治《蘇州府志》卷三五《古蹟》 梧桐園，任昉《述異記》曰：在吴郡，夫差舊園也，一名琴川。《樂府》云：梧宫秋，吴王愁。明高啓《詠梧桐園》：桐花香，桐葉冷。生宫園，覆宫井。雨滴夜，風驚秋。鳳不來，吴王愁。鹿園，在縣西北七十里，世傳吴王豢鹿之所。

圖 表

清 雍正《湖廣通志》卷二《輿圖志》 章華臺，在荊州府外沙市，相傳楚子所築。

章華臺圖

秦漢

論説

漢　枚乘《上書重諫吴王》（枚乘復説吴王曰：）夫吴有諸侯之位而實富於天子，有隱匿之名而居過於中國。夫漢並二十四郡十七諸侯，方輪錯出，軍行數千里不絶於道，其珍怪不如東山之府。轉粟西鄉，陸行不絶，水行滿河，不如海陵之倉。修治上林，雜以離宫，積聚玩好，圈守禽獸，不如長洲之苑。游曲臺，臨上路，不如朝夕之池。深壁高壘，副以關城，不如江淮之險。此臣之所以爲大王樂也。

漢　劉安《淮南鴻烈解》卷七　人之所以樂爲人主者，以其窮耳目之欲，而適躬體之便也。今高臺層榭，人之所麗也，而堯樸桷不斲，素題不枅。

又　卷八　乃至夏屋宫駕，縣聯房植，橑檐榱題，雕琢刻鏤，喬枝菱阿，芙蓉芰荷，五采争勝，流漫陸離，脩掞曲校，夭矯曾橈，芒繁紛挐，以相交持，公輸、王爾無所錯其剞劂削鋸，然猶未能贍人主之欲也。是以松柏菌露夏槁，江河三川絶而不流，夷羊在牧，飛蛩滿野，天旱地坼，鳳凰不下，句爪居牙戴角出距之獸，於是鷙矣。

又　凡亂之所由生者，皆在流遁。流遁之所生者五：大構駕，興宫室，延樓棧道，雞棲井幹，標株欂櫨，以相支持。木巧之飾，盤紆刻儼，嬴鏤雕琢，詭文回波，淌游瀷淢，菱杼紾抱，芒繁亂澤，巧爲紛挐，以相摧錯，此遁於木也。鑿汙池之深，肆畛崖之遠，來谿谷之流，飾曲岸之際，積牒旋石，以純修碕，抑淢怒瀨，以揚激波，曲拂遭回，以像湡浯，益樹蓮菱，以食鱉魚，鴻鵠鷫鷞，稻粱饒餘，龍舟鷁首，浮吹以娱，此遁於水也。高築城郭，設樹險阻，崇臺榭之隆，侈苑囿之大，以窮要妙之望，魏闕之高，上際青雲，大厦增加，擬於昆侖，脩爲墻垣，甬道相連，殘高增下，積土爲山，接徑歷遠，直道夷險，終日馳騖而無蹟蹈之患，此遁於土也。大鍾鼎，美重器，華蟲流鏤，以相繆紾，寢兕伏虎，蟠龍連組，焜昱錯眩，照耀煇煌，偃蹇蓼糾，曲成文章，雕琢之飾，鍛錫文鏡，乍晦乍明，抑微滅瑕，霜文沈居，若簟籧篨，纏錦經冗，以數而疏，此遁於金也。煎熬焚炙，調齊和之適，以窮荆、吴甘酸之變，焚林而獵，燒燎大木，鼓橐吹埵，以銷銅鐵，靡流堅鍛，無猒足目，山無峻幹，林無柘梓，燎木以爲炭，燔草而爲灰，野莽白素，不得其時，上掩天光，下殄地財，此遁於火也。此五者，一足以亡天下矣。

又　卷九　君人之道，處静以修身，儉約以率下。静則下不擾矣，儉則民不怨矣。下擾則政亂，民怨則德薄，政亂則賢者不爲謀，德薄則勇者不爲死。是故人主好鷙鳥猛獸，珍怪奇物，狡躁康荒，不愛民力，馳騁田獵，出入不時。如此則百官務亂，事勤財匱，萬民愁苦，生業不修矣。人主好高臺深池，雕琢刻鏤，黼黻文章，絺綌綺繡，寶玩珠玉，則賦斂無度，而萬民力竭矣。堯之有天下也，非貪萬民之富而安人主之位也，以爲百姓力征，强凌弱，衆暴寡，於是堯乃身服節儉之行，而明相愛之仁，以和輯之。是故茅茨不剪，采椽不斲，大路不畫，越席不緣，大羹不和，粢食不毇。巡狩行教，勤勞天下，周流五岳，豈其奉養不足樂哉。舉天下而以爲社稷，非有利焉。年衰志憫，舉天下而傳之舜，猶却行而脱蹝也。衰世則不然。一日而有天下之富，處人主之勢，則竭百姓之力，以奉耳目之欲，志專在于宫室臺榭，陂池苑囿，猛獸熊羆，玩好珍怪。是故貧民糟糠不接於口，而虎狼熊羆猒芻豢，百姓裋褐不完，而宫室衣繡。人主急兹無用之功，百姓黎民顦顇於天下。是故使天下不安其性，人主之居也，如日月之明也。天下之所同側目而視，側耳而聽，延頸舉踵而望也。是故非澹薄無以明德，非寧静無以致遠，非寬大無以兼覆，非慈厚無以懷衆，非平正無以制斷。

漢　班固《漢書》卷六五《東方朔傳》　及其賈直，欲除以爲上林苑，屬之南山。（武帝）又詔中尉、左右内史表屬縣草田，欲以償鄠杜之民。吾丘壽王奏事，上大説稱善。時朔在傍，進諫曰：臣聞謙游静愨，天表之應，應之以福。驕溢靡麗，天表之應，應之以異。今陛下累郎臺，恐其不高也，弋獵之處，恐其不廣也。如天不爲變，則三輔之地盡可以爲苑，何必盩厔鄠杜乎。奢侈越制，天爲之變，上林雖小，臣尚以爲大也。夫南山，天下之阻也，南有江淮，北有河渭，其地從汧隴以東，商雒以西，厥壤肥饒。漢興，去三河之地，止霸産以西，都涇渭之南，此所謂天下陸海之地，秦之所以虜西戎兼山東者也。其山出玉石，金銀銅鐵，豫章檀柘，異類之物，不可勝原，此百工所取給，萬民所卬足也。又有秔稻梨栗桑麻竹箭之饒，土宜薑芋，水多蠅魚，貧者得以人給家足，無饑寒之憂。故酆鎬之間號爲土膏，其賈畝一金。今規以爲苑，絶陂池水澤之利，而取民膏腴之地，上乏國家之用，下奪農桑之業，棄成功，就敗事，損耗五穀，是其不可一也。且盛荆棘之林，而長養麋鹿，廣狐兔之苑，大虎狼之虚，又壞人冢墓，發人室廬，令幼弱懷土而思，耆老泣涕而悲，是其不可二也。斥而營之，垣而囿之，騎馳東西，車騖南北，又有深溝大渠，夫一日之樂不足以危無堤之輿，是其不可三也。故務苑囿之大，不恤農時，非所以彊國富人也。夫殷作九市之宮而諸侯畔，靈王起章華之臺而楚民散，秦興阿房之殿而天下亂。糞土愚臣，忘生觸死，逆盛意，犯隆指，罪當萬死，不勝大願，願陳《泰階六符》，以觀天變，不可不省。

又 卷七五《翼奉傳》 上復延問以得失。奉以爲祭天地於雲陽汾陰，及諸寢廟不以親疏迭毀，皆煩費，違古制。又宮室苑囿，奢泰難供，以故民困國虛，亡累年之畜。所繇來久，不改其本，難以末正。乃上疏曰：臣聞昔者盤庚改邑以興殷道，聖人美之。竊聞漢德隆盛，在於孝文皇帝躬行節儉，外省繇役。其時未有甘泉、建章及上林中諸離宮館也。未央宮又無高門、武臺、麒麟、鳳皇、白虎、玉堂、金華之殿，獨有前殿、曲臺、漸臺、宣室、温室、承明耳。孝文欲作一臺，度用百金，重民之財，廢而不爲，其積土基，至今猶存，又下遺詔，不起山墳。故其時天下大和，百姓洽足，德流後嗣。如令處於當今，因此制度，必不能成功名。

漢 荀悦《前漢紀》卷七《孝文一》（孝文五年春二月地震，潁川人賈山）又上書言前世之戒曰：昔秦賦斂重數，以奉奢侈。起咸陽至雍，離宮三百，鐘鼓帷帳，不移而具。爲阿房之殿，高十數仞，東西五里，南北千步。爲宮室之盛乃至於此，使其後世曾不得聚廬而託處焉。爲馳道於天下，東窮燕齊，南極吴楚。江湖之上，濱海之觀畢至。道廣五十步，三丈而樹，又築其外，隱以金椎，樹以青松。爲馳道之麗乃至於此，使其後世曾不得邪徑而託足焉。葬於驪山，吏徒數十萬人。曠日十年，下達三泉，采合金石，冶銅錮其內，漆塗其外，被以珠玉飾以翡翠。中成游觀，上成山林。爲葬埋之奢乃至於此，使其後世曾不得蓬塊而託葬焉。

晉 王嘉《拾遺記》卷六 漢興，至於元成哀平，尚以宮室，崇苑囿，而西京始有弘侈，東都繼其繁奢，即違采椽不斲之制，尤異靈沼遵儉之風。考之皇圖，求諸志録，千家萬户之書，臺衛城隍之廣，自重門構宇以來，未有若斯之費溢也。孝哀廣四時之房，靈帝修裸游之館，妖惑爲之則神怨，工巧爲之則人虐，夷國淪家，可爲慟矣。及夫靈瑞嘉禽艷卉殊木，生非其壤，詭色訛音，不稟正朔之地，無陟圖書所記，或緣德業以來儀，由時俗以具質，咸得而備詳矣。歷覽羣經，披求方册，未若斯之宏麗矣。

南朝宋 范曄《後漢書》卷七一《鍾離意傳》 永平三年夏旱，而大起北宮，意詣闕，免冠上疏曰：伏見陛下以天時小旱，憂念元元，降避正殿，躬自克責，而比日密雲，遂無大潤，豈政有未得應天心者邪？昔成湯遭旱，以六事自責曰：政不節邪？使人疾邪？宮室榮邪？女謁盛邪？苞苴行邪？讒夫昌邪？竊見北宮大作，人失農時，此所謂宮室榮也。自古非苦宮室小狹，但患人不安寧。宜且罷止，以應天心。臣意以匹夫之才，無有行能，久食重禄，擢備近臣，比受厚賜，喜懼相半，不勝愚戇征營，罪當萬死。

宋 程大昌《雍録》卷二《總説》 天子之居當爲正宮，其外皆離宮也。漢都長安若未央則其創爲，至長樂則因秦而加葺治者也。兩宮初成，朝諸侯羣臣乃於長樂。叔孫緜蕞首施乎此，不在未央也。至高帝登假，亦在長樂。則長樂也者，既以爲居，又以受朝，無異乎正宮矣。然自惠帝以後，人主皆居未央，而長樂常奉母后，則雖長樂亦當命爲離宮，而未央當爲正宮也。故凡語及長樂者多曰東朝，則其名固已分乎正宮矣。至於甘泉，雖在長安東北三百里外，爲夫方士輩多云古帝王之所嘗都，故武帝立朝邸其上，而藩侯夷酋有來朝者亦皆受之於此。若其常制，則類以五月往八月還，蓋避暑耳。此外，如建章、桂宮、北宮之類，雖在都城亦離宮矣，況其遠城者乎。《黄圖》曰：漢畿千里，内外宮館一百四十五所。班固《西都賦》曰：前乘秦嶺，後越九嵕。東薄河華，西涉岐雍。宮館所歷，百有餘區。秦離宮三百，漢武往往修治之，黄山、長楊、步壽之類，秦有之，漢亦有之，爲此故也。

又 甘泉宮 林光宮 磨盤山 車箱阪 桂宮 北宮 古以甘泉名宮者三，秦之甘泉在渭南，一也。漢之甘泉在雲陽縣磨石嶺上，二也。隋之甘泉在鄠縣，三也。《長安志》曰：磨石嶺山有甘泉。《十道志》曰：甘泉出石鼓西原也。漢甘泉宮在山上，即秦林光宮旁也，此則取石鼓甘泉以名者也。隋宮在鄠縣西南二十里，對甘泉谷。《元和志》、《長安志》皆同。鄠，即扈也。扈，即夏之有扈也。古有甘亭，唐有甘泉鄉，即啓討有扈而誓戰于甘者也。此皆取甘亭之泉而立爲此名也。惟秦之甘泉，史嘗明言在渭之南，而無言其在渭南何地者。《秦始皇本紀》：迎太后於雍而入咸陽，復居甘泉宮。徐廣曰：《表》云咸陽，南宮也。秦時咸陽跨渭南北。則此宮不在渭北之咸陽而在渭南之咸陽也。又《本紀》曰：始皇諸廟及章臺上林皆在渭南，已而更命爲極廟。自極廟道通酈山，作甘泉前殿，築甬道，自咸陽屬之，則甘泉前後必近上林，即鄠縣也。則秦之甘泉與隋之甘泉正同一地，安知隋宮不襲秦舊耶？予故得以詳言也。秦之林光至漢猶存，漢武元封二年始即磨盤嶺山秦宮之側作爲之宮，是爲漢甘泉矣。孟康注：《郊祀志》曰：甘泉一名林光。師古曰：漢於秦林光旁起甘泉宮，非一名也。師古之説是也。元封二年以前，史之所記文景皆嘗臨幸甘泉，而不曰甘泉有宮可幸，當是秦之林光遠在磨盤嶺上，不燼于火而尚可用也。《戰國策》范雎説秦王曰：大王之國四塞以爲固，北有甘泉谷口，南帶涇渭，右隴蜀，左關阪。夫雎指甘泉谷口爲秦北面之塞，即雲陽縣甘泉山也。甘泉山即車盤嶺也。武帝雖別創甘泉一宮，而秦之林光如故也，則謂甘泉宮在林光宮旁者是也。且武帝之爲此宮也，不獨以備游眺也，采信方士明庭之語，求以自通於仙，故增之又增之，如泰畤，如仙掌露盤，及泰一諸畫象盡在其上也。此山高出它山，南距長安已三百里，而能望見長安城堞其上有通天臺，雲雨悉在臺下。自武帝後，山上宮殿臺觀略與建章相比，而百官皆有邸舍，故帝以五月避暑，八月乃歸也。《元和志》曰：當其登山必自車箱阪。而上阪在雲陽縣西北三十八里，縈紆曲折，單軌財通，上阪即平原宏敞，樓觀相屬也。以其縈紆曲折，故名車盤也。匈奴入寇而烽火通甘泉，長安兩地者以人主時往甘泉，不敢主定其處，故烽火兩通也。

又 卷八《始皇陵》 《史記》及《賈山疏》皆言阿房始皇所造，獨《黄圖》言阿房一名阿城，惠文已造而始皇廣之。此恐不然也。始皇明言朝廷小不足容衆，故渡渭而南，以營朝宮。則其創意營造，出於始皇，不出前人也。

綜 述

漢 司馬遷撰 南朝宋 裴駰集解 唐 司馬貞索隱《史記》卷一二《孝武本紀》 又作甘泉宮，中爲臺室，畫天地泰一諸神，而置祭具以致天神。居歲餘，其方益衰，神不至。乃爲帛書以飯牛，詳弗知也，言此牛腹中有奇。殺而視之得書，書言甚怪。天子疑之，有識其手書，問之人，果僞書，於是誅文成將軍而隱之。其後，則又作柏梁、銅柱、承露仙人掌之屬矣。《集解》：蘇林曰，仙人以手掌擎盤，承甘露也。《索隱》：服虔云，用梁百頭。按今字皆作柏。《三輔故事》云：臺高二十丈，用香柏爲殿梁，香聞十里中。建章宮承露盤高三十丈，大七圍，以銅爲之，有仙人掌承露，和玉屑飲之。故張衡賦曰「立脩莖之仙掌，承雲表之清露」是也。

又 卷三〇《平準書》 初，大農筦鹽鐵官布多置水衡，欲以主鹽鐵。及楊可告緡錢，上林財物衆，乃令水衡主上林。上林既充滿，益廣。是時越欲與漢用船戰逐，乃大修昆明池，列觀環之。治樓船高十餘丈，旗幟加其上，甚壯。《索隱》：蓋始穿昆明池，欲與滇王戰，今乃更大修之，將與南越吕嘉戰逐，故作樓船，於是楊僕有將軍之號。又下文云，因南方樓船，卒二十餘萬擊南越也。昆明池有豫章館。豫章，地名，以言將出軍於豫章也。於是天子感之，乃作柏梁臺，高數十丈。宮室之修，由此日麗。

漢 劉歆《西京雜記》卷一 太液池邊皆是雕胡、紫蘀、緑節之類。菰之有米者長安人謂爲雕胡，葭蘆之未解葉者謂之紫蘀，菰之有首者謂之緑節。其間鳧雛、鴈子布滿，充積又多紫龜、緑鼈。池邊多平沙，沙上鵜鶘、鷓鴣、鵁鶄、鴻鶂動輒成羣。

又 初修上林苑，羣臣遠方各獻名果異樹，亦有製爲美名，以標奇麗。梨十：紫梨、青梨、實大。芳梨、實小。大谷梨、細葉梨、縹葉梨、金葉梨、出琅琊，王野家太守王唐所獻。瀚海梨、出瀚海北，耐寒不枯。東王梨、出海中。紫條梨。棗七：弱枝棗、玉門棗、棠棗、青華棗、梬棗、赤心棗、西王棗。出崑崙山。栗四：侯栗、榛栗、瑰栗、嶧陽栗。嶧陽都尉曹龍所獻，大如拳。桃十：秦桃、榹桃、緗核桃、金城桃、綺葉桃、紫文桃、霜桃、霜下可食。胡桃、出西域。櫻桃、含桃。李十五：紫李、緑李、朱李、黄李、青綺李、青房李、同心李、車下李、含枝李、金枝李、顔淵李、出魯。羌李、燕李、蠻李、侯李。柰三：白柰、紫柰、花紫色。緑柰、花緑色。查三：蠻查、羌查、猴查。椑三：青椑、赤葉椑、烏椑。棠四：赤棠、白棠、青棠、沙棠。梅七：朱梅、紫葉梅、紫花梅、同心梅、麗枝梅、燕梅、猴梅。杏二：文杏、材有文采。蓬萊杏。東郭都尉于吉所獻，一株花雜五色，六出，云是仙人所食。桐三：椅桐、梧桐、荊桐。林檎十株，枇杷十株，橙十株，安石榴十株，楟十株，白銀樹十株，黄銀樹十株，槐六百卌株，千年長生樹十株，萬年長生樹十株，扶老木十株，守宮槐十株，金明樹二十株，摇風樹十株，鳴風樹十株，琉璃樹七株，池離樹十株，離婁樹十株，白俞梅、杜梅、桂蜀、漆樹十株，枏四株，樅七株，栝十株，楔四株，楓四株。

又 卷二 武帝爲七寶床、雜寶桉、厠寶屏風、列寶帳，設於桂宮，時人謂之四寶宮。

梁孝王好營宮室苑囿之樂，作曜華之宮，築兔園。園中有百靈山，山有膚寸石、落猿巖、棲龍岫。又有鴈池，池間有鶴洲、鳧渚。其諸宮觀相連，延亘數十里，奇果異樹瑰禽怪獸畢備。王日與宮人賓客弋釣其中。

又 卷三 文帝爲太子立思賢苑，以招賓客。苑中有堂隍六所，客館皆廣廡高軒，屏風幃褥甚麗。

又 卷六 五柞宮有五柞樹，皆連三抱，上枝蔭覆數十畝。其宮西有青梧觀，觀前有三梧桐樹。樹下有石麒麟二枚，刊其脇爲文字，是秦始皇酈山墓上物也，頭高一丈三尺。東邊者前左脚折，折處有赤如血，父老謂其有神，皆含血屬筋焉。

又 卷六 太液池中有鳴鶴舟、容與舟、清曠舟、采菱舟、越女舟。太液池西有一池，名孤樹池。池中有洲，洲上黏樹一株，六十餘圍。望之重重如蓋，故取爲名。

漢 班固撰 唐 顏師古注《漢書》卷二五下《郊祀志》 公孫卿曰：仙人可見，上往常遽，以故不見。今陛下可爲館，如緱氏城，置脯棗，神人宜可致。且仙人好樓居。於是上令長安則作飛廉、桂館，師古曰：飛廉館及桂館二名也。甘泉則作益壽、延壽館，師古曰：益壽、延壽，二館名。使卿持節，設具而候神人。乃作通天臺，師古曰：《漢舊儀》云：臺高三十丈，望見長安城。置祠具其下，將招來神仙之屬。於是甘泉更置前殿，始廣諸宮室。夏有芝生甘泉殿房內中，天子爲塞河，興通天若有光云。師古曰：爲塞河，及造通天臺而有神光之應，故赦天下也。乃下詔甘泉房中生芝九莖，赦天下，無令復作。

又 卷五一《賈山傳》 秦非徒如此也，起咸陽而西至雍，離宮三百，師古曰：凡言離宮者，皆謂於別處置之，非常所居也。鐘鼓帷帳，不移而具。又爲阿房之殿，殿高數十仞，師古曰：阿房者，言殿之四阿皆爲房也。一說大陵曰阿，言其殿高若於阿上爲房也。房字或作旁，《說》云：始皇作此殿未有名，以其去咸陽近，且號阿旁。阿，近也。八尺曰仞。東西五里，南北千步，從車羅騎，四馬騖馳，旌旗不橈。爲宮室之麗至於此，使其後世曾不得聚廬而託處焉。

又 卷九七下《外戚列傳》（趙皇后妹）幸爲昭儀，居昭陽舍，其中庭彤朱，而殿上髤漆。切皆銅沓冒黃金塗，白玉階，師古曰：階，所由升殿陛也。壁帶往往爲黃金釭，函藍田璧，明珠翠羽飾之，服虔曰：釭，壁中之橫帶也。晉灼曰：以金環飾之也。師古曰：壁帶，壁之橫木露出如帶者也。於壁帶之中，往往以金爲釭，若車釭之形也。其釭中著玉璧、明珠、翠羽耳。自後宮未嘗有焉。

漢 劉珍《東觀漢記》卷七《琅邪孝王京》 琅邪孝王京就國都，雅好宮室，窮極技巧，壁帶珠玉，飾以金銀。

漢 仲長統《昌言》《藝文類聚》卷六一輯 今爲宮室者，崇臺數十層，長街十百仞，延袤臨浮雲，上樹九丈旗，珠玉翡翠以爲飾，連帷爲城，構帳爲宮，起臺榭則高數百丈，壁帶珠玉，土披緹錦。

漢 郭憲《洞冥記》卷一 旦露池西有靈池，方四百步，有連錢荇、浮根菱、倒枝藻。連錢荇，荇如錢文。浮根菱，根出水上，葉沉波下，實細薄皮，甘香，葉半青半白，霜降彌美，因名青冰菱也。倒枝藻者，枝橫倒水中，長九尺餘，如結網，有野鴨、秋鳧及鷗鷺來翔水上，入此草中，皆不得出，如繒網也，亦名水網藻。中有轉羽舫、凌龍舫、凌波舫。帝嘗游宴於此。

又 卷三 帝於望鵠臺西起俯月臺，臺下穿池，廣千尺。登臺以眺月，影入池中，使仙人乘舟弄月影，因名影娥池，亦曰眺蟾臺。酌雲菹酒，菹以玄草、黑蕨、金蒲、甜蓼，果以青櫻、龍瓜、白芋、紫莖、寒蕨、地花、氣葛，此葛于地下生花，入地十丈乃得此葛。其根倒出，亦名金虎鬚草，因名紫鬚葛也。影娥池中有游月船、觸月船、鴻毛船、遠見船，載數百人。或以青桂之枝爲櫂，或以木蘭之心爲檝，練實之竹爲篙，紉石脉之爲繩纜也。石脉出晡東國，細如絲，可縋萬斤。生石裏，破石而後得。此脉縈緒如麻紵也，名曰石麻，亦可爲布也。

漢 辛氏《三秦記》 秦始皇作長池，引渭水東西二百里，南北二十里，築土爲蓬萊山，刻石爲鯨魚，長二作百丈。亦曰蘭池陂，秦又有蘭池。《太平御覽》蘭池陂即古之蘭池，在咸陽縣界。始皇都長安，引渭水爲長池，築爲蓬瀛，刻石爲鯨魚，長二百丈，逢盜之處也。《括地志》《史記正義》

又 龍首山長六十里，頭入渭水，尾帶樊川，頭高二十丈，尾漸下，高五六丈，土赤不毛。昔有黑龍從山出飲水，其行道成土山。今長安城即疏山爲臺殿，臺基不假板築。張衡《西京賦》云「疏龍首以抗殿」是也。王莽改未央宮曰壽成室，其含元殿即龍首山之東麓，高敞爲京之最，階高於平地三十餘丈，南去丹鳳門四百餘步，中無間隔，左右寬平，東西廣百步。《西都賦》云：漢之西都實曰長安，左據函谷二崤之阻，右界褒斜龍首之險，表以太華終南之山，帶以洪河涇渭之川，即此之形勢也。《太平寰宇記》

又 漢上林有池十五所，承露池、昆靈池中有倒披蓮、連錢荇、浮浪根菱。天泉池上有連樓閣，道中有紫宫，戟子池、龍池、魚池、牟首池、蒯池、菌鶴池、西陂池、當路池、東陂池、太一池、牛首池、積草池、麋池、舍利池、百子池。《玉海》

又　未央宫漸臺西有桂宫，中有光明殿，皆金玉珠璣。爲簾箔，處處綴明珠，金陛玉階，晝夜光明。《玉海》

海按，《初學記》引云：明光殿在漸臺西，以金玉珠璣爲箔。《寰宇記》引云：未央宫漸臺西有明光殿。一本引云：明光殿在甘泉宫中。《御覽》引云：明光殿以金爲陛，玉爲階。《廣韻引》云：明光殿以金玉珠璣爲簾箔。

漢《三輔黄圖》卷一《咸陽故城》　自秦孝公至始皇帝、胡亥，並都此城。案孝公十二年作咸陽，築冀闕，徙都之。始皇二十六年，徙天下高貲富豪於咸陽十二萬户。諸廟及臺苑，皆在渭南。秦每破諸侯，徹其宫室，作之咸陽北阪上。南臨渭，自雍門以東至涇、渭，殿屋複道周閣相屬，所得諸侯美人鐘鼓以充之。二十七年作信宫渭南，已而更命信宫爲極廟，象天極。自極廟道通驪山，作甘泉前殿，築甬道，自咸陽屬之。始皇窮極奢侈，築咸陽宫，因北陵營殿，端門四達，以制紫宫，象帝居。引渭水灌都，以象天漢。横橋南渡，以法牽牛。橋廣六丈，南北二百八十步，六十八間，八百五十柱，二百一十二梁。橋之南北堤，繳立石柱。咸陽北至九嵕甘泉，南至鄠杜，東至河，西至汧、渭之交，東西八百里，南北四百里。離宫別館，相望聯屬。木衣綈綉，土被朱紫，宫人不移，樂不改懸，窮年忘歸，猶不能徧。

又《宫馳道閣附》　長楊宫　在今盩厔縣東南三十里，本秦舊宫，至漢修飾之以備行幸。宫中有垂楊數畝，因爲宫名，門曰射熊觀，秦漢游獵之所。

朝宫　始皇三十五年，以咸陽人多，先王之宫庭小，曰：吾聞周文王都豐，武王都鎬，豐鎬之間，帝王之都也。乃營朝宫於渭南上林苑。庭中可受十萬人，車行酒，騎行炙，千人唱，萬人和。收天下兵聚之咸陽，銷以爲鐘鐻，高三丈。鐘小者皆千石也。銷鋒鏑以爲金人十二，以弱天下之人，立於宫門。《三輔舊事》云：鑄金狄人立阿房殿前。坐高三丈，銘其後曰：皇帝二十六年，初兼天下，改諸侯爲郡縣，一法律，同度量。大人來見臨洮，其大五丈，足跡六尺。銘李斯篆，蒙恬書。董卓悉椎破銅人、銅臺，以爲小錢。《英雄記》曰：昔大人見臨洮而銅人鑄，臨洮生卓而銅人毁。

阿房宫　亦曰阿城。惠文王造，宫未成而亡，始皇廣其宫，規恢三百餘里。離宫別館，彌山跨谷，輦道相屬，閣道通驪山八十餘里。表南山之顛以爲闕，絡樊川以爲池。作阿房前殿，東西五十步，南北五十丈，上可坐萬人，下建五丈旗，以木蘭爲梁，以磁石爲門。磁石門，乃阿房北闕門也。門在阿房前，悉以磁石爲之，故專其目，令四夷朝者，有隱甲皆以入門而脅止，以示神。亦曰却胡門。周馳爲複道，度渭屬之咸陽，以象太極閣道抵營室也。阿房宫未成，欲更擇令名名之。作宫阿基旁，故天下謂之阿房宫。隱宫徒刑者七十餘萬人，乃分作阿房宫。

又卷二《漢宫》　長樂宫　本秦之興樂宫也。高皇帝始居櫟陽，七年長樂宫成，徙居長安城。《三輔舊事》、《宫殿疏》皆曰興樂宫秦始皇造，漢修飾之，周回二十里。前殿東西四十九丈七尺，兩杼中三十五丈，深十二丈。長樂宫有鴻臺，有臨華殿，有温室殿，有信宫、長秋、永壽、永寧四殿。高帝居此宫，後太后常居之，孝惠至平帝，皆居未央宫。《漢書》：宣帝元康四年，神爵五采以萬數，集長樂宫。五鳳三年，鸞鳳集長樂宫東闕中樹上。王莽改長樂宫爲長樂室，在長安中近東直杜門。

未央宫　《漢書》曰：高祖七年，蕭何造未央宫。立東闕、北闕。闕，門觀也。劉熙釋名曰：闕，在門兩旁，中央闕然爲道也。門闕，天子號令賞罰所由出也。未央宫殿雖南向，而上書奏事謁見之徒，皆在北闕焉，是則以北闕爲正門。而又有東闕，東門至於西南兩面無門闕矣。蓋蕭何立未央宫，以厭勝之術理然乎。前殿、武庫、藏兵器之處也。太倉。廪粟所在，一百三十楹，在長安城外東南。上見其壯麗之甚，怒曰：天下匈匈，勞苦數歲，成敗未可知，是何治宫室過度也。何對曰：以天下未定，故可因以就宫室。且天子以四海爲家，非令壯麗，無以重威，無令後世有以加也。上悦，自櫟陽徙居焉。未央宫周回二十八里，前殿東西五十丈，深十五丈，高三十五丈。營未央宫因龍首山以制前殿，至孝武以木蘭爲棼橑，文杏爲梁柱，金鋪玉户，華榱璧璫，雕楹玉碣，重軒鏤檻，青鎖丹墀，左碱右平。黄金爲壁帶，間以和氏珍玉，風至其聲玲瓏然也。未央宫有宣室、麒麟、金華、承明、武臺、鈎弋等殿，又有殿閣三十有二，有壽成、萬歲、廣明、椒房、清涼、水延、玉堂、壽安、平就、宣德、東明、飛雨、鳳凰、通光、曲臺、白虎等殿。《廟記》云：未央宫有增城，昭陽殿。漢《宫殿疏》曰：未央宫有麒麟閣，天禄閣，有金馬門、青瑣門，玄武、蒼龍二闕，朱鳥堂、畫堂、甲觀、非常室。又有鈎盾署、弄田。《三輔決録》曰：未央宮有延年殿、合歡殿、四車殿。又《漢宮閣記》云：未央宮有宣明、長年、温室、昆德四殿，又有玉堂、增盤閣、宣室閣。《三輔舊事》云：武帝於未央宮起高門、武臺殿。《漢武故事》云：神明殿在未央宮。王莽改未央宮曰壽成室，前殿曰玉路堂，如路寢也。按舊圖，漸臺、織室、凌室皆在未央宮。

建章宮　武帝太初元年，柏梁殿災。粵巫勇之曰：粵俗有火災，即復起大屋以厭勝之。帝於是作建章宮，度爲千門萬户，宫在未央宫西長安城外。帝於未央宮營造日廣，以城中爲小，乃於宫西跨城池作飛閣，通建章宫，構輦道以上下。輦道爲閣道，可以乘輦而行。宮之正門曰閶闔，閶闔，天門也。宮門名閶闔者，以象天門也。高二十五丈，亦曰璧門。左鳳闕，闕上有金鳳，高丈餘。《漢書集注》曰：今長安故城西，俗呼貞女樓，即建章闕也。高二十五丈。右神明臺，言臺高神明可居其上。門内北起別風闕，在閶闔内，以其出宮垣識風從何處來，以爲闕名也。高五十丈，對峙井幹樓，高五十丈，輦道相屬焉，連閣皆有罘罳。連閣，曲閣也。以復重刻垣墉屏翳之處，晝以雲氣鳥獸，其形罘罳然。前殿下視未央，其西則廣中殿，受萬人。《三輔舊事》云：建章周回三十里。東起別風闕，高二十五丈，乘高以望遠。又於宮門北起圓闕，高二十五丈，上有銅鳳凰，赤眉賊壞之。《西京賦》云：圓闕聳以造天，若雙碣之相望是也。《廟記》云：建章宮北門高二十五丈，建章北闕門也。又有鳳凰闕，漢武帝造，高七十丈五尺。鳳凰闕，亦名別風闕。又云：嶕嶢闕，在圓闕門内二百步。繁欽《建章》序云：秦漢規模，廓然泯毁，惟建章鳳闕，聳然獨存，雖非象魏之制，亦一代之巨觀。古歌云：長安城西有雙闕，上有雙銅雀。一鳴五穀成，再鳴五穀熟。按銅雀，即銅鳳凰也。楊震《關輔古語》云：長安民俗謂鳳凰闕爲貞女樓。司馬相如賦云：豫章貞女樹，長千仞，大連抱，冬夏常青，未嘗凋落，若有貞節，故以爲名。《漢書》曰：建章宮南有玉堂，壁門三層，臺高三十丈，玉堂内殿十二門，階陛皆玉爲之。鑄銅鳳高五尺，飾黄金棲屋上，下有轉樞，向風若翔，椽首薄以璧玉，因曰璧門。建章有駘蕩、駁娑、枍詣、天梁、奇寶、鼓簧等宮。又有玉堂、神明堂、疏圃、鳴鑾、奇華、銅柱、函德二十六殿，太液池、唐中池。

桂宮　漢武帝造，周回十餘里。《漢書》曰：桂宮有紫房複道，通未央宮。《關輔記》云：桂宮在未央北，中有明光殿土山，複道從宮中西上城，至建章神明臺蓬萊山。《三秦記》：未央宮漸臺西有桂宮，中有光明殿，皆金玉珠璣爲簾箔，處處明月珠。金陛玉階，晝夜光明。又《西京雜記》云：武帝爲七寶床、雜寶按、厠寶屏風、列寶帳，設於桂宮，時人謂爲四寶宮。《長安記》曰：桂宮，在未央宮北，亦曰北宮。

北宮　在長安城中，近桂宮，俱在未央宮北，周回十里。高帝時制度草創，孝武增修之，中有前殿，廣五十步，珠簾玉户如桂宮。《漢書》曰：吕太后崩，孝惠皇后廢處北宮。又曰：哀帝崩，貶皇太后趙氏爲孝成皇后，退居北宮。皇后薄氏退居桂宮。

甘泉宮　一曰雲陽宮。《史記》秦始皇二十七年，作甘泉宮及前殿，築甬道，築垣墻如街巷。自咸陽屬之。《關輔記》曰：林光宮，一曰甘泉宮，秦所造，在今池陽縣西，故甘泉山，宮以山爲名。或曰高泉山，蓋習俗語訛爾。宮周匝十餘里。漢武帝建元中增廣之，周十九里。去長安三百里，望見長安城。黄帝以來圜丘祭天處。《漢志》：雲陽縣有休屠、金人、徑路神祠三所。《音義》云：匈奴祭天處，本雲陽甘泉山下，秦奪其地，徙休屠右地。《郊祀志》云：徑路神祠，祭休屠王處。《遁甲開山圖》云：雲陽先生之墟也。武帝造闕於南，以象方色，於甘泉宮更置前殿，始造宮室，有芝生甘泉殿邊房中。房中樂有芝草之歌。《漢舊儀》云：芝有九莖。《芝草歌》曰：九莖連葉。芝金色，緑葉朱實，夜有光，乃作芝房之歌。帝又起紫殿，雕文刻鏤黼黻，以玉飾之。成帝永始四年行幸甘泉，郊泰畤，神光降於紫殿。今按甘泉谷北岸有槐樹，今謂玉樹，根幹盤峙，三二百年木也。楊震《關輔古語》云：耆老相傳，咸以謂此樹即揚雄《甘泉賦》所謂「玉樹青葱」也。甘泉有高光宮，又有林光宮，有長定宮、竹宮、通天臺、通靈臺。武帝作迎風館於甘泉山。後加露寒、儲胥二館，皆在雲陽甘泉中。西廂起彷徨觀，築甘泉苑。建元中作石闕、封巒、鳷鵲觀於苑垣内。宮南有昆明池。苑南有棠梨宮。漢未央、長樂、甘泉宮，四面皆有公車。公車，主受章疏之處。

司馬門　凡言司馬者，宮垣之内，兵衛所在，司馬主武事，故謂宮之外門爲司馬門。按漢官衛令，諸出入殿門、公車司馬門者皆下，不如令，罰金四兩。王莽改公車司馬門曰王路四門，分命諫大夫四人，受章疏以通下情。《百官表》：衛尉屬官有公車司馬令丞。《漢官儀》云：公車司馬，掌殿司馬門，夜徼宮中。天下上事，及闕下凡所徵召，皆總領之，令秩六百石。

又 卷三 長樂宮　鴻臺　秦始皇二十七年築，高四十丈，上起觀宇，帝嘗射飛鴻于臺上，故號鴻臺。《漢書》：惠帝四年，長樂宮鴻臺災。

長信宮　漢太后常居之。按《通靈記》：太后，成帝母也。后宮在西，秋之象也。秋主信，故宮殿皆以長信，長秋爲名。又永壽、永寧殿，皆后所處也。成帝母王太后，居長信宮。

未央宮

宣室　未央前殿正室也。《淮南子》曰：周武王殺紂於宣室。漢取舊名也。《漢書》曰：文帝受釐宣室，夜半前席賈生，問鬼神之事，即此也。又王莽地皇四年，城中少年朱弟張魚等燒宮，莽避火宣室前殿，火輒隨之。

温室殿　武帝建，冬處之温暖也。《西京雜記》曰：温室以椒塗壁，被之文繡，香桂爲柱，設火齊屏風，鴻羽帳，規地以罽賓氍毹。《漢書》曰：孔光爲尚書令，歸休，與兄弟妻子燕語，終不及朝省政事。或問温室省中樹何木，光不應。《漢書》：京房奏考功課吏法，上令公卿朝臣會議温室。

清涼殿　夏居之則清涼也，亦曰延清室。《漢書》曰：清室則中夏含霜，即此也。董偃常卧延清之室，以畫石爲床，文如錦，紫琉璃帳，以紫玉爲盤，如屈龍，皆用雜寶飾之。侍者於外扇偃，偃曰：玉石豈須扇而後涼邪。又以玉晶爲盤，貯冰於膝前，玉晶與冰相潔。侍者謂冰無盤，必融濕席。乃拂玉盤墜，冰玉俱碎。玉晶，千塗國所貢也，武帝以此賜偃。

金華殿　未央宮有金華殿。《漢書》曰：成帝初方向學，召鄭寬中、張禹説《尚書》、《論語》於金華殿中。

承明殿　未央宮有承明殿，著述之所也。班固《西都賦》序云：内有承明，著作之庭，即此也。《漢書》：武帝謂岩助曰：君厭承明之廬。又成帝鴻嘉二年，雉飛集承明殿屋。

蒼龍、白虎、朱雀、玄武，天之四靈，以正四方，王者制宫闕殿閣取法焉。

掖庭宮　在天子左右，如肘腋。

椒房殿　在未央宮，以椒和泥塗，取其温而芬芳也。武帝時後宮八區，有昭陽、飛翔、增成、合歡、蘭林、披香、鳳凰、鴛鴦等殿，後有增修安處、常寧、茝若、椒風、發越、蕙草等殿，爲十四位。成帝趙皇后居昭陽殿，號飛燕，以其體輕也。有女弟，俱爲婕妤，貴傾後宮。昭陽舍蘭房椒壁，其中庭彤朱，而庭上髹漆，切皆銅沓，切門限也。黄金塗，白玉堦，壁帶往往爲黄帝天下，非陛下之天下也。陛下奉承宗廟，當傳之無窮，安可妄有所授。帝業至重，天子無戲言。上默然不悦。

凌室　在未央宮，藏冰之所也。豳詩《七月》篇曰：納于凌陰。周官凌人，職掌藏冰，大祭祀餘食則供冰。《漢書》：惠帝四年，織室凌室災。

暴室　主掖庭織作染練之署，謂之暴室，取暴曬爲名耳，有嗇夫官屬。

弄田　在未央宮。弄田者，燕游之田，天子所戲弄耳。

金馬門　宦者署，武帝時大宛馬，以銅鑄像，立於署門，因以爲名。東方朔、主父偃、岩安、徐樂，皆待詔金馬門，即此。

路軨廄　在未央宮，掌宫中輿馬，亦曰未央廄。《漢書》曰：武帝時期門郎上官桀，遷爲未央廄令。

建章宮

駘蕩宮　春時景物駘蕩滿宮中也。

馺娑宮　馺娑，馬行疾貌。馬行迅疾，一日之間遍宮中，言宮之大也。

天梁宮　梁木至於天，言宮之高也。四宮皆在建章宮。

枍詣宮　枍詣，木名，宮中美木茂盛也。

奇華殿　在建章宮旁，四海夷狄器服珍寶，火浣布、切玉刀、巨象、大雀、師子、宮馬，充塞其中。

鼓簧宮　《漢宮閣疏》云：鼓簧宮周匝一百三十步，在建章宮西北。

神明臺　《漢書》曰：建章有神明臺。《廟記》曰：神明臺，武帝造，祭仙人處，上有承露盤，有銅仙人，舒掌捧銅盤玉杯，以承雲表之露，以露和玉屑服之，以求仙道。《長安記》：仙人掌大七圍，以銅爲之。魏文帝徙銅盤折，聲聞數十里。

北宮

壽宮　北宮有神仙宮、壽宮，張羽旗，設供具，以禮神君。神君來，則肅然風生，帷帳皆動。

明光宮　武帝太初四年秋起，在長樂宮後，南與長樂宮相連屬。《漢書·元后傳》曰：成都侯商嘗疾，欲避暑，從上借明光宮。蓋即此。王莽建國元年，改明光宮爲安館，安定太后居之。

太子宮甲觀　太子宮有甲觀畫堂。《漢書》注曰：甲者，甲乙丙丁之次也。《漢書》曰：孝成皇帝，元帝太子也，母曰王皇后。元帝在太子宮生甲觀畫堂。《元后傳》曰：見於兩殿。此其例也。畫堂，謂宮殿中彩畫之堂。

甘泉宮

鉤弋宮　《列仙傳》曰：鉤弋夫人，姓趙氏，河間人，少好酒。病卧六年，右手鈎卷，飲食少。望氣者云，東北有貴人，推而得之。見召，姿色佳麗。武帝披其手，得玉鈎而手展。有寵，生昭帝，姙娠十四月。上曰：聞昔堯十四月而生，今鈎弋亦然。乃命所生門曰堯母門，所居曰鈎弋宮。自夫人加婕妤，後得罪掖庭，獄死，及殯，香一月。昭帝即位，追尊爲皇太后，更葬之，發六十二萬人起陽陵。其棺櫬但有彩履。王褒《雲陽記》曰：鈎弋夫人從至甘泉而卒，尸香聞十餘里，葬雲陽。武帝思之，起通靈臺於甘泉宮。有一青鳥，集臺上往來，至宣帝時乃不至。《漢武故事》曰：鈎弋宮在直門之南。

葡萄宮　在上林苑西。漢哀帝元壽三年，單于來朝，以太歲厭勝所，舍之此宮也。

步壽宮　秦亦有步壽宮，今按其地與秦異，則秦漢各有步壽宮耳。漢祋祤宮，宣帝神爵二年鳳凰集祋祤縣，鳳凰集處得玉寶，乃起步壽宮。

集靈宮、集仙宮、存仙殿、存神殿、望仙臺、望仙觀　俱在華陰縣界，皆武帝宮觀名也。《華山記》及《三輔舊事》云：昔有《太元真人茅盈内記》，始皇三十一年九月庚子，盈曾祖父濛，於華山乘雲駕龍，白日昇天。先是邑人謡曰：神仙得者茅初成，駕龍上昇入太清，時下玄洲戲赤城，繼世而往在我盈，帝若學之臘嘉平。《漢武帝内傳》曰：魯女生，長樂人，初餌胡麻，乃永絶穀，八十餘年，少壯，色如桃華。一日與親知故人别，入華山。後五十年，先識者逢女於廟前，乘白鹿，從王母，人因識之，謝其鄉里而去。又《神仙傳》曰：中山衛叔卿，常乘雲車駕白鹿，見漢武帝將臣之，叔卿不言而去。武帝悔，求得其子度，令追其父。登華岳，見父與數人坐於石上，敕度令還。又《華山記》：弘農鄧紹，八月曉入華山，見童子執五彩囊，盛柏葉露食之。武帝即其地造宮殿，歲時祈禱焉。《漢書》云：華陰縣有集靈宮。又有望仙觀，在華陰縣。

扶荔宮　在上林苑中。漢武帝元鼎六年，破南越起扶荔宮，宮以荔枝得名。以植所得奇草異木。菖蒲百本，山薑十本，甘蕉十二本，留求子十本，桂百本，蜜香、指甲花百本，龍眼、荔枝、檳榔、橄欖、千歲子、甘橘皆百餘本。上木南北異宜，歲時多枯瘁。荔枝自交趾移植百株于庭，無一生者，連年猶移植不息。後數歲，偶一株稍茂，終無華實，帝亦珍惜之。一旦萎死，守吏坐誅者數十人，遂不復蒔矣。其實則歲貢焉，郵傳者疲斃於道，極爲生民之患。至後漢安帝時，交趾郡守極陳其弊，遂罷其貢。

五柞宮　漢之離宮也，在扶風盩厔。宮中有五柞樹，因以爲名。五柞皆連抱上枝，覆蔭數畝。

宣曲宮　在昆明池西。孝宣帝曉音律，常於此度曲，因以爲名。

鼎湖宮　在湖城縣界。又一説在藍田，有亭。昔黄帝采首山銅以鑄鼎，鼎成，有龍下，迎帝仙去，小臣攀龍髯而上者七十二人。漢武帝於此建宮。

思子宮　武帝痛戾太子無辜被殺，作思子宮，爲歸來望思之臺於湖。

萬歲宮　武帝造。汾陰有萬歲宮。宣帝元康四年，幸萬歲宮，神爵翔集，以元康五年爲神爵紀元。

首山宮　漢武帝元封元年封禪後，夢高祖坐明堂朝羣臣，於是祀高祖於明堂以配天，還作首山宮以爲高靈館。

明光宮　武帝求仙起明光宮，發燕趙美女二千人充之。率取二十以下十五以上，年滿三十者出嫁之，掖庭令總其籍。時有死出者隨補之。

日華宮　河間獻王德築日華宮，置客館二十餘區，以待學士。自奉養甚薄，不踰賓客。

曜華宮　梁孝王好營宮室苑囿之樂，作曜華宮，築兔園。園中有百靈山，有膚寸石、落猿巖、棲龍岫，又有鴈池，池間有鶴洲、鳧渚。其諸宮觀相連，延亘數十里，奇果異樹，珍禽怪獸畢有。王日與宮人賓客弋釣其中。

漢畿内千里，並京兆治之，内外宮館一百四十五所。班固《西都賦》云：前乘秦嶺，後越九嵕，東薄河華，西涉岐雍，宮館所歷，百有餘區。秦離宮二百，漢武帝往往修造之。

又 卷四《苑囿》　漢上林苑　即秦之舊苑也。《漢書》云：武帝建元三年開上林苑，東南至藍田、宜春、鼎湖、御宿、昆吾，旁南山而西，至長楊、五柞，北繞黄山，瀕渭水而東，周袤三百里。離宮七十所，皆容千乘萬騎。《漢宮殿疏》云：方三百四十里。《漢舊儀》云：上林苑方三百里，苑中養百獸，天子秋冬射獵取之。帝初修上林苑，羣臣遠方，各獻名果異卉三千餘種植其中，亦有製爲美名，以標奇異。茂陵富民袁廣漢，藏鏹巨萬，家僮八九百人。於北山下築園，東西四里，南北五里，激流水注其中。構石爲山，高十餘丈，連延數里。養白鸚鵡、紫鴛鴦、犛牛、青兕，奇獸珍禽，委積其間。積沙爲洲嶼，激水爲波濤，致江鷗海鶴孕雛產鷇，延漫林池。奇樹異草，靡不培植。屋皆徘徊連屬，重閣修廊，行之移晷不能徧也。廣漢後有罪誅，沒入爲官園，鳥獸草木，皆移入上林苑中。上林苑有昆明觀，武帝置。又有繭觀、平樂觀、遠望觀、燕昇觀、觀象觀、便門觀、白鹿觀、三爵觀、陽禄觀、陰德觀、鼎郊觀、樛木觀、椒唐觀、魚鳥觀、元華觀、走馬觀、柘觀、上蘭觀、郎池觀、當路觀，皆在上林苑。又舊儀曰：上林有令有尉，禽獸簿記其名數。又有上林詔獄，主治苑中禽獸、宫館之事，屬水衡。又上林苑中有六池、市郭、宫殿、魚臺、犬臺、獸圈。

甘泉苑　武帝置，緣山谷行，至雲陽三百八十一里，西入扶風，凡周回五百四十里。苑中起宫殿臺閣百餘所，有仙人觀、石闕觀、封巒觀、鳷鵲觀。

御宿苑　在長安城南御宿川中。漢武帝爲離宫别館，禁御人不得入。往來游觀，止宿其中，故曰御宿。《三秦記》云：御宿園出栗，十五枚一勝。大梨如五勝，落地則破。其取梨，先以布囊承之，號曰含消，此園梨也。

西郊苑　漢西郊有苑囿，林麓藪澤連亘，繚以周垣四百餘里，離宫别館三百餘所。

三十六苑　《漢儀》注：太僕牧師諸苑三十六所，分布北邊西邊，以郎爲苑監，宦官奴婢三萬人，養馬三十萬匹。養鳥獸者通名爲苑，故謂牧馬之處爲苑。

梨園　《雲陽宫記》曰：雲陽車箱坂下有梨園一頃，梨數百株，青翠繁密，望之如車蓋。

池沼

漢昆明池　武帝元狩四年穿，在長安西南，周回十里。《西南夷傳》曰：天子遣使求身毒國市竹，而爲昆明所閉。天子欲伐之越嶲。昆明國有滇池，方三百里，故作昆明池以象之，以習水戰，因名曰昆明池。《食貨志》曰：時粤欲與漢用船戰逐，乃大修昆明池也。《三輔舊事》曰：昆明池地三百三十二頃，中有戈船各數十，樓船百艘。船上建戈矛，四角悉垂幡旄葆麾，蓋照燭涯涘。《圖》曰：上林苑有昆明池，周匝四十里。《廟記》曰：池中後作豫章大船，可載萬人。上起宫室，因欲游戲養魚以給諸陵祭祀，餘付長安廚。《三輔故事》又曰：池中有豫章臺及石鯨。刻石爲鯨魚，長三丈，每至雷雨常鳴吼，鬣尾皆動。一説甘泉宫南有昆明池，池中有靈波殿，皆以桂爲殿柱，風來自香。又曰池中有龍首船，常令宫女泛舟池中，張鳳蓋，建華旗，作櫂歌雜以鼓吹。帝御豫章觀臨觀焉。《關輔古語》曰：昆明池中有二石人，立牽牛織女於池之東西，以象天河。張衡《西京賦》曰：昆明靈沼，黑水玄址，牽牛立其右，織女居其左。今有石父石婆神祠在廢池，疑此是也。武帝初穿池，得黑土。帝問東方朔，東方朔曰西域胡人知。乃問胡人，胡人曰劫燒之餘灰也。《三秦記》曰：昆明池中有靈沼，名神池，云堯時治水嘗停船於此。池通白鹿原。原人釣魚，綸絶而去，夢於武帝求去其鉤，三日，戲於池上，見大魚銜索。帝曰豈不穀昨所夢耶，乃取鉤放之。間三日，帝復游池，池濱得明珠一雙，帝曰豈昔魚之報耶。

太液池　在長安故城西，建章宫北，未央宫西南。太液者，言其津潤所及廣也。又《關輔記》云：建章宫北有池，以象北海。刻石爲鯨，魚長三丈。《漢書》曰：建章宫北治大池，名曰太液池。中起三山，以象瀛洲、蓬萊、方丈，刻金石爲魚龍、奇禽、異獸之屬。《廟記》曰：建章宫北池名太液，周回十頃，有采蓮女鳴鶴之舟。又按《三輔舊事》云：日出暘谷，浴於咸池，至虞淵即暮，此池象之也。昭帝始元元年春，黄鵠下建章宫太液池。成帝常以秋日與趙飛燕戲於太液池，以沙棠木爲舟，以雲母飾於鷁首，一名雲舟。又刻大桐木爲虬龍，雕飾如真，夾雲舟而行，以紫桂爲柁枻。及飛雲棹之，玩擷菱蕖，帝每憂輕蕩以驚飛燕，命佽飛之士以金鎖纜雲舟於波上。每輕風時至，飛燕殆欲隨風入水，帝以翠纓結飛燕之裾。常怨曰：妾微賤，何復得預結纓裾之游？今太液池尚有避風臺，即飛燕結裾之處。

鎬池　在昆明池之北，即周之故都也。《廟記》曰：長安城西有鎬池，在昆明池北，周匝二十二里，溉地三十三頃。《史記》曰：秦始皇帝三十六年，使者從關東夜至華陰縣平舒道。有人持璧遮使者曰：爲吾遺鎬池君。因言曰：今年祖龍死。使者問其故，忽不見，置其璧去。使者奉璧具以聞，始皇默然良久曰：山鬼不過知一歲事。退言曰：祖龍者人之先也。祖，始也，龍者，人主之象，謂始皇也。使御府視璧，乃二十八年渡江所沈璧也。

滄池　在長安城中。《舊圖》云：未央宫有滄池，言池水蒼色，故曰滄池。

唐中池　周回十二里，在建章宫太液池之南。

十池　上林苑有初池、麋池、牛首池、蒯池、積草池、東陂池、西陂池、當路池、大臺池、郎池。牛首池在上林苑中西頭。蒯池生蒯草以織席。西陂池、郎池，皆在古城南上林苑中。陂、郎，二水名，因爲池。積草池中有珊瑚樹，高一丈二尺，一本三柯，上有四百六十二條，南越王趙佗所獻，號爲烽火樹，至夜景常煥然。

少府佽飛外池　《漢儀注》：佽飛具繒繳以射鳧鴈給祭祀，故有池。《元帝紀》

秦酒池　在長安故城中。《廟記》曰：長樂宮中有魚池、酒池，池上有肉炙樹，秦始皇造。漢武行舟於池中，酒池北起臺，天子於上觀牛飲者三千人。又曰：武帝嘗欲夸羌胡，飲以鐵杯，重不能舉，皆抵牛飲。《西征賦》云：酒池監於商辛，追覆車而不悟。

影娥池　武帝鑿池以玩月，其旁起望鵠臺以眺月，影入池中，使宮人乘舟弄月影，名影娥池，亦曰眺蟾臺。

琳池　昭帝元始元年穿琳池，廣千步。池南起桂臺以望遠，東引太液之水。池中植分枝荷，一莖四葉，狀如駢蓋。日照則葉低蔭根莖，若葵之衛足，名曰低光荷。實如玄珠，可以飾佩。花葉難萎，芬馥之氣徹十餘里，食之令人口氣常香，益脈治病。宮人貴之，每游燕出入，必皆含嚼。或剪以爲衣，或折以障日，以爲戲弄。帝時命水嬉，游燕永日。士人進一豆槽，帝曰：桂楫松舟，其猶重朴，况乎此槽可得而乘耶。乃命以文梓爲船，木蘭爲柁，刻飛燕翔鷁飾於船首。隨風輕漾，畢景忘歸。起商臺於池上。

冰池　在長安西。《舊圖》云：西有彪池，亦名聖女泉。蓋冰、彪聲相近，傳説之訛也。

又卷五《臺榭》　漢靈臺　在長安西北八里。漢始曰清臺，本爲候者觀陰陽天文之變，更名曰靈臺。郭延生《述征記》曰：長安宮南有靈臺，高十五仞，上有渾儀，張衡所制。又有相風銅烏，遇風乃動。一曰長安靈臺，上有相風銅烏，千里風至，此烏乃動。又有銅表，高八尺，長一丈三尺，廣尺二寸，題云太初四年造。

柏梁臺　武帝元鼎二年春起。此臺在長安城中北闕内。《三輔舊事》云以香柏爲梁也。帝嘗置酒其上，詔羣臣和詩，能七言詩者乃得上。太初中，臺災。

凉風臺　在長安故城西，建章宮北。《關輔記》曰：建章宮北作凉風臺，積水爲樓。

長樂宮　有魚池臺、酒池臺，秦始皇造。又有著室臺、鬥雞臺、走狗臺、壇臺、漢韓信射臺。又未央宮有果臺，東、西山二臺。未央宮有鉤弋臺、通靈臺。

長楊榭　在長楊宮。秋冬較獵其下，命武士搏射禽獸，天子登此以觀焉。臺上有木曰榭。

漸臺　在未央宮太液池中，高十丈。漸，浸也，言爲池水所漸。又一説：漸臺，星名，法星以爲臺名。未央宮有倉池，池中有漸臺，王莽死於此。

通天臺　武帝元封二年作甘泉通天臺。《漢舊儀》云：通天者，言此臺高，通于天也。《漢武故事》：築通天臺於甘泉，去地百餘丈，望雲雨悉在其下，望見長安城。武帝時祭泰乙，上通天臺舞八歲童女三百人，祠祀招仙人，祭泰乙。云令人升通天臺，以候天神。天神既下祭所，若大流星，乃舉烽火而就竹宮望拜。上有承露盤，仙人掌擎玉杯，以承雲表之露。元鳳間自毁，椽桷皆化爲龍鳳，從風雨飛去。《西京賦》云：通天眇而竦峙，徑百常而莖擢，上瓣華以交紛，下刻陗其若削。亦曰候神臺，又曰望仙臺，以候神明望神仙也。

飛廉觀　在上林，武帝元封二年作。飛廉，神禽能致風氣者。身似鹿，頭如雀，有角而蛇尾，文如豹。武帝命以銅鑄，置觀上，因以爲名。班固《漢武故事》曰：公孫卿言神人見於東萊山，欲見天子。上於是幸緱氏，登東萊。留數日無所見，惟見大人跡。上怒公孫卿之無應。卿懼誅，乃因衛青白上云：仙人可見，而上往遽，以故不相值。今陛下可爲觀於緱氏，則神人可致。且仙人好樓居，不極高顯，神終不降也。於是上於長安作飛廉觀，高四十丈。於甘泉作延壽觀，亦如之。後漢明帝永平五年至長安，悉取飛廉并銅馬，置之西門外，爲平樂觀。董卓悉銷以爲錢。

觀　漢博士劉熙《釋名》曰：觀，觀也，於上觀望也。

射熊觀　在長楊宮。武帝好自擊熊，司馬相如從至上林，作賦諫，揚雄亦作《長楊賦》。

石闕觀、封巒觀　《雲陽宮記》云：宮東北有石門山，岡巒糾紛，干霄秀出，有石巖容數百人。上起甘泉觀。《甘泉賦》云：封巒石闕，弭迤乎延屬。

又卷六《閣》　石渠閣　蕭何造，其下礱石爲渠以導水，若今御溝，因爲閣名。所藏入關所得秦之圖籍，至於成帝，又於此藏秘書焉。《三輔故事》曰：石渠閣，在未央宮殿北，藏秘書之所。

天禄閣　藏典籍之所。《漢宮殿疏》云：天禄麒麟閣，蕭何造，以藏秘書處賢才也。

麒麟閣　《廟記》云：麒麟閣，蕭何造。《漢書》：宣帝思股肱之美，乃圖霍光等十一人於麒麟閣。

長安御溝　謂之楊溝，謂植高楊於其上也。

闕　觀也，周置兩觀以表宮門，其上可居，登之可以遠觀，故謂之觀。人臣將朝，至此則思其所闕。

塾門　舍也。臣來朝君，至門外當就舍，更熟詳所應對之事。塾之，言熟。

掖門　在兩傍，如人臂掖也。

晉　張華《博物志》卷六　周自后稷至于文武，皆都關中，號爲宗周。秦爲阿房殿，在長安西南二十里，殿東西千步，南北三百步，上可以坐萬人，庭中受十萬人。二世爲趙高所殺于宜春宮，在杜城南三里，葬于旁。

北魏　酈道元《水經注》卷一六　穀水又逕靈臺北，望雲物也。漢光武所築，高六丈，方二十步。世祖嘗宴于此臺，得鼮鼠于臺，【略】穀水又東逕平昌門南，案正南門曰平昌門。故平門也。又逕明堂北，漢光武中元元年立。尋其基構，上圓下方，九室，重隅，十二堂，蔡邕《月令》章句同之。故引水于其下爲辟雝也。

南朝梁　任昉《述異記》卷下　甘泉宮有木園，武帝時園也。今俗呼爲仙草園，出《漢魏宮志》。

南朝梁　蕭繹《金樓子》卷三　劉京，性恭孝，好經學。京都莒，好宮室，窮極伎巧，殿館壁帶，皆飾以金銀。

唐　歐陽詢《藝文類聚》卷六一　《漢武故事》曰：上起神屋，鑄銅爲柱，黄金塗之，赤玉爲階椽，亦以金刻玳瑁，爲禽獸，以薄其上。椽首皆作龍首，銜鈴流蘇懸之。鑄銅爲竹，以赤白石脂爲泥，椒汁和之，以火齊薄其上。扇屏悉以白琉璃作之，光照洞徹。以白珠爲簾箔，玳瑁壓之，以象牙爲床，以琉璃珠玉明月夜光雜錯，天下珍寶爲甲帳，其次爲乙帳。甲以居神乙，上自御之。前庭植玉樹，珊瑚爲枝，以碧玉爲葉，或青或赤，悉以珠玉爲之子，皆空其中，如小鈴鎗鎗有聲。甍標作鳳皇軒，翥若飛狀。

董生書曰：禮天子之宮在清廟，左凉室，右明堂，後路寢。四室者，足以避寒暑而不高大也。夫高近陽廣室多陰，故室適形而止。

唐　李吉甫《元和郡縣志》卷一《關内道一·京兆府》長安縣　龍首山在縣北一十里，長六十里，頭入渭水，尾達樊川。秦時有黑龍從南山出飲水，其行道因成土山，疏山爲臺殿，不假版築，高出長安城。《西京賦》所云：疏龍首以抗殿也。《三輔黄圖》曰：營未央宮因龍首制前殿也。

長安故城在縣西北十三里，漢舊都，惠帝修築，本秦離宮也。按，惠帝元年正月城長安，三年春，發長安六百里内男女十四萬六千人，三十日罷。六月，發徒隸二萬人常役至。五年正月發十四萬五千人，三十日罷。九月而城成。城南爲南斗形，城北爲北斗形，周迴六十五里。

周武王宮即鎬京也，在縣西北十八里。自漢武帝穿昆明池于此，鎬京遺址淪陷焉。

秦阿房宮在縣西北十四里。殿東西五百步，南北五十丈，上可坐萬人，下可建五丈旗表。南山以爲闕，爲複道。自阿房渡渭，屬之咸陽，庭中可受十萬人。又置銅人十二于宮前。

漢建章宮在縣西二十里，長安故城西。太初元年柏梁臺災，越巫以厭勝之術請作建章宮，爲千門萬户。

神明臺在縣西北二十里，長安故城西，上有承露盤。

漢博望苑在縣北五里，武帝爲太子據所立，使通賓客。上林苑在縣西北一十四里，周匝二百四十里，相如所賦也。

酒池在長樂宮中。漢武帝所作以誇羌胡。飲以鐵杯重不能舉皆低頭牛飲。《西征賦》云：酒池鑒于商辛追覆車而不寤。

雲陽縣　雲陽宮即秦之林光宮，漢之甘泉宮，在縣西北八十里甘泉山上，周迴十餘里，去長安三百里，望見長安城，黄帝以來祭天圜丘處也。齊人少翁謂武帝曰：上即欲與神通，宮室被服非像神，神物不至。乃于甘泉宮中爲臺，畫天地太一諸鬼神而祭之。又作柏梁、銅柱、承露盤、仙人掌之屬。帝以五月避暑于此，八月乃還。

通天臺在縣西北八十一里甘泉宮中，高三十五丈，望雷雨悉在下。

咸陽縣　秦磁石門在縣東南十五里，東南有閣道，即阿房宮之北門也。累磁石爲之，著鐵甲入者磁石吸之不得過。羌胡以爲神。

蘭池陂即秦之蘭池也，在縣東二十五里。初始皇引渭水爲池，東西二百里，南北二十里，築爲蓬萊山，刻石爲鯨魚，長二百丈。始皇嘗微行，遇盗于蘭池。

又卷二《關内道二·京兆府》櫟陽縣　秦望夷宮在縣東南八里，北臨涇水，以望北夷，故名之。胡亥死于此。

唐　段成式《酉陽雜俎》卷一四《諾皋記上》　漢竹宮用紫泥爲壇，天神下若流火。玉飾器七千枚，舞女三百人。一曰：漢祭天神，用萬二千杯，養牛五歲重三千斤。

唐 韋絢述《劉賓客嘉話録》卷二《移春檻》 昆明池者，漢孝武所制。蒲魚之利，京師賴之。中宗安樂公主請之，帝曰：前代已來，不以與人，此則不可。主不悦，因役人别鑿一池，號曰定昆池。既成，中宗往觀，令公卿賦詩。李黄門《日知詩》曰：但願暫思居者逸，無使時傳作者勞。及睿宗即位，謂之曰：定昆池詩，當時朕亦不敢言。非卿忠正，何能若此？尋遷侍中。

宋 樂史《太平寰宇記》卷一二《河南道十二·宋州·亳州》 修竹園 在（宋城）縣東南十里。《西京記》：梁孝王好宮室園苑之樂，作睢華宮，築兔園。中有白靈山、落猿巖、栖龍岫。又有鴈池，池中有鶴州鳧渚。《水經》云：睢水東南過竹圃，又鴈鶩池，取龍睢溝水。

又 卷二五《關西道一·雍州》 上林苑 《漢書》云：武帝建元三年，起上林苑。吾邱壽王所奏，東南至藍田、宜春、鼎湖，御宿昆吾旁。南山而西至長柞、五柞。北統黄山，濵渭。而《東漢舊儀》云：上林苑，方三百。《漢宮殿疏》云：方百四十里。

長樂宮 《關中記》云：長樂宮，本秦之興樂宮也，周迴二十里，漢太后常居之。《長安記》云：興樂宮，秦始皇造，漢修飾之。宣帝元康四年，神雀五采以萬數集長樂宮。五鳳三年，鸞鳳集長樂宮東闕中樹上。《三輔黄圖》云：長樂宮，前殿東西四十九丈七尺，兩杼中二十五丈，深十二丈。《關中記》又云：長樂宮，有長定、長秋、永壽、永寧四殿。《三輔黄圖》云：長樂宮有鴻臺，有臨華殿，有温室殿。

未央宮 《漢書》曰：高祖七年，蕭何治未央宮，立東闕、北闕、前殿、武庫、大倉。【略】《三輔黄圖》云：未央有宣室、麒麟、金華、承明、武臺、鈎弋等殿。《廟記》云：未央宮，有增城殿、昭陽殿。《三輔黄圖》云：未央宮有白獸殿。又云未央宮臺殿三十二，有壽成殿、萬歲、廣明、椒房、清凉、永延、玉堂、壽安、平就、宣德、東明、飛雨、鳳凰、通光、曲臺、白虎等殿。《廟記》云：未央宮有延年殿、合歡殿、四車殿。《三秦記》云：未央宮有朱鳥堂、畫堂、非常室。《關中記》云：未央宮有天禄閣、麒麟閣，有司馬門、金馬門、青鎖門，元武闕、蒼龍闕，又有鈎盾署，弄田。

桂宮 《廟記》云：桂宮，漢武造。《漢書》曰：桂宮有紫房複道，通未央宮。《關中記》云：桂宮在未央宮北，周迴十餘里，中有光明殿，殿上有複道，從宮中西上城，西至建章宮、神明臺、蓬山。《三秦記》云：未央宮漸臺西有桂宮。宮中有明光殿，皆金玉珠璣爲簾箔，處處明月珠，金户玉階，晝夜光明。又云：桂宮，一名甘泉，作迎風臺以避暑。

建章宮 《漢書》曰：武帝太初元年，柏梁殿災。越巫勇謂帝曰：越俗有火災即復，大起宮室以厭勝之。於是作建章宮，度爲千門萬户。前殿度高未央，其東則鳳闕，高二十餘丈。泰液池中有蓬萊、方丈、瀛州，壺梁象海中神山龜魚之屬。其南有玉堂璧門，大鳥之屬，立神明臺井幹樓，高五十丈。輦道相屬焉。《三輔》舊事云：建章宮，周迴數里。殿東别起鳳闕，高二十五丈，乘高以望遠。又於宮門北起圓闕，高二十五丈，上有銅鳳凰赤眉，賊懷之。《西京賦》圓闕聳以造天，若雙碣之相望，是也。《廟記》云：建章北闕門也，又有鳳凰闕，漢武帝造高十七丈五尺。《長安記》云：俗人謂鳳凰闕爲貞女樓。古歌辭云：長安城西有雙闕，上有雙銅雀。一鳴五穀生，再鳴五穀熟。按：銅雀即銅鳳凰也。《廟記》云：建章宮有折風闕，一名别風闕。又云：嶕嶢闕，又在鼓簧宮也。

秦阿房 在（長安）縣西北十四里，殿東西五百步，南北五十丈。上可坐萬人，可以建五丈旗。表南山以爲闕，爲複道。自阿房渡渭，屬之咸陽，庭中可受十萬人，仍置銅人十二於宮前，十五年始成。未暇擇令名而亂，以在山阿之旁，故號曰阿房。

宋 宋敏求《長安志》卷三《宮室一》 秦 阿房宮 《史記》曰：始皇三十五年，以爲咸陽人多，先王之宮廷小，吾聞周文王都豐，武王都鎬，豐鎬之間，帝王之都也。乃營作朝宮於渭南上林苑中。先作前殿阿房東西五百步，南北五十丈，上可以坐萬人，下可以建五丈旗。周馳爲閣道，自殿下直抵南山。表南山之顛以爲闕。爲複道，自阿房渡渭，屬之咸陽，以象天極閣道絶漢抵營室也。阿房宮未成，成欲更擇令名名之。作宮阿房，故天下謂之阿房宮。隱宮徒刑者七十餘萬人，乃分作阿房宮，或作麗山。發北山石槨，乃寫蜀、荆地材皆至。關中計宮三百，關外四百餘。於是立石東海上朐界中，以爲秦東門。因徙三萬家麗邑，五萬家雲陽，皆復不事十歲。《三輔舊事》曰：始皇造阿房宮，徵發天下工匠。又曰：項羽屠咸陽，焚其宮室，三月火不滅。《三輔舊事》曰：阿房宮東西三里，南北五百步，庭中可受十萬人，車行酒，騎行炙，千人唱，萬人和，置銅人十二於宮前。磁石門，東西有閣道，即阿房宮之北闕門也，累磁石爲之。着鐵甲入者，磁石吸之不得過。羌胡以爲神。《三輔黄圖》曰：阿房宮以磁石爲門，懷刃者止之。《括地志》曰：一名却胡臺。《水經注》曰：磁石門，北門，在阿房前，悉以磁石爲之，故專其目。令四夷朝者有隱甲懷刃入門而脅之，以示神。故亦曰却胡門。鮑照《蕪城賦》曰：製磁石以御衝。**木蘭爲梁**。《三輔黄圖》曰：阿房前殿以木蘭爲梁。**阿城**《漢書》曰：阿城，秦阿房宫也。以其墻壁崇廣，故俗呼爲阿城。**鑄金人十二**。《史記》曰：始皇大收天下兵器，聚之咸陽，銷以爲鐘鐻，鑄金人十二。重各千斤，置宫中。《三輔黄圖》曰：坐高二丈，其銘曰：皇帝二十六年，初兼天下，改諸侯爲郡縣，一法律，同度量，大人來見臨洮，其長五丈，足跡六尺。**端門四達**。《三輔黄圖》曰：秦始皇兼天下，都咸陽。因北陵營宫殿，端門四達，以則紫宫象帝居。渭水貫都，以象天漢。横橋南度，以法牽牛。《賈山傳》：**秦起咸陽而西至雍，離宫三百**。師古曰：凡言離宫者，皆謂於別處，置之非常所居也。**鐘鼓帷帳，不移而具。又爲阿房之殿，殿高數十仞**。師古曰：阿房者，言殿之四阿皆爲房也。一説大陵曰阿，言其殿高若於阿上爲房也。房字或作旁，説云始皇作此殿，未有名，以其去咸陽近，且號阿旁。阿，近也。八尺曰仞。**東西五里，南北千步，從車羅騎，四馬騖馳，旌旗不橈**。師古曰：屈也，言庭之廣大，殿之高敞，衆騎馳騖，無所迫觸，建立旌旗，不屈橈。**爲宫室之麗至於此，使其後世曾不得聚廬而托處焉**。

冀闕《史記》曰：秦孝公十二年，作咸陽，築冀闕，徙都之。**甘泉林光宫**，《史記》：秦始皇二十七年，作甘泉宫及前殿，築甬道。自咸陽屬之。《戰國策》：范雎説秦王，曰：大王之國，北有甘泉、谷口。《漢宫闕疏》曰：甘泉林光宫，秦三代所造。**大夏殿**，《三輔故事》曰：大夏殿，始皇造銅人十枚在殿前。**上林苑**、《史記》始皇營朝宫阿房於渭南上林苑。又曰：始皇欲大苑囿，東至函谷，西至陳倉。優旃曰：善哉！若寇從東來，今麋鹿觸之。始皇乃止。**牛首池**《史記》曰：秦上林苑有牛首池，在苑西頭。**凌雲閣**，《漢宫殿疏》曰：凌雲閣，秦二世造。《三輔舊事》曰：閣與南山齊。【略】**祈年宫**，《史記》曰：始皇初居之。宫有祈年宫、長信宫、梁山宫。《漢書》曰：祈年宫，惠公起。又曰：秦穆公葬於雍槖泉宫祈年觀下。**長信宫**，見上。《史記》曰：始皇二十七年，作長信宫於渭南，通驪山，作甘泉宫及前殿，築甬道，自咸陽屬之。**梁山宫**見上。在好畤，始皇起。又，始皇幸梁山宫，望見丞相車騎衆，不善之。《三秦記》曰：梁山宫城皆文石，名織錦城。**宫觀二百七十**。《史記》曰：盧生説始皇曰：人主爲微行，所居而人知之，則害於神。願上居毋令人知，則不死之藥殆可得也。乃令咸陽之旁二百里内宫觀二百七十複道甬道相連，帷帳鐘鼓美人充之，所幸有言其處者，罪死。【略】**望夷宫**，《史記》曰：胡亥三年，夢白虎嚙其左驂馬，殺之，心不樂，卜涇水爲祟，胡亥乃齋於望夷宫，欲祠涇沉四白馬。趙高乃使其壻咸陽令閻樂殺胡亥於望夷宫。張晏引《博物志》曰：望夷宫在長陵西北長平觀，道東故亭處是臨涇水，作之以望北夷。《漢書注》：師古曰：胡亥葬於宜春苑，死不在渭北也。【略】**蘭池宫**，秦始皇爲微行咸陽，與武士四人俱，夜出逢盜蘭池，宫見窘，使武士擊殺盜，關中大索二十日。《地理志》：渭城縣有蘭池宫。《三秦記》曰：始皇引渭水爲長池，東西二百里，南北二十里，築爲蓬萊山，刻石爲鯨魚，長二百丈，亦曰蘭池陂。是秦又有蘭池。**長樂宫**，《關中記》曰：長樂宫有魚池臺、酒池臺，秦始皇造。**酒池**《廟記》：長樂宫有魚池、酒池，池上有楢柞樹，秦始皇造。**殿觀百四十五**《三輔舊事》曰：始皇表河以爲秦東門，表汧以爲秦西門。中外殿觀百四十五。後宫列女萬餘人，婦人之氣上衝于天。**章臺、上林**，諸廟及章臺上林皆在渭南。**作信宫渭南**。《史記》曰：秦破諸侯，寫放其宫室，作之咸陽北坂上，南臨渭，自雍門以東至涇、渭，殿屋複道，周閣相屬。所得諸侯美人鐘鼓，以充之。二十七年，作信宫渭南，已更命信宫爲極廟，像天極。自極廟道通酈山，作甘泉前殿。築甬道，自咸陽屬之。**離宫、別觀相望聯屬**。《廟記》曰：咸陽北至九嵕、甘泉，南至長楊、五柞，東至河，西至汧，離宫別觀相望聯屬。木衣綈繡，土被朱紫，宫人不移，樂不改懸，窮年忘歸，猶不能遍。**獸圈**，《烈士傳》曰：秦王召魏公子無忌，不行，於是朱亥奉璧一雙詣秦王。王怒，使置亥獸圈中。亥瞋視獸，眦血濺於獸面。獸不敢動。**虎圈**，《漢宫殿疏》：秦故虎圈，周匝三十五步，西去長安十五里。**狼圈**。又曰秦故狼圈，廣八十步長二十步，西去長安十五里。

漢上

未央宫《西京雜記》曰：未央宫周匝二十三里九十五步五尺，街道周四十七里，臺殿四十三所，其三十二所在外，十一所在後宫。池十三，山六，池一，山二亦在後宫。門闥凡九十五。潘岳《關中記》曰：未央宫周旋三十三里，街道七十里，有臺三十二，池十二，土山四，宫殿門八十一，掖門十四。又曰：未央宫殿及臺，皆疏龍首山土，以作之殿基，出長安城上非築也。又取山土以爲城，山之餘尾今在城西南數里，乃盡也。辛氏《三秦記》曰：今長安城即疏龍首山爲臺殿，臺址不假版築。張衡《西京賦》云：疏龍首以抗殿是也。王莽改未央宫曰壽成室。《括地志》曰：未央宫在長安故城中，近西南隅。**東闕**，《漢書》曰：高祖七年，蕭何立東闕、前殿、武庫。又曰：文帝七年六月，未央宫東闕罘罳災。注如淳曰：東闕與其兩旁罘罳皆災也。顔師古曰：罘罳，爲連闕曲閣也，以覆重刻垣墉之處，其形罘罳然。又曰：屏也。罘，音浮。**北闕**，《漢書》師古曰：未央殿雖南嚮，而上書奏事謁見之徒，皆詣北闕，公車司馬亦在北焉。是則以北闕爲正門，而又有東門、東闕。至於西南兩面，無門闕矣。蓋蕭何初立宫，以厭勝之術，理宜然乎？《關中記》曰：未央宫東有蒼龍闕，北有玄武闕，所謂北闕也。闕中有閶闔門、止車門廟。《記》曰：未央宫有白虎闕，屬車闕。【略】**高門殿**，《漢書》曰：汲黯請間見高門。晉灼曰：《三輔黄圖》未央宫中有高門殿。又鮑宣曰：豈徒欲使臣美食大官，重高門之地哉！晉灼曰：高門，殿名。師古曰：在未央宫。**猗蘭**

殿，《漢武帝故事》曰：王美人七月七日旦生武帝於猗蘭殿。《洞冥記》漢武帝未生之時，景帝夢一赤彘從雲中直下崇芳閣。帝覺而坐於閣，果見赤氣如林木蔽戶牖，望閣上有丹霞蓊鬱。既而改崇芳閣爲猗蘭殿。**承明殿**，《霍光傳》：太后時幸未央承明殿。成帝鴻嘉二年，有雉集承明殿。顏師古曰：在未央宮中。《翼奉傳》：孝文躬行節儉，外省繇役。其時未有甘泉、建章及上林中諸離宮館也。未央宮又無高門、武臺、麒麟、鳳凰、白虎、玉堂、金華之殿，獨有前殿、曲臺、漸臺、宣室、温室、承明耳。**清涼殿**，《三輔黃圖》曰：未央宮有清涼殿、宣室殿、金華殿、玉堂殿、白虎殿、麒麟殿。**宣室殿**，《賈誼傳》：上方受釐宣室。蘇林曰：宣室，未央前正室也。武帝爲竇太主置酒宣室。東方朔曰：宣室者，先帝之正處也。非法度之政不得入焉。宣帝甘露四年，未央宮宣室閣災。《刑法志》曰：宣帝常幸宣室齋居而決事。如淳曰：宣室，布政教之室也。晉灼曰：未央宮中有宣室殿。師古曰：蓋其殿在前殿之側，齋則居之。《淮南子》曰：武王殺紂於宣室，漢蓋取舊名也。【略】**昭陽舍**，《漢書》曰：趙昭儀居昭陽舍，其中庭彤朱，而殿上髹漆，切皆銅沓冒黄金塗，白玉堦壁帶，往往爲黄金釭，函藍田璧，明珠，翠羽飾之。張平子《西京賦》曰：後宮則昭陽、飛翔、增成、合歡、蘭林、披香、鳳凰、鴛鴦。漢宮闕名有鳳凰殿。《西京雜記》：昭陽殿織珠爲簾，風至則鳴，如環佩聲。又曰：昭陽殿窗戶扇多是琉璃。皆通照，毛髮不得藏。椽桷皆刻作蛇龍縈繞其間，鱗甲分明，見者莫不驚慄。**增城舍**，《漢書》曰：班婕妤居增城舍。應劭曰：後宮有八區，增城第三也。**椒風舍**，《漢書》曰：董賢女弟爲昭儀，名其舍爲椒風，以配椒房。應劭《漢宮儀》曰：皇后殿稱椒房，以椒塗室，主温暖、除惡氣也。**掖庭**《漢宮儀》曰：婕妤以下皆居掖廷。《西京雜記》曰：漢掖廷有丹景臺、雲光殿、九華殿、鳴鸞殿、開襟閣、臨池觀，皆繁華窈窕之所棲宿。**月景臺、雲光殿、九華殿、鳴鸞殿、開襟閣**。《雜記》又曰：漢彩女常以七月七日夜，穿七孔針於開襟樓閣，以習之。**臨池觀皆見柏梁臺**。《漢書》：武帝元鼎二年春，起柏梁臺。服虔曰：用百頭梁作臺，因名焉。師古曰：《三輔舊事》云：以香柏爲之。今書皆作柏，服説非。《漢武故事》曰：以香柏爲之，香聞數十里。《郊祀志》曰：武帝鑄柏梁銅柱。《五行志》曰：太初元年十一月乙酉，未央宮柏梁臺災。先是，大風發其屋，夏侯始昌先言其災日。《廟記》曰：柏梁臺，漢武帝造，在北闕内道西。《三秦記》曰：柏梁臺上有銅鳳，名鳳闕。漢武帝集，武帝作柏梁臺。【略】**承明廬**，《漢書》曰：岩助爲會稽太守，武帝賜書曰：君厭承明之廬。張晏曰：承明廬，在石渠閣外直宿所止，曰廬。**天禄閣**，《三輔故事》曰：天禄閣、石渠閣並在未央宮。大殿北以藏秘書。《漢宮殿疏》曰：天禄閣，麒麟閣，蕭何造以藏秘書，畫賢臣像凡十二人。霍光第一，蘇武第十二。【略】**麒麟閣**。見上。《蘇武傳》：甘露三年，單于始入朝。上思股肱之美，乃圖畫其人於麒麟閣。張晏曰：武帝獲麒麟時作麒麟閣，圖畫其像於閣，遂以爲名。師古曰：《漢宮閣疏》云：蕭何造。上思股肱之美，謂霍光等十二人。《三輔黃圖》曰：未央宮，有麒麟殿，藏秘書，即揚雄校書處。**蘭臺**，《漢書·百官表》：御史中丞在殿中蘭臺，迭掌圖籍秘書。《西京賦》曰：蘭臺金馬，遞宿迭居。**漸臺**。《漢書》曰：文帝夢上天不能，有一黃頭郎推，上覺而之漸臺，以夢中陰自求推者郎，見鄧通。師古曰：未央殿西南有蒼池，池中有漸臺。又王莽爲元后置酒未央宮漸臺，大縱衆樂。《關中記》曰：未央宮中有蒼池。池中有漸臺，王莽死於是也。《括地志》曰：既云就車而之漸臺，雖未央、建章複道相屬，但漢兵既迫，不應駕車踰城。此即非建章之漸臺矣。然則未央、建章似各有漸臺，非一所也。【略】**凌室**，《漢書》：惠帝四年七月，未央宮凌室災。顏師古曰：藏冰之室也。**織室**，又織室災。師古曰：織作之室。《百官表》少府掌東織、西織。河平元年，省東織，更名西織，爲織室。【略】**東山臺**，《三輔故事》曰：未央宮前有東山臺、西山臺、釣臺。《三輔黃圖》又曰：未央宮有果臺、東山臺、西山臺、釣臺。《廟記》曰：未央宮有釣弋臺。【略】**未央廐**，《漢書》曰：武帝期門郎上官桀，遷爲未央廐令。**獸圈、彘圈**。《三輔黃圖》曰：獸圈九，彘圈一，在未央宮中。

建章宮　《漢書》曰：武帝大初元年十一月，柏梁臺災。二月起建章宮。文穎曰：越巫名勇，謂帝曰：越國有火災，即復大起宮室以厭勝之。故帝作建章宮。師古曰：在未央宮西，今長安故城西，俗所呼貞女樓者，即建章宮之闕也。《關中記》曰：建章宮其制度事兼未央宮，周回二十餘里。《三輔舊事》曰：建章宮周圍數十里，殿東別起閣，高二十五丈，憑高以望遠。張平子《西京賦》曰：柏梁既災，越巫陳方。建章是營，用厭火祥。營宇之制，事兼未央。**度爲千門萬户，前殿度高未央**。《東方朔傳》曰：令陛下以城中爲小圖，起建章、左鳳闕，右神明號稱千門萬户。**其東則鳳闕，高二十餘丈**。師古曰：《三輔故事》：其闕圜，上有銅鳳。班固《西都賦》曰：設璧門之鳳闕，上觚棱而棲金爵。金爵則銅鳳也。《關中記》曰：建章宮鳳闕臨北道，鳳在上，故號曰鳳闕。《廟記》曰：建章宮北闕高二十丈。建章，北闕門也。又，古鳳凰闕，漢武帝造，高十七丈五尺。《長安記》曰：俗人謂鳳闕爲貞女樓。古歌詞云：長安城西雙員闕，上有一雙銅雀宿。一鳴五穀生，再鳴五穀熟。案銅雀，即銅鳳也。繁欽《建章鳳闕賦序》曰：秦漢規模斬焉泯毀，唯建章鳳闕聳然獨存。雖非象魏之制，亦一代之巨觀也。**其西則商庭，數十里虎圈**。如淳曰：商，中商庭也。師古曰：商，金也。於序爲秋，故謂西方之獸爲商。商庭廣數十里。於菟亦西方之獸，故於此置其圈也。**其北治大池，漸臺高二十餘丈，名曰泰浸**。師古曰：漸，浸也。臺在池中爲水所浸，故曰漸臺一。**池中有蓬萊、方丈、瀛州、壺梁，象海中神山龜魚之屬**。師古曰：《古輔故事》：池北岸有石魚，長三丈高五尺，西岸有石鼈三枚，長六尺。其南有玉堂、璧門、大鳥之屬。師古曰：立大鳥象也。《漢書》曰：建章宮南有玉堂，璧門三層，臺高十餘丈。玉堂、内殿十二門，階陛咸以玉爲之。鑄銅鳳，高五尺，飾黄金，栖屋上。下有轉樞，向風若翔，椽首傳以玉璧，因曰璧門。立神明臺、井幹樓，高五十丈。輦道相屬焉。師古曰：《漢宮閣疏》：神明臺高五十丈。上有九室，常置九天道士百人。神明井幹共高五十丈也。井幹樓積木而高，爲樓若井幹之形也。井幹者，井上木欄也。其形或四角、或八角。《東方朔傳》曰：建章左鳳闕，右神明。張衡《西京賦》曰：井幹疊而百層，謂此樓也。幹，或作翰，其義並同。《三輔黄圖》曰：神明臺上有九臺，今謂之九子臺，非也。析風闕，《三輔故事》曰：建章宮東有析風闕。《關中記》曰：建章宮閶闔門内東出，有析風闕，一名別風闕。高一十丈。《西京賦》所云閶闔之内，別風嶕嶢者也。嶕嶢闕。《廟記》曰：建章宮有嶕嶢闕。薛綜注：次門，女闕也。在圓闕門内二百步。馺娑殿，《關中記》曰：建章宮中有馺娑、駘盪、枍詣、承光四殿。駘盪殿、枍詣殿、承光殿。並見上。銅柱承露仙人掌。《漢書》曰：武帝作《蘇林》曰：仙人以手掌擎盤承甘露。師古曰：《三輔故事》：建章宮承露盤，高二十丈，大七圍，以銅爲之。上有仙人掌承露，和玉屑飲之。蓋張衡《西京所》賦云：立脩莖之仙掌，承雲表之清露。屑瓊蘂以朝餐，必性命之可度也。《長安記》曰：仙人掌，大七圍，以銅爲之。太液池，《漢書》曰：昭帝始元元年二月，黄鵠下建章宮太液池中。如淳曰：液，言天地和液之氣也。瓚曰：陰陽津液以作池也。師古曰：二説皆非。太液池者，言其津潤所及廣也。又曰：建章宮北有太液池。《關中記》曰：建章宮北有池以象海。北刻石爲鯨魚，長三丈。《三輔舊事》曰：建章宮北作清淵。北有鯨魚刻石爲之。《西京雜記》曰：太液池邊皆是雕葫、紫擇、緑節、莞叢生蒲之類。菰之有米者，長安人謂爲雕葫。葭蘆之未解葉者，謂爲紫擇。菰之有首者，謂爲緑節。其間鳬鷖鴈子，布滿充積。又多紫龜緑鼈，池邊多平沙，沙上鶗鳴、鷫鵝、鵁鶄、鴻鶂，動輒成羣。又曰：太液池中有鳴鶴舟、容與舟、清曠舟、采菱舟、越女舟。《三輔舊事》曰：日出暘谷，浴於咸池，至虞泉即暮，此則象之也。清淵見上。承樹池《西京雜記》曰：太液池西有一小池，名承樹池。中有一洲，洲上有一枯樹。其樹大十餘圍，望之童童，如車蓋，故取以爲名。奇華殿，《周地圖記》曰：奇華殿在建章宮旁，曰海藏夷器服珍寶，火浣布、切玉刀、巨象、大雀、獅子、宛馬，充塞其中。鼓簧宮，《漢宮闕疏》曰：鼓簧宮周匝百三十六步，在建章宮西北。涼風臺，《關中記》曰：建章宮北作涼風臺，積木爲樓，高五十餘丈。中龍華門見《漢武故事》。曝衣閣。宋卜子《陽園苑疏》曰：太液池西，有武帝曝衣閣，常至七月七日，宮女出后衣登樓曝。

長樂宮 《漢書》曰：高帝五年都長安，九月治長樂宮。《叔孫通傳》：漢七年長樂宮成。《關中記》曰：長樂宮本秦之興樂宮也，周圍二十餘里，有殿十四，漢太后常居之。《長安記》曰：興樂宮，秦始皇造，漢修飾之。王莽改長樂宮曰常樂室。【略】前殿，《三輔黄圖》曰：長樂宮前殿東西四十九丈七尺，西杼長二十五丈，深十二丈。杼，一作序。宣德殿、通光殿、高明殿。右見《三輔》。宮殿名，在長樂宮中。長秋殿，《關中記》曰：長樂宮有長秋、永壽、永寧、長定四殿。永壽殿、永寧殿、長定殿並見上。臨華殿，《漢書》曰：成帝永始四年，長樂臨華殿災。鴻臺，《漢書》惠帝四年三月，長樂宮鴻臺災。《三輔黄圖》曰：長樂宮有鴻臺、有臨華殿、有温室殿。温室殿，見上。《漢書》曰：或問孔光：温室省木，皆何木也？光嘿不應。晉灼曰：長樂宮中有温室殿。建始殿、廣陽殿、中室殿、月室殿、神仙殿、椒房殿，以上並見《三輔黄圖》。大夏殿。《三輔舊事》曰：秦作銅人，立在阿房殿前，漢徙著長樂宮大夏殿前。《關中記》曰：長樂宮殿前銅人，其胸前銘：李斯、蒙恬所書也。賈誼《過秦論》曰：始皇銷鋒鑄鐻，以爲金人十二，以弱天下之人是也。《魏志》曰：董卓悉椎破銅人鐘簴以鑄小錢。《英雄記》曰：昔大人見臨洮，而銅人鑄臨洮。生卓而銅人毁。時有卓而大亂，大亂而卓身滅，良有以也。《關中記》曰：董卓壞銅人，餘二枚，徙在清明門。裏魏明帝欲徙詣洛，載致霸城，重不可致。酒池。在長樂宮，秦始皇造，漢武帝行舟於中。《西京記》曰：酒池北起臺，天子於上觀牛飲者三千人。《太平寰宇記》曰：武帝作酒池以誇羌胡，飲以鐵杯，重不能舉，皆抵牛飲。

宋 宋敏求《長安志》卷四《宮室二·漢中》

桂宮 《三輔黄圖》曰：桂宮，漢武帝造。《漢書》曰：桂宮有紫房複道，通未央宮。又成帝爲太子，初居桂宮。師古曰：《三輔黄圖》：桂宮在城中，近北宮，非太子宮。《三輔故事》曰：桂宮，在未央宮北，周匝十餘里。中有明光殿、走狗臺、土山。複道横北度，從宮中西上城，至建章神明臺。

龍樓門 《漢書》：成帝爲太子，上嘗急召太子。出龍樓門，不敢絶馳道。西至直城門，得絶乃度。還入作室門，上遲之。張晏曰：門樓上有銅龍，若白鶴飛廉之爲名也。

明光殿 《關中記》曰：桂宮在未央宮之北，周回十餘里。中有明光殿。殿上複道。從宮上西上城，西至建章宮神明臺蓬萊山。《三秦記》曰：未央宮漸臺西有桂宮。宮内有明光殿，皆金玉珠璣爲簾箔，處處明月珠，金泥玉階，晝夜光明。班固《西都賦》曰：自未央宮而連桂宮，北彌明光而亘長樂，《三輔舊事》曰：桂宮内有明光殿。

明光宮 《漢書》曰：武帝太初四，年秋起明光殿。師古曰：《三輔黄圖》：在城中，近桂宮。《元后傳》曰：成都侯商，嘗病，欲避暑於明光宮。師古曰：明光在城内，近桂宮。《漢武故事》曰：又起明光宮。發燕趙美女三千人充之，率皆十五已上，二十已還，年滿三十者出嫁之。掖庭令稽其籍，時有死出者隨補之。《三秦記》曰：明光殿，以金爲地，玉爲階。王莽篡位，命孺子爲定安公。孝平皇后爲定安太后。改明光宮爲定安館，定安太后居之。**輦道相屬**《漢書》曰：《武帝故事》，上起明光宮、桂宮、長樂宮，皆輦道相屬，懸棟飛閣，北度從宮中西上城，至神明臺。平帝元始元年，罷明光宮。

北宮《漢書》曰：惠帝張皇后廢處北宮。師古曰：在未央宮之北，董偃常從武帝游戲北宮。馳逐平樂觀。平帝貶皇太后趙氏爲孝成皇后，退居北宮。哀帝皇后傅氏退居桂宮。師古曰：北宮及桂宮皆在城中，而非未央宮中也。《霍光傳》：北宮、桂宮皆在未央宮北。《漢書》又曰：宮中有壽宮神君。張羽旗，設供具，以祀神君。來則肅然風生，帷帳皆動。

林光宮《漢書注》服虔曰：甘泉，一名林光。師古曰：秦之林光宮，胡亥所造。漢又於其旁起甘泉宮。又《郊祀志》：震電災林光宮門。孟康曰：甘泉，一名林光。師古曰：林光，秦離宮名也。漢又於其旁起甘泉宮，非一名也。《關中記》曰：林光宮，一曰甘泉宮，秦造。在今池陽縣西北，故雲陽縣甘泉山上，周圍十餘里。漢武建元中增廣之，周圍十九里二百二十步，有宮十二，臺十一。武帝常以五月避暑於此，八月乃還。

甘泉宮《漢書》曰：甘泉，山名。應劭曰：甘泉在馮翊雲陽縣。文帝三年，五月，上幸甘泉。師古曰：甘泉在雲陽。本秦林光宮。晉灼曰：雲陽甘泉，黄帝以來祭天圜丘處也。武帝常以五月避暑，八月乃還。《史記》又曰：齊人李少翁言，上即欲與神通。宮室被服，非象神物不至，乃作甘泉宮。中爲臺，畫天地泰一諸鬼神，而置祭具以致天神。《揚雄傳》：甘泉，本秦之林光宮，而武帝復增通天高光迎風宮。《關中記》曰：林光宮，一曰甘泉宮，秦造。在今池陽縣西北，故雲陽縣甘泉山上。周圍十餘里，有銅人二枚，在門外。《三輔黄圖》曰：甘泉宮，漢武帝建元中增廣之。周圍一十九里。中有牛首山。《漢宮儀注》曰：甘泉通天宮，去長安三百里，望見長安城。黄帝以來，圜丘祭天處。《關山圖》曰：雲陽先王之墟也。中有神書鐵券玉石之記。《十道志》曰：今按甘泉谷北有古槐樹，在故宮之南。《雲陽宮記》曰：甘泉宮北有槐樹，今謂之玉槐樹，根幹盤峙三二百年木也。耆舊相傳，咸以爲此樹即揚雄《甘泉賦》所謂玉樹青葱者也。**前殿**《漢宮儀注》曰：武帝於甘泉宮更置前殿，始廣諸宮室。有芝生甘泉殿邊房中。《漢舊儀》曰：芝有九莖，金色，緑葉珠實，夜有光，乃作芝房之歌。**紫殿**《三輔黄圖》曰：漢武帝起紫殿。雕文刻鏤，黼黻以玉飾之。成帝永始四年，行幸甘泉郊泰畤，神光降於紫殿。《西京雜記》曰：武帝設雲帳、雲幄、雲幕於甘泉紫殿，世謂爲三雲殿。

連緜四百餘里。《三輔故事》曰：北至甘泉九嵕，南至長楊五柞，連緜四百餘里。《三輔黄圖》云：緣山谷行至雲陽，三百八十里。入右扶風，周圍五百四十里。

諸侯邸《史記》曰：黄帝治明庭。明庭，甘泉也。方士多言古帝王有都甘泉者，其後天子。又朝諸侯甘泉。甘泉作諸侯邸。

通天臺《史記》公孫卿曰：仙人好樓居。於是上令長安則作蜚廉桂觀。甘泉則作益延壽觀。使卿持節設具而候神人，乃作通天莖臺。置祠具其下，將招來神仙之屬。於是甘泉更置前殿，始廣宮室。夏有芝生殿房内中。徐廣曰：通天莖臺，在甘泉。《漢書》曰：武帝元封二年，作甘泉通天臺。師古曰：言此臺高，上通於天。《漢舊儀》曰：通天臺高三十丈，望雲雨悉在其下。去長安三百里，望見長安城。黄帝以來，祭天圜丘處。武帝祭天，上通天臺，舞八歲童女三百人。置祠祀，招仙人。祭天已，令人升通天臺，以候天神。既下，祭所若大流星，乃舉烽火而就竹宮，望拜神光。《漢儀注》：上有承露仙人，掌擎玉杯，承雲表之露。元鳳間臺自毁。榱桷皆化爲龍鳳，隨風雨飛去。《西京賦》曰：通天訬以竦峙，徑百常而莖擢。上斑華以交紛，下刻陗其若削。《關中記》曰：左右通天臺，高三十餘丈。祭天時於此候天神下也。**益壽館、延壽館。**二館見上。或作觀。**竹宮。**《漢書》曰：武帝用事甘泉圜丘，昏祠至明。夜常有神光，如流星。止集於祠壇。天子自竹宮而望拜。師古曰：《漢舊儀》云：竹宮去壇三里。

昆明池《漢書》曰：武帝元狩三年，發謫吏，穿昆明池。臣瓚曰：《西南夷傳》：越嶲昆明國，有滇池，方三百里。漢使求身毒，國而爲昆明所閉，今欲伐之。故作昆明池象之，以習水戰。在長安西南，周圍四十里。師古曰：滇，音顛。《食貨志》又曰：時粤欲與漢用船戰，遂乃大修昆明池。列館環之，治樓船高十餘丈，旗幟加其上。《三輔黄圖》曰：上苑有昆明池，周匝四十里。《西京雜記》曰：武帝作昆明池水戰，因於上游戲養魚，給諸陵廟祭祀，餘付長安市賣之。池周匝四十里。又曰：昆明池刻石爲鯨，每至雷雨，魚嘗鳴吼，鬐尾皆動。漢世祭之以祈雨，往往有驗。又曰：昆明池中有戈船、樓船，各數艘。樓船上建樓櫓戈，船上建戈矛。四角悉垂幡旄旍葆麾蓋，照燭涯涘。《三輔故事》曰：昆明池，蓋三百三十頃。池中有豫章臺。**有二石人，牽牛、織女象。**見《漢宮闕疏》。**堯時已有汙池。**《關中記》曰：昆明池，漢武習水戰也，中有靈池、神池。云堯時治水，停船此池，蓋堯時已有汙池，漢代因而深廣耳。曹毗《志怪》曰：漢武鑿昆明池極深，悉是灰墨，無復土，舉朝不解，以問東方朔。曰：臣愚不足以知之，可試問西域胡。帝以朔不知，難以核問。至後漢明帝時，外國人入貢來洛陽。時有憶方朔言者，乃試以武帝時灰墨問之。胡人曰：《經》云天地大劫將盡則劫燒，此劫燒之餘。乃知朔言有旨。**大魚銜鉤，**《三秦記》曰：昆明池中有靈沼，名神池。云堯時治水，停船此池。池通白虎原。人鉤魚，綸絶而去魚。見夢於武帝，求去其鉤。明日帝游戲於池，見大魚銜鉤。曰：豈非昨所夢乎？帝取魚，去其鉤而放之。間三日，帝復游池濱，得明月珠一雙。帝曰：豈魚之報耶？**養魚以給諸陵祠。**《三輔故事》曰：漢武帝作昆明池。武帝崩後。於池中養魚，以給諸陵祠。餘付長安市。《廟記》曰：池盡地二百二十頃。後作豫章大船，可載萬人。上起宮室，因欲游戲養魚，以給諸陵祭祀，餘付長安市中。昆明觀，又有昆明東觀。《三輔黃圖》曰：上林苑有昆明觀，蓋漢武帝所置。桓譚《新論》曰：元帝被病，遠求方士。時漢中送道士王仲都。詔問所能，對曰：能忍寒暑。乃以隆冬盛寒日，令載以駟馬車於上林昆明池上。環水而馳，御者厚衣狐裘寒戰，而仲都獨無變色，卧於池臺上，怡然自若。夏大暑日，使曝坐。環以十爐火，不言熱，又身不汗。池臺，即觀也。

上林苑　秦舊苑也。《漢書》曰：武帝建元三年，起上林苑。又曰，武帝廣開上林，周遠數百里。又武帝微行，以爲道遠勞苦。又爲百姓所患，乃使大中大夫吾丘壽王、與待詔能用算者二人，舉籍阿城以南，盩厔以東，宜春以西，提封頃畝及其賈直。除以爲上林苑，屬之南山。《西京雜記》曰：初脩上林苑，羣臣遠方，各獻異樹。亦有制爲美名，以標奇麗也。《三輔故事》曰上林延亘四百餘里。《漢舊儀》曰上林苑方三百里。《漢宮殿疏》曰方百四十里。《續漢書·百官志》曰：上林苑令一人，六百石，主苑中禽獸。武帝廣開上林，南至宜春、鼎胡、御宿、昆吾。旁南山而西至長楊五柞，北繞黃山，瀕渭而東。以上見《揚雄傳》。苑中養百獸。《漢舊儀》曰：上林苑中廣長三百里。置令丞左右尉。苑中養百獸，天子秋冬獵射苑中。取禽無數，其中離宮七十所，皆容千乘萬騎。又曰：武帝時，使上林苑中宮奴婢、及天下貧民，貲不滿五十萬，徙置苑中。人日出五錢，帝得七十億萬，以給軍擊西域。門十二。《關中記》曰：上林苑門十二，中有苑三十六，宮十二，觀二十五。【略】射熊館。《三輔黃圖》曰：長楊宮有射熊館，在盩厔。按：漢武帝好自擊熊羆。司馬相如從至上林，上疏諫揚雄作《長楊賦》以諷。元帝永光五年，上幸長楊射熊館。【略】牛首池。張揖曰：在上林苑西頭。司馬相如《上林賦》曰：濯鷁牛首。郭璞注曰：牛首池，在豐水西北，近渭。昭臺宮。《漢書》曰：宣帝霍皇后，成帝許皇后，皆廢處昭臺宮。師古曰：在上林苑。涿沐館。成帝許美人居上林涿沐館。數召入飾室中若舍。儲元宮。馮昭儀與子信都王居儲元宮。師古曰：《黃圖》：在上林苑中。

右上林苑。《關中記》曰：上林苑門十二，中有苑三十六，宮十二，觀二十五。建章宮承光宮、儲元宮、包陽宮、尸陽宮、望庭宮、犬臺宮、宣曲宮、昭臺宮、葡萄宮、繭觀、平樂觀、博望觀、益樂觀、便門觀、衆鹿觀、樛木觀、三爵觀、陽祿觀、陽德觀、鼎郊觀、椒唐觀、當路觀，則陽觀、走馬觀、虎圈觀、上蘭觀、昆池觀、豫章觀、郎池觀、華光觀，以上十宮二十一觀，在上林苑中。鼎胡宮、步高宮、步壽宮、存神宮、集靈宮、望仙觀，以上五宮一觀在京兆屬縣。櫟陽宮、甘槃宮、師德宮、池宮、谷口宮、長平宮、扶荔宮、白渠觀，以上七宮一觀在馮翊。首陽宮、望仙宮、長楊宮、禮陽宮、羽陽宮、山桀宮、橐陀宮、用取宮、虢宮、同宮、宜春觀、射熊觀，以上十宮二觀在扶風。長門宮、鈎弋宮、渭橋宮、仙人觀、霸宮觀、安臺觀、臨阻觀，以上三宮四觀在長安城外。

五柞宮　《漢書》曰：武帝後元二年，幸盩厔五柞宮。張宴曰：有五柞樹，因以名。《燕刺王旦傳》作柞注，與柞同。《丙吉傳》曰：後元二年，武帝疾。往來長楊、五柞宮。師古曰：長楊、五柞宮，並在盩厔，往來二宮之間。《西京雜記》曰：五柞宮有五柞樹，皆連三抱，上枝覆蔭數十畝，其宮西有青梧觀。《水經注》曰：南山耿谷北流，與柳泉合。東北經五柞西，長楊、五柞二宮去八里中，有青梧觀。青梧觀，一作桐。《西京雜記》曰：觀前有三梧桐樹，下有石麒麟二枚。刊其脇爲文字，是秦始皇驪山墓上物。頭高一丈三尺，東邊者左脚折。折處赤如血。父老謂有神，皆行血屬筋焉。宜春宮。《漢書》曰：建元三年，武帝微行，始出。北至池陽，西至黃山，南獵長楊，東游宜春。師古曰：宜春，宮也。在長安城東南。說者乃以爲在鄠。非也。在鄠者自是宜春觀耳。在長安城西，豈得言東游也？郭璞曰：在渭南杜縣東。又《上林賦》注：師古曰宜春宮在杜縣東，即今四池是其處也。

右總叙宮館。張平子《西京賦》曰：郡國宮館百四十五，右極盩厔，并卷豐鄠。

思賢苑。《西京雜記》曰：文帝爲太子立思賢苑以招賓。博望苑。《漢書》曰：武帝年二十九，乃得太子。甚喜。太子冠，爲立博望苑。使通賓客，從其所好。又曰：博望先在長安城南杜門外。又曰：成帝建始二年，罷太子博望苑。文穎曰：武帝爲衛太子作此苑，令受賓客。《水經注》曰：昆明池故渠之右，有博望苑。甲觀。元帝在太子宮生成帝甲觀畫堂。應劭曰：甲觀在太子宮甲地。生用乳生也。畫堂，畫九子母。如淳曰：甲觀，觀名。畫堂，堂名。《三輔黃圖》云：太子宮有甲觀。師古曰：甲者，甲乙丙丁之次也。《元后傳》言：見於丙殿，此其例也。而應氏以爲在宮之甲地，謬矣。畫堂但畫飾耳，豈必九子母乎！霍光止畫室中，是則宮殿中通有彩畫之堂室。

右太子宮

水衡禁囿，宜春下苑。孟康曰：宮名也。在杜縣東。晉灼曰：《史記》云：葬二世杜南宜春苑中。師古曰：宜春下苑，即今京城東南隅曲池是。又《貢禹傳》：省宜春下苑以與貧民。少府佽飛外池。如淳曰：《漢儀法》：佽飛，具矰繳以射鳧鴈，給祭祀。是故有池。岩御池田。晉灼曰：嚴籞，射苑也。許慎曰：池田，苑中田也。樂游苑。宣帝神爵三年，起樂游苑。師古曰：《三輔黃圖》云：在杜陵西北。又《關中記》曰：宣帝立廟於曲池之北，號樂游。按：其處則今之所呼樂游廟是也，其餘基尚可識焉。蓋本爲苑，後因立廟。《西京雜記》曰：樂游苑，自生玫瑰樹。下多苜蓿，一名懷風，時人或謂之光風。風在其間常肅然，日照其花有光采，故名曰苜蓿懷風，茂陵人謂之連支草。御宿苑。元后夏游御宿鄠杜之間。師古曰：御宿苑，在長安城南。今之御宿川是也。《三秦記》曰：御宿出栗，十五枚一升，大梨如五升。落地則破。其取梨先以布囊承之，號曰含消。即此園也。《括地志》曰：臣泰案其栗味甘而小，不如《三秦記》所説。含消梨，人間往往有之。其大不至五升，亦不出此川矣。

又卷一二　秦阿房宫，一名阿城，在縣西二十里。西北三面有墻，南面無墻，周五里一百四十步，崇八尺，上闊四尺五寸，下闊一丈五尺，今悉爲民田。

宋林之奇《尚書全解》卷三二　漢武帝恃其富强之資，靡所不爲。明珠、文甲、通犀、翠羽之珍，盈於後宫，蒲梢、龍文、魚目、汗血之馬充於黄門。廣開上林，穿昆明池，營千門萬户之宫，立神明通天之臺。

宋程大昌《雍録》卷一《秦》秦宫雜名　秦先世居邑數遷，故其宫殿散在關中者多，固嘗居之，不皆可以名爲離宫也。文王萯陽宫在鄠縣。昭王棫陽宫在岐州扶風。文王西垂。武公平陽宫在華山下。槖泉宫、祈年觀在雍縣。或云一宫，《水經》有辨，在後。太后號宫在岐州虢縣，《廟記》曰在城外，《始皇本紀》謂在雍也。步高宫、步壽宫皆在新豐。長楊宫、射熊館、青梧觀、五柞觀皆在盩厔。襄王芷陽宫在霸上。

又冀闕　孝公改都咸陽，築冀闕。其曰闕者，必古象魏矣，而何以標名爲冀也？案《史記》：孝公十一年，衛鞅圍安邑，降之。十二年，作冀闕。冀者，冀州也，安邑即冀州之邑也，冀之爲州，堯舜禹皆嘗都焉，今此孝公已得冀州，而作冀闕，其必放古闕存者而創立此名也。秦之諸君，皆嘗非古以自是矣，而始皇之都南跨渭水者，亦慕文、武之豐、鎬也。則冀闕之名之制，或亦放古爲之也。《秦本紀》曰：秦每破諸侯，寫放其宫室，作之咸陽北坂上。則冀闕也者，亦其寫放宫室之一歟？

渭北宫殿

孝公都咸陽，而始皇因之。初時所造宫室，多在渭北，每破侯國，即寫放其宫室作之咸陽北坂上。徐廣曰：在長安西北，漢武帝時別名渭城坂，即九嵕諸山麓也。以所得美人鐘鼓以充之。至《三輔黄圖》則曰：秦每破諸侯，徹其宫室，作之咸陽北坂上。則恐無此理也。諸侯宫室，絶有遠者，如燕如楚，地迂水逆，豈可以徹移使之入關也。若曰寫放爲之，則有理矣，如兼六國車乘，而大駕遂爲八十乘，是其所得寫放者也。故當以《史記》爲正也。賈山曰：秦起咸陽而西至雍，離宫三百，鐘鼓帷帳，不移而具。後及漢世，宫在渭北而存者，惟蘭池、林光、梁山爲最顯，而望夷、雲閣，亦皆不存，則必爲項羽所火矣。

阿房一

始皇既并天下，狹小先王宫庭，三十五年，別渡渭南立上林苑，中建阿房。阿房也者，名其用，則曰朝宫。名其方，則曰前殿。言其高廣之制，則曰上可以坐萬人，下可以建五丈旗，庭中可容十萬人。記其綿亘，則閣道八十里，直抵驪山，人行橋上，車行橋下也。然而名爲朝宫，而朝者來自何方，則所不載。獨有磁石門者，以磁石爲門，期以吸脅胡人隱刃，名曰却胡門，此即北入之門矣。審求其地，則在鎬水趨渭之處，故《水經》主漢城而命其方，則曰此阿房之西門矣。若自主阿房而命之，則當曰北門也。《黄圖》曰宫秦惠文王所造。《史記》直云始皇也。然考首末，則始皇之世尚未竟功也。二世曰：先帝爲咸陽故廷小，故營阿房爲室堂，未就，會上崩，罷其作者，復土酈山，酈山事大畢，阿房弗就，則是章先帝舉事過也。復作阿房宫，如始皇計。二世既復舉役，而周章百萬之軍已至戲水，乃赦酈山徒使往擊之。此時始皇陵既已復土，則麗山所發之徒，乃其留治阿房者也。則是勝、廣已亂，而阿房之堂室未竟也。至於阿房名義，則史無明載。《黄圖》、《漢書》又有阿城之名，與之雜出。師古曰：言殿之四阿皆爲房也。《長安志》曰：一説大陵曰阿，言其殿高，若於山阿爲房也。又曰：以其近咸陽，未有名，故且號阿旁，阿，近也。《史記》曰：阿房宫未成，成欲更擇令名名之，故天下謂之阿房宫。此數説者，皆無定指。予獨謂以《史記》之説爲近也。二世固曰先帝營阿房室堂未成，則四旁有殿，已立址而未有堂室也。夫廊廡則内拱堂室者也，室堂則中乎廊廡者也，爲如許大宫，而總名以房，則是室堂未就，名又未立，姑以房名也。則《史記》謂宫成而別擇令名者，語與事合也。夫四阿皆已爲房，而中無室堂，則八十里閣道，是謂四阿之房矣。約其命役先後，則其序亦略可言也，未爲屋先爲城，城成而人呼名阿城也，城始爲廊廡而未暇立殿，故終名阿房，皆紀實也。《東方朔傳》釋阿城者曰：秦阿房宫墻壁崇廣，故俗呼阿城也。《長安志》曰：阿房三面有墻，南面無牆，周五十里，崇八尺。此即阿房屋已不存而餘墻尚存者也。漢吾丘壽王舉籍阿城以南，入之上林，則又單稱阿城，不言阿房，是或焚火後屋不存而城在也。唐高祖初取長安，太宗自阿城入，則阿城也者，久已轉爲地名矣。

阿房二

杜牧賦阿房，其意遠，其辭麗，吴武陵至以王佐譽之。今用秦事參考，則其所賦，可疑者多。其叙宫宇之盛曰：覆壓三百餘里，隔離天日。按《始皇紀》作阿房在三十五年，周馳爲閣道，自殿下直抵南山。據地里而約計之，自渭水而南，直抵南山，僅可百許里。若從東西横計之，則自鄠、杜以至滻水，亦無百里，安得蓋覆三百餘里也。【略】按《本紀》曰：秦每破諸侯，寫放其宫室，作之咸陽北坂上。即渭城也。南臨渭，自雍門以東至涇渭，殿屋複道，周閣相屬，所得諸侯美人、鐘鼓以充入之。則宫室嬪御之盛，如賦所言，乃渭北宫宇中事，非阿房也。阿房終始皇之世未嘗訖役，工徒之多，至數萬人，二世取之以供驪山。未幾，周章軍至戲，則又取此役徒以充戰士。則是歌臺舞榭元未落成，宫人未嘗得居也，安得有脂水可棄，而漲渭以膩也。其曰上可坐萬人，下可建立五丈旗者，乃其立模，期使及此，而始皇未嘗於此受朝也，則可以知其初橅未究也。而牧皆援渭北所載以實渭南，豈非誤歟！

又　卷二《長安宫及城》　漢高帝自櫟陽徙都長安，長安也者，因其縣有長安鄉而取之以名也。地有秦興樂宫，亦名長樂。高帝改修而居之，即長樂宫也。此本秦之離宫，故不立城郭。至惠帝始大起民丁城之，蓋數年而後訖功也。《皇覽》曰：秦有小城，至惠帝乃始大之，理固然也。凡離宫皆不爲城，第有繚垣。張衡《西京賦》曰：繚垣綿聯，四百餘里。華清宫繚牆周乎驪山，是其例也。高帝徙都長安，而不即治城，豈其忽於設險，以天下方定，愛惜事力，亦猶怒責蕭何之意耳。唐之禁苑，至爲廣袤，亦僅有垣牆而已。李晟平朱泚，自光泰門隤苑垣入，賊伐木塞之，史萬頃拔柵而入，無城可攻故也。

又《總説》　天子之居，當爲正宫，其外皆離宫也。漢都長安，若未央則其創爲，至長樂則因秦而加葺治者也。兩宫初成，朝諸侯羣臣乃於長樂，叔孫緜蕞蓋首施乎此，不在未央也。至高帝登假，亦在長樂，則長樂也者，既以爲居，又以受朝，無異乎正宫矣。然自惠帝以後，人主皆居未央，而長樂常奉母后，則雖長樂亦當命爲離宫，而未央當爲正宫也。故凡語及長樂者，多曰東朝，則其名固已分乎正宫矣。至於甘泉，雖在長安東北三百里外，爲夫方士輩多云古帝王之所嘗都，故武帝立朝邸其上，而藩侯夷酋有來朝者，亦皆受之於此。若其常制，則類以五月往，八月還，蓋避暑耳。此外如建章、桂宫、北宫之類，雖在都城，亦離宫矣，況其遠城者乎！《黄圖》曰漢畿千里，内外宫館一百四十五所。班固《西都賦》曰：前乘秦嶺，後越九嵕，東薄河華，西涉岐雍，宫館所歷，百有餘區。秦離宫三百，漢武往往修治之。黄山、長楊、步壽之類，秦有之，漢亦有之，爲此故也。

未央長樂位置

未央在漢城西隅，而長樂乃其東隅也。秦樗里子百年前已嘗言之，漢興，其言果驗。據《元和志》所言，則曰兩宫相距，中間正隔一里，《志》云：未央在唐長安縣西北十五里，長樂在長安縣東十四里。此一里所即武庫，樗里子墓介乎其中者也。及至《水經》，則曰：鼎路門北對未央，而杜門北對長樂也。杜門者，城南面東來第一門也，鼎路門者，南面東來第三門也，兩門正相次比，則中隔一里，不失其爲相並也。至《黄圖》之與《吕圖》則異矣，謂長樂南直杜門，則其方鄉不誤，至謂便門北對未央，則可議也。蓋便門者，城南面東來第三門，而鼎路門者，南面東來第二門也，《水經》謂未央對第二門，而《黄圖》、《吕圖》云對第三門，則遞差一門矣。予細以地里求之，然後知數説者皆是也。何以知其然也？《黄圖》曰：長安城經緯皆三十二里，則城中四面縱廣皆三十二里也。《黄圖》又曰未央周回二十八里，圍三徑一，則每當九里而贏也，長樂周回二十里，用三一法度之，則每面亦當七里而近也，積兩數而分求之，兩宫横亘城中自爲十六里，其在都城之内，東西自占半城矣。《元和志》謂爲相距一里者，命其垣墉相抵之地，故其廣輪狹於《水經》也。《水經》、《吕圖》謂東西相望者，舉其横亘之數，故比《志》爲闊也。予故曰三説，皆是也。《括地志》亦曰未央在城中近西南隅，其説亦同也。

又《未央宫著事迹者》　東闕北闕　師古曰：未央殿雖南嚮，而上書奏事謁見之徒，皆詣北闕，公車司馬亦在北焉，是則以北闕爲正門。而又有東門、東闕。至於西南兩面，無門闕矣。《關中記》曰：未央東有蒼龍，北有玄武闕。玄武闕即北闕已。又有閶闔門、止車門，有門無闕也。至《廟記》則曰：未央有白虎闕、屬車闕。按《漢書》，蒼龍、元武既爲東、北闕名，則夫白虎也者，當爲西闕矣，不知所記孰真也。若夫闕之得名也，以其立土爲高，夾峙宫門兩旁，而中間闕然也。《周官》象魏，《春秋》兩觀，皆其物矣。秦始皇表南山爲闕，取峰巒凹處名之爲闕也。東晉寓金陵，或欲造闕，王導指牛首山曰：此天闕闕也。則闕之爲制可想矣。長樂、建章皆有闕。

又　卷二《宣室》承明殿　師古曰：在未央宫中。翼奉曰、孝文時未央宫又無高門、麒麟之殿，獨有前殿、曲臺、漸臺、温室、承明耳。則承明有殿，先乎武帝之世矣。《霍光傳》：太后車駕幸未央宫承明殿，盛服坐武帳，期門武士陛戟陳列殿下，罪狀昌邑王。則其地非燕間常御之地矣。然則待詔承明，而廬于石渠門外者，此之石渠，必與承明相距不遠也。

曲臺宮名 秦有曲臺宮。《鄒陽傳》曰：秦倚曲臺之宮，懸衡天下，畫地而不犯。應劭曰：秦皇所治。亦不云臺在何地。《漢書》：孟喜舉孝廉，爲郎曲臺直長。直之本字諱。師古曰：曲臺，殿名也，爲長者主供其事也。又《孟卿傳》：后倉説禮數萬言，號后氏曲臺記。服虔曰：在曲臺校書著記，因以爲名。《黄圖》及師古皆云殿在未央宮。又《藝文志》如淳曰：行禮射於曲臺，后倉爲記，故名《曲臺記》。《漢官》曰：大射於曲臺。晉灼曰：天子射宮，西京無太學，於此行禮也。《漢書》曰：成帝行幸曲臺，臨饗，代去衛士。《枚乘傳》：游曲臺，臨上路，不如朝夕之池。張晏曰：曲臺，在長安，臺臨道上。然則述禮之士，預射之衆與，夫術士辭代而去，皆在臺側，則其地必當行衝要，不在宮中深邃之地矣。《長安志》於曲臺凡三出：其一則在未央，其一則列乎三雍之次，又其一則雜叙在宮館之數。以予考之，本止未央有此臺，而《志》誤分三也。

石渠閣 《三輔故事》曰：在未央大殿之北，礱石爲渠以導水，中藏蕭何所得秦世圖籍。以《水經》約其地望，則滄池在未央西南，此之爲渠，必引滄池下流轉北，以充成其爲渠也。水之又北，遂轉行乎明光、桂宮之間，謂之明渠也。又益趨東，則長樂之有酒池，都城之東有王渠，皆此水也。宣帝甘露中，《五經》諸儒雜論於石渠閣。

麒麟閣 未央宮有麒麟殿，又有麒麟閣。張晏曰：武帝獲麒麟，作此閣。師古引《漢疏》則曰：蕭何所造也。然以漢語考之，晏説是也。麒麟必先有殿，而後閣名附之以出，如直承明而爲承明之廬，直玉堂而爲玉堂之直，正其類也。《翼奉傳》曰：孝文時未有麒麟、武臺等殿。則安得謂爲蕭何所造也。宣帝圖功臣霍光等於麒麟閣，則以藏書之地，清貴可尚，而章顯功臣於此也。哀帝置酒麒麟殿，宴董賢父子。《黄圖》曰：未央有麒麟殿，藏秘書，即揚雄校書處。雄以校書爲任，故天禄、麒麟皆可得而至。

蘭臺 《漢百官表》：御史中丞在殿中蘭臺，掌圖籍秘書，外督部刺史，内領侍御史，受公卿奏事舉劾按章。《西京賦》曰：蘭臺、金馬，遞宿迭居。案此蘭臺正在殿中，石渠、天禄皆在殿北。

又《長樂宮》東朝 東宮 長信 長秋 永壽 永寧殿 漢長樂宮本秦離宮，名興樂宮。《黄圖》曰：高帝嘗居長樂，後皆母后居之。自孝惠至平帝皆居未央。此其爲説是也。惠帝自未央朝長樂，《叔孫通傳》。武帝亦曰：東朝廷辨之。《灌夫傳》。七國反，景帝往來東宮間，天下寒心，師古曰：謂咨謀於太后也。《張湯傳》。則長樂多爲母后所居矣。《黄圖》曰：長樂殿西有長信宮、長秋、永壽、永寧四殿。而《水經》亦云：殿西有長信、長秋、永壽、永昌等殿。則長信、長秋皆在長樂宮中也。《長安志》：別出長信等七宮，不以統諸長樂，殆傳疑耶。

閣道甬道複道夾城唐附 《史記》：秦作宮室，自雍門。雍門，長安城西面門。至涇、渭殿屋複道周閣相屬。又作極廟，道通驪山。作甘泉前殿，築甬道自咸陽屬之。案《高紀》六年，帝從洛陽南宮複道望見諸將偶語。如淳曰：上下有道，故謂之複。應劭注《史記》甬道：築垣墻如街巷。《元和志》曰：始皇作閣道至驪山八十里，人行橋上，車行橋下。用此參觀，則漢之命爲複道者，即秦之閣道也。爲其閣上閣下皆有行路，故名複道也。若夫驪山之甬道，即唐之夾城也，兩牆對起，所謂築垣牆如街巷者也。至於輦道也者，第取其步輦可行而名之也。或閣道，或甬道，皆一制也。

漢諸宮複道 漢之複道，不止未央、長樂有之。未央之北有桂宮、北宮、明光之屬，皆各自爲宮，而能常相往來者，中間皆有複道也。《廟記》曰：桂宮有紫房複道通未央宮北，周回四十里，中有明光殿，殿有複道，從宮中西上，至城上建章宮神明臺。《太平寰宇記》。案建章宮者，在長安城外，其與未央諸宮隔城相望，故跨城而爲閣道，尤與常異也。《三輔故事》曰：神明臺在建章宮，故垂棟飛閣，從宮中西上跨城而出，乃達建章也。《孔光傳》：哀帝祖母定陶傅太后居北宮，有紫房複道通未央宮，太后從複道朝夕至帝所。凡有宮即有複道也。

又《建章宮》 蕭何之營未央曰毋令後世有加。武帝之造建章也，度高未央前殿，爲千門萬户，及其成也，下視未央前殿則真能度越之矣，此殆因「毋令有加」之語而激之使汰也。《三輔舊事》及《關中記》皆言建章周回二十餘里，在長安城西者，上林之地也。《東方朔傳》曰：陛下以城中爲小，圖起建章，左鳳闕，右神明，號稱千門萬户。《長安記》曰：王莽壞城西苑中建章十餘所，取其材爲九廟。師古曰：自建章以下，皆在上林苑中。《關中記》：上林苑中有宮十二，建章其一也。建章如此其侈，而正史少曾正書臨幸，則皆從飛閣越城以出也。

又《明光宫粉省 赤墀》 漢有明光宫二：一在北宫，南與長樂相連者，武帝太初四年起，即王商之所指借，欲以避暑者也。另有明光宫在甘泉宫中，亦武帝所起，發燕、趙美女三千人充之。蘇文忠戲作畫象詩曰：佳人自控玉花驄，矯如飛燕踏秋鴻，金鞭争道金釵落，何人先入明光宫。蓋因婦人畫象用宫女事也。至尚書郎主作文書起草，更直於建禮門内，則近明光殿矣。建禮門内得神仙門，神仙門内得明光殿省中。省中皆胡粉塗壁，即後世名爲粉省。以丹漆地，謂之丹墀。即赤墀也。尚書郎握蘭含雞舌香奏事。此之明光殿，約其方鄉，必在未央正宫殿中，不與北宫、甘泉設爲奇玩者比，則臣下奏事之地也。建禮門、神仙門、明光殿此三名者，《吕圖》及《長安志》皆無之，惟《長安志》有神仙殿而無神仙門。至歷代宫名之書，則於後漢門名有建禮門，豈此之所載明光殿者東都之殿耶。

又卷三 柏梁臺 《漢書》：元鼎二年起柏梁臺。《三輔舊事》云：以香柏爲之，香聞數十里。《郊祀志》曰：鑄銅爲柱。《三秦記》曰：上有銅鳳名鳳闕。漢武作臺，詔羣臣二千石能爲七言者乃得上。七言者詩也，句各七言，句末皆諧聲，仍各述所職，如丞相則曰：總領天下誠難哉，大司農則曰：陳粟萬石揚以箕，它皆類此。後世詩體句爲一韻者自此而始，名柏梁體。

長楊宫 射熊館 五柞 青梧 《黄圖》曰：長楊宫在盩厔縣東南三十里，本秦舊宫，漢修飾之，宫有垂楊數畝，因爲宫名。五柞宫之與長楊，相去八里。張晏曰：有五柞樹，故以名。中間有青梧觀，又以梧名也。若夫射熊館者，即長楊宫門也，故《黄圖》曰：長楊宫門曰射熊館。秦、漢游獵之所也。《漢書》曰：武帝好自擊熊，相如從至上林，上疏諫。元帝永光五年幸長楊射熊館。射，音食亦反。《揚雄傳》：成帝大誇胡人以多禽獸，載檻車輸長楊射熊館，令胡人手自搏之，雄從至射熊館，還，上《長楊賦》。師古曰：長楊宫中有射熊館也。合此數者言之，乃知長楊在上林苑中，而射熊館乃在宫門之臺上，《黄圖》所記是也。搏獸射熊必在此館者，爲其館在門上凡獸可前，人力可及也。是故言長楊宫者必及射熊也。

興平縣黄山宫 槐里縣南有黄山宫，惠帝二年起。《東方朔傳》曰：武帝微行，西至黄山宫。在澇水入渭之下，渭在宫南。揚雄《甘泉賦》曰：北繞黄山。

回中宫 孝文十四年，匈奴入蕭關，至彭陽，寧州彭原縣。使騎兵入燒回中宫。候騎至雍、雍縣即是鳳翔府天興縣。甘泉。雲陽縣。武帝元封四年，行幸雍，通回中道，遂北出蕭關。應劭曰：回中在安定，高平有險阻。師古曰：回中在安定，應説是也。在原州。其中有宫。孟康曰：北地寧州。有山險，武帝宫也。《黄圖》曰：宫在汧。隴州。《元和志》曰：秦回中宫在鳳翔府天興縣西。予總諸説而參以事理，則應、顔謂回中在安定者是也。安定在蕭關之南，雍縣之西北，而甘泉之西南也。匈奴方入蕭關，未達安定，先遣騎兵深入，至安定即燒回中之宫以張聲勢，漢候騎見之，急以分告兩地，故漢之候騎至雍亦至甘泉也。然則所燒之宫既不在雍亦不在甘泉也。若所燒之宫果在雍境，則雍縣已自被兵，豈止僅有覘報而已耶？故予謂回中必在安定，應、顔之説確也。其後武帝於幸雍後通回中道以出蕭關，則是史家著其自雍出關，路徑次第焉耳。於是自雍而次安定，至安定而通回中，其有險礙，則皆平之，如塹山堙谷，使可通行，是其所以爲治也。則應氏謂回中有險有宫，其言皆可信也。若《元和志》謂宫爲秦宫，則亦有理。若孟康謂爲武帝之宫，則誤矣。文帝時回中之宫已爲匈奴所燒，則豈武帝所營也哉？或者元封通道之後，再即回中起宫，則不可知耳。汧在隴州，此一役也，匈奴自蕭關入，不自隴入也，襲坻在蕭關之南也。

宋 程大昌《雍録》卷六 宜春苑與曲江通 宜春之名，漢史凡三出，其實止爲兩地。有曰宜春苑者，地屬下杜，有曰宜春宫者，即下杜苑中宫也，皆秦創也。有曰宜春觀者，則在鄠縣，漢武帝之所造也。雖三其名，而實止兩地也。《東方朔傳》曰：武帝東游宜春。師古曰：宜春宫也，在長安城東南。《上林賦》曰：息宜春。師古曰：宫名，在杜縣東，即唐曲江也。《揚雄傳》：武帝東游宜春。師古曰：宜春近下杜也。《史記·秦紀》曰：子嬰葬二世杜南宜春苑。司馬相如從武帝至長楊獵，在盩厔。還過宜春，奏賦以哀二世，其賦曰：臨曲江之隑州，望南山之參差。師古曰：曲岸之洲曲江也。故賦末云：弔二世持身之不謹兮，墓蕪穢而不修也。參數者言之，則二世之所葬，相如之所賦，漢之曲洲，唐之曲江，皆此下杜之宜春也。下杜即杜縣，曲江、宜春去杜縣近。去下杜遠，此凡及曲江、宜春宫皆云下杜，當是地屬下杜，不屬杜陵耶？其苑若宫皆秦創，而漢、唐因之也。至於宜春觀者，則在長安之西，鄠縣澇、渼二水之旁，上林故地也。《水經》曰：澇水逕漢宜春觀，合渼陂入渭。師古曰：觀在鄠縣。《十道志》曰：漢武帝所造也。又合此數語者而求之，則宜春之觀在漢城之西秦上林苑中，而下杜之宜春自在漢城東南，其別甚明也。説者誤以下杜之宮爲鄠縣之觀，則失之矣。故師古於《東方朔傳》明辨之曰：在鄠縣者自是宜春觀耳。在長安城西，豈得言東游也。其説極爲允篤也。《貢禹傳》：元帝用禹言，省宜春下苑，以與貧民。此則下杜之苑矣。故《揚雄傳》曰雖頗割其三垂，以贍齊民者，即指元帝所罷之苑也。既曰下苑，則必別有上苑矣，頗割三垂，則彼之一垂尚包苑中也耶？

又 卷九《太子宮博望苑 思賢苑》 元帝在太子宮生，成帝於甲觀畫堂。又元后初入宮，見太子丙殿，則是太子別有一宮矣。成帝爲太子，而在桂宮出龍樓門。龍樓門者，桂宮之門，太子適居于此，非本宮也。武帝爲戾太子立博望苑，使通賓客，苑在漢長安城外漕渠之北，或云在南。至唐則爲長安縣北五里，此特招致賓客之所耳。太子之奔湖也，斫覆盎城門而出，覆盎門者，漢城南面東頭第一門也。苑在門外，而太子斫門以出者，則知博望非常居之地也。此苑直至成帝乃始撤去。《西京雜記》曰：文帝爲太子立思賢苑。它書皆無載者，不知苑屬何地。

龍樓馳道 秦人馳道之麗，賈山嘗刺其奢，而不能發明其制。《黃圖》曰：《秦本紀》注曰：馳道，天子道也。蔡邕曰：馳道，天子所行道也，今謂之中道。漢甘泉去長安三百里，而馳道亦綿亘其間也。《漢令》諸侯有制得行馳道中者，行旁道，無得行中央三丈，不如令，没入其車馬。故江充爲直指使者，自公主以及太子家使凡行馳道者，嘗舉用此法，取其車馬而没入之。則馳道有禁，尚矣。《黃圖》云：三塗洞開。班固《西都賦》云：披三條之廣路。張衡《西京賦》云：城郭之制，旁開三門，參塗夷庭，方軌十二，街衢相經。蓋衢路皆有三條，是爲三塗，三塗正中一條爲馳道，則有禁不得橫絶，若兩旁則皆無禁也。《漢紀》曰：成帝之爲太子也，初居桂宮，適被急召，出龍樓門，不敢橫絶馳道，西至直城門，得絶乃度，還入作室門。夫直城門者，長安城西面南來第二門也。龍樓門者，桂宮之門也。作室門者，未央宮之別門也。桂宮南面有龍樓門，未央北面有作室門，兩門相對，從龍樓門南，自可對趨作室以入未央。而中有馳道，太子不敢橫絶，即礙中間三丈，不敢自北徑南，是爲不許橫絶也。故必迂回避礙而望西趨南，以至直門，遂可自馳道外過。至此則法不應避，故曰得絶也，惟許其絶，乃始可度也。其曰「還入作室門」者，言初時可以取徑，而有礙不敢橫越，至自直門得絶，乃始可入，故曰「還入」也。直門得絶之制，今不知其詳矣，若其始而不敢橫絶，知有禁也，終而得絶乃度，則是並城之地，雖礙馳道亦得橫絶也。不如是則馳道常爲限隔，凡城中街衢相爲東西者，皆不可通矣。史語具在，有方向禁否可以追言也。《水經》追書，皆曰直門即龍樓門。予曰非也，龍樓、直門惟其不爲一門，故龍樓之前，馳道不得橫絶，而直門之側，馳道遂可橫絶也。

又《苑囿·上林疆境甘泉苑》 秦之上林，其邊際所抵難以詳究矣。《水經》於宜春觀曰：此秦上林故地也。《史記》載上林所起曰：作朝宮渭南上林苑中，先作阿房前殿。則宜春觀、阿房宮皆秦苑故地也。武帝尚以秦苑爲狹，命吾丘壽王舉籍阿城以南，盩厔以東，宜春以西，悉除爲苑，則所拓比秦益汰矣。以漢、唐郡縣言之則盩厔一縣不盡入苑，而鄠、杜兩縣悉歸包并矣。其曰舉籍阿城以南，而阿城之北則不在數，是其疆境至渭水南岸而極也。至揚雄則曰：武帝廣開上林，南至宜春，師古曰：在杜縣東，即曲江池。鼎湖，宮名，在藍田。御宿，川名，在樊川西。昆吾、長楊、五柞宮名，在盩厔。並南山，終南。北繞黃山，宮，在渭北興平縣。瀕渭而東。則苑境不止限乎渭南矣。蓋謂踰渭而北，北又向東，皆爲苑地也，此雄之誤也。渭北有苑百八十里，向西而入扶風，周回五百餘里，此則渭北之苑也。以《舊儀》、《黃圖》考之，自名甘泉苑，不名上林苑也。當是揚雄但見夾渭南北皆有苑矣，而渭北之苑又復有宮如黃山宮之類，故誤包言之耳。《東方朔傳》：壽王所載，籍自阿城以南，元不跨渭，此最疆境要證也。張衡賦西京上林曰：繞黃山而欵牛首。牛首可欵矣，而黃山可繞，乃其據行幸言之，非上林位置也。惟其侈大如是，故世之傳言不一。在《宮殿疏》則曰：方百四十里。在揚雄則曰周袤數百里，《漢儀》則曰方三百里也。語之多少，雖不齊等，要之拓地既廣，故説者亦遂展轉加侈也。高帝開漢之二年，命秦苑囿園池，令民得田之。則上林也者，宜在許田之數矣。至十二年蕭何爲民請上林中空地，令民得田，毋收稿爲獸食，則是許人田作之地尚收稿秸，故何之丐除者，賦之出輸稿者也。《百官表》置令、丞、嗇夫以爲定員，則上林常爲禁苑，未嘗與民也。方高帝時民口尚希，荒萊未盡闢，故苑中尚有空地可請。至武帝時民齒蕃息，耕墾益廣，凡壽王舉籍之地，皆苑外民間熟成之業也，故帝又詔中尉、左右內史，表屬縣草田以償鄠、杜之民也。夫取其成業而酬以草田，則與籍奪何異？東方朔尚能直言其情，然不能救也。《漢舊儀》

曰：武帝使上林苑中宫奴婢，及天下民貧貲不滿五萬，從置苑中，人日五錢，後得七十億萬錢，以給軍擊西域。則雖許業苑，仍使輸錢也。詳其意制，則猶今之佃作也。至元帝時乃始捐下苑以予貧民。《揚雄傳》謂割其三垂者，始是舉以予民也。

又《上林賦二》「左蒼梧，右西極，日出東沼，入虖西陂」，此賦語，敷叙上林所抵也。上林疆境，設使真有數百里廣，而此之數百里地者，其能出没日月於左右東西也乎？又曰：其南則隆冬生長，涌水躍波。又曰：北則盛夏含凍裂地，涉水揭河。信斯言也，則是此苑之南窮冬不凍，而其北亘夏不暑也。冬而不凍，夏而不暑，極天下之大，并夷狄地而言之，則交廣、朔漠氣候乃始有此，而此苑之境，其能奄有交廣、朔漠氣候，以出此異也乎？則子虚之虚，其爲亡是而又烏有，大不難見。特今古讀者偶不致思，故主文譎諫之義，晦於不傳耳。至於八水分流，則長安實有此水，惟此不爲寓言矣。然而上林東境極乎宜春下苑，下苑即曲江也，曲江僅得分滻爲派，而其滻、霸會合之地，已在宜春之北，則其地出上林疆境之外矣，安能包該霸、滻也？而賦務侈收，乃曰「終始霸、滻」，不知如何而能終始之也？然則雖其實有之水，亦復不能真確，况其紫淵、丹水，雖善傅會者亦不能通，尚可强求乎？

又《漸臺二 漕渠　王渠　飛渠**》**　未央據龍首山爲基，龍首之在渭濱者本高四十丈，故未央殿皆出長安城上矣。其爲地既如此之高，則安所得水而爲此巨浸也？《水經》於此甚有次第，顧其文不暢白耳。凡漢城之水皆取諸昆明，而昆明之水，則自沉水以及樊、杜諸水，武帝皆嘗堰壅以入，與之爲廣矣。水之既池而又北出也，其下口釃爲三渠，以並城而行。其先分一派，自西而東，横亘城南之鼎路門，已而東折以注青門，長安東面南來第一門。《水經》固謂之漕渠，漢明堂、圜丘、博望苑皆在漕渠之南。而吕《圖》亦具著渠迹，暨至清明門外，東面南來第三門。合玉渠以入于渭。第二枝自都城西面南來第一門名章門者，於其旁設爲飛渠，東向入城，注于未央宫之西，以爲大池，是名滄池，滄或作倉，《黄圖》作滄。此池之中有漸臺，則未央漸臺也。已而滄池下流，循殿之北，向東而往逕石渠、天禄閣，桂宫、北宫、長樂宫皆用此水也。未央地勢甚高，而此水能自西面而轉北以行，是行乎未央山背窪下之處也。滄池下流有石渠者，礲石爲之，以導此水。自此以往，凡水既周徧諸宫，自清明門出城，是爲王渠，王渠猶御溝也。王渠至清明門外與漕渠合，而北入于渭也。即上文王渠。第三枝則揭水陂也者，自南而北，徑趨建章，先爲唐中池，周回十里，已而從東宫轉北，則爲太液池，其中又有漸臺，即建章宫漸臺也。漸臺下流入渭，亦名滈水，滈水本沉水，傳寫久，沉誤爲沆，沆又誤爲滈，《長安志》。或曰滈者水聲也，非水也。右東自少陵原而暨龍首山之尾，凡水地望悉用吕《圖》爲據。至漢都所引諸水地望，悉用《水經》，參以《長安志》。惟飛渠一語，諸家無言其制者，予以本朝架汴之事例之，尚可言也。

又卷一〇《甘泉玉樹》　揚雄《甘泉賦》曰：翠玉樹之青葱兮，璧馬犀之瞵瑞。左思譏之曰：果木生非其壤，於義虚而無證也。李善引《漢武故事》則曰：上起神屋，前庭植玉樹，珊瑚爲枝，碧玉爲葉。若如所言，則是樹也，蓋用珊瑚、碧玉裝飾爲之，其謂翠而青葱者，皆狀碧玉之色而已，非真有是樹，根著其地也。至《黄圖》則又有異矣，曰：甘泉谷北岸有槐，今爲玉樹，根幹盤峙，三二百年木也。《十道志》所記亦同。楊震《關輔古語》云：耆老相傳，咸以爲此樹即揚雄之謂玉樹青葱者也。詳此二説，又直謂樹本槐也，而名之以爲玉樹焉耳。予即本賦上下文求之，則雄指殆可類推也。曰：璧馬犀之瞵瑞，則非有真馬、真犀也，直以璧玉刻爲其形焉耳，世固無璧馬、璧犀也。又曰：「金人屹以承虡」者，虡，鐘虡也，則比木虡加珍矣，故誇之以見其盛也。於是合三者言之，則玉也，璧也，金也，實非土毛，而皆假物爲之，則《漢武故事》所著大爲可據也。若指其樹以爲槐，亦自一時所見，然槐葉望秋先零，不貫四時，其碧不長，恐非雄之所誇也。

又卷一〇《萬年枝豫章貞女樹》　《文選》：謝玄暉直中書省詩曰：風動萬年枝。李善曰：晉宫闕名曰華林園，有萬年樹十四株。然竟不著其物色種類，因何而名萬年也。《西京雜記》曰：武帝初修上林苑，羣臣遠方，各獻異樹，亦有制爲美名，以標奇麗，中有千年長生樹十株，萬年長生樹十株，此即玄暉所引萬年之枝也耶？既曰「制爲美名，以標奇麗」，則凡冬夏常不雕改者，皆可名爲千年、萬年也。《泊宅編》曰：吴興人撰。徽宗時興畫學，命題以試畫者，曰「萬年枝上太平雀」。試者皆不知樹爲何樹，雀爲何雀。試已，有問諸中官者，應之曰：萬年枝，冬青樹也。太平雀，頻伽鳥也。此亦據中官意撰耳，而夫萬年實爲何樹，元無所本也。以其名思之，其類必爲冬青無疑矣，而曰萬年、千年者，從其不雕而標之美名，則自可意想也。《黄圖》：建章鳳皇闕，人呼爲貞女樓。注之者曰：司馬相如賦云豫章貞女樹，長十仞，大連抱，冬夏常青，未嘗凋落，若有貞節，故以爲名。則直以豫章爲貞女樹也。木之更冬不凋者多有之矣，松、柏、栝、檜、杉、櫧、桂楠未嘗改柯易葉，若以命之爲萬年、千年，無不可者，特不知果爲何木耳。夫木之主名難改矣，而其制爲美名，則《黄圖》之説必得其實也。

宋 吕祖謙《大事紀解題》卷九（漢太祖高皇帝八年）治未央宫，立東闕、北闕、前殿、武庫、太倉。解題曰：按《史記》：長樂宫成，自櫟陽徙長安是遷都之始，天子居長樂宫也。及未央宫成，則遂爲天子之常居，而長樂則太后多處之。師古曰：未央宫雖南嚮，而上書奏事謁見之徒皆詣北闕，公車司馬亦在北焉。是則以北闕爲正門，而又有東門、東闕，至於西南兩面，無門闕矣。蓋蕭何初立未央宫以厭勝之術，理宜然乎。《水經注》：渭水逕長安城北，又東合昆明故渠，故渠東逕未央宫北，蕭何塹龍首山而營之。山長六十餘里，頭於渭，尾達樊川。頭高二十丈，尾漸下高五六丈，土色赤而堅。北有玄武闕，即北闕也。東有蒼龍闕，闕内有閶闔，止車諸門，未央宫東有宣室、玉堂、麒麟、含章、白虎、鳳凰、朱雀、鵷鸞、昭陽諸殿，天禄、石渠、麒麟三閣。未央宫北，即桂宫也，周十餘里，内有光明殿、走狗臺、柏梁臺。舊乘復道用，相逕通故渠出。二宫之間謂之明渠。明渠又東歷武庫，北舊樗里子葬於此。漢長樂宫在其東，未央宫在其西，武庫直其墓。明渠又東逕漢長樂宫北，本秦之長樂宫也。周二十里，殿前列銅人，殿西有長信、長秋、永壽、永昌諸殿。

宋《錦繡萬花谷》後集卷二三《宫殿》 桂宫，漢武帝造，周迴十餘里。《漢書》曰：桂宫有紫房複道，通未央宫。《關輔記》云：桂宫在未央北，中有明光殿，上山複道。從宫中西上城，西至建章宫、神明臺、蓬萊山、蘭池。

蘭池宫，始皇爲微行咸陽，與武士四人俱，夜逢盗蘭池。謂縣有蘭池宫，出《三輔黄圖》。

又 離宫三百，秦起咸陽而西至雍。離宫三百，鐘鼓帷帳，不移而具，爲宫室之麗以至于此。出《巵言》。

明 彭大翼《山堂肆考》卷一七〇《長樂》 長樂宫，本秦興樂宫。漢高皇帝始居櫟陽七年，長樂宫成，徙居長安城宫。有鴻臺、臨華殿、温室殿、長秋、永壽、永寧等殿。宣帝元康四年，有神爵五采以萬數集長樂宫。五鳳三年鸞鳳集長樂宫東闕中樹上。至王莽改爲長樂室。

又《厭災》 漢武帝太初元年，柏梁臺災。粤人勇之乃言：曰粤俗有火災，即復起大屋以厭勝之。帝于是作建章宫。度爲千門萬户，東鳳闕，西虎圈，北太液池，中有漸臺、蓬萊、方丈、瀛洲、壺梁，南玉堂、璧門。立神明臺、井幹樓，輦道相屬。

明 徐炬《新鐫古今事物原始全書》卷三《地理・苑囿》 漢之上林苑，即秦之舊園，計三百里，有離宫七十所。漢武帝置甘泉苑五百四十里。隋煬帝作園三百里。其内爲海十餘里，爲蓬萊、方丈、瀛州，山高于水百餘尺。按《史記・黄帝》，時麒麟游于苑囿之始。

清 顧炎武《歷代宅京記》卷三《關中一》《漢書・郊祀志》：於是上令長安則作飛廉、桂館，師古曰：二館名。甘泉則作益壽、延壽館，師古曰：二館名。宋黄伯思曰：按《史記》作益延壽觀，而近歲雍、耀間，耕夫有得古瓦，其首作益延壽三字，瓦徑尺，字書奇古，即此觀當時瓦也。又按《括地志》云：延壽觀在雍州雲陽縣西北八十一里，通天臺西八十步，正今耀州地也。然則當以《史記》爲正，但一觀名益延壽三字耳。師古謂：益壽、延壽二館，非是。館當從《史記》作觀，觀館古多相通。自唐以前六朝時，凡道觀皆謂之某館，至唐始定謂之觀也。

又 卷四《關中二》 長樂宫 本秦之興樂宫也。高帝始居櫟陽，七年長樂宫成，徙居長安城。《史記正義》曰：長樂宫在長安縣西北十五里。《三輔舊事》、《宫殿疏》皆曰興樂宫秦始皇造，漢修飾之。周回二十餘里，前殿東西二十九丈七尺，兩杼，一作序。中二十五丈，深十二丈。長樂宫有鴻臺，有臨華殿，有温室殿，有長信宫、長秋、永壽、永寧四殿。高帝居此，後太后嘗居之。《昭帝紀》：元平元年十一月壬子，皇太后歸長樂宫。置屯衛。《吕后紀》：有長樂衛尉。《鄒陽傳》：梁孝王嘗上書，願賜容車之地徑至長樂宫，自使梁國士衆築作甬道朝太后。《王后傳》：武帝迎太后微時所生金王孫女，載至長樂宫，謁太后。《戾太子傳》：使舍人無且持節夜入未央宫殿長秋門，發長樂宫衛。《霍后傳》：許后五日一朝太后於長樂宫。《元后傳》：漢傳國璽藏長樂宫。孝惠至平帝皆居未央宫。《長安志》曰：長樂宫者高帝既以爲居，又以受朝，無異於正宫矣。自惠帝後人主皆居未央，而長樂常奉母后。《漢書》：宣帝元康四年三月，神爵五采以萬數集長樂、未央、北宫、高寢、甘泉、泰時殿中及上林苑。五鳳三年三月辛丑，鸞鳳集長樂宫東闕中樹上。張晏曰：門外闕内衡馬之裏樹也。《水經注》：殿前列銅人。殿之東北有池，池北有層臺，俗謂是池爲酒池，非也。《三輔故事》：漢徙秦金狄，置長樂大夏殿前。王莽改長樂宫爲常樂室，在長安城中，近東直杜門。《史記正義》曰：長樂宫在長安縣西北十五里。

《長安志》曰：未央在漢城西隅，而長樂乃東隅也。秦樗里子百年前已言之。《元和志》言兩宫相去止隔一里，此一里所即武庫。

長信宫　漢太后嘗居之。《漢書》：成帝母王太后居長信宫。后宫在西，秋之象也。秋主信，故宫殿皆以長信、長秋爲名。又永壽、永寧殿皆后所處也。《東方朔傳》：上微行，時夜出夕還，後齎五日糧，會朝長信宫。《外戚傳》：班婕妤求共養太后長信宫，上許焉。婕妤退處東宫作賦自傷悼云：奉共養於東宫兮，託長信之末流。《長安志》曰：長樂宫有宣德、通光、高明、長秋、永壽、永寧、長亭、林華、温室、建始、廣陽、中室、月室、神仙、椒房、大夏殿。《水經注》曰：殿西有長信、長秋、永壽、永昌等殿，則長信、長秋皆在長樂宫也。《百官表》：有長信少府，注曰：太后所居宫名也，居長信則曰長信少府，居長樂則曰長樂少府。《後漢書劉玄傳》：更始徙居長信宫。

宣室　未央前殿正室也。《淮南子》曰：武王殺紂於宣室。漢取舊名也。《漢書》：文帝受釐宣室，夜半，前席賈生問鬼神之事。武帝爲竇太后置酒宣室，東方朔曰：宣室者，先帝之正處也，非法度之政不得入焉。《刑法志》：宣帝常幸宣室，齋居而决事。《王莽傳》：城中少年朱弟、張魚等燒宫，莽避火宣室前殿，火輒隨之。《文帝紀》：夕入未央宫，還坐前殿。《朱博傳》：博以御史爲丞相，趙玄以少府爲御史大夫，並拜於前殿，延登受策，有音如鐘聲。《孝平王后傳》：便時上林延壽門，入未央宫前殿。

温室殿　在未央宫殿北，武帝建，冬處之，温暖也。《西京雜記》曰：温室以椒塗壁，被之文繡，香桂爲柱，設火齊屏風、鴻羽帳，規地以罽賓氍毹。《漢書》：京房奏考功課吏法，上令公卿朝臣會議温室。孔光爲尚書令，歸休，與兄弟妻子燕語，終不及朝省政事。或問光温室省中樹皆何木，光不應。

清凉殿　夏居之則清凉也，亦曰延清室。《漢書》曰：清室則中夏含霜，即此也，在未央宫殿北。董偃常卧延清之室，以畫石爲床，文如錦，紫瑠璃帳，以紫玉爲盤，如屈龍，皆用雜寶飾之。

椒房殿　在未央宫。以椒和泥塗，取其温而芬芳也。武帝時，後宫八區，有昭陽、飛翔、增成、合歡、蘭林、披香、鳳凰、鴛鴦等殿，後又增修安處、常寧、茝若、椒風、發越、蕙草等殿爲十四位。成帝趙皇后居昭陽殿，有女弟爲婕妤，貴傾後宫。昭陽舍蘭房椒壁，《西京雜記》曰：昭陽殿，織珠爲簾，風至則鳴，如珩珮之聲。班婕妤居增成舍。後宫八區，增成第三區也。哀帝時董賢女弟爲昭儀，居舍號曰椒風。《西京雜記》曰：漢掖庭有月影臺、雲光殿、九華殿、鳴鸞殿、開襟閣，臨池觀，不在簿籍，皆繁華窈窕之所棲宿焉。

集靈宫、集仙宫、存仙殿、存神殿、望仙臺、望仙觀　俱在華陰縣界，皆武帝宫觀名也。《華山記》及《三輔舊事》云，昔有太元真人《茅盈内記》，始皇三十一年九月庚子，盈曾祖父濛，於華山乘雲駕龍，白日昇天。武帝即其地造宫殿，歲時祈禱焉。《漢書》：華陰有集靈宫。

長楊宫　本秦離宫，漢修飾之，在盩厔縣東南三十里，宫中有垂楊數畝，因爲宫名。秋冬校獵，天子於上臨觀焉。

黄山宫　在興平縣西三十里。《元和志》作西南。《漢書》：槐里有黄山宫。在勞水入渭之下，渭在宫南。《東方朔傳》：武帝微行，西至黄山宫。《元后傳》：集黄山宫。《水經注》：渭水東北逕黄山宫南。《西京賦》：上林禁苑繞黄山而款牛首。《山海經》注：始平槐里縣有黄山，上故有宫，漢惠帝所起。

又　卷五《關中三》　武帝初，穿池得黑土，帝問東方朔，朔曰：西域胡人知之。乃問胡人，胡人曰：劫燒之餘灰也。《魏書》：世祖太平真君元年二月，發長安五千人，浚昆明池。高祖太和二十一年四月戊寅，幸昆明池。周書：閔帝欲觀漁於昆明池，博士姜須諫乃止。明帝二年六月辛未，幸昆明池。《隋書》：文帝開皇十二年七月壬戌，幸昆明池。十三年七月丁巳，幸昆明池。《舊唐書》：高祖武德六年三月乙未，幸昆明池，宴百官。九年三月辛卯，幸昆明池。太宗貞觀五年正月癸酉，大蒐于昆明池。代宗大曆二年二月壬午，幸昆明池踏青。《武宗紀》：會昌元年二月壬寅，幸昆明池。陳王固聘西魏宴昆明池，魏人以南人嗜魚，大設罟網，固以佛法咒之，遂一鱗不獲。周太祖往昆明池觀漁，行至城西漢故倉地，顧問左右，莫有知者。或曰蘇綽博物多通，請問之，太祖召綽，綽具以狀對，綽有口辨，應對如流，太祖益喜，與綽並馬徐行，至池，竟不設網罟而還。德宗貞元十三年，命京兆尹韓皋充使浚之，追尋漢制，引交河、灃水合流入池。

太液池　在長安故城西建章宫北未央宫西南。太液者，言其津潤所及廣也。《關輔記》云：建章宫北有池，以象北海，刻石爲鯨魚，長三丈。《漢書》曰：建章宫北治大池，名曰太液池，中起三山，以象瀛洲、蓬萊、方丈，刻金石爲魚龍奇禽異獸之屬。《廟記》曰：建章宫北，池名太液，周回十頃，有采蓮女、鳴鶴之舟。《三輔舊事》云：日出暘谷，浴于咸池，至虞淵即暮，此池象之也。昭帝始元元年春，黄鵠下建章宫太液池。《西京雜記》曰：太液池邊，皆是雕胡、紫擇、緑節之類。菰之有米者，長安人謂之雕胡。葭蘆之未解葉者謂之紫擇。菰之有首者，謂之緑節。其間鳧雛鴈子布滿充積，又多紫龜、緑鼈。池邊多平沙，沙上鵜鶘、鷓鴣、鵁鶄、鴻鶂動輒成羣。又曰：太液池中有鳴鶴舟、容與舟、清曠舟、采菱舟、越女舟。太液池西有一池，名孤樹池，池中有洲，洲上煔樹一株，六十餘圍，望之重重如蓋，故取爲名。王嘉《拾遺記》曰：成帝嘗以秋日與趙飛燕戲於太液池，以沙棠木爲舟，以雲母飾於鷁首，一名雲舟。又刻桐木爲虯龍，雕飾如真。夾雲舟而行，以紫桂爲柁枻，及觀雲棹水玩擷菱蕖。帝每憂輕蕩以驚飛燕，命佽飛之士，以金鎖纜雲舟於波上，每輕風時至，飛燕殆欲隨風入水，帝以翠纓結飛燕裾。今太液池尚有避風臺即飛燕結裾之處。

清 顧祖禹《讀史方輿紀要》卷五三　上林苑　在舊長安城西十里，本秦苑。《史記》：秦都咸陽，諸廟及章臺上林皆在渭南是也。漢建元三年，開廣之，延袤三百里。李吉甫云：漢上林苑在長安西北，十四里，周匝二百四十里，苑中有昭臺宫，又有平樂觀。《括地志》：觀在未央宫北，周十五里。

又　逍遥園　在今府城西，亦漢時舊苑也。《水經注》：沉水合昆明池，其枝津東北流。逕鄧艾祠南又東分爲二，一水東入逍遥園。

又　靈臺　在府西四十里，漢靈臺也。高二十丈，周迴四百二十步。《三輔故事》：周靈臺在鄠縣豐水東，漢靈臺在長安故城西北八里，本秦之清臺，漢曰靈臺。郭緣生《述征記》：長安宫中有靈臺，高十五仞。《水經注》：漢靈臺在秦阿房宫南，南去明堂三百步，鎬水經其西，漢平帝元始四年立。

清 雍正《陝西通志》卷七三　上林苑，即秦之舊苑也，其故基跨今盩厔、鄠、長安、咸寧、藍田五縣之境。《雍勝略》　蕭相國請曰：上林中多空地，願令民得田苑中。《史記》。武帝微行，以爲道遠，勞苦又爲百姓所患，乃使大中大夫吾丘壽王與待詔，能用算者舉籍。阿城以南，盩厔以東，宜春以西，提封頃畝，及其價值屬之南山，以爲上林苑。東方朔諫秦起阿房，而天下亂，因陳泰階六符之事。上乃拜大中大夫，卒起上林苑。故相如請爲天子游獵之賦，稱烏有先生亡是公而奏上林也。《水經注》。上林苑中廣長三百里，苑中養百獸。天子春秋射獵苑中，取獸無數。其中離宫七十所，容千乘萬騎。《漢舊儀》。西都則有上林禁苑，林麓藪澤，陂池連乎蜀漢，繚以周墻四百餘里。離宫别館三十六所，神池、靈沼往往而在。《西都賦》。上林苑門十二中，有苑三十六，宫十二，觀二十五。《關中記》。初修上林苑，羣臣遠方各獻名果異卉三千餘種，其中亦有制爲美名以標奇麗也。《西京雜記》。秦之上林，其邊際所抵，難以詳究。《水經》：於宜春觀曰此秦上林故地也。《史記》載上林所起曰：作朝宫，渭南上林苑中先作阿房前殿，則宜春觀阿房宫皆秦苑故地也。武帝尚以秦苑爲狹，命吾丘壽王舉籍阿城以南，盩厔以東，宜春以西，悉除爲苑，則所拓比秦益大矣。以漢唐郡縣言之，則盩厔一縣不盡入苑，而鄠、杜兩縣悉歸包并矣。其曰舉籍阿城以南，而阿城之北則不在數，是其疆境至渭水南岸而極也。至揚雄則曰：武帝廣開上林，南至宜春鼎湖，御宿昆吾，長楊五柞並南山，北繞黄山，瀕渭而東，則苑境不止限乎渭南矣。蓋謂踰渭而北，又向東皆爲苑地也，此雄之誤也。渭北有苑百八十里，西向而入扶風周回五百餘里，此則渭北之苑也。以舊儀黄圖考之，自名甘泉苑，不名上林苑也。當時揚雄但見夫渭南北皆有苑矣，而渭北之苑又復有宫如黄山宫之類，故誤言之耳。《東方朔傳》壽王所載，截自阿城以南，元不跨渭，此最疆界之可證也。張衡賦西京上林曰繞黄山而款牛首，牛首可款矣，而黄山可繞乃據行幸言之，非上林位置也。《雍録》

醴泉宫　在醴泉縣東南三十里。漢宣帝聞泉味如酒，因以建宫。唐貞觀重修，縣因以名。《賈志》。

步壽宫　在耀州東北一里。《賈志》。神爵二年正月，鳳凰集祋祤於所集，得玉寶，起步壽宫。《漢書·郊祀志》。秦亦有步壽宫。今按其地與漢異，則秦漢各有步壽宫耳。《三輔黄圖》

清 雍正《河南通志》卷五一　曜華宫　在府城，梁孝王建。按《三輔黄圖》：王作此宫，與諸宫觀相連，延亘數十里。奇果異樹，珍禽怪獸畢有。王日與賓客弋釣其中。

梁園　在睢陽故城東二十里，一名梁苑。按《史記》：梁孝王築東苑，方三百里，大治宫室，爲複道，自宫連屬於平臺五十餘里，或曰即兔園。《西京雜記》曰：兔園中有百靈山、落猿巖、棲龍岫，又有鴈池。池間有鶴洲、鳧渚。《九域志》曰：東園中又有修竹園。枚桑賦曰修竹檀欒夾池水是也。【略】明王廷相詩：君不見梁王已破六國壘，苑中便起文園臺。黄金白玉架樓閣，綺榻延賓四向開。清泠池上三尺雪，相如新賦傾鄒枚。

又 卷五二《古蹟下》　南宫　在府城東北二十五里。《玉海》云：漢高祖五年入雒陽，置酒南宫。即此。秦漢雖都關中，猶仿周制，建宫闕於洛陽，至光武幸此定都。

清 傅恒等《御批歷代通鑑輯覽》卷一一《始皇帝》　築宫咸陽北坂徐廣曰：在長安西北，漢武時别名渭城《寰宇記》：故渭城在咸陽東北。上。初，諸廟及章臺、在陝西西安府長安縣，故城西南隅。上林、在長安縣西及盩厔鄠縣界。《秦舊苑》，漢武帝更增廣之。皆在渭南。及破諸侯寫放，其宫室作之咸陽北坂上，南臨渭，自雍門徐廣曰在高陵縣。以東至涇渭，殿屋複道，築起爲道不與民庶相雜。周閣周馳架木爲棚而行，名曰閣道。相屬，所得諸侯、美人、鐘鼓以充入之。明年復作信宮，即長信宮，作于渭南，已而以宮象天極，更名極廟，故址在今咸陽縣境。及甘泉前殿。《關輔記》：林光宮，一名甘泉宮，始皇造在池陽縣。西池陽故城，在今西安府涇陽縣西北。治馳道。天子所行道。孔穎達曰：如今御路也。于天下。是年，帝巡隴西北地至雞頭山，過回中。秦隴西郡，今甘肅臨洮鞏昌諸府地。北地郡，今甘肅平涼慶陽諸府地。雞頭山，亦曰笄頭山，在今平涼府平涼縣西。《考史記》：黄帝西至崆峒，登雞頭。《括地志》以崆峒在肅州，雞頭在原州，又以雞頭爲即。崆峒，今按《史記》原文，崆峒、雞頭自是兩山，《括地志》前説爲是，後説爲非。回中宮，在鳳翔府隴州西北，今曰回城。

又卷一五《漢·世宗孝武皇帝》作昆明池在西安府長安縣西南，今涸。《三輔黄圖》昆明池中有神池。堯時治水，嘗停舟于此。

清乾隆《西安府志》卷五四《古蹟》咸陽宮《黄圖》：始皇窮極奢侈，築咸陽宮，因北陵營殿。端門四達，以制紫宮，象帝居。《史記·始皇本紀》：諸廟及章臺、上林皆在渭南，秦每破諸侯，寫放其宮室，作之咸陽北阪上，南臨渭。自雍門以東至涇渭，殿屋複道，周閣相屬，所得諸侯美人鐘鼓以充入之。

按：《長安志》、《雍録》及諸志皆無此宮，蓋以孝公曾作咸陽，築冀闕。此或襲其舊，但《黄圖》始皇築咸陽宮，《史記》始皇三十四年置酒咸陽宮，實有其名，豈基址仍舊而制度從宏歟？因並録之。

阿房宮《雍勝略》：在長安縣西三十里。《史記·始皇本紀》：始皇帝三十五年，以爲咸陽人多先王之宮廷小，聞豐鎬之間帝王之都，乃營作朝宮渭南上林苑中。先作前殿阿房，東西五百步，南北五十丈。上可以坐萬人，下可以建五丈旗，周馳爲閣道。自前殿直抵南山，表南山巔爲闕，爲復道。自阿房渡渭，屬之咸陽，以象天極。閣道絶，漢抵營室也計宮三百。《索隱》：此以形名宮，言四阿旁廣也。《漢賈山傳注》：師古曰阿房言殿四阿皆爲房也。一説大陵，曰阿，言其殿高若於阿上爲房也。房，或作旁。此殿初未有名，以其去咸陽近且號阿旁。阿，近也。《東方朔傳注》：阿城本秦阿房宮，以其墻壁崇廣，故呼爲阿城。《黄圖》：阿房前殿以木蘭爲梁，磁石爲門。《三輔舊事》：阿房宮東西三里，南北五里，庭中可受千萬人車行酒騎行炙。千人唱，萬人和。其外有城名阿城，東西北三面有墻，南面無墻。《黄圖》：始皇收天下兵，聚之咸陽，銷鋒鏑以爲金人十二，以弱天下之人。立於宮門，坐高三丈，銘其後曰：皇帝二十六年初兼天下，改諸侯爲郡縣。一法律，同度量。大人來見臨洮，其大五丈，足跡六尺。銘李斯篆，蒙恬書。

磁石門《水經注》：悉以磁石爲故專其目。四夷朝者有隱甲懷刃，入門而脅之以示神，亦名却胡門。《長安志》：磁石門東西有閣道，即阿房宮之北闕門也。累磁石爲之，著鐵甲入者，磁石吸之不得過。《雍録》：磁石門即北入之門，審求其地則在鎬水趨渭之處，故經主漢城而命其方，則曰此阿房之西門，若自主阿房而命之，則當曰北門也。

信宮《賈志》：在咸陽縣渭水南。《史記·始皇本紀》：始皇帝二十七年作信宮渭南，已而更命信宮，爲極廟，象天極。自極廟道通酈山，作甘泉前殿，築甬道，自咸陽屬之。

長樂宮《括地志》：在長安故城中。《漢高帝紀》：高帝五年治長樂宮。《黄圖》：長樂宮本秦興樂宮也，高皇帝始居櫟陽。七年，長樂宮成，徙居長安城，後太后常居之。王莽改爲長樂室，近東直杜門。《關中記》：宮周迴二十餘里，有殿十四。《史記》：惠帝爲東，朝長樂及間往來數蹕，煩人，乃作複道，築武庫，南詔立原廟。《玉海》：長樂高帝既以爲居，又以受朝無異於正宮矣。自惠帝後，人主皆居未央，而長樂常奉母后。《雍録》：未央在漢城西隅，長樂乃東隅也。《元和志》言兩宮相去止隔一里，此一里所即武庫。《漢武故事》：建章、未央、長樂三宮，皆輦道相屬，懸棟飛閣，不由徑路。東闕西闕。《釋名》：闕在門兩旁，中央闕然爲道也。《漢惠帝紀》：惠帝五鳳三年，鸞鳳集長安宮東闕樹上。【略】前殿，《黄圖》：長樂宮前殿，東西四十九丈七尺，兩序一作序中三十五丈，深十二丈。【略】大廈殿，《三輔舊事》：秦作銅人，立阿房殿前。漢著長樂宮大廈殿前。長信宮，《黄圖》：漢太后常居之。按：《通靈記》：太后成帝母后宮在西，秋之象也。秋主信，故以長信、長秋爲名。又永壽、永寧殿，皆后所處。《水經注》：長樂宮殿前列銅人，殿西有長信、長秋、永壽、永昌諸殿。【略】酒池，《黄圖》廟記曰：長樂宮中有魚池、酒池，池上有肉炙樹，秦始皇造。漢武帝行舟于池中。《關中記》：酒池北起臺，天子于上觀牛飲者三千人。《寰宇記》：武帝作酒池以誇，羌胡飲以鐵杯，重不能舉，皆牛飲。《水經注》：長樂殿之東北有池，池北有層臺沼，謂是池爲酒池非也。

按：長樂宮中諸臺殿方位無考者，有宣德、通光、高明三殿。《長安志》：見《三輔宮殿名》：在長樂宮。又有長定、建始、廣陽、中室、月室、神仙、椒房、諸殿，又温室殿。漢《孔光傳》：或問光温室省木皆何木也，光不應。晉灼曰：長樂宮中有温室殿。又鴻臺，《黄圖》：長樂宮有鴻臺，秦始皇二十七年築，高四十丈，上起觀宇，帝嘗射飛鴻于上，故號鴻臺。《漢書》：惠帝四年，長樂宮鴻臺災。

又　未央宮　《括地志》：在長安故城中，近西南隅。《漢高帝紀》：高帝七年，蕭何治未央宮。《西京雜記》：未央宮周迴二十二里九十五步五尺，按《關中記》作三十三里。街道周迴七十里。按《關中記》作十七里。臺殿四十三，其三十二在外，其十一在後宮。按，《關中記》作臺三十二。池十三，按，《關中記》作池十二。山六門，闥九十五。按，《關中記》作宮殿門八十一，掖門十四。《三秦記》：未央一名紫微宮。【略】柏梁臺，《漢武帝紀》：武帝元鼎二年春，起柏梁臺。《郊祀志》：武帝鑄柏梁、銅柱。《三輔故事》：臺高二十丈，用香柏爲殿梁，香聞十里。《長安志》：《廟記》曰：柏梁臺在北闕内道西。《三秦記》曰：臺上有銅鳳，名鳳闕。按，未央宮有東北闕，西南無之。師古謂蕭何厭勝之術是矣。至司馬門，《黄圖》及師古俱謂未央四面皆有司馬門，乃宮之外門。應劭謂爲宮内門，其説似異。今按闕之西南而司馬門有西南闕門之墻，四面環宮。司馬之墻乃宮正垣，而闕垣在外。《西京賦》所謂徼道外周，千廬内附是也，故自闕門視之則爲宮内門，自宮視之則爲宮外門。二説雖異，其實同也。《漢百宮表》注：師古曰，《漢舊》儀衛尉司在宮内，主宮闕之門。内衛士于周垣下爲區廬。《西京賦》「衛尉八屯，警夜巡晝」注：綜曰衛尉周宮外，于四方四角立八屯士。士則傳宮外，爲廬舍。是則宮墻外闕門内，正爲衛士區廬地矣。前殿，《黄圖》：未央宮前殿東西五十丈，深十五丈，高三十五丈。營未央宮因龍首以制前殿，至孝武以木蘭爲棼橑，文杏爲梁柱，金鋪玉户，華榱璧璫，雕楹玉碣，重軒鏤檻。青瑣丹墀，左墄右平，黄金爲璧帶，間以和氏珍玉。風至，其聲玲瓏然也。《長安志》：王莽改前殿曰王路堂，地皇元年爲風所毁。【略】金馬門，《史記·滑稽傳》金馬門者，宦者署門也，門旁有銅馬。《漢公孫弘傳》「天子擢弘，對爲第一待詔金馬門」《注》：武帝時相馬者東門京作銅馬法獻之，立馬於魯班門外，更魯班門爲金馬門。【略】石渠閣，《三輔故事》：在未央大殿北。《黄圖》：石渠閣其下礲石爲渠以導水，若今御溝，因爲閣名。藏入關所得秦之圖籍，成帝於此藏秘書焉。《雍録》：石渠以水經約其地望，則滄池在未央西南。此渠必引滄池，下流北行又北轉明光、桂宮之間，謂之明渠。又益趨東，長樂之有酒池，都城東之有三渠也。承明殿，《黄圖》：未央宮有承明殿，著述之所也。【略】《漢翼奉傳》：孝文帝躬行節儉，其時，未央宮無高門、武臺、麒麟、鳳皇、白虎、玉堂、金華之殿，獨有前殿、曲臺、漸臺、宣室、温室、承明耳。温室殿，《黄圖》：在未央宮殿北，武帝建。冬處之，温暖也。《西京雜記》：温室以椒塗壁，被之文繡，香桂爲梁，設火齊屏，風鴻羽帳，規地以罽賓氍毹。清涼殿，《黄圖》：在未央宮殿北，夏居之則清涼也。《漢書》曰清室，則中夏含霜此也。【略】椒房殿，《三輔宮殿名》：未央宮有椒房殿。《漢宮儀》：皇后殿稱椒房，以椒塗室，主温暖除惡氣也。掖庭，【略】《漢官儀》：婕妤以下皆居掖庭。《西京雜記》：庭有雲光、光華、鳴鸞三殿，月景臺、開襟閣、臨池觀不在簿籍，皆繁華窈窕之所棲宿焉。昭陽殿，《黄圖》：成帝趙皇后居昭陽殿。《漢元后傳》：皇后既立寵少衰，而弟絶幸爲昭儀，居昭陽舍。其中庭彤朱，而殿上髹漆切皆銅沓，冒黄金，塗白玉階。壁帶往往爲黄金，釭函藍田璧，明珠翠羽飾之，自後宮未嘗有焉。《黄圖》：武帝時，後宮八區有昭陽、飛翔、增城、合歡、蘭休、披香、鳳皇、鴛鸞等殿，後又增修安處、常寧、茝若、椒風、發越、蕙草等殿，爲十四位。【略】漸臺，《關中記》：未央宮西滄池中有漸臺。《雍録》：未央宮漸臺，文帝夢鄧通王莽死於兵，皆在其處。《黄圖》曰：滄池其水滄色。

北宮　《漢外戚餘》：惠帝張皇后廢處北宮。《注》：師古曰在未央宮北。《黄圖》：北宮近桂宮，周迴十里，高帝時制度草創，孝成增修之。【略】前殿，《黄圖》：北宮前殿廣五十步，珠簾玉户，如桂宮紫房，複道。《漢孔光傳》：大司空何武曰，定陶太后可居北宮。宮有紫房，複道，通未央宮。傅太后從複道朝夕至哀帝所。

桂宮　《元和志》：在長安故城中。《黄圖》：漢武帝造，周迴十餘里。《水經注》：未央宮北即桂宮也。舊乘複道，用相逕通。《西京雜記》：武帝爲七寶床、雜寶案、厠寶屏風，列寶帳，設於桂宮，時人謂爲四寶宮。龍樓門，《漢成帝紀》：成帝爲太子居桂宮，上嘗急召太子出龍樓門。《注》：張晏曰門樓有銅龍若白鶴，飛廉之爲名也。【略】明光殿，《關輔記》：桂宮中有明光殿，土山複道，從宮中西上城，西至建章宮、神明臺、蓬萊山。《三秦記》：未央宮漸臺西有桂宮，中有明光殿，皆金玉珠璣，爲簾箔綴明月珠，金砌玉階，晝夜光明。

建章宮　《雍勝略》：在長安故城西。《漢武帝紀》：太初元年二月起建章宮。《注》：師古曰在未央宮西，俗所稱貞女樓即此宮之闕也。《郊祀志》：

建章宮度爲千門萬户。《關中記》：建章周迴二十餘里。【略】《關中記》：上林苑中有宮十二，建章其一。然如此其侈而正史未正書，臨幸則皆從飛閣越城以出也。飛閣，《黄圖》：武帝于未央營造日廣，以城中爲小，乃於宮西跨城池，作飛閣通建章宮，構輦道以上下。閶闔門，《黄圖》：宮之正門，高二十五丈，亦曰璧門。《漢書》曰：建章宮南有玉堂，璧門三層，臺高三十丈。玉堂内殿十二門，階陛皆玉爲之。鑄銅鳳高五尺，飾黄金棲屋，上下向風，若翔。椽首薄以璧玉因名璧門。【略】神明臺，《黄圖》：璧門右。《神明臺廟記》曰：五帝造祭金人處。上有承露盤，有銅仙人舒掌捧盤、玉杯以承雲表之露，以求仙道。《長安記》：仙人掌大七圍，以銅爲之。《漢宮闕疏》：臺高五十丈，常置九天道士百人。又《水經注》：神明臺上有九室，俗謂之九子臺，而實非也，後有疏圃神明臺。圓闕，《黄圖》：建章宮門北起圓闕，高二十五丈，上有銅鳳皇，赤眉賊壞之。《古歌》：長安城西雙員闕，上有一雙銅雀宿，一鳴五穀生，再鳴五穀熟。按《史記》：建章鳳闕高二十餘丈，即《西京賦》所云設璧門之鳳闕，上觚棱而棲金爵者也。又《關中記》：建章宮員闕，有金鳳在上，故號鳳闕，復以員闕爲鳳闕矣。唐王維詩云「雲裏帝城雙鳳闕」，似璧門員闕上並有鳳皇，故皆稱鳳闕。至唐而遺趾尚存，因並著之。別風闕，《西京賦》：閶闔之内，別風嶕嶢。《關中記》：別風以言別四方之風也。《玉海》：閶闔門内東出有折風闕，一名別風。井幹樓，《封禪書》：武帝作建章宮，乃立神明臺、井幹樓。度五十丈，輦道相屬。《漢宮闕疏》：井幹樓，積木而高爲樓，若井幹之形也。井幹者，井上木欄也。形或四角，或八角。《黄圖》：別風闕對峙井幹樓，各高五十丈，輦道相屬。【略】唐中庭，《封禪書》：建章宮西則唐中，數十里。《索隱》：唐堂庭也。《爾雅》：廟中路謂之唐，一作商中。《漢郊祀志》：建章宮西，商中數十里。《注》：如淳曰商中，商庭也。師古曰商，金也。于序在秋，故謂西方之庭爲商庭。鼓簧宮，《黄圖》：《漢宮闕疏》云：鼓簧宮周匝一百三十步，在建章宮西北。奇華宮，《黄圖》：在建章宮旁，四海夷狄，器服珍寶，火浣布切，玉刀巨象，大雀、師子、宮馬充塞其中。枍詣宮，《黄圖》：枍詣，木名，宮中美木茂盛也。駘蕩宮，《黄圖》：春時景物駘蕩滿宮中也。馺娑宮，《黄圖》：馺娑馬行疾，貎馬行迅速，一日之間遍宮中，言宮之大也。天梁宮，《黄圖》：梁至于天，言宮之高也。函德殿，《黄圖》：建章宮有函德等二十六殿。《漢宣帝紀》：神爵元年三月，詔金芝九莖，産于函德殿銅池中。涼風臺，《關中記》：建章宮北積木爲樓，高五十餘丈。避風臺，《關中記》：太液池有避風臺，即飛燕結裾處。曝衣閣，《宋卜子陽園苑疏》：太液池西有武帝曝衣閣，七月七日宮女出后衣，登樓曝。虎圈，《漢郊祀志》：建章宮西。《注》：師古曰於菟西方之獸，故于此置其圈也。太液池，《封禪書》：建章宮治大池，漸臺高二十餘丈，命曰太液池。中有蓬萊、方丈、瀛洲、壺梁，象海中神山。《正義》：臣瓚云：太液宮象陰陽津液，以作池也。《三輔故事》云：池北岸有石魚，長二丈，廣五尺。西岸有龜二枚，各長六尺。《漢郊祀志注》：師古曰漸浸也。臺在池中，爲水所浸。【略】唐中池，《黄圖》：周迴十二里，在建章宮太液池南。孤樹池，《西京雜記》：太液池西，池中有洲。上𣗥樹一株，六十餘圍，望如車蓋。淋池，《拾遺記》：昭帝元始元年，穿淋池。廣千步，東引太液之水。池中植分枝荷，一莖，四葉，狀如駢蓋。影娥池，《黄圖》：武帝鑿以玩月，其傍起望鵠臺以眺月。影人池中，使宮人乘舟弄月影，名影娥池，亦曰眺蟾臺。北闕，《廟記》：高二十丈，建章宮北闕門也。

扶荔宮　《黄圖》：在上林苑中，武帝元鼎六年破南越，起扶荔宮，以植所得奇草異木。

宣曲宮　《黄圖》：在昆明池西，孝宣帝曉音律，嘗于此度曲，因名。

太乙宮　《賈志》：在西安城南五十里太乙山谷中，漢元封初，南山谷間雲氣融結，武帝于此建宮。

豫樟宮　《述異記》：漢武帝寶鼎二年立豫樟宮于昆明池中，作豫樟亭。

長楊宮　《黄圖》：本秦舊宮，至漢修飾之，以備行幸。長楊樹，《黄圖》：在長楊宮，秋冬校獵其下。命武士搏射禽獸，天子登此以觀焉。

五柞宮　《雍勝略》：在盩厔縣東南三十八里。《漢武帝紀》：後元二年幸盩厔，作五柞宮。《黄圖》：漢之離宮也，宮中有五柞樹因名。青梧觀，《西京雜記》：五柞宮西觀前有三梧桐樹。樹下有石麒麟二枚，刊其脇爲文字，是秦始皇驪山墓上物也。

醴泉宮　《賈志》：在醴泉縣東南三十里，漢宣帝聞泉味如酒，因以建宮。唐貞觀重修，縣因以名。

清　光緒《虞城縣志》卷二《古蹟》　兔園，在縣西南梁孝王苑中。有百室山，山有膚寸石、落猿巖、栖龍岫、鴈池，鶴洲、鳬島。諸宮觀相連。杜預云：宋都有孟豬澤，有梁孝王兔園、平臺、鴈鶩池。

又《山川》 百室呈芳 即兔園内之百室，《山地志》所謂宮觀相連，佳樹奇果，瑰禽異獸，靡不具備是也。

紀事

漢 司馬遷撰 唐 司馬貞索隱 張守節正義《史記》卷六《秦始皇本紀》（始皇二十六年）秦每破諸侯，寫放其宮室，作之咸陽北阪上。南臨渭，自雍門以東至涇渭，殿屋複道，周閣相屬。《正義》：《廟記》云，北至九嵏、甘泉，南至長楊、五柞，東至河，西至汧渭之交。東西八百里，離宮別館相望屬也。木衣綈繡，土被朱紫，宮人不徙，窮年忘歸猶不能遍也。所得諸侯美人鐘鼓以充入之。

又 二十七年，始皇巡隴西北地，出雞頭山，過回中焉。作信宮。渭南已更命，信宮爲極廟，象天極。自極廟道通酈山，作甘泉前殿，築甬道。自咸陽屬之，是歲賜爵一級治馳道。

又 三十五年，除道，道九原抵雲陽，塹山堙谷，直通之。於是始皇以爲咸陽人多，先王之宮廷小，吾聞周文王都豐，武王都鎬，豐鎬之間，帝王之都也。乃營作朝宮渭南上林苑中。先作前殿阿房，東西五百步，南北五十丈，上可以坐萬人，下可以建五丈旗。《索隱》：此以其形名宮也，言其宮四阿旁廣也，故云下可建五丈之旗也。阿房後爲宮名。《正義》：《三輔舊事》云，阿房宮東西三里，南北五百步，庭中可受萬人，又鑄銅人十二於宮前。阿房宮以慈石爲門，阿房宮之北闕門也。周馳爲閣道，自殿下直抵南山。表南山之顛以爲闕，爲複道，自阿房渡渭，屬之咸陽，以象天極。閣道絶漢，抵營室也。阿房宮未成，成，欲更擇令名，名之作宮阿房，故天下謂之阿房宮。隱宮徒刑者七十餘萬人，乃分作阿房宮，或作麗山。發北山石椁，乃寫蜀荆地材皆至。關中計宮三百，關外四百餘。於是立石東海上朐界中，以爲秦東門。

又 卷八《高祖本紀》 八年，高祖東擊韓王信餘反寇於東垣。蕭丞相營作未央宮，《正義》：《括地志》云，未央宮在雍州長安縣西北十里，長安故城中。顔師古云，未央殿雖南嚮，而當上書奏事謁見之徒皆詣北闕，公車司亦在北焉。是則以北闕爲正門，而又有東門、東闕，至於西南兩面無門闕也。蕭何初立未央宮，以厭勝之術理宜然乎。按北闕爲正者，蓋象秦作前殿，渡渭水屬之咸陽，以象天極閣道，絶漢抵營室。立東闕、北闕、《集解》駰案：《關中記》曰，東有蒼龍闕，北有玄武闕。玄武所謂北闕。《索隱》東闕名蒼龍，北闕名玄武，無西南二闕者，蓋蕭何以厭勝之法故不立。《説文》云：闕，門觀也。秦家舊宮皆在渭北，而立東闕北闕，蓋取其便。前殿、武庫、太倉。高祖還，見宮闕壯甚，怒謂蕭何曰：天下匈匈苦戰數歲，成敗未可知，是何治宮室過度也？蕭何曰：天下方未定，故可因遂就宮室。且夫天子以四海爲家，非壯麗無以重威，且無令後世有以加也。高祖乃説。

又 卷一二《孝武本紀》 上還，以柏梁烖，故朝受計甘泉。公孫卿曰：黄帝就青靈臺，十二日燒，黄帝乃治明庭。明庭，甘泉也。方士多言古帝王有都甘泉者。其後天子又朝諸侯甘泉，甘泉作諸侯邸。勇之乃曰：越俗有火烖，復起屋必以大，用勝服之。於是作建章宫，度爲千門萬户。前殿度高未央。其東則鳳闕，高二十餘丈。其西則唐中，數十里虎圈。其北治大池，漸臺《正義》顔師古云：臺在池中，爲水所浸，故曰漸臺。按：王莽死此臺也。高二十餘丈，名曰泰液《正義》臣瓚云：泰液言象陰陽津液以作池也。池，中有蓬萊、方丈、瀛洲、壺梁，象海中神山龜魚之屬。索隱《三輔故事》云：殿北海池北岸有石魚，長二丈，廣五尺，西岸有石龜二枚，各長六尺。其南有玉堂、《索隱》：其南則玉堂。《漢武故事》：玉堂基與未央前殿等，去地十二丈。璧門、大鳥之屬。乃立神明臺、《索隱》：《漢宮闕疏》云，臺高五十丈，上有九宮，常置九天道士百人也。井幹樓，《索隱》：《關中記》宮北有井幹臺，高五十丈，積木爲樓。言築累萬木，轉相交架，如井幹。度五十餘丈，輦道相屬焉。

又 卷二八《封禪書》 又作甘泉宫，中爲臺室，畫天、地、太一諸鬼神，而置祭具以致天神。居歲餘，其方益衰，神不至。乃爲帛書以飯牛，詳不知，言曰此牛腹中有奇。殺視得書，書言甚怪。天子識其手書，問其人，果是僞書，於是誅文成將軍，隱之。其後則又作柏梁、銅柱、承露仙人掌之屬矣。

公孫卿曰：仙人可見，而上往常遽，以故不見。今陛下可爲觀，如緱城，置脯棗，神人宜可致也。且仙人好樓居。於是上令長安則作蜚廉桂觀，甘泉則作益延壽觀，使卿持節設具而候神人。乃作通天莖臺，置祠具其下，將招來仙神人之屬。於是甘泉更置前殿，始廣諸宫室。夏，有芝生殿房内中，天子爲塞河，興通天臺，若見有光云，乃下詔：甘泉房中生芝九莖，赦天下，毋有復作。

十一月乙酉，柏梁烖。十二月甲午朔，上親禪高里，祠后土。臨勃海，將以望祀蓬萊之屬，冀至殊廷焉。上還，以柏梁烖故，朝受計甘泉。公孫卿曰：「黄帝就青靈臺，十二日燒，黄帝乃治明廷。明廷，甘泉也。方士多言古帝王有都甘泉者。其後天子又朝諸侯甘泉，甘泉作諸侯邸。勇之乃曰：越俗有火烖，復起屋必以大，用勝服之。於是作建章宮，度爲千門萬户，前殿度高未央。其東則鳳闕，高二十餘丈。其西則唐中，數十里虎圈。其北治大池，漸臺高二十餘丈，命曰太液池，中有蓬萊、方丈、瀛洲、壺梁，象海中神山龜魚之屬，其南有玉堂、璧門、大鳥之屬。乃立神明臺、井幹樓，度五十丈，輦道相屬焉。

又 卷五八《梁孝王世家》 孝王，竇太后少子也，愛之，賞賜不可勝道。於是孝王築東苑，《索隱》：《白虎通》云苑所以東者何？蓋以東方生物故也。方三百餘里，《索隱》蓋言其奢，非實辭。或者梁國封域之方。《正義》：《括地志》云，兔園在宋州宋城縣東南十里。葛洪《西京雜記》云：梁孝王苑中有落猨巖、栖龍岫、鴈池、鶴洲、鳬島。諸宮觀相連，奇果佳樹，瑰禽異獸，靡不畢備。俗人言梁孝王竹園也。廣睢陽城七十里。大治宮室，爲複道，自宮連屬於平臺三十餘里。《集解》：徐廣曰，睢陽有平臺里。駰案：如淳曰在梁東北，離宮所在也。晉灼曰或說在城中東北角。《索隱》：如淳云在梁東北，離宮所在者，按今城東二十里臨新河，有故臺址，不甚高，俗云平臺，又一名脩竹苑。《西京雜記》云，有落猿巖、鳬洲、鴈渚，連亘七十餘里是也。得賜天子旌旗，出從千乘萬騎。東西馳獵，擬於天子。

漢 劉歆撰 晉 葛洪輯《西京雜記》卷一 漢高帝七年，蕭相國營未央宮，因龍首山製前殿，建北闕。未央宮周迴二十二里九十五步五尺，街道周迴七十里，臺殿四十三。其三十二在外，其十一在後宮。池十三，山六，池一，山一，亦在後宮，門闥凡九十五。

漢 袁康《越絶書》卷二 東宮周一里二百七十步，路西宮在長秋，周一里二十六步。秦始皇帝十一年，守宮者照燕失火燒之。

漢 班固撰 唐 顏師古注《漢書》卷六《武帝本紀》（元狩三年）減隴西北地上郡戍卒半，發謫吏穿昆明池。如淳曰：《食貨志》以舊吏弄法，故謫使穿池，更發有貲者爲吏也。臣瓚曰：《西南夷傳》有越嶲昆明，國有滇池，方三百里。漢使求身毒國而爲昆明所閉，今欲伐之，故作昆明池象之，以習水戰。在長安西南，周回四十里。《食貨志》又曰：時越欲與漢用船戰，遂乃大脩昆明池也。

又（元封二年）作甘泉通天臺、長安飛廉館。應劭曰：飛廉，神禽能致風氣者也。明帝永平五年，至長安迎取飛廉并銅馬，置上西門外，名平樂館。董卓悉銷以爲錢。晉灼曰：身似鹿頭，如爵，有角而蛇尾，文如豹文。師古曰：通天臺者，言此臺高，上通於天也。《漢舊儀》云：高三十丈，望見長安城。朝鮮王攻殺遼東都尉，乃募天下死罪，擊朝鮮。六月詔曰：甘泉宮內中產芝，九莖，連葉。

又（太初元年冬十月乙酉柏梁臺災）春還受計于甘泉，二月起建章宮。文穎曰：越巫名勇謂帝曰，越國有火災，即復大起宮室以厭勝之，故帝作建章宮。師古曰：在未央宮西，今長安故城西，俗所呼貞女樓者即建章宮之闕也。

又 卷八《宣帝本紀》（神爵）三年春起樂游苑。師古曰：《三輔黃圖》云：在杜陵西北。又《關中記》云，宣帝立廟於曲池之北，號樂游。案，其處則今之所呼樂游廟者是也，其餘基尚可識焉，蓋本爲苑，後因立廟乎。

又 卷九《元帝本紀》（初元二年詔罷）水衡禁囿、宜春下苑、孟康曰：宮名也，在杜縣東。晉灼曰：《史記》云，葬二世杜南宜春苑中。師古曰：宜春下苑，即今京城東南隅曲江池是。少府佽飛外池，如淳曰：《漢儀注》，佽飛具矰繳以射鳧鴈給祭祀，是故有池也。岩籞池田。蘇林曰：岩飾池上之屋及其地也。晉灼曰：岩籞，射苑也。許慎曰：岩，弋射者所蔽也。池田，苑中田也。師古曰晉說是。

又 卷二五下《郊祀志第五》 莽篡位二年，興神仙事，目方士蘇樂言起八風臺於宮中。臺成萬金，作樂其上，順風作液湯，又種五粱禾於殿中各順色置其方面。先鬻鶴髓、毒冒、犀玉二十餘物漬種。計粟斛成一金。

又 卷九九下《王莽傳》（地皇元年秋）望氣爲數者多言有土功象，莽又見四方盜賊多，欲視爲自安能建萬世之基者，乃下書曰：予受命遭陽九之戹，百六之會，府帑空虛，百姓匱乏，宗廟未修，且祫祭於明堂太廟，夙夜永念，非敢寧息。深惟吉昌莫良於今年，予乃卜波水之北，郎池之南，惟玉食。劉德曰：長安南也。晉灼曰：《黃圖》：波郎，二水名也，在甘泉苑中。師古曰：晉說非也。《黃圖》：有西波池、郎池，皆在石城南上林中。玉食，謂龜爲玉兆之文而墨食也。予又卜金水之南，明堂之西，亦惟玉食。予將親築焉。於是遂營長安城南，師古曰：蓋所謂金水之南、明堂之西。提封百頃。九月甲申，莽立載行視，親舉築三下。司徒王尋、大司空王邑持節，及侍中常侍執法杜林等數十人將作。崔發、張邯說莽曰：德盛者文縟，功費數百鉅萬，卒徒死者萬數。宣崇其制度，宣視海內，且令萬世之後無以復加也。莽乃博徵天下工匠諸圖畫，以望法度算，及吏民以義入錢穀助作者，駱驛道路。壞徹城西苑中建章、承光、包陽、大臺、儲元宮及平樂、當路、陽祿館，凡十餘所，師古曰：自建章以下至陽祿皆上林苑中館。○劉攽曰：建章與宮同名，疑當是字誤。取其材瓦，以起九廟。

漢 郭憲《洞冥記》卷一 建元二年，帝起騰光臺，以望四遠於臺上，撞碧玉之鐘，掛懸黎之磬，吹霜條之篪，唱來雲依日之曲。方朔再拜於帝前曰：臣東游萬林之野，獲九色鳳雛，涔源丹瀨之水赤色。西過洞壑得滄淵虬子，靜海游珠，洞壑在虞淵。西虯泉池在五柞宮北，中有追雲舟、起風舟、侍仙舟、含烟舟，或以沙棠爲柑檝，或以木蘭文柘爲櫓棹，又起五層臺於月下。

又 元光中，帝起壽靈壇。壇上列植垂龍之木，似青梧，高十丈。有朱露，色如丹汁，灑其葉，地皆成珠。其枝似龍之倒垂，亦曰珍枝樹。此壇高八丈，帝使董謁乘雲霞之輦以昇壇。至夜三更，聞野鷄鳴，忽如曙，西王母駕玄鸞，歌春歸樂。謁乃聞王母歌聲而不見其形。歌聲遶梁三匝乃止，壇傍草樹枝葉或翻或動，歌之感也。四面列種軟棗，條如青桂。風至自拂堦上游塵。

又 卷二 元鼎元年，起招仙閣於甘泉宮西。編翠羽麟毫爲簾，青瑠璃爲扇，懸黎火齊爲床，其上懸浮金輕玉之磬。浮金者，色如金，自浮於水上。輕玉者，其質貞明而輕，有霞光繡，有藻龍繡，有連烟繡，有走龍錦，有雲鳳錦、翻鴻錦。閣上燒荃蘼，香屑燒粟許其氣，三月不絶。

又 （元封中）起神明臺，上有九天道，金床、象席、琥珀鎮雜玉爲簟。帝坐良久，設甜水之冰以備沐濯，酌瑶琨碧酒，炮青豹之脯，果則有塗陰紫梨、琳國碧李，仙衆與食之。

又 太初三年，起甘泉望風臺。臺上得白珠，如花一枝。帝以錦蓋覆之，如照月矣，因名照月珠，以賜董偃，盛以琉璃之筐。

又 卷三 帝於望鵠臺西起俯月臺。臺下穿池，廣千尺。登臺以眺月影入池中，使仙人乘舟弄月影，因名影娥池，亦曰眺蟾臺。影娥池中有游月船、觸月船、鴻毛船、遠見船，載數百人。或以青桂之枝爲櫂，或以木蘭之心爲檝，練實之竹爲篙，紉石脉之爲繩纜也。

漢 辛氏撰 清 張澍輯《三秦記》 柏梁臺有銅鳳，因名鳳闕。《史記正義》

澍按，《郊祀志》：元鼎二年春起柏梁臺。《食貨志》：時大修昆明池，治樓船，天子感之，乃作柏梁臺。

柏梁臺上有銅鳳，名鳳闕。柏梁臺高二十丈，以香柏爲梁也，香聞十里。漢武帝元封三年，武帝作柏梁臺，嘗置酒其上，詔羣臣二千石有能爲七言詩者乃得上坐。

漢《三輔黄圖》卷一《咸陽故城在今咸陽東二十里**》** 自秦孝公至始皇帝胡亥並都此城。案：孝公十二年作咸陽，築冀闕徙都，之始皇二十六年徙天下高貲富豪於咸陽十二萬户，諸廟及臺苑皆在渭南。秦每破諸侯，徹其宮室，作之咸陽北坂上。南臨渭，自雍門以東至涇渭，殿屋複道，周閣相屬，所得諸侯美人鐘鼓以充之。二十七年作信宮渭南，已而更命信宮爲極廟，象天極。自極廟道通驪山作甘泉，前殿築甬道，自咸陽屬之。始皇窮極奢侈，築咸陽宮，因北陵營殿。端門四達，以制紫宮，象帝居。引渭水灌都以象天漢，橫橋南渡以法牽牛。橋廣六丈，南北二百八十步，六十八間，八百五十柱，二百一十二梁。橋之南北堤，繳立石柱。咸陽北至九嵕、甘泉，南至鄠杜，東至河，西至汧渭之交。東西八百里，南北四百里。離宮別館，相望聯屬。木衣綈绣，土被朱紫。宮人不移，樂不改懸。窮年忘歸，猶不能徧。

又 卷四《苑囿》 博望苑，武帝立子據爲太子，爲太子開博望苑以通賓客。《漢書》曰：武帝年二十九乃得太子，甚喜。太子冠，爲立博望苑，使之通賓客從其所好。又云：博望苑在長安城南，杜門外五里有遺址。

晉 王嘉《拾遺記》卷六 漢成帝好微行，於太液池傍起宵游宮，以漆爲柱，鋪黑綈之幕，器服乘輿皆尚黑色。既悦於闇行，憎燈燭之照。宮中美御皆服皁衣，自班婕妤已下咸帶玄綬簪珮，雖如錦繡，更以木蘭紗綃罩之。至宵游宮，乃秉燭宴幸，既罷，静鼓自舞而步不揚塵。好夕出游，造飛行殿，方一丈，如今之輦。選期門羽林之士，負之以趨帝於輦上，覺其行快疾，耳中若聞風雷之聲。言其行疾也，名曰雲雷宮。所幸之宮咸以氈綈藉地，惡車轍馬跡之喧，雖惑於微行昵宴，民無勞怨。每乘輿返駕，以愛幸之姬寶衣珍食，捨於道傍，國人之窮老者，皆歌萬歲。是以鴻嘉永始之間，國富家豐，兵戈長戢。故劉向谷永指言切諫，於是焚宵游宮及飛行殿，罷宴逸之樂，所謂從繩則正，如轉圜焉。

又 靈帝初平三年，游於西園，起裸游館千間，采綠苔而被堦，引渠水以繞砌，周流澄澈，乘小舟以游漾，使宮人乘之。選玉色輕體者，以執篙檝搖蕩於渠中，其水清澄。以盛暑之時，使舟覆没。視宮人玉色者，又奏招商之歌以來涼氣也。歌曰：涼風起兮日照渠，青荷晝偃葉夜舒。惟日不足樂有餘，清絲流管歌玉鳧。千年萬歲喜難踰。渠中植蓮大如蓋，長一丈，南國所獻，其葉夜舒晝卷，一莖有四蓮叢生，名曰夜舒荷，亦云月出則葉舒，故曰望舒荷。帝盛夏避暑於裸游館，長夜飲宴。帝嗟曰：使萬歲如此，則上仙也。宮人年二七已上，三六已下，皆靚妝而解上衣，惟着内服，或共裸浴。西域所獻茵墀香煮以爲湯，宮人以之浴。浣畢，使以餘汁入渠，名曰流香渠。又使内竪爲驢鳴於館北，又作雞鳴堂，多畜雞。每醉樂迷於天曉，内竪競作雞鳴以亂真聲也。乃以炬燭投於殿前，帝乃驚悟。及董卓破京師，散其美人，焚其宫館。至魏黄初中，先所投燭處，夕夕有光如星，後人以爲神光，於此立小屋名曰餘光祠，以祈福。至魏明末，稍掃除矣。

南朝宋 范曄《後漢書》卷一〇二《董卓傳》 初，長安遭赤眉之亂，宫室營寺焚滅無餘。是時，唯有高廟、京兆府舍，遂便時幸焉。後移未央宫。

唐 李吉甫《元和郡縣志》卷八《河南道三・宋州・虞城縣》 平臺縣西四十里。《左傳》宋皇國父爲宋平公所築。漢梁孝王大治宫室，爲複道，自宫連屬于平臺三十餘里。與鄒枚相如之徒並游其上即此也。

又 卷一一《河南道六・兖州・曲阜縣》 靈光殿，魯王所造，在魯城内。按《文選》，漢景帝子名餘，封爲魯王，好理宫室而建此殿。遭王莽亂宫室被焚，建章皆隳壞而靈光殿巋然獨存。

宋 王欽若等《册府元龜》卷一三《帝王部・都邑》 武帝建元三年春，作便門橋。去長安四十四里，在長安西北，茂陵東。便門即平門也。又起集靈宫于華陰，起蘭池宫于右扶風渭城。

元狩三年秋，發讁吏穿昆明池。以舊吏弄法故讁使穿，更發有貲者爲吏也。西南夷昆明國有滇池，方三百里，漢使求身毒國而爲昆明所閉，今欲伐之，故作昆明池。象之以習水戰，在長安西南，周回四十里。《食貨志》又載，時越欲與漢用船戰，遂乃大脩昆明池也。讁吏有罪者，罰而役之滇，立頗。元鼎元年春，起柏梁臺。或曰用百頭梁作臺也。《三輔舊事》云以香柏爲之，今書皆作柏字。

元封二年夏，作甘泉、通天臺、長安飛廉館。飛廉，神禽能致風氣也。飛廉身似鹿頭，如雀有角而蛇尾，文如豹文。通天臺者，言此臺高上通于天也。《漢官儀》云：高三十丈，望見長安城。太初元年二月，起建章宫。越匠名勇謂帝曰：越國有火災，即復大起宫室以壓勝之。故帝作建章宫，在未央宫西，今長安故城西，俗所呼貞女樓者即建章宫之闕也。

宣帝神爵三年春起樂游苑，《三輔黄圖》云杜陵西北。又《關中記》云：帝立廟於曲池之北，號樂游。按，其處則今之所呼樂游廟者是也。其餘基尚可識焉，蓋本爲苑，後因立廟。

元帝時翼奉以宫室苑囿奢泰難供，以故民困國虚，亡累年之蓄，所繇來久。不改其本，難以正末，乃上疏曰：臣聞昔者盤庚改邑以興殷道，聖人美之。竊聞漢德隆盛在於孝文皇帝躬行節儉，外省繇役，其時未有甘泉建章及上林中諸離宫館也，未央宫又無高門、武臺、麒麟、鳳凰、白虎、玉堂、金華之殿，獨有前殿、曲臺、漸臺、宣室、温室、承明耳，孝文欲作一臺，度用百金，重民之財，廢而不爲，其積土基至今猶存。

又 桓帝延熙二年七月，初造顯陽苑，後又飾芳林而考濯龍之宫。薛綜注《東京賦》云：濯龍殿名芳林，謂雨旁樹木蘭也。靈帝光和三年作畢圭靈昆苑。畢圭苑有二，東畢圭苑周一千五百步，中有魚梁臺。西畢圭苑周三千三百步，並在雒陽宣平門外也。

宋 鄭樵《通志》卷四 始皇帝以爲咸陽人多，先王之宫廷小，吾聞文王都豐，武王都鎬。豐鎬之間帝王都也，乃營作朝宫。渭南上林苑中先作前殿。阿房東西五百步，南北五十丈，上可以坐萬人，下可以建五丈旗，周馳爲閣道，自殿下直抵南山。表南山之顛以爲闕，爲複道。自阿房渡渭屬之咸陽，以象天極閣道，絶漢抵營室也。阿房宫未成，成欲更擇令名，名之作宫阿房，故天下謂之阿房宫。

宋 洪邁《容齋三筆》卷一一《宫室土木》 秦始皇作阿房宫，寫蜀荆地材至關中，役徒七十萬人。隋煬帝營宫室，近山無大木，皆致之遠方。二千人曳一柱，以木爲輪，則戛摩火出，乃鑄鐵爲轂，行一二里轂輒破，别使數百人齎轂，隨而易之，盡日不過行二三十里。計一柱之費，已用數十萬功。大中祥符間，姦佞之臣罔真宗以符瑞，大興土木之役，以爲道宫、玉清、昭應之建。丁謂爲修宫使，凡役工日至三四萬。所用有秦隴岐同之松，嵐石汾陰之柏，潭衡道永鼎吉之梌、柟、櫧，温台衢吉之檮，永澧處之槻樟，潭柳明越之杉，鄭淄之青石，衡州之碧石，萊州之白石，絳州之斑石，吴越之奇石，洛水之石卵，宜聖庫之銀朱，桂州之丹砂，河南之赭土，衢州之朱土，梓信之石青石，碌磁相之黛，秦階之雌黄，廣州之藤黄，孟澤之槐華，虢州之鉛丹，信州之土黄，河南之胡粉，衛州之白堊，鄆州之蚌粉，兖澤之墨，歸歙之漆，萊蕪興國之鐵。其木石皆遣所在官部兵民入山谷伐取，又於京師置局，化銅爲鍮，治金薄鍜鐵以給用。凡東西三百一十步，南北百四十三步。地多黑土，疏惡於京東，北取良土易之，自三尺至一丈有六等。起二年四月至，七年十一月宫成，總二千六百一十區不及。二十年天火，一夕焚爇，但存一殿，是時役徧天下，而至尊無窮兵黷武聲色苑囿、岩刑峻法之舉，故民間樂從，無一違命。視秦隋二代，萬萬不侔矣。然一時賢識之士，猶爲盛世，惜之國史志載其事，欲以爲夸然，不若掩之之爲愈也。

宋 吕祖謙《大事記解題》卷七（秦始皇帝三十四年）作宫阿房及穿治麗山。

解題曰：按《本紀》，阿房宫未成，成欲擇令名，名之作宫阿房，故天下謂之阿房宫。始皇初即位，穿治麗山。及并天下，其役益侈矣，至是遂役七十萬人分作阿房麗山焉。

元　曾先之《歷代十八史略》卷三（漢武帝）歲起，内事土木，築上林苑，屬南山建柏梁臺，作承露盤，高二十丈，大七圍。上有仙人掌，以方士公孫卿言：仙人好樓居。作蜚廉桂館，通天莖臺，作首山宫，作建章宫，千門萬户。東鳳闕西虎圈，北太液池中有漸臺、蓬萊、方丈、瀛洲壺。梁南玉堂壁門立神明臺，作明光宫，皆極侈靡。

明　丘濬《大學衍義補》卷八九　漢武帝建元三年，帝使吾丘壽王舉籍阿城以南，盩厔以東，宜春以西，提封頃畝及其賈直，欲除以爲上林苑，屬之南山。壽王奏事，武帝大悦，稱善。時東方朔在旁進諫曰：夫南山，天下之阻也。漢興去三河之地，止霸滻以西都，涇渭之南，此所謂天下陸海之地，秦之所以虜西戎兼山東者也。其山出玉、石金、銀、銅、良材，百工所取給萬民所卭古仰字足也。又有秔、稻梨、栗、桑、麻、竹、箭之饒，土宜薑芋，水多䵷即蛙字。魚。貧者得以人給家足，無饑寒之憂。故酆鎬之間號爲土膏，其賈畝一金，今規以爲苑，絶陂池水澤之利，而取民膏腴之地。上乏國家之用，下奪農桑之業，是其不可一也。且盛荆棘之林，廣狐菟之苑，大虎狼之虛壞，人冢墓發人室廬，令幼弱懷土而思，耆老泣涕而悲，是其不可二也。斥而營之，垣而囿之，騎馳東西，車騖南北，有深溝大渠。夫一日之樂，不足以危無堤之輿，是其不可三也。夫殷作九市之宫而諸侯畔，靈王起章華之臺而楚民散，秦興阿房之殿而天下亂，糞土愚臣逆盛意罪當萬死。武帝乃拜朔爲給事中，賜黄金百斤，然遂起上林苑，如壽王所奏。

明　楊慎《丹鉛總録》卷四　扶荔宫　漢武帝元鼎六年，破南越，建扶荔宫，以荔枝得名也。此荔騈生，若十八娘之類，曰扶荔者，亦若扶竹、扶桑云，《漢書》：地名亦有扶柳。

清　顧炎武《歷代宅京記》卷三《關中一》　高帝七年，修長安宫城，自櫟陽徙居之，本秦離宫也。初置長安城，本狹小，至惠帝更築之。城高三丈五尺，下闊一丈五尺，上闊九尺，雉高三坂，周回六十五里。城南爲南斗形，北爲北斗形，至今人呼漢京城爲斗城是也。《漢舊儀》曰：長安城中，經緯各長三十二里，十八步，地九百七十三頃，八街九陌，三宫九府，三廟十二門，九市十六橋。地皆黑壤，今赤如火，堅如石，父老傳云：盡鑿龍首山土爲城。水泉深二十餘丈，樹宜槐與榆，松柏茂盛焉。城下有池，周繞廣三丈，深二丈。石橋各六丈，與街相直。《通典》：高宗咸亨三年，於岐州陳倉縣東南開渠，引渭水入昇源渠，通船栰至京故城。

又　卷四《關中二》　步壽宫　宣帝神爵二年，鳳凰集殺栩縣，鳳凰集處得玉寶，乃起步壽宫。按秦亦有步壽宫，與此名同地異。

首山宫　武帝元封元年封禪後，夢高祖坐明堂，朝羣臣，於是祀高祖於明堂，以配天。還作首山宫，以爲高靈館。《孝武紀》：元封六年冬，行幸回中，春，作首山宫。

又　卷五《關中三》　樂游苑　在杜陵西北，宣帝神爵三年起。《關中記》曰：宣帝立廟於曲江之北，號樂游。按其處則今之所呼樂游廟是。《西京雜記》曰：樂游苑自生玫瑰樹，樹下有苜蓿，苜蓿一名懷風，時人或謂之光風。風在其間，常蕭蕭然，日照其花有光采，故名苜蓿爲懷風。茂林人謂之連枝草。

清　何焯《義門讀書記》卷二五《後漢書》　中興之初，邊陲蕭條，靡有孑遺，芻牧無所出，故皆省之。國馬之政不可以廢，中興矯前失之過，乘輿六廐節之可也。然《和帝紀》：永元五年，詔省減涼州諸苑馬，則中興止，設漢陽流馬苑，而其後仍置之矣。安帝永初六年，又于越嶲置長利、高望、始昌三苑，益州置萬歲苑，犍爲置漢平苑。

清　雍正《陝西通志》卷七六　始皇以咸陽人多，先王宫廷小，乃營朝宫渭南上林苑中。先作前殿、阿房，爲複道，渡渭屬之咸陽隱宫。徒刑者七十餘萬人分作阿房宫，或作麗山。發北山石椁，乃寫蜀荆地材皆至關中，計宫三百關，外四百餘。於是立石東海上，朐界中以爲秦。東門因徙三萬家，麗邑五萬家，雲陽皆復不事十歲。盧生説始皇爲微行，以辟惡鬼，所居宫毋令人知，然後不死之藥可得。始皇乃令咸陽旁二百里内宫觀二百七十複道、甬道相連，帷帳鐘鼓美人充之，各案署不移徙行所幸，有言其處者死。嘗幸梁山宫，在好時縣。從山上望見丞相車騎衆，弗善也。中人或告丞相，丞相後損車騎。始皇怒曰：此中人泄吾語。捕時在旁者，盡殺之。自是莫知行之所在。羣臣受決事者，悉於咸陽宫。《史記·始皇本紀》

著　録

漢《三輔黄圖原序》《易》曰：上古穴居而野處，後世聖人，易之以宫室上棟下宇，以待風雨，蓋取諸大壯。三代盛時，未聞宫室過制。秦穆公居西秦，以境地多良材，始大宮觀。戎使由余適秦，穆公示以宮觀。由余曰：使鬼爲之，則勞神矣。使人爲之，則苦人矣。是則穆公時，秦之宮室已壯大矣。惠文王初都咸陽，取岐雍巨材，新作宮室。南臨渭，北踰涇，至於離宮三百。復起阿房，未成而亡。始皇并滅六國，憑藉富强，益爲驕侈，殫天下財力，以事營繕。項羽入關，燒宮闕，三月火不滅。漢高祖有天下，始都長安，實曰西京，欲其子孫長安都於此也。至孝武皇帝，承文景菲薄之餘，恃邦國阜繁之資，土木之役，倍秦越舊，斤斧之聲，畚鍤之勞，歲月不息，蓋騁其邪心以誇天下也。昔孔子作《春秋》，築一臺，新一門，必書於經，謹其廢農時奪民力也。今裒采秦漢以來宮殿、門闕、樓觀、池苑在關輔者著於篇，曰《三輔黄圖》，云東都不與焉。

藝文

漢 枚乘《枚叔集·梁王菟園賦》 脩竹檀欒，夾池水，旋菟園，並馳道，臨廣衍，長穴板。故徑於崑崙，貇觀相物，芴焉子有，似乎西山。西山隑隑，郵焉隗隗。巷路委移，岑巖峹從，巍𡾊焉。暴慓激揚，塵埃蛇龍，奏林薄竹。游風踊焉，秋風揚焉，滿庶庶焉，紛紛紜紜，騰踊雲亂。枝葉翬散，摩來幡幡焉。谿谷沙石，涸波沸日，湲浸疾東。流連焉𤠔𤠔，陰發緒菲菲。誾誾讙擾，昆雞蝭蛙，倉庚密切。別鳥相離，哀鳴其中。若乃附巢蹇鷙之傳於列樹也，欐欐若飛雪之重弗麗也。西望西山，山鵲野鳩，白鷺鶻桐，鸇鶚鷂鵰，翡翠鴝鵒，守狗戴勝，巢枝穴藏，被塘臨谷，聲音相聞。喙尾離屬，翱翔羣熙。交頸接翼，闟而未至。徐飛翋𦐇，往來霞水，離散而没合。疾疾紛紛，若塵埃之間白雲也。予之幽冥，究之乎無端。

漢 劉歆《西京雜記》卷四 梁孝王游於忘憂之館，集諸游士各使爲賦，枚乘爲《柳賦》。其辭曰：忘憂之館，垂條之木。枝逶遲而含紫，葉萋萋而吐緑。出入風雲，去來羽族。既上下而好音，亦黄衣而絳足。蜩螗厲響，蜘蛛吐絲。階草漠漠，白日遲遲。于嗟細柳，流亂輕絲。

漢 司馬相如《哀二世賦》（《史記》卷一一七引） 登陂陁之長阪兮，坌入曾宮之嵳峨。臨曲江之隑州兮，望南山之參差。巖巖深山之谾谾兮，通谷豁兮谽谺。汩淢噏習以永逝兮，注平皋之廣衍。觀衆樹之塕薆兮，覽竹林之榛榛。東馳土山兮，北揭石瀨。彌節容與兮，歷弔二世。持身不謹兮，亡國失勢。信讒不寤兮，宗廟滅絶。嗚呼，哀哉！

又《上林賦》（《前漢書》卷五七引） 亡是公聽然而笑。曰：【略】君未覩夫巨麗也，獨不聞天子之上林乎？左蒼梧，右西極。丹水更其南，紫淵徑其北。終始霸、産出入涇渭，酆鎬潦潏，紆餘委蛇，經營其内。蕩蕩乎八川分流，相背異態。東西南北，馳騖往來。出乎椒邱之闕，行乎州淤之浦。徑乎桂林之中，過乎泱莽之壄。汩乎混流順阿而下，赴隘陿之口。觸穹石，激堆埼，沸乎暴怒，洶涌彭湃。滭弗宓汩，偪側泌瀄。横流逆折，轉騰潎洌。滂濞沆溉，穹隆雲橈，宛潬膠盭。踰波趨浥，涖涖下瀨。批巖衝擁，奔揚滯沛。臨坻注壑，瀺灂霣隊。沈沈隱隱，砰磅訇礚。潏潏淈淈，湁潗鼎沸。馳波跳沫，汩急漂疾，悠遠長懷。寂漻無聲，肆乎永歸。然後灝溔潢漾，安翔徐佪。翯乎滈滈，東注大湖，衍溢陂池。於是蛟龍赤螭，䱭鰽漸離。鰅鰫鰬魠，禺禺魼鰨。揵鰭掉尾，振鱗奮翼。潛處乎深巖，魚鼈讙聲，萬物衆夥。明月珠子，的皪江靡，蜀石黄碝，水玉磊砢。磷磷爛爛，采色澔汗。叢積乎其中。鴻鷫鵠鴇，駕鵞屬玉。交精旋目，煩鶩庸渠。箴疵鵁盧，羣浮乎其上。泛淫氾濫，隨風澹淡。與波摇蕩，奄薄水陼。唼喋菁藻，咀嚼菱藕。於是乎崇山矗矗，巃嵸崔巍。深林巨木，嶄巖參差。九嵕嶻嶭，南山峨峨。巖陁甗錡，摧崣崛崎。振溪通谷，蹇産溝瀆。谽呀豁閜，阜陵別隝。崴磈嵔廆，邱虚堀礨。隱轔鬱壘。登降施靡，陂池貏豸。允溶淫鬻，散涣夷陸。亭皋千里，靡不被築。揜以緑蕙，被以江離。糅以蘼蕪，雜以留夷。布結縷，攢戾莎，揭車衡蘭，槀本射干。茈薑蘘荷，葴持若蓀。鮮支黄礫，蔣芧青薠。布濩閎澤，延曼太原。離靡廣衍，應風披靡，吐芳揚烈。郁郁菲菲，衆香發越，肸蠁布寫，晻薆咇茀。於是乎周覽氾觀，縝紛軋芴，芒芒怳忽。視之無端，察之無涯。日出東沼，入虖西陂。其南則隆冬生長，涌水躍波。其獸則庸旄貘犛，沈牛麈麋。赤首圜題，窮奇象犀。其北則盛夏含凍裂地，涉冰揭河其獸則麒麟角端，騊駼橐駝。蛩蛩驒騱，駃騠驢驘。於是乎離宮别館，彌山跨谷。高廊四注，重坐曲閣。華榱璧璫，輦道纚屬。步櫩周流，長途中宿。夷嵕築堂，累臺增成。巖突洞房。頫杳眇而無見，仰扳橑而捫天。奔星更於閨闥，宛虹拖於楯軒。青龍蚴蟉於東箱，象輿婉僤於西清。靈圄燕於閒館，偓佺之倫暴於南榮。醴泉涌於清室，通川過於中庭。磐石振崖，嶔巖倚傾，嵯峨嶕嶫，刻削崢嶸。玫瑰碧琳，珊瑚叢生。瑉玉旁唐，玢豳文磷。赤瑕駁犖，雜臿其間。鼂采琬琰，和氏出焉。於是乎盧橘夏孰，黄甘橙楱。枇杷橪柿，亭柰厚朴。梬棗楊梅，櫻桃蒲陶。隱夫薁棣，荅遝離支。羅乎後宮，列乎北園。貤邱陵，下平原。揚翠葉，扤紫莖。發紅華，垂朱榮。煌煌扈扈，照曜鉅野。沙棠櫟櫧，華楓枰櫨。留落胥邪，仁頻並閭。欃檀木蘭，豫章女貞。長千仞，大連抱。夸條直暢，實葉葰楙。攢立叢倚，連卷欐佹。崔錯發骫，坑衡閜砢。垂條扶疏，落英幡纚。紛溶萷蔘，猗柅從風。藰莅卉歙，蓋象金石之聲，管籥之音。柴池茈虒，旋還乎後宮。雜襲累輯，被山緣谷，循阪下隰，視之無端，究之亡窮。於是乎玄猨素雌，蜼玃飛蠝，蛭蜩蠼蝚，獑胡豰蛫，棲息乎其間。長嘯哀鳴，翩幡互經，夭蟜枝格，偃蹇杪顛。隃絶梁，騰殊榛，捷垂條，掉希間。牢落陸離，爛漫遠遷。若此者數百千處，娛游往來，宮宿館舍。庖厨不徙，後宮不移，百官備具。於是乎背秋涉冬，天子校獵。乘鏤象，六玉虬。拖蜺旌，靡雲旗。前皮軒，後道游。孫叔奉轡，衛公參乘。扈從横行，出乎四校之中。鼓嚴簿，縱獵者，江河爲陸，泰山爲櫓。車騎靁起，殷天動地。先後陸離，離散別追。淫淫裔裔，緣陵流澤，雲布雨施。生貔豹，搏豺狼。手熊羆，足壄羊。蒙鶡蘇，絝白虎。被斑文，跨壄馬。陵三嵕之危，下磧歷之坻。徑峻赴險，越壑厲水。推蜚廉，弄解廌。格蝦蛤，鋋猛氏。羂要褭。射封豕。箭不苟害，解脰陷腦。弓不虚發，應聲而倒。於是乘輿弭節徘徊，翱翔往來。睨部曲之進退，覽將帥之變態。然後侵淫促節，儵敻遠去。流離輕禽，蹵履狡獸。轊白鹿，捷狡兔。軼赤電，遺光耀。追怪物，出宇宙。彎蕃弱，滿白羽。射游梟，櫟蜚遽。擇肉而後發，先中而命處。弦矢分，藝殪仆。然後揚節而上浮，陵驚風，歷駭猋，乘虚亡，與神俱。藺玄鶴，亂昆鷄。遒孔鸞，促鵕鸃。拂翳鳥，捎鳳皇。捷鴛鶵，揜焦明。道盡塗殫，迴車而還。消搖乎襄羊，降集乎北紘。率乎直指，揜乎反鄉。蹷石闕，歷封巒。過鳷鵲，望露寒。下堂棃息宜春，西馳宣曲，濯鷁牛首。登龍臺，掩細柳。觀士大夫之勤略，鈞獵者之所得獲。徒車之所閵轢，騎之所蹂若，人之所蹈藉。與其窮極倦𨰿，驚憚讋伏。不被創刃而死者，它它藉藉。填阬滿谷，掩平彌澤。

漢 揚雄《甘泉賦》（《前漢書》卷八七上輯） 迣迣離宮般以相燭兮，封巒石關施靡虖延屬。於是大夏雲譎波詭，摧嗺而成觀。仰撟首以高視兮，目冥眴而亡見。正瀏濫以弘惝兮，指東西之漫漫。徒回回以徨徨兮，魂固眇眇而昏亂。據軨軒而周流兮，忽軮軋而亡垠。翠玉樹之青葱兮，壁馬犀之瞵瑞。金人仡仡其承鍾虡兮，嵌巖巖其龍鱗。揚光曜之燎燭兮，乘景炎之炘炘。配帝居之縣圃兮，象泰壹之威神。洪臺掘其獨出兮，㩻北極之嶟嶟。列宿乃施於上榮兮，日月纔經於柍桭。雷鬱律而巖突兮，電儵忽於牆藩。鬼魅不能自還兮，半長途而下顛。歷倒景而絶飛梁兮，浮蔑蠓而撇天。左欃槍而右玄冥兮，前熛闕後應門。陰西海與幽都兮，涌醴汩以生川。蛟龍連蜷於東厓兮，白虎敦圉虖昆侖。覽樛流於高光兮，溶方皇於西清。前殿崔巍兮，和氏瓏玲。炕浮柱之飛榱兮，神莫莫而扶傾。閌閬閬其寥廓兮，似紫宮之峥嶸。駢交錯而曼衍兮，㟪嶵隗虖其相嬰。乘雲閣而上下兮，紛蒙籠以棍成。曳紅采之流離兮，颺翠氣之宛延。襲琁室與傾宮兮，若登高妙遠，亡國肅虖臨淵。回猋肆其碭駭兮，翍桂椒鬱移楊。香芬茀以穹隆兮，擊薄櫨而將榮。薌呹肸以掍根兮，聲駍隱而歷鍾。排玉户而颺金鋪兮，發蘭惠與穹窮。惟弸環其拂汨兮，稍暗暗而靚深。陰陽清濁穆羽相和兮，若夔牙之調琴。般倕弃其剞劂兮，王爾投其鉤繩。雖方征僑與偓佺兮，猶仿佛其若夢。於是事變物化，目駭耳回，蓋天子穆然，珍臺閒館，琁題玉英，蜵蜎蠖濩之中。惟夫所以澄心清魂，儲精垂恩，感動天地，逆釐三神者。乃搜逑索耦皋伊之徒，冠倫魁能，函甘棠之惠，挾東征之意。相與齊虖陽靈之宮。靡薜荔而爲席兮，折瓊枝以爲芳。噏青雲之流瑕兮，飲若木之露英。集虖禮神之囿，登乎頌祇之堂。建光燿之長旓兮，昭華覆之威威。攀琁璣而下視兮，行游目虖三危。陳衆車於東阬兮，肆玉釱而下馳。漂龍淵而還九垠兮，窺地底而上回。風傱傱而扶轄兮，鸞鳳紛其御蕤。梁弱水之濎濴兮，躡不周之逶蛇。【略】亂曰：崇崇圜丘，隆隱天兮。登降峛崺，單埢垣兮。增宮嵾差，駢嵯峨兮。岭巆嶙峋，洞亡厓兮。上天之縡，杳旭卉兮。聖皇穆穆，信厥對兮。徠只郊禋，神所依兮。徘徊招摇，靈屖遲兮。煇光眩燿，隆厥福兮。子子孫孫長亡極兮。

漢 揚雄《上林苑令箴》（宋 章樵注《古文苑》卷一五） 武帝初，置水衡都尉，掌上林苑，屬官有上林令丞。芒芒大田，芃芃作穀。山有征陸，野有林麓。夷原污藪，禽獸攸伏。魚鱉以時，芻蕘咸殖。國以殷富，民以家給。言山澤之利，古之有國者與民共之。《孟子》：文王之囿方七十里，芻蕘雉兔者往焉。

漢 劉歆《甘泉宮賦》（宋 章樵注《古文苑》卷二一） 《三輔黄圖》：甘泉宮，一曰雲陽宮。秦始皇作，在雲陽縣甘泉山。漢武增廣之，周十九里，乃黄帝以來圜丘祭天處，故武帝以後皆於此祀天。成帝時，揚雄從祠甘泉還奏賦以諷，此賦不及祠祝，後有闕文也。軼凌陰之地室，過陽谷之增城。迴天門而鳳舉，躡黄帝之明庭。冠高山而爲居，乘崑崙而爲宮。按軒轅之舊處，君北辰之闕中。背共工之幽都，向炎神之祝融。封巒爲之東序，緣石闕之天梯。封巒、石闕皆觀名，在甘泉苑垣内。桂木雜而成行，芳肸蠁之依斐。翡翠孔雀飛而翱翔，鳳凰止而集栖。甘醴涌於中庭，激清流之瀰瀰。黄龍游而宛蟺，神龜沈於玉泥。離宮特館，接比相連。雲起波駭，星布彌山。高巒峻阻，臨洮廣衍。深林蒲葦，涌水清泉。芙蓉菡萏，菱荇蘋蘩。豫章雜木，楩松柞棫。女貞烏勃，桃李棗檍。

漢 王褒《甘泉宮頌》（《西漢文紀》卷一三輯） 甘泉山，天下顯敞之名處也。前接大荆，後臨非極，左撫仁鄉，右望素域。其宮室也，仍巀嶭而爲觀，攘抗岸以爲階。壅波瀾而鱗坻，馳道列以曲遠。覽除閣之麗靡，覺堂殿之巍巍，徑落莫以差錯，編玳瑁之文桷。鏤螭龍以造牖，采雲色以爲楣。神星羅於題鄂，虹霓往往，而繞棖緣。倏忽其無垠，意能了之者誰。竊想聖主之優游，時娛神而款？縱坐鳳皇之堂，聽和鸞之弄，臨麒麟之域，驗符瑞之貢，詠中和之歌，讀太平之頌。

漢 杜篤《論都賦》（《後漢書》卷一一〇上輯） 皇帝以建武十八年二月甲辰升輿洛邑，巡于西岳。推天時，順斗極。排閶闔，入函谷。閶闔，天門也。觀阸於崤黽，圖險於隴蜀。其三月丁酉，行至長安，經營宮室，傷愍舊京。即詔京兆，乃命扶風。齋肅致敬，告覲園陵。悽然有懷祖之思，喟乎以思諸夏之隆。遂天旋雲游，造舟于渭，北抗涇流。千乘方轂，萬騎騈羅。衍陳於岐梁，東橫乎大河。瘞后土，禮邠郊。其歲四月，反于洛都。明年有詔復函谷關，作大駕宮、大駕宮即天子行幸也。六王邸、高車廐，於長安修理東都城門，橋涇渭，往往繕離觀。東臨霸滻，西望昆明，北登長平，規龍首，撫未央，覓平樂，儀建章。龍首，山名，蕭何於其上作未央宮。平樂，觀名。建章，宮名。並在城西，謂光武規模而修理也。

漢 班固《兩都賦》（《後漢書》卷七〇上輯） 西郊則有上囿禁苑，林麓藪澤，陂池連乎蜀漢，繚以周墻四百餘里，離宮別館，三十六所，神池靈沼，往往而在。其中乃有九真之麟，大宛之馬，黄支之犀，條枝之鳥，踰崑崙，越巨海，殊方異類，至三萬里。其宮室也，體象乎天地，經緯乎陰陽，據坤靈之正位，放泰紫之圓方。樹中天之華闕，豐冠山之朱堂。因瓌材而究奇，抗應龍之虹梁。列棼橑以布翼，荷棟桴而高驤。雕玉瑱以居楹，裁金璧以飾璫。發五色之渥采，光焰朗以景彰。是左城右平，重軒三階，閨房周通，門闥洞開。列鍾虡於中庭，立金人於端闈，仍增崖而衡閾，臨峻路而啓扉。徇以離殿別寢，承以崇臺閒館，煥若列星，紫宮是環。清涼宣溫，神仙長年，金華玉堂，白虎麒麟，區宇若兹，不可殫論。增槃業峨，登降炤爛。殊形詭制，每各異觀。乘茵步輦，唯所息宴。後宮則有掖庭椒房，后妃之室，合歡增成，安處常寧，茝若椒風，披香發越，蘭林蕙草，鴛鸞飛翔之列。昭陽特盛，隆乎孝成。屋不呈材，墻不露形。裛以藻繡，絡以綸連。隨侯明月，錯落其間。金釭銜璧，是爲列錢。翡翠火齊，流燿含英。懸黎垂棘，夜光在焉。於是玄墀釦切，玉階彤庭。碝磩采緻，琳瑉青熒。珊瑚碧樹，周阿而生。紅羅颯纚，綺組繽紛。精曜華燭，俯仰如神。

漢 張衡《西京賦》（《文選》卷二輯） 乃覽秦制，跨周法，狹百堵之側陋，增九筵之迫脅。正紫宮於未央，表嶢闕於閶闔。疏龍首以抗殿，狀巍峨以岌嶪。亘雄虹之長梁，結棼橑以相接。蔕倒茄於藻井，披紅葩之狎獵。飾華榱與璧璫，流景曜之韡曄。雕楹玉碣，繡栭雲楣。三階重軒，鏤檻文梍。右平左城，青瑣丹墀。刊層平堂，設切厓隒。坻崿鱗眴，棧齴巉嶮。襄岸夷塗，修路陵險。重門襲固，姦宄是防。仰福帝居，陽曜陰藏。洪鐘萬鈞，猛虡趪趪。負筍業而餘怒，乃奮翅而騰驤。朝堂承東，溫調延西。北有玉臺，聯以昆德。嵯峨嶕嶢，罔識所則。若夫長年神仙，宣室玉堂，麒麟朱鳥，龍興含章。譬衆星之環極，叛赫戲以煇煌。正殿路寢，用朝羣辟。大廈耽耽，九户開闢。嘉木樹庭，芳草如積。高門有閌，列坐金狄。

漢 馬融《广成頌》（《後漢書》卷九〇輯） 自黄炎之前，傳道罔記。三五以來，越可略聞。且區區之酆郊，猶廓七十里之囿，盛春秋之苗。《詩》詠（囿）〔圃〕草，樂奏《騶虞》。是以大漢之初基也，宅兹天邑，總風雨之會，交陰陽之和。揆厥靈囿，營于南郊。徒觀其坰場區宇，恢胎曠蕩，藐敻勿罔，寥豁鬱泱，騁望千里，天與地莽。於是周阹環瀆，右矕三塗，左概嵩岳，面據衡陰，箕背王屋，浸以波、溠，夤以滎、洛。金山、石林，殷起乎其中，峨峨磑磑，鏘鏘嶵嶵，隆穹槃回，嵎峗錯崔。神泉側出，丹水涅池，怪石浮磬，燿焜于其陂。其土毛則搉牧薦草，芳茹甘荼，茈萁、芸蒩，昌本、深蒲，芝荋、堇、荁，蘘荷、芋渠，桂荏、鳧葵，格、韭、菹、于。其植物則玄林包竹，藩陵蔽京，珍林嘉樹，建木叢生，椿、梧、栝、柏，柜、柳、楓、楊，豐彤對蔚，崟頷㨠爽，翕習春風，含津吐榮，鋪于布濩，蓶扈蘛熒，惡可殫形。

唐 駱賓王《駱丞集》卷二《上吏部侍郎·帝京篇有啓》 皇居帝里崤函谷，鶉野龍山侯甸服。五緯連影集星躔，八水分流橫地軸。秦塞重關一百二，漢家離宮三十六。桂殿陰岑對玉樓，椒房窈窕連金屋。

唐 岑參《梁園歌送河南王說判官》（《唐詩品彙》卷二九輯） 君不見梁孝王脩竹園，頹墻隱嶙勢仍存。嬌娥曼臉成草蔓，羅帷珠簾空竹根。大梁一旦人代改，秋月春風不相待。池中幾度雁新來，洲上千年鶴應在。梁園二月梨花，飛却似梁王雪下時。當時置酒延枚叟，肯料平臺狐兔走。萬事翻覆如浮雲，昔人空在今人口。單父古來稱宓生，祇今爲政有吾兄。輶軒若過梁園道，應傍琴臺聞政聲。

唐 韋應物《**長安道**》(《**文苑英華**》**卷一九二輯**) 漢家宫殿含雲烟，兩宫十里相連延。晨霞出没弄丹闕，春雨霏微似甘泉。甘泉依微春尚早，長安貴游愛芳草。寶馬横來下建章，香車却轉避馳道。貴游誰最貴，衛霍世難比。何能蒙主恩，幸遇邊塵起。歸來甲第拱皇居，朱門峨峨臨九衢。中有流蘇合歡之寶帳，一百二十鳳凰羅列銜明珠。下有金鋪翠被之燦爛，博山吐香五雲散。麗人綺閣情飄颻，頭上鴛釵雙翠翹。低鬟曳袖迴春雪，聚黛一聲愁碧霄。山珍海錯棄藩籬，烹犢炮羔如折葵。既請列侯封部曲，還將金印授廬兒。歡榮若此何所苦，所苦白日西南馳。

唐 張籍《**張司業集**》**卷七**《**綺繡宫**》 玉樓傾側粉牆空，重疊青山繞故宫。武帝去來紅袖盡，野花黄蝶領春風。

唐 姚合《**姚少監詩集**》**卷七**《**題梁國公主池亭**》 平陽池館枕秦川，門鎖南山一帶烟。素柰花開西子面，緑榆枝種沈郎錢。裝簾玳瑁隨風落，庭岸鵁鶄趁暖眠。寂寞空餘歌舞地，玉簫驚起鳳歸天。

唐 杜牧《**樊川集**》**卷一**《**阿房宫賦**》 六王畢，四海一。蜀山兀，阿房出。覆壓三百餘里，隔離天日。驪山北構而西折，直走咸陽。二川溶溶，流入宫牆。五步一樓，十步一閣。廊腰縵迴，檐牙高啄。各抱地勢，鉤心鬥角。盤盤焉，囷囷焉，蜂房水渦，矗不知其幾千萬落。長橋卧波，未雲何龍？複道行空，不霽何虹？高低冥迷，不知西東。歌臺暖響，春光融融。舞殿冷袖，風雨凄凄。一日之内，一宫之間，而氣候不齊。妃嬪媵嬙，王子皇孫，辭樓下殿，輦來于秦。朝歌夜絃，爲秦宫人。明星熒熒，開妝鏡也。緑雲擾擾，梳曉鬟也。渭流漲膩，棄脂水也。煙斜霧横，焚椒蘭也。雷霆乍驚，宫車過也。轆轆遠聽，杳不知其所之也。【略】

唐 温庭筠《**昆明治水戰詞**》(《**温飛卿詩集箋注**》**卷二**) 汪汪積水光連空，重疊細紋交瀲（一作晴漾）紅。赤帝龍孫鱗甲怒，臨流一眄生陰風。鼉鼓三聲報天子，雕旗獸艦凌波起。雷吼濤驚白若山，石鯨眼裂蟠蛟死。滇池海浦俱喧豗，青翰畫鷁相次來。箭羽槍纓三百萬，踢翻西海生塵埃。茂陵仙去菱花老，唼唼游魚近煙島。渺莽殘陽釣艇歸，緑頭江鴨眠沙草。

宋 徐鉉《**騎省集**》**卷五**《**題梁王舊園**》 梁王舊館枕潮溝，共引垂藤繫小舟。樹倚荒臺風淅淅，草埋欹石雨脩脩。門前不見鄒枚醉，池上時聞鴈鶩愁。節士逢秋多感激，不須頻向此中游。

宋 歐陽修《**文忠集**》**卷五五**《**漢宫**》 桂館神君去，甘泉輦道平。翠華飛蓋下，豹尾屬車迎。曉露寒浮掌，光風細轉旌。廊回偏費步，珮遠尚聞聲。玉樹人間老，珊瑚海底生。金波夜夜意，偏照影娥清。

宋 陳襄《**古靈集**》**卷二一**《**古賦·咸陽宫賦**》 周失王緒，秦受天數。始皇崛起，狼心奮怒。六國并吞，黑旗森布。分諸侯而立郡縣，銷五兵而造鐘鐻。混車書一法度，陸讋水慄之所來，鬻航琛輦之所屯聚。於是遷豪徒富，離邦易土，擇徙闕然。隆隆然制是宫也，蓋莫得而殫言，始其擇吉日，申舊章。坦隆基於四隅，鬱華構於中央。分左宗右社之規蒦，正面朝後市之紀綱。順陰陽之開闔，放太紫之圓方。由是入九貢之資，詔六工之良。度材用之經費，旅珍産之非常。離婁督繩以分其曲直，公輸削墨以形于短長。運雄風於斧斤，架文虹於棟梁。藻井燦兮羣葩競芳，觚棱聳兮金爵交翔。羅玉階兮彤庭，儼峻宇兮雕牆。朱紫炳焕下以被其土，金璧峥嶸上以飾其璫。其高也侔列宿於紫宫，其大也出冠山之朱堂。顒顒昂昂，複道還相。上截乎渭川，直走于阿房。是何螮蝀相經，連綿不止。映朱闕之雙立，壓金城之百雉。被卿靄以上，覆馥天香而特起。巍巍乎若高浪之莽，架蓬萊而直上。盤盤乎若巨鼇之出，戴靈山而遐峙。則有千廬傳呼，洞門方軌。披廣路之三條，列金人之十二。上下端直，左右環衛。執玉帛者來朝，綰銀黄者近侍。如雲臺之上，縹組而摩肩，臨淄之間，成帷而舉袂。聞之者倏爾，而歎望之者儼然，而畏其間祲威盛容，殊形詭制。鐘鼓喤喤有二四之列，衣裳楚楚有三千之麗珠。金玉翠銜其珍，組織文章逞其貴。而又植苑囿，開沼沚。草木繁蕪，蔽朱實之離離。魚鳥遨翔漾，清流之亹亹。朝夕之所娱樂而不知其晦明，寒暑之所隔閡而不知其啓閉。既而窮侈，德盡澆風，目倦五色，耳亡四聰。將欲慕神仙之峨峨，脱天下之洶洶。謂上游之迹可以拍肩於洪崖，謂積學之致可以問道於崆峒。由是擬丹臺之壯麗，造秘宇之穹崇。飛甍舛互，連閣交通。冥冥乎二百餘里，杳不知其所終。然後巡於隴西，封於岱宗。紀德瑯琊之臺，列爵大夫之松。伐湘山於既仆，破胡城於已攻。故乃儼彩仗，坐瓊宫。建靈旗之五丈，排法駕於六龍。

元 程文海《**雪樓集**》**卷九**《**玉堂類稿·阿房宫**》 智力有窮天不老，秦帝山河迹如掃。參差忽落畫圖間，白髮朝臣驚欲倒。咸陽初起阿房宫，六籍已焚兵已鎔。渭水函關萬年固，終南泰華五雲中。複閣重樓鬱相望，翠幄横鋪九天上。上容萬人常有餘，下建大旗知幾丈。霞騰霧散天日迷，山童野赭民睽睽。窮奢極麗猶未愜，謂海可梁天可梯。蓬萊何處樓船遠，上蔡東門歎黄犬。六國樓臺春草長，千門歌舞斜陽轉。游觀未畢化埃塵，宫樹凄涼野鹿馴。至今世上丹青手，留與千年作諫臣。

又《**昆明池**》　蒲萄蒟醬筇竹枝，萬里來自西南夷。瀾翻浪漭四十里，上林更鑿西滇池。牽牛左蹲右織女，朝暮日月相吞吐。魚龍萬變世莫聞，曼延百尋人豈覩。樓船笳鳴角觝張，千官劍佩鳴鏘鏘。身毒蕞爾猶阻絶，四表何以昭天光？君王好武古莫當，海寓如此仍開疆。金堤楊柳秋風起，落日輪臺遺恨長。憶昔世祖規南國，刳木爲舟神莫測。江漢功成指顧間，中天垂裳開八極。老臣撫卷重太息，可惜畫工描不得。

明　王廷相《**梁苑歌**》（《**汴京遺蹟志**》**卷二二輯**）　君不見梁王已破六國，壘苑中便起文園臺。黄金白玉架樓閣，綺榻延賓四向開，清泠池上三尺雪。相如新賦傾鄒枚，臨邛美人門花朵，挑以琴心禮，豈那漢庭賣賦得？千金白首游梁計亦左，今人空作古人風，抱策爲儒嘆不逢。嗚呼！古來文士不檢豈足病，且覽詞彩如長虹。

明　馮惟訥《**古詩紀**》**卷七六**《**上林**》　千金騕褭騎，萬斥流水車。争游上林裏，高蓋逗春華。

明　王世貞《**弇州四部稿**》**卷六六**《**梁園集序**》　梁孝王治東苑，方二百里。中有兔園，夾池檀欒之竹，鵠鶴鴈鶩之渚，而一時才士大夫如枚叔、鄒陽、公孫乘，岩夫子，司馬長卿之徒踞右几號。上客授簡命賦，幾二千年，而人猶豔說之。然孝王苑實在睢陽，《集》所稱梁園者，今梁也，亦志梁故也。

清　沙張白《**定峰樂府**》**卷六**《**阿房**》　阿房蜿蜒翳寥廓，九州愁苦一人樂。一解。阿房有水波瀰瀰，匪木之波黔首髓。二解。阿房有山峰峨峨，下有髑髏百萬多。長謝版築聽笙歌，三解。山峨峨水瀰瀰。羽騎飛馳報天子，李斯舞蹈趙高喜，項燕扶蘇皆已死。四解。

雜　録

漢　司馬遷《**史記**》**卷一二六**《**滑稽列傳**》　始皇嘗議欲大苑囿，東至函谷關，西至雍、陳倉優旃曰：善。多縱禽獸於其中，寇從東方來，令麋鹿觸之足矣。始皇以故輟止。

漢　劉歆《**西京雜記**》**卷一**　成帝設雲帳、雲幄、雲幕於甘泉紫殿，世謂爲三雲殿。

又　漢掖庭有月影臺、雲光殿、九華殿、鳴鑾殿、開襟閣、臨池觀，不在簿籍，皆繁華窈窕之所棲宿焉。

又　積草池中有珊瑚樹，高一丈二尺，一本三柯，上有四百六十二條，是南越王趙佗所獻，號爲烽火樹，至夜光景，常欲燃。

又　昆明池，刻玉石爲魚。每至雷雨，魚常鳴吼，鬐尾皆動。漢世祭之以祈雨，往往有驗。

又　卷三　廣陵王胥有勇力，常於别囿學格熊，後遂能空手搏之，莫不絶脰，後爲獸所傷，陷腦而死。

漢　郭憲《**洞冥記**》**卷一**　甘泉宫南昆明池中，有靈波殿七間。皆以桂爲柱，風來自香。帝既耽於靈怪，常得丹豹之髓、白鳳之膏，磨青錫爲屑，以蘇油和之，照於神壇，夜暴雨光不滅。有霜蛾，如蜂赴火，侍者舉麟鬚拂拂之。

又　卷三　天漢二年，帝昇蒼龍閣，思仙術，召諸方士言遠國遐方之事，惟東方朔下席操筆跪而進。帝曰：大夫爲朕言乎？朔曰：臣游北極至種火之山，日月所不照，有青龍銜燭火以照山之四極，亦有園圃池苑，皆植異木異草，有明莖草夜如金燈，折枝爲炬，照見鬼物之形，仙人寧封常服此草。於夜暝時，轉見腹光通外，亦名洞冥草，帝令到此草爲泥，以塗雲明之館，夜坐此館不加燈燭。亦名照魅草，以藉足履水不沉。

又　影娥池中有鼉鼉，望其羣出岸上，如連璧弄於沙岸也，故語曰夜未央，待鼉黄。

又　影娥池北作鳴禽之苑，有生金樹破之皮，間有屑如金，而色青，亦名青金樹。

漢　《**三輔黄圖**》**卷四**《**苑囿**》　思賢苑　孝文帝爲太子立思賢苑，以招賓客。苑中有堂室六所，客館皆廣廡高軒，屏風幃褥甚麗。廣陵王胥有勇力，常於别囿學格熊，後遂能空手搏之，莫不決脰，後爲獸所傷，陷腦而死。

又　《**池沼**》　百子池　戚夫人侍兒賈佩蘭，後出爲扶風人段儒妻。說在宫内時，見戚夫人侍高祖，嘗以趙王如意爲言，而高祖思之幾半日不言，歎息悽愴，而未知其術，使夫人擊筑，高祖歌大風以和之。七月七日臨百子池，作于闐樂，樂闋，以五色縷相羈，謂之相連愛。八月四日，出雕房北户竹下圍棋，勝者終年有福，負者終年疾病，取絲縷就北斗星辰求長命乃免。正月上辰，出池邊盥濯，食蓬餌以祓妖邪。三月上巳，張樂於池上。

又 卷五《觀》 豫章觀 武帝造，在昆明池中，亦曰昆明觀。又一説曰：上林苑中有昆明池觀，蓋武帝所置。桓譚《新論》云：元帝被疾，遠求方士。漢中送道士王仲都，詔問所能，對曰：能忍寒。乃以隆冬盛寒日，令袒載駟馬於上林昆明池上，環以冰，而御駟者厚之狐裘寒戰，而仲都無變色，卧於池上，曛然自若。即此也。

又 屬玉觀 在扶風。屬玉，水鳥，似鵁鶄，以名觀也。又曰屬玉，似鴨而大，長頸赤目，紫紺色。宣帝甘露二年十二月，行幸萯陽宫屬玉觀。

青梧觀 在五柞宫之西。觀亦有三梧桐樹，下有石麒麟二枚，刊其脇文字，是秦始皇驪山墓上物也。頭高一丈三尺，東邊者前左脚折處有赤如血，父老謂其有神，皆含血屬筋焉。

又 卷六《圈》 秦獸圈 《烈士傳》云：秦王召魏公子無忌，不行，使朱亥奉璧一雙詣秦。秦王怒，使置亥於獸圈中。亥瞋目視獸，眦血濺於獸面，獸不敢動。

又 漢獸圈 九，彘圈一，在未央宫中。文帝問上林尉，及馮媛當熊，皆此處。獸圈上有樓觀。

又 卷六《雜録》 静室 天子出入警蹕，舊典行幸所至，必遣静室令，先按行清浄殿中，以虞非常。

北魏 酈道元《水經注》卷二四《睢水》 睢水又東南流歷于竹圃，水次緑竹，蔭渚菁菁。實望世人言梁王竹園也。

唐 李吉甫《元和郡縣志》卷一〇《河南道五·徐州·沛縣》 故沛宫在縣東南一里。高祖過沛置酒歌大風，即此宫也。

宋 李昉《太平廣記》卷一一八《漢武帝》 昆明池，漢武帝鑿之習水戰。中有靈沼神池，云堯時洪水停船此池。池通白鹿原，人釣魚於原，綸絶而去。魚夢於武帝，求去其鈎。明日，帝游戲於池，見大魚銜索，曰豈非昨所夢乎？取魚去鈎而放之，帝後得明珠。出《三秦記》。

又 卷四〇三《珊瑚》 漢宫積草池中有珊瑚，高一丈二尺，一本三柯，上有四百六十三條，是南越王趙佗所獻，號曰烽火樹，夜有光常欲然。出《西京雜記》。

又 鬱林郡有珊瑚市，海客市，珊瑚處也。珊瑚碧色，一株株數十枝，枝間無葉。大者高五六尺，尤小者尺餘。蛟人云：海上有珊瑚宫。漢元封二年，鬱林郡獻珊瑚婦人。帝命植於殿前，謂之女珊瑚，忽柯葉甚茂。至靈帝時，樹死，咸以爲漢室將衰之徵也。出《述異記》。

宋 司馬光《資治通鑑》卷一二《漢紀三·高帝七年》 春二月，上至長安。蕭何治未央宫。【略】臣光曰：王者以仁義爲麗，道德爲威，未聞其以宫室填服天下也。天下未定，當克己節用以趨民之急；而顧以宫室爲先，豈可謂之知所務哉！昔禹卑宫室而桀爲傾宫。孔子曰：禹卑宫室而盡力乎溝洫。桀爲傾宫，瑤臺以殫百姓之財。創業垂統之君，躬行節儉以示子孫，其末流猶入於淫靡，況示之以侈乎！乃云「無令後世有以加」，豈不謬哉！至于孝武，卒以宫室罷敝天下，未必不由酇侯啓之也！上自櫟陽徙都長安。

宋 曾慥《類説》卷一七《蓮勺宫》 林華宫、行鐙銘、蓮勺宫、銅博山、槃銘，皆漢五鳳中造。林華宫，漢書不載。《宣帝紀》云：因於蓮勺鹵中，注云縣也。不云有宫，蓋秦漢離宫别館，不可勝數，非因事見之，則史家不能備載。

宋 程大昌《雍録》卷九《上林賦一》 相如之賦上林也，固嘗明著其指曰：此爲亾是公之言也。亡是公者，明無此人也。夫既本無此人，則凡其所賦之語，何往而不爲烏有也。知其烏有，而以實録責之，故所向駮礙也。武帝之有上林也，本秦故地，以秦苑爲小，又從而開拓之，正放秦而有加者也。始皇既并天下，志得意廣，則遂陋隘先王之宫庭，而大加創治。東既極河，西又抵汧終南之北九嵕之陽，數百里間宫觀二百七十，複道、甬道相連，窮年忘歸，猶不能徧。乃又表南山以爲闕，立石東海朐山，以爲東門。其意蓋曰闕不足爲也，南山即吾之闕也，門不足立也，朐山即爲吾門也。此其侈大，蓋武帝之所師也。

明 李賢等《明一統志》卷三二《西安府上》 柏梁臺 在漢未央宫北闕内，武帝元鼎初起，以香柏爲之。帝嘗召群臣能爲七言者乃得上坐。太初元年臺災。

明 何良俊《語林》卷一九 徐孝嗣從武帝幸方山，帝曰：朕經始此山之南，復爲離宫，故應有邁靈丘。靈丘、玄武湖，新林苑也。孝嗣答曰：繞黄山、歃牛首乃盛漢之事。今江南未曠，民亦勞止，願陛下少更留神。

明 王圻《稗史彙編》卷一一二《朝宫》 《英雄記》曰：昔大人見臨洮，而銅人鑄臨洮生卓，而銅人毁，天下大亂，卓身滅。抑有以也？餘三人，魏明帝欲徙請洛陽清明門裏，載至霸城，重不可徙，便留之。

清 郎廷極《勝飲編》卷二 梁園 在今歸德府城東，一名梁苑，或云即兔園。梁孝王集諸游士於此，嘗於忘憂館設宴，使枚乘賦柳，路僑如賦鶴，公孫詭賦文鹿，鄒陽賦酒，公孫乘賦月，羊勝賦屏風。韓安國賦几不成，鄒陽代之，因罰酒。枚乘諸人各賜絹五匹。

圖表

宋 程大昌《雍録》卷二《漢長安城圖》 漢都長安城，在唐大興宫西北十三里。北圖本《水經》爲之，而參以它書也。《水經》叙載方面名稱，頗爲周悉，而時與他書不同，則皆隨事辨正各附本類。

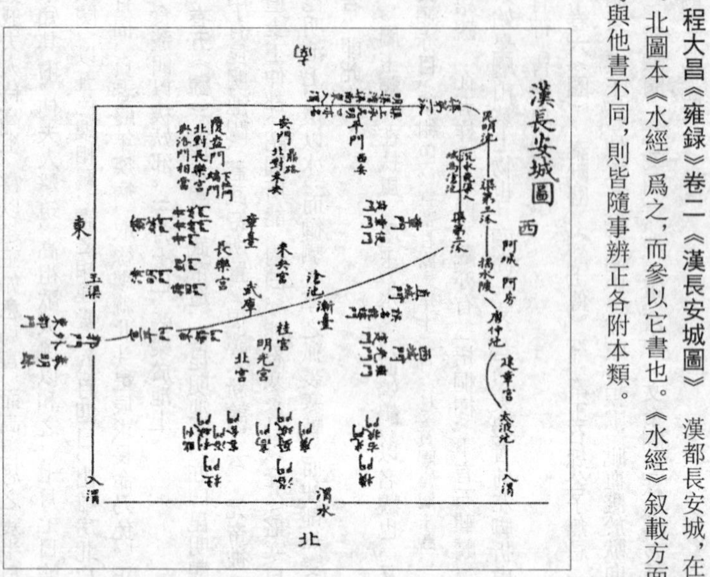

魏晉南北朝

論說

晉 陳壽《三國志・魏志》卷二五《楊阜》 帝（曹叡）既新作許宫，又營洛陽宫殿觀閣。（楊）阜上疏曰：堯尚茅茨而萬國安其居，禹卑宫室而天下樂其業。及至殷周，或堂崇三尺，度以九筵耳。古之聖帝明王，未有極宫室之高麗，以雕弊百姓之財力者也。桀作璇室象廊，紂爲傾宫鹿臺，以喪其社稷，楚靈以築章華而身受其禍，秦始皇作阿房而殃及其子，天下叛之，二世而滅。夫不度萬民之力以從耳目之欲，未有不亡者也。

南朝宋 劉義慶《世説新語》卷上之上《言語》 簡文入華林園，顧謂左右曰：會心處不必在遠，翳然林水，便自有濠濮間想也。覺鳥獸禽魚自來親人。

南朝齊 魏收《魏書》卷五三《李冲傳》 詔曰：昔軒皇誕御，垂棟宇之構，爰歷三代，興宫觀之式。然茅茨土階，昭德於上代，層臺廣厦，崇威於中業。良由文質，異宜華朴，殊禮故也。是以周成繼業，營明堂於東都。漢祖聿興，建未央於咸鎬。蓋所以尊岩皇威，崇重帝德，豈好奢惡儉，苟敝民力者哉。我皇運統天，協纂乾曆，鋭意四方，未遑建制，宫室之度，頗爲未允。

南朝梁 蕭子顯《南齊書》卷二三《褚淵王儉列傳》 上壞宋明帝紫極殿，以材柱起宣陽門。儉與褚淵及叔父僧虔連名上表諫曰：臣聞德者身之基，儉者德之輿。春臺將立，晉卿秉議，北宫肇構，漢臣盡規。彼二君者，或列國常侯，或守文中主，尚使諫諍在義即悦，況陛下聖哲應期，臣等職司隆重，敢藉前誥，竊乃有心。陛下登庸宰物，節省之教既昭。龍兖璇極，簡約之訓彌遠。乾華外構，采椽不斲，紫極故材，爲宣陽門，臣等未譬也。夫移心疾於股肱，非良醫之美。畏影迹而馳騖，豈静處之方。且又三農在日，千畛咸事，輟望歲之勤，興土木之役，非所以宣昭大猷，光示遐邇。若以門居宫南，重陽所屬，年月稍久，漸就淪胥，自可隨宜脩理而合度。改作之煩，於是乎息。所啓謬合，請付外施行。上手詔酬納。

唐 房玄齡等《晉書》卷一〇三《載記第三・劉曜》 曜命起酆明觀，立西宫，建陵霄臺於滈池，又將於霸陵西南營壽陵。侍中喬豫、和苞上疏諫曰：

臣聞人主之興作也，必仰準乾象，俯順人時，是以衛文承亂亡之後，宗廟社稷流漂無所，而猶上候營室以構楚宮。彼其急也猶尚若兹，故能興康叔武公之迹，以延九百之慶也。奉詔書將營鄴明觀，市道芻蕘咸以非之，曰一觀之功，可以平凉州矣。又奉敕旨，復欲擬阿房而建西宮，模瓊臺而起陵霄，此則費萬鄴明，功億前役也。以此功費，亦可以吞吴蜀，翦齊魏矣。陛下何爲於中興之日，而蹤亡國之事。自古聖王，人誰無過。陛下此役，實爲過舉。過貴在能改，終之實難。

唐令狐德棻等《周書》卷六《武帝本紀下》（武帝建德六年五月己丑）祠方丘，詔曰：朕欽承丕緒，寢興寅畏，惡衣菲食，貴昭儉約。上棟下宇，土階茅屋，猶恐居之者逸，作之者勞。詎可廣厦高堂，肆其嗜欲。往者，冢臣專任，制度有違，正殿别寢，事窮壯麗。非直雕牆峻宇，深戒前王，而締構弘敞，有踰清廟。不軌不物，何以示後。兼東夏初平，民未見德，率先海内，宜自朕始。其露寢、會義、崇信、含仁、雲和、思齊諸殿等，農隙之時，悉可毁撤。雕斲之物，並賜貧民。繕造之宜，務從卑朴。癸巳，行幸雲陽宮。戊戌詔曰：京師宮殿，已從撤毁。并、鄴二所，華侈過度，誠復作之非我，豈容因而弗革。諸堂殿壯麗，並宜除蕩，甍宇雜物，分賜窮民。三農之隙，别漸營構，止蔽風雨，務在卑狹。

綜述

晉陸翽《鄴中記》 鄴宮南面三門。西鳳陽門，高二十五丈，上六層，反宇向陽，下開二門。又安大銅鳳于其巔，舉頭一丈六尺，門窗户，案，此句疑有缺字。朱柱白壁。未到鄴城七八里，遥望此門。案，此條見《太平御覽》。

鳳陽門五層樓，去地三十丈，安金鳳凰二頭。石虎將衰，一頭飛入漳河，會晴日，見于水上。一頭以鐵釘釘足，今存。案，《太平寰宇記》引《鄴中記》云：魏太祖都城之内諸街有赤闕，南面西頭曰鳳陽門，上有鳳二枚，其一飛入漳水，其一仍以鎖絆其足。鄴人舊歌曰：鳳陽門南天一半，上有金鳳相飛唤，欲去不去著鎖絆。其文與此詳略互異。

石虎于魏武故臺立太武殿，窗户宛轉，畫作雲氣，擬秦之阿房、魯之靈光，流蘇染鳥翎，爲之以五色，編蒲心薦席。

石虎太武殿西有崑華殿閣，上輒開大窗，皆施以絳紗幌。

石虎金華殿後有虎皇后浴室，三門徘徊，反宇櫨栱隱起。彤采刻鏤，雕文粲麗。四月八日，九龍銜水浴太子之像。又太武殿前溝水注，浴時，溝中先安銅籠疏，其次用葛，其次用紗，相去六七步斷水。又安玉盤，受十斛。又安銅龜飲穢水，出後却入。諸公主第溝，亦出建春門東，又顯陽殿後。皇后浴池上作石室，引外溝水注之，室中臨池上有石床。

鄴城西三里桑梓苑有宮，臨漳水，凡此諸宮皆有夫人侍婢。又並有苑囿，養獐鹿雉兔虎，數游宴于其中。

自襄國至鄴二百里中，四十里輒一宮，有一夫人、侍婢，數十黄門宿衛。石虎下輦即止，凡所起内外大小殿臺行宮四十四所。

銅爵、金鳳、冰井三臺，皆在鄴都北城西北隅，因城爲基址。建安十五年，銅爵臺成，曹操將諸子登樓，使各爲賦，陳思王植援筆立就。金鳳臺初名金虎，至石氏改今名。冰井臺則凌室也，金虎、冰井皆建安十八年建也。銅爵臺高一十丈，有屋一百二十間，周圍彌覆。其上金虎臺，有屋百三十間。冰井臺有冰室三，與凉殿皆以閣道相通。三臺崇舉，其高若山云。至後趙石虎，三臺更加崇飾，甚于魏。初于銅爵臺上起五層樓閣，去地三百七十尺，周圍殿屋一百二十房。房中有女監、女伎。三臺相面各有正殿，上安御床，施蜀錦、流蘇、斗帳，四角置金龍，頭銜五色流蘇。又安金鈕屈戍屏風床，床上細直女三十人，床下立三十人，凡此衆妓皆宴日所設。又于銅爵臺穿二井，作鐵梁地道以通井，號曰命子窟。于井中多置財寶飲食以悦蕃客，曰聖井。又作銅爵樓，巔高一丈五尺，舒翼若飛。南則金鳳臺，有屋一百九間，置金鳳于臺巔，故名。北則冰井臺，有屋一百四十間。上有冰室，室有數井，井深十五丈，藏冰及石墨。石墨可書，又爇之難盡，又謂之石炭。又有窖粟及鹽以備不虞，今窖上石銘尚存焉。三臺皆甎甃，相去各六十步。上作閣道如浮橋，連以金屈戌，畫以雲氣龍虎之勢。施則三臺相通，廢則中央懸絶也。

西臺高六十七丈，上作銅鳳，窗皆銅籠，疏雲母幌，日之初出，乃流光照曜。

凉馬臺，高三十尺，周迴五百步，後趙石虎所築。建武六年，虎都鄴，洗馬于洹水，築此臺以凉馬，故以名云。

石虎以五月發五百里内民萬人築華林苑，垣在宮西，周環數十里。羣臣或諫，虎不從。到八月天暴雨雪，深三尺，作者凍死數千人。太史奏作役非時，天降此變。虎誅起部尚書朱軌，以塞天災。

華林苑在鄴城東二里，石虎使尚書張羣發近郡男女十六萬人，車萬乘運士築華林苑，周迴數十里。又築長牆數十里，張羣以燭夜作，起三觀四門。又鑿北城引漳水于華林園。虎于園中種衆果，民間有名果，虎作蝦蟆車箱，闊一丈，深一丈，四搏掘根，面去一丈。合土載之，植之無不生。

華林園中千金堤上作兩銅龍，相向吐水，以注天泉池，通御溝中。三月三日石季龍及皇后百官臨水宴賞。

二銅駞如馬形，長一丈，高一丈。足如牛尾，長三尺。脊如馬鞍，在中陽門外，夾道相向。

銅鐘四枚如鐸形，高二丈八尺。大面廣一丈二尺，小面廣七尺。或作蛟龍，或作鳥獸繞其上。

石虎正會殿前有白龍樽，作金龍于東箱。西向龍口，金樽受五十斛。

石虎正會殿前設百二十枝燈，以鐵爲之。

石虎正會殿庭中端門外及閶闔門前設庭燎各二，合六處，皆丈六尺。

石虎正會置三十部鼓吹，三十步置一部，十二皆在平閣上，去地丈餘，又有女鼓吹。

魏武于銅爵臺西立二臺。《魏都賦》云：三臺列峙而崢嶸。

北魏 酈道元《水經注》卷三《河水》 余以太和十八年從高祖北巡，屆于陰山之講武臺。自臺西出南上山，山無樹木，惟童阜耳，即廣德殿所在也。其殿四注兩夏，堂宇綺井，圖畫奇禽異獸之象。殿之西北，便得焜煌堂，雕楹鏤桷，取狀古之温室也。其時，帝幸龍荒，游鸞朔北，南秦王仇池楊難當，捨蕃委誠，重譯拜闕，陛見之所也，故殿以廣德爲名。

又 卷一〇《濁漳水 清漳水》 魏武又以郡國之舊，引漳流自城西東入，逕銅雀臺下伏流入城東注，謂之長明溝也。渠水又南逕止車門下。魏武封于鄴，爲北宫，宫有文昌殿。溝水南北夾道，枝流引灌，所在通溉，東出石竇堰，下注之隍水。故魏武登臺賦曰「引長明，灌街里」謂此渠也。石氏于文昌故殿處造東西太武二殿，于濟北穀城之山采文石爲基。一基下五百武直宿衛。屈柱趺瓦，悉鑄銅爲之，金漆圖飾焉。又徙長安洛陽銅人置諸宫前，以華國也。城之西北有三臺，皆因城爲之基，巍然崇舉，其高若山。建安十五年，魏武所起，平坦略盡。《春秋古地》云：葼丘，地名，今鄴西三臺是也。謂臺已平，或更有見，意所未詳。中曰銅雀臺，高十丈，有屋百一間。臺成，命諸子登之，並使爲賦。陳思王下筆成章，美捷當時，亦魏武望奉常王叔治之處也。石虎更增二丈，立一屋，連棟接榱，彌覆其上，盤迴隔之，名曰命子窟。又于屋上起五層樓，高十五丈，去地二十七丈。又作銅雀于樓巔，舒翼若飛。南則金虎臺，高八丈，有屋百九間。北曰冰井臺，亦高八丈，有屋百四十五間，上有冰室，室有數井，井深十五丈，藏冰及石墨焉，石墨可書，又燃之難盡，亦謂之石炭。又有粟窖及鹽窖以備不虞，今窖上猶有石銘存焉。左思《魏都賦》曰「三臺列峙而崢嶸」者也。城有七門，南曰鳳陽門，中曰中陽門，次曰廣陽門，東曰建春門，北曰廣德門，次曰廐門，西曰金明門，一曰白門。鳳陽門三臺洞開，高三十五丈，石氏作層觀架其上，置銅鳳，頭高一丈六尺。東城上石氏立東明觀，觀上加金博山，謂之鏘天。北城上有齊斗樓，超出羣樹，孤高特立。其城東西七里，南北五里，飾表以磚，百步一樓，凡諸宫殿、門臺、隅雉，皆加觀榭。層甍反宇，飛檐拂雲，圖以丹青，色以輕素。當其全盛之時，去鄴六七十里，遠望苕亭，巍若仙居。魏因漢祚，復都洛陽，以譙爲先人本國，許昌爲漢之所居，長安爲西京之遺迹，鄴爲王業之本基，故號五都也。

又 卷一三 羊水又東，注于如渾，水亂流逕方山南。嶺上有文明太皇太后陵，陵之東北有高祖陵。二陵之南有永固堂。堂之四周隅雉列榭階，欄檻及扉户、梁壁、椽瓦，悉文石也。檐前四柱，采洛陽之八風谷黑石爲之，雕鏤隱起，以金銀間雲矩，有若錦焉。堂之内外四側結兩石趺，張青石屏風，以文石爲緣，並隱起忠孝之容，題刻貞順之名。廟前鐫石爲碑獸，碑石至佳。左右列柏，四周迷禽闇日。院外西側有思遠靈圖，圖之西有齋堂。南門表二石闕，闕下斬山累結御路。下望靈泉宫池，皎若圓鏡矣。如渾水又南至靈泉池，枝津東南注池。池東西百步，南北二百步。池渚舊名白楊泉，泉上有白楊樹，因以名焉，其猶長楊、五柞之流稱矣。南面舊京，北背方嶺，左右山原，亭觀繡峙，方湖反景，若三山之倒水下。如渾水又南逕北宫下，舊宫人作薄所在。如渾水又南分爲二水。一水西出南屈入北苑中，歷諸池沼，又南逕虎圈東。魏太平真君五年成之，以牢虎也。季秋之月，聖上親御圈上，敕虎士效力于其下，事同奔戎，生制猛獸，即《詩》所謂「袒裼暴虎，獻于公所」也。故魏有《捍虎圖》也。

又 魏天興二年遷都于此。太和十六年破安昌諸殿，造太極殿、東西堂及朝堂，夾建象魏、乾元、中陽、端門、東西二掖門、雲龍、神虎、中華諸門，皆飾以觀閣。東堂東接太和殿。殿之東階下有一碑，太和中立。石是洛陽八風谷之緇石也。太和殿之東北接紫宫寺，南對承賢門，門南即皇信堂。堂之四周圖古聖忠臣烈士之容，刊題其側，是辯章郎彭城張僧達、樂安蔣少游筆。堂南對白臺，臺甚高廣，臺基四周列壁，閣道自内而升，國之圖籙秘籍悉積其下。臺西即朱明閣，直侍之官出入所由也。其水夾御路，南流逕蓬臺西。魏神瑞三年，又建白樓，樓甚高竦，加觀榭于其上，表裏飾以石粉，皜曜建素，赭白綺分，故世謂之白樓也。後置大鼓于其上，晨昏伐以千椎，爲城里諸門啓閉之候，謂之戒晨鼓也。

又　其水又逕寧先宫東，獻文帝之爲太上皇所居故宫矣。宫之東次下有兩石柱，是石虎鄴城東門石橋柱也。按柱勒，趙建武中造。以其石作工妙，徙之于此。余爲尚書祠部，與宜都王穆羆同拜北郊，親所經見。柱側悉鏤雲矩，上作蟠螭。甚有形勢，信爲工巧，去《子丹碑》則遠矣。

又　壇之東北舊有静輪宫，魏神䴥四年造，抑亦柏梁之流也。臺榭高廣，超出雲間，欲令上延霄客，下絶囂浮。太平真君十一年又毁之。

又卷一六　穀水又東逕金墉城北，魏明帝于洛陽城西北角築之，謂之金墉城。起層樓于東北隅。《晉宫閣名》曰：金墉有崇天堂。即此。地上架木爲榭，故白樓矣。皇居創徙，宫極未就，止蹕于此。搆宵榭于故臺，所謂臺以停停也。南曰乾光門，夾建兩觀，觀下列朱桁于塹，以爲御路。東曰含春門，北有退門。城上西南列觀，五十步一睥睨，屋臺置一鍾，以和漏鼓。西北建廡函蔭，墉比廣榭。炎夏之日，高視常以避暑。爲緑水池一所，在金墉者也。穀水逕洛陽小城北，因阿舊城，憑結金墉，故向城也。永嘉之亂，結以爲壘，號洛陽壘。故《洛陽記》曰：陵雲臺西有金市，金市北對洛陽壘者也。又東曆大夏門下，故夏門也。陸機《與弟書》云：門有三層，高百尺，魏明帝造。門内東側際城有魏明帝所造景陽山，餘基尚存。孫盛《魏春秋》曰：景初元年，明帝愈崇宫殿雕飾觀閣，取白石英及紫石英及五色大石于太行穀城之山，起景陽山于芳林園，樹松竹草木，捕禽獸以充其中。于時百役繁興，帝躬自掘土，率羣臣三公已下，莫不展力。山之東舊有九江，陸機《洛陽記》曰：九江直作圓水。水中作圓壇三破之，夾水得相逕通。《東京賦》曰：濯龍芳林，九谷八溪，芙蓉覆水，秋蘭被涯。今也山則塊阜獨立，江無復髣髴矣。穀水又東，枝分南入華林園，曆疏圃南，圃中有古玉井。井悉以珉玉爲之，以緇石爲口，工作精密，猶不變古，璨焉如新。又逕瑶華宫南，曆景陽山北。山有都亭堂，上結方湖，湖中起御坐石也。御坐前建蓬萊山，曲池接筵，飛沼拂席，南面射侯，夾席武峙。背山堂上則石路崎嶇，巖嶂峻險，雲臺風觀，纓巒帶阜。游觀者升降阿閣，出入虹陛，望之狀凫没鸞舉矣。其中引水飛臯，傾瀾瀑布，或枉渚聲溜，潺潺不斷。竹柏蔭于層石，繡薄叢于泉側。微飈暫拂，則芳溢于六空，寔爲神居矣。其水東注天淵池，池中有魏文帝九華臺，殿基悉是洛中故碑累之，今造釣臺于其上。池南直魏文帝茅茨堂，前有茅茨碑，是黄初中所立也。其水自天淵池東出華林園，逕聽訟觀南，故平望觀也。

又　穀水又南逕平樂觀東。李尤《平樂觀賦》曰：乃設平樂之顯觀，章秘偉之奇珍。華嶠《後漢書》曰：靈帝于平樂觀下起大壇，上建十二重五采華蓋，高十丈。壇東北爲小壇，復建九重華蓋，高九丈。列奇兵騎士數萬人，天子住大蓋下。禮畢，天子躬擐甲，稱無上將軍，行陣三匝而還，設秘戲以示遠人。故《東京賦》曰：其西則有平樂都場，示遠之觀，龍雀蟠蜿，天馬半漢。應劭曰：飛廉神禽，能致風氣，古人以良金鑄其象。明帝永平五年，長安迎取飛廉并銅馬，置上西門外平樂觀。今于上西門外無他基觀，惟西明門外獨有此臺，巍然廣秀，疑即平樂觀也。又言皇女稚殤，埋于臺側，故復名之曰皇女臺。晉灼曰：飛廉，鹿身，頭如雀，有角，而蛇尾豹文。董卓銷爲金用，銅馬徙于建始殿東階下。胡軍喪亂，此象遂淪。

又　穀水又東逕宣陽門南，故苑門也，皇都遷洛，移置于此。對閶闔門南，直洛水浮桁，故《東京賦》曰「泝洛背河，左伊右瀍」者也。夫洛陽考之中土，卜惟洛食，寔爲神也。門左即洛陽池處也。池東舊平城門所在矣，今塞。北對洛陽南宫，故蔡邕曰：平城門，正陽之門，與宫連屬，郊祀法駕所由從出，門之最尊者。《洛陽諸宫名》曰：南宫有謻臺、臨照臺。《東京賦》曰：其南則有謻門，曲榭邪阻城洫。《注》云：謻門，冰室門也。阻，依也。洫，城下池也。皆屈曲邪行，依城池爲道。故《説文》曰：隍，城池也。有水曰池，無水曰隍矣。謻門即宣陽門也，門内有宣陽冰室。《周禮》有冰人，日在北陸而藏之西陸，朝覿而出之。冰室舊在宣陽門内，故得是名。門既擁塞，冰室又罷。

北魏　楊衒之《洛陽伽藍記》卷一　千秋門内道北有西游園，園中有凌雲臺，即是魏文帝所築者。臺上有八角井，高祖於井北造涼風觀。登之遠望，目極洛川。臺下有碧海曲池。臺東有宣慈觀，去地十丈。觀東有靈芝釣臺，累木爲之，出於海中，去地二十丈。風生户牖，雲起梁棟，丹楹刻桷，圖寫列仙。

刻石爲鯨魚，背負釣臺，既如從地踊出，又似空中飛下。釣臺南有宣光殿，北有嘉福殿，西有九龍殿。殿前九龍吐水，成一海。凡四殿，皆有飛閣向靈芝往來。三伏之月，皇帝在靈芝臺以避暑。

又　泉西有華林園，高祖以泉在園東，因名蒼龍海。華林園中有大海，即漢天淵池，池中猶有文帝九華臺。高祖於臺上造清涼殿，世宗在海内作蓬萊山。山上有仙人館，上有釣臺殿，並作虹蜺閣，乘虚來往。至於三月禊日，季秋九辰，皇帝駕龍舟鷁首游於其上。海西有藏冰室，六月出冰以給百官。海西南有景山殿。山東有義和嶺，嶺上有温風室。山西有姮娥峰，峰上有露寒館，並飛閣相通，凌山跨谷。山北有元武池，山南有清暑殿。殿東有臨澗亭，殿西有臨危臺。景陽山南有百果園，果列作林，林各有堂。有仙人棗長五寸，把之兩頭俱出，核細如鍼。霜降乃熟，食之甚美。俗傳云出崑崙，一曰西王母棗。又有仙人桃，其色赤，表裏照徹，得岩霜乃熟。亦出崑崙山，一曰王母桃也。

南朝宋　劉義慶撰　梁　劉孝標注《世説新語》卷下之上《巧藝》　陵雲臺樓觀精巧，先稱平衆木輕重，然後造構，乃無錙銖相負揭。臺雖高峻，常隨風摇動，而終無傾倒之理。魏明帝登臺，懼其勢危，别以大材扶持之，樓即頹壞。論者謂輕重力偏故也。《洛陽宫殿簿》曰：陵雲臺上壁方十三丈，高九尺。樓方四丈，高五丈。棟去地十三丈五尺七寸五分也。

南朝宋　劉義慶《大業雜記》（《説郛》卷一一〇上引）　大業二年，敕有司於洛陽故王城東營建東京，以越國公楊素爲營東京大監，安德公宇文愷爲副，廢三崤舊道，令開葼柵道。時有術人章仇太翼表奏云：陛下是木命人，雍州是破木之衝，不可久住。開皇之初有童謡云：修治洛陽還晉家。陛下曾封晉王，此其驗也。帝覽表，愴然有遷都之意。即日車駕往洛陽，改洛州爲豫州。自豫州至京師八百餘里，置一十四殿，别有宫，有正殿。發河南道諸州郡兵夫五十餘萬，開通津渠，自河起滎澤入淮千餘里。又發淮南諸州郡兵夫十餘萬開刊溝，自山陽淮至于揚子。入江三百餘里，水面闊四十步，造龍舟，兩岸爲大道，種榆柳，自東都至江都二千餘里，樹蔭相交。每兩驛置一宫，爲停頓之所。自京師至江都，離宫四十餘所。

東都大城周迴七十三里一百五十步，西拒王城，東越瀍澗，南跨洛川，北踰谷水。宫城東西五里二百步，南北七里。城南東西各兩重，北三重。南臨洛水，開大道，對端門街，一名天津街。闊一百步，道傍植櫻、桃、石榴兩行，至端門自建國門，南北九里，四望成行，人由其下。中爲御道，通泉流渠，映帶其間。端門即宫南正門。重樓上重名太微觀，臨大街，直南二十里，正當龍門。出端門百步有黄道渠，闊二十步，上有黄道橋三道。過渠二百步至治水，有天津浮橋，跨水長一百三十步。橋南北有重樓四所，各高百餘丈。過洛二百步，又疏洛水爲重津，渠闊四十步，上有浮橋。津有時開闔，以通樓船入苑。重津南百餘步有大堤，南有民坊，各周四里，開四門，臨大街。門並爲重樓，飾以丹粉。洛南有九十六坊，洛北有三十坊，大街小陌縱横相對。自重津南行，盡六坊有建國門，即羅城南正門也。門南二里有甘泉渠，疏洛入伊渠，上有通仙橋五道，時人亦謂之五橋。橋南北有華表，長四丈，各高百餘尺。建國門西二里有白虎門，西二里至苑城。傍城行三里有天經宫，南二里有仙都宫，並置先帝廟堂。建國門東五里有長夏門，南二里至丹水渠，南五里至伊水，東北流十餘里入洛。端門西一里有右掖門，門南過黄道渠。橋南道西有右侯衛府，出右掖門，門傍又西二里有龍天道場。南臨石瀉口，即煬帝門師濟闍黎所居。石瀉東西二百餘步，闊五十餘步，深八尺，並用青大石，長七八尺，厚一尺，自上至下積三重，並用大鐵爲細腰互相鈎牽，亦非常之牢固。正當瀉口三十步，初造瀉之時，鑿地得大窖容千斛許，於是堵塞，瀉成，不過一年即破碎。上令濟闍黎呪之，後更修補，得立一年。闍黎亡，還復毁破。前後計用四十萬工，以瀉三城池水，下黄道渠入洛。端門東有左掖門，南道左有左侯衛府。左掖門東二里有承福門，即東城南門。南洛水有翊津橋，通翻經道場，新翻經本從外國來，用貝多樹葉，形似枇杷葉而厚大，横作行書，約經多少，綴其一邊，牒然，今呼爲梵夾。道場北府道術坊，並是陰陽梵呪有道術人居之，向有百餘家。東城東有宣仁門，臨大道，大小與天津街相似。東行盡六坊有上春門，外夾道南北有東西道。諸都邸百餘所，每年朝集使停止之處，并新户坊。東至雙槐樹三里，宫城正門曰則天門，南去端門五百步。則天門東行二百步，有興教門。教門一里有重光門，即東光正門。門東二百步有泰和門，並重觀，門内即左右藏。左藏有庫門六重，重二十五間，間一十七架，總一百五十間。右藏屋兩重，總四十間，屋大小如左藏。出則天門南横街，直東七百步，有東太陽門。東即東城門東街，北行三里有含嘉門。門北即含嘉城，城北德猷門。出含嘉西有圓璧門，西有圓璧城。城正南有曜儀門，南即曜儀城。城南玄武門，門内即宫。出則天門南横街，直西七百步有西太陽門。出門道西南行，第一院齊王宅，第二院燕王宅，第三院陳王宅，第四院代王宅，第五院越王宅。宅西拒周王古城。城西即入苑。則天門南八十步過横街，道東有東朝堂，道西有西朝堂。西連内史省，省西連謁者臺，臺連右翊衛府，府西抵右掖門街。街西有輦庫，庫西即西馬坊，坊西抵西城西朝堂第二街，北壁第即右驍衛府。府西連右御衛府，府西抵右掖門街，街西有子羅倉，倉有鹽二十萬石。子羅倉西有粳米六十餘窖，窖別受八千石。窖西至西城西朝堂南第三街，第一御史臺，臺西連秘書省，省西連尚食庫，庫西連右監門府，府西連長秋監，監西抵右掖門街，街西即掌醖署，署西連良醖署，署西至粳米窖坊東朝堂。東連門下省，省東殿内省，省東連左翊衛府，府東即抵左掖門街，街東即西錢坊，坊東連東錢坊。東朝堂南第二街，第一左驍衛府，府東連左備身府，府東左武衛府，府東連左屯衛府，府東連左御衛府，府東抵左掖門街，街東即少府監。監東即城東朝堂南第三街，第一司隸臺，臺東連光禄寺，寺東連左監門府，府東連太府寺，寺東抵左掖門街，街東即少府監，連南監，監東至城。出東太陽門，街北道東第一街有鴻臚寺，寺東有司農寺，寺東連太常寺，寺東抵城第二街，即宣仁門大道，大道北即尚書省。第三街將作監，監東連太僕寺，寺東至城第四街有衛尉寺，寺東連都水監，監東宗正寺，寺東連大理寺，寺東抵城則天門兩重觀。觀上曰紫微觀，左右連闕，闕高二十尺。門内四十步有永泰門，門東二百步至會昌門，永泰西二百步至景運門，並步廊連市坐宿衛兵。永泰門内四十步有乾陽門，並重樓。乾陽門東西亦軒廊周匝。門内一百二十步有乾陽殿，殿基高九尺，從地至鴟尾高一百七十尺，又十三間二十九架，三陛軒。文棍鏤檻，欒櫨百重，楶拱千構，雲楣綉柱，華榱碧檔，窮軒甍之壯麗。其柱大二十四圍，倚井垂蓮，仰之者眩曜。南軒垂以珠絲網絡十，不至地七尺，以防飛鳥。四面周以軒廊，坐宿衛兵。殿庭左右各有大井，井面闊二十尺。庭東南西南各有重樓，一懸鐘，一懸鼓，刻漏即在樓下，隨刻漏則鳴鐘鼓。大殿北三十步有大業門，門内四十步有大業殿，規模小於乾陽殿，而雕綺過之。乾陽殿東有東上閤，閤東二十步又南行六十步有東華門。門東四十步道北有文成門，門内有文成殿，周以軒廊。東華門南四十步左延福門，出于東行一百步至章善門街。乾陽殿西有西上閤，入内宫閤西二十步，又行六十步有西華門。出門西三十步道有武安門，門内有武安殿，周以軒廊。西華門南四十步右延福門，出門西行一百步至明福門，皆大業、文成、武安三殿。御坐見朝臣，則宿衛隨入于其内宫。各殿庭並種枇杷、海棠、石榴、青梧桐及諸名藥奇卉，東有大井二，面闊十餘尺，深百餘尺。其三殿之内，内宫諸殿甚多，不能盡知。則天門東二百步有興教門，門北三十步有會昌門，門北二百步有章善門。入内，尚食進食，尚藥進藥，内尚進物，皆由此門。會昌門内道左有内殿、内省、少府内監、内尚、光禄内厨。道右門下内省，左六衛内府，左監門内府。入章善門，横街東百二十步有重潤門，東有東宫。則天門西二百步有光政門，門北三十步有景運門，門北二百步有明福門。入内宫，命婦入朝、學士進書，皆由此門。入景運門内，道左有内史内省、秘書内省、學士館、右監門内府、右六衛内府、鷹坊内甲庫。道右命婦朝堂、惠日法雲二道場、通真玉清二玄壇接西馬坊。入明福門北行三十步有玄靖門，門内有玄靖殿，周以軒廊，即宫内別供養經像之處。出玄靖門横街，東行四十步有修文殿，西行百步有閶闔重門，門南北並有仰觀臺，高百尺。門西即入寶城，城内有儀鸞殿，殿南有烏椁林、栗林，有葡萄架四行，行長百餘步。架南射堂，對閶闔門，直西二百二十步有寶城門。出址傍城三里有方諸門，門即員壁城。出寶城門西行七里至青城宫，即西苑之内也。

元年夏五月築西苑，周二百里。其内造十六院，屈曲周繞龍鱗渠，其第一延光院，第二明彩院，第三合香院，第四承華院，第五凝暉院，第六麗景院，第七飛英院，第八流芳院，第九耀儀院，第十結綺院，第十一百福院，第十二千善院，第十三長春院，第十四永樂院，第十五清暑院，第十六明德院。置四品夫人十六人，各主一院，庭植名花，秋冬即剪雜彩爲之，色渝則改著新者。其池沼之内，冬月亦剪彩爲芰荷。每院開西東南三門，門並臨龍鱗渠。渠面闊二十步，上跨飛橋。過橋百步即楊柳修竹，四面鬱茂，名花美草，隱映軒陛。其中有逍遥亭，四面合成，結構之麗冠絶今古。其十六院例相仿效。每院各置一屯，屯即用院名名之。屯別置正一人，副二人，並用宫人爲之。其屯内備養芻豢，穿池養魚爲園，種蔬植瓜果，餚饍水陸之産，靡所不有。其外游觀之處，復有數十。或泛輕舟畫舸，習采菱之歌。或升飛橋閣道，奏春游之曲。苑内造山爲海，周十餘里。水深數丈，其中有方丈、蓬萊、瀛洲諸山，相去各三百步。山高出水百餘尺，上有通真觀、習靈臺、總仙宫，分在諸山。風亭月觀，皆以機成。或起或滅，若有神變。海北有龍鱗渠，屈曲周繞十六院入海。東有曲水池，其間有曲水殿，上巳禊飲之所。每秋八月，月明之夜，帝引宫人三五十騎，人定之後，開閶闔門入西苑，歌管達曙。諸府事乃置清夜游之曲數十首。初，衛尉卿列權秘書丞韋萬頃，總監築宮城，一時布兵夫周匝四面有七十萬人，城周匝兩重，延袤三十餘里，高四十七尺。其內諸殿基及諸牆院又役十餘萬人。大同市周四里，在河南縣西十里，出上春門，傍羅城南行四百步至漕渠。傍渠西行三里至通遠橋，橋跨漕渠，橋南即入通達市，二十門分路入市。市東合漕渠，市周六里，其內郡國舟船舳艫萬計。市南臨洛水，跨水有臨寰橋，橋南三里有豐都市。周八里，通門十二，其內一百二十行，三千餘肆。甍瓦齊平，遥望如一，榆柳交陰，通衢相注。市四壁有四百餘店，重樓延閣，互相臨映，招致商旅，珍奇山積。出上春門東十二里有亭子宮，宮南臨漕渠，東臨積潤池，池東二十里有華林園，備池塘臨玩之處。建國門西南十二里有景華宮，宮內有含景殿及射堂、樓觀、池隍。十餘里有甘泉宮，一名芳潤宮。周十餘里，宮北通西苑，其內多山阜、崇峰、曲澗，秀麗標奇。其中有閬風亭及棲霞觀，行雨臺、清暑殿。殿南有通仙飛橋，百尺澗，青蓮峰，峰上有翠微亭。游賞之美，於斯爲最。大業元年春，遷都未成，敕內史舍人封德彝於此置宮，又敕揚州總管府長史王弘大修江都宮，又於楊子造臨江宮，內有凝暉殿及諸堂隍十餘所。又敕王弘於揚州造府及樓船水殿、航板、舳板坊、黄篾坊、平乘、艨艟、輕舸等五千餘艘，八月方得成就。九月，車駕幸江都宮。其龍舟高四十五尺，闊五十尺，長二百尺，四重。上一重，有正殿、內殿，東西朝堂，周以軒廊。中二重，有一百六十房，皆飾以丹粉，妝以金碧珠翠，雕刻奇麗，綴以流蘇羽葆朱絲網絡。下一重，長秋內侍及乘舟水手以素絲大條繩六條兩岸引進，其引船人並名殿脚，一千八十人並着雜錦彩妝襖子行纏鞋襪等，每繩一條百八十人，分爲三番，每一番引舟，有三百六十人，其人並取江淮以南少壯者爲之。皇后御次水殿名翔螭舟，其殿脚有九百人，又有小水殿九，名浮景舟，並三重，珠絲網絡。

三年帝御崇德殿，不怡，曰先朝不時御北殿，宜於此館之西别爲一殿，因乃造承乾殿，後改爲毓德殿。在京師。行次金地，羣黨項羌首朝見，帝問曰：古有先零燒當等種落，爾是何者之後？對曰：相傳獼猴之後。帝笑之。至浩澄川，橋成乃行。先是造觀風行殿三間，兩廈丹柱素壁，雕梁綺棟，一日之內嶷然峙立，羌人見此莫不驚駭，以爲神異。

十年，總公東進，幸北平榆林宮。四月，車駕幸汾陽宮避暑宮，地即汾河之源，上有名山，管涔高可千仞。帝於沿山造亭子十二所，其最上名翠微亭，次閬風、彩霞、臨月、飛芳、積翠、合璧、含暉、凝碧、紫巖、澄景，最下名尚陽亭。亭子內皆縱廣二丈，四邊安劍闌，每亭鋪六尺榻子一合。山下又有臨汾殿，敕從官縱觀。

十二年春正月，又敕毗陵郡通守路道德集十郡兵近數萬人，於郡東南置宮苑，周十二里。其中有離宮十六所，其流觴曲水，别有涼殿四所，環以清流，共四殿。一曰圓基，二曰結綺，三曰飛宇，一作雨。四曰漏景。其十六宮亦以殿名名宮。芳夏池之左，一曰驪光宮，二曰流英宮，三曰紫芝宮，四曰凝華宮，五曰瑶景宮，六曰浮彩宮，七曰舒芳宮，八曰懿樂宮。左第一曰采璧宮，二曰椒房宮，一曰風宮。三曰朝霞宮，一作清暑。四曰珠明宮，五曰翼仙宮，六曰翠微宮，七曰層成宮，八曰千金宮。及江左叛，燔燒遂盡。又欲於禹穴造宮未就而天下大亂。十二月修丹陽宮，欲東巡會稽等郡，羣臣皆不欲。

南朝梁 蕭繹《金樓子》卷四 魏明修許昌宮，作景福、承光、永寧、昌宴、百子、延休諸殿，築建神芝觀。又作長壽、康樂、永休、宜昌諸堂，建承露盤。穿虞淵池，激引流川，蛟龍吐水。珍木芳草，周環後庭。嗚呼！足稱過差者矣。

唐 房玄齡等《晉書》卷一〇三《載記第三·劉曜》 宣成皇帝徙都長安，起光世殿於前，紫光殿於後。【略】立大學於長樂宮東，小學於未央宮西。【略】曜命起酆明觀，立西宮，建陵霄臺於滈池，又將於霸陵西南營壽陵，侍中喬豫和苞上疏諫（止）。

唐 令狐德棻等《周書》卷七《宣帝紀》 （宣帝）好自矜夸，飾非拒諫，禪位之後彌復驕奢。耽酗於後宮，或旬日不出。公卿近臣請事者，皆附奄官奏之。所居宮殿，帷帳皆飾以金玉珠寶，光華炫燿，極麗窮奢。及營洛陽宮，雖未成，畢其規模，壯麗踰於漢魏遠矣。

唐 李延壽《南史》卷四四《蕭懋傳》 上晚年好游宴，尚書曹事亦分送太子省視。太子與竟陵王子良俱好釋氏，立六疾館以養窮人，而性頗奢麗，宮內殿堂皆雕飾精綺，過於上宮。開拓玄圃園與臺城北塹等，其中起出土山池閣樓觀塔宇，窮奇極麗，費以千萬。多聚異石，妙極山水。慮上宮中望見，乃旁列修竹，竹施高鄣。造游觀數百間，施諸機巧，宜須鄣蔽，須臾成立，若應毁撤，應手遷徙。製珍玩之物，織孔雀毛爲裘，光彩金翠，過於雉頭遠矣。以晉明帝爲太子時立西池，乃啓武帝引前例，求於東田起小苑，上許之。

唐 余知古《渚宮舊事補遺》卷五《齊代》 湘東王於子城中造湘東苑，

穿池構山，長數百丈，植蓮蒲，緣岸雜以奇木。其上有通波閣，跨水爲之。南有芙蓉堂，東有禊飲堂。堂後有隱士亭，亭北有正武堂。堂前有射堋、馬埒。其西有鄉射堂，堂置行堋，可得移動。東南有連理堂，堂棕生連理。太清初生比連理，當時以爲湘東踐阼之瑞。北有映月亭、修竹堂、臨水齋。齋前有高山，山有石洞，潛行宛委二百餘步。山上有陽雲樓，樓極高峻，遠近皆見。北有臨風亭、明月樓，顔之推詩云：屢陪明月宴。並將軍扈義熙所造。

宋 司馬光《資治通鑑》卷九五《晉紀·成帝咸康二年》 趙王虎作太武殿於襄國，作東西宮於鄴，十二月，皆成。太武殿基高二丈八尺，縱六十五步，廣七十五步，甃以文石。下穿伏室，置衛士五百人。以漆灌瓦，金璫銀楹珠簾玉壁窮極工巧。殿上施白玉床、流蘇帳，爲金蓮華以冠帳頂。又作九殿于顯陽殿後，選士民之女以實之，服珠玉被綺縠者萬餘人。

宋 鄭樵《通志》卷一八四 皓性微工巧，多所興立，爲山於天淵池西。采掘北芒及南山佳石，徙竹汝潁，羅蒔其間。經構樓觀，列於上下。樹草栽木，頗有野致。帝心悅之，以時臨幸焉。

宋 張敦頤《六朝事迹編類》卷上《六朝宮殿》 吳孫權遷都建鄴，徙武昌宮室材瓦，繕治太初宮。《吳實録》有曰：臺城蓋宮省之所寓也。有曰東府，蓋宰相之所居也。有曰西州，蓋諸王之所宅也。有曰倉城，蓋儲蓄之所在也。《宮室記》云：皆不出都城之内。《輿地志》云：都城二十里一十九步，本吳宮址，蓋謂是也。晉琅琊王渡江鎮建鄴，因吳舊都修而居之，即太初宮爲府舍，及即帝位，稱爲建鄴宮。更明帝，不改。至成帝，繕苑城，作新宮，窮極伎巧，侈靡殆甚。宋齊而下因之，稱爲建康宮。以此考之，六代宮室門墻雖時有改築，然皆因吳舊址，晉新宮在吳太初宮之東，吳昭明宮孫皓所起。在晉建康宮城西南，惟元帝建鄴宮乃仍吳太初宮之舊，今缺行宮之東北乃其地也。

又《朱雀門》 晉都城南門也。按晉作新宮，立三門于南面。正中曰宣陽，與朱雀門相對。王導嘗出宣陽門，望牛首山兩峰相向，導指爲天闕。牛首山在今城南門近東，面勢正與桐樹灣相對，以其地考之，今上元左南廂也。

又《上林苑》 《南史》：宋孝武大明三年，於真武湖北立上林苑。《建康實録》云：在縣北十三里，有古池，俗呼爲飲馬塘。《楊修詩注》云：其苑連雞籠山，在縣北七里。

又《芳林苑》 《寰宇記》云：芳林苑一名桃花園，本齊高帝舊宅，在府城之東，秦淮大路北。武帝永明五年嘗幸其苑禊宴。王融《曲水詩序》云「載懷平浦，乃眷芳林」，蓋此也。又按《南史》：齊時青溪宮改爲芳林苑，梁天監初，賜南平元襄王爲第。益加穿築，果木珍奇，窮極雕靡，命蕭子範爲之記，蕃邸之盛無過焉。

又《樂游苑》 《輿地志》云：在晉爲樂園。宋元嘉中，以其地爲北苑，更造樓觀，後改爲樂游苑。宋孝武大明中，造正陽林光殿于内。侯景之亂焚毀略盡。陳天嘉六年，更加修葺，陳亡遂廢。又按《實録》：宋文帝元嘉十一年三月，禊飲于樂游苑，會者賦詩，顔延之爲序。《南史》：梁大通三年，武帝幸樂游苑。時新造兩刀矟，成帝因賜羊侃河南國紫騮馬試之。侃執矟上馬，左右擊刺，特盡其妙。觀者登樹，樹俄而折，因號其矟爲折樹矟。及陳宣帝即位，北齊使常侍李騊駼來聘，賜宴樂游苑。尚書令江總作詩以贈之。《寰宇記》云：其地在覆舟山南，去縣六里。

宋 周應合《景定建康志》卷二二《園苑》 古芳林苑，案《寰宇記》：一名桃花園。齊高帝舊宅在古湘宮寺，前巷近青溪中橋。帝即位修舊宅，爲青溪宮，一名芳林園，後改爲芳林苑。永明五年，禊飲于芳林。王融《曲水詩》序云「載懷平浦，乃睠芳林」，蓋謂此也。梁天監初，賜南康元襄王爲第，益加穿築。蕭範爲記，言藩邸之盛，莫過於此。

又 古樂游苑 案《寰宇記》：其地在覆舟山南。《輿地志》云：在晉爲藥圃。義熙中，盧循反劉裕，築藥園，壘以拒循，即此處也。宋元嘉中以其地爲北苑，更造樓觀于覆舟山，後改曰樂游苑。十一年三月，禊飲于樂游苑。會者賦詩，顔延之爲序。孝武大明中造正陽林光殿于内，侯景之亂焚毀，略盡。

又 古上林苑 案《宮苑記》云：雞籠山東，歸善寺後。又《實録》：宋大明三年初，築上林苑于玄武湖北。《宮苑記》云：孝武立，名西苑，梁改名上林。今其地有古池，俗呼爲飲馬塘，亦曰飲馬池。其西又有望宮臺。

又 古博望苑 在城東七里，齊文惠太子所立，輔公祏城是也。沈約《郊居賦》云：睇東巘以流目，心悽愴而不怡。昔儲皇之舊苑，實博望之餘基。謝玄暉《游東田》詩云「魚戲新荷動，鳥散餘花落」，即此地也。今城北七里鍾山下古婁湖苑，齊武帝永明元年，望氣者言婁湖有天子氣，帝乃築青溪舊宮，作婁湖苑以厭之，陳朝更加宏壯，後其地爲光宅寺。

又　古江潭苑　其地在新林路西，去城二十里，梁大同初立。按《輿地志》：武帝從新亭，鑿渠通新林浦。又爲池，開大道，立殿宇，亦名王游苑，未成而侯景亂。蔡宗旦《金陵賦》云：訪江潭之大苑，惟蕭溝之名存。

又　古元圃　齊文惠太子性頗奢麗，宮内多雕飾，精綺過於王宮。開拓元圃與臺城北塹等，其樓觀塔宇，多聚奇石，妙極山水。慮上望見，乃傍列脩竹，内施高障，造游牆數百間。《輿地志》云：丹陽郡建康縣臺城，齊文惠太子治元圃，有明月觀、宛轉橋，徘徊廊内，作浄明精舍。又《梁書》云：昭明太子性愛山水，于元圃穿築，更立亭館，與朝士名素者游其中。嘗泛舟後池，番禺侯軌盛稱此中宜奏女樂，太子不答，誦左思《招隱詩》「何必絲與竹，山水有清音」，軌慚而止。其地在今府城東北隅。

元　張鉉《至大金陵新志》卷一二《古蹟志》　古芳樂苑　齊東昏侯即臺城閱武堂，爲芳樂苑，山石皆塗以彩色，跨池水，立紫閣諸樓觀。又於苑中立店肆，以潘妃爲市令。又作土山，開渠立埭下苑中。時百姓歌云：閱武堂，種楊柳，至尊屠肉，潘妃沽酒。梁天監六年改德陽堂。宋陳克《閱武堂詩序》云：建康子城北，斷塹遺堞，仿佛可見，父老以爲齊東昏侯閱武堂也。

元　王士點《禁扁》卷三《臺·曹魏》　銅雀建安十五年作，臺高十丈，有屋一百一間。金虎十八年作，臺高八丈，有屋一百九間。冰井臺高八丈，有屋一百四十三間。上有冰室，室有數井，井深十五丈，藏冰及石墨。又有粟窖及監窖。已上三臺並在鄴城之西北，因城爲臺閣道相連。淩雲黄初二年作于金墉，臺高廿三丈，登之見孟津。

元　納新《河朔訪古記》卷中　華林苑在臨漳縣鄴城東二里，苑後即南鄴城之西也。按石虎時，有沙門吴進言：趙運將衰，晉當復興。宜役晉人，以厭其氣。虎於是使尚書張羣發近郡男女十六萬，車萬乘，運土築華林苑。周迴數十里。及築長牆數十里，趙攬等上疏切諫。虎大怒，曰：牆朝成夕壞，吾無恨矣！乃從張羣以燭夜作，起三觀四門，通漳水，皆設鐵扉。暴風大雨，死者數萬人。又鑿北城，引水於華林園。城崩，壓死百餘人。虎於苑中植人間名果，作蝦蟆車，箱闊一丈，深一丈，合土載花木，所植無不榮茂。至高齊武成間，增飾華林苑，若神仙所居，改曰仙都苑。苑中封土爲岳，皆隔水相望。分流爲四瀆，因爲四海，匯爲大池，曰大海。海中置龍舟六艘，其行舟處可廿五里。又爲殿十二間於海中，五岳各有樓觀堂殿，四海中亦有宮殿洲浦。其最知名者，則北岳之飛鸞殿，北海之密作堂也。飛鸞殿十六間，以青石爲基，珉石爲礎，鐫刻蓮花，内垂五色珠簾，緣以麒麟錦。楹柱皆金龍盤繞，以七寶飾之。柱上懸鏡。又用孔雀、山雞、白鷺毛當鏡作七寶金鳳，高一尺七寸，口銜金鈴，光彩奪目，人不能久視也。密作堂周迴廿四架，以大船浮之，以水爲激輪。堂爲三層，下層刻木人七，彈箏、琵琶、箜篌、胡鼓、銅鈸、拍板、弄盤等，衣以錦繡，進退俯仰，莫不中節。中層刻木僧七人，一僧執香奩立東南角，一僧執香爐立東北角，五僧左轉，行道至香奩所，以手拈香，至香爐所，其僧授香爐於行道僧。僧以香置爐中，遂至佛前作禮，禮畢整衣而行。周而復始，與人無異。上層作佛堂，旁列菩薩衛士，帳上作飛仙右轉，又刻紫雲左轉，往來交錯，終日不絶。皆黄門侍郎博陵崔士順所製，奇巧機妙，自古罕有。其苑中樓觀山池臺殿，自周平齊之後皆廢毁矣。今其基趾，詢之故老，猶能記其萬一。余以載記可考者録叙如右。

明　李賢等《明一統志》卷二八《彰德府》　銅雀臺　在臨漳縣治西，魏曹操築。並金虎冰井三臺相去各六十步，其上複道樓閣相通，中央懸絶。鑄大銅雀，高一丈五尺，置之樓頂。臨終遺令施繐帳於上朝晡，使宮人歌吹帳中，望吾西陵。西陵，操葬處也，後樓臺俱毁。土人掘地，得瓦，色頗青，内平瑩，印工人姓名，皆八分隸書。《硯譜》云：人得此瓦爲硯，貯水數日不滲。劉宋謝朓詩：繐帷飄井幹，樽酒若平生。鬱鬱西陵樹，詎聞歌吹聲。唐劉方平詩：金鳳隣銅雀，漳河望鄴城。君王無處所，臺榭若平生。劉文房詩：嬌愛更何日，高臺空數層。含啼映雙袖，不忍看西陵。沈雲卿詩：銅雀昂然飛不去，當時美人髮垂素。我生不如陵上樹，年年樹根穿入土。

明　彭大翼《山堂肆考》卷一七〇《銅雀》　銅雀臺在臨漳縣治西，魏太祖建。又有金虎、冰井臺。三臺相去各六十里，其上複道、樓閣相通。中央懸鑄大銅雀，高一丈五尺，置之樓頂。臨終遺令：施繐帳于上朝。晡時使宮中歌吹帳中，望吾西陵。西陵，操葬處也。

明　謝肇淛《五雜組》卷三《地部一》　魏武帝於鄴城西北築三臺，中名銅雀，南名金虎，北名冰井，皆高八九丈，有屋百餘間。今人但知有銅雀，而不知更有二臺也。

清　顧炎武《歷代宅京記》卷一二《鄴下》　**城門**　**鄴都北城**　在鎮東南一里半，東西七里，南北五里。齊桓所築，漢置魏郡，作都始于曹操。《水經注》曰：石虎城畫表飾以塼，百步一樓，凡諸宮殿門臺隅雉，皆加觀榭，層甍峻宇，飛檐拂雲，圖以丹青，色以輕素，去鄴六七十里，遠望之巍若仙居也。苻堅末，慕容垂叛，欲取鄴都，乃攻堅子丕，拔其外郭，丕固守中城，垂壅漳水灌之，晉將劉牢之來救，遂徹鄴圍。丕亦棄鄴奔并州，垂將慕容農進師入鄴，以城廣難固，乃築鳳陽門大道東爲隔城，自是鄴都殘毁，高歡所以築南城也。凡七門，南面三門：正南曰永陽門，北直端門文昌殿。東曰廣陽門，在永陽門之東，北直司馬門。西曰鳳陽門。在永陽門西，北直九華宫。三門皆曹魏所建，石虎建九華宫乃特崇飾此門。考《水經》蓋高二十五丈，作層觀于其上。又于樓置二銅鳳，頭高一丈六尺，窮高極侈，盡天下巧。久之樓顛，銅鳳一飛入漳水，餘其一以鐵索絆之。鄴中謡曰：鳳陽門樓天一半，上有鴛鳳相呼唤，欲去不去鐵索絆。《晋書載記》曰：建元初，白虹出自太社，經鳳陽門，東南連天，十餘刻乃滅。季龍惡之，于是閉鳳陽門，惟元日乃開。尉遲迴之敗，鄴城爲墟。東面一門，曰建春門。西面一門，曰金明門。《水經》云一曰白門。北面二門：東曰廣德門，西曰廐門。四門亦皆曹魏所建。

宫内

宫室　北城宫室建自曹魏，題榜皆梁鵠書。晋太始初，魏元帝禪位後，館于此。晋懷帝光熙元年夏五月，馬牧帥汲桑反，陷鄴城，大火鄴宫。至石勒復將營之，以廷尉續咸，尚書令徐光切諫而止。其意未已。後因大雨，中山西北暴水，流巨木百餘萬根，集于堂陽。勒大悦，謂公卿曰：諸君知不，此非爲災也，天意欲吾營鄴都耳。於是令都水使者張漸、少府任汪等監營，勒親授規模。後石虎遷都，遂極侈盛。石遵後，兵火繼作，宫室臺觀半或殘毁，故《載記》言：慕容儁自薊城都鄴，繕修宫殿，復銅雀臺。異代改更，歷年彌多，是以魏、趙之制，紛然殽雜，今總取而志之，其有傳其名而不得其地者，附見于後云。**端門**　文昌殿前正門，蓋凡南方正門皆曰端門。**長春門**　端門之外東建此門。**延秋門**　端門外西建此門。左太沖《魏都賦》曰：巖巖北闕，南端逌遵。竦峭雙碣，方駕比輪。西闢延秋，東啓長春。用覲羣后，觀享頤賓。**止車門**　在端門文昌殿前。**東上東門、西上東門**　二門亦在文昌殿前。《魏都賦》注云：直端門之前，南當止車門，又有東西上東門。賈誼疏曰：擇良日立諸子雒陽上東門外，則漢已有之。李尤銘曰：上東少陽，厥位在寅，條風動物，日月孟春。**司馬門**　在端門東，北直德政殿。《史記》注曰：凡言司馬門者，宫垣之内兵衛所在，四面皆有，司馬主武事。總言之，外門爲司馬門也。**東掖門**　在司馬門東。漢制内至禁省爲殿門，外出大道爲掖門。應劭曰：掖者，言在司馬門之旁掖也。**顯陽門**　南直司馬門。**宣明門**　南直顯陽門。**崇禮門**　在升賢門前左。**順德門**　在升賢門前右，並南向。**升賢門**　在聽政門前。**聽政門**　南直升賢門，北直聽政殿。**外朝文昌殿**　曹魏建，南直端門，天子朝會賓客，享羣臣、正大禮之殿也。銘曰：惟魏四年，歲在丙申，龍次大火。五月丙寅，作蕤賓鐘，又作無射鐘。左太沖《賦文昌殿》曰：長庭砥平，鐘簴夾陳。風無纖埃，雨無微津。魏文帝《槐賦》序曰：文昌殿中槐樹，盛暑之時，余數游其上下。王粲直登賢門小閣外亦有槐樹。**鐘樓、鼓樓**　二樓在文昌殿前東西。**太武殿**　《水經注》曰：石虎于文昌故殿處造東西、太武二殿。今考《晋書·載記》：虎燕亨羣臣，遵僭即僞位皆在太武，蓋朝會正殿也。魏宫室焚毁于汲桑，故石虎于文昌故殿處作太武殿。復于其後作東、西二殿，故有東堂、西堂、東閣、西閣，其皆宫寢便殿之名歟。虎作太武殿，基高二丈八尺，東西七十五步，南北六十五步，以濟北穀城山文石砌之，下穿伏室，置衛士五百人。屋皆漆瓦金鐺，銀楹金柱，柱趺亦鑄銅爲之。珠簾玉壁，窗户宛轉，盡作雲氣。復施流蘇之帳，白玉之床，黄金蓮花見于帳頂，以五色錦編蒲心而爲薦席。又作金龍頭，吐酒于殿東廂，口下安金樽，可容五十斛，于大宫置地道百餘步，酒入龍脚出口中，以供正會。又以郡國所送蒼麟十六，白鹿七，命司虞張曷柱調之，以駕芝蓋，列于充庭之乘。造庭燎于崇杠之末，高十餘尺，上盤置燎，下盤置火，縹繳上下。

太武東堂、西堂　《晋書》曰：虎幽太子邃于東宫，既而赦之，引見于太武東堂。或曰即東、西二殿也。**東閣**　石遵以兵入誅石世、張豺，升于太武前殿，躃踊盡哀，退如東閣。蓋閣在殿後。**西閣**　《晋書·載記》曰：季龍臨于西閣，龍騰將軍、中郎二百餘人列拜于前，欲令燕王斌入宿衛，典兵馬。蓋閣亦在太武前殿後。**御龍觀**　石虎建于太武殿之宫中。《鄴中記》云：登其上，觀瞻宫闕，皆如意。其後冉閔使兵守石鑒于上，懸食以給之。**披雲樓**　石虎建，在御龍觀北。《鄴中記》云：逍遥樓北有披雲樓，南連殿闕，北矚城池，繡欄凌雲，彤梁接霧，故曰披雲，言其長也。**内朝聽政殿**　曹魏建，在文昌殿東。《魏都賦》曰：左則中朝有赩，聽政作寢，匪僕匪斵，去泰去甚，木無雕鎪，土無綈錦，玄化所甄，國風所稟。李善曰：中朝者，内朝也。漢制，大司馬、侍中、散騎諸吏爲中朝，丞相、六百石以下爲外朝也。**聽政闥、納言闥、尚書臺、升賢署、謁者臺閣、符節臺閣、御史臺閣、丞相諸曹**　並在司馬門内，聽政門外。《魏都賦》曰：禁臺省中，連闥對廊。【略】注曰：升賢門内有聽政闥，闥外東入有納言闥，尚書臺。宣明門内升賢門外，東入有升賢署。顯陽門内宣明門外，東入最南有謁者臺閣，次中央符節臺閣，次北御史臺閣，並列西向。符節臺東有丞相諸曹。**後宫鳴鶴堂、文石室、楸梓坊、木蘭坊**　皆在聽政殿後。《魏都賦》曰：於後則椒鶴、文石，永巷壺術，楸梓、木蘭。次舍甲乙，西南其户。成之匪日，丹青焕炳。特有温室，儀形宇宙，歷像賢聖，圖以百端，綷以藻詠。李善曰：壼，宫中巷也；術，道也。鳴鶴堂之前，在聽政殿之後，東西二坊之間有温室，温室中有書像。永巷，掖庭之别名。甲乙，謂次舍之名，以甲乙紀之也。

銅爵園　園在文昌殿西，中有魚池、堂皇、蘭渚、石瀨。左右有馳道，西有二臺。並曹魏所作。【略】《魏都賦》曰：右則疏圃曲池，下畹高堂，蘭渚莓莓，石瀨湯湯。弱葼係實，輕葉振芳。奔龜躍魚，有睽呂梁。馳道周屈于果下，延閣胤宇以經營。**銅雀臺** 在銅爵園西。按《魏志》：曹公建安十五年築。臺之新成也，公將諸子登之，使各爲詩，陳思王植援筆立就，其略曰：從明后而嬉游兮，登層臺以娛情。見太府之廣開兮，觀聖德之所營。建高門之嵯峨兮，浮雙闕乎太清。立中天之華觀兮，連飛閣乎西城。臨漳水之長流兮，望園巢之滋榮。仰春風之和穆兮，聽百鳥之悲鳴。天雲垣其既立兮，家願得而獲逞。【略】《魏都賦》曰：飛陛方輦而徑西，三臺列峙以爭嶸。亢陽臺于陰基，擬華山之削成。上築棟而重霤，下冰室而沍冥。周軒中天，丹墀臨猋。增搆峨峨，清塵飄飄。雲雀踶甍而矯首，壯翼摛鏤于青霄。雷雨窈冥而未半，皦日籠光于綺寮。習步頓以升降，御春服而逍遥。八極可圍于寸眸，萬物可齊于一朝。**金鳳臺** 在銅雀臺南，建安十八年建。《魏志》本曰金虎臺，而《鄴中記》云：自魏至後趙、前燕及東魏、北齊，三臺每加修整，甚于魏武初造之時，又安金鳳于臺顛，故號曰金鳳臺。然則改虎爲鳳豈後趙時避石虎諱故耶。**冰井臺** 在銅雀臺北。建安十八年，曹操既築金鳳臺，明年復築此臺，以有凌室，故曰冰井。《魏都賦注》曰：銅雀園西有三臺，中央曰銅雀臺，南有金鳳臺，北有冰井臺。銅雀臺有屋一百一間，金鳳臺有屋一百三十五間，冰井臺上有冰三室，與法殿皆以閣道相通。《水經注》曰：城西北有三臺，皆因城爲基，巍巍崇舉，其高若山。建安十五年，魏武所起，其中曰銅雀臺，高十丈，有屋百餘間，魏武望奉常王叔治處也。後石虎更二丈立一屋，連棟接榱，彌覆其上，盤回隔之，名曰命子窟。又于屋上起五層樓，高十五丈，去地二十七丈。又作銅雀于樓頭，高一丈五尺，舒翼若飛。南則金鳳臺，高八丈，有屋一百九間。北曰冰井臺，亦高八丈，有屋一百四十間，上有冰室，室有數井，井深十五丈，藏冰及石墨焉。石墨可書，又然之難盡，亦謂之石炭。又有粟窖及鹽，以備不虞。今窖上猶有石銘存焉。**九華宫** 《鄴都故事》曰：宫在銅雀臺東北，石虎以建武元年秋建，以三三爲位，謂之九華。沈約詩曰：照耀三爵臺，徘徊九華殿。**顯陽殿** 在九華宫中，爲正殿。《晉書·載記》曰：虎于鄴起東西宫。又起靈風臺九殿于顯陽殿後，又選士庶之女以充之後庭。服綺縠、玩珍奇者萬餘人，置女官十有八等，教宫人星占及馬步射。置女太史于靈臺，仰觀災祥，以考外太史之虚實。又置女鼓吹、羽儀，雜伎、工巧，皆與外侔。蓋顯陽殿後有九殿，居宫嬪于其中，故總名其宫爲九華宫也。**逍遥樓** 《鄴中記》：九華宫北有逍遥樓，南臨宫宇，北望漳水，極目游嬉，逍遥之奇觀也。【略】**靈風臺** 《載記》言：石虎起此臺于顯陽殿後。《鄴中記》云：九華宫北有逍遥樓。宋元祐中，顯陽殿廢基後有廢樓基，豈逍遥、靈風嘗因改易，乃同處異名耶。

城外

玄武苑，苑在鄴城西，魏武所築，引新河水入焉。苑中有魚梁、釣臺，竹園、蒲萄諸果。《魏都賦》曰：苑以玄武，陪以幽林，繚垣開囿，觀宇相臨。碩果灌叢，圍木竦尋，篁篠懷風，蒲萄結陰。回淵漼，積水深。蒹葭贙，雚蒻森。丹藕凌波而的皪，緑芰泛濤而浸潭。**玄武池** 建安十三年，魏武鑿此池，以肄舟師。《鄴中記》曰：池在漳水南。《水經注》曰：洹水自城西經魏武玄武故苑，苑有玄武池，池有魚梁釣臺，竹木灌叢。今池林絶滅，略無遺跡。石虎時，揚州獻黄鵠雛五，頸長一丈，聲聞十里，泛于此池。**芳林園** 《鄴中記》曰：魏武所築，後避秦王諱，改名華林。後趙石虎建武十四年重修。然《晉書·載記》言：虎用沙門之言，起男女六十萬人築華林苑，未詳其實。**靈芝園** 《圖經》載《魏志》云：太祖受封于鄴，東置芳林園，西置靈芝園。黄初二年，甘露降于園中。**靈芝池** 《鄴中記》云：此池在城西三里，黄初三年文帝鑿，至四年有鵜鶘集於池。疑此誤書洛陽故事。又引曹植詩曰：清夜游西園，飛蓋相追隨。或曰西園即玄武苑是也。**華林苑** 石虎時，一沙門言胡運將衰，晉當復興，宜役晉人以厭其氣。季龍使尚書張羣發近郡男女十六萬，車萬乘，運土築華林苑。周回數十里，及築長牆數十里。欒史《寰宇記》云：季龍于華林苑植人間名果。作蝦蟆車箱，闊一丈，深一丈，合土栽車中，所植無不生。苑後在南鄴城西，高齊修之，改名仙都苑云。**觀臺** 石虎所築，以臨漳水，故名曰觀臺。今磁州觀臺鎮是其地也。**鬥雞臺** 《鄴中記》曰：漳水南有玄武池，次東北五里有鬥雞臺。曹植詩曰：鬥雞東郊道，走馬長楸間。後石虎亦鬥雞于此。**戲馬臺** 一名閲馬臺。《水經注》云：漳水自西門豹祠北，經閲馬臺西。臺基高五丈，列觀其上。石虎每講武于漳水上，即升觀以望之，自于臺上放鳴鏑矢，以爲車騎出入之節。【略】**桑梓苑** 《晉書·載記》：永和三年，虎親耕藉田于桑梓苑。《鄴中記》云：鄴南城三里有桑梓苑，苑内有臨漳宫。《水經》亦云：漳水右對趙氏臨漳宫。宫在桑梓苑，以地多桑木，故苑有其名。三月三日及始蠶之日，虎帥皇后等采桑于此。【略】**赤橋宫** 在城東七里。《鄴中記》曰：石虎嘗自襄國至鄴，二百里，每舍輒立一行宫，宫有一夫人，侍婢數十。又有鐘鼓禽獸而置官司吏卒監守之。故于城南四十里又有安陽宫，八十里又有湯陰宫。然若臨漳、永樂、梨園、赤橋四宫，皆在城四方，遠不出十里，疑只當時游獵之地耳。

城門

自曹操基搆，羣臣梁習等，止用冀州民力，取上黨山林之材，制度壯麗見於文昌、聽政等殿，金虎、銅雀之臺，鳴鶴、楸梓之宫，奢淫未終，旋遭篡奪。石虎夷狄異類，藉勒威業，攘神器而有之，志溢氣驕。盛興宫室，銀楹金柱，珠簾玉壁。侈心不足，復命徙洛陽簴鐘、九龍、銅駝、飛簾置諸殿庭，造萬斛舟以渡之，載以四輪纏輞車。及其至也，大賚羣臣，赦有罪，賜民爵。起一橋而費億萬之功，築一苑而役六十萬人。

宫内

宫室　《鄴中記》云：宫東西四百六十步，南北連後園，至北城，合九百步。東西南北表裏合二十一闕，高一百尺。磚文隱起鳥獸花草之狀，并大齊天保六年字，又有千秋萬歲字。【略】閶闔門　南直止車門，北直太極殿，蓋宫室之外正門也。《鄴中記》云：其門峥嶸聳峙，千雲迴出，飛檐峻宇，梁楸欹危，綺井隆崇，搏風薄霧，高窗鳥影，晚日留暉，寶鐸鏗鏘，隨風合韻。過其下者，莫不駭目，自驚怳惚如失也。《鄴中記》又云：清都觀在閶闔門上，其觀兩相屈曲，爲閣數十間，連闕而上。觀下有三門，門扇以金銅爲浮漚釘，懸鐸振響。天子講武，觀兵及大赦，登觀臨軒。其上坐容千人，下亦數百。門外御路，直南及東西兩傍，有大槐柳，十步一株，清陰合其上，緑水流其下。【略】太極殿　《鄴中記》云：閶闔門之内有太極殿。《故事》云：其殿周迴一百二十柱，基高九尺，以珉石砌之。門窗以金銀爲飾，外畫古忠諫直臣，内畫古賢酣興之士。椽栿斗拱，盡以沉香木，椽端復裝以金獸頭，每間綴以五色朱絲網，上屬飛檐以礙燕雀。堦間石面隱起千秋萬歲字，諸奇禽異獸之形。瓦用胡桃油，光輝奪目。有外客國使諸番入朝，則殿幕垂流蘇以覆之。殿上金葱臺十三枚，各受一石云。

昭陽殿　在太極殿後，朱華門内。《鄴中記》云：殿東西各有長廊，廊上置樓，並安長囱，垂珠簾，通于内閤。【略】《鄴都故事》云：此殿周回七十二柱，基高九尺，以文石砌之。門窗盡飾以鏤金，欄楯盡以沉香木爲之。外畫東漢二十八將，内畫孝子順孫。梁拱間刻出奇禽異獸，或蹲或踞，或騰逐往來。椽首叩以金獸，乃懸五色珠簾，冬施蜀錦帳，夏施碧油帳。殿上有金葱臺十三枚，各受七斗云。【略】含光殿，凉風殿　《鄴中記》曰：昭陽殿東有長廊，通東閤，閤内有含光殿，西有長廊，通西閤，閤内有凉風殿。内外通廊往還，流水珍木，香草布護堦庭。此則劉桃枝絞殺咸陽王斛律明月處也。【略】宣光殿　《鄴中記》曰：昭陽殿後有永巷，巷北有五樓門。門内則帝後宫，有左右院，左院有殿，名顯陽，右院有殿，名宣光。鏡殿，寶殿，瑇瑁殿　《北史》言：高緯起此三殿于後宫嬪嬙諸院中，丹青雕刻，妙極當時。脩文殿，偃武殿　《鄴中故事》云：齊武成帝高湛河清中，以後宫嬪妃稍多，椒房既少，遂拓破東宫，更造修文、偃武二殿及聖壽堂，裝飾用玉珂八百，大小鏡萬枚，又以曲鏡抱柱，門囱並用七寶裝飾，每至玄雲夜興，晦魄藏耀，光明猶分數十步。《北史》言：高緯增益宫院，造修文、偃武臺，丹青雕刻，妙極當時。疑在此二殿之後築之，故因以名焉。或曰即二殿也。聖壽堂　《鄴中記》曰：在修文、偃武殿後，其堂亦用玉珂八百具，大小鏡二萬枚，又爲曲鏡抱柱，丁香末以塗壁，胡桃油以塗瓦，四面垂金鈴萬餘枚，每微風至，則方圓十里間響聲皆徹。兩廂廊下悉有洞户寢臺，畫古賢烈女，蓋此堂裝飾與二殿大同小異耳。

城内城外雜録

游豫園　周回十二里，内包葛屨山，作臺于上。《鄴都故事》云：齊文宣天保七年，于銅雀臺西，漳水之南，築此園，以爲射馬之所。清風園　在鄴南。《鄴都故事》云：後主緯以此園賜穆提婆。于是官無蔬菜，賒買于民，負錢三百萬。蓋此園乃蔬圃也。華林園　《鄴中記》云：齊武成增飾華林園，若神仙所居，遂改爲仙都苑。《北史·魏收傳》言：武成于華林園中作玄洲苑，備山水臺觀之美，疑即仙都也。其苑中樓觀山池，自周平齊之後，並毁廢。【略】苑中封土爲五岳。並隔水相望。五岳之間，分流四瀆爲四海，匯爲大池，又曰大海。每池中通船，行處可二十五里。中有龍舟六艘，又有鯨魚、青龍、鷁首、飛隼、赤鳥等舟。海池之中爲水殿。周回十二間，四架，平坐廣二丈九尺，基高二尺四寸，户八窗。殿脚船二隻，各長五丈二尺。上作四面步廊，周回四十四間，三架，悉皆彩畫。垂五色流蘇帳帷，栿懸玉珮，柱上掛方鏡，下懸織成香囊，用錦褥爲地衣，花獸連鈎，皆純金，飾以孔雀、山雞、白鷺、翡翠毛。彩物光明，奪人目力，不能久視焉。其中岳嵩山北，有平頭山，東西有輕雲樓，架雲廊十六間。南有峨嵋山。小山東西屈頭，南向，若峨嵋也。

山之東頭有鸚鵡樓，以緑瓷爲瓦，其色似鸚鵡，因名之。其西有鴛鴦樓。以黄瓷爲瓦，其色似鴛鴦，因名之。北岳南有玄武樓，樓北有九曲山，山下有金花池，池西有三松嶺。次南有凌雲城，西有陛道，名曰通天壇。大海之北，有飛鸞殿。其殿十六間，五架，青石爲基，珉石爲柱礎，鐫作蓮花形，梁棟楹柱皆苞以竹，作千葉金蓮花三等束之。其上舒葉，長一尺八寸，斑竹以爲椽。織五色簟爲水波紋，以作地衣。内垂五色珠簾，麒麟錦以爲緣，白玉以爲鈎。後有長廊，檐下引水，周流不絶。其南有御宿堂。此堂盡用鐵裝，庭前有仙人博山石，方二尺五寸，石色赤，其堅不可鑿，不知何方所獻。其東有井，以玉砌之。堂前白櫻桃二株，實大如彈丸，又有鈎鼻桃二株，實大可三斤云。其中有紫微殿，内畫義夫，外畫節婦。宣風觀、千秋樓，在七盤山上。屈曲而上，故曰七盤山。有數峰：東曰散日，西曰隱月，東北曰停鸞嶺，西北曰駐鶴。又有含霜障，白露嶺。又有游龍觀、大海觀、萬福堂，此堂廈頭名曰游龍户、舞鳳窗。蓋户掛鏡面三尺，五色金龍相蟠紫，作花樹芳草，隱起七尊，以七寶飾之。又用孔雀、山雞、白鷺、翡翠毛當鏡上，作七寶金鳳，高一尺七寸，口銜九金鈴。堂内柱亦懸菱花鏡，廣二尺一寸，下懸織成香囊繡帶焉。流霞殿，已上一觀、一堂、一殿，並在紫微殿左右。

修竹浦，在紫微殿北。連璧洲，在紫微殿内。杜若洲，靡蕪島，三休山。東有悲猿峰，西有忘歸嶺，南有黄雀巖。已上並在大海中。西海有望秋觀、臨春觀，隔水相望。海池中又有萬歲樓。樓西有長楸馬埒，每歲春秋，妃嬪内貴馬射之處也。北海中有密作堂，堂周回二十四架，以大船浮之于水，爲激輪于堂，層層各異，下層刻木爲七人，相對列坐，一人彈琵琶，一人擊胡鼓，一人彈箜篌，一人搊箏，一人振銅鈸，一人拍板，一人弄盤，並衣之以錦繡，其節會進退俯仰，莫不中規。中層作佛堂三間，佛事精麗。又作木僧七人，各長三尺，衣以繒彩。堂西南角，一僧手執香奩，東南角一僧手執香爐而立，餘五僧繞佛左轉行道。每至西南角，則執香奩僧以手拈香，授行道僧，僧舒手受香。復行至東南角，則執香爐僧舒手授香于行道僧，僧乃舒手置香于爐中，遂至佛前作禮，禮畢，整衣而行，周而復始，與人無異。上層亦作佛堂，傍列菩薩及侍衛力士。佛坐帳上刻作飛仙，循環右轉，又刻畫紫雲飛騰，相映左轉，往來交錯，終日不絶。並黄門侍郎博陵崔士順所製，奇巧機妙，自古未有。**貧兒村**　齊後主高緯天統末，于密作堂側，率諸内人，閹官等作貧兒村。編蒲爲席，剪茅爲房，斷經之薦，折簣之床，故破韡履，糟糠飲食，陷井藜灶，短匙破廠，蒿檐不蔽風雨。緯與諸妃嬪游戲其中，以爲笑樂。傍作一市，多置貨物，緯躬爲市，令胡妃坐店賣酒，而令宫人交易其中，往來無禁，三日而罷。嗚呼，人之昏愚，有若是哉。**高陽王思宗城**　高緯于苑内作小城，令思宗爲城主，緯親率閹官，集衛士，圍城鼓噪，矢石亂發，一日一夜攻破西北隅，思宗東走，爲戰兵所擒。後周師入鄴，緯獨與其家僮宦者數百人走青州，尉遲勤擒送周。此將亡之兆也。已上並在仙都苑中。

清　顧祖禹《讀史方輿紀要》卷二〇《南直二》　樂游苑　在覆舟山南，晋之芍藥園也。義熙中，即其地築壘以拒盧循，因名藥園壘。宋元嘉中闢爲北苑，更造樓觀於山後，改名樂游苑，往往禊飲於此。《宋書》：元嘉二十二年，築北堤，浚玄武湖於樂游苑北。大明三年，作正陽、林光等殿於苑内。又築上林苑於玄武湖北，於苑中作景陽山。齊東昏侯永元二年，崔慧景至建康，入北籬門，頓樂游苑。梁大寶初，侯景諸梁主禊宴於樂游苑，帳飲三日乃還。敬帝初，齊兵踰鍾山，陳霸先分軍拒之於樂游苑東及覆舟山北，自是焚燬。陳天嘉中，更加脩葺。大建七年，復築甘露亭於覆舟山上。隋伐陳賀若弼，自京口趣建康，陳後主命蕭摩訶屯樂游苑，既而弼敗，陳兵於白土岡進至樂游苑，燒北掖門入是也。今城北土橋南小教場即其地。

又　卷四八《河南三》　華林園　在故洛城内東北隅，與宫城相接，有東西二門。魏文帝所起，亦曰：芳林園。《水經注》：大夏門内東際側城，有景陽山，在芳林苑西北，魏明帝景初元年所起土山也。齊王芳即位，始改芳林曰華林。按太和元年，王朗言華林天淵足展游晏，則華林之名久矣。内有天淵池，池中有魏文帝九花叢殿。

清　雍正《河南通志》卷五一　九華宫　在臨漳縣西銅雀臺東北，後趙石虎建。宫以三三爲位，謂之九華。梁沈約詩「照耀三雀臺，徘徊九華宫」即此。

赤橋宫　在臨漳縣東南七里，石虎自襄國至鄴，每舍輒立一行宫，有安陽、湯陰二宫，又有臨漳、永樂、梨園、赤橋四宫，皆在縣界，疑當時游獵宴息之所。唐陸龜蒙詩：花飛蝶駭不愁人，水殿雲廊别置春。晚日靚妝千騎女，白櫻桃下紫綸巾。

玄武苑　在鄴都北城，魏武所築，引新河水入焉苑中有魚梁、釣臺、竹園、蒲萄諸果。《魏都賦》曰：苑以元武，陪以幽林。繚垣開囿，觀宇相臨。碩果灌叢，圍木竦尋。篁篠懷風，蒲萄結陰。回淵灌積水深，蒹葭贙雚蒻森。丹藕凌波而的皪，緑芰泛濤而浸潭。

清風園　《鄴都故事》云：後主緯以此園賜穆提婆，於是宫無蔬菜賒買於民，負錢三百萬。蓋此園乃蔬圃也。

林園　在鄴都南城，按《鄴中記》，齊武成增飾華林園，若神仙所居，改爲仙都苑。《北史·魏收傳》言武成於華林園中作元洲苑，備山水臺觀之美，疑即仙都也。自周平齊之後並燬廢，此北齊之華林園，非魏主芳所改芳林之華林園也。魏華林園在河南府。

銅雀園　在鄴都北城文昌殿西，中有魚池、堂皋、蘭渚、石瀨，左右有馳道，西有三臺，並曹魏所作。

玳瑁樓　在臨漳縣西南。《鄴中記》：鄴城之上有玳瑁樓，純用金銀裝飾，懸五色珠簾，白玉鈎帶。内有瑜石床，以玳瑁爲龜甲文，鋪以十色錦繡褥，故名。

銅雀臺　在臨漳縣西。魏曹操築，並金虎、冰井三臺相去各六十步，其上複道樓閣相通，中央懸絶鑄大銅雀，高一丈五尺，置之樓頂。臨終，遺令施繐帳，於上朝晡，使宫人歌吹，帳中望吾西陵。後樓臺俱毁，土人掘地得瓦，色頗青，内平瑩，印工人姓名，皆八分。《書硯譜》云：人得此瓦爲硯，貯水數日不滲。

金虎臺　在臨漳縣西南鄴鎮。曹操於臺下築渠，引漳水入白溝，其址尚存。

密作堂　在鄴都北城華林園，堂周圍二十四，架以大船，浮之於水，爲激輪於堂，層層各異。下層刻木，爲七人相對列坐，一人彈琵琶，一人擊胡鼓，一人彈箜篌，一人搊箏，一人振銅鈸，一人拍板，一人弄盤，並衣之以錦繡，其節會進退俯仰莫不中規。中層作佛堂三間，佛事精麗。又作木僧七人，各長三尺，衣以繒彩。堂西南角一僧手執香奩，東南角一僧手執香爐而立。餘五僧繞佛左轉行道，每至西南角，則執香奩僧以手拈香，授行道僧，僧舒手受香復行。至東南角，則執香爐僧舒手受香於行道僧，僧乃舒手置香於爐中，遂至佛前作禮，禮畢整衣而行，周而復始，與人與異。上層亦作佛堂，傍列菩薩及侍衛力士，佛坐帳上，刻作飛仙。循環右轉，又刻畫紫雲飛騰相映，左轉往來交錯，終日不絶。並黄門侍郎博陵崔士頤所製，奇巧機妙，自古未有。

又卷五二 **凌雲臺** 在府城寧陽門外，魏文帝黃初二年築，高三十三丈，登之可見孟津，臺上樓觀精巧。晉武帝時會百官，尚書令衛瓘侍宴於凌雲臺即此。梁謝舉詩：綺覺懸柱棟，隱映見橋河。勢高凌玉井。臨迴度金波。易覺涼風至，早飛秋雁過。高樓相思曲，望遠騷人歌。幸屬此迢遞，知承雲霧多。

芳林園 在府城東北隅，魏武帝建。文帝黃初四年冬，甘露降芳林園即此。明帝大治洛陽宮，復於園中起陂池。齊玉芳即位，改爲華林園。晉武帝泰始四年，亦幸此，命應貞賦詩。

清 嘉慶《新修江寧府志》卷九《古跡中》 晉新宮，一曰建康宮，即吳太初宮址，元帝渡江備百官立宗廟於建康城，即所謂臺城者也。成帝時，蘇峻之亂，宮闕灰燼。咸和五年始，繕苑城作新宮。《通鑑》：王含錢鳳之來或謂苑城小而不固。注云：苑城孫氏都建業所築，晉置建康於秣陵水北。南渡建都依苑城，以爲守。孝武帝時，宮室做壞。太元三年，更作新宮，其前有太極殿，《世説》注引徐廣《晉紀》：高八丈，長二十七丈，廣十丈。《金陵新志》引《晉紀》曰：初造殿，欠一梁忽有梅木流至石頭城下，因取爲梁，畫梅花於上。《陳高紀》：永定三年，新造太極殿，欠一柱，忽有樟木流至陶家，後渚詔以造殿。《世説》：太極殿成，謝公欲屈王獻之題榜。獻之不欲，遂止景定。《志》引《宮苑記》云：太極殿前有二大鐘，宋武帝平洛所獲。蓋漢魏舊物也。中堂、南皇堂。又有東西二上閣，在堂殿之間。《齊東昏紀》：王珍國等入殿，分軍從西上閣入後宮。內有清暑殿，一名嘉禾殿。晉孝武造時，人言清暑反言楚聲。俄而，帝果崩。宋孝武大明元年，殿西甍，鴟尾生嘉禾一株五莖，改曰嘉禾殿。宋含章殿，宋孝武壽陽公主人，日卧檐下，梅花落額上成五出，拂之不去。玉燭殿，正大殿、紫極殿、合殿、西殿，齊昭陽殿、鳳莊殿、鳳華殿、壽昌殿、靈曜殿、芳樂殿、玉壽殿，《東昏紀》：起諸殿，以麝香塗壁，刻畫妝飾，窮極綺麗。靈和殿，武帝時，益州刺史劉悛獻蜀柳，帝命植於靈和殿下臨賞歎曰：此柳風流可愛，似張緒少年時。閱武堂、芳樂苑，《東昏紀》：即閱武堂爲芳樂苑，又於苑立店肆，帝自爲市魁，命潘妃爲市令。百姓歌曰：閱武堂植楊柳，至尊屠肉，潘妃沽酒。梁五明殿、光岩殿、光華殿、鳳光殿、惠靈殿。供佛事。陳求賢殿、後主沈妃所居。齊青樓，武帝興光樓上施青漆，時人謂之青樓。東昏曰：武帝不巧，何不純用琉璃。晉樂賢堂，明帝爲太子時建成，帝時蘇竣之亂宮室皆焚，惟此堂獨存。咸和中彭城王鉉上言：樂賢堂有先帝手畫佛像，宜敕作頌，蔡謨不可乃止。陳齊雲觀、後主起齊雲觀，人歌曰：齊雲觀，寇來無際畔。銅螭署、覆杯池、晉元帝以酒廢政，王導諫之。因覆杯於池，斷飲。濛氾池。其西爲華林園，華林園本洛京舊名，南渡置於臺城東內，宋元嘉中更新廣之。園內有宋景陽山、景陽樓、元嘉中興景陽山於華林園。孝武大明元年紫雲出景陽樓，詔改景陽爲慶雲樓。齊武於六代之君始爲奢侈。永明中宮女萬餘人，帝數幸琅邪爲獵。宮女當夜起，岩妝從之去端門。遠者不聞鐘漏，故於中園作鐘，以警宮女。大壯觀、或曰陳宣帝起。花光殿、鳳光殿、一柱臺、層城觀、興化殿、日觀臺、宋司天臺。芳香堂、芙蓉堂、雲堂、琴堂、醴泉堂、天泉池、花萼池、竹堂。前廢帝於華林園竹堂射鬼。梁重雲殿、通天觀、朝日、夕月二樓。陳臨春、結綺、望仙三閣，後主自居臨春，張貴妃居結綺，龔孔二貴嬪居望仙，並複道往來，使女學士袁大捨等與江總、孔范諸狎客賦詩，采其尤豔麗者被以新聲，有《玉樹後庭花》、《臨春樂》等曲，其略曰：壁月夜夜滿，瓊樹朝朝新。大抵皆美張孔二妃容色。天淵池。宋元嘉中，關江總有《天淵池銘》。耒蔬圃、射堋以上俱在臺城內，今皆無蹟可考矣，姑存其名以備稽覽而已。

紀事

又 （南京）元圃，齊文惠太子宮室奢麗，開拓元圃與臺城、北塹等，多聚奇石，妙極山水，慮爲上所見，乃旁列修竹，內施高障游牆。《梁書》云：昭明太子立館於圃上，以延朝士。侯軌云：宜奏女樂。太子不答，惟誦左思詩云：何必絲與竹，山水有清音。軌大慚。按：元圃在太子宮內，與東田館遠。

晉 陳壽撰 南朝宋 裴松之注《三國志·魏志》卷一 （漢獻帝建安十八年）九月（魏太祖）作金虎臺，鑿渠，引漳水入白溝以通河。

又 卷三 （青龍三年）是時，大治洛陽宮，起昭陽、太極殿，築總章觀。百姓失農時，直臣楊阜、高堂隆等各數切諫，雖不能聽，帝優容之。《魏略》曰：是年起太極諸殿，築總章觀，高十餘丈，建翔鳳於其上。又於芳林園中起陂池，楫櫂越歌。又於列殿之北，立八坊，諸才人以次序處其中，貴人夫人以上轉南附焉。其秩石擬百官之數。帝常游宴在內，乃選女子知書可付信者六人，以爲女尚書，使典省外奏事，處當畫可。自貴人以下至尚保，及給掖庭灑掃習伎歌者，各有千數。通引穀水過九龍殿前，爲玉井綺欄，蟾蜍含受，神龍吐出。使博士馬均作司南車，水轉百戲。歲首建巨獸，魚龍曼延，弄馬倒騎，備如漢西京之制，築閶闔諸門，闕外罘罳。

晉 王嘉《拾遺記》卷七 魏明帝起凌雲臺，躬自掘土，羣臣皆負畚鍤。天陰凍寒，死者相枕，洛鄴諸鼎，皆夜震自移。又聞宮中地下有怨歎之聲。高堂隆等上表諫曰：王者宜静以養民，今嗟嘆之聲形於人鬼，願省薄奢費以敦儉朴。帝猶不止，廣求瑰異珍賂，是聚飾臺榭，累年而畢。諫者尤多，帝乃去煩歸儉，死者收而葬之。人神致感，衆祥皆應。

又　明帝即位二年，起靈禽之園，遠方國所獻異鳥殊獸皆畜此園也。昆明國貢嗽金鳥，人云：其地去燃洲九千里，出此鳥。形如雀而色黄，羽毛柔密常翱翔海上，羅者得之以爲至祥。聞大魏之德被於遐遠，故越山航海來獻，大國帝得此鳥，畜於靈禽之園，飴以真珠，飲以龜腦。鳥常吐金屑如粟，鑄之可以爲器。昔漢武帝時有人獻神雀，蓋此類也。此鳥畏霜雪，乃起小屋處之，名曰辟寒臺，皆用水精爲户牖，使内外通光而常隔於風雨塵霧。宫人争以鳥吐之金用飾釵佩，謂之辟寒金。故宫人相嘲曰：不服辟寒金，那得帝王心？不服辟寒鈿，那得君王憐？於是媚惑者亂争此寶，以金爲身飾及行卧，皆懷挾以要寵幸也。魏氏喪滅，池臺鞠爲煨燼，嗽金之鳥亦自翱翔矣。

又　卷九　石虎於太極殿前起樓高四十丈，結珠爲簾，垂五色玉珮，風至鏗鏘，和鳴清雅。盛夏之時，登高樓以望四極。奏金石絲竹之樂，以日繼夜。於樓下開馬埒射塲，周迴四百步，皆文石丹砂及彩畫於埒。傍聚金玉錢貝之寶，以賞百戲之人。四厢置錦幔，屋柱皆隱起爲龍鳳百獸之形。雕斵衆寶，以飾楹柱，夜往往有光明。集諸羌氏於樓上。時亢旱，春雜寶異香爲屑，使數百人於樓上吹散之，名曰芳塵臺。上有銅龍，腹容數百斛酒，使胡人於樓上嗽酒。風至，望之如露，名曰粘雨臺，用以灑塵。樓上戲笑之聲，音震空中。又爲四時浴室，用鍮石碔玞爲堤岸，或以琥珀爲瓶杓。夏則引渠水以爲池，池中皆以紗縠爲囊，盛百雜香漬於水中。岩冰之時，作銅屈龍數千枚，各重數十觔，燒如火色，投於水中，則池水恒温，名曰燋龍温池。引鳳文錦步障，縈蔽浴所。共宫人寵嬖者解媟服宴戲，彌於日夜，名曰清嬉浴室。浴罷泄水於宫外，水流之所，名温香渠。渠外之人争來汲取，得升合以歸，其家人莫不怡悦。至石氏破滅，燋龍猶在，鄴城池今夷塞矣。

北魏　崔鴻《十六國春秋》卷三八《前秦録七·苻堅下》（苻堅建元二十年，慕容冲據阿房城）長安又謡曰：鳳凰鳳凰止阿房。堅以鳳凰非梧桐不棲，非竹實不食，乃植桐竹數千萬株于阿房城，以待鳳凰之至。冲小字鳳凰，至是終爲堅賊入，止阿房城。

又　卷一一《慕容熙》　慕容熙（光始二年），大治宫室，至四月，立苻貴人爲昭儀。五月築龍騰苑，廣十里餘，役徒二萬，起景雲山于苑内，又起逍遥宫、甘露殿。連房數百，觀閣相交，鑿天河渠引水入宫，又爲苻昭儀鑿曲光海、青凉池。季夏暑執卒不得休息，渴死者大半。五年十月，擬鄴之鳳陽。作光門，累級三層。

又　卷一五　建武二年春正月，使牙門將張彌徙洛陽鐘、虡九龍、翁仲、銅駝、飛廉于鄴。虎大悦。【略】孟津河東去鄴城五里，有濟北郡穀城縣穀城山，是黄石公所葬處。有人登此山，見崩土中有文石，石文鮮明。詣鄴獻之，使采取以治宫殿，遂免穀城令，以不奏聞故也。虎大起宫殿于鄴都，遂于鄴西文昌故殿處造東西太武二殿，采穀城山文石爲基。一基下五百武直宿衛。屈柱趺瓦悉鑄銅爲之，金漆圖飾焉。又徙長安雒陽銅人置諸宫前，以華其國。城之西北有三臺，皆因城爲基，巍然崇舉，其高若山。又建九華宫，以三三爲位，謂之九華。沈約詩曰「徘徊九華宫」，即此宫也。北建逍遥樓，東北建披雲樓，城門上建玳瑁樓，純用金銀裝飾，懸五色珠簾、白玉鈎帶。内有瑜石床，以玳瑁爲龜甲文，鋪以十色錦繡，故名玳瑁樓。其太武殿懸紫綬于梁柱，綴玉璧于綬。又造東西宫。鄴宫南面三門：西鳳陽門，高二十五丈，上有層樓，向陽安金鳳凰二頭于其上鎮之。其頭高一丈六尺。東城上立東明觀，觀上加金博山，謂之鏘天。北城上有齊午樓，超出羣樹，孤高特立。其城東西七里，南北五里，飾表以磚，百步一樓。凡諸宫殿門臺、隅雉皆加觀榭，層甍疊宇，飛檐拂雲，圖以丹青，色以輕素，門窗、户宇、朱柱、白壁，未到鄴城六七十里，遥望苕亭，便見此門，巍若仙居。鄴城東門石橋有兩石柱，製作精妙。柱側悉鏤雲炬，上作蟠螭，甚有形勢，信爲巧工。太武殿基高二丈八尺，以文石綷之。下穿伏室，置衛士五百人于其中。東西七十五步，南北六十五步，皆以漆灌、瓦金、鐺銀、楹珠、簾玉、璧窮極伎巧。又于太武殿前起樓，高四十丈，結珠爲簾，垂五色玉珮，風至鏗鏘，和鳴清雅。盛夏之時，登高樓以望四極，奏金石絲竹之樂，以日繼夜。于樓下開馬埒射塲，週迴四百步，皆文石丹砂及彩畫于埒旁，聚金玉錢貝之寶以賞百戲。四厢置錦幔，屋柱皆隱，起爲龍鳳百獸之形。雕琢衆玉以飾楹柱，夜中往往有光明。集諸羌氏于樓上。或時亢旱，春雜寶異香爲屑，使數百人于樓上吹散之，名曰芳塵臺。上有銅龍，腹可盛數百斛酒，使胡人于樓上噀酒。風至，望之如露，名曰粘雨臺。引以灑塵樓上，戲笑之聲音震鄴中。又造梁馬臺，一名笑馬臺，一名戲馬臺，一名閱馬臺，在城中漳水之南，約次爲臺基，高五丈，列觀其上。虎常于此臺練簡騎卒、武牙、宿將，雲騰黑矟騎五千。每月朔晦，閱馬于此臺。【略】其北有臨漳宮，東有永樂宮，西有黎園，宮東南有赤橋宮，西北有紫陌宮。又有御龍、宣武、凌霄、如意四觀，皆虎游獵燕息之所。又有聖壽堂，用玉珂八百具抱柱。丁香末以塗壁，胡桃油以塗瓦，垂金鈴萬餘箇，若微風至則聲聞十餘里。又于銅雀臺更增二丈，立一屋，連棟接檐，彌覆其上，盤迴隔之，名曰命子窟。又于屋上起五層樓，高十五丈，去地二十丈。又作銅雀于樓巔，舒翼若飛。南列金雀臺，高八丈，有屋一百九間。北曰冰井臺，亦高八丈，有屋百四十間。上有冰室，室有數井，井深十五丈，冬月藏冰。三伏之日，以冰賜大臣。及藏石墨，石墨可書又燃之難盡，亦謂之石炭。又有粟窖及鹽，以備不虞，今窖上猶有石銘存焉。又起靈風臺九殿于顯陽殿後，選百官州郡民女以充之。【略】四月八日，九龍銜水，浴太子之象太武殿前，溝水注之。浴時，溝中先安銅龍以疏其水，相去六七步注之。斷水，又安銅龜，飲穢水，出後脚下，入諸公主第，溝水亦出建春門。又有皇后浴室三間，徘徊側宇，櫨栱隱起，雕彩刻鏤，極盡粲麗。室中臨池上有石床，別爲浴臺，有四時浴室，皆用瑜石珷玞爲堤岸，或以琥珀車渠爲瓶杓。【略】浴室中種二長生樹，枝條交于棟上，團團作車蓋，形冬日不凋，葉大如掌，至八九月乃生華花，色白子赤，大如橡子，不中啖也，世人謂之西王母長生樹。

又 卷一六《後趙録六·石虎中》（建武八年）秋七月，虎大興宮室。自襄國起閣道，至鄴二百里中，四十里輒一宮，有一夫人侍婢，數十黄門宿衛。虎下輦即止。凡虎所起内外大小行宮，夾道樹榆。盛暑之月，人行其下。冬十二月，作臺觀行宮四十餘所。又營長安洛陽二宮，作者四十餘萬人。鄴城東七里，有赤橋之宮。

又 卷一七《後趙録七·石虎下》 建武十三年春正月，虎率三公九卿躬耕藉田於桑梓苑。鄴城南地多桑梓，因以築之，故名桑梓苑。苑有臨漳宮。三月三日及始蠶之日，虎率皇后及夫人采桑於此。【略】虎使尚書張郡發近郡男女十六萬人，車十萬乘運土，築華林苑及長牆於鄴北，廣長數十里。又因沙門言，以五月發五百里内男女六十萬人重修芳林園。至八月，天暴雨雪，雪深三尺，大寒，行旅作役凍死者數千人。太史奏，作役非時，天降此變。虎乃誅尚書，令宋軌以塞天災，又於華林苑中千金堤上作兩銅龍，相向吐水，以注天泉池，通御溝中。又種名果奇花。民間有名果，虎作蝦蟆車，四圍掘根。面去一丈，深一丈，合土載之，植之無不生。又有西王母棗，冬夏有葉，九月生華，十二月乃熟，三子一尺。又有羊角棗，亦三子一尺。勾鼻桃重二斤半。春李冬花春熟。安石榴子大如椀盞，其味不酸。趙攬、申鍾、石璞等上疏言：天文錯亂，蒼生凋敝。及因引見，又面諫，辭旨甚切。虎大怒曰：使苑牆朝成，吾夕没，無恨矣！促張郡使燃燭夜作，起三觀四門。三門通漳水，皆爲鐵扉。暴風大雨，死者數萬人。揚州獻黄鵠雛，五頸，長一丈，聲聞十餘里，泛之于玄武池中，俄化爲龜，故或又名玄武池。以此郡國前後，送蒼麟十六、白鹿七，虎命司虞張昌柱調之以駕芝蓋，大朝會列之於殿庭。又鑿北城引水于芳林園。城崩，壓死者百餘人。

又 卷四八 慕容熙字道文，小字長生，垂之少子也。光始三年五月，大築龍騰苑，廣袤十餘里，役徒二萬人，起景雲山於苑内，基廣五百步，峰高十七丈。

又 光始四年夏四月，熙於龍騰苑起逍遥宮、甘露殿，連房數百，觀閣相交。鑿天河渠引水入宮，又鑿曲光海、清涼池。季夏盛暑，士卒暍死幾萬餘人。擬鄴之鳳陽門，又作弘光門累級九重。

南朝齊 魏收《魏書》卷二《太祖本紀》（天興元年二月）以所獲高車衆起鹿苑於南臺陰，北距長城，東包白登，屬之西山，廣輪數十里，鑿渠引武川水注之。苑中疏爲三溝，分流宮城内外。又穿鴻鴈池。【略】（三年三月）穿城南渠，通於城内，作東西魚池。【略】秋七月壬子，車駕還宮，起中天殿及雲母堂、金華室。【略】（四年）五月起紫極殿、元武樓、涼風觀、石池、鹿苑臺。（天賜三年）【略】六月，發八部五百里内男丁築灅南宮，門闕高十餘丈，引溝穿池，廣苑囿。規立外城，方二十里，分置市里，經塗洞達三十日罷。

又 卷三《太宗本紀》（泰常六年三月）發京師六千人築苑，起自舊苑，東包白登，周回四十餘里。

（太武始光二年三月）庚申，營故東宮爲萬壽宮，起永安、安樂二殿、臨望觀、九華堂。

又 卷七上《高祖本紀上》（太和元年九月）庚子，起永樂游觀殿於北苑，穿神淵池。

南朝梁 蕭子顯《南齊書》卷七《本紀第七·東昏侯》 三年夏，（東昏侯）於閱武堂起芳樂苑。山石皆塗以五采，跨池水立紫閣諸樓觀。壁上畫男女私褻之像，種好樹美竹，天時盛暑，未及經日便就萎枯。於是徵求民家望樹便取，毁撤牆屋，以移致之，朝栽暮拔，道路相繼花藥雜草，亦復皆然。又於苑中立市，太官每旦進酒肉雜肴，使宮人屠酤。潘氏爲市令，帝爲市魁，執罰爭者就潘氏決判。

唐 令狐德棻等《周書》卷六《武帝本紀下》（武帝）凡布懷立行皆欲踰越古人。身衣布袍，寢布被，無金寶之飾。諸宮殿華綺者皆撤毀之，改爲土階數尺，不施櫨栱，其雕文刻鏤，錦繡纂組，一皆禁斷。

唐 姚思廉《陳書》卷七（陳叔寶）至德二年，乃於光照殿前起臨春、結綺、望仙三閣。閣高數丈，並數十間，其窗牖壁帶、懸楣欄檻之類，並以沉檀香木爲之。又飾以金玉，間以珠翠，外施珠簾，內有寶床、寶帳。其服玩之屬，瑰奇珍麗，近古所未有。每微風暫至，香聞數里，朝日初照，光映後庭。其下積石爲山，引水爲池，植以奇樹，雜以花藥。後主自居臨春閣，張貴妃居結綺閣，龔孔二貴嬪居望仙閣。並複道，交相往來。

又 卷二二《太祖五王列傳》南平元襄王偉，吳太妃生（梁文帝第八子）。至齊世，青溪宮改爲芳林苑。天監初，賜偉爲第。偉又加穿築，增植嘉樹珍果，窮極雕麗。每與賓客游其中，命從事中郎蕭子範爲之記，梁世藩邸之盛，無以過焉。

唐 許嵩《建康實録》卷四 二年夏六月，起新宮於太初之東，制度尤廣，二千石已下皆自入山，督攝伐木。又攘諸營地，大開苑囿，起土山，作樓觀，加飾珠玉，制以奇石，左彎碕，右臨硎。又開城北渠，引後湖水激流入宮內，巡遶堂殿，窮極伎巧，功費萬倍。案《輿地志》：太祖鑿城北溝，北接玄武湖。後主所引湖內水。晉左太沖作《吴都賦》曰：東西膠葛，南北崢嶸。房櫳對榥，連閣相經。閽闥譎詭，異出奇名。左稱彎碕，右號臨硎。雕欒鏤楶，青瑣丹楹。圖以雲氣，畫以仙靈。又曰：高門有閌，洞門方軌。朱闕雙立，馳道如砥。樹以青槐，亘以淥水。玄蔭眈眈，清流亹亹。列寺七里，夾棟陽路。屯營櫛比，廨署棋布。横塘查下，邑屋隆誇。長干延屬，飛甍舛互。案《宮城記》：吴時自宮門南出，夾苑路至朱雀門七八里，府寺相屬。【略】十二月新宮成，周五百丈，署曰昭明宮，開臨硎彎碕之門，正殿曰赤烏殿，後主移居之。

又 卷七 石勒僭即皇帝位於襄國，使其將郭敬寇襄陽，中州流人悉降于勒，九月作新宮，始繕苑城，修六門。案，苑城即建康宮，城六門。案，《地輿志》：都城周二十里一十九步，本吴舊址，晉江左所築，但有宣陽門。至成帝作新宮始修城間，陵陽等五門，與宣陽爲六，今謂六門也。南面三門最西曰陵陽門，後改名爲廣陽門。門內有古尚方，世謂之尚方門。次正中宣陽門，本吴所開對苑城門，世謂之白門。晉爲宣陽門，門三道，上起重樓，懸楣上刻木爲龍虎相對，皆繡栭藻井。南對朱雀門，相去五里餘，名爲御道開御溝植槐柳。次最東開陽門，東面最南清明門。門三道，對今湘宮寺巷門。東出清溪港橋，正東面建春門，後改爲建陽門。門三道，尚書官舍在此門內直東，今興業寺後。東度清溪菰首橋，唐景雲年中，江寧縣令陸彦恭於縣東門金華坊，東通清溪，乃廢菰首橋路，而於興業寺門前開大道，造金華橋，清溪通潤州驛正西、南西明門，門三道，東對建春門，即宮城大司馬門前横街也。正北面用宮城無别門，苑城即吴之後苑也，一名建平園。都城雖經五代，而門牆則互有修改。

〔冬十一月〕新宮成，署曰建康宮，亦名顯陽宮，開五門，南面二門，東西北各一門。案《圖經》：即今之所謂臺城也。今在縣城東北五里，周八里，有兩重牆。案《修宮苑記》：建康宮五門，南面正中大司門，世所謂章門。拜章者伏於此門待報。南對宣陽門，相去二里，夾道開御溝，植槐柳，世或名爲闕門。南面近東閶闔門，後改爲南掖門。門三道，世謂之天門。南直蘭宮西大路，出都城門陽門。正東面東掖門，正南平昌門。門上有爵絡，世謂之冠爵門。南對南掖門第三重宮牆，南面端門。夾門兩大鼓，在兩塾之南，並三丈八尺圍，用開閉城門。日中晡時及曉並擊以爲節，夜又擊之持更。其一者本在會稽雷門，相傳云洛陽舊物，打之聲應洛陽城。孫恩之亂，軍人斬破，有雙鶴飛去，爾後不復鳴。義熙中始取還置於北門，其東西門不見名。其宮城西南角外本有池，名清游池，通城中。有樂賢堂，並肅宗爲太子時所作。蘇峻之亂，宮室皆焚毀，惟此堂獨存。其西掖門外南偏突出一丈許，長數十丈，地時百度多闕，但用茀苫議，以除官身各出錢二千，充修宮城，用自晉，自陳遂廢。十二月帝遷于新宮。

又 卷八 三年春正月，尚書僕射謝安石以宮室朽壞啓作新宮，帝權出居會稽王邸。二月始工，內外日役六千人，安與大匠毛安人決意修定，皆仰模玄象，體合辰極，并新制置省閣堂宇名署。時政構太極殿，欠一梁，乃有梅木流至石頭津。津主啓聞取用之，因畫花於梁之上，以表瑞焉。又起朱雀門，重樓皆繡栭。藻井門開三道，上重名朱雀觀。觀下門上有兩桐雀懸楣上，刻木爲龍虎，左右對。案地圖，朱雀門北對宣揚門，相去六里，名爲御道。夾開御溝，植柳。朱雀門南渡淮出國門，去園門五里，吴時名爲大航門，亦名朱雀門。南臨淮水，俯枕朱雀橋，亦名大航橋也。夏六月熒惑守羽林。秋七月，新宮成，內外殿宇大小三千五百間。案《苑城記》：城外壍內並種橘樹，其宮牆內則種石榴，其殿庭及三臺三省悉列種槐樹，其宮南夾路出朱雀門，悉垂楊與槐也。

唐 李吉甫《元和郡縣志》卷六《河南道一·河南府·洛陽縣》故洛陽城在縣東二十里。按華延儁云，洛陽城東西七里南北九里。洛陽城內宮、殿、臺、觀、府、藏、寺、舍凡有一萬一千二百一十九門。

宋 李昉等《太平御覽》卷一七九 《建康宮闕簿》云：通天觀在縣東北五里一百步舊臺城內，宋元嘉中築蔬圃，二十三年更修廣之，築池。泊天泉造景陽樓、大壯觀、花光殿，設射棚，又立鳳光殿、醴泉堂。

宋 司馬光《資治通鑑》卷一一四《晉紀·安帝義熙二年》 魏主珪規度平城，欲擬鄴、洛、長安脩廣宮室。於是發八部五百里内男丁築灅南宮，闕門高十餘丈，穿溝池，廣苑囿，規立外城，方二十里，分置市里，三十日罷。

宋 張敦頤《六朝事迹編類》卷上《上林苑》 《南史》：宋孝武大明三年，於真武湖北立上林苑。《建康實録》云：在縣北十三里，有古池俗呼爲飲馬塘。《楊修詩注》云：其苑連雞籠山，在縣北七里。

又《北渠》 吴後主引北湖水入宮城，巡遶堂殿，極機巧費，役萬工。楊修有詩云：金殿分來玉砌流，黑龍湖撒鳳池頭。後庭花落恩波斷，翻與南唐作御溝。在城北二里。

又《太子湖》 吴宣明太子孫登所創，謂之西池。晉元帝即位，明帝爲太子，更加修之，多養武士於池内，築土爲臺，時人呼爲太子西池。《建康實録》云：晉太元十年夏四月，苻堅爲姚萇慕容冲所迫，遣使求救，詔太保謝安率衆救秦帝，自行西。池在城北六里，周回十里。

宋 袁樞《通鑑紀事本末》卷一一下 （晉武帝泰始）三年夏六月，吴主作昭明宮。二千石以下皆自入山督伐木，大開苑囿，起土山樓觀，窮極伎巧，功役之費以億萬計。陸凱諫，不聽。

宋 王欽若等《册府元龜》卷一三《帝王部·都邑》 （文帝）青龍三年，大治雒陽宮，起昭陽太極殿，築總章觀。秋八月丁巳，命有司復築崇華殿改名九龍殿。

景初元年，銅鑄巨人二，號翁仲，置之司馬門外。

明 謝陛《季漢書》卷二六 六月起，顯明宮。太康三年，《地記》曰：吴有太初宮，方三百丈，權所起也。昭明宮方五百，大皓所作也，避晉諱，故曰顯明。《江表傳》曰：皓營新宮，二千石以下皆自入山，督攝伐木。又破壞諸營，大開園囿，起土山樓觀，窮極伎巧，功役之費以億萬計。陸凱固諫，不從。

明 周詩雅《南北史鈔·南史鈔·梁宗室列傳》 齊世青溪宮改爲芳林苑，賜偉爲第。又加穿築，果木珍奇，窮極雕靡。工侔造化，立游客省，寒暑得宜。

藝文

魏 曹丕《芙蓉池作》《文選》卷二二輯） 乘輦夜行游，逍遥步西園。雙渠相溉灌，嘉木繞通川。卑枝拂羽蓋，修條摩蒼天。驚風扶輪轂，飛鳥翔我前。丹霞夾明月，華星出雲間。上天垂光彩，五色一何鮮。壽命非松喬，誰能得神仙。遨游快心意，保已終百年。

魏 曹植《曹子建集》卷三《登臺賦》 從明后之嬉游，聊登臺以娱情。見天府之廣開，觀聖德之所營。建高殿之嵯峨，浮雙闕乎太清。立冲天之華觀，連飛閣乎西城。臨漳川之長流，望衆果之滋榮。

魏 崔鴻《十六國春秋》卷六九《夏録四》 （胡義周曰）崇臺霄峙，秀闕雲亭。千榭連隅，萬閣接屏。晃若晨曦，昭如列星。離宮既作，別宇云施。爰構崇明，仰準乾儀。懸甍風閲，飛軒雲垂。温室嵯峨，層城參差。楹雕虯獸，節鏤龍螭。瑩以寶璞，飾以珍奇。

魏 何晏《景福殿賦》《文選》卷一一輯） 景福之秘殿，備皇居之制度。爾乃豐層覆之耽耽，建高基之堂堂。羅疏柱之汩越，肅坻鄂之鏘鏘。飛櫚翼以軒翥，反宇巘以高驤。流羽毛之威蕤，垂環玭之琳琅。參旗九旒，從風飄揚。皓皓旰旰，丹彩煌煌。故其華表，則鎬鎬鑠鑠，赫奕章灼，若日月之麗天也。其奥秘則翳蔽曖昧，髣髴退概，若幽星之纚連也。既櫛比而欑集，又宏璉以豐敞。兼苞博落，不常一象。遠而望之，若摛朱霞而耀天文。迫而察之，若仰崇山而戴垂雲。嗟瓌瑋以壯麗，紛彧彧其難分，此其大較也。若乃高甍崔嵬，飛宇承霓。【略】若乃階除連，延蕭曼雲征。櫺檻邳張，鈎錯矩成。楯類騰蛇，槢似瓊英。如螭之蟠，如虯之停，玄軒交登，光藻昭明。騶虞承獻，素質仁形。彰天瑞之休顯，照遠戎之來庭。陰堂承北，方軒九户。右个清宴，西東其宇。連以永寧，安昌臨圃。【略】爾乃建凌雲之層盤，浚虞淵之靈沼。清露瀼瀼，渌水浩浩。樹以嘉木，植以芳草。悠悠玄魚，皬皬白鳥。沈浮翱翔，樂我皇道。若乃虯龍灌注，溝洫交流。陸設殿館，水方輕舟。篁棲鶡鷺，瀨戲鰋鮋。豐侔淮海，富賑山丘。叢集委積，焉可殫籌。雖咸池之壯觀，夫何足以比讎。於是碣以高昌崇觀，表以建城峻廬。岧嶤岑立，崔嵬巒居。飛閣干雲，浮堦乘虛。遥目九野，遠覽長圖。【略】屯坊列署，三十有二。星居宿陳，綺錯鱗比。辛壬癸甲，爲之名秩，房室齊均，堂庭如一。

北魏　温子昇《從駕幸金墉城》（《古詩紀》卷一一九輯）　兹城實佳麗，飛甍自相並。膠葛擁行風，岧嶢閟流景。御溝屬清洛，馳道通丹屏。湛淡水成文，參差樹交影。長門久已閉，離宫一何静。細草緣玉階，高枝蔭桐井。微微夕渚暗，肅肅暮風冷。神行揚翠旗，天臨肅清警。伊臣從下列，逢恩信多幸。康衢雖已泰，弱力將安騁。

北周　王褒《凌雲臺》（《文苑英華》卷一九二輯）　高臺懸百尺，中央殊未窮。北臨酸棗寺，西眺明光宫。城旁抵雙府，林裏對相風。書題鹿盧牓，觀寫飛廉銅。窗開神女電，梁映美人虹。虞捐濫失寵，鄭眘特懷忠。莊生垂翠釣，昭儀拒門熊。馳輪有盈闕，人道亦汗隆。還念西陵舞，非復鄴城中。

北周　庾信撰　清　倪璠纂注《庾子山集》卷一《三月三日華林園馬射賦序》　華林園起自魏明帝，名芳林園，齊王芳改爲華林。干寶《晉紀》：泰始四年二月上幸芳林園，與羣臣宴，賦詩觀志應貞。有晉武帝華林園集詩。按《周書》：明帝時會羣公及突厥使者於芳林園。魏在鄴都，晉在洛陽，後周承其名，或名華林，或名芳林，其爲長安別館、洛下舊宫，是所未詳。又按本序暫離北闕，聊宴《西城賦》云：日下澤宫，筵闌相圃。悵徙蹕之留歡，眷迴鑾之餘舞。知華林園是長安城西別苑，可以朝出暮歸者也。

皇帝翊四校於仙園，迴六龍於天苑。對宣曲之平林，望甘泉之長坂。《上林賦》曰：西馳宣曲。《三輔黄圖》：宣曲宫在昆明池西，孝宣帝曉音律，常於此度曲，因以爲名。甘泉宫有長平坂。司馬相如賦曰：登陂陀之長坂兮。華蓋平飛，風烏細轉；路直城遥，林長騎遠。郭延生《述征記》：長安宫南靈臺有相風銅烏，遇風乃動。一曰長安靈臺上有相風銅烏，千里風至，此烏乃動。帷宫宿設，帳殿開筵。旁臨細柳，斜界宜年。開鶴列之陣，靡魚鬚之旂。行漏抱刻，前旌載鳶。河湄薙草，渭口澆泉。堋雲五色，的暈重圓。陽管既調，春絃實撫，總章協律，成均樹羽。翔鳳爲林，靈芝爲圃。草銜長帶，桐垂細乳。鳥囀歌來，花濃雪聚，玉律調鐘，金錞節鼓。於是咀銜拉鐵，逐日追風，并試長楸之埒，俱下蘭池之宫。【略】石堰水而澆園，花乘風而繞殿。熊耳刻杯，飛雲畫罍。水衡之錢山積，織室之錦霞開。

南朝梁　簡文帝　蕭綱《京洛篇》（《文苑英華》卷一九二輯）　南游偃師縣，斜上灞陵東。迴瞻龍首堞，遥望德陽宫。重門遠照曜，天閣復穹隆。城旁疑複道，樹裏識松風。黄河入洛水，丹泉繞射熊。夜輪懸素魄，朝天一作光蕩碧空。秋霜曉驅鴈，春雨暮成虹。咸陽造甲第，高安還禁中。劉蒼歸作相，竇憲出臨戎。此時車馬合，兹晨冠蓋通。誰知兩京盛，歡宴遂無窮。

又　遥看雲霧裏，刻桷映丹虹。珠簾通曉日，金華拂夜風。欲知歌管處，來過安樂宫。

南朝梁　紀少瑜《建興苑》（《樂府詩集》卷七五輯）　丹陵抱天邑，紫淵更上林。銀臺懸百仞，玉樹起千尋。水流冠蓋影，風揚歌吹音。踟蹰憐拾翠，顧步惜遺簪。日落庭光轉，方幰屢移陰。願言樂未極，不道愛黄金。

南朝陳　陰鏗《新成安樂宫》（《佩文齋詠物詩選》卷一一〇輯）　新宫實壯哉，雲裏望樓臺。迢遞翔鶤仰，聯翩賀雀來。重檐寒霧宿，丹井夏蓮開。砌石披新錦，梁花畫早梅。欲知安樂盛，歌管雜塵埃。

南朝陳　張正見《御幸樂游苑侍宴》（《文苑英華》卷一六九輯）　禁苑迴雕輦，離宫建翠旂。流水奔雷轂，追風赴電鞭。晝熊飄析羽，金埒響膠弦。鳴玉升文砌，稱觴溢綺筵。獸舞依鐘石，鸞歌應管絃。霞明黄鵠路，風爽白雲天。潦收荷蓋折，露重菊花鮮。上林賓早鴈，長楊唱晚蟬。

唐　姚合《姚少監詩集》卷七《題梁國公主池亭》　平陽池館枕秦川，門鏁南山一帶烟。素柰花開西子面，緑榆枝種沈郎錢。裝簾玳瑁隨風落，庭岸鴆鵲趁暖眠。寂寞空餘歌舞地，玉簫驚起鳳歸天。

唐　張鼎《古銅雀臺賦》（《文苑英華》卷五二輯）　不飭不美，無以壯哉。營宫營室，是爲王者。乃僝梓匠，掄瓌材，伺農隙，悦子來。六府垂象，制文昌之廣殿。百工獻藝，造銅雀之高臺。壯閶闔於昭回，軼沆瀣於烟埃。俯臨而漳滏水合，仰觀而宇宙天開。返道截梁兮漫延，紅稜縞壁兮徘徊。連雙闕於日表，飛累榭於雲隈。崒如五岳干霄而岌立，對若三山出海而崔嵬。金雀踶甍而欲翥，玉螭盤柱而將迴。

宋　李復《潏水集》卷一二《七言古詩》　上巳，成季召會于西溪，會上賦詩須多韻，仍用故事或舊詩十事已。上未終席，而成達者浮以三大白，罰者四人，予與成季免焉。

華林園中千金堤，銅龍吐水天泉池。八公山下劉安臺，城郭周圍雜花開。流金寶劍爲秦出，彩鷁羽觴浮洛來。著處祓除務是日，西關千人萬人出。脩脩美竹帶林高，激湍遠照崇山碧。主人濟南舊詞伯，芸閣鉛丹事書册。

宋　趙汝鐩《野谷詩稿》卷一《銅雀臺辭》　屋一百間，臺十丈，岧嶢突兀九霄上。明月空照八尺床，幾點酸風摇繐帳。離宫金鎖掣不開，美人紅粉今成灰。

宋 周文璞《方泉詩集》卷二《銅雀研》 君王有遺令，婢子守空臺。遥望西陵下，漆燈照鳩杯。玉顔闕釵澤，松柏生悲哀。低吟短歌行，想像姦雄才。清泉沈金彩，古烟凝紫灰。零落故瓦在，雕鐫若陶坯。爲人作書研，銅章出詼諧。上下千載間，流轉何悠哉！那知墟中人，天命不復來。齊昏亦披猖，增三築崔嵬。年年漳河頭，野棠如雪開。

清 梁清標《蕉林詩集·銅雀臺歌》 清秋走馬孤城隈，白波滚滚漳水來。中流笳鼓風颵颵，塵中不見銅雀臺。前驅遥指寒煙處，三臺連接臨漳路。冰井凄涼散曉霞，翚飛金鳳隨流去。複道虹橋不可尋，丹青零落征鴻度。魏武當年意氣雄，袁劉指顧雲烟空。築臺鉅麗冠河朔，欲極人巧窮天工。朱樓簾捲琅玕色，飛檻香生羅綺風。美人朝倚闌干曲，嬌歌艷舞顔如玉。河流半染胭脂紅，太行低映雲鬟緑。已道千年樂未央，那知轉眼成悲傷。繐帳虚垂列鐘鼓，分香賣履徒徬徨。臨江横槊氣安在，桑田三見爲滄海。空臺落日狐兔多，西陵松柏霜皮改。君不見漢家陵闕佳氣無。老瞞疑冢供樵蘇。華林園廢鳴蛙歇，欺人孤兒何其愚。臨漳水，望故都。繁華看頓盡，行道爭嗟吁。石虎宫中鸛鶴呼，區區銅雀奚爲乎？

雜 録

宋 曾慥《類説》卷一三《仙都苑》 北齊武帝改芳林園爲仙都苑，植名果，有合歡杏、同心李。

明 游潛《博物志補》卷下 魏武於鄴都立三臺，中名銅雀，南金獸，北永井也。《世傳》：銅雀臺瓦有三事，可以驗之。曰錫花，曰雷布，曰鮮疵。風雨琢蝕其文，不可得而僞焉。

明 王圻《稗史彙編》卷一二 陳留苑囿 陳留有陵樹鄉。北有澤，澤有天子苑囿，有秦樂廐，漢諸帝以馴養猛獸。

隋唐五代

綜 述

唐 魏徵《九成宫碑有銘》（《陝西通志》卷九一輯） 維貞觀六年孟夏之月，皇帝避暑乎九成之宫，此則隋之仁壽宫也。冠山抗殿，絶壑爲池。跨水架楹，分巖竦闕。高閣周建，長廊四起。棟宇膠葛，臺榭參差。仰視則迢遰百尋，下臨則峥嶸千仞。珠璧交映，金碧相輝。照灼雲霞，蔽虧日月。觀其移山迴澗，窮泰極侈。以人從欲，良足深尤。至於炎景流金，無鬱蒸之氣。微風徐動，有凄清之涼。信安體之佳所，誠養身之勝地。漢之甘泉不能尚也。

唐 裴素《唐重修漢未央宫記》（《文苑英華》卷七九七輯） 皇帝嗣位之年，衆靈悦附，日月所照，莫不砥厲。是以遠夷慕義，琛賮鼎來。用文明以爲理，洞風露之所啓。草木茂暢，山川景清，擊壤鼓腹，莫識由乎帝力矣。嘗思勝日，聖思閑遠。倦大廈之講習，想鮮原之游衍。乃命法駕，備宫馭。細草迎輦，神飆引衣。超然肆行，造適自得。視往昔之遺館，獲漢京之餘址。邈風光以遐矚，眇思古以論都。襟靈洋洋，周視若感者久之。於是召左護軍中尉志弘指示之曰：此漢遺宫也。其金馬石渠，神池龍闕，往往而在。朕常以古事況今，亦欲順考古道，訓齊天下也。至是遐歷，怳然深念。且欲存列漢事，悠揚古風耳。昔人有思其人，猶愛其樹，況悦其風，登其址乎。吾欲崇其頹基，建斯餘構，勿使華麗爰舉舊規而已。庶得認其風烟，時有以凝神於此也。於是命工度材，審曲面勢，裁成法度，以就斯宫。攢櫨拱，密玉石。碧瓦龍錯，層軒鳥跂。崇墉粉静，璇題月照。舒廊四注以雲委，隆臺分據而山屹。蟠虬蜿蜒，鱗動梠桷。蹲獸却騁，姿雄欄檻。宏襄乎豁達，跨臨乎涇渭。緣竹凝遠，繁松萬深。奇樹流光，丹墀迴遶。於是闢戲馬之廣場，開遠目之閑館。天地景新，山川勢重。迴太華之秀氣，列終南之翠屏。九嵕巉嶭而固護，八水分流以縈帶。而又揚太液之波，繚周帝之垣。原隰成文，丹素含華。翼樓杳以分張，雄虹直而中跱。神機一發，廓若懸寓。祥煙瑞彩，鬱鬱葱葱。瞻迴途以下濟，撫璇璣而高視。見秦川風物，漢原邐迤。感前王興廢，知稼穡艱難。吾君用此鏡是非閱思慮，豈獨資耳目縱游玩也。凡殿宇成搆，總三百四十九間，工徒役指萬計。武夫奮力，將校呈規，然而材匪藻棁，塗唯儉静，經之營之，不日而成也。按漢史高祖初定天下，悦卜洛之邑爲天地之中，有周室遺風，將都之。婁敬諫曰：陛下取天下與周室異，不可居也。夫洛陽四戰之地，豈若秦川天府之國，山河形勝真百二之勢乎。高祖是日駕如長安，其後七年，比擊韓王信。相國蕭何居守而營未央宫，因龍首山作前後建，觀闕街道周迴七十里，臺殿四十所。帝還見之怒曰：何治宫室之過度也。何曰：天子以四海爲家，非壯麗無以重威德，帝悦而就居焉。自漢元年乙未歲至聖唐會昌元年之辛酉，凡一千四十有七年矣。其傾頹毁圮，悠然邈然，竟無有存之者。我后緬慕古昔之興時，即其舊而新是圖，築摧基而繩脩木，不侈不約，巍然嶷然。時以通覽無方，周視有截，則有若志弘奉聖君之旨也。明年，上親見祖考，郊天神。雪灑川原，塵清城闕。陽和風扇，緑野烟澹。是月也，三辰承初，以表無事。上乃顧新宫，迴玉輦，列騎雲動，彩仗天旋，乃出金風，由是乎造于未央。俯仰周視，肅威神而煌煌，游焉息焉，容與悦懌。晴山屏開以四遶，故城巋然而隱嶙，鮮風美景，薰然入座。上從容言曰：吾今建是殿，且錫之以嘉名，名其殿曰通光，其東曰韶芳亭，其西曰疑思亭，乃立皋門曰端門，其應門題曰未央宫。

又《含元殿》 含元殿，國初建造，鑿龍首崗以爲基址，彤墀釦砌，高五十餘尺。左右立栖鳳、翔鸞二闕，龍尾道出於闕前。倚欄下瞰，前山如在諸掌。殿去五門二里。每元朔朝會，禁軍與御仗宿於殿庭，金甲葆戈，雜以綺繡。羅列文武纓珮，序立蕃夷酋長。仰觀玉座，若在霄漢，識者以爲自姬漢之代迄于亡隋，未有如斯之盛。

唐 康駢《劇談録》卷下《曲江》 曲江池本秦世隑洲開元中疏鑿，遂爲勝境。其南有紫雲樓、芙蓉苑，其西有杏園、慈恩寺。花卉環周，煙水明媚，都人游玩，盛於中和上巳之節。彩幄翠幬，匝於堤岸，鮮車健馬，比肩擊轂。上巳即賜宴臣僚，京兆府大陳筵席，長安萬年兩縣以雄盛相較，錦繡珍玩，無所不施。百辟會於山亭，恩賜太常及教坊聲樂。池中備彩舟數隻，唯宰相、三使、北省官與翰林學士登焉。每歲傾動，皇州以爲盛觀。入夏則菰蒲葱翠，柳陰四合，碧波紅蕖，湛然可愛。好事者賞芳辰，玩清景，聯騎攜觴，亹亹不絶。

宋 樂史《太平寰宇記》卷一二三 十宫在縣北五里長阜苑内。依林傍潤，竦高跨阜，隨城形置焉，並隋煬帝立也。曰歸雁宫、回流宫、九里宫、松林宫、大雷宫、小雷宫、春草宫、九華宫、光汾宫，是曰九宫。

宋 歐陽修 宋祁《新唐書》卷三六《地理一》 上都，初曰京城，【略】龍朔後，皇帝常居大明宫，乃謂之西内，神龍元年曰太極宫。大明宫在禁苑東南，西接宫城之東北隅，長千八百步，廣千八十步，曰東内，本永安宫，貞觀八年置，九年曰大明宫，以備太上皇清暑，百官獻貲以助役。高宗以風痺，厭西内湫濕，龍朔二年始大興葺，曰蓬萊宫，咸亨元年曰含元宫，長安元年復曰大明宫。興慶宫在皇城東南，距京城之東，開元初置，至十四年又增廣之，謂之南内，二十年，築夾城入芙蓉園。京城前直子午谷，後枕龍首山，左臨灞岸，右抵灃水，其長六千六百六十五步，廣五千五百七十五步，周二萬四千一百二十步，其崇丈有八尺。

又 卷三八《地理二》 東都，隋置，武德四年廢。貞觀六年號洛陽宫，顯慶二年曰東都，光宅元年曰神都，神龍元年復曰東都，天寶元年曰東京，上元二年罷京，肅宗元年復爲東都。皇城長千八百一十七步，廣千三百七十八步，周四千九百三十五步，其崇三丈七尺，曲折以象南宫垣，名曰太微城。宫城在皇城北，長千六百二十步，廣八百有五步，周四千九百二十一步，其崇四丈八尺，以象北辰藩衛，曰紫微城，武后號太初宫。上陽宫在禁苑之東，東接皇城之西南隅，上元中置，高宗之季常居以聽政。都城前直伊闕，後據邙山，左瀍右澗，洛水貫其中，以象河漢。東西五千六百一十步，南北五千四百七十步，西連苑，北自東城而東二千五百四十步，周二萬五千五十步，其崇丈有八尺，武后號曰金城。

宋 宋敏求《長安志》卷六《宫室四·唐上》 宫城東西四里南北二里二百七十步，週一十三里一百八十步，崇三丈五尺。南即皇城，北抵苑東，即東宫，西有掖庭宫。

西内南面有六門。正殿南承天門。隋開皇二年作。初名曰唐陽門，仁壽元年改曰昭陽門。唐武德元年，改曰順天門。神龍元年，改爲承天門。外有朝堂，東有肺石。西有登聞鼓，龍朔後天子常居大明宫，乃謂此宫曰西内。神龍元年，又改曰太極宫。門東曰長樂門，次東曰廣運門。内有左藏庫，次北有舊右藏庫。後有弘文館，西北有武庫，北入歸仁門，又北乾化門，門内入宫中。次東曰重明門，次東曰永春門。即東宫之正門。門東西有左右永福門。承天門之西曰永安門。北入安仁門。若元正冬至，陳樂設宴。會赦宥罪，除舊布新。當萬國朝貢使者，四夷賓客，則御承天門以聽政焉。東面一門鳳凰門。隋曰建春門，後改通訓門。明皇時鳳凰飛集通訓門，詔改曰鳳凰門。西面二門，南曰通明門，北曰嘉猷門。北面三門，正北曰玄武門，次東曰安禮門，東宫北門曰玄德門，當承天門内，北曰太極門。隋曰大興門，後改曰乾福門。貞觀八年，改爲太極門。殿東隅有鼓樓，西隅有鐘樓，貞觀四年置。其内正殿曰太極殿。隋曰大興殿。武德元年改，有東閣西上閣。朔望視朝，則登此殿。東廊有左延明門，西廊有右延明門。太極門外、承天門之内曰嘉德門。東廊有歸仁門，西廊有納義門。嘉德門東有恭禮門，西有安仁門、門下省，左右延明門、東南中書省，左右延明門，西南舍人院，在中書省東。弘文館在門下省東，武德四年置，聚天下書籍。貞觀六年，選朝官有才學者，以充學士，九年改爲昭文館，玄宗開元七年復舊。史館在門下省北。貞觀三年，置秘書内省，以修五代史。又置史館以編國史。尋廢秘書内省。太極殿北曰朱明門，左曰乾化門，右曰肅章門。肅章門西曰暉政門。乾化門東曰武德門，其内曰兩儀殿，在太極殿後。隋曰中華殿，至貞觀五年改。常日聽政視事，則臨此殿。其西萬春殿，新殿，千秋殿。公主院左有獻春門，右有宜秋門，百福門。門内曰百福殿，宣宗改雍和殿。内又有親親樓。諸王會宴之所也。承慶門内曰立政殿，立政門東内曰大吉門，門内大吉殿。甘露門内甘露殿，在兩儀殿之北。殿門外有東西永巷。東出横門又東，有日華門。西出横門又西，有月華門。院北有東西千步廊，西有掖庭，明皇自蜀還，常居西内甘露殿。左有神龍門。内曰神龍殿，在武德殿後。右曰安仁門，内有安仁殿，在甘露殿西。乾化門内佛光寺，在神龍殿西。歸真觀在安仁殿後，觀後有綵彩院。院西有淑景殿，殿西有第三落，次西第四落，又次西第五落。延嘉殿在甘露殿西北。殿南有金水河往北流入苑殿。西有咸池殿。延嘉北有承春殿，殿東即玄武門，北入苑。殿西有昭慶殿，殿西有凝香閣，閣西有鶴羽殿。延嘉西北有景福臺，臺西有望雲亭。延嘉東有紫雲閣，閣西有南北千步廊。舍南至尚食院，西北盡宮城。閣南有山水池，次南即尚食内院。紫雲閣之西有凝陰殿。《異聞集》曰：天寶七載，旱。明皇於此令華靖天師祀鏡龍，遂得甘雨。殿南有凌煙閣。貞觀十八年，太宗圖畫功臣之像二十四人於閣上。帝自爲讚詞，褚遂良題額。又有功臣閣，在凌煙之西。東有司寶庫，凝陰殿之北，有毬場亭子，一作鞠場亭子。弘文殿、觀雲殿、北海池、南海池、東海池、西海池、永安門。西有掖庭，南隅有内侍省。又有興仁、宣猷、崇道、惠訓、昭德、正禮、宣光、適祖、光昭、華光、暉儀、壽安、綏福等門。

嘉壽殿、紫微殿。貞觀末，阿史那社尒平龜兹，獻俘於此殿。翰林院、在明福門内。金波門，貞觀二十二年，敕皇太子聽政於金波門長樂殿。

大安宮。太宗初居承乾殿。武德五年，高祖以秦王有克定天下功，特降殊禮，別建此宮以居之，號弘義宮。八年，帝臨幸。謂羣臣曰：朕以秦王有大功，故於宮中立山村景勝雅好之。至貞觀三年徙居之，改名曰大安宮。此宮在城之西，垂拱前殿。戢武殿、文殿、翠華殿，祭酒臺。

東宮正殿曰明德殿。本名嘉德殿。東廊左嘉善門，西廊右嘉善門。疑此殿即顯德殿，太宗即位之殿，後避中宗名改也。南有嘉德門，門外東廊有左永福門，西廊有右永福門。正南有宣明門，當宮坐者南面有永春門。嘉德東有奉化門，北有宜春宮。門外道東有典膳厨，道西有命婦院，宜春北院。宮門外有左春坊，坊南有崇文館。嘉德西有西奉化門，北有宜秋宮。門外有右春坊，坊内崇教殿，麗正殿，開元改爲集仙殿。十三年，又改集賢殿。光大殿、承恩殿、崇文殿、崇仁殿、八風殿、射殿。又有亭子、山池、佛堂等院，左右長林門。本名宏禮嘉福。高祖武德九年，改重光宣明門。

禁苑在宮城之北。隋曰大興苑，開皇元年置。東西二十七里，南北三十三里。東接灞水，西長安故城，南連京城，北枕渭水。苑西即大倉，北距中渭橋。與長安故城相接。東西十三里，南北十三里，亦隸苑中。苑中四面皆有監，南面大樂監，北面舊宅監，東監、西監，分掌宮中植種及修葺園囿等事。又置苑總監領之，皆隸司農寺。苑中宮亭凡二十四所，南面三門中曰景曜門，東曰芳林門，西曰光化門。東面二門，南曰光泰門，北曰昭遠門。西面二門，南曰延秋門，北曰玄武門。北面三門，中曰啓運門，一曰苑北。東曰飲馬門，西曰永泰門。啓運門之南有内苑，北曰重玄門，東曰東雲龍門，西曰西雲龍門。苑内有南望春亭，北望春亭，坡頭亭、柳園亭、月坡毬場。亭子有青城、龍鱗、栖雲、凝碧、上陽、五橋、廣運潭、九曲宮，去宮城十二里，在左右神策軍後。宮中有殿舍山池。貞元十二年，詔浚魚藻池，深一丈。至穆宗又發神策六軍二千人浚之。蠶壇亭，在苑之東，皇后祀先蠶之亭。禎興亭、玄沼宮、神皋亭、七架亭、青門亭，去宮城十三里，在長安故城之東。邵平種瓜之所。桃園亭去宮城四里。臨渭亭。咸宜宮、未央宮二所，皆漢之舊宮也，去宮城二十一里。唐置都邑之後，因其舊址，復增修之。宮側有未央池、漢武庫及樗里子墓。武宗會昌元年，因游畋至未央宮，見其遺址。詔葺之，尚有殿舍二百四十九間，作正殿曰通光殿。東曰詔芳亭，西曰凝思亭，立端門。命翰林學士裴素撰記。永泰門去宮城二十三里，西北角亭、南昌國亭、北昌國亭、流杯亭，在未央宮北。漢之舊址明水園、以上九所，並在漢故内隸舊宅監所領也。内苑，自玄武門外北至重玄門一里，東西與宮城齊。觀德殿在玄武門外，永安殿東西外垣門、日營門、月營門，其北重玄門，舊内苑北門也。魚糧門。舊重玄門。東内苑南北二里，與大明宮城齊，東西盡一坊之地。南即延政門，北即銀臺門，東即太和門、龍首殿、龍首池，凝暉殿、一作承暉，憲宗置也。靈符應聖院在龍首池東，會昌元年造。内園小兒坊傍，有看樂殿内教坊。元和十四年，復置伏内教坊。東下馬橋，東頭御馬坊。文缺。東御馬坊毬場，環龍武軍直殿及亭子殿。

昆明池，漢武帝置，以習水軍，欲征昆明國，故就此名，至秦姚興時竭。唐德宗貞元十三年，命京兆尹韓皋充使浚之。追尋漢制，引交河灃水合流入池。又有蓬萊池、凝碧池。一作臨碧。敬宗時幸凝碧池。令軍士取魚，長大者送新浚池。又梨園，在通化門外正北。禁苑南有文宗會昌殿、含光殿、昭德宮、櫻桃園、東西葡萄園、光啓宮、雲韶院。

東内大明宮在禁苑之東南，南接京城之北面，西接宮城之東北隅，南北五里，東西三里。貞觀八年，置爲永安宮，後改名曰大明宮，以備太上皇清暑。百官獻貲財以助役。龍朔三年，大加興造，號曰蓬萊宮。咸亨元年，改曰含光宮，尋復大明宮。初高宗命司農少卿梁孝仁製造此宮。北據高原，南望爽塏。每天晴日朗，南望終南山如指掌。京城坊市街陌，俯視如在檻内，蓋其高爽也。南面五門。正南曰丹鳳門，至德三載，改爲明鳳門，尋復舊名。本當京城朔善坊北門置宮，後分朔善、求昌，各爲二坊。當中開街，廣一百二十步。南北盡二坊之地，南抵永興坊北門之東。丹鳳東曰望仙門，南當皇城東第三街，貞元中脩，有樓十間。次東曰延政門。抵長樂坊之北。丹鳳西曰建福門，南抵光宅門外坊之北，望仙、建福二門。内各有下馬橋，跨東西龍首渠。門外有百官待漏院。次西曰興安門。東面一門曰大和門，西面一門曰日營門，次北面一門曰玄武門。德宗造門樓，外設兩廊，持兵宿衛，謂之北衙。丹鳳門内當中正殿曰含元殿，武后改曰大明殿，即龍首山之東麓也。階基高平地四十餘尺，南去丹鳳門四十餘步，中無間隔，左右寬平，東西廣五百步。龍朔二年造蓬萊宮含元殿。又造宣政、紫宸、蓬萊三殿。此本苑内觀德殿，爲三九臨射之所，改拆爲含元殿也。殿東南有翔鸞閣，西南有栖鳳閣，與殿飛廊相接。又有鐘樓、鼓樓，殿左右有砌道盤上，謂之龍尾道。夾道東有通乾門，西有觀象門。閣下即朝堂、肺石、登聞鼓。一如承天之制。又有金吾左右仗院。殿後有宣政門，門外東廊有齊德門，西廊有興禮門。一作齊禮興德門。宣政門内有宣政殿，殿東有東上閤門，殿西有西上閤門。殿前東廊曰日華門，東有門下省。省東弘文館，次東史館。館東南北街南出含耀門，門南曰昭訓門，北曰崇明門。殿前西廊曰月華門。西有中書省，省北曰殿中内省。西有命婦院，北有親王待制院。省西南北街南出昭慶門，南當光範門。昭慶門北曰光順門，宣政殿。北曰紫宸門，内有紫宸殿，後有蓬萊殿，次東有含象殿。後有延英門，内有延英殿。肅宗時御座生玉芝，一莖三華。至僖宗乾符中，改爲靈芝殿。自蜀還復舊名殿。相對思政殿待制院，蓬萊後有含涼殿。後有太液池，池内有太液亭子。穆宗時，命侍講韋處厚等入此亭，講《毛詩》《尚書》。文宗又命纂集《尚書》中君臣事跡，令工匠刊於太液亭，以備觀覽。清暉閣、綾綺殿。在蓬萊殿之西。殿北珠鏡殿，環周殿，在蓬萊西。承歡殿在環周南。金鑾殿在環周西北。長安殿一名長樂。在金鑾西南。又有金鑾御院，宣化門、武德西門、浴堂門。内有浴堂殿，又有浴堂院。長安殿北有仙居殿，殿西北有麟德殿。此殿三面，南有閣，東西皆有樓。殿北相連，各有障日閣，大内宴多在於此殿。東亭、會慶亭。東面左銀臺門，西面右銀臺門，内侍省右藏庫。次北翰林門内翰林院、學士院。又東翰林院北有少陽院、結麟殿。翰林門北曰九仙門。大福殿、拾翠殿、三清殿、含水殿、承香殿，在含水殿東南。北有長閣。紫蘭殿在承香殿東北。玄武殿在紫蘭東北。明義殿在紫宸殿西。大角觀在珠鏡殿東北。玄武門左曰銀漢門，右曰凌霄門。宮垣之外，兩邊掖門。門内有凝霜殿、碧羽殿、紫簫殿、鬱儀閣、承雲閣、脩文閣。

長生殿教坊。《唐紀》曰：玄宗置左右教坊於蓬萊宮側。帝自爲法曲俗樂以教宮人，號皇帝梨園弟子。光政門、景運門、命婦朝堂、文成殿、白華殿，叛臣朱泚逆亂，於此殿僭號。玄莫觀、含寧殿、玉清殿、竹樓、柿林院、中和殿、會政殿、臨碧殿、元和殿、宣光殿、宣明殿、臨光殿、大明殿，武宗政要曰：帝傳位於大明殿。興泰殿、德政殿、嘉慶殿、凝化殿、會昌殿、永安殿，穆宗置也。與后妃公主宴樂所。玄化門、晨暉門、寶慶殿、百尺樓、照德門、清思殿、壽昌殿，長慶元年，柱生玉芝一莖，長六尺。是年穆宗降誕於此宮中。宣和殿、昇陽殿、延嘉門、景風門、清思院、敬宗作。工用銅鑑三千片，金薄十萬餅。諫官薛廷老切諫不聽。東殿、仙韶院，文宗開成三年造。

又　卷九《唐京城三·次南興慶坊》　南内興慶宮，距外郭城東垣。武后大足元年，睿宗在藩賜爲五王子。宅明皇始居之宅，臨大池。中宗時望氣者云：此池有天子氣，故嘗宴游此池，上已泛舟以厭之。南街東出春明門。開元二年置宮，因本坊爲名。四十年，又取永嘉勝業坊之半增廣之，謂之南内，置朝堂。十六年正月，以宮成，御朝德音釋徒以下罪。二十年，築夾城入芙蓉園。自大明宮夾東皇城複道，經通化門觀以達此宮。次經春明延喜門，至曲江芙蓉園，而外人不之知也。【略】其西榜曰花蕚相輝樓，置宮後，寧王、憲申王、撝岐王、範薛王業邸第，相望環於宮側。明皇因題花蕚相輝之名，取詩人常棣之義。帝時登樓聞諸王音樂，咸召升樓同榻宴謔。宮内正殿曰興慶殿，即正衙殿也，在通陽門北。其後曰文泰殿，天寶十載作。前有瀛州門，内有南薰殿，北有龍池。在躍龍門南。本是平地，自垂拱初載，後因雨水流潦成小池。後又引龍首渠支分溉之，日以滋廣。至神龍、景龍中，彌亘數頃，澄澹皎潔，深至數丈。常有雲氣，或見黃龍出其中。本以坊名池，俗亦呼五王子池，置宮後謂之龍池。《拾遺》：蔡孚作《龍池篇》以讚其事，公卿多和之。今雍人相傳呼爲景龍池者，非是。又曰，九龍池取老子生九龍池水之義以名之。池東有沉香亭，《松窗録》：開元中，禁中初種木芍藥，得四本，上因移於興慶池東沉香亭前。躍龍門，天寶十三載，御躍龍殿門，張樂宴羣臣。左有芳苑門，右有麗苑門。勤政樓之北曰大同門，其內大同殿。殿前左右有鐘樓、鼓樓。天寶七載，大同殿柱產玉芝，有神光照殿。大和三年修大同殿十三間。唐畫斷曰：玄宗天寶中，忽思蜀中嘉陵江山水，遂假吳生驛遞，令往寫呈及回日。帝問其狀，奏云：臣無粉本並記在心，遣於大同殿，圖之嘉陵江三百里。山水一日而畢。時有李將軍山水擅名，亦畫大同殿壁，數月方畢。玄宗云：李思訓數月之功，吴道玄一日之跡，皆極其妙也。又畫殿内五龍，鱗甲飛動，每欲大雨，即睪煙霧。

宋 張禮《游城南記》 倚塔下瞰曲江，宫殿、樂游、燕喜之地，皆爲野草，不覺有黍離麥秀之感。

張注曰：江以水沂屈曲，故謂之曲江，其深處下不見底。司馬相如賦曰：臨曲江之隑洲，蓋其地也。《劇談》曰：曲江本秦隑洲，唐開元中疏鑿爲勝境。江故有泉，俗謂之漢武泉，又引黄渠之水以漲之。泉在江之西，旱而禱雨有應，今爲濱江農家湮塞，然春秋積雨池中猶有水焉。黄渠水出義谷，北上少陵原西北流，經三像寺鮑陂之東北，今有亭子頭，故巡渠亭子也，北沂入鮑陂。鮑陂隋改曰杜陂，以其近杜陵也。自鮑陂西北沂，穿蓬萊山注之曲江，由西北岸直西流，經慈恩寺而西。歐陽詹《曲江記》其略曰：兹地循原北峙，迴岡旁轉，圓環四匝，中成坎窗，窐窌港洞，生泉翕源。東西三里而遥，南北三里而近。崇山濬川，鈎結盤護，不南不北，湛然中停。蕩惡含和，厚生蠲疾，涵虚抱景，氣象澄鮮，滌慮延歡，棲神育靈，觀此可得其槩矣。唐進士新及第者，往往泛舟游宴於此。文宗時，曲江宫殿廢十之九，帝因誦杜甫《哀江頭》之詩，慨然有意復升平故事。太和九年，發左右神策軍三千人疏濬，修紫雲樓、彩霞亭，仍敕諸司有力建亭館者，官給閑地，仕營造焉，今遺址尚多存者。江水雖涸，故道可因，若自甫張村引黄渠水，經鮑陂以注曲江，則江景可復其舊。不然，疏其已塞之泉，渟潴歲月亦可觀矣。樂游原亦曰園，在曲江之北，即秦宜春苑也，漢宣帝起樂游廟，因以爲名。在唐京城內，每歲晦日上巳重九，士女咸此登賞祓禊。樂游之南，曲江之北，新昌坊有青龍寺，北枕高原，前對南山，爲登眺之絶勝，賈島所謂「行坐見南山」是也。

宋 程大昌《雍録》卷二《未央宫至唐尚存通光殿》 唐貞觀七年，帝從太上皇置酒故漢未央宫，帝奉觴上壽曰：昔漢高祖亦從太上皇置酒此宫，妄自矜大，臣所不取也。予嘗怪是宫建於漢，至貞觀間幾八百年，中間離亂甚多，理自不存。又《劉聖公傳》：王莽敗惟未央宫被焚，故更始居長樂朝羣臣。則後漢之初未央已焚矣，何爲尚有未央可以置酒？已而熟考之，石虎建武十一年發梁、雍十六萬人城長安未央宫，又隋文帝移都大興城，因其遺址增修宫側未央池、即漢之滄池漸臺也。漢武庫及樗里子之墓。並《兩京記》。用此推之，則雖多更喪亂，借竊迭居，必謂高帝遺跡可慕，故葺治者多，是其久不廢絶之因也。若夫建章也者，其規摹所措，悉嘗過越未央矣，無幾即爲王莽所毀，取其材以立九廟，不聞嘗有增葺賞慕者，則德澤淺深於此可見也。唐先襲隋之舊都于大興，則未央包在内苑，故於游宴爲便。敬宗寶曆二年修未央宫，掘地獲白玉床，其長六尺，則寶曆固嘗葺治矣。《會要》武宗會昌元年因游畋至未央宫，見其遺址，詔葺之，總三百四十有九間，作正殿曰通光，其東曰詔芳亭，西曰凝思亭，立端門，其內門揭未央宫名，命翰林學士裴素撰記。《長安志》案此會昌間葺治之時既稱遺址，則故屋之不存者多矣，又别立兩亭，皆非舊名，獨内門之扁揭未央舊目，則所謂三百四十九間者，其爲創造必多，故《呂圖》易未央宫以爲通光殿者，因會昌所名也。案《黄圖》及《長安志》，未央自有通光殿。會昌於未央門内治殿而名以通光，亦采舊名也。

又《甘泉宫林光宫 磨盤山 車箱坂 桂宫 北宫》 古以甘泉名宫者，三秦之甘泉在渭南，一也。漢之甘泉在雲陽縣磨石嶺上，二也。隋之甘泉在鄠縣，三也。《長安志》曰：磨石嶺山有甘泉。《十道志》曰：甘泉出石鼓西原也。漢甘泉宫在山上，即秦林光宫旁也，此則取石鼓甘泉以名者也。隋宫在鄠縣西南二十里，對甘泉谷。《元和志》、《長安志》皆同。鄠即扈也，扈即夏之有扈也。古有甘亭，唐有甘泉鄉，即啓討有扈而誓戰于甘者也，此皆取甘亭之泉而立爲此名也。惟秦之甘泉，史嘗明言在渭之南，而無言其在渭南何地者。《秦始皇本紀》：迎太后於雍而入咸陽，復居甘泉宫。徐廣曰：《表》云咸陽南宫也。秦時咸陽跨渭南北，則此宫不在渭北之咸陽而在渭南之咸陽也。又《本紀》曰：始皇諸廟及章臺、上林皆在渭南，已而更命爲極廟，自極廟道通酈山，作甘泉前殿，築甬道自咸陽屬之。則甘泉前後必近上林，即鄠縣也。則秦之甘泉與隋之甘泉正同一地，安知隋宫不襲秦舊耶？予故得以詳言也。秦之林光，至漢猶存。漢武元封二年始即磨盤嶺山秦宫之側作爲之宫，是爲漢甘泉矣。孟康注《郊祀志》曰：甘泉一名林光。師古曰：漢於秦林光旁起甘泉宫，非一名也。師古之説是也。元封二年以前，史之所記，文、景皆嘗臨幸甘泉，而不曰甘泉有宫可幸，當是秦之林光遠在磨盤嶺上，不燼于火，而尚可用也。《戰國策》范睢説秦王曰：大王之國，四塞以爲固，北有甘泉谷口，南帶涇、渭，右隴、蜀，左關、阪。夫睢指甘泉谷口爲秦北面之塞，即雲陽縣甘泉山也，甘泉山即車盤嶺也。武帝雖别創甘泉一宮，而秦之林光如故也，則謂甘泉宮在林光宮旁者是也。且武帝之爲此宮也，不獨以備游眺也，采信方士明庭之語，求以自通於仙，故增之又增之，如泰時，如仙掌露盤，及泰一諸畫象，盡在其上也。此山高出它山，南距長安已三百里，而能望見長安城堞，其上有通天臺，雲雨悉在臺下。自武帝後，山上宮殿臺觀略與建章相比，而百官皆有邸舍，故帝以五月避暑，八月乃歸也。《元和志》曰：當其登山，必自車箱阪而上，坂在雲陽縣西北三十八里，縈紆曲折，單軌財通，上坂即平原宏敞，樓觀相屬也。以其縈紆曲折，故名車盤也。

又 卷三《**隋大興宮爲唐太極宮圖亦名西内**》 唐都畿内外宮殿及四面關要，皆嘗案六典立圖。此外又有興仁、宣猷、崇道、惠訓、昭德、安禮、正禮、宣光、通福、光昭、嘉猷、華光、暉儀、壽安、綏福等門，薰風、就日、翔鳳、咸池、臨照、望仙、鶴羽、乘龍等殿，凌煙、翔鳳等閣，無方隅次比，不容入圖也。宮依都，都依山川，故并關要圖之貴有考也。

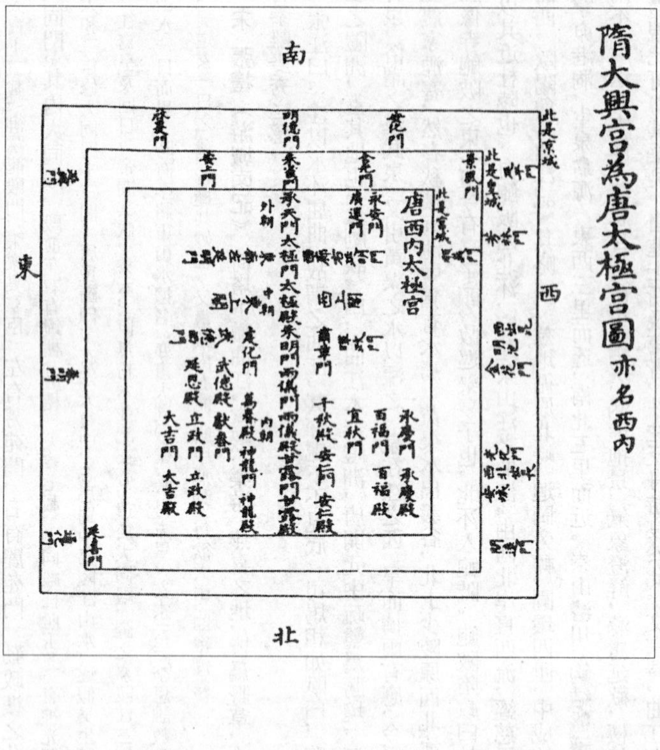

隋大興宮爲唐太極宮圖亦名西内

又《**説未央** 太極 大明 禁苑 内苑》 隋都城中正宮以及正殿皆名大興，至唐改名太極宮、太極殿也。宮之北有内苑，有禁苑，而宮居都城之北，内苑又居宮北，禁苑又居内苑之北也。禁苑廣矣，西面全包漢之都城，東抵霸水，其西南兩面攙出太極宮前，與承天門相齊。承天門之西面排立三門，皆禁苑之門，曰光化，曰芳林，曰景耀，皆南向。芳林十哲即自此門入内也。此西内太極宮及宮北内苑、禁苑地望之詳也。高宗即太極宮東北取苑地建大明宮，其廣袤亦及五里。五里之東，尚有餘地，可以爲苑，故大明東面有東内苑，苑中有龍首殿、龍首池也。此之内東苑者，包大明宮之東面，而向南直出，與大明宮城之丹鳳門相齊。其苑之南，亦有三門，延政門在正南，太和門在東，左銀臺門在北。此苑之北，亦抵禁苑也。是漢唐三宮之別而唐世三苑之分也。

又《**唐西内太極宮**即隋大興宮》 唐都本隋都也，在漢長安故城東南，南直終南山子午谷，北據渭水，東臨滻、霸，西次灃水。隋文帝開皇二年營建。此之四面，皆《六典》以山川方望言之，非能包有其地。至三年三月，移入新都，名其城曰大興城。正殿曰大興殿，宮曰大興宮，宮北苑曰大興苑。唐高祖武德元年，改大興殿爲太極殿，宮門爲承天門。隋名昭陽門。景雲元年，以京大内爲太極宮，宮城在皇城之北。後又即東北建大明宮，而此宮遂名西内。

又《**唐宮總説**》 唐都城中有三大内。太極宮者，隋大興宮也，固爲正宮矣。高宗建大明宮於太極宮之東北，正相次比，亦正宮也。諸帝多居大明，或遇大禮大事，復在太極。如高宗、玄宗每五日一御太極，諸帝梓宮皆殯太極，亦有初即大位不於大明而於太極者，知太極尊於大明也。太極在西，故名西内。大明在東，故名東内。別有興慶宮者，亦在都城東南角，人主亦於此出政，故又號南内也。此三内者，皆嘗更迭受朝，而大明最數。自餘如興慶者，雖有夾城可以潛達大明，要之隔越衢路，亦當名爲離宮而已。華清宮在驪山，最爲奢盛，百司皆有邸第，玄宗常以十月往幸，歲竟乃歸，與漢甘泉略同，則又離宮之大者也。

又《**六典·大明宮圖**》

右案《六典》爲圖。此外又有麟德、凝霜、承歡、長安、仙居、拾翠、碧羽、金鑾、蓬萊、含涼、珠鏡、三清、含冰、水香、紫蘭等殿，玄武、明義、大角等觀，鬱儀、結鄰、承雲、修文等閣。《六典》雖著其名，不立方嚮，無據可以立圖。又緣此之名品，凡閣本及諸書因事與相干及者多，故附寘《六典》圖，貴易參訂。

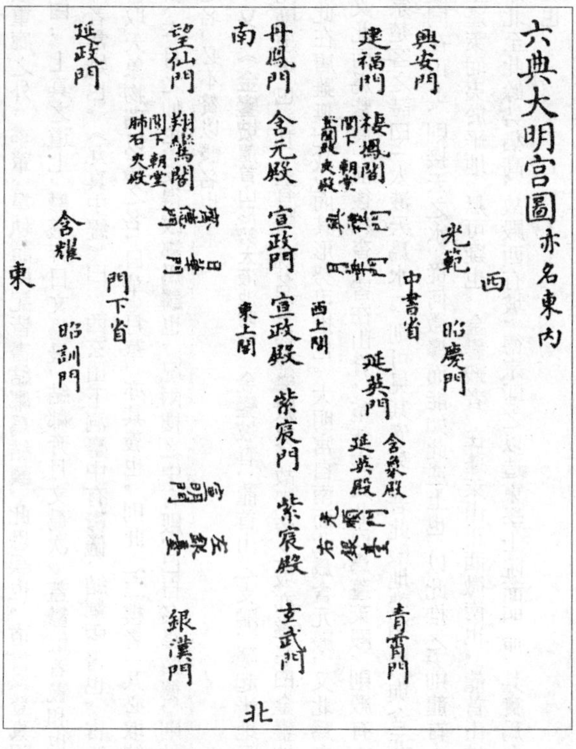

又《唐東内大明宫》 大明宫地本太極宫之後苑，東北面射殿也，地在龍首山上。太宗初於其地營永安宫，以備太上皇清暑。九年正月雖嘗改名大明宫，然太上皇仍居大安，不曾徙入也。龍朔二年，高宗染風痺，惡太極宫卑下，故就修大明宫，改名蓬萊宫，取殿後蓬萊池爲名也。至三年四月，移仗御蓬萊宫之含元殿，二十五日始御紫宸，改咸亨元年，改蓬萊宫爲含元殿，長安五年又改爲大明宫。宫南端門名丹鳳，則在平地矣。門北三殿相沓，皆在山上，至紫宸又北則爲蓬萊殿，殿北有池亦名蓬萊池，則在龍首山北平地矣。龍首山勢至此而盡，不與前三殿同其高敞也。《六典》曰：大明宫在禁苑之東南，其西接宫城之東北隅。夫其宫城正西，乃與大明東北相接，則凡大明一宫皆在太極宫之東北也。故《長安志》叙載其地，比太極宫承天門則退北三坊，取此三坊地而中析之以爲六坊，中六坊地以爲丹鳳中門正街，西有横街，可以達于承天，南即朱雀正街矣。其如百司庶府、居民第宅，悉仍大興都城之舊，無所更易，故東内大明雖曰創營，而朝市悉仍隋舊，無所增移也。

又《漢唐宫殿據龍首山》 龍首山首枕渭之南岸，尾達樊川，首高尾下，尾在漢長安城南逶迤而北，至建章宫上下，乃始折北而趨東。漢世未央宫在折北向東之地，其基已高，故宫殿皆出長安城上，而張衡曰「疏龍首以抗殿」也。未央又東，龍首愈增高，而唐大明宫尤在高處，故含元殿基高於平地四丈。含元之北爲宣政，宣政之北爲紫宸，地每退北，輒又加高，至紫宸則極矣。其北遂爲蓬萊殿，殿有池，則平地矣。大明之東有苑，苑有池，龍首渠水自城南而注入于此，則可見其不在山上也。惟其三面皆低，而大明之基獨高，故《長安志》曰：大明宫北據高原，南望爽塏，視終南如指掌，在京坊市，可俯而窺也。未央本亦甚高，不減大明，惟其取土爲城，故殿基稍低。《三秦記》曰：長安城地皆黑壤，今城赤如火，堅如石。《關中記》曰：取山土以爲城也。《括地志》曰：山首在長安故城中，自漢築長安城及營宫殿，咸以堙平，其餘即今宫城太倉以東也。按：《括地志》者，太宗子魏王泰所爲也。作記之時，唐止有西内，即太極宫也。未有東内，其謂餘山之在太倉以東者，其後大明宫據以爲基者也，説皆相應也。若太極宫在未央之東南，大明宫之東北，而遂卑濕不爽者，蓋其基在南，舍山而就平地也。以方求之，太極宫進前而在大明西北角，則其低可想矣。

又《龍尾道》 龍尾道者，含元殿正南升殿之道也。《賈黄中談録》曰：含元殿前龍尾道，自平地凡詰曲七轉，由丹鳳北望宛如龍尾下垂於地，兩垠欄悉以青石爲之，至今石柱猶有存者。《兩京新記》曰：含元殿左右有砌道盤上，謂之龍尾道。按此即龍尾之形像，名實皆昭然矣。康駢《劇談録》曰：含元殿左右立棲鳳、翔鸞二閣，龍尾道出於閣前，殿門去南門二里，元會來朝者仰觀玉座，如在霄漢。

又《宣政紫宸螭頭》 蓋三殿也者，南北相重，先含元，次宣政，又次紫宸，皆在龍首山上。古記龍首山近渭處高二十丈，今含元殿墀高於平地四十尺，則四丈耳，康駢《劇談録》曰：殿鑿龍首崗爲基，高五十餘尺。是含元雖高，猶未據極也，故其後兩殿相重，爲宣政，爲紫宸，地轉北則階愈高，愈高則其升殿也不容不爲峻道，而峻道必有扶欄，與夫壓頂石螭，是皆不待察察以言，而其制可想者也。若夫紫宸又北則爲蓬萊殿，蓬萊殿後雖有蓬萊山，然此山聳起池中，是用穿浚之土觕成其高焉耳。至其能鍾爲池，必藉外水自外而來，乃可注之入池也。相其高下，必是地勢斗低，乃始可受，不然不可也。故知龍首山岡勢至蓬萊而盡，遂爲平地也。此與金鑾坡説相貫。憲宗泛舟蓬萊池，欲獵苑中，疑李絳必諫而止。蓋此池在東内之北，其欲往獵，則禁苑也。禁苑又在東内苑之北也，若夫東内苑有龍首池，池上有龍首殿，則以此水自龍首原來，故本其源而名之以爲龍首池也。龍首渠在平地，平地之水既能注入以爲之池，則知其池已在平地不在山上矣。

又《**光範門**》光範門在大明宮含元殿之西，而含元殿西廊有棲鳳閣，閣下即朝堂，有登聞鼓，一如承天之制，皆在承天門内。即宮城門也。

又《**結鄰鬱儀樓**》麟德殿東廊有鬱儀樓，西廊有結鄰樓，學士院即在西樓重廊之外。李肇、韋執誼所記皆書結鄰爲結麟，此恐誤也。道書《登真隱訣》曰：上真之道七，鬱儀奔日文爲最，結鄰奔月文爲次。蓋鬱儀者羲和也，結鄰者常娥也。《九真中經》曰：西玄山下洞臺中有鬱儀、結鄰兩書也。古宮殿皆取天象物瑞以爲之名，日華、月華，亦其義也。則此之二樓者，其必取諸奔日、奔月之仙也，安得改鄰爲麟也。況兩樓之中有殿，已自名爲麟德，則結鄰之名，必不贅以麟名也。

又《**金鑾坡**龍首山形勢太液池附》金鑾坡者，龍首山之支隴，隱起平地而坡陀靡迤者也。其上有殿，既名之爲金鑾殿矣，故殿旁之坡亦遂名曰金鑾坡也。此在唐雖無記載，而其形勢可推也。大明宮自南而北爲含元殿，又北爲宣政，又北而爲紫宸，前後相沓，皆在山脊。至紫宸又北而爲蓬萊殿，則殿有大池，宗楚客之詩曰「太液天爲水」。則可見其廣矣。若此殿地勢猶高，與含元、紫宸同在山上，則接天之水，從何激導而能如此逆上也，以此推之，則龍首山勢至蓬萊而夷於平地，無可疑也。金鑾殿者，在蓬萊山正西微南也。龍首山坡隴之北至此餘勢猶高，故殿西有坡，德宗即之以造東學士院而明命，其實爲金鑾坡也。

又《**複門**》複門亦無的載。李肇曰：翰林之門，重複高大，號爲胡門。此或爲複門也耶？韋執誼記曰：院在銀臺門内，麟德殿重廊之後。複門也者，即重廊，而每廊各設一門者也。此即在院得召，自西重廊複門而入，對乎麟德者也。石林曰：學士院在禁中，非内臣宣召，無因得入，故院設複門，所以通禁庭也。

又《**興慶宮説**》大興京城東南角有坊名隆慶，中有明皇爲諸王時故宅。宅有井，井溢成池，中宗時數有雲龍之祥，帝亦數幸以厭當之，後引龍首堰水注池，池面益廣，即龍池也。明皇開元二年七月，以宅爲宮，既取隆慶坊名以爲宮名，而帝之二名其一爲隆，故改隆爲興，是爲興慶宮也。其曰南内者，在太極宮東南也。寧、薛諸王宅地皆並此宮，遂獻入之，故玄宗曰：大兄遜朱邸以成花萼相輝之美。《會要》。十六年，始移仗於興慶宮聽政。《會要》三十。諸王既獻宮地，仍別建第宅環宮而居，帝於宮隅爲二樓，西則花萼相輝，南則勤政務本，西樓以燕兄弟，而南樓以修政事也。開元二十年，築夾城。通芙蓉園，自大明宮夾東羅城複道，由通化、安興門次經春明門、延喜門又可以達曲江芙蓉園而外人不知也。玄宗自蜀回居此宮，其南樓下臨通衢，故李輔國云可通外人，恐或有變也。

又《**興慶池**》帝王之興，悉著符瑞，理固有之，然而傅會者多也。玄宗之名，與隆慶坊舊宅相符，固可命以爲瑞矣。《六典》所記曰：宅有井，忽湧爲小池，周袤十數丈，常有雲氣或黄龍出其中，至景雲間潛復出水，其沼浸廣，里中人悉移居，遂鴻洞爲龍池焉。開元初以爲離宮，後又增廣，遂爲南内，其正殿名大同殿，殿之東北即有龍池殿，蓋主此池以爲之名也。已上並《六典》。然予詳而考之，《長安志》曰：龍池在躍龍門南，本是平地，自垂拱初載後因雨水流潦成小流，後又引龍首渠波分溉之，日以滋廣，至景龍中彌亘數頃，深至數丈，常有雲龍之祥，後因謂之龍池。《志》又曰：龍首渠者，隋城外東南角有龍首堰，隋文帝自北堰分滻水北流至長樂陂西北，分爲二渠，其西渠自永嘉坊西南流經興慶宮。《呂圖》：亦著滻水入興慶池路。則是興慶之能變平地以爲龍池者，實引滻之力也，人力勝而舊池改，故始時數尺，久乃數頃不難也。

又《**温泉**》温湯在臨潼縣南一百五十步，新豐、慶山皆其地。在驪山西北。《十道志》曰：泉有三所，其一處即皇堂石井，後周宇文護所造。隋文帝又修屋宇，并植松柏千餘株。貞觀十八年，詔閻立德營建宮殿、御湯，名湯泉宮，太宗臨幸製碑。咸亨三年，名温泉宮。《唐年小録》曰：開元十年置，《實録》與《元和志》則曰開元十一年置。天寶六載，改爲華清宮，於驪山上益治湯井爲池，臺殿環列山谷。開元間明皇每歲十月幸，歲盡乃歸。以新豐縣去泉稍遠，天寶四載，置會昌縣，即於湯所置百司及公卿邸第焉。華清宮東北向，正北門外有左右朝真門。正門曰津陽門，宮北門之内曰津陽門，門外有洪文館以下，見《津陽門詩注》及今所存之迹。東面曰開陽門，西面曰望京門，此兩京字必有誤。南面曰望京門，津陽門之東曰瑶光樓，南有少陽。其南曰飛霜殿，寢殿也。白少傅以長生殿爲寢，非也。御湯九龍殿，在飛霜殿之南。亦名蓮花湯。《明皇雜録》曰：玄宗幸華清宮，新廣湯，製作宏麗。安禄山於范陽以白玉石爲魚龍鳧鴈，仍以石梁及蓮花同獻，雕鐫巧妙，殆非人功。上大悦，命陳於湯中，仍以石梁横亘湯上，而蓮花纔出於水際。上至其所，解衣將入，而魚龍鳧鴈皆若奮鱗舉翼，狀欲飛動，上恐，遽命撤去，而蓮花至今猶存。又嘗於宮中置長湯數十間屋，皆周回甃以文石，爲銀鏤漆船及白木香船，寘於其中，至於楫棹皆飾以珠玉，又於湯中累瑟瑟及沉香爲山，以狀瀛洲、方丈。《津陽門詩注》曰：宮内除供奉兩湯外，内更有湯十六所。長湯每賜諸嬪御，其修廣與諸湯不侔，甃以文瑶密石，中央有玉蓮花，捧湯泉噴以成池，又縫綴錦繡爲鳧鴈，寘於水中。上時於其間泛鈒鏤小舟以嬉游焉。次西曰太子湯，又次西少陽湯，又次西尚食湯，又次西宜春湯，又次西長湯十六所，今維太子、少陽二湯存焉。玉女殿，今名星痕湯，玉石瓮湯所出也。七聖殿，殿在宮中，自神堯至睿宗，昭成肅明皇后皆衣禮衣立侍。繞殿石榴皆太真所植。宜春亭，在開陽門外。重明閣，今四聖殿北，臨高有重明閣，倚欄北瞰，縣境如在諸掌。四聖殿，長生殿，齋殿也，有事於朝元閣，即齋沐此殿。集靈臺，朝元閣，天寶七載，玄元皇帝見于朝元閣。即改名降聖閣。老君殿，朝元閣之南，玉石爲老君像，制作精絶。鐘樓，在朝元閣之東。明珠殿，長生殿之南近東也。筍殿，殿側有魏《温泉堂碑》，其石瑩，見人形影，宮中號玻瓈碑。觀風樓，樓在宮外東北隅，屬夾城而達于内，臨池道，周視山川，大曆中魚朝恩毁拆以修章敬寺。鬥雞殿，在觀風樓之南。按歌臺，在鬥雞殿之南，臺高臨東繚牆。毬場，宜春亭之北門外。連理木，飲鹿槽，丹霞泉，在朝元閣之南。羯鼓樓。朝元閣東，近南繚牆之外。禄山亂後，罕復游幸。唐末遂皆隳廢。

又《温泉説》 温泉在麗山，與帝都密邇，自秦漢隋唐人主皆嘗游幸，惟玄宗特侈。蓋即山建宮，百司庶府皆行，各有寓止，自十月往，至歲盡乃還。宮又緣楊妃之故，其奢蕩特爲章著。大抵宮殿包裹麗山一山，而繚牆周徧其外，觀風樓下，又有夾城可通禁中。白居易追咎其事，作歌以爲後監，世喜傳誦，然詩多不得其實也。華清宮者，本太宗温泉宮也，天寶六載，始名華清。

又《九成宮》 在鳳翔府麟游縣，本隋仁壽宮，文帝以避暑，每歲春往冬還，文帝竟終於此宮。太宗欲以宮奉高祖，高祖惡之不往。貞觀五年，太宗自修繕以備清暑，改名九成宮。高宗永徽元年改爲萬年宮。

又《大安宮》 又有大安宮者，高祖以秦王功高，立宅以居之，名洪義宮，至貞觀三年高祖爲上皇，徙而居之，改名大安宮，在宮城外西偏。而太子宮中乃有顯德、弘文、麗正等殿，皆在太極宮城之内，故馬周致議以爲不倫也。太宗嘗獵昆明，獻獲于大安宮，蓋自昆明東歸之路也。

又《魚藻宮》 禁苑池中有山，山上建魚藻宮。王建《宮詞》曰：魚藻宮中鎖翠娥，先皇幸處不曾過，而今池底休鋪錦，菱角雞頭積漸多。先皇，德宗也。池底張錦，引水被之，令其光艷透見也。

又《翠微宮》 武德八年造，名太和，在終南山。貞觀二十一年改翠微宮，寢名含風殿。蘇文忠詩曰「植立含風廣殿」，用此也。太宗於此宮上仙。楊大年《談苑》曰：宮在麗山絶頂，太宗常避暑于此，後爲寺，寺亦廢。有游者題云：翠微寺本翠微宮，樓閣亭臺數十重，天子不來僧又去，樵夫時倒一株松。

又 卷六《唐都城導水》 唐以渠導水入城者三：一曰龍首渠，自城東南導滻至長樂坡，釃爲二渠，其一北流入苑，其一經通化門、興慶宮自皇城入太極宮。二曰永安渠，導交水自大安坊西街入城，北流入苑注渭。三曰清明渠，導水自大安坊東街入城，由皇城入太極宮，及至大明宮則在龍首山上，水不可導矣。大明宮之東有東苑，即在龍首山盡處，地既低下，故東苑中有龍首池，言其資龍首渠水以實池也。

又《昆明池定昆池》 昆明池，漢武帝所鑿，在長安西南，周回四十里。臣瓚及《西京雜記》、《三輔黄圖》所記皆同。武帝欲通西域，爲昆明之所閉隔，聞昆明有滇池方三百里，鑿此池習水戰，期以伐之。中有樓船，上建樓櫓，又有戈船，上施戈矛，四角悉垂幡旄旍葆麾，蓋照燭涯涘。其始鑿也，固以習戰，久之乃爲游玩之地耳。《三輔故事》曰：池周三百二十頃。《括地志》作於太宗之世，則唐初仍自壅堰不廢，至文宗而猶嘗加濬也。然則圖經之作當在文宗後，故水竭而爲田也。中宗時安樂公主欲請昆明爲己有，帝以民資蒲魚，不可其請，公主遂别穿定昆池以勝之。定昆池在長安縣西南十五里。

又《唐曲江》 唐曲江本秦隑州，至漢爲宣帝樂游廟，亦名樂游苑，亦名樂游原，基地最高，四望寬敞。《兩京新記》。隋營京城，宇文愷以其地在京城東南隅，地高不便，故闕此地不爲居人坊巷，而鑿之爲池，以厭勝之。又會黄渠水自城外南來，可以穿城而入，故隋世遂從城外包之入城爲芙蓉池，且爲芙蓉園也。《長安志》、《呂圖》同。劉餗《小説》曰：園本古曲江，文帝惡其名曲，改名芙蓉，爲其水盛而芙蓉富也。韓愈詩曰：曲江千頃荷花凈，平鋪紅蕖蓋明鏡。長安中太平公主於原上置亭游賞，後賜寧、申、岐薛王。正月晦日，三月三日，九月九日，京城士女咸即此祓禊，帟幕雲布，車馬填塞，詞人樂飲歌詩。《兩京新記》。康駢《劇談録》曰：曲江池，本秦時隑州，唐開元中疏鑿爲勝境，南即紫雲樓、芙蓉苑，西即杏園、慈恩寺，已上四地，本皆曲江地。花卉環周，煙水明媚。都人游賞，盛于中和、上巳節，即錫宴臣僚，會于山亭，賜太常教坊樂，池備彩舟，唯宰相、三使、北省官、翰林學士登焉，傾動皇州，以爲盛觀。《長安志》曰：文宗太和九年，發左右神策軍各一千五百人淘曲江，修紫雲樓、彩霞亭。仍敕諸司如有力欲創置亭館者，宜給與閑地，任其營造。先是鄭注言秦中有災，宜以土工厭之，加濬昆明、曲江二池，帝又曾讀杜甫詩云「江頭宫殿鎖千門」，遂思復昇平事而加修創焉。予按此地在都城中固爲空隙，便於游觀，然亦緣黄渠可引，故游觀者樂之也。於是紫雲樓在其南，杏園、慈恩寺在其西，皆以此池之故也。漢武帝時池周回六里餘，《黄圖》。唐周七里，占地三十頃，《長安志》。又加展拓矣。地在城東南昇道坊龍花寺之南。

龍首渠 《長安志》於萬年縣既著龍首渠，曰一名滻水渠矣，因引《漢書》曰：穿渠得龍首，故名龍首渠，唐引滻水由都城東入長安界。予按《志》此語凡渠勢曲折，固皆得之，而謂滻渠名龍首渠者，誤也。龍首渠者，漢武帝所穿，在同州商顔山下，因穿地得龍骨，乃立名以識，而曰龍首渠也。雍州居渭南，同州居渭北，無由可合爲一，而滻之一水，《史》、《漢》皆嘗志之，但云有渠，不云嘗得龍骨也。則龍首名渠，果何自也？《兩京道里記》曰：龍首渠，開皇三年開鑿，引滻北流入苑，在長樂坡上，堰近龍首，即大明宫所據龍首原也，故以名之。此其説是也。《六典》：隋大興城西據龍首原，宇文愷營都之初，謂横坡六條，可象乾爻者，正龍首山之支脉也。若夫此渠分滻爲堰，則在萬年縣龍首鄉馬頭堰，而龍首鄉者，在縣東十五里，自此引滻從長樂坡入，而分爲兩枝，西北以注入于苑也。見《長安志》。其渠之分滻入城，行朱雀街東永嘉坊，著之甚詳。大明宫東苑有龍首殿，皆受此水而承此名也。故予得以主《兩京道里》所記也。

海池 太極宫有四海池，分東西南北，皆以海名，夸其大也。太宗六月四日舉事苑中，高祖方游海池不知也，則宫之與苑，亦已遠矣。

又卷七《説》 凡宜春下苑皆少陵地也，其地亦爲曲江。曲江之北又爲樂游原及樂游苑及漢宣帝樂游廟也。廟至唐世，基迹尚存。與唐之曲江芙蓉園芙蓉池，皆相並也。宇文愷爲隋營大興城，以京城東南地高不便，故於城之東南存一坊，穿芙蓉池以厭勝之。杜甫《樂游園詩》曰：公子華筵地勢高，秦川對酒平如掌。秦川，即樊川也。坐中得見秦川，則可知其高矣。

又卷九《漸臺滄池　太液池》 未央宫有漸臺，文帝之夢鄧通，王莽之死於兵，皆在其處。漸者，漬也，一作瀸，音義同也，言臺在水央，受其漸漬也。建章宫亦有漸臺，《郊祀志》曰：建章北有大池，漸臺高二十丈，名曰泰液。王根治第亦有之，百姓歌曰：土山漸臺西白虎。然則凡臺之環浸于水者，皆可名爲漸臺，顧王根爲之則僭耳。《長安志》疑王莽之在未央爲漢兵所逼，倉卒出避，無由有暇得趨建章，因疑兩宫各有漸臺也，此其疑之是也。《水經》未央漸臺在滄池中，建章漸臺在太液池中，則正與《漢志》所載相合，最可據矣。《黄圖》曰：舊圖云未央宫有滄池，其水蒼色，故曰滄池。此即《水經》言漸臺之在滄池者也。《漢書》又曰：建章宫北治大池，名曰太液池，中起三山，以象蓬萊、方丈、瀛洲。此之三山，即是太液漸臺之詳也。至《黄圖》曰：漸臺在未央宫太液池中。則未央似有太液矣，而《漢志》無之，則疑《黄圖》不審也。《圖》之下文又曰：未央宫有滄池，池中有漸臺，王莽死於此。則此地本是滄池，而誤爲太液池也。案《昭帝紀》：始元元年，黄鵠下建章太液池。則太液自在建章甚明。而正史之於未央又無太液之文，故予得以議其不審也。然予於此別有疑焉。

又《望春亭》 南望春亭、北望春亭，在禁苑東南高原之上。舊記多云望春宫，其東正臨滻水也。天寶元年，韋堅因古迹堰渭水絶滻、霸爲潭，東注永豐倉下，永豐倉下，在渭水入黄河處，漢之船司空也。以便漕運，名廣運潭。未幾滻、霸二水沙泥衝壅，潭不可漕，付司農掌之，爲捕魚之所。《長安志》、《元和志》參定。

又《唐三苑説》 唐大内有三苑，西内苑也，東内苑也，禁苑也。三者皆在兩宫之北，而有分別。西内苑謹並西内太極宫之北，而東内苑則包大明宫東北兩面也。兩內苑北門之外，始爲禁苑之南門也。禁苑也者，隋大興苑也，其西則漢之長安四城皆在包并之內，苑東距霸而北抵渭，廣輪所及，自周一百二十里，而東西二十七里，南北三十二里，據所記如此，若以漢地約其道里，當不啻此數也。中置四監，監分領一方，凡立四官四局以監之，北軍營衛盡在三苑、四監封畛之內，而大明宫基乃取禁苑中射殿地爲之，則其廣可想矣。若夫禁苑西面，則又繞出太極宫之南，故苑之南牆與宫城相齊，芳林等三門是禁苑南出之門也。東內苑在大明宫東，直南而出，亦與丹鳳門齊，其南面延政門，是東內苑南出之門也。龍首池、龍首殿皆在內苑之內，不在大明宫垣中矣。凡此三苑也者，地廣而居要，故唐世平定內外禍難，多於苑中用兵也。《呂圖》、《兩京記》。太宗武德六月四日之變，建成、元吉皆死苑中，而高祖泛舟海池，未及知也。海池却在太極宫內。中宗之誅二張，玄宗之平韋氏，則皆自玄武門資禁軍爲用。而玄宗幸蜀，則自苑西之延秋門以出。德宗幸奉天，則又出苑之北門也。李晟自東渭橋入禁苑之東，逐出朱泚，而入屯于苑經宿，市人遠者有不及知，即此足以見苑之闊遠也矣。

又《梨園》 梨園在光化門北，光化門者，禁苑南面西頭第一門，在芳林、景曜門之西也。中宗令學士自芳林門入，集於梨園，分朋拔河，則梨園在太極宫西，禁苑之內矣。開元二年置教坊於蓬萊宫，上自教法曲，謂之梨園弟子。至天寶中即東宫置宜春北苑，命宫女數百人爲梨園弟子。即是梨園者，按樂之地，而預教者名爲弟子耳。凡蓬萊宫、宜春院皆不在梨園之內也。

又 卷一〇《登聞鼓肺石》 《唐六典》：大明宫有含元殿，夾殿有兩閣，左曰翔鸞，右曰棲鳳，兩閣下皆爲朝堂，東朝堂置肺石，西朝堂置登聞鼓。《長安志》、《館圖》皆同。太極宫之太極殿，其朝堂亦皆夾殿而左右對出，故鼓石皆在殿旁朝堂之內也，即《六典》所叙謂大明悉同承天之制者也。沈括《筆談》曰：唐長安故宫闕前，有唐肺石尚在，其制如佛寺所擊響石，甚大，可長八九尺，形如垂肺，即秋官大司寇以肺石達窮民者也。

宋 江少虞《事實類苑》卷六二《風俗雜志·華清宫》 故華清宫在繡嶺之下，山半有玉蘂峰。天聖末，予爲學于山之嶺，所謂朝元閣者。峰側有夾室，掛王母之像，雖小有損腐之處，而丹青未甚暗昧。其御階甃以蓮花千條，次則一石柱，柱端有孔，相傳云開元天寶中，貫以紅錦紐，宫女攀援向上。

宋 趙彦衛《雲麓漫抄》卷八 唐高宗始營大明宫於丹鳳後，南開翊善、永昌二坊，各爲二外郭，東北隅永福一坊築入苑，先天以後爲十六王內宅。又高宗以隆慶坊爲興慶宫，附外郭，爲複道，自大明宫經通化門，蹬道潛通以達此宫，謂之夾城。又制永嘉坊，西百步入宫。外郭東南隅一坊，始建都城，以地高不便隔在郭外。爲芙蓉園，引黄渠水注之，號曲江。明皇增築興慶宫夾城，直至芙蓉園。又武宗於宣政殿東北築臺，曰望仙，今人誤以爲蓬萊山。武宗又修未央宫，爲通光亭。宣宗修憲宗遺迹，於夾城中開便門，自芙蓉園北入至青龍寺，俗號新開門。自門至寺開敦化以北四坊，各爲二，此遷改之異也。大抵唐多仍隋舊，故吕公愛其制度之密而傷唐人冒疾，史氏没其實，遂刻而爲圖，故志之。

宋 王讜《唐語林》卷五 驪山華清宫，天寶中植松柏徧滿巖谷，望之鬱然。朝元閣在北嶺之上，最爲嶄絶，次南即長生殿。殿東南湯泉凡一十八所，第一即御湯，周環數丈悉砌白石，瑩徹如玉，石面皆隱起魚龍花鳥之狀，四面石座階級而下，中有雙白石瓮，連腹異口。瓮口中復植雙白石蓮，泉眼自蓮中湧出，注白石之面。御湯西南即妃子湯。湯稍狹，湯側有紅石盆，四所刻作菡萏于白石之面。餘湯迤邐，相屬而下，鑿作暗竇走水。出東南數十步，復立一石，表湧出，灌注一石盆中，後人爲也。

明 李賢等《明一統志》卷三《西安府上》 華清宫 在驪山下，唐太宗建，以温湯所在，初名温泉宫，玄宗改曰華清。治湯爲池，環山列宫室，每歲臨幸。內有飛霜、九龍、長生、明珠等殿，久廢。今湯存焉。唐崔魯詩：草遮回磴絶鳴鑾，雲樹深深碧殿寒。明月自來還自去，更無人倚玉闌干。

明 彭大翼《山堂肆考》卷一七〇《宫室》温泉宫 唐太宗建驪山温泉宫，玄宗天寶六載，改爲華清宫。其中有瑶光殿、飛霜殿、九龍殿、老君殿、長生殿，有朝元閣。鄭愚津詩：飛霜殿前日悄悄，迎春亭下風颸颸。

蓬萊 唐宣政殿北有紫宸、蓬萊、含元、麟德等殿。殿前東西廊有日華、月華二門。

重雲 重雲殿在臺城內。梁武帝立層城觀。後更起重閣，上名重雲殿，下名光岩殿。又漢成帝設雲帳、雲屏、雲幕於甘泉紫殿，謂之三雲殿。

芙蓉 洛陽宫殿簿魏，有太極、九龍、芙蓉、九華、百福諸殿。杜詩：龍武新軍深駐輦，芙蓉別殿謾焚香。

温泉宮　温泉宮在驪山之北。以其爲温湯所在，故名温泉。唐貞觀八年建，至明皇天寶六載改爲華清宮。治湯爲池，環山列宮，與貴妃游樂。白樂天所謂「賜浴華清」是也。

連昌　宮在河南宜陽縣，舊壽安縣西。唐顯慶間建。唐元微之《連昌宮詞》：連昌宮中滿宮竹，歲久無人森似束。又有牆頭千葉桃，風動落花紅簌簌。

接澗跨洛　隋煬帝大業元年，敕宇文愷與内史舍人封德彝營顯仁宮。南接皂澗，北跨洛濱。發大江之南五嶺以北奇材異石，輸之洛陽。又求海内嘉木異草、珍禽怪獸，以實苑囿。

夷山堙谷　隋文帝開皇十三年二月，詔營仁壽宮於岐州之北。使楊素監之。于是夷山堙谷以立宮殿，崇臺累榭宛轉相屬，役使岩急，丁夫多死。至十五年三月宮始成。

望月　《天寶遺事》：唐玄宗八月十五日夜與貴妃臨太液池，憑欄望月不盡帝意，遂敕左右於池之西岸别築臺百尺，期與妃子來年望月。

明　陳耀文《天中記》卷五三　煬帝闢地二百里爲西苑，詔天下進花卉，易州進二十相牡丹，赭紅、䩊紅、飛來紅、袁家紅、醉妃紅、雲紅、天外紅、一拂黄、軟條黄、延安黄、先春紅、顫風嬌等名。

清　顧炎武《肇域志・陝西三》　泉宮，太宗因幸置碑，咸亨二年名温泉宮，天寶六載改爲華清宮。驪山上下益治，湯水爲臺，池殿環列山谷，明皇歲幸焉。又築會昌羅城，是歲發馮翊、華陰等郡丁夫築會昌羅城。即於湯所置百司及公卿邸第。華清宮北向正北門外有左右朝堂，門北相對有望仙橋，有左右講武殿。正門曰津陽門，門外有弘文館。東面曰開陽門，門外有宜春亭。西面曰望京門，門外近南有夾道，上嶺通望京樓。南面曰昭陽門，今謂之山門，門外有登朝元閣路，本唐之御輦便道也。津陽門之東曰瑶光樓，即飛霜殿之北門。南有小湯，湯之西有梨園，其南曰飛霜殿，寢殿也。白少傅以長生殿爲寢殿，非也。御湯九龍殿在飛霜殿之南，亦名蓮花湯。

清　顧炎武《歷代宅京記》卷六《關中四》　曲江池，本秦世隑洲，開元中疏鑿，遂爲勝境。其南有紫雲樓芙蓉苑，其南有杏園、慈恩寺，花卉環周，烟水明媚，都人游玩，盛於中和、上巳之節。彩幄翠幬，匝於堤岸，鮮車健馬，比肩擊轂。上巳即賜宴臣僚，京兆府大陳筵席。長安、萬年兩縣，以雄盛相較，錦繡珍玩，無所不施，百辟會於山亭，恩賜太常及教坊聲樂。池中備彩舟數隻，唯宰相、三使、北省官與翰林學士登焉。每歲傾動皇州以爲盛，入夏則菰蒲葱翠，柳陰四合，碧波紅蕖，湛然可愛。

清　顧祖禹《讀史方輿紀要》卷四　禁苑　在府西。隋大業初築西苑，周二百里。内爲海，周十餘里。作蓬萊、方丈、瀛州諸山，高出水百餘丈。臺觀殿閣，羅絡山上，向背如神。北有龍鱗渠，縈紆至海内。緣渠作十六院，門皆臨渠。十三年，李密攻東都，每入苑，與隋兵連戰。唐曰禁苑。《六典》：禁苑在皇城之西北，距北印，西至孝水，南帶洛水支渠。穀洛二水會於其間。苑牆周迴一百二十六里，東距上陽宮七里。西面四門，南曰迎秋，次游義，次籠煙，北靈溪。《兩京記》：東都苑隋曰會通苑，又改爲芳華苑，東面十七里，南面三十九里，西面五十里，北面二十里。義寧二年，唐世子建成等援。

又　卷五三　禁苑　今府城北。《唐志》：皇城北爲禁苑。《雍録》：唐太極宮北有内苑，有禁苑、太極宮居都城北，内苑又居宮北，禁苑又居内苑之北。禁苑廣矣，南面全包漢之都城，東抵霸水。其西南兩面，攙出太極宮之前，與承天門相齊。承天門西，排列景耀等三門，皆禁苑門也。《六典》：禁苑北臨渭水，東距滻川，西盡都城，周百二十里。興元初，李晟收京城，議兵所從入，諸將詣先取外城，據坊市。然後北收宮闕，晟曰：坊市狹隘，賊若伏兵格鬥，居人驚亂，非吾利也。今賊重兵皆聚苑中，不若自苑北攻之，潰其腹心，賊必奔亡。如此，則宮闕不殘，坊市無擾，策之上也。諸將從之，遂定京邑。《志云》：禁苑中有漕渠，首受灃水，北流矩折，入於禁苑，而東流又矩折北流，入於渭苑地自漕渠之東，大安宮垣之西，南出與宮城。

又　芙蓉園　在府東南，近曲江池。《西京記》：芙蓉園本隋離宮，周十七里。《劉餗小説》：園本古曲江，隋文帝惡其名曲，改曰：芙蓉，以水盛而芙蓉多也。唐貞觀七年，幸芙蓉園。二十年，又幸焉。《雍録》：開元二十年，築夾城通芙蓉園，自大明宮夾東羅城複道，經通化門、安興門入興慶宮。次經春明門、延喜門，則至芙蓉園云。

清　雍正《陝西通志》卷七三　芙蓉園　本古曲江，文帝惡其名曲，改名芙蓉園，爲其水盛而芙蓉富也。《劉餗小説》。芙蓉在京城東南隅，有青林重複，緣城瀰漫，蓋帝城勝境，駕時幸之。《景龍文館記》。隋營京城，宇文愷以京城東南隅地高，故闕此地不爲居人坊巷鑿之爲池，以厭勝之。又會黄渠水自城外南來可以穿城而入，故隋世遂從城外抱之入城，爲芙蓉池，且爲芙蓉園也。《雍録》

又　西苑　隋煬帝大業元年築西苑，周三百里。其内爲海，周十餘里爲方丈、蓬萊、瀛洲諸山，高出水百餘尺。臺觀、宮殿羅絡山上，向背如神海。北有龍鱗渠，縈紆注海內。緣渠十六院，門皆臨渠，每院以四品夫人主之。堂殿樓觀，窮極華麗。宮樹秋冬雕落，則剪彩爲華葉綴於枝條，色渝則易，以新者常如陽春沼內，亦剪彩爲荷枝菱芡，乘輿游幸，則去冰而布之。十六院競以殽羞精麗，相尚求市恩寵。上好以宮女月夜數千騎游西苑，作《清夜游曲》於馬上奏之。《緒世説》。西苑池，在長安城中。《雍大記》。

清 雍正《河南通志》卷五二《古蹟下》 上陽宮 一名西宮，在洛陽宮城內南隅，南臨洛水，西距穀水，東即宮城，北連禁苑。宮內門殿皆東向。唐宗楚客詩：紫庭金鳳闕，丹禁玉鷄川。似立蓬瀛上，疑游崑閬前。鳥將歌合囀，花共錦争鮮。湛露飛堯酒，薰風入舜絃。水光摇落日，樹色帶晴烟。向夕迴瑀輦，佳氣滿嚴泉。唐宋之問詩：廣樂張前殿，重裘感聖心。砌蓂霜月盡，庭樹雪雲深。舊渥驂宸御，慈恩忝翰林。微臣一何幸，再得聽瑶琴。

又 五湖 在洛陽，隋煬帝鑿。每湖方十里，東曰翠光，南曰迎陽，西曰金光，北曰潔水，中曰廣明。湖中積土石爲山，構亭殿屈曲，環遶澄碧，皆窮極華麗。

又 十六院 在洛陽。《大業遺事記》云：煬帝置十六院，屈曲周遶龍鱗渠。一延光，二明彩，三含香，四承華，五凝暉，六麗景，七飛英，八流芳，九耀儀，十結綺，十一百福，十二萬壽，十三長春，十四永樂，十五清暑，十六明德。置四品夫人十六人，各主一院。庭植名花，秋冬即剪雜彩爲之。池沼之內，冬月亦剪彩爲芰荷。每院開東西南三門，並臨龍鱗渠。渠面闊二十步。

清 畢沅《關中勝蹟圖志》卷六 定昆池，《雍大記》：本安樂公主西莊也，在京城延平門外。景龍初，命司農卿趙履温爲公主疏園植果，中列臺榭，憑空架迥，棟宇相屬。又敕將作監少監楊務廉引水作沼，延十數里，時號定昆池。《通典》曰：安樂公主恃寵請昆明池，中宗不與。公主怒，自以家財别穿池，號曰定昆。景龍中，中宗幸焉。

又 卷三〇 玉華宮，在宜君縣西南。《唐書·地理志》：在坊州宜君縣北四里鳳凰谷。《元和郡縣志》：貞觀二十年置。《册府元龜》：太宗建玉華宮，既成，正門謂之南風門，殿覆瓦外皆葺之以茅。帝以意在清涼，務從儉約。匠人以爲層巖峻谷，元覽遐長。於是疏泉抗殿，包山通苑。皇太子所居南風門之東，正門謂之嘉禮門，殿名暉和殿。其官曹署寺並皆創立。及帝游，敕奉御王孝積於顯道。門内起紫微殿十三間，文甃重基，高敞宏壯。帝見之甚悦。《太平寰宇記》：在縣西四十里，貞觀十七年置其地，本縣人秦小龍宅。太宗曰：小龍出大龍入。當時以爲清涼，勝於九成宮。永徽二年有詔，廢宮爲寺，便以玉華爲名。寺内有肅成殿，元奘法師於此院譯經。每言此寺閻浮之兜率天也。《雍勝略》：初有九殿五門，而可記其名與處者六。其正殿爲玉華，其上爲排雲，又其上爲慶雲。其正門爲南風，南風之東爲太子之居。其殿曰暉和，門曰嘉禮。知其名失其處者，一曰金風門也。其西珊瑚谷，常有别殿存焉。《方輿紀要》：玉華宮因仁智宮增築。

清 乾隆《西安府志》卷五五《古蹟》 東内大明宮 《雍勝略》：在省城東北，今含元殿故基，高四十餘尺，去城三里。殿基前，翔鳳、栖鳳二閣，基猶存。唐《地理志》：上都大明宮在禁苑東南，南接京城之北面，西接宮城之東北隅，長千八百步，廣千八十步。《長安志》：初高宗命司農少卿梁孝仁制造此宮，北據高原，南望爽塏。每天晴日朗，望終南山如指掌，京城坊市街陌俯視如在檻内。《雍録》：大明宮本太極宮之後苑，東北面射殿也，在龍首山上。太宗初營永安宮以備太上皇清暑，九年正月嘗改名大明，然太上皇仍居大安宮，不曾徙入。龍朔二年，高宗染風痺，惡太極宮卑下，故就修大明宮，改名蓬萊，取殿後蓬萊池爲名。長安五年，又改爲大明。《長安志》叙載，其地比太極宮承天門則退北三坊地，而中析之以爲六坊，中六坊地，以爲丹鳳，中門正街，可達承天，南即朱雀正街矣。其百司庶府居民第宅，悉仍大興都城之舊，故東内大明雖曰創營，而朝市悉仍隋舊，無所增移也。【略】含元殿，《六典》：丹鳳門内正殿。《會要》：龍朔三年，移仗就蓬萊宮，新作含元殿，長安元年改爲大明殿，神龍元年復爲含元。《唐五行志》：含元路寢大朝會之所御。《長安志》：含元殿南去丹鳳門四百餘步，中無間隔，左右寬平，東西廣五百步。《賈黄中談録》：殿前龍尾道自平地，凡詰曲七轉，由丹鳳北望，宛如龍尾下垂于地。《劇談録》：龍尾道出于闕前，每朝會，禁軍御仗宿于殿庭，金甲葆戈，雜以綺繡，羅列文武，纓珮序立，仰觀玉座，若在霄漢。《雍録》王仁裕曰：含元殿前玉階三級，第一級可高二丈許，每間引出一石，螭頭，東西鱗次。第二第三級各高五尺，三級以自上而下爲次。蓮花石頂亦存。級兩面龍尾道各六七十步，方達第一級，皆花磚。翔鸞閣、栖鳳閣，《六典》夾殿兩間，左曰翔鸞，右曰栖鳳。《注》：與殿飛廊相接，閣下即朝堂肺石，登聞鼓，如承天之制。【略】含涼殿，《長安志》：蓬萊殿後。《會要》：龍朔二年，睿宗生于蓬萊宮含涼殿，殿後有太液池。《長安志》：池内有太液亭子，穆宗時命侍講韋處厚等入講《毛詩》、《尚書》，又命纂集《尚書》中君臣事蹟，令刊于太液池，以備觀覽。《雍勝略》：蓬萊池一名太液池，中有蓬萊山。學士院《雍録》：翰林門直西爲學士院，院有兩廳，南北相沓而各自爲門，旁有板廊，自南廳可通北廳。又皆南向院，各五門，北廳從東來第一間常爲承旨閣，餘皆學士居之。廳前堦砌花磚爲道，南廳駙馬張垍爲學士時以居公主，此其畫堂也，後皆以居學士。其東西四間皆爲學士閣，中一閣不居。【略】花蕚相輝樓，《長安志》：置宫後，寧王憲、申王撝、岐王範、薛王業邸第相望，環于宫側，明皇因題花蕚相輝之名。帝時登樓，聞諸王音樂，咸召升樓同榻宴謔。【略】大同殿，《六典》：大同門内。《長安志》：殿左右有鐘樓、鼓樓。天寶七載，大同殿柱産玉芝，有神光照殿。【略】龍池，《雍勝略》：景龍池本爲隆慶池，以諱元宗名改興慶立宫，後謂之龍池。《景龍文館記》：興慶池在隆慶坊，本是平地垂拱，後因雨水流潦成小池，近五王宅，號爲五王子池。《六典》：元宗隆慶坊舊宅有井，忽湧爲小池，周袤十數丈，常有雲龍或黄龍出其中。景雲間浸廣里中人悉移居，遂爲龍池。《長安志》：武后時，民井溢浸成大池，數十頃，號隆慶池。丞相王子列第其北，望氣者言常鬱鬱有帝王氣。中宗神龍五年幸池上，宴侍臣以厭之。《六典》：中有龍堂。沉香亭，《長安志》：龍池東。《松窗録》：開元中，禁中初種木芍藥，得四本。上因移于興慶池東沉香亭前。《唐詩紀事》：禁中木芍藥開，上賞之，妃子從。帝曰：賞名花，對妃子，焉用舊樂詞爲？命李龜年持金花牋，賜李白爲《清平調詞》。梨園子弟撫絲竹，李龜年歌之。上親調玉笛以倚曲，每曲遍，將换則遲，其聲以媚之。李白《清平樂詞》：雲想衣裳花想容，春風拂檻露華濃。若非羣玉山頭見，會向瑶臺月下逢。 一枝濃艷露凝香，雲雨巫山枉斷腸。借問漢宫誰得似，可憐飛燕倚新妝。 名花傾國兩相歡，常得君王帶笑看。解識春風無限恨，沉香亭北倚欄杆。

又 望春宫，《唐地理志》：望春宫臨滻水西岸，有北望春宫。宫東有廣運潭。《姚南仲傳》：上代宗疏曰：王者必據高明燭幽隱，先皇所以因龍首而建望春也。

又 翠微宫，《雍録》：武德八年造，名太和，在終南山，貞觀二十一年改翠微宫。《册府元龜》：翠微宫籠山爲苑，自初裁至于設幄，九日而罷功正門北開，謂之雲霞門，視朝殿名翠微殿，寢殿名含風殿。并爲皇太子搆，别宫連延里餘。正門西開，名金華門，内殿名喜安殿。

又 華清宫，《雍勝略》：在臨潼縣南。《唐地理志》：京兆府昭應縣有宫，在驪山下，貞觀十八年置，咸亨二年始名温泉宫，天寶六載更名曰華清宫。有湯井爲池，環山列宫，又築羅城置百司及十宅。《雍録》：元宗即山建宫殿，包括驪山繚牆周遍，其外觀風殿，有複道可以潛通大明，百司、庶府，皆行各有寓止。自十月往，歲盡乃還。《賈氏談録》：華清宫殿今所存惟繚垣，天寶所值松柏編滿崖谷，望之鬱然。【略】開陽門，《長安志》：宫東面正門，門外有宜春亭。望京門，《長安志》：宫西面正門，門外近南有御交道，上嶺通望京樓。【略】御湯九龍殿，《長安志》：飛霜殿南亦名蓮花湯。《明皇雜録》：元宗幸華清新廣湯池，安禄山于范陽以白玉石爲魚、龍、鳧雁，石梁、石蓮花以獻，雕鐫巧妙，殆非人工。上命陳于湯中，仍以石梁横亘其上，而蓮花纔出水際。上因幸解衣將入，魚龍鳧雁皆各奮鱗舉翼，狀欲飛去。上恐，遽命撤去，蓮花石至今猶存。《賈氏談録》：湯泉凡一十八所，第一是御湯，周環數丈，砌以白石，瑩徹如玉，面皆隱起魚龍花鳥之狀。四面石坐階級而下，中有雙白石蓮，泉眼自瓮口湧出噴注白蓮之上。玉女殿，《長安志》：星辰湯南殿北有虚閣，閣下即湯泉，二玉石瓮湯所出也。日華門，《臨潼志》：由蓮花湯而西曰日華門，門之南曰太子湯。《長安志》：太子湯次西少陽湯，又西尚食湯，又西宜春湯。宜春湯有前後殿，又西曰月華門。笋殿，《臨潼志》：月華門内。《雍録》：殿側有魏《温泉頌》碑，其石瑩徹見人形影，號玻瓈碑。長湯，《臨潼志》：笋殿北凡十六所。芙蓉湯，《臨潼志》：一名海棠湯，在蓮花湯西，沉埋已久，近修築始出。石砌如海棠花，俗呼爲楊妃賜浴湯。七聖殿，《臨潼志》：芙蓉湯北。《長安志》：自神堯至睿宗、昭成、肅明皇皆立衣袞衣繞殿。石榴皆太真所植，南有功德院，其間瑶壇羽帳皆在焉。順興影堂，果老藥室亦在禁内。宜春亭，《雍録》：開陽門外。重明閣，《長安志》：四聖殿北倚欄北瞰縣境，如在諸掌。閣下有方池，中植蓮花池，東鑿井極甘冷。四聖殿，《雍録》重明閣南。長生殿，《長安志》：齋殿也，有事于朝元閣，即齋沐此殿。山城内多馴鹿，有流澗號鹿飲泉。金沙洞、玉蕊峰皆元宗爲名洞居。殿之左玉蕊峰，上有王母祠。朝元閣，《賈氏談録》：在北山嶺上，最爲嶄絶，次東即長生殿故基。《册府元龜》：天寶七載十二月，玄元皇帝降于朝元閣，改爲降聖閣。《雍録》：閣南有連理木丹霞泉。老君殿，《長安志》：朝元閣南玉石爲像。鐘樓，《雍録》：朝元閣東。明珠殿，《雍録》：長生殿南近東。【略】鬥雞殿，《雍録》：在觀風樓南，殿南有按歌臺。《長安志》：殿北有舞馬臺。毬場，《長安志》：宜春亭北門外其西曰小毬場。

清 嘉慶《清一統志》卷二二八《古蹟》 唐禁苑 在長安縣北。《唐六典》：禁苑周百二十里。【略】《玉海》：唐大内有三苑，西内苑、東内苑、禁苑也。《雍録》：唐太極宫北有内苑，有禁苑，太極宫居都城北。内苑又居宫北，禁苑又居内苑之北，禁苑南包漢之都城，東抵灞水。其西南兩面出太極宫前，與承天門齊。承天門西景耀等三門，皆禁苑門也。

傳記

唐 魏徵《隋書》卷六八《宇文愷傳》 宇文愷，字安樂，杞國公忻之弟也。在周，以功臣子，年三歲賜爵雙泉伯，七歲，進封安平郡公，邑二千户。愷少有器局。家世武將，諸兄並以弓馬自達，愷獨好學，博覽書記，解屬文，多伎藝，號爲名父公子。初爲千牛，累遷御正中大夫、儀同三司。高祖爲丞相，加上開府中大夫。及踐阼，誅宇文氏，愷初亦在殺中，以其與周本別，兄忻有功於國，使人馳赦之，僅而得免。後拜營宗廟副監、太子左庶子。廟成，別封甑山縣公，邑千户。及遷都，上以愷有巧思，詔領營新都副監。高熲雖總大綱，凡所規畫，皆出於愷。後決渭水達河，以通運漕，詔愷總督其事。後拜萊州刺史，甚有能名。兄忻被誅，除名於家，久不得調。會朝廷以魯班故道久絶不行，令愷修復之，既而上建仁壽宫，訪可任者，右僕射楊素言愷有巧思，上然之，於是檢校將作大匠。歲餘，拜仁壽宫監，授儀同三司，尋爲將作少監。文獻皇后崩，愷與楊素營山陵事，上善之，復爵安平郡公，邑千户。煬帝即位，遷都洛陽，以愷爲營東都副監，尋遷將作大匠。愷揣帝心在宏侈，於是東京制度窮極壯麗。帝大悦之，進位開府，拜工部尚書。及長城之役，詔愷規度之。時帝北巡，欲誇戎狄，令愷爲大帳，其下坐數千人。帝大悦，賜物千段。又造觀風行殿，上容侍衛者數百人，離合爲之，下施輪軸，推移倏忽，有若神功。戎狄見之，莫不驚駭。帝彌悦焉，前後賞賚，不可勝紀。自永嘉之亂，明堂廢絶，隋有天下，將復古制。議者紛然，皆不能決，愷博考羣籍，奏《明堂議表》【略】帝可其奏。會遼東之役，事不果行。以度遼之功，進位金紫光禄大夫。其年卒官，時年五十八。帝甚惜之，謚曰康。撰《東都圖記》二十卷，《明堂圖議》二卷，《釋疑》一卷，見行於世。

紀事

唐 魏徵《隋書》卷三《煬帝本紀》 （大業元年）三月丁未，詔尚書令楊素、納言楊達、將作大匠宇文愷營建東京，徙豫州郭下居人以實之。【略】又於皂澗營顯仁宫，采海内奇禽異獸草木之類，以實園苑。徙天下富商大賈數萬家於東京。辛亥，發河南諸郡男女百餘萬，開通濟渠，自西苑引穀、洛水達于河，自板渚引河通于淮。庚申，遣黄門侍郎王弘、上儀同於士澄往江南采木，造龍舟、鳳艒、黄龍、赤艦、樓船等數萬艘。

又 卷二四《食貨志》 （開皇）十三年，帝命楊素出，於岐州北造仁壽宫。素遂夷山堙谷，營構觀宇，崇臺累榭，宛轉相屬。役使岩急，丁夫多死。疲敝顛仆者，推填坑坎，覆以土石，因而築爲平地。死者以萬數。

煬帝即位，是時户口益多，府庫盈溢，乃除婦人及奴婢部曲之課，男子以二十二成丁。始建東都，以尚書令楊素爲營作大監，每月役丁二百萬人。徙洛州郭内人及天下諸州富商大賈數萬家以實之。新置興洛及迴洛倉。又於皂澗營顯仁宫，苑囿連接，北至新安，南及飛山，西至澠池，周圍數百里。課天下諸州，各貢草木花果、奇禽異獸於其中。開渠引穀、洛水自苑西入，而東注于洛。又自板渚引河，達于淮海，謂之御河。河畔築御道，樹以柳。又命黄門侍郎王弘，上儀同于士澄，往江南諸州采大木，引至東都。所經州縣，遞送往返，首尾相屬，不絶者千里。

唐 張鷟《朝野僉載》卷三 安樂公主改爲悖逆庶人，奪百姓莊園，造定昆池四十九里，直抵南山，擬昆明池。累石爲山，以象華岳，引水爲澗，以象天津。飛閣步檐，叙橋磴道，衣以錦繡，畫以丹青，飾以金銀，瑩以珠玉。又爲九曲流杯池，作石蓮花臺，泉於臺中湧出。窮天下之壯麗。

唐 李吉甫《元和郡縣志》卷一《關内道一·京兆府·長安縣》 華清宫在驪山上。開元十一年初置温泉宫，天寶六年改爲華清宫。又造長生殿及集靈臺以祀神。

又 卷二《關内道二·京兆府·武功縣》 慶善宫在縣南十八里。皇家舊宅也，南臨渭水。武德元年置宮。貞觀六年鑾駕親幸宴羣臣賦詩焉。

又《**鳳翔府·麟游縣**》九成宮在縣理西一里，即隋文帝所置仁壽宮。每歲避暑春往冬還。義寧元年廢宮置立郡縣。貞觀五年復修舊宮以爲避暑之所，改名九成宮。

又 卷六《**河南道一·河南府**》仁壽四年煬帝詔楊素營東京。大業元年新都成遂徙居，今洛陽宮是也。其宮北據邙山，南直伊闕之口，洛水貫都，有河漢之象，東去故城一十八里。初煬帝嘗登邙山觀伊闕顧曰：此非龍門耶？自古何因不建都于此。僕射蘇威對曰：自古非不知，以俟陛下。帝大悦，遂議都焉。其宮室臺殿皆宇文愷所創也，愷巧思絶倫，因此制造頗窮奢麗，前代都邑莫之比焉。

洛水在洛陽縣西南三里，西有苑内上陽之南瀰漫東流。宇文愷築斜堤，束令東北流，當水衝捺堰九折，形如偃月，謂之月坡。今雖漸壞尚有存者。

又 卷七《**河南道二·汝州·梁縣**》廣成澤在縣西四十里。後漢安帝永初元年以廣成游獵地假與貧人。元初二年鄧太后臨朝，鄧騭兄弟輔政，以爲文德可興，武功宜廢，請寢蒐狩之禮于時。馬融以文武之道並用，作《廣成贊》以諷。按此澤周迴一百里。隋煬帝大業元年置馬牧于此。

唐 劉肅《**唐新語**》**卷三** 安樂公主恃寵，奏請昆明池以爲湯沐。中宗曰：自前代已來，不以與人，不可。安樂於是大役人夫，掘其側爲池，名曰定昆池。池成，中宗韋庶人皆往宴焉，令公卿已下咸賦詩。黄門侍郎李日知詩曰：但願暫思居者逸，無使時傳作者勞。後睿宗登位，謂日知曰：朕當時亦不敢言，非卿忠正，何能如此。俄拜侍中。

唐 鄭處誨《**明皇雜録**》**卷下** 玄宗幸華清宮，新廣湯池，制作宏麗。安禄山于范陽以白玉石爲魚龍鳧雁，仍爲石梁及石蓮花以獻，雕鐫巧妙，殆非人功。上大悦，命陳于湯中，又以石梁橫亘湯上，而蓮花纔出於水際。上因幸華清宮，至其所，解衣將入，而魚龍鳧雁皆若奮鱗舉翼，狀欲飛動。上甚恐，遽命撤去，其蓮花猶存。又嘗于宮中置長湯屋數十間，環迴甃以文石，爲銀鏤漆船及白香木船，置于其中。至於楫櫓，皆飾以珠玉。又於湯中壘瑟瑟及丁香爲山，以狀瀛洲方丈。

五代 劉昫《**舊唐書**》**卷六一**《**竇璡傳**》 貞觀初，授太子詹事，後爲將作大匠，修葺洛陽宮。璡於宮中鑿池起山，崇飾雕麗，虚費功力，太宗怒，遽令毁之。

又 卷六三《**封倫傳**》（楊）素將營仁壽宮，引爲土木監。隋文帝至宮，所見制度奢侈，大怒曰：楊素爲不誠矣，殫百姓之力，雕飾離宮，爲吾結怨於天下。素惶恐，慮將獲譴。倫曰：公當弗憂，待皇后至，必有恩詔。明日，果召素入對。獨孤后勞之曰：公知吾夫妻年老，無以娱心，盛飾此宮，豈非孝順。素退問倫曰：卿何以知之？對曰：至尊性儉，故初見而怒。然雅聽后言，后婦人也，惟麗是好。后心既悦，帝慮必移，所以知耳。素歎伏曰：揣摩之才，非吾所及。

又 卷八九《**狄仁傑傳**》 居數日，授仁傑侍御史，時司農卿韋機兼領將作少府二司。高宗以恭陵玄宮狹小不容送終之具，遣機續成其功。機於埏之左右爲便房四所，又造宿羽、高山、上陽等宮，莫不壯麗，仁傑奏其太過，機竟坐免官。

五代 王仁裕《**開元天寶遺事**》**卷四**《**望月臺**》 玄宗八月十五日夜，與貴妃臨太液池，憑欄望月，不盡帝意。不快，遂敕令左右：於池西岸别築百尺高臺，與吾妃子來年望月。後經禄山之亂，不復置焉，惟有基址而已。

宋 薛居正等《**舊五代史**》**卷三**《**梁書·太祖本紀**》（開平元年四月）制宮殿門及都門名額。正殿爲崇元殿，東殿爲元德殿，内殿爲金祥殿，萬歲堂爲萬歲殿，門如殿名。帝自謂以金德王，又以福建上獻鸚鵡，諸州相繼上白烏，白兔洎白蓮之合蒂者，以爲金行應運之兆，故名殿曰金祥。以大内正門爲元化門，皇牆南門爲建國門，滴漏門爲啓運門，下馬門爲升龍門，元德殿前門爲崇明門，正殿東門爲金烏門，西門爲玉兔門，正衙東門爲崇禮門，東偏門爲銀臺門，宴堂門爲德陽門，天王門爲賓天門，皇牆東門爲寬仁門，浚儀門爲厚載門，皇牆西門爲神獸門，望京門爲金鳳門，宋門爲觀化門，尉氏門爲高明門，鄭門爲開明門，梁門爲乾象門，酸棗門爲興和門，封丘門爲含耀門，曹門爲建陽門。

又 卷四《**梁書·太祖本紀**》（太祖開平二年七月）甲午，以高明門外繁臺爲講武臺。是臺西漢梁孝王之時，嘗按歌閲樂于此，當時因名曰吹臺，其後有繁氏居于其側，里人乃以姓呼之。時代綿寢，雖官吏亦從俗焉。帝每登眺，蒐乘訓戎，宰臣以是事奏而名之。

又 卷五四《**唐書第三十·列傳六**》（王）鎔自幼聰悟，然仁而不武，征伐出于下，特以作藩數世。專制四州，高屏塵務，不親軍政，多以閹人秉權，出納決斷，悉聽所爲。皆雕靡第舍，崇飾園池，植奇花異木，遞相誇尚。人士皆褒衣博帶，高車大蓋，以事嬉游，藩府之中，當時爲盛。

宋 王溥《唐會要》卷三〇 （唐高宗）顯慶元年，敕司農少卿田仁佐因舊餘材修乾元殿，高一百二十尺，東西三百四十五尺，南北一百七十六尺。至麟德二年三月十二日，所司奏乾元殿成。其應天門先亦焚之，及至造成，號爲乾天門。神龍元年三月十一日避天后號，改爲應天門。唐隆元年七月，避中宗號改爲神龍門。開元敕又爲應天門，天寶二年十一月四日，又改爲乾天門。垂拱四年二月十日，拆乾天殿于其地造明堂，至開元二十一年九月十日，於明堂舊址造乾天殿。

宋 錢儼《吳越備史》卷四 廣順元年春正月丁卯，周太祖即位。【略】即越州，王築宮室，治園圃、花卉、山石、池塘、亭苑奉廢王，日娛悅之，歲時供饋甚厚。

宋 司馬光《資治通鑑》卷一八〇《隋紀四·煬皇帝上之上》（大業元年）五月築西苑，周二百里，其内爲海，周十餘里，爲蓬萊、方丈、瀛洲諸山，高出水百餘尺。臺觀殿閣，羅絡山上，向背如神。北有龍鱗渠，縈紆注海内。緣渠作十六院，門皆臨渠，每院以四品夫人主之。堂殿樓觀，窮極華麗。宮樹秋冬雕落則剪彩爲華葉，綴於枝條，色渝則易以新者，常如陽春。沼内亦剪彩爲荷芰菱芡，乘輿游幸則去冰而布之。十六院競以殽羞精麗相高，求市恩寵。上好以月夜從宮女數千騎，游西苑，作《清夜游曲》，於馬上奏之。八月壬寅，上行幸江都，發顯仁宮。王弘遣龍舟奉迎，乙巳上御小朱航，自漕渠出洛口，御龍舟。龍舟四重，高四十五尺，長二百丈。上重有正殿、内殿、東西朝堂，中二重，有百二十房，皆飾以金玉。下重内侍處之，皇后乘翔螭舟，制度差小而裝飾無異。別有浮景九艘，三重，皆水殿也。又有漾彩、朱鳥、蒼螭、白虎、玄武、飛羽、青鳧、陵波、五樓道場、玄壇、板艙、黄篾等數千艘，後宮諸王、公主、百官、僧尼、道士、蕃客乘之，及載内外百司供奉之物，共用挽船士八萬餘人。其挽漾彩以上者九千餘人，謂之殿脚，皆以錦彩爲袍。

宋 張唐英《蜀檮杌》卷上（乾德）三年三月，衍還成都。五月，宣華苑成。延袤十里，有重光、太清、延昌、會真之殿，清和、迎仙之宮，降真、蓬萊、丹霞之亭。土木之功，窮極奢巧。衍數於其中爲長夜之飲。

宋 袁樞《通鑑紀事本末》卷二六下 煬帝大業元年春三月丁未，詔楊素與納言楊達將作大匠，宇文愷營建東京。每月役丁二百萬人，徙洛州郭内居民及諸州富商大賈數萬户以實之，廢二崤道，開葼冊道。敕宇文愷與内史舍人封德彝等營顯仁宮。南接皂澗，北跨洛濱，發大江之南、五嶺以北奇材異石，輸之洛陽。又求海内嘉木異草珍禽奇獸，以實園苑。

又（隋煬帝大業元年）夏五月，築西苑，周二百里。其内爲海，周十餘里，爲方丈、蓬萊、瀛洲諸山，高出水百餘尺。臺觀、宮殿羅絡山上，向背如神海。北有龍鱗渠，縈紆注海内緣渠。作十六院，門皆臨渠，每院以四品夫人主之。堂殿、樓觀，窮極華麗。宮樹秋冬雕落，則翦彩爲花葉綴於枝條，色渝則易以新者。常如陽春沼内，亦翦彩爲荷芰菱芡，乘輿游幸則去冰而布之。

宋 莊綽《雞肋編》卷中 車駕駐驛臨安，以府廨爲行宮。紹興四年，大饗明堂，更修射殿以爲饗所，其基即錢氏時握髮殿。吴人語訛乃云惡發殿，謂錢王怒即升此殿也。時殿柱大者，每條二百四十千足，總木價六萬五千餘貫，則壯麗可見。言者屢及而不能止。

宋 咸淳《重修毗陵志》卷二七《古跡》 離宮，隋大業十三年，敕郡通守路道，德集十郡兵匠數萬人，於郡東南創宮苑，周圍十二里。有涼殿四，一曰圓基，二曰結綺，三飛宇，四漏景，環以清流，蔭以佳木。又仿洛陽西苑，環十有六宮於夏池。左曰麗光、流英、紫芝、凝華、景瑶、浮彩、舒芳、懿樂，右曰采璧、椒房、明霞、朱明、翼仙、翠微、層城、千金。回廊複閣，飛觴激水，工技精巧，丹碧絢麗。未及臨幸，尋以盜起，莽爲丘墟。今夏城遺蹟隱然尚存。

宋《越史略》卷中（會豐七年）九月，造崇淵殿於芳蓮池，左置暉陽殿，來鳳亭，右立映蟾殿，遏雲亭，前起長鳴樓，後跨玩花橋。

又 卷下 天資寶祐二年正月，造新宮於寢殿西，中置天瑞殿，左起陽明殿右起蟾光殿，前安正儀殿，上構敬天殿。堦曰麗瑶，中啓永岩門，右啓越城門。堦曰銀虹，後啓勝壽殿，上構聖壽閣，左構日金閣，右構月寶閣，周圍設廊廡。其堦金晶，月寶閣右置凉石座，閣西起浴堂，後構富國閣。堦曰鳳簫，後起透垣門養魚池。池上構玩漪亭，亭三面樹以奇花異木，池水通於江，其雕飾之工，土木之麗古未有也。

宋 王欽若等《冊府元龜》卷一四《帝王部·都邑第二》 唐高祖武德元

年五月受隋禪，都長安，改隋大興殿爲太極殿，昭陽門爲順天門。離宮別館，游憩之所並廢。

太宗貞觀三年四月，太上皇以弘義宮有山林勝景，乃徙居之，改爲太安宮。六年監察御史馬周上疏曰：臣伏見太安宮在城之西，其牆宇門闕之制方之紫極，尚爲卑小，臣伏以皇太子之宅猶處城中，太安宮至尊所居更在城外，雖太上皇游心道素，志存清儉，陛下重違慈旨，愛惜人力，而番夷朝見及四方觀者有不足瞻仰焉。臣願營築雉堞，修起門樓，務從高敞，以稱萬方之望，則大孝昭乎天下矣。

（八年）七月廢明德宮及飛山宮之玄圃院，分給遭水之家。

十四年八月營襄城宮。初，帝將幸雒陽，遣將作大匠閻立德行可清暑之地，以建離宮於汝州西山。前臨汝水，傍通廣城，澤以置宮焉。役工一百九十餘萬，雜費稱是。

二十年七月辛亥，宴五品已上於飛霜殿。其殿在玄武門北，因地形高敞，層閣三城，軒欄相注。又引水爲潔渌池，樹白楊、槐柳，與陰相接，以滌炎暑焉。

二十一年復營太和宮龍山爲苑，自初裁至於設幄，九日而罷功，因改名翠微宮。正門北開，謂之雲霞門。視朝殿名翠微殿，其寢殿名含風殿。并爲皇太子搆別宮，去臺連延里餘。正門西開名金華門，內殿名喜安殿。

七月建玉華宮於宜州宜君縣之鳳凰谷。帝手詔曰：朕聞上代無爲，檐茅而砌土中，季華用檻玉而臺瓊，燥濕之致雖同，奢儉之情則異。朕承皇王之緒，執造化之綱，包萬類於心，端圖八紘於目，【略】尚興未央之役，猶起甘泉之功。今則毳幕穹廬，取爲郡縣，天山瀚海，分爲苑池。去既往之長勞，成將來之永逸。譬迴一年之役，創此新宮，想志士哲人，不以爲言也。布告黎庶，明此意焉。宮既成，正門謂之南風門，殿覆瓦餘皆葺之以茅。帝以意在清涼，務從儉約。匠人以爲層巖峻谷，玄覽遐長，於是疏泉抗殿，包山通苑。皇太子所居南風門之東正門謂之嘉禮門，殿名暉和殿。其官曹寺署並皆創立，微事營造，庶物亦擾市取供，而折番和僱之費以巨億計矣。及帝游幸，敕奉御王孝積於顯道門內，起紫微殿十三間，文甓重基，高敞宏壯，帝見之甚悅。

（高宗）顯慶元年，敕司農少卿田仁汪因事東都舊殿餘址，修乾元殿，高一百二十尺，東西三百四十五尺，南北一百七十六尺。

二年十二月，以雒陽宮爲東都。雒州官吏階品，准雍州廢雒陽宮總監，改青城宮爲東都苑，北面監明德宮爲東都苑，南面監雒陽宮農圃監爲東都苑。東面監食貨監，爲東都苑。西面監雒州，北市置官員，准東西市隸太府寺。

五年五月，修雒水水波堰，又於東都苑內造八關宮，尋改爲合璧宮。

九月，改東明門爲賓耀門，西明門爲宣耀門。時常機爲司農少卿，受詔檢校東都營田園苑之事，帝謂之曰：兩都是朕東西二宅也。今之宮館，隋代所造，歲序既淹，漸將頹毀，欲有修造，又費財力，如何？幾奏曰：臣任司農向以十年，前後省費。今見貯錢三十萬貫，若以供葺，理可不勞而就也。帝大悅，詔機兼統將作、少府二司，使漸營之。於是機始造宿羽、高山等宮，并移雒水之中。橋自立德之西街徙於長夏之通衢，遂廢利涉橋，公私以爲便。及機遷職，帝登雒水高岸，有臨眺之美，詔機於其所營上陽宮。宮成，移御之。

龍朔二年六月，帝染風痺，以宮內湫濕，乃修舊大明宮，改名蓬萊宮。北據高原，南望爽塏。是年，置正門曰丹鳳，正殿曰含元。含元殿之後曰宣政。宣政左右有中書門下二省、弘文史二館。

三年二月，稅隴雍同岐豳華寧鄜坊涇虢絳晉蒲慶等州，率口錢，修蓬萊宮。又減京官一月俸，助修蓬萊宮。

四月，移仗就蓬萊宮。是月，始御紫宸殿聽政，百寮奉賀新落成也。初遣司稼少卿梁孝仁監造，悉於庭院列白楊樹。右驍衛大將軍契苾何力入宮中，縱觀。孝仁指白楊曰：此木易長，不過二三年，宮中可得蔭映。何力不答，但誦古詩：白楊多悲風，蕭蕭愁殺人。意謂此是冢墓木也。孝仁遽令拔去之，更植梧桐，謂人曰：禮失，求之於野，固不虛也。

（儀鳳）四年五月，造紫桂宮於澠池縣西，永淳元年四月改芳桂宮。是年帝入雒，乃移御雒北陰殿。尚書左僕射劉仁軌謂侍御史狄仁傑曰：古之陂池臺榭，皆在深宮重城之內。不欲外人見之，恐傷百姓之心也。韋弘機之作，列岸脩廊，在於堙堞之外，萬方朝謁無不覩之，此豈致君堯舜之意哉。弘機聞之曰：天下有道，百司各奉職，輔弼之臣則思獻替之事，腑臟之臣行詔守官而已，吾不敢越分也。

玄宗開元二年七月，宋王成器等累上表，請以興慶舊里宅爲宮。乃下制曰：朕昔與弟兄聯居藩邸，虔奉聖訓遂膺昌期。嘗思鄂杜之游，頗有芒碭之氣，王等固陳符瑞，取則不遠，擬備巡幸，推而勿居。雖府在京，師亦同於譙沛。式遵故事，宜依今請，遂以興慶里舊邸爲興慶宫。初帝在藩邸與宋王等同居于興慶里，時人號曰五王子宅。至景隆末，宅内有龍池涌出，望氣者云：有天子氣。中宗數行其地，命泛舟以馳象，踏氣以厭之，至是爲宫焉。後於西南置樓，西面題曰花萼相輝之樓，南面題曰勤政務本之樓。至二十五年，帝戒諸王曰：奉先帝，宫室不敢有加，時時補葺，已愧於勞人矣。唯興慶創制，乃朝廷百辟卿士以吾舊邸，因欲修建，不免群卿考室之詞，是即庶民子來之請，亦所以表休徵之地。新作南樓，本欲察甿俗，采風謡，以防壅塞。是亦古闢四門達四聰之意，時有作樂宴慰，不徒然也。今因大哥讓朱邸以成花萼相輝之美，歷觀自古，聖帝明王者所興作，欲以助教化也。吾所冀者式崇敦睦，漸漬薄俗，令其人信厚耳。興慶宫在東内之南，自東内達南内有夾城複道，徑通北門，達南内。人主往來兩宫莫知之。宫之西南隅有花萼相輝、勤政務本之樓。築苑在皇城之北，苑東西二十七里，南北三十三里，東至汶水，西連故長安城。南連京城，北枕渭水。苑内離宫亭以二十四所，漢長安故城南，東西十三里，亦隸入苑中。苑置四面，監總監以掌種植。

十一年，并州置北都，是年置温泉宫於驪山。

二十八年正月，兩京路及城中苑内種果樹。

（玄宗天寶）八載四月，華清宫作觀風樓。

五月，於開遠門外作振旅亭。

代宗廣德元年九月，禁城内六街種植。

（永泰）二年正月，京兆尹黎幹大發夫役，種城内六街樹。是歲，不許京城内坊市侵街築牆造舍，舊者並毁之。

（德宗貞元）十二年八月，增修望仙樓及廣夾城及十六王宅，時京城街衢中樹缺，縣吏多栽榆樹以其省便。會吴湊爲京兆尹，每歲唯令植槐樹成列。

十三年三月，於麟德殿前新造亭子成，名曰會慶亭。五月引龍首渠水，自通化門入至太清宫前。

七月，浚魚藻池，池先深一丈，淘加四尺。

八月，詔曰：昆明池俯近都城，古之舊制，蒲魚所産實利於人，宜令京兆尹韓皋充使，即勾當修堰漲池。

十一月，韓皋奏准敕漲昆明池，修石炭、賀蘭兩堰，并造土堰，開淘湖渠，都用錢七千四百三十貫文。

（憲宗元和八年）閏五月，作蓬萊池，周廊四百間。

十三年二月，詔六軍使創修麟德殿之右廊。又浚龍首池，起承暉殿。雕飾綺焕，徙置佛寺之花木以充焉。

（穆宗長慶元年）七月，新作永安殿，及寶慶殿，及修日華門、通乾門，并朝堂廊舍。

八月，發神策六軍二千人浚魚藻池。

（敬宗寶曆）二年正月甲戌，左右神策六軍、威遠皇城左右金吾共差二萬人，入内穿池修殿。

文宗太和元年四月，詔毁昇陽殿、東放鴨亭、望仙門、側看樓十間，並敬宗所造也。

九年二月，敕都城勝賞之地，唯有曲江承平。已前亭館接連，近年廢毁，思俾葺修。已令所司芟除栽植，其諸司如有力要於曲江置亭館者，給與閑地，任其營造。七月右軍擗仗使田金操請，准敕拆銀臺門，起修三門樓，詔左軍官健二千人填龍首池，以爲踘場。又詔左右軍官健各一千五百人，赴曲江修建紫雲樓。

九月，帝幸右銀臺門觀，門樓，興工之作，發左右神策軍一千五百人修淘曲江。是日，左右軍奏修曲江樓畢，各進圖一軸。是月，内出新造紫雲樓彩霞亭，額左軍中尉仇士良，以鼓吹迎於銀臺門。時帝好詩，每吟杜甫《曲江行》云：江頭宫殿鎖千門，細柳新蒲爲誰緑。乃知天寶已前，曲江四面皆有行宫臺殿，思復昇平故事，故爲樓殿以臨之。

明　唐順之《歷代史纂左編》卷六一《隋煬帝》　煬帝廣大業元年，【略】敕内史舍人封德彝等營顯仁宫。南接早澗，北跨洛濱，發大江之南五嶺以北奇材異石，輸之洛陽。又求海内嘉木異草珍禽奇獸，以實園苑。命尚書右丞皇甫議發河南淮北諸郡民，前後百餘萬，開通濟渠。自西苑引穀、洛水達於河，復自板渚引河。【略】又築西苑，周二百里。其内爲海，周十餘里。爲方丈、蓬萊、瀛州諸山，高出水百餘尺。臺觀宫殿，羅絡山上，向背如神。海北有龍鱗渠，縈紆注海内。緣渠作十六院，門皆臨渠，每院以四品夫人主之。堂殿樓觀，窮極華麗。宫樹秋冬雕落，則剪彩爲花葉，綴於枝條，色渝則易以新者，常如陽春。沼内亦剪彩爲荷芰菱芡，乘輿游幸，則去冰而布之。

明　王圻《稗史彙編》卷一一《昆陵宫苑》　大業十二年春正月，又敕昆陵郡集十郡兵近數萬人，於郡東南置宫苑，周十二里。其中有離宫十六所，其流觴曲水，别有凉殿四所，環以清流。共四殿，一曰圓基，二曰結綺，三曰飛淙，四曰漏景。其十六宫亦以殿名，名宫苑芳夏。池之左有宫八，一曰麗光，二曰清流，三曰紫芝，四曰凝華，五曰瑶景，六曰浮彩，七曰舒芳，八曰懿樂。池右有宫亦八，一曰采璧，二曰椒房，三曰朝霞，四曰朱明，五曰翼仙，六曰翠微，七曰層城，八曰千金。及江左叛燔燒，遂盡。又欲於禹穴造宫，未就而天下大亂。

明 顧錫疇《綱鑑正史約》卷二〇（大業元年春）二月，命楊素營東京宫室，時以洛陽爲東京，後改爲東都。又敕將作大匠宇文愷與内史舍人封德彝等管顯仁宫。發大江以南五嶺以北奇材異石，輸之洛陽，又求海内嘉木異草珍禽奇獸，以實苑囿。自長安至江都，置離宫四十餘所。遣黄門侍郎王弘等往江南，造龍舟及雜船數萬艘。又築西苑，周二百里。其内爲海，周十餘里，爲方丈、蓬萊諸山，臺觀宫殿，羅絡山上。宫樹秋冬凋落，則剪彩爲花葉，綴於枝條，色渝則易以新，常如陽春。沼内亦剪彩爲芰荷菱芡，乘輿臨幸則去冰而布之。帝好以月夜從宫女數千騎游西苑，作《清夜游曲》，於馬上奏之。

明 陸楫《煬帝海山記》（《古今説海》卷一二〇輯） 大業六年，後苑草木鳥獸繁息茂盛，桃蹊李徑翠陰交合，金猿青鹿動輒成羣。自大内開爲御道，直通西苑，夾道植長松高柳。帝多幸苑中，去來無時。

明《煬帝迷樓記》（《古今説海》卷一二一輯） （項昇）數日進圖，（煬）帝覽大悦，即日詔有司供具材木，凡役夫數萬，經歲而成。樓閣高下，軒窗掩映，幽房曲室，玉欄朱楯，互相連屬，回環四合，曲屋自通，千門萬牖，上下金碧。金虬伏於棟下，玉獸蹲於户傍。壁砌生光，瑣窗射日。工巧之極，自古無有也。費用金玉，帑庫爲之一虚。人誤入者，雖終日不能出。帝幸之大喜，顧左右曰：使真仙游其中，亦當自迷也。可目之曰迷樓。

清 吴任臣《十國春秋》卷三七《前蜀三·後主本紀》 乾德三年春正月甲寅，帝還成都。【略】結繒爲山及宫殿樓觀。于其上又别立二彩亭，于前列諸金銀錡斧之屬。取御厨食料烹燀於其間。帝乃憑彩樓視之，號曰當面厨。爲風雨所敗則易新者。或樂飲繒山，陟旬不下山。前穿渠通禁中，間乘船夜歸，令宫女秉蠟炬千餘照之，水面如晝。是月，井監使馬全義復開陵州焰陽洞。夏五月命宣華苑内，延袤十里。搆重光、太清、延昌、會真之殿，清和、迎仙之宫，降真、蓬萊、丹霞、怡神之亭，飛鸞之閣，瑞獸之門，土木之功，窮極奢巧。

又 卷六八《楚二·衡陽王世家》（天福八年）是歲作九龍殿，刻沈香爲八龍，飾以金寶，各長百尺，抱柱相向，作趨捧之勢。已居其中，自言身一龍也。製襆頭，脚長丈許，以象龍角。向晨將御殿，先焚香，龍腹中煙氣鬱然而出，若口吐焉。又建會春園、嘉宴堂、金華殿，其費鉅萬間，携子弟僚屬於會春園游宴，學士徐仲雅等賦詩上觴，晝夜無節。用度不足，因加賦國中。

又 卷一〇一《荆南二》 天福八年夏四月戊申朔日，有食之。是時，王鑿江陵城西南隅爲池《江陵志餘》云：清風池在城東北隅，方數百步。清深鏡潔，淬而不流，高氏之所鑿也。立亭于上曰渚宫。先是，城東南舊有渚宫。楚項襄王之離宫也。王特仿其名而稱之，又置亭于渚宫側，曰迎春。

又 （保勖）又好營造臺榭，窮極土木之工。有估客自嶺外來，得龍眼一枝，約四十圍，共千枚，獻于保勖。保勖命作琅玕檻子置之，名曰海珠藂。其玩物多此類也。

清 嘉慶《咸寧縣志》卷三《唐禁苑圖》

禁苑 《六典》：在宫城北，周一百二十里。《長安志》：東西二十七里，南北三十三里。東接灞水，西接長安，故城南連京城，北枕渭水。苑西即太倉，北距中渭橋，與長安故城相接。東西十二里，南北十三里，亦隸苑中。苑中四面皆有監，南面長樂監，北面舊宅監，東監、西監，分掌宫中植種即脩葺等事。又置苑總監領之，皆隸司農寺。苑中宫亭凡二十四所。案南北三十三里。《舊唐書·地理志》作三十里。《玉海》引作二十里。《舊唐書》爲是。

南望春亭、北望春亭 《雍録》：在禁苑東南高原之上。舊記多云望春宫其東正臨滻水。《唐書·地理志》：萬年有望春宫，北望春宫，宫東廣運潭。魚藻池 《長安志》：貞元十二年，詔浚魚藻池，深一丈。至穆宗又浚之。魚藻宫 《玉海》：禁苑池中有山，山上建魚藻宫，在大明宫北。九曲宫 《長安志》：去宫城十二里，在左神策軍後，宫中有殿舍山池。

案，禁苑東起灞滻，西包長安，故城兼有今咸寧、長安二縣地。其近西内者爲西内苑，近東内者爲東内苑。苑中宫殿方位道里俱未詳，無從分晰，姑依元李好文，舊圖仍載。宋次道志于考，以相參訂。故圖與説多不合志中。自神

唐禁苑圖 李氏舊圖

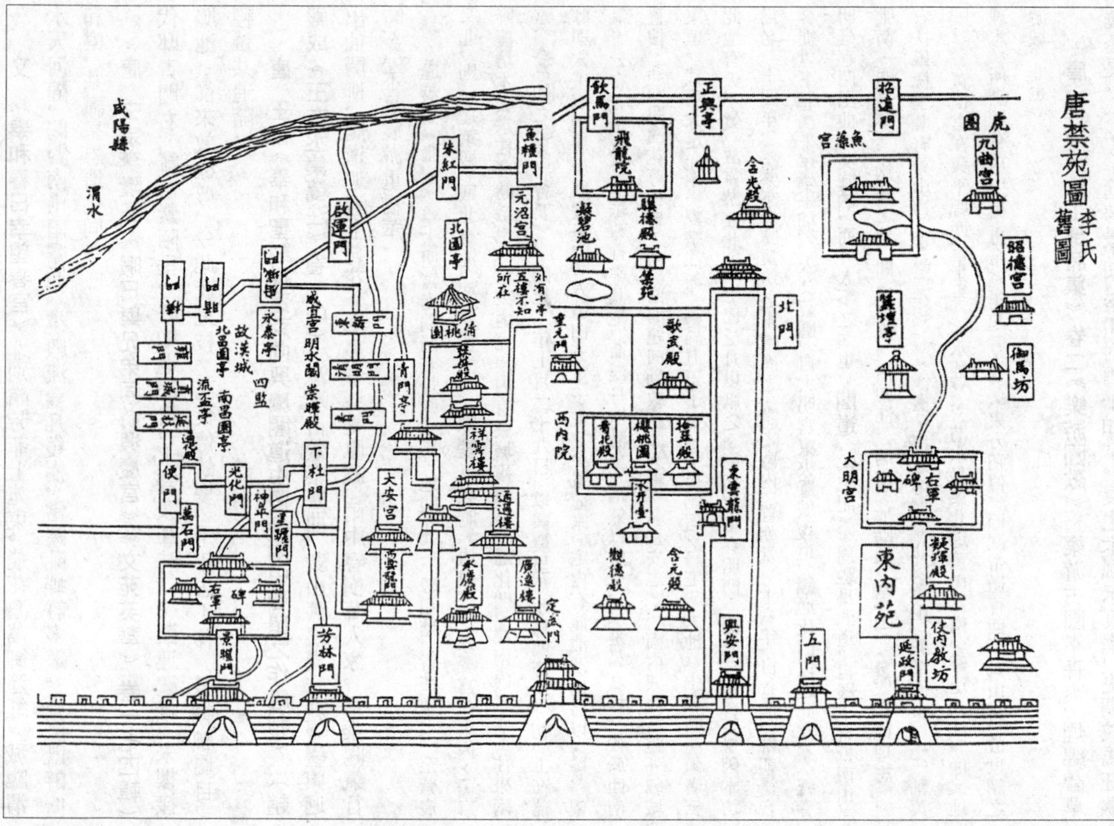

皋亭以下，明水園以上，盡屬長安。考中闕之惟存西北諸門，以見當日全制。其廣運潭別詳《唐宋水道圖考》中。又《長安志》：禁苑別見章有凝碧池。梨園在通化門外。正北，禁苑南，有文宗會昌殿、含光殿、昭德宮、櫻桃園、葡萄園、光啓宮、雲韶院遺址，俱無考。

藝文

唐太宗 李世民《帝京篇选五》（《文苑英華》卷一九二輯） 秦川雄帝宅，函谷壯皇居。綺殿千尋起，離宮百雉餘。連甍遥接漢，飛觀迥凌虚。日月隱層闕，風煙出綺疏。

巖廊罷機務，崇文聊駐輦。玉匣啓龍圖，金繩披鳥篆。韋編斷方續，縹帙舒還卷。對此乃忘憂，敧案觀墳典。

芳辰開逸趣，禁苑信多奇。橋形通漢上，峰勢接雲危。煙霞交隱映，花鳥自參差。何如肆轍跡，萬里賞瑶池。

飛蓋去芳園，蘭橈游翠渚。梁間日影亂，荷處香風舉。桂檝滿中川，絃歌振長嶼。豈獨汾河曲，方爲歡宴所。

落日雙闕昏，迴輿九重暮。長烟引初碧，皎月澄輕素。搴幌玩琴書，開軒引雲霧。斜漢耿層閣，清風摇玉樹。

唐 盧藏用《奉和立春游苑》（《文苑英華》卷三一一輯） 天游仰蹕駐城闉，上苑遲光晚更新。瑶臺半入黄山路，玉檻傍臨玄灞津。梅香欲待歌前落，蘭氣先過酒上春。幸預柏臺稱獻壽，願陪千畝及農辰。

唐 沈佺期《奉和立春游苑》（《文苑英華》卷三一一輯） 東郊暫轉迎春仗，上苑初飛行慶杯。風射蛟冰千片斷，氣衝魚鑰九關開。林中覓草才知茘，殿裏争花并是梅。歌吹銜恩歸路晚，棲烏半下鳳城來。

又《奉和春日幸望春宫應制》（《唐詩品彙》卷八二輯） 芳郊緑樹散春晴，複道離宫烟霧生。楊柳千條花欲綻，蒲萄百丈蔓初縈。林香酒氣元相入，鳥囀歌聲各自成。定是風光牽宿醉，來晨復得幸昆明。

唐 張説《張燕公集》卷一《景龍應制睿宗侍宴隆慶池》 靈池月滿直城限，黻帳天臨御路開。東沼初陽疑吐出，南山曉翠若浮來。魚龍百戲分容與，鳧鷁雙舟較泝洄。願似金堤青草馥，長承瑶水白雲杯。

又《奉和春日幸望春宮》　別館芳菲上苑東，飛花澹蕩御筵紅。城臨渭水天河靜，闕對南山雨露通。繞殿流鶯凡幾樹，當蹊亂蝶許多叢。春園既醉心和樂，共識皇恩造化同。

唐　玄宗李隆基《暇日與兄弟同游興慶宮》（《文苑英華》卷一七四輯）　代邸青門右，離宮紫陌垂。庭如過沛日，水若渡江時。綺觀連鷄岫，朱樓接鴈池。從來敦棣萼，今此茂荆枝。萬葉傳餘慶，千年志不移。憑軒聊屬目，輕輦共追隨。

唐　王維《奉和聖製從蓬萊向興慶閣道中留春雨中春望之作應制》（趙殿成《王右丞集箋注》卷一〇）　渭水自縈秦塞曲，黄山舊繞漢宮斜。鑾輿迥出仙門柳，閣道迴看上苑花。雲裏帝城雙鳳闕，雨中春樹萬人家。爲乘陽氣行時令，不是宸游重物華。

蓬萊　《雍録》：大明宮南端門名丹鳳，在平地門北。三殿相踏，皆在山上。至紫宸又北，則爲蓬萊殿，殿北有池，亦云蓬萊池。興慶　劉昫《唐書》：興慶宮在東内之南。隆慶坊本玄宗在藩時宅也。自東内達南内有夾城複道，經通化門，達南内。人主往來兩宮，人莫知之。《唐會要》：開元二年七月二十九日，以興慶里舊邸爲興慶宮。初，上在藩邸與宋王等同居於興慶里，時人號曰五王子宅。至景龍末，宅内有龍池湧出日以浸廣，望氣者云有天子氣。中宗數行幸其地，命泛舟以馳象，蹈氣以厭之，至是爲宮焉。後於西南置樓，西面題曰花蕚相輝之樓，南面題曰勤政務本之樓。《長安志》：南内興慶宮距外郭城東垣。武后大足元年，睿宗在藩，賜爲五王子宅。明皇始居之，宅臨大池。中宗時望氣者云此池有天子氣，故嘗游宴此池，上巳泛舟以厭之。南街東出春明門。開元三年置宮，因本坊爲名。十四年，又取永嘉勝業坊之半增廣之，謂之南内，置朝堂。十六年，以宮成，御朝德音釋徒以下罪二十年築夾城。入芙蓉園，自大明宮東夾羅城複道，經通化門以達此宮，次經春明延喜門至曲江芙蓉園，而外人不之知也。閣道　《史記》：周馳爲閣道，自殿下直抵南山。張衡《西京賦》：鉤陳之外，閣道穹隆。吕向注：閣道，飛陛也。黄山　《漢書·地理志》：右扶風槐里縣有黄山宮，孝惠二年起。《漢書·揚雄傳》：北繞黄山，瀕渭而東。《三輔黄圖》：黄山宮在興平縣西三十里。《水經》：渭水又東北逕黄山宮南。酈道元注：即《地理志》所謂縣有黄山宮，惠帝二年起者也。《東方朔傳》曰武帝微行西至黄山宮，故世謂之游城，非也。

唐　杜甫《杜工部詩集》卷二《樂游園歌》　樂游古園崒森爽，煙綿碧草萋萋長。公子華筵勢最高，秦川對酒平如掌。長生木瓢示真率，更調鞍馬狂歡賞。青春波浪芙蓉園，白日雷霆夾城仗。閶闔晴開詄蕩蕩，曲江翠幕排銀牓。拂水低迴舞袖翻，緣雲清切歌聲上。却憶年年人醉時，只今未醉已先悲。數莖白髮那抛得，百罰深杯亦不辭。聖朝亦知賤士醜，一物自荷皇天慈。此身飲罷無歸處，獨立蒼茫自詠詩。

又　卷三《玉華宮》　溪回松風長，蒼鼠竄古瓦。不知何王殿，遺構絶壁下。陰房鬼火青，壞道哀湍瀉。萬籟真笙竽，秋色正蕭灑。美人爲黄土，況乃粉黛假。當時侍金輿，故物獨石馬。憂來藉草坐，浩歌淚盈把。冉冉征途間，誰是長年者。

又《九成宮》　蒼山入百里，崖斷如杵臼。曾宮憑風迴，岌嶪土囊口。立神扶棟梁，鑿翠開戶牖。其陽産靈芝，其陰宿牛斗。紛披長松倒，揭𡼭怪石走。哀猿啼一聲，客淚迸林藪。荒哉隋家帝，製此今頽朽。向使國不亡，焉爲巨唐有。雖無新增修，尚置官居守。巡非瑶水遠，跡是雕牆後。我來屬時危，仰望嗟歎人。天王守太白，駐馬更回首。

唐　盧綸《華清宮蚤秋望華清宮樹以成詠》（《文苑英華》卷三一輯）　可憐雲木叢，滿禁碧濛濛。色潤虚泉近，陰清輦路通。玉壇標八桂，金井識雙桐。交映凝寒露，相和起夜風。數枝盤石上，幾葉落雲中。燕拂宜秋霽，蟬鳴覺晝空。翠屏更隱見，朱綴共玲瓏。雷雨生成早，樵蘇禁令雄。野藤高助緑，仙果迥呈紅。惆悵繚垣暮，兹山聞暗蛩。

唐　歐陽詹《歐陽行周文集》卷五《曲江池記》　水不注川者，在藪澤則曰陂曰湖，在苑囿則爲池爲沼。苑之沼，囿之池，力墾而成，則多天然而有則寡。兹池者，其天然歟。循原北峙，迴岡旁轉，圓環四匝，中成窞坎，窘窌港洞，生泉淪源。東西三里而遥，南北三里而近。當天邑，别卜繚，垣未繞，乃空山之澩，曠野之湫。然黄河作其左塹，清渭爲其後洫，褒斜右走，太一前横。崇山濬川，鉤結盤護。不南不北，湛然中渟。西北有地平坦，彌望五六十里而無窪坳。紫蓋凝而不散，黄旗鬱以常在。實陶鈞之至，造化之功。沙汰一氣之辰，財成六合之日。既以磽确，外爲寰宇，敞無垠堮，以居億兆。又選英精，内爲區域，束以襟帶，用宅君長。若人斯生，支體具矣，有心以繫其神焉。若堂斯考，廊廡設矣，有室以處其尊焉。彼如紫蓋黄旗之氣，豈陶鈞造化者，用宅君長、英精之所耶。夫物苟相表裏，製必同象，泄夫外則廓以靈海，導夫内則融乎此湫。歷代帝王未得而有，豈降巢宅土之後，聯綿千百之代，建卜都邑，不欲合夫天意而居乎。將天意尚同其根深蔕固，可與終畢者而命處乎。故於有隋，兆我皇唐之存孕，逮其季主營之以須焉。揆北辰以正方，度南端而製極。墉隍劃趾，鈎陳定位，地迴帝室，湫成厥池。既由我署，纔成伊去，真主巍巍，龍盤虎踞。爰自中而軌物，取諸象以正名字。曰曲江，儀形也。觀夫妙用，在人豐功。及物，則總天府之津液，疏皇居之埶隘。潢汙入其洞澈，銷涎滌以下澄，汙濊隨其佳氣，蕩鬱攸而上滅。萬户無重膇之患，千門就爽塏之致。其流惡含和，厚生蠲疾，有如此者。皎晶如練，清明若空。俯睇冲融，得渭北之飛鴈。斜窺澮濟，見終南之片石。珍木周庇，奇華中縟。重樓夭矯以縈映，危榭巉巖以輝燭。芬芳蔭滲，滉瀁雹娗，凝煙吐靄，泛羽游鱗。斐郁郁以閑麗，謐徽徽而清肅。其涵虛抱景，氣象澄鮮，有如此者。皇皇后辟，振振都人，遇佳辰於令月，就妙賞乎勝趣。九重繡轂，翼六龍而畢降。千門錦帳，同五侯以偕至。泛菊則因高乎斷岸，祓禊則就潔乎芳沚。戲舟載酒，或在中流。清芬入襟，沉昏以滌。寒光炫目，貞白以生。絲竹駢羅，緹綺交錯。五色結章於下地，八音成文於上空。砰輷沸渭，神仙奏鈞天於赤水。翹藹敷俞，天人曳雲霓於玄都。其洗慮延歡，俾人怡懌，有如此者。至若嬉游以節宴，賞有經則。纖埃不動，微波以寧。熒熒渟渟，瑞現祥形。其或淫湎以情，泛覽無斁，則飄風暴振，洪濤噴射，崩騰駱驛。妖生視覿，其棲神育靈，與善懲惡，有如此者。小子幸因受遺觀光上國，身不佞而自棄，日無名以多暇，詢奇覽物，得之於斯。矚太始之玄，造訪前跡於碩老。天生地成之理，識之於性情。物義人事之端，徵之於耳目。夫流惡含和，厚生蠲疾，則去陰之慝，輔陽之德也。涵虛抱景，氣象澄鮮，則藻飾神州，芳榮帝宇也。延歡滌慮，俾人怡悦，則致民樂土而安其志也。棲神育靈，興善懲惡，則俗知所勸而重其教也。號惟天邑，非可謬創，一山一水，拳石草樹，皆有所謂。兹池者，其有謂之雄焉，意我皇唐須有此地以居之，有此地須有此池以毗之。

唐　張籍《**張司業集**》**卷四**《**小苑春望宫池柳色**》　小苑春初至，皇衢日更清。遥瞻萬條柳，迴出九重城。隱映龍池潤，參差鳳闕明。影宜宫雪曙，色帶禁煙晴。深淺殘陽變，高低曉吹輕。年光正堪折，欲寄一枝橫。

唐　王建《**王司馬集**》**卷二**《**温泉宫行**》　十月一日天子來，青繩御路無塵埃。宫前内裏湯各別，每箇白玉芙蓉開。朝元閣向山上起，城繞青山龍暖水。夜開金殿看星河，宫女知更明月裏。武皇得仙王母去，山鷄晝鳴宫中樹。温泉泱泱出宫流，宫使年年修玉樓。禁兵除盡無射獵，日西麋鹿登城頭。梨園弟子偷曲譜，頭白人間教歌舞。

又　卷七《**宫中三臺二首**》　魚藻池邊射鴨，芙蓉苑裏看花。日色柘袍相似，不着紅鸞扇遮。

池北池南草緑，殿前殿後花紅。天子千年萬歲，未央明月清風。

又　卷八《**宫前早春**》　酒幔高樓一百家，宫前楊柳寺前花。内園分得温湯水，二月中旬已進瓜。

唐　劉禹錫《**劉賓客文集**》**卷二六**《**華清詞**》　日出驪山東，徘徊照温泉。樓臺影玲瓏，稍稍開白烟。言昔太上皇，常居此祈年。風中聞清樂，往往來列仙。翠華入五雲，紫氣歸上玄。哀哀生人淚，泣盡弓劍前。聖道本自我，凡情徒顒然。小臣感玄化，一望青冥天。

唐　白居易《**白氏長慶集**》**卷四**《**驪宫高**》　高高驪山上有宫，朱樓紫殿三四重。遲遲兮春日，玉甃暖兮温泉溢。嫋嫋兮秋風，山蟬鳴兮宫樹紅。翠華不來歲月久，牆有衣兮瓦有松。

又　卷三一《**同諸客題于家公主舊宅**》　平陽舊宅少人游，應是游人到即愁。春轂鳥啼桃李院，絡絲蟲怨鳳皇樓。臺傾滑石猶殘砌，簾斷珍珠不滿鈎。聞道至今蕭史在，髭鬚雪白向明州。

唐　李紳《**追昔游集**》**卷上**《**憶春日曲江宴後許至芙蓉園**》　春風上苑開桃李，許詔看花入御園。香徑草中迴玉勒，鳳凰池畔泛金樽。緑絲垂柳遮風暗，紅藥低叢拂砌繁。歸繞曲江煙景晚，未央明月鎖千門。

唐　元稹《**元氏長慶集**》**卷二四**《**樂府·連昌宫詞**》　連昌宫中滿宫竹，歲久無人森似束。又有牆頭千葉桃，風動落花紅蔌蔌。宫邊老人爲予泣，小年進食曾因入。上皇正在望仙樓，太真同憑欄干立。樓上樓前盡珠翠，炫轉熒煌照天地。【略】兩京定後六七年，却尋家舍行宫前。莊園燒盡有枯井，行宫門閉樹宛然。爾後相傳六皇帝，不到離宫門久閉。往來年少説長安，玄武樓成花萼廢。去年敕使因斫竹，偶值門開暫相逐。荆榛櫛比塞池塘，狐兔驕癡緣樹木。舞榭欹傾基尚在，文窗窈窕紗猶緑。塵埋粉壁舊花鈿，烏啄風箏碎珠玉。上皇偏愛臨砌花，依然御榻臨階斜。蛇出燕巢盤門拱，菌生香案正當衙。寢殿相連端正樓，太真梳洗樓上頭。晨光未出簾影黑，至今反掛珊瑚鈎。

唐　李賀《昌谷集》卷一《同沈駙馬賦得御溝水》入苑白泱泱，宮人正靨黄。遶堤龍骨冷，拂岸鴨頭香。别館驚殘夢，停杯泛小觴。幸因流浪處，暫得見何郎。

唐　温庭筠《温飛卿詩集》卷九《華清宮二首》風樹離離月稍明，九天龍氣在華清。宮門深鎖無人覺，半夜雲中羯鼓聲。

天閣沈沈夜未央，碧雲仙曲舞霓裳。一聲玉笛向空盡，月滿驪山宮漏長。

唐　韓偓《韓内翰别集·苑中》上苑離宮處處迷，相風高與露盤齊。金堦鑄出狻猊立，玉柱雕成狒狖啼。外使調鷹初得按，中官過馬不教嘶。笙歌錦繡雲霄裏，獨許詞臣醉似泥。

唐　張正見《帝王所居篇》（《文苑英華》卷一九二輯）崤函雄帝宅，宛雒壯皇居。紫微臨複道，丹水亘通渠。沉沉飛雨殿，藹藹承明廬。兩宮分槩日，雙闕並凌虚。休氣充青瑣，榮光入綺疏。霞明仁壽鏡，日照凌雲書。鳴鸞背鳷鵲，詔蹕幸儲胥。長楊飛玉輦，御宿陟金輿。柳葉緹飄騎，槐花影翻車。薄暮歸平樂，歌鐘滿玉除。

宋　田錫《咸平集》卷一八《華清宮詞》繡嶺葱蘢浮瑞氣，雲樓霞闕明珠翠。禁城緣嶺連九天，一片笙歌如鼎沸。我恐紫麟丹鳳洲，移於近甸資宸游。東將太華爲城雉，北以渭川爲御溝。又疑西王開月圃，白雲仙都紫雲府。碧瑤新宮初搆成，借與明皇自爲主。開元之末天寶初，天下太平方晏如。萬幾多暇頻游晏，青門道士馳鑾輿。長樂岐頭霸陵岸，新豐市井驪山畔。百里烟波錦繡明，寶馬香車若珠貫。宮中湯泉琴瑟文，潺湲長以蘭麝薰。白玉蓮花蹙飛浪，珠堂繡殿温如春。貴妃承恩貌傾國，三千宮女朝霞飾。謝家有女名阿蠻，歌舞纖柔柳無力。頻唤入宮恩寵厚，金粟臂鐶頒賜得。秋來嶺上霜月明，光照組練金吾兵。槐烟柳露咽宮漏，玉笛一聲巖壑驚。春來嶺下春波緑，夜聽琵琶將理曲。幽咽輕攏慢撚聲，鸞皇引雛啄珠玉。嘗記乘輿避暑時，御衣輕似紅蕉絲。翠輦將游石瓮寺，探得姚崇乘小駟。往來緑樹影中行，清凉適稱逍遥意。荔枝顔色燕脂紅，生於南海烟瘴中。南海地遥一萬里，使臣日貢華清宮。六宮每從鑾輿到，遺珠落翠長安道。百司既奉玉乘歸，湯宮横鏁黄金扉。門戈陛戟皆繡衣，朝鐘暮鼓含清輝。參差天上朝元閣，往往紫烟飛皓鶴。至今碧落星宿繁，猶似當時掛珠箔。

宋　蘇軾《驪山》（《東坡詩集注》卷四）君門如天深幾重，君王如帝坐法宮。人生難處是安隱，何爲來此驪山中。複道凌雲接金闕，樓觀隱煙横翠空。林深霧暗迷八駿，朝東暮西勞六龍。六龍西幸峨眉棧，悲風便入清華院。霓裳蕭散羽衣空，麋鹿來游猿鶴怨。繽唐明皇於驪山温湯作華清宮、朝元閣、羯鼓樓、長生殿，歲與楊貴妃幸温湯。妃能舞《霓裳羽衣曲》。後安禄山亂，西幸入蜀。伍子胥諫吳王：臣將見麋鹿游姑蘇之臺。我上朝元春半老，滿地落花無人掃。羯鼓樓高掛夕陽，長生殿古生青草。可憐吳楚兩醯雞，築臺未就已堪悲。長楊五柞漢幸免，江都樓成隋自迷。由來留連多喪國，宴安酖毒因奢惑。三風十愆古所戒，不必驪山可忘國。

宋　曾極《金陵百詠·養種園》後主于宮中作紅羅亭，賞紅梅。韓熙載獻詞云：桃李不須誇爛漫，已輸了春風一半。

百花堂裏賞芳菲，江左羈臣涙濺衣。腸斷上林桃李樹，春風一半未全歸。

宋《錦繡萬花谷集》後集卷二三《宮殿》詩：玉燭調和氣，金輿歷舊宮。還如過白水，更似入新豐。秋潭清晚菊，寒井落疏桐。舉杯延故老，今聞歌大風。出周明帝。遥看雲霧中，刻桷映丹紅。珠簾通曉日，金華拂夜風。欲知聲管處，來過安樂宮。出梁簡文帝。秘殿崔嵬拂彩霓，曹司今在殿中西。鈞天雖許人間聽，閶闔門多夢自迷。出杜甫。石門霜雪白，玉殿莓苔青。日月低秦樹，乾坤繞漢宮。出杜甫。仗下春朝散，宮中晝漏稀。　小殿黄金榜，朱簾白玉鈎。一聲雙日蹕，春色滿皇州。　秘殿開金鎖，神人控玉蚪。　帳殿羅玄冕，轅門照白袍。出東坡。金鑾殿上脱靴去，白下門東索酒嘗。出斯庵。新宮實壯哉，雲裏望樓臺。迢遞翔鵾仰，連翩賀雀來。重檐寒霧宿，丹井夏蓮開。砌石披新錦，梁花畫早梅。欲知安樂盛，歌管雜塵埃。出陳陰鏗。寥落古行宮，宮花寂寞紅。白頭宮女在，相對説玄宗。出元微之。門横金鎖悄無人，落日秋聲渭水濱。紅葉下山寒寂寂，濕雲如夢雨如塵。出崔魯宿《華清宮》。草遮回磴絶鳴鑾，雲樹深深碧殿寒。明月自來還自去，更無人倚玉闌干。出崔魯。漁陽烽火照函關，玉輦匆匆下此山。一曲羽衣聽不盡，至今遺恨水潺潺。出吳融。　中原無鹿海無波，鳳輦龍池出幸多。今日故宮歸寂寞，太平功業在山河。　野花不識采，旅竹本無行。雀驚疑欲曙，蟬噪似含凉。何言金殿側，亟奉瑤池觴。　鐘箭自徘徊，皇堂薦羽杯。橋平疑水落，石迴見山開。林前暝色静，花處近香來。西崧傷撫夕，北閣濫游陪。並出江總。簟凉秋氣初，長信恨何如。拂黛月生指，解鬟雲滿梳。一從悲畫扇，幾度泣前魚。坐對南宮樂，清風摇翠裾。出于武陵。玉帝樓臺鎖碧霞，終年培養牡丹芽。不防野鹿踰垣入，銜去宮中第一花。出張俞。

明 王越《華清池》（《石倉歷代詩選》卷三八六輯） 造化融春幾許年，人間留此一泓泉。山靈不納藏冰室，地脉應通浴日淵。香霧籠晴含御氣，凝脂流恨帶胡膻。至今多少探湯手，笑指當時種玉蓮。

明 黄省曾《樂游苑》（《石倉歷代詩選》卷五〇一輯） 春河流，春草生，昔人歌舞今人耕。鍾山紫氣日夕來，金城十里飛華英。水近温泉殿，園香貫赤縣。樹染北湖烟，寒碧浮山川。瑶池正在凫雁中，阿房閣道生青楓。尚留一水折田間，曲江想像無花紅。拾得古釵頭，田夫不能識。豈知石上斑，元是鉛華色。臨春寂寞香霧收，景陽月色空生愁。金陵王氣無消歇，丹陽翻作皇神州。市朝多改易，輦道生荆棘。瞻望青雲中，勾陳連太極。野雉麥上飛，鴛鴦出蒲間。蓬生狹斜中，日暮車不還。車不還，其奈何？西園游子傷心多。

雜　録

唐 張鷟《朝野僉載》卷三 隋煬帝巡狩北邊，作大行殿七寶帳，容數百人，飾以珍寶，光輝洞徹。引匈奴啓民可汗宴會其中，可汗恍然，疑非人世之有。識者云，大行殿者，示不祥也。亦是王莽輕車之比，天心其關人事也歟。

唐 李吉甫《元和郡縣志》卷一七《河東道四·嵐州·静樂縣》 天池在縣北燕京山上，周迴八里，陽旱不耗，陰霖不溢。故老言嘗有人乘車風飄墮池，有人獲車輪于桑乾泉。後魏孝文帝以金珠串魚七頭放此池，後亦于桑乾泉得之。隋煬帝嘗于池南置宮，每夜風雨吹破，宮竟不成。今池側有祠，謂之天池祠。

又 卷一九《河東道六·邢州·平鄉縣》 沙丘臺在縣東北二十里，殷紂所築。趙李兑圍武靈王于沙丘宮，王探雀鷇食之而死。秦始皇東巡回，死于沙丘。

唐 劉肅《唐新語》卷一一 太宗嘗與侍臣泛舟春苑，池中有異鳥隨波容與。太宗擊賞數四，詔座者爲詠，召閻立本寫之。

南唐 尉遲偓《中朝故事》卷上 華清宮湯泉内，天寶中刻石爲座及芙蓉，聞説到今猶在，屋木亦有全者。驪山多飛禽，名阿濫堆。明皇帝御玉笛，采其聲，翻爲曲子名焉。左右皆傳唱之，播於遠近，人競以笛效吹。故詞人張祜詩曰：紅樹蕭蕭閣半開，上皇曾幸此宮來。至今風俗驪山下，村笛猶吹阿濫堆。

宋 王溥《唐會要》卷六六《宮苑監》 武德九年七月十九日，置洛陽宮監。顯慶二年十二月十日廢洛陽總監，改青城宮監爲東都苑北面監，明德宮監爲東都苑南面監，洛陽宮農圃監爲東都苑東面監，食貨監爲東都苑西面監。

天寶十年八月二十七日，敕白獸、日華、叡武、南辟伏等門，宜令宮苑通管捉。

宋 高承《事物紀原》卷六《洛苑》 《唐會要》曰：武德九年七月十九日，置洛陽宮苑監。永淳元年五月十一日，置東西監，管諸園苑。至開成五年四月，敕總監宜令内司管仍别置使，此疑其洛苑置使之本。《唐書·馮鑑傳》有洛苑使。姚文壽縱部曲奪民田，則其官始見於此《會要》，梁諸司使亦有洛苑使也。

宋 吴曾《能改齋漫録》卷九《北苑茶》 李氏都于建鄴，其苑在北，故得稱北苑。水心有清輝殿，張洎爲清輝殿學士，别置一殿，於内謂之澄心堂，故李氏有澄心堂紙。其曰北苑茶者，是猶澄心堂紙耳。李氏集有翰林學士陳喬作《北苑侍宴賦詩序》曰：北苑，皇居之勝槩也。掩映丹闕，縈回緑波。珍禽異獸充其中，修竹茂林森其後。北山蒼翠，遥臨複道之陰。南内深岩，近在帷宮之外。陋周王之平圃，小漢武之上林，云云。而李氏亦有《御製北苑侍宴賦詩序》，其略云：偷閒養高亦有其所，城之北有故苑焉。遇林因藪，未媿於離宮。均樂同歡，尚慚於靈沼，云云。以二序觀之，因知李氏有北苑，而建州造挺茶又始之，因取此名，無可疑者。

宋 程大昌《雍録》卷九《唐存古苑宮》 太宗出征突厥，高祖餞之蘭池宮。宮之來已久，若非秦創，亦必漢造也。太宗幸甘泉宮，獵昆明池，則此宮此池皆漢迹矣。

明 何良俊《何氏語林》卷一九 江南李景於宮中起樓，甚高，衆皆歎美。蕭儼獨曰恨樓下無井，以此不及景陽樓。

又 卷二九 岐王宮於竹林内縣碎玉片，每夜聞相觸之聲，即知有風號占風鐸。

清 顧祖禹《讀史方輿紀要》卷四八《河南三》 （芳華苑）苑内有青城宮，隋齋宮也，亦曰青城堡。唐武德二年，行軍總管羅士信攻王世充，夜入洛陽外郭，焚清化里，既又拔青城堡。三年，世民攻洛陽，軍於北邙，世充陳於青城宫，世民亦置陳當之。武德四年，世民移軍青城宫，世充自古諸門出，憑故馬坊垣塹，臨穀水以拒唐兵，爲世民所敗。方諸門都城西，出禁苑之門也。唐亦爲青城宫，又明德宫，亦大業初建于禁苑中。唐貞觀十年，作飛山宫，十一年，幸明德宫，是年以洛水漂溢居民廬舍，乃廢明德宫及飛山宫之玄圃苑，以給洛人之遭水患者。顯慶二年，改明德宫監爲東都苑，南面監。五年，作入閣宫，尋改曰合璧宫。調露初，又作宿羽高山等宫。尋又作翠微宫，凡離宫亭館共二十四所。又苑中有三坡，一積翠，二月坡，三上陽，以穀洛二水泛溢，故爲三坡以防之。隋大業二年，集四方散樂於東京，門之於芳華苑積翠池側。唐貞觀十一年宴洛陽西苑，泛積翠池。十二年，獵于洛陽苑。開元二十年，幸東都，宴百官於上陽東洲。二十四年，河南尹李適之復脩三坡，穀洛始無泛溢之患。天寶以後亦曰西苑。建中四年，李希烈以淮西叛，圍鄭州，游騎西至彭婆，留守鄭叔則入保西苑。苑中有九曲池，即隋龍鱗渠也。

清 吴任臣《十國春秋》卷六〇《南漢三·後主本紀》 後主名鋹，【略】又踵祖父之奢，立萬政殿。飾一柱，凡用白金三千錠。又以銀爲殿衣，間以雲母。無名之費，日有千萬。是歲，建天華宫于羅浮山。初，帝夢神人指羅浮山之西，迎祥寺西北，有兩岸相疊一洞，對流可以爲宫。及訪其地，則金沙洞也，遂築宫焉。已又夢金龍起于宫所，復改名曰黄龍洞。

又 卷九一《閩二·惠宗本紀》 （永和元年春）二月，設傾筐會于甘露堂。時甘露堂前茶樹二，鬱茂婆娑，宫人呼爲清人樹。春時，嬪嬙戲摘新芽，堂中設傾筐會。

又 卷九四《閩五·列傳》 時金鳳年十七，性度窈窕，善歌舞。太祖召爲才人，其寵幸與黄夫人比。常築水晶宫于西湖旁，列亭榭十餘里。

圖表

清 嘉慶《咸寧縣志》《唐東内大明宫圖》卷三

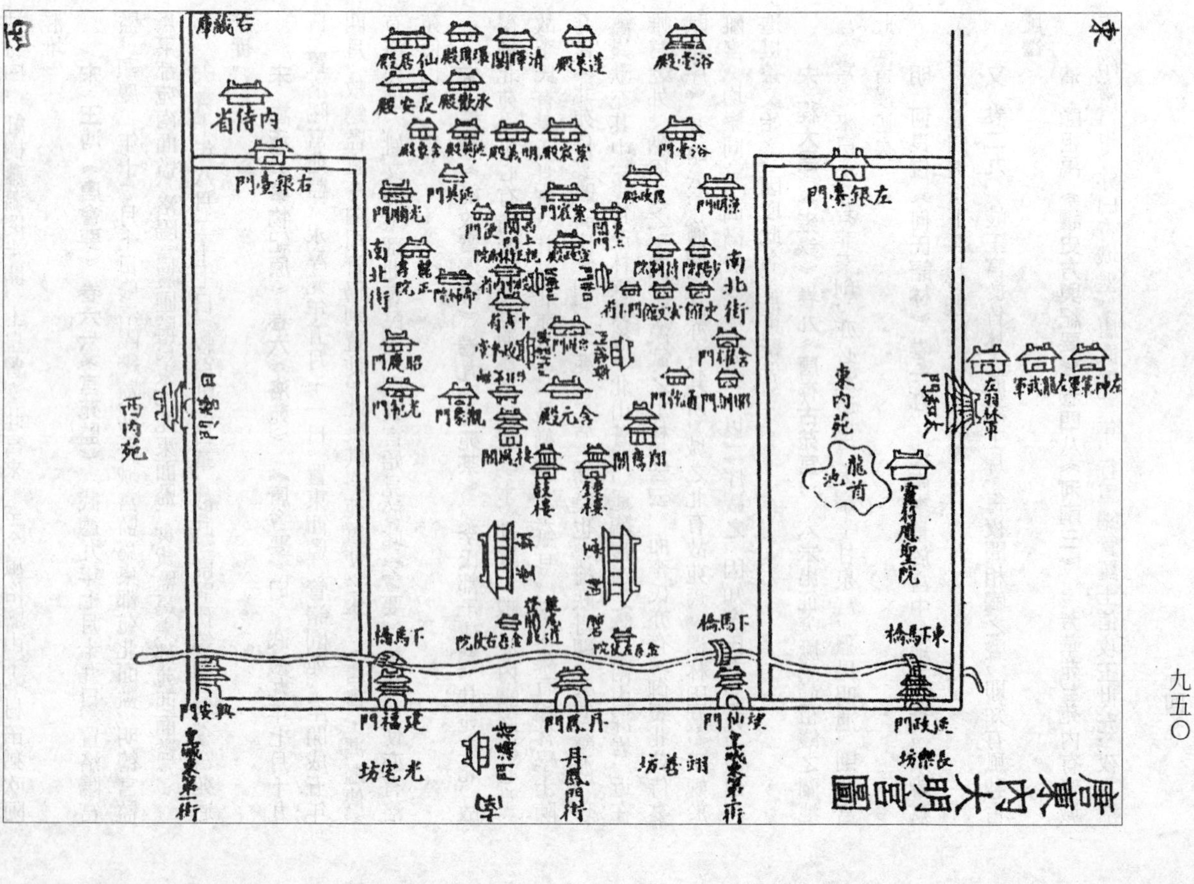

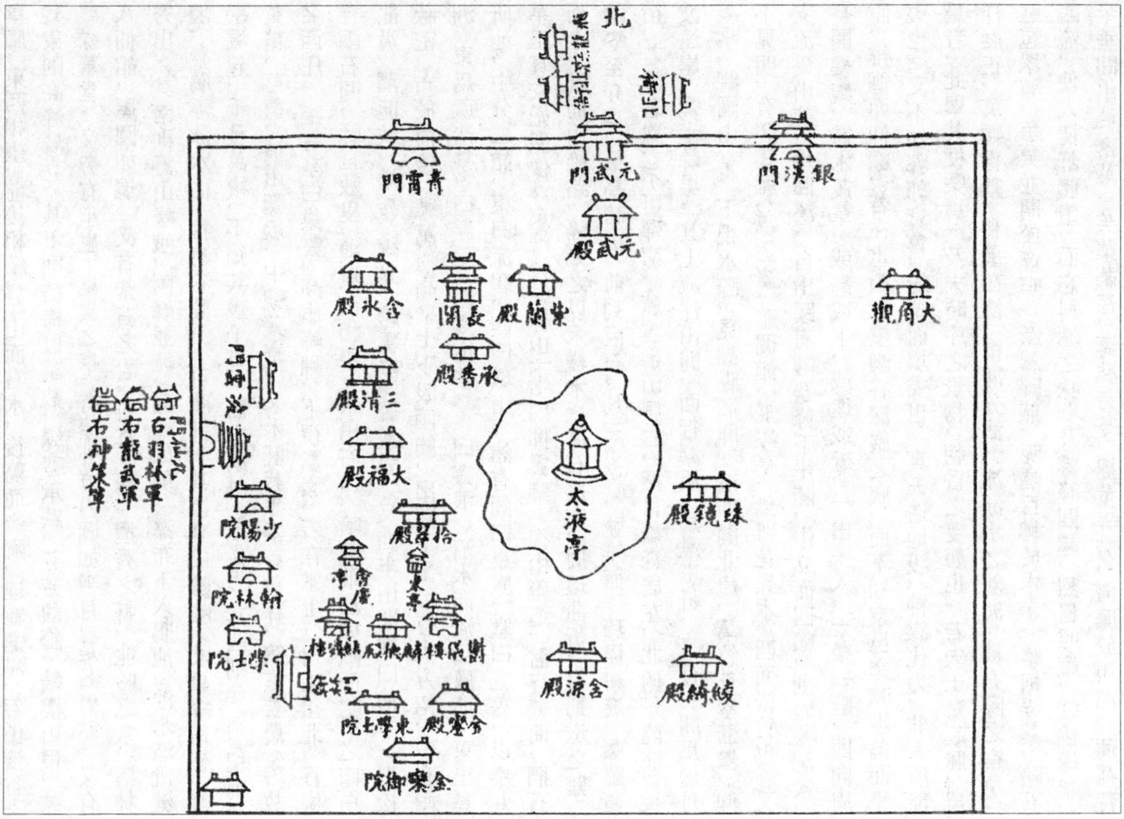

宋代

論説

宋 徽宗趙佶《艮岳記》（《揮麈後録》卷二輯） 京師天下之本。昔之王者申畫畿疆，相方視址。考山川之所會，占陰陽之所和，據天下之上游，以會同六合，臨觀八極。故周人胥宇於岐山之陽，而又卜澗水之西。秦臨函谷二殽之關，有百二之嶮。漢人因之，又表以太華、終南之山，帶以黄河、清渭之川，宰制四海。然周以龍興卜年八百，秦以虎視失於二世，漢德弗嗣，中分二京，何則？在德不在嶮也。昔我藝祖撥亂造邦；削平五季，方是時，周京市邑千門萬肆不改，棄之而弗顧。漢室提封五方，阻山浮渭，屹然尚在也。捨之而弗都於胥斯，原在浚之郊，通達大川，平皋千里，此維與宅。故今都邑，廣野平陸，當八達之衝，無崇山峻嶺襟帶於左右，又無洪流巨浸浩蕩洶湧經緯於四疆，因舊貫之，居不以襲嶮爲屏，且使後世子孫世世修德，爲萬世不拔之基，垂二百年，於兹祖功宗德民心固於泰華，社稷流長，過於三江五湖之遠，足以跨周軼漢，蓋所恃者德，而非嶮也。然文王之囿，方七十里。其作靈臺，則庶民子來。其作靈沼，則於仞魚躍高上金闕，則玉京之山神，霄大帝亦下游廣愛。而海上有蓬萊三島，則帝王所都仙聖所宅，非形勝不居也。《傳》曰：爲山九仞，功虧一簣。是山可爲，功不可畫。

綜述

宋 徽宗趙佶《艮岳記》（《揮麈後録》卷二輯） 於是太尉梁師成董其事，師成博雅，忠藎思精，志巧多才可屬，乃分官列職。曰雍、曰琮、曰琳、各任其事，遂以圖材付之。按圖度地，庀徒僝工，累土積石，畚插之役不勞，斧斤之聲不鳴。設洞庭湖口絲谿仇池之深淵，與泗濱、林慮、靈璧、芙蓉之諸山，取瓌奇特異瑶琨之石，即姑蘇武林明越之壤，荆楚江湘南粤之野，移枇杷、橙、柚、橘、柑、榔、栝、荔枝之木，金蛾、玉羞、虎耳、鳳尾、素馨、渠那、末利、含笑之草，不以土地之殊風氣之異，悉生成長，養於雕欄曲檻。而穿石出罅，岡連皐屬，東西相望，前後相續，左山而右水，後谿而旁隴，連緜彌滿，呑山懷谷。其東則高峰峙立，其下則植梅以萬數，緑萼承趺，芬芳馥郁，結構山根，號萼緑華堂。又旁有承嵐、崑雲之亭，有屋外方内圓如半月，是名書館。又有八仙館，屋圓如規。又有紫石之岩，祈真之磴，攬秀之軒，龍吟之堂，清林秀出。其南則壽山嵯峨，兩峰並峙，列嶂如屏。瀑布下入鴈池，池水清泚漣漪，鳧鴈浮泳水面，棲息石間，不可勝計。其上亭曰噰噰，北直絳霄樓，峰巒崛起，千疊萬複，不知其幾千里，而方廣無數十里。其西則參术、杞菊、黄精、芎藭，被山彌塢，中號藥寮。又禾麻菽麥黍豆秔秫，築室若農家，故名西庄。上有亭曰巢雲，高出峰岫，下視羣嶺，若在掌上。自南徂北，行崗脊兩石間，緜亘數里，與東山相望。水出石口，噴薄飛注如獸面，名之曰白龍沜，濯龍峽，蟠秀、練光、跨雲亭，羅漢岩。又西半山間樓曰倚翠，青松蔽密，布於前後，號萬松嶺。上下設兩關，出關下平地有大方沼，中有兩洲，東爲蘆渚亭，曰浮陽，西爲梅渚亭，曰雲浪。沼水西流爲鳳池，東出爲研池，中分二館，東曰流碧，西曰環山。館有閣曰巢鳳，堂曰三秀，以奉九華玉真安妃聖像。東池後結棟山下，曰揮雲廳。復由磴道，盤行縈曲，捫石而上，既而山絶路，隔繼之以木棧木。倚石排空，周環曲折，有蜀道之難。躋攀至介亭，最高諸山，前列巨石，凡三丈許，號排衙。巧怪嶄巖，藤蘿蔓衍，若龍若鳳，不可殫窮。麓雲半山居右，極目蕭森居左，北俯景龍江，長波遠岸，彌十餘里。其上流注山間，西行潺湲，爲漱玉軒。又行石間爲煉丹凝亭，觀圖山亭。下視水際，見高陽酒肆。清斯閣北岸，萬竹蒼翠蓊鬱，仰不見明，有勝筠庵、躡雲臺、蕭閒館、飛岑亭，無雜花異木，四面皆竹也。又支流爲山莊，爲回溪。自山蹊石罅搴條下平陸，中立而四顧，則岩峽洞穴，亭閣樓觀，喬木茂草，或高或下，或遠或近，一出一入，一榮一雕，四向周匝，徘徊而仰顧，若在重山大壑幽谷深巖之底，而不知京邑空曠坦蕩而平夷也。又不知郛郭寰會，紛華而填委也。真天造地設，神謀化力，非人所能爲者，此舉其梗槩焉。及夫時序之景物，朝昏之變態也。若夫土膏起脈，農祥晨正，萬類胥動，和風在條，宿凍分沾。泳淥水之新波，被石際之宿草。紅苞翠萼，争笑並開於煙暝。新鶯歸燕，呢喃百轉於木末。攀柯弄蘂，藉石臨流，使人情舒體墮，而忘料峭之味。及雲峰四起，烈日照耀，紅桃緑李，半垂間出於密葉。芙蕖菡萏，薵蓼芳苓，摇莖弄芳，倚靡於川湄。蒲菰荇蕖，茭菱葦蘆，沿岸而泝流。青苔緑蘚，落英墜實，飄巖而鋪砌。披清風之廣莫，蔭繁木之餘陰。清虚爽塏，使人有物外之興，而忘扇箑之勞。及一葉初驚，蓐收調辛，燕翩翩而辭巢，蟬寂寞而無聲。白露既下，草木摇落，天高氣清，霞散雲薄，逍遥徜徉，坐堂伏檻，曠然自怡，無蕭瑟沉寥之悲。及朔風凛冽，寒雲闇幕，萬物凋疏，禽鳥縮漂，層冰峨峨，飛雪飄舞，而青松獨秀於高巔，香梅含華於凍霧，離榭擁幕，體道復命，無歲聿云暮之歎。此四時朝昏之景殊，而所樂之趣無窮也。朕萬幾之餘，徐步一到，不知崇高富貴之榮，而騰山赴壑，窮深探嶮，緑葉朱苞，華閣飛陛。玩心惬志，與神合契。遂忘塵俗之繽紛，而飄然有凌雲之志，終可樂也。及陳清夜之醮，奏梵唄之音，而煙雲起於巖竇，火炬焕於半空。環珮雜遝，下臨於脩塗狹徑。迅雷掣電，震動於庭軒户牖。既而車輿冠冕，往來交錯。嘗甘味酸，覽香酌醴，而遺瀝墜核，紛積床下，俄頃揮霍。騰飛乘雲，沈然無聲。夫天不人不因人不天不成，信矣！朕履萬乘之尊，居九重之奥，而有山間林下之逸，澡溉肺腑，發明耳目，怳然如見玉京廣愛之舊。而東南萬里，天台鴈蕩，鳳凰廬阜之奇偉，二川三峽，雲夢之曠蕩，四方之遠且異，徒各擅其一美，未若此山并包羅列，又兼其絶勝，颯爽溟涬，參諸造化，若開闢之素有。雖人爲之，山顧豈小哉！山在國之艮，故名之曰艮岳。則是山與泰華嵩衡等同，固作配無極。壬寅歲正月朔日記。

宋 葉夢得《石林燕語》卷一 瓊林苑、金明池、宜春苑、玉津園，謂之四園。瓊林苑，乾德中置。太平興國中復鑿金明池於苑北，導金水河水注之，以教神衛虎翼水軍習舟楫，因爲水嬉。宜春苑本秦悼王園，因以皇城宜春舊苑爲富國倉，遂遷于此。玉津園則五代之舊也，今惟瓊林、金明最盛。歲以二月開，命士庶縱觀，謂之開池。至上巳，車駕臨幸畢，即閉歲賜二府從官燕及進士，聞喜燕皆在其間。金明水戰不復習，而諸軍猶爲鬼神戲，謂之旱教。玉津半以種麥，每仲夏，駕幸觀刈麥。自仁宗後亦不復講矣，惟契丹賜射爲故事，宜春俗但稱庶人園，以秦王故也。荒廢殆不復治，祖宗不崇園池之觀，前代未有也。

宋 周淙《乾道臨安志》卷一《行在所宫闕門府》 大内在鳳皇山之東，以臨安府舊治子城增築。南曰麗正門，門外建東西闕亭、百官待漏院。北曰和寧門，門外建百官待漏院。東曰東華門。建炎中，車駕南巡駐蹕於此。

宋 孟元老《東京夢華録》卷一《大内》 大内正門宣德樓列五門，門皆金釘朱漆，壁皆磚石間甃，鐫鏤龍鳳飛雲之狀，莫非雕甍畫棟，峻桷層榱，覆以琉璃瓦，曲尺朵樓，朱欄彩檻，下列兩闕亭相對，悉用朱紅杈子。入宣德樓正門乃大慶殿，庭設兩樓，如寺院鐘樓，上有太史局，保章正測驗刻漏，逐時刻執牙牌奏。每遇大禮，車駕齋宿及正朔朝會於此殿。殿外左右横門曰左、右長慶門。内城南壁有門三座，係大朝會趨朝路。宣德樓左曰左掖門，右曰右掖門。左掖門裏乃明堂，右掖門裏西去乃天章、寶文等閣。宫城至北廊約百餘丈。入門東去街北廊乃樞密院，次中書省，次都堂，宰相朝退治事於此。次門下省，次大慶殿。外廊横門北去百餘步，又一横門，每日宰執趨朝，此處下馬，餘侍從臺諫於第一横門下馬，行至文德殿，入第二横門。東廊大慶殿東偏門，西廊中書，門下後省，次修國史院，次南向小角門，正對文德殿常朝殿也。殿前東西大街，東出東華門，西出西華門。近裏又兩門相對，左、右嘉肅門也。南去左、右銀臺門。自東華門裏皇太子宫入嘉肅門，街南大慶殿後門，東西上閤門，街北宣祐門。南北大街西廊，面東曰凝暉殿，乃通會通門，入禁中矣。殿相對東廊門樓，乃殿中省六尚局御厨。殿上常列禁衛兩重，時刻提警，出入甚岩。近裏皆近侍中貴。殿之外皆知省，御藥、幕次、快行、親從官、輦官、車子院、黄院子，内諸司兵士，祗候宣唤，及宫禁買賣進貢，皆由此入。

宣祐門外西去紫宸殿，正朔受朝於此。次曰文德殿，常朝所御。次曰垂拱殿，次曰皇儀殿。次曰集英殿，御宴及試舉人於此。後殿曰崇政殿、保和殿，内書閣曰眷思殿，後門曰拱辰門。

宋 洪邁《容齋三筆》卷一三《政和宫室》 自漢以來，宫室土木之盛，如漢武之甘泉、建章，陳後主之臨春、結綺，隋煬帝之洛陽、江都，唐明皇之華清、連昌，已載史策。國朝祥符中，姦臣導諛，爲玉清昭應會靈祥。源諸宫議者，固以崇侈勞費爲戒，然未有若政和蔡京所爲也。京既固位，竊國政招大璫童貫，楊戩，賈詳藍，從熙，何訢五人分任其事，於是始作。延福宫有穆清、成平、會寧、睿謨、凝和、崑玉、羣玉七殿。東邊有蕙馥、報瓊、蟠桃、春錦、疊瓊、芬芳、麗玉、寒香、拂雲、偃蓋、翠葆、鉛英、雲錦、蘭薰、摘金十五閣。西邊有繁英、雪香、披芳、鉛華、瓊華、文綺、絳萼、穠華、緑綺、瑶碧、清音、秋香、叢玉、扶玉、絳雲，亦十五閣，又疊石爲山，建明春閣，其高十一丈。宴春閣廣十二丈。鑿圓池爲海，横四百尺，縱二百六十七尺。鶴莊、鹿砦、孔翠，諸柵蹄尾以數千計。五人者各自爲制度，不相沿襲，争以華靡相誇勝，故名延福五位。其後復營萬歲山、艮岳山，周十餘里，最高一峰九十尺，亭堂樓館，不可殫記。徽宗初亦喜之，已而悟其過，有厭惡語，由是力役稍息。靖康遭變，詔取山禽水鳥十餘萬投諸汴渠，拆屋爲薪，剪石爲炮，伐竹爲笓籬，大鹿數千頭，悉殺之以啗衛士。

宋 李心傳《建炎以來繫年要録》卷一二九 王倫同檢視修内司趨入大慶殿，過齋明殿，轉而東入左銀臺門屏。去從者入内東門，過會通門，由垂拱殿後稍南至玉虚殿，乃徽宗奉老子之所殿。後有景命殿，復出至福寧殿。即至尊寢所，簡質不華。上有白華石，廣一席地，祖宗時每旦北面拜殿下，遇雨則南面拜石上。稍北至坤寧殿，屏畫墨竹蘆鴈之屬，然無全本矣。他殿畫皆類此，自福寧至欽先孝思二殿，欽先奉諸帝，孝思奉講后帳座，供具猶在。出肅雍門至玉春堂，規模宏壯非他位比，劉豫嘗對僞臣於此。左竹徑之上有迎曦軒，對軒有月屏，始至修内司。謂元是寶繪堂，復由延春閣下，稍東即今太母之舊閣。過小門曰錦莊，無文飾。入睿思殿，門登殿，左曰玉鑾，右曰清微。後曰宣和殿，庭下皆修竹。自此列石爲山，分左右斜廊，爲複道平臺。臺上過玉華殿，殿後有軒曰稽古。西廡下曰尚書内省。西出後苑至太清樓，下壁間有御書千文。登瑶津亭，亭在水間，四面樓閣相對。遂趨出拱辰門，時京城外不復有民舍。自保康門至太學道才數家。太學廊廡皆敗，屋中惟敦化堂榜尚在。軍人雜處其上，而牧彘於堂下，惟國子監以養士，略如學舍，都亭驛棟牌，猶是僞齊年號。瓊林苑，敵嘗以爲營，至今作小城圍之。金明池斷棟頹壁，望之蕭然也。

宋 潛説友《咸淳臨安志》卷二《宫闕二》德壽宫 在望仙橋。高宗皇帝將倦勤，即秦檜舊第築新宫。紹興三十二年六月戊辰，詔以德壽爲名。【略】丙子，行内禪禮畢，遂移仗居焉。德壽宫、德壽殿二扁，皆孝宗皇帝恭書。康壽殿嘗産金芝。太上皇帝御製贊並序。【略】太上雅好湖山之勝，恐數蹕煩民，鑿大池，宫内引水注之。疊石爲山，象飛來峰。有堂名冷泉。孝宗皇帝嘗賦詩曰：山中秀色何佳哉，一峰獨立名飛來。參差翠麓儷如畫，石骨蒼潤神所開。忽聞仿像來宫囿，指顧已驚成列岫。規模絶似靈隱前，面勢恍疑天竺後。孰云人力非自然，千巖萬壑藏雲烟。上有峥嶸倚空之翠壁，下有潺湲漱玉之飛泉。一堂虚敞臨清沼，枝蔭交加森羽葆。山頭草木四時春，閲盡歲寒長不老。聖心仁智情優閒，壺中天地非人間。蓬萊方丈渺空闊，豈若坐對三神山。日長雅趣超塵俗，散步逍遥快心目。山光水色無盡時，長將挹向杯中渌。太上御跋曰：吾兒自幼岐嶷，進德修業，如雲陞川增，一日千里。豈特義方之訓，師保之功，蓋生知夙成，有不由言傳而自得者。吾比就寬閒之地，叠石爲山，引湖爲泉，作小亭於其旁，用爲娱老之具，且俾吾兒萬幾之暇時來游豫。父子杯酒相屬，挹山光而聽泉流，濯喧埃而發清興，恍若徜徉乎靈隱天竺之間，其樂可勝既哉！【略】有樓名聚遠，太上親題其額。仍大書蘇軾「賴有高樓能聚遠，一時收拾付閑人」之句于屏間。禁籞四面，東則香遠、（梅堂。）清深、（竹堂。）月臺、梅坡、松菊三徑、（菊、芙蓉、竹。）清妍、（酴醾。）清新、（木犀。）芙蓉岡，南則載忻、（大堂乃御宴處。）射廳、臨賦、（荷花。）燦錦、（金林禽。）至樂、（池上。）半綻紅、（郁李。）清曠、（木犀。）瀉碧，（金魚池。）西則冷香、（古梅。）文杏館、靜樂、（牡丹。）浣溪，（大樓子海棠。）北則絳華、（欏木亭。）俯翠、（茅香。）春桃。又有亭曰盤松。嘗御製贊曰：天錫瑞木，得自嶔岑。枝蟠數萬，幹不倍尋。怒騰龍勢，靜奏琴音。凌寒鬱茂，當暑陰森。封以腴壤，灑以碧潯。越千萬年，以慰我心。

又 卷三 御圃 在東齋殿之西。循廡而右爲大堂三，臨池上，左右爲明樓，旁有蟠桃亭。堂之南爲西齋殿。（大禮恭謝畢，賜花於此。）西爲流杯堂、跨水堂、梅亭。北爲四并堂，皆咸淳五年重建。又有橘園及桂竹各一區，餘雜植四時花果，亭宇不能備載。

又 宗陽宫 在三聖廟橋東。紹興間，望風者以其地有鬱葱之祥。已而前後環建王邸，即紹開兩朝，復爲今上皇帝毓聖之所。天瑞地符，益大章顯。咸淳四年四月，詔築宫，賜名宗陽，門曰宗陽之宫，曰開明之門。中爲無極妙道之殿，以奉三清。東爲順福之殿以奉壽和聖福皇太后元命。三清之後爲虚皇之殿，直北爲門，曰真應之門。中爲毓瑞之殿，以奉感生帝，後爲申祐之殿，以奉今上皇帝元命。又爲通真之殿以奉祐聖。自開明以内，左則玉籟之樓、景緯之殿，壽元之殿，右則藥簡之樓、瓊章、寶書，北辰之殿，規制大抵視龍翔宫。常以原饗回蹕，行款謁禮。有降輦殿，曰福臨之殿，門曰福臨殿門。進膳殿曰端拱。後有軒，曰勁霜。松檜森列，有御圃。爲堂二，曰志敬，曰清風。植四時花果竹木。亭二，曰丹丘，曰元圃。亭之北，累石鑿池，堂其上前曰垂福，後曰清境。凡所揭華扁，皆聖上御書。

又 卷一三 聚景園 在清波門外。孝宗皇帝致養北宫，拓圃西湖之東，又斥浮圖之廬九以附益之。（清波門外爲南門，湧金門外爲北門，流福坊水口爲水門。）亭宇皆孝宗皇帝御扁，嘗恭請兩宫臨幸。光宗皇帝奉三宫，寧宗皇帝奉成肅皇太后，亦皆同幸。歲久蕪圮，今老屋僅存者，堂曰攬遠，亭曰花光。又有亭植紅梅，有橋曰柳浪、曰學士，皆粗見大概。惟夾逕老松益婆娑。每盛夏，芙蕖彌望，游人艤舫遶堤外。守者培桑蒔果，有力本之意焉。

富景園 在新門外之東。孝宗皇帝奉憲聖皇太后嘗請游幸，又重於數戒有司，故營是園，以邇北宫。規置略仿湖山，今亦湮廢，悉隸慈元殿。歲收花果之入焉。

翠芳園 在錢湖門外南新路口。面南屏山，舊名屏山園。咸淳四年，盡徙材植以相宗陽宫之役。今惟門閎儼然。

宋 周密《癸辛雜識别集》卷上《汴梁雜事》 汴之外城，周世宗時所築，神宗又展拓。其高際天，堅壯雄偉。南關外有太祖講武池，周美成《汴都賦》形容盡矣。梁王鼓吹臺、徽宗龍德宫舊基尚在。開封府衙後有蠟梅一株，以爲奇，遂創梅花堂。北人言，河北惟懷孟州號小江南，得太行障其後，故寒稍殺地暖，故有梅，且山水清遠似江南云。

又 卷下《汴京宫殿》 京師有八卦殿，八門各有樹木、山石，無一相類。石皆嵌空石，座亦穿空，與石竅相通。上欲有所往，與所幸美人自一門出，宫人仙衣，壯士扶輪，一聲水觱栗，則仙樂競奏，雲霄間，石竅間腦麝烟起如霧。大明省玉虚館階前以玉石甃之，殿上椽柱一色，皆金也，炫燿奪目。每上元，上必先於此館，三官殿燒香。禁中錦莊前有射垛，太祖始受禪，即暫坐於此。有茅茨不剪之風，禁中一夕失火盡焚，惟錦莊如故。又庫前有葦林，初受禪時，用葦爲火把，棄擲成林。後大内焚葦，雖燒盡復繁茂云。

又 《德壽賞月》 德壽宫有橋，乃中秋賞月之所。橋用吴璘所進階石甃之，瑩徹如玉。以金釘校橋下，皆千葉白蓮花、御几、御榻。至於瓶爐、酒器皆用水精爲之。

宋 周密《武林舊事》卷四《御園·聚景園》 清波門外，孝宗致養之地，堂扁皆孝宗御書。淳熙中，屢經臨幸。嘉泰間，寧宗奉成肅太后臨幸。其後並皆荒蕪不修，高疏寮詩云：翠華不向苑中來，可是年年惜露臺。水際春風寒漠漠，官梅却作野梅開。

又 卷五《集芳御園》 後賜賈平章，内有假山，石洞通出湖濱，名曰後樂園。有蟠翠、雪香、翠巖、倚繡、挹露、玉蕊、清勝，以上皆高宗御題，亦集芳舊物也。西湖一曲奇勳，理宗御書。秋壑遂初容堂，度宗御書。又有初陽精舍、警室、熙然臺、無邊風月、見天地心、琳琅步歸舟等不一。

宋 吴自牧《夢粱録》卷八《大内》 大内正門曰麗正，其門有三，皆金釘朱户，畫棟雕甍，覆以銅瓦，鐫鏤龍鳳飛驤之狀，巍峨壯麗，光耀溢目。左右列闕亭，百官待班閣子。登聞鼓院、檢院相對，悉皆紅杈子。排列森然，門禁嚴甚，守把鈴束，人無蔽輸入仰視。至晡時，各門下青布幕護之。麗正門内正衙，即大慶殿。遇明堂大禮、正朔大朝會，俱御之。如六參起居，百官聽麻，改殿牌爲文德殿。聖節上壽，改爲紫宸。進士唱名，易牌集英。明禋爲明堂殿，次曰垂拱殿，常朝四參起居之地。内後門名和寧，在孝仁登平坊巷之中，亦列三門，金碧輝映，與麗正同。把守衛士岩謹，如人出入，守閫人高唱頭帽號，門外列百寮待班。閣子左右排紅杈子，左設間門，右立待漏院、客省西方館，入登平坊。沿内城有内門，曰東華，守禁尤岩。沿内城向南皆殿司，中軍將卒立寨衛護，名之中軍聖下寨。寨門外左右俱置護龍水池。沿寨向南有便門，謂之東便門。禁庭諸殿更有者十，曰延和，曰崇政，曰福寧，曰復古，曰緝熙，曰勤政，曰嘉明，曰射殿，曰選德，曰奉神。御殿名欽先孝思之殿，更有天章諸閣，奉藝祖至理廟神御御書圖製之籍。寶瑞之閣建於六部山後，供進御膳，即嘉明殿在勤政殿之前。勤政即木幃寢殿也，嘉明殿相對東廊門樓，乃殿中省六尚局御厨，祗應内侍人員，俱集於此。

又《德壽宫》 德壽宫在望仙橋東，元係秦太師賜第於紹興三十二年六月戊辰，高廟倦勤，不治國事，別創宫庭御之，遂命工建宫殿，扁德壽爲名。後生金芝於左棟，改殿扁曰康壽。其宫中有森然樓閣，扁曰聚遠，屏風大書蘇東坡詩「賴有高樓能聚遠，一時收拾付閒人」之句。其宫御四面游玩庭館，皆有名扁。東有梅堂，扁曰香遠。栽菊，間芙蕖。修竹處有榭，扁曰梅坡，松菊三徑。酴醾亭扁曰新妍，木闕堂扁曰清新。芙蕖岡南，御宴大堂扁曰載忻。荷花亭扁曰謝聽、臨賦。金林檎亭扁曰燦錦。池上扁曰至樂。郁李花亭扁曰半綻紅。木犀堂扁曰清曠。金魚池扁曰瀉碧。西有古梅，扁曰冷香。牡丹館扁曰文杏，又名静樂。海棠大樓子扁曰浣溪。北有欏木亭，扁曰絳葉闕。香亭前栽春桃，扁曰倚翠，又有一亭盤扁曰松闕。高廟雅愛湖山之勝，於宫中鑿一池沼，引水注入，疊石爲山，次像飛來峰之景。有堂扁曰冷泉。孝廟觀其景，魯賦長篇詠曰：山中秀色何佳哉，一峰獨立名飛來。參差翠麓儼如畫，石骨蒼潤神所開。忽聞彷像來宫囿，指顧已驚成列岫。規模絶似靈隱前，面勢恍疑天竺後。孰云人力非自然，千巖萬壑藏雲煙。上有峥嶸倚空之翠嶺，下有潺湲漱玉之飛泉。一堂虛敞臨清沼，密蔭交加森羽葆。山頭草木四時春，閲盡歲寒人不老。聖心仁智情幽閒，壺中天地非人間。蓬萊方丈渺空闊，豈若坐對三神山。日長雅趣超塵俗，散步逍遥快心目。山光水色無盡時，長將把向杯中緑。高廟覽之欣然曰：老眼爲之增明。後孝廟受禪，議德壽宫，改扁曰重華御之。次憲明太皇欲御，又改爲慈福宫。壽域皇太后亦改宫扁曰壽慈御之。繼後宫室空閑，因此而廢。咸淳年間度廟臨政，以地一半營建道宫，扁曰宗陽，以奉感生帝。其時垂建，殿廡雄麗，聖真威岩，宫囿花木，靡不榮茂，裝點景界，又一新耳。一半改爲民居，圃地改路，自清河坊一直築橋，號爲宗陽宫橋，每遇孟享，車駕臨幸行燒香典禮，橋之左右設帥漕二司，起居亭存焉。

又《太廟》 太廟在瑞石山。紹興間建正殿七楹十三室二車十駕款謁禮。【略】後西增六楹，通舊十三楹爲一室，東西二楹爲夾室，及增廊廡作西神門，册寶殿祭器庫屋。建齋殿及致齋閣子四十有四楹。咸淳間添置一室，奉理廟神主，通爲一十四室，皆正中。又築二成之臺，爲祠宫升下，以奉神主出入之地。四祖廟在諸室之西，奉僖、順、翼、宣四祖神主耳。

又《景靈宫》 景靈宫，在新莊橋投北，坐西乃韓蕲王世忠元賜宅基。其子獻於朝，改爲宫。向中興初，高廟鑾輿幸此，四孟、朝獻俱於禁中行禮。紹興年間，羣僚奏景靈宫以奉祖宗衣冠之游，即漢亭廟也。今就便殿作朝設位，以饗未副廣孝之意，遂詔臨安府同修内司相度以蕲王宅基，修蓋宫。廟殿門扁曰思成，前爲聖祖殿，宣祖至徽宗殿居中，東西廊俱圖，配饗功臣像於壁。元天聖后，與昭憲太后而下諸后殿居於後朝，家欲再廣殿廡。劉氏餘地其子孫復獻，遂增建前殿五楹，中殿七楹，後殿十七楹。自是齋殿進膳，更衣寢殿次第俱備焉。咸淳年間，再命帥臣重修各殿，度廟親灑扁目。自聖祖、宣祖、太祖至理廟十六殿，曰天興、天元、宣武、大定、熙文、美成、治隆、大明、重光、承元、瑞慶、皇德、系隆、美明、垂光、章熙之扁。自元天聖后至楊太后十五殿曰保寧、太始、儷極、煇德、衍慶、繼仁徽、音坤、元柔、儀順、承纘、德順、嗣徽、元順、體德之扁。宫後有闕，自東齋殿西，循廡而右爲大堂，三臨池上，左右爲明明樓，旁有蟠桃亭。堂南爲西齋殿，遇郊禋，恭謝設宴，賜花於此。西有流杯堂，跨水堂，梅亭北爲四并堂。又有橘拜修竹，四時花果亭宇，不能備載。宮南建崇禋館，命道流以奉灑掃，晨香夕燈之職，仍設内侍官，提宮事務及宮司，黄成兵侍衛之。

又《宗陽宮》　宗陽宮在三聖廟橋東，以德壽宮地一半建宮賜名，以奉感生帝。蓋此地前後環建王邸，又建廟毓聖之所，天瑞地符，蓋大彰顯，詔兩司相度建宮。大門扁曰宗陽之宮，中門扁曰開明之門。正殿扁曰無極妙道之殿以奉三清。順福殿奉太皇元命。三清殿後爲虚皇之殿。直北有門，扁曰真應之門。中建毓瑞之殿，以奉感生帝。後爲申佑殿，奉元命，通真殿奉佑聖。自開明門内左有玉籟之樓、景緯之殿、壽元之殿，右有欒簡之樓、瓊章寶書、北辰之殿，規制祀典，並視龍翔宮，行常以原饗回歸行款謁禮。有降輦殿曰福臨殿，門曰福臨殿門。進膳殿曰端拱，後有軒扁曰勁霜。有圃，建堂二，曰志敬，曰清風。亭扁曰丹立。玄圃亭之北鑿石池，堂扁曰垂福，後曰清境。圃内四時奇花異木，修竹松檜。

宋　袁褧《楓窗小牘》卷上　壽山艮岳，在汴城東北隅。徽宗所築，初名鳳凰山，後改壽山艮岳。周圍十餘里，其最高一峰九十步，上有介亭，分東西二嶺，直接南山。山之東有萼緑華堂，【略】書館，八仙館，紫石岩棲，真蹬覽秀軒龍吟堂。山之南則壽山兩峰並峙，有雁池、噰噰亭。山之西有藥寮西莊，巢雲亭，白龍沜，濯龍峽，蟠秀、練光、跨雲三亭，羅漢巖。又西有萬松嶺，嶺畔有倚翠樓，上下設兩閣。閣下有平地，鑿大方沼，沼中作兩洲。東爲蘆渚浮陽亭，西爲梅渚雪浪亭。西流爲鳳池，西出爲雁池，中分二館。東曰流碧，西曰環山。有巢鳳閣，三秀堂。東池後有揮雪亭。復由蹬道上至介亭，亭左有極目亭、蕭森亭。右有菡雪亭，半山北俯景龍江。引江之上流注山澗，西行爲漱瓊軒。又行石間，爲煉丹、凝觀、圜山三亭。下視江際，見高陽酒肆及清澌閣。北岸有勝筠菴、躡雲亭、蕭閒閣、飛岑亭。支流別爲山莊，爲回溪，又於南山之外爲小山，横亘二里，曰芙容城，窮極巧妙。而景龍江外則諸館舍尤精。山之西北有老君洞，爲供奉道像之所。其地又因瑶華宮火取其地，作大池，名曲江。中有堂曰蓬壺，東盡封丘門而止。西則是天波門橋，引水直西，殆半里，江乃折南又折北。折南者，過閶闔門爲複道，通茂德帝姬宅。折北者，四五里，屬之龍德宮。既成，帝自爲《艮岳記》，以爲山在國之艮位，故名艮岳。岳之正門名曰陽華，故亦號陽華宮。宣和五年，朱勔于太湖取石，高廣數丈，載以大舟，挽以千夫，鑿河斷橋，毁堰折牐，數月乃至。會初得燕山之地，因賜號敷慶神運石。石傍植兩檜，一夭矯者名朝日升龍之檜，一偃蹇者名卧雲伏龍之檜，皆玉牌金字書之。徽宗御題云：拔翠琪樹林，雙檜植靈囿。上稍蟠木枝，下拂龍髯茂。撐拏天半分，連卷虹南負。爲棟復，爲梁夾，輔我皇搆。【略】巖曰玉京獨秀，太平岩峰曰慶雲萬態。奇峰又作絳霄樓，直山北勢極高峻，夐出雲表，蓋工藝之巧。其後，羣閣興築不已。四方花竹奇石悉萃於斯，珍禽異獸無不畢集。命市人薛翁豢擾馴狎，駕至迎立鞭扇間，名萬歲山珍禽。命局曰來儀，所及金芝産于艮岳，萬壽峰只改名壽岳。

又　汴京故宮，躡雲蔽日，常在夢寐，稍能記憶條載于此。宮城本五代周舊都，宋因之。建隆三年，廣皇城東北隅命有司畫洛陽宮殿，按圖修之。周圍五里，南三門，中曰乾元，東曰左掖，西曰右掖。東西面門曰東華，西華，北一門曰拱宸。乾元門内正南門曰大慶，東西横門曰左右升龍。左右北門内各一門，曰左右銀臺。東華門内一門，曰左承天。祥符西華門内一門，曰右承天。左承天門内道北門曰宣祐。正南門内正殿曰大慶，東西門曰左右太和。正衙殿曰文德，兩掖門曰東西上閤，東西門曰左右嘉福，大慶殿北有紫宸殿，視朝之前殿也。西有垂拱殿，常日視朝之所也。次西有皇儀殿，又次西有集英殿，宴殿也。殿後有需雲殿，東有升平樓，宮中觀宴之所也。宮後有崇政殿，閱事之所也。殿後有景福殿，殿西有殿，北向，曰延和便坐殿。凡殿有門者，皆隨殿名。宮中有延慶、安福、觀文、清景、慶雲、玉京等殿，壽寧堂，延春閣，福寧殿。東西有門曰左右昭慶觀。文殿西門曰延真，其東真君殿，曰積慶。前建感真閣，又有龍圖閣。下有資政、崇和、宣德、述古四殿。天章閣下有羣玉、蘂珠二殿。有寶文閣，閣東西有嘉德、延康二殿。前有景輝門，後苑東門，曰寧陽苑，内有崇聖殿、太清樓。其西又有宣聖、化成、金華、西凉、清心等殿，翔鸞、儀鳳二閣，華景、翠芳、瑶津三亭。延福宮有穆清殿、延慶殿，北有柔儀殿、崇徽殿。北有欽明殿、延福宮。北有廣聖宮，内有太清、玉清、冲和、集福、會祥五殿，建流杯殿于後苑，又有慈德殿、觀稼殿、延曦閣、邇英殿、隆儒閣、慈壽殿、慶壽宮、保慈宮、玉華殿、基春殿、睿思殿、承極殿、崇慶隆祐二宮、睿成宮、宣和殿、聖瑞宮、顯謨閣、玉虚殿、玉華閣、親蠶宮、燕寧殿、延福宮。政和三年春，作新宮始，南向殿因宮名曰延福。次曰蕊珠，有亭曰碧琅玕。其東門曰晨暉，其西門曰麗澤宮。左復列二位，其殿有穆清成、平會寧、睿謨、凝和、崑玉、羣玉，其東閣則有蕙馥、報瓊、蟠桃、春錦、疊瓊、芬芳、麗玉、寒香、拂雲、偃蓋、翠葆、鉛英、雲錦、蘭薰、摘金，其西閣有繁英、雪香、披芳、鉛華、瓊華、文綺、絳萼、穠華、緑綺、瑶碧、清陰、秋香、叢玉、扶玉、絳雲。會寧之北，疊石爲山。山上有殿曰翠微，旁爲二亭曰雲歸，曰層巘，凝和之。次閣曰明春，其高踰一百一十尺。閣之側爲殿二，曰玉英，曰玉潤。其背附城築土植杏，名杏岡。覆茅爲亭，修竹萬竿，引流其下。宮之右爲佐二閣曰晏春，廣十有二丈，舞臺四列，山亭三峙。鑿圜池爲海，跨海爲亭，架石梁以升山，亭曰飛華。横度之四百尺，有畸縱數之二百六十有七尺，又流泉爲湖。湖中作堤以接亭，堤中作梁以通湖。梁之上又爲茅亭。鶴莊、鹿砦、孔翠諸栅蹄尾，動數千。嘉花名木類聚，區別幽勝，宛若生成。西抵麗澤，不類塵境。其東直景龍門，西抵天波門，宮東西二横門，皆視禁門，法所謂晨暉麗澤者也。而晨暉門出入最多，其後又跨舊城修築號延福，第六位跨城之外，浚豪深者水三尺。東景龍門橋、西天波門橋二橋之下，疊石爲固，引舟相通，而橋上人物外自通行不覺也，名曰景龍江。其後又闢之，東過景龍門至封丘門，此特大概耳，其雄勝不能盡也。

宋 葉隆禮《重訂契丹國志》卷二三《宮室制度》 十三宮各有民户，出兵馬。太祖曰宏義宮，應天皇后曰長寧宮，太宗曰永興宮，世宗曰積慶宮，穆宗曰延昌宮，景宗曰彰愍宮，承天太后曰崇德宮，聖宗曰興聖宮，興宗曰延慶宮，道宗曰太和宮，天祚曰永昌宮，孝文皇太弟曰敦睦宮，丞相耶律隆運曰文忠王府。又有四樓，凡受册，柴升其上，大會羣臣。已乃燔柴告天，而漢人不得預。

元 脱脱等《宋史》卷八五《地理志》 東京，汴之開封也。梁爲東都，後唐罷。晉復爲東京，宋因周之舊爲都。建隆三年，廣皇城東北隅，命有司畫洛陽宮殿，按圖修之，皇居始壯麗矣。雍熙三年，欲廣宮城，詔殿前指揮使劉延翰等經度之，以居民多不欲徙，遂罷。宮城周迴五里。南三門，中曰乾元，宋初依梁、晉之舊名，曰明德，太平興國三年改丹鳳，大中祥符八年改正陽，明道二年改宣德，雍熙元年改今名。東曰左掖，西曰右掖。東西面門曰東華、西華。舊名寬仁、神獸，開寶三年改今名，熙寧十年又改東華門北曰諒門。北一門曰拱宸。舊名玄武，大中祥符五年改今名。熙寧十年，改門内西横門曰臨華。乾元門内正南門曰大慶，東西横門曰左、右升龍。左右北門内各二門曰左、右長慶，熙寧間，改左、右長慶隔門曰左、右嘉肅。左、右銀臺。東華門内一門曰左承天祥符，乾德六年賜名，大中祥符元年正月，天書降其上，詔加祥符二字而增葺之。西華門内一門曰右承天。左承天門内道北門曰宣祐。舊名光天，大中祥符八年改大寧，明道元年改今名。正南門内正殿曰大慶，東西門曰左、右太和。宋初曰日華、月華，大中祥符八年改今名。正衙殿曰文德，宋初曰文明，雍熙元年改今名。熙寧間改南門曰端禮。兩掖門曰東、西上閤，東西門曰左、右嘉福。宋初曰左、右勤政，明道元年十月改今名。大慶殿舊名崇元，乾德四年重修，改曰乾元，太平興國九年改朝元，大中祥符八年改天安，明道二年改今名。北有紫宸殿，舊名崇德，明道元年改。視朝之前殿也。西有垂拱殿，舊名長春，明道元年改。常日視朝之所也。次西有皇儀殿，開寶四年，賜名滋福，明道元年十月改。又次西有集英殿，舊名廣政，開寶三年曰大明，淳化間曰含光，大中祥符八年名會慶，明道元年十月改今名。宴殿也。殿後有需雲殿，舊名玉華，後改瓊華，熙寧初改今名。東有昇平樓，舊名紫雲，明道元年改。宮中觀宴之所也。宮後有崇政殿，舊名簡賢講武，太平興國二年改今名，熙寧間改北横門曰通極。閲事之所也。殿後有景福殿。西有殿北向，曰延和，便坐殿也。大中祥符七年建後苑東門，洎北向便殿成，賜名宣和門、承明殿，明道元年改端明，二年改今名。凡殿有門者，皆隨殿名。宮中又有延慶、舊名萬歲，大中祥符七年改。安福、觀文、舊名集聖，明道二年改蕭儀，慶曆八年改今名。清景、慶雲、玉京等殿、壽寧堂、舊名清净，明道元年改。延春閣、舊名萬春，寶元元年改。福寧殿。舊名延慶，明道元年改。東西有門曰左、右昭慶。觀文殿西門曰延真，其東真君，殿曰積慶，前建感真閣。又有龍圖閣，下有資政、崇和、宣德、述古、四殿，天章閣下有羣玉、蘂珠二殿，後有寶文閣，即壽昌閣，慶曆元年改。閣東西有嘉德、延康二殿，前有景輝門。後苑東門曰寧陽，即宣和門明道元年改。苑内有崇聖殿、太清樓，其西又有宜聖、化成、即玉宸殿，明道元年改。金華、西涼、清心等殿，翔鸞、儀鳳二閣，華景、翠芳、瑶津三亭。延福宮有穆清殿、延慶殿，北有柔儀殿，初有殿無名，章獻太后名曰崇徽，明道元年改寶慈，景祐二年改今名。崇徽殿北有欽明殿。舊名太和，明道元年改觀文，又改清居，治平三年改今名。延福宮北有廣聖宮，天聖三年建，名長寧，景祐二年改。内有太清、玉清、冲和、集福、會祥五殿，建流杯殿於後苑。明道元年八月，修文德殿成，是夜禁中火，延燔崇德、長春、滋福、會慶、延慶、崇徽、天和、承明八殿，命宰相呂夷簡爲修葺大内使，樞密副使楊崇勳副之，發京東西、河北、淮南、江東西路工匠給役，内出乘輿物，左藏庫易緡錢二十萬助其費，以故改諸殿名。又有慈德殿、楊太后所居，景祐元年賜名。觀稼殿、在後苑，觀種稻，景祐二年創建。延義閣、在崇政殿內。邇英閣、在崇政殿西南，蓋侍臣講讀之所也，與延義閣，景祐三年賜名。隆儒殿、邇英閣後小殿，皇祐三年始賜名。慈壽殿、皇太后所居，治平元年賜名。慶壽宮、保慈宮、熙寧二年建。玉華殿、在後苑。基春殿、熙寧七年建，在玉華殿後。睿思殿、八年建。承極殿、元豐三年建。崇慶隆祐二宮、元祐元年建。睿成宮、神宗所居東宮，紹聖二年賜名。宣和殿、在睿思殿後，紹聖二年四月殿成，其東側別有小殿，曰凝芳，其西曰瓊芳，前曰重熙，後曰環碧。元符三年廢，崇寧初復作。大觀三年，徽宗製記刻石，實蔡京爲之。聖瑞宮、皇太妃所居，因以名宮。顯謨閣、元符元年建，藏神宗御集。建中靖國元年改曰熙明，尋復舊。玉虛殿、元符初建。玉華閣、大觀初建，在宣和殿後。親蠶宮、政和元年建。燕寧殿、在延福北，奉安仁宗慈聖光獻皇后御容。延福宮、景龍江北有龍德宮。初，元符三年以懿親宅潛邸爲之，及作景龍江，江夾岸皆奇花珍木，殿宇比比對峙，中塗曰壺春堂，絶岸至龍德宮。其地歲時次第展拓，後盡都城一隅焉，名曰擷芳園。山水美秀，林麓暢茂，樓觀參差，猶艮岳延福也。宮在舊城，因附見此。保和殿、政和三年四月作九月殿成總爲屋七十五間。玉清神霄宮、政和三年建，舊名玉清和陽，在福寧殿東，七年改今名。上清寶籙宮、政和五年作，在景龍門東，對景輝門，既又作仁濟、輔正二亭於宮前。命道士施民符藥，徽宗時登皇城下視之。又開景龍門，城上作複道，通寶籙宮，以便齋醮之路。徽宗數從複道上往來。是年十二月，始張燈於景龍門上下，名曰預賞。其明年，乃有期門之事。萬歲山艮岳。【略】舊城周迴二十里一百五十五步。東二門，北曰望春，初名和政。南曰麗景。南面三門，中曰朱雀，東曰保康，大中祥符五年創建。西曰崇明。西二門，南曰宜秋，北曰閶闔。北三門，中曰景龍，東曰安遠，西曰天波。以上宋初仍梁晉舊名，至太平興國四年改今名。新城周迴五十里六十五步。大中祥符九年增築，元豐元年重修，政和六年詔有司度國之南展築京城，移置官司軍營。舊城周四十八里二百三十三步，周顯德三年築。南三門，中曰南薰，東曰宣化，西曰安上。東二門，南曰朝陽，北曰含輝。太平興國四年改寅賓，後復。西二門，南曰順天，北曰金輝。北四門，中曰通天，天聖初改寧德，後復。東曰長景，次東曰永泰，西曰安肅。初號衛州門，以上皆因周舊名，至太平興國四年改今名。汴河上水門南曰大通，太平興國四年賜名，天聖初改順濟，後復今名。北曰宣澤，舊南北水門皆曰大通，熙寧十年改。汴河下南曰上善，北曰通津。天聖初改廣津，熙寧十年復。惠民河上曰普濟，下曰廣利。廣濟河上曰咸豐，下曰善利。舊名咸通。上南門曰永順。

西京，唐顯慶間爲東都，開元改河南府，宋爲西京，山陵在焉。宮城周迴九里三百步。城南三門，中曰五鳳，樓東曰興教，西曰光政。因隋唐舊名。東一門曰蒼龍，西一門曰金虎，北一門曰拱宸。舊名元武，大中祥符五年改。五鳳樓內東西門曰左右永泰，門外道北有鶯和門。太平興國三年以車輅院門改。右永泰門西有永福門。興教光政門內各三門，曰左右安禮，左右興善，左右銀臺。蒼龍金虎門內第二隔門曰膺福、千秋。膺福門內道北門曰建禮，正殿曰太極。舊名明堂，太平興國三年改。殿前有日月樓、日華月華門。又有三門曰太極殿門。後有殿曰天興，次北殿曰武德。西有門三重，曰應天、乾元、敷教。內有文明殿，旁有東上閤門、西上閤門，前有左右延福門。後又有殿曰垂拱殿，北有通天門。柱廊北有明福門，門內有天福殿，殿北有寢殿，曰太清，第二殿曰思政，第三殿曰延春。東又有廣壽殿，視朝之所也，北第二殿曰明德，第三殿曰天和，第四殿曰崇徽。天福殿西有金鸞殿，對殿南廊有彰善門，殿北第二殿曰壽昌，第三殿曰玉華，第四殿曰長壽，第五殿曰甘露，第六殿曰乾陽，第七殿曰善興。西有射宮殿，千秋門內有含光殿。拱宸門內西偏有保寧門，門內有講武殿，北又有殿相對。內園有長春殿、淑景亭、十字亭、九江池、砌臺、娑羅亭。宮城東西有夾城，各三里餘。東二門南曰賓暉，北曰啓明。西二門南曰金曜，北曰乾通。宮室合九千九百九十餘區，夾城內及內城北皆左右禁軍所處。皇城周迴十八里二百五十八步。南面三門，中曰端門，東西曰左、右掖門，東一門曰宣仁。西三門南曰麗景，與金曜相直。中曰開化，與乾通相直。北曰應福，內皆諸司處之。京城周五十二里九十六步。隋大業元年築，唐長壽二年增築。南三門中曰定鼎，東曰長夏，西曰厚載。東三門，中曰羅門，南曰建春，北曰上東。西一門曰關門。北二門，東曰安善，西曰徽安。政和元年十一月重修大內，至六年九月畢工。朱勝非言，政和間，議朝謁諸陵，敕有司預爲西幸之備，以蔡攸妻兄朱昇爲京西都漕，修治西京大內合。屋數千間，盡以真漆爲飾，工役甚大，爲費不貲。而漆飾之法須骨灰爲地，科買督迫，灰價日增，一斤至數千。於是四郊冢墓悉被發掘，取人骨爲灰矣。

南京大中祥符七年，建應天府爲南京。宮城周二里三百一十六步，門曰重熙、頌慶，殿曰歸德。元豐六年賜度僧牒，修外城門及西橋等。京城周迴一十五里四十步。東二門，南曰延和，北曰昭仁。西三門，南曰順城，北曰迴鑾。南一門曰崇禮，北一門曰靜安。中有隔城，又有門二，東曰承慶，西曰祥輝。其東又有關城，南北各一門。

北京慶曆二年建大名府爲北京。宮城周三里一百九十八步，即真宗駐蹕行宮。城南三門，中曰順豫，東曰省風，西曰展義，東一門曰東安，西一門曰西安。順豫門内東西各一門，曰左、右保成。次北班瑞殿，殿前東西門二，東曰凝祥，西曰麗澤。殿東南時巡殿門，次北時巡殿，次靖方殿，次慶寧殿。時巡殿前東西門二，東曰景清，西曰景和。京城周四十八里二百六步，門一十七。熙寧九年改正南門曰景風，南磚曰亨嘉，鼓角曰阜昌。正北北河門曰安平，北磚曰輝德，正東冠氏門曰華景。冠氏第二重曰春祺，子城東曰泰通。

行在所，建炎三年閏八月，高宗自建康如臨安，以州治爲行宮。宮室制度皆從簡省，不尚華飾垂拱。大慶、文德、紫宸、祥曦、集英六殿，隨事易名，實一殿。重華、慈福、壽慈、壽康四宮，重壽、寧福二殿，隨時異額，實德壽一宮。延和、崇政、復古、選德四殿，本射殿也。慈寧殿，紹興九年以太后有歸期建。欽先孝思殿，十五年建在崇政殿東。翠寒堂，孝宗作。損齋，紹興末建，貯經史書，爲燕坐之所。東宮，在麗正門内，孝宗、莊文、景獻、光宗皆常居之。講筵所資善堂。在行宮門内，因書院而作。天章、龍圖、寶文、顯猷、徽猷、敷文、煥章、華文、寶謨九閣，實天章一閣。

元 陳隨應《南度行宮記》（《輟耕録》卷一八引） 杭州治，舊錢王宮也。紹興因以爲行宮，皇城九里。入和寧門，左進奏院玉堂，右中殿外庫至北宮門，循廊左序，巨璫幕次，列如魚貫。祥曦殿，朵殿接修廊，爲後殿，對以御酒庫、御藥院、慈元殿外庫、内侍省、内東門司、大内都、巡檢司、御厨、天章等閣。廊回路轉，衆班排列。又轉内藏庫，對軍器庫。又轉便門，垂拱殿五間，十二架，修六丈，廣八丈四尺。檐屋三間，修廣各丈五。朵殿四，兩廊各二十間，殿門三間。内龍墀折檻，殿後擁舍七間，爲延和殿，右便門，通後殿。殿左一殿，隨時易名。明堂郊祀，曰端誠。策士唱名，曰集英。宴對奉使，曰崇德。武舉及軍班授官，曰講武。東宮在麗正門内、南宮門外，本宮會議所之側。入門，垂楊夾道，間芙蓉，環朱闌。二里至外宮門，節堂後爲財帛、生料二庫，環以官屬直舍。轉外窑子，入内宮門廊，右爲贊導春坊直舍，左講堂七楹，扁新益。外爲講官直舍。正殿向明。左聖堂，右祠堂，後凝華殿、瞻籙堂，環以竹。左寢室，右齊安，位内人直舍百二十楹。左彝齋，太子賜號也。接繡香堂便門，通繹已堂，重檐複屋，昔楊太后垂簾於此，曰慈明殿。前射圃，竟百步，環修廊。右博雅樓十二間，左轉數十步，雕闌花甃，萬卉中出，秋千對陽春亭、清霽亭。前芙蓉，後木樨。玉質亭梅繞之，由繹已堂過錦胭廊百八十楹，直通御前。廊外即後苑，梅花千樹，曰梅崗亭，曰冰花亭，枕小西湖，曰水月境界，曰澄碧。牡丹曰伊洛傳芳，芍藥曰冠芳，山茶曰鶴，丹桂曰天闕清香，堂曰本支百世，祐聖祠曰慶和，泗洲曰慈濟，鍾吕曰得真，橘曰洞庭佳味，茅亭曰昭儉，木香曰架雪，竹曰賞静，松亭曰天陵偃，蓋以日本國松木爲翠寒堂，不施丹雘，白如象齒，環以古松，碧琳堂近之。一山崔嵬，作觀堂，爲上焚香祝天之所。吴知古掌焚修，每三茅觀鐘鳴，觀堂之鐘應之，則駕興。山背芙蓉閣，風帆沙鳥，履舄下。山下一溪縈帶，通小西湖。亭曰清漣，怪石夾列，獻瑰逞秀，三山五湖，洞穴深杳，豁然平朗，翬飛翼拱。凌虚樓對瑞慶殿，損齋、緝熙、崇正殿之東爲欽先、孝思、復古、紫宸等殿，木圍即福寧殿，射殿曰選德坤寧殿，貴妃、昭儀、婕妤等位宮人直舍蠙聚焉。又東過閣子庫，睿思殿，儀鸞、修内、八作、翰林諸司，是謂東華門。

明 李賢等《明一統志》卷二六《開封府》 汴故宮 在府城内正北，本宋之大内，金人廣之。皇城南外門曰南薰。南薰之北新城門曰豐宜，橋曰龍津。橋北曰丹鳳門，丹鳳北曰文武樓。東曰太廟，西曰郊社，正北曰承天門。雙闕前引東西左右掖門，承天之北正殿曰大慶殿，東廡曰嘉福樓。西廡曰嘉瑞樓，大慶之後曰德儀殿，正内曰隆德殿。隆德之次曰仁安殿，仁安之次曰純和殿，純和之次曰寧福殿。寧福之後由苑門而北曰仁智殿，有二大石，左曰敷錫神運萬歲峰，右曰玉京獨秀太平巖。苑内東曰仙韶，院北曰湧翠峰。東連長生殿，又東曰湧金殿，曰蓬萊殿，西曰浮玉殿，曰瀛州殿，南曰閱武殿。又南曰安泰門，東則壽聖宮，北曰徽音院。又北曰燕壽殿，徽音壽聖。東曰太后苑，苑有慶春殿，本朝洪武十一年，即其故址建周王府。

明 王鏊《姑蘇志》卷三二 東墅又名東莊，與南園皆廣陵王元璙帥吴時其子衙内指揮使文奉所創，經營三十年，極園池之勝。奇卉異木，及其身見皆成合抱。又累土爲山，亦成巖谷。晚年經度不已，每燕集其間，任客所適。文奉跨白騾，披鶴氅，緩步花徑，或泛舟池中，容與往來。聞客笑語，就之而飲，其好事如此。

又 南園，《祥符圖經》云在子城西南。有安寧廳，思玄堂，清風、緑波、迎仙等三閣，清漣、湧泉、清暑、碧雲、流杯、沿波、惹雲、白雲等八亭，又有樹亭二，就樹爲榱柱，及迎春、百花等三亭。西池在園廳西，有龜首、旋螺二亭。《續記》云：廣陵王帥吴，因治南園爲島嶼，峰巒出於巧思。錢氏去國，此園不毀。祥符中，知州秦義葺之以會寮吏，館使朝貴皆爲賦詩，參知政事郡人丁謂爲序。時景靈宮購求珍石，郡中亦於此取貢京師。其間臺榭歲久摧圮。呂濟叔嘗作熙熙堂，厥後守將亦加修葺，今所存之亭，僅有流杯、四照、百花、樂豐、惹雲，每春縱士女游覽。先是，長洲令王禹偁常攜客醉飲賦詩。大觀末，蔡京罷相，欲東還，詔以園賜之。《續志》云：南園昔甚廣袤，異木奇石多爲朱勔取進，獨一松盤根大，不可移而止。今府學後一方之地亦故址也，猶有清流崇阜，可以仿佛當時之勝。蜀人高氏嘗得一隅經營之，而流杯出焉，因作醉鄉亭以仿古。

明 李濂《汴京遺蹟志》卷四 和維《愚見紀忘》：艮岳舊址無存久矣。問之，皆曰三山兒坡是也。其誤甚矣。考之《宋史》，徽宗於宮城東北起景龍門，複道禁中，每歲放燈，自東華門以北並不禁夜。又於次東建寶籙宮，後累石爲山，以其在艮方也，號艮岳，又稱壽岳。《夢華録》云：京城北壁，其門有三，從東曰舊封丘門，中曰景龍門，乃大内城東角寶籙宮前也，次西曰金水門。近見汴之城池沿革一帙云：北面三門，中曰景龍門，太平興國改今名，俗名酸棗門。東曰安遠門，俗名舊封丘門。西曰天波門，又號太安門。至正年間，汴人拒守不及，遂築塞諸門，止留五門。然徽宗命侍郎孟揆於上清寶籙宮東築山，以象餘杭之鳳凰山。周圍十餘里，其最高一峰九十步，上有介亭。其艮岳的在宮城東北景龍門內以東之地明矣。後金宣宗命尚書珠格高琪展築汴城，就取艮岳之土，搬築以爲北面城垣。其景龍江改爲城濠，諸池沼悉皆填平，止有龍德宮前土嶺猶在，俗名三山兒坡。若以爲艮岳遺址實爲大謬。龍德宮徽宗潛邸也，在景龍門西，離寶籙宮遠矣。

又 卷四《艮岳壽山》 艮岳壽山在汴故城東北隅。初，徽宗未有嗣，道士劉混康以法籙符水，出入禁中，言京城西北隅地協堪輿，倘形勢加以少高，當有多男之祥，始命爲數仞岡阜。已而後宮生子漸多，帝甚喜，於是命户部侍郎孟揆於上清寶籙宮之東築山，象餘杭之鳳凰山，號曰萬歲山，既成更名曰艮岳。周迴十餘里，其最高一峰九十步，上有介亭，分東西二嶺，直接南山。山之東有萼緑華堂、書館、八仙館、紫石岩、棲真磴、覽秀軒、龍吟堂，山之南則壽山兩峰並峙，有鴈池，噰噰亭。山之西有藥寮、西莊、巢雲亭、白龍沜、濯龍峽，蟠秀、練光、跨雲三亭。羅漢岩又西有萬松嶺，嶺畔有倚翠樓，上下設兩關，關下有平地，鑿大方沼。沼中作兩洲，東爲蘆渚，浮陽亭，西爲梅渚，雪浪亭。西流爲鳳池，東出爲鴈池。中分二館，東曰流碧，西曰環山，有巢鳳閣、三秀堂。東池後有揮雪亭，後由磴道上至介亭。亭左有極目亭、蕭森亭，右有麗雪亭。半山北俯景龍江，引江之上流注山澗。西行爲漱瓊軒，又行石間爲煉丹、凝真觀、圜山亭。下視江際，見高陽酒肆及清斯閣。北岸有勝筠庵、躡雲臺、消閒館、飛岑亭，支流別爲山莊，爲回溪。又於南山之外爲小山，橫亘二里，曰芙蓉城，窮極巧妙。而景龍江外則諸館舍尤精。其北又因瑶華宮火，取其地作大池，名曲江池。中有堂曰蓬壺，東盡封丘門而止。其西則自天波門橋引水直西，殆半里，江乃折南又折北。折南者過閶闔門爲複道，通茂德帝姬宅。折北者四五里，屬之龍德宮。既成，帝自爲《艮岳記》，以山在國之艮位故也。岳之正門名曰陽華，故亦號陽華宮。初，朱勔於太湖取石，高廣數丈，載以大舟，挽以千夫，鑿城斷橋，毁堰拆牐，數月乃至。會得燕地，因賜號昭功敷慶神運石，立於萬歲山。其旁植兩檜，一夭矯者名曰朝日升龍之檜，一偃蹇者名曰卧雲伏龍之檜，皆以玉牌填金字書之。巖曰玉京獨秀太平巖，峰曰慶雲萬態奇峰。又作絳霄樓，勢極高峻，盡工藝之巧。其後羣閹興築不已，於是山林巖壑日益高深，亭榭樓觀不可勝紀，四方花竹奇石咸萃於斯，珍禽異獸無不畢有矣。宣和六年，有芝産於艮岳之萬壽峰，改名壽岳，一曰壽山。時蔡京子蔡攸有寵於帝，進見無時，嘗言於帝曰：人主當以四海爲家，太平爲娱，豈徒自勞苦哉，而帝遂數微行。因令苑囿多爲村居野店，每秋風静夜，禽獸之聲四徹，宛若山林陂澤之間，識者知其不祥之兆。帝晚歲患苑囿之衆，國力不能支，數有厭惡語，由是得稍止。及金人再至，圍城日久，欽宗命取山禽水鳥十餘萬盡投之汴河，聽其所之。拆屋爲薪，鑿石爲炮，伐竹爲篦籬。又取大鹿數千頭悉殺之，以啗衛士云。

明 田汝成《西湖游覽志》卷八《北山勝蹟》 玉壺園，宋理宗時御園也。本鄜王劉琦別業，後屬官家。林亭幽雅，長夏森寒，張輿詩：林亭絶幽迥，長夏緑雲香。明月出山小，白蓮承露凉。譙鼓樓頭急，吴歈風外長。翛然玉壺内，渾與世相忘。

又 謝府新園，故甘氏園也，爲太后別墅，在惠照齋宮。西有道院、村庄、水閣，一碧萬頃、眉壽等堂，湖山、清觀、歇凉等亭。備華極邃，架亭湖中。每元夕，亭館皆垂水晶簾，放燈，上下暉映，金碧奪目，士女縱觀，往往得遺簪墜珥。

又　卷一四《南山分脈城內勝蹟》　望仙橋之東宋有德壽宮、蔣院使花園，紹興十五年四月秦檜建。第落成初，望氣者言此地有鬱葱之祥。檜專國，實覬覦焉，請以爲第。檜死，高宗將倦勤，乃即第築新宮，名德壽。紹興三十二年禪位于孝宗，遷居之，以朝禁爲南内，以此宮爲北内，鑿池引水，疊石爲山，象飛來峰，建冷泉亭，規制宏麗，詳見偏安《佚豫志》。中孝宗內禪，移居此宮，改名重華，後寧宗以奉憲聖，太皇太后改名慈福壽成。皇太后居之，改名壽慈。當高宗時，得盤松一本于聚景園中，移植宮苑，奇秀絶倫。高宗嘗自爲贊。

明　彭大翼《山堂肆考》卷二七《脩竹》　脩竹園在開封府歸德州東南，梁孝王所置。中多植竹，故云園。有白靈山，山有落猿巖、棲龍岫。又有鴈池，池有鶴洲、鳧渚，即所謂兔園也。

明　徐㶿《徐氏筆精》卷四《瓊林苑》　唐宴進士於慈恩寺，宋晏進士於瓊林苑。苑中松柏森列，百花芬郁，樓觀層列，金碧相射。韓琦詩云：春光濃簇寶津樓，樓下新波漲鴨頭。嘉節難逢真上巳，賜筵贏入小瀛洲。仙園雨過花遺靨，御陌風長絮滚毬。禊飲不須辭巨白，清明來日尚歸休。其繁盛光景可見。

清　顧炎武《肇域志·古宮殿》　古上林苑今小教場西門內當爲上林苑，將臺處當爲樂游苑。《宮苑記》云：雞籠山東歸善寺，後《實録》宋大明三年初，築上林苑於玄武湖。《北宮苑記》云：孝武立名西苑，梁改名上林。其地有古池，俗呼爲飲馬塘，亦曰飲馬池。其西又有望臺宮。

清　康熙《西湖志纂》卷四《南山勝蹟上》　宋聚景園　在清波門北，久廢。《西湖游覽志》：宋孝宗所築，奉上皇游幸。中有會芳殿、瀛春覽、遠芳華等堂，瑶津、翠光、瓊芳、寒碧等亭，柳浪、學士等橋。理宗以後，日漸荒落。今惟柳浪、學士橋存焉。

清　雍正《河南通志》卷五一　汴故宮　在府城內正北，本宋之大內，金人廣之。皇城南外門南薰，南薰之北新城門曰豐宜橋，曰龍津橋。北曰丹鳳門，其北曰文武樓，東曰太廟，西曰郊社。正北曰承天門，雙闕前引東西左右掖門。承天之北正殿曰大慶殿，東廡曰嘉福樓，西廡曰嘉瑞樓。大慶之後曰德儀殿，正內曰隆德殿。隆德之次曰仁安殿，仁安之次曰純和殿，純和之次曰寧福殿。寧福之後由苑門而北曰仁智殿。有二大石，左曰敷錫神運萬歲峰，右曰玉京獨秀太平巖。苑門東曰仙韶苑，北曰湧翠峰。東連長生殿，又東曰湧金殿、蓬萊殿。西曰浮玉殿，曰瀛洲殿。南曰閱武殿，又南曰安泰門。東曰壽聖宮，北曰徽音院。又北曰燕壽殿。徽音壽聖東曰太后苑，苑有慶春殿。明洪武十一年即其故址建周王府，國朝初改爲貢院。

九成宮　宋崇寧初，方士魏漢津請備百物之象，鑄九鼎。四年三月，九鼎成，詔於中太一宮之南爲殿，以奉安諸鼎。繚以周垣，上施睥睨，墁以方色之土，名曰九成宮。

壽山艮岳　在府城東北隅，宋徽宗所築。初名鳳凰山，後改壽山艮岳。其上有華陽宮，此山周回十餘里，峰巒嶂巘，洲渚池沼，怪石古木，珍禽奇獸，宮殿館閣，堂亭臺榭，各有名號，不可殫紀，後盡堙。明于謙詩：龍樓高處彩雲飛，艮岳才成事已非。寂寞長門金鎖合，中州無復二龍歸。

芳林園　在府城西北固子門內。宋太宗居晉邸，太祖賜其地爲園，及即位，改號潛龍園，內有池沼。淳化三年，帝幸其池，謂近臣曰：昔尹京日無事，嘗飲池上，今池邊之樹已成喬木矣。【略】後廣其地，號奉真園，仁宗天聖七年改名芳林。

瓊林苑　在府城西鄭門外，俗呼爲西青城。宋時建苑，爲宴進士之所，與金明池南北相對。其中松柏森列，百花芬郁。苑東南隅政和間創築華嘴岡，高數丈。上有橫觀層樓，金碧相射，下有錦石纏道、寶砌池塘、柳鎖虹橋、花縈鳳舸，又有明池、梅亭、牡丹諸亭，不可勝數。宋韓琦詩：春光濃簇寶津樓，樓下新波漲鴨頭。嘉節難逢真上巳，賜筵榮入小瀛洲。仙園雨過花遺靨，御陌風長絮滚毬。禊飲不須辭巨白，清明來日尚歸休。

宜春苑　在府城，有二，一在固子門外，號西御園，一在麗景門外，號東御園。宋王安石詩：宜春舊臺沼，日暮一登臨。解帶行蒼蘚，移鞍坐緑陰。樹疏啼鳥遠，水静落花深。無復增修事，君王惜費金。

牧苑　在府城北、陳橋東北，宋牧馬所。元趙孟頫詩：一片中原地，紛紛幾戰爭。至今將不去，留與後人耕。

金明池　在府城西鄭門外，創自周世宗，在瓊林苑北。宋太平興國中復鑿之，引金水河注其中，故名。神宗馬有白玉逍遥，蓋赭白也，常幸金明池，歸乘之。宋韓琦詩：西池風景出塵寰，春豫方乘禁坐閒。庶俗一令趨壽域，從官齊許燕蓬山。樓臺金碧交輝外，舟楫笙歌浩渺間。與衆盡歡宮漏促，萬花香裏屬車還。

凝碧池　在府城東南繁臺之側，唐爲牧澤，宋真宗時鑿爲池，後爲河水淤塞。

清泠臺　在府城西北一十八里，梁孝王築。相傳宋太祖常避暑於此，又名清涼臺。唐李賀詩：梁王臺沼空中立，天河之水夜飛入。臺前門玉作蛟龍，緑粉掃天愁露濕。

清　雍正《浙江通志》卷二二六　宗陽宫　《成化杭州府志》：在新宫橋東。《宗陽宫志》：即宋高宗之德壽宫也。淳熙中更名重華。《宗陽宫志》：宫内有飛來峰、登瀛橋、太液泉、玉蘭居、子昂碑及宋賜青銅古鐘、白玉笙、鐵笛、水晶扇、辟塵爐等物，古蹟有通明殿、玉籟閣、藻簡樓、道德講堂、長生殿、老君臺、卧雲樓、得月軒、壺隱、橘隱諸勝。

清　朱彭《南宋古蹟考》卷上　《宋史·地理志》：建炎三年閏八月，高宗如臨安，以州治爲行宫。《揮麈餘話》云：車駕初至臨安，霖雨不止。葉夢得言：州治屋宇不多，六宫居必隘窄，上曰：亦不覺窄，但卑濕耳。然自過江百官六軍皆失所，朕何敢求安。《行在所録》：紹興元年十一月詔守臣措置，修内司乞造三百間，詔減二百，余考藝祖宫中止用赤白爲飾。仁宗命欄楯撤去朱緑之采。建炎間，高宗至杭，命内臣楊公弼、徐康國創行宫，務使簡約去華飾，遵祖制也。《乾道臨安志》云：紹興七年二月，降詔巡幸建康府，紹興八年三月，移蹕臨安。【略】按徐一夔《行宫考》云：今以地度之，南自勝果入路，北則入城環，至德侔天地牌坊，東沿河西至山岡。自平陸至山岡，隨其上下以爲宫殿。《雲麓漫鈔》：政和五年，東都築土山于景龍門之側，以象餘杭之鳳凰山。最高一峰賜名神運昭功，封磐固侯，亦名鳳凰山。後神降有艮岳排空霄之語，以在都城之艮方，故曰艮岳。南山成，易名壽岳，都人且曰萬歲山。所謂餘杭鳳凰山，即今臨安府麗正門之正面案山，山之盡處即嘉會門。山勢自西北來，如龍翔鳳舞，掀騰而下，至鳳凰山止，分左右翼。大内在山之左掖，後有山包之，第二包即相府，第三包即太廟，第四包即執政府。包盡處即朝天門。端誠殿在山之右掖，後有山包之，第二包即郊壇，第三包即易安齋，第四包即馬院。東南即大江，西爲西湖，北爲平湖，地險且壯，實一都會，其先兆於東都爲山之時。

又　垂拱殿　紹興十二年十一月庚子，命内侍王晉錫作崇政垂拱二殿，時言者請復朔日觀朝之禮，而行宫止一殿，故改作焉。《夢粱録》云：垂拱殿常朝四參起居之地，聖節上坐垂拱殿，上壽禮畢，再坐紫宸殿。【略】陳隨應《行宫記》：垂拱殿五，門十二，架長六丈，廣八丈四尺。檐屋三，門長廣各丈五。朵殿四，兩廊各十二間，殿門三間，内龍墀折檻殿後擁舍七間，爲延和殿。按殿址在鳳凰山麓，即報國寺。又按《考古録》云：南自笤箒灣，北至柳翠橋，皆報國寺界，則垂拱殿址，可想見矣。

又《内朝後殿》　崇政殿　即祥曦殿，淳熙六年與後殿同建。陳隨應記云：自北宫門循廊而左，巨鐺幕次，列如魚貫。轉南爲祥曦殿。朵殿西接修廊，爲後殿。

又　瑞聖宫　在石姥峰，峰在臯亭，黄鶴之北，有珍珠塢。高宗避金兵入此塢月餘，以劉正夫所建永報寺爲瑞聖宫，受羣臣朝，故其外有午門橋，事定，復造焉。由金家堰入盤山麓，而東至珍珠塢，人指其所經爲輦道路，今訛爲神道路。

又　卷下　冷泉堂　《德壽宫紀略》云：高宗雅愛湖山之勝，于大内鑿石引泉，象西湖冷泉。【略】《宗陽宫志》：吴郡王益憲聖太后之弟，一日竹冠、練衣、芒鞋、笻杖，縱行靈竺，濯足冷泉盤石之上。邏者奏聞德壽，以詩召之曰：趁此一軒風月好，橘香茶熟待君來。王亟往，光堯笑謂曰：昨日冷泉之游樂乎？朕宫中亦有此景。命觀冷泉堂。

飛來峰　《宗陽宫志》云：疊石爲山，作飛來峰，峰高丈餘，峙冷泉堂側。孝宗賦詩，有「一峰獨立名飛來」之句。淳熙十一年六月初一日，上領聖旨，遂同至飛來峰看水簾，歲入蕪没。康熙乙亥春，羽士和有鴻建斗閣，鋤地深丈許，得之。五百年之物，一旦復出。范允鏘有詩紀事。

又　芙蓉石　《宗陽宫志》云：以其玲瓏蒼潤宛似芙蓉故名，與古梅同爲德壽舊物，明時孫杕寫梅，藍瑛寫石，好事者刻于碑，題曰梅石雙清。

又　冷香亭　《夢粱録》云：西有古梅，扁曰冷香。《乾淳起居注》云：淳熙五年二月初一日，孝宗過宫，留坐冷泉堂，至石橋亭子看古梅。太上曰：苔梅有二種，一種出張公洞，苔蘚甚厚，一種出越上，苔如緑絲，長尺餘。今年同時開花，留此少觀。《宗陽宫志》云：一樹自宋迄明枝幹茂密，花時蔭三畝，名德壽梅，崇禎初始枯。

又　聚景園　在清波門外。《都城紀勝》：舊名西園。《咸淳志》：孝宗致養北宫，拓圃西湖之東，又斥浮屠之廬九，以附益之。清波門外爲南門，湧金門外爲北門，流福坊水口爲水門。亭宇皆孝宗御扁。嘗請兩宫臨幸，後光宗奉三宫，寧宗奉成肅皇后，亦皆同幸。《武林舊事》：及天逸閣集載，有會芳殿、瀛春堂、攬遠堂、《咸淳志》作亭。芳華亭、花光亭、瑶津、翠光、桂景、豔碧、涼觀、瓊芳、彩霞、寒碧、花醉、澄瀾等目，及柳浪、學士二橋。考《乾淳起居注》紀，淳熙六年三月十五日幸此園。太上太后至會芳殿降輦，上及皇后至翠光降輦，並坐瑶津、西軒入御筵。都管使劉景進新製《泛蘭舟曲破》、《吴興侑舞》，各賜絹。遂至錦壁賞大花，牡丹約千餘叢。又至清輝少歇，由翠光登御舟入湖，申刻泊花光亭，仍至會芳，少歇還内。據此，園中尚有錦壁、清輝二目，舊志未載。按史理宗後罕臨幸，漸致荒落，故過者有「盡日垂楊覆御舟」及「空鎖名園日暮花」之句。元時復爲浮屠，今則偏地皆邱壠矣。《樂府紀聞》：延祐初，永嘉滕穆寓臨安聚景園，有月夜遇宋宮人衛芳華自歌《木蘭花慢》詞。

又　富景園　在新門外，俗名東花園。《都城紀勝》：城東新門外有東御園，今名富景園。《咸淳志》：富景園規制略仿湖山。又云：升仙橋在園前。《七修類稿》：係德壽宮後圃，有池名百花，今園前民家尚存大池。按板兒巷舊名百花蛇散巷，乃百花池上巷也。又考慈雲寺，舊名慈濟，宋時皆園中址。《四朝聞見録》：北宮與東園最近，旬浹間即恭請憲聖臨幸。屬芙蓉臨池秀發，遂白憲聖，請登龍舟，撤去欄幕，卧看尤佳。憲聖欣然從之。《游覽志》：東花園此地多名園。高孝兩朝常幸東園閲市，至今有孔雀園、茉莉園。

屏山園　在錢湖門外南新路口。《武林舊事》：南屏御園，正對南屏，又名翠芳。《夢粱録》：内有八面亭，一片湖山俱在目前。《咸淳志》：面南屏，故舊名屏山園。咸淳四年盡徙材植，以相宗陽宮之役，今惟門閎儼然。董嗣杲《西湖百咏》引：屏山，開慶初内司展建，東至希夷堂，直抵雷峰山下，西至南新路口。水環五花亭外，舊有海查一樹，開小紅花，在園門外，尋亦枯。白珽云：翠芳有蘭槐焉。蘭槐，御舟名。

真珠園　《都城紀勝》：在雷峰前。《武林舊事》：有真珠泉、高寒堂、杏堂、水心亭、御港，曾經臨幸。《乾淳起居注》：淳熙六年三月，御舟入裏湖，出斷橋，又至真珠園。【略】園又有梅坡。張鎡《南湖集》有《過真珠園梅坡詩》。

集芳園　《咸淳志》：在葛嶺，前臨湖水，後據山岡張婉儀園，後歸太后。《游覽志》：紹興間收屬官家，藻飾益麗，有蟠翠、雪香、翠岩、倚綉、挹露、玉蕊、清勝諸扁，皆高宗御題。淳祐間，理宗賜賈似道，改名後樂。

慶樂園　《武林舊事》：在長橋，光宗初賜韓侂胄，名南園，後復歸御前，名慶樂。《蓉塘詩話》：慶樂園，韓平原之南園也，有碑石卧荆棘中，猶存古桂百餘。《夢粱録》：内有十樣亭榭，工巧無二，射圃、走馬廊、流杯池、山洞，堂宇宏麗，野店村莊，裝點時景，觀者不倦。

又　考《武林舊事》云：湖上御園南有聚景、真珠、南屏，北有集芳、延祥、玉壺，雖真珠後歸循王，集芳後歸似道，而屢經臨幸，仍屬御園。南園始於侂胄，後即易名玉壺，創自鄜王，旋收内府，故自玉津、富景、五柳之外，即將諸園載入。

紀事

清　乾隆《清一統志》卷五一《江寧府二・古蹟》　樂游苑　在上元縣東北。《宋書・禮志》：晉立北郊，在覆舟山南，太祖以其地爲樂游苑。元嘉十一年，禊飲樂游苑。范蔚宗《樂游苑應詔詩序》曰：苑在宮城北三里，晉時藥園也。《南史・陳紀》：大建四年，幸樂游苑，采甘露。《寰宇記》：苑在覆舟山南，北連山築臺觀，苑内起正陽、林光等殿。

宋　張唐英《蜀檮杌》卷下　（廣政）十五年正月，下詔勸農。三月以趙廷隱别墅爲崇勳園，幅員十餘里，臺榭亭沼，窮極奢侈。

宋　蔡京《太清樓特宴記》（《雞肋編》引）　政和二年三月，皇帝制詔。臣京宥官省愆復。官就第詔以是月八日，開後苑宴太清樓。於崇政殿賜坐，命宮人擊踘。乃由景福殿西序入苑門，詔臣京曰：此跬步至宣和，即言者所謂金柱玉户者也，厚誣宮禁，其令子攸掖入觀焉。東入小花徑，南度碧蘆叢。又東入便門，至宣和殿，止三楹，几案臺榻漆以黑，下宇純朱，上棟純緑，飾緣無文采。東西廡各有殿，東曰瓊蘭，西曰凝芳，後曰積翠，南曰瑶林。北洞曰玉宇，後有沼曰環碧，兩旁有亭曰臨漪、華渚。沼次有山，殿曰雲華閣，曰太寧。左右躡道以登中道，有亭曰琳霄，次曰會春。閣下有殿曰玉華。玉華之側有御書榜，曰三洞瓊文之殿。旁有種玉、録雲軒相峙。臣京奏曰：宣和殿閣亭沼絜齊清虚雅素若此，則言者不根，蓋不足邺。

宋　葉夢得《石林燕語》卷一　太祖建隆初，以大内制度草創，乃詔圖洛陽宮殿，展皇城東北隅，以鐵騎都尉李懷義與中貴人董役，按圖營建。初命懷義等，凡諸門與殿須相望，無得輒差，故垂拱、福寧、柔儀、清居四殿正重，而左、右掖與昇龍、銀臺等諸門皆然，惟大慶殿與端門少差爾。宮成，太祖坐福寧寢殿，令闢門前後，召近臣入觀，諭曰：我心端直正如此，有少偏曲處，汝曹必見之矣。羣臣皆再拜。後雖嘗經火屢修，率不敢易其故處矣。

宋 張邦基《墨莊漫録》卷二 宣和癸卯，平江朱勔采石太湖黿山，得一石，長四丈，有奇廣，得其半，玲瓏嵌空，竅穴千百，非雕刻所能成也，并郡宅後池光亭。臺上白公檜，世傳白樂天手植也。創造二大舟，費八千緡以獻。時常潤間河渠淺澀，重載不前，乃先繪圖以聞宸翰，賜石名神運昭功敷慶萬年之峰，時人莫不目擊，余時初至吴中，亦獲一觀，是秋方至京師，置於艮岳。

宋 邵博《聞見後録》卷二九 崇寧年西都修大内，患苑中池水易涸，或云置牛骨池中，則水不涸。置之果然。

宋 孟元老《東京夢華録》卷七《三月一日開金明池瓊林苑》 三月一日，州西順天門外開金明池、瓊林苑，每日教習車駕上池儀範。雖禁從士庶許縱賞，御史臺有榜不得彈劾。池在順天門街北，周圍約九里三十步，池西直徑七里許。入池門内南岸，西去百餘步，有西北臨水殿，車駕臨幸，觀争標錫宴於此。往日旋以彩幄，政和間用土木工造成矣。又西去數百步，乃仙橋。南北約數百步，橋面三虹，朱漆欄楯，下排鴈柱，中央隆起，謂之駱駝虹，若飛虹之狀。橋盡處五殿，正在池之中心，四岸石甃，向背大殿。中坐各設御幄朱漆明金龍床、河間雲水戲龍屏風，不禁游人。殿上下回廊皆關撲錢物飲食伎藝人作場，勾肆羅列左右。【略】橋之南立欞星門，門裏對立彩樓。每争標作樂，列妓女於其上，門相對。街南有磚石甃砌高臺，上有樓觀，廣百丈許，曰寶津樓。前至池門，闊百餘丈，下瞰仙橋水殿，車駕臨幸，觀騎射百戲於此。池之東岸臨水近牆皆垂楊，兩邊皆彩棚，幕次臨水，假賃觀看争標。街東皆酒食店舍，博易場户，藝人勾肆質庫，不以幾日解下，只至閑池便典没出賣。北去直至池後門，乃汴河西水門也。其池之西岸亦無屋宇，但垂楊蘸水，烟草鋪堤，游人稀少，多垂釣之士，必於池苑所買牌子方許捕魚。游人得魚，倍其價買之。臨水斫膾，以薦芳樽，乃一時佳味也。習水教罷，繫小龍船於此，池岸正北對五殿，起大屋，盛大龍船，謂之奥屋。

又《駕幸瓊林苑》 駕方幸瓊林苑，在順天門大街面北，與金明池相對。大門牙道皆古松怪柏，兩傍有石榴園、櫻桃園之類，各有亭榭，多是酒家所占。苑之東南隅政和間創築華觜岡，高數丈。上有横觀層樓，金碧相射，下有錦石纏道，寶砌池塘，柳鎖虹橋，花縈鳳舸。其花皆素馨、茉莉、山丹、瑞香、含笑、射香等閩廣二浙所進。南花有月池、梅亭、牡丹之類，諸亭不可悉數。

又《駕幸寶津樓宴殿》 寶津樓之南有宴殿。駕臨幸嬪御車馬在此，尋常亦禁人出入，有官監之。殿之西有射殿。殿之南有横街，牙道柳徑，乃都人擊毬之所。西去苑西門水虎翼巷横道之南，有古桐牙道，兩傍亦有小園圃臺榭。南過畫橋水心，有大撮焦亭子，方池柳步圍繞，謂之蝦蟆亭，亦是酒家占。尋常駕未幸，習旱教於苑大門。御馬立於門上，門之兩壁皆高設彩棚，許士庶觀賞，呈引百戲。御馬上池，則張黄蓋擊鞭如儀。每遇大龍船出，及御馬上池，則游人增倍矣。

宋 周煇《清波雜志》卷六 紹聖北郊，齋宫告成。【略】晚，召宰執從官，賜茶於明禋殿。退升輦還内，北郊齋宫即會聖。園爲之殿門與殿皆曰明禋。明禋之後乃受福殿，受福殿凡九間，東西兩朵殿各三間。又兩挾屋三間，旁各有兩閤。東曰司衣，曰司旆。西曰司寢，曰司仗。後有坤珍殿，嬪御在焉。坤珍後又有水殿池沼園囿，皆臣寮所不到也。其西又有觀穀殿，曰登成。後又有更衣殿，有便門連齋。

宋 祖秀《華陽宮記》（《東都事略》卷一〇六引） 政和初，天子命作壽山艮岳於禁城之東陬，詔閹人董其役。舟以載石，輿以輦土，驅散軍萬人，築岡阜，高十餘仞。增以太湖靈壁之石，雄拔峭峙，功奪天造。石皆激怒觝觸，若踶若齧，牙角口鼻，首尾爪距，千態萬狀，殫奇盡怪。輔以蟠木瘿藤，雜以黄楊，對青蔭其上。又隨其旋斡之勢，斬石開徑，憑險則設磴道，飛空則架棧閣。仍於絶頂，增高樹以冠之，搜遠方珍材，盡天下蠹工絶技而經始焉。山之上下，致四方珍禽奇獸，動以億計，猶以爲未也。鑿地爲谿澗，壘石爲堤捍，任其石之性，不加斧鑿。因其餘土，積而爲山。山骨朓露，峰棱如削，飄然有雲姿鶴態，曰飛來峰。高於雉堞，翻若長鯨，腰徑百尺，植梅萬本，曰梅嶺。接其餘岡，種丹杏鴨脚，曰杏岫。又增土疊石，間留隙穴以栽黄楊，曰黄楊巘。築脩岡以植丁香，積石其間，從而設險，曰丁嶂。又得赬石，任其自然，增而成山，以椒蘭雜植於其上，曰椒崖。接衆山之末，增土爲大坡，徙東南側柏枝幹柔密，揉之不斷，華華結結，爲幢蓋鸞鶴蛟龍之狀，動以萬數，曰龍柏坡。循壽山之西，移竹成林，復開小徑至數百步。竹有同本而異幹者，不可紀極，皆四方珍貢。又雜以對青竹，十居八九，曰斑竹麓。又得紫石，滑浄如削，面徑數仞，因而爲山，貼山卓立。山陰置木櫃，絶頂開深池，車駕臨幸，則驅水工登其頂，開閘注水而爲瀑布，曰紫石壁，又名瀑布嶂。從艮岳之麓，琢石爲梯，石皆温潤浄滑，曰朝朝磴。又於洲上植芳木，以海棠冠之，曰海棠川。壽山之西，別治園囿，曰藥寮。其宫室臺榭，卓然著聞者，曰瓊津殿、絳霄樓、萼緑華堂。築臺高九仞，周覽都城。近若指顧。造碧虛洞天，萬山環之，開三洞爲品字門，以通前後苑。建八角亭於其中央，榱橑窗楹，皆以馬腦石間之。其地琢爲龍礎，導景龍江東出安遠門，以備龍舟幸。東西擷景二園，西則溯舟造景龍門，以幸曲江池亭，復自瀟湘江亭開閘，通金波門，北幸擷芳苑。堤外築壘衛之，瀕水蒔絳桃、海棠、芙蓉、垂楊，略亡隙地。又於舊地作野店麓，治農圃。開東西二關，夾懸巖磴，道隘迫，石多峰棱，過者膽戰股栗。凡自苑中登羣峰所出入者，此二關而已。又爲勝游六七，曰躍龍澗、漾春陂、桃華閘、鴈池、迷真洞，其餘勝迹不可殫紀。工已落成，上名之曰華陽宫。然華陽大氐衆山環列於其中，得平蕪數十頃以治園圃，以闢宫門，於西入徑，廣於馳道，左右大石皆林立，僅百餘株，以神運昭功，敷慶萬壽峰，而名之獨神運峰。廣百圍，高六仞，錫爵盤固侯，居道之中。東石爲小亭以庇之，高五十尺，御製記文親書。建三丈碑，附于石之東南陬。其餘石若羣臣入侍，幃幄正容，凛若不可犯。或戰栗若敬天威，或奮然而趍，又若傴取布危言，以示庭諍之姿，其怪狀餘態，娱人者多矣。上既悦之，悉與賜號，守吏以奎畫，列於石之陽。其它軒榭庭徑，各有巨石，棋列星布，並與賜名。唯神運峰前群石以金飾其字，餘皆青黛而已，此所以第其甲乙者也。乃命羣峰，其略曰朝日昇龍，望雲坐龍，矯首玉龍，萬壽老松，棲霞捫參，銜日吐月，排雲衝斗，靈門月窟，蹲螭坐師，堆青凝碧，金鼇玉龜，疊翠獨秀，棲煙嚲雲，風門靁穴，玉秀玉竇，鋭雲巢鳳，雕琢渾成，登封日觀，蓬瀛須彌，老人壽星，卿雲瑞靄，溜玉噴玉，藴玉琢玉，積玉疊玉。叢秀而在于渚者，曰翔鱗立津，涘者曰舞仙獨踞，洲中者曰玉麒麟，冠于壽山者曰南屏小峰，而附于池上者曰伏犀怒猊、儀鳳烏龍，立于沃泉上者曰留雲宿霧。又爲藏煙谷、滴翠巖、摶雲屏、積雪嶺，其間黄石仆于亭際者，曰抱犢天門。又有大石二枚，配神運峰異其居，以壓衆石，作亭庇之。寘于寰春堂者，曰玉京獨秀太平岩，寘于萼緑華堂者，曰卿雲萬態奇峰。括天下之美，藏古今之勝，於斯盡矣。善致萬鈞之石，徙百年之木者，朱勔父子也。善理百工之埶蓺，辨九州之珍産者，閹人梁師成也。奉人君之嗜好，忽天下之安危者，宰執王黼輩也。靖康元年閏十一月，大梁陷都，人相與排牆，避虜于壽山艮岳之巔。時大雪新霽，丘壑林塘粲若畫本，凡天下之美，古今之勝在焉。祖秀周覽累日，咨嗟驚歎，信天下之傑觀，而天造有所未盡也。明年春，復游華陽宫，而民廢之矣。元老大臣所爲圖書詩頌名記，人厭之，悉斧其碑委諸溝中。至於華木竹箭，宫室臺榭，尋爲民所薪，同宇宙而長存。獨壽山艮岳以耳目之眩，蔽堯舜之明，爲王者一尤物耳。昔三代以嬖色取禍，秦隋以奢靡致失，自書傳之作，聖賢莫不以斯二者爲先誡也。自我藝祖，以上聖之資定區宇，既克孟昶，閲宫中物有寶裝溺器，遽命碎之。平劉鋹廢媚川都，速禁采珠，蓋奢侈者禍之媒孽，創業之君所諱也。於虖富有天下，美味珍服，莫敢以資其身。雖土階三尺，茅茨不翦，亦知其可也。崇寧之際，恭默求治，是時非無賢能也。而蔡氏先據要途，祖宗之法去民久矣，自是崇大苑囿，結怨敵國，皆出於此。不然，一夫不臣，天下族之，彼醜裔安得而内侮之邪？噫！天下之士，聞壽山艮岳者舊矣。孰親觀其興廢，復使後世憑何圖記以考之與？因括其大略，作《華陽宫記》云。

宋 徐夢莘《三朝北盟會編》卷五二 政和初，童貫承蔡京意旨，大啓苑囿，以娱樂導上爲游幸之事。貫率楊戩、賈詳、藍從熙、何訢共五大閹，徙大内之外諸庫遷二僧寺，徙二軍營而改築延福宫。五閹各有分地，自爲制度，務尚華侈，不相沿襲。樓殿相望，築山引水，草木怪石，岩壑幽勝。又跨舊城取濠外地作景龍江、芙蓉城、蓬壺閬、擷芳園、曲江池，各有複道，以通宫禁。又爲鹿砦、鶴莊、文禽、孔翠諸柵，多聚遠方珍怪，蹄尾動數千實之。又效江浙爲白屋，村居、野店、酒肆、青帘，其間景龍門。冬十二月，張燈至上元，名曰預賞。又寶籙宫，山中皆包平地，環以嘉木，清流列諸館舍臺閣。多以美材爲楹棟，不施五采，有自然之勝。上下立亭宇，不可勝數。若江南陳後主三品石、姑蘇白樂天手植檜、太湖靈壁、慈溪武康諸石，二浙花竹雜木，海錯福建荔枝、龍眼、橄欖，海南椰實，湖湘大竹、文竹，江南諸果，登萊、淄沂文石，二廣、四川異花奇果，率入其中。總名曰艮岳，後又曰壽岳，門號華陽。自華陽門入，兩傍有丹荔十八枝，大石曰神運昭功者立其中。旁有雙檜，一夭矯者名曰朝日升龍之檜，一偃蹇者名曰卧雲伏龍之檜，皆玉牌填金字書之。岩曰玉京獨秀太平岩，峰曰卿雲萬態奇峰。又有絳霄樓，金碧相間，勢極高峻，在雲表工藝之巧，無以出此。

又 卷二四二 （金正隆年間丁丑年）春三月，遣左相張浩、右參政嗣暉起天下軍民夫匠。民夫限五丁，役三，工匠限三丁，役兩，統計二百萬，運天下林木花石，營都於汴。將舊營宫室臺榭，雖尺柱之不存，片瓦不存，更而新之。至於丹楹刻桷，雕牆峻宇，壁泥以金，柱石以玉，華麗之極，不可勝計。

宋 范成大《攬轡録》（《説郛》卷六五上引） 丁卯過東御園，即宜春苑也，頹垣荒草而已。二里至東京，金改爲南京，入新宋門即朝陽門也，金改曰弘仁門，彌望悉荒墟。入舊宋門即麗景門也，金改爲賓曜門。過大相國寺，傾檐缺壁，無復舊觀。横入東御廊門，絶北馳道。出西御廊門，過交鈔所。【略】煬王亮徙居燕山，始以爲南都，獨崇飾宫闕，比舊加壯麗。民間荒殘自若。新城内大抵皆墟，至有犁爲田處，舊城内市肆皆苟完而已。四望時見樓閣峥嶸，皆舊宫觀。寺宇無不頹毁。【略】庚午出驛。循東御廊百七十餘間，有面西欞星門。大街直東出，舊景靈東宫也。過欞星門，側望端門，舊宣德樓也，金改爲承天門。五門如畫，兩傍左右昇龍門，東至西角樓。轉東逾匙頭街，御廊對皇城，俱東出，廊可二百許間。過左掖門，至皇城，東角樓廊亦如畫。出樊樓街，轉土市馬行街，出封丘門，即安遠門也，金改爲元武門。門西金水河，舊交城曲江之處。河中卧石礧磈，皆艮岳所潰。過藥市、橋街、蕃衍宅、龍德宫、擷芳擷景二園，樓觀俱存。擷芳中喜春堂猶巋然，所謂八滴水閣者。使屬官吏望者，皆殞涕不自禁也。今以爲上林勝官。過清輝橋，出新封丘門，舊景陽門也，金改爲柔遠館。【略】丙戌止燕山城外燕賓館。燕畢，與館伴使副並馬行。柳堤緣城，過新石橋，中以杈子隔絶。道左邊，過橋入豐宜門，即外城門也。過石玉橋，石色如玉。橋上分三道，皆以闌楯隔之雕刻極工。中爲御路，亦闌以杈子，兩傍有小亭，中有碑曰龍津橋。入宣陽門，金書額。兩頭有小四角亭，即登門路也。樓下分三門，中門爲御路，常闔，皆畫龍。兩傍門通行，皆畫鳳。入門北望其闕，由西御廊首轉西至會同館。戊子早入見。上馬出館，復循西御廊至横道，至東御廊首，轉北循檐行，幾二百間。廊分三節，每節一門，路東出，第一門通街，第二門通毬場，第三門通太廟，廟中有樓。將至宫城，廊即東轉，又百許間，其西亦有三門。但不知所通何處，望之皆民居。東西廊中馳道甚闊，兩傍有溝，溝上植柳。兩廊屋脊皆覆以青琉璃瓦，宫闕門户，即純用之。馳道之北即端門十一間，曰應天之門，舊嘗名通天，亦開。兩挾有樓，如左、右昇龍之制。東西兩角樓。每樓次第攢三檐，與挾樓皆極工巧。端門之内有左、右翔龍門，日華、月華門。前殿曰大安殿。使人入左掖門，直北循大安殿東廊後壁行入敷德門。自側門入，又東北行，直東有殿宇，門曰東宫，牆内亭觀甚多。直北面南列三門，中曰集英門，云是故壽康殿，母后所居。西曰會通門，自會通東小門北入承明門，又北則昭慶門，東則集禧門。尚書省在門外，又西則有右嘉會門。四門正相對。入右嘉會門，門有樓，與左嘉會門相對，即大安殿後門之後。至幕次，有頃，入宣明門，即常朝後殿門也。門内庭，中列衛士二百許人，貼金雙鳳幞頭，團花紅錦衫，散手立。入仁政門，蓋隔門也。至仁政殿下，大花氊可半庭，中團雙鳳，兩傍各有朵殿。朵殿之上兩高樓，曰東西上閤門。兩傍悉有簾幕，中有甲士，東西御廊，循檐各列甲士。東立者，紅茸甲，金纏桿槍，黄旗畫青龍。西立者，碧茸甲，金纏桿槍，白旗畫黄龍。直至殿下皆然，惟立于門下者，皂袍持弓矢。殿兩階立儀物幢節之屬，如道士醮壇威儀之類。使人由殿下東行，上東階，却轉南，由露臺北行入殿。金主幞頭、紅袍、玉帶，坐七寶榻。背有龍水大屏風，四壁帟幕皆紅，繡龍，拱斗皆有繡衣。兩楹間各有焚香大金獅，藉地鋪禮佛毯，滿一殿。兩傍玉帶金魚，有金帶、金魚者各十四五人，相對列立。遥望前後大殿屋，崛起處甚多，制度不經，工巧無遺力，所謂窮奢極侈者也。

宋 周必大《玉堂雜記》卷上 又靈隱寺冷泉亭，臨安絶景，去城既遠，難於頻幸，乃即宫中鑿大池，續竹筒數里，引西湖水注之。其上疊石爲山，象飛來峰，宛然天成。必大作《端午帖子》云：聚遠樓頭面面風，冷泉亭下水溶溶。人間炎熱何由到，真是瑶臺第一重。蓋謂此也。前後頗聞禁籞大略，并記于下。宫中分四地，分隨時游覽。東地分香遠、梅堂。清深、竹堂。月臺、梅坡、松菊三徑、菊芙蓉竹。清妍、酴醾。清新、木犀。芙蓉岡。南地分載忻、大堂御宴處。忻忻、古柏太湖石。射廳臨賦、荷花山子。燦錦、金林檎。至樂、池上。半丈紅、郁李子。清曠、木犀。瀉碧。養金魚處。西則冷泉、古梅。文杏館、静樂、牡丹。浣溪。大樓子海棠。北則絳華、羅木亭。旱船、俯翠、茅亭。春桃、盤松，其詳不可得而知也。嘗見御製《盤松贊》墨本，云：天錫瑞木，得自嶔岑。枝蟠數萬，幹不倍尋。怒騰雲勢，静奏琴音。凌寒鬱茂，當暑陰森。封以腴壤，溉以碧潯。越千萬年，以慰我心。碑在宫中。又汪季路逵得御製《祭土地文》稿真蹟，寶藏之。其文云：維淳熙五年，歲次戊戌，十一月日，太上皇帝遣具階張宗尹特設牲牢旨酒、珍果香花，致祭于本宫土地之神：神有百職，職各不同。典司草木，土示是供。我游湖園，乃獲奇松。植之禁苑，百態千容。婆娑偃蓋，夭矯騰龍。翠色凝露，清音舞風。

宋 趙彦衛《雲麓漫鈔》卷三　政和五年，命工部侍郎孟揆鳩、工内官梁師成、董役築土山於景龍門之側，以象餘杭之鳳凰山。最高一峰九十尺，山周十餘里，分東西二嶺。按南山石其大者高四十尺，賜名神運昭功封盤固侯，始名鳳凰山。後神降有艮岳排空霄之語，以在都城之艮，方改曰艮岳。南山成，易名曰壽岳，都人且曰萬歲山。所謂餘杭之鳳凰山，即今臨安府大内麗正門之正面。按山上有天柱宫及錢王郊壇，盡處即嘉會門。山勢自西北來，如龍翔鳳舞，掀騰而下，至鳳凰山止。山分左右翼，大内在山之左腋，後有山包之。第二包即相府，第三包即太廟，第四包即執政府。包盡處爲朝天門。端誠殿在山之右腋，後有山包之。第二包即郊壇，第三包即易安齋，第四包即馬院。東南皆大江，西爲西湖，北臨平湖，地險且壯，實爲一都會。其兆先見於東都爲山之時。爲山見《國史補》。

宋 陳均《九朝編年備要》卷二八　舊有延福宫，祖宗以爲燕會之所，而制不甚廣。京欲以宫室媚上，召内侍童貫、楊戩、賈詳、何訢、藍從熙，諷以禁中逼窄之狀。五人聽命，乃盡徙内酒坊諸司，又遷二僧寺并軍營於他所。五人者既有分地，因各出新意，故號延福五位。五位既成，樓閣相望，引闕水天源河，築土山。其間奇花怪石，巖壑幽勝，宛若生成。

宋 岳珂《桯史》卷九《萬歲山瑞禽》　艮岳初建，諸巨璫争出新意事土木。既宏麗矣，猶念四方所貢珍禽之在圃者，不能盡馴。有市人薛翁，素以豢擾爲優場戲，請於童貫，願役其間，許之。乃日集輿衛鳴蹕，張黄屋以游，至則以巨柈貯肉炙粱米，翁效禽鳴，以致其類，既乃飽飫翔泳，聽其去來。月餘而囮者四集，不假鳴而致，益狎玩，立鞭扇間，不復畏。遂自命局曰來儀，所招四方籠畜者，置官司以總之。一日，徽祖幸是山，聞清道聲，望而羣翔者數萬焉。翁輒先以牙牌奏道左，曰萬歲山瑞禽迎駕。上顧罔測，大喜，命以官，賚予加厚。靖康圍城之際，有詔許捕，馴籞者皆不去，民徒手得之，以充飧云。

宋 張淏《雲谷雜記》卷三　徽宗艮岳，爲勝游六七日，躍龍澗、漾春坡、桃花閘、雁池、迷真洞，其餘勝跡不可殫紀。工已落成，上名之曰華陽宫。其宫室臺榭卓然著聞者，曰瓊津殿、絳霄樓、萼緑華堂。築臺高九仞，周覽都城，近若指顧。造碧虚洞天，萬山環之。門三，洞爲品字門，以通前後苑。鑿池爲溪澗，疊石爲堤，捍任其石之性，不加斧鑿，因其餘土積而爲山。山骨虢露，峰棱如削，飄然有雲姿鶴態，曰飛來峰。高于雉堞，翻若長鯨，腰徑百尺，植梅萬本，曰梅嶺。艮岳接衆山之末，增土爲大坂，徙東南。側柏枝幹柔密，揉之不斷，華華結結，爲幢蓋鸞鶴蛟龍之狀，動以萬數，曰龍柏坡。于洲上植芳木，以海棠冠之，曰海棠川。艮岳倚石排空，周環曲折，有蜀道之難躋。攀至介亭，此最高于諸山。前列巨石，凡三丈許，號排衙石，巧怪嶄巖，藤蘿蔓衍，若龍若鳳，不可殫窮。麓雲半山居右，極目蕭森居左。北俯景龍江，長波遠岸，彌十餘里。其上流注山間，西行潺湲，爲漱玉軒。有巢雲亭，高出峰岫之上。東則有高峰峙立，其下則植梅以萬數。緑萼承趺，芬芳馥郁，結構山根，號萼緑華堂。西有停翠樓，青松蔽密，布于前後，號萬松嶺。南則壽山，嵯峨兩峰並峙，列嶂如屏。瀑布下入雁池，池水清泚漣漪，鳧雁浮泳水面，棲息石間，不可勝計。其上亭曰雝雝。北直絳霄樓，西則參术、枸杞、菊精、芎藭、被山弥塢，中號藥寮。

宋 張淏《艮岳記》（《説郛》卷六八上輯）　徽宗登極之初，皇嗣未廣，有方士言：京城東北隅地協堪輿，但形勢稍下，儻少增高之，則皇嗣繁衍矣。上遂命土培其岡阜，使稍加于舊矣，而果有多男之應。自後海内乂安，朝廷無事，上頗留意苑囿。政和間，遂即其地，大興工役，築山號壽山艮岳，命宦者梁師成專董其事。時有朱勔者，取浙中珍異花木竹石以進，號曰花石綱，專置應奉局於平江，所費動以億萬計。調民搜巖剔藪，幽隱不置，一花一木，曾經黄封，護視稍不謹則加之以罪。斵山輦石，雖江湖不測之淵，力不可致者，百計以出之。至名曰神運，舟楫相繼，日夜不絶。廣濟四指揮，盡以克輓士，猶不給。時東南監司郡守，二廣市舶，率有應奉。又有不待旨，但進物至都計會宦者以獻者。大率靈璧太湖諸石，二浙奇竹異花，登萊文石，湖湘文竹，四川佳果異木之屬，皆越海度江，鑿城郭而至。後上亦知其擾，稍加禁戢，獨許朱勔及蔡攸入貢。竭府庫之積聚，萃天下之技藝，凡六載而始成，亦呼爲萬歲山。奇花美木，珍禽異獸，莫不畢集。飛樓傑觀，雄偉瓌麗，極於此矣。越十年，金人犯闕，大雪盈尺，詔令民任便斫伐爲薪。是日，百姓奔往，無慮十萬人。臺榭宮室，悉皆拆毁，官不能禁也。予頃讀國史及諸傳記，得其始末如此。每恨其他不得而詳，後得徽宗御製記文及蜀僧祖秀所作《華陽宮記》，讀之所謂壽山艮岳者，森然在目也。因各摭其略，以備遺忘云。

宋　周應合《景定建康志》卷一　景定三年，留守臣姚希得奉旨修葺行宮，準差承信郎内轄司提舉鮑體仁到府檢計合修。去處曰寢殿，曰朝殿，曰復古殿，曰進食殿，曰大射殿，曰小殿子，曰御饍所，曰東待漏院，曰學士院，曰天章閣，曰山子閣，曰入内内侍省，曰射弓亭，曰小射堂，曰會通門，曰會茶亭，曰東華門，曰内藏庫，曰椿積庫，曰皇城門裏。外曰宫門，曰西班房，曰皇城司僃屋，曰東西闕亭，曰走馬廊，曰山子堂，共二十六處。其諸殿透換梁棟，須使巨材，多方經營以供其用。自當年六月興工，入冬暫歇，又自四年四月續次興作，至八月畢工。除朝廷科撥到一十萬貫外，本府計增用一十一萬五千四百餘緡，米四百二十三石。事訖聞奏，準苑使李忠輔傳奉聖旨，行宮修葺頗夥，賜臣一千兩鍍金，香合一具，龍涎香一百餅、纈羅二十疋，揀芽小龍茶四斤、清馥香三十貼，併賜監修官通判臣馮端亮纈羅香茶有差。

又　養種園一所，在城東一里餘。中爲正堂，北向。正堂東南爲杏堂，東北爲百花堂，東爲砌臺，西爲梅堂，西北爲竹間亭，乾道三年建。

又《大宋中興建康留都録》（宋理宗）景定五年，留守馬光祖任内，重修養種園。行宮養種園在東門外一里而近，舊以内臣掌宮務。園廢不治，景定甲子冬始，詔留守司兼任其事，節冗約浮，抉姦剔蠹，居亡何課入倍。昔乃斥其羨經營此園，薙草鋤荆，宣湮達壅，規模固在也，爰即舊宇撤而新之。矢棘翬飛，丹雘炫耀。凡爲堂四，爲序三，爲臺一。門閭神宇暨守視庖湢之所，莫不備具，繚以脩垣四百七十餘丈。僅再期鉅竹如雲，梅杏松桂脱斧斤而就培植，清陰周匝始有禁籞氣象。董是役者，江東安撫司參議官潘大臨，凡糜錢一萬一千三百貫有奇，米一百八十八石有奇。

宋　潛説友《咸淳臨安志》卷二《東宮》（光宗）淳熙二年，始創射堂爲游藝之地。圃中有榮觀、玉淵、清賞等堂及鳳山樓，皆次第建置。寧宗皇帝由嘉邸、理宗皇帝由沂邸入繼大統，不遑築宮。今上皇帝由青宮始，於禁中營建，大抵不以爲定所。

又　卷一三《苑囿》　聚景園在清波門外。孝宗皇帝致養北宮，拓圃西湖之東，又斥浮圖之廬九以附益之。清波門外爲南門，涌金門外爲北門，流福坊水口爲水門。亭宇皆孝宗皇帝御扁。嘗恭請兩宮臨幸。光宗皇帝奉三宮，寧宗皇帝奉成肅皇太后，亦皆同幸。歲久蕪圮，今老屋僅存者堂曰攬遠，亭曰花光。又有亭，植紅梅。有橋曰柳浪，曰學士，皆粗見大概，惟夾逕老松益婆娑。每盛夏，芙蕖彌望，游人艤舫逶堤外。守者培桑莳果，有力本之意焉。

翠芳園　在錢湖門外南新路口，面南。屏山舊名屏山園，咸淳四年盡徙材植以相宗陽宮之役，今惟門閎儼然。

元　楊奂《還山遺稿》卷上《汴故宮記》　己亥春三月，按部至於汴，汴長史宴於廢宮之長生殿。懼後世無以考，乃纂其大槩云。皇城南外門曰南薰，南薰之北新城門曰豐宜，橋曰龍津橋，北曰丹鳳，而其門三。丹鳳北曰州橋，橋少北曰文武樓，遵御路而北横街也。東曰太廟，西曰郊社，正北曰承天門，而其門五，雙闕前引。東曰登聞檢院，西曰登聞鼓院。檢院之東曰左掖門，門之南曰待漏院。鼓院之西曰右掖門，門之南曰都堂。承天之北曰大慶門，而日精門左。昇平門居其東，月華門右，昇平門居其西。正殿曰大慶殿，東廡曰嘉福樓，西廡曰嘉瑞樓。大慶之後曰德儀殿，德儀之東曰左升龍門，西曰右升龍門。正門曰隆德，曰蕭牆，曰丹墀，曰隆德殿。隆德之左曰東上閤門，右曰西上閤門，皆南嚮。東西二樓，鐘鼓之所在。鼓在東，鐘在西。隆德之次曰仁安門，仁安殿東則内侍局，内侍之東曰近侍局，近侍之東曰岩祇門，宮中則曰撒合門，少南曰東樓，即授除樓也。西曰西樓，仁安之次曰純和殿，正寢也。純和西曰雪香亭，雪香之北后妃位也。有樓，樓西曰瓊香亭，亭西曰涼位，有樓。樓北少西曰玉清殿。純和之次曰寧福殿，有二大石，左曰敷錫神運萬歲峰，右曰玉京獨秀太平巖。殿曰山莊，山莊之西南曰翠微閣，苑門東曰仙韶苑，苑北曰湧翠峰，峰之洞曰大滌湧翠，東連長生殿。殿東曰湧金殿，湧金之東曰蓬英殿，長生西曰浮玉殿，浮玉之西曰瀛洲殿。長生之南曰閱武殿，閱武南曰內藏庫。由岩祇門東曰尚食局，尚食東曰宣徽院。宣徽北曰御藥院，御藥北曰右藏庫，右藏之東曰左藏。宣徽東曰點檢司，點檢北曰秘書監，秘書北曰學士院，學士之北曰諫院，諫院之北曰武器署。點檢之南曰儀鸞局，儀鸞之南曰尚輦局。宣徽之南曰拱衛司，拱衛之南曰尚衣局，尚衣之南曰繁禧門，繁禧南曰安泰門，安泰西與左升龍門直東則壽聖宮。兩宮太后位，本明俊殿試進士之所。宮北曰徽音殿，徽音之北曰燕壽殿，燕壽殿垣後少西曰震肅衛，司東曰中衛尉，司儀鸞之東曰小東華門，更漏在焉。中衛尉司東曰祗肅門，祗肅門東少南曰將軍司。徽音聖壽之東曰太后苑，苑之殿曰慶春，慶春與燕壽並。小東華與正東華對，東華門內正北尚廐局，尚廐西北曰臨武殿，左掖門正北尚食局，局南曰宮苑司，宮苑司西北曰尚醞局，湯藥局，侍儀司，少西曰符寶局、器物局，西則撒合門、嘉瑞樓。樓西曰三朝，正殿曰德昌，東曰文昭殿，西曰光興殿，并南向。德昌之後宣宗廟也。宮西門曰西華，與東華直。其北門曰安貞，二大石外，凡花石臺榭池亭之細并不録。觀其制度簡素，比土階茅茨則過矣。視漢之所謂千門萬户珠璧華麗之室，則無有也。然後之人因其制度而損益之，以求其稱，斯可矣。

元 脱脱《艮岳》（《宋史》卷八五引） 政和七年，始於上清寶籙宮之東作萬歲山。山周十餘里，其最高一峰九十步，上有介亭，分東西二嶺，直接南山。山之東有蕚緑華堂，有書館、八仙館、紫石巖、樓真嶝、覽秀軒、龍吟堂。山之南則壽山，兩峰並峙，有鴈池、噰噰亭，北直絳霄樓。山之西有藥寮，有西莊，有巢雲亭，有白龍沜、濯龍峽，蟠秀、練光、跨雲亭、羅漢巖。又西有萬松嶺，嶺畔有倚翠樓。上下設兩閣，閣下有平地，鑿大方沼。沼中作兩洲，東爲蘆渚，亭曰浮陽；西爲梅渚，亭曰雪浪。西流爲鳳池，東出爲鴈池。中分二館，東曰流碧，西曰環山。有閣曰巢鳳，堂曰三秀。東池後有揮雪亭。復由嶝道上至介亭，亭左復有亭曰極目，曰蕭森。右復有亭，曰麗雲、半山。北俯景龍江，引江之上流注山澗。西行爲漱瓊軒，又行石間爲煉丹、凝真觀、圜山亭。下視江際，見高陽酒肆及清澌閣。北岸有勝筠庵、躡雲臺、蕭閒館、飛岑亭。支流別爲山莊，爲回溪。又於南山之外爲小山，横亘二里，曰芙蓉城，窮極巧妙，而景龍江外則諸館舍尤精。其北又因瑶華宮火，取其地作大池，名曰曲江池。中有堂曰蓬壺，東盡封丘門而止。其西則自天波門橋引水直西，殆半里，江乃折南，又折北。折南者過閶闔門，爲複道，通茂德帝姬宅。折北者四五里，屬之龍德宮。宣和四年，徽宗自爲《艮岳記》，以爲山在國之艮，故名艮岳。蔡絛謂初名鳳凰山，後神降，其詩有「艮岳排空霄」，因改名艮岳。宣和六年，詔以金芝産于艮岳之萬壽峰，又改名壽岳。蔡絛謂南山成，又改名壽岳。岳之正門名曰陽華，故亦號陽華宮。自政和訖靖康積累十餘年，四方花竹奇石悉聚于斯。樓臺亭館，雖略如前所記，而月增日益，殆不可以數計。宣和五年，朱勔於太湖取石，高廣數丈，載以大舟，挽以千夫，鑿河斷橋，毁堰拆牐，數月乃至，賜號昭功敷慶神運石，是年初得燕地故也。勔緣此授節度使，大抵羣閹興築不肯已。徽宗晚歲，患苑囿之衆，國力不能支，數有厭惡語，由是得稍止。及金人再至，圍城日久，欽宗命取山禽水鳥十餘萬，盡投之汴河，聽其所之。折屋爲薪，鑿石爲炮，伐竹爲笓籬。又取大鹿數百千頭，殺之以啗衛士云。

元《宋史全文》卷一四 政和後，上巾裹及衣服獨喜同臣庶，實欲爲期門之事，而苑囿皆效江浙，爲白屋，不施五采，多爲村居野店。又聚珍禽奇獸麋鹿駕鶴禽鳥，動數百千蹄，隻實囿中。宣和間，都下每秋風夜静，禽獸之音四徹，宛若深山大澤陂野之間，識者以爲不祥。

明 馮琦 陳邦瞻《宋史紀事本末》卷四 十一月乙酉，玉清昭應宮成。初議營宮，料工須十五年。修宮使丁謂令以夜繼晝，每繪一壁給二燭，故七年而成。凡二千六百一十楹，制度宏麗，屋宇少不中程式，雖金碧已具，劉承珪必令毁而更造，有司莫敢較其費。

清 丁耀亢《天史》卷七《奢·徽宗花石綱》 徽宗政和四年，築延福宮成。於是文禽異獸，名木嘉花，實滿苑囿。怪石巖壑，宛若天成。又多爲村店茅房，不施五彩，每秋風夜静，禽獸悲鳴，徹於都下。【略】宣和四年，以延福宮小，不堪居，又築萬歲山於宮中，名曰艮岳。岳極峻，周十餘里。朱勔於太湖取石，高廣數夾，載以大舟，千人挽之，數月乃至。高九十步，爲第一峰。環山鑿流，紆迴幽曲。中間岩洞池館，佳名異狀，不可殫紀，古今所未有也。

清 徐乾學《資治通鑑後編》卷一〇一《宋紀》（宋徽宗宣和四年十二月）是歲，萬歲山成，御製《艮岳記》以紀其勝。萬歲山，始名鳳凰山，後神霄降，其詩有「艮岳排空霄」之句，因改名艮岳，以山在國之艮位也。其最高一峰九十步，上有亭，界分東南二嶺，直接南山。南山之外，又爲小山，名曰芙蓉城，窮極窈窕。岳之北，乃所謂景龍江也，江外諸館舍尤精。其北又因瑶華宫火取其地，作大池，名曰曲江池。東盡封丘門而止，其西自天波門橋入西直殆半里，江乃折南又折北。折南者，過閶闔門橋爲複道，通茂德帝姬宅。折北者，四五里屬之龍德宫帝潛邸也。其後，以金芝産于萬壽峰，又更名壽岳云。山周十餘里，運四方奇花異石實其中。千巖萬壑，麋鹿成羣，樓觀臺殿不可勝計。最後，朱勔於太湖取巨石高廣數丈，載以大舟，挽以千夫，鑿河斷橋，毁堰拆閘，數月方至。京師賜號昭功慶成神運石，時初得燕地故也。勔緣此授節度使。後四年，金兵再犯闕，圍閉日久，拆屋爲薪，鑿石爲炮，伐竹爲笓籬，惟大石基址存焉。此據長編所載蔡條史補朱勝非《開居録》增修。

清 乾隆《清一統志》卷一五〇《開封府二》 艮岳 在府城内東北隅，宋徽宗所築。王禹偁《東都事略》：政和初，作壽山艮岳于禁城之東陬，高十餘仞，有飛來峰、梅嶺、杏岫、黄楊、巇丁、香嶂、椒崖、龍板坡。循壽山而西，曰斑竹麓、瀑布屏。從艮岳之麓曰朝真磴、海棠川、神運峰，其他軒榭庭徑各有巨石布列，並與賜名。《宋史地理志》：政和七年始作萬歲山，山周十餘里。宣和四年，徽宗自爲記以在國之艮，故名艮岳。六年，又改名壽峰。岳之正門曰陽華，故亦號陽華宫。自政和迄靖康積累十餘年，四方怪石、奇石悉聚于斯。樓臺亭館，不可數計。及金兵圍城日久，欽宗命拆屋爲薪，鑿石爲礮云。

藝文

宋 徐鉉 吴淑《騎省集》卷五《柳枝詞三首座中應制》 長愛龍池二月時，毵毵金綫弄春姿。假饒葉落枝空後，更有梨園笛裏吹。

緑水成文柳帶揺，東風初到不鳴條。龍舟欲過偏留戀，萬縷輕絲拂御橋。

凝碧池頭醮翠漣，鳳凰樓畔簇晴烟。新詞欲詠知難詠，説與雙成入管絃。

宋 吕陶《净德集》卷三七《次韻芸叟燕瓊林苑》 御水休論九曲池，宫花争發萬年枝。長虹駕浪人間去，大翼乘風海際垂。

宋 蘇軾《東坡全集》卷二二《玉津園》 承平苑囿雜耕桑，六聖勤民計慮長。碧水東流還舊派，玉津分蔡河，上流復合于下。紫壇南峙表連岡。不逢遲日鶯花亂，空想疎林雪月光。千畝何時躬帝藉，斜陽寂歷瑣雲莊。

宋 曹勛《松隱集》卷三八《西園雪後應制》 連夜六花飛舞，清晨玉境金堦。湖山寒霧隱樓臺，難畫西園真態。 月殿九華同到，瑀輿乘興俱來。浮春簾密錦筵開，不是山陰訪戴。

宋 曹組《艮岳賦》（《揮麈後録》卷二輯） 客有游輦轂之下，以問京師之主人曰：東北之隅，地勢緜連，岡嶺秀深，氣象萬千。不知何所而乃如此焉？主人曰：國家壽山，子孫福也，名曰艮岳。客曰：蓋聞五星在天，五岳在地。東有泰山，甲於匹宇，下臨滄溟，旁跨齊魯。南有衡山，祝融紫蓋，湘潭爲址，九向九背。西有太華，三峰插天，枕瞰函谷，横斜渭川。北則常山，以限天驕，大河朔漠，仰其岧嶤。中則嵩高，與天峻極，襟帶河洛，屏翰京國。復見茲於中都，何前此而未識？且山岳之大，天造地設，開闢之初，元氣凝結。是豈人爲？願聞其説。主人曰：清濁既分，爰其陰陽。播之大鈞，孰爲主張。是必造物，區處維綱。今以一人之尊，大統華夏，宰制萬物而役使羣衆，阜成兆民而道濟天下。夫惟不爲動心，侔於造化，則茲岳之興，固其所也。而況水浮陸走，天助神相。几動之杳來，萬物之享上。故適再閏而歲六周星，萬壑千巖，芳菲丹青之寫圖障也。客曰：岳有五焉，今益其一，在於五行數則差失。主人曰：客不聞五行在天乃六氣，君火以名，相火以位。寒暑運行，曾無越次，矧此有形，創於神智，生生不窮，悠遠之義。然則五岳視三公之官，艮岳爲多男之地。乃其宜也，夫何擬議？客首肯久之曰：吾見乎岳之外矣，吾聞乎岳之説矣，獨有未詳，孰知其中？蓋禁鑰十二，皇居九重。深岩秘奥，内外莫通。願子陳其次第，庶幾因以形容。主人唯唯，曰：其大則可以槩舉，其細則莫能縷數。唯乘輿有時臨幸，雖山岳亦類於庭廡，請先陳其巖谷岡巒之體勢，後狀其樓觀池臺之處所，皆聖作而神述，盡宏規而傑矩。夫艮者八卦之列位，岳者衆山之惣名。高爲峰則秀拔，拱爲岫則峥嶸。霽色晚静，風光曉凝。陟崔嵬而直上，俯磴道以寬平。雜花異香，莫知其名。佳木繁陰，欣欣其榮。唯特立於諸峰之右者，乃主乎壽，照之以南極之星。所謂山者如此。淺若龍龕，深若雲竇。鎖煙霞於杳冥，留風雨於昏晝。或秉炬而可入，或捫扃而可叩。石磊磊以巉巖，木森森而聳秀。間則流潤雲蒸，可卜以陰晴之候。所謂洞者如此。爲山之屏，爲洞之扃，承乎上則安若榱桷，芘於下則覆若檐楹。珍叢幽芳，古木長藤，龍絡蔽虧，高低相層。鳥啼花發，則春容淡蕩，霜降木脱，則石角崚嶒。所謂巖者如此。兩山之間，氣聚其中，衆木斯茂，泉流暗通。或重羅以瞑晝，或偃草而進風。晨長春之翠莖，挺堅節之霜松。每晨曦之照耀，靄朝霧以空濛。所謂谷者如此。又有岡則隱然而起，勢連山谷，殊峯屼之峰巒，類縈紆之林麓。白雪照夜，則寒梅盛開。紅雲嬌春，則仙桃極目。恍如望千畝之鋭，非巖之秀，横石壁壘，亘若岡阜。既草木以敷榮，復地形之延袤。迢迢大庾，隔絶遐荒，落落萬松，得名錢塘。今移根於南北，亦不限於炎凉。至若溶溶大波，豬爲巨派，其流則小，其合則大。瑩上下之天光，溉淺深之湍瀨。有巨魚以潛波，扈龍舟而夾載。岸容萬柳，春風柔柯，飛花滿空，長條拂波。或趁景而移棹，或鳴根而笑歌。此謂之江者，回環山根，縈帶奇石。淺以蕩谷，深以凝碧。潺湲不窮，流衍漱激。泛桃花之露紅，浮洞天之春色。輕鷗文禽，棲息其側。荷花不斷，雲錦舒張。或聚而爲曲沼，或漲而爲横塘。煙梢露篠，交翠低昂。此之謂溪者。夫山洞巖谷，岡嶺江溪，既略陳矣。子獨不見樓有絳霄，朱欄倚空。跨晴雲之縹緲，掛瑞日之曈曨。綺疏凝霧，天香散風。覺星辰之逼近，如霄漢之穹隆。招飛仙於蓬壺，揖素娥於蟾宫。霓旌鶴馭，税駕其中。又不見閣有巢鳳，異乎高崗，豈丹穴之瑞應，無雄構以翱翔。即其軒楹，架以傑閣。芘五彩之鴛鶵，下九霄之鸑鷟。因太平之象，會廊廟之人。置酒大嚼，歸美逢辰。續夏日之句，頌南風之薰。其北也，諸山之上，衆木之杪。俯雲壑之沈沈，視煙霄之杳杳。西瞻太行於晴霽，東望海霞於清曉。山巃嵸，石嶙峋。挹長風之回玉宇，導明月之湧冰輪。齋心嘗比於崆峒，精禱每延乎上真。見飄飄之仙馭，隨裊裊之青芬。視其榜曰介亭。有排衙蒼碧之前陳者也，因山高下，周以回廊。如璧月之環坐，復晴曦之騰光。玩牙籤之甲乙，發寶書之秘藏。徐遶砌而散步，間挾策而寓興。花雖芳而晝寂，鳥雖啼而人静。效隱士之山堂，取逸人之三逕。其榜曰書館，豈蓬户陳編之可並者也。亭有勝筠，周以美竹。何禁籞之寶檻，迸藍田之叢玉。已交戛而近砌，復扶疏而出屋。分月影之瑣碎，聽風聲之斷續。游塵不到，清意自生。目蒼雲之翳翳，面霜節之亭亭。挺然不屈，四時長青。宸襟對爽，固以既名。且館曰蕭閒，深庭邃宇。來萬籟之清風，無九夏之劇暑。棲寓懷之寶玩，備宸章之毫楮。前横江練，傍列山莊。或遣乘槎而上漢，或笑喝石而爲羊。超然燕處，真逍遥自適之鄉。雜花争妍，紅紫相鮮。或引繩而爲逕，或彌望而成川。錦繡照空而明焕，風露散曉而香傳。肅然行列，若羽林之萬騎，粲然艷妝，如宫女之三千。四時之候，參差不齊。異塵埃之桃李，雜紛蹂以成蹊。斯號林華之苑，見鏤玉之珍題。至若山莊竹籬，蘿蔓蓊鬱，睨緑筠之共茂，夾脩逕而高出。俯以愛蒼苔之承步，仰以見雲梢之蔽日。軒亭欄檻，各相方而榜名。故扶晨散綺，洞焕秀瀾，隨所寓而不一。晴波融怡，是爲鴈池。望風中之飛練，接雲際之虹霓。南山巍然而蒼翠，北渚湛若而漣漪。聽雝雝之下集，觀肅肅以高飛。朝離乎雪霜之野，暮宿乎葭葦之湄。唯恩波之可泳，豈隨陽之恨遲。練以幽芳，萼緑華堂，何玉顔之澹佇，見奇姿之異常。鄙江梅之尚紅，陋臘梅之太黄。得天上碧桃之露，掩薰爐清遠之香。恍聖情而異禀，蒙天笑以增光。故賜神仙之號，闢珠户而敞文窗。然而如此之類，安能悉紀？若夢游仙，髣髴而已。客曰：子之所陳，心存意識。或欲周知，何從皆得？主人曰：人間天下，飛潛動植，率在其中，不可殫極。姑陳述乎二三而已，徯累言於千百？非若《子虚》、《上林》之夸大，《兩京》、《三都》之緣飾，顧難狀於言辭，徒充塞於胸臆。客曰：姑置是事，請質所疑。何一隅之形勢，若千里之封圻？主人笑曰：嘻夫！耳目之不際，何可以意測？思慮不至，孰可以强知？望壺中者，初不察其天地。游武陵者，亦豈意其有桃溪。矧都邑紛華之地，藏十洲三島之奇。客又曰：蓋聞橘不踰淮，貉不踰汶。今兹草木來自四方，原莫知夫遠近、物理、地宜，請得而論。主人曰：天子神聖，明堂頒制。視四海爲一家，通天下爲一氣。考其迹則車書混同，究其理則南北無異。故草木之至微，不變根荄於易地。是豈資於人力，蓋已默然運於天意。故五岳之設也，天臨宇宙。五岳之望也，列於百神。兹岳之崇也，作配萬壽。彼以滋庶物之蕃昌，此以壯天支之擢秀。是知真人膺運，非特役巨靈而驅五丁。自生民以來，蓋未之有。客恍然聞所未聞，於是鼓舞歡忻，頌詠太平等乾坤之永久。

宋 李質《艮賦》（《揮麈後録》卷二輯）　偉兹岳之宏厚兮，固磐基於坤軸。跨穹隆之高標兮，俯萬象於林麓。一氣肇其吐吞兮，割陰陽於晦昱。信天造而地設兮，行聖心之神欲。相美利於艮維兮，膺億載之假福。允定命以匹休兮，同澗瀍之乃卜。惟重熙兮累洽，固帝祚之無疆。緊浚都之是宅，陋周原之匪臧。誠體國之有制，擬形勢而辨方。伊岡聯與阜屬，翼慶瑞兮繇長。仰黃屋之非心，融至道以垂裳。即崇山之奧區，翳薈鬱其蒼蒼。紛川澤之沮洳，限江湖之渺茫。類曾城與丹邱，仍飈馭之來翔。鳴遼鶴於晝寂，嘯巴猿於夜央。靄煙霞之超絕，殆未邈乎康莊。時萬機之餘暇，頓六轡以高驤。逸天步之轍跡，恰聖情而弗忘。俾雲飛以川泳，均草木之有光。軒重闈之敞敞，植梅桃以時嵩。挺八仙之桂檜，漲潤氣以疏香。屹舞手之奇石，導風袂以前鄣。仰奎文之聖述，如震慄乎春雷。兼虞商之渾灝，類雲漢之昭回。蟣蝨之臣不敢久以伏讀兮，一再誦而心開。燦八龍之神藻，覺虎卧之煤埃。惟明光之絢練，永作鎮於鈎臺。俄北行而少進，驚泛雪之虛閬。屏分翠綠以雙抗兮，沃泉中湛而凝碧。伊留雲與宿霧，佐清致於瑶席。飲甌面之瓊腴，貯風生於兩腋。登和容於射圃，雙弧矢之神威。流芳馨於素華，且舒笑而忘歸。撫跨雲之欄楯，驚倚翠之翬飛。陟半山而前矚，虛廡亘其繩直。聳凝觀而北列，視鑑湖之湜湜。忽峥嶸而環合，想圖山之嘉色，敞玉霄之閎洞。仙真過而寓息，冀煉丹以服餌。生身體之羽翼，闢瓊津與清斯。望龍江而西東，何茂脩之夾植。中演漾而溶溶，覩山莊之派別。引回溪而曲通，挹飛岑於秀發。倚躡雲之崇崇，虛蕭閒之邃宇。貯毫楮於厥中，延勝筠之宿潤。發五蓋之游蒙，無雜卉以周布。端此君之迎逢，委檜陰之修逕。出高陽之酒亭，奉千鍾之湛露。傾葵藿於堯齡，欲洗練其神宅。耳漱瓊之泠泠，度金霞而矯首。介亭屹其上征，險羊腸於九折，升雲棧而心驚。有排衙之巨石，間珍木之敷榮。爲巉妙之絕巘，類簫臺之玉京。宜帝真之下墮，後電掣而雷鳴。繼神光之燭壇，響環珮之琮琤。何天人之無間，本皇上之精誠。路逶迤而東轉，經極目之蕭森。下來禽之茂嶺，披合歡之華林。始祈真於磴杪，終攬秀於軒陰。啓龍吟之虛堂，面紫石之高壁。分竹齋於向背，沸不老之泉液。愛揮雲之翔鱗，若騰躍於天地。踰萬松之峻嶺，設兩關而嶔崎。垂濯龍之瀑布，與蟠秀而東馳。憩練光以容與，仰奇峰而登躋。矧梅蘆之二渚，結雲浪與浮陽。俄就夷而絕嶮，復淵澄而沼方。池名鳳以號硯，乃餘波之洋洋。既流碧之霞錯，又環山之翼張。岩宏堂之三秀，奉九華之玉真。悵白雲之已遠，追音徽之尚存。壯阿閣以巢鳳，擁萬木之巖春。何漣漪之颸爽，仰拱霄之是鄰。覩書館之幽致，擅著古之佳名。極驚蛇而走虺，知草聖之縱横。臨清流而喜賦，鄙秋風之淫聲。揭崑雲兮承嵐，相岧嶢而抗衡。彼會真之高館，惣羣玉之邃清。儼疏梅之盈萬，常沐雨而披煙。儼冰姿於萼綠，非取媚而争妍。駭白龍之噴激，落銀漢於九天。方巢雲之入望，亘黃果之繇連。登絳霄以游目，聳萬壽之南山。瀉烏龍之垂霤，注鴈池於石間。企嘯嘯之峻亭，諒絕塵而可攀。欣藥寮之西闢，蘊丹華之秀巖。羅玉芝與雲桂，產南燭之非凡。下丁香之密逕，有問植之松杉。嗟禾麻兮菽麥，蓺黍稷兮惟艱。開西莊以務本，信農事之匪閒。俯明秀之傑閣，晞梅岩及春華。偃霜風之老檜，跂鳳翼之欹斜。蔭檀欒之芸館，豁凝思之雅堂。備上臺之珍文，若星燦而霞章。臣蓋聞赤縣神州之説，方壺員嶠之言，既不周之具載，亦同紀於崑崙，定洪荒之無考，宜姑置而勿論。窮山川於疇昔，效子長之飛騫。登岱宗而佇眙，嘗歷井於天門。瞻巍然之日觀，視皛繹之駿奔。維祝融之巨鎮，鬱紫蓋之奇峰。摽赤城而霞起，滴九疑之翠濃。觀羅浮與鴈蕩，望廬阜之横空。陟嵩高之峻極，有二室之重巒。森峨峨之太華，若秀色之可餐。聳天平於林慮，睇王屋之仙壇。何諸山之環異，均賦美於一端。豈若茲岳，神模聖作。總衆德而大備，富千巖兮萬壑。何小臣之榮觀，忽承詔而駭愕。捨華門之圭竇，詣鈞天之廣樂。驚蓬心與蒿目，蕩胸次之煩濁。欲粗窮其勝槩，徒喙息乎林薄。蜂房櫛比，視閭閻也。垤蟻往來，觀市人也。縈紆如綫，貫汲流也。布算縱横，俯阡陌也。累塊積蘇，羅層臺也。翾飛蚊聚，聽輪跡也。其體穹崇，旁日月也。其用浩博，行變化也。塵翳翳以電掃兮，雲溶溶而承宇。既崛起以崒嵂兮，又盤亘而深阻。遠而望之，則或抗戾以分睽，或附從而黨伍，或跧然而仰，或偃然而俯，或相蹲踞，或相旁午。迫而視之，則或如躍龍，或如虓虎，或若會同之冠冕，或若隱翳之環堵。或引援而維持，或參差而齟齬。或名三奇，或號太古，萬形千狀，不可得而備舉也。而又瑕石詭暉，嶙峋巉巖。靈壁之秀，發於淮之北，太湖之異，來自江之南。伏犀、抱犢、紫金之峰，凌雲、透月、瓊玉之巖，遂根挈而固結，成聳翠之煙嵐。植湘水之丹橘，列洞庭之黃柑。盈待鳳之椅梧，聳負霜之楩柟。篔簹篁簡，矗矗以森萃。青綸紫荌，曄曄而髟鬖。遂凌岑而跨谷，仰締構於其間。虹梁並亘，旅楹有閑。嘉玉烏之輝潤，睇雲楣之爛斑。臨飛陛之揭孽，淼平江之汪灣。巘青翰，投文竿。却龍舟而弗御，規就橋而處安。得元珠於赤水，仰神聖之在宥。推無爲於象先，擴堯仁之天覆。且帝澤之旁流，復上昭而下漏。宜乎！絕珍殊祥，駢至迭轃。潛生沼之丹魚，萃育藪之皓獸。神爵棲其林，麒麟臻其囿。屈軼茂而蓂莢滋，紫脱華而朱英秀。何動植之休嘉，表自天之多祐。臣又聞，積水成淵而蛟龍生，積土成山而風雨興，皆物理之自然，豈人力之所能。蓋嘗觀雲氣之靄靄，時出没而相仍。作寰區之潤澤，肇五穀之豐登。霈爲霖而復斂，抱虚壁之層層。舉兹山之盡美，渠可得而誦稱。

宋 李質 曹組《艮岳百詠》（《揮麈録》後録卷二輯）《艮岳》：勢連坤軸近乾岡，地首東維鎮八方。江不風波山不險，子孫千億壽無疆。《介亭》：雲棧横空入翠煙，躋攀端可躡飛仙。介然獨出諸山上，磊磊排衙石滿前。《極目亭》：千里飛鴻坐上看，山川風月在憑欄。不知地占最高處，但覺恢恢天宇寬。《圌山亭》：軒楹正在翠微中，欲雪雲生四面峰。璀璨地鋪紅瑪瑙，巑岏山聳碧芙蓉。《跨雲亭》：地高天近怯憑欄，下視浮雲咫尺間。只怪輕雷起巖際，不知飛雨過前山。《半山亭》：憑高玉輦每從容，中路嘗聞憩六龍。塵外有人如到此，便須行徹最高峰。《蕭森亭》：曉日玲瓏宿霧開，四檐時有好風來。不應班竹林中見，却似松根琥珀堆。《麓雲亭》：山下深林起白雲，白雲飛處斷紅塵。伴行直到高峰上，舒卷縱横不礙人。《清賦亭》：四海熙熙萬物和，太平廊廟只賡歌。欲追林下騷人意，却是臨流得句多。《散綺亭》：斷虹飛雨過天涯，碧落浮雲不復遮。明日陰晴真可卜，倚欄來此看餘霞。《清斯亭》：天波萬斛瀉鎔銀，跨水横橋麗構新。但取真堪濯纓意，玉堦金闕本無塵。《煉丹亭》：藥爐龍虎正交馳，五色雲生固濟泥。凡骨欲逃三萬日，君王曾賜一刀圭。《璿波亭》：水影摇暉動碧虚，日華凌亂上金鋪。安知不是鮫人寶，往往淵中得美珠。《小隱亭》：古木回環石路横，居山初不在峥嶸。聖人天下藏天下，小隱聊爲戲事名。《飛岑亭》：微雲將雨洗層巒，石磴苺苔路屈盤。正是江南最佳處，仰看蒼翠俯澄瀾。《草聖亭》：落筆縱横走電光，近臣時得賜雲章。龍盤鳳翥皆天縱，渴驥驚虵不足方。《書隱亭》：吾皇聖學自天衷，載籍源流一一通。宵旰萬幾營四海，更將心醉六經中。《高陽亭》：仙舟時倚碧溪灣，花外青旗映淺山。不醉閬風緣底事，要看豪飲似人間。《噰噰亭》：聖主從來不射生，池邊羣鴈恣飛鳴。成行却入雲霄去，全似人間好弟兄。《忘歸亭》：玉景金霞長不夜，松篁泉石更留人。廣寒宫殿秋偏好，待看林梢月色新。《八仙館》：蟠桃初熟玉京春，圓屋如規户牖新。盡是瑶池高會客，豈容塵世飲中人。《環山館》：峰巒回合聳雲屏，巖靄溪光面面横。開户忽驚千仞翠，憑高方見九重城。《芸館》：玉堂金馬盡名儒，黄本牙籤付石渠。向此别藏三萬卷，不憂中有蠹書魚。《書館》：蓮燭詞臣在外庭，青錢學士已登瀛。回廊屈曲隨巖阜，挾策何妨取次行。《蕭閒館》：書草吹來種種香，好風移韻入松篁。丹臺紫府無塵事，倚覺壺中日月長。《漱瓊軒》：淺碧分江入衆山，山深無處不潺潺。開軒最近寒溪口，噴薄松風響珮環。《書林軒》：甲乙森然盡寶書，校讎曾授魯中儒。萬幾多暇時來此，玉軸牙籤自卷舒。《雲岫軒》：山上飛雲片片輕，雲山相似倚空明。從龍本合封中去，觸石光從望處生。《梅池》：玉鈿匀點鑑新磨，香逐風來水上多。應爲横斜詩句好，故教疏影瀉平波。《鴈池》：暮天飛下一行行，淺渚平沙足稻粱。有此恩波好游泳，何須辛苦去衡陽。《硯池》：黑雲凌亂曉光凝，氣接崑崙冷不冰。龍餠麝元皆御墨，游魚吞却化鯤鵬。《林華苑》：連雲複道映樓臺，茂苑奇花日日開。但得如春天一笑，芳菲何必曉風吹。《絳霄樓》：翼瓦飛甍跨閬風，捲簾滄海日曈曨。佳時自有羣仙到，笑語雲霞縹緲中。《倚翠樓》：梯空窗户半山間，滴滴嵐光照畫欄。六月火雲揮汗日，雲來唯覺石屏寒。《奎文樓》：龍蟠鼇負出風雲，鏤玉填金聖製新。自與六經垂日月，更令羣目仰星辰。《巢鳳閣》：朝陽鳴處有亭梧，争似珠簾映綺疏。丹穴來儀聽九奏，不妨於此長鵷鶵。《竹岡》：蒼雲蒙密竹森森，無數新篁出翠林。已有鳳山調玉律，正隨天籟作龍吟。《梅崗》：闊連峰嶺玉崔嵬，春逐陽和動地來。不似前村深雪裏，夜寒唯有一枝開。《萬松嶺》：蒼蒼森列萬株松，終日無風亦自風。白鶴來時清露下，月明天籟滿秋空。《蟠桃嶺》：不到瑶臺白玉京，海中仙果但聞名。何人爲報西王母，嶺上如今種已成。《梅嶺》：雪林横夜月交光，萬壑風來處處香。聖主乾坤爲度量，包藏曾不限遐荒。《三秀堂》：窗户深沈晝不開，鳳凰時下九層臺。月明夜静聞環珮，知有霓旌羽扇來。《蕚緑華堂》：緑蕚承趺玉蘂輕，清香續續度檐楹。天教不雜開桃李，賜與神仙物外名。《巖春堂》：桂影亭亭漾碧溪，尋芳曾被暗香迷。碧桃開後晴風暖，花外幽禽自在啼。《躡雲臺》：萬本琅玕密不開，林深明碧鎖高臺。更無一點游塵到，但覺雲隨步步來。《玉霄洞》：披香尋徑百花中，蝶引蜂隨路不窮。但見凌霄纏古木，洞天應與碧虚通。《清虚洞天》：玉關金鎖一重重，只見桃源路暗通。行到水雲空洞處，恍如身世在壺中。《和容廳》：曰羽流星一點明，上林飛鴈幾回驚。弓開月到天心滿，風外唯聞中的聲。《泉石廳》：縈迂流碧與環山，月地雲階在兩間。有此清泠居物外，方知塵土屬人寰。《揮雲亭》：天風吹作海濤聲，揮斥浮雲日更明。波上石鯨時吼雨，只知樓閣是蓬瀛。《泛雪廳》：月團攜下九重天，來試人間第一泉。正在水聲山色裏，六花浮動紫甌圓。《虛妙齋》：武王屈已尊箕子，黃帝齋心問廣成。惟道集虛觀衆妙，超然將見不能名。《壽山》：結構崇高秀氣連，清風不老月長圓。春游玉座時相對，花發鶯啼億萬年。《杏岫》：山上晴霞興彩雲，芳菲時節避花繁。分明自有神仙種，不是青旗賣酒村。《景龍江》：潤通河漢碧涵空，影倒光山曉翠重。聞説巨魚時駭浪，只應風雨是神龍。《鑑湖》：水天澄澈瑩寒光，一片平波六月涼。移得會稽三百里，不教全屬賀知章。《桃溪》：霏霏紅雨落清潯，流出山中直至今。休道仙源在平地，空教人向武陵尋。《回溪》：穿雲透石落潺潺，戀浦餘波尚繞山。只怪嵐光迷向背，不知流水正回環。《滴滴巖》：蒼苔青潤石嶙嶒，泉脈涓涓濕白雲。疑有天仙深夜過，丁當環珮月中聞。《榴花巖》：絶域移根上苑栽，又分紅緑向巖隈。纍纍子已枝間滿，灼灼花猶葉底開。《枇杷巖》：結根常得近林巒，晚翠誰憐却歲寒。不見龍文橫桿面，方知垂實作金丸。《日觀巖》：朝陽初上海霞紅，五色雲生碧洞中。回首爛柯人自老，棋聲猶在石門東。《雨花巖》：紛紛泊泊弄晴暉，曾逐春風上繡衣。不爲胡僧翻貝葉，仙家長有碧桃飛。《蘆渚》：萬葉梢梢秋意初，斜風細雨憶江湖。誰知雪壓波澄後，更與宮中作畫圖。《梅渚》：只借晴波爲曉鑑，不隨花島作江雲。未須吹笛風中去，多得清香水際聞。《榠查谷》：折花宜與酒相薰，結子難隨酒入唇。一陣暗香無處覓，不知幽谷巧藏春。《秋香谷》：玉屑花繁淡淡黃，碧巖曾伴紫欄芳。月明露洗三秋葉，山迥風傳七里香。《松谷》：雲藏煙鎖晝蒼蒼，得地何須作棟梁。聞道九龍扶輦過，一山風又作笙簧。《長春谷》：洞天風物幾人知，暗得陰陽造化機。不似寒鄉待鄒律，四時巖際有芳菲。《桐徑》：不嫌春老花飛濕，要聽秋來雨打聲。一自移根來禁籞，朝陽常有鳳凰鳴。《松徑》：夾路成行一樣清，吟風篩月自亭亭。雲章正寫人間瑞，坐待雲根長茯苓。《百花徑》：紅紫交加一徑通，翠條柔蔓浴玲瓏。日晴煙暖微風度，百和香薰錦繡中。《合歡徑》：彩絲拂拂機中錦，繡縷茸茸馬項纓。却似漢宮三十六，黃昏時節掩羅屏。《竹徑》：翠葉吟風長淅瀝，寒梢擎露忽高低。有時杳杳穿雲去，碧玉交加四望迷。《雪香徑》：夾徑梨花玉作英，年年寒食伴陰晴。要看雪色無邊際，十二樓前月正明。《海棠屏》：清明微雨欲開時，收什狂香付整齊。但得浣花春在眼，不須枝上杜鵑啼。《百花屏》：衆香芬馥著人衣，雲母光寒露未晞。圍得春風勝繡幕，紛紛紅紫鬥芳菲。《蠟梅屏》：冶葉倡條不受羈，翠筠輕束最繁枝。未能隔絶蜂相見，一一花房似蜜脾。《飛來峰》：突兀初驚倚碧空，翠嵐仍與瑞煙重。吴儂莫作西來認，真是蓬萊第一峰。《留雲石》：白雲何事苦留連，中有嵌空小洞天。却恐商巖要霖雨，因風時到日華邊。《宿霧石》：飛煙自遶龍樓駐，瑞氣長隨海日開。獨有春風花上露，夜深多伴月明來。《辛夷塢》：山中常壓早梅開，不待暄風暖景催。似與東君書造化，筆頭春色最先來。《橙塢》：磊磊金丸晝不如，空濛香霧幾千株。應憐緑橘秋江上，却被人間唤木奴。《海棠川》：清明時候暖風吹，葉暗花明滿目開。石在劍門猶北向，錦江春色亦須來。《仙李園》：亳社靈蹤亘古存，混元龍蜕出風塵。移根更接蟠桃嶺，結子開花萬萬春。《紫石壁》：没水攀蘿琢馬肝，齋持堅潤出風湍。潛藩每恨端谿遠，疊作山中峭絶看。《椒崖》：團枝紅實見秋成，曾按方書合五行。不遣漢宮塗屋壁，此間吞餌得長生。《濯龍峽》：山東蒼煙細路通，噴泉飛雨灑晴空。真龍豈許尋常見，故作雲間飲澗虹。《不老泉》：來從雲竇不知遠，湧出碧巖無暫停。花落鶯啼春自晚，潺湲長得坐中聽。《柳岸》：牽風拂水弄春柔，三月花飛滿御樓。不似津亭供悵望，一生長得繫龍舟。《棧路》：六丁開處只通秦，此地天臨萬國春。駐蹕有時思叱馭，服勞王事愛忠臣。《藥寮》：已聞頒朔向明堂，百草猶思一一嘗。天意應憐民疾苦，欲躋仁壽佐平康。《太素庵》：結草鋪茅不用華，白雲深處列仙家。蕭騷風雨千竿竹，翠葉濃陰襯碧霞。《祈真磴》：臺上爐香裊翠煙，雲間風馭已翩翩。吾皇奉道明靈降，惟德從來可動天。《躑躅鵑》：春風曉日亂晴霞，艷艷初開一鵑花。疑是仙琴紅玉軫，醉歸遺在紫皇家。《山莊》：重崖置屋亦常關，下法龍眠小隱山。縱有青牛不耕稼，但聞犬吠白雲間。《西莊》：低作柴扉短作籬，日晴雞犬自熙熙。躬耕每以農爲本，稼穡艱難舊亦知。《東西關》：天上人間自不同，故留關鑰限西東。姓名若在黃金籍，日日朝元路自通。《敷春門》：帝力無私萬國通，尚思寒谷待春風。欲將和氣均天下，都在熙熙造化中。

宋　陸游《劍南詩藁》卷一七《小舟過御園》　聖主憂民罷露臺，春風別苑畫常開。盡除曼衍魚龍戲，不禁芻蕘雉兔來。水鳥避人横翠靄，宮花經雨委蒼苔。殘年自喜身强健，又作清都夢一回。

又 水殿西頭起砌臺，緑楊闊處杏花開。簫韶本與人同樂，羽衛纔聞歲一來。鷁首波生涵藻荇，金鋪雨後上莓苔。遠臣侍宴應無日，目斷堯雲到晚回。

宋 周必大《文忠集》卷六 丁酉二月二十日，同部中諸公游下竺御園，坐枕流亭，觀放閘。桃花數萬點，隨流而下，繼至集芳，亦禁籞也。海棠滿山，郁李遶欄，殆不類人世間。明日入部，而桃花數枝，伶俜窗外，未時内直則海棠郁李各一株，方開，遂賦二絶句。

萬點紅隨雪浪翻，恍疑身到武陵源。歸來上界多官府，人與殘花兩不言。

清勝堂前花萬重，玉堂署裏兩芳叢。應憐寓直清無侶，聊伴衰翁宿禁中。

宋 任希夷《宴玉津園江樓》（《咸淳臨安志》卷一五引） 風静潮痕減，江空夕照多。星星波上艇，隱隱岸邊莎。風光連北闕，景物傍西湖。禁籞濤江上，兹樓天下無。虚齋留御榻，小徑近層崖。再拜觀奎畫，渾疑侍玉階。參天宮柏翠，布地禁花紅。臺沼如文囿，規模有汴風。浙江天闕下，波惡祖龍知。在漢如西渭，於周比右伊。翼翼瞻齋殿，深嚴步苑廊。三人俱漢傑，一老玷周行。柳花馳道雪，櫻子上林紅。留得青春住，從教白髮翁。

宋 高翥《菊磵集·聚景園口號二首》 淺碧池塘連路口，淡黄楊柳護欄牙。舊時歲歲春風裏，長見君王出看花。

竹影參差臨斷岸，花陰歷寂浸清流。游人難到闌干角，盡日垂楊蓋御舟。

金 元好問《中州集》卷三《龍德宮》 碧栱朱甍面面開，翠雲稠疊鎖崔嵬。連昌庭檻渾栽竹，罨畫溪山半是梅。藻井香銷塵化網，銅欄秋澀雨留苔。只應千古華清月，狼藉春風媿露臺。

清 周京《無悔齋集》卷一《宗陽宮南宋故宮也》 高宗皇帝釁田宅，寶玦王孫歸路隔。奸檜高門受地開，王根邸第居然闢。十二年閒死骨寒，望中王氣已摧殘。泥淖壞牆題濕壁，腥聞捉鼻不堪看。有君養老曾來此，鐵鳳銅駝宮殿起。飛來石上莓苔青，富景園中榆莢紫。玉樹金溝太液池，芙蓉開徧晚凉颸。兩宮朔雪終辭日，北内薰風初拂時。此日相傳孝皇帝，朝省年年不曾廢。瑤笙鈿瑟隔江聞，萬户千門秋月霽。再傳南内不來朝，通明殿上門常閉。壽皇寂寞聚遠樓，何異頻年沙漠繫。度宗初立上皇死，帳殿塵封桃李徙。惟有宮前一樹垂，萬年枝上兩鶯悲。還有牆頭千笴竹，森森歲久郤成帷。轉眼神州起暗塵，彌天一望血風腥。依稀還記文丞相，猶駐殘兵衛禁庭。秀夫抱帝已湍奔，宮女如雲出殿門。雞飛上屋狗觫觫，野老吞聲淚眼昏。六陵蒼蒼寒宰木，眼見神州已沈陸。尚有淒清是故宮，池臺不改舊時容。捨宮指是前朝事，誰說瑶臺第一重。

雜録

唐 魏徵《隋書》卷六八《宇文愷傳》 煬帝即位，遷都洛陽，以愷爲營東都副監，尋遷將作大匠。愷揣帝心在宏侈，於是東京制度窮極壯麗。帝大悦之，進位開府，拜工部尚書。及長城之役，詔愷規度之。時帝北巡，欲誇戎狄，令愷爲大帳，其下坐數千人。帝大悦，賜物千段。又造觀風行殿，上容侍衛者數百人，離合爲之，下施輪軸，推移倏忽，有若神功。戎狄見之莫不驚駭。帝彌悦焉，前後賞賚，不可勝紀。

宋 邵伯温《聞見録》卷一 東京，唐汴州，梁太祖因宣武府置建昌宮，晉改曰大寧宮，周世宗雖加營繕，猶未如王者之制。太祖皇帝受天命之，初即遣使圖西京大内，按以改作。既成，帝坐萬歲殿，洞開諸門，端直如引繩，則歎曰：此如吾心，小有邪曲，人皆見矣。帝一日登明德門，指其榜問趙普曰：明德之門，安用之字？普曰：語助。帝曰：之乎者也，助得甚事？普無言。

宋 葉夢得《石林燕語》卷一 漢凡王宮皆曰禁中，後以元后父名禁，遂改禁爲省。【略】京師大内，梁氏建國止以爲建昌宮，本唐宣武節度治所，未暇增大也。後唐莊宗遷洛復廢，以爲宣武軍。晉天福中，因高祖臨幸更號大寧宮，今新城是也。其增展外羅城，蓋周世宗始爲之。

又 東華門直北有東向門，西與内東門相直，俗謂之謻門，而無牓。張平子《東京賦》所謂謻門曲榭者也。薛綜注：謻，曲屈斜行，依城池爲道。《集韻》：謻字，或作誃，以爲宮室相連之稱。今循東華門牆而北轉東面爲北門，亦可謂斜行依牆矣。凡宮禁之言相承，必皆有自也。

宋 孟元老《東京夢華録》卷七《駕幸臨水殿觀争標錫宴》 駕先幸

池之臨水殿，錫宴羣臣。殿前出水棚，排立儀衛。近殿水中横列四彩舟，上有諸軍百戲，如大旗、獅豹、掉刀、蠻牌、神鬼、雜劇之類。又列兩船，皆樂部。又有一小船，上結小彩樓，下有三小門，如傀儡棚，正對水中。【略】大龍船約長三四十丈，闊三四丈，頭尾鱗鬣，皆雕鏤金飾，楻板皆退光，兩邊列十閤子，充閤分歇泊中，設御座龍水屏風。楻板到底深數尺，底上密排鋏鑄大銀樣，如卓面大者壓重，庶不欹側也。上有層樓臺觀，檻曲安設御座。

宋 洪邁《齋四筆》卷一二《景華御苑》 崔德符坐元符上書邪黨，困於崇寧。後監洛南稻田務，嘗送客於會節園。是時冬暮，梅花已開。明年春，監修大内。閹官容佐取以爲景華御苑，德符不知也。至春晚，復騎瘦馬與老兵游園内，坐梅下賦詩。其詞曰：去年白玉花，結子深枝間。小憩籍清影，低顰啄微酸。故人不可見，春事今已闌。繞樹尋履跡，空餘土花斑。次日，佐入園，見地上馬糞，知爲德符。是時府官事佐如不及，而德符未嘗謁之。佐即具奏，劾以擅入御苑作踐。

宋 潛説友《咸淳臨安志》卷八六《水月園》 在大佛頭之西。紹興中，高宗皇帝撥賜楊和王存中御書水月二字，後復獻於御前。孝宗皇帝撥賜嗣秀王伯圭中有水月堂。俯瞰平湖，前列萬柳燕，游者多集焉。

宋 周密《武林舊事》卷七《德壽宮起居注》 乾道三年三月初十日，南内遣閣長至德壽宮奏知：連日天氣甚好，欲一二日間恭邀車駕幸聚景園看花，出自聖意選定一日。太上云：傳語官家，備見聖孝，但頻頻出去，不惟費用，又且勞動多少人。本宮後園亦有幾株好花，不若來日請官家過來閒看。遂遣提舉官同到南内奏過遵依訖。次日進早膳後，車駕與皇后太子過宮起居二殿訖。先至燦錦亭進茶，宣召吴郡王、曾兩府以下六員侍宴，同至後苑看花。兩廊並是小内侍及幕士，效學西湖，鋪放珠翠、花朵、玩具、疋帛及花籃、鬧竿、市食等，許從内人關撲。次至毬塲，看小内侍抛彩毬，蹴鞦韆。又至射廳看百戲，依例宣賜。回至清妍亭看荼蘼，就登御舟，繞堤閒游。亦有小舟數十隻，供應雜藝，嘌唱、鼓板、蔬果，與湖中一般。太上倚闌閒看，適有雙燕掠水飛過，得旨今曾覿賦詞，遂賦進《阮郎歸》云：「柳陰庭院占風光，呢喃春晝長。碧波新漲小池塘，雙雙蹴水忙。 萍散漫，絮飛揚，輕盈體態狂。爲憐流水落花香，銜將歸畫梁。」既登舟，知閤張掄進《柳梢青》云：「柳色初濃，餘寒似水，纖雨如塵。一陣東風，縠紋微皺，碧沼鱗鱗。仙娥花月精神，奏鳳管、鸞絃鬥新。萬歲聲中，九霞杯内，長醉芳春。」曾覿和進云：「桃腮紅匀，梨腮粉薄，鴛徑無塵。鳳閣凌虛，龍池澄碧，芳意鱗鱗。清時酒聖花神，看内苑、風光又新。一部仙韶，九重鸞仗，天上長春。」各有宣賜。次至静樂堂看牡丹，進酒三盞。【略】自此官裏知太上聖意不欲頻出勞人，遂奏知太上，命修内司日下於北内後苑，建造冷泉堂。疊巧石爲飛來峰，開展大池，引注湖水，景物並如西湖。其西又建大樓，取蘇軾詩句，名曰聚遠，並是今上御名恭書。又御製堂記，太上賦詩，今上恭和，刻石堂上。是歲翰苑進《端午帖子》云：聚遠樓前面面風，冷泉堂下水溶溶。人間炎熱何由到，真是瑶臺第一重。又曰：飛來峰下水泉清，臺沼經營不日成。境趣自超塵世外，何須方士覓蓬瀛。蓋紀實也。

十月二十二日，今上皇帝會慶聖節。至日，車駕過宮，太上升殿起居訖，簪花拜舞，進壽酒訖，太上回賜壽酒。次至太后殿行禮。從太上至後苑梅坡看早梅，又至浣溪亭看小春海棠。午初至載忻堂排當。

淳熙五年二月初一日，上過德壽宮起居。太上留坐冷泉堂，進泛索訖，至石橋亭子上看古梅。太上曰：苔梅有二種，宜興張公洞者苔蘚甚厚，花極香。一種出越土，苔如緑絲，長尺餘。今歲二種同時着花，不可不少留一觀。【略】又移宴静樂堂，盡遣樂工，全用内人動樂，且用盤架，品味百餘種，酒行無算。

至申時，御舟梢泊花光亭，至會芳少歇。時太上已醉，官裏親扶上船，並乘轎兒還内。都人盡出觀瞻，贊歎聖孝。

初二日進早膳訖，遣皇太子到宮，恭請兩殿，並只用轎兒禁衛簇擁入内。【略】至萼緑華堂看梅。

淳熙九年八月十五日，駕過德壽宮起居，太上留坐至樂堂進早膳畢，【略】晚宴香遠堂。堂東有萬歲橋，長六丈餘。並用吴璘進到玉石甃成，四畔雕鏤欄，檻瑩徹可愛。橋中心作四面亭，用新羅白羅木蓋造，極爲雅潔。大池十餘畝，皆是千葉白蓮。凡御榻、御屏、酒器、香奩、器用，並用水晶。南岸列女童五十人，奏清樂。北岸有芙蓉岡一帶，並是教坊工近二百人。待月初上，簫韶齊舉，縹緲相應，如在霄漢。

淳熙十一年六月初一日，車駕過宮。太上命提舉傳旨：盛暑請官家免拜。至内殿起居，太上令小内侍扶掖，免拜謝恩，太后處亦免拜。太上邀宮裏便背兒至冷泉堂進早膳訖。【略】上領聖旨，遂同至飛來峰看放水簾。時荷花盛開，太上指池心云：此種五花同幹，近伯圭自湖州進來，前此未見也。堂前假山、修竹、古松，不見日色，並無暑氣。【略】因閒説宣和間公公每遇三伏，多在碧玉壺及風泉館、萬松莊等處納凉，此處凉甚，每次侍宴，雖極暑中，亦著納襖兒也。

宋 高承《事物紀原》卷六《宮苑》 《通典》曰：宮苑總監自隋置，掌苑内宮館園池之事，蓋宮苑之職也。《唐會要》曰：開元十九年，湯崇慶爲五坊宮苑使，本一使也，唐末始分之。又《唐書》友鎮表曰：開元二十年置宮苑使，朔方節度兼之。又《會要》曰：太和九年十一月，又有閑厩宮苑使，然則宮苑唐官也。《五代會要》：梁諸司使亦有宮苑使。李肇國《史補》曰：開元之前有事於外則命使，自置節度始有坐而爲使者，後又有宮苑使。

宋 岳珂《桯史》卷一《汴京故城》 開寶戊辰，藝祖初脩汴京，大其城址，曲而宛，如蚓詘焉。耆老相傳，謂趙中令鳩工奏圖，初取方直，四面皆有門，坊市經緯其間，井井繩列。上覽而怒，自取筆塗之，命以幅紙作大圈，紆曲縱斜，旁注云：依此修築。故城即當時遺迹也。時人咸罔測，多病其不宜於觀美。熙寧乙卯，神宗在位，遂欲改作，鑒苑中牧豚，及内作坊之事，卒不敢更第，增陴而已。及政和間，蔡京擅國，亟奏廣其規以便宮室苑囿之奉，命宦侍董其役，凡周旋數十里，一撤而方之如矩。墉堞樓櫓，雖甚藻飾，而蕩然無曩時之堅樸矣。

又 卷二《行都南北内》 高宗將倦勤，詔即其所築新宮，賜名德壽，居之以膺天下之養者二十有七年。清蹕躬朝，歲時煜奕，重華繼御，更慈福、壽慈，凡四侈鴻名，宮室實皆無所更。稍北連甍爲今佑聖觀，蓋普安故邸。莊文魏王、光宗皇帝寔生是間。今上亦於此開甲觀之祥，益知天瑞地靈，章明有待，斗筲負乘，固莫得而忘據云。

又 卷九《萬歲山瑞禽》 艮岳初建，諸巨璫争出新意，事土木既宏麗矣，獨念四方所貢珍禽之在圃者，不能盡馴。有市人薛翁，素以豢擾爲優場戲，請於童貫，願役其間，許之。乃日集輿衛鳴蹕，張黄屋以游。至則以巨柈貯肉炙粱米，翁效禽鳴，以致其類。既乃飽飫翔泳，聽其去來。月餘而囮者四集，不假鳴而致，益狎玩立鞭扇間，不復畏。遂自命局曰來儀，所招四方籠畜者，置官司以總之。一日，徽祖幸是山，聞清道聲，望而羣翔者數萬焉。翁輒先以牙牌奏道左，曰萬歲山瑞禽迎駕。上顧罔測，大喜，命以官，賚予加厚。靖康圍城之際，有詔許捕，馴籞者皆不去，民徒手得之，以充飧云。

宋《分門古今類事》卷一三《丘墟之象》 （唐）昭宗末年，長安役人取石於内苑起山，崎危屈曲，有若天成。又命取終南草木植之，畜山禽野獸狐兔麋鹿之類，縱其往來。帝與嬪采常游處之。由是京師王公貴族競效之，未及半載，野草野花生滿宮殿與都下豪貴之家。識者以爲丘墟荆棘之象，此必廢矣。後巢寇入京，焚滅殆盡，悉爲瓦礫狐兔穴矣。游者有禾黍之傷，此亦不祥之讖也。

明 吴大震《廣艷異編》卷七《宮掖部·宋真宗》 祥符中，封禪事竣，辛執對於後殿。上曰：治平無事，久欲與卿等一處閒玩，今日可矣。遂引群公及内侍數人入一小殿。多有假山，甚高。山面有洞，上既入，乃復招群公從行。初覺甚暗，數十步則天宇豁然。千峰百嶂，雜花流水，盡天下之偉觀。

著 録

宋 程大昌《雍録》卷一 《長安志》者，本朝宋敏求所著也。古有《長安記》矣，至此改記爲志，明非一書也。宋氏家多書，如《宮闕疏》、《關中記》、《廟記》、《三輔黄圖》、《三輔舊事》，皆所采據矣，而制度因革則多本諸《圖經》，《圖經》又皆本之梁載言《十道志》也。李吉甫《元和志》比《宋志》則差略，然宋氏專記關雍，而關雍之在《元和志》僅居百一，其詳略自當不侔也。凡求關雍曲折者，宋之此志，引類相從，最爲明悉。然而細細較之，亦不免時有駮複也。且如曲臺既入未央，而又入諸三雍，是分一爲二矣。長門宮在都城之外長門亭畔，而列諸長信宮内，則失其位置矣。諸如此類，豈可苟隨無所可否也。況宮殿苑囿也者，又多空存其名，中不著事，則亦無可尋繹矣。予之此録，采用宋《志》爲多，若其有凡最而無事實，則亦不敢輒削。今姑序列其總，如一宮一苑第，書某宮何在，某苑何屬，錯列以成一圖，使人可以案方求地。而其中館殿池籞，須因事可以發揮，則別主正史，而附旁言，以究其說。雖有據，而直列古書本文，無可辨正，則亦不以入録，恕其贅也。

金元明清

論説

明 宣宗朱瞻基《廣寒殿記》（《春明夢餘録》卷六四引） 北京之萬歲山在宫城西北隅，周迴數里而崇倍之，皆奇石積疊以成。巍巍乎，矗矗乎，巉峭峻削，盤迴起伏，或陡絶如壑，或嵌巖如屋。左右二道，宛轉而上，步躡屢息，乃造其巔。而飛樓複閣，廣亭危榭，東西拱向，頫仰輝映，不可殫紀。最高者爲廣寒殿，崇棟飛檐，金鋪玉砌，重丹疊翠，五彩焕焉。軼雲霞，納日月，高明闓爽，而北枕居庸，東挹滄海，西挾太行。嵩岱並立乎前，大河横帶於中。俯視江淮，一目無際。寰中之勝概，天下之偉觀，莫加於此矣。永樂中，朕嘗侍皇祖太宗文皇帝，萬幾之暇，燕游於此。從容之頃，天顔悦懌，指顧山川而諭朕曰：此古軒轅所都而後來趙宋之疆境也。宋弗良於行，金取而都之，金又弗良，元取而都之，元之後裔不存殷鑒，加弗良焉。天鑒我太祖高皇帝聖德，命之弔伐，用誕安天下。天下既定，高皇帝念前故都也簡於諸子，以命我奠兹一方。我惟夙夜敬勵，不敢怠寧，以仰副高皇帝付託之重。又顧兹山而諭朕曰：此宋之艮岳也。宋之不振以是，金不戒而徙於兹，元又不戒而加侈焉。睹其處，思其人，夏書所爲儆峻宇雕墻者也。逮吾始來就國，汰其侈，存其概，而時游焉，則未嘗不有儆於中。昔唐九成宫太宗亦因隋之舊，去其泰侈而不改作，時資燕游以存監省。汝將來有國家天下之任，政務餘閒，或一登此，則近而思吾之言，遠而不忘聖賢之明訓，國家生民無窮之福矣。朕拜稽受命，無時或忘。《書》不云乎，皇祖有訓。《詩》不云乎，儀刑文王。朕嗣位以來，凡事天愛民，一體皇祖之心，敬而行之，洞洞屬屬，罔間夙夜。比登兹山，顧視殿宇，歲久而陁，遂命工修葺。永念皇祖，儼如在上，敬以所授大訓，筆而勒諸樂石，既以自省，亦以昭示我子孫於億萬年。宣德八年四月丁亥記。

清 高宗愛新覺羅·弘曆《御製文集》初集卷四《萬壽山昆明湖記》 歲己巳，考通惠河之源而勒碑於麥莊橋。《元史》所載，引白浮、瓮山諸泉云者，時皆湮没不可詳。夫河渠，國家之大事也，浮漕利涉灌田，使漲有受而旱無虞，其在導泄有方而瀦蓄不匱乎。是不宜聽其淤閼泛濫而不治，因命就瓮山前，芟葦茭之叢雜，浚沙泥之隘塞，匯西湖之水都爲一區。經始之時，司事者咸以爲新湖之廓與深兩倍於舊，踟躕慮水之不足。及湖成而水通，則汪洋漭沆，較舊倍盛，於是又慮夏秋泛漲，或有踈虞甚哉。集事之難，可與樂成者以因循爲得計，而古人良法美意，利足及民而中止不究者，皆是也。今之爲閘爲壩爲涵洞，非所以待泛漲乎？非所以濟溝塍乎？非所以啓閉以時使東南順軌以浮漕而利涉乎？昔之城河水不盈尺，今則三尺矣。昔之海甸無水田，今則水田日闢矣。顧予不以此矜其能而滋以懼，蓋天下事必待一人積思勞慮，親細務有弗辭，致衆議有弗恤，而爲之以僥倖有成焉，則其所得者必少，而所失者亦多矣。此予所重慨夫集事之難也。湖既成，因賜名萬壽山昆明湖，景仰放勳之蹟，兼寓習武之意。得泉瓮山而易之曰萬壽云者，則以今年恭逢皇太后六旬大慶，建延壽寺於山之陽故爾。寺別有記。兹特記湖之成，並《元史》所載泉源始末廢興所由云。

又《御製文集》二集 卷一〇《萬壽山清漪園記》 《萬壽山昆明湖記》作於辛未，記治水之由與山之更名及湖之始成也。萬壽山清漪園成於辛巳，而今始作記者，以建置題額間或緩待而亦有所難於措辭也。夫既建園矣，既題額矣，何所難而措辭？以與我初言有所背，則不能不愧於心。有所言乃若誦吾過而終不能不言者，所謂君子之過。予雖不言，能免天下之言之乎？蓋湖之成以治水，山之名以臨湖，既具湖山之勝概，能無亭臺之點綴？事有相因，文緣質起，而出内帑，給雇值，敦樸素，祛藻飾，一如圓明園舊制，無敢或踰焉。雖然，《圓明園後記》有云，不肯舍此重費民力建園囿矣，今之清漪園非重建乎？非食言乎？以臨湖而易山名，以近山而創園圃，雖云治水，誰其信之？然而暢春以奉東朝，圓明以恒莅政，清漪静明，一水可通，以爲敕幾清暇散志澄懷之所，蕭何所謂無令後世有以加者，意在斯乎，意在斯乎。及憶司馬光之言，則又爽然自失。園雖成，過辰而往，逮午而返，未嘗度宵，猶初志也，或亦有以諒予矣。

馬牛金帛及其下所獻生口或犯罪没入者，別爲行宫。領之建州縣，置官屬，既死則設大穹廬，鑄金爲像，朔望節辰忌日輒致祭，築臺高逾丈，以盆焚食，謂之燒飯。十宫各有民户，出兵馬。按巴堅曰弘義宫，德光曰永興宫，鄂約曰積慶宫，舒嚕曰延昌宫，明記曰章敏宫，托雲曰長寧宫，雅雅克曰崇德宫，隆緒曰興聖宫，隆慶曰敦睦宫，隆運曰文忠王府。又有四樓，在上京者曰西樓，木葉山曰南樓，龍化州曰東樓，唐州曰北樓。

宋 宇文懋昭《重訂大金國志》卷三三《燕京制度》 國初無城郭，星散而居，呼曰皇帝寨、國相寨、太子莊，後升皇帝寨曰會寧府，建爲上京，其遼之上京改作北京，城邑宫室，制度草創。居民往來，車馬雜遝，自前朝門直抵後朝門，盡爲往來出入之路。每孟春擊土牛，父老士庶無長幼，皆聚觀於殿側。民有訟未決者，多邀駕以訴。至熙宗始有内庭之禁，煬王弑熙宗築宫室於燕，逮三年而後成。城之四圍凡九里三十步，自天津橋之北曰宣陽門，中門繪龍，兩偏繪鳳，用金釘釘之，中門唯車駕出入乃開，兩偏分雙隻日開一門。過門有兩樓，曰文曰武，文之轉東曰來寧館，武之轉西曰會同館。按范成大《石湖集》云：會同館，燕山客館也。周必大《思陵録》云：來寧館，泛使之館也。正北曰千步廊，東西對焉。廊之半各有偏門，向東曰太廟，向西曰尚書省，至通天門，後改名應天。樓高八尺，朱門五，飾以金釘。東西相去一里餘，又各設一門，左曰左掖，右曰右掖。掖内城之正東曰宣華，正西曰玉華，北曰拱辰。及殿凡九重，殿凡三十有六，樓閣倍之。正中位曰皇帝正位，後曰皇后正位。位之東曰内省，西曰十六位，乃嬪妃居之。西出玉華門曰同樂園，若瑶池、蓬瀛、柳莊、杏村盡在。於是都城四圍凡七十五里。城門十二，每一面分三門，其正門四旁又設兩門。正東曰宣曜、陽春、施仁，正西曰灝華、麗澤、彰義，正南曰豐宜、景風、端禮，正北曰通元、會城、崇智，此四城十二門也。按此書與張棣《金圖經》皆云：燕京十二門。《金史·地理志》：城門十三，北四門，一曰光泰，當以史爲確。此外有宣陽門，即内城之南門也，上有重樓，制度宏大，三門並立，中門常不開，唯車駕出入。通天門即内城之正南門也，四角皆垛樓，瓦皆琉璃，金釘朱户，五門列焉。門常扃，惟大禮祫享則由之。宣華乃内城之正東門，玉華正西門也。左掖東偏門，右掖西偏門也，各有武夫守衛，士夫過者不敢瞬目。拱辰即内城正北門也，又曰後朝門，制度守衛一與宣華、玉華等，金碧翬飛，規模壯麗矣。

又 卷三三《汴京制度》 汴京制度，宣宗所遷，大槩依宋之舊。宋鄒伸之，奉使時同官屬游故宫。宫墻四角皆有樓，高五尺，每樓一所，兩旁各有屋以裹墻角。自左掖門向西三十步横入一門，號左昇龍門。入此門即大慶門，外由峻廊上，俯闞城市，正望丹鳳樓後。下樓即右昇龍門，按左昇龍門、右昇龍門，《金史·地理志》作左昇平門、右昇平門。此兩門通左右掖門，横通大慶門外。其門有三，中曰大慶，東曰日精，西曰月華。門旁皆列戟，入此門望見大慶殿。殿前有兩樓對峙，東曰嘉福，西曰嘉瑞。大慶殿屋十一間，龍墀三級。旁朵殿各三門，峻廊後與兩廡相接。殿壁畫四龍，各長數丈，乃宣宗渡河後畫，中有御畫小龍，用拱斗門成一方井，如佛正殿。蓋中有一金龍以絲網罩之，此正衙也。轉御屏，下峻堦數步，一殿曰德儀殿，有三門，中曰隆平，左曰左隆平，右曰右隆平。按《金史·地理志》云：東曰左昇龍門，西曰右昇龍門，正門曰隆德。入此門東西兩井，望見隆德殿，即宋垂拱殿也。殿庭中東一鐘樓，西一鼓樓。殿屋五大間，旁各殿三間，堦上龍墀一級，東西兩閣門並樓屋下有門通往來，此常朝殿也。此殿後又一庭院，有門曰仁安。東西兩門，東出東華門，西出西華門。入仁安門望見仁安殿，龍墀、兩廊皆如隆德殿規模，即宋集英殿也。自此後兩殿有門，皆有丹軒連接，兩邊廊屋止是黑漆窗户，意謂必宫人居於此，非内殿百官不到。前四殿皆琉璃筒瓦，一殿曰德和，按《金史》作純和。一曰福寧。後又有一小殿，殿後有直舍，此殿後即内宫墻門。有仁智殿。溪中有龍舟。仁智殿下兩巨石高三丈，廣半之，東一石有小碑刻敕賜昭慶神運萬歲峰，西一石刻獨秀太平巖，乃宋徽宗御書刻石。填金殿後有石壘成山，高百尺，廣倍之，最上刻石曰香石泉山。山後挽水上，水自上流下，至荆玉澗又流至湧翠峰，下有太山洞，水自洞門飛下，復由本路出德和殿，迤邐至大慶門外。横從右昇龍門出，即宋後朝門，榜曰啟慶之宫。入宫門後有三門，中曰德昌，左曰文昭，右曰光興。制度宏麗，金碧輝映，不可勝言。出啟慶門復入右昇龍門，過大慶門，外出左昇龍門，向東行一門，向南榜曰聖壽宫。左安泰門，右明昌門，即金國太后宫。入宫門直入一門，榜曰徽音，又一門榜曰光熙。望見徽音殿、長樂殿，入光翼門，繁禧門，有德壽殿。復出此宫即秘閣，在左掖門之西。五門之東即古待漏院。自五門望，南向丹鳳門，中間禁路，兩廊千步，廊盡處向東一屏墻，向南一大門即太廟門。内三門，門上並畫蟠龍，殿宇二十五間，高大宏麗，兩旁修廊，東西各開一門，與廊相通，蓋百官陪位入此兩門甚便。殿上十二室，盡榜金國祖宗謚號，每一室計三間，東邊一門，西邊一窗，嵌以小石室。上下有石，廣三丈，石門一合可開閉，係藏神主處。遇祭祀，迎神主出石室，祭畢復藏殿宇。出太廟向西行，向南一門即社壇，周圍皆墻，外四門，遇祭則開，迎四方之氣。宫室制度，金國時有更改，大抵皆宋朝之舊也。

元 虞集《道園學古録》卷一〇《跋大安閣圖》 世祖皇帝在藩，以開平爲分地，即爲城郭宫室，取故宋熙春閣材于汴，稍損益之，以爲此閣，名曰大安。既登大寶，以開平爲上都。宫城之内不作正衙，此閣巋然遂爲前殿矣。規制尊穩秀傑，後世誠無以加也。

明 馬汝驥《西玄詩集》 承光殿，在乾明門外，有瓮城，東西南隅闢二門，入梯至巔闍。雉周迴皆設睥睨，中構金殿，穹窿如蓋，雕櫳綺牖，旋轉如環，俗名團殿。外周以廊，向北皆金飾，垂出垣堞間，甚麗。北直瓊島，中有古栝二株，柯幹虬偃，蓋數百年物也。

明 王圻《稗史彙編》卷一二《西苑》 西苑在宫垣西，中有太液池，周十餘里。池中駕橋梁以通往來。橋東爲圓殿，殿前有古松數株。其北即萬歲山，山皆太湖石疊成。上有殿六七所，最高處乃廣寒殿也。池西南又有一山，如之最高處，爲鏡殿，此皆金元時所作，其餘殿亭皆今制。而西稍南曰南臺，則宣廟常幸處也。

明 劉侗 于奕正《帝京景物略》卷二《成國公園》 園有三堂，堂皆蔭，高柳老榆也。左堂盤鬆數十科，盤者瘦以矜，幹直以壯，性非盤也。右堂池三四畝，堂後一槐，四五百歲矣。身大于屋半間，頂嵯峨若山花。角榮落遲，不及寒暑之候。下葉已兔目鼠耳，上枝未萌也。綠周上，陰老下矣。其質量重，遠所灌輸然也。數石經橫，其下枝輪脈錯，若欲狀槐之根。樹傍有臺，臺東有閣。榆柳夾而營之，中可以射。園出者，其意蒼然。園曰適景，都人呼十景園也。

清 孫承澤《春明夢餘録》卷六《宫闕》 燕中宫闕，古不可考，當自遼始。《遼史》載其略云：南京析津府本古冀州之地，高陽氏謂之幽陵，陶唐曰幽，有虞析爲幽州，商復爲冀州。周《職方》：東北曰幽州，武王封太保奭於燕。漢爲燕國、廣陽國，後漢爲廣陽郡，隋爲幽州總管，唐置大都督府，改范陽節度使。晉高祖以遼有援立之勞，割幽州等十六州以獻。太宗升爲南京，又曰燕京。城方三十六里，崇三丈，衡廣一丈五尺。敵樓戰櫓具八門，東曰安東、迎春，南曰開陽、丹鳳，西曰顯西、清普，北曰通天拱辰。大内在西南隅，皇城内有景宗、聖宗御容。殿二，東曰宣和，南曰大内。内門曰宣教，改元和。外三門，曰南端、左掖、右掖，左掖改萬春，右掖改千秋，門有樓閣。毬場在其南，東爲永平館。皇城西門曰顯西，設而不開。北曰子北，西城巔有涼殿，東北隅有燕角樓。坊市、廨舍、寺觀，蓋不勝書。

又 金《宫城史》載，海陵煬王遣左右丞相張浩、張通古，左丞蔡松年，調諸路夫匠，築燕京宫室。皇城周九里三十步，自天津橋之北曰宣陽門。中門繪龍，兩偏繪鳳，用金釘釘之。中門唯車駕出入乃開，兩偏分雙單日開一門過。門有兩樓，曰文、曰武。文之轉東曰來寧館，武之轉西曰會同館。正北曰千步廊，東西對焉。廊之半各有偏門，向東曰太廟，向西曰尚書省，至通天門。後改名應天樓，高八丈。朱門五，飾以金封，東西相去一里餘。又各設一門，左曰左掖，右曰右掖，内城之正東曰宣華，正西曰玉華，北曰拱辰。及殿凡九重。殿凡三十有六，樓閣倍之。正中位曰皇帝正位，後曰皇后正位。位之東曰内省，西曰十六位，乃妃嬪居之。西出玉華門曰同樂園，若瑶池、蓬瀛、柳莊、杏村皆在焉。都城四圍，凡七十五里。城門十二，每一面分三門，其正門四，旁又設兩門。正東曰宣曜、陽春、施仁。正西曰顯華、麗澤、彰義。正南曰豐宜、景風、端禮。正北曰通元、會城、崇智。此四城十二門也。此外有宣陽門，即内城之南門也，上有重樓，制度宏大。三門並立中門，常不開，惟車駕出入。通天門即内城之正南門也，四角皆垜樓，瓦皆琉璃，金釘朱户，五門列焉，常扃惟大禮祫享則由之。宣華乃内城之正東門，玉華正西門也。左掖東偏門，右掖西偏門，各有武夫守衛。拱辰即内城正北門也，又曰後朝門，制度守衛與玉華、宣華等。金碧翬飛，規模宏麗矣。

又 卷六四《名蹟一》 金章宗西山八院爲游宴之所。其香水院在京山口，石碑尚存。稍東爲清水院，今改爲大覺寺。玉泉山有芙蓉殿，基存。鹿園在東便門外，通惠河邊。

又　瓊花島，據《舊志》謂金人取於蒙古境内者，《宣廟》謂即宋之艮岳，金人徙之於此。其石靈秀異常，當以宣廟之記爲確。

清　顧炎武《歷代宅京記》卷一八《臨潢》《國語解》曰：遼有四樓，在上京者曰西樓，木葉山曰南樓，龍化州曰東樓，唐州曰北樓。歲時游獵常在四樓間。

清　乾隆《畿輔通志》卷一一（京師）苑囿瀛臺在皇城内西華門之西。

按：太液池之南，舊爲南臺。池水澄泓，波光瀲灩，葭蒲散緑，菡萏舒紅。兩岸芳樹陰森，畫橋蜿蜒。崇臺傑閣，掩映交輝。欄檻之外，遠岫遥峰，倒影波中，望如蓬島。聖祖仁皇帝御以避暑，肇錫今名。又於苑中特建勤政樓。夏月，御殿聽政，或時召大臣游宴其中。臺之正北爲五龍亭。中曰龍澤，左曰澄祥，曰滋香，右曰湧瑞，曰浮翠，合名之爲五龍亭。孝莊文皇后嘗避暑於此。聖祖每駕御舟問安或侍膳亭上。左右爲蕉園、臨漪亭、水雲榭、承光殿、紫光閣。臺之西南爲豐澤園、秋雲亭、知稼軒，嘗御以觀稼。池中石梁長數百步，東西各建華表，曰金鰲、曰玉蝀。迤北稍東又有石橋，亦峙華表，北曰堆雲，南曰積翠。明爲西苑禁地。

又　南海子在外城永定門外。

按：海子之水自萬泉莊平地湧出，共匯於此，爲海子。大小凡三，方一百六十里。繚以圍牆，四面各爲門。物産充牣，爲游獵之地。元曰飛放泊，明永樂中擴其地，本朝因之。時命禁旅行圍以肄武事。【略】圓明園在暢春園北，皇上雍邸時，聖祖賜園也。疏泉扶石，藻繪不施，曲磴平橋，高槐翠柳。大門外對列各部院朝房，羣臣奏事，盛夏無暑。

清　乾隆《西湖志纂》卷一《名勝圖·聖因行宫圖》　西湖名勝，自奉聖祖仁皇帝巡幸以來閱今四十餘載。水光山色，獻秀呈奇，沛澤深仁，淪肌浹髓。【略】因乾隆十六年恭逢皇太后六旬萬壽，親奉鑾輿省方南幸全浙。臣民子來，不日於聖因寺西恭建行宫，規制淳樸，恍見堯階舜陛棟牖松雲之象。《御製聖因行宫即景詩》：離宫當日詠卷阿，春暮巡方此重過。遥岫開雲飛翠嫩，叢蘭經雨送馨多。平陵塔矗瓏瓏影，俯瞰舟迴瀲灩波。陶冶性靈欣始遇，遠風何處遞笙歌。檀欒修竹澗巖紆，極頂軒亭俯碧湖。真副其名非謬也，不孤我詠則然乎。請看春物因時鬯，能使神心與静俱。承志宫中養天下，千秋萬歲奉慈娱。

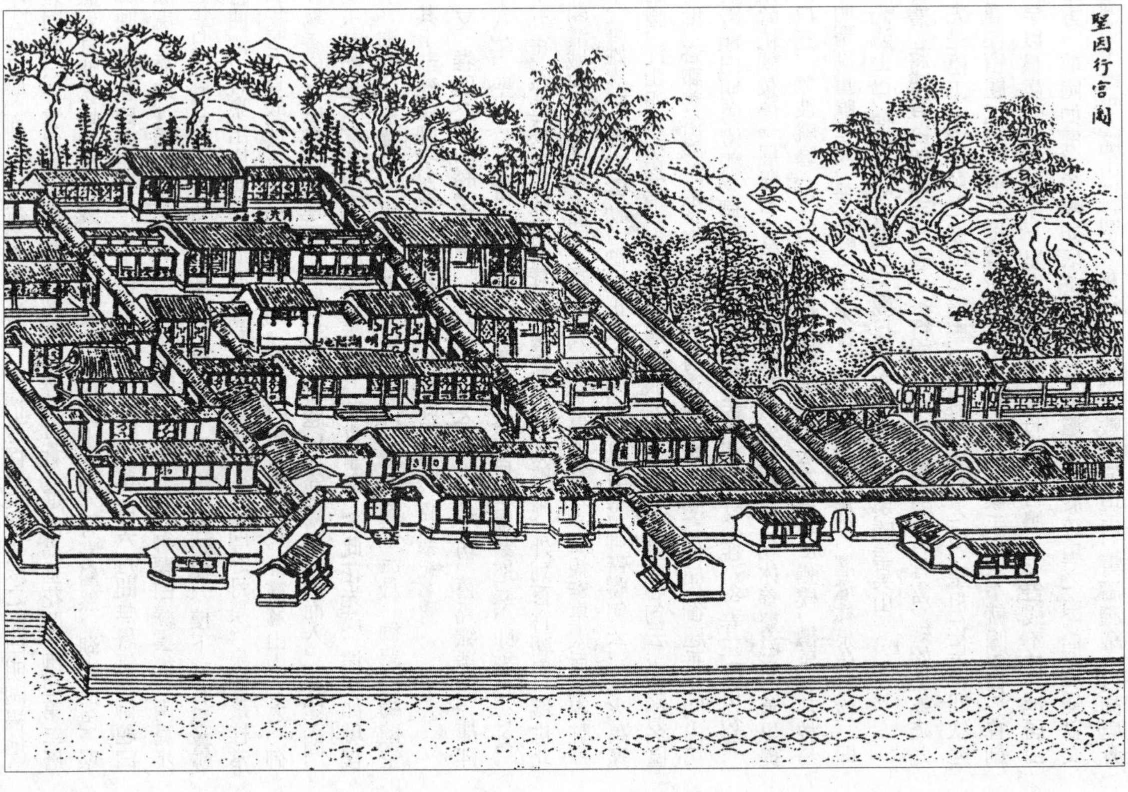

又《御題行宮八景圖》 孤山聳峙，湖心碧波環繞，倚雲耀日，潑翠流丹，爲西湖最勝處。唐白居易詩「蓬萊宮在水中央」正謂此也。乾隆十六年恭建行宮於聖因寺西，適當孤山正中，實攬全湖之勝。恭逢翠華巡幸，山川獻瑞，品彙咸熙，風景之繁，未易殫述。我皇上静觀萬類造化，生心即境。揮毫分題八景，遂爲湖山未有之大觀。雖文囿靈臺，曷足擬斯隆盛。爰敬謹摹繪，合爲八景全圖。

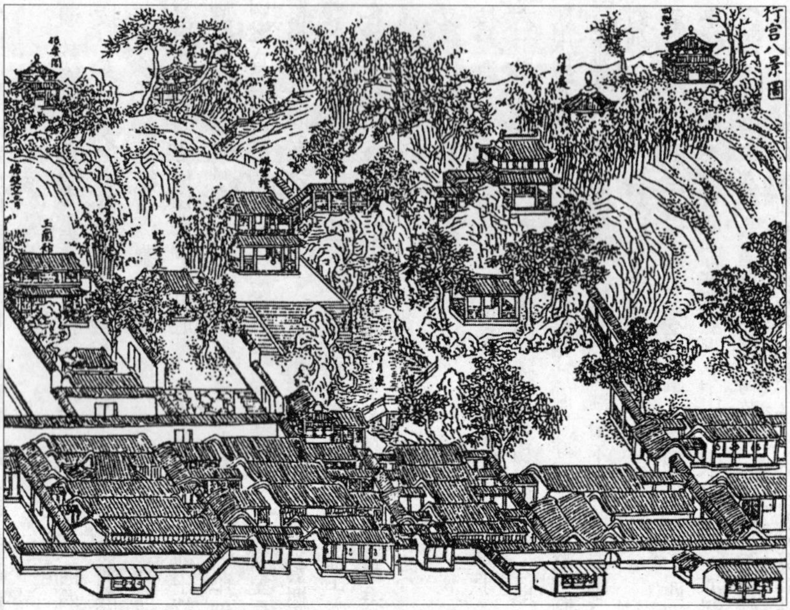

又 卷三《孤山勝蹟》 聖因行宮 乾隆十六年，皇上法祖勤民，特舉省方之典，親奉皇太后鑾輿巡幸江浙，駐蹕西湖。全浙臣民，懽忭踴躍，恭建行宮於聖因寺西。適當孤山正中，羣山環衛，拱護宸居。萬井東連，遥瞻閶闔。規制天成，不施丹雘，而日華雲爛，萬象光照。聖情豫懌，御題正殿之額曰明湖福地。御製對聯云：雲嵐静對自高秀，城郭遠映餘青蒼。進内爲垂花門，御題第二層殿額云月波雲岫。後有園，拾級而登，直達孤山之頂，有亭巋然。湖光山色，環繞輝映。御題曰四照亭。亭下修竹萬竿，清陰茂密，五六月間無暑氣。御題曰竹涼處。循曲徑而西，卉木扶疏，嵐光晻曖，蒼翠欲滴。御題曰緑雲徑。南爲步廊，花石瓌瓏，疏通旁達，前有樓，高倚天半。御題曰瞰碧樓。樓下文石爲臺。俯臨曲沼，有泉出崖石間。演漾清碧，上浥天光。御題曰貯月泉。泉側叢桂常青，花時天香馥郁，子落如瓊瑶墜砌。舊志所稱月中桂也，惟靈鷲山中有之。御題曰鷲香庭。庭後傑閣連雲，聳峙霄漢。御題曰領要閣。啓扉而入，高館崇閎，中樹玉蘭數本，一名望春。恭值翠華巡幸，萬卉爭榮，獨此花先茂，遠望如瓊樓玉宇。御題曰玉蘭館。館右山徑逶迤，有石壁卓立，潑翠流丹。御題曰繡壁空青。其上恭建御碑亭，敬摹《御製聖因行宮即景詩》。見《恭紀名勝》。

又 卷四《南山勝蹟上》 行宮 在湧金門内太平坊，舊爲織造府。康熙二十八年，聖祖仁皇帝南巡，駐蹕於此。【略】自後屢蒙巡幸，即奉爲行宮。四十五年，織造孫文成敬謹增葺，禁籞森岩，規制整肅。外列百官朝房，環拱北向。開濬城河以達湧金水門。乾隆十六年春，皇上省方幸浙親奉皇太后鑾輿駐蹕宮中，萬姓嵩呼，歡聲雷動。御題正殿之額曰觀風浙水，御書聯句云：烟火萬家添勝概，江山千里引遥情。御題第二層殿額云雅宜清致，御書聯句云：臨憩名區欣富庶，咨諏善俗識游歌。御題垂花門内正殿之額曰熙春仙館，御題垂花門内第二層殿額曰明秀澄觀。御製三月朔日車駕至杭州駐蹕之作：今春三度莭初蓂，恰值餘杭翠輦停。展義省方欽祖烈，承歡祝嘏奉慈寧。三朝休養繁滋息，萬里提封在户庭。覽彼就瞻心實切，慚兹懷保德非馨。人文舊地風猶樸，禮乐名邦教易型。明聖湖重瞻聖藻，飛來峰已送來青。昌昌黜裔差無負，濯濯林泉信有靈。即漸風光臨上巳，便當觴咏賞蘭亭。翌日，上奉皇太后鑾輿臨幸吴山。

清 蔣溥等《盤山志》卷一《行宮全圖》 盤山之有行宮，經始於乾隆九年。先是臣工上言，薊之盤山爲鑾輿由山海上陵寢之道，聖祖仁皇帝四次臨幸。睿藻留題，樹石蔚然增秀。比來山農野叟莫不額手傾心，就瞻雲日，宜創築殿宇以爲歲時駐蹕之所。皇上俞其請，飭將作庀材鳩工。告成不日，地居山之午方。前岡如屏，後嶂如扆，自玉石莊迤邐東達於繚垣之南。偏垣壘以文石，周遭十餘里，隨山逶高下，爲紆直。澗泉數道流垣内，雪濤濺躍，自高處奔注山下，設牐以時啟閉。林開麓斷，地勢高敞。宏闊直廬，環翼中崇閎。飛甍正位而向明，則行宮在焉。歷門數重，循磴上，盤旋往復以抵山之深處。碧瓦鱗鱗，然與懸崖削壁相間。御題八景，洵足舉其勝概矣。茲山峰巖之巀嶭，澗壑之清幽，林木之蒼鬱，秀出北戒，而勝蹟遺蹤往往在煙雲變滅中。數千百年來，衹以供遺世之士與夫衲子道流之閒居而靜觀。固疑乾坤靈淑，所融結發之不盡鬱積而有所待也。自帝居特起，燦日月而輔風雲。望茲山者，幾如三島閬苑，可望而不可即。而宸游所屆，松雲楝牖間自足。陶冶元化，抒寫太和。彼甘泉之賦、九成之頌，徒侈一時之盛事者，烏知林聲山色，可以作筌簣錦繡觀，而仁知之樂又有會心不遠者耶！

又《御定內八景》　靜寄山莊　行宮以靜寄山莊名，崇儉德也。皇祖時，築山莊於熱河，以避暑。不雕不繪，得天然之勝。今茲縱廣不及其半，而朴略如之。於山前平敞處建殿庭，爲班朝聽政之位，御題曰知仁樂處。其東喬林交蔭，希見曦景，有齋曰松巖寒翠，羣臣燕見處也。又東爲鏡瀾亭，臨大澗。澗折舉步漸高，登山之路於此始焉。山以靜爲體，人心亦以靜爲體。聖人首出，庶物主靜。立極時巡，餘暇寄意林泉，猶兢兢以此自持。此中境界宏深，足令大地河山都歸涵照，不獨山間雲物依然具太古氣象已也。

太古雲嵐　觸石膚寸之雲，杳靄極於霄際。瞬息之聚散，昕夕之吐納，四時之氣象，自鴻濛以迄今，茲變幻靡盡。而處乎静以觀至變，而有不變者存焉。山椒拾級而上，地曠而見遠，爲穹宇複閣，御題曰太古雲嵐。幾暇澄觀，若琉璃巨海，光照一切矣。西有軒曰引勝齋，曰暢遠樓，曰接要樓。後又有軒曰韻松迴。廊四周檐牙相接，皆宸游常御處也。其東結構宏敞，曰壽萱堂，爲奉聖母臨幸憩息之所。晨昏問視，跬步可達。啟牖而佳氣入，捲幄而暖翠浮。宫庭樂事，悉見歌詠。當有五色雲光，遍滿擁護，與茲山並壽億萬禩矣。

層巖飛翠　盤之爲山，外斂而中舒，巒重嶂複，步步入勝。讀昔人諸游記，大都以奉使乘傳。延緣濃翠間，未移寸晷，輒驅馬去之，所得不過十一二洵乎。乾坤靈窟不欲作人間耳目近玩矣。文囿初闢於山之額，疏剔得異境焉。營殿宇亭榭，以時游觀。諸巖岫之層疊而上際青冥者，如雲之垂，如濤之湧，如騏驥之馳。驟而勒其首，離離蔚蔚，窮妍極態。而丹葩碧蕤復蒙冪於嵐光煙靄中，以佐其幽致。御題其所曰層巖飛翠，而無窮景色於是包舉焉。中有澹懷堂，堂之西有樓曰擷翠閣，曰雲起，皆高敻可臨眺。繞荔垣之後，石徑相接綠縟亭。石林精舍各因境得名。蘊奇延秀，固清都之曲室也。

衆音松吹　盤泉之水演迤而下，趨其南爲小石城。婉孌草堂，適介其間。堂之東，亭宇翼然，實先堂而築，以當諸景之會，曰衆音松吹。蓋石無聲也，泉觸之而聲。怒則雷霆砰擊，震動山谷，及其匯爲平池，瀦爲曲渚，泠泠然如八音之繁會。而松之叢生於巖巔澗底者，風過之輒作幽韻，與清流相和答。昔人所稱盤山三勝，於此可盡得之。宸游怡暢，屢見吟咏，正如酈善長所謂「竹柏之懷與神心妙遠，仁智之性共山水效深」也。與此景相毗連者，曰翠匝亭、曰清嘯亭、曰松湍流韻，皆在喬林深蔭中，别具幽覩之致。

四面芙蓉　山之幽絶處，一澗一石皆足濯盥坐卧，流連永日。要其體勢方正，脈絡迴環，諸巨峰自中央而達四維，與清凉五臺爭雄長。其間岡巒起伏，蒼翠相屬。升高望之，無不奮迅騰湧而出，靡所隱蔽，此四面芙蓉之所以名亭也。亭與霞標亭相望，崇敞洞達，當林霏乍開，景物澄霽，羣峰如華萼之敷，光景溢目，應接不暇。

貞觀遺踪　有石在南澗濱，色潤而質瑩，縱可五六尋，衡倍之實一石。以凹凸分爲三，於平坦處結亭。蔭喬木而倚巨巖，境最幽寂。相傳，唐文皇東征晾甲於此。御題曰貞觀遺踪。千載上雄心遠略，此石所以志也。石迤下欲盡處，橫亘若檻然。萬壑奔赴之水至檻内勢益怒，則踊躍砰擊而出，跳珠噴玉，下注深潭。宸游作記，比之寒山千尺雪，遂以爲名。天翰並摹刻崖壁築宇於泉上，相面勢爲高下。雲窗霧寮，宛轉相屬。水聲潺潺，與虚濤清籟旦夕入聽。山中泉石相遭之勝，莫與此絜矣。

清　蔣溥等《盤山志》卷二《行宫内新增六景》半天樓　鑿石爲梯千百級，盤折而上。林密壑陡，不暇旁矚。峰勢一轉，豁然開張，萬象森列。有亭當轉處曰摩青。稍南而東爲半天樓。樓巍聳無所蔽，八窗洞開，納顥氣而拂剛飈。北面接檻外爲平臺，架空凌虚，欄楯周繞。宸游樂其高曠，屢登此遐眺。海水一杯，齊州九點，髣髴在目睫間。而佛圖仙館、林霏泉影之隱見於三盤山色中者，又不足言。蓋山本峻極，而此地適踞山之巔。日月先光，雷雨在下，皆屬真實境界。彼中天化人之居，幻象恍惚，奚足與此等倫耶！

池上居　太古雲嵐東垣之外，林木蓊藹。循犖确仄徑行可半里，當兩崖欲合未合處，築甎甓爲睥睨樓。櫓之形刻其上，曰披雲棧，曰款煙扉。由門入境，忽開朗，澄池清澈見底，壘奇石作岸凡數匝。每匝象月半輪，外堅而下實，故水冬夏不泄。瞰池爲池上居。步廊繞出池，左有亭曰涵碧。其後泉從千澗落，日夜濺濺鳴，則琴峽亭在焉。蓋山中諸水多噴湧巖竇，或伏流沙際，少含蓄渟泓之致。靈沼天成，協茲地勢，荇藻交碧，輕鯈吹沫，於以見天趣。暢宸襟與盤泉千尺雪各擅勝場，不復相掩也。

農樂軒　聖天子念民事之重，游豫所至輒咨詢疾苦，俾得霑補助之。仁盤之土可以稼，而其俗淳朴務勤，力田間，童叟得時時望見。顔色鼓舞踴躍，豳風愛上之誼庶幾見之。觀瀾亭之東有地衍沃，澗泉夾流，左右可灌溉。命有司墾爲方田，用藝嘉穀。築亭宇其間，額其前軒曰農樂，比於內苑觀稼之所。籬落映帶，溝塍彌望。春風至而碧毯鋪，秋日麗而黄雲湧，可以譜昇平豐稔之象，不獨摹寫江村景色而已也。

雨花室　山路西北上，漸少平坦，而谷深崖複，佳境益多，契乎睿賞。爰加結構，有檐宇在深林中。老樹作英時，隨風飄舞，宛如曼陀羅之散空，則雨花室也。室隱處又有室焉。茨以茅，倚巖爲垣壁。明潔無滓，是曰雲林石室。步越庭院，仰面諸高峰，青逼霄漢，是爲對山亭。自此而西下半里許，飛欄翼然。縱窄而横廣，樓閣之參差隱見於空碧中者，可以坐攬，是曰罨翠亭。亭與室皆當幽絶處。凡離合、向背、崇卑、淺深之體制，皆因地勢爲之不拘常格。而舉目移趾，景色各殊，洵乎人工之巧，符乎天造矣！

泠然閣　地籟之發於衆竅者，調調刁刁，吹萬不同。若夫暖香襲於蘭坡，凉聲被於鞠徑，山中清景，是處熙怡。閣虚迥受風尤多，宜有泠然之目，不僅援列子寓言也。閣之下，軒序翼如，林蘿翳如。石之起於庭者突如梯而上，南望無所不見。北出乃平步崖額，護以欄楯，作深碧色。時卉蔓之如錦，一逕迤邐斜去。若尋仙源，窅然無極。數十百折乃可達攓雲亭。亭在山絶頂，常時煙雲隔斷。以準望度之，適與此地相直。天然位置，得御筆標題，一一與面勢相稱。形諸繪事，固不足以舉其勝槩矣。

小普陀　近東澗，得岡阜高敞地結亭，曰極望澄鮮。亭下北折，曲徑如旋螺，深入崖隩。水流至此，不復作澎湃勢，縈紆洄洑，匯爲石潭。潭之上有竹萬竿，竹得水而悦，作深翠色。日色到地，若碎金。於此建宇，以奉大士。屋小而勢聳，不設疏櫺刻木，爲四壁，塗以丹雘，名小普陀，以水故名也。大士以聲聞，入而號觀自在。觀之爲義，無量無邊。以石潭而視，落伽大海之水，一勺耳。而性月所印，處處皆圓，皈心者當作如是觀。

清　乾隆《熱河志》卷二五《行宫一》　避暑山莊　昔我聖祖仁皇帝於康熙四十二年肇建避暑山莊，陰陽向背，爽塏高明，地居最勝。其間靈境天開，氣象宏敞。俯武列之水，挹磬錘之峰。叠石繚垣上，加雉堞如紫禁之制，週十六里三分。南爲三門，中麗正門，東德匯門，西碧峰門。其東及東北、西北門各一，東門外長堤蜿蜒，北起獅子溝，南盡沙堤背，延袤十二里。甃石七層，廣約丈許。宫中左湖右山。山勢自北而西曰梨樹峪，曰松林峪，曰榛子峪，曰西峪。迴抱如環，濕翠晴嵐，朝夕異狀，不可殫名。湖水自東北演迤而南，至萬樹園之陽。浄練澄空，沙堤曲徑，如意洲在焉。其北爲千林島，凌空落影，望不可即。瀑源來自西峪，垂於湧翠巖之巔。玉噴珠跳，晴雷夏雪，匯注湖中。湖岸曲榭翬飛，長橋虹駕，引而東南。至德匯門之左爲出水牐，以時蓄泄，高雲入峰，清流見底。凡夫敞殿飛樓，平臺奥室，莫不因地形任天趣，不崇華飾，妙極自然。伏讀聖祖避暑山莊記及我皇上御製前後二序，紹聞垂訓，意至深遠，周詩臺沼，不得專美於前矣。

又 卷二六《行宫二》 烟波致爽 澹泊敬誠殿後，第三重爲殿七楹，聖祖御題額曰烟波致爽，爲三十六景之冠。殿宏敞高明，旁挹雲嵐，後帶湖渚。每夏雨初晴，秋颸乍起，纖塵不到，積霧全空。或晨曦吐旭，夜月銜規，清暉朗照，自來迎人，真曠然上清天宇也。中懸皇上御書聯二，一曰：鳥語花香轉清淑，雲容水態向暄妍。一曰：雨潤平皋桑麻千頃緑，晴開遠嶠草樹一川明。

芝逕雲堤 由萬壑松風之前北行，長堤蜿蜒，直渡芳洲。洲大小凡三，聖祖御製詩序所謂若芝英若雲朵，復若如意者也。堤左右皆湖，中架木爲橋，橋南北樹寶坊。兩岸平沙似席，芳草爲茵，夾道垂楊，湖波鏡影。額曰芝陘雲堤，蓋因洲形取義，化工體物，曲盡其致云。

無暑清涼　芝逕雲堤東北洲曰如意，建殿三重。第一重面南，爲門五楹，聖祖御題額曰無暑清涼洲。四面皆水門，當其前，廣廈洞闢，不施屏蔽。平流滑笏，遠渚鋪奩。飛鳥掠波，游魚吹沫，往來紅蕖緑蓋間，真覺佛地清涼，人天勝境矣。

延薰山館　如意洲正殿七楹，左右配殿各五楹，在無暑清涼内。第二重南向，牓曰延薰山館。西窗聯曰「雲標金闕迥，樹杪玉堂懸」，皆聖祖御筆。中楹皇上御題，聯曰：石劍攢青千林天仗合，水衣縈碧一鑑月楂横。

水芳巖秀　延薰山館後殿十五楹，在如意洲最深處。鏡波繞岸，瑶石依欄，聖祖嘗以幾暇讀書其中。額曰水芳巖秀，左壁聯曰「經書同杲日，詞賦和卿雲」。後楹聯曰「波漾書林來自九天甘雨，花浮墨沼長看四季祥雲」。殿中皇上御書額曰奉三無私，聯曰山月滿庭影疏横藻荇，松風遶壑韻遠叶笙簧。殿之東閣額曰隨安室。

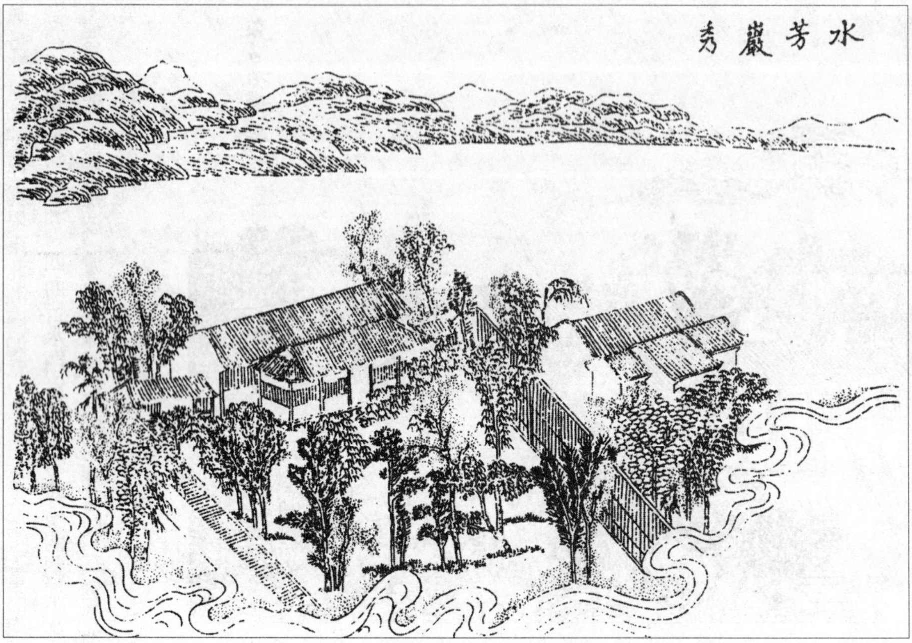

萬壑松風　前殿據岡背湖。漸近湖爲坡陁，殿五楹，北嚮。長松數百，掩映周迴。顔曰萬壑松風，聯曰「雲捲千松色，泉和萬籟吟」，皆聖祖御書。康熙壬寅上，以沖齡隨侍山莊，賜居於此。伏讀《紀恩堂記》，并題壁《感舊詩》。仰維聖祖眷顧之深，我皇上繼繩之切。美墻企慕，閱久彌篤也。殿後三楹曰鑑始齋，坡下亭曰晴碧。

松鶴清越　山莊内西偏爲榛子峪。殿門五楹，南向，聖祖御題額曰松鶴清越，聯曰：奇花文石娱朝夕，白鶴蒼松永歲年。每歲駕幸山莊，奉寧壽宫於兹殿，其地窈然虚曠，青蓋垂陰，九皋振響，丹邱福庭，無以踰斯殿。皇上御題額曰静餘軒。

雲山勝地　煙波致爽之後，高樓特起，八窗洞達，俯瞰羣峰。夕靄朝嵐，頃刻變化，不可名狀。聖祖御題額曰雲山勝地。樓之西楹奉佛聖因淨業，秀攬青蓉。皇上御書牓曰蓮花室，聯曰雲影澄觀妙悟太空參合相，山光悦性静因常住識真如。

又 卷二七《行宫三》 四面雲山 山莊西北隅最高處，一峰拔地，搆亭其上。聖祖御題額曰四面雲山，聯曰：山高先得月，嶺峻自來風。是亭切漢淩霄，羣山拱揖，各開生面。東眺天橋，雲垂檐際。南則玉冠諸峰，望如屏列。北則金山黑山屹峙，廣仁嶺迤西諸峰盤礴案衍，絡繹奔赴，憑虚縱覽萬景，天全伏讀御製諸什。信乎乾坤清景，秀寫無雙矣。

西嶺晨霞 自雲航月舫右行，傑閣巋然，臨波面岫，一鑑渟瀅，千林蓊蔚。紫霞晨映，在雲岑木杪之間。至其倏忽變幻，錦文繡錯，十色五光，難以名狀。聖祖御題額曰西嶺晨霞，聯曰：鶯留花下立，鶴引水邊行。皇上御書聯曰：雲卧天闕無不可，風清月白致多佳。又曰：窗外遠山如黛色，檻邊列樹作濤聲。

鍾峰落照　山莊東五里許爲磬鍾峰。酈氏注，所謂武列水歷石挺下，挺在層巒之上，孤石雲舉，臨崖危峻，可高百餘仞者也。聖祖賜名鍾峰，就山莊西嶺構亭，與四面雲山亭相望，東界諸峰悉在指顧。每紅輪西下，返照在東，衆山蒼然暮色，而是峰迥出孤高，揚暉天末，烟嵐變幻，金碧陸離。題額曰鍾峰落照，聯曰：嵐氣潑青屏天際遥看烟樹色，水光燃素練風中時聽石泉聲。

南山積雪　亭在山莊正北，高據山巔。南望諸峰，環揖拱向，塞地高寒，杪秋雪下。環視樓閣，高下皎然，寒玉光中。謝賦所稱重壁連璐者，蓋兼其勝。聖祖御題額曰南山積雪。山莊每峰頂各冠以亭，南則鍾峰落照，其左爲北枕雙峰，少北而西則四面雲山，東北則南山積雪也。四亭列峙，各擅佳勝，而千岩之秀擷矣，四時之氣備矣。

梨花伴月　山莊西北曰梨樹峪，以所産得名。入峪平岡逶迤，不覺近遠，惟聞幽澗潺鳴，迸落石罅。行里許，静深繚曲，漸入夐邃，奥如窈如，不知此中壺天勝界也。時當春日，萬樹梨花素豔幽香，清輝不隔。聖祖御題額曰梨花伴月。内爲永恬居，更内則素尚齋。

曲水荷香　亭南向，在北山麓。奇石參差，鱗次瓦疊。澗水潺潺，隨石折爲小沼。中植芙蕖，亭亭萬柄，翠蓋紅葩，自然香遠。聖祖御題額曰曲水荷香。舊在暖溜暄波北，今移于此。

風泉清聽　松鶴清越之西，置三楹，曰風泉清聽。有泉出兩山間，注谿穿竇，風來澗谷，則聽益清遠，與松聲鶴韻相答。聖祖奉寧壽宫問安時所憩，故有瑶池芝殿之句。内爲秋澂齋。皇上御書聯曰：素影寫波澂境原無暑，清風拂林爽氣最宜秋。

又卷二八《行宫四》　濠濮間想　澄湖之北構亭，凡四，面如意洲，曰濠濮間想，聖祖御書額也。東曰甫田叢樾，西曰鶯囀喬木，又西曰水流雲在。迴環列布，倒影波間，兹亭居其中，前臨芳洲，後翳密蔭。水木明瑟，魚鳥因依，茂對殷懷，用徵咸若濠濮之樂，亦寓焉而已。

天宇咸暢　湖之東岸有阜巍然，搆殿宇其上，中天積翠，絳節高居，額曰天宇咸暢。殿後建閣三重，額曰皇穹永佑。再重祀真武，額曰元武威靈。三重奉玉皇，曰天高聽卑，皆聖祖御書。閣下山趾巨石，林立縱横。天詞御詠，並摩崖恭勒焉。

暖溜暄波　熱河以水得名，近東北門之隅有牐焉。水自宫墻折入，蓋湯泉餘潤也。建閣其上，聖祖御題額曰暖溜暄波。觱沸潛蒸，演迤屈注，踰牐口循清渠，濺玉跳珠，溶漾傾瀉，含甘漱潤，蠲欝除煩，天然功德水焉。閣前叠石爲岸，立雙碣，恭勒聖製並皇上和章。

泉源石壁　北山之麓，危崖直下數仞，旁無路蹊，古樹根盤，迸出石罅，蒼苔紫蘚，沿蔓繡澀。壁間懸流百丈飛注，所謂泉源者也。磨崖恭勒御書泉源石壁四字，大徑二尺。西爲半月湖，更西有亭曰矚朝霞，皆聖祖御題，聖製元韻，皇上和章並鐫石壁上。

青楓綠嶼　越泉源石壁而北跨山巔，面南三楹，額曰青楓綠嶼，聯曰「笙簧響入疎松裏，錦繡雲從翠壁來」。殿五楹，額曰風泉滿清。聽門外三楹，面西，額曰霞標，聯曰「疎幕幾重當畫卷，遥山三面送青來」，皆聖祖御筆。殿東嚮，四楹，皇上御題額曰吟紅榭。雲窗月牖，掩映楓林。淺碧濃青，遠邇一色。每輕霜乍染，萬葉皆赬，錦樹分叢，丹霞競彩，蓋寒山石徑，光景彌新矣。

鶯囀喬木　亭當萬樹園之陽，翠幹凌雲，濃陰密布，聖祖御題額曰鶯囀喬木。于時春也，倉庚于飛，晛睆下上。斯亭近俯清波，遠連叢樾，和風澹沲，載好其音，嚮時之鳥，蔭託上林，嚶鳴共樂。蓋萬物各得其天，不獨山光悦鳥性也。

鶯囀喬木

香遠益清　萬樹園東南金山之陰，搆殿數重。曲沼漣漪，凉軒明淨，緑房紫菂，芳菲襲人。當雨過風來，生香遠挹，對之覺心境雙清。前殿五楹，聖祖御題額曰香遠益清，聯曰「遠見波光來玉澗，近臨山翠入書窗。」後殿三楹，額曰紫浮。稍西置八楹，額曰依緑齋，聯曰：喬木拂窗連嶺翠，澄波映檻接天光。齋左有亭，御題額曰含澄景。

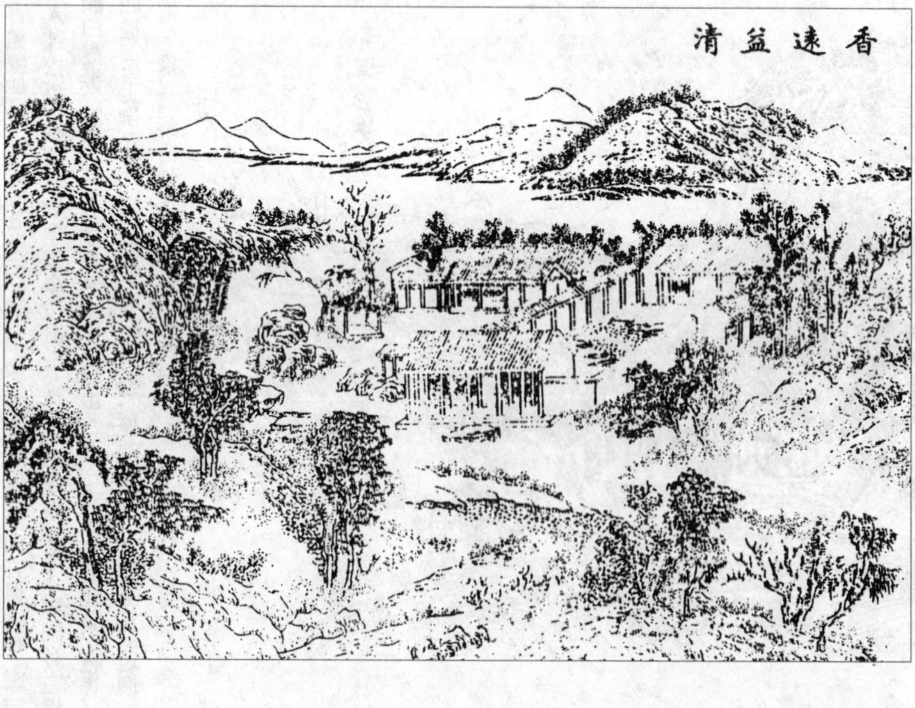

香遠益清

金蓮映日　金蓮花本出五臺，移植山莊，體物肖形，載賡天藻，曼陀優鉢，無以逾茲。延薰山館之右有殿五楹，西向，是花環蒔，葉亞枝交，含風浥露。每晨光啓牖，旭影臨鋪，金彩鮮新，爛然匝地，牓曰金蓮映日。旁室三楹，御題額曰川巖明秀。爽塏高明，實綜覽湖山勝槩云。

遠近泉聲　緣長堤而北，石路半里許，漸聞水聲，鳴湍響澗，匯音橋畔，摐金戛玉，水樂琅然。殿三楹，南嚮，聖祖御題額曰遠近泉聲。其東二楹，額曰聚香齋，聯曰：四圍山色連雲漢，一徑林邊去暑風。殿後爲亭，額曰聽瀑，蓋瀑布最勝處也。聯曰：四面浮青開日景，一泓澄碧見天心。殿外三楹，面南，高敞水際，風來泠然，善也。御題額曰招涼榭。

又 卷二九《行宫五》 雲帆月舫 彷舟形作室，上爲樓，面北。聖祖御題額曰雲帆月舫，在如意洲延薰山館之西。窗欞洞達，綺縠疏通。前挹湖波，後銜沙渚。波平風軟，宛然水際虚舟也。聯凡三，一曰「似疑畫檝浮天上，欲掛輕風入鏡中」，一曰「秋心宛在水精域，晴色遥呈罨畫天」。後楹聯曰「照潤波縈青雀舫，輕橈相趁木蘭堂」。

芳渚臨流 由萬壑松風西行，稍折而北，傍湖一曲，有亭南嚮。聖祖御題額曰芳渚臨流。巨石嵌空，巉巖秀削。夾岸嘉木灌叢，芳草如織。清輝倒景，迎風自馨。游鱗來往於苔陰，遠禽出没於烟際。藻影涵空，溪喧流韻。洵乎飛潛，動植交呈，化機者矣。

雲容水態　梨樹峪之東，懸崖列嶂，靈澤龍王廟建焉。山麓砥平，架屋臨衢，壘石爲堞。其南有殿五，楹東嚮聖祖御題額曰雲容水態。横峰側嶺，獻秀爭奇。有時片雲觸石，則繚白縈青，與遥波相際，當寫照澄潭。空明澹蕩，涵影流光，狀難究擬。蓋雲無定容，水非一態也。面西樓三楹，切漢倚霄，疑在天半。登臨縱覽，氣象萬千。御題額曰曠觀。

澄泉遶石　入梨樹峪一徑青蒼，延緣山趾，泉自石竇出。峰迴路轉，隨石曲折數里許，有亭北向，聖祖御題額曰澄泉遶石。後倚層巘，前鏡清漪，泉流迴洑，如琴筑響，如璆琅音。雲根緑淨，水石相遭之勝備矣。

澄波疊翠　亭三楹，北向，在如意洲之陰，聖祖御題額曰澄波叠翠，湖光一碧，遠極天際。面北諸峰岡連嶺屬，遥青萬點，空翠千尋，仰出層霄，俛臨無地，斯亭之大觀也。亭畔古松一樹，根四出盤石上，鱗鬣蒼然，時聞松子落聲，大可皆合抱云。

石磯觀魚　由遠近泉聲而下，略彴斜通清溪一曲，有石磯焉。俯視澄波，潛鱗涵泳，喻喁瀺灂，悉可指數。如浮空際，如在鏡中。石平如砥，可以坐釣。作亭其上，東向額曰石磯觀魚，聯曰：柳嫩牽詩舫，鷗眠穩釣磯。可以想在沼之文，游仰在川之聖悟矣。

鏡水雲岑　殿五楹，在天宇咸暢閣下，西向。聖祖御題額曰鏡水雲岑，聯曰：「阜接東山浮柳嫩，泉連西苑泛花新」。又曰：「雙澗常流月，千峰自合雲。」殿倚山搆極，水周三面，曲廊外布，迴抱如半月。檻陰架渚，櫩彩乘漪。中懸御書金山額，以狀似紫金浮玉得名。下有亭曰芳洲，練影灣環，雲峰縹緲，北固諸勝，如在目前。視江心拳石，更覺別開生面也。

雙湖夾鏡　湖水自東北入，南匯山泉爲小湖。山口石堰橫亘，堤岸天成。南北卧長橋，水從西而東，泛衍爲大湖。跨橋寶坊二，其北額曰雙湖夾鏡，南額則長虹飲練。蓋堤礄左右，分一湖爲二也。石棱沙觜，迤邐連延。每曦光散曉，魄影澄秋，如玉鏡新磨，冰奩對啓。鳧鷖水鶴，顧影飛翔。天水空明，烟雲演漾。雙湖勝境，難畫難書矣。

長虹飲練　長橋之南賨坊額曰長虹飲練，與雙湖夾鏡對峙，皆聖祖御題橋碑，文石恭勒御詩于上。兩岸烟瀾渺瀰，楊柳紛敷，異花滋蔓掩映。白蓮缛采清芬，彌望如一。每風來縠縐，雨霽蜺横，元暉淨練之詞，太白彩虹之句，合之兹橋，兼擅其勝矣。

甫田叢樾　湖北岸最東亭，曰甫田叢樾，聖祖駐蹕山莊於兹。閱習步圍，故有取於甫草之義。地與萬樹近，平原茂木，曠如翳如，飛走充盈，連羣接翼。廣場地迥，靈囿天成，不數華林勝概也。

水流雲在　湖北岸最西亭曰水流雲在，聖祖御題三十六景，以兹爲殿。其地漸近長堤，湖水澄虚，空明上下，水連天而澄碧，雲映日以浮光，曰流曰在，水有本而雲無心，即一亭之取義。動静交呈，淵深妙旨，悠然與造化同符矣。

又　卷三〇　《行宫六》　麗正門　乾隆十有九年歲在甲戌，皇上駐蹕避暑，再題三十六景，以麗正門爲冠，上御題額也。門制崇宏，高明廣大。門左右朝房，内則重門，五楹，恭懸聖祖御書避暑山莊題額。每秋巡駐蹕，蒙古諸藩於焉述職。邇年平定西域諸部，向風咸于山莊瞻就雲日。入斯門者，歡忻踴躍，拜天閶而拱宸，極閎深肅穆，萬國來同矣。

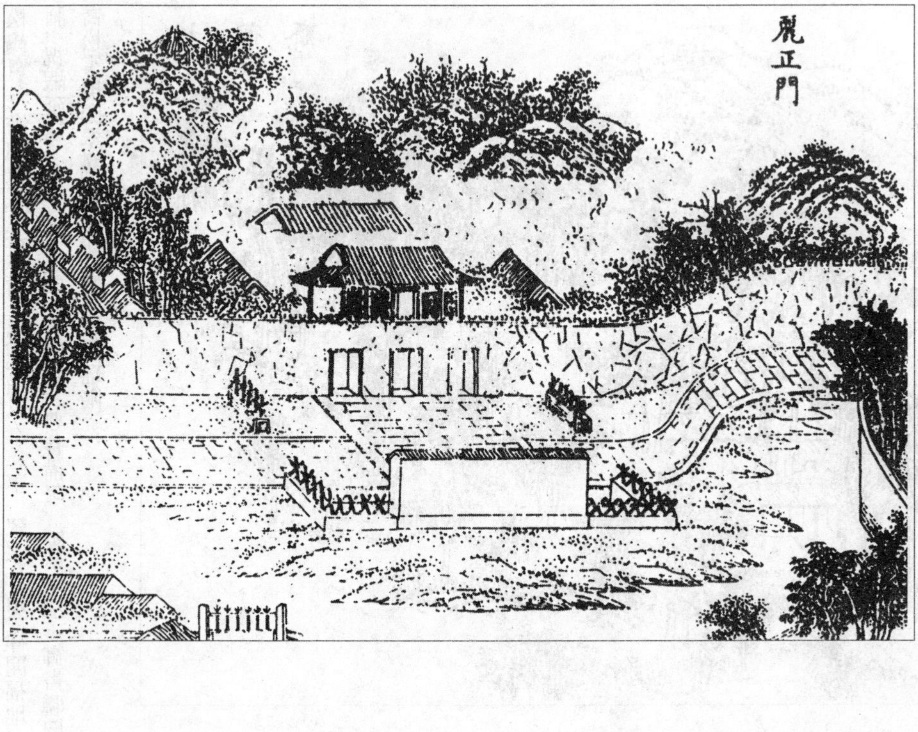

勤政殿　麗正門之左，南向，殿二重，前五楹，曰勤政殿。我皇上敬天法祖，以勤民隱，巡行所至，臨朝視政無異宫中。凡離宫別殿悉循圓明園之例，題以勤政名，言允出如見宵肝深衷。殿内面南額曰正大光明，面北額曰高明博厚。聯曰：中外同風持盈長保泰，山川競秀彌性並怡情。後殿前檐額曰卷阿勝境，殿内聯曰：文囿俯川原千載游歌地勝，豳風咨稼穡三秋圖畫天開。後檐面北額曰雲牖松扉，殿前樓五楹，長廊周匝，慶賚燕饗之典御焉。

松鶴齋　澹泊敬誠之東，搆大殿七楹以奉慈寧。翠水丹山，祥開福地，問安視膳，祝嘏延釐。皇上御書額曰松鶴齋。尊養備隆，敬承家法。御書聯曰：岫列喬松雲屏開翠巘，庭間馴鹿雪羽舞瑶階。

如意湖　作亭于湖隈，東向。前臨如意洲，左則芳渚臨流，聖祖御題額曰如意湖。芷岸蔭林，苔階漱水，彌望烟渚，晴霞展舒，若鋪錦臨風。洲勢逶迤，作芝英半偃狀。由亭而西爲芳園居，其旁路直林遥，悉在花光水氣中也。

青雀舫　山莊以山名，而趣實在水瀑之濺、泉之渟、溪之流，咸匯于湖中。有御舟題曰青雀舫，聯曰：虚檻月移松桂影，仙源風送芰荷香。每舟行湖上，四圍山色，亭臺上下，花木參差，皆供擷攬。至如皓月空盈，澄波鏡净，蘭橈徐動，如度廣寒，清賞吟情，兹爲一助。舟有塢，在臨芳墅旁。

綺望樓　碧峰門之左，倚城爲樓，凡九楹，北向御題額曰綺望樓，聯曰「汲泉磯畔魚知樂，試墨松邊鶴喜陪」。又曰「一庭縹緲雲霞氣，四壁清涼水石心」，又曰「閒尋綺思千花麗，静想高吟六義清」。登臨極望，水木雲巒，組分繡錯。後樓三楹，南向。舟廬環列，原隰高下，如指諸掌。恭懸聖祖額曰坦坦蕩蕩，聯曰「萬家烟火隨民便，千畝山田待歲豐」。

馴鹿坡　塞山産鹿，麏麚麌麀，孳息蕃衍，而山莊所畜特馴。山逕透迤，草平沙軟，或羣或友，各適其天。至金飈薦爽，玉露微涼，儦俟或行，樂依文囿。御書馴鹿坡三字，勒於石。

水心榭　石梁跨水，南北方各一，中爲榭三楹。飛桷高騫，虚檐洞朗，聖祖御題額曰水心榭。憑楹東望，青翠杳然波間，上下天光，影落空際。西則銀濤萬叠，浩淼溟濛，丹碧樓臺，幻成異采，與長虹飲練，雙湖夾鏡，兩坊相映。逾石梁而北有亭，名曰牣魚。

又　卷三一《行宫七》頤志堂　清舒山館之西，數楹，南向，聖祖御題額曰頤志堂，又曰光風霽月，爲幾餘典學之所。堂外磊石依岸，澄波遶欄，曲牖生凉，明窗納爽。其西有殿，東向，曰學古堂。皇上紹庭稽古，傳心聖學，恭誦御製，顧名思義，益仰宸衷乾惕，非特頤志典墳也。

暢遠臺　清舒山館。之左，因周垣舊基，亘爲長廊。下依渌水，有臺巍然。聖祖御題額曰暢遠，聯曰「長對流光觀物性，静中佳趣得天和」。每風日晴明，川原如繪。登臨縱覽，萬象紛羅。俯察仰觀之樂，備於斯矣。

静好堂　徑清舒山館後曰静好堂，�篁叢碧，巘岫縈青。堂外飛樓，疏櫺四啟，曰澄霽樓。樓下堂室區分各系。榜聯曰風泉滿清，廳聯曰「雲晴當檻碧，山曉入樓青」。曰山水含清輝，聯曰「鈎簾雲霧生衣上，當幌山川入鏡中」。曰高山流水，聯曰「石激水流處，天寒松色間」。曰岫幌，聯曰「日影飛花殿，風文積草池」，並聖祖御書。

冷香亭　静寄山房之側，臨水東向曰冷香亭。山莊荷花秋深未落，與晚菊寒梅同韻。伏讀御製諸什，始知品異凡葩也。亭北三楹，曰峽琴軒，與亭鱗次。石岸盤迴，波淙響越，水香微送，雅韻鑑流，渢渢乎，如聞海上水仙操矣。

采菱渡　湖之南有小舟，可登舟北渡，搆亭其湄，曰采菱渡。亭如一笠，側影湖中，每新菱出水，與蓮花蘋葉相間。庾肩吾所云「上林紫水，雜藴藻而俱浮」也。亭後殿三楹，聖祖御題曰環碧，聯曰：夾岸好花紫曉霧，隔坡芳草帶晴烟。

觀蓮所　延薰山館西南，崇亭傍水，南向。萬柄芙蓉，涵光照影。鷗浮上下，魚戲東西。山莊之蓮，自關内及敖漢來者諸景中，多標其盛，實以兹爲最。中懸聖祖題額，曰觀蓮所。聯曰：能解三庚暑，還生六月秋。恭讀御製感賦諸篇，洵乎山水，炳靈承暉，徹露天葩，瓊蕊所由，與衆卉殊矣。

清暉亭　如意洲東，臨水一亭，垂楊披岸，亭角出柳陰中。聖祖御題額曰清暉亭，謝靈運詩所謂「清輝能娱人」也。靈運工於賦景，所云林壑暝色，雲霞夕霏，芰荷映蔚，蒲稗因依，歷歷清暉，兹亭仿佛遇之。璇題標舉，名義彌新。

般若相　清暉亭西，精舍一區，南向。中奉佛像，額曰法林寺，内殿三楹，額曰般若相，皆聖祖御題。左右殿各三楹，後殿七楹，地即雪山湖，爲香海色相，皆空了然雙林説法處，梵言般若，此云智慧。仰佛日之寶輪，契真如之妙諦，所謂翠竹黄花，無非般若者矣。

滄浪嶼　嶼不滿十弓，而峭壁直下，有千仞之勢。中爲小池，石髮冒池，如緑雲空。由西嶺晨霞閣沿緣而下，有室三楹，窗外臨池，四圍石壁空嵌，谽谺豁閜。後擔北向，懸聖祖御書額，曰滄浪嶼，聯曰：松生青石上，泉落白雲間。

一片雲　山莊在五雲中，人間塵土不到。由延薰山館再折而東，面山殿八楹，聖祖御題額曰一片雲。當朝雨欲來，午陰乍合，雲起膚寸，瀰漫布濩。其或晴雲天際，舒卷自如，五光十色，所謂郁郁紛紛，蕭索輪囷，覺岱岳雲峰，天都雲海，未能獨擅其勝。

又　卷三二《行宫八》　蘋香沜　萬樹園之東南，湖水分流出，依綠齋後，一鑑澄澈，中多青蘋。丰茸淺蔚，每微風乍起，清香襲人。水濱殿三楹，南向，聖祖御題曰蘋香沜。昔輞川有茱萸沜，裴迪詩云「飄香亂椒桂，布葉間檀欒」。伏讀御製「香風綠波」之句，迪所見猶隔一塵。恭誦再三，覺詠言有餘馨也。

萬樹園　北倚山，南臨湖，其中平原數千畝，御書碣曰萬樹園。不樊不垣，嘉木羅植，成菌列幕者不可指數。自西師蕆役功成，錫宴觀燈（馬）（焉）。仗咸在兹園，御製《山莊燈詞》備紀其盛，園中萬樹擬之。南山有桑，北山有楊云。

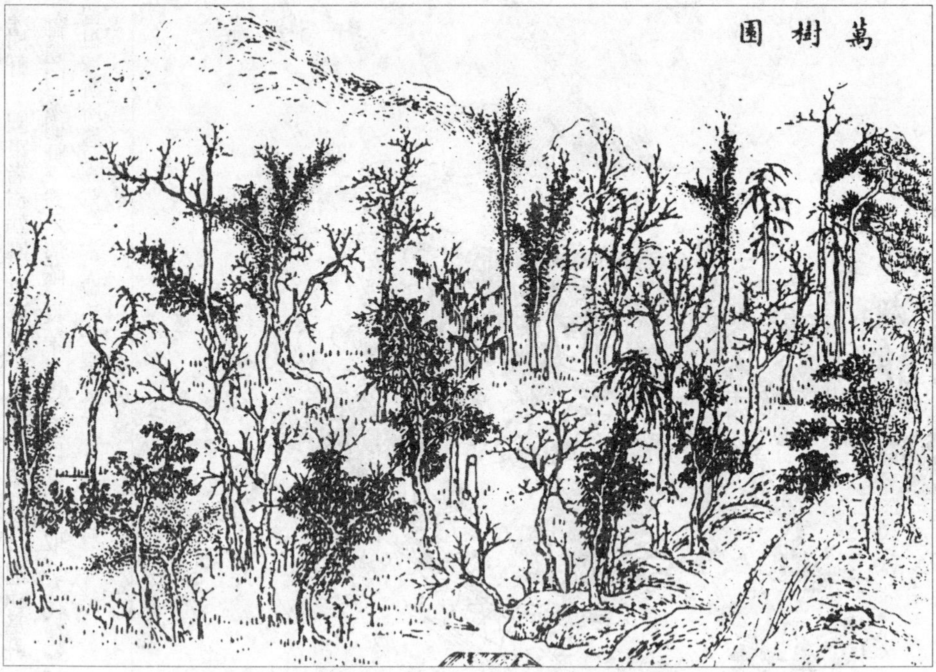

試馬埭　萬樹園西南，草柔地曠，馳道如弦，大駕巡幸於此考牧焉。御書題碣曰試馬埭。國家考牧之法，遠軼前制，孳息繁庶，雲錦成羣，時惟秋也。萬騎齊陳，騰驤沛艾，顧盼矜雄，遠至哈薩克、拔達克諸部並貢。

嘉樹軒　園東老樹輪囷，垂蔭數十畝，皆百年前物。因樹爲軒，凡三楹，南嚮，御題曰嘉樹軒。秀木清蔭，長榮永鬯，顏以嘉樹，取《左氏傳》語也。山莊爲聖祖豫游所憩，一草一木，咸沾天澤。

樂成閣　嘉樹軒之上，重閣五楹，一重額曰開襟霄漢，再重額曰樂成閣，皆御書。塞田遠近，崇墉比櫛。

宿雲檐　宮城東北隅山盡處當惠迪吉門，因勢高敞，搆平臺以攬勝，曰宿雲檐，南向。聯曰「雲容自在舒還卷，山色何妨有若無」，又曰「窗含遠景正無盡，筆點諸峰自有神」，皆皇上御筆。雲氣往來，若宿巖際，縈紆繚繞，時出層檐，如王維詩云「不知洞裏雲，去作人間雨」者也。

澄觀齋　宮城東北，殿五楹，西南曰惠迪吉，聖祖御書。其前檐額曰澄觀齋，則皇上御書。當暖溜暄波之北，山莊諸水入焉。綠波翠色，於此交匯。聖祖臨駐山莊，召儒臣於齋内，較閱御纂諸書。皇上幾暇臨觀，吟咏所形，寫天心而符道筦，澄觀之時義大矣。

翠雲巖　澄觀齋之後，敞亭一，皇祖御題曰翠雲巖。晨霞暮靄，絢紫霏青，巖巒交複，雲氣特多。我皇上崇情所寄真機妙旨精契。知仁亭後，摩崖勒聖祖御書大字曰雲巖。雲章糺縵，焕乎天文。伏誦聖製「動豈我知，静豈我爲。明月今夕，流水昔時」之句，始覺化工賦物，非人間筆墨所能窺也。

罨畫窗　自青楓緑嶼折而東，曲室窈深，疏欞洞啟，皇上御題額曰罨畫窗。高據山椒，峭壁斗削，窗嵌其巔，峰嶺林泉，咸在几席。昔名畫家王維《山水論》、李成《山水訣》、郭熙《山水訓》，於渲皴濃淡，闡發靡遺。似此陰晴旦暮，殊態異觀，殆非卷軸煙雲所能仿佛焉矣。

又 卷三三《行宫九》 凌太虛　北山之巔亭曰凌太虛，拔地倚天，巖巒如揖，憑虛搆極，顥氣清英。登之飄飄然，有凌雲之致。下爲殿五楹，額曰清溪遠流，聯曰「赴谷遠因探放之而準，在山清可會逝者如斯」，並皇上御題。東爲含粹齋，則聖祖宸翰也。齋凡三楹，與殿並爲一區，當山水勝處。恭繹命齋之義，所謂因詞見聖情也

千尺雪　寒山千尺雪以瀑得名，翠華南幸，因於西苑田盤，各肖其景。山莊玉琴軒之東數十武，懸流噴薄，搆殿五楹，亦懸玆額。瀑源來自雲根，捲沫跳波，寒光四射，若六花飛舞晴空也。塞候高凉，雲峰峭拔，於瀑尤宜，雖名仍吴下，而實則遠過之矣。

寧静齋　千尺雪之後，依山搆齋，皇上御題額曰寧静，後樓恭懸聖祖御筆曰清敞。澹泊寧静，語本諸葛。而即景寫心，契山水知仁之樂，託諸詠歌，形於毫素，一皆聖學精微，觸境會心者矣。

玉琴軒　與寧静齋並峙，爲玉琴軒，皇上御書額。殿面南額曰圖史自娱，聯曰「寓情最覺静可樂，玩物始知間不爭」，並聖祖御題。軒當潨流激湍間，觸石琮琤，清越相應，何必絲與竹，山水有清音，蓋玉言色，琴言聲也。伯牙雅調，志在高山流水間矣。

又 卷三四《行宫十》 臨芳墅　水流雲在亭之隔岸西折而南，臨芳墅在焉。殿五楹，其西楹聯曰「岸花霑露滿，湖月漾波寬」，爲聖祖御筆。墅左右則曲渚迴汀，藥欄荷沼，咸吐秀於晨風夕露間，對清華而供吟賞，一莖一葉悉含生意矣。

知魚磯　臨芳墅前殿五楹，面南，皇上御書額曰知魚磯。踞湖之北，與采菱渡對，可一葦杭也。每蘭池瀇沱，鱗族出游，時躍時潛，並呈天趣，豈特莊惠知魚之樂，辨之濠上者耶？

湧翠巖　瀑自巖而下，巖間殿，三楹，東向，聖祖御題曰湧翠巖。殿後爲佛廬，有樓三楹，額曰自在天，聯曰「松逕飛花雨，蓮臺藹法雲」，並皇上御書。每朝暾初上，曙露未晞，飛瀑中烟，繼布濩恍，疑大士説人天妙法，倏忽慈雲，遍滿大千界内。若雨後瀑懸，磬飛林外，鐘度雲中，則又妙演潮音於空際，聲現色中相也。

素尚齋　山莊邃境曰梨花伴月，最上一重殿五楹，面南，聖祖御題額曰素尚齋。地在山巔，因高得勢，軒宇曠然。階下梯級百重，長廊翼覆，仰視如天中樓閣。而結構渾樸，不施雕繢。堯茨貽則堂構留思，天藻繹吟，每爲拳拳三復云。

永恬居　素尚齋之前殿五楹，面南，聖祖御書額曰永恬居。後三十六景至此攬其全，伏讀御製詩，以引養引恬慎修思永之旨。紬繹天文，義至深遠，蓋山莊水木澄明，烟巒静妙肖翹，動植盡荷生成。

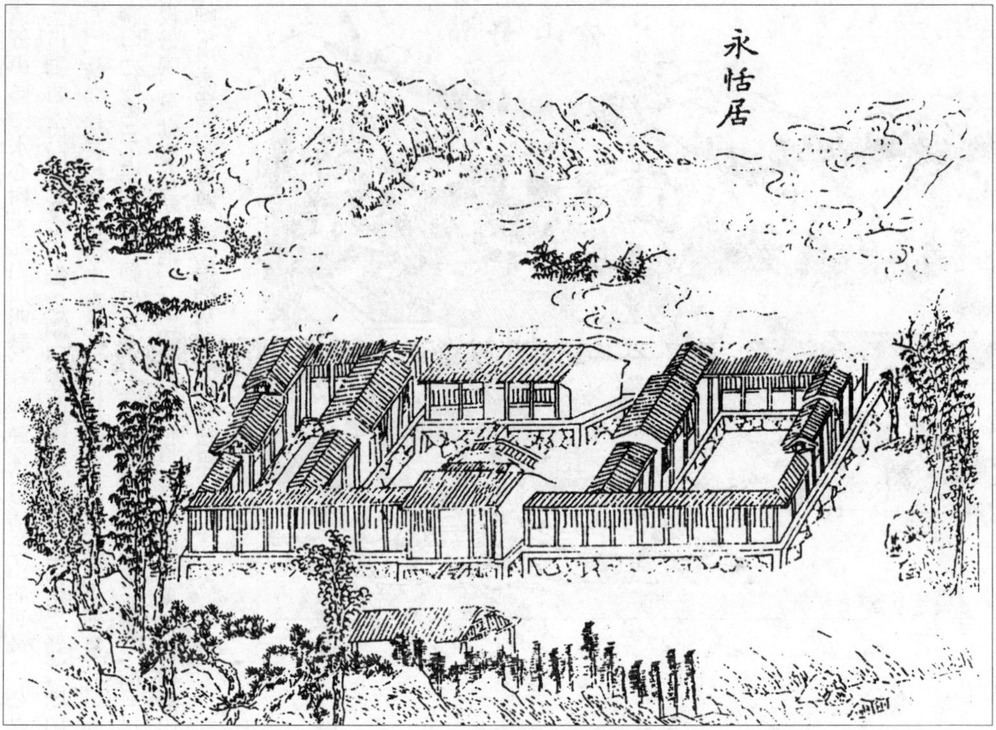

又 卷三五《行宫十一》　澹泊敬誠　避暑山莊正殿凡七楹，聖祖御題額曰澹泊敬誠。宫殿榜多鐫刻兹，則恭懸墨寶，萬年家法，心畫如存。每聖節臚歡，遠人肆覲，則御兹殿。扈從臣工暨外藩蒙古，拜舞趨蹌，展儀盛容。仰堯茨之儉約，溯虞典之精微，恭誦宸章，心源遥契。御書聯曰「先澤志欽承宵衣旰食，民依心切念春雨秋暘」。東西壁聯曰「四面雲山契仁壽，萬家煙井念民和」，曰「祖訓式欽思日監，天行惟健體時乘」。左右配殿各五楹，後殿亦五楹，曰衣清曠，亦聖祖御題墨寶。東偏御書額曰寶筏喻，聯曰「法雲自護三乘義，慧日常開四照花」。

清舒山館　水心榭東北山川明瑟，林樾静深，以清舒山館爲最。凡五楹，恭懸聖祖御題，内曰承慶堂，御書額曰煙霞澄鮮。東楹奉聖祖宸翰，牓曰冰奩，聯曰「解帶挂長松慣住山中忘鹿性，披襟臨積水數行樹下識禽音」。西楹御書聯曰「高擁三山臨水鑑，勤思六宇上春臺」。内曰含德齋，聯二，曰「雲移溪樹侵書幌，風動巖花點硯池」，曰「緑野明斜日，青山淡晚煙」。後檐額曰聚雲複岫，山房皆聖祖御題，西南隅别殿曰蘿月松風。

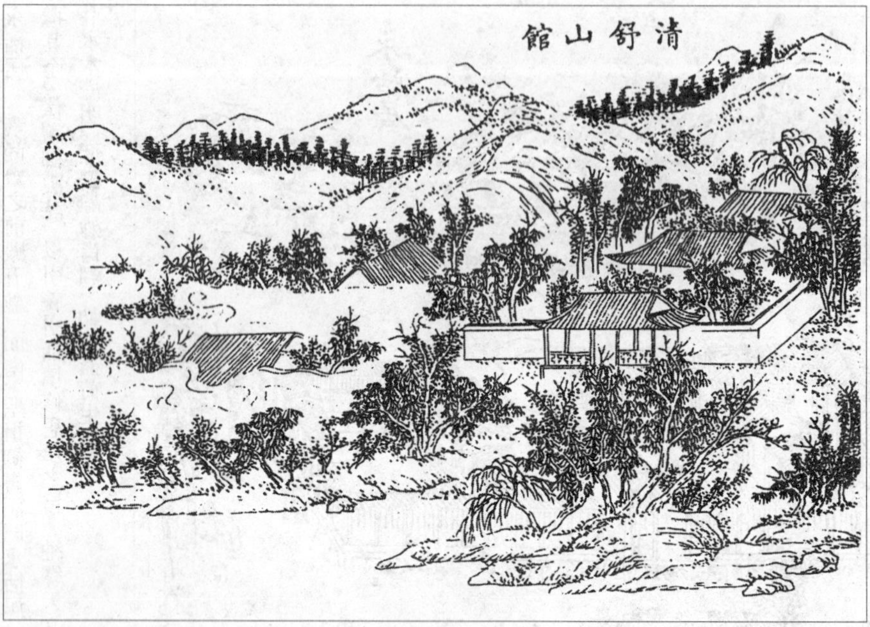

戒得堂　清舒山館之東，堂五楹，南嚮，御題額曰戒得堂，聯曰「祖德紹稀齡戒垂務廣，聖言明要道矩仰從心」。恭繹御製，前後二記，仰見頤和養粹、聖敬日躋，凡聖祖引而未發之旨。敷言繹思，昭示無極，所以闡精一之心，傳廣帝王之法戒，胥於是乎。在堂之後廡曰鏡香亭，堂北層樓特起，以待皓魄，顔曰問月樓。樓之東爲羣玉亭，其南有軒曰含古自軒。而南爲來薰書屋，又南爲佳蔭室。室外俯臨流水，有齋三楹，與室相對，曰面水齋。

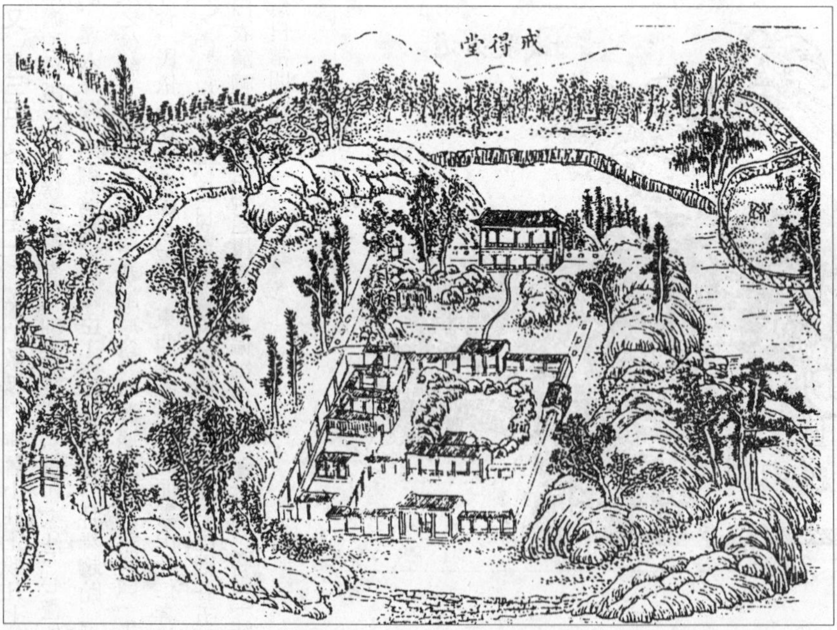

春好軒　萬樹園東南，濱湖軒五楹，御題額曰春好軒。嘉樹駢羅，文石棋布，當清蹕經臨，多在夏秋。而麗景暄妍，和風韶暢，萬彙熙怡，如在恒春化宇中也。內楹額曰花際霞峰，聯曰「上塞寄遥情煙雲入畫，南榮開勝覽花鳥知春」。後爲永佑寺，浮圖撑空，影在庭際。軒後一亭，額曰巢翠亭。

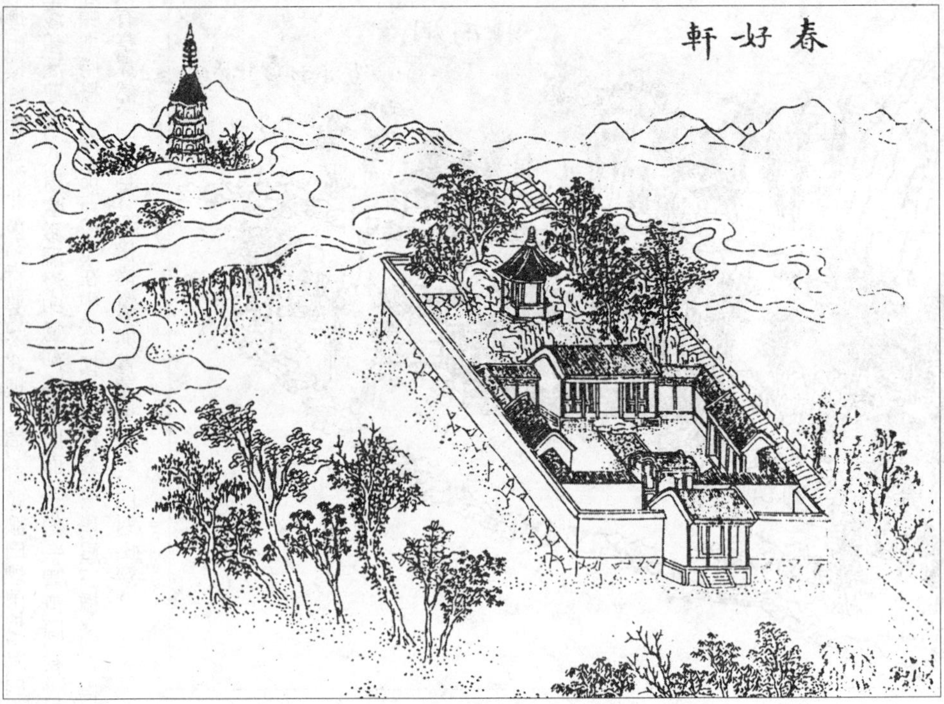

靜寄山房　環澄湖踞，平阜邃宇，穆然淵靜。門南向，牓曰月色江聲。中爲靜寄山房，聯曰「雄筆振清詞，追賞得煙雲之趣。佳辰逢勝景，乘閒探邱壑之奇」。軒綢虚明，檐楹清寂。又內爲瑩心堂，額曰閒止，聯二，曰「自有山川連北極，天然風景勝西湖」，曰「取歡知仁樂，寄暢山水音」。又內爲湖山罨畫聯曰「水當窗面天然白，山接林端分外青」，並聖祖御題。山房宛在水中，而旁環萬峰以靜寄名者，歸動於靜，合知於仁。伏誦宸篇，人生而靜，天之性。山古以深，日亦長，聖心寄託，悠然如見矣。

煙雨樓　如意洲北舊名青蓮島，建樓五楹，御題額曰煙雨樓，聯曰「百尺起空濛碧涵蓮島，八窗臨渺瀰澄印鴛湖」。樓四面臨水，一碧無際，每當山雨，湖煙頓增勝概。嘉禾咫尺，宛在中央，樓外青楊蓊蔚，搆屋三楹，曰青楊書屋。山頂有亭翼然，曰翼亭。溪傍搆齋，與青蓮島相對，曰對山齋。

又　卷三六《行宫十二》綠雲樓　越湧翠巖有樓聳峙，地當西峪，爲瀑源所自出。深林修翳，綠影參差，疊嶂層雲，滃然四合。額曰綠雲樓，聯曰「泉臨香澗落，峰入碧雲高」。旁三楹虚敞，隱映樓畔，額曰木映花承，聯曰「風裊爐煙移晝漏，月臨書幌正宵衣」。又前三楹額曰水月精舍，聯曰「空澄正印虚明體，摇漾又宜流動情」並皇上御題。西南與珠源寺近，水月清華，翠洗山光，鏡澄林影，耳聆目遇，誠造物者之無盡藏云。

創得齋　西峪最深處踞山爲屋三楹，曰創得齋。其後右偏爲樓三楹，額曰夕佳，千峰夕照義，取陶詩。前小樓二楹，曰枕碧。室内牓曰一塵不到。門外長松竦肅，石林嵯峨，悉成行列。蒼顔古色，罩絡羣峰之表。岫壑沖深，磵橋宛轉，每幾餘攬勝，即景會心，妙趣當前，都成創獲矣。

又　卷三七《行宫十三》　觀瀑亭　山莊崖館雲阿，深林穹谷，咸以瀑流增勝。實者其聲，空者其色，及沂流窮源，則乳竇穿空，雲根吐溜，瓊簾懸注，泉立峰飛。搆亭山麓，聖祖御題額曰觀瀑。恭繹御詩，以觀括聽。從色覓聲，所謂目謀、耳謀、心謀、神謀者，一以貫之，觀之時義大矣。山半有亭，御書瀑源二字，由是再陟，則笠雲亭，倚空側立，如溟濛烟雨，青笠伊糾也。

食蔗居　聽瀑而尋其源，緣山取徑，繚繞數折，乃至食蔗居。凡三楹，松林峪之深境也。未至十步，不見屋角。及巖齋乍啟，周覽徬徨，則萬象森羅，如臨户牖。蓋徑既幽，迴地復高敞，奥如曠如，轉深轉妙，題曰食蔗，取其漸入佳境云爾。左二楹，額曰小許菴，右有亭曰倚翠，東北山亭曰松巖。

又　卷三八《行宫十四》　敞晴齋　山莊西北隅，緣岡冠嶺，構室其上，御題額曰敞晴齋。游目披襟，因高得迴，秋空氣朗，蒼碧千里，於晴宜也。門外有橋，奇石嶔崟高下，前列古松，童童如青蓋。左曰清綺書屋，右曰繪韻樓。

秀起堂　西峪中峰特起，列岫層巒，奔趨拱極。據峰爲堂，備攬諸勝。其始循崖而上者，曰經畬書屋。芸香霏座，恍如宛委，藏書東北樓，曰振藻。拾級再上，乃陟堂階。四面嵐開翠合，萬朵青蓮，如生足底，登臨振衣，疑在天半也。御題額曰秀起堂。堂外石橋橫度，碧溜斜通，曲檻周遭，迴廊高下。堂後山如屏障，雲際一亭，額曰眺遠。俯視但空濛一氣，御風憑虚，而堂返在下矣。

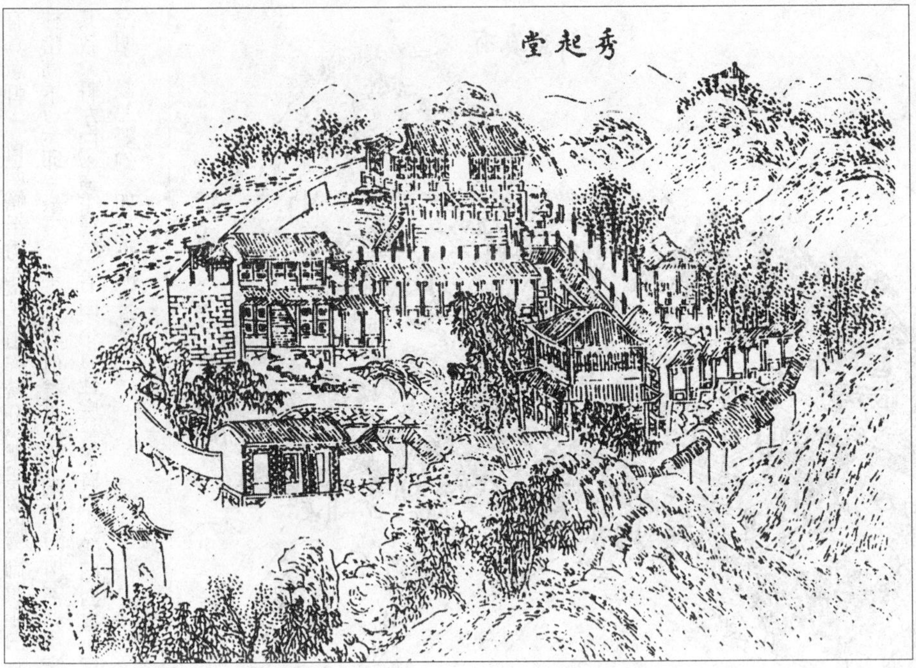

又 卷三九 《行宮十五》 静含太古山房　鷲雲寺之側，萬嶂環之，曠如奥如，得静者機焉。築山房一區，顏曰静含太古。邃谷含風，穹林隱日，纖塵不到，衆籟闃然，宛在羲皇上也。由西廊而出，曰不遮山，樓高入雲際，林嵐迴抱，繚白縈青。樓下曲徑，纚連山腰石磴間，不覺登陟之勞。廊盡，向南得小亭，顏曰趣亭。

有真意軒　自西峪至秀起堂，山徑縈紆，架屋數楹，御題額曰有真意軒。軒外林巒高下，一邱一壑，一草一木，俱有真意。陶潛詩所云欲辨忘言者，殆曲盡其致。軒左曰空翠書樓，右曰小有佳處。後有亭，顔曰對畫。雲崖飛瀑，萬象空明。倏忽變幻，如見荆關筆妙也。

碧静堂　倚山爲堂，絶巘浮青在烟嵐縹緲間。御題額曰碧静堂，聯曰「碧宇好秋澄坐延爽籟，蒼山太古静眺引清機」。堂之左曰松壑間樓，右曰静賞室。雲容風態，清賞有餘。跨澗爲樓，曰净練溪，樓樸如小閣。山高水駛，雨集漲盈，不必梯級，而倚閣憑虚，飛瀑淙潨，琉璃一片矣。

又 卷四〇《行宫十六》 含青齋 架巖爲屋，疊石成階，與敞晴齋隔溪相望，御題額曰含青齋。齋内面北，額曰清暉娱人，聯曰「雲影罨檐留游情繚白，山光排闥送畫意浮藍」。每深秋臨幸，楓林晚照，槲葉朝霜。俯視軒檽，尚鐃深碧。左曰挹秀書屋，右曰松霞室。山容峭蒨，松徑陰深，當仙莊西北隅。南望五雲，則碧榭紅闌，瑤岑玉水，宛在仙山畫圖間矣。

玉岑精舍 山莊西北溯澗流而上至山麓，攢峰疏岫，如懸圃積玉，環列瑤篸，精舍三楹，顔以玉岑，聯曰「活畫展王維川迴空翠，清吟尋杜甫峰並高寒」。室右偏曰貯雲檐。穿雲陟徑，有亭二，曰湧玉，曰積翠。依山梁構室，曰小滄浪。迴廊盤折倚壁梯，巖下臨深壑。每秋雨初過，明漪澄練，湛然凈渌矣。

文園獅子林　於清舒山館前，度地爲園，模山範水，藴淑懷奇，題曰文園獅子林。拈題分詠，備十有六景之勝，與御園及吴中獅子林是一是二。亭臺峰沼，高下悉具，伏讀御題《諸什并序》，覺雲林粉本，變現化工，可以參詩妙，可以悟畫禪矣。

又　卷四一《行宫十七》　文津閣　山莊千尺雲之後，卜高明爽塏，以藏四庫全書，題曰文津閣，與紫禁、御園三閣遥峙。前爲趣亭，東則月臺，西乃西山，蓋昉范氏之成規，兼米庵之勝概矣。伏繹御製，從源溯流，要以知津。仰見文思，光被涵泳無涯。而塞山勝地，積書充棟，邁古超前，信乎川巖靈秀，待時啟發者也歟。

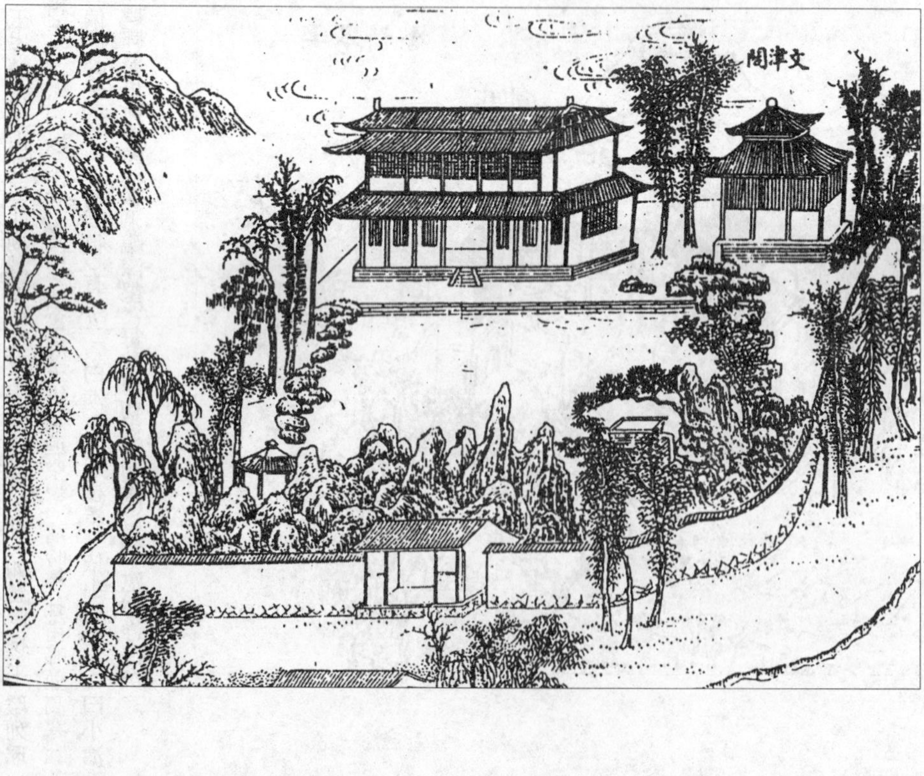

宜照齋　於西北門内，倚石城搆齋五楹，御題額曰宜照齋。臨風致爽，炎宇初晴，谷蔭凉生，林飈響答，于照爲宜也。聯曰「觸目無非遠塵俗，會心皆可入研覃」。右爲層霄樓，樓下東楹聯曰「啼樹閒禽疑對語，隔峰馴鹿若堪招」。樓上聯曰「雲外山爲嶂，風前葉照階」。齋左爲却炎榭，聯曰「愛看畫影偏遲砌，便有炎風解避疏」。由榭而東爲就松室，銅柯拂地，黛影參天，皆千百年前物。其後爲積嘉亭。

山近軒　軒在山莊西北，峰巒窈窕，環抱檐楹，當萬山深處。命名山近，紀實也。宫門三楹，南向正殿五楹，殿西三楹，額曰清娱室。東五楹，額曰養粹堂。堂之南爲延山樓，層構凌雲，飛甍出樹。因高得曠，於延山宜。面西敞亭三楹，亭外奇石嵌空，迴廊曲注，額曰簇奇廊。踞東峰頂，草亭一區，有松蒼然，額曰古松書屋。

又 卷四二《行宫十八》 獅子園　園以傍獅子嶺得名。我世宗憲皇帝在藩邸扈從，賜居於此。中多世宗題額，園額乃聖祖賜書也。東西宫門五楹，其南碧水迴還，北岸亭三楹，額曰翠柏蒼松。逾橋而南恭懸聖祖仁皇帝賜額。前五楹，額曰芳蘭。砌書院東環以迴廊，中峙方亭。又東南殿三楹，額曰水情月意。後殿三楹，東有亭，聖祖御書額曰環翠。橋之北爲正殿，有待月亭。在殿東南前，殿五楹，世祖御書聯曰「日往月來明至道，花香鳥語露真機」。皇上御書聯曰「西屏翠嶂常堪挹，北户清風不礙塵」。後殿三楹，東五楹，額曰片雲舒卷。又東北三楹，爲護雲莊，我皇上御書額。西北七楹，額曰羣山環翠。東北爲草房，又東北曲徑窈深，殿五楹，額曰澄懷。更内五楹，庭前植松柏各一，額曰松柏。室後三楹，爲忘言館，其西跨澗爲小堂三楹，曰秋水澗，兩額並我皇上御書。斯地當園東北隅，景最幽邃。西南爲妙高堂，恭懸聖祖題額。堂五楹，踞山峰最高處，皇上御書聯曰「風吹縠面文章好，詩托峰眉氣象舒」。其南爲法林寺，殿三楹，有鐘樓峙其旁。殿後佛樓三楹，額曰普門隨現，聯曰「妙蓮峰對青山峙，甘露林成紫竹環」。寺内聯額皆皇上御書。

又 卷四三《行宫十九》 喀喇河屯行宫　地本古興州，治在避暑山莊西南三十五里。當山莊未建，康熙十六年聖祖肇興巡典，駐蹕於此，嗣是歲以爲常。宫門南嚮，五楹，御題額曰秀野軒，聯曰「天宇晴開青嶂外，人家烟起翠微中」。中楹恭懸聖祖御題，聯曰「吟詠之間兼泉，清山碧以成趣」。畫圖所會，蓋樹色雲光而入神宫基。中界灤河，依山帶水，比之京口浮玉，故有小金山之號。西上則灤陽別墅，水木清華，景物明瑟。外則萬家烟井，鱗次櫛比。熱河以南此爲勝境，規矩亦整，百餘年來巡御所經，榜題最富。而我皇上紹庭繼事，游泳滋多，蓋遵皇潤之止基，匪特神皋之鍾秀也。

又 卷四四《行宮二十》 王家營行宮　在常山峪東北四十里，康熙四十三年建。牓曰引流成溪，凡四重。東西所亦如之。其陽面山，地勢平曠，澗壑交流。宮內廊軒接比，院宇高明。右則居民鱗次，場圃縱橫。烟村掩映，宛在豳風圖畫間也。

常山峪行宮　在兩間房東北三十三里，康熙五十九年建，南嚮，殿五楹，曰蔚藻堂，內曰青雲梯，西曰虛白軒，後曰如是室。宮基面山，丹崖翠壁，列若屏障，軒窗披覽，領妙延清。蔚藻堂之右曰翠風埭，曰綠樾徑，曰楓香坂，曰陵霞亭，皆創於聖祖時。我皇上標爲八景，御書題額分章成詠，天藻敷華，地靈增勝矣。

巴克什營行宮　出古北口十里許，以巴克什營爲止頓。殿五楹，南嚮，後殿左右各二重，旁東西嚮，康熙四十九年建。規制純樸，南望邊牆高出，山上雉堞參差，與雲烟出没，惟聞潮河聲奔流入塞。自昔安屯置戍之區，今日田疇井里，婦子嘻然，不覺在邊關外矣。

兩間房行宮　塞外多山，出古北口四十餘里爲兩間房行宮，康熙四十一年建，南嚮。殿五楹，額曰秀抱清芬，曰鏡風含月。後殿越小橋當山，東北隅曰澄秋軒。盤折而東，高出木杪，有亭曰暢遂，題額並御書。塞外山川，此地首當形勝。自昔以兩間得名者，今且成聚成都，農鄘布列，烟火相望，雞犬之聲相聞矣。

釣魚臺行宮　在避暑山莊東北十三里，乾隆七年建。自熱河啟蹕，至木蘭中關爲首程，釣魚臺爲止頓。宮門南嚮，殿東嚮，廊環邃宇，亭枕屏山。地距山莊甚近，工人舊呼雙黄寺。當熱河上流，三源既會，水勢涵蓄，實産嘉魚，故名釣魚臺云。

黄土坎行宮　在釣魚臺東北十七里，康熙五十六年建。自熱河至中關，清蹕止頓者再，一爲釣魚臺，一則黄土坎也。南嚮，殿五楹，後殿九楹，左右各三重。院宇明净，規制淳樸。宮之北則賽音河，會人固都爾呼河，酈道元《水經注》所謂武列水三川合派者也。

中關行宮　在黄土坎行宫東北七十里，康熙五十一年建。南嚮，五楹，牓曰松間明月。後殿牓曰雲林蔚秀，聯曰「松籟座中聞笙竽風遞，山屏窗外列錦繡雲開」。過行宫東十餘里，有峰嶄然，洞穴嵌空，錫名玲瓏峰。自宫中望之，縹緲雲際，若方壺圓嶠，可望而不可即也。

什巴爾台行宫　在中關行宫北三十七里，康熙五十九年建。自中關至波羅河屯，以什巴爾台爲止頓，南嚮。大殿五楹，後爲永懷堂，左傍喬峰石，倚蘭若殿。後陟山及半有亭，清溪遠岫，曠望高深。俯視則塞田萬頃，秋稼盈疇，可以見豐亨之景象，可以驗膏澤之旁流也。

波羅河屯行宫　在什巴爾台行宫北十八里，康熙四十二年建。殿南嚮，後依崇巘，前俯平林。有額曰山泉賞，曰秋澄景清，曰檐際千峰。聯曰「山月滿庭篩竹影，松風遶壑亂泉聲」。東望筆架，三峰岧嶤隱見，益知塞山清奥，蕴秀含靈，又非荆關筆墨所能到也。

張三營行宫　在波羅河屯行宫北六十二里，康熙四十二年建，北即石片子也。地近崖口，山勢雄奇峭拔，積翠霏藍，送爽迎秋，雲烟萬狀。歲行秋獮，東道由波羅河屯駐蹕於此。殿額曰雲山寥廓，過此則御行營，逮木蘭迴蹕。宴賞從獵，諸蒙古亦多於此舉行云。

濟爾哈朗圖行宮　在波羅河屯行宮西北二十八里。入圍場有二道，東道自張三營入崖口，西道自濟爾哈朗圖及阿穆呼朗圖入伊瑪圖口，乾隆二十四年命建行宮於茲地。制最簡樸，殿内御書聯曰「所無逸而安行蒐講武，亦有秋可樂省斂歌豐」。濟爾哈朗圖者，蒙古語安樂所也，地在伊瑪圖川之右。水泉甘美，庶草蔚豐，因以得名。

阿穆呼朗圖行宮　在濟爾哈朗圖行宮北四十三里，乾隆二十七年建。殿内御書聯曰「勝地叶貞符詩賡櫜戢，那居供静憩疇演康寧」。當西入圍場之路，間歲清蹕一臨。架構無多，而山色泉聲足資聽覽。地在伊瑪圖口之外，於獵場最近。櫜鞬左右，以候六飛。阿穆呼朗圖者，蒙古語康寧也。

得名。地在蒙古各部落中，周一千三百餘里，南北二百餘里，東西三百餘里。東北爲翁牛特界，東及東南爲喀喇沁界，北爲克西克騰界，西北爲察哈爾正藍旗界，西及西南爲察哈爾正藍鑲白二旗界，南爲熱河廳界。圍場外北爲巴林，東爲土默特，西爲西四旗、察哈爾，南則入圍場之路也。圍場四面立界，曰柳條邊。自波羅河屯入圍場有二道，東道由崖口入，即石片子也。西道由濟爾哈朗圖入，每歲行圍俱出入崖口。乾隆二十四年建行宮于濟爾哈朗圖，于是車駕行圍由崖口入，則迴鑾由濟爾哈朗圖。若由濟爾哈朗圖入，則迴鑾由崖口遂以爲例云。

又　卷四五《圍場規制》《國語》謂哨鹿曰木蘭，圍場爲哨鹿所，故以

又　卷四六《圍場規制》　木蘭四面樹栅，界則内外。按八旗以一營房統五卡倫。方位則鑲黄北之東，正黄北之西，正白東之南，正藍南之東，鑲藍南之西，正紅西之北，鑲紅西之南，鑲白在正藍、鑲藍之間。各有地界，分司稽察。營房八旗各一，鑲黄旗在奇卜楚高，正白旗在納林錫爾哈，鑲白旗在什巴爾台，正藍旗在石片子，正黄旗在錫拉扎巴，正紅旗在扣肯陀羅海，鑲紅旗在蘇木溝，鑲藍旗在海拉蘇台卡倫。八旗各五，鑲黄旗曰賽堪達巴漢色欽，曰阿魯色呼，曰阿魯呼魯蘇台，曰英格，曰拜牲圖。正白旗曰巴倫崑得伊，曰烏拉台，曰錫喇諾海，曰納林錫爾哈，曰格爾齊老。鑲白旗曰噶海圖，曰卓索，曰什巴爾台，曰麻尼圖，曰博多克。正藍旗曰木壘喀喇沁，曰古都古爾，曰察罕扎巴，曰汗特穆爾，曰納喇蘇圖扎巴。正黄旗曰庫爾圖陀羅海，曰納喇蘇圖和碩，曰沙勒當，曰錫喇扎巴，曰錫拉托巴色欽。正紅旗曰察罕布爾噶蘇台，曰阿爾撤朗鄂博，曰麻尼圖布拉克，曰齊呼拉台，曰布哈渾爾。鑲紅旗曰海拉蘇台，曰姜家營，曰西燕子窩，曰郭拜，曰和羅博爾奇。鑲藍旗曰珠爾噶岱，曰蘇克蘇爾台，曰卜克，曰東燕子窩，曰卓索。凊八旗官兵分守焉。色呼圍場謹按《國語》稱圍場曰輝罕。在鑲黄旗阿魯色呼卡倫之西，色呼河源出焉。呼魯蘇台圍場在鑲黄旗阿魯呼魯蘇台卡倫西南，巴爾圖圍場在呼魯蘇台圍場西南。岳樂圍場在巴爾圖圍場西南，有碑一恭，鐫《御製虎神鎗記》，壬申九月作。其北有塔錫呼達巴漢。

清　鄂爾泰　張廷玉等《國朝宫史》卷一一《宫殿一·外朝》　皇城外圍墻三千三百四丈三尺九寸，有天安、東安、西安、地安四門。又天安門外東、西、南三面圍墻，四百七十一丈三尺六寸。正南門牓曰大清門，東爲長安左

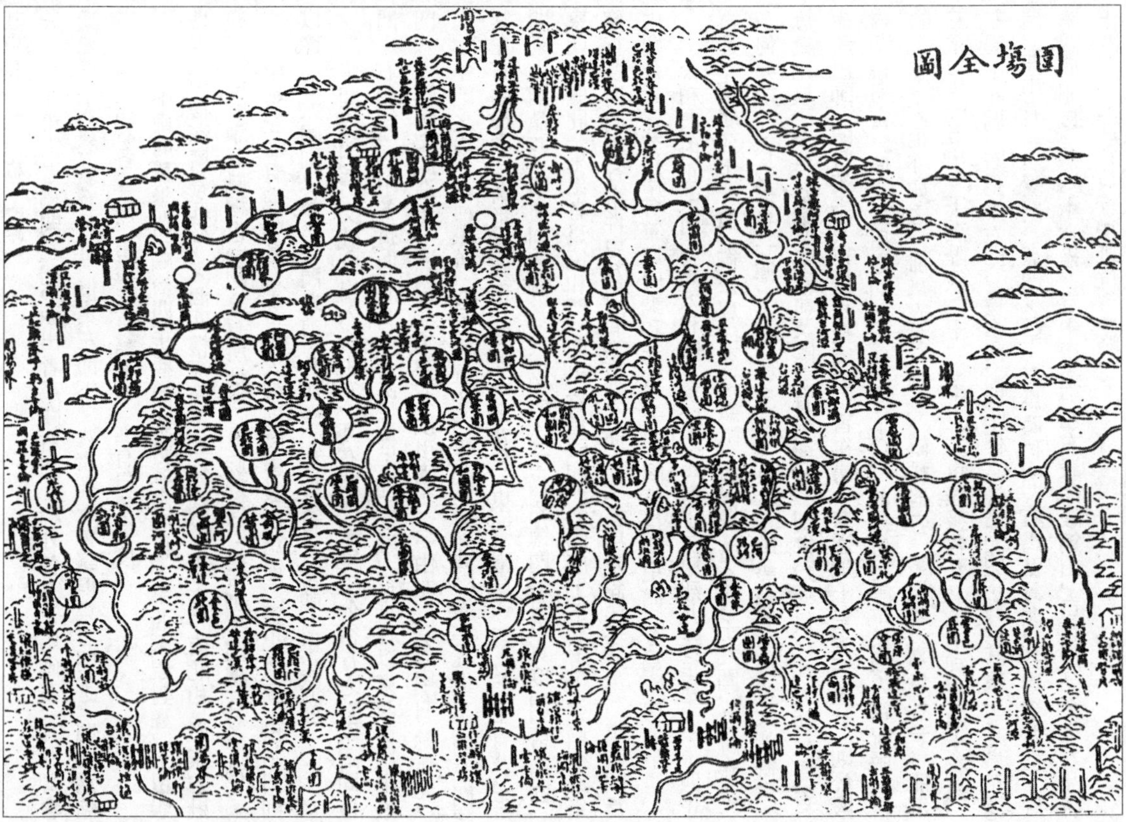

門，西爲長安右門，重建於乾隆十九年，至二十五年工竣。又增築長安左門外圍墻一百五十五丈，長安右門外圍墻一百六十七丈五尺一寸，各設三座門。紫禁城内圍墻一千六十八丈三尺五寸，其門凡四，曰午門、東華門、西華門、神武門。墻四角有重樓，墻外東、西、北三面守衛圍房七百三十二間。護城河環繞於外，河水由地安門外西步梁橋下流入皇城，從地道經景山西門引入，環紫禁城至東西闕門止。門下地道相通，復東經太廟左垣，西由織女橋前繞社稷壇、端門、太廟會東來之水，過牛郎橋、天妃閘，從巽方出皇城，爲御河。其流入紫禁城者，由神武門西地道引護城河水流入，沿西一帶經武英殿、太和門，繞文華殿後由鑾駕庫巽方出紫禁城。

大清門在都城正陽門内，面南，正中爲闕三，皇城之第一門也。左右石獅二，下馬碑石各一。前爲天街，方廣數百步，周以石欄，俗名棋盤街。門内左右朝房東西向者各一百十楹，北向者各三十三楹。凡吏、兵兩部月選官掣籤，刑部秋審，禮部鄉會試磨勘，俱於此朝房之外。東爲户部米倉，西爲工部木倉，其北天街横亘。東出爲長安左門，西出爲長安右門。門外各有下馬牌石，趨朝者由此出入。其北正中南向者榜爲天安門，即皇城南門也。初名承天門，順治八年重建，改今名。爲門五，上覆崇樓九楹，前臨御河，跨金水橋七橋，南北石獅各二。其南華表對峙。國家有大慶典覃恩，於樓上宣詔，設金鳳銜而下焉。其北相直榜爲端門，康熙六年重建，制與天安門同。南立華表二，左右兩廡各二十二楹。東爲太廟街門，門内爲太廟。正南門五楹。前殿九楹，兩廡各十五楹。中殿九楹，兩廡各五楹。後殿與中殿同。其正南門外橋五座。橋下向無水，乾隆二十六年始引金水橋水注之。東爲神庫，牲亭，西爲神廚，俱如禮制。【略】

西爲社稷壇門。門内爲壇，北向，制二成。第一成方五丈，次成方五丈三尺，高五尺，陛四出。上用五色土，隨方築之。壝垣四面開欞星門，繚垣土色亦各以其方，瘞位向在壇内。乾隆二十一年繕修壇宇，敕移於壇外西北隅。壇北爲拜殿，西爲神庫、神厨，牲亭，俱如禮制。【略】

端門之内，東朝房五楹，爲禮科公署。西朝房五楹，爲工科公署。禮科之北爲太廟神厨門，工科之北爲社左門。再北，左右朝房各四十二楹，内東二十三楹，西二十楹，爲六部九卿朝房。餘吏科公署七楹，户科公數九楹，在東。中書科公署六楹，兵科公署七楹，刑科公署七楹，又六科公所二楹，在西。其吏科之北三楹。【略】

又北東出者爲闕左門，西出者爲闕右門。門外各有下馬碑石，凡九卿會議，揀選人員，驗看月官，俱集左門下。八旗都統會議俱集右門下。門北爲諸王朝房，左右各三楹，甬道左有嘉量亭，右有日景晷度。

正中南向爲午門，順治四年建，即紫禁城南門也。東西兩觀對聳，上覆崇樓五，中樓深廣各九楹，東西四樓深廣各五楹，閣道十三楹，南北相接，崇宏壯麗，即俗所謂五鳳樓也。國家有所征討，凱旋獻俘，皇帝御午門樓行受俘禮。

中樓左右有鐘鼓亭，皇帝御大朝則鳴鐘鼓以爲節。親祀壇廟，出午門則以鐘，祭太廟則以鼓。午門之前，凡頒朔、宣旨及百官常朝，俱集於此。

午門爲門三，文武官出入皆由左，其右門惟宗室王公得行之。兩觀間掖門左右相對，門中各折而北入，不常啓。惟大朝陛殿，百官各以東西班次由掖門入。殿試文武進士，鴻臚寺按中式名次引入，一名由左，二名由右，餘仿此。

午門之内，玉河環繞，金水橋五座。桥北爲太和門，廣宇九楹，中開三門，其左右兩楹則宿衛番直處也。門陛南出者三，東西出者二，級各二十有八。陛間列古銅鼎四，門前列銅獅二。太和門之左爲昭德門，右爲貞度門，皆南向。東西兩廡間，東出者爲協和門，西出者爲熙和門，兩廡上下共五十二楹。東爲稽查各衙門奉行事件處及内閣誥敕房，西爲繙書房及起居注公署，東南隅爲内閣公署，其正衙御筆扁曰調和元氣。西南隅舊爲國史館，今爲膳房庫。

太和門内正中南面爲太和殿，皇朝之正殿也。康熙八年重建，三十四年再建。深廣各十一楹，御筆扁曰建極綏猷，聯曰：帝命式于九圍，茲維艱哉奈何弗敬；天心佑乎一德，於時保之，其永無愆。中設寶座，皇帝大朝御焉。每歲元旦、冬至、萬壽三大節及國家有大慶典，則御殿受賀。凡大朝會燕饗、命將出師、臨軒策士及百僚除授謝恩，皆御焉。恭遇加上皇太后徽號，則於殿内閲視册寶。册立皇后亦如之。遇圜丘大祀，前一日，皇帝於殿内視祝版。祈穀、常雩大祀亦如之。前爲露臺，列龜、鶴彝器各二，日晷、嘉量各一。龍墀三重，丹陛五出。下重陛級二十三，中上二重陛級各九。上下列寶鼎十有八。左爲中左門，右爲中右門，皆南向，與昭德、貞度二門相對。其東出者爲左翼門，西出者爲右翼門。翼門之南，左爲體仁閣，右爲弘義閣，各崇樓九楹。廊廡四周相接，共六十六楹。庭中甬道，左右設品級銅山，自正一品至從九品各十八，爲文武官員行禮班位。【略】

殿後爲中和殿，深廣各五楹，上安滲金圓頂，陛左右各出，三重級，如前殿之數。殿内御筆扁曰允執厥中，聯曰：時乘六龍以御天，所其無逸；用敷五福而錫極，彰厥有常。中設寶座，凡遇三大節，皇帝先於此陞座，内閣、内大臣、禮部、都察院、翰林院、詹事府堂官及侍衛、執事人員行禮畢，然後出御太和殿。恭遇加上皇太后徽號，則於殿内閲視奏書。遇方澤大祀及祀太廟、社稷之前一日，皇帝俱於殿内視祝版。親祭歷代帝王廟，先師孔子、朝日、夕月，亦如之。每歲耕藉，並於殿内閲視農器。

殿後爲保和殿，殿九楹。御筆扁曰皇建有極，聯曰：祖訓昭垂，我後嗣子孫尚克欽承有永；天心降鑒，惟萬方臣庶當思容保無疆。中設寶座，每歲除夕，皇帝御殿筵宴外藩。每科朝考新進士，翰林院引入殿内，左右列試之。左門曰後左門，右門曰後右門，與中左、中右門相對。自太和殿至保和殿，兩楹丹楹相接，四隅各有崇樓，中路甬道相屬。保和殿後陛三出，向北即乾清門也。

協和門之東爲文華殿，康熙二十二年建。殿門五楹，前殿七楹。御筆扁曰緝熙明德，聯曰：道脉相承，經籍昭垂千聖緒；心源若接，羹墻默契百王傳。每歲春秋仲月，皇上御經筵，講臣於殿内進講。皇上宣示御論，諸臣跪聽畢，以次列坐，賜茶於殿内。【略】

東廡曰本仁殿，西廡曰集義殿。後殿爲主敬殿，其東爲傳心殿。中祀皇師、帝師、王師、先聖、先師，每逢月朔，太常寺堂官一員詣殿拈香。凡經筵之日，命大學士一員祭告。乾隆七年仲春，皇上御經筵，特旨親詣行禮。殿之前爲景行門。

殿東稍北有石橋三。過橋有殿宇三所。凡大内俱黄琉璃瓦，惟此用緑，爲諸皇子所居。其前爲王公、文武大臣輪班宿衛直房，橋東南爲户部内庫，爲鑾儀衛鑾駕庫。稍北即東華門。門外有下馬碑石，紫禁城之東門也。

熙和門之西爲武英殿，規制如文華。門前御河環繞，石橋三。殿前後二重，皆貯書籍。凡欽定命刻諸書，俱於殿左右直房校刻，裝潢。西有浴德堂，爲詞臣校書直次，設總裁統之。殿北爲内務府公署，爲果房，爲冰窖，爲造辦處。西爲尚衣監。其後殿宇二層，爲皇子所居。再西爲咸安宫，教習八旗大臣子弟肄業處。殿南爲磁器庫，爲南薰殿。乾隆十四年詔以内府所藏歷代帝后圖像尊藏於此。

殿西爲御書處。凡御書法帖，皆於此鐫刻。稍北即西華門。門外有下馬牌石，紫禁城之西門也。

又卷一二《宫殿二·内廷一》 乾清門，廣宇五楹，中門三陛三出，各九級。前列金獅二。皇帝御門聽政，則於門下陳設御座黼扆。部院以次啟事，内閣面承諭旨於此。

凡召對臣工，引見庶僚，俱由門之右門出入。内廷行走之大臣官員，俱得由之。乾清門之旁，左爲内左門，右爲内右門，皆南向。内左門不常啟，凡内官及承應人等出入俱由内右門，軍機處大臣、南書房翰林、内務府大臣官員出入，亦得由之。如遇皇帝御養心殿，召對大臣之年老者亦得於此門引進墀下。東出者爲景運門，西出者爲隆宗門，皆五楹，門各三。内左門之東，内右門之西，周廬各十二楹。東爲文武大臣奏事待漏之所，西爲侍衛房及内務府、軍機處直舍，皆南向。其南相對周廬各五，東爲宗室王公奏事待漏之所，西爲内繙書房，皆乾隆十二年建。

乾清門之内爲乾清宫，順治十二年建，康熙八年重建。皇帝召對臣工，引見庶僚皆御焉。宫廣九楹，深五楹，正中設寶座，左右列圖史、璣衡、彝器。楣間南向，恭懸世祖章皇帝御筆扁曰正大光明。【略】兩楹恭懸聖祖仁皇帝御筆聯曰：表正萬邦，慎厥身修思永；弘敷五典，無輕民事惟艱。北兩楹御筆聯曰：克寬克仁，皇建其有極；惟精惟一，道積於厥躬。東暖閣扁曰抑齋，西暖閣扁曰温室。殿前露臺，列龜、鶴各二，晷影、嘉量各一，寶鼎四。中爲甬道，與乾清門相屬。左右丹陛，南出者二，東西出者各一。東西丹陛之下，有文石臺二，上安設社稷江山金殿。

乾清宫之東爲昭仁殿，殿内御筆扁曰天禄琳琅，聯曰：風奏南薰調玉軫，霞懸東壁燦瑶圖。殿後西室聯曰：有秋歷覽登三鬴，旰食惟期協九經。又聯曰：獨喜惜陰澄静照，更因稽古契遐心。室之北扁曰慎儉德，聯曰：亦曰欽哉貫謨典，允惟難矣作君師。又聯曰：瓊枝春意足，縹帙古香多。皆御筆也。

乾清宫之西爲弘德殿，殿内御筆扁曰奉三無私，聯曰：二典三謨法堯舜之道，五風十雨協天地之心。殿後扁曰太古心。東室閣上恭懸世宗憲皇帝御筆聯曰：惟以一人治天下，豈爲天下奉一人。御筆聯曰：九疇勤省歲，萬國協書雲。閣下聯曰：得句因新意，耽書是宿緣。一曰：墨汁潤分瑶草緑，篆文清帶筆花香。後室扁曰懷永圖，聯曰：雲霞紛綺麗，文物共葳蕤。一曰：心爽天宇豁，情欣理境融。皆御筆也。

宮之東廡，内臣直廬三楹。聖祖仁皇帝御筆扁曰御茶房。稍南爲端凝殿，聖祖仁皇帝御筆扁曰執事敬。

再南爲舊設自鳴鐘處，聖祖仁皇帝御筆扁曰敬天，御筆聯曰：簾縈香篆齋心久，座殷鐘聲問夜遥。其南東出者爲日精門，門之南爲御藥房。聖祖仁皇帝御書扁曰藥房，曰壽世。再南一室，奉至聖先師及先賢、先儒神位，御筆扁曰與天地參，聯曰：開洙泗心傳，聖由天縱；集唐虞道統，德合時中。轉而南，向北者爲上書房，皇子、皇孫肄業處也。御筆扁曰養正毓德，世宗憲皇帝御筆聯曰：立身以至誠爲本，讀書以明理爲先。御筆聯曰：念終始典于學，於緝熙單厥心。

西廡向東，與端凝殿相對者爲懋勤殿，御筆扁曰基命宥密，聖祖仁皇帝沖齡曾讀書於此，今爲内廷翰林兼直之所，凡圖史翰墨之具皆貯焉。每歲秋讞時，刑科覆奏本上，皇帝御殿親閲招册，内閣大學士、學士及刑部堂官面承諭旨於此。

再南爲批本處，聖祖仁皇帝御筆扁曰慎幾微。凡内閣擬票本章，俱經本處進呈御覽，然後票寫清文交閣。又南，西出者爲月華門，門之南爲内奏事房，每日内外臣工所進奏章，由外奏事諸臣接入，於此交内奏事進呈。得旨後，仍由此交出。轉而南，向北者爲南書房，内廷詞臣直廬也。其東爲宮殿監等辦事處，聖祖仁皇帝御筆扁曰敬事房。

昭仁殿之左東出者爲龍光門。弘德殿之右西出者爲鳳彩門。乾清宮後爲交泰殿，滲金圓頂，制如中和殿。聖祖仁皇帝御筆扁曰無爲，御筆聯曰：恒久咸和，迓天休而滋至；關雎麟趾，立王化之始基。殿中設寶座，左安銅壺刻漏，右安自鳴鐘。國朝御用寶璽二十有五，俱尊藏於殿中。

兩廡間左出者爲景和門，右出者爲隆福門，殿之後爲坤寧宮，俱順治十二年建。殿廣九楹，其東暖閣御筆聯曰：天惟純佑命，俾爾戩穀，百禄是荷；民其敕懋和，綏以多福，萬國咸寧。閣上扁曰福德相，聯曰：功德莊岩耀寶月，薰聞安樂引祥風。閣下東室扁曰紫垣，西室聯曰：斯干咏松竹，天保頌升恒。宮左爲東暖殿，世宗憲皇帝御筆扁曰位正坤元。右爲西暖殿，御筆扁曰德洽六宮。二殿與昭仁、弘德二殿相對，俱康熙三十六年建。東暖殿之東爲永祥門，稍北爲基化門，俱東出。西暖殿之西爲增瑞門，稍北爲端則門，俱西出。坤寧宮之後，北向正中爲坤寧門。門外即御花園也。

御花園在坤寧宮後，左曰瓊苑東門，右曰瓊苑西門。園中奇石羅布，嘉禾鬱葱，有古柏、藤蘿，皆數百年物。

正中爲天一門，前列金麟二。門北南向爲欽安殿，祀元天上帝。御筆扁曰統握元樞。頂安滲金寶瓶。殿前方亭二。其東稍北，疊石爲崇山，山正中有石洞，洞門顔曰堆秀，左則鐫刻御筆雲根二字。山巔有亭曰御景亭。山之東爲摛藻堂，堂内經史子集插架四周。御筆扁曰摛藻抒華，聯曰：庭饒芳毯鋪生意，座有芸編結古歡。西室門外聯曰：左右圖書静中涵道妙，春秋風月佳處得天和。門内扁曰宿鳳，聯曰：從來多古意，可以賦新詩。

堂東爲凝香亭。堂前有池，池上爲浮碧亭。亭之南爲萬春亭。再南向西者爲絳雪軒。軒前多植海棠，軒内御筆扁曰視履考祥，聯曰：東壁焕圖書，琳瑯滿目；西清瞻典册，經緯從心。右室聯曰：樹將暖旭輕籠牖，花與香風並入簾。又内室聯曰：花初經雨紅猶淺，樹欲成陰緑漸稠。皆御筆。軒南即瓊苑東門也。

欽安殿之西稍北爲延暉閣。閣上御筆扁曰凝清室，東間聯曰：雪朗西山送寒色，花輝東壁發生馨。樓下聯曰：麗日和風春淡蕩，花香鳥語物昭蘇。又聯曰：錦座凝香，花敷春苑麗；晴窗挹翠，霞帶曉屏舒。

閣前相對爲四神祠，閣西爲位育齋。齋西爲毓翠亭，齋前有池。池上爲澄瑞亭，即亭爲斗壇。亭南爲千秋亭，又南爲養性齋。齋東向者七楹，南北向相對者各三楹，皆有樓。樓上正中聖祖仁皇帝御筆扁曰飛龍在天。左室聯曰：心蹟只今偏愛淡，詩情至此合添幽。又聯曰：一室虚生無限白，四時不改總常青。右室聯曰：自是林泉多蘊藉，依然書史得周旋。又聯曰：日永亭臺爽且静，雨餘花木秀而鮮。樓下正中御筆扁曰居敬存誠，聯曰：體道鳶魚看活潑，消閒書史挹菁英。又聯曰：暇當綈几身聊憩，景入紗疏意與存。北樓下東向扁曰悦心頤神，聯曰：古香研道秘，新藻發春妍。南樓下東向聯曰：四季風光無盡藏，百城古帙有餘馨。皆御筆。齋之南即瓊苑西門也。欽安殿之後爲承光門，北向列金象二。左爲延和門，右爲集福門，東西向。正中爲順貞門，其北相對爲神武門。門外有下馬牌石，即紫禁城北門也。

日精門之東爲東一長街。南即内左門，中爲近光左門，北爲長寧左門。稍北而西即瓊苑東門也。由近光左門而北，向西之門凡三，曰咸和左門、廣生左門、大成左門。咸和左門之東相對爲景曜門，中間南向者曰景仁門，門内爲景仁宮。前殿御筆扁曰贊德宮闈。廣生左門之東相對爲履和門，中間南向者曰承乾門。門内爲承乾宮。前殿御筆扁曰德成柔順。後殿聯曰：三秀草呈雲彩煥，萬年枝茂露香凝。大成左門之東相對爲凝瑞門，中間南向者曰鍾粹門。門内爲鍾粹宮。前殿御筆扁曰淑慎温和，聯曰：篆裊猊爐知日永，風清虬漏報春深。以上三宮俱順治十二年重建。三宮之東爲東二長街。南則麟趾門，北則千嬰門也。街東與景曜門相對者曰凝祥門，再東爲昭華門。中間南向者曰延禧門。門内爲延禧宮。前殿御筆扁曰慎贊徽音。與履和門相對者曰德陽門，再東爲仁澤門，中間南向者曰永和門。門内爲永和宮。前殿御筆扁曰儀昭淑慎。與凝瑞門相對者曰昌祺門，再東爲衍瑞門，中間南向者曰景陽門。門内爲景陽宮。前殿御筆扁曰柔嘉肅敬。殿後聯曰：古香披拂圖書潤，元氣沖融物象和。東室聯曰：生機對物觀其妙，義府因心獲所寧。西室聯曰：蜃窗日朗蘭噴霧，雞樹風輕玉靄春。又聯曰：書圃禮園無斁好，甌香研淨有餘欣。以上三宮皆康熙二十五年重建。此東六宮之叙置也。六宮之東，有小長街。街南向東直出者爲蒼震門，街東爲内庫房。其北向西者爲欽昊門。門中向南爲天穹門。門内爲天穹寶殿，祀昊天上帝。御筆聯曰：無言妙化資元始，不已神功運穆清。千嬰門之北，有殿宇五所，所謂乾東五所也。由日精門長街而南，其東爲仁祥門，再東相對爲陽曜門。正中爲齋宮，雍正九年建。凡南北郊及祈穀、常雩大祀，皇帝致齋於此。前殿五楹，中設寶座，御筆扁曰敬天，聯曰：克踐厥猶，聰聽祖考之彝訓；無斁康事，先知稼穡之艱難。東暖閣聯二，一曰：天道欽崇永保命，萬幾敕毖屢省成。一曰：一念純誠昭格本，萬緣清静旦明中。西暖閣聯曰：皓月空懸心鏡朗，妙雲擁護智珠圓。後殿御筆扁曰孚顒殿，又扁曰莊敬日强，聯曰：慎獨謹幾，旦明懷帝載；思艱圖易，宵旰念民依。東室聯曰：一編金鑑懷無逸，五夜銅籤警未央。西寢宮扁曰敬止，聯曰：午夜端居欽曰旦，寅衷昭事格惟馨。又聯曰：洗心宥密欽羲傳，致德精明稟禮經。又聯曰：吉蠲致敬先三日，昭格惟誠矢一心。

齋宮之東爲毓慶宮。前爲祥旭門，再南爲前星門，入門爲敦本殿。殿後即毓慶宮正殿也，今爲諸皇子所居。

又 卷一三《宮殿三・内廷二》 月華門之西爲西一長街，南即内右門，中爲近光右門，北爲長寧右門，轉東即瓊苑西門也。由近光右門而北向，東之門凡三，曰咸和右門、廣生右門、大成右門。咸和右門之西相對爲純佑門。中間南向者曰永壽門，門内爲永壽宮。前殿御筆扁曰令儀淑德。廣生右門之西相對爲崇禧門，中間南向者曰翊坤門。門内爲翊坤宮。前殿御筆扁曰懿恭婉順，後殿扁曰懋端壺教，聯曰：德茂椒塗綿福履，教敷蘭掖集嘉祥。大成右門之西相對爲長泰門。中間南向者曰儲秀門，門内爲儲秀宮。前殿御筆扁曰茂修内治。以上三宮，俱順治十二年重建。三宮之西爲西二長街，南則螽斯門，北則百子門也。街西與純佑門相對者曰嘉祉門。再西爲啟祥門。中間南向者亦曰啟祥門，門内爲啟祥宮。前殿御筆扁曰勤襄内政。與崇禧門相對者曰敷華門。再西爲綏祉門。中間南向者曰長春門，門内爲長春宮。前殿御筆扁曰敬修内則，後殿扁曰德協坤元，西室扁曰德洽六宮。與長泰門相對者曰咸寧門。再西爲永慶門。中間南向者曰咸福門，門内爲咸福宮。前殿御筆扁曰内職欽承，聯曰：敬順褆躬吉，温恭受福宜。後殿扁曰滋德含嘉，聯曰：天倪超萬象，神氣領三無。東室扁曰琴德簃，西室扁曰畫禪室。以上三宮，俱康熙二十二年重建。此西六宮之叙置也。百子門之北向爲乾西五所。近東者今爲重華宮，皇上龍潛時舊邸也。宮之前曰重華門，門内爲崇敬殿。殿内扁曰樂善堂，皇上潛邸時書也。聯曰：聖訓光昭，敬誠常自勵；天倫敦叙，忠孝在躬行。張廷玉奉命書也。

堂之東、西暖閣俱供佛像。東暖閣聖祖仁皇帝御筆扁曰意蘂心香，聯曰：蓮花貝葉因心見，忍草禪枝到處生。西暖閣御筆扁曰：吉雲持地，聯曰：滿字一如心得月，梵言半偈舌生蓮。堂之後爲重華宮，東室扁曰芝蘭室，世宗憲皇帝御筆聯曰：芰荷香繞垂鞭袖，楊柳風微弄笛船。西室御筆聯曰：篆裊金爐，入座和風初送暖；花迎玉佩，映階芳草自生榮。

東廡爲葆中殿。殿内扁曰古香齋，聯曰：四壁圖書饒古色，重簾烟篆挹清芬。西廡爲浴德殿。殿内扁曰抑齋，聯曰：賞心於此遇，即事多所欣。

宮後爲翠雲館，聯曰：古訓手披勤，每競寸陰求日益；民依心默運，常先萬姓祝年豐。東室扁曰養雲，聯曰：白雲有古調，青山無俗緣。東次室扁曰：長春書屋。西室扁曰墨池，聯曰：屏展烟鬟，雲鶴閒看心共遠；座凝香篆，風松静覺韻偏清。西次室扁曰澄心觀道妙。重華宮之東爲漱芳齋，齋内扁曰正誼明道。

東室扁二，一曰莊敬日强，一曰高雲情。聯二，一曰：清燕凝神，天和閒處養；從容守正，元化静中涵。一曰：花香鳥語羣生樂，月霽風清造物心。東次室門上聯曰：由舊典時式，其永無愆；思庶政惟和，不敢自逸。門内扁曰静憩軒。

西室聯二，一曰：寫誠敬之心，禮章樂亮；繪恬熙之象，日麗風和。一曰：緑綺琴彈白雪引，烏絲絹寫黄庭經。殿後穿堂扁曰稽古佩文，聯曰：恭已奉三無，澄心待萬幾。堂後東向扁曰金昭玉粹，聯曰：瑞景瓊樓開錦繡，歡聲珠閣奏雲韶。東室扁曰隨安室。

啟祥宫之西南向者爲延慶門，門内爲延慶殿。殿後爲廣德門，門内爲撫辰殿。扁曰斂福宜民，聯曰：生機對物觀其妙，義府因心獲所寧。殿後爲建福宫，乾隆五年建。扁曰不爲物先，東室聯曰：交泰三陽肇羲象，斂時五福協箕疇。西室聯曰：香藹綺疏，蕙圃敷榮滋湛露；風清釦砌，芝房擢秀映長春。宫後爲惠風亭，又北爲静怡軒。扁曰與物皆春，聯曰：雨潤湘簾，苑外青巒飛秀；風披錦幕，階前紅药翻香。

西室扁曰四美具。其屏間則御筆「視聽言動思」五箴也。室後聯曰：墨壺琴薦相先後，舊詠新裁自品評。又聯曰：蘭殿藹晴暉，爐烟結翠；芝宫呈秀采，砌草舒芳。軒後爲慧曜樓。樓西爲吉雲樓，聯曰：吉雲垂大地，慈鏡照諸天。樓下扁曰如是室，聯曰：華海澄明，性源離色相；法鈴朗徹，覺地了聲聞。吉雲樓西爲敬勝齋，閣上扁曰旰食宵衣，聯曰：看花生意蕊，聽雨發言泉。閣下西室扁曰性存，聯曰：致虚涵白室，式古凛丹書。

齋西扁曰德日新。聯曰：牙籤披古鑒，香篆引澄懷。其庭中垣門上東向鐫御筆扁曰朝日暉。其東山石上鐫御筆題曰飛鳳。垣西爲碧琳館。東向樓上扁曰静中趣，聯曰：參得王蒙皴法，寫將杜甫詩情。又聯曰：與物皆春，花木四時呈麗景；抗心希古，圖書萬軸引清機。又左聯曰：軒墀饒秀潤，書史足吟哦。右聯曰：味道研精義，隨時愛景光。樓下聯曰：素心悦澹泊，勝托惟静虚。又曰：窗意包涵晝，天容醖釀春。

碧琳館南爲妙蓮華室。聯曰：青蓮法界本清净，白毫相光常滿圓。又聯曰：轉諦在語言而外，悟機得真實之中。妙蓮華室之南爲凝暉堂，亦東向。聯曰：十二靈文傳寶炬，三千淨土蔭慈雲。其南室扁曰三友軒。

凝暉堂之前爲延春閣，北與敬勝齋相對。閣内南面扁曰惠如春，聯曰：瑶階鶴繞三株樹，玉宇鸞鳴九子鈴。又聯曰：玉砌風清，五色祥光連棟宇；銅籤晝静，四時佳氣集蓬壺。東室門上扁曰清華，西室門上扁曰朗潤。東次室聯曰：四序調和懷育物，萬幾清暇愛攤書。東面室内扁曰潔素履，聯曰：山水之間發清響，古今以上多同人。右室聯曰：拂檻露濃晴樹濕，卷簾風細落花香。西面扁曰：静觀自得，聯曰閒爲水竹雲山主，静得風花雪月權。又曰：燕賀鶯遷，樂意相關禽對語；蘭芽桂蕊，生香不斷樹交花。左室扁曰芝田，右室扁曰蘭畹，二層樓上扁曰澄懷神自適。聯三，一曰：吟情遠寄青瑶嶂，悟境微參寶篆香。一曰：春靄簾櫳，氤氲觀物妙；香浮几案，瀟灑暢天和。一曰：緑水亭前羅帶繞，碧山窗外畫屏開。最上樓扁曰俯暢羣生。

延春閣之西門上石刻御筆，南向者曰含象，北向者曰懷芳。閣前疊石爲山，洞磴道，幽邃曲折，間以古木叢篁，饒有林嵐佳致。山上結亭曰積翠，山左右有奇石，西曰飛來，東曰玉玲瓏。山之西穿石洞而南，洞鐫御筆曰鷲峰。南有静室，東向扁曰玉壺冰，又扁曰鑑古，聯曰：湘管擒新會，芸編發古香。折而南有聯曰：地學蓬壺心自遠，身依泉石興偏幽。又曰：奇石盡含千古秀，好花長占四時春。其上有樓，供大士像。聯曰：智珠不斷恒河界，明鏡長懸兜率邊。又曰：流水如有意，高雲共此心。

月華門之西相對者爲遵義門。門西向南者爲養心門，中爲養心殿，皇上宵旰寢興之所也。凡辦理庶政，召對引見，一如乾清宫。殿内世宗憲皇帝御筆扁曰中正仁和。寶座屏上御筆聯曰：保泰常欽若，調元益懋哉。東暖閣内御書皇祖聖祖仁皇帝聖訓。【略】閣下聯曰：憂其所可恃，懼其所可矜。後室門上扁曰寄所托，聯曰：汲古得修綆，守道無異營。又曰：書圃禮園無斁好，甌香研静有餘清。東室爲寢宫。西室扁曰隨安室，聯曰：無不可過去之事，有自然相知之人。東南室扁曰明窗。

西暖閣世宗憲皇帝御製扁曰勤政親賢，又聯曰：惟以一人治天下，豈爲天下奉一人。

其西室扁曰三希堂，聯曰：懷抱觀古今，深心託毫素。

閣後夾道門扁曰自强不息。北接後軒三楹。東爲無倦齋，爲長春書屋。聯曰：閒尋綺思千花麗，静想高峰六義清。内室聯曰：景深孚甲含胎際，春在人心物性間。又聯曰：麗日和風春淡蕩，花香鳥語物昭蘇。

養心殿後爲穿堂，堂屏門東西各有扁，曰雲流，曰風振，俱南向。向北扁曰蘭吧含春。二層殿上北向扁曰與物皆春，聯曰：心天之心而宵衣旰食，樂民之樂以和性怡情。東暖閣門扁曰樂天閣，内室門聯曰：仲尼不爲已甚者，惟帝若是其難之。門内扁曰攸宇齋，聯曰：情將物外適，道與古人期。養心殿之前爲御膳房，扁曰膳房，聖祖仁皇帝御筆也。

景運門之東相對爲肅誠門，入門南向爲奉先殿。世祖章皇帝以太廟時享，孝思未申，命稽往制建立奉先殿，順治十四年告成。前殿七楹，後殿如之。凡朔、望、薦新、歲時展禮又册封諸大典禮先期告祭，俱内務府掌儀司領其事。殿東爲夾道，即蒼震門前直街也。街東爲寧壽宮。宮正殿二重，爲寧壽門，列金獅二。門内東爲凝祺門，西爲昌澤門，再西爲履順門。門外即夾道直街也。

寧壽宮之後爲景福宮，前爲景福門。門内正殿二重，前殿御筆扁曰芳徽純嘏，東暖閣扁曰彤闈鶴算，西暖閣聯曰：寶婺騰輝，錦雲呈五色；璇庭絢彩，珠樹發三花。宮西有花園，門榜曰衍祺門。又西爲蹈和門，門外即夾道直街也。

景福宮之後爲兆祥所，今爲皇子所居。西爲花園，又西即神武門也。

隆宗門之西爲慈寧宮，順治十年建。東爲永康左門，西爲永康右門。正中南向爲慈寧門，前列金獅二。門内正殿御筆扁曰寶籙駢禧，又扁曰慶隆尊養，聯曰：愛日舒長，蘭殿春暉凝彩仗；慈雲環蔭，萱庭佳氣接蓬山。後殿供奉佛像，聖祖仁皇帝扁曰萬壽無疆，御筆聯曰：百八牟尼，現莊岩寶相；三千薝蔔，聞清净妙香。又聯曰：人天功德三摩地，龍象威神兩足尊。前殿東廡南有佛堂，聖祖仁皇帝御筆扁曰四星容華，宮左殿宇二層，東有門曰慈祥門，與啓祥門遥對。慈寧門之南爲長信門，凡大朝賀，門前陳設皇太后儀駕，文武二品以上大臣俱於門外隨班行禮。南爲永安門。其左爲迎禧門，右爲覽勝門。右門之内即花園也。園中爲咸若館。東北爲端化門，上有樓。樓之南有室，扁曰含清暉。咸若館前有池，池上爲臨溪亭。東爲翠芳亭，西南爲緑雲亭。

慈寧宮之西爲壽康門。門内爲壽康宮，恭奉皇太后頤攝起居之地也。御筆扁曰慈壽凝禧，聯曰：玉琯應陽春，祥開南極；璇宮呈麗景，慶洽西池。中殿聯曰：慶叶瑶圖，融和開壽域；祥呈閬苑，熙皞樂康衢。東暖閣聯曰：福集璇圖天永錫，祥開綺甲日重光。又聯曰：光華呈愛日，仁壽遍和風。後殿聯曰：鳳集桐花來絳闕，鶴銜桃實是丹山。西室聯曰：金盤露滿瑶華麗，丹粟凝祥鶴算綿。又聯曰：歡心依日永，樂志願春和。皆御書。

壽康宮之後，咸安宮舊趾也。乾隆辛未爲皇太后六十萬壽恭建。壽安宮祝釐，閲辛巳，恭逢聖母七旬大慶，復重葺增新，稱觴申祝於此。宮門御筆榜曰壽安門，入門爲春禧殿。殿北爲壽安宮。正殿扁二，一曰長樂春暉，一曰瑶樞純嘏。聯三，一曰：百福屏開，慶叶九如宏壽域；五雲景麗，恩敷萬象入春臺。一曰：壽國樂舒長，韶成九奏；安輿承悦豫，舞效三呼。一曰：香扆引祥風，序符清宴；仙壺承愛日，景叶升恒。東暖閣扁曰景暉，曰熙春，聯曰：紅梅翠竹天然畫，妙理清機不盡吟。又曰：松牖樂春熙，既安且吉；蘭陔宜晝永，曰壽而昌。東樓下扁曰集慶，曰宜豫，聯曰：芝楝雲霞麗，蘭陔日月長。又曰：宜春苑滿恒春樹，介壽筵開益壽花。西暖閣聯曰：慶霄暉壽曜，仙圃麗春光。又曰：鈞庭延淑景，璇吧藹祥風。西樓下聯曰：静裏遠懷千古事，意中常滿十分春。殿前左右延樓，迴抱相屬，中庭有崇臺三層，上層扁曰慶霄韶濩，聯曰：鳳翥輝呈阿閣瑞，珠聯景繪泰階符。中層扁曰曾城廣樂，聯曰：圖籌遞演京垓積，律吕環生上下和。下層扁曰崑閬恒春，聯曰：鳴豫叶雲韶，頌集九如開壽域；祝釐陳彩舞，歡聯萬象譜春臺。殿後庭中，疊石爲山，植竹其間，左右各有室三楹。東曰福宜齋，齋内聯曰：西池增寶籙，南極耀珠躔。西曰萱壽堂，聯曰：寶篆長生籙，瑶屏集瑞圖。

慈寧宮之東北即啓祥門外夾道也。其北南向爲凝華門。門内爲雨華閣。閣三層，覆以金瓦，俱供奉西天梵像。上層御筆榜曰雨華閣，中層扁曰普明圓覺，聯曰：青蓮法界普清净，白毫相光離色空。又聯曰：三身具足根塵外，萬法齊歸願海中。下層閣内聯曰：具神通力，生歡喜心。又聯曰：善果皆歡喜，香雲普吉祥。又聯曰：靈鷲風香傳妙偈，澄潭月皎印真如。下層扁曰智珠心印，聯曰：花布妙香霏四種，金塗傑閣現諸天。又聯曰：般若慈源，遠通華海匯；菩提覺路，妙轉法輪圓。又聯曰：妙果圓成，華海同歸無盡藏。靈因静證，珠宮常雨四時花。又聯曰：寶界現莊岩，雲凝華鬘；香臺開般若，雨散曼陀。閣後爲昭福門。門内爲寶華殿。殿後爲香雲亭。其北爲正中殿。扁曰：然無盡燈，聯曰：妙諦六如超衆有，善根三藐福羣生。皆御筆也。

壽安宮之北爲英華門。門内爲英華殿，亦供奉佛像之所。庭中有菩提樹七株。

英華殿之西北有城隍廟，雍正四年建，其祀典亦掌儀所司也。廟東爲祀馬神之所。又東即神武門也。

又 卷一四《宫殿四·景山》 神武門之北，過橋爲景山。山之前爲北上門。門左右向北，長廡各五十楹，西爲教習内務府子弟讀書處。東門曰山左裏門，西門曰山右裏門。北上門内爲景山門。内爲綺望樓，樓後即景山也。山周二里餘，有峰五，中峰高十一丈六尺，左右峰各高七丈一寸。又次左右峰各高四丈五尺。峰各有亭，踞其巔中曰萬春，左曰觀妙，又左曰周賞，右曰輯芳，又右曰富覽，俱乾隆十六年建。山後爲壽皇殿。殿舊爲室三，居景山東北，乾隆十四年上命所司重建。南臨景山中峰，正中寶坊一，前榜曰顯承無斁，後曰昭假惟馨。左右寶坊二，左之前榜曰紹聞祗遹，後曰繼序其皇。右之前榜曰世德作求，後曰舊典時式。北爲甎城門三，門前石獅二，門内戟門五楹，大殿九室，規制仿太廟。左右山殿三楹，東西配殿五楹，碑井亭各二，神廚、神庫各五。既落成，敬奉聖祖仁皇帝、世宗憲皇帝御容，皇上歲時瞻禮於此。並自體仁閣恭迎太祖高皇帝、太宗文皇帝、世祖章皇帝暨列后聖容，敬謹尊藏殿内，歲朝則展奉合祀，肅將祼獻，以昭誠慤云。

又《西苑上》 西苑在西華門之西，門三，中榜曰西苑門。【略】入苑門，即太液池也。源出玉泉山，從德勝門水關達後湖，流入禁池，匯爲巨池。周廣數里，夾岸多槐柳，池中蒲藻交紛，禽魚翔泳，爲仙洲勝地。瀛臺在其南，闡福寺在其北。萬善殿、紫光閣東西對峙。上跨長橋，樹坊楔二，東曰玉蝀，西曰金鰲。橋北爲北海，橋南爲中海，瀛臺南爲南海。中海有亭，出水中。御書石碣曰太液秋風，即燕山八景之一。盛夏芰荷如錦，冬月水澤腹堅，則陳冰嬉於此，循國俗脩武事而習勞行賞之意寓焉。

殿後東北曰集慶閣，西北曰興慶閣，殿東爲永思門，門内爲永思殿。殿西暖閣，御筆聯曰：一氣感通昭陟降，萬年嗣服式儀型。東暖閣樓上聯云：視聽思無逸，天心格有孚。又東爲觀德殿，聖祖仁皇帝御筆扁曰正大光明，聯曰：琴韻聲清，松窗滴露依蟲響；書帷夜永，蘿壁含風動月華。再東爲護國忠義廟，範關帝立馬像。聖祖仁皇帝御筆扁曰忠義。

由西苑門循池東岸，度板橋，折而西，臨池面北，正門三楹，榜曰德昌門，左右朝房五楹，門内正殿五楹亦北向。聖祖仁皇帝御筆扁曰勤政，御筆聯曰：常切單心歸宥密，每懷敕命凜幾康。殿後面南正門榜曰仁曜門。由仁曜門而南，渡橋爲瀛臺。平堤石欄，歷級而登，有閣向北，聖祖仁皇帝御筆榜曰翔鸞閣。閣廣七楹，建相風金鳳於屋極，左右延樓迴抱，各十九楹。閣後東西樓對聳，閣道相通。東曰神輝樓，西曰瑞曜樓。由閣而南爲涵元門，門内東向爲慶雲殿，西向爲景星殿，正中南向爲涵元殿，御筆扁曰天心月脅。

東室御筆扁曰含經味道，聯曰：四面波光動襟袖，三山烟靄護壺洲。又曰：風篁叶韶濩，雲樹靄蓬壺。殿之東爲藻韻樓，西爲綺思樓，正北相對爲香扆殿。

香扆殿之東有室三楹，北向，扁曰溪光樹色。聯曰：圖畫參生動，詩書閲古芳。北接三楹，西向，扁曰虚舟，聯曰：閒雲入窗牖，清露滴梧桐。又曰：心澹水木秀，興幽魚鳥閒。又曰：罏香晝静芸編展，花海春深竹檻清。

香扆殿之西有室三楹，北向，扁曰水一方。

北接東向者三楹，扁曰蘭室，聯曰：亭臺涵月鏡，花木暢天機。又曰：過眼寸陰求日益，關心萬姓祝年豐。香扆殿後南向崇基，臨下即趯臺陂舊址。御筆扁曰瀛臺。左右有樓拱峙，東爲春明樓，西爲湛虚樓，中庭有木變石一株。又南臨水爲迎薰亭，扁曰：對時育物。

自翔鸞閣至迎薰亭，統名瀛臺，三面臨水。壘置奇石，雜植花樹。層巖幽壑，委曲曼迴。蓼渚蘆灣，參差掩映。其南即南海也。

循藻韻樓折而東南向者爲補桐書屋，皇上曩時讀書之所也。庭有雙梧，其一爲風雨所摧。乾隆甲子之歲命奉宸補植之，因顔爲補桐書屋，而以舊桐斵爲四琴貯書屋中。【略】其東室聯曰：摩空野鶴養真性，遶壑風泉清道心。西室聯曰：清陰欲凌霄漢上，遠意自在山水間。北向者爲隨安室，聯曰：柳陰分緑籠琴几，花片飛紅入鏡屏。

又折而東，山逕間爲待月軒。軒南有海神祠，軒北有亭。亭西爲鏡光亭，東爲牣魚亭。循綺思樓而西，山上有臺，扁曰八音克諧。稍北爲長春書屋，聯曰：松烟衝翠幄，雲逕繞花源。屋後小室曰漱芳潤，聯曰：勝地尚傳詩句在，好山合作畫圖看。其内奥室，聯曰：悟物思遥託，悦心非外求。

由長春書屋而西，臨池有亭三楹，扁曰懷抱爽。左右山石間，有劍石二，上刻插笏二字，亦御筆也。瀛臺之南，隔池相對爲寶月樓。液池南岸向無殿宇，乾隆戊寅建樓於此。北與瀛臺相對，南臨皇城，俯見長安西街。朝騎樓廣七楹，樓上扁曰仰觀俯察，聯曰：佳興四時，同圖呈苑裏；清光千里，共鑑徹池心。樓下東室北間扁曰錯繡，曰卷綃，聯曰：雲容水態從頭會，秋月春風取次拈。又曰：玉宇近高寒，欄憑十二，慶霄增朗徹，界俯三千。又曰：烟雲舒卷攬勝賞，松石古淡怡遠情。南室扁曰芳援，曰玉萃，聯曰：雲飲琳霄目因迴，水澄蘭沼意俱深。又曰：寫影水中央，萬川同印；澄輝天尺五，一鏡常懸。又曰：風物似登瀛，景呈瑶島；雲山疑罨畫，影漾金波。

又卷一五《宫殿五・西苑中》 由仁曜門折而東，沿堤過崑崙石渡橋，橋上有亭曰垂虹。又沿堤東南一亭，臨水，曰俯清泚。稍北爲淑清院，院建池中，漣漪倒影，棟宇浮碧。御書扁曰水流雲在。

院東北隔水有室，南向，聖祖仁皇帝御筆扁曰葆光。

院左渡小橋，有堂三楹，舊爲蓬瀛在望。乾隆己卯，平定回部捷音甫至，適江右大吏以臨江新獲周鎛鐘十一枚上於朝。功成作樂，瑞器斯出，天人孚應之理，有如此者。上考定爲鎛鐘，貯之堂内，易名「韻古」，爲文以記之。

左側垣門，石刻曲澗浮花四字，爲聖祖仁皇帝御筆。門東巖壑窈窕，林樹深幽，有飛泉瀑布下注池中，流繞細渠，屈曲穿石間。中爲流杯亭，牓曰流水音，聯曰：積素墜枝全作雨，懸流落澗半成冰。皆御筆。

由亭北水中步石而渡，爲素尚齋。

齋西步石級而下，有室，御筆扁曰得静便，聯曰：境詣幽惟却藻績，水澄波處養天真。齋東堆疊奇石，雜植疏篁，爲茂林脩竹、清流激湍之觀。石上鐫御筆曰紫雲，曰奪造化功。向南有室，聖祖仁皇帝御筆扁曰賞脩竹。左右曲廊，駕水環繞而下，御筆扁廊間曰響雪，聯曰：庭竹張真畫，階泉滴暗琴。

其東南層巒磊砢，飛瀑下注，匯而爲池，仿佛吴中寒山千尺雪。作室其上，南向，扁曰千尺雪。室内左右有門，扁曰凝華，曰流靄，聯曰：書遇會心皆可讀，泉能蠲慮劇堪聽。

又東爲魚樂亭，中横石刻，御書曰：箇中自有玉壺冰。

循池岸折而南，爲日知閣。閣建石梁上，下爲水閘。太液池水從此出，達於織女橋者也。榜爲聖祖仁皇帝御書。閣内御筆扁曰漱玉飛珠。聯曰：秋月春風常得句，山容水態自成圖。【略】閣後左門穿石洞而東南，爲春及軒。

由芸齋折而稍南，爲賓竹室。室内聯曰：自是林泉多藴藉，依然書史得周旋。

室南爲蕉雨軒。聯曰：春泉石罅淙聲細，新竹風前弄影姿。

又南，有樓三層，北向臨水，曰雲繪樓。聯曰：道堪因契真佳矣，畫豈能工有是夫。又曰：衆皺峰如能變化，太空雲與作沉浮。

又折而西南，爲清音閣。聯曰：宫商之外有神解，律吕以來無是過。閣與雲繪樓上下俱相通，有門曰印月。門外東南則船塢也。由清音閣沿堤而南，土山隆起，山巔有門三，北向。入門崇基二層，上爲同豫軒。軒廣五楹，西與寶月樓相望。其東室聯曰：魚躍鳶飛參物理，耕田鑿井樂民和。内一室，扁曰大圓鏡，曰小方壺。聯曰：夏屋暢清吟，風篁半嶺；春城通曉望，煙樹萬家。西室聯曰：麗日和風春澹蕩，花香鳥語物昭蘇。

軒後左右，複道歷級而上，爲鑑古堂。西室聯曰：心觸清機親翰墨，目游潤景足精神。

軒左右各有别室。左曰香遠，聯曰：鳶飛魚躍天機錦，秋月春風大塊章。右曰静柯，聯曰：會心多野趣，契理謝言詮。

香遠室之西有静室，榜曰自在觀。山下有室，榜曰鷺濤，皆御筆也。由仁曜門而西，有屋數楹，爲聖祖仁皇帝養蠶之所。又西有橋，建亭其上，榜爲結秀亭。

亭西爲豐澤園，向南，門五楹。門外一水横帶，前有稻畦數畝，聖祖仁皇帝每親臨勸相。世宗憲皇帝歲耕耤田，先期演耕於此。我皇上勤民務本，舉行舊典，歲以爲常。

入園門爲惇叙殿。殿舊名崇雅，乾隆壬戌仲秋宴王公宗室於此，聯句賦詩，賞錫歡宴，因移崇雅額於别殿，易名惇叙。殿内扁曰睦親九族，聯曰：彝訓念貽謀本支百世，仙源長篤慶華萼一堂。又曰：玉水含波遠，瓊枝浥露榮。皆御筆也。【略】其東爲菊香書屋。殿後曰澄懷堂，榜爲聖祖仁皇帝御筆。康熙初年，詞臣常於此進講。堂内扁曰觀衆妙，聯曰：心田喜色良勝玉，鼻觀真香不數蘭。東室聯曰：偶在參天一，間憑味道腴。

又北有樓，榜曰遐矚樓。聯曰：體物豈緣誇麗藻，撫時端藉勵雄心。又曰：千疊雲峰空外迴，三農雨露望中深。樓下聯曰：窗通碧水蒼山外，人在光風霽月間。東室聯曰：擬景真無盡，會心迴不同。西室扁曰圖史自娱，聯曰：點綴雲峰留玉宇，參差水榭引朱船。

由豐澤園而西，有亭曰荷風蕙露。與亭相對有門，南面石刻扁曰静谷，聯曰：勝賞寄雲岩，萬象總輸奇秀；青陰留竹柏，四時不改龍葱。北面石刻扁曰雲竇，聯曰：月地雲階，别向華林開静境；屏山鏡水，時從芳徑探幽踪。入門即爲崇雅殿。殿内東室聯曰：乍雨乍晴春事好，宜詩宜畫物華殊。西室聯曰：翠合三山連閬苑，波涵一鏡儼蓬瀛。又曰：金猊靄入瑶編潤，玉樹花均蔀屋香。殿後東爲静憩軒，西爲懷遠齋。又後有臺，北向臨水，榜曰歌舞昇平，聯曰：水中樓閣浮青島，天上笙歌繞碧城。其南隔水相對爲純一齋，扁爲聖祖仁皇帝御筆。齋内聯曰：煙景滿前供妙墨，芳洲隨處引清游。【略】庭中引水爲池，左右有廊相通。齋後脩竹萬竿，其西即春耦齋也。由德昌門折而西，有門東向，入門循山徑紆曲而南，爲春耦齋，北向，東室聯曰：即事既多美，託好有常因。又曰：曉露蘭陔外，香風麥隴間。又曰：心澹水木秀，興幽魚鳥同。西室聯曰：林薄濃陰藏别院，汀洲新水漲前津。閣上聯曰：縈洄水抱中和氣，平遠山如藴藉人。又曰：潤浥雲霞氣，真參泉石靈。

齋之後楹御筆榜曰雲木含秀。庭際爲方池，隔池相對，有延樓數十楹，榜曰聽鴻樓。聯曰：遠翠靄晴嵐，四山圖畫；清風生爽籟，萬竹笙竽。東室聯曰：煙霞表裏因心静，天水空明觸目新。又曰：每因物表延遥寄，似與天游得静陶。又曰：風前竹韻金輕戛，石罅泉聲玉細潺。西室扁曰神觀蕭爽，聯曰：境自遠塵皆入詠，物含妙理總堪尋。

樓南，山石峭蒨，多巖洞，環以竹林，中涵小池數泓，逕路盤紆，亭榭間出。西北有小竹亭，由徑南折而東，面北爲植秀軒，聯曰：幾羣鶯鶴隨吟管，四面芙蓉入緑紗。

又折而西爲石池，由池中步石而過，穿石洞出，爲虚白室，東向。北室聯曰：景向淡中真藻繢，山從老處見精神。南室聯曰：連林新緑間舊緑，入户泉音復鳥音。

又，南有亭曰竹汀亭。南爲愛翠樓。

由竹汀過小池，穿曲徑，有石洞折而西，爲棕亭。又由樓南下，穿石巖而出，有佛宇一所，北向，臨池，扁曰大圓鏡中。殿内扁曰智珠慧照，聯曰：天花不礙一林落，仙草真成四季芳。其東稍北，有石門，門外横刻「薈蔚適於幽處合」，其内横刻「峪岈每與望中深」。又外石刻聯曰：悟物思遥託，悟心非外緣。内石刻聯曰：芝徑繚而曲，雲林秀以重。石門以外，即荷風蕙露亭也。由荷風蕙露亭循池西岸而南，爲茂對齋。齋建山上，東與寶月樓相望。聯曰：舒卷天真任嵐靄，飛沉自得樂禽魚。

其右有室曰涵春。

室内扁凡四，曰花港，曰渌净，曰魚樂，曰晚春齋。西有亭曰延賞。

由春耦齋循池西岸而北，樹陰池影，葱翠萬狀，有高閣南向，爲紫光閣。聖祖仁皇帝時，每於仲秋集三旗侍衛大臣校射於此。後於閣前殿試武進士，至今循以爲例。皇上聖武遠揚，五年之間，平定伊犁回部，拓地二萬餘里，實爲曠古未有之功。乾隆二十五年，上嘉在事諸臣之績，因葺紫光閣而新之，圖功臣自大學士、忠勇公傅恒，定邊將軍、户部尚書、武毅謀勇公兆惠以下五十人於閣上，親爲之贊，并弆藏得勝靈纛及俘獲軍器，以志武成。閣扁爲御書，聯曰：干羽兩階崇禮樂，車書萬里集冠裳。正中面南石刻上諭一道。【略】左右向南壁間，張御製平定伊犁及平定回部告成太學碑文。左壁爲平定伊犁圖，右爲平定回部圖。樓上聯曰：天衢翊運風雲會，紫府銘勳日月光。其後爲新建武成殿。聯曰：兩階干羽欽虞典，六律宫商奏采薇。左右壁間張御製西師詩、開惑論。左右廡間石刻御製自乙亥軍興以來，訖己卯成功詩二百二十四首。凡神謨睿斷，午夜籌勞，備見於此。

紫光閣之北爲時應宫。榜爲世宗憲皇帝御筆。正殿祀龍神，扁曰瑞澤霑和，亦世宗憲皇帝御筆也。

時應宫之東，向北有門曰福華門。其外即金鰲玉蝀街也。由西苑門循池東岸而北，蒲葦盈水，榆柳被堤，古木秀石，參錯其間，爲蕉園舊址。向北爲蕉園門。

門之南稍折而西，面南爲萬善門，門内即萬善殿也。正中佛龕前世祖章皇帝御筆扁曰敬佛殿，内御筆聯曰：萬象證圓通，金輪妙轉；三乘皈定慧，華海長涵。又曰：了悟徹聲聞，花拈妙諦；淨因空色相，月印明心。殿後聖祖仁皇帝御筆扁曰敬佛。殿兩旁各有迴廊曲室。後殿圓蓋穹窿，爲千聖殿。其東爲迎祥館，西爲集瑞館。萬善殿之東室，聖祖仁皇帝御筆扁曰惠迪吉，其西室御筆扁曰敬佛。

由萬善門西行，抵水埠，有亭出水中，御筆扁曰水雲榭。中有石碣，刻御筆太液秋風四字。臨流彌望，晃漾無際，所謂中海也。

水雲榭之北，有白石長橋，如虹偃水面，以通行人來往。東西樹枋楔二，東曰玉蝀，西曰金鼇。橋下洞七，中洞南向石刻扁曰銀潢作界，聯曰：玉宇瓊樓天上下，方壺圓嶠水中央。北向石刻扁曰紫海迴瀾，聯曰：繡轂紋開環月珥，錦瀾漪皺煥霞標。橋西紅墻夾道有門相對，南即福華門，其北爲陽澤門，可達於闡福寺也。

金鼇玉蝀橋之東有崇臺，即臺址爲圓城，周數百步，設以睥睨。兩掖有門，東爲昭景，西爲衍祥。門各有樓，入門由磴道左右分上，中搆金殿，爲承光殿，即元時儀天殿之舊也，俗名圓殿。殿內御筆扁曰懸圃風清，聯曰：何處五雲多，大羅天上；飛來三嶠秀，太液池邊。殿前有古栝，槎枒拏攫，傳爲金時遺植。

殿南有石亭，以置元代玉瓮。鐫御製玉瓮歌於上，並列詞臣四十人應制詠玉瓮詩於柱間。

出殿後爲敬躋堂。堂十五楹，南抱承光殿，其北環城，臨積翠堆雲橋。東爲古籟堂。堂內扁曰昭一，聯曰：蒼官壽客結好友，岸芷汀蘭入畫圖。

又東爲朵雲亭。堂西爲餘清齋。西室扁曰環秀，曰涵虛，聯曰：座挹山光兼水態，窗延秋月與春風。由齋內曲廊而西爲沁香亭。

其後累石爲小山，山上有亭，榜曰鏡瀾亭。圓城外東西界以紅墻，東爲承光左門，西爲承光右門。北駕石梁，制如金鼇玉蝀，南北有牌坊二座，其南曰積翠，北曰堆雲。過橋即永安寺也。

又卷一六《宮殿六・西苑下》 永安寺爲金源瓊華島，踞太液池中，奇石疊壘而成，皆當時輦致艮岳之遺也。元時稱萬壽山，亦稱萬歲山，石磴陰洞，古檜喬松，縈紆蔭鬱，儼然壺嶠。舊有廣寒殿，相傳爲遼后梳妝臺。

北迴廊環遶而下，爲看畫廊。下有石室，中涵巖洞。洞內供大士像，洞門上石刻真如二字。別室有小樓，聯曰：天闊雲非繫，波空月自明。

折而東，至山麓，有石碣刻御書瓊島春陰四字，燕山八景之一也。

其南爲見春亭，又南即智珠殿。殿前有橋。度橋而東，即陟山門也。由智珠殿後折而南，爲慧日亭。又南，穹碑二：一順治八年建塔碑文，一雍正十一年重脩碑文，皆臣工恭紀。永安寺西，山半有亭，匾曰蓬壺挹勝。又西，由山麓躡級而上，爲悅心殿，臨幸常視事於此。天光雲影，魚躍鳶飛，萬景畢呈，實據西苑全勝。東室聯曰：員嶠曉煙連碧漢，曲池春雨念蒼生。又曰：是處暢觀頗役目，此間閟景足澄心。西室匾曰靜挹古香，聯曰雲端曠奧軒疑畫，樹杪高低圃是懸。

其後爲慶霄樓，匾曰雲木含秀，聯曰：延賞亭臺皆入畫，向陽景物又從新。樓後有亭曰擷秀。亭西奇峰秀矗，有亭南向，匾曰妙鬘雲峰。悅心殿之東爲靜憩軒。慶霄樓之西爲揖山亭。

稍西，拾級而下，有延廊環抱山石間，築室其中，榜曰一房山，聯曰：好山一窗足，佳景四時宜。又曰：翠霏峰四面，青罨戶千螺。

由房內南間石巖蟠旋而下，爲蟠青室。

由悅心殿前循山西行，有石橋。南北坊楔各一，前後各有榜，南向曰涵秀，曰濯錦，北向曰挹源，曰豔雪。渡橋有坊楔二座，前後各有榜，南向曰芳渌，曰舞藻，北向曰靜游，曰紉香。其中爲琳光殿。殿後爲甘露殿。榜曰蓮界慈緣，聯曰：不二啟津梁，同歸法海；大千空色相，自覓心珠。庭多奇石，環繞皆水。又後有殿，榜曰水精域，聯曰：鎮留嵐氣閒庭貯，時落鐘聲下界聞。琳光殿北，延樓二十五楹，左右圍抱相合。御筆匾曰閱古樓。乾隆丁卯，以內府所藏魏晉以下名人墨蹟，命儒臣擇其尤者鈎摹上石，爲御定三希堂法帖三十二卷。既成，以石刻列嵌樓壁上下，翰墨琳瑯，輝映廊廡。樓後層有匾曰翠湧虹流。

樓之後楹，平臨山池，建石亭於上，鐫御筆匾曰煙雲盡態。其北爲畝鑑室。先是，乾隆癸酉於山之西麓闢地，得古井一泓，御製古井記以識其事。因於閱古樓北構樸室三楹，周以步櫚，後臨方塘，引古井之水由石亭山池注之。御書顏其室曰畝鑑，聯曰：天光水態披襟袖，岸芷汀蘭入畫圖。左室聯曰：山容空外秀，波態席前浮。右室聯曰：一泓水鏡呈當面，滿魄冰輪映舉頭。後室聯曰：鏡光呈朗照，竽韻發清機。

由閱古樓而北，爲漪瀾堂，據瓊島北麓，略仿金山規制爲之。南瞻穹塔，北俯液池，正中北向爲碧照樓。長廊六十楹，左右環繞俱有樓。東盡倚晴樓，西盡分凉閣。樓上聯曰：空明愛天水，飛躍任鳶魚。

樓下爲門，榜曰「湖天浮玉」。入門即漪瀾堂也。聯曰：蘿逕因幽偏得趣，雲峰含潤獨超羣。又曰：籟動風滿谷，波澄月一奩。西暖閣聯曰：四面波光動襟袖，三山煙靄護壺洲。堂後檐榜曰：秀寫蓬瀛。

碧照樓之左爲遠帆閣，亦北向，閣上聯曰：水光山色澹容與，雲帆月舫常留連。又曰：湧金何事稱圖畫，浮玉端知在户庭。閣下南向匾曰：層觀上躋。

東室匾曰即事多美，聯曰：雲卧天游無不可，風清月白致多佳。

閣後爲道寧齋，聯曰：風自涼經松越峭，月原明映水逾清。西室聯曰：靜參倪笎禽魚適，悅可襟懷翰墨憑。閣上聯曰：石古泉清，軒窗爽且静，風恬露潤，花竹秀而鮮。

漪瀾堂之右有堂，匾曰晴欄花韻，聯曰樹將暖旭輕籠牖，花與香風並入簾。西室匾曰壺天，東室匾曰宜雪。前有臺與堂相對，堂右爲紫翠房。

房之東爲蓮華室，聯曰：相於明月清風際，只在高山流水間。

相對有小室，匾曰真如。供梵王像。聯曰：黄花翠竹常住相，仙露明珠自在心。漪瀾堂之後，奇石萬叠，巖壑玲瓏，石洞攀援出山頂，有亭，爲摺扇形。匾曰延南薰，聯曰：五明招得薰風奏，七寶修成璧月清。其東，山上有亭，匾曰一壺天地。

亭東爲環碧樓，前有小石平臺。

由樓繞廊而下爲嵌岩室，聯曰：澗筑松濤相問答，峰容波態總氤氳。

西渡石橋，有亭曰小崐丘。由亭西南石磴委宛而上，有平臺石柱，爲銅仙承露，即道寧齋後也。承光殿之東與蕉園門相對者爲桑園門。入門循池東岸而北數百步，過陟山門、該門，路西有水殿一區，以藏御舟。路東門三楹，西向，入門循廊躡山而北，有堂據山巔，北向者曰雲岫，聯曰：風月清華贏四季，水天朗徹繞三洲。

西向者曰崇椒。由崇椒長廊曲折北下，有軒，北向臨池，榜曰濠濮間。軒内匾曰壺中雲石。聯曰：眄林木清幽，會心不遠；對禽魚翔泳，樂意相關。又曰：畫意詩情景無盡，春風秋月趣常殊。

池三面，疊石爲山，東有水洞二，水之來去所經也。軒北有石梁，曲折池面，北接石坊。坊上石刻横書，南向曰「山色波光相罨畫」，北向曰「汀蘭岸芷吐芳馨」。又石刻聯二，南向曰：日永亭臺爽且静，雨餘花木秀而鮮。北向曰：蘅皋蔚雨生機滿，松嶂横雲畫意迎。由石門而北，門三楹，入門爲春雨林塘。殿内匾曰動静交養，聯曰：煙景入疏簾，圖書帶潤；波光縈曲岸，水木餘清。東室聯曰：迴如碧宇吟懷曠，閒寄白雲幽興長。後軒臨方池，榜曰空水澄鮮，聯曰：雨餘山色深於黛，風定波光正可人。

池北相對爲畫舫齋，匾曰竹風梧月，東室聯曰：詩句全從畫裏，得雲山常在鏡中留。東次聯曰：於淡泊中尋理趣，不空色際忘言詮。又曰：常借青山作屏障，由來大塊假文章。西室門匾曰浴德，曰汲古，聯曰：布席只疑天上坐，憑欄何異鏡中游。室内聯曰：雲容水態不相厭，畫意詩情分與投。又曰：窗近春洲，宛爾棹波聞欸乃；簾開秋水，恍然載月漾空明。四周以廊，臨瞰方池，澄波映照，不殊浮畫舫於碧波中也。

池上兩廊各有室，東曰鏡香，聯曰：静與心謀寧有色，香生鼻觀亦無空。又曰：露湑花遞馥，風度水生紋。西曰觀妙。

齋左水石間，有古槐一柯，構亭其間，顔曰古柯，聯曰：金波長漾中秋月，玉鏡平分明聖湖。

庭後有室，西向，匾曰奥曠，聯曰：山參常静雲參動，躍有潛魚飛有鳶。

畫舫齋之右，池上架石梁，構廊其上，曲折達於西室。匾曰小玲瓏。室内匾曰得真趣，聯曰：有懷虚以静，無俗窈而深。又曰雨後峰姿都渥若，風前竹韻特悠然。

水殿之北爲龍王廟。廟後中路，有小渠亘之，自太液池注水入春雨林塘者也。上有橋，橋南北，坊各一，南向榜曰貯月，曰擒錦，北向榜曰軼雲，曰延春。渡橋北行，即蠶壇也。先蠶壇在西苑東北隅。先是，聖祖仁皇帝時於豐澤園之左設立蠶舍，養蠶以繅以織。

世宗憲皇帝允禮臣議，建先蠶祠於北郊，比先農。皇帝御極之七年，命議親蠶典禮。廷臣議以北郊蠶壇道遠，皇后親莅未便，且其地水源不通，無浴蠶所。考唐宋時后妃親蠶，多在宫苑之中。明代亦改建于西苑，宜從舊制。

上允其議，命所司相度建壇。兹地垣周百六十丈，南面稍西，正門三，左右門各一。入門爲壇一成，方四丈，高四尺，陛四出，各十級。三面樹桑柘，西北爲瘞坎。壇東爲觀蠶臺，高一尺四寸，廣一丈四尺，陛三出。臺前爲桑園，臺後爲親蠶門。入門爲親蠶殿。殿内御筆匾曰葛覃遺意，聯曰：視履六宫基化本，授衣萬國佐皇猷。殿廣五楹，東西配殿各三楹。殿後爲浴蠶池，池北爲後殿。殿内御筆匾曰化先無斁，聯曰：三宫春曉覘鳴雨，十畝新陰映鞠衣。屏間俱繪蠶織圖。後殿規制如前殿，均覆以緑琉璃瓦。宫左爲蠶婦浴蠶河，自外垣之北流入，由南垣出，設牐啟閉。南北木橋二，南橋之東爲先蠶神殿，西向，覆以緑瓦。左右牲亭一，井亭一。北爲神庫，南爲神厨。殿垣左爲蠶署三間。

北橋之東有屋二十七楹，西向，是爲蠶所，皆符古制云。由蠶壇沿堤西北，爲鏡清齋。面池門三楹，入門爲荷沼。沼北，南向堂五楹，不施丹雘。榜曰鏡清齋，齋内匾曰不爲物先，聯曰：照檻淨無塵，風來水面；開簾光有象，月印波心。又曰：憑觀悟有術，妙理契無爲。又曰：庭餘松竹足消夏，架有詩書藉討源。東室聯曰：圖書左右周旋久，翡翠蘭苕浴浪鮮。後軒聯曰：峰姿濯翠入澄照，鏡影含虚愜曠懷。

齋東臨池有室，爲抱素書屋。

由書屋東廊而下，爲韻琴齋，西向。聯曰：賞心樂事無倫比，妙色真聲兼占之。又聯曰：爽澄蘭沼波吹細，風度松林籟泛輕。

齋左向南一亭，臨太液池岸，榜曰碧鮮，鏡清齋之西，有山池石梁，築室其上，榜曰畫峰室，聯曰：花香鳥語無邊樂，水色山光取次拈。

鏡清齋之後，北臨山池。池左右皆峰巒巖洞。飛瀑流泉，瀠洄環注，池中有石壩，上下潺湲不絶。架廊三楹于上，爲沁泉廊。

廊西有巖，幽邃窈窕，石門岈然。巖上爲枕巒亭，四周皆山也。

廊東有石橋，橋南即抱素書屋。橋北繞池由石磴而上，爲罨畫軒。東室聯曰：一室之中觀四海，千秋以上驗平生。西室匾曰標青。

循軒東廊而南，有屋兩楹，北俯清泚，榜曰焙茶塢，聯曰：巖泉澄碧生秋色，林樹蕭森帶曙霞。

鏡清齋沿堤西南爲西天梵境。有琉璃牌坊，南臨太液池，南向榜曰華藏界，北向榜曰須彌春，坊北山門榜曰西天梵境。入門爲天王殿，左右石幢二，左刻金剛經，右刻藥師經。殿後爲大慈真如寶殿，御筆匾曰恒河演乘，聯曰：無住蔭慈雲，慧嶺祇林開法界；真常揚慧日，鷲峰鹿苑在當前。又北向聯曰：日月輪高，盼七寶城如依舍衛；金銀界淨，湧千華相正現優曇。殿後歷級而登，有大琉璃寶殿。殿二層，榜曰華嚴清界，聯曰：七寶同莊，金界普成具足相；三輪共轉，玉毫齊放大圓光。又曰：現法化報身，分湧真常蓮葉；攝聞思修教，並拈微妙曇華。殿四面，迴廊六十七楹，四隅各有樓相接。西天梵境之西，有琉璃墻如屏障，墻北爲真諦門。門内爲大圓鏡智寶殿。殿内匾曰法界真常，聯曰：觀喜普人天，增五福德；莊岩護龍象，現八吉祥。殿後有亭曰寶網雲亭。亭北及左右屋宇四十三楹，皆貯四藏經板之所也。太液池之北有亭五，中曰龍澤，左曰澄祥，曰滋香，右曰湧瑞，曰浮翠。亭建水中，面臨北海，所謂五龍亭也。亭後石坊二，南向榜曰性海，北向榜曰福田。其北爲闡福寺。【略】闡福寺之西有門，門外爲通衢即陽澤門道也。

雍和宮　雍和宮在皇城東北，世宗憲皇帝藩邸也。登極後命名曰雍和宮。皇上御極之十年，念龍池肇迹之區，非可褻越。因莊岩法相，選高行梵僧司守，以示蠲潔崇奉之意。宮前左右寶坊二，左之前榜曰慈隆寶葉。後曰四衢淨闢。右之前榜曰福衍金沙，後曰十地圓通。正中石坊一，南向，前匾曰寰海尊親，後曰羣生仁壽。自是而内，甬道綿亘，爲昭泰門。門以内東西列碑亭。中爲雍和門。門内天王殿，匾曰現妙明心。聯曰：法鏡交光，六根成慧日；牟尼真淨，十地起祥雲。左右環以迴廊，正中爲雍和宮，聯曰：接引羣生，揚三千大化；圓通自在，住不二法門。宮後爲永佑殿，聯曰：般若慈源，覺海原無異派水；菩提元路，德山相見別峰雲。殿後爲法輪殿，匾曰恒河筏喻，聯曰：是色是空，蓮海慈航游六度；不生不滅，香臺慧炬啓三明。左右山殿各三楹。左爲藥師壇，聯曰：甘露灑芳林，香飛薝蔔；法雲開慧海，光徹琉璃。又曰：華海慈航，宏仁恢六度；香臺慧炬，朗照啓三明。殿後爲萬福閣，匾曰放大光明，聯曰：以不可思議説微妙法，具無量由旬作清淨身。又曰：説法萬恒沙，金輪妙轉；觀心一止水，華海常涵。又曰：丈六顯金身，非空非色；大千歸寶所，即鏡即心。又曰：合大地成形，非有爲法；與衆生同體，作如是觀。中層匾曰淨域慧因，下層匾曰圓觀並應，聯曰：慧日麗璇霄，光明萬象；法雲垂玉宇，安隱諸方。東爲永康閣，聯曰：慧日朗諸天，圓輝寶相；吉雲垂大地，淨掃塵根。西爲延寧閣，聯曰：獅座寶花，拈來參妙諦；檀林法乳，觸處領真香。閣後爲綏成殿，乾隆元年敬安世宗憲皇帝神御，皇上歲時展禮。洎重建壽皇殿落成，遂移奉焉。

宮之東爲書院。院門三楹，入門爲平安居。匾爲世宗憲皇帝御筆。殿内御筆匾曰因寄所托。後有書室三楹，其北有堂。堂後爲如意室，匾亦世宗憲皇帝御筆也。殿内御筆匾曰與天游。東室爲佛堂，聯曰：中庭蕙草消雪，小院梨花夢雲。西室内聖祖仁皇帝御筆匾曰爲善最樂，御筆聯曰：情將物外適，道與古人期。如意室之後，正中南向爲書院正室，世宗憲皇帝御筆匾曰太和齋。又匾曰爲善最樂。聯曰：種德在寬仁，俾昌爾後；立身惟忠孝，永建乃家。皆聖祖仁皇帝御筆。東寢宮，御筆匾曰窗含遠色，西室屏門上，前曰勸農，後曰課織。繪耕織圖於屏間。庭中爲山。山東南有亭，憲皇帝御筆匾曰翼然。齋後殿二重，其前，御筆匾曰靜挹化源。太和齋之東，其南爲畫舫。舫之後，左右迴廊相接，北向有臺，匾曰大塊文章。其南向正室與臺相對者，聖祖仁皇帝御筆匾曰五福堂。堂内御筆匾曰悦目賞心，聯曰：大德曰生，到處和風甘雨；與民偕樂，隨時擊壤歌衢。堂後有書室數楹，御筆匾曰幽偏自怡，聯曰：健行乾不息，遜志益無方。

太和齋之西爲海棠院，匾爲世宗憲皇帝御筆殿内御筆。匾曰香紅雨，院後書屋匾曰清暉娱人，聯曰：雲山覩動静，草木驗農桑。又後室御筆匾曰高雲情。由海棠院西循廊而北，有長房一帶横遶，由長房之西臺門拾級上下，更後延樓一所，西爲斗壇，聖祖仁皇帝御筆匾曰祝齡壇。壇東爲佛樓，樓前有平臺。其東佛堂三楹，宫西爲關帝廟。廟内佛殿，匾曰香林寶月，亦御筆也。

清 于敏中 英廉等編《日下舊聞考》卷八《形勝四》 增：瓊島在皇城西北苑中。下瞰池水，環以雉堞，地勢坡陀，叠石爲山，嶄岩磊砢，層叠而上，石磴陰洞，縈紆蔽虧，喬松古檜，深翳森蔚，隱然神仙洞府也。謂之大山子。山頂有廣寒殿，殿之四隅各有亭。左二亭曰玉虹、方壺，右二亭曰金露、瀛洲。山半有三殿，中曰仁智，東曰介福，西曰延和。其下太液池，前有飛橋，以通儀天殿，東有石橋以通瓊林苑。山之上常有雲氣浮空，氤氳五采，郁郁紛紛，變化翕忽，莫測其妙，故曰瓊島春雲。《燕山八景圖詩序》

增：太液池在城之右，東瞰瓊華島，而西北南三面極深廣。芰荷菱芡，舒紅卷翠，魚躍鳥浮，上下天光，真勝景也。東南有儀天殿，中架長橋以通往來。又有土臺，松檜蒼蒼然，天氣清明，日光滉漾，而波瀾漣漪，清徹可愛，故曰太液晴波。《燕山八景圖詩序》【略】

皇城内河流四面環繞，其由地安門西步梁橋流入者，經景山西門引入，環紫禁城，是爲護城河。護城河西面之水自紫禁城西南隅流經天安門外金水橋，東南注御河，是爲外金水河。又西闕門下有地溝，引城河水經午門前至東闕門外，循太廟右垣南流，折而東注。太廟戟門外筒子河東南合御河，此係乾隆二十五年奉諭新開水道，至其由地安門東步梁橋流入者，經東安門内望恩橋流注御河，又別爲一道也。天安門内西嚮者爲太廟街門，東嚮者爲社稷街門，端門内西嚮者爲廟右門，亦稱神厨門，東嚮者爲社左門。闕左門外西嚮者爲太廟西北門，東嚮者爲社稷東北門。

又 卷九《國朝宫室一》

天安門初仍明舊，曰承天門，順治八年重建，改今名。凡宣布覃恩慶典，詔書於門樓上，設金鳳銜而下焉。乾隆十九年於東西長安門外增築圍墻，各設三座門，規模尤爲閎整。皇城四門南即天安門，北曰地安，東曰東安，西曰西安。天安門前環御河，跨石梁七，即外金水橋。《大清會典》

按：皇城内河流四面環繞，其由地安門西步梁橋流入者，經景山西門引入，環紫禁城，是爲護城河。護城河西面之水，自紫禁城西南隅流經天安門外金水橋，東南注御河，是爲外金水河。又西闕門下有地溝，引城河水，經午門前至東闕門外，循太廟右垣南流，折而東注太廟戟門外筒子河，東南合御河。此係乾隆二十五年奉諭新開水道，至其由地安門東步梁橋流入者，經東安門内望恩橋，流注御河，又別爲一道也。

外金水橋前立華表二，門之内立華表二。東西兩廡各二十六間，東廡正中爲太廟街門，西廡正中爲社稷街門。《大清會典》

又 卷一〇《國朝宫室二》 社稷壇在闕右，北嚮。壇制方二成，高四尺，上成方五丈，二成方五丈三尺，四出陛，皆白石，各四級。上成築五色土，中黄、東青、南赤、西白、北黑。土由涿、霸二州，房山、東安二縣豫辦解部，同太常寺驗用。内壝四面各一門，楔闑皆制以石。朱扉，有欞。門外各石柱二，壝色亦各如其方。壝北門内西北瘞坎二，北爲拜殿。又北爲戟門各五間，戟門内列戟七十有二，均覆黄琉璃，崇基三出陛。壝外西南神庫五間，神厨五間，井一，均東嚮。壇垣周百五十三丈四尺，内外丹雘，覆黄琉璃。北門三間，東西南門各一間。循垣東北隅東嚮正門一，左右門各一，相對闕右門爲乘輿躬祭出入之門。壇西門外宰牲亭三間，東嚮。井一，垣一重，門一，北嚮。西南奉祀署東西各三間，垣一重，門一，東嚮。東遺官房一間，南嚮。東南爲社稷街門五間，東北爲社稷左門三間，均東嚮。天安門内兩廡之北，正中南嚮者爲端門。門制與天安門同。門之内東西兩廡各五間，其北東有太廟右門，西有社稷左門，迤北兩廡各四十二間，均聯檐通脊，爲六科垣舍及部院府寺監朝房。《大清會典》

按：六科垣舍及部院府寺監朝房分列之制，詳見官署門。朝房北東出者爲闕左門，西出者爲闕右門。門北東西廡各三間，爲王公朝集之所。《大清會典》

按：凡九卿會議，揀選人員，驗看月官，俱集闕左門下，八旗都統會議俱集闕右門下。午門爲紫禁城正門。門前左設嘉量，右設日圭。《大清會典》

紫禁城四門，南即午門，北曰神武，東曰東華，西曰西華，四維角樓各一。午門三闕，上覆重樓九間，南北彤扉各三十有六。左右設鐘鼓樓，明廊翼以兩

觀，傑閣四聳。左右各一闕，西嚮者曰左掖，東嚮者曰右掖。《大清會典》

又 卷一一《國朝宮室三》 外朝之制，午門内東西兩廡各二十二間，皆崇基。東廡之中爲協和門，西廡之中爲熙和門，門各五間，東西嚮。兩廡之北，正中南嚮者爲太和門，九間三門，重檐，崇基，石闌，前後陛各三出，左右陛各一出。門前列銅獅二，其南環以金水河，跨石梁五，即内金水橋。《大清會典》

按：午門内東西兩廡，東爲稽察上諭處及内閣誥敕房，西爲繙書房及起居注公署。東南隅爲内閣公署，西南隅舊爲國史館，今爲膳房庫，俱詳見官署門内。金水橋之水由神武門西地溝引護城河水流入，沿西一帶經武英殿前至太和門前，是爲内金水河，復流經文淵閣前，至三座門從鑾駕庫巽方出紫禁城。太和門左右各一門，皆南嚮，左曰昭德，右曰貞度，門各三間。《大清會典》

按：昭德、貞度兩門廡爲侍衛直宿處，詳見官署門。

太和門之内東西兩廡各三十二間，東廡之中爲體仁閣，西廡之中爲弘義閣。東廡之北爲左翼門，西廡之北爲右翼門，各五間，皆東西嚮。《大清會典》

按：體仁閣、弘義閣兩廡爲内府銀、皮、段、衣及瓷、茶六大庫，詳見官署門。

太和殿基高二丈，殿高十有一丈廣十有一間，縱五間。上爲重檐垂脊，正吻二，旁吻四。前後金扉四十，金瑣窗十有六。殿正中一間設御座。殿前爲丹陛，環以白石闌，陛五出各三成，列鼎十有八，銅龜銅鶴各二，曰圭、嘉量各一。丹墀爲文武官行禮位，範銅爲山形，鐫正從一品至九品清漢文，東西各二行，行十有八，列於御道兩旁。《大清會典》

又 卷一二《國朝宮室四》 太和殿之後，東西兩廡各三十間。正中南嚮者爲中和殿，縱廣各三間，方檐圓頂。金扉瑣窗各二十有四。南北陛各三出，東西陛各一出。《大清會典》

按：凡遇三大節，皇帝先於中和殿陞座，内閣、内大臣、禮部、都察院、翰林院、詹事府各堂官及侍衛執事人員行禮畢，然後出御太和殿。恭遇方澤大祀及祀太廟、社稷之前一日，皇帝俱於殿内視祝版。親祭歷代帝王廟、先師孔子。朝日、夕月亦如之。每歲耕籍，則於殿内閱視農器及穀種青箱。殿内皇上御題額曰允執厥中。聯云：時乘六龍以御天所其無逸，用敷五福而錫極彰厥有常。

中和殿之後爲保和殿，九間，前陛各三出，與太和殿丹陛相屬。殿後陛三成三出，北嚮。殿左右各一門，左曰後左，右曰後右，皆三間，南嚮，前後出陛。《大清會典》

按：每歲除夕，皇帝御保和殿筵宴外藩，每科朝考新進士，翰林院引入殿内左右列試。殿内皇上御題額曰皇建有極。聯曰：祖訓昭垂我後嗣子孫尚克欽承有永，天心降鑒惟萬方臣庶當思容保無疆。殿後陛級迤北十餘武，崇基列陛，南嚮者爲乾清門，乃内朝正門矣。

協和門東出爲文華殿，後爲主敬殿。《大清會典》

按：文華殿門五楹，南嚮，崇階三出，九級，内丹陛與露臺相直，臺左右二出陛，各十一級。殿制五楹，康熙二十二年重建。殿内皇上御題額曰緝熙明德。聯曰：道脉相承經籍昭垂千聖緒，心源若接羹墻默契百王傳。屏聯云：詎爲飾其貌，還因尊所聞。東西配殿各五楹，東曰本仁殿，西曰集義殿，後殿五楹是爲主敬殿。

又 卷一三《國朝宮室五》

案：上駟院署又北南向爲箭亭。《國朝宮史》

案：箭亭廣五楹，周以檐廊，中設寶座。寶座東卧碣一，恭刊乾隆十七年上諭。

案：文華殿東北度石橋爲三座門，東爲鷹房、狗房，西爲御馬廐舊地，今移廐于上駟院署之南，其地皆屬之文淵閣矣。三座門北殿宇三所，是爲擷芳殿。稍西夾道内爲茶膳房庫宇，其東南一帶爲花馬廐藥房等處。

文華殿東殿爲户部内庫，爲鑾儀衛。鑾駕庫稍北即東華門。門外有下馬碑石，紫禁城之東門也。《國朝宮史》

案：東華門内稍北爲國史館，舊在午門内熙和門西南，後移置于此。

熙和門之西爲武英殿，規制如文華。門前御河環繞石橋三。殿前後二重，皆貯書籍，凡欽定命刊諸書俱于殿左右直房校刻裝潢。西北有浴德堂，爲詞臣校書直次。設總裁統之。《國朝宮史》

案：武英殿五楹，殿前丹墀，東西陛九級。乾隆四十年御題門額曰武英，東配殿曰凝道，西曰焕章，後殿曰敬思。東北爲恒壽齋，今爲繕校四庫全書諸臣直房。西北爲浴德堂，即舊所稱修書處也。浴堂在其後，西爲井亭。

又 卷一四《國朝宮室六》 乾清宮之東爲昭仁殿。《國朝宮史》

按：昭仁殿内恭懸皇上御書額曰天禄琳琅。聯曰：風奏南薰調玉軫，霞懸東壁燦瑶圖。殿後西室聯曰：有秋歷覽登三輔，旰食惟期協九經。又聯曰：獨喜惜陰澄靜照，更因稽古契遐心。室之北額曰慎儉德。聯曰：亦曰欽哉貫謨典，允惟難矣作君師。又聯曰：瓊枝春意足，縹帙古香多。皆御書。

乾清宮之西爲弘德殿。《國朝宮室》

按：弘德殿內恭懸皇上御書額曰奉三無私。聯曰：二典三謨法堯舜之道，五風十雨協天地之心。殿後額曰太古心，皆御書。東室閣上恭懸世宗憲皇帝御書聯曰：惟以一人治天下，豈爲天下奉一人。皇上御書聯曰：九疇勤省歲，萬寶協書雲。閣下聯曰：得句因新意，耽書是宿緣。又聯曰：墨汁潤分瑶草綠，篆文清帶筆花香。後室額曰懷永圖。聯曰：雲霞紛綺麗，文物共葳蕤。又聯曰：心爽天宇豁，情欣理境融。皆御書。

乾清宮之東廡內直廬三楹。《國朝宮史》

按：內直廬恭懸聖祖御書額曰御茶房。

內直廬稍南爲端凝殿。《國朝宮史》

按：端凝殿恭懸聖祖御書額曰執事。

端凝殿南爲舊設自鳴鐘處。《國朝宮史》

按：舊設自鳴鐘處恭懸聖祖御書額曰敬天。

皇上御書聯曰：簾縈香篆齋心久，座殷鐘聲問夜遥。舊設自鳴鐘處又南東出者爲日精門，門之南爲御藥房。《國朝宮史》

按：御藥房恭懸聖祖御書額曰藥房，曰壽世。

御藥房南一室奉至聖先師及先賢先儒神位。《國朝宮史》

按：奉至聖先師室恭懸皇上御書額曰與天地參。聯曰：開洙泗心傳，聖由天縱，集唐虞道統德合時中。奉至聖先師室轉南向北者爲上書房，皇子、皇孫肄業處也。《國朝宮史》

按：上書房恭懸世宗御書聯曰：立身以至誠爲本，讀書以明理爲先。皇上御書額曰養正毓德。聯曰：念終始典於學，於緝熙單厥心。

乾清宮西廡向東與端凝殿相對者爲懋勤殿。《國朝宮史》

按：懋勤殿恭懸皇上御書額曰基命宥密。聖祖仁皇帝沖齡曾讀書於此。今爲懋勤殿翰林侍直處，凡圖史翰墨之具皆貯焉。每歲秋讞時，刑科覆奏本上，皇帝御殿，親閱招册，內閣大學士、學士及刑部堂官面承諭旨於此。

懋勤殿南爲批本處。《國朝宮史》

按：批本處恭懸聖祖御書額曰慎幾微。凡內閣擬票本章俱經本處進呈御覽，然後票寫清文交閣。

批本處又南西出者爲月華門，門之南爲內奏事房。《國朝宮史》

按：每日內外臣工所進奏章，由外奏事諸臣接入，於此交內奏事進呈。得旨後仍由此交出。

奏事房轉南向北者爲南書房。《國朝宮史》

按：南書房爲內廷詞臣直廬。

南書房之東爲宮殿監等辦事處。《國朝宮史》

按：宮殿監等辦事處恭懸聖祖御書額曰敬事房。

昭仁殿之左東出者爲龍光門，弘德殿之右西出者爲鳳彩門，乾清宮後爲交泰殿。《國朝宮史》

按：交泰殿淥金圓頂，制如中和殿。殿內恭懸聖祖御書額曰無爲。皇上御書聯曰：恒久咸和迓天休而滋至，關睢麟趾立王化之始基。殿中設寶座，左安銅壺刻漏，右安自鳴鐘。國朝御用寶璽二十有五，俱尊藏於殿中。

交泰殿兩廡間左出者爲景和門，右出者爲隆福門，殿之後爲坤寧宮。《國朝宮史》

按：坤寧宮順治十二年建，殿廣九楹，殿之東暖閣恭懸皇上御書聯曰：天惟純佑命俾爾戩穀百禄是荷，民其敕懋和綏以多福萬國咸寧。閣上額曰福德相。聯曰：功德莊岩輝寶月，薰聞安樂引祥風。閣下東室額曰紫垣。西室聯曰：斯干咏松竹，天寶頌升恒。皆御書。

坤寧宮左爲東暖殿，右爲西暖殿。《國朝宮史》

按：東暖殿、西暖殿與昭仁、弘德二殿相對，俱康熙三十六年建。東暖殿之東爲永祥門，稍北爲基化門，俱東出。西暖殿之西爲增瑞門，稍北爲端則門，俱西出。坤寧宮之後北向正中爲坤寧門。門外即御花園，左曰瓊苑東門，右曰瓊苑西門。《國朝宮史》

按：御花園內珍石羅布，嘉木鬱葱，又有古柏藤蘿，皆數百年物。御花園正中爲天一門。《國朝宮史》

按：天一門前列金麟二。天一門北南嚮爲欽安殿。國朝宮史

按：欽安殿祀元天上帝，殿內恭懸皇上御書額曰統握元樞。中頂安滲金寶瓶，殿前方亭二。

欽安殿東稍北，叠石爲崇山，山正中有石洞。《國朝宮史》

按：石洞門顔曰堆秀，左側恭鐫皇上御書雲根二字。崇山巔有亭曰御景亭，山之東爲摛藻堂。《國朝宮史》

按：摛藻堂向爲藏弆秘籍之所，以經史子集四部分置。乾隆三十八年，命彙輯四庫全書。復命擇其尤精者録爲薈要，計一萬二千册，於堂内東西增置書架庋弆，仍依四庫之序。恭懸御書額曰摛藻抒華。聯曰：庭鐃芳毯鋪生意，座有芸編結古歡。西室門外聯曰：左右圖書静中涵道妙，春秋風月佳處得天和。門内額曰宿鳳。聯曰：從來多古意，可以賦新詩。皆御書。

摛藻堂東爲凝香亭，堂前有池，池上爲浮碧亭，亭之南爲萬春亭，再南嚮西者爲絳雪軒。《國朝宮史》

按：絳雪軒前多植海棠，軒内恭懸皇上御書額曰視履考祥。聯曰：東壁焕圖書，琳瑯滿目；西清瞻典册，經緯從心。右室聯曰：樹將暖旭輕籠牖，花與香風並入簾。内室聯曰：花初經雨紅猶淺，樹欲成陰緑漸稠。皆御書。

欽安殿西稍北爲延暉閣。《國朝宮史》

按：延暉閣上恭懸皇上御書額曰凝清室。東間聯曰：雪朗西山送寒色，花輝東壁發生馨。閣下聯曰：麗日和風春淡蕩，花香鳥語物昭蘇。又聯曰：錦座凝香花敷春苑麗，晴窗挹翠霞帶曉屏舒。皆御書。

按：養性齋東嚮者七楹，南北嚮，相接者各三楹，皆有樓。樓上正中恭懸聖祖御書額曰飛龍在天。左室聯曰：心蹟只今偏愛澹，詩情到此合添幽。又聯曰：一室虚生無限白，四時不改總常青。右室聯曰：自是林泉多藴藉，依然書史得周旋。又聯曰：日永亭臺爽且静，雨餘花木秀而鮮。皆聖祖御書。樓下正中恭懸皇上御書額曰居敬存誠。聯曰：體道鳶魚看活潑，消閒書史挹菁英。又聯曰：暇當綈几身聊憩，景入紗疏意與存。北樓下東嚮額曰悦心頤神。聯曰：古香研道秘，新藻發春妍。南樓下東嚮聯曰：四季風光無盡藏，百城古帙有餘馨。皆御書。

又卷一五《國朝宮室七》 按：景仁宮順治十二年重建，前殿恭懸皇上御書額曰贊德宮闈。

廣生左門東相對爲履和門，中間南嚮者曰承乾門，門内爲承乾宮。《國朝宮史》

按：承乾宮順治十二年重建。前殿恭懸皇上御書額曰德成柔順。後殿聯曰：三秀草呈雲彩焕，萬年枝茂露香凝。

大成左門東相對爲凝瑞門，中間南嚮者曰鍾粹門，門内爲鍾粹宮。《國朝宮史》

按：鍾粹宮順治十二年重建，前殿恭懸皇上御書額曰淑慎温和，聯曰：篆裊猊爐知日永，風清虬漏報春深。

鍾粹宮之東爲東二長街，南則麟趾門，北則千嬰門，街東與景曜門相對者曰凝祥門，再東爲昭華門，中間南嚮者曰延禧門，門内爲延禧宮。《國朝宮史》

按：延禧宮康熙二十五年重建。前殿恭懸皇上御書額曰慎贊徽音。東二長街之東與履和門相對者曰德陽門，再東爲仁澤門，中間南嚮者曰永和門，門内爲永和宮。《國朝宮史》

按：永和宮康熙二十五年重建。前殿恭懸皇上御書額曰儀昭淑慎。

東二長街之東與凝瑞門相對者曰昌祺門，再東爲衍瑞門，中間南嚮者曰景陽門，門内爲景陽宮。《國朝宮史》

按：景陽宮康熙二十五年重建。前殿恭懸皇上御書額曰柔嘉肅敬。後殿聯曰：古香披拂圖書潤，元氣冲融物象和。東室聯曰：生機對物觀其妙，義府因心獲所寧。西室聯曰：蜃窗日朗蘭噴霧，雞樹風輕玉靄春。又聯曰：書圃禮園無斁好，甌香研淨有餘欣。皆御書。其後殿因鑒定内府現藏之宋高宗所書《毛詩》及馬和之所繪圖卷合篋弆藏，御題額曰學詩堂。

景陽宮之東有小長街，街南嚮東直出者爲蒼震門，街東爲内庫房，其北嚮者爲欽昊門，門中嚮南爲天穹門，門内爲天穹寶殿。《國朝宮史》

按：天穹寶殿祀昊天上帝，殿内恭懸皇上御書。聯曰：無言妙化資元始，不已神功運穆清。

千嬰門之北有殿宇五所，所謂乾東五所也。《國朝宮史》

日精門長街之南向東爲仁祥門，再東相對爲陽曜門，正中爲齋宮。《國朝宮史》

按：雍正九年建立齋宮，凡南郊、北郊及祈穀、常雩大祀，皇帝致齋於此。前殿五楹，中設寶座，恭懸御書額曰敬天。聯曰：克踐厥猷聰聽祖考之彝訓，無斁康事先知稼穡之艱難。東暖閣聯二，一曰：天道欽崇永保命，萬幾敕毖屢省成。一曰：一念純誠昭格本，萬緣清静旦明中。西暖閣聯曰：皓月空懸心鏡朗，妙雲擁護智珠圓。皆御書。後殿恭懸御書額曰孚顒殿，又額曰莊敬日强。聯曰：慎獨謹幾旦明懷帝載，思艱圖易宵旰念民依。東室聯曰：一編金鑑懷無逸，五夜銅籤警未央。西爲寢宫，恭懸御書額曰敬止。聯曰：午夜端居欽曰旦，寅衷昭事格維馨。又聯曰：洗心宥密欽羲傳，致德精明稟禮經。又聯曰：吉蠲致敬先三日，昭格維誠矢一心。皆御書。

廣生右門之西相對爲崇禧門，中間南向者曰翊坤門，門内爲翊坤宫。《國朝宫史》

按：順治十二年重建翊坤宫，前殿恭懸皇上御書額曰懿恭婉順。後殿額曰懋端壼教。聯曰：德茂椒塗綿福履，教敷蘭掖集嘉祥。皆御書。

大成右門之西相對爲長泰門，中間南向者曰儲秀門，門内爲儲秀宫。《國朝宫史》

按：順治十二年重建儲秀宫，前殿恭懸皇上御書額曰茂修内治。

儲秀宫之西爲西二長街，南則螽斯門，北則百子門也。街西與純佑門相對者曰嘉祉門，再西爲啟祥門，中間南向者亦曰啟祥門門，内爲啟祥宫。《國朝宫史》

按：康熙二十二年重建啟祥宫，前殿恭懸皇上御書額曰勤襄内政。

崇禧門相對者曰敷華門，再西爲綏祉門，中間南向者曰長春門，門内爲長春宫。《國朝宫史》

按：康熙二十二年重建長春宫，前殿恭懸皇上御書額曰敬修内則，後殿額曰德協坤元，西室額曰德洽六宫。皆御書。

長泰門相對者曰咸寧門，再西爲永慶門，中間南向者曰咸福門，門内爲咸福宫。《國朝宫史》

按：康熙二十二年重建咸福宫，前殿恭懸皇上御書額曰内職欽承。聯曰：敬順禔躬吉，温恭受福宜。後殿額曰滋德含嘉。聯曰：天倪超萬象，神氣領三無。東室額曰琴德簃，西室額曰畫禪室。皆御書。

又　卷一六《國朝宫室八》　按：樂善堂之東西暖閣俱供佛像。東暖閣内恭懸聖祖仁皇帝御書額曰意葉心香。聯曰：蓮花貝葉因心見，忍草禪枝到處生。西暖閣内恭懸皇上御書額曰吉雲持地。聯曰：滿字一如心得月，梵言半偈舌生蓮。

樂善堂之後爲重華宫。《國朝宫史》

按：重華宫東室額曰芝蘭室，恭懸世宗憲皇帝御書。聯曰：芰荷香繞垂鞭袖，楊柳風微弄笛船。西室恭懸皇上御書聯曰：篆裊金爐入座和風初送暖，花迎玉佩映階芳草自生榮。

葆中殿内額曰古香齋。聯曰：四壁圖書饒古色，重簾烟篆挹清芬。浴德殿内額曰柳齋，聯曰：賞心於此遇，即事多所欣。翠雲館内聯曰：古訓手披勤每競寸陰求日益，民依心默運常先萬姓祝年豐。東室額曰養雲，聯曰：白雲有古調，青山無俗緣。東次室額曰長春書屋，西室額曰墨池。聯曰：屏展烟鬟雲鶴閒看心共遠，座凝香篆風松静覺韻偏清。西次室額曰澄心觀道妙。

重華宫之東爲漱芳齋。《國朝宫史》

按：漱芳齋内額曰正誼明道。東室額二，一曰莊敬日强，一曰高雲情。聯二，一曰：清燕凝神天和閒處養，從容守正元化静中涵。一曰花香鳥語羣生樂，月霽風清造物心。

按：静憩軒門上聯曰：由舊典時式其永無愆，思庶政惟和不敢自逸。西室聯二，一曰寫誠敬之心禮章樂亮，繪恬熙之象日麗風和。一曰緑綺琴彈白雪引，烏絲絹寫黄庭經。殿後穿堂額曰稽古右文。聯曰：恭己奉三無，澄心待萬幾。堂後東向額曰金昭玉粹。聯曰：瑞景瓊樓開錦繡，歡聲珠閣奏雲韶。

啟祥宫之西南向爲延慶門，門内爲延慶殿，殿後爲廣德門，門内爲撫辰殿。《國朝宫史》

按：撫辰殿内額曰歛福宜民，聯曰：生機對物觀其妙，義府因心獲所寧。

撫辰殿後爲建福宫。《國朝宫史》

按：建福宫乾隆五年建，恭懸御書額曰不爲物先。東室聯曰：交泰三陽肇義象，歛時五福協箕疇。西室聯曰：香藹綺疏蕙圃敷榮滋湛露，風清釦砌芝房擢秀映長春。皆御書。

又　卷一七《國朝宫室九》　建福宫後爲惠風亭，又北爲静怡軒。《國朝宫史》

按：静怡軒内額曰與物皆春。聯曰：雨潤湘簾苑外青巒飛秀，風披錦幕堦前紅药翻香。静怡軒西室額曰四美具。其屏間爲御書視聽言動思五箴。室後聯曰：墨壺琴薦相先後，舊詠新裁自品評。又聯曰：蘭殿藹晴暉爐烟結翠，芝宫呈秀采砌草舒芳。

静怡軒後爲慧曜樓，樓西爲吉雲樓。《國朝宫史》

按：吉雲樓内聯曰：吉雲垂大地，慈鏡照諸天。樓下額曰如是室。聯曰：華海澄明性源離色相，法鈴朗徹覺地了聲聞。

吉雲樓西爲敬勝齋。《國朝宫史》

按：敬勝齋閣上額曰旰食宵衣，聯曰：看花生意蕊，聽雨發言泉。閣下西室額曰性存，聯曰：致虛涵白室，式古凜丹書。敬勝齋閣之西額曰德日新。聯曰：牙籤披古鑒，香篆引澄懷。其庭中垣門上東向恭鐫御書額曰朝日暉。其東山石上恭勒御題曰飛扁。

敬勝齋垣西爲碧琳館。《國朝宫史》

按：碧琳館東向，樓上額曰静中趣。聯曰：參得王蒙皴法，寫將杜甫詩情。又聯曰：與物皆春花木四時呈麗景，抗心希古圖書萬軸引清機。又左聯曰：軒墀饒秀潤，書史足吟哦。右聯曰：味道研精義，隨時愛景光。樓下聯曰：素心悦澹泊，勝托惟静虚。又曰：窗意包涵畫，天容醖釀春。

碧琳館南爲妙蓮華室。《國朝宫史》

按：妙蓮華室内聯曰：青蓮法界本清淨，白毫相光常滿圓。又聯曰：轉諦在語言而外，悟機得真實之中。

妙蓮華室南爲凝暉堂。《國朝宫史》

按：凝暉堂聯曰：十二靈文傳寶炬，三千淨土蔭慈雲。其南室額曰三友軒。

凝暉堂之前爲延春閣，北與敬勝齋相對。《國朝宫史》

按：延春閣内南面額曰惠如春，聯曰：瑶堦鶴繞三株樹，玉宇鸞鳴九子鈴。又聯曰：玉砌風清五色祥光連棟宇，銅籤晝静四時佳氣集蓬壺。東室門上額曰清華，西室門上額曰朗潤。東次室聯曰：四序調和懷育物，萬幾清暇愛攤書。東面室内額曰潔素履。聯曰：山水之間發清響，古今以上多同人。右室聯曰：拂濫露濃晴樹濕，捲簾風細落花香。西面額曰静觀自得。聯曰：閒爲水竹雲山主，静得風花雪月權。又聯曰：燕賀鶯遷樂意相關禽對語，蘭芽桂蕊生香不斷樹交花。左室額曰芝田，右室額曰蘭畹。二層樓上額曰澄懷神自邊。聯三，一曰：吟情遠寄青瑶障，悟鏡微參寶篆香。一曰：春藹簾櫳氤氲觀物妙，香浮几案瀟灑暢天和。一曰：緑水亭前羅帶繞，碧山窗外畫屏開。最上樓額曰俯暢羣生。延春閣之西門上御題石刻，南向者曰含象，北向者曰懷芬。閣前疊石爲山上，結亭曰積翠。山左右有奇石，西曰龍來，東曰玉玲瓏。山之西穿石洞，而南洞口恭勒御題曰鷲峰。南有静室，東向，額曰玉壺冰，又額曰鑑古。聯曰：湘管擒新會，芸編發古香。折而南有聯曰：地學蓬壺心自遠，身依泉石興偏幽。又聯曰：奇石盡含千古秀，好花長占四時春。其上有樓，供大士像。聯曰：智珠不斷恒河界，明鏡長懸兜率邊。又聯曰：流水如有意，高雲共此心。

月華門之西相對者爲遵義門，門西向南者爲養心門，中爲養心殿。《國朝宫史》

按：養心殿爲皇上宵旰寢興之所，凡辦理庶政召對引見，視乾清宫。殿内恭懸世宗憲皇帝御書額曰中正仁和。寶座屏上皇上御書聯曰：保泰常欽若，調元益懋哉。東暖閣内御書聖祖仁皇帝聖訓。【略】東暖閣下聯曰：憂其所可恃，懼其所可矜。後室門上額曰記所託。聯曰：汲古得修綆，守道無異營。又聯曰：書圃禮園無斁好，甌香研淨有餘清。東室爲寢宫，西室額曰隨安室。聯曰：無不可過去之事，有自然相知之人。西南室額曰明窗。西暖閣内恭懸世宗憲皇帝御書額曰勤政親賢。聯曰：惟以一人治天下，豈爲天下奉一人。

養心殿西室爲三希堂。《國朝宫史》

按：三希堂額爲御題，有御製三希堂記。聯曰：懷抱觀古今，深心託毫素。並御書。

西暖閣後北接後軒三楹，東爲無倦齋，爲長春書屋。《國朝宫史》

按：西暖閣夾道門額曰自强不息。長春書屋聯曰：閒尋綺思千花麗，静想高岑六義清。内室聯曰：景深乎甲含胎際，春在人心物性間。又聯曰：麗日和風春淡蕩，花香鳥語物昭蘇。

養心殿後爲穿堂，爲二層殿。《國朝宫史》

按：養心殿後穿堂屏門東西各有額，曰雲流，曰風振，俱南向。向北額曰蘭卮涵春。二層殿上北向額曰與物皆春。聯曰：心天之心而宵衣旰食，樂民之樂以和性怡情。殿之東暖閣門額曰樂天閣。内室門聯曰：仲尼不爲已甚者，惟帝若是其難之。室内額曰攸芋齋，聯曰：情將物外適，道與古人期。

養心殿之前爲御膳房。《國朝宫史》

按：御膳房恭懸聖祖御書額曰膳房。

又卷一八《國朝宫室十》景運門之東相對爲肅誠門，入門南向爲奉先殿。《國朝宫史》

按：順治十四年世祖章皇帝以太廟時享，孝思未申，命稽往制，建立奉先殿。前殿七楹，後殿如之。凡朔望薦新，歲時展禮，及册封諸大典禮，先期告祭，俱内務府掌儀司領其事。

按奉先殿東爲夾道，即蒼震門前直街也。街東爲寧壽宮。《國朝宮史》

按：寧壽宮建自康熙年間，乾隆三十六年皇上命重加增葺。宮垣南北一百二十七丈有奇，東西三十六丈有奇。門六，正中南嚮者恭懸御書額曰皇極。門東出者曰斂禧門，西出者曰錫慶門，又西嚮者曰履順門，曰蹈和門，東嚮者曰保泰門。皇極門之内曰寧壽門，門内爲皇極殿。殿廡東出者爲凝祺門，西出者爲昌澤門。皇極殿後爲寧壽宮。宮内東暖閣御書聯曰：周雅慶攸寧長宜茀禄，箕疇徵曰壽遞演京垓。

按：寧壽宮後亘以横街，其東即保泰門，西即蹈和門，正中爲養性門，門内爲養性殿。殿之東暖閣御書聯曰：太和道共養，純嘏性彌敦。其南牖額曰明窗。聯曰：曆窗日暖蘭噴霧，雞樹風輕玉靄春。西暖閣之北爲仙樓。聯曰：泰符占歲美，頤志叶春和。又聯曰：圖書采秘藴，鐘鼎玩清嘉。其西南室額曰長春書屋。聯曰：花鳥引機緒，詩書藴道荄。養性殿西宇額曰香雪堂，堂兩廡壁嵌置敬勝齋石刻。

按：養性殿後爲樂壽堂，額曰與和氣游。聯曰：座右圖書娱晝景，庭前松柏藹春風。寶座屏聯曰：樂同樂而壽同壽，智見智而仁見仁。楹間聯曰：土香堦色纔蘇紐，風細盆梅欲放花。又聯曰：動静得其宜取義異他德壽，性情隨所適循名同我清漪。東暖閣聯曰：樂惟四時適，壽與萬方同。又聯曰：波含素影澄心鏡，魚躍清淵識道機。北室聯曰：景清神謐天常泰，水趣山情静可論。東宇聯曰：亭臺總是長生境，鶴鹿皆成不老仙。西暖閣南室聯曰：智者樂兼仁者壽，月真慶共雪真祥。西室聯曰：趣爲永哉暢非俗，樂惟仁者寄於山。又聯二，一曰：夏鼎商彝共左右，墨華筆露永鮮新。一曰：閒披芸簡窗前朗，静聽松風户外敲。後廈聯曰：籠庭水樹宜凉影，匝砌烟花帶露姿。閣之上聯四，一曰：鳥吟花笑有餘樂，月白風清無盡藏。一曰：智水仁山從體道，奇花瑞草總含芳。一曰：成陰喬木天然爽，過雨閒花自在香。一曰：智仁適會動還静，枕葄無非史與書。西北閣上聯二，一曰：商鼎周彝自典重，檻花苑樹相芬芳。一曰：庭鐃芳毯鋪生意，座有芸編結古懽。後廈閣上聯曰：心觸清機親翰墨，目游潤景足精神。

按：樂壽堂之西爲三友軒。楣間額曰：胸中常養十分春。樂壽堂後爲頤和軒。軒兩廡壁亦嵌置敬勝齋帖石刻。正中額曰太和充滿。聯曰：景欣孚甲含胎際，春在人心物性間。又聯曰：麗日和風春淡蕩，花香鳥語物昭蘇。東暖閣之南室額曰隨安室，聯曰：慶烟糺縵籠青瑣，淑景和闐麗紫宸。西暖閣之西室聯曰：隨時自適天倪協，即事多欣道味涵。北室聯曰：境是天然贏繪畫，趣含理要入精微。西暖閣外亭額曰如亭，後廈額曰導和養素。聯曰：静延佳日春常盎，茂對祥風景總宜。

按：熙和軒後門額二，一曰引清風，一曰挹明月。門内爲景祺閣。閣東廳宇三楹，堦前湖石上刻文峰二字，石洞口刻雲竇二字，山亭額曰翠鬟。皆御書。

按：養性門至景祺閣，是爲寧壽宮之中一路。保泰門北崇樓三重，上額曰暢音閣，中額曰導和怡泰，下額曰壺天宣豫。其北與暢音閣相對者爲閱是樓，樓下中宇聯曰：開窗魚鳥含天趣，敧案詩書味道腴。東室聯曰：芝篆薰晨鼎，蓮檠檢夜書。西室聯曰：插架牙籤照今古，開編芸氣吐芬芳。又聯曰：閑情空外寄，妙道箇中參。樓上中宇聯曰：日長蓮漏三階正，春到梅花合殿香。樓後東宇聯曰：澄懷觀物真超矣，得意忘言亦快哉。閣後殿宇前後共四所，前殿額曰尋沿書屋。

按：後殿之東曰景福門，正中南嚮者爲景福宮。殿東閣下聯曰：每聞善事先心喜，或見奇書輒手抄。皆御書。西壁恭懸御製五福頌。

按：景福宮正殿後爲梵華樓，樓稍西爲佛日樓。樓下御書聯曰：鳥雀聽經皆宿慧，風旛説偈自高標。自保泰門至佛日樓是爲寧壽宮東一路。蹈和門内曰衍祺門，門内東宇額曰抑齋，聯曰：心田淨洗全如水，鼻觀清芬詎必蓮。東南隅亭額曰擷芳亭，其北額曰矩亭。皆御書。抑齋後爲古華軒，軒西亭額曰禊賞亭，亭中恭刊御筆臨董其昌《蘭亭記》。亭北爲旭輝庭，聯曰：鼎篆蘭烟直，窗前旭景新。古華軒後爲遂初堂，額曰養素陶情堂。東室門聯曰：墨斗硯山足遺逸，琪花瑶草底須妍。室内聯曰：屏山鏡水皆真綷，蘿月松風合静觀。

按：東配殿額曰愜志舒懷，堂後疊石屏門刊額曰承暉，曰挹爽。其西爲延趣樓，東嚮樓上聯曰：軒亭喜淳樸，甌硯總清嘉。樓外亭額曰聳秀亭，北爲萃賞樓。樓下中宇聯曰：閒庭不改風還月，敧案依然易與詩。西室門額曰聚景，聯曰：四圍應接真無暇，一晌登臨屬有餘。又聯曰：金界樓臺思訓畫，碧城鸞鶴義山詩。東室聯曰：高居因見遠，貞復會旋元。樓上中宇之左額曰積芳，又額曰延緑。西室聯曰：素壁題詩還自檢，明窗披帙雅相親。再西佛室聯曰：便有香風吹左右，似聞了義示緣因。萃賞樓西連樓六楹，爲雲光樓，樓内額曰養和精舍，樓下南室聯曰：四壁圖書鑑今古，一庭花木驗農桑。其東佛室門額曰西方極樂世界安養道場。聯曰：一龕古佛鐘魚寂，半榻天風衣袂寒。室内聯曰：春鳥有言率和樂，上林無樹不森沉。

按：萃賞樓後圓亭額曰碧螺，其北相對南嚮者爲符望閣。閣下南門左額曰欣遇，右額曰得全。門内聯曰：居中攬外襟懷暢，擊轂摩肩職植殷。又聯曰：俯臨常似披圖畫，得契宛堪悦性靈。東門内聯曰：雲卧天闕無不可，風清月白致多佳。西門内聯曰：畫情八窗納，春意百花舒。北門内聯曰：緑樹岩前疏復密，白雲窗外卷還舒。閣上北室聯曰：清風明月含無盡，近景遐觀攬莫遺。

按：符望閣前垣門東額曰延虚，曰愜志，西額曰挹秀，曰澄懷。閣後爲倦勤齋。齋内閣上聯曰：信可超繪事，於焉悦性靈。閣下聯曰：春秋富佳日，松竹葆長年。閣西次室聯曰：動趣都涵濇，静機常覺寧。又西閣上聯曰：當春蓮漏永，坐久蕙煙微。閣下聯曰：經書趣有永，翰墨樂無窮。

按：倦勤齋西廊外門額曰映寒碧，内爲竹香館。中宇聯曰：偶披風送爽，恰傍竹延虚。又聯曰：流水今日，明月前身。又聯曰：松雲清棟牖，書契洽嫏嬛。符望閣西門外爲玉粹軒，東嚮，其南室額曰得閑室。聯曰：甄性神明境，陶情翰墨筵。北爲佛室，聯曰：禽音仍唱迦陵偈，花色全標幻海禪。又北爲淨塵心室，聯曰：洗不期其箏笛耳，悦原契此淨明心。又聯曰：春物薰馨含慧業，名禽宛轉入聞思。室後門額曰超妙。皆御書。

景福宫之後爲兆祥所，今爲皇子所居。西爲花園，又西即神武門也。《國朝宫史》

按：今新葺規制兆祥所在寧壽宫垣之後，《國朝宫史》所稱乃舊制也。

又卷一九《國朝宫室十一》 隆宗門之西爲慈寧宫。《國朝宫史》

按：慈寧宫順治十年建，乾隆十六年重加修葺。東爲永康左門，西爲永康右門，正中南嚮爲慈寧門，前列金獅二。門内正殿恭懸皇上御書額曰寶籙駢禧，又額曰慶隆尊養。屏聯曰：蘭殿頤和尊備養，萱庭集慶壽延禧。楹間聯曰：愛日舒長蘭殿春暉凝彩仗，慈雲環蔭萱庭佳氣接蓬山。殿前東廡門曰徽音，左門西廡門曰徽音右門。後殿供佛像，恭懸聖祖仁皇帝御書額曰萬壽無疆。皇上御書聯曰：百八牟尼現莊岩寶相，三千薝蔔聞清淨妙香。又聯曰：人天功德三摩地，龍象威神兩足尊。皆御書。殿後東廡佛堂，聖祖御書額曰四星容華。慈寧宫左殿宇二層，東有門曰慈祥門，與啟祥門遥對，慈寧門之南爲長信門。《國朝宫史》

按：長信門又南舊爲永安門，其左爲迎禧門，右爲覽勝門，今制惟正南有長慶門。

慈寧宫花園中爲咸若館。《國朝宫史》

按：慈寧宫花園前宇爲咸若館，供佛。皇上御書額曰壽國香臺，聯曰：證最勝因金界莊岩歡喜地，讚無量壽寶輪擁護吉祥雲。館之左爲寶相樓，右爲吉雲樓。寶相樓南爲含清齋，吉雲樓南爲延壽堂。池上爲臨溪亭。咸若館後樓宇御書額曰慈蔭樓。

慈寧宫之西爲壽康門，門内爲壽康宫。《國朝宫史》

按：壽康門又南爲慈寧右門。壽康宫内恭懸皇上御書額曰慈壽凝禧，聯曰：玉琯應陽春祥開南極，璇宫呈麗景慶洽西池。中殿聯曰：慶叶瑶圖融和開壽域，祥呈閬苑熙皞樂康衢。東暖閣聯曰：福集璇圖天永錫，祥開綺甲日重光。又聯曰：光華呈愛日，仁壽遍和風。後殿聯曰：四海爲家欽養志，萬年介祉永承歡。又聯曰：鳳集桐花來絳闕，鶴銜桃實自丹山。西室聯曰：金盤露滿瑶華麗，丹粟祥凝鶴算綿。又聯曰：歡心依日永，樂志願春和。皆御書。

壽康宫之後爲壽安宫。《國朝宫史》

按：壽安宫本咸安宫舊址，乾隆十六年改建，在壽康宫後。東西爲長街，街西爲長庚門，門内正中南嚮者爲壽安門，内爲春禧殿，殿後爲壽安宫。正殿恭懸皇上御書額曰長樂春暉，又額曰瑶樞純嘏。聯四，一曰：百福屏開慶葉九如宏壽域，五雲景麗恩敷萬象入春臺。一曰：壽國樂舒長韶成九奏，安輿承悦豫舞效三呼。一曰洪範演疇徵備福，黄鐘肇律叶長生。一曰：香宸引祥風序符清晏，仙壺承愛日景叶升恒。東暖閣額曰景暉，曰熙春，聯曰：紅梅翠竹天然畫，妙理清機不盡吟。又聯曰：松牖樂春熙既安且吉，蘭陔宜晝永曰壽而昌。東樓下額曰集慶，曰宣豫，聯曰：芝棟雲霞麗，蘭陔日月長。又聯曰：宜春苑滿恒春樹，介壽筵開益壽花。西暖閣額曰慈釐積慶，聯曰：慶霄輝壽曜，仙圃麗春光。又聯曰：鈞庭延淑景，璇阝巴藹祥風。西樓額曰華蔭，曰金藹，聯曰：静裏遠懷千古事，意中常滿十分春。殿前延樓左右相屬，中爲崇臺三層，上層額曰慶霄留濩，聯曰：鳳翥輝呈阿閣瑞，珠聯景繪泰階符。中層額曰層城廣樂，聯曰：圖疇遞演京垓積，律吕環生上下和。下層額曰崑閬恒春，聯曰：鳴豫叶雲韶頌集九如開壽域，祝釐陳彩舞歡聯萬象譜春臺。殿後庭中疊石爲山，東曰福宜齋，齋内聯曰：西池增寶籙，南極耀珠躔。西曰萱壽堂，堂内聯曰：寶篆長生籙，瑶屏集瑞圖。皆御書。

慈寧宫之東北即啟祥門外夾道，其北南嚮爲凝華門，門内爲雨華閣。《國朝宫史》

按：雨華閣三層，俱供佛。上層恭懸皇上御題閣額，中層額曰普明圓覺，聯曰：青蓮法界普清浄，白毫相光離色空。又聯曰：三身俱足根塵外，萬法齊歸願海中。下層額曰智珠心印，聯曰：般若慈源遠通華海匯，菩提覺路妙轉法輪圓。又聯曰：花布妙香霏四種，金塗傑閣現諸天。又聯曰：妙果圓成華海同歸無盡藏，靈因静證珠宫常雨四時花。又聯曰：寶界現莊岩雲凝華鬘，香臺開般若雨散曼陀。閣内聯曰：具神通力，生歡喜心。又聯曰：善果皆歡喜，香雲普吉祥。又聯曰：靈鷲風香傳妙偈，澄潭月皎印真如。其西爲梵宗樓，樓上聯曰：妙會梵香三界上，實參宗印四天中。樓下聯曰：七寶共莊岩金光高映，四花紛擁衛香雨濃霏。皆御書。

雨華閣後爲昭福門，門内爲寶華殿，殿後爲香雲亭，其北爲中正殿。《國朝宫史》

按：中正殿恭懸御書額曰然無盡燈。聯曰：妙諦六如超衆有，善根三藐福羣生。壽安宫之北爲英華門，門内爲英華殿。《國朝宫史》

按：英華殿庭内方亭恭勒皇上御製詩碑。

英華殿之西北有城隍廟。《國朝宫史》

按：英華殿西北之城隍廟，雍正四年敕建，其祀典則内務府掌儀司之。

城隍廟東爲祀馬神之所，又東爲神武門。《國朝宫史》

神武門之北過橋爲景山，山前爲北上門，東門曰山左裏門，西門曰山右裏門，門内爲景山門，入門爲綺望樓，樓後即景山，有峰五。同上

按：北上門左右嚮北長廡各五十楹，其西爲教習内務府子弟讀書處。景山五峰上各有亭，中峰亭曰萬春，左曰觀妙，又左曰周賞，右曰輯芳，又右曰富覽，俱乾隆十六年建。景山後爲壽皇殿。《國朝宫史》

按：壽皇殿舊在景山東北，乾隆十四年上命移建。南臨景山中峰，殿門外正中南嚮寶坊一，前額曰顯承無斁，後曰昭假惟馨。左右寶坊各一，左之前額曰紹聞祗遹，後曰繼序其皇，右之前額曰世德作求，後曰舊典時式。北爲甎城門三，門前石獅二，門内戟門五楹。大殿九室，規制仿太廟，左右山殿各三楹，東西配殿各五楹，碑亭、井亭各二，神厨、神庫各五。殿内敬奉聖祖仁皇帝、世宗憲皇帝御容，皇上歲時瞻禮於此。並自體仁閣恭迎太祖高皇帝、太宗文皇帝、世祖章皇帝列后聖容敬謹尊藏殿内。

壽皇殿後東北曰集祥閣，西北曰興慶閣，殿東爲永思門，門内爲永思殿。《國朝宫史》

按：永思殿西暖閣恭懸皇上御書聯曰：一氣感通昭陟降，萬年嗣服式儀型。東暖閣樓上聯曰：視聽思無遠，天心格有孚。皆御書。

永思殿又東爲觀德殿。《國朝宫史》

按：觀德殿恭懸聖祖御書額曰正大光明，聯曰：琴韻聲清松窗滴露依蟲響，書帷夜永蘿壁含風動月華。

觀德殿東爲護國忠義廟。《國朝宫史》

按：護國忠義廟範關聖立馬像，恭懸聖祖御書額曰忠義。

又　卷二〇《國朝宫室·雍和宫》　雍和宫在皇城東北，世宗憲皇帝藩邸也。登極後命名曰雍和宫。宫前寶坊二，正中石坊一，自是而内，甬道綿亘，爲昭泰門。門内東西列碑亭。中爲雍和門，門内爲天王殿，左右環以迴廊。正中爲雍和宫。《國朝宫史》

按：宫之前左右寶坊各一，左之前榜曰慈隆寶葉，後曰四衢浄闢，右之前榜曰福衍金沙，後曰十地圓通。正中石坊一，南向額曰寰海尊親，後曰羣生仁壽。天王殿内額曰現妙明心。聯曰：法鏡交光六根成慧日，牟尼真浄十地起祥雲。宫内聯曰：接引羣生揚三千大化，圓通自在住不二法門。又曰：法界示能仁福資萬有，浄因爭廣慧妙證三摩。宫後爲永佑殿。《國朝宫史》

按：永佑殿聯曰：般若慈源覺海原無異派水，菩提元路德山相見别峰雲。

永佑殿後爲法輪殿，左右山殿各三間。

按：法輪殿左右山殿，西爲戒壇，乾隆四十四年命照熱河廣安寺戒

壇之式改建。方壇三層，每層各圍以石欄，用列佛像。東爲藥師壇。是年並改建重樓上下各五楹，與戒壇相配。四十五年八月落成。法輪殿額曰恒河筏喻。聯曰：是色是空蓮海慈航游六度，不生不滅香臺慧鏡啟三明。又曰：鬘雲采護祥輪錦軸光明輝萬象，龍沼慶貽寶地玉毫圓足聚三花。戒壇内額曰律持定慧。聯曰：法會啟無邊共守真如願力，律宗超最上総持實相因緣。東樓上額曰能仁普度。聯曰：寶地偏沾功德潤，香臺恒擁吉祥花。樓下額曰慈雲應念。聯曰：廣一切善緣現莊岩相，普如是功德發歡喜心。

法輪殿後爲萬福閣，東爲永康閣，西爲延寧閣，閣後爲綏成殿。《國朝宮史》

按：萬福、永康、延寧三閣並峙，上有閣道，相通東向西向則別爲配殿也。萬福閣内額曰緣覺妙諦，又曰放大光明。南向聯曰：以不可思議説微妙法，具無量由旬作清淨身。北向聯曰：説法萬恒沙金輪妙轉，觀心一止水華海常涵。西向聯曰：丈六顯金身非空非色，大千歸寶所即境即心。東向聯曰：合大地成形非有爲法，與衆生同體作如是觀。中層檐前額曰淨域慧因，下層檐前額曰圓觀並應。聯曰：慧日麗璇霄光明萬象，法雲垂玉宇安隱諸方。永康閣聯曰：慧日朗諸天圓輝寶相，吉雲垂大地淨掃塵根。延寧閣聯曰：獅座寶花拈來參妙諦，檀林法乳觸處領真香。

宮之東爲書院，院門三間，入門爲平安居，後有堂，堂後爲如意室，室後正中南向爲書院正室。《國朝宮史》

按：平安居額世宗憲皇帝御書。殿内皇上御書額曰因寄所托。如意室額世宗御書。又額曰與天游，皇上御書。東室爲佛堂，聯曰：於澹泊中尋理趣，不空色際忘言詮。西室内恭懸聖祖仁皇帝御書額曰爲善最樂。御書聯曰：情將物外適，道與古人期。書院正室恭懸世宗御書額曰大和齋，又額曰爲善最樂。聯曰：種德在寬仁俾昌爾後，立身惟忠孝永建乃家。皆聖祖御書。東寢宮恭懸御書額曰窗含遠色，西屋門上前曰勤農，後曰課織。屏間繪耕織圖。南有山亭，恭懸世宗御書額曰翼然亭。後殿二重，其前恭懸御書額曰靜挹化源。

大和齋之東，其南爲畫舫，南向正室曰五福堂。《國朝宮史》

按：齋東畫舫後左右迴廊相接。五福堂額聖祖御書。内恭懸御書額曰悦目賞心。聯曰：大德曰生，到處和風甘雨，與民偕樂隨時擊壤歌衢。堂後書室數楹，額曰幽偏自怡。聯曰：健行乾不息，遜志益無疆。皆御書。

大和齋之西爲海棠院，北有長房，更後延樓一所，西爲斗壇。《國朝宮史》

按：院内額曰香紅雨，院後書室額曰清暉娱人。聯曰：雲山觀動静，花木驗農桑。又後室額曰高雲情。皆御書。院西循廊而北，有長房一帶，後有延樓，斗壇上恭懸聖祖御書額曰祝齡壇。壇東爲佛，樓樓前有平臺，其東佛堂三楹。宮西後爲關帝廟，前爲觀音殿，殿内恭懸御書額曰香林寶月。

又 卷二一《國朝宮室・西苑一》 西華門之西，爲西苑。榜曰西苑門，入門爲太液池。《國朝宮史》

按：西苑太液池，源出玉泉山，從德勝門水關流入，匯爲巨池，周廣數里。自金盛時，即有西苑太液池之稱。名蹟如瓊華島廣寒殿諸勝，歷元迄明，苑池之利相沿弗改，然以供游憩而已。我朝列聖相承，勵精圖治，於此引對臣工綜理機務，或宴賚王公卿士，或接見朝正外藩，以及征帥勞旋、武科較技，例於苑内之惇叙殿、涵元殿、瀛臺、紫光閣親莅舉行。龍光燕譽，賡拜揚休。冬月則陳冰嬉，習勞行賞，以簡武事而修國俗云。西苑門循池東岸西折，臨池面北正門曰德昌門，門内爲勤政殿，殿後爲仁曜門。《國朝宮史》

按：德昌門内正殿五楹北向，恭懸聖祖仁皇帝御書額曰勤政。皇上御書聯曰：常切單心歸宥密，每懷敕命凛幾康。仁曜門南爲翔鸞閣，閣後東樓曰祥輝，西曰瑞曜。由閣而南爲涵元門，門内東向爲慶雲殿，西向爲景星殿，正中南向爲涵元殿。《國朝宮史》

按：翔鸞閣廣七間，左右延樓迴抱各十九間，涵元殿正中恭懸皇上御書額曰：天心月脅，東室額曰含經味道。聯曰：四面波光動襟袖，三山煙靄護壺洲。又曰：風篁叶韶濩，雲樹藹蓬壺。西室聯曰：於此間得少佳趣，亦足以暢叙幽情。皆御書。

按：涵元殿之東爲藻韻樓，西爲綺思樓，正北相對爲香扆殿。《國朝宮史》

按：藻韻樓綺思樓上下各六楹，香扆殿三楹，殿之東有室三楹北向，額曰溪光樹色。聯曰：圖畫參生動，詩書閲古芳。北接三楹西向，額曰虚舟。聯曰：閒雲入窗牖，清露滴梧桐。又曰：心澹水木秀，興幽魚鳥閒。又曰：罏香書静雲編展，花海春深竹檻清。殿之西有室三楹北向，額曰水一方。北接三楹，額曰蘭室。聯曰：亭臺涵月鏡，花木暢天機。又曰：過眼寸陰求日益，關心萬姓祝年豐。

香扆殿後南向曰瀛臺。東爲春明樓，西爲湛虛樓。《國朝宮史》

按：瀛臺爲明時南臺舊趾，本朝順治年間稍加修葺，皇上御書額曰瀛臺。有木變石在春明、湛虛兩樓之中，恭刊御製庚辰題句於上。

又 卷二二《國朝宮室·西苑二》 瀛臺臨水爲迎薰亭。《國朝宮史》

按：迎薰亭御書額曰對時育物。聯曰：相於明月清風際，只在高山流水間。藻韻樓折而東南向者爲補桐書屋，北向者爲隨安室。《國朝宮史》

按：補桐書屋東室聯曰：摩空野鶴養真性，遶壑風泉清道心。西室聯曰：清陰欲淩霄漢上，遠意自在山水間。隨安室聯曰：柳陰分緑籠琴几，花片飛紅入鏡屏。補桐書屋又折而東爲待月軒。《國朝宮史》

按：待月軒東室聯曰：寫檻常看霞生際，對坐宛當月上時。又曰：半奩緑水菱花對，一幀青山畫幅横。南一間爲海神祠。北建六方亭于石巖之上，顔曰鏡光亭。緑樹環繞，濃陰如繪。有桑柘一株尤蒼古，旁臨水際，構亭于水中，爲牣魚亭。轉石逕而南，爲牝谷。

綺思樓西崇臺北爲長春書屋，屋後室曰漱芳潤。《國朝宮史》

按：綺思樓之西山上爲臺，額曰八音克諧。

長春書屋三楹南向，聯曰：松烟衝翠幄，雲逕繞花源。又聯曰：澹蕩青陽盎，棼熅瑞旭舒。後門額曰延爽，曰導青。東室額曰賓鳳。聯曰：閒庭不改風還月，欹案依然易與詩。又曰：商鼎周彝自典重，檻葩苑樹相芬芳。西室額曰學林。聯曰：庭饒芳毯鋪生意，座有芸編結古歡。又聯曰：鳥吟花笑自餘樂，月白風清無盡藏。漱芳潤聯曰：勝地尚傳詩句在，好山合作畫圖看。又内室聯曰：悟物思遥託，悦心非外求。西穿堂聯曰：地高游目遠，雲歛騁懷寬。

長春書屋西池亭曰懷抱爽。《國朝宮史》

按：懷抱爽左右山石間有劍石二，恭勒皇上御書曰插笏。仁曜門東，沿堤過崑崙石渡橋，橋上有亭曰垂虹。又沿堤東南一亭曰俯清泚。國朝宮史俯清泚稍北曰淑清院。《國朝宮史》

按：淑清院，皇上御書額曰：水流雲在。淑清院，東北有室曰葆光。《國朝宮史》

按：葆光室額爲聖祖御書。

皇上御書聯曰：天向淡間無礙迥，雲從閒處有餘姿。又聯曰：心觸清機親翰墨，目游潤景足精神。

淑清院左渡橋爲韻古堂。《國朝宮史》

按：韻古堂舊爲蓬瀛在望，乾隆己卯平定回部，捷音甫至，適江右大吏獻臨江新獲周鑄鐘十一枚。皇上考定爲鎛鐘，貯之堂内，易名韻古，有御製韻古堂記。韻古堂左側有垣門，門東爲流杯亭。《國朝宮史》

按：垣門石刻聖祖仁皇帝御書流杯亭，額曰曲澗浮花，皇上御書額曰流水音。聯曰：積素墜枝全作雨，懸流落澗半成冰。

流杯亭北爲素尚齋。《國朝宮史》

按：素尚齋聯曰：花香鳥語無邊樂，近景遐觀取次拈。又曰晝永花香醺似醉，雨收天色碧如藍。素尚齋西有室，曰得静便，向南室曰賞修竹，廊曰響雪。《國朝宮史》

按：得静便額爲皇上御書，聯曰：境詣幽惟却藻績，水澄波處養天真。齋東疊石，上鐫御書曰紫雲，曰功奪造化。賞修竹額爲聖祖御書。左右廊之北，皇上御書額曰響雪。聯曰：庭竹張真畫，階泉滴暗琴。響雪廊東南室曰千尺雪。《國朝宮史》

按：千尺雪額爲皇上御書，室左右門額曰凝華，曰流靄，聯曰：書遇會心皆可讀，泉能蠲慮劇堪聽。並御書。

千尺雪又東爲魚樂亭。《國朝宮史》

按：魚樂亭中横石恭刊御書曰箇中自有玉壺冰。

又 卷二三《國朝宮室·西苑三》 循池岸而南爲日知閣，閣後左門東南爲春及軒，軒左爲交蘆館，又左爲芸齋。《國朝宮史》

按：日知閣建石梁上，其下爲水牐，太液池水從此出，達於織女橋。閣額爲聖祖御書，閣内皇上御書額曰漱玉飛珠，聯曰：秋月春風常得句，山容水態自成圖。又聯曰：境静趣無窮魚躍鳶飛同活潑，水流機不息瀑淙雪浄總鮮新。皆御書。

芸齋稍南爲賓竹室，室南爲蕉雨軒。《國朝宮史》

按：賓竹室内聯曰：自是林泉多藴藉，依然書史得周旋。蕉雨軒聯曰：春泉石罅淙聲細，新竹風前弄影姿。北室聯曰：禽鳥雜歌傳户外，簃篨爽籟下雲標。

蕉雨軒南曰雲繪樓。樓西有室曰韻磬，又西南爲清音閣。《國朝宮史》

按：雲繪樓三層，北向聯曰：道堪因契真佳矣，畫豈能工有是夫。又曰：衆皺峰如能變化，太空雲與作浮沉。清音閣聯曰：宮商之外有神解，律呂以來無是過。閣上下與雲繪樓通，有門曰印月，門外東南則船塢也。

清音閣沿堤而南爲同豫軒。《國朝宮史》

按：同豫軒東室聯曰：魚躍鳶飛參物理，耕田鑿井樂民和。內室額曰大圓鏡，曰小方壺，聯曰：夏屋暢清吟風篁半嶺，春城通曉望烟樹萬家。西室聯曰：麗日和風春澹蕩，花香鳥語物昭蘇。

同豫軒後爲鑑古堂，左爲香遠，右曰静柯。《國朝宮史》

按：鑑古堂皇上御書聯曰：心觸清機親翰墨，目游潤景足精神。香遠室聯曰：鳶飛魚躍天機錦，秋月春風大塊章。静柯室聯曰：會心多野趣，契理謝言詮。香遠室西有静室，額曰自在觀山，下有室額曰鷺濤，皆御書。

瀛臺之南隔池相對者爲寶月樓。《國朝宮史》

按：寶月樓乾隆戊寅年建，與同豫軒、茂對齋東西相望，北對迎薰亭，南臨皇城，樓上恭懸皇上御書額曰仰觀俯察，聯曰：佳興四時同圖呈苑裏，清光千里共鑑徹池心。樓下東室北間額曰錯繡，曰卷綃，聯曰：雲容水態從頭會，秋月春風取次拈。又曰：玉宇近高寒欄憑十二，慶霄增朗徹界俯三千。又曰烟雲舒卷攬勝賞，松石古澹怡遠情。南室額曰芳援，曰玉萃，聯曰：雲歛琳霄目因迥，水澄蘭沼意俱深。又曰：寫影水中央萬川同印，澄輝天尺五一鏡常懸。又曰：風物似登瀛景呈瑶島，雲山疑罨畫影漾金波。寶月樓西爲茂對齋，聯曰：舒卷天真任嵐靄，飛沉自得樂禽魚。茂對齋右爲涵春室，室内額四，曰花港，曰淥浄，曰魚樂，曰晚春，皆御書。齋西爲延賞亭。

仁曜門西爲結秀亭，亭西爲豐澤園。《國朝宮史》

按：仁曜門西屋數楹，聖祖仁皇帝養蠶處也。建亭於橋，榜曰結秀，又西一水横帶，稻畦數畝，爲豐澤園。聖祖每親臨，勸課農桑。世宗憲皇帝歲耕耤田，先期演耕於此。我皇上舉行舊典，率循不廢，仰見聖聖相承，勤民務本之至意云。

豐澤園門内爲惇叙殿。《國朝宮史》

按：惇叙殿舊名崇雅殿，乾隆壬戌宴王公宗室於此聯句賦詩，因移崇雅額於别殿，易名惇叙，殿内額曰睦親九族，聯曰彝訓念貽謀本支百世，仙源長篤慶華萼一堂。又曰：玉水涵波遠，瓊枝浥露榮。皆皇上御書。

惇叙殿東爲菊香書屋，殿後爲澄懷堂。《國朝宮史》

按：澄懷堂額爲聖祖仁皇帝御書，康熙初年詞臣嘗於此進講，堂内額曰觀衆妙，聯曰心田喜色良先玉，鼻觀真香不數蘭。東室聯曰：偶在參天一，閒憑味道腴。菊香書屋聯曰：庭松不改青葱色，盆菊仍霏清浄香。

澄懷堂北有樓榜曰遐矚樓。《國朝宮史》

按：遐矚樓上下七楹，樓上聯曰：體物豈緣詩麗藻，撫時端藉勵雄心。又曰：千疊雲峰空外迥，三農雨露望中深。樓下聯曰：窗通碧水蒼山外，人在光風霽月間。東室聯曰：擬景真無盡，會心迥不同。西室額曰圖史自娱，聯曰：點綴雲峰留玉宇，參差水樹引朱船。

豐澤園西有亭曰荷風蕙露，與亭相對有門，入門爲崇雅殿，殿後東爲静憩軒，西爲懷遠齋。後有臺，其南隔水相對爲純一齋。《國朝宮史》

按：荷風蕙露亭相對有門，南面石刻額曰静谷，聯曰：勝賞寄雲巖萬象總輸奇秀，青陰留竹柏四時不改龍葱。北面石刻額曰雲竇，聯曰：月地雲階别向華林開静境，屏山鏡水時從芳徑探幽蹤。崇雅殿東室聯曰：乍雨乍晴春事好，宜詩宜畫物華殊。西室聯曰：翠合三山連閬苑，波涵一鏡儼蓬瀛。又曰：金猊靄入瑶編潤，玉樹花均蔀屋香。臨水北向有臺額曰歌舞昇平，聯曰：水中樓閣浮青島，天上笙歌繞碧城。純一齋額爲聖祖仁皇帝御書，齋内聯曰：烟景滿前供妙墨，芳洲隨處引清游。德昌門西有門東向，入門循山徑而南爲春耦齋。《國朝宮史》

按：春耦齋在豐澤園之西，齋東室聯曰：即事既多美，託好有常因。又曰：曉露蘭陔外，香風禾隴間。又曰：心澹水木秀，興幽魚鳥同。西室聯曰：林薄陰濃藏别院，汀洲新水漲前津。閣上聯曰：縈洄水抱中和氣，平遠山如蘊藉人。又曰：潤浥雲霞氣，真參泉石靈。齋後楹恭懸御書額曰雲木含秀。

雲木含秀隔池相對，有延樓數十楹，榜曰聽鴻樓，由徑南折而東面北爲植秀軒。《國朝宮史》

按：聽鴻樓上下五十有四楹，與春耦齋相對，聯曰：遠翠靄晴嵐四山圖畫，清風生爽籟萬竹笙竽。東室聯曰：煙霞表裏因心静，天水空明觸目新。又曰：每因物表延遥寄，似與天游得静陶。又曰：風前竹韻金輕戛，石罅泉聲玉細潺。西室額曰神觀蕭爽，聯曰：鏡自遠塵皆入詠，物含妙理總堪尋。植秀軒聯曰：幾羣鷺鶴隨吟管，四面芙蓉入綠紗。

植秀軒折而西爲石池。度池穿石洞出爲虚白室，又南有亭曰竹汀，亭南

爲愛翠樓。《國朝宫史》
按：虚白室三楹，東向。北室聯曰：景向淡中宜藻繢，山從老處見精神。
南室聯曰：連林新緑間舊緑，入户泉音復鳥音。由竹汀折而西爲椋亭。又由
樓南下有佛宇一所。《國朝宫史》
按：佛宇臨池，北向，額曰大圓鏡。中殿内額曰智珠慧照，聯曰：天花不
礙一林落，仙草真成四季芳。其東稍北有石門，門外横刻：薈蔚適於幽處合，
其内横刻：峆岈每與望中深。又外石刻聯曰：悟物思遥託，悦心非外求。内
石刻聯：曰芝徑繚而曲，雲林秀以重。石門以外即荷風蕙露亭也。
又 卷二四《國朝宫室・西苑四》 春耦齋循池西岸而北爲紫光閣。《國
朝宫史》
按：紫光閣在明武宗時爲平臺，後廢臺，改爲紫光閣，本朝因之。聖祖仁
皇帝，常於仲秋集三旗侍衛大臣校射。復於閣前閲試武進士，至今循以爲例。
皇上聖武遠揚，平定伊犁回部，拓地二萬餘里。乾隆二十五年上嘉在事諸臣
之績，因葺新斯閣，圖功臣，自大學士忠勇公傅恒、定邊將軍一等武毅謀勇
公户部尚書兆惠以下一百人於閣内。五十人親爲之贊，餘皆命儒臣擬撰。洎
四十一年，兩金川大功告成，復命圖大學士定西將軍一等誠謀英勇公阿桂、
定邊右副將軍一等果毅繼勇公户部尚書豐昇額等一百人，列爲前後五十功
臣。御製前五十功臣贊，命儒臣擬撰後五十功臣贊，一如平定伊犁回部例。
宸章鉅製，後先輝映，此誠曠古未有之績。彼麟閣雲臺不可以同日語者也。
閣額爲御書。聯曰：干羽兩階崇禮樂，車書萬里集冠裳。左右向南壁間，恭
懸御製平定伊犁及平定回部告成太學碑文。左壁爲伊犁全圖，右壁爲回部
全圖。東西廊壁，恭懸御製平定兩金川告成太學碑文，及兩金川全圖，並御
製報捷凱歌十首。閣上尊藏得勝靈纛，及俘獲軍器。正中繪平定西陲凱宴
圖，左壁繪西陲獻馘圖，右壁繪平定回部郊勞圖。聯曰：天衢翊運風雲會，
策府銘勳日月光。
又 卷二五《國朝宫室・西苑五》 紫光閣後爲武成殿。《國朝宫史》
按：武成殿内御題額曰綏邦懷遠，聯曰：兩階干羽欽虞典，六律宫商奏
采薇。正中書御製《辛巳題句》，左右壁門張御製《開惑論》、《西師詩》，東西
兩壁繪西師勞績諸圖，兩廡各十有五楹，石刻御製《自乙亥軍興訖己卯成功
詩》二百二十四首。

紫光閣之北爲時應宫。宫之東向北有門，曰福華門。《國朝宫史》
按：時應宫在紫光閣後，雍正元年建。前殿祀四海、四瀆諸龍神像，東西
爲鐘鼓樓，正殿祀順天佑畿時應龍神之像，後殿祀八方龍王神像，前殿恭懸世
宗憲皇帝御書額曰瑞澤霑和。福華門之外即金鰲玉蝀橋也。
西苑門循池東岸而北爲蕉園舊址，向北爲蕉園門。《國朝宫史》
按：蕉園即芭蕉園，一名椒園，内有前明崇智殿舊址，稍南即萬善門。
蕉園門之南稍折而西面南爲萬善門，門内爲萬善殿。《國朝宫史》
按：萬善殿正中恭懸世祖章皇帝御書額曰敬佛。皇上御書聯曰：萬象證
圓通金輪妙轉，三乘皈定慧華海長涵。又曰：了悟徹聲聞花拈妙諦，浄因空
色相月印明心。皆皇上御書。殿後恭懸聖祖御書敬佛二字額。
萬善殿後圓蓋穹窿爲千聖殿，東爲迎祥館，西爲集瑞館。《國朝宫史》
按：千聖殿中奉千佛塔一，高七級，正殿東西建樓各三楹，南向。東曰朗
心，西曰悦性。朗心樓聯曰：花宫具見岩而妙，别室還饒静且佳。又曰：松風
謖詩意，水月空禪心。又曰：樓出輕烟横翡翠，池生新水徹琉璃。悦性樓聯
曰：洗不期其筝笛耳，悦原契此浄明心。又曰：耆崛鳥吟都送喜，香林花色
總無塵。迎祥館、集瑞館在朗心悦性兩樓之旁，東西結宇，各與圓殿相通。迎
祥館聯曰：古樹當庭直，天花滿座馨。又曰：辨見還參柏，徵心欲剥蕉。
集瑞館聯曰：塵袪滋意蕊，聞復發心香。又東配殿之東建大悲壇五楹，
額曰妙印真如。聯曰：般若示禪修檀薰澄觀，陀羅參梵韻貝讚精持。皆皇上
御書。
萬善殿之東爲内監學堂。《國朝宫史》
按：萬善殿之東院房六間，舊爲内監學舍，後移置他處。内恭懸聖祖御
書額曰惠迪吉，西室額曰敬佛，西配殿之後僧寮五間，額曰菩提皆聖祖御書。
萬善門西行抵水埠，有亭出水中，曰水雲榭。《國朝宫史》
臣等謹按：水雲榭額爲皇上御書，中有石碣恭刊御書太液秋風四字，爲
燕山八景之一。
水雲榭之北有白石長橋，東西樹坊楔二，東曰玉蝀，西曰金鰲。《國朝宫史》
按：金鰲玉蝀橋跨太液池以通行人往來，橋西紅牆夾道，兩門相對，南即
福華門，北爲陽澤門，達闡福寺。橋東即承光殿。橋下洞七，中洞南向，石刻
額曰銀潢作界，聯曰：玉宇瓊樓天上下，方壺圓嶠水中央。北向石刻額曰紫

海洄瀾，聯曰：繡縠紋開環月珥，錦瀾漪皺煥霞標。

金鰲玉蝀之東有崇臺，即臺址爲圓城。兩液有門，東爲昭景，西爲衍祥，中爲承光殿。《國朝宫史》

按：承光殿俗名團殿，即元時儀天殿舊址。周以圓城，殿内恭懸皇上御書額曰懸圃風清，聯曰：何處五雲多大羅天上，飛來三嶠秀太液池邊。又曰：風月清華贏四季，水天朗徹統三洲。又曰：悦性適因静，會心何必遐。

承光殿南有石亭，以置元代玉瓮。《國朝宫史》

按：玉瓮徑四尺五寸，高二尺，圍圓一丈五尺，恭鐫皇上御製《玉瓮歌》於上，並刻詞臣四十人《應制詠玉瓮詩》於柱間。

又 卷二六《國朝宫室·西苑六》 承光殿後爲敬躋堂，堂東爲古籟堂，又東爲朶雲亭。堂西爲餘清齋。《國朝宫史》

按：古籟堂額曰象昭，聯曰：蒼官壽客結好友，岸芷汀蘭入畫圖。餘清齋聯曰：鏡裏林花舒艷裔，雲邊樓閣隱神仙。齋西室額曰環秀，曰涵虚，聯曰：座挹山光兼水態，窗延秋月與春風。

圓城外東爲承光左門，西爲承光右門，北爲積翠堆雲橋。《國朝宫史》

按：圓城北駕石梁，南北樹坊二，南曰積翠，北曰堆雲，過橋即瓊華島。

永安寺爲金源瓊華島，踞太液池中，奇石疊纍，皆當時輦致艮岳之遺。《國朝宫史》

按：瓊華島周圍計二百七十四丈，舊有廣寒殿，相傳爲金章宗時李妃妝臺遺址。元改名萬壽山，又稱萬歲山。本朝順治八年立塔建刹，稱白塔寺。今易名永安寺。恭繹皇上御製塔山四面記。

永安寺入門爲法輪殿。殿後拾級而上左右二亭，東曰引勝，西曰滌靄。亭後各有石，東曰崑崙，西曰岳雲。《國朝宫史》

按：法輪殿五楹，内奉釋迦佛，御書額曰慈雲覺海，又曰人天調御，聯曰：雲鷲風香傳妙偈，澄潭月皎印真如。又曰青蓮法界本清净，白毫相光常滿圓。殿後拾級而上有坊樹焉，南曰龍光，北曰紫照。引勝亭内石幢恭刊御製《白塔山總記》，滌靄亭内石幢恭刊御製《塔山四面記》。

滌靄亭後由甬道拾級而上，左右有方亭二，東曰雲依，西曰意遠。正中爲正覺殿，殿後爲普安殿。《國朝宫史》

按：雲依、意遠亭下各有石洞，其東洞有額曰楞迦窟。普安殿内恭懸皇上御書額曰慧根圓相，又曰如如不動，聯曰：真締總涵華海露，慈光長仰德山雲。又曰：心鏡朗懸空色相，智燈長滿燭人天。普安殿前東爲宗鏡殿，西爲聖果殿，殿後石磴層躋爲善因殿。《國朝宫史》

按：善因殿内供梵銅佛像，殿後即白塔也。

永安寺墻之左緣山而升爲振芳亭，再升爲慧日亭，又南，穹碑二。《國朝宫史》

按：慧日亭碑一爲順治八年建塔恭記文，一爲雍正十一年重修恭記文。

永安寺之西山半有亭，又西由山麓躡而上爲悦心殿。《國朝宫史》

按：永安寺西亭額曰蓬壺挹勝。悦心殿東室聯曰：員嶠曉烟連碧漢，曲池春雨念蒼生。又曰：是處暢觀頗役目，此間閲景足澄心。西室額曰静挹古香，聯曰：雲端曠奥軒疑畫，樹杪高低圃是懸。

悦心殿後爲慶霄樓，樓後有亭曰擷秀，悦心殿之東爲静憩軒。《國朝宫史》

按：慶霄樓南向，上下各七楹，額曰雲木含秀，聯曰：得水之情盆魚有樂，領山之趣拳石皆奇。又曰：延賞亭臺皆入畫，向陽景物又從新。静憩軒聯曰：悦性適因静，會心何必遐。又曰：暇當綈几身聊憩，景入紗疏意與存。自永安寺門至此爲塔山南面之景。

慶霄樓之西有延廊，環抱山石間，築室其中爲一房山。由房内南間石巖蟠旋而下，爲蟠青室。《國朝宫史》

按：一房山聯曰：好山一窗足，佳景四時宜。又曰：翠霏峰四面，青罨户千螺。

悦心殿前循山西行有石橋，爲琳光殿，殿後爲甘露殿。《國朝宫史》

按：山西石橋南北坊楔各一，南向曰涵秀，曰濯錦。北向曰挹源，曰豔雪。渡橋有坊，坊南向，曰芳渌，曰舞藻。北向曰静游，曰紉香。甘露殿額曰蓮界慈緣，聯曰：不二啟津梁同歸法海，大千空色相自見心珠。

擷秀亭之西有亭南向，曰妙鬘雲峰。甘露殿後有殿曰水精域。《國朝宫史》

按：水精域聯曰：鎮留嵐氣閒庭貯，時落鐘聲下界聞。

琳光殿之北延樓二十五間，左右圍抱相合爲閲古樓。《國朝宫史》

按：閲古樓額爲皇上御題，乾隆丁卯歲以内府所藏魏晋以下名人墨蹟鈎摹勒石，御定爲三希堂法帖三十二卷，既成，嵌石樓壁中。樓後層有額曰翠湧虹流。

閲古樓後楹平臨山池，建石亭於上，北爲畝鑑室。《國朝宫史》

按：閱古樓後楹石亭恭懸皇上御書額曰煙雲盡態。畝鑒室聯曰：天光水態披襟袖，岸芷汀蘭入畫圖。左室聯曰：山容空外秀，波態席前浮。右室聯曰：一泓水鏡呈當面，滿魄冰輪映舉頭。後室聯曰：鏡光呈朗照，竿韻發清機。皆御書。

又按：自慶霄樓之西至此，爲塔山西面之景。

又卷二七《國朝宮室·西苑七》 閱古樓北爲漪瀾堂。《國朝宮史》

按：漪瀾堂據瓊島北麓，規制略仿金山，五楹，北向。堂後左右有過山石洞。堂内聯曰：蘿逕因幽偏得趣，雲峰含潤獨超羣。又曰籟動風滿谷，波澄月一奩。西暖閣聯曰：四面波光動襟袖，三山烟靄護壺洲。堂後檐額曰秀寫蓬瀛。閱古樓巖墻門出轉東則邀山亭，又東北則酣古堂，三楹，西向。倚石爲洞，循洞而東有屋三楹，前宇後樓額曰寫妙石室。聯曰：石縫若無路，松巢別有天。

漪瀾堂正中北向有碧照樓，長廊六十楹，左右環繞，俱有樓，東盡倚晴樓，西盡分涼樓。《國朝宮史》

按：碧照樓門額曰湖天浮玉，樓上聯曰：空明愛天水，飛躍任魚鳶。

碧照樓之左爲遠帆閣。《國朝宮史》

按：遠帆閣北向與碧照樓分峙，閣上聯曰：水光山色澹容與，雲帆月舫常留連。又曰：湧金何事稱圖畫，浮玉端知在户庭。閣下南向額曰：層觀上躋，東室額曰即事多美。聯曰：雲卧天游無不可，風清月白致多佳。

遠帆閣後爲道寧齋。《國朝宮史》

按：道寧齋内聯曰：風自涼經松越峭，月原明映水逾清。西室聯曰：静參倪筦禽魚適，悦可襟懷翰墨憑。閣上聯曰：石古泉清軒窗爽且静，風恬露潤花竹秀而鮮。

漪瀾堂之右有堂額曰晴欄花韻，前有臺，與堂相對，堂右爲紫翠房。《國朝宮史》

按：晴欄花韻聯曰：樹將暖旭輕籠牖，花與香風並入簾。西室額曰壺天，東室額曰宜雪。紫翠房三楹，即順山房也。

紫翠房之東爲蓮華室，相對有小室，額曰真如。《國朝宮史》

按：蓮華室内聯曰：相於明月清風際，只在高山流水間。真如室内供梵王像，聯曰：黄花翠竹常住相，仙露明珠自在心。

漪瀾堂後石洞出山頂有亭爲摺扇形，額曰延南薰。其東上有亭，額曰一壺天地。《國朝宮史》

案：延南薰在漪瀾堂後，亭内聯曰：五明招得薰風奏，七寶脩成璧月清。一壺天地聯曰：望宜銀漢月，清擬玉壺冰。

一壺天地之東爲環碧樓，樓前有小石平臺。《國朝宮史》

按：環碧樓上下四楹，北向。樓後接宇三楹，南向，在石壁之下者爲盤嵐精舍。環碧樓聯曰：西山翠色生巖複，北渚清漣漲岸隈。樓上聯曰：雲斂琳霄目因迥，水澄蘭沼意俱深。盤嵐精舍聯曰：無礙搜奇披谷靄，有時延賞愛巖風。室内聯曰：林亭雨過峰巒秀，花徑風迴錦繡香。又曰：嵐飛生翠常疑雨，峰有真姿不藉春。

環碧樓繞廊而下爲嵌巖室。《國朝宮史》

按：嵌巖室聯曰：澗筑松濤相問答，峰容波態総氤氲。

延南薰西渡石橋有亭曰小崑邱，亭西南上有平臺石柱，爲銅仙承露。《國朝宮史》

按：承露臺後垣額曰碧虚，西南小樓三楹，額曰得性樓，聯曰：俯臨常似披圖畫，得契宛堪悦性靈。又曰：拂座涼生高栝籟，入簾波漾白蘋秋。樓下額曰延佳精舍，聯曰：滿窗松石無非古，一屋雲烟揔是清。北小室額曰抱冲室。樓之左右翼以山廊歷磴而下，小宇一間，顔曰鄰山書屋，聯曰：境因徑曲詩情遠，山爲林稀畫幨開。又曰：樹色碧無礙，山光静有餘。屋之前即爲道寧齋矣。自漪瀾堂至此爲塔山北面之景。

由白塔東下至山足爲智珠殿，後緣山徑折而北爲交翠庭。《國朝宮史》

按：智珠殿三楹，東向，供文殊佛像，恭懸皇上御書額曰般若香臺。聯曰：塔影迴懸霄漢上，佛光常現水雲間。交翠庭三楹。聯曰：波光入窗淡，草色護堦新。

交翠庭北迴廊環繞而下爲看畫廊，下有石室，中涵巖洞。洞内供大士像，別有小樓。《國朝宮史》

按：洞門上石刻真如二字，小樓内聯曰：天闊雲非繫，波空月自明。庭之下廊之側攀援石洞而出，爲古遺堂三楹，北向。聯曰：秋月春風常得句，山容水態自成圖。對之者爲巒影亭，門額曰梢雲，曰霏玉。古遺堂下爲見春亭。

又按：由看畫廊折而東至山麓有石碣，恭刊御書瓊島春陰四字，爲燕山八景之一。

見春亭在瓊島春陰石碣之南，自智珠殿至此爲塔山東面之景。

承光殿之東與蕉園門相對者爲桑園門，入門循池東岸而北數百步，過陟山門、諺門，路西有水殿，以藏御舟。路東門三間，西向。入門循廊躡山而北，有堂據山巔，北向者曰雲岫，西向者曰崇椒。《國朝宮史》

按：水殿十有一間，即船塢也。雲岫厂聯曰：風月清華贏四季，水天朗澈繞三洲。

崇椒室長廊曲折北下，有軒臨池，曰濠濮間。《國朝宮史》

按：濠濮間額曰壺中雲石。聯曰：眄林木清幽會心不遠，對禽魚翔泳樂意相關。又曰：畫意詩情景無盡，春風秋月趣常殊。軒北石梁曲折，池面北接石坊，坊上石刻横書，南向曰：山色波光相罨畫，北向曰：汀蘭岸芷吐芳馨。又石刻聯二，南向曰：日永亭臺爽且静，雨餘花木秀而鮮。北向曰：蘅皋蔚雨生機滿，松嶂横雲畫意迎。

由石門而北，門三楹，入門爲春雨林塘。《國朝宮史》

按：春雨林塘，殿内額曰動静交養，聯曰：烟景入疏簾圖書帶潤，波光縈曲岸水木餘清。東室聯曰：迥如碧宇吟懷曠，閒寄白雲幽興長。後軒額曰空水澄鮮，聯曰：雨餘山色深于黛，風定波光正可人。

池北相對爲畫舫齋。《國朝宮史》

按：畫舫齋額曰竹風梧月。東室聯曰：詩句全從畫裏得，雲山常在鏡中留。又聯曰：於澹泊中尋理趣，不空色際忘言詮。又曰：常借青山作屏幛，由來大塊假文章。西室門額曰浴德，曰汲古。聯曰：布席只疑天上坐，憑欄何異鏡中游。室内聯曰：雲容水態不相厭，畫意詩情分與投。又曰：窗近春洲宛爾棹波聞欸乃，簾開秋水恍然載月漾空明。

池上兩廊各有室，東曰鏡香，西曰觀妙。《國朝宮史》

按：鏡香室聯曰：静與心謀寧有色，香生鼻觀亦無空。又曰：露湑花遞馥，風度水生紋。

畫舫齋左水石間有古槐一柯，構亭其間，顔曰古柯。《國朝宮史》

按：古柯庭聯曰：金波長漾中秋月，玉鏡平分明聖湖。庭東廊宇接一小廈，額曰緑意。廊與古槐相對，聯曰：雖是境蹊略行轉，果然松竹不尋常。廊之北曰得性軒。

古柯庭後有室，西向，額曰奥曠。《國朝宮史》

按：奥曠室聯曰：山參常静雲參動，躍有潛魚飛有鳶。

畫舫齋之右池上架石梁，構廊其上，曲折達於西室，曰小玲瓏。《國朝宮史》

按：小玲瓏室内額曰真趣，聯曰：有懷虚以静，無俗窈而深。又曰：雨後峰姿都渥若，風前竹韻特悠然。

又 卷二八《國朝宮室·西苑八》 水殿之北有龍王廟，廟後小渠亘之，自太液池注水入春雨林塘者也。上有橋，橋南北坊各一。《國朝宮史》

按：二坊在南者榜曰貯月，曰擒錦，在北者榜曰軼雲，曰延春。渡橋即蠶壇也。先蠶壇在西苑東北隅。《國朝宮史》

按：先蠶壇，乾隆七年建，垣周百六十丈，南面稍西正門三楹，左右門各一。入門爲壇一成，方四丈，高四尺，陛四出，各十級，三面皆樹桑柘，西北爲瘞坎。我朝自聖祖仁皇帝設蠶舍于豐澤園之左，世宗憲皇帝復建先蠶祠于北郊，嗣以北郊無浴蠶所，因議建于此。

壇東爲觀桑臺，臺前爲桑園，台後爲親蠶門，入門爲親蠶殿。《國朝宮史》

按：觀桑臺高一尺四寸，廣一丈四尺，陛三出。親蠶殿内恭懸皇上御書，額曰葛覃遺意，聯曰：視履六宮基化本，授衣萬國佐皇猷。

親蠶殿後爲浴蠶池，池北爲後殿。《國朝宮史》

按：後殿恭懸皇上御書，額曰化先無斁，聯曰：三宮春曉覘鳩雨，十畝新陰映鞠衣。屏間俱繪蠶織圖，規制如前殿。宮左爲蠶婦浴蠶河，南北木橋二，南橋之東爲先蠶神殿，北橋之東爲蠶所。《國朝宮史》

按：浴蠶河自外垣之北流入，由南垣出，設牐啓閉。先蠶神殿西向，左右牲亭一，井亭一，北爲神庫，南爲神厨。垣左爲蠶署三間，蠶所亦西向，爲屋二十有七間。

由蠶壇沿堤西北爲鏡清齋。《國朝宮史》

按：鏡清齋正門三楹，南向，俯臨太液。入門爲荷沼，沼北爲堂五楹。齋内額曰不爲物先，聯曰：照檻净無塵風來水面，開簾光有象月印波心。又曰：憑觀悟有術，妙理契無爲。西壁聯曰：庭餘松竹足消夏，架有詩書藉討源。東室聯曰：圖書左右怡情久，翡翠蘭苕浴浪鮮。後軒聯曰：峰姿擢翠入澄照，鏡影含虚愜曠懷。

鏡清齋之東，臨池有室，爲抱素書屋。《國朝宫史》

按：抱素書屋聯曰：地學蓬瀛塵自遠，身依泉石興偏幽。

抱素書屋東廊下爲韻琴齋。《國朝宫史》

按：韻琴齋二楹，西向。其南接厦臨於外，額曰碧鮮，廊下爲過水處也。齋内聯曰：賞心樂事無倫比，妙色真聲兼占之。又曰：爽澄蘭沼波吹細，風渡松林籟泛輕。

鏡清齋之西有山池石梁，築室其上，榜曰畫峰室。《國朝宫史》

按：畫峰室聯曰：花香鳥語無邊樂，水色山光取次拈。

鏡清齋之後北臨山池，上爲沁泉廊。廊西有巖，巖上爲枕巒亭。《國朝宫史》

沁泉廊東有石橋，橋北繞池，由石磴而上爲罨畫軒。《國朝宫史》

按：罨畫軒東室聯曰：一室之中觀四海，千秋以上驗生平。西室額曰標青。

循軒東廊而南有屋兩楹，北俯清泚，榜曰焙茶塢。《國朝宫史》

按：焙茶塢聯曰：巖泉澄碧生秋色，林樹蕭森帶曙霞。

鏡清齋沿堤西南爲西天梵境。《國朝宫史》

按：西天梵境有琉璃牌坊，南臨太液池，南向榜曰華藏界，北向榜曰須彌春，坊北山門榜曰西天梵境。入門爲天王殿，左右石幢二，左刻金剛經，右刻藥師經。殿後爲大慈真如寶殿，殿内恭懸皇上御書額曰恒河演乘。聯曰：無住蔭慈雲葱嶺祇林開法界，真常揚慧日鷲峰鹿苑在當前。又北向聯曰：日月輪高眄七寶城如依舍衛，金銀界浄湧千華相正現優曇。殿後歷級而登有大琉璃寶殿，殿二層，榜曰華嚴清界。聯曰：七寶同莊金界普成具足相，三輪共轉玉毫齊放大圓光。又曰現法化報身分湧真常蓮葉，攝聞思修教並拈微妙曇華。皆御書。殿四面迴廊六十七楹，四隅各有樓相接。西天梵境之西有琉璃墻，墻北爲真諦門，門内爲大圓鏡智寶殿，殿内額曰法界真常。聯曰：歡喜普人天增五福德，莊岩護龍象現八吉祥。殿後有亭曰寶網雲亭。亭北及左右屋宇四十三楹，皆貯四藏經板之所也。

太液池之北有亭五所，謂五龍亭也，其北爲闡福寺。《國朝宫史》

按：五龍亭中曰龍澤，左曰澄祥，曰滋香，右曰湧瑞，曰浮翠。亭建水中，面臨北海。亭後石坊二，南向額曰性海，北向額曰福田。

闡福寺乾隆十一年建。入寺門爲天王殿，殿後額曰宗乘圓鏡，聯曰：妙華普觀無窮境，慧日常懸自在天。再後爲大佛殿，規制仿正定隆興寺。重宇三層，上層恭懸御書額曰大雄寶殿，中曰極樂世界，下曰福田花雨。殿内聯曰：放百真諦别傳趣妙莊岩路，能仁權應現常清浄身。又額曰有大威德，聯曰：極樂世界前駕白寶無畏光明歷劫智珠長朗，入三昧甚深微妙諸方心印同圓。北曰法輪高勝，曰妙境莊石橋，環流爲坊四座，南曰證功德水，曰現歡喜園。北曰法輪高勝，曰妙境莊岩。東曰震旦香林，曰神洲寶地。西曰仁壽普緣，曰安養示諦。四面各有方樓一，正中爲佛殿，殿内聯曰：於萬斯年香林沾法雨，大千世界福地湧祥雲。佛殿之北爲普慶門，入門南北置坊二座，南曰大千輪置，曰滿萬曇霏，北曰聚諸福德，曰現大吉祥。左右浮圖二，中爲萬佛樓，樓三層。左樹寶旛竿，右立石幢，恭鐫御製庚寅萬佛樓瞻禮詩。樓下聯曰：十住引千光佛力不可思議，一成該萬有我聞如是吉祥。中樓聯曰：香海觀皆融法流永匯，曇花跌遍結壽世同持。樓上額曰華藏恒春，聯曰：龍象護莊岩滿多寶藏，人天洽歡喜遍恒河沙。樓之東曰寶積樓，西曰鬘輝樓。左右各有門，東門内爲澄性堂，堂後方亭曰湛碧亭，西達致爽樓，北爲鏡藻軒，南爲澄碧亭，亭北廊曰清約池，軒西曰澹吟室。西門内搆八方亭，樹石塔，鐫刻貫休畫十六應真像，並恭勒御製讚語其上。再後有殿，額曰真實般若，聯曰：正法眼長明慧燈不滅，無漏身自在性海遥通。皆御書。

闡福寺東爲澄觀堂。《國朝宫史》

按：澄觀堂内恭懸御書額曰水天清永，聯曰：青未了時山障合，白初生處月窗虚。堂後有殿，額曰寄清浄心，聯曰：雲移峰影天常静，風蹙波紋水不知。皆御書。

又按：闡福寺之西有門，外爲通衢，即陽澤門道也。

又 卷二九《宫室·金遼》按：燕京累朝宫室，自遼以前紀載無多，惟西苑之太液池、瓊華島爲金明昌中萬寧宫西園遺蹟，乃當時别館所在。至金時大内，以地理揆之當在今廣寧、右安門外，其遺址皆無可考。元代宫室，考之《昭儉録》及《析津志》、《北京志》，大内在太液池東，隆福、興聖二宫在太液池西。今西苑及旁近之大高玄殿、光明殿諸處應即其地。明永樂間改建宫城，又在元大内迤東。我朝開國以來，宫廷制度不過量爲脩葺，而大概多仍勝朝之舊。朱彝尊原書裒集諸家，記録頗詳，足資甄綜，惟間有舛互者。至其類序之中，年代先後，間多攙越，今謹加以釐正，餘不復繁引云。

原：遼以幽州爲南京，宮之扁曰永興，曰積慶，曰延昌，曰彰愍，曰長寧，曰崇德，曰興聖，曰敦睦，曰永昌，曰延慶，曰長春，曰太和，曰延和。殿之扁曰清涼，曰元和，曰嘉寧。堂之扁曰天膳。樓之扁曰五花，曰五鳳，曰迎月。閣之扁曰乾文。門之扁曰元和，曰南端，曰萬春，曰千秋，曰鳳凰。園曰柳園。《禁扁》

朱彝尊原按：遼以天顯三年升東平郡爲南京，本治遼陽，至會同元年，始以幽州爲南京。

按：《金史·地理志》：中都有仁政殿。又《世宗紀》：仁政殿遼時所建。則仁政實遼南京之殿也。王士點《禁扁》於遼宮室缺載仁政殿，附識以備考。

原南京大内在西南隅，皇城内有景宗、聖宗御容殿，殿東曰宣和，南曰大内，内門曰宣教，外三門曰南端、左掖、右掖。門有樓閣，毬場在其南，東爲永平館。皇城西門曰顯西，設而不開。北曰子北，西城巓有涼殿，東北隅有燕角樓。《遼史·地理志》

原：南京宮衛曰弘義宮，曰長寧宮，曰永興宮，曰積慶宮，曰延昌宮，曰彰愍宮，曰崇德宮，曰興聖宮，曰延慶宮，曰敦睦宮，曰文忠王府，各置提轄司。《遼史》

按：據《遼史·兵衛志》，南京尚有太和、永昌二宮，與興聖、延慶等宮同置提轄司，舊史失載。

原：遼有二長春宮，一在南京，一在長春州。若五年三月朔幸長春宮賞花釣魚，十二年三月如長春宮觀牡丹，十七年正月朔如長春宮，則非南京之長春宮也。《北平古今記》

原：金以幽州爲中都，汴爲南京。宮之扁曰啟慶，曰衍慶，曰聖壽，曰翠微，曰慶寧，曰景明，曰坤寧，曰光春，曰萬寧，曰磐寧，曰壽康，曰仁壽，曰隆慶，曰壽安，曰長春，曰建春，曰興德，曰慶元，曰光興，曰孝寧，曰壽聖，曰集慶，曰坤儀，曰會聖。苑之扁曰瓊林。園之扁曰慶樂，曰熙春，曰同樂，曰東明，曰東翠。院之扁曰蓬萊，曰宣徽。殿之扁曰長樂，曰長生，曰浮玉，曰仁安，曰仁智，曰仁政，曰保安，曰保成，曰洪政，曰大安，曰大慶，曰崇慶，曰廣寒，曰廣德，曰廣仁，曰瓊光，曰隆德，曰瀛洲，曰重光，曰厚德，曰天興，曰樞光，曰光德，曰光興，曰集英，曰明俊，曰熙春，曰集賢，曰明揚，曰慶春，曰泰和，曰純和，曰慶和，曰太和，曰德和，曰元和，曰魚藻，曰德昌，曰福寧，曰燕壽，曰德壽，曰福壽，曰端儀，曰德儀，曰徽音，曰常武，曰揚武，曰閱武，曰臨武，曰聖武，曰皇武，曰文明，曰芳明，曰承明，曰文昭，曰乾元，曰承華，曰臨芳，曰貞元，曰宣華，曰慈訓，曰絳霄，曰蓬萊，曰睿思，曰翠霄，曰寧福，曰紫宸，曰奉慈，曰湧金，曰儀宸，曰孝慈，曰玉清，曰神龍，曰丕承，曰景祥，曰清暉，曰辰居。亭之扁曰雪香，曰瓊香，曰臨漪。樓之扁曰嘉福，曰嘉瑞，曰丹鳳，曰瑞雲，曰瑞光。閣之扁曰芳華，曰景福，曰燕昌，曰光昭，曰清徽，曰翠微，曰蓬萊，曰瓊華。館之扁曰會同，曰歸仁，曰同文，曰思華，曰粲文，曰來寧，曰來同，曰懷德，曰肅儀。司之扁曰侍儀。嶼曰瀛嶼。島曰瓊花。池曰龍游，曰浮碧。門之扁曰宣和，曰啟夏，曰豐宜，曰丹鳳，曰大慶，曰承天，曰日精，曰月華，曰左右昇平，曰左右昇龍，曰隆德，曰岩祇，曰繁禧，曰安泰，曰祇肅，曰安貞，曰南薰，曰大興，曰大安，曰南順，曰順陽，曰四會，曰仁安，曰德和，曰德昌，曰文明，曰光興，曰啟慶，曰明昌，曰徽音，曰光翼，曰宣陽，曰光牒，曰宣華，曰玉華，曰應天，曰嘉會，曰宣曜，曰陽春，曰施仁，曰灝華，曰麗澤，曰彰義，曰景風，曰端禮，曰通元，曰會城，曰崇智。觀之扁曰西凉，曰黄興。《禁扁》

按：王士點《禁扁》所載金代幽州、汴京宮殿園亭池館門觀各名，據《金史·本紀》及《地理志》，間有與上京、東京、西京等處名目相同者，如皇武、光德、乾元、辰居等殿，興德、慶元、光興等宮，史係之上京，保安殿系之西京，孝寧宮系之東京，景明宮、揚武殿在桓州，樞光殿在撫州之柔遠縣，長春行宮在灤州之石城縣，光泰宮在遂州之遂城縣，凡此之類，或當時建置異地同名，皆未可定，不妨並存以俟考。

補：亮欲都燕，遣畫工寫京師宮室制度，闊狹修短，盡以授之左相張浩輩，按圖修之。城之四圍九里三十步。自天津橋之門北曰宣陽門。門分三，中繪一龍，兩偏繪一鳳，用金鍍銅釘之。中門常不開，惟車駕出入，兩邊分雙隻日開。兩樓曰文曰武。自文轉東曰來寧館，自武轉西曰會同館，二館皆爲本朝使設也。正北曰千步廊，東西對，兩廊之半各有偏門，向東曰太廟，向西曰尚書省。通天門觀高八丈，朱門五，飾以金釘。東西相去里餘，又設一門，左曰左掖，右曰右掖。南城之正東曰宣華，正西曰玉華，北曰拱辰門。內殿凡九重，殿三十有六，門閣倍之。正中位曰皇帝正位，後曰皇后正位。位之東曰內省，西曰十六位，乃妃嬪所居之地也。西出玉華門爲同樂園，瑤池、蓬瀛、杏林盡在是。《金圖經》

原：宮城四圍凡九里三十步。自天津橋之北曰宣陽門，內城之南門也。

中門繪龍，兩偏繪鳳，用金釘釘之。上有重樓，制度宏大。三門並立，中門惟車駕出入乃開，兩偏分雙隻日開一門。《大金國志》

補：天眷元年，析津放第，於廣陽門西一僧寺門上唱名。至遷都後，命宣陽門上唱名，後爲定例。《玉堂嘉話》

原：泰和四年三月，大風毀宣陽門鴟尾。《金史五行志》

原：宮城之前廊東西各二百餘間，分爲三節，節爲一門。《金史志》

原：循東西御廊北行，將至宮城，廊即東轉，又百許間。其西亦有三門，門中馳道甚闊，兩傍有溝，上植柳。廊脊背覆以青琉璃瓦，宮闕門户即純用之。【略】《攬轡録》

補：金先未立廟，不脩祭祀。自平遼後，所用執政大臣多漢人，往往説天子之孝在尊祖，尊祖在建宗廟，金主方開悟。遂築室於内之東南隅，廟貌雖具，制極簡略。迨亮徙燕，乃築巨闕於南城之南，千步廊之東，曰太廟。標名曰衍慶之宮。《金圖经》

原：端门十一間，曰应天之門。《攬轡録》

原：應天門，内城之正南門也。樓高八丈，四角皆垛樓，瓦皆琉璃。金釘朱户，五門列焉，常扃，惟大禮祫享則由之。東西相去一里許，又各設一門。左曰左掖，右曰右掖，各有武夫守衛。城之正東曰宣華門，正西曰玉華門。殿九重，凡三十有六，樓閣倍之。正中位曰皇帝正位，後曰皇后正位。位之東曰内省，西曰十六位，乃妃嬪居之。《大金國志》

原應天門舊名通天門大定五年更。《金史志》

按：《金史·世宗紀》：大定二十九年正月名太后宮曰仁壽，二月更名隆慶，至章宗明昌五年，禮官言宜易隆慶宮爲東宮，慈訓殿爲承華殿，從之。

原：西曰會通門，門北曰承明門，又北曰昭慶門，東曰集禧門，尚書省在其外。其東西門，左右嘉會門也。門有二樓，大安殿後門之後也。其北曰宣明門，則常朝後殿門也。北曰仁政門，内有仁政殿，常朝之所也。《金史志》

原：由會通門承明門入左嘉會門，趨而南，至幕次。少頃鳴鐘，鐘罷衛士山呼，百官裏見有曳玉帶者五人先出，後知爲東宮親王平章令公也。頃之，入宣明門，次仁政門，于隔門上面序立，三節自東入，拜於大氈上。上有一品至七品黑漆黄字牌子，蓋其朝序也。一氈可容數百人，遍地製成龍鳳。殿九楹，前設露臺，柱以文繡。兩廊各三十間，中有鐘鼓樓，廊外垂金漆簾額，飾以繡。廊之西，馬有韛紅繡鞍者數匹，乃高麗所進。殿門外衛士二三百人，分兩傍立，盡戴金花帽錦袍。宣明門外直至外廊皆甲士，青緆甲居左，旗執黄龍。紅緆甲居右，旗執紅龍。外廊皆銀搶，左掖門入皆金槍，人依一柱以立。凡門屋下皆青隊，執弓矢人數各有差。北宫營繕之制，初雖取則東都，終殫土木之費，瓦悉覆以琉璃，役兵民一百二十萬，數年方就。《北轅録》

原：魚藻池瑶池殿位，貞元元年建。有神龍殿，又有觀會亭，又有安仁殿，隆德殿、臨芳殿。皇統元年有元和殿。《金史志》

原：泰和三年五月，以重五拜天射柳，上三發三中。四品以上官侍宴魚藻殿。《金史章宗紀》

原：拱辰，内城正北門也，又曰後朝門。制度守衛一與宣華、玉華等。金碧翬飛，規模宏麗。《大金國志》

原：西至玉華門曰同樂園，若瑶池、蓬瀛、柳莊、杏村盡在於是。《大金國志》

原：京城北離宮有大寧宮，大定十九年建。後更爲壽寧，又更爲壽安，明昌二年更爲萬寧宮。《金史志》

原：張僅言護作大寧宮，引宮左流泉溉田，歲穫稻萬斛。《金史本傳》

原：瓊林苑有橫翠殿、寧德宮，西園有瑶光臺，又有瓊華島，又有瑶光樓。皇統元年有宣和門。正隆二年有宣華門，又有薩哈門。《金史志》

補：壽寧宮有瓊華島，絶頂廣寒殿，近爲黄冠輩所毀。《遺山集》

按：據《析津志》，妝臺在今故宮之西壽安酒樓之北。

原：章宗爲李宸妃建梳妝臺于都城東北隅，今禁中瓊華島妝臺本金故物也。目爲遼蕭后梳妝樓，誤。《堯山堂外紀》

補：燕京城内地大半入宮禁，百姓絶少。其宮闕壯麗，延亘阡陌，上切霄漢，雖秦阿房、漢建章不過如是。予奉使至燕山，朝見之日，見金主儀衛華整，過於中國。其御榻以七寶爲飾，夾坐有狻猊二，高丈餘，金主亮面黧黑，目下視，長鬣，於貞元殿見其狀。《海陵集》

原：自此以後即無貞元殿之稱，或以海陵年號爲嫌而改之也。《北平古今記》

原：大定七年，建社稷壇于中都，社爲制，其外四周爲垣，南向開一神門，門三間。内又四周爲垣，東西南北各開一神門，門三間，各列二十四戟。四隅連飾罘罳無屋，於中稍南爲壇位，令三方廣闊，一級四陛，以五色土各飾其方，中央覆以黄土。其廣五丈，高五尺。其主用白石，下廣二尺，剡其上，形如鐘，埋其半，壇南栽栗以表之。近西爲稷壇，如社壇之制，而無石主。四壝門各五間，兩塾三門，門列十二戟。壝有角樓，樓之面皆隨方色飾之。饌幔四楹，在北壝門西，北向。神厨在西壝門外，南向。廨在南園墻内東，西向。有望祭堂三楹在其北，雨則于是堂望拜。堂之南北各爲屋二楹，三獻及司徒致齋幕次也。堂下南北相向，有齋舍二十楹。外門止一間，不施鴟尾，祭用春秋二仲月上戊日。《金史禮志》

原：天德四年於燕京所建原廟，名其宫曰衍慶殿，曰聖武門，曰崇聖。同上

按：衍慶宫薦含桃，見金紀貞元二年。

原：大定十四年十月，詔圖畫功臣二十人於衍慶宫聖武殿左右廡。十七年正月，詔于衍慶宫聖武殿西建世祖神御殿，東建太宗、睿宗神御殿。《金史禮志》

按：《金史·章宗紀》：明昌五年正月丁亥幸城南別宫。所謂別宫者，即承安時之建春宫也。明昌在承安改元之前，是時尚未有建春之名，故或稱別宫，或稱行宫，無定名焉。

又 卷三〇《宫室·元一》 按：元代宫室一毁于明徐達改築都城之初，再撤于永樂遷都之歲。《禁扁》僅存其名。《永樂大典》所采元《宫室製作》一書，第詳其制，其地分方位惟《昭儉》、《輟耕》二録載之最晰。而若清寧、睿安、九龍等殿，缺載者甚多。明初蕭洵以毁元宫室，遍閲内禁，爲《故宫遺録》一卷，較爲該備。然其地分方位多與諸書不合。《大都宫殿考》本蕭洵之説而推廣之，尤難藉據。今謹就朱彝尊原書各條，凡與他書紀載異同者，略爲疏證。其有疑者則闕以俟考焉。原大都宫之扁曰慶福，曰興以下闕殿之扁正曰大明，西曰紫檀，東曰文思，北曰寶雲，四殿大内前位也。延春閣東曰慈福，西曰仁明，二殿大内後位也。清顥門西曰玉德，後曰宸慶，二殿大内後位也。興聖宫正曰興聖，西曰寶慈，東曰嘉德。隆福宫正曰光天，東曰壽昌，西曰嘉禧，西位曰文德，東位曰睿安。萬歲山下曰仁智，山上曰廣寒，方壺亭南曰荷葉，仁智東北曰介福，西北曰延和。太液池南圓殿曰儀天，延春閣後曰咸寧。堂之扁曰芳潤，曰拱宸。亭之扁曰碧芳，曰徽清、延華。閣曰芳碧。廣寒西南曰玉虹，又西南曰瀛洲。廣寒東南曰金露，又東南曰方壺。樓之扁興聖。東廂曰凝暉，西廂曰延顥。東曰騶龍，西曰翥鳳。閣之扁，大内後宫正殿曰延春，興聖殿後曰徽儀，其北曰延華、宣則，北門曰奎章。門之扁，宫城正南曰崇天，左曰星拱，右曰雲從，東有東華，西有西華，北曰厚載。大内前宫正門曰大明，左曰日精，右曰月華，西有麟瑞，東有鳳儀、寶雲，東北向曰嘉慶，西北向曰景福。大内後宫，延春在寶雲之後，左曰懿範，南對嘉慶，右曰嘉則，南對景福，東曰景曜，西曰清顥。興福宫正門曰興聖，左曰明華，右曰肅章，宣則在延顥之北，弘慶在凝暉之北。隆福宫正門曰光天，左曰崇華，右曰膺福，青陽在翥鳳之北，明暉在騶龍之北。山曰萬歲，巖曰翠巖，壑曰雲龍。峰曰叢玉，在奎章閣前。曰仁壽，在萬歲山下。石曰瑞雲，曰丹霞，洞天曰銀漢飛星，池曰太液。【略】《禁扁》

朱昆田原按：元之建國、建元以及宫門之名，多取《易》乾坤之文，顧于二卦之外，若屯、蒙、師、剥、離、困、暌、革、漸、升、无妄、大小過，禁羣臣箋表不得用，用則駁之。應迴避者凡一百七十九字，載諸典章。然如仙靈、歸化、泉陵等字皆在所禁，而州縣名犯此極多，不知當日作何迴避也。

原：南麗正門内千步廊可七百步，建靈星門，門建蕭墻，周迴可二十里，俗呼紅門闌馬墻。内二十步有河，上建白石橋三座，名周橋。橋四石白龍擎載，旁盡高柳，鬱鬱萬株，遠與城内海子西宫相望。度橋可二百步爲崇天門。《大都宫殿考》

原：大明門旁建掖門，繞爲長廡，中抱丹墀之半，左右爲文武樓，與廡相連。《大都宫殿考》

按：元代日精、月華門在正殿門左右，今制日精、月華二門在乾清宫左右兩廡。蓋自明以來雖久沿其名，而其地則互異也。

原：至元十年十月，初建正殿、寢殿、香閣、周廡兩翼室。十一年正月朔，宫闕告成，帝始御正殿受皇太子諸王百官朝賀。十一月，起閣南大殿及東西殿。《元史·世祖紀》

原：世祖建大内，移沙漠莎草于丹墀，示子孫無忘草地也。《玉山雅集》

原：元世祖思創業艱難，故所居之地青草植于大内丹墀之前，謂之誓儉草。《草木子》

原：大明殿後連爲柱廊十二楹，四周金紅瑣窗，連建後宫，廣三十步，殿半之。後有寢宫，俗呼爲拏頭殿，東西相向。至冬則自殿外一周皆籠護皮帳，夏則黄油絹幕。内寢屏幛重複，帷幄而後裹以銀鼠。席地皆編細簟，上架深紅厚氊，後露茸單。宫後連抱長廡以通前門，以貯妃嬪。而每院間必建三楹，東

西相向，爲繡榻。廡後横亘道以入延春宫。丹墀皆植青松，即萬年枝也。置金酒海，前後列紅蓮床，其上爲延春閣。《大都宫殿考》

按：《昭儉録》：鳳儀、麟瑞二門在大明殿東西廡。今考陶宗儀《輟耕録》及元宫闕制度，所載相符。此條所稱鳳儀在東廡，麟瑞在西廡，嘉慶、景福在後廡者，蓋皆指大明殿而言，與寶雲殿無涉。

原：至治三年十二月，塑瑪哈噶拉佛像于延春閣之徽清亭。《元史·泰定帝紀》

按：徽清亭，據《禁扁注》在延華閣。《昭儉録》：延華閣在興聖宫後，徽清亭在延華閣後，圓亭之東與芳碧亭相對。《析津志》：繡女房墻外南墻内，是圓殿一，直板房前即延華閣，西有娑羅樹、徽清殿。據此則徽清亭在延華閣後無疑。又考延春閣下爲延春宫，東爲慈福，西爲仁明，後爲后宫寢殿香閣，又後爲清寧宫。《禁扁》、《昭儉録》、《故宫遺録》諸書載之頗詳，俱無及清徽亭者。泰定紀蓋訛華作春，朱彝尊原書未訂其誤，兹謹辯正如右。

原：延春閣後仍爲柱廊，東有文思小殿，西有紫檀小殿。《大都宫殿考》

按：文思、紫檀二殿，《輟耕録》謂在大明寢殿之東西。《昭儉録》所載與《輟耕録》同。惟蕭洵《故宫遺録》謂在延春閣後，與二書不合。考《禁扁》注，大明西曰紫檀，東曰文思，北曰寶雲，此四殿爲大内前位，則當以《輟耕録》爲是。《大都宫殿考》蓋沿《故宫遺録》之誤也。

補：大德五年，嘉興張樞以官本船浮海至西洋，遇親王合贊所遣使臣那懷等如京師，遂載之以來。那懷等朝貢事畢，請仍以樞護送西還。丞相哈喇哈斯達爾罕如其請，奏授忠顯校尉海運副千户，佩金符，與俱行。以八年發京師，十一年乃至其登陸處。用私錢市其土物白馬、黑犬、琥珀、蒲萄酒、蕃鹽之屬以進。平章政事察納等引見於宸慶殿。

原：延春宫後爲清寧宫，後引抱長廡，遠連長春宫，其中皆以處嬖幸。《大都宫殿考》

按：蕭洵《故宫遺録》：延春閣又後爲清寧宫，引抱長廡，遠連延春宫，蓋后宫之正殿也。《禁扁》作咸寧，注在延春閣後，而載清寧宫爲上都殿名。今考《析津志》所載游皇城一則云：自東華門内經十一室，皇后鄂爾多前轉首，清寧殿後，出厚載門。據此則大都亦有清寧宫也。《大都宫殿考》蓋沿蕭洵之説訛寧作寒，今謹改訂其誤。按：鄂爾多，滿州語宫也，舊作斡耳朵。今譯改。

增：厚載門乃禁中之苑囿也。内有水碾，引水自元武池灌溉，種花木，自有熟地八頃。内有小殿五所，上曾執耒耜以耕，擬于耤田也。《析津志》

又　卷三一《宫室·元二》　按：《昭儉録》：儀天殿西爲木橋，長百七十尺，通興聖宫之夾垣。而隆福宫、光天、壽昌、嘉禧等殿皆在興聖之前，奎章、延華等閣在興聖之後，其制度亦如大内。其地當並屬太液西岸之西。孫承澤《春明夢餘録》：燕邸因元故宫，即今之西苑開朝門於前。承澤所謂元故宫者，未載其名。今考《昭儉録》，假山在隆福宫西，嚴嵩鈐山集，假山在仁壽宫西，仁壽爲成祖潛邸。據此，則《春明夢餘録》所稱元故宫當即隆福、興聖諸宫無疑矣。

原：隆福宫左右後三向皆爲寢殿，殿東有沉香殿，長廡環抱。《大都宫殿考》

按：《禁扁注》：光天殿西位爲文德，東位爲睿安。今考諸書，祗詳文德，而睿安缺載。《昭儉録》：鹿頂殿五間在睿安東北，光天殿西北，角樓西，後有鹿頂小殿。蓋東西二鹿頂也。《輟耕録》脱載「睿安東北」四字，遂混二鹿頂殿爲一，誤矣。今謹增入而附辨之。原延祐五年二月，建鹿頂殿于文德殿後。《元史·仁宗紀》

按：《昭儉録》：光天殿之周廡四隅，皆有角樓四間，而其西廡中爲明暉門，門外即文德殿，其所載西北角樓西後有鹿頂小殿，蓋即延祐所建。其地正當西位文德殿之後，與東位睿安殿後五間相配也。《元史》作文治殿後，當是文德之訛。

按：至治二年八月，詔畫蠶麥圖于鹿頂殿壁，以時觀之。《元史·英宗紀》

增：興聖宫丹墀内多桃李。《析津志》

原：興聖宫中建小直殿，引邃河分流其下，甃以白石，翼爲仙橋，四起瑣窗而抱彩樓。樓後東西爲日月殿，後又有禮天臺，高跨殿上。少東有流杯亭，又少東出便門。《大都宫殿考》

又　卷三二《宫室·元三》　按：元萬壽山即金之瓊華島，陶宗儀《輟耕録》及《元史》或稱萬歲山，蓋當日相沿互稱。至謂瓊華島土皆取自塞山，未免附會。

原：中統四年三月，伊克德勒丹請修瓊華島，不從。至元元年二月，修瓊華島。《元史·世祖紀》

原：二十一年二月，立法輪竿於大内萬壽山，高百尺。《元史世祖紀》

原：順帝爲英英起采芳館於瓊華島内。癸巳秋，乘龍船泛月池上，池起

浮橋三處，每處分三洞，洞上結彩爲飛樓，樓上置女樂。橋以木爲質，飾以錦繡，九洞不相直達。《元掖庭記》

按：元好問《遺山集》，瓊華島絶頂有廣寒殿，近爲黄冠輩所毁。據此，則廣寒殿金末已毁，元時重建者也。

原：方壺殿右爲吕公洞，洞上數十步爲金露殿，由東而上爲玉虹殿。前有石巖如屋，繞層欄登廣寒殿。內列二十四楹，出爲露臺，繞以白石闌。道旁有鐵竿數丈，上置金胡蘆三，引鐵鍊以繫之，乃金章宗所立以鎮其下龍潭。《大都宮殿考》

按：至元二十一年七月壬申，造温石浴室及更衣殿。見《元史・世祖紀》

原：太液池在大內西，周回若干里，植芙蓉。《輟耕録》

原己酉仲秋之夜，武宗與諸嬪妃泛月於禁苑太液池中，月色射波，池光映天，緑荷含香，魚鳥羣集。於是畫鷁中流，蓮舟夾持，往來便捷。帝乃開宴張樂，令宮女披羅曳縠前爲八展舞，歌賀新涼一曲。《元掖庭記》

按：元儀天殿明更名曰承光。《甫田集》：承光殿在太液池上，一名圓殿。《明宮殿額名》：嘉靖三十一年更名乾光，本朝仍曰承光殿。又按：元儀天殿西木弔橋在萬壽山之南，興聖宮之東，瓊華島之北，見《析津志》。犀山臺一名犀牛臺，見《圖經志》書。

按：石假山，明《圖經志》書稱小山子，韓雍《賜游西苑記》稱賽蓬萊。本朝詹事高士奇《金鼇退食筆記》謂兔園山，在瀛臺之西，殿曰清虚，池邊多立奇石曰小蓬萊，皆此地也。今廢。

原：苑西有翠殿，又有花亭毬閣金殿。前有野果，名紅姑娘，外垂絳囊，中空如桃，子如丹朱。苑外重繞長廡，廡後出內牆，東連海子，以接厚載門，門上建高閣。東百步有觀臺，臺旁有雪柳萬株。《大都宮殿考》

原：椶殿少西出掖門爲慈仁殿。又後苑中爲金殿，四外盡植牡丹百餘本，高可五尺。《大都宮殿考》

朱昆田原按：龍光殿，《輟耕録》不載，見王氏《禁扁》。又有慈仁、慈德二殿。注云：三殿並巴延鄂爾多。考《元史》，太祖后妃有四，鄂爾多四十餘人，世祖鄂爾多四，武宗鄂爾多一，蓋后妃分居之地也。

原：元肇建內殿，制度精巧，題頭刻螭形，以檀香爲之。螭頭向外，口中銜珠下垂珠皆五色，用彩金絲貫串，負柱融滚霞紗爲猊，怒目張牙，有欲動之狀。瓦滑琉璃，與天一色。朱砂塗壁，務窮一時之麗。殿上設水晶簾，堦琢龜文，繞以曲檻，檻與階皆白玉石爲之。又有紫檀紫，以紫檀香木爲之，光天、玉德、七寶、瑶光、通雲、凝翠、廣寒等殿，不能一一數也。大內有德壽宮、興聖宮、翠華宮、擇勝宮、連天樓、紅鸞殿、入霄殿、五華殿。又有迎涼之所曰清林閣，旁上二亭，東曰松聲，西曰竹風。又有温室曰春熙堂。曰九引臺者，七夕乞巧之所也。曰刺繡亭、緝衮堂者，冬至候日之所也。九龍墀、延香亭，春時宮女傳杯於此。拱璧亭又名夜光亭，探芳徑旁爲逍遥市。又有集賢臺、集寶臺、眺遠閣、留連館、萬年宮，並在禁苑。《元掖庭記》

原：元至正十四年，順帝制龍舟於內苑。其船式長一百二十尺，廣二十尺，用水手二十四人，皆衣金紫。自後宮至前宮山下海子內，往來游戲。行時龍首眼口爪尾皆動。又自制宮漏，高六七寸，廣半之。造木爲匱，藏壺其中，運水上下。匱上設三聖殿，匱腰立玉女，捧時刻籌，時至輒浮水而上。左右二金甲神，一懸鐘，一懸鉦。夜則神人自能按更而擊，無分毫差。鳴鐘鉦時，獅鳳在側者皆自翔舞。匱之東西有日月宮，飛仙六人立宮前，遇子午時，自能耦進，度仙橋達三聖殿，復退立如前。其精巧絶出人意，皆前所未有。《續資治通鑑》

按：《禁扁》載：大安閣水晶殿俱在上都。《元史・世祖紀》：至元二年建大安閣於上都，八月十一日上都大安閣成。蓋擬於大都之正殿。元文宗成宗即位皆在大安閣，其地並是上都，考《析津志》，每年四月駕幸上都，至八月內或九月初始還大都。《泰定紀》：元年四月幸上都，八月至自上都。而水晶殿修佛事在六月。三年二月幸上都，九月始至自上都。而受戒水晶殿在七月。是知殿屬上都，與日下無涉。朱彝尊原書采綴於此，誤矣。

又卷三三《宮室・明一》 原：十二年十一月，燕府營造訖工，繪圖以進其制。社稷、山川二壇在王城門之右。王城四門，東曰體仁，西曰遵義，南曰端禮，北曰廣智。門樓廊廡二百七十二間，中曰承運殿，十一間。後爲圓殿，次曰存心殿，各九間。承運殿之兩廡爲左右二殿，自存心、承運周圍兩廡至承運門，爲屋百三十八間。殿之後爲前、中、後三宮，各九間，宮門兩廂等室九十九間。王城之外，周垣四門，其南曰靈星，餘三門同王城門名。周垣之內，堂庫等室一百三十八間，凡爲宮殿室屋八百一十一間。《明太祖實録》

原：永樂十四年八月，作西宮。初，上至北京，仍御舊宮。及是將撤而新之，乃命作西宮，爲視朝之所。中爲奉天殿，殿之側爲左右二殿。奉天殿之南爲奉天門，左右爲東西角門。奉天門之南爲午門，午門之南爲承天門。奉天殿之北有後殿，有凉殿、暖殿及仁壽、景福、仁和、萬春、永壽、長春等宫。十五年六月，建郊廟。十一月，建乾清宫。《明典彙》

按：明永樂四年，詔以明年建北京宫殿。十四年八月，作北京西宫。十一月，詔羣臣議建北京。十八年，詔改京師爲南京，北京爲京師。十一月，以遷都北京詔天下，是月北京郊廟宫殿成。見《明史·本紀》。

原：永樂十五年，鼎建北京宫殿，有瑞靄浮空，金水橋河冰凝結浮圖諸象。又慶雲呈采，團圜如日，正當御座中，且現五色天花。於是大小臣工咸爲歌頌，有聖德瑞應詩二十卷。【略】《萬曆重編内閣藏書目録》

按：明代宫室各門名雖仍沿元舊，似俱移置東偏，稍加恢擴。其登聞鼓院，今在西長安門外，屬通政司。

原：進大明門次爲承天之門，天街横亘承天門之前。其左曰東長安門，其右曰西長安門。凡國家有大典則啓大明門出，不則常扃不開。每日百官奏進，俱從二長安門入，守者常數十百人，皆禁軍也。《長安客話》

按：承天門又折而東曰長安左門，折而西曰長安右門。見《明史·輿服志》。

原：太廟在闕之左，永樂十八年建。前正殿翼以兩廡，後寢殿九間，間一室，主皆南面，几席諸器備。嘉靖十一年，中允廖道南請建九廟，上從其議，撤故廟，祖宗各建專廟，合爲都宫，因舊廟新之。太祖居中，文皇世廟在太廟東北，居六廟上，昭穆六廟列太廟左右，廟各有殿，殿後有寢，藏主。太廟寢後别有祧寢，藏祧主。太廟門殿皆南向，羣廟門東西向，内寢殿皆南向。十五年十二月，九廟成。二十年四月，雷火，八廟災，惟睿廟存。因重建太廟，復同堂異室之制。二十四年七月，新廟成，正殿九間，内貯諸帝后冕旒冠帶，櫃而藏之。

按：明洪武間，以太廟時享未足以展孝思，復建奉先殿於宫門内之東。成祖遷都北京，建如制。見《明史·禮樂志》。

原：居中巍然而嚮明者，午門也。鐘鼓在焉。曰左掖門，曰右掖門。《蕪史》

又 卷三四《宫室·明二》 原：午門内居中向南者曰皇極門，即奉天門也。左曰弘政門，即東角門也，考選鴻臚則在此焉。右曰宣治門，即西角門也。西向曰歸極門，即右順門也。東向曰會極門，即左順門也。《蕪史》

原：皇極門外兩廡四十八間，除曠八間，實四十間。東二十間爲實録、玉牒、起居諸館，及東閣會坐，公揖在焉。西二十間，上十間爲諸王館，下十間則會典諸館也。定王書堂在西第六間，爲讀書處，第五間懸先師孔子畫像，四配侍側，蓋摹吴道子筆也。及永王出閣，因移定王第四間，而永王在第六間。《愍書》

原：皇極門内居中向南者曰皇極殿，即奉天殿也。左向西者曰文昭閣，即文樓也，右向東者曰武成閣，即武樓也。殿之兩旁東曰中左門，西曰中右門。《蕪史》

原：奉天殿，永樂十五年十一月建。《明典彙》

按：《明史》：永樂四年，詔以明年建北京宫殿。八年七月，至北京，御奉天殿受朝賀。十二年八月，至北京，御奉天殿受朝賀。則十五年之前已兩御北京之奉天殿矣。蓋明祖定大朝會正殿曰奉天。永樂時建都，遂仍其名，至是撤而新之，殿制皆自是年更定云。

補：嘉靖丁巳四月，三殿二樓十五門俱災。文武大臣會議修建。海鹽鄭公曉時協理戎政，率營軍三萬人打掃火焦。鄭公白：黄司禮磚瓦木石不必盡數發出，如石全者半者，一尺以上者，各另團就便堆積，白玉石燒成石灰者，亦另堆積，磚瓦皆然。不數日，工部欲改修端門外廊房爲六科并各朝房午門以裏，欲修補燒柱墻缺，又於謹身殿後乾清宫前隆宗、景運二門中砌高墻一道，攔斷内外。内監工部議從外運磚、運灰、運黄土調灰，一時起小車五千輛，民間騷動。公告黄司禮曰：午門外堆積舊磚石并石灰無數，可盡與工部修端門外廊房，其在午門以内者，可與内監修理柱空并砌乾清宫前墻。黄甚喜。公又曰：修砌必用黄土，今工部起車五千輛，一時不得集，况長安兩門、承天、端門、午門止可容車夫出入，再加車輛，阻塞難行。見今大工動作，兩闕門外多空地，可空黄土用，卻命軍搬焦土填上，用黄土蓋三尺，豈不兩便？黄曰善。公曰：午門以裏臺基壞石移出長安兩門甚遠，今厚載門修砌剥岸，若命軍搬出右順門，由啓明門前下北甚近，就以此石作剥岸填堵，不須減工部估料，但省軍士勞力亦可。黄又曰善。公曰：舊例，火焦木軍搬送琉璃、黑窑二廠，往回四十里，今焦木皆長大，不惟皇城諸門難出，外面房稠路狹，難行難轉。况今災變，各門内臣小房非燬即拆壞，必須修蓋，方可容身。莫若將焦木移出左右順門外，東西寶善、思善二門前後，并啓明、長庚兩長街，聽各内臣劈取焦皮作炭，木心可用者順便取去，各修私房，以皇城内物修皇城内房，不出皇城四門，亦省財力。黄又曰：善。《鄭端簡年譜》

原：四十一年九月，三殿成，改奉天殿曰皇極，華蓋殿爲中極，謹身殿爲建極。文樓曰文昭閣，武樓曰武成閣。左順門曰會極，右順門曰歸極，奉天門曰皇極，東角門曰弘政，西角門曰宣治。《明世宗實録》

按：明之華蓋殿即中極，今建爲中和殿，謹身殿即建極殿，今建爲保和殿。

原：三殿規制，自宣德間再建後，諸將作皆莫省其舊。而匠官徐杲能以意料量，比落成，竟不失尺寸。《明世廟識餘録》

原：萬曆二十五年六月戊寅，歸極門火，延燒皇極等殿，文昭、武成二閣迴廊皆燼。《明神宗實録》

原：皇極殿之北有滲金圓頂者曰中極殿，即華蓋殿也。再北曰建極殿，即謹身殿也。俱嘉靖四十一年重建，工完改名者也。殿居中向後，高踞三纏白玉石欄干之上者雲臺門也。兩旁向後者，東曰後左門，西曰後右門，即雲臺左右門，亦名曰平臺也。凡朝對各臣等官，或於平臺，即後左門也。《蕪史》

原：中極舊名華蓋，前即皇極，後爲建極。崇禎辛巳四月，召對至弘政門，則上已御殿，即魚貫而入中左門，循殿左垣，高下可四十級，到中極殿。殿左右闢四大門，上寶座周圍刻金龍形，金色璀璨，御榻以黄綾衣之。《愍書》

原：後左門又北東則景運門也，西則隆宗門也，又西向南者則仁德門也。隆宗門之南，東向房一連，名協恭堂，司禮監太監看文書之所也。乾清門外，左右金獅各一。入門丹陛直至乾清宫大殿，左曰日精門，右曰月華門，左小門曰龍光，右小門曰鳳彩。神宗御居西暖閣，光廟御居東暖閣，先帝御居西暖閣，今上御居東暖閣。宫之左，端凝殿，尚冠等近侍所司衮冕玉帶類貯此。右懋勤殿，先帝創造地炕，恒臨御之。【略】《蕪史》

補：乾清、坤寧兩宫再建，萬曆二十四年七月初十日開工，至二十六年七月十五日告成。兩宫之外，交泰殿、暖殿、披房、斜廊、乾清、日精、月華、景和、隆福等門及圍廊房一百一十間，并帶造神霄殿、東裕庫、芳玉軒，通共用銀七十二萬。《冬官紀事》

補：乾清、坤寧二宫告成，需石陳設，滇中以奇石四十櫝分製佳名以進。曰春雲出谷，曰泰山喬岳，曰神龍雲雨，曰天地交泰，各大五尺一寸。曰玉韞山光，大五尺。曰河洛獻瑞，曰元嶂雲收，曰江漢朝宗，曰奇峰叠出，曰海山朝旭，各大四尺一寸。曰錦雲碧漢，曰虹臨華渚，曰雪溪春水，曰羣峰獻秀，曰麟趾呈祥，曰龍翔鳳舞，各大四尺。曰一碧萬頃，曰雪巖春霽，曰雲霞出海，各大三尺。曰萬山春曉，曰春山煙雨，曰百川霖雨，各大三尺五寸。曰溪山煙靄，大三尺一寸。曰壽山福海，曰雲漢麗天，各大三尺六寸。曰湖光山色，曰函關紫氣，曰春山煙雨，曰卿雲絢采，曰雲霞出海，各大三尺五分。曰龍飛碧漢，大四尺八寸。山水人物屏石八塊。曰山川出雲，大三尺九寸五分。曰煙波春曉，大三尺四寸。曰白雪春融，大三尺三寸。曰雲龍出海，曰槎泛斗牛，各大尺五寸。曰春雲出谷，曰海宴河清，曰振衣千仞，各大二尺九寸。時歲己亥三月也。《泉南雜志》

原：乾清宫丹陛下有老虎洞，洞背爲御街，洞中甃石成壁，可通往來。帝嘗於月夕率内侍賭迷藏潛匿其内。《天啟宫詞注》

按：宫前丹陛下洞道，蓋侍從之人藉以左右往來者。而明之末葉乃用爲嬉娱之地，其興居無節，政令不修，甚矣，國祚豈能久乎！

按：《明史·楊漣傳》載，李選侍居乾清宫，漣力請移宫，遂移居仁壽殿。據此，則一號殿即仁壽殿之别名也。

原：崇禎元年書敬天法祖扁額，命司禮監掌印太監高時明懸乾清宫大殿，兩楹書「人心惟危，道心惟微，惟精惟一，允執厥中」十六字。《崇禎遺録》

原：西暖殿，萬曆七年五月添額，名肅雝殿。至十一年四月，更弘德殿東暖殿。萬曆十一年閏二月，添額弘德殿。本年四月，更昭仁殿。《明宫殿額名》

按：元大内東西暖閣爲慈福、明仁二殿，明初東爲弘德，西爲肅雝。至萬曆十一年，更名東暖閣曰昭仁，西暖閣爲弘德。《見明史·輿服志》。

原：乾清宫後披檐東思政軒，西養德齋，崇禎五年四月安扁。中圓殿更交泰殿，嘉靖十四年七月添額。《明宫殿額名》

原：乾清宫之北曰交泰殿，則皇后所居也。有中門向後，恒閉而不開。《蕪史》

原：暖閣在乾清宫之後，凡九間。中一間置床三張於房下，即以天橋上左一間之下置床三張於上，又以天橋下左二間之下間置床三張於下，又以天橋上左三間之上間又置床三張於上，又以天橋下左四間之下間置床三張於下，右四間亦如之。天橋即人家樓梯也，凡九間，有上有下，上下共置床二十七張，天子隨時居寢，制度殊異。《宙載》

原：坤寧宫，嘉靖十四年七月添額。東露頂安德齋，崇禎六年四月，更貞德齋。西露頂養正軒，崇禎七年八月安扁。東披檐清暇居，北圍廊游藝齋，俱

崇禎五年十月安扁。《明宫殿額名》

原：過日精門之東曰崇仁門，稍南曰内東裕庫，曰弘孝殿，曰神霄殿。日精門往北曰順德左門。《蕪史》

原：景仁宫初名長寧宫，有惟、和從善二亭。延祺宫初名長壽宫，有集瑞亭。永寧宫，崇禎五年八月更承乾宫，東配殿曰貞順齋，西配殿曰明德堂，俱崇禎七年八月安扁。《明宫殿額名》

原：永和宫初名永安宫，咸陽宫更鍾萃宫。隆慶五年十一月，更前殿爲興龍殿，後殿爲聖哲殿，後有小院名龍德齋。景陽宫名長陽宫，嘉靖十四年五月更名。《明宫殿額名》

原：千嬰門之北並列者，則乾東之房五所。《蕪史》

原：過月華門之西曰遵義門，向南者養心殿也，向北則司禮監掌印秉筆之直房，祖制。宫中膳房原在隆道閣後，魏忠賢移於怡神殿，而以其房爲直房。養心殿之西南曰祥寧宫，宫前向北者曰無梁殿，世廟煉丹藥之所也。月華門西南巋然者，隆道閣也。同上

原：嘉靖四十一年九月，改乾清宫右小閣名曰道心，旁左門曰仁蕩，右門曰義平。《明世宗實録》

原：隆慶四年二月，命工部於道心閣、精一堂、臨保室舊址重建閣曰隆道，堂曰仁德，室曰忠義。【略】《明穆宗實録》

原：隆德殿西北曰英華殿，以供西番佛像，有菩提樹二株。《蕪史》

原：英華殿前菩提樹兩株，六月開黄花，秋深子落。子不從花結，與花並發，而附於葉之背，瑩潤圓整，可作佛珠。此樹爲李太后所植。太后上賓，神廟上尊號曰九蓮菩薩，祀慈容於樹北之别殿。《天啓宫詞注》

補：大内西北隅英華殿前有菩提二樹，慈聖皇祖母手植也，高二丈，枝幹婆娑，下垂着地，盛夏開花，作黄金色，子不於花蒂生而綴於葉背。秋深葉下，飄颻永巷，却葉受子而念珠出焉。其顆較南産差小而色黄，且間分瓣之綫界作白絲，名曰多寶珠。《菩提子詩序》

按：今壽安宫之北爲英華殿，亦供奉佛像之所。庭中菩提樹

原：會極門東向南者文華殿也。有扁曰學二帝三王治天下大經大法者，神廟御筆也。繩愆糾謬者，小臣杜詩筆也。有精一堂、恭默室、九五齋。殿之後曰玉食館。西北曰省愆居，其底用木爲通透之基，高三尺餘，下不令牆壁至地，四圍亦不與别處接。凡遇災青，駕居此以示修省。殿之西曰崇本門，殿之後曰刻漏房。銅壺滴漏在此，凡八刻水則交一時，直殿監宿抱時辰牌赴乾清門裏换之。牌長尺餘，石青地金字書曰某時，途遇者必側立讓行，坐者必起立，亦敬天時之義也。《蕪史》

補：文華殿在奉天門之東，比諸殿制稍減而特精雅，用緑色琉璃瓦，左右爲兩春坊，上之便殿所常御者也。

原：經筵進講在文華前殿，日講在殿後穿廊，正字在後殿東閣，設一幄次，又東一室乃上所游息處。《穀城山房筆麈》

原：講殿中范金爲二鶴，立于左右，鶴頭各插香二炷。《費文憲摘稿》

補：文華殿後扁，慈聖太后書，六行楸以丹朱，殿内圍屏畫輿地圖。《嬴隱集》

又卷三五《宫室·明三》原：恭默室者，文華後殿之東九五齋之西室也。室北壁繪河圖，東壁洛書，西壁鳳鳴朝陽圖。《桂洲集》

原：端本宫在東華門内，即端敬殿之東，前庭甚曠，長數十丈。左爲東華門，右爲文華門，光宗皇帝青宫時所居也。天啓末，懿安張皇后移居於此，名慈慶宫。其外爲徽音門。壬午八月，懿安移入居仁壽殿，因改爲端本宫，以待東宫大婚。宫門前三石橋，蓋大内西海子之水蜿蜒從此出焉。皇太子原居大内鍾粹宫，在坤寧宫之左。既漸長，當移居，上以慈慶爲皇考舊居，其後勖勤宫即上舊居也，因以居東宫。奉遷懿安皇后於仁壽殿。前門徽音改前星，門内關雎左右門改爲麟祥、燕翼，第二門麟趾改爲重暉，第三門慈慶改爲端本，純禧左右門改爲養正、體元。再入爲端本宫，中設皇太子座，畫屏金碧。座左右二大鏡屏，高五尺餘，鏡方而長。左右各有連房七間，門上各堆紗畫忠孝廉節故事。左七間即寢宫，内有二雕床，餘皆空洞。右七間有琱紅寶座及奥室，其内有弘仁殿，規制曲折，與左不同矣。又後爲穿殿，兩廡翼然，有清正二軒，又後則聚寧門，今改爲凝寧門。端本宫至此止矣。此後爲龍圃門，又後爲奉宸宫，其右有承華門。入後則左爲勖勤宫，右爲昭儉宫，又後爲麗園門。《愨書》

按：端敬殿與端本宫今改建三所，爲皇子所居。

補：慈慶宫，光宗青宫時所居，張差挺擊處也。上爲信王時亦居此，名勖勤宫。崇禎十五年七月，更名端本宫。《山書》

補：懿安皇后既移宫入，上命即所居賜皇太子，改名端本宫。宫制如常第，連房曲室，多耳殿。列方鏡屏二，高可數尺。《宦夢録》

原：嘉德右門之西曰長庚門，凡夫匠淘溝及修造或宮人疾故皆開此門出入。其外自元武門迤西可九間，自北而南，過長庚橋，至御酒房後墻，曰長連三十九間，再前層曰短連三間，連元武門東計之，通共五十四間，總曰廊下。《蕪史》

補：寶和六店，宮中儲材物處。一寶和，二和遠，三順寧，四福德，五福吉，六寶延。武宗嘗扮商估與六店貿易，爭忿喧詬，既罷，就宿廊下。《西河詩話》

原：坤寧宮之後則後苑也，欽安殿在焉。供元天上帝之所也。有魚池假山，奇花異樹，東南曰瓊苑左門，西南曰瓊苑右門。《蕪史》

按：欽安殿、御花園今仍舊名。

朱彝尊原按：此乃建醮青詞之始也。

原：欽安殿門曰天一之門，嘉靖十四年添額。有萬春亭、千秋亭。嘉靖十五年，添對育軒，嘉靖十四年，更玉芳軒。四神祠有觀花殿。萬曆十一年毀之，壘石爲山，中作石門，扁曰堆秀。山上有亭曰御景，東西魚池，池上二亭，左曰浮碧，右曰澄瑞。又有清望閣、金香亭、玉翠亭、樂志齋、曲流館，至萬曆十九年毀。《明宮殿額名》

原夏言《欽安殿詩》：欽安殿前修竹園，百尺琅玕護紫垣。夜夜月明摇鳳尾，年年春雨長龍孫。《桂洲集》

原：欽安殿後曰順貞門，其宮墻外則元武門，每夜更鼓在焉。《蕪史》

按：欽安門、順貞門，本朝俱仍其舊，元武門即今神武門也。

原：隆慶四年二月，建英明閣於禁中。《明穆宗實録》

原：大内後門有丹漆巨挺一支此扉，不知幾何年矣。成化間偶墮地破，乃髹竹，中藏卷三，一爲王摩詰畫真蹟。《國史唯疑》

原紫禁城内之河，則自元武門之西從地溝入，至廊下，南過長庚橋裏馬房橋，由仁智殿西、御酒房東、武英殿前、思善門外、歸極門外、皇極門前、會極門北、文華殿西，而北而東，自慈慶宮前之徽音門外蜿蜒而南，過東華門裏古今通集庫南，從紫禁城墻下，地溝亦自異方出，歸護城河，或顯或隱，總一脉也。《蕪史》

原：北中門之南曰壽皇殿，曰北果園，殿之東曰永壽殿，曰觀德殿，與御馬監西門相對者。壽皇殿之東門，萬曆中年始開者也。殿之南則萬歲山，俗所云煤山也。山之前曰萬歲門，再南曰北上門，左曰北上東門，右曰北上西門，西可望乾明門，東可望御馬監也。再南過北上門，則紫禁城之元武門也。同上

按：壽皇殿、北果園即今景山後是也。北上諸門，今仍舊名云。

原：崇禎癸未九月，召對萬歲山觀德殿。出東華門入東上北門，遶禁城行，夾道皆槐樹，十步一株，折而西，則萬歲山在望矣。復折而北，入山左裏門。上御觀德殿，皇太子侍立，諸臣趨過永壽殿，至觀德殿階下。上御坐張金字屏，書一小賦。門外張黄幔，對畢，賜茶餅。有頃，駕興，入元武門，諸臣仍出山左裏門。觀德殿在北安門内元武門外萬歲山東麓也。山上有土成磴道，每重九日駕登山觴焉。山北有壽皇殿、北果園。山南有扁曰萬歲門，再南曰北上門，再南曰元武門，入門即紫禁城大内也。山左寬曠，爲射箭所，故名觀德。山左裏門之東即御馬監，兩門相對，一帶有桿子房、北膳房、暖閣廠，皆西向也。永壽殿在觀德殿東南相近，内多牡丹芍藥，旁有大石壁立，色甚古。《愍書》

原：萬歲山在子城東北元武門外，爲大内之鎮山，高百餘丈，周迴二里許。林木茂密，其顛有石刻御座，兩松覆之。山下有亭，林木陰翳，周迴多植奇果，名百果園。《西元集》

原：萬歲山嘉樹鬱葱，鶴鹿成羣，俗稱煤山。天啓甲子六月，山椒有五色雲，靈臺占曰景雲將降。旨行慶賀禮，以六科廊災乃寢。《天啟宮詞注》

原：今京師厚載門南逼紫禁城，俗所謂煤山者，本萬歲山。其高數十仞，衆木森然，相傳其下皆聚石炭以備閉城不虞之用者。《野獲編》

原：崇禎七年九月，量萬歲山，自山頂至山根，斜量二十一丈，折高一十四丈七尺。萬歲山左門、山右門於萬曆十八年八月添牌。有玩芳亭，萬曆二十八年更玩景亭。二十九年再更毓秀亭。亭下有壽明洞，又有左右毓秀館、長春門、長春亭。壽皇殿萬福閣下曰臻禄堂，康永閣下曰聚仙室，延寧閣下曰集仙室。萬福閣東曰觀德殿，又有永壽門、永壽殿、觀花殿、集芳亭、會景亭、興隆閣，萬曆四十一年更玩春樓。萬福閣西曰永安亭、永安門，乾祐閣下曰嘉禾館、乾祐門，興慶門下曰景明館，外爲山左裏門、山右裏門。《明宮殿額名》

原：弘治中，太監李廣以左道見寵，權傾中外。戊午歲建毓秀亭於萬歲山下，既成，適小公主患痘，廣飲以符水，遽殤。未幾，清寧宮災，有謂建亭年月不利故有此災。太皇太后怒，廣懼，飲鴆死。《月山叢談》

朱彝尊原按：宣宗《廣寒殿記》及楊文貞、李文達、彭文憲、葉文莊、韓襄毅西苑諸記所稱萬歲山，皆本金元之舊。至馬仲房始以煤山爲萬歲山。迨

萬曆間，揭萬歲門於後苑，而紀事者往往混二爲一。蓋金元之萬歲山在西，而明之萬歲山在北也。

按：明廣寒殿及仁智、介福、延和三殿今永安寺即其舊址，瀛洲、方壺等亭，其制已易云。

原：王直記略：六月七日，陪少師少保及諸學士於太液池上，焚三朝實録草本，詔許游萬歲山，觀金元遺跡。中官引自圓殿後度石橋，橋中空二丈許，用一大舟實其中以通行者。既度入山門，門有三，中爲御路衆從左右門入。山皆奇石疊成，相傳金人取宋艮岳石爲之，至元增飾加結構焉。山趾兩旁皆有門，躡石級而上，至半有三殿，中曰仁智，左曰延和，右曰介福，獨廣寒殿在其頂。又有瀛洲、方壺、玉虹、金露四亭在延和、介福之後，昔皆窮極侈麗，今猶有可觀者。山右之半有廢井，深不可測，中人云下與海通，有蛟蟄焉。山下一石曰慶雲，奇峰萬變蓋艮岳之絶奇者。又有康干石。康干，園名。石乃松木入河，水浸漬久而成者，其木理宛然。凡諸殿宇皆仍其舊，未嘗修治，我朝列聖恭儉之德於此可見矣。《王文端文集》

按：太素殿，明天順年間創建，今之五龍亭即其舊址。水簾石池似在白塔之西岸，南臺即今瀛臺也。

原：葉盛《賜游西苑記》：天順三年四月六日，有旨賜游西苑。先飯於左順門東北廊訖，趨右順，出西華、西上、西中、西苑四門，北入椒口，至行殿。殿枕太液池，下瞰如鏡。出北行至圓殿，由東城門入上殿，殿前古松極奇怪，又置翠屏岩、郭公磚、木變、太湖石。從西城門下，北至太液，歷御橋，再北至萬歲山，由西路入。山徑旁有仙人老虎洞，抵絶頂，入廣寒宮。兩旁圓亭，東曰玉虹，西曰金露。兩亭下次第又各兩殿，東曰方壺，次曰介福，西曰瀛洲，次曰延和。山半坪間有仁智殿舊址。自東路出山，至九間殿，過黄船廠，過北閘口行殿，又西從湖岸折而南，至養牲房，所養皆珍禽。經虎城至小山子，名賽瀛洲，前後左右皆有殿，中兩旁有水閣，山頂之殿，狀如廣寒。殿前有水出腰，垂如珠簾然，流至石池，西流，從石龍口吐出，復狀流山下，殿前鑿石爲流觴曲水。水折流至東池，復南入湖中。過橋亭至南臺行殿，前有石礆直階，下數十步至水中，是爲釣磯。前所歷覽皆上游幸所也。《水東日記》

原：嘉靖十三年九月，西苑河東亭榭成，上親定額，天鵝房北曰飛靄亭，迎翠殿前曰浮香亭，寶月亭前曰秋輝亭，昭和殿前曰澄淵亭，後曰趯臺陂，臨漪亭前曰水雲榭，西苑門外二亭曰左臨海，右臨海，亭北閘口曰湧玉亭，河之東曰聚景亭，改吕梁洪之亭吕梁，前曰檥金亭，翠玉館前曰擷秀亭，萬歲山後曰玩芳亭。《明典禮志》

按：明皇史宬東南有門通河，俗所謂騎馬河也。迤東沿河稍北則吕梁洪。見《蕪史》。嘉靖十三年，西苑河東亭榭成，親定額名，改吕梁洪之亭曰吕梁。見《明史·輿服志》

原：西苑門迤南，向東曰灰池，曰樂成殿，曰水碓、水磨。《蕪史》

按：樂成殿、水碓、水磨等處後易爲無逸殿、豳風亭。今西苑以東淑清苑，即因其舊址改建。所謂灰池，今三座門內沿湖南行百許步，東墻上有門，內屋三楹，猶相沿稱灰廠。或其舊址也。

原：樂成殿、涵碧亭、浮玉亭，俱萬曆三十年七月添扁。《明宮殿額名》

原：從芭蕉園南循水，過西苑門半里，有湢瀉池水轉北，別爲小池。中設九島、三亭。一亭藻井門角爲十二面，上貫金寶珠頂，內兩金龍升降，丹檻碧牖，盡其侈麗。中設一御榻，外四面皆梁檻，通小朱扉而出，名涵碧亭。其二亭，制少樸，梁檻惟東西以達厓際。東有樂成殿，左右楹各設龍床，殿後小室亦設龍榻，皆宣皇游歷處也。殿右有屋，設石磨二，石碓二，下激湍水自動，田穀成於此舂治，故曰樂成。《西元集》

原：河之西曰昭和殿，曰紫光閣，曰陽德門，曰萬壽宮，曰旋磨臺，即兔兒山也。曰無逸殿，曰豳風亭。《蕪史》

原：從樂成殿度橋，轉南一徑，過小紅亭二百餘步，林木深茂。內有殿曰昭和，皆黄屋。傍有水田村屋，先朝嘗於此閲稼。《西元集》

又卷三六《宮室·明四》 原南臺在太液池之南，上有昭和殿，北向，踞地頗高，頫眺橋南一帶景物。其門外一亭，不止八角，柱拱攢合，極其精麗。北懸一額，直書趯臺陂三字。降臺而下，左右廨宇各數十楹，不施窗牖。又其北濱池一亭，額曰湧翠，則御駕登龍舟處。《燕郡游覽志》

按：瀛臺舊爲南臺，一曰趯臺陂。明李賢記中所稱南臺林木陰森是也。見《金鰲退食筆記》

原：崇禎壬午九月，召閣部諸臣入對明德殿。出西華門，傍西海子北行，過椒園，折而東，逾園殿，度御橋，步至明德門外。頃之，召食明德殿前。上坐殿門，內外張御幄，左右各張黄幕，置宴榻十二張。【略】旋登紫光閣看文書，閣甚高敞。樹陰池影，葱翠萬狀，一佳景也。即同趨過閣下，沿西海行，至萬壽宮，策馬過南臺，越小橋，有涵碧亭，曲水環之。又激水爲水碓，如江南樣，下馬徘徊久之，遂出。《愨書》

原：國初無親蠶禮。嘉靖九年，敕禮部曰：耕桑重事，古者帝親耕、后親蠶以勸天下，自今歲始，朕親耕，皇后親蠶，其具儀以聞。于是大學士張璁等請於安定門外建先蠶壇，準先農壇制；旁設采桑壇，仿籍田制；其別殿如南郊齋制，少減其數；即齋旁起蠶房爲浴蠶所。皇后采桑三條，後三宮夫人采五條，列侯、九卿夫人采九條，仍擇民婦受桑浴蠶於内以終事。詔如議行。詹事府詹事霍韜言：皇后出難越宿，且郊外别建蠶室，則宫嬪、命婦未見蠶事，勢難久行，乞擇近地便。户部亦言：安定門外水源不通，無浴蠶所。初，禮部議於皇城内西苑中有太液瓊島之水，且唐制亦在苑中，宋亦於宫中。從禮部議便。上命築親蠶壇於安定門外。十年三月，改築壇於西苑仁壽宫側。壇高二尺六寸，四出陛，廣六尺四寸，東爲采桑壇，方一丈四尺，高二尺四寸，三出陛，鋪甃如壇制。臺之左右樹以桑，東爲具服殿，北爲蠶室，又爲從室以居蠶婦。設蠶宫署於宫左，置蠶宫令一員，丞二員，擇内臣謹恪者爲之。十四年，皇后親蠶于内苑。《明典禮制》

按：明時先蠶在西苑仁壽宫側，已廢。皇上御極之七年，命於西苑東北隅豐澤園左建先蠶壇，其浴蠶河自外垣北流入，由南垣出。詳見國朝宫室。

原：金海橋之東北巋然若山者，曰廣寒殿，俗云遼后梳妝樓也。河上有乾祐閣，俗云北臺是也。高八丈一尺，廣十七丈。天啓二年毁平之，就其地爲嘉樂殿。其門曰延景門，其西則内教場也。稍南有坊曰衆祥橋，其東則北閘口也。《蕪史》

原：瓊島在太液池中，從承光殿北度梁至島，有巖洞窈窅，磴道紆折，皆疊石爲之。其巔古殿結構，翔起周迴，綺牖玉檻，重階而上，榜曰廣寒之殿。相傳遼太后梳妝臺。今欄檻殘壞，内金刻雲物猶彌覆榱棟間，下布以文石。傍一榻亦前朝物。殿前舊有四亭，曰瀛洲、方壺、玉虹、金露，今惟遺址耳。《西元集》

按：梳妝臺，金章宗爲李宸妃建。謂遼后者訛，其詳已見遼金宫室門。

原：璚花島在内苑之北，自山麓至巔百三十餘步，周二百餘丈，皆疊石而成者。石磴陰洞，古檜喬松，縈紆蔭鬱，隱然仙府也。頂有廣寒殿，四隅各有亭，左曰玉虹，曰方壺，右曰金露，曰瀛洲。山半有三殿，中曰仁智，東曰介福，西曰延和，下臨太液池。山上常有雲氣浮空，絪緼五彩，變化莫測。《戴司城集》

原：瓊花島土取自塞外，《輟耕録》西軒客譚可稽也。石移自艮岳，明宣宗《廣寒記》可證也。《淥水亭雜識》

按：瓊島土取自塞外。

補：梳妝臺在太液池東小山上，一名瓊華島，即今白塔寺址也。《西河詩話》

原：皇城北苑中有廣寒殿，瓦甓已壞，榱桷猶存，相傳以爲遼蕭后梳妝樓。成祖定鼎燕京，命勿毁以垂鑒戒。至萬曆七年五月，忽自傾圮。其梁上有金錢百二十文，蓋鎮物也。上以四文賜余，其文曰至元通寶。按至元乃元世祖紀年，則殿創于元世祖時，非遼時物矣。《太岳集》

原：永樂七年三月，車駕至北京，命學士胡廣，諭德楊榮、金幼孜，修撰王英等從游萬歲山。《翰林記》

補：乾佑閣，宫中謂之北臺，高八丈餘，廣一十七丈，磴道三分三合而上，俯臨閭井，繁猥畢見。欽天監言風水不利，議毁之。天啓元年十一月十三日，工部疏請得旨。時吾鄉高工部道素初授虞衡司主事，於次日始督拆北臺。適禁中有窪地，公請兼領築填，即以所毁臺基積土補之，事半工倍，省費甚多。此事本在元年，而劉氏《蕪史》謂是二年事，誤也。《閒史掇遺》

原：萬曆二十九年六月，新築大内乾德殿，御史林道楠董其工。至四十年四月，道楠上言：三殿兩宫高不過一十二丈，今臺高八丈一尺，加以殿宇又復數丈，其勢反出宫殿之上，禁中豈宜有此？不報。《明神宗實録》

原：太液西堤出兔園東北，臺高數丈，中作團頂小殿，用黄瓦，左右各四楹，接棟稍下，瓦皆碧。南北垂接斜廊，懸級而降，面若城壁，下臨射苑，背設門牖，下瞰池，有馳道可以走馬，乃武皇所築閲射之地。《西元集》

按：明武宗所築閲射之地名曰平臺，後廢。見《金鰲退食筆記》。

原：北閘口亭，嘉靖十三年六月更湧玉亭，二十二年三月更匯玉渚西。龍淵亭，萬曆三十年七月建。會景亭，嘉靖二十二年三月更龍澤亭，萬曆三十年七月更龍湫亭。《明宫殿額名》

按：北閘口亭基即今北海之東隅，蠶壇以北，近皇城墻，爲積水潭進水處。原：嘉靖二十二年四月，新作雷霆洪應殿成。《明世宗實録》

原：天順四年九月，新作西苑殿亭軒館成。苑中舊有太液池，池上有蓬萊山，山巔有廣寒殿，金所築也。西南有小山，亦建殿於其上，規制尤巧，元所築也。上命即太液池東西作行殿三，池東向西者曰凝和，池西向東對蓬萊山者曰迎翠，池西南向者以草繕之而飾以堊曰太素。其門各如殿名。有亭六，曰飛香、擁翠、澄波、歲寒、會景、映輝，軒一曰遠趣，館一曰保和。工成，上臨幸，召文武大臣從游，歡賞竟日。《明英宗實録》

原：嘉靖癸卯夏四月，新作雩殿成。其地匯以金海，帶以瓊山，規構閎偉，地位肅岩。前爲雩禱之壇，後爲太素殿，以奉祖宗列聖神御。齋館列峙，臨海爲亭，曰龍澤，曰龍湫。東爲宏濟祠。經始昨秋，至是而告成焉。《鈐山堂集》

原：太素殿前有溥惠門，嘉靖四十三年七月，更殿名爲壽源。旁有正心齋、持敬齋。後有歲寒亭，嘉靖二十二年三月，更五龍亭。五亭中曰龍潭，左曰澄祥，曰滋香，右曰湧瑞，曰浮翠。二坊南曰福渚，北曰壽岳。三洞上隆壽，中玉華，下仙游。其素左、素右二門，天啓七年六月塞之。三洞天啓元年毁。《明宫殿額名》

原：映輝亭，嘉靖二十二年四月更騰波亭，三十五年五月更滋祥亭，萬曆三十年七月更香津亭。澄碧亭，嘉靖二十三年六月更飛靄亭，三十年五月更湧福亭，萬曆三十年七月更騰波亭。凝和殿，嘉靖二十三年六月更惠熙殿，四十三年三月更元熙殿。會景亭，嘉靖二十二年三月更龍澤亭，萬曆三十年七月更龍湫亭。迎翠殿即承華殿。浮香亭，嘉靖十三年五月建，三十年六月更芙蓉亭。寶月亭，嘉靖十一年三月移建。延年殿，嘉靖四十三年三月建。《明宫殿額名》

原：嘉靖四十三年三月，元熙延年殿成。四月，以元熙、承華、寶月三殿亭工完，賜工部尚書雷禮等銀幣。《明世宗實録》

原：北閘口東岸曰船屋，冬藏龍舟之所。《蕪史》

原：璚華島東北過堰有水殿二，一藏龍舟，一藏鳳舸。舟首尾刻龍鳳形，上結樓臺以金飾之。又一浦，藏武皇所造烏龍船。岸際有叢竹蔭屋，浦外二亭横出水面。《西元集》

原：方船制長十丈九尺，闊二丈九尺五寸，爲方形。嘉靖十七年於禁苑成造，以備御用。置塢居之。龍鳳船肖龍鳳形，飾以五彩，置塢二處居之。采蓮船三，係司苑局於西湖采鮮所用者。《水部備考》

原：承光殿甎砌如城牆，以磴道分上之，上有樓閣古松，此乾明門西也。曰御河橋，即金海橋。橋之東岸再南曰五雷殿，即椒園也，亦名蕉園。再南則西苑門矣。《蕪史》

原：承光殿在太液池上，圍以瓮城。殿搆環轉如蓋，一名圓殿。中有古栝，數百年物也。《甫田集》

原：承光殿一名圓殿，在太液池東，圍以瓮城。池有大石橋二，其一跨海子東西，曰金鰲玉蝀，其一跨璚華島之南，曰堆雲積翠。而圓殿則介其南。殿前有古檜一株，傳爲金時遺植，蒼勁夭矯，若虬龍之拏空，真有神物呵護之者。《燕都游覽志》

按：承光殿古栝，皇上有御製古栝行，恭載國朝宫室卷内。

原：承光殿，嘉靖三十一年更乾光殿。《明宫殿額名》

原：太液池在西苑中，南北亘四里，東西二百餘步，東瞰璚華島。東南有儀天殿殿，前老檜一株，盤回若偃蓋。《戴司成集》

原：太液池在子城西乾明門外，周遭凡數里。其源自玉泉山合西北諸水，流入都城德勝門，匯爲積水潭，亦名海子。至北安門水關，流入西苑，人呼西海子。《燕都游覽志》

原：永樂十五年十一月壬申，金水河及太液池冰凝，具樓閣龍鳳花卉之狀。上賜羣臣觀之。《明成祖實録》

原：宣德八年三月，少保黄淮辭歸，上宴餞之于西苑太液池，親灑宸翰製詩送之，仍賜金織衣一襲。《大政記》

原：承光殿南，從朱扉循東水滸半里，崇闌廣砌，中一殿，碧瓦穹窿如蓋，又貫以黄金雙龍頂，纓絡懸綴，雕龍綺窗，朱楹玉檻，八面旋匝，曰崇智殿。殿後一亭金飾，北瞰池水。轉西至臨漪亭，又一小石梁出水中，有亭八面，内外皆水，云釣魚臺。殿前牡丹數十株，名芭蕉園。《西元集》

原：芭蕉園在太液池東，崇臺複殿，古木珍石，參錯其中，又有小山曲水。實録成，於此焚稿。《甫田集》

原：《實録》成，擇日進呈，焚稿於芭蕉園。園在太液池東，崇垣複殿，古木珍石，參錯其間。又有小山水，則焚稿之處也。《湧幢小品》

又 卷四〇《皇城二》 原宣德三年七月，召尚書蹇義、夏原吉、楊士奇、楊榮同游東苑。夾路皆嘉樹，前至一殿，金碧焜燿。其後瑶臺玉砌，奇石森聳，環植花卉。引泉爲方池，池上玉龍盈丈，噴水下注。殿後亦有石龍，吐水相應。池南臺高數尺，殿前有二石，左如龍翔，右若鳳舞，奇巧天成。上御殿中，語義等曰：此旁有草舍一區，乃朕致齋之所，卿等盍往徧觀。于是中官引至一小殿，梁棟椽桷皆以山木爲之，不加斲削，覆之以草，四面闌楯亦然。少西有路，紆迴入荆扉，則有河石甃之。河南有小橋，覆以草亭。左右復有草亭，東西相望。杌橋而渡，其下皆水，游魚物躍。中爲小殿，有東西齋，有軒，以爲彈琴讀書之所，悉以草覆之。四圍編竹籬籬，下皆蔬茹匏瓜之類。觀畢，上臨河，命舉網，得魚數尾，命中官具酒饌賜魚羹。既而召至前，賜以金帛、絛環、玉鉤等物，又賜宴于東廡，被旨令各盡醉而歸。《翰林記》

按：東苑久廢，考其地當在今東華門外之東南。景泰間英宗居之，稱曰小南城，蓋東苑中之一區耳，復辟後又增置三路宮殿，因統謂之南城云。

原東上南門之東曰重華宮，猶乾清宮之制，有兩長街，西則有宜春等宮。重華宮之東曰洪慶宮，供番佛之所也。又東則内承運庫，再東則崇質宮，俗云黑瓦殿是也，景泰間英廟所居。再南則皇史宬，藏太祖以來御筆實録。每年六月六日，奏知曬晾，司禮太監董其事。左右小門曰皇歷左門，皇歷右門，再東則追先閣、欽天閣，勒世廟欽天頌于碑。再南則御作也。《蕪史》

按：明英宗北還，居崇質宮，謂之小南城。考今緞疋庫庫神廟，有本朝雍正九年重修廟碑云，緞疋庫爲户部分司，建在内東華門外小南城，名裏新庫，則裏新庫亦小南城地也。東南爲國初所建普勝寺，寺前沿河尚有城墻舊址。西南爲皇史宬，去菖蒲河牛郎橋不遠。臨河有地名大院子，應即御作也。庫北爲今普度寺，即南城舊宮遺址。廟東地名甆器庫，巷口石獅二，臨河，巷有南北兩汊。内有黑琉璃瓦房，蓋即庫房未毀者。又按《蕪史》，内承運庫在東下馬門，其職掌庫藏在宮内者謂之裏庫，其會極門、寶善門迤東一帶及南城甆器等庫謂之外庫。《明史·職官志》止載内承運庫，而不列外庫名，似甆器等外庫均隸内承運庫，故《明史》但以承運庫該之耳。

原南内在禁垣内之巽隅，亦有首門、二門以及兩掖門，即景泰時錮英宗處，所稱小南城者是也。二門内亦有前後兩殿，具體而微，旁有兩廡，所以奉太上者止此矣。其他離宮以及圓殿石橋，皆復辟後天順間所增飾者，非初制也。《野獲編》

原南城在大内東南，英宗北狩還，居之。其中翔鳳等殿石闌干，景皇帝方建隆福寺，内官悉取去，又伐四圍樹木，英皇甚不樂。既復辟，下内官陳謹等于獄。尋增置各殿爲離宮者五，大門西向，中門及殿南向，每宮殿後一小池跨以橋。池之前後爲石壇者四，植以栝松。最後一殿供佛甚奇，古左右迴廊與後殿相接，蓋仿大内式爲之。《湧幢小品》

原南城中路曰永聚門，曰觀心殿，曰昭祥門，曰端拱之門，曰昭德門，曰重華門，曰廣愛門，曰咸熙門，曰重華殿，曰中圓殿，曰肅雍門，曰康和門，曰後殿，曰麗春門，曰清和閣，曰迎春館，曰圓殿，其東長街曰廣順門，曰中和門，曰景華門，曰宣明門，曰景明門，曰洪慶門，曰洪慶殿，曰後殿，曰膳房，曰庫，曰景和門。其西長街，曰興善門，曰麗景門，曰長春門，曰清華門，曰寧福宮，曰延福宮，曰嘉福宮，曰高明門，曰明德宮，曰永春宮，曰永寧宮，曰宜春宮，曰延嘉宮，曰延春宮，曰御前作。河東有崇德殿，即回龍觀。有玩芳亭，有集祥門，有桂香館，有翠玉館，有浮金館，有擷秀亭，有聚景亭，有呂梁洪，有左右漾金亭，有舍和殿，有澄輝閣，萬曆中更名曰湧福閣，有秋香館。《明宮殿額名》

按：朱彝尊原書所引宮殿額名與《春明夢餘録》俱同，惟永聚門，《春明夢餘録》作永泰，爲小異耳。今門閣宮殿亭館俱無存，其曰庫者即今磁器庫地。

原初上在南内，悦其幽静，既復位，數幸焉。因增置殿宇，其正殿曰龍德，左右曰崇仁，曰廣智。其門南曰丹鳳，東曰蒼龍，正殿之後，鑿石爲橋。橋南北表以牌樓，曰飛虹，曰戴鰲。左右有亭，曰天光，曰雲影。其後壘石爲山，曰秀巖。山上平中爲圓殿，曰乾運。其東西有亭，曰凌雲，曰御風。其後殿曰永明，門曰佳麗。又其後爲圓殿一，引水環之，曰環碧。其門曰静芳，曰瑞光。別有館曰嘉樂，曰昭融。有閣跨河曰澄輝，皆極華麗。天順三年十一月工成，雜植四方所貢奇花異木于其中，每春暖花開，命中貴陪内閣儒臣賞宴。《明英宗實録》

原天順三年己卯七月，賜游南城，中有宮殿樓閣十餘所。是秋新作行殿，東爲蒼龍門，南爲丹鳳門，中爲龍德殿，左右曰崇仁、廣智。殿之北有橋，橋皆白石，雕水族于其上，南北有飛虹、戴鰲二牌坊，東西有天光、雲影二亭。又北疊石爲山曰秀巖，山上有圓殿曰乾運。其東西二亭曰凌雲、御風。山後爲佳麗門，又後爲永明殿，最後爲圓亭，引流水繞之，曰環碧。移植花木，青翠蔚然，如夙藝者。工既畢，遂命同學士李賢、呂原往觀焉。《可齋筆記》

原吴伯《與内南城紀略》：自東華門進至麗春門，凡里餘，經宏慶殿歷皇史宬門至龍德殿隙地，皆種瓜蔬，注水負瓮，宛若村舍。過此則飛虹橋，石刻羆虎禽鳥狀，傳爲西洋僧載而來。橋之南北柱石題曰戴鰲，曰飛虹。有洞嵌石壁，壁上刻秀巖二字，石磴數十級，有方邱焉。最上爲乾運殿，古松大柏覆之。《燕都游覽志》

按：龍德殿諸處在今南池子西南，舊蹟俱廢。其地猶有名飛龍橋者，蓋即飛虹橋遺址，龍虹音近而沿訛耳。

原嘉靖十三年秋七月，命建皇史宬于重華殿西，欲置金匱石室其中也。

敕各館諸臣重書九廟寶訓實録藏之。復于欽天閣建石鐫欽天記頌，追先閣建石紀祖德詩，已而宴儒臣于謹身殿。《大政記》

按：欽天閣、追先閣久廢，詩頌石刻亦無考。

原皇史宬，藏寶訓實録處也。按宬與盛同義，莊子以匡宬矢，《説文》曰：宬，屋所容受也。然殿宇命名，于斯僅見耳。《燕都游覽志》

增皇史宬在重華殿西，建於嘉靖十三年。門額以史爲叏，以成爲宬。左右小門曰䪞歷，以龍爲䪞，皆上自製字而手書也。中貯列朝實録及寶訓，每一帝開局，纂修告成，正本貯此。實録中諸可傳誦宣布者曰寶訓。宬中四周上下俱用石甃，中具二十臺，永陵、定陵各占二臺。《春明夢餘録》

臣等謹按：史宬二字，《燕都游覽志》作史宬，謂宬與盛同義。《春明夢餘録》謂以史爲叏，以成爲宬，嘉靖自製字也，今作史宬。䪞歷門額今無考。

原皇史宬之西，過觀心殿射箭處，稍南則嘉樂館也。其北曰丹鳳門，門列金獅二。內有正殿曰龍德，左右亦有配殿，正殿之後則飛虹橋也。橋以石爲之，鑿龍魚水族于石，傳自西域得之。《蕪史》

原橋南北有坊二，曰飛虹、戴鰲，姜立綱所書也。橋北有山，山下有洞，額曰秀巖，以磴道分而上之。其高高在上者乾運殿也。左右亭各一，曰凌雲、御風，界以小石、藤蘿、花卉，若墻壁焉。同上

原嘉靖四年五月禮部尚書席書等上言：皇考既爲天子之父，當祭以天子之禮。但觀德殿在禁岩之地，各官不得陪祀，太常不得行禮，當于太廟之東南，城之北或東，別立一廟。得旨：禮工二部會同司禮監、內閣領欽天監官相度。太廟右邊地狹，不堪建造，隨于廟東切近處所，南城稍北環碧殿地方，自御前作後墻起，至永明殿靜芳門裏，南北深五十丈，東西闊二十丈，與午門甚近，太廟後隔一溝。合于本址建造新廟，六月詔興工。《大禮集議》

又　卷四一《皇城三》　原北安門內黃瓦西門之裏則內官監也。過北中門迤西，則白石橋萬法等殿。至大高元殿則習學道經內官之所居也，其北則裏冰窨也。《蕪史》

按：內官監今廢，其地猶名內官監衚衕，內有大佛堂。其碑記備列黃瓦門營造庫、米鹽庫、油漆作、外鐵作、婚禮作、東行、西行、西瓦廠、石廠、黑窑廠、神木廠、鑄鐘廠、供應廠、備用廠、金殿廠、稻田廠、蜂窩廠、東花房、馬鞍房、瑠璃局、外冰窨等名目，與水部備考及明史所載多合。又有花炮局，見於火神廟三聖神祠碑記，即明史所稱火藥十作舊地也。出北口迤西爲教軍場，出南口則蕪史所云白石橋也。

原嘉靖四十四年十二月，定新建萬法寶殿名，中曰壽憩，左曰福舍，右曰禄舍。《明世宗實録》

原萬法寶殿，萬曆二十九年添蓋佛殿，三十年額曰祖師殿。《明宮殿額名》

原嘉靖二十六年十一月，圓明閣陽雷軒工成。《明世宗實録》

按：《春明夢餘録》，萬法寶殿燬，萬曆二十九年添蓋佛殿連房。三十年，佛殿添額名祖師殿。今白石橋西魏家衚衕有萬法殿，地基頗狹，似非其舊矣。

原北上西門之西大高玄殿也。其前門曰始青道境。左右坊各二，曰先天明境，曰太極仙林，曰孔綏皇祚，曰弘祐天民。又閣二，左曰炅真閣，右曰梋靈軒。殿之東北曰象一宮，中供象一帝君，範金爲像尺許，乃世廟元修之玉容也。《蕪史》

按：大高玄殿在神武門西北，明嘉靖中建，本朝雍正八年修，乾隆十一年復修。第一重門外南面牌坊外曰乾元資始，內曰大德曰生。第二重門額曰大高玄門，正殿額曰大高玄殿，又額曰元宰無爲。聯曰：烟藹碧城金鼎香濃通御氣，霞明紫極璇樞瑞啟燦仙都。後殿額曰九天萬法雷壇。再後層高閣上圓下方，上額曰乾元閣，下額曰坤貞宇。皆皇上御書。上每親詣瞻禮。又按：第一重門外左右二坊，與《蕪史》所載合，惟先天明鏡。「鏡」字，坊上作「境」，今改正。至《蕪史》所稱始青道境額及炅真等閣，今俱無考。

按：始陽齋、無上閣、象一宮俱無，考門前二亭所謂九梁十八柱者，今煥然也。原紫禁城有護城河，河外即御溝也。河自北閘口分流，經內官監、白石橋、大高玄殿之東，北上西門之外，至紫禁城下而東而南，經太廟之東玉芝宮飛虹橋之西，而其在西一派則自太社太稷壇西，至靈臺寶鈔司之東，合流於湧福之河以出。《愁書》

增萬歲門在南曰北上門，左曰北上東門，右曰北上西門。再南過北上門則元武門，北上西門之西曰乾明門，曰西上北門。《天府廣記》

原大高玄殿稍西曰石作，有閣。又西曰乾明門。迤南曰兵仗局，每年七夕兼供宮中乞巧針，亦稱爲小御用監。曰西直房，即袍房也。曰舊監庫，屬內官監。曰尚膳外監，曰甜食房，造絲窩虎眼糖松餅。曰西上北門。其東則西下馬門矣。《蕪史》

按：石作闕今廢，其地猶存大小石作之名。

臣等謹按：西華門外街西有明季兵仗局，佛堂内有米漢雯重修碑記，則兵仗局即在此地。本朝康熙三十九年，敕改爲萬壽興隆寺。前殿外額曰顯靈塵世，殿中額曰摩利支天，中殿額曰興隆寺。又有墨刻心經寶塔一軸，皆聖祖御書。增福佑寺在西華門北街東。《大清一統志》

按：福佑寺雍正元年建，正殿恭奉聖祖仁皇帝大成功德佛牌，東案陳設御製文集，西設寶座。殿額曰慈容儼在。前殿額曰慧燈朗照。大門外有東西二坊，東曰佛光普照，曰聖德永垂，西曰澤流九有，曰慈育羣生。皆世宗御書。

增昭顯廟在興隆寺南。《清一統志》

按：昭顯廟雍正十年敕建，以祀雷神。有世宗憲皇帝御書導和宣豫額。

增静默寺在西華門外。《清一統志》

按：寺碑云寺爲明季關帝廟舊址，本朝康熙五十二年重建。寺門有敕建静默寺額，正殿額曰静默寺，後殿額曰璿樞轉福。皆聖祖御書。

原自西上北門過西上南門則御用監也。又南曰靈臺。曰寶鈔司，其署在臨河後，倚河有泡稻草池，池中石灰濾渣積成卧象形，因名曰象山。作房七十二間，各具一竈突，名曰七十二凶神。自西中門之西則尚寶監也，鷹坊司也，再西出西苑門。《蕪史》

按：御用監諸庫作今廢，惟冰窨尚存。又東南掌儀司署有觀星臺，即《蕪史》所稱靈臺也。又織女橋南真武廟中有明萬曆八年《重修寶鈔司内真武廟碑記》，則真武廟即寶鈔司故址也。灰池、象山、作房、竈突久廢，今其地猶有七十二烟洞之名。按高士奇《金鼇退食筆記》：南花園在西苑門，迤南東向明時曰灰池，種植瓜蔬於炕洞内，烘養新菜，以備春盤薦生之用。立春日進鮮蘿蔔，名曰咬春。本朝改爲南花園，雜植花樹，凡江寧蘇松杭州織造所進盆景，皆付澆灌培植。又於暖室烘出芍藥、牡丹諸花，每歲元夕賜宴之時安放。是今之南花園即灰池舊址，尚寶監、鷹坊司無考。原左臨海亭、右臨海亭在西苑門外，嘉靖二十三年五月建。《明宫殿額名》

按：左右臨海亭久廢。

按：大高玄殿之西承光殿之東街北今爲桑園門，街南今爲蕉園門，俱詳宫室門。原太液池中駕長橋，兩端立二坊，西曰金鼇，東曰玉蝀。天氣清明，日光滉漾，清澈可愛。《戴司成集》

按：玉蝀橋亘太液池中，橋有九門，中門南額曰銀潢作界。聯曰：玉宇瓊樓天上下，方壺員嶠水中央。北額曰紫海迴瀾。聯曰：繡縠紋開環月珥，錦瀾漪皺焕霞標。皆皇上御書。

增弘仁寺在太液池西南岸。《城册》

按：弘仁寺地最爽朗，即明清馥殿舊基。康熙五年改建爲寺，迎旃檀佛像居之。恭勒聖祖御製碑記，又六十年聖祖御製旃檀佛西來歷代傳祀記。乾隆二十五年皇上發帑重修，恭勒御製重修碑文。正殿額曰祇林妙相，後樓額曰雲蔭樓，皆皇上御書。

按：弘仁寺正殿及後樓額皆御書。已詳見前條，其餘坊殿諸額名俱仍舊，惟普慧覺德二殿額左右易置耳。增仁壽寺在弘仁寺東。《清一統志》

按：仁壽寺乾隆二十六年建，大門恭懸御書仁壽寺額，殿中圓外方，中央及八方供長壽佛，中有複壁壁上悉供諸佛，東西南北各闢一門，甃以白石。每門俱刻御書額聯。東之額曰最勝因緣。聯曰：香臺圍繞花霏雨，毫相光明月印川。南之額曰總持壽世。聯曰：螺髻齊瞻安樂相，珠胸全現吉祥文。西之額曰無邊功德。聯曰：一切寶燈輝妙喜，大千圓鏡納須彌。北之額曰永駐祥輪。聯曰：檀薫合證莊岩具，龍護常資福德多。

又卷四二《皇城四》 原西宫再建，欽定正宫前堂曰萬壽宫，後寢曰壽源宫。宫門曰萬壽門，左門曰曦福，右門曰朗禄，後門永綏、含祥、成瑞仍舊。後過廊左曰永康門，右曰永順門。宫亭名大元，殿名凝一，門名衍慶。殿東本四宫，四十年已建萬春宫，至是三宫欽定萬和、萬華、萬寧。其西四宫，欽定仙禧、仙樂、仙安、仙明。東西二街門扁，七門隨西長街向東，四名自南起，常寧、常和、常喜、常輝，向西金寧若舊，三門自東起，攸順、攸利、金瑞，後二牆門迎祉、納康。壬戌四月，立帝社帝稷坊牌，安砌宫門牆，拓造西連房工成。六月十三日，承祐殿成。七月十八日，祐祥殿、祐寧殿板屋成。十月三日，建洪應雷宫。《古和稿》

按：古和稿所載萬壽宫門殿各名，與《春明夢餘録》俱同。惟《春明夢餘録》較詳耳。帝社帝稷坊碑今無存。

原西宫再建，欽定正宫前堂曰萬壽宫，後寢曰壽源宫。宫門曰萬壽門，左門曰曦福，右門曰朗禄，後門永綏、含祥、成瑞仍舊。後過廊左曰永康門，右曰永順門。宫亭名大元，殿名凝一，門名衍慶。殿東本四宫，四十年已建萬春宫，至是三宫欽定萬和、萬華、萬寧。其西四宫，欽定仙禧、仙樂、仙安、仙明。東西二街門扁，七門隨西長街向東，四名自南起，常寧、常和、常喜、常輝，向西金寧若舊，三門自東起，攸順、攸利、金瑞，後二牆門迎祉、納康。壬戌四月，立帝社帝稷坊牌，安砌宫門牆，拓造西連房工成。六月十三日，承祐殿成。七月十八日，祐祥殿、祐寧殿板屋成。十月三日，建洪應雷宫。《古和稿》

原嘉靖四十五年四月，紫極殿壽源宫成，百官上表稱賀。《明世宗實録》

原西苑宫殿自十年辛卯漸興，以至壬戌，凡三十餘年，其間創造不輟，名號已不勝書。至壬戌萬壽宫再建之後，其間可紀者，如四十三年甲子重建惠熙、承華等殿，寶月等亭，既成，改惠熙爲元熙延年殿。四十四年正月，建金籙大典於大元都殿，又謝天賜丸藥於太極及紫皇殿，此三殿又先期創者。至四十四年，重建萬法寶殿，名其中曰壽憩，左曰福舍，右曰禄舍，則工程甚大，各臣俱沾賞。至四十五年正月，又建真慶殿。四月，紫極殿之壽清宫成，在事者俱受賞，則上已不豫矣。九月，又建乾光殿。閏十月，紫宸宫成，百官上表稱賀。時上疾已極，雖賀而未必能御矣。自世宗升遐未匝月，先撤各宫殿及門所懸扁額，以次漸拆材木。穆宗欲以紫極宫材重建翔鳳樓，因工科都給事中馮成能力諫而止。未歷數年，惟存壞垣斷礎而已。蓋茲地爲文皇帝潛邸舊宫，因而入紹大位。且自永樂以來，無論升遐，即嬪御無一告殞於此者，故上意爲吉地而安之。禁籞初啟，命爲仁壽殿。他如洪應雷壇，上有禱必至。如凝道雷軒，上晝日恒御，皆無跡可問，惟清福殿則整麗如故。外門曰仙芳，曰丹馨，内亭曰錦芳，曰翠芬，流泉石梁，頗具幽致，且松柏列植，蒙密蔽空，又百卉羅植於庭，開花時則今上亦時一游幸。蓋其地又與萬壽宫稍隔，故得免焉。

按：《金鼇退食筆記》所稱草廠者，今仍存其名。西爲永佑廟，又西爲大光明殿，迤南則拜斗殿也。

增壽明殿，壽明門。春明夢餘録

按：壽明殿，本朝乾隆三十九年修。殿額仍舊，殿基二重，高丈餘，殿三楹，中奉斗母，今其地猶稱爲拜斗殿云。

按：永佑廟，雍正九年建，正殿恭懸世宗御書額曰順承協德。

原嘉靖三十六年十一月，大光明殿工成。《明世宗實録》

原大光明殿，門東向，曰登豐，曰廣福，曰廣和，曰廣寧。二重門曰玉宫，曰昭祥，曰凝瑞。前殿則大光明殿也，左太始殿，右太初殿。又有宣恩亭、饗祉亭、一陽亭、萬仙亭。後門曰永吉，左安、右安。中爲太極殿，東統宗殿，西總道殿。其帝師堂、積德殿、壽聖居、福真憩、禄仙室五所，毀於萬曆三十年。後有天元閣，下有闡元保祚。《明宫殿額名》

按：大光明殿，本朝雍正十一年修，乾隆三十八年重修，恭懸御書扁聯。大光明殿内奉玉皇，額曰鴻鈞廣運。聯曰：覆育普無私，穆然垂象，監臨昭有赫，儼若升階。太極殿内奉三清四御，額曰太初司化。聯曰：元氣蓄函三，上清同契；道源分列四，統御兼成。天元閣上奉斗母后土寶月光元君，額曰溯源參妙。聯曰：月華育德資鴻運，雀御通靈洽富鼇。閣下奉雷聲普化天尊，額曰鼓化持衡。聯曰：豫宣式宰扶陽令，解作兼資潤物功。又朱彝尊原書所引宫殿額名，門曰登豐、曰廣福、曰玉宫、曰永吉者，皆中門所懸額，今仍舊名。曰廣和、曰廣寧、曰昭祥、曰凝瑞、曰左安、曰右安者，皆左右門，今無額。大光明殿、太始殿、太初殿、一陽亭、萬仙亭、太極殿、統宗殿、總道殿所懸額今仍舊名。天元閣上額亦仍舊，下無額。宣恩亭、饗祉亭今爲鐘鼓亭，無額。大極殿兩傍曰三星殿、三皇殿、慈佑殿、慈濟殿，皆本朝添建，額皆清漢書。後有方丈三，亦係添建，無額，當即原書所稱帝師堂舊址也。

原從南臺遶西堤，過射苑，有兔園。其中疊石爲山，穴山爲洞，東西分徑盤紆而上，至平砌又分繞至巔，布甃皆陶埏雲龍之象。砌上設數銅瓮，灌水注池，池前玉盆内作盤龍昂首而起，激水從盆底一竅轉出龍吻，分小洞，由大明殿側九曲注池中。殿傍喬松數株參立，百藤縈附於上，復懸蘿下垂，池邊多立奇石，一名小山子。《西元集》

原小山在仁壽宫之西，入清虚門，磴道盤屈，甃甓皆肖小龍文。疊石爲峰，巉巖森聳，元氏故物也。中官云，元人載此石自南至燕，每石一準糧若干，俗呼折糧石。近歲重葺一亭，上扁曰鑒戒亭，亭中設橱貯書，上至，以備覽。山頂曰清虚殿，俯瞰都城，歷歷可見。山腰累石爲洞，刻石肖龍，水自龍吻出，噴灑若簾。其前爲曲流觀，甃石引水，作九曲流觴。又南爲瑶景、翠林二亭，中架石梁，通東西兩池，金鱗游泳，大者可尺許。《鈐山堂集》

原大仙都殿，嘉靖二十八年三月，更大道殿。前有大道門，入清虚門曰清虚殿、鑒戒亭，俱嘉靖十三年八月建。又有曲流觀，翠林、瑶景二坊。旋坡臺，嘉靖二十八年三月，更仙臺。萬曆九年七月，添築方亭其上。四十年九月，榜曰迎仙亭。又有福巒、禄渚二坊。臺上牌額七：一玉光，二光華，三華輝，四

輝真，五真境，六境仙，七仙臺。《明宮殿額名》

原嘉靖四十五年二月，造御憩等殿於大道殿果園中。《明世宗實録》

原朝元館，嘉靖四十五年五月建，萬曆二十八年五月毁。顯陽殿，萬曆二十九年五月建。景德殿，萬曆二十八年十月建。《明宮殿額名》

原兔兒山即旋磨臺。天啟乙丑重陽，車駕臨幸，鐘鼓司邱印執板唱《洛陽橋記・攢眉黛鏁不開》一闋。次年復如之。官人相顧，以其近不祥也。《天啟宮詞注》

按：旋磨臺，《春明夢餘録》載《宮殿額名》作旋波臺，朱彝尊又引作旋坡臺，其實一也。再考《金鼇退食筆記》云：臺下周塹、梁上石欄堅完如故，山前尚有一亭及清虚殿。則兔兒山、旋磨臺其時尚存。遺蹟今俱毁。其地東猶名拜斗殿。西爲今火藥庫。

又　卷七四《國朝苑囿・南苑一》　按：南海子即南苑，在永定門外。元時爲飛放泊，明永樂時復增廣其地，周垣百二十里。我朝因之，設海户一千六百，人各給地二十四畝。春蒐冬狩，以時講武。恭遇大閲，則肅陳兵旅於此。

乾隆三十六年御製海子行　元明以來南海子，周環一百六十里。元明諸家記載並稱海子周圍一百六十里，今繚垣故址劃然，實按之不過百二十里耳。七十二泉非信徵，《日下舊聞》稱有水泉七十二處，近經細勘，則團河之泉可指數者九十有四，一畝泉亦有二十三泉，較舊數殆贏其半。稗野無徵，大率類是。五海至今誠有此。舊稱三海，今實有五海子，但第四、第五夏秋方有水，冬春則涸耳。諸水實爲鳳河源，藉以灪渾防運穿。海子内泉源所聚曰一畝泉，曰團河，而瀦水則有五海子。考一畝泉在新衙門之北，曲折東南流經舊衙門南，至二閘，凉水河自海子外西北來入苑匯之。其水發源右安門外之水頭莊，東流折而南，入海子北墻，至此又南流，五海子之減水自西南注之。又東南流出海子東墻，過馬駒橋，至張家灣，入運。團河在黄村門内，導而東南流，逕晾鷹臺，南過南紅門，五海子之水自北注之，又東流出海子東南，是爲鳳河。東流歷東安、武清境，至天津之雙口，與永定河會，渾水藉此盪漾，乃成清流。又東至韓家樹，入大清河，又東至西沽入運。雖五海子之水與凉水河團河時相灌輪，而二河正流仍各判別，若玉泉則由昆明湖達於長河，穿禁城出，東南流爲通惠河，至通州入運，並不經行海子，與一畝泉、團河渺不相涉。綜而論之，通惠河源在北，入運最近；凉水河源居中，入運次近；鳳河源在南，入運最遠；源委秩然不紊。前代著述家未加稽考，率以玉泉牽附海子，支離可笑，因詳訂之。歲久淤閼事疏治，無非本計廑黎元。蒲葦戢戢水漠漠，鳧雁光輝魚蟹樂。亦弗恒來施矰繳，徒説前朝飛放泊。迤南有臺高丈餘，晾鷹猶踵前明呼。其顛方廣不十丈，元院何以容仁虞？吴偉業《梅村集》云：晾鷹臺，元之仁虞院也。今臺基宛然尚存，其顛不及十丈，勢不可以建院。即云臺或傅院，而旁近皆曠地，杳無院址可徵髣髴，其謬不待辨矣。二十四園泯遺蹟，偉業又言，明置二十四園。明時較元更近，豈有二十四處澌滅無存若此，且不能一舉其名耶？

南苑繚垣爲門凡九，正南曰南紅門，東南曰迴城門，西南曰黄村門，正北曰大紅門，稍東曰小紅門，正東曰東紅門，東北曰雙橋門，正西曰西紅門，西北曰鎮國寺門。《南苑册》

按：南海子舊闢四門，本朝增之九門。

大紅門内更衣殿南，向門二層，大殿三間。《南苑册》

按：大紅門，南苑正北門也，亦稱北紅門。舊有南苑官署房三層，共十有八間。更衣殿，乾隆三年建，殿内恭懸御書額曰郊原在望，聯曰：舊題在壁幾行緑，曉日横窗一抹殷。其南爲地藏菴，東爲小龍王廟。

按：元靈宮在小紅門内西偏，順治十四年建。乾隆二十八年重脩。山門三楹，南向，額曰宅真寶境。内爲朝元門，中搆元極殿十有二楹，圓殿重檐，置門二十有四。奉玉皇上帝。恭懸御書額曰帝載元功，聯曰：碧瓦護風雲别開洞府，丹霄懸日月近麗神皋。殿後爲元祐門，内爲凝思殿，重檐，殿宇五楹。奉三清四皇像。御書額曰上清寶界，聯曰：顥氣絪緼一元資發育，神功覆幬萬彙荷生成。東曰翊真殿，奉九天真女梓潼像。西曰衹元殿，奉三官像。殿前穹碑二，恭勒御製詩。再後隨墻宮門後圍房十六楹，中三楹爲静室。

平臺樓之東另一所，宮門三楹，内殿二層。《南苑册》

按：二層殿内聯曰：風經錦埭香猶細，鶴步蘭皋篆欲斑。後爲佛室。

舊衙門西，永慕寺大殿五間，東西配殿各三間，後爲經庫。《南苑册》

按：永慕寺，康熙三十年建，乾隆二十九年重修，寺額聖祖御筆也。大殿奉釋迦佛像，聖祖題額曰：香雲法雨。皇上御書聯曰：心珠明映大千界，性海常通不二門。

德壽寺山門三間，東西建坊二，大殿五間，東西配殿各三間，殿後隨墻門内爲御座房。《南苑册》

按：德壽寺在舊衙門東偏，順治十五年建，後燬於火，乾隆二十年重加脩葺。東西二坊，東曰化通萬物，西曰覺被羣生。大殿奉釋迦佛及阿藍迦舍佛，御題額曰慧燈圓照，曰善獅子吼。聯曰：沙界净因留月印，檀林妙旨悟風香。

又曰：慧鏡燈廣種善根垂福祐，溪聲山色遠從賢劫證圓通。

關帝廟山門一楹，前殿、二層殿、後殿各三楹。《南苑册》

按：關帝廟建自明嘉靖年間，在德壽寺西南里許。本朝乾隆三年重脩，山門南向。前殿奉關帝，二層殿奉真武，後殿奉三世佛。永佑廟山門三楹，大殿三楹，後宇九楹。《南苑册》

按：永祐廟在德壽寺東南二里許，康熙十七年建。大殿曰延真，殿中奉天仙碧霞元君。御題聯曰：漫教勝鬘霏花雨，應有郇伽衛法筵。東西配殿，東曰協佑殿，西曰弘育殿。後宇聯曰：花宫具見岩而妙，別室還鏡清且嘉。皆御書。

又 卷七五《國朝苑囿·南苑二》 雙柳樹池旁立崑崙石，東偏高阜處石幢一。《南苑册》

按：雙柳樹在海子居中之地，舊有古柳二株，先後凋枯，隨時補植，並蒙天章題詠，遂爲苑内名區矣。有水一道，爲飲鹿池。崑崙石在池之西，四面恭勒御製南苑雙柳樹暨春雲海户謡雜言諸詩，東偏石幢恭勒御製甲子題句。

南宫宫門二重，前殿五楹，後殿五楹，再後西正室三楹。《南苑册》

按：南宫在南紅門内里許，門對苑墻，康熙五十二年建。前殿内御題額曰芳甸怡春，聯曰：映窗黛鬱千年樹，插架芸芳四庫書。西間爲佛室，聯曰：大自在因臻最上，妙觀察智悟真如。後殿御題額曰景湛清華。聯曰：淥水亭前羅帶繞，碧山窗外畫屏開。又聯曰：樹將暖旭輕籠牖，花與香風並入簾。三捲房東間額曰暢遠襟。聯曰：景欣孚甲含胎際，春在人心物性間。西間聯曰：草木愜生意，風泉清道心。後間聯曰：入目景光渾似舊，得心興會每殊前。再後西正室聯曰：愜心雅得箇中趣，澄景凴催象外詩。内間額曰理趣。

新衙門宫門三楹，左右垂花門内對面房十間，前殿三楹，後殿五楹。《南苑册》

按：新衙門在鎮國寺門内約五里許，建自前明。宫門前鐵獅子二，上鐫延祐元年十月製，元時舊物也。垂花門内對面房御題額曰邇延野綠。東壁聯曰：綠深草色輕風拂，紅潤花光宿雨晴。西壁聯曰：樹鳥鳴春聲漸暢，砌苔向日綠偏多。後殿屏扆間恭繪聖容，擐甲據鞍。東間聯曰：翠峰自寫王家畫，飛瀑常調雷氏琴。西間額曰神游清曠。聯曰：披圖自可尋山對，得句偏宜選壁。題皆御書。

後殿之東，裕性軒五楹，軒西爲澹思書屋，後爲陶春室。《南苑册》

按：裕性軒東間爲佛室，聯曰：經標窣堵雲常護，心印牟尼月共圓。西間聯曰：即境試抽思汩汩，向榮且喜木欣欣。軒東小室壁上恭懸世祖章皇帝御書唐李白《清平調》詩。苑人因稱爲詩句房。古秀亭、澹思書屋、陶春室，皆皇上御書。陶春室内聯曰：明月松間照，清泉石上流。

團河行宫一所，宫門三間，前殿五間，後殿五間。《南苑册》

按：團河之源舊稱團泊，在黄村門内六里許。河南北舊寬六十餘丈，東西五十餘丈。乾隆四十二年，重加疏濬，復拓開數十丈。團泊之流出南苑墻爲團河，又入鳳河，又東南流與永定河合。藉以蕩滌淤濁，復同由大清河入海。詳載御製璇源堂詩及南紅門外詩注。宫内大殿前檐額曰璇源堂，殿内額曰時與天游，後殿抱厦前檐額曰涵道齋，別宇爲鑒止書屋，皆御書。

東所大宫門三楹，東西配殿各三楹，九間房九楹，河中敞宇三楹，平臺三楹，石板房三楹，石亭一，水柱房二楹，六方亭一，河亭三楹，圓亭一。《南苑册》

按：六方亭在北山之上，御書額曰鏡虹亭。

過河亭接苑墻之南，其下即團泊之水，流向苑外，團河迤邐而入鳳河者也。圓亭御書額曰雲隨亭。

龍王廟三楹，半山房五楹，西臨河房五楹。《南苑册》

按：龍王廟在北山之上，門外御書額曰珠源寺，半山房前檐額曰拂雲岫，西臨河房額曰濯月漪。皆御書。

原南海子距城南二十里，方百六十里，闢四門，繚以崇墉。中有水泉三處，獐鹿雉兔不可以數計，籍户千餘守視。每獵則海户合圍，縱騎士馳射于中，所以訓武也。《可齋筆記》

原：南苑方一百六十里，苑中有按鷹臺，臺傍有三海子，皆元之舊也。國朝闢四門，繚以周垣，設海户千人守視。自永樂定都以來，歲時蒐獵于此。《大政記》

按：南海子舊闢四門，本朝增爲九門。海户亦仍其制。按鷹臺即晾鷹臺之別名。

原：城南二十里有囿曰南海子，一百六十里，中有殿，殿傍晾鷹臺，臺臨三海子，築七十二橋以渡，元之舊也。海子西北隅，歲清明日蟻集成邱，中一邱高丈，旁三四邱亦數尺，竟日乃散去。土人呼爲螞蟻墳。西墻有沙岡委蛇，歲歲增長，高且三四丈，土人曰沙龍。《帝京景物略》

補南海子周環一百六十里，有水泉七十二處，元之飛放泊也。晾鷹臺，元

之仁虞院也。明置二十四園。《梅村集》

又 卷七六《國朝苑囿・暢春園》 暢春園在南海淀大河莊之北，繚垣一千六十丈有奇。《暢春園册》

按：暢春園本前明戚畹武清侯李偉別墅，聖祖仁皇帝因故址改建，爰錫嘉名。皇上祇奉慈寧，問安承豫，每于此停憩。因在圓明園之南，亦名前園云。

暢春園宮門五楹，門外東西朝房各五楹，小河環繞宮門，東西兩旁爲角門，東西隨墻門二，中爲九經三事殿。殿後內朝房各五楹。《暢春園册》

按：宮門懸暢春園額，殿內聯曰：皇建有極，斂時敷錫，而康而色；乾元下濟，虧盈益謙，勉始勉終。與九經三事額皆聖祖御書。

二宮門五楹，中爲春暉堂，五楹，東西配殿各五楹，後爲垂花，門內殿五楹爲壽萱春永。左右配殿五楹，東西耳殿各三楹，後照殿十五楹。《暢春園册》

按：春暉堂、壽萱春永及西耳殿內額曰松鶴延年，皆皇上御書。壽萱春永聯曰：璇閣香清露華滋蕙畹，萱階晝永雲錦蔚荷裳。亦御書。

大東門土山北，循河岸西上爲淵鑑齋，七楹南向。齋後臨河爲雲容水態，左廊後爲佩文齋五楹，齋後西爲葆光，東爲蘭藻齋。淵鑑齋之前，水中敞宇三楹，爲藏輝閣，閣後臨河爲清籟亭。佩文齋之東北向爲養愚堂，對面正房七楹爲藏拙齋。淵鑑齋東過小山口北有府君廟。《暢春園册》

按：淵鑑齋、佩文齋、葆光齋、蘭藻齋、藏輝閣、清籟亭、養愚堂、藏拙齋諸額，皆聖祖御書。府君廟神像如星君，旁殿奉呂祖像。

蘭藻齋循東岸而北，轉山後，西宇三楹爲疏峰。循岸而西，臨湖正軒五楹爲太樸。《暢春園册》

按：疏峰、太樸二額皆聖祖御書。

太樸軒之東有石徑接東垣，即小東門，溪北爲清溪書屋，後爲導和堂，西穿堂門外爲昭回館。清溪書屋之西爲藻思樓，後爲竹軒。《暢春園册》

按：清溪書屋、導和堂、昭回館、藻思樓、竹軒諸額皆聖祖御書。導和堂東穿堂門，即恩佑寺佛殿後也。

恩佑寺建于苑之東垣內，山門東向，外臨通衢，門內跨石橋，三殿五楹，南北配殿各三楹。《暢春園册》

按：恩佑寺，世宗憲皇帝爲聖祖仁皇帝薦福，建于暢春園之東垣，正殿內奉三世佛，左奉藥師佛，右奉無量壽佛。山門額曰敬建恩佑寺。二層山門額曰龍象莊岩，正殿額曰心源統貫。皆世宗御書。殿內龕額曰寶地曇霏。聯曰：萬有擁祥輪浄因資福，三乘參慧鏡香界超塵。皆皇上御書。恩佑寺之右爲恩慕寺，殿宇規制與恩佑寺同。《暢春園册》

按：聖祖仁皇帝爲太皇太后祝釐，建永慕寺于南苑。世宗憲皇帝爲聖祖仁皇帝薦福，建恩佑寺于暢春園。乾隆四十二年，皇上聖孝哀思，紹承家法，于恩佑寺之側敬搆是寺，名曰恩慕寺，爲聖母皇太后廣資慈福。正殿奉藥師佛一尊，左右奉藥師佛一百八尊，南配殿奉彌勒像，北配殿奉觀音像，左右立石幢一，刻全部藥師經，一勒御製恩慕寺瞻禮詩。山門額曰敬建恩慕寺。二層山門額曰慈雲廣蔭，大殿額曰福應天人，殿內額曰慧雨仁風。聯曰：慈福遍人天祥開佛日，聖恩留法寶妙現心燈。皆御書。

又按：自劍山滄寧居一路至此爲暢春園東路。

春暉堂之西，出如意門，過小橋爲玩芳齋，山後爲韻松軒。《暢春園册》

按：玩芳齋舊名閑邪存誠，聖祖題額也。雍正二年，皇上曾讀書於此，乾隆四年，燬於火，重建此齋。玩芳齋額，皇上御書，韻松軒額，聖祖御書。

二宮門外出西穿堂門爲買賣街，南垣外爲船塢門，內別宇五楹，北向。《暢春園册》

按：買賣街建於河之南岸，略仿市廛景物。船塢內停泊大小御舟。小船額曰月波，大者一名吉祥舟，一名載月舫。北向房額曰西墅，接無逸齋之東門矣。

由船塢西行數武，即無逸齋，東垂花門內正宇三楹，後跨河上爲韻玉廊，廊西爲松篁深處。自右廊入爲無逸齋門，門內正殿五楹。西廊內正宇爲對清陰，廊西爲蕙畹芝原。《暢春園册》

按：無逸齋額爲聖祖御書，康熙年間賜理密親王居住，嗣理密親王移居西花園，遂爲年幼皇子皇孫讀書之所。我皇上御極後，恭詣暢春園問安，於此傳膳辦事。丁酉大事後，爲倚廬之所。齋內御書周書無逸篇，後有御題十韻，韻玉廊、松篁深處、清齋習靜、對清陰、蕙畹芝原諸額，皆御書。

照殿後倒座殿三楹，爲嘉蔭，兩角門，中爲積芳亭，正宇爲雲涯館。館後渡橋循山而北有河池，南北立坊二，爲玉澗金流。門內爲瑞景軒，軒後爲林香山翠。又後爲延爽樓，三層九楹，樓後河上爲鳶飛魚躍亭。稍南爲觀蓮所樓，左爲式古齋。齋後綺榭。《暢春園册》

按：嘉蔭積、芳林香山翠延爽樓，鳶飛魚躍、式古齋，綺樹諸額皆聖祖御書。觀蓮所雲涯館額，皇上御書。

園内築東西二堤，長各數百步。東堤曰丁香堤，西堤曰蘭芝堤，皆通瑞景軒。西堤外别築一堤，曰桃花堤，東西兩堤之外大小河數道，環流苑内。出西北門，五空閘達垣外。東經水磨村，趨清河西流，則由馬廠北注入。圓明園自宫門至此，爲暢春園中路。雲涯館東南角門外轉北，過板橋爲劍山。山上爲蒼然亭。下爲清遠亭，由山東轉爲龍王廟，過清遠亭，沿堤而南，河上築南北垣一道，中有門，西向，曰廣梁門，門内爲澹寧居。《暢春園册》

按：蒼然亭、清遠亭額，聖祖御書。龍王廟額曰甘霖應禱，亦聖祖御書。澹寧居前殿爲聖祖御門聽政選館引見之所。後殿爲皇上舊時讀書之處，額亦聖祖御書。

無逸齋北角門外近西垣一帶，南爲菜園數千畝，北則稻田數頃。無逸齋後循山逕稍東有關帝廟，東過板橋方亭爲蓮花巖，對河爲松柏閘。關帝廟後爲娘娘殿，殿臺方式建於水中。《暢春園册》

按：松柏閘河之東岸即蘭芝堤，西堤即桃花堤也。關帝廟額曰忠義，聖祖御書。

凝春堂在淵鑑齋之西，東室三楹爲純約堂，其右河廳三楹爲迎旭堂。純約堂東爲招涼精舍。河廳之西爲灣轉橋，橋北圓門爲憩雲。迎旭堂後迴廊折而北爲曉烟榭，河岸以西爲松柏室，其左爲樂善堂。别院有亭，爲天光雲影。松柏室後出山口臨河爲紅蘂亭。自天光雲影後廊出北小門登山，東宇爲緑窗，山北爲回芳墅、紅蘂亭，東爲秀野亭，自回芳墅北轉山口過河，水中傑閣爲蘂珠院。《暢春園册》

按：凝春堂舊時無額，因東室純約堂爲聖祖御題，即稱爲純約堂。乾隆十二年重修，以奉聖母慈豫。皇上御題是額，今純約堂額尚懸東室舊處。堂内御書額曰導和頤性，松柏室額曰翠巖山房，北小門外山間磚門上鐫極覽二字，書。蘂珠院緑窗諸額皆聖祖御書。曉烟榭、迎旭堂皆隸書，天光雲影、紅蘂亭皆篆書。蘂珠院内額曰憑虚暢襟，皇上御書。

蘂珠院北埠上層臺爲觀瀾榭，西河廳三楹。東河廳四楹，爲坐烟樣臺。榭後正宇爲蔚秀涵清，後爲流文亭。《暢春園册》

按：觀瀾榭額爲聖祖御書。榭内額曰與物皆春，及坐烟樣、蔚秀涵清，皆皇上御書。

蘂珠院之西過紅橋北爲集鳳軒。軒前連房九楹，中爲穿堂門，門北正殿七楹。殿後稍左爲月崖，其右有亭爲錦波，度河橋西爲俯鏡清流。《暢春園册》

按：集鳳軒、月崖、錦陂、俯鏡清流諸額皆聖祖御書。軒正殿外檐額曰執中含龢，内額曰德言欽式，皆皇上御書。由俯鏡清流穿堂門西出循河而南，即大西門，延樓四十二楹，其外即西花園之馬廄也。

集鳳軒後河橋西爲閘口門，閘口北設隨牆，小西門北一帶搆延樓，自西至東北角上下共八十有四楹。西樓爲天馥齋，内建崇基中立坊，自東轉角樓，再至東面，樓共九十有六楹。中樓爲雅玩齋、天馥齋，東爲紫雲堂。《暢春園册》

按：天馥齋牌坊前額曰目窮寥廓，後額曰露澄霞煥。紫雲堂之西過穿堂北爲西北門，即苑牆外也。又按：自玩芳齋至此爲暢春園西路，再西則爲西花園矣。

又　卷七七《國朝苑囿・長河樂善園》　西直門外高梁橋之北，宫門五楹，正宇爲倚虹堂。《樂善園册》

按：高梁橋在西直門之北，其水發源於玉泉，由昆明湖秀漪橋東流注此，即長河也。乾隆十六年，聖母皇太后六旬萬壽，自長河至高梁橋易輦進宫，因建是堂。皇上臨幸御園，每於此侍膳視事，宫門額曰雲楣星鄂，與倚虹堂額皆御書。

倚虹堂西二里許爲樂善園，園門三楹，北向。《樂善園册》

按：樂善園門額，皇上御書。是處舊爲康親王園亭，頹廢已久。乾隆十二年重加修葺，其上游與昆明湖相接，爲龍舸所必經云。

樂善園宫門内跨小溪南爲穿室，東向，曰意外味。轉石徑而南，爲於此賞心，内間北向爲含清齋，東爲瀟碧，北爲約花欄，南有軒爲雲垂波動。含清齋對河敞宇爲池月岩雲，中穿堂爲翠微深處，内爲藴真堂，南宇爲氣清心遠，别院有室曰鶯舉軒。《樂善園册》

按：意外味諸額皆皇上御書，鶯舉軒垣外是爲園之南門。

於此賞心之西南爲又一邨，左有亭爲攬衆翠。意外味之西穿堂爲得佳賞，西爲蘭秘室，再西爲環青渟碧。蘭秘室之北有宇爲賞仁勝地。《樂善園册》

按：又一邨諸額皆皇上御書。園門内有樓爲冲情峻賞，東北爲紅半樓，其旁峙岩上者爲踞秀亭。

冲情峻賞之西南有室爲畫所不到，東爲揖長虹，再東爲蔭林宅岫，内宇爲

古歡精舍。《樂善園册》

按：沖情峻賞諸額皆皇上御書。

園門以西臨河敞宇爲自然妙有，西室爲風湍幽響再西有軒爲詩畫間，爲玉潭清謐，亭爲箇中趣。亭北敞宇爲坐觀衆妙。西出河口，折而南，有室爲致灑然，接宇爲光碧涵暉。稍東曰遠青無際，後爲雲林畫意，再東有軒爲心乎湛然，折而南爲緑雲間。《樂善園册》

按自然妙有諸額皆皇上御書。

又 卷七八《國朝苑囿·西花園》 西花園在暢春園西，南垣爲進水閘，水北流，注于馬廠諸渠。《西花園册》

按：西花園與暢春園接。皇上問安之便，率詣是園聽政。

西花園河北正殿五楹，爲討源書屋。左室五楹，右爲配宇，再後敞宇三楹，爲觀德處。《西花園册》

按：討源書屋額爲聖祖御書，左室額曰松響舜絃彈，配宇額曰千峰出翠微，與觀德處額皆聖祖御書。正殿内恭懸皇上御製討源書屋記。

園西南門内爲承露軒，後厦爲就松室，東有龍王廟。《西花園册》

按：承露軒、就松室額皆皇上御書。西北有門，即西花園之大北門也。

暢春園西北門内正宇五楹，後室三楹，舊稱爲東書房。其右爲永寧寺。寺内正殿三楹，配殿各三楹，後殿五楹，内供十六羅漢。寺門外爲崇臺，臺後爲船塢。《西花園册》

按：永寧寺正殿額曰調御丈夫，聖祖御書。又額曰智光普照。聯曰：寶幢時護曼陀雨，金界常函般若珠。皇上御書。

永寧寺西爲虎城，稍西爲馬廐，再西爲閲武樓。《西花園册》

按：閲武樓額曰詰戎揚烈。聯曰：輯寧我邦家以時講武，懋戒爾衆士于茲課功。又聯曰：講武惟期徵有福，居安每念式無愆。皆皇上御書。

西花園之前有荷池，沿池分四所，爲皇子所居。南所門三楹，二門内正殿五楹，東廊門内正室九楹，西廊門内正室五楹。南所之東爲東所，門三楹，門内正殿五楹，西廊門内正室二層，再西正室七楹。由東所而西爲中所，門三楹，門内正殿五楹，東廊門内正室三楹，東爲垂花門，正室二層，各三楹，西廊門内正室二層，各三楹。南所之西爲西所，門三楹，門内正殿五楹，西廊門内正宇二層。《西花園册》

丹棱沜水在宛平縣西。《畿輔通志》

按：暢春園宫門之南有菱池，俗稱菱角泡子者，相傳即丹棱沜水。其源自萬泉莊北流而來，舊説多訛。御製萬泉莊記爲釐正之。沿堤而南，則達聖化寺、泉宗廟也。

又 卷八〇《國朝苑囿·圓明園》 圓明園在掛甲屯之北，距暢春園里許。《圓明園册》

按：圓明園爲世宗憲皇帝藩邸賜園，康熙四十八年所建。園額今恭懸圓明園殿者，聖祖御書。懸大宫門者，世宗御書。

園内爲門十八，南曰大宫門，曰左右門，曰東西夾道門，曰東西如意門，曰福園門，曰西南門，曰水閘門，曰藻園門。東曰東樓門，曰鐵門，曰明春門，曰隨墻門，曰蘂珠宫門。西曰隨墻門，正北曰北樓門。爲閘三，西南爲一空進水閘，東北爲五空出水閘，爲一空出水閘。《圓明園册》

按：圓明園之水發源玉泉山，由西馬廠入進水閘，支流派衍，至園内曰天琳宇、柳浪聞鶯諸處之響水口，水勢遂分，西北高而東南低，五空出水閘在明春門北，一空出水閘在蘂珠宫北，水出苑墻經長春園出七空閘，東入清河。

大宫門前輦道東西皆有湖，是爲前湖。《圓明園册》

按：前湖西岸有石刻御製前湖詩。

大宫門五楹，門前左右朝房各五楹，其後東爲宗人府、内閣、吏部、禮部、兵部、都察院、理藩院、翰林院、詹事府、國子監、鑾儀衛、東四旗各衙門直房。東夾道内爲銀庫，又東北爲南書房，東南爲檔案房。西爲户部、刑部、工部、欽天監、内務府、光禄寺、通政司、大理寺、鴻臚寺、太常寺、太僕寺、御書處、上駟院、武備院、西四旗各衙門直房。西夾道之西南爲造辦處，又南爲藥房。大宫門内爲出入賢良門五楹，門左右爲直房，前跨石橋，度橋東西朝房各五楹，西南爲茶膳房，再西爲繙書房，東南爲清茶房，爲軍機處。《圓明園册》

按：出入賢良門額世宗御書，是爲二宫門。凡武職侍衛引見，御此門較射。左右直房爲各部院臣工入直之所，東西設兩罩門，各衙門奏事由東罩門遞進，茶膳房太監人等由西罩門出入。門前河形如月，中駕石橋三。其水自西來，東注如意門閘口，會東園各河而出。

出入賢良門内爲正大光明殿七楹，東西配殿各五楹，後爲壽山殿，東爲洞明堂。《圓明園册》

按：圓明園四十景中，世宗御題四字額者凡十有四，正大光明殿其一也。餘如牡丹臺今爲鏤月開雲，蓬萊洲今爲蓬島瑶臺，乃乾隆九年皇上恭依避暑山莊三十六景四字題額之例，更錫嘉名，用昭畫一。

又按：正大光明殿内聯曰：心天之心而宵衣旰食，樂民之樂以和性怡情。爲世宗御書。又聯曰：通求寧觀成無遠弗屆，以對時育物有那其居。爲皇上御書。東壁懸御書《周書·無逸篇》，西壁懸《豳風圖》，東爲洞明堂。世宗御書額。

正大光明殿東爲勤政親賢正殿五楹。《圓明園冊》

按：勤政殿額曰勤政親賢，四十景之一也。後楹額曰爲君難，皆世宗御書。聯曰：至治凜惟艱修和九叙，大猷懷用乂董正六官。後楹聯曰：懋勤特喜書無逸，攬勝還思賦有卷。皆皇上御書。寶座屏風上，御書《無逸》一篇。後楹東壁陳御製創業守成難易説，臣梁詩正敬書，西壁陳《御製爲君難跋》，臣于敏中敬書。

勤政親賢之東爲飛雲軒，東有閣爲静鑑，其北爲懷清芬，又北爲秀木佳蔭，轉後爲生秋庭。静鑑閣東爲芳碧叢，後爲保合太和，正殿三楹。後爲富春樓，樓東爲竹林清響。《圓明園冊》

按：飛雲軒、懷清芬、秀木佳蔭、生秋庭諸額皆御書。保合太和殿壁恭懸御書。
聖訓四箴，其西暖閣亦有勤政親賢額。西暖閣内額曰叢雲，曰養性，北曰隨安室。富春樓下額曰坐擁琳琅，曰蔚然深秀，曰無倦齋，曰清風明月。樓與竹林清響額皆御書。正大光明後有湖，亦稱前湖湖。正北爲圓明園殿五楹，後爲奉三無私殿七楹，又後爲九州清宴殿七楹。東爲天地一家春，西爲樂安和，又西爲清暉閣，閣前爲露香齋，左爲茹古堂，爲松雲樓，右爲涵德書屋。《圓明園冊》

按：九州清宴額，世宗御書，四十景之一也。前第一層殿恭懸聖祖御書圓明園額，聯曰：每對青山緑水會心處，一邱一壑總自天恩浩蕩；常從霽月光風悦目時，一草一木莫非帝德高深。世宗藩邸時書。聯曰：恤小民之依所其無逸，稽古人之德彰厥有常。皇上御書。第二層爲奉三無私殿，内恭懸皇上御書聖祖仁皇帝聖訓。

額曰清虚静泰。聯曰：澗泉無操琴泠然善也，風竹有聲畫顧而樂之。寶座聯曰：所無逸而居動静適徵仁智，體有常以治照臨並叶清寧。皇上御書。九州清宴殿後額曰蔚然深秀。聯曰：紅篆爐烟看氣直，緑苞庭竹愛心虚。與樂安和、清暉閣諸額皆御書。清暉閣北壁懸圓明園全圖，乾隆二年命畫院郎世寧、唐岱、孫祐、沈源、張萬邦、丁觀鵬恭繪。御題大觀二字，並題聯曰：稽古重圖書義存無逸三宗訓，勤民咨稼穡事著豳風七月篇。

鏤月開雲在富春樓之後，即紀恩堂，北爲御蘭芬。《圓明園冊》

按：鏤月開雲，四十景之一也，原名牡丹臺，乾隆九年易今名，三十一年御題額曰紀恩堂。詳御製《紀恩堂記》，御蘭芬諸額皆皇上御書。

鏤月開雲後有池一區，池西北方樓爲天然圖畫。樓北爲朗吟閣，又北爲竹薖樓。東爲五福堂五楹。堂後迤北殿五楹，爲竹深荷净。其東南爲静知春事佳，又東渡河爲蘇堤春曉。《圓明園冊》

按：天然圖畫，四十景之一也。與朗吟閣、竹薖、竹深荷净、静知春事佳諸額，皆世宗御書。竹薖樓檐額曰桃花春一溪，亦世宗御書。五福堂額爲聖祖御書。檐額曰蓮風竹露。聯曰：欣百物向榮每識乾坤生意，值萬幾餘暇長同海宇熙春。皆世宗御書。對楣額曰葉嶼花潭，曰蘇堤春曉，皆皇上御書。

由五福堂渡河而北，山阜旋繞，内爲碧桐書院，前宇三楹，正殿五楹，後照殿五楹。其西巖石上爲雲岑亭。《圓明園冊》

按：碧桐書院，四十景之一也。額爲世宗御書，恭懸正殿内。

碧桐書院之西爲慈雲普護，前殿南臨後湖三楹，爲歡喜佛場。其北樓宇三楹，有慈雲普護額，上奉觀音大士，下祀關聖帝君，東偏爲龍王殿，祀圓明園昭福龍王。《圓明園冊》

按：慈雲普護，四十景之一也。與歡喜佛場額皆世宗御書。龍王殿額曰如祈應禱，關帝殿額曰昭明宇宙，皆世宗御書。又龍王殿額曰功宣普潤。聯曰：正中德備乾符應，利濟恩敷解澤流。皇上御書。

慈雲普護之西臨湖有樓，上下各三楹，爲上下天光。左右各有六方亭，後爲平安院。《圓明園冊》

按：上下天光，四十景之一也。額爲皇上御書，聯曰：雲水澄鮮一幨波光開罨畫，煙嵐杳藹四圍山色浸分奩。亦御書。右六方亭額曰飲和，及平安院額皆世宗御書。左六方亭額曰奇賞，皇上御書。

又　卷八一《國朝苑囿·圓明園二》　上下天光之西折而南，度橋爲杏花

春館，西北爲春雨軒。軒西爲杏花村。村南爲硐壑餘清。春雨軒後東爲鏡水齋，西北室爲抑齋，又西爲翠微堂。《圓明園册》

按：杏花春館，四十景之一也。額爲世宗御書。館旁峰石上刊御製杏花春館詩。春雨軒内額曰蕙氣清陰。後厦聯曰生機對物觀其妙，義府因心獲所寧。與鏡水齋、抑齋、翠微堂諸額皆御書。

杏花春館之西，度碧瀾橋爲坦坦蕩蕩，三楹。前宇爲素心堂，後宇爲光風霽月。堂東北爲知魚亭，又東北爲萃景齋，西北爲雙佳齋。《圓明園册》

按：坦坦蕩蕩，四十景之一也，額爲皇上御書。聯曰：源頭句詠朱夫子，池上居同白樂天。素心堂内額曰清虚静泰，與光風霽月、萃景齋諸額皆御書。知魚亭及雙佳齋額世宗御書。萃景齋石上刊御製坦坦蕩蕩詩。

坦坦蕩蕩之南爲茹古涵今，五楹南向。其後方殿爲韶景軒，四面各五楹。韶景軒前東爲茂育齋，西爲竹香齋，又北爲静通齋。《圓明園册》

按：茹古涵今，四十景之一也。額爲皇上御書韶景軒額恭懸軒内。其外南檐額曰喜接南薰，東檐額曰景麗東皇，西檐額曰翠生西嶺，北檐額曰清風北户，與竹香齋額皆御書。茂育齋、静通齋額皆世宗御書。

茹古涵今之南爲長春仙館，門三楹，正殿五楹。後殿爲緑蔭軒，正殿西廊後爲麗景軒。《圓明園册》

按：長春仙館爲皇上舊時賜居，四十景之一也。其後恭值佳辰令節，迎奉安輿，駐居斯館，殿額與緑蔭軒、麗景軒諸額，皆御書。殿内聯曰：安輿歡洽宜春永，慶節誠依愛日長。亦御書。

長春仙館之西爲含碧堂，五楹。堂後爲林虚桂静，左爲古香齋，其東楹有閣爲抑齋。林虚桂静東稍南爲墨池雲，後有殿爲隨安室。《圓明園册》

按：含碧堂諸額皆皇上御書。

長春仙館由西南門迤西爲藻園，内爲曠然堂，五楹。堂後爲貯清書屋。曠然堂東池上爲夕佳書屋，稍北爲鏡瀾榭，東南樓爲凝眺，爲懷新館，西北爲湛碧軒，西南爲湛清華。《圓明園册》

按：藻園、曠然堂諸額皆皇上御書。萬方安和在杏花春館西北，建宇池中，形如卍字。《圓明園册》

按：萬方安和，四十景之一，南面正室額也。東西内宇曰對溪山，曰佳氣迎人，卍字中宇曰四方寧静，西面曰觀妙音，曰枕流漱石，曰洞天深處，東面曰安然，曰一爐香，曰碧溪一帶，曰山水清音，北面曰滌塵心，曰神洲三島，曰高山流水，皆世宗御書。又南面西厦額曰凝神，曰静寄，東面曰澄觀。正中聯曰：四海昇平承帝眷，萬幾兢業亮天工。皆皇上御書。

萬方安和後度橋折而東，稍北，石洞之南爲武陵春色。池北軒爲壺中日月長，東爲天然佳妙，其南厦爲洞天日月多佳景。武陵春色之西爲全壁堂，東南亭爲小隱棲遲，堂後由山口入，東爲清秀亭，西爲清會亭，北爲桃花塢。塢之西室爲清水濯纓，又西稍北爲桃源深處。塢東爲綰春軒，軒東北爲品詩堂。《圓明園册》

按：武陵春色額爲皇上御書，四十景之一也。舊總名桃花塢，雍正四年皇上讀書于此，顔曰樂善堂，旋移居長春仙館。武陵春色石洞内額曰壺中天，與壺中日月長、天然佳妙、洞天日月多佳景、小隱棲遲、清秀清會亭、桃花塢、清水濯纓、桃源深處諸額，皆世宗御書。全壁堂、綰春軒、品詩堂諸額皇上御書。

萬方安和西南爲山高水長樓，西向九楹，後擁連岡，前帶河流，中央地勢平衍，凡數頃。《圓明園册》

按：山高水長，四十景之一也。額爲皇上御書。左楹横碣上恭刊乾隆十七年上諭，詳見國朝宫室。碑陰刊乾隆四十三年上諭，恭録卷内。其地爲外藩朝正錫宴及平時侍衛較射之所，每歲燈節則陳火戲於此。

月地雲居之後，循山徑入爲鴻慈永祜。安佑宫前琉璃坊，座南面額也。左右石華表各一，坊南及東西復有三坊環列，其南爲月河橋，又東南爲致孚殿三楹，西向，宫門五楹，南向，爲安佑門。門前白玉石橋三座，左右井亭各一，朝房各五楹，門内重檐，正殿九楹，爲安佑宫。殿内中龕敬奉聖祖仁皇帝聖容。左龕敬奉世宗憲皇帝聖容。左右配殿各五楹，碑亭各一，燎亭各一。《圓明園册》

按：安佑宫建自乾隆七年，皇上恭仿壽皇殿之制，敬奉聖祖世宗聖容。歲時朔望，瞻禮于兹。

鴻慈永祜爲四十景之一。坊北面額曰燕翼長詒。鴻慈永祜之前三坊，南曰羹牆懷慕，曰雲日瞻依。東曰勳華式焕，曰謨烈重光。西曰德配清寧，曰功隆作述。殿内中龕額曰音容儼在，左龕額曰陟降在兹。與安佑門安佑宫額皆御書。致孚殿内恭刊乾隆七年御筆，敬録世宗圓明園記並御製圓明園後記。

山高水長之北，度橋由山口入，梵刹一區爲月地雲居，殿五楹，前殿方式，四面各五楹，後樓上下各七楹。月地雲居之東爲法源樓，又東爲静室，西度

橋，折而北爲劉猛將軍廟。《圓明園册》

按：月地雲居，四十景之一，額爲皇上御書。山門額曰清净地，前殿額曰妙證無聲，後樓檐額曰蓮花法藏，與法源樓、静室諸額皆御書。

鴻慈永祜後垣西北爲紫碧山房，前宇爲横雲堂，山房東巖洞中爲石帆室，東南爲豐樂軒，北爲霽華樓，迤東爲景暉樓。横雲堂西池上爲澄素樓，西北爲引溪亭。《圓明園册》

按：紫碧山房額有二，其一恭懸正宇内，一懸穿堂門檐，與引溪亭額皆世宗御書。紫碧山房正宇檐額曰樂在人和，及横雲堂諸額皆皇上御書。

鴻慈永祜東垣外徑連岡三重，度橋而東，則彙芳書院也。内宇爲抒藻軒，後爲涵遠齋，齋前西垣内爲翠照樓，東垣内爲倬雲樓，又東爲眉月軒。倬雲樓南稍東爲隨安室，又東敞宇三楹爲問津，逾溪橋數武有石坊，爲斷橋殘雪。《圓明園册》

按：彙芳書院，四十景之一，額爲皇上御書。倬雲樓中楹額曰竹深荷净，與院内諸額皆御書。涵遠齋内聯曰：寶案凝香圖書陳道法，仙臺麗景晴雨驗耕桑。亦御書。問津額爲世宗御書。

彙芳書院之南爲日天琳宇，西前樓下之正宇也。其制有中前樓中後樓，上下各七楹，有西前樓、西後樓，上下各七楹。前後樓間穿堂各三楹，中前樓南有天橋，與樓相屬。天橋東南重檐八方者爲燈亭，西前樓南爲東轉角樓，又西稍南爲西轉角樓，中前樓之東垣内八方亭爲楞岩壇。又東别院爲瑞應宫，前爲仁應殿，中爲和感殿，後爲晏安殿。《圓明園册》

按：日天琳宇，四十景之一，額爲皇上御書。其規制皆仿雍和宫後佛樓式。中前樓上奉關帝，世宗御書額曰極樂世界，皇上御書額曰赫聲濯靈。聯曰：千載丹心扶大義，兩間正氣護皇圖。西前樓上奉玉皇大帝，世宗御書額曰一天喜色，皇上御書額曰總持元化。聯曰：地載無私宏橐鑰，乾元資始肇綱維。此外凡樓宇上下皆供佛像及諸神位。瑞應宫諸殿皆祀龍神。

日天琳宇迤東稍南，稻田彌望，河水周環，中有田字式殿，凡四門，其東、北面皆有樓，北樓正宇爲澹泊寧静，東爲曙光樓。殿之東門外爲翠扶樓，西門外别垣内宇爲多稼軒，南向，七楹。其東臨稻畦者前爲觀稼軒，後爲怡情悦目，爲稻香亭，又東稍北爲溪山不盡，爲蘭溪隱玉。多稼軒西池南爲水精域，西偏爲静香屋，爲招鶴磴，池後東北爲寸碧，西北爲互妙樓。《圓明園册》

按：澹泊寧静，四十景之一。額爲皇上御書。南門額曰亦復佳，西門額曰得山水趣，北廊後額曰麥雨稻風，與曙光樓額皆御書。多稼軒、觀稼軒、怡情悦目、稻香亭、溪山不盡、蘭溪隱玉諸額皆世宗御書。多稼軒聯曰：風㬥爐烟移畫漏，月臨書幌正宵衣。又曰：厥惟艱哉載芟載柞籌稽事，亦既勤止曰暘曰雨驗農時。皆皇上御書。

澹泊寧静度河橋而西爲映水蘭香，西向五楹。東南爲釣魚磯，北爲印月池。池北爲知耕織，又北稍東爲濯鱗沼，映水蘭香西南爲貴織山堂，祀蠶神。《圓明園册》

按：映水蘭香，四十景之一，額爲皇上御書。釣魚磯、印月池、知耕織、濯鱗沼、貴織山堂諸額皆世宗御書。

映水蘭香東北爲水木明瑟。《圓明園册》

按：水木明瑟，四十景之一，額爲皇上御書。世宗御書額曰一溪清水引風凉。

水木明瑟之北稍西爲文源閣，上下各六楹。閣西爲柳浪聞鶯。《圓明園册》

按：文源閣乾隆三十九年建，與文華殿後之文淵閣、避暑山莊之文津閣，皆以貯四庫全書。閣額及閣内汲古觀瀾額皆御書。聯曰：因溯委以會心是處原泉來活水，即登高而游目當前奥窔對玲峰。屏扆聯曰：寧誇池館消閒暇，雅喜詩書悦性靈。檐柱聯曰：討尋宜富波瀾浩矣無涯神智益，披攬直探星宿挹之不盡古今涵。亦御書。閣前石爲玲峰，刊御製文源閣詩，閣東亭内石碣刊御製文源閣記。

又 卷八二《國朝苑囿·圓明園三》 水木明瑟西北，環池帶河爲濂溪樂處，正殿九楹。後爲雲香清勝，東垣爲芰荷深處。折而東北爲香雪廊，其東有樓，爲雲霞舒卷。樓北亭爲臨泉。《圓明園册》

按：濂溪樂處，四十景之一，額爲皇上御書。殿檐額曰慎修思永，聯曰：與古人相對左圖右書，偕造物者游仰觀俯察。與雲香清勝諸額皆御書。香雪廊、臨泉二額世宗御書。

濂溪樂處之南爲彙萬總春之廟，正殿爲蓄育羣芳，五楹。殿東北樓爲香遠益清，樓西爲樂天和，爲味真書屋。又西爲池水共心月同明，廟東沿山徑出爲普濟橋。《圓明園册》

按：彙萬總春之廟以祀花神，殿樓諸額皆皇上御書。池水共心月同明額，世宗御書。

濂溪樂處迤北對河外稻勝者爲多稼如雲，正宇五楹。前宇爲芰荷香，正宇東稍南有室爲湛緑。《圓明園册》

按：多稼如雲，四十景之一，軒額與芰荷香、湛緑皆御書。

多稼如雲東北爲魚躍鳶飛，四面爲門，各五楹。東廂爲暢觀軒，西南爲鋪翠環流，樓南有室爲傳妙，又南出山口爲多子亭。《圓明園册》

按：魚躍鳶飛，四十景之一，額爲世宗御書。鋪翠環流之北額曰溪山，曰曲徑泉聲，與傳妙、多子亭諸額皆世宗御書。魚躍鳶飛東門額曰嵐光曙色，南曰綺疏文照，北曰澗溜調琴，與暢觀軒諸額皆皇上御書。

魚躍鳶飛之東，禾疇彌望，河南北岸仿農居村市者爲北遠山村。北岸石垣西偏爲蘭野，後爲繪雨精舍，其西南爲水村圖。又西有樓，前後相屬，前爲皆春閣，後爲稻涼樓。又西爲涉趣樓，右爲湛虚書屋。《圓明園册》

按：北遠山村，四十景之一，兹額及蘭野、繪雨精舍諸額皆皇上御書。水村圖聯曰：魚躍鳶飛參物理，耕田鑿井樂民和。亦御書。

北遠山村東北度石橋，折而西爲湛虚翠軒，又西爲耕雲堂，又西爲若帆之閣。湛虚翠軒東數十武有關帝廟。《圓明園册》

按：若帆之閣下層額曰御風泠然，上額曰平臨天境，與湛虚翠軒諸額皆御書。

北遠山村西南有室臨河，西向爲西峰秀色，河西松巒峻峙，爲小匡廬，後有龍王廟。西峰秀色之東爲含韻齋，又東爲一堂和氣，又東南爲自得軒。後垣東爲嵐鏡舫，西爲花港觀魚。《圓明園册》

按：西峰秀色，四十景之一，兹額及含韻齋、一堂和氣、自得軒額皆世宗御書。嵐鏡舫花港觀魚諸額皆皇上御書。

西峰秀色迤東東西船塢各二所，北岸爲四宜書屋五楹，即安瀾園之正宇。東南爲葄經館，又南爲采芳洲，其後爲飛睇亭，東北爲緑帷舫。四宜書屋西南爲無邊風月之閣，又西南爲涵秋堂，北爲烟月清真樓。樓西稍南爲遠秀山房，樓北度曲橋爲染霞樓。《圓明園册》

按：四宜書屋，四十景之一，額爲世宗御書。皇上即於其地略仿海寧陳氏安瀾園之意，因以命名。【略】葄經館諸額皆御書。

四宜書屋之東臨池樓宇爲方壺勝境，上下各五楹。南建坊座二，其北樓宇爲噦鸞殿，又北爲瓊華樓。噦鸞殿東爲蕊珠宫，宫南船塢後有龍王廟。《圓明園册》

按：方壺勝境，四十景之一，額爲皇上御書。坊座南額曰芝田日永，曰閬苑春深。北曰鳳鳴珠樹，曰鹿壽靈臺。方壺勝境樓宇上額曰宜春，殿曰敬勝怠。噦鸞殿樓宇上額曰用厥，中曰有真賞在。瓊華樓額曰潄芳潤，及蕊珠宫額皆御書。

方壺勝境西北爲三潭印月，又西北度橋爲天宇空明。其後爲澄景堂，堂東爲清曠樓，西爲華照樓。《圓明園册》

按：三潭印月、天宇空明諸額皆皇上御書。

澡身浴德在福海西南隅即澄虚榭，正宇三楹，東嚮。南爲含清暉，北爲涵妙識，折而西向爲静香館，又西爲解愠書屋，西南爲曠然閣。《圓明園册》

按：福海亦稱東湖，周廣凡數頃。澡身浴德，四十景之一也。額爲皇上御書。聯曰：好雨知時岑巒添遠碧，薰風叶奏殿閣有餘清。亦御書。

澡身浴德之北度河橋爲望瀛洲。其北爲深柳讀書堂，堂北爲溪月松風。《圓明園册》

按：望瀛洲額皇上御書。深柳讀書堂、溪月松風額皆世宗御書。

平湖秋月在福海西北隅，正宇三楹。西爲流水音。東北出山口臨河爲花嶼蘭臯，折而東南，度橋爲兩峰插雲。又東南爲山水樂，其北爲君子軒，爲藏密樓。《圓明園册》

按：平湖秋月，四十景之一。額爲世宗御書。流水音、花嶼蘭臯諸額爲皇上御書。

蓬島瑶臺在福海中央，門三楹，南嚮。正殿七楹。殿前東爲暢襟樓，西爲神洲三島，東偏爲隨安室，西偏爲日日平安報好音。由蓬島瑶臺東南度橋爲東島，有亭爲瀛海仙山，西北度橋爲北島，正宇三楹。《圓明園册》

按：蓬島瑶臺，四十景之一，舊名蓬萊洲，後易今名，額爲皇上御書。門額曰鏡中閣，與暢襟樓、隨安室額皆御書。神洲三島、日日平安報好音、瀛海仙山諸額皆世宗御書。

接秀山房在福海東隅，正宇三楹，西嚮。後稍東爲琴趣軒，其北方樓爲尋雲，東南爲澄練樓，後爲怡然書屋。尋雲樓稍東佛室爲安隱幢。接秀山房之

南爲攬翠亭。《圓明園册》

按：接秀山房，四十景之一，與攬翠亭額皆世宗御書。琴趣軒、尋雲諸額皆皇上御書。

接秀山房之南有敞宇，北依山，南臨河，爲别有洞天，五楹。西爲納翠樓，西南爲水木清華之閣，閣西稍北爲時賞齋。《圓明園册》

按：别有洞天，四十景之一。額與納翠樓、水木清華之閣諸額皆皇上御書。

别有洞天迤西爲夾鏡鳴琴，南爲聚遠樓，東爲廣育宫。前建坊座，後爲凝祥殿。宫東爲南屏晚鐘，又東度橋爲西山入畫，爲山容水態。夾鏡鳴琴之西爲湖山在望，爲佳山水，爲洞裏長春。《圓明園册》

按：夾鏡鳴琴，四十景之一。額爲皇上御書。廣育宫奉碧霞元君，殿額曰恩光仁照，與西山入畫、湖山在望、佳山水、洞裏長春諸額皆世宗御書。廣育宫前坊額曰含弘光大，曰品物咸亨，與凝祥殿、南屏晚鐘諸額皆皇上御書。凝祥殿聯曰：茂育恩覃昭聖感，資生德溥配坤元。亦御書。

涵虚朗鑑在福海東，即雷峰夕照正宇。其北稍西爲惠如春，又東北爲尋雲榭，又北爲貽蘭庭，爲會心不遠，其南爲臨衆芳，爲雲錦墅，爲菊秀松蕤，爲萬景天全。《圓明園册》

按：涵虚朗鑑，四十景之一。額爲皇上御書，舊懸湖西澄虚榭，後移置湖東雷峰夕照軒宇内。惠如春、尋雲榭諸額亦御書。

福海西北隅平湖秋月之西爲廓然大公，正宇七楹。前爲雙鶴齋，西北爲規月橋，東北爲綺吟堂。又北爲采芝徑，又北徑巖洞而西爲峭蒨居。北垣門外有樓爲天真可佳。峭蒨居西爲披雲徑，又西亭爲啟秀，又西稍南爲韻石淙。西北平臺臨池爲芰荷深處，垣外爲影山樓。雙鶴齋西爲環秀山房，西北爲臨湖樓。《圓明園册》

按：廓然大公，四十景之一。額爲皇上御書。雙鶴齋、采芝徑、天真可佳、芰荷深處、影山樓、環秀山房、臨湖樓諸額皆世宗御書。峭蒨居、披雲徑諸額皆皇上御書。

坐石臨流在水木明瑟東南，澹泊寧静之東，溪水周環，軒宇三楹，西嚮。《圓明園册》

按：坐石臨流，四十景之一。額爲皇上御書。

坐石臨流東南當碧桐書院。正東爲麴院風荷，五楹南嚮。其西佛樓爲洛迦勝境。《圓明園册》

按：曲院風荷，四十景之一。額爲皇上御書。洛迦勝境額亦御書。

曲院風荷之南，跨池東西，橋九空，坊楔二，西爲金鼇，東爲玉蝀。金鼇西南河外室爲四圍佳麗，玉蝀東有亭爲飲練長虹。又東南度橋，折而北設城闗，爲寧和鎮，其東南爲東樓門。《圓明園册》

按：飲練長虹、寧和鎮諸額皆御書。曲院風荷之北爲同樂園，前後樓各五楹，南向。其前爲清音閣，北向。東爲永日堂，中有南北長街。街西爲抱樸草堂。街北度雙橋爲舍衛城，前樹坊楔三。城南面爲多寶閣，内爲山門，正殿爲壽國壽民，後爲仁慈殿，又後爲普福宫。城北爲最勝閣。《圓明園册》

按：永日堂、壽國壽民、仁慈殿、普福宫諸額皆世宗御書。舍衛城北坊額曰花界，曰香城，東曰蓮湧，曰金池，西曰曇雲，曰珠林。多寶閣祀關帝，額曰至聖大勇。壽國壽民殿額曰心月妙相，仁慈殿額曰具足圓成，普福宫額曰瑞應優曇，最勝閣坊額曰乾闥持輪，曰祇林垂鬘，皆御書。

洞天深處在如意館西稍南。前宇乃諸皇子所居，爲四所。東西二街，南北一街。前爲福園門。四所之西爲諸皇子肄業之所。前有前垂天貺，中爲中天景物，東宇爲斯文在兹，後爲後天不老。《圓明園册》

按：洞天深處，四十景之一。額爲皇上御書。前垂天貺、中天景物、後天不老及如意館諸額皆世宗御書。斯文在兹額恭懸至聖先師神龕上。聯曰：道統集成歸至德，聖功養正仰微言。皆御書。

又 卷八三《國朝苑囿·長春園》 圓明園之東曰長春園。《長春園册》

案：長春園本圓明園東垣外隙地，舊名水磨村。就添殿宇數所，敬依長春仙館賜號，錫名曰長春園，額懸宫門。

長春園宫門五楹，東西朝房各五楹，正殿爲澹懷堂。後爲衆樂亭，亭後河北敞宇爲雲容水態，其西稍南爲長橋。《長春園册》

案：澹懷堂内額曰樂在人和。聯曰：敷政協民心好惬箕風畢雨，澄懷觀物理妙參智水仁山。與衆樂亭、雲容水態諸額皆皇上御題。又案：園内諸河之水由圓明園東垣之一空閘五空閘流出，環繞各所，又東出七空閘，灌溉稻田。

雲容水態西北循山逕入，建琉璃坊，楔三。其北宫門五楹，南嚮。内爲含經堂七楹，後爲淳化閣，又後爲藴真齋。含經堂東爲霞翥樓，爲淵映齋，堂西

爲梵香樓，爲涵光室。《長春園册》

案：淳化軒内額曰奉三無私。聯曰：貞石麗延廊略存古意，淳風扇寰宇冀遂初心。東西廊廡壁間嵌御定淳化閣帖石刻。藴真齋内額曰禮園書圃，霞翥樓内額曰味腴書屋。

澹懷堂迤西濱河水石之間爲蒨園，門西嚮内爲朗潤齋三楹，其東爲湛景樓，又東爲菱香沜。朗潤齋西有石立於園門内，爲青蓮朶。齋東南山池間爲標勝亭。又東南爲别有天，西北爲韻天琴，南角門外别院爲委宛藏。《長春園册》

案：蒨園門左碑亭一，刊重摹梅石碑，標勝亭西壁勒御製蒨園八景詩。

蒨園後河北岸爲思永齋七楹。齋北樓宇臨池爲山色湖光共一樓，齋東别院爲小有天園。《長春園册》

案：思永齋門額曰静便趣，齋内額曰萬横香玉。

思永齋西稍南河外爲得全閣，南爲寶雲樓，北爲遠風樓。齋北河池瀠匯，中有圓式崇基，其上樓宇三層，爲海岳開襟，四旁枋楔各一。《長春園册》

案：得全閣額曰天心水面，海岳開襟爲下層樓内額，其南檐額曰青瑶嶼，最上層額曰乘六龍。

海岳開襟之西河池外有亭爲流香渚，亭北爲罨畫溪。《長春園册》

案：流香渚之西循山逕行，即達圓明園之明春門。

海岳開襟東北爲諧奇趣。東爲法慧寺，山門西嚮。内爲四面延樓，後殿爲光明性海，其西别院有琉璃方塔。法慧寺東爲寶相寺，山門南嚮，内爲澄光閣，後爲曇霏閣。又後崇基上有殿爲現大圓鏡。《長春園册》

案：法慧寺山門額曰普香界，現大圓鏡殿内額曰香臺華鬘。

由寶相寺度城關而東，迤南爲翠交軒，軒下石室爲熙春洞，北爲愛山樓，又北爲澤蘭堂。《長春園册》

案：愛山樓上額曰天風海濤，樓下額曰山静雲閒，澤蘭堂額曰神觀蕭爽。

愛山樓東北爲平疇交遠風，南爲轉湘帆。《長春園册》

案：平疇交遠風宇後額曰平皋緑净，聯曰：畏民碞其難其慎，敕天命惟幾惟康。

平疇交遠風之東爲叢芳榭，後爲琴清齋。《長春園册》

案：琴清齋内額曰霞蹤天想。

叢芳榭之東爲獅子林，爲虹橋，爲假山，爲納景堂，爲清閟閣，爲藤架，爲磴道，爲占峰亭，爲清淑齋，爲小香幢，爲探真書屋，爲延景樓，爲雲林石室，爲横碧軒，爲水門。《長春園册》

獅子林之南爲玉玲瓏館，正宇爲正誼明道五楹，北爲林光澹碧，東爲鶴安齋，西南爲蹈和堂。《長春園册》

案：林光澹碧宇内額曰游心於淡。

玉玲瓏館之南爲昭曠亭，亭東南爲映清齋，齋東爲鑑園，敞宇五楹，西嚮。北爲漱瓊齋，其東爲師善堂。《長春園册》

案：鑑園之後有船塢。

由鑑園北山徑折而東爲東宫門，樓宇上下各七楹，東向。南北朝房各三楹，其外爲護河有石橋。《長春園册》

案：東宫門亦稱大東門。

鑑園西南爲如園，門三楹，西嚮。内爲敦素堂，堂北稍東爲冠霞閣，又東爲明漪樓。《長春園册》

案：由如園山徑西行即澹懷堂之東垣門。

又 卷八四《國朝苑囿・清漪園》 清漪園建于萬壽山之麓，在圓明園西二里許，前爲昆明湖。《清漪園册》

按：孫承澤《春明夢餘録》載：瓮山在玉泉山之旁，西湖當其前，金山拱其後，明時舊有圓静寺，後廢。今上乾隆十五年，於其地建大報恩延壽寺，命名萬壽山。並疏導玉泉諸派，匯於西湖，易名曰昆明湖。設戰船仿福建廣東巡洋之制，命閩省千把教演。自後每逢伏日，香山健鋭營弁兵於湖内按期水操。若其經流，則自繡漪橋南入長河，引流入京城，繞紫禁城而出，歸通惠河通濟漕渠，灌溉田畝，實萬世永賴之利也。皇上御題額曰清漪園，有《御製昆明湖記》、《清漪園記》。

宫門五楹，東向。門外南北朝房。駕兩石梁，下爲溪河，左右罩門内有内朝房，亦南北向，内爲勤政殿七楹。《清漪園册》

按：勤政殿内額曰海涵春育，聯曰：念切者豐年爲瑞賢臣爲寶，心游乎道德之淵仁義之林。又聯曰：義制事禮制心檢身若不及，德懋官功懋賞立政惟其人。中刊御製座右銘，皆皇上御書。

勤政殿後北達怡春堂，西爲玉瀾堂，北爲宜芸館，館之西爲樂壽堂。《清漪園册》

按：樂壽堂前有大石如屏，恭鐫御題青芝岫三字，東曰玉英，西曰蓮秀。門楣上列御製樂壽堂詩，前軒御題額曰水木自親。

樂壽堂後折而西爲方池，池北爲樂安和。《清漪園册》

按：樂安和之西長廊相接，直達石丈亭。詳見後條。樂安和西北爲養雲軒，軒後爲浟秀亭，西爲無盡意軒，又西稍北爲圓朗齋。《清漪園册》

按：餐秀亭後石壁上勒御題燕臺大觀四字。

無盡意軒之西爲慈福樓。《清漪園册》

按：慈福樓内額曰大自在，樓後崇臺上石幢勒萬壽山昆明湖六字，後刊御製昆明湖記。

慈福樓西爲大報恩延壽寺，前爲天王殿，爲鐘鼓樓，内爲大雄寶殿，後爲多寶殿，爲佛香閣，又後爲智慧海。《清漪園册》

按：大報恩延壽寺内額曰度世慈緣，曰作大吉祥，曰真如，曰妙覺，曰華海慈雲，皆御書。殿前碑亭勒御製大報恩延壽寺記，殿後碑亭東勒金剛經，西勒華嚴經。

大報恩延壽寺之西爲羅漢堂田字式。《清漪園册》

按：羅漢堂爲門三，南曰華嚴真諦，東曰生歡喜心，西曰法界清微。堂内分甲乙十道，塑阿羅漢五百尊，東門内曰祇樹園，曰獅子窟，曰須夜摩洞。轉而南爲阿迦橋，稍南曰阿樓那崖，曰徙多橋。橋上曰彌樓，曰摩偷地，曰砥柱，曰摩訶窩。上曰兜率陀崖，曰功德池，曰旃檀林。再上曰須彌頂，曰善現城，曰金田，曰陀羅峰，曰雞園，曰鹿苑。中爲室羅筏雷音殿，北曰耆闍崛，旁曰舍利塔，曰蜂臺，曰毗訶羅橋，南曰露山，曰香巖，西曰信度橋，諸額皆御書。堂之東有亭，卧碣上勒御製五百羅漢記。

羅漢堂後爲寶雲閣。《清漪園册》

按：寶雲閣范銅爲宇，御題額曰大光明藏。

寶雲閣西爲邵窩，爲雲松巢，又西爲澄輝閣，閣東南有三層樓，樓西爲聽鸝館。《清漪園册》

按：三層樓上御書額曰山色湖光共一樓。

聽鸝館西爲石丈亭，爲石舫。《清漪園册》

石舫之北有樓爲延清賞，西爲曠觀齋，又西爲水周堂。《清漪園册》

按：自此以北建城關，額曰宿雲檐，曰貝闕。上有樓，奉關聖。御書額曰浩然正氣。循城關以北，折而西，是爲園之西門矣。

怡春堂後城關迤北爲惠山園。《清漪園册》

按：惠山園規制仿寄暢園，建萬壽山之東麓。有御製惠山園八景詩。

惠山園門西向，門内池數畝，池東爲載時堂，其北爲墨妙軒。《清漪園册》

按：墨妙軒内貯三希堂續摹石刻，廊壁間嵌墨妙軒法帖諸石。

園池之西爲就雲樓，稍南爲澹碧齋。池南折而東爲水樂亭，爲知魚橋。就雲樓之東爲尋詩逕，逕側爲涵光洞，迤北爲霽清軒，軒後有石峽，其北即園之東北門。《清漪園册》

惠山園西爲雲繪軒，軒東爲延緑軒，後廊有樓爲隨安室。雲繪軒又西爲花承閣。《清漪園册》

按：花承閣之左爲多寶琉璃塔。下有石碑，勒御製多寶佛塔頌。閣西北度橋爲城關樓，又西折而北爲園之北樓門。

北樓門在萬壽山之北。門外東西朝房，内爲直房。其南爲長橋，橋南佛寺。三面立坊楔，内爲須彌靈境，後爲香岩宗印之閣，閣東爲善現寺，西爲雲會寺。《清漪園册》

按：須彌靈境坊額中曰慈福，曰慧因，東曰旃林，曰蓮界，西曰梵天，曰寶地。

雲會寺北爲搆虛軒，又北爲繪芳堂。搆虛軒西南爲清可軒，又西爲味閒齋。齋北爲綺望軒。《清漪園册》

按：清可軒石壁間御題曰集翠，曰詩態，曰烟霞潤色，曰方外游，曰蒼崖半入雲濤堆。

繪芳堂北隔河爲嘉蔭軒。《清漪園册》

按：萬壽山後溪河亦發源於玉泉，自玉河東流，經柳橋曲折東注。其出水分爲三，一由東北門西垣下牐口，出一由東垣下牐口出，並歸圓明園西垣外河，一由惠山園南流出垣下牐，爲宫門前河，又南流由東堤外河，會馬厰諸水，入圓明園内。

昆明湖東西爲長堤，西堤之外爲西湖其西，南爲養水湖。《清漪園册》

按：昆明湖東堤設牐及涵洞，隨時啟閉。西堤有橋六，詳後條。

東堤之北爲文昌閣，其南爲廓如亭。亭西爲長橋，又南爲繡漪橋。《清漪園册》

按：文昌閣御題額曰爲章于天，曰穆清資始。長橋南額曰修蝀凌波，北曰靈鼉偃月。廓如亭之北爲昆崙石，勒御製詩。其旁範銅爲牛，背鐫御製金牛銘。

廓如亭西度長橋爲廣潤祠，祠西爲鑑遠堂，東北爲望蟾閣。《清漪園册》

繡漪橋北湖中圓島，上爲鳳凰墩。《清漪園册》

西堤之北爲柳橋，爲桑苧橋，中爲玉帶橋，稍南爲鏡橋，爲練橋，再南爲界湖橋，橋之北爲景明樓。《清漪園册》

按：西堤六橋並直亘昆明湖。

景明樓西南湖中爲藻鑑堂，堂西湖岸爲暢觀堂。《清漪園册》

按：暢觀堂在昆明湖西南隅。

暢觀堂西北湖中圓城，爲門四，其上爲治鏡閣。《清漪園册》

按：圓城四門南額曰豳風圖畫，北曰蓬島烟霞，東曰秀引湖光，西曰清含泉韻。其中復爲重城，四門額曰南華秋水，曰北苑春山，曰暉朗東瀛，曰爽凝西嶺。閣制凡三層，下曰仰觀俯察，中曰得滄洲趣，上懸治鏡閣額。

治鏡閣北湖岸爲延賞齋，西爲蠶神廟，北爲織染局，其後爲水村居。《清漪園册》

按：延賞齋在玉帶橋之西，前爲玉河齋，左右廊壁嵌耕織圖石刻，河北立石勒耕織圖三字。蠶神廟每年九月間織染局專司祈祀，又清明日于水村居設祀，織染局内前爲織局，後爲絡絲局，北爲染局，西爲蠶户房，環植以桑。又西隔玉河皆稻田，河水自此西接玉泉爲静明園界。

又　卷八五《國朝苑囿·静明園》　静明園在玉泉山之陽，園西山勢窈深，靈源濬發，奇徵趵突，是爲玉泉。山麓舊傳有金章宗芙蓉殿，址無考，惟華嚴、吕公諸洞尚存。康熙年間創建是園，我皇上幾餘臨憩，略加修葺。園内景凡十六。

静明園宫門五楹，南向。門外東西朝房各三楹，左右罩門二，前爲高水湖。《静明園册》

按：園内爲門六，正中御製宫門額曰静明園。東爲東宫門，爲小南門，又東爲小東門。園之西北爲夾牆門，稍南爲西宫門。其中水城關牐一，及東宫門南閘，宣泄玉泉，由高水湖東南引入金河，與昆明湖水合流爲長河。

宫門内爲廓然大公，正殿七楹，東西配殿各五楹。《静明園册》

按：廓然大公爲十六景之一，後宇額曰涵萬象，皆御題。

廓然大公之北臨後湖，湖中爲芙蓉晴照，西爲虚受堂。《静明園册》

按：芙蓉晴照爲十六景之一，檐額曰樂景閣。

虚受堂之西山畔有泉，爲玉泉趵突，其上爲龍王廟。《静明園册》

按：玉泉趵突爲十六景之一，亦爲燕山八景之一，舊稱玉泉垂虹。第垂虹以擬瀑泉則可，若玉泉則從山根仰出，噴薄如珠實，與趵突之義允合。詳見御製玉泉趵突詩，並御製天下第一泉記。【略】泉上碑二，左刊天下第一泉五字，右刊御製玉泉山天下第一泉記，臣汪由敦敬書。石臺上復立碣二，左刊玉泉趵突四字，右勒上諭一通。御題龍王廟額曰永澤皇畿。

龍王廟之南循石徑而入爲竹罏山房，南爲開錦齋，後爲觀音洞，其上爲賞遇樓。《静明園册》

按：竹罏山房爲十六景之一，又伏讀御製玉泉山雜詠十六首序云：玉泉山蓋靈境也，雖亭臺點綴，時有晦明，而山水吐納，嵐靄朝暮，與造物相終始。故一時之會，前後迥異，一步之移，方向頓殊，吾安能以十六景槩之。即景雜詠，復成十六首。按其目曰清音齋，曰華滋館，曰冠峰亭，曰觀音洞，曰賞遇樓，曰飛雲崐，曰試墨泉，曰分鑑曲，曰寫琴廊，曰延緑廳，曰犂雲亭，曰羅漢洞，曰如室，曰層明宇，曰迸珠泉，曰心遠閣。

雙關帝廟迤南爲聖因綜繪，其西爲寫流軒，軒後爲層明宇，又西爲福地幽居，後爲冠峰亭。《静明園册》

按：聖因綜繪爲十六景之一。

福地幽居之西梵宇爲華藏海，又西爲繡壁詩態。《静明園册》

按：繡壁詩態爲十六景之一，由華藏海循山從東南行，俯臨溪河，河水引玉泉西南流，由水城關達高水湖。

繡壁詩態之西爲溪田課耕，又西爲迸珠泉。《静明園册》

按：溪田課耕爲十六景之一，園内自垂虹橋以西瀕河皆水田。

繡壁詩態之北爲水月庵，又東爲城關。《静明園册》

按：城關建自康熙二十年，聖祖御題額曰函雲。

水月庵之北爲聖緣寺。《静明園册》

按：聖緣寺正宇爲能仁殿，後爲慈雲殿，左爲清貯齋，右爲閬風齋。

聖緣寺之北爲仁育宫。《静明園册》

按：仁育宫門外建三面坊楔，中曰瞻喬門，二層曰岳宗門宫内奉東岳天齊大生仁聖帝像，御題額曰蒼靈賜禧。碑二，左勒御製東岳廟碑文，右勒御製仁育宫頌。左曰佑宸殿，右曰翊元殿。又左爲昭聖殿，右爲孚仁殿。正殿後爲玉宸寶殿，奉昊天至尊玉皇大天尊玄穹高上帝像。又後爲泰鈞樓，左爲景靈殿，右爲衛真殿。

仁育宫之北爲清凉禪窟，後爲嘉蔭堂。堂東爲霞起樓，西爲犁雲亭。《静明園册》

按：清凉禪窟爲十六景之一。

又按：仁育宫前迤西度橋，爲園之西宫門。門外左右朝房，中爲石橋，橋西即達香山之蹕路也。

清凉禪窟之北爲涵漪齋，西爲飛淙閣，東爲練影堂，稍南爲掛瀑檐。《静明園册》

按：練影堂掛瀑檐諸水源，一自香山碧雲寺出，一自卧佛寺後引注，經妙喜寺導入園中。匯爲湖，與玉泉合流，出水城關，同會高水湖。

涵漪齋之西夾牆門外爲妙喜寺。《静明園册》

按：寺内正殿額曰香海同源，後殿額曰優曇應現，曰菩提普印，皆御題。

自妙喜寺以西爲静宜園界，清凉禪窟之北爲采香雲徑。《静明園册》

按：采香雲徑爲十六景之一，其南有樓曰静怡書屋。

采香雲徑稍北折而東爲招鶴庭，南爲峽雪琴音。《静明園册》

按：峽雪琴音爲十六景之一，内額曰麗矚軒，東曰俯青室，北曰罨畫窗。

峽雪琴音迤南山巔爲玉峰塔影，前爲香巖寺，右爲妙高室。《静明園册》

按：玉峰塔影爲十六景之一，塔建峰巔，仿金山妙高峰之制。

玉峰塔影之後北峰上爲妙高寺，殿後爲妙高塔，又後爲該妙齋。《静明園册》

按：妙高寺前石坊額曰靈鷲支峰，殿内額曰江天如是，皆御題。崇霭軒在妙高峰之西，其東爲含醇室，後爲詠素堂。《静明園册》

含經堂在妙高寺東山麓，其東北臨溪爲書畫坊。《静明園册》

按：書畫舫前有泉出於巖畔，匯爲池，御題曰湧玉，曰寶珠含經堂。南有樓爲風篁清聽，東爲如室，西爲近青閣。又西稍南爲飛雲峴。《静明園册》

按：風篁清聽爲十六景之一，前有平池數畝，湧玉、寶珠諸泉自北來匯之，東南流經五空閘，出園東垣外，達玉河。

風篁清聽之西，度橋而南有池，池東爲延緑廳，池西爲漱遠緑，爲試墨泉。又西爲鏡影涵虚，南爲分鑑曲。又南爲寫琴廊，爲觀音閣。《静明園册》

按：鏡影涵虚爲十六景之一，觀音閣額曰堅固林，其上迤西山麓爲華嚴洞，洞外佛宇額曰香雲法雨，皆御書。又上爲香岩寺。

寫琴廊迤南爲含暉堂，後爲清音齋，齋前爲裂帛湖光，齋西山麓爲碧雲深處，東爲心遠閣。《静明園册》

按：裂帛湖光爲十六景之一，清音齋額聖祖御題。心遠閣額皇上御題。

裂帛湖光當玉峰東麓，流經園東垣閘口注玉河，匯昆明湖。

由心遠閣折而北爲羅漢洞，又上爲水月洞，又西山麓爲古華嚴寺，後爲雲外鐘聲，東爲伏魔洞。《静明園册》

按：雲外鐘聲爲十六景之一。

碧雲深處迤南爲翠雲嘉蔭，後爲翠雲堂，東爲甄心齋。《静明園册》

按：翠雲嘉蔭爲十六景之一，即華滋館門額也。

翠雲嘉蔭之東爲小南門，稍南爲東宫門，五楹。門外朝房左右各三楹。《静明園册》

按：玉泉之水流繞樂景閣前後匯爲湖，其流一曲西南水城關出，一曲東宫門前南閘出，同入高水湖，又自北閘，會裂帛湖。諸水經小東門外東匯于昆明湖。

静明園南宫門西南爲影湖樓。《静明園册》

按：影湖樓在高水湖中，東南爲養水湖，俱蓄水以溉稻田。復于堤東建一空閘，泄玉泉諸水流爲金河，與昆明湖同入長河。

小東門外長堤石橋上建石坊二，迤東爲界湖樓。《静明園册》

按：石橋東坊額曰湖山罨畫，曰雲霞舒卷，西坊額曰煙柳春佳，曰蘭渚蘋香。橋下水北注玉河，沿河皆稻田。又北爲石道，迤邐至青龍橋，即達清漪園之輦道也。

原：玉泉山以泉名。泉出石罅，瀦而爲池，廣三丈許。水清而碧，細石流沙，緑藻紫荇，一一可辨。池東跨小石橋，水經橋下東流入西湖。山頂有金行宫芙蓉殿故址，相傳章宗嘗避暑于此。

又卷八六《國朝苑囿·静宜園一》 按：香山名勝若來青軒、洪光寺諸處及娑羅寶樹，皆昔蒙聖祖仁皇帝臨幸，天章肇錫，御額親題。我皇上清蹕所臨，略加葺治。

静宜園前爲城關二，由城關入，東西各建坊楔，中架石橋，下爲月河，度橋左右朝房各三楹，宫門五楹。《静宜園册》

按：静宜園額懸宫門檐端，皇上御書。城關南額曰松扉，北額曰蘿幄，東坊額曰芝廛，曰烟壑，西坊額曰雲衢，曰蘭坂。

宫門内爲勤政殿五楹，南北配殿各五楹，殿前爲月河。《静宜園册》

按：勤政殿爲二十八景之一。内額曰與和氣游。聯曰：林月映宵衣寮寀一堂師帝典，松風傳晝漏農桑四野繪豳圖。皆皇上御書。月河源出碧雲寺，内注正凝堂池中，復經致遠齋而南，由殿右巖隙噴注，流繞墀前。

勤政殿後北爲致遠齋，南向，五楹。齋西爲韻琴齋，爲聽雪軒，東有樓爲正直和平。《静宜園册》

按：致遠齋、韻琴齋、聽雪軒、正直和平諸額皆皇上御書。【略】麗矚樓爲二十八景之一，與横秀館諸額皆皇上御書。

麗矚樓後南爲緑雲舫。《静宜園册》

按：緑雲舫爲二十八景之一。

麗矚樓迤南爲虚朗齋，齋前石渠爲流觴曲水，南爲畫禪室，後爲學古堂，東爲郁蘭堂，西爲佇芳樓，又後宇爲物外超，然其外東西南北四面各設宫門。東宫門外石路二，南達香山寺，東建城關，達于帶水屏山。《静宜園册》

按：虚朗齋爲二十八景之一，相傳即永安村地。學古堂前周廊嵌御製静宜園二十八景詩石刻。東宫門檐額曰澗碧溪清，聖祖御書帶水屏山。

帶水屏山，門宇三楹南向，西爲對瀑，北爲懷風樓，其左爲琢情之閣，東南爲得一書屋，西爲山陽一曲精廬。《静宜園册》

按：帶水屏山瀑泉自雙井迤邐東注，至是匯爲池。

帶水屏山之西爲瓔珞巖，其上廳宇三楹，爲緑筠深處。《静宜園册》

按：瓔珞巖爲二十八景之一。緑筠深處額，聖祖御書。

瓔珞巖東稍南爲翠微亭。《静宜園册》

按：翠微亭爲二十八景之一。

翠微亭東有亭爲青未了。《静宜園册》

按：青未了爲二十八景之一。

青未了迤西，巖際爲馴鹿坡。《静宜園册》

按：馴鹿坡爲二十八景之一。

馴鹿坡迤西有龍王廟，下爲雙井，其上爲蟾蜍峰。《静宜園册》

按：蟾蜍峰爲二十八景之一。明高穀文義集謂之蝦蟆石。雙井水東北注松塢雲莊池内，入知樂濠，由清音亭過帶水屏山，繞出園門外。是爲南源之水。

蟾蜍峰北稍東爲松塢雲莊，又東有樓爲憑襟致爽，後爲栖雲樓。《静宜園册》

按：栖雲樓爲二十八景之一。

香山寺前石橋下方池爲知樂濠。《静宜園册》

按：知樂濠爲二十八景之一。

香山寺在瓔珞巖之西。前建坊楔，山門東向，南北爲鐘鼓樓，上爲戒壇，内正殿七楹。殿後廳宇爲眼界寬，又後六方樓三層，又後山巔樓宇上下各六楹。《静宜園册》

按：香山寺爲二十八景之一。據徐善《冷然志》，寺爲金章宗會景樓故址，詳見後原書各條。正殿前石屏一，中刊金剛經，左心經，右觀音經，屏後恭鐫皇上御筆然燈古佛、觀音、普賢諸像，並御製贊語。殿額曰圓靈應現。六方樓上層額曰光明蓮界，中曰無住法輪，下曰薝蔔香林。山巔樓宇上額曰鷲峰雲湧，下曰青霞寄逸。皆皇上御書。

香山寺正殿門外有聽法松，山門内有娑羅樹。《静宜園册》

按：聽法松三字鐫石欄上，爲二十八景之一。

香山寺北爲觀音閣，後爲海棠院，院東爲來青軒，西爲妙高堂。《静宜園册》

按：來青軒爲二十八景之一。軒内恭懸聖祖御題額曰普照乾坤。觀音閣上層額曰普門圓應，下層曰性因妙果，皆皇上御書。

香山寺北有無量殿。《静宜園册》

按：無量殿山門額曰楞伽妙覺，皇上御書。

來青軒西南爲歡喜園，東西各有坊楔。《静宜園册》

按：歡喜園西坊額曰停靄，曰棲霞，東坊額曰紆青，曰延緑，皆皇上御書。

香山寺北稍西六方亭爲唳霜皋。《静宜園册》

按：唳霜皋爲二十八景之一。

香山寺西北，由盤道上爲洪光寺，山門東北向，内建毘盧圓殿，正殿五楹，左爲太虚室，又左爲香巖室。《静宜園册》

按：洪光寺盤道，即所謂十八盤也。毘盧圓殿額曰光明三昧，正殿後檐額曰慈雲常蔭，皆聖祖御書。正殿内額曰香巖浄域，寺後門外坊座前額曰蕙馨，後曰芝采，皆皇上御書。香巖室爲二十八景之一。

洪光寺前盤道間敞宇三楹爲霞標磴。《静宜園册》

按：霞標磴爲二十八景之一。

霞標磴之北爲玉乳泉。《静宜園册》

按：玉乳泉爲二十八景之一。

玉乳泉西稍南爲絢秋林。《静宜園册》

按：絢秋林爲二十八景之一。巖間巨石森列，鐫題曰蘿屏，曰翠雲堆，曰留青。又上爲觀音閣，額曰鷲集崖，崖旁勒仙掌二字，下有石臨泉，鐫題曰羅漢影。

絢秋林北爲雨香館，後爲灑蘭書屋，其南爲林天石海。《静宜園册》

按：雨香館爲二十八景之一。自勤政殿以迄雨香館，是爲内垣，爲景凡二十。

又按内垣凡六門，曰東南門，曰東北門，西曰約白門，西南曰如意門，西北曰中亭子門，北曰進膳門。

又　卷八七《國朝苑囿・静宜園二》　麗矚樓北度嶺爲晞陽阿。其北坊座一，東坊座一，西爲朝陽洞，後爲觀音閣。《静宜園册》

按：晞陽阿爲二十八景之一，北坊額曰丹梯，曰翠幄，東坊額曰蘿圃，曰秀岑。朝陽洞深廣可丈餘，内祀龍神。觀音閣額曰浄界慈雲，皆皇上御書。

晞陽阿北爲芙蓉坪，樓宇三楹。其東敞宇爲静如太古。《静宜園册》

按：芙蓉坪爲二十八景之一，鐫題于石壁間。

芙蓉坪西南爲香霧窟，東南北小坊座各一，東面大坊座一，正宇七楹。後爲竹罏精舍，其北巖間有西山晴雪石幢，又北爲潔素履。《静宜園册》

按：香霧窟爲二十八景之一，即静室也。東面大坊座額曰香圃，曰琪林。其前小坊座額曰虹梁，曰月鏡，南曰攢蘿，曰環綺，北曰丹梯，曰翠壑，與西山晴雪石刻皆皇上御書。西山晴雪爲燕山八景之一。

香霧窟南稍東爲栖月崖，廳宇三楹，其西宇爲得趣書屋，距崖半里許設石樓門，鐫題曰雲闕。《静宜園册》

按：栖月崖爲二十八景之一，廳宇額曰樂此山川佳，與得趣書屋額皆皇上御書。

栖月崖北爲重翠崦，廳宇三楹。其下爲龍王堂，堂下有泉。《静宜園册》

按：重翠崦爲二十八景之一。

重翠崦東南爲玉華寺，山門東向，正殿三楹。殿西南廳宇爲玉華岫，其東爲皋塗精舍。《静宜園册》

按：玉華岫爲二十八景之一。寺北門内有石洞出泉，稱玉華泉。正殿額曰香巖慧日，皋塗精舍額曰林虚桂静，皆皇上御書。

玉華寺西南峰石屹立，上勒御題爲森玉笏。東北爲超然堂，堂南爲曠覽臺，後爲碧峰館。《静宜園册》

按：森玉笏爲二十八景之一。

森玉笏東北峰上有亭爲隔雲鐘。《静宜園册》

按：隔雲鐘爲二十八景之一。自晞陽阿以迄隔雲鐘是爲外垣，爲景凡八。

清　嘉慶《新修江寧府志》卷九《古跡中》　明故宫，在今駐防城内，即舊紫禁城。由西華門出東華門，兩門之中有高牆，依牆有廢址，爲文華武英等殿。基面牆十餘丈爲五鳳樓，左右皆城，連東西二華門，即紫禁城門。今之西華門疑係順治十七年所重造者，延舊西華門名稱之，非明宫城之舊西華門也。樓城外爲六部堂，今廢。直南行，三門與樓相對，爲午門。出門有小河，爲金水河。跨河石橋五中稍闊。再南爲正陽門，一曰洪武。門外爲象房，由大街折而東南，爲神樂觀。今皆毁廢。

清　錢泳《履園叢話》卷一八《萬歲山》　萬歲山在皇城西北隅，其南爲太液池。中駕以金鰲玉蝀之橋，橋之北爲北海，橋之南爲南海。樓臺掩映，金碧交輝，松檜連雲，秀出天表。

清　穆彰阿　潘錫恩等《清一統志》卷一　太液池　在西華門之西爲西苑，入苑門即太液池。池南北亘四里，東西二百餘步。其上源自玉泉山合西北諸水，至地安門水門流入，匯爲大池。元時亦名西華潭，其上爲瓊華島。夾岸多槐柳，池中蒲藻紛敷，禽魚翔泳，望之如仙洲勝地。池上跨長橋，坊楔對峙。東曰玉蝀，西曰金鼇。橋東爲承光殿，圓城周數百步，即元時儀天殿之舊也。俗名團殿，舊有古栝三株，傳爲金時所植。今存其一，有高宗純皇帝御製承光殿古栝行。殿南石亭中有玉瓮，黑質白章，大可盛酒三十餘石，爲金元舊物，鐫高宗純皇帝御製玉瓮歌於上。殿北圓城之外，臨大石梁，南北有坊楔，曰積翠，曰堆雲。橋北稱北海，橋南稱中海，瀛臺以南稱南海。其中海之東岸，爲蕉園，稍南爲萬善殿。殿之西有亭出水中，高宗純皇帝御書石碣曰太液秋風，即燕京八景之一。盛夏芰荷如錦，冬月水澤□堅。八旗官兵，演冰嬉於此。所以肄武習勞，有高宗純皇帝御製《冰嬉賦》紀其事。

又　**瀛臺**　舊有南臺，一名趯臺。在太液池中。由西苑門入，度板橋，有門曰德昌，中建殿五楹。聖祖仁皇帝御書額曰勤政。殿之南石堤數十步，過堤歷級而登，爲翔鸞閣、涵元殿、香扆殿、迎薰亭，而統名之曰瀛臺。臺三面臨水，奇石森列，花樹芬鬱，有天然林壑之致。聖祖仁皇帝時常爲夏月聽政之所。【略】臺之南對岸爲寶月樓。乾隆二十三年建，御製文記之。樓南臨皇城，俯視可見長安西街朝騎。

又　**淑清院**　在瀛臺之東。院建池中，高宗純皇帝御書額曰水流雲在。院東北爲葆光室，院左爲韻古堂，舊名蓬瀛在望。乾隆二十四年，江右大吏以臨江所獲古鐘十一枚上於朝。高宗純皇帝親加辨訂，爲周鎛鐘，更補其一，以成律呂之數，因易堂名以貯之。御製有記。韻古堂左側有垣門，門東爲流杯亭，亭北爲素尚齋，齋西有廊曰響雪，東南室曰千尺雪。

又　**豐澤園**　在瀛臺西北。門外一水横帶，前有稻畦數畝。聖祖仁皇帝、世宗憲皇帝、高宗純皇帝、仁宗睿皇帝勸課農桑，親御耒耜之地。有高宗純皇帝御製豐澤園記。每歲耕耤，皆先期演耕於此。園内殿舊名崇雅。乾隆十一年，宴王公宗室百有三人於此殿，聯句賦詩，因易名惇叙殿。後曰澄懷堂，榜爲聖祖御筆。康熙初年，詞臣常於此進講。其西爲春耦齋，取重農寶穡之意。有高宗純皇帝御製《春耦齋記》。

又　**紫光閣**　在太液池西岸豐澤園之北。康熙間，聖祖仁皇帝嘗以仲秋校射於此，復於閣前閱試武進士，至今循以爲例。乾隆二十四年，平定伊犂回部。大功告成，凱旋京師。高宗純皇帝錫宴閣中，策勳飲至，命圖畫功臣像於閣上。【略】閣中恭刻太宗文皇帝、聖祖仁皇帝、世宗憲皇帝飭武備，□宴安，諸寶訓於石。壁間張高宗純皇帝御製平定準噶爾及平定回部、平定兩金川告成太學碑文十全記，並繪平定伊犂回部二圖及兩金川全圖。閣後爲武成殿，壁間張高宗純皇帝御製西師詩、開惑論。兩廡石刻高宗純皇帝御製，自乙亥軍興訖己卯成功諸詩。

又　**暢春園**　在西直門外十二里，地名海淀。聖祖仁皇帝萬幾之暇，駐蹕於此，酌泉而甘。因明武清侯李偉故園址，少加規度，築宮設籞，賜名暢春園。時本孝莊文皇后、孝惠章皇后宴憩於此。政事幾務，即奏決其中。且以遍覽田疇，周咨稼穡。御製《暢春園記》以志其勝。雍正元年，於園之東北隅，敬建恩佑寺安奉聖祖御容。乾隆初年，葺新園亭，敬奉孝聖憲皇后宴憩，以適温清。每三日躬詣請安。四十二年，敬建恩慕寺於恩佑寺側，規制如之。園西南爲西花園。高宗純皇帝問安之便，每詣是園聽政。正殿爲討源書屋，有高宗純皇帝御製記。又西爲西廠。乾隆二十八年，愛烏罕部遣使入覲，曾於此設幄次賜宴，並校閱軍容。俾得與觀。又西爲閱武樓，高宗純皇帝御書額曰詰戎揚烈。乾隆四十二年，有高宗純皇帝御製閱武樓詩。

又　**圓明園**　在暢春園北，世宗憲皇帝潛邸時賜園也。御極後，稍加修葺，具朝署之規。門曰出入賢良，中曰正大光明殿，東曰勤政殿，爲常時聽政之所，有御製記文。高宗純皇帝御極後，每歲初春，即駐蹕於此。咨度幾務，引對臣工，日以爲常。有御製《圓明園後記》，爲景四十。曰正大光明，勤政親賢，九州清宴，鏤月開雲，天然圖畫，碧桐書院，慈雲普護，上下天光，杏花春館，坦坦蕩蕩，茹古涵今，長春仙館，萬方安和，武陵春色，山高水長，月地雲居，鴻慈永祜，彙芳書院，日天琳宇，澹泊寧静，映水蘭香，水木明瑟，濂溪樂處，多稼如雲，魚躍鳶飛，北遠山村，西峰秀色，四宜書屋，方壺勝境，澡身浴德，平湖秋月，蓬島瑶臺，接秀山房，別有洞天，夾鏡鳴琴，涵虚朗鑑，廓然大公，坐石臨流，麯院風荷，洞天深處。並有御製詩。乾隆五年於月地雲居之後建安佑宮，敬奉列聖御容。歲時朔望，於兹瞻禮，有御製安佑宮碑文。三十九年園中建文源閣，以庋四庫全書。有御製《文源閣記》。又長春園，在圓明園東垣之外。乾隆三十五年添建殿宇，賜名曰長春園。

又　**綺春園**　在圓明、長春二園東南，先名交輝，爲怡賢親王賜邸，又改賜大學士傅恒。及進呈後，高宗純皇帝定名綺春，御書扁額。嘉慶六年後，每歲修理。於正覺寺東，建園門。殿額勤政，東偏爲心鏡軒，北爲敷春堂，西爲清夏齋。後湖東偏爲涵秋館，西偏爲四宜書屋。園北平湖百頃，殿宇五楹，額曰鳳麟洲。有仁宗睿皇帝御製《綺春園記》。

又　**清漪園**　在圓明園西，萬壽山之麓。乾隆十六年開濬西湖，賜名昆明。臨湖建園，名曰清漪。橋亭軒閣，雲布繡錯。正殿曰勤政。乾隆二十五年，宴安集延拔達克山入覲陪臣於此。園之北爲惠山園，内有景凡八。曰載時堂，墨妙軒，就雲樓，澹碧齋，水樂亭，知魚橋，尋詩逕，涵光洞。並有高宗純皇帝御製詩。又墨妙軒中，恭嵌三希堂續摹法帖。

又　**静明園**　在圓明園西玉泉山下。康熙十九年建，初名澄心，三十一年改名静明。聖祖仁皇帝、世宗憲皇帝嘗閱武於此。乾隆十八年重加修葺，爲景十六，曰廓然大公，芙蓉晴照，玉泉趵突，竹鑪山房，聖因綜繪，繡壁詩態，溪田課耕，清凉禪窟，采香雲徑，峽雪琴音，玉峰塔影，風篁清聽，鏡影涵虚，裂帛湖光，雲外鐘聲，翠雲嘉蔭。並有御製詩。

又　**静宜園**　在香山，去圓明園十餘里，即香山寺故址。聖祖仁皇帝於此置行宮，乾隆十年秋，重加修葺。既成，賜名静宜，有御製《静宜園記》。爲景二十有八，曰勤政殿，麗矚樓，緑雲舫，虚朗齋，瓔珞巖，翠微亭，青未了，馴鹿坡，蟾蜍峰，棲雲樓，知樂濠，香山寺，聽法松，來青軒，唳霜皋，香巖室，霞標磴，玉乳泉，絢秋林，雨香館，晞陽阿，芙蓉坪，香霧窟，棲月崖，重翠崦，玉華岫，森玉笏，隔雲鐘。並有御製詩。

又　**南苑**　在永定門外二十里，方一百二十里。元爲下馬飛放泊，明永樂中增廣，亦名南海子。本朝設總尉防御等官守之，內有新衙門、舊衙門、南紅門三處行宮。周圍繚以垣牆，九門環列。麋鹿雉兔，蕃育其中。時命禁旅行圍以肄武事。乾隆四年十一月，高宗純皇帝大閱於此。二十三年十一月，右部哈薩克及塔什罕衆歸誠入覲，亦於此大閱。俾得與觀。仁宗睿皇帝有御製《南苑記》。按：苑中有一畝泉，經苑之東紅門，由張家灣入北運河。又有團河，源出團泊，在黄村門内六里許。乾隆四十二年重加疏濬，出南苑牆爲團河。又入鳳河，又東南流與永定河合。

又　避暑山莊　在承德府治東北。聖祖仁皇帝歲巡塞外，駐蹕熱河。康熙四十二年，肇建避暑山莊，爲時巡展覲臨朝聽政之所。陰陽和會，靈境天開。俯武列之水，挹磬錘之峰。疊石繚垣，上加雉堞，如紫禁城之制。週十六里三分。南爲三門，中麗正門，東德匯門，西碧峰門。其東及東北西北門各一。東門外長堤蜿蜒，北起獅子溝，南盡沙堤觜，延袤十二里，甃石七層，廣約丈許。宫左湖右山，山勢自北而西，曰梨樹峪，曰松林峪，曰榛子峪，曰西峪，迴抱如環。湖水自東北演迤而南，至萬樹園之陽，淨練澄空，沙堤曲徑。如意洲在焉，其北爲千林島。瀑源來自西峪，垂於涌翠巖之巔，匯注湖中。湖岸曲榭長橋，引而東南，至德匯門之左。爲出水牐，以時蓄泄。敞殿飛樓，平臺奥室，因地形，任天趣，不崇華飾，妙極自然，洵爲玉塞之神皋，金庭之奥城。有聖祖仁皇帝御製避暑山莊記，高宗純皇帝御製《避暑山莊詩序》、《避暑山莊後序》、《避暑山莊百韻詩》，仁宗睿皇帝御製《木蘭記》。謹案：高宗純皇帝法祖巡行，歲涖山莊。仁宗睿皇帝紹繼前猷，詰戎綏遠。天文炳煥，象緯昭陳，非尺幅所能殫述。兹以統志爲志地之書，謹録聖製之有關地理者，標列御題，以昭示萬世。餘篇不備述，後仿此。

又　三十六景　聖祖仁皇帝既建避暑山莊，延攬勝概，錫以三十六景之名，皆御書題額，並御製三十六景詩，繪圖成帙，垂示册府。高宗純皇帝有御製恭跋皇祖聖祖仁皇帝《御製避暑山莊三十六景詩》文。乾隆六年，有《御製恭和皇祖聖祖仁皇帝御製避暑山莊三十六景詩》。十八年，有御製《避暑山莊三十六景詩》。煙波致爽，澹泊敬誠殿後第三重，爲殿七楹，宏敞高明，旁挹雲嵐，後帶湖渚，爲三十六景之冠。芝徑雲堤，由萬壑松風之前北行，長堤蜿蜒，徑分三洲，若芝英雲朵。堤左右皆湖，中架木爲橋，南北樹寶坊，湖波鏡影，勝趣天成。無暑清涼，芝徑雲堤之東北，洲曰如意，建殿三重。第一重面南爲門五楹，四面皆水，門當其前，湖風徐度，人天勝境。延薰山館，如意洲正殿七楹，左右配殿各五楹，在無暑清涼内第二重，南向，楹宇敦樸，薰風時來。水芳巖秀，延薰山館後殿十五楹，在如意洲最深處。鏡波繞岸，瑶臺依欄。聖祖仁皇帝嘗以機暇讀書其中。殿之東閣，高宗純皇帝御書額曰隨安室。萬壑松風，前殿據岡背湖，漸近湖爲坡陁，殿五楹，北向。長松數百樹，掩映迴迴，笙鏞迭奏。高宗純皇帝御題曰紀恩堂，有御製《避暑山莊紀恩堂記》。殿後三楹曰鑑始齋，坡下亭曰晴碧亭。松鶴清越，山莊内西偏爲榛子峪，殿門五楹，南向，青蓋垂陰，九皋振響。後殿高宗純皇帝御題曰静餘軒。雲山勝地，煙波致爽之後，高樓北向，俯瞰羣峰，雲嵐秀蔚。樓之西楹奉佛像，高宗純皇帝御題曰蓮花室。四面雲山，山莊西北隅最高處，搆亭其上。凌霄切漢，羣山拱揖，各開生面，數百里外，如列屏幛。北枕雙峰，山莊内直北山頂，有亭翼然。西北金山，東北黑山，排空屹向，如天門雙闕，對拱檐楹。亭前兩石筍，秀削青瑶，鐫聖祖仁皇帝暨高宗純皇帝和章於其上。西嶺晨霞，自雲帆月舫右行，傑閣巋然，臨波面岫，紫霞晨映，錦章繡錯，在雲岑木杪之間。錘峰落照，山莊東五里爲磬錘峰，就山莊西嶺搆亭，與四面雲山亭相望。紅輪西照，是峰迥出孤標，揚暉天際。南山積雪，亭在山莊正北，高據山巔，塞地高寒。杪秋雪下，南望諸峰，皎然寒玉。梨花伴月，山莊西北曰梨雲峪，入峪平岡逶迤，幽澗潺湲鳴。當春時梨花萬樹，豔挹清輝，爲壺天勝境。曲水荷香，亭在北山麓，南向。下映曲沼，芙蕖萬柄，翠蓋紅葩，翛然香遠。風泉清聽，松鶴清越之西，置三楹，有泉出兩山間。琤淙穿注，風來澗響，與鶴韻松聲相應答，内爲秋澂齋。濠濮間想，澄湖之北，搆亭凡四面，此亭在如意洲上，水木明瑟，魚鳥因依。天宇咸暢，湖之東岸，有阜巍然，上搆殿宇三楹，積翠中天，層霄紫漢，皆歸一覽。暖溜暄波，熱河以水得名。山莊東北隅有牐，湯泉餘潤，自宫墻外演迤流入。建閣其上，漱玉跳波，靈潤蒸蔚，泉源石壁，懸崖直下，旁無路蹊，飛流百丈從石壁瀉出。磨崖恭勒聖祖仁皇帝御書。西爲半月湖，更西有亭曰矚朝霞。青楓緑嶼，越泉源石壁而北，跨巔面南，置三楹。錦樹分叢，丹霞競彩。其中殿五楹，曰風泉滿清聽。門外三楹，面西曰霞標，皆聖祖仁皇帝御書扁額。東嚮四楹，高宗純皇帝御書額曰吟紅榭。鶯囀喬木，亭當萬樹園之陽，近俯清波，遠連叢樾，和風澹蕩，時鳥嚶鳴，見萬物得所之樂。香遠益清，萬樹園東南，金山之陰，前殿五楹，下臨曲沼。涼軒明淨，緑房紫菂，芬菲襲人。後三楹曰紫浮軒，西八楹曰依緑齋，皆聖祖仁皇帝御題。齋左有亭，高宗純皇帝御書額曰含澄景。金蓮映日，延薰山館之右，有殿五楹，西嚮。環蒔金蓮花，亞葉交枝，含風浥露，晨景初出，金彩鮮新。旁室三楹，高宗純皇帝御書額曰川巖明秀。遠近泉聲，緣長堤而北，石路半里許，漸聞水聲，摐金戛玉，水樂琅然。殿三楹，南嚮。其東曰聚香齋，殿後爲亭曰聽瀑外，三楹，南嚮，高宗純皇帝御書額曰招涼榭。雲帆月舫，仿舟形作室。上爲樓，北嚮，在如意洲延薰山館之西。芳渚臨流，由萬壑松風西行折而北。傍湖一曲，有亭南嚮。巨石嵌空，清流倒影，夾岸嘉木灌叢，芳草如織。雲容水態，梨樹峪之東，山麓砥平，殿五楹，東嚮。横峰側嶺，獻秀争奇，繚白縈青，波光無際。其西向樓三楹，曰曠觀。澄泉繞石，入梨樹峪，一徑青蒼。泉自石竇流出，依山曲折，有亭北嚮。倚層巘，鏡清漪，雲根緑淨，響若璆琳。澄波疊翠，亭三楹，北向，在如意洲之陰。湖光一碧，遠極天際。其北翠壁千尋，浮光掩映，風景幽絶。石磯觀魚，由遠近泉聲而下，清溪一曲。有石磯平廣，作亭其上，東嚮。俯視澄波，潛鱗涵泳，一一可數。鏡水雲岑，天宇咸暢閣下，有殿五楹，西嚮。倚山搆宇，水周三面，曲廊外布，迴抱如半月。檻陰架亭，額曰金山。下有亭曰芳洲，皆高宗純皇帝御書。雙湖夾鏡，水自東北入，南匯山泉，鍾爲大湖。堤橋左右，分一湖爲二。跨橋寶坊二，其北額曰雙湖夾鏡。長虹飲練，在長橋南岸，與雙湖夾鏡坊對峙。兩岸煙瀾渺瀰，彌望如一。甫田叢樾，湖北岸最東一亭，與萬樹園相近。平原茂木，奥如翳如。聖祖仁皇帝駐蹕山莊，爲閲習步圍之地。水流雲在，湖北岸最西一亭，漸近長堤，湖水澄虚，空明上下，悠然與造化同符。聖祖仁皇帝御題三十六景，以兹爲殿。

清 吴振棫《養吉齋叢録》卷一八 西苑宫殿，大半元明舊址，惟豐澤園爲康熙間創建。自苑内勤政殿西行，有小屋數間，爲當時養蠶所。復西行，歷稻畦折而北，爲豐澤園。殿宇制度樸素，園後種桑數十株。春時，省勸農桑，或親御耒耜，雍正後遂有豐澤演耕之禮。凡演耕隨行布種皆以親藩，與耕藉異。乾隆中葉，以亥藉久嫻，不復預演。園有春耦齋，高宗以韓滉所畫五牛及項聖謨、蔣廷錫臨本弆藏齋中。又澄懷堂、純一齋，皆康熙時命名。其時儒臣每於澄懷堂進講，若惇叙殿則乾隆間普宴宗室，因舊構而錫今名也。

又 圓明園去都城四十里，在暢春園北，世宗龍潛時賜園也。今殿内所揭圓明園三字，爲聖祖書賜。雍正初建，設軒墀分列朝署。三年，詔以是園爲春夏秋臨御聽政之所。出入賢良門額爲世宗御筆。門内爲正大光明殿，殿後爲圓明園殿，再後爲奉三無私，極北爲九洲清宴。後臨巨湖，所謂後湖也。乾隆間，恢拓營繕，宏規大起。嘉慶以來，亦有增飾。四十景則乾隆間所標題也。

正大光明，殿額爲世宗御書，御園正衙也。聖誕、旬壽，受賀於太和殿，常年則於此殿。行禮、新正曲宴、宗藩小宴、廷臣大考、考差散館、鄉試，覆試率在此殿。勤政親賢，勤政殿爲常日視朝處，在正大光明殿之東，殿額及後楹所揭爲君難三字，皆世宗御書。其東曰保合太和，其西曰洞明堂。九洲清宴，前後皆臨水，支汊旁達，不止八九，額爲世宗御書。爲宵旰寢興之所，累朝以來皆循舊制。道光間，於西偏別建慎德堂爲寢宫。鏤月開雲，殿以香楠爲材，在富春樓後。前植牡丹，後列古松。舊名牡丹臺，其後有堂曰御蘭芬。天然圖畫，庭列梧竹，西爲高樓。碧桐書院，環之以水，前有平橋。慈雲普護，在湖中有樓三層，供大士像。度橋即上下天光。上下天光，虹梁百尺，中有廣亭。杏花春館，由山亭而入，亦名春雨軒，即曩之菜圃。坦坦蕩蕩，爲魚池。茹古含今，在長春仙館北，爲藏書所。長春仙館，在正大光明之西偏，循壽山口西入焉。雍正七年，高宗蒙賜居於此。登極後，爲皇后宴息之所。嘉慶丙辰，内禪禮成，仁宗亦蒙賜居於此。中有含碧堂，其水常温，冬不凍沍。有古香齋、引筠軒、藤影花叢諸勝。乾隆間，新正幸園奉皇太后至御園慶節，即駐憩於此。燈火宴賞之事既罷，然後還暢春園。丁酉正月，皇太后遘疾升遐，即在此地。萬方安和，園之西於湖上築室，作卍字形，回廊面面各具勝概。世宗以四字標題者九，曰萬方安和。此在卍字之東南方，爲向陽正室，故以此爲總名。曰佳氣迎人，曰四方寧静，曰碧溪一帶，曰山水清音，曰神洲三島，曰高山流水，曰枕流漱石，曰洞天深處。其三字標題者不備書。武陵春色，循溪流而北，名桃花塢。雍正初，高宗嘗賜居於此，後乃賜居長春仙館。山高水長，樓名，在園之西南隅。園中諸水皆由樓前長溪流注。月地雲居，佛寺。鴻慈永佑，永佑寺名，在園之西北，爲奉神御所。彙芳書院，東偏有屋爲月牙形。日天琳宇，佛寺。澹泊寧静，屋宇作田字式。映水蘭香，在澹泊寧静之西，前有水田。水木明瑟，用泰西水法引入，室中以轉風扇。濂溪樂處，四面皆水。多稼如雲，牆外皆水田。魚躍鳶飛，北遠山村，循苑牆度北關皆村落矣。傍水所築室則曰水村圖。西峰秀色，面西山後爲含韻樓。四宜書屋，乾隆間，仿海寧陳氏園爲安瀾園，有十景：曰四宜書屋，曰葄經館，曰無邊風月之閣，曰涵秋堂，曰遠香山房，曰染霞樓，曰飛睇亭，曰烟月清真樓，曰采芳洲，曰緑帷舫。正中則爲宜春殿。方壺勝境，東爲蕊珠宫，西則三潭印月。澡身浴德，在福海東岸。平湖秋月，倚山面湖。蓬島瑶臺，在福海中，大小共三島，有樓曰暢襟。端午龍舟之戲率在於此。别有洞天，在苑牆東水關之外。夾鏡鳴琴，虹橋一道，兩水夾之。涵虚朗鑑，在福海之西。廓然大公，有八景：曰規月橋，峭蒨居，影山樓，披雲徑，綺吟堂，韻石淙，啟秀亭，雙鶴齋。齋後懸廓然大公額。坐石臨流，在仄澗中，東即同樂園。曲院風荷，仿西湖十景之一。洞天深處，緣溪而東曲徑達焉。後爲如意館，畫院人與工匠萃處之所。少南即上書房之前垂天貺。天地一家春在九洲清宴之西，蓋用楊巨源「萬壽無疆」詞中句也。院宇甚多，爲諸主位寢興之所。

又 清漪園在圓明園西約五里，即萬壽山，舊名瓮山，前臨昆明湖。乾隆辛未，皇太后六旬聖壽，就山陽建大報恩延壽寺，因易山名曰萬壽寺。後初仿浙之六和塔建窣堵波未成而圮，因考《春明夢餘録》，謂京師西北隅不宜建塔，遂罷。更築之，議其名勝標題則有：玉瀾堂，瑩心堂，繪芳堂，樂壽堂，澹寧堂，味閒齋，静佳齋，道存齋，含新齋，圓朗齋，緑畦亭，翠籟亭，石丈亭，知春亭，得樹亭，朗吟閣，花承閣，望蟾閣，仿黄鶴樓。曇華閣，留雲閣，澄輝閣，延緑室，岑華室，霞芬室，月波樓，夕佳樓，愛山樓，雲繪軒，養雲軒，綺望軒，搆虚軒，無盡意軒，觀生意軒，清可軒，澹會軒，寫秋軒，多稼軒，乾隆間命畫農器十種於軒内，後又以元程棨所畫《耕織圖》弆藏此。軒之北即貴織山堂。春蔭軒，浮青榭，聽鸝館，宜芝館，雲松巢，邵窩，小西泠，清琴峽，對鷗舫，在湖中。石舫，亦名寶蓮航。袖嵐書屋，討源書屋，長春書屋。

又 静明園在清漪園之西約四里，即玉泉山。山頂有定光塔，凡七層，乾隆間建，仿金山寺塔式。園舊名澄心，康熙三十一年易今名。有十六景，以四字標題：廓然大公，芙蓉晴照，峰顛相傳爲金章宗芙蓉殿遺址。玉泉趵突，竹爐山房，聖因綜繪，閣名仿西湖聖因寺行宫八景。繡壁詩態，溪田深耕，清涼禪窟，采香雲徑，峽雪琴音，玉峰塔影，風篁清聽，有樓在含經堂之南，東爲如如室，西爲近青閣，又西稍南爲飛雲峴。鏡影涵虚，裂帛湖光，山東麓爲裂帛湖。雲外鐘聲，翠雲嘉蔭。雙栝爲金元時物。又後增十六景，以三字標題：清音齋，華滋館，冠峰亭，觀音洞，賞遇樓，飛雲峴，試墨泉，分鑑曲，寫琴廊，延緑廳，犁雲亭，羅浮洞，如如室，層明宇，迸珠泉，心遠閣。

又 静宜園在静明園之西約八里，是爲香山。乾隆癸亥，翠華始幸其地，樂其山之幽深，乙丑命就舊日行宫基址築垣築室，遂成勝地。有二十八景：勤政殿，致遠齋在殿後，爲引對辦事之所。案：香山萬壽山勤政殿額皆乾隆間御書。麗矚樓，勤政殿依山爲屏，池南折而東，有屋曰静寄書屋。緣石磴而上爲麗矚樓。緑雲舫，園中水皆細流，不任舟楫。此仿山莊之雲帆月舫爲之。虚明齋，瓔珞巖，在横雲館之東。翠微亭，在宫門之南。青未了，馴鹿坡，蟾蜍峰，香山寺西岡巨石。棲雲樓，在永安寺西麓。知樂濠，香山寺，遼中丞阿勒彌捨宅爲寺，金大定時賜名大永安寺，亦名甘露，乾隆間易今名。聽法松，數百年物。來青軒，在香山寺正殿之東。明神宗時，舊額已失。乾隆間仍其名而重書之。又軒内有普照乾坤四字，康熙間御筆。唳霜皋，香岩室，東嶺古寺曰洪光，乾隆間題曰香岩净域。霞標磴，在香岩室前，凡九曲十八盤。玉乳泉，在行宫之西。絢秋林，雨香館，在緑雲舫之西。晞陽阿，俗呼朝陽洞。芙蓉坪，香山最北一峰。香霧窟，園中最高處。栖月崖，玉華岫之北。重翠崦，栖月崖之北。玉華岫，亦古刹也。多桂，有書屋曰皋塗精舍。森玉笏，隔雲鐘。園内外梵宇甚多。覺生寺有大鐘，永樂時鑄華嚴經。此外，巖壑室宇以名著者則有：洗心亭，净涼亭，勝亭，作方勝式。倚吟室，畫禪室，香林室，太虚室，碧峰館，遲雲館，雨香館，學古堂，超然堂，妙高堂，含清堂，正凝堂，曠真閣，來芬閣，清寄軒，妙達軒，澤春軒，延旭軒，曠覽臺，韻琴齋，懷風樓，鑑空樓，栖雲樓，暢風樓，松塢雲莊，琢情之閣，試泉悦性山房，得一書屋，山陽一曲精廬，歡喜園，在香山寺旁。天池，梯雲山館，融神精舍，雲巖書屋，養源書屋，翠微山房。

又 綺春園在圓明園東，有複道相屬，舊爲大學士傅恒及其子大學士福康安賜園，歿後，繳進。嘉慶間，始加繕葺。仁宗《御製綺春園三十景詩》有宣宗恭跋。先是園西南以繚垣别界一區，名含暉園。莊敬和碩公主釐降時，賜居於此。公主薨逝，額駙索特那木多布齊以園繳進。舊又横界一區，名西爽村，有聯暉樓，爲成邸寓園。嘉慶間，成邸别賜園宅，西爽含暉皆并入爲一園，而規模宏遠矣。舊有數楹，名鳳麐洲，後易名清夏齋。閬月樓在洲之南，鏡緑亭在洲之北，道光時，爲尊養孝和皇太后之所。正殿曰迎暉殿，文宗登極，奉康慈太后亦居此。問安視膳，皆如道光間禮。三十景者：敷春堂，鑑德書屋，翠合軒，凌虚閣，協性齋，澄光榭，問月樓，我見室，蔚藻堂，藹芳圃，鏡緑亭，淙玉軒，舒卉軒，竹林院，夕霏榭，清夏齋，鏡虹館，春雨山房，含光樓，即舊時聯暉樓。涵清館，華滋庭，苔香室，虚明鏡，含淳堂，春澤齋，水心榭，四宜書屋，茗柯精舍，來薰室，般若觀。長春園在圓明園之東。乾隆間繕葺，欲爲歸政後頤養之所。而仍潛邸時，賜居長春仙館之名以名其園。園有淳化軒。落成時，適重刻淳化閣帖於左右廊，各十二楹，内每一楹嵌六石，因以淳化名之。按：重刻淳化閣帖凡十卷，諸家名蹟共九十九人。刻既成，用蟬翼搨四百部，分賜皇子、皇孫、王以下、文職二品以上及内廷翰林、外省督撫、衍聖公，又直隸、山東、江浙行宫與名勝之地及翰詹國子監、衙門、庶常館、各省書院俱分頒藏弆。

又 如園在熙春園之北，僅隔一牆，中通複道，乾隆間仿江寧藩司署中瞻園爲之。池上有敦素堂，十景則嘉慶間所題目也。曰錦穀洲，觀豐榭，待月臺，屑珠沜，轉翠橋，鏡香池，披青磴，稱松巖，貯雲窩，平安徑。

又 鑑園在如園之北，相去不過數武。四面臨水，樓臺皆在鏡中。又蒨園八景曰：朗潤齋，湛景樓，菱香沜，青蓮朵，别有天，韻天琴，標勝亭，委宛藏。後又稱四景，則虚受軒，委宛藏，碧静堂，菱香沜也。又賅春園，乾隆間命名，在萬壽山之陰。《藻園五詠》則曰松泉石蓮鶴。

又 熙春園在長春園東南，有複道相屬，俗稱東園。隙地多種麥，康熙時已有之。園有松篁館、德生軒、對雲樓、藻德居、竹净室，諸榜額有康熙時御書者。省耕别墅諸處則嘉慶間增葺也。抱樸草堂之側有草房，仿山莊之草房爲之。

又 獅子林爲吴中黄氏涉園勝境。乾隆壬午南巡，再游其地，因畫其景，題詩裝弆并識於所攜雲林畫卷。其後，於長春園東北仿造。落成後，用倪法畫長卷並題一律藏園中清閟閣，又以杜瓊所畫獅林圖懸之壁間。先有八景之目：一獅子林，一虹橋，一假山，一納景堂，一清閟閣，一藤架，一磴道，一占峰亭。後又續得八景，曰清淑齋，小香幢，探真書屋，延景樓，畫舫，雲林石室，横碧軒，水門。嘉慶間御製《獅子林十六景》詩，其標名又稍有同異。

又 康熙間御製山莊三十六景詩，以四字標題，高宗皆恭和而合刻之，并刻其圖附焉。繪圖者爲内務府司庫沈喻，鐫圖者爲序班朱圭、梅裕鳳。烟波致爽，中爲寢宫。芝徑雲堤，無暑清凉，延薰山館，水芳巖秀，萬壑松風，高宗在潛時，扈蹕山莊，蒙賜居於此。乾隆間，題紀恩堂額，示不忘也。松鶴清越，在榛子峪。四面雲山，北枕雙峰，西嶺晨霞，錘峰落照，南山積雪，梨花伴月，在山莊西北梨樹峪。曲水荷香，風泉清聽，濠濮間想，天宇咸暢，山頂平臺。暖溜暄波，泉源石壁，青楓緑嶼，鶯囀喬木，香遠益清，金蓮映日，植金蓮花。遠近泉聲，旁有聽瀑亭子，聖祖御題。雲帆月舫，臨水船屋。芳渚臨流，雲容水態，澄泉繞石，澄波疊翠，如意洲後。石磯觀魚，鏡水雲岑，亦有金山之稱。雙湖夾鏡，長虹飲練，甫田叢樾，水流雲在，雲山勝地。在烟波致爽之後。乾隆間復增三十六景，以三字標題：麗正門，勤政殿，殿額高宗御書，後殿爲卷阿勝境。松鶴齋，如意湖，青雀舫，綺望樓，馴鹿坡，水心榭，頤志堂，静好堂，泠香亭，采菱渡，觀蓮所，清暉齋，般若相，滄浪嶼，一片雲，蘋香沜，萬樹園，試馬埭，嘉樹軒，樂成閣，宿雲檐，澄觀齋，康熙間駐蹕山莊時，集儒臣於此，輯數理精蘊一書，有聖祖御書「惠迪吉」三字。翠雲巖，罨畫窗，凌太虚，千尺雪，寧静齋，在千尺雪之東。玉琴軒，臨芳墅，知魚磯，湧翠巖，素尚齋，永恬居。此與素尚齋皆在梨花伴月。

又 山莊烟雨樓爲青蓮島舊址。乾隆庚子南巡，登嘉興烟雨樓，畫其風景，而仿爲之。有御製四詠，曰烟、曰雨、曰假山、曰真樹。又仿米芾寫烟雨樓圖三卷，一藏山莊，一藏嘉興，一藏懋勤殿。山莊千尺雪，蓋東溪之水也。其東有寧静齋。西溪之上有玉琴軒，軒之北有假山。過石洞爲方池，池北即文津閣。假山之東岡曰月臺，西岡曰趣亭。

又 文園在清舒山館之前，亦乾隆間仿吴中獅子林爲之也。先是長春園作獅子林既成，題景十六。兹園之景同長春而名，亦仍其舊，又以御筆所仿倪瓚「獅子林圖」藏園中之清閟閣，又有御題文園四詠，爲松、石、鹿、鶴。

清 光緒《畿輔通志》卷一三 圓明園在挂甲屯之北，距暢春園里許，爲世宗憲皇帝藩邸賜園，康熙四十八年所建。園額恭懸圓明園殿者，聖祖仁皇帝御書。懸大宫門者，世宗憲皇帝御書。園内爲門十八。南曰大宫門，曰左右門，曰東西夾道門，曰東西如意門，曰福園門，曰西南門，曰水閘門，曰藻園門。東曰東樓門，曰鐵門，曰明春門，曰隨牆門，曰蘂珠宫門。西曰隨牆門，正北曰北樓門。爲閘三。西南爲一空進水閘，東北爲五空出水閘，爲一空出水閘。水發源玉泉山，由西馬廠入進水閘，至園内日天琳宇、柳浪聞鶯諸處之響水口。水勢遂分西北高而東南低。五空出水閘在明春門北，一空出水閘在蘂珠宫北。水出花牆經長春園出七空閘，東入清河。大宫門前，輦道東西皆有湖，是爲前湖。乾隆二十八年濬湖，西岸恭立御製前湖詩碑。湖中置堤，自北而南，治石道，東岸亦有石道。大宫門五楹，門前左右朝房各五楹，其後東爲宗人府、内閣吏部、禮部、兵部、都察院、理藩院、翰林院、詹事府、國子監、鑾儀衛、東四旗各衙門值房。東夾道内爲銀庫，又東北爲南書房，東南爲檔案房，西爲户部、刑部、工部、欽天監、内務府、光禄寺、通政司、大理寺、鴻臚寺、太常寺、太僕寺、御書處、上駟院、武備院、西四旗各衙門值房。西夾道之西南爲造辦處，又南爲藥房。大宫門内爲出入賢良門，五楹。門左右爲值房，前跨石橋。度橋，東西朝房各五楹。西南爲茶膳房，再西爲繙書房，東南爲清茶房，爲軍機處。東西設兩罩門。各衙門奏事由東罩門遞進，茶膳房太監人等由西罩門出入。門前河形如月，中駕石橋三。其水自西來東，注如意門閘口，會東園各河而出。出入賢良門，内爲正大光明殿，七楹，東西配殿各五楹。後爲壽山殿，東爲洞明堂。東壁懸御書周書無逸篇，西壁懸豳風圖。正大光明殿東爲勤政親賢正殿，五楹。此四十景之一。東壁陳御製創業守成難易説，西壁陳御製爲君難跋。勤政親賢之東爲飛雲軒，東有閣爲静鑑，其北爲懷清芬，又北爲秀木佳蔭，轉後爲生秋庭。

練影堂稍南爲挂瀑檐。涵澹齋之西夾牆門外爲妙喜寺，門殿三層，西爲静宜園界。清凉禪窟之北爲采香雲徑，南有樓曰静怡書屋，稍北折而東爲招鶴庭，南爲峽雪琴音。迤南山巔爲玉峰塔，影前爲秀岩寺，後爲妙高臺。北峰上爲妙高寺，有妙高塔，又後爲該妙齋。妙高峰西爲崇霱軒，東爲含醇室、爲詠素堂。含經堂在妙高寺東。山麓其東，北臨溪爲書畫舫。含經堂南有樓爲風篁清聽，東爲如如室，西爲近青閣，又西稍南爲飛雪峎。西度橋而南有池，池東爲延緑廳，西爲漱遠緑。試墨泉又西爲鏡影涵虚，南爲分鑑曲，又南爲寫琴廊，爲觀音閣。寫琴廊迤南爲含暉堂，後爲清音齋。齋前爲裂帛湖、光當齋，西山麓爲碧雲深處，東爲心遠閣。裂帛湖、光當玉峰。東麓流經園東垣牐口注玉河，由心遠閣折而北爲羅漢洞，又上爲水月洞，又西山麓爲古華嚴寺。寺後爲雲外鐘聲，東爲伏魔洞，碧雲深處。迤南爲翠雲嘉蔭，後爲翠雲堂，東爲甄心齋。翠雲嘉蔭之東爲小南門，稍南爲東宫門，五楹。門外朝房左右各三楹，門西南爲影湖樓。樓在高水湖中，東南爲養水湖，俱蓄水以溉稻田。小東門外長堤石橋上建石坊二，迤東爲界湖。樓北爲石道，迤邐至青龍橋，即達清漪園之輦道也。《日下舊聞考》

清漪園在圓明園西二里許，萬壽山之麓，前爲昆明湖。高宗純皇帝乾隆十五年於其地建大報恩延壽寺，命名萬壽山，並疏導玉泉諸派匯於西湖，易名曰昆明湖。設戰船，仿福建廣東巡洋之制，命閩省千把教演。自後每逢伏日，香山健鋭營弁兵於湖内按期水操。宫門五楹，東嚮。門外南北朝房，駕兩石梁，下爲溪河。左右罩門内有内朝房，亦南北嚮。内爲勤政殿，七楹。殿後北達怡春堂，西爲玉瀾堂，北爲宜芸館。館西爲樂壽堂，堂後折而西爲方池。池北爲樂安，和長廊相接，直達石丈亭。樂安和西北爲養雲軒，軒後爲餐秀亭，亭西爲無盡意軒，又西稍北爲圓朗齋。無盡意軒之西爲慈福樓，樓西爲大報恩延壽寺。前爲天王殿，爲鐘鼓樓，内爲大雄寶殿，後爲多寶殿，爲佛香閣，又後爲智慧海寺，之西爲羅漢堂、田字式堂。門諸額皆御書。堂之東有亭，卧碣上勒御製《五百羅漢記文》。羅漢堂後爲寶雲閣，閣西爲邵窩，爲雲松巢，又西爲澄輝閣。閣東南有三層樓，樓西爲聽鸝館，館西爲石丈亭，爲石舫，北有樓爲延清賞，西爲曠觀齋，又西爲水周堂。自此以北，建城關，額曰宿雲檐，曰貝闕。上有樓，奉關帝。循城關以北折而西，是爲園之西門。《日下舊聞考》

惠山園在萬壽山之東麓，規制仿寄暢園建，有御製《惠山園八景詩》。園門西嚮，門内池數畝。池東爲載時堂，其北爲墨妙軒，池之西爲就雲樓，稍南爲澹碧齋。池南折而東爲水樂亭，爲知魚橋。就雲樓之東爲尋詩徑，徑側爲涵光洞。迤北爲霽清軒，軒後有石峽，即園之東北門。園西爲雲繪軒，軒東爲延緑軒，後廊有樓爲隨安室。雲繪軒又西爲花承閣，閣之左爲多寶琉璃塔，塔下有石碑，恭勒《御製多寶佛塔頌》。閣西北度橋爲城關，又西折而北爲園之北樓門。門外東西朝房，内爲值房。其南爲長橋，橋南佛寺三面立坊，楔内爲須彌靈境，後爲香岩宗印之閣，東爲善現寺，西爲雲會寺。寺北爲構虚軒，又北爲繪芳堂，西南爲清可軒，又西爲味閒齋。齋北爲綺望軒。繪芳堂北隔河爲嘉蔭軒。昆明湖東堤設牐及涵洞，隨時啓閉西堤。有橋六。東堤之北爲文昌閣，其南爲廓如亭。亭西爲長橋，又南爲繡漪橋。廓如亭西度長橋爲廣潤祠，祠西爲鑑遠堂，東北爲望蟾閣。繡漪橋北湖中圓島上爲鳳凰墩，西堤之外爲柳橋、爲桑苎橋，中爲玉帶橋，稍南爲鏡橋，爲練橋，再南爲界湖橋。橋之北爲景明樓，樓西南湖中爲藻鑑堂。堂西湖岸爲暢觀堂，堂西北湖中圓城爲門四。其上爲治鏡閣，閣北湖岸爲延賞齋，西爲蠶神廟，北爲織染局。其後爲水村居齋，前爲玉河齋，左右廊壁嵌耕織圖。石刻河北，立石勒耕織圖三字。織染局内，前爲織局，後爲絡絲局，北爲染局，西爲蠶户房。環植以桑，又西隔玉河皆稻田。河水自此西接玉泉，爲静明園界。《日下舊聞考》

清 光緒《承德府志》卷一 木蘭圍場　在承德府北境，外蒙古各部落之中。周一千三百餘里，東西三百餘里，南北二百餘里。東至喀喇沁旗界，西至察哈爾旗界，南至承德府界，北至巴林及克什克騰界，東南至喀喇沁旗界，西南至察哈爾正藍鑲白二旗界，東北至翁牛特界，西北至察哈爾正藍旗界。聖祖仁皇帝秋巡塞外，舉蒐狩之典，因喀喇沁敖漢翁牛特諸旗敬獻牧場，遂開靈囿。

行營　乾隆二十年定駐蹕大營内方外圓，度地縱二十丈六尺，横十七丈四尺。建黄幔城，外加網城，結繩爲之黄色，貫之以綱，高六尺，闊八尺，凡百六十有六。距幔城東西南各十八丈，北十五丈設連帳百七十有五，爲内城，啟旌門。三門各建纛，東鑲黄，西正黄，南正白各一。周建内城旗四十有一。【略】宿衛帳九，距網城十有二丈，爲外城。設連帳二百五十，有四啟。旌門、四門各建纛，東鑲白，西鑲紅，南正藍，鑲藍浹曰遞建之。北正紅周建外城，旗六十。東北鑲黄，西北正黄，東南正白，西南正紅，各十有五。宿衛帳四，外城東旁設内閣、六部、都察院、提督等衙門官帳。或東面地狹，則設外城，南距外城六十丈。周設警蹕帳四十，各建護軍旗一。東北鑲白，西北鑲紅，東南正藍，西南鑲藍，各十。【略】重門拱衛，星廬環布。黄幔城正中御幄在焉。幄高二丈，徑三丈四尺。上爲穹蓋，以攢竹杆。百六十分揷之。牆高五尺六寸，門前後各高四尺六寸，闊二尺三寸。幄正中設御座，高一尺六寸五分，縱三尺九寸五分，横五尺七寸五分。幄内左右懸佩刀、櫜鞬、鳥鎗各一，庭左右各設圓幄一，高九尺五寸，徑一丈五尺。牆高四尺五寸。座後長幄高七尺六寸，縱一丈二尺，横八尺。直樑横棟，檐左右垂高五尺。四方啟門，後達帳殿，横列三楹。高一丈二尺，縱一丈三尺，横三尺，額曰四宜居。東西室皆啟窗，更後爲圓幄三幔。城外左右連帳，茶膳儲偫各庀其事。

停蹕頓營　外設黄幔城，門南向，如大營内城之制。黄幔城中設圓幄一，縱横各一丈六尺。牆高四尺，門高三尺七寸，闊二尺三寸。前後左右共設帳房八架，凡看城之制與頓營同。

圍場圖

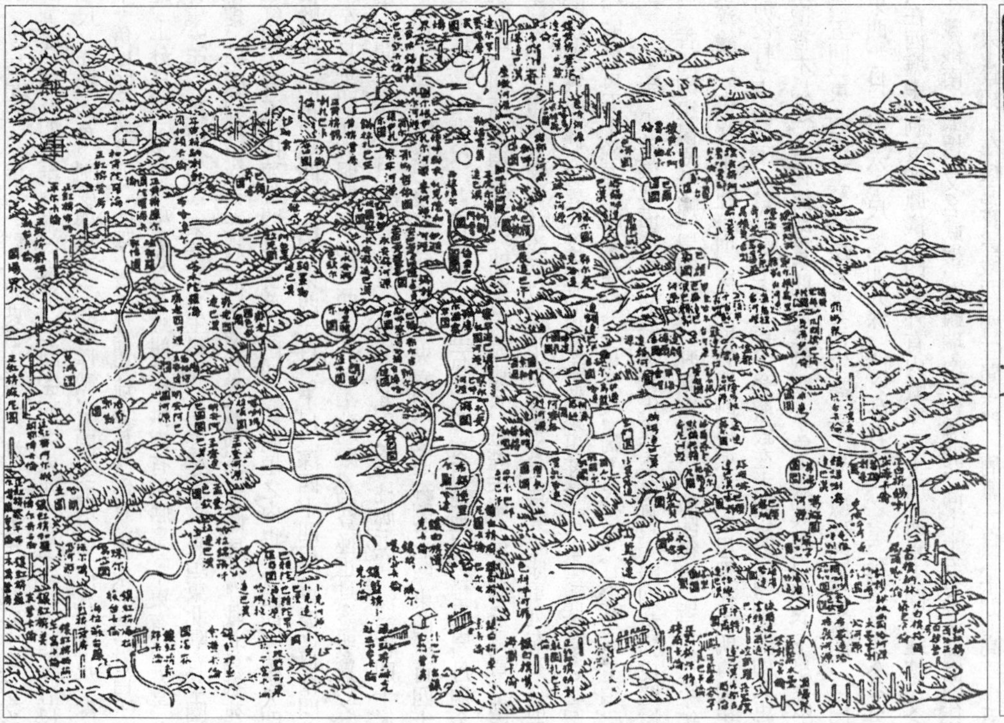

紀事

宋　歐陽修《新五代史》卷七二《四夷附録》　耶律名年曰天贊，以其所居爲上京，起樓其間，號西樓。又於其東千里起東樓，北三百里起北樓，南木葉山起南樓，往來射獵四樓之間。契丹好鬼而貴日，每月朔旦，東向而拜日。其大會聚視國事，皆以東向爲尊，四樓門屋皆東向。

元　陶宗儀《輟耕録》卷一《萬歲山》　萬歲山在大内西北太液池之陽，金人名瓊花島，中統三年修繕之。其山皆以玲瓏石疊壘，峰巒隱映，松檜隆鬱，秀若天成。引金水河至其後，轉機運剩。汲水至山頂，出石龍口，注方池，伏流至仁智殿。後有石刻蟠龍，昂首噴水，仰出，然後東西流入於太液池。山上有廣寒殿七間，仁智殿則在山半，爲屋三間。山前白玉石橋，長二百尺，直儀天殿後。殿在太液池中圓坻上，十一楹，正對萬歲山。山之東也爲靈囿，奇獸珍禽在焉。車駕歲巡，上都先宴百官于此。浙省參政齊達爾嘗云：向任留守司都事時聞故老言，國家起朔漠日，塞上有一山，形勢雄偉，金人望氣者謂此山有王氣非我之利。金人謀欲厭勝之計，無所出。時國已多事，乃求通好入貢。既而曰，他無所冀，願得某山以鎮壓我土耳。衆皆鄙笑而許之。金人乃大發卒鑿掘，輦運至幽州城北，積累成山。因開挑海子，栽植花木，營構宫殿，以爲游幸之所。未幾，金亡，世皇徙都之。至元四年，興築宫城，山適在禁中，遂賜今名云留守司。在宫城西南角樓之南，專掌宫禁工役者。

又　卷二一《宫闕制度》　至元四年正月，城京師，以爲天下本。右擁太行，左注滄海，撫中原，正南面，枕居庸，奠朔方，峙萬歲山，浚太液池，派玉泉，通金水，縈畿帶甸，負山引河。壯哉帝居，擇此天府。城方六十里，里二百四十步。分十一門，正南曰麗正，南之右曰順承，南之左曰文明，北之東曰安貞，北之西曰健德，正東曰崇仁，東之右曰齊化，東之左曰光熙，正西曰和美，西之右曰肅清，西之左曰平則。大内南臨麗正門，正衙曰大明殿，曰延春閣。宫城周回九里三十步，東西四百八十步，南北六百十五步。高三十五尺，甎甃。至元八年八月十七日申時動土，明年三月十五日即工。分六門，正南曰崇天，十二間，五門。東西一百八十七尺，深五十五尺，高八十五尺。左右趓樓二。趓樓登門兩斜廡，十門。闕上兩觀皆三趓樓，連趓樓東西廡各五間。西趓樓之西，有塗金銅幡竿。附宫城南面，有宿衛直廬。凡諸宫門，皆金鋪、朱户、丹楹、藻繪、彤壁，琉璃瓦飾檐脊。

崇天之左曰星拱，三間，一門。東西五十五尺，深四十五尺，高五十尺。崇天之右曰雲從，制度如星拱。東曰東華，七間，三門。東西一百十尺，深四十五尺，高八十尺。西曰西華，制度如東華。北曰厚載，五間，一門。東西八十七尺，深高如西華。角樓四，據宮城之西隅，皆三趓樓，琉璃瓦飾檐脊。直崇天門，有白玉石橋三虹，上分三道，中爲御道，鐫百花蟠龍。星拱南有御膳亭，亭東有拱辰堂，蓋百官會集之所。東南角樓。東差北有生料庫，庫東爲柴場，夾垣東北隅有羊圈。西南角樓，南紅門外留守司在焉。西華南有儀鸞局，西有鷹房。厚載北爲御苑。外周垣紅門十有五，内苑紅門五，御苑紅門四。此兩垣之内也。大明門在崇天門内，大明殿之正門也，七間，三門。東西一百二十尺，深四十四尺，重檐。日精門在大明門左，月華門在大明門右，皆三間，一門。大明殿，乃登極正旦壽節會朝之正衙也，十一間，東西二百尺，深一百二十尺，高九十尺。柱廊七間，深二百四十尺，廣四十四尺，高五十尺。寢室五間，東西夾六間，後連香閣三間，東西一百四十尺，深五十尺，高七十尺。青石花礎，白玉石圓碣，文石甃地，上藉重茵，丹楹金飾，龍繞其上。四面朱鎖窗，藻井間金繪，飾燕石，重陛朱闌，塗金銅飛雕冒。中設七寶雲龍御榻，白蓋金縷褥並設后位，諸王百寮集賽官侍宴坐床重列左右。前置燈漏，貯水運機，小偶人當時刻捧牌而出。木質銀裹漆瓮一，金雲龍蜿繞之，高一丈七尺，貯酒可五十餘石。雕象酒卓一，長八尺，闊七尺二寸。玉瓮一，玉編磬一，巨笙一。玉笙、玉箜篌咸備于前。前懸繡緣朱簾，至冬月，大殿則黄猫皮壁幛，黑貂褥；香閣則銀鼠皮壁幛，黑貂暖帳。凡諸宮殿乘輿所臨御者，皆丹楹、朱鎖窗，間金藻繪，設御榻，裀褥咸備。屋之檐脊皆飾琉璃瓦。文思殿在大明寢殿東，三間，前後軒，東西三十五尺，深七十二尺。紫檀殿在大明寢殿西，制度如文思。皆以紫檀香木爲之，縷花龍涎香，間白玉飾壁，草色髹緑其皮爲地衣。寶雲殿在寢殿後，五間，東西五十六尺，深六十三尺，高三十尺。鳳儀門在東廡中，三間，一門，東西一百尺，深六十尺，高如其深。門之外有庖人之室，稍南有酒人之室。麟瑞門在西廡中，制度如鳳儀。門之外有内藏庫二十所，所爲七間。鐘樓，又名文樓，在鳳儀南。鼓樓，又名武樓，在麟瑞南。皆五間，高七十五尺。嘉慶門在後廡寶雲殿東，景福門在後廡寶雲殿西，皆三間一門。周廡一百二十間，高三十五尺。四隅角樓四間，重檐。凡諸宮周廡，並用丹楹、彤壁、藻繪、琉璃瓦飾檐脊。延春門在寶雲殿後，延春閣之正門也，五間，三門，東西七十七尺，重檐。懿範門在延春左，嘉則門在延春右，皆三間，一門。延春閣九間，東西一百五十尺，深九十尺，高一百尺，三檐重屋。柱廊七間。廣四十五尺，深一百四十尺，高五十尺。寢殿七間，東西夾四間，後香閣一間。東西一百四十尺，深七十五尺，高如其深。重檐，文石甃地，藉花毳裀，檐帷咸備。白玉石重陛，朱闌，銅冒，楯塗金雕翔其上。閣上御榻二。柱廊中設小山屏床，皆楠木爲之，而飾以金。寢殿楠木御榻，東夾紫檀御榻。壁皆張素畫，飛龍舞鳳。西夾事佛像。香閣楠木寢床，金縷褥，黑貂壁幛。慈福殿又曰東暖殿，在寢殿東，三間，前後軒東西三十五尺，深七十二尺。明仁殿又曰西暖殿，在寢殿西，制度如慈福。景耀門在左廡中，三間，一門，高三十尺。清灝門在右廡中，制度如景耀。鐘樓在景耀南，鼓樓在清灝南，各高七十五尺，周廡一百七十二間，四隅角樓四間。玉德殿在清灝外，七間，東西一百尺，深四十九尺，高四十尺。飾以白玉，甃以文石，中設佛像。東香殿在玉德殿東，西香殿在玉德殿西，宸慶殿在玉德殿後，九間，東西一百三十尺，深四十尺，高如其深。中設御榻，簾帷裀褥咸備。前列朱闌，左右闢二紅門，後山字門三間。東更衣殿在宸慶殿東，五間，高三十尺。西更衣殿在宸慶殿西，制度如東殿。隆福殿在大内之西，興聖之前。南紅門三，東西紅門宮各一，繚以磚垣。南紅門一，東紅門一，後紅門一。光天門，光天殿正門也。五間，三門，高三十二尺，重檐。崇華門在光天門左，膺福門在光天門右，各三間，一門。光天殿七間，東西九十八尺，深五十五尺，高七十尺。柱廊七間，深九十八尺，高五十尺。寢殿五間，兩夾四間，東西一百三十尺，高五十八尺五寸。重檐，藻井，瑣窗，文石甃地，藉花毳裀，懸朱簾，重陛，朱闌，塗金雕冒楯。正殿縷金雲龍樟木御榻，從臣坐床重列前兩傍。寢殿亦設御榻，裀褥咸備。青陽門在左廡中，明暉門在右廡中，各三間，一門。翥鳳樓在青陽南，三間，高四十五尺。驂龍樓在明暉南，制度如翥鳳。後有牧人、宿衛之室。壽昌殿又曰東暖殿，在寢殿東，三間，前後軒，重檐。嘉禧殿又曰西暖殿，在寢殿西，制度如壽昌，中位佛像，傍設御榻。針綫殿在寢殿後，周廡一百七十二間，四隅角樓四間。侍女直廬五所，在針綫殿後。又有侍女室七十二間，在直廬後。及左右浴室一區，在宮垣東北隅。文德殿在明暉外，又曰楠木殿，皆楠木爲之，三間，前後軒一間。盝頂殿五間，在光天殿西北角樓西，後有盝頂小殿。香殿在宮垣西北隅，三間，前軒一間，前寢殿三間，柱廊三間，後寢殿三間，東西夾各二間。文宸庫在宮垣西南隅，酒房在宮垣東南隅，内庖在酒房之北。興聖宮在大内之西北，萬壽山之正西，周以磚垣。南闢紅門三，東西紅門各一，北紅門一。南紅門外，兩傍附垣有宿衛直廬，凡四十間，東西門外各三間。南門前夾垣内，有省院臺百司官侍直板屋。北門外，有窨花室五間。東夾垣外，有官人之室十七間，凌室六間，酒房六間。南、北、西門外，棋置衛士直宿之舍二十一所，所爲一間。外夾垣東紅門三，直儀天殿弔橋。西紅門一，達徽政院。門内差北，有盝頂房二，各三間。又北，有屋二所，各三間。差南，有庫一所及屋三間。北紅門外，有臨街門一所，三間，此夾垣之北門也。興聖門，興聖殿之北門也，五間，三門，重檐，東西七十四尺。明華門在興聖門左，肅章門在興聖門右，各三間，一門。興聖殿七間，東西一百尺，深九十七尺。柱廊六間，深九十四尺。寢殿五間，兩夾各三間。後香閣三間，深七十七尺。正殿四面，朱縣瑣窗，文石甃地，藉以毳裀，中設扆屏榻，張白蓋簾帷，皆錦繡爲之。諸王、百寮、宿衛官侍宴，坐床重列左右。其柱廊寢殿，亦各設御榻，裀褥咸備。白玉石重陛，朱闌，塗金冒楯，覆以白磁瓦，碧琉璃飾其簷脊。宏慶門在東廡中，宣則門在西廡中，各三間，一門。凝暉樓在宏慶南，五間，東西六十七尺。延顥樓在宣則南，制度如凝暉。嘉德殿在寢殿東，三間，前後軒各三間，重檐。寶慈殿在寢殿西，制度同嘉德。山字門在興聖宫後，延華閣之正門也，正一間，兩夾各一間，重檐，一門，脊置金寶瓶。又獨脚門二，周閣以紅版垣。延華閣五間，方七十九尺二寸，重阿，十字脊，白琉璃瓦覆，青琉璃瓦飾其檐，脊立金寶瓶，單陛，御榻、從臣坐床咸具。東西殿在延華閣西，左右各五間，前軒一間。圓亭在延華閣後。芳碧亭在延華閣後圓亭東，三間，重檐，十字脊，覆以青琉璃瓦，飾以緑琉璃瓦，脊置金寶瓶。徽青亭在圓亭西，制度同芳碧亭。浴室在延華閣東南隅東殿後，傍有盝頂井亭二間，又有盝頂房三間。輝和爾殿在延華閣右，六間，傍有窨花半屋八間。木香亭在輝和爾殿後。東盝頂殿在延華閣東版垣外，正殿五間，前軒三間，東西六十五尺，深三十九尺。柱廊二間，深二十六尺。寢殿三間，東西四十八尺。前宛轉置花朱闌八十五扇。殿之傍有盝頂房三間，庖室二間，面陽盝頂房三間，妃嬪庫房一間，縫紉女庫房三間，紅門一。盝頂之制，三椽，其頂若笥之平，故名。西盝頂殿在延華閣西版垣之外，制度同東殿。東殿之傍，有庖室三間，好事房二，各三間，獨脚門二，紅門一。妃嬪院四，二在東盝頂殿後，二在西盝頂殿後。各正室三間，東西夾四間，前軒三間，後有三椽半屋二間。侍女室八十三間，半在東妃嬪院左，西向，半在西妃嬪院右，東向。室後各有三椽半屋二十五間。東盝頂殿紅門外有屋三間，盝頂軒一間，後有盝頂房一間。庖室一區，在凝暉樓後，正屋五間，前軒一間，後披屋三間，又有盝頂房一間，盝頂井亭一間。周以土垣，前闢紅門。酒房在宫垣東南隅庖室南，正屋五間，前盝頂軒三間，南北房各三間。西北隅盝頂房三間，紅門一，土垣四周之。學士院在閣後西盝頂殿門外之西偏，三間。生料庫在學士院南。又南，爲鞍轡庫。又南，爲軍器庫。又南，爲庖人、牧人宿衛之室。藏珍庫在宫垣西南隅，制度並如酒室，惟多盝頂半屋三間、庖室三間。

元 脱脱等《金史》卷二四《地理志》 上京路，即海古勒之地，金之舊土也，國言「金」曰愛新，以按春水源於此，故名金源，國號蓋取此。國初稱爲内地，天眷元年號上京。海陵貞元二年遷都于燕，削上京之號，止稱會寧府，稱爲國中者以違制論。大定十三年七月，復爲上京。其山有長白、青嶺、瑪奇嶺、温都爾，水有按春水混同江、拉林河、松阿哩江、鴨子河。府一，領節鎮四，防御一，縣六、鎮一。舊有會平州，天會二年築，契丹之珠特城也，後廢。其宫室有乾元殿，天會三年建，天眷元年更名皇極殿。慶元宫，天會十三年建，殿曰辰居，門曰景暉，天眷二年安太祖以下御容，爲原廟。朝殿，天眷元年建，殿曰敷德，門曰延光，寢殿曰宵衣，書殿曰稽古。又有明德宫、明德殿，熙宗嘗享太宗御容於此，太后所居也。凉殿，皇統二年構，門曰延福，樓曰五雲，殿曰重明。東廡南殿曰東華，次曰廣仁。西廡南殿曰西清，次曰明義。重明後，東殿曰龍壽，西殿曰奎文。時令殿及其門曰奉元。有泰和殿，有武德殿，有薰風殿。其行宫有天開殿，約里春水之地也。有混同江行宫。太廟、社稷，皇統三年建，正隆二年毁。原廟，天眷元年以春亭名天元殿，安太祖、太宗、徽宗及諸后御容。春亭者，太祖所嘗御之所也。天眷二年作原廟，皇統七年改原廟乾文殿曰世德，正隆二年毁。大定五年復建太祖廟。興聖宫，德宗所居也，天德元年名之。興德宫，後更名永祚宫，睿宗所居也。光興宫，世宗所居也。正隆二年命吏部郎中蕭彦良盡毁宫殿、宗廟、大族邸第及儲慶寺，夷其址，耕墾之。大定二十一年復修宫殿，建城隍廟。二十三年以甓束其城。有皇武殿，擊球校射之所也。有雲錦亭，有臨漪亭，爲籠鷹之所，在按春水側。

明 宣宗朱瞻基《廣寒殿記》（《春明夢餘録》卷六四引） 北京之萬歲山在宫城西北隅，周迴數里而崇倍之，皆奇石積疊以成。巍巍乎！矗矗乎！巉峭峻削，盤迴起伏，或陡絶如壑，或嵌巖如屋。左右二道宛轉而上，步躡屢息乃造其巔。而飛樓複閣，廣亭危榭，東西拱向，頫仰輝映，不可殫紀。最高者爲廣寒殿，崇棟飛檐，金鋪玉砌，重丹疊翠，五彩焕焉。軼雲霞，納日月，高明閫爽，而北枕居庸，東挹滄海，西挾太行，嵩、岱並立乎前，大河橫帶於中。俯視江淮，一目無際。寰中之勝概，天下之偉觀，莫加於此矣。

明 李賢等《明一統志》卷一 西苑 在皇城内，中有太液池、瓊華島。池周圍深廣，波光澄澈，緑荷芳藻，含香吐秀。游魚浮鳥競戲羣集。島皆奇石，巉巖磊砢，下瞰池水。上有廣寒殿，棟宇翬飛，金碧交映，複閣危榭，左右拱向，喬松古檜，烟雲繚繞，隱然蓬萊仙府也。京師八景有曰太液晴波，曰瓊島春雲，謂此。又苑之東北有萬歲山，高聳明秀，蜿蜒磅礴，上插霄漢，隱映宮闕，皆禁中勝境也。

明　李賢《古穰集》卷五《賜游西苑記》　天順己卯，首夏吉日，上命中貴人引賢與吏部尚書王翱數人游西苑，明年亦如之，又明年亦如之。初入苑門，即臨太液池。蒲葦盈水際，如劍戟叢立。芰荷翠潔，清目可愛。循池東岸北行，榆柳森排，草色鋪岸如茵，花香襲人。行百步許，至椒園，松檜蒼翠，果樹分羅。中有圓殿，金碧掩映，四面豁廠，曰崇智。南有小池，金魚作陣，游戲其中。西有小亭臨水，芳木匝之，曰玩芳。又北行至圓城，自兩掖洞門而升，上有古松三株，枝幹槎牙，形狀偃蹇，如龍奮爪，拏空突兀。天表前有花樹數品，香氣極清，中有圓殿，巍然高聳，曰承光。北望山峰，嶙峋崒嵂。俯瞰池波，蕩漾澄澈。而山水之間，千姿萬態，莫不呈奇獻秀於几窗之前。西有長橋跨池，下過石橋而北，山曰萬歲。怪石參差，爲門三。自東西而入，有殿倚山，左右立石爲峰，以次對峙。四圍皆石，贔屭齟齬，薜封蔓絡，佳木異草，上偃旁綴，樛葛薈翳。兩掖疊石，爲磴崎嶇。折轉而上，岩洞非一。山畔並列三殿，中曰仁智，左曰介福，右曰延和。至其頂有殿，當中棟宇宏偉，檐楹翬飛，高插於層霄之上。殿內清虛，寒氣逼人。雖盛夏，亭午暑氣不到，殊覺神觀蕭爽，與人境隔異，曰廣寒。左右四亭在各峰之頂，曰方壺、瀛洲、玉虹、金露，其中可跂而息。前崖有壁夾道而入，壁間四孔，以縱觀覽，而宮闕峥嶸，風景佳麗，宛如圖畫。下過東橋，轉峰而北，有殿臨池，曰凝和。二亭臨水曰擁翠、飛香。北至艮隅，見池之源，云是西山玉泉，逶迤而來，流入宮墻，分派入池。西至乾隅，有殿用草曰太素。殿後草亭，畫松竹梅於上，曰歲寒。門左有軒臨水，曰遠趣。軒前草亭曰會景。循池西岸南行，有屋數連，池水通焉以育翠。有亭臨水曰澄波。東望山峰，倒蘸於太液。波光之中，黛色嵐光可掬可挹，煙靄雲濤，朝暮萬狀。又西南有小山子，遠望鬱然，日光橫照，紫翠重疊。至則有殿倚山，山下有洞，洞上石巖橫列，密孔泉出，迸流而下，曰水簾。其淙散激射，飛薄濺灑，最爲可玩。水聲泠泠然潛入石池，龍昂其首，口中噴出，復潛遶殿前爲流觴曲水。左右危石，盤折爲徑。山畔有殿翼然，至其頂一室正中，四面簾櫳。欄檻之外，奇峰回互，茂樹環擁，異花瑶草，莫可名狀。下轉山前，一殿深静高爽。殿前石橋隱若虹起，極其精巧。左右有沼，沼中有臺。臺外古木叢高，百鳥翔集，鳴聲上下。至於南臺，林木陰森。過橋而南，有殿面水，曰昭和。門外有亭臨岸，沙鷗水禽如在鏡中。游覽至此而止，大官珍饌，極其醉飽以歸。夫一張一弛，文武之道。賜游西苑，有弛之意焉。然張可久，而弛不可多。

明　韓雍《襄毅文集》卷九《賜游西苑記》　皇上嘉念左右輔弼之臣夙夜在公，乃於天順三年夏四月賜公卿大臣以次游西苑。【略】遂由西華門而西可百步許入。西苑門即太液池之東南岸也，池廣數百頃。維時時雨初霽，旭日始昇，池之上烟霏蒼莽，蒲荻叢茂，水禽飛鳴，游戲于其間。隔岸林樹陰森，蒼翠可愛，心目爲之開明。乃折北循岸而行可二三里，至椒園。園内行殿在叢樹中，殿之北有釣魚臺，南有金魚池，水清澈可鑑。一茶而出。又北行可三四里，至圓殿，觀燈之所也。殿臺臨池，環以雲城，中官旋開門以入，歷階而登。殿之基與埤堄平。古松數株，高參天，衆皆仰視。時則晴雲翳空，炎光不流，暖風徐來，花香襲人，衆復倚埤堄而窺。其西以舟作浮橋，横亘池面，北則萬歲山在焉。又茶而出。北渡石橋以登兹山，山在池之中，磊石爲之，高數千仞，廣可容萬人。山之麓以石爲門，爲垣。門之内稍高，有小殿。環殿奇峰怪石，萬狀悉有，名卉嘉木，爭妍競秀，琴臺、棋局、石床、翠屏之類，分布森列。峰有最奇者名翠雲，上刻御製詩。琴臺上横郭公磚，擊之皆鏗鏗有聲。遂沿西坡北上，有虎洞、吕公洞、仙人菴。又上有延和，有瀛洲，有金露，皆殿名。瀛洲之西，湯池之後有萬丈井，其深不可測。由金露折而東上絶頂，則廣寒殿也。高廣明靚，四壁雕彩雲，累萬結砌而成。觀畢復出，徘徊周覽，則都城萬雉，烟火萬家，市廛官府，僧寺浮圖之高傑者，舉集目前。而太液晴波，天光雲影，上下流動。遠而西山，居庸疊翠，西北帶以白雲，東而山海，南而中原，皆一望無際，誠天下之奇觀也。久之東下至玉缸，又下而南至方壺，至介福，皆與延和諸殿相對峙。而方壺瀛洲則左右，廣寒而奇特者也。路逕縈迂。臺閣巖洞之屬不能具覽。又下至山之東麓，過石橋復折北，循岸數百步至九間殿。門外繫五六小舟，稍北有船房，苫龍船其中。又北行數里至北閘，上横小亭，釣竿數十，綫餌具備，垂之清流，嘉魚紛集。又茶而起，沿池之北岸而西。西盡復折而南，有蓄水禽之所二，相去數里，皆編竹如窗。下通活水，啓扉以觀，鳥皆翔鳴。又南，至浮橋西圓殿對岸也。有公所太監延入，坐供以湯餅。復出而南數里至小教場，觀勇士習御馬。又西南至小山子，名賽蓬萊。入其門，有殿。殿前一大池，中通石橋，東西二小閣立水中。橋南有婆羅樹，人所罕見。殿之後復有三殿，其階益上益高，至絶頂則與萬歲山坤艮相望。絶頂下至第三殿之前，蓄水作機暾。其下爲水簾洞，洞之中作金龍，决其水下而觀之，連珠擀洞，形稱其名。龍口中亦噴水，水皆從前殿基下陰渠之内過，而至於其殿之前。鑿石爲曲渠，復作龍頭于其西，水至出龍口旋繞而東，可以流觴。衆坐玩久之。太監劉摘新杏分昭諸人，人各摘奇花插于鬢。又一茶，乃循故道出東南，行數里至小石橋。橋上有亭，過而上，崇坡爲南臺，臺之中有行殿。殿之南門外臨流作小軒，衆皆坐息軒中。【略】故記之而系以詩。【略】重臣特賜湖山游，萬歲仙山比蓬丘。奇峰怪石何其稠，廣寒宫殿天際頭。左環方壺右瀛洲，攬衣直上明雙眸。俯視城郭隘九州，彩雲捧日時雨收。芳林爽氣如新秋，銀河瀉入宫牆流。太液巨浸天光浮，石梁中横濟川舟。圓殿控扼池襟喉，翠蘆兩岸風颼颼。花香成陣來無休，池中好鳥鳴相酬。育禽之所尤喧啾，嘉魚游處香餌投。洋洋不畏垂綸鈎，坤隅有山更深幽。擀映畫閣峨瓊樓，水簾倒卸歸龍湫。流觴穿繞白玉溝，門前壯士如虎彪。各腰弓矢操驊騮，南臺僻在東南陬。

明 黄佐《翰林記》卷六《侍游禁苑》 諸臣方入小山門，遥見中官持鳥至。傳命賜義等炙食之，羣臣望闕叩首謝。遂徧游小山，觀二獅子滚毬，并金龍噴水。水簾及曲水流觴之處，皆雕琢奇異，布置神巧，莫不讚歎。良久，乃退坐松柏間。【略】七月十有一日，召尚書蹇義、夏原吉、楊士奇、楊榮同游東苑。夾路皆嘉植。前至一殿，棟宇宏壯，金碧焜燿。其後瑶臺玉砌，奇石森聳，環植花卉，香豔穠郁。引泉爲方池，上玉龍高盈丈噴激，下注入於石渠，直透殿内。兩旁石溝之首，圓轉各有二竅，並列其一，水貫其中，委曲縈迴，復流至第二竅，乃入於池，直通殿外石池之中。奇石屹立，不假雕琢，宛若升龍之狀。上四竅以通泉脈而常閉之，啓其竅，則水皆湧出，直上盈丈，與殿後石龍吐水相應。池南又有臺，高數尺，森列異石，植以花卉，紛披掩映。殿陛前有二石，左如龍翔，右如鳳舞，天然奇巧，宛若生成。初，上御殿中召義等語政務，良久乃曰：此旁復有草舍一區，乃朕致齋之所，非敢比古人茅茨不翦之意。然庶幾不忘乎儉矣，卿等可徧觀。於是中官引至一小殿，梁棟椽桷皆以山木爲之，而覆之以草，四面闌楯亦然，不加斲削。少西有路迂迴，入荆扉則有河石甃之。河南有小橋，覆以草亭。左右復有草亭，亦東西相望，宛若台星。枕橋而渡，其下皆水，游魚牣躍可觀。中爲小殿，有東西齋，有軒，以爲彈琴讀書之所。悉以草覆之，四圍編竹籬，籬下皆蔬茹匏瓜之類。

又 卷一六《賜游觀》 自西安門入聽，乘輿馬及太液池而步，遂得同覽奇勝。首至新構圓殿，殿臨太液池，池之中多嘉魚，殿之左右多名花。東去數十步，又有嘉菜奇果，上每躬自采摘以奉聖母皇太后甘旨。繼至清暑殿，此亦奉聖母游覽之所。規制宏敞，巧妙天然，花木森鬱，實非世間所有。既而登萬歲山，池水環之如璧，磴道逶迤，奇石森列，千形萬狀，莫可備述。山之中有三殿，正曰仁智，左曰介福，右曰延和。稍上則有玉虹、金露、方壺、瀛洲四亭。而廣寒殿在其頂，瑶臺玉砌，畫棟雕甍，蒼松翠柏，盤鬱垂蔭，恍然如在蓬萊仙境也。良久，退坐山下，敕賜内庖酒饌，皆珍奇之品，莫不醉飽而歸。榮記其詳如此。學士楊溥嘗得賜觀九龍池，其詳莫考。

明 楊士奇《東里續集》卷一五《賜游西苑詩序》 自西安門入聽，乘輿馬及太液池而步，太監臣誠奉宣聖旨令徧歷周覽從容，勿亟於是。誠導之，循太液之東而南行，觀新作之圓殿，返而觀改作之清暑殿。臣誠爲臣勇等言二殿皆皇上奉侍皇太后宴游之所也。臣勇等仰瞻殿庭周廡，規制高明，繕作精密，凡所以供奉之具潔清鮮好，靡不悉備。萬歲乃降而登萬歲山，至廣寒殿而仁智、介福、延和三殿及瀛洲、方壺、玉虹、金露之亭，咸得徧造。是日，天宇澄明，纖塵不作，引而四望山川之壯麗、卉木之芳華、飛走潛躍之各適其性，萬象畢陳，胸次豁然，心曠神怡，百慮皆净，信天造之佳境，而人生之甚適也。

明 雷禮《皇明大政紀》卷一〇 （宣德八年四月）學士李時勉、錢習禮游西苑，士奇、榮撰詩以進。首至新搆圓通殿，臨太液池，池之中多嘉魚，殿之左右多名花。東去十步，又有嘉蔬奇果。皇上每躬自采摘以奉聖母皇太后甘旨。繼至清暑殿，此亦奉聖母游覽之所，規制宏敞，花木森鬱。既而登萬歲山，池水環之如璧，磴道逶迤，奇石森列，千形萬狀，不可備述。

明 李默《西内前記》（《明文海》卷三五五輯） 急趨過仁壽宫北門，又東折而南則斧斤如織。稍西爲仁壽宫，直北隙地，初築親蠶壇殿于此，用前詹事霍韜議也。數步穿壞墉達宫之正殿，黝堊彩繪圬墁，梓匠百工鱗集，執藝以趨。殿東西北上爲永壽、萬春諸宫。翼而前殿凡十一楹，二陛以降，正南爲門者三，題曰仁壽宫門。門外西南數十步築神祇壇，方可十步，蓋仿周禮王社爲之，從新制也。直東爲帝社坊，凡駕臨享，特駐此。坊東北爲無逸殿，南爲豳風亭，蓋望見焉。還訪繕部，甘子公望于直廬，邀予輩復自宫故道而出，指語予曰：此文皇帝潛邸也。啓珍羞宫所藏上御書亭殿題額，聳觀久之。趣至無逸，恭覩睿皇帝《農家忙近體》，上爲序，述甚備。上又著《豳風圖記》，並揭亭中。遂步出宫之東門南行，西望黍菽，盈疇田畯。趙常侍者遂導而西，古樹幽樛，陰森滿目，槐柳多至數圍者，蓋遼時物云。前起石橋，橋下惟眢井二，餘皆鞠爲榛莽。北行古松間，隱隱見岡阜鬱然，至則小軒峙其前，又前甃石爲九曲黄河。軒北石假山也，石多削爲形肖，剥泐不可識。山數疊上，松皆偃蹇如天成。絶頂列銅池者六，皆貯水池，傍多穿孔竇，下注洞口。洞中爲龍勢，若噴吐。前爲圜池，龍盤其間。駕幸則瀉銅池從孔竇迸落，名曰水晶簾。吞以洞龍，洑流地中，激而上出池龍口，復入地注于黄河。制特幻巧，恨不見其吞吐竟作何狀。山上有梳妝樓遺址，敗榱尚存，舊傳爲遼后游處。自橋至此地皆以文磚花乳石雜甃之，登覽四顧，都城已半在目中，而故苑荒丘非復故物，相顧愴然。遂假息槐陰，涼風時來，常侍曰：是特小山耳，坡陁硉矶，隱起東南者，非兔兒山邪。【略】數刻乃導出一門，循塍而東，過省耕亭，亭額即向所觀御書也。南並稻畦，可二十畝，中有池，方廣十餘丈，環置桔槔，引池灌焉。踏者以人聲節之，呷喔欸乃，大類江南。苗芃芃櫛比可愛。陸子曰是田糞力過矣，獲必寡畯，有憂色。復導自東小門出，則湖堤萬柳中也。緣堤稍南，樹益茂密，闃無人聲。林端望見昭光殿，常侍曰此兔兒山也。【略】時夕陽半落，湖心波光閃爍，荷葉盡舒，花皆紅白二種，望之情神俱澈，香不足言。葭菼蒼然，有異鳥巢其末，時啾唧出蘆葦間，白鷺片片，杳淼難即。湖東列數亭，爲艤舟處，亭外爲西苑門，殿闕參差，可歷歷指。甘子呼小舟絶流而東，曰：予將出是門，過西華，遶闕右，向長安，就司空議事矣。予五人者遂北行數十步，東望釣魚臺。過曲榭，高可尋丈，翼以複閣，窗皆左右闢，左瞰湖，右臨内教場。故事端陽節，天子臨幸，競舟較射以爲戲。遂步出教場，北行直石橋西，橋兩端皆坊，東曰金鰲，西曰玉蝀。望圓殿梳妝樓如在席前，又聞橋北有龍鳳丹虎圈諸勝，而日暮矣。諸君子皆立橋少西，予獨與吴子步至橋下，臨水沉吟而還。

明 張元忭《館閣漫録》卷四 （明英宗天順三年） 十一月己卯朔庚子初，上在南宫内悦其幽静，既復位，數幸焉，因增置殿宇。其正殿曰龍德，左右曰崇仁，曰廣智。其門南曰丹鳳，東曰蒼龍。正殿之後鑿石爲橋，橋南北其牌樓曰飛虹，曰戴鼇。左右有亭，曰天光，曰雲影。其後疊石爲山，曰秀巖。山上正中有圓殿，曰乾運。其東西有亭，曰凌雲，曰御風。其後殿曰永明，門曰佳麗。又其後爲圓殿一，引水環之，曰環碧，其門曰静芳，曰瑞光。別有館，曰嘉樂，曰昭融。有閣跨河，曰登輝，皆極華麗，至是俱成。後苑雜植四方所貢奇花異木於其中，每春暖花開，命中貴陪内閣儒臣賞宴。

明 余繼登《皇明典故紀聞》卷一三 西苑舊有太液池，池上有蓬萊山，山顛有廣寒殿，金所築也。西南有小山，亦建殿於其上，規制尤巧，元所築也。英宗命即太液池東西作行殿三，池東向西者曰凝和，池西向東對蓬萊山者曰迎翠，池西南向以草繕之而飾以堊曰太素。其門各如殿名，有亭六，曰飛香、擁翠、澄波、歲寒、會景、映暉。軒一，曰遠趣。館一，曰保和。時或臨幸，召文武大臣游賞。

明 彭大翼《山堂肆考》卷一一六《盛脩宫室》 隋文帝子秦王俊盛脩宫室，窮極侈麗，爲妃作七寶羃籬，車不可載，以馬負之而行。

明 談遷《國榷》卷六一《世宗嘉靖三十五年》 （九月）帝盛興土木花石，作大小殿廊百餘所，奪士民第舍。城外冢妨行宫，掘之至七十餘冢。築飛觀數十丈，自北城女牆上連後苑。爲械激水入觀，輪苑沼，復造二樓，亦數十丈，皆繡窗雕户。

清 孫承澤《春明夢餘録》卷六四《名蹟一》 瓊花島在禁城西北太液池之陽。當蒙古初起時，臣服于金。其境内有一山，石皆玲瓏，勢甚秀峭。金人望氣者謂此山有王氣，謀欲厭勝之。使人言欲得此山以鎮壓我土。蒙古許之，金人乃大發卒鑿掘，輦運至幽州城北，積累成山。因開挑海子，栽植花木，營構宫殿以爲游幸之所。元人逐金，遷汴建都於燕。至元四年，興築宫城。山適在禁中，遂賜名萬歲山。山上有廣寒殿七間，仁智殿則在山半，爲屋三間。山前白玉石橋長二百尺，直儀天殿後。殿在太液池中，圓坻上十一楹，正對萬歲山。山之東爲靈囿，奇獸珍禽在焉。車駕幸上都，先宴百官於此。及明成祖建宫闕，益加修治。以其在西北，又名艮岳。宣廟有《艮岳記》。先朝盛時，海宇恬熙，每遇休沐，輒賜大臣游覽。

清 顧炎武《歷代宅京記》卷一九 天德三年，始圖上燕城宫室制度，三月，命張浩等增廣燕城。城門十三，東曰施仁、曰宣曜、曰陽春，南曰景風、曰豐宜、曰端禮，西曰麗澤、曰顥華、曰彰義，北曰會城、曰通玄、曰崇智、曰光泰。浩等取真定府潭園材木，營建宫室及涼位十六。

應天門十一楹，左右有樓，門内有左右翔龍門及日華、月華門，前殿曰大安，左、右掖門，内殿東廊曰敷德門。大安殿之東北爲東宫，正北列三門，中曰粹英，爲壽康宫，母后所居也。西曰會通門，門北曰承明門，又北曰昭慶門。

東曰集禧門，尚書省在其外，其東西門左、右嘉會門也，門有二樓，大安殿後門之後也。其北曰宣明門，則常朝後殿門也。北曰仁政門，旁爲朵殿，朵殿上爲兩高樓，曰東、西上閤門，內有仁政殿，常朝之所也。

宫城之前廊東西各二百餘間，分爲三節，節爲一門。將至宫城，東西轉各有廊百許間，馳道兩旁植柳，廊脊覆碧瓦，宫闕殿門則純用碧瓦。應天門舊名通天門，大定五年改。七年更福壽殿曰壽安宫。明昌五年復以隆慶宫爲東宫，慈訓殿爲承華殿，承華殿者爲皇太子所居之東宫也。泰和殿，泰和二年更名慶寧殿。又有崇慶殿。魚藻池、瑶池殿位，貞元元年建。有神龍殿，又有觀會亭。又有安仁殿、隆德殿、臨芳殿。皇統元年有元和殿。有常武殿，有廣武殿，爲擊毬、習射之所。

京城北離宫有大寧宫，大定十九年建，後更爲寧壽，又更爲壽安，明昌二年更爲萬寧宫。瓊林苑有横翠殿。寧德宫西園有瑶光臺，又有瓊華島，又有瑶光樓。皇統元年有宣和門。正隆二年有宣華門，又有撒合門。

清　徐乾學《憺園文集》卷二六　勤政殿之左，歷小徑入門爲知稼軒。軒之外疏豁爽塏，心目開朗。數武至秋雲亭，拱立亭外以待。其西則嘉穎軒。上披閱章奏及進膳之所。南則狎鷗亭，平臨太液，闌檻鮮澄如畫，可望而得也。其際則泱漭蕩漾，極視無涯。清流環引，被以荷芰，青紅掩映，泛景翩風，鴛鴦鸕鷀飛鳴自若。池之陰，植稷禾果蓏數畦，方秋穎苕秀色成攬。有轆轤高井，膏液潛通，清泉不竭。迤西朱牆以内爲豐澤院。

清　陳廷敬《午亭文編》卷三八《賜游西苑記》　康熙二十五年秋七月九日，上在西苑。【略】自殿角趨南，陟横廊，徑小軒以西，上講藝論思游息深嚴之地，稀有得至者。軒裁廣一楹，顔曰知稼。出知稼軒疏籬，草花被徑，周阿蕭然，有閭井林野之思。迤西數武，秋禾方畝，望之如雲。前有亭，曰秋雲。英、士奇、杜訥三臣者先在焉。階而升，鵠立以眺，維北之院曰豐澤，維西之軒曰嘉穎。自知稼至嘉穎，蓋皆取諸農事爲義。或采椽斥題，不斵不枅。或白屋版扉，不施黝丹，無綺寮重廡文鎞鏤檻之飾。

清　聖祖玄燁《聖祖仁皇帝御製文集》二集卷三三《暢春園記》　都城西直門外十二里曰海淀。淀有南有北，自萬泉莊平地湧泉，奔流瀰瀰，匯於丹陵沜，沜之大以百頃。沃野平疇，澄波遠岫，綺合繡錯，蓋神皋之勝區也。朕臨御以來，日夕萬幾，罔自暇逸，久積辛劬，漸以滋疾，偶緣暇時，於茲游憩。酌泉水而甘，顧而賞焉，清風徐引，煩痾乍除。爰稽前朝戚畹武清侯李偉因茲形勝，構爲別墅。當時韋曲之壯麗，歷歷可考。圮廢之餘，遺址周環十里，雖歲遠零落，故蹟堪尋。瞰飛樓之鬱律，循水檻之逶迤。古樹蒼藤，往往而在。爰詔内司，少加規度，依高爲阜，即卑成池，相體勢之自然，取石甓，夫固有計庸畀直，不役一夫，宫館苑籞足爲寧神怡性之所。永惟儉德，捐泰去雕，視昔亭臺丘壑林木泉石之勝，絜其廣袤，十僅存夫六七，惟彌望漣漪水勢加勝耳。當夫重巒極浦，朝煙夕霏，芳萼發於四序，珍禽喧於百族。禾稼豐稔，滿野鋪芬，寓景無方，會心斯遠。其或穮蓘未實，暘雨非時，臨陌以閔胼胝，開軒而察溝澮。占離畢則殷然，望詠雲漢則悄然。憂宛若禹甸，周原在我户牖也。每以春秋佳日，天宇澄鮮之時，或盛夏鬱蒸，炎景爍金之候，機務少暇，則祇奉頤養游息於茲，足以迓清和而滌煩暑，寄遠矚而康慈顔，扶輿後先承歡愛，曰有天倫之樂焉。其軒墀爽塏，以聽政事。曲房邃宇，以貯簡編。茅屋塗茨，略無藻飾。於焉架以橋梁，濟以舟楫，間以籬落，周以繚垣，如是焉而已矣。既成，而以暢春爲名，非必其特宜於春日也。夫三統之迭建，以子爲天之春，丑爲地之春，寅爲人之春，而《易文言》稱，乾元統天，則四德皆元，四時皆春也。先王體之以對時育物，使圓頂方趾之衆，各得其所，跂行喙息之屬，咸若其生，光天之下熙熙焉、皡皡焉。八風罔或弗宣，六氣罔或弗達，此其所以爲暢春者也。若乃秦有阿房，漢有上林，唐有繡嶺，宋有艮岳，金釭璧帶之飾，包山跨谷之廣，朕固不能爲，亦意所弗取。朕匪敢希蹤古人媲美，曩軌安土階之陋，惜露臺之費，亦惟是順時宣滯，承顔致養，期萬類之乂和，思大化之周浹，一民一物念茲在茲，朕之心豈有已哉。於是爲之記，而繫以詩。詩曰：昔在夏姒，克儉卑宫。亦越姬文，勿亟庶攻。若稽古訓，是欽是崇。箴銘户牖，夙夜朕躬。

棟宇之興，因基前代。巖岫丹霞，檐楹翠靄。營之度之，以治蕪廢。有沸泉源，汪濊斯在。

駕言西郊，聊駐彩斿。甘彼挹酌，工築斯謀。瑩澈明鏡，縈帶芳流。川上徘徊，以泳以游。

因山成峻，就谷斯卑。咨彼將作，毋曰改爲。松軒茅殿，實惟予宜。亦有樸斵，予尚念茲。

撰辰經始，不日落成。豈曰游豫，燕喜是營。展事慈闈，那居高明。遐矚俯瞰，聊用娛情。

粵有圖史，藏之延閣。惟此大廡，會彼朱襮。鬱鬱溝塍，依然耕鑿。無假人工，渺瀰雲壑。

有鷁其舟，有虹其梁。可帆可涉，於焉徜徉。文武之道，一弛一張。退省庶政，其罔弗臧。

嘗聞君德，莫大於仁。體元出治，於時爲春。願言物阜，還使俗醇。暢春之義，以告臣鄰。

又《蕚輝園記》 京師西北隅，地曠而幽，西山疊巘，近可指矚，清泉交流，渟泓於其間，林木茂密，禾黍芊綿，有古鄠杜之風焉。朕既築暢春園，時往以省耕觀稼，炎暑蒸鬱，亦將以憩息於此也。東北御果園，舊地以賜裕親王。其地有清泉喬木，因而葺治，循乎自然，林樾丘壑，具蕭遠之致。王既爲斯園，請朕名之。夫詩以棠華比兄弟，朕每讀詩，未嘗不三復留連，思古人友愛之誼、天倫之樂，豈豈怡怡，被於絃誦，竊欣慕焉。因以蕚輝名兹園，蓋有取於詩人之旨也。王秉性寬和，入則集議巖廊，翼贊機政，退居之暇，澄懷簡澹，不涉外務。時當風日佳美，眺覽郊坰，輒至斯地，蔭嘉樹，鏡清流，問農閱圃。古人有言，爲善之暇想足怡神，王之游息於兹園也，其猶此意也歟！唐開元中營興慶宮賜諸王第，於宮側建爲花蕚相輝之樓，史册傳之。朕所嘉尚於是，既命其名，而并記其事云。

又 三集卷二二《避暑山莊記》 金山發脈，暖溜分泉，雲壑渟泓，石潭青靄。川廣草肥，無傷田廬之害。風清夏爽，宜人調養之功。自天地之生成，歸造化之品彙。朕數巡江干，深知南方之秀麗。兩幸秦隴，益明西土之殫陳。北過龍沙，東游長白，山川之壯，人物之樸，亦不能盡述，皆吾之所不取。惟兹熱河，道近神京，往來無過兩日。地闢荒野，存心豈誤萬幾。因而度高平遠近之差，開自然峰嵐之勢。依松爲齋，則竅崖潤色。引水在亭，則榛煙出谷，皆非人力之所能。借芳甸而爲助，無刻桷丹楹之費，喜泉林抱素之懷。靜觀萬物，俯察庶類，文禽戲緑水而不避，麀鹿映夕陽而成羣。鳶飛魚躍，從天性之高下。遠色紫氛，開韶景之低昂。一游一豫，罔非稼穡之休戚。或旰或宵，不忘經史之安危。勸耕南畝，望豐稔筐筥之盈。茂止西成，樂時若雨暘之慶。此居避暑山莊之概也，至於玩芝蘭則愛德，行覩松竹則思貞操，臨清流則貴廉潔，覽蔓草則賤貪穢，此亦古人因物而比興，不可不知。人君之奉，取之於民，不愛者即惑也。故書之於記，朝夕不改，敬誠之在兹也。

清 高士奇《金鰲退食筆記》卷上 太液池舊名西海子。在西安裏門，周凡數里。上跨石梁，約廣二尋，修數百步。兩崖穹甃出水中，鯨獸楯欄，皆白石鐫鏤如玉。中流駕木，貫鐵縴丹檻，掣之可通巨舟。東西峙華表，東曰玉蝀，西曰金鼇。其北別駕一梁，自承光殿達瓊華島，制差小。南北亦峙華表，曰積翠，曰堆雲。瀛臺在其南，五龍亭在其北，蕉園、紫光閣東西對峙。層甍反宇，飛檐拂雲。夾岸榆柳古槐，多數百年物。池中萍荇蒲藻，交青布緑。野禽沙鳥，翔泳水光山色間，悠然自適。盛夏芰荷覆水，望如錦繡，吐馥流香，尤爲清絶。若其春冰乍泮，秋月澄暉，煙靄雲濤，雨朝雪夜，則余八年内直，晨夕策馬過橋頭獨有會心者。禁中人呼瀛臺南爲南海，蕉園爲中海，五龍亭爲北海。

瀛臺，舊爲南臺，一曰趯臺陂。林木深茂，有殿曰昭和。殿前有亭曰澄淵。南有村舍水田，于此閱稼。明李文達賢《賜游西苑記》云：南臺林木陰森，過橋而南有殿曰昭和，門外有亭臨岸，沙鷗水禽，如在鏡中。本朝順治年間，別建宮室，爲避暑之處。向南有亭臨水，曰迎薰亭。後樓九間。樓後有殿，制度質樸。康熙庚申復加修葺，皆易黄屋。複殿重房，交疏對霤，青臺紫閣，浮道相通。又于水邊堆叠奇石，種植花樹。層巖小壑，委曲蔓迴，蓼渚蘆灣，參差掩映。東有二亭，以椶覆之，隔窗雲霧，捲幔山泉，別具幽致。又作宛轉橋出水面，遥望流杯亭，水聲樹色，不異三山瑶島。御製詩有「晝舸分流簾下水，秋花倒影鏡中山」是也。前作瀛臺門樓五間。上日于侵晨臨門聽政畢，外直講官于此進講。高槐拂檐，堦下立塗金異獸二，製作甚精。左右迴廊各三間，上亦有樓。樓外復接小廊。門内東西樓屋各五間。自池東直房改作之後，凡内廷進講，皆遣中使至南書房，召張敦復學士同余，自西苑門内棹小舟至閘口，復換小舟至臺西亭子，從内左門入，于東邊樓下。講畢，復從内左門出，登舟，中使送至西苑門上馬。有時召士奇至内殿草制，或月上乃歸，則賜饌及池魚蓮藕之屬。瀛臺門下迤北有過船亭，雕檐峻宇，下連丹檻，掣之亦可行。舟直北兩廂，窗櫺臨水，爲内大臣及侍衛直宿之地。再北爲御膳房。自膳房轉東爲閘口，各種船停泊堤外。自閘口過小橋向東板橋一帶，直抵池岸。循池而北，至西苑門，古樹幽蓼，槐柳茂密，葭菼蒼然，白鷺黄鸝，飛鳴上下。部院諸臣曉入西苑門奏事，從苑墻下轉西，過小紅門，別設板橋，夾以朱欄，懸設罾網，許諸臣于奏對之暇，舉網爲歡，有得魚者，即攜以歸。可謂昇平佳話也。

樂成殿。入西苑門，循水南行，有牐瀉池水。轉北，別爲小池，中設九島三亭。一亭藻井門角，爲十二面，上貫金寶珠頂，兩金龍盤柱作升降狀。丹檻碧牖，盡皆侈麗。中設御榻，四面皆梁檻。通小朱扉而出，名涵碧亭。其二亭制少樸，梁檻惟東西達涯際。東有樂成殿，左右檻各設龍床。殿後小室，亦設御榻，明宣宗游歷處也。殿右有屋，設石磨石碓二，下激湍水自動，南田穀成，于此春治，故曰樂成。後改殿爲無逸，亭曰豳風，曰省耕。每歲秋成，有打稻之戲，駕幸無逸殿，鐘鼓司扮農夫、饁婦及田畯官吏徵租、交納、詞訟等事，亦知稼穡艱難之意也。明世宗時，諭尚書李時等曰：西苑工俱告完，今日往視收穫，以觀農事之終。于是御豳風亭，召見諸臣，賜宴。【略】本朝亭殿久不修治。己未庚申歲，上避暑瀛臺，余與張敦復學士寓直于無逸殿之東。小室五楹，茂樹迴環，幽蔭蓊蔚，池水下注，泉聲淜湃，曉烟初散，荷香出水。時步豳風亭，坐石砌上，雨後蟬鳴，風來花氣，凉滿襟袖，以爲身在蓬壺閬苑間。曾賦《西苑侍直詩》十首。次年，改直廬爲皇太子避暑宮，即水碓陳列山石，雜植新篁，爲清流激湍，茂林修竹。構亭于無逸殿舊址，曰流杯亭。風櫺水檻，甍桷飛動，細渠屈曲，濺玉飛瓊。上題曲澗浮花四字，常宴外藩于此。

又 紫光閣。由太液池西南堤，循池而北，舊有臺，高數丈，中作圓頂小殿，用黄瓦，左右各四楹，接棟稍下瓦皆碧，南北垂接斜廊，懸級而升，面若城壁，下臨射苑，皆設門牖，有馳道可走馬，明武宗築以閲射者，名曰平臺。後廢臺，改爲紫光閣。向北門外即金鼇坊。明時，五日幸西苑，鬥龍舟于紫光閣前，看御馬監勇士，馳驟往來，走解蹥柳。明愍帝召對閣臣於此。大學士蔣公德璟敬日草云：召至紫光閣，退出，步至林木間小憩，旁有別館，諸璫坐處，有頃，光禄寺送茶。閣甚高敞，樹陰池影，葱翠萬狀，亦佳景也。我朝仍名紫光閣。向南隙地，盡植桃杏，仲春之際，芳菲滿目。【略】皇太后避暑亦曾居此。旁有百鳥房，多畜奇禽異獸，如孔雀、金錢雞、五色鸚鵡、白鶴、文雉、貂鼠、舍狸猻、海豹之類，不可枚舉。本朝不此是尚，但給飲啄而已。

芭蕉園。自太液池東行半里許，蒲葦盈水，榆柳被岸，松檜蒼翠，果樹分羅中，崇闌廣砌，一殿穹窿。以黄金雙龍作頂，纓絡懸綴，雕櫳綺窗，朱楹玉檻，望而敞豁，舊曰崇智殿。殿後藥闌花圃，有牡丹數十株。轉西有亭，八面，内外皆水，曰臨漪亭，一曰釣魚臺。金魚作陣，游戲其中。又一小石梁，出水中。向西，一亭在水際，曰水雲榭。按：芭蕉園一名椒園，有宮眷法、從人等至此下馬二石碑，當是世宗設醮時所立。前朝實録告成，於此焚草。七夕，宮中穿鵲橋補服，設乞巧山子，兵仗局進乞巧鍼。十五日，西苑作法事，放河燈，甜食房進供佛波羅蜜。《明世宗實録》：十五年五日端陽節，幸西苑，預命侯郭勛、大學士李時、尚書夏言候于崇智殿，遣中官賚賜艾虎、花絲、百索、牙扇等物。御龍舟，召勛等各登舟，給酒饌。命三臣舟近龍舟行，自蕉園迤邐至澄碧亭登岸，復宴於無逸殿，盡歡而罷。嚴分宜《鈐山堂集》載有《詔賜金海乘凉詩序》云：供事西苑，直宿無逸殿。時溽暑蒸燠，上命中官導五臣，每以巳、未、申前，於金海邊乘凉。是日，出迎和門，乘舟泊水雲榭，觀臨漪亭，入蕉園，至崇智殿。畫棟雕甍，金碧輝焕，蒼松翠柏，蓊鬱垂蔭，不復知有暑氣。【略】本朝順治年間改爲萬善殿，供三世佛像，選老成内監，披剃爲僧，焚修香火。木陳、玉林兩老衲，奉召至京師，曾居萬善殿。每歲中元，建盂蘭道場，自十三日至十五日，放河燈，使小内監持荷葉，燃燭其中，青碧熠熠，羅列兩岸，以數千計。又用琉璃作荷花燈數千盞，隨波上下。中流駕龍舟，奏梵樂，作禪誦，自瀛臺南過金鼇玉蝀橋，繞萬歲山，至五龍亭而回。河漢微凉，秋蟾正潔，苑中勝事也。

玩芳亭在蕉園之西，芳木匝之。今廢。

承光殿在金鼇玉蝀橋之東，圍以圓城，設以睥睨。自兩掖洞門而升，中構金殿，穹窿如蓋，華榱綺牖，旋轉迴環，俗曰圓殿。外周以廊，向北金鼇垂出垣堞間，甚麗。昔有古松三株，枝幹槎枒，形狀偃蹇，如龍奮爪拏空，突兀天表，金元舊物也，今止存其一。明李文達《賜游西苑記》云：圓殿巍然高聳，曰承光。北望山峰，嶙峋崒嵂，俯瞰池波，蕩漾澄澈。山水之間，千姿萬態，莫不呈奇獻秀於几窗之前。韓右都御史雍《賜游西苑記》云：圓殿，觀燈之所也。殿臺臨池，環以雲城，歷階而登，殿之基與睥睨平。古松數株，聳拔參天，衆皆仰視。時則晴雲翳空，炎光不流，暖風徐來，花香襲人。倚睥睨而窺其西，以舟作浮橋，横亘池面。北則萬歲山在焉。殿廢于康熙七八年間，云有蝙蝠大尺餘者。南向二亭，尚出雉堞，上門閉塞，久不啟。

又 瓊華島在太液池中。從承光殿北，度石梁至島，皆以文磚、乳花石雜甃之。巖洞窈窕，磴道紆折，多疊奇石，巑岏岝㟧。其巔古殿，相傳本遼太后梳妝臺。歷金元明，皆有宮殿，爲游觀之地。今殘石壞礎，猶刻雲物及廣寒殿宇。《遼史》云：皇城西門曰顯西，設而不開。北曰子北，其西城巔有凉殿。金史《宮闕制度》云：京城北離宮有大寧宮，大定十九年建，後更爲寧壽，又更爲壽安，明昌二年更爲萬寧宮。瓊林苑有橫翠殿、寧德宮，西園有瑤光臺，又有瓊華島、瑤光樓。元郝文忠公經《陵川集》載有《瓊華島賦》。葛邏祿乃賢《金臺集》有《妝臺詩》云：廢苑鶯花盡，荒臺燕麥生。韶華如逝水，粉黛憶傾城。野菊金鈿小，秋潭玉鏡清。誰憐舊時月，會向日邊明。其下自注云：妝臺，在昭明觀後。金章宗嘗與李妃夜坐，上曰：二人土上坐。妃應聲曰：一月日邊明。上大悅。又有《壽安殿詩》云：夢斷朝元閣，來尋買酒樓。野花迷輦路，落葉滿宮溝。風雨青城暮，河山紫塞愁。老人頭雪白，扶杖話幽州。陶九成《輟耕録》載元時宮闕云：萬壽山在大内西北太液池之陽，金人名瓊花島，中統三年修繕之，至元八年賜今名。其山皆疊玲瓏石爲之，峰巒隱映，松檜隆鬱，秀若天成。引金水河至其後，轉機運斠，汲水至山頂，出石龍口，注方池，伏流至仁智殿後，有石刻蟠龍，昂首噴水仰出，然後由東西流入於太液池。山前有白玉石橋，長二百餘尺，直抵儀天殿後。橋之北有玲瓏石，擁木門五，門皆爲石色，内有隙地，對立日月石，西有石棋枰，又有石坐床。左右皆有登山之徑，縈紆萬石中，洞府出入，宛轉相迷。至一殿一亭，各擅一景之妙。山之東有石橋，長七十六尺，闊四十一尺半，爲石渠，以載金水，而流於山後，以汲於山頂也。又東爲靈圃，奇獸珍禽在焉。即今之景山是也。廣寒殿在山頂，七間，東西一百二十尺，深六十三尺，高五十尺。重阿藻井，文石甃地，四面瑣窗，板密其裏，徧綴金紅雲，而蟠龍矯蹇於丹楹之上。中有小玉殿，内設金嵌玉龍御榻，左右列從臣坐床。前架黑玉酒瓮一，玉有白章，隨其形刻爲魚獸出没於波濤之狀，其大可貯酒三十餘石。今在西華門外真武廟中，道人作菜瓮。又有玉假山一峰，玉響鐵一懸。殿之後有小石笋二，内出石龍首，以噀所引金水。西北有廁堂一間。仁智殿在山之半，三間，高三十尺。金露亭在廣寒殿東，其制圓，九柱，高二十四尺，尖頂上置琉璃珠，亭後有銅幡竿。玉虹亭在廣寒殿西，制度同金露。方壺亭在荷葉殿後，高三十尺，重屋八面，重屋無梯，自金露亭前複道登焉，又曰綫珠亭。瀛洲亭在温石浴室後，制度同方壺。玉虹亭前仍有登重屋複道，亦曰綫珠亭。荷葉殿在方壺前仁智殿西北，三間，高三十尺，方頂，中置琉璃珠。温石浴室在瀛洲前仁智西北，三間，高二十三尺，方頂，中置塗金寶瓶。圜亭又曰胭粉亭，在荷葉殿稍西，蓋后妃添妝之所也。八面介福殿在仁智殿東差北，三間，東西四十一尺，高二十五尺。延和殿在仁智殿西北，制度如介福。馬湩室在介福殿前，三間。牧人之室在延和殿前，三間。庖室在馬湩前。東浴室更衣殿在山東平地，三間兩夾。太液池在大内西，周迴若干里，植芙蓉。儀天殿在池中圓坻上，當萬壽山，十一楹，高三十五尺，圍七十尺，重檐，圓蓋頂。圓臺址，甃以文石，藉以花茵，中設御榻，周闢瑣窗，東西門各一間。西北廁堂一間。臺西向，列甃磚龕，以居宿衛之士。東爲木橋，長一百二十尺，闊二十二尺，通大内之夾垣。西爲木弔橋，長四百七十尺，闊如東橋，中闕之，立柱架梁於二舟，以當其空，至車駕行幸上都，留守官則移舟斷橋，以禁往來。是橋通興聖宮前之夾垣，後有白玉石橋，乃萬壽山之道也。犀山臺在儀天殿前水中，上植木芍藥。隆福宮西御苑，在隆福宮西，先，后妃多居焉。香殿在石假山上，三間，兩夾二間，柱廊三間，龜頭屋三間，丹楹瑣窗，間金藻繪，玉石礎，琉璃瓦，殿後有石臺。山後闢紅門，門外有侍女之室二所，皆南向並列。又後直紅門，並立紅門三，三門之外有太子鄂爾多荷葉殿二，在香殿左右，各三間。圓殿在山前，圓頂上，置塗金寶珠，重檐。後有流杯池，池東西流水圓亭二，圓殿有廡以連之。歇山殿在圓殿前，五間，柱廊二，各三間。東西亭二，在歇山後左右，十字脊。東西水心亭在歇山殿池中，直東西亭之南，九柱重檐。亭之後，各有侍女房三所，所爲三間，東房西向，西房東向。前闢紅門三，門内立石，以屏内外，外築四垣以周之，池引金水注焉。棕毛殿在假山東偏，三間。後盝頂殿，三間。前啟紅門，立垣以區分之。儀鸞局在三紅門外，西南隅，正屋三間，東西屋三間，前開一門。【略】楊文貞《賜游西苑記》云：登萬歲山，至廣寒殿，而仁智、介福、延和三殿及瀛洲、方壺、玉虹、金露之亭，咸得遍造。是日天宇澄明，纖塵不作，引而四望，山川之壯麗，草木之芳華，飛走潛躍，各隨其性，萬象畢陳，胸次豁然，心曠神怡，百慮皆净。信天造之佳境，而人生之甚適也。李文達《賜游西苑記》云：西有長橋跨池下。過石橋而北，山曰萬歲，怪石參差。爲門三，自東西而入，有殿倚山，左右立石爲峰，以次對峙。四圍皆石，贔屭巑岏，薜封蔓絡，佳木異草，上偃旁綴，樛葛薈翳。兩掖疊石爲磴，崎嶇折轉而上，巖洞非一。山畔並列三殿，中曰仁智，左曰介福，右曰延和。至其頂，有殿當中，棟宇宏偉，檐楹翬飛，高插于層霄之上。殿内清虛，寒氣逼人，雖盛夏亭午，暑氣不到，殊覺曠蕩瀟爽，與人境異，曰廣寒。左右四亭在各峰之頂，曰方壺、瀛洲、玉虹、金露，其中可跂而息。前崖有壁，夾道而入，壁間四孔，以縱觀覽。而宮闕峥嶸，風景佳麗，宛如圖畫。韓右都御史《賜游西苑記》云：萬歲山在池之中，磊石爲之，高數千仞，廣可容萬人。山之麓，以石爲門爲垣。門之内稍高，有小殿。環殿奇峰怪石，萬狀悉有，名卉嘉木，爭妍競秀。琴臺、棋局、石床、翠屏之類，分布森列。峰有最奇者名翠雲，上刻御製詩。琴臺上横郭公磚，擊之皆鏗鏗有聲。遂沿西坡北，上有虎洞、吕公洞、仙人菴。又上，有延和殿、瀛洲亭、金露亭。瀛洲之西、湯池之後，有萬丈井，深不可測。由金露折而東上，則廣寒殿也，高廣明靚，四壁雕彩雲，累萬結砌而成。東下至玉虹，又下而南至方壺，至介福，皆與延和諸殿相對峙。而方壺、瀛洲，則左右廣寒而奇特者也。嚴分宜《賜游廣寒殿詩序》云：泛金海觀于廣寒山，蕩舟持節者皆中使，水光蕩漾，遠近亭臺隱現，金碧交輝，若身造瑶池弱水之間。舍舟登岸，陟廣寒之殿，絶頂巍峙，高入雲漢。山麓爲臺、爲殿，山下有堆雪、積翠之坊。余歷觀前人記載，兹山實遼、金、元游宴之地，明時殿亭皆因元之舊名，其所叠石，巉巖森聳，金、元故物也。或云本宋艮岳之石，金人載此石自汴至燕，每石一准糧若干，俗呼爲折糧石。又瑶島春雲，爲燕京八景之一。李崆峒《秋懷詩》云：苑西遼后洗妝樓，檻外方湖静不流。又曰：雕闌玉樹留天女，錦石秋花隱御舟。蓋指此也。明時重九幸此登高。萬曆七年，廣寒殿傾頽，其脊中多至元錢，神宗曾分賜輔臣張江陵居正。明大學士蔣公德璟《敬日草》與内監劉若愚《勺中志》，乃以今之景山爲萬歲山，人多因之，誤矣。

又卷下　大高元殿在神武門之北，南向，臨玉河。其前門曰始青道境。左右有牌坊二，曰先天明鏡，曰太極仙林，曰孔綏皇祚，曰宏佑天民。内有二閣，左曰旲明閣，右曰枂靈軒。殿之東北曰象一宫，所供象一帝君，範金爲之，高尺許，明世宗元修玉容也。門前二亭，鉤檐門桷，極盡人巧，中官呼爲九梁十八柱云。官民過者，至此下馬。每歲大旱，則建醮祈雨，遣官禮拜。殿之東，即北上西門，有橋，甃磚石各半，謂防車輪耳。

又　藏舟浦。自瓊華島東麓，過石橋，由陟山門折而北，循岸數百步，有水殿二，深十六間，一藏龍舟，一藏鳳舸。舟首尾刻龍鳳形，上結樓臺，以金塗之，備極華麗。又一浦，繫五六小舟。岸際有叢竹，蔭屋，浦外一亭，今皆荒廢。秋來露冷，野鶩殘荷，隱約蘆汀蓼岸，不減趙大年一幅江南小景也。

雪池在陟山門迤北，凡宫中雪後掃出殘雪，堆積于此。今多積之景山矣。

五龍亭舊爲太素殿，創于明天順年，在太液池西南。向後有草亭，畫松竹梅于上，曰歲寒門。左有軒曰臨水，曰遠趣。軒前有草亭曰會景。今改建五亭，中曰龍澤，左曰澄祥、滋香，右曰湧瑞、浮翠，總名之爲五龍亭。珠簾畫棟，照耀漣漪。從玉蝀行者，遥望水次，丹碧煇映，疑是仙山樓閣。後有石坊曰福渚，北曰壽岳。中有錫殿，以錫爲之，不施磚甓。每歲盛夏，太皇太后避暑于此。皇上聽政之後，輒駕小舟問安，或侍膳亭上。四面荷香，微涼清暑。癸亥元夜，于亭前施放煙火，聽京師人民觀看。時余已退直矣，命侍衛那爾泰海清至余私寓，召至亭前，賜飲饌。坐觀星毬萬道，火樹千重，金輪寶焰，光輝奪目。天家富貴，盛世歡游，願萬方同之也。向于稍南，有屋數連，通池水以育禽鳥，舊名天鵝房。有亭曰映輝。又有飛霭、澄碧二亭遺址，今惟乘祥橋牓獨存。

凝和殿在池東，西向。二亭臨水，曰湧翠，曰飛香。白頭老監尚能言之。

迎翠殿在池西，東向。臨水有亭曰澄波。明嘉靖時更建浮香、寶月二亭。東望萬歲山，倒蘸于太液波光之中，黛色嵐光，可掬可挹。今惟短垣而已。

西海神祠在北閘口。明嘉靖十四年諭禮部尚書夏言曰：西海子，歲以午日奉兩宫游宴，止行望祀，宜特建祠宇于湧玉亭，以答神貺。又曾命勳輔大臣，禱雨于此。按禁城内西海子，古燕京積水潭也。源出西山、神山、一畝、馬眼諸泉，繞出瓮山後，匯爲七里濼，入都城，由北安門外藥王廟西橋下入皇城，自北閘口延竟大内，出大通河，轉漕亦賴其利。《元史》：海子，在皇城之北、萬壽山之陰，舊名積水潭。聚西北諸泉之水，流入都城，而匯于此，汪洋如海，都人因名焉。恣民漁采無禁。又，《元史·河渠志》：通惠河，其源出于白浮、瓮山諸泉水也。世祖至元二十八年，都水監郭守敬，奉詔興舉水利，因建言疏鑿通州至都河。改引渾水溉田，于舊牐河蹤跡，導清水，上自昌平縣白浮村引神山泉，西折南轉過雙塔、榆河、一畝、玉泉諸水，至西門入都城，南匯爲積水潭。東南出文明門，東至通州高麗莊入白河。又曰金水河，其源出于宛平縣玉泉山，至大四年七月，引金水河水注之光天殿西花園石上前舊池，置牐四，以節水，又曰海子。岸上接龍王堂，以石甃其四周。海子一名積水潭，聚西北諸泉之水，流行入都城，而匯于此。元仁宗延祐六年，都水監會計前後與元修舊石岸相接，凡用石三百有五，各長四尺，闊二尺五寸，厚一尺。石灰三千斤，該三百五工，丁夫五十，石工十元。許有壬詩云：御溝流水曉潺潺，直似長虹曲似灣。流入宫墻才一尺，便分天上與人間。歐陽玄詩云：鼇山宴罷月溶溶，太液池邊湛露濃。不用金蓮送歸院，水晶宫出玉芙蓉。皆西海子作也。葛邏禄乃賢《西華潭詩》云：秋水清無底，凉風起緑波。錦帆非昨夢，玉樹憶清歌。

帝子吹笙絶，漁郎把釣多。磯頭浣沙女，猶恐是宫娥。下自注云：金之太液池也。

乾佑閣建自明萬曆年間，在太液池之北，高八丈一尺，廣十七丈，磴道二分三合而上。倒影入水，波光蕩漾，如水晶宫闕。天啟時毁之，即其處爲嘉樂殿，其門曰延景門，今亦廢。再西則親軍内教場也。

又 清馥殿度金鼇玉蝀橋西轉北，明世宗所建，常奉興獻太后來游。前有翠芳、錦芬二亭。荷花盛開，紅衣翠蓋，澄漪倒水，恍如蓬壺。嚴分宜《賜游清馥殿詩》：帝苑雲霞麗，仙宫洞壑幽。春生翡翠殿，花滿鳳凰樓。瑶草迎宸蹕，瓊波侍御舟。共傳今聖孝，當日奉慈游。又云：十里宜春苑，金堤覆緑楊。水涵瑶殿碧，花簇錦亭芳。馳道通長樂，離宫接建章。微臣一何幸，留賞沐恩光。歷觀岩分宜賜游諸詩，可謂千載之遇，乃不能潔已輔弼，怙寵專權，遂使君臣之義不終，良可歎也。改建宏仁寺者即此。

騰禧殿在旃檀寺之西，覆以黑琉璃瓦。明武宗西幸宣府，悦晉王樂伎劉良女，姿容婉麗善謳，遂載以歸，居騰禧殿。飲食起居，必與之偕，南征亦隨行在。武宗每縱獵，輒以劉姬諫而止。兼有馳馬失簪一事，《實録》備載之。俗呼爲黑老婆殿。傍有古井曰王嫣嫣井，今惟遺址。

又 玉熙宫在西安裏門街北，金鼇玉蝀橋之西。明世宗嘉靖四十年十一月辛亥，萬壽宫災，蹔御玉熙宫。神宗時，選近侍三百餘名，于玉熙宫學習官戲，歲時陞座，則承應之。【略】吴偉業《琵琶行》有云：先皇駕幸玉熙宫，鳳紙僉名唤樂工。苑内水嬉金傀儡，殿頭過錦玉玲瓏。一自中原盛豺虎，暖閣才人罷歌舞。插柳停搊素手箏，燒燈罷擊花奴鼓。蓋指此也。迨入我朝，遂廢不治。康熙十三年五月，于此設席殿，奉安仁孝皇后梓宫，集百官舉哀。今改爲内廄，豢養御馬。門前存一古樹，槎枒臃腫，生意盡矣。

又 萬壽宫在西安門内迤南大光明殿之東，明成祖潛邸也。殿東西有永春、萬春諸宫，翼而前，爲門者二，或曰即舊仁壽宫。明世宗晚年愛静，常居西内，勳輔大臣直宿無逸殿，日有賜賚。【略】今朱垣隙地，雜居内府人役，間藝黍稷及堆官柴草。南曰草廠，北曰柴闌云。

大光明殿在西安門内萬壽宫遺址之西，地極敞豁，門曰登豐。前爲圓殿，高數十尺，制如圜丘，題曰大光明殿。中爲太極殿。後有香閣九間，題曰天元閣。高深宏麗，半倍于圓殿。皆覆黄瓦，甃以青琉璃，下列文石花礎作龍尾道，丹楹金飾，龍繞其上。四面瑣窗藻井，以金繪之。白石陛三重，中設七寶雲龍神牌位，以祀上帝。相傳明世宗與陶真人講内丹于此。按《世宗實録》：四十年十二月，命左都督朱希忠入直西苑，親率官校環衛大玄都四面及西安門。則此地即大玄都也。今仍設内監道士守之，晨夕鐘鼓無間。但閒游者皆得登殿陛瞻憩矣。順治十八年辛丑正月，世祖章皇帝升遐，顧命大臣素尼、鼇拜、遏必隆、蘇克薩哈，同心輔政，四臣者共來焚香盟心于此。各衙門亦次第設誓。余賜第在其左側，時于秋雨初霽，碧天如洗，披襟露坐，覺巍巍瓊構，與明月流光相照灼，恍置身于廣寒宫闕，故余移居詩有「門前金碧瞻天闕」之句。

兔園山在瀛臺之西。由大光明殿南行，疊石爲山，穴山爲洞，東西分徑，紆折至頂。殿曰清虚，俯瞰都城，歷歷可見。砌下暗設銅瓮，灌水注池，池前玉盆内作盤龍，昂首而起，激水從盆底一竅轉出龍吻，分入小洞，復由殿側九曲注池中。喬松數株參立，古藤縈繞，懸羅下垂。池邊多立奇石，一名小山子，又曰小蓬萊。其前爲曲流觀，甃石引水，作九曲流觴，皆雕琢奇異，布置神巧。明嘉靖時，復葺鑒戒亭，取殷鑒之義。又南爲瑶景、翠林二亭，古木延翳，奇石錯立，架石梁通東西兩池。南北二梁之間曰旋磨臺，螺盤而上，其巔有甃，皆陶埏雲龍之象，相傳世宗禮斗於此。臺下周以深塹，梁上玉石欄柱，御道鑿團龍，至今堅完如故。老監云：明時重九或幸萬歲山，或幸兔兒山清虚殿登高，宫眷内臣皆著重陽景菊花補服，喫迎霜兔菊花酒。李文達《賜游西苑記》云：小山子遠望鬱然，日光横照，紫翠重叠。至則有殿倚山，山下有洞，洞上石巖横列密孔，泉出迸流而下，曰水簾。其淙散激射，飛薄濺灑，最爲可玩。水聲泠泠然潛入石池，龍昂其首，口中噴出，復潛繞殿前。左右危石，折旋爲徑。山畔有殿翼然，至其頂，一室正中，四面簾櫳，欄檻之外，奇峰回互，茂樹環擁，異花瑶草，莫可名狀。下轉山前，一殿深静高爽。殿前石橋，隱若虹起，極其精巧。韓右都御史《賜游西苑記》云：又西南，至小山子，名賽蓬萊。入其門，有殿。殿前一大池，中通石橋，東西二小閣，立水中。橋南有娑羅樹，人所罕見。殿之後復有三殿，其階益上益高，至絶頂，則與萬歲山坤艮相望。絶頂下至第三殿之前，蓄水作機，瞰其下，有水簾洞。洞之中作金龍，決其水，下而觀之，連珠掩洞，形稱其名。龍口中亦噴水，水皆從前殿基下陰渠之内過，而至于其殿之前。鑿石爲曲渠，復作龍頭于其西，水至，出龍口，旋繞而東，可以流觴者。李長史默《游西内記》云：北行古松間，隱隱見岡阜鬱然。至則小軒峙其前，甃石爲九曲黄河。

軒北石假山也。石多削爲形肖，剥泐不可識。山數叠上，松皆偃蹇如天成。絶頂列銅池者六，皆貯水。池旁多穿孔竇，下注洞口。洞中爲龍，勢若噴吐。前爲圜池，龍盤其間。駕幸，則瀉銅池，從孔竇迸落，名曰水晶簾。吞以洞龍，泆流地中，激而上，出池龍口，復入地，注于黄河，制特幻巧。今山前亭觀盡廢，池亦就湮，僅餘一亭及清虚殿，與長松古槐，摇落春風暑雨中。

柏木殿在萬壽宫之南，全以柏木爲之，今圮。

親蠶殿在萬壽宫西南。有齋宫具服殿，蠶室繭館，皆如古制。蠶壇方可二丈六尺，叠二級，高二尺六寸，陛四出，東西北俱樹以桑柘。采桑臺高一尺四寸，廣一丈四尺。又有鑾駕庫，五間，墻圍方八十餘丈。

又 南花園在西苑門迤南，東向，明時曰灰池。種植瓜蔬于炕洞内，烘養新菜，以備春盤薦生之用。立春日進鮮蘿蔔，名曰咬春。本朝改爲南花園，雜植花樹，凡江寧、蘇、松、杭州織造所進盆景，皆付澆灌培植。又于暖室烘出芍藥、牡丹諸花，每歲元夕賜宴之時，安放乾清宫，陳列筵前，以爲勝于剪彩。秋時收養蟋蟀，至燈夜則置之鼇山燈内，奏樂既罷，忽聞蛩聲自鼇山中出。每歲正月，進梅花、山茶、探春、貼梗海棠、水仙花。二月進瑞香、玉蘭、碧桃、鶯枝。三月進繡毬花、杜鵑、木筆、木瓜、海棠、丁香、梨花、插瓶牡丹。四月進梔子花、石榴花、薔薇、插瓶芍藥。五月進菖蒲、艾葉、茉莉、黄楊樹盆景。六、七月進茉莉、建蘭及鳳仙花，五色斑斕，置玻瓈盤中。八月進巖桂。九月進各種菊花。十月進小盆景，松、竹、冬青、虎鬚草、金絲荷葉及橘樹、金橙。十一月、十二月進早梅、探春、迎春、蠟瓣梅，又有香片梅，古幹槎牙，開紅白二色，安放懋勤殿。余曾有詩紀之。石榴紅白二種，花單瓣，結實如盂子大，味甘，曰軟子石榴。棗有弱枝、密雲、瓔珞諸種，甚甘脆，食則漿流于齒，每歲八月初，收棗入錫瓶，封口懸井中，寒冬取出進用，如初從樹摘者。葡萄有馬乳、六月鮮、紫瓊瑶。王瓜有高麗種，狀如香櫞，色正黄。扁豆有白花蜜豆，霜後更美。上從清凉山手移金蓮花，亦付南花園栽種，四月末，花開，碧葉黄英，鮮潔可愛。其餘雜花奇樹，不可名言，惟設内監司灌溉之事。冬月進花，皆用黄布作綿套包裹，不使見風。菊花以緑竹作架，各懸小牌，書某種，如粉西施、水晶盤、太史黄、紫羅蘭之類，按時舁送各宫殿安放，花殘則隨時易以新者。南書房亦如之。

清 世宗胤禛《世宗憲皇帝御製文集》卷五《圓明園記》 圓明園在暢春園之北，朕藩邸所居，賜園也。在昔皇考聖祖仁皇帝聽政餘暇，游憩於丹陵沜之涘，飲泉水而甘，爰就明戚廢墅節縮其址，築暢春園，熙春盛暑，時臨幸焉。以扈蹕，拜賜一區。林皋清淑，陂淀渟泓，因高就深，傍山依水，相度地宜，構結亭榭，取天然之趣，省工役之煩。檻花堤樹，不灌溉而滋榮。巢鳥池魚，樂飛潛而自集。蓋以其地形爽塏，土壤豐嘉，百彙易以蕃昌，宅居於茲安吉也。園既成，仰荷慈恩，錫以園額曰圓明。

清 高宗愛新覺羅·弘曆《御製文集》初集 卷四《静宜園記》 乾隆乙丑秋七月，始廓香山之郛，薙榛莽，剔瓦礫，即舊行宫之基，葺垣築室。佛殿琳宫，參錯相望。而峰頭嶺腹，凡可以占山川之秀，供攬結之奇者，爲亭，爲軒，爲廬，爲广，爲舫室，爲蝸寮，自四柱以至數楹，添置若干區。越明年丙寅春三月而園成，非創也，蓋因也。昔我皇祖於西山名勝古刹，無不曠覽。游觀興至，則吟賞託懷。草木爲之含輝，巖谷因而增色。恐僕役侍從之臣或有所勞也，率建行宫數宇於佛殿側。無丹雘之飾，質明而往，信宿而歸，牧圉不煩。如岫雲、皇姑、香山者皆是，而惟香山去圓明園十餘里而近。乾隆癸亥，余始往游而樂之。自是之後，或值幾暇，輒命駕焉。蓋山水之樂不能忘於懷，而左右侍御者之揮雨汗而冒風塵亦可厪也。於是乎就皇祖之行宫，式葺式營，肯堂肯構。樸儉是崇，志則先也，動静有養，體智仁也。名曰静宜，本周子之意，或有合於先天也。殿曰勤政，朝夕是臨，與羣臣咨政要而籌民瘼，如圓明園也。有憩息之樂，省往來之勞，以恤下人也。山居望遠村平疇，耕者，耘者，饁者，穫者，歛者，歷歷在目。杏花菖葉，足以驗時令而備農經也。若夫巖巒之怪特，林薄之華滋，足天成而鮮人力。信乎造物靈奥而有待於静者之自得耶。凡爲景二十有八，各見於小記而系之詩。

又《静寄山莊十六景記》 塞外之山，岡巒渾噩，堂阜連延，以雄峻勝。塞内之山，峰巖峭拔，嵷巄崱屴，以奇秀勝。造物之靈，有獨鍾南北之分，鮮兼美也，而惟田盤自太行而來，塞垣依此以築，故介在南北之間，兼收雄秀之粹，卓爲造物奥區焉。乾隆壬戌，夤緣往一游，自是山川之美不能恝置。然朝往暮歸，僕從侍御之臣不免於勞，乃發内帑建山莊於山之陽，買地繚垣，據景搆舍，高因迴有，僻以幽探，藻繢不施，亭臺間出。園之内得景八，園之外標舊蹟與諸寺，復得景八，合爲山莊十六景，而名之曰静寄。夫静者，山之體其寄於天地也，恒得常焉。人生而静，則静亦人之體也，而恒不得其常者，則其寄蓋不如山也。余之以是取名，其亦所以自警也。若夫山莊之號，則法皇祖避暑山莊之例，第其去京師較避暑近十之五，爲幅員較避暑僅十之三，尚樸素，屏文繡，適可而止。容膝亦安，守舊規而勉，欽承讀是記者，尚知吾繩武之意，而所重固不在卷阿之游歌也歟。

又 卷七《寶月樓記》 文有神會，落筆可以千言。興有時來，待機不妨數歲。寶月樓記之作，遲速蓋有如是。寶月樓者，介於瀛臺南岸適中，北對迎薰亭，亭與臺皆勝國遺址，歲時脩葺增減，無大營造。顧液池南岸，逼近皇城，長以二百丈計，闊以四丈計，地既狹，前朝未置宫室。每臨臺南望，嫌其直長，鮮屏蔽，則命奉宸既景既相，約之椓之。鳩工戊寅之春，落成是歲之秋。久欲爲記，輒以片時來往，率即成詠罷輟，兹始叙而記之。蓋是樓之經始也，擬以三層，既覺太侈，則減其一。延不過七間，袤不過二丈。據岸者十之四，據池者百之一。池不覺其窄，岸不覺其長。拾級而登，布席而坐，則雲閣瓊臺，詭峰古槐，峭蒨巉巖，聳翠流丹，若三壺之隱現於鏡海雲天者，北眺之勝槩也。憑窗下視，迴出皇城。三市五都，隱賑縱横。賈貿墆鬻，列隧百重，華蓋珂馬，劍珮簪纓，撫兹繁庶，益切保泰與持盈，此則南臨之所會也。於東則紫禁紫微，左廟右社，規天矩地，因上因下，授時順鄉，玉堂金馬，慚茅茨於有虞，法卑室乎大夏。奉此宫室，每同漢文，恐羞之誠也。而其西則西山，起伏連延，朝嵐夕靄，氣象萬千。春雨霖而農興，秋霜落而林殷，是又神皋繡壤，下視三都與兩京也。樓之義無窮，而獨名之曰寶月者，池與月適當其前，抑亦有肖乎廣寒之庭也。夫人之爲記者，或欣然於所得，而予之爲記常若自訟。是宜已而不已，予亦不知其何情也。繫以辭曰：

樓之聳惕，居高以悚。樓之廓坦，吾心以樂。樂與民同，悚勵己恭。樂不忘悚，樂斯益永。謂悚匪樂，悚不可藥。摛詞壁間，因識意之所存。

又 卷一八《萬壽山大報恩延壽寺碑記》 乾隆辛未之歲，恭遇聖壽六袠誕辰，朕躬率天下臣民舉行大慶禮，奉萬年觴敬效天保南山之義。以瓮山居昆明湖之陽，加號曰萬壽，創建梵宫，命之曰大報恩延壽寺。殿宇千楹，浮圖九級，堂廡翼如，金碧輝映，爇香燈，函貝葉，以爲禮懺祝嘏地。

又 二集 卷一二《白塔山總記》 京都於唐爲范陽，於北宋爲燕山，遼始稱京，金元明因之。雖城郭宫市建置沿革時或不同，而答陽都會，居天下之上游，俯寰中之北拱，誠萬載不易之金湯也。宫殿屏扆，則曰景山。西苑作鎮，則曰白塔山。白塔山者，金之瓊華島也。《北平圖經》載，遼時名曰瑶瑛，或即其地。元至元時改爲萬歲山，或曰萬壽山。至明時則互稱之，或又謂之大山子。見王紱《北京八景圖識語》中。本朝曰白塔山者，以順治年間建白塔於山頂。然考燕京而詠八景者，無不曰瓊島之春陰，故予於辛未年題碣山左，亦仍其舊，所爲數典不忘之意耳。山四面皆有景，惜《春明夢餘録》及《日下舊聞》所載廣寒、仁智之殿，玉虹、金露之亭，其方隅曲折，未能盡高下窈窕之致。使人一覽，若身步其地而目其概，蓋地既博而境既幽，且禁苑森岩，外人或偶一窺視，或得之傳聞，其不能覩之切而記之詳也。亦宜兹特界爲四面，面各有記，如柳宗元之《鈷鉧》、《石城》諸作。俾因文問景者，若親歷其間，嘗鼎一臠足知全味云爾。

又《塔山南面記》 承光殿之北跨太液爲橋，南北各有坊。南曰積翠，北曰堆雲。過堆雲坊即永安寺，殿曰法輪。殿後石磴，拾級而升，得稍平道。左右二亭，曰引勝，曰滌靄。復因迴疊石中，仍拾級。左右各爲洞，玲瓏窈窕，刻峭摧崣，各極其致，蓋即所謂移艮岳者也。穿洞而上，適與拾級而上者平。洞之上左右各有亭覆之，曰雲依，曰意遠。平處爲覆殿，前曰正覺，後曰普安。兩廂各有殿，東曰聖果，西曰宗鏡。又自永安寺牆之東緣山而升，路中有振芳亭，再升爲慧日亭，稍西則順治年間建塔碑記，及雍正年間重修碑記。復略升，則進普安殿之東廊矣。其寺牆之西亦緣山而登，半山有亭，扁曰蓬壺挹勝。再登則爲悦心殿，偶臨塔山，理事引見恒於此。其後爲慶霄樓，每逢臘日奉皇太后觀冰嬉之所也。悦心殿東側書屋爲静憩軒，轉石屏入墻門則仍普安殿，自殿後陟石階將百磴，即山頂白塔。建於此塔前琉璃佛殿曰善因。考《日下舊聞》，山頂爲廣寒殿，蓋即建塔之所。山中爲仁智殿，則今普安佛殿。是塔後列刹竿五，或謂之轉梵經，或謂之資瞭遠。其下爲藏信礮之所，八旗軍校輪流守之，蓋國初始定燕京，設以防急變者。

又《塔山西面記》 室之有高下猶山之有曲折，水之有波瀾，故水無波瀾不致清，山無曲折不致靈，室無高下不致情。然室不能自爲高下，故因山以搆室者，其趣恒佳。慶霄樓既據山之高，樓西緣廊而降有二道，其一向南，不數武爲一房山，蓋房中覆湖石成山云。歷磴以下爲蟠，青室迴廊環其外。緣廊北降達山之西，憑廊向南俯睇，有深淵。東則山之西脚，而山半腰有亭曰揖山，乃從悦心殿西角門而出者。其下峭壁插入，滉然靓然，若龍湫之有神物也。波與太液通，石橋鎖其口。橋之南步堤，東轉可通悦心殿及永安寺前。橋之北則琳光殿，前爲山西總路矣。又其一轉而北，有亭焉曰妙鬘雲峰。歷石磴而下則水精域，其下有古井，古井向有記關諸家，記載謂引金水河轉機運斛之，非及輦土壓勝之謬。凡山之陰、山之麓所爲屈注飛流、綫溪畝池，皆綆汲此井，以成其勢。水精域之下爲甘露殿，又下爲琳光殿。則就平陸爲山西之路，轉而北爲閱古樓，樓壁砌三希堂法帖碑版。攀梯而登，與平地。稍北則鑑畝室，窗臨清池，即鑿山溪引古井之水也。閱古樓後楹平臨山溪，石橋架其上。度橋有小石亭，梁柱皆泐詩。過亭峆岈崱屴，徑祇容人攝齊而上。出巖墻門，與慶霄樓後門相望，而山西之景略畢。

又《塔山北面記》 自閱古樓巖墻門出，轉而東則邀山亭，又東北則酣古堂。堂之東室倚石洞，循洞而東則寫妙石室。堂與室之南皆塔山之陰，或石壁，或茂林，森峙不可上，而室之東間乃樓也。踏梯以降，復爲洞，窅窱窅映，若陶穴，若嵌龕，旋轉光怪，不可殫極若是者。行數百武，向東忽得洞門，出則豁然開朗。小厂三間曰盤嵐精舍，而其南則仍石巖陡立，然羊腸之徑可以躋而上，達看畫廊。廊屬山東景，茲不復綴。自精舍轉而北至環碧樓，緣飛廊而下側嵌巖室。折而西爲小山亭，額曰一壺天地。西扇面房額曰延南薰。其盤嵐精舍之西由洞門北行數十武，亦達扇面房。自房而西爲小崑邱，蓋畝鑑室，水盈池則伏流不見，至邱東始擘巖而出爲瀑布，沿溪赴壑而歸墟於太液之波。又西爲銅露盤，銅仙竦雙手承之，高可尋尺。此不過綴景，取露實不若荷葉之易，則漢武之事率可知矣。又西爲得性樓，爲延佳精舍，爲抱冲室，爲鄰山書屋。名雖殊而因高以降，或一間，或兩架，皆隨其宛轉高下之趣而各與題額。又自畝鑑室北墻門而出，緣山蹊亦可達此。至鄰山書屋則就平地，廊接道寧齋矣。其東乃漪瀾堂，蓋山之北以堂與齋爲主室，而圍堂與齋北臨太液。延樓六十楹，東盡倚晴樓，西盡分涼閣，有碧照樓、遠帆閣分峙其間，各對堂與齋之中。南瞻窣堵，北眺滄波，頗具金山江天之概，故登樓與閣偶有吟詠，無不以是爲言。由漪瀾堂而東則蓮華室，以奉大士及妙法蓮華經得名。出墻門而南，則爲塔山東面之境矣。若夫各室內或題額或聯語，率銘意寄興，無關於景概之全，斯則不悉載。

又《塔山東面記》 因舊置而修飾之，謂之沿易。新建而創爲之，謂之革。山之南沿者多而建者少，山之北革者夥而置者稀。然東北泐瓊島春陰之石幢，雖出於新建，亦實述其舊置。由石幢登山逕爲看畫廊，其上則交翠庭。庭之下，廊之側，攀援石洞以出爲古遺堂，對之者戀影亭。自堂躡梯以下，仍依洞以出爲見春亭。遂循東岸可至半月城前，而自交翠庭步嶺路至智珠殿者，分左右階而下，亦達半月城前。蓋殿原據城上，埤垷即平地基也。過石橋則陟山門，而白塔山四面之事畢矣。白塔建自順治八年辛卯，至於今蓋百有二十年矣。夫士民之家尚以肯構爲言，况茲三朝遺蹟，地處禁苑，聽其荒廢榛薉爲弗當然。予自辛酉壬戌之間始稍稍有所葺建，至於今凡三十年，而四面之景始畢。成而爲之記，雖云發内帑以徐爲之，然而視《春明夢餘録》、《日下舊聞》所載，有過之無不及矣，知我罪我，吾豈能辭哉。

又《御製樂善堂全集定本》卷八《瀛臺記》 入西苑門有巨池，相傳曰太液。循東岸南行，折而西，過木橋，邃宇五間，爲勤政殿。自勤政殿南行，石堤可數十步，階而升有樓，門向北，匾曰瀛臺。門内有殿五間，爲香扆殿。殿南飛閣環拱，自殿至閣，如履平地。忽緣梯而降，方知爲上下樓。樓前有亭臨水，曰迎薰亭。東西奇石，古木森列如屏。自亭東行，過石洞，奇峰峭壁，轇轕蓊蔚，有天然山林之致。蓋瀛臺惟北通一堤，其三面皆臨太液，故自下視之，宮室殿宇，雜於山林之間，如圖畫。所謂海中蓬萊者，名曰瀛臺，豈其意乎。

又《豐澤園》 西苑宮室皆因元明舊址，惟豐澤園爲康熙間新建之所，自勤政殿西行過小屋數間，蓋皇祖養蠶處也。復西行歷稻畦數畝，折而北則爲豐澤園。園内殿宇制度惟朴，不尚華麗，園後種桑數十株。聞之老監云，皇祖萬幾餘暇則於此勸課農桑，或親御耒耜逮我皇父纘承丕業敬天法。祖世德作求，數年以來屢行親耕之禮，皆預演禮於此，乃知聖聖同規敦本重農，用躋天下於熙皞之盛。若瀛臺之建於有明。飛閣丹樓，輝煌金碧。較之此園，固爲美觀，而極土木之功，無益於國計民生識者，鄙之行一事而合於天心，建一園而洽於民情，身率先而天下丕變，吾於是乎知皇祖皇父之爲首出之聖也。

又《田字房記》 流杯亭之西南有田字房焉。丁未四月十八日，皇父萬幾之暇，燕接親藩游豫於此。是地也，西山遠帶，碧沼前流每當盛夏，開窗則四面風至，不復知暑。其北則稻田數畝，嘉禾生香，藹聞於室。蓋我皇父重農之心，雖於燕閒游觀之所，亦未嘗頃刻忘也。古昔聖王臨朝視政之暇，必有怡情娛覽之地，故《靈臺》之詩，美文王也。《卷阿》之詩，頌成王也。今田字房所以命意重農者，豈徒怡情娛覽已哉。至若黛掃山顛，風來蘋末，麥畦浪起，柳岸煙開，馴鶴從容而起舞，文鴛匹偶而泳游，蝶裁五色之文，蜂喧萬花之谷，物華景麗，則思飲和食德，熙穰於光天化日之下而怡然以樂。其或涼颸四起，鴻雁來賓，白露如珠，綠雲改赤，千家之砧杵遥聞，百室之倉箱盡實，則思遺秉滯穗，誰遺寡婦之利而悄然。以憂時，引儒臣坐而論道，或率諸王公子弟修家人之禮，講燕好之歡，所觸目而會心者，我皇父之同憂同樂，憩息於斯，較之《靈臺》、《卷阿》意更深長矣。謹爲之記。

清 乾隆《熱河志》卷九八《古蹟二》 慕容燕宫殿，在故龍城内。《十六國春秋·前燕録》：晋咸康七年正月，慕容皝使陽裕等築龍城，構門闕宫殿廟園。八年七月，皝營龍城新殿，建元元年十月，復大起龍城宫闕。永和元年二月，有黑龍、白龍各一見於龍山，皝親率羣僚觀之，還宫，號所居新宫曰和龍宫。又有承乾殿。《前燕録》：慕容皝十四年十月，饗羣臣於承乾殿。又有新昌殿。《後燕録》：慕容盛長樂二年十二月，宴羣臣於新昌。又有承華殿，《後燕録》：慕容熙爲苻后起承華殿，今並無存。

清 光緒《華亭縣志》卷二一《古蹟》 行宫，宫在提督府東南，康熙四十四年、四十六年，聖祖仁皇帝兩次南巡江南，提督張雲翼、松江府知府郭朝祚恭建，以爲駐蹕之地。中爲正殿，外爲朝房。左偏爲園池，依城爲山，環植竹木。右爲皇子行宫（即今關聖祠）。

清 張文貞《玉書賜游熱河後苑記》（《養吉齋叢録》卷一八輯） 六月二日，駕至熱河行宫。十一日，有旨命同滿大臣等游觀後苑。由正門入，向東北行至山崖，有殿三楹，額曰萬壑松風，聯云「雲卷千峰色，泉和萬籟吟」。歷石磴數十層，紆折而下，右有八角亭可垂釣。過橋循長堤行時，上在亭中顧謂臣等曰：此堤形勢，有類靈芝。蓋長堤綿亘蜿蜒，至中道别出一支，分爲三沱，各踞勝境，實與芝相類也。其東則雲山罨畫，西則皇子讀書之所。直行里許，至駐蹕之地。正門額曰澄波疊翠。門外居中設御榻，眺覽曠遠，千巖萬壑，俱在指顧間。入門少西爲延薰山館，聯云「雲移溪樹侵書幌，風送巖泉潤墨池」。館後有佛堂，額曰水芳巖秀，聯云「自有山川開北極，天然風景勝西湖」。傍有樓，額曰雲帆月舫，聯云「疑乘畫棹來天上，欲掛輕帆入鏡中」。轉至御座正殿前，羣花列植，極多異種。繡毬五，本分五色目中所未見也。對面有臺，曰一片雲。於是臺上設音樂，滿諸臣坐於東廊，臣偕翰林諸臣坐西廊。小榭内設木榻，既宴賜食數器，又特賜御膳野雞羹一器。及午宴罷，羣起謝恩出，遂登舟泛湖。湖之極空曠處與西湖仿佛，其清幽澄潔之勝，則西湖不及也。岸有喬木數株，近侍云此皆奉上命所留。隨樹築堤，蒼翠交映，而古幹更具屈蟠之勢。舟中遥望，勝概不可殫述。有遠岸縈流，極其浩淼者，有巖迴川抱，極其明秀者。萬樹攢緑，丹樓如霞，謂之畫境可，謂之詩境亦可，而詩與畫遜真境遠矣。湖東岸一閘温泉水從此入，登岸則有荷池數畝。池上有涼殿，殿右有亭，爲曲水流觴之地，額曰蘋香沜，聯曰「雙澗常流月，千峰自合雲」。遠近泉聲皆隨地勢曲折疏導而得之。循湖水數折，復至初乘舟處。登岸渡橋，由舊道而出。此苑中東北一路勝概也。至二十八日，復奉命再游，則尋西北之勝。從東掖門北行，仍經萬壑松風，由長堤至澄波疊翠。時從正門行，直過雲帆月舫，循廊下，行至一片雲處，仍坐西廊房賜食觀樂，復特賜御案羹湯。食畢而起。傳諭荷花盛開，可同觀之。登舟過藏舟塢，對望隔一堤。湖光空明無際，所謂雙湖夾鏡者，於此地見之。湖西蓮甚盛，内有一種色至鮮麗者，從敖漢部落得其種，花與葉俱浮水面，倒影湖中，最稱奇麗。其他或遠或近，或數叢或散布，清芬環匝，真奇觀也。登岸地勢平衍，有田疇，有林木。過小橋數折，沿山趾而行。山巔蒼藤古蘚，不知幾百年物。比至關口，關以外爲獅子峪，關踞嶺上，是爲西嶺。關下一軒，額曰濠濮閒想，有二聯：一曰「窗開樹色連山浄，户外嵐光帶水明」，一曰「野静山氣斂，林疏風露長」。坐憩數刻，真覺别有天地，非人間也。其山後榛子峪、松樹峪不及往而返。南行則爲龍王廟，又南則迤邐石徑，雜以叢卉。春月梨花甚繁，稱一時之勝。山行約十數里，坡陀委折，時斷時續，異境天成。回至長橋石磯，西北一路之勝皆仿佛得其梗概矣。復乘舟，指西掖門登岸，偕於岸旁謝恩。所謂十六景者：一曰澄波疊翠，則御座正門也；一曰芝逕雲堤，則長堤也；一曰長虹飲練，則長橋也；一曰暖溜暄波，則温泉所從入也；一曰雙湖夾鏡，則兩湖隔堤處也；一曰萬壑松風，則入門山崖之殿也；一曰曲水荷香，則流觴處也；一曰西嶺晨霞，則關口西嶺也；一曰錘鋒落照，則遠望苑西一峰也；一曰芳渚臨流，即石磴旁之小亭也；一曰南山積雪，則苑南一帶山也；一曰金蓮映日，則西岸所見金蓮數畝是也；一曰梨花伴月，則春月梨花極盛處也；一曰鶯囀喬木，則堤畔所有喬木數株是也；一曰石磯觀魚，則石磯隨處可垂釣者也；一曰甫田叢樾，則田疇林木極茂處也。宇内山林無此奇麗，宇内亭園無此宏曠。先後布置皆由聖心指點而成。

未成之時，人不知其絶勝，既成之後，則皆以爲不可易矣。大抵順其自然，行所無事，因地之勢，度土之宜，而以人事區畫於其閒。經理天下，無異道也。

清　陳作霖《可園文存》卷九《春明舊游記》　光緒丙子丁丑庚辰之年，予以計偕三詣京師。見市廛之繁富，人物之都雅。轟飲則性不耆酒，觀優則耳不解音。雖略涉其藩，而旋即舍去。獨於廟壇苑囿寺刹之游，有深契焉。其時海内無事，天子端拱深居。別館離宮，久不臨幸。適值奉宸，諸司有掃除之役。雉兔芻蕘，於兹無禁，得以瞻仰其閒。禁城之西有大高元殿，爲明肅皇祝釐之所。殿額四字，岩介溪書也。其北宮牆迤邐四周，如環之無端，故曰團城。從牆隅歷級而下，當階有黑玉甕，大容數石，腹中鐫純皇帝御製詩歌。作亭覆之。旁有一松，廣蔭半階，而枝不出屋，俗所謂遮影侯也。迤東有古籟齋，後有朵雲亭，再東有小石山，登之可以眺遠。循廊而過，遂至承光殿。御座宮扇，對越森岩。顯皇帝御書楹聯「龍蹲鳳翔，敬仰久之」。出門即金鼇玉蝀橋。憑闌四望，西苑勝概盡在目中。樓閣參差，夕陽返照，一幅小李將軍金碧山水圖也。西苑築於明嘉靖時，殿宇宮觀皆點綴水次而成。北人謂水之大者曰海。其南北中以金鼇玉蝀橋界之，故統呼曰三海。極北有蠶宮，𠢝柘成陰。其中砌石作壇三重，是爲皇后躬桑處。循蠶宮牆而北，漸聞水聲。有石閘，泉流涌入，則御河之源也。沿河西行，竹林出牆，小亭榜碧鮮二字。又西爲闡福寺，胡僧居之。飛閣複檐，丹黄燦爛。影壁繪九龍騰拏夭矯，人謂之九龍碑。門外二銅獅，刻鏤精緻，相傳爲和珅家物。又西爲極樂世界，門閉不得入。乃穿五龍亭，返至甬道而南。行夾路，松柏蓊鬱。里許過石橋爲瓊華島，石峰林立，至奇者上刻「岳雲」二字，皆宋艮岳之石金源輦而至燕者也。由左道石級上，迴繞曲廊。至一亭，瓦柱皆銅，四面嵌甆佛，中供大悲像。再上則白塔矗然，塔山由以得名者。循徑右轉，見老松數十株，中藏屋宇，則悦心殿在焉。平臺左右有二石，其一備九音，叩之良然。稍下有二碑亭，純皇帝御製「塔山四面記」鐫其上。恭讀一過，勝景畢臻。再下有石洞，陰森逼人，蓋塔山之腹，其中皆空。迤南歷智珠殿、觀瓊島、春陰碑。折至山後，石闌俯河，有遼后洗妝樓，已圮。循牆入碧照樓門，歷漪瀾堂，至道腴齋。左疊石如浪。登山觀仙人承露盤。陟環碧樓，俯入石穴，玲瓏透徹。其巔有亭曰延南薰，作摺扇面式。既洞穿而出，復循堤由夾道過小石橋。仰望石亭，對宇有春雨林塘額，而北海諸景已得其大略矣。中海、南海皆在金鼇玉蝀橋南入福華門。先至時，應宮前殿供四海龍王及雷電諸將，後殿供天下都龍王，爲歲旱禱雨之所。屋宇幽深，不寒而慄。旋至紫光閣，閣後爲武成殿。殿閣兩壁皆繪純皇帝十全武功暨成皇帝盪平回部圖，匱藏諸功臣畫像。展玩數幅，如福郡王王韓城相國，須眉可敬。殿後庋置外藩貢物，有乾隆時英夷所獻寶輦，深歎先朝綏遠之方。出閣東望，爲太液池，爲蕉園。以石路毁圮，未去。凡是皆中海之所有也。循河南行，入南海總門。過木橋，進曲澗浮花門，穿流水音石亭。循石磴至春及堂。面對平疇，麥碧如浪，得省耕之遺意。出門南行里許，陟寶月樓。壁繪牡丹荷花二幀，以西洋法渲染之，爲凸凹式，捫之則平。其東室嵌象牙，作二十四孝畫像，備宸游之法鑒焉。既又遶河西北行，過藏舟塢，有敗船未修，仰服沖人初政之儉德。再北爲春耦齋界，爲四十九閒，曲折周遭，幾欲迷路。其外則壘石成徑，仿師子林摺疊法。步廊西轉入純一齋，東過遐矚樓，至敦叙殿，爲歲時宗人賜宴之區，而慳懷堂即與之相通。由是出豐澤園門，渡石橋沿河南行，歷階而上，入翔鸞宮門，經涵元、香扆諸殿下，至瀛臺。明莊烈帝御見羣臣之便坐也。黄石齋之直戆，秦良玉之忠勇，猶仿佛見之。臺外有木化石盆供，南爲迎薰亭，皆在水中央。此西苑之所爲名海也。後十餘年，皇居於兹建極。即金鼇玉蝀橋，亦爲禁地，非臣民所敢至。而予乃早得寓目，何其幸哉！禁城東北爲國子監，彝倫堂外一水界之，圜橋觀聽，於是焉在。聖廟臨其東，入門松檜成行。進士題名碑林立戟門外，排列石鼓，左右各五。其周宣舊鼓，以闌護之，有純皇帝御製石鼓文碑，而張照所書韓詩碑屹立於石。繼入大成門，院左右碑亭相接，皆刊十全武功告成太學文。其閒，樹尤奇古，令人動林木名節之思。後門外有十刹海，一名北湖，水自玉泉山而來，積成巨浸。遥望樹陰森蒨，水面荷小於錢。土人云昔有十刹環之，故名。旁有火神廟，碧瓦重檐。前殿曰隆恩，後閣曰萬歲，景靈，唐貞觀中建，元至正六年修，其神最著靈異。明末，王恭廠大災，相傳火神下殿，即此塑像也。再北爲齊化門，雖有名蹟，以道遠不果往，而寓居會邸。

著　録

清　高士奇《金鼇退食筆記序》　嘗讀往史所載，秦漢隋唐之宫闕，高者七八十丈，廣者二三十里。而離宮別館，綿延聯絡，彌山跨谷，或至數百所，何其奢侈宏麗可怖也！明因金元之舊，宮闕苑囿，較秦漢隋唐僅十之三四。然皇城之中，即屬大内，禁絶往來。惟親信大臣，得賜游宴，故或記或詩，咸自詡爲異數。亦有終身官侍，從未得一至者，聞人説苑西亭臺宮殿，無異海外三山，縹緲恍惚，疑信者半。我國家龍興以來，務崇簡樸，紫禁城外，盡給居人，所存宮殿苑囿，更不及明之三四。凡在昔時岩肅禁密之地，擔夫販客皆得徘徊瞻眺于其下，有靈臺靈沼之遺意焉。余自丁巳賜居太液池之西，朝夕策馬過金鼇玉蝀橋，望苑中景物，七閲寒暑。退食之頃，偶訪曩時舊制，約略得之傳聞，又彷彿尋其故址，離宮别館，廢者多矣。脱復十數年，老監已盡，遺蹟漸湮，無以昭我皇上卑宮室、約苑囿之儉德，因率筆記之。詳于西而略于東，如小南城、葡萄園諸亭樹，雖有存者，總不及書，以余所居在苑西也。紀其興廢，而復雜以時事，欲見昭代之盛，存爲太平佳話也。若彼内府衙、署、監、局之載在會典，與訪問未確，其蹟莫考者，缺而不書。景山則外人之所罕窺也，亦不敢書。今余所記，皆都下臣庶，旦暮經過，俯仰習于見聞，非同温室之樹莫可得而言者。乃居者既以守近而不知，過者又以匆遽而莫曉，余生何幸，移家其間，炊煙燈火，鄰于紫極。使不表而出之，如身到海外三山，茫無紀述，寧無愧焉？康熙甲子夏六月序。

藝　文

元 馬祖常《石田文集》卷三 沙草山低叫白翎，松林春雨樹青青。土房通火爲長炕，氊屋疏涼啟小櫺。六月椒香駝貢乳，九秋雷隱菌收釘。誰知重見鰲峰客，颯颯臨風鬢已星。

門外春橋漾緑波，因尋紅藥過南坡。已知積水皆爲海，不信疏星又隔河。酒市杯陳金錯落，人家冠簇翠盤陀。薰風到面無蒸暑，去鳥長雲奈客何。

萬里雲沙碣石西，高樓一望夕陽低。谷量一作深牛馬烟霞錯，天險山河海岱齊。貢篚銀貂金作藉，官窑磁盞玉爲泥。未央殿下長生樹，還許尋巢彩鳳栖。

元 納延《金臺集》卷一《宮詞八首次偰公遠正字韻》 廣寒宮殿近瑶池，千樹長楊緑影齊。報道夜來新雨過，御溝春水已平堤。

千官鵠立五雲間，玉斧參差擁畫闌。今日君王西内去，安排天仗趣儀鸞。

水晶簾外日遲遲，殿閣春深笑語稀。繡幕無端風捲起，一雙燕子傍人飛。

上苑含桃熟暮春，金盤滿貯進楓宸。醍醐漬透冰漿滑，分賜堦前儤直人。

瓊島岧嶢内苑西，斕斑綺石甃清漪。御床不許紅塵到，黄幔長教窣地垂。

花影頻移玉砌平，美人欹枕聽流鶯。一春多病慵梳洗，怕説鑾輿幸上京。

繡床倦倚怯深春，窗外飛花落錦茵。抱得琵琶堦下立，試彈一曲鬥清新。

太液池頭新月生，瑶街最喜晚來晴。貴人忽被西宮召，騎得驊騮款款行。

明 程本立《巽隱集》卷一《昆明池》 昆明海水不成潮，一鏡涵空山影摇。明月碧雞飛夜夜，白雲蒼狗變朝朝。登臨未必南荒惡，瞻戀其如北極遥。汀草汀花自春色，無人同放木蘭橈。

明 秦夔《五峰遺稿》卷九《西園六詠爲巡撫大司馬三原王公題蒼松徑》
三原城西松十尋，層軒相對亦蕭森。虬髯拂起緑雲亂，金粉墮堦蒼雪深。屋角晚風看鶴下，窗間春雨聽龍吟。歲寒對此堪娱悦，共矢平生金石心。

明 文徵明《甫田集》卷一〇《西苑詩十首》 萬歲山在子城東北玄武門外，蓋大内之鎮山也。其上林木陰翳，尤多珍果，一名百果園。

日出靈山花霧消，分明員嶠戴金鼇。東來複道浮雲迥，北極觚棱王氣高。仙仗乘春觀物化，寢園常歲薦櫻桃。青林翠葆深於沐，總是天家雨露膏。

太液池在子城西乾明門外，周凡數里，環以林木亭樹，東西跨以石梁。瑶華島在其中。

泱漭滄池混太清，芙蓉十里錦雲平。曾聞樂府歌黄鵠，還見秋風動石鯨。玉蝀蜿蜒垂碧落，銀山縹緲自寰瀛。從知鳳輦經游地，鳧鴈徊翔總不驚。

瑶華島在太液池中，上有廣寒殿，相傳遼太后游息之所。

海上三山擁翠鬟，天宮遥在碧雲端。古來漫説瑶臺迥，人世寧知玉宇寒。落日芙蓉煙裊裊，秋風桂樹露團團。勝游寂寞前朝事，誰見吹簫駕彩鸞。

承光殿在太液池上，圍以瓮城，殿搆環轉如蓋，一名圓殿。中有古栝，數百年物也。

小苑平臨太液池，金鋪約户鎖蠕螭。雲中帝座飛華蓋，城上鈎陳繞翠旗。紫氣曾迴雙鳳輦，青松猶有萬年枝。從來清蹕深岩地，開盡碧桃人未知。

龍舟浦在瑶華島東北，有水殿二，藏龍舟、鳳舸。

列殿陰陰水竇連，漢家帝子有樓船。蘭橈桂楫曾千里，錦纜牙檣憶往年。汾水秋風空落日，隋堤楊柳漫青煙。今皇别有同民樂，不遣青龍漾碧川。

芭蕉園在太液池東，崇臺複殿，古木珍石，參錯其中。又有小山曲水，《實録》成於此焚槁。

小山盤折翠峆岈，松檜陰陰輦道斜。草長蘭亭迷曲水，雨深桃洞自飄花。紫雲依舊圍黄屋，青鳥還應識翠華。知是史臣焚草地，文光隱隱結紅霞。

樂成殿在芭蕉園之南，引水爲池，中建三亭，架朱梁以通。梁左右浮以小山，名曰九島。其東別鑿澗，激水以轉碓磨。南田穀成，於此春治，故云樂成。

太液東來錦浪平，芙蓉小殿瞰虚明。碧欄蘸影雙龍卧，緑水浮渠九島輕。漾日金鱗堪引釣，拂天翠柳亂聞鶯。激流静看飛輪轉，天子無爲樂歲成。

南臺在太液池之南，上有殿曰昭和，下有水田村舍，先朝嘗於此閱稼。

青林迤邐轉迴塘，南去高臺對苑牆。暖日旌旗春欲動，薰風殿閣晝生凉。別開水榭親魚鳥，下見平田熟稻粱。聖主一游還一豫，居然清禁有江鄉。

兔園在太液池之西，崇山複殿，林木蔽虧。山下小池，石龍昂首而蟠激，水自地中轉出龍吻。

漢王游息有離宮，瑣闥朱扉迤邐通。別殿春風巢紫鳳，小山飛澗架晴虹。團雲芝蓋翔林表，噴壑龍泉轉地中。簡樸由來堯舜事，故應梁苑不相同。

平臺在兔園之北，東臨太液，西面苑墻。臺下爲馳道，可以走馬。武皇嘗於此閲武。

日上宫牆飛紫埃，先皇閲武有層臺。下方馳道依城盡，東面飛軒映水開。雲傍綺旒常不散，鳥窺仙仗去還來。金華待詔頭都白，欲賦長楊愧不才。

明 張元凱《伐檀齋集》卷五《春日游西苑二首》 宜室臨西苑，靈臺對籍田。宫鶯迷緑雨，廄馬飲清川。柳引金堤直，松含玉殿圓。先皇受釐處，寂寞鎖春烟。

禁雲流不盡，苑樹碧叢叢。水淺鴛鴦島，花深翡翠宫。引泉珠錯落，疊石玉玲瓏。莫認桃源路，銀河豈易通。

又 卷八《西苑》 春晴壺嶠紫城隅，掖路雲深柳萬株。綺閣跨池因漢鑿，花宫疊石總秦驅。峰爲翠鳳翔華蓋，樹作蒼龍護蕊珠。豈是君王游豫處，幽風無逸殿中圖。

清 傳維鱗《四思堂文集》卷二《游御花園》 繁華聞从御園名，今日何緣天上行。金鳳已銜新字額，石龍猶瀉舊泉聲。千章雲樹齊璇閣，午漏星壇禮玉京。莫道皇居只壯麗，萬峰深處最幽清。

清 顧大申《堪齋詩存》卷一《西苑》 瀛臺渺無際，西苑疏靈泉。太液何迢遥，蜿蜒玄武間。錦石表巨鎮，灌木參雲天。鳧鷖戲蘭渚，荷芰含空煙。蒲葦接廣岸，飛虹跨長川。西迴宜春觀，東望祈年壇。六龍時上下，弓韣爲盤旋。玉女窺芳牖，金仙睨雲端。波静隱鷁首，林霽明層巒。珥彤虎闈彦，起草蘭臺賢。書雲紀嘉序，賡歌繼虞絃。小臣侍游宴，敢獻卷阿篇。

清 彭孫遹《松桂堂全集》卷一《南苑賦序》 南苑在都城之南，舊名海子。瀇漫百里，夙號沃瀛。果蓏千區，於焉滋植。珍羣異羽，充牣乎其中。複道行宫，紛縈乎其際。左思所云「遭藪爲圃，值林爲苑」也。蓋其川原曠邈，林澤透迤，秋水如空，春波似縠，烟霏夕幂，霞綺晨飛。雲淡而四垂，天蒼蒼而一色。鳧鷖唼葉，依然太液之池。魚鳥親人，寧數濠梁之境。至其繚垣廣袤，馳道周遭，接雉堞而非遥，瞻龍樓其不遠。雲臺九仞，丹氣迴環。春樹萬家，清暉映帶。匪樸匪斲，如跂如翬。土不雕鏤，木無緹錦。有唐后茅茨之制，同夏王卑約之風。皇上聽覽餘閒，時臨是地。省耕觀穫，常行補助之文。表貉弊禽，兼肄蒐苗之典。殺不盡物，樂以同民。一豫一游，皆成法度。每至青陽之月，白露之辰，都人士女，靡不延頸跂足以望屬車之塵焉。昔周人之歌靈囿，樂翔泳之沾恩。漢臣之賦上林，美陂池之弛禁。

清 高士奇《金鰲退食筆記》卷上《宴西苑恭紀四首》録一

島嶼三山外，林塘五鳳西。風藤牽紫蔓，夏木發丹荑。岸轉亭皆出，波平檻盡低。玉蝀坊裏望，樓閣隱虹霓。九重端扆暇，游豫濯龍泉。蒲草沿堤碧，榴花照佩鮮。魚潛知聽樂，鷗戲解迎船。願以池爲醴，懽同在鎬傳。

清 聖祖仁皇帝《聖祖仁皇帝御製文集》三集 卷五〇《熱河三十六景詩》 烟波致爽并序 熱河地既高敞，氣亦清朗，無蒙霧霾氛，柳宗元記所謂曠如也。四圍秀嶺，十里澄湖，致有爽氣。雲山勝地之南有屋七楹，遂以烟波致爽顔其額焉。

山莊頻避暑，静默少喧譁。北控遠烟息，南臨近壑嘉。春歸魚出浪，秋斂雁横沙。觸目皆仙草，迎窗遍藥花。炎風晝致爽，綿雨夜方賒。土厚登雙穀，泉甘剖翠瓜。古人戍武備，今卒斷鳴笳。生理農商事，聚民至萬家。

芝逕雲堤并序　夾水爲堤，逶迤曲折，逕分三枝。列大小洲三，形若芝英，若雲朵，復若如意。有二橋，通舟楫。

萬幾少暇出丹闕，樂水樂山好難歇。避暑漠北土脉肥，訪問村老尋石碣。衆云蒙古牧馬場，並乏人家無枯骨。草木茂，絶蚊蝎。泉水佳，人少疾。因而乘騎閲河隈，灣灣曲曲滿林樾。測量荒野閲水平，莊田勿動樹勿發。自然天成地就勢，不待人力假虚設。君不見磬錘峰獨峙，山麓立其東。又不見萬壑松偃蓋，重林造化同。煦嫗光臨承露照，青葱色轉頻歲豐。游豫常思傷民力，又恐偏勞土木工。命匠先開芝逕堤，隨山依水揉輻齊。司農莫動帑金費，寧拙捨巧洽羣黎。邊垣利刃豈可恃，荒淫無道有青史。知警知戒勉在兹，方能示衆撫遐邇。雖無峻宇有雲樓，登臨不解幾重愁。連巖絶澗四時景，憐我晚年宵旰憂。若使扶養留精力，同心治理再精求。氣和重農紫宸志，烽火不烟億萬秋。

無暑清涼并序　循芝逕北行，折而少東，過小山下，紅蓮滿渚，緑樹緣堤。面南夏屋軒敞，長廊聯絡，爲無暑清涼。山爽朝來，水風微度，泠然善也。

畏景先愁永晝長，晚年好静益徬徨。三庚退暑清風至，九夏迎涼稱物芳。意惜始終宵旰志，踟蹰自問濟時方。谷神不守還崇政，暫養回心山水莊。

延薰山館并序　入無暑清涼，轉西爲延薰山館。楹宇守朴，不雘不雕，得山居雅致。啟北户，引清風，幾忘六月。

夏木陰陰蓋溽暑，炎風歘歘守峰衙。山中無物能解愠，獨有清涼免脱衫。

水芳巖秀并序　水清則芳，山静則秀。此地泉甘水清，故擇其所宜，邃宇數十間。於焉誦讀，幾暇静養，可以滌煩，可以悦性，作此自戒始終之意云。

水性雜苦甜，水芳即體厚。名泉亦多覽，未若此爲首。頤卦明口實，得正自養壽。擇地立偃房，根基度長久。節宣在兹求，勤儉勿落後。朝窗千巖裏，峭壁似天剖。遠託思雲漢，怡神至星斗。精研書家奥，臨池愈澀手。清淡作飲饌，偏心惡旨酒。讀老無逸篇，年年祝大有。

萬壑松風并序　在無暑清涼之南，據高阜，臨深流，長松環翠壑，虚風度如笙，鏞迭奏聲，不數西湖萬松嶺也。

偃蓋龍鱗萬壑青，逶迤芳甸雜雲汀。白華朱萼勉人事，愛敬南陔樂正經。

松鶴清越并序　進榛子峪，香草遍地，異花綴崖夾嶺，虬松蒼蔚，鳴鶴飛翔。登蓬瀛，臨崑圃，神怡心曠，洵仙人所都不老之庭也。

壽比青松願，千齡葉不雕。銅龍鶴髮健，喜動四時調。

雲山勝地并序　萬壑松風之西，高樓北向。憑窗遠眺，林巒烟水，一望無極，氣象萬千，洵登臨大觀也。

萬頃園林達遠阡，湖光山色入詩箋。披雲見水平清理，未識無愆守節宣。

四面雲山并序　澄泉繞石迤西，過泉源，盤岡紆嶺，有亭翼然。出衆山之巔，諸峰羅列，若揖若拱。天氣晴朗，數百里外巒光雲影，皆可遠矚。亭中長風四達，伏暑時蕭爽如秋。

殊狀崔嵬裏，巓嶠入好詩。遠岑如競秀，近嶺似争奇。雨過風來緊，山寒花落遲。亭遥先得月，樹密顯高枝。潮平無湧浪，霧净少多岐。脉脉金明液，溶溶積翠池。常憂思解愠，樂志餘清悲。素學臣鄰老，耆年自不知。

北枕雙峰并序　環山莊皆山也，山形至北尤高。亭之西北，一峰峻出，勢陂陀而逶迤者金山也。其東北一峰拔起，勢雄偉而崒嵂者黑山也。兩峰翼抱，與兹亭相鼎峙焉。

嶔嵜岡岫紫宸關，乾地金峰坎黑山。苦熱雲生雙嶺腹，盆傾瞬息落溪灣。

西嶺晨霞并序　傑閣凌波，軒窗四出，朝霞初焕，林影錯繡，西山麗景入几案間。始登閣，若履平地。忽緣梯而降，方知上下樓也。

雨歇更闌斗柄東，成霞聚散四方風。時光豈在凌雲句，寡過清談宜守中。

錘峰落照并序　平岡之上敞亭東向，諸峰横列於前，夕陽西映，紅紫萬狀，似展黄公望浮嵐暖翠圖。有山矗然，倚天特作金碧色者，磬錘峰也。

縱目湖山千載留，白雲枕澗報深秋。巉巖自有争佳處，未若此峰景最幽。

南山積雪并序　山莊之南，複嶺環拱。嶺上積雪經時不消，於北亭遥望，皓潔凝映，晴日朝鮮，瓊瑶失素，峨眉明月、西崑閬風，差足比擬。

圖畫難成丘壑容，濃妝淡抹耐寒松。水心山骨依然在，不改冰霜積雪冬。

梨花伴月并序　入梨樹峪，過三岔口，循澗西行可里許，依巖架屋，曲廊上下，層閣參差，翠嶺作屏，梨花萬樹，微雲淡月時，清景尤絶。

雲窗倚石壁，月宇伴梨花。四季風光麗，千巖土氣嘉。瑩情如白日，託志結丹霞。夜静無人語，朝來對客誇。

曲水荷香并序　碧溪清淺，隨石盤折，流爲小池。藕花無數，緑葉高低。每新雨初過，平堤水足，落紅波面，貼貼如泛杯，蘭亭觴詠無此天趣。

荷氣參差遠益清，蘭亭曲水亦虚名。八珍旨酒前賢戒，空設流觴金玉羹。

風泉清聽并序　兩峰之間流泉滴滴，微風披拂，滴石作琴筑音，與鶴鳴松韻相應。泉味甘馨，怡神養壽，恰合章孝標《松下泉詩》「注瓶雲母滑，漱齒茯苓香」。瑤池芝殿老萊心，涌出新泉萬籟吟。芳檻倚欄蒸靈液，南山近指奏清音。

濠濮間想并序　清流素練，緑岫長林，好鳥枝頭，游魚波際，無非天適。會心處在南華秋水矣。

茂林臨止水，間想託身安。飛躍禽魚静，神情欲狀難。

天宇咸暢調萬斯年曲并序　湖中一山突兀，頂有平臺，架屋三楹，北即上帝閣也。仰接層霄，俯臨碧水，如登妙高峰上，北固烟雲，海門風月，皆歸一覽。

通閣斷霞應卜居，人烟不到麗晴虚。雲葉淡巧萬峰明，雁過初，賓鴻侶。鷗雨秋花遍洲嶼。

暖溜暄波并序　曲水之南，過小阜，有水自宫牆外流入，蓋湯泉餘波也，噴薄直下，層石齒齒，如漱玉液。飛珠濺沫，猶帶雲蒸霞蔚之勢。

水源暖溜輒蠲痾，涌出陰陽滌蕩多。懷保分流無近遠，窮檐盡誦自然歌。

泉源石壁并序　獅逕之北，岡嶺蜿蜒數里，翠崖如壁，下映流泉。泉水静深，尋源徙倚，詠朱子「問渠那得清如許，爲有源頭活水來」之句，悠然有會。

水源依石壁，雜踏至河隈。清鏡分霄漢，層波濺碧苔。日長定九數，髮白考三才。天貺名猶鄙，居心思道該。

青楓緑嶼并序　北嶺多楓，葉茂而美蔭，其色油然，不減梧桐芭蕉也。踈窗掩映，虚涼自生，蘿蔦交枝，垂掛崖畔。水似青羅帶，山如碧玉簪，奇境在户牖間矣。

石磴高盤處，青楓引物華。聞聲知樹密，見景絶紛譁。緑嶼臨窗牖，晴雲趁綺霞。忘言清静意，頻望羣生嘉。

鶯囀喬木并序　甫田叢樾之西，夏木千章，濃陰數里。晨曦始旭，宿露未晞。黄鳥好音，與薰風相和。流聲逸韻，山中一部笙簧也。

昨日聞鶯鳴柳樹，今朝閲馬至崇杠。朱英紫脱平原緑，月駟雲騧錯落驪。

香遠益清調柳梢青并序　曲水之東開涼軒，前後臨池，中植重臺、千葉諸名種。翠蓋凌波，朱房含露，流風冉冉，芳氣竟谷。

出水漣漪，香清益遠，不染偏奇。沙漠龍堆，青湖芳草，疑是誰知。移根各地參差，歸何處、那分公私。樓起千層，荷占數頃，炎景相宜。

金蓮映日并序　廣庭數畝，植金蓮花萬本，枝葉高挺，花面圓，徑二寸餘。日光照射，精彩焕目。登樓下視，直作黄金布地觀。

正色山川秀，金蓮出五臺。塞北無梅竹，炎天映日開。

遠近泉聲并序　北爲趵突泉，涌地觱沸。西爲瀑布，銀河倒瀉，晶簾映崖，微風斜捲，珠璣散空。前後池塘，白蓮萬朵，花芬泉響，直入廬山勝境矣。

引泉開瀑布，迸水起飛珠。鏘玉雲巖應，色空有若無。

雲帆月舫調太平時并序　臨水仿舟形爲閣，廣一室，袤數倍之，周以石闌。疏窗掩映，宛如駕輕雲浮明月上。有樓可登眺，亦如舵樓也。

閣影凌波不動濤，接靈鼇。蓬萊別殿掛雲霄，粲揮毫。四季風光總無竭，卧聞簫。後樂先憂薰絃意，藴羲爻。

芳渚臨流并序　亭臨曲渚，巨石枕流，湖水自長橋瀉出，至此折而南行。亭左右岸石天成，亘二里許，蒼苔紫蘚，豐草灌木，極似范寬圖畫。

堤柳汀沙翡翠茵，清溪芳渚躍凡鱗。數叢夾岸山花放，獨坐臨流惜谷神。

雲容水態并序　關口之南有室，東向。緣坡下望，緑樹爲田，青峰如堵，川流溶溶，白雲冶冶，不知孰爲雲，孰爲水也。由長橋而渡，疑入四明山中，一逕分過，雲南北。

雨過雲容易散，波流水態長存。悠然世俗惟念，必得經書考原。

澄泉遶石并序　亭南臨石池，西二里許爲泉，源源自石罅出，截架鳴簹，依山引流，曲折而至。雨後谿壑奔注，各作石堰以遏泥沙，故池水常澄澈可鑒。

每存高静意，至此結衡茅。樹密開行路，山長疑近郊。水泉繞舊石，雉雀樂新巢。晴夜荷珠滴，露凝衆木梢。

澄波疊翠并序　如意洲之後，小亭臨湖。湖水清漣徹底，北面層巒重掩，雲簇濤湧，特開屏障。扁舟過此，輒爲流連，正如韋應物詩云「碧泉交幽絶，賞愛未能去」。

疊翠聳千仞，澄波屬紫文。鑑開倒影列，反照共氤氲。

石磯觀魚并序　遠近泉聲而南渡石步，有亭東向，倚山臨溪。溪水清澈，修鱗銜尾，荇藻交枝，歷歷可數。溪邊有平石，可坐以垂釣。

唱晚漁歌傍石磯，空中任鳥帶雲飛。羡魚結網何須計，備有長竿墜釣肥。

鏡水雲岑并序　後楹依嶺，三面臨湖，廊廡周遮，隨山高下。波光嵐影，變化烟雲，佳景無邊，令人應接不暇。

層崖千尺危嶂，涵緑幾重碧潭。獅逕盤旋道北，松枝宛轉山南。沉吟力盡難得，懸象俯察仰參。至理莫求别伎，經書自有包函。

雙湖夾鏡并序　山中諸泉從板橋流出，匯爲一湖在石橋之右，復從石橋下注，放爲大湖。兩湖相連，阻以長堤，猶西湖之裏外湖也。

連山隔水百泉齊，夾鏡平流花雨堤。非是天然石岸起，何能人力作雕題。

長虹飲練并序　湖光澄碧，一橋卧波。橋南種敖漢荷花萬枝，間以内地白蓮，錦錯霞變，清芬襲人。蘇舜欽《垂虹橋詩》謂如玉宫銀界，徒虚語耳。

長虹清逕羅層崖，岸柳溪聲月照階。淑景千林晴日出，禽鳴處處入音諧。

甫田叢樾并序　流杯亭之北，瓜圃之西，平原如掌，豐草茂木，麕麚雉兔，交忉其間。秋涼弓勁，合烝徒行步圍，誠獵場選地。

留憩田間樂，曠觀恤閭閻。叢林欣賞處，遍地豫豐占。

水流雲在并序　雲無心以出岫，水不舍而長流，造物者之無盡藏也。杜甫詩云「水流心不競，雲在意俱遲」，斯言深有體驗。

雨後雲峰澄，水流遠自凝。岸花催短鬢，高年寸寸增。

清　高宗愛新覺羅・弘曆《御製詩集》初集卷一〇《秋日南苑行宫》　别館離宫迤邐開，虚庭古砌足蒼苔。花承白露知秋到，鳥噪緑槐訝客來。雲避羲輪輝素宇，風吹窗網净纖埃。拈吟多少劭農意，不爲巡游騁賦才。

又卷二二《圓明園四十景詩》　正大光明　園南出入賢良門内爲正衙，不雕不繪，得松軒茅殿意。屋後峭石壁立，玉筍嶙峋。前庭虚敞，四望墻外，林木陰湛，花時霏紅叠紫，層映無際。

勝地同靈囿，遺規繼暢春。當年成不日，奕代永居辰。義府庭羅璧，恩波水瀉銀。草青思示儉，山静體依仁。只可方衢室，何須道玉津。經營懲峻宇，出入引賢臣。出入賢良門扁額，皇考御筆也。洞達心常豁，清凉境絶塵。每移雲館蹕，未費地官緡。生意榮芳樹，天機躍錦鱗。肯堂彌廑念，俯仰惕心頻。

勤政親賢　正大光明之東爲勤政殿，日於此披省章奏，召對臣工，亭午始退。座後屏風書「無逸」以自勖。又東爲保合、太和。秀石名葩，庭軒明敞，觀閣相交，林徑四達。【詩略】

九州清晏　正大光明直北爲幾餘游息之所。棼橑紛接，鱗瓦參差。前臨巨湖，渟泓演漾。周圍支汊，縱横旁達。諸勝仿佛潯陽九派。騶衍謂裨海周環爲九州者，九大瀛海環其外，兹境信若造物施設耶。【詩略】

鏤月開雲　殿以香楠爲材，覆二色瓦，焕若金碧。前植牡丹數百本，後列古松青青，環以雜蒔名葩。當暮春婉娩，首夏清和，最宜嘯詠。

雲霞罨綺疏，檀麝散琳除。最可娱幾暇，惟應對雨餘。牡丹四月始盛，而京師率值望雨時，朕幸圓明園，屈指已七年，而花時宴賞者衹一次耳。殿春饒富貴，陸地有芙蕖。名漏疑删孔，詞雄想賦舒。徘徊供嘯詠，俯仰驗居諸。猶憶垂髫日，承恩此最初。

天然圖畫　庭前修篁萬竿，與雙桐相映。風枝露梢，緑滿襟袖。西爲高樓，折而南翼以重樹。遠近勝槩，歷歷奔赴，殆非荆關筆墨能到。

我聞大塊有文章，豈必天然無圖畫。茅茨休矣古淳風，於樂靈沼葩經載。松棟連雲俯碧瀾，下有修篁戛幽籟。雙桐薈蔚矗烟梢，朝陽疑有靈禽噦。優游竹素夙有年，峻宇雕墻古所戒。詎無樂地資勝賞，湖山矧可供清快。歸然西峰列屏障，眺吟底用勞行邁。時掇芝蘭念秀英，或撫松筠懷耿介。和風萬物與同春，甘雨三農共望歲。周阿苔篆緑蒙茸，壓架花姿紅瑣碎。徵歌命舞非吾事，案頭書史閒披對。以永朝夕怡心神，忘筌是處羲皇界。試問支公買山價，可曾悟得須彌芥。

碧桐書院　前接平橋，環以帶水。庭左右倚梧數本，緑陰張蓋，如置身清凉國土。每遇雨聲疏滴，尤足動我詩情。

月轉風迴翠影翻，雨窗尤不厭清喧。即聲即色無聲色，莫問倪家獅子園。

慈雲普護調寄菩薩蠻　一徑界重湖間，藤花垂架，鼠姑當風，有樓三層，刻漏鐘表在焉。殿供觀音大士，其傍爲道士廬，宛然天台，石橋幽致。渡橋即爲上下天光。

偎紅倚緑簾櫳好，鶯聲瀏栗南塘曉。高閣漏丁丁，春風多少情。幽人醒午夢，樹底濃陰重。蒲上便和南，樅樅聲色參。

上下天光　垂虹駕湖，蜿蜒百尺。修欄夾翼，中爲廣亭。縠紋倒影，滉瀁楣檻間。凌空俯瞰，一碧萬頃，不啻胸吞雲夢。

上下天水一色，水天上下相連。河伯夙朝玉闕，渾忘望若昔年。

杏花春館　由山亭邐迤而入，矮屋疏籬，東西參錯。環植文杏，春深花發，爛然如霞。前闢小圃，雜蒔蔬蓏，識野田村落景象。

霏香紅雪韻空庭，肯讓寒梅占膽瓶。最愛花光傳藝苑，每乘月令驗農經。爲梁謾説仙人館，載酒偏宜小隱亭。夜半一犁春雨足，朝來吟屐樹邊停。

坦坦蕩蕩　鑿池爲魚樂國，池周舍下。錦鱗數千頭，喁唼撥剌於荇風藻雨間。回環泳游，悠然自得。《詩》云：衆維魚矣，我知魚樂。我蒿目乎斯民。

鑿池觀魚樂，坦坦復蕩蕩。泳游同一適，奚必江湖想。却笑蒙莊癡，爾我辨是非。有問如何答，魚樂魚自知。

茹古涵今 長春仙館之北，嘉樹叢卉，生香蓊葧。繚以曲垣，綴以周廊邃館，明窗牙籤，萬軸漱芳，潤擷菁華。「不薄今人愛古人」，少陵斯言實獲我心。

廣厦全無薄暑憑，灑然心境玉壺冰。時温舊學寧無説，欲去陳言尚未能。鳥語花香生静悟，松風水月得佳朋。今人不薄古人愛，我愛古人杜少陵。

長春仙館 循壽山口西入，屋宇深邃，重廊曲檻，逶迤相接。庭徑有梧，有石，堪供小憩。予舊時賜居也。今略加脩飾，遇佳辰令節，迎奉皇太后爲膳寢之所。蓋以長春志祝云。

常時問寢地，曩歲讀書堂。秘閣冬宜燠，虚亭夏亦凉。歡心依日永，樂志願春長。階下松齡祝，千秋奉壽康。

萬方安和 水心架搆，形作卍字，略彴相通。遥望彼岸，奇花縟若綺繡。每高秋月夜，沆瀣澄空，圓靈在鏡。此百尺地寧非佛胸涌出寶光耶。

武陵春色 循溪流而北，複谷環抱，山桃萬株，參錯林麓間。落英繽紛，浮出水面。或朝曦夕陽，光炫綺樹，酣雪烘霞，莫可名狀。

複岫迴環一水通，春深片片貼波紅。鈔鑼溪不離繁囿，只在輕煙淡靄中。

山高水長 在園之西南隅。地勢平衍，搆重樓數楹。每一臨瞰，遠岫堆鬟，近郊錯繡，曠如也，爲外藩朝正錫宴、陳魚龍角觝之所。平時宿衛士，於此較射。

重構枕平川，湖山萬景全。時觀君子德，式命上賓筵。湛露今推惠，彤弓古尚賢。更殷三接晉，内外一家連。

月地雲居 調寄清平樂 琳宫一區，背山臨流，松色翠密，與紅牆相映，結楞岩壇、大悲壇。其中魚鯨齊喝，風旛交動。纔過補特迦山，又入室羅筏城永明壽。所謂宴坐水月道場，大作夢中佛事也。【詩略】

鴻慈永祜 苑西北地最爽塏，爰建殿寢，敬奉皇祖。皇考神御，以申罔極之懷。堂廡崇閎，中唐有恤。朔望展禮，僾愾見聞。周垣喬松偃蓋，鬱翠干霄，望之起敬起愛。【詩略】

彙芳書院 階除閒敞，草卉叢秀。東偏，學月牙形，搆小齋數椽，旁列虚亭。奇石負土，争出穴洞。谽谺翠蔓，蒙絡可攀。捫而上，問津石室，何必靈鷲峰前。

書院新開號彙芳，不因葉錯與華裳。菁莪棫樸育賢意，佐我休明被萬方。

日天琳宇 紫微丹地，中立一化城。截斷紅塵，覺同此山光水色，一時盡演圓音矣。修修釋子，渺渺禪棲，踏著門庭，即此是普賢願海。

天外標化城，不許紅塵雜。雲臺寶網中，時有鐘魚答。

澹泊寧静 仿田字爲房，密室周遮，塵氛不到。其外槐陰花蔓，延青綴紫，風水淪漣，蒹葭蒼瑟。澹泊相遭洵矣，視之既静，其聽始遠。

青山本來寧静體，緑水如斯澹泊容。境有會心皆可樂，武侯妙語時相逢。千秋之下對綸羽，溪湮嵐霧方重重。

映水蘭香 在澹泊寧静少西，屋傍松竹交陰，翛然遠俗。前有水田數棱，縱横緑蔭之外。適凉風乍來，稻香徐引，八百鼻功德，兹爲第一。

園居豈爲事游觀，早晚農功倚檻看。數頃黄雲黍雨潤，千畦緑水稻風寒。心田喜色良勝玉，鼻觀真香不數蘭。日在豳風圖畫裏，敢忘周頌命田官。

水木明瑟 調寄秋風清 用泰西水法引入室中，以轉風扇。泠泠瑟瑟，非絲非竹，天籟遥聞，林光逾生净緑。酈道元云：竹柏之懷，與神心妙達，智仁之性，共山水效深。兹境有焉。

林瑟瑟，水泠泠。溪風羣籟動，山鳥一聲鳴。斯時斯景誰圖得，非色非空吟不成。

濂溪樂處 苑中菡萏甚多，此處特盛。小殿數楹，流水周環於其下。每月凉暑夕風爽秋初净，緑紛紅動，香不已。想西湖十里，野水蒼茫，無此端岩清麗也。左右前後皆君子，洵可永日。

水軒俯澄泓，天光涵數頃。爛熳六月春，摇曳玻瓈影。香風湖面來，炎夏方秋冷。時披濂溪書，樂處惟自省。君子斯我師，何須求玉井。

多稼如雲 坡有桃，沼有蓮，月地花天，虹梁雲棟，巍若仙居矣。隔垣一方鱗塍參差，野風習習，襏襫蓑笠，往來又田家風味也。蓋古有弄田，用知稼穡之候云。【詩略】

魚躍鳶飛 榱桷翼翼，户牖四達。曲水周遭，儼如縈帶。兩岸村舍鱗次，晨烟暮靄，蓊鬱平林，眼前物色，活潑潑地。

心無塵常惺，境愜賞爲美。川泳與雲飛，物物含至理。

北遠山村 循苑牆度北關，村落鱗次，竹籬茅舍，巷陌交通，平疇遠風，有牧笠漁歌與春杵應答。讀王儲田家詩時遇此境。

矮屋幾楹漁舍，疏籬一帶農家。獨速畦邊秋馬，更番岸上水車。牧童牛背村篴，饁婦釵梁野花。輞川圖昔曾見，摩詰信不我遐。

西峰秀色　軒楹洞達，面臨翠巘。西山爽氣，在我襟袖。後宇爲含韻齋，周植玉蘭十餘本，方春花氣襲人，宛入衆香國裏。

塏地高軒架木爲，朱明颯爽如秋時。不離不斷太古意，詎惟其麗惟其宜。西窗正對西山啓，遥接嵬峰等尺咫。霜辰紅葉詩思杜，雨夕緑螺畫看米。亦有童童盤蓋松，重基特立孰與同。三冬百卉凋零盡，依然鬱翠惟此翁。山腰蘭若雲遮半，一聲清磬風吹斷。疑有苾蒭單上參，不如詩客窗中玩。結搆既久蒼苔老，花棚藥畤相縈抱。憑欄送目無不佳，趺榻怡神良復好。春朝秋夜值幾餘，把卷時還讀我書。齋外水田凡數頃，較晴量雨諮農夫。清詞麗句箇中得，消幾丁丁玉壺刻。但憶趨庭十載前，徊徨無語予心惻。是地軒爽明敞，户對西山。皇考最愛居此。

四宜書屋　春宜花，夏宜風，秋宜月，冬宜雪，居處之適也。冬有突夏，夏室寒步，騷人所艷，允矣兹室，君子攸寧。

秀木千章緑陰鎖，間間遠嶠青蓮朶。三百六旬過隙駒，棄日一篇無不可。

方壺勝境　海上三神山，舟到風輒引去，徒妄語耳。要知金銀爲宫闕，亦何異人寰。即境，即仙，自在我室，何事遠求。此方壺所爲寓名也。東爲蘂珠宫，西則三潭印月、净淥空明，又闢一勝境矣。

飛觀圖雲鏡水涵，孥空松柏與天參。高岡翽羽鳴應六，曲渚寒蟾印有三。魯匠營心非美事，齊人搤擥只虚談。争如茅土仙人宅，十二金堂比不慚。

澡身浴德　福海東墕，平漪鏡净，黛蓄膏停，竹嶼蘆汀，極望瀰瀰，浴鳧飛鷺，游泳翔集。王司州云：非惟使人情開滌，亦覺日月清朗。

芩香含石髓，秋水長天色。不竭亦不盈，是惟君子德。我來俯空明，鏡已默相識。魚躍與鳶飛，如如安樂國。

平湖秋月調寄浣溪紗　倚山面湖，竹樹蒙密。左右支板橋以通，步屧湖可數十頃當秋深月皎，瀲灔波光，接天無際，蘇公堤畔，差足方兹勝槩。

不辨天光與水光，結璘池館慶霄凉，蓼烟荷露正蒼茫。白傅蘇公風雅客，一杯相勸舞霓裳，此時誰不道錢塘。

蓬島瑶臺　福海中作大小三島，仿李思訓畫意，爲仙山樓閣之狀。岧岧亭亭，望之若金堂五所、玉樓十二也。真妄一如，小大一如，能知此是三壺方丈，便可半升鐺内煮江山。

名葩綽約草葳蕤，隱映仙家白玉墀。天上畫圖懸日月，水中樓閣浸琉璃。鷺拳净沼波翻雪，燕賀新巢棟有芝。海外方蓬原宇内，祖龍鞭石竟奚爲。

接秀山房　平岡縈迴，碧沚停蓄。虚館閒閒，境獨夷曠。隔岸數峰逞秀，朝嵐霏青，返照添紫，氣象萬千，真目不給賞，情不周玩也。

烟霞供潤浥，朝暮看遺興。户接西山秀，窗臨北渚澄。琴書吾所好，松竹古之朋。仿佛雲林衲，携筇共我登。

别有洞天　苑墻東出水關，曰秀清村。長薄疎林，映帶莊墅，自有塵外致。正不必傾岑峻磵，阻絶恒蹊，罕得津逮也。

几席絶塵囂，草木清且淑。即此凌霞標，何須三十六。

夾鏡鳴琴調寄水仙子　取李青蓮「兩水夾明鏡」詩意。架虹橋一道，上搆傑閣，俯瞰澄泓，畫欄倒影。旁厓懸瀑水，衝激石罅，琤琮自鳴，猶識成連遺響。

垂絲風裏木蘭船，拍拍飛鳧破渚煙。臨淵無意漁人羡，空明水與天。琴心莫説當年。移情遠，不在絃，付與成連。

涵虚朗鑑　結宇福海之西。左右雲堤紆委，千章層青。面前臣浸空澄，一泓净碧。日月出入，雲霞卷舒。遠山煙嵐，近水樓閣，來不迎而去不距，莫不落其度内。如如焉，亦無如如者，吾得之於濠上也。

涵虚斯朗鑑，鑑朗在虚涵。即此契元理，悠然對碧潭。雲山同妙静，魚鳥適清酣。天水相忘處，空明共我三。

廓然大公　平岡迴合，山禽渚鳥遠近相呼。後鑿曲池，有蒲菡萏。長夏高啓北窗，水香拂拂，真足開豁襟顔。

有山不讓土，故得高巍巍。有河不擇流，故得寛瀰瀰。是之謂大公，而我以名此。偶值清晏間，憑眺誠樂只。識得聖人心，聞諸程夫子。

坐石臨流　仄澗中瀠泉奔匯，奇石峭列，爲坻，爲碕，爲嶼，爲奥。激波分注，潺潺鳴籟，可以漱齒，可以泛觴。作亭據勝處，泠然山水清音。東爲同樂園。

白石清泉帶碧蘿，曲流貼貼泛金荷。年年上巳尋歡處，便是當時晉永和。

曲院風荷　西湖曲院爲宋時酒務地，荷花最多，是有曲院風荷之名。兹處紅衣印波，長虹摇影，風景相似，故以其名名之。

香遠風清誰解圖，亭亭花底睡雙鳧。停橈堤畔饒真賞，那數餘杭西子湖。

洞天深處 緣溪而東，徑曲折如蟻盤。短椽陋室，於奥爲宜。雜植卉木，紛紅駭緑。幽巖石厂，别有天地，非人間。少南即前垂天貺。皇考御題，予兄弟舊時讀書舍也。

幽蘭泛重阿，喬柯幕憩榭。牝壑既虚寂，細瀑時淙瀉。瑟瑟竹籟秋，亭亭松月夜。對此少淹留，安知歲月流。願爲君子儒，不作逍遥游。

又卷二九《燕九日游瀛臺淋清院流杯亭諸勝》 青陽過月望，谷風習以暄。林鳥有佳音，勝地無俗緣。初正多清暇，禁囿滋韶妍。淋清巒谷幽，一徑引壺天。其潭冬不冰，飛泉墜潨然。泉石相激越，齒齒玉在懸。入池原即水，誰信履霜堅。覩茲變幻奇，使我心神蠲。脩禊事尚遥，漫學永和年。虚亭但少憩，坐望孤松巔。短墻接曲堤，冰床猶可前。渡彼琉璃浦，來此蓬萊山。樓閣五雲中，鸞鶴三珠間。獨愛書室清，補桐我所顔。几席無塵氛，琴書與静便。花檻蕩晴暉，坐久覺旋遷。閒聽九市中，爆竹餘聲喧。歲華惜者誰，皇州景物毓。百年被熙和，因思保泰難。此日燕九日，白雲盛事傳。邈彼鳳城外，車馬紛溢填。松月忽入懷，十笏儼大千。物物皆通密，與我相周旋。

又卷四三《避暑山莊百韻詩有序》 我皇祖建此山莊於塞外，非爲一己之豫游，蓋貽萬世之締搆也。國家承天命撫有中外于古未有之地，盡入版圖，未服之國皆受封爵，而四十八旗諸部落，屏蔽塞外恭順有加。每歲入朝，錫賚燕饗，厥有常典，但其人有未出痘者，以進塞爲懼，延頸舉踵以望六御之臨覲，光欽德之念有同然也。我皇祖俯從其願，歲避暑於此。鱗集仰流而來者，無不滿志以歸。【略】習勞苦之役，懲宴安之懷，所全者大則其小者，有不必恤矣。【略】每駐蹕山莊羹墻之見，雲日之瞻，惻然有不能自已者，敬成百韻，略識皇祖卷阿之遺志，并申孫臣孺慕之悃誠云爾。

開國超三代，承天撫八陲。鴻功常有赫，厚貺本無私。於古亶騰邁，而今被皞熙。顯承三聖緒，底奠萬年基。滇海銷兵静，王庭納幣馳。玉關閒戍壘，銀渤息鯨鬐。以守還兼創，居安不忘危。時巡曾見舜，即辟詎惟岐。勝境山靈秘，昌時造物貽。來游頻可託，經始乃於兹。土木原非亟，山川已獻奇。製猶尊土砌，巧不尚雕栭。掖輦慈顔預，揮豪天藻摛。劭農咨寶穡，勤政飭鳩司。鳥獸歸咸若，天喬總蔚而。賢王誠愛戴，好爵豈羈縻。内外一家合，休和百世禆。六龍天浩浩，四牡歲騤騤。頤養精神健，疇咨經緯施。故知非適己，實以藴深思。况匪牟畊地，何曾費帑資。給支需内府，結搆宛蘭錡。卓立峰名磬，横拖嶺號獅。灤河鍾坎秀，单澤擅坤夷。繚堵依巖迴，周廬寫月規。陟原量遠近，列表度参差。宛似天城設，無煩班匠治。就山爲傑閣，引水作神池。允矣儉斯稱，佳哉奢豈爲。景標三十六，章綴畫圖詩。次第聊申咏，規模略可窺。烟波欣致爽，景物首應推。右烟波致爽。芝徑逶迤接，雲堤左右歧。右芝徑雲堤。延清三伏日，右無暑清凉。解愠五絃絲。右延薰山館。巖秀原增壽，水芳可謝醫。擇宜開牖宇，攝静適襟期。右水芳岩秀。萬壑松風奏，千秋畫幰披。右萬壑松風。清温維色養，清越合神怡。右松鶴清越。勝地臨平野，高樓納遠思。右雲山勝地。雲嵐四面罨，斗室幾楹宜。右四面雲山。北枕巒凌漢，右北枕雙峰。西瞻霞艳曦。右西嶺晨霞。錘峰長矗矗，右錘峰落照。雪岫更嶷嶷。右南山積雪。碧月白梨院，右梨花伴月。紅荷緑水湄。右曲水荷香。風泉清聽滿，右風泉清聽。濠濮素心隨。右濠濮間想。日監欽天綍，雲窗俯玉墀。層霄宛可接，敻宇暢無涯。右天宇咸暢。暖溜蒸霶液，暄波漾淺漪。心神堪澡雪，興會益淋漓。右暖溜暄波。石壁泉源邃，右泉源石壁。青楓緑嶼蘙。右青楓緑嶼。戴顒聽偶慕，右鶯囀喬木。周子愛堪師。右香遠益清。花以金名貴，根從佛地移。右金蓮映日。飛流頻詠李，天樂不須夔。右遠近泉聲。月舫浮芳沼，雲帆掛翠簾。右雲帆月舫。臨流弄竿綫，右芳渚臨流。俯水鑑鬚眉。右雲容水態。繞石鳴琴筑，右澄泉遶石。澄波叠錦綦。右澄波叠翠。熊飛寧待夢，魚樂或能知。右石磯觀魚。鏡水風微縐，披来若渺瀰。雲岑態多幻，望去忽嵚崎。右鏡水雲岑。夾鏡湖光匯，右雙湖夾鏡。長虹練影欹。右長虹飲練。甫田多瑞穀，叢樾出喬枝。右甫田叢樾。流水心無競，閒雲意與遲。右水流雲在。三山依約在，四序始終之。大塊文成繪，聖人情見辭。嘉茲仙境擴，致彼物華滋。隴麦雙岐挺，町禾九穟纍。實堅還實好，維秬亦維秠。瓜圃青丸綴，蔬畦紫葯垂。珠櫻春爛爛，玉李夏離離。恍覩豳風象，奚妨丈囿遺。綏豐願寰宇，祈歲肅黄祇。緑野硯膏厚，單椒豐草彌。窗暄裊書帶，石古長鳧茨。杜若芳繁蔚，江蘺態鬱漪。信堪蕃坰牧，便以試纖驪。驒駱駰騢駓，騅駓騂驈騏。色分披錦段，羣别待金羈。冠木惟松柏，叢生有杞楝。丹楓將翠橡，堤柳更庭椅。爲悦長林茂，爰来野獸祈。跳騰推赤豹，雄健獨黄羆。仙有書牌鹿，官無入澤麋。惟應育麟鳳，豈許匿狐狸。羽客青田種，文禽丹岫姿。書空成篆籀，刷羽接罘罳。每見鰭鯋麗，何勞鷸蚌持。美兼丙穴鯉，品奪富春鰣。凡此嘉生富，要歸茂對時。幾曾詩豫大，彌復廑寒飢。經國留規範，籌邊肇保釐。每來增惕息，言念重吁嚱。歲月何云速，恩勤不可追。省方頻駐蹕，觸景憶含飴。聖日常懸照，秋風轉益悲。天施誠浩蕩，神器重肩仔。敢復圖休逸，惟期矢敬寅。外安先内撫，夕訪並朝咨。天運欽調幕，人情畏舉棋。古今垂炯鑒，書史足元龜。遺烈毋忘祖，揚休祗愧台。纘承奕禩勉，福履萬年綏。

又二集　卷六《蕊珠院》　暢春苑湖中傑閣數楹，上摩清顥，下瞰澄波，皇祖題之曰蕊珠院。朕奉皇太后駐蹕是苑，每問安視膳於此，信乎清都之境不老之庭也。因成長律，敬勒壁間，鏡裏岑樓，號蕊珠綢軒四面遠山圖。【略】

又　卷三二《暮春游瀛臺即景言志》　三壺何窈窕，云在滄海中。鞭石橋難就，樓船路未通。自此慕仙者，鶩望徒希踪。何來液池内，名境依稀同。延樓既崔嵬，假山亦玲瓏。四表達仙籟，百世鬱喬松。作者殫其力，来者享其逸。仍不免經營，要取善繼述。澄瀛漾白芷，春風敷其芳。瞻彼泱泱波，有来迴雁翔。遵陸步蘭蹊，得我讀書堂。眄懷沂上點，詎擬山陰王。名教樂無斁，匪事逞相羊。

又　卷三六《避暑山莊三十六景詩有序選三十**》**　我皇祖建山莊於塞外，錫以三十六景之名，蓋一邱一壑向背稍殊，而半窗半軒領略頓異。故有數楹之室命名輒占數景者，非若漢主離宫、唐家别館，彌山蔽谷，猶云未足也。【略】

烟波致爽　玉塞山原富，烟波此處饒。虚明疑漢上，綺縠漾雲標。每愛秋蟾印，長教暑氣消。牙琴漫須數，曾入五絃調。

芝逕雲堤　一逕界雙湖，芊綿仙草敷。探擕皆上藥，招引入方壺。魚牣潛還躍，鹿馴来可呼。劚雲如有興，記取十洲圖。仇英有著色采芝圖

無暑清凉　太古日偏長，朱明暑却藏。有詩惟舉白，作記合稱唐。松菊開三徑，雲山貯一房。金蓮紛映砌，心境總清凉。五臺清凉山出金蓮花，故云。

延薰山館　洞達軒窗啓，炎朝最納凉。松聲風入静，花氣露生香。竹素悦心永，珠林味道長。披薰今昔意，與物樂時康。

萬壑松風　蒼翠鬱氤氲，巖端細逕分。四時無改色，衆木有超羣。蓋影晴仍暗，濤聲静不紛。髫年讀書處，終是愧尊聞。康熙壬寅隨侍皇祖賜居此處讀書。

松鶴清越　胎仙將壽客，結友嶠洲中。葱蒨入森秀，飛翔樂遠空。天垂四幕碧，泉帶百花紅。色養傳家法，齋名此日同。是處爲當年奉寧壽宫豫游之所，茲於山莊内奉皇太后起居處，亦名松鶴齋遵，先志也。

雲山勝地　峻宇昔垂戒，山莊今可稱。地靈延晝永，峰秀蔚雲興。結構因時勝，游歌所事仍。年年奉慈輦，愜願祝如陵。

四面雲山　軒窗徹四面，巖谷俯千重。奚數荆關蹟，堪尋佺羨踪。林踈爲風拂，峰現忽雲封。榮騎遵崎棧，時看白鹿逢。

北枕雙峰　雙峰金與黑，西北金山東北黑山拱揖若来參。擢委天光接，冥濛雲氣涵。鶯音媿阮籍，鶴度肖蘇耽。返照千林紫，吟情落碧潭。

西嶺晨霞　窗户含西嶺，晨霞亦可稱。恍如赤城畔，高出白雲層。映日真還幻，隨風散復凝。今朝準爲雨，農諺有明徵。農諺：晚霞晴，朝霞雨。

錘峰落照　曾愛文皇句，唐太宗有《初晴落景詩》。高標物外情。照亭浮檻晃，燭浦漾瀾明。理境資强立，神工謝巧營。倚天森玉柱，擬待勒誰名。

南山積雪　嶢峰何所異，積素雅宜看。朔氣干霄白，清威冪地寒。塞梅粘樹樹，凍玉咽灘灘。歌郢誰家子，應来曲裏彈。

梨花伴月　盤逕入深秀，雲居得畝平。春来花正放，壺裏月偏明。香色雙清境，希夷一晌情。神仙惟自度，詎必藉金莖。

曲水荷香　鏡面鋪霞錦，芳颸習習輕。花常留待賞，每到山莊，雖深秋亦有荷花香是遠來清。細蓋迎秋直，珠囊帶露擎。楚人休製服，同此樂衢亨。

風泉清聽　出石泉惟冽，因風響益清。虹垂飲澗勢，琴譜號鐘聲。江海他時赴，雲霞此處生。當年川上意，仰識在民情。

濠濮間想　水木翳然處，真堪會此心。有懷虚以静，無俗窈而深。風度隨花蝶，霜酣餉果禽。天都元在此，那更數華林。

天宇咸暢　洞府玉虚宇，林扉守百靈。三天無別路，五岳有真形。青鳥憑傳信，紫鸞時駐軿。瑶函降真誥，聞說是黄庭。

泉源石壁　錦流依繡壁，霽色正開時。喧寂均堪悟，縱横皆合宜。游松擾麕麀，唼藻下鳧鷖。聖蹟光巖穴，翹瞻切企思。

青楓緑嶼　青楓多秀色，乍可傲霜朝。樓榭惟存意，烟霞儘許招。司勳權閣筆，王子欲吹簫。却望丹邱迴，何當過石橋。

鶯囀喬木　山深悦鳥性，喬木早遷鶯。最愛清和節，頻聞睍睆聲。雙柑思

舊韻，一部錫新名。山中一部笙簧，聖祖小序中語也敬案觀宵雅，嚶嚶倍有情。

香遠益清　春光六月天，照影濯清漣。逸韻風前別，生香雨後鮮。揚猗明塞日，標倩暗溪煙。松島蓮花寺，空聞十景傳。

金蓮映日　玉井曾標秀，金臺別檀奇。輝輝争日色，灼灼動風枝。銀氣常葱蔚，晶光自陸離。清涼慢相訝，古佛實都兹。

遠近泉聲　鑿石布垂瀑，釃流帛裂湖。泉堪傲虎跑，峰得號香罏。偶在參天一，間憑味道腴。醉魚時蹙浪，上下濺明珠。

雲帆月舫　舟閣傍烟湖，浮居有若無。波流帆不動，漲落棹如孤。牖幔披雲揭，棲欄共月扶。水原資地載，所見未云殊。

芳渚臨流　孤亭據懸岸，座俯水晶宫。曦影錯金碧，春流泛紫紅。塞情閒入古，川氣冷隨風。來者爲誰氏，維詩味不窮。

雲容水態　寄意屬空闊，開軒見水雲。波輕含蔚霎，烟細結漪紋。飛鳥去何極，遥舟望莫分。衹饒風度處，依約櫓聲聞。

澄波疊翠　峰翠落湖心，悠然意與深。游魚欣覓樹，飛鳥訝迷林。宸藻猶雲日，崇情自古今。烟霞蟠水府，深夜有龍吟。

鏡水雲岑　水鏡涵虚朗，岑雲遠接連。儘看流動意，不著象言詮。嵐影落空翠，波光合暝煙。仰參兼俯察，易藴睿題全。

雙湖夾鏡　長橋界平渚，雙鏡恰連波。蕩槳蒼蒲隱，鳴鞭碧浪過。春烟低岸柳，露氣襲汀荷。白也詩無敵，於斯津逮多。

長虹飲練　垂虹天際亘，望近到猶遥。象渚源瓊曲，鷗波影綺摇。城疑乾闥幻，欒是洞庭調。屧步披三秀，何殊陟紫霄。

又　卷四二《題静明園十六景》　廓然大公　聽政之所，虚明洞徹，境與心會，取程子語顔之。

沼宫時燕豫，召對有明庭。即境愛空闊，因心悟逝停。鑑呈自妍醜，汲取任罍瓶。敷政真堪式，寧惟悦性靈。

芙蓉晴照　峰嶆如青蓮華，其巔相傳爲金章宗芙蓉殿遺址，名適暗合，非相襲也。

秋水南華趣，春光六月紅。羞稱張氏面，不斷卓家風。無意峰光落，恰看晴照同。更傳稱别殿，舊蹟仰晞中。

玉泉趵突　泉自山腹濆出，燕山八景目以垂虹者謬也，兹始爲正之。濟南趵突將浙右，虎跑第一讓皇都。遞品名泉定玉泉爲天下第一，詳見記中。鏡水呈功德，屏山疊畫圖。潤瀘千載利，玉帛萬方趨。日下傳成説，於今始正誣。

竹罏山房　南巡過惠山聽松庵，愛其高雅，輒於第一泉仿置之，二泉固當兄事。

惠泉仿雅製，特爲搆山房。調水無煩遠，名泉即在旁。一時仍漫畫，今春過山房試茗，曾手寫爲圖，題詩置壁間。五字旋成章。瓶罄何須慮，松鳴真是涼。

聖因綜繪　薈萃西湖行宫八景於山之坤隅，恍攬兩高而面南屏，坐天然圖畫間也。

爲愛西湖上，行宫號聖因。圖來原恰當，構得宛成真。鐘遞南屏韻，山標上竺皴。所輪波萬頃，却便閲耕畇。

繡壁詩態　石崖巉峭壁立，名之曰繡，取杜老「絶壁過雲」句意也。

絶壁幻雲煙，時開錦繡然。名家空藻績，大塊不雕鐫。留此千年意，居然四十賢。曹劉如降格，知復定誰先。

溪田課畊　疏泉灌稻畦，每過輒與田翁課晴量雨，農家景色歷歷在目。

引泉闢溪町，不藉水車鳴。略具江南意，每觀春月畊。嘉生辨秔稻，農節較陰晴。四海吾方寸，悠哉望歲情。

清涼禪窟　佛火香龕儼然，臺懷净域，更不問是文殊非文殊。

名山結初地，葱萃四鄰通。愛此清涼窟，常饒松竹風。花如悟非色，鳥解説真空。比似白蓮社，迴輿笑彼翁。

采香雲徑　由禪窟右轉東北，行磴道，盤紆山苗碉，葉靟馥緣徑。

松徑招提出，蘭衢宛轉通。植援防鹿逸，學圃望魚豐。是藥文殊采，非雲八伯叢。欲因知野趣，匪事慕蓴菘。

峽雪琴音　山巔湧泉潺潺，石峽中晴雪飛灑，琅然清圓，其醉翁操耶。

摶壁上層椒，琤然仙樂調。色疑舞滕六，製不出雷霄。雲霧生衣濕，川原入目遥。置身塵以外，得句亦因超。

玉峰塔影　浮圖九層，仿金山妙高峰爲之，高踞重巒，影入虚牖。

窣堵最高處，岧岧霄漢間。天風摩鸛鶴，浩劫鎮瀛寰。結攬八窗達，登臨一晌閒。俯憑雲海幻，揭爾憶金山。

風篁清聽　竹近水則韻益清，涼颸暫至，蕭然有渭濵淇澳之想。

水木翳然處，端宜植此君。每因機慮息，常有静聲聞。鸞戛風中籟，龍飛月下文。王家多子弟，應爾獨超羣。

鏡影涵虚 泉至前除，匯爲平池，澄泓見底，荇藻羅羅，輕鯈如空中行。洑流沸出，若大珠小珠錯落盤中。

濟上曾流憩，珍珠故此如。淙淙常漱玉，朗朗鎮涵虚。曲折千廊繞，團團一鏡儲。寧無於水鑑，絜矩試憑諸。

裂帛湖光 山東麓爲裂帛湖，昔人謂泉從石根出，溢爲渠者是也。由昆明湖放舟以達園中，傍岸置織局，桑疇映帶，有中吴風景。湖名傳日下，此日偶重題。

縠影風前裂，機聲煙外低。喻喁樂鰷鯉，翔翥集鳧鷖。詎止歌清濁，還因會筦倪。

雲外鐘聲 園西望西山，梵刹鐘聲，遠近相應，寒山夜半殆不足云。

静室花宫側，鐘聲發上方。隔雲音越迥，警俗意彌長。似共天花落，何殊梵偈揚。七條如可悟，不必問真常。

翠雲嘉陰 雙栝欝然並峙，相傳爲金源時植。元吴師道《玉泉詩》有云「長松古檜見未有」，殆即是耶。因樹爲屋，故以嘉蔭爲名。

古栝金源種，雙株尚欝然。適因構閒館，堪以悟齊年。翠影虚窗外，寒濤敞座邊。夷齊名塞上，丁卯巡塞外，逾僧機圖嶺之南，古松雙幹並峙，命之曰夷齊松，作歌紀之。續詠欲增前。

又 卷四二《蒨園八景》 一亭一沼爰静神游之鄉，非壑非林自足天成之趣。此中大有佳處，物外聊爾寄情。不爲嵩山之比方，偶效右丞之格調。

朗潤齋 機緘合希夷，水木呈明翠。銀塘横半畝，萬頃煙波意。

湛景樓 樓臨内外湖，地高望斯遠。湛然虚且明，絜矩出治本。

菱香沜 風前度彌静，雨後香益清。仿佛吴興岸，菱歌唱晚晴。

青蓮朵 藍瑛碑側石，名之青蓮朵。介示無去來，默傳忘物我。

别有天 總此一大内，謾稱别有天。達人誚坐井，匪我古已然。

韻天琴 石激出淙乳，儼中宫商音。我不解攫醳，而愛韻天琴。

標勝亭 笠亭據假山，亦足云標勝。設擬宣城蹟，合得謫仙詠。

委宛藏 境以曲折幽，中宏延外廣。尺宅含寸田，至人貴知養。

又 卷四五《題惠山園八景有序》 江南諸名墅，惟惠山秦園最古。我皇祖賜題曰寄暢。辛未春南巡，喜其幽致，攜圖以歸，肖其意於萬壽山之東麓，名曰惠山園。一亭一徑，足諧奇趣。得景凡八，各繫以詩。

載時堂 橋東爲堂，爽塏奥密，兼有其勝，風漪瀾縠，泛影檐際。

背山得勝地，面水構閒堂。階俯蘭苕秀，檐翻綺縠光。對時欣職殖，撫序敕幾康。玩愒曾何謂，分陰惜不遑。

墨妙軒 曲徑迤東，疏軒面勢，壁間石刻，翠墨留香，有望古遥集之槩。

兩壁貞珉勒，千秋寶矩垂。古香曾不竭，心正實堪師。春鳥芝文印，風漪筆陣披。逢源契神解，豈必定於斯。

就雲樓 抗嶺岑樓，每當朝暮晦明，水面山腰雲氣蓬勃，頃刻百變。

因迥爲高易，對山得閣幽。有窗納薈蔚，無地幻沉浮。竹素今兮古，蘿軒春復秋。宜居忘世者，繫我足先憂。

澹碧齋 樓南閒館，俯瞰遠碧，流憩之餘，神心俱澹。

齋俯緑瑠璨，澄觀會筦倪。藻淵潛赤鯉，錦浪泛文鷖。淡月銀蟾鏡，輕烟絲柳堤。忘懷此小坐，還似對梁溪。

水樂亭 繞池爲園，亭在岸南，洞庭廣樂，恍然遇之。

石泉真可聽，絲竹不須多。聲是八音會，徵爲六合和。非關肖西浙，乍似遇東坡。羣鶴神仙侣，還來按舞傞。

知魚橋 水樂亭之東，長橋卧波，與秋水濠梁同趣。

屧步石橋上，輕鯈出水游。濠梁真識樂，竿綫不須投。子我嗤多辯，烟波匪外求。琳池春雨足，青藻任潛浮。

尋詩逕 過就雲樓而東，苔徑繚曲，護以石欄，點筆題詩，幽尋無盡。

巖壑有奇趣，烟雲無盡藏。石欄遮曲徑，春水漾方塘。新會忽於此，幽尋每異常。自然成迥句，底用錦爲囊。

涵光洞 徑側多奇石，爲厂爲竇，深入綫天，層折而出，仿佛靈鷲飛來。

窈窕神仙府，嶔崟靈鷲峰。光涵千舍利，青削萬芙蓉。芝徑繚而曲，雲林秀以重。只疑丹竈側，佺羡或相逢。

又 卷五〇《再題避暑山莊三十六景詩有序》 避暑山莊者，玉塞之神皋，金庭之奥域也。我皇祖聖祖仁皇帝肇斯靈囿，標三十六景，題句繪圖，垂示册府，朕既恭次元韻，附刻篇末。前秋周覽勝槩，復各賦五律一章，仍就舊題成咏，今年敬奉。

麗正門 行宮因山高下，繚以石城。正南一門曰麗，正朝臣啟事，外藩入覲，皆由於此。

巖城埤堄固金湯，詄蕩門開向午陽。避暑山莊門舊稍偏東，因闢。此門應當陽之義。兩字新題標麗正，車書恒此會遐方。

勤政殿 離宮視事之，所顏以勤政。皇祖皇考舊章也，山莊前殿亦以是名之。

漫施藻棁長階莎，具足雲山四面羅。不息自强勵勤政，永欽家法詠卷阿。

松鶴齋 皇太后所御內殿齋名，松鶴祝頤壽也。玆奉慈聖於山莊之東，亦以名齋，隨時隨地長樂春暉，用以志慶。

常見青松蟠户外，更欣白鶴舞庭前。西池自在山莊內，慈豫長承億萬年。

如意湖 山莊勝處政在一湖，堤偃橋横，洲平嶼矗，隱映亭樹，境別景新。此則曲岸若芝英，故以如意目之。

塞水恒流此處渟，柳湖蓮島偶摹形。烟容波態皆如畫，屬意悠然在杳冥。

青雀舫 澄湖放艇，瀰光摇碧。載月爲宜，衝雨亦有奇致。黄龍彩鷁，無取過華。

溶溶塞水浩無涯，桂檝蘭橈向晚移。月朗寥天駕青雀，空明宛是泛瑶池。

綺望樓 樓在城西南隅，下視緣堤，廬舍闤闠，歷歷可數。山環水抱，儼在畫圖中。

埤堄岑樓聳翠林，每因眺遠一登臨。萬家烟火隨民便，此語乃皇祖御書聯句，今懸樓上。聖度原如天地心。

馴鹿坡 静宜園有馴鹿坡，乃黑龍江將軍所進。其地以使鹿爲俗，山莊則濯濯麌麌，惟性所適，無異家畜，故亦以名坡。

馴鹿親人似海鷗，丰茸豐草恣呦呦。靈臺曾被文王顧，例視寧同塞上麀。

水心榭 界水爲堤，跨堤爲榭。彌望空碧，仿佛笠澤垂虹，景色明湖蘇白未得專美。

一縷堤分内外湖，上頭軒榭水中圖。因心秋意蕭而淡，入目煙光有若無。

頤志堂 河亭迤北，疏軒面爽。皇祖題曰頤志堂，陸士衡有言頤情志於典墳，豈徒繕性葆真之爲適。

窈窕山深水復清，虚堂夏五足怡情。欲因致遠惟寧静，匪慕嵇康自養生。

暢遠堂 清舒山館之東臨鏡湖，爲崇臺。緑柳遥堤，紅荷近渚。牆外羣山羅列，奔湊矯首，遐觀斯爲最暢。

崇臺湖上俯澄清，暢遠新標即景名。淵鑑當年超物表，静觀萬類入空明。

静好堂 山莊幽邃，静如太古，蓋無地不然。此間竹净苔清，覺鳥語泉聲都增静賞。

翠屏遮户静無塵，纖纖階前長緑筠。琴薦筆床都恰當，想因翰墨緬風人。

冷香亭 方亭東向，俯臨碧沼，荷净蘋香，露白風清。時冰心玉壺，殆不是過。

四柱池亭繞緑荷，冷香雨後襲人多。七襄可識天孫錦，彌望盈盈接絳河。

采菱渡 湖波澄碧，水面多菱。葉浮貼水，背日花開，佳實脆香，與蓮房水芝並薦，故取摩詰詩中語名其處。

菱花菱實滿池塘，谷口風來拂棹香。何必江南羅綺月，請看塞北水雲鄉。

觀蓮所 平湖曲渚，在在荷香，景中以之標名者不一。此間雲廊窗窱，方亭虚敞。聖祖題額在焉，洵爲甲觀。

寶題恒焕聖人字，冰牖仍凴君子花。助感每教驚逝水，追歡曾未泛流霞。

清暉亭 虚亭臨水，清曠絶塵。宵月晨曦，春林秋蓼。揚輝絢目，所謂清暉娱人，怳然可遇。

水複山重静且便，奇葩異草四時鮮。始知謝客饒佳句，擬學唐家度小年。

般若相 山莊清净地，有水皆阿耨，無峰非靈鷲。别創蘭若，奉妙莊岩相，當是踞獅子座，説大般若經時。

雁堂小築竺招提，獅子林如畫出倪。無相相中真實相，梵稱般若豈無稽。

滄浪嶼 山泉匯爲湖沼，澄泓見底，孤嶼臨流，悠然得滄浪趣。

緑洲朗潤蕙蘭榮，日對滄浪之水清。俯潔褰芳無限趣，那更分别足和纓。

一片雲 山中雲氣朝暮晴雨，變滅無端。或起樹中，或浮水面，或來樓窗几榻間。以片目之，所謂一滴水知大海味也。

白雲一片纔生岫，瞥眼岫雲一片成。變幻千般歸静寄，無心妙致想泉明。

蘋香沜 度橋而北，迴望烟水淼瀰，碧藻青蘋，溶漾可數。涼風微度，袖拂餘馨，何必芳洲杜若。

萬樹園 北枕雙峰，之南平原，徑數千餘畝。灌樹成帷幄，緑草鋪茵毯。

香風摇蕩緑波涵，花正芳時伏數三。詞客關山月休怨，来看塞北有江南。

雖以園名，不施土木。今年都爾伯特部長入覲，即園中張穹幕，集名藩，錫燕燒燈，陳馬伎火戲燕樂之，爲時盛事。

原田每每曾聞傳，麀鹿麌麌載詠詩。秀木佳陰塵不到，乘涼點筆合於斯。

試馬埭　我朝馬政超越往代，每當秋獮出塞，考牧別羣，相其駑駿而調試之，故知金埒編錢，直是兒戲。

試馬榆陰錦埭平，流珠歕玉祇虛名。驪黃牝牡皆形相，九方皋相馬在牝牡之外，然馬必騑而後得良。牝牡皆不適用此，蓋列子假藉之詞。騏驥惟當識性情。

嘉樹軒　萬樹園之東，檜栝蔚葱，老幹蟉枝，童童垂蔭。搆軒其下，取無忘封殖之義。

就樹搆軒陰易得，軒前種樹待陰遲。因知事半功惟倍，契理皆然詎止斯。

樂成閣　塞田晚播早收，屆白露即已。銍艾登場，正秋巡行獮期也。閣踞城墻，壠畝參差，黃雲彌望，三時憂憫於斯稍慰。

近遠山田一望彌，秋巡恒值樂成時。璇題寶篆垂明訓，稼穡艱難尚可知。

宿雲檐　平臺因迥爲高，遠峙雲表。滃浡朝飛，奇峰四起。暝歸擁樹，縈繚檐端，即景命名，正山中所有也。

出楹寫霧還歸宿，薈蔚常看顥氣通。却訝稚圭非至此，如何先獲我心同。

澄觀齋　山莊林巒水石，在在仙都。嵐翠波光，遠近交映。炎歊爲之盡，滌足令胸次灑然，豈惟騁懷游目。

背山臨水搆清齋，翠蔭檐端緑繞階。別裁不期句成迴，閒居每致意爲佳。

翠雲巖　山莊東北多重巒複嶺，游雲往来，嵐翠欲滴，虛檐四眺，正在千巖萬壑中。

巘嶭橫拖一縷斜，濃青細白蔚槎枒。有形變態無形韻，粉本真堪示畫家。

罨畫窗　橫嶺如曲屏，霞標一室，據其勝。前爲平臺，窗列遠岫，題曰罨畫。董巨荆關，誰能辨此。

霞標雲閣小延停，異草仙葩撲鼻馨。涼峭塞天初過雨，近峰遠嶺總来青。

凌太虛　亭居北嶺之複孤峰，拔地羣山環拱。登斯亭者如陟閬風，俯懸圃，御寇泠，然未足爲喻。

冠峰亭子倚崚嶒，與顥氣俱六位乘。設使步兵曾到此，應聞長嘯發孫登。

千尺雪　吴中寒山千尺雪，明處士趙宧光所標目也。南巡過之，愛其清絶因於近地，有泉有石，若西苑盤山。及此並彷其意，而命以斯名，且爲四圖，合貯其地，詳具圖卷中。

爲愛寒山瀑布泉，引流疊石儼神傳。楞岩驀地臨溪寫，離即凴參屬偶然。

寧靜齋　諸葛孔明澹泊寧靜二語千古名言。皇祖所至，若御園之澹寧居、山莊之澹泊敬誠，皆取其義，兹以名齋，匪惟慕賢，實以述祖。

既深始靜心堪會，致遠而寧道亦該。妙契神詮參不盡，武侯豈獨幹時材。

玉琴軒　千尺雪之南曲澗，湍流潺潺，衆玉中韻合宫徵。正不必撫絃動操，已令子期神往。

玉自無言比桃李，水因不競中宫商。五絃正是薰風節，治慕虞廷化日長。

臨芳墅　曲阜平岡，緣蹊被隰。無葩不秀，有卉皆芳。別墅數椽，自足幽趣。

奇葩異草四時芬，八百功常鼻觀聞。是藥是花俱采取，文殊於此亦疑麕。

知魚磯　湖水清甘，魚樂國也。石磯臨流，無心垂餌，相忘之適，當非濠上所知。

出水輕鯈樂意洋，臨磯欣覺會心長。由來萬物天機適，安用勞勞辯惠莊。

湧翠巖　石罅泉源出山莊西北，淙淙潺潺，下爲瀑布。依巖爲佛廬，隔林，明殿三楹，東向。晨曦朝爽，空翠四合。

拔地青蓮聳德水，天人来往作音娱。驀逢杖錫權教住，試問眉毛拖地無。

素尚齋　梨峪清軒，不施雕繢丹雘。皇祖常所御處，崇朴素明雅，尚備見於天筆，標題兩字中矣。

棐日無過静讀書，讀書静合是山居。披翻却又難耽静，無逸明明啟迴予。

永恬居　山中境爽氣和致，足怡神悦性。既佳風景，且樂皇安。引養引恬，慎修思永。皇祖御題齋額，意在斯乎。

壺中瓊島鬱懸居，景物惟恬氣象舒。已是洞天傳玉簡，得教福地續琅書。

又　卷五七《廓然大公八景有序》　圓明園四十景皆取四字爲題，各景之中，一軒一峰，具有幽致，曰涉成趣，正復不窮，題以八景，系之七言。

雙鶴齋　前接陌柳，後臨平湖，軒堂翼然，虛明洞徹。皇考御書題額，時有卿雲護之，廓然大公扁即在後室。一泓涵碧，頗有物來順應之趣。

深柳偏宜羽客嬉，會心恰當讀書時。是處昔又名深柳讀書堂。在陰能和寧吾謂，好爵還思與爾縻。

規月橋　循雙鶴齋而西，跨湖爲橋，圓如半壁，映水則爲滿月。繚以長廊，悠然濠濮間想。

拖如玉帶曲如鈎，上置行廊又似舟。仙術何須倩法善，往來常作廣寒游。

峭蒨居 性之介立爲峭，文之藻蔚爲蒨。太冲詩意，良足會心。
石秀松蕤各出羣，不同同處挹清芬。太冲豈務多奇者，五字全拈大塊文。
影山樓 西面東爲樓，杜陵句曰：半陂以南純浸山，動影窈窕冲融間。斯樓有焉。
因迴爲高結構清，層樓因得影山名。窗中峰作波中態，上下明漪最有情。
披雲徑 奇石峆岈迴互，徑出其中，烟雲往來，披拂襟袖。
綠雲叢翠徑縈紆，面面深奇步步殊。倩得仇英寫生筆，定須爲作采芝圖。
綺吟堂 機政之餘，拈吟適興，每遇佳景，不覺綺思濬發。
逢源左右足深資，適興無非把筆時。設使古人癖誠有，吟之一字我何辭。
韻石淙 曲澗奔泉，琤琮作金石聲，韻出天然，是謂雲山韶濩。
迸水摐摐下石磯，八音繁會太音稀。輞川漫擬王家畫，虞陛高懷舜手揮。
罨秀亭 山巔笠亭，孤標秀出，左顧飛瀑，右挹雲林，盡得此間勝概。
詭石蒼松扶翼然，氤氳朝暮幻雲烟。林光泉韻無非秀，都付山亭秀占全。
又 卷八七《海岳開襟歌》 樓名上有扁，曰乘六龍。
滄池瀁瀁蛟龍窟，中聳玉臺規寶月。祖洲之草琪樹枝，襲芳籠影水精闕。周裨瀛海誠曠哉，崑崙方壺縮地來。八琅雲璈底須奏，松風堨聽塵襟開。芥舟祇需坳堂水，溟渤何勞千萬里。得其環中游物外，棗葉須彌皆一理。我之所戒在求仙，海岳寄興屬偶然。保合太和勵體乾，時乘六龍以御天。
清 高宗愛新覺羅·弘曆《御製詩集》三集卷一四《藻園五詠·泉》 墻外引高水，流爲石下泉。雖云因假藉，亦自有淪漣。可愛一泓貯，寧須百道懸。回迴縈碧澗，琴語聽成連。
又 卷三九《安瀾園十詠》 蒔經館 入園門樸室三間，背倚峰屏，右臨池鏡，顏曰蒔經，不減陳氏藏書樓也。
緪年默記復潛神，那擬班家戲答賓。枕藉亦非耽博古，欲推實政善安民。
四宜書屋 爲圓明園四十景之一，因歲久、脩葺，略爲更置，宛然鹽官安瀾園。皇考御額在焉。
春夏秋冬無不宜，所宜樂總讀書時。何須千里鹽官憶？即景吾方勉近思。
無邊風月之閣 界域有邊，風月則無邊。輕拂朗照中，吾不知爲在御園、在海寧矣。
月藉清風搖籟影，風邀明月奏琅音。三千界外三千界，蹤跡無邊那可尋？

涵秋堂 西臨長河，波光翻影，動摇榍梠間。坐此可悟南華。
堂襟西向額涵秋，金水相生厥有由。不論何時此偶坐，總如爽氣面前浮。
遠秀山房 房築假山上，而遠納西山秀色，所謂全賓全主。
近低微遠見遥高，峰側嶺横翠莫韜。此即泰山一指喻，重華明目爲去聲斯勞。
染霞樓 名曰染霞，而實近水，每来常愛坐此。
池上層樓敞紫甍，水中樓影亦含清。自知不是餐霞侶，孤負横楣浪與名。
綠帷舫 曲廊宛轉搆水上，偶一憑檻，煙水在襟袖間，何必真舫？
臨水何妨即舫之，成陰樹是綠油帷。了無逐浪爲行止，那有随風作轉移？
飛睇亭 一峰秀拔，亭據其上，每當縱望園外，稻塍千頃皆在日中，直與農夫田父共較雨量晴矣。
低俯鱗塍迴據山，犂雲鋤雨繪民艱。問應飛睇於何處，只在隅園咫尺間。
煙月清真樓 四宜書屋之後，延樓高敞，不施厨障，爲納煙月契神處，又似在陳氏竹堂月閣間。
一輪古月真無匹，幾縷空煙清莫加。朗照輕籠寥廓表，便成句亦謝雕華。
采芳洲 是芳皆可采，不必學楚騷注意蘭荃。
澄波之上敞軒臨，蕺蕺芊芊滿碧潯。是藥文殊胥命采，此芳寧向楚騷尋？
又 卷七八《再題安瀾園十景》録二
綠帷舫 臨水爲齋偏學舫，水流何異木蘭移。薄寒愛近曦窗坐，不藉堤楊展綠帷。
采芳洲 此安瀾學彼安瀾，壬午南巡，閱海塘，嘗駐海寧陳氏隅園，賜名曰安瀾，尋於御園就景之相近者，規仿爲之，即以顏額，詳見記中。洲渚寧緣圖美觀。撫景却教縈遠念，迴來可得漲沙寬。
又《御制詩集》四集卷五《再題惠山園八景》 載時堂 東嶺山堂好，琴書静與宜。開軒無長去聲物，種樹有喬枝。每便粗踈過，寧非玩愒爲。今朝索延憩，恰正小年時。
墨妙軒 苕璆法寳萃千年，四壁風華總道詮。朝暮雲煙相薈蔚，游絲燈影契天然。
就雲樓 深登每思憩，因迴得傑構。題額乃就雲，雲亦每相就。薈蔚盪胸腋，靉靆潤襟袖。豐隆有奇貨，谷神宛可售。莫謾擬虞廷，名實詎胥副。

澹碧齋　一湖小停蓄，潗然澈清影。咫尺出宮墻，稻田灌千頃。

水樂亭　八音之中獨無水，一無萬有實至理。不然聽取宮商聲，了須拋却筝笛耳。洞庭只在依稀間，繁會聆以片刻閒。漫擬九成来鳳鳥，吾猶愧之曰舞干。

知魚橋　飲波練影無痕，戲蓮闖藻便蕃。知否付之鱗類，惠莊却費名言。

尋詩逕　窈窕冲瀜間，詰曲透迤處。目擊斯道存，淺言亦深趣。於此論格律，何殊刻舟誤。

涵光洞　牝洞悾悾虚室如，其通以塞有光舒。恰看生白那愁暗，何必含明要在疏。薑尾銀鈎臨古帖，蠅頭緑字讀奇書。設於二典尋津逮，四表猶慚普被諸。

又　卷一二《紫泉行宮十詠》選六

屏山　迎門小障儼如屏，無畫丹青有畫形。可惜烟雲意不盡，祇供一夕偶居停。

鏡湖　湖脈分流自紫泉，開奩一鏡宛當前。東風咨爾莫輕作，動則照分静照全。

舫室　書室由來肖舫爲，是真是幻試思之。古如舫室相易喚，今日幻真更屬誰。

棕亭　雖曰假山亦有巔，小亭構築攬收全。斯民三代觀猶近，遐想茅茨祇惘然。

虹橋　宛轉湖中接兩堤，訝如螮蝀落朝隮。然疑其雨濕衣履，却是波烟黯欲迷。

竹埭　何必連林萬个披，幾竿瀟灑態偏奇。大章若復調簧管，已足端知在一夔。

又　五集卷七三《紫泉行宮十咏》選四　**屏山**　當門疊石聳屏山，以曲爲遥蹀步間。却悟清防特合景，於賢於諫那應閑。

舫室　舫多爲室室稱舫，誰主誰賓解定名。豈若兩般一齊置，倚窗静俯滿湖清。

石逕　西山石不讓湖石，是石即取自西山，玲瓏峭拔，較之太湖石未堪多讓。護逕玲瓏高復低。八十老人弗攜杖，罷言濟勝祇留題。

竹埭　有松斯不可無竹，幾个埭邊作伴倚。忽憶雲栖相訪處，緑叢琳路蔽天稠。

又　卷七九《湯泉行宮八詠》選二　**池塘**　屋中圍石作池塘，引得温泉暖不涼。年老人應節沐浴，笑他司事備陳忙。

玉蘭　行館湯泉歷歲久，湯泉行宮建自康熙五年，至今百餘歲矣。亭臺較比别原稠。自京城至盤山，沿路行宮每處不過數椽，以爲憩宿之所，惟此處因有湯泉，是以點綴較多。玉蘭木筆一家屬，繪景饒他不外求。

又　卷八七《淀祠行宮八景》　**静寧齋**　一淀池分西與東，釃波永定久成功。百年畿輔歌寧静，皇祖導治大禹同。

頤慶堂　巡河庚歲奉慈航，頤慶因之額此堂。二十餘年如瞬息，愴拈吟筆祇徬徨。

惠暢樓　萬頃波光入牖披，春和風惠雅相宜。陡然憶得右軍序，辛未曾臨禊節時。

互鏡軒　照人人照斯爲互，孰主孰賓莫可詮。一鏡平鋪不設意，任其分别祇澄然。

問源亭　有流須合有源尋，亭額應知喻意深。詎謂晉川来萬派，不離方寸曰惟心。

延清閣　閣臨淀沼號延清，筆硯精良棐几横。有暇排籤延郡吏，謂應責實漫循名。

澄緑池　墻外麥町墻裏池，水光苗色緑同披。澄懷憶昔安名際，在彼由来不在斯。

引薰廊　春暮先期曰引薰，五絃解阜意恒殷。雖然試看階前影，一息那曾讓一分。

又　卷八八《柳墅行宮八詠再疊丙申韻》　**柳徑**　柳墅真看柳樹多，緑絲夾徑罥娑娑。弗辭屢疊東坡法，品不如他奈若何。

石屏　既已爲屏應疊石，樸淳奇巧匠心存。其間取舍當留意，那可蔽賢弗入門。

曲池　庚戌年别去甲寅年来，瞥眼三春作往迴。却是曲池不設意，澹然鏡影一般開。

横橋　有池亦必有横橋，橋畔苑墻隔不遥。試與憑欄一傾耳，厭他絲管鬥春潮。

偕樂堂 弗取雕欄取樸楹，觀民以實豈徒名。與偕前歲曾逢暵，其奈今年復嘆晴。前歲畿南春雨多闕，天津亦值歉收，幸昨歲晴雨應時，通省收穫竟有十分。茲來巡省雖見民氣頓復，而此際又復望雨，安所爲樂。

播醇齋 可知商力即民力，歷閲觀縈轉悶縈。圖静書齋閒以憩，乍瞻題閣愧循名。

海棠廳 南苑憶爲雙柳賦，南苑舊有雙柳樹，每損其一，後人即補植之。蓋數十年之間，新舊迭爲賓主。是以向爲「雙柳賦」有云：舊閲新而成故，故何新之恒。齊此間海棠廳得名已久，而今樹未必即爲昔樹，亦如南苑雙柳名以實傳，實以名壽，新舊之間，正不必强生分别。舊新莫辨影含苔。海棠庭際有如是，一例春風迎客來。

校籖室 巡宮何處不書堂，暇即甄心玩縹緗。却笑幼齡逮耄耋，幾曾體得一言康。

又《御製樂善堂全集定本》卷一九《過曲澗花香游流杯亭日知閣諸勝》 西苑曠且奥，肇自明代作。瓊華萬玉堆，太液千夫鑿。平地起蓬瀛，城市而林壑。松篁幾百年，參天秀崖㟼。秋深鴻鴈鳴，春暖桃李灼。肅廟求神仙，林亭更開拓。方士朝扶鸞，虚皇夜飛鶴。丞相冠蓮花，將軍赤符縛。雞犬倏已昇，殿宇還如昨。盛朝建邦畿，舊制因城郭。何獨廢西苑，姑亦存其略。高居非昔比，偶幸行宮若。雍正二年夏，承恩開講幕。避暑供游息，勝迹頻探索。湛湛芳草青，潑潑游魚躍。葱葱梧桐枝，爛爛蓮花蕚。或宴水雲榭，佳景開芳酌。或賦迎薰亭，妙句隨興落。師友得從容，昆弟善笑謔。是秋獮塞北，奇峰峭天削。回思此間山，宛似日出爝。因緣不復至，撫景懷佳約。時過玉蝀橋，波光含漠漠。煙際辨樓臺，松竹紛竽籥。彈指十年間，何異風鳴鐸。前日重來游，未能窮其樂。遥矚淑清苑，凍岸不可泊。今朝好風景，遲日中天爚。步自瀛臺橋，踏冰行蹻蹻。乾蘆尋曲徑，虚殿開金鑰。穿雲洞户深，步石川梁迮。乃知洞裏天，自與尋常各。冬深景寂寞，翠剩琅玕籜。閒坐流杯亭，更登日知閣。會心濠濮間，呼朋嗒然噱。其北乃假山，巉巖何磊硌。攀援徑絶處，深澗戲騰踔。時我徑過之，我童猶畏却。其上掛瀑布，結搆儼廬霍。飛沫雜冰流，玉牙排斷㗁。其池乃不凍，疑有馮夷託。當年觀魚亭，塵土生珠箔。歸鞍適然返，聊爾何住着。我聞山水緣，好者不爲惡。何必買山錢，底須蠟芒屩。前居水中萍，茲游林裏雀。異日得清暇，還教度略彴。

又 卷二八《游蕉園》 冰床聲裏過長湖，遠岸人行似畫圖。雪覆蕉園松突兀，雲生古殿路虚無。南臨太液風鈴語，北望瓊華塔影孤。屐齒幾番游歷處，寒林已聽噪歸烏。

雜録

元 楊瑀《山居新話》卷四 江浙參政哈迪爾公，字本初，嘗云：向任留守都司事時，本司諸先輩同談内苑。萬歲山、太液池本非我朝創建，乃亡金之治囿也。初，聖朝起朔廷，絶塞土。有一山形勢雄壯，峰巒秀異。金人望氣者言，此山有王氣，當出異人，非金之利。謀欲傾圮之，計無從出。時金已衰微，因通好，託以入貢爲辭，願求此山之土爲報。衆皆鄙笑而許之。金人遂掘其山，自備車馬挽載，運至幽州城北，積累成山，開挑海子，栽植花木，營搆臺殿，以爲游幸之所。未幾，金亡。世祖皇帝登大寶，改築京城。山適在禁苑之中，至今塞土遺跡尚存，其土赤潤，草木不生。乃知帝王之宅，都會之京，興衰之兆，天已默定，豈人力之所能爲也。公因和萬歲山詩韻，有「水泝顛崖流自轉，山移絶塞勢尤雄」之句。

明 王圻《稗史彙編》卷一一《金故城》 金人滅遼克宋，定都燕山，其故城在今北京城之西南十里，今禁垣内所存瓊花島、梳妝臺皆金故物也。瓊島乃即蒙古輦貢之石，積而爲山。妝臺則章宗所營，以備李妃行園而添妝者，都人訛爲蕭太后梳妝樓。嘗記。章宗偕妃登，得「二人土上坐」之句，舉以屬妃，妃即以「一月日邊明」對之，時詩警妙。以今地里計之，所謂臺島，與今萬歲山、太液池等在今時當介都城之東北隅。入元而改築城隍，我朝因之。前之山池臺島則在禁垣之西南矣。

明 談遷《國榷》卷六三《世宗嘉靖四十年》 （二月）刑部左侍郎趙大祐，錦衣衛指揮僉事萬文明等，按報伊王典楧不法。【略】府第立磚城，重門紅鋪，作清和鴛鴦騰光殿、百花臺、乘風御氣閣，僭擬不道。

清 同治《新建縣志》卷一三《食貨》 《識小録》云：陳友諒聚鹿數百，畜于南昌章江門外，謂之鹿囿。友諒嘗至其處，自跨一角蒼鹿，綴瑟珠爲瓔珞，掛角上，縷金爲鞍，羣鹿皆飾以錦繡，遨游江上。明太祖駕至南昌，宴於滕王閣，命儒臣韓詩放其鹿於西山。

圖表

清光緒《承德府志》卷一《山莊圖》

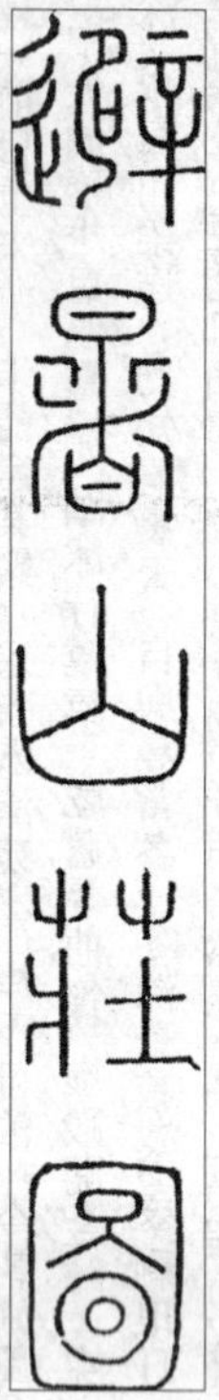

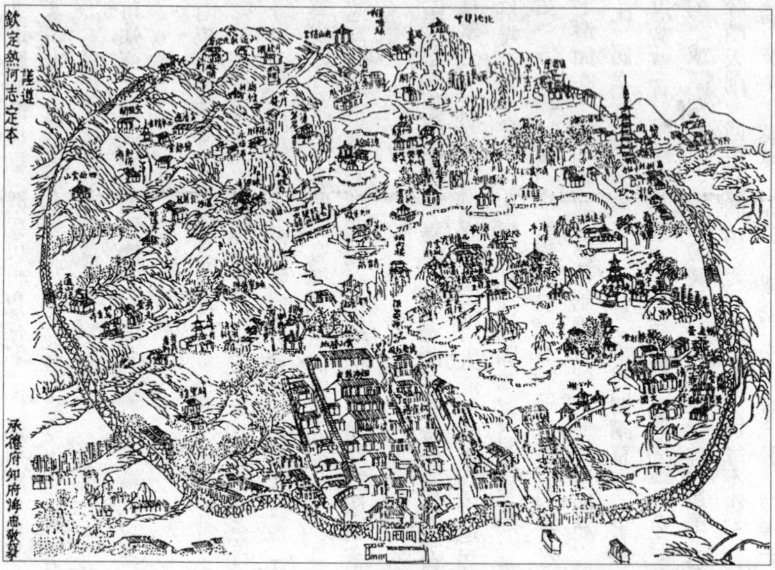

清光緒《桐鄉縣志》卷首《巡蹕·行宮大營圖》

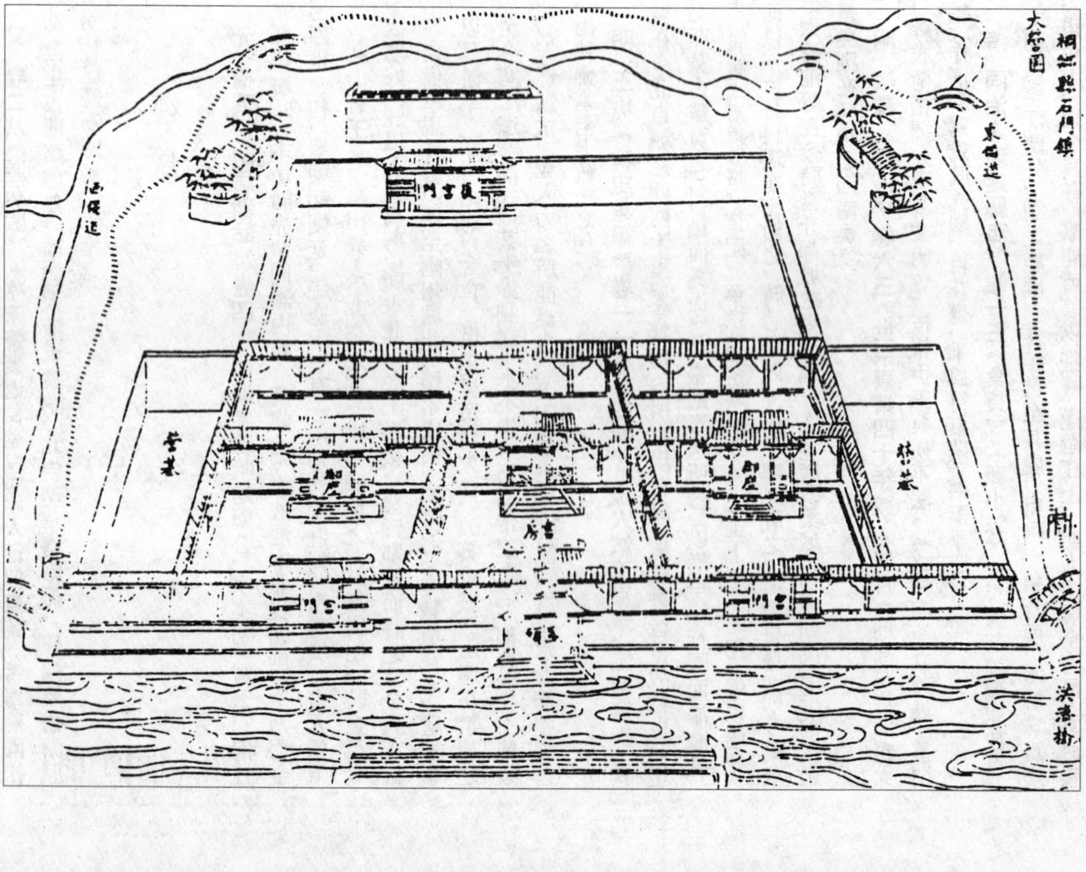

私家宅園部

魏晉南北朝及之前

綜　述

宋　樂史《太平寰宇記》**卷三**《河南府》　金谷。郭緣生《述征記》云：金谷，谷也。地有金水，自太白原南流經此谷，晉衛尉石崇因即川阜而造制園館。崇《金谷詩序》云：余以元康六年從大業卿出爲征虜將軍，有别廬在河南縣界金谷澗。澗中有清泉、茂樹，衆果、竹柏、藥物備具，又水灌魚池焉。與諸賢登高臨下，列坐水湄，遂各賦詩，感性命之不求，懼凋落之無期云。

宋　朱長文《吳郡圖經續記》**卷下**《園第》　伍子胥宅，故傳在胥門旁。子胥諫吳王，王不聽，使子胥於齊。子胥屬其子於齊鮑氏，還報吳王，吳王聞之，怒，賜之屬鏤。子胥曰：吾死，必抉吾目置之吳東門，以觀越兵之入也。

言偃宅，在常熟縣西北。宅中有井，闊三尺，深十丈。井旁有壇。壇北百步有浣紗石，方四尺。縣有言偃橋，蓋得名於此。子游以文學升聖師之堂，吳人好儒術，其有所自哉！

長鋏巷，一名彈鋏巷，在吳縣東北二里。巷有馮煖宅。煖客在齊孟嘗君之門，彈長鋏而歌者也。焚虛券以彰孟嘗君美聲，説齊王以復孟嘗君相位，其顯名也宜哉。唐人云有墳在側，碑刻猶存。舊傳郡郭三百餘巷，蓋皆有名而失之，惜哉！

晉東亭，獻穆公王珣與其弟珉宅。外在虎丘，内在白華里，後皆施以爲寺。昔虎丘東西二寺，今之景德寺，皆是也。景德寺，舊號虎丘廨院廨。《晉書》云：吳内史王珣有别館在虎丘山，戴逵潛詣之，與珣游處積旬。後珣爲尚書僕射，上疏請召逵爲國子祭酒。逵名益顯。

顧辟疆園。王獻之入會稽，經吳門，先不識主人。值辟疆方集賓友酣燕園中，而獻之游歷既畢，指麾好惡，傍若無人。辟疆勃然曰：不足齒之，傖爾，使驅其左右出門，獻之獨坐輿上，展轉顧望，而僕從不至，遂移時。蓋獻之之肆，辟疆之隘也。辟疆園唐時猶在，顧况嘗假以居，郡守贈詩云：辟疆東晉日，竹樹有名園。年代更多主，池塘復裔孫。今莫知其所。

戴顒宅，故傳北禪寺是也。顒父逵，字安道，嘗游吳，號吳中高士。顒居剡下，復游桐廬。桐廬僻遠，難以養疾，乃出居吳下。士人共爲築室，聚石引水，植木開澗，少時繁密，有若自然。三吳將守及郡内衣冠，要其同游墅澤，堪行便去，不爲矯介，衆論以此多之。

宋　龔明之《中吳紀聞》**卷一**《辟疆園》　吳中舊傳，池館林木之勝，惟辟疆園爲第一。辟疆姓顧氏，晉人見於題咏者甚衆。李太白云：柳深陶令宅，竹暗辟疆園。陸羽云：辟疆舊林園，怪石紛相向。陸龜蒙云：吳之辟疆園，在昔勝槩敵。皮日休云：更葺園中景，應爲顧辟疆。近世如張伯玉亦云：于公門館辟疆園，放蕩襟懷水石間。今莫知其遺跡所在。

宋　范成大《吳郡志》**卷一四**《園亭》　晉辟疆園自西晉以來傳之，池館林泉之勝，號吳中第一。辟疆姓顧氏，晉唐人題詠甚多。陸羽詩云：辟疆舊林園，怪石紛相向。陸龜蒙云：吳之辟疆園，在昔勝槩敵。皮日休云：更葺園中景，應爲顧辟疆。本朝張伯玉云：于公門館辟疆園，放蕩襟懷水石間。今莫知遺跡所在。考龜蒙之詩，則在唐爲任晦園亭，今任園亦不可考矣。

宋　張敦頤《六朝事迹編類》**卷下**《陸機宅》　《建康實録》云：陸機入洛作《懷舊居賦》云：望東城之紆徐，邈吾廬之延佇。李太白《題王處士水亭》云齊朝南苑是陸機宅，其詩云：王子耽玄言，賢豪多在門。好鵝尋道士，愛竹嘯名園。樹色老荒苑，池光蕩華軒。北堂見明月，更憶陸平原。掃地青玉簟，爲余置金樽。醉罷欲歸去，花枝宿鳥喧。何時復來此，再得洗囂煩。圖經云：在縣南五里秦淮之側。

清　光緒《江西通志》**卷一一七**　石壁精舍在都昌縣西南一十一里。旁臨清江，有石如壁。山西有層臺，本謝康樂舊宅所言精舍者。

清　光緒《襄陽府志》**卷五**　諸葛亮宅在隆中山。沔水又東逕隆中，歷孔明舊宅北。亮語劉禪曰「先帝三顧臣於草廬之中，咨臣以當世之事」，即此宅也。車騎沛國劉季和之鎮襄陽也，與犍爲人李安共觀此宅，命安作宅銘。

傳記

南朝齊 魏收《魏書》卷九三《茹皓傳》（茹）皓性微工巧，多所興立。爲山於天淵池西，采掘北邙及南山佳石。徙竹汝潁，羅蒔其間。經構樓館，列於上下。樹草栽木，頗有野致。世宗心悦之，以時臨幸。

紀事

漢 劉歆 晉 葛洪輯《西京雜記》卷三 茂陵富人袁廣漢藏鏹巨萬，家僮八九百人。於北邙山下築園，東西四里、南北五里，激流水注其内。搆石爲山，高十餘丈，連延數里。養白鸚鵡、紫鴛鴦、牦牛、青兕，奇獸怪禽，委積其間。積沙爲洲嶼，激水爲波潮。其中致江鷗海鶴，孕雛産鷇，延漫林池。奇樹異草，靡不具植。屋皆徘徊連屬，重閣修廊，行之，移晷不能徧也。廣漢後有罪誅，没入爲官園，鳥獸草木皆移植上林苑中。

又 卷四 哀帝爲董賢起大第於北闕下。重五殿，洞六門。柱壁皆畫雲氣、花蘤、山靈、水怪，或衣以綈錦，或飾以金玉。南門三重，署曰南中門、南上門、南更門。東西各三門，隨方面題署亦如之。樓閣臺榭，轉相連注。山池玩好，窮盡雕麗。

南朝宋 范曄《後漢書》卷三四《梁統列傳第二十四》（統玄孫）冀乃大起第舍，而壽亦對街爲宅，殫極土木，互相誇競。堂寢皆有陰陽奥室，連房洞户。柱壁雕鏤，加以銅漆；窗牖皆有綺疏青瑣，圖以雲氣仙靈。臺閣周通，更相臨望；飛梁石蹬，陵跨水道。金玉珠璣，異方珍怪，充積臧室。遠致汗血名馬。又廣開園囿，採土築山，十里九坂，以像二崤，深林絶澗，有若自然，奇禽馴獸，飛走其間。冀壽共乘輦車，張羽蓋，飾以金銀，游觀第内，多從倡伎，鳴鐘吹管，酣謳竟路。或連繼日夜，以騁娱恣。客到門不得通，皆請謝門者，門者累千金。又多拓林苑，禁同王家，西至弘農，東界滎陽，南極魯陽，北達河、淇，包含山藪，遠帶丘荒，周旋封域，殆將千里。又起菟苑於河南城西，經亘數十里，發屬縣卒徒，繕修樓觀，數年乃成。

北魏 酈道元《水經注》卷二九 司馬彪曰：仲山甫封于樊，因氏國焉。爰自宅陽。徙居湖陽。能治田殖，至三百頃。廣起廬舍，高樓連閣，波陂灌注，竹木成林，六畜放牧，魚嬴梨果，檀棘桑麻，閉門成市。

北魏 楊衒之《洛陽伽藍記》卷二 敬義里南有昭德里。里内有尚書僕射游肇、御史尉李彪、兵部尚書崔林、幽州刺史常景、司農張倫等五宅。彪、景出自儒生，居室儉素。惟倫最爲豪侈，齋宇光麗，服玩精奇，車馬出入，逾於邦君。園林山池之美，諸王莫及。倫造景陽山，有若自然。其中重巖複嶺，嶔崟相屬。深蹊洞壑，邐遞連接。高林巨樹，足使日月蔽虧。懸葛垂蘿，能令風煙出入。崎嶇石路，似壅而通。峥嶸澗道，盤紆復直。是以山情野興之士，游以忘歸。天水人姜質，志性踈誕，麻衣葛巾，有逸民之操。見偏愛之，如不能已，遂造《亭山賦》，行傳於世。其辭曰：今偏重者，愛昔先民之重，由樸由純。然則純樸之體，與造化而津梁。濠上之客，柱下之史，悟無爲以明心，託自然以圖志，輒以山水爲富，不以章甫爲貴。任性浮沉，若淡兮無味。今司農張氏，實踵其人。巨量焕於物表，夭矯洞達其真。青松未勝其潔，白玉不比其珍。心託空而栖有，情入古以如新。既不專流蕩，又不偏華尚，卜居動静之間，不以山水爲忘。庭起半邱半壑，聽以目達心想。進不入聲榮，退不爲隱放。爾乃决石通泉，拔嶺巖前。斜與危雲等並，危與曲棟相連。下天津之高霧，納滄海之遠烟。纖列之狀一如古，崩剥之勢似千年。若乃絶嶺懸坡，蹭蹬蹉跎。泉水紆徐如浪峭，山石高下復危多。五尋百拔，十步千過，則知巫山弗及，未審蓬萊如何。其中煙花露草，或傾或倒。霜幹風枝，半聳半垂。玉葉金莖，散滿堦墀。燃目之綺，裂鼻之馨，既共陽春等茂，復與白雪齊清。或言神明之骨，陰陽之精，天地未覺生此，異人焉識其中。羽徒紛泊，色雜蒼黄。緑頭紫頰，好翠連芳。白鸐生於異縣，丹足出自他鄉。皆遠來以臻此，藉水木以翱翔。不憶春於沙漠，遂忘秋於高陽。非斯人之感至，同候鳥之迷方。豈下俗之所務，入神怪之異趣。能造者其必詩，敢往者無不賦。或就饒風之地，或入雲多之處。氣嶺與梅岑，隨春之所悟。遠爲神仙所賞，近爲朝士所知。求解脱於服佩，預參次於山垂。子英游魚於玉質，王喬繫鵠於松枝。方丈不足以妙詠，歌此處態多奇。嗣宗聞之動魄，叔夜聽此驚魂。恨不能鑽地一出，醉此山門。別有王孫公子，遜遁容儀。思山念水，命駕相隨。逢岑愛曲，值石凌攲。庭爲仁智之田，故能種此石山。森羅兮草木，長育兮風煙。孤松既能却老，半石亦可留年。若不坐卧兮於其側，春夏兮其游陟，白骨兮徒自朽，方寸心兮何所憶？

唐 段成式《酉陽雜俎》卷一二《語資》 歷城房家園，齊博陵君豹之山池。其中雜樹森竦，泉石崇邃，歷中祓禊之勝也。曾有人折其桐枝者，公曰：何謂爲傷吾鳳條？自後人不敢復折。公語參軍尹孝逸曰：昔季倫金谷山泉，何必踰此。孝逸對曰：曾詣洛西，游其故所。彼此相方，誠如明教。孝逸常欲還鄴，詞人餞宿於此。逸爲詩曰：風淪歷城水，月倚華山樹。時人以此兩句比謝靈運「池塘」十字焉。

宋 施宿等《會稽志》卷一三《園池》 謝安石東西二眺亭，址在今上虞東山。方安石時，東山蓋重天下，臺榭遺跡當不止此，歲久不可考。爾山之國慶院，左有小方池，草莽被焉，甚有古意。傳者云此安石洗屐池也。《王性之游山記》稱：山半薔薇洞院上方白雲堂、明月堂，以爲安石故迹。竊亦疑之。李白詩云：不到東山久，薔薇幾度花。白雲還自散，明月落誰家。恐後人緣此詩爲之云。王逸少有書堂在山陰蘭亭，鵝池、墨池亦在焉。當其與羣公祓禊賦詩，蓋一時之集爾，而遺跡勝槩照映林谷，則右軍或嘗居之。後人追懷風流，於是葺爲流觴曲水，此必皆其舊也。

王子敬山亭在雲門。唐永淳元年春，王勃嘗修禊于此亭。今顯聖寺後有子敬筆倉，疑距其地不遠也。

許詢園在蕭山縣北幹山下，《圖經》云：詢家此山之陽。故其詩曰：蕭條，北幹園也。

謝康樂始寧園亦在東山，事具《文選》及傳。亭觀舊址無復存者。康樂《過始寧詩》云：葺宇臨迴江，築觀基層巔。其《山居賦》有云：南北兩居，水通陸阻。南山則夾渠二田，周嶺三苑。九泉別澗，五谷異巘。北山二園，南山三苑。杏壇、㮈園，橘林、栗圃。桃李多品，梨棗殊所。枇杷林檎，帶谷映渚。其綿亘邐迤，包絡上下，可謂廣矣。而今所可識，惟東山爾。

孔稚圭山園在山陰縣東三十里，曰尚書隝。見《太平寰宇記》。所謂隝者，因稚圭之園以得名也。今園已不可見，而尚書隝仍存。

明 何良俊《何氏語林》卷一〇 孔德璋風韻清疎，好文詠，飲酒七八斗。與外兄張融情趣相得，又與瑯琊王思遠、廬江何點，點弟胤並款交，不樂世務。居宅盛營山水，憑几獨酌，傍無雜事。門庭之内草萊不剪，中有蛙鳴。或問之，稚珪笑曰：我以此當兩部鼓吹。

明 張岱《夜航船》卷一一 金谷園 石崇爲荆州刺史時，刺劫遠使商客，致富不貲。有別館在河陽之金谷，一名梓澤園。中有清泉茂林、竹柏藥草之屬，莫不畢備。嘗與衆客游宴，屢遷其處，或登高臨下，或列坐水濱。琴瑟笙筑合載車中，道路並作，令與鼓吹遞奏，晝夜不倦。後房數百俱極佳麗之選，以殺羞精麗相高，求市恩寵。

清 嘉慶《長沙縣志》卷二三 會春園在縣北湘春門外，馬氏建。即開福寺地。五代（史楚世家天福四年，馬希範作會春園嘉宴堂，其費鉅萬。徐東野作詩，中有數聯，爲當時所稱賞者。「珠璣影冷偏枯草，蘭麝香濃却損花」、「山色遠堆螺黛雨，草梢春戛麝香風」、「衰蘭寂寞含愁緑，小杏妖嬈弄色紅」。《張栻集》長沙開福蘭若，故爲馬氏避暑之地，所謂會春園者。寺之西祓禊亭，下臨湖光，舉目平遠，自爲此邦登覽勝處也。

著　録

晉 石崇《金谷詩序》（《文章辨體彙撰》卷三三一輯） 余以元康六年，從太僕卿出爲使，持節監青、徐諸軍事，征虜將軍。有別廬在河南縣界金谷澗中，或高或下，有清泉、茂林，衆果、竹柏、藥草之屬，莫不畢備。又有水碓、魚池、土窟，其爲娱目歡心之物備矣。時征西大將軍祭酒王詡當還長安，余與衆賢共送往澗中，晝夜游宴，屢遷其坐。或登高臨下，或列坐水濱。時琴瑟笙筑合載車中，道路並作。及住，令與鼓吹遞奏，遂各賦詩以叙中懷。或不能者，罰酒三斗。感性命之不永，懼凋落之無期。故具列時人官號、姓名、年紀，又爲詩著後。後之好事者，其覽之哉！

藝　文

漢 張衡《歸田賦》（《文選》卷一五輯） 《歸田賦》者，張衡仕不得志，欲歸於田，因作此賦。游都邑以永久，無明略以佐時。徒臨川以羨魚，俟河清乎未期。感蔡子之慷慨，從唐生以决疑。諒天道之微昧，追漁父以同嬉。超埃塵以遐逝，與世事乎長辭。於是仲春令月，時和氣清。原隰鬱茂，百草滋榮。王雎鼓翼，鶬鶊哀鳴。交頸頡頏，關關嚶嚶。於焉逍遥，聊以娱情。爾乃龍吟方澤，虎嘯山丘。仰飛纖繳，俯釣長流。觸矢而斃，貪餌吞鉤。落雲間之逸禽，懸淵沈之魦鰡。于時曜靈俄景，係以望舒。極盤游之至樂，雖日夕而忘劬。感老氏之遺誡，將迴駕乎蓬廬。彈五絃之妙指，詠周孔之圖書。揮翰墨以奮藻，陳三皇之軌模。苟縱心於物外，安知榮辱之所如？

晉 陶潛《陶淵明集》卷二《歸園田居》 少無適俗韻，性本愛丘山。誤落塵網中，一去三十年。羈鳥戀舊林，池魚思故淵。開荒南野際，守拙歸園田。方宅十餘畝，草屋八九間。榆柳蔭後檐，桃李羅堂前。曖曖遠人村，依依墟里烟。狗吠深巷中，雞鳴桑樹巔。户庭無塵雜，虚室有餘閑。久在樊籠裏，復得返自然。

晉 謝靈運《過始寧墅》（《文選》卷二六輯） 剖竹守滄海，枉帆過舊山。山行窮登頓，水涉盡洄沿。岩峭嶺稠疊，洲縈渚連綿。白雲抱幽石，緑篠媚清漣。葺宇臨迴江，築觀基曾巔。揮手告鄉曲，三載期歸旋。且爲樹枌檟，無令孤願言。

又《山居賦》（《會稽志》卷二〇輯） 年與疾而偕來，志乘拙而俱旋。謝平生於知游，棲清曠於山川。其居也，左湖右江，往渚還汀。面山背阜，東阻西傾。抱含吸吐，款跨紆縈。緜聯邪亘，側直齊平。近東則上田下湖，西溪南谷，石埭石滂，閔硎黄竹。決飛泉於百仞，森高薄於千麓。寫長源於遠江，派深毖於近瀆。近南則會以雙流，縈以三洲。表裏回游，離合山川。崿崩飛於東峭，槃傍薄於西阡。拂青林而激波，揮白沙而生漣。近西則楊、賓接峰，塘堭連縱。室、筆帶溪，曾、孤臨江。竹緣浦以被緑，石照澗而隱紅。月隱山而成陰，木鳴柯以起風。近北則二巫結湖，兩智通沼。横、石判盡，休、周分表。引修堤之逶迤，吐泉流之浩漾。山巉下而回澤，瀨石上而開道。遠東則天台、桐柏，方石、太平，二韭、四明，五奥、三菁。表神異於緯牒，驗感應於慶靈。凌石橋之莓苔，超楢溪之紆縈。遠南則松箴、棲雞、唐嵫、漫石。崪、嵊對嶺，岜、孟分隔。入極浦而邅回，迷不知其所適。上嶔崎而蒙籠，下深沈而澆激。遠西則闕。【略】遠北則長江永歸，巨海延納。崑漲緬曠，島嶼綢沓。山縱横以布護，水回沈而縈浥。信荒極之綿眇，究風波之睽合。徒觀其南術之闕生巉闕成衍。緣岸測深，相渚知淺。洪濤滿則曾石没，清瀾減則沈沙顯。及風興濤作，水勢奔壯。于歲春秋，在月朔望。湯湯驚波，滔滔駭浪。電激靁崩，飛流灑漾。凌絶壁而起岑，横中流而連薄。始迅轉而騰天，終倒底而見壑。此楚貳心醉於吴客，河靈懷慚於海若。爾其舊居曩宅，闕今園，枌槿尚援，基井具存。曲術同乎前後，直陌矗其東西。豈伊臨溪而傍沼，乃抱阜而帶山。考封域之靈異，實兹境之最然。葺駢梁於巖麓，棲孤棟於江源。敞南户以對遠嶺，闢東窗以矚近田。田連岡而盈疇，嶺枕水而通阡。

南朝梁 沈約《郊居賦》（《梁書》卷一三《沈約傳》引） 味先哲而爲言，固余心之所嗜。不慕權於城市，豈邀名於屠肆。詠希微以考室，幸風霜之可庇。爾乃傍窮野，抵荒郊。編霜菼，葺寒茅。構棲噪之所集，築町疃之所交。因犯檐而刊樹，由妨基而剪巢。決渟洿之汀濼，塞井甃之淪坳。藝芳枳於北渠，樹修楊於南浦。遷瓮牖於蘭室，同肩墻於華堵。織宿楚以成門，籍外扉而爲户。既取陰於庭樾，又因籬於芳杜。開閣室以遠臨，闢高軒而旁覩。漸沼沚於霤垂，周塍陌於堂下。其水草則蘋萍芡芰，菁藻蒹菰。石衣海髮，黄荇緑蒲。動紅荷於輕浪，覆碧葉於澄湖。飡嘉實而却老，振羽服於清都。其陸卉則紫鼈緑葹，天著山韭。鴈齒麋舌，牛脣彘首。布濩南池之陽，爛漫北樓之後。或幕渚而芘地，或縈窗而窺牖。若乃園宅殊製，田圃異區。李衡則橘林千樹，石崇則雜果萬株。並豪情之所侈，非儉志之所娱。欲令紛披蓊鬱，吐緑攢朱。羅窗映户，接霤承隅。開丹房以四照，舒翠葉而九衢。抽紅英於紫蒂，銜素蘂於青跗。其林鳥則翻泊頡頏，遺音下上。楚雀多名，流嚶雜響。或班尾而綺翼，或緑衿而絳顙。好葉隱而枝藏，乍間關而來往。其水禽則大鴻小鴈，天狗澤虞。秋鷖寒鵜，修鷁短鳧。曳參差之弱藻，戲漣漪之輕軀。翅抨流而起沫，翼鼓浪而成珠。其魚則赤鯉青魴，纖儵鉅鱯。碧鱗朱尾，修顱偃頟。小則戲渚成文，大則噴流揚白。不興羨於江海，聊相忘於余宅。其竹則東南獨秀，九府擅奇。不遷植於淇水，豈分根於樂池。秋蜩吟葉，寒雀噪枝。來風南軒之下，負雪北堂之垂。訪往塗之軫跡，觀先識之情僞。每誅空而索有，皆指難以爲易。不自已而求足，並尤物以興累。亦昔士之所迷，而今余之所避也。

北周 庾信《庾子山集》卷一《小園賦》 若夫一枝之上，巢父得安巢之所。一壺之中，壺公有容身之地。况乎管寧藜床，雖穿而可坐。嵇康鍛竈，既煖而堪眠。豈必連闥洞房，南陽樊重之第。緑墀青瑣，西漢王根之宅。余有數畝敝廬，寂寞人外，聊以擬伏臘，聊以避風霜。雖復晏嬰近市，不求朝夕之利。潘岳面城，且適閒居之樂。况乃黄鶴戒露，非有意於輪軒。爰居避風，本無情於鐘鼓。陸機則兄弟同居，韓康則舅甥不别。蝸角蚊睫，又足相容者也。爾乃窟室徘徊，聊同鑿坯。桐間露落，柳下風來。琴號珠柱，書名《玉杯》。有堂梨而無館，足酸棗而非臺。猶得欹側八九丈，縱横數十步，榆柳兩三行，梨桃百餘樹。撥蒙密兮見窗，行欹斜兮得路。蟬有翳兮不驚，雉無羅兮何懼。草樹混淆，枝格相交。山爲簣覆，地有堂坳。藏貍並窟，乳鵲重巢。連珠細菌，長柄寒匏，可以療饑，可以棲遲。敧嶇兮狹室，穿漏兮茅茨。檐直倚而妨帽，户平行而礙眉。坐帳無鶴，支床有龜。鳥多閑暇，花隨四時。心則歷陵枯木，髮則睢陽亂絲。非夏日而可畏，異秋天而可悲。一寸二寸之魚，三竿兩竿之竹。雲氣蔭於叢蓍，金精養於秋菊。棗酸梨酢，桃榹李薁。落葉半床，狂花滿屋。名爲野人之家，是謂愚公之谷。試偃息於茂林，乃久羨於抽簪。雖有門而長閉，實無水而恒沉。三春負鋤相識，五月披裘見尋。問葛洪之藥性，訪京房之卜林。草無忘憂之意，花無長樂之心。鳥何事而逐酒？魚何情而聽琴？加以寒暑異令，乖違德性。崔駰以不樂損年，吴質以長愁養病。鎮宅神以薶石，厭山精而照鏡。屢動莊舄之吟，幾行魏顆之命。薄晚閑閨，老幼相攜，蓬頭王霸之子，椎髻梁鴻之妻。燋麥兩瓮，寒菜一畦。風騷騷而樹急，天慘慘而雲低。聚空倉而雀噪，驚懶婦而蟬嘶。昔草濫於吹噓，藉《文言》之慶餘。門有通德，家承賜書。或陪玄武之觀，時參鳳凰之虚。觀受釐於宣室，賦《長楊》於直廬。遂乃山崩川竭，冰碎瓦裂，大盜潛移，長離永滅。摧直轡於三危，碎平途於九折。荆軻有寒水之悲，蘇武有秋風之别。關山則風月悽愴，隴水則肝腸斷絶。龜言此地之寒，鶴訝今年之雪。百靈兮倏忽，光華兮已晚。不雪雁門之踦，先念鴻陸之遠。非淮海兮可變，非金丹兮能轉。不暴骨於龍門，終低頭於馬坂。諒天造兮昧昧，嗟生民兮渾渾。

唐 李白《李太白文集》卷一七《游謝氏山亭》 淪老卧江海，再歡天地清。病閒久寂寞，歲物徒芬榮。借君西池游，聊以散我情。掃雪松下去，捫蘿石道行。謝公池塘上，春草颯已生。花枝拂人來，山鳥向我鳴。田家有美酒，落日與之傾。醉罷弄歸月，遥欣稚子迎。

唐 韋應物《韋蘇州集》卷九《金谷園歌》 石氏滅，金谷園中水流絶。當時豪右争驕侈，錦爲步障四十里。東風吹花雪滿川，紫氣凝閣朝景妍。洛陽陌上人迴首，絲竹飄颻入青天。晉武平吴恣歡燕，餘風靡靡朝廷變。嗣世衰微誰肯憂，二十四友日日空追游。追游詎可足，共惜年華促。禍端一發埋恨長，百草無情春自緑。

雜　録

南朝宋 劉義慶撰 梁 劉孝標注《世説新語》卷上之上 孫綽賦遂初，築室畎川，自言見止足之分。《中興書》曰：綽字興公，太原中都人，少以文稱，歷太學博士、大著作、散騎常侍。《遂初賦叙》曰：余少慕老莊之道，仰其風流久矣，卻感於陵賢妻之言，悵然悟之，乃經始東山，建五畝之宅，帶長阜，倚茂林，孰與坐華幕、擊鐘鼓者同年而語其樂哉。齋前種一株松，恒自手壅治之。高世遠時亦鄰居，語孫曰：松樹子非不楚楚可憐，但永無棟梁用耳。孫曰：楓柳雖合抱，亦何所施。

又 卷下之上 康僧淵在豫章去郭數十里立精舍，旁連嶺，帶長川，芳林列於軒庭，清流激於堂宇。乃閑居研講，希心理味。庾公諸人多往看之，觀其運用吐納，風流轉佳，加已處之怡然，亦有以自得，聲名乃興。後不堪，遂出。

宋 李昉等《太平廣記》卷三九七《斗山觀》 漢乾祐中，翰林學士王仁裕云：興元有斗山觀，自平川内聳起一山，四面懸絶，其上方於斗底，故號之。薜蘿松檜，景象尤奇。上有唐公昉飲李八百仙酒，全家拔宅之跡。其宅基三畝許，陷爲坑，此蓋連地而上昇也。仁裕辛巳歲於斯爲節度判官，嘗以片板題詩於觀曰：霞衣欲舉醉陶陶，不覺全家住絳霄。拔宅只知雞犬在，上天誰信路岐遥。三清遼廓拋塵夢，八景雲烟事早朝。爲有故林蒼柏健，露華涼葉鎖金飆。舊説云：斗山一洞西去二千里，通青城大面山，又與岩真觀井相通。仁裕癸未年入蜀，因謁岩真觀，見斗山詩碑在焉，詰其道流，云不知所來。説者無不異之。出《玉堂閒話》。

元 陸友仁《研北雜志》卷上 金谷園，吴越錢氏時廣陵王元璙所作，今朱氏樂圃是其地。

明 何良俊《何氏語林》卷二四 山陽縣東北有嵇叔夜園宅，後悉爲墟，父老猶稱嵇公竹林。《述征記》曰：山陽東北二十里，魏中散大夫嵇康園宅，悉爲田墟，時有遺竹。

明 彭大翼《山堂肆考》卷二七《金谷》 金谷園在河南府城西，地有金水，自太白原南流經此谷。晉石崇因川阜造園館，自作詩序，園有清涼臺，即崇妾緑珠墜樓處。

隋唐五代

綜　述

唐 于邵《游李校書花藥園序》（《文苑英華》卷七一〇輯） 春吹萬以爲

物，皆有役我智者，惟役之不殆，終而有用。故君子盡心於藥焉，恐精華之不追已也。崇文館校書郎李公，寢門之外，大亭南畝。大亭之左，勝地東豁，環岸種藥。不知斯池幾十步，但覩其縹眇霞錯，葱蘢煙布，密葉層映，虚根不搖。珠點夕露，金燃曉光。而後花發五色，色帶深淺。藥生一香，香有近遠。色若錦繡，酷如芝蘭。動皆襲人，静則奪目。此李公及時之適也。至若上苗可食，下體兼採。子入菰飯，華雜蒲葅。既甘平而性寒，又辛温而執熱。癖除而不爲去傳，風愈而安知及書？此李公谷中之本也。吾徒沐公馨香，愛我藥石，皆可右坐，願爲佳游。風生白蘋，日映丹浦。披摇霍靡，則花飛鏡中。虚涵峥嶸，而山在海底。入門而未辨金谷，問地而不言河陽。况春醞已清，家園可摘。飲盡落景，勸無後時。憶戴而乘輿自來，知鐘而聽絃立應，此李公推心之分也。《禮》曰發慮憲，《語》云從吾所好。慮以觀進，好無思邪？而公智周未兆，根據有益，上符性命之理，下從耳目之玩。舉一物而庶美集，得不謂之難哉！韓康隱名，徒盡職者。羊叔相遺，吾無間然。聊對諸人之意，用觀賦物之作。予乃僚也，敢無述乎？

唐　李華《李遐叔文集》卷三《賀遂員外藥園小山池記》　恱名山大川，欲以安身崇德。而獨往之士勤勞千里，豪家之制殫竭百金，君子不爲也。賀遂公衣冠之鴻鵠，執憲起草，不塵其心，夢寐以青谿、白雲爲念。庭除有砥礪之材，礎礩之璞，立而象之衡巫。堂下有畚鍤之坳，圩埴之凹，隨而象之江湖。種竹藝藥，以佐正性，華實相蔽，百有餘品。鑿井引汲，伏源出山，聲聞池中，尋竇而發。泉躍波轉而盈沼，支流脉散而滿畦。一夫蹋輪而三江逼户，千指攢石而羣山倚蹊。智與化侔，至人之用也。其間有書堂琴軒，置酒娱賓。卑痺而敞若雲天，尋文而豁如江漢。以小觀大，則天下之理盡矣。心目所及，自不忘乎賦情遺辭。取興兹境，當代文士目爲詩園。道在抑末敦元，可以扶教。趙郡李華舉其略而記之。

唐　獨孤及《毗陵集》卷一七《盧郎中潯陽竹亭序》　古者半夏生，木槿榮。君子居高明，處臺榭。後代作者，或用山林水澤、魚鳥草木以深其趣。而嘉景有大小，道機有廣狹。必以寓目放神爲性情筌蹄，則不俟滄洲而閒，不出户庭而適。前尚書右司郎中盧公，地甚貴，心甚遠。欲卑其志而高其興，故因數仞之丘，伐竹爲亭。其高出於林表，可用遠望。工不過鑿户牖，費不過剪茅茨。以儉爲飾，以静爲師。辰之良，景之美，必作於是。憑南軒以瞰，原隰冲然，不知錦帳、粉闈之貴於此亭適也。前有香草怪石，杉松羅生。密篠翠筠，臘月碧鮮。風動雨下，聲比簫籟。亭外有山圍溢城，峰名香爐。歸雲輪囷，片片可數。天香天鼓，若在耳鼻。是其所以誇逋客而傲漢貂者。百里奚爵禄不入，故飯牛而牛肥。盧公恬智相養，於是竹亭構而天機暢。嘗試論亭之趣：夫物不感則性不動，故境對而心馳也。欲不足則患不至，故意愜而神完也。耳目之用繫于物，得喪之源牽於事，哀樂之柄成乎心。心和於内，而事物應於外，則登臨殊途，其適一也。何必嬉東山，禊蘭亭，爽志蕩目，然後稱賞？公欲其迹之可久，故命余爲志。

唐　權德輿《司徒岐公杜城郊居記》（《文苑英華》卷八二七輯）　司徒岐國公以盛德相三朝，以大中敷五教。帝載協龢，太階蹐平。既致用於方内，亦宅心於事外。神京善地，啓夏南出凡十有六里，而仁智之居在焉。縈迴巖巘，左右勝勢。徑術逶迤於木杪，臺亭巘崪於山腹。下崇岡，冒青蒼，步履平夷以至於堂皇。四敞賓榻，中容宴豆，孤齋閑館，幽槩隨之。乃開洞穴，以導泉脉。其流泠泠，或決或渟。激而杯行，瀑爲玉聲。初蒙於上下，終匯於池際。白波淪漣，繚以方塘。輕艫緩棹，沿洄上下。見煙霞澄霽之狀，魚鳥飛沉之適。濯于潺湲，風于碧鮮。紅葩火燃，素英雪翻。芊眠葱蒨，杳窱迴合。含虚籟以四達，遡清輝而交映。

唐　李翰《尉遲長史草堂記》（《唐文粹》卷七四輯）　吾友晉陵郡丞河南尉遲緒，節闊達，志退遠，含和而不假修，推誠而不詭行。外若可渾，其中甚清。外如可離，其中甚静。夫求賢達之趣，當考其中。若然，夫子其達者歟？而境或超詣，心或獨得，飄飄然不知冠冕之在己，浩浩然不知天地之爲大。其冥機慎道，迹繫心曠，人或未睹，吾能知之。大曆四年夏，乃以俸錢搆草堂於郡城之南，求其志也。材不斵，全其樸。牆不雕，分其素。然而規制宏敞，清泠含風，可以却暑而生白矣。後有小山曲池，窈窕幽徑，枕倚于高墉。前有芳樹珍卉，嬋娟修竹，隔閡于中屏。由外而入，宛若壺中，由内而出，始若人間，其幽邃有如此者。夫子又有雄辭奥學，潤色其事。階上何有？有羣書萬卷。階下何有？有空林一瓢。非道統名儒，不登此堂。非素琴香茗，不入兹室。是知草堂之貴，夫子之静，天下茫茫，人未易悉。

唐　顔真卿《顔魯公集》卷一三《鮮于氏離堆記》　閬州之東百餘里，有縣曰新政。新政之南數千步，有山曰離堆。斗入嘉陵江，直上數百尺，形勝縮矗，欹壁峻肅，上峥嵘而下迴洑，不與衆山相連屬，是之謂離堆。東面有石堂焉，即故京兆尹鮮于君之所開鑿也。堂有室，廣輪袤丈，蕭豁洞敞。虚聞江聲，徹見人羣，象人村川坝，若指諸掌。堂北磐石之上，有九曲流杯池焉。懸源螭腹，蹙噴鶴味，釃渠股引，迴坐環溜，若有良朋以傾醇酎。堂南有茅齋焉，游於斯，息於斯，聚賓友於斯。虚而來者，實而歸。其齋壁間有詩焉，皆君舅著作郎岩從君，甥殿中侍御史岩侁之等美君考槃之所作也。其右有小石盧焉，亦可蔭而踆據矣。其松竹桂柏、冬青雜樹，皆徒他山而栽蒔焉。其上方有男宫觀焉，署之曰景福。

唐 司空圖《司空表聖文集》卷二《山居記》 中條就蒲津，東顧距虞鄉纔百里，亦猶人之秀發，必見於眉宇之間。故五峰巍然爲其冠珥，是谿蔚然含其濃英之氣，左右函洛乃滌煩濟賞之境。會昌中，詔毁佛宫，以因爲我有谷之名，本以王宫廢壘在其側，今司空氏易之爲禎陵谿，亦曰禎貽云。愚以家世儲善之祐，集於厥躬，乃像刻大悲殿，新構於西北隅。其亭曰證因。證因之右，其亭曰擬綸，志其所著也。擬綸之左，其亭曰修史，勖其所職也。西南之亭曰濯纓，濯纓之窗旦鳴皆有所警。堂曰三詔之堂，室曰九籥之室，皜其壁以模玉川，於其間備列國朝至行清節、文學英特之士，庶存聳激耳。其上方之亭曰覽昭，懸瀑之亭曰瑩心，皆歸於釋氏，以栖其徒。愚雖不敏，猶幸處於鄉里，不侵不侮。處於山林，物無夭伐，亦足以庇子孫。且鉅知他日復睹晬容訪陳迹者，非今兹誓願之證哉！久於斯石，庶幾不昧。有唐光啟三年丁未歲記。

宋 徐鉉《騎省集》卷一四《毗陵郡公南原亭館記》 人生而静，性之適也。若乃廟堂之貴，軒冕之盛，君子所以勞心濟物，屈己存教。功成事遂，復歸于静。用能周旋於道，常久而不已者也。有唐再造，俗厚政和。人多暇豫，物亦茂遂。名園勝槩，隱轔相望。至于東田之館，西園之墅，婁湖張侯之宅，東山謝公之游，青谿賦詩之曲，白楊飲酒之路，風流人物，高視昔賢。京城坤隅，爰具别館，百畝之地，芳華一新，舊相毗陵公習静之所也。其地却據峻嶺，俯瞰長江。北彌臨滄之觀，南摠新林之戍。足以窮幽極覽，忘形放懷。於是建高望之亭，肆游目之觀，睨多鳥于雲外，認歸帆于天末。四山隱現而屏列，重城邐迤而霞舒。紛徒步而右回，闢精廬于中嶺。倚層崖而築室，就積石以爲階。土事不文，木工不斲。虚牖夕映，密户冬燠，素屏塵尾，棐几藜床，談玄之侣，此焉游息。設射堂於其左，湛方塘於其下。虚檻顯敞，清風爽氣襲其間。綺岸繁迴，紅藥翠苕藻其涘。至於芳草嘉禾，修竹茂林，紛敷翳蔚，不可殫記。凡厩庫之望，厨庾之區，賓燕所須，不戒而具。每良辰美景，欣然命駕。羣從子弟，結駟相追。角巾藜杖，優游笑詠，觀之者不知其爲公相也。古人有言，朝廷之士，入而不能出。況於輕鐘鼎之貴，徇山林之心，將相之權不能累其真，肺腑之親不能係其遁。道風素範，豈不美歟？

宋 朱長文《吴郡圖經續集》卷下《圖第》 陸龜蒙宅，在松江上甫里。魯望，唐相元方七世孫也，始居郡中臨頓里，晚益遠引深遁，居震澤旁，自號甫里先生。有地數畝，有屋三十楹，有田奇十萬步，有牛減四十蹄，有耕夫百餘指。而田汙下，暑雨一晝夜則與江通。故先生常苦饑困，倉無升斗蓄積。乃躬負畚鍤，率耕夫以爲具，蓋遂終焉。後以高士召，不至。李蔚盧攜素與龜蒙善，及當國，召拜左拾遺，詔方下，龜蒙卒。其所居遺基尚存。

任晦宅，見於皮、陸詩。有深林曲沼，危亭幽砌，而任君棄涇縣尉，歸居于其間。魯望詩云：吴之辟疆園，在昔勝槩敵。前聞富修竹，後説紛怪石。風烟慘無主，載祀將六百。草色與行人，誰能問遺跡。不知清景在，盡付任君宅。据此，殆即辟疆之園邪。

廣陵王元璙别宅，舊與南園相近。據《九國志》云：元璙治蘇州，頗以園池草木爲意，創南園東圃及諸别第，奇卉異木，名品千萬。今其遺迹多在居人之家，其崇岡清池，茂林珍木，或猶有存者。

宋 范成大《吴郡志》卷一四《園亭》 唐褚家林亭，《松陵集倡和》云在震澤之西。皮日休詩云：茂苑樓臺低檻外，太湖魚鳥徹池中。當在松江之傍也。【略】

任晦園池。晦嘗爲涇縣尉，歸吴作圃，爲時所稱。皮日休云：有深林曲沼，危亭幽物。陸龜蒙詩云：吴之辟疆園，在昔勝槩敵。不知佳景在，盡付任君宅。蓋任晦得顧辟疆舊園以爲宅也。

清 陳宏緒《江城名蹟》卷二 陳處士園 在東湖南岸，南唐處士陳陶隱居洪州，闢小園，植花竹，種蔬茹，日自灌溉。陶有《閒居雜興》云：一顧成周力有餘，白雲閒釣五溪魚。中原莫道無麟鳳，自是皇家結網疏。【略】釋貫休書《陳陶隱居》云：有叟傲堯日，髮白肌膚紅。妻子亦讀書，種蘭清溪東。白雲有奇色，紫桂含天風。即應迎鶴外，窅羡于洞洪。又云：高步前山前，高歌北山北。數載賣柑橙，山資近又缺。注：陶種柑橙，令山童賣之。

紀事

唐 張九齡《曲江集》卷一七《韋司馬別業集序》 杜城南曲，斯近郊之美者也。背原面川，前峙太一，清渠修竹，左並宜春，山靄下連，谿氛中絶，此皆鄖公之有也，余固已聞之。開元歲夏四月，猥忝散職，居多放情，跂彼一行，無忘於夙尚。時因其七召果獲於前期，乃與起居舍人蔡公、萬年主簿韓公惠而得朋，欣然命駕。韋公方拭席見待，羞以藥物之滋。倚琴相歡，雜以嘯歌之韻。清言移景，閑步周林，翻飛自情，俯仰爲得。斯亦吾儕之樂事，幸可而同也。扶陽餘慶，磻溪古跡，樹留梓漆，器用天成。庭漸芝蘭，馨香世襲。斯乃韋氏之懿業，是所謂異焉。

唐 張説《張燕公集》卷一二《東山記》 兵部尚書同中書門下三品、修文館大學士韋公，體含真静，思協幽曠，雖翊亮廊廟而緬懷林藪。東山之曲有別業焉，嵐氣入野，榛烟出俗。石潭竹岸，松齋藥畹。虹泉電射，雲木虚吟。惚恍疑夢，間關忘術。兹所謂丘壑夔龍，衣冠巢許，幸温泉之歲也。皇上聞而賞之，乃命掌舍，設帟金吾劃次。太官載酒，奉常抱樂。停輿輦於青靄，佇翬褕於紫雲。百神朝于谷口，千官飲乎池上。緹騎環山，朱旆焰野。縱觀空巷，途歌傳壑。是日，即席拜公逍遥公，名其居曰清虚原、幽棲谷。

唐 王維撰 清 趙殿成箋注《王右丞集箋注》卷二 東山別業 劉昫《唐書》：景龍三年十二月庚子，幸兵部尚書韋嗣立莊。【略】嗣立嘗于驪山搆營別業，中宗親往幸焉。自製詩序，令從官賦詩，賜絹二千匹，因封嗣立爲逍遥公，名其所居爲清虚原、幽棲谷。《唐詩紀事》：韋嗣立莊在驪山鸚鵡谷。中宗幸之，嗣立獻食百轝及木器藤盤等物，上封爲逍遥公。谷爲幽棲谷，原爲清虚原。中宗留詩，從臣屬和，嗣立並鐫於石，張説爲之序，薛稷書之。

唐 元結《次山集》卷一二《峿臺銘序》 浯溪東北二十餘丈，得怪石焉，周行三百餘步，從未申至丑寅。崖壁斗絶，左屬回鮮，前有磴道，高八九十尺。下當洄潭，其勢硱磳，半出水底，蒼然泛泛，若在波上。石巔勝異之處，悉爲亭堂。小峰歒竇其間，松竹掩映，軒戶畢皆幽奇。於戲！古人畜憤悶與病於時俗者，力不能築高臺以瞻眺，則必山顛海畔伸頸歌吟，以自暢達。今取兹石，將爲峿臺，蓋非愁怨，乃所好也。

唐 穆員《新安谷記》（《文苑英華》卷八二三輯） 京洛佳賞，盡走乎闕塞。次則東城，以桃李繁華相高。北山瀍陽有崖谷谿洞之勝，蓋天然疏鑿以遺來者，而人不之爭。我公懸車之三年，探得其最。凡遠于國門、邇于闕塞者，四之一買之，直減於東城之貴者。亦如之連岡疊磴，中斷夾門，爲其拱蹕，如狀如意。翠竹茂樹，縈環森羅，爲其緣飾，如繢如織。泉出山腹，釀而爲池，釃而爲派，帶於竹樹葱蘢之間。池可行舟，派能流觴，果園蔬圃用以爲溉，其餘與瀍水合于山下。臨玩之美，耳潺潺，目鱗鱗，不俟漱浥而煩襟如洗。於是卜瀍之上，泉之側，周章顧盼，擁抱之勢，作爲新亭。春之日，百花流鶯，笑語滿谷，迭相爲主，待人爲賓。始至也，若宴賞之之踈。將去也，若怨棄之之速。夏之日，清風入林，徘徊不散，若爲繁暑與之竟夕，而流泉娱客，亦奏雅音。秋之日，霜凄氣肅，萬象畢清，亭中一望，超忽天外，而片雲行雁又似與賞心遠目相期於前。冬之日，木落天迥，遥山入户，可愛之景照於陽坡，遲遲爲人，人散而歛。凡四時暇日，公與大夫從甥侄子孫，攜琴罇翰墨，游於斯，燕於斯。慈顔怡，天和熙，一觴舉，萬福隨。穆穆雍雍，翼翼夔夔，中外具慶，如塤如篪。公曰：人生知足爲富，當時爲貴。苟俟外奬，則此地足以忘年。何必陸賈擊鮮，疏廣散金，然後爲適（興）〔歟〕。王氏之少長咸集，潘家之兒童稚齒，吾之適也。爾羣子識之。謹按《春秋》之義，地從主人，今我公開國新安，則家、谷宜以新安爲稱。新安之爲解也，既所以旌新之安，亦所以祝吾家之慶與兹山之賞，日月新而永永安安之謂也。又，江南有新安者，山水之異絶于中國，維其似之，是以命之。

唐 符載《襄陽張端公西園記》（《文苑英華》卷八二三輯） 南雍州地靈氣爽，號爲雄勝。峴山、漢水環抱，里閈東西。主人有問於我，我或致讓，其地荆、揚、淮、楚之不侔也。繇是侍御史張公得風景之高朗，依連帥之仁愛，遂此一廬作爲宅居。居有園，園在萬山東五六里，檀溪西三百許步，南值漢高廟正相當，佛宫數四，與岑巒邐迤。蒼蒼松檜，盡爲庭木。前有名花上藥，羣敷簇秀，霞鋪雪灑，瀲灔清波。後有含桃朱杏，的皪蔭藹，殊姿絶艶，甲冠他囿。每天清雲净，雨霽風息，山僧羽客，泊簪纓好事者亟來從之。開軒設箮，耳目祛曠，煮茶摘果，動至酣樂。出門爲人寰，宴居成山林。適自中得，萬累何遠。故公用是上才，草聞風聲，舊齒曩曹，翰飛青冥。今手操財賦之柄，心寓希夷之際。人謂官薄，我有浩氣，屈伸通塞，頹如也。即西園之地，實張公營道之場也，是何棲心拔俗之遐曠也如此。載匡廬遁客，目游履踐。故輒書衆美于素壁之上，使異日造辟彊者，遂用之爲導人云。

唐 柳識《草堂記》（《文苑英華》卷八二七輯） 海昏縣東北一二里有澄陂。永泰初，檢校左司郎中蘭陵蕭公置草堂于陂上。偶然疏鑿，從其易也。虛楹東向，清曠十里。傍有古樹密竹，一如籬落，澄漪風篁，終日不厭。非出非處，優游中道，于兹三年矣。紫篠爲門，蔬圃取給。怡愉色充，止足於斯，士君子皆仰其清達也。清而多愛，達而彌約。

唐 杜佑《杜城郊居王處士鑿山引泉記》（《文苑英華》卷八二八輯） 佑此莊貞元中置。杜曲之右，朱陂之陽，路無崎嶇，地復密邇。開池水，積川流。其草樹蒙茸，岡阜擁抱，在形勝信美，而蹄攀莫由。爰有處士琅邪王易簡，字高德，經術探於壺秘，文章擅於風雅，精識窮於治理，奥學究於天人。棲遲衡茅，粃糠爵禄，旁洽他藝，尤精術數。短褐或弊，簞笥屢空，守道安貧，不求不競，素多山水，乘興游衍，踰月方歸。誠士林之逸人，衣冠之良士。佑景行仰止，邀屈再三，惠然肯來。披榛周覽，因發歎曰：懿兹佳景，未成具美，蒙泉可導，絶頂宜臨。而面勢小差，朝晡難審，庸費不廣，日月非延，輿識無不爲疑。佑獨固請執事。於是薙叢莽，呈修篁，級詰屈，步邐迤。竹逕窈窕，藤陰玲瓏，勝槩益佳，應接不暇。登陟遺倦，達於高隅，若處煙霄，頓覺神完。終南之峻嶺，青翠可掬。樊川之清流，逶迤如帶。藏役春仲，成功秋暮，其煩匪病，不僭於素。開雙洞於巖腹，當鬱燠於生寒。交清泉於巘上，遭旱暵而淙注。止則澄澈，動則潺湲，宛如天然，莫辨所泄。懸布垂練，摇曳晴空。定東西之方隅，正子午之晷度。境象一變，賓侣咸驚。矧其流觸灣環，曲池奫淪。美景良辰，賢英迭臻。泛方舟而騁懷，聽清商而怡神，寧知景之將曛。勝事嘉趣，諒難備陳。【略】或曰：兹地頗堪游玩，深慮勢家凌奪。佑以爲不然，聖主明君，固當制抑。神龍中，故中書令韋公嗣立驪山幽栖谷莊，實爲勝絶。中宗愛女安樂公主恃寵懇求，竟不之許，曰：大臣産業，宜傳後代，不可奪也。恭惟聖德，載在史策。貞元中，族叔司空相國黄裳，時任太子賓客。韋曲莊亦謂佳麗，中貴人復以公主賞愛，請買賜與，德宗不許，曰：城南是杜家鄉里，終不得取。仰奉聖言，布於人聽，則二后皆切禁止，所冀常以保安。在子孫但履孝資忠，謹身奉法，無欽違節，克守素風，復何虞也？司徒平章事岐國公京兆杜佑記。

唐 柳宗元《柳河東集》卷二七《潭州東池戴氏堂記》 弘農公刺潭三年，因東泉爲池，環之九里。丘陵林麓距其涯，坻島渚洲交其中。其岸之突而出者，水縈之若玦焉，池之勝於是爲最。公曰：是非離世樂道者不宜有此。卒授賓客之選者譙國戴氏曰：簡爲堂而居之。堂成，而勝益奇，望之若連艫縻艦，與波上下就之，顛倒萬物，遼廓眇忽。樹之松柏杉櫧，被之菱芡芙蕖，鬱然而陰，粲然而榮，凡觀望浮游之美專於戴氏矣。戴氏嘗以文行累爲連率所賓禮，貢之澤宫，而志不願仕。與人交，取其退讓，受諸侯之寵，不以自大。其離世歟！好孔氏書，旁及莊文，莫不總統以至虛爲極，得受益之道，其樂道歟！賢者之舉也，必以類當。弘農公之選，而專兹地之勝，豈易而得哉。地雖勝，得人焉而居之。則山若增其高，水若闢而廣，堂不待飾而已奂矣。戴氏以泉池爲宅居，以雲物爲朋徒，攄幽發粹，日與之娱。則行宜益高，文宜益峻，道宜益懋，交相贊者也。既碩其内又揚于時，吾懼其離世之志不果矣。君子謂弘農公刺潭得其政，爲東池得其勝，授之得其人，豈非動而時中者歟？於戴氏堂也，見公之德，不可以不記之。

又 卷二九《鈷鉧潭西小丘記》 得西山後八日，尋山口西北道二百步，又得鈷鉧潭。西二十五步，當湍而浚者爲魚梁。梁之上有丘焉，生竹樹。其石之突怒偃蹇，負土而出、争爲奇狀者，殆不可數。其嶔然相累而下者，若牛馬之飲於溪。其衝然角列而上者，若熊羆之登於山。丘之小不能一畝，可以籠而有之。問其主，曰唐氏之棄地，貨而不售。問其價，曰止四百。余憐而售之。李深源、元克己時同游，皆大喜，出自意外。即更取器用，剷刈穢草，伐去惡木，烈火而焚之。嘉木立，美竹露，奇石顯。由其中以望，則山之高，雲之浮，溪之流，鳥獸之遨游，舉熙熙然迴巧獻技，以效兹丘之下。枕席而卧，則清泠之狀與目謀，瀯瀯之聲與耳謀，悠然而虛者與神謀，淵然而靜者與心謀。不匝旬而得異地者二，雖古好事之士，或未能至焉。噫！以兹丘之勝，致之灃、鎬、鄠、杜，則貴游之士争買者，日增千金而愈不可得。今棄是州也，農夫漁父過而陋之，賈四百，連歲不能售。而我與深源、克己獨喜得之，是其果有遭乎！書於石，所以賀兹丘之遭也。

唐 白居易《白氏長慶集》卷四三《草堂記》 匡廬奇秀，甲天下山。山北峰曰香爐，峰北寺曰遺愛寺。介峰、寺間，其境勝絶，又甲廬山。元和十一年秋，太原人白樂天見而愛之，若遠行客過故鄉，戀戀不能去。因面峰腋寺，作爲草堂。明年春，草堂成。三間兩柱，二室四牖，廣袤豐殺，一稱心力。洞北户，來陰風，防徂暑也。敞南甍，納陽日，虞祁寒也。木斲而已，不加丹。牆圬而已，不加白。墄階用石，冪窗用紙，竹簾紵幃，率稱是焉。堂中設木榻四，素屏二，漆琴一張，儒、道、佛書各三兩卷。樂天既來爲主，仰觀山，俯聽泉，傍睨竹樹雲石，自辰及酉，應接不暇。俄而物誘氣隨，外適內和。一宿體寧，再宿心恬，三宿後，頹然嗒然，不知其然而然。自問其故，答曰：是居也，前有平地，輪廣十丈。中有平臺，半平地。臺南有方池，倍平臺。環池多山竹野卉，池中生白蓮、白魚。又南抵石澗，夾澗有古松、老杉，大僅十人圍，高不知幾百尺。修柯戛雲，低枝拂潭，如幢竪，如蓋張，如龍蛇走。松下多灌叢，蘿蔦葉蔓，駢織承翳，日月光不到地，盛夏風氣如八九月時。下鋪白石，爲出入道。堂北五步，據層崖積石，嵌空垤塊，雜木異草，蓋覆其上。緑陰蒙蒙，朱實離離，不識其名，四時一色。又有飛泉植茗，就以烹燀。好事者見，可以永日。堂東有瀑布，水懸三尺，瀉階隅，落石渠，昏曉如練色，夜中如環佩琴筑聲。堂西倚北崖右趾，以剖竹架空，引崖上泉，脉分綫懸，自檐注砌，纍纍如貫珠，霏微如雨露，滴瀝飄灑，隨風遠去。其四傍，耳目、杖屨可及者，春有錦繡谷花，夏有石門澗雲，秋有虎谿月，冬有鑪峰雪。陰晴顯晦，昏旦含吐，千變萬狀，不可殫紀。覼縷而言，故云甲廬山者。噫！凡人豐一屋、華一簀而起居其間，尚不免有驕矜之態。今我爲是物主，物至致知，各以類至，又安得不外適內和、體寧心恬哉？昔永、遠、宗、雷輩十八人，同入此山，老死不反。去我千載，我知其心以是哉！矧予自思，從幼迨老，若白屋，若朱門，凡所止，雖一日二日，輒覆簣土爲臺，聚拳石爲山，環斗水爲池，其喜山水病癖如此。一旦蹇剥，來佐江郡，郡守以優容而撫我，廬山以靈勝待我，是天與我時，地與我所，卒獲所好，又何以求焉？尚以冗員所羈，餘累未盡，或往或來，未遑寧處。待予異時，弟妹婚嫁畢，司馬歲秩滿，出處行止，得以自遂，則必左手引妻子，右手抱琴書，終老於斯，以成就我平生之志。清泉白石，實聞此言！時三月二十七日，始居新堂。四月九日，與河南元集虛、范陽張允中、南陽張深之、東西二林寺長老湊、朗、滿、晦、堅等凡二十有二人，具齋施茶果以落之。因爲《草堂記》。

唐 李德裕《李衛公別集》卷九《平原山居戒子孫記》 經始平泉，追先志也。吾隨侍先太師忠公，在外十四年，上會稽，探禹穴，歷楚澤，登巫山，游沅湘，望衡嶠。先公每維舟清眺，意有所感，必凄然遐想。屬目伊川，嘗賦詩曰：龍門南岳盡伊原，草樹人烟目所存。正是北州梨棗熟，夢魂秋日到郊園。吾心感是詩，有退居伊、洛之志。前守金陵，於龍門之西，得喬處士天寶末避地，遠游爲荒榛。首翠微山，尚有薇蕨。山陽舊徑，唯餘竹木。吾乃剪荆莽，驅狐狸，始立班生之宅，漸成應叟之地。又得名花珍木奇石，列於庭際。平生素懷，於此足矣。吾嘗以出處者貴得其道，進退者貴不失時。古來賢達，多有遺恨。至於玄祖潛身在柱史，柳惠養德於士師，漢代丙曼容官不過六百石，終無辱殆，邈難及矣。越蠡激文牛以肥遁，留侯託黄老以辭世，亦其次焉。范睢感蔡澤一言，超然高謝。鄧禹見功臣多敗，委遠名勢，又其次也。矧吾者於葵無衛足之智，處有不鳴之患。雖有泉石，杳無歸期，留此林居，貽厥後代。鬻平泉者，非吾子孫也。以平泉一樹一石與人者，非佳也。吾百年後，爲權勢所奪，則以先人所命，泣而告之，此吾志也。《詩》曰「維桑與梓，必恭敬止」，言其父所植也。昔周人之思召伯，愛其所憩之樹，近代薛令君於禁省中，見先祖所據之石，必泫然流涕，汝曹可不慕之？唯岸爲谷，谷爲陵，然已焉，可也。

又《平泉山居草木記跋》（《會昌一品集》别集卷九輯）《劇談録》：李德裕東都平泉莊，去洛城三十里。卉木臺榭，若造仙府。有虚檻，對引泉水，縈回疏鑿，像巫峽洞庭十二峰九派，迄於海門江山景物之狀，以間行逕。有平石，以手磨之，皆隱隱見雲霞龍鳳草樹之形。初德裕營平泉，遠方之人多以異物奉之。有題《平泉詩》曰：隴右諸侯供語鳥，日南太守送名花。

《賈氏談録》：贊皇公平泉莊周圍十里，構臺榭百餘所，今基址猶存。天下奇花異草、珍松怪石靡不畢致。其間故德裕自製《平泉草木記》，今悉無絶，唯鴈翅、檜珠、子柏、蓮房、玉藻等蓋僅有存焉。怪石名品甚衆，多爲洛城有力者取去，唯禮星石及師子石今爲陶學士徙置梨園别墅。

《河南志》：河南長殿南有婆娑亭，貯奇石處。世傳李德裕醒酒石，以水沃之，有林木自然之狀。今謂婆娑石，蓋以樹名。

《五代史》：張全義字國維，監軍，嘗得李德裕平泉醒酒石。德裕孫延古因託全義復求之。監軍忿然曰：「自黄巢亂後，洛陽園池無復能守，豈獨平泉一石哉！」全義嘗在巢賊中，以爲譏己，因大怒，奏，笞殺監軍者。

唐 康駢《劇談録》卷下《李相國宅》 朱崖李相國德裕宅在安邑坊東南隅，桑道茂謂爲玉椀。舍宇不甚宏侈而制度奇巧，其間怪石古松儼若圖畫。在文宗、武宗朝，方秉化權，威勢與恩澤無比，每好搜掇殊異，朝野歸附者多求寶玩獻之。嘗因暇日休澣，邀同列宰相及朝士宴語。時畏景赫曦，咸有鬱蒸之病。軒蓋候門，已及亭午，搢紳名士交扇不暇，將期憩息於清涼之所。既而延於小齋，不甚高敞，四壁施設皆古書名畫，俱有炎爍之慮。及別列坐開樽，煩暑都盡。良久覺清飈爽氣，凛若高秋。備設酒肴，及昏而罷。出户則火雲烈日，熇然焦灼。有好事者求親信問之，云：「此日唯以金盆貯水，漬白龍皮置於座末。」龍皮，有新羅僧得自海中。云海旁有居者得之於漁扈，其初以爲鱗介之屬，曾有老人見而識之。僧知相國好奇，因以金帛贖之而獻。平泉莊去洛城三十里，卉木臺榭，若造仙府。有虛檻，前引泉水縈迴穿鑿，像巴峽洞庭十二峰九派，迄于海門，皆隱隱見雲霞、龍鳳、草樹之形。有巨魚脇骨一條，長二丈五尺，其上刻云會昌六年海州送到。在東南隅，即徵士韋楚老拾遺別墅。楚老風韻高致，雅好山水。相國居廊廟日，以白衣擢昇諫署，後歸平泉，造門訪之，楚老避于山谷。相國題詩云：昔日徵黄詔，余慚在鳳池。今來招隱士，恨不見瓊枝。

唐 楊夔《小池記》（《文苑英華》卷八二九輯） 弘農子始卜居于前溪，得地數畝，構草堂竹齋，植修篁。竹齋之前，有地周三十步，因命僕執鍤穴爲池焉，逗前溪餘派以漲之。流或時涸，則汲井以滿。環池樹菊及諸菜果，可以左右俎机者。暇則散襟曳筇，倚吟自怡。或從風微瀾，或因雨暗溢，則江湖之思滿目矣。弘農子性潔，不喜淆雜，故一卉一木，爽静在眼前。池之上，未嘗許片葉寸梗頃刻浮泛，以是耕僮頗厭其役。客有知者，誚其勤懇跬步之地，何所裨哉。廣不袤丈，深不逾雉，竭其水不足以澤生物，窮其深不足以安黿鱉。無蒲藻以潛其魚，無波瀾以方其舟。孜孜矻矻，虛耗僮力。言未訖，弘農子舉頤而答曰：爾以此小而無用乎？以其潔而魚鱉不宅乎？以其狹而舟艥非便乎？吾豈不欲深及于淵，以滋液畦圃耶？豈不欲周植其蒲，以繁育魚蝦耶？豈不欲廣導其流，以乘風沿泝耶？吾恐利于生植，其見乎疏決無窮矣。聚夫鱗甲，則動夫竭澤之魚矣。凑其舟艥，則起夫濟涉之争矣。矧夫植其物，則有資菉以盜其澤者。叢其藻，則有虺蜮以附其伏者。利其濟，則有重載以掇其溺者。噫，水之利也衆矣。其害也亦深矣。故吾所以獨潔此沼，亦以鏡其心也。將欲撓之而愈明，揚之而不波，決之而不流，俾吾性終始對此而不渝。豈效夫瀦其水以豢鱗蓄介，爲饞潛之備？亦曰池而已矣。

五代 劉昫等《舊唐書》卷一六六《白居易傳》 （白）居易儒學之外，尤通釋典，常以忘懷處順爲事，都不以遷謫介意。在湓城，立隱舍於廬山遺愛寺，嘗與人書言之曰：「予去年秋始游廬山，到東西二林間香鑪峰下，見雲木泉石，勝絶第一。愛不能捨，因立草堂。前有喬松十數株，修竹千餘竿，青蘿爲牆援，白石爲橋道，流水周於舍下，飛泉落於簷間，紅榴白蓮，羅生池砌。」居易與凑、滿、朗、晦四禪師，追永、遠、宗、雷之迹，爲人外之交。每相攜游詠，躋危登險，極林泉之幽邃。至於翛然順適之際，幾欲忘其形骸。或經時不歸，或踰月而返，郡守以朝貴遇之，不之責。

宋 薛居正《舊五代史》卷六〇《李延古傳》 李敬義，本名延古，太尉衛公德裕之孫。【略】初，德裕之爲將相也，大有勳於王室，出藩入輔，綿歷累朝。及留守洛陽，有終焉之志，於平泉置別墅，采天下奇花異竹、珍木怪石，爲園池之玩。自爲家戒序録，志其草木之得處，刊於石，云：「移吾片石，折樹一枝，非子孫也。」洎巢、蔡之亂，洛都灰燼，全義披榛而創都邑，李氏花木，多爲都下移掘，樵人鬻賣，園亭掃地矣。有醒酒石，德裕醉即踞之，最保惜者。

宋 施宿等《會稽志》卷一三《園池》 賀知章放生池事具《本傳》。知章始求周宫湖數頃，詔賜鏡湖，剡川一曲。耆舊謂今東城南望爲賀家湖，疑即剡川也。其極目浩渺，光景澄澈，實東州佳觀云。

嚴長史園林，頗名于唐大歷中。有聯句者六人，其宅詩云：落木秦山近，衡門鏡水通。園詩云：杖策山横緑野，乘舟水入衡門。皆維佳句。可以想見其處矣。

方雄飛別墅在湖中，其自爲詩云：寒山壓鏡心，此處是家林。今禹廟東有寒山，或云即其故處。是時有袁秀才林亭，雄飛相近，數過之，故云「經年此地爲吟侶，早起尋君日暮迴」也。

皇甫秀才山亭，孟東野嘗賦之，其詩曰：晴湖瀉峰鏡，翠浪開萍蘚。往往唐人多因依鏡湖以爲勝趣，惜其不盡傳爾。

小隱山園在郡城西南鏡湖中。四面皆水，舊名侯山。晉孔愉嘗居焉。皇祐中，太守楊紘始與賓從往游。游而愜焉，問其主：王氏山何名？對曰：有之，非佳名也。亭有名否？則謝不敢。乃使以其圖來，悉與之名。山曰小隱之山，堂曰小隱之堂，池曰瑟瑟之池。命其亭曰勝奕亭，曰志歸亭，曰湖光亭，曰翠麓亭。又有探幽徑，擷芳徑，捫蘿磴、百花頂。山之外有鑑中亭、倒影亭，皆楊公所自命名。而通判軍州事錢公輔又爲刻石記之。後且百年，寖廢弗理。少師陸公宰嘗得之以爲別墅，作賦歸堂、六友堂、遐觀堂、秀發軒、放龜臺、蠟屐亭、明秀亭、拄頰亭、撫松亭。會公改築之城之東隅，今惟賦歸堂、蠟屐亭存焉，皆少師所扁也。有盧贊元裹、周秀實芭題詩最傳于世。

齊氏家園在城東少微山，山甚小而近湖。齊祖之分司東歸，遂家焉。引流爲沼，藝花爲圃。山之上下有芳華亭、脩竹巖、真珠泉、石屋、嘉遯亭、樵風亭、禹穴閣、應星亭、東山亭、釣閣。其自爲《家，山十詠》，陶寫景物，語尤閒遠。金廢爲神祠，無復舊觀，惟釣閣故基猶略可識，盡湖山登覽之勝。

宋　蔡迨《合江園記》（《成都文類》卷四三輯）　合江園，唐尹韋忠武作。後因其亭爲樓閣臺榭，參植美竹異卉，蓊翳參差，而春芳夏陰、波光月暉以時獻狀，無不可愛，故爲成都園亭勝踐之最。嘉時暇日，方伯刺史與其賓寮名勝登臨燕衎，傳觴授簡以極其驩，幾與東平之豁堂、山陰之蘭亭爭長也。而呂正愍之記實刻在石。夫地因人而重，則是園蓋可知矣。然園可疑官，官之人未必皆材。又屬公府尚簡，重燕游闊疏，因弗以治。樓欹亭侈，花竹翦刜，荒穢蕭條，可念其無恙者，獨長江茂林耳。淳熙二年春，季唐來爲是官，入其寺，傷焉，欲繕其隳圮而病其訾。會提點刑獄晉原李公兼漕領府事，唐白其故，公亟出緡錢材甓，畀以庀事。址之墟者屋之，宇之仆者起之。楹桷牖户，上覆旁障之。腐而缺者，易而新之，弗廢其舊而加壯焉。而又補蓺花竹，叢條暢茂，咸復其故。園之壞而修者數矣，莫若今日之壞甚而修之力、而成之敏也。

明　王鏊《姑蘇志》卷三二　東墅又名東莊，與南園皆廣陵王元璙帥吴時，其子衙内指揮使文奉所創。經營三十年，極園池之勝。奇卉異木及其身見皆成合抱。又累土爲山，亦成巖谷。晚年經度不已，每燕集其間，任客所適。文奉跨白騾，披鶴氅，緩步花徑，或泛舟池中，容與往來。聞客笑語，就之而飲。其好事如此。

清　左峴《杜工部草堂記》（《杜詩詳注》卷二五輯）　公雖在蜀已七載，而居草堂者不過三四歲。又此三四歲之中，經營卜築已費其太半，及斷手於寶應年。而是秋，即在梓閬間，往來梓閬幾三載，公詩所謂「三年奔走空皮骨」者也。及武再鎮留院中，半年歸浣溪，不逾時即離之而去已。然公雖流離困頓，自成都往梓、閬復往雲安、夔州而并州，故鄉之感，時刻廑于懷，遣弟占歸檢校草堂，則曰「東林竹影薄，臘月更須栽」。寄題草堂，則曰「爲念四小松，蔓草易拘纒」。送韋郎歸成都，則曰「爲問南溪竹，抽稍合過墻」。懷錦水居止，則曰「雪嶺界天白，錦城曛日黄」。形諸篇什，其惓惓不忘如此。公卜居浣花里，地名百花潭，與草堂寺相近，因名草堂。今寺與堂相近，疑恐非舊址，然《卜居》詩有曰「浣花溪水水西頭」，《狂夫》詩有曰「萬里橋西一草堂，百花潭水即滄浪」，《堂成》詩「背郭堂成蔭白茅」，《出郊》詩「時出碧鷄坊，西郊向草堂」，《懷居》詩「萬里橋南宅，百花潭北莊」，讀其詩，弔望其山川里居，而草堂背成都郭，在西郊外萬里橋南、百花潭北、浣花水西，歷歷如舊。公當日歸草堂時，出西郊。自南郭而言之，則草堂在萬里橋西。自西郭而言之，則草堂在萬里橋南，故互文曰橋西橋南也。

清　乾隆《元和縣志》卷一八　陸龜蒙别業在甫里吴宫鄉，龜蒙躬耕於此。地數畝，屋一二十楹，田計十萬步。中有八景，曰清風亭、光明閣、杞菊畦、雙竹堤、桂子軒、鬥鴨池、垂虹橋、鬪鴨闌。後爲白蓮寺，建祠塑像。宋咸淳中，有無賴子醉仆其像於水，腹中所藏皆平生詩文稿云。

藝文

唐　王勃《王子安集》卷六《游冀州韓家園序》　銅溝水北，石鼓山東。星辰當畢昴之墟，風俗是唐虞之國。雖接燕分晉，稱天子之舊都。而向街當衢，有高人之甲第。祥風塞户，瑞氣冲庭。芳酒滿而緑水春，朗月閒而素琴薦。家童掃地，蕭條仲舉之園。長者盈門，廓落東平之室。梧桐生霧，楊柳摇風。眺望而林泉有餘，奔走而烟霞足用。神龍起伏，俱調鼎鑊之滋。鳴鳳雌雄，並入笙竽之奏。高情壯思，有抑揚天地之心。雄筆奇才，有鼓怒風雲之氣。南庭興晚，東徑陰生。石髓拆而隱士歸，玉山崩而野人醉。僉爲文在我，卜翰苑當仁。王羲之之蘭亭，五百餘年直至今人之賞。石季倫之梓澤，二十四友始得吾徒之游。陶陶然，落落然，則大唐調露之元年獻歲正月也。

唐　陳子昂《南山家園林木交映盛夏五月幽然清凉獨坐思遠率成十韻》（《文苑英華》卷三一七輯）　寂寥守窮巷，幽獨坐空林。竹松生虚白，堦庭横古今。鬱蒸炎夏晚，凉宇閟清陰。軒窗交紫霭，簾户對蒼岑。鳳蘊仙人籙，鸞歌素女琴。忘機委人代，閉牖察天心。蛺蝶憐紅藥，蜻蜓愛碧潯。坐觀萬象化，方見百年侵。擾擾將何息，青青長苦吟。願隨白雲駕，龍鶴相招尋。

唐　張説《張燕公集》卷七《偶游龍門北溪忽懷驪山别業呈諸留守》　幽谷杜陵邊，風煙别幾年。偶來伊水曲，磎嶂各依然。傍浦憐芳樹，尋崖愛緑泉。嶺雲隨馬足，山鳥向人前。地合心俱静，言因理自玄。短才叨重寄，尸禄媿妨賢。每揖挂冠侣，思從初服旋。稻粱仍欲報，歲月坐空捐。助岳無纖芥，輸溟謝未涓。還悟北轅失，方茲南澗田。

唐　王泠然《汝州薛家竹亭賦》（《文苑英華》卷一二八輯）梁疑作汝潁多士，聞來久矣。出伊洛以南遊，登嵩峴以顧視，信乎精華實息，恢怪森起。惟萬户與千門，咸帶山而傍水，畿甸殷壯，閭閻密邇。當天象之西郊，近皇居之百里。其人和而賢俊，其地厚而淳美，則吾先文王行化之始烈，祖成王定鼎於此。宜其蕃我，良能誕生君子。世序雖遠，英靈不窮，其氣渾渾，其光雄雄。横古今而特秀者，惟我薛公。卜幽棲於汝北，夷舊業於河東。夫其禮樂成器，清明在躬。官非稱才，吾不謂之仕宦。人非克己，吾不謂之交通。處未全隱，和而莫同。且欲摒岞崿，苑蒙籠。閒亭一所，修竹一叢，蕭然物外，樂自其中。其竹也，初栽尚少，未長仍小，雜以喬木，環爲曲沼。遵遠水以澆浸，編長欄而護遶。向日森森，當風嫋嫋。勁節迷其寒燠，繁枝失其昏曉。踈莖歷歷旁見人，交葉重重上聞鳥。其亭也，溪左巖右，川空地平。材非難得，功則易成。一門四柱，石礎松檽。泥含椒氣，瓦覆苔青。纔容小榻，更設短屏。後陳酒器，前開藥經。薛公謂予曰：「自造此亭，未有茲客。」跪而應曰：「自從爲客，未見此亭。」既而物且遍好，多能所造。亭間坐卧，清户開而向林。門下往來，翠陰合而無草。禁行路使勿伐，命家僮使數掃。遊子見而忘歸，居人對而遺老。余何爲者，累載棲遑。學應成癖，走則非狂。宇宙至寬，顧立錐而無地。公卿未識，久彈鋏而辭鄉。一見竹亭之美，竟嗟嘆而成章。

唐　王維《皇甫岳雲谿雜題五首》（《王右丞集箋注》卷一三輯）

鳥鳴磵　人閒桂花落，夜静春山空。月出驚山鳥，時鳴春澗中。

蓮花塢　日日采蓮去，洲長多暮歸。弄篙莫濺水，畏濕紅蓮衣。

鸕鷀堰　乍向紅蓮没，復出清浦颺。獨立何褵褷，銜魚古查上。

上田平　朝耕上平田，暮耕上平田。借問問津者，寧知沮溺賢。

萍池　春池深且廣，會待輕舟迴。靡靡緑萍合，垂楊掃復開。

唐　王維《輞川集》（《王右丞集箋注》卷一三輯）余别業在輞川山谷，其游止有孟城坳、華子岡、文杏館、斤竹嶺、鹿柴、木蘭柴、茱萸沜、宫槐陌、臨湖亭、南垞、欹湖、柳浪、欒家瀨、金屑泉、白石灘、北垞、竹里館、辛夷塢、漆園、椒園等。與裴迪閒暇各賦絶句云爾。

孟城坳　新家孟城口，古木餘衰柳。來者復爲誰，空悲昔人有。

同詠　裴迪　結廬古城下，時登古城上。古城非疇昔，今人自來往。

華子岡　飛鳥去不窮，連山復秋色。上下華子岡，惆悵情何極。

同詠　裴迪　落日松風起，還家草露稀。雲光侵履跡，山翠拂人衣。

文杏館　文杏裁爲梁，香茅結爲宇。不知棟裏雲，去作人間雨。

同詠　裴迪　迢迢文杏館，躋攀日已屢。南嶺與北湖，前看復迴顧。

斤竹嶺　檀欒映空曲，青翠漾漣漪。暗入商山路，樵人不可知。

同詠　裴迪　明流紆且直，緑篠密復深。一逕通山路，行歌望舊岑。

鹿柴　空山不見人，但聞人語響。返景入深林，復照青苔上。

同詠　裴迪　日夕見寒山，便爲獨往客。不知松林事，但有麏麚跡。

木蘭柴　秋山斂餘照，飛鳥逐前侣。彩翠時分明，夕嵐無處所。

同詠　裴迪　蒼蒼落日時，鳥聲亂溪水。緑溪路轉深，幽興何時已。

茱萸沜　結實紅且緑，復如花更開。山中倘留客，置此茱萸杯。

同詠　裴迪　飄香亂椒桂，布葉間檀欒。雲日雖迴照，森沉猶自寒。

宫槐陌　仄逕蔭宫槐，幽陰多緑苔。應門但迎掃，畏有山僧來。

同詠　裴迪　門南宫槐陌，是向欹湖道。秋來山雨多，落葉無人掃。

臨湖亭　輕舸迎上客，悠悠湖上來。當軒對樽酒，四面芙蓉開。

同詠　裴迪　當軒彌滉漾，孤月正徘徊。谷口猨聲發，風傳入户來。

南垞　輕舟南垞去，北垞淼難即。隔浦望人家，遥遥不相識。

同詠　裴迪　孤舟信風泊，南垞湖水岸。落日下崦嵫，清波殊淼漫。

欹湖　吹簫凌極浦，日暮送夫君。湖上一迴首，山青卷白雲。

同詠　裴迪　空闊湖水廣，青熒天色同。艤舟一長嘯，四面來清風。

柳浪　分行接綺樹，倒影入清漪。不學御溝上，春風傷别離。

同詠　裴迪　映池同一色，逐吹散如絲。結陰既得地，何謝陶家時。

欒家瀨　颯颯秋雨中，淺淺石溜瀉。跳波自相濺，白鷺驚復下。

同詠　裴迪　瀨聲喧極浦，沿步向南津。泛泛鳧鷗渡，時時欲近人。

金屑泉　日飲金屑泉，少當千餘歲。翠鳳翔文螭，羽節朝玉帝。

同詠　裴迪　瀠渟澹不流，金碧如可拾。迎晨含素華，獨往事朝汲。

白石灘　清淺白石灘，緑蒲向堪把。家住水東西，浣紗明月下。

同詠　裴迪　跂石復臨水，弄波情未極。日下川上寒，浮雲淡無色。

北垞　北垞湖水北，雜樹映朱欄。逶迤南川水，明滅青林端。

同詠　裴迪　南山北垞下，結宇臨欹湖。每欲采樵去，扁舟出菰蒲。

竹里館　同詠　裴迪　來過竹里館，日與道相親。出入惟山鳥，幽深無世人。獨坐幽篁裏，彈琴復長嘯。深林人不知，明月來相照。

辛夷塢　同詠　裴迪　緑堤春草合，王孫自留玩。況有辛夷花，色與芙蓉亂。木末芙蓉花，山中發紅萼。澗户寂無人，紛紛開且落。

漆園　同詠　裴迪　好閒早成性，果此諧宿諾。今日漆園游，還同莊叟樂。古人非傲吏，自闕經世務。偶寄一微官，婆娑數枝樹。

椒園　同詠　裴迪　丹刺罥人衣，芳香留過客。幸堪調鼎用，願君垂采摘。桂尊迎帝子，杜若贈佳人。椒漿奠瑤席，欲下雲中君。

又《晦日游大理韋卿城南別業》二首（《王右丞集箋注》卷四）　郊居杜陵下，永日同攜手。人里靄川陽，平原見峰首。園廬鳴春鳩，林薄媚新柳。上卿始登席，故老前爲壽。臨當游南陂，約略執杯酒。歸與紬微官，惆悵心自咎。高館臨澄陂，曠望蕩心目。澹蕩動雲天，玲瓏映墟曲。鵲巢結空林，雉雊響幽谷。應接無閒暇，徘徊以躑躅。紆組上春隄，側弁倚喬木。弦望忽已晦，後期洲應緑。

唐　杜甫《寄題江外草堂》（《補注杜詩》卷八）　我生性放誕，雅欲逃自然。嗜酒愛風竹，卜居必林泉。遭亂到蜀江，卧痾遣所便。誅茅初一畝，廣地方連延。經營上元始，斷手寶應年。敢謀土木麗，自覺面勢堅。亭臺隨高下，敞豁當清川。惟有會心侣，數能同釣船。干戈未偃息，安得酣歌眠。蛟龍無定窟，黄鵠摩蒼天。古來賢達士，寧受外物牽。顧惟魯鈍姿，豈識悔吝先。偶攜老妻去，慘澹凌風烟。事跡無固必，幽貞貴雙全。尚念四小松，蔓草易拘纏。霜骨不堪長，永爲鄰里憐。

又《陪鄭廣文游何將軍山林四首》（《補注杜詩》卷十八）　不識南塘路，今知第五橋。名園依緑水，野竹上青霄。谷口舊相得，濠梁同見招。平生爲幽興，未惜馬蹄遥。旁舍連高竹，疏籬帶晚花。碾渦深没馬，藤蔓曲藏蛇。詞賦工無益，山林跡未賒。盡捻書籍賣，來問爾東家。棘樹寒雲色，茵蔯春藕香。脆添生菜美，陰益食單凉。野鶴清晨出，山精白日藏。石林蟠水府，百里獨蒼蒼。憶過楊柳渚，走馬定昆池。醉把青荷葉，狂遺白接䍦。刺船思郢客，解水乞吴兒。坐對秦山晚，江湖興頗隨。

又《草堂詩》（《杜詩補注》卷上）　竹外清疏浸碧溪，溪邊竹澹煙雨霏。閒看雪嶺題詩罷，醉向西郊信馬歸。霄漢直愁雙闕迴，夢魂長著五陵飛。故園秀木又春色，只恐歸去池臺非。

又《浣花草堂二首》　益都勝地浣花溪，水竹沙村好杖藜。築舍累年差得穩，會心多景不勝題。身羈夔梓神空到，舟下荆衡意轉迷。今日草堂長作主，達人應悟死生齊。

詩聖神交蓋有年，到來追想一悽然。浮雲轉盼失蒼狗，古帝游魂空杜鵑。背郭堂成辭郭去，驚人句好任人傳。黄精未必生毛羽，名不刊時骨是仙。

唐　盧鴻一《嵩山十志十首》（《全唐詩》卷一二三輯）　**草堂**　草堂者，蓋因自然之谿阜。前當墉洫，資人力之締構。後加茅茨，將以避燥濕，成棟宇之用。昭簡易，叶乾坤之德道。可容膝休閒，谷神同道，此其所貴也。及靡者居之，則妄爲翦飾，失天理矣。詞曰：

山爲宅兮草爲堂，芝蘭兮藥房。羅蘼蕪兮拍薜荔，荃壁兮蘭砌。蘼蕪薜荔兮成草堂，陰陰邃兮馥馥香，中有人兮信宜常。讀金書兮飲玉漿，童顔幽操兮不易長。

倒景臺　倒景臺者，蓋太室南麓，天門右崖，傑峰如臺，氣凌倒景。登路有三處可憩，或曰三休臺，可以邀馭風之客，會絶塵之子。超逸真，盪遐襟，此其所絶也。及世人登焉，則魂散神越，目極心傷矣。詞曰：

天門豁兮仙臺聳，傑屹崒兮零澒湧。窮三休兮曠一觀，忽若登昆崙兮中期汗漫仙。聳天關兮倒景臺，鯊顥氣兮軼嚻埃。皎皎之子兮自獨立，雲可朋兮椵可吸，曾何榮辱之所及。

樾館　樾館者，蓋即林取材，基顛柘，架茅茨。居不期逸，爲不至勞。清談娱賓，斯爲尚矣。及盪者鄙其隘闃，苟事宏湎，乖其實矣。詞曰：

紫巖隈兮青磎側，雲松煙蔦兮千古色。芳靃靡兮蔭蒙蘢，幽人構館兮在其中。靃靡蒙蘢兮開樾館，卧風霄兮坐椵旦。粤有賓兮時戾止，樵蘇不爨兮清談已，永歲終朝兮常若此。

枕烟庭　枕烟庭者，蓋特峰秀起，意若枕烟。秘庭凝虚，窅若仙會，即揚雄所謂「爰静神游之庭」是也。可以超絶紛世，永潔精神矣。及機士登焉，則寥闃戃恍，愁懷情累矣。詞曰：

臨泱漭兮背青熒，吐雲烟兮合窅冥。怳欻翕兮沓幽靄，意縹緲兮群仙會。窅冥仙會兮枕烟庭，竦魂形兮凝視聽。聞夫至誠必感兮祈此巔，契顥氣，養丹田，終彷像兮覯靈仙。

雲錦淙　雲錦淙者，蓋激溜衝攢，傾石叢倚。鳴湍疊濯，噴若雷風，詭輝分麗，焕若雲錦。可以瑩發靈矚，幽玩忘歸。及匪士觀之，則反曰寒泉傷玉趾矣。詞曰：

水攢衝兮石叢聳，焕雲錦兮噴洶湧。苔駁犖兮草夤緣，芳羃羃兮瀨濺濺。石攢叢兮雲錦淙，波連珠兮文沓絳。有潔冥者媚此幽，漱靈液兮樂天休，實獲我心兮夫何求。

期仙磴　期仙磴者，蓋危磴穹窿，迥接雲路，靈仙髣髴若可期。及儒者毁所不見則黜之，蓋疑冰之談信矣。詞曰：

霏微陰壑兮氣騰虹，迤邐危磴兮上凌空。青霞杪兮紫雲垂，鸞歌鳳舞兮吹參差。鸞歌鳳舞兮期仙磴，鴻駕迎兮瑶華贈。山中人兮好神仙，想像聞此兮欲升烟，鑄月煉液兮竚還年。

滌煩磯　滌煩磯者，蓋窮谷峻崖，發地盤石。飛流攢激，積漱成渠。澡性滌煩，迥有幽致。可爲智者説，難爲俗人言。詞曰：

靈磯盤礴兮溜奔錯，漱泠風兮鎮冥壑。研苔滋兮泉珠潔，一飲一憩兮氣想滅。磷漣清淬兮滌煩磯，靈仙境兮仁智歸。中有琴兮徽以玉，峨峨湯湯兮彈此曲，寄聲知音兮同所欲。

冪翠庭　冪翠庭者，蓋崖巘積陰，林蘿沓翠。其上綿冪，其下深湛。可以王神，可以冥道矣。及喧者游之，則酣謔永日，汩清薄厚。詞曰：

青崖陰兮月䃌曲，重幽疊邃兮隱淪躅。草樹綿冪兮翠蒙蘢，當其無兮庭在中。當無有用兮冪翠庭，神可谷兮道可冥。有幽人兮張素琴，皇徽兮緑水陰，德之愔兮澮多心。

洞元室　洞元室者，蓋因巖作室，即理談玄。室返自然，元斯洞矣。及邪者居之，則假容竊次，妄作虚誕，竟以盜言。詞曰：

嵐氣肅兮巖翠冥，空陰虚兮户芳迎。披蕙帳兮促蘿筵，談空空兮覈玄玄。蕙帳蘿筵兮洞元室，秘而幽兮真可吉。返自然兮道可冥，澤妙思兮草玄經，結幽門兮在黄庭。

金碧潭　金碧潭者，蓋水潔石鮮，光涵金碧，巖葩林蔦，有助芳陰。鑒空洞虚，道斯勝矣。而世生纏乎利害，則未暇游之。詞曰：

水碧色兮石金光，灎熠熠兮濴湟湟。泉葩映兮烟蔦臨，紅灼灼，翠陰陰。翠相鮮兮金碧潭，霜天洞兮烟景涵。有幽人兮好冥絶，炳其焕兮凝其潔，悠悠千古兮長不滅。

唐　張籍《張司業集》卷四《和令狐尚書平泉東莊近居李僕射有寄》　平地有清泉，伊南古寺邊。漲池閑遶屋，出野偏澆田。舊隱離多日，新鄰得幾年。探幽皆一絶，選勝又雙全。門静山光别，園深竹影連。斜分采藥徑，直過釣魚船。雞犬還應識，雲霞頓覺鮮。追思應不遠，賞愛諒難偏。此處堪長往，游人早共傳。各當恩寄重，歸卧恐無緣。

又　卷六《和韋開州居山十二首》　宿雲亭　清净當深處，虚明向遠開。卷簾無俗客，應只見雲來。

梅溪　自愛新梅好，行尋一徑斜。不教人掃石，恐損落來花。

茶嶺　紫芽連白蘂，初向嶺頭生。自看家人摘，尋常觸露行。

流杯渠　渌酒白螺杯，隨流去復回。似知人把處，各向面前來。

盤石磴　壘石盤空遠，層層勢不危。不知行幾匝，得到上頭時。

桃塢　春塢桃花發，多將野客游。日西殊未散，看望酒缸頭。

竹巖　獨入千竿裏，緣巖踏石層。笋頭齊欲出，更不許人登。

琵琶臺　臺上緑蘿春，閑登不待人。每當休假日，著屐戴紗巾。

葫蘆沼　曲沼春流滿，新蒲映野鵝。閑齋朝飯後，拄杖遶行多。

隱月岫　月出深峰裏，清凉夏亦寒。每嫌西落疾，不得到明看。

綉衣石榻　出城無别味，藥草兼魚果。時有綉衣人，同來石上坐。

上士泉瓶　堦上一眼泉，四邊青石甃。唯有護净僧，添瓶將盥漱。

唐　白居易《白氏長慶集》卷一五《題周皓大夫新亭子二十二韻》　東道常爲主，南亭别待賓。規模何日創，景致一時新。廣砌羅紅藥，疏窗蔭緑筠。鏁開賓閣曉，梯上妓樓春。置醴寧三爵，加籩過八珍。茶香飄紫笋，膾縷落紅鱗。輝赫車輿鬧，珍奇鳥獸馴。獼猴看櫪馬，鸚鵡唤家人。錦額簾高捲，銀花盞慢巡。勸嘗光禄酒，許看洛川神。斂翠凝歌黛，流香動舞巾。裙翻繡鸂鶒，梳陷鈿麒麟。笛怨音含楚，筝嬌語帶秦。侍兒催畫燭，醉客吐文茵。投轄多連夜，鳴珂便達晨。入朝紆紫綬，待漏擁朱輪。貴介交三事，光榮照四鄰。甘濃將奉客，穩暖不緣身。十載歌鍾地，三朝節鉞臣。愛才心倜儻，敦舊禮殷勤。門以招賢盛，家因好事貧。始知豪傑意，富貴爲交親。

又《和元八侍御升平新居四絶句》　看花屋　忽驚映樹新開屋，却似當簾故種花。可惜年年紅似火，今春始得屬元家。

累土山　堆土漸高山意出，終南移入户庭間。玉峰藍水應惆悵，恐見新山望舊山。

高亭　亭脊太高君莫拆，東家留取當西山。好看落日斜銜處，一片春嵐映半環。

松樹　白金換得青松樹，君既先栽我不栽。幸有西風易憑仗，夜深偷得好聲來。

又　**卷一六《香爐峰下新卜山居草堂初成偶題東壁》**三首　五架三間新草堂，石階桂柱竹編牆。南簷納日冬天暖，北户迎風夏月涼。灑砌飛泉纔有點，拂窗斜竹不成行。來春更葺東廂屋，紙閣蘆簾著孟光。

喜入山林初息影，厭趨朝市久勞生。早年薄有煙霞志，歲晚深諳世俗情。已許虎溪雲裏卧，不争龍尾道前行。從兹耳界應清净，免見啾啾毁譽聲。

長松樹下小溪頭，斑鹿胎巾白布裘。藥圃茶園爲産業，野麋林鶴是交游。雲生澗户衣裳潤，嵐隱山厨火燭幽。最愛一泉新引得，清泠屈曲遶階流。

又　**卷一九《新昌新居書事四十韻因寄元郎中張博士》**　冒寵已三遷，歸朝始二年。囊中貯餘俸，園外買閑田。狐兔同三逕，蒿萊共一壥。新園聊剗穢，舊屋且扶顛。檐漏移傾瓦，梁攲換蠹椽。平治遶臺路，整頓近階甎。巷狹開容駕，牆低壘過肩。門閭堪駐蓋，堂室可鋪筵。丹鳳樓當後，青龍寺在前。市街塵不到，宫樹影相連。省吏嫌坊遠，豪家笑地偏。敢勞賓客訪，或望子孫傳。不覓他人愛，唯將自性便。等閒栽樹木，隨分占風煙。逸致因心得，幽期遇境牽。松聲疑澗底，草色勝河邊。虚潤冰銷地，晴和日出天。苔行滑如簟，莎坐軟於緜。簾每當山卷，帷多待月褰。籬東花掩映，窗北竹嬋娟。迹慕青門隱，名慚紫禁仙。假歸思晚沐，朝去戀春眠。拙薄才無取，疏慵職不專。題牆書命筆，沽酒率分錢。柏杵舂靈藥，銅瓶漱暖泉。爐香穿蓋散，籠燭隔紗然。陳室何曾掃，陶琴不要絃。屏除俗事盡，養活道情全。尚有妻孥累，猶爲組綬纏。終須拋爵禄，漸擬斷腥羶。大抵宗莊叟，私心事竺乾。浮榮水劃字，真諦火生蓮。梵部經十二，玄書字五千。是非都付夢，語默不妨禪。博士官猶冷，郎中病已痊。多同僻處住，久結静中緣。緩步攜筇杖，徐吟展蜀箋。老宜閒語話，悶憶好書篇。蠻榼來方瀉，蒙茶到始煎。無辭數相見，鬢髮各蒼然。

又　**卷二三《吾廬》**　吾廬不獨貯妻兒，自覺年侵身力衰。眼下營求容足地，心中準擬挂冠時。新昌小院松當户，履道幽居竹遶池。莫道兩都空有宅，林泉風月是家資。

又　**卷二八《履道池上作》**　家池動作經旬别，松竹琴魚好在無。樹暗小橋藏巧婦，渠荒新葉長慈姑。不因車馬時時到，豈覺林園日日蕪。猶喜春深公事少，每來花下得踟蹰。

又　**卷三一《池上閒詠》**　青莎臺上起書樓，緑藻潭中繫釣舟。日晚愛行深竹裏，月明多上小橋頭。暫嘗新酒還成醉，亦出中門便當游。一部清商聊送老，白鬚蕭颯管絃秋。

又　**卷三三《家園三絶》**　滄浪峽水子陵灘，路遠江深欲去難。何似家池通小院，卧房階下插魚竿。

籬下先生時得醉，甕間吏部暫偷閒。何如家醖雙魚榼，雪夜花時長在前。

鴛鴦怕捉竟難親，鸚鵡雖籠不著人。何似家禽雙白鶴，閒行一步亦隨身。

唐　姚合《姚少監詩集》卷七《題金州西園九首》　**江樹**　亭亭白雲樹，下有清江流。見江不得親，不如波上鷗。有樹江可見，無樹無雙眸。

藥堂　僮僕不到闕，雙扉常自關。四壁畫遠水，堂前聳秋山。時聞有仙鼠，竊藥檐隙間。

草閣　編草覆柏椽，軒扉皆竹織。閣成似僧居，學僧居未得。有時公府勞，還復來此息。

松壇　盤盤松上蓋，下覆青石壇。月中零露垂，日出露尚溥。山翁稱絶境，海嶠無所觀。

葼徑　藥院徑亦高，往來踏葼影。方當繁暑日，草屬微冷。愛此不能行，折薪坐煎茗。

垣竹　種竹愛庭際，亦以資玩賞。窮秋雨蕭條，但見牆垣長。宣尼高數仞，固應非土壤。

石庭　布石滿山庭，磷磷潔還清。幽人常履此，月下屐齒鳴。藥草枝葉動，似向山中生。

莓苔　茅堂堦豈高，數寸是苔蘚。只恐秋雨中，窗户亦不濺。眼前無此物，我情何由遣。

芭蕉屏　芭蕉叢叢生，月照參差影。數葉大如牆，作我門之屏。稍稍聞見稀，耳目得安静。

又　**《杏溪十首》**　**杏溪**　桃花四散飛，桃子壓枝垂。寂寂青陰裏，幽人唯買松。野人時寄宿，谷鳥自相逢。朝路床前是，誰知曉起慵。

唐　李德裕《李衛公别集》卷一〇《春暮思平泉雜詠十九首》　望伊川　遠村寒食後，細雨度川來。芳草連谿合，梨花映墅開。槿籬懸落照，松逕長新苔。向夕亭皐望，游禽幾處回。

潭上紫藤　故鄉春欲盡，一歲芳難再。巖樹已青葱，吾廬日堪愛。幽溪人未去，芳草行應礙。遥憶紫藤垂，繁英照潭黛。

書樓晴望　幽居人世外，久厭市朝喧。蒼翠連雙闕，微茫認九原。殘紅映巭樹，斜日照轘轅。薄暮柴扉掩，誰知仲蔚園。

西嶺望鳴皐山　高秋對涼野，四望何蕭瑟。遠見鳴皐山，青峰原上出。晨興采薇蕨，向暮歸蓬蓽。詎假數揮金，餐和養餘日。

瀑泉亭　向老多悲恨，悽然念一丘。巖泉終古在，風月幾年游。菌閣饒佳樹，菱潭有釣舟。不如羊叔子，名與峴山留。

紅桂樹此樹白花紅心，因以爲號。　欲求塵外物，此樹是瑶林。後素合餘絢，如丹見本心。妍姿無點辱，芳意託幽深。願以鮮葩色，凌霜照碧潯。

金松出天台山。　台嶺生奇樹，佳名世未知。纖纖疑大菊，落落是松枝。照日含金晰，籠烟淡翠滋。勿言人去晚，猶有歲寒期。

月桂出蔣山，淺黄色。　何年霜夜月，桂子落寒山。翠幹生巖中，金英在人間。幽崖空自老，清漢未知還。惟有涼秋夜，嫦娥來暫攀。

山桂此花紫色，英藻繁。　吾愛山中樹，繁英滿目鮮。臨風飄碎錦，映日亂霏烟。影入春潭底，香凝月榭前。豈知幽獨客，賴此當朱絃。

柏别樹經霜，枝葉盡丹。　聞有三珠樹，惟應秘閬風。珊瑚不生葉，朱草又無叢。未若凌雲柏，常能終歲紅。晨霞與落日，相照在巖中。

蓀生茅山東溪，溪蓀花紫色。　楚客重蘭蓀，遺芳今未歇。葉抽清淺水，花照暄妍節。紫艷映渠鮮，輕香含露結。離君若有贈，暫與幽人折。

流杯亭　激水自山椒，析波分淺瀨。回環疑古篆，詰曲如縈帶。雪愬羽觴遲，惟觀親友會。欲知中聖處，皓月臨松蓋。

東谿　近蓄東谿水，悠悠起渌波。彩鴛留不去，芳草日應多。夾岸生奇篠，緣巖覆女蘿。蘭橈思無限，爲感濯纓歌。

鸂鶒　清沚雙鸂鶒，前年海上鶵。今來戀洲嶼，思若在江湖。欲起摇荷蓋，閑飛濺水珠。不能常泛泛，惟作逐波凫。

舉步遲。愍勤念此徑，我去復來誰。

蓮塘　方塘菡萏高，繁豔相照耀。幽人夜眠起，忽疑野中燒。曉尋不知休，白石岸亦峭。

架水藤　濛濛紫花藤，下復清溪水。若遣隨波流，不如風飄起。風飄或近堤，隨波千萬里。

石潭　曉向潭上行，夕就潭邊宿。清冷無波瀾，潋潋魚相逐。釣翁坐不起，見我往來熟。

溪路　此路何瀟灑，永無公卿跡。日日多往來，藜杖與桑屐。路邊何所有，磊磊青渌石。

望江峰　念昔有此峰，在彼江陵先。舉世未能知，愚亦望同賢。我來心益悶，欲上天公牋。

杏水　不與江水接，自出林中央。穿花復遠水，一山聞杏香。我來持茗甌，日屢此來嘗。

渚上竹　葉葉新春筠，下復清淺流。微風屢此來，决决復脩脩。詩人月下吟，月墮吟不休。

楓林堰　森森楓樹林，護此石門堰。杏堤數里餘，楓影覆亦徧。鷫鸘與釣童，質異同所願。

石瀨　散漫復潺湲，半沙半和石。清風波亦無，歷歷魚可摑。我來亦屢久，歸路常日夕。

又《陝下厲玄侍御宅五題》　濯纓溪　舊山寧要去，此有濯纓泉。曉景松枝覆，秋光月色連。行尋屐齒盡，坐對角巾偏。寂寂幽棲處，無妨請俸錢。

垂釣亭　由釣起茅亭，柴扉復竹楹。波清見絲影，坐久識魚情。白鳥依窗宿，青蒲傍砌生。欲同漁父舍，須自減逢迎。

吟詩島　幽島蘚層層，詩人日日登。坐危石是榻，吟冷唾成冰。静對唯秋水，同來只老僧。竹枝題字處，小篆復誰能。

竹裏徑　微徑嬋娟裏，唯聞静者知。跡深苔長處，步狹笋生時。高是連幽樹，窮應到曲池。紗巾靈壽杖，行樂復相宜。

泛觴泉　不上酒家樓，池邊日獻酬。杯來轉巴字，客坐適方流。酹滴苔紋斷，泉連石岸秋。若能山下置，歲晚願同游。

又《題厲玄侍御所居》　幽棲一畝宫，清峭似山峰。鄰里不通徑，俸錢

西園　西園最多趣，永日自忘歸。石瀨流清淺，峰岑澹翠微。曉翻紅蘂艷，晴鳥碧潭輝。獨望娟娟月，宵分未掩扉。

海　昔見歷陽山，鷄籠已孤秀。今看海嶠樹，翠蓋何幽茂。霰雪詎能侵，烟嵐自相揉。攀條獨臨憩，況值清陰晝。

雙碧潭　清剡與岩湍，潺湲皆可憶。適來玩山水，無此秋潭色。莫辨幽蘭叢，難分翠禽翼。遲遲洲渚步，臨眺忘飧食。

竹逕　野竹自成逕，繞溪三里餘。檀欒被層阜，蕭瑟蔭清渠。日落見林静，風行知谷虚。田家故人少，誰肯共焚魚。

花藥欄花藥四時相續，常可留玩。　蕙草春已碧，蘭花秋更紅。四時發英艷，三逕滿芳叢。秀色濯清露，鮮輝摇惠風。王孫未知返，幽賞竟誰同。

又《思平泉樹石雜詠》十首　**釣臺**　我有岩湍思，懷人訪故臺。客星依釣隱，仙石逐槎回。倒影含清沚，凝陰長碧苔。飛泉信可挹，幽客未歸來。

似鹿石　林中有奇石，髣髴獸潛行。乍似依巖桂，還疑食野苹。茸長緑鮮映，班細紫苔生。不是見羈者，何勞如頓纓。

海上石笋　常愛仙都山，奇峰千仞懸。迢迢一何迥，不與衆山連。忽逢海嶠石，稍慰平生憶。何以似我心，亭亭孤且直。

疊石　潺湲桂水湍，漱石多奇狀。鱗次冠煙霞，蟬聯疊波浪。今來碧梧下，迥出秋潭上。歲晚苔蘚滋，懷賢益惆悵。

重臺芙蓉　芙蓉含露時，秀色波中溢。五女襲朱裳，重重映皓質。晨霞耀丹景，片片明秋日。蘭澤多衆芳，妍姿不相匹。

白鷺鷥　余心憐白鷺，潭上日相依。拂石疑星落，凌風似雪飛。碧沙常獨立，清景自忘歸。所樂惟烟水，徘徊戀釣磯。

海魚骨　昔日任公子，期年釣此魚。無由見成岳，聊喜識專車。皎皎連霜月，高高映碧渠。陶潛雖好事，觀海只披圖。

泛池舟　桂舟蘭作枻，芬芳皆絶世。只可弄潺湲，焉能濟大川。樹懸凉夜月，風散碧潭烟。未得同魚子，菱歌共扣舷。

舴艋舟　無輕舴艋舟，始自鴟夷子。雙闕挂朝衣，五湖極烟水。時游杏壇下，乍入湘川裏。永日歌濯纓，超然謝塵滓。

二猿　釣瀨水連漪，富春山合沓。松上夜猿鳴，谷中清響合。銜網忽見羈，故山從此辭。無由碧潭飲，争接緑蘿枝。

又《思在山居日偶成此詠邀松陽子同作》　閑思昔歲事，忽忽念伊川。乘月步秋坂，滿山聞石泉。回塘碧潭映，高樹緑蘿懸。露下叫田鶴，風來嘶晚蟬。懷兹長在夢，歸去且無緣。幽谷人未至，蘭茗應更鮮。

又《重憶山居六首》　**平泉源**　出谷纔浮芥，中園已濫觴。逶迤過竹塢，浩淼走蘭塘。夜静聞魚躍，風微見鴈翔。從兹東向海，可泛濟川航。

泰山石　鷄鳴日觀望，遠與扶桑對。滄海似鎔金，衆山如點黛。遥知碧峰首，獨立烟嵐内。此石依五松，蒼蒼幾千載。

巫山石　十二峰前月，三聲猿夜愁。此中多怪石，日夕漱寒流。必是歸星渚，先求歷斗牛。還疑烟雨霽，髣髴是嵩丘。

羅浮山　龍伯釣鼇時，蓬萊一峰圻。飛來碧海畔，遂與三山隔。其下多長溪，潺湲淙亂石。知君分如此，贈逾荆山璧。

漏潭石　常疑六合外，未信漆園書。及此聞溪漏，方欣驗尾閭。大哉天地氣，呼吸有盈虚。美石勞相贈，瓊瑰自不如。

釣石　嚴光隱富春，山色谿文碧。所釣不在魚，揮綸以自適。余懷慕君子，且欲坐潭石。持此返伊川，悠然慰衰夕。

又《憶平泉雜詩》　**憶初暖**　今日初春暖，山中事若何。雪開喧鳥至，澌散躍魚多。幽翠生松柏，輕烟起蘚蘿。柴扉常晝掩，惟有野人過。

憶辛夷　昔年將出谷，幾日對辛夷。傍樹憐芳意，攀條惜歲滋。清陰須暫憩，秀色正堪思。只待揮金日，慇懃泛羽巵。

憶寒梅　寒塘數樹梅，常近臈前開。雪映緣巖竹，香侵汎水苔。遥思清景暮，還有野禽來。誰是攀枝客，兹辰醉始迴。

憶藥欄　野人清旦起，掃雪見蘭芽。始放春泉入，惟愁暮景斜。未抽萱草葉，纔發款冬花。誰念江潭老，中宵旅夢賒。

憶茗芽　谷中春日暖，漸憶掇茶英。欲及清明火，能銷醉客醒。松花飄鼎泛，蘭氣入甌輕。飲罷閑無事，捫蘿谿上行。

憶野花　雖游洛陽道，未識故園花。曉憶東谿雪，晴思冠嶺霞。谷深蘭色秀，村迥柳陰斜。悵望龍門晚，誰知小隱家。

憶春雨　春鳩鳴野樹，細雨入池塘。潭上花微落，谿邊草更長。疏風白鷺起，拂水彩鴛翔。最羨歸飛燕，年年在故鄉。

憶晚眺　伊川新雨霽，原上見春山。緱嶺晴虹斷，龍門宿鳥還。牛羊平野外，桑柘夕烟間。不及鄉園叟，悠悠盡日閑。

憶新藤　遥聞碧潭上，春晚紫藤開。水似晨霞照，林疑彩鳳來。清香凝島嶼，繁艶映莓苔。金谷如相並，應將錦帳回。

憶春耕　郊外杏花坼，林間布穀鳴。原田春雨後，谿水夕流平。野老荷蓑至，和風吹草輕。無因共沮溺，相與事巖耕。

唐　皮日休《二游詩・任詩》(《松陵集》卷一輯)　任君恣高放，斯道能寡合。一宅閒林泉，終身遠囂雜。嘗聞佐浩穰，散性多偈傝。欻爾解其綬，遺之如棄鞅。歸來鄉黨内，却與親朋洽。開溪未讓丁，列第方稱甲。入門約百步，古木聲霎霎。廣檻小山欹，斜廊怪石夾。白蓮倚欄楯，翠鳥緣簾押。地勢似五瀉，巖形若三峽。猿眠但腽肭，鳧食時啑唼。撥荇下文竿，結藤縶桂檝。門留醫樹客，壁倚栽花鍤。度歲止褐衣，經旬唯白帢。多君方閉户，顧我能倒屣。請題在茅棟，留坐於石榻。魂從清景遛，衣任烟霞裛。埒堀龜任上，枕席鷗方狎。沼似頗黎鏡，當中見魚眨。杯杓悉杉瘤，盤筵盡荷葉。閑斟不置罰，閒奕無争劫。閒日不整冠，閒風無用箑。以斯爲思慮，吾道寧疲苶。衮衣競璀璨，鼓吹争鞺鞈。欲者解擠排，詬者能詀諜。權豪暫翻覆，刑禍相填壓。此時一圭竇，不肯饒閶闔。有第可棲息，有書可漁獵。吾欲與任君，終身以斯愜。

唐　陸龜蒙《奉和二游詩・任詩》(《松陵集》卷一輯)

吴之辟疆園，在昔勝槩敵。前聞富脩竹，後説紛怪石。竟陵子陸羽《玩月詩》云：辟疆舊林闐，怪石紛相向。風煙慘無主，載祀將六百。草色與行人，誰能問遺迹。不知清景在，盡付任君宅。却是五湖光，偷來傍檐隙。山門向城路，車馬聲躪轢。入門望亭隈，水木氣岑寂。犨墻繞曲岸，勢似行無極。十步一危梁，乍疑當絶壁。池容澹而古，樹意蒼然僻。魚驚尾半紅，鳥下衣全碧。斜來島嶼隱，恍若瀟湘隔。雨静挂殘絲，煙消有餘脉。竭來任公子，擺落名利役。雖將禄代耕，頗愛巾隨策。秋籠支遁鶴，夜榻戴顒客。説史足爲師，譚禪差作伯。君多鹿門思，到此情便適。偶蔭桂堪帷，縱吟苔可席。顧余真任誕，雅遂中心獲。但喜醉還醒，豈知玄尚白。甘閒在雞口，不貴封龍額。即此自怡神，何勞謝公屐。

唐　鄭谷《雲臺編》卷下《郊墅二首》　韋曲樊川雨半晴，竹莊花院遍題名。畫成煙景垂楊色，滴破春愁壓酒聲。滿野紅塵誰得路，連天紫閣獨關情。渼陂水色澄於鏡，何必滄浪始濯纓。

蓼水菊籬邊，新晴有亂蟬。秋光終寂寞，晚醉自流連。野濕林中露，村閒社後天。題詩滿紅葉，何必浣花牋。

唐　羅隱《南園》(《吴都文粹》卷三輯)　搏擊路終迷，南山且灌畦。敢言逃俗態，自是托幽棲。葉長春菘潤，科圓早薤齊。雨沾虚檻冷，雲壓遠山低。竹好還成徑，桃夭亦有蹊。小窗飛野馬，閒瓮養醯鷄。水石心逾合，雲霄分已暌。病憐王猛畚，愚笑隗囂泥。澤國潮平岸，江村柳覆堤。到頭乘興足，誰手好持攜。

宋　石延年《金鄉張氏園亭》(《兩宋名賢小集》卷七九輯)　亭館連城敵謝家，四時園色鬥明霞。窗迎西渭封侯竹，地接東陵隱士瓜。樂意相關禽對語，生香不斷樹交花。縱游會約無留事，醉待參横月落斜。

宋　蘇舜欽《蘇學士集》卷六《獨游輞川》　行穿翠靄中，絶澗落疏鐘。數里踏亂石，一川環碧峰。暗林麋養角，當路虎留蹤。隱逸何曾見，孤吟對古松。

宋　章楶《運司園亭詩》(《成都文類》卷七輯)　成都轉運司園亭，蓋僞蜀時權臣故宅也。清曠幽静，隨處皆有可樂者。輒爲十詩，粗記領略，以備他日遺忘。庶幾讀其詩，足以省憶髣髴云爾。

西園　古木鬱參天，蒼苔下封路。幽花無時歇，醜石終朝踞。水竹散清潤，煙雲變晨暮。何必憶山林，直有山林趣。

玉谿堂　堂因水得名，方沼當其後。漪瀾蕩欄楯，窗户挹花柳。蟲魚不避人，鷗鷺若相友。半枕夏簟凉，此樂亦奚有。

雪峰樓　曾構壓池塘，不借亦不偪。影浮緑水静，寒逗雪山色。橅檻棱脩竹，連檐引蒼柏。注目望長安，無奈濃雲隔。

海棠軒　珍葩寄幽島，正對孤軒植。優柔自俯仰，紅緑若組織。春酣晴日曛，坐久濃香逼。池面净可監，朝霞覃澄碧。

月臺　蜀地饒夜雨，輕陰多蔽天。見月月無幾，築臺待嬋娟。高凝桂影近，俯視雲屋連。顧盼已塵外，欲挹瑶宫仙。

翠錦亭　楩楠百尺餘，排列拱檐際。畏日自成陰，隆冬寧減翠。虚曠得寂理，懶癖資濃睡。誰知官府中，獲此冲寞味。

潺玉亭　傍砌釃小渠，回環是流水。石罅吐珠涎，清響醒人耳。風微竹影碎，月皎波光起。颼爽無塵囂，静適心所喜。

茅庵　竹間構圓菴，所向自蕭灑。珍禽弄巧舌，宛是居山野。嘿坐見真心，萬緣盡虚假。勿陋尋尺地，玆焉息意馬。

水閣 架木浮水中，略彴通孤島。扶踈花影倒，鰷刺跳魚小。風月所得多，經營信云巧。隱几寂無人，朱蘭萃幽鳥。

小亭 花邊二小亭，雙跨清渠上。規摹雖甚隘，幽僻良可賞。幸依佳木陰，未羡大厦廣。不足延賞朋，攜笻常獨往。

宋 蘇軾《東坡全集》卷一《李氏園李茂貞園也，今爲王氏所有》 朝游北城東，回首見修竹。下有朱門家，破墻圍古屋。舉鞭叩其户，幽響答空谷。入門所見夥，十步九移目。異花兼四方，野鳥喧百族。其西引溪水，活活轉墻曲。東注入深林，林深窗户緑。水光兼竹凈，時有獨立鵠。林中百尺松，歲久蒼鱗皴。豈惟此地少，意恐關中獨。小橋過南浦，夾道多喬木。隱如城百雉，挺若舟千斛。陰陰日光淡，黯黯秋氣蓄。盡東爲方池，野鴈雜家鶩。紅梨驚合抱，映島孤雲馥。春光水溶漾，雪陣風翻撲。其北臨長溪，波聲捲平陸。北山卧可見，蒼翠間磽秃。我時來周覽，問此誰所築。云昔李將軍，負嶮乘衰叔。抽錢算間口，但未榷羹粥。當時奪民田，失業安敢哭。誰家美園圃，籍没不容贖。此亭破千家，鬱鬱城之麓。將軍竟何事，蟣蝨生刀韣。何嘗載美酒，來此駐車轂。空使後世人，聞名頸猶縮。俗猶呼皇后園，蓋茂貞謂其妻也。我今官正閒，屢至因休沐。人生營居止，竟爲何人卜。何當辦一身，永與清景逐。

宋 許將《運司園亭詩》（《成都文類》卷七輯） 高牙負北郭，芳園路西轉。鳥鳴戀故木，蘭茁歸新畹。坐延花景深，行倚笻枝穩。翳然想林水，會心不在遠。

朱堂俯玉谿，玉谿清且幽。從公暫息偃，撫景空夷猶。浮雲冠員島，白日回方流。衹此有光碧，何必崑崙洲。

重樓起城陰，乘高望西極。列峰横青天，飛雪千里積。疑是空素山，冬夏海中白。莫怪頻東向，上有思歸容。

海棠冠蜀花，此軒花尤冠。紅雲簇蘂細，緑水照葉嫩。倚妝宫粉聚，疊綺霞光散。雨涙點春風，應懷上林怨。

蜀地山四維，益州平如掌。累臺鬱臨風，坐看月宵上。稍出叢木末，始發衆籟爽。兹焉暫游日，一攬天地廣。

闌干竇溜長，窅窱空埃静。修林密總翠，盡得錦城景。雲舒青青色，風散搔搔影。未爲夜行人，共此晝夜永。

引泉注清渠，潺潺漱寒玉。側出閬風遲，驟驚江雨速。飛瀨乍揚白，樛木細涵緑。晝夜聲不止，肯效楚人哭。

茨茅以爲菴，環顧蕭然虚。内樂苟自足，容文即有餘。旁依修竹密，上翳青松踈。勿言此中陋，中有君子居。

飛閣出方池，倏曲見空莽。保臨花塢近，平覺春波長。反景澄餘暉，夕陰帶浮爽。從容觀魚樂，不減游壕上。

扁然溝上亭，左右相映帶。修柟列翠幄，長松偃高蓋。地褊景逾寛，處約志彌泰。誰知坐嘯間，心游萬物外。

宋 豐稷《運司園亭詩》（《成都文類》卷七輯） 仙花二十四，境遠難遍探。錦城史君園，雅與雲洞參。迴光試一覽，紫翠絶西南。池映金波凈，花霑玉露甘。

一水從何來，應是崑山頂。釃成緑玉池，虚堂逗清影。公退冷然賞，了非心外境。魚泳陽光動，鳥啼春晝永。

雪峰在何許，樓倚青霄端。每來注心目，不覺生羽翰。終籍好風力，雲散銀闕攢。隻履西歸客，應笑空倚欄。

文錦初動機，晨霞欲敷照。香傳雪樓濃，影落玉谿倒。子美不能賦，春工一何妙。維有賞心人，相逢衹寒笑。

石印魚在屏，犀透星入角。乃知明月光，日用人不覺。陟此百尺臺，余念坐消剥。洞曉弦望機，仙丹兹可學。

檐外列修木，凜凜正人氣。有德必有文，爛兮五色備。豈同夭韻花，弄春張繡被。須信輪困財，堪爲萬乘器。

金穀計浩穰，山水志闊契。晴空倚危樓，獨對西山雪。胸中浩氣充，物外囂塵絶。無何重一吟，遠岫窗中列。

高軒瞰方池，澄波隔鎖窗。中島植奇花，紫鱗躍錦江。水府集羣仙，紅雲幂翠幢。畫圖入禁庭，榮耀知無雙。

俗流嗜喧卑，世才務高潔。築臺僅踰尋，清夜延明月。四垂天幕低，千里蟾光發。美人抒奇才，裁賦何清絶。

森森楝梁材，駢空翥鸞鳳。危亭構其間，曾不礙櫰楝。檐陰織翠紋，砌溜諧清弄。此間宜晝眠，一枕華胥夢。

回環引細泉，泉聲漱檐底。美哉智者心，清通樂流水。琤琮戛鳴球，淅瀝泛緑綺。塵慮無由得，何須洗雙耳。

結茅作禪菴，不卑亦不廣。地占官府雄，盤基才衮丈。几席供燕閒，松筠坐簫爽。座有逍遥公，虚中息塵想。

小閣連雪峰，憑欄寘幽玩。紅接海棠洲，緑對篔簹岸。有時開罇罍，波影侵几案。何須架長虹，然後沖雲漢。

養源在西山，如玉抱精白。引之落錦渠，歷耳不可擇。風雨雜鳴球，珠璣寫雲液。恰似偃谿聲，醒悟迷途客。

覆以潔白茅，環以琅玕竹。天籟旁鼓笙，月沼對鋪玉。借問清坐翁，此外更何欲。笑指博山鑪，香飛柏子緑。

長虹卧松江，一葦航大河。豈如此安穩，無復畏風波。幽香萃花島，魚藻旨且多。徙倚小欄曲，月色透薜蘿。

東西對孤騫，杖履可幽歇。容光日月來，矧此明四徹。鱗木張幄翠，屋泉飛玉潔。往往得意時，宛在廣寒闕。

宋 吴師孟《運司園亭詩》（《成都文類》卷七輯） 十紀權臣第，修城外臺宅。喬木不知秋，名花數逾百。遠如山林幽，近與塵埃隔。惠政裕一方，民猶以爲窄。

華構枕方塘，使臺寂佳致。二色真楠材，輪奐極精緻。花木四面圍，如立復如侍。一道仰澄清，此是澄清地。

西北有高樓，梁棟雲常起。檐牙挂連蜷，欄影摇清泚。爽氣雪山來，一瞬極千里。但欲攄遠懷，無憂可銷弭。

花溆對高軒，如用丹青彯。錦水一匳紅，玉臺千面笑。松篁兩翠幄，常護東西照。子細看韶妍，方知化工妙。

雅意待蟾光，煩襟期爽快。無雲點太清，遠覽周色界。天光净琉璃，露下真沆瀣。勤渠諗後人，宜葺不宜壞。

東閣治臺政，西堂備燕飲。介於二堂間，華構饒花品。紅紫鎮長春，四時如活錦。公暇一繩床，上有通中枕。

至人泉石心，俚耳便絲竹。釃渠逗清泠，朝夕淙寒玉。試聽自然聲，不減雲璈曲。却返倒聞機，五音常自足。

結茅爲圜屋，環堵不開牖。齋居如膺堂，廣長纔六肘。深藏子猷竹，不植陶潛柳。勿起滅定心，宴坐空諸有。

形制似方橋，島岸相連屬。春和逗凉颸，晝影浮净緑。佳人羅韈輕，花時相步續。澄瀾忽生暈，下有雙鳧浴。

尺水走庭除，花木皆周匝。雙亭正相值，僅能容一榻。公餘時獨來，隱几聊噓嗒。典謁或通名，東榮有賓閣。

宋 楊怡《運司園亭詩》（《成都文類》卷七輯） 池臺密相望，曾是故侯宅。賞心知幾人，喬木已百尺。低花拂烏帽，古蘚駮蒼石。欲問昔豪華，秋風掃無迹。

虚堂已深窈，那復要營室。使君寂無事，閉閤卧終日。臨池狎清泚，養竹聽簫瑟。不爲省春耕，軺車肯輕出。

翛翛樓下竹，潺潺竹間水。樓高雖不見，清響長在耳。晨光露西崦，積玉照窗紙。崑閬亦何人，當從跨金鯉。

花如窈窕人，宛在水中沚。當軒有餘妍，終日玩芳藹。池清藻壓枝，波動魚争藻。錦帳想含春，歸心浩然起。

嘉木密交陰，月夕苦薈蔚。高臺出林杪，遠目望天際。不厭清露寒，祇恐輕雲蔽。可但少陵翁，能思研仙桂。

峨峨碧油幢，矗矗羽葆蓋。燕居不廢岩，環竦布亭外。穠陰生晝寒，微吹發天籟。隱几對凝香，衣冠嗒如蜕。

使君漱流心，官府未始忘。亭下玉谿水，撲碎白玉璫。清耳不待洗，高懷自滄浪。安得援瑶琴，寫此聲琅琅。

緝茅如蝸廬，容膝纔一丈。規圓無四隅，空廓含萬象。繩床每宴坐，不與物俯仰。惟許歲寒君，虚心環几杖。

小閣平池陽，危橋屬花嶼。杖履樂幽閒，龜魚蔭深阻。刻柱記新漲，弄水滌煩暑。物我久相忘，珍禽近人語。

方亭惟四柱，對峙花竹間。下有雪嶺水，淙流日潺潺。宛如雙彩舸，纜向春波灣。欲起江湖心，而奈風濤艱。

宋 杜敏求《運司園亭詩》（《成都文類》卷七輯） 潭潭刺史府，宛在城市中。誰知園亭勝，似與山林同。幽鳥語晴晝，好花嬌春風。物情如有待，賦詠屬詩翁。

堂前對花柳，堂後瞰沼沚。賢有堂中人，虚心湛如水。煩暑當風窗，中宵隱月几。作詩紀勝槩，詩與水清泚。

西山最高峰，積雪連四季。登樓試寓目，八國有故地。烽候雖久息，武經思豫備。文饒昔籌邊，公意今無媿。

東風開百花，獨有海棠勝。猩血染珠璣，點綴枝條賸。日暖錦段新，雨餘燕脂凝。何待東閣梅，方能動詩興。

明從海上來，皎皎入我牖。何如登高臺，對月把尊酒。問月月無言，浩歌詩千首。幾人知此樂，此樂公所有。

材大難爲用，嘗詩古柏篇。亭前老梗楠，黛色亦參天。夏暑借清陰，秋籟得自然。有如愛庭楸，朝暮東西偏。

林亭幽且深，砌下玉谿水。淙琤環珮聲，曉夕清心耳。使君性所樂，愛玩不少已。方持利物心，默坐窮至理。

深深竹林下，圓菴最幽僻。高懷本恬曠，野趣坐閒適。衆人奔名徒，浮世縈物役。豈知菴中樂，道勝心自逸。

方池導流水，横閣上尋丈。晨曦夜月光，罩影相滉漾。游魚時出没，飛鷗亦下上。終朝倚欄干，不見有風浪。

二亭雖云小，好在泉石間。白石自齒齒，清泉亦潺潺。公府無留事，暫來寄餘閒。筇杖烏角巾，一日幾往還。

雜録

唐 李延壽《南史》卷四一 會稽孔珪家起園，列植桐柳，多構山泉，殆窮真趣，釣往游之，珪曰：殿下處朱門、游紫闥，詎得與山人交邪？答曰：身處朱門而情游江海，形入紫闥而意在青雲。珪大美之。

元 王沂《伊濱集》卷七《草堂》 浣花老翁不可見，浣花草堂何處尋。鶺鴒曬翅錦江岸，鸜鵒將雛榿樹陰。數畝林塘誰是主，千年韶濩有遺音。一杯重酹郫筒酒，叢竹蕭蕭風動襟。

唐 鄭綮《聞天傳信記》 平康坊南街廢鑾院即李林甫舊宅也。林甫於正堂後别創一堂，製度彎曲，有却月之形，名曰月堂，木土秀麗精巧，當時莫儔也。林甫每欲破滅人家，即入月堂，精思極慮，喜悦而出，必不存焉。

唐 馮贄《雲仙雜記》卷八《王維居輞川地不容塵》 王維居輞川，宅宇既廣，山林亦遠，而性好净潔，地不容浮塵。日有十數掃飾者，使兩童專掌縛帚，而有時不給。《洛都要記》

宋 李昉《太平廣記》卷一三六《僞蜀主舅》 僞蜀主之舅，累世富盛。於興義門造宅，宅内有二十餘院，皆雕牆峻宇，高臺深池，奇花異卉，叢桂小山，山川珍物，無所不有。

宋 朱長文《吴郡圖經續記》卷下 廣陵王元璙别宅，舊與南園相近。據《九國志》云，元璙治蘇州，頗以園池草木爲意，創南園、東圃及諸别第，奇卉異木名品千萬。今其遺迹多在居人之家。其崇岡清池、茂林珍木或猶有存者。

宋 莊綽《雞肋編》卷下 王摩詰畫其所居輞川，有輞水、華子岡、孟城坳、輞口莊、文杏館、斤竹嶺、木蘭柴、茱萸沜、宫槐陌、鹿柴、北垞、欹湖、臨湖亭、欒家瀨、金屑泉、南垞、白石灘、竹里館、辛夷塢、漆園、椒園，凡二十一所，與裴迪賦詩，以紀諸景。唐人記云後表所居爲鹿莊寺，而《長安志》乃云「清源寺，未知志何所據。舊史載本宋之問别墅，而新史略之。杜子美詩「宋公舊池館，零落首陽阿」，則又非西都藍田之墅也。杜有《和裴迪》三詩，裴事業未見其它，想非碌碌俗士耳。

宋 蔡正孫《詩林廣記》卷五 秦太虚云：余爲汝南學官，得疾卧直舍。高符仲携《輞川圖》示余，曰：閲此可以愈疾。余本江海人，得圖喜甚，即使二兒從旁引之，閲於枕上，恍然若與摩詰入輞川，度華子岡，經孟城坳，憩輞口莊，泊文杏館，上斤竹嶺，並木蘭柴，絶茱萸沜，躡槐陌，窺鹿柴，返於南北垞，航欹湖，戲柳浪，濯欒家瀨，酌金屑泉，過白石灘，停竹里館，轉辛夷塢，抵漆園，幅巾杖屨，棋奕茗飲，或賦詩自娱，忘其身之匏係於汝南也。數日，疾良愈。

明 彭大翼《山堂肆考》卷二七《地理·園·離垢》 劉慧斐、張孝秀隱居東林寺。慧斐于山北搆一園，名離垢。時人稱爲離垢先生。

又《東籬》 梁何點世信佛，居東籬園。孔德璋爲築室。豫章王嶷命駕造點，點從後門遁去。園有卞忠貞冢，點植花冢側，每舉酒，必酹之。按，此園在應天府東籬門外，忠貞，晉卞壺謚。

明 王路《花史左編》二七卷《輞川别業》 藍田宋之問建，後爲王維莊。輞水通竹洲、花塢，日與裴秀才迪浮舟賦詩。

清 雍正《陝西通志》卷七三 王維别墅 在輞川，地奇勝，有華子岡、欹湖、竹里館、柳浪、茱萸沜、辛夷塢，與裴迪游其中，賦詩相酬對。《白孔六帖》輞川在藍田縣西南二十里，王維别墅在焉，本宋之問别圃也。聚遠樓之東有廡，廡南有樓臺，遶以朱欄，植玉蘭環之，題曰木蘭柴。《小輞川記》

又 李茂貞園 在鳳翔府城東北五里，唐光啟中，茂貞節度鳳翔時建。修竹萬竿，内有竹閣，旁引水灌入深林。蘇軾詩云：朝游北城東，回首見修竹。下有朱門家，破牆圍古屋。

圖表

清 乾隆《成縣新志》卷一《輿圖・子美草堂》

清 光緒《藍田縣志・王右丞輞川圖》

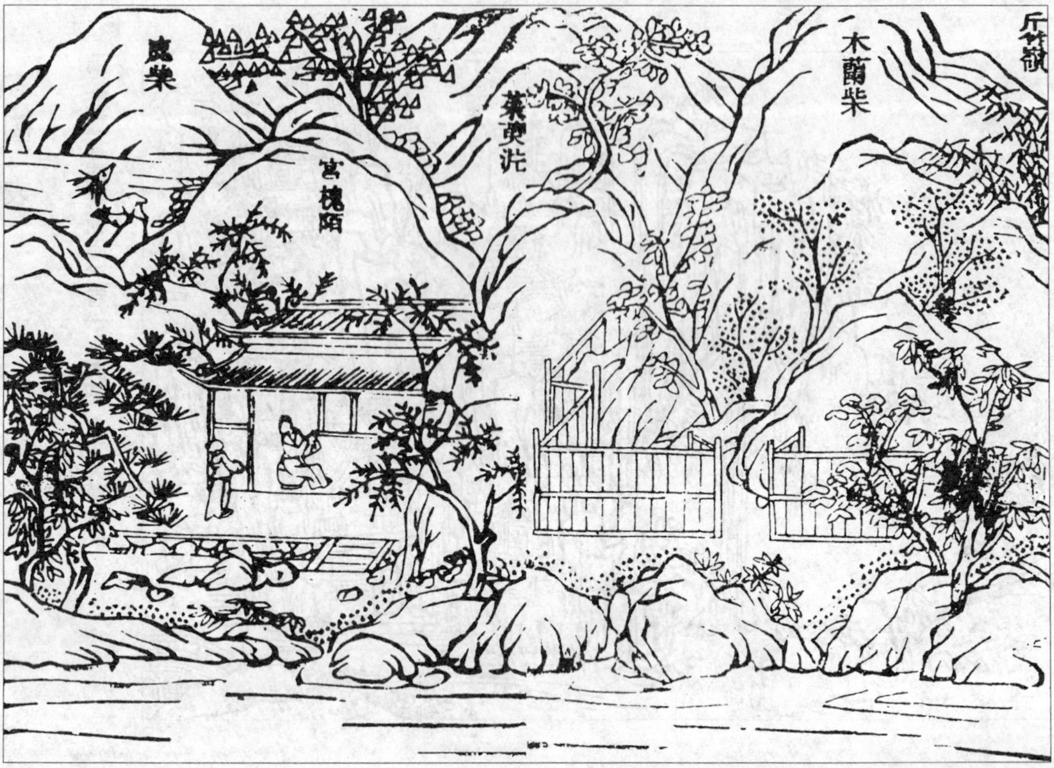
斤竹嶺
木蘭柴
茱萸沜
宮槐陌
鹿柴

北垞
欹湖
臨湖亭
柳浪
欒家瀨
南垞
金屑泉

宋遼金元

綜 述

宋 樂史《太平寰宇記》卷一四六 竹林堂，宋臨川王義慶所造，梁元帝因而修庭。前有竹，名桂竹。郭璞云：桂竹出使興小桂縣，來風防露，上合下疏。每日出羅紈金翠光，春秋月隔簾而望花開也。其西有篠箭，春月抽笋，似桂而辛。《吕覽》有駱越之篠，《爾雅》有會稽之竹箭。隆暑赫曦，但有涼氣入其下者，咸以御風。其中多種薔薇，劉宅紫薔薇，康家四出薔薇，白馬寺黑薔薇名十里香，長沙千葉薔薇。多有品彙，並以長格支其上，使花葉相通。其下有十間花屋，仰而望之，則枝葉交映。迫而察之，則芬芳襲人。新陽太守鄭裒送雌鶴在此堂，留其雄者尚在裒宅。霜天夜月，無日不鳴，商旅江津，聞其多淚者。時有野鶴飛赴庭中，驅之不去，即裒宅之雄也。交頸頡頏撫翼，聞奏鐘磬，翻然共舞，婉轉低昂，妙會絃節。其花卉雖繁，竹林彌盛。昔豫章以樹名郡，酸棗以棘爲邦，故號竹林堂。

宋 司馬光《傳家集》卷七一《獨樂園記》 孟子曰：獨樂樂，不如與人樂樂；與少樂樂，不如與衆樂樂。此王公大人之樂，非貧賤者所及也。孔子曰：飯蔬食飲水，曲肱而枕之，樂亦在其中矣。顔子一簞食，一瓢飲，不改其樂。此聖賢之樂，非愚者所及也。若夫鷦鷯巢林，不過一枝；鼹鼠飲河，不過滿腹，各盡其分而安之。此乃迂叟之所樂也。熙寧四年，迂叟始家洛，六年買田二十畝，於尊賢坊北，闢以爲園。其中爲堂，聚書出五千卷，命之曰讀書堂。堂南有屋一區，引水北流，貫宇下。中央爲沼，方深各三尺，疏水爲五派，注沼中，狀若虎爪。自沼北伏流出北階，懸注庭下，狀若象鼻。自是分爲二渠，繞庭四隅，會於西北而出，命之曰弄水軒。堂北爲沼，中央有島，島上植竹，圓周三丈，狀若玉玦。攬結其杪，如漁人之廬，命之曰釣魚庵。沼北横屋六楹，厚其墉茨，以御烈日。開户東出，南北列軒牖，以延涼颸，前後多植美竹，爲清暑之所，命之曰種竹齋。沼東治地爲百有二十畦，雜蒔草藥，辨其名物而揭之。畦北植竹，方徑丈，狀若棋局，屈其杪交相掩以爲屋，植竹於其前，夾道如步廊，皆以蔓藥覆之，四周植木藥爲藩援，命之曰采藥圃。圃南爲六欄，芍藥、牡丹、雜花各居其二，每種止植兩本，識其名狀而已，不求多也。欄北爲亭，命之曰澆花亭。洛城距山不遠，而林薄茂密，常苦不得見，乃於園中築臺，搆屋其上，以望萬安轘轅，至於太室，命之曰見山臺。迂叟平日多處堂中讀書，上師聖人，下友羣賢，窺仁義之原，探禮樂之緒。自未始有形之前，暨四達無窮之外，事物之理，舉集目前。所病者，學之未至，夫又何求於人，何待於外哉。志倦體疲，則投竿取魚，執衽采藥，決渠灌花，操斧剖竹，濯熱盥手，臨高縱目，逍遥徜徉，唯意所適。明月時至，清風自來。行無所牽，止無所柅，耳目肺腸，悉爲己有，踽踽焉，洋洋焉，不知天壤之間復有何樂可以代此也。因合而命之曰獨樂園。或咎迂叟曰：「吾聞君子所樂，必與人共之。今吾子獨取足於己，不以及人，其可乎？」迂叟謝曰：「叟愚，何得比君子？自樂恐不足，安能及人？况叟之所樂者，薄陋鄙野，皆世之所棄也，雖推以與人，人且不取，豈得强之乎？必也有人肯同此樂，則再拜而獻之矣，安敢專之哉！」

宋　蘇轍《欒城集》卷二四《王氏清虚堂記》　王君定國，爲堂於其居室之西。前有山石瓌奇琬琰之觀，後有竹林陰森冰雪之植，中置圖史百物，而名之曰清虚。日與其游，賢士大夫相從於其間，嘯歌吟詠，舉酒相屬，油然不知日之既夕。凡游於其堂者，蕭然如入於山林高僧逸人之居，而忘其京都塵土之鄉也。或曰：此其所以爲清虚者耶？客曰：不然。凡物，自其濁者視之，則清者爲清。自其實者視之，則虚者爲虚。故清者以濁爲汙，而虚者以實爲礙。然而皆非物之正也。蓋物無不清，亦無不虚者。雖泥塗之渾，而至清存焉。雖山石之堅，而至虚存焉。夫惟清濁一觀，而虚實同體，然後與物無匹，而至清且虚者出矣。今夫王君，生於世族，棄其綺紈膏粱之習，而跌蕩於圖書翰墨之囿，沉酣縱恣，灑然與衆殊好。至於鍾、王、虞、褚、顔、張之逸迹，顧、陸、吴、盧、王、韓之遺墨，雜然前陳，贖之傾囊而不厭。慨乎思見其人而不得，則既與世俗遠矣。

又《洛陽李氏園池詩記》　洛陽古帝都，其人習於漢唐衣冠之遺俗。居家治園池，築臺榭，植草木，以爲歲時游觀之好。其山川風氣，清明盛麗，居之可樂。平川廣衍，東西數百里，嵩高、少室，天壇、王屋，岡巒靡迤，四顧可挹。伊洛瀍澗，流出平地。故其山林之勝，泉流之絜，雖其閭閻之人與公侯共之。一畝之宫，上矚青山，下聽流水，奇花脩竹，布列左右，而其貴家巨室，園囿亭觀之盛，實甲天下。若夫李侯之園，洛陽之所以一二數者也。李氏家世名將，大父濟州，於太祖皇帝爲布衣之舊，方用兵河東，百戰百勝。烈考寧州，事章聖皇帝，守雄州十有四年，繕守備，撫士卒，精於用間，其功烈尤奇。李侯以將家子，結髮從仕，歷踐父祖舊職，勤勞慎密，老而不懈，實能世其家。既得謝，居洛陽，引水植竹，求山谷之樂。士大夫之在洛陽者，皆喜從之游。蓋非獨爲其園也，凡將以講聞濟、寧之餘烈，而究觀祖宗用兵任將之遺意，其方略遠矣。故自朝之公卿，皆因其園而贈之以詩，凡若干篇。仰以嘉其先人，而俯以善其子孫。則雖洛陽之多大家世族，蓋未易以園囿相高也。

宋　晁補之《雞肋集》卷三〇《拱翠堂記》　蕭之南稍東五里曰泉山。泉山之勢，南峙而北屏。左則如濤如雲，如虎如蛇，騰涌拏蹙，雜襲而相羊。右則如車如蓋，如人如馬，逶迤雍容，離立而孤聳。中則平原緑野，桑柘禾黍，井閭溝洫，什伍而縱横。泉出于山，夏冽而甘。冬木落山瘦，泉渟而不冰。泉旁土腴潤，宜九穀百果，衆物皆夥。其南踰百里至于汴，舳艫萬艘，以輸賦于京師，以下入于江、淮、淛、荆、湖、閩、廣。其北不五十里至于泗，商賈游士之載者，自大野以東，西通于齊、魯、趙、魏之衢，以下達于淮入海。而泉山介其間，其境勝而土樂，又甚易至也。然往來者旁午而莫之聞，雖余少長數舍間亦莫之聞也。豈人皆不知山水登臨之可樂而事驅之？惟其憧憧而過者，皆有求於汴泗，而無求於泉山。故泉山雖近，而莫之聞。尚有美於此者，或去城郭益遠，居人勝士足跡之所不至。而田夫野老，常居之林以爲樵蘇，爲逋亡聚。而泉以爲漚，以飲牛馬，千百歲而無過焉者也。且物固無情於所遭，而遺天地之美爲可惜。又東北俗椎魯，雖信美或不知擇而居，居之或不愛，愛而不以語人，語人而不能夸以大之，故皆不顯。蓋如嶧山、靈岩或有名，秦已來或名天下，四絶處與。齊境諸泉，皆清泠鳴射，如綫如珠，仰出奇異，以皆在東北下國僻處，故聞者往往不道，道之亦未必信，况未有名于昔者，則雖近而莫之聞，亦無足怪也。而竇君師道，世居於蕭，恬澹寡嗜好，嘗爲一尉即拂衣去。讀書賦詩不以取名，而以自娱，故能獨得泉山而居之。居之而愛，然不以語人，不夸以大之，曰：此樂神所秘，吾非不能與人同之，從我者寡也。然士之慕君者時往焉，故泉山因以知名。而師道没十年，其子明遠始益築圃疏沼，爲亭爲庵，而面勢作堂，臨泉之上，盡山之勝。以其四達而望皆山也，則以拱翠名之。

宋　劉攽《彭城集》卷三二《泰州玩芳亭記》　《楚辭》曰：惜吾不及古之人兮，吾誰與玩此芳草？自詩人比興，皆以芳草嘉卉爲君子美德。無與玩者，猶易井渫不食云爾。海陵郡城西偏，多喬木，大者六七尋，雜花、桃、李、山櫻、丁香、椒、棣數十種，萱、菊、薜荔、莎蘆、芭蕉，叢植穭生。負城地尤良，朱氏居之，益種修竹、梅、杏、山茶、橙、梨。異方奇卉，往往而在。清池潫洄，多菱蓮蘋藻。於是築室城隅，下臨衆卉，名曰玩芳。於是乎喬木森聳百歲之積也，衆卉行列十歲之植也，雜英粉糅終歲之力也。俄而索之不易得也，天施地生非爲己設也，能者取玩焉能主客也，惠而不費莫相德也，非易所歎渫而不食爲心惻也，於是刻石亭右，以記歲月云。

宋 朱長文《樂圃餘稿》卷六《樂圃記》 大丈夫用于世，則堯吾君，虞吾民，其膏澤流乎天下，及乎後裔。與夔契並其名，與周召偶其功。苟不用于世，則或漁或築，或農或圃，勞乃形，逸乃心，友沮溺，肩黄綺，追嚴鄭，躡陶白，窮通雖殊，其樂一也。故不以軒冕肆其欲，不以山林喪其節。孔子曰「樂天知命，故不憂」，又稱顔子「在陋巷不改其樂」，可謂至德也已。余嘗以樂名圃，其謂是乎？始錢氏時，廣陵王元璙者實守姑蘇，好治林圃，其諸子徇其所好，各因隙地而營之，爲臺爲沼。今城中遺址，頗有存者，吾圃亦其一也。錢氏去國，圃爲民居，更數姓矣。慶曆中，余家祖母吴夫人始購得之。先大父與叔父或游焉，或學焉，每良辰美景，則奉板輿以觀于此。厥後，稍廣西壖以益其地，凡廣輪逾三十畝。余嘗請營之以爲先大父歸老之地。熙寧之末，新築外垣，盡覆之瓦。方將結宇，而親年不待。既孤而歸于是，遂卜居焉。月葺歲增，今更數載，雖敝屋無華，荒庭不甃，而景趣質野，若在巖谷，此可尚也。圃中有堂三楹，堂旁有廡，所以宅親黨也。堂之南又爲堂三楹，命之曰邃經，所以講論六藝也。邃經之東又有米廩，所以容歲儲也。有鶴室，所以畜鶴也。有蒙齋，所以教童蒙也。邃經之西北隅有高岡，命之曰見山岡。岡上有琴臺，琴臺之西隅有咏齋。此余嘗撫琴賦詩于此，所以名云。見山岡下有池，水入于坤維，跨流爲門，水由門縈紆曲引至于岡側。東爲谿，薄于巽隅。池中有亭曰墨池，余嘗集百氏妙迹于此而展玩也。池岸有亭曰筆谿，其清可以濯筆。谿旁有釣渚，其静可以垂綸也。釣渚與邃經堂相直焉。有三橋：度谿而南出者，謂之招隱。絶池至于墨池亭者，謂之幽興。循岡北走度水至于西圃者，謂之西磵。西圃有草堂，草堂之後有華嚴菴。草堂西南有土而高者，謂之西丘。其木則松、檜、栝、柏、黄楊、冬青、椅、桐、檉、柳之類，柯葉相蟠，與風飀飀。高或參雲，大或合抱，或直如繩，或曲如鉤，或蔓如附，或偃如傲，或參如鼎足，或並如釵股，或圓如蓋，或深如幄，或如脱虬卧，或如驚蛇走，名不可以盡記，狀不可以殫書也。雖雪霜之所摧壓，飈霆之所擊撼，槎牙摧折，而氣象不衰。其花卉則春繁秋孤，冬曄夏蒨，珍藤幽蔓，高下相映。蘭菊猗猗，兼葭蒼蒼，碧蘚覆岸，慈筠列砌。藥録所收，雅記所名，得之不爲不多。桑柘可蠶，麻紵可緝，時果分蹊，嘉蔬滿畦，摽梅沉李，剥瓜斷壺，以娱賓友，以約親屬，此其所有也。余于此圃，朝則誦羲文之《易》、孔氏之《春秋》，索詩書之精微，明禮樂之度數；夕則泛覽羣史，歷觀百氏，考古人是非，正前史得失。當其暇也，曳杖逍遥，陟高臨深。飛翰不驚，皓鶴前引。揭厲于淺流，躊躇于平皋。種木灌園，寒耕暑耘。雖三事之位，萬鍾之禄，不足以易吾樂也。然余觀羣物，無一物非空者，安用拘于此以自贅耶？異日子春之疾瘳，尚平之累遣，將扁舟河海，浮游山岳，莫知其所終極。雖然，此圃者，先光禄之所遺，吾致力于此者久矣，豈能忘情哉！凡吾衆弟，若子若孫，尚克守之。毋頹爾居，毋伐爾林，學于斯，食于斯。是亦足以爲樂矣，余豈能獨樂哉！昔戴顒寓居，魯望歸隱，遺跡迄今猶存，千載之後，吴人猶當指此相告曰：此朱氏之故圃也。

又 《吴郡圖經續集》卷下《園第·先光禄園》

蘇子美滄浪亭，在郡學東。子美既以事廢，乃南游吴中。一日過郡學東，顧草木鬱然，崇阜廣水，瀕水得微徑於雜花修竹之間。趨數百步，有棄地，乃中吴節度孫承祐之池館也。坳隆勝勢，遺意尚存。子美買地作亭，號曰滄浪。前竹後水，水之陽又竹無窮。諸公多爲之賦詩。子美嘗謂，吴中渚茶野醖足以消憂，蓴鱸稻蟹足以適口。又多高僧、隱君子，佛廟勝絶。家有園林，珍花奇石，曲池高臺，魚鳥留連，不覺日暮。遂終此不去焉。

程正議宅在南園旁。公少而軒闢有才志。因過隙地，右開元、瑞光二寺，左南園，嘗曰：此可以爲宅也。及稍顯，遂得其地卜居焉。太守晏公贈之詩云：衣冠雖盛皆僑寄，青瑣仙郎獨我鄉。蓋衣冠之居郡固多，唯公實吴人也。晏公又名其坊曰晝錦，以志焉。

故資政殿學士太子少保元魏公宅在帶城橋東。元公嘗參大政，引年歸老，居於是邦。太守章公命其宅曰衮繡坊。

先光禄園，在鳳皇鄉集祥里。高岡清池，喬松壽檜，粗有勝致，而長文棲隱於此，號曰樂圃。

宋 黄庭堅撰《山谷集》卷一七《東郭居士南園記》 東郭居士【略】白

首肆志而無彈冠之心，所居類市隱也。總其地曰南園，於竹中作堂曰青玉。歲寒木落而視其色，風行雪墮而聽其聲，其感人也深矣。據羣山之會作亭，曰翠光。逼而視之，土石磊砢，繚以松楠。遠而望之，攬空成色，下與黼黻文章同觀。其曰翠微者，草木金石之氣邪？其曰山光者，日月風露之景邪？不足以給人之欲，而山林之士甘心焉，不知其所以然而然也。因高作閣曰冠霞，鮑明遠詩所謂「冠霞登彩閣，解玉飲椒庭」者也。蟬蛻於市朝之溷濁，翳心亭之葉，而乾没之輩不能窺是臞儒之仙意也。其宴居之齋曰樂静，蓋取兵家陰符之書，曰至樂性餘，至静則廉。陰符則吾未之學也，然以予說之，行險者躁而常憂，居易者静而常樂。則東郭之所養可知矣。其經行之亭曰浩然。委而去之，其亡者莎鷄之羽。逐而取之，其折者大鵬之翼。通而萬物皆授職，窮而萬物不能攖，豈在彼哉？由是觀之，東郭似聞道者也。東郭聞若言也，曰：我安能及道？抑君子所謂困於心，衡於慮，而後作者也。我爲子家壻婿，軒冕不及門。子之姑氏懟我不才者數矣，殆其能同樂於丘園？今十年矣。可盡記子之言，我將劖之南園之石，他日御以如臯，雖不獲雉，尚其一笑哉！予笑曰：士之窮乃至於是夫？

宋　鄭俠《西塘集》卷三《來喜園記》　來喜園者，大慶居士之家園也。居士既卜大慶山之居而宅之，左右前後皆闃地數丈，茀厥荒翳，被之踈茂。亦既累年而有桑千株，竹柏花果其數又倍。是爲數洞，以架紅薇、金沙史君、木鼈、栝蔞、木瓜之類。旁近又植枸杞、甘菊、五加、百合之屬。蔬有畦，藥有隴，茭有沼，藕有渠。築臺伸望闕之心，開軒慰思親之意。有惠淑堂以訓内，孚尹堂以訓外。於亭，有尚友者。軒有思古者。榻，有迎黨者。徑，有步月者。而來吾廬者，必從容園林之間，或竟日而去，無不喜者。若乃春榮夏繁，秋爽冬素，雨露柯條，風霜質幹，東翎西翰，聲音顔色，靡不欣欣然。居士於是嘆曰：草木禽鳥於道尚然，而況於人乎？故其園以「來喜」爲名。居士其姓鄭其名俠，福州福清人也。元豐八年臘日記。

宋　李格非《洛陽名園記·富鄭公園》　洛陽園池，多因隋唐之舊，獨富鄭公園最爲近闢，而景物最勝。游者自其第東出探春亭，登四景堂，則一園之景勝可顧覽而得。南渡通津橋，上方流亭，望紫筠堂而還。右旋花木中有百餘步，走蔭樾亭，賞幽臺，抵重波軒而止。直北走土筠洞，自此入大竹中。凡謂之洞者，皆斬竹丈許，引流穿之，而徑其上。横爲洞一，曰土筠。縱爲洞三：曰水筠，曰石筠，曰榭筠。歷四洞之北，有亭五錯列竹中，曰叢玉，曰披風，曰漪嵐，曰夾竹，曰兼山。稍南有梅臺，又南有天光臺。臺出竹木之杪。遵洞之南而東還，有卧雲堂。堂與四景堂並南北。左右二山，背壓通流。凡坐此，則一園之勝可擁而有也。鄭公自還政事歸第，一切謝賓客，燕息此園幾二十年。亭臺花木，皆出其目營心匠，故逶迤衡直，闓爽深密，皆曲有奧思。

又《董氏西園》　董氏西園，亭臺花木，不爲行列區處，周旋景物，歲增月葺所成。自南門入，有堂相望者三。稍西一堂，在大地間。逾小橋，有高臺一。又西一堂，竹環之，中有石芙蓉，水自其花間湧出。開軒窗，四面甚敞，盛夏燠暑，不見畏日。清風忽來，留而不去。幽禽静鳴，各誇得意。此山林之景而洛陽城中遂得之於此。小路抵池，池南有堂，面高亭。堂雖不宏大，而屈曲深邃，游者至此往往相失。豈前世所謂「迷樓」者類也？元祐中，有留守喜宴集于此。

又《董氏東園》　董氏以財雄洛陽。元豐中，少縣官錢糧，盡籍入田宅。城中二園，因蕪壞不治。然其規模尚足稱賞。東園北向，入門，有栝可十圍，實小如松實，而甘香過之。有堂可居。董氏盛時，載歌舞游之。醉不可歸，則宿此數十日。南有敗屋遺址，獨流杯、寸碧二亭尚完。西有大池，中爲堂，榜之曰含碧。水四向噴瀉池中，而陰出之，故朝夕如飛瀑，而池不溢。洛人盛醉者，走登其堂輒醒，故俗目曰「醒酒池」。

又《環谿》　環谿，王開府宅園，甚潔。華亭者，南臨池左右翼。而北過涼榭，復匯爲大池。周圍如環，故云然也。榭南有多景樓，以南望，則嵩高、少室、龍門、大谷，層峰翠巘，畢效奇於前。榭北有風月臺，以北望，則隋唐宮闕樓殿，千門萬户，岧嶤璀璨，延亘十餘里。凡左太沖十餘年極力而賦者，可瞥目而盡也。又西有錦廳、秀野臺。園中樹松檜，花木千株，皆品别種列。除其中爲島塢，使可張幄次，各待其盛而賞之。涼榭、錦廳，其下可坐數百人，宏大壯麗，洛中無逾者。

又《劉氏園》　劉給事園，涼堂高卑制度適愜可人意。有知《木經》者見之且云：「近世建造率務峻立，故居者不便而易壞，唯此堂正與法合。」西南有臺一區，尤工緻，方十許丈地，而樓横堂列，廊廡回繚，闌楯周接，木映花承，無不妍穩，洛人目爲劉氏小景。今析爲二，不能與他園爭矣。

又《叢春園》　今門下侍郎安公買于尹氏。岑寂而喬木森然，桐梓檜柏，皆就行列。其大亭有叢春亭，高亭有先春亭。叢春亭出酴醾架上，北可望洛水，蓋洛水自西洶湧奔激而東。天津橋者，疊石爲之，直力滀其怒，而納之于洪下。洪下皆大石，底與水争，噴薄成霜雪，聲聞數十里。予嘗窮冬月夜登是亭，聽洛水聲。久之，覺清冽侵人肌骨，不可留，乃去。

又《天王院花園子》 洛中花甚多種，而獨名牡丹曰花王。凡園皆植牡丹，而獨名此曰花園子。蓋無他池亭，獨有牡丹數十萬本。皆城中賴花以生者，畢家於此。至花時，張幕幄，列市肆，管絃其中。城中士女絶烟火游之。過花時，則復爲丘墟，破垣遺竈相望矣。今牡丹歲益滋，而姚黄、魏紫一枝千錢。姚黄無賣者。

又《歸仁園》 歸仁，其坊名也。園盡此一坊，廣輪皆里餘。北有牡丹、芍藥千株，中有竹百畝，南有桃李彌望。唐丞相牛僧孺園七里檜，其故木也。今屬中書侍郎，方創亭其中。河南城方五十餘里，中多大園池，而此爲冠。

又《苗帥園》 節度使苗侯既貴，欲極天下佳處，卜居得河南。河南園宅又號最佳處，得開寶宰相王溥園，遂搆之。園既古，景物皆蒼老，復得完力藻飾出之，於是有欲憑陵諸園之意矣。園故有七葉二樹對峙，高百尺，春夏望之如山然。今創堂其北。竹萬餘竿，皆大滿二三圍，疏筠琅玕，如碧玉椽。今創亭其南。東有水自伊水派來，可浮十石舟，今創亭壓其溪。有大松七，今引水繞之。有池宜蓮荇，今創水軒，駕出水上。對軒有橋亭，制度甚雄侈，然此猶未盡得王丞相故園。水東爲直龍圖閣，趙氏所得，亦大創第宅，園池其間。稍北曰郊鄜陌，陌列七丞相之第，文潞公程丞相宅旁皆有池亭，而趙韓王園獨可與諸園列。

又《趙韓王園》 趙韓王宅園，國初詔將作營治，故其經畫製作殆侔禁省。韓王以太師歸是第，百日而薨。子孫皆家京師，罕居之，故園池亦以扃鑰爲常。高亭大榭花木之淵藪，歲時獨厮養擁篲負畚鍤者於其間而已。蓋人之於宴閒，每自吝惜，宜甚於聲名爵位。

又《李氏仁豐園》 李衛公有《平泉花木記》，百餘種耳。今洛陽良工巧匠批紅判白，接以它木，與造化争妙，故歲歲益奇，且廣桃、李、梅、杏、蓮、菊各數十種，牡丹、芍藥至百餘種。而又遠方奇卉，如紫蘭、茉莉、瓊花、山茶之儔，號爲難植，獨植之洛陽，輒與其土産無異。故洛陽園囿花木有至千種者。甘露院東李氏園，人力甚治，而洛中花木無不有，有四并、迎翠、濯纓、觀德、超然五亭。

又《松島》 松、柏、樅、杉、檜、栝，皆美木。洛陽獨愛栝而敬松。松島，數百年松也，其東南隅雙松尤奇。在唐爲袁象先園，本朝屬李文定公丞相，今爲吴氏園，傳三世矣。頗葺亭榭池沼，植竹木其旁，南築臺北構堂，東北曰道院，又東有池，池前後爲亭臨之。自東大渠引水注園中，清泉細流，涓涓無不通處。在他郡尚無有，而洛陽獨以其松名。

又《東園》 文潞公東園本藥圃，地薄東城，水渺瀰甚廣，泛舟游者如在江湖間也。淵映、瀍水二堂宛在水中，湘膚、樂圃二堂間列水石西，去其第里餘。今潞公官太師，年九十尚時杖屨游之。

又《紫金臺張氏園》 自東園並城而北，張氏園亦繞水，而富竹木，有亭四。《河圖志》云：黄帝坐玄扈臺。郭璞云在洛汭，或曰此其處也。

又《水北胡氏園》 水北胡氏二園，相距十餘步。在邙山之麓，瀍水經其旁。因岸穿二土室，深百餘尺，堅完如埏埴。開軒窗其前，以臨水上。水清淺則鳴漱，湍瀑則奔駛，皆可喜也。有亭榭花木，率在二室之東，凡登覽徜徉，俯瞰而峭絶，天授地設，不待人力而巧者，洛陽獨有此園耳。但其亭臺之名，皆不足載，載之且亂實。如其臺四望盡百餘里，而縈伊繚洛乎其間，林木薈蔚，烟雲掩映，高樓曲榭時隱時見，使畫工極思不可圖，而名之曰玩月臺。有庵在松檜藤葛之中，闢旁牖，則臺之所見亦畢陳於前。避松檜，搴藤葛，的然與人目相會，而名之曰學古庵，其實皆此類。

又《大字寺園》 大字寺園，唐白樂天舊園也。樂天云「吾有第，在履道坊。五畝之宅，十畝之園，有水一池，有竹千竿」是也。今張氏得其半，爲會隱園，水竹尚甲洛陽。但以其圖考之，則某堂有某水，某亭有某木。其水其木至今猶存，而曰堂曰亭者，無復仿佛矣。豈因于天理者可久，而成於人力者不可恃耶？寺中樂天石刻存者尚多。

又《獨樂園》 司馬温公在洛陽，自號迂叟，謂其園曰獨樂園。卑小不可與他園班。其曰讀書堂者，數十椽屋。澆花亭者益小，弄水、種竹軒者尤小。曰見山臺者，高不過尋丈。曰釣魚菴、曰采藥圃者，又特結竹杪，落蕃蔓草爲之爾。温公自爲之序，諸亭臺詩頗行於世。所以爲人欣慕者，不在於園耳。

又《吕文穆園》 伊洛二水自東南分注河南城中。而伊水尤清澈，園亭喜得之。若又當其上流，則春秋無枯涸之病。吕文穆園在伊水上流，木茂而竹盛。有亭三，一在池中，二在池外，橋跨池上相屬也。洛陽又有園池，中有一物特可稱者，如大隱莊梅，楊侍郎園流杯，師子園師子是也。梅蓋早梅，香甚烈而大，説者云自大庾嶺移其本至此。流杯水雖急，不旁觸爲異。師子，非石也，入地數十尺。或以地考之，蓋武后天樞銷鑠不盡者也。舍此又有嘉猷、會節、恭安、溪園等，皆隋唐官園。雖已犂爲良田，樹爲桑麻矣，然宫殿池沼，與夫一時會集之盛，今遺俗故老猶有識其所在而道其廢興之端者。游之亦可以觀萬物之無常，覽時之倏來而忽逝也。

宋 倪思《經鉏堂雜志》卷八《庵内外絶景》 碧潭飛泉一也，蘚石崔嵬二也，野香古梅三也，雲泉乳竇四也，長林高松五也，慶翠跳珠六也，精嚴翠城七也，書堂脩篁八也，小界山峨眉九也，翠微清越十也，此庵中之絶也。寶明杉徑一也，潭頭泉石二也，常照竹軒三也，常照脩徑四也，西巖幽景五也，張氏梅園六也，常照翠峰七也，此庵外近在咫尺七絶也。凡此七絶，他人得其一已爲奇勝，今予兼而有之。至於小舟溪行之景，山禽百變之聲，雲烟出没之態，又不論也。日享清樂可謂屬猒，自非造物付與，何以得之？此予所以深自慶倖而樂於居山者也。

宋 鄒浩《道鄉集》卷二六《得志軒記》 仙宫嶺下有塘數十頃，曰木梁塘。塘外有峰數千仞，曰龍岳峰。面峰枕塘，有屋數楹，則一國之善士張雲卿夢立之居也。居有小軒，余嘗縱步造焉。是時碧岫歸雲，青天飛鷺，蓮芳極目，鮮風郁然。余與夢立相視而笑，不知誰爲賓主也。莊子曰：樂全之謂得志。古之所謂得志者，非軒冕之謂也，謂其無以益其樂而已矣。顧軒未名，乃以得志名之。

宋 謝逸《溪堂集》卷七《小隱園記》 環仙翁之居，皆山也。其東北岡巒林麓，望之而雄偉，即之而深秀，如龍之躍，如鸞之翔而欲下也。以仙翁隱居于此，因名之曰小隱焉。依山之趾繚而爲逕，負山之腹敞而爲堂。因其窪疏而爲池。隆其中，峙而爲島。顯而爲亭，隱而爲庵。跨清漪而爲橋，面緑陰而爲軒。蓋循乎逕可以造幽谷，登乎堂可以揖遠岫，臨乎池可以流觴，坐乎島可以垂釣。亭出而游觀，庵入而燕息。橋以達乎島，軒以附乎亭。以至嘉花美木，班立乎後先，幽蘭白芷，馨聞乎左右。禽鳥之翔鳴，魚鼈之游泳。雲煙之澄鮮，風雨之清亮。四時物象，無不可樂也。仙翁幅巾杖屨，日與賓客逍遥其間。或飲而笑歌，或醉而起舞，或彈琴以平心志，或習射以觀威儀。或倚樹而吟，或枕石而卧。蓋將樂之終身而不厭者也。嗚呼！蘭亭之茂林脩竹足以益右軍之美，而平泉之草木不足以貸贊皇之辜。午橋之燠館涼臺足以佚晉公之老，而金谷之池亭不足以蓋季倫之愆。是則園囿臺沼之樂，必知其所以樂者，然後樂其樂也。

宋 洪适《盤洲文集》卷三一《盤洲記》 出北郭左行一里所，穿耕疇，趨支徑，有棄地盈百畝。延矚紆洄，接西郭之衢，厥形始鋭如犁，至其中浸廣，末則一弓不能及。雙溪挾岸，泓渟灣洄，風生文漪，一眄無際，芝泉之所通也。歲極旱，溉汲撓之不枯。溪南則營山之麓，去水十許丈，限以蕪城，對之若高丘然。山中壽松，蛟奮龍舉。溪北有堤，堤外田可二三頃。芝嶺聳其東，牛首蹲其西，林岫相續如步障。兩山之缺，土湖所瀦餘波薄堤下，積潦驟漲，混溪湖爲一。湖之外皆堆阜，有深樾，來車去甑，以堤爲岐。我出吾山居，見是中穹木，披榛開道，境與心契，旬歲而後得之。乃相嘉處，創洗心之閣。三川列岫，争流層出，啓窗卷簾，景物坌至，使人領略不暇。兩旁鉅竹儼立，斑者紫者方者人面者猫頭者，慈桂篘笛，羣分派别，厥軒以有竹名。東偏堂曰雙溪。波間一壑，於藏舟爲宜，作欚齋於欄後。泗濱怪石，前後特起，曰雲葉，曰嘯風。巖北踐柳橋，以蟠石爲釣磯。側頓數椽，下榻設胡床，爲息偃寄傲之地。假道可登舟，曰西汻。絶水問農，將營飯牛之亭。於壟上導澗，自古桑，由兗橋、濟規山、陰遺迹。盤澗水劓九曲，蔭以栟櫚之屋。壘石象山，杯出巖下九突。離坐，杯來前而遇坎者浮，罰爵。方其左爲鵝池。圓其右爲墨沼，一詠亭臨其中。水由圓沼循除而西，匯於方池，兩亭角立，東既醉，西可止。改席再會，則參用柳子序飲之法，識其一，寘籤於杯而反之，隨波並進，人不可私。遲頓却行，後來者或居上，殿者飲。止而沈者亦飲。當其時，或并飲，或累籌，親賓被酒，童稚舞笑，不知落霞飛鶩之相催也。池水北流，過蒼蔔澗，又西注於北溪。自一詠而東，倉曰種秫之倉，亭曰索笑之亭。前有重門，曰日涉。背梅林，夾曲水，越竹閣，甘橘三蘗，皆東嘉、太末、臨汝、武陵所徙。又有營道、盧陵之金甘，上饒之繡橘，赤城之脆橙，厥亭橘友。禁苑、洛京、安、蘄、歙之花，廣陵之芍藥。白有梅桐、玉茗、素馨、文官、大笑、末利、水梔、山礬、聚仙、安榴、衮繡之毬。紅有佛桑、杜鵑、赬桐、丹桂、木堇、山茶、海棠、月季。葩重者石榴、木蕖，色淺者海仙、郁李。黄有木犀、棣棠、薔薇、躑躅、兒鶯、迎春、蜀葵、秋菊。紫有含笑、玫瑰、木蘭、鳳薇、瑞香爲之魁。兩兩相比，芬馥鼎來。卉則麗春、翦金、山丹、水仙、銀燈、玉簪、紅蕉、幽蘭。落地之錦，麝香之萱，既赤且白。石竹、雞冠，涌地幕天。荼蘼、金沙，生意如鶩。蝶影交加，厥亭花信。林深霧暗，花仙所集，厥亭睡足。栗得於宣，棃得於松陽，來禽得於贛，於果品皆前列，厥亭林珍。木瓜以爲徑，桃李以爲屏，厥亭瓊報。西瓜有坡，木鼈有棚，葱薤薑芥，土無曠者，厥亭灌園。沃桑盈陌，封植以補之，厥亭繭瓮。啓六枳關，度碧鮮里，傍柞林，盡桃李蹊，然後達於西郊。茭蘆彌望，充牣四澤，煙樹緣流，帆檣下上，類畫手鋪平遠之景，柳子所謂「遡延野緑，遠混天碧」者，故以野緑表其堂。有軒居後，曰隱霧。九仞巍然，嵐光排闥，厥名豹巖。陟其上，則楚望之樓，厥軒巢雲。古梅鼎峙，横枝却月，厥臺凌風。右顧高柯，昂霄蔽日，下有竹亭，曰駐屐。蠙洲接畛，樓觀輝映，無日不尋棠棣之盟。跨南溪有橋，表之曰濠上。游魚千百，人至不驚。

宋 韓元吉《南澗甲乙稿》卷一五《東皋記》 東皋者，陶氏之園也。陶氏之先，自晉始顯。而淵明令彭澤，高風峻節，足以蹈厲一世。其詩語文章所及，後之君子喜道之。况其族姓家江南，本其苗裔者，則典型餘烈，故應槩見而不妄也。茂安實陶氏諸孫，始予見其試於學宫，聲名籍甚。既而佐大農，從幕府於淮西，猶慷慨有功名之志。逮爲尚書郎，則已華髪蕭然，不復問功名富貴事。而間爲予言其所居之勝在興國，與郡治共一湖水，將歸老焉。後數年，茂安果自湖湘之使事，挂其衣冠以歸。又數年，則以書來言曰：杭湖而東，得地數十畝，以爲東皋焉。東皋中爲一堂，曰舒嘯。南望而行，花木蔽芾，以極於湖之涯，作亭曰駐屐。西則又爲蓮蕩小閣，挹湖光而面之。餘可以爲亭爲榭者尚衆，而力有未及也。力之及者名葩異卉，間以奇石，而松竹之植，稍稍茂密矣。至於山光之秀列，湖波之演迤，風日發揮，四時之景萬態，則亦不待吾力者也。吾雖老矣，得以朝夕自逸，而時與賓客游於其間，往往愛之不忍去。獨憾子之未見也。可以爲我記之乎？予曰：夫世之所慕於淵明者，非特其去就可尚也，惟其志意超然曠達，適於物而不累於物，有所得者焉。莊子曰：「山林歟？皋壤歟？使我欣欣然而樂歟？」且山林皋壤，非世俗悦於耳目者也。所遇之樂，不自知而發，故雖樵夫漁父，負薪鼓枻，歌聲若出金石，而况於賢士大夫得之者乎？今茂安世之賢士大夫也，脱跡於名利之場，休心於寂寞之境，是宜得其樂而自附於乃祖，以榮其歸。而予方奔走於朝市，聞茂安之風，蓋已堪愧，而茂安乃欲予文以道其意，亦俾予知歸之有不可緩者歟？嗟乎予固未有茂安居之勝也，異日倘遂其歸，而耕於靈山之下，千里命駕，以訪茂安於東皋，相與植杖而耘，詠歌「歸來」之辭，舉酒道舊，以謝湖山之美，庶不爲淵明之羞矣夫。

宋 吴曾《能改齋漫録》卷一五《金綫泉》 《澠水燕談》云：齊州城西張意諫議園亭，有金綫泉。石甃方池，廣袤丈餘。泉亂發其下，東注城濠中，澄徹見底。池心南北有金綫一道隱起水面，以油滴一隅，則綫紋遠去。或以紋亂之，則綫輒不見，水止如故。天陰亦不見。齊爲東方名郡，而張氏濟南盛族，園池乃郡之勝游，泉之出百年矣。士大夫過濟南至泉上者不可勝數，而無能究其所以然，亦無一人題詠者。獨蘇子瞻有詩曰：槍旗攜到齊西境，更試城南金綫奇。然亦不辨泉之所以有金綫也。余讀《曾南豐集》有《金綫泉詩》云：玉甃常浮顥氣鮮，金絲不定路南泉。雲依美藻争成縷，月照寒漪巧上弦。已繞渚花紅灼灼，更縈沙竹翠娟娟。無風到底塵埃盡，界破冰綃一片天。蓋南豐元豐間嘗守齊州所作者。此《澠水燕談》所未見也。兼《倦游雜録》云：范諷自給事中謫官數年，方歸濟南城。西有張氏園亭，泉有金綫、真珠之目，水木環合，乃歷下之勝景。園亭主人乃張寺丞聰也，嘗邀范宴飲於亭，范題二韻詩於壁：園林再到身猶健，官職全拋夢乍醒。惟有南山與君眼，相逢不改舊時青。

宋 范成大《吴郡志》卷一四《園亭》 滄浪亭在郡學之南。積水彌數十畝，傍有小山，高下曲折，與水相縈帶。《石林詩話》以爲錢氏時廣陵王元璙池館。或云其近戚中吴軍節度使孫承佑所作。既積土爲山，因以瀦水。慶曆間，蘇舜欽子美得之，傍水作亭曰滄浪。歐陽文忠公詩云：清風明月本無價，可惜只賣四萬錢。滄浪之名始著。子美死，屢易主，後爲章申公家所有。廣其故地爲大閣，又爲堂山上。亭北跨水有名洞山者，章氏并得之。既除地，發其下，皆嵌空大石。人以爲廣陵王時所藏，益以增累其隙。兩山相對，遂爲一時雄觀。建炎之後歸韓蘄王家。【略】

南園，吴越廣陵王元璙之舊圃也。老木皆合抱，流水奇石參錯其間。王禹偁爲長洲令，常攜客醉飲焉。有詩曰：天子優賢是有唐，鏡湖恩賜賀知章。他年我若功成後，乞與南園作醉鄉。大觀末，蔡京罷相，欲東還，詔以園賜之。京有詩云：八年帷幄竟何爲，更賜南園寵退歸。堪笑當時王學士，功名未有便吟詩。禹偁詩石尚存。《續經》云舊有三閣、八亭、二臺、龜首、旋螺之類，歲久摧圮者多。相傳猶有流杯、四照、百花、樂堂、惹雲、風月等處，每春縱士女游觀。兵火之後皆不復有。今園屬張循王家。

東莊《九國志謂之東墅》與南園，皆廣陵王元璙帥吳時，其子文奉爲衙內指揮使時所創營之。三十年間極園池之賞，奇卉異木及其身，見皆成合抱。又累土爲山，亦成巖谷。晚年經度不已。每燕集其間，任客所適。文奉跨白騾，披鶴氅，緩步花逕，或泛舟池中，容與往來，聞客笑語，就之而飲。蓋好事如此。《九國志·吳越備史》

鱸鄉亭在吳江。始，陳文惠公堯佐《題松陵》詩，有「秋風斜日鱸魚鄉」之句。屯田郎中林肇爲令，乃作亭江上，以鱸鄉名之。陳瓘瑩中主縣簿，嘗賦詩。

如歸亭在吳江，張先子野撤而新之。蔡襄君謨題壁云：蘇州吳江之瀕有亭曰如歸者，隘壞不可居。康定元年，知縣事秘書丞張先始爲大之云。

七檜堂在天慶觀之東。葉參少卿嘗守吳，既謝事，因居焉，作此堂以佚老。【略】

小隱堂、秀野亭在城北。蔣堂嘗有《過葉道卿侍讀小園》詩云：秀野亭連小隱堂，紅葉綠篠媚滄浪。卞山居士道卿自號也無歸意，却借吳儂作醉鄉。蘇人多游飲於此園。

隱圃在靈芝坊，樞密直學士蔣堂之居。堂兩守吳，謝事，因家焉，自號遂翁。圃中有巖扃、水月菴、煙蘿亭、風篁亭、香嚴峰、古井、貪山等。堂嘗自賦《隱圃十二詠》。結菴池上，名水月。宅南小溪，上結宇十餘柱，名溪館。又築南湖臺於水中。皆有詩。

中隱堂在大酒巷，都官員外郎分司南京龔宗元所居。取樂天詩「大隱住朝市，小隱入丘樊。不如作中隱，隱在留司間」乃作中隱堂。與屯田員外郎程適、太子中允陳之奇游從，極文酒之樂，皆耆德碩儒，掛冠而歸者。吳人謂之三老。

樂圃，朱長文伯原所居。在雍熙寺之西，號樂圃坊。圃中有高岡清池，喬松壽檜。此地錢氏時號金谷，朱父光禄始得之，伯原嘗以爲圃。名德所寓，邦人珍之，因號其巷曰樂圃坊。朱自有記。

紅梅閣在小市橋。天聖中，殿中丞吳感所居。吳有姬曰紅梅，因以名閣。又作《折紅梅》詞，傳於一時。蔣堂亦有《吳殿丞新葺兩圃》詩，有「深鏁煙光在樓閣，旋移春色入門牆」之句。吳死，閣爲林少卿家所得。

三瑞堂在閶門之西楓橋。孝子姚淳所居，家世業儒，以孝稱。蘇文忠公往來必訪之。嘗爲賦《三瑞堂》詩。姚氏致香爲獻，公不受，以書抵虎丘通長老云：姚君篤善好事，其意極可嘉。然不須以物見遺。惠香八十罐，却託還之。已領其厚意，實爲他相識所惠皆不留故也。

五柳堂，胡稷言所居。在臨頓里，陸龜蒙之舊址也。

如村，胡嶧所居。嶧父稷言作五柳堂，至嶧又取老杜「宅舍如荒村」之句，名其居曰如村。

范家園在雍熙寺後，范周無外所居。

逸野堂在崑山，老儒王僖所居。僖累試不利，以讀書自娛，教其侄孫葆爲名儒。至今此堂爲邑人所稱。

醉眠亭在松江，李無晦所居。李本湖人，徙居松江，高尚不仕，以詩酒自娛。治園亭，號醉眠。

漫莊在毗村，處士顧禧所居。禧棄官高隱，讀書以老，鄉人貴重之。後其居有名。

蝸廬在城北，中書舍人程俱致道所居。俱政和間自監舒州茶場上書論時政，不合，來家於吳。葺小屋，號蝸廬。中有常寂光室、勝義齋。嘗賦《遷居蝸廬》詩及蝸廬後隙地種植竹、菊、鳳仙、雞冠、紅莧、芭蕉、（水）〔冬〕青等七詠。

復軒，在吳縣之黄村。處士章憲自作記，謂葺先人之廬，治東廡之軒，以貯經史百氏之書，名之曰復，以警其學。其後圃又有清曠堂、詠歸、清閟、遐觀三亭，以慕古尚賢。各有詩。

臞菴在松江之濱。邑人王份有超俗趣，營此以居。圍江湖以入圃，故多柳塘花嶼。景物秀野，名聞四方。一時名勝喜游之，皆爲題詩。圃中有與閑、平遠、種德及山堂四堂，煙雨觀、橫秋閣、凌風臺、鬱峨城、釣雪灘、琉璃沼、臞翁澗、竹廳、龜巢、雲關、纈林、楓林等處，而浮天閣爲第一，總謂之臞菴。份字文孺，以特恩補官。嘗爲大冶令，歸休老焉。題詩甚多，不可悉録。

宋 朱熹《晦菴集》卷七九《卧龍菴記》 卧龍菴在廬山之陽，五乳峰下。予自少讀三山先生楊公詩，見其記卧龍劉君，隱居辟穀，木食澗飲，蓋已度百歲，而神清眼碧，客至輒先知之，則固已知有是菴矣。去歲蒙恩來此，又得陳舜俞令舉《廬山記》者，讀之，其言曰：凡廬山之所以著於天下，蓋有開先之瀑布，見於徐凝、李白之詩。康王之水簾，見於陸羽之《茶經》。至於幽深險絶，皆有水石之美也。此庵之西，蒼崖四立，怒瀑中瀉，大壑淵深，凜然可畏。有黄石數丈，隱映連屬在激浪中，視者眩轉，若欲蜿蜒飛舞，故名卧龍。此山水之特勝處也。於是又知其泉石之勝乃如此。間以行田，始得至焉。則庵既無有，而劉君亦不可復見。獨其泉石之勝不可得改，然其壯偉奇特之勢，則有非陳記所能仿佛者。余既惜其出於荒堙廢壞之餘，而又幸其深阻敻絶，非車塵馬跡之所能到，儻可得擅而有也。時已上章乞解郡紱，乃捐俸錢十萬，屬西原隱者崔君嘉彦，因其舊址，縛屋數椽，以俟命下而徙居焉。既又緣名潭之義，畫漢丞相諸葛公之象寘之堂中，而故友張敬夫嘗爲賦詩以紀其事。然庵距潭猶數百步，步亂石間，三涉澗水乃至。至又無所託足以寓瞻眺，或乃顛沛而反。因相其東崖，鑿石爲磴，而攀緣以度。稍下乃得巨石横出澗中，仰翳喬木，俯瞰清流，前對飛瀑，最爲谷中勝處。遂復作亭於其上，既以爲吏民禱賽之地，而凡來游者，亦得以仿佛徙倚而縱目快心焉。於是歲適大祲，因牓之曰起亭。以爲龍之淵，卧者可以起而天行矣。然予前日之請，迄今蓋已屢上而竟未有得也。歲月飄忽，念之慨然，乃叙其作興本末而書之屋壁。來者讀之，尚有以識予之意也。

宋 魏了翁《鶴山集》卷四八《北園記》 嘗以家居暇日，築室鶴山之麓，將聚友而麗習焉。規摹粗設，而才不逮，人力亦未贍。得罪南遷，又即靖之鶴山。築室以尋前志，士或不鄙而辱從之。然靖居天下窮處，衣冠鮮少。一日眉之走隸款門，遺之書，則眉之先達李公季允甫也。遺之圖，則眉之北郊公所爲北園也。園東鄉，中爲志堂，序分十舍，曰求仁，曰立義，曰復禮，曰崇仁，曰請益，曰由頤，曰履信，曰窮理，曰近思，曰篤志。其左南楗，其右北楗。其後爲讀書巖，爲時臺。臺之上爲東樓，又曰極高明。其前爲西閣，爲麗澤堂。堂後有方池，衡從三畝，釃二渠。其下橜木爲坊，以豬泄之。堂分二，内爲存齋、復齋。堂之左，夾摘山名，榜曰儒相精舍，爲省齋、克齋。其右夾望蟆頤津，榜曰忠諫精舍，爲誠齋、篤齋。自餘不可殫紀，大抵目擊身履，無非格言精義之著。雖水華、庭草、園芳、檻竹所以館之名之，亦皆克自規儆，匪宴娱之共。

宋 袁燮《絜齋集》卷一〇《秀野園記》 昔資政范公之鎮杭也，子弟請治地洛陽，因闢圃爲佚老之地。公曰：人苟有道義之樂，形骸可外，况於居室。且西都名園相望，誰獨障吾游者。禄賜之，餘以贍宗族可也。奚以圃爲？子弟敬遵其令，無敢復言。姑蘇義莊遂爲無窮之利。司馬丞相亦公輩人也，創獨樂園以極燕居之適，自爲之記。實廣二十畝，而東坡蘇公賦詩有曰「中有五畝園，花竹秀而野」。抑又何哉？雖然，公亦非以游觀爲樂者，培植名花，或不過一二本，曰「吾記其種而已矣」。自言「踽踽焉，洋洋焉，不知天壤之間復有何樂可以代此」，是豈以游觀爲樂者乎？然則先正二公之心，實未嘗不同也。某家故清貧，自宦游至今，田不過四百畝。念族人之貧，思有以賙之，力不能及，每以爲恨。又思先君無恙時空乏甚矣，而舍旁猶有三畝之園，植花及竹，日與其子若孫周旋其間，考德問業，忘其爲貧。後以爲子舍茲事，遂廢。此吾家不可闕者。與其增膏腴數十畝而傳之後裔，孰若復三畝之園而不墜其素風乎？於是乎决意爲之，曰怡顔，曰蒙養，曰觀妙，曰含清，皆所以爲進德之地也。平生酷好泉石，爲山而水環之。雖秀而野，不事華飾，達於西塾，厥廣倍之，而圃不復加闢矣。稍有贏餘，燕及宗族。此固君子之所樂也，豈徒游觀之謂哉？昔者樊遲、子張同登聖師之門，皆以崇德辨惑爲問夫子。於遲則有善哉之稱，而張也則否。函丈之間，聖師臨之，門人侍焉。切己之問，不約而發，舞雩之下，風景可嘉。此心凝然，如侍函丈，此樊遲所以爲善也。士之涉此園者，思樊遲之所以問、聖師之所以答者，而有契於心。嗚呼，茲誠進德之機也哉！

宋 陳文蔚《克齋集》卷一〇《蘇坡記》 運屬南陽葉公，卜宅得郊居之勝。青山屋上而流水屋下，五畝之寬，山徑之幽，足以徜徉此生而無慕乎其外。然公之志猶未愜，去家一里而近，又得所謂蘇坡者。其地閒曠而清淑，紆徐而深窈。雖鷄犬之聲外聞鄰巷，入其中則邈與世塵不相接，有若非人間者。公遂結庵其間而亭其上。亭扁以愛山，而庵即蘇坡也。自是杖屨往來無間，朝夕剪剔繁穢。風來而月去，疏理竹樹，春華而夏陰。佳時勝日，領客來游。杯酒流行，語笑懽洽。徘徊盤礴，竟日忘倦。此公所謂愛山者也。然公賦性疏達，受材勁敏。雖早謝埸屋，家政具有方略。植僵起仆，興滯舉廢，視昔愈有光焉。見於小試如此，使得一命以自效，必有可觀者。惜其不見於用會朝，家以優老。恩授初品，繼而浙漕陳公宗仁檄爲幕椽。公寧優游山林，不以此而易。彼子若孫以公之樂於斯丘者，因請爲藾窠計。公笑而從之，然公實未缺也。昔昌黎韓文公送李愿歸盤谷，序而歌之曰「飲且食兮壽而康，無不足兮奚所望」。文蔚於公亦云：庵既成，走書山間求識其顛末。文蔚視公爲毋黨尊行，義不可辭，故爲之書。公名堯咨，字叔義。紹定庚寅十二月朔，西溪陳文蔚記。

宋 潘時《鄭氏北野園記》(《敬鄉録》卷二引) 大凡游觀必有偏勝之患。江山之勝得於雄偉，而陵危鶩遠，游者病焉。園林之勝得於盛麗，而蒙奥繁雜，觀者局焉。苟其二者咸無缺焉，是游觀之最。鄭氏北野，距城六七里，依秀江爲園。將至其所，必舍車馬扶杖，由小徑南入。數十步，先至所謂悠然亭者，則曠如豁如，奇觀競出。大江横其前，叠嶂距其外。堆螺染黛，互相映發，如欲排闥。而左右前後，嘉花美木幾數百本，皆鄭氏手自封植。高下錯雜，若列綺繡。自亭下再折而東行二十步，又得二小亭。其一聚怪石爲嵁巖面焉，榜曰擬峴。其一隱竹間，竹四合可一畝餘，寂寥蕭踈，無復纖芥，翠陰茂密，風寒凄人，榜曰緑霧。其餘小軒曲檻，松窗竹門，皆幽邃静深，清絶異甚。鄭煮茗相延，徘徊竟日。井邑之聲暫絶於耳，使人心舒意爽，浩然有隱居之興。

宋 何恪《西園記》(《敬鄉録》卷一〇引) 道烏傷而西多平疇沃野，亡名谿山。贏十五里少南，有湖堤孔道，曰南湖。四山墻立，一水蜿蜒貫之，清而不映。山秀而不頗，可舟可園，可屋而居。凡瀕湖而居者，舉何氏也。余居之西，林樾静深，源泉隨之而委其地。視他山頗夷而多土，宜果蔬葩。繞以藩垣柴荆，截水爲限，曰西園。入門，巨竹聳其顛，修楊沿其堤，短花細草夾徑。行可百步，有堂曰林堂。枕岡面湖，峻嶺對峙，如列屏障，而亂峰叠巘又出其背，倒影湖中，翠光浮動。淺則荷芰菰茨，離披而去，望之不盡。深則白波際天，微風過之，怒濤奔放，驚鱗跋刺，助爲奇壯。水鳥族居，飛鳴上下。雲烟開斂，晴雨晦明。四時朝暮，變態不齊。而所遇皆可樂，尤於雪月爲宜。其東有亭，曰湖陰，以湖水出其南也。西曰横爽，以南嶺横其前也。其去堂堦五六十步。堂後有二室，左所見惟竹，曰竹屋。右香草被其砌，曰蘭坡。從二室階磩而登，有屋四楹，爲宴寢之地，曰復齋。齋之西壁，盡伐檽檻，依山升降而畦之，藝以杞菊。上有老松數百株，皆合抱。杉楠楓楮，錯植其間，無算也。蒼藤碧蘿，樛結樹杪。石出林中，嵌空奇怪。繇石罅環行，嫳姍而上，僅七十丈至絶頂。因其峻培而亭之，曰招隱。圍以巖花，花自地而升，猶不及於欄楯。江(海)(梅)數十株，耀白於青林中。天寒木脱，心舒目爽，所見甚遠。徑東三十步，有曰杉亭，椽檻皆杉木而不斲。徑二十步，有曰柏亭，悉柏爲之，其郁烈不歇。二亭皆可下瞰，蒼波渺茫，漁舟上下，鷗鷺去來於喬木脩篁之外。亘亭之北，山益深，竹樹陰翳，餘草不植。亘溪皆檐蔔。約行百餘步，有堂屹然，聚書數千卷，曰讀書堂。前甓池以引山溜，有魚數十尾，行池可見。環池皆取草木之宜陰者樹之，幽邃閴寂，人跡所不及。惟青樹萃蔓之所見，松聲鳥語之所聞也。稍東木奴百樹，亭於其中，曰景陸。少折而北，有亭巋然立於叢薄翳條之間，級而登之，遐矚旁睇，遥岑隱見，膚寸數百里，雲黄、葛仙之峰俱在望焉，曰餘青。並墻透迤而去，有别圃曰壺中。穴墉以出其下，絶八十丈奇，海棠翼之，柯葉蒙络，如行龕洞。屋於其坳，曰野堂。堂後益樹以海棠數十百株，花時明艷，綺綃繡錯。有泉側出石岸，泓澄盈咫，循途墮湖中，潨然有聲。前爲三欄，盡植芍藥。欄下雜他花卉，每種不過三本，識其名物而已。湖岸多木芙蓉，山水至是益平遠。堂外有地數十畝，其平如掌。梅、杏、梨、柰、橘、柚各植以類而塢列之，支徑旁午絡以諸花。其西有坡壠堀起數丈，其高又二十尺，爲臺而屋其上，前有兩峰屹立，曰兩峰亭。凡圃中之勝，可一目而盡也。降亭趨松徑，出湖上，絶湖底，南山循湖而堤，遥見隔岸亭榭參差出没於松竹之末。堤上有二亭。西曰清華，以其含水木之滋也。東曰浸山，以其從西園而望山與水平，若出於水中也。水激岸斷，略約過之。有巨石出水際，可坐而釣。遵南轉山腹而北至其麓，有枯梅二，離立積莽中。下有兩怪石如卧虎。又數步，得石坎。昌陽封其限堮，水冽而甘，冬夏不枯。並梅臨水，結茅三間，雲氣出入窗牖中，曰雲巢。敞其前楹，剪木之前枝以見水鳥，皆視其背。風起木末，萬竅皆和。猿聲鶴唳，以助悽惋。自是而南，則翳塞峭絶不可通也。

宋 劉宰《漫堂集》卷二一《野堂記》 朝奉大夫練塘鍾君元達，既辭通守鄉郡之命，奉祠里居，思得寬閒之地，種花藝果，以遨以休。顧所居之南，有地數十畝，歲久蕪穢，古木寒藤與叢篠相爲蔽虧。意攘剔之，啟闢之，必有以慊其素。乃課僮隸，具斧斤錢鎛，排蘿蔓以植門，薙草萊以通徑。芟夷其層枝剡棘而非嘉樹者以百數，斬惡竹且萬竿。既菑翳盡除，日月下照，湖水山雲皆來獻狀。因相地而措其宜，曠而臺，幽而亭。引泉以爲渠，跨渠以爲梁。當渠之會而爲池，繚以朱欄，表以奇峰怪石。桃、杏、李、來禽列植區分，以競春妍。而殿之以金沙、酴醾、牡丹、芍藥。紅蕖冒水，嘉菊凌霜，以適炎夏，以稱秋清。而江梅、山茶、松杉之植，亦以備歲寒之友。凡游觀之美略具。君又以爲室必有奥，邑必有聚。吾所有亭臺廣深能幾，舞袖殆不足回旋。顧園之西南隅，背鬱葱而面清曠，累石爲山，草樹丰茸。每風雨晦明之變，若嵌巖洞穴中，實吞吐之中。俯澄潭，凡水花之動摇，魚蝦之來往，皆布影砌上，園之景於是爲最。乃築堂與山相直，取杜老「披襟野堂豁」之句命名，而語其友漫塘叟劉某曰：名者，實之賓也。吾生於野而安於野，又野性，便於山林，其實是名也宜矣。叟曰：嘻！名者，意之寓也。實乎何有？

宋 葉紹翁《四朝聞見録》卷五《閱古南園》 前所載臣寮論侂胄。「鑿山爲園，下瞰宗廟。窮奢極侈，僭擬宮闈」。又云「創造亭館，驚震太廟之山。宴樂笑語，徹聞神御之所。齒及路馬，禮所當誅。簡慢宗廟，罪宜萬死」。蓋自寧壽觀梅亭而至太室之後山，皆觀中地也。韓侂胄擅朝，舊居於太廟側，遂奄觀之山而有之，爲閱古堂，爲閱古泉，舊名青衣。有青衣童見泉上，故以名。爲流觴曲水。泉自青衣下注於地，十有二折，旁砌以瑪瑙。泉流而下，瀦於閱古堂，渾涵數畝。有桃坡，十有二級。夜燕則殿岩用紅燈數百，出於桃坡之後以燭之。其雲岩之最奇者曰雲岫，韓命程有徽校《通鑑》於中。侂胄居之既久，歲累月積，剔奇抉勝。洗石而雲根出，剗土而泉脉見。危峰隱石，淺灣曲沼，窈窕渟深，疑爲洞天福地之居，不類其爲（園亭也。因）在天衢咫尺，有旨盡給還寧壽，命復爲禁地云。又，慈福以南園賜侂胄，有香山十樣錦之勝，有奇石爲石洞，洞有亭，頂畫以文錦。香山本蜀守所獻，高至五丈，於沙蝕濤激之餘，玲瓏壁立，在凌風閣下，皆《記》所不准載。予已略具《記》於前集。近聞並《閱古記》不登於作《記》者之集，又碑已仆，懼後人無復考其詳，今并載二記云。《閱古泉記》云：太師平原王韓公府之西，繚山而上，五步一磴，十步一壑。崖如伏黿，徑如驚蛇。大石礧礧，或如地踴以立，或如空翔而下，或翩如將奮，或森如欲搏。名藟碩果，更出互見。壽藤怪蔓，羅絡蒙密。地多桂竹，秋而華敷，夏而蘀解，至者應接不暇。及左顧而右盼，則呀然而江橫陳，豁然而湖自獻。天造地設，非人力所能爲者。其左勝絶之地曰閱古泉，在溜玉亭之西，繚以翠麓，覆以美蔭。又以其東向，故浴海之日，既望之月，泉輒先得之。袤三尺，深不知其幾也。霖雨不溢，久旱不涸。其甘飴蜜，其寒冰雪，泓止明清，可鑒髮鬚。至游塵墮葉，常若有神物呵護屏除者。朝暮雨暘，無時不鏡如也。泉上有小亭，亭中置瓢，可飲可濯，尤於烹茗釀酒爲宜。他名泉俱莫逮。公常與客相羊泉上，酌以飲客。游年最老，獨盡一瓢。公顧而喜曰：「君爲我記此泉，使後世知吾輩之游，亦一勝事也。」游按，泉之石壁有唐開成五年道士諸葛鑑元八分書題名。蓋此泉湮伏弗耀者幾四百年，公乃復發之。而閱古蓋先忠獻王以名堂者，則泉可謂遇矣。游起於告老之後，視道士爲有愧，其視泉尤有愧也。幸旦暮得復歸故山，幅巾短褐，從公一酌此泉，而行尚能賦之。嘉泰三年四月乙巳。山陰陸游記。

宋 蔡戡《定齋集》卷一二《静觀亭記》 余居草堂，日溷人事。賓客還至，書疏紛積，應接靡暇。甚者俗物猥務，常敗人意，神疲體倦，思欲燕息而不可得。乃爲亭于堂之後，取明道先生詩名曰静觀。亭前植花藥十數本，亭中了無一物。氛埃不及，人迹罕至。時休其中，齋心滌慮，隱几而坐。一日，有客直造斯亭，卒然問曰：「子所謂静觀者，端然默坐而已耶？」余曰：「子所見者，外也。余所觀者，内也。余方縱觀天地之大，萬物之夥，盈虚消長，榮悴生滅，皆在吾目中。返觀諸身，天地萬物皆在吾分内。物我爲一，渾融無迹，已而淡然忘物，嗒然忘我。物我兩忘，頽然于無何有之鄉。凡余目之所見與夫心之所得，余且不自知，而況子乎？子亟去，無擾我。」客俛而出。因書諸壁以爲記。

宋 吕午《竹坡類稿》卷二《李氏長春園記》 人生天壤間，有屋可居，有田可耕，有園池台榭可以日涉，有賢子孫誦詩讀書可以不墜失家聲，此至業也，而紆朱懷金不與焉。顧能備是業極鮮，或買山無資，或立錐無地，或讀書種子，未必盡如人意，往往而是。間有高堂大厦，絢麗靚深。西陌東阡，日增月廣。園囿景物之可縱所如蘭玉繩藝之相爲輝映，豈不可樂？而後役于富貴利達，如蝸牛升高而不疲，蝜蝂好上而不已。卒于鐘鳴漏盡，未嘗得。【略】嘗官中都，厭走紅塵。僅終更浩然而歸，即營長春園于居側，而將老焉。爲坡爲池，爲浦爲堤，爲堂爲亭，爲舍爲廬。隨地之宜植以花卉，與其子愚谷朝暮吟哦其間。本之以魏晉之高方，參之以晚唐之清幽。每出一篇相娱，則爲之寢食有味，無異坡翁之與斜川也。【略】長春之中，茹芝以爲宫。長春之下，躬耕以細稼。長春之泉，溪堂雙清，可以洄湘。長春之所横，舟商各當其所。晚净之蓮，詠陶之菊造爲容，菰浦之蒲、竹坡之竹相回復。嗟長春之業兮，正未渠夫。用之則行兮，舍之則藏遺。

宋 周密《癸辛雜識》前集《吳興園圃》 吳興山水清遠，昇平日，士大夫多居之。其俊秀，安禧王府第在焉，尤爲盛觀麗。城中二溪水横貫，此天下之所無，故好事者多園池之勝。倪文節《經鉏堂雜志》常紀當時園圃之盛。余生晚，不及盡見，而所見者，亦有出於文節之後。今攟城之内外常所經游者列於後，亦可想像昨夢也。

南沈尚書園 沈德和尚書園依南城，近百餘畝，果樹甚多，林檎尤盛。内有聚芝堂、藏書室。堂前鑿大池幾十畝，中有小山，謂之蓬萊。池南豎太湖三大石，各高數丈，秀潤崎峭，有名於時。其後賈師憲欲得之，募力夫數百人，以大木搆大架，懸巨絙，縋城而出，載以連舫，涉溪絶江，致之越第，凡損數夫。其後賈敗官，斥賣其家諸物，獨此石卧泥沙中。適王子才好奇，請買於官，募工移植，其費不貲。未幾，有指爲盜賣者，省府追逮幾半歲，所費十倍於石。遂復舁還之，可謂石妖矣。

北沈尚書園　沈賓王尚書園正依城北奉勝門外，號北村，葉水心作記。園中鑿五池，三面背水，極有野意，後又名之曰自足。有靈壽書院、怡老堂、溪山亭、對湖臺，盡見太湖諸山。水心嘗評天下山水之美，而吴興特爲第一。誠非過許也。

章參政嘉林園　外祖文莊公居城南，後依南城，有地數十畝。元有潛溪閣，昔沈晦巖清臣故園也。有嘉林堂、懷蘇書院，相傳坡翁作守多游於此。城之外，別業可二頃，桑林果樹甚盛，濠濮横截，車馬至者數返。復有城南書院。然其地本《郡志》之南園，後廢，出售於民，與李寶謨者各得其半。李氏者後歸牟存齋。

牟端明園　本《郡志》南園，後歸李寶謨，其後又歸牟存齋。園中有碩果軒，大梨一株。元祐學堂、芳菲二亭、萬鶴亭、茶蘼。雙杏亭、桴舫齋、岷峨一畝宫。宅前枕大溪，曰南漪小隱。

趙府北園　舊爲安禧故物，後歸趙德勤觀文，其子春谷、文曜葺而居之。有東蒲書院，桃花流水、薰風池閣，東風第一梅等亭。正依臨湖門之内，後依城，城上一眺，盡見具區之勝。

丁氏園　丁總領園在奉勝門内。後依城，前臨溪，蓋萬元亨之南園、楊氏之水雲鄉合二園而爲一。後有假山及砌臺，春時縱郡人游樂。郡守每歲勸農還，必於此艤舟宴焉。

蓮花莊　在月河之西，四面皆水，荷花盛開時，錦雲百頃，亦城中之所無。昔爲莫氏産，今爲趙氏。

趙氏菊坡園　新安郡王之園也。昔爲趙氏蓮莊，分其半爲之。前面大溪，爲修堤畫橋，蓉柳夾岸數百株，照影水中，如鋪錦繡。其中亭宇甚多。中島植菊至百種，爲菊坡。中甫二卿自命也。相望一水，則其宅在焉。舊爲曾氏極目亭，最得觀覽之勝，人稱曰八面曾家。今名天開圖畫。

程氏園　程文簡尚書園在城東，宅之後依東城水濠。有至游堂、鷗鷺堂、芙蓉涇。

丁氏西園　丁葆光之故居。在清源門之内，前臨苕水，築山鑿池，號寒巖。一時名士洪慶善、王元漱、俞居易、芮國器、劉行簡、曾天隱諸名士皆有詩。臨苕有茅亭，或稱爲丁家茅菴。

倪氏園　倪文節尚書所居月河，即其處爲園池。蓋四至傍水，易於成趣也。

趙氏南園　趙府三園在南城下，與其第相連。處勢寬閑，氣象宏大，後有射圃、崇樓之類，甚壯。

葉氏園　石林右丞相族孫溥號克齋者所創，在城之東，多竹石之勝。

李氏南園　李鳳山參政，本蜀人，後居霅，因創此爲游翔之地。中有傑閣，曰懷岷，穆陵御書也。

王氏園　王子壽使君家於月河之間，規模雖小，然曲折可喜。有南山堂，臨流有三角堂，苕霅二水之所匯。苕清霅濁，水行其間，略不相混，物理有不可曉者。

趙氏園　端肅和王之家，後臨顔魯公池，依城曲折，亂植拒霜，號芙蓉城。有善慶堂最勝。

趙氏清華園　新安郡王之家，後依北城，有秫田二頃。有清華堂，前有大池，静深可愛。

俞氏園　俞子清侍郎臨湖門所居爲之。俞氏自退翁四世未及年告老，各亭高壽。晚年有園池之樂，蓋吾鄉衣冠之盛事也。假山之奇甲於天下，詳見後。已上皆城中園。

趙氏瑶阜　蘭坡都承旨之別業，去城既近，景物頗幽。後有石洞，常萃其家法書，刊石爲瑶阜帖。

趙氏蘭澤園　亦近世所葺，頗宏大。其間規爲葬地，作大寺，牡丹特盛。未幾，寺爲有力者撤去。

趙氏繡谷園　舊爲秀邸，今屬趙忠惠家。一堂據山椒，曰霅川圖畫，盡見一城之景，亦奇觀也。

趙氏小隱園　在北山法華寺後，有流杯亭，引澗泉爲之，有古意，梅竹殊勝。

趙氏蜃洞　亦趙忠惠所有，一洞窅然而深不可測，聞昔有蜃居焉。

趙氏蘇灣園　菊坡所創，去南關三里而近，碧浪湖、浮玉山在其前，景物殊勝。山椒有雄跨亭，盡見太湖諸山。

畢氏園　畢最遇承宣所葺，正依迎禧門，城三面皆溪，其南則邱山在焉，亦歸之趙忠惠家。

倪氏玉湖園　倪文節別墅在峴山之傍，取浮玉山、碧浪湖合而爲名。中有藏書樓，極有野趣。

章氏水竹塢　章南卿北山別業也，有水竹之勝。

韓氏園　距南關無二里，昔屬平原郡從，後歸余家，名之曰南郭隱。城南讀書堂、萬松關。太湖三峰各高數十尺，當韓氏全盛時，役千百壯夫，移置於此。

葉氏石林　左丞葉少藴之故居在卞山之陽，萬石環之，故名，且以自號。正堂曰兼山，傍曰石林精舍。有承詔、求志、從好等堂。及浄樂菴、愛日軒、躋雲軒、碧琳池。又有巖居、真意、知止等亭。其鄰有朱氏怡雲菴、涵空橋、玉澗，故公復以玉澗名書。大抵北山一徑産楊梅，盛夏之際，十餘里間，朱實離離，不減閩中荔枝也。此園在霅最古，今皆没於蔓草，影響不復存矣。

錢氏園　在毗山，去城五里，因山爲之。巖洞秀奇，亦可喜。下瞰太湖，手可攬也。錢氏所居在焉，有堂曰石居。

程氏園　文簡公別業也，去城數里，曰河口。藏書數萬卷，作樓貯之。

孟氏園　在河口，孟無菴第二子既爲趙忠惠壻，居霅，遂創別業於此。有極高明樓亭宇，凡十餘所。

宋　周密《癸辛雜識》別集卷下《葯州園館》　廖葯州湖邊之宅，有世綵堂、在勤堂、懼齋、習説齋、光禄、觀相莊、花香竹色、紅紫妝、芳菲逕、心太平、愛君子。門桃符題云：喜有寬閒爲小隱，粗將止足報明時。直將雲影天光裏，便作柳邊花下看。桃花流水之曲，緑陰芳草之間。二小亭。

宋　謝翶《晞髮集》卷九《山陰王氏鏡湖漁舍記》　越城東南多隱者居。唐迄今五百載，賀監宅與玄真子嘗往來處，往往遺跡猶在。高標清氣，仿佛烟靄中，茲爲可尚也。王氏別業在城南，蓋盡得其勝。近又於其傍蒔竹萬箇，加以幽花貞石，離立參崎，引水循亭爲九曲，前置屋如刻舟，面鏡湖，扁之曰漁舍。嘗意坐，及與客對禹山，雲氣冉冉墮几席。稍東二百步，累土爲坡，室方丈，曰小（瀛）（瀛）州。水環其外，北望州治，山蜿蜒澳鮮、翔伏迤演，蓋昔人以比蓬萊，實與秦望天池相賓主。而是洲適中焉，則茲名不爲過。負城田可數十頃，春夏之交，水彌望洲小蓋，浮艤榜其側，含嵐浴暉，頃刻殊狀，不知天壤之有（瀛）（瀛）海也。

宋　潛説友《咸淳臨安志》卷二六　洪忠文公山房在寶福寺。記文洪氏可庵。俞侍郎烈記曰：臨安天目山之西麓，有逸民洪載，字彦積，自號耐翁，以力農起衣食，屢屢給，愛泉石若嗜，欲相攸。紫薇巖之左，得佳山，峭壁棱層，圭角冒土欲出，荔蘚碧潤，班班呈露。翁放杖太息曰：是必有異。呼奴具畚插、厲斤斧，剪雉榛翳，鉏除土礫，則峰巒效奇，直如立筍，平若截肪，岑鋭巘疊，争見姿態。既有端緒，則鋭意欲成之。湊歲儉飢鳩旁近村民，用一錢移擔土，以漫治凹下，灌栵蔽翳既芟除之，泉脉欲流，復醞導之。則平衍清深，嵌巖宛曲，各有奇狀。於是，名其石之翼然欲升者曰飛雲，峭然凝竚者曰玉筍，窈然清深命曰藥洞，呀然深啟，名曰經龕。山有峭立石壁而有形贔屭負其下者，曰金鼇。泉眼流珠濺沫，不爲旱潦增損，命曰靈泉。闢微徑，上飛雲頂，築亭其巔，名曰盤雲，取樂天《牛氏石記》「盤坳秀出，如靈邱鮮雲」之意。巖石之下，小築數椽，扁曰可庵，翁燕游藏息之地。庵之東數步，曰長春塢。西瞰清池，曰含暉徑。直前依山，植桃數十百株，方春和時，霞錦燦爛，名曰小桃源。稍西則爲歸藏之塋。始翁得此地，神怡意適，謂是已足吾心，計當生死此中。坐而對石，則眼恍然明，困而支石則意灑然醒。客或扣門，管領登山，擊鮮醉醲，必極其酣適然後已。

宋　李良辰《東園記》（《成都文類》卷二八輯）　山林泉石之勝，閒曠静深，與人跡相絶。如廉夫節士沖澹高簡，孑立塵外，使人一見之名利之心都忘。雖平時貪黷忿躁，胸次焰焰未易撲滅者，亦復念慮灰涷，得大自在於一息之頃。然廉夫節士，多滓蜕埃壤，自放乎山顛水涯，披莽蒼而耕，横清泠而漁，甘守枯寂，不可褻邇。而山林泉石之勝，常宅乎幽巖絶壑、崎嶇阻遠之地。非離世遁俗，捐妻子情愛，棄富貴利達，長往而不返者，莫得以享其樂也。成都西南大都會，素號繁麗。萬井雲錯，百貨川委。高車大馬決驟乎通逵，層樓複閣蕩摩乎半空。綺縠畫容，絃索夜聲，倡優歌舞，娥媌靡曼，裙聯袂屬。奇物異産，瑰琦錯落，列肆而班市。黄塵漲天，東西冥冥，窮朝極夕，顛迷醉昏，此成都所有也。跂而望山林泉石，不啻楚越之隔，曾得而夢見之哉。益州路兵馬鈐轄种侯治其後圃，爲池亭臺榭，植佳華，蓺美木，館宇星陳，欄檻翼翼於闤闠鼎沸之中，而有清流翠蔭蕭寥傲睨之適。易喧而寂，變劇而閒。易其所難，而致其所不可致。茲不亦異乎？惟舊有池，泉竇堙塞，涸爲枯泥。偶新泉破地而出，從而導之，則故泉繼發，觱沸衍溢，匯爲澄瀾。因築堂其北，命之曰雙泉。

挾以二軒，曰錦屏，以海棠名。曰武陵，以桃溪名。粱池而南爲亭，曰寒香，以梅名。後爲茅亭，曰幽芳，以蘭蕙名。池東爲大亭，曰三雨，以桃杏梨名。池南兩亭，東西對峙，曰緑浄，曰連碧。雙泉之北有老柏數十株，巨幹屹立，爲亭其中，曰翠陰。復樓其東，曰朝爽。西因垣而山，曰五峰，下曰五峰洞。前爲山館，水繞環之，宛如山間也。於是來游者舍轡而入門，則塵容俗狀如風卷去。俯清泉弄明月，睇層巒之峨峨，悦鳴禽之嘲哳，風露浩然，煙雲滿衣。主賓相視，仰天大笑，初不知其身之在錦官城中也。

金　趙秉文《滏水集》卷一三《遂初園記》　滏水西來，枝分屬龍門堰，入城溉園田十餘里。城之西北隅有園，臨先塋往來道，與故翰林學士王公子立成趣園相鄰。園之地，廣脩三十畝有奇，竹數千竿，花木稱是。其北循墻由菜園而入，老屋數楹，名其莊曰歸愚。闢户而入，名其堂曰閒閒。堂之兩翼爲讀《易》思玄之所。少南竹柏森翳，有亭曰翠真。又南花木叢茂，有亭曰佇香。由竹徑行數十步，墻外水聲濺濺然流入池中，軒之名曰琴筑。稍西臨眺西山，臺之名曰悠然。其東叢書數十卷，蓄琴一張，庵曰味真。閑閑老人得而樂之。老人仰看山，俯聽泉，坐卧對松竹，此其所以樂也。

金　范□《孛术魯園亭記》（乾隆《掖縣志》卷六引）　東萊，古大郡也。郡城之東南三四里，其地高明，景物文美，有山峻拔，疊嶂層巒，聳若青螺。拱揖而鍾秀者，神山也。有水清泚，洌泉湍波，引如素練。環抱而長流者，掖水也。水明山秀，嘉氣鬱葱，喬木蓊然以相蔭，修竹森然以相映。門墉深邃，廉櫳虚静。有堂巍然，修設香火，足以奉聖真。有庭翼然，岩潔杯觴，足以待賓客。兩廡之前，花檻藤架。重門之外，蓮池杏岡，有勝槩真風。最爲嘉處者，□騎節使之園亭也。

元　郝經《陵川集》卷二五《鄰野堂記》　野之處有二焉。有窮於野而道於心者，有野於名而市於心者。何以言之？討幽而山阻深，而泉覇洑，而嶠以林繚，垣而阿與，磐而笑傲焉、偃息焉、鬱焉、嬉焉，而飲食焉，進而獲覆，行而獲尼。抱道懷材而不遇，藴德匵奇而肥遁者，如是而可也，是窮於野而道於心矣。故《詩》曰：潛雖伏矣，亦孔之昭。又曰：生芻一束，其人如玉。無業以滋於身，無德以光于行，無材以用于世，而據名山、挾大川，擅高腴之地，鬼蜮其志，而麋鹿其形，徜徉磐薄以異於時，以高於天下，以動於王公、大人。由是而言，得非爲野於名而市於心者乎？安在其爲野處也。故《傳》曰：「素隱行怪，後世有述焉，吾弗爲之矣。」余常以是自訟處野之道。乙巳秋，魯伯自燕來，以孝純張君之書示余云：近卜居，于故宫基構一室，迥絶塵閧。糞甓而開途，剗草而植卉，雖在燕城，實有野處之趣，故名其室曰鄰野，言非野而鄰於野也。吾子其志之。余嘉其既不在野亦不在市，既得其道而又得其趣也，故附自訟之説以爲記，又爲歌曰：堂乎，堂乎！古則朝而今則野。是孰爲之，必有致之者。有顒張君，器則青雲。籍荃而佩蘭，詩秋而酒春。彼人翕翕兮，朝埃而暮塵。此堂寂兮而與野鄰，又胡爲乎生麟而死麐。

又《種德園記》　汲古先生置園别第，繚園而卉木發，闢館而泉石列，不務嬉游而不啻宴樂，有意乎推本之而種夫德也，故名之曰種德。將由名以致實，張本乎是園，必推而放之四海而準而後已。搢紳先生皆有詩文以誦之。

元　胡助《純白齋類稿》卷二〇《隱趣園記》　隱趣園何爲而築也？吾兒璋所以承外舅之志也。始東白蔡隱君曰竹澗翁愛女擇婿，而璋也選在東床。於是創館甥之室於别墅使居之，翁可杖履往來也。甥舍之東偏，壤地十數畝，坡阜聯縣，松竹秀蔚，近可眺，遠可憩，幽可規以爲園。中有方池半畝許，植蓮其内，名之曰君子池。池上間植青李、來禽、夭桃、紅杏、芙蓉、楊柳，粲然成行，表曰春色。池左右植安石榴爲洞，曰夏意。中植丹桂，作待月壇。壇之後列海棠如步障，曰蜀錦屏。壇之前植山梔子，曰薝蔔林。兩傍夾以荼蘼棚，曰香雪壁。又植牡丹數本，甃石爲臺，曰天香臺。結柏屏於後，回環砌石子爲逕，編竹爲籬，種菊百數本，曰晚香徑。東有松、竹、梅，結亭其間，曰歲寒。西有修竹澗泉，曰竹澗。餘壤之沃者，雜樹桑、麻、棗、栗。芋區蔬畦，亦成行列，綽有隱居之趣。是皆竹澗翁平日之所規畫，而俾璋營之，惜翁之不及見其成也。會余自西掖請老歸田，吾兒迎養，日游其間，於是總名之曰隱趣，而爲之記曰：信乎園日涉以成趣，千葩萬草，生意無窮，積歲月而後若此，夫豈一朝一夕之工哉？矧不出户庭，不勞登涉，而望以見羣山之相環，雲烟之吞吐，朝暉夕陰，變態萬狀，娱人心目。其東南一峰，與歲寒相向尤峭拔者，白鹿峰也。晉孝子許公墓在焉。吾兒雅不欲仕，獨慕古人之遺風餘烈於山林間，故得園池之勝與隱者之趣，固未必同也。誠能得夫隱居之趣，是與造物者游，逍遥乎塵埃之外，彷徨乎山水之濱，功名富貴，何曾足以動其心哉！嗚呼！古之君子，真得隱居之趣者亦不多也。晉有陶淵明，唐有李愿而已，此其人何如哉？噫，東風花柳，禽鳥和鳴，佳木陰濃，池蓮香遠，水清石瘦，黄菊滿籬，雪積冰堅，挺秀蒼翠，四時之景可愛，而千載之心攸存。慨然飛雲之想，而不忘泰山之瞻，斯爲無忝乎隱趣云爾。時至正九年龍集己丑正月既望，純白老人記。

元 楊維楨《東維子集》卷一五《薌林記》 淞之邑帶江枕海。聚爲山者曰笱，曰雪，曰神，曰小崐、小金。地皆平疇大陸，呀淵疏川。突而高，鬱而秀，蟠而踞之者，則喬木之林，大姓之所宅也。去邑之北五十里，其川爲蒲匯，匯壯反爲小菜。岸小菜古屋百十楹者，九齡徐氏之居也。去居左介一百步，鑿池數十里，池上植松、柏、栝、檜、桂、椒、梅、橘、桃、杏，草則芝、蘭、菊、芷、荃、蓀、薰、茝，鈎連彙列，四時之生香未嘗一日斷也。因額池堂曰薌林。予過海上，九齡榻予堂者數夕，臨分出楮筆，曰：先生海上還，嘻笑怒罵皆成文章，醉墨所及，一草一木有光，於薌林獨無言乎？予曰：草木之香細矣，因人而馨者大且遠矣哉！栗里松柳以處士香，晉竹林以七賢香，濂溪蓮以茂叔香，羅浮村梅以蘇長公香，草木不以物香而以人馨也，信矣！不然，雖梓澤平泉林木之綺交錦錯者不香也。

元 甘復《山窗餘稿·陳氏野逸軒記》 興安陳平仲甫別居琯谿之上，疏泉凡四，蒔花木，藝蔬果，結茅以怡老。列閈軒臨于水竹之裔，爲良朋暇日琴奕觴咏之地，扁曰野逸，而求記于余。余謂逸非君子所尚也。周公嘗以無逸戒成王矣，而世自有取乎逸者，豈非以逸之得其時邪？夫君子在下而未遇也，厲其氣，植其志，考經傳而博古今，冀以行其義，發其所藴，用時而官於朝也。【略】及其既老，謝事而歸于野也。枕石棲谷，玩花草，弄雲月，無求於己，無責於人，而與世外之士相往還，澹然乎物之表，蓋非有意于逸，而逸將有以自至者，其勢然也。

元 陶宗儀《輟耕録》卷二六《浙西園苑》 浙江園苑之勝，惟松江下砂瞿氏爲最。古宋秀州守方岳，亦有詩留題壁間。後紫陽虚谷翁來游，繼題十絶。其一云「壁間墨客掃龍蛇，所寫詩佳字亦佳。忽見一詩增感慨，吾家宗伯老秋厓」是也。次則平江福山之曹、横澤之顧。又其次則嘉興魏塘之陳。當愛山全盛，時春二三月間，游人如織。及其卒，未及數月，花木一空。廢弛之速，未有若此者。自後其地吴氏之園，曰竹莊，蓋元有池陂數十畝，天然若湖。瑩之嘗買得水殿圖，據圖位置構亭水心，瀟灑莫比。譁訐之徒欲聞諸官，亟塑三教像于中，易曰三教堂，人不可得而入矣。瑩之卒，荐遭兵燹，今無一存者。福山，横澤，下砂皆無有久矣，可勝嘆哉！

明 李賢等《明一統志》卷二六 西園 在陳州城西，宋知州張詠創。中有七亭，曰流芳、中燕、流杯、香陰、環翠、洗心、望京。有閣曰冷風，同，堂曰清思。晏殊以故相守此，於此得隙地，有莎叢生，殊愛護之，爲莎場。既成，作《庭莎記》。曲水園 在許州城北。有大竹二十餘畝，潩水貫其中，以入西湖最爲佳處。宋文彦博爲守時買得之，賈昌朝來代，一日往遊，題詩壁間云：畫船載酒及芳辰，園林潩水濱。虎節麟符抛不得，卻將清景付閒人。

又 卷三八 林逋廬 在西湖之孤山。逋初放遊江淮間，久之歸杭，結廬於此，二十年足不及城市。宋真宗賜粟帛詔長史，歲時勞問。杭州守李有輩嘗造其廬，清談終日而去。有《梅花詩》云「疎影横斜水清淺，暗香浮動月黄昏」，爲世所稱。畜二鶴。嘗泛小艇於湖中，客至廬，單子縱鶴飛去，逋即歸。

明 王鏊《姑蘇志》卷三二 樂圃在清嘉坊北。朱長文所居。中有高岡清池，喬松壽檜。此地在錢氏爲金谷園。其父光禄卿始得之，長文嘗以爲圃，并自作記。鄉人尚其名德，知州章岵表爲樂圃。坊有邃經堂，華嚴菴，招隱橋，見山岡，琴臺，鶴室，墨池，筆溪及西圃草堂，共二十景。方子通、元厚之、程公闢、盧仲辛俱有詩。元末張適號甘白築室於上，題曰樂圃林館，與高季迪、倪元鎮、陳麟、謝恭、姚廣孝賡和爲十詠。宣德間，杜瓊得其東隅地，名爲東原。結草爲亭，曰延緑。又有木瓜林、芍藥階、梨花埭、紅槿藩、馬蘭波、桃李溪、八仙架、三友軒、古藤格、芹澗橋，凡十景，一時名流俱有詩。

明 田汝成《西湖游覽志》卷八《北山勝蹟》 集芳園，故張婉儀別墅也，紹興間收屬官家。藻飾益麗，有蟠翠、雪香、翠岩、倚綉、挹露、玉蕊、清勝諸扁，皆高宗御題。淳祐間，理宗以賜賈似道，改名後樂園。樓閣林泉，幽暢咸極。古木壽藤，多南渡以前所植者，積翠迴抱，仰不見日。架廊疊磴，幽渺透迤。隧地通道，抗以石梁。旁透湖濱，飛樓層臺，涼亭燠館，華邃精妙。前挹孤山，後據葛嶺。兩橋映帶，一水横穿。各隨地勢以構築焉。理宗爲書「西湖一曲奇勛」扁，度宗爲書「秋壑遂初容堂」扁。又有初陽精舍、警室、熙然臺、無邊風月見天地心、琳琅步歸舟、甘露井諸勝。

明 何良俊《何氏語林》卷二〇 田承君有廬在亂山中。前有竹，旁有溪，溪畔有大石，前後樹以梨棗。日與弟穿竹渡溪，倦則坐石上，或藉以草。葛巾草屨，吟諷而歸，以足遺老而忘憂。

明 錢穀《吴都文粹續集》卷一八 玉山草堂在崑山，元顧仲瑛所居。有小蓬萊、芝雲室、可詩齋、讀書舍、來龜軒，拜石壇，碧梧、翠竹、種玉亭，湖光山色樓、百花坊。其總名曰玉山草堂。

清 陳宏緒《江城名蹟》卷二 皆春園 在東湖傍，宋寧州章丞相鑑所闢。竹石叢峙，花木疏野。豐城王提舉義山請于章，願得以娱老，章慨然畀之，爲易其扁曰共春園。義山字元高，豐城人，通易學，兼工詞賦。予藏有其《稼村集》，詹詹小言而時有致，至其易學未見也。章號杭山，度宗時爲丞相，立朝寬厚，與人多許可，士大夫目爲滿朝歡，居鄉以長者稱，相隔四百年吾郡不復知分寧有此相矣。杭山當元革命之後屏居山中，布衣蔬食恬然也。《過毛竹山》有句云：不信世間陵谷變，野樵偏識舊衣冠。此豈不高於劉忠齋輩數倍哉！

清 張岱《西湖夢尋》卷四《小蓬萊》 小蓬萊在雷峰塔右，宋内侍甘昇園也。奇峰如雲，古木蓊蔚，理宗常臨幸。有御愛松，蓋數百年物也。自古稱爲小蓬萊。石上有宋刻青雲巖、鰲峰等字。今爲黄貞父先生讀書之地，改名寓林，題其石爲奔雲。余謂「奔雲」得其情未得其理。石如滇茶一朵，風雨落之，半入泥土，花瓣棱棱三四層摺，人走其中，如蝶入花心，無鬚不綴色。黝黑如英石，而苔蘚之古如商彝周鼎，入土千年，青緑徹骨也。【略】天啟丙寅余至寓林，亭榭傾圮，堂中宅先生遺蜕，不勝人琴之感。今當丁酉，再至其地，牆圍俱倒，竟成瓦礫之場。余欲築室於此，以爲東坡先生專祠。往鬻其地，而主人不肯。但林木俱無，苔蘚盡剥，奔雲一石亦殘缺，失次十去其五，數年之後，必鞠爲茂草，盪爲冷烟矣。

清 嘉慶《揚州府志》卷三三 衆樂園在州治東，一名東園。《宋朝會要》云：元祐元年，詔復州爲軍，賜帑金葺軍治，兼修衆樂園。經始於州守毛漸，落成於後守楊蟠。蟠於園内起堂臺亭閣十二所。雍正《志》。宋楊蟠《衆樂園記》：高郵當東南衝會，名之爲軍，而邑居繁盛。加之魚稻之富，人足於衣食，其情閒暇則思有所適，以寓一日之樂焉。方歲時相與提攜，乃無園榭之游，既又中廢而爲邑者十四年。民重思其所樂，而自謂終莫之得也。元祐之初，詔復舊額，且賜金以葺之。始命朝散郎毛侯漸爲之守，侯即牙牆之東獲廢地幾百畝，垣而門之，曰衆樂園。垣成而侯去，爲使者子實繼之。歲偶大稔，久歉之民猶涸鱗起漲，無不欣欣而有蘇意，遂罕抵罪，囹圄數空。日以無事，因得以成毛侯之志而慰民之所思。於是披榛剷莽，窺幽睨勝，抗高趨深，依限附嚮，衢連貫續，基而建之。凡十有二而中居其六焉。序舍翼分挾以兩廡堂，扁曰時燕，與賓客僚屬而燕之以時也。堂北屹然而高者，曰華胥臺，華胥之人乘空如履實，寢虛如據床。雲霧不駭其視，雷霆不亂其聽。美惡不汩其心，山谷不躓其步。意若吾民登此臺者熙熙其猶是也。臺上之亭曰明珠，以湖有明月之珠而其光可燭也。臺之北又爲堂曰豐瑞。余至此之明年，其歲益稔，而國人有以嘉禾、雙蓮、駢瓜十二物爲獻效歲稔之祥者，予不得而抑之，俾圖於堂閒，以明朝廷之和氣所以召豐年，而靈德所以致瑞物也。背堂而閣，飛瞰池沼，曰摇輝。其勢軀引鳥跂，每浮光漾影，凌亂於檐楹之下，泛濫於樽俎之内，而其輝摇摇也。又堂曰玉水，與閣面同而水方流。舊傳城中有玉女泉，今失其處，或言在於此也。其左則亭庵相屬者四：曰四香，以植四時之佳花而其香四達也。曰序賢，射以合賓也。曰煙客，而附之庵。曰塵外，環以修竹，帶以流水，燕坐撫景，蕭然終日，真羽人、禪子、飛舄駐錫之地也。曰迷春，葩蕤木翳，五色雜出，窈窕蒙密，迂紆連延。

清 楊棨《京口山水志》卷一 馮多福《研山園記》，蔡氏《叢談》載：米南宫以研山於蘇學士家易甘露寺地以爲宅，好事者多傳道之。余思欲一至其處，且觀所謂海岳庵者，米氏已不復存，總領岳公得之爲崇臺別墅。公好古博雅，晉宋而下書法名蹟寶珍所藏，而於南宫翰墨，尤爲愛玩，悉摘南宫詩中語名其勝概之處。前直門街，堂曰宜之，便坐曰抱雲，以爲賓至税駕之地。右登重岡，亭曰陟巘。祠像南宫，扁曰英光。西曰小萬有，復出塵表。東曰彤霞谷，亭曰春漪。冠山爲堂，逸思杳然，大書其扁曰鵬雲萬里之樓，盡模所藏真蹟，憑高賦詠，樓曰清吟，堂曰二妙。亭以植叢桂，曰灑碧。又以會衆芳，曰静香。得南宫之故石一品。迂步山房，室曰映嵐。灑墨臨流，池曰滌硯。盡得登覽之勝，總名其園曰研山。酣酒適意，撫今懷古，即物寓景，山川草木，皆入題詠。【略】兹園之成，足以觀政，非徒侈晏游周覽之適也。夫舉世所寶，不必私爲己有。寓意於物，固以適意爲悦。且南宫研山所藏而歸之蘇氏，奇寶在天地間，固非我之所得私。以一拳石之多而易數畝之園，其細大若不侔，然己大而物小，泰山之重，可使輕於鴻毛。齊萬物於一指，則晤言一室之内，仰觀宇宙之大。其致一也。此地以晉唐而宋，皆名流所居，南宫營之，以「海岳」名庵，復百餘年，公始大復其舊。

又 卷六 西園，在山西放鶴門，邑《志》。韓蘄王花園。内有飛蓋堂、傳觴亭、覆雲臺、留仙洞。

元吴萊《韓蘄王花園老卒歌》：蘄王手種紅錦花，十載不挂鐵鋌鍜。花園老卒守花樹，睡着花磚聞曙鴉。白頭白盡身無事，古塞沙塵戰餘騎。多士如雲足健兒，一奇在腹終憔悴。青銅萬緡滿地光，寶雨矯節賜夷王。宫妝粉黛去酣酒，海貨珠賝歸壓檣。王家舍兒鶯吐舌，御府珊瑚碎飛雪。口猶乳臭却帳前，矍鑠一翁嗟棄捐。君不見天下英雄本奴虜，左鼻成龍右鼻虎。頸血淋漓思臠鼓，史傳沉埋誰比數，花落花開幾風雨。

清 汪曰楨《南潯鎮志》卷六 曉山園　在北柵外彩虹橋。元元統中，宣義郎華振道建構。三院面陽，軒堂、水閣、厢房規制相等。地形方，四周皆碧湍，石凳、琴床，雜蒔芳卉，望洞庭兩山，青翠如削，因名。明時已廢。

清 同治《樂安縣志》卷二 集芳園在縣治西。宋邑人詹久敬創。有藏清、可容、觀瀾三亭。前有古梅，大一丈有奇。宋戴石屏詩：矮梅翻作蟠龍樣，曲折勾加千萬狀。誰知天巧本人爲，花面齊齊分背向。細看龍姿鶴膝枝，此樹曰老曰轉奇。終能古怪經人眼，五百年來後賦詩。吴草廬詩：老幹輪囷尋尺許，今屬足閒亭管主。不是愛花愛其樹，江湖詩客曾題句。揭徯斯詩：詹家園裏寒梅樹，老幹樛枝三百年。

清 光緒《江西通志》卷一一八 水竹幽居在（寧都）城西北七里篔簹谷，宋儒曾興宗築。修竹數十畝，翠篠蒙密。中有飛來、獅子二峰，翠巖、釣臺、瓢泉諸勝，朱子詩有《寄題梅川草堂》，即指此谷。

傳記

宋 陶穀《清異録》卷下《居室·竹節洞》 洛下公卿第宅棋布，而郭從義爲冠。巧匠蔡奇獻樣，起竹節洞，通貫明竅，人以爲神工。然從義亦不甚以爲佳，終往他所。

明 何良俊《何氏語林》卷一九 陳少卿蓄書數千卷，名畫數十幅。晚年退居有華亭。唳鶴一雙，怪石一株，奇峭可愛。與異花數十本列植於庭。爲詩以戒子孫曰：滿室圖書雜墳典，華亭仙客岱雲根。他年若不和花賣，便是吾家好子孫。陳死未幾，皆散落民間。吴處厚《青箱雜記》曰：陳亞，揚州人，仕至太常少卿，年七十卒。蓋近世滑稽之雄也。

又 卷二九 張功甫是張循王諸孫，園池、聲妓、服玩之麗甲天下。嘗於南湖園作駕霄亭於四古松間，以巨鐵絙懸之空半。當風月清夜，與客梯登之，飄搖雲表。王簡卿侍郎嘗赴其牡丹會，云：衆賓既集坐，一虚堂寂無所有。俄問左右：云香已發未？答云：已發。命卷簾，則異香自内出，郁然滿坐。羣妓以酒肴絲竹次第而至，別有名姬十輩，皆衣白，凡首飾、衣領皆牡丹，首帶照殿紅。一妓執板，奏歌侑觴，歌罷樂作，乃退。復垂簾，談論自如。良久香起，卷簾如前。別十姬易服與花而出，大抵簪白花則衣紫，紫花則衣鵝黄，黄花則衣紅。如是十杯，衣與花凡十易，所謳者皆前輩牡丹名詞。酒竟，歌樂無慮百數十人。列行送客，燭光香霧，歌吹雜作。客皆恍然如仙游。《齊東野語》曰張鎡，字功甫，循忠烈王諸孫。能詩，一時名士無不交游。於誅韓有力，貴不滿意，又欲以故智去史。事泄，謫象臺而死。

紀事

宋 蘇軾《東坡全集》卷三六《靈壁張氏園亭記》 道京師而東，水浮濁流，陸走黄塵，陂田蒼莽，行者倦厭，凡八百里，始得靈壁張氏之園於汴之陽。其外脩竹森然以高，喬木蓊然以深。其中因汴之餘浸以爲陂池，取山之怪石以爲巖阜。蒲葦蓮芡，有江湖之思。椅桐檜柏，有山林之氣。奇花美草，有京洛之態。華堂厦屋，有吴蜀之巧。其深可以隱，其富可以養。果蔬可以飽鄰里，魚鼈筍茹可以餽四方之賓客。【略】余自彭城移守吴興，由宋登舟三宿而至其下。肩輿叩門，見張氏之子碩。碩求余文以記之。維張氏世有顯人，自其伯父殿中君與其先人通判府君始家靈壁，而爲此園，作蘭皋之亭，以養其親。其後出仕於朝，名聞一時。推其餘力，日增治之，於今五十餘年矣。其木皆十圍，岸谷隱然。凡園之百物，無一不可人意者，信其用力之多且久也。古之君子不必仕，不必不仕。必仕則忘其身，必不仕則忘其君。譬之飲食，適於飢飽而已。然士罕能蹈其義，赴其節。處者安於故而難出，出者狃於利而忘返，於是有違親絶俗之譏，懷禄苟安之弊。今張氏之先君，所以爲其子孫之計慮者遠且周，是故築室藝園於汴泗之間，舟車冠蓋之衝。凡朝夕之奉，燕游之樂，不求而足。使其子孫開門而出仕，則跬步市朝之上；閉門而歸隱，則俯仰山林之下。於以養生治性，行義求志，無適而不可。故其子孫，仕者皆有循吏良能之稱，處者皆有節士廉退之行，蓋其先君子之澤也。

宋 施宿《東坡先生年譜》（元豐四年辛酉）是年先生請故營地之東，名之以東坡。考《東坡八首》序云：余至黄二年，日以困匱，故人馬正卿哀予乏食，於郡請故營地，使躬耕其中。蓋先生庚申來黄，至辛酉爲二年。以《東坡圖》考之，辛酉方營東坡，次年始築雪堂。有《贈孔毅甫》詩云：去年東坡拾瓦礫，今年刈草蓋雪堂。則雪堂之作，在壬戌歲矣。

宋　蘇舜欽《蘇學士集》卷一三《滄浪亭記》　予以罪廢無所歸，扁舟南游，旅於吴中，始僦舍以處。時盛夏蒸燠，土居皆褊狹，不能出氣。思得高爽虚闢之地，以舒所懷，不可得也。一日，過郡學，東顧草樹鬱然，崇阜廣水，不類乎城中，並水得微徑於雜花修竹之間。東趨數百步，有棄地，縱廣合五六十尋，三向皆水也。杠之南，其地益闊，旁無民居，左右皆林木相虧蔽。訪諸舊老，云錢氏有國，近戚孫承右之池館也。坳隆勝勢，遺意尚存。予愛而徘徊，遂以錢四萬得之。構亭北碕，號滄浪焉。前竹後水，水之陽又竹無窮極。澄川翠幹，光影會合於軒户之間，尤與風月爲相宜。予時榜小舟，幅巾以往。至則灑然忘其歸，觴而浩歌，踞而仰嘯，野老不至，魚鳥共樂。形骸既適，則神不煩。觀聽無邪，則道以明。返思向之汩汩榮辱之場，日與錙銖利害相磨戛，隔此真趣，不亦鄙哉？噫！情固動物耳，情横於内而性伏，必外遇於物而後遣。寓久則溺，以爲當然。非勝是而易之，則悲而不開。惟仕宦溺人爲至深。古之才哲君子，有一失而至於死者多矣，是未知所以自勝之道。予既廢而獲斯境，安於冲曠，不與衆驅。因之復明乎内外失得之原，沃然有得，笑閔萬古，尚未能忘其所寓目，用是以爲勝焉。

宋　蔡襄《端明集》卷二八《葛氏草堂記》　葛君公綽即其居之東園，植竹、檜、果、花幾萬本。又因其高下以爲丘池，疏渠行水於其間。冠丘於亭，跨池以梁。作堂其中，可以安處而游息焉。予嘗過之，公綽指而謂予曰：宅於山，雖有巖壑靚深之趣，然以人遠，欲從賢豪游，不可得也。至於都城，雖與人近，然俗塵時溷人意，欲自親適，不可得也。吾不晦於山，不汩於城，堂中儲書數百千帙。先生當前，子弟羣植，考經義之微，咀文章之華，如是者，吾所以學爲業也。若夫花飛而草長，竹陰而泉鳴。蟹魚果蔬，俛仰掇拾。登臨據倚，醉歡笑歌，此吾所以從賓游也。賓既休矣，蟲鳥幽幽，樹林暝色而烟歸，荷芰泛光而月來，此吾之所以閒燕而自適也。若東園之勝，吾專有之，吾無負於斯矣。

宋　晁補之《雞肋集》卷三〇《清美堂記》　汶之陽，盧泉之上，其南大澤，其土腴，其生物夥而可悦。築圃而居之，爲堂以臨盧泉而挹北山，取其所謂甚清且美者，合而名余堂。盧泉之上多楊柳茂木，可休而坐，釣魚以忘老。杖而望北山，雲氣之浮游可接也。其前岡阜陂隰，摧嵬而渀漫。青齊之往來者，岐路迤靡。牛羊麥禾，膏野極望，鳴鸛鶴而下鳧雁也。余又種花其旁，爲錦堤。鑿堂之東西爲池，植柏其塘以達于門，爲逕爲臺，爲庵爲亭，以出眺而入息，以與賓客坐而談笑爲樂。

又《金鄉張氏重修園亭記》　濟爲州治，鉅野下土，草木不殖。其西北無山，東南五十里乃有山，而金鄉其東南邑故緡城地，云嘗鑿山得金，因爲金山縣。凡平土淺山無金，此山乃有金，知其地氣與並澤異。凡九穀果蓏，土有宜有不宜，此咸宜。若松檜梅檞，遷乎其地而不能爲良者，植此皆良，又不可知也。以余爲兒時所見，其俗饒美，大家率輕作業，樂善而好士，厚子弟於學。游客晨夜相面背於門，庖無熄煙，然不勌。又好爲園圃事以相尚，而非爲利。張氏其甲也，其先世豐人。【略】初，壞田作此園，佳木異卉錯置，竹萬竿。出郭門而望，蓊然秀色横野。其陽金梭嶺陰賀溝，起伏異狀，其外莽蒼無際，目極可喜。無逸得此，因忘仕宦意。而故張公安道、石公曼卿皆與往來良厚。園有亭曰先春，張公客游愛之，石公爲宰，每醉而忘返也，皆有詩留亭上。兩公前輩偉人傑士，不妄以詩與人也，蓋六七十年矣。前此無逸子孝綽、孝基、孝孫亦善士好客，能修其先人之業，猶及與余先大夫游，聞先大夫稱焉。不知園幾時廢，而元符中余南歸，始自鉅野遷此邑。並嶺行溝上，秋稼離離，雉驚起馬前，館無遺址，桃李不復在，獨兩老檜離立穀壠間，風雨摧剥，蒼皮白枝，龍虎躩拏而上數十尺。道衍隰而來未見也。下馬半嶺，北望南武七星諸山，或斷或續，屏列遠陸如畫，其南數百鳧雁飛集鳴唼聲。回望白水明滅桑野間，意甚樂之。順塗而詠，吾居不可以易此也。因買田築室距百步，時時至其地，捫檜坐石，至於日入，悵然惜兩公之跡將泯而恨無逸之不復見也。而其孫大方從余游久，乃語之。大方則愀然有間曰：此固張氏地，請復焉。未數歲，則築垣移植如其故，徑檻旁午草木扶疏矣。且營三亭：曰先春，其舊名也；曰樂意，曰生香，因曼卿之詩也。

宋　李復《潏水集》卷六《游歸仁園記》　洛陽泉甘土沃，風和氣舒，自昔至今，人樂居之。青山出於屋上，流水周於舍下，竹木百藴茂美，故家遺俗多以園囿相高。（歸仁園）園廣二百畝，南引伊水，舟行竹間，又散入畦檻，會於方塘。高檜稚松，若古大夫立而聚議，冠者與童子列侍在後。倉庚時鳴，白鳥來下，眺聽從容，諸悦人思。殘花泫露，若怨而啼；新荷方出，若斂而羞。久而穿深徑，度短橋，登草堂。清池浮軒，竹木環舍，蓊鬱幽邃，與外不相接，若别造一境在遠山深林之間。衆意皆適，舉觴不辭。客有謔予曰：園何名乎歸仁？予曰：此唐丞相奇章公牛思黯之別墅也。思黯尹釐洛師，築第於洛之東城，營別墅於南城歸仁里，後人以舊里名之。又曰：昔聞牛氏多石，石可聞乎？予曰：思黯喜奇石，方當國，人皆以奇石媚之。出守維揚六年，所得佳木奇石皆置於此。石有三品，太湖爲上，天竺爲次，羅浮爲下。三品中又分甲乙丙丁，取其形勢肖類而爲之名，若風流、幽獨、野逸、峭直之類，皆就刻之。思黯晚自循州歸，終老於此。其子蔚避巢寇之亂，潛於長安南山祖居。次子叢避崔胤之禍，逃於山南。餘者無聞。園自此荒，經五代，洛城蕩爲灰燼，況牛氏之物乎？曰：郊坰原隰，園囿固有廣且大者。於都城之間，茲園亦若是之廣也？予曰：茲園本朝嘗爲參知政事丁度所有，後散歸民家。今中書侍郎李邦直近營之，方得其半。舊傳思黯清尚，今觀園囿猶如此之大，況於甚者乎？

宋 龔明之《中吴紀聞》卷五《臞菴》 吴江王份文孺自號臞菴，嘗築圃於松江之側。方經始時，文孺下榻，待余延留數月，見買葑作址，計三百萬錢。圃成，極東南之勝。後湖蘇養直嘗賦詩云：王郎臞菴摩詰詩，烟花遶舍江遶籬。石渠東觀了無夢，筆床茶竈行相期。古人已往不可作，甫里顧有今天隨。灣頭蟹舍豈著我，請具蓑笠懸牛衣。又爲文孺賦（草堂）云：笛弄松江明月，蓑披笠澤歸雲。若話青霄快活，五侯何處如君。

又 卷六《朱氏盛衰》 朱冲微時以常賣爲業。【略】其子勔因路中貴人，以花石得幸。時時進奉不絶，謂之花綱。凡林園亭館以至墳墓間，所有一花一木之奇怪者，悉用黄紙封識，不問其家，徑取之。有在仕途者，稍稍拂其意，則以違上命文致其罪，浙人畏之如虎。花綱經從之地，巡尉護送，遇橋梁則徹以過舟，雖以數千緡爲之者，亦毁之不恤。【略】盤門内有園極廣，植牡丹數千本。花時以繒彩爲幕，帟覆其上，每花標其名，以金爲標榜，如是者數里。園夫畦子蓺精種植及能疊石爲山者，朝釋負擔，暮紆金紫，如是者不可以數計。圃之中又有水閣，作九曲路入之，春時縱婦女游賞，有迷其路者。朱設酒食招邀，或遺以簪珥之屬，人皆惡其醜行。

宋 韓元吉《南澗甲乙稿》卷一五《雲風臺記》 凡人之情，鬱則思舒，局則思放，低滯則思高明夷曠之適。古之人作囿以游，築臺以觀，否則之山林而託焉，雖仲尼之聖，猶登泰山而臨吕梁也。豈不若是，將無以寓其情耶。然君子務以適其情而未始縱其情。務以適其情者，不過避喧以習静，升高以望遠，俾山林臯壤接乎吾前，而塵垢秕糠不溷吾中而已。永嘉黄使君堅叟鄉昭武也，其居一榻之外無所游覽，久之，得舍北地數畝，規以爲圃。面山者爲堂，面竹者爲亭，作室於花間，置檻於溪涘，則既有名佳之矣。而昭武之南山最爲奇秀，聯屬如屏障。其西則君山遠在百里之外，聳直倚天。城之中有山號登高，熊踞而虎卧，林木蒼然，大溪絡其下，東北諸峰合還四出。堅叟築臺而望之，其崇僅尋丈也，凡一郡之山無逃焉。書來請予名。予少嘗寓昭武，與堅叟游。其山川勝槩，歷歷可想，則以告之曰：韓文公詩有云「東堂坐見山，雲風相吹噓」，子之爲是臺也，以山故耶？山之狀不可以名，盍試以雲風命之，何如？堅叟喜曰：雲之與風即山之自出也。今吾老矣，仕於四方，得郡而將行，顧未能終耕里閭，而惟徜徉花竹之陰。因臺之成，披襟矯首，以睨夫雲風之去來，當其滃然之奇、漻然之清，以蕩吾目而觸吾懷，吾之樂則無盡，而君亦何自知之乎？

宋 謝伋《藥園小畫記》（《赤城集》卷一五輯） 右藥園小畫一卷，作雲林室廬人物、草木鳥獸。伋先世既無盈餘且漂流轉徙，不能治生産，久爲祠官，俸入至薄。居不敢近州縣，食不敢飽粱肉。於窮僻處人棄我取，粗辦一廛。家舍之旁，買石田葺茅竹爲園囿，辛勤十餘年。根撥皆自封植，下澤款段，其來無時。板輿輕軒，或因分胙而至。以爲草木諸果物皆藥也，總而名之曰藥園。園陿小不足賦。有僧了宗者來游，寫以淡墨。樹輪相糺，林木茂敂，藤蘿滋蔓，樓閣隱於其中，靈石寺也。出苔蘚山門，緩步荒徑，挾平頭奴，載一壺酒貌伋也。垂楊夾道，叢篠插籬，羅漢大樹映門者，園也。下墩黄甘塢，後浸白蓮池。池上偃蓋松，紫霄諸峰羅列目下，是爲水芝軒。蓬藋數楹，中檻靈泉館。僧閒栖鹿於後，有坐起更衣之房，是爲挽衣寮。水泉甘香，鄰曲汲不絶。作屋陰樹，是爲潤畦亭。把茅蓋頭，孤鶴暮入，題鶴乘。後望古松百章，籬内巨竹滿坡，面雙槐，背三章，一堂二内，榜曰斸青。由堂而西上薜荔階，別一小丘，最後得之。地多薏苡，不絶其本。乃結草庵，檐以竹瓦，榜曰明珠。主人或挽衣於寮，或抱瓮於亭，出灌諸畦。或坐於堂上，使童奴蘇蘭椒桂酌泉烹茶，或采蓮斸藥，惟意所在。挾書登山，山明水清，人迹斷絶，聞猿啼鳥鳴而已。意隨事更，景與時變，而畫亦難盡也。宗，吴人，筆迹甚可喜。

宋 楊萬里《誠齋集》卷七六《唤春園記》 新喻縣南五十里而近，有鄉曰臨川。其山深秀，其水紺潔。東西行者未至十里所，則望見一峰孤聳，如有人投筆於太空，至天半翔舞翻倒而下，至地躍而起，卓爾而立。其附豐而安，其穎鋭而端。又如有人卧地仰空，醉持翠筆而書青霄也。故里之人名之曰卓筆峰，云士之居於臨川者，皆争此峰而面之，面之者衆而莫有正焉者。面之而正焉者，惟人士周仲祥之居焉然，餘皆不然。不然者皆仲祥之爲嫉，嫉仲祥不懼，又加貪焉，又築一山園於居之旁，其求多於此峰未已也。一日，介吾亡友之子劉庭杞繪畫其所居與園與此峰以來，求予名其園，且記之。予歷指以問曰：彼園之山椒有亭，翩然其上，如張蓋風中，勢欲飛去，有掣而止之者何？曰：此静庵也。彼山之趾有大屋，碧瓦朱甍，風屏月櫺，閣其上而齋其下。學子往來操琴枕書，口吻鳴聲者何？曰：此用德之堂，右以進修之齋，左以醉隱之軒，而冠以繙經之閣也。彼園之植，高者雲倚，卑者地覆，纖者茸如，茂者幄如，丹者素者，黄者碧者，畦者沚者，又紛然如時女之出闉闍，酣遲日而拾瑶草者何？曰：水者蒲蓮，陸者卉木也。予歎曰：又多乎哉！仲祥掇此於懷袖多矣，而園亭卉木之幽茂盛麗復如此，其取諸造物不？曰又求其寶劍乎？予恐造物者亦將仲祥之爲嫉，嫉之者不惟寧臨川之士而已。園之景，名其一遺其百，則兼總而名之曰喚春。蓋取之劉夢得之聯句云。仲祥名瑀，喜教子，好賓客。艮齋先生謝公爲記其堂，亟稱其賢。

宋 陸游《放翁逸稿》卷上《南園記》 慶元三年二月丙午，慈福有旨，以别園賜今少師平原郡王韓公。其地實武林之東麓，而西湖之水匯於其下。天造地設，極山湖之美。公既受命，乃以禄入之餘，葺爲南園。因其自然，輔以雅趣。方公之始至也，前瞻却視，左顧右盼而規模定，因高就下，通窒去蔽而物象列。奇葩美木，争效於前，清流秀石，若顧若揖。於是飛觀傑閣，虚堂廣廳，上足以陳俎豆，下足以奏金石者，莫不畢備。高明顯敞，如蜕塵垢。而入窈窕邃深，疑於無窮。既成，悉取先時魏忠獻王之詩句而名之。堂最大者曰許閒，上爲親御翰墨以榜其顔。其射廳曰和容，其臺曰寒碧，其門曰藏春，其閣曰凌風，其積石爲山，曰西湖洞天，其瀦水藝稻，爲囷爲場，爲牧羊牛。畜雁鶩之地，曰歸畊之莊。其佗因其實而命之名，則曰夾芳，曰豁望，曰鮮霞，曰矜春，曰歲寒，曰忘機，曰照香，曰堆錦，曰清芬，曰紅香。亭之名則曰遠塵，曰幽翠，曰多稼。自紹興以來，王公將相之園林相望，莫能及南園之髣髴者，公之志豈在於登臨游觀之美哉？始曰許閒，終曰歸耕，是公之志也。公之爲此名，皆取於忠獻王之詩，則公之志，忠獻之志也。

宋 朱熹《晦庵集》卷七八《雲谷記》 雲谷在建陽縣西北七十里，廬山之顛。處地最高，而羣峰上蟠，中阜下踞，内寬外密，自爲一區。雖當晴晝，白雲坌入則咫尺不可辨，眩忽變化，則又廓然莫知其所如往。乾道庚寅，予始得之，因作草堂其間，牓曰晦庵。谷中水西南流七里，所至安將院東，茂樹交陰。澗中巨石相倚，水行其間，奔迫澎湃，聲震山谷。自外來者，至此則已神觀蕭爽，覺與人境隔異，故牓之曰南澗，以識游者之所始。循澗北上，山益深，樹益老。澗多石底，高下斗絶，曲折回互。水皆自高瀉下，長者一二丈，短亦不下數尺，或詭匿側出，層累相承，數級而下，時有支澗自兩旁山谷横注其中，亦皆噴薄濺灑可觀。行里餘，俛入蒼翳百餘步，巨石臨水，可跂而息。澗西危石側立，蘚封蔓絡，佳木異草，上偃旁綴，水出其下，淙散激射於澗中，特爲幽麗。下流曲折十數，騰蹙沸涌，西抵横石如齟齬者，乃曳而長，演迤徐去。欲爲小亭臨之，取陸士衡《招隱詩》語命以鳴玉，而未暇也。自此北去，歷懸水三四處，高者至五六丈，聚散廣狹，各有姿態，皆可爲亭，以賞其趣。又北捨澗循山，折而東行，脚底草樹膠葛，不可知其淺深。其下水聲如雷，計應猶有佳處，而亦未暇尋也。行數百步，得石壁，高廣皆百餘尺，瀑布當中而下，遠望如垂練，視澗中諸懸冰爲最長。徑當其委，跳揭而度，回視所歷羣山，皆撫其頂。獨西北望，半山立石叢木名豺子巖者，槎牙突兀，如在天表。然石瀑窮源，北入雲谷，則又已俯而視之矣。地勢高下，大略於此可見。谷口距狹爲關，以限内外。兩翼爲軒窗，可坐可卧，以息游者。外植叢篁，内疏蓮沼，梁木跨之，植杉繞徑。西循小山而上，以達于中阜。沼上田數畝，其東欲作田舍數間，名以雲莊。徑緣中阜之足，北入泉峽，歷石池、山楹、藥圃、井泉。東寮之西折旋南入竹中，得草堂三間，所謂晦庵也。山楹前直兩峰，峭聳傑立，下瞰石池。東起層嶂，其脅可耕者數十畝。寮有道流居之。自中阜以東，可食之地無不闢也。草堂前隟地數丈，右臂繞前，起爲小山，植以椿桂蘭蕙，峭蒨岑蔚。南峰出其背，孤圓貞秀，莫與爲擬。其左亦皆茂樹修竹，翠密環擁，不見間隟，俯仰其間，不自知其身之高，地之迥，直可以旁日月而臨風雨也。堂後結草爲廬，稍上山頂北望，俯見武夷諸峰，欲作亭以望，度風高不可久，乃作石臺，名以懷仙。小山之東徑，繞山腹，穿竹樹，南出而西下，視山前村墟井落隱隱，猶可指數。然亦不容置屋，復作臺，名以揮手。南循岡脊，下得横徑，徑南即谷口小山。其上小平，田畂即以祈年，因命之曰雲社。徑東屬杉徑，西入西崦。西崦有地數十畝，亦有道流結茅以耕其間，曰西寮。其西山之脊，蟠繞東下，與南峰西垂相霤。而谷口小山介居其間，如巨人垂手，拱玩珠璧。兩原之水，合於其前，出爲南澗。東寮北有桃蹊、竹塢、漆園。度北嶺有茶坡。東北行，攀危石，履側徑，行東峰之顛，下而復上，乃至絶頂。平處劣丈餘，四隤皆巉削，下數百丈，使人眩視，悸不自保。然俯而四瞰，面各數百里連峰有無，遠近環合，彩翠雲濤，昏旦萬狀，亦非世人耳目所嘗見也。予嘗名湘西岳麓之頂曰「赫曦臺」，張伯和父爲大書，甚壯偉，至是而知彼爲，不足以當之。將移刻以侈其勝。絶頂北下有魏林横帶半巖，木氣辛烈可已瘖疾，疑即方家所用阿魏者。林下巖中滴水成坎，大如杯椀，不竭不溢。里人謂之「顯濟」，水旱禱焉。又下爲北澗，有巨石二，對立澗旁，嶙峋峕崒，古木彌覆，藤卉蒙絡，最爲山北奇處。里人名其左曰仁，右曰義，歲時奉祠如法聞。自是東北去，有瀑布出油幢峰下，石崖隒下，水瀉空中數十丈，勢尤奇壯。東南別谷有石室三，皆可居，其一尤勝，比兩房，中通側户，旁近水泉，可引以漱濯，然皆未暇往觀。自東嶂南出小嶺，下數十步，有巨石贔屓。下瞰絶壑，古木叢生，樛枝横出，是爲中溪。別徑。【略】蓋此山自西北横出，以其脊爲崇安、建陽南北之鏡。環數百里之山，未有高焉者也。此谷自下而上，得五之四，其曠然者可望，其奥然者可居。昔有王君子思者，棄官棲遁，學練形、辟穀之法，數年而去，今東寮即其居之遺址也。然地高氣寒，又多烈風，飛雲所霑，器用、衣巾皆濕如沐，非志完神王、氣盛而骨强者不敢久居。其四面而登，皆緣崖壁，援蘿葛，崎嶇數里，非雅意林泉，不憚勞苦者，則亦不能至也。自予家西南來，猶八十餘里，以故他人絶不能來。而予亦歲不過一再至。獨友人蔡季通，家山北二十餘里，得數往來其間。自始營葺，迄今有成，皆其力也。然予常自念，自今以往十年之外，嫁娶亦當粗畢，即斷家事，滅景此山。是時山之林薄當益深茂，水石當益幽勝，館宇當益完美。耕山釣水，養性讀書，彈琴鼓缶，以詠先王之風，亦足以樂而忘死矣。顧今誠有所未暇，姑記其山水之勝，如此并爲之詩，將使畫者圖之，時覽觀焉，以自慰也。

又 卷七九《西原庵記》 予少好佳山水異甚，而自中年以來即以病衰，不克遑其志于四方，獨聞廬阜之奇秀甲天下，而畸人逸士往往徜徉於其間，意常欲一往游焉而未暇也。前年蒙恩試，郡適在此山之陽，乃間以公家職事得至其中。其巖壑幽深，水石奇怪，固平生所創見，而於巖壑水石之間又得成紀崔君焉，乃信前所聞者之不誣也。君名嘉彦，字子虚，少慷慨有奇志。壯歲避地巴東三峽之間，修神農老子術。【略】按陳令舉所述《圖記》，得西原庵故址于卧龍瀑水之東，築室居焉，耕田種藥，僅足以自給。而四方往來之士皆取食焉，其疾病老孤無所與歸之人，至者亦收養之。蓋年逾七十矣，而神明筋力不少衰。予往造之，而君不予避也。

宋 范成大《驂鸞録》 薌林，故户部侍郎向公伯恭所作。本負郭平地，舊亦人家阡隴，故多古木修篁，廳事及薌林堂皆爲樾蔭所遍，森然以寒。宅傍入圃中，步步可觀。梅臺最有思致，叢植大梅。中爲小臺，四面有溜道，梅皆交枝覆之。蓋自梅洞中躡級而登，則又下臨花頂，盡賞梅之致矣。企疏堂之側，海棠一徑，列植如槿籬，位置甚嘉。其他處所自有圖本行於世，不暇悉紀。没後，諸子復葺牆後園池，搴芳諸亭，亦不草草。大率無水，僅有一派入園，作小池及澗泉之類。所謂虎文者，亦不能詳考。

又 盤園者，前湖南倅任詔子嚴所居，去薌林里許，其始酒家之後。有古梅盤結如蓋，可覆一畝，枝四垂，以木架之，如坐大酴醾下。子嚴以爲天生尤物，未買得之。時薌林尚無恙，亦極歎賞，勸子嚴作凌雲閣以瞰之，迄今方能鳩工。梅後坡壠畇畇，子嚴悉進築焉。地廣過薌林，種植大盛。桂徑梅坡，極其繁蕪。但亦乏水，當窪下處作池，積雨水而已。

宋 葉適《水心集》卷一〇《北村記》 户部尚書吴興沈公園於城北奉勝門外，而使告余曰：北村畝餘三十，中涵五池，大半皆水也，其爲叢花茂木之蔭狹矣。靈壽書院劣容卧起，而移老堂巨屋也，不過三楹而止，其爲崇閎邃宇之居褊矣。洲藏渚伏，濠港限隔，非舟不能通道，相爲市者，皆魚鰕之友，菱芡之朋，而冠帶車馬之來絶矣。并日却坐，分夜獨宿，艑回棹轉，穿南北而透東西，遺音欸乃，常在庭際，而絲竹鼓鐘之奏息矣。蓋其陋若此也。惟對湖臺高不逾丈，具區前臨，湖心遠峰，明晦滅没，近而後，漢、鳳凰、毘、弁諸山往往湊泊於溪山亭之下，殆或天與者。雖然，是亦樵夫野人之所同有也。若夫城中甲觀大囿，照耀映奪，曾不敢仰視而側立也。吾聞古之善游者，粗於天而不精於人。今吾鹵莽而營之，苟且而成之，姑以寄吾身於一壑之内而游於天地之外，非所謂粗耶？故名其園曰自足，而甲觀大囿照耀而映奪者，非惟不敢望，亦不敢羡焉。余謂公沖約有清識，既以天趣得真樂，而又能挹損其言，不自夸擅，可謂賢矣。余嘗評天下山水之美，雖質文變態各異，而吴興特爲第一。其山脉地絡融液而浸灌者，莫非氣之至清。渟止演漾，澄瑩紺澈數百千里，接以太湖，蒲荷蘋蓼，盛衰榮落，無不有意。而來鷗去鳥，風帆浪楫，恣肆渺莽，不知其所窮。昔之功已就若范蠡，身不用若張志和之流，未嘗不遁逸嘯歌於其間。蓋仙聖之宅，非人世也。余海濱之人，山凡水俗，常恨不得生長其地而尚友其賢豪。今公乃以築圃曲折，名實大指，使余記之，豈非所願欲也哉！

又《雲海觀記》（《赤城集》卷一五輯）　丹丘列仙之所萃，自昔有道術者多居焉。歲在丁酉，松山丁君少雲始即其所居之南，依山之址，闢而爲園。遠近蔽虧，高下輝映，回還委折，而曰堂、曰亭、曰臺、曰榭、曰林、曰坡、曰窩、曰谷，無慮二十餘許。意匠翦裁，各成面勢，然已具載於雪巢林景思之賦詠矣。至於一日千里，偉然有奇詭特異之觀，可以拒高明排埃壒，使人徘徊顧戀而不能去。則自小垂虹而入，跨蓮蕩，不知其幾何。畝有堂巋乎其上，而曰芙蓉。此尤雪巢之所長吟而永歌者。蓋煙霞之吞吐，雲氣之開歛，日光之出没，野色之濃淡，隱几而望，有若道家所謂海上之三神山也，相與隱約拱揖於有無冥漠之間。龍川陳同甫來自永康，一見輒心可，每與少雲、少詹擊節抵掌，譚王説霸，窮日竟夜而不知倦。間舉酒以屬少雲：自李謫仙死，世無奇士。誰能騎長鯨駕大鵬，徜徉恣肆，以與之爲沆漭汗漫之游乎？時庚子距今五十有二年矣，子植倦游來歸，遐想舊事，因芙蓉之故址，敞爲傑閣，高軼霄漢。既成而以雲海觀目之，蓋取坡公「玉霄雲海」之詞，以足先世之所未爲者。【略】西自秋堂廣袤開拓，伐蓬藋，列花卉，極水石林麓之盛。葱蒨茂蔚，對蒙泉精舍，殆若異境，且旁築客館數十楹。東由松嶺度橫彴，沿緣夷猶上下壠坂。有幽泉溢出，濊濊碎石間。循其右以上，挹蓬萊雲氣若几案間物。而又於東北之隅，揭爲此觀。

宋　袁燮《絜齋集》卷一〇《是亦樓記》　余築小樓於敝廬之東，而以是亦名之。或疑焉，余告之曰：直不高大爾，是亦樓也。人生天地間，所欲無窮，必求所以滿足其欲，非道而取，何所不至。養其小而失其大，淪胥不仁不義之域，豈不哀哉？此余所甚懼而不敢也。樓之深廣尋有五尺，崇近廣而微。殺材甚眇，體頗具，故曰直不高大爾，是亦樓也。其前絫石爲山，高不過丈餘，雖無怪奇偉特之觀，是亦山爾。依山植丹桂六，樓之右復一桂，架酴醾以相接，及雜花木數本，品雖不多，是亦花木爾。

又　卷一〇《是亦園記》　開禧間，余作小樓於舊廬之東，而以是亦名之，其説曰：直不高大爾，是亦樓也。嘉定中，余又作樓於新居之旁，既崇以宏，不可以言是亦矣。乃取杜子美「憂國願年豐」之句而名之，曰願豐。樓之左右前後有山有水有竹有花，稍稍成趣，而其地纔二畝有奇，强名曰園，而仍以是亦名之，曰直不深闊爾，是亦園也。客或謂余曰：甚哉子之隘也。夫君子之爲圃，必也寬閒幽邃，繚繞曲折，争奇競秀，可以觀可以游，可以怡神養性。良辰美景，周旋其間，不厭不倦而後有無涯之樂。故陶靖節可謂淡泊矣，念田園之蕪，賦《歸去來辭》有曰「窈窕而尋壑，崎嶇而經丘」，則不爲不廣。司馬公可謂簡約矣，記《獨樂園》亦云「其廣二十畝」，蓋不如是，不足爲樂也。今子之規模毋乃太小乎。其初固曰「吾將以縱步也」，步未及縱而地已窮矣。奚樂之云？竊爲子不取。余告之曰：是非客所能知也。

宋　曹彦約《昌谷集》卷七《湖莊創立本末與後溪劉左史書》　某江左晚進，世爲南康外邑都昌縣村落人。丁巳待班鄉井，始蓋數椽於城下昌谷巷。壬戌待次江西機幕，得數十畝茅茨地於東門之外，神林浦之東，宫亭廟之北。去城纔三里，聲音相聞，特以其隔浦，即神林浦，一度夏秋間須挐舟乃至，惟春冬之交，其淺可揭。居城者不以爲便，人皆棄之。取人之所棄，因欲有所種藝，奔走八年適未暇及逮。己巳居湖北庾臺，已經歷漢陽守邊拒敵之艱，謀歸本心於此發見，託族人之解事者多植桃李松竹。即上乞閒之章，不特不如所欲。當湖南弄鋤梃，時除漕易帥，迫以庚牌之命，義不敢避居。二年，農畝安業，蒙恩以吏部郎召，覺不便於野性，因以過家上冢請，得給假兩月。亟命工創堂三間，以所性名之。又建小閣於其上，以便暴書與藥。會得罪，時論與所性之名脗合。養痾其間，稍稍增葺，圊浴既全，甘處如薺。間一年，祠命自天而下，以冲佑名其閣。閣前更作月臺。土木未訖，忽有劍外予節之命。感朝廷記憶，黽勉强出，然丘壑膏肓時往來于前也。冲佑閣在所性堂之上，向背一律，前對高坡，有松數萬，其高纔六七尺。松間有臺基，盡見廬阜，而玉京最近，名曰玉京臺。半坡微南有基三間許，作真面目堂，方鳩工未就。旁有梅、桃、李數百本，名曰東蹊。其南見楊瀾、左蠡、宫亭三湖。樓之下有海棠二十本，俯而見其花。度海棠有小坡，止植梔子，後雖長茂，不蔽湖面。有小浦自北來，流入宫亭湖中，即古所謂神林浦者。旁有小支，有泉發其下，大旱金石流山，土焦而不竭。截取以爲横塘，縱魚其間。有堤數十丈，名曰南堤。樓西有堦數級，雜植羣花。稍北有杏數種，花外有竹，環之以墻，墻之外微見五老峰，蔽以古木，不盡露也。植杉以千計，銀杏、栗各數十。有徑可行，名曰西徑。自西徑行古木中一里許，有竹數百个，名曰北澳。蓋自東蹊以西，西徑以東，南堤以北，北澳以南，總而名之，謂之湖莊。有田百畝，或雜於其間，或繞其旁。取秫稻於下隰，課粟麥於坡阜，有僕十餘家可以供役使。東蹊之北有道人菴，可以助種藝。南堤之下有楊柳數十，繫小舟其上，可以便往返。稍北鑿一井，其泉甘寒，一方之所取給。麻豆薑芋可出門而得，樵薪蔬茹可隔墻而喚。顧以農事參錯其間，舟人漁子往來其路，亦且不課工程不竭事力，致蓬蒿之不盡翦，而畦町之不盡徧。故園圃之意常少，而山林湖泊之意常多。士大夫聞湖莊之名而悦之，惠然肯訪，一見村草多不副所望，心獨安焉。

宋　陳造《江湖長翁集》卷二一《孫宰軒亭記》　軒曰静觀，自上而言。亭曰熙然，自下而言。尹孫君爲高郵之明年，創小圃。中爲軒爲亭，陳子命名如是。【略】來歲夏秋大稔，乃始得爲是圃，雖未遽宏麗可樂。然有以感于心者。嘗試偕客游焉，登軒而俯清池，微風不興，碧水泓渟，游魚深行，鱗鬣可數則得。

又《寓隱軒記》　吾友趙君日新得地十畝，園而軒之。美花嘉卉，碧松茂木，娟娉蔭映。因舊增之，左右後前，風煙奇秀。離迥間篁，可觀可樂。知者勸游，游者忘歸。

宋　陳亮《龍川集》卷二〇《與朱元晦秘書》（亮）今年不免聚二三十小秀才以教書爲行户，一面治小圃，多種竹木，起數處小亭子。後年隨衆赴一省試，或可僥倖一名目遮蔽其身，而後徜徉於園亭之間以待盡矣。【略】亮舊與秘書對坐處横接一間，名曰燕坐。前行十步對柏屋三間，名曰抱膝。接以秋香、海棠，圍以竹雜以梅，前植兩檜兩柏，而臨一小池，是中真可老矣。【略】去五七步作一杉亭，頗大，名曰小憩。三面臨池，兩旁植以黄菊。後植木樨八株，四黄四丹，更植一大木樨於其中，去亭可十步。池之上爲橋，屋三間，兩面皆著亮窗，名曰舫齋。過池可十四五步，地即一大池，池上作赤水堂三間，又作箔水，正臨大池，池可三十畝。池旁又一小池，小池之旁即驛路。去驛路百步有一古松，甚大而茂，當是七八十年之松。赤水堂正對之。名曰獨松堂。堂後爲宁廊一間，中有大李樹。兩旁爲小廊，分趨舫齋。小廊之兩旁即植桃。堂之兩旁爲小齋以憩息，環植以竹。獨松堂尋赤水，木未足，度與舫齋皆至秋可成。杉亭之池如偃月。西一頭既作柏屋，東一頭當作六柱。榧亭一間，名曰臨野。正西岸上稍幽，作一小梓亭於其上，名曰隱見。更去西十步即作小書院十二間，前又臨一池，以爲秀才讀書之所，度二年皆可成也。兩池之東有田二百畝，皆先祖先人之舊業，嘗屬他人矣，今盡得之。以耕如此，老死亦復何憾？田之上有小坡，爲園二十畝。先作小亭臨田，名曰觀稼。他時又可作一小圃，今且植竹，餘未有力也。此小坡亮所居屋正對之，屋之東北又有園二十畝，種蔬植桃李而已。「樓臺側畔楊花過，簾幕中間燕子飛」，可只作富貴者之事業乎？

宋　鄭域《桂氏東園記》（同治《貴溪縣志》卷一引）　屏囂趨寂，游之方也。寂，信美矣，然足力弗逮，一再往則弛焉。即非心靡常，地使然也。晉陶靖節營三徑，日涉而不倦，携幼入室，采菊見山，蓋家之也。我朝邵康節買園於洛之天津，因居焉。飲食坐卧在花竹間，賦詠有「日日步家園」之句，亦一陶也。維貴溪縣南十五里桂氏，最居甲族也。舜俞公希稷志不喜仕，老尚儒服。子弟環貴縞綺以立，視之蔑如也。相居其後地數十畝，闢之東嚮堂，其上扁以秀野，隆然而高山也。稍前百步，治而亭之，匾以覽雲，泓然而沘泉也。剩土而臺，紫翠芬芳，低昂倚伏，各有妍態。維揚洛種花也，文木駢架，繚以藤柯，金沙玉醾，薔薇麗奢，叢錯盤紆。游其下者仰不見天，石家錦步障也。路轉如螺，圍以醉妃，行者迷其所之，坐者不知所出，蜀錦城也。夾徑翠香，黄緑分明，種同而品異，江陵橘也。薰風自南，芳意未歇，葵榴之競豔，蓮荇之吹香，蘭畹之凝馨，槐帷之迭秀，夏之花也。一葉飄然，玉露灑涼，丹桂之篩金，芙蓉之叠錦，菊坡之傲霜，蓼圩之摇風，秋之花也。朔令行權，萬柯赤立，松竹梅三友，鼎來物交。雖無紅紫之驚目，而有清白之契心。冬亦未始無花也。公無時不幅巾散步其間。四序寒暑有推移，而公樂則無盈虧也。陶、邵兩家得幽隱之趣，公實似之。然陶、邵蓋嘗禄食，而公之志則不屑乎此也。余游兹園，步屧幾徧。亭名軒榜，入門曰壺天，在桃李間曰靚妝，居竹林間曰琅玕，據其東而高曰舒嘯，實甲於衆亭也。又有桃塢、梅莊，檐蔔菊林，奈月臺，剪雪、鬧春、彩雲窩，偃蓋軒，不可殫録也。且增拓其東隅，地勢廣闊，是爲南園。營繕榱楹，後將有加於前，雖録之，猶未録也。余愛其所謂讀書林者，爲屋三間，左圖右史，介於松關竹洞中。公已不願仕而猶未忘乎此，是足以記也。

宋　劉辰翁《須溪集》卷二《秀野堂記》　昔者坡公之賦「獨樂園」也，曰「花竹秀而野」，妙語天然。豈無名園盛麗於此者，而不足以當之矣。長沙趙公以二十年閒居，建第烏衣，粗疏種植。計今晝錦之堂，豈能如前時湖南第一羣山囿之甲乙。乃取温公《獨樂園》詩語，名堂秀野，而移書廬陵記之。

宋　周密《武林舊事》卷一〇上《約齋桂隱百果》　淳熙丁未秋，余捨所居爲梵剎，爰命桂隱堂館橋池諸名，各賦小詩，總八十餘首。逮慶元庚申，歷十有四年之久。匠生於心，指隨景變，移徙更葺，規模始全，因刪易增補，得詩凡數百。綱舉而言之，東寺爲報上嚴先之地，西宅爲安身攜幼之所，南湖則管領風月，北園則娛宴賓親。亦菴，神居植福，以資静業也。約齋，晝處觀書，以助老學也。至於暢懷林泉，登賞吟嘯，則又有衆妙峰山包羅幽曠，介於前六者之間。區區安身嗜静之志，造物亦不相負矣。

宋　方逢振《蛟峰文集》卷五《芳潤堂記》　文章以芳潤擅名自陸士衡之説始。予外兄吴景邁築居室也，於進修教子之所，榜曰勤有。於游息延賓之所，榜曰芳潤。其用力於進修而游息於文章也歟！丙子，宇宙大故屋室爲煨燼，獨勤有、芳潤二堂在。予既爲發勤有之義，復俾記斯堂所以擅芳潤者。予惟山川之氣升爲雲，降爲雨，潤莫大焉，其滋液鍾聚爲根，荄芽甲泄爲春華，斂爲秋實，芳莫大焉。宇宙芳潤之氣，吾與斯人凡有生者所共食也，文章家士安能而專有之？青溪之南去邑三十里曰雲程，其溪山演迤，其勢宏以放，足以大受吾景邁伯仲以詩書宅焉。絶溪而南有墟市，富者商者鳩焉。其水陸達杭越通衢建，凡舟車日夜之所奔走，皆奪吾山川芳潤之實以去之者。溪山不改，風景頓殊。井落荆榛，廛市瓦礫。俯仰宇宙山川，芳潤之氣鬱積磅礴，無所發泄，乃爲山林枯槁者之所受用，而獨專其有於斯堂，又非他人所得而奪之者。幅巾藜杖，徜徉山水間，昕往暮歸，歷覽無際。斯堂之行窩也，左右面勢小垤大陵，或曲而阿，或呀而谷，或崖而嶙峋，或石而崔嵬。一川横陣，風之則波而紋，日月則絢而章。鶖鳬鷗鷺之出没，鰋鱸魴鱮之洋洋。園圃斯堂之詩窟也，或漁而扣絃，或樵而行歌。聲嗚嗚而田家之撫缶，夜漫漫而牧童之扣角。或欣或慨，爲過耳之飄風者，皆斯堂之感心豪興也。日出而霏開，虹收而雨歇。雲脱天空而月在，水落石出而潭清。凡朝暮四時之變化不齊者，皆斯堂之澄襟霽宇也。是氣也，流行於宇宙則爲民物之所共有，收斂於山川則爲騷人雅士之所獨專，此吾景邁以文章家而擅之者歟？

金　王寂《鴨江行部志》　庚子，出東城道左百步。背山面水，有亭榭園圃，高低掩映。問從吏，云此坡陽邑人之别墅。因問其出處大槩。吏曰，李君名致道，字表民。初以從軍補官，累資轉兖州幕。一日謂同僚曰：大丈夫逢時遇合，萬户侯何足道哉！令行六十，猶紙上署名，其頭顱可知矣。乃投牒以歸，既而蒔花種柳，殖果移蓮，壘石以爲山，引泉以爲池，日與賓客把酒賦詩，徜徉乎其間。凡十有七年而終焉。予樂聞其説，竊慕其爲人，解鞍少駐，徘徊周覽。堂有三，曰樹德、曰松菊、曰文會。文會之北軒曰覺軒，西偏曰休室，蓋取冬夏之宜也。亭有四，曰濯纓、曰遠山、曰摘實、曰觀稼，自餘柳溪釣臺，所至皆可觀。

元　蔣正子《山房隨筆》　（賈）似道敗後，有題其養樂園曰：老壑曾居葛嶺西，游人誰敢問蘇堤。勢將覆餗不回首，事到出師方噬臍。廢圃久無人作主，敗垣唯有客留題。算來祇有孤山耐，依舊梅花片月低。養樂者，以其奉母而樂也。其賜第正在蘇堤葛嶺孤山之近，游人常盛。自賈據此，有游騎過其門，必爲偵事者察報。每爲所羅織，有官者被黜，有財者被禍，逮世變而後已。有人葛嶺二詩云：當年誰敢此經過，相國門前衛士多。諸葛功名猶未滿，周公事業竟如何。雕梁雨蠹藏狐鼠，花礎雲蒸長薜蘿。萬死莫酬亡國恨，空留遺跡在山阿。又：樓臺突兀妓成圍，正是襄樊失援時。王氣暗隨檀板歇，江聲流入玉簫悲。姓名不在功臣傳，家廟徒存御賜碑。誤國誤民還自誤，滿庭秋草露垂垂。

元　姚燧《牧庵集》卷八《歸來園記》　歲壬子，余與今醴泉雷君損之交，至至元丁亥最之，三十六年爲故人。【略】徐曰：吾家有園，鑿池其中，中池爲堂，外爲四亭。東亭藝蘭，蘭則春芳，取楚屈原之辭，曰紉蘭。南亭北軒，闢池種蓮，蓮則夏敷，取周子之説，曰愛蓮。西亭植菊，菊則秋榮，取陶潛之詩，曰采菊。北亭樹梅，梅則冬花，取林逋之句，曰疏影。順四時草木秀發，循環流居四亭，期没吾亭。獨中池之堂與園未名，子爲製之。

元　鄭元祐《僑吴集》卷一〇《玉山草堂記》　昔王摩詰置莊輞川，有藍田玉山之勝。其竹里館皆編第覆瓦相參以爲室，於是杜少陵爲之賦詩，有曰「玉山草堂」云者。景地偏勝，詩尤絶倫。後六百餘年，吴人顧仲瑛氏家界溪，溪瀕崑山。仲瑛工於爲詩，而心竊慕二子也，亦於其堂廡之西，茅茨雜瓦，爲屋若干楹，用少陵詩語扁曰玉山草堂。其幽闃佳勝，繚檐四周盡植梅與竹。珍奇之山石，環異之花卉，亦旁羅而立。堂之上壺槊以爲娱，觴詠以爲樂，蓋無虚日焉。客有過其家喜即草堂以休偃者，仲瑛乞爲之記。客乃爲之言曰：夫物貴乎有初，其來尚矣。在邃古時，所謂標枝而野鹿，久之而始知以韋前及，夫上衣下裳之日，亦何取乎？方尺之韋，以蔽乎膝之上也。然不若是，不足以謂之法服。示不忘其初者，其意可見。竊意上棟下宇之始也，其草若以爲室，當必在乎陶瓦之先，今而覆瓦，利百倍於茅也。其索綯以乘屋者，貧者不得已也。若仲瑛覆瓦而室者，亘數百楹，櫛比而鱗次，若波水然。然猶構此草堂者，豈但追慕少陵、摩詰乎？蓋亦古人不忘其初之謂也。

元 謝應芳《龜巢稿》卷六《東郭草堂記》 至正乙巳春，友人徐君仲剛書來曰：瑗性迂拙，分甘退藏，擇無錫東郊荒僻之地，作草堂居之。讀書灌園，蝸休蟻適。【略】茲草堂居寬閑之野。前有鵝津，可釣可游，鴻山、宛山屏列左右，東膠、西堠紫翠相接，又皆窗户間天然圖畫也。仲剛入則與書中聖賢相對，出則與里中農圃爲伍。親友時至，忘形爾汝。腰不爲督郵而折，膝不爲汾陽而屈。適興賦詩，往往有太白豪放。所謂有可樂者，其以是與。

元 汪克寬《環谷集》卷五《竹徑齋記》 （同郡蔣之翰）築室於泮宫之側，讀書其間，蚤夜檢討。既而請曰：維楨慕鼻祖遺躅，闢徑書室之前，藝竹數十百箇。春則植樊於徑之兩旁，護籜龍矗矗，高並欄楹，如碧玉列，與吾爲侶，琅玕玳瑁，光照几席。夏則憩層影，讀書其下，好風徐來，清致孰偶。秋則聆戛玉聲，簫瑟與咿唔應翕，不翅韶濩。冬則皓雪散積，瓊林瑶樹，猗儺其枝，黄卷映明，未有囊螢鑿壁。以故，雖居闤闠之中而有山林意趣。

元 楊維楨《東維子集》卷一七《小桃源記》 淞隱君陳衡，父氏世家在泖環之西。既遺其子東西第，又爲園池東西地間，仍治屋廬其中，名其堂曰清暉，樓曰明遠，而又額其亭曰小桃源也。予嘗抵桃源，所所清絶，如在壺天。四時花木晏温，常如二三月時，殆不似人間世也。

又《碧梧翠竹堂記》 至正八年秋，崑山顧君仲瑛於其居之西偏治别業所。架石爲山，窾土爲池，層樓複館，悉就規制。明年，中奥之堂成，顔曰碧梧翠竹。乃馳數百里，記於友人楊維禎曰：夫堂矚金粟，階映桃溪，漁庄草堂相爲儐介，蓋予玉山佳處之尤宏而勝者也。鴻生茂士爲予記詠者多矣。茲堂之志，非名鉅手不以屬，敢有請。予謂仲瑛愛花木，治園池，位置品列曰桃溪，曰金粟，曰菊田，曰芝室，不一足矣。而於中堂焉獨取梧竹，非以梧竹固有異於春妍秋馥者耶？人曰梧竹，靈鳳之所棲食者，宜資其形色爲庭除玩。吁！人知梧竹之外者云耳？吾觀梧之華始於清明，葉落於立秋之頃，言曆者占焉，是其覺之靈者在梧，而絲絃琴瑟之材未論也。竹之盛于秋而不狗秋零，通于春而不爲春媚，貫四時而一節焉，是其操之特者在竹，而籩簡笙簴之器未論也。《淮南子》曰「一葉落而天下知秋」，吾以《淮南子》爲知梧。記禮者曰「如竹箭之有筠」，吾以記禮者爲知竹。然則仲瑛之取梧竹也，盍亦徵其覺之靈、操之特者，書以爲取諸物者法，毋徒資其形色之外云也。子韓子美少傅之辭曰「翠竹碧梧能守其業者也」，徒取形色之外，而不得其靈與特者，未必爲善守。仲瑛氏，吴之衣冠舊族也，有學而不屑於是。茲堂之建，將日與賢者處，談道禮義，以益固其守者，其不以吾言取梧竹乎？書以復仲瑛，俾刻諸堂爲記。

又 卷一八《玉山佳處記》 崑隱君顧仲瑛氏，其世家在崑之西界溪之上。既與其仲爲東西第，又稍爲園池别墅，治屋廬其中。名其前之軒曰桃源，中之室曰芝雲，東曰可詩齋，西曰讀書舍。後之館曰碧梧翠竹，亭曰種玉。合而稱之，則曰玉山佳處也。予抵崑仲瑛氏，必居予佳之所，且求諗牓屋顔。按郡《志》，崑山縣華亭，陸氏祖所窆生機雲，時人因以玉出崑，而名山崑。邑山本號馬鞍，山奇石似玉，烟雨晦明，時有佳氣如藍田焉。故人亦呼曰玉，又曰崑。而仲氏之居，去玉山甚遠，奚以佳名哉？山之佳，在去山之外者得之，山中之人未知也。如唐之終南隱者與司馬道人指山之佳，身固在山數百里之外也。雖然，終南之佳終南之隱者未知也，借佳爲捷仕之途，千古慚德，至于今山無能掩焉。若仲氏之有仕才，而素無仕志，幸有先人世禄生産，又幸遭逢盛時，得與名人韻士日相優游於山西之墅，以琴尊、文賦爲吾弗遷之樂，則玉山之佳，非仲瑛氏弗能領而有之。

又《書畫舫記》 隱居顧仲瑛氏居婁江之上。引婁之水入其居之西，小墅爲桃花源。厠水之亭四楹，高不踰墻仞，上蓬下板，旁櫺翼然似艦囱。客坐卧其中，夢與波動盪，若有纖而走者。予嘗醉吹鐵篴其所，客和小海之歌，不異扣舷者之爲。中無他長物，唯琴瑟筆硯，多者書與畫耳。近以米芾氏所名書畫舫命之，而請志於予。

元 顧瑛《玉山名勝集》卷三 崑山濱海爲邑，地平夷曼衍，無山水之勝，民樂於田畝，無登覽之適。州治西行三十里爲馬鞍山，又十五里爲界溪，而顧仲瑛氏居焉。仲瑛素爲吴著姓，居溪上蓋累世矣。溪南出真儀，北流入陽城湖。湖大且百里，烟波蒼莽，天與水接。其北則海虞之山，虞仲之所居也。於是即湖壖爽塏之地，有園池之勝。叠石爲島，激泉爲湍，亭館臺榭，曲盡其制，合而名之曰玉山佳處。其景之尤勝者，則有湖光山色樓，樓列古器物、圖書及經史百氏之言。日與賓客游息其上，幅巾杖履，逍遥自適。風日清美，憑高遠望，惟見風檣往來，漚波出没，而山色葱蘢明秀，如在几格間。其或水氣上行，與山氣盤礴，變而成龍虎，合而爲烟霏，千態萬狀，不可盡述。予謂天地清淑之氣峙而爲山，流而爲川，得其勝絶以適我生。生者亦將有待於人乎？何凝蘊之資久而發輝之在斯也？君曰：予陋世俗之隘，每登斯樓，慨思古人而不可得。方將駕長風，凌烟波，際湖之北，登海虞之顛，訪虞仲之遺跡，望三山銀闕於雲濤縹緲之中，予將有所得也。同我者誰哉？乃歌曰：水浩蕩兮山蘢葱，幽幽而深兮馮夷之宫。激長波兮駕風，仙之人兮吾從。又曰：日月皎兮波粼粼，山巉巖而嶙峋。超凌厲兮無鄰，我所思兮古人。是爲之記。至正九年九月一日匡廬于立書。

元　王沂《伊濱集》卷二一《芳潤堂記》　懷玉山之陽有溪，其流清瑩秀澈，橋橫焉若鰲負虹飲，故其地名曰梁川。背山而面溪，有屋數十楹，則廣信鄭伯飛燕居之。堂名曰芳潤，取機《文賦》語也。堂之前有池，池有亭，曰若舟，取《易》「乘木舟虚」也。據堂之左，有樓曰覽輝，取賈生所賦「鳳凰覽德輝而下」也。伯飛田有秔稌之入，居有山水之樂，賓婚燕祭之具可給也。仰有蒼翠風雲之變化可挹，薪翁逸人之廬可指數也。俯有清淺渚蓮汀芷之芬芳可擷，文鱗縞羽之潛泳可緡而弋也。蔭有長杉，藉有豐草，抗埃塧之外，窮耳目之盛，此伯飛有以遂其樂也。

元　甘復《山窗餘稿·歐氏蔣山草堂記》　餘干州治南出百里有蔣山，以蔣氏嘗居之故名。夷衍遼迥，蕠迴蔚綰。外視崛然其無際也，中出杳然其無窮也。泉石之幽，竹箭之美，鳥魚之適，足以寄傲嘯、攄懷思。離俗之士不願爲世用，往蘄家焉。【略】臨川歐君伯誠避地以來是州之十年，犯虓虎突豖之羣，披蓁莽之埸，除蔽翳，發亢爽，以游以嬉。忽得佳處，以作攸宇。伐木爲柱，斷竹爲椽，編蓬爲户牖。茨覆其上，堵周于下，朝僦工而夕告完，制雖儉亦離世者之宜也。乃滌原隰，翦荒穢，濬爲清池，闢爲曠圃，疏疇於下，道水於傍。諸山之内，深宏宛迤，望之廓然。旋以伯誠來居者爭葺其左右，雞犬有聲，烟火相比，人莫不羨伯誠之居而恨爲所先。伯誠以古衣冠，藤杖葛屨，登山臨流，玩風雲花草蟲魚，適其意以爲常。暇則誦書史，閱鳥跡，篆隸之文，傲睨物表，若無足動其意者，蘄以終身焉。

元　胡助《純白齋類稿》卷二〇《李氏木香亭記》　木香亭，李公光善之所築也。公幼好讀書，有文武才。嘗敕受都使，領鎮兵攘括寇，成功勒石麗水。至正中，歸隱邑治之東，築亭自老。植木香一本，蔓延其上，因扁爲木香亭。亭之前引水爲池，曰濯纓池。池之側積石爲臺，曰望北臺。環列松竹，恍若深林邃谷。日與幽人逸士吟咏游宴其間，而不知户外之有塵囂也。其子鳴遠請予爲之記。予竊觀古人，如晉陶潛愛菊之隱逸，宋王祐植槐於庭。二公之潛見雖不同，其托花木以寓意焉則同也。今李公之木香亭，其亦思兼二公之意者乎？

元　陳方《栖碧軒記》（《栖碧先生黄楊集》附録引）　浙西之地水多山少。常於浙西數郡之間，而山尤少。自晉陵並西而南，蜿蜒靡迤，或起或止，至無錫，而山之最著者惠山也。然無重巒疊嶂之紆亘，深溪巨壑之險阻，崒然起於平地，如奔鯨逸馬，不可羈而留也。餘則散於四封之中，瓜蔓相接，大率隱隱皆培塿，形孤勢薄。它郡之山，可孩而撫之。又自惠山之東，沃壤夷衍，相去三十里而遠，其山之匹於惠者，曰堠山，亦無曲折之美，窈窱之雄，直望之而可喜耳。距兩山之所向，其地曰梅里。意唐李紳之居於是，今華君彦清家焉。始余之未識彦清也，有人持其《栖碧軒詩》一大軸從余觀之。余見其所圖之水木清美也，喜曰：無錫之山有是哉？余昔過其境而見者，甚少而淺近，未有如圖之清美者也。近年余爲其家童子師，由是問所謂栖碧者，然後怪其所居之平且曠也，何取於李白「問余栖碧山之」詩？彦清謂余曰：古之高人逸士，野居而澗處者，未必皆山也。使可耕之地、可安之廬，長林美竹、雜花豐草而得與世相忘足矣，奚俟夫山之深且秀哉？

明　王圻《稗史彙編》卷一二《獨樂園》　司馬温公在洛陽，自號迂叟，謂其園曰獨樂。園卑小不與他園班，其中有一堂，曰讀書堂。數椽瓦屋，環以一池。中有小亭，澆花種竹。又有一小軒，小臺高不過尋丈，曰釣魚菴、采藥圃。又結竹盤松作屏。温公嘗自爲序。

清　姚之駰《元明事類鈔》卷二九　玉山佳處　楊維貞《玉山記》：顧仲瑛家界溪之上，爲園池別墅。前之軒曰釣月。中之室曰芝雲。東曰可詩齋，西曰讀書舍。後疊石爲山。山前之亭曰種玉。登山而憩住者曰小蓬萊。山邊之樓曰小游仙。最後之堂曰碧梧翠竹。又有湖光山色之樓。過浣花之溪，而草堂在焉，所謂柳塘、春漁莊者，又其東偏之景也。臨池之軒曰金粟。影此虎頭之癡絶者合而稱之，則曰玉山佳處。

清　光緒《江南通志》卷三二　沈括宅在丹徒縣朱方門外，即夢溪也。附宋沈括自記：翁年三十許時，嘗夢至一處，登小山，花木如覆錦，山之下有水澄澈極目，而喬木翳其上，夢中樂之，將謀居焉。自爾歲一再夢，或三四夢。至其處，習之如平生之游。後十餘年，翁謫居宣城，有道人無外謂：京口山川之勝，邑之人有圃求售者。及翁以錢三十緡得之，然未知圃何在。又後六年，翁坐邊議謫廢，乃廬於潯陽之熨斗洞，爲廬山之游以終身焉。元祐元年，道京口，登道人所置之圃，恍然乃夢中所游之地。翁歎曰：吾緣在是矣。於是棄潯陽之居，築室於京口之陲。巨木蓊然，水出峽中，渟縈杳冥，繚繞地之一偏者，目之曰夢溪。溪之上聳然爲邱，千本之花緣焉者，百花堆也。覆堆而廬其間者，翁之棲也。其西蔭於花木之間，翁之所憩殼軒也。軒之瞰有閣俯於阡陌，巨木百尋閧其上者，花堆之閣也。據堆之巔，集茅以舍者，岸花之堂也。背堂而俯於夢溪之顔者，蒼峽之亭也。而花堆有竹萬箇，環以激波者，竹塢也。度竹而南，介途濱河鋭而垣者，杏觜也。竹間之可燕者，蕭蕭堂也。蔭竹之南軒於水澨者，深齋也。封高而締可以眺者，遠亭也。居在城邑而荒蕪古木與豕鹿雜處。客有至者，皆頓遏而去，而翁獨樂焉。魚於泉，舫於淵，俯仰於茂木美蔭之間。所慕於古人者，陶潛、白居易、李約，謂之三悦，與之酬酢。於心目之所寓者，琴棊禪墨丹茶吟談酒，謂之九客。四年而翁病，涉歲而益羸，濱柩木矣。豈翁將蛻於此乎？

著録

宋 張琰《洛陽名園記原序》 山東李文叔記洛陽名園凡十有九處，自富鄭公而終於吕文穆。其聲名氣焰見於功德者，遺芳餘烈足以想像其賢。其次，世位尊崇與夫財力雄盛者，亦足以知其人經營生理之勞。又其次，僧坊以清净化度羣品，而乃斥餘事，種植灌溉，奪造化之功，與王公大姓相軋。夫洛陽，帝王東西宅，爲天下之中。土圭日影得陰陽之和，嵩少瀍澗鍾山水之秀，名公大人爲冠冕之望，天匠地孕爲花卉之奇。加以富貴利達、優游閒暇之士，配造物而相嫵媚，争妍競巧於鼎新革故之際，館榭池臺風俗之習。歲時嬉游，聲詩之播揚，圖畫之傳寫，古今華夏莫比。觀文叔之記，可以致近世之盛，可以信文叔之言爲不苟。且夫識明智審，則慮事精而信道篤。隨其所見淺深爲近遠大小之應，於熙寧變更、天下風靡有所必不可者。大丞相司馬公爲首，後十五年無一不如公料者，至今明驗大效，與始言若合符節。文叔方洛陽盛時，足迹、目力、心思之所及，亦遠見高覽。知今日之禍，曰：洛陽可以爲天下治亂之候。又曰：公卿高進於朝，放乎一己之私意，忘天下之治忽。鳴呼，可謂知言哉。

宋 鄭虎臣《吴都文粹》卷四 臞菴在松江之濱。邑人王份有超俗趣，營此以居。圍江湖以入圃，故多柳塘花嶼。景物秀野，名聞四方。一時名勝喜游之，皆爲題詩。圃中有與閑、平遠、種德及草堂四堂，烟雨觀，横秋閣，凌風臺，鬱峩城，釣雪灘，流璃沼，臞翁澗，竹龜廳，巢雲關，緇林，楓林等處，而浮天閣爲第一，總謂之臞菴。份字文孺，以特恩補官，嘗爲大冶令，歸休老焉。題詩甚多，不可悉録。聊録其尤者于此，俾其家世保焉。

宋 舒岳祥《閬風集》卷一〇《篆畦詩序》 篆畦者，予宅西之小園也。閬風之山自天台華頂天封東下，過寧海，分水爲鴈蒼，東踰嶺爲紫洞，二山腹背爲西谷。紫洞之山逆海而上爲龍舒山，自龍舒起爲大山，曰香巖。又伏而爲小山，曰花架尖。尖北爲大霧山，其里爲閬風，其村爲尚義。此山周回七十里。是爲鴈蒼、紫洞之面目也。花尖之麓引而爲二，其南下爲長壠，予種梅植桃之地也，曰平皐。東騖十里而爲樟海，其北下曰下澤，爲予五畝所居之廬。廬當北麓兩臂之阿，其右臂伸而東，舊爲竹杏之隴。其左臂自花尖、大霧之間，有小澗出焉，昔人嘗名之爲曲水流觴之觀。水南過左臂之曲趨于平田，田實分受其灌溉之利。有咸平間古松偃蹇，周覆百步，據左臂之曲，曰篆畦。蓋右臂之肘腋也。其門與松相對，予少而喜曰：真佳山水。又思爲綵衣板輿奉親之適，二親暇日游焉休焉，雖未樹亭宇，然窪隆曲折隱見於竹樹之隙，南可以眺寧海黄溪、歸帆落鴈之縹緲也，東可以攬月中峰雲歸石室洞，西可以眺玉峰之雙竦、錦屏之九疊也，北可以思故埼大封、滄海之吐吞，蓬島鎮亭神物之變化也。二親指顧之所頗得要領，予唯唯而退，經營其中，一手茨葺，積歲月而成。予以其行逕紆餘貫穿，若篆文焉，故曰篆畦。以扃其門。門於宅爲東向，入門爲小逕，横障以檜。折而西入，分爲三逕：一爲歸樵，嶺陟而登也。一爲小軒三間，曰無弦琴，夾逕植宫梅、香杏。其一爲長逕，繞堤而步，夾逕植玉毬、紅茶、月丹、寶相、薔薇、金沙、酴醿，徘徊玫瑰、錦春、月季、林禽、紫薇、八仙、海棠。下植素馨、冬萱、山薑、杜若，俯臨土谷。谷中望逕，側之衆芳皆覆冒于岸，若珠瓔步摇之粲翠。岸上望谷中，桃李、芙蓉雜卉恍與岸平，若雲霞之興于步履之下也。外環以牆，牆之外又皆芙蓉、楊柳、冬青，有谷之勢焉。牆與谷合，故曰谷口。逕至此北岐而爲逕者二，其一折而北，又折而東，至指竹亭之南，夾逕植巖紅、梔子、密囿、百結、紫荆、雀李、金雀之屬。又折而南，過三角畦之地，遇列檜而斜避，與長逕雙馳，隔以月丹。其北則叢桃，桃有千葉，真紅、粉紅、合歡、碧色之異。又折而過蘗桃之東，老桂之西北，爲好翁亭。又折而東爲橘徑。又折而東北，與無弦琴之逕合而入於軒中。由軒而西入小廊爲大亭，即好翁亭也。亭北爲壇三級，下植桂，中植山榴、天竹、鹿葱、玉簪之屬，上植檜。自好翁亭而西爲小廊，入指竹亭。亭北三面爲小廊，自廊北入，累級而登，爲乘桴亭。亭勢頗高，東南見海。其下植梅，梅有千葉紅、香黄、香緑、萼真紅、粉紅之别。指竹左右皆列檜爲屏，環而合於亭之南，結爲洞門，以出而達乎前月丹之徑。由乘桴而北爲小廊三間，達乎耕養堂。面列檜爲障，穹然如小山，即好翁亭北之上級也，植牡丹、芍藥、欅柳、含笑、赬桐、紅蕉、錦帶、桃、獨帶、玉毬、千葉梔、水梔、天竹之屬。中有逕，可環繞而行也。堂有二齋，左曰方寸地，右曰静明天。此舊所居堂西之扁也，堂既改造，移置于此，不忘舊也。由耕養而東爲小廊，南入長友亭，書味軒。軒亭皆有複軒，前爲長友，而後爲書味也。長友北有大柑樹二株，蓋百年物也。取楚頌之辭以名之，亦取其甘之義也。由其左爲小廊門以出，又折而爲廊三間。經歸樵嶺，西達山亭，曰羽人臺。蓋臺可以見東山，山有陶隱居，張少霞鍊丹之故迹也。谷口之横逕自篆畦直入至於老樟之東，鑿牆爲門。以出，曰山扉。扉前有竹林，竹有黄甘、旱筀、斑筀之品。指竹之爲指竹，其始指此竹以名之也。由竹林開逕，折而東下，臨荷田爲舫亭，曰燕嬉舟，右曰楊柳，左曰芰荷洲。燕嬉亦舊亭名也。亭之西夾逕植海棠。循坡西北，植木筆、拒霜、辛夷、紫笑。逕形正方與山扉之前逕合，其中斑竹之林也。由山扉北入，植丹桂、木犀，中有亭曰丹林。由丹林西折而北，爲檜障。穿障爲洞。以八檜爲兩亭，亭左右相對，攬結而成，可蔽暑日，不假般斧。旁植椶櫚、絲杉、羅漢樹。又於兩亭之間鑿土爲井，井環以小廊，穿檜爲門。南出爲菊畦，曰花隱。自井北入爲橘，井之藥圃中外皆有逕，逕列植黄楊。由檜亭橘圃夾徑以東植栝松，東折而南，又沿檜障以東，右植蠟梅，左植白茶，爲階三級。以上即指竹亭西之檜障也。障外皆植梅，與乘桴亭西之梅接。梅間横開小逕，以入指竹之右腋，又階以升乘桴也。雖無壯武之觀、華麗之飾，然步武尋常，縈迴往復，若陶泳之魚九島千里也。此篆畦之大略。畦創於寶祐丙辰，今三十年矣。畦中花木多自舊都買致，有可慨然者。二親既棄世，念此先人之舊游也，不忍使榛莽之翳而斤斧之入也。葺而不廢。世殊事異，予既不仕，以農自食，又不得安其職而樂其業也。一觴一詠，雖不減往昔，然幾嘻笑而幾痛哭也。同志劉正仲居梅林而遯於鴈蒼，每一過余畦一相嘻也。前後唱和多矣。就中過余最久者，惟癸未留半歲。有子戚而歸甲，申春冬凡四，至今歲又爲余來，窮老不相忘，來當未已也。爲余寫前後詩成卷軸，請予序。噫！輞川之游，惟見裴迪《金谷之賦》僅存。潘生相得之難如此而可傳者益少，豈不悲夫。引筆識之。予實眼暗，久不能書。正仲之小楷精妍可愛，更二十年後，亦恐不能逮今也。篆畦之花殘木老矣，此非可久之道。書以遺我後人，他日儻有衣食餘貲，其鋟於予墓左以光遠也。

藝　文

宋　錢惟演《秋日小園》（《瀛奎律髓》卷一二輯）　碧簟涼生白袷衣，庾園秋晚得幽期。千房嫩菊金螢亂，百本衰荷鈿扇欹。日薄蘚花沿素壁，雨淫蛙鼓占清池。翛然自合蒙莊趣，誰識無心似摽枝。

宋　楊億《武夷新集》卷四《游王氏東園》　名園聊得拂塵衣，深入春叢一逕微。萬樹未饒金谷富，百畦猶有漢陰機。青蘋風暖天鷄出，文杏巢乾海鷰歸。向晚鳴騶九門路，柳堤回首獨依依。

宋　杜衍《新居感詠》（《兩宋名賢小集》卷六九輯）　始營菟裘地，來向濉水湄。城隅最窮僻，匠者寧求奇。卜築悉由己，軒牖亦隨宜。外以蔽風雨，內以安妻兒。燕雀莫羣噪，鷦鷯才一枝。因念古聖賢，名爲千古垂。何嘗廣居室，儉爲後人師。

宋　蔣堂《春卿遺稿·隱圃詩》　隱圃在靈芝坊，蔣樞密堂所居。堂兩守吳，謝事，因家焉，自號遂翁。圃中有水月菴、煙蘿亭、風篁亭、香嚴扃、古井、貪山等景，自賦《圃隱詩》。

雅得菟裘地，清宜隱者心。緑葵才有甲，青桂漸成蔭。獨曳山笻往，無勞車駕尋。湛然常寂處，水月一菴深。

又《南湖臺三首》　危臺竹樹間，湖水伴深閒。清淺采香徑，方圓明月灣。放魚隨物性，載石作家山。自喜歸休早，全勝賀老還。

嶢榭水中央，茲爲隱遁鄉。小園香寂寂，一派曉泱泱。烟草碧彌岸，露桃紅壓牆。自注：新植桃一百本。鴟夷儻居此，未必入滄浪。

水次揭危亭，烟堤四面平。栽蘆延宿鷺，種柳待啼鶯。雪霽清流漲，風來夜艇橫。輕微莫臨塹，吾老懶逢迎。

又《和梅摯北池十詠》 池上有虚閣，翬檐迅若翔。百壺多盛集，四座仰惟良。蘚印文綦緑，蓮依桂檝香。何由陪嘯咏，敷衽納微凉。

池上有奇檜，青青歲紀深。舊枝憐茂植，時亦助清吟。夕月漏孤影，秋霜滋勁心。今方遇真賞，風什播瑶音。

池上有孤島，影摇波底天。蓬壺欣髣髴，仙客得留連。岸草襯丹轂，灘蘆偎畫船。羨君休澣日，寄傲一尊前。

池上有修竹，遥聞手自栽。幾因風韻響，時感隼旟來。粉籜經梅脱，虬根遇石回。嬋娟緑陰下，小閣爲誰開。

池上有垂柳，煙籠濯濯枝。芳根逢茂育，老翠勝平時。體弱因風舞，詞清入篴吹。金城久不到，遥想歎羈離。

池上有叢菊，繁英滿舊蹊。金刀惜頻翦，粉蝶得幽棲。醉弁誰同插，香牋手自題。遥思清賞處，野步岸東西。

池上有時釣，閒忘侍從身。波平方浸月，吏退闃無人。藻映魴魚尾，風摇獨繭綸。一亭容膝地，雅飾免荒蓁。

池上有時宴，笙簧沸欲凝。歡多漏移刻，坐久月和燈。席客詠持蟹，女娼歌采菱。醉來忘萬事，風静水波澄。

池上有雛鶴，來從淮水壖。舊巢離海樹，清唳入吴天。骨峭翹霜月，翎疏刷野泉。使君宜得伴，仙格本千年。

池上有馴鹿，亭臺深處行。長隨熊軾慣，且免兔罝驚。遥草眠多穩，流泉飲亦清。寸岑有靈囿，可使遂微生。

又《秀野亭》 秀野亭連小隱堂，紅蕖緑篠媚滄浪。卞山居士無歸意，却借吴儂作醉鄉。

宋 晏殊《中園賦》（《宋文鑑》輯） 在昔公儀，身居鼎軸，念家食之憑厚，斥芳蔬之薦蔌。粤有仲子堅辭廩禄，率齊體於中野，灌百畦而是足。惟二哲之高矩，藹千齡之信牘。雖顯晦之非偶，諒謨猷而可復。豈不以崇高宅乎富貴，聲教移乎風俗。四民謹舊德之業，百乘鄙盜臣之畜。義利貴於交戰，矛盾蚩兮並鬻。代工而治兮戒在貪競，付物以能兮使其茂育。斯有位之良訓，乃羣倫之所屬。天地閉兮賢隱，置網張兮獸伏。怖炎火之焚石，恧東龜之毀櫝。甘田畝以昏作，晦膏蘭而擇福。我負子戴兮終年靡勞，夏葛冬裘兮匪躬是辱。斯遁世之攸處，詎紛華之可瀆。眷予生兮曷爲幸，親逢乎盛時。進寬大冶之責，退有上農之貲。求中道於先民，樂鴻鈞於聖期。寓垣屋於窮僻，敞林巒於蔽虧。朝青閣以夙退，飭兩驂兮獨歸。窈藹郊園，扶疏町畦。鮮巾組以邀游，飾壺觴而宴嬉。幼子蓬鬢，孺人布衣。嘯傲蘅畹，留連渚湄。或捕雀以承蜩，或摘芳而玩蕤。食周粟以匆踐，詠堯年而不知。琴風颯以解愠，田雨滂兮及私。爾乃壇杏蒙金，蹊桃銜碧。李雜紅縹，奈分丹白。梨誇大谷之種，梅騁含章之飾。烏勃旁挺，來禽外植。櫻胡品糅而形別，棠棣名同而實析。大椑朱柿兮駢發，梬棗安榴兮間拆。榠樝以馨烈蒙采，枳椇以甘芳見識。援蘡薁於林際，架葡萄於沼側。況夫霜薤含潤，雲葵薦澤。芹自南楚，蒜來西域。蘇荏抽穎，蓼荽凝液。堇薺更茂，菲葑代殖。苜蓿儷褷，蘘荷幕羃。鍾山之菘韭早晚，吴郡之莧茄紫白。織女耀而瓜薦，大昂中而芋食。匏瓠在格以增衍，藜藿緣陰而可摘。若其愈疾栽菊，忘憂樹萱。香珍緑蕙，媚服崇蘭。玉蘂金莖，相思杜鵑。辛夷襲紫，芍藥含丹。游龍出隰，芳苡生原。籬槿凋暮，宮槐合昏。四衢綺錯，五出星聯。蓑蓑落蘂，纂纂初妍。護臺香而蝶亂，聚崖蜜以蜂喧。與夫豬苓馬勃，澤茈溪蓀。荔芸御凍，椒桂含温。萸房入佩，菰首登飱。薜荔成帷，昔邪在垣。獨堪除渴，酸漿治煩。菖蒲感於百陰，葶藶萌於大寒。卷施心拔而不死，虎櫐蔓生而自懸。堯首牛脣之夥，鷄腸烏喙之繁。紅鬢緗膚，丹房碧延。或山經之號著，或藥録之名傳。至夫松檜被徑，梧楸蔭軒。江蕉凝緑，海柏渾圓。石安薈蔚，扶老縈纏。矗嶰筠之東美，垂溪柳之三眠。或後雕而秀出，或總翠以相先。叢灌駢滋，翾飛所據。驗九扈以農正，察五鳩而民聚。戴鵀興蠶織之候，布穀起耕耘之務。當陸成而鶗鴂云，止犇麥秀而倉庚。始翥伯勞，驚於早寒，盍旦戒乎將曙？晨風不繫而逐雀，斲木無聲而食蠹。鷚介立以擅澤，烏羣嗽而反哺。鶬匪陋於荆棘，鸓無營於鐘鼓。順時律以美吭，樂天和而命侣。鷰溢溢以交賀，鵲翛翛而吉語。既罾罻之不設，在橧巢而可俯。談王道於樵子，接歡歌於壤。父鑿坎井之凝洌，決清渠而灌注。愚抱瓮以殫力，智設桿而盡慮。咸不病於夏畦，各無憂於捽茹。懿夫觀品彙之零茂，識元精之所存。覩百嘉之穰儉，明四序之無愆。動植飛潛兮，得宜乃悦。雨暘寒燠兮，叶度而蕃。且復論名花於君子，興瑶草於王孫。采家丞之秋實，歌上瑞之豐年。資旨蓄而御冬，擷衆芳而鍊顔。至若嚴客幸臨，良辰是遘。載掃危榭，爰張宴豆。蒙山騎火之茗，豫北醲花之酎。或秋奕以當局，或唐弓而在彀。哨壺枉矢之設，博簺樗蒲之侑。誠一笑兮相樂，亦千金而爲壽。灑毫牘以摛思，極朋情而卜晝。送歸鴻兮海壖，揳鳴瑟兮賓右。舞長袖兮相屬，命歡謡兮迭奏。無取次公之狂，不遺椒舉之舊。春晼晚兮氣佳，臨高臺兮淑華。夏恢台兮日永，蔭茂林兮修迴。涼月皎兮鍾漏寂，朔霰飛兮玉宇敻。廓丹府以懲忿，悦靈龜而繕性。兹所謂袪魯相之介節，略於陵之獨行。却園夫之利兮，取彼閒適。荷王國之寵兮，遂夫游泳。禽託藪以思鶩，獸安林而獲騁。徜徉乎大小之隱，放曠乎遭隨之命。庶樂育於嘉運，契哲人之養正。

宋 燕肅《僻居》（《宋詩紀事》卷八辑） 茅齋城市遠，草徑接漁村。白日偶無客，青山長對門。藥爐留火暖，花塢帶烟昏。静坐搜新句，冥心傍酒樽。《宋文鑑》

宋 謝絳《小隱園詩并序》（《宋詩紀事》卷八辑） 余近營别墅於小隱巖，忽憶癸酉冬春，詔逆虜使，於陳橋驛夢中偶賦。及寤，寫在牘背。今因巖名，知所賦三言前契矣，遂足爲八句。

僕本塵外士，功名若毫末。因尋小隱園，忽見羣芳發。昔夢宛可記，靈契方兹達。會須挂朝纓，歸弄巖前月。

又《答梅聖俞問隱》 聖俞一紙書，問我小隱居。小隱詎有異，築室數畝餘。巖壑不峻崒，田園非美腴。所欲近丘墓，歲時來埽除。先人夢讀史，遵道本聖徒。絶筆於此詩，子孫無忽諸。刻石置中堂，但使過者趨。題榜爲服訓，義取銘盤盂。後嶺雙松亭，徑術何縈迂。下臨富春渚，萬象生有無。東偏作草舍，可以施琴壺。門前碧塘水，萬本栽荷蕖。風來觸香氣，長著人衣裾。溪水決決流，黍稻可勿枯。柔桑及美果，種廣莫記株。澗草不識名，野禽多異呼。坐此易歲晏，漸與人世疏。在昔東陵侯，瓜壠猶親鉏。楊惲謝九列，種豆南山隅。余嘗考槃賦，從我者誰歟？近來傳越石，趣尚若不殊。儻閒丘壑徑，不願升斗儲。如君美材具，日月升雲衢。安敢預招挽，粗自陳其愚。以上《杭州府志》。《富春遺事》：梅聖俞堯臣與謝希深爲詩文友，互相切劘。希深居富陽小隱山，别築室曰讀書堂，構雙松亭于前，倚山臨江，雜植花果，沼荷稻圩，環流布種，頗稱幽人之居。聖俞慕悦其風，時以詩文問答倡和，一時傳爲雅事云。

宋 梅摯《南園》（《吴都文粹》卷三辑） 長洲茂苑足珍材，剩買前山活翠栽。客土不疏承帝力，幾多臣節共安來。

長洲茂苑占幽奇，巖榭珍臺共翠微。園李露濃三秀色，徑桃烟暖一香飛。月臨夕樹鳥頻遶，風揭朱簾燕未歸。弭蓋暫歡成結戀，斜陽憑檻獨依依。

宋 胡宿《南園》（《吴都文粹》卷三辑） 一遍芳菲欲滿林，回塘過雨曉來深。紅妝珠珮交花影，白馬春衫度柳陰。向老追攀多强意，隨時風物但驚心。眼前百事輸年少，猶解因君放浪吟。

宋 蘇舜欽《蘇學士集》卷八《滄浪亭》 一徑抱幽山，居然城市間。高軒面曲水，脩竹慰愁顔。跡與豺狼遠，心隨魚鳥閒。吾甘老此境，無暇事機關。

又《滄浪觀魚》 瑟瑟清波見戲鱗，浮沉追逐巧相親。我嗟不及羣魚樂，虚作人間半世人。

又《滄浪静吟》 獨遶虚亭步石矼，静中情味世無雙。山蟬帶響穿疏户，野蔓盤青入破窗。二子逢時猶死餓，三閭遭逐便沉江。我今飽食高眠外，惟恨澄醪不滿缸。

又《初晴游滄浪亭》 夜雨連明春水生，嬌雲濃淡弄微晴。簾虚日薄花竹静，時有乳鳩相對鳴。

宋 蘇舜欽《獨步滄浪亭》（《宋詩紀事》卷一四辑） 花枝低攲草生迷，不可騎入步是宜。時時攜酒只獨往，醉倒惟有春風知。《石林詩話》：姑蘇州學之南，積水彌數十頃，傍有小山，高下曲折相望，蓋錢氏時廣陵王所作。既積土爲山，因以爲池潴水焉。瑞光寺即其宅，而此其别圃也。慶曆間，子美謫廢，以四十千得之爲居，傍水作亭，曰滄浪。歐陽公詩所謂「清風明月本無價，可惜只賣四萬錢」者是也。子美既死，其孤不能保，遂屢易主矣。

宋 蘇舜欽《南園》（《宋詩紀事》卷一四辑） 南園，吴越廣陵王元璙之舊圃也，歲久摧圮。至元豐中，猶有流杯、四照、百花、樂堂、惹雲、風月等處。

西施臺下見名園，百草千花特地繁。欲問吴王當日事，後來桃李若爲言。

宋 周元明《南園》（《吴都文粹》卷三辑） 爛熳花時錦繡張，無端下馬繫垂楊。山亭水閣笙歌地，合與行人作醉鄉。

宋 寇準《忠愍集》卷中《憶岐下小池》 長憶西園清夜景，酒蘭無不獨臨池。可憐隴月三更白，誰見紅蕖露滴時。

宋 歐陽修《文忠集》卷三《滄浪亭》 子美寄我滄浪吟，邀我共作滄浪篇。滄浪有景不可到，使我東望心悠然。荒灣野水氣象古，高林翠阜相回環。

新篁抽笋添夏影，老枿亂發争春妍。水禽閑暇事高格，山鳥日夕相啾喧。不知此地幾興廢，仰視喬木皆蒼煙。堪嗟人迹到不遠，雖有來路曾無緣。窮奇極怪誰似子，搜索幽隱探神仙。初尋一逕入蒙密，豁目異境無窮邊。風高月白最宜夜，一片瑩浄鋪瓊田。清光不辨水與月，但見空碧涵漪漣。一有「姑蘇臺邊人響絶，夜静往往聞鳴船」兩句。清風明月本無價，可惜祇賣四萬錢。又疑此境天乞與，壯士憔悴天應憐。鴟夷古亦有獨往，江湖波濤渺翻天。崎嶇世路欲脱去，反以身試蛟龍淵。豈如扁舟任飄兀，紅渠緑浪摇醉眠。丈夫身在豈長弃，新詩美酒聊窮年。雖然不許俗客到，莫惜佳句人間傳。

又 卷五六《**留題安州朱氏草堂**》 俯檻臨流蕙徑深，平泉花木繞陰森。蛙鳴鼓吹春喧耳，草暖池塘夢費吟。賭墅乞甥賓對奕，驚鴻送目手揮琴。嗟予遠捧從軍檄，不得披裘五月尋。

又《**題光化張氏園亭**》 君家花幾種，來自洛之濵。惟我曾游洛，看花若故人。芳菲不改色，開落幾經春。陶令來常醉，山公到最頻。曲池涵草樹，啼鳥悦松筠。相德今方賴，思歸未有因。

又 卷五七《**和子履游泗上雍家園**子履姓陳》 長橋南走羣山間，中有雍子之名園。蒼雲蔽天竹色净，暖日撲地花氣繁。飛泉來從遠嶺背，林下曲折寒波翻。珍禽不可見毛羽，數聲清絶如哀彈。我來據石弄琴瑟，惟恐日暮登歸軒。塵紛解剥耳目異，祇疑夢入神仙村。知君襟尚我同好，作詩閎放莫可攀。高篇絶景兩不及，久之想像空冥煩。

宋 陳襄《**古靈集**》卷二三《**和鄭閎中仙居**》 我愛仙居好，園池日退居。馴禽來鶴鶴，野水進徐徐。草樹通樵采，桑麻有老鋤。猶言民未樂，更待寢刑書。

宋 劉敞《**觀滄浪亭石有感**》（《吴都文粹》卷三輯） 蘇君在朝人不知，蘇君既没人悲之。流風遺書皆稱道，高文大句争提撕。壁間草隸亦不置，剥苔堆土無棄遺。乃知死不與人共利害，而後不爲時所疑。滄浪亭空卉木老，古石蒼蒼顔色好。無脛猶能千里來，致身忽在都門道。帝都王侯好事多，相看自悔取不早。君不見吴興長史春襴衫，閉門抱恨常枯槁。

宋 蔣之奇《**題東園**》（《高郵州志》卷一二引） 二十六湖水所瀦，其尤大者爲五湖。中間可以置郵戍，隱然高阜如覆盂。爾來水利復興復，汙萊墾闢成膏腴。豐年上瑞世罕有。豐瑞堂。沐浴聖澤疲氓蘇。朱幡誰爲千騎長，錢塘夫子分左符。下車政成在談笑，教條未久民已符。大開名園治亭榭，時燕朱履爲歡娱。時燕堂。高臺雄跨一千尺，熙熙樂國游華胥。華胥臺。堂軒峻疊青壁滑，老蚌放開明月珠。明珠亭。蒼龍脱角瑩且澤，解瓜自與風雷俱。郊家女子已仙去，尚有故井存通衢。玉女堂。凌波羅襪塵欲起，冉冉玉水翻紅渠。玉水閣。摇輝醮影弄姿媚，粉黛醉倒無人扶。摇輝閣。牡丹芍藥開四達，四香亭。品第未必揚州殊。武陵述春無處問，述春亭。杳杳仙路深盤紆。流杯插花勸客飲，樂聖亭。霏霜濺雪來座隅。序賢祈爵發鳴鏑，序賢亭。傳花疊語争喧呼。主人能詩有仙格，錦囊麗藻紛披敷。擬驅烟駕逐煙客，烟客亭。曠浪塵外天爲徒。塵外菴。夢得池塘生春草，夢草亭。一句我知今古無。西歸定躡瀛嶠頂，氣象早已居蓬壺。甘棠留愛在他日，好事傳作淮南圖。

宋 韓琦《**安陽集**》卷六《**閲古堂八詠**》 **牡丹** 極塞將何奉燕娱，牡丹池館一株無。誰人會我栽培意，欲見吴宫小陣圖。

芍藥 從來良守重農桑，何事栽花玷此堂。已愛昔賢形藻繪，更移嘉卉伴馨香。

垂柳 東君於此最多情，先與黄金撚畫成。何似亞夫堅壁地，因人千古得嘉名。

疊石 疊疊雲根漬古苔，煙巒隨指在庭堦。主人未有銘功處，日視崔嵬激壯懷。

藥圃 堂下開畦植藥苗，更將靈種悉名標。吾心盡欲醫民病，長得憂民病不銷。

溝泉 遥派分流過近堦，潺潺終日瀉瓊瑰。誰知到此幽閑地，多少餘波潤物來。

小檜 小檜新移近曲欄，養成隆棟亦非難。當軒不是憐蒼翠，只要人知耐歲寒。

芭蕉 邊俗稀曾識此科，南方地暖北寒多。孤芳莫念違天性，無奈深恩愛育何。

宋 蘇軾《**東坡全集**》卷一《**李氏園**》 朝游北城東，回首見修竹。下有朱門家，破墻圍古屋。舉鞭叩其户，幽響答空谷。入門所見夥，十步九移目。異花兼四方，野鳥喧百族。其西引溪水，活活轉墻曲。東注入深林，林深窗户緑。水光兼竹净，時有獨立鵠。林中百尺松，歲久蒼鱗蹙。豈惟此地少，意恐關中獨。小橋過南浦，夾道多喬木。隱如城百雉，挺若舟千斛。陰陰日光淡，黯黯秋氣蓄。盡東爲方池，野雁雜家鶩。紅梨驚合抱，映島孤雲馥。春光水溶漾，雪陣風翻撲。其北臨長溪，波聲捲平陸。北山卧可見，蒼翠間磽秃。我時來周覽，問此誰所築。云昔李將軍，負嶮乘衰叔。抽錢算間口，但未榷羹粥。當時奪民田，失業安敢哭。誰家美園圃，籍没不容贖。此亭破千家，鬱鬱城之麓。將軍竟何事，蟣蝨生刀韣。何嘗載美酒，來此駐車轂。空使後世人，聞名頸猶縮。我今官正閑，屢至因休沐。人生營居止，竟爲何人卜。何當辦一身，永與清景逐。

又 卷八《司馬君實獨樂園》 青山在屋上，流水在屋下。中有五畝園，花竹秀而野。花香襲杖屨，竹色浸盞斝。樽酒樂餘春，棋局消長夏。洛陽古多士，風俗猶爾雅。先生卧不出，冠蓋傾洛社。雖云與衆樂，中有獨樂者。才全德不形，所貴知我寡。先生獨何事，四海望陶冶。兒童誦君實，走卒知司馬。持此欲安歸，造物不我捨。名聲逐吾輩，此病天所赭。撫掌笑先生，年來效喑啞。

又 卷一〇《滕縣時同年西園》 人皆種榆柳，坐待十畝陰。我獨種松柏，守此一寸心。君看閭里間，盛衰日駸駸。種木不種德，聚散如飛禽。老時吾不識，用意一何深。知人得數士，重義忘千金。西園手所開，珍木來千岑。養此霜雪根，遲彼鸞鳳吟。池塘得流水，龜魚自浮沉。幽桂日夜長，白花亂青衿。豈獨富草木，子孫已成林。拱把不知數，會當出千尋。樊侯種梓漆，壽張富華簪。我作西園詩，以爲里人箴。

宋 梅堯臣《宛陵集》卷二八《和資政侍郎湖亭雜詠絶句十首》

遠山 插雲千萬重，一望不可暫。前嶺與後峰，翠色濃復澹。

蓮塘 不畏塘雨急，鈿葉自相遮。紋禽忽驚去，衝落波上霞。

漁潭 煙潭深不極，鑑碧無菱花。日脚下波心，澄江見魚鰕。

稻畦 淺淺碧水平，青青稻苗長。偏知楚客愛，白鷺飛下上。

苔徑 林間夏雨滋，復有斜陽照。緑净不摇風，從教春草笑。

流泉 石齒嚼寒聲，粼粼縈曲處。有時浮落英，又過城根去。

小橋 伐桂向芳洲，跨波灣勢小。時愛游人渡，游人在林杪。

漁艇 古木刳爲舟，野藤牽作纜。釣人寒雨中，遠望煙蓑暗。

采菱 紫角菱實肥，青銅菱葉老。孤根未能定，不及寒塘草。

汀鷺 食魚日已晚，矯翼煙際還。不與雁鶩競，風標亦自閑。

又 卷二九《依韻和李密學會流杯亭》 園林固足勝，景著必人賢。將泛杯中物，遠分湖水泉。來從百花底，轉向衆賓前。易醉緣多病，陪公媿少年。

又 《寄題蘇子美滄浪亭》 聞買滄浪水，遂作滄浪人。置亭滄浪上，日與滄浪親。宜曰滄浪叟，老向滄浪濱。滄浪何處是，洞庭相與鄰。竹樹種已合，魚蟹時可緡。春羹芼白菘，夏鼎烹紫蓴。黄柑摘霜晚，香稻炊玉新。行吟招隱詩，懶戴醉中巾。憂患兩都忘，還往誰與頻。

又 卷三〇《追詠崔奉禮小園》 前此訪君時，已觀堂宇邃。安知中屏開，自有幽林致。花塞巖桂紅，石擘雲根翠。正當秋風來，不見摇落意。日得吟其間，何須去爲吏。

宋 刘攽《彭城集》卷六《同謝二兄弟游城南王氏園坐竹中水上》 昧旦從吏役，中昃既休閒。慨然田野興，策馬從近關。謝公雖朝裾，雅意存東山。相期物外游，待我季孟間。晴陽煦烟郊，藹藹春氣還。南溪已浮冰，亂石聲潺潺。意得境彌好，形勞心詎艱。名園得暫息，奇樹多可攀。去水貫林竹，脩篁夾澄灣。波光龍蛇行，微風鳴珮環。窄徑偶深入，交柯存勿删。並流一長嘯，照影清心顔。勝事豈有盡，向此同蒯菅。發興自我輩，忽如遠塵寰。岩城迫歸鞅，夕陽梢朱殷。後游期不忘，秀卉春斕斑。

又 卷一三《王史館園》 鳴泉傍舍水翻車，修竹連雲曲逕斜。謝傅東山非獨往，鄭侯避地此傳家。丹椒紅桂隨時實，緑芰緋薇觸處花。到客可能忘外事，斷年相與玩芳華。

宋 馬雲《訪踞湖山人仇君隱居》（《吴都文粹》卷四辑） 山臨水湖上，寺隱青蘿間。五湖洞壑邃，衆峰屏障環。濃嵐面光彩，驚波背潺湲。雲歸定僧寂，月伴樵夫還。林墅掩蒙密，級磴容躋攀。錢氏建生社，此地爲家山。

芳桂塢 森森芳桂樹，團團削青玉。春花飛澗户，秋實墮巖曲。霜條封紫翠，風葉摇香緑。下有幽棲人，結茅避世俗。學仙讀丹經，好道探藥籙。植根滿羣峰，不便樵斧觸。

飛泉塢 高崖落飛泉，寒源味冷冽。雲津流玉乳，石髓澄金屑。淙淙危磴瀉，滴滴蒼蘚缺。濺沫灑明珠，滿澗融寒雪。巖夫就漱飲，姬子臨浣潔。不獨愈痼疾，自可清内熱。

脩竹塢 檀欒偏巖川，幽谷氣象鮮。風聲自宫徵，秋籟成管絃。夕靄起碧霧，晨曦生緑烟。花繁紫鳳飽，質勁蒼虬攣。藤蘿交密蔭，仰不見雲天。欲訪桃源路，塢塢疑相連。

丹霞塢　東澗巖谷秀，粲然金碧麗。亘野丹氣明，向曙霏烟霽。磴瀉紅玉泉，林紆赤鳳髻。日赤諸峰上，月皎半天際。幽谷紆絳繒，層崖營錦罽。羡此山居人，蕭然遠塵世。

白雲塢二首　君尋白雲塢，最近林澗西。永日抱幽石，因風度清溪。炎隨夏景變，凉高秋氣凄。素靄生巘崿，練光帶虹霓。潤澤施天下，還返故山栖。深惟賢士志，出處可與齊。

雞犬眠雲白日空，暮春花木滿川紅。茶甌香沸松林火，藥杵聲清石澗風。玉帛未聞招處士，神仙今喜識臺翁。夕陽半局殘棋在，醉倚巖邊紫桂叢。

踞湖山即横山也，在城西南十五里，以其背臨太湖，若箕踞之勢。錢氏有國時，造寺于山下，曰薦福寺。至今里人不以踞湖名山，或以寺名名之。山有五大塢，《圖經》又名五塢山。五塢舊名不雅。皇祐五年，節度推官爲雲三游此山，求其林澗之美、峰壑之秀、雲景之麗、泉石之怪，因其物象，各以美名名五塢，踞湖即總五塢之衆名爲六題焉。

宋　鮮于侁《和文與可洋州園池》（《宋詩紀事》卷一四辑）　千峰起華陽，一水連天漢。初月正沈鈎，隱然飛兩岸。湖橋

城上望南園，園深知幾許。啼鳥聞閒關，游人不知處。南園

琴蹐積翠外，絺結穹窿閒。軒楹最佳處，四顧唯江山。二樂榭

春歸閬風家，巧入天匠手。能將五色雲，點綴當户牖。披錦亭

宋　謝邁撰《竹友集》卷三《寄題朱氏小隱園》　吾聞滑稽兒，避世向金馬。刈草吉雲鄉，探鳳荒城野。斯人玩世耳，豈必蒿廬下。墻東本儈牛，君平蓋卜者。朝市亦堪隱，山林實瀟灑。君居占深源，境物粲可寫。老檜上干雲，孫桐已拱把。雨窗修竹響，風磴寒泉瀉。

又　卷八《懷故園賦》　余故園之幽寂兮，拓荒榛而經始。面銅山之嵱崒兮，挹蕭晨之爽氣。擢夭矯之蒼松兮，參虬龍之游戲。峙便娟之修竹兮，儼萬夫而環侍。築屋其間兮，將以隱居而求志。盤旋不出兮，殆不知老之將至。夫何漂泊異縣兮，莽流萍之無蒂。山岑岑兮植壁，泉涓涓兮鳴珮。玩山水之清佳兮，亦足以樂饑而忘味。雖信美非吾土兮，昔之人所以登樓而横涕。嗟三畝之寬閑兮，豈一錐之莫置。畦西滋乎秋菊兮，墻東繁乎春薺。晚食可以當肉兮，徐行可以當騎。冬裘夏葛苟不完兮，寧紉荷而製芰。效鹿門之偕隱兮，逝僊游而卒歲。辟纑猶可以易粟兮，吾豈從墦間之祭繁。古人之不食兮，獨貿貿然而蒙袂。事有感於予心兮，聊抽毫以寫志。

宋　吕本仲《臞菴》（《吴都文粹》卷四辑）　伊洛富山水，家有五畝園。花竹繞瀍澗，不讓桃花源。清時足真賞，啟門開層軒。一朝行塵暗，故家希復存。莽蒼走萬里，始及吴市門。菴廬據形勢，水壺貯乾坤。亭榭著仍穩，不見斧鑿痕。至人更超邁，雲夢八九吞。植杖邀我坐，笑語清而温。坐令車馬客，稍識山林尊。

宋　鄭獬《鄖溪集》卷二五《題關彦長孤山四照閣》　湖山天下之絶境，羣山繞湖千百重。碧笋四插明鏡外，此閣正落明鏡中。緑波一穗掃沙尾，擁門盡是紅芙蓉。清香斷處接蒼靄，緑蘿攀樹登高峰。當軒不置窗與檻，湖光山翠還相通。側耳似聞天上語，接手便欲翻長空。忽疑躍入畫屏上，但覺毛髮生清風。光景動蕩失天地，直與顥氣争雌雄。君何容易得此處，著意鑱鑿由天公。西湖雖然多佳境，游人到此景遂窮。昔日郎官退居此，足踏藤履手攜筇。時陪金壺宴親舊，船飛兩檝如歸鴻。溪魚鮮白玉膏脆，林果紅熟燕脂濃。揮弄清泉倚蒼石，當時即是神仙翁。又況諸子盡奮發，緑袍照爛時相從。我來登覽但歎息，有家不得居江東。至今此景常入夢，尚有清氣留心胸。屢蒙書尾追拙唱，强臨紙札誠難工。湖山有靈必見笑，便與棄擲無留蹤。直須收拾買鄰舍，兄乎異日能相容。

宋　蘇轍《欒城集》卷三《傅欽之學士濟源草堂》　聞有高居直百金，西山南麓北山陰。園通濟水池塘好，花近洛川顔色深。人去節旄分重鎮，客來猿鶴感幽吟。潩溪雨過西湖漲，歸興蕭然定不任。

又　卷六《游城西集慶園》　送客城西客已遠，歸路北池接南苑。冰澌片斷水光浮，柳綫和柔風力軟。繚牆朱户誰家園，流水平畦春日淺。禁河分溜一池足，洛圃移花百金賤。飛甍斤斧聲未絶，翠柏栽培影初遍，傍人笑指高臺處。前年適見荒榛滿，金錢力奪天地功。歲月未多風物换，人生富貴無不成。都門坐置山林觀，暖風遲日時一到。早出莫歸應未晚，主人最貴稀出城，長使憧憧路人看。

又　卷一二《和毛國鎮白雲莊五詠》　**掬泉軒**　卜築高深已有山，起居清潤可無泉。穿牆白練秋聲細，照屋青銅曉色鮮。已放魚蝦嫌跳擲，更除蘋藻任漪漣。只應明月中霄下，長共禪心相向圓。

平溪堂　清溪似與隱君謀，故入堂前漫不收。盥手從今休汲井，浮觴取意便臨流。花漂澗谷來應遠，石激琴箏久未休。莫把朱欄强圍繞，山家事事要清幽。

眺遠臺　山似高人長遠人，不登高處見無因。築臺土石無多子，照眼峰巒得許新。陣馬奔騰時絶遠，風濤舒卷忽無垠。白雲自是逃名處，猶恐此中藏隱淪。

濯纓庵　臨池濯足惜泉清，纓上無塵且强名。横木爲橋便獨往，結茅依島類天成。往還漸少人誰識，寢食無爲身轉輕。有似三吴朱處士，釣魚誰與話西征。

白雲莊偶題　歸去攜家住白雲，雲中猿鶴許同羣。陶公酒後詩偏好，疏傅金餘客屢醺。芒屩潛行遂漁釣，壺漿時出勞耕耘。却看人世應微笑，未熟黄粱晝夢紛。

宋 李復《潏水集》卷七《久翠堂辭》　樊川先生作堂於居之後圃，列植松竹奇石，以久翠名之。予歌以長言，雖度荆郢沅湘之音，若夫露才揚己之輕淺，懷憂積怨之鬱拂，則非予之意，姑窮物理以發學者之思焉。其辭曰：

矗修城之峨峨兮，連北斗之寒光。眷東南之奥窔兮，占雲水之佳鄉。地靈勢勝兮，多神異之蟠藏。散清飈麗氣兮，虚徐容與上薄而飄揚。偉先生兮冠切雲之崔嵬，而佩淋漓之干將。决居於詹尹兮，爰經緯於陰陽。敞修門於前櫨兮，容結駟之煌煌。屬高興於後圃兮，以久翠而名堂。維東蒙之客悵悵其來兮，將前揖乎聲光。躡屩擔簦兮進造而升堂，負劍辟咡而請曰堂。胡爲乎嘉名，先生其玩物而營營？亦寓意於象兮，非謂動喜氣於心靈。此不敏之所未喻，願破頑瞶於新硎。先生儼兮高視而澄神久收，聽於冥默兮反照於無形。忽囅然而笑曰：客久潛於石壁而業其白也，何心藏於密而未能轉乎物也？嘉蔭錯其交紛，清吹激越乎九成，舒張奮迅兮蒼虬振鱗鬣於碧海，森植亭峙兮翠羽羅幢節於仙庭。搴春英兮粉黄，脱秋實兮琳圓，湛露兮的歷，女蘿兮連綿。聳標槩不可以屈揖兮，惟有松之如此而非羣木之所可比焉。春萌兮錦齊，秋根兮虺伏，萬本叢聚兮三軍被甲而環衛，孤根特生兮幽人守志而自足。聲蕭蕭兮動淒清之晚風，影矯矯兮照澄溪欲化而爲龍。蓊壅鬱密兮繁雲凝嵉而未落，崩播披靡兮怒帆揚旆舞海而翻空。是乃竹之姿致，而非凡草之所可擬容。登崑崙之危岑，探閬風之玄圃。踴立奔攫怒戲蹲伏兮，麒麟才生而頭角未具。渾重質厚竅鑿洞深兮，混沌不死而見夫太古。潤兮寒雲之根，清兮秋水之骨，妍醜雜露兮石之所自有。兹皆世俗之所喜，非吾之所取。若夫受天地之正兮，居歲寒而後凋，氣嚴色毅兮，若冠劍大臣正議而立朝下。視衆木紛紛兮隨炎涼而榮辱，此特有傑然之異質兮，然後知松仰而彌高。理必直兮節不可渝，性必正兮心合於虚。含千歲之嘉實兮待威鳳之銜圖。顧凡荄之冗末兮，然後知竹非俗目之所娱。敦大静重物不可移兮，有仁者之體；堅剛沉毅勢不可回兮，有義士之氣，此又石所可畏。在昔之有德私淑諸人兮，嘗欲造次顛沛不忘於心。立欲參於其前兮，在輿則見倚於其衡。以出入無時兮慮易喪其天，君故刻於几杖盤盂兮，而又書之於紳。然言不足以盡意，不若立象以盡意，俾學者目擊而道存。蓋道不問於瓦礫兮，當窮理於冥冥，吾於三物非苟以爲玩也。以學者來游兮日三省於其身若租龍以大夫封五松兮，子猷稱竹以爲君叔寶，喜臨春之石兮爵之爲三品之臣。彼徒愛賞之至兮，不知天德發乎萬物之情。雖尊崇之過兮，皆喪志而無聞。昔韋弦有警於緩急兮，冰蘖有警於貪昏，皆取諸物兮庶幾去惡而趨純。吾思與人爲善兮列斯物於廣庭，非以爲頑然無知兮而視之爲友。生子當觸類而思兮，觀六合之内，動植巨細，皆有妙理之存不。敏起而謝曰，予將澡濯汙冠之纓，振拂緼袍之塵，誅茅開徑卜與，三益之爲鄰。

又 卷九《西崦人家》　處陰體生疴，居高地多風。結廬西崦間，温清適炎冬。長楊帶疏籬，緑畦分西東。門前澗水流，繫柳横橋通。汲淺泉更甘，種沃年長豐。生理左右足，家有百歲翁。乃知淳朴全，能完造化功。何必濟淥河，晏寢玄華宫。

又 卷一一《和游趙韓王園》　剥剥啄啄初叩扃，主人立門雙眼青。籃輿遽下屏徒御，脱帽解帶風泠泠。倦思經時一日縱，乍離涸轍游滄溟。靚深曲折任吾向，度橋繞徑足不停。芍藥晚花猶泫露，櫻桃滿樹垂繁星。萬竹森岩擁幢蓋，蒼松夭矯呼風霆。空嘆春時不得到，枯香落蒂今飄零。徙倚歷覽意稍滿，自具野飯追淥醽。却呼主人坐對酌，脯醢間錯魚鰕腥。共歎羈韁鮮休暇，一餉聊爾消沉冥。病餘量隘不禁醉，騎馬歸舍猶未醒。解衣拂榻欲假寐，傳呼有客來造庭。

宋 鄒浩《道鄉集》卷七《次韻德符曾家池上》　涼雨霏霏肅徑沙，芰荷無數擁烟霞。幽人不受市朝挽，竟日池邊藉落花。

庭前葉下風蕭蕭，暑氣不敢憑虚驕。青天碧水與君共，他日謫仙宫錦袍。

真樂油油波底鱗，相從歘歘波上萍。雁奴燕子社前後，玉樹鮮風吹晚庭。

又 卷八**《曾氏北園》** 浮雲不傍此庵來，竹静幽蘭一笑開。若處鮮鮮解人意，等閒冰破作春雷。

藕花蓮葉弄晴暉，長記君來作好詩。我亦池塘興不淺，若爲相望北風時。

江禽插頸夢初成，庭樹横烟晚更輕。已恨重城落吾事，更堪明月向人生。

十年不折江南春，亭下雙梅是故人。憑仗開時屬青翼，已判飛雪滿懸鶉。

又 卷一一**《過張雲卿所居》** 發石誅茅古道邊，儒家清占静中天。數番雨水添塘水，滿目紅蓮間白蓮。望處蒼龍蟠遠岳，坐來朱鷺舞祥烟。我心本在風塵表，偶此相羊更豁然。

宋 賀鑄《慶湖遺老詩集》卷三**《游靈壁蘭皋園》** 集賢張校理治此園以奉親，因名蘭皋。戊辰二月，予舟行次靈壁訪張氏子碩，于園中諸亭壁間得故人東萊寇元弼三四詩，因繼題十八韻兼簡元弼。

集仙昔榮養，卜築循蘭陔。深徑萬株合，清池百畝開。飛梁蔭菡萏，攢棟跨崔嵬。淮海斸紅藥，瀟湘移翠栽。岱松佩蘿蔦，海石糊莓苔。車馬遠驚聒，魚鳥忘嫌猜。

病客倦舟楫，尋春此裴徊。閏年物候遲，前日已聞雷。薄景未曦雪，東風新破梅。主人京洛舊，杖屨容參陪。指我艮隅地，方營秋月臺。眼明壁間字，醉墨題東萊。短句頗絶，早推能賦才。殷勤卷白苧，為爾拂塵埃。安得一攜手，更傾林下杯。酒闌話平昔，豈復顧形骸。行役浸相遠，人生信悠哉。薄暮重回首，長哦歸去來。

宋 謝逸《溪堂集》卷一**《王立之園亭七詠選三》** **漱醉亭** 我家北斗南，卜居近山塢。浚井得清泉，鑿地不擇土。京城井鱗鱗，厥味半甘苦。誰知城南園，有泉白如乳。門前車馬喧，客醉日亭午。呼童轉轆轤，銅瓶掛修組。漱齒得甘涼，如風滌煩暑。心清談辯駛，舌端灑飛雨。但恐醉復醒，君眠客不去。

大裘軒 小人拙生事，三冬卧無帳，忍寒東窗底，坐待朝曦上。徐徐晨光晞，稍稍氣血暢，薰然四體和，恍若醉春釀。此法秘勿傳，不易車百兩，君胡得此法，開軒亦東向。蘇公名大裘，意豈在萬丈，但觀名軒心，人人如挾纊。

冷然齋 枕簟置一榻，几杖置一筵。掃室浄如水，洗心學僧禪。何必快哉風，襟懷自冷然。是身豈無垢，要以道洗湔。儻不念清凉，恐爲煩暑纏。雖居土囊口，内熱如烹煎。我自悟此理，三伏扇可捐。定知與列子，相友以忘年。

宋 程俱《北山集》卷一**《過劉姓園居》** 負郭三頃稻，並田五畝園。人生如此足，安用華其軒。親戚居南陌，交游在東村。有酒輒共醉，傾輸見情言。三徑雜桃李，九畦蒔蘭蓀。黄柑百頭奴，碧梧萬支孫。山供景無盡，石映溪不渾。桑麻中饋任，布刈鄰翁論。下以活妻孥，上以奉清温。時從赤松子，亦訪吴市門。嗟我抱此志，十年若朝昏。家山眇天末，松菊豈復存。兹園臨官道，坐笑車馬奔。前山復場圃，疏築隨坳墩。我來適春穠，亂眼紅青紛。怳然動鄉思，夢寄東飛雲。

又《題張大丞明園亭》 京華真陸海，聲利之所闤。向來山林士，往往去不還。濡足未肯已，没身何足歎。張侯翰林客，金龜著朝班。生平用一指，談笑起廢殘。紛紛多盧子，名譽莫敢攀。五十未云老，幡然歸故山。歸來謝奔走，治此五畝園。養樹如養生，斤斧不浪干。醫花如醫疾，察標見其源。上有十圍木，蓊然午陰寬。下有百步荷，紅鮮映清瀾。爽氣日多佳，西山挂檐端。安能九衢内，髀肉磨韉鞍。我今坐奇窮，進退坎井間。違己恨紆轡，長饑思抱關。當時彭澤令，四壁唯瓢簞。折腰未爲辱，徑去曾無難。而我亦何者，栖栖猶强顔。

發蒸菌，自可當憂鼈。馬蘭亦芳脆，人莧固凡劣。晴朝當去炙背，俯僂事挑抉。家人各盈襜，汲井手自挈。滿炊太倉陳，侑以冬葅冽。盤中長闌干，置饋每虚撤。恨無穳龍苞，此味那得闕。長謠青青槐，饞液想庭樾。妻孥覆相誚，男子志勳烈。君非老浮圖，菜本可長齧。况兹閑草木，豈爲刀七設。乃翁笑摩腹，萬事付一吷。此中有真趣，勿爲兒輩説。

又 卷六**《得小圃城南用淵明歸田園居韻》** 城南美林壑，城上皆青山。山光照庭户，於此可盡年。穰穰千古區，化作魚蒲淵。秋蕖渺無際，紅鮮間田田。邂逅得小隱，連山在其前。流泉帶其左，松篁接風煙。它年營把茅，不待雪滿顛。寧圖五鼎食，坐失十載閒。願比小人腹，一飡期果然。

又《和蔣尚書園第新亭二首》 千尋屹冰臺，一室穿瓮牖。傷生定難遵，極侈固無取。兹亭挹空翠，勢出巨靈手。縱目雲夢區，時來賦烏有。空翠亭

羣山對西丘，突兀幾千歲。超然宇宙間，安用乘雲氣。松筠非小草，出處皆遠志。他年姚尚書，指畫要十事。柱笏亭

又 卷九**《章僕射山林》** 王子池臺跡已荒，年來華屋壓高岡。長林不礙

千山月，老幹猶含九夏霜。便覺平泉冠東洛，還依緑水記南塘。蝸廬却喜通幽徑，岸幘時來一嘯長。

宋 王灼《王氏碧雞園六詠》（《成都文類》卷八輯）　**露香亭**　北渚一帝子，洛川一宓妃。池有十種蓮，平生所見稀。纖穠各態度，紅白争光輝。我來亭上飲，夜久未忍歸。翁家采香人，但愛香滿衣。豈知清露濕，圓荷瀉珠璣。

鈍菴　俗子如錐利，達士如椎鈍。乘除付造物，多智反自困。君看菴中翁，漫浪出方寸。卧聽松聲老，行觸蘭芳嫩。謀身固未快，事過了無恨。今人豈辨此，勸翁慎勿論。

清室　碧鷄古名坊，奔騰車馬塵。那知小洞天，清絶欲無鄰。一室對林樾，四時禽語新。焚香讀周易，意得氣自伸。明月落杯酒，冷氣弄衣巾。寄語朝市客，聲利恐汙人。

鑑泉　分來何處泉，注此團欒池。有如大圓鑑，玉匣初開時。瑩然絶纖埃，萬象見毫釐。主人湖海士，曳杖日娱嬉。應照兩侍女，新妝弄妍姿。亦復照主人，鬢髮白絲絲。

凉樹　窈窕林影深，滄滄波光冷。異哉濁惡世，有此清凉境。側身朱欄上，風煙得幾頃。嘯聲出奇響，疑在蘇門嶺。荷香遞遥馥，如窺太華井。要須從翁游，岸巾閒日永。

層蘭　仙翁有蘭癖，肆意搜林坰。負墻累爲臺，移此萬紫青。九畹與九層，異世皆可銘。收拾衆妙香，逍遥醉魄醒。隱几光風度，開簾皎月停。門前勿通客，翁續離騷經。

宋 孫覿《鴻慶居士集》卷四《右丞相張公達明營别墅于汝川記可游者九處繪而爲圖貽書屬晉陵孫某賦之》　**滄臺書堂**　松根絡斷崖，石脚泫細泉。書堂何代育，故物尚依然。右丞今摩詰，尚友千載前。神交夢仙舟，地勝真輞川。散策塵外躅，脱履區中緣。杯樽酌花鳥，一醉藉草眠。

泊湖潭　藹藹竹樹交，一潭蔭寒青。已無黿鼉汙，尚有蛟龍腥。林踈泛月彩，艷艷一鏡平。我心亦如此，炯炯珠夜明。意行魚共樂，坐穩鷗不驚。更欲漱吾齒，不掛功與名。

蝦蟆石　樹公磔蛙死，墮地化爲石。魁然此江郊，面帶蒼烟色。葱蘢一拳青，凝湛半篙碧。猶疑老蟾窟，尚吐月中液。我來蹈其背，坐睨倚天壁。鼓吹不復鳴，烟雨空寂歷。

多寶院　穿雲訪幽伴，倚枝蒼崖根。冥冥篁竹中，古寺松爲門。野僧營一飽，乞食山下村。擁鼻且獨謡，未覺釣石温。世事風雨過，歲陰波浪奔。飄然得遠游，寄此五石尊。

梅仙潭　潭潭雲幕垂，杪樹秋磬發。飛仙駕青鸞，通籍在金闕。遥見切雲冠，尚想凌波襪。殷勤小梅花，獨照黄昏月。生綃濕香霧，翠袖卷烟雪。忽然東風惡，一夜吹石裂。

金石臺　層臺接叢霄，東西鬱相望。地靈鍾神秀，人物擅一方。相居踐台斗，争雄兩巍卬。倚薄雲雨近，蔽虧星月光。陳迹恍如接，尊名綴前芳。獨有真男子，平生盛孝章。

懷賢庵　佳人去何之，歲月忽已逝。懷人昔孟光，問道今法喜。百年草頭露，一夢月中螘。見此兩足尊，感動淚如洗。區區記刻舟，兒嬉亦漫爾。永絶三生緣，付此一彈指。

翠積樓　嶒棱倚高寒，突兀擅空闊。江横碧羅帶，山斷青玉玦。湛湛清不摇，霏霏翠如撥。松溪奮蒼鬣，苔石换緑髮。陰森揉肌粟，蒨絢亂眼纈。憑欄送落景，一鳥烟中没。

甘坡莊院　張公卧江海，戢羽如鵬蹲。平生廊廟具，投老三家村。一壑身所寄，萬里心自存。買花紅間坐，種竹青滿門。似聞橘生奴，漸見桐有孫。提壺時見招，一笑空罍尊。

又 卷五《寄題宜陽山周氏隱居五首》　**妙光菴**　孤烟抱水村，落日滿雲樹。亂山如連環，楊柳是門處。青繚竹谿灣，翠點苔石路。鍾魚寂無聲，白日掩僧户。苔盌酌雲腴，香篆擢煙縷。坐穩不知夕，炯炯山月吐。

佚老堂　浮生知幾何，聞道苦不早。過眼電掣雲，轉看露晞草。匆匆已解鑣，馬鬣翳蓬葆。夫君悟無生，不待鬚髮皓。朝行青谿曲，暮宿白雲道。柴門鳥跡絶，槁葉風自埽。竹間雨泠泠，花上日杲杲。坐對五大夫，自足休吾老。

柳塘漁舍　老來厭朝市，静占五百弓。山棱瘦如削，水面清若空。行穿萬蓋青，卧載一葉紅。黄甘千頭奴，白皃五尺童。銀刀貫翠縷，象鼻卷碧筒。一時百不知，漁父真家風。幽尋屬無事，散此九節筇。空濛水雲裏，端坐畫屏中。

環翠亭　樵磴盤蒼巘，漁磯俯碧潭。羣尖清染黛，一曲翠挼藍。冉冉松雲細，娟娟竹露涵。春風萬楊柳，綠影亂毿毿。

五秀堂 一幹中柴立，校柯擁四垂。定知三世種，已長五孫枝。端是神明力，非關雨露私。躊躇三帀繞，爲賦角弓詩。

宋 劉一止《苕溪集》卷七《次韻江西李相君七詠》 **雙蓮閣** 蒼梧雲隔漫烟波，露後誰憐泣女娥。會道洗空千古恨，石心今日奈渠何。

夢室 春院花香透白間，夢餘風景似蕭閑。只今是夢誰占夢，却笑澙山問仰山。

橘亭 種橘洲邊何似好，離離丹實門鮮新。千頭豈爲封侯比，留得芳香噀後人。

竹亭 公家愛竹傳聞舊，要看凌冬色不浮。日報平安何用許，至今好事想風猷。

蘭室 薝蔔同林一等香，芝蘭在室不知旁。而今閱世如翻手，底處交情有許長。

花塢 閩嶺風塵旋埽空，挽回春色到花叢。長紅小白參差見，便覺丹青入手中。

磬塘 曲塘如磬何曾有，坐想縈山更帶林。花圃夜來春雨足，漾舟應試一篙深。

又《題徐次游通判小隱堂二首》 遮藏得到中興日，觴詠仍陪小隱仙。一時藥籠召參术，何事全家傍翠微。勿謂小山招不出，太平須要隱人歸。曲徑畫欄春幾許，竹花人月四嬋娟。

又《寄題葉叔明盛圃熙春堂》 堂前草木自爭春，堂上妖嬈花妒人。年年歲歲春相似，不信風光有故新。

橋當窗檻月平鋪，一色寒光玉不如。橋下流泉來別壑，經春綠盡可藏魚。

宋 周紫芝《太倉稊米集》卷二八《寄題閻郎中家園亭四絶》 人間建業江山地，天上星郎水石居。擬作扣門看竹客，可能容我小踟躕。

嶺上孤松欹落照，水中花島散餘霞。人疑五柳先生宅，又似三堂刺史家。

築成涼榭初宜月，剪盡繁枝始見山。天亦料公閒未得，故教幽事頗相關。

屬玉雙飛下綠蒲，小溪分水照林廬。疏泉漫作江湖意，不種封君萬尾魚。

宋 陳與義《簡齋集》卷一三《竇園醉中前後五絶句》 東風吹雨小寒生，楊柳飛花亂晚晴。客子從今無可恨，竇家園裏有鶯聲。

海棠脈脈要詩催，日暮紫緜無數開。欲識此花奇絶處，明朝有雨試重來。

不見海棠相似人，空題詩句滿花身。酒闌却度荒陂去，驅使風光又一春。

三月碧桃驚動人，滿園光景一時新。牘傾老子尊中玉，折盡繁枝不要春。

一尊相屬莫辭空，報答今朝吹面風。自唱新詩與明月，碧桃開盡雨聲中。

宋 喻汝礪《草堂詩十二首選一》（《成都文類》卷八輯） 遠嶼曲洲縱復横，沙邊繁鳥美簾笙。一軒檐冷松陰合，十里林香藥草生。路轉斷槎逢石坐，風移深竹見僧行。晚來冲抱更清曠，時有幽人帶月耕。

宋 李光《莊簡集》卷二《成氏園》 八月晦，游城西成氏園。呈李子從并幕中諸彦。

泰和坊外成家園，花木幽茂泉涓涓。竹籬茅舍稱野逸，平坡細徑遥相連。青松翠竹晚色净，紅蕉素槿秋争鮮。幽禽頡頏樹蒙密，古木夭矯藤交纏。嗟予與子成二老，登山臨水追少年。幕中羣彦盡豪俊，小兒亦許依紅蓮。焚香隱几如逃禪，一枰勝負聊欣然。誰云嶺南瘴癘地，城西一壑吾欲專。

宋 李處權《崧菴集》卷二《撫松堂》 丈人居水南，未省價高索。平生丘壑事，長嘯天宇窄。舍傍五株柳，宛是陶家宅。舍南數畝園，似與人境隔。方須漉酒巾，漸喜扶老策。以兹不願仕，偶然似彭澤。青松手所種，撫之無愧色。都忘歲月徂，不受霜霰迫。是身等浮雲，術也可不擇。持此百年間，常恐中道畫。曠哉遺世情，遇我眼不白。問我來何時，胡爲久於客。我官亦易抛，行矣勿多責。方從倦飛鳥，望林整歸翮。

又 卷六《陪德孺游徐氏園池》 禽魚花竹静相參，溪雪融春青出藍。月下醉歸休秉燭，要將清夢過江南。

宋 郭印《雲溪集》卷八《雲溪雜詠并序》 予性嗜水竹，欲卜一畝之園而貧不能有。日經月營踰二十載，乃得今所謂雲溪者，過初望焉。雲溪直衡門，越官道不能五步，脩竹半頃。西瞰大江，各因其地爲亭爲橋、爲臺爲沼、爲虚舟、爲小閣。亭曰雙清，以其面揖清流、腋背叢篁也。橋曰浮翠，以其篬筤拱衛、下跨長溪也。齋曰虚舟，以其二水夾流如片帆之泛湖海也。野望空曠，遥岑隱隱，則曰遠色閣。春輪日飛，汀鷗時下，則曰忘機臺。沉潭不流，神物屢見，則曰龍淵。地勢突起，植蕙滋蘭，則曰蘭坡。其餘景物變態千狀，未可以一二紀。長林之表又有平陸，於是藝百卉樹衆果。目其亭爲和光，以示不敢離世異俗、膏肓於林泉者也。甫成，賓友來游，詰其所以命名之意，且索惡章，俾未治者觀焉。因得古律詩絶句十五篇，詞淺意陋，姑道其所見云耳。若責以詩人之義，予則有愧。紹興甲戌二月初，吉。亦樂居士郭印序。

入門何所有，彌望衹林泉。塵垢人間世，雲霞洞裏天。閒亭藏復見，小徑絶仍連。勿説桃源地，幽深自一川。

俗客尋常少，珍禽自在啼。一溪如練净，萬竹與雲齊。縱目心貪看，回頭路却迷。清游殊未足，日下小橋西。

好景發天秘，幽情得快哉。亭從江上見，路向竹間開。有客相將入，無人獨自來。芒鞋元準擬，和雨踏蒼苔。

門前車馬跡，籬内水雲鄉。分委江流駛，通幽徑路長。一池擎菡萏，萬竹聳篔簹。誰謂蓬壺遠，紅塵官道傍。

林園無俗物，滿目是琅玕，非霧晝常晦，不風夏亦寒。流塵終日背，歸鳥一枝安。但看青青節，肯隨黄葉殘。右雲溪五首

竹色琅玕立，花光錦繡舒。物情奚得喪，人意妄分踈。汙净川同納，媸妍鑑本虚。和光聊復爾，看取未形初。右和光亭一首

步屧尋幽勝，亭邊水竹饒。地令人事遠，江遣客愁銷。自是塵難近，誰云隱可招。洞天無別景，於此日逍遥。右雙清亭一首

小橋藏曲折，幽徑一溪分。旭日篩金影，春流展縠文。周遭無限玉，參錯幾重雲。覿面融真意，相知衹此君。

竹裏虹橋見，葱葱翠氣浮。枝交籠短岸，葉落赴寒流。索莫終年計，徘徊竟月留。清凉宜避熱，風色晚颼颼。

一到平橋上，蕭然净客心。兩邊風細細，四面竹森森。更喜清流駛，寧容畏暑侵。我來歸不去，日永鎮長陰。右浮翠橋三首

虚舟横沼面，窗户四玲瓏。絳宇三山上，青天一鏡中。夜深楊柳月，日永芰荷風。公退渾無事，江湖興莫窮。右虚舟一首

小閣供遐眺，凝眸萬景閒。江流連曠野，林杪出遥山。思遠憑欄外，吟成倚杖間。乾坤無盡藏，造物豈容慳。右遠色閣一首

道眼全無障，機心了不生。園亭如著意，物色豈留情。水鳥元相狎，淵魚自勿驚。超然忘我見，萬化各天成。右忘機臺一首

寒潭深百尺，潛物晦其真。雨施時爲潤，淵居每自珍。飛騰應有道，變化豈無神。直待功成日，驅雲上紫宸。右龍淵一首

生植依山谷，移根伴此君。叢中抽紫幹，幽處吐清芬。入室能俱化，同心自遠聞。靈均元不試，委佩楚江濆。右蘭坡一首

宋 程子山《草堂三首》（《吴都文粹》卷四輯） 地控三州界，池開十丈蓮。桑麻無杜曲，松菊有斜川。別浦歸帆遠，他山晚照妍。江河春水闊，幽興白鷗前。

待月凝雲處，垂竿釣雪灘。虚窗摇冷翠，傑閣聳高寒。籠養千齡鶴，爐燒九轉丹。不須論計事，心目自清安。

壁上烟蘿子，窗前鴻素書。短籬開窈窕，嫩竹轉扶踈。世事霜前葉，聲名澗底樗。柴桑陶靖節，日暮荷鋤歸。

宋 周麟之《海陵集》卷二《西園堂樹落成種植畢工偶成口號十首呈參政張公》 遁叟高眠石磴雲，鴟夷長泛五湖春。争如晝錦延華萼，同作商山四老人。

華堂迥出複城高，更買鄰園徹古壕。要展渭川千畝竹，賸栽錦里百根桃。

鈎簾待燕春風裏，把酒酬花夜月前。更啟西窗納清景，煙光如畫擁斜川。

城外青林可當山，横雲翠靄鬱孱顔。虚堂一枕林泉夢，如在煙霞縹緲間。

林花倒影落清池，池面春波泛緑漪。更築小橋亭上去，便成家世授書圯。

小谿深樹鹿呦呦，野鶴無聲蕙帳幽。風月滿亭供笑語，依然不減醉翁游。

草木青歸二月天，川原明媚發春妍。臨流忽見寒梅影，皎若凌波洛浦仙。

花梢日上雨痕乾，冉冉香風破嫩寒。眼底便知紅紫近，山茶先放鶴頭丹。

幽叢灌木便成林，準擬炎天百步陰。應許春禽樂餘蔭，鷦鷯穩寄一枝深。

水流映帶清漳宅，野望遲迴半月臺。只恐宫鶯阻陪賞，日邊便有鶴書來。

宋 何耕《賦雙流郭信可隱居詩十首》（《成都文類》卷八輯） **雲溪** 幽居定何如，頗恨未見之。主人向我言，喜色融雙眉。翛篁流翠陰，寒溪漾清漪。領略非一狀，幽妍發餘姿。空濛雨亦佳，瀲灧晴更奇。豈惟二江獨，意恐兩蜀稀。主人信妙士，得此固所宜。天公閟好景，授受各有時。豈無多田翁，偃蹇逝莫隨。素交懷老蒲，秀句紛珠璣。安得招歸來，爲君賦清詩。往者不可作，後生欲何爲。

浮翠橋 隔溪蒼翠各西東，架竹爲梁路始通。缺月鏬林凝净緑，斷霞明水抹殘紅。芒鞋步步幽深處，藜杖聲聲屈曲中。回首忽驚橋已遠，冷然身御圃

家飯隨野蔌。客至即舉詩，興來亦沽酒。清溪遶屋角，高木老未朽。翻翻荷見背，戢戢魚駢首。幽觀天所藏，勝踐我獨後。不因南軒君，茲游幾時有。爲君便買鄰，溪南好岡阜。我喜君亦狂，呼兒挈尊卣。一灑塵埃胸，快若苗去莠。夜凉佳月出，人影散箕斗。恨我當先歸，君能小留否。

宋 楊萬里《誠齋集》卷二九《次韻寄題馬少張致政亦樂園》 亦樂園將獨樂園，兩園誰窄復誰寬。似聞閭里溪深處，下有蛟龍水底蟠。黄帽已捐蒼玉珮，朱顔不借紫金丹。刺桐花發梅花落，安得乘風去一觀。

宋 朱熹《晦菴集》卷三 秀野以喜無多屋宇，幸不礙雲山，爲韻賦詩。熹伏讀佳作，率爾攀和。韻劇思慳，無復律吕，笑覽之餘，賜以斤斧幸甚。

高人山水心，結習自無始。五畝江上園，清陰遍桃李。一堂聊自娱，三徑亦可喜。試問避俗翁，何如尊賢里。

西山一何高，雲氣出寒麓。中有無事人，鳴泉遶茅屋。宴坐今幾何，無以媚幽獨。興至偶成篇，呼兒爲余讀。

我居深山中，茅舍破不補。上見風攪林，下有雲承宇。聞公落新宫，户牖不可數。懶惰心力衰，念公亦良苦。

青山背夕陽，茲景公所愛。虛堂日落時，遷坐一解帶。嵐分疑有處，鳥度知無礙。須臾暮色來，默默無與會。

又《伏讀秀野劉丈閒居十五詠選五》 **舫齋** 扁舟容與小房櫳，揺颺簾旌蜀錦紅。兩岸蒹葭秋色裏，一川煙浪夕陽中。不愁灔澦雙蓬鬢，未怯江湖萬里風。築室水中聊爾爾，何須極浦望朱宫。

龜峰樓 楊柳東邊桂樹西，小樓晴眺極霏微。山川政爾供凝目，塵土何妨略振衣。俯瞰桑田悲物化，閒披藥笈洞玄機。却疑欄外連穹石，似厭支床去不歸。

月波臺 潺潺流水注回塘，中作平臺受晚凉。四面不通車馬跡，一尊聊飲芰荷香。韓公無復吟花島，楚客何勞賦葯房。少待須臾更清絶，月華零露洗匡床。

秋香徑 門外黄塵没九逵，坊中叢桂長樛枝。三秋冷蕊從開落，終歲清陰不改移。幽逕祇愁空翠滴，濃香一任晚風吹。攀援却恨王孫遠，惆悵千林日暮時。

曲池軒 去年種竹長新篁，今歲穿渠過野塘。自喜軒窗無俗韻，亦知草田風。

寒碧亭 憑欄日日俯清湍，洗竹年年斬惡竿。十頃琉璃秋色静，一林竽籟曉聲寒。凉風有意生天末，明月無邊照水端。誰謂過清難久處，愚溪元自不相安。

遠色閣 小小樓居着散仙，淵明真趣本悠然。招呼雲月欄干曲，顧揖江山柱杖前。獨鳥倦歸翻落日，誰家晨爨起疏煙。根塵應接無留礙，笑殺胡僧面壁禪。

假山 空庭幻出小嶙峋，假外應須别有真。只恐話頭成兩橛，若爲融攝主和賓。

蓮塘 色香無比出西方，何物妖狐號六郎。手折一枝聊供佛，前身定是老柴桑。

龍淵 門前大江何渺漫，昔人飲牛水爲乾。水乾龍逝亦其理，近在咫尺聊泥蟠。魚蝦玩侮猿獺笑，縱有靈怪誰當看。德人問舍壓吾境，便爾築空相遮欄。坐令異類皆屏伏，恃有此耳差少安。却紆朱紱去監郡，遣我守舍良獨難。昨來過門恍如夢，龍致此語催歸鞍。先生不信反不笑，謂我饒舌狂豐干。

虚舟 君不見江皋車馬紛相送，巨艑峨峨舡載重。西南使者解官歸，水淺着沙牽不動。如君材具豈多得，合侍明光參法從。胡爲淺瀨著虚舟，頗肖胸中太空洞。問君此意竟安在，欲説向人誰與共。山林鐘鼎本同轍，繫岸截江隨所用。八窗窅窅净無塵，一水泠泠清可美。何當抱被過君眠，分破江天幽夜夢。

忘機臺 太虚生微雲，機事日夕繁。兼忘豈不佳，尚有忘者存。稽首老龐翁，妙處希一言。請觀臺上月，萬古無昭昏。

和光亭 枯木倚寒巖，三冬無暖氣。達人定汝笑，胸中太涇渭。不妨聲色海，徑造佛祖地。所以亦樂翁，花前時一醉。

宋 張孝祥《于湖集》卷五 陳仲思以太夫人高年，奉祠便養，卜居城東。茅屋數間，澹如也。移花種竹，山林丘壑之勝，湘州所無。食不足而樂有餘，謂古之隱君子若仲思者非耶？乾道戊子六月，某同張欽夫過焉，裴回彌日，既莫而忘去。欽夫欲專壑買鄰。欽夫有詩，某次韻。

平生交游中，此士故耐久。不折爲米腰，頗袖斷輪手。卜居並東郭，草草宫一畝。日課種樹書，箋題徧窗牖。花草當姬妾，松竹是朋友。上堂娱偏親，木有真香。林間急雨生愁思，水面微風度晚凉。却厭端居苦無事，憑欄閒理釣絲長。

又　卷四《墨莊五詠·冽軒》　窗開深井泉，窈窕千丈碧。何幸且淵澄，無勞遽心惻。

宋　張鎡《南湖集》卷七《桂隱紀詠并序》　淳熙丁未秋，僕自臨安通守以疾丐祠。既歸桂隱，遂捐故廬爲東寺，指新舍爲西宅，南湖以經其前，北園以奠其後，因枚立堂宇橋舟諸名，各賦小詩一篇，緣題述興，不拘一律，區區樂閒之心，聊用以自見云。

桂隱　未説花開好，團看葉自奇。明朝非願避，愛樹恐相離。

東寺　數舉營巢債，纔成作佛廬。隨堂展單鉢，均是道人居。

北園　地勢本居中，因湖別南北。三十六計中，吾今計爲得。

山堂　誰無數椽屋，葢成多是俗。如此亂山中，非關松石竹。

高寒堂　下瞰東鄰寺，鐘聲殷兩山。貪吟嘗忍冷，薄夜不知還。

安閒堂　不作風波民，已鑄赫胥印。同好豈無人，望崖行少進。

翠樾堂　寶畫光騰處，喬林更碧巒。權衡主人福，壓盡世間官。

清夏堂　夜月三杯色，晴荷十畝香。若教興世念，不甚覺風凉。

尚友軒　相別音書斷，相逢語話稀。平生膠漆處，正要世情疑。

煨芋軒　暖坐無寒涕，窗油雪讓明。地爐糠火熟，飽聽亂松聲。

殊勝軒　杜老詩中佛，能言竹有香。欲知殊勝處，説著早清凉。

傳經軒　香炷對清晨，微言得問津。所師非傳癖，手澤仰如新。

讀易軒　大易緣何有，難逃此問中。不從横畫會，爻象總能通。

詠老軒　因看上下經，便無煩惱事。慈儉不爲先，躬行五箇字。

真如軒　翠竹是真如，目前須薦取。恁麼做禪和，被人輓似鼓。

易容軒　世界無非我，心懷即是天。玉堂并草舍，何地不安然。

泰定軒　觸處天光發，何嘗離定中。問云誰散亂，又道主人公。

玩芝軒　陰洞親尋遍，燈驚蝙蝠飛。堅明敲紫玉，一似采時肥。

石林軒　濯濯何年有，先公手種成。至今搘痒虎，來認讀書聲。

俯巢軒　化國舒長日，林隈分外知。年年庭蔭匝，數遍鵲尋兒。

書葉軒　抛絮輕於柳，棲禽不待凰。題詩非勝紙，留詠托枝凉。

静賞亭　皁隸百輕肥，金朱彈丸篋。君方踞胡床，風掀緗册葉。

擁山亭　揜抱復回環，亭居紫翠間。思量天下物，誰更好如山。

撫鶴亭　立縞芳桂陰，置汝固已當。他年莫姓丁，止厠子侄行。

俯鏡亭　唤作大圓鏡，波文從此生。何妨雲影雜，榜樣自天成。

依緑亭　月出煙螟時，水調誰家唱。短櫂欲相尋，先經此亭上。

雲外亭　芒屨方疑濕，天晴逕又乾。由來雲在下，木杪是欄干。

沙際亭　小檝輕搖去，無人伴此翁。午煙青一點，魚虎出深叢。

鱸鄉亭　溪叟挈笭箵，曾來候此亭。未知余不殺，剛要著魚經。

摘霞亭　一片吹來錦，人言是杏花。倚欄堪把玩，勝似日邊霞。

瓊芧亭　莫羡海棠色，聽言著子時。驪珠千萬顆，撒向嫩桑枝。

綮金亭　柘彈黄金子，誰將滿樹裝。珍禽來往慣，風落不驚忙。

滿霜亭　疑駕洞庭颿，纍纍看繞山。花時芳氣潔，伯仲素馨間。

聽鶯亭　不向他園去，能來共竹林。故鄉知我念，特地奏秦音。

松橋　欲向松間去，梅西竹塢穿。莫言吟興在，風雪灞橋邊。

竹橋　新篁故蒙叢，惡草剛薈翳。删薙似少恩，成渠玉無際。

柳橋　初因橋種柳，却用柳名橋。桂隱從兹入，春風莫浪招。

平橋　橋向平邊度，風從闊處來。泠然旬五日，無去亦無回。

興遠橋　窈窕或崎嶇，不是邯鄲步。因來此憑欄，又送孤鴻去。

歸喜橋　半歲吏塵役，天書教放歸。思量難報稱，安穩飯和衣。

静樂廬　城市非無地，如何此結廬。一家耽静樂，兩個水邊居。

心足寮　聞道華胥國，依稀似醉鄉。近來參得透，睡穩不因床。

茂光臺　風日清美時，月露澄爽際。能來此徜徉，掃除聞見翳。

安樂泉　潛通大壑水，一杯千慮散。只因都放下，如執病得汗。

鵲泉　鵲飲樹底泉，人立石邊路。相親不相疑，所性平等故。

樵逕　路入前山處，蒼苔裹石棱。不逢負薪叟，時見隔林僧。

霞川　方舟卧看花，丹霞二三里。窮眼謝元暉，休言餘散綺。

檥蘋舟　玉立蜻蜓小，香欺漫港秋。百年清絶意，孤棹抵封侯。

宋　陳文蔚《克齋集》卷一四《新居六詠》竹林隱居　無才濟蒼生，竹林遠棲遁。中有聖人書，飯疏自無悶。

花堤　築堤環碧沼，種花仍滿堤。幽人日往來，非關桃李蹊。

半月池　池東如月弦，池西如月弓。池北千丈屏，倒影碧波中。

曲水　清溝知幾曲，花落流紅錦。何須浮羽觴，自可供杯飲。

克齋　燕坐焚清香，日永裊烟篆。妙處良獨知，功收物慾戰。

梅窗　緑陰初散池，今有入檐枝。開窗對瀟灑，歲寒惟獨知。

又 卷一六《和傅國開縣丞竹澗韻》　隨宜適意小軒亭，傍竹臨流取次成。地接園池山逕近，畦分花木四時平。秋風日有酒杯樂，徑石時敲拄杖聲。既有清灣堪釣月，可無一葉小舟横。

宋 孫應時《燭湖集》卷一五《梁山劉制參園亭》　劉侯家有相業堂，東都舊第城中央。劍南參謀今白髮，官班且復尚書郎。買田築室蟠龍下，閭門孝友師一鄉。好園十畝當道入，緑竹萬箇攙天長。池亭面勢各有趣，花木手種新成行。客來呼酒徑留飲，小鬟妙舞工持觴。人生適意但如此，何用塵土紛劻勷。我來度峽五十日，山深路惡神慘傷。眼明此邦萬石壩，况逢好事容徜徉。野鶴寮中最清絶，蠟梅水仙方弄香。爲公一醉出門去，祝公眉壽長康彊。

宋 蒙與義《臞菴》（《吴都文粹》卷四輯）　一島風烟水四圍，軒亭窈窕更幽奇。眼中泉石論溪買，行處壺觴逐境移。倦馬虺隤前日路，寒松偃蹇舊年枝。自嗟老去殊癡絶，一月春愁廢作詩。

宋 葉適《水心集》卷七《題張提舉園》　竹外萬雲合，荷心一雁來。若無歌舞鬧，應有鬼神猜。野岸鋤難遍，幽根暖易栽。前山未放入，好閣更南開。

宋 魏了翁《鶴山集》卷一《寄題雅州胥園》　胥君頎然來，錦囊背奚奴。探囊發詩卷，一一卿大夫。未識胥園面，詩卷自畫圖。掃石卧竹影，長鑱斸芋區。胥君於此時，林泉傲金朱。懶余本丘壑，誤被塵纓縛。每逢漫浪友，慚愧紅塵脚。會當尋兹盟，酬此一大錯。

又 卷八《題李彭州壄南亭》　花木精神面面全，誰將好景作南園。栗留枝上春風思，鵯鴂聲中晚屐痕。檐外梅馨兄及弟，檻前竹鶴子生孫。我今猶是數旬客，遇意恢時即打門。

宋 周密《武林舊事》卷五《裴園》　裴禧園，誠齋詩云：岸岸園亭傍水濱，裴園飛入水心横。傍人莫問游何處，只揀荷花開處行。

金 李俊民《莊靖集》卷五《沁園十二詠》　**熙熙堂**　眼前草木强争春，往日繁華一聚塵。山水中間賞心在，不知誰是肯堂人。

翠蘭亭　蓬艾叢深特地藏，游蜂何處覓幽芳。楚人大叚無分別，不識離騷傳裏香。

暗香亭　三兩横斜鶴膝枝，一朝須有返魂時。試看今後黄昏月，得以西湖七字詩。

七賢臺　放跡山陽志尚同，至今林下仰高風。欲將人物圖中看，恐過生前李衛公。李衛公焚七賢圖。

漱玉池　古人觀水必觀瀾，一滴涓流一滴寒。放取黄陂千萬頃，莫教龍口吐吞難。

江源亭有流杯　羽觴到處不容停，争看中流落酒星。彼此一時修禊事，未應人物愧蘭亭。

屏俗庵子猷别墅　世上無人可立談，眼前只有此君堪。當年借得誰家宅，疑是今來屏俗庵。

清暉亭　高山森似劍鋩立，流水平如羅帶舒。人在水光山色裏，笑渠潘閬倒騎驢。

富覽亭　天於萬物豈私我，領略風光天不嗔。自古山陽景佳處，盡都分付與閑人。

桃園　一時得意笑春風，不見春風滿樹空。老去惜花心尚在，爲君留眼看蒸紅。

意在亭　緑水古今流不盡，好山前後勢相連。適來荷蕢者誰子，應笑有心哉此賢。

涌珠泉　淵底睡龍徒有頷，沙中老蚌恐無胎。疾雷驚裂蒼苔地，迸出鮫人淚顆來。

元 耶律楚材《湛然居士集》卷五《河中游西園四首》　河中春晚我邀賓，詩滿雲箋酒滿巡。對景怕看紅日暮，臨池羞照白頭新。柳添翠色侵凌草，花落餘香着莫人。且着新詩與芳酒，西園佳處送殘春。

河中風物出乎倫，閑命金蘭玉斝巡。半笑梨花瓊臉嫩，輕顰楊柳翠眉新。銜泥紫燕先迎客，偷蘂黄蜂遠趁人。日日西園尋勝槩，莫教辜負客城春。

幾年萍梗困邊城，閑步西園試一巡。圓沼印空明鏡瑩，芳莎藉地翠茵新。幽禽有意如留客，野卉多情解笑人。屈指知音今有幾，與誰同享瓮頭春。

金鼓鑾輿出隴秦，驅馳八駿又西巡。千年際會風雲合，一代規模宇宙新。

西域兵來擒僞主，東山詔下起幽人。股肱元首明良世，高拱垂衣壽萬春。

元 陳樵《鹿皮子集》卷三《北山別業三十八詠》

大霞洞冬春居此洞　石林深處餘胡麻，幾度登臨送日車。雪到峰頭猶是雨，雲生石上半成霞。相看露下朝華草，不放春歸冷艷花。魏紫姚黄風捲盡，人間蜂蝶到山家。

飛雨洞盛夏居此流沫成雨中有小泓　蜀天萬里入東州，冷翠侵扉翠欲流。朱鯉有靈時上穴，白狐生火幾經秋。山中十暑寒猶在，潭上千年雨未收。昨日西林晞白髮，濕雲依舊滿貂裘。

碧落洞秋初入居此洞　灝氣翻衣露滿懷，人言天上我驚猜。近從月裏種花去，遥見鼎湖飛葉來。使我加餐有黄獨，爲人題榜是青苔。杖頭化作光明燭，願逐東皇下九垓。

蘿衣洞　蘿衣草帶護烟蓑，楚國狂夫尚楚歌。石影到溪千丈勁，藤痕入木八分多。泉分少白山中雨，衣取雲門寺頂荷。洞口樵人誰語汝，棋邊相遇懶相過。

五雲洞　飛梁壓水石苔蒼，洞口飛泉瀉石梁。屋上春霞常易散，雪中樹影不曾長。陰雲滿地晴飛白，雨蝶依林暗貼黄。裏夫容渾忘却，蓑衣日日釣滄浪。

巴雨洞　濕雲侵袂細泧泧，自灑蓑衣石上楓。海月長來飛雨下，仙家半入漏天中。石稜近水依崖長，山楝著霜連葉紅。却笑當年補天手，煉成五色竟無功。

梅暾石　篁竹瀟瀟暗水鳴，朝暾奕奕耿殘星。繁花無處分南北，明月何時厭死生。石樹裏雲長自濕，日華映雨半邊晴。霜晨露夕長來往，幾度攜琴鼓再行。

越觀在岩頂　吴根越角兩茫茫，石傘峰頭俯大荒。鳥道北來通禹會，雁程南不盡衡陽。雲移暫覺天河没，月暗不知松影長。天姥若耶他日事，明朝采蕺下山粱。

陳氏山林春日雜興　賸水殘山瘴海濵，一丘一壑可全真。月華雖死猶隨我，春色爲塵亦污人。石護生香成石乳，花連別樹作花身。他年終擬忘名氏，碣石桐江理約綸。

溪亭　百尺層崖接翠微，潭空石影曉離離。雲隨白鶴翔千仞，月與青猿共一枝。不信水深騎赤鯉，曾因夢裏殺黄鸝。芳洲翠羽無人拾，自補山中白接蘿。

醒酒石在少微岩下有窪樽　夢渴醒來賦楚騷，紛紅駭緑未全銷。樽空鸚鵡杯猶在，歌罷玕琪樹尚摇。夜久月方臨石上，雲低雨不到山椒。平泉池館吾無分，栗里微君或可招。

翻經臺　石函朱机曙雲中，雲散臺高萬象空。枝重有時來白鳥，雨殘無處著晴虹。血書貝葉三年碧，秋入羅衣半袂紅。幾度山人同聽法，翠微深處石池龍。

東白草堂　屋後茫蘿與水平，屋頭很石列爲屏。捲簾帳下雲先去，步月庭前樹欲行。白雨侵階渾是緑，黄童食柏久成青。如何庭下朝陽影，盡在少微巖上明。

望月臺在岩下　玉簫吹斷暮雲平，散髮臨風露氣清。尾見欲當南紀出，月銷半入楚天青。松高琥珀無苗茁，蟾老丹書滿腹生。桂子何年生石上，丹英零落樹冥冥。

銀谷澗空碧亭　水光山緑滿闌干，上有琉璃萬頃田。水鳥臨池青入羽，仙人唾地碧如天。雨添銀谷空中翠，雲是蒨桃花工煙。只有垂猿無倒景，有時弄月到亭前。

少霞洞山居　太霞洞口采金芝，千歲山南聽碧難。煮石鼎中饒緑蘚，封書函外有丹泥。度關僧寄娑羅樹，入市人傳木客詩。又抱瑶琴向陰洞，青禽啄碎碧梧枝。

圓谷澗　雲在闌干葉在庭，瓢中無樂事飛騰。丹霄有路星辰近，明月無根日夜生。滿袖天香和夢冷，半村雨色傍林青。仙人約我瓊樓上，只恐月中秋更清。

少霞洞　煙霧霏霏濕麝煤，文生緑硯硯生苔。天風拂地鳳笙下，楚雨入吴龍女回。石壁水花泉湧出，海棠春色鳥銜來。洞天只在風塵外，門外游塵拂不開。

圓谷澗　水樂聲中共夕涼，雪花片片灑衣裳。山中古樹如魚大，水上游絲似綫長。柳絮散爲萍梗紫，花根染作牡丹黄。自從西域神僧死，澗上無人識水香。

少霞洞　柏葉山前緑石扉，濕雲墮地不能飛。青童卧護千年鹿，木客相傳一派詩。龍帶雨花臨硯滴，僧添槲葉上秋衣。山人晏坐青霞外，飲露飡霞度歲時。

泰素壇 竹死煙寒樹不榮，石壇千仞與雲平。春來天上元無色，雨到人間方有聲。夢入松風吹不斷，詩如芳草剪還生。陶山北望飛霞散，夜半有時孤鶴鳴。

招隱巖 何年積蓋與山齊，樹轉峰回草徑微。野火裂爲方解石，秋風不到寄生枝。誰來樹下看雲坐，半入人間作燕飛。箬笠岩前今净社，不須更草北山移。

紫薇岩在蘭池上 手種岩花對北峰，花間無葉紫茸茸。人行鳧雁不到處，家在鶯花第幾重。綠水值陰還又碧，青春著樹却成紅。紫薇莫入絲綸閣，且伴山中白髮翁。

北峰 皁閣山前小水明，甗峰無影樹亭亭。人從煙雨上頭立，詩到鶯花過後清。雲傍樓臺低地碧，天將草樹染春青。名山何事窮幽僻，臨水登山已稱情。

石甗峰 柏葉山前鶯亂啼，小樓西望石離離。北峰雲出何曾斷，東郡山凡不解飛。蘿蔦相扶枝着樹，蟾蜍不死肉成芝，黃粱夢短風塵暗，不是山人好食薇。

飛花亭 昨日朝華照夕曛，又看夕秀比朝菌。松高猿見古時月，花晚鶯添幾日春。盛露囊中封臈藥，無塵袖裏裹吴雲。人間何用春長在，只愛飛紅日日新。

水亭 少鳳穿花照水盟，水禽銜浪動軒楹。雲從薜荔衣中起，雨向玕琪樹上生。曲水傍人流白羽，嬌花無語答黃鶯。澗中日與山中日，同上晴窗各自行。

清涼臺 水邊石影覆松亭，洞口飛雲細細輕。花重只因雲下濕，草寒誤向影中生。好風入夏傳芳信，片雨隨雲度月明。不用破瓜沉綠李，自從雲後有餘清。

忘憂閣 宜男葉上幾飛螢，夢畢醒來笑倚楹。天外唾如雲樣碧，江南春與草俱青。鐺寒已喜松丹熟，燭盡只消華艷明。無喜亦無愁可解，山人投老竟忘形。

南軒 石上菖蒲綠滿叢，石根水竹傍梧桐。人來此地見山碧，月未冷時如日紅。春水有聲通北澗，晚花無信誤東風。人間不是高寒地，那得春紅入夏中。

雲山不礙樓 飛花墮地柳依牆，很石侵檐逕草香。人道峽中無落月，我疑肘後有垂楊。庭虚只放溪雲度，水淺不妨松影長。却憶壺中天地闊，十洲煙雨正茫茫。

野芳園 桂子紛紛入我懷，海棠芳桂雪生葩。日移深澗松陰上，風引前朝樹勢斜。芳草無名多是藥，雲藤着紫不須花。牡丹未入曹劉室，元白歐蘇不用詩。

蘭池 空翠亭前露草繁，自栽蘭芷雜芳蓀。猿窺澗底風枝動，鶯踏花間水影翻。早就山林成獨往，晚從桃李學無言。國香只合依泉石，種向人間恐礙門。

空翠堂 蕉葉莪葵照檻明，山光入室雨初晴。平分天上無邊色，送盡江南未了青。息石長年依砌活，茯苓無種入庭生。亭西昨日林霏重，采藥歸來露滿庭。

山齋一名草易臺 幾夜山中作月荒，晨朝挾册傍初陽。懸崖種菊紅千葉，開户見山青一方。石上韋編原是竹，林中白露半成霜。春皇未畫非無易，石室遺書不用藏。

山園 洛陽池館半桑田，斷竹操觚日灌園。春日花連小東白，暮年草創大還丹。蕨薇自古猶長采，桃李于今竟不言。一徑桑榆隨地暖，兩餘苜蓿又闌干。

壺天在澗上 宫殿隨身信所如，寓形一室似樓居。神游八極皆吾土，天入三山不滿壺。雨夜無人共清月，水扉幾度種丹魚。山童長怕漁舟至，不放桃花下五湖。

鹿皮子墓 土蝕苔侵古瓦棺，化臺深鎖萬松關。坐看天上樓成日，吟到人間詩盡年。句漏無靈丹竈冷，孟郊未死白雲閒。江南春草年年綠，又向他生説鄭玄。

元 吴曾《吴書山先生遺集》卷三四《唐氏中山八景爲季雍賦》

山中芸室 歸林小築居，種草爲收書。簡香無落蠹，帙翠有乾魚。渾如周茂叔，庭蔓不教除。

溪上苔橋 蹊幽過者稀，梁道滑當磯。土花横跨水，石板潤生衣。不將題柱綠，留待駟馬歸。

瑶嶺朝嵐 崑崙西極巔，分勢氣衝天。光瓊初照日，暖玉淡煇煙。誤疑斑豹伏，霧裏隱金錢。

鏡池夜月 圓流暮魄淪，合璧洞光新。擬形如一匣，照影是雙輪。酒船回晚棹，宜與賀家鄰。

崇山積雪 冰花三萬重，結素在東峰。地尊銀步障，天削玉芙蓉。如何王逸少，不記永和冬。

靈谷明霞 英巨表空間，陽光色色斑。絳氣晨林出，丹文暮壑還。服食可仙者，對之怡妙顏。

幕阜生雲 羣峰縣對門，隱見日昏昏。形將山作幄，氣與石爲根。從龍灑絶頂，百里仰沾恩。

筆峰過雨 銛錐拔地高，新霽出林皋。龍歸雲是墨，兔濕潤生毫。書空如可動，大手屬當捺。

元 丁鶴年《鶴年詩集》卷二《九曲山房》 九曲園亭結構牢，畫圖誰爲重揮毫。蛟虬起陸巖巒秀，風雨號空樹木高。五夜神光通岳氣，三秋明月薦溪毛。瀧岡墓表情何極，手把栝棬淚滿袍。

明 高啟《大全集》卷一一《滄浪亭》 滄浪平，無風波之驚。滄浪廣，有風月之賞。吴興長史舊遷謫，買得此水，自號滄浪客。乘釣在北渚，榜船臨西洲。白鷗不來往，遺興誰同游。發清歌，弄清景，醉入荷花夢魂冷。天念儒臣去國冤，故與無塵水雲境。斯人去已遠，我來空復情。滄浪水雖在，不似昔年清。躊躇獨過亭前路，疏葦寒煙沙鳥鳴。

清 錢之鼎《研山園賦》（光緒《丹徒縣志》卷四引） 山擁江城，天開雲海，突兀空樓，其人宛在。此米老硯山之園乎，爲仲恭之別業。若虚左以相待，羌岳氏之有懷，復繕修於幽塏。事閱千秋，價增十倍。夫其左掩北固之嶠崪兮，危峰森其竦削。右控演軍之廣場兮，牧馬嘯以騰踔。埤堄屹其拱峙兮，互層岫之犖嶨。錯帆檣於檐脊兮，激湍浪以漗㵿。粉垣繚繞，畫棟礲斲。垂茄倒景，聯芝犖确。樹彩纈而張漫，石蓮瓣而成岳。睎平煙於渺野，延廬翠於蘿幄。而況雲陰墨瀋，塔影筆卓。遥空紙展，斷碣篆削。直盤桓乎容裔，騷幽情於渺邈。渺邈幽情，浮雲變更。韻事如昨，高風自清。緬元章之好古，袁拳石之峥嶸。停芳躅於京口，訪故人以郊行。叢薄隱曲，板橋齊横。疊巖遏牖，疏篁護檻。畫出樓臺，揭來何處。蒼茫煙水，聊慰平生。夫惟出硯山以相易，顔寶晉而爲名。蓋兹硯者傳自李唐之代，置於後主之軒。澄心堂啓，按曲譜翻。花萼攢簇，□蛟蜷蜿。濺九折之瀑，涵衆星之源。天闕一綫，霞標數痕。盤渦洄洑，陰霾吐吞。盤陀縈互，硐壑紛繁。三十六峰窈窕盈握，數百餘竅玲瓏可捫。代展轉以交嬗，至宋季而猶存。用增光於翰墨，爰取值於林園。原夫米老之居此，別有因緣，實深眷戀。始卜南郊，林巒峭蒨。莊名黄鶴，鄰依竹院。所謂「敝居丹徒，有漕河一帶，上皇山樵，得奇石一片」者也。兹乃山巖列障，江光如練。拂翠縣磴，摩崖作硯。鳥作鸜鴿，流目花合，芙蓉吐絢。徘徊於風窟雲房之際，舊雨應來。想像夫龍池鳳蓋之形，他山相見。肅衣冠於廳事，只須仰拜崇阿。裝書畫於船窗，那羨旁通老堰。老屋三間，荒蘆一灣。平蕪斷楚，落日煙鬟。藏春塢寂，多景樓閒。聽鸝館啓，洗焉橋環。英雄劍石空試，名士車輪未還。

雜録

宋 蘇軾《東坡全集》卷八一《與子安兄》 近於城中得荒地十數畝，躬耕其中，作草屋數間，謂之東坡雪堂。種蔬接果，聊以忘老。

又 卷一〇四《亭堂》 慈湖陳氏草堂，瀑流出兩山間落於堂後，如懸布崩雪，如風中絮，如羣鶴舞。參寥子問主人乞此地養老，主人許之。東坡居士投名作供養主。龍丘子欲作庫頭，參寥不納，云：待汝一口吸盡此水，令汝作。

宋 朱長文《吴郡圖經續記》卷下 范文正公義宅在普濟橋旁，宅之建舊矣。有西齋已百載，二松對植，扶疏在軒，文正公少長於此。及還吴，乃命齋曰歲寒堂，松曰君子樹，閣曰松風閣，賦三題以規戒其昆季子弟，其後遂置宅爲義宅。

宋 洪邁《夷堅志》戊卷六《太歲堂》 姑蘇張比部家極富盛，名園甲第冠於二浙。崇寧間，於後圃起華堂，前鑿大池，取其土以築堂阯。

宋 徐夢莘《三朝北盟會編》卷三一《靖康遺録》曰：是日籍王黼第得金寶以億萬計。初，黼賜於閶闔門外，周圍數里，其正廳事以銅青瓦蓋覆，宏麗壯偉。其後堂起高樓大閣，輝耀相對。又于後園聚花石爲山，中爲列四巷，俱與民間倡家相類。與李邦彦輩游宴其中，朋邪狎昵，無所不至。及至籍没，百姓争入剽掠，官不能禁，斬數人而後已。黼出城數十里至負固村，追斬其首，百姓謂之負固村云。《秀水閒居録》云：王黼作相，初賜第相國寺東，又賜第城西竹竿巷。窮極華侈，累奇石爲山，高十餘丈，便坐二十餘處，種種不同，如螺鈿閣子，即梁柱門窗什器皆螺鈿也。琴光、漆花、羅木、雕花、碾玉之數，悉如此。

宋 劉克莊《後村集》卷二二《雲泉精舍記》 休文游四方而歸築精舍，閣山中，面峰挹澗，手植葠、杞、梅、竹無數。

宋 周應合《景定建康志》卷二二 烏衣園在城南二里烏衣巷之東，王謝故居。一堂扁曰來燕，歲久傾圮。咸淳元年五月，馬公光祖撤而新之，堂後植桂。亭曰緑玉香，中梅花彌望。堂曰百花頭上。其餘亭館曰更展，曰顥立，曰長春，曰望岑，曰挹華，曰更好，左右前後位置森列，佳花美木芳蔭蔽虧，非復曩時寒煙衰草之陋矣。

又 古東園在城東東冶亭側面，東有堂曰鍾山，以其盡得鍾山之勝名之。近東有兩亭相對，南曰見墩，取其見謝安舊墩之意。北曰草移，取北山移文之意，乾道五年與東冶亭並創。

又 沈約郊園在鍾山下，約《憇郊園和約法師》詩云，「郭外三十畝，欲以貿朝饘。繁蔬既綺布，密果亦星懸。」謝朓有和沈《祭酒行園》詩。

又 卷八六《園亭·水竹院落》 在西林橋南，太傅平章賈魏公別墅。先是理宗皇帝御書二閣扁賜公，其一曰奎文之閣。公遂擇勝地，敞層宇，以荷上賜。閣之下爲堂，曰秋水觀，則今上皇帝宸畫也。圃於湖西者，大率多幽窈之趣。若俯浩蕩、眇空碧，非穿林越磴，意不得騁而快也。兹堂枕湖濆，左挾孤山，右帶蘇堤，皆若却立屏侍，不敢迫近。波光萬頃，與闌檻相直，無少障礙。鳳凰諸山舉頭參前，又有道院、舫亭等傑然爲登覽最。其一曰懋德大勳之閣，則揭於山陰里第云。

宋 周密《武林舊事》卷五《湖山勝槩·雲洞園》 楊和王府有萬景天全方壺、雲洞、瀟碧天、機雲錦、紫翠間、濯纓、五色雲、玉龍玲瓏、金粟洞天，砌臺等處，花木皆蟠結香片，極其華潔。盛時凡用園丁四十餘人，監園使臣二名。

又《南園》 中興後所創，光宗朝賜平原郡王韓侂胄，陸放翁爲記，後復歸御前，改名慶樂，賜嗣榮王與芮，又改勝景。有許閒堂和容射廳，寒碧臺，藏春門，凌風閣，西湖洞天，歸耕莊，清芬堂，歲寒堂，夾芳，豁望，矜春，鮮霞，忘機，照香，堆錦，遠塵，幽翠，紅香，多稼，晚節香等亭。秀石爲山，內作十樣錦亭，并射圃、流杯等處。弁陽翁詩云：清芬堂下千株桂，猶是韓家舊賜園。白髮老翁和淚説，百年中見兩平原。又云：舊事淒涼尚可尋，斷碑空臥草深深。凌風閣下槎牙樹，當日人疑是水沉。

又《甘園》 內侍甘昪園，又名湖曲，曾經臨幸。至今有御愛松，望湖亭，小蓬萊，西湖一曲。後歸趙觀文，又歸謝節使。弁陽翁詩云：小小蓬萊在水中，乾淳舊賞有遺踪。園林幾换東風主，留得庭前御愛松。

元 陸友仁《研北雜志》卷上 田承君有廬在亂山中。前有竹，傍有溪，溪畔有大石，前後樹以梨棗。日與二弟穿竹渡溪，倦則坐石上，或藉以草。葛巾草屨，詠而歸，足以遺老而忘憂。

又 蘇子美滄浪亭故迹，依然有甃井方石，上刻字兩行，云「滄浪亭奕局，慶曆丙戌子美題」。郡人陳伯雨有詩云：整履上飛虹，風高退酒容。葉黄翻亂蝶，樹老卧蒼龍。古徑秋霜滑，空山暮靄濃。滄浪棋石在，題筆暗塵封。子美墓在石門村。

明 程敏政《新安文獻志》卷八九《洪府君墓志銘》 初避宋末兵亂，移居覆船山下。逮府君始奉親還宅，故址鄰大道云。年四十，又於宅東數百步規園一區。決泉、開逕，手蒔名花、美竹、槐柳、果蔬雜樹其中。休則誦詩讀書，以詠歌聖賢之道，曰：用世非吾事也，吾將老是焉。

明 何良俊《何氏語林》卷二七 王宣徽拱辰於洛中營第甚侈，中堂起屋三層，最上曰朝天閣。時司馬公亦在洛，於私第穿地丈餘作壤室。邵康節見富鄭公，公問洛中新事。邵云：「近有一巢居一穴處者。」富爲大笑。

明 彭大翼《山堂肆考》卷二七《地理·園·曲水》 曲水園在開封府許州城北。有大竹二十畝，潩水貫其中，以入西湖，最爲佳處。宋文彦博爲守時買得之，賈昌朝來代，一日往游，題詩於壁：畫船載酒及芳辰，丞相園林潩水濱。虎節麟符抛不得，却將清景付閒人。

又《歸仁》 洛陽有歸仁園，在舊歸仁坊。廣輪皆一里餘。北有牡丹、芍藥千株，中有竹百畝，南有桃李彌望。唐牛僧孺置，至宋時爲侍郎李昉所有，搆亭其中。

清 孫岳頒等《佩文齋書畫譜》卷五〇（易元吉）又嘗於長沙所居舍後疏鑿池沼，間以亂石。叢花疏篁，折葦其間，多蓄諸水禽。每穴窗伺其動靜游息之態，以資畫筆之妙。

清 光緒《西湖志》卷一六 南園 《武林舊事》：在長橋南，光宗初賜韓侂胄，名南園。後復歸御前，名慶樂。理宗淳祐中賜嗣榮王，易名勝景。《咸淳臨安志》：「勝景」二字，理宗御書。《蓉塘詩話》：慶樂園，韓平原之南園也。有碑石卧荊棘中，猶存古桂百餘。《夢粱録》：內有十樣亭榭，工巧無二。射圃，走馬廊，流杯池，山洞堂宇宏麗。野店邨莊，裝點時景，觀者不倦。內有閣，名凌風閣。下香山，巍然立於前，非古沈却枯枿耳。

清 雍正《江西通志》卷九 三顧山在泰和縣南五十里。宋元嘉中，盧度隱此屋。前有池，其池魚以名喚之則次第來取食。宋徽宗時，蕭楚自號「三顧隱客」，嘗築讀書臺，以《春秋》授胡忠簡銓。没後，私謚「清節先生」。山中有洗馬池、龍潭、南巖、三竅泉諸勝，相近有山，曰雙鳳。以其兩峰相連，秀拔如鳳也。

又 卷四二 王鴻隱居，府志雩都縣南四十里爲霈巖，宋孝廉王鴻隱居在焉。鴻工篆籀，有泉曰龍光液，松曰甘露松，皆鴻表也。木樨巖在其下，有池曰霈塘。左涵虛洞，右釣魚臺。又里許爲墨煙巖，曲徑盤旋，松竹茂密，亦鴻所闢。

又 水竹幽居。《名勝志》：在篔簹谷，去寧都縣西北七里。宋儒曾興宗築修竹數十畝。翠篠蒙密，中有飛來、獅子二峰，翠巖、釣臺、瓢泉諸勝。朱子詩有《寄題梅川草堂》，即指此谷。

清 雍正《陝西通志》卷七三 胡相別墅 在樊川，元中書丞胡恭範年老致仕，於杜曲植梅竹，引泉鑿池，葺治賓館亭臺，以爲幽棲之所。

又 廉相泉園 元至元中，平章廉希憲行省陝右，愛秦中山水，遂於樊川杜曲林泉佳處葺治廳館亭榭，導泉灌園，移植漢沔，東洛奇花異卉，畦分棋布，松檜梅竹羅列成行。

清 乾隆《江南通志》卷三一 滄浪亭在長洲縣郡學東南。《石林詩話》云，錢氏廣陵王元璙別圃也。宋慶曆間，蘇舜欽得之，作亭曰滄浪，後爲章惇家所有，紹興後歸韓蘄王世忠，俗名韓王園。

清 嘉慶《長沙縣志》卷一九 易元吉善畫。於舍後開圃鑿渠，雜以亂石。叢篁、梅、菊葭、葦羅列其中，馴養木禽山獸。伺其動静，以資畫思，故寫動植諸物皆如生。尤喜畫獐猿，評者謂徐熙以後一人而已。

清 嘉慶《松江府志》卷七八 水西草堂 在〔南匯縣〕小蒸。田茂遇購書萬卷，築堂以貯之，顔曰水西。原其所自出也。按，鬑淵在水西築園亭，即元季高士邵桂子故居，掘地得奇石甚衆，名曰邵園。故王澐詩曰：藥欄花榭尚依然，奇石重開至正年。

清 道光《廣東通志》卷二二一 東坡故居在〔歸善縣〕白鶴峰上，宋蘇軾謫惠，卜居於此。《黄志》有德有鄰堂、思無邪齋、娱江亭、悠然亭及硃池墨沼。又有東坡井。紹興二年，虔寇謝達陷惠州，居民官舍，焚蕩無遺。獨留東坡故居，致奠而去。其思無邪齋，明知縣連國柱修之。

又 卷二二一 李氏山園在郡城南龍塘，宋瓊州安撫使李思純別墅也。臨江有閣曰瀞珍，今廢。

清 光緒《湖山便覽》卷七 南屏別墅 元錢唐莫維賢，字景行，別號廣莫子。好學能詩，雅尚標致。初卜居靈竺間，繞舍栽杏，號曰杏園。後復徙南屏別墅，日與騷人墨客游咏其中。列製二十一題，時人比之輞川。詳見《凌栢軒集》。

明代

綜述

明 劉基《誠意伯文集》卷九《苦齋記》 苦齋者，章溢先生隱居之室也。室十有二楹。覆之以茆，在匡山之巔。匡山在處之龍泉縣西南二百里，劍溪之水出焉。山四面峭壁拔起，巖蓴皆蒼石，岸外而臼中。其下惟白雲，其上多北風。風從北來者，大率不能甘而善苦，故植物中之，其味皆苦，而物性之苦者亦樂生焉。於是鮮支、黄蘗、苦楝、側柏之木，黄連、苦杖、亭歷、苦參、鈎夭之草，地黄、游冬、葴、芑之菜，櫧、櫟、草斗之實，楛竹之笋，莫不族布而羅生焉。野蜂巢其間，采花髓作蜜，味亦苦，山中方言謂之黄杜，初食頗可難，久則彌覺其甘，能已積熱，除煩渴之疾。其槚茶亦苦於常茶。其泄水皆齧石出，其源沸沸汩汩，瀄滵曲折，注入大谷。其中多斑文小魚，狀如吹沙，味苦而微辛，食之可以清酒。山去人稍遠，惟先生樂游，而從者多艱其昏晨之往來，故遂擇其窊而室焉。攜童兒數人，啟隕籜以藝粟菽，茹啖其草木之荑實。間則躡屐登崖，倚修木而嘯，或降而臨清泠。樵歌出林，則拊石而和之。人莫知其樂也。先生之言曰：樂與苦，相爲倚伏者也，人知樂之爲樂，而不知苦之爲樂，人知樂其樂，而不知苦生於樂，則樂與苦相去能幾何哉！今夫膏粱之子，燕坐於華堂之上，口不嘗荼蓼之味，身不歷農畝之勞，寢必重褥，食必珍美，出入必輿隷，是人之所謂樂也，一旦運窮福艾，顛沛生於不測，而不知醉醇飫肥之腸，不可以實疏糲，藉柔覆温之軀，不可以御蓬藋，雖欲效野夫賤隷，跼跳竄伏，偷性命於榛莽而不可得，庸非昔日之樂，爲今日之苦也耶？故孟子曰：天之將降大任於是人也，必先苦其心志，勞其筋骨，餓其體膚。趙子曰：良藥苦口利於病，忠言逆耳利於行。彼之苦，吾之樂；而彼之樂，吾之苦也。吾聞井以甘竭，李以苦存，夫差以酣酒亡，而勾踐以嘗膽興，無亦猶是也夫？劉子聞而嘉之，名其室曰苦齋，作《苦齋記》。

又　卷一五《菜窩説并序》　菜窩者，宗任彬之所以名其居室也。彬字宗文，少好學有識而未用，其居在處州府城之東門，每求予爲文，而恒弗得暇。今年予來京師，而彬亦以儒士貢爲工部主事，因戲作菜窩説，且以勉而進之云爾。

犁眉公謂東門子睩曰：子之居東門也井地十畝，既夷既壤，俯壕爲溝，倚城爲墉，藩以枳林，緯以蘖場。是蓋比如束鍼，錟若攢鎗，蛇蝎不能求其縫罅，蚍蜉不能爲之穴隙也。何不墾之以種樹乎？又何不耕之以藝稷黍乎？不然何不大爲之池，分北山之泉流，以養鱉與魚乎？何爲乎徒築陋室于其中，墼糞土以爲壁，茨以腐茅，蟦蝟是宅藉以瓦礫，羊蹄豕跡與鼢鼠爲主客。平明出門不馬不車，不贏不驢，以造他人之廬，呼朋命徒，左蹌右趨，談無用之空言，强相名而曰儒，坐視殷賑之腴，索爲蓬藋之區，不亦悲乎？吾聞燕秦棗栗，穰橙鄧橘。李梨薁鬱，秦杏周漆。柿桃柰楔，琬容琰質。椅桐栝柏，堅縝有瑟。桂椒萸椴，吐芳辞馝。木瓜榅桲，藷萸葛茐。叢蔓轇轕，彼挐此茁。或庸其材，或以其實。或黄如金，或赤如日。翹蕭遠條，可蜂以蜜。克勤厥營，苟獲其一。富擬封君，受天之秩。范子所至，穿池種魚。史傳貨殖，盛稱陶朱。八口之家，五畝之宅。墻下栽桑，足以衣帛。今子不士不農，不商不工。綴籍州庠，口體不充。人皆子嗤，子曷不懵。東門子睩聽之愀然，思之杳然，瞿然而作，再拜而作，立而言曰：公有言吾獲矣！而吾亦有知焉，請以復於公。吾將以藝稷黍乎？則古人一夫受田百畝而給，今將以五畝爲宅矣，則所羨不過二十之一，不能以不飢也。抑將以種樹乎？則近者非四三年不成，不知遠者又幾年乎？不可以懸吾釜而俟爨也。抑且爲池以畜魚乎？則我身畸耳，貸力於人，何日成乎？不可以暵吾肮而待汲也。今當種菜而鬻焉，尚庶幾哉可也夫！夫菜也者采也，君子之所采也，或謂之蔬焉；蔬也者疏也，食粱肉者之所疏也，君子所采而食粱肉者疏之，庶幾或者可以裕我矣乎！乃往訪于溪南之圃人，得膏土沃泉之術，蒐四鄙之菜，類其族而種之。買牛牯一牸二，鏺其萊蕪，芟去奥薉，拔其荄杜，阜翳獐而炪之，穿井於其四隅建桔槔焉。豬水有池，泄水有渠，或培或滋，或叢或奇，灌溉攸宜。或耘或耔，疏稠比稀，慈穉舉肥，根莖實荑，各隨其時。羅之離離，攎之菲菲。未浹旬月，而東門氏之童色澤如也，貌懌如也。窺其園則鬱鬱芊芊，入其門則盎然春温，有酒盈尊。他日犁眉公過焉，東門子睩御諸門，犁眉公笑曰：子亦足於斯而已乎？東門子睩再拜謝曰：吾願見公而有陳焉久矣。請坐於吾廬而爲公言之可乎？公曰：吾願也。東門子睩曰：公能悉識吾菜乎？公曰：未也。請之園而言焉，曰：始吾之不營是園也，漠乎其無思也。今吾之既營是園也，惟其所以壯吾址而厚吾生則非一日也。天地久其道而萬物生，聖人久其德而庶功成，士農工商久其業而百務貞。故植韭以爲之君，韭者久也，所以久吾生也，致久必慎其撥。故植之以葵，葵者揆也，揆得其道，則視明而聽聰。故植之以葱，聰達則得算多。故植之以蒜，蒜算也，算不失家必豐。故植之以豐，豐則彊矣；故植之以薑，薑强也，物大强則過剛，剛過則折，君子戒焉。故植之以芥，芥者戒也，戒事者思必苦，思苦則毒；故植之以荼，荼毒罹于中，而用力勤。故植之以芹，勤極則病。故植之以蒲，蒲痡也，病之劇也，病劇必弱。故植之以荏，荏柔而弱也，弱則薇矣。故植之以薇，微旰瘍也，旰微則羸其行。故植之以蕒，蕒者僂也，愈病必以藥。故植之以芍藥，藥攻病不可失其養。故植之以鞠，鞠養也，得其養而後蘇。故植之以蘇，蘇則起矣。故植之以芑，芑起必慎以保其後。故植之以瓠，瓠者護也，護不違乎道，則難舒而福生焉。故植之以芷，芷者祉也，引祉莫大乎育德。故植之以蓄，蓄必有濟，故植之以薺，薺者濟也，濟自近而之遠，自卑而底高也。故植之以菘，菘者高也，高極必窮。故植之以芎，窮慮窮者必早計。故植之以薊，薊者計也，吾朝而游焉觀其莘莘菁菁，可以悦吾目而暢吾情。夕而游焉擷其芳而茹其英，可以旨吾腹而曼吾齡，又可以究吾知而通物理，安得不悠然而永懷，怡然而自喜哉！夫吾廬窩也，不足以延長者，而長者肯臨焉。不可以不志，請名之曰菜窩，願公爲吾志之。犁眉公大悦，遂旅其菜，酌其酒，書其言而去。

明　金幼孜《金文靖集》卷八《澹湖八景記》　渝川距縣治一舍許，曰大港。平曠衍迤，沃壤彌望，風氣清淑，山水迴合，竹樹烟雲翁鬱秀茂，李氏世居焉。歷宋洎元，子姓蕃盛。有曰東湖處士者，始析居里之澹湖。又四世至仁齋翁，益廣其業。嘗覽其所居之最勝者，題爲八景，曰澹湖秋月，曰迴岡晴嵐，曰仰渡歸帆，曰株溪古木，曰美洲鴈落，曰匡嶺猿啼，曰大港雲耕，曰鴉灘雪釣。於是山水之清勝得於觀游者悉備於此。

明　劉球《兩谿文集》卷五《竹溪清處記》　去書臺南將半舍，有竹森如，有水迂如，有周垣疊宇列其中也整如。是爲竹溪清處，乃友人管縠厚所居也。蓋其澤潤根深，波澄而影映，蕩日光以上層竿，洗滌煩埃於既盡，則竹得溪而益清也。密篠覆流，積翠拂砥，塗潦消於根底，叢響而助其潺湲之聲，則溪得竹而益清也。至其軒豁几張，畫展在壁，書床棋局錯置左右，賓有容，主有禮，坐于垂陰之下，面迴流以娱神滌慮，誦説詩書，則清響足以助其吟笑，翠華足以滌其俗態，又不知竹溪遭人而清歟，人得竹溪而清歟？且清者違乎濁之稱，人之所難致也。故伯夷以道清，岩光周黨以節清，晉時士大夫以言清，皆見異於人，皆得流名于後世。縠厚欲取竹溪之清以自附於古清者之儔，固能違外世濁，不依徇乎流俗矣。況有子能力學，思顯其親，則其名豈不足傳哉。余嘗造竹溪，得其清處，故爲之記。

明　王行《半軒集》卷四《何氏園林記》　吳城與杭相去逾三驛，宋都杭，吳爲近輔地，衣冠舊家多居之。橫山公有别業在今閭邱坊内，人喚爲孟園。思陵常書城市山林四字賜之，可以想見當時之景象矣。宋亡園廢，釋某者得之，搆爲僧舍，謂之廣慈菴，土木華盛矣。洎吳内附，菴盡毁，爲棄地者十五年而屬之何氏。何氏，會稽人，居吳且三十載，醫其世業也。年開八袠，學博而得其要，術精而妙于用，已疾無留艱者。故雖字朝宗，莫或輒字之，惟稱可人翁焉。翁既得是園，積土爲邱，象越之曲山阿，蓋其舊所居處也，因即其名而名之曲山。山之左有礫阜，曰玲瓏山。山之麓有泉林，有茶坡，有按花塢，有杏林，有藥區，至於桃有蹊，竹有逕，涵月有池，藏雲有谷。而曲山之南，則將築爲丹室，闢爲桂庭。庭外爲松門。門之外曲澗繞之，石渠通焉。園之雜植龐藝，亦皆森蔚葱蒨，紛敷而芳郁，日以清勝。予總爲目之曰何氏園林。大夫、士之游觀者，咸謂變廢區爲佳境，翁亦勤矣，多詩以賦之。翁嘗與予步園中，笑曰：園之姓孟時，固不意爲僧居也。僧居之盛，安知爲棄地？地方棄，又豈期夫歸之吾，而獲大夫、士之歌詠哉。既往者如是，未來者不可知。丹室有成，足以安吾之暮景，餘則非所計矣。予聞而歎曰：翁真達人也。盛衰消息相尋於無窮，君子固不較也。然以孟之崇貴、釋之殷富，盛衰之理有不可違者矣。今翁之治茲園，雖多清勝而不求夫悉備，不至於甚盛，聊假之爲歌詠之資以樂其天爾，代謝曷從而致耶。

明　魯鐸《魯文恪公文集》卷六《己有園記》　敝廬之東鄰有地焉，由委巷隆然深入城中，自平地視之，高丈許。其上有古臺，自其地視之，又高丈許。臺曰夢野，《志》謂於此登望，可盡雲夢之野，故名。臺東下爲平地，稍南漸下而瀦水，以其在委巷又其半甚下，故静且野而易致。予緣病，得請買而治之，以爲休養之所。於臺之西爲屋數楹，兒輩及族子弟讀書其中，閣老西涯翁題爲「夢野臺書院」。於臺東平地植花木，以其色與開之後先相間，蓋終歲未有一日不見花者。又蟠水築而垣之以爲池，池頗曲，故以磬名之。林中向池爲草亭，吳東湖中丞扁曰秀芳。芳言花木，秀言池水也。池中有州如鳧，而鳧又嘗栖止，故名曰鳧洲。作草堂其上，堂名遂亦因之。堂西有紅梅，下覆釣石，彷李賀詩意，名紅雪磯。洲之南有磯樹間，曰午陰，貴其蔭也。洲北復有小洲，曰中臺，樹冬青、梧、梓，以桃、杏夾之。下罫平石，可據而坐且奕也。又其北復有小池，界以甬而橋其中，橋東西分種紅白蓮。將漁大池，登草堂，則小舟東西通焉。舟貯以屋水，立池東北隅。古臺之東，徇地勢爲闌。行松竹間，凡數折而下，迤邐出池上。菰蒲蘋蓼，芙蓉楊柳，魚鳧水蟲，色色不種畜而有，蓋具江湖之體而微耳。日未下春，則臺周竹樹便復蔽虧，池水皆陰，矯首西望，不得逕路，忽不知其非山林也。予病廢，幸從聖明得殘息，歸就水土。雖未即愈，已可無憂怖。每風日晴美，扶杖起行，藥時復陟降，倦則倚樹而立，藉草而坐。間聞好鳥語，取琴弄膝上和之。或從童子釣池上，月至則泛舟綠鳧洲，泊蓮渚，烹鮮舟中，屈碧筒以自飲，兒輩時以楚聲歌《遠游》佐之。醉輒就草堂卧，歸不歸皆得。臨池宜蔬，近畦宜魚。客卒至，水陸味具，不待謀諸婦可留也。自書院以東别設垣鐍，凡予入則童子反扃焉。人莫敢呼，雖呼亦復不聞。故池臺林亭諸處自爲一區，總名曰己有園，扁則吾友景前溪所題也。蓋吾材類樗，而今復病，是加之朽也。樗而朽，益無所用之。無用則吾其屬吾，而吾園始爲「己有」也。苟藥物能吾扶，孰使吾不樂？

明　徐獻忠《長谷集》卷八《水心園記》　喬子啓仁業尚經綸，志樂夷曠，欲營讀書憩息之所，乃西步林皋，緣迴溪，幾四里，得蔚然幽寂之地焉。歲在壬寅之秋，鳩工料材，斲土疊石，位置池館，藝植芳莂。其門巷陰森，多栽年柳，摇金蔭緑，寄以依依漢南之情。修篁萬挺，清風泠然。夏日移秋，晴窗聽雨，日與此君相對。兼之芍藥春葩，芙蕖夏采，老桂飄馥，蒼梧亭蓋，巖梅混雪，籬菊含霜，四氣呈珍，百昌耀秀，拊時育物，亦足以發其性靈，游居大化也。且廣庭空寂，危石獻奇，犀株玉樹，森列旁午，蒼雲翳目。小雨生潤，映帶于暮烟寒雨之中。而紫芝之堂，香霞之館，玟塢玉關之幽僻，采芳振衣之豁朗。瓊臺玉宇，小列蓬島。曲橋層榭，空接斷烟。潭池引水，漭爲壑谷。林扉印水，星河倒挂。忘言引興，魚鳥爲徒。則有「水心」之搆以總其勝，于是三徑悠然，二仲時至。琴書偶列，烟霞發秀。開卷興闌，則逍遥散步，偶得意興，則嘯咏自適。可謂蕭然獨寄，俯仰無累者歟。嗟乎，西蜀子雲之宅，南陽諸葛之廬，亦豈殊是哉。顧其養静專志，游心藝術，思出風雲，自甘幽絶，遠近聞之莫不歆慕。一旦龍騰雲興，依附景命，陸沉不返，真意俱忘，使山中之猿鶴空悲，桑乾之悵望何及。雖有北山之文，亦何待于王孫也。啓仁行將有珪璋之用，幸無忘幽貞之意。是爲記。

明　文徵明《拙政園記》（《珊瑚網》卷一五引）　槐雨先生王君敬止所居在郡城東北，分婁、齊門之間。居多隙地，有積水亘其中，稍加濬治，環以林木。爲重屋其陽，曰夢隱樓，爲堂其陰，曰若墅堂。堂之前爲繁香塢，其後爲倚玉軒。軒北直夢隱，絶水爲梁，曰小飛虹。踰小飛虹而北，循水西行，岸多木芙蓉，曰芙蓉隈。又西，中流爲榭，曰小滄浪亭。亭之南翳以修竹。而西出於水澨，有石可坐，可俯而濯，曰志清處。至是水折而北，滉瀁渺瀰，望若湖泊，夾岸皆佳木。其西多柳，曰柳隩。東岸積土爲臺，曰意遠臺。臺之下植石爲磯，可坐而漁，曰釣磯。遵磯而北，地益迴，林木益深，水益清。駛水盡，別疏小沼，植蓮其中，曰水花池。池上美竹千挺，可以追凉，中爲亭曰净深。循净深而東，柑橘數十本，亭曰待霜。又東出夢隱樓之後，長松數植，風至泠然有聲，曰聽松風處。自此繞出夢隱之前，古木疏篁，可以憩息，曰怡顔處。又前循水而東，果林彌望，曰來禽囿。囿盡，縛四檜爲亭，曰得真亭。亭之後爲珍李坂，其前爲玫瑰柴，又前爲薔薇徑，至是水折而南。夾岸植桃，曰桃花沜。沜之南爲湘筠塢，又南古槐一株，敷陰數匀，曰槐幄。其下跨水爲杠，踰杠而西，篁竹陰翳，榆槐蔽虧，有亭翼然西臨水上者，槐雨亭也。亭之後爲爾耳軒，左爲芭蕉檻，凡諸亭檻臺榭皆因水爲面勢，自桃花沜而來，水益微，至是伏流而南踰百武，出於別圃藂竹之間，是爲竹澗。竹澗之東江梅數百植，花時香雪爛然，望若瑶林玉樹，曰瑶圃。圃中有亭曰嘉實，有泉曰玉泉，凡爲堂一、樓一，爲亭六，軒、檻、池、臺、塢、澗之屬二十有三，總三十有一，名曰拙政園。王君之言曰：昔潘岳仕宦不達，作《閒居賦》自廣，以築室、種樹、灌園、鬻蔬爲拙者之政。余自筮仕抵今餘四十年，同時或起家至八座，登三事。而余僅以一郡倅老退林下，其爲政殆有拙於岳者，園所以識也。雖然，君於岳則有間矣，君以進士高科仕，爲名法從，直躬殉道，非久被斥。其後旋起旋廢，迄擯不復，其爲人豈齪齪自守、視時浮沉者哉！岳雖漫爲閒居之言，而諂事時人，至於望塵雅拜，乾没勢權，終罹咎禍。考其平生，蓋終其身未嘗覽去官守，以即其閒居之樂也。豈惟岳哉，古之名賢勝士固有有志於是，而際會功名，不能解脱，又或升沉遷徙，不得遂志，如岳者何限哉。而君甫及强仕即解官家處，所謂築室、種樹、灌園、鬻蔬，享有閒居之樂者二十年於此矣。究其所得，雖古之名賢勝士有所不逮也，而何岳之足云。所謂區區以岳自況，則聊以宣其不達之志焉耳，而其志之所樂，固有在彼而不在此者。是故高官膴仕，人所慕樂而禍患攸伏。造物者每消息其中，使君得志一時，而或横罹災變，其視末殺斯世而優游餘年果孰多少哉！君子於此必有所擇矣。徵明漫仕而歸，雖蹤跡不同於君，而潦倒末殺亦略相似。顧無一畝之宫以寄其栖佚之志，而獨有羨於君。既取其園中景物悉爲賦之，而復爲之記。　嘉靖十二年癸巳九月既望，長洲文徵明著。

明　顧璘《息園存稿文》卷四《息園記》　東橋子築園居室之後，袤五十武，廣半損之。中取纖徑通步，餘盡蒔植以延叢縟。修竹後挺，嘉木前列，周除芳卉美草，期四時可娱矚。嘗曰：疊山鬱樹，負物性而損天趣，故絶意不爲。中亭曰愛日，本以奉先驗封公養天乎，今無及矣。虚窗净几，宜飲宜讀。西有謀齋三楹，置諸孫讀書於中，佔畢可悦耳。作載酒亭，以待夫問奇來憩者。東有小軒，曰促膝。諸故人至，解帶密坐，談農圃、醫藥之事，恒至移日相向，爲緣率室。居則掩視納息存吾元和，起則觀童子理圖史之帙。時寄雅抱，合而名之曰息園。其南乃有廣圃，連數十頃，頗雜池沼屋廬。其中達於清溪非盡顧氏有。按《志》當爲謝尚江總故宅，今廢爲墟。而齊民業之，闤闠間所絶無也。梩榆蒲葦，掩映森蔚。風静鳥鳴，音變巧慧。夏鶯好飛移，往來擇蔭暫息，倏爾逝去。鷺散立青蒼中，皎若積雪，時驚起翻迴水上，久乃復下。居人多蒔蔬養魚，雜治生業，或星散居，皆有徑可往吾園。開户向之，籠取其勝。時與二三子曳履周游，無異深林窮谷之趣。

明 陸深《儼山集》卷五五《薛荔園記》 深讀太傅王公志震澤，稱兩洞庭之勝。往歲舉進士，與今侍讀徐先生子容爲同年。先生西洞庭人也。太傅公之言曰：西山之起甲科，寔自子容始。夫山水之勝，泄之乎人，高賢之以聲光垂世也。建置經位，心目之所及，則山益高，水益深，景益清遠，造化之巧所不能與者，又託之乎人。若徐氏之於洞庭，洞庭之有薛荔園是也。園之廣凡數畝，地産薜荔，因以名園云。園之景凡十有三，曰思樂堂，曰石假山，曰荷池，曰水鑑樓，曰風竹軒，曰蕉石亭，曰觀耕臺，曰薔薇洞，曰柏屏，曰留月峰，曰通泠橋，曰釣磯，曰花源。四時朝暮之變態無窮，而高下離立，足以當欣賞而游高明，可謂勝矣。洞庭既勝，而園又勝也。使人樂焉，若仙居世外，煙霞之與徒，而日月之爲客也。

明 崔銑《洹河》卷六《自菴記》 兒滂出麥百斛，買周氏園爲渠叟佚老之所。園去西城一里許，有木百章，有花十餘品，有屋十五楹，有臺有榭。叟當風日晴和，乘車入園，灌花修竹，脩然絶世外之慮。堂東小室三楹，四圍短壁，兒汲復賁之。庭中鑿池種蓮，池外栽竹。室中貯四書五經各一帙，皆原文，不雜故訓。叟間則玩而樂焉，名菴曰自。

明 王鏊《姑蘇志》卷三二 就隱在華山，郡人張廷傑漢卿所葺。紹興間，漢卿自靖州推官歸，營此。搜奇選勝垂三十年，瞰池創亭，因阜立室，遂爲一時絶鏡。有天池庵，臨賦亭，緑龜池，流惕亭，泓玉釣灘，緑凈亭，更好亭，宿雲庵，獨秀亭，繡屏，不夜關，大石屋，小石屋，花島，俛首巖，浮槎橋，龜巢石，翠壁釣，雲臺，雲關，張公巖，觀音洞，石鼓，月觀，藋石，集仙壇，龜甲井，瑞澗，柳洲，曲水流觴等處。而天池爲第一。且繪爲圖，士大夫多賦之。周益公《游山記》云：漢卿既得華山，營墓就隱，日課童僕刓剔巖竇，疏導泉源。負山厓創亭榭，環以佳花美木，四時皆有奇觀。費益不貲。爲吴門絶景。然山石粗礦，殊乏秀潤耳。

明 茅坤《茅鹿門先生文集》卷二〇《皆可園記》 沃洲者，界天姥石橋之間，多長林美壑，而古之隱君子之所托而逃焉者也。而中丞吕公間稱之，以自名其廬。予爲公記之舊矣。久之，公又擇其林壑之最佳處而懸之以閣，曰可仰。閣之陰俯以圖史之室，曰可玩。左則賓客數過，或嘯或歌，投壺博奕，飲酒無算，懽然適也，曰可游。右則客且忘歸，或枕石而卧，曰可休。前覆之以蘭徑，檻列之以名花，而穿竹爲亭，間以自娟焉，曰可君。閣之西則又縱之以千百若干尺，横之以千百若干尺，分畦而樹椒桂、橘柚、柰李、櫨梨、枇杷、橪柿、丹栗、玄棗、緋桃、絳梅、石榴、黄楊、金櫻、銀杏之屬，一切奇卉異果若帶而縮也，曰可圃。圃之中瞰以曲池，引泉而魚，因以亭於其上焉，曰可泳。亭之北又别爲小亭，客或選林麓分曹治射，曰可觀。其再北則又屏田而庚之以百穀之屬，曰可稼。當其四時之勝，幽香繁陰，刻露岩霜，而無所不可也，於是合而名之，曰皆可園。

又 暘谷王公繪其所爲「暘湖别墅圖」，移書以告坤曰：兹湖也，予永嘉郡所匯甌之西來，諸山之水蜿蜒逶迤於以百折以出而東注者也。湖東嚮環湖皆山，中獨有兩峰爲最高，且峰故有吹臺，世傳仙人王子晉所故吹笙處也。予過，低徊久之，投詩以吊，乃稍稍卜築於湖之滸，且屏吹臺而搆之爲别墅焉。又曰：夫墅枕湖中，湖而洲，字之曰浮碧，兹則可磯而釣者也。墅之後飛泉緣崖而出，縮堂左右若帶焉，字之曰湛然堂，兹則可掌而掬者也。堂之後折而東爲小軒檻，列名花數十百區，字之曰衆芳，兹則可擷而搴者也。軒之後又東爲小樓，松翠蓊然，字之曰青旭，兹則可憑而眺以嘯者也。後復爲竹林數十畝，徑之爲四，曰春、曰夏、曰秋、曰冬，兹則又仿蔣詡所開三徑故事而益之以一者也。嗟乎，予所爲亭樹臺館，或不能如古所稱金谷之麗，獨其席湖而吟也。澄波百頃，峭壁千尺，上之可以捫松蘿，下之可以浴鳫鳧。櫂歌漁吹，前呼後和，四時之勝往往與人間殊别。吾嘗於月明之夜，臨流扣舷，山谷欲應，佳氣襲人，冰壺若鏡間，按輞川之勝似亦未必過之。又如風濤怒號，噴巖浴石，江妃撤絃，鮫人罷織。又如朝霞初吐，青葱可餐，海若助之，氣象萬千。此或騷人之所不能賦，墨子之所不能繪。而於赤城鴈宕，匡廬瀟湘，又將或遠或近，或疑或似者也。

明 孔天胤《文谷集》卷一〇《寄拙園記》 地不盈畝，喜與宅近。薄言治之成一小園。東邊脩屋五間，一爲門，一以住僮僕，三則我居之乎爾。又鑿井西南隅，建厨西北隅，而厠其西之缺處焉。其餘畫五十畦，雜蒔花藥。墻下窗前稍置竹石，而園斯成矣。因名之曰寄拙。【略】又築圃東南之郭，復壤龢而井鹹，所産惟蓬蒿，故今自謂爲蓬蒿園也。

又《增置苑東樹園記》 文苑東邊復增置一園，可六畝許。此中舊略有垣屋，皆壞。雜樹糾紛，衆草茀鬱，皆不可蔭藉。北面有三槐樹鼎列，其上幂歷如蓋，下如幄焉。其傍有井而冽，計基趾百尺，可作一隱所。以槐幄居中央，東西正北參列小軒，而空其南面，疊堦除，樹欄檻。堦前撥畦，栽花種菊。畦盡而繼以果屬之植。令行間茂密，對面森聳，若經生負笈、童子獻花者然，則隱所之功畢矣。余暇而盤桓其幄中，或與少長列坐其次，當晝陰垂景，月華穿漏，清言薄酌，亦一樂也。其垣屋與草木之無次第者，刪繁就簡，化腐爲新。如師啓群蒙，因其固有者而裁之耳，不煩費也。余每愛韓宣子聘魯，宴於季氏之嘉樹，賦詩歸，美穆如清風，今吾此三樹殆亦嘉矣。文苑清居，有平霞館、桐竹房，頗不深邃。欲别作竹林西館，因土性不堪種竹，未果也。今得此則西館可以不作。又竊以井湛槐緑，柳理交瑩，不涉塵滓，情深而文明，有天地之純清焉，則名其軒以湛緑也，白雲康老易之曰蘭雪，今作蘭雪堂。

明　歸有光《震川集》卷一五《容春堂記》 兵溪先生爲令清漳之上，與監郡者不合，例得移官，即拂衣以歸。占園田於縣之西小虞浦，去縣治二里所。蓋自太湖東吴淞江蜿蜒入海，江之南北散爲諸浦，如百足而小，虞浦最近縣，乘舟往來，一日可數十回。園有堂，啟北牖，則馬鞍山如在檐際間。植四時之花木，而户外清水緑疇如畫。故先生名其堂曰容春，自謂春於天地之間，雖陰山雪嶺、幽崖寒谷無所不之，而獨若此堂可以容之者，誠以四時之景物、山水之名勝必於寬閒寂寞之地，而金馬玉堂、紫扉黄閣不能兼而有也。

明　黄姬水《白下集》卷一〇《青溪田舍記》 青溪田舍者，愲吾王子寓金陵之所築也。金陵古稱佳麗地，而青溪尤擅勝焉。溪自吴鑿有九曲，連綿數十里，發源鍾山，泄湖播溝以達于秦淮，前朝聞族多居之。王荆公詩云「昔時江令宅，今日段侯家」是已。昭代創建天邑，青溪爲廛市，車轍馬足交其墟，非厭囂埃、樂林草者之所栖矣。循溪而南，出禁城外五里許，窈乎迴陌，漠乎神坰。山益深，水益幽，遼索泱漭之區，是則王子别墅之所介也。墅環以溝，溝上樹桑棗榆柳，蓊翳匝布，别自成壤。溝内有田，田上有池，池上有圃，中構三舍。舍凡三楹，堂寢雖不宏大而繚垣周屋，曲有奥思。蓋宅崇岫蔭，茂樾搴高，霞玩流泉，悠然會心矣。登舍而望，雖瞥目可盡，然椒塗蘭術般紆衡折，若中宿而後至者也。厥田畝百，黍若干鍾。厥池畝十，魚若干石。厥圃千畦，果章百頭，竹竿萬箇。牛蹄角幾，羊足幾，僮指幾。一歲之入僅足以爲一歲饘粥之供。王子讀於是，稼於是，優游卒歲，不知金陵之非家也。

明　徐學謨《歸有園文編》卷一〇《歸有園記》 歸有園者，故吾家西園。會迫楚役將别去，因念韓退之有言「中世士大夫以官爲家，退則無所於歸」，吾他日退而歸於是也，更今名云。園之址從衡僅數十百武，以其負吾居之陰，可風雨寒暑旦暮至也。始貨地于鄰人，剃棘伐砠（爲之），爲之八年而稍稍具大都焉。其始入爲脩竹廊，廊九楹而爲折者七，旁列篁而障之，翠蔓可蔭。折盡而西逗，稍折而北上爲陽春堂。堂五楹，中三楹饗客，左右兩楹輔之，虚其榻以遲客休舍。其右楹别爲綴夏，二甓障之，扃鈌如瓠。啓其口，則疏寮皎然，吾時醉而逃焉，爲酒禪居。堂之前甃石爲露臺，臺側樹槐杏各一，皆百年物，檜垣周繚之。負堂而楹者，一爲知勝軒，軒前叠太湖石爲假山，峰岫巖壑，洞塢嵐嶂略具。延山雜蒔花卉，即亡珍異之植，亦蓊鬱葱蒨可觀。山之左爲小石梯級而陟經其顛，折而西稍降而竇焉，有址隆然而屋其上者，爲乘風臺。自乘風臺蹻而右爲芥納樓。樓三楹，作磬折狀，樓製陿而視廣，能盡一園之勝，猶曰「芥子之藏須彌也」，故以名。自芥納樓傴而降，東折而上，逕山之陽，迤邐入飛雲洞，漸亞漸俯環玉蘭塢，而北有堊塗其室，室等樓之製，而諸品梅花離列左右，春時清馥逼人。如刺小艇艤孤山下也，爲梅花舫。自梅花舫折而東，爲山後小徑，而迫于池上，旁夾青松，中方廣一丈，甃而欄。其外卧石磴二，可坐而當舞雩，爲松風崖。折而西又折而北，有平梁偃芙蓉池上，爲觴深渡。自觴深渡折而東，爲明志齋三楹，中可小憩，旁兩楹藏圖書，衛以庖湢之廬而加扃焉，爲園中奥處。自明志齋逗夾扉而北，又折而東，再折而南皆桂障，爲金粟屏。屏之陽爲毬飛閣，川雲之所會也。其後列脩竹千竿，晝夜作球玉聲。自竹林迤東，循芙蓉池而南折而西，有大士院三楹，老師尼守之。其旁有井一溜，水甚芳冽，爲海賓泉。自海賓泉可達松風崖，復於陽春堂。堂之右可逗而西南行，架木香爲屋者一旁，編竹而插五色薔薇，作三數折，花時小青鬟冒霧露采擷，一入叢中便不可踪跡，爲百花逕。自百花逕折而東，遂合於脩竹廊以出。吾嘉地勢陀美，無培塿之丘可供瞻陟，即大海環之亦相去百餘里。異時叢林茂苑，凋廢殆盡，衢巷湫塞，填目囂穢。自吾爲此園，而邑中諸賓客始有高明之觀，時時喜過從焉，以爲淳鹵鄉之鄂杜也。乃主人者，顧今復舍然别去之而爲吏，於人情何如耶！昔之爲園者多矣，自石季倫金谷之後，莫侈於李文饒。及觀其劄記平泉花木，何至恡情如是，然終其身卒，未嘗一晞髮於所謂十丈凉堂者。而淵明三徑，自松竹之外似無可娛，然竟藉是以解彭澤之組，故曰：成趣無大，會心無小。吾名位卑薄，未有贊皇勳烈，即數畝之宮，已非其據，而馳驅形役且二十六年矣。頻蹶而起，奄費居諸，恐遂逡巡以至于老也，能無陶生荒蕪之歎？每東顧而翹褰焉，惜其有所歸而未能退也。姑爲之記。

明　葛守禮《宜疏園記》（光緒《德平縣志》卷一〇引）　平昌青郊三里許有園，方四十畝，周以垣。南臨大道，果蔬花卉雜植其間。中爲重垣，内搆與川草堂。後建平樓，下爲燕處。中取迴壓，其上則以眺遠。列兩廂爲儲偫。後有土屋倚樓，最後爲後樂亭。松竹交映，森森如也。中門外依井爲蓮池，種分紅白，既潔既清，不嬌不妖，君子比德焉。此亦物外清區，而林間之别趣主人自得，有不可以語人者。園名曰宜疏，蓋南京禮部尚書葛子退老之所也。人有問者曰：疏有三義，曰狂，曰鹵，曰慵。皆非美稱。此而曰宜，義何居也？則應曰：疏者對密爲言也，而何嘗有定用。不曰有疏淡乎，泊乎勢利。不曰有疏朗乎，皎然心事。不曰有疏快乎，怡然天真。予得意於是，而取快於是，故於園自見焉爾。今入吾園，見田疏而碩，果疏而大。竹木花卉，亭亭各植，不相凌而自適。以至池面魚游而不可餌，林中鳥啼而不可就，田夫圃子袒裼歌呼而不可揶揄。而主人者亦徜徉乎其中，時游時息，時踞時卧，命無客酒，吟不韻詩。召子弄孫，以琴以詠，常不覺其日之夕也。故疏惟此園爲宜，即如子言。若疏狂，不過放浪形骸。若疏鹵，不過顛倒衣裳。若疏慵，不過日高睡起。在此園亦無不可也。夫子贊《易》曰：慎言語，節飲食，曰懲忿窒慾，曰何思何慮，而總括之曰易簡，皆疏之義也。言語疏，則氣固。飲食疏，則脾歡。忿慾疏，則心静。思慮疏，則心完。疏乎，疏乎！真易簡而天下之理得者乎。余既以宜疏名園，且將持以終其身，人即號余曰「疏翁」，亦無不可也。既以語其人，因書以爲園記。

明　王圻《稗史彙編》卷一二《安懋卿園》　安懋卿西林，當爲江南名園第一，王元美嘗記之。其堂名虚籟者，背膠山、面曲池。池外，松數十株，風來謖謖遍響，謂之松弦障。其堂貼題杜語曰：絶壁過雲開錦繡，踈松隔水奏笙簧。二語在杜《集》，本不甚驚異，列之此中，如爲安卿而設。

明　朱賡《朱文懿公文集》卷二《逍遥樓記》　越之山度鑑湖而入郡城者八。其大而著者三，曰卧龍，曰蕺，曰東武，皆南向秦，望若鼎峙然，臨觀之美，他山莫及也。【略】余往觀之，得異處焉。訝且喜，以爲天作而地藏之，豈有意於今日也耶？乃仿昔人買山意，盡出囊時橫賜爲菟裘計，不足則漸次葺之，勿亟成、勿求備，蓋三年而訖工焉。其最下平陂，臨山陰道，建門三楹，榜曰東武山樓，以上有逍遥樓也。門内廣可十畝，爲畦者百，曰百畦圃，日與童僕抱瓮而灌之。圃中折而成徑者可三百武，夾以桃、梅、橘、柚、垂柳、芙容之屬，直達山麓，曰翠微徑。由徑而入，彌紆彌高，築臺其上，周以石欄，曰跂仙臺。緣危磴而登之，則郭外諸峰與城中樓閣争妍競麗，而巖花籬竹亦復輝映左右，令人應接不暇矣。又折而上，爲先大夫祠。先大夫故號東武。而《志》稱兹山從瑯琊海中飛來，因大書其壁曰小瑯琊，示不忘本也。由臺而西，編竹爲户，曰采菊。門内建五楹，仍南向，曰萬青軒。由軒而入，曰薜荔坡。循坡而上，地復方廣，前鑿小池，畜諸色魚百許頭。旁植牡丹數十本，他花石稱是，而所謂逍遥樓者，歸然臨其上焉。樓之下爲白雲館，又進爲圓覺洞天。洞天僅容蒲團，而虚其頂，可闔可闢，日月正中則精光直射懷内，可仰而吸之，亦一奇也。楹凡三楹，與浮屠東西犄角。十里之外，望而見之，環樓皆牖，環牖皆城，環城皆湖，環湖皆山。開牖四顧，則萬堞之形蜿蜒如帶。

明　蔣以化《西臺漫記》卷五《紀敗園》　余郡縉紳徐少浦諱廷祼，官至少參，原籍婁江，遷居吴郡，向以性傲不諧于鄉，素爲鄉人側目。雅好園林，于蘇城覓一廣地，纍石、蒔花、種竹，亭榭沼沚樓閣之勝冠于吴中，而精巧纖麗足壓諸園，即弇州猶讓焉。每早則命數蒼頭掃枯葉、驅敗株、拂苔蘚。客入不能容一唾，守者甚苛，非得阿堵不與入。主人每至，如登金焦、履武陵溪澗間，而佳木美竹等，即華胥蓬萊所不能兼也。

明　李維楨《大泌山房集》卷五七《隑洲園記》　吾邑臨溳水而城四面皆山也。東西北諸山多濫沃之泉，流而爲谿，財可濫觴耳，匯於城南，潺湲滴瀝，白石粼粼，可揭可厲，可容小刀。故有司户潭，深没人。夏雨集，蕩然巨壑，舟楫瞬息千里。惠晁兩山高千仞許，峰陰如墮水中。谿山之勝宜莫如城南者，而獨魏玄平園爲得之。玄平負南城而居，居之前走溳水道也。道左有卓楔，曰在河之干。入園徑在焉，徑衡五尺而廣縱十之，雜種花樹。徑窮而得門，曰隑洲。臨曲江之隑洲，司馬相如賦語也。比年以來，溳南岸善崩，其北隩益斥，水勢縈若帶。亭居若泮，邑人呼爲洲，云余嘗至曲江，水澗不及溳十三，而形句廉似之。司户潭徙居其左，園正臨厠州，與洲文相通，園所繇名矣。門東向側有美梓，鵲巢數十年，玄平之尊人西安公手植也。入門，小石子徑齒齒成文，南天竺俠逕爲藩，前直小臺。臺有石山，吾邑中物，嵌空與洞庭等，色微遜耳。其間有辛夷、牡丹，牡丹花盛者累百，則吾邑不數遘也。臺倚垣，垣外多芙蓉、括柏，榆柳，蔬畦棋布繡錯。臺北亦石子徑，可二筵爲咸唐，咸唐者，咸池。委兩館于咸唐，劉向《九嘆》語也。石橋中度，朱欄輔之，畜錦鱗百頭。池兩端稍南，桂與海棠各二，蔭可丈許，亦西安公手植也。池北爲臨高臺，臨高臺以《軒漢樂府》語也。臺下復爲小臺，蒔雜花樹，而竹如鳳尾者最盛，分左右逕。登臺逕饒松竹，清風時至，大如數部鼓吹，細如縹緲。步虛由左逕入者爲扃扃齋，「我心扃扃」，逸詩語也。齋前有牡丹，有海紅，有金橘。由右逕入者爲于于軒，「其覺于于」，漆園吏語也。軒前有石欄，西安公舊物。質理曼朴，昭其儉也，有鳳尾蕉，有棕竹，有楊梅，而皆自墨丈室以達於臺。「墨丈尋常之間」，周語也。室在臺南下方，臺累瓴甋而成。左右拾級以登，上有依斐亭，「雲依斐而承宇嚴」，夫子騷語也。登亭而四顧，其西郊郢，其南竟陵，其東蒲騷，其北富水，羣峭葱蒨，無不造天下。視萬家之邑，棟宇鱗次，人烟吐欱，雲興霞蔚。淮南雞犬，武城絃歌，唱和斷續，恒在有無之間。山容水態，遠近自相映發。春宜雨，夏宜風，秋宜月，冬宜雪。非唯使人情開滌，亦覺日月清朗。乃若林薄原疇，商舟漁艇，聲通呼吸，察及秋毫，盡邑中涉者、汲者、蕘者、陶冶者、浣衣者、飲馬者，不舍晝夜，若爲亭中助景物而供嘯詠。余每造亭輒披襟脱屨，留連不能已。降臺仍憩室中，當室桂一榀二，而蒼筤竹自垣外衛之。從其右取小徑至丘亭，丘亭者，空亭，《息夫躬傳》語也。亭四方悉梅花，開時坐卧其下，不減趙師雄羅浮之夢。其前列柏，屈而合之若帷幕，緋桃、月季、玉蘭、紫薇諸四時之花咸具。丘亭後編柏爲弄，三折而得亭，亭亦柏爲之，柏前蒼筤竹即當墨丈室之前者也。循柏亭而右爲牡丹園，視咸唐池前十倍，故别以園。稱其隅有木香、瑶林、玉樹，芳菲襲人，茅屋數椽倚之，玄平與諸子弟讀書處。從此出復與入園道合，總計園之地廣輪不三十丈，而池臺亭館工於取致，寒燠早暮要於合時。山不必策杖，水不必浮航，而漁樵耕牧，人間可樂之事，坐而分之。客好游者徒步出城闉即至，位置妍雅，祓飾華整，草解忘憂，花堪長樂，使人不住亦終日忘疲，出户去尚有餘思。以是園之勝甲邑中矣，昔王東亭謂江左地促，不如中國，設使阡陌條暢則一覽而盡。丞相營建康，紆餘委曲若不可測，所以爲巧，玄平之治園類此。令得時而駕，豈在江左夷吾下哉！其自署「在河之干」，《魏風》語也，意有託矣。邑無名園，名園自兹始。余故爲記而表章之。後有好事者，可述可作焉。

又《鹿柴别業記》 歙西靈山之陽，有月潭焉。其峰秀如削玉，夭矯如游龍，迴複如施步障。其水清淺，僅容艑筏，色如碧，縈如帶，白石磷磷，如珠璣之出。方圓折，其土如膏，茂林脩竹，青原緑野，如錯繡六虚。吴君别業在其中，其最勝者曰柴塘，置椮蔽魚，因以薄捕。自趙宋始，廣輪可十畝，澄泓瀲灩，覆以荇藻，錦鱗仞積。朝旭始出，夕陽欲墜，山嵐林藹與波光上下。風雨成聲，烟月成色，令人耳目宣朗。夏時，芰荷香襲衣裾，長堤環之多木，芙蓉豔色桕霜，楊、柳、杉、檜、樫、櫸之屬，喬幹摩霄，密葉垂蔭，坐而忘暑。堤外有泉清瑩甘洌，其上竹林不減篔簹谷，古松數株，作海潮音，好鳥遞鳴，類一部清商。中有亭，布榻支枕，時成陶隱居松風之夢。亭畔梅花軒，間以天桃。冬夏之際，宛然登大庾嶺，入武陵溪，總而名之曰鹿柴。柴緣舊名而係之以鹿，蓋落成之日有鹿來游，故云其所善。

明 余有丁《余文敏公文集》卷五《五柳莊記》 五柳莊在甬東東湖青山麓下，面湖枕山。莊計百畝許，周遭鑿渠。渠廣一丈，渠外千樹柏，渠内徧栽桃枝竹，雜以桑柘。莊前樹垂楊五。建棹楔，額曰五柳。門三間，扁曰日涉園。左居閽者，右貯巾車孤舟器具。稍進，植槿爲籬。籬間一竹扉，曰常關門。門内堂除廣六丈，深如之。中有古松一，皮皺皵若老龍鱗，而枝幹詰曲。可憑者，鐫字其上，曰盤桓。樹左右築矮垣穴之，左曰猶存徑，右曰不遠途，各畫地一區，廣袤五丈，左藏盆花數十本，右畜諸禽，鶴二，鹿二，鴿數十。二垣外曲蹊可通園圃。堂曰歸來，凡三間。左一間曰遺世居，右一間曰情話室，後中一間曰覺是齋。左曰寄傲窗，凡二間，曲通左个。右曰消憂所，亦二間，曲通右个。再後五間，傍各二間，茆覆之，周檐瓴甓，曰衡宇。最後場圃，廣袤十丈，繚以土墻，書墻上曰植杖場，以穫稻秫、棲雞豚。墻之外，植枸杞若籬。中鑿一溝，曰窈窕壑。溝傍蒔甘菊及一畦朮，一畦門冬，千頭蹲鴟，他藥稱是。東南隅亭六角，曰晨熹。亭傍小屋三間，曰翳景軒。四面搆百卉爲屏，屏下埒花臺，種牡丹、芍藥其上，蘭十，海棠二，玉蘭一，木菊一，屏花外百樹杏，百樹桃，百樹李，五十樹林禽，二十樹梨，二十樹櫻桃，十樹枇杷，五樹楊梅。樹下二畝韭、十畝薤、五畝茜、五畝蔴。擇隙地，引池水使曲。水濱置一版屋，曰引觴處。西南隅鑿池二畝許，栽菡萏，狀如偃月。造草閣三間俯池，曰臨流閣。閣左植葡

蔔，四大木掯之。右植海榴十，傍作薔薇架，木香亭。甃石池五六尺許，畜金
銀魚數十頭。閣後植槐四，又後爲篔簹谷，可十畝，竹數千竿。竹中茆菴曰流
憩菴。菴前砌石卵方二丈，設員石二。一池環繞閣外，紆曲如帶，長菱、芡、
芰、蒲。一池廣十畝，堆石其中，爲十洲三島，畜嘉魚數百頭。繞池百樹芙蓉，
中艤一小舟可泛。池邊支石爲磯，設釣竿，駕立一石，曰始流泉。泉即注引觴
池中。東北隅樓三間，曰舒嘯樓。樓四角有梧桐四，樓前闢地十丈，高下蟺蜒，
栽菊數十種。樓後圃十畝，曰西疇。百樹柑，百樹橘，五十樹柚，二十樹栗，
二十樹柹，二十樹胡桃，二十樹棗，十樹銀杏。樓左叠石爲洞，洞深丈許，曰知
還洞。洞上臺曰矯首臺。從樓上度，若閣道然，通一梁曰孤往梁。西北隅積土
爲丘，曰崎嶇丘。丘可五畝，丘上栽五十樹梅，百樹棕，二十樹松柏，背丘小
房二間，左曰易安閣，右曰怡顔窩閣。前立太湖石，石畔茶花二，雜蒔水仙花
於閣左右。歸來堂五楹，堂中壁畫書《歸去來辭》，設竹椅八聯，竹椅二，方卓
二。遺世居扁懸門上方，繪仙人像，小銅鐘一、泗濱磬一、爐創各一，鼎一，藥
櫳一，藥刀一，藥碾一。情話室扁如之，以舍親友，左右支床於壁間若禪床，長
桌一，衣桁匜架一。覺是齋七楹，中爲龕供家大人，爐瓶各一，矮方桌一，矮藤
凳四。寄傲窗扁懸窗前，一間左右壁下各裝書櫃，窗下讀書桌一，讀書椅一。
一間設大床一，通左个，備帷張供具消憂，所扁亦如之。一間設琴一、博具一、
奕枰一、高低壺各一。一間通右个，藏茗碗、食樝、爐罌、鼎鬲之類。衡宇五
楹，横五間，中一間爲薦食所，二間藏錢鎛蓑笠，二間支土床以宿傭作者。旁
左右各二間，左二間爲庖廁，右二間爲從人寢處。晨熹亭止數武，環柱以桶，
促膝可坐。中置一六角桌，外設竹披蔽風雨，晴則張布幄。翳景軒三楹，中一
間設小榻一、員竹墩二、員竹桌一，右一間爲行厨，左一間藏灌花什器及帷幄
等物。引觴處藏蒲團六，浮觴器若鷁首者六。臨流閣五楹，上覆茆草，上支石
柱，半在地半在池上，四面無窗，南列欄楯。東西闢横木爲凳，中有醉翁椅一、
瓦墩四、石桌一。流憩菴上蓋稿，中眠長石二條，置石枰一。舒嘯樓通三間爲
樓廳，廳五楹，四面欄干，欄内立長窗，窗外可旋走，長桌一、圈椅六。樓下中
一間小方桌一、小交椅四。左一間繩床一、薰爐一、盥器一。右一間設梯，梯
邊茶竈一。知還洞中祠土地，石爐一、石案一。矯首臺臺傍石欄立四柱，可施
帟幕。易安閣五楹，下鋪版爲枰，枰上薦以蒲席，上圈紙格如蓋，中止一几，門
南向一，窗東向二。入則脱屨。怡顔窩上如閣制，下架木柵，去閣坪尺許，柵
上鋪草褥，褥上襲以氊菌，中嵌一方爐，爐上垂鐵綆，懸一銅鏇、一錫壺，以需
煮茗。蒲墩坐具一。南穴三牖皆員，中稍大。閣右設一陛入窩門，門掛氊幕。
巾車兩輪，裁玄布爲蓋張其上，中設茵，馮前施衡可式。孤舟方底，旁列窗櫺，
覆以竹蓬，可舒卷。中置一藤筐，可卧可坐。舟後具炊食器，上插羽爲旌，兩
旁設舷可叩。計中宫十一畝，東南方三十畝，西南方三十畝，東北方十五畝，
西北方五畝，餘十畝爲溝。

明 王穉登《寄暢園記》（《無錫金匱縣志》卷三七引） 寄暢園者，梁溪
秦中丞舜峰公别墅也。在惠山之麓，環惠山而園者若棋布然，莫不以泉勝。得
泉之多少與取泉之工拙，園由此甲乙。秦公之園得泉多而取泉又工，故其勝
遂出諸園上。園之舊名曰鳳谷行窩，蓋創自其先端敏公，一轉而屬方伯，再
轉而屬中丞公，昔端敏族裔也。中丞公既罷楚開府歸，日夕徜徉於此，經營
位置，羅山谷於胸中，猶馬薪息聚米然。而後畚锸斧斤，陶冶丹堊之役畢，舉
凡幾易伏臘而後成。闢其户北嚮，署曰寄暢。寄暢者，用王内史詩，園所由名
云。折而西爲扉，曰消響，孟襄陽詩「竹露滴消響」，扉之内皆篔簹也。下爲大
陂，可十畝，青雀之舳，蜻蛉之舸，載酒捕魚，往來柳烟桃雨間，爛若繡繢，故
名錦匯，漪惠泉支流所注也。長廊映竹，臨池踰數百武，曰清籞。籞盡處爲梁，
屋其上，中稍高，曰知魚檻，漆園司馬書中語。循橋而南復爲廊，長倍清籞，古
藤壽木，蔭之云鬱。盤廊接書齋，齋所嚮清曠，白雲青靄乍隱乍出，齋故題霞
蔚也。廊東嚮得月，最早顔其中楹爲先月榭。其東南重屋三層，浮出林杪，名
凌虚閣，水瞰畫槳，陸覽彩輿，舞裾歌扇，娱耳駘目，無不盡納檻中。閣之南，
循牆行入門石梁，跨澗而登，曰卧雲堂，東山高枕，蒼生望爲霖雨者乎。右通
小樓。樓下地一泓，即惠山寺門阿耨水。其前古木森沈，登之可數寺中游人，
曰鄰梵。鄰梵西北長松峨峨，數樹離立箕踞，室面之，王中允絶句詩也。旁爲
含貞齋，階下一松亭，亭孤映，既容貞白卧聽，又堪淵明獨撫。松根片石，玲瓏
可當贊皇園中醒酒物，主人每來盤桓於此。出舍貞，地坡陀，壘石而上，爲高
棟，曰鶴巢，亦王中允詩語。閣東有門，入曰栖元堂。堂前層石爲臺，種牡丹
數十本，花時中丞公燕余於此，紅紫爛然如金谷，何必錦繡步障哉？堂後石壁
倚牆立，牆外有張祜題詩處。茫然千古，滄耶桑耶，漫不可考矣。出堂之北，
地隆然如邱，可羅數十胡床。披雲嘯月，高視塵壒之外，曰爽臺。臺下泉自石
隙瀉沼中，聲琮琮中琴瑟。臨以屋，曰小憩。拾級而上，亭翼然峭蒨青葱間者，

爲懸淙。引懸淙之流甃爲曲澗，茂林在上，清泉在下，奇峰秀石含霧出雲。於焉修禊，於焉浮杯，使蘭亭不能獨勝。曲澗水奔赴錦匯，曰飛泉，若出峽春流，盤渦飛沫而後汪然渟然矣。西疊石爲洞，水適之，栽桃數十株，悠然有武陵間想。飛泉之澼，曲梁卧波面，如連蜷雌蜺以趨涵碧亭，亭在水中央也。涵碧之西，樓歸然隱清樾中，曰環翠，登此則園之高臺曲池、長廊複室、美石嘉樹、徑迷花亭醉月者，靡不呈祥獻秀，泄秘露奇，歷歷在掌，而園之勝畢矣。大要茲園之勝在背山臨流，如仲長公理所云，故其最在泉，其次石，次竹木、花藥、果蔬，又次堂榭、樓臺。池御而淙而澗而水而匯，則得泉之多而工於爲泉者耶？匪山泉曷出乎？山乃兼之矣。夫園之麗茲山者，不知凡幾家歷幾世更幾姓，如昔平泉金谷之比，不翅傳舍逆旅若耳。且也主人振纓馳轂，勤勞王事，終其身不一窺，按圖問監奴此某亭、此某堂、此某樓閣池臺耶。青鋪不圮，朱扉不生苔，倉琅根無恙，可下葳蕤之鎖乎，無使游者闌出入，撲吾樹頭梨棗，折砌上花，捕池中魴鯉也。更幾十年然後歸，歸而龍鍾以老，濟勝無具不能出五步之內矣，此不邯鄲華胥之夢且幻與。秦之先自五先生迄今，詩書軒冕相蟬聯，由端敏而方伯而中丞，園之主雖三易矣，然不易秦也。秦不易，即主不易耳。中丞爲讒人所螫，中歲解官。園成，日涉其中。婆娑泉石，嘯傲烟霞，棄軒冕，卧松雲，趣園丁抱瓮、童子治棋局酒槍而已，其得於園者不已侈乎？

明　屠隆《鳧園序》（《小窗艷紀・文部》引）　弢光氏宅西有隙地如手掌大，土灰溷濁，堀堁揚塵。闢以爲園，傍鄰築垣。垣下鑿小池，窄而長，纔一髮。下植荷、芰、茨、蘆，上植芙蓉、木蘭、紅蓼、紫葵。涼風時至，秋色颯然。跨小池構一樓，顔曰飛仙，曰空明。樓一間，高而政方，僅可坐六人。八窗瓓瓏，東眺海門朝旭，西覽崦嵫夕景。晦明不常，紫翠變幻，崇霞長住，飛鳥徑度。余方燕坐樓中，鷗鴿不知，掠余雙髻而過之。冬宜萬山積雪，粉堞碧瓦，一望皚皚。夏宜銷暑，天風峭勁，炎蒸不入。明月之夜，澄榮朗徹，浮光環抱，如空水浸琉璃，坐兜羅銀界。破屋三楹，甃地塗壁，稍加丹堊，若嫫母敦洽，假施粉澤，人忘其醜，顔曰棲真館。後從阿育王舍利殿前得娑羅樹一本，植之齊前，改曰娑羅館。而郡大夫龍伯貞氏則手書南宮仙史四字堂中。時而與客婆娑樹下，流連酒脯，參訂老釋，商略黃農。時而焚香攤書，煮茗啜粥。時而跏瞑蒲團之上，塵緣外屏，真炁內周，形留神往，八極一息。館前後雜樹檉、柳、梧、槐、梅、桃、李、杏、芍藥、辛夷、山樊、水仙、梔子、茉莉、玉蘭、寶珠、玫瑰、躑躅、林檎、木瓜、葵榴、蘐槿、蒿菜、蕭艾、松、桂、蘭、菊，蓊蔚交密，春夏蔽虧。推窗卧起，綠陰映入程几。遶花散步，蜂蝶撲我衣袂。或軒車臨巷，騶從排户。花樹妨蓋，藤刺胸巾。貴客恒紆迴佝僂而入，山人野服見之，相戒作人外語。移時而去，不恒畣拜也。園成之日，適邨翁見餉野鳧二，遂命之曰鳧園。栖息其中，俯仰天地，足以自老。弢光氏清身寡慾，鮮所嗜好，六尺而卧，都無長物，而獨有此一園。一園如掌，一池如研，一樓如拳，而竹樹蒙茸，草花蔭翳，衆芳麗雜，莫能盡名□于仙人。

明　屠隆《棲真館集》卷二〇《灌森園記》　吾師聶道亨先生【略】其先本豫章鉅族，采藥尋真，蹤跡遍天下。愛南滁山水清淑、靈氣鬱盤，遂移家滁之烏衣鎮，即古所稱烏衣巷。距滁三十里而近爲園，築丹房，名灌木。修廣二里許，周以籬垣，映帶陂池，岡阜相屬，額其門曰玄圃長春。由門而南，折數百步爲抱一堂，前樹嘉木，垂蔭庭中。稍北瀦水爲池，波石粼粼，文魚下上。中爲湧月亭。亭邊植修竹數百竿，竹色與波光相蕩。宜風，瑲玉鏘鏘然。宜月，翠影泠泠然。宜雨，鬟黛漠漠然。其上有樓突起，名梅雪。空明澄朗，憑檻一顆，衆態畢出。緣池以西爲一息齋，雜置子史丹經以便繙檢。師每披氅焚香，萬過蕊珠，靈寶音吐，郎郎若出金奏云。齋前亦有池，視湧月。又西，傍山麓，疏泉爲澗，道植蓮蒲、芙蓉，兩岸樹檉柳桃杏。春月霞組，爛如紅雲匝地，盛夏荷華菱葉芳香襲人，清秋蒲葦蒹葭露光晶晶。師與一二煙霞侶沿澗遶堤，選嘉石而坐，手斞霧泉，商訂道要。此何以異于瓊田神界、上清家哉。去湧月數十步，依澗爲井，蒔菊其上。井水甘洌，有亭曰菊井。南望湖田數千頃，農夫作勞，犁鉏簑笠，鷗翔鷺飛，煙景可悦。東盼滁水，練碧作玻瓈色。山屏插於天端，飄檣出乎樹杪，遠近濃淡無所不佳。斯園居之大都矣。

明　胡應麟《少室山房集》卷九〇《谿雲閣記》　渡瀔江並崖行五里而近，有山巢然。横峙曰蘭陰，俯控城闉，仰屬霄漢，邑西南最勝地也。山之背重岡沓嶺，延袤而下，若鳳鶱，若鶖躍。抵洲上而稍就平是爲蘭陰之麓。大雲對聳，闤闠萬家，飛梁界空，舳艫千丈。又茲山最勝地也。乃趙君文鎮，即其地爲書齋游息焉。堂五楹，顔其楮，曰草玄室。朱簾翠幕，位置甚都。堂之後爲軒，曰嘉色，取柴桑公《采菊》語也。傍隙地藝叢菊數百本，枝幹蘢穹，飽霜露，率逾丈。羣木既脱，幽芳錯呈爛然。庭除組繡奪目，凡邑中言花事者，咸出趙君下軒之下。甃方池。池淥淨不容唾，金鱗尺餘撥刺藻荇間。陽琢石爲平臺，中散植牡丹、芍藥、山茶、葵榴之屬。右爲燠室，牖户蒙密，亡纖隙受風，以冬貯蘭蕙素馨。左爲便房，設木榻、棐几、桐琴。四壁圖繪多名手。古銅觚、彝、鼎，官、奇泉、定諸窑。焚妙香，瀹嘉荈，雜貯江梅、岩桂、菖蒲，而閩中盆卉若牙松、若拳柏，亦列置其次焉。循曲房稍東，爲仄逕。逕窈窕，穿重壁，穴旁爲天窗以受明。計其衡尺有咫而縱亘五丈。折而北，又旋折而東升，石磴垂二尋，磴窮得方檻小憩。平疇沃野，彌望皆緑憩者。爲跂足弗忍，前舍磴緣檻歷飛梯二十四級，梯凡三折，每折級如之，迤邐絶頂而至。所謂谿雲閣者，雕甍翼然，金碧焜燿如。費長房夜入壺公壺朝，而聳翮閬風之杪舉，閣浮提界在我目睫，弗啻也。閣四周施畫，楯楯之内爲風窗三十六，皆洞開河漢，縱横象緯出没，雙溪如帶，合流跨其前。九峰若屏，雖立峙其後，振袂而歌，赤松則朝。真芙蓉、紫薇諸巖岫飛動于檐隙已，曼聲長嘯騁望于嚴瀨富春之際，羊裘翁持釣竿曳草屩，貿貿然來矣。蓋蘭陰之勝，據吾邑最。山麓之勝，據蘭陰最。而趙君齋閣籠一邑之瑰麗而盡收之，又山與麓之勝之最也。

明 汪道昆《太函集二》卷二〇《留醉軒集序》 襄陽多甲第，而李將軍以好客聞。將軍居第之西爲便坐。其前爲亭方丈，花木羅生。亭南則累石爲山。山可及霤，有間道出。山下鑿阯爲户，留醉軒在焉。軒廣倍尋，深尋有半，覆茅其上，不斵不塗。扺机而居，圖史具在。將軍時時飲客，客醉輒卧客其中。

又 卷二三《梅花閣集小序》 公遠偶偶絶俗，則負里市爲園。園有樹梅，崇五仞而羨，據岡之脊爲閣，其南枝入垣而掠牖西。華者什三，偃蹇若垂天翼。閣下一章，華者什一，矯翼而仰視若鳳將雛。東牖一當步櫚，倏減于雛華者什九。往，予期公遠，即梅發則速客宿閣中。公遠請倏成言兼速二仲，會蘇君昭載酒過予里。予强君昭與俱。既又期潘景升、方嗣宗，兩生方急顯者，卒不至。予首登閣，四顧而樂之。冬日如春，環豐樂水之陽皆可寓目。下閣則踰垣而入，爲西園。面積水爲水月津梁。緣堤而登彼岸，一章横東廡，爲玉蝶梅，標枝作兩三花，英英如也，栩栩如也。由白蓮社而就館，得絳梅一，若江妃立水濱。館臨水，有臺二，堵皆鑿壞如望月。二章對峙，左紅右白，皆出月中。臺上一桂冬榮，如良史作繪事。近水樓一章，如東廡花浸。

又 卷七二《徙中記》 黄山苞巖谷以百數，其隩區則徙中。云豐樂水出雲門五十里而遥，經七百里入于海。徙中山四合，東西不見水端。其山南北相距百步有奇，東西凡五百步。東最高者曰羅條，迤迤稍北，據上流曰牛鼻。西最高者曰樓臺，迆迤稍南，當下流曰乾谿。乾谿視牛鼻齊，其下爲石磯嶺。石磯東折曰壺嶺，又東曰壺山。山多土可封，形家卜兆者二。依山闢土，深五丈，修什之。累石爲阯，高二尋，修廣參之一。阯外爲田十五畝，田外爲蹊，曰飯牛蹊。蹊外爲谿，即豐樂水也。谿以南皆石山，沿流若步障，草木皆齊。其西浸殺而卑，若鳥翼張水上。谿薄山而稍庳，蹊臨谿而稍弦，田與蹊齊，蹊出則出，蹊窮則窮。夾兩端若張弓，因地勢也。蹊窮，泝流而上，石磴出灌木陰二，左循山，右循磴，洲窮複合，石梁當之，亦一藪也。西薄石磴而南折，爲桂竹灣，其下爲桂竹潭。潭上石磴達谷口，倏與飯牛等，廣半之。石互出如犬牙，狹者曾不受足。林端出石溜，纍纍如貫珠。水流石上如建瓴，多水草。其南巨石當路出水上，高可蔽牛。又南則谷口矣。昔在嘉靖，主人始有徙中。歲用其贏，有事建置，避石磴，東入谷爲石門。入門就巨石爲釣磯，拾級而上，坐釣者其東，石阯可容席，列石棋置水濱。釣磯以東步踸踔爲棧道，又東則裂石如環堵。今屋之巖樓川，游此其一息也。進次石溜，屬浮丘爲銘。進次石林，延十五步如閣道，俯臨石磴爲闌楯，游者相與班荆，可再息矣。依壺山爲華陽館，傳經者居焉。堂曰韋堂，則易教也。墻東爲圃，築東北隅爲樛木亭，亭中視南北山，羣木干青雲，蔽百畝。編竹爲薄，衆芳在焉。華陽西爲野人居，又西爲泠風閣、衡五達閣。居南端三面皆綺疏，天風四至，翩翩千仞之上矣。牛鼻、乾谿當左右牖，若出蛾眉。行人杖屨度石磯，出没木末若圖畫。其南瞰，羣鹿下飲，不避居人，僧祖胤署曰鹿谿，猶鹿園也。有石虚中如敧器，正立中流，浴者亟就之，署曰天湢。中泭洲列石雜坐，覆白茅，爲宛在亭，竹籬及肩。人跡罕至，泠風西下。築石爲象堤。堤横出截谿流，高視石阯。堤上爲西枝室，奉瞿曇。堤下乘橋而南，水涓涓出石罅，當暑不絶，僧呼阿耨水，飯僧者汲之。橋丁置屋懸崖中，爲方舟榭。其廣五几，深不及一，筵形如樓船，居者若舟游耳。居五載，主人以次告成。余客徙中，相與程土物，議方向。【略】謂作者何？主人爲余胏腑親，姓蔣氏，居豐樂里。

又 卷七七《荆園記》 孫氏，東吴裔也，王江東。其後避地新都，王草市。草市據休東略，與歙爲鄰。【略】休、歙皆巖邑，其衍者不隰則墳，斥而爲園治畦者，事比來好事者代起。歙有遂園、曲水園，休有季園、七盤園，雖廣狹有差，均爲樂地。草市當二邑接壤，厥有荆園。蓋孫處士息子三，長君承訓次承誨，又次承謙。處士未盡其天年，長君當室，則以儒服賈倏累世之業，而息之仲季怡。怡惟長君命。長君雅語仲季：吾翁中道而棄，諸孤猶幸而奉栖棬鳲鳩。愛等逝將以不逮于父者而逮之母，庶無傷考氏心。園有樹荆，古人徵之爲令兄弟勸，吾曹所不以友爲孝者有如此荆。乃就舍旁爲園，相距百八十武，脩廣五畝，賈四百金有奇。土物既程，相與經始。長君謂：吾翁故嘗蓺竹亭下，號曰竹亭。其就西壁東面爲亭，樹美箭如疇昔。是爲奧主，即當户不啻趨庭且也。鼎足三分，猥云重器，藉令顛趾滅耳。謂公餗何，吾聞海上三山巋然萬古，故鼎立無若山立，寧借力于六鼇。乃聚吴石百艇，黟石什一糁之，吴爲首、爲背、爲尻，黟爲脛、爲趼。裂地五耜，列峰巒洞壑，以象三山。割地五畦，鑿洿池以象裨海。面山，臨池爲廣，坐闢四門而周。步檻四坐，各廣四筵，軒然爽塏，吾署曰石林。坐周公瑕榜之坐，後爲垣。垣東一方爲高閣。閣凡五達，面玉屏而負漸江。閣東上爲衡樓。樓西爲寮，寮爲虚白室。又西則層軒，南向，吾署曰南榮。對南榮而北峙者爲層樓，蓋竹亭左方也。閒居壽母無恙，長君率仲季輿母周游。母春秋高，以耋廢視，所至遞詰諸子：紫荆華乎？曰：華矣。茂乎？曰：茂矣。梅華乎？曰：華矣。木蘭華乎？曰：華矣。桃杏梨李華乎？曰：華矣。芙蓉華乎？曰：華矣。叢桂華乎？叢菊華乎？曰：華矣。母適其適，于于然若在瑶池。諸子遞上觴，母歸矣。既歸則嘱嘱交儆，母已太康。客至，則長君供具爲驩果，然望其腹乃虚口。州史謂遂園約矣，取其蜕于市闠，曲水沈沈，取其都雅。季園鉅麗，庶幾蓋州。七盤夾道有筠，曲折而有直體。乃若荆園之費，不訾一臠，則皆上腴，靚而疏，邇而遠，紆而無衺，亦一奇也。

明　黄汝亨《寓林集》卷八《繹幕園記》　平原之西有負郭而園者，翁然而深，林香鳥韻，迎人百武之外。中開小隱堂，堂之前問月亭峙焉，流水周其趾，芙蕖出其上。亭南隔垣爲釣磯，引竿潑刺，鷗鷺驚起。折而西爲攬輝臺，諤諤長松盤桓可撫。臺之北倚籐爲棟，張蘿爲幄，曲水潺湲，悠然修禊之地，其亭名亦蘭。北出爲錦雲窩徑，皆薔薇，淺紅深紫，游者如入錦步。障其背，白衣庵，庵左爲藏書之室，室左小隱堂也。堂左爲寄傲之所，軒名容膝。軒之東巋然出者白雲樓，朝曛夕霞，交映互呈。樓南結柏而棲者，歲寒亭。又過而南，葺茅而屋者，聞籟亭。園之南面壜而軒者，曰不如軒。則凡平疇遠野之勝，畜鷄種黍之風，荷鋤擊缶之樂，踞床憑几，盡在目中焉，而總題之，曰繹幕園，蓋司寇宋公所卜築也。

明　張睿卿《峴山志》卷一《園林》　俞子清無塵園　在南門外，去城二里，與小浮玉相對，號曰無塵。子清名澄退翁，玄孫歷官，清介所至有聲，爲刑部侍郎，退除寶謨閣待制，放意泉石，時以扁舟往來，飲酒賦詩爲樂。

章參政嘉林園　外祖文莊公居城南，後有地數十畝。元有潛溪閣，昔沈晦巖清臣故園。有嘉林堂、懷蘇書院，相傳坡翁作守多游于此。城之外别業可二頃，桒林果樹甚盛，濠濮横截，車馬至者數返復。有城南書院，然其地本郡志之南園，廢出售于民，與李寶謨者各得一半，李氏者後歸牟存齋。

牟端明園　本郡志南園，後歸李寶謨，其後又歸存齋。園中有碩果軒、大梨一株。元祐學堂、芳菲亭、茶蘼雙杏亭、浮舫齋、岷峨一畝宫。宅前枕大溪，曰南漪小隱。

趙氏蘇灣園　菊坡所創，去南關三里而近，碧浪湖、浮玉山在其前。景物殊勝，山椒有雄跨亭，盡見太湖諸山。

倪氏玉湖園　倪文節别墅，在峴山之傍，取浮玉碧浪湖合而爲名。有藏書樓，極有野趣。經鉏堂所稱兼山即此。

韓氏園　距南郭無二里。昔屬平原，後歸于韓，名之曰南郭隱城。南讀書堂、萬松關、太湖三峰各高數十尺，當韓氏全盛時役三百壯夫移致于此。

程氏園　文簡公别業，去城數里，曰河口。藏書數萬卷，作樓貯。

明　薛鳳翔《亳州牡丹史》卷二《常樂園》　先大父西原公議禮歸田，小築丘園。去城南可二里，小逕透迤，灌木交蔭，逕窮得園。園内文石玲瓏，嶸然玉立。石後茅屋數椽，不事雕飾，顔曰大寧齋。齋後有亭，亭西有軒。軒在蘘篁間，多集名人題詠。齋東過荆扉，有亭曰瑩心，喬大宰白巖小篆也。鑿池環亭，荷香斷續，游魚上下，公時嘯傲其間。《郡志》云：公自吏部歸，絶意仕進，營園自適。暇則曳履隴畔，蔭樹臨流，與漁父田翁相問答，泊如也。晚年潛心性命，檢藏注經，爲詩書樂。地亳之有牡丹，自兹園始。沈石田先生《題牡丹》云：天於清高補富貴，人從草木寄文章。可以爲志。今亭池雖圮塞，竹石尚存。園初以獨樂命名，後馬中丞易爲今名。

又《南園》　先府君兩泉公繼常樂而搆者也，《郡志》云薛氏南園。表裏燦如蜀錦，與常樂爲肘腋。高槐四蔭，崇臺夾輔。相傳臺爲魏武所築無稽也。考功公詩曰「人非九品羲皇上，園似千花佛界中」，得其似矣。往李尚璽伯承謫居吾郡，公暇輒造之，邇來與諸昆鼎劃。左曰似漆園。穿竹而入，得來風軒。稍進爲迷花塢。塢後小榭，曰春海。右曰西園。中爲醉月亭，當秋空月淨，松陰滿地，如積水浮藻。迤北則聽雪齋。迤南疊石爲山，奇敧鬼負，上安方榭，下引曲洞，洞口臨流足以垂釣。池上有閣，足以眺遠。中曰清華園，余有也。入門爲湛露堂。堂東地，棠數百本，延蔓甚遠，繚以爲垣，曰棠蹊。循蹊達梅梁館。館前平橋小逕，逶出堂後。入館西折，經松關，曰碧界。銀杏參差，高可摩霄就行列者，維四。其間隙地廣十許丈，重陰如幄，環以闌楯，甃以礱石。盤礴其下，煩暑如秋，署曰美蔭。過此則浴霞樓，樓下環植牡丹如千本，憑軒俯視，恍如初日盪潮而繁星浴霞也。樓東入花洞，曰宛委春，出洞皆紅樹、秋林。林腹爲韻齋。樓之北，曰煙條館。西有小舫，曰千花供。由舫而南，登松壇，曰泛濤，因爲飛梁渡、記花閣。白木香一本，膚如龍鱗，枝葉盤鬱，匝三楹，蓋百年木也。花開類袁安雪舍，流香不散者累月。因顔其亭，曰繁香。歷抱瓮軒而出，復達湛露堂。園雖因牡丹而著，其四時芳菲足以游目千尺，長松亦堪踞嘯。

又《東園》 在考公祠前，牡丹雖不數畝而多名種。以地僻遠喧囂，蒼松古柏，虬枝勁幹，干霄摩雲，人謂挾黄庭一卷，偃仰其間，自是太古逸民，兹園足以當之。爲兄子先春別業，先春工臨池，饒逸韻。

又《松竹園》 王別駕謙夫，博雅君子也。早年從考功公游，因創園。去常樂不數武，有茂林修竹之勝。茅齋數間，錯置幽曠處。深嗜牡丹，凡竹簡隙地皆種之。因愛佛頭青，所種極多。今花竹半殘，園亦分裂矣。

又《宋園》 故將軍宋氏於嘉靖間搆此園城西北，亭臺畢具，竹樹交錯，中種牡丹數百本，亦愜心賞，近歸賈水部矣。

又《樂園》 在郭北門，對清流，松逕逶迤，齋舍整潔，牡丹數畝，最多精品。主人不涉書能選勝，結客樂意，丘園故亦可人。在隆萬間，喜覓異花與人鬥奇，自是人遂知有顔布衣也。

又《楊園》 東强丞楊君解官還亳，不樂居闤闠，築園南郊。樹長松，莳名花，疏池疊石爲終焉之計。晚歲諸子或謀以售人，人告之。君曰：吾兒不欲老夫與草木同朽腐耳。其曠達如此，花不甚奇而主人韻勝。

又《南里園》 夏侍御贊禹壯年被放，慕考功公爲人，遂築園於常樂之右。中開四照亭，妙選名花雲莳，左右復架木爲長廊，編花成障而奇石佳樹相映帶，飛樹小軒游屐莫窮其境。日與山人羽客徜徉其間，時牡丹與涼暑園爭盛。自侍御物化，遂爾寥落。每一經過，松風嗚嗚，不啻聽雍門彈矣。

又《且適園》 李方岳正屏公往給事瑣闥時，間歸築園。林香竹色，菌閣草堂，柏障花茵，信休休佳境。其中牡丹更饒名品。園在常樂園東。

又《涼暑園》 李典客繼之有別業在城東隅，因宋黄太史有涼暑署書，遂以名園。中搆亭榭，間以茅屋，竹樹蓊蔚，稱佳境矣。典客博洽兼有花嗜，牡丹、芍藥各以區別入園，縱目如涉花海，茫無涯際，花至典客，精妙絶倫。然所以能甲諸園獨躋上乘者，皆平頭李仁力也。仁自有花癖解趣，故主人不勞心而絶色日新。

又《庚園》 城西隅積水成沼，可容小舠采蓮，舉網甚適也。傍水有故揮使宅，李文學培卿買而爲園。讀書之暇輒經營位置，凡數年，始足游覽。重門之內有鬱金堂，崇基軒敞，最能受月。堂後有樓，飛甍迢遞，可納城西野色。左則萬井參差，右則百雉倒懸水面。東叩板扉，穿花逕，低亞回折，署曰春迷。穿花壁登生趣亭，望小山叢桂。迄北牡丹深處有環芳亭，綺錦模糊，萬紅刺目。横軒而過爲沼，沿沼垂柳疏桐，沼心有秋水亭，其修遠大雅，儼然廣陵梅花嶺也。當暑披襟，涼飈翛然。又西爲松寮，爲快軒，嘉樹權枒攢植，美箭蕭蕭。「結廬在人境，而無車馬喧」，兹園是也。

又《李叔子園》 亳無山水，惟城東南林木繁然，墟煙縹緲，最稱盛地。舊有高氏廢園址，故小隘李叔子仁卿得而拓之。四匝種竹，中分門逕。結柔花爲屏障，緣以雙廊如複道，屈曲勾通，令游人低回自失。登堂而東折乃漱芳亭，雜英繽紛，林木茂密，擁流雲聽幽禽，大有佳致。亭後有軒，艷花界畫，如鋪錦茵。方今鼎新兹始正，未知如何弘修以延春色也。

又《嬾園》 余友王仁子别墅即其先壠旁。誅茅小搆花木，亭館具體而微。中架翠柏，爲長廊複道，幽然亦小有致。但主人懶甚，什九付園丁，惟上冢時及交債牽躐，一跨衛至其地嘯詠，移時而去。若他人菟裘，竟不問也。長年閉户，擁書自娱，間與吾輩一雅集。嘗笑謂余：以吾小築視公等園，何止夜郎王與漢，然比吾家君公膾牛處差勝耳。斯其人可知已。

又《郭氏園》 園在余南園左，灌道分逿，竹木蓁生，有崇丘古墟，連絡可里許。使主人具丘壑趣，少綴飾以亭樹之屬，便是勝地。牡丹、芍藥品亦差備。

又《韓家園》 城東三里許張家渡東，齊民韓氏有宅數畝。門枕渦水，周以女桑，柳根結籬，種牡丹其中。接花從韓氏方盛，取利亦從韓始。今園歸彭紉鄰文學。

又《方氏園》 方氏地數十畝，盡種是花。時游人四集，惜無亭榭可憩也。然城南水土與花特相宜，而更精栽接剔治之法，用力亦勤。萬曆以來，奇花出方氏者種種。近有花户王世廉，地畝花數與方相當。談者謂多得之偷兒，故諸園之妙品多集於斯。

又《單家莊》 去城十八里，長河迤南，故沃壤。單氏爲亳椽，以餘力種牡丹，益獲利。凡有所見，無論本土新生、别郷初至輒致之。且能爲花王護法，即達官貴人以至好事者，莫能取。故牡丹尤備於諸園，凡遠近市奇花者，必先單氏焉。

明 吕維祺《明德先生文集》卷一〇《斗園紀略》 澗水之陽爰有斗園，地即斗子城，且在玉斗山之坳，故名斗。主人曰：園大于斗，故名斗也。山高可冠雲，廣可周城堞，松柏亂如髮，峰陟峽深而古寺幽峭。折而東則山勢起伏隱隱村落間，斷崖修木，錯雜迴抱者斗園也。園之西偏有泉甘而冽，士人飲者多壽。曾産靈芝數本，下有千歲蟾蜍，士人名之曰芝泉，引爲池，亦題曰芝。有亭虚而翼池上，題曰八風。北則紫芝齋，友人題曰泰山。北斗傍有精舍，亦曰斗。有軒環以松，題曰謖謖，有榭曰晚鐘，有樓曰俯松。其他梅塢、竹逕、茨門、石室，一切信意爲景，若參若偶，各極其致。墻内外治畦種蔬，雜以榆、柳、桃、柿。及爛柯山石坐樹濯泉。前于而後喁者，二三同志友也。苦茗清話，不時排扉而過我者，寺僧也。偶坐石上，揮扇而談田桑移日不倦者，野老牧兒也。暇則虚窗臨帖，曲砌吟詩。樹烟塔影掩映迸射者，山光也。冷冷然若潑我興而相與拍和者，泉聲鳥語也。興至而酣，興盡而已，若相與消息於此中，而不知天地之寬者，吾與吾之斗園也。一行作吏，三徑遂荒。詩曰：泌之洋洋，可以樂飢。商山之歌亦曰：曄曄紫芝，可以療飢。千鐘萬石，豈可易吾斗乎！主人曰：斗園，吾舊盟，且與我周旋久，雖偶出山，其敢寒吾盟。所願名公以名筆點綴，俾蒼岫寒泉、老松、茂藤一增爽色。主人退食一展讀之，或夢回吟一過，即忽忽如見澗水傍花深竹青處也。柬之山靈亦可爲主人解嘲懸知，異日遂初，門可羅雀。試置之几案，何異座上客常滿。主人雖窶，當自有數峰白雲相供養耳。其敢曰：焉用文之。

明 孫承恩《文簡集》卷三二《白齋記》 園之西北隅，結屋四楹。至其中欄楯、户牖，無髹漆焉。几席簾幕，無藻飾焉，純然白也。檻外植梅二十餘株，冬時盛開，萬玉璀璨，被以密雪，鋪瓊疊練，内外交瑩，齋之名白，實以之夫白素也。【略】嘗試與客當梅雪之時，撫幽芳、玩積素，近睨遠覽，皚皚皓皓、上下一色，真昔人所謂遍天地皆白。

明 王路《花史左編》卷二《花之寄・長嘯堂》 范蜀公居許下，造大堂，以長嘯名之。前有酴醾架，高廣可容數十客。每春季花繁盛時，燕客其下，約曰：有飛花墮酒中者，嚼一大白。或笑語，喧嘩之際，微風過之，則滿座無遺者，當時號爲飛英會。

明 袁中道《珂雪齋外集》卷一一《游君柿録》 西直門北十餘里，地名海淀，李戚畹園在焉。亭臺樓閣，直入雲霄。奇花異草、怪石美箭具備。引玉泉流水入于清渠，可數里。泛大樓船其中，宛似江南。

又 卷一三 張江陵南園，名歸來園。中有怪石、曲水、危樓、迴閣、錦屏、画橋、文魚、好鳥，凡園中所宜有者皆備矣。予十三四歲時，曾隨大人入游大都，壯麗有餘，天然不足，如王家戚里之墅，後籍没，俱碎拆去，今惟存溝渠耳。

又《珂雪齋近集》卷五《金粟園記》 而會大士塔下，有以一園鬻者。其地稍僻，而其直甚省，且有花木園亭之娱，遂欣然成之。既成，乃除瓦礫，剪草萊，去承霤陰翳之宇。前有桂一株，虬龍矯矯，上干雲霄，每開，香聞數里。後有藕花塘，可百畝，水氣晶晶。臨水有臺可亭。中有書屋二，竹柏、雜花具備，而門臨長渠，桃花水生如委練，垂柳夾之，可以盪舟。中郎過而呼予曰：清波緑樹，何減深山！是亦不可以隱乎？其中樹以木樨爲甲，故名之金粟園云。庚戌七夕，中道自記。

明 王同軌《耳談類增》卷二二《脞志草木篇・竹梅松異》 吾園曰柯山，弱歲讀書其中。墻角老梅成秧，滿地皆往，絶所蔑有移植。至數年，架竹木爲亭而引條其上，四面覆之，曰香雪亭。徑遶亭再匝皆梅也，牽條編竹，制爲重墻，曰香雪林。始猶未花，及著花，亭後一株千葩緑萼，獨别衆株，結實即踈而獨碩，是何繇來哉。而又從亭後引條若有安排，則異之。異花英臨春，粘霜綴雪，滿境環瑶，而亭中若蘂珠水晶宫，弄日眩影，有時風，片飄墜杯斝，嚼而噍之，心脾清冷，客称獨異者謂瑞梅。當兆予抱雛，每集輒拈韻作瑞梅詩，今憶胡載道詩曰：「朱草無根始孕靈，獨梅千蘂結冰亭。欲投商鼎羹中味，已兆陳家膝上星。仙子羅浮春正麗，玉華南國洞初經。充閭氣動烏衣座，路入廬山夢半醒。」逾年予果抱雛，梅條歲久，枯硬不受縛，兼以密故，花放照天。于是壘石爲危臺於亭處，偪而就之，更名香雪臺，而顔於級際。則故人程孟孺書朱欄石几，雲巢雪窩，攢柯低垂，鼻可仰嗅。客屐頻集，不待花落而家釀屢罄。

明 劉侗等《帝京景物略》卷一《定國公園》 環北湖之園，定園始故樸莫先定園者，實則有思致文理者爲之。土垣不堊，土池不甃。堂不閣不亭，樹不花不實，不配不行，是不亦文矣乎。園在德勝橋右，入門古屋三楹，榜曰太師圃。自三字外，額無扁，柱無聯，壁無詩片。西轉而北，垂柳高槐，樹不數枚，以歲久繁柯，陰遂滿院，藕花一塘。隔岸數石亂而卧，土墻生苔，如山脚到澗邊，不記在人家圃。野塘北，又一堂臨湖，蘆葦侵庭除，爲之短墻以拒之。左右各一室，室各二楹，荒荒如山齋。西過一臺，湖于前，不可以不臺也。老柳瞰湖而不讓臺，臺遂不必盡望。蓋他園花樹故爲容，亭臺意特特在湖者，不免佻達矣。

丹陽賀世壽《集定國公園亭》：郊市塵方急，行宜向水涯。弄音清濁鳥，含韻淺深花。斷雨梧知冷，穿曦樹故斜。鄰僧能好客，扶策餉初瓜。 渝漪一曲水，好友坐幽偏。秀濯花霑雨，清疏柳着烟。晴瀾明倒影，銀浦寫遥天。總覺無塵事，觀魚過檻前。

固陵余廷吉《游定園》：一徑濃陰合，行行似野扉。穿林榆影亂，隱几鳥聲圍。曲水函山定，翻荷向座輝。遲回應不厭，月墮醉方歸。

涼州吴惟英社《集定國公園》：城西喧未去，輒得此園林。柳碧午亭暗，荷香暑坐深。鶯堤通比岸，雉堞隔高岑。荒落澄湖曲，塵飛了不侵。

又《英國公園》 英國公賜第之堂，曲折東入，一高樓南臨街、北臨深樹，望去緑不已。有亭立雜樹中，海棠族而居。亭北臨水，橋之水從西南入，其取道柔，周别一亭而止。亭傍二石奇質，元内府國鎮也，上刻元年月，下刻元璽。當賜第時，二石與俱矣。亭北三榆，質又奇，木性漸升也。誰搤令下，既下斯流耳。誰掖復上，左柯返右，右柯返左，各三四返，遂相攫拏，捺捺撇撇，如蝌蚪文，如鐘鼎篆，人形况意喻之，終無緒理。亭後，竹之族也，蕃衍碩大，子母祖孫觀榆屈詰之意，用是亭亭條條，觀竹森寒。又觀花畦以豁物之盛者，屢移人情也。畦則池，池則臺，臺則堂，堂傍則閣，東則圃，臺之望古柴市，今文廟也。堂之楸，朴老，不好奇矣。不損其古閣之梧桐，又老矣，翠化而俱蒼，直幹化而俱高嚴。東圃方方，蔬畦也，其取道直，可射。

吴縣蔣山卿《英國公山林宴集》：甲第連雲起，名園對日開。洞牽青薜荔，石坐緑莓苔。屢舞動花氣，和歌有鳥來。生人能愛客，數命鼓催杯。

又《成國公園》 園有三堂，堂皆蔭高柳老榆也。左堂盤松數十科，盤者瘦以矜，幹直以壯，性非盤也。右堂池三四畝。堂後一槐，四五百歲矣，身大于屋半間，頂嵯峨若山，花角榮落遲不及寒暑之候，下葉已兔目鼠耳，上枝未萌也。緑周上，陰老下矣，其質量重遠所灌輸然也。數石經横其下，枝輪脉錯，若欲狀槐之根。樹傍有臺，臺東有閣，榆柳夾而營之，中可以射蹊。園出者其意蒼然，園曰適景，都人呼十景園也。

茶陵李東陽《成國公槐樹歌》：東平王家足喬木，中有老槐寒逾緑。拔地能穿十丈雲，盤空却蔭三重屋。憶昔前王初宅時，高門駟馬相追隨。五朝恩露簪纓重，四世威名草木知。世間植物因人瑞，培養深根乃天意。向月長留宿鳳窠，排霜故作蟠虬勢。舞袖飛花繞北堂，屯陰列戟森成行。碧窗雨過看新霽，紗帽風低坐晚涼。古來匠石須廊廟，堂中絲竹應同調。馮異空傳大樹名，王公豈待三槐兆。木天老朽舊通家，樹猶如此人咨嗟。公家樹老公顔少，長共河山閲歲華。

公安袁宏道《適景園小集》：一門復一門，墻屏多于地。侯家事整嚴，樹亦分行次。盆芳種種清，金蛾及茉莉。蒼藤蔽檐楣，楚楚干雲勢。竹子千餘竿，叢稍減青翠。寒士依朱門，索然無偉氣。鶴翎片片黄，丹旗榜銀字。綈錦裹文石，翻作青山祟。兑酒向東籬，頹然索清醉。

吉水劉應秋《夏日集成國公山亭》：高臺亭子禁城東，少得浮埃多得空。榆柳周遭陰洞色，門涂直射遠疇風。荒烟莫辨郊原際，夕照歸明宫殿中。閣後古槐何岳岳，老看山水幾雌雄。

又 卷五《白石莊》 白石橋北，萬駙馬莊焉，曰白石莊。莊所取韻皆柳，柳色時變，閒者驚之。聲亦時變也，静者省之。春黄淺而芽，緑淺而眉，深而眼，春老絮而白，夏絲迢迢以風，陰隆隆以日，秋葉黄而落，而墜條當當而霜，柯鳴于樹柳溪之中。門臨軒對一松虬，一亭小立柳中。亭後臺三累，竹一灣，曰爽閣，柳環之，臺後池而荷橋荷之上。亭橋之西柳又環之，一往竹籬内，堂三楹。松亦虬，海棠花時朱絲亦竟丈，老槐雖孤，其齒尊其勢出林表。後堂北老松五，其與槐引年。松後一往爲土山，步芍藥、牡丹圃。良久，南登鬱岡亭，俯翳月池，又柳也。

明 張岱《西湖夢尋》卷二《青蓮山房》 青蓮山房，爲涵所包公之別墅也。山房多修竹古梅，倚蓮花峰，跨曲澗，深巖峭壁，掩映林麓間。公有泉石之癖，日涉成趣。臺榭之美，冠絶一時。外以石層砌墻，柴根編户，富貴之中，又着草野。政如小李將軍作丹青界畫，樓臺細畫，雖竹籬茆舍，無非金碧輝煌也。曲房密室，皆儲偫美人，行其中者，至今猶有香豔。當時皆珠翠團簇，錦繡堆成。一室之中，宛轉曲折，環繞盤旋，不能即出。主人於此精思巧搆，大類迷樓。而後人欲如包公之聲伎滿前，則亦兩浙薦紳先生所絶無者也。今雖數易其主，而過其門者必曰包氏北莊。

陳繼儒《青蓮山房詩》：造園華麗極，反欲學郊莊。編户留柴葉，磊墻帶石霜。梅根常塞路，溪水直穿房。覓主無從入，裴回走曲廊。 主人無俗態，築圃見文心。竹暗常疑雨，松梵自帶琴。牢騷寄聲伎，經濟儲山林。久已無常主，包庄説到今。

明 張元汴《峋嶁山房記》（《珊瑚網》卷一七引） 靈鷲山靈隱寺之西，循曲徑，踰小澗，有泉泠然而清，有石獅蹲而虎踞，有梅數枝，有竹數竿，有屋數楹悠然其間者，峋嶁山房也。其中爲樓曰紫蓋云者，峋嶁山之別峰也。樓之上下折爲小室者五，凡燕居歘客、却暑避寒之所，無不畢具。樓之外插槿爲籬，叠石爲垣，刳竹爲瓦，引泉從垣間瀉出，日夜作瀑布聲。緑籬翠竹交映其前，盛夏灑然如秋。出樓之北，躋石磴而上數十步，結檜爲亭，曰來鶴。因名爲坪，曰對弈。又上數十步，曰孤嘯臺。爲白砂丹井，爲禮斗閣，爲香雪巢，其外爲蹊桃、茶坂、梅塢、橘坡，蓋是山周遭不盈十畝而極備幽致。入之者如游於蓬萊方丈而莫能窮詰也。山人姓李，名元昭。

明 祁彪佳《祁彪佳集》卷七《寓山注·聽止橋》 登浮影臺，巨石面立，褰裳者恐投足無所。忽有長虬横偃波上，自此猿猱相引。曲磴出於石隙，數折乃登笏巢，友石榭從入徑也。穴石之腹以爲橋，而趾足岈嵯，還以分橋之半，每暑月泊舟其下，颯然凉生，令人膚粟。

又《太古亭》 斫松葺茅，不加雕堊，意其爲太古之遺制乎。亭之址，初在友石榭。及榭成，遷之松徑下。陶石梁先生再過園中，亟索亭之所在。往憩焉，笑曰：太古不合時宜，乃左遷至此耶？客曰：否否。此亭有深静之色，譬如綺里輩初出商山。衣冠甚偉，豈堪與絳灌爲伍。此地負崗蔭渚，在幽篁老幹間，瀟然獨立，不共花鳥争妍。治亭可謂得其所矣。

又《袖海》 溪山草閣之北，得石室。秀宇層明，如灰箕道士開口，五臟皆見。數十人坐卧頃，寒雪沁肌，不復知人間更有六月，倘亦蘇長公所謂袖中攜歸。今仍自瑯琊海上來，故爲波濤洗蝕乃爾耶。

又《芙蓉渡》 自草閣達瓶隱，有曲廊。俯檻臨流，見奇石兀起。石畔篔簹寒玉，瑟瑟秋聲。小沼澄碧照人，如翠鳥穿弄枝葉上。吾園長於曠，短於幽。得此地一嘯一咏，便可終日。廊及半，東面有小徑，自此而臺而橋而嶼。紅英浮漾，緑水斜通，都不是主人會心處。唯是冷香數朵，想像秋江寂寞時，與遠峰寒潭共作知己。遂以芙蓉字吾渡。

又《孤峰玉女臺》 繇渡而東，一峰峙青。萬衣簇碧，丹樓翠水，儼若明妝，此臺便是幔亭。虹橋縮入菡萏千鬟中，與客游行，僅露巾幘。方在衆香國酣醉羣芳，忽然隱隱環佩，意是杜蘭香萼緑華輩騎青鸞、步雲氣，從羣玉峰頭姍姍其來遲耶。錫之用沈佺期成句，蓋猶陳思王初遇洛神時，欲著一語不得耳。

又《小巒雉》 東海中央得方丈山，一名巒雉，有金玉琉璃之宫，崑崙之所託也。予園率繩兪耳，小巒雉爲志歸齋從入處。又太樸之祖，其名何以稱焉？蓋蓬户朱門，原無異視，即五臺十二樓。穆滿一寓目過之，亦蘧廬之宿矣。予園自此而上，數步一委折，曲榭飛臺，縷巒帶阜，縹緲若閬風之巔，則亦第小之云耳。不得謂芝室药房，遂不能分其一面也。

又《志歸齋》 當開園之始，偶市得敞椽，移置於此。一仍其簡陋，然亦可嘯可歌，可偃仰棲息也已。齋左右貫以長廊，右達寓山草堂，左登笛亭。避暑齋中，北窗盡啓，平疇遠風，緑畦如浪，以觴以咏，忘其爲簡陋，而轉覺渾樸之可親。遂使畫棟雕甍，俱爲削色。當予乞歸時，便欲於定省之暇，適志園亭。而此齋實爲嚆矢，乃此是志吾之歸也，亦曰歸固吾志耳。

又《笛亭》 昔蔡中郎宿於柯亭之館。仰視第三椽竹，云可作笛。吹之，果有異聲。柯亭去此十里，爲山爲橋，尚仍其名。當予卜築時，適有巧工能截竹爲亭子，因以識中郎遺跡，不知一枝碧琅玕亦能作金石聲否。又恐獨孤生吹至入破時，忽然裂壞，不但碎自興公妓手也。

又《酣漱廊》 環園多曲廊，下獨以水明著水勝故，上獨以酣漱著石勝故也。循廊而下，達笛亭，仄嶂雲崩，奇峰霞舉。至於寸巒尺石，靡不磈确嶔岈，有鳧没鸞翔之勢，盡取以供礪齒物。矛之於漱也太酣矣，然予性不能飲一焦葉，而偏於是焉酣之，使洗耳輩嫌其多事，似猶勝竹林嵇、阮流也。

又《寓山草堂》 寓山之高，極於鐵芝峰。草堂平分之而在其右，似舉峰相拱揖者。堂方廣僅二十赤，望之不當一小亭，而入户豁然。翼若垂雲之宇，與客踞胡床，學清言送難，意忻忻適也。吾堂所少者，絲竹鼎彝之類。至於髹几竹榻，茶竈酒槍，殆亦不乏。若夫晨光夕曦，雲峰霞嶺，以此娱客，似謂過之。居園者，不能使人作室邇人遐之歎。若俗子十往返不一見，雖受怒罵如張牧之，固不惜也。

又《抱瓮小憩》 幽圃初開，督莊奴灌溉，憐其暴炎日中，爲蓋一茅以憩。主人亦時於此摘蔬啖果實，倚徙聽啼鳥聲，大有郇家況味。顧安得於陵子、漢陰丈人，共爲吾把臂友，與之語託業怡生之道乎。

又《即花舍》 四負八求之間，一室焉。附堂而不借景於堂，面樓而不問渡於樓。池水北匯，至此益迂折。松逕下山骨峰立，皆以清波繞之。入歸雲寄，猶是支流數曲，及舍而方塘半畝矣。玉蕊胎含，與緑雪翠雲共分香韻。倚欄静觀，忽憶陳白沙先生詠茂叔愛蓮詩「我即蓮花花即我，如今方是愛蓮人」，悠然有會。遂以作座右銘。

又《宛轉環》 昔季女有宛轉環。丹崖白水，宛然在焉。握之而寢，則夢游其間，即有名山大川之勝。珍木奇禽，瓊樓瑶室，心有所思，隨念輒見。一名曰華胥環。異哉，人安得斯環而日握之哉，請以予園之北廊仿佛焉。歸雲一竇，短扉側入，亦猶盧生纔跳入枕中時也。自此步步在櫻桃林，漱香含影，不覺亭臺豁目，共詑黑甜鄉，乃有莊岩法海矣。入吾山者，夾雲披蘚，恒苦足不能供目。兹纔一舉步，趾已及遠閣之巔，是壺公之縮地也。堤邊橋畔，謂足盡東南巖岫之美。及此層層曠朗，面目忽换，意是蓬瀛幻出，是又愚公之移山也，雖謂斯環日在吾握可也。夫夢誠幻矣，然何者是真？吾山之寓，寓於覺，亦寓於夢。能解夢覺皆寓，安知夢非覺、覺非夢也。環可也，不必環可也。

又《四負堂》 豐莊内有堂三楹，臨流翼峙，主人爲蠶穀之地，而間亦酌犀兕以觴客者也。時金如王先生，予所師事者。因予卜築之癖，責之以書曰：頃見尊園，蓋有四負，君處其三，弟居其一。君受國深恩，當圖稱報，即退休林下，亦宜講道論業。日思所以匡扶社稷，澤潤生民，乃今兩年於兹，不務乎此。而徒經營土木，刻鏤花石，逞一己之小慧，忘天下之大計，人盡如此，國復可賴，是謂負君。遵大人久依有道，旁通宗乘，購書萬卷，貽厥孫謀，光昭前烈，實在嗣人。今君年近不惑，位居臺諫，立身行道，豈異時事，而此志未見卓然，但能踵事增華，此豈善述之孝，是謂負親。君天資敏達，賦性忠厚，允稱濟世之通才，堪爲入道之利器。又復天假之緣，師友之樂。不出户庭，乘此一往事心，自當立躋聖域，而乃不自珍惜。與俗上下，與兹一役，流聞四方。僅嬴兒女子之詑説，不顧有道者之攢眉。混明珠於瓦礫，棄良苗爲稊稗，是謂負己。君墮此三負，而弟過蒙道愛，許之直言，乃不能於未發之前絶其端芽，徒冀於已事之後，救以口舌，恨正己之功尚疏，愧悟物之誠未至，是謂負友。嗟乎！此良規也。予何幸而得聞此良規也。開園以來，皆振予過者，膏肓針砭，實惟斯言。然予既獲聞斯言矣，不能如王仲寶立毁長梁，是益其過耳。先生以予爲三負，予誠負哉，而聞言未改，則所謂負友者仍在予，不在先生。名其堂四負，志予之益其過也。

又《八求樓》 昔鄭漁仲論求書之道有八。一即類以求，二旁類以求，三因地以求，四因家以求，五曰求之公，六曰求之私，七因人以求，八因代以求。先子每師其意，窮搜博采，凡積書十萬餘卷，爲約以訓子孫。而備與言購書、聚書、鑒書、讀書之法。亦庶幾曹氏石倉，任氏經苑，中氏墨莊矣。顧予性雖喜書，極苦健忘，不獲如王仲任向市門倚櫝翻閲，輒能記憶。即欲學魏甄琛秀才發憤研習，亦不能也。自吴中乞身歸，計得書三萬一千五百卷，庋置豐莊之後樓，鎮日摩挲，亦僅得我先君子購書聚書之似而已。予聞李鄴侯架插三萬軸，子繁世封於鄴，爲隨刺史，歐陽永叔聚書萬卷，子棐能著述，爲世清卿。下之至於趙括，人誚其徒讀父書，然亦尚能讀也。何古今人之度越一至此耶。丁顗有曰：吾聚書多矣。必有好學者爲子孫，以先子一生孜孜矻矻，青緗世繼。予不敢爲他日之可勉也，庶以望之後人云耳。

明 鄒履中《寓山園記》（嘉慶《山陰縣志》卷二八引） 自永興達梅墅幾三十餘里爲越郡，從入道山水始匯清泉，峭壁揖讓羅立，侍御祁幼文先生之卜築在焉，蓋所稱寓山也。山隱於叢榛灌莽之中久矣。先生因而闢之。門臨鏡湖，通道爲廊，三折而入，曰讀易居。先生究心於是，理治身世之所本也。自兹而往，偉麗幻特，合形輔勢，匪可一狀。大約奮迅而上，爲臺爲閣，爲樓爲軒，爲巢爲峰。紆餘而下，爲池爲溪，爲谷爲泉。棲息宴會，則有堂有室，有齋有菴，而曰堤、曰徑、曰橋、曰梁、曰幌、曰環、曰渡、曰憩，所從高下通往之道也。登高而望，巔崖躍出，拱侍如圍，空青蒙絡，與天無際。直北一面，平疇千畝，禾穗鱗鱗，層波緑影，引人下睇。及於峰半山根獲視，古松特立，百音吹耳。自遠而至，游人至是境與心謀，目紊無定，莫不徙倚旁皇，戀不能舍。忽有香氣一縷，幽澹上浮，旋若散去，仍貯谿底，則芙蓉渡之下，餘荷所披拂也。池面爲橋，石與水平，步武欹狹，循流數轉，摇曳畏人。春夏瀰漫，當不可渡。俯仰觀視，有若異境。至於四時之木閒列敷榮，候氣之禽翔鳴和悦，雲霞摇颺，烟雨霏絲，園亭之勝於斯爲極。余蓋再游焉，值秋序之交，天曠氣澄，凉風被徑。先生導余歷徵其勝，曰某臺所以望某山也，某池所以通某流也。某堤某橋，又所以收覽臺池之勝也。雖然，吾猶以爲未盡也，將改水明廊之徑，從柳陰以入，而仍□其名以稱。將壘石門南，夾植樹木，通閣以覆，上奉翟曇之座。又將爲龕，以棲方外之友。種竹□，擬留客之處。依樟以築避暑之臺，梁以接迴波之嶼，徑以達浮影之巔。植花卉於瓶隱之東，而松石於草堂之西。各隨其地，錫之新名。斯境益曠邃，而陟探始無遺憾，兹皆搆匠未起而意已先設，先生真性情於山水矣。中世士大夫以宦爲家，閒居之隙，計惟梯榮，孰有暫乞歸假，即娱情物外萬慮不關者。或謂香山、緑野，皆功成耄及，乃始退居爲樂。先生甫强仕之年，勳名表著，朝廷方深嚮用，而肆志游觀於急公憂國之義，何居？夫圖南之翼，六月爲息。在阜之鳥，飛則冲天，藏以爲用，其用逾深，維時與位，無距無迎。先生嘗自言之澤利生民、安奠社稷，必非貪嗜富貴者所能幾。吾觀先生聞四負之規，即引過以識其堂，而譚及古往治狀、當時利病，輒娓娓不厭，如衡辨石畫，先生豈恝於忘世者哉？與人同其樂，自與人共其憂，謝太傅已茂見於前事矣。東山以太傅名，峴山以羊杜著，先生樹功施於不朽，吾知寓山與俱遠矣，遂承命而爲之記。

明　程可中《共適園記》（光緒《德平縣志》卷二引）　緩轡出平昌來薰門，劇旁稍就東，隍潦吹漣，樫榆下蔭，薄嵐輕霽，往往起異隅心，固疑有靈境。未及下策，則葛尚寶共適園已在焉。首遵緑塍，東馳得廣衢，高槐接葉，日爲匿晷。衢北方爲公別業，雕夢藻井不暇問。衢南垣衣潤碧，則園扉呀然啟矣。入扉，兩翼爲廡室，東曰膏秣，客至用息車馬。西曰投轄，内有井，爲客欲遄去者設也。越重門，一石挺立，垂楊拂之如飄縞帶，初疑丈人出肅客，曰丈人石。石左右腋分夾道，入道窮複合，得集玉山房。左右各拓一室，右室置竈煬以待庖，左室設枕簟以待憩。周垣繚之，兩椅桐干霄，緑膚翠蕤，窗户生潤。羣卉燦焉籬際，多不甚辨。昔樹太湖石，端而偉。中門外覆土爲平壝，蒔木芍藥，雜花軸之如錯繡。壝東西茂密滃翳，覺泉韻竹光各隱隱，知中皆爲隩區。急欲就之，躑躅莫適，且貪前勝，欲速進矣。壝東横渠間之，渡今是橋，橋護赤楯，樫榆沿岸。陽柯裊烟，陰條醮波，恍然若置身澤國。舍橋得柏寢臺，砌以文磚，南北爲磩，絳蕣縹桃列衛其距，外織栝柏爲層城。北闢崇坊，南疏兩户，東西引修廊，皆樛枝爲之，乍到如入翠微，曰柏寢臺，晏子所登齊名臺也。臺宜月，眺朒必照，宜雪，光寒逾高，宜風，宜雨，青蘋易下而甘霖易浥也。曩上有覆屋，景非宜。亟撤去，近王子廓中丞所致上谷降胡庵盧，時一施之，姮娥且御纖阿褰帷入矣。出柏城，壽藤下罨，引餘條如步幄，前抱盟鷗館，實垂垂如流蘇。館側篔簹迎雷而萌，龍孫濟濟，客以水竹居題其前額。館前方塘半畝，芙蓉數百頭，鳧鷖雁鶩，喋唼萍茨。一石負扆而瞑，其意豈以爲主人與鷗尋盟而遂忘我石交哉。南引木廣爲架，廠可布十席。右側縱布石几，長仞有半，緻而澤爲燕産，旁置坐石。自山房至此，應接小極賴一憩。前編金雀爲籬，綴以刺玫、丹桂，如懸畫障。又前列茨松爲長垣，自東亘西，延袤無際。棹楔當垣，而門榜曰鬲津深隩。鬲蓋九河之一，故道繞園外，主人疏新園而激之若趵突然。浮石而渡，穿薔薇幕二十武入松亭，瓦橋出汙邪上，香杭秀穎，南爲罨槐，蓋高才及幘，而横蔭可數十人。此再憩也。東西大桃烘野，文杏間之，望之如赤城霞舉，而玉華山矗起在眉睫上矣。前阻曲溝，青霞紫邏紛來，撲人衣袂。溝水東奔瀌瀌，知其源濫觴於山。踰溝，山下神瀵躍騰，墜沫濺人額，下注蒲池。郭緣生所記華三峰下靈泉二，一曰蒲池，疑此是已。循西入石林，折而東，諸峰若羽戟前導，峭者如舞女，怒者如介士。俯察漁汙，仰瞻鳥道，趾力未窮而目已告憊矣。西入石門經爛柯處，有石枰，扣之如泗濱磬，蓋得之於鵲出之阿，上刻傳道，剥且滅，不知爲幾千年物。側入鹿門洞，洞口石如元鹿下嚙雲芝。東一牖如瓮，牖中懸泉十餘道，滴瀝飄灑，如織鮫人淚成箔苗。北竇受光一綫，始黄生爲此曰：上崁中虚，吾仿武林飛來靈鷲也。予謂無然，自有龐居士，何必慕靈山一會哉。出洞，仍循石秤攝蹬東陟，踰石梁，梁下跳沫如驚鷺，視向來徑若懸，度慢然何渠，身忽到此。下橋入玉壺亭，此山之中阿。顧見鹿門巒巘如夏雲怒□，恒恐驟雲飄至，亭頞爲隰陰。邢太僕作王太令書法攧拓□始甚。亭四階樹石如春林迸筍，偉然一巨者障於前，藤緣其隙，曰緑沈屏，取韋朗廣州所寶者。屏下横郭公甎，主人恒據而弄龍脣，松風泠泠，如起軫上。亭背爲三元閣，閣自南面若不相屬，而牆陰實爲亭扆，梵唄聲六時不絶。東出徑而岐二，一緣高岡，一入中坎。坎底平可班荆飲，寒瀨淙淙，亂下右壁，置丹竈，宿火熒熒。予調主人，安問九還火候，第勺蒲池，煮吴山茗，一棋一槍，詎讓黄茅白雪哉。主人爲一軒，渠褰蘿下，窺得棲雲洞。洞十笏而綽，周塗以堊，上即玉壺亭，若戴鼇簪。西窗望鹿門山，隱隱從返照來。北窗中，蒲池神瀵濺空而起，寒色襲膚，栗凛不可留。急出，上循岡寢行。寖隆援葛，遂及積翠峰，是山之絶頂矣，危堞平蕪，墟烟林莽若在履綦。黄生初指此爲《象華山記》稱華山削成而四方殊不類此，此政自佳，奚必爾爾。透迤循北下，用手緣壁步方得代。壁不屬則爲楯，崖不屬則爲棧。又下西行，回矚積翠，則層巖複嶂，懸瀑争瀉大壑。壑東西陿，其縱引甚深，有石距其中，如巨黿出曝。予初謁主人，觴於此，喜狂據黿背浮，十數白倚醉願與琴高俱去無憾，迨醒而悟，有餘悸。出石門循而西，復在蒲池上，所稱玉華者，山之成以石。其大者學學，小者堯堯，莫不瑩色而瑛光。水石相觸，瑲琤瑱瑝，靡匪玉矣。嘗讀《雜書》曰：服飾不逾祭服則玉英出。夫英者，華也。尚寶公崇飾祖廟，而居室仍其故，馨潔俎豆，自奉不過算器食，且業以集玉署山房，予曰玉華其誰謂否！山迤東爲吕公巖，高不敢望，積翠而甚幽邃。西爲西爽臺，高浮於鹿門而無其晻曖，皆玉華之嶧焉。三元閣外爲方陂，陂中峙峰如海上三山。再南即園之外垣，榆柳依依，菽棉被野。童子白由兹而西可達觀德所，東可達瓜田。步客足倦，未能應矣。山旁左右方所見，中有陝區者，穿林從左得門逕。暗水自東南來，潆洄十餘曲，如菱花出。投觥船亂流中，競接而啜，童子伐鼓飛花，促之殊快。末流趨方池。池所注水，前爲懸泉者二，後爲仰泉者一。清泚盈尺，頳鱗碧藻，詩脾爲沁矣。中央爲亂憩亭，跨橋而登亭，北積榾柮，爲山數仞。洞壑楂枒，而最高者曰貫月峰，疑從銀漢墜此，第不得支機石問君平耳。出越壽藤幄，遵河行，入朏明軒。《淮南子》曰：日之爰始謂朏明。日乍舒，而軒中已杲杲。軒附麗柏城，南北際引爲廂，闢爲洞門。前施憑檻，清流繞趾，水東梅李來闞，華實相間，遮以靈椿。再南又編柏爲軒，西向。穿挂雀籬，及松垣，得震旦精舍。藩以荼蘼畛樹，甘菊纍纍若金粟。中奉大士像。前甃方沼，水上誦仿西方八功德，綳金銀藤爲棚幕，是别爲一凈域焉。再南爲吕公巖矣。穿林右入者爲白雲樓。主人以先塋在望，不勝懷英之感。樓前三觚亭，匝以修篁，時時敲風作戛玉聲。亭下爲規池，三螭銜水而噴，中峙石莖，撑文石盤，上承巨石，高有仞。玲瓏浮水面。游魚撥刺，萍荇蕩漾。予題曰圓嶠。南牆冬青披蘿如點翠，境殊幽偏。出柏坊，亦過壽藤幄遵河而南，得軒曰綴光，以月在隔樹，取唐太宗詩中語。其畫度一視朏明。前楔荆桃，含消梨、文官果羣植焉。又南編柏爲軒，東向與西軒户相望，是爲盟鷗館之左右个也。南抵井幹亭，再南則西爽臺矣。園計畝不過二十，惟經度之巧，故勝地無窮。其間平衍爲林樾，爲畦町，通爲徑路，塞爲籓籬。高爲壇壝，再高爲臺寢，再高爲岡皁。下爲汙邪，再下爲溝澮，再下爲陂沼。廉而爲堂，邃而爲室，重而爲樓，敞而爲榭。魚以石計，蔬韭以畦計，水陸之華以四時計，棗李宦而計，桃膽而計。客行而觴隨，遇勝必賞，賞必命觴，觴必窮量。心與物會，境與意融。蘇子曰：清風明月，惟吾與子之所共適。於尚寶公樂莨以加，公曰：客惟知騁其逸思，謬以鉅麗侈吾園，而不知直以汰溢章吾過。而吾之苟營此隙地，之署共適者，豈客之謂。昔在辛卯，不佞銜命周藩，自諸侯王以下，以逮境上之大夫，及先端肅公門生故吏類，有贐大都謝絶。而中有義不可却者，勉橐而東，其敢以爲藏。又浮沈長干如千年，薄田歲入，視囷有餘粒屬。天殃流行，山東洊飢。不佞實有米顛之癖，每遇一奇石，必摩挲竟日不能舍。故章人之狡者闞予癖，試輓一車石，嘗予求售斛粟耳。比予喜過望，酬之如所願，仍以醪汁沃之去。自是重轍累轂至，至閉門不能拒，拒轍恚曰：民枵腹挽重二百里，顧無他賣，乃公顧是不足什五之值而坐失貞珉，且緩吾儕須臾死，奈何爲德不卒而傷惻隱，不佞惕焉。閔之，遂不恤傾倉糴焉。又會邢太僕築犁邱東巖，吴門黄生有奇技，後期至，遂以屬不佞。不佞於是倒囊所餞橐佐二費。山垂成，而鍾離黄生來，又加飾焉。不佞初心不及是役也，石非歲不獲，山非石不成，園非山不拓。而根荄鱗羽之屬，亦不知條焉之足以寓吾目也。假於周之役必絶物而砥守吾廉，則交際之禮廢，嗣章人之輸石來也，恡困廪之餘粒則拯困之心悖，皆非所謂適矣。今園苟成而吾落之，而吾與園不共適乎！乃近者命屐至，遠者裹糧至，好事者以具至，苛禮不責，嗒焉相忘，而賓與主不共適乎。爲吾後者吾且與爲約，園不得從他田産派分而裂據，嘉蔬碩果薦廟之後，計指以給。而子若孫不共適乎。客之所爲記徒貌言耳，非吾之適所適也。客於是歛容肅筆，書之石。

明 欒純《雪菴清史·清景·脩竹茂林》 劍潭之南，巖曰天花。密竹軼雲，長林蔽日。淺翠嬌青，籠烟惹濕。上人潔泉搆數椽其間，以竹樹爲籬，不復葺垣。中有一泓流水，其清可漱齒，曲可以流觴，而浮翠可以玩目。余偕黄鶴皋、王梅泉訪之。潔泉曰：吾日三竿而起，令頭陀焚香放鶴，拂筆床，吹茶竈，烹茗一啜。散步林中，坐石長嘯，泉聲瀝瀝相答，或山窗下。吾開卷，而驕陽穿篠，則筼簹之影若人而青葱者。可彈琴，而薰風微來，則松雪之韻，若鼓而琮琤者。吾放歌，而聲瀉于脩篁鳳尾之間，使之嘹嚦物外，爽人精魄。吾寄目，而離披蓊鬱之狀，使人滌意閒，涓絜飛動。

清　雍正《江西通志》卷三九　春浮園，在泰和縣。蕭士瑋記：余家園去柳溪二百武，左帶平原，水木幽茂。西北爲公安亭。稍前則金粟堂，老桂叢生其中。上則杯山，山半峙湖中。從湖視山如杯。從山視湖，還如螺泛泛於水中也。陟其巔，魚游樹杪，人行境中，樹影俱從中流，見古柏、壽樟，皆宋元物。

清　雍正《西湖志》卷九　湯莊　在靈隱寺西，舊爲明副使包涵所别墅，原名青蓮山房。倚蓮花峰，跨曲澗，深巖峭壁，掩映林麓間。臺榭之美，冠絶一時。外以石屑砌牆，柴根編户，内則曲房密室，行其中者，宛轉不能即出。今雖易主，而人猶稱包氏北莊。傅揆重《暮春游靈隱過包家園》詩：桃花風過春欲老，柳陰一路啼嬌鳥。明湖聖湖纖雲浮，南峰北峰碧波繞。金沙的皪明野袍，湖風吹鬢寒蕭蕭。行過松陰八九里，聽徹漁歌十二橋。策杖轉行轉深徑，半空隱隱鳴金磬。試投覺路破沉冥，頓割煩襟入清浄。韜光旭日射海門，滿湖嵐氣生雲根。布地金繩光照面，舊是祇洹長者園。飛來峰起洞門下，石磴盤盤接車馬。合澗橋邊水勢高，哀湍急瀑望空瀉。老僧攜我投山家，蠅鳴石鼎嘗新茶。亭臺樓閣列圖畫，軒窗几席堆雲霞。筠廊蘿洞春風别，歌鳥眠花春夢歇。雨餘澀徑翳蒼苔，夜半空潭浸明月。從來太古是青山，青山知爾平生閒。人閒比似山更静，白石爲扃松爲關。客來雙鶴忽起舞，隔樹泉鳴若春雨。坐聽琴筑細瓏玲，卧看煙雲互吞吐。流水飛花處處春，仙都往往來漁人。可知身入桃源路，何必相逢説避秦。道人席地笑而語，謂余不識來何許。山深那知歲月遷，但記花開人老矣。嘗聞東海安期生，采芝煮朮餐黄精。白日飛昇去何所，頗疑即此逃其名。一山兩山豁靈境，大魚小魚浮玉井。不見花開十丈蓮，但見天香落空影。萬箇琅玕攢緑雲，曲欄篆繡蝸涎文。珮聲鶴背下縹緲，霞裙戌削雲中君。離亭徙倚日雲暮，三天龍象騰煙霧。一聲粥鼓催去人，兩袖松花落無數。重尋歸路蒼林迷，空山何處黄猿啼。壚頭沽酒不復飲，乘月醉卧西湖西。今爲前翰林學士湯右曾别業。中建御書樓，自題有「連峰紫翠看皆好，喬木風煙畫不如」之句。

清　乾隆《江都縣志》卷一六　影園在城南，明職方鄭元勳别業也。崇禎庚辰夏，園中黄牡丹盛開，名流滿座，同賦七言律詩至數百首，元勳糊名易書，緘送虞山錢謙益評次，錢以南海黎遂球所作十首爲第一，元勳製二。金觥内鐫黄牡丹狀元字贈遂球，一時播爲佳話。明萬時華《寄題影園》詩：聞君卜築帶高城，鷗地鳧天各性情。畫裏垂楊兼水淡，酒邊明月爲樓生。踏殘芳草前朝影，吟落宫梅獨夜聲。一自瓊花蕭索後，此中花事屬康成。　梁于涘詩：裁製溪山愜野情，小亭虚閣散餘清。纔通漁艇疑仙路，深鎖丹樓望化城。花鳥午莊憐獨往，詩書鄰架笑浮名。閑居回首風塵裏，愁殺江南阮步兵。　丁孕乾詩：秋氣遥生曲逕松，溪橋課酒石留蹤。傳更未至魚先覺，簡字雖勤鶴易供。三絶從來歸鄭子，一毛今復見超宗。誰開水國經千里，却借名園□附庸。　范景文《立秋日過影園》詩：恰當勝地又佳時，暑去人來月與期。空水亭爲開面目，新秋柳亦競腰肢。園摹畫格形生影，妙解歌情肉並絲。囑語蕭蕭翻别調，登臨無事更傷離。　黎遂球《影園黄牡丹》詩：一朵巫雲夜色祥，三千叢裏語君王。月華照露凝仙掌，粉汗更衣染御香。舞傍錦屏紛孔雀，睡搖金鎖對鴛鴦。何人見夢矜男寵，獨立應憐國后妝。　宫額亭亭廿四橋，披離新柳亂春朝。柘枝拍待鶯喉囀，杏子衫勾蝶翅消。酒半倚闌浮琥珀，風前騎鶴報笙簫。嫦娥桂殿堪同伴，貯艷還從覓阿嬌。

清　于敏中　英廉等《日下舊聞考》卷七九　原　武清侯别業額曰清華園，廣十里，園中牡丹多異種，以緑蝴蝶爲最，開時足稱花海。西北水中起高樓五楹，樓上復起一臺，俯瞰玉泉諸山。御書青天白日四字於中，東西書光華乾坤相對，字各長二尺餘。《燕都游覽志》　補　燕中不乏名勝，大抵皆貴璫墳院，位置一律，殊不雅觀。惟武清侯海淀别業引西山之泉匯爲巨浸，繚垣約十里，水居其半。叠石爲山，巖洞幽窅。渠可運舟，跨以雙橋。堤旁俱植花果。牡丹以千計，芍藥以萬計。京國第一名園也。《澤農吟稾》

補　清華園前後重湖，一望漾渺，在都下爲名園第一。若以水論，江淮以北亦當第一也。《明水軒日記》

補　海淀清華園，戚畹李侯之别業也，去都門西北十里。湖水自西山流入御溝，人無得而游焉。淀之水濫觴一勺，都人米仲詔濬之，築爲勺園。李乃搆園於上流而工制有加，米顔之曰清華。初至見茅屋數間，入重門，境始大。池中金鱗長至五尺。别院二，邃麗各極其致。爲樓百尺，對山瞰湖，堤柳長二十里，亭曰花聚，芙蕖繞亭，五六月見花不見葉也。池東百步置斷石，石紋五色，狹者尺許，修者百丈。西折爲閣，爲飛橋，爲山洞西北爲水閣，壘石以激水，其形如簾，其聲如瀑。禽魚花木之盛，南中無以過也。雪後聯木爲水船，上施軒幕，圍罏其中，引觴割炙，以一二十人挽船走冰上若飛，視雪如銀浪，放乎中流，令人襟袂凌越，未知瑶池玉宇又何如爾。《譬譚》

臣等謹按：明李偉清華園地臨丹棱沜，方十里，正中爲挹海堂，又爲樓百尺，對山瞰湖，今之暢春園就其舊址亦不過十餘里。挹海堂已廢，惟樓尚存。今之延爽樓相傳爲當時遺甓。所云婁兜橋，一名西勾，在園北者，今其跡已莫可辨。惟丹棱沜水係自巴溝北流，不能逆流而上。蔣葵《長安客話》所云達白石橋與高梁水合并者，訛也。恭繹御製《萬泉莊記》釐訂其謬，原委瞭如矣。

又 原 帝京西十五里海淀凡二，南則觭于白龍廟，又南湊于湖，北斜鄰嶁岣河。又西五里爲甕山，又五里爲青龍桁河，東南流入于淀之夕陽，延而南者五里。旁與巴溝鄰曰丹棱沜，沜之大以百頃，十畝瀦爲湖，西有貴人別業在焉。後有樓，沜自垣以西入於樓之湑爲小湖，中多菱芡魚蝦，上有竹萬箇，又有石苔沙棠甘菊忍冬蘼蕪之屬，蔓延以入於沜。樓外有大查，鐵鎖纜之以度行者。

原 北淀有園一區，水曹郎米萬鍾仲詔新築也，曰勺園，又曰風煙里。中有曰色空天，曰太一葉，曰松坨，曰翠葆榭，曰林於澨。都人稱曰米家園。仲詔念園在郊關，不能日涉，因繪園中景爲燈，邱壑亭臺，纖悉具備，都人又稱米家燈。仲詔於元夕集客賦詩，吕邦耀即席口占二首。其一曰：玉綃疊出上元村，雙炬懸來景物繁。恍惚重游邱壑裏，米家燈是米家園。其二曰：輕舟寒夜渡無冰，波入銀綃訝月升。宛是夢中曾一照，米家園是米家燈。《長安客話》

原 勺園徑曰風煙里，入徑亂石磊砢，高柳蔭之。南有陂，陂上橋曰纓雲，集蘇子瞻書。下橋爲屏墻，墻上石曰雀浜，勒黄山谷書。折而北爲文水陂，跨水有齋曰定舫，舫西高阜題曰松風水月，阜斷爲橋曰逶迤梁，主人所自書也。踰梁而北爲勺海堂，吴文仲篆。堂前怪石蹲焉，栝子松倚之。其右爲曲廊，有屋如舫，曰太乙葉，週遭皆白蓮花也。東南皆竹，有碑曰林於澨。有高樓洌竹林中曰翠葆樓，鄒迪光書。下樓北行爲槎枒渡，亦主人自書。又北爲水榭，最後一堂，北窗一拓，則稻畦千頃，不復有繚垣焉。《燕都游覽志》

增 福清葉公向高過海淀曰：李園壯麗，米園曲折。米園不俗，李園不駿。《帝京景物略》

臣等謹按：淀水濫觴一勺，明時米仲詔濬之，築爲勺園。李戚畹構園於其上流，是勺園應在清華園之東。今其園不可考，海淀之東有米家墳在焉。

清 嘉慶《揚州府志》卷三三 檀園，在東門外五十里。明王貴一《檀園記》：出東郭門半里許，至龍舌津下，船十五里入白龍湖，又十五里至湖東口，又二十里至三楊垡。垡在陳卞莊之西北隅，回望城郭，雲烟縹緲。湖流漭浩，不覺已經五十里矣。東望唐子鎮，廬舍井井，村樹歷歷，爲歌晴川漢陽之句，依稀近之。折而南行，又折而東行，又折而西行，則檀園屏牆也。從屏牆南折數武爲檀園。上有屋三楹，則所稱卞莊草堂也。院宇寬廣空洞，無穢埃。每當月明之夕，如濯萬頃琉璃中，亦一佳勝也。由草堂而北又有屋三楹，爲雙趺書屋。雙趺者，取潢浦先生昧爽抱書就明而讀之義。蓋自潢浦歸約二十年，而足蹟隱然石上云。屋北有場圃，高柳四株，屋南有隙地，可種竹。竹中矗一草亭，顔曰君亭。他時薰風微凉之際，坐萬篠碧浪中，亦一佳勝也。竹外有場，場臨官河，見阡陌如畫，風帆遠引，軸艫連亘，噴激可觀。場之東有地半畝，可蒔花卉。他日搆一亭於此，名曰餘築，亦一佳勝也。草堂之東西皆佃人聚族之所，初夏扶犁則五更於卧，新秋納稼則丙夜滌場。覩茲勤動先勞，令人深民事之感，懷艱難之懼，而侈心不敢萌於其中矣。屋西有園，足供菜茹。鄰人有大槐五六株，皆嘉隆間物，葱鬱浮天，蒼莽蔽日。或夕陽下山，雲氣靄靆，從樹林中射光耀，若萬條金蛇蜿蜒而來，亦一佳勝也。出北場望木塔禪寺，見晴霞片片，海市蜃樓，坐擁而上，王舍樓閣閃爍塵表，昔所稱金色世界者非耶，亦一佳勝也。歸草堂展古書而讀之，晝而吟，宵而咏，或啜苦茗，或酌良醖，了無一事足挂胸臆間，便謂可畢一生。東坡先生云：無事此静坐，一月是兩日，若活七十年，便是百四十。余年幾六十，若於此棲息十餘年，亦一百四矣。余惟夫景物不可以兼收，山川大都多寥闊。坐檀園中，回望槐堂，濃陰在地，葡萄一架，薜荔滿牆。而白日閉關，闃其無人者，則又於我心有戚戚焉。

清 嘉慶《溧陽縣志》卷三 逸圃在下莊，廣約四十畝。明指揮使史致爵造，陳継儒記之。今已久廢。陳《記》：荆溪玉女潭自溧陽史太僕玉陽先生疏土剔石，映帶之以名藍情舍，其雄與善權張公二洞相鼎足。然率付游客，麋狖共之，終非離落下物。於是創滄嶼於溧陽郭中，去鄉差近。而未免以剥啄妨高卧。有史修之者，俠而文，骨相眉宇，古之烟客也。家居不莊不三里，營地四十畝。芟翳拂奥，汲穢驅礫，徵偉木於家山，移美箭於別墅。鑿池種魚，積壤種花，分畦割甽以種蔬蓏，而逸圃遂成。其俯仰向背，聚散晦明，悉修之所部署也。甫窺圃，有石界道，有竹欵門。蒼翠嫩陰，步步近清凉國中矣。東啓雙扉，花屏菊田，綰繡錯綺，徑盡，得擷芳亭，枕古槐老櫸之下，前臨方沼，沼中則荷花采采，沼外則林樾鬖鬖。其清流可以措杯，其密蔭可以布席。亭後輦石疊岡，延袤詰曲者，以數百尺計。洞門岝崿，樹偃花欹，曰谷口。穿洞而出，突見長松一株，類渴猊獰龍鬐甲飛動攫於連林之表。倚松結秀野堂。堂極軒敞，瞰空波，睇梅嶺。散策芙蓉堤畔，翠羽素鷗，雨坐晴眠，對人頗有傲色。逶迤徑静深處，濠梁魚，孤山鶴，仿佛如在衣帶間。每從水閣望赤欄橋，宴坐寂照菴，出過飲光渡，桂叢繽紛，黄雪冉冉，墮芙蓉裘上。覺淮南八公，鷄犬，去人非遠。桂竟，騈以五色薔薇，葳蕤垂帷，如十里紫絲步障。每當穀雨牡丹時，花光四照，妍態百出。其中爲陽春堂。堂前樛木鬱盤，多碧荔青羅，上縈下綴，幾成一片錦。模糊似有香纓寶網曳風捎雲而下者。由陽春堂右轉竹廊，有屋如舴艋，顔曰陶家。敞户簾以吞水月，却勝張恩光。牵船岸上往尋，沿堂後石徑，抵柏子林，雙柏夭矯，蝕霜拒雪，搆龕以事薄伽。梵林以南，寒香嶺在焉。孤梅篤老貌古，尊宿稽臺供養，肅爲羣梅之長。天花散空，恰代梅道人説法。嶺東隅誅茆縛亭，曰最勝幢。罨嵐潑黛，歸鳥飛帆，往往與細流平。楚柏網纖，亭雖小，吐納顧大。其趾陂陀石，憩而投竿，藻荇可數日。月鈎灘，從最勝幢東折而南，復折而西，土阜回互，且起且伏，且峻且夷，松杉芃芃，横石梁亘之，曰霞標。其下即谷口。窮岡轉徑，芊緜葱蒨，草庵三楹，曰悟言室。滌游氛，棲灝氣，游者疑入深山密林焉。大抵逸圃水以近攻，山以遠交野航，艤岸即是圃門，分門直入即居竹堂。堂後即凝香寢，寢西循修廊達遠志齋。庭户靚潔，叢植上藥濃花，□醉紅迷，與園亭隔絶，迥然别貯一洞天矣。更向堂寢後，創叢雲閣。凡大石，石門，銅官，句曲諸山，攢匝睫前。而風亭月榭之紆回，竹嶼花源之蕭爽，亦鮮有遁形者。主人擁蝌斗書，拂狻猊鼎。三雅而醉，三商而起。視功名如嚼蠟，抛俗累如棄瓢，此亦可以逸而忘老矣。余讀文徵仲《玉女潭記》：複洞秘穴，非揭水跣行、欱仈傴僂不得入。奇則奇矣，將無足且詛我目。滄嶼栖闤闠中，市聲嘈嘈，近則近矣，將無目且詛我耳。獨逸圃疏快，宜人耳目。足悉受職，既無腰絙攀葛之勞，又無俗子唐突與魚鳥溷。昔者李太白、孔巢父輩高隱徂徠，自號竹溪六逸。修之得無類是乎？

清　嘉慶《松江府志》卷七七　適園　在北門内，明尚書陸樹聲别墅。有御史讀書臺，遺蹟在焉。

明陸樹聲自記　衛城之址東南百步得棄地焉，疏抉叢穢，就其下者爲池亭。於池之上累石以當其前。亭之左折爲樓，樓四達以望，遠樹竹木。其間飾堂之舊者以待賓客。屋於其旁者，爲茶寮。總之曰適園。余自南雍謝病歸。會以其地售者，余適有之。以其地之湫隘棄於時，故易售。而余方倦游，思去煩以息静也，故得之，若以爲適者。然以余之苦於驅疾病以事奔走也，既休吏鞅，返初服以便居息，則末以愉懌心志，寄耳目之適者，實藉是焉。故余每憩是也，于泉石之渟結、雲物往來、花木喬秀、禽魚之下上飛泳者，日與之接，耳目所寓，皆樂其爲己有也，凡余之所爲適者若此。而余因是以觀造物者所有，若泉石雲物、花木禽魚所爲麗於兩間，挾光景而與之游行者。物各有以自適，而我又於是託之以寄其適焉。如是者□日交於前人，有以取之不禁也，則不惟余去煩息静者之所宜有，蓋自造物者之有是也。而吾與物之所共適，非一屬于己，可專而有之也。則余於是將不有超然而自適者乎？如是則余園雖小，而余之所託以適焉者大矣。

又　真率園　在城東起雲橋側，明太僕沈愷所築。有環溪草堂，清節軒，鏡光池，采詩樓，萃景樓，先春、可山、浣花諸亭之勝。

明徐獻忠記略　沈鳳峰先生世居郊廛之東，即旁宅爲園。四周林木蔽翳，平田廣野，迤衍而秀發。雖非盡皆其業，自其園觀之，固隱然林邱也。其地有廣池汚雨漫，魚鳥相狎。古木壽藤，素多蔭蔽。稍位置亭館，不加藻設，而樸野有餘。間或點綴木石，亦不甚飾飣。而參列旁午，各有天然之勝。雜蒔花藥，錯以果蔬，緑陰芳草之間，蒼寒茂密。時復鳴鳥變聲，若招而集也。先生甫入仕爲尚書，比部郎，即寄情其中。酬對少暇，必迫遥著書，竟日夕不出。其後參佐湖藩，乃念太夫人高年，即興潘岳閒居之思，翻然告歸。聞其風者無不高其志節。而園趣日廣，所著書亦成矣。園東有曲水環帶，因以環溪草堂名其集。有自也詩曰：强辭榮禄慕青山，爲羡高飛鳥倦還。已闢巖扉藏寶籙，更容逋客問松關。清時瑶草方稱瑞，旱歲潛龍恐未閒。擁膝好思梁甫意，莫爲谿谷向人閒。

又　卷七八《名跡志・第宅》　檀園　在北門内，廖景文别業。

王鳴盛記　去青谿橋數武，爲廖氏檀園，檀雖小而勢夭矯，園雖小而水一池，竹千竿，有橋、有亭則宛然我鄉長蘅李氏别業也。園中有聽吟軒、怡雲館、百花莊、味尊居、壺中天、藝菊齋、尋香徑、緑雲隖、桂香閣、罨畫樓諸勝，四時花開不絶。主人舊居松郡茸湖。壯游時禱於東潞城巔文昌祠，得籤云：白石□邊自結廬，風泉滿院稱幽居。鳥啼深樹鋤靈藥，花落閒窗看□書。今果卜築於此，廊廡窈窕，林木槎枒，知居處亦有定數云。

清　道光《寶應縣圖經》卷一　橋西涇上園，明雲南左參政朱應登築。

《嘉慶揚州志》：朱日藩築。非。寶應《名勝紀略》：園在北城坳，殘碑斷碣，有王貢士寵、文待詔徵明、祝通判允明、陸文裕深楷書在焉。又有榜題「香醉山」三字，爲羅文莊洪先筆。案：石刻榜題，今俱不存。明顧璘詩：二月揚州淑景新，西園花月解留賓。仲長樂志因逃禄，潘岳閒居遂奉親。行坐不離醒酒石，逢迎俱是問奇人。看君種樹今盈尺，會見欹檐合抱身。蔣山卿詩：好懷當月夕，散步對園林。細竹添烟色，餘花暗露陰。閒階翻舞鶴，流水静鳴琴。尊酒逢知舊，何妨清夜深。朱應登詩：首夏衡門裏，清波四望通。古槐垂密蔭，細草結幽叢。庭灑黄梅雨，簾鈎紫燕風。林堂尊酒夕，興至復誰同。朱日藩《首夏園林對雨》詩：繙經書掩扉，默默感春違。坐見衆芳歇，徒憐好客稀。桐花落茗椀，莓潤漬荷衣。童子知人意，焚香警寂機。風雨前林暗，蒼蒼巷耳齊。五湖花水外，萬竹草堂西。物象成陳賞，春情想醉題。安排非妙理，流浪信幽棲。又《家園種壺作》：春柳半含荑，春鳩屋上啼。弱苗何日引，長柄得誰攜。瓠落非無用，鴟夷愛滑稽。揮鋤不覺倦，新月在樓西。又《涇上作》：北窗午睡覺，信步出柴門。谿静一蟬噪，林暄衆果繁。遠書來白社，野老刈青園。會得忘機意，底須遺世言。又《至日園亭作》：短髮對霜林，蕭條自不禁。柹殘餘半果，杉暝泊雙禽。煩惱無緣斷，聲聞與習深。天心何日復，頻見一陽臨。又《出縣橋望涇上園》：虚舟日來往，欣賞在中園。解脱雖無計，浮游稍避喧。緑房斂華色，丹火藴靈根。最是會心處，禽魚滿北軒。又，湧座槐陰青障天，南山雨脚北山懸。臨川不廢齋中讀，輞水真從屋下穿。文簟香床供卧病，黄鸝石壁夢游仙。風花長夏無機事，自汲丹砂弄井泉。又《涇上夕眺》：臺下平池池上花，春風無日不山家。紅藏塢壁攀危磴，緑浸闌干繫短楂。小市漸沽寒食酒，中林常隔美人車。夕曛也戀西枝好，不管城頭已暮鴉。　吴敏道詩：瀟灑中園賞，淹留春夜長。酒酣思茗味，月出罷燈光。獨鶴窺人過，梅花作意香。公榮渾不飲，繞樹只清狂。　劉聖學詩：雨後春光破寂寥，一池新水種魚苗。香風穿入闌干曲，竹裹擔花人過橋。一名北園。明朱應辰詩：夙選林泉勝，還酬松桂招。緑漪通暗壑，丹果綴陽條。解帶凉風至，彈琴清晝消。扃門著元草，吾意甘寂寥。　朱日藩詩：大江以北無花園，二月流鶯尚未喧。曉夢覺來聞百囀，似嗔桃李不能言。　垂楊故自是嘉樹，濯濯新條春月前。即使中園無此緑，夭桃穠李若爲鮮。　團香小隝青玉屏，過客相尋懶送迎。幸仗百花爲地主，只巢雙燕話春情。　昨日花開今日穠，花彩十分宜日中。黄昏酒罷月生暈，多少憐憐仗主翁。　大都好花無十日，翠匝紅堆却恁繁。野人怕見銷魂處，才過清明即閉園。　碧天中闢雁行哀，日暮花林扶醉回。腸斷野橋那忍過，夕陽一半在莓苔。有香醉山，朱應辰詩：雪藕一杯酒，朱櫻四月天。不知春已夏，惟覺日如年。坐戀清溪石，心摇碧草烟。南坻與北垞，隨意木蘭船。白雲池，明文彭詩：清宴開池上，輕風吹樹枝。已憐秋氣好，正是月明時。玉露沾衣重，金尊送酒遲。平生好客興，爲我更忘疲。　劉繼善《和朱惟行詩》：白雲池上疊秋陰，叢桂婆娑石徑深。山荷湖城天蕩蕩，臺迎海月夜沈沈。花間載酒堪留客，林下尋詩獨會心。回首舊游餘考健，擘牋慚和郢人吟。青棠館，朱日藩《涇上春日》六言雜詩：日雲池上花發，青棠館裏鶯啼。載酒門無好事，逢春壁有新題。静春堂，四照亭，緑滋亭，枕流橋。又有山帶閣，枕流橋以上，參政築。山帶閣以下，參政子九江府知府日藩築。朱干草堂，朱日藩詩：一曲紅窗影，幾級清瑶流。泉通滄海眼，屋接土山頭。藥氣穿橋馥，茶烟攝洞幽。倚闌觀易罷，月出衆魚游。　又，仙家多碧落，吾室且朱干。暗井潮痕上，高臺望楚寬。微風動窗柳，疏雨灑邱蘭。日罄瓶中粟，無人誚素餐。望湖臺。西軒一名西齋，一名西深精舍。朱日藩《顧伯健來訪館之西深精舍》詩：中亭名四照，愧無若木華。其東日緑滋，亦未覆秋葩。何以奉伊人，西臺雲月嘉。松下布几席，疏柯影交加。小弟將進酒，陶生歌蒹葭。徐卿意有適，焚香候月華。　洞門夥沈沈，夕與滿月期。上有望湖臺，萬頃堆琉璃。款扉穿曲廊，朱欄四步之。塲鹿亦喜客，呦呦隨履綦。懸榻爲子下，中夜話離思。昔别猶火炅，今來庭緑滋。　君種步鷺亭，我守召平田。用盡野中力，秋瓜不值錢。帝城競五色，美好有别傳。達人解其會，一笑委自然。願君歡此飲，無事空熬煎。古賢際遇時，不待桑陰移。涇上園西有塔，宋蘇軾詩石在焉。

清 同治《上海縣志》卷八 露香園在北城。顧名儒築萬竹山居，弟名世闢其東曠地，穿池得石，有「露香池」三篆字，因以名園。今其址爲内演武場。人呼九畝地。道光中，建義倉於此構秋水亭，後爲萬竹山房。疏泉壘石，頗極幽勝。壬寅變作前一載，屯火藥其中，焰發盡燬。後重建義倉，餘俱廢。

明朱察卿記略　道州守顧公築萬竹山居於城北，弟尚寶先生因長君之築，闢其東之曠地，穿池得石，有「露香池」字，爲趙文敏手跡，遂名曰露香園。盤紆澶漫，勝擅一邑。入門，巷深百武，夾樹柳榆，緑陰夜林，行雨中可無蓋。折而東曰阜春山館，繚以皓壁爲别院。又稍東，石累累出，碧漪堂中起，極爽塏敞潔。堂下大石棋置。堂後土阜隆崇，松檜杉柏相扶疏蓊蔓，曰積翠岡。陟其脊，遠近紺殿黔突俱出，飛帆隱隱。移雉堞上，目豁如也。一楹枕岡左，曰獨莞軒。登頓足疲，藉以休憩。堂之前大水可十畝，即露香池。池上跨以曲梁，朱闌長亘，池水欲赤。下梁，則萬石交枕，路盤旋，咫尺若里許。走曲澗入洞中，紆迴而上，碧漪堂在俯視中，最高處與積翠岡等。山之陽樓三楹，曰露香閣。樓左精舍曰潮音菴，供觀音大士像，不五武有青蓮座。造二室者，咸盥手露香井脩容。和南而出，左股有分鷗亭，坐亭中盡見西山形勝。亭下白石齒齒，水流晝夜滂濞若囓，羣鷗去來若馴，先生忘機處也。先生奉長君日涉於園，隨處弄筆硯，校讐典墳以寄娱，不知世有陸沈之苦矣。

清 光緒《江西通志》卷一一四 閬園在（南昌）永和門内，明李宗伯明睿構，弋陽王舊邸也。有山腰官閣，古石堂，碧欄池，浣花池，天池諸蹟。嘗自言閬園以池勝，以竹勝，尤以松勝，他園不敢望焉。建聖沙樓，藏書其中。甲戌，自華亭歸，得宋板書一船，皆上海潘文恪家舊藏。每部有文恪小像，董文敏手書，特構一閣貯焉，署曰宋板居。

又 卷一一六 （泰和縣）春浮園。蕭士瑋《記》：余家園去柳溪二百武。左帶平原，水木幽茂。西北爲公安亭，稍前則金粟堂。老桂叢生其中，上則杯山。山半峙湖中，從湖視山，如杯。從山視湖，還如螺泛泛於水中也。陟其巔，魚游樹杪，人行鏡中，樹影俱從中流。見古柏、壽樟，皆宋元物。

清 史夢蘭《止園筆談》卷四 明督師盧忠肅公，象昇宜興人。雖身處兵戈倥偬，而故國溪山之勝未嘗或去於懷。其《湄隱園略》云：陽羨桃溪在邑西七十里。萬山環匝，林壑鮮深，溪水淪漣其中。復有平疇墟落映帶左右，真習静奥區也。出城，舟行罨畫中凡數百曲，乃至溪湄，余家讀書園在焉。千柳垂垣，清流繞垞。蒼巒繡壁當其前，遠岫煙村遶其後，籬落雞犬，景色蓊翳。

可惜也。《嘯亭雜録》

清 光緒《黄州府志》卷三 百可園在縣南門内。明鄧楚望建，有《湖亭十景》，詩以寫其勝。鄧楚《望百可園記》：余歸自雅州，卜邑城之南偏，結茅以居，名曰百可園。種瓜、蒔菊，日抱瓮其中。園濱小湖，南有聳山峙其前。湖上下樓，曰達觀樓、曰欲仁堂。樓前有橋，通兩地而一之。南北爲亭二，曰抱瓮，曰心遠。道西又於湖中爲亭，曰緑佳。北有堂曰能閒，皆在水中。取唐人所謂「緑樹爲佳客」又「能閒有幾人」而名之也。亭外曰湖上青山，曰城市滄洲。松竹、花柳、芰荷之屬繁植其中。一方山水稱勝焉。

又 立浪園在石牛衝堰北松谷中，明曹允昌構。曹允昌《立浪園記》：黄輿碧落，浪人所居游也。處乎寥廓之觀，而園焉則已陋。竺天瀛島，心緬以清即至焉。一乎浄寂之致，而園焉則已拘。顧鯨犇濤立矣，九蓮三山，反在地中，浪人有不得避姑取超，有不能一姑取寄云。淵明菊，和靖梅，屈蘭，王竹，仲若鸝舌，宏景松聲，因性所近而取適焉。二氏所稱洞天福地，脈絡相連，非還丹子不得至。鴻都玉京之下三十六天，皆實有城闕，居人垂裳受吏，至聖太賢處之。浪人既鮮飆渡之津，滯羽樊中，拔天無計。居既不敢卜，山亦不敢深。居偶山，山偶園，然金谷也奢，土室也隘，壙也哀，窩也恣，園焉斯可耳。園而立浪者，浪，松也。萬松摩霄，骨撑髮竪，其有立之義。抑悲風激灩中，猶有未撼者存乎？是有異焉。園山也，取致以水，水溪也，取致以池以泉。松園也，取致以竹，以古藤，以雜種之樹，以遠望之茶。山環於石，石園也。取致以草屋，以土坪。巉巖複洞，攲傾園也。取致以回廊，以修堤，以閪坂。朝山也疑暮，晴而雨色。四時也疑一暄萋，霜而鸝歌，雪而蕉影。初從岸庵出雲竇，蒴一綫溝，猱鳥道爾，捫蘿躋塹壁，緑薜荔牆。入立浪園門，畠曠若行野，石虎之門矣。松則龍而馴，門不勝馴也，曰馴龍衍。磴而柏丁，雨析而蕉扇扇。雲出石竇。隔筠籬望，文石半背，妝西子濃抹，澆背一驚矣。蒼蒼者梅，僂而不敢索。其笑亭亭者梧，過而不暇據以吟。下坡陀，循半規池。咫尺閬蓬宫闕，不得渡。又上而坡，下而亭矣。藤篁蒙菁，萬葉交影，人浸葉中，水怒葉下，風泉壯亂，語不得聞。他本此下有曰慧津三字。津橋而西，則桃花泊榜燦然。山參差桃，桃先後花。然洞光谷影，霞片水聲，西湖柳堤，秦淮葉渡，烟中閣，鏡中山，昔年畫船紅夢，入此蓋依稀近之。泊而竇，竇而水渟泓，其伏流而出者乃反磯激。魚頭頭影荇藻，不可得漁。然柳絲拂水，輒亦驚竿。竇以上皆平臺，種梅而郵，其左則雪山之頽也，界天台道矣。選濤而亭，其右則張毅萬松，其未爨火焉。葱葱茫茫其古懷裹其未平也，周視徑窮矣。旁瞰石背有隙，摩身背以入，如鼠穿竇，曰文石峽也。越石橋，藤蔓陰森，九天銀河，窺蔽其外。過破袖亭，沿塘塍到谷莊，似人間籬落。紆棧閣，入縮虹廬，又一洞天矣。西折徑松風而上躋肝雲厂，鐵蓮半覆，怪樹生石腹，石髓滴，齬鳥動人幘裄，魂醒骨冷，其古仙服炁衡門數尺，不容車馬。今將鑿石爲額，曰湄隱園。門以内松徑桐蹊，花棚竹塢及所謂雙桂軒、斑衣亭、豹隱齋、聽鶴山房，皆創自家君。年來稍擴旁址，得曠地十餘畝，余思築室而歸休焉。擬搆書樓五楹，即榜曰讀書樓。列架滿其四懸，籤萬爲朝夕自課地。樓須高敞，週以複道，繞以迴闌。丹堊不施，綺繡不入。虚其中，前後洞達，令溪山烟月據我座上，時時遣我岑寂。啓樓後望，作露臺。與複道平，寬廣可十餘武，列怪石盆草、瓷墩石几之屬，夜深人静，月冷風長，瑶琴一彈，洞簫數弄，此亦吾之丹邱也。臺名敞居，鐫片石識之。去臺二丈許，高垣圭竇，別爲院宇。曲室數區，委宛而入。東西莫辨，巖壑同幽。爲避暑室三楹，曰月窟。爲暖室三楹，曰旭隝。大寒暑則入而盤礴焉。過此開隙地，植女桑、弱柘，菜畦、稻隴其間。值山雨乍晴，吟誦餘息，荷鉏戴笠，親執其役以察物理，攸宜四時亭毒曰明農逸墅。此樓以下之大概也。樓前三丈許，鑿藕池半畝，引流以入。星布怪石於蓮茨間，可踞坐以釣。疊石爲島嶼，峙乎中流，荷香醲時，或一披襟其上，亦不減登華頂看玉女洗頭盆也。再前丈許，編柏爲蒼屏，作高軒五楹，名之曰石友堂。堂與雙桂軒近矣，客過予者當止於是。勝日偶逢良朋適至，汲清溪以煮茗，采園果而開樽，藉草飛觴，蔭桐點筆，樂不取於竹絲，禮不拘於送迎，於石於友有取焉。花須茂密，樹貴蕭森，松檜、竹柏、椶櫚、高杉有不瘁之顔，後凋之操，吾愛其貞。牡丹、芍藥、桃梅、海棠有歡悦之色，吾尚其不寒儉。蘭桂、蠟梅、茉莉有激烈之香，吾欣其不柔媚而臭味佳。芙蓉、垂柳、梧桐、蓮菊以及水仙、秋海棠之屬並以韻勝。石菖蒲、薜荔、芭蕉以及古槐者，藤之屬，並以幽冷勝。橘柚、葡萄、香橼、佛手、銀杏之屬，枝柯已極，可玩果實，復具珍味，咸當博求佳麗，多植遠移。夫吾園之富有至於如此。視古人三徑松菊蓬蒿一室，不太奢乎？然木石烟霞造物不忌，吾將奢取之。平生無他嗜好，林泉圖史之癖，苦不可醫。一行作吏，與山靈別且十五年矣，隔溪長松再翦再茂，今又丈餘，能作怒濤聲聞於兩岸矣。

清 光緒《順天府志》卷七一 京師西北隅近海淀有勺園，明米萬鍾所造。結構幽邃，今改集賢院，爲六曹卿貳寓直之所。其他諸王公所築，以和相十笏園爲最近，爲成邸所居。有安門外有尺五莊，爲祖氏園亭，近爲某部曹所售。一泓清池，茅檐數椽，水木明瑟，地頗雅潔。又名小有餘芳。春夏間多爲游人宴賞。其南王氏園亭，向頗爽塏，多池館林木之盛。嘉慶辛酉爲水冲圮，明太守保售之，力爲搆葺繕，未終而太守遽卒，今池館半委於荒煙蔓草中，殊之巖。循巖而南，陟嶺麓，則龜峰雁石，襟帶開挹其翠色，河縷白而透迆以西，千里盡望。下坐石舫，内虬虎以争，外波瀾斯遠。近而几案庋，則嚮晶曠馴龍衍也。大抵部署因其自然，歷亂序於思理。喬木千章，澗池工匝，石族而居，以文以怪，以寢以飛，以讓以鬥。山半二石特詭秀壁立，坐而橫，紫蘿冠，錦苔皴，春朱花，秋紅樹簪，夏緑雲步障，石而玉女，大而秀以文乎？伏者削而案，蕩與繚則虎而圈，沼與臨則牛而飲，蕉與覆則鹿而夢矣。受屨笻，薦樓席枕，每月明夜深，主人獨嘯，輒不意武邱洞簫。石底潭之背，峽之旁，亭閣之照竹依松，驚魚疑鳥，依稀靈壁飛來閈。遠山疊束而不露其童，僧磬下升而正爰其孤。龜雁兩名巒隱躍左右，而琵琶半遮，不肯遽開其靨。柴桑半坐，煙靄封斷而邈若山河。其間晴妝雨翠，千變萬狀，近棲而遠託，旅游而獨抱，反扃而徧尋，節游而近之。有不暱，勇割而棄闕之，以深其膳懷。皇人風小年日，不足樂浪人飢娛老乎？顧山不衡泰，水非江漢，茅之屬不如北，竹木之屬不如南。垣有淋，不能堊；池有漏，不能甃，欞檻有脱以敝，不能丹漆以經久遠。伐楊而几，剮松而臺，束草而席，縛繩而床，瓢以椰，壺以瓦，節以竹箭，苧巾、布幕，蕭然乞寒。園多山花，梅、梨、李、菊，野樹香不之數。而九里香乃特馥，丹桂、寶珠茶移植山莊者，如貴游子入野人道士羣，反不韻哉。花亦畦，厄於木且石，不暢畦。畦亦花，厄於貧且僻，不異花具云爾。乃移株輒活，曾無橐駝種樹之方；好鳥來巢，豈有薛翁幻禽之巧。卬朋四海而譙集，樵牧迂道以歎游。岸庵梵聲，長塗人語，嘹嚦若在坐隅。馴龍衍之蒼莽，則瑶池宴而冠佩醉譁，崑陽鏖而鹿象怒角也。肝雲厂之靚邃，則鐵船峰之石蓮，雲水玉泉之洞室也。選濤亭之雨，之月，之雪，谷莊之水秋、之筠夏，雪郵之酒杯、之劍映，漁竇之蒲團，石舫之垂楊，松之野，燒瀑之落暉、之吐月，破袖亭之冷雨酸風，縮虹廬之抱琴篝講，近於禽慶，爭於向平，切於宗炳。雖儉不及贊皇之平泉，而侈已過樂天之池上。疏不至散，稠不至整，樸不至陋，文不至纖。劍俠而有其嬋娟，枯僧而有其絢爛，湖海岳山而有其一邱壑。

清 光緒《德安府志》卷三 甘露園 侍郎何遷別業，今廢。安陸志 明陳文燭《甘露園記》：往聞□子國東北有文杏古檜，干雲淩霄，其下則吉陽何先生讀書處也。先生家食時，甘露團團降古木，遂名其園。【略】仲子益以名卉，佐之奇石，有堂曰卮言，閣曰緑雲，臺曰清虚。有竹葉居、梅花屋、翠影洞、芝廈，其徑勝莫能殫□。

又 自得園在應山城東，爲明張紹槃別業。張紹槃《自得園記》：予性癖喜花木，耽詩文。卜地於城隅，得荒園數畝，築室於上。三年成之。匾爲自得，規模宏敞，而山水之奇天造地設。東接城皋，西鄰黌校，臺山案其南，辰樓枕其北。城下開小徑，透迤迢遞，可通往來。當户有石階峻峋，可攀援上下。柴門傍竹，芳草盈堤，桃李成行，椅桐夾道，松巒端拱，宛若畫屏。地多出泉，引水爲池，名太極。種以瑞蓮，育以金鯉，中坻其地乃建以亭。門屏内有方池焉，潛以多魚，客來舉網可得。中有橋，直通亭臺樓閣。橋之上有欄，坐而憑之，竹影波光自相掩映。亭前有名花異卉十餘品，其他當植不登數。一捲簾而山水樓閣之奇舉在几席間，有客題之曰城市山林。

傳記

明 姚淛《顧清甫源小傳》（《國朝獻徵録》卷一一六輯） 顧源，字清甫，號丹泉。世爲都城鉅族。其日涉園之□甲于闤闠。内有成趣堂、翠虚亭、駐鶴山房、澄懷閣、印玉池，俱不甚高大，然雕拱丹鉛，鈎心鬭角，朱簾翠幕，設以三代彝鼎。庭下珍石奇花，皆世所希覯。太史石亭陳公贈之以詩云：佳麗樓西羅市前，王臺謝館地相連。朱雀門通朱雀桁，鳳凰山帶鳳凰泉。建業繁華古稱絶，十二宫城開綺陌。棨戟高門卿相家，山池曲榭神仙宅。六朝家世舊風流，猶説山南顧虎頭。花竹逕深如樂苑，窗楹池遶似滄洲。東晉香爐金籕字，南唐畫障澄心紙。米家圖畫鄰侯書，平泉樹石烏皮几。逍遥日涉自在趣，樾館煙庭非一處。古來不數辟疆園，肯使王猷肆然去。阿戎來候小肩輿，步屧花間入隱居。坐久不知山色暝，仰看松月夜窗虚。觀此詩亦可槩見矣。清甫素性高雅，自幼無紈綺之習，厭與俗人接對。入耽圖史，出愛山水。畫師小米，書法懷琳，落筆無煙火氣。没，後人競以重價購之，遂與古人抗衡。信名世，貴精不貴多也。中年皈心釋教，日究内典，更號寶幢居士，恒與名德老宿相依，杜門埽軌，洽净室甚精，題曰四松方丈，奉佛於中，焚香誦經。有時散步城南□寺及棲霞、牛首，惟飯僧齋會而已。城市幾無清甫之跡矣。與予爲山林交，志趣頗同。清甫觀化去□，如此友不可得。惜哉！

清 沈季友《檇李詩系》卷一八《陸布政懷玉》 懷玉字石舍，號獻之，平湖人。萬曆己未進士。【略】家居長厚，有古人風，終身無一涼薄態。好奇石，自能壘山，又善種樹。凡四時氣候、澆植之法纖悉，必盡園林清勝。幅巾往來，晏如也。有《也園唱和詩》。

紀事

明 金幼孜《金文靖集》卷八《金川八景記》 吾家去金溪僅半舍許，溪之上室居鱗次。良疇沃壤，星羅棋布。水光映帶，瑩若澄練。岡巒迴抱，風景清淑。余自幼時，慕金溪之勝，與張君子儀爲忘年友。子儀齒少長於余，而聰明博達，抱負奇氣。洪武庚午，以明經舉進士於鄉，得典教莆田，後復教授成都。既而以外艱去官，家居優游，因得以窮幽閲勝。乃目其所居爲八景，屬善畫者繪爲圖，士夫皆詠歌之。今年服除上吏部，因過余，徵言以弁首簡。觀其二石壁立，秀隱雲霄，俯瞰下流，如削蒼玉，則雙簡朝天也。三石連峙，錯落斷續，絶頂倚空，圓若華星，則三台貫日也。長出特立，枝幹屈鐵，緑陰下覆，六月無暑，則孤松擎蓋也。修竹猗猗，森若玉立，天風時至，音響鏘然，則千篁戛玉也。四山逶迤，澗壑盤紆，長林深池，景物幽麗，則螺峰舊隱也。老樹千章，凌厲霜雪，繁陰四布，仰不見天，則喬木清陰也。遠近諸山，空翠晻靄，旌旗飛翻，萬馬並馳，則羣峰聳翠也。二水横前，勢若玉玦，波光乍澄，膏停黛滀，則雙溪環碧也。八者既備，金溪之勝盡之。於戲！天壤之内，山水林壑之美可好者何限。然必遭遇其人，而後可以傳述無窮。不然，亦徒爲風雨閒曠之鄉而已。有若金川八景之勝，自有天地以來固自若也。苟不遇子儀而品題之，亦將韜奇秘異於數千載之下，尚得以見稱於世而爲騷人墨客之所取哉！然則金溪亦得所遇，而可傳於後矣。俟子儀他日宦成致政，余亦卸事南還，尚得同游溪上，周覽八景之勝，與賓客故人酣歌歎詠，以樂夫太平之盛。斯時也，當與子儀一賦之。是爲記。

明　曾棨《竹林清隱記》（《豐陽人文紀略》卷六引）　永豐邑治之北有勝地焉，雙溪縈迴，沃壤相接，清池茂林，映帶左右，聶君敏惠居之。敏惠屏棄紛華，遠斥聲利，嘗有慕乎古者隱淪之士。居之後有隙地數十畝，種竹萬竿，每天風時至，爽籟迥發，鏘然如鳴笙簧，琅然如振環珮，璆然如戛寒玉。暇則領客徜徉游憩其間，或焚香瀹茗，或掃石對奕，或引觴笑歌。竟日忘倦，灑然不知塵世之喧嚣，闤闠之接境也。於是題其堂曰竹林清隱。今年，予歸自京師，重過故舊，逕造竹所，敏惠請予言記之。予惟竹之爲物剛而不屈，直而不撓，虚心勁節，凌厲雪霜，挺然於歲寒摇落之際，而未嘗改柯易葉，有君子之操焉。故昔之隱逸幽閒之士，皆好而樂之，如竹林七賢、竹溪六逸，皆以竹而得名於天下，後世于今稱之不衰。敏惠一門，子弟温純秀特，森如立竹，福慶之殷淵乎未艾，而又倜儻好交游。賓客過，從無虚日。將必有七賢、六逸其人乎是，又將與竹林、竹溪之名譽相爲無窮矣。

明　徐有貞《武功集》卷二《西湖草堂記》　唐君宗吉，清脩士也。有文名江淮間。今年來京師，因予友馬士權與之相見，而以其所謂西湖草堂者求予記。湖在淮安新城之西，廣袤數十里，汪洋渟泓，深靓澂澈，可鑑可濯，可泛而游。並湖之田千數百畝，皆受其沃溉，以無旱憂。而魚鼈、蒲葦之産，可以供民食、備邦用。至于芙蕖菱芡之被其中，榿柳桃梅之植其旁，春敷其榮，秋結其實，暑清而寒瀞，霏雲霞而麗風月，涵光景而浴星辰，實一方之奇觀也。宗吉之先君子，以初自京口來徙，始卜居湖上，于兹數十年，而宗吉繼之。堂，宗吉之構也。廣四筵，深半之。前瞰湖水，後依林木。苫以茅茨，不雕不飾。編葦爲壁，羅石爲除。旁種竹數百竿，蕭爽虚廓，外明而中潔，絶煩嚣而抱冲寂，軼氛埃而挹清淑，凡湖之奇觀盡覽而有之。宗吉于是游焉息焉，琴焉觴焉，挾筴而誦焉，擊節而歌焉，蓋不知富貴之可慕、貧賤之可戚，而忘其身之在于人間世也。賓客之往來觀游者，咸以爲淮陰之勝在此湖，湖之勝在此堂，而宗吉居之，又一勝也。以是而求宗吉之樂，其可知矣。雖然，吾聞之古之君子游必有所得，居必有所資。其有所觀者，必有所取焉，不以樂爲事也。今宗吉之居此湖，獨無所取資乎哉？觀其汪洋，以畜乎其德。觀其澂澈，以潔乎其心。觀其沃溉于田也，以思其惠澤之所有施。觀其所産之富也，以致其才之有可用。而于四時花卉之芬敷而秀麗，又以發乎其文章。是其可以資于宗吉者不少也。況其草堂之寧静，又足爲脩學之所乎。

明　邱濬《重編瓊臺稿》卷一九《學士莊記》　學士莊在瓊城之西北二里，而近翰林。學士邱濬仲深之别墅也。或曰：學士，文學侍從之臣，在天子左右，載筆以視草者也。矧一登進士第，即通籍金門，出入禁掖。幾二十年，始以太夫人喪一歸故鄉。服除即行。蓋以官爲家，以文字爲業，固不待莊以居，用耕以食，胡以别墅爲哉。嗟乎！此正區區深意之所在也。予先世閩人，來居於瓊，世數久遠。自七世祖學正公以來，代有禄仕。惟先公早世，雖不仕而亦有貤贈之命。世業雖以士而率，亦未嘗廢農。蓋仕者其暫，而耕者其常歟。予家依城以居，而先世多負郭之田。去所居一里而近，有田一區，四際皆深窪，而其中獨窿然以高。其旁田皆歲再熟，而此僅一穫焉。始予少時恒謂，海外古無高人勝士，故其地無可以賞心會意之所。藏修之暇，求一息游之處不可得也。是時，即有意經營之，力不能及，且弗暇也。會免太夫人喪，家居無事，思欲成夙志。而謀之吾兄伯清先生，先生曰：何用遠求，盍即丹陽田爲之？即日具圖，釐其田而三之，用其一爲村，而田其二如故。乃僦工，起其二之土而畚之，築實其一，以爲村基。周圍若干丈，爲畝者若干，餘田遂皆深窪可再耕。歲會其所穫登常數焉。環村之址鑿溝，引水繚繞之。村之背旁際爲長壠，壠上疊石爲三小山。山下有亭，環種野花。村前際爲方塘，周若干丈。塘心砌石爲釣臺，當其前積土爲圓堆，名小鼇峰。環村皆種芳竹，雜蒔花果草木於其間。小三山下繚以周垣，中構堂三間，翼以兩室。前爲圓亭，亭之前爲渠九曲之，其下爲月池。各有扁。堂曰瞻玉。旁兩室左曰曝日，右曰涼風。亭曰一嘯。蓋摘歐陽子《内制集序》中語也。其他如所謂小鼇峰者，蓋擬館閣中之鼇石。所謂小三山者，則又以視道家之山蓬萊、方丈、瀛洲者焉。直堂之前有門，扁曰小瀛洲。其外門曰學士莊。又自村徑始，涉田蹊，有石門焉，曰丹陽仙境。本其地舊名也。堂既成，吾兄伯清會客而落之。試與客立釣臺之上而四顧焉，一城之景咸會於斯。漠漠水田，四際山麓，直南吾先人之廬於是乎在。喬木岑蔚之間，華表檐牙，露出林杪，此朝廷旌吾先妣之守節不貳者也。而吾之登甲科、官侍從，有司所表之綽楔亦於是乎見之。與凡吾廬之所有，若寶敕樓、若可繼堂、若願豐軒，皆隱約可指示也。稍南而東，是爲郡城。雉堞連雲，樓閣倚空。衢道之交互，屋瓦之櫛比，闤闠之雜遝，或近或遠，斷而續焉，隱而見焉。蓋四州十邑之大都會處。舉目而東不半里許，鬱有叢祠。祠之兩旁，翼以居民。極其目之所至，金碧煇煌照耀林谷，是爲佛老二氏之所宫。其東北之近地，則州將都肄之所。月凡三校閲於斯，金鼓之聲、旗章之物，耳可聞而目可見。斯則吾莊之近景也。試又登小三山而四望焉，一郡之景亦莫不畢會於斯。蓋吾郡所謂主山者，西石也。中坳而旁峻有似馬鞍然，故又以形似名原。其山之所起，自海北之徐聞之石門，其脈穿海底而南，即蘇子所謂地脉何曾斷者，横亘郡城之西，勢如奔馬，爲衆山之脊。朝夕日光霞彩，敷金抹翠，排闥而入吾堂中。有如屏幛之列几案間然。引領而南，越吾居可六七十里，有横黛隱隱然雲霄間者，陶公山也。道家所謂七十二福地之次二十四者焉。天宇空闊，煙霏之外，有峰巒累然如貫珠，列於東北雲海之涯者，七星璵也。林木蔚然如疊翠叢於東南坡坨之間者，靈山也。此二山皆有祠宇，有司歲時祀之。其他如蒼屹之幽雅，東石之秀拔，雷虎之蹲伏，銅鼓松林之渺茫，隨陰晴而隱現，或有或無，或在有無之間。其水之大者，有南渡江。源發自五指山，經臨澄定三邑之境，繞城之南而東之，折北會諸溪以入於海，距此半舍許。舟沿泝其中，往來檣帆，其末越林表而出，可數也。吾郡以海爲疆界，自此北至海，道僅十里。所謂神應海口，是爲港門。帆檣之聚，森如立竹汪洋浩渺之間，山微微如一綫，舟杳杳如寸葦。晨昏蜃氣，結成樓臺峰岫，千態萬狀。日光射之，錯雜如錦繡，光耀如珠璣，真天下奇觀。昔人所謂奇絶冠其平生，信非虚語矣！茲又吾莊之遠景也。凡吾一郡人物邑居之繁，山水登臨之美，皆可於此一寓目而盡得之。伯兄與客觀望既畢，謂濬曰：茲不可無記，宜詳書之，以示後之人，使天下四方知吾窮荒絶島之間，有此奇偉秀絶之景。

明　李夢陽《空同集》卷四九《河上草堂記》　正德二年閏月，予自京師返河上，築草堂而居。其地古大梁之墟，今曰康王城是也。瀕河，河故常來，今其地填淤高，河不來。人稍稍治墳墓，葺廬舍矣。始蓄牛馬，樹樹木，始有井落道路之界。然四面皆薦莽，其地宜檉楊、宿麥。予兄故墾田數十百區，樹柳以千數，環堂皆柳也。登堂，見大堤及城中塔背，隱隱見河帆。堂下蒔榴、竹、菊、葡萄、槿椒、牡丹，并諸雜草物。而予日彈琴詠歌其中，出則披蒼榛，登邱塲，坐斷岸而歌。

明　王偁《思軒文集》卷二《東湖十景記》　予姻楊公叔理之别業，在邑青祈西。距其家一舍許、五里湖側，其地有清泉、白石之勝。公每居之以自適焉。一日，曳杖逍遥林下，望其西，得異境于烟水微茫之間。亟命舟過之，驅僮僕薙草萊，剪荆棘，循山而行，步履漸高而景益奇。訪之居甿，曰此南山棄壤也。遂捐金購得之。蓋其山在湖之中，面青祈，背具區。其西與九龍諸山相對峙。風帆浪楫，出没其下。而樵夫牧竪，謳歌互答于其間。於是即其亢爽，構屋三楹，榜曰懶吏廳。蓋公嘗發粟賑饑，有詔授七品散官，因號滄洲懶吏。曰廳者真若，居之以聽事云也。廳之前有松數株，梅數本，竹數百箇。曰：此古人所謂三友也，今與我爲四。構軒，曰四友軒。又其前則古松離立，森秀蓊鬱，而一逕縈紆詰曲于其中，因名曰萬松逕。五畝園則其旁小圃，可蔬可果，而其名則取諸司馬公《獨樂園》詩中語也。公嘗畜雙白鶴，治田藝黍以給之。疏小沼，飼魚百頭，取以供客。此俸鶴田、飼魚沼所由名也。客至，或拂石手談，或呼酒對酌，酒酣客去。漱流岸滸，湖上有亭，圃中有石，故以敲棋石、漱酣亭名焉。夏月伏暑，一濯清泉，可以滌煩歊。冬梅花盛開，移小艇往來湖畔，挹清香而顧踈影，灑然若沉痾之去體，恍然若夢覺羅浮。而月落參横，猶聞翠羽之刺嘈也。故又以滌煩名泉，梅花店名舟，而總揭于門曰山水之間，以示其趣。尚有在以求自附於六一公也。予惟天下未嘗無佳山水，特以不遇於人，擯棄于荒榛野蔓之間者，世亦何限。一旦而有遇焉，若山爲之高，水爲之廣。然山水實未嘗有所增損，特因人而勝而名，以顯于時。若柳子厚之西山，向巨源之東湖，又有高文大筆以模寫其勝槩，去今千載，猶使人追思跂慕，以不至其地爲恨。如東湖者，豈非造物所閟以遺吾叔理，抑又豈非兹山之有遇哉？故漫爲記之，以歸之公。俟予他日歸來，尚與公擇勝而游，登高而賦，以盡抉山中之奇。不識公能爲叢桂之招以招我否乎？

明　康海《對山集》卷五《春雨亭記》　渼陂子宅後有園，幾十餘畝。近宅百步爲塲，以納禾稼。塲以後皆園也。列植花木，蓊薱蓬勃，琦瑰逶迤。其後又有脩竹萬竿。及塲西望，邃若豐林。城市之中能若此者，其亦鮮矣。亭趾雖築，楹棟未樹。予每至，則坐此而忘歸焉。嘉靖癸未夏四月，灤江公巡撫過鄠，訪渼陂於衍慶之堂。民事既詢，倡酬斯作。于是攜榼至園，卉木榮新，好鳥羣至，公忻然自適，不知逸興之所自也。輒已詩成數首，擊缶微歌，若將神游八極之表。地雖有然，而公之胸次亦可知矣。于是以廪餘畀知縣黄生曰：爲我作亭於園，永爲渼陂夫子之所憩游。渼陂子乃以書謂予曰：子宜記。予惟渼陂子欲搆斯亭也，由甲子及今二十有一載矣。奈何至公而始成？蓋於是而有異數焉。造物者若有陰竢於公，使兩君子之休聲高誼因是亭以永傳也。安知百世之下，不以右丞之輞川别業、晉公之緑野堂視此亭乎？昔者渼陂子謂予曰：他日亭成，予當以春雨名之。方予經始是園，適有春雨，而子今返耕於鄠，其所以致力於稼穡之間者，惟是賴耳。

明　李元陽《翠屏草堂記》（《滇繫》第八册引）　李氏中谿叟，自嘉靖壬寅葺崇聖寺，垂三十年始得竣工。乃枕峰腋寺作室以居，名曰翠屏草堂。蓋蒼山十九峰，列嶂凝翠，四時不改，堂實當之，得山之勝於是乎最。延庚，作樓俯瞰洱河，碧光奪目，題曰檻湖。延壬，作榭望見川源，野色入簾，題曰緑野。前作一亭，以停杖履，題曰曲肱。後作一臺，以舒眺望，題曰艷雪。又有水月、方丈、蒼霞、别館、梅塢、桃畦，而竹坡、松逕迤邐交錯，不可端倪。開東牖以納旭，敞南甍以受和。木無丹漆之華，墻無丹堊之飾。素屏木榻，瓦缶陶甖，隨力而增，率稱是焉。樓上置橱，藏儒釋老莊之書約三百餘卷，香一爐，琴一張，酒一壺，登樓開窗，岸幘解帶，碧波在望，青甸如拭。取琴作商聲三五弄，小童進酒，無量，微酣而止步。自樓背升臺看山，雪壑鏤銀，朱夏猶在。山腰白雲宛如束帶，期時心曠神怡，不覺放歌，聲滿天地。老衲羽人，白眉垂頰，出自竹煙香靄之間，持茗來餉。相與茵草枕籍，如夢如寐，不知天壤間復有何樂可以代此。中谿叟今年八十有四，耳目四體未至衰頹。宅邊有默游園，風雨沍寒，頗堪游息。年及首夏即出北郭，追凉風，濯流湍，蒼山諸溪澗泉石勝處，背琴攜酒，日以爲常。或有客無客，聽泉坐石，必日落而起，或乘月乃歸。歸至草堂，過千松岡，出芙蓉池，修柏戛雲，低枝拂沼，蔦蘿駢織，灌木陰森，閒窺潭影，惟意所適，期在無眠。夜半樓棲，溪聲遞響，如有鳴鶴。天籟蕭蕭，令人悚然起聽。目冥境寂，天地之情了然元會，乃知死不相干矣。唐人詩有云「此身只合僧中老」，予嘗三復此言，清泉白石，實鑒我心。

明　吴國倫《甔甀洞藁》卷四五《涉江游三山記》　凡三宿抵齊安，則以野服肩輿，取間道趨行甫園。行甫聞余兩人至，蹶然投袂起，喜不自任。園蓋枕柯山，而門臨方池，大可十餘畝，環以古槐。高柳繁陰匝地，雖邇城郭，翛然清凉界也。其内亭榭甚具，皆不加藻飾，而花石亦不盡珍。第從一徑盤旋入，夾蒔名竹嘉樹，編次爲籬，而脩蘿雜蕊纏綿點綴，所至如錦屏，稍徙履他適，則迎盼而迷也。行甫善居園哉！

明　張時徹《芝園定集》卷三六《武陵莊記》　出郡城而西四十里，是爲林村。其山則有武陵，聖公，聖女，前凰、後凰，楊嶴、潘嶴。其水則有桃源、靈泉、莊溪、瞿湖，大都川澤迴互，岡嶺盤旋，非漁師野畯，不習其處。余初得二莊，一曰花莊，一曰小莊。花莊以其華也而棄之，小莊以其陋也而棄之，不復至止。近復得一莊，與前二莊鼎足而立，不華不陋，頗爲雅飭。其外爲門，門之内爲廳事，廳事後爲堂，翼以周廊，賓燕寢處，倉廪、庖湢與農圃棲止之所畢具。左爲花園，雜植衆卉。中有百許年物。前爲方池，以滋灌溉，蓄魚栽荷。有怪石數十，前後離立。右爲蔬圃。圃前有池，菰蒲芰芡不種而育。其外藩以竹木，森森鬱鬱，望之若雲蓊而霧冪也。出門而眺，則見甫田廣衍，疇畝相屬，可穜可稑，可麥可菽。春雨既零，土膏時動。三農嘯侶以耕以耰。山禽集于牛背，苔衣生於襏襫。長歌短謠，壯稚相答。夏耘秋穫，率亦如之。其外則有迴溪，縈帶衍派。靈泉不織而紋，不染而碧，斯亦田間之佳觀也。青山四匝，如蓋如幄，或仆或起，或翔或舞，或既斷而復續，或昂首而復俯。吞吐烟霞，丹碧變異，有良工所不能繪、藻客所不能賦者。古稱千錢買鄰，不知此則何價以買之乎。山川無恙而主人數易，斯莊之弗而不治亦久矣。余乃稍加修飾，題之曰武陵莊，蓋其地有武陵溪、武陵橋，則以之名莊也。固宜非神仙之真跡而竊假借之虛名，亦聊以浣俗云耳。園之中卉木繁富，雜亂無章。余乃疏而别之，取牡丹、芍藥、寶珠、石巖、海棠諸貴種，置之善地。自餘群卉，則品錯於松竹之間，參以奇石，踈密有叙。其荼蘼、薔薇、寶相諸蔓衍者，屈竹爲闌，宛轉成徑，四時互易，無一日而不見花闌之中。周迴甃石，可通游屐，蓋昔人所謂花徑也。群木之魁如剔牙松、千頭柏，則蒔之中庭，佐以曲闌，貴賤有等，賓從有列，亦宰物之經制也。叢者析之，稚者培之。糾結者攘之，穢者剔之。蘭、芷、蓀、諼遶砌而茁，池亦因舊蒔而補其闕。園於是乎始理矣。然而觴咏無所，杖屨莫停。衆秀在前，罔所繫屬。時乃壘石爲臺，冒以新亭，坐而引睇，則無一物不在目睫間。花香遶榻，雲影逗簾，夜則華星浴水，明月窺尊，時月洊更而春意常足，因題曰茹春亭。每挾客以至，于斯觴焉，于斯咏焉，于斯語焉，于斯嘯焉，蓋有窮千古而不爲久，極八荒而不爲遐者矣。莊之左，則小莊在焉，限以清溪，渡二橋乃至。陋因其舊，而新建一軒，名曰清溪别墅，亦以供游衍耳。

明 孔天胤《文谷集》卷九《招隱園記》 條岩張子以書抵余焉，曰：始嘉靖戊申，某棄南司徒，即歸築園，蓋二十餘畝，將隱而老焉，輒自以招隱署其門内之坊也。坊之内爲見一堂，侍御黄公題也。堂之後爲心遠堂，其左右爲長廊也。又其後爲圃，爲山爲洞爲亭臺，則總署四時佳興，一坊以表之。而建亭延景者四，春曰四雨，夏曰錦雲，秋曰晚香，冬曰寒友。其山疊石爲九峰，亭其上而洞其下。亭曰歸雲，洞曰蘿洞，一曰白雲居也。復鑿其西爲小洞，而連築一室於其北，爲逸老窩云。又有爪畦、柳徑、魚沼、釣臺，徑之盡爲樂壽堂，臺之傍爲觀物亭。至於栽花、種樹、編槿、植欄，則隨宜布置之，而園之槩止矣。當暄藹炎陰，霜藹雪幹，交芬互映。復秀水如帶，佳山若屏。雲嵐相駮，光彩萬殊。而吾日偃仰其中，以琴以書，載吟載酌，若不知有人間世者，而園之涉止矣。竊計盤谷之宫，昌黎爰紀。獨樂之園，司馬自識。斯前事不朽矣。某無司馬公之德而有李愿之情，况子亦隱者，倘亦有昌黎之意乎？則某之前事亦托永存其書云爾。又屬張雲溪氏言之。余述詞而爲之記曰：招隱之倡，蓋自小山叢桂，攀援淹留，其旨痛深。而左太冲、陸士衡輩益紬繹其旨，曰「躊躇足力煩，聊用投吾簪」。又曰：「至樂非有假，安事澆醇樸。富貴苟難圖，税駕從所欲。」夫吾道本不憂懼，顧出於煩澆，苟投簪税駕，還醇返樸，何弗至樂哉？條岩子曰：園與主人，日樂其樂，不知園之招我，我之樂園之招斯至樂矣。又曰：凡宦游將倦思息，躬于白雲之隈者，踵當相屬也。大是杖策招隱士者，故作《招隱園記》。

又 卷一〇《南溪小隱圖記》 客有畫卷奉御史大夫南溪張公者，余問之，公曰：是南溪小隱者也。溪寓學宫之東，先侍御卜以居子也。吾少時即結茅種竹，以爲求志之所，後漸次開闢前宅後園。四植梧柳，溪以環之，與大江通，潮汐畢至。中蔭花果菜蔬以自給。吾性拙，不嗜酒，且懶于人事。暇則與子弟親友燕坐閒行，菜羹蔬食，玩樂忘饑而已。故吾號南溪，以吾隱於是焉。自吾之出也，意時時不能忘。邇來倦游思歸，無問寢食矣。

明 王慎中《遵巖集》卷八《洞泉記》 尚書户部郎中鎮遠錢君圖其所居之山，條爲六景，表以嘉號，而約之曰洞泉。蓋鎮遠之山最多，兹爲最勝。君愛其勝，擇而居之。泌泉峙石，嵌巖裂磵，立壁谺谷，懸瀑滮池，紛形異趣，各極其美。靈草奇木，佳卉繁葩，散被巔崖林麓之上下。山下之田鱗塍綺阡，善播而多穫，宜居與游。君之攬挹吸咀於是山之勝，皆盡其所有，而尤有取於崗洞之泉，故析其景而總之以斯名。

明 俞允文《仲蔚先生文集》卷一一《泠然亭記》 汝南周若年既植嘉卉珍木於園中，中爲樓館亭池，使相映帶，而亭西之隙又種竹數百个。其竹脩然，林林宗生，蔚蔘竦直，特揭天表。其節落落踈浄，如含新霜、如新解籜。其影檀欒墮池，水中顛倒上下，與它影相涉，重重如畫。雪封其枝，月漱其根。自樓中望之，又湌若翠羽沉霧，攢青控白，泛濫不止。余以爲園之勝皆鍾于是竹。而若年以爲，時當大火炎雲高屯，黄神嘯吟於裂雩，黑蜧襲匿于重淵。辟猶大爐烘灼，靡届不爍。垢汗沐體，悒慴不怡。而遂之竹所，偃息其下，仰視高葉密若編荚，靃靡雲布。蹐于厚陰，欲日光不得，而獨有風泠然從之，不覺體便意適。煩紆爲之解，朝酲爲之析，而游于清凉之區也。是竹于盛夏有弘益焉。因復爲亭居之，名之曰泠然云。其亭方不盈丈，而欄檻周施，可列坐五六人。屬余爲記，將刻石而陷之壁間。若年好讀書，爲文有奇思，今稍出其奇于一事之微，遂能忘地之隘，移天之時而不羨夫湛園之廣、山陰之奥也。其事之美不可以不記。

明 王世懋《名山游記八種·游溧陽彭氏園記》 元秉既以八月十四日爲滄中之游，則謀於次日聯舟而游二洞玉潭。凌晨發舟，道經溧陽城下，私心念今夕中秋節遂無勝地。時元秉從兄思善以計部郎居憂城中，余往弔之。思離披掩蔽。前瞻則遠山隱約，後盼則松竹拱抱。亡論園中所有，即此亦足令人樂而忘返矣。時漸昏黄，甫辨人色，思善□邀余入堂登山。山多迴廊，曲磴迤邐，而登絶頂是一平臺，青油幂之，亦是佳境，然雅非余好也。餘客别踞一峰而坐，各觴一二，亟趣之下，就堂更飲。久之，出步庭際，則微雲漸開，規月半出，荷氣甚鮮，歌聲互答。舉觴瀝之，是真不負中秋矣。遂與思善别，而登舟大都。此園之勝，在長松脩竹，廣陂高嶺，以地近山，宜松。故而主人自其祖進士謙兒時已有兹園。園可百許畝，且七十餘年，祖及孫世增脩之。則園之松又以年勝。即貴介王孫傾鉅萬貲爲之，不能驟致，宜余之嘖嘖于兹園也。然園之名不聞天下，則以在僻壤而彭氏子孫又以僻能久有兹園也夫。

明　王世貞《弇州四部稿》卷七四《先伯父静庵公山園記》　循廮涇而西者曰大王父司馬公第，襲第後稍西偏而枕涇者，伯父静庵公園也。入園，松亭翼然已，屈松柏爲左右屏已，又屈松柏爲鶴鹿者各二。折而西，則東山之阯在焉，有亭瞰崖而下頫。稍西爲静庵，中五楹，兩序半之。出庵折而西又數十武以白華曰雪山，諸山輔皆土岡，委曲抱廮涇若率然，之脊萬松鱗鬣，之山之勝爲山堂，堂之南有臺，列怪石名卉，東西修竹綿亘數百武。闢堂扉而北，則杳然别一天。爲大方池，中浸芙蓉、菱芡。左右石門以入山，分爲二橋，各有亭踞之。其水左深入石洞，爲石梁以度，抵一崖而止。崖前鑿磐礪蓮花，引水浮杯，渺渺自崖隙出。水右度橋而窮，復爲深澗，上横石以道而西抵磐石。山被不可盡數。大抵石巧於取態，果樹巧於蔽虧，卉草巧於承睞，亭館巧於據勝而已。其所謂石，則太湖、武康、斧劈、崐英之屬，果則桃李梅杏、橘柚橙柑、櫨梨、梬棗、樲柿、含桃、盧橘、來禽、鬱棣、楊梅、榕櫻之屬，樹則梧檟、梓栝、椑柏、杉檜、黄楊、樫欅、櫚櫨、胥餘、栟櫚、女貞、椿榕之屬，卉草則蜀茶、海棠、辛夷、玉蘭、蕙芷、芎藭、猼且、芙蓉、芍藥、牡丹、合歡、忘憂、青蘿、蒼荔之屬，各以百千計，亭館可再屈指數。蓋静庵公自罷藩幕歸，甫三十年中間，即非負危痾，峻風厲雨，未嘗晷刻不之園。其所規擘匠締，旦損夕益，往往出人意表，以故精麗甲東南，雖夙稱名園者遜弗能抗。余自爲諸生，則已侍静庵公杖屨游山中。每春夏交，蒼翠四封，蹊徑殆絶。裁霞襚彩，因風迴蕩，穹幽漏明，芬芳徐出。琅玕峥嵘，青葱峭蒨，爽沁脾腑。百羽萃止，弄暄訴悽，喁啾嚶嚶，有傲人色。縱屐游目，靡匪趣會，而静庵公又雅好客。客毋問晝夜，商移徵易，絲倦肉代，改席謀懽醉，醒互端是無，但東南稱能，爲園主人者亦遜，莫與静庵

善時病初起，請爲具，余辭不可，思善謂：非敢滯君行色。有彭氏園，去城五里而近，此走善權道也，盍姑寓目焉，以當中秋之勝集乎？余始頷之而行。是日，酷熱如伏，抵園汲就泊。日過午矣。肩輿半里許而至，曰此園便門也。余循之而入數武，得一橋。又數武，得石門一，狀如關，又如梁制，甚朴野。過此柏屏蘿逕，又十餘許武，折而得大除山，堂峙焉。堂甚宏麗，前鑿方池，周以石欄，芙蕖披紛其中。後則洞庭奇石積植高下，逶迤，如螺而上，略似吾兄弇山之一。余以爲即奇弗能當，弗視也。獨池之南皆南岡茂竹，長松四五株，挺立竹中，望皆合抱。一亭踞之，正與堂對，相去可十餘丈。思善坐亭中，呼余上，余循左除躡級而上，岡高不能二丈，亭所踞視它所持高，因就憩焉。俄而，元秉偕諸客俱至。亭小，能受客十許人，而秋暑方熾，然松陰竹色蔽虧蔭蔽。岡前後皆水，水氣入亭，覺意界俱涼矣。思善顧謂侍童以榼來小飲。須臾酒至，佳甚。思善曰：此吾得之鄰人者。酒數行，思善請它往。余意謂此亭可不負中秋，何必就廳事餖飣。諸史氏咸笑，謂君樂此竹樹乎？是方始耳。余始異之，始逐導者。穿竹西行，度一橋，望其下即向所入門也。嗣是迴環歷亂不可窮詰。或入松林，或下竹岡，毛立棋布，盡如真山。或樹杪見水劃然游空，或徑窮轉磴倏然别搆。所歷亭館無數，都不甚宏鉅，閣崖架水，點綴清華而已。如是者半里許，始得画橋而憩焉。橋跨一溪，其前澄潭天鏡，曠若半頃。灌木周遭，如罨如畫。橋設朱欄，碧油幔其上。客皆魚貫列坐，酒炙亂陳。余客姚生者後至，呼之，聲響相答，迷道竟不能前，以主人導者掖之良久，始至。時余族孫定鼎携數童自隨，能爲新聲，思善所夙好也。歌數闋，思善叫呼絶倒，浮白亡算，盡失病起態矣。酒罷，復循南岸行，見山花媚于道周，紫薇烘於木末，真令人應接不暇。稍折而北，更得一潭，竟不辨所自來，但覩水際，大松十餘株，秀色參天，老藤纏之，臃腫支離，與樹無别。蟠若潛虬，怒若攫龍，掛若飲猿，蓋園最勝處也。松間一亭，軒敞特異，彭氏别設盤飧以待，物皆精好。余與諸君坐亭中，望隔河萑葦，深若無際。歎賞久之，天忽作雷，雨垂垂下。思善亟邀予起赴其專設，余乃挾雨疾行，客皆踉蹌而從。更數十武，得亭止焉。則思善盛設其中，亭所臨即嚮所游澄潭北面也。對望南岡，竹樹葱芊，烟水下上，又别是一境矣。羽觴遞進，飛雨驟過，沈雲卿詩「小池殘暑，高樹晚涼」之句未足喻其快也。雨止飯罷，尋出山之路，漸就平曠。小亭曲砌，細草幽花，窅與初徑絶。久之，始得園之正户，出而四望，白榆高柳列植周行，秔稻芰荷，

公抗。

又 卷七五《求志園記》 吳城之東北隅，爲友人張伯起園。園當其居之後，閤道以度。入門而香發，則雜荼蘼、玫瑰屏焉，名其徑曰采芳，示吴舊也。徑逶迤數十武而近，有廷廓如，名其軒曰怡曠，示所游目也。軒之右三而楹者，以奉其先隱君像，名之曰風木堂，示感也。堂不能當軒之半，然不敢以堂名怡曠者，示有尊也。軒之右齋以栖圖史，名之曰尚友，友古也。齋之後館。館臨大池，中多金銀玳瑁雜細鱗，名之曰文魚，池所蓄也。穿池而橋，循橋稍西南爲古梅十餘樹，名其廊曰香雪，言梅德也。伯起之言曰：吾吴以饒樂稱海内冠。不佞夫差之墟，甲第名圃，亡慮數十計，即屈諸君指且徧，亡及吾園者。諸材求之蜀、楚，石求之洞庭、武康、英、靈璧，卉木求之百粤、日南、安石、交州，鳥求之隴若閩、廣，而吾園固無一也。然至於旦而旭，夕而月，風於春，雪於冬，諸甲第名圃所不能獨擅而長秘，而吾得竊其餘。吾它無所求，求之吾志而已。

又《養餘園記》 吏科右給事中岷山許子，去其官之五歲而始爲園，又踰歲，而園成。其地闤陽而郊陰，右負城左瞰山。竹木森秀，臺榭館湢之類錯居，而各有所窈窕靚深，潔不容唾。規池矩沼，負抱宛轉，皆許子之所意締而手啟者。邑侯大梁王君名其堂曰遂初，取晉孫盛所爲賦語也。許子居復與俞仲蔚先生謀，而名其閣曰穆如，閣之後饒竹，竹時時以清風至也。名其樓曰棲雲，山所出雲，東度則時止也。名其亭曰叢桂，傍亭多桂，取淮南小山《招隱》語也。名其庵曰静觀，許子所時默坐澄慮處也。名其館曰貯春，春之雜英駢焉。名其園曰養餘，而問記於王子，將以釋許子之所謂養餘者而勒諸砥。許子之言曰：吾嚮者嘗一再備從官，出入承明之廬，與聞國家大計。蓋歲旦而憂暮之計而歲不足，日旰而始進朝之餔而日不足。吾故幸貴，然不敢以爲樂也。縣官程既廩以吾不任職而棄之，而吾身一旦乃復爲吾有。吾晨起而視晷而日吾餘，歲受歷而歲吾餘。吾之田有餘秔足以饗，有餘秫足以酒。而吾之舍家，子爲什一者，其餘足脯修果茹。而吾又幸有兹餘地，稍出吾之餘力以爲園。園成，而吾未嘗不一日適也。則吾歸乃始幸矣。王子曰：子知子之餘乎，而不知子之餘天地之所餘，而子取以爲養者也。天地之所餘恒在，而人不知取以爲養。今子獨得之，則雖謂子之餘亦可也。因爲歌曰：園有畬，可稼可蔬，樂子之恒餘。園有潊，可釣可網，樂子之能養。既歌而復記其事。

又《竹里館記》 去新安郭之三里，其地負高而臨深。其江曰練江，泓渟萬仞。黄山、白岳，蜿蜒摩天，其阯在數十百里之外，而蒼翠接於眉睫。其清可以釀，其膏可以粳秫、蔬茹、果蓏。邑人汪惟一之業在焉。計畝而延袤可二十，而竹據其三之一。惟一乃搆數椽，讀書其間。以竹自蔽，不復施藩。當山而軒，峭蒨鬱葱，吐欲吾胸，蓋環練江而勝者不必盡歸之，汪亦略得之矣。惟一之言曰：吾日三商而起，阿段汲江烹茗之羸，取而洗竹，裁籜爲冠，暑則去之。有鶴四翼，時唳時舞，吾起而應。竹皆吾助，間一開吾卷，而琅玕之色流潤緗碧。初陽拂梢，則少文之圖若益而青葱者。微飈流響，則少文之琴若益而琮琤者。吾放歌而聲留於長離尾翮之間，而不雜於塵囂，不墮於市廛之耳。吾寓目而蒼鱗緑璧爲之左右，其適而光不出於牛背。至於雪之旦，月之夕，白雲之芊眠於書，而凉風之颯於夏，吾無不與竹宜者。吾不能爲張廌逃於其間以謝客。客至而吾釀足於江，釣如之，筍足於竹，蔬茹、果蓏足於竹之旁畝，咏嘯諧謔，箕坐高枕，足於竹之蔭，而客未嘗不得意去也。吾之與此君真足以終其身而不知老者。蓋築成而有芝産於竹所几十餘，其大若盤，而色青紅可愛，叩之有餘韻。於是吴興徐子與異之，題其館竹里。

又 續稿卷五八《無住館記》 余觀處者垂五載，而不能盡廢客。與家遠者誘耳，邇者誘目，不得已而謀徙之深野。兒騏於故居宅之西偏，誅茅輯荆而處之，屋凡三楹，不斲不飾，皆仍其故。後設靖室奉大士、聖祖、仙師，方廣不盈丈，以資焚誦而已。中楹洞虚，籠白鸚鵡一頭。右楹空之，間憩剪頭雛。左廡蓄馴鴿十餘頭，賦之餘粒，以下鳥雀，玩其飲啄。庭中鑿方沼，延袤各五尺許，蓄金魚十餘頭，亦玩其涵泳而已。傍鑿二井以救池之渴，雙梧蔭之。其陽二玉樹翼之，池之南五垂柳依之，其又南與左右則側柏列直，以資服餌而已。左楹稍寬，鬲其中一几一櫃，貯《易》、《老》、《中庸》、《金剛》、《楞嚴》、《維摩》數卷。又左爲耳室一，僅可容膝。其一置一瓢、一笠、一衲，其一置一寢榻。又左轉爲龕室，小又不能當半，三時趺坐而已，寢室之名曰慧觀。慧觀者，吾師曇陽子所示偈語也。於兹寢矣，覺之使不昏也。龕室之名曰來一。來一者，亦師偈語也。一者何？即重陽子所云「五行不到處，萬物未生前」是也。來者何？吾一之所自來也。於此而思所謂來一者，而後吾之空不頑也，總而目之曰無住館。

又 卷五九《弇山園記》 記一 自大橋稍南皆闤闠，可半里而殺，其西忽得徑，曰鐵猫弄，頗猬鄙。循而西三百步許，弄窮，稍折而南復西，不及弄之半，爲隆福寺。其前有方池，延袤二十畝，左右舊圃夾之，池渺渺受煙月，令人有苕霅間想。寺之右即吾弇山園也，亦名弇州園。前横清溪甚狹，而夾岸皆植垂柳，蔭枝樛互如一本。溪南張氏腴田數畝，至麥寒禾暖之日，黄雲鋪野，時時作餅餌香，令人有炊宜城飯想。園之西爲宗氏墓，古松柏十餘株。其又西則漢壽亭侯廟，碧瓦雕甍，嶜崒雲表。此皆輔吾園之勝者也。園之中爲山者三，爲嶺者一，爲佛閣者二，爲樓者五，爲堂者三，爲書室者四，爲軒者一，爲亭者十，爲脩廊者一，爲橋之石者二，木者六，爲石梁者五，爲洞者、爲灘若瀨者各四，爲流杯者二。諸巖磴澗壑，不可以指計，竹木卉草香藥之類，不可以勾股計，此吾園之有也。園畝七十而羸，土石得十之四，水三之，室廬二之，竹樹一之，此吾園之槩也。宜花，花高下點綴如錯繡，游者過焉，芬色殢眼鼻而不忍去。宜月，可泛可陟，月所被，石若益而古，水若益而秀，恍然若憩廣寒清虚府。宜雪，登高而望，萬堞千甍，與園之峰樹，高下凹凸皆瑶玉，目境爲醒。宜雨，濛濛霏霏，濃淡深淺，各極其致，縠波自文，鯈魚飛躍。宜風，碧篁白楊，琮琤成韻，使人忘倦。宜暑，灌木崇軒，不見畏日，輕凉四襲，逗弗肯去。此吾園之勝也。吾自納鄖節，即栖託於此。晨起承初陽，聽醒鳥。晚宿弄夕照，聽倦鳥。或躡短屐，或呼小舠，相知過從，不迓不送。清酒時進，釣溪腴以佐之。黄粱欲熟，摘野鮮以導之。平頭小奴，枕簟後隨，我醉欲眠，客可且去。此吾居園之樂也。守相達官，干旄過從，勢不可卻，攝衣冠而從之，呵殿之聲，風景爲殺。性畏烹宰，盤筵飣餖，竟夕不休。此吾居園之苦也。園所以名弇山，又曰弇州者何？始余誦《南華》，而至所謂「大荒之西，弇州之北」，意慕之，而了不知其處。及考《山海西經》有云：弇州之山，五彩之鳥仰天，名曰鳴鳥。爰有百樂歌儛之風。有軒轅之國，南棲爲吉，不壽者乃八百歲。不覺爽然而神飛。仙仙僊僊，旋起旋止，曰吾何敢望是，始以名吾園，名吾所撰集，以寄其思而已。乃不意從上真游，屏家室，栖於一茅宇之下。偶展《穆天子傳》，得其事曰：天子觴西王母於瑶池之上，天子遂驅升於弇山，乃紀其跡于弇山之石，而樹之槐，眉曰西王母之山。則是弇山者，帝媪之樂邦而羣真之琬琰也。景純先生乃僅以爲弇兹日入地。夫奄兹在鳥鼠西南三百六十里，其中多砥礪固可刻，而去隴首不遠。二傳皆先生筆，遂忘之耶？則不佞所名園與名所撰集者，雖瞿然愧，亦竊幸其於古文闇合矣。自余園之以鉅麗聞，諸與園鄰者，游以日數，他友生以旬數，而今計余跡歲不能五六過，則余且去而爲客，乃猶竊弇山之號，而又重之以記，得無尚有所繫耶？夫志大乘者，不貪帝釋宫苑，藉令從穆滿後，以登弇山之巔。吾且一寓目而過之，而况區區數十畝宫也。且吾向者有百樂，不能勝一苦，而今者幸而并所謂苦與樂而盡，付之烏有之鄉，我又何繫也。夫山河大地皆幻也，吾姑以幻語志吾幻而已。

記二　自隆福寺而西，小溪渺渺，垂柳交蔭，而吾園實枕之，扁其門曰弇州，語具前記中。入門，則皆織竹爲高垣，傍蔓紅白薔薇、荼蘼、月季、丁香之屬，花時雕繢滿眼，左右叢發，不飅而馥，取岑嘉州語，名之曰惹香逕。逕至西而既得平橋，曰知津，取弇山堂道也。高垣之左方以步武計，雜植榆、柳、枇杷數株，藩之以栖鶴。始有饋余兹禽者，後先六頭，每交吭羣唳，聲徹雲表。以鮮食裁之，留其二，名之曰清音柵，静夜所時得也。右方除地爲小圃，以畛計，皆種柑橘，土不能如洞庭，名之曰楚頌，取蘇子瞻語也。逕之陽有墻隔之，中通一門，顔之曰小祇林。始之闢是地也，中建一閣以奉佛經耳，小祇林所由名也。既益之以道經，又輔之以島樹臺館之屬，余志日侈，勝日益廓，而去兹名遠矣。顔之志始也。入門而有亭翼然，前列美竹，左右及後三方悉環之，數其名，將十種。亭之飾皆碧，以承竹映，而名之曰此君，取吾家子猷語也。其左竹中闢爲路，客游至此，倦少憩，所謂「夏不見畏日，輕凉四襲，逗不肯去」者，此亦其一也。轉而爲竹之背，一喬峰獨立而頫其首若有聽者，以與經閣相望也，名之曰點頭石。取生公傳語也。去峰之十武，得石橋，廣而平，可布十席。鄉者往往於此候月，今以他勝處奪之，不能恒矣，名之曰梵生，取釋迦於忉利天説法還王舍語也。蓋至此而目境忽若闢者，高榆古松，與閣争麗，美蔭不減竹中，而不爲叫窱深黝。友人文壽承過此而樂之，古隸大書曰清凉界，甚怪偉，勒石立於橋之陽。右方循橋直上可數丈得閣，其左右室藏佛道經，扁其左曰法寶，右曰玄珠。畏客之餘，輒闖入其中，以息蹄汰濁而已，不能偏幡閲也。啓北窗，則中島及西山巒色峰勢，森然競出，飛舞拏攫，遠者窮目逕，邇者撲眉睫。閣之下亦寛廠，四壁令尤老以水墨貌佛境宗風，列榻其間，隨意偃息。軒後植數碧梧。自此而北，水隔之，路遂窮。閣之左有隙地，與中島對，踞水爲華屋三楹，以竢游客，過者歷歷若鏡中。花木禽魚，自來親人，名之曰會心處。前植梨、栗、來禽數十本。右則鹿室，以棲三鹿，與園丁共之。此吾園景之一也。

記三　知津橋者，跨小罨畫溪，北亘數十百丈，溪盡而兩山之趾出，步之則皆在望，以其類吴興之罨畫而小也，故以名。其西臨水五楹，中爲門，張中丞肖甫榜曰城市山林。前有垣障之。稍折而南復西，則廓然一廣除，欲截五洞庭樹之作五老峰，力未能也。姑藩而種含桃，含桃成，歲得一解饞，花亦足飽目。其左方種如之，俱曰含桃塢。堂五楹翼然，名之曰弇山，語具前記。其陽曠朗爲平臺，可以收全月。左右各植玉蘭五株，花時交映，如雪山瓊島。采而入煎，啖之芳脆激齒。堂之北，海棠、棠梨各二株，大可兩拱餘，繁卉妖豔，種種獻媚。又北枕蓮池，東西可七丈許，南北半之。每春時，坐二種棠樹下，不酒而醉。長夏醉而臨池，不茗而醒。游客每徙倚其地，輒詫謂余：此何必減王衛軍芙蓉池也？余謝不敢當。而會吾鄉有從廢圃下得一石，刻曰芙蓉渚，是開元古隸，或云范石湖家物，因樹之池右。池從南得小溝，宛轉以與後溪合，傍皆紅白木芙蓉環之，蓋亦不偶云。循堂左而東，沿小罨畫溪，一石坊限之，扁曰始有。其右坊，扁曰雖設。稱雖設者，以阻水故。度始有門，則左溪而右池。循池而南，其陰皆竹藩之，曰瓊瑶塢。塢内皆種紅白縹梅，四色桃百本，李僅二十之一，瓊言紅，瑶言白也。更西，得小平橋，名之曰小有，取別入山道也。自是復折而北，溝十步一曲，黄石爲砌，清流灣環可鑑，名之曰磬折溝。緣溝皆木芙蓉，即芙蓉渚立石處也。道左既梅塢，而竹所不能藩者，傍出侵道，其稍廠，梅益繁，名之曰香雪徑。又廠，則爲一亭，前阻溪水，溪即磬折溝所入也。隔岸始得西弇山，怪石奇樹，高下起伏，若坐若立，若舞若騫，曰飽於兹亭之中，而游人往往過而忽之，故名其亭曰飽山。復折而東數十武，則徑之事窮，得萃勝橋。

記四　萃勝橋者，踞諸山之口，吾欲於其陽立一綽楔，扁之曰海上三山，而力未能也。橋以石，頗壯麗，其下則諸溪之水皆會焉。其上可以北盡西弇山，東北盡中島，東南取佛閣花竹之半，又以其隙得文漪堂之勝。所不能及者，東山耳。故名之曰萃勝。度橋，始入山路，一石卧道如虎。南北皆嶺，南卑而北雄。北嶺之東南嚮者，一峰獨尊，突兀雲表，名之曰簪雲，其首類獅，微頫，又曰伏獅。右一峰稍亞若從者，曰侍兒。又右一峰更壯，而頷中穿若的，曰射的。南嶺諸峰皆前嚮，此僅得其背耳。由飽山亭望之可指數。一類古碑文，曰禹篆，餘不載。路折而北，得一灘。羣石怒起，最雄怪爲獅、爲虬、爲眠牛、爲躑躅羊者不可勝數，總而名之曰突星瀨。瀨之右皆嶺，其據嶺而頫徑者，曰岝粤峰，曰楚腰峰，皆以狀也。一石屏，色若玉，而坦垲可愛，曰白雲屏。瀨之源，爲蜿蜒澗，宛轉數十折，入天鏡潭。其一支穿縹緲樓下以入潛虬洞，與潭會。中多奇石可紀。大抵前抱縹緲，而後枕諸山，迴伏皆因之，所以名蜿蜒也。去白雲屏之亡何，逕忽斷，兩石所不接者尺許，其下澗水湛湛，通小龍湫。小龍湫者，頂螺旋如覆敦，三方皆奇石。峇嶙而下，積水深窈，游客過之，駭謂若有物其中，故以名。湫之西南一綫道，傴僂而上，可以闖小雪嶺。余嘗游西洞庭，石公之風弄頗似之，名之曰石公弄。更十武許，得一巖，坐磐石其中，倦可息也，曰息巖。自是俯逕之峰，其拙者曰似傲，巧者曰殘萼、曰碎衲，拙而大者曰大樸，屏石之似白雲而稍蒼者曰蒼玉。幾盡而得一磴，可十級上，余戲名之曰誤游磴。所以稱誤游者，其脈自芙蓉池之西北，度小有橋，崇昇若馬脊，皆植桂，凡數十百樹，曰金粟嶺，自此復夷緣磬折溝，溝盡而得石磴，十級以上，有亭一，可以觀田中獲，名之曰省獲。其又坦上十步許，一茅亭踞之，故文博士壽承嘗爲余古隸乾坤一草亭，結法甚佳，因扁之。抵此則西原之野色盡矣。亭陰即小龍湫頂，度而稍西北折，有白石數峰，因名之曰小雪嶺，循而至誤游磴，所謂似傲、太樸諸峰，皆道傍物也。客沿澗得磴便陟，迤邐以出，忽不知其至小有橋爲故道，始悟嚮者陟之誤也。由誤游磴復西，俯澗之石有曰黑雲堆者，有曰千年菌者，以奇甚，故名。他可名峰石殊衆，倦不能署筆矣。尋得一洞，入夷而出險，洞中石傾崎崖隤如相角者，名之曰䶩牙，取《高唐賦》語也。東南攀躡而上，得平臺，即洞頂，傍植靈楸、玉蘭、胡桃之屬。一峰南嚮，曰玩客。稍東南數武，一峰曰指迷。自是大青石梁横亘之，最雄麗，名之曰青虹。循青虹復西而下入洞，屋其上，則縹緲樓也。南壁皆巧石堆擁，絶類飛來峰。下有小懸崖，適得舊刻石，米元章所題畫布袋和尚像，巖其中，名之曰契此巖。契此，和尚名也。北則設連床，半出檐外，可以盡承南嶺之勝。余每春盡坐此，北風吹落花滿巾幘，依依不忍去。右折梯木而上，忽眼境豁然，蓋縹緲樓之前廣除，嚮入山所得簪雲三峰，皆在焉。左錦川一峰森秀，真蜀錦也，名之曰浣花。自此遂陟縹緲樓，取少陵「城尖徑仄，獨立飛樓」語。又以洞庭西山嶺名名之尺鷃逍遥，不自知其非九萬也。此樓是三弇最高處，毋論收一園鏡中。啓東户，則萬井鱗次，碧瓦雕甍，纖悉莫遁。啓西户，更上三級得臺，下木上石，環以朱欄，西望婁水如練，馬鞍山三十里而遥，木落自露。北望虞山百里而近，天日晴美，一抹弄碧。名之曰大觀臺，又曰毗虞榭，毗不及馬鞍者，志遠也。他美略矣。樓之下左降，得方臺，砥平懸崖，而下距天鏡潭數十尺，收西山之勝最切，而攝月最先，坐此令人意自遠，名之曰超然臺。一峰多嵌空而不能透，曰逗雲。一峰儼若垂紳者，曰端士。一石若面首而椎者，曰巫髻。皆臺飾也。樓南稍東，得石磴十級而下白雲門，又東北十級而下，有門曰隔凡，則吾三弇之第一洞天也。空中靚潔，或明或晦，乳竇涔涔欲滴，巉巖巇崎，若嚙若搏。其水左與天鏡潭合，然上皆怪石覆之。北取蜿蜒澗，渺渺而入，俯窺之，若一星，以其窈窕不易測也，故名之曰潛虯，而亦會我先師曇陽子籠靈蛇於是，不二時而失之，旬日而見於徐墓，其義蓋亦胎云。洞中石磴凡再斷，游者過之，必魚貫以手，乃其足猶踸踔也。出洞則復曠朗。稍南爲枕流灘，以其阯污時侵水也。傍多美石，曰鷹喙，曰小玲瓏者。更北過小石梁，正值青虹之下，與相映帶，因名之曰雌霓。復入呀牙洞，轉登故臺，少西得一亭，桂樹環之，曰叢桂。尋返抵臺，則取中弇道矣。臺雖庳，以其綰三弇之轂也，名之曰綰奇。由綰奇而下，數級後，諸峰匯之，稍有石傍出於永，可以釣，名之曰忘魚磯，取王弘之語意也。磯傍有一石坌出，驤首欲奮，曰鰲頭。已復折而上，四周皆峰石，石虢雜植紅白梅，白者十八，一亭亭焉，曰環玉。傍有錦劈二峰，劈峰獨擘雲而上，曰獨秀。小轉抵月波橋，而西弇之事窮。

記五　西弇之事窮而得水，與中弇隔頗遠。爲橋以導其水，兩山相夾，故小得風輒波，乘月過之，溶漾瑣碎可玩。適有遺蔡君謨《萬安橋記》者，中「月波」二字甚偉，因摹以顏橋楔之楣。度橋，一峰骨立當之，宛然陸叔平所貌也，名之曰古廉。前爲壺公樓，西壁右則饒峰石之屬，轉西南，皆踞水，鬱律磈磈，嵌空虚中，各出其態，以媚游舫。稍出水，則甚奇。有若雙舉肘者，曰擁袖。若昂首而飲者，曰渴猊。有若尾渴猊而小者，曰猊兒。有若飄舉者，曰凌波。若憔悴將溺者，曰惘相。餘故不辨枚舉也。不數武，爲率然洞。其上下平而左右饒石骨，以其倏且谽谺也，類若爲率然所中穿者，故名。洞且盡，兩石夾之，儼然兩閣人，左高而瘦，右卑而古，總名之曰司閣石。其西南折而下，有磐石卧水，亦釣磯也，以其距藏經閣小迴，爲喚渡處，名之曰西歸津。復循洞口東轉，度清波梁，其下穿漱珠澗口，自此踞水之峰，有類白玉者，有類蒼壁者，皆古而多穿漏，其蒼者尤奇，名之曰天骨，白者曰楚琢。小轉而南，兩壁上陘，一石卧之，曰小雲門，自此轉而入峽矣。峽兩傍有怪石，叫窱陰沍，仰不見日。緣澗而轉，委曲泝沿，兩相翼爲勝。嘗謂峽高不能三尋許，而有蜀夔府岷峨勢。澗傍穿不過數尺，而乍使靈威丈人探之，當必有縮足不前者。此中弇第一境也。峽將窮，得一石，扣之，其聲泠泠然若搏磬。家弟過而樂之，名其峽曰磬玉，余名其澗曰漱珠，要以不能盡發其美爲恨。由磬玉峽再轉可十五級，而得石欄翼然，啓左扉而入，抵中樓凡三楹。其前則爲石壁，壁色蒼黑，最古，似英，又似靈壁，硊砑搏攫，饒種種變態，而不露堆疊跡，錢塘紫陽菴一二處仿佛近之，曰紫陽壁。客謂余：世之目真山巧者曰似假，目假之渾成者曰似真。此壁不知作何目也？壁之頂皆栽栝子松，高不過六尺，而大可把，翠色殷紅殊麗。啓北窗呀然，忽一人間世矣。漣漪泱漭，與天下上，朱栱鱗比，文窗綺樓，極目無際。東弇、西崦，以朝夕鬥勝，顏之曰壺公，謂所入陘而得境廣也。左，正值東弇之小嶺，皆緋桃，中一白者尤佳，適與敬美春盡過之，尚爛漫刺眼，因名之曰借芬。右室於冬時遥睇縹緲，雪色甚快，名之曰含雪。樓之下，前後所獲境與樓埒。稍東，承檐溜處産芝，已三閱歲矣。每産時，其阯不雨而潤，上有紫氣，受日晶熒，因名之曰榮芝所。自含雪之前，廊可三級，轉而南一室，世尊坐蓮花儼然，名之曰梵音閣，借紫陽壁頂松風名也。出閣，右盤而上三級則爲絶頂，曰紅繚峰，又曰玉玲瓏。亭亭霧表，是洞庭第一佳者。其左稍次，曰漏月峰。更次，曰盤陀峰。右次，錦石一，曰衲霞峰。復左盤而下，時時得佳石，獨錦峰一，尤精麗，是蜀品第一佳者，名之曰青玉筍。自此穿一石梁，其下即磬玉峽，名之曰鰲背。度鰲背，有亭亘焉。入亭無他奇，而澗峽之卉，時時入户。與壺公樓步武客候樓鐍不時啓，於此小憩，名之曰徙倚。自徙倚亭而南折，下數級，得東泠橋，而中弇之事窮。始余失筴爲愚公，其治山獨玆弇最先就緒，而所徙乃吾麋涇故業，最饒美石，皆數百年物，即山足可峰也。所徙即非石而樹，山磬矮松，一尺九節，虬屈擁腫，他桃梅、棠梠之屬，若慕之而争爲奇者。峽仄澗迫，枝葉樛翳，游人過之，墜帽鉤袂相踵接，而益稱快。然吾意未已，復有東西弇，故曰愚公也。

記六　度東泠橋，一峰當之，曰窈窕峰。自此而南，有二峰，一高梧、數桃樹甚茂。又南爲舫屋，然皆非取東泠道也。折而北，一斧劈峰，曰青峭，又一峰曰拙叟。東轉皆曲逕，逶迤而上數十武，一峰斜睨若貧姥頰，曰碧皺。遂得亭，北嚮。其左茂樹深澗，幽閴可人，蓋至亭而東弇之勝始顯，自此分二道以出，故名之曰分勝亭。陽道由正北穿小石門，微闢，右方一高峰，文理皴皴若裂，名之曰百衲，其次而庳者，亦如之，曰小百衲，類僧與其雛偶語者。稍西一峰最崇，而兩尖相嚮，山師名之曰蟹螯。或以其俗請易之，余謂此晉畢吏部語也，使我得君山酒滿地，以此佐飲，何快如是，遂不易。東北斜上三級，得廣臺，是流杯處。其臺甃石爲芙蓉屏，石西面，脩可五尺餘，廣倍之，曰雲根嶂。得水，則杯泛泛由嶂下竇穿芙蓉度，客爭取之，至濕衣履不顧也。石芙蓉之水東注一峰，下瀉於池，怒激狂舞，儼然小栖賢也，名之曰飛練峽，徐凝詩故惡，二字却殊不惡耳。然飛練、蟹螯二勝，皆以泛舟始出之，餘不能爾。繇流觴所十餘級而下，始爲大灘，迴顧一峰北嚮，若首肯灘景狀，曰揖清峰。灘勢直下，往往不能收足。第最寬廣，狠石四列，垂柳、緋梅、蜀棠交蔭，憩之，則池與南榮畫棟、兩崦嵐壑，旮旦晦明之趣，盡入阿堵，讀康樂清暉娛人語，真足忘歸也，因目之曰娱暉灘。左望一石甚麗，曰錦雲屏。已從東南探逕竇，側足而上，爲雲根障之背。雙井肩並有轆轤，蓋汲水以流杯處。俯瞰沈沈，若虎丘劍池。復東數級而下，得老樸，大且合抱，垂蔭周遭幾半畝，傍有桃梅之屬輔之。始僧售地，欲并伐此樹以要余。余謂山水臺樹，皆人力易爲之，樹不可易使古也，益之價，至二十千而後許，爲亭以承之，曰嘉樹。樸，惡木也，而冒嘉名，亦遇矣。亭北枕池而南臨澗，又藉樹蔭，雖小，致足戀耳。傍亭一峰，遥望之若蓮花，近不盡然，故名之曰似蓮。自嘉樹亭折而東，一石梁正碧色，曰玢碧梁。東上三級，復西北轉，迤邐而上，得一嶺若案。稍北，一嶺若馳脊，前後九括子松環之，最茂，每日出如膏沐，青熒玲瓏，往往撲人眉睫，松實香美可咀，曰九龍嶺。亡何，抵三步梁，其修不能過三步也，而險。自此折而下，已宛轉復上穿，得美篠爲逕，抵振屧廊而止。此所謂陽道也。陰道皆幽逕，頫澗折而北，躡磴下稍東，復折而南，凡數折始爲山神祠。祠傍一樹，斜穿垣而南，以蔭僧沼，復轉而蔭我。其右一樹大亦如之，皆出重價購之僧者，其材不中直五之一也。祠西傍出一道，由玢碧梁下度，可以頫窺留魚澗之勝。留魚澗者，首分勝亭而尾達於廣心池，最修而紆，幾貫東弇之十七，兩傍皆峭壁數丈，宛轉將百曲，即游魚入者，迷不得出，故名留魚。花時落英墮者，亦積不能出，故一名留英。大抵客游自陽道，則池與澗之勝各半得之。其自陰逕，所擅澗而已，逕不爲疊磴，上下甚峻而滑，忽起忽伏。其上則袂相挽，小斷則躓。下則履相踵，小近則囓，以故游者或苦之，而振奇之士，更栩栩詩快。澗盡其陰逕出而得池，然再斷，斷之中爲平坡，其再斷之中復再斷，而中疊石以度。度者必振衣而躍，乃先濟，曰振衣渡。游女至此，往往怯而返，又曰却女津。過此則繞歛霏亭之後，轉入亭。歛霏亭者，遥與先月亭對，蓋西崦之落照歸焉，故名。亦取康樂語也。自是與陽道之出山者會，而爲振屧廊。大抵中弇以石勝，而東弇以目境勝。東弇之石，不能當中弇十二，而目境乃蓰之。中弇盡人巧，而東弇時見天趣。人巧皆中撅，而天趣多外拓。時有二山師者，張生任中、西弇，吴生任東弇，余戲謂二弇之優劣，即二生之優劣，然各以其勝角，莫能辨也。

記七 由西弇山而東，至環玉亭，而西山之事窮。北折得石門，榜之曰惜别峰，所不能盡者，間值三四焉。自是皆土山，蛇紆而上，雜植美篠，壘石爲藩。其右大有餘地，擬蔭美木，未徧。復紆而下，其左傍廣心池，一草亭當其阯，夜月從東嶺起，金波溶溶，萬穎注射，此得之最先，名之曰先月。循亭而北，復爲石磴，大小數十峰，參差磊塊，以祖出山道耳。溪水隔之，橋其上，曰知還，取陶彭澤語也。已復橋，稍東爲文漪堂。堂俯清流，湘簾朱欄，倒景相媚，微颸徐來，縠文熨皺，正值中島之壺公樓。夜分燈火相映帶，小語猶聞，何但絲竹，吾不知於西湖景何如，彼或以遠勝耳。堂有三壁，間取《文選》詩句稍暢麗者，乞周公瑕擘窠書，是生平得意筆。左壁平湖，右壁雪嶺，則皆錢叔寶爲之，而雪嶺尤壯。出文漪堂，左折而入，得一門，曰息文，忽呀然哮豁，蓋廣除也。堂三楹踞之，殊軒爽，四壁皆洞開，無所不受風，間植碧梧數株，以障夏日耳，名之曰凉風堂。俟梧成，當取崔濟南語，名之曰鳳條館。繇堂西數武，曰爾雅樓，一曰九友。所以稱九友者，余宿好讀書及古帖名蹟之類，已而傍及畫，又傍及古器、罏、鼎、酒鎗。凡所蓄書，皆宋梓，以班史冠之。所蓄名蹟，以褚河南《哀册》、虞永興《汝南志》、鍾太傅《季直表》冠之。所蓄名畫，以周昉《聽阮》、王晉卿《煙江疊障》冠之。所蓄酒鎗，以柴氏窑杯托冠之。所蓄古刻，以《定武蘭亭》《太清樓》冠之。凡五友。僭而上攀二氏之藏，以及山水，并不腆所著《集》，合爲九。郎中思歸時，鬱鬱爲歌以志寄，蓋未幾而遂納節之請，九友居吾樓，始獲昕旦矣。閣前頫方沼，下蓄金魚數百頭，餌之則羣起，適得米元章所書墨池二大字，勒石嵌於沼之陽，蓋稚子時時用滌硯，亦實録也。樓西通一竇，稍迂之，復得三楹，中室以奉三教像，名之曰參同。左室多藏宋梓書，名之曰少宛委。右則暖室也，藴火以御寒，名之曰繭雲窩。中庭數拳石，隱小穴，剩垣外水逸階爲流杯。西穿暗室，出猊口注墨池，瀌瀌盈耳。吾以窮臘栖繭雲，以深夏息涼風，其他則朝夕坐爾雅，隨意抽一編讀之，或展卷册取適。筆墨，天所以縱我者，滚滚不竭。酒，天所以酬筆墨者，數飛白不醒。亦足以老矣。一旦悉舍之而事空王，一瓢、一褐、一團焦束身，嚮所謂爾雅樓，今僅四立壁耳。九友之去爲何人主，不復問也。出息交門，而爲庖廚、食廩、酒庫。又西有樓五楹，藏書三萬卷，榜之曰小西，今亦爲兒子輩分去，存空名耳。樓之前高垣，其下修廊數十丈，枕廣心池，即由文漪堂出別墅後道也。自弇山園而入者，至此眷眷不忍別。出別墅者，豁然若得天地，人人思振屧焉，名之曰振屧廊。始乞尤子求畫壁作武陵源，而俞仲蔚以行草書《記》及《詩》，足三絶。一夕大風雨，傾墜無餘，余乃殺其左右之太高者，而中爲樓三楹，其下不廢廊，而樓可以眺，捲簾則幾得園景十之七，罨靄渺瀰，皆在目眦間，遂爲一勝地，游者快之，不復追憶前畫壁也。廊窮爲門，曰與衆。折而北，復爲門，枕通流，榜曰琅琊別墅。稍東，度一橋，又東，則余今所作菟裘以居三子者也。

記八　山以水襲，大奇也。水得山，復大奇。吾園之始，一蘭若傍畊地耳，壘石築舍，勢無所資。土必鑿，鑿而窪則爲池，山日以益崇，池日以窪且廣，水之勝，遂能與山抗。其源自知津橋南，有斗門，外與潮合而時閉之。稍北則爲藏經閣，閣地若矩，四方皆水環若珪。左方稍前，跨爲石屋三間，以藏吾舟。其一舟具欄楯，冪以青油，可坐十客。其一狹不容席，呼酒網鮮而已。舟行閣前，平橋不可度。兩岸皆松竹桃梅棠桂，下多香草襲鼻。直北可數丈，則爲中弇之東泠橋，橋下兩岸皆峭壁，犽牙坌出，壽藤掩翳，不恒見日。紫薇、迎香、含笑之類，時時與篙𤣚，是曰散花峽。循而東，首覩所謂蟹螯峰者，决流杯水，觀瀑布之勝，濺人面。稍循而東，傍娛暉灘，是泊之最勝處。更東，抵嘉樹亭，折而北，至歙霏亭，沿振屧廊，泊文漪堂，於此喚酒炙，乃環小浮玉島。小浮玉者，其高不盈尺，廣十之，以水長落爲大小，爲其類吳興碧浪之浮玉也，故名。島之南，則可循壺公樓，摘紅梅、碧桃花，西傍先月亭，沿土山而南，出月波橋，逌然別一天地矣。澄潭皎潔如鏡，西中兩弇夾之，峰勢或近或遠，近者如媚，遠者如盼，其中弇則梵音閣之輔峰皆出，西弇則潛虬洞、西泠灘之景在股掌間。折而南稍東，則爲中弇之面山，稍西，穿萃勝橋，則爲西弇之面山，是皆弇之最勝處，一轉檝則得之，名之曰天鏡潭，取青蓮「月下飛天鏡」語也。其直南入罨畫溪，抵知津橋，而水之事窮。吾嘗以春日泛舟，處處皆奇花卉，色芬𦫽目鼻。當欲謝時寄命，微飈每過，酒杯衣裾皆滿。花事稍闌，濃緑繼美，往往停橈柳、陰篠蘘，以取涼適。黄鳥弄聲，喈喈可愛。薄暝，峰樹皆作紫翠觀，少選月出，忽盡變，而玉玲瓏嵌空，掩映千態，倒影插波，下上競色。所不受影者，如金在鎔，萬穎射目。迴槳弄篙，迸逸瑣碎。驚鱗撥刺，時躍入舟間。一奏聲伎，櫂歌發於水，則山爲之答。鼓吹傳於崦，則水爲之沸。圓魄之夕，鳴雞自狎，毋論達丙而亡倦色，即署光隱約浮動，客猶不忍言去也，曰吾不憚東曦，安能使東曦之爲西魄也？蓋弇之奇，果在水。水之奇，在月。故吾最後記水，以月之事終焉。

又 卷六〇《越溪莊圖記》　自胥門之江西南數里而至横塘，所謂越來溪也。其水則益清，兩岸鐃浄緑與柔藍映帶，不三里而抵石湖。湖口長橋綰之，所謂行春橋也。其右則爲普陀巖，有石梁之勝，自此而取道至楞伽山。橋之左迂迴可數百步，有喬木榆柳之屬。溝水灣環清泚，桑圃數畝蔽其陰，而王子玄静之莊据其陽。一衡門自西入，稍東折而南，爲舍三楹，客至可以茶。又進之，舍亦三楹而稍寬潔，可以酒。其又進而小東偏則爲亭，可以憩。折而西傍爲書屋，可以宿。亭與書屋皆修竹數千竿環之，亡論寒暑雨月，往往助其勝。而最後因地勢成小圃，雜樹三之，雜花果二之。大堤樊其背，高二十尺，而時長莫知紀。極不石而巖，不甓而垣。記云：隋越公素所築新郭，睥睨也。其樹木大皆數拱，餘竹益茂，蘿薜灌莽，鬱然深山家矣。今年五月初，余偶過之主人，戴華陽巾、輕紗褣，出肅客。焚香瀹新茗已，大爲酒，酒我。果取之樹，筍取之竹，蔬取之畦，茭蒲取之渚，而細鱗長鬚之腴取之湖。醉於亭，金波熻然而苦碎。夢於室，玉聲鏗然而時警。晨起而浴，浴竟而飯，相與要之後圃。散步竹木間，雊雉粥粥如喚。二鍊雀雪潔鮮俊可念，往來透人眉睫稍上。大堤凝眺久之，則平湖之爲鏡，諸溪之爲練。近而寶積茶磨以及楞伽，儼在吾几案，蒼翠可仰掇。遠而穹窿岝萼，莜茹鄧尉之屬，亦時與雲氣相出没矣。觴十餘行乃出，步行春橋，四顧若有會者，蓋垂別而不忍舍。

又《安氏西林記》 余與仲俱嗜名山水，而家東海瀉鹵，地亡當者。家有園，頗見稱説游客，亦以近廛市且不能得自然巖壑以爲恨，而念數年前孝豐吴樞季嘗爲余言無錫安氏園之勝，蓋即今西林云。安氏爲錫最甲族，其居東離邑二十里而羸，邸里之雄沈與晦井饒沃，亡論埒國封，然不以豪故廢林野之趣。北之膠山二里而羸，即山址，得園二。其上割山而半籠之，今太學懋卿蓋時栖處。其右方自懋卿之時栖處而園益勝。破石根，則神瀵湧，疏磴道，則幽穴顯，斬惡木則嘉楠出。列棘以爲藩，藩嚴而中靚深。分流以自環，環多而相映絡。其臺榭可以巧承態，其户牖可以奇取睨，其泉可以釀，果茹蓏蔬可以羹，魚鼈蝦蟹可以飫客，而懋卿故有客癖，客之以文事名者，又雅慕懋卿，以故爭麇集焉。山人葉茂長，甫客之雄也，今年自錢唐倦游還，訪懋卿，倒屣揖之入，載酒崇肴，或憑鹿車，或鼓漁刀，相與窮晝夜爲娱樂。時秋氣鮮霽，雲初解駁，山若迫而邇，水若媚而密，禽魚若傲而尔汝我懋卿之愛，托於酒而猶未已，則謀與茂長，謀所以寵靈之，蓋釐而爲景者三十又二。景各有詩，茂長之爲體九，而懋卿之爲體僅一，顧其風調旨象，大約有足當者。懋卿具其事，貽書友人王世貞，俾爲記。世貞乃復約其所謂三十二景而得其尤勝者。諸臺館亭榭之類，凡麗於山事者五，麗於水事者十四，兼所麗者三。曰蘭巖者，嘐之衡縱巖也，大國之香滋焉。曰風絃障者，高坪直上接於嘐，下瞰諸水，長松冠之，風至則調調刁刁鳴，故曰風絃也。曰遁谷者，降嘐而凹却，入水深，佳處也。曰晨光塢者，嘐之逶迤而左右抱林者也。以左小缺，得嵎夷候獨早，故曰晨光也。曰纖纖泉者，穴於嘐，最冽而分甘，所謂可以釀者也，然於茗，尤發香而益色。是山事也。曰鏡潭者，諸流之所匯也，其受纖纖，且既皎而澄，可以燭須眉，故曰鏡也。曰凫嶼者，水中最大洲也，羣凫鷺屬玉而族焉。曰上島者，嶼之右别島也。曰中洲者，嶼之輔洲也。曰蕭閣者於嶼，長松帀之。曰空香閣者於島，竹木叢之。曰景榭者，緣潭而立，得月，則水中之樓閣皆可頫而有。曰一葦渡者，以渡凫嶼名。曰夕霽亭者，以晞髮於頹陽名。曰素波亭者，渡口綰也。曰息磯者，可憩而息者也。曰醉石者，可藉而醉者也。是皆得之水，故曰水事也。曰虚籟堂，以遲賓者也，中空，於緒颸亘所不納，故名。曰椒庭者，廣除也，可以眺山椒。曰爽臺者，踞椒庭而聳，梧竹承之。是不盡麗山水者也，然而山水之致襲焉，故曰兼所麗也。其曰西林，則以大士閣在焉，懋卿之所寓皈，以其異日與遠公埒者也。

明 王世貞《弇州四部稿》續稿 卷六〇《石亭山居記》 環陽羡而四郭之外無非山水，其山之冠則皆青峭鬱麗，其中則宛轉深窱，而其下則多嵌空玲瓏。其水之爲湖，若溪若汊者，皆泓渟清泚，可濯纓而鑒髮。山水之所交蔭，則皆沃野。有稻禾蕣茗、美箭柿栗之屬，而又爲寓公騷人之所咨賞。若蘇長公輩詠歌而志識之不一，以故環陽羡而四郭之外亦無非甲墅名圃。嘉靖中，邑之賢大夫吴先生强棄其印綬歸而邑。邑於郭，居之不快。行求地，至城南之五里得一故墅而樂之，問其田與賦，則皆中下錯也。曰：吾且以爲孫氏之寢丘乎。傍有一小山曰石亭，其高與延袤皆不能里計。質之，人某已氏之所棄，可損緍籠而有也。乃益置廳宇、治丙舍，爲涼榭、暖閣，庖湢、浴室之屬。雜蒔名卉，翼以松柏、篁竹。相土之宜以滋果蓏，旁畝益拓，粳、秫參之。豬流以爲魚防，闢塲以爲雞豚。栖曰吾宫，於是飲食，於是其羡猶可以沃賓客也。暇則扶藜杖，躡蠟屐而登所謂石亭者，則銅官、離墨、荆漢二九上下之勝一望而既之，曰是不必皆吾有也，庶幾哉不皆吾目有乎！

又《離薋園記》 出鸜鵒橋東第之左門不五步而渠，其水僅蹄涔，然宛宛通官河，橋踞之。臨橋而門，榜曰離薋園。園故里人朱氏之菜壤也，東西不能十餘丈，南北三之。入門爲蟠松二方，竹十餘莖。最南有亭，曰壺隱。其三方皆梅，可二十樹。前疊石爲山，頫盎沼，蓄朱魚其中。山之延袤僅可以丈計，而中有澗有洞，有嶺有梁，皆具體而微。碧梧數株，駸駸欲干雲。其右方爲書室二楹，其左方種竹千餘竿，露翠風簧，時時琴酒適竹間。有亭曰晞髮，以憩客步。壺隱之後得小圃二，皆有欄，竹藩之，桃、杏、木藥、海棠、山礬之屬寓焉。圃盡而逕見，爲廣除。孤峰出爲洞庭石，嵌空玲瓏，色青黑，而右有錦川斧劈輔之。復有老梅，玉蝶、緑萼各一，植左右，大可蔭臺。臨臺而屋，凡五楹，中榜曰鷃適軒，狀其卑小也，亦以志自得也。左室可讀書，以得竹故，署曰碧浪。右室可棲客，曰小憩。軒之後爲重軒，臨後池，擬種白蓮百本，榜曰芙蓉沼。沼後距牆咫而近，亦有夭桃、紫薇，垂柳以覆之。度小憩室折而西北，爲側樓三楹，臨渠而傍階。其前庖湢、浴室也。

又《澹圃記》 澹圃者，吾弟敬美之所手創也。敬美自秦臬予告歸，若蹙額於闤闠者而不能遠。余而放於麋鹿魚蝦之地，念欲栖離薋，則太湫而狎囂。栖弇山，則大麗而賈客。皆厭之。行募地，得城隅之坤維。其南望恬憺觀三百武而近，北去弇山半里而遥，三方皆遠市。右方雖小邇而特荒落，亡貿易歌哭聲，傍多沃野。稍遠爲鄉人墅，饒嘉木美箭之屬。敬美大樂之，曰：是可居也。復以屬蒼頭政：毋若而治弇，治如弇弗繼也，且弗汝功。政頷之。蓋不易歲而圃翼然矣。畝殺於弇六之一，方廣實踰之。前門鑿池半規，衡可二百赤，縱不及衡者過半。藩以石欄，其赤視衡。木故而喬，新植參之，清蔭森然。其右瀦長溝，可四百赤，抵圃之北不盡者五十赤高榆外植，佐以叢篠，自然儲胥。入門則莽蒼若廣，莫不棨、不階，築之馮馮，以爲收穫場耳。軒三楹踞焉，僅脱茨而已，扁之曰學稼。敬美每至耕時，則先其家衆行課耕，坐池上，課婦子挈壺榼而餉作勞者已。取其餘酒食與余暨兒子輩噉之，聽吴歌，甚樂也。當獲時，坐學稼軒，其餉作勞，與余輩噉餘酒食、聽吴歌，如餉耕而加樂，曰亦足以酬老農矣。左廡啓雙扃而入精廬，凡四重，重各五楹。抵樓而止，輔以丙舍及倉庾庖湢之屬，高庳廣狹與人意適。養雞牧豕，酤酪不乏。間携婦以止，曰：異日爲兒曹作一蝸殼者也。右廡如其左，啓扃呀然而寥廓，平臺之前爲小池，壘石，因之以滋牡丹。紆徊下上，其萼畢見。中爲堂，雖僅三楹而極軒敞，宜暑，無所不受凉。中設石屏、几榻、琴書、觴奕之類，整静就理，名之曰明志，取諸葛武侯語也，蓋亦名圃意也。後枕大池，學家稼軒共之，而稍限以一堤。堤植雜果樹，鳧鷖鵁鶄時時所托阯，亦一觀也。堂之右，折而南爲書室三楹，以居兒輩，牡丹之所不盡者亦托植焉。其北渡小平橋入一門，武康石高四尺餘，絶類中山雪浪，差黑耳。中爲靖，以奉觀自在及朱真君香火。循左廊折而北，爲小軒，中除疊數峰，皆靈璧英石，奇峭百狀，甃而澤可鑑也。又折而東，穿水閣尤麗，三方皆池，菡萏千柄，媚色幽芬，逗人眼鼻間。繇水閣而北稍西，復得一軒。尋復過曇陽靖折而西，得暖室者二，雪洞者一，浴屋者一，皆小而精，中多貯三代彝鼎、孤桐、浮玉、大令、名墨、中散、酒鎗之類。敬美恒以暇日焚香蕭散其間，卧起師意殊適也。蓋至中平橋，剥琢絶矣。繇東後小軒傍啓短垣而出，是爲複道，脩篁夾之。蜿蜒而北，高者出屋杪，下者如澗壑。風日獻伎，琮琤青葱，大抵皆傍池。池半而横橋出，以通東果園。橋長可七十赤，廣五之一。每至落照時，暝色浮動，碧蘆紅蓼，自有漸無。人語雞聲斷續於煙景間，徙倚以待東鏡之吐，潛穎入波，鎔金四注，驚鱗時響，纖玉騰躍。夜分愈闃寂，四顧泱漭無際。呼酒數行領之，却憶吴興於碧浪湖，子夜燒魚擣洴薺。風物不異，覺彼猶爲一二釣艇所窺，不若此橋之更適也。果園尤曠，所種皆柑、橘、根、櫞、桃、李、來禽、櫻胡、枇杷名品，又以其隙分畦栽藝紫茄、白芥、甘瓜、櫻粟之屬。余嘗戲謂阿敬：汝生計大佳，不若汝兄憨。弇園皆骨山，不堪食耳。花品繁至不可計，而於鞠尤盛，其種以數十計，花時移盎，明志堂皆滿。本以數百計。牡丹，雖小簡亦埒之。自橋返竹逕，復折而北，更渡一橋，稍東則崇臺巋然，雕甍朱栭，輔以紫薇之籬、紅藥之圃，蓋一陟而圃之事無餘，又可以旁得麗譙琳宇。

又《約圃記》 無住館之西北偏得一竇，穿而出可十餘武，軒三楹翼然。前爲中庭，庭有臺，悉蒔木芍藥，其左右隅皆種竹數百箇。枕軒之後者，池東西横亘渺渺，扁其軒曰媚清，取康樂「緑篠媚清漣」語也。遂東穿竹逕，垂二十武，而庭有老梅數樹，軒承之，凡三楹。中楹正受梅，當花時，目境與鼻觀競新，扁之曰玉鱗，取李羣玉「玉鱗寂寂飛斜月」語也。然羣玉之目以花落若敗龍之鱗，而余所取梅既已老如鐵虬拏攫而花綴之，爲若鱗又若玉者。左楹逼於逕，右楹則稍寬，而復爲三小楹，中庋之，爲兒騏讀書所。向背就池爲明晦，寬者支榻，陿者容膝，亦各自有名。復循而東轉，小嶺皆種竹及梅桃。度平橋復西，則梅桃益盛，海棠、杏間之。復有軒三楹，不扉不窗，其前亦臨池，扁之曰適我，取靖節「適我無非親」語也。後贅一楹，闢周除其背，雜蒔花草，夏木陰陰，時禽弄聲，騏坐其中甚懌也，扁之曰欣托，亦取靖節「衆鳥欣有托」語也。更穿而西得一丘，正與媚清軒對。登丘而望，則三隅之煙樹矗矗如青螺者不可指數，扁之曰煙鬟，取昌黎「擢玉紆煙鬟」語也。丘之後皆植竹，東西之爲赤者垂二百，南北四之一而圃事窮。始余故居，自燕寢之後爲家人舍，爲庖湢，爲積薪聚，爲養雞牧豕之場，而以久故蕪廢不治，家人亦不堪其圮，它徙而甌脱之。兒騏乃稍稍除去瓦礫，剪荆棘，樹卉木，因匯以爲池，餘土以爲丘，餘材以爲軒若室，而總名之曰約圃。騏之言曰：始吾父之治圃而稱弇山，以泉石奇麗甲郡國，不勝涉而厭之。仲父之治澹圃，名爲澹耳，而實宏塏，饒名材卉。今吾圃之廣袤不能當其十一，足不待疲而竟，目不待瞬而息，執役不二丁，葺費不傾橐，以此名約，蓋真約也，而吾意常優然而有餘。語有之爲學日益，爲道日損。益者之謂博，損者之爲約也。約也而失之者，鮮矣，吾且奉以終身。余听然而笑曰：有是哉。雖然，猶有待也。以汝仲父之澹而澹，吾弇山不爲黷也，以汝之約而約，汝仲父圃不爲廣也。夫有待者境也，無待者天也。夫芥子也而納須彌，所謂無待者也。此其爲約也，大矣。吾將示汝以境乎，抑示汝以天乎？汝其識之。

又 卷六一《暘湖別墅圖記》 甌之山自西來，沿江而下，其一枝入於江，斷而復起，若珠連者，曰九斗山，郡城据之。其一枝自朱浦分，亦西行可數里，爲二小枝，折而南，凡東西奥二，總名曰暘奥。奥之水自西南來者，曰雄溪、瞿溪、郭溪，爲里四十而遥，南山折之，匯而平爲湖，曰暘湖。當暘湖之前突起兩峰，其高逼漢峰，頂有臺曰吹臺，或云其先子晉吹笙地也，亦名吹笙臺。暘奥之東麓，則吾大參王公陽德別墅在焉，其三垂皆山。吹臺前聳俯臨湖，湖之中宛然而洲者曰浮碧。墅之後清泉懸崖下，淲淲入溪，環堂而流，坐其中若齋舫焉，曰湛然堂。堂之後迂徑而東有軒焉，叢甌之異卉木于庭，曰衆芳軒。又東有樓焉以當山色，初暘承之，松竹如沐，曰青旭樓。軒之後脩竹將萬挺，循竹而西北有徑四，曰四時，其卉木如其時。公爲諸生，未幾而薦於鄉，一再屈南宮，即不出，隱而讀書其間，甚適。峰上碧千仞而湖下碧千畝，朝暮之異態，晴晦之異狀，寒暑之異姿，皆悠然與公會，而公亦悠然會之。得其流峙之旨以成吾德，得其潛植之用以成吾材，得其風行露潤之華以成吾文章。蓋業益就而公不得久爲湖山有矣。

又《靈洞山房記》 余性喜林棲，而受數左，海人而郭居，無可游目者。僅能壘石疏池，以依稀山水之似，頗爲游客之所麇集，不勝煩而中悔之。且以其自人力，目境陋而杖屨易窮，益厭其無當。而今年强起官白下，得走攝山牛首，挹棲霞、獻花之勝，然不一宿而去之。至盧龍清凉天界，高座釋老之宫與魏邸東西南北之圃，其高可以眺，其奇麗可以憩者，意稍足一暢，第不移晷而輿人告御矣。何者？以俱非吾有也。間從天官趙侍郎汝邁談其所卜靈洞山房之幽絶，娓娓久之，爲神飛而色揚。已出其一編示余曰：「此吾所自紀，紀之不足而咏歌之，諸賢之過我也，而續紀之，且和之者也。吾雖匏繫兹地，未嘗一夢寐而不在山房，子其爲我記，以寫吾思，吾得朝夕焉，且爲刻之石，以酬山靈。」余謝不敏，不許。蓋公之言曰：靈洞山者，去蘭谿東西十五里而遥，其來自金華之顛，若率然蜿蜒而下三十里而近。山一而六洞環之，以故宋文憲公濂云洞六也。而著名者三，所謂白雲、紫霞、湧雪者也。白雲者最險而高，時時有雲氣還往也。紫霞者色紫而麗，幾如天台赤城霞也。湧雪者玉乳散漫，若雪之飛舞也。吾故獲游焉。則兹山孤聳俯諸嶺，懸絶數千尺，張左右翼而下，中爲石田，廣袤數十畝，前列三峰，若三大賓。山之趺有泉曰天池，自地湧出，瑩可鑒髮，其甘若飴，盛夏冰齒。泉之右，山半有石，高可數百尺，若孤雲飛來，欲墮不墮，曰飛雲。更右一山，多異石，藤木樛葛，望之蒼然。宋初有異僧栖焉，築蘭若曰栖真，故多脩竹、喬松，勝冠一邑，爲高賢之所托足。及吾往，而寺廢久矣，山亦已童，且爲野人所據。悵然久之。及吾有嶺左之役過里，其主知吾之有山水好也，納券而請直矣，吾欣然爲昂其直，割大官之積鏹以償。而後自嶺左以不任謫歸，始謀保此山，且以它地易蘭若阯。去天池二十武，搆樓三楹，擕所載圖籍歸之，顔之曰秘書。傍翼二小閣，一以宿客，一以儲糗。樓之前齋曰三山，可據而望三峰也。齋前有堂曰六虚，取《易》語以表洞也，郭子、章氏得其義矣。樓之後有軒曰太液，面山而臨所謂天池者。其始方廣僅三尺許，僧以供粥茗而已。吾拓而濬之，至徑丈餘。於是盡受諸泉，泉盛而池溢，吾東西疏兩溝，磬折環吾牆而會匯於大池。池可半畝，亦吾所鑿也。自是委曲縱流，深壑琮琤不絶音，與風松相應可一里許。有半山亭，廢而吾復之，樵歌牧笑，得於所憩。去亭有磐石，高亦數百尺，岩崿如蓮花，吾爲創蓮花庵，以奉觀世音大士。更半里降而達溪橋，諸山之水皆合，且餘十里，夾植桃李，春時爛熳，游者作武陵源觀云。昔之所望而不可即、游而不獲信宿者，長爲吾几席間物，吾亦可以快矣。即洞六而得其三，於未顯者亦可以已矣，而猶時時往來於懷。一日有樵者來言：公果欲盡得之乎？有一洞去白雲稍近，其勝殆逾之。吾乃欣然攝衣而往，披荆棘，履巉岩，至洞口，則幽深不可際。列炬魚貫而下，四壁皆石鍾乳，瑩白如玉，滴瀝有聲，霏霏若露屑，吾乃名之曰玉露，其奇麗非三洞所敢望也。顧壁石若有題字，不盡漶滅。以爲始發之耶，則胡以有題字？故嘗顯耶，則胡泯泯不獲以其名寄宋公筆也？殆不偶矣。樵者沾沾謂吾：當爲公更得二洞。姑識之。趙公又爲余言：自吾有天池以煮茗，泉清而茗香。以釀酒，泉甘而酒釅。其流以溉田，滌松竹，灌百卉，流長而土加沃，蔬筍可以茹，芋栗可以飽，此吾居山之饒也。日掃一室，净几明窗，焚香燕坐，或誦古書，或咏古詩，或臨古帖，興到則消摇泉石間，鶴舞鶯歌，不減孔稚圭、戴仲若家樂。倦掃一榻，展簟而卧，山光滿几，雲容拂裾。夜分篝燈寂然，萬緣都息，唯聞泉聲泠泠度耳，此吾居山之所獨饗者也。故人過從，不冠而幘，酒茗資之泉，蔬筍芋栗資之圃，留則棲於閣，去則送於亭，此吾居山之與客共者也。今者日未舂而起，噉太倉粟，籩豆之實取之官禄，對案呼筆，手削吏牘，束縛冠帶，腰領不屬，問之吾山，有一於是乎？子趣記之，吾且歸矣。余曰：不然！公天之所命以佐人主理者也。其以兹山奉公，非欲公長有之也，欲兹山之借公以名於天下後世者也。不然，何六洞之顯者至公而始有，文章、隱者至公而始出也？凡專爲圃者不能山，居山者不辨爲圃，圃而山者，不能盡得山之勝，山而圃不能文章者，不能使其圃之長新，而公獨兼之。且夫袁廣漢之北印，石季倫之金谷，皆因圃於山，竭其財力而飭之，其壯麗幾與上林埒，然不及身而没之縣官，其山之飾亦不保，而蕩爲樵人牧豎之場。季倫差有文章矣，要之天下後世不以爲山榮而以爲山辱也。其與公可同年語哉！今兹與公約，公第無歸，而余請先之，公爲余傍山而掃一室，余且按公紀與詩，次第而問矣。

又《游吴城徐少參園記》 郡城之坎隅有水木岡阜之勝，甲於一城。友人徐少參廷祼治之十年矣。或曰故吴文定公東莊也。後人蕪而它屬焉。萬曆之戊子仲春十六日，余赴留樞過郡，徐君與蔣少參夢龍醵而見要。至則日亭午矣，啓西門而入，復過一門，有小軒以憩客。更西，一門呀然，而闢崇堂五楹，雄麗若王侯。前爲大庭，庭陽廣池，三隅皆山。卉樹罨靄，岡嶺遒峻。徐君乃呼小舫御之，載酒舫尾，前一舴艋爲鼓吹導。逶出山後，逶迤長溪至西閣而休。閣東枕溪而西爲臺，臺廣平，可以望月。飯已，迤邐而下，則有三籃輿候叢竹間。余謂竹茂密，或輿妨。既而不告妨也已。得石徑，逶迤上下，或峻或夷，余謂當益輿妨，既而復不妨也。乃徐君已先試輿竹中，妨則芟之。其始治巖嶺亦然。余今而後，知余之拙於山也。前歷深洞，登絶頂，主峰最雄壯。復下穿至一巖前憑，朱欄磬折，依水玉蝶梅數株麗之。爲舉數大白。復前陟降幾百許武，則瀑布巖出矣。巖陟削可三丈許，仰而望之，勢若十餘丈者，疊亂石爲峭壁，喻天成已。巖鼓瀑，瀑自山頂穿石竇而下，若一疋練，中忽爲燕尾，迸入小圓池，千珠逆噴，復谿池竇而遶余前。浮觴渺渺，争先取捷。久之，瀑水益雄。布罽於地，卧而觀之，面髮沾灑，誦「映地爲天色，飛空作雨聲」句，大叫稱快。酒至數十巨羅，不能醉。蓋徐君預蓄水十餘櫃以次發之，故不竭。吾不知於龍湫開先若何，慧山兩王園故真泉業弗如也。日下春，爲它主人所挽，悒悒而别，得詩二首。

又 卷一六〇《題弇園八記後》 余草弇山園記凡八篇，餘七千言矣，而意猶有未盡者，復贅數語於後。始，余卧離賁園之鶡適軒，與州治鄰，旦夕聞敲朴聲而惡之。行求得隆福之右方耕地，頗僻野。而亦會故人華明伯致佛藏經，於其地建一閣以奉之。前種美篠環草，亭後有隙地若島，雜蒔花木。捧經之暇，一詠一觴於其間，足矣。辛壬間居母氏憂小祥，謝客無事，而從兄求美必欲售故鄉之麋涇山居，得善價而去。山石朝夕墮村農手，爲几案碪盎之屬。巧者見戕亡賴子。不得已與山師張生徙置之經閣後，費頗不訾。其西隙地，市之鄰人者。余意欲築一土岡，東傍水，與今中弇相映帶。而瓜分其畝，植甘果嘉蔬，中列行竹柏，作書屋三間以寢息，而亡何有楚臬之除。余故不别治生，與仲氏産俱以授家幹政。其人有力，用而侈。余自楚遷太僕，則所謂土岡者皆爲石，而延袤之倍中弇再矣。余亦不暇問。自太僕領鄖鎮遷南廷尉以歸，則東弇與西嶺之勝忽出，而文漪小酉之崇甍傑構復翼如矣。時與推，故第敬美徙居其間，乃復治涼風堂、爾雅樓及西三書舍。則余指也。蓋園成而後問槖則已若洗。第惜政才不能詰余以山水花木之勝人人樂之，業已成則當與人人共之。故盡發前後扃，不復拒游者。幅巾杖屨與客屐，時相錯間遇一紅粉，則謹趨避之而已。客既客目我，余亦不自知其非客與相忘。游者日益狎，弇山園之名日益著。於是羣訕漸起，謂不當有兹樂。嗟乎！賢者而後樂，此余豈有胸無心者！第一時狃成，事不能如吾家仲寶毀長梁齊之易。今悉棄去弗顧，戢身一團焦，草衣木食，以此没齒而猶喋喋爲此記者，欲令子孫知吾過耳。李文饒，達士也。爲相位所愚，至遠讁朱崖。身既不能長有平泉之勝，而諄諄焉戒其子孫以毋輕鬻人，且云：百年後爲權勢所奪，則以先人治命泣而告之。嗚呼！是又爲平泉愚也。吾兹與子孫約：能守則守之，不能守則速以售。豪有力者庶幾善護持，不至損夭物性，鞠爲茂草耳。且吾一轉盼而去之若敝屣，吾故不作李文饒之不能爲主，而吾能不爲主，似尤勝之。子孫曉文義者時時展此記足矣，又何必長有兹園也。

明 蔣以化《西臺漫記》卷五《紀日涉園》 日涉園者，余先中憲幕節翁所創，先伯兄貞菴公所搆，而擴大鼎建，則兩兒瑜、玦也。方創時，僅甌脱耳，搆則止一堂巍峨，餘亭榭、橋梁、臺館、池塘、花竹諸名園所全收者，此園亦竊其一二，兩兒非朝夕力也。顧諸園借太湖、武康、英德之石，纍山爲勝。而此園左有虞山横帶，如闈、如屏障之，一舉目而山挾四時之色，無不獻狀於几席間。諸樓觀庵刹，游女歌兒助山之奇者皆足以文此園之寂，似跨諸名園之勝而獨擅之矣。先中憲有近宅來游，便因山取勝多之句，尚宛然列兩楹間可覩也。先是伯兄弃官歸，日思徜徉於此，而竟以病罷。伯兄命蹇，猶然一措大耳。官居廿載，絶無畫閣雕題、繡幕羅幃之奉。歸惟蕭蕭陋室頹垣，風雨莫蔽也。兩兒痛之，遂於園左創風木一堂，肖像輝煌，子弟瞻拜，俎豆不絶，而此園似爲伯兄日涉之矣。夫靖節先生以園爲涉生趣耳，顧其五子未必皆念之。兩兒所以生事其親者，借園爲奉。豈諸名園門奇襲芳，徒爲目觀計者哉？

又《紀菀園》 余邑兩山接翠，東西湖襟帶，巨麗甲東南。豪門巨姓，借山水之勝，樊丘爲圃，羅名花異卉、嘉竹怪石，崇甍累棟，金碧璀璨，借空奪日者，不可指數，亦庶幾于銅池、金谷也。余雅好林園，顧力不能辦此，竊有感于平泉、緑野、奇章之石，履道之竹，皆足以吞名園八九。一轉盻而奪于牧豎樵夫之手，如宋李文叔所紀，無一爲其子孫有者，則何取一日之快爲哉？乃於郭外稍稍搆一亭，列竹數竿，蒔花布柳，僅容一膝轉，而小池曲水，纖鱗微介，亦戲泳于波洄淪漪間。較彼勝區僅一甌脱，似不足以當貴人一盼。然至于朝之曦、夕之月，春而日、冬而霰，諸名園甲第所不能私秘獨擅者，吾園亦得以竊其緒。每暇，則携竹几筐床，挾故談新，微吟小咏，恬嬉於此，差足以解組怡情，蕩我寂寞也。昔公孫僑以裘爲菀，而余以園爲菀，均菀耳，其足此而不羨彼者一也。念蘇子瞻治密啖杞菊、記超然臺，猶不能不致愾于齋厨之索。余幸饘粥不乏，而可以常保此菀矣。然前之創菀易，而後之守菀難。彼牧豎樵夫且將操斧柯旁睨矣，幸毋爲李文叔所長嘅，庶幾此菀之遭也夫。

明 李維楨《大泌山房集》卷五七《古勝園記》 友人潞安李民部叔操有園在城北偏，廣輪可四十畝。其尊人觀察公得之王氏，未及葺治而卒。民部稍種松竹其中數十年，而自令遷爲郎，謝病里居，則木且拱矣。乃益作亭臺、樓堂、洞圃之屬，而園之事始備，名之曰古勝。蓋王子衡先生上世物，其後家徙儀封，園所以名亦由王先生故。入園，室六楹，左右各五楹，以餘地種穀若蔬而貯之饗客，又以其餘衣食園丁，名之曰園儲。其左名之曰古佛堂。堂不知所始，老僧居之朝，莫奉香火，主人暇則過而談禪説法，結物外之契。園儲後堂，名之曰餘慶，制略與儲等而稍高大，主人迎客游園必于斯。堂後名之曰樓居，制與堂等，主人子婦時處焉。客共張不移而具。樓後爲軒五楹，旁各殺二，階下二柏鬱鬱葱葱，望之有佳氣，觀察公司外憲，于古稱柏府，名之曰柏臺餘蔭，以志先澤，亦堂名「餘慶」意也。自柏而東，別一園，王子衡所讀書處，名之曰讀書草堂，冠之以子衡。子衡名公卿，故足重也。主人子弟亦讀書其中，「高山仰止，景行行止」，斯之謂矣。柏蔭之後，啓門而入，名之曰草徑。徑左右皆松竹，而栫以忍冬藤，名之曰凝翠亭。冬時花開，香霏霏襲人，鳴琴對酒，理詠臨池，無不適者。亭東啓小扉，達於圃，名之曰探幽。其西小軒，竹藩之。圭竇瓮牖，所釀美酒多在其中。冬之夜、夏之日，與客浮白，渾忘寒暑，名之曰酒隱。由探幽而後有池，甃石爲橋，蓄金鱗、白蓮。四岸垂柳，柳之勝居最，名之曰柳池。渡池而上有臺，臺累土三十餘尺，而雜樹與石環之。其上平爲團焦，登臺四顧，園之景一一指掌。主人善爲蘇門嘯，嘯必于斯，名之曰嘯臺。自探幽西而入得亭。亭四隅多二種芍藥、桃李、葵榴，他花錯置。有何首烏者，結蔓而成小亭，青蘿緑莎，映帶相發，春夏花事，應接不暇，名之曰羣芳。自探幽東而入得圃，圃饒松菊梅竹。菊至百餘品，名之曰晚香。圃後爲洞，諸花不能冬者，于此藏之。洞之上可以待月。郡南五龍、北柏、谷東、壺口、太行諸山，若錦步障，西則衡漳之水若匹練縈帶，洞所覽結倍臺，而不特爲之名，主人當有微指焉。余嘗讀昔人《名園記》什伯蓰倍，民部者何限？失在私所有而又欲久私之，其能久者幾何？叔操園故爲王肅敏物，而屬之觀察公。觀察公不及有而叔操有之，叔操不自有而本于肅敏第，曰：是逆旅蘧廬，姑寄跡耳！晏子不云乎「以其迭處之迭去之至于君也」，達者之言哉！齊景公民無得而稱焉，自非齊人不能舉牛山名，而誦晏子之言于今不衰。善乎，園之名古勝也。後之視今，猶今之視古。因叔操知有子衡，亦因子衡知有叔操，所不待園而存，不與園俱往，是何物哉？余故識之，以曉夫通人之蔽若文饒之爲平泉者。

又《奕園記》 左司馬汪伯玉先生爲其鄉人園記者五，朱氏有遵晦，吴氏有曲水、有季，汪氏有遂，孫氏有荆，天下傳誦之，思寓目焉。孫長公荆園晚成，而先生獨以爲奇，語具記中。其子照鄰相園之北有壖地三十畝，且邇所居室而治爲園，距故園門百步而羡，有樓三楹，負垣而立。竹千箇，作球琳琅玕色，風至，其聲亦如之。樓故無名，余名之曰孚尹。孚尹即浮筠竹色也。左折而得小軒，名之曰俶吉，以從此皆六爻，其義奧衍閎深矣。東有樓，名之曰蘭生，室蘭之種有閩、有吴、有楚。按，漢酒名蘭生，今以名室，重在徵燕姞之夢祝多男耳。中貯靈壁、將樂、英崑之石，海山、三神山具體而微。室北長廡，歷廡而東，有閣名之曰息機，門雖設而常關，于此閉目澄心。檐端鳥巢可俯而窺也。廡且窮而有一畝地，築高垣中分之，内外庖湢具焉。何園爲洞，名之曰冰肌，坐白盛無飾，泠泠然真作藐姑射山神人。想坐之隅，有齋財十笏，其户可以南、可以北，若褒斜谷綰轂其口，故名之曰綰轂。其前室三楹，名之曰香粟區，窅窊桂華，可招隱士，不知賁隅、八樹視此何如耳。啓西扉，有屋三楹，名之曰西堂。堂北有臺、有欄，植兩種芍藥，名之曰寄謔。前楹之西，西山羣峭摩空，青時刺人目。南梧桐數十株，柯葉菴藹，炎暑爲之清凉，名之曰引新送爽。新梧初引，蕭露晨流，西山朝來，致有爽氣，皆昔人佳話。其景入秋爲勝。北有榭，宜觀雪，摘謝脁詩名之曰珠霙。左爲亭，多海棠，摘唐人詩名之曰花仙。更左一亭，有梅數株，以曾端伯十友名之曰清友。右有池，芙蕖千莖，倚朱檻臨觀，名之曰澤芝。檻西有樓，多梨花，「梨花一枝春帶雨」，謝少廉下一轉語，名之曰洗妝，而記之《唐餘録》、《洛陽故實》、《香山詩》注疏也。循池而南，耕農胥會升穀，名之曰登豐場。循場而東，有堂名之曰玉脂，芝嘗産其中。有室名之曰清酣，河汾所謂醉六經也。有庫名之曰嫏嬛，圖史充棟，張壯武遇秘畫不富於此矣。場前上爲閣，下爲巷，紆曲迤麗，若舫浮于水，名之曰銀漢槎。又若虹爲梁，余名之曰騂鬐駕，以爲騂鬐四毳之駕，江文通《赤虹賦》中句也。其北植橼、橙、柑、橘，《春秋運斗樞》云：「璇樞星散而爲橘。」四物譬之草木，吾臭味也。有亭居之，名之曰四璇。又南爲閣，北則黄山三十六峰，矯矯如軒后乘龍御天。東則石耳，南則錫山，西則某山，如諸小臣攀髯瞠若乎。後漸江，皎鏡洞徹，喬樹游鱗與磷磷白石相映，如帝臺之漿，名之曰見思，乃其指不在山水。蓋長公搆荆園，拮据三十餘年。一木一卉、一榱一栟、一石一甓手澤存焉，而是閣無不見之，思其居處，思其笑語，思其志意，思其所嗜、所樂，僾然有見乎其位，肅然有聞乎其容聲，愾然有聞乎其嘆息之聲，此孝子之極思也。閣後屋三楹，上覆以石爲臺，余名之曰羽人之館。鄧明德《南康記》所述狀殊肖此閣。下甬而入爲踈櫺，名之曰石鄰花伴，意與見思同。折而北得地，復以種竹，竹較乎尹高大而多，亭居其中，名之曰鳳嬉坪。德彌粗，鳳所至彌遠。德彌精，鳳所至彌近。子欲居九夷，聞鳳嬉。生今之時，三皇三代相編，固宜作門庭間物。過此，則團焦奉佛，名之曰松門菴。北復爲池，蓄魚萬頭，芙蓉四周，藻芹蘋蓼，翠粲布寫。三面竹籬，一面蔬畦，四時旨蓄無乏，名之曰曠圃。折而東則貞惠先生祠在焉，即閣中所見思者也。余別有記。

又《毗山別業記》 吴興潘氏起家科第，多聞人，累世相望，而少保功名最著，子水部郎徵復、孫任子朗士皆南金東箭之美也。少保家菰城，負北郭，羣山環之，苕霅匯焉。南有毗山，故梁侍中柳惲讀書處。少保因遺址爲芝林讀書臺。嘉隆間，詞宗弇州，歷下輩記詠甚富。水部亦讀書其中，其歸隱也，胥以爲菟裘。少保鞅掌王事，四爲行河使者。里居日少，水部謝不待年而偶吴宜人，幽閒貞静，誦竺乾氏書。朗士思不得效之太父者，將效之父母，審曲面勢，而式廓繕新之，以奉親懽。因山高下，垣以石門、以荆籬、以枳。宛轉而入，平臺二十尺，嘉樹蔭之。臺右渡石梁，乘長堤，楊柳依依，葭菼揭揭，人境闃寂，作清凉界觀。堤上亭曰菀亭。堤竟而緣陂陀達于岡，岡在亭前，上屬山，下面湖，曰秋雲隴。濬隴之下方瀦水，曰苻湖。湖中多石，爲山如削成，曰小山。有陟有英，有嶠有嶧，有蜀有密，有盛有隒，有隓有岊，有章有隆，山體備矣。其下水石相錯，成聲成色，殆非一狀。拾級而上，曰南陔堂，飛檐文宇，爽塏精整。堂前後臨湖，小山如几可憑。其西平沙，幾割湖之半，受月爲佳，曰明月渚。渚有曲橋自南陔，北分苻湖爲曲沼。沼上碧梧若干，輔之以奇石，嵌空瑩潔，曰石林。有樓曰清綺，踞南陔。上小山，苻湖悉歸目境。石左右種楮，側理赫蹏于斯，取材其多蕉者，曰蕉𨸝。𨸝下小渠，縹碧可鑑。向東，水道曼衍，差比苻湖。中有方橋，曰蓮葉渡。菡萏十畝，如浣花濯錦。渡頭編葦爲藩，種竹萬個。竅山爲巖，泉從中出，噴玉吐乳，如一部清商。巖石奇與曲沼同，倚巖有讀書屋，曰三餘厂。上爲閣，曰寄暢、曰竹林。園別有館，曰禪枝。有榭。見道峰、飛英二浮屠，曰春鶯。春鶯，梵言舍利，皆以奉佛。故園右山陾，曰櫻桃塢。再上，曰梅雪苑，以所産也。別有墅，曰雪，則賞雪地也。自苑而入，山最僻處種橘千樹，曰野鹿坪。坪上有石，極聳秀。倚之四望，溪山、樓閣、水雲、烟樹，可徼而致也。泉出石罅，曰一瓢泉。環泉藝顧渚茶，曰茶嶼。有庵，曰紫茸。紫茸茶上品供佛。以之下爲曲房，曰松寮。又前就石岡爲館，曰漪蘭，苻湖之水東注如帶。左爲小圃，曰菊柴、曰榴墅，亦以所産也。大都號爲隴爲臺、爲閣爲亭、爲寮爲館、爲榭爲厂、爲山爲林爲岡者，以山與石勝，或專以石勝。爲渚爲沼、爲渡爲泉者，以水與石勝，或專以水勝。爲塢爲苑、爲坪爲嶼、爲柴、爲墅、爲園者，以竹樹勝。而南陔堂總攬之，其所以名南陔，則古孝子相戒養親之詩也。

又《仲園記》 蓋園在仲某里南，治之二年而後成。其門顔曰涉趣。入門有臺，可以遠眺望，而堂踞之，名達觀。有二亭，一以橘名璇苞，一以竹名清樾。有池，以多嘉魚名玉尺。池上有廊，名瑩心。東北有水閣，名清華。閣下有堂，名西堂池。草池西有樓，名摩蒼。北有書室，名虚舟，其室若舟製然。北有石山，名仲山。山有清淺池，有玄鶴峰，有期仙巖，有丹臺。北有亭，雜植名花。又北有曲廊、有禪室，而境内諸名山大川吐奇獻狀，總而名之曰吉園。諸亭臺樓閣之屬，率以六朝三唐人詩當於景物者，摘而書其柱若四壁。幽人之清事，詞人之韻事畢具焉。

明 李維楨《繹幕園記》（乾隆《平原縣志》卷一〇引） 平原宋公爲御史中丞，甫艾而遽謝歸。越二十五年，中外推轂章數十，上起家陪京少司寇。公之歸也，爲園邑負郭，命之繹幕，蓋平原在漢爲繹幕云。一日，顧余而言，曰：吾雖守官，意未嘗不在園。圖園四履與其亭池之屬於册，以當卧游。終不令吾園有草堂移文耳。按圖，園門東嚮，循逕而入，其北則歲寒亭，柏爲之，枝條扶疏，輪囷盤紆，不設簾櫳帷幬而緑陰長合，黛色可餐，君子有心如是。其北則聞籟亭，四虚受風。風作而園衆竅承之，于喁調刁，吹萬不同，自取自已，物論可齊。俗耳夫何砭焉？又北則白雲樓，繚以周垣，陟而望遠，齊之長白，華不注，魯之鳧繹，岱宗，汶、泗、沂、濟、黄河，滄海蓬萊，金銀宫闕，若遠若近，若有若無，直吞十二東秦於胸臆間矣。稍西而北，則問月亭，蓮池環之佳夕待月，月得水，瀲爲金波，凝爲冰壺，晃朗清澈，鬚眉在鑑，五内若滌。當芙蓉菡萏時，芳潤襲人，不殊天香桂子。假於異物，託於同體，方且偶結鄰御纖阿，彼影娥夜明，奚足羨哉！又北則小隱堂、容膝軒，爽塏都雅，貯書連屋。展閲諷誦千古，且莫客至，憑髹几，負隱囊，挹熏鑪，具茗椀，披襟揮麈而談，無非名理。投壺對奕，彈琴命酒。或策藜杖而步，或掃石榻而眠。或聚落英而坐，或聽啼鳥而歌，無非韻事。池前樹塞門，其南復有蓮池。池畔鈞磯，箕踞偃息，綸餌不施。經傳范蠡意類王弘覺，游魚喣沫與人相忘，即鷗鷺馴狎，不驚杖履。問月之西，則亦蘭亭。藤蘿蒙茸，繐夏無暑。下有曲水，引而傳觴，四時燕賞，匪直春禊也。度亭而北則錦雲窩。薔薇爲之，駢羅布濩，若垂瓔珞，若綴流蘇，若衆香林，若四寶宫。濟陰香草五色，嵩室種樹三花，無以踰此。又北則白衣菴。【略】蘭亭南，則攬輝臺。上多松柏，倚樹而吟，聲成鸞鳳，如蘇門之嘯。書雲物、察氛祥，如大庭氏之庫焉。出園歷城西，則公所明農處，顔其軒曰不如，取尼父對樊遲語也。而園之觀止矣。

明 袁宏道《抱瓮亭記》（《文章辨體彙選》卷五七一引） 伯修寓近西長安門，有小亭曰抱瓮，伯修所自名也。亭外多花木，正西有大柏六株，五六月時凉蔭滿階，暑氣不得入。每夕陽佳月透光如水，風枝摇曳，有若浪紋，衣裳床几之類皆動。梨花二株甚繁，盛開時香雪滿一庭。隙地皆種蔬，瓜棚藤架，菘路韭畦，宛似山庄。小奴青泉負瓮，白石注水，日夜澆灌不休，面貌若鐵，稍暇則相與宴息，樹下觀其意，殊樂之無所苦。凡客之至斯亭者，覩夫枝葉之蓊鬱，乳雀之哺子，野蛾之變化，胥蝶之移粉，未嘗不以爲真老圃也。而是時，伯修方在講筵，先鷄而入，每下直之時，眼中芒生，稍一假寐而中書催講章者又已在門。頭膠枕上，欲起不得，兒童以熱水拭面乃得醒，看書如在霧中，嘗自笑以爲不若青泉白石者之能有此圃也。宏初入亭甚適，既見兄勞頓，心竊苦，已而愀然曰：此余師焦先生之舊居也，當余初第時，攝衣屏息傴僂門屏下，與諸弟子問業于此者不知其幾，屐齒之跡猶在門限，卷硃未燥而先生已爲遷客，羊腸路險，吾末如何。若宏返覆于此，而知伯修之寄意深詞旨遠也，伯修殆將歸矣。

明 顧大典《諧賞園記》（乾隆《震澤縣志》卷三六引） 余家在城之西北隅，前臨渠，後負郭，左有琳宫别墅、木叢林之勝，遠市而僻。因割其左之半以爲園。園在世綸堂、春暉樓之後。樓垣高三尋，古藤翳之。蔓引蒙密，氤氳蔽虧。承以高臺，下爲雪竇。朱欄翠幂，曲有奥趣。臺之左築室三楹，扁曰雲蘿館。左楹爲寢室，貯彝鼎、樽罍、琴劍之屬。右爲便坐，貯經史内典法書名畫之屬。中置一瓢、一笠、一杖、一鋤、一竿。主人素憚遠役，兹以倦游歸而多列游具者，聊效少文卧游耳。若鋤與竿，則爲郎時已繪鉏雲、鈎月二圖，賦詩見志矣。館後夾以修廊，啓扉而入，爲清音閣。閣在園之一隅。登樓遠眺，則粉堞雕甍，透迤映帶。頫視則園景可得十之八九。竹樹交戛，不風而鳴。琮琮琤琤，天籟自發。因以名吾閣。蓋取左思《招隱》語也。閣之後精室三楹，以前後爲向背。前爲玉華仙館。玉華者，石也。産於閩之將樂，瑩潔如玉。先大父爲令時攜歸者也。後爲松石山□。松石者，松化石也，産於括之松陽，膚理如松幹。余爲育理時攜歸者也。後復綴一軒，扁曰美蕉。美蕉者，美人蕉也。産於閩之會城，而余廨中獨盛。緑苗紅萼，簇若朱蓮。余爲學使時攜歸。友人王敬美復書此扁，以見貽者也。館旁設一門，非窺園則不啓扃。館以外爲載欣堂，堂後爲静寄軒。皆大父致政時所署，蓋取元亮《歸來詞》語也。軒前多植桂樹，堂前雜蒔衆卉，隔以短垣。垣之中闢爲門，門枕方池，修廣各百武，踞以石橋，中建水亭三楹，窗扉不扃，四面受景。翠羽飛鳴，金鱗濡沫，心與景會，魚鳥親人，令人真作濠濮間想。橋面平臺曰舒嘯，修廣與池埒，可布長筵。左右藩以柔荑，環以榆柳槐棘，枝葉交蔭，如蓋如幄。前列小山疏峰，灌木離離相映。蒼松翠柏，蟠屈成屏。今歲久不治，栝棬盡釋，虬枝挺秀且上干雲霄矣。復循故道，稍西更折而北二百武，入浄因菴。菴甫盈丈，中奉大士像，香燈清浄，儼若禪居。出庵度平橋，叠石爲山，入山皆仄徑。躡級數十而上，山顛有峰屹然，巧而麗，曰錦雲。下有洞，曰棲雲。君峰環峙，有若騰者，有若舞者，有若人者，有若獸者，有嵌空者，有窈窕者，有突兀者，不可指計。出洞，復度石梁，陟翠微亭，上緣石壁，下俯澄潭。潭中殘英敗葉積不能去，蓋園中深坳處也。折而南，跨水爲橋，橋通小溪，曰武陵一曲。以樓踞之。琅玕繚繞，碧水周遭。窗牖玲瓏，蒼潤可挹。名曰環玉。下藏一舟，羃以青油，可受數客。春夏則移櫂柳陰，載酒聽黃鸝。秋冬則弄明月、泛雪霽。隔水曰枕流亭，每池水瀉溢，則激石爲湍。會余内弟劉宋卿鑿池得二石，刻皆開元古篆。一曰清流激湍，因樹之亭旁。一曰茂林修竹，舊樹竹間，今移之雲蘿館後庭矣。亭之陰誅茆爲屋，園丁時釀酤酪以待客，扁曰宜沽。墅店青帘，宛有流水孤村之致。旁植梅杏桃梨各數株，花時與客傾壺而醉，醉則相與枕籍。落紅萬片，滿人衣裾，不減許謹花茵也。循溪而南數十武，畫橋碧砌，有亭翼然，扁曰烟霞泉石。蓋取游巖語也。亭後徧植薔薇、荼蘼、木香之屬，駢織爲屏，芬芳錯雜，爛然如錦，不減季倫步障也。亭之右修竹萬竿，清陰蔽日。竹間置石几一，石榻二，深夏手一編枕簟，隨之坐卧，惟意以取凉適，不減張廌竹林也。林盡而徑見，叢篠斜侵道，旁且苔滑易躓，非策杖不可行。逕繞修垣，垣皆緣以薜荔。徑盡處爲山神祠，余手拈唐人絶句百首爲籤，籤多靈驗。祠正面溪，蜿蜒曲折，窅窱陰□，不辨歸路。蓋園至祠而園之勝窮矣。大抵吾園臺榭池館，無偉麗之觀雕彩之飾珍奇之玩，而惟木石爲最古。木之大者數圍，小者合抱。籠葱蒨峭，邃若林麓。石之高者㬅藤蘿，厚者蝕苔蘚，蒼然而澤，不露疊痕，皆百餘年物。偉麗雕彩珍奇，皆人力所可致。而惟木石不易致。故或者以爲吾園甲於吾邑。所謂無佛處稱尊也。園在城，故取康樂「在兹城而諧賞」句，以名吾園，語適與境合也。主人去家園二十年，官兩都，歷四方，足跡幾半天下。嘗登泰山，謁闕里，入會稽，探禹穴，陟雁宕，訪天台睇匡廬，泛彭蠡，窮武夷之幽勝，弔鯉湖之仙蹤。江山之勝，頗領其槩。意有不合，退而耕於五湖，得以佚吾老於兹園也。入則扶侍板輿，出則與昆弟友生觴咏爲樂。江山昔游，斂之邱園之内。而浮沈宦跡，放之何有之鄉。莊生所謂自適其適，而非適人之適。徐徐于于，養其天倪。以此言「賞」，可謂和矣。夫諧者，和也。庶幾無戾余命園之意歟！姑記而述其所自。修交所謂「陳其始末，無愧懷抱」云爾。非敢曰藉是以永其博也。

明　姚希孟《循滄集》卷二《婁上觀園小記》　是月二十日，以他事往練川。還至婁江，訪王慶常，因過其賁園。大都滄生所締搆，而慶常增飾之臺榭，以疏秀爲適，落落有致。梅最盛，傑閣踞其中。惜非花時，藤花滿架，目中所僅見，然亦闌跚，惟白繡毬與薔薇方盛耳。飯後復赴王遜志東園之招。秀野類賁園，築室取零星，幽邃兩園相彷彿。坐高閣憑眺，目境甚豁。後有一小室，斆籬落間風致。檻外皆平疇藻野。堂前後種芍藥，廣可四五畝，花時錦堆布地，當是瑋觀，惜尚遲半月，而花叢中不可不一醉，留有待也。兩園正足伯仲，皆郡中所無，但賁園案無一卷書，壁無一幅畫，几榻成塵，主人似經月不到。王文肅有牡丹、菊花二癖，今兩種無一株，祖孫皆好花木，而前之所取後之所棄，如王滄生毀弁園以築賁園，至今日又一更張矣，豈獨平泉馬厩令人滋愾哉。大都第宅園林，竭土木之盛以遺子孫。子孫未必愛，非貿易則厭賤，其能更改者又屬上乘矣。世多癡老翁，可發一笑也。

明　張鳳翼《樂志園記》（光緒《丹徒縣志》卷五五引）　郡城之南有戴氏之圃二。一歸之邃庵楊少師，造待隱園，西崖崆峒，諸公俱有詩。一歸之戒庵靳少傅，歲久不治，荒塘數畝，老樹嵚崎，去余家不一牛鳴地。余每過之，愛其幽曠，輒作濠濮間觀。癸未首夏，靳氏以屬于余。余乃誅茅鉏薉，雜藝花木數百章，爲亭三楹，顔之曰心遠亭。外枕水爲臺，砌以文石，覆以朱欄。池下蓄五色玳瑁，魚數千頭。亭右爲曲廊十餘間，取所藏晉唐以來墨蹟，鈎填八石懸壁間，署曰翰墨林廊。前則爲陶真室，南北相望，碧桃、紫竹森蔚堦砌，予率兩兒講書處也。廊後精舍以奉大士，爲雪珂庵。庵中一几、一蒲團，一鉢、一磬，佛書數卷，雪浪及吾家道允兩師時居之。陶真室傍出爲來爽閣。池之東新月初升，竹樹隱蔽，水中荇藻相亂。憑閣以望心遠亭，咫尺有縹緲莫釐想。閣外有松一株，是數百年物，虬枝龍幹覆蓋畝許，風起濤鳴，洽洽然空山幽澗，余製聽濤亭以賞之。松下磐石，質理奇古，修廣一丈，長日手談，足以忘世。雪浪師爲作《長松》、《磐石》二銘，刻石亭中。會許晉安自吳門來，許，故畸人，有巧思，善設假山。爲余選太湖石之佳者于池中，梯巖架壑，横嶺側峰，徑渡參差，洞穴窈窕。層折而上，其絶頂爲臺，可布席坐十客。城外諸山，若鴻鶴、若磨笄、若天福、若五洲，環回帶擁，烟嵐變現。每冬雪初晴，余與客振衣其間，遠近一色。池之東仿大痴皴法爲峭壁數丈，猙獰崛兀，奇鬼搏人。上建文昌閣，下立一亭，與峭壁正相對。落成時，友人陳從訓曰：此冷泉看飛來峰者也，當名爲飛來亭。靳浮玉曰：此天平山萬笏朝天處也，當名爲萬笏亭。兩君辯難，肆出郭五游，據石梁、攀藤枝而笑曰：二君且憩矣，未聞李伯時西園圖中有此雅閧也。余曰：請爲二君解，名之且憩，可乎？三人各大笑而起。心遠亭之後扉則爲飛翠堂，凡五楹，頗宏敞，南軒北牖，喬木陰森，深夏不受隙日。後爲牡丹臺，花時爛若張錦，游人□□攜酒不禁也。堂之左，客用孫知微法畫水滿壁，驚瀾蹴波，中夜有聲。出左壁則爲虚和室，曲房小搆，緑蔭垂簾，下有盆梅三十本，長不盈尺，而蒼蘚離奇，態不一狀。北向而間以短垣，則爲桐廬，中製地爐。堂之右爲余菊圃，長廊翼之，名曰寄傲軒。圃中有海棠數株，花時頗妨種菊，有議他徙者，余謂美人與高士氣韻正、不相妨耳。客游吾園者，頻有詩，余和之，其成一册，冠以乩仙，曰《樂志園彙集》，藏其板于寄傲軒中。客有問余者曰：子志存五岳，學在先憂。平泉草木之戒，午橋松嶺之悲，莫不嗤爲大惑，有異達觀。今沾沾二園之樂也，將無泉石膏肓乎哉？余曰：唯唯，否否。以吾園之泉石，不足當弇山、愚谷之培塿，而謂足膏肓我乎？然我見高厦飛樓、凌雲凝霧者矣，問其主人，棲金門、遲玉漏、垂白不見者，豈少哉？即以楊邃庵之曠也，林居幾何，時銀州命下，冒暑西行，耋歲綸扉，中讒，委頓，育待而隱，豈能隱乎？余以天縱之閒偕諸酒人，詞伯杖履相從，春朝與朝，林夕與夕，核字析疑，賡句門險。繼以浮白敲枰，徵歌度曲，不自覺其露晞而星没也。三十年矣，手種之樹已合抱而干霄，出胎之雛已唳風而展翮，天與吾曹以不争之福也，豈偶然哉？且子不聞倪雲林之清晖閣，顧仲瑛之玉山草堂乎？高人韻士，原宜置一邱一壑間，而兵燹，倉皇竄身，避地寄食，黄冠□老。又吾郡襟江控海，六朝以降，北府建鎮，金戈鐵馬錯置三山閒，誰能與佽飛蹶、張其晨夕乎？【略】客曰：噫嘻！子真見道人也。謂此園爲莊生逍遥之游，可矣。按此園後歸郎氏，兵燹後蕩然無存矣。

明 汪道昆《太函集》卷七二《曲水園記》 豐樂水出黄山，東行百里而近，水浸深廣。其上則諸吴千室之聚，里名溪南。左黄羅，右金竺，蓋新都隩區也。里南良田千畝，里人呼楊柳于。其東則曲水園。脩廣不啻十畝，疏甽爲澗道，經垣内外如隍。其中鑿池坼南北，如天塹，甽入澗道。澗道入池，句如規，折如磬，故曰曲水。垣東南百堵，不塈不墁。西則編柳爲藩，力省矣。鑿壞爲東南户，當户爲竹林。穿林跨澗道，爲橋北林。視澗南稍廣，穿薄西出，得萬始亭。亭在東方，萬有從此始也。累白石爲山峙亭北，或云羣玉山。跨澗道爲橋，得孤嶼如環璧，花石錯置。當其中，幂四柏爲亭。東五步，得彩橋。橋東多竹箭，漁者置浮槎水上。笱東流爲魚防。竹外爲行厨，便烹鮮者。由孤嶼而北，歷長楊彩橋，脩倍東橋，蜿蜒池上。池北步櫚五十步。西行而中折之。客至，若在濠梁，是爲魚樂。步窮，出西户，得釣磯。沿堤西行，堤北脩竹百个，堤南折不盡五十步。距池西堤上樹七梧桐，有美蔭。中堤登水榭，署曰中分。面西爲門，三面臨水爲牖。東望池畔，樓臺花鳥，相與浮沉，日高春，若揭河漢而西也。西池當五之一，堤衡分之。西望羣山在門，若良史出繪事，蓋山水一都會也。池南馳道廣二軌，脩什之。道左樹文杏，皆臨池。右樹叢桂，葺桂枝爲薄，蔽南端，中穿薄爲御風臺，崇廣二仞。天風至，泠然而游帝鄉，視七尺若蟬蜕耳。臺東南度澗爲饁舍。舍臨田間，主人就舍明農餉力作者。西堤西出户五畝，畝鍾之田。沿西池北行得田舍，藩以灌木，是爲灌木莊。反步櫚、歷重門，爲水竹居主人經始于此。其後小樓，崇常有四尺，藏書五車。由藏書外達桀樓，由閣道外達少廣。桀樓則置夾室，少廣則置都房。桀樓廣加藏書者什三。少廣廣加桀樓者什五。由藏書四達皆三室，是爲十二樓。前臨步櫚曲水如帶，沃野如列。籍當户屨，前林木蔽虧如步障。其西爲青蓮閣，綺疏如蔚藍。東閣梅華入牖中，春至以先登最。青蓮下爲清涼室。室東鄉闢西户通步櫚，其左洞房，宜郤暑。由洞房北出，當户一卷石如美人，左右个若夾轂然，各廣二几。又北爲迎風坐。四門洞開。由迎風北户以西，樹梧不十歲而拱。拾級乘磴，西北累黝石爲小山。山北爲三秀亭，亭故有芝房之瑞。亭北樹木芍藥當藥欄下。半規爲曲池。由迎風西户入水竹居，東户入高陽館。館南爲垣屋闔户以居。去垣不盡五步，聚美石爲山，震澤産也。羣山大者岳立，小者林立，疏茂相屬。其高下有差，高則爲仞者三，下則爲仞者半。石如雕幾，如枯株，如垂天雲，如月滿魄，如軒，如跱，如喙，如伏兔，如翔風，如姑射神人，如舉袖，如舞腰，如荷戟。竅山爲洞，出東隅爲臺。流水沿西麓東行，不盡三之一，潛於麓，入於池。去山不盡十五步，爲四宜堂。堂廣五筵，脩縮筵之半。四面疏户，户外皆重階。居者於四望宜，即四時皆宜也。臺東穿薄而入，得玉蘭亭。亭西樹玉蘭，東榮。累奇石咫尺亭北。穿薄而入，止止室在焉。室西曲房，足音罕至，蓋便坐也。池南則自萬始盡御風，池北則西自步櫚盡藏書，東自高陽盡止止。三分鼎立，水榭居中。灌木則附庸耳。垣以内花數十百品，木千章，鳴鳥千羣，澗道夫容千莖，魚千石。主人謂客，自璵有事曲水，歲用其仂以從事。歲計金十鎰，人百徒，積二十歲乃成。故力不詘而贏可舉也。客曰：余少從五陵豪，日走馬出郊關外，及憑軾問俗，周游四方，若王公貴人、游閒處士諸所建置備游觀者，大較可得而言。已庳則苦而儉於文，已美則甘而害於雅。鴻臚君乃得中制，不有足術者乎？且也新都什九山也，水居一焉。曲水以水勝，聞斯善用奇也已。

又 卷七四《季園記》 嘉靖中，吴季子以中書直廣内。時尚方盛興作備游觀，中書出入禁中無訶詰，凡諸宫室、苑囿、臺沼、山陵靡不歷睹之矣。太上端拱深居，羣臣悉罷朝，請中書君退而休沐雅游諸勳貴間，凡諸宫室、苑囿、臺沼、山陵靡不歷睹之矣。中書君故樵李從父兄客廣陵，是皆鉅麗之都豪俠窟也。凡諸宫室、苑囿、臺沼、山陵靡不歷睹之矣。及其謝光禄，歸商山，商山席故饒傾海陽，居室大治，會當更始，諸兄則以部署屬中書君。于是相土宜、操軌物，仿將作、授工師。自門庭以及堂皇，莫不爽塏。諸郡中巨室即完美無加焉。既而割地舍旁，徧奉諸兄治別業。地且盡，中書君無所分，指舍後山歎曰：天其以此佚我乎！吾老此山足矣。山方里而羡，故屬諸宗。其先或購之，卒難混一。諸宗得中書君甚，至是悉歸中書君。山之陽壁立數十仞，皆石也。蓋居中而南面，故名石壁山。舍後阻商溪既濟則山之麓也。緑麓而臚列者九，其中爲石壁山堂。主人舉丈夫子九人，人授其一，此其外舍也。東爲衆香閣，則仲氏以奉瞿曇。澗道由遮源而入商溪，出山堂後，渡澗則樹屏，而左右户當山堂爲九苞堂。堂閎以深，其背乃面石壁，水纍纍出石罅，故曰珠泉堂。上爲翔覽樓，交疏四望，翼如也，翬如也。主人故以鳳德稱其名，則余竊取之矣。樓當絶壁。冠山爲清嘯亭，遠眺黄白諸山出晴雲若青蓮可擥也。九苞之右石楠生焉，就隙地爲鶴林，就澗之西爲浴鶴澗。由石楠而上爲居業軒，軒後多長松，爲松門以出。西北則松蘿亭也。九苞之左爲東籬，乘石磴、陟古堂，是曰懷橘，先贈君嘗樹千橘，因志不忘。下東磴見垣一方，北面而屋曰蓮宇。池上有巖，可避風雨。池中樹夫容虚右个以待禪棲，曰壁觀室。外古藤盤巖石上，偃蹇若虬龍。由蓮宇而東則石梁當谿澗之會，又東則臨流而爲樓者一，曰宜雨，載流而爲閣者一，曰涵虚。此東略也。徑由蓮宇而上，夾道皆長松。徑折旋而東履剡剡起松下嘗産芝草若干本，爲臺曰芝臺。又上爲撫松堂，視懷橘差小。磴窮，得地平曠，多灌木陰，當陽爲露葵齋，亦以飯開士。露葵西上則清嘯矣，由清嘯而北爲禮辰臺，臺下爲醉仙巖，巖則巖居也。巖居不垣而屋，以巖當之。由巖居而徑，北面則就衍爲承恩祠，主人祠事贈君。蔬果薪櫄，於山取給。就巖阿爲鹿苑，其西北爲游鹿原，中阿爲谷林堂，席美蔭，不受暑。就谷口爲松閣，就鹿原爲鹿門，此西北略也。由露葵而東折，爲振衣岡，循岡而臨皋，羣松蒼然若積翠，得平皋百步，則控岡皋爲亭。憑高臨深，其制最爲中度。余病，故名之不稱也。諸子請更之。余謂主人業已及耆，諸子殆將爲主人壽。爲主人壽宜莫如此亭，天保之祝，其稱如者九焉，亭悉有之矣。九子之爲壽也其以是與遂，更名曰有如亭。諸子敬諾。夫吴會以名園蓋當世，則山詘而水贏。新都保界，羣山水詘矣，其不詘者皆人力也，卒莫能勝天。是園都山水之間，殆天勝矣。工既訖主人署曰賁園。余靳之曰：何哉安得此博士語也。世之闚觀者衆矣，寧詎能見大而折衷之。故敦茅土則已疏，窮雕幾則已細，擬尚方則已汰，狥枯槁則已侵。要非制之善也。延陵季子夫非有吴之達禮樂者哉，主人系出延陵，其於諸兄則季也。乃今不疏不細，不汰不侵，於禮樂爲近。主人方以是爲菟裘矣。季年怕于斯遂，更名曰季園。且爲之記。

又 卷七五《遵晦園記》 其地枕山帶水，宜可爲園。乃今繚垣五百堵，美箭千个，嘉樹千章。由此而增益之，宜可爲亭爲臺爲閣。假令四方之客日至，宜可居。種秫百石，粳倍之，宜可飲可飯。池有食魚，垣有豢豕宜可佐客羞。假令蹻足畏塗而即安居，則故里賢矣介夫未有以應也。俊父乃就祠左趾爲振衣亭，又左而當脩竹之隩爲有斐亭，祠後而扼山之吭爲浮紫亭。塾後近東爲天風閣，塾之右得隙地，爲槃臺。園中甃石除道，可容巾車。次石爲堤，可容屐齒。隨地布石爲几席，可琴可尊。即次編竹爲綺疏，可風可日。

又 卷七七《遂園記》 余卜宅東郭，蓋與吾宗大夫立伯爲鄰。環東郭皆名山，首稱問政。其一支陂陁近市，繫兩家若縣衡。先是比鄰瓜分之，無慮百耜，其後畢歸立伯。王父及世父當室，割其東爲大雅堂。其西樹松杉檜柏數十章，大者可芘一乘。自東而西脩二百步，其廣什二有差。東接伯居，西盡余舍後。伯既免就山爲園，曰遂園。伯之言曰：如使吾爲五岳游，吾無以資屝屨。爲五湖游，吾無以資舟檣。爲大人游，吾不能爲趦趄。爲少年游，吾不能爲跅弛。吾將老吾園矣。余聞而謂：善。命「遂」何居？則又曰：吾故喜佚，天未及吾老而佚我也，吾其以是爲菟裘，遂者一也。吾故習于放天，任吾放而不羈，吾其以是爲廣莫，遂者二也。吾故高視，薄層雲而送飛鴻。兹得一丘，登高寓目，視廛居若蜕也。庶幾不失故吾，遂者三也。余聞而謂善，既而有疑：抑伯將託漢陰、屏機事，無亦自遂其遂耳。有如客屨在户，無寧遂户而謝之？伯曰：不然。自遂則傲，傲則凶。遂人則偕，偕則樂。且也百鳥遺音，朝隮夕月，天之章也，莫非我也，則亦莫非人也。松篘彌望，衆卉代興，地之章也。莫非我也，則亦莫非人也。亭榭臺池，曲房飛觀，大塊假我以人官之能，莫非我也，則亦莫非人也。與其爲夜壑，吾寧爲春臺。是故客翛然來，應門者入之，吾何敢距？客翛然去，應門者出之，吾何敢留？寧詎樂與人同，陶陶然，各遂其遂而已。余聞而歎曰：大哉，恢恢乎！吾今而後乃始真從伯氏游耳。郭外通衢北達，折委巷而東，巷幾窮，乃得門徑。余屬王孫書棹楔，是曰遂園。歷階而升，榭跨池而南面不盡池者三之二樹夫容。客至命茶，不税車則税屨，署曰投轄處，蓋以好客埒陳遵云。折旋而更一門，則先世所署問政山房。仍其額。入門則堂三楹，亦南面，有軒有除，延袤視水榭幾倍之，署曰東雅小隱。堂背得都房二堂，之上爲樓，居當樓，羣木林林，伯自署曰蒼翠日在。閣道而下，可對案而奕，廣不及一筵。牖東壁爲綺疏，有瀦水當牖下。穴北爲洞，列匡床，便坐可納凉。洞僅容膝，而坐客若在冰壺，署其牖曰小有天。亦一奇也。出垣而南，拾級者十有六起，屨而上則編竹爲藩，署其門曰蓽門，不扃不寺。循磴而上，則二柏當闌，蓋盤攫若虎賁，又其一介而參左。主人衡石夾道，先登者幸得而一息焉。浸上則列柏爲藩，視蓽門差拓，命曰長春陌。蓋陌西隙地什七樹桃，什二樹梨，什一則山茶也。自南而西折，爲先世所築楊枚亭。自昔徙楊枚數株樹亭下，吴人沈啓南爲之傳，額則其世父手書。亭仿方舟，西向自亭而分三徑，各就其形勢而區别之。由磴直上，則喬木屬垣，徑稍虧則結木爲棧。由棧而西歷階東折，翦茅而亭絶頂，署曰最上一乘。亭當北面，布土鼓列礎間余爲高譚，非余于此不耐一開口。亭右爲石臺，蒔芍藥。當優鉢羅亭左爲熙春臺，臺亦北面，廣四筵而羨深五之三。北攢黝石數峰，宛在洞庭之渚。密布石卵爲地，黑白成文。臺西南爲斗山，東爲華屏山，相去僅跬步。主人布席臺上，卧而天游。時起振衣，二山具在股掌。乃自署曰手捫屏斗，勒之石。而卧之近南垣列古杉，皆連枝，獨缺垣一方，乃先得月。繞臺而樹者爲木芍藥、爲古梅、爲緋桃。余惟九成之臺，務遠眺望。胡爲乎甃石擁塞，有如面墻？伯言臺故面駐蹕山，咫尺帷幄，箕坐則不敬，尸坐則不寧。吾其託一卷石以避譙訶，無庸跼蹐爲也。由楊枚亭而循中徑，菊圃在焉。稍西而遞上，爲伏犀坪。蓋地稍夷，始鋭而中，橢如犀角。尺中坪爲橋而北度，橋曰東虹。既度則阿閣六窗，余弟仲淹篆額爲「六虚閣」。坪中爲蒼宫鼎，蓋結三柏爲亭。繞亭而樹者爲玉蘭、爲紅梅、爲辛夷、爲絳桃、爲素桃、爲雪毬，多名卉。由楊枚亭而循下徑，注水爲窪，蓋藝菊者資焉，名曰菊渚。西行出東虹下，有亭翼然出蓮池上，爲薌澤亭。亭左右立二古松。並池東北者凡四，高者十仞，偃者蔽牛。池東得美井一，碑曰靈露泉。跨池而橋爲西虹。西度一舍，東面曰衆香坐，其後樹小浮屠，程元放曰：吾子直爲方内游，其何以游方之外？伯曰：善。吾先世故有古佛菴，菴當園西方，世祠大士則唐像也。菴之西饒美箭結稯，亭隱其中。竹凉陰陰，署曰清凉界。西入門則菴也，悉治而新之。左个爲洞，曰忘言，蓋真諦也。菴之東爲積翠樓，則以奉玄君。而面北斗樓之下爲玄玄室。由室而啓東户，署曰玄白洞天。客至，或談無生，或談長生，即哆口，無所問。主人有不當則成然寐矣。余笑曰：談者毋謂玄之尚白乎，不白不足以爲道。菴故南面，法補陀樓。北面法北極。由東户而控三徑，上通于臺。廬橘、叢桂間植道旁，若七十子之引孔轍。由中及下，則攝衽同歸，其象函三萬法一矣。元放曰：美矣，備矣，盡于是矣。伯曰：未也。不有王父母，吾惡能有吾山，無論園矣。不有先父母，吾惡能有吾身，無論山矣。禮不忘其始樂，樂其所自生，故佚能思初古之道也。先世故有美松二，西面池，吾其依松爲祠，祠吾祖妣若考妣。余聞而大以爲喜，遂署其祠曰思初所，堂曰蔭堂。就户外拓而爲垣除一室以備齋宿。中由房而張左翼，署曰南樂。蓋經始于壬午孟春，再稔而告成事。園以内爲客坐、爲樓、爲房、爲室、爲洞、爲橋各二，爲臺爲閣、爲菴、爲便坐、爲井、爲浮屠各一。爲亭者五，爲徑者三。其費殆千緡。

明 康范生《偶園記》（同治《安福縣志》卷一七引）　邑北門外有長虹跨江，吾邑所稱鳳林橋也。踰橋而北，沿河西行數十武，則偶園在焉。三面環山，一面距河，左右古刹、鄰園，多壽樟、修竹、高梧、深柳。竹柳之間，有小樓隱見者，芳草閣也。據高眺遠，西山爽氣倍覺親人。下臨澄江，晴光映照，從竹影柳陰中視之，如金碧鋪地，目不周玩。頃之，有小艇穿橋東，掠岸而西，波紋盡裂，乃知是水。春淋積旬，秋江方漲，樓邊洲渚盡成湖海。游舫直抵檻下門前。高柳反露梢中流，西山百尺老樟皆可維舟。攀枝直上，若乃雪朝憑欄，千山皎潔。月夕臨風，回顧凄清。南望樓臺浮圖，盡供點綴矣。谿芳草閣而北，爲江霞館。洞開重門，長江在几席間。判以短垣，使波光玲瓏透入。竹高千尋，隨風狂舞亂擁。階前積雪壓之，直伏庭下。晛見雪消，則以次漸起。谿江霞館而北爲蘭皋，深隱可坐。上有小樓，可眺北山。山下平疇百畝，寓目曠如。谿蘭皋折而西，爲夕覽亭。開窗東向，頗堪披對，距鄰寺僅隔一垣。暮鼓晨鐘，梵貝琅琅，可從枕上聽。客有教余樓前鑿池，池上安亭，檻内蒔花，庭前疊石者，予唯唯否否。士君子結小廬以談道論學，仰觀而俯察，暫得於己，快然自足。奚用亭池花樹爲？且夫聖人不凝滯於物，而能與世推移。一切嗜好，固無足以累之。坡老與舅書云：書畫奇物，吾視之如糞土耳。書畫且然，況其他乎？園亭固自清娱，然著意簡飾，未免身安佚樂，無裨世用。即其神明，幾何不爲山水花木所凝滯哉？予之爲是園也，庶幾弗爲吾累也。偶然而園之，亦姑偶然而記之云爾。

明　徐象梅《兩浙名賢録》卷四四《許梅屋棐》　許棐，號梅屋，世居海鹽之秦溪。業儒，博通内外典，不樂仕進。居分四楅，前垂簾，懸白傅、坡仙二像。後儲書數千卷。偏嗜筆研，黄朱墨卿，校讐無虚日。每有題著，必撫几嗟賞，謂語意天出，不知前有古人，今有作者。别築小圃於秦溪之北。偏植梅花於四檐。花時雪霽月升，淡香疎影，不減羅浮。適有張生自雁宕抱琴來訪，對梅一搊，恍然太古之音。贈之歌曰：抱琴來兮雁山低，抱琴歸兮雁山崔嵬。卜居西湖之涯兮，身伯牙兮心子期。每自稱曰：四壁天地，萬卷春風。庾嶺香，孤山玉，樂而可以忘死，殆振奇人也。所著有《梅屋稿》、《獻醜集》，并《樵談》若干卷。

明　莫禮《友竹軒記》（《趙氏鐵網珊瑚》卷一〇引）　去縣而西百里曰洚溪。溪之上有德人崔君誼所居在焉。屋前後種竹若干挺，幽閴蓊薆，不啻一篔簹谷也。因扁其所居曰友竹，蓋寓其志然耳。君誼當勝國時出宦京師，遭時多故，既歸田里，與竹君雅好如昔，終日嘯歌其間，于世利紛華邈然無聞也。厥子齡國朝仕刑部主事，以清慎稱。間持友竹詩卷請記于予。予與君誼爲通家子弟，其何敢辭。夫竹，一植物耳。衛詩「美其如簀」，戴記「美其有筠」，蓋皆比德于君子。故君子之與友也，固宜世俗，亦以松、竹、梅爲歲寒三友。然則松與梅，其竹之美乎。人之可與竹爲友者，必如松、如梅而後可。晉王子猷有「何可一日無此君」之語，是子猷有取于竹而與之友矣。唐李太白有「閉門風動竹，疑是故人來」之句，則太白亦與竹爲友焉。今君誼既以友竹名其軒，復以爲號，是與竹深交密締、死生以之，固非反覆手者比。顧何以致此哉？吾有以知之矣。主人清修，蓋取諸竹。主人疏直，亦竹是取。主人與竹彼此相忘，不知我友于竹、竹之友于我也。其節其心，當有以肩子猷而軼太白。不然竹之爲竹，混于凡草木矣，何以表然特立于松梅之間也哉？予將徑造竹所，訂三益之盟以從其所樂，不知可與否也。是爲記。歲洪武秋八月，户部侍郎吴江莫禮書于鍾山之寓。

明　馮皋謨《豐陽先生集》卷八《白鶴園記》　余謝粤中事，歸則爲園玆山。繞山植松篁檜柏，結屋二楹，楹左右雜蒔佳花異卉。旦日携書諷詠其中。畜二鶴，翩翻舞弄甚適，因以名園，而自稱白鶴園主人云。余衰季意興，盡屬之玆園。前通水，屈曲環流。栽菱芡芙蕖。門列佳樹數行，插槿編籬。入門爲藥欄、竹塢，兩兩相對。揉柏爲亭，設石几，可奕。前二十武夷直，可壺，名其亭壺觴處。西穿竹徑宛委，爲庖湢。桃杏梅李，郁茂而蕃。東爲浮白軒，飲所。軒壁施以繪事，一寓目而花竹禽鳥叢集几席間。軒南累石爲山，中開三洞，窈窕敞豁，夏涼冬燠，攀蘿躡級，延佇山巔，村落綢繆，原田萬頃。秦駐、金粟、紫雲諸山，悉來獻翠。下憩小亭，四座皆山，儵魚在藻。興至朗然一吟，名其亭曰白雪。又東，循墻而轉，樹木葳蕤，地方丈餘，可圃。圃之又進，爲太白居。居臨石屏，嵂崒壁削。旁兩室斗大。一室貯《丹》、《籙》諸養生書，一置龕床，余曰面壁。跏趺瞑坐，間取證諸家書，開帙諷之，亦不求深解。迤西爲□□□，爲余生墓處。氣鬱鬱然，芃芃然，隆隆然。余間舉酒屬客，笑而指曰：吾以異日跨白鶴而游壙垠之野，宅玆玄丘之宫，其將尋我於深松茂柏耶，抑飛鳴而過者？

明　袁中道《東游記》（《文章辨體彙編》卷五七二引）　篁川去市可里許。踰平疇，行柳巷中，始至園。園内彌望皆水，周遭可三里。中因島嶼爲樓閣。過小鑑湖，岸上望水色滄滄，數折入柏巷，抵霞標閣。閣外皆植桃，故以霞標名。後軒臨水，水外長堤，多植梧桐、芙容，開窗則游魚漾泳。復循故路至小鑑湖畔，泛小樓船，過月榭，遠望朱欄若魚網曲折水上。過橋登鑑閣，罡風襲衣。閣下小飲，置酒樓船夜泛遂宿焉。晨起天氣澄清，棹小舟。從霞標閣右軒登舟，沿堤碧梧、翠柳、紫薇花處處爛然。半里許過第五橋，涉桃花渡。又里許至篁川莊，門迎流水，中有秘室畫閣，可居眷屬。循莊右腋行，曲溪復回，棹穿小橋，入湖中，望鑑閣峙水心。過月榭及大石橋，遡曲溪至霞標閣，後登岸。

明　范景文《文忠集》卷六《游南園記》　癸亥閏當十月，故月初猶杪秋云。數日露零，雜以微雨，至初三而霽。輕雲時時點綴，草木含滋，纖塵不起。游者不知其爲秋也。晨後同李生仲昌含樸、王生君翰出迎薰門。路旁蘆荻颯颯，溪流灣環。行古橋高堤上，一帶衰柳，老碧深黄與紅相映發轉，足撩人，絶勝春艷十倍。一往可愛，昔人何見而悲不已耶！大河南岸爲李園。園中檜柏參天，萬株陰森，青蒼之色矯矯若傲。異哉，人世寒暑不到此中。歲寒之盟，余將終身託之矣。觀物軒飯罷，陟南山亭。上拂石圍坐，柏子珊珊紛落席間幾滿，取爇爐中，香殊清辣，與野意甚相稱。此時若龍涎、雞舌反不肖矣。壺觴間行，笑語遞發，林影錯亂，夕照漸低。遥看行間有抱琴至者，罷酌而起，正襟危坐，悄然無語。含樸一再鼓《高山》、《流水》曲，琅琅有别韻。命童子於洞中聽之，作水龍吟，似山與谷皆應也。君翰曰：此中聞有祭風臺，盍往觀之？御騎以往，至則數健兒在焉。見所乘馬，翹騰不勝氣作。命取馳驟道上，於時人馬相得，據鞍生風，蹄蹴電飛，著眼俱失。急於霧中細辨之，見馬上起舞，或翻或臥，或折或踞，或坐或歌，或抱或脱，或躍而立，或頓而側。時手撒轡，時脚躡鞦，時身離鐙以爲勢拖將墮矣，而盤旋益熟。觀者無不咋舌，而神色恬然自若也。余曰：臺名祭風，昉自赤壁而無所本。何如即名「戲馬」，不事典而情覈乎？衆喜而登，路甚紆曲屢折，至與點亭再憩，再登，樹枝低亞，與帽相礙。至絶頂四望，落照御山，歸鳥隱没，回瞤城郭，炊煙萬縷與暝色相亂。茅屋高下，在乍有乍無間。仲昌曰：此米家得意筆，何從攝來？因大呼叫絶。余以此間大致半在雨中月下爲勝。居人少勝情，卒無乘夜衝泥至者。外此而收其妙無如晚景，其氤氲莫狀，微茫莫辨，無雨之淋泠，而有其寒暈。無月之凄凉，而有其淡幽。蓋天留之以與閒人而人不能取者也。故凡登臨者，晴不如陰，晝不如夜，冬夏不如秋，而今可謂兼之。所取不亦奢乎？急呼酒來，把杯問天。從人告酒竭，餘興未盡。俟於月下雨中，再續此游也。

明　孫承恩《文簡集》卷三二《小西園記》　小西園者何？大宗伯戒庵先生蕲公私第游觀之所也。園在潤城南而曰西者何？公居之左爲今太宰邃庵楊公别圃，兹園適居其西，故因以名之也。園廣且若干畝矣，而曰小者何？按《潤志》，故有西園，乃宋韓魏公所治，戒庵公生魏公後而於邃庵公又嘗親受業於門下，故爲是謙詞，以示不敢與抗之意焉耳。【略】園有亭有臺，有館有榭，位置之稱，藻飾之宜，華不至侈，朴不至陋。木有楩楠梧檟之材，草有薜芷蘭蓀之秀，花有金谷之富，竹有淇園之盛。抗北固以爲山，截江流以爲池。澄泓秀特，漾空碧而生烟嵐。而彼繚青横紫，巑岏突兀，聳立霄漢，雲濤吐吞，涵浴日月，爭奇競秀以助斯園之勝者，登眺之下可坐攬而有也。噫！斯亦可以寓樂矣。

又　《東莊記》　余前甲戌歲自玉堂得告歸，明年乙亥，得此莊於韓氏，爲價七十千錢。地在東墩東一里，由俞溪支流折而南。宅一區，以畝計者七。屋幾三十楹，因舊更葺之。中爲潛齋，余潛修處也。屋後雜植群卉，爲屏爲欄。北有亭翼然，借借亭也。亭前夾植槐、桂十二株，餘桃、李、柿、橘各倍。東有檜亭，西有木香棚。檜亭東，疏小河爲環玉溪，蓄魚七八百頭，小橋跨焉。河東地三丈許，植桃李。外爲蔬畦，緣堤芙蓉、紅蓼，每秋深的歷可愛。溪北植竹，且亭焉。亭曰脩然。田凡九十餘畝，環列宅前後。左三面續得七十餘畝，在莊南一里許。田頗膏腴，非大水旱率得熟。余既得此，喜其地甚僻，又去余家不遠。余且多病厭事，故時至，至則三四日始歸。焚香隱几，冥心却慮，嗒然忘形。或獨行花徑蔬畦，掬水葺樹爲野人事。倦則與鄰翁野老談説稼穡。晨起登隴首遠眺，霧瀰漫被平疇，如白雲滉漾，炊烟矗起林際，宵則聞漁歌互答於清風明月之下。遠村燈乍明乍滅。若夫四時晴晦，景各不同而各有其趣，雖巧説不能盡。余甚樂此，自謂莫或予及，雖千金不願易也。嗟乎！松多富家大族，彼其田連阡陌，亭臺池榭，率皆瑰奇美麗，吾莊何足比數而自詫莫余及也。余聞君子當安於所寓，而不可有非分之望。安所寓則隨其有皆可自足。是故飽藿菽者不知芻豢之爲美，習韋布者不知錦繡之爲華。彼誠安之也。冀望非分，則非惟莫之致而無有厭極之心，祇益勞瘁耳。余家世清白無厚貲，撙節口體，乃克有此薄業。歲所常入，足以給一家饘粥。而又葺此陋居，足爲偃息游樂之地。余已不啻過望，而又何敢瑰奇美麗之是求乎！雖然，此莊惟以吾故，故雖甚陋而賢士大夫時辱臨之，相與笑歌賦詠，以發其趣。區區以富稱者，未必有也夫。然則視彼瑰奇美麗者，吾莊誠何歉焉。因爲之記。

又　卷三三《世芳樓記》　世芳樓者，今少傅大學士靈寶松皋許公故里園中所構也。園有亭軒臺池而惟曰樓者，表所重也。靈寶爲洛陽壯邑，洛陽所謂天下之中者。萃靈毓秀，故多才賢傑士、舊家望族。許氏代有聞人，至先太宰襄毅公而大。襄毅公昔者致政歸即居之，近創有此園。雜植竹木，小結亭軒，以取適。少傅公往歲得告家居，復益墾治，度地築趾，以建兹樓。檐楹靚深，面勢軒豁。前之左右翼以小屋，高其臺，可以坐嘯。甃其池，可以漱濯。闢其亭，可以觴詠。葺其軒，可以憩息。花草竹木，增補未備。壅溉培養，日以蕃茂。皆以爲兹樓之助。而崇山大河、雲濤煙岫可于樓中眺望而得，于是名其樓曰世芳。

明　劉宗周《今是園記》（嘉慶《山陰縣志》卷二八輯）　崇禎十五年，大方伯淇瞻邢先生歸老於鄉，日以讀書課子爲事。乃於蕺山之東，因其地勢，營搆一園。其間高者有閣，曰冬青，文公震孟所題也。軒曰秋水，陳公繼儒所鑒也。徐公渭名其亭曰奎壁之精。余公煌名其堂曰三益函。倪公元璐又曰：聽嚶處取求友意也。下者爲池，城負於蕺，因名以濠，意朴而辭古，取乎自然之致也。池左有樓，樓以船名，若舟之附水是也。而統名其園曰今是。殆以是其今者，非其昨乎。園之側若僧室、若道廬、若書院經營者相接，而莫與今是園比。蓋登高則環視千峰，眺望全越，臨流則魚躍清漣，荷香滿室。四時有奇花異草，桃榴交媚，梅菊争妍。又其餘韻者矣。至若修竹千竿，喬松數十樹，秋風夜月時，濤音驟至，竹影瀟疏，幾令人危坐不安也。余與先生居相邇，年相若，志相合，稍暇輒往過之，留連不能去。間或終夜相對，譙鼓驚人，晨鐘徹耳，猶談心亹亹不倦。月之三日，集當事縉紳士民講學於此，故其子錫祥輩皆從余學。先生不厭余往來之頻，余亦樂其園幽深静遠，雖混居城市之中，而實擅山林之佳勝者也。嗟乎！蠡城之内藏八山，而蕺在其北，與卧龍鼎峙稱最。然卧龍勝地屬府署者過半，其餘高者險惡，下者雜遝難居。又無先生其人終老其間，而蕺又得今是園以重。將古所謂地以人傳，人以地著者。是耶？非耶？爰刻石以記。

明　吴應箕《樓山堂集》卷一八《暫園記》　予家秋浦萬山中，深林碧澗所在而具。予曾祖則倚山爲廬，今歷代者四而爲年百餘矣。山之枝獨饒右，故屋西頗紆敞。祖委土焉，其勢隆起，望之又一山也。女貞、松柏可數百尺，翳蔚無間冬夏。有桂數株，皆合抱。梅數本，如之。花之日香數里，人頗稱異。然爲數百年物，無怪也。予生在别宅，此屋已出易。萬曆戊午，不戒于火，復贖此屋居之。予以奔走衣食，視家爲客。每歸而散步林中，則雜處于鷄犬糞草之間而已。歲癸酉，予苦屢試罷第，因浩然有閉廬著書之志。于是隨山勢營爲園，壘而週之。園林其中，林際搆亭，對亭爲堂，亭側列舍數閒，貯所讀書。旁爲廊入，梅桂環擁。然後掃除荆棘，剪滌蕴叢，而向之森挺盤曲棄置草間者，盡爲檻楹間物。蓋凡兩年而園成，成而自題曰暫。

明　祁彪佳《越中園亭記》　**淇園**　從戒珠寺東，徑入蕺山之脊，有堂三楹，曲廊出其後，貫以小軒。其南高閣三楹，北望海東，南望諸山，盡有其勝。閣下有奇石，小池遶之一泓清淺，爲園之最幽處。向爲吕太學美箭所搆，近已屬大司馬峨雲王公矣。

筠芝亭　卧龍山之右嶺，有城隍廟，即古蓬萊閣。折而下，孤松兀立，古木紛披。張懋之先生搆亭曰筠芝，樓曰霞外。南眺山明秀特絶。亭之右爲嘯閣，以望落霞晚照，恍若置身天際。外復一丘一壑之勝已也。主人自叙其園有内景十二，外景七，小景六。其猶子張宗子各詠一絶記之。

砎園　張肅之先生晚年築室於龍山之旁，而開園其左。有驢香亭臨王公池上，憑窗眺望，收拾龍山之勝殆盡。壽花堂、霞爽軒、酣漱閣，皆在水石縈迴花木映帶處。

蒼霞谷　龍山蓬萊閣西，下有峭壁十餘仞，多蒼藤修竹。主人張大滌君誅茅剔蘚，搆怪竹山堂。堂之左有樓，望之若雪溪。一舫主人用張思光故事，欲牽舟岸上住耳。

萬玉山房　從别駕張二酉公之居啓左扉而入，登卧龍數武，爲融真堂，即張文恭與朱羅雨文懿公讀書處。下爲溪山清越堂，前有來章閣，屬二酉公爲搆。各極宏敞，更且精麗。再下稍從左，其郎君介子兄洗剔奇石；匯卧龍之泉，渟泓小沼。雖尺岫寸巒，居然有江山遼邈之勢。

巘花閣　在張五泄君宅後，即龍山之南麓也。石壁棱峙，下匯爲小池。飛棧曲橋，逶迤穿渡。爲亭爲臺，如簇花疊錦。想金谷當年不過爾爾。

咏雛堂　外父等軒翁，自大司馬告養，歸於第宅後搆，此爲奉太夫人地，堂名咏雛，將母之念深哉。堂之旁精舍三楹，附以絃舫小閣，後爲東大池，渟泓數頃，足以臨流選勝。聽松軒、鏁雲亭居其東，皆以長廊貫之，不特欄檻精工，户牖軒爽，即一花一石，無不妙有位置。

快園　登龍山之陰，見竹木交蔭，知爲公旦諸君之快園，小逕委迤，方塘澄，澈堂與軒與樓，皆池面而幽敞，各極其致，不必披幃，相對已知爲韵人所居矣。

千峰閣　登怪山之半，迴閣插雲，秦望爐峰，飛舞而集，閣以千峰題不謬矣。循閣而下有長廊，廊盡一亭豁然，名息柯向屬陳海橋山人別業，主人朱箭里君重爲營構更爲精工。

有清園 踞種山之西偏，自趾及頂，皆以雕欄曲楹，層折以上望之，若仙居樓閣。主人胡青蓮，匠心結構，亭可受月，閣可藏山，爲樞爲堂，規制新異，皆匪夷所思。

兼葭園 構室不甚工，而蕺山之勝，乃全得之。堂之前環以一池，翳然濠濮，向爲趙凝初員外別墅，今屬王十美文學，營葺伊始。

秋水園 在朱文懿公居第，後鑿池圜，中翔鴻閣，迥立其上，有，水天一色，扁 神廟御筆也。公未拜麻時，重游咏於此，旁有桂樹，大數圍，蔭一畝餘。

東武山房一名小瑯琊 晉許玄度居怪山，捨宅爲寺，名寶林山房在寺之西趾，亦朱文懿公所構也。東武者，公尊人別號，名此志不忘也。逍遥樓兀然高峙，接阜陵，山而規制古樣，儼見先進遺風。

蝶園 在王季重先生居第前，先生向有樓，顔曰：讀書佳山水。董玄宰爲之作歌。近構通明亭層纍而上，爐峰翠色，莽莽迫人，至此收拾殆盡，亭下有媚樵亭。天几草堂，皆極園林之勝。

白馬山房 白馬山房在蕺山東北，越城八山之一也。陳太一公於山之陽，構爲堂，名函三館，構亭於巔，而以複道接之，規度甚佳，惜眺覽不能出籬落外耳。近爲劉念臺陶石梁兩先生，講學地，生徒集者嘗百餘人，絃誦之聲徹里巷，不復以眺覽爲勝矣。

選流園 城東一帶，矯首皆可見爐峰，然惟虚堂危閣，乃盡其勝。選流占勝以此而結構工雅，皆蠡城未易有也。園爲徐孝廉岱淵建，去所居咫尺耳。

來園 予同年金楚畹即其宅後爲園，地不踰半畝，層樓複閣已覺邈焉曠遠矣。主人多蓄奇石，疊石尺許，便作峰巒陡簇之勢。

樛木園 屬相國吕南衢園，壽寧堂之後，有曬書臺，烟鬟閣，規制宏敞，絶無園亭透折之致，旁有地可百畝，皆植桑桂，舊爲能仁寺基址。

耆園 丘陽錢公，年六十，建是園，因以耆名。堂之後爲池，池之上爲樓，雖古木參差，而亭臺半以荒落，近爲人僦居。

天莊 在兩臯黄公之宅東，規制纖巧，一斗室必數折而入，纍石爲樓，而穴其下，即樓爲池，而虚其上，望之若蜃幻然。游其中，可入不可出，此園之變體也。先生蚤謝簪紱讀書，危樓上有古人之風。宅後建從龍閣，曾謙甫曾爲賦梨花。

曲水園 先大夫所構爲寓也，然而卧龍盤旋，雉堞外諸山環列，登朝來閣，望千巖萬壑，使人應接不暇。居然城市山林，蓋寓也，而實園矣。

澄玉亭 在若耶溪旁，入徑有高柳古梅皆數圍大，中開方沼，亭榭出其上，葉震山先生所構也。

躍雷館 商羽川搆堂於城東，曰半野諶軒，給諫市之爲居室，於室後鑿小池，搆精舍於上。植梅數十本，與竹樹交錯，游者忘其城市矣。

趣園 從城東軍器口步入，有高閣聳出，望其中花木滃，鬱環以書室數楹，訪之知爲董中丞次公亦大君新搆也。此地園亭絶少，足爲空谷之音矣。

環翠軒 在府庠旁，北面爲柳橋，即徐文長先生舊居也。亭軒數處，以曲廊繞之，侍御王咸所公所搆，今爲爾吉舅讀書處。

浮樹園 在長橋之東，纍石爲山，高閣三層峙之，陳太乙先生舊居也。其後徙居白馬山房，此園專屬長公銘常矣。銘常有鏡湖游覽志，足以生吾鄉山水之色。

不二齋 張文恭於居第旁有樓三楹，爲講學地，其家曾孫宗子更新之。建雲林秘閣於後，宗子嗜古，擅詩文，多蓄奇書文玩之具，皆極精好，洵惟懶瓚清秘足以擬之。

泳濲園 張百里孝廉建邪溪環繞，中有精舍數間，梅花甚盛。

采菽園 種山之陰有倪池，從相家橋入望南山如列嶂，影入清波倒景相媚，孫木山大參有園在其旁，得水邊林下之勝。

竹塢 在静林巷，爲朱文懿公別業，修篁老幹，鬱茂扶疏。亭樹不多，而瀟然可樂。

漪園 府庠東有曹家池，俞友之家在焉，園北臨池，可作濠濮間想。

樂志園 傍天莊而園者曰樂志，樓之前花木掩映，其中或有精雅處，然不可窺矣。

紘園 在龍山後，與快園相對，雜植梅竹，三徑未荒，昔主之者爲明經王敬同，其後德公兄曾市之，作證人社，諸友居停所，聲氣不遠千里，此園他日當以人重矣。

酬字堂 涂文長先生所築。時總制胡梅林公，餽百金購先生文，受之，築是堂，故名酬字。堂前櫻桃最盛，曾謙甫賦之，今堂雖湮没，而地以人重，不可不存斯名。

文漪園 爲林五磊常卿所建，倚長慶寺後，唐義士之墓在焉。堂軒不過數楹，而草木蓊鬱，入門忘其爲城市。

亦園 在龍門橋，主人金乳生，植草花數百本，多殊方異種，雖老圃不能辨識，四時爛熳如繡，所居僅斗室，看花人已履滿户外矣。

墨池 王生白公，於宅西搆書室三楹，旁有小閣，外通曲沼，幽逕中雜植草花數十本，坐憩可以忘倦。

可也居 高望梅黄門居在西門内，築室讀書，木石亭臺，亦有小致，惜在委巷中，可無登眺耳。今已爲沈玉□孝廉有矣。

水天閣 都泗門之水，匯於龍王堂，渡龍華橋，有樓臨水濱。商小乩先生所搆，外兄商緝菴昆仲嘗讀書其中。

豫園附春波館 錢德□二守，於居第旁搆精舍，右爲豫園，左爲春波館，外繞耶溪，内值修卉，居然爲越城之勝。此君更有園在西子湖上，與予之偶居比鄰。

桐風館 讓檐街之後，有小閣臨流，中植梧桐甚盛，陳章侯因以桐風名其館，爲王伯含舅氏讀書處。

馬園 魚化橋旁，馬巽倩所建。入徑以竹籬迴繞，地不踰數武，而盤旋似無涯際，中有高閣，可供眺覽。

起卧山房 龍山之西有雷殿，左對城隍廟，山房在殿之旁徐文長所謂十萬家烟火，盡歸此處樓臺，此其地也。以地勝，故存之。

實綸樓 謝木齋太傅居第，在題扇橋，傳是王右軍爲老嫗題扇處，旁搆樓以藏圖籍，樓有兩翼，皆可通往來，聞其規制蓋彷之一藩府者。

今是園 邢淇瞻銓部宅在蕺山下，園即在宅後，奇石纍纍，太湖靈壁，皆家常物矣。堂臨小池上，旁爲書舍，長公吉先延諸有道，講究精義，儼有濂溪白鹿之風。

西壁堂 箭□朱公，既有千峰閣之搆，復於宅旁，造精室，奇書古玩，觀者數日不能盡。牡丹一本，花以百計。南有園，蓄梅數百本，皆異種。

漁未館 朱文懿公府，第内高閣三層，規制工巧，館其南圃也。花木極繁茂，中有單瓣紅梅。

一柏園 袁雪堂先生，徐文長之友，雅善詩翰，居僅斗室，而委折不可窮盡，手種一柏，踰年遂拱把，名之以志瑞。

讀書臺 明洲商先生，致政歸，築臺於宅後，手不釋卷，有詩集行世，臺前植五，松皆天目善本。

獨石軒 董中峰太史，搆軒讀書。立一石甚奇，庭前更有松化石二枚，儼然虬鱗霜幹也。宅内御書樓以奉宸翰。

偶鹿山房 在□山之西，書齋五楹，尹且孺明徑，於此課子。多種古梅，更富於茶。有名手采製，與日鑄争價。

衣雲閣 吾越無地非佳山水，而不能得之於闤闠之中，惟倪鴻寶太史所居，獨見暢朗，衣雲閣又其最也。萬壑千巖，若特爲此處鋪設，至其逶迤層折處。自堂及寢，無非園亭，近又引流爲沼，積土爲山，曲廊水軒，迴環映帶，更闢一絶勝地矣。

擁城居 鄭上舍所搆，在水神廟旁。入門爲堂，堂之右密室一之，委閣三之，不極其幽邃不已。主人常蓄駿馬其中，有一名千里飛。

天鏡園 出南門里許爲蘭蕩，水天一碧，游人乘小艇過之，得天鏡園。園之勝以水，而不盡於水也。遠山入座，奇石當門，爲堂爲亭爲臺爲沼，每轉一境界，趣自有丘壑門勝簇奇。游人往往迷所入，其後五泄君新搆南樓，尤爲暢絶，越中諸園，推此爲冠。

宜園 宜園從樵風涇入，兔山居其中，石帆諸峰如列屏障，憲副朱雪峥公所搆。亭榭綦置，皆以曲廊貫之，非園丁指點，游人不得出，小軒三楹，刻徐文長梅賦，旁一閣名海上蓬壺，臨沼面山，獨領此園之勝。

怡園 爲錢師相麟武公别業，在小隱山下。宋皇祐間，王氏曾開園於此，郡守楊公率僚屬過之，錢公輔爲之記。今園有奕勝亭，瑟瑟池，尚其舊名也。山有奇石，鐫前賢標題，隱隱可讚。

衆香國 張長公大滌君開園中堰，以品山名其堂，説千巖萬壑。至此俱披襟相對，恣我月旦耳，季真半曲，方千一島，映帶左右，鑑湖最勝處也。

柳西别業 鑑湖之濱三山下，有村曰壺觴，古方千里也。從畫橋而西數里，即是爲吾越山水最佳處。劉淡尹司理，搆高閣面湖，以危樓貫閣，左接長廊，後鑿深沼，主人携家於此，與客賦詩爲樂。

鏡圃 三山之下，盡鑑湖之勝。園亭如列星，鏡圃居其中。舊有别業，大司馬王峨雲復增飾之，閣最暢，堂最幽，徑路最委折。

皋庄　在稽山門外。前後開兩大沼，爲堂，爲軒，爲室，錯縱於中。入徑有古藤如斗，是百餘年物，主人從嚴灘取石甃爲池臺。纍纍如貫珠，屬陸瑞亭，次公汶皋君別業也。近於園東搆危樓五楹，爐峰山色，收拾殆盡。

水鋸山房　從馬家埠上，未至爐峰里許，溪流澎湃，兩石挾之而怒至，山房之左，石益奇橫。飛濤百尺，時濺人衣裾，越中之泉，莫勝此者。惜亭榭結搆少遜予於幽人韵士有厚望焉。

表勝庵　表勝庵也而列之園，則張肅之先生精舍在焉。山名九里，以盛時笙歌聞於九里，故名。渡嶺穿溪，至水盡路窮而庵始出。冷香亭居庵之左，閣鐘樓若斷若續，俱懸崖架壑爲之。而奇石陡峻則莫過於鷗虎軒。至爐峰石屋之勝，載主人開山緣起，予不復縷數矣。

龍筠庄　南山一帶，卧龍所自來也，鳳龜諸山，飛集於左右，祠部吕蔡陽庄在其下。前臨大溪，以石橋亘之，步月踏雪，亦一勝地也。今爲箴勝宗伯有，改名集錦山房。

藝圃　在偏門外。昔爲某氏園，徐文長先生所嘲「截出鑑湖水，推開素望山」者，其後陳明吾長君別築堂軒，山水已爲此園有矣。門與徑與橋，酷肖天鏡，俗以寒蘭藹呼之，主人不受也。

鏡波館　越中園亭開創，自張內山先生始，然結搆渾樸，猶有大古之遺。今則迴廊曲榭，遍於山陰道上矣。館在城南，捍湖爲池，雜植花竹，內去天鏡園咫尺耳。

淡園　鏡圃稍北即是，今亦爲峨雲先生有。鑑湖諸園皆以水勝，此獨在曠野中，遂覺數頃湖光未能供我几案，不免稍遜一籌矣。

芝圃　從禹穴入里許，爲商虞鄰園，西南面修竹掩映，故堂室極幽邃而眺望未暢。至小蓬萊三楹，軒然池上，便有曠遠之致矣。

宛委山房　禹穴之下，有白馬池，董黄庭先生臨池搆園。園中復開小池，樓踞其上，規制以壯麗取勝。

天瓦山房　在表勝庵下，背負絶壁樓臺，在丹崖青嶂間，近張平子讀書其中。引溪當門，夾植桃李，建溪山草亭於山趾，更自引人着勝。

菉園　自九里出馬家埠，有丹閣迥然出於松杪。亟探之，知爲總戎王公宛委園，爐峰作几席間物。秦望、天柱若森列於前，蒼莽欲入，亦園亭之大觀也。

洛如園附讀書樓　在九里田間，爲祝金陽刺史別業。登一小臺，能盡爐峰之勝。先生宅旁有讀書樓，極爲軒敞。

閒閒圃　出南堰門十餘里，爲琶山玉帶泉，屬水品之最。山之南，爲王家峰王太學植桑開圃，搆樓軒於圃中，取風人十畝之義，以閒閒名。

鑑園　越城之南，有山如堰蓋者，名亭。山園居山之趾，列岫如屏嶂，摇影在碧波中，不必亭臺爭勝，自有翛然之致，向屬劉仲倩先生別業。

謝庄　在禹穴一小山下。中有海棠二樹，開時如赤霞漲海，亦奇觀也。

王笥山房　在南鎮廟前。沿桃溪而入，爲有宋金觀察祠裔孫金伯洪昆仲讀書其中。每踞石汲泉，聽樵歌響答，得盡山居之樂。

采菊園　在平野中，面禹陵。朝煙夕霞與茂林修竹相映帶，朱集庵中翰精舍也。越中圜亭争奇鬬麗，主人數楹，獨存太僕遺風。

遠圃　峽山阮溪，越中山水一都會也。何芝田之別業在焉，以諸山至此，皆有遠行，故以名其圃。

何山□　出偏門南里許，有小山，傳爲何公衍隱居處。吕氏庄負崗蔭渚，惜亭樹已廢，惟竹木尚存。

果園　予姊適何芝田，崇信佛道，於峽山前搆此，以爲静修地。北倚山南，亦面山東，與鹵若環若拱，白石清泉，坐而取之有餘也。

何園　未至峽山一二里，有石壁數仞，高臨沅溪。數椽在平田中，曲流迴旋，孤峰矗□，爲何蘭若之園也。取境既佳，不必以搆造勝矣。

章莊　繇花徑而渡密邇區石湖，章氏有莊在焉。鑿四五池，種樹其傍，采桑釣魚，可以終老。惜數椽盡頽廢矣。

梅圃　平水之下有濤浦，傳爲歐陽子鑄劍處。馮氏之莊在其中，僅一樓一軒耳。秦望鵝鼻諸山，拱揖於前，竹籬外曲流迴繞，高柳參差，遂成韻人之居矣。

遠偏樓　爲越女道坤氏所居。道坤以丹青名於越，搆樓石帆之左，從宜園望之，宛在水中央也。有朱姓卜葬其後，因撤旁之精舍，樓亦荒落，誦彼美之章，不能無遐思焉。

斐園　城之鎮神廟，在香爐峰下，旁即張紫淵文學園也。小橋横渡，曲流迴繞，籬落間點綴山家景色，恍然桃源渡口矣。

暢鶴園　從樊江而南數里，有曹山焉，平地介立峻石孤峙，土人鍾鑿。久穴山之腹匯爲池沼，其削壁之坳窪者，則因之以搆亭榭。刻翠流丹，高出雲表，望之如仙居樓閣，以爲是蓬瀛蜃幻，與波濤相上下者也。創園者爲二守人表陶公，其長公宗臣，從而新之。自采菊堂以上，曲廊層折，至秘霞軒至晉硯齋，至紺雪窩，皆新搆也。飛棟雕楹，纓帶羅阜，方且共詫幽奇，及登陟獅子巖，則又平臺豁然，萬峰獻態，無不狂叫爲暢絶。山水園亭，兩擅其勝，越園向推天鏡，此當高出一頭地矣。

質園　土城山相傳爲越王教西施鄭旦歌舞處，俗呼爲西施山。出都泗門，平田中小阜崚起，一水迴環，四山拱揖。外父大司馬搆園其上，搜剔奇石，有如雲如浪者，因以雪根譽浪名之。中有具美齋、清映軒，與閒閣、響屧亭層折透迤，居然大雅。

土城山房　山之南爲諶軒給諫園。有瑞蓮亭，大理卿燕陽公所搆。昔陶周望讀書其中，沼蓮有並頭之瑞。周望旋以文章魁天下，名亭以志奇兆。

少薇山房　出鑫城十餘里過塘下村，平野中穴出小阜，多奇石，貌古而理澤。葉繼山先生因以磊名其亭，張陽和公嘗過此，賦詩酬和，今刻石尚存。向爲齊唐隱居處，亭臺較今爲盛。

青棘園　在石簣山房之東，陶蘭風先生所新搆。旁有護生庵，盪舟入者從此登崖。園幽廠各極其致，堂可看山，閣可俯沼，靈軒曲榭，可嘯可歌，有此園不負曹山之靈矣。

鏡漪園　去後樂園數十武，高柳疏籬，得園曰鏡漪，陶闌風先生所搆也。堂臨池之上，閣居堂之左，水榭一帶，聯貫其中。先生於粤西得奇石三，位置軒後，徐文長以三石軒名之。

麗澤小築　未至遠門山數里，爲獨樹港，水光無際，稷峰亭亭。前向有文昌閣，兩旁皆書室。近芬舟孟君精搆其南，爲閣，爲臺，爲軒。皆面水對山，挹朝爽觀夕靄，無景不佳。至其結搆透迤，亦復迴出塵俗。

漚谷　陶堰東去里許，折而北，湖光蕩漾，諸山遠近成列，陶長吉之別業在焉。登徐來閣，收湖山殆盡，堂名交風，爲謝爰諏所題。名其齋曰奇石，名其居曰夢參。長吉欲於此卜居，後以燕游不果，今不免人琴之嘆矣。

後樂園　在陶堰下，爲應山公別業。方塘半畝，中搆一小亭名垂倫，前後接以兩橋，後有樓軒然其上。今有假寓者，樓之内不可窺矣。

賜曲園　陶石梁先生以文成嫡派，究明惟心之學，三刀纔夢掛冠長往，自稱小柴桑老人，恐淵明無此精詣也。園在陶堰府第中，小軒曲沼，人以擬堯夫之安樂窩。

護木園　在鏡漪之右，爲陶仰雲公建園，可二十畝。池居五之四，池上列堂曰文漪。向有橘奴千頭，今鞠爲茂草矣。

歇庵　陶文簡石簣公所居也，卒以名其集。菴後爲酣中閣，湖山秀色在几席間，文簡予告歸，每棲息於此。

叢雲閣　陶石鏡君搆此課讀。閣楹四檐，凡得八室，有小徑以達酣中、歇庵。陶氏之後彦皆會文於此。

賸圃　近白塔，瑞州守陶樗曲君別墅也。稷峰亭亭相拱揖，中開小池，以涵風影，若三山之倒水下。

勝者。

觴濤園　會稽之東有賀家池，傳爲賀季真觴咏處。渟泓百頃，魚鳧與烟波共滅没。旁有錢懋士搆室三楹，旁一小軒，皆可飽挹湖光，是別墅之以淡遠

煙蘿洞　與曹山分踞西偏，名吼山，俗呼爲旱宕，陶蘭亭先生搆黍谷堂。其次公文孫復有製作，懸崖如覆瓦，樓閣參差其下。至削壁最高處，拾級可登，眺望更暢。

野趣園　出都泗門不半里，一水瀠迴，西施山所從入也。大京兆陸瑞亭公創別業於平野中，今日就頹廢矣。

鑑湖一曲　亦在陶堰，爲陶鳴埜先生別業。園中鑿小池，建樓曰襲芳，先生以此延譽士，訓子弟也。

野芳園　陶禹岳先生於此種桑蓄魚，得陶朱公之術，有堂名玄機，蓋朋酒羔羊之地也。

笑丸莊　去白塔里許，竹樹翛翳，數楹隱映其中，陶養蒙公搆也。向有異僧住此説法，兩蝍蛆聽法而化因瘞焉，稱蜈蚣冢。陶石梁先生爲之記。

樵石山房　去曹山五里，有楊家宕者。亦以伐石，故玲瓏魂确。穴爲深池，樵石則其杰出者。陶長吉欲築室岩邊，盡有玆勝，後不果成。

流光堂　與觴濤國相望，亦濱池而居者。堂之旁皆老農所居，雲岑范公搆此爲耕獲地也。其後半里許亦有書舍，今作住室，不可入。

康家湖園　倉塘爲羅康洲先生所居，湖在宅北，去里許。文孫太僕天樂君築湖之中，樓臺層疊，皆從碧波擎出，面對龍衛諸山，影入泱漭，洵山水大觀也。湖之西復爲天樂郎君園，朱欄委折，有堂在垂柳之下，更覺以幽邃勝矣。

柳溆 出偣塘北十餘里，爲涇口，周觀國先生於此開兩大池。夾池有堂，堂之左小閣，可眺望。游時芙蓉方盛開，炤水弄色，依依媚人。

密園 先子生平有園林之好，上公車時，即廢箸搆此，然亦止密閣，夷軒，淡生堂數處耳。嗣後俸餘所入，盡用置園，曠亭一帶以石勝，紫芝軒一帶以水勝，讀書齋一帶以幽邃勝，蔗境一帶以軒敞勝。先子於此，具有匠心焉。載密園前後記及行園略中。

彤園 王雲岫別駕所居，盡鑑湖之勝。左有彤山，搜剔之，石質玲瓏，不減太湖。靈壁主人蓄梅種桃，有志於搆造者三十年矣。旦取而園之，虬枝老幹，攢踞於石罅間，穴山趾爲沼，削壁亭亭立水中。入門度小橋，委折而登清鑑閣，心目豁然。白閣西行，曲廊小軒各極幽夷之致，北望寓園，搴裳可至，柯園亦近在咫尺。予與止祥兄時操小艇過之，覺魯望、襲美不能擅勝於古昔矣。

寓園 予於乙亥乞歸，定省之暇，時以小艇過寓山。披蘚剔苔，遂得奇石。欣然搆數楹始，其後漸廣之。亭臺軒閣，具體而微，大約以樸素爲主。游者或取其曠遠，或取其幽夷，主人都不復知佳處。惟是搆造來，典衣銷帶，不以爲苦，祁寒暑雨，不以爲勞。一段痴癖，差不辱山靈耳。別有《寓山志》，頗載其詳。

柯園 吾鄉水國也。梅市之西，諸水畢匯，予兄止祥孝廉，儉於搆室，豐於取景。虛堂小閣，皆若隱現於雲濤雪浪中，游人以畫舫過之，足奪明聖一席矣。

意園 鄰不暮軒有園，極幽潔，合玄先生第三公所搆也。小沼當門，疏花遶徑，書舍衹數楹，環而涉之若無窮際，於此見作者之巧思。

錦浪園 在蓬萊驛後，屬朱氏所搆，緣水數楹，亦小有致，但苦限於地耳。

吞墨軒 王雲岫居，在鑑湖中，諸山環列，至此倍覺明秀。吞墨軒在宅後。小池清淺，寒梅數株，出籬竹間，極有幽邃之況。

棲真庵 王雲瀛搆高閣居鑒湖中而海山主人，蓄魚種桑，無意爲園也而地處最勝，名且不朽矣。

潘園 柯山石宕，傳係范少伯築越城時所鑿，今有穴爲室者，涯爲沼者，惟清水宕蓄巨魚數百頭，游觀最盛。潘完寧築室巖巔，就山腹之半，作樓如初月然。

柳城 孫比部侯居先生，築室於沙頭村，去南錢清數里而近。兩閣對峙，芙蓉楊柳，雜植於曲沼之旁，先生每自號爲柳城翁。

胡庄 鑒湖之西，自古城下數里，山水極爲幽邃，庄在湖塘平野中，突起飛閣，四望曠然。中有沼，多蓄異種蓮花，聞胡氏一孀婦所搆者。

永園 予兄修鱗，鑿池種桑，書室不過數楹耳。左列梅峰，西揖柯嶺，其旁則環以平湖數頃，秋來飽菱芡之寶，亦居園一樂。

涉園 大尖之北爲前梅舉村，在獅子山下。削壁百層，皆名手皴法，即王叔明、黄大癡，不是過也。踞絶壁，望平野中，小閣隆起，亟往探之。北環以小池，臨池有迎旭館，閣在館之前。又前有扈沚軒，朝爽齋，登高四眺，見西南諸山之勝。爲前梅村周文學課子處。

水竹居 予向聞水竹居牡丹之盛，亟往探之。在徐山前沈家坂。斗室之中，名花奪目，杜鵑六七本，皆丈許。予輩方嘯咏其下，主人王雅庵出，則已放舟行矣。蓋游園最苦在迎送，罄折看竹不問主，子猷是極巧之法，可效也。

碧園 白洋朱氏皆濱海而居，此爲朱士服所搆，在海塘之外。登樓一望，蜃濤瀰漫，真大觀也。主人栽桑植黍，讀書其中，何減百城之樂。

硯園 在華舍平野中。入門有一堤環兩池，堂居池上。逶折而進，爲軒爲室，皆有幽邃之致，主人爲趙呦仲能詩文。

瓜渚湖莊 梅墅北去數里爲瓜渚湖。波光蕩漾，水天無際。昔有蕭姓者，從湖之淺處築爲圩。深處鑿爲池，植桑栽蓮，建高樓其上，蓋莊也而可園矣。今爲朱箭里君所有。

千頃庄 猰猻湖在越中，最爲浩淼。絶流而渡約十餘里，吕氏莊在湖之北，數椽軒翥，吞吐波光，亦幽棲之勝地。

息園 龍泉令宋天岳罷官歸，於此爲六月之息。天岳所居名小岸園，在居之北。小閣曲廊，臨流獨賞。

似園 安昌之北，楊孝廉石攻所搆。訪之，值主人他出，不獲縱觀，然已得亭臺之概。北近大海，想見其雲濤極目時，暢適何似。

明 倫洨《釣臺記》（《永平府志》卷二三引） 平郡山水陝區，西南二十里爲釣臺山。名初不載郡志中，而築臺以栖，自侍御韓公始。公素好山水，雖身歷宦途，常願得一丘一壑栖息其間，即徼天幸而佚我也，何必策驄馬日遊長安市耶。於是請告以歸，而卜幽勝之處，乃得釣臺山。玆山形從郡城，東平山逶迤而南爲南臺，又南爲虎頭石，連亘數里爲安樂峪，曲折而西，則爲釣臺山。東西橫峙面北，下臨河。河固漆灤二流交會於虎頭石下，南流夾雪峰，直抵安樂峪之崖，折而西流二百步許。其上爲臺，臺上有石磯，右傍突起孤峰觀者，當碣石云。由石磯東上丈餘，有小巖，蓋舟子停泊之地。稍西十三丈餘，有複領，可置杖屣，即公所號爲臺者。因而廣除，東西闊十餘丈，南北半是。鑿石層累之以爲基，高三丈餘。由基東横築一壁。壁間設門。入門有巨石蹲踞，可當屏。由石右轉，西向又一門。入門北轉，則履臺之端平處。北面直承而上構七楹小軒，其簷宇飛覆臺之外。中三楹，向北牖。啓扉下瞰，河西二楹爲庖湢。東二楹，貯器用。各分壁界門竇。軒内敞豁，南距數武，架樓三楹。樓東西各翼一小閣。樓下中半爲堂，東西各一室，爲寢榻。堂中設屏，由屏後躡梯東上，則爲樓上層，北面周以欄檻，憑眺則連郡山川與夫烟雲林樹一覽在目。樓後基址漸高，即山爲壁。東西闊數丈，南北丈許。西面復繚以垣，上接山阿，下接軒之西簷。循南崖而東上，峻嶺十餘丈，有一洞懸壁。自洞還東出有石階，下出門，即所升入之門。蓋周圍曲達如此。連山上下，樹松千餘章，蒼翠可愛。然自河下升臺，路皆崎峭，不易扳躋。於是爲砌磴凡三轉折，共得九十階，以白石爲之。拾級而上，英英若白雲梯。梯下盡，即渡河北岸，有護沙圍繞。又北上二百餘步，有團巒與臺對峙，蟠踞如龍。堪輿家言，此地脉靈秀亦自西北而來，臨河結聚。東則安樂峪，西則灰山，相向拱抱，最爲吉壤。公修爲玄宅，樹松數百，鬱鬱葱葱，如列盡屏。向後北轉，則此山之拖尾也。多五色石，絢若錯繡。逶迤而北三里許，則爲雪峰。峰之對面高嶺處，又築一臺，與釣臺南北相望，曰釣雪臺。嶺東西原有樵逕，崎嶇不可置足。自卜築釣臺，因闢爲馳道。北面臨淵欄以石壁，輿馬往來經行，宛在雲路中。由馳道西下轉北，雪峰之西岸爲張家村，有腴田，置廬治穡事以贍家之食。指雪峰之東南，下渡河，林皋鬱然，爲宣家村別墅。田二百畝計，歲入以資釣臺繕修之，用是皆緣建置後所增設者，蓋臺之經始在萬曆丁亥間，幾稔而後告成。其諸次第修補不悉記，姑記其略如此。韓公名應庚，字希白，別號西軒。萬曆丁丑成進士，初授彰德府司理，擢福建道監察御史，歷巡甘肅、山東。自歸隱，七徵不起，稱釣臺山人云。

明　張承宇《秀野園記》（光緒《潛江縣志》卷二〇引）　吾邑苦無山。《西郊縣志》以爲有山而實無，其卑下反甚焉。凡築室者慮，無不有事於畚鍤，高高焉，下下焉，而後可居。而其間最後築、成之最易、亦最盛者，曰秀野園。園之主人則吾外兄劉伯芳也。先是舅氏納言公有園距西城數里。引水環屋，尋橋而度，亭樓錯峙，竹樹陰森。尤廣種桃，春深雨霽，照野蒸霞。舅氏常自喜曰：吾已有千樹桃花，但少萬年藥耳。辛酉夏，大水潰防，頹垣仆木。嗟乎！使西郊而果有山也，亦奚以至是。舅憮然曰：吾已近七十，園獨不能少相符邪？客或勸以復搆，舅又曰：亦恐吾不能待矣。是冬，舅被召入司銀臺，而園益荒。伯芳揣舅意厭圭組，不久當歸，歸必悵然於此園，欲預修之，而又慮去城少遠，高年人不能常往還。遂買得西闉外地數笏。亟治之，歲餘草創，可觀也。舅歸而樂之，遂錫以佳名，曰秀野。蓋取東坡詠獨樂園「花竹秀而野」之句也。意且修洛社故事於此，而未幾逝矣。其園左挾流水盈盈一澗，故其軒顔之曰枕流。軒之腋復爲精舍，舍後又有茗厨。西南甚空闊，大堤在望，疏柳映帶，亦復不減山林。堤内有巨沼，漁舟唱晚，牛背笛聲，可不越枕上而得之。碧光盤繞，掩映几席。軒西有茅屋數椽，顔之曰蘘碧齋。其前亦疊石爲假山，雜植海棠、芍藥及玉蘭，松、桂、棗、杏之屬。西去數武，俯臨小池，架木其上爲一亭，狹而長，僅類一舟。顔之曰定舫。定舫以南，桃榴沿溪，爲建一亭。圍亭以竹，涼風時至，蕭蕭可聽。自亭而東遥對蘘碧枕流之間復置一草亭，環植梅，暑月竟日坐亭上，覺襟帶間俱有清香襲人。沼中荷氣爲之也，不必製芰荷衣矣。伯芳遂大書「竹風荷氣」四字于溪側短牆，以當二亭之額。城樓即在園之東北，坐此二亭間，垂柳摇風，隱隔樓臺，宛宛如畫矣。西北去半里許即大佛寺，夜静鐘鳴，真足令人發深省也。園中種樹雖多，而楊獨衆。問其故，則曰：楊易成林，復不畏水。余戲曰：詩有楊園，亦可名此矣。位置雖有致，而軒亭几案皆具體而已。問之，則曰：治園而過於精善，則吾與游人俱在此不圖。草草爲之，主人即不在，客可竟日觀，僮僕即有所損，無足惜。常大雪，集客園中，回視城堵，盡爲雪掩。懸壁嶙峋，森然峻險。伯芳揮如意指屬客曰：君輩何以目此？客未對，伯芳笑曰：此即《志》所謂「西郊之山」也。諸君大噱。伯芳爲人修長白皙，天資過人。少爲諸生，有聲，四困棘圍，乃始棄去，放游白下者數年。歸而學，益富識，益堅然，性寡言笑。常製私印曰默叟。余最好譚，亦有印，曰譚豪。識者謂各記其實而亦各相賞。癸亥冬日園成，余賦詩曰：我有疏慵性，多君出世腸。閒身匿別墅，逸興貯清塘。有客翻成静，無花亦覺香。寒林落日處，四野總蒼茫。是時納言公尚在，公没數年而乃爲之記。

明　王達《翰林學士耐軒王先生天游雜稿》卷四《陸氏蒼筤池館記》　天壤間萬卉中之至貴者，莫若竹。弗剛弗柔，厥性貞固。此山林肥遁之士所以託其勁郎而符其歲寒不渝之志也。吾友陸君景中，以醫道僑居於都門之西偏。

車輪馬跡雜沓乎門外，黄俟紫陌交締於東西，沙洲溪渚之無有也，而景中於軒楹之外鬭地一方，植蒼筤數，鑒沼一泓而渚水盈尺。暇則与其兄德中講學於其間，市声、書声，僅隔一簾。非山林肥遁之士，要亦尚夫歲寒不渝其志者也。景中好琴與詮，荐紳先生咸樂遺之。德中克不奪其志，意從其所好。故一家之内百祥駢集，而聲譽洋溢靖江。殿下知其賢，書「名莨池館」四字以華之。若陸之昆弟，不惟志趣之高，又可謂式擴其規模矣。客有過翰林詢予者曰：吾聞「肅肅筬簹，旻旻攢植」，此竹也。箛筊誕節，内實外澤，皆竹之美者也。景中不是之愛，而愛蒼莨。蒼莨，竹之至小者，厥志得無卑乎？余告客曰：子不聞《易》之説乎？震爲雷，爲長子，爲蒼莨。長子，東方也。蒼莨，青色也。一陽生於二陰之下，猶蒼莨之根蟠固其生意也。今陸氏以三世濟人，猶造化發育而全其好生之心也。夫好生之心既全，又奚必十萬丈夫甲刃摐摐争意氣之嚴毅哉！又奚必弘開三逕，留連光景，以遺世而絶俗哉。客笑而别。因次第其語以爲記。

清　乾隆《福州府志》卷二一《第宅園亭》　徐𤊹自記：余家九仙山之麓，寢室後有樓三楹，顔曰紅雨。樓之南，有園半畝。園中有小阜，家大人舊結茅於上，僅遮雨露，而苦於不便卧起。且無以置筆硯書畫之屬。歲己丑，余下第還山，乃易搆小齋於山之坪。由園入齋，石磴數十級，曲折透迤，列種筠竹。齋前隙地，護以短墻，蔂以蘿蔓。墻下藝蘭數本，置石數片。齋旁灌木環匝，下置石几一，石榻二。夏月坐陰中，鳥語間關，蟬聲上下，足當詩腸鼓吹。齋止三楹，以前後爲向背，中以延客，左右二楹，差可容膝。余兄弟讀書其中，無長物，但貯所蓄書數千卷而已。山中樹木雖富，推竹最繁。素筍彤竿，扶疏掩映。窗扉不扃，枕簟皆緑。清風時至，天籟自鳴。故名以緑玉齋云。小山僅同蟻垤，然視郭中民居已高數丈。每一流覽，萬井千村，羣峰列岫，吞吐且八九矣。昔人有言，軒冕之樂，造物於人不甚惜，獨一邱一壑，未嘗輕以與人。吾齋無壯麗之觀，無奇珍之玩，四壁蕭然，僅蔽風雨。然市聲不入耳，俗帆不至門。焚香煮茗，僟書椷管，則邱壑之懷於焉而寄。即有軒冕，吾不與易矣。

清　董祚昌《山園記》（《文登縣志》卷一一引）　威城之西透迤而南，復盤桓於東二十里許，四面山合，一徑斜穿，飛峙流泉，鳥啼花落，四時堪怡，不亞武陵桃源。董氏裏口山園也。【略】此地山峰無數。乾地有佛兒頂，峰頭圓静，半崖天際。坎地有鐵拐山，勢如雙髻，飛瀑千尋。艮地有布袋菴，古布袋和尚修養之所，尚有石洞、石塔遺址。震地有麟角口，一峰聳天，兩巖對峙，祇容單騎。離上一山直插天表，嶙峋異常，白雲繚繞，仙人出没之窟，古名牛仙山。相傳昔年人牛俱成仙去。坤山土岡透曲，迴抱水口，形如鳥舌鶴脛，羅列其上。兑山名小西天，峰高難攀，三摩净地，此皆天成地造，非人力所能爲也。山之勝不可盡數，嵐樹巧於逞境，果杪巧於蔽蔭，亭閣巧於據勝，花草巧於承睞，怪石巧於取態。其樹則萬松鱗鬣，千柞鬱蒼，柏、檜、冬青、柏、油菩提、楊、枬、柳、椿之屬。其石則六通一孔，虎踞豹蹲，矛頭劍脊之屬。花草則梅花、海棠、牡丹、芍藥、忘憂、丁香、紫薇、瞿曇葵、菊、玉簪、紫荆、耐冬、刺梅、鳳尾竹之屬。亭閣則發真菴、八角樓、蟠桃宫、奎星樓、降魔殿、長春洞、翠虚洞、慈悲池、雙翼亭、奉國祠、來西閣、樂真亭、志善亭、火德殿、地藏宫、白衣亭、佛眼池、觀音堂、土地祠、明威莊、含虚園。此皆祖創其始，吾父數十年來拮据而成者。在山静修三十餘年，時時玩賞焉。今奄然捐館，果樹含淚，野鳥銜悲。其山嵐被火焚者二，幸樹之大者尚擎翠蓋。果樹卉草未免荒蕪，亭閣泉池亦多傾圮。余思樹有根，水有源，祖宗之物非可輕者。今於損壞者略爲修葺，使弗廢墜。

清　乾隆《江南通志》卷三一　熙園在華亭縣積善橋左。明光禄丞顧正心别墅。附明張寶臣記：昔勝國時，玉峰顧仲瑛氏園池甲天下，至今人能追其桃溪、金粟、菊田之室之美，宛在眉睫，則鐵史如椽之記存焉爾。吾松顧氏熙園，膾炙海内。凡結綬宦游、攜笻雲集者，靡不載酒相過，恣情蒐討，以爲江左之麗矚遐壤之夸談。今秋觀潮浦口，適集茲園，得詳覽焉，遂爲之記。園距東郭三里許，面水而門。門以内爲四美亭。啓左扉面北，落落長杉，瀟瀟疏竹，夾植徑中。行數十武而危樓翼然，榜曰熙園，是園之啓途也。東入山徑，蒼苔碧蘚似武陵道中。折而北，俯仰盤旋，陡入深壑嵌空中，時聞淙淙聲，疑山背有龍湫焉。復折而南，踰峻嶺，下層巒，劃然天門開，則流觴曲水在。其下爲聽鶯橋，花時趺坐，睨睆盈耳，可當數部鼓吹。倚橋面南而臨者，芝雲堂也。其陽則奇峰萬疊，古樹千章，蒼茫雲際。而下則華沼一曲，荷香十里，恍憶太液池頭。好事者每欲窮其幽致，則入西麓、出東隅，如登九折坂。入五溪洞，怪石巃嵸，林薄陰翳，幽崖晦谷，隔離天日。自午達晡，始得穿竇出。客外坐，方飢疲欲卧而出者，争目眩汗浹，魂揺揺不能吐一語也。噫！奇觀哉！其陰則因閣藥房霓連雲蔓，複道相屬。行者每失故道。商周之鼎彝、唐宋之圖畫紛披闐駢其中不可更，僕數，則主人安神思道之所，非酌霞枕香之友弗能到也。憑樓西眺，旋臺飛觀隱隱樹杪間，冠以玉樹瓊花，罨映下方，令人可望不可即。堂之左爲長廊，轡雁隔岸，土阜蜿蜒，雜植梅杏桃李，春華爛發，白雪紅霞，彌望極目，又疑身在衆香國矣。繞廊而北，度飛虹橋，橋平廣滑澤，可坐而邀月。大士閣兀立橋畔，題曰水月如來。稍東爲池，上亭，又東度板橋爲與清軒。前臨廣池，灝渼潢漾，繡尾銀鱗，出没無算。巨者賁浪飛涎。客至舉網擊鮮，稱快事。遥睇南岸，皓壁綺疏隱現，緑楊碧藻中，其壺瀛宫闕，幻落塵界乎。繇是陟彼北山，平岡透迤，高梧修竹，蔭蔽左右。西達齊青閣，北望平疇緑浄，欸乃四起，又疑下有朱陳村第，少鳴雞吠犬耳。閣前迴繞廣除，可馳駿足。對面翠屏壁立，峭崿鬱盤。羽裳之客，斑衣之友，時游娱其上。累數級下，依水而屋，雕欄繡楹，虹飛霞屬，歌聲時出，簫箔中則小秦淮也。南遵迴廊數十盤，鼻間微聞旃檀氣，則羅漢堂峙焉。堂供簿伽像三，旁列五百應真，金碧莊岩，鐘梵具設。堂後小閣三楹，藏貝葉書甚富。時倩高緇繙閱，鐸聲琅琅出牖外，儼然古招提也。堂前一巨石，高十丈許，四面玲瓏，真襄陽譜中物。初得是石，未有盤。載至泖涇，舟覆石沈，牽挽而出。先得盤，次乃得石，合之其舊偶也，珠還劍合，豈獨神千古哉！構堂時掘地得古鐵缸，火可容斗斛。今以作焚爐，亦異物也。堂左經關壯繆祠。度濯錦梁並步虚廊，尋石竇而出，則爲芝雲堂之右。曠然廣庭，而園之觀止矣。是園也，石第一，水第二，亭臺、花木、橋梁之屬第三。梓澤平泉，遐哉邈矣。以予耳目所睹記，如婁水之王、錫山之鄒、江都之俞、燕臺之米，皆近代名區。顧有其鉅麗者不必有其閒曠，有其清秘者不必有其廣平。蓋清宇先生擲數十萬金錢收兩邑瘡痍，其胸次真可吞雲夢八九。故規模、位置軼前哲無兩，而嗣君原之文孫元慶大雅亢宗，又皆以繪事擅長，臆間具有邱壑，其增修點綴，俱從虎頭筆端、摩詰句中出之，宜其勝絶一代也。余不揣蕪陋，聊述梗槩如此，豈能若鐵史之鋪颺乎！

清　李斗《揚州畫舫録》卷七　九峰園大門臨河，左右子舍各五間。水有牂牁繫舟，陸有木寨繫馬。門内三楹，設散金緑油屏風。屏内右折爲二門，門内多古樹。右建廳事，名曰深柳讀書堂。堂前構玻璃房，三四折入穀雨軒。右爲延月室，其東南閣子，額曰玉玲瓏館。是屋兩面在牡丹中，一面臨湖。軒後多曲室，車輪房結搆最精，數折通御書樓。樓右爲雨花庵，庵屋四面接檐，中爲觀音堂，右爲水廊，廊外即市河。樓前門上，石刻「硯池染翰」四字。門外石版橋，過荷塘至堤上，方亭顔曰臨池。東搆小廳事，顔曰一片南湖。至此全湖在目。旁爲風漪閣，左有長塘畝許，種荷芰，沿堤芙蓉稱最。極東小屋虚廊在叢竹間，更幽邃不可思擬。閣後曲室廣厦，軒敞華麗，窗槅皆置玻璃，大至數尺，不隔纖翳。窗外點宣石山數十丈，賜名「澄空宇」扁額。廳右小室三楹，室前黄石壁立，上多海桐，顔曰海桐書屋，屋右開便門，門外乃園之第二層門也。

深柳讀書堂聯云：會須上番看成竹杜甫，漸擬清陰到畫堂薛遠。堂前黄石叠成峭壁，雜以古木陰翳，遂使冷光翠色，高插天際。蓋堂爲是園之始，故作此壁，欲暫爲南湖韜光耳。旁有辛夷一樹，老根隱見石隙，盤踞兩弓之地，中爲惡虫蝕空，不絶如縷，以杖柱之，其上兩三嫩條，生意勃然，花時如玉山頽。

清　同治《上海縣志》卷八《第宅園林》　豫園在恩第西，潘允端構以娱親，亭臺池石，備極壯麗，爲一邑園林之冠，今作城隍廟西園。

允端自記：余舍之西偏，舊有蔬圃數畦。嘉靖己未，下第春官，稍稍聚石鑿池，構亭、藝竹，垂二十年，屢作屢止，未有成績。萬曆丁丑，解蜀藩綬歸，一意充拓，地加闢者十五，池加鑿者十七，每歲耕穫，盡爲營治之資，時奉老親，觴詠其間，而園漸稱勝區矣。園東面架樓數椽，以隔塵市之囂。中三楹，爲門扁曰豫園。取愉悦老親意也。入門西行可數武，復得門，曰漸佳。西可二十武折而北，竪一小坊，曰人境壺天。過坊，得石梁穹窿跨水上。梁竟，而高墉，中陷石，刻四篆字，曰寰中大快。循墉東西得堂，曰玉華。前臨奇石，曰玲瓏玉，蓋石品之甲，相傳爲宣和漏網，因以名堂。堂後軒一楹，朱檻臨流，時餌魚其下，曰魚樂。由軒而西得廊，可十餘武。折而北有亭，翼然覆水面，曰涵碧。閣道相屬，行者忘其度水也。自亭折而西，廊可三十武，復得門，曰履祥。巨石夾峙，若關中藏廣庭，縱數仞，衡倍之。甃以石如砥，左右累奇石，隱起作巖巒坡谷狀，名花珍木參差在列，前距大池，限以石闌，有堂五楹，巋然臨之，曰樂壽堂，頗擅丹雘雕鏤之美。堂之左室曰充四齋，由余之名若號而題之，以爲絃韋之佩者也。其右室曰五可齋，則以往昔待罪淮漕時，苦于馳驅，有書請于老親曰：不肖自維有親可事，有子可教，有田可耕，何戀戀雞肋爲。比丁丑歲首，夢神人賜玉章一方，上書「有山可樵，有澤可漁」，而是月即有解官之命，故合而揭齋焉。嗟嗟樂壽堂之構，本以娱奉老親，而竟以力薄愆期，老親不及一視其成，實終天恨也。池心有島横峙，有亭曰鳧佚。島之陽，峰巒錯叠，竹樹蔽虧，則南山也。由五可而西南面爲介閣，東面爲醉月樓，其下脩廊曲折，可百餘武。自南而西轉而北，有樓三楹，曰徵陽，下爲書室，左右圖書，可静脩。前累武康石爲山，峻嶒秀潤，頗愜觀賞。登樓西行爲閣道，屬之層樓，曰純陽閣，最上奉吕仙，以余攬揆，偶同仙降，故老親命以徵陽，爲小字。中層則祁陽土神之祠，蓋老親守祁州，時夢袖手二桂，擕二童至，曰上帝因大夫惠澤覃流以此爲，而子已而誕。余兄弟老親賞命余兄弟祀之。語具祠記中。由閣而下，爲留春窩，其南爲蒲萄架。循架而西度短橋，經竹阜，有梅百株，俯以蔽閣，曰玉茵。玉茵而東爲關侯祠，出祠東行，高下紆迴，爲岡，爲嶺，爲澗，爲洞，爲壑，爲梁，爲灘，不可悉記，各極其趣。山半爲山神祠。祠東有亭北向，曰挹秀。挹秀在羣峰之坳，下臨大池，與樂壽堂相望。山行至此，藉以偃息，由亭而東，得大石洞，窅窱深靚，幾與張公善卷相衡。由洞仰出爲大士菴，東偏禪堂五楹，高僧至止，可以頓錫。出菴門，奇峰矗立，若登虬，若戲馬。閣雲礙月，蓋南山最高處。下視溪山，亭館若御風騎氣，而俯瞰塵寰真異境也。自山徑東北下，過留影亭，盤旋亂石間，轉而北得堂三楹，曰會景堂。左通雪窩，右綴水軒，出會景度，曲梁修可四十步。梁竟即向之所謂廣庭，而樂壽以南之勝盡于此矣。樂壽堂之西構祠三楹，奉高祖而下神主，以便奠享。堂後鑿方塘，栽菡萏，周以垣，後脩竹萬挺，竹外長渠，東西咸達於前池，舟可遶而泛也。樂壽堂之東別爲堂三楹，曰容與，琴書鼎彝雜陳。其間內有樓五楹，曰頤晚樓，樓旁庖湢咸備，則余棲息所矣。容與堂東爲室一區，居季子雲獻，便其定省。其堂曰愛，曰志養也。大抵是園不敢自謂輞川、平泉之比，而卉石之適觀，堂室之便體，舟楫之沿泛，亦足以送流景而樂餘年矣。第經營數稔，家業爲虛，余雖嗜好成癖，無所於悔，實可爲士人殷鑒者苦。余子孫惟永戒前車之轍，無培一土、植一木，則善矣。　曹玠詩：瞬眼繁華幾變遷，湖光山色尚依然。香消羅綺花邊妓，夢冷笙歌月下船。畫閣遺鈿侵暮雨，斷橋衰柳拂秋煙。游人莫漫嗟興廢，金谷當年更可憐。

清　光緒《甘泉縣志》卷一〇《古蹟》　休園，明鄭俠如築。俠如爲元勳弟，元勳影園在西門外。俠如於東門内得朱氏舊園，重加修築。回廊曲徑，疏鑿架巖。雖在闤闠中，儼超物外。一時交游冠蓋之盛，尤多名蹟。子爲光有聲，臺垣清門華閥，累葉相仍。影園已久淪草莽，而此獨無恙。嘗輯有《休園志》。近轉屬陳氏，猶不甚失其舊云。

著　録

明　崔君誼《友竹軒後序》（《趙氏鐵網珊瑚》卷一〇引）　余索居寡疇，惟竹君雅有相忘之好。軒之南隙地廣三席，延竹君數植而居之。清風入簾，明月在牖，泊如也。鄱陽周公題其顔曰友竹，賢士大夫能以詩文鳴者咸有述，以爲余榮，裝潢成軸，總若干首。樵牧之暇，時而詠歌之，若洞庭之野，衆樂並作，魚龍噴跳，怪物屏走，天籟合而風雨應也。若鳳皇覽輝鳴高岡而朝日出也。若衡璜佩玉，周旋矩度，聆音節于太古之域也。予于諸賢，或素識或未之前識，因竹君之好而辱交焉，何其幸與。後繫官于燕，與竹君契闊者四載。及歸田江上，凡長林穹谷俱摧毀于冰霜摇落之餘，顧竹君玉立依然，尚無恙，豈偶然哉！取是編而讀之，其人名稱班班珠玉晃耀，有雄材碩德，黼黻皇猷于廊廟之上者。有聯乘結駟、光華赫奕，馳騁于遐邦萬里之外者。有望青天、觀白雲，漁釣溪山以自樂者。有碑横野蔓、墓木已拱者。求如竹君，歡晤不可得，獨抱無涯之思而已。雖然，微士大夫之文辭，弗克宣竹君之雅操。非竹君之雅操，又疇能承諸賢之賦詠也哉。予蹇拙之姿，知友于竹，不審竹君棄取爲何如。當砥名礪節，誦淇澳之章以自警，庶不負名言之見與也。因書以謝云。歲己酉二月十有四日序于軒之右。

明　王世貞《弇州續稿》卷四六《古今名園墅編序》　余爲郎長安中，前後積數歲。自官曹簿書外，頗思寓目林泉園圃，以一暢其悰。而官貧薄不能治游具，人亦易之無適，爲主者唯於韋園頗數。韋園者，故中貴人霸別墅也，在崇文門外六七里許。鑿溝引西山水環之，其中創招提，右爲墓，左爲居室，甚壯。屋後鑿大池，榆柳四周，中蓄魚鱉之類。藻荇明潔，鳧鷖翔泳，亦一快地也。其稍遠爲寧園寺，宇寬整，有古松、壽藤之屬。豐碑突兀，便房叫窱而乏遠趣。城西則有水頭庄，中貴數人居之。其傍可以泛舟，即于鱗欲墮水處。又有崔都尉庄、潭潭侯家邸。而前爲大溪，溪種紅芙蕖萬柄，一亭枕之。溪南皆水田。庄之後脩竹數千竿，菜以畦計者可十萬。時都尉以病，月餘不起。又三月，過之則鼎然一新，門設行馬，呵禁游者，蓋已爲陸錦衣炳物矣。錦衣没，又他屬。余去國垂二十年，而復領太僕，僅半歲，緹帥劉君守有邀余兄弟游。一庄近前水頭，無他奇，而中大池數畝，四周皆脩竹。剮筍網魚，以佐觴斝，足暢也。其右流水自西山下爲閘以疏節之。又嘗出西直門，訪謝司徒所寓。朱錦衣別墅或云已屬之馮常侍。其寺舍堂室之瑰庄岩麗，尚方所不逮。延袤皆青石垣，中所植桃李棗杏林檎之屬以萬計，菜畦亦以十萬計。而無奇石清池、足以澄悦心志者。大抵京師徹侯中貴園墅如成英、黄馮之家屈指不易周，并日不徧游。然余嘗笑之曰：此曹子有廊廟而無山林，又朝秦暮楚，不無少陵《秋興》之感。異時宦游所經歷至濟南，謁德藩，游真珠泉。泉東西可十餘丈，南北三丈許。東一亭枕之，其下琴瑟羣起，拍掌振履，則益起，纚纚而上，空明瑩徹，與日月争彩。金鯉百頭，小者亦可三尺其西，泉賓宫牆而出，爲大池，皆以白石甃甓。中有水殿，前後各五楹。彩鷁容與，簫鼓四奏。王時勞賜殽醴，往往丙夜。又西爲長溝，曲折以達後圃。芍藥數百本，高樓踞之。泉出後宫牆爲水碓、水磨，以達大明湖。湖景尤自韶麗。余所治青，亦王國而亡可游者。後分治吴興，袖徐獻忠氏所草掌故以訪薌林、盤山二沈之遺跡而不可得。蓋其民皆業蠶，得方丈地，則桑之。是以富而不勝俗。獨南潯董尚書第後一園可游，然所見唯高堂傑閣、雕甍朱樹，沼傍垂楊數十樹，牡丹鞠千本，建蘭百本。開時芬秀可愛。而無一培塿之丘。所移陳氏洞庭峰石三四，爲天下冠，而皆卧之苔蘚中，此最不可曉者。錢唐獨洪襄惠之孫有二園。其一在城，前爲堂五楹甚壯，而山池臺館据其背，一覽都盡。其一在西湖勝處，而陸炳錦衣復奪之借以祠其所，冒祖宣公贊，而生塑已像於前閣，尋事敗毀弃。錢唐人至今快之。若吾郡城中外所游，王文恪、孫太常有壬與徐封園，饒佳石而水竹不稱。徐參議廷祼園，因吳文定東庄之址而加完飭，饒水竹而石不稱。徐鴻臚佳園，因王侍御拙政之舊，以己意增損，而失其真。松之上海潘方伯允端園，廓落而未完。顧尚璽露香園，稍精而易竟。度予所見，表表者僅此。要之，皆以廊廟勝耳。而李使君頤宦廣西，爲予極言靖江王邸園圃之嬿。云籠獨秀山有之，山如玉簪，矗然平地千丈。蟠道而上，爲梵宇琳宫。山前渺渺巨浸，水田數百畝。唤魚子打魚、農人插秧，飾優伶歌舞於萬花中，甚樂。而金陵士大夫無不稱徐氏東西園者。東園以廊廟勝，西園以山林勝。見周公瑕所爲志賦中。或云，公瑕多得潤筆如《子虛》、《上林》，所云不必實也。然亦足以雄矣。而家弟從溧陽還津，津口彭氏園不置，以爲窮曠朗深蒨之趣，於山林偏得什之七。余從臾令記之，今皆具編中。弇山人曰：余棲止余園者數載，日涉而得其槩。以爲市居不勝囂，而壑居不勝寂。則莫若托於園，可以暢目而怡性而會同。年生何觀察以《游名山記》見貽。余頗愛其事，以舊所藏本若干卷投之，并爲一集，輒復用何君例，紏集古今之爲園者記志、賦、序幾百首，詩、古體、近體幾百千首，而別墅之依於山水者亦附焉編成。而人或笑之曰：何君紀名山，而子紀僅名園墅，枋榆刺促，得無爲九萬里笑乎？余輒應曰：子不曉夫逍遥游一也。且夫世謂高岸爲谷者妄。夫所云名山者，千萬年而不改觀者也，即何待文，一牧竪樵子引之而能指點，以追得其自。若夫園墅，不轉盼而能易姓，不易世而能使其遺踪逸跡泯没於荒烟夕照間。亡但緑野、平泉而已，所謂上林、甘泉、昆明太液者，今安在也。後之君子苟有談園墅之勝，使人目營然而若有覩，足躍然而思欲陟者，何自得之？得之辭而已甚哉，辭之不可已也。雖然，凡辭之在山水者多不能勝山水，而在園墅者多不能勝辭。亡他，人巧易工而天巧難措也。此又不可不辨也。

又　卷五〇《山園雜著小序》　余治離賁園最先而又最小，且不能遠囂，然以亡它適，故時時托跡焉。其後治弇山園，乃始有山水觀。幾徙家之半實之所，與客咏酬，十於離賁園已。推離賁園於敬美弟已。徙處曇陽觀之丙舍已。敬美治淡圃。余間有所還往，於淡圃、弇園月不能一。於離賁歲不能一。乃各爲之記，它巖瀨沼岫、臺館亭榭之類亦各有標咏，而弇獨詳最。後爲客所，跡遂亡，已轉之村中故居。而兒子騏築培塿、疏汙邪，而栖斗室其上，强名之曰約圃，而余亦姑爲之記而咏之。憶余在弇時，客過必命酒，酒半必策杖，相與窮弇之勝，而見質曰此某水、此某丘，余甚苦應接不暇。今者業謝客，客亦不時過，即過無與爲主，無可質者。故理此一編，分卷爲上下，以代余答而已。余老矣，能後余存者，諸園也。弇最大，饒石而廣水，能後諸園存者，弇也。弇即後存，當亦竟廢，今世人不厭薄余文辭而時味之，然則能後弇存者是編也。夫蘭亭之爲亭也，赤壁之爲壁也，其勝不能如其名，然數百千年而有勝色者，則會稽之書而眉山之賦也。是編也，吾不敢竊比於二賢，以不遂泯泯若金谷緑野者，則庶幾哉。

清　袁枚《揚州畫舫録序》　昔洛陽有《名園》之記，東京有《夢粱》之録，皆所以潤色昇平，標舉名勝也。然而宋室偏安，人物凋劫，不足以美盛德之形容。本朝運際中天，萬象隆富，而揚州一郡，又爲風尚華離之所。雖謻臺丙舍，皆作十洲雲麓觀，由來久矣。記四十年前，余游平山，從天寧門外拕舟而行。長河如繩，潤不過二丈許，旁少亭臺。不過匽潴細流、草樹卉歙而已。自辛未歲天子南巡，官吏因商民子來之意，賦工屬役，增榮飾觀，奓而張之。水則洋洋然回淵九折矣，山則峨峨然隥約横斜矣，樹則焚槎發等，桃梅鋪紛矣，苑落則鱗羅布列，閈然陰閉而霅然陽開矣。猗歟休哉！其壯觀異彩，顧、陸所不能畫，班、揚所不能賦也。艾塘李君犖犖有才，操觚記之。上自仙宸帝所，下至籬落儲胥，旁及酒樓茶肆，胡蟲奇妲之觀，鞠弋流踰之戲，都知録事之家，莫不科別其條，瞭如指掌。于牙牌二十四景之外，更加詳盡，真足傳玩一時，舄奕千載焉。嘻！余衰矣。以隔一衣帶水不能長至邗江登眺爲憾。及得此書，卧而觀之，方知閒居展卷，勝于騎鶴來游也。爲弁數言，以告世之欲賦蕪城而未得導師者。乾隆五十八年臘月望日，隨園袁枚撰，時年七十有八。

藝　文

清　嘉慶《新修江寧府志》卷九　顧氏遁園，侍郎顧起元之園也。在杏花邨中。嘗舉邨中之園各紀以詩，序略曰：杏花邨方幅一里内，山園據其什九。雖奧曠異規，大小殊趣，皆可游也。

明　陶宗儀《南邨詩集》卷一《曹氏園池行》　浙右園池不多數，曹氏經營最云古。我昔避兵貞谿頭，杖屨尋常造園所。炳也款語愔從容，其先來自温許峰。裕垂系胤二百載，發于乃祖雲西翁。翁之交游皆吉士，趙鄧虞黄陳杜李。趙文敏，鄧文肅，虞文靖，黄文獻，陳監丞，杜待制，李文簡，李昭文。或銘或記或篆顔，華構翬飛耀閭里。中堂曰厚德茂存，翼室且可栖琴尊。聿求雅志尚貞白，玉照仿佛南湖漬。厚且、求志、玉照皆堂名。右齋先世手所結，祖德有光增古節。日長清静講玄虚，淡然自立止於潔。右古節、長清静、玄虚、淡然、自立、止皆齋名。素軒瀟灑緑陰映，揮麈劇談捫蝨如。玄裳長鳴宵警夢，玉靈藏六晝尸居。素、捫蝨皆軒名。警夢、尸居，室名。紅杏作花錦千樹，簾卷高樓聽春雨。層臺嵬近小蓬萊，正是雪月最佳處。聽春雨，樓名。雪月最佳處，臺名。曲折映帶總幽亭，潔芳頃步連窪盈。忘形絶念閉息影，繙書寫經開遂生。索笑石矼水清淺，灼灼疏梅封碧蘚。有時怡曠倚闌干，九點晚山清且遠。潔芳、窪盈、息影、遂生、清淺、怡曠、清遠，亭名。石矼，橋名。洞房塗壁雪色新，瑩可受采無纖塵。温火試香扃畫閣，亂雲靄靄中藏春。受采雪，洞名。雲中春，閣名。溝渠流月金瑣碎，緩踏修梁曳環佩。露影晶熒夜色澄，恍若霞川躡虹背。流月、霞川、躡虹，橋名。長歌楚誦聲珊珊，后皇嘉樹霜丸丹。暖風細香懷晉逸，一身眷戀花竹間。楚誦、暖香、晉逸、花竹間，皆亭名。花卉紛芳四時好，竹本幾般栽未了。牡丹富貴芍藥奇，薝蔔婆娑木樨老。蒼松百尺上衝天，幽蘭猗猗被深淵。菡萏解語净如拭，芙蓉弄態嬌以妍。孤峰危立當月竇，厚重不遷仁者壽。先知稼穡用能勤，别敞遺安閲耕耨。月竇、仁寿，橋名。遺安，堂名。賓朋滿坐冠峨冠，投壺散帙罄交歡。桂酒椒漿麋鹿脯，璚觴翠釜琉璃盤。運去式微遭蔔變，聞望功勛等飛電。地脈衰疲草樹焦，頽垣斷址低昂見。廿年汩没軍旅中，王事馳驅西復東。賢郎告代喜賦歸，問里尋鄰夢寐同。百感傷心淚横臆，復新基搆難爲力。行囊點檢得舊題，時時展讀聊自適。老余驤擢訪曾經，狐兔窟宅鵂鶹鳴。獨立斜陽三嘆息，泚筆吟就園池行。

明 烏斯道《春草齋集》卷五《和劉彦高倪氏園亭即事七首》 最愛倪家水竹居，地偏人静石窗疏。去年捲地西風起，不廢東齋滿架書。

接得劉公一紙書，從容鄰瓦滴蟾蜍。錦葵碧篠閒雲底，小几疏簾暮雨餘。

池無鵝鴨惱菱荷，島嶼春來竹樹多。只許幽禽啼户外，醉眠長日到無何。

水中荷葉捧青蛙，沙際鳧雛哑蔣芽。蛺蝶也應憂未解，故依萱草伴閒花。

雪紙亂山春藹藹，冰絃流水夜濺濺。胡床燕坐沈煙起，寫入天台骨也仙。

諸公相引入西京，誰似高哉魯兩生。滿榻清風同笑語，閒居相去一牛鳴。

蜻蜓上下波光静，戴勝飛鳴桑葉疏。金鎖乍開籠慣鳥，瓷盆欲放釣來魚。

明 陶安《寄題依緑亭太平縣湯肯堂》（《石倉歷代詩選》卷二八一辑） 黄山衍餘秀，雲巒結層城。溪泉抱林麓，蒼瑩有餘清。肯堂賢主人，締此松竹盟。作亭宅幽勝，闢園蒔芳榮。波光照簾几，天影涵空明。依緑意何如，聊以濯吾纓。漢水鴨頭色，錦江春碧晴。向來遠游處，恍惚當軒楹。仰視金芙蓉，千峰鬱峥嶸。丹崖浮紫氣，上接白玉京。仙人粲雲裾，下顧如有情。翩翩鶴書來，閉户懶出迎。俛首玩澄泚，但覺軒冕輕。機心晏然息，肯使鷗鷺驚。洗耳慕高躅，深居淡無營。

明 張適《題荆南精舍》（《宋金元明四朝詩·明詩》卷九二辑） 結屋近荆溪，茅檐緑樹齊。竹陰門内外，草色路東西。山翠鈎簾入，嵐濃埽榻迷。雨侵琴薦濕，花覆筆床低。引澗滋瓜圃，開渠灌藥畦。蘿穿牽石樹，鶴步落花泥。聽鳥停杯酌，看雲倚杖藜。柳深頻見燕，村迥不聞雞。婦足蠶千箔，兒勤雨一犁。著書藏篋笥，寫偈寄招提。日落兵塵起，煙横戰馬嘶。移家同雁逐，擇木羡禽棲。繪景娱親憶，裝潢命客題。邸窗時展玩，歸思倍悽悽。

明 陳正學《灌園草木識》卷六《灌園福時安神疏》 伊人夙尚清曠，買山偶得名園。昔時龍韜於焉滌甲，今兹豹隱稍復從庚。棲息一枝，磐桓二載。洪水降割，園廬傾頽。神靡寧居，人乏游處。墨卿罄稷鉏之人膝，叟節槻瓴之須。乃大規模，仍存固陋。闢三徑而望益，陳數瓦以栖神。仲長統之願言樂志斯在，淳于髡之大笑所求者奢。今與神約，神其聽之。

園中花欲英蔚，菜欲繁實，鳥欲清音，魚欲游泳。扦接欲長，移徙欲茂。蛇蝮欲屏，蔓翳欲闢。主人欲暇，素心人欲來。勿俾鼠雀殘佳果，勿俾翡翠捕儵鱗。勿俾風雨墮垣牆，勿俾盜賊窺藩圃。勿俾主人心志懈弛，勿俾傭僮跳梁種作惰窳，勿俾游人折花卉。是皆明神之司也，尚亦永賴哉。

明 練子寧《中丞集》卷下《水竹居詩》 高人結宇脩篁裏，軒户玲瓏瞰流水。庭皋月轉翠陰生，溪上風回青浪起。翠陰青浪映窗扉，曲徑臺深客到稀。林下移床揮麈坐，沙頭繫艇釣魚歸。柴門無事臨流敞，高卧支頤聽清響。千山暮雨石泉通，一夜春雷籜龍長。几席清幽俗事疎，波光晝日映圖書。何年得遂辭塵埃，杖策相從此卜居。

明 杜寧《五柏庄八景》（《天台詩選》卷二辑）

竹徑 萬箇玉森森，苔封一徑深。清陰飛翠雪，不許俗塵侵。

梅窗 老梅心鐵石，歲晏吐瓊花。不與羣芳競，窗前伴月斜。

松籟 髯虯百尺蟠，風度翠濤寒。時到幽人枕，驚回午夢殘。

泉聲 遶舍水泠泠，鏘金漱玉鳴。雖非絲與竹，静聽有餘清。

尖山 開户南山好，朝來爽氣多。幾番新雨過，一點濕青螺。

疊石　鬼斧何年琢，千尋絶壁形。蒼苔從不掃，長作黛痕青。

東皋　春深布穀鳴，處處隴頭畊。落日平蕪裏，時聞牧笛聲。

南圃　南圃枕清溪，桑麻嫩緑齊。落花隨水去，錯訝武陵蹊。

明 何景明《大復集》卷一《栖鳳亭爲黔國賦》 將軍園中何所蓄，十尺亭子四面竹。亭中一榻千卷書，將軍晝游夜還宿。元勳甲第高入雲，奇珍異玩窮海陸。將軍雅性不苟嗜，只愛亭邊萬竿緑。舊家風節傳累世，見此勝如見喬木。根株盤據幾十年，出地皆成老龍骨。舊幹扶疏已作林，新梢復見高於屋。新梢舊幹森相向，百丈空雲寒突兀。先公開圃一何勤，引水分畦費營築。石間斸雨移紫瓊，沙上耕烟長青玉。至今遺愛思萊公，萬古看詩想淇澳。將軍能武兼能文，展卷一目數行讀。只今世守清白操，春風如温霜如肅。閒時高卧園之中，此君亭亭對幽獨。月軒夜坐呈夏簟，風榭涼憑除暑服。空冥縹緲聞笙竽，户牖清虚映籤軸。昆池歌動黄鵠高，洞庭笛横白雲哭。瑶瑟一鼓瀟湘亭，冰綃再寫篔簹谷。憶昨路經嶺徼來，佳植全稀多樸樕。山深苦竹啼鷓鴣，地僻枯篁宿麞鹿。何期得到將軍園，一洗胸中十年俗。清晨邀我促席看，半日捲簾猶不足。我聞竹生玉河湄，開花結食鳳凰啄。將軍文采真鳳凰，凡樹安能動高目。願將音響入簫韶，奏我亭中棲鳳曲。

又《詠薛荔園》（《珊瑚網》卷一四）

思樂堂　抗楹臨清池，疏牖面層島。几筵列俎豆，周除藝花草。賢哉肯堂嗣，緬彼作室考。

假山　采石湖中央，爲山湖上曲。雲生窗裏岫，竹覆堦下谷。萬壑空盪胸，九仞迴在目。

水鑑樓　池開影層榭，臬臬千尺映。鑒止百物停，澄思萬感定。何必尋匡廬，照膽扳石鏡。

風竹軒　叢竹羅軒中，迴風一蕭森。緑水貯瑶彩，青岑流玉音。娟娟翠袖女，泠泠朱絃琴。

蕉石亭　種蕉覆山石，幽意助遐敞。風院落夏陰，雨檐送秋響。迷鹿悟真夢，書葉豈虚獎。

觀畊堂　亭亭山上臺，阪阪山下田。緑蓑屯宿雨，春犂破新烟。勞勞車馬客，安知沮溺賢。

薔薇洞　薔薇繞薜洞，丹葩結青蔓。縈烟翠亂臬，泫露紅逾爛。懽謙忌日夕，娱游在春旦。

荷池　覆水荷葉暗，出水菡萏長。風翻翠蓋倚，日照錦雲張。齊聲江南美，獨和渌水章。

柏屏　結柏爲門屏，盤條翠如織。蒼然烟霧裏，詎改風霜色。日夕不垂帷，歲寒未相識。

留月峰　雲賽像月窟，始識中峰奇。團圓挂蟾影，壥瓏映蛾眉。傾崖光不測，長扳叢桂枝。

通泠橋　山根坼斷崖，獨石裊垂梁。泉源寫鳴雨，波瀾遡風揚。炎天拂枕簟，觸石聆笙簧。

釣磯　盤盤垂釣石，宛宛碧池隅。翳荷窺浴鷺，牽藻引游魚。試詢淵上嘆，何以臨池娱。

花源　池源通中湖，流水浮飄花。窈窕泛朝日，潺湲弄明霞。倘逢漁舟入，得訪秦人家。

明 吕原《和許太常游高少保南莊二十韻》（《檇李詩系》卷九輯） 西灝行秋令，南莊賸晚馨。萸芳聯杞菊，松古帶絲苓。一鏡開寥廓，孤輪轉曜靈。碧梧枝綴露，丹柿葉藏星。爽氣消煩酷，晴光豁窅冥。鷺飛紅蓼渚，蛩響緑莎汀。竹塢晨霏歛，茭塘宿雨輕。元僚居瑣闥，休暇出彤廷。勝習朝簪盍，幽尋野騎停。眼將周禹甸，心只戀堯庭。漱石臨清澗，窺園步近坰。蘭敷莖已紫，荷折柄還青。暫憩林邊館，仍游水上亭。波平紓素練，山秀送藍屏。遣興窺銀管，忘懷罄玉瓶。形骸超宇宙，襟度散滄溟。日暮情難倦，天涼酒易醒。英標人盡仰，偉論衆皆聆。歸路無多遠，都門尚未扃。來朝趨閣早，欹枕漏頻聽。

明 姚夔《飲和堂集詩》卷二《游司馬魏公别業》 晨起宿慮清，閒步暢幽獨。荒園隱東偏，藤古覆平屋。開軒倚柏城，穿渠引槐瀆。藥欄乳新鶯，花砌藏修竹。結致甚精雅，置身恍崖谷。問誰啓斯園，先賢魏公築。魏公秩司馬，聲名振鉅鹿。韜略追雲中，高懷鄙食肉。勳猷既爛然，寄想在林麓。鄉老述當時，繁華景堪掬。松菊徑開三，瓊樹花騰六。蓮池晚送香，柳岸春飛緑。寒暑有良朋，持觴頻刻燭。所以四壁間，至今供玩讀。搆造未百年，壯觀乃改目。罘罳聚蠨蛸，階除連苜蓿。闃户闃無人，蠹魚結書簏。始悟循環理，興衰互倚伏。盛業難爲終，冥冥有遐福。惆悵辭園亭，麥秀盈原陸。

明 文徵明《甫田集》卷四《晚雨飲子重園亭》 高齋落日偶追從，樽酒淹留一笑中。芳草滿庭飛燕子，晚涼和雨在梧桐。江魚繞筯肥烹玉，野樹藏春淺映紅。潦倒莫言歸更緩，習家池館愛山公。

明　文徵明《拙政園詩》（《珊瑚網》卷一五引）　若墅堂在拙政園之中，園爲唐陸魯望故宅。雖在城市而有山林深寂之趣。昔皮襲美嘗稱，魯望所居不出郛郭，曠若郊墅。故以爲名。會心何必在郊坰，近圃分明見遠情。流水斷橋春草色，槿籬茅屋午鷄聲。絶憐人境無車馬，信有山林在市城。不負昔賢高隱地，手携書卷課僮畊。

繁香塢在若墅堂之前，雜植牡丹、芍藥、丹桂、海棠、紫瑀諸花。孟宗獻云「小築繁香塢」。雜植名花傍草堂，紫蕤丹豔漫成行。春光爛漫千機錦，淑氣薰蒸百和香。自愛芳菲滿懷袖，不教風露濕衣裳。高情已在繁華外，静看游蜂上下狂。

倚玉軒在若墅堂後，傍多美竹。面有崑山石。倚楹碧玉萬竿長，更割崑山片玉蒼。如到王家堂上看，春風觸目總琳琅。

怡顔處，取陶詞「盼庭柯以怡顔」云。斜光下喬木，睠此白日遲。微人不可即，暮景聊自怡。青春在玄鬢，莫待秋風吹。

夢隱樓在滄浪池之上，南直若墅堂。其高可望郭外諸山。君嘗乞靈於九鯉湖，夢隱隱字。及得此地，爲戴顒、陸魯望故宅。因築樓以識。林泉入夢意茫茫，旋起高樓擬退藏。魯望五湖原有宅，淵明三徑未全荒。枕中已悟功名幻，壺裏誰知日月長。回首帝京何處是，倚闌惟見暮山蒼。

聽松風處在夢隱樓北，地多長松。疎林漱寒泉，山風滿清聽。空谷度涼雲，悠然落虚影。紅塵不到眼，白日相與永。彼美松間人，何似陶弘景。

園有積水，横亘數畝，類蘇子美滄浪池。因築亭其中，曰小滄浪。昔子美自汴都徙吳，君亦還自北都。蹤蹟相似，故襲其名。偶傍滄浪構小亭，依然緑水遶虚楹。豈無風月供垂釣，亦有兒童唱濯纓。滿地江湖聊寄興，百年魚鳥已忘情。舜欽已矣杜陵遠，一段幽蹤誰與争。

志清處在滄浪亭之南稍西，背負修竹石磴，下瞰平池，淵深泓渟，儼如湖澨。《義訓》云：臨深使人志。清愛此曲池清，時來弄寒玉。俯窺鑑須眉，脱屨濯雙足。落日下迴塘，倒影寫修竹。微風一以摇，青天散瀟渌。

小飛虹在夢隱樓之前，若野堂北，横絶滄浪池中。雌蜺連蜷飲洪河，落日倒影翻晴波。江山沉沉時未雩，何事青龍忽騰翥。知君小試濟川才，横絶寒流引飛渡。朱欄光炯摇碧落，傑閣參差隱層霧。我來仿佛踏金鰲，願揮塵世從琴高。月明悠悠天萬里，手把芙蓉照秋水。

意遠臺在滄浪池北，高可尋丈。《義訓》云：登高使人意遠。閒登萬里臺，曠然心目清。木落秋更遠，長江天際明。白雲渡水去，日暮山縱横。

釣磯在意遠臺下。白石净無塵，平臨野水津。坐看絲裊裊，静愛玉粼粼。得意江湖遠，忘機鷗鷺馴。須知緡綸者，不是羨魚人。

來禽囿在滄浪池南北，雜植林禽數百本。清陰十畝夏扶疎，正是長林果熟初。珍重筠籠分贈處，小窗親榻右軍書。

桃花沜在小滄浪東，折南夾岸植桃，花時望若虹霞。種桃臨野水，春暖樹交花。時見流殘片，常疑有隱家。微波吹錦浪，曉色漲紅霞。何必玄都觀，山中有歲華。

槐雨亭在桃花沜之南，西臨竹澗，榆槐竹柏所植非一。云槐雨者，著君所自號也。亭下高槐欲覆墻，氣蒸寒霧濕衣裳。疎花靡靡流芳遠，清蔭垂垂世澤長。八月文場懷往事，三公勳業付諸郎。老來不作南柯夢，獨自移床卧晚涼。

爾耳軒在槐雨亭後。吳俗喜疊石爲山，君特於盆盎置土水石，植菖蒲、水冬青以適興。語云：未能免俗，聊復爾耳。有拳者石，弗崇以巖。上列萑葦，下引寒泉。有泉涓涓，白石齒齒。豈曰高深，不遠伊邇。言敞東軒，睨彼藂棘。君子于何，惟宴以適。青青者蒲，被于崇丘。歲云暮矣，式宴以游。君子于游，匪物伊理。古亦有言，聊復爾耳。豈不有營，我心則勞。載欣載遨，以永逍遥。

芭蕉檻在槐雨亭之左。新蕉十尺强，得雨净如沐。不嫌粉堵高，雅稱朱欄曲。秋聲入枕涼，曉色分窗緑。莫教輕剪取，留待陰連屋。

槐幄在槐雨亭西岸。古槐一株，蟠屈如翠蛟。陰覆數弓。舊種宫槐已十圍，密陰徑畝翠成帷。夢回玄蟻争穿穴，春盡青蟲對吐絲。

湘筠塢在桃花沜之南、槐雨亭北。修竹連亘，境特幽迥。種竹遶平岡，岡迴竹成塢。盛夏已經秋，林深不知午。中有遺世人，琴樽自容與。風來酒亦醒，坐聽瀟湘雨。

京師香山有玉泉，君常勺而甘之，因號玉泉山人。及是得泉於園之巽隅，甘洌宜茗，不減玉泉。遂以爲名。示不忘也。曾勺香山水，泠然玉一泓。寧知瑤漢隔，別有玉泉清。修綆和雲汲，沙瓶帶月烹。何須陸鴻漸，一啜自分明。

瑤圃在園之巽隅，中植江梅百本，花時燦若瑤華。因取楚詞爲名。春風壓樹森琳璆，海月冷掛珊瑚鉤。寒芒墮地失姑射，幽夢落枕移羅浮。不奈東風惡酒醒，參横山月落千年。秀句落西湖，一笑閒情付東閣。只今勝事屬君家，開田種玉生琪華。瑤環瑜珥紛觸目，琅玕玉相樹交加。我來如升白銀闕，綽約仙姬若冰雪。仿佛蓬萊萬玉妃，夜深下踏瑤臺月。瑤臺玄圃隔壺天，遠在滄瀛縹渺邊。

若爲移得在塵世，主人身是瓊林仙。當年揮手謝京國，手握寒英香沁骨。萬里歸來抱雪霜，歲寒心事存貞白。嗚呼，歲寒心事存貞白，憑仗高樓莫吹笛。

嘉實亭在瑶圃中，取山谷古風「江梅有嘉實」之句，因次山谷韻。　高人夙尚志，脱冠謝名塲。中心秉明潔，皎然秋月光。有如江梅花，枝槁心獨香。人生貴適志，何必身巖廊。不見山木災，犧罇漫青黄。所以鼎中實，不愛時世嘗。曾不如苦李，全生衢路傍。惻惻不忍置，悠悠心自傷。

竹澗在瑶圃東，夾澗美竹千挺。　夾水竹千頭，雲深水自流。迴坡漱寒玉，清吹雜鳴球。短棹三湘雨，孤琴萬壑秋。最憐明月夜，涼影共悠悠。

得真亭在園之艮隅，植四檜結亭，取左太冲《招隱詩》「竹柏得其真」之語爲名。　手植蒼官結小茨，得真聊咏左冲詩。支離雖枉明堂用，常得青青保四時。

珍李坂在得真亭後，其地高阜，自燕移好李植其上。　珍李出上都，辛勤遠移植。却笑王安豐，當年苦鑽核。

玫瑰柴在得真亭，植玫瑰花。　名花萬里來，植我墻東曲。曉雨散春林，濃香浸紅玉。

薔薇徑在得真亭前。　窈窕通幽一徑長，野人緣逕擷羣芳。不嫌朝露衣裳濕，自喜春風屐齒香。

水華池在西北隅，中有紅白蓮。　方池涵碧落，菡萏在中洲。誰唱田田葉，還生渺渺愁。仙姿净如拭，野色淡於秋。一片横塘意，何當棹小舟。

深净亭面水花池，修竹環匝，境極幽邃。取杜詩云。　緑雲荷萬柄，翠雨竹千頭。清景堪消夏，涼聲獨占秋。不聞車馬過，時有野人留。睡起龍團熟，青烟一縷浮。

柳隩在水花池南。　春深高柳翠烟迷，風約柔條拂水齊。不向長安管離别，緑陰都付曉鶯啼。

芙蓉限在坤隅，臨水。　林塘秋晚思寥寥，雨挹紅蕖淡玉標。出水最憐新句好，涉江無奈美人何。

待霜亭在坤隅，傍植柑橘數十本。韋應物云：洞庭須待滿林霜。右軍《黄柑帖》亦云：霜未降未可多得。　倚亭嘉樹玉離離，照眼黄金子滿枝。千里勤王苞貢後，一年好景雨霜時。向來屈傅曾留頌，老去韋郎更有詩。珍重主人偏賞識，風情原許右軍知。

明　顧起元《蟄菴日録·園居》　卜築西臨古渡邊，數椽蕭瑟可留連。林花陰密籠棋局，岸柳絲長拂釣船。月滿潮痕光射壁，風高樹影緑摇天。浮雲世事那能問，長日真堪似小年。

明　徐禎卿《江夏題王守城南精舍》（《石倉歷代詩選》卷四七八輯）　林步不覺遠，溪流隨興長。悠然深竹裏，獨往緑蘿莊。山色佳南郭，平疇連北堂。野人來荷鋤，蠶月百草芳。寤愜白雲賞，載謡叢桂章。垂楊足池鯉，閑牖有壺觴。念此牽情性，何勞緇素裳。

明　邵寶《容春堂後集》卷九《天趣園十景歌》　地官蕭九成作園于延平里第之旁，名曰天趣。園有景十，皆自成也。二泉子爲之作歌，歌曰：

石壁巉巖天斲成，一屏萬古長青青。蕭園卜鄰得正直，誰謂與立天無情。磐石坦然在平地，四望烟霞以爲際。數人共坐尚有餘，下布莓苔作文罽。原泉混混何處來，白虹委地聲鳴雷。水哉有本故如是，清泠未受人間埃。曲水流隨石渠曲，曲曲春風動新渌。觴泛蘭亭客如玉，方池水亦瀦爲方，汪洋數頃涵天光。昔人曾賦半畝塘，今也有客歌滄浪。水碓有機非作巧，終古周旋曾未了。尋常成物不言勞，更復何心較多少。釣磯垂釣者何人，千秋再覩磻溪春。水清見石魚可數，旁有間地堪經綸。丹穴于今亦何有，有窟如屋大於斗。罏鼎已亡存杵臼，應是山靈爲訶守。漱清軒外水漣漪，仰高亭前山崛奇。丹青盡物不盡意，意在地官南望時。

又　卷一〇《容春軒六詠》　**瞻尼壇**　精舍東有亭，奉先聖孔子畫像，前植杏樹，爲壇其下。　畫裏瞻尼父，庭前即杏壇。春風吹緑樹，真作泗濱看。

擬渠井　壇之西有地一方，畫爲井田之形，藝蘭蕙諸香草。　横渠復古心，紙上聊云爾。我畫我中庭，亦復横渠紙。

先春臺　浙人貽紅梅一株，與故有白梅對植庭下，臺以數石。　兩樹分紅白，同然見復心。開花還結子，吾道古猶今。

晚秋圃　精舍西樊地種菊。　秋菊有黄花，有朱亦有素。靖節醉東籬，爲識花心故。

黿峰庭　黿山石一樹精舍前，奇而不怪，通而不巧。　萬古水中山，一峰山下石。古貌獨蒼然，不受風濤蝕。

鐘石沼　二石自湖口上鐘山携歸，置之盆池，其一嶺屼，其一穹窿。　石鐘以聲名，無聲安取此。風水月明中，我憶東坡子。

又　卷一二《兩精舍》　一在冉涇之上，予日居之。一在惠山泉左，旬月一至焉。　兩精舍共二泉名，惠麓清風似冉涇。松倚一峰元有徑，草迷七曲已無亭。倪雲林爲先世題畫，有「七曲灣邵家，亭子面西山」之句。　渠通活水門前碧，嶺出浮雲屋上青。剛道病餘多謝客，小舟時復過西汀。

明 邵寶《容春堂集》續集 卷一《徐太史薛荔園辭十三首》

思樂堂　爲山兮既仞，爲池兮亦尋。宛水石兮斯在，昔之人兮此心。水汪汪兮石磊磊，嗟伊人兮不待堂。既構兮像懸，我山岳兮池海。

水鑑樓　樓吾俯兮清流，流之匯兮幽幽。日徘徊兮延佇，將舍此兮焉求。

風竹軒　庭倏倏兮踈竹，迴巖風兮鳴玉。軒吾倚兮無言，羌獨歌兮淇澳。

蕉石亭　蕉被被兮石矗矗，紛滿亭兮芳菉。芳菉兮奈何，懷佳人兮蹉跎。

觀耕臺　臺登登兮山上，田畇畇兮山下。叶　穡日力兮君欣，君復閔兮農之苦。

薔薇洞　菉葉兮朱英，叶　洞窈窕兮若房。悵青春兮遲暮，猶有寄兮餘芳。

荷池　采采兮荷華，西之渚兮東涯。水天風兮香遠，淹中洲兮日斜。

留月峰　月明兮峰景，既東兮復西。指佳期兮夕驎，扣環竇兮栖栖。

通泠橋　澗將斷兮有石，下潺湲兮玉聲。步既度兮返顧，予焉知兮何情。

花源　武陵胡然兮震澤，限花與水兮沿復。洄悵尋源兮不見，見水流兮花開。

石假山　屹有峰兮湖之中，石際水兮叢叢。彼日夕兮浪以風，於我石兮撞舂。猗兹望兮南東，誰此池兮此峰。峰之下兮湖通，盍觀兮焉從，善齊物兮若翁。

柏屏　結瓊枝兮若屏，歲云暮兮青青。春風起兮烟霧，翠爲雨兮載零。

釣磯　有磯兮水濱，俯幽藻兮青蘋。魚鱗鱗兮迎予，夢烟月兮千春。

明 佘翔《薛荔園詩集》卷二《秋日薛荔園書懷》　一簾黄葉雨，高枕白雲秋。天地甘貧病，蓬蒿自去留。魚腸空結客，猿臂豈封侯。所以忘機者，臨流狎海鷗。

悲風鳴大壑，落葉滿荒苔。倦鳥投林盡，浮雲度海來。文章裁短褐，日月寄深杯。中散交游絶，柴門晝不開。

一徑萋寒卉，孤村逗夕陽。溪流環遠近，樹影散池塘。有客懷餐菊，無人問翳桑。端居空自好，山際白雲翔。

秋色江村冷，兼之四壁貧。圖書供歲月，牛馬任風塵。蹈海齊高士，懷沙楚逐臣。吾生空落落，華髮幾莖新。

又《咫園篇爲鄭都諫作》　名園開咫尺，大隱絶風塵。嘯傲烟霞老，棲遲鬢髮新。桔槔偏不用，杖屨每相親。豈是陶弘景，居然鄭子真。蓋停鄰下客，瓮抱漢陰人。薛荔裁初服，蘭荃若比鄰。柳隨彭澤徑，花壓武陵津。金谷空爭麗，土泉别有春。業篁遲鳳翮，古柏偃龍鱗。醒酒時憑石，彈棋或藉茵。著書淹歲月，染翰亂星辰。環堵原非病，於陵豈爲貧。當年青瑣闥，此日白綸巾。濠濮生幽想，蓬蒿得隱淪。何須吞夢澤，差可避嬴秦。方丈知何處，乾坤寄此身。招游惟二仲，詎厭往來頻。

又 卷三《題立雨叔餐秀園四首》　春生薛荔翠交加，高捲湘簾覽物華。一曲溪流堪濯錦，有時流出武陵花。

竹香細細午風柔，高枕滄浪事事幽。散帙揮毫過白日，嚶嚶灌木鳥相求。

一室多藏小酉書，草名書帶滿庭除。夜來太乙高相照，彩筆如椽賦子虚。

濁酒誰知大阮心，蓬池無日不清吟。仲容亦有銜杯興，散髮頻來醉竹林。

又《題沈純甫緑蘿莊四首》　疏乞還山别漢都，知君踪跡寄菰蒲。徙陶偏笑鴟夷策，何似君家長五湖。

豈爲長生賦采芝，二毛心事少人知。沈郎不問腰消瘦，興到還裁八咏詩。

嶺海當年謫戍身，歸來舊業白雲貧。一區寂寞玄堪草，載酒時來問字人。

結苑此地意如何，書著名山副墨多。纔見條桑蠶事起，西湖又聽采菱歌。

又《題姚槐州明府園亭二首》　五柳先生懶折腰，歸來踪跡溷漁樵。角巾灑酒東籬下，還赴蓮花社裏招。

亭對青山一水分，隔林啼鳥静中聞。若非寂寞耽奇字，載酒何人問子雲。

又《題江氏亭三首》　檻外芙蓉插漢斜，紫荆花映碧窗紗。登樓一笑星河冷，揮手空中摘九華。

名花如綺倚雕闌，曲徑蕭然竹數竿。草就玄經無别事，南華秋水月中看。

一庭春色散天香，花萼相輝白晝長。氣似垂虹文似錦，風流原不墮江郎。

又《題姚明府亭二首》　名園花竹影參差，招隱長歌絶妙詞。醉倒接䍦醒不得，風流還似習家池。

光禄池亭向水開，郎官青鬢賦歸來。桑田滄海須臾事，竹下何妨數舉杯。

又《題鳴臣林明府園亭三首》　山中雨露長松筠，十畝園林寄此身。莫問桔槔勞俯仰，忘機原是漢陰人。

白髮逍遥不計年，興來時咏考槃篇。濯纓池上寬垂釣，魚在濠梁樂已全。

宅邊五柳似柴桑，籬下黄花晚更香。自有白衣來送酒，南山秋色醉斜陽。

又《戴朝賓四山亭四首》　四山環抱着孤亭，中有高人醉復醒。一徑蓬蒿車馬絶，床頭草就太玄經。

亭俯溪流白日寒，鷺鷗輕下使君灘。何須夜泛山陰雪，五月扁舟興未闌。

五嶺風流一使君，飄然林下鹿爲羣。醉來不枕山中石，别取支機卧白雲。

南海歸來興不孤，高陽濁酒命吾徒。一池春水葡萄色，肯與西施泛五湖。

明 孫承恩《文簡集》卷二二《游鄭園和張水南司成韻》 城市園林迥不同，入門翠靄眩西東。叢篁逼仄短無地，曲徑盤旋忽有峰。亭上把杯邀落日，水邊岸幘倚微風。尋芳竟日成留戀，莫計歸途起暮鐘。

明 靳貴《松軒》（《石倉歷代詩選》卷四六七輯） 長松千尺倚華軒，軒外松陰五畝園。睡鴨未醒雲滿地，主人相對酒盈尊。香浮碧落紅塵遠，影射虚窗白晝昏。欲向徂徠訪仙跡，試將丹訣就君論。

明 祝允明《懷星堂集》卷二《南園賦》 不逢年以干進，依靈丘以肥遁。違王侯而尚事，聊消摇兮無悶。則有澗阿之間，廬广之前，闢彼善壤，繚之長垣。令流水以成池，象洞天而爲山。交蹊迂迤以午達，寬石陂陁而底安。嘉樹井立，名蘤櫛植，倏筠軒挺，豐蘙綿密。四叙有接艷之葩，比歲有連新之實。栝柏杉松，栟櫚梧桐，文梓美漆，高椅茂榕。榆分光於星田，桂得種於月宮。桃李兮成溝，牡丹兮專叢。海棠兮泛殷，階藥兮翻紅。灼清漣之香蕖，爛曲塘之金蓉。帶以鬒荇鋪以水，漢莫不陸陳亡厭。水立靡窮，千蕤萬萌，不可得而極諸其形容也。至於桃杏梅李、棗柿梨栗、蔗藕菱芰、榛榧棖橘、含桃枇杷、龍眼崖蜜、鳧茨鴨脚、雁頭湖目、菰筍疏脆、薯蕷豐實。爾其百喙歌春，孤蟬吟秋，貴語雕籠之吉了，巧囀碧陰之栗留。或雊谷雉，或走罝兔，或屏隱孔翠，或沙立鷗鷺，或臯鶴和鳴，或麀鹿行顧，大抵人埸既偏，圃事聿周。吴多名苑而兹其特優歟！夫辟疆專聲，習氏遠稱。金谷積麗，離垢揭清。董廢闕以儒振，陶日涉而趣成。展也獨樂，久矣莫京。掌人於此，將攀轍而抗衡者邪！况方之自南，火離攸奠。類陽而明，象文以顯。雖因勢以就築，亦可以物而取諸遠矣。於是庋圖袟，著筆硯，張琴筑，展壺箭，流吟嘯，肆觴燕，祛凡襟，廓玄見。如易賁于而有喜，如詩樂彼而不倦。若是乎其陽明哉！士安士爲君子儒，其文顯邪！吾爲爾作逸民傳。

明 王九思《渼陂集》卷四《公順園林七首》選二 堦蓂三月晦，苑景百年游。柳岸鶯初囀，花林水暗流。吹簫秦弄玉，遁世漢浮丘。安得謝塵鞅，頻來共倚樓。

水比歸耕地，花陰獨笑堂。栽花鄰鹿苑，流水即滄浪。潛濯塵纓好，紅飄春酒香。幾回歌舞罷，疑坐澼西庄。

明 王寵《雅宜山人集》卷四《王侍御敬止園林四首》 杜韋天尺五，歸卧海東偏。玉麈開蓮社，金貂貫酒錢。園居馮水竹，林觀俯山川，竟日雲霞逐，冥心入太玄。

共有王猷好，同酣修竹林。山光雲几净，水色畫堂侵。斷續冬花吐，瓏璁好鳥吟。輞川如有待，那得戀朝簪。

即事罕人力，林居常晏然。天青雲自媚，沙白鳥相鮮。徙倚隨忘返，風光各可憐。洞中淹日月，人世玩推遷。

薄暮臨青閣，中流蕩畫橋。人煙紛漠漠，天闕敞寥寥。日月東西觀，亭臺下上摇。林深見紅燭，側徑去迢遥。

又 卷五《徐將軍園林三首》 當代麒麟畫，先朝肺腑親。鑿池分太液，開閣盛平津。羽扇談名理，鶡衣列上賓。信陵高宴會，日暮擁朱輪。

禁城還水竹，華館别山林。肯信金貂貴，能調野鶴心。巖花相映發，雲木自虚吟。劃對仙人掌，翻疑華岳陰。

夏木成帷幄，秋崖駁錦文。池翻江外浪，亭宿海東雲。客醉分巖散，鶯歌隔塢聞。鄴中賓從集，飛蓋擁夫君。

又《拙政園賦》 侍御王公敬止，世吴人也。【略】公則茫然若遺，逍遥以嬉，乃築室闤闠之城，背廓市，面水竹，軒蕪糞莽，取勝自然。頗愛潘安仁《閑居》之篇附于拙者之政寵，遂賦之以歌厥事焉。

【略】爾乃税鞅故國，徊翔首丘。豈宇宙之迢遥，何余栖栖而倦游。我蔭有廬，我耕有疇。彼季子之奚入，將褰衣以優游。洵伯通之不羈，賦五噫而聿遒。經山川之故墟，眷君子而夷猶。撫佳木之蓊翳，接吴會之長洲。羅以園囿，言旋于休。乃有滄浪之池，夢隱之樓，臺以遐觀，堂則若墅。竹柏得真，橘柚列樹。郁李張梨，櫻桃棠棣。菡萏荼蘼，丹瓜緑芋。華實駢羅，溝塍錯互。於是風妍景熙，六合澄朗。時鳥變聲，鮮雲如掌。曳山簡之接䍦，披王恭之鶴氅。良儔言集，恣意偃仰。修山陰之故事，和蘇門之遺響。朱果在摘，赬鱗摇網。醽醁載浮，圖書弘敞。信巧拙之何居，澹玄心於天壤。眄鴻飛之冥冥，知下上之泱漭。彼爰居之逍遥，奚鐘鼓之爲響。吸元化以潛神，漱瑶津而獨往。永寤歌於聖朝，錫萬年之鳩杖。

明 徐獻忠《長谷集》卷四《康山莊三首》 百畝松筠老自由，兵戈聊復慰離愁。長谿近帶青山郭，深樹遥迷白鷺洲。藥圃逢春芽自吐，石田經燒種還收。山家公事從來少，况復追呼静此州。

帖石誅茅傍翠嵐，荒原時共白雲擔。千層落障高堪摘，一綫流泉細可探。柳岸欲藏鶯對語，秋田拚與鹿分甘。幽懷不爲龐公發，老我爲農分所堪。

青山鶴髮此相逢，住近烟霞第幾峰。累薄自堪家作隱，孫多元合老稱翁。閑如禪子游三昧，早爲衰年辦一節。西望白雲無盡處，尚嫌身在白雲東。

明　周倫《西園》（《石倉歷代詩選》卷四六四輯）　買園聊得地，日涉未嫌多。石磴臨丹井，雲崖網碧蘿。草亭孤嶼際，潭水下岩阿。客至還觴詠，那知鬢髮皤。

明　錢琦《錢臨江先生集》卷一《舟過沈大賓園林不得登覽》　名園隔野水，紅亭見樹杪。落日照長林，喧喧集歸鳥。芙容出短墻，似憐晚妝好。晚妝遥對畫樓開，月白花香入棹來。不分秋風催客去，郊居吟徹送深杯。

明　王世貞《弇州續稿》卷一九《游徐四公子宅東園山池》　侯家樓館勝神仙，况爾烟巒四接連。平臨絶壑疑無地，忽躡危梯别有天。虬洞轉深能暝晝，魚波競皺欲頳淵。支頤政爾耽幽賞，無柰笙歌引畫筵。

又　卷二三《和張肖甫司馬題王陽德使君陽湖别墅十詠》

知樂軒　鯨口初分玉澗餘，金鱗點點躍青渠。欲知魚樂無如子，曾向澄江夢作魚。君嘗令靖江，故以令事戲之。

清涼界　從他赤日也清涼，室利南來是道場。不似石家金谷地，熱心偏向緑珠忙。五臺有清涼界，金谷亦有清涼臺。

紵青閣　小閣疎簾面面開，不知何處送青來。佛螺欲傍斜陽斂，那有珠絲繫得迴。

紅雨蹊　天花争墜不黏身，下作東林紅錦裀。却恨酒醒眠起後，悄然無計一留春。

浮碧臺　千尋碧皺倚空濛，湖眼山眉態不窮。錯訝樓臺緣蜃氣，中天湧出化人宫。

金粟嶺　紛紛金粟萬如來，移自西方七寶臺。笑殺中秋靈隱夜，總令收得不堪栽。

穿雲峽　有時峽坼流雲逗，有時雲薄峰尖透。主人躡屐傴僂歸，剪得氤緼滿雙袖。

超然臺　暘湖千頃白雲流，百尺隗俄在上頭。欲語超然無可道，不牽塵世一絲愁。

筠阿館　萬條青玉逼雲寒，餘籜猶堪剪作冠。張鷹莫跨居處好，王家亦自有琅玕。

暑香亭　才歌白苧水生涼，脉脉柔風送暗香。記取鄭公三伏日，碧筒徐吸紫霞漿。

明　王穉登《隅園》（《海塘録》卷八引）　小圃臨湍結薜蘿，主人日涉趣如何。幽花時灌寒猶好，小鳥春來雨亦歌。雅稱琴尊清晝賞，不妨樵牧夕陽過。政成京國歸閒樂，只讓温公五畝多。

明　余有丁《余文敏公集》卷一二《有懷故園》　新春小雨餘，忽漫憶園居。甃石堪垂釣，分畦可種蔬。逕荒萬个竹，池活幾頭魚。路遠不能致，令人增鬱紆。

明　梅鼎祚《鹿裘石室集》詩集卷一一《冬日弇園》　吴地多名墅，王園擬辟疆。三弇分勝界，一水劃中央。林老山容瘦，波沈石氣蒼。嚴寒出真意，吾不愛穠芳。

向背峰殊勢，高深磵逐流。樓臺相映帶，竹柏互綢繆。洞窈游操炬，梁危住喚舟。亦知由浚築，恍忽與神謀。

折旋原此地，回顧儼他山。峭蒨青葱合，千巖萬壑間。羽鱗皆有託，花樹衆從攀。惜别弇州路，白雲空往還。

明　高啓《大全集》卷一六《獅子林十二詠》

獅子峰　風生百獸低，欲吼空山夜。疑是天目巖，飛來此山下。

含暉峰　演漾弄清暉，江山秋斂霏。我吟康樂句，日暮澹忘歸。

吐月峰　四更棲鳥驚，山白初上月。起開東閣看，正在雲峰缺。

立雪堂　堂前參未退，立到雪深時。一夜山中冷，無人祇自知。

卧雲室　夕卧白雲合，朝起白雲開。惟有心長在，不隨雲去來。

問梅閣　問春何處來，春來在何許。月墮花不言，幽禽自相語。

指柏軒　清陰護燕几，中有忘言客。人來問不應，笑指庭前柏。

玉鑑池　一鏡寒光定，微風吹不波。更除荷芰影，放取月明多。

冰壺井　圓甃夏生冰，光涵數星冷。窗有定中僧，休牽轆轤綆。

翛竹谷　翠雨落經床，林鳩午鳴後。筍出恐人來，編籬遮谷口。

小飛虹　初看卧波影，應恐雨崇朝。過澗尋師去，端知度石橋。

大石屋　混沌復輪囷，全無斧鑿紋。門臨五湖水，坐納四山雲。

明　龔憲《徐公子西園十二韻》（《盛明百家詩・龔副使集》輯）　邸第通衢北，仙源枕郭西。經年厭塵市，此日遂攀躋。窈窕穿霞洞，逶迤度水畦。棋枰分別墅，蓮舫泊前溪。疊石迎人立，叢篁刺眼迷。雕甍藏密景，綺閣挂晴霓。酒載邀雲酌，詩成借竹題。香亭含薜荔，芳樹隱棠梨。丹穴餘蝸蘚，蒼苔印鹿蹄。衣沾飛絮雪，屐惹落花泥。金谷名堪並，蘭亭興與齊。鳳臺纖月轉，不復問青藜。

明　强仕《宿朱射陂園館二首》（《盛明百家詩・强德州集》輯）　喬木陰陰日轉遲，市聲不到鳥聲齊。遠人誤認山中宿，誰信名園枕縣堤。

山城擊柝夜遲遲，寒透重闌酒醒時。烟月滿庭凝立久，爲占春信到南枝。

又《射陂園居》　華閥開名里，芳園接勝游。花凝天市露，池挹鼇珠流。玉局分巖響，金罍隔水留。他年追緑野，此日即丹丘。

明　王諷《遠泉孔氏竹林二首》（《盛明百家詩・王僉事集》輯）　孔翁好竹如飲食，半頃芳園多此君。踈影檀欒下白日，暮光葱蒨摇青雲。形勝未煩山獨占，清幽却許壑同分。誅茆結屋自高尚，煮竹烹魚人不聞。

君家門第自清高，勝事園亭卜築勞。向背河山如拱揖，接連水竹滿週遭。風雲久護蟠龍窟，日月交輝彩鳳毛。啜茗會憐幽興極，何由移却到東皋。

明　顧夢圭《葺園》（《盛明百家詩・顧廉訪集》輯）　先君好恬遁，曾營數畝園。丹桂凌冬荣，碧卉及春繁。芳沼泛鳧鷺，曲樹羅衡蓀。詎敢擬辟疆，庶以娱朝昏。自余狥微禄，海嶠驅輶軒。三徑真就荒，緬憶陶公言。受直與世違，耰鋤情所敦。今晨理舊業，如返遠游魂。伐棘可補籬，誅茅聊覆垣。端居玩物色，歲籥任寒暄。

明　唐石東《過俞氏園三首》（《盛明百家詩・唐山人集》輯）　人擬陶彭澤，書傳郭橐駞。壺觴白日静，花竹曲欄多。石冷宜醒酒，池虚亦影娥。柴荆如不閉，乘月更來過。

老興時能縱，狂吟每自來。春風留客處，草閣傍花開。錦樹鶯歌曲，鱗渠水似苔。緬懷山簡醉，常向習池回。

天闊亭臺迥，春深竹樹連。遺踪失金谷，作記愧平泉。物色同今古，乾坤自歲年。慚非梁苑客，欲賦爲誰傳。

明　朱衡《王中泉亭園》（《盛明百家詩・朱鎮山集》輯）　羣芳紛自媚，偶爾過名園。緑樹斜通徑，青山過掩門。庭閑花是伴，客至鳥能言。行役吾方迫，淹留倒一尊。

世業誰堪並，君才迥自如。苦吟摩詰句，細仿右軍書。茅屋經冬葺，瓜園帶月鋤。冥冥煙樹裏，時一命巾車。

明　俞寰《海虞錢氏園林雜詠七首》（《盛明百家詩・俞繡峰集》輯）

五柳堤　昔日柴桑翁，種此五株柳。悠悠千載餘，更遇奚川叟。

涉趣街　名園有佳趣，窈窕不能窮。探奇何處所，只在此街中。

舒嘯皋　東皋俯迴溪，登臨足奇曠。長嘯天地空，人在羲皇上。

遐觀嶺　孤嶺薄青冥，周覽俯六合。閒雲往復還，倦鳥歸飛急。

脩禊所　春日麗以佳，温泉濯吾垢。童冠歌相隨，風流浴沂後。

點易臺　山中有高臺，坐觀太始理。遐哉四聖心，託之管城子。

浣花溪　杜陵久寂寞，花溪今在兹。大雅不墜地，劃見開元時。

明　張羽《苕陽草堂》（《石倉歷代詩選》卷二九五輯）　閒居守耕作，結宇臨溪曲。林扉晝常扃，端居延昏旭。高荷映窗晚，清渠含苔緑。逍遥遠塵事，澄心對簡牘。筆硯發幽芬，琴酌招近局。長吟匪求偶，冥觀真寡慾。羡君棲閒意，於焉保貞獨。

明　王畿《卓吾先生批評龍溪王先生語録鈔》卷八《題王鳳洲小祇園》　給孤去已遠，此地復開園。禮佛蓮花湧，傳經貝葉翻。水深澄客性，山古隔塵喧。安得留精舍，同參不二門。

明　茅坤《耄年録》卷一《寄題何仲仁園林》　佳山水處搆園林，半貯圖書半奕琴。豈似季倫金谷豔，還疑摩詰輞川深。琪花瑶草望中綰，黄鳥白猿耳畔吟。況復先公開講幄，何當飛夢共招尋。

明　朱健根《題邵使君園亭十五首》選十（《盛明百家詩》卷三二四輯）

有斐亭　虛亭團翠竹，佳氣何葱葱。我愛亭中人，賢如衛武公。

聽泉亭　泉聲時在耳，何用拊琴聲。一注青雲外，泠泠太古音。

涵碧亭　構亭俯清沚，雨過净無滓。倒影弄天光，人在冰壺裏。

雲河草閣　五岳雲生户，九霄月掛闌。劃然時一嘯，銀漢落飛湍。

悟真菴　有月樹留影，無風水不波。誰能將此意，一爲問維摩。

柏臺　翠柏護高臺，冰霜秀不改。主人時一登，凛凛存風采。

梅墩　誰將庾嶺梅，栽傍草玄宅。一夢入羅浮，覺來山月白。

藥畦　墾石種芝术，可以制頹齡。不讀郭駞傳，時翻本草經。

芙蓉沼　秋水照嬋娟，落霞相掩映。自有清霜姿，不與東風競。

五色薔薇架　小院清和候，微風滿架香。只疑天女梭，織就五雲章。

明　何良俊《何翰林集》卷三《傲園雜興十首》選六　結宇依曾曲，翛然離垢氛。渚花含宿雨，苑樹鬱春雲。濁酒鶯歌勸，幽襟蕙氣薰。此生成獨往，何日反人羣。

小艇乘川漲，輕舠散野塘。放歌春溜滿，欹卧夕林長。酒約嵇公載，帆因謝客揚。會心何必遠，得趣即亡羊。

自適幽居志，林園二月初。開心隨地遠，芳意逐春舒。日彩妝花麗，風文織柳疏。百年期永畢，定自不應虚。

一丘青嶂遶，三徑緑蘿紛。不見求羊輩，空隨鷗鷺羣。松關疏雨氣，竹院净霞文。人境都閒寂，泠泠天籟聞。

樹暗斜通徑，村深迴帶渠。青枝忽度鳥，碧藻欲藏魚。晏坐時參佛，高眠斷著書。獨餘常闃寂，得似子雲居。

已應朱明候，偏宜碧簟凉。荷風清暑瘴，麥雨蕩霞光。把髮期中散，披襟想上皇。人生自足樂，翻不羨濠梁。

明　俞允文《俞仲蔚先生集》卷一《會芳園賦并序》　中書舍人胡頤，尚書忠安公之孫也。遺榮寰中，逸志世表。度山相土，肇置茲園。探隱究奇，飭朴兩逝。雖事殊巖穴而道在棲盤。爰延詞英，並述歌詠伊。予不敏，輒撰斯章。其詞曰：

有逸世之公子，仰通人之遠規。追仲長之願言，求應璩之所書。靡希榮于魏闕，協清曠于丘墟。爾乃發精誠于宵寐，遂解組而巖棲。君在京師，嘗夢竹搆亭于家，遂解組而歸，搆亭曰夢徵。聚石爲巖，曰隱君。控郊坰之傾阻，究川阜之靈奇。挾爽塏之緬邈，剪榛莽之踈蕪。或遠襟而近帶，或前背而後趨。選自然之妙有，爰結構而爲娱。延隱淪之高躅，勒藻麗之英辭。堂曰延逸，屏曰萃玉。勒名賢題詠于上。研陰陽之變化，悟損益之所歸。寓曰悟易。飴露鶴于潭皋，狎晴鷗于水區。分田飼鶴，曰款鶴。築矶水中，曰狎鶴。墮虹梁于煙境，遺天地之廣虚。橋曰醉眠。兼有玉洞春暖，碧樹雲寒，澗芳芬敷，翠竹檀欒。蕉兮窗而陰緑，花覆塢而流丹。或濯塵纓于清瀨，或睇素娥于澄湍。有藏春閣、留雲樹、流香澗、篔簹谷、分綉窗、萬花塢、濯纓瀨、影娥池。復有泉通古甃，湛明月之虚朗。芝秀苑園，象宫闕之崔巍。泉曰古竇，館曰瑞芝。凌仙閣兮霞杪，閣名棲霞，祀仙人張三丰象于上。峙層樓兮山隈。既援蘿兮側徑，亦更屧兮重階。有山外樓、捫蘿徑、更屧階。咸托勝以標名，並靈峰而起臺。峰成，適會昌侯孫公至，因名其亭曰會昌。有峰並奇峻，以宋米南宫拜石事，因築臺峰側，曰未拜臺。此皆殊製而異所，果饒樂之所必該。匪尤物以興累，鑒幽情而自裁。彼面城而近市，亦理隔而情乖。至如憔悴窮嵐之曲，棲遲荒翳之坳，又篳簬而藍縷，聊鑿坏而處巢。殉褊兮以獨往，徒危形而自雕。顧茲園之信美，惟飾朴之兩逝。豈侈觀而後情高，滅跡事爲殊世。順所便以宴息，撫鴻運而肆志。或興歌而容與，或懷往以悠裔。每在物而必懽，奚脩名之足惧。諒娑娑以永年，誠不知其所至。竊權慮乎末簡，庶以緝夫幽記。

又　卷三《園居》　窮居寡儔匹，園廬有餘清。落葉覆荒池，踈林映高城。野田刈穫盡，霜畦蔬復登。寒月無密影，中夜露氣凝。是時囂煩息，沉思方入冥。沉冥乃道真，一悟還自驚。

又　《題程汝義西野林園》　程君家山中，猶復厭囂喧。西行始百步，弥覺野性存。薙草壅階基，列屋開林園。複嶺相窈窱，灌木自滋蕃。疏石出清池，記時溉花根。徑紆初若絶，谷轉悦及門。即此唯一區，居然棲隱淪。松烟寫緑字，貝葉謄玄言。助幽或鳴鳥，感遠疑聞猿。晴氣成白雲，皎潔蕩明軒。事勝忽懷往，千里難并奔。聊用托桑翰，遥情何由敦。

又　卷五《朱氏園林二首》　高士精廬敞，開軒並碧岑。雲移峰勢動，日過水光沉。幽梵林中遠，清機物外深。自憐非暮齒，已有尚禽心。

誰謂草堂静，春來百舌鳴。花間留石砌，樹杪出山城。竹色含烟淺，梧陰帶月輕。自餘無俗事，一徑日經行。

又　《周氏園亭》　紫紺琳宫側，芳園麗景迴。焚香青靄聚，洗鹿白雲開。橘想靈均什，亭堪内史才。更憐花徑裏，月色夜深來。

又　《王氏湖上園林》　渺渺川光合，冥冥海色來。月中移桂棹，天外接霞杯。孤嶼浮青靄，深林净緑埃。自應人跡絶，一徑爲誰開。

又　《丹陽孫氏園亭》　迢遞高棲處，御階衆壑連。白雲松路窅，碧樹石潭圓。野瞰疑無地，山迴覺有天。因君垂惠好，重想薜蘿烟。

又　卷七《題周氏園亭》　華館遺塵境，巖庭隱跡深。奇峰夏雲起，古樹曉煙沉。曙景通虚幌，春叢轉候禽。高蹤資僻遠，勝地狎招尋。小徑飛梁接，交窗暗竹侵。焚香泛蘭氣，蔽月下梧陰。文几浮鴛錦，踈簾障碧潯。遥情屬芳杜，清賞隔華簪。載筆慚詞客，何由振雅音。

明　李夢陽《空同集》卷三四

薛荔園　芳園翁薛荔，水石非人间。昔聞西洞庭，今爲學士山。

思樂堂　肯堂欽古訓，修祀報前功。酌洞歌行潦，采蘋遵召風。

石假山　磊奇成我山，雲氣遽裊裊。尺水即溟渤，拳石是蓬島。

水鑑樓　風吹池蘋開，天空水如鏡。幽人時憑闌，下看行雲影。

風竹軒　吾軒自有竹，暑月常寒聲。山静無風時，滿林空翠生。

蕉石亭　看石忽有詩，扳蕉書其上。夜來雨打葉，驚聞金石響。

觀畊臺　洞庭有興雲，太湖無落波。登臺問農者，不勤將何爲。

薔薇洞　洞口薔薇密，石花壓雲濕。曉來枝上露，不知鶴飛出。

荷池　山風吹水香，脱巾池上坐。盈盈千歲龜，飛上荷葉卧。

柏屏　堂堂千尺材，爲屏忍屈曲。終抱凌雲情，不改歲寒緑。

留月峰　峰奇自成竅，似月非有心。月來爾何意，徘徊光與深。

通泠橋　兩通厓水響，石梁裊山磵。晴天挂一虹，溪斷雲不斷。

花源　落英泛流水，點點如飄霞。爲有問津者，不敢種桃花。

釣磯　磯根浸寒月，細草緑如髮。夜魚不受餌，石上坐秋月。

明　馮惟敏《海浮山堂詩稿》卷四《秋日小園雜興》　幽人一畝宮，山勢亦巃嵸。墻上豆花白，水中萍葉紅。松篁移晝日，城堞起秋風。官舍親農圃，蕭然故國同。

心期在登眺，齋舍更依山。鈴閣金風振，朱扉白晝關。清貧憐客少，流落羡官閒。秋色晴無際，都歸俯仰間。

客至無公事，從容一問奇。簾疎常不捲，榻小欲頻移。鳥跡斜書砌，瓜藤密護籬。誅茅消歲月，偃蹇恰相宜。

鑿井學安王，爲山似隱居。閑情便水館，薄禄愛園蔬。草木含元化，池塘浸太虛。悠然塵事緣，夢亦到華胥。

明　董份《夏夜園亭即事二首》(《南潯鎮志》卷六引)　避世人方笑，行園客偶同。窗摇楊柳月，亭敞芰荷風。鳴鶴穿蘿徑，游魚戲藻叢。生涯唯有醉，莫使酒杯空。

宴坐當初伏，開尊對小池。夜深魚躍水，月出鳥移枝。菡萏隨風馥，梧桐帶露垂。何當歌吹歇，時爲理琴絲。

明　田藝蘅《香宇集》卷二九《奉和遂昌黄御史文卿闓陽别業四首》　花木深沈曲徑通，居然山谷古人風。共夸柱下多良史，未許亭中有醉翁。林水平臨魚鳥近，煙波高卷海天空。遠游尚滯盧遨跡，黄鵠何堪比壤蟲。

圖書璨瓓即蘭臺，驄馬承恩暫許回。短榻獨分高士卧，清尊常對好山開。峰巒筆卓文華集，石室丹成瑞氣來。霖雨傳巖知欲起，商家正急濟川才地有文筆峰、瑞山。

攬得雲霞結小亭，春風爛熳作新晴。醉花露滴金盤碧，煮茗泉分玉竇清。黑鷹不撓周室法，丹雞肯背越壇盟。由來吏隱兼仙隱，且聽叢霄絶調笙。

水滿池塘竹滿林，風流不負酒杯深。西臺御史真椒口，南國佳人有蕙心。星影故摇雙匣劍，秋聲忽動萬家砧。輞川勝事多于昔，誰和王維倚樹吟。

明　張居正《新刻張太岳先生文集》卷三《重游蕭氏園亭二首》　不到南塘久，鶯聲覺底繁。野雲低抱石，江氣遠含村。只愛松筠冷，寧閑車馬喧。相遇已無數，不必問前源。結搆憐幽僻，雲門網薜蘿。祇愁迷徑術，何意屢經過。野食供蔬茗，山衣葺芰荷。還期卜鄰並，時共眄庭柯。

明　李攀龍《滄溟集》卷四《求志園》　吴門有奇士，二弟偕好修。鞍馬照紅顔，往來長者游。帶劍何良綺，垂纓亦綢繆。豈不攬豪賢，我志非所求。駕言旋北郭，灌園依一丘。白雲蕩虛壑，餘映翻寒流。置酒臨高臺，邈焉懷其儔。鴻鵠既云舉，千里常悠悠。清風動帷幕，皎月光沉浮。讀書見古人，鳴琴調逾幽。無取廣川觀，昔在漢陰叟。天子御飛軒，龍蠖時乃瘳。回首望中原，壯心未可收。

又　卷一一《勤中尉園亭》　分竹穿苔暑自平，披襟小閣坐來清。使君河上浮槎興，公子夷門結轡情。自有明珠堪照乘，豈無佳色解傾城。時人若問游梁客，司馬相如字長卿。

明　徐渭《徐文長文集》卷六《鈕大夫園林按察公石溪》　萬樹梅花國，垂簾試一憑。高樓煙欲暮，遠岫雪將晴。帆舫時時渡，溪橋處處横。若耶無限景，都有此中情。

明　高知止《繹幕園賦》(乾隆《平原縣志》卷一〇引)　猗與美哉，繹幕之區。山川環互，靈鍾一隅。爰有哲人，是度是諏。創爲别墅，宏模大觀。經營堂構，式靚而寬。名亭分置，以盤以桓。沼流帶碧，堤柳環青。巖石漸蒼，花竹芳馨。堞邱隍壑，冠嶺縈汀。舞鶴游麋，霞飛波濺。芙蕖試風，夭桃輝睍。北牖凉呈，西山爽薦。春漪悦榮，夏炎却熱。深秋紅葉，窮冬白雪。千態萬狀，不可名說。□則志存，元豹義取。小隱四檐，八窗碧甍。朱檻微涼，自生輕颸。□玢亭則太白，問月羲之山陰。錦雲賁采，歲寒盟心。鍾靈孕秀，□□沉□。樓則碧樹參差，白雲滃蔚近無。所希遠有，所寄冲然。憺然卧雲自謂，軒則不如標名。老農是考南畝，西疇者生□□。稼穡維珍，代食維好。樹則丁松陶柳，卿棘公槐，碧梧蒼花，榆楊椿梅，鬱鬱森森，環圃周臺。花則朝酣國色，夕餐落英，玉巵芍莉，碧荷蘭蘅，千葩炫美，羣植爭榮。果則紅杏碧桃，白椹紫杞，珍菜甘葡，張梨房李，剥棗摘櫻，清芬溢齒。蔬則園畦井列，架搆雲連，山藥騈植，池藕聯綿。瓜瓞茄豆，刈時烹鮮。迨夫翔陽弄晴，喬雲呈妍，芒穎注射，睛不停瞚。爲武陵境，爲壺公天。爾乃彭澤高枕，東山逸駕。賁泉石以金緋，騰雲霞於杯斝。應門鮮通，懸榻希下。樂彼亭臺，玩此流時。爰闢厥聽，爰廓厥視。詩匠唐工，文軌漢旨。舒性真之自如，值凉暄之天劑。葛巾布袍，寬褐短袂。吟眺林邱，超脱樊繫。亦有生平故舊，情孚意聯。投以玉案，報以瓊篇。有旨在觴，有佳在籩。改席卜夜，薇幄松幔。釣泳烹伏，清吹妙彈。遏雲停空，呼斗插漢。中則佻若高陽，豪若濁張，超若柴桑，隱若籍康。似長林之麋鹿，如闊漢之鳳皇。時或登芸閣，穿蘿幕，熹微小颶，黯湛徐度。翠色交流，清光頻注。蘭金協契，山水齊崴。觸耳無噫，感目無違。磊磊塊塊，不醉無歸。又或枕怪石，裀文苔。燭寒蟾軒，春雷陶然，而休兀乎自哈。或後軍之一醒，或中山之千醉。茛芥軒冕，烟霞薜荔，殆不知黄帝之華胥，而世塵之爲累亂。曰威鳳匿彩，白駒咏風。樵江漁麓，市隱巖通。人生有志各適所逢，人□有言老子猶龍。繹幕繹幕，配東園公。

明 莫是龍《石秀齋集》卷三《游楊氏園亭》 驅策出郊曠，繁林靄青葱。駕言事探討，良友喜與同。曲汜蔭喬木，輕嵐隱危峰。山花玩迴轉，層臺歷蒼穹。徒徙千仞閣，縱眺天畍空。夕照返巖畔，憑虚延長風。紆鬱情爲舒，清歌興難終。飛觴更相酬，鳴鳥雜絲桐。洛水集群彦，兹游嗣芳蹤。悵彼美人居，欲歸眷彌重。

明 董嗣成《青棠集》卷二《沈長山歌》 沈長山在郡城之東南，衆山環拱于前，溪流帶繞于下。一陟其巔，則苕、弁、金蓋諸峰盡可延矚。又有古桂，大經數圍，廣覆十席，蓋數百年物也。潘太史公近卜别墅，搆臺脩樹，植竹蒔花。此山之勝，遂甲吳興。暇日相邀，笙歌雜進，淹留彌夕，爲樂忘返。爰賦長篇，用表佳麗云：

天目山高高入雲，迴盤巀嶪凌氛氳。千尋玉筍當空圻，百尺銀河界道分。分流趨繞吳興郭，郭外群峰散幽壑。層層螺黛浸明湖，片片芙蓉開碧落。碧落明湖霽晨夕，緑蘿芳草幽人宅。不比桃花蔽武陵，乍同楊柳依彭澤。東林絲管接西鄰，北里桑麻入南陌。箇中迢遞絶風塵，箇裏流光洽隱淪。山中堪卧陶弘景，谷口惟畊鄭子真。蘿幌朝朝霞似錦，蘭堦夜夜月如銀。蘿幌蘭堦蔭修竹，瓊枝瑶草紛相簇。畦下青門五色瓜，庭前甘谷九暘菊。烟霞芝秫隱神仙，樓臺歌舞門芳妍。紫簫彩鳳臨瑶閣，翠袖青鸞度綺筵。詎學翔風歸别院，願隨闗盼向樓前。朱樓隱約中天起，緑逕威甤覆桃李。東風乍轉蕩流蘇，香塵忽動驚羅綺。窈窕虚楞對玉泓，飄颻珠箔緣芳沚。山阿桂樹干雲霄，千齡百歲霜難凋。密葉虬枝來合浦，天香月魄疑招摇。仙家有招摇山，多桂樹，故云。玉笛清宵孤鶴下，金幢際曉群仙朝。此時長嘯凌虚度，此地飈輪向空御。金蓋峰頭萬片雲，白蘋洲下千家樹。雲陰斜挂五湖帆，樹色平分半溪雨。行雲行雨逐飛觴，嬌歌妙舞轉幽揚。扇底盈盈番翡翠，天邊杳杳鳴鸞皇。别有孤亭拂牛斗，重疊河山一回首。紛紛列宿擁交疏。耿耿銀河入懷袖。桑田滄海須臾事，梁園金谷今何地。誰能不發淳于悲，誰能不墮牛山泪。華表猶聞白鶴歸，函闗賸有青牛氣。明月年年一共尋，青山處處快登臨。攜將謝眺驚人句，不負龐公卜隱心。

明 姚綸《竹石山房》（《檇李詩系》卷九輯） 山花種滿碧琅玕，怪石相依更好看。玉氣暖蒸雲五色，翠梢晴弄日三竿。白羊未化長眠雨，彩鳳深棲不畏寒。補遍蒼天人不老，清風日日報平安。

明 吕昂《集水竹居》（《檇李詩系》卷一一輯） 一溪遶塔過前庭，脩竹千竿列翠屏。潭水照人僧眼碧，海山當座佛頭青。衝冰鼓棹乘幽興，撥火煨爐盡主情。醉後歸舟載明月，沿溪聽誦寶函經。

明 諸偁《東皋園》（《檇李詩系》卷一一輯） 寒烟衰草一蕭蕭，歌舞曾經樂事饒。古寺頹垣無繫馬，夕陽深徑有歸樵。樽空落月吟魂杳，花老殘春蛺夢銷。何事池蛙喧鼓吹，惱人鳴向可憐宵。

附考：園在桐鄉青鎮。宋處士沈平築有蓬萊堂、迷仙逕、緑荷池、梅花闗諸勝。時宰執吳履齋、賈秋壑嘗來游之。

明 鍾起鳳《息刹園》（《檇李詩系》卷一五輯） 結廬少城隈，種竹不盈畝。巷列七頭松，門栽五株柳。緑水浸橫塘，紅蓤間白藕。石矼平於岸，有亭大如斗。桃李紛南榮，桂杏排北牖。頌橘懷餘馨，妻梅絶塵垢。四序遞芳妍，鑒賞來鄰叟。彼我各忘言，時傾一杯酒。

明 陳懷玉《也園》（《檇李詩系》卷一八輯） 自種雲根二十年，也園十畝總悠然。豈無幽徑過韋曲，亦有奇峰學米顛。半砌苔衣清似水，一池花石小於錢。歸來便是西疇長，晚稻秋香滿社田。

明 吴國倫《竹里館詩》(《宋金元明四朝詩·明詩》卷九五輯) 竹里名依華子岡，何年移傍此君堂。鮮篘裛露丹珠細，勁節凌霄緑玉長。數畝繁陰飄陸海，萬竿疏雨過瀟湘。樽邀梁孝園中月，袖拂元卿徑裏霜。羌笛未裁龍競奏，秦簫欲截鳳毛翔。岸娟隔幔琴徽冷，葱蒨臨池水脉香。居士風流還洛下，故人消息半山陽。異時看去同誰好，獨有王猷興更强。

明 薛瑄《敬軒文集》卷五《十二景爲衍聖公孔彦縉賦二十四首》

小亭花雨 小結茅亭壘石臺，繞亭時雨百花開。一襟道氣清如許，更挹幽香滿座來。

曾過君家飲小亭，醉看紅雨濕春馨。別來生意應如昨，長對東風閲聖經。

夾道槐雲 夾道槐根孔世家，兩行飛蓋影欹斜。要承濃渥千年蔭，不愛秋黄八月花。

數仞宫墻一路深，屯雲交翠落青陰。紅塵十丈知何處，衹引薰風養道心。

蘭階清露 零露瀼瀼帶曉濃，繞階晴霽轉光風。雲仍對此琴三弄，還與宣尼古調同。

九畹移來遍孔家，芳叢時遣石闌遮。故應天意憐香潔，玉露年年潤好花。

桐井甘泉 千章嘉樹古梧森，一窟寒泉碧甃深。静掃濃陰汲脩綆，清泠長是滌塵心。

樹環嘉木桐陰合，井冽寒泉地脉通。彩鳳九霄應有待，道源千古自無窮。

海棠綴錦 長笑時人愛海棠，芳姿何事近宫墻。自緣要識東風面，任遣花神綴錦妝。

緑烟初散錦霞空，綽約仙人半醉中。莫怪海棠顔色麗，等閒紅紫盡春風。

萱草堆金 緑帶春深近北堂，更看紅錦爛天香。國風千古遺詩在，對此應知百慮忘。

自是春風造化機，織成錦翠爛相依。細看一種生生意，真宰無言識者稀。

松窗皓月 拂窗涼籟起秋聲，綺席流光皓月明。却憶鄹軻談夜氣，此時心迹已雙清。

畫堂松月夜窗虚，宴坐澄心一卷書。莫道畫前元有易，静中天理亦森如。

竹塢涼風 半畝琅玕出短墉，暖烟輕霧碧陰重。開門净掃蒼苔坐，細葉蕭蕭引好風。

戴雨含烟一逕幽，每從長夏數追游。濃陰深處不知暑，衹覺涼風似水流。

苔石疊翠 山骨移來帶蘚痕，層巒疊巘勢飛翻。杏花壇裏三春雨，疑是岩間一片雲。

氣通霄漢潤通泉，融結還從太古年。數點青螺雲起處，散爲霖雨遍山川。

花圃繁紅 暖雲無力趁東風，小圃芳菲一逕通。若問人間真太極，便應携手看春紅。

參天喬木聖公家，應愛春風滿圃花。還似濂溪窗外草，一般生意浩無涯。

古墻秀柏 曲阜城中夫子墻，墻頭老柏正蒼蒼。托根終古同元氣，未許掄材作棟梁。

根蟠厚地幹參天，還合宫牆不記年。遥想杏壇傳道日，唯應此木見三千。

方沼瑞蓮 珍重當年太極翁，曾將道筆寫清通。孔門自是傳心者，還向方池看夏紅。

玉井空傳太華峰，何如方沼看新紅。澆培更有如船藕，渣滓都歸渾化中。

明 王世貞《弇州四部稿》續稿卷七《沈銀臺大樸園》 隱侯賦郊居，有圃非遠而。春至百卉芬，珍木鬱參差。疇爲當心者，名樸了不奇。直上三百尺，旁樛千萬枝。雨雪避瀰漫，日月爲蔽虧。上覆柴桑廬，下蔭中散池。微風蕩浮萍，瑩作青琉璃。時時手一編，驕暘我何知。返照自西來，胡床與俱移。樫柳不盈把，樵采來相欺。豫章甫蔽牛，匠石已見窺。人命故匪長，巧者復鑿之。請以莊生社，咏爲大樸辭。

又 卷一八《過徐錦衣西園二首》選一 主人如解子猷來，三徑春風許暫開。百種花名門金谷，半空松勢壓徂徠。飛觴倒入冰壺影，訪蹟徐披石鼓苔。行到溪山漸窮處，隔垣雲色隱高臺。園之後別有園，鳳皇臺在焉。

又《同羣公宴徐氏東園二首》 君王舊賜青溪曲，太傅長留緑野堂。歷亂峰巒插雲漢，縱横卉木盡文章。芳樽再展憐春色，畫舫頻移媚夕陽。不是羣公仙骨在，蓬萊咫尺杳茫茫。

公子名園闢向東，至今池館尚稱雄。朱甍忽聳雲端鷲，銀榜遥縈水面虹。爲許漁樵開薜逕，且將絲管付松風。信陵虚有夷門地，指點蓬蒿説魏宫。

又 卷二一《約圃雜詠》 **媚清軒** 緑篠媚清漣，清漣媚緑篠。水竹兩相媚，於中寄吾傲。

玉鱗館　天矯五蒼龍，一夜化爲玉。欲乘向瑶池，懶不代吾足。

烟鬟亭　暝色團一丘，炊烟四無際。如入法華境，面面青螺髻。

欣托廬　竹爲衆鳥欣，廬亦吾所愛。不作物我觀，彼此兩無礙。

適我軒　於我既已適，於彼寧參差。惟當慕落際，我適彼不知。

又　卷二二《寄題何鴻臚仁仲甘露園四首》　名從鐵瓮城邊得，人向金莖夢後歸。荳蔻梢頭渾欲醉，芙蓉葉上未應晞。俱咏甘露也。

海内争傳杜甫詩，何將軍第有園池。金魚銀甲從他好，第五名高心自知。君伯兄爲閫帥故也。

一點晨光霜欲開，露華初潤蕊珠臺。墻頭蛺蝶衝眉過，却道何郎傅粉來。

千株桃李怨春華，九畹芳蘭也自嗟。水部向來心性別，只拈霜管賦梅花。

明　王格《少泉詩集》卷一〇《慕幽園宴集四首》　芙蓉覆沼柳垂門，仿佛梁王脩竹園。况是鄒枚能作賦，騰觚飛爵日黄昏。

蘭館嶕嶢一逕通，小山新入芰荷風。千金壽畢朱陽晚，艶舞清哇猶未終。

青閣朱樓俯碧渠，廣筵列坐總文裾。不緣帝子開尊斝，何得王人擲簿書。

金塘曉露濕青蓮，鸂鶒花間雜管絃。思王才調無人似，月賦猶教命仲宣。

又《東園歌四首》　蒼龍闕下錦園開，金作闌干玉作臺。我向月中吹鐵笛，風光絶似入蓬萊。

芳園近接鳳凰城，百種花開錦繡明。寶騎香輪時競逐，來游俱是漢公卿。

百尺樓臺八寶裝，龍蟠虎踞控周墻。小山排列珊瑚樹，歲歲年年花氣香。

誰家亭館上連雲，舞榭歌梁櫟正殷。遥想花前尊酒夜，豪華不數孟嘗君。

明　張元凱《伐檀齋集》卷六《越溪莊二首》選一　幽逕花如浣，閒門柳更垂。山邊韋氏曲，湖上習家池。會意禽魚樂，忘言桃李枝。蘭亭幸無恙，猶似右軍時。

又　卷一〇《采芳園六詠》　**栖雲室**　竹樹瀟湘聲，華館巖壑意。夜不下朱簾，爲有雲來去。

搴芳亭　白露零木蘭，清沚浮菡萏。衆芳何繽紛，朝搴與夕攬。

桃李軒　黄鳥鳴嚶嚶，芳園開桃李。美人期不來，春風吹緑水。

聽溜石　深山一夜雨，白虹走青壁。欲聽松下泉，且枕溪頭石。

雨花菴　精室非招提，繡佛何然有。天花座上飛，爲問染衣不。

芙蓉堤　芙蓉出秋水，盈盈好顔色。欲采無輕舟，夕陽空佇立。

明　黎民表《瑶石山人稿》卷一五《隱園雜詠》　**玉林**　一雙餘隙地，種此青琅玕。夜静疑風雨，蕭森萬籟寒。

茶泉　鑿井得海眼，清冷味如雪。青絲轉轆轤，下汲秦淮月。

中林堂　夾林開綺構，前對雨華臺。倏忽烟嵐起，庭中萬象來。

思玄室　玄珠本難求，得之在罔象。回照一室間，萬形自霄壤。

春雨畦　夜聽蕭疏響，春畦長漸高。丈人方兀坐，抱瓮亦徒勞。

觀生處　世故多歧路，功名一聚塵。觀生何處是，半榻隱吾身。

容與臺　六朝迹蒼莽，長江流古今。高臺自風月，不廢我登臨。

海月樓　明月出海底，倒影池上樓。清輝不可攬，白露濕衣裘。

鶄翚閣　清池浴皓羽，亂此罨畫影。蘋末來清風，葛巾自慵整。

鷗波　白鷗日飛來，止我茄下食。不但無機心，回旋似相識。

柳浪堤　金塘澹淡浮，垂柳參差碧。千里江南春，移来君几席。

飛影亭　太虚本無色，止水亦長瑩。如何桂輪中，忽有山河影。

浮玉橋　短橋流不去，迴波相激鳴。度我幽尋屐，千花隔岸明。

芙蓉館　何年移玉井，開作滿池花。白鳥凌波去，青天裂片霞。

鶴徑　曲徑不用車，通行止孤鶴。畏有紅塵蹤，驚我巖花落。

萃止居　睠然京華游，歲暮心無已。寄謝陶柴桑，今朝真已矣。

借眠軒　曾作秦淮夢，篝燈對風雨。客散春山空，獨鶴向人語。

又《園居雜詠二十首爲顧玄言作》　**嶢嶠閣**　小樓無結構，勢與嶔崟敵。雨雹縱横下，恐有飛來石。

盧仙井　碧甃草蒙茸，仙人手自封。莫教沉斷綆，留得照清容。

古梅岡　爲愛凌霜幹，開花千萬樹。待我羅浮人，同君會心處。

影澗磯　有月色還空，無風浪常静。如何假合中，忽有山河影。

茶岕　玉露溥清夜，芳藂發舊谿。無人知采摘，山鳥爲先啼。

清音亭　汩汩寒流細，烹茶取漫流。有時来枕畔，添作一絲愁。

顧令公祠　桐鄉有遺愛，瓣香日来往。奕世揚清芬，何慚太岳長。

龍谷關　抱石日沉吟，都無寓世心。不知猶出谷，雲氣夜来深。

迴賞寮　遥林山暝色，返照入疏樹。一與幽人期，徘徊不能去。

蒼松障　虯枝亂如織，崇朝冪烟霧。何人畫匡廬，請君添瀑布。

沃亭　紅蕖冒緑水，秀色相凌亂。漁人刺艇来，恐斲荷根斷。

慧臺　躧步凌高臺，景氣非一狀。明月本團圓，不爲山河障。

曲引　林下翳猶在，清溪澹不流。江山閲人世，惆悵昔賢游。

脩竹圃　蕭瑟萬琅玕，清陰五月寒。閒門原不鎖，傖客任來看。

嘯齋　蜩螗假翅鳴，真人息以踵。劃然空山裏，萬壑泉俱涌。

石雪瀨　水石霜縈薄，波濤日激撞。平生多履險，莫誤吕梁淙。

懷陸館　著述傳畸士，風流與後人。一杯溪澗水，猶想酹茶神。

丈室　青山無隙地，會景方卜築。那知藩籬外，隱予誠亦足。

圓照亭　濾水斷来人，圓泓媚幽寂。應知澹泊心，不受蓮花色。

石經幢　一資龍象力，孤標尚撐拄。金薤無人識，千年漬花雨。

又　卷一五《吕氏心文友園亭雜詠十二首》　**玄覽樓**　井幹何郭落，高出萬象表。縱目無涯觀，寘心破昏曉。

素心居　中歲耽禪寂，勤心禮世尊。天花羅萬夾，圓悟本無言。

搴芳亭　雜花滿芳樹，四時不改色。有酒須盡懽，春風應可惜。

松月臺　娟娟雲間月，濯濯松上露。杖策時一來，神猋翼飛步。

石丈　嶔碕帶古髯，瑰磊離俗態。更無兒女腸，須合整衣拜。

陽和洞　窗外留書帶，階前卧緑槍。倦来抛素卷，狼藉滿金床。

總芳徑　人間無俗累，日與花爲友。惡客應不來，琴尊落吾手。

石几　昔人留曲几，何似石貞堅。鳥跡縱横遍，安知後世傳。

長生池　游魚樂深池，豈知肉登俎。吾自貴吾生，浮沉亦從汝。

友芳橋　隔浦風煙暗，桃花自不迷。壺觴憐小阮，時向竹林携。

溜石　流泉自清泚，片石激成瀧。午憩留孤枕，塵心此處降。

山礬障　芳心自凌亂，翠帶常綰結。日暮望佳人，瑤蕤不堪折。

明　方承訓《方鄈邮復初集》卷一三《白雲莊詩十二韻》　竹林有謫仙，雲卧愛談玄。繪事魚虫點，風流山水傳。脱紅塵不染，構白雲莊眠。高枕衣裳冷，常飡肺腑蠲。長髯奇儼吕，壽宇算齊籛。十岳才攀友，二樵雅與肩。春晴頻出岫，夏雨寂團禪。采菊最深徑，尋梅幻化巔。晝觀瀾蕩日，夕宿氣連天。樽酒杯傾百，知交金棄千。浮雲輕富貴，衷自惜流年。余慕飄塵者，棲霞與爾聯。

明　程可中《程仲權先生詩集》卷四《李奉常園二首》　不謂從闤闠，居然嘉樹林。但教花似繡，何用谷名金。乳雀風檐亂，涎蝸石磴陰。莫芟書帶草，留覆墨池深。

仄徑城尖底，池亭高下宜。雨斑石竹淚，風軟海棠絲。仙局無遺譜，名家自世資。閒居鸜鵒在，猶誦奉常詩。

又《范東生園成四首》　盡憐新築好，誰諒故情違。祖右驚羣誤，圖南奮獨飛。風醇貧欲買，土瘠稔堪饑。昨日分梧竹，凉陰驟滿扉。

拓地方盈畝，探囊尚幾緡。學葵應驗智，習蓼故含辛。竹翳昏池面，墻欹枕樹身。板輿循軟徑，何許御慈親。

市隧奇能占，柴荆傲豈妨。山邀檐晷暝，水沁檻雲凉。集菀禽多乳，辭淤蓮欲房。坐虞揮麈處，花雨撼魚床。

偶爾堂初落，因之逕屢穿。閡門嗟蕙徙，攢樹教鶯遷。羞客鱗時網，謀餐硯可田。但令魂夢愜，身世兩堪捐。

明　于慎行《穀城山館集》卷二〇《栩栩園賦有序》　御史中丞尹公家於漢上，厥有十畝之樊，命曰栩栩，蓋志適也。穀城居士聞而羡之，爲賦以紀焉，其辭曰：

漢陰主人游神藝苑，棲志玄蹤。狹塵游於紱冕，馳逸軌於雲松。覽辟疆之素業，慕公理之提封。將以偶平泉於哲相，匹獨樂於人宗。乃卜於湖洲之壤，而闢是園也。其始薙丘榛翦，柞棫脉奥，衍圭曲直。偭雲岑之綿邈，瞰平皋之茂碩。繚大堤以象環，疏清渠以帶璧。搆文杏之駢梁，拍芳椒之邃室。固已嗤金谷之豪奢，笑玉津之汰逸。爾乃葺以蕙茝，摭以菅茅。不黝不堊，匪琢匪雕。高軒博敞，傑觀岧嶤。亭參差以星置，臺蹇産以雲標。鏡虚池以映牖，衡曲徑以通橋。納浮雲而翠棟，借旭日以丹寮。莫不謝炎蒸於溽暑，屏雪霰於寒宵。于是瑶草盈除，琳華被屋。裛露繽紛，從風淑郁。熒曄兮崇蘭，檀欒兮修竹。或含景兮披香，或淩寒兮振緑。畦沅芷之猗靡，畹江蘺之陸縟。山霞影而成文，溪雨零而如沐。則有荷蕖菱芡，薀藻菰蔣。泛紅葩之狎獵，翹緑葉之芬芳。朱鱗浮而散綺，皓鶴翥以飛霜。惠氣沈兮秋水澹，夕陰起兮虚館凉。又有文梓長楊，高梧翠竹。松落落以停雲，楓森森以翳日。梢橘柚之葳蕤，拂栟櫚之茂密。淮山之桂樹凝丹，秦洞之桃華耀碧。莫不樾墜葉於秋堤，煦初條於春陌。乃陟曾丘，衺回騁望。左右殊姿，俯仰異狀。其前則岷峨别派，嶓冢支河。滔滔駭浪，渺渺澄波。韻鳴榔之夕響，聆采芰之晨歌。隱帆檣於遠樹，集網罟於烟莎。斜睨舊宅，遥倚崇阿。畫閣之陰迢遞，朱槐之影婆娑。櫟分流而送酒，門隔水以鳴珂。既避喧於闤闠，亦選勝於江沱。其後則積水漩濆，明湖漫㳽。日月之所沈涵，煙雲之所沃灌。值閶闔而浮天，觸堆埼而激電。水禽喋唼以林槮，崇荻葥篸而果蓨。游落日之鼉鼊，叫寒蕪之鴇雁。固將混江漢以朝宗，絡荆巴而表觀者也。夫其遐探巨澤，遠眺雄都，瀹以洞庭之野，苞以雲夢之區。逆黄牛而上峽，連青草以成湖。子虚之所著賦，三閭之所卜居。有不扈下游而襟，帶略上界以縈紆者與。主人於是偃仰高栖，周回玄晏。陳圖史於匡床，列琴尊於奥館。鳴鑾廣莫之區，縱蝶清虚之苑。既欲去而思留，每懷歸而恨遠。乃援夫蝶夢之嘉名，以躅彼漆園之舊簡。聊弭興於林皋，尚圖芳於琬琰。客謂主人曰：先生之志深矣。夫心無兩在，物不兼存。故理得者迹遠，形略者神尊。先生方擁旄方夏，緤組金門，沛濟川之舟楫，遭税鞅之丘樊。乃個然結遥思於薜荔，標遐想於蘭蓀。得無待神游以適願，甘夢境以怡魂者與。主人曰：唯唯，否否。夫道探罔象，德黜雄成。物無適而不愜，心有寄其必盈。彼莊之寓言，夢亦覺也，而不可以覺遇。吾之真境，覺亦夢也，而不可以夢徵。方吾之游是園，而忘其在園也，栩栩焉爾矣！及吾之去是園，而忘其不在園也，栩栩焉爾矣！千里可周俯仰，咫尺可謝將迎。何覺何夢，何隱何形。而子乃嘐嘐於真幻之際，亦淺於幾而陋於情者與。詞既都閒意復，夷晏陳圖。抽管續而爲亂，亂曰：緬彼中園，介漢沱兮。搴蘭樹蕙，藝女蘿兮。我行日遠，歲蹉跎兮。愛而不見，謡且歌兮。匪覺匪夢，神栩栩兮。萬物熙熙，游吾宇兮。并無有迴遐，遺出處兮。縱心逍遥，其則侣兮。

明　韓雍《襄毅文集》卷一《劉僉憲廷美小洞庭十景》

隔凡洞　洞庭林屋洞天中，有大書隔凡二字鑱之石上，小洞因效之以名。

林屋洞天好，似不通人寰。君家小石巖，亦在雲水間。紅塵自南陌，樂事非東山。辭榮休此中，世事無相關。

題名石　古之文士游名山必有題咏。小山雖不足觀，而徐武功、陳祭酒諸公亦嘗來游。各有絶句，以題其石。

小山石奇絶，諸老心所耽。翰墨題姓名，視古亦何慚。退之天封宫，子瞻仙游潭。紗籠謹蔽護，千古留美談。

撚髭亭　珏嘗學詩，即山之西麓開亭，曰撚髭，粗句多於此搆成，蓋取盧延遜「吟安一箇字，撚斷幾莖髭」之句。

閒亭恣吟情，起坐不自省。霜髭時復撚，得句欲清警。神游李杜壇，思入陶謝境。家聲占詩豪，誰敢更歌郢。

卧竹軒　「莫笑田家老瓦盆，自從盛酒長兒孫。傾銀注玉驚人眼，共醉終同卧竹根。」杜少陵詩也。小山東搆軒於叢竹中，號以卧竹。酒闌賓散時，醉卧林下，則知少陵之詩不我欺也。

作軒當竹林，客至延入坐。酒闌客散去，高枕竹根卧。伯倫興方豪，子美詩謾和。自笑塵中人，如君有誰箇。

蕉雪坡　唐王摩詰嘗畫《袁安卧雪圖》，有雪中芭蕉，蓋其人物瀟灑，意到便成，不拘小節也。珏亦嘗有《志》繪事，故名其坡。

摩詰畫已神，意到不拘束。雪中芭蕉樹，相應如碧玉。惟君妙丹青，下筆絶塵俗。林坡足揮掃，輞川圖可續。

鵝羣沼　晉王逸少觀鵝而得腕法之妙。山陰道士嘗舉鵝相贈，珏學書久而未成，因名其沼以著景，仰昔賢之私云。

墨池洗未涸，蘭亭臨已了。揮灑滿世間，誰言晉書少。學書宗右軍，放鵝滿清沼。觀鵝得腕法，妙出人意表。

春香窟　以刺梅、木香雜品花卉，結成一室。花時宴坐其中，幽香襲人可愛。

花樹結成幄，花時香遠聞。主翁來宴坐，百和常芬芬。燕寢閒自凝，朝衣不須薰。笑彼沈檀亭，豪奢何足云。

歲寒窩　以檜柏結成之歲，徂則蒼翠鬱然，用是名窩，蓋重其有後凋之操也。

萬卉盡凋落，檜柏猶蒼蒼。愛兹歲寒操，結窩與徜徉。直幹並凌雲，真心同耐霜。堪憐梁棟材，未得登廟堂。

橘子林　山之四旁皆植橘柚。

繞山種橘樹，枝葉團陰森。霜後熟纍纍，萬顆垂黄金。江陵莫專美，龍陽已成林。摘來贈親友，義帖不須臨。

藕花洲　山下有洲，皆植蓮。

種藕繞芳洲，藕生緑荷長。南風催花發，十里聞清香。飲客折碧筒，解醒啗雪霜。眷言君子心，千古同芬芳。

明　孫承宗《高陽集》卷五《隘園六首》選一

層樓矗矗帝城闉，人境結廬却謝人。兩到今來寧有客，地容署外尚留身。樹迎秋色蟬方急，花受輕颸鳥亦新。自是謝庭饒玉樹，不妨野木有垂綸。

又《適園八首》選五　近游幾擬近城隈，選勝軒從此地開。樹蔭北窗低亦入，山御西日遠還來。雲晴馬耳清當眼，月冷檐牙静落杯。我有太平書未奏，聊隨同學咏康哉。

便從百里越城闉，日涉應知未厭頻。返照入林還避影，纖阿當户欲窺人。丹丘不問樓臺地，緑野聊清車馬塵。愛客可能文字飲，西園飛蓋莫須論。

九曲三河馬水濱，山中結搆草亭新。地當近市三朝盛，花壓高城百里春。丹白合萼傳佛柰，八千雙引咏莊椿。名園休問張丞相，曠適于今有幾人。

每從緩步拉同人，特結茅亭坐負闉。白板扉間飛燕雀，紫荆花外卧麒麟。江山自是饒風月，今古誰堪認主賓。小樹如薺人未老，休將籬壁誤良辰。

一亭特結西園客，滿座翻疏北海杯。不是當車難緩步，祗緣多落易紛挨。種花自湊河陽勝，增竈人傳虞詡來。幾咏杜陵真切句，安危須仗出羣材。

明　李維楨《大泌山房集》卷二《貯春別業爲少宗伯蜀范公賦》　岷山帝會昌，別墅在中央。大塊春先得，端居日自長。千林文錦繡，衆鳥韻宮商。薄有家人産，成都八百桑。

玉女房非遠，鹽官井自通。有花皆蜀錦，無酒不郫筒。墨水經箋璞，玄亭字問雄。史臣書已就，藏副此山中。

三川朝市地，都作一園春。黄潤收筒布，朱提出冶銀。竹枝何處女，花蘂内家人。寫向鵝溪絹，風流事事新。

駟馬懸車蚤，蹲鴟別業饒。三峨連雪嶺，萬里度星橋。平仲緑於染，萇弘碧未銷。菖蒲花發處，還見五雲飄。

春入園亭好，登臨有侍郎。星躔當井絡，地位峻文昌。列岫青衣綴，平林緑綺張。綏山桃可種，並駕葛由羊。

爲愛碧山居，章焚學士魚。香聞七里外，枝出萬年餘。潭水花相似，江波錦不如。凌雲茶甚美，誰共賞春初。

明　孟洋《孟有涯集》卷一《東園歌》　樹晻曖兮江村，匝烟蘿兮蔽柴門。喟主人兮感雲山之遐思，解組綬兮歸東園。谷欣容以相迓，水歡聲而自娱。竹蕭蕭其百尺，柳依依而五株。霜菊就徑，露薇見嵎。倚長松而躄息，聆巢鶴之羣呼。顧往路之崎嶇兮，何來途之坦夷。悔夙昔之縱步兮，幸迴轍之未遲。世匪唐虞兮，吾奚志於臯夔。懷龔魯之可即兮，今不追乎古時。鴻雁不食於矰繳兮，鳳皇舉翼而高飛。即孤犢之莽宿兮，胡犧牛之繡衣。淹寸禄之羈羈兮，孰與逍遥宇内。俯大塊兮從吾所之，乃策杖於南畝，乃泛舟於安流。白鷗朝兮相親，夕麋鹿而與游。采芙蓉兮並帶，樹芝蘭兮盈疇。白魚入饌，濁醪在篘。樵歌發兮日將入，風習習兮聞漁謳。引鄰翁而對酌，邀渚月以賡酬。醒何物而靡適，夢奚往而不游。日容與以歲延，竟甲子之幾周。嗚呼！噫嘻！天地隘兮滄溟其眇，古今遒迫兮日月窅。苟富貴之不可求兮，吾安知吾身之爲小。

明　曹胤昌《客止園》（光緒《潛江縣志》卷八引）　沱潛不肯山，止園不矜水。河影非園中，水氣侵園裏。竹樹以波行，草木若風徙。白雲懷小亭，林燈曳水底。滔滔萬里中，主人曰予止。梅尊坐典型，竹嘉展君子。凉吹翦生壙，聲聞止音旨。北夢零星言，南郭折鐵几。野老社耆英，青松締黄綺。聞君寶嬰姹，焉用餐菊杞。坐隱足消閒，耘花必躬理。少年裘馬兒，往往恣譏毁。潦水落霜冬，洶洶安在矣。蘭芽既以長，種豆落可耳。孤桐壁立秋，營營古人耻。

圖表

清　光緒《青浦縣志》卷首《孔宅園》

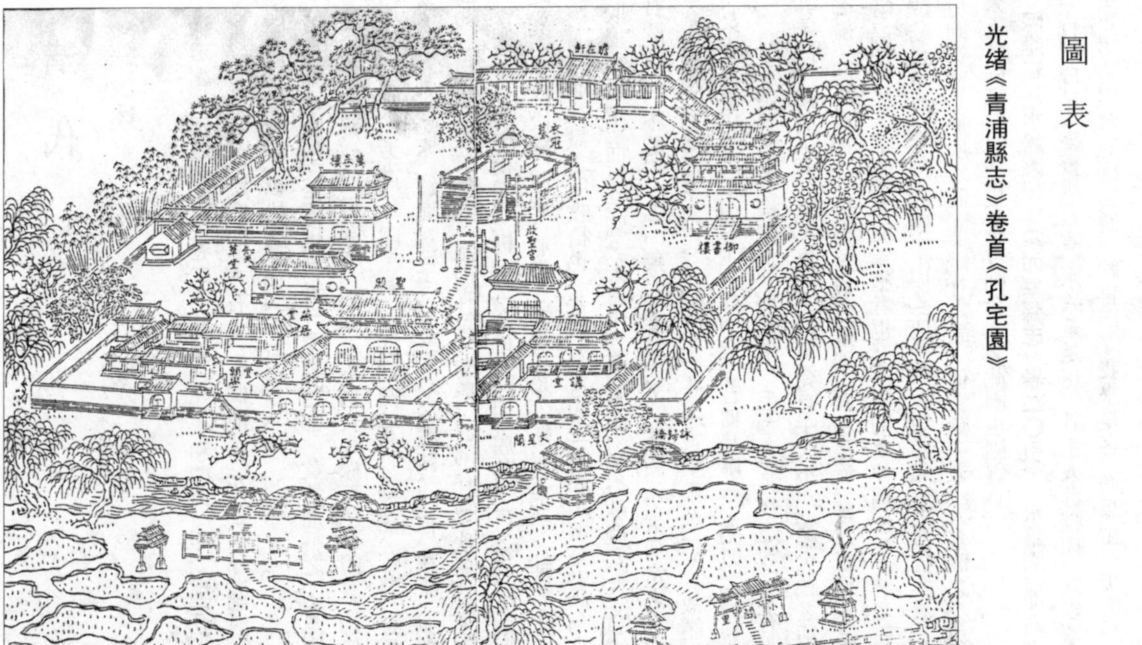

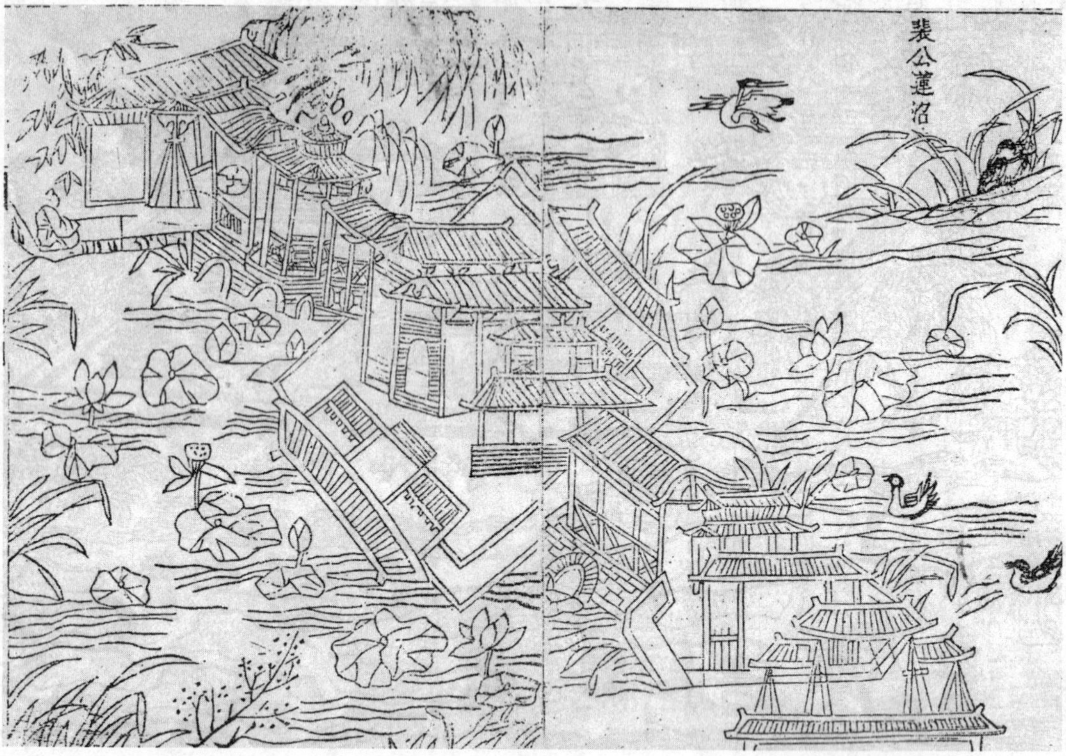

清 乾隆《成縣新志》卷一《輿圖·裴公蓮沼》

清代

綜述

清 陳宏緒《江城名蹟》卷二 閬園 在永和門内，李太虚宗伯明睿構，弋陽王之舊邸也。有山腰宫閣、古石堂、碧欄池、浣花池、天池諸跡。公自言閬園以池勝，以竹勝，尤以松勝，他園不敢望焉。

清 黄宗羲《南雷文定後集》卷一《小園記》 黄竹浦軒之西有隙地，縱二尋而强，廣三尋而弱，辟以爲園用。樹花木不過八九株而已。因買瓦盆百餘，以檻草花，水仙、艾人、芳洲、洛陽茉莉、真珠烟蒲、石竹、辣茄、苦蔞、金燈、銀合、黑牛、紫璘、虎刺、蛇床、鈴兒、鼓子、忘憂、含笑、庭莎、路杞、秋羅、似蒻、荷包、象形、康成、書帶、徐公、劍春。濃則牡丹、芍藥，淡則春蘭、秋菊。藥品瑣碎，皆爲芳草。施以人工，則桃、李、梅、杏、金松、綫柏，屈其干霄之姿，下同弱卉。至於麗春款冬，丈紅段錦，雁來、燕麥、紫茉、秋棠、斷腸、洗手、紅姑、虞美叢生砌下，遞換瞬間，非盆盎之所收拾也。昔黄石齋先生爲先忠端公書庾子山《小園賦》，遂取揭之軒中，而以名園。夫子山之園雖小，猶得欹側八九丈，縱横數十步。以吾園較之，不能十之一，無乃非其類乎？雖然，小大何常之有？子山之園，視章華、銅雀、謝靈運之山居、沈約之郊居，千百中不及一二，故謂之小。而吾之園，又不及子山。因于山之小，而小之。昔傅長虞《小語賦》「糠粒爲舟，針孔自匿」。蘇子美詩「托身螟爾睫，卜都牛一毛」。是萬物之數，尤有小於吾園者矣。郭象曰：繞大小者，無小無大者也。苟有乎大小，則雖大鵬之與斥鷃，宰官之與御風，同爲累物耳。試爲之披棘排墻，藍水東流，戴九靈痛哭之詩蹟也。石窗南峙，劉綱樊夫，人乘雲而狡獪者也。西望則虞仲翔注《易》之露未乾，北眺則陸放翁之奇峰突兀。此則子山之所不能有也。今人之誚固陋者，曰《兔園策》。《兔園策》乃徐庾之體，非鄙朴之談。但家藏一本，人多賤之。兔園者，小園也。天下之固陋，有如余者乎？則余之名此園也固宜。

清 陳維崧《水繪園記》（《如皋縣志》卷二〇引） 水繪園，即向之所謂鎮野帶坰。竹樹玲瓏、亭臺棋置者，水繪菴是也。其主人辟疆氏，既以遭值不偶，乃解脱圭組，將與黄冠緇侣游。約言曰：我來是客，僧爲主。更園爲菴，名自此始。水繪之義，繪者會也。南北東西皆水，繪其中。林巒葩卉，坱北掩映，若繪畫然。古水繪在治城北，今稍拓而南，延袤幾十畝。西望崢嶸而兀立者，曰碧霞山。由碧霞山東行七十步，得小橋。橋趾有亭，以茅爲之。踰亭而往，芙蕖夾岸，桃柳交蔭而蜿蜒者，曰畫堤。堤廣五尺，長三十餘丈。堤行已得水繪菴門，門夾黄石。山上安小樓閣，牆如埤垸，列雉六七門，額「水繪菴」三字，主人自書也。門内石衢修然，沿流背閣，逕折百餘步，曰妙隱香林。由是以往，有二道。其一左轉，由壹默齋以至枕烟亭。其一逕達寒碧堂。堂之前白波浩淼，曰洗缽池。蓋自宋尊宿洗缽於此，因以名焉。洗缽池前控逸園，右亘中禪寺。寺有曾文昭隱玉遺跡，緑樹如環。其東向臨流而閣者，曰余氏壺領園。由壺領水行左轉，更折而北，曰小浯溪。溪出入萑葦，若楚浯溪然。由浯溪再折而西，曰鶴嶼，舊時常有鶴巢於此。今搆亭曰小三吾，又有閣曰月魚基，皆孤峙中流。北城倚焉，南臨懸霤峰。下稍折而東，亭曰波煙玉，蓋取長吉詩義。由亭而上，曰湘中閣，曰懸霤山房，參差上下，若凸若凹。凌虚厲空，泬寥莫測。西入石洞，甚廓，常有小穴，俯瞰溜浪坡，苔蘚、石紋如織。前臨因樹，樓則蟠伏宛在地中。由石洞右折而上，爲懸霤峰。峰頂平若几案，可置酒、可彈棋。四顧煙雲翕習，若碧霞、若巾禪，若逸園、壺領，璇題繽紛，朱甍炬赫，盤亘浯溪如綫。惟洗缽池則白浪駕空，有長天一色之觀。峰之由南陸而來者，自妙隱香林以至溜浪坡。其間名亭臺而勝者以十數，溜浪坡爲最。坡廣十丈，皆小石離列可坐。當雨晴日出，則飛泉噴沫如珠。下有石渠，可作流觴之戲，有聲淙淙然。其樹多松、多檜、桂，多玉蘭、山茶，鳥則白鶴、黄雀、翡翠、鷺鷥、鸂鶒，時或至焉。懸霤之西，有鏡閣兀立，如浮屠。下列小屋，閒側不可名狀。其北望隆然而高者，有土山。山之後，有廬曰碧落廬。碧落廬者，主人友戴無忝客居也。其先戴敬夫與主人善，擬搆是廬不果。主人因爲成之，而館其子無忝於其中。今游黄山不歸。更置一僧，昕夕悠然有鐘磬聲。由廬而西，竹梁可通鶴嶼。嶼前數武，孤石亭立水中，狀若灩澦，時躍白魚，潨然聞水聲。自兹以往，旋經小橋。陸行二百步左轉而東，得逸園。逸園，其先祖大夫元同先生棲隱處，有古樹、高樓，直通玉帶橋下。

清 陳維崧《陳檢討四六》卷二《半繭園賦序》 繭園者，崑山葉水部白泉先生別墅也。水部公没後，園析而爲三。仲子九來於其所，授之半。葺而新之，名半繭園。維崧暇日偕二三賓侶游焉，遂援筆而爲之賦。

清 李敬《退菴文集》卷七《東園記》 爲園之道，非山水則城郭。山水取其幽吞溟涬而負青蒼，方外之游也。城郭取其近平疇廣野，花藥翳如，省舟車僕從、餱糧器具之煩，朝而往，夕而歸焉可也。故二者皆足以名園。柳子厚云「曠如也，奥如也」，豈不然哉！予家東園者，大河徑其西，刁墹之流，活活東注繞羅家橋而入於河。河之外如珠而伏者，獨山。如蛟螭蜿蜒而争攫其珠者，龍山、遥山、練山、巴山。峰巒突兀，有萬里之勢者，芝蔴嶺。如兕象之蹲、如脩蛇之蟠而吞吐出没於芝嶺者，仙人山、磐石山、三山、烏石山。釜而覆者，釜山，圓與珠等。蓋山水之鉅觀也。園既塊然處其中，因河以爲池，無藩籬之限，故少崇臺華搆以悦乎耳目而損其天真，因土以爲丘，有歲月之久，故多茂林高樹，可以駐白雲、來清風。所居不越闤闠。西嚮則萬户晨烟、千家秋杵，皆出乎眺聽之下。陸植不過松、竹、榆、柳，水産不過稻、粱、菱、芡。隨時所宜，皆適乎稼穡之用，如是足矣。李子喟然曰：自予濵溪公之營兹園也，在隆慶萬曆之間，距今百有餘歲矣！三十年有其土地，再三十年有其草木，再三十年有其廬舍，豈人力也哉？李贊皇云：以平泉一木、一石與人者，非吾子孫也。後世或病其愚。贊皇之才魄傾動宇内，豈區區平泉木石之間哉！其爲此語，意有所云也。羊叔子登峴山，語其僚屬以「此山常在而前世之士皆已湮滅於無聞」，即叔子之意豈徒欲與峴山争壽者哉？嗟夫！山水有時而塹廢，城郭有時而變移。而後之游東園者，知前人叔子、贊皇之感慨，不可得而磨滅也。儻獨取其奥而曠者以游予園，無異莊生所云「歸而窅然失之」者矣！

清 郭棻《學源堂文集》卷五《麓山園記》 山西祁縣張公文吉以進士高第筮仕爲縣令，忤上官旨，獲嚴譴歸。絶意仕進，恒欲求山水勝處以居。山西古三晉地，表裏山河，而祁之麓山更爲秀拔。公闢地爲園，即山以名，不疊石而山也，不豬水而池也，不揉木而檻蚓也，不洞壁而室岩也。主人几一編，茗一鐺，嵐翠送窗，松飈入座，目已娱矣，志已適矣。視彼鞅掌中外、履痕未印徑苔者，人與地孰相稱耶！公且語某曰：園在山之陽，爽塏而阜起。據樹兀坐，可頫視遠近。雲煙迭變，奇詭可駴。猷搏鳥啄，黠凌惷惷。亦仇黠强噬弱復噬强。時序遷流，倏與草木同盡，而我牢騷菀結，抑何不釋焉。嗚呼！公之爲是園也，庸第娱目適志也歟哉！

清 唐夢賚《志壑堂文集》卷一《候仙園記》 萌水之西、箕山東麓，是爲李家莊候仙園也。園北，舊第弘麗殊甚。園南爲小溪。道開村諸泉，遶瑣石嶺東注。溪南半里爲山。山東西延亘數里如屏列。園中南望溪山，遂成勝槩云。入園門，高檜扶立，繚迎春花蔓爲壁。循檜南行，花林緑天出連翹棚下。道遇一夜合樹離立松間。西出見候仙軒，崇臺四級，周以短垣。綺窓小搆，宛如處士居。舊第峻宇沉沉，至此怡然若失矣。軒北一石倚灌木，狀如疊雲對峙。湖石參立，葡萄老蔓成株盤石上，施于松檜間，短、長下綴。軒西逕爲檜林，廣袤可畝餘。虬藤蜿蜒，攫地復起，拏怪石，舞林杪，重雲密布，竟日爲陰。北一石屹立可丈許，仿佛似海上蓬萊割來一片地，但不聞流水淙淙何處去耳。近西，雜花外一帶女牆，俯臨深澗，因澗爲沼，長可百尺。危橋横度，若虹縹緲欲動，或往往憑藉而過，猶恐墜也。橋上南望，沼盡處爲小亭。出園外橋北，沼中青桐扶疎蔭水臺。臺北爲山，山外沼盡處修竹葱蒨，别起重樓。從他逕入如雲中羽士館。度橋北折，沼上女牆如西岸迤西，芙蓉亭巋然濃蔭中。南起竹臺，溪光入座。西立一石，與檜林石伯仲。石外小山出牆外。龍爪槐下，小石几列座，鳳凰、長白諸峰朝霞夕靄，樸人衣袖。山外牡丹五十餘本，高者三尺許。芍藥三之一。北下疊階爲琴石壑，琅玕戛玉，曲沚流觴，是爲沼之。西北一門臨竹開。拾級入門，高樓對壑。樓宜貯梵字金經及宛委瑯環之藏。蒲團小磬，茗椀爐香，不必爲天台、五岳游也。樓西逕折爲南軒，下窺爲琴石，無路可通。南與芙蓉亭對，此軒獨宜奕棋。樓西甬道轉素壁，列楹以十數，分爲二院，複牆重門止，宜冬日擁爐煮茗掃雪。穿澗而南行，南岸一亭當溪心。臨石開，豁然園外，如鳥開籠。村落峰巒，徙倚可數。是橋上所南望小亭也。亭西爲溪水，入沼處遵亭而東，垣外爲南溪。老樹參天，長風披野。垣内爲東、西渠，有閘可啓閉。垣北渠南，古柳盤鬱，半天怒號。柳間得一平橋偃渠，上甓階數級，是爲薜荔門，乃候仙軒之南門也。披襟當風，此爲第一。薜荔如樹，翼瓦披垣。門内一松柯從地起，蘿蔓扶雲，與軒前三石相周旋。去軒而東，爲薔薇籬。籬西即夜合離立處。籬東花樹成林，槐棚桐蔭，廣可三畝。迤東牡丹、芍藥百，分畦而植。稍北爲藏花窟，是爲園之東際。南渠之水出園而東匯，爲廣池。池内石亭基已漫滅。憶當道開諸泉盛時，北滿沼、東滿渠、南滿溪。主人一葉繫柳根，與鳧鷗上下，亦飛來、幔亭、九曲之一也。余奉紫霞先生几杖過别業者數矣。銀臺子下，草聖幾行猶留壁上。癸丑之夏，二三同志來與汾濱，導師習静者凡再。閲月踟跌之餘，日有游焉。或飲緑雲之臺，或奕薜蘿之鄉，或谿色山光支頤入定，或耘夫牧豎欹枕分席。木幾復與存。吾刺史松籬孝廉，有脩邑乘之役。爲時既久，遂得次其厓略如此。夫古今之事多矣，梓澤蘭亭，鞠爲茂草。平泉緑野，數易主人。而况般陽之多故乎！即結綺臨春，浣溪青冢。銀簫玉管，但聽蛙鳴。翠繞珠圍，惟餘蝶舞。又不止候仙一園爲然也。

清　儲欣《在陸草堂文集》卷三《存園記》　廣陵距江山僅數十里，貴富家飾臺榭爲觀游，鱗次櫛比於所，謂虹橋者地局促，悶然無登眺之樂。舉步面墻，至者失望。獨東郊二里橋存園，吴君尚木别業也，横從百餘畝，門以外，江帆邨舍，縱目無際。入門，土山川梁。稍進，堂軒亭臺樓閣，茅齋斗室，長廊曲欄，藤架竹籬，位置楚楚。大段素樸，少丹刻者。佳花卉夾路，古樹大竹森列。鳥善啼者滿林，躍魚滿池。樹之古率百年，玉蘭連理，相傳數百歲，拱把有元，于今益榮。其地某氏廢圃也，售于君。相方結宇，量趣移植，灑掃壅溉，頓成鉅觀。子蔚起從余學，邀余讀書園中。四時明晦，景物千狀，屬文摛辭，如有開助。庚辰，拓園之東，搆半閣，尤雅以曠。與坐大閣露臺，望江南諸山，皆一園最勝處。居吒語余，此地曩爲廢圃，守者滋懈，杏桂合抱，塗人得斵以爲薪，今之蓊然秀者，莫非斧斤之餘也。余歎曰：物得主而存。園以存名，豈虚哉！主人曰：否否，不然。吾以存吾心。康熙辛巳，宜興儲欣記。

清　田雯《古歡堂集》卷二九《司空園記》　司空園在沇水之西，門依層崖。垂柳百餘株，桃正花，亞枝横斜於崖腹。風吹瓣散，水面争紅。入門三重，石鋪徑通。有方池，大可數畝。架竹爲橋，橋下魚苗菱錢，漸出新水。踰橋有臺，高二丈許。振衣而登，一園之中水石竹卉可以周覽。玉川、盤谷之勝，映帶園之左右。太行、王屋兩山，屏列於前。臺北一亭，覆木香架中。又北一堂，檐際玉蘭二株，花放如雪，馥襲人衣。堂左迴廊數間，錯置叢篁，水自篁根涌出，穿籬斜注。是爲東園。槐栝鄣天，希見曦景。幽禽静鳴，留而不去。插危閣於陂塘之上，颷勢欲動。其下游鱗浴鳧，自成潭渚。再沿石側而西，是爲西園。叢木雜花，行列參差，隨地藝植，適愜人意。回繚闌楯，目營心匠，正與《木經》法合。疊石爲山，引流捍注。怒湍激石，送響不斷。北又一堂，規制略狹。堂兩旁牡丹可千本，惜非花開時也。園乃司空段氏所營治，閎爽深密，數年乃成。憑陵它園，爲清濟園林之冠。旭晼游賞，岑寂無聞。興衰之際，今昔已異。再數十年後，或如玉川、盤谷，地以盧仝、李愿傳，殆非所期也。余見園中之擁篲、負畚臿而來者，詢之，歎息其亭臺之名，槩不足載，如李廌所稱洛陽城中水北胡氏園也。康熙丙子二月丙午記。

清　賀貽孫《水田居文集·硯鄰記》　□□孟昉春浮□□□□而欣於硯鄰。硯鄰者，孟昉後園也。園有高樓峻閣，閣前平臺丈餘，左右皆植玉蘭。從平臺而東，有小臺焉，可坐十人，花石環之。從小臺拾級而西，則有大臺，坦曠夷猶，置酒其上，木犀馥烈，時來撲鼻。臺左數十武爲杯喜亭，營建方新，尚未竟也，前後菊花數畦，紅紫黄白，間口成文，玫瑰、海棠、芍藥、牡丹，點綴其間，皆不相亂。折而又西，則有橘柚數百株，秋老霜寒，紅霞掩映，爛若列星，此外更有名花奇卉，不可殫記。

清 厲鶚《東城雜記》卷上《藥園送春句》 藥園在東城隅，與皋園相望。明季吴文學我匏搆，軒檻虚敞，竹木蕭森。玉照堂前玉蘭一株，大可數抱，高花如雪，蓋百餘年物。康熙中，蕭山毛西河太史奇齡與吾杭諸名士集此，作《送春》詩，時彙筆數十人，多有佳句。

又《高雲閣》 明雲間莫雲卿是龍有聞於時。近吾杭莫雲卿如錞，亦以文雅好事爲名流所重。毛稚黄贈詩所謂「昔字雲卿」者，君其伯仲間是也。家東園，有高雲閣。疏泉列樹，頗極清曠。毘陵惲壽平格，與之友善，游杭必寓閣上，多有題詠句，如「露蔓平窺石，烟蘺半浸池。薜荔愁中鬼，桃花劫外身。舊雨青氈在，新愁白髮知。無山多怨鶴，得樹亦棲鸞」。一時園林高致，賓主交情，令人想見。余友陳玉几藏壽平在杭日手札二，與毛稚黄云：從東園緣柳塘行三四里，逢橋五六，過城北茅子鴻新居。時芻牧駝馬駝，蹀躞奔驛，吹角之聲相聞暝矣。不取故道，從市中肩，摩而趨，抵高雲閣中，新月已挂高柳之半，露蟲大作吟聲。此時意君已就卧，或尚立檐下，哦秋風，得奇語。正思，惲子來叩，絶然興倦，後不能再穿深巷，呼君同上新橋看月也。與王丹麓云：五月廿三日，期又競稚黄東琪虎男。次日，訪北墅王丹麓。會大風雨，諸子不果來。因思客歲，丹麓從冰雪中訪我東園。我輩今日盤桓，不及王郎遠矣。口吟自嘲，并題扇《寄北墅》：密雨千門正未開，無人同破北山苔。雲邊悵望回舟客，曾比王郎踏雪來。壽平又嘗自號東園客。

清 雍正《西湖志》卷三 就莊 在斷橋東，前萊州知府海寧陳謙別墅。沿堤插柳，結籬爲門，顔曰亦吾廬。門内左右兩池，並種臺蓮，上有芙蓉、梅花，護以枳槿。池北壘石爲山洞，洞之西題曰就莊。入門而東，叢桂蓊鬱，石砌臺五六級，緗梅、緑萼上下掩映，間以碧桃、山茶、海棠。臺上爲拙娱草堂，堂後爲止止軒。俯臨石澗，名君子泉，謙自爲銘曰：旱不乾，澇不溢。師此水，攸好德。對而黄石山横亘十餘丈，左轉爲滋蘭室，南爲浣雲館。欄楹之外，平挹湖面。東爲芥舟館，西拾級而登爲浮槎。槎右爲流天閣，閣之北爲壺中。入壺而左爲多態樓，取東坡詩「湖山故多態」之義。按《西湖游覽志》云，此地舊有殆秀閣，後爲片石居，最後爲華亭董其昌別業。今浣雲館額尚爲其昌手書。又考，南宋此地爲水月園故址，方岳《題水月園》詩有「翁之樂者山林也，客亦知夫水月乎」之句。其地向爲名流所居，深得水月之趣，而恰當斷橋殘雪之左，雪色尤可愛云。

又 卷九 丹井山房 在葛嶺下，門臨湖面，進内爲迴廊，結草堂三楹。其北爲丙舍，折而西有屋數楹，面臨方井水，色白味甘，深廣各丈許。考《西湖游覽志》，葛洪游江左，好神仙導養之術。後結廬西湖，因其所居，遂名葛嶺。今其地原近葛翁之居第。《游覽志》止稱嶺上有甘露泉、梅泉，並不言丹井。惟《姚靖志》指智果寺西南之井爲葛翁井，并引漁人咍丹得壽之説以實之，似未可信。然張伯雨詩云「一宿葛洪丹井上」，則其地有井，沿其説者舊矣。此井甘冽異常，因收幕園中，知之者鮮。園爲故侍御顧豹文別業，雍正九年，其子之珽復葺而新之。豹文又闢園於城北，名顧圃。池塘廣數畝，高閣立水中。山石坡陀衍迤，位置天成。張南垣所疊，爲武林假山之最云。

又 小輞川 在葛嶺下，前少詹事邵遠平別墅。中爲堂三楹，奉懸聖祖仁皇帝所賜御書「蓬觀」二字，扁額後爲三弘一致堂，祀其高祖經邦遺像，經邦著書有弘簡、弘道、弘藝三録，建樓貯焉。面湖有樓名四可，内有軒曰笑笑，有齋曰筆花。古桂四株，連蜷偃蹇，花時香聞數百武。《志》稱吴大山乞休歸，築室西湖，植老桂修篁，顔曰輞川。此即其故基也。

又 西溪山莊 在東岳廟之西，由思過橋入徑，古梅翠竹，夾岸排立，外環河水，澄澈可鑑。稍北有亭曰花宇，度石橋有六角亭，曰放鷴。過西則松梅藤竹，益復奇古，有屋曰竺西草堂。堂之南有亭曰古香，又進曰一枝巢，旁小石兀立合形，搆宇曰曳霞軒，又東曰抱孫居，又北曰臨流草堂。門環曲水貞木，開之旁有屋曰獨醒齋，又西南曰撚花書屋。過一枝巢曰自在窩，面清池三四畝，兩岸梅益蒙密，有屋曰保丹齋。又東木香十數架，與梅竹互植，進此曰筏喻，有小樓曰雲心閣樓。西下梧竹環列，曰來鳳軒，其上曰皆春閣，小屋曰嘯月。嘯月之西曰桐蔭山房，山房西小墻内，栽怪松數百本，有門曰北峙。度小石橋有亭曰嘉植亭，極宏敞，遠可四望，復饒桃杏之勝。沿池疊石，被以牡丹，有亭曰鼻功德，外顔曰自得泉。又北梅石池，島更益前觀，有木橋曰西園，有門曰柳暗花明又一村，牆内屋曰聽松，曰和鳴書屋。計地廣七十畝池，半之梅，約五六百本，原户部郎中華亭張彙別業。

清 趙之壁《平山堂圖志》卷二 净香園奉宸苑，卿江春別業。【略】園分三景，曰青琅玕館，荷浦薰風，香海慈雲。園門在虹橋東。入門，修篁夾植。轉竹扉循堤而至一堂，内奉御書「净香園」額。堂面西臨湖，堂右穿竹徑，至青琅玕館。篠簜千竿，大小石峰矗立交翠，亭午温風不爍。由曲廊而出，有屋如船，曰竹舫。啓窗西望，湖中小山曰浮梅嶼。嶼上有亭，黄瓦翼然，中安御書浄香園石刻。由竹舫而北爲春雨廊。廊之半爲緑楊灣，其前石矼蜿蜒，水中爲春禊亭，其旁爲肄射之所。地平如砥，左竹右杏，歷階而上，曰怡性堂。皇上御題額也。堂左仿泰西營造法爲室五重，東面直視，若一覽可盡。及身入其中，左右數十折不能竟重室之末。左出小廊，有屋如半矩，曰翠玲瓏閣。右折而北，有小池，畜文魚。過此則入船屋。又出小曲廊，疊石引泉，面南有小亭，曲水流觴繞堦下。亭後右出爲半閣，閣下爲堂，堂前廣庭，列莳梅花、玉蘭，假山皆作大斧劈皴。其後楹則爲蓬壺影，堂之側曰天光雲影樓。樓後朱藤延蔓如撂蒲錦，樓西波光瀲灔，芙蕖滿湖。是爲荷浦薰風。南即怡性堂，北爲春波橋，一園之勝，舉目而得。樓之左廂折而東，則爲秋暉書屋。其北則叢桂離立，濃香襲衣。拾級而登，爲涵虚閣。八窗洞開，下臨石徑，與春波橋接。閣下多松柏、栝檜、棕櫚、梧桐，而安石榴最繁。緣橋以西則爲來薰堂，堂之左曰銀塘清曉，堂前後皆水，翼以平臺，周以石欄，宜荷花、宜月。南登小樓，飛廊複道數折，曰浣香樓。前面春禊亭，其下爲白蓮亭，再由來薰堂後過宛轉橋，至海雲龕。龕奉大士像，曾經皇上臨幸，賜西域香以供。龕在水中，四面白蓮華圍繞。龕前跨水建坊，顔其桓曰香海慈雲。龕後有曲杠，越杠沿堤憩艤舟亭，隔湖則爲珊瑚林、桃花池館、勺泉亭。緋桃無際，絢爛若錦繡。過小橋並桃花嶺，迤邐穿花而行，遂達於依山亭。倚亭而望，則爲迎翠樓，有複道可眺，其北則與趣園接矣。

清　翟均廉《海塘録》卷八《名勝二》　安瀾園　在海寧縣拱辰門内前，予告大學士陳元龍之别業也。初名隅園，明太常與郊建。地遠闤闠，池週二十餘畝，舊有竹堂、流香亭、月閣、紫芝樓、金波橋諸勝。迨元龍易名遂初園，世宗憲皇帝賜陳元龍「林泉耆碩」四字，恭奉園中賜安堂樓。乾隆二十七年上巳，皇上閲視海塘，駐蹕於此，賜名安瀾園，題安瀾園、水竹延清二額并對聯一副。御製《駐陳氏安瀾園即事雜咏》五言律詩六首。

清　乾隆《梅里志》卷六　秀起王翁之園，介於谿東，陽接平疇。北皆闤市，居然幽勝。地不數畝，牕有女桑幾株，他植甚少。惟竹與梅相映蔽，竹色蕭疏臨流，四時曳翠。梅獨至春而妍，紅白間錯，幽香時時襲人。余凡兩度過之，從翁招也。近翁又構亭於中，可登高望遠，可長嘯開吟。於時，春光融融，飛英如霰。凡坐花下者，無不與花合也。尚記客春同余游者數人，李子武曾先至，周子青士後至。始而看梅於園，已而觀燈於市，極竟日之娱。兹來余輩無恙，從我者如昨，而李子以謀菽水後至，周子以居母憂不至，遂不得與論大道。此人事之不齊。嗚呼！梅亦知此乎。《懶齋詩集》

清　乾隆《南巡盛典》卷八六《浙江·杭州》　安瀾園在海寧州拱辰門内，初名隅園。前大學士陳元龍之别業也。鏡水淪漣，樓臺掩映，奇峰怪石，秀削玲瓏。古水修篁，蒼翠蓊鬱。乾隆壬午御書額曰安瀾園，曰水竹延清。聯曰：妙香文室花飛雨，寶相圓光月印川。乙酉御書聯曰：筠含籟戛金石韻，花湛露霏錦繡香。庚子御書額曰筠香館，聯曰：成陰喬樹天然爽，過雨閑花自在香。甲辰御書聯曰：翁之樂者山林也，客亦知夫水月乎。

又　留餘山房在南高峰陰，里人陶驥别業。奇石峭拔，因山高下架屋數楹，上爲聽泉亭，泉從石罅出，瑽琤不絶，如奏琴筑。每遇雨餘，則飛瀑直注，宛同匹練。下瀦爲池，澄澈可鑑。中構平橋以通步屧。亭後循磴而上，爲流觀亭。振衣俯視，縈清繚白，江湖皆在舄下，乃南山勝地也。乾隆丁丑御書額曰留餘山居。壬午御書額曰聽泉。乙酉御書額曰流觀，聯曰：鑿開石徑通雲徑，搜出真山作假山。甲辰御書聯曰：緑柳紅桃春繪治，飛泉怪石地吟清。

清　乾隆《曆城縣志》卷一六《古跡考三》　趙世卿小淇園在湖上，内有問水亭、冷香亭。舊志

阮以鼎《小淇園》詩：華不注山插霄起，芙蓉影落芳湖裏。滄溟倒瀉天河水，下有泉源應星紀。分沙漏石長映空，披連繚荇紛摇風。遠勢浩渀滌日月，遥光噴薄含烟虹。匯兹萬頃壯歷下，何必千里誇江東。河干窈窕結茅屋，陰森蔭以萬竿竹。續取渭川與篔谷，湖波竹浪影交逐。一幅瀟湘展穠緑，漁船葉葉點輕鳧。歌聲欸乃遥相續，主人一彈水雲曲。焚香手把《南華》讀，方瞳緑髮神倏倏。竹外松風來謖謖，獨乘扶輿堅白性。此中更飽江湖興，百折東之斷不回。千尋直上存餘勁，塵事紛紜宵輩横。大帑窮檐似懸罄，苦心蒿目支九陲。撑拄爬梳權利病，水竹空憐幽意便。藉公一柱長扶天，爲霖作楫看今日，良弼誰居稷契先。

又　漪園在西門外，邑人張秀園也。土人皆呼張家園。

王士正《游漪園記》：濟南發地皆泉，而其奇尤在城西。温泉者七十二，泉之一也，出自西門，行闤闠間不百步，折而北。有清流貫乎通逵，匯爲方塘，居人之汲者浣者咸集焉。稍折而東，是爲漪園。跨水爲亭、爲堂，爲樓閣，爲長廊，皆因水爲勝。然始入門，不知其爲水也。門北向，甃石爲路，路盡復爲門，兩

垂柳夾之，婀娜可愛。有堂亦北向，頻曰漱玉堂。之後爲池，白石爲欄檻，水清碧可鑑毛髮。下視石子縱横如徬。蒲中多龜、魚，金鯽被水，大有徑尺者，游泳萍藻間，見人殊不畏。池上有楊柳合抱，長條下垂披拂，與萍藻相亂，蔭可一畝許，炎景却避，凉風灑然，游者徒倚不能去。池之東循廊而南爲清皓之閣。級石而上，南山如畫屏，縈青繚碧争效於欄楯之下。下俯清流，曲折而東，濼源之水自南下會之，同入於西城之壕。北流以會明湖之水。閣上或書唐人詩一聯云：泉聲到池盡，山色上樓多。風景宛然。石磴北下復長廊，廊西即大溪閣，跨溪水。登閣者不知水至，是乃知之，則閣如海市蜃樓矣。廊北皆巨竹，廊盡有亭，顔曰雲根。雪瀑亭前有栝桐數株，可蔭可憩。西出得二垂柳，與來徑合。

又　按，遂園今歸德州羅氏，一名賢清園。

沈廷芳《賢清園記》略：濟南名泉印天下，舊傳七十有二。稽諸《乘志》暨士夫老民，殆不止是。蓋舊者九十，新者五十有五，皆濟瀆之射地而出者。其著者爲趵突，爲珍珠，而賢清實具二泉之體而微焉者也。泉本名懸清，一名今名，瀉而爲三娘子灣，流經于家橋，入大清河，德州羅氏爲園其上。園可十畝餘，繚以周垣，蔭以嘉木。其南一池，方可三尋，源如貫珠，潏潏不息，澄澈逾鏡，净不可唾。東西鑿溝，西從垣出，穿柳根。根浸久皆紅色，清藻相映，殊可愛。東溝注而北穿簃道二十步許，又稍北自地中行，迸石竇間。竇拱大水，濆尺餘，與趵突三竇等。第趵突用錫筒束以出。玆自石溢，天工人爲不較然歟。竇泄爲北池，視南池淺而廣其半焉。菱葉荷花，輕儵白沙，致亦佳。池西南有溝差小於南池者。南池陽屋三楹，顔曰賢清草堂。東西俱簃，北池北屋如之。屋左設右几，可飲可弈。其花木有黄梅、花桃、杏、李、合歡、紫薇、海棠，雜以修竹、蒲桃，而栝柏數本，高柳十章，青入天半，俱數百年物。它瑣屑不復記。乾隆十有三年夏，余使濟南，暇日過此，羅生淵碧觴余。及日時三伏，灑然忘暑，惟聞禽聲與泉聲相和，不知旅游之倦。尋步至巷南張氏漪園，園締構若勝賢清，而堂榭迴遮，幾無隙土，則余不能無微議焉。【略】將趾孅前人者爲考濟南泉源之盛，而記其園之概如此。《隱拙齋集》

清　乾隆《平陸縣志》卷一六　尋樂園在縣東郭外塔兒灣，黄門杜濱别業。負郭築室，流水遶合，嘉樹千章。中有浴德居、萬竹居、香遠亭、四謀閣數處，皆隨意點綴，不爲方幅。而竹徑松塢，短籬疎椽，頗具幽勝。黄門罷官後，製芰餐英，爲課耕游息地。其子汝愚若拙養母在籍，又增築愛日堂，爲奉版與避暑處。題咏甚多。

清　楊謙　李高孫《梅里志》卷六　梅墅在谿南，又名南園。順治間王上舍，復旦别業。中有南陔亭，後歸李太守宗渭。乾隆乙亥，桐鄉朱職方履端搆爲園。居未幾，李上舍原得之。中有延青閣，聽月廊，藕谿草堂，凉舫玉蘭徑，見山亭，梅花嶺，桂屏，片雲虚，舟息機處，鏡香樓，知樂亭諸景。

清　于敏中　英廉等《日下舊聞考》卷七九　原：武清侯别業，額曰清華園，廣十里。園中牡丹多異種，以緑蝴蝶爲最，開時足稱花海。西北水中起高樓五楹，樓上復起一臺，俯瞰玉泉諸山。御書「青天白日」四字於中。東西書「光華」「乾坤」相對，字各長二尺餘。《燕都游覽志》

清　李斗《揚州畫舫録》卷六　西園曲水，即古之西園茶肆，張氏、黄氏先後爲園，繼歸汪氏。中有濯清堂、觴詠樓、水明樓、新月樓、拂柳亭諸勝。水明樓後即園之旱門，與江園旱門相對，今歸鮑氏。

清 陳廷桂《歷陽典録》卷七 桃花隖 州大西門外唐張司業別墅。司業嘗與孟東野載酒游此。今蕩爲寒煙矣。

本朝王善樵《游桃花隖記》：含山東屬於和，和之桃花隖爲張文昌讀書處。去含山不兩舍，然未獲至。癸丑夏，友人邀往游焉。出城西百步，曰米積巷。又百餘步，有壑窊然，曰蓮花池。升壑則含山諸峰森秀在目。近矚里許，紆餘蒼翠。友人曰：是桃花隖也。入則岡巒蜿蜒回互若層障，雖近郭，自爲奥區。雜木外環，中有桃數百株，實已垂垂。河流繞隖，有橋亘河上，以近隖曰桃花橋。宋賀鑄《隖》詩自注所云「麻谿上」者是也。但賀稱茂林修竹之勝，今無竹耳。因憩桃下，有白頭田父杖而至，言文昌與孟東野載酒游隖事，甚津津。又言，文昌七世孫安國亦讀書此隖。以杖指道旁卧碑，實之安國狀元也。尤豔稱焉。其他所説雖無據，然皆曰聞諸前人，亦足見流風云。立而四望，業業北峙者，歷陽山也。石山冲霄，曰雞籠。亦北峙牛渚在南，横江在東。帆影渺然，因歌文昌「曉來江氣連城白」之句，悠然者久之。《石壁山房集》

又 揃水園 南門外，與育嬰堂鄰。乾隆丙午，宋刺史恩仁搆。有堂有亭，有水軒，有曲徑、長廊。清波淪漣，垂柳低蘸。夏日緑荷萬柄，翻風潑雨。蟬聲與鳥鳴相雜，喧極而静。入之者，無復人間世想。壁上嵌摹刻劉夢得、張文昌二像。落成日，刺史歌咏其事，一時文士多屬和焉。

清 錢泳《履園叢話·雙桐書屋》 雙桐書屋，即王氏舊園闢中張氏增築之，在左衛街。園門北向，進門轉右有竹徑一條，由竹徑而入，小亭翼然，亭中四望，則修桐百尺，清水一池，曲徑長廊，奇花異卉，真城市中山林也。余於嘉慶初始至揚州，園主人張丈琴溪輒來相招，極一時文酒之樂，今垂三十餘年，則亭臺蕭瑟，草木荒蕪矣。豈園之興廢，亦有數歟？

清 嘉慶《長沙縣志》卷二三 息機園在城内東，廖元度所居。有《五月新遷息機園晚眺》詩云：籬落隨時補，門寬任意關。新詩吟以外，老圃寄其間。魚躍憐池小，瓜稀恨土頑。宫墻曾幾許，遼鶴近誰還。劉彧《飲息機園和韻》詩云：西風江上雁行斜，小步城東處士家。好客常藏千日酒，陶情只種一園花。品如秋菊孤而淡，夢入春華好亦夸。既醉不知天已晚，唤人歸去是林鴉。游乾爲之記曰：夫潭州距洞庭、絶嶺嶠，西引黔巫，東襟區豫。躔絡降秀，川岳貢美。雖方輿千里而藴鬱淵宏，故熊繹之受胙，番君之分茅，馬氏裂版，舊代藩封。是地重則育類蕃庶，滋則情勢溢緣，感而遷觸變成，害機動而不自知。此陰符所謂反覆天地也。大隱先生百年華胄，三世青氊。少而耽奇，吞雲夢者八九。中逢灰劫，悟般若之色空。乃闢地城隅，樹陰十畮，竹覆五楹，名其居曰息機園。余憩于其堂，木几横設圖書數卷，鑪歛焰而灰，寒塵滿架而帚挂。入其室也，内供粤仙小像，神光奕奕，而中洞若虚，葫蘆懸串，無藥無丹。敝榻緼衾，客倦則休。苴黄粟脱，腹盈而止。及徐步其中庭，虹泉遥迸于江麓，龍谷虚吟于郭渚。嘉蔬品列，媚目菁英。野鳥時飛，隨風下上。晴嵐繞檻而回光，奔澗奮流而呈籟。籬鮮吠犬，池雜鳴蛙。琴不絃而螳螂何捕，神常惺而檀羅誰夢。見青蟲之滿院，忘長日之小年。余憮然曰：此大隱之所謂息機者乎？念吾人之禀于胎也，鼻爲祖，承氣而發，斯機智横生。小之蝸蠻觸蟻穴争，大亦倒崑崙、决滄海。宜陽解甲而炎火旋飛，燭影方摇而崖門浪捲。君雪蕉故館，花謝芙蓉。驃騎新營，巢迷燕子。况熊湘之冢土蹟蕪，三洞之長楊條合。吴宫楚苑，鵑血榛烟。大隱以天地爲廬，太虚與處。覽西山之歌襟期尚小，商洛之芝香綸徒釣。履斯園者，魚之游江湖，鷗之浮海澨，穆然三古而與之相忘，又何機之云息哉！

又 鍾邱園在楊橋之北，馬尚書森別館。森自記：余之居皆先人故址，左鍾山，右雅俗橋。雅俗橋者，即楊橋之舊名也。居後爲鍾邱園，有門可通，而賓客所出入則別開逕於山寺之衢，門與寺相對而遥。門之内有徑，兩旁皆植竹，萬竿挺秀。游者從青陰中行，惟聆風篁之聲，戛玉敲瓊，自然成韻，仰視不見天日也。徑之盡處爲亭，扁曰竹香。有王猷之興者多憩於此亭。之折而西有屋三間，爲兒輩講業所，扁曰凌雲館。墻甚高，扃鐍甚嚴，題墻門曰不窺。蓋欲兒輩潛心鑽研，毋浪游耳。東一逕透迤三曲，有門曰成趣。行數武，先祠在焉。祠外地頗廣，高槐數株，攢柯密葉。垂蔭設二石榻，暑月張坐其下，清風襲人，冷然毛骨寒也。祠西有別圃，盡植橘柚，籬而隔之。沿籬而行，復穿一竹逕，則爲藏書樓。樓上廣二丈六尺，深如之，四面架接棟，貯書籍圖畫。虚中而外可環行。樓下四面皆門，花卉木石羅列。左有小軒則枕西圃也。余卧起其中，扁曰不緇。軒旁又一小樓，石梯而上，扁曰凌虚。橘柚綴實時，開樓皆窗望密林，真如萬黄金可愛。右有假山，距藏書樓半里許。山路壘石爲門，長松倚石生響。過石門，如瀑水在頂。門前夾道薔薇，爲薔薇逕。過逕有小石臺，臺畔石壁刻鍾山萃靈四字。臺設几石一、石榻四，游客待月其上，緑蕉紅花掩映，亦是佳景。從徑而石轉，始登山，又累石爲洞，洞不深丈餘，兩轉乃出。滿路青草茸茸，僅可容雙屐。湖石路傍人立。又攀磴數轉而上，始爲亭，山之最高處也。亭前有藥欄、芝蘭谷。砌石爲池，豢金魚其中。騁望則近之烏石平遠，遠之旗鼓、蓮花諸峰咸在目焉。春時余策杖亭中，黄鸝巧囀高樹，偶憶雙柑斗酒之語，扁亭曰聽鶯。友人劉君肖巖携觴相過，乃曰：是亭在春則百鳥笙簧，萬花芬馥。在夏則緑陰蓊蔚，炎蒸不到。在秋則澄池映空，聲靈發籟。在冬則枯枝點雪，閒雜紅葩。且四眺雲山雨晴，變幻不可名狀，四景咸可人耳。子長咏「開來無事」之詩，胡不以四佳名亭乎？余笑而易之。山之右角有小路，倚藤蘿而下則達四照軒，其深廣三倍於不緇軒。前有池，池中有亭，石梁而過，扁曰水中央。與四照軒皆吴人王百穀所書。池畔高梧、叢竹、文杏、水仙、薆草、紫薇、緑葹之屬，其繁茂又勝於藏書樓也。大抵余之園不廣五畝，其佳處在山，四照軒次之，藏書樓又次之。余自乞骸歸來，杜門謝事，惟耽玩六籍，以求無負父師之訓而無忝所生。其園林之勝，則隨意適觀安排其所故有，未嘗充拓之，求奇花異卉怪石以實其中也。夫蝸牛有舍，碩鼠藏身，余胡爲不知，止足而欲盡美耶。惟天假之年，置身於不緇之所，温故而知新，余願足矣。不然，「荒厩欲摧塵滿榻，小池初涸草侵沙」，念之令人惻然，安知余之子若孫皆能保守之而無失墜也。又胡爲增益修飾之，爲他人娱樂地耶！是爲《鍾邱園記》。

清 嘉慶《揚州府志》卷三〇《古蹟》 華蟲別館，一名雄雉齋，顧圖河之居也。在縣治東大橋鎮園中。有亭曰花田、雨笠。又有奇石二，一曰踞酒石，一曰欹帆石。國朝郭元釪《花田雨笠》詩：手芟新亭自乞名，簟風檐日自生平。喜令坐客儀形整，謔比冠師翦刻成。放步眼前詩彩盛，解頤顏上酒紅生。逢迎不厭髯髻出，剥啄何嫌特地聲。　作意誅茅借笠名，短檐高屋不須平。四時雨裏遮頭足，三日間间慰眼成。愧我未爲吹帽客，巽人徒作小冠生。效顰要成收身屋，花樣如何倩寄聲。

鄂不詩館，在南河下。居士巷郎中陸鍾輝舊居也，今爲中書舍人黄文煇宅。又有連柯別墅、文石軒、碧陰山館、衛書樓、沁春樓諸勝。

休園，明工部司務鄭俠如別業。在流水橋。今歸蘇州陳氏，改名曰徵源。國朝方象瑛《休園記》：休園在江都流水橋前，水部郎士介鄭公之別業，而其孫懋嘉孝廉讀書處也。水部當明季時，與兄長吉、超宗、贊可三先生，文章聲氣重於東南。各爲園亭，以奉母。長吉公有五畝之宅，二畝之間及王氏園。超宗公有影園，贊可公有嘉樹園。士介公年最幼，閉户讀書，獨無所營。後以司空解組歸，始買朱氏址以娱老，因名曰休園。子侍御晦中，公纖之。園乃益盛。兩公相繼殁，懋嘉孤幼，幾爲强有力所奪者數矣。懋嘉心傷之。英年攻苦，焚膏繼晷，一出而捷北闈，始復前人之舊而增修之。其中曰語石堂，曰漱芳軒，曰雲山閣。其右曰蕊棲，曰花嶼。其左有山，山腰有曲亭，顏曰空翠。出亭，其後培植小山，叢桂森列，顏曰金鵝書屋。屋後修竹萬竿，有軒曰琴嘯。由琴嘯而左，竹林長廊數十間，曲折環繞，曰衛書軒。軒傍有塘，塘植芙蕖數畝，開時清香襲人衣袂。顏曰含清別墅。墅傍有臺，名曰得月。居中則爲墨池閣。閣前壘石爲峰，下爲池，架以石橋。峰之前後皆有亭榭，曰玉照，曰不波航，曰枕流，曰九英。書隖結搆蕭爽，極園林之勝。特以地經内室，游人多不得至。余以一日之雅，登臨而徧歷焉。大約園之景，臺沼而外，有古樹，有修竹，有高柳長梧，而石山爲最。石勢突兀，起伏不一。約其人者有三峰焉。登其最高之巔望之，維揚兩城歷歷鱗次，江南諸山，縹緲煙霧間。余名之曰第一峰，不異登吴山，左江右湖，烟火萬家也。園之時，宜春、宜秋、宜夏。而余以仲冬至，積雪滿天，寒鴉叫樹，時聞竹中鶴唳聲，寂絶似非人境。

又 卷三二 西亭 國朝錢升黄雨相《西亭記》：吾毗陵黄子雨相移居廣陵之白沙鎮，距城六十餘里，故爲朱氏别業，名曰西亭。亭之東有堂，有室，有軒，軒又有南軒、北軒，軒之外有垣。垣之内有池，外亦有池，統名曰西亭者，從其勝也。亭之前爲古梅者二，爲修桐者七，爲垂柳者數十株。凡牡丹、芍藥、芭蕉、芙蓉之植無不畢具。池又南通江流，朝潮夕汐，來去以時。每當雜花在樹，遥緑繽紛，春鳥秋蟬，好聲不絶。黄子談經之暇，有客過之，輒與一觴，□□□復蕭然自得。其客之游者，亦若身在林烟山霧之中，忘其地之近乎市廛。而西亭之名因以黄子傳，則無不曰此黄子之西亭也。夫維揚爲四方叢集之地，凡士大夫之爲寓公遷客，與夫估人舶賈之流，走魚鹽金繒如騖者，即修治園圃亭臺之屬，率爲瀠廻曲折以相矜尚，而其間或有之而未嘗屢游，游之而無晨夕友朋之樂。以視黄子之西亭，地偏心遠，流風猶有存焉者。吾黨如雲孫、初子諸賢，又黄子之羣，季也暇日，與諸名流賦詩眺覽，出東郊、行野外，拜延陵之舊祠，訪蕭梁之遺蹟，無不罣然以思悄乎遠望者。黄子顧樂此而不歸，若將終身焉者，將後之數十年或數百年而傳白沙有西亭之勝者，必自毗陵黄子之西亭始。西亭顧不爲黄子之所有耶，僕屢過廣陵，未得訪黄子於白沙。昨雨中自延令道經其地，而又未得覽西亭之勝也。乃因黄子之述，而援筆爲記。如此。

又 卷三三 浮漚館在城南昇仙里，一名小園。國朝翁方綱《浮漚館記》：是園在興化南城内昇仙里。元柴默庵飛昇故地也。溝渠映帶，竹樹陰森。李復堂鱓因其地之幽僻，曾搆樓閣數椽，綴以花草以爲退休之所。賦詩作畫，日與諸名士嘯傲其間，號曰浮漚館。鄭燮在山左寄詩有云：待買田莊然後歸，此生無分到荆扉。借君十畝堪栽秫，賃我三間好下幃。柳綫軟拖波細細，秧針青引燕飛飛。夢中長與先生會，草閣南津舊釣磯。後侍御任大椿讀禮家居憩息，於此注疏講學，啓發後生。從之游者甚衆。因取杜詩「養親惟小園」之句，題其楣曰小園。并賦詩二首：養親惟小園，江渚已春暄。竹逕笋根軟，蘭陔花藥繁。庾公豈詞賦，孟氏只盤飧。一幅讀書畫，煙横水外村。養親惟小園，讀禮薦蘋繁。箋疏工夫細，江郊歲月奔。烏啼新樹色，鳳戀舊巢痕。佇爾蓬池上，劬勞更報恩。

清 嘉慶《羅江縣志》卷三五　南村有邑紳李雨村別業，名曰困園。前有小西湖。自序云：余在通罷官，每曰思歸，遂見之夢，夢中輒見南村。屋左有荷花池，池中樓臺掩映。醒問自川來者，皆以爲田。然不夢則已，夢則如是。余心度曰：得勿使化田爲湖後，半身居如是乎？果爾，得歸當成吾志。自是不夢。今名小西湖，遂初志也。因題云：內鑿方塘外鑿堤，一朝鑿破夢中迷。不栽便有菰蒲長，纔種旋看竹樹齊。十畝肥饒化魚鼈，百年浮没任鳧鷖。更移紅白新繁藕，要當西湖在屋西。

清 嘉慶《松江府志》卷七　元教授曹澤之居　在小蒸。有樂静堂，爲澤之休坐處。東園、西園即其宅後果園也。後澤之孫修葺樂静堂，植竹千个，顔曰居竹。從孫知白得東西兩園地，鑿池疊石，築古齋、厚堂、求志堂、玉照堂、遺安堂、且堂、暖香亭、摇雪亭、息影亭、潔芳亭。窪盈遂生清淺，怡曠清遠。楚頌、晉逸、花竹、閒瀼、東莊、雪舟、正齋、巢雲樓、乾坤一草亭、濯畦亭、素軒、停雲、聽松齋、捫蝨軒、松石齋、笙月亭、藕花舟、白醉亭、清暉外霞亭、卧元、翠齋、聽雨、春樓、小谿吟屋、卧雲齋、小墨莊、雲中春、雪月。最佳處清静齋、元虚齋。警夢、戶居、受采、雪洞、流月、霞川、躡虹、月竇、仁壽諸橋，凡八十餘所，廣袤數十里。天曆二年冬大雨雪，竹樹皆凍死。明年大水，園廢。子永有古節齋，孫炳以園東偏數畝築皆春園。又有安雅齋、知本堂，爲曹慶孫藏修之所。愛日齋，曹宗儒講學之室。其一枝安者，錢應庚避兵泖上，曹炳築以館之者也。

清 梁章鉅《退菴詩存》卷二〇　黄巷新居之西偏，闢小園一區，名之曰芝南山館。其上小樓榜爲黄樓。巷本唐黄德温先生舊居，今巷中以此樓爲最古，因以名之。池上舊有老梅一株，因添栽松竹，總題爲小三徑。

清 王培荀《鄉園憶舊録》卷四　邑韓氏累世貴盛，第宅巨麗，別墅園亭隨在多有，而莫盛於仙洲園。北地少水，此獨源頭活水，平地汩汩而來，匯而儲之，方四五里。旁有小山，密栽松竹，間以亭榭樓閣。每風日暄妍，輒駕畫舸。天魔小隊，靚妝麗服，笛聲簫韻，飄縹於烟波夕照間，聞者銷魂。當時，新城王大司馬、鄒平張忠定公，緑野、平泉，争秀競爽，均未能及。主人尤擅才華，學富文鉅，會四省名士爲一社，如歸允肅殿撰亦在籍內。蓋沿明季習氣。吾東復社大社之人指不勝屈。後來園漸頹廢，家銀臺公往游，高念東先生屬題詩於竹公自記云：雖有歌咏，而竹瘦細不盈指，難載如椽之筆。今則水僅細流，山無寸木。曩日之畫棟雕檻，歿於荒烟蔓草，並遺址無存矣。宅亦易他姓。庭前古柏數株，鬻宅之後，旋亦枯萎。人謂之貞柏。

又　念東先生載酒園繪爲巨幛，著色細筆，鈎勒諸名公題詩其上。竹樹蒼鬱，荷葉田田。架木爲巢，亦在水中。蓋先生性愛水。所居棲雲閣五楹。閣上層旁出一門，爲平臺。臺前奇石、碧桃。下鑿爲池，小舟繫焉。亦繪爲圖。今臺未傾而池已平。閣懸一扁云：主人雅有滄洲意，滄洲意在水雲邊。滄洲意三字連環讀，扁今亦無。載酒園久蕪，先生六世孫子固廷謀葺而新之。夏日與客談宴其中。北堂面水，碧緑瑩徹，方可畝餘。泉聲潺潺，流入池中。旁架木竪小閣，虚敞無壁。唐濟武先生所咏「誰云無地起樓臺」者，即此也。楹聯云：荷花風四面，楊柳水中央。

又　銀臺公有園在城南三十里。園傍般溪，崖間有泉自石龍口瀉出，下入于溪。園高於地五六尺，栽竹數畝。入其中，陰森逼入，毛髮衣衫盡緑。春雷怒發，萬筍并抽。主人燒玉版宴客，如在篔簹谷中，最爲北方所少。園中有泉，平地湧出，奔入般溪。西山爽翠，近落几席。洵幽人逸士之湯沐邑也。念東先生有句云：竹作夢天移世界，樹如耆宿閲春秋。雙鶯隔岸啼來合，亂水懸崖裂處流。又咏云：青山欲走還圍座，碧樹雖欹尚刺天。予幼時嘗游之，故第猶存，畫棟已頽，不勝華屋邱山之歎。不數年，盡鬻他姓。聞其闢竹種菜。設王子猷見之，不知云何。

又　周東木，名震甲，林汲先生子也。以孝廉任河南太康令，加知州銜。罷官，予以世好謁見於朗園。園有聯云：田家况味只尋常，流水當門，遠山在目；林下光陰豈寂寞，藏書萬卷，種竹千竿。入門巨竹拂雲，清泉洶湧過亭下，颯颯如風雨聲，匯爲方塘，周五六十步，名賢清泉。水最清冽，好事者汲以煮茗，云味冠諸泉。北堂臨水，欄外無寸土。前面盡廠，月下聽泉，階上垂釣，如白樂天廬山草堂。洵足滌塵慮、消煩暑也。楹聯云：舍南舍北皆春水，微雨微風隔畫簾。又於堂後鑿池，寛大如前。蓄金色紅魚百尾，皆長二三尺。園舊名羅家園，明陳文學伊人館也。逯坦得之，名賢清園。東木得之羅氏，自號朗谷，因改名朗園。

又　漪園在西郭外，張秀園也，俗呼張家園。漁洋有《漪園記》，毛海客瀛詩，讀之如游其境中。云：造門石路平，悠然恣游騁。雙柳垂空階，婀娜弄翠影。迤邐見方塘，清泚涵藻荇。玩彼文魚游，得意樂閒静。拾級登高樓，四面敞虚迥。遥望城南山，黛容露華靚。俯視濼水源，奔流此合并。下流沿長廊，有亭如野艇。

曲曲寫盡。朱子青偕漁洋往游，有云：到門苑柳陰，幽境闢疏曠。軒窗足空明，水石互摇漾。新笋階罅穿，擇解葉未放。尋級登層樓，襟抱更一暢。與毛詩相合。但此園非自來之水，不及賢清園。家居出游，不過二百里。外此有園非所知。

明 朱世則《士味園記》（《平原懸志》卷一〇引）　余邑僻在東北隅，睥睨不逮三里，無河山之勝，無奇花異木之産。俗又纖嗇，莫肯一問園圃。惟前明神廟時言係宋公有繹幕園，李益軒嘗記之。其後則士味園而已。士味園者，張明府文若先生之園也。出東郭門外，循隍而東數武，折而東，一門，又折而南，復爲門。平望皆蔬畦、麥隴，旁有老樹百株，參雲蔽日，不見所謂園者。循畦而南幾半里，則爲蒲萄架，旁有井，冽而甘，可供茗戰。架底堪布三席，夏不穿日。環植垂柳，宜飲宜棋。迤而東，則爲蓮亭，笪侍御重光題曰茂叔清風，四旁亦皆蒲萄環之。蒲萄之外，藩以枸杞，前爲池。池不甚廣，而芙蕖特盛。中畜朱魚百頭，出没荇藻間，爛若繡錦，傲不畏人。又南有石几，左右垂柳委地。醉而坐其上，酒輒醒。平泉之畜不是過也。舉目葱蒨，徑窅而折，折而上横出虬枝，常罥巾幘。俯聽清流濺濺，行溪溜中問之，即蒲萄旁之甘泉，桔槔以灌者。出亭而北，有門翼然，牓曰士味園。旁有聯曰：萬木酣紅墮，千筠濕翠濃。故邢太僕子愿筆。門内編竹爲弄，野藤荒蘚，周匝布濩，人行青翠中，如入張公善權諸洞，不知其在平壤也。出弄數武，一石亭立峭削，高數尺，錦川佳品。過石，即隃麋館矣。館三楹，軒豁爽塏，可布十席。時丁香、薔薇諸花正開，安榴吐艷，雕繢滿眼，不颸而馥。壁上題味甚夥，吾獨愛黄慎軒草書一聯曰：石扉藤蔓迷樵路，流水桃花引客來。筆陣飛越軼唐入晉，有龍跳天門之致。過隃麋，爲晏娱齋。齋後修竹千挺。由東偏門而出，則長風閣五楹，縹緲雲霄。躡級而登，可望數里。南則及於張仙橋。世傳留侯辟穀於此。東則及於清霄古刹，近則閑道書院，闤闠萬家。西則樓櫓雉堞，近在咫尺。文昌閣插天而立，與長風閣相埒。一邑勝概盡收於眉睫間矣。下閣而北趨，爲宣明精舍，明府讀書處也。左圖右史，金石古文充牣其中。旁有耳室一，貯美酒，具茶竈，兼畜鮭脯、瓜菜。舍内一榻兩几，讀而倦，即呼酒數行，醉即假息。明府八十老矣，不乘輿、不支杖，每日曳履至園中，蒔花灌竹，讀書賦詩，樂此忘疲。

清 道光《寶慶府志》卷六〇　息園　里人楊瓊別業。湘潭張家榘《息園》詩：出郭循北渡，溪塍多平田。古屋高下置，倚巖成繚垣。松杉凌冬榮，桃李方春妍。亦有菡萏花，甃池引山泉。先生清白吏，七十車先縣。菟裘遠埃墙，荷衣遂安便。太傅居洛陽，高吟《池上篇》。温公予宫觀，「獨樂」以名園。先生笑曰嘻，匪云希前賢。閑閑十畝閒，聊可息吾肩。熱客方梯榮，達人自知止。豈借簪紱貴，易此林壑美。春秋好風日，孫曾環杖履。亭台無遠近，興至輒徙倚。餐芝商山翁，載舫猗玗子。宦途且莫問，有識防掩耳。去年臘向盡，暮雪舒紅梅。有兄官泗上，頭白還歸來。老屋東西頭，杖履頻追陪。歡言及舊事，酒到無停杯。某水與某邱，游釣思童孩。故園重回首，此樂誠悠哉。不見對床約，老去仍儋雷。林泉是處佳，買山或鮮資。廣受亦尋常，僂指幾人歸。我懶免折腰，冷宦仍攢眉。始知區區者，動若願力違。陶公酒熟初，庚園花發時。寄言漢陰丈，先生方息機。縣人歐陽紹洛《題息園》詩：前榮緬林杪，意可咫尺接。豈知數弓地，盤道乃百疊。丈人棲託處，松竹皆玉立。雲風在牖户，爽氣遍几榻。半生懷家園，但拄馬曹煩。今晨撰游杖，始得著脚踏。客來但飲酒，世事慎勿涉。坐我巖下屋，滌我井畔渫。裴回得心賞，引興到刻蠟。聽君醉時吟，山谷響四答。生平拜龐老，矧乃戚黨洽。定知德公意，未厭往來沓。西風撼林莽，歲序行及臘。相期春華深，幽徑當更躡。

清 于慎行《城南別業圖記》（《東阿縣志》卷二〇引）　城南别業者，榆林杜小將軍日章氏築也。將軍世秉韜鈐，才資歆儁。年甫弱冠，已受鉞建牙，樹聲北邊。乃獨好文善詩，冲雅有致。慕其先少陵氏之風，一曰自解印綬，奉親家居。闢地城南，多築亭臺池館，雜植花卉。日從四方文士，拍浮嘯咏其中，若將與世忘者。東蒙李生客其幸舍，因介面走使三千里以圖求記。予累幅而閲之，烟雲晻藹，禽魚上下，山若迫而青，水若環而碧，遠邇明滅之間，可按圖數焉。曰懷古草堂者，屋而蔭之茅，黝深而敞。游而息焉，以尚友也。曰縹緗閣者，四壁圖書，二酉之藏備焉，以博觀也。曰棲鶴軒者，仙禽宫之風清月上，交吭長鳴，聲入雲也。曰飲仙亭者，醉鄉之社主，飛觴命醻，無虚座也。曰翠微山房者，非烟非霧，在乎螺黛之間，山坳之搆也。曰聞鶯館者，花柳之所蓊蔚，春旭朝靄，鳴聲喈喈如歌管也。曰曇花精舍者，以奉佛佗，亦時與林僧遇也。曰松窗者，以延大夫烈風，披之琴瑟成韻，如澗壑也。曰柳逕者，雨條露枝，夾道樛互，可散步游也。石曰横琴，有磐於岩下，臨流水、據槁梧而瞑也。洞曰三珠，闢石爲窟，琳華之木參之，如仙居也。鑿地成池，羣卉環之，澄如濯錦，謂是浣芳之塘。流水之上，庋石而倚竿焉，其釣非釣也，謂是垂綸之磯。園之某方有山冠之，命曰帶玉，取諸形也。有畹曰蘭，有畝曰蕙。大國之香備，取諸騷也。末幅則爲崇臺，其高臨雲，命曰倚劍。取諸志也。夫窮邊絶塞、戎馬熢燧之間，即有名山泉石，亦多湮塞埋没，不逢真賞。而將軍創物規始，妙奪天巧，咄嗟而成一方之勝概。如此可不爲好奇嗜古、棲志於大雅之林者哉！

吾嘗有概於是。天下有事，則詞人儒士相與忼慨功名，抵掌而思遠騖。及至宴安無虞，不識兵革，則世家名將亦往往濡翰舐筆而豪於藝文之場，固太平之象也。唐至開元之盛，侯家戚畹争以亭館相高，即如少陵所游何將軍山林，其渺小者耳，而偃仰溪山，流連光景，所謂「堂上書連屋，階前樹拂雲」。雨抛金鎖甲，苔卧緑沈槍」。勝可想矣。何氏文事武節不少概見，顧獨以雅上清規爲少陵所津津如此。今得目將軍之逌作與其交游，相與静夜談詩，石闌點筆，所謂「高枕吾廬真不虚」乎？雖然，開元文物之侈曾無幾時，而新浦細柳已吞聲于曲江之曲，況第五橋邊一塢乎？今天下之平久矣，方内騷然將有空虚之漸。惟幸三陲韜戈，煙塵無驚。故世家名將得以其隙修山林文史之娱。此可謂深幸而亦可爲長思者矣。將軍之齒未也，伊吾之北，玉門之西，皆迹之所必至乾。一旦烽舉燧燔，鑿凶門而出節，豈得以山林文史之娱自適，而虚報國傳家之業乎哉？別業之事十八，吾取臺焉。白虹耿耿，望在空同之外，去天不尺五矣。

清同治《上海縣志》卷八《第宅園林》 後樂園在黄浦，東爲深舊居，中有後樂堂、澄懷閣、小滄浪、四友亭、小康山徑，望江洲江東山樓，儼山精舍、柱石塢諸勝。今其址稱陸家嘴。前《志》云：深年譜：公生於黄浦東洋涇原之舊居。至四十八歲，於宅北隅運土築五岡，望之者謂儼然山也，因改號儼山。

清光緒《金陵瑣志·鳳麓小志》卷一《考園墅第三》 愚園者，煦齋太守之所築也。前臨鳴陽街，後倚花盝岡。門以内構櫨節棁，髹漆雕繪。南北相向，爽塏之屋數重，主人奉母居養於内，且以安其家室焉。由屋西入園，曲折繞廊行，鑱石曰寄安，主人所自書，嵌於壁。又迻迤西上，稍拓爲檻，曰分蔭軒。置几案數事，游者得以少憩。鑿壁爲門，闔之以示境之不可窮。轉而南下，至無隱精舍。面南屋三楹，庭中植桂四五株，雜蓺雞冠、老少年之屬，馥烈從風，陸離這雨，深秋送凉，香色四溢。庭左數十步爲春暉堂，其後蒔牡丹數種，其前甃石爲池，荇藻漾碧，水清見底。池側有小閣，窪然居累石中，兩旁皆假山，峆岈嶔崎，歷落萬狀。閣左出乃達於南堂。循假山而西，磴道盤折。而躋於巔，孤亭聳峙，若飛鳥之將翔。以機引池水爲瀑布，返瀉於池，錚錚聲若琴筑。其東仿倪高士師子林，疊石空洞，曲道宛轉，忽升以高，忽降以下，逕若咫尺而不可以跨越。游者眙眩，幾迷出路。壁嵌一石，有文曰：劉季高父，徘徊其旁。紹興丁丑六月乙未。是即張乖崖之醉石也。與西山相對待，皆可以來會於南堂下。斯堂軒豁洞敞，列屋延衺，爲一園之勝，署曰清遠堂。張子青相國所書也。其右爲水石居，前臨清塘，大可數畝。芙蕖作花，疏密間雜。紅房墜粉，掩映翠蓋。長夏南窗畢啓，薰風徐來，荷香暗襲。時有潛魚躍波，翠禽翔集。倚檻披襟，溽暑蕩滌。塘泛瓜皮小艇，可容兩三人。弄櫂於藕花深處，新月在天，水光上浮，絲管競作，激越音流，棲禽驚飛，吱吱格格與竹肉之聲相和。堂左則連闥洞房，爲主人操琴之所，素心人來時作一弄。其上有閣，可以望假山。啓後户，曲徑如羊腸，繚以疏籬。竹樹蒙密中爲竹隖。軒窗四闢，冒以碧紗。緑陰晝静，當暑蕭爽。循籬南行，至課耕草堂。不翦茨，不丹漆，規製儉樸，略如農家。旁列茅亭，引水畜鵝鶩。正西面塘，溉水田畝許，種黑秬。主人或親挽桔槔學灌園，秋穫足以供祭。就水南爲榭，居草堂之北陰，是爲秋水蒹葭之館。水木明瑟，湛然清華。沿塘築長堤，夾樹桃、柳、芙蓉，雜花異卉，春秋佳日燦若雲錦。循堤而南不百步，有高閣窿然踞岡阜之上。梅花幾三百本，枝幹虯曲如鐵。時有清鶴唳聲，起於梅崦之下。登閣而眺，東北諸山烟雲出没，如接几席。因名閣曰延青。時見南鄰茂樹，拂鬱雲表，「分蔭軒」所以名也。度坡陀東下，度石橋，北與清遠堂正對，爲主人家祠。歲時聚子弟習禮其中。度祠垣，得小邱，若岍若岊。拾級百步許，有面東之屋數楹。編竹爲藩籬，海棠八九株，花時嫣紅欲滴，爲春睡軒。後瞰果圃，多桃、李、梅、杏、枇杷、櫻桃，丹黄纍纍，鮮美可摘。出籬門，值塘之東堤。堤旁臨水之榭，署曰柳岸波光，塘扭而通之，朱橋碧闌横亘於上。泛艇之人往來放歌於其下，度橋彎環，曲徑復與無隱精舍接矣。凡斯園之中各據勝概，而隱有内外之限。自迴廊以西至藏書樓爲内園，自書樓以西、循長堤東至竹隖爲外園。竹塢東出，別有門可通往來。主人奉板輿之暇，樂與賓客觴詠，以娱其天也。今主人久歸道山，每過斯園，猶仿佛昔年槃敦之盛云。撮鄧熙之學博《愚園記》。又，煦齋主人《愚園雜詠》狀園中之景特詳，坿録十八首。其《春暉堂》云：堂址廣方丈，春光周四圍。暖風檻外來，惠然吹萊衣。娱親進旨酒，寸草心依依。此中有至樂，敢曰酬春暉。《清遠堂》云：幽香自遠來，開軒挹朝爽。日映紅衣鮮，露滴翠盤響。倚欄理釣絲，登舟弄雙槳。見花不見水，穿花任來往。《水石居》云：南窗臨清流，北窗對峭石。菡萏滿陂塘，幽香生几席。有琴不必彈，有棋不必奕。客來戒送迎，坐卧適所適。《無隱精舍》云：願聞木犀香，廣植木犀樹。虚堂敞四隅，無礙香來路。問香有隱否，香亦不知故。參此木犀禪，坐挹花開露。《分蔭軒》云：鄰家有古樹，未爲劫火摧。扶疏廣數畝，綠陰過牆來。因之以爲屋，几席生新苔。分此一半陰，護我名花開。【略】《覓句廊》云：自號天隨子，吟詩本偶然。有時無一字，觸緒忽成篇。梅開雪滿地，荷香月在天。巡廊頻索句，雪月助清妍。《愚湖》云：人笑愚公愚，構園如移山。大智莫若水，名愚豈其甘。不師柳柳州，守拙聊自閒。且作愚湖長，扁舟時往還。《柳岸波光》云：臨水起孤亭，沿堤垂柳深。倚闌望明月，人影横波心。波光揺月光，柳陰拂亭陰。瘦鶴一聲唳，清風滿平林。【略】《嘯臺》云：山顛矗崇臺，遠峰羅滿目。巍然見孝陵，濯濯無寸木。弔古生悲風，興衰如轉轂。登臨發長嘯，不效嗣宗哭。《界花橋》云：池水分東西，蓮花判紅白。中央界小橋，儼成兩香國。界花不界水，氤氳無閡隔。憑闌左右望，粉黛少顏色。【略】《竹隖》云：寧可食無肉，不可居無竹。此語創東坡，我心久私淑。萬竿烟雨深，中有數椽屋。卓午暑不知，清風來謖謖。《小滄浪》云：髫年住吳門，攬勝朝至夕。時登滄浪亭，更覺襟抱適。歸來築小園，所志在疇昔。不須濯足纓，本未染塵迹。《小山佳處》云：洞石奧而曲，迤邐東至西。山顛築小亭，四顧樓臺低。留人叢桂香，時聞幽鳥啼。小坐亦復佳，何事愁攀躋。《巖竇》云：疊石爲小山，疑是六丁鑿。就此咫尺地，營成千巖壑。退步即進機，欲前反後却。行行遇坦途，迷路一朝覺。

清　光緒《潛江縣志》卷八　萬元書屋　在城内西北邑，知府郭之幹別業。中有桃花洞，五老峰，翠柏亭，琅玕塢，天釣洞，長春堤，芙蓉岸，蓮花池，天香道，匯清亭諸勝，題詠甚衆。

袁宗道詩：君家漢水曲，相近武陵源。分得武陵花，春雨燃山園。《桃花洞》　峻嶒踞虎豹，蒼翠積莓苔。疑是廬山石，風雨忽飛來。《五老峰》　白日起寒濤，長夏何森爽。中間安鹿床，趺坐絶塵想。《琅玕塢》　偶踏長春堤，涼風吹解帶。班荆數過颿，沙鳥飛雲外。《長春堤》

郭正域詩：何處移來石，堆成五老峰。五老相對語，石丈今成翁。《五老峰》　滿池種荷花，紅妝照淥水。白鷺不驚人，立在荷花裏。《蓮花池》

王禹聲詩：匯清亭搆草堂陰，書幌從教翠竹侵。樹杪夜深巢一鶴，池邊月落靜孤琴。風吹菡萏陶公社，佩冷芙蓉楚客吟。不淺王猷幽興在，春來花徑轉深深。《匯清亭》

清　光緒《畿輔通志》卷一六〇　吳匏庵園　園有海月菴、玉延亭、春草池、醉眠橋、冷檐泉、養鶴闌。今訪其遺跡，已不可得。《析津日記》按玉延亭、海月菴，《析津日記》云：訪其遺跡，已不可得。而《春明夢餘録》以爲在皇牆之西，故朱彝尊原書列之「中城西偏」，其實亦傳聞之詞耳。今考河南彭氏所藏張見陽補畫《玉延亭園》有趙寬賦序云：春坊先生所居崇文街第有園一區，名亦樂。中有亭，曰玉延。賦首又云「並東郭之青陽」，則斯亭應在東城。又考毛澄《重建玉延亭記》云：園中別有菴，曰海月，玉延爲菴之輔。則海月菴與玉延亭毗連亦無疑。故移於東城，特其舊址，今亦無可考耳。

清　光緒《順天府志》卷七一　薊州田盤之麓，地名水泉，一名石佛寺。張氏別業也。繚垣皆用石砌，斑駁作虎皮紋。薜荔絲生色蒼綠，葉大如蒲葵扇。逕砌以石子。内室三楹，旁有倉、有庖湢，皆用黄色白草苫蓋，堅樸無華。院落寬敞，一亭曰望雲，高出屋上。坐亭檻上，山笏立目前，天成寺近與拱揖。牆外山田二頃，藝粟米，可供八口一歲資。果園數畝，雜植蘋婆梨樹，歲收其值可爲衣御冬。張氏式微，不知售於何氏。

清　光緒《盱眙縣志稿》卷一　拙補園　治西北玻璃泉側，國朝知縣胡應麟創建。訓導封濱《邑侯胡公新創拙補園記》：蓋天下山水之奇不可勝紀，然有一奇勝，使人得而盡發之，則所謂奇勝正復索爾意盡矣。故其靈秀之致雖當前，人搜剔之處，猶有隱於蒙茸巉陬之際，而不早試於耳目之前。乃獨待一時，風流名雋者搜之剔之，發胸中曠想，以點綴於其間。如邑侯胡公，於玻璃亭側開創拙補園，足見之也。泉之名著於米南宮。昔有小亭，勒諸達人游詠，鐫崖題壁，日久剥落。故明直指范公，始搆亭榭，爲宴會之所，制亦湫隘。至皇清三韓李侯擴而大之，改造廳軒，弘敞壯麗。升亭於頂，旁植松杉梅竹，廣羅百卉，遂成巨觀。然泉自石出，而石之奇勝尚多未盡發者。胡侯於簿書之暇，偶一瞻眺，神與石遇，於泉亭之右，翦蘩伐荆，抉滓披薉，經營不日，使巨石畢現，突兀奇秀，另開生面。特闢一園，園名拙補。鼎建雲楹、迴廊、曲檻，環對石壁闌芳，微增式廓，泉流石立，上下掩映，目覩爲之一變。是山中奇勝昔人所未發者，今得以盡發之。一泉一石，通觀厥成焉。遂顔其堂曰以成，由是知造物之無待而生者，亦必有待而成，理固如是也。余寒齋近泉下，時一登覽，更易耳目。閒居無事，不揣鄙拙，因援筆以爲記。

清　光緒《寧海縣志》卷三二　夢園　在治東南隅。龔氏文峰築。重巖壘石，鑿空玲瓏。巖穴中砌以石磴，上下左右四通八達，水亭月樹，曲檻迴廊各極精妙。邑人王吉人有記。己丑春，文峰龔君夢園落成，黄子虛亭約余往游。客有詢於主人者曰：意匠經營，神工慘淡，勝蹟勿湮矣，何夢之是云？主人曰：子不見玉津梓澤、沁水平泉乎？當其締造之初，無不增美飾觀，冀快耳目而後止。迨人事變遷，轉瞬間求其一草一木已不可復得，古今一大夢境。況此小小之結構乎！吾園之以夢名也固宜。予聆其言，覺胸懷高曠，知不等尋常蹊徑也。遂命管城子處處志之。夢園門臨緑野，入門過小榭，爲枕葄軒，庋藏古書千餘部，今佳子弟息游其間。左趨小徑，隔垣葱蒨，緑映鬢眉，曰借竹軒。由軒之廊折而北，至聽濤坡。坡平坦，設楸枰以待手談。有臺突然起，曰貯秋臺。下樹梧桐二，佐以松柏、紫荆。踞石山憩，浪浪天風自泠然亭來，襟袖皆爽。臺左有徑斜上，曰襲翠。登山之路由此始。徑側障蠣垣如畫册。形穴一小門，通吸練陂。陂下流水潺湲，即臺前小池也。游人佇屐，影落波面，鯈魚唼藻而出，聽人足音。復穴一小門，下梯磴，入納雲洞。洞容六七人。每當曉雨初晴，夕陽欲墮，雲縷縷赴洞中。出洞，地忽平曠。紅樹參差，間以雜卉，曰花又村。而醉白莊、醒酒居在焉。游者至此足力少疲，或開尊浮蟻，或枕石酣眠，不知復有奇峭也。别花又村，扱衽上山徑，山勢崚嶒，仰視寒梅數株，暗香疏影，低壓帽檐者，香雪嶺也。下嶺，度之橋，巉巖峆岈，欲攫人而入者，延秋洞也。洞門臨水，掬月亭迎面而起。洞中人語輒與亭上相贈答。緣洞行數武，一石罇大於五石瓠，碧欄約之。水光瀲灧，雙目爲摇。顔以「濠濮閒想」。復前數武，山勢稍曲，巖竇嵌空，席竇兀坐小武夷亭。亭卓立若向人拱揖者。拳阿也。延秋之徑盡矣。由是上庾嶺。嶺右通訪真洞。庾嶺緜亘五六丈，有露天者，有覆巖者。透迤而下，爲眉堤。堤下碧水匯焉，爲一轉渦。秋波一轉，點睛者誰乎？堤上界粉垣，中闢雙扉，則夢園正室也。屋三楹，榜稱之，明窗浄几，各置筆硯數事，分題屬韻，則集於此室。西過一笏廊，爲半角山房。壘石成小山。循山而上，爲聽雨樓。樓前芭蕉橐橐，雨至風葉交戰，令人心醉。聽雨樓與正樓通，樓東係幽軒三椽，爲澹忘軒。軒側爲賓厨，客至咄嗟可辦。繞軒後，出過吟嘯廊下，入訪真洞，其上洪吕仙像。洞有門稍暗，進則爲一畫天。就地而庋，堂庋以筵，室庋以榻。檐前天光衹餘一綫。堂左一門，以葳蕤鎖鍵之。啓鑰入，豁然開朗，爲丹崖翠壁洞天。洞口石壁不甚高，洞前兩崖夾峙，上束以巖，陡若天成。巖之外，鐫「栖霞處」三隸書，嵌之矯首。太虚分而爲二，葫泉之水自下入，風起水湧，激石作鐘磬音。洵奇境也。由洞天轉，上石級，抵吕仙祠。越欹磴，抵涵虚洞，路忽斷，駕石爲漱玉橋。過橋穿碧徑，掬月亭矗立水中，夜凉人静，月印漣漪，掬之則月在手。亭三面環水，一面枕山。水窮山接，登小武夷，上螺旋嶺，迴環往復，如蟻行九曲珠。嶺北岐路達眠琴小築，小築後即銷寒館也。空其地，可熾獸炭，支板於上，暖起潛騰，有黍谷回春之妙。庭前地勢窪下，因埶亂石爲方池，曰不鑿池。館左右二門。出右門，復上螺旋嶺，敷折抵瀉碧廊，而棲霞高處懸瀑下注葫泉，聲與耳謀，色與目謀，幾令人接應不暇。經浴花磯，躡御風嶺，有亭若便面，即泠然亭。下亭出鬱秀徑，爲不除草堂。草堂之右，别有二斗室一堂，游跡所不到者，曰寄居。轉而北上樓，過登嘯廊，則貯秋臺也。臺之上爲鄰仙閣。爲夢園最高處。窗楹四敞，倚楹縱眺，一園之景盡繪目前。南望躍龍勢焉，方正學讀書故址，頹廢久矣，惟綽楔巋然獨存。西南真武場，平原如砥，霜秋大閱，士馬縱横，客皆作壁上觀。大溪之水，洶涌澎湃，奔騰而至，神僕僕欲舞。西望三臺山伏地若門限，北至帽峰，丫髻了了可觀。東則緱城義塾，萬松陰翳。蓋蒼山高插天半，浮嵐縹緲，遥侵幾席。游者多留連不能去。下臺出知止齋，度款虹橋，爲養拙軒。軒乃文峰先人所營，仍其舊而不改。繞桂樹而南，則所入之賜書樓矣。此夢園諸景也。園之壯麗雖不逮古人，而林泉邱壑，無所不有。吾知文峰營是園，不必俟婚嫁既畢，遍歷名山，效向子平高致。而得此一區，日涉其中，且與客之游是園者，吟嘯歌咏，磬生平未有之樂，則園雖云夢，亦夢中佳境乎。爰爲之記云。

傳記

清　乾隆《狄道州志》卷九　張繼良，字松友，歲貢生。其叔母王氏撫孤守節，繼良奉養成其志。守令高其行，時造廬焉。嘗得古檜一株，植於齋前，日與之吟哦相對，於世味淡如也。時同社生張略者，字有三，亦風雅士。嘗於小圃築亦可亭，栽花種竹，而讀書其中。同邑姚清贈聯云：可雪可風可花月，亦城亦市亦山林。其風致尤可想見云。

清　同治《黟縣三志》卷七　余佐，字忠元，西隅人。讀書精易理。下簾賣卜，有嚴君平之風，並工詩畫。所居周家園，竹木交蔭。别闢小園，花四時不斷。叠石庭砌，象黄山三十六峰，曾游者以爲逼肖。

清　同治《欒城縣志》卷一一　李濬，字龍吉，趙莊人崇禎間諸生。知時不可爲，絶意仕進。經史諸子靡不淹貫，尤精易理。初，家頗富，盡散其財。植柳舍南百餘株，中起臺亭。暑月柳陰密覆，清風徐來，好鳥翔集。坐卧亭上，宛然羲皇上人。友至，輒與談古今廢興，論天下事成敗。名流負笈來游，無問遠邇。晚業醫，多濟人。人稱百柳園居士。節王珮《百柳園居士傳》

清　宣統《項城縣志》卷二五　閻文萃，字聚五，乾隆戊午歲貢。澹泊自甘，不慕榮利。構别業於村南，顔其室曰樂墅。有松百株，有竹千竿，亭臺池館，備幽人雅趣。日與子弟吟詠其中，杜門不出。上憲頻促始出，就河陰司鐸，甫半載告歸，卒於家。

又　王允奇，字爾超，廩生。性剛介，不隨俗。惟好讀書，經傳子史、詩詞未經見者，必多方購之披閲，審密不苟，音釋字義，必考核詳明，楷書附注。晚年闢東園别業，鑿池築阜，構亭榭，植松竹，嘯詠其閒，怡然自得，絶意仕進。

紀事

清　金之俊《金文通公集》卷七《且樂園記》　予嘗讀司馬温公《獨樂園記》，買田二十畝，闢以爲園。中有讀書堂、弄水軒、釣魚菴、種竹齋、采藥圃、澆花亭、見山臺，池沼草木，錯落森羅。竊歎温公之樂，樂亦云侈矣，而猶曰「鷦鷯巢林，不過一枝，偃鼠飲河，不過滿腹」。然則田園林榭，有弗温公若者，將遂無以爲樂乎。予性不事生産，仕宦三十餘年，止存先世薄田三頃。順治己丑六月乞假歸，盡以其田析諸子，不復爲兒孫作馬牛，於蘇城之西北隅購園地二畝許，得温公十之一，托足而偃息焉。茆屋數楹，聊蔽風雨。亦覆簣土爲臺，可以縱目。亦聚拳石爲山，可以登躡。亦環斗水爲池，可以蓄魚栽蓮。池南有隙地數丈，仿西子湖游舫，搆一齋于其上。洞列窗牖，左臨流，右倚石，宛似榜人停橈。維舟岸側，月白風清，則命童子吹簫和歌。憑高俯睇，疑晝船簫鼓，湧出平地。客至，則浮白滿引，主賓頽然。客去，則掩扉讀書，四壁寂寥，獨有鳥聲唱和。鄰居多千章古木，繞我小閣，因名爲借樹閣。庶幾城市之劇而忘乎人間，合而命之曰且樂園。

清　汪琬《堯峰文鈔》卷二三《南垞草堂記》　《堯峰志》：南北二垞，相傳元末顧阿瑛嘗避地卜居於此。其事不見他書，未知果然否也。南垞，在胡巷邨南。予居邨中，吴公紳先生屢訪予於此而樂之。因買地築小園爲草堂於其間。堂之前喬柯數章，丈石參列，飛泉從山巔來，穴垣而入，每瀧瀧鳴。除下堂之東爲漱石之廊，又東爲攬雲之閣，又東北爲容安之軒。予山居多暇，輒屣步徐吟其中。然其勝未有踰草堂者，公紳遂以南垞之名名之，而且屬予記之。予讀歐陽公所記許氏南園，以爲園不足書，特書其孝友一節，以示勸。何其工於立言之體也。今吴氏善行殆不減於海陵之許。

清　孫承澤《春明夢餘録》卷六五　海澱米太僕勺園，園僅百畝，一望盡水，長堤大橋，幽亭曲榭，路窮則舟，舟窮則廊，高柳掩之，一望彌際。傍爲李戚畹園，鉅麗之甚。然游者必稱米園焉。

海澱李戚畹園方廣十餘里，中建挹海堂。堂北有亭，亭懸清雅二字，明肅太后手書也。亭一望盡牡丹，石間之，芍藥間之。瀕于水則已。飛橋而汀，橋下金鯽長者五尺，汀而北一望皆荷，望盡而山，婉轉起伏，殆如真山。山畔有樓，樓上有臺，西山秀色出手可挹。園中水程十數里，嶼石百座，靈壁、太湖、錦川百計，喬木千計，竹萬計，花億萬計，閩中葉公向高曰：李園不酸，米園不俗。

都人王嘉謨《丹棱沜記》：帝京西十五里爲海澱，凡二。南則觭於白龍廟，又南湊於湖，北斜鄰峋嶁。河又西五里瓮山，又五里爲青龍桁河，東南流，流入於澱之夕陽，延而南者五里，旁與巴溝鄰，曰丹棱沜。沜之大以百頃。十畝瀦爲湖，二十畝沈灑，種稻厥田上。上湖圜而駛於西，可以舟，其地虚敞面陽，有貴人别業在焉。土木甚盛，最後爲樓一區。沜自垣以西入，於樓之滸爲小湖，桁二舸二，中多菱芡魚鱉之屬。上有竹萬箇，菡萏垂絲，箟簩雜生。又有石苔、沙甞、甘菊、忍冬、幽蘭之類，蘼蕪蔓延以入於沜。竹最美，亦帝京之僅有也。樓下爲城，高可四丈，竹籜蒙之，根如蒼龍，土石迸出。登樓則沜當其腹以貫於南，熒曜如銀。

清　陳宏緒《江城名蹟》卷二　半舫齋　予友劉士雲文學斯陛之居傍有銀杏，婆娑覆之，遠近號爲白果樹。劉前爲泛閣，藏書多秘本。跨池曰漪亭，波光寒静，照人鬚眉。士雲初刻半舫齋，制藝已，刻漪亭「新藝」，筆勢雄快。天風海濤，震盪無際，而蒼然古色，不作耳目近玩。其自草《新藝序》，雋永而兼氣骨，晉魏之名篇也。惜才大如海而不克永年，未能竟其所志，爲可嘆耳。譚友夏有《劉士雲園亭醉歌》云：世人爲園丘壑假，奇人爲園中懷寫。愛兹嘉卉成古木，主人坐我月明下。垂楊拂水水荇開，芳草上堦堦有苔。吾家烟月遍林麓，春光隨身千里來。此夜歌聲細亦緩，能飲不飲觴各滿。

清　施閏章《學餘堂文集》卷一四《游春浮園偶記》　泰和蕭伯玉太常自記其春浮園，爲時所稱美，蓋因其高下鑿溪壘山，一亭一逕，皆竭能殫智，求異於人。伯玉既下世，而余適分守湖西。時宗伯錢公屬余以其猶子孟昉，且謂能世其家，而其園可惜，固余所願游者。壬寅春，行部至泰和，連雨浹旬。一日亭午方霽，遂至園所。時孟昉客虔州，求所刻《春浮園記》不可得。地近城郭，又數苦兵。去伯玉未三十年，樵牧者皆得而往矣。獻吉《悼外舅詩》云：田園樹大身先葬，書畫樓成晝不開。嘗讀之淒然廢卷。今伯玉既以猶子爲後，而其竭能殫智之所經營，卒歸之。蔓草尤可悲也，然亭臺半圮，丘壑猶存，斷壁寒崖，矗然斗絶。回岡曲渚，忽又奔屬。客至者，皆不辨其爲園也。孟昉又別構小圃，薈叢妍好。園中人能具蘭舫筍輿，酌家釀，進園茗。余徜徉其中，遇嘉石奇樹則解衣箕踞，坐良久，驅吏人遠去，或呼園丁，問花木種植剥治、接養灌溉之方，纖細疏記，窮日乃返，不恨園無主人也。得詩凡五首，逝者有知，將酹酒酹伯玉焉。

清 郝浴《因而園記》（《臨桂縣志》卷一二引） 壬戌，歲在午日麗鶉尾，月當奎壁而圓。天下大安，定南之甲收入龍旗。衙西遺屋三五楹，偶穿西壁視之，茅徑人踪，鳥蹴花落。試撤其籬，乘其垣，內通外露，可園也。因而園之，遂命曰因而園。其西上有瓦屋三，斬竹以蔭，額名曰清燕。用逃吾畏暑夙疴，兼求益智觀德于書與射。其東上有瓦屋三箕，南牖之。席下見一池水深緑周畝，喜其魄大而歸方，名曰矩海。丹尾金鱗，强二尺之鯉，殆五六十頭，拏葉舟衡之則飛。當兩屋，巋然有臺。回顧堯山如畫，仁壽在天，能毋羹墻，故褒臺之美于山曰見堯。又東蜿引一土，擁樹披花，簣爲山，曰小卧龍。山景葛而摩之，竊師窮廬之懼於卧也。每曉，山右掖和聲溜出深樹，曰嚶谷，諸夭喬不一名，華實各生焉。慨自洛中鄴下，曲江、石頭名園，藉史而累世，名貴人雅好移山倒水，輦材以崇巨麗，不奪造化而喪天真乎？于人不宜，于物不恕，吾惟一以恕。予之信步而如負手而睨，養空而聞，何往非佳勝也。當其臺上風來，蕉下雨來，池中月來，花下香來，枝上鳥來，開卷古人來。天懷坦，天心見。疑古今人未或得有斯圃也。何也？疑古今人未或得有斯樂也。何也？疑古今人未或得有斯恕也。因而園，信吾恕園也。且念吾瘠粤之民一不登而糟糠是甘，今喜陸梁、孱弱，咸苟安一日之化于寒儒，是又人與物交，吾恕也。恕吾，則亦或好視吾，一如吾之好視物也。癸亥上巳，引優落成，吾戚知、吾子弟、吾吏、吾僕，盡衙之人，皆比肩立矩海之岸，水天一色，洞鑒鬚眉。于上下面面皆發歡容恕之徵于近者又有然。記之。

清 鄧林梓《匿峰廬記略》（《如皋縣志》卷二〇引） 如皋冒氏水繪菴，累石屹立，有携取五岳之勢。垣墉不設，環以碧水，竹樹蓊鬱，羣鴉聚於此者萬計。菴四周多林園，烏不止他屋而止水繪。先生於其中徵歌選伎，無朝非花，靡夕不月，海内賢士大夫與夫貧賤之交、通門之子咸集於是。或數年不歸，主人日爲致餼，不少倦。四十載賓朋之盛甲於大江南北。

清 方象瑛《健松齋集》卷三《河渚探梅記》 武林梅花舊稱西溪，近時惟余家莊最盛。【略】遂放舟徐園。園去莊數里，溪流盤折，舟行不辨出入。梅可百餘本，登樓望之，白光鱗鱗，香聞數里，蓋環河渚皆梅。然散處平疇村落間，園聚之。散固佳，聚乃更勝也。【略】時冬初木落，菱葉浮沉，餘荷貼水，丹楓紅柏掩映陂岸間，與松檜相錯。舟移岸轉，紅緑無定。湖盡，爲朱相國東園。亭榭池臺位置殊勝，顧歲久漸圮。園蓄三鶴，一鶴出竹間，亭亭獨立。二鶴鬥於池，頸翼糾結，强者負力，弱者血流被毛羽。生提竿逐之。【略】西園古木千章，修竹數百箇。引湖水爲池，芙蓉夾岸，懸藤倒影。俄聞東園鶴聲清越，近而若遠。有亭曰招鶴亭，旁小軒數楹，蔭竹中。大抵東園以整勝，微嫌太密，西園疎曠自過之，然合東西園爲一境。

清 崔華《逸園復祀記》（《如皋縣志》卷二〇引） 如臯冒氏有園，曰逸園。余過之，水石、竹樹、亭榭，澹如邃如也。先是辟疆先生之大父奉直公仕歷兩縣一州，清介與時忤，拂衣歸，築逸園，日觴咏其間。嗣公成進士，由天官考功郎歷官主憲副，亦與世齟齬，遂偕隱，足不履户外。辟疆奉兩世，尊人就養無方。奉直公以逸園屬辟疆世守，及卒，憲副公爲刻其像并所手書詩、古文勒於石。歲時奉祀不絶，臨終屬長子辟疆，亦如奉直之屬長孫也。辟疆守祀事，弗失，蓋三世如一日矣。

清 陶孚尹《欣然堂集》文集二《息園記》 將爲輂山石、穿澗壑於里舍之旁，則必冠風亭于巖端，倚月榭於迴溪。長廊曲房、崇軒峻宇之相屬，以讌賓朋而樂歌舞，名曰某氏之園。凡吴越之好事者皆是也，而予謂不然。舍西有隙地，相傳爲明代顯人薛氏之别業，所甃石街尚存，而地之棄於榛莽者，久矣。幾傳而至，隣人始闢地以耕之，鄰又不能守也，以售於予。爲之芟荊拾礫，疏溝澮，脩塍埂，植垣而籓之，名之曰息園。客有窺吾園者，見其無山石澗壑、風亭月榭、長廊曲房、崇軒峻宇之飾也，啞然而笑，曰：是田也，奚以園爲。予曰：否，否。予之園廣袤不及二十畝，其爲田者十之七，外此則爲菜畦藥圃及塘渠儲水、樹林籬障之處，而四時蚤暮之景有可述者。當夫春也，百物萌坼，生意滿眼。迨夏而平疇遠風，良苗懷新。及秋而稼穡告成，腰鐮芟穫。至冬而疆場如滌，曠然遠望。朝暉入牖，則晴烟駘蕩。夕陽在山，而紫緑萬狀。凡田家好景，俱不出户庭而得之。較之鑿山掘地之爲勞，歌筵舞榭之爲費者，庸愈乎！吾因之有感矣。昔李衛公《平泉草木記》云：有以一草一木與人者，非吾子孫。未幾，而衛公貶厓州，子孫且不自保，奚有於草木？《洛下名園記》以園囿之興廢，驗洛陽之盛衰。而人代滄桑，又不知凡幾矣。孰若吾園在逍遥閒曠之野，可以植籓而曰園，可以去潘而曰田。無向者吴越名園之習，不憂高臺傾而曲池平，下雍門之淚，則園之制莫有優于是者也。客何以笑吾之非園也？客曰：子之爲園，誠得矣。而名息，與薛同。吾憂其彼此相混也。請更之。予曰：昔之園也，薛主之，薛子孫不能息也，而歸于隣，鄰又不能息也。而歸於吾，吾能息也。是園爲吾之所有。吾後之子孫，方且息之深。深則能爲園常作主人矣。故謂之息園也。可即從其朔而謂之薛園也，亦無不可。

清 葉燮《己畦集》卷六《海鹽張氏涉園記》 涉園者，海鹽張都諫螺浮先生所作也。康熙辛未冬，都諫令嗣皜亭邀余館於園旬月，悉得其園之槩。因爲志。其廣狹高下尋丈，凡峰巖谿壑與木石屋室，悉得其狀而知其名。遂以次而著之，各以其序，亦異於游覽者以寓諸目者爲文也。

出邑南郭門，由石堤南行三里許，至涉園門。門東向，顏曰涉園。入門西北行，石徑闊三尺，兩傍皆高厓。緣厓箐篠密布，高六七八尺不等。叢篠中，高梧老梅夾路倚厓，如垣如屏。厓外繚以石牆。行二十五步許，得門，門隙牆中，廣四尺，名栖賢，擬廬山谷名，義游廬山者，自栖賢爲入山第一步也。進栖賢門，有兩路。大路自門往西折北，又折西折北三，共得三十六七步，至來青門。栖賢至此，兩厓益隘，伏怪石箐間，高低百數，不可狀。路逐坂上下，坂下澄潭漣漪，杜芷蘼蕪，高木蔭不見天，名桐陰蒿徑。來青門作圓照，進照三四步，又一門。門題「青蓮句月下，飛金鏡雲生」。結海樓復西南行三折，又折西，徑如來青。坂益高，樹叢益密益幽。步五十餘始出谷，臨希白池、頹雲巖石壁下。

希白池，慕樂天池上游，故名。池居園中央，東西四百餘步，南北不及三百步，周約千步，約五龍澗、南澗、西澗之水而出水於石梁澗。池正南翠照三峰，迤西則翠照坡與南澗坡東西對，犬牙相峙處則南澗口也。西北則西澗口。稍迤北轉，東爲石梁澗，澗口在焉。翠照三峰正中趾爲洄洑瀨，稍東爲蒼龍壑。壑下即五龍澗口。絶澗而北爲頹雲巖一帶，怪石爲壁，波濆馬逸。過蒿徑口，即入園，至濠濮館之初徑。濠濮館據池之北面，南臨池。此池周遭之大略。

濠濮館三楹，廣三十四尺，方二十六尺，居然濠濮，額爲合肥。龔先生作堂，背書香山《九老會詩》，都諫公意將投老焉。階前地約三十尺，怪石拏攫，作坡入池。蓋池之東迤南，盡南及西而稍北，池面八方，以北一爲館，其餘七皆峰壑。巖頂坡坪，橋瀨谿澗，木之干霄拔立，俯地紛披，無不萃濠濮館前，蓋園以此爲正衙，無一不在几案也。

由蒿徑口出，臨池東北涯，循頹雲巖東壁行約十餘步，至五龍澗口北岸。岸口石竦立池沿，叢木羅生其上。循澗東北岸行約十五步，上杏花臺，杏數十本，四覆臺畔。又東二十步餘，對澗北岸，可漱亭在焉。由杏花臺下，坡石棧二十餘級至五龍峽，峽爲四山交會處，陂陀龍攫，螭舞蓄水，渟泓涓涓流入澗。石棋布水中。褰裳涉，復緣石磴，曲折二十餘級，上坡，東北屆梅海坪。坪中間爲石臺，傍設石十許，可坐卧。横尖石長丈許，如匡廬黎頭箭峰，因名黎頭箭石。梅海跨五龍峽南北界，縱横千尺餘，疏枝老幹爲百者二，亦名香海坪。東接桂林，老桂百株，敷榮密布如幕。列石布坐。傍一石蹲踞嵌空，空深五尺許，如虎豹窟。桂林東盡處一石高八尺餘，徑五尺餘，屹然立。石背即石牆界蒿徑者也。鑿牆爲小門。出門右爲叢桂小山橋。橋南北二道，北道由橋東北行，右皆高岡迤邐，竹千餘竿。左則桂梅桐共百數。右岡下有溪微流，自竹間委迤出三十步，過叢桂橋，下横經桂林梅海中，盤旋入五龍峽。出澗，行三十餘步，復隙牆爲門。門外傍一石，高丈餘，徑十之七，叢牙竪羽，崒嵂聳立。循石西行十步許，至栖賢門内會蒿徑，即至濠濮館徑分處也。小山橋南道，由橋南西行二十五步至偏，宜偏室。范撫軍覲公筆有跋。室北向，方廣一丈二尺。室東南隅有牖，出牖循西廊至樸巢，巢南向，三大楹。東西三十八尺，南北二十六尺。後有軒，鸞翥峰窺軒而立，高十六尺。連峰兩翼稍下，展障軒後。石竹葛藟叢糾上下。巢東室爲半眺閣。室左爲望海樓。樓高俯園内外，東南西皆窗，無不窺。額方壺几案，亦范撫軍筆也。巢前有榆七株，高可十丈，蔭五六畝，虬枝霜幹横列巢前，虧蔽陰森。樹下散置黄石百許。磴折漸高，自望海樓趾土岡坌起連屬，盤磴連棧，如羣馬奔槽，六十餘步盡。岡西高四十餘尺，名風篁頂，爲岡之西峰而實爲攬潮之東峰也。岡上下緑竹萬竿，如千疊雲。清蔭滴瀝，石磴苔蘚，冪歷痕没不可辨。由樸巢西趾緣岡上至岡腰，又折而上，三折四十步許，至笠雪巖。巖爲岡西北，分支高亞，風篁頂平，方二十餘尺，周以朱欄兩層，有横石丈餘，補朱欄。南面闞，玲瓏而平，可施坐。巖北臨梅海，西俯五龍，西南與風篁頂對峙，蒼松上出，岡頂翠竹，緣岡上下作東南障，四望如在千谿幽谷中。下笠雪巖，西行十五六步下坡，横石如眠牛，爲喘月峰。稍西北爲踽步峰，又西折南兩步爲舞袖峰，皆以形似也。踽步峰正當可漱亭南檐際，亭壁爲卧龍巖。雙石如龍，夭矯而卧。亭枕五龍峽南岸腰，西對南西兩澗峰峽口，灌木蓊鬱，清籟戛戛。南澗峰高松如蓋，數十屏障於前，幽秘如在世外。此園東界北南之境也。

由可漱亭循五龍峽南厓而西，石皆壁立，高二十丈不等。步二十許，經蒼龍壑，石壁作環抱，峽稍寬，松密布壁上。下壑西又十數步爲翠照三峰。中一峰高三十五尺許，左右兩峰稍亞。峰勢削成，石理旋紋洄漪，奇駭不可名。峰趾逼希白池，爲洄洑瀨。瀨東即五龍峽口也。翠照北面正當濠濮館南面，希白池界其中，爲園之南北分處。由翠照西十五六步漸高又下，入初峆谷。谷廣三尺餘，深二十五尺。峆内作蜿蜒狀，捫壁出谷，循級登，西南行忽折而上，登朝宗坪。坪以園之北，東西諸山水、屋室、木石皆向如朝宗，故得名。頂平闊，約可盤馬。其下即峆，中空。坪背枕一綫天峰，峰爲峆中。南壁由峆罅一綫透而出也。從坪東下七八步，入中峆。各行十餘步出谷，拾級升，南折西上六步許，至四照頂。登頂北視，翠照三峰如人露肩以上，翠髻螺鬟，羅列於前。頂方廣三十餘尺，雜花四周如闌。由頂西南下坡，盤磴窈窕，一步一折。夾路高杉如植戟，路隘僅尺，行三十許步轉北復西，至南澗橋。橋石板三折。過橋循南澗峰麓澗西岸，南行三四十步至坐雲口，此南澗西支源盡處，故以坐雲名也。過口往南而東，經天放閣背，二十餘步，過雙鯨橋。橋南北跨，傍雙石如鯨。過橋北，循南澗東厓十五步，復東而北三十步，爲南澗東支源盡處，蓋南澗又上承東西二小澗也。南澗兩厓皆黄石坡，高者爲石壁，仿黄子久畫坡上竹，隨石坂高下爲疏密。前行者回折而登。後行者有時反見其面，此真鳥道矣。盤磴行二十餘級，爲黄石海。到中峰腰，又攀陟而南，驟高十許步。復向北，過小澗，永思亭在焉，爲都諫公妥靈處，故名。亭方廣十五尺許。亭下澗即名永思。至東谿以入南澗，過亭東北行十五步，登落落坪。坪四面皆長松，海風自東來，時作怒號，微風則作茅筑，無時息。取孫興公賦「蔭落落之長松」句也。坪設石桌，周圍環石坐，可爲觴月地。南即攬潮峰，羣峰之首峰也。峰拔坪起二十餘尺，不可登。從峰背東西迂回行三十餘步，西上五折至攬潮頂，爲絶頂處，頂爲攬潮峰之肩。東望大海，即在峰趾。繞頂，古梅、松柏數十樹聳出，翠篠參差被頂。峰東攬笠雪，西俯雙澗，峰北睇濠濮映掩叢篁古木中，層次遠近一一可數。復循頂漸下南三十餘步，至雙柏坡。坡廣容五六十人，坡上高松數百，中二柏挺然，高出松頂五六尺。坡東不五六步，至得松亭。方廣十五尺許，兩松偃蹇亭前後檐。亭北二十步許花神閣，方廣如亭。復從亭西下坡，西南拾級行至松澗橋。澗長僅二十尺許，水入南澗之東溪。過橋有聽松閣，閣前山皆黄石壘，高十許尺，竹千餘竿。南爲退思軒三楹，東西三十尺，南北二十四尺。後復有軒，前軒庭海棠六七株，扶疏摇曳，皆百餘年物。有石高丈許，闊如之，色温然，名補衮石，推退思義也。由軒廊往西，得緑净閣，閣横開，縱短。退之詩「緑净不可唾」，子瞻詩「朝雨洗緑净」，兩取義也。閣前有峰三柱，北上天放閣。閣方廣十尺餘，推窗盡攬北界諸勝。復自退思軒東廊出卧雪門，門外爲卧雪坡。往西南十餘尺，過梧石瀨至蓮葉池。池周遭皆廊，池水至坐雲口入南澗，以入希白池。傍池東涯南行十六步，至乘槎橋。橋三折而東，至攬翠閣。閣左對鷗亭，皆南向。臨池橋西，攬翠坡。坡曲有石，名流波。其文理詭譎，復作臃腫支離狀。又如松化石，羣石中質之最異者。高廣皆五尺餘。南入蓮葉塢室，亦名箕谷。室南北三十尺，東西二十尺。窗四面外，繚以周廊。南北東皆池，西南一帶植牡丹二十餘本，界以奇石，高低斷續，與簾幕掩映，丹檽翠楹，互相虧蔽，爲園中繁華處。自攬潮中峰至此，皆園之南界。南澗及峰之南，西境也。

出箕谷復歷卧雪坡，往西過小瀨，又西二十步下北，循流觴溪，溪僅如帶。傍溪而北四十步許，至萬杉口。杉色青翠，皆高四五十尺，林立無算。又北歷坐雲口五十步，上南澗峰。南麓十三四步下，麓北行又二十步許，上西澗峰。麓東北行二十步，繞麓東面行又西北環峰趾二十餘步，至西澗橋。橋跨南北。石坂長十四尺，西澗水從西壁灌莽，篔篠中流出。過橋下，入希白池。橋北傍二十步，爲虚亭。亭東西三十尺，南北一十二尺。亭東南西三面入池，踞水中央，南對天放、緑净諸閣，稍東則翠照三峰。翠照坡斗入於池，爲圓嶼。南西兩澗峰坡與翠照坡相錯環峙於前。又東則五龍澗口，迤北頽雲巖一帶，壁立如城。西則北西二澗交流匯合，北則石梁澗一道回抱於後。四山競奇，顧覽不暇。亭楝間，書東坡「水清花動，月曬漁蓑。百年底事，不飲如何」十六字。從亭東北長廊行五折四十餘步，至濠濮館。館西北一門。門西有亭，曰在河之干。北臨官河。河北有放菴，與亭相對，爲精藍以棲高緇河。亭南臨北澗口，天雨則合。東西南諸溪澗池水從石梁下琤淙流出，北澗以入官河。澗兩岸花藥密蒔，石苔厚寸許，斑駁如爛錦。亭西斑竹千餘竿。亭南古木桐梅，斜横直聳不計。由亭西南曲廊宛轉十五六步，至翠深處。屋東西二楹，設蒲團清磬，爲休憩燕息地。翠深處西南有半閣二楹，稍下又得閣一楹，俱繞以桂，短牆外皆梅花，一望無涯。此園西界，西澗及峰并北澗之境也。濠濮館東北隅，有書室二楹。又往東迤北，爲柳亭，東西二十尺，南北一十尺。北臨官河，柳植官河北岸一帶二十餘丈，又東迎笑居，即來青門、蒿徑口。客來則於此迎也。左有青未了五楹，如長廊。每楹十尺，亦臨官河。截青未了南壁，亦爲長廊，廣如南楹。沿廊外植梅竹桐及枇杷、櫻桃、楊梅、李諸果木。廊南一帶，即蒿徑。廊盡，一便門出園，此園之東南界，濠濮館之南東偏也。

清　趙士麟《讀書堂彩衣全集》卷九《金碧園記》　園曰金碧，取金馬碧雞之義，志鄉思也。始爲會館，繼爲同鄉人貨之，予勉而贖之。擬遺後來之公車者，始於乙卯年，行取銓部居焉。園爲舊有，修而葺之，編竹爲欄，隨意種花卉，植槐柳柿棗，間以芭蕉，架以葡萄，雜朱藤綠蔓，繞竹籬。無池無山，無名葩異草奇石，樓閣一庭，堂堂正正，公暇讀書其中。舊一臺，予搆亭於上，扁曰望雲，滇亂思母而望之也。後滇平，果迎養到此，來時八十三，今九十有六。隨母登覽懽甚，望母即母至，天耶人耶。客來游者陋其隘，予曰：凡園日（設）（涉）成趣，不過廓也、奥也。或青嶂丹巘，峭壁層岑，羅數十峰，駢肩而列。中通清流，與頑砥競撞。池臺左右，林麓周迴。綠紅垂於天際，餘紫生於煙杪。開軒流目，微陽移庭。高情壯思，有抑揚天地之心。雄筆奇才，有鼓怒風雲之氣。匪不樂也。然山以岱而稱宗，特以其雄峻名耳，猶之乎人博大者無奇巧。況崇臺延閣之上，陰晴變幻，頃刻萬端，此又造物者之翕張，莫知其所以然者也。若夫奥雜花草，樹有古淡清幽之趣，天巧具在，不待外飾而後成也。竹院静而炎氣息，荷葉滋而曉霧繁。迂委嵌次窣盤據石，青紫黑雜陳成錦，賞歡文酒，思挽雲霄，不可病其隘也。

又《寄園游記》　丙子春，家恒夫弟邀予游寄園。于章雲蓮齋、汪涵齋，棣園胡鹿亭，戴繡臣、田有、汪紫滄，侄仲琳、文饒、騶期，侄孫麗青、繼抃、繼授，繼揀在焉。入門，夾道箭餘，旁列槐數十章，拱立如侍。面墻畫一大松斜欹偃卧，題曰：風雨任摧殘，甘心老屈蟠。扶摇不肯起，總是畏高寒。予瞪目視久之，歎曰：智哉恒夫，吾識寄之意矣。轉北一門，題曰月張。舊址爲庶常查聲。山筆折而南向，築基略高，三楹，題曰亦有木石。爲予筆，待往來客。階前列盆景六，予曰：天地間自有真山水，吾弟愛此盎盂拳握之觀，何歟？恒夫曰：聊以寄意耳。予曰：戲也。凡石之道以潤而貴，以瘦而雋，以空而靈，以活而壽。而諸盆兼得之，得之且暘，若使米顛見之當何如？拜此連水城耶。石畔老檜小松，碧水嫩藻，一一設色以親人，有足觀者。對面一聯曰：老我荒園無捷徑，對人故態是狂奴。予笑曰：又來作怪，恒夫將寄於狂乎？可謂知道矣。西去繞迴廊，朱欄扁曰喧中寂。芭蕉披綠，怪石嶙峋，於亭於沼，咸可望。行數步，一圓門，額曰拄笏軒，爲艾司寇長人舊題。虛櫺洞達，視軒外山圍如城府，或纍纍然如蜂腰。綴下而刳其中，淫淫然如燕窠斜罥而蔀其户，巔者、穴者、仰者、歕者、偃者、俛而窺者、騰而上者如人，皆具耳目口鼻，無一相似。意園在南中，因山得水，依水得山，點綴較易。此間風沙眯目，平亘無山，曠衍無水，能令山清、水清、臺清、烟樹清、橋路俱清。碧陰浸肌染骨，眉額相照，俱梧竹氣，不必深造此間，已窺一班云。稍進一折，幽巒翠篠，懸碧攢青。飛流界練，水行石中，人行澗底。水濃吐下注，吾名之曰小瀑。戀不忍去，又折入夾道，兩垣皆石砌。塗次一老樹，横亘如覆，可蔭半畝，闃若無人，孤峙天外。朱子竹垞所輯《日下舊聞》謂，勝國月張園古樹，數百年間物。即此。再折，則松杉槐柳蔚然蓊翳，董公玄宰題曰超臺。登其上俯視，嘉木立，春花烜，美竹新，奇石蹲，清流環，臺榭露，雙鶴舞，並游魚，棲鳥舉，熙熙然呈巧獻技。新綠之狀與目謀。潛潛之聲與耳謀。悠然而虛者與神謀，爽然而開者與心謀。衆譁曰：此小李將軍一幅横披也。下臺，編竹爲徑，穿行三折乃升階，則新又堂也。規模宏敞，五楹，沈宫詹繹堂贈恒夫聯曰：陳元龍湖海之士豪氣未除，謝幼輿丘壑之姿風流自命。字遒健。堂前多古槐柏參天，朱藤附之，好鳥時來，旁蒔雜卉。或宴客，絲竹間作。春之日，百花流鶯來寄於園，共相笑語。已若爲主，視人爲賓。其至也，若宴賞之之疏，將散也，若怨去之之速。夏之日，清風入而寄於林，徘徊不舍，意在滌繁暑。竟夕達旦，而清泉娱客亦奏雅音。秋之日，霜凄氣肅，萬象俱清，不知從何來而寄於亭，超忽塵外，片雲行雁，似與遠目相期。冬之日，木落天迴，遥山入户而寄焉，可愛之景照於簾櫳，若依於人，遲遲散斂。此則園之大觀也。繞行廊由竹徑而入，奇石參差，有八分書叢桂小山四字。石下有小洞，水之去來於此通。東爲綠陰深處，沈宫詹題。軒窗四啓，耳虛目開，性得情適。蓋處動則倦，理倦莫若静。處静則睸，惟睸以理動。窮則變，變則通，通則久。綠陰深則静之至也，四虛無蔽則動之至也。恒夫掘地得王覺斯先生所書石刻三十餘塊，甃於東壁，以予新書三十景詩甃於西壁，題曰合璧軒。由軒而入爲見心齋，有樓焉。古今書集廿四架署齋中，朱竹垞太史額。以南面百城非阿也，登樓北望，太行歷歷在目。齋前鑿池得水，名温池。冬日石底進以火，魚樂其燠，游泳如三時。或有方外客、高士，行僧至，則款於此。由軒左折，爲水鑑山房，古帖名畫咸貯焉。窗前竹樹茂美，兩石池由小瀑下瀉，曲通温池。夫有名園而無山，是闤闠也。有山而無水，是塵土未滌也。有水而無臨觀之亭臺，亦棄水耳。所謂園者，林木一勝也，山二勝也，水三勝也。有此三勝，又必亭館點飾而後可遊。樹亦易植，水亦易瀦，亭館亦易搆，但使葱鬱成林，迴繞成流，嶮崎成勢，照耀成景，則難耳。吾愛此園灑墨錯繡，花草斑斕，奇石萬種，林立水上，與水相遭，争妍騁巧。大約以石尼水而不得往，則匯而成潭，以水間石而不得朋，則峙而爲嶼。石偶詘而水贏，則紆徐而容與。水偶詘而石贏，則頽疊而吼怒。水之行也迅，則石之静者反動而轉之爲龍、爲虎、爲象、爲兕。石之去地也遠，則水沉者反升而躍之爲花、爲蕋、爲珠、爲雪。以水洗石，水能予石以色，而能爲雲、爲霞、爲砂、爲翠。以石捍水，石能予水以聲，而能爲琴、爲瑟、爲歌、爲唄。石之趼避水而其巖上覆，則水常含雨霰之氣而不勝泠然。石之顱避水而其顛内却，則水恒映義日之光而不勝爛然。生平觀水石之變，莫暢於此者，兹桂之叢也。

清 上官鉝《誠正齋文集》卷一《浣花莊記》 古之賢士大夫，遭時遇主，得以行其所學，迨功成身退，而曠懷雅致，往往寄情山水。是以嶺上白雲，澗底青蘿，非盡隱君子之志也。吾桐之東，澮河北來，環城南流。踰河而東，多長楊緑柳，桃李花果，蔚蔚葱葱，映帶畦田之中。野人瀹渠導水，以時灌溉，是亦桐之巨觀也。歲戊午，余自龍門百泉尋芳歸來，春色千里，山水滿懷。于焉選隙地，搆數椽，園地咫尺，曾不盈畝。有樓，有池，有亭，署其園曰浣花莊。規模取其儉樸，不侈臺榭之飾艶異耳目。中有茂林修竹，左右參差，每遇風起，響應瀟瀟曲檻，如聞和鸞之鳴。東南隅有垂楊，高可數丈，濃蔭密布，枝幹最盛。時偃仰其下，聽流鶯百囀，殊增懷抱爽致。竹籬之間，雜以蘋李諸樹。越簾視之，如翠屏。山旁有梧桐、芭蕉、海棠、芙蓉、（牧）〔牡〕丹、梅花，一切花草，亦爲粗備。而且水從墻外入園，過樓前，至魚池，由亭下出門外，復匯於渠。余晨夕之暇時，命巾車，時策良驥，與二三知己憩息其中，譚古典，晰疑義，或敲棋賦詩，流觴曲水，樂也陶陶。倦則塔然一室，高卧北窗，及酣夢方回。而泉聲在池，鳴禽在樹，又復盈盈枕畔，栩然若仙。與唐人竹床午夢、滄浪漁笛之况木之有異。若夫登樓四望，極目馮眺，而檻外緑樹，溪邊烟霞，無不繚繞上下，迴環襟帶，以及汀鷗出没，士女游春，光景在在可人，爲之一快。矧朝而晴嵐，久而晚照，月出林梢之上，風引水石之音，羣助斯園之勝槩。是吾園之景有限，園外之景無窮，園外之景無窮，吾園之景又寧有窮也？回首疇昔，簪筆蘭台，鳴珂清班，陟彤墀，進端謨，夙夜飲冰，靖共匪懈，此日如何乾乾。而今日蒼顔華髮，箕踞長松，得爲縱壑游鱗，孤雲野鶴，與樵夫田叟同作世外之散人，夫復何求？雖不敢妄企前喆，比擬高賢，而柴桑盤谷，鑑湖緑野，各有其志。昔杜少陵以浣花名溪，吾以名吾莊，夫亦存吾之志也夫。

清 陳元龍《遂初園詩序》（《海塘録》卷八輯） 寧邑城西北隅多陂池，昔從曾祖明太常公因池爲園，名隅園。歲久荒廢。余就故址爲補植竹木，重葺館舍，冀退休歸老焉。而出入中外，任鉅責重，雖年逾太耋，不敢自有其身。林壑之思，徒托諸夢寐間耳。癸丑春衰病且篤，疏請致政。蒙聖主俯俞，重以恩禮，賜賚稠叠御書堂，額以光里第曰「林泉耆碩」。則家中所有，一池之水，千竿之竹，不異鑑湖之賜。竊幸初心之獲遂也，因名之曰遂初園。令家僮掃徑，策杖而游園。本近市，經曲巷，忽見茂林脩竹，即園門也。入門，屋三楹，曰城隅花墅。有長廊，曰引勝。旁倚脩陂，皆種梅花。循廊而西，有一大池，望見堂宇在水中央。平橋横亘，曰小石梁。過橋有古藤，水榭臨水，迴廊繞之。中峙一堂，曰環碧堂。廣庭面沼，水色林巒迴環左右。堂之右曰清映軒，階前文石有流觴曲水之致。東曰溪槎，跨水如舟。臨岸多薔薇屏、葡萄架。西曰瀫瀾館。西池寬廣，水光澄澈。池中有一亭，曰烟波風月之亭。凌空憑眺，晴雨皆宜。中間有樓五間，曰逍遥樓。前俯平岡，種牡丹數十本。北檻倚清流，對面梅花滿山麓間。樓之西偏，渡小橋，穿山逕，别有院曰静明書屋，南榮北牖，軒爽可悦心目。自此而西，池流益廣，景象空明。有堂翼然，八窗洞達。斯堂也實爲一園之主，敬奉天章，以垂不朽。而名斯堂曰賜安堂，安老於斯，永永不忘君賜也。堂之右矗以崇岡，環以幽麓，循級登其巔，有亭曰翠微亭，以供憑眺。下有碕石磯，可坐而垂綸。岡之南有環橋，東西二池交會於此。橋之南有山，皆種桃、杏，花開時髣髴武陵溪畔。桃山之南，桂樹數百株，高下茂密。中有亭，曰天香隖，極小山叢桂之勝。旁有小閣，曰羣芳閣。登閣則梅、杏、桃、李、桂花皆在目前。從山根折而東，曲橋宛轉如長虹，可通於環碧堂。再折而南，有曲澗夾岸，石壁松柏交蔭。由環碧堂以通於南池，中隔高阜，林木鬱葱，儼如峻嶺。南池之西有軒，曰瀁月軒。初月澄潭，天水一色。池南脩竹之中有亭，曰南潤亭。北望林烟山翠，如列屏幛。迤東有樓，四面曲折，曰十二樓，與城隅花墅相接。園之西尚有隙地，爲魚池、爲菜圃，可供朝夕之需。此遂初園之大槩也。園無雕繢、無粉飾，無名花奇石，而池水竹木，幽雅古樸，悠然塵外。老人隨意所之，游覽既畢，良晨佳夕，可以觴咏，可以寤歌。因各繫以詩焉。

清　韓菼《有懷堂文稿》卷八　都城東南，地頗閒曠。淩埃氛，接平遠，無邑居之劇，有物外之趣。相國始平公政理之暇，常往游而樂之，經始棄壤，收涵勝槩，疏決剪剔，闢園其間，名之曰亦園，而名其堂曰萬柳。考諸記載，故元時城外有萬柳堂，爲游觀之盛，今已逸其處所矣。公取以名之，尋其舊也。堂三面環以堤，堤皆植柳，今已成行，茂密可愛。由堂以望，天碧野緑，混若未了，清風時來，飄然空際。堤旁鑿池引泉，周於堂隅，或蟄或洑，若玦若穀。植以芙蕖，泳以鯈魚，其坻可竿，其步可船，幽幽然，滺滺然，若不知所届也。雜蒔花藥果蓏之屬數十畦，引井分溝，高下溉之，均節水勢。不囓不淫，皆順地阞。可師法。凡園之所，有如是而足。

清　韓菼《樸園記》（《上元縣志》卷二二引）　樸園者，孝昌熊敬修先生別墅也，在石城清凉山側。中有修竹千竿，老梅數十本，風景幽僻，林木蒨茂，隱然邱壑也。園後即四望亭，登高遠眺，莫愁二水諸名勝如在几案間。即江北諸山屏列如畫，都髣髴望見焉。去烏龍潭僅數武，夏月荷香襲人，蛙鼓喧闐可聽。園之左右人家，籬落蕭疏，有武陵柴桑之致。先生讀書論學其中，扁其亭曰洗心，曰尋孔顔樂處。其齋曰藏密，曰深造。其室曰潛窟，曰學易。學者多從之游，時人比之武彝精舍云。

清　郎遂《杏花邨志》卷三　丁相國園林　即拓永懷堂故址，浚池築山，極園林之勝，俗稱丁家花園。今已成墟，存之志中。後之人必有與蘭亭梓澤同其欷歔者。萬曆己未六月二十八日，丁文恪公紹軾因遼事抗疏，尋以疾告歸，日憩西郊小園。今歷數十年，父老嘗言之，集中園居諸什，多感時語，當在此時此地作矣。兹備録之。《題小園》詩曰：昔題友人園有年，今看小景却依然。池開緑注青溪水，石紊青分九子烟。又曰：不貪學士佩金魚，且坐蒲團看歲除。讀餘珞琭山堪眺，賦就芭蕉葉可書。《秋日園居》詩曰：門前垂柳集啼鴉，籬下黄花間白花。未有使君來送酒，且呼童子去烹茶。《園居偶感》詩曰：近市元稱晏子居，蔣生新徑此何如。明時避世非無事，莫擬杉文到草廬。吴應箕《題丁太史林亭》詩曰：高居迥絶紫霄間，別啓林亭離市闤。城上翠微通遠色，湖頭練影自成斑。鴻苞黄石誰兼器，碧樹青蘿好蹔閑。亦解避喧非避世，誰云心隱是東山。【略】恭川李達《丁家別業》詩曰：雲屋開三徑，風亭隱一椽。市喧宜覆掌，岩削得如拳。鳳蓋迎朝爽，龍鍾集瑞烟。看君襟欲遠，興在落花先。又曰：煮茗春開座，裁蕉客待題。迎軒連繡谷，鑿石影娥池。霞尾魚朝變，風梢鳥夕移。圖書生事就，相過幾人知。又曰：即次開蘭室，尋常啓辟彊。菌長石自老，花小屑爲香。瓮水翻新影，閑籠待夕陽。招游輸意氣，取醉得疏狂。吴非弔《丁相國園林》詩曰：野荒空嚮廢園蹤，誰復亭間文事供。抗疏歸談前相國，榷關休憶小司農。青惟芳草心遺種，翠有浮嵐目可容。簿録未留殘石由，幾忘姓氏主何從。園以籍没廢。郎遂《過相國園林廢跡》詩曰：支笻冒雨到池頭，廢址殘垣野徑幽。文杏亭中無剩紙，名園墨蹟向誰搜。

清　王時翔《小山詩文全稿·小山文稿》卷四《游沈氏園記》　赤松山之趾，有沈氏園者。予己卯入山後，時逢娶游之地也。越明年庚辰仲春，復偕李君長明暨二范子游焉。以爲斯游異於他日也，乃爲之記。園面湖背山，廣豁開朗。雖無亭榭樓閣之勝，而中多佳石清溪、名花珍果，足供幽賞。是日也，予與三子發興來兹。軟草新鋪，妍葩競拆。叩啓松關，叠石壓水。於斯少憩，見隔岸海棠瓏瓏欲活，如美人當風，舞袖將舉。遂沿曲塘迤邐至其下，盤桓久之。忽雷轟濤走，洶洶林壑際。曰：此飛瀑聲也。逐聲動屨，不知其前。至則山泉噴薄，濺沫濕衣。頌洞軒囂，人語輒亂。掬飲清冷，一滌俗慮。予乃横卧石梁上，以額撼空，曰：予枕流矣夫。長明笑指巨石曰：能復漱此乎？已而白日西流，瀑寒沁骨，不能留。舍之而起，旋登石臺。南望太湖，波平學鏡，漁帆漾漾，風小不行。羣嵐聳翠，列屏横黛，儼成畫圖。予用慨然曰：彼何人哉，居斯園者。吾儕顧安得此乎？術者言吾三十當貴，即驗長安軟紅塵必不久踏。當急賦遂初，歸結小園於山砠水澨間，日與諸公觴眺嘯歌，且將與摩詰輞川争勝。斯園蓋不足言矣。柳子曰：蘭亭也不遇右軍，則清湍脩竹，蕪没於空山矣。故曰「士苟有道，王宫冢牢」一也。嗚呼！地以人重，人豈以地而重哉！

清　張鑑《冬青館乙集》卷四《墨谿俞氏臯園記》　臯園者，同里俞氏雲樓承先志之所築也。俞之先自諸暨三遷至墨谿之北小兜，近二百載。雍乾中，翰飛、可堂兩先生以名諸生，用儒學起家，與吾張氏有潘楊之睦。憶幼時數至其書種堂。迨倦游歸，則問渠君與余皆垂白，暇復過從。堂之東有樓與先壟近，曰佳望，旁蒔花竹，以爲娱。至則必登樓遠眺，相與道桑麻故舊之樂，移晷不倦。因述上世曾推舊宅與族，遂來此營祖墓，今并卜生壙焉。志欲拓此圃，慮不貲也。已而捐館舍，哲嗣雲樓乃次第修舉，既稟服延。余過之，仍從東偏取逕，過藕花仙館，其北爲舊佳望樓。樓前曰聽香閣。循廊而北轉東，有堂焉，南向，前俯清池，荷藻紛植。曰「誦義詩廬」者，志罔極也。池之西南，有亭東向，由詩廬而過醉月亭，曰承志堂，南與山相直，以妥栗主。迤東而南，爲盥廊，廊與山即近。山有臺，面西，曰白雲在望，取狄公語「啓户則趨壟甚邇」。山之北，嘉木修列，栽花岵石，極爲幽迴。山有洞二，拾級而上，有亭翼然，曰陟望，取詩人「屺岵」之意也。引領東向，則前兩世之塋與新阡歷歷在目，不過一牛鳴地，環植樲檟。中老梅二，高數丈。花時望之如雪，蓋承祖父之志而成之者，此也。嘗讀韓詩外傳《皋魚》曰：樹欲静而風不止，子欲養而親不待。曾子曰：孝子欲養，而親不待也。木欲直，而時不待也。何其言之如一轍也？夫曾子孝高聖門，而孟子但稱曰養志。由是知祭，義思其居處、思其笑語、思其志意、思其所樂、思其所嗜。養志，即羊棗飲食及請與諸事。古人實事求是，初無有小大，雖此肯堂、肯構，將立德、立功，能外是歟？至於林泉之勝，十百於此者有之，可勿深論。或曰：三世風木昕夕，展覲非其賢歟？是又不然。漢重廬墓，至晉不衰。及北史爲孝行列傳，幾於無墓不廬，亦奚足爲雲樓重？以余所聞，問渠君晚歲尤樂於爲善，見窶人、稚子靡不得其意以去。然則充其志，有進於是者，在園之名。初但以姓曰俞，由韓詩之言事與之類，謂之皋也，亦可遂。書以爲記，壬寅五月。

清 蔡世遠《二希堂文集》卷五《石丈峰別業記》 環一山於城中，削成峻拔，莫如吾漳芝山最奇。由芝山而下，地最高處有石突起，高可丈餘，瘦秀特甚。吾友林蔚巖搆築於此，成別業焉。康熙丁亥春，招余同陳石民、馬求仲來游。始入，見所爲石丈峰者，歎曰：此洪谷子、董北苑得意筆也。旁列假山怪石，有小池。池之旁作數斗室，室容一人坐。池之中有小山，如小亭闕蓋，如石洞無底，高不及石丈峰之半。由小山轉而登樓，爽朗高騫。仰眺則諸山屹巉遂刺，其有情也若拱之。低眺則烟火萬家，其參錯也若繞之。左爲奉仙宫，今廢。右則俯視開元寺。開元寺者，吾漳第一巃嵸壯麗地也。斯居直以蕞爾俯視之。穿堂中而下有小亭，階而上有庭樹、荔枝諸果。石又奇，多碪碍磊砢。庭之後爲三楹，折而左有小室，石横當其門，背小室三間，一陽而二陰，多幽勝。余因謂石民、求仲曰：山林絶景，蔚巖得之城市中，豈不奇哉。二君曰：此何黄如先生舊址也，經蔚巖，布置尤奇絶。

清 厲鶚《東城雜記》卷上《皋園》 皋園在城東隅，清泰門稍北，少司農嚴顥亭先生所築，即割金中丞別業之半。中有梧月樓、滄浪書屋，跨溪小太湖，墨琴堂，緑雪軒，芙蓉城，怡雲亭諸勝。修竹一林，平山一簣。蒹葭楊柳，罨岸被涯。引外沙河之流從水門穿塹入園中，流經亭閣間，束而爲澗，展而爲沼，縠紋鏡光隨風日波蕩，復注籬外長溝，以達於東河。倚杖閒聽，潺湲有聲，城市所無也。先生有經世之才，寄意每在山澤。官都諫，以憂歸，日相羊其中，與汪滄漪書云：近匿迹東城，苦謝酬應。古樹當軒，流泉繞户。覺十數年墮落，餘生稍有清閒之樂。何日策杖荒塗，一罄疇昔乎。及其殁於京邸也，徐華徵鄴挽以絶句云：卜築東皋闢草堂，城隅樓角望蒼蒼。清秋風景朱門客，他日登臨憶侍郎。即謂此園也。先生名沆，字子餐，餘杭人。

清 雍正《西湖志》卷九 小輞川 在葛嶺下，前少詹事邵遠平別墅。中爲堂三楹，奉懸聖祖仁皇帝所賜御書「蓬觀」二字，扁額後爲三弘一致堂，祀其高祖經邦遺像，經邦著書有弘簡、弘道、弘藝三録，建樓貯焉。面湖有樓，名四可，内有軒曰笑笑，有齋曰筆花，古桂四株，連蜷偃蹇，花時香聞數百武。《志》稱吴大山乞休歸，築室西湖，植老桂修篁，顔曰輞川。此即其故基也。

清 陳綸《藝園記》（《永昌府志》卷六五引） 永在滇西南千里，宜若風景物色與中土殊。余昔覽《通志》，稱其地有江，右風人喜游玩奥區勝地，挈榼攜壺，佳時偕往觀焉。心常識之。舊有荷花池，在城東隅，爲前都督偏公所建。嗣而擴之者，榆陽段公。中饒花木樓臺，四時拚映。活水灌池，紅渠秀吐，斯園以此得名。嗣余庚申歲承乏是邦，重爲較藝，地歲加補葺，復於西偏卑濕處再浚小池。履是園也。楊柳依依，棠梨映也。鳥鳴嚶嚶，蓮香遠也。霖露瀼瀼，蘭桂芳也。雨雪霏霏，松竹韻也。登高東望，則羣山環峙，一掌平舒。漁浦煙村，農桑遍野。回眸西眺，則寶峰聳秀，遠嶂飛青，鱗次樓臺，萬家煙火，四圍不隔，盡在目前。求之城市中之山林，在所未有。余猶惜斯地之僅以荷著也，因顔曰藝園。觀德之餘，息心休憩。風來月到，魚躍鳶飛，會心不遠。藝也，不更進於道乎？夫幽深静遠，勝地不必在山林也。從來豔稱者金谷、習園，當日才人、學士往往見之篇章。曾幾何時而雲散，風流徒以供後人之唏嘘而憑弔，而斯園之孤懸天末，興而廢、廢而興，駸駸乎大觀焉。客是邦者，詩歌嘯詠。郡之人士絡繹泳游，相爲輝映，共會心於觀德興道之中，可不幸哉！語曰地以人傳，余固不能重是園也，而能無望於後之官斯士者？是爲記。

清 曹一士《四焉齋文集》卷四《水西園記》 直沽在京師東南三百里而近，匯衛白兩河及丁字沽，合流入海。凡畿内千里之水皆趨赴焉，汪洋瀰漫，襟帶鞏轂，《志》謂即古九河入海之處。近且設立府治，列於三輔，拱衛神京。譬析木之津，號爲天漢，泱泱乎稱天下之巨浸矣。又其地爲漕運孔道，冠蓋之所往來，商賈之所輻輳，舟車絡繹，貨物駢填，鼓角管絃之聲不絶於耳。遠望滄溟，蓬萊樓閣時時隱見於波濤杳靄間，若可攬而有也。而自元置鎮以來，獨未有爲園以收其勝者。吾鄉查君天音少游京師，樂津門之雄且沃也，卜居者既有年矣。暇日流連水次，有會於心。乃選材伐石，闢地而搆園焉。亭臺映掩，池沼縈抱，竹木蔭芘於檐阿，花卉繽紛於堦砌。其高可以眺，其卑可以憩也。津門之勝於是乎畢攬於几席矣，爰名其園曰水西，乞余記之。

清　傅恒《大樹園記》（《滇繫》第八册引）　歲己丑，余奉命經略征緬軍事，駐節騰越，會盛夏暘雨間作，師期需次。偶簡閱士馬，經城之西偏，林木蓊然，殊異常觀。士人言此中廢圃一區，蕪穢不治。余往視之，則銀杏十數本，同跗異柯，圍徑二三尺。環帶修篁以億萬計，清陰迴互，稀見圭景。延佇移時，嘆世所艷者連榭累閣，而人境自然之勝固莫之省。顧旁無一椽，無以謀憩止舍。參佐有司進而以鳩工請。余謂芻輓方亟，詎可以此役氓旅。乃令傔僕除薙道茀，披露幽爽，於樹身離立間編茅縛屋，翼以小亭。未浹旬而告蕆。時偕禡齋、雲巖兩將軍晤言於此，咸以此爲蕘監邨嫗之所處。一旦有城有廬，曠如，奥如，創見者宜爲譽嘉樹焉。余謂凡事之見爲難而置之者多矣。苟審其時地而致吾力，則狉榛可以莞簟，理固然也。余之闢此，徑可治者治之，基可籍者固之，籬樊可衛者補之。雕飾弗尚，董視弗煩，故灌莽去而吾廬已成。用使賓從，咸得所托。相與諧論，朝夕無惰無曠，並藉以卜師貞焉。而吾又以知物盡樂於自見，第不拂其性、不違其材而已，各適所用也。乃額之曰大樹園，志地之産而偶合於公孫故事，非欲以自況云。

清　雍正《西湖志》卷九　白雲山房在飛來峰之西白雲峰下，雍正元年，前廣東提學副使翁嵩年建。中爲白雲山房，面蓮花峰。庭有巨石，鐫古籀文，曰毌石。東南有畫舫，榜曰愛吾廬，谷口鄭簠書。前有小池，盛暑不涸。東有高閣，閣前湘梅、緑萼數百株，花開極盛。東南北三面皆溪流環繞。又東，有書室二楹，與高閣相並。東北爲樓，四面見山，題曰得樹環山。樓前有池，澄渟不竭。大抵屋皆南向，而就其地勢高下，盤旋往復，結構疏密，或整或斜。中多牡丹、松桂、梅竹、桃杏，皆嵩年手植也。

清　曹庭棟《産鶴亭詩》卷三《東園》　余家中阿里，宅東隔水有園，喬松古柏皆數百年物。其由來舊矣。前明錢柑國嘗息影於此，名息園。康熙辛卯歲，先君購得之，因在宅東，即名東園。結橋以渡，更爲增築。西北隅爲雙芝草堂，堂之前茅屋三楹，爲六松山房。左側面東有閣，曰清氣閣。閣下折而東數十步有池，曰鏡潭。小飛來峙其南，香雪橋在其左。直北有潄秋書屋。東偏一帶爲佛阜，依緑軒，杏花、春雨樓也。乾隆辛酉四月，園中雙鶴忽産二雛。余復於小飛來之陰隔水葺亭，顔曰産鶴亭。陳邑侯燭門作文記其事。

清　納蘭常安《漁灣紀游》（《雲臺新志》卷七引）　出東磊，北山如列屏，平疇東衍，彌望無際。二十年前皆海也，想見濤喧浪拍，噌吰鏜鞳，澎湃蕩潏狀。緣崖行五里許，抵漁灣。新安方景濂置別業於此，名月到山房。其室倚山，重巒矗其後。堂前雜植果樹，繞以短垣。北山亘其左側，雲臺聳其右面，豁然洞敞，目不可盡。遠岫如煙，縹緲天外，不知其幾千里也。屋雖不豐，而攬擷闊遠，予甚愛之。景濂列山果，汲龍潭水煮茗以獻。室去龍潭僅數武，景濂命其猶子登鏞導予行，叟叟聞松濤聲出樹杪。陡下一坡，有石鵠立，而垂檐可數丈，中容八九人。面瀑布，下臨龍潭，聲浩浩，始悟松濤即瀑布聲也。其巖側立，數十丈，廣如之。飛流拂崖下，如綫如蛇，觸石淙淙然如琴築之奏。寒氣沁人，肌肉爲慄。坐食頃，日已晡，遂別景濂歸。或曰：今日這游未極龍潭之勝也。若攀緣而上，有兩壁崇墉對峙，中開數十丈，長且倍。蓰底平如削。中橫小石屏，水突石屏，過勢益迅，湍飛怒卷，真有雪浪排空、銀龍出峽之狀。循壁而進，壁窮，一峰拔地入雲際，泉自峰頂出，谽谺噴薄，揚數十丈外。游人衣履盡濕。願少緩一日之行以盡其勝，可乎？予爽然者久之，復念宇宙有莫盡之奇，人生無必至之境，況公事不可久稽，遂行。

清　袁枚《小倉山房文集》卷一二《隨園後記》　余居隨園三年，捧檄入陝，歲未周，仍賦歸來。所植花皆萎，瓦斜墮，梅灰脱于梁，勢不能無改作。則率夫役芟石，留覎土脉，增高明之麗。治之有年，費千金而功不竟。客或曰：以子之費易子之居，胡華屋之勿獲。而俯順荒餘，何耶？余答之曰：夫物雖佳，不手致者不愛也。味雖美，不親嘗者不甘也。子不見高陽池館、蘭亭梓澤乎？蒼然古蹟，憑弔生悲，覺與吾之精神不相屬者，何也？其中無我故也。公卿富豪，未始不召梓人營池囿，程巧致功，千力萬氣。落成，主人張目受賀而已。問某樹某名而不知也，何也？其中亦未嘗有我故也。惟夫文士之一水一石、一亭一臺，皆得之于好學深思之餘。有得則謀，不善則改。其蒔如養民，其刈如除惡。

其創建似開府，其浚渠簣山如區土宇版章。默而識之，神而明之。惜費故無妄作，獨斷故有定謀。及其成功也，不特便于己、快于意，而吾度材之功苦、搆思之巧拙，皆于是徵焉。今園之功雖未成，園之費雖不貲，然或缺而待周，或損而待修，固未嘗有迫以期之者也，孰若余昔年之腰笏磬折、里魋喧呶乎？伐惡草，剪虬枝，惟吾所爲，未嘗有制而掣肘者也，孰若余昔時之仰息崇轅、請命大胥者乎？五代時，傉檀利宴宣德堂，歎曰：作者不居，居者不作。余今年裁三十八，入山志定，作之，居之，或未可量也。乃歌以矢之曰：前年離園，人勞園荒。今年來園，花密人康。我不離園，離之者官。而今改過，永矢勿諼。癸酉七月記。

又《隨園三記》 園林之道與學問通。藏焉修焉，不增高而繼長者，荒于嬉也。息焉游焉，不日盛而月新者，狃于便也。然督者爲之，徒鈎觚析亂而已。吾固不然。爲之勤，游之勤，恒若有所思念計畫，以故登登陾陾，耳無絶音。雖然，學之不足精進，可也。園之不足，則必傷于財，而累于廉。烏乎！可繼乃怳然曰：人之無所棄者，業之無所成也。西不盡流沙，南不盡衡山，此非疆宇之有所棄乎？夔典樂則棄禮，孔子執御則棄射，此非學術之有所棄乎？天且不全，故世爲屋不成三瓦而陳之。孟子亦曰「人有不爲也，而後可以有爲」，吾于園則然。棄其南一椽不施，讓雲煙居，爲吾養空游所。棄其寢，陊剥不治，俾妻孥居，爲吾閉目游所。山起伏，不可以牆。吾露積不垣如道州城，蒙賊哀憐而已。地隆陷，不可以堂。吾平水置槷如史公書，旁行斜上而已。人壽不如屋，吾穿漏液樠，宗廇小于狙猿之杙，如管晏法，期于没身而已。不筮日，不用形家言，而築毁如意。變隙地爲水爲竹，而人不知其不能屋。疏窗而高基，納遠景，而人疑其無所窮。以短護長，以疏彰密，以豫畜材爲富以足其食，徐其兆而不趣，爲犒工而恤夫。使吾力常沛然有餘，而吾心且相引而不盡。此治園法也，亦學問道也。丁丑三月記。

又《隨園四記》 人之欲，惟目無窮。耳耶，鼻耶，目耶，其欲皆易窮也。目仰而觀，俯而窺，盡天地之藏，其足以窮之耶？然而古之聖人，受之以觀，必受之以艮。艮者，止也。於止知其所止，黄鳥且然，而況于人？園，悦目者也，亦藏身者也。人壽百年，悦吾目不離乎四時者是，藏吾身不離乎行坐者是。今視吾園，奥如環如，一房畢復一房生。雜以鏡，光晶瑩澈，迷乎往復，若是者于行宜。其左琴，其上書，其中多尊罍玉石，書橫陳數十重，對之時偶然以遠，若是者于坐宜。高樓障西，清流洄洑，竹萬竿如緑海，惟蘊隆宛暍之勿虞，若是者與夏宜。琉璃嵌窗，目有雪而坐無風，若是者與冬宜。梅百枝，桂十餘叢，月來影明，風來香聞，若是者與春秋宜。長廊相續，雷電以風，不能止吾之足，若是者與風雨宜。是數宜者，得其一差强人意，而況其兼者耶？余得園時，初意亦不及此。二十年來，庸次比偶，艾殺此地，棄者如彼，成者如此。既鎮其甍矣，夫何加焉？年且就衰，以農易仕，彈琴其中，咏先王之風，是亦不可以已乎？後雖有作者，不過灑湝之事，丹堊之飾，可必其無所更也。宜爲支紀成功，而分疏名目，以效輞川云。丙戌三月記。

又《隨園五記》 志餘於才則樂，才餘於志則不樂。吾志願有限，而所詣每過所期。自分官職得郡文學已足，而竟知大邦家，計得十具牛已足，而竟擁百畝；園得一椽已足，而竟四記之，疏名目而分詠之。私揣余懷，過矣哉！不意數年來，過之中又有過焉。余離西湖三十年，不能無首邱之思。每治園，戲仿其意，爲堤爲井，爲裏外湖，爲花港，爲六橋，爲南峰北峰。當營構時，未嘗不自計曰：以人功而仿天造，其難成乎？縱幾於成，其果吾力之能支，吾年之能永否？今年幸而皆底於成。嘻！使吾居故鄉，必不能終日離其家以游於湖也。而茲乃居家如居湖，居他鄉如故鄉。驟思之，若甚幸焉，徐思之，又若過貪焉。然讀《易賁》之六五曰：賁於邱園，束帛戔戔。吝，終吉。輔嗣注云：施飾于物，其道害也；施飾邱園，吉莫大焉。謂邱園草木所生，本質素之處，故雖加束帛，雖吝而終吉。左氏曰：樂操土風，不忘本也。余雖貪不知止，而能合於《易》，以操土風，或免於君子之譏乎！彼世之飾朱門塗白盛者，或爲而不居，居而不久。而余二十年來，朝斯夕斯，不特亭臺之事生生不窮，即所手植樹，親見其萌芽拱把，以至于蔽牛而參天。如子孫然，從乳哺而長成而壯而斑白，竟一一見之，皆人生志願之所不及者也。何其幸也！雖然，草木如是，吾亦可知；吾既可知，則此後有不可知者在矣。戊子三月記。

清 高宗愛新覺羅・弘歷《御製文集》初集卷七《小有天園記》 左浄慈，面明聖，兼挹湖山之秀，爲南屏最佳處者，莫過於汪氏之小有天園。蓋辛未南巡所命名也。去歲丁丑，復至其地，爲之流連，爲之倚吟。歸而思畫家所爲收千里於咫尺者，適得思永齋東林屋一區，室則十笏，窗乃半之。窗之外隙地方廣亦十笏，命匠氏壘石成峰，則居然慧日也。範錫爲宇，又依然壑庵也。汪氏別業舊名。激水作瀑，泠泠琤琤，不殊幽居洞之所聞。而黄山松樹子，雖盈尺，有凌雲之概，夭矯盤拏，高下雜出於石筍峭蒨間，復與琴臺之古木蒼巖、玲瓏秀削不可言同，何况云異？吾於是知天地間之景無窮，而人之心亦無窮。境有異，而人之心無有異夫。此爲軒爲亭、爲磴爲池、爲林泉、爲崖壑，固不可歷歷手攀而足陟之者，使目擊道存，會心不遠，則此爲軒爲亭、爲磴爲池、爲林泉、爲崖壑，又何不可歷歷手攀而足陟之乎。昔新豐雞犬各識其户，固已侈矣，李德裕平泉之像巴峽，寫洞庭，則又務窮遠、盡態極妍，而不必師，所可師者其意而已。然吾之意不在千里外之湖光山色應接目前，而在兩浙間之吏治民依來往胸中矣。是爲記。

清 趙翼《西臺漫紀》卷五《紀畋園》 余郡縉紳徐少浦，諱廷祼，官至少參。原籍委江，遷居吴郡，向以性傲不諧于鄉，素爲鄉人側目。雅好園林，于蕪城覓一廣地，壘石，蒔花，種竹，亭榭沼沚樓閣之勝冠于吴中，而精巧纖麗足壓諸園，即弇州猶讓焉。每早則命數蒼頭掃枯葉，驅敗株，拂苔蘚。客入，不能容一唾。守者甚苛，非渇阿堵不與入。主人每至，如登金焦，履武陵溪澗間。而佳木美竹等，即華胥、蓬萊所不能兼也。

清 乾隆《梅里志》卷六 馮登府《勺園圖記》：勺園主人性嗜山澤，甫冠游四方，遇山水輒躡芒履登攬其勝，流連不忍去。官京師時，塵土堀堁，又未嘗不思作買山計也。辛巳在假，崑山王孝廉學浩爲作勺園圖以寓意，實未嘗有園也。迨閩嶠還，貧益甚，奔走乞食，未遑息。其明年，學錢之入稍給蔬水眥。舍後老屋數間久頹圮，乃稍稍葺治之。前後隙地十餘弓。從里中得舊圃，花石謀置之，有山有坡，有榭有軒，有松杉，有梅柳桃杏，有檇李、山茶、玉蘭、木樨、石榴、繡毬，四時之花略備。未經斷手，先定爲八景，賦詩紀事，仍以勺園名，所以實其圖也。且以宇宙之遼廓也，名山大川，所在皆有。即以余生平游屐所歷，山則有東岱、西衡、劍門、霞嶺、九龍、白鶴之奇，水則有渤海、瓠子、淮沂、桑乾、洞庭、劍津之險，然其間洪濤巨浪之洊湃洄滈，深巖絶壑之嶔巖，風雨雷霆之震撼，日月之遷移，以吾溺乎其中。顛簸駭愕，摇魂蕩魄，隨乎其所至而休焉，而况乎世途之險更有甚者與。余七十五日而去，官若泛苦海而到於岸也，若墜危厓深谷之得躋於平夷也。今所食不過一粟，所居不過一廛，小邱卷石、雜花野竹，以吾身倘佯嘯傲其間，無他思慮營營之擾。其視世之汩没者雖均之，未免有所待。而其取之也不貪，故其用之也不竭。江湖之浩蕩，鷗鷺之閒適，須於此足吾欲焉，則天地間何在非園，亦何在非佳山水也。一勺多乎哉，於其落成也自爲之記，并自號云。

清 熊爲霖《活水園記》（《義寧州志》卷三二引） 戊辰秋，游西安，凡三閲月，於燕萁寄賓竹，於劍山寄留雪，於白亭寄南岫。山房地皆雅麗，得名構以傳。最後入郭城，訪宗子雪硯、墨顛、月舫、楓麓昆季，下榻活水園，相得歡甚，日以詩酒豪倡酬。稍暇，述其先君子締園之始及續葺渲染，一一具悉。因嘆梓澤蘭亭，今復安在，文章之外，盡歸烟莽耳。敢屬筆傳此區。請甚力，予重感其意，爲泚筆記之。園踞楓山麓，勢稍衍，面天馬峰，壁立如控勒。八垣繞絶嶂削芙蓉萬樹不可詳記。園方廣里許，規其中爲堂，堂皇皇然南向。許刺史樵香顔以墨香書屋。琴劍竹策，羅列錯綜。託此弦誦舞嘯，足永朝夕。廉其右爲石艫，古色嵌剥滿几。栽雲根磊雪刮鋏，不盡其妙。啓窗肆覽，如坐鬱林舟中。隅東南齋曰珍硯，蕉白鸜绿，玉帶金星，遺意殊陸離。東北曰蘭窦，與居息香氣滌塵霧。堂下樹槐柳，列蕉如雁翅，雜布秋色，獨古梅退隱墻麓，若不欲與人近。闢其蘂得半廬，一几一床，風雨泠泠，宜卧聽。堂陰敞四楹，爲水榭。北向洗畫池，池徑三丈，横如之。每星漢沉芒，雲翳蕩碧，與水光沄沄粼粼作筆意，故曰洗畫。岸西矗倒影閣，綺疏洞達，俯瞰水中，紅檽歷歷作珊瑚光。北折入步屧，曲盤蓮沼。沼本與地通，劃以墻雪色，作亞字，可望不可即。沼繁菡萏，植盈盈。香宜風，静宜露，温潤宜曉旭。沼中泐半月，宜照植堘。磬折爲葯畦，側鬱桐陰，宜秋聲。臨沼出露臺，甃以石，不甍不柱，坐列石鼓，月下手譚甚適。再上，亭罣罣曰愛蓮，實學古先生手蹟。洞南北向，於前窺沼，於後展得月。得月亦池也，於月塢最近。亭左跨水爲窮廊，與鑑泉精舍接。精舍當古巖下，以密折得勢，於堂榭池閣獨别。環蔭竹樹珊珊，時戛玉巖上。薜荔蘚華，皴緑疏陰，敚日影金色畫碎。亭有徑入翠圃，豁目能葱蒨。圃達月塢。月塢者，虚其中可八尺。出圭竇，植桂，粉色琉璃，瑩浄不可滓。道與精舍通，山有飛泉大巖作瀑布，噴薄落銀河，唾激珠屑輕。聽瀑亭側引注，下得月而蓮沼，而洗畫瀰瀰，循四除，波詭帶折，靡不如其意之所之。又亭泓灩靚，瀉映荇藻，送游鱗爲容與，不可範圍。出溪口匯偃虹橋下，日汩汩不少舍，而斯園之名以成。嗚呼，雅矣。西安富山水，得其峭拔瀠洄，稍加編綴，輒成名勝。惜畸士力不足以副願而擁大貲者又蠅營田宅，計日益十斛租，即神皋奧區土苴置之，山水亦復抑塞責格，不得一吐其靈奇，故傳者絶少。雪研昆季，以雅人好事於意巧出天匠，力闢此園，并恐其不傳，神獨遠也。必詳書以繪之，不厭轇轕，庶百千年後知雪研昆季有此園，余亦不負此遨游也。十一月十日記。

清 洪亮吉《更生集·文甲集》卷三《西圃記》 西圃者，余所居西偏隙地。歲戊午，自京師乞假歸，以廳事隘因即其地搆屋三椽，隨牖之南北而六之。前疏爲小池，環以峭石。牖之北則列竹焉。今澹香、斜月、西堂是也。未落成即入都，又遠戍絶域，往反者二年。既歸，杜門省愆，不更遠出。鄰有廢圃，友人復爲購得之，距堂北僅數武。遂築樓三楹。樓之後架平臺以眺，東北隅巽宮樓、玉梅橋及楊園、陸園諸勝。名臺曰曙華，名樓曰卷施，閣名樓以下曰紅豆山房。樓前皆叠石爲小山，石徑曲折。蒔古梅及紅豆、金粟青桐、紫微共十數株。春秋二時，可愒岑寂。左有廊，通西堂，發曙即乾鵲噪其上，遂名乾鵲。廊迤西南得平屋二層，因其舊而新之，名其北曰更生齋。齋有後楹，列架藏所著地理書，木刻于內，名曰墨雲軒。墨雲軒之右複道以通于南，亦二楹，名收帆港。蓋于驚濤駭浪中得歸，藏息于此，是以名也。

清 阮元《揅經室集》卷二《蝶夢園記》 辛未壬申間，余在京師，賃屋于西城阜成門內之上岡。有通溝自北而南，至岡折而東。岡臨溝上，門多古槐，屋後小園不足十畝，而亭館花木之盛，在城中爲佳境矣。松柏、桑榆、槐柳、棠梨、桃杏、棗柰、丁香、荼蘪、藤蘿之屬，交柯接蔭，玲峰石井，嵚崎其間。有一軒二亭一臺，花晨月夕，不知門外有緇塵也。余舊藏董思翁自書詩扇，有「名園蝶夢，散綺看花」之句，常懸軒壁，雅與園合。辛未秋，有異蝶來園中，識者知爲太常仙蝶。繼而復見之於瓜爾佳氏園中，客有呼之入匣，奉歸余園者。及至園，啓之，則空匣也。壬申春，蝶復見於余園，畫者祝曰：苟近我，我當圖之。蝶落其袖，審視良久，得其形色。乃從容鼓翅而去。園故無名也，於是始以思翁詩及蝶意名之。秋半，余奉使出都，是園又屬他人，回憶芳叢，真如夢矣。癸酉春，吴門楊氏補帆爲畫園圖，即以思翁詩翰裝冠卷首，以記春明游跡焉。

清 劉鳳誥《存悔齋集》卷一一《个園記》 廣陵甲第、園林之盛久冠東南。士大夫席其先澤，家治一區。四時花木容與，文宴周旋，莫不取適于其中。仁宅禮門之道，何坦乎？其無不自得也。个園者，本壽芝園舊址，主人闢而新之。堂皇翼翼，曲廊邃宇。周以虚檻，敞以層樓。疊石爲小山，通泉爲平池。綠蘿裊烟而依迴，嘉樹翳晴而蓊匌。閬爽深靚，各極其致。以其目營心構之所得，不出户而壺天自春，塵馬皆息。於是娱情，陔養授經。庭過暇肅賓客，幽賞與共。雍雍藹藹，善氣積而和風迎焉。主人性愛竹，蓋以竹本固，君子見其本則思樹德之先沃其根。竹心虚，君子觀其心則思應用之務宏其量。至夫體直而節貞，則立身砥行之攸繫者，實大且遠，豈獨冬青夏彩，玉潤碧鮮，著斯州篠簜之美云爾哉。主人爰稱曰个園。園之中珍卉叢生，隨候異色。物象意趣，遠勝于子山所云「欹側八九丈，從斜數十步，榆柳兩三行，梨桃百餘樹」者。主人好其所好，樂其所樂，出其才華以與時濟，順其燕息以獲身潤，厚其基福以逮室家。孫子之悠久咸宜。吾將爲吾詠，樂彼之園矣。嘉慶戊寅中秋記。

清 李斗《揚州畫舫録》卷八 鄭俠如，字士介，號侯菴。鄭氏數世同居，至是方析。箸兄元嗣，字長吉，搆有五畝之宅，二畝之間及王氏園。超宗有影園，贊可有嘉樹園，士介有休園。于是兄弟以園林相競矣。【略】〔士介〕國初辭歸休園，園在流水橋畔，本朱氏園。其地産諸葛菜，亦名諸葛花。園寬五十畝，南向在所居住宅後間一街，乃爲閣道，而下行如坂。坂盡而徑，徑盡而門，門內爲休園。先是住宅後有含英閣、植槐書屋、碧厂眈佳、止心樓諸勝。園中有空翠山亭、蕊棲、挹翠山房、琴嘯、金鵝書屋、三峰草堂、語石樵、水墨池、湛華衛書軒、含清別墅、定舫、來鶴臺、九英書塢、古香齋、逸圃、得月居、花嶼、雲徑、繞花源、玉照亭、不波航、枕流、城市山林、園隱、浮青諸勝。中多文震孟、徐元文、董香光真跡。止心樓下有美人石樓，後有五百年棕櫚。墨池中有蟒來鶴臺，下多産藥草子。爲光輯《休園志》若干卷。

又卷一〇 秋思山房在水樹間，聯云：天氣涵竹氣張說，山光滿湖光馮戴。憶余昔年夏間暑甚，同人出小東門，打漿而行，濁河渾流，狹束偪仄，揮汗如雨。迨出東水門，山氣如墨，白鷺翻波。無何，風雨驟至，艤舟斗姥宮，舟幾覆。雨小，舟子沿岸牽至冶春樓，上岸入樓中，乃敞其室而聽雨焉。園丁沽酒薦蔬，逾時箸落杯空。雨止，湖上濃陰經雨如楷，竹濕烟浮，輕紗嫌薄。東望倚虹園一帶，雲歸別峰，水抱斜城。北望江雨又動，寒色生于木末。因移入樓，南臨水方亭中待之，不覺秋思漸生也。

是園閣道之勝，比東園而有其規矩，無其沉重，或連或斷，隨處通達。由秋思山房後，廳事三楹，額曰槐蔭廳，聯云：小院迴廊春寂寂杜甫，朱闌芳草綠纖纖劉兼。由廳入冶春樓，聯云：風月萬家河兩岸白居易，菖蒲翻葉柳交枝盧綸。樓上三面蹋虚，西對曲岸林塘，南對花山澗，北自小門入閣道。兩邊東朱闌，寬者可攜手偕行，窄者僅容一身，漸行漸高，下視闌外，已在玉蘭樹杪。廊竟，接露臺，置石几一，磁墩四，飲酒其上，直可方之石曼卿巢飲。旁點黄石三四級，閣道愈行愈西，入香影樓，蓋以文簡「衣香人影」句名之。聯云：堤月橋邊好時景鄭谷，銀鞍綉轂盛繁華王勃。樓北小門又入一層，樓外作小露臺，臺缺處疊黃石，齒齒而下，即是園之樓下廳也。額曰橋西草堂。聯云：綠竹漫侵行徑裏劉長卿，飛花故落舞筵前蘇頲。堂後旱門，通紅橋西路。

清 錢泳《履園叢話·惠園》 惠園在京師宣武門内西單牌樓鄭親王府，引池疊石，饒有幽致，相傳是園爲國初李笠翁手筆。園後爲雛鳳樓，樓前有一池水甚清洌，碧梧垂柳掩映于新花老樹之間，其後即内宫門也。嘉慶己未三月，主人嘗招法時帆祭酒、王鐵夫國博與余同游，樓後有瀑布一條，高丈餘，其聲琅然，尤妙。

又《隨園》 隨園在江寧城北，依小倉山麓，池臺雖小，頗有幽趣。乾隆辛亥春二月初，余始游焉。時簡齋先生尚健，同坐蔚藍天，看小香雪海，梅花盛開，讀畫論詩者竟日。至道光二年九月，偶以事赴金陵，則樓閣傾頹，秋風落葉，又是一番境界矣。其舊僕某尚識余姓名，真所謂「猶有白頭園叟在，斜陽影裏話當年」也。近年聞先生長君蘭村又葺而新之，游人雜遝矣。

又《樂圃》 畢秋帆尚書爲陝西巡撫時，嘗買得宋朱伯原樂圃舊地，引泉疊石，種竹栽花，擬爲老年退息之所，余爲輯《樂圃小志》二卷贈之。尚書歿後，家産入官，無托足之地，一家眷屬盡住圃中，可慨也已。案，樂圃五代時爲吾家廣陵郡王金谷園遺址，伯原增築之。元時爲張適所居，明成化間又爲杜東原所有，中文定公致仕後，又搆得之。有賜閒堂、鑑曲亭、招隱榭諸勝，嘗賦詩云：棲遲舊業理荒蕪，徙倚叢篁據槁梧。爲圃自安吾計拙，歸田早荷聖恩殊。山移小島成愚谷，水引清流學鑑湖。敢向明時稱逸老，北窗高枕一愁無。又有《園居詩》云：樂圃千年跡，蕭齋五畝身。蓬蒿常謝客，花竹總宜人。清曠懷長統，風流屬季真。臨溪時獨釣，吾自老絲綸。其二云：投老身猶健，探幽興未闌。花神催爛漫，竹使報平安。茂樹禽聲合，高樓蝶夢殘。不知人世上，何處有風湍。嗚呼！文定之與尚書，同是狀元，同是一品官，何福命之不相及也。

又《拙政園》 拙政園在齊門内北街，明嘉靖中御史王獻臣築，文待詔有記。御史歿後，其子好摴蒱，一夕失之，歸于徐氏。國初爲海寧陳相國之遴所得，未幾，以駐防兵圈封爲將軍府。園内有連理寶珠山茶一樹，吴梅村祭酒有詩紀之。迨撤去駐防，又改爲兵備道行館，既而爲吴三桂壻王永康所居。三桂敗事，乃籍入官。康熙十八年改蘇松常道新署，旋復裁缺，散爲民居，後歸蔣太守棨，改名復園。春秋佳日，名流觴詠，有《復園嘉會圖》，太守歿後，非復舊時景象。嘉慶中，爲海昌查憺餘孝廉所得，修葺年餘，頓還舊觀。今又歸當湖吴崧圃相國家，爲質庫矣。

又《歸田園》 歸田園在拙政園東，僅隔一牆，明季侍郎王心一所構，中有蘭雪堂、泛紅軒、竹香廊諸景。今王氏子孫尚居其中，相傳王氏欲售于人屢矣，輒見紅袍紗帽者，隱約其間，或呼嘯達旦，似不能割愛者，人亦莫敢得也。余少時嘗見侍郎與蔣伯玉手札，其時在崇禎十六年之十二月廿四日，書中言小園一花一木皆自培植，乞分付園丁，時加防護云云。其明年，侍郎即歸道山，宜一靈之不泯耳。

又《息園》 息園，即顧氏依園舊址，族弟槊溪購而葺之。中有妙嚴臺，相傳爲梁簡文帝女妙嚴公主葬此。嘉慶十三年，濬池得古碣，是四至界牌，知唐、宋時尚有防護也。十六年，又添建先武肅以下五王家廟於前北向，有江蘇方伯慶公碑記。按府志，宋信安郡王孟忠厚府在閶邱坊巷，有藏春園，或即其地也。其東爲秀野園，康熙中翰林顧嗣立所居，有秀野草堂額，一時名士，如朱竹垞、韓慕廬輩俱有詩紀之。

又《繡谷》 繡谷在閶門内後板廠，國初朔州刺史蔣深築。初刺史之祖垓，成進士後，隱居讀書，偶課園丁薙草，土中得一石，有繡谷二字，作八分書，遂以名其園。園中亭榭無多，而位置頗有法，相傳爲王石谷手筆也。康熙三十八年己卯，刺史嘗集郡中諸名宿作送春會，坐中年最長者爲尤西堂、朱竹垞兩太史，張匠門、惠天牧、徐澂齋諸先生尚爲諸生，畫師則王石谷、楊子鶴，方外則目存上人。是時沈歸愚尚書年纔二十七，居末座，賦詩作畫，爲一時之盛。刺史之子仙根亦好風雅，乾隆二十四年又作後己卯送春會，則以尚書爲首座矣。世傳《張憶娘簪花圖》，即於是園作也。嘉慶中，爲葉河帥觀潮所得，道光初，又歸南康謝椒石觀察，作板輿之奉，今又爲婺源王氏所有矣。先是蔣氏欲將是宅出售他姓，猶豫未決，爲問于乩仙，仙判一聯云「無可奈何花落去，似曾相識燕歸來」，是宋人晏殊句也，而不解其義。迨歸葉氏，則上句應矣；後葉氏轉售于謝，謝又售于王，則下句應矣，異哉。

又《懷雲亭》 懷雲亭在東白塔子巷，乾隆間郡人沈觀察某佔買大乘菴舊基，而造爲園宅，未及三十年，而售於周勖齋太守。太守復拓而廣之，頗有幽趣，改名樸園。有一峰名歸雲，甚峭，其東爲蔣氏種梅亭。春時百花齊發，羣豔爭芳，係樂安全盛時四十八第之一，今歸潘氏，爲古香亭。

又《逸園》 逸園在吴縣西脊山之麓，康熙中，孝子程文焕廬墓之所。右臨太湖，左有茶山、石壁諸勝。每當梅花盛開，探幽尋詩者必到逸園，其主人程在山先生名鍾，即孝子孫也。少工詩，同邑顧退山太史擇爲佳壻。太史之女曰藴玉者，自號生香居士，亦能詩，與在山更唱迭和，較趙凡夫之與陸卿子殆有過之。在山嘗有詩云：空齋盡日無人到，惟有山妻問字來。可想見其高致也。當時如沈歸愚大宗伯、彭芝庭大司馬、金安安廉訪諸老，入山探梅，輒留宿園中。余年十二三時，嘗隨先君子游逸園，並見先生及生香居士，其所居曰生香閣，閣下爲在山小隱，琴尊横几，圖籍滿床，前有釣雪槎，其西曰九峰草廬、白沙翠竹山房、騰嘯臺，下臨具區，波濤萬頃，可望縹緲、莫釐諸峰，雖員嶠、方壺，不是過也。嗣生香没後，在山亦旋卒，一子尚幼，爲地方官買得而造行宫，則向之亭臺池館，皆化而爲方丈瀛州矣。乾隆四十五年，高宗純皇帝南巡，駐蹕於此，有御製詩五古一首，其結句云：園應歸故主，吾弗更去矣。回鑾後，此園遂廢，今隔四十年，已成瓦礫場，無有知其處者。

又《靈巖山館》 靈巖山館在靈巖山之陽西施洞下，乾隆四十八九年間，畢秋帆先生所築菟裘也。營造之工，亭臺之勝，凡四五載而始成。至五十四年三月，始將扁額懸掛其門，曰靈巖山館，先生自書，下有一聯云：花草舊香溪，卜兆千年如待我；湖山新畫障，卧游終古定何年。二門曰鍾秀靈峰，乃阿文成公書。又一聯云：蓮嶂千重，此日已成雲出岫；松風十里，他年應待鶴歸巢。自此蟠曲而上，至御書樓，皆長松夾道，有一門甚宏敞，上題麗燭層霄四大字，是嵇文恭公書。樓上有楠木橱一具，中奉御筆扁額福字及所賜書籍、字畫、法帖諸件，樓下刻紀恩詩及謝表稿，凡八石。由樓後折而東，有九曲廊，過廊爲張太夫人祠，由祠而上，有小亭曰澄懷，觀道左有三楹，曰畫船雲壑，三面石壁，一削千仞。其上即西施洞也。前有一池水，甚清洌，游魚出没可數，其中一聯云：香水濯雲根，奇石慣延采硯客；畫廊垂月地，幽花曾照浣紗人。池上有精舍曰硯石山房，則劉文清公書也。其明年，庚戌二月十四日，余與張君止原嘗邀王夢樓太守、潘榕皋農部暨其弟雲浦參軍及陸謹庭孝廉輩，載酒攜琴，信宿其中者三日，極文酒之歡。至嘉慶四年九月，忽有旨查抄，以營兆地例不入官，此園尚無恙也。自是日漸頹圮，蒼苔滿徑，至丙子年間，爲虞山蔣相國孫繼焕所得，而先生自出鎮陝西、河南、山東、兩湖計二十餘載，平泉草木，終未一見，可慨也。道光甲申八月，余偶過是園，回思庚戌之游，屈指已三十四年矣。爲題四絶云：賣去靈巖一角山，園門已付老僧關。林泉也自遭磨折，笑我重來鬢亦斑。　憶昔春游花正紅，曾隨杖履殿諸公。坐中最羡三松樹，依舊掀髯倚碧空。謂榕皋先生。　雲壑巍然絶世奇，當年亭榭半參差。此中感慨誰能悉，試問牆間没字碑。舊時石刻俱已磨去。　眼前富貴總堪哀，世事無如酒一杯。却喜今朝風日好，山靈應爲故人來。

又《東皋草堂》 東皋草堂在常熟大東門外，明左少參瞿汝説所築，子稼軒先生式耜增拓之，有浣溪草堂、貫清堂、鏡中來諸景。稼軒官户科給事中，本朝順治三年，以議立永明王事，留粤東西數年，此園遂廢。其子伯申守之，吴梅村祭酒有《後東皋草堂歌》七古一首，爲伯申作也。近爲趙叔才文學所購，亭臺樹石，猶有存者。道光癸未四月，余偕藴山弟往游，烹茶坐話，有滄桑之感焉。

又《錦春園》 錦春園在瓜州城北，前臨運河，余往來南北五十餘年，必由是園經過。園甚寛廣，中有一池水，甚清淺，皆種荷花，登樓一望，雲樹蒼茫，帆檣滿目，真絶景也。高宗純皇帝六次南巡，俱駐蹕于此。成親王有詩云：錦春園裏萬花榮，媚景熙陽照眼明。百里蜀岡遥挹翠，一渠邗水近涵清。獨憐廢砌横今古，頗見幽篁記姓名。來日江船須早放，倚闌愁絶莫風生。

又《珠媚園》 珠媚園在通州城東北隅。有州人王景獻者，嘗爲廣州太守，得前明顧大司馬舊第，爲增築之。極池臺花木之勝，其正中爲花對堂，堂前大紫薇二株，海内罕見，明時植也。壬午三月，余由福山渡海到州城，時泗州陳雨峰爲狼山總鎮，嘉興馮椒園爲州刺史，置酒園中，歡會竟日，因書四絶句云：辟疆舊有小峰巒，築就平泉滯一官。斯事原來千古恨，空留花木讓人看。　萬箇竹同文太守，一拳石肖李將軍。探幽莫訝淮東少，如此名園自不羣。　一灣春水曲通池，池上桃花紅幾枝。爲語園丁好培植，再栽垂柳萬千絲。　朱廊寥落暮雲多，滿徑蒼苔絆薜蘿。置酒忿忿人欲去，紫薇花發再來過。

又《文園》 如皋汪春田觀察少孤，承母夫人之訓，年十六以資爲户部郎，隨高宗出圍，以較射得花翎，累官廣西、山東觀察使。告養在籍者二十餘年，所居文園有溪南溪北兩所，一橋可通。飲酒賦詩，殆無虚日，惟求子之心甚急，居常於邑不樂。道光壬午三月，余渡海游狼山，將至揚州，繞道訪文園，時觀察年正六十，鬚髮皓然矣。余有詩贈之云：問訊如皋縣，來游豐利塲。兩園分鶴徑，一水跨虹梁。地僻樓臺静，春深草木香。桃花潭上坐，留我醉壺觴。曲閣飛紅雨，閒門漾碧流。使君無量福，樂此復何求？闊別成清夢，相思竟白頭。挂帆吾欲去，海上月如鈎。

又《塔射園》 松江張氏有塔射園，在東塔街後，舊爲許氏別業，郡人張孝廉維煦購得其半，葺爲小園，以近西林寺塔，故名。園中有紫藤花，開時爛漫可觀。舊聞崑山徐健菴司寇家有憺園，園西池内有小浮圖影，又蘇州虎邱有塔影園，此皆近于城市，與塔相近，理或有之。吾鄉小馬橋有寶泉堂，族曾叔祖蓉峰先生所建，堂前一井水，甚清洌，井中亦有塔影。馬橋距錫山五十里，距蘇亦五十里，塔影從何而來，此理之不可解者。

又《豫園》 豫園在上海城内，明潘恭定公恩之子方伯允端所築，方伯自有記。其地甚寬廣，園中有樂壽堂，董思翁爲作《樂壽堂歌》，書於屏障，字徑三四寸許，其墨蹟至今存焉，余於張芥航先生案頭見之。堂前爲千人坐，有池臺之勝。池邊有湖石甚奇峭，名五老峰，有玉玲瓏、飛駿、玉華之名，相傳爲宣和遺物也。今造城隍廟於其中，爲市估所佔，作會集公所，游人雜遝，婦女如雲，醫卜星相之流，亦無不畢集，雖東京大相國寺不能過之。

又《日涉園》 日涉園在上海縣治南，明太僕卿陳所蘊別業，後歸陸氏起鳳，至其玄孫耳山先生錫熊貴，尤增築之。園中舊有竹素堂，爲吴門周天球題，三面臨流，最爲宏敞。高宗朝，先生以總纂《四庫》書成蒙賜，楊基畫《松南小隱圖》，即以園中傳經書屋改爲松南小隱，以敬奉之，紀恩也。此園垂二百餘年，陸氏至今世守。

又《三泖漁莊》 三泖漁莊在青浦縣之朱家角，刑部侍郎王蘭泉先生所居也。有經訓堂、鄭學齋、蒲褐山房諸額。先生博雅好古，尤精金石之學，著有《金石萃編》一百六十餘卷，又《湖海文傳》、《湖海詩傳》共百餘卷，皆收羅天下賢豪長者及騷人墨客之作，爲東南壇坫。

又《南園》 太倉州城南有南園，前明王文肅公所築，中有繡雪堂、潭影軒、香濤閣諸勝，皆種梅花，至今尚存老梅一株，曰瘦鶴，亦文肅手植也。余於乾隆庚戌早春，曾同畢澗飛員外過之，已荒蕪不堪矣。繡雪堂壁間有「話雨」二字，是董華亭尚書書，左方書「天啓丁卯，同陳眉公訪遜之山館聽雨題，四月七日其昌」，計二十二字，墨瀋猶存。道光庚寅冬日，偶見程芳墅所畫《南園瘦鶴圖》，不勝今昔之感，因書二絶句於後云：昔年踏雪過南園，古寺斜陽草木繁。惟有老梅名瘦鶴，一枝花影倚頹垣。 相國門庭感舊知，滿頭冰雪最相思。偶然留得和羹種，曾聽前朝話雨時。 王文肅、董文敏與陳眉公三人者，長相善，俱年臻大耋。

又《平蕪館》 嘉定有張文山者，以貿遷爲業，産不踰中人，而雅好園圃。鄰家有小園，欲借以宴客，主人不許。張恚甚，乃重價買城南隙地築爲園，費至萬餘金，署曰平蕪館，知縣吴盤齋爲作記。遂大開園門，聽人來游，日以千計。張謂人曰：「吾治此園，將與邦人共之，不若鄰家某之小量也。」識見亦超。

又《澹園》 澹園，在清江浦江南河道總督節院西偏。園甚軒敞，花竹翳如，中有方塘十餘畝，皆植千葉蓮華，四圍環繞垂楊，間以桃李，春時爛漫可觀，而尤宜於夏日。道光己丑歲，余應河帥張芥航先生之招，寓園中者凡四載，余有《澹園二十四詠》，爲先生作也。

又《長春園》 長春園在蕪湖北門外，即宋張孝祥于湖舊阯，本邑人陳氏廢園，山陰陳岸亭先生聖修宰蕪湖時，搆爲別業。園中有鴻雪堂、鏡湖軒、紫藤閣、剥蕉亭、魚樂澗、卓筆峰、狎鷺堤、拜石廊八景，赭山當牖，潭水瀠洄，塔影鐘聲，不暇應接，絶似西湖勝槩。曩余楚北往回，屢寓于此，時長君恒齋、次君默齋皆與余訂兄弟之好，極文酒之歡。迨先生擢任雲南，此園遂廢矣，惜哉！後三十年而爲邑中王子卿太守所購，故名希右園，有歸去來堂、賜書樓、吴波亭、溪山好處亭、觀一精廬、小羅浮仙館諸勝，時黄左田尚書亦予告歸來，日相過從，飲酒賦詩，爲鳩江之名園焉。

又《玉玲瓏館》 玉玲瓏館在城南横河橋前，大宗伯姚公立德所居，以窗前有湖石號玉玲瓏，故名。按此石相傳爲宋宣和花石綱之遺，本包氏靈隱山莊舊物也，後歸沈氏庚園，又歸龔侍御翔麟，已屢易主矣。其石高丈許，頗有皺瘦之趣。道光癸巳冬日，余偶訪順德張雲巢都轉，曾一至焉。

又《潛園》 潛園在張御史巷，其門北向，前儀徵令屠琴隖得餘姚楊孝廉別業，增築之。園中湖石甚多，清池中立一峰，尤靈峭，名曰鷺君。道光壬辰歲，嘉興范吾山觀察得之，自徐州遷居於此，賦詩云：窗前有石何亭亭，頻伽銘之曰鷺君。當時得者潛園叟，太息主客傷人琴。此石之高高丈五，四面玲瓏洞藏府。峭然獨立波中央，但見羣峰皆伏俯。瘦骨棱嶒莫傲人，羽毛爲累失秋林。何日出山飛到此，不辭萬里同歸雲。石乎！石乎！何不油然作雲沛霖雨，空老荒山吾與汝。安心且作信天翁，莫羨窮鴟銜腐鼠。

又《長豐山館》 長豐山館在湧金門外，郡人朱彦甫舍人得王氏別業而擴充之，蓋其先世居休寧之長豐里，故名。園中有搴雲樓、六橋烟柳，盡在目前，可稱絶勝。舍人豪邁好客，每于春秋佳日，與郡中諸名宿載酒題襟，致足樂也。戊戌六月，余借寓樓上，有詩贈之云：搴雲樓外水如天，樓上團團月正圓。清酒一壺詩百首，全家同泛采蓮船。已上杭州。

又《倦圃》 嘉興府城西門内有倦圃，即宋岳鄂王孫倦翁珂故宅，圃甚寬廣，儼若山林。嘉慶甲子三月，嘗同家恬齋過，圃中荒廢久矣。近爲陳氏所購，葺而新之，據朱竹垞《曝書亭集》所載，有叢菊徑、積翠池、浮嵐、范湖草堂、静春軒、圓谷、采山樓、狷溪、金陀别館、聽雨齋、橘田、芳樹亭、溪山真意軒、容與橋、漱研泉、潛山、錦淙洞、留真館、澄懷閣、春水宅諸勝，俱仍舊題，爲嘉禾勝地。

又《南園》 李元孚名原，嘉興王店人，通申、韓之學。所居南園，即王復旦梅墅舊蹟，在曝書亭後園中。有延青閣、聽月廊、蒲溪草堂、凉舫、玉蘭逕、見山亭、梅花嶺、桂屏片雲軒、虚舟息機處、鏡香橋、知樂亭凡十三景。元孚俱有詩，命曰《南園雜詠》，諸前輩亦多和作，爲一時之盛。元孚殁後，竟成棄地，近復種爲桑園。事隔五十年而元孚尚未葬，停柩園中，可歎也。以上嘉興。

又《青藤書屋》 青藤書屋在紹興府治東南一里許，明徐文長故宅，地名觀巷。青藤者，木連藤也，相傳爲文長手植，因以自號。藤旁有水一泓曰天池，池上有自在巖、孕山樓、渾如舟、酬字堂、櫻桃館、柿葉居諸景。國初陳老蓮亦嘗居此，皆所題也，後屢易其主。乾隆癸丑歲，郡人陳永年翁購得之。翁之子侄如小巖、九巖、十峰、士巖輩皆名諸生，好風雅，始將天池修濬而重闢之，復求文長手書舊額懸諸坐上，即老蓮所題諸景亦仍其舊，並請阮雲臺先生作記。一時游者接踵，飲酒賦詩，殆無虚日。嘉慶戊申，余重游會稽，曾寓于此，爲作《青藤書屋歌》云：昔我來游書屋裏，青藤蟠蟠老將死。滿地落葉秋風喧，似歎所居託無主。今我來時花正芳，青藤生孫如許長。天池之水梳洗出，夭矯作勢如雲張。花開花落三百載，山人之名尚如在。發狂豈肯讓禰衡，醉來直欲吞東海。潁川兄弟荀家龍，買得山人五畝宫。引泉疊石作詩料，三楊七薛將無同。吁嗟乎！石簣石公呼不起，門前走狗何足齒。能令遺蹟不湮淪，便是青藤舊知己。況復披榛木柵鄉，年年寒食拜斜陽。墳竁迭唱歸舟晚，春水桃花何處香。蓋文長無後，有墓在木柵鄉，將湮没矣，而陳氏昆仲復爲修葺而祭掃之，又文長身後之遇也。

清 戴璐《藤陰雜記》卷六 高念東珩《亦園記》：萬縷將披細柳，知濃陰行埒蘇堤。數尺自出清泉，是神力驅成香海。是萬柳堂，又名亦園。馮益都《亦園春興》詩：小築城隅柳滿堤，緑雲低護草初齊。次首：亂飄柳絮鋪新徑，細數桃花過野塘。是園即萬柳堂。王横雲和詩：春濃亭榭護沙堤，翠碧千重柳帶齊。吹去雜花迎緩鞚，飛來好鳥唤扶犂。輕陰色散旃檀外，斜日烟濃漢苑西。佳景欣當調鼎暇，關河極目暮雲迷。嚴存菴我斯《題亦園》詩：清時謝太傅，此地即東山。物我風塵外，經綸魚鳥間。幾人能後樂，半壑有餘閒。吾亦忘機者，披襟自往還。濠梁秋水上，窈窕赤欄干。石細縈書帶，藤低礙簪冠。樹聲千壑雨，雁影一汀寒。絶似江南景，憑誰把釣竿。 草堂開緑野，曲榭俯清渠。最愛陶家柳，還同杜甫居。天高秋射隼，沙暖晝觀魚。到處乾坤大，何須賦遂初。毛西河《亦園修禊》詩：曲江修禊已三年，勝飲無如柳下偏。地曠儘教油幔接，溪迴不礙羽觴傳。沿堤草向春深發，夾路花從雨後妍。陪得蓬山舊仙似，到來滿座盡雲烟。 良會何須絲竹偕，春風處處遠塵霾。東流水色清堪戀，北地晴光淺亦佳。高柳隔簾抛粉絮，新蒲刺水簇金釵。洛中禊飲年年事，丞相同行豈易儕。

程篁墩謂，京師最盛曰梁氏園，牡丹、芍藥幾十畝。孫退谷謂，梁園引凉水河水入其中，亭榭花木一時稱盛。康熙中，龔尚書《招董玉虬文驥梁園李家莊汎舟觀燈》詩云：此地足烟水，當年幾溯游。王横雲有《宋荔裳招飲梁家園》詩：半頃湖光摇畫艇，一簾香氣撲新荷。林間緑酒常浮月，座上清歌迴遏雲。沈心齋有《陳以樹招飲梁家園警露軒》詩：野曠天高啓入窗，門前一碧響淙淙。《舊聞考》稱南極于魏村，似又在左安門外，今莫知其址，但知北城有梁家園，空曠平原，並無烟水。余己卯入都，但見堆積糞土，後築官房，李吏部調元寓焉。築看雲樓，有「檻外遠山排闥繞樓前積水當湖看」之聯。今有僧募蓋壽佛寺設義學。

清 紀昀《閲微草堂筆記》卷七《如是聞一》 外叔祖張公紫衡家有小圃，中築假山，有洞曰泄雲，洞前爲藝菊地，山後養數鶴。有王昊廬先生集歐陽永叔、唐彦謙句，題聯曰：秋花不比春花落，塵夢那知鶴夢長。頗爲工切。

又 卷二四《灤陽續録六》 花隱老人居平陵城之東、鵲華橋之西，不知何許人，亦不自道其姓字。所居有亭臺水石，而蒔花尤多。居常不與人交接，然有看花人來，則無弗納。曳杖傴僂前導，手無停指，口無停語，惟恐人之不及知，不及見也。園無隙地，殊香異色，紛紛拂拂，一往無際，而蘭與菊與竹尤擅天下之奇。蘭有紅有素，菊有墨有緑。又有丹竹純赤，玉竹純白，其他若方、若斑、若紫、若百節，雖非目所習見，尚爲耳所習聞也。異哉！物之聚於所好，固如是哉。

清 俞蛟《夢厂雜著》卷五《游蹤選勝·萬柳堂》 京師廣渠門内多隙地，其間有屋數椽，四周繚以短垣，聚土爲山，捎溝爲池。所植無雜樹，春夏時青葱交映，陰森蔽日者皆柳也，因名之曰萬柳堂。本元時廉公野雲宴游之所，本朝文華殿大學士益都馮公取而整葺之，爲別業。每當休沐之暇，輒與翰苑諸名士賦詩飲酒，以含咏太平之盛。今相距已百有餘年，而公之後人無宦達於京國，莫有起而整之葺之者。榛莽接徑，瓦礫塞渠，惟依依之楊柳猶摇曳於頹垣斷礎間，令人不禁撫今追昔，而憶張緒當年也。

清 楊履寬《于園記》（《滇繫》引） 光業楊翁爲園於宅之南，西倚崇巒，右帶連岡，前環清溪。溪之外，羣山之拱揖於墻頭者不可勝數。其左屋宇鱗集，樹木交蔭，翛然令人有南村之想。園中因水爲池，蒔荷約一畝。池之上下雜樹果木花竹果之類，以棃爲勝。樹少而種，略備竹，則勁節參天。叢陰冪地，自龍絲以至雲母靡不有。其餘花卉供點綴而已。予以己亥首春爲雞足之游，王月朔三日自山返，謁翁里第翼，日游於園。時桃初破萼，池冰未泮，他樹木尚含芽，惟竹頗猗猗。顧而樂之。

清 李兆洛《養一齋文集》卷一〇《瑪瑙泉別墅記》 北山多名泉，瑪瑙泉在廉將軍墓左。孫景賢上舍營別墅焉。泉上出，精瑩可鑒。上有佳木，喬枝互翳。鑿方塘引泉盈之，築小亭于其中，敞牖四達。芙蓉被波，纖鱗唼緑，水溢東出，瀑然瀉石上。下導小溪，曲折數里，達于肥泉之南。結廬數楹，容促坐，蓋營之而未成也。負阜接磴，屏擁案演，而帶肥水悄焉西邁。熨湖渟渟，鮮碧無際。外則交横阡陌，方罫原隰。秋埸可築，春蔬足供。依巖弄泉，則危樓複堞，馳飆宿鷁，時明滅于青林之表。遠不絶迹，近不涉囂，亦閒居之勝賞矣。余讀《水經注》，壽春城郭左右自長瀨津而下，有山淵寺、解南精廬、西昌寺、曲水堂，皆擅山水之勝。當南北戰争之時，此爲兵衝。而名藍傑觀，曾不隳壞。酈氏崎嶇戎馬，無廢燕游，而文筆之美又足以發揮幽奥，漱滌巖壑。每過北山，未嘗不慨然思之。夫山水之華澤，天地之所含演也，所以滌暢靈明，舒寫仁智。方今安寧日久，民氣和樂，弦誦之聲盈耳。而名勝之地祇益蕪塞，風雅或少衰矣。余嘗以春秋佳日携賓從至泉上，仰矚雲嶠，覥八公之奇蹤，尋壘培，想謝傅之元致。解弢息陰，往往淹晷。景賢乞爲之記，因欣然書之，深望其墅之成也。嘉慶甲戌二月。

百代鼎閥。根道核藝，飾經莅政。初宰義安，有羸糧之絜，擢佐南兖，重題輿之名。悃愊既彰，精良益著。兼總羣曹，行守數郡。伐枳棘而不驚，乘單舫而問俗。方將騁驥，足舒幹翮，而先生遽投板請休，抽簪高蹈，未始足晉平之山資，乞宣城之糧藥，遂以歸泛苕溪，載瞻衡宇，清規恬尚，世所希覯。雖韋孟之退征，敬宏之粹範，無以過也。舊居西鄰，有故元袁清容學士之宅阯在焉。袁氏自宋迄元，軒冕相襲。通德之里，庭樹修美。學士又能賓師碩彦，好樂人倫，輜軿溢門，帷館成列。吴會一時通儒茂士如王厚齋、舒閬風諸先生，皆與有撫麈之契。而胡梅磵先生主之最久，所注《通鑑》實成於此。今則瓴甋俱移，松竹盡廢。惟梅磵、貯稿、石室，頹然獨存。葛廬博望，苔礎全荒。殷濟精龕，流泉自繞。過湘州之廨，但撫石床。登龍望之原，猶探書窟。蓋其人已往，固閲五百有餘歲矣。先生搆基，植槿結橑，因巖奇礓之立，巑岏争豪。椅櫨之華，糾紛異勢。其有間出叢卉，東連故梢者，凡三甍，命之曰傳經館，以貯圖史。館西浚池數畝，芰荷納露夫容沁霞。環池樹梅二十本，虬幹交挐，瓊霙發郁。當夫初春，氲如玉巵。池西建樓五楹，顔曰今是。則取陶徵士之旨矣。池南壘石爲小山，築亭其巔，篁翠入檽，松颸拂座。迤右而下，復得三楹，是爲歸泊舫，賓侣之所宴游也。將離白朮之藪，栟櫚樫柏之蔚，蕭葥十尋，猗靡千芟。昔作手滋，皆已蒙密，周限崇篠。旁通曲湖，蔽虧城闉，晻靄人外，名以息圃，亦符退士之義也。先生修齡邕和，悦豫娩澤。負手平麓，諷詩内階。寓遠意於春禽，蓄深情於芳茝。逸友相過觴罍，徐行從容，延賞已逾十載。

清 嘉慶《松江府志》卷一八 西園 乾隆二十五年構。國朝喬鍾吴《記》略：園在廟西北，即明潘方伯豫園故址。人釀金購其地，仍築爲園。先是廟寢之左有東園，故以西名之。歷二十餘年，所費累鉅萬。甲辰，鍾吴請假旋里，得暢覽，喜百數廿年名勝湮没之區，儼然復覩其盛。址約七十餘畝，南至廟寢，西北兩面皆繚以垣。其東爲通衢，中闢園門。西行有石梁，係豫園舊築。溪南銀杏一株，相傳恭定手栽。北爲玉華堂，仍舊名而重建者。堂前奇石屹立，即豫園玉玲瓏也。西爲得月樓，南達于緑楊春榭。稍東曰煙水舫。自舫西行，居一園之正中者爲三穗堂，湖心有亭渺然浮水上，東西築石梁九曲以達于岸。三穗堂東北曰萬花深處，有軒曰可樂，隆然而起者士邱，西爲留春塢，其東北迤邐而相屬者爲花神閣，聽濤閣。西北度溪橋，山石突兀從人面起。徑西行轉北，折而東，有堂曰萃秀。右仰巨山，陟其巔，目及數十里之外。自山而下，循小溪西南行，度小橋復入西，由洞中環行而上，至香石亭。復下，南入洞行，有亭曰流觴處。自亭西北行，曰蓮廳。廳東南築亭橋一，以通于西南境。由廳而東北，過凝雲橋，望見最高者曰熙春臺。尋轉而南，抵憩舫。有門曰雲邊別藝，有堂曰致遠，樓曰涵碧，曰磬樓。南度石梁，入洞右折，有閣曰凝暉。其從洞南行盤繞出山上，則挹翠亭在焉。亭左立奇石，形貌古怪，曰魁星，石自王氏素園移置于此。下山沿溪而南，有廳西面，其後軒俯太湖，東與湖心亭相望者曰濠樂舫。度小橋，有室面北，曰緑蔭軒，室後南向曰千巖競秀，爲南盡處。自此而東，傍大湖曰茶檣酒墅，曰清芬堂。有鶴閒亭，又東曰飛丹閣，曰緑波廊，曰春禊閣，至吟雪樓，而勝槩盡矣。

清 沈欽韓《幼學堂文稿》卷三《池上草堂記》 出姑胥門，舟行七八里，兩山屏列，煙旌翠幄，岈㟼相襲者六十里，太湖匯焉。亭聚之盛，曰横塘，曰木瀆。瀕湖爲光福地，較遠，境益幽。宋處士顧禧漫莊之所居也。東西二崦環之，百泉潨潨，滀黛渟膏，方舟疊舸，蝦菜所集。池上邨在西崦北，又境之最幽者，許君兆熊精廬在焉。堂三楹面南，熾菑隟地，雜蒔花木，夭采貞萋，風翻露沐。其北墉，開軒三楹綪而西，夾室一楹。北向亦如之。平畷方塘，開幌含漪，流栖延冏，魚鼆鳥頑，林錦淵鏡。又西蛇行一徑，爲藝鞠之圃。從獵衡獵，列援編枳，颺菁金行，餐秀黄中，橘香酒熟，悠然獨笑。其東，墓田十餘畝，槐風松霧，石室金鄉，此子荆除服之詩，安仁永逝之賦，所由作也。並南有陂，谿叉設椮養魚，差鱗筳尾，鳴榔貫柳，濠梁之趣託焉。大不閎侈，小足閒居。洵小隱之津，元山資之選勝矣。若其煙嵐水木之佳，崝泓蕭瑟之况。仰溢新眺，俯周清溉。山則層巒疊巘，是仙夫騎龍弄鳳，佚士披裘擊木所上下也。水則通津巨浸，是鴟夷之徒挐舟而逝，松陵之侶投竿而嫔者也。故不出户楹而裁雲雕月，嬰春餞秋，陶冶性靈，景物皆具。或良辰命駕，容與聊浪，林徒雲客，望衡簪袂，撫琴舒嘯，山響泉渟，則幽棲之樂事備焉。許君讀書好古，爲今之顧景。繁天閟絶，景待其人，發之若僕者，傭書自給，無田可耕。子美草堂之貲，堯夫莊宅之抣，何所望焉。他日扁舟造請，相遇於柳煙菰雨中，挹其高致，攄我煩襟，爲之神觀飛越矣。

又 卷六《木瀆桂隱園記》 木瀆，自唐以來人物浩穰，農賈湊集，雖名曰鎮，其實縣也。一水自太湖胥口分流，東迳鎮二十里而入運河。一水自銅橋汛分流，東出鎮之斜橋而會胥口之水。夾兩水，有橋曰虹橋。橋之南，顔有園焉。垣衣映水，披榛得路。入其門，望不數畝而間架踈密，一一入畫。有涼堂，可以企脚。北窗有奥室，可以圍爐聽雪。有山閣，掇烟雲于簾幕。有水榭，招風月于坐卧。老樹扶疏，濃陰覆廬。紅蓮藍蒻，清襲衣裾。豈非仲長樂志之地，輿公遂初之干乎？先是嘉定汪君厶基是而卜築焉。買石移花，經營數年。天殆嗇其祿而使不奠于居也。歲星幾周，雖池館稍陊，而豫于嘉木蓋日長矣。錢君厶偕瞿司馬厶過而樂之。錢君喜蘭，購蘭之品以十數，將買園移蘭以娱老，未遂而没。其長子炎亟成先志，遂易其券，乃揭榱楹之朽蠹，與粉漆之剥落者，隨其規繕完之。畦菊數十百本，與親串落之。噫！一園也，汪君創之勤，而錢君慕之切，然皆斯須不少駐。若李衛公、趙韓王、沈胥于功名富貴，雖有名園大宅，不能一日居也固宜。若夫山人處士，一意所至，造物亦有所靳，甚于聲名爵位者，何耶？逝者已矣，終能成其雅素，亦攸賴乎後嗣之賢歟？鎮之上户，崇棟宇者，沈沈相望，無足眺覽。且見客則迎距，獨錢子愷悌近人，芒鞋竹杖，時得造請焉。他日一觴一詠，擅木瀆之勝，惟此爲宜，固可記也。

清 道光《雲臺新志》卷七 半山園 在虎窩南鏡子崖下，有半山亭，竹樹森環，林壑幽邃，爲明顧乾兄弟讀書處。後久廢圮，乾隆中揚州程玓來游雲臺，置爲別業，今歸中正方氏。

程玓《半山園額跋》（《瓅江文彙》）：半山園者，明蒼梧野史顧子讀書處，居雲臺中峰之陽。地名鏡子崖，横出山半，下臨巨澗。顧子構園其上。園之中有亭，並以半山名。舊饒花竹之勝，今成榛莽矣。乾隆癸酉冬，予以事至海上，登雲臺清風頂。俯視山半，見佳石林立，竹木森翳，危亭欹仄，幾不可復支，低徊憑弔者久之。爰購其廢址，芟夷補葺，復還舊觀。增架數椽於側，仍顔曰半山，蓋雲臺勝概無過此園。而地因人重，前輩風流，宛然可溯。聊成小築，以爲重來止宿地，所謂寓意於物而不必留意者也。或曰此顧氏舊名，盍易之。余曰不然。斯崖之在山半不自顧始，自顧亭其上，而半山以名，顧何容心哉。余即顧氏之舊復興之，亦顧氏志也。余但知雲臺之半山有園，園之中有亭，在彼在我，奚暇問。况園林遷變有時，山水峙流常在。後之視今，當亦如余之視顧，烏乎易。客頷而退。遂書以爲跋。

清 方洲《漁灣山莊記》（《雲臺新志》卷七引） 雲臺東二十五里爲漁灣，余家別墅也。數十年前居，海中漁人纜舟之所，故以名。依山搆石屋，門環短垣，植柳百餘株，清風飄拂，映帶左右。其東爲月到山房，前學稼軒，後十梅書屋，皆因山之高下環曲爲結構焉。户東里許爲大癡石，峭壁插空，如奇鬼攫人狀，子久遺韻宛在目前。又東數武爲龍潭，白練飛騰，冰珠迸擊，炎暑坐其下，凛然寒氣襲人，恍置身水晶域也。余暇日輒來游，至春固無日不游，而四方來游者益衆。噫！天下名山大川，僻處荒隅者甚夥，此山數十年前棄置海隅，一經修葺，而泉石花木咸有可觀，其山之幸歟？抑人之得以游咏其中，爲樂無窮也。天下奇峰怪石遠在荒隅者，亦求之則得耳。山靈有知，其然余言否耶？

清　汪曰楨《南潯鎮志》卷六　且住園在南栅陶家衖南。中有且住軒，董氏所築，今廢。董熜《且住軒記》：宅北有隙地半畝，繚以周垣。垣西架屋三楹，綺疏雅素，皆東向。前列梅桃，雜以蜀葵、薔薇、木香，緣牆皆蓬麻，餘畦則蔬菜、瓜茄，隨時擢莳。已而翦其蒙蔽，殺竹爲籬，籬環圃而護之，外築石徑。每風日澂霽，時鳥變聲。行於圃中，陶然樂也。始宗伯潯陽先生之營是宅也，宅後重樓高大，更數傳而貧不能守，歸他姓。先王父破産復之，而撤其樓，樓址遂爲荒土。久之，又更二姓。自家君復完理之，荒穢始去，既又僦於人數年。今乃仍歸主人，得以築斯數椽，爲游息之所焉。嗟乎！容臺創業，奕葉簪纓，流風遺書，猶在人口，而樓居變爲平地，甲第屢易居人，俯仰二百年之間興衰禍福，倚伏循環，何可勝道。則今者父子兄弟樂且住之爲佳，而扶杖撰几於斯也，能無感於中乎？且夫烟雲風雨，咫尺萬變，且住中之天地也。坐春花，納夏涼，聽秋聲，曝冬日，且住中之四時也。或挾書而長吟，或倚石而賦詩。布衣蔬食，逍遥物外，且住中之日用也。閉門埽軌，座無惡賓。鶯求其友，攜柑以聽，且住中之友朋也。然則感遺構之難保，樂生機之日新，坐觀草樹之榮悴，而徙倚於栅雞圈豕之餘，蓋未嘗不歎。蓋公傳舍之達，而笑衛公平泉之陋也。

清　王培荀《鄉園憶舊録》卷一　益都孫文定公，號沚亭。官吏部六年，惜人才，慎名器，莫敢干以私。築有山雨樓，繪爲圖，多咏之者。龔芝麓宗伯題云：沚亭先生與余門巷相連，退食之暇，雙扉晝掩，萬籟寂然，乃不知此中有人。人謂其門如水，愚謂先生之門如山也。昔人比陶靖節、諸葛以淡泊寧静，襟懷相同，乃和陶公詠以況先生之山雨樓，庶不失卧龍開濟之梗概：高雲無定棲，乘風還故山。去來雖有失，樂哉望岫年。裝駕指遥林，理檝泛素淵。開我池上樓，載耕隴畝田。海雨何蒼蒼，飛鳴來山間。石蘿翳白晝，幽泉吐檐前。參差梧柳陰，延緣葭葦煙。遠虹明絶澗，馴禽響層顛。餘事及邱壑，抱瓮了不閒。空堂松風生，撫枕殊蕭然。高人經世心，脱略謝塵鞅。方與家國事，恒結川巖想。車馬行跡絶，琴樽諧獨往。逢人問故園，薜荔一以長。老屋亂山中，丹臒不加廣。銅池與金谷，無乃辱林莽。

又　卷四　邑韓氏累世貴盛，第宅巨麗，别墅園亭隨在多有，而莫盛於仙洲園。北地少水，此獨源頭活水，平地汩汩而來匯，而儲之方四五里。旁有小山，密栽松竹，間以亭榭樓閣。每風日暄妍，輒駕畫舸。天魔小隊，靚妝麗服，笛聲簫韻，飄縹於烟波夕照間，聞者銷魂。當時新城王大司馬鄰平、張忠定公，緑野平泉，争秀競爽，均未能及。主人尤擅才華，學富文鉅，會四省名士爲一社，如歸允肅殿撰，亦在籍内，蓋沿明季習氣。吾東復社、大社之人，指不勝屈。後來園漸頹廢，家銀臺公往游，高念東先生屬題詩於竹。公自記云：雖有歌咏，而竹瘦細不盈指，難載如椽之筆。今則水僅細流，山無寸木，曩日之畫棟雕檻，歿於荒烟蔓草，並遺址無存矣。宅亦易他姓，庭前古柏數株，鬻宅之後旋亦枯萎，人謂之貞柏。

又　念東先生載酒園繪爲巨幛，著色，細筆鈎勒，諸名公題詩其上。竹樹蒼鬱，荷葉田田，架木爲巢，亦在水中。蓋先生性愛水，所居棲雲閣五楹。閣上層旁出一門爲平臺，臺前奇石、碧桃。下鑿爲池，小舟繫焉，亦繪爲圖。今臺未傾，而池已平。閣懸一扁云：主人雅有滄洲意，滄洲意在水雲邊。滄洲意三字連環讀。扁今亦無。載酒園久蕪，先生六世孫子固廷謀葺而新之，夏日與客談宴其中。北堂面水，碧緑瑩徹，方可畝餘，泉聲潺潺流入池中。旁架木，竪小閣，虚廠無壁，唐濟武先生所咏「誰云無地起樓臺」者，即此也。楹聯云：荷花風四面，楊柳水中央。當日先生自題。復取前人題壁詩，命弟杏江、宴謀、在午、丙謀重書，淋漓滿牆。循環吟諷，終日不厭。堂額爲益都馮文毅公溥書，忘其詞。新城王文簡公手書一聯云：修梅亞竹臨官路，流水浮花過縣門。雅切蘊藉如食江瑶柱，盤餐盡廢。蓋園負郭，故云然也。先生《栖雲閣》七律，起四句云：小閣栖雲古寺鄰，蕭條鍾梵似山村。但臨流水先鋪簟，非抱琴來莫叩門。《載酒園水閣》云：地僻人疑忘晉魏，枕安心欲借瀟湘。《園中》云：荷纔有葉尚無胎，颯颯微風荇藻開。誰向烏衣雙燕報，小塘剛緑便飛來。緑陰三尺已摇風，玉樹青葱憶漢宫。不是主人能種樹，鄰家槐子落庭中。《家僉事公園亦在東郭，園居四首》有云：白雲迷雉堞，新月落漁洲。疑於此相近，後來宅既鬻於高氏，園即隨之，亦未可定，是一是二，無庸深求。子固修園作記一篇，甚佳，惜不記。【略】子固前數年卒，園中古木干霄，皆二三百年物，聞斫伐已盡。池涸草荒，無可觀矣，其圖僅存。

又　孫氏萬緑園在城中。余年少時，見平疇瓦礫，惟兔葵燕麥，摇動春風，不知所謂園也。及觀學博臧岳園記，如李龍眠白描，細入毫髮，一池一亭，一草一木，曲折幽深，令人應接不暇，坐而生羨。其規模都不記憶，其間陳設尚記有東坡墨竹一軸，哥窑盤一枚。數年前，縣令喻姓者從孫氏子孫取二物去，自吒云：畫固至寶，盤之存者，海内衹有四，今得其一，此來爲不虛矣。余未見其盤，如哥窑亦非希有，何至如此鄭重，是必有異。物之有形者易亡，而存園記一篇，如話如畫，其境仿佛在目。文人筆墨，可與造化争能。古人必倩名人作記，非徒誇耀一時，亦謂園可亡，而文字在即園在也。《洛陽名園記》驗天下之盛衰，吾記諸園，亦以驗吾邑之盛衰云爾。

清 萬望《涉園自記》（《重刊續纂宜荆縣志》卷九二引） 吾外祖父大鈞張公居治後紫霞橋。吾幼孤，鞠養於外祖父家。於吾今宅，即明曹尚書之旅園相近。時旅園爲蔣氏居，吾幼年常往來其間。稍長，苦無棲址，隨母張太安人僦居於七世從祖履庵公書院中偏室，安居六十餘年，叨沐祖宗之蔭久矣。今可不自謀居耶？道光戊子，吾室人馮安人疾劇，私念有如一旦溘逝，而舉斂殯之事於公祠，非心之所安也。時蔣氏適售今宅。吾深喜，以爲自昔釣游之地可復往還其間，命男貢璆購之。乃遍視廊廡亭榭，傾頹已甚，未免起廢興之感。吁！此巉石崢嶸者，昔之所謂桂山也。此碧澄晶澈者，昔之所謂清池也。此南窗北牖、屈曲迴廊者，皆吾幼時同友人會交所也。今何若是之迴不相侔耶？宅後即園，園成，尚書曹公僅信宿焉，故名之曰旅園。後曹轉售潘元白太守，潘又分售蔣觀察芳蓴。吾思「旅」之名有行役不安之意，今則日可涉歷，陶靖節云「日涉以成趣」，即改爲涉園也。可園之正中，爲黄雪軒。軒左曰寄閒舫，右曰歲寒冬煥廬。軒東西有亭，一爲軟紅，一爲綺緑。東亭後即□香榭，上爲留青閣。其間翠竹青蕉，時花異樹，皆叢雜焉。昔時陳其年、曹南耕、任青際、董蓉仙諸先輩嘗坐卧吟咏其間。閣西爲香欄、新桁，又西爲祝英臺、近山房。古柏虬松，濃桃艷李。曲廊環轉，面面玲瓏。循廊而南，爲天香書屋。屋前爲得嘉蔭軒。屋後爲仰樓。循廊而北，過小曲橋，橋跨荷沼，循級而登，桂山崖際石上有「舒嘯」古篆，爲舊主人蔣孚庵筆。崖下姚伯昂題金粟界三字，旁又有「清壑」字。山東小亭，亭前有連理丹楓一株，即爲連理楓亭。山西斗室三楹，爲小廣寒室。山臨曲沼，大小叢桂數十樹，樹中有「桂樹叢生兮山之幽」題石。計園中可坐卧處凡十有二。吾一生儉樸，所居之屋蓬蓽草茅，怡然自得。自進涉園，見璆弟兄日重修飾，常責之曰：居宜舊，舊則古，古則去俗。汝等胸中俗氣未除，奈何？璆兄弟曰：牆傾壁倒，惟恐杖履所至有顛踬之虞，不敢不稍加修築。揣其意是，殆欲養吾身耳。雖然養，豈徒僅身也歟哉？汝等當思有以進之。璆兄弟曰：唯唯。因喜而爲之記。

清 吴嗣仲《慕園晏叙圖畫略》（《永昌府志》卷六五引） 余家滇之永昌，世居城内朱紫街。近闢小園一區，距宅三里許，在城西南龍泉門外，由易羅池沿堤而南，越石象溝，即達此園。園西發几隆，南枕營盤。營盤者，本山名也。以漢諸葛曾列營其上，故云。東開平壩，迤邐百餘里。遠近邨莊星羅棋布，紗帽古哀牢山、没骨、大小尖山蜿蜒兜褁。山脚清華海微茫滉瀁，斜連東河，盈盈如帶。北面郡城，萬家羅列，桃紅柳緑，一望無際，所謂「春滿隆陽」者是也。其上太保、寶蓋、蓮華諸峰蒼茫環抱，琳宫梵宇聳翠流丹，竹樹烟雲參差掩映，而慈雲一塔，高插天際，尤擅一方之勝。園内啓重門，繚矮墻，建祠三楹，兩先人遺像在焉。庭前植紫荆二本，圓柏、翠柏各一。東廂爲園丁住所。西敞月洞，甃以方池，源泉混混，如萬斛明珠隨地湧出。池心端立太湖石一，顔曰洞天一品，與翠藻紅魚相映。周遭石欄，圍緑護碧。上建二小亭，西爲蠹墨，南爲澄源。不設門闌，置石桌、石櫈而已。前後左右隙地，雜植松桂、梅杏、梨橘、山茶等樹，亭後廣栽墨竹、金竹二種，缺處以芭蕉補之。墻外壑高下梯田數十畝，分秧刈稻，歷歷在目。田盡皆山，則歷代祖塋在焉。每值暇時，輗偕讓泉伯兄，攜幼往憩。至則登亭眺覽，頗有世外之想。曾鐫楹帖云：至此坐觀天地大，及今觴叙歲時閒。集禊帖字。又有句云：十丈軟紅飛不到，一池新緑净於揩。亦可得其概矣。因述命圖之意如此。

清 黄文棨《曲水園記》（《義寧州志》卷三二引） 昔蘭亭曲水，王逸少引以流觴。武夷九曲，朱晦庵游以櫂歌。二君子本知水仁山之襟懷，探奇境於幽深静遠。所謂「觀水有術，必觀其瀾」者，意在斯乎？環寧之水稱九十九曲，曰修水。西源於幕阜，南源於大潙。大潙水徑銅鼓營，會温泉，合定江□，瀠洄百折，流波屈曲。參軍盧傳，字秀麟，號省軒者，居其間，□而奇之，遂名其園曰曲水園。園據石門之勝，山環永抱突削兩石，高二丈許，砉然闢一洞門，泉滑滑四出，左右陂陀倚伏，飛湍噴玉屑，欹岸石趾屹齧。增修兩壁壘，劖之削之，以板平復之。構山房於其上，敬業山房也。月榭雲廊，天然布巧，聚古書數千卷，可弦可誦，如福地瑯環。復引泉流瑟瑟，鑿方池於堂檐之下，縱游魚潑浪，悠然有濠濮間想。池中架石爲梁，列植烏盆花卉，如錦叠屏風。迤西接兩廊廡奕然，臨以高閣，文昌閣也。桷刻楹丹，四面洞達，窗檽晃朗，懸晉唐名流古墨，如碧紗籠月。中禮文昌像，隱幾焚香，時有羣鶴縹緲翔五色雲中。閣東數十武，逼石門，下得石龜，昂首引領，交甲生動，如有所矚。折北敞地十笏，聞濤聲滾滾，怪石嶙峋，得松亭，龍鱗斑剥，張鬚髯如虎賁狀。下俯深磵，刳圓塘以東之如滿月，雲影星光，玲瓏玉鑑。於是再接階溜之活水，旋繞於閣前，而灌輸於八角荷池。香風往來，花光蕩漾。中忽得石獅，毛紋毿毿，磨牙怒目，欲搏象然。俄而琅玕戛玉，拔晴嵐而上青霄者，竹徑也。廣文繆蓮水曾綴文，鑱記於壁。大宗伯萬文恪公贈聯云：有水有山真栗里，半村半郭恍桃源。噫，是園也，標奇於石門，領異於曲水。使王逸少、朱晦菴見之，必相與臨池潑墨，流觴畫詠，以察鳶飛魚躍之機，恍悟萬化同原而其樂豈易量哉。今盧氏昆季風流蘊藉，皆以明經顯，子弟亦復恂恂儒雅，□□服習於其中，暇則登山臨水，弄月吟風，超然有童冠歸詠之趣。宜其發爲文章，含綿邈則如明珠之穿蟻九曲，吐滂沛則如黃河之千里一曲。他日有能化南溟，奮天池，即謂斯園曲水，藉爲江山之助可也。以視四明狂客，斷斷抱潤湖一曲，艷談千古者，其亦遠矣。余游斯園，髣髴聞水仙一操，渺然怡情也。遂爲記之。

清 同治《續纂揚州府志》卷五 樸園在縣東北鄉三十里。道光十年，邑人巴光誥築於宗祠之旁。山石花木，購自遠方，料物皆由陸運。締造費至六十萬緡，極後來之壯麗。嗣被賊燬，悉就圮廢。惟餘積垣荒徑而已。《儀徵縣續志》新增 邑人張安保記曰：歲在乙卯，月在季秋。凉信已深，微霜清曉，朋儕忽聚，游興斯發，爰命筍輿，策嬴馬，出北郭，遵古逵。旭日新霽，沙路明凈，遠看黃葉密圍，數村遥隔紅塵。已越卅里，乃望樸園而小憩焉。樸園者，巴副使之號，而錢楳溪取以名其園者也。在水一方，拓地數里，傍先人之塋，開讀書之堂。鑿石藏主，爰仿摯虞。種竹成林，以居尊彦。非直怡情山水，結契林原也。遂乃登彝福堂，入鉏經室。玩厥主名，會斯旨趣。雍穆之意，溢於檐楹。經籍之腴，播爲馥郁。既而登陟巖巒，遍歷臺榭。重岡疊巘，如行山陰。三沼五亭，皆入圖畫。虚樓延月，飛檐摘星。低則臨水棲雲，高則倚山架屋。八窗洞達，十色陸離。固已神怡目眩焉。則有長江浩浩，一綫濤飛。羣山蒼蒼，諸峰拱立。青多未了，碧極成煙。躡樓觀於足根，納雲煙於袖底。浩乎大觀者，山亭也。幽徑數折，曲如蟻旋。流水一灣，清見魚躍。尺寸之地，變幻百端。指顧之間，玲瓏萬竅。覽峰巒之迴亘，極谿壑之幽深。窅乎不可思議者，小有清虚也。登覽既周，虚室小憩。蓋幾於樂而忘返矣。而吾因想斯園也，春信初轉，羣芳未回。蒼松滿山，當風掃翠。老梅千樹，凌寒著花。幽香遠生，一白如雪。開窗縱矚，詩境自成。則修到吟到之館，據其勝焉。幽溪帶引，遠沼鏡開。新蟬抱枝，飲露欲滴；輕魚出水，唼波作聲。紅開菡萏之花，青入葭蒲之葉。則水木清華之閣，覽其全焉。而乃芙蓉岸曲，渚水先秋。木犀香濃，禪心亦永。稻花繞屋，人影在田。進野老以共談，聽村歌之四起。以至閒房別室，皆爲避風之臺；小閣虚窗，可作消寒之飲。不又備時序之勝，極視聽之娱哉。且夫鶴洲沙渚之歡，竹沼桂堂之賞，縱横粉墨，刻畫林泉。第以申風月之幽懷，導煙霞之逸趣。未必揆張堂構，闡述前型。又或十笏平量，九柯遞建，抗虚搆址，挹翠架椽。徒侈雅觀，無關深致。此則以仁先三載之廬，作野王四經之室。楹書可讀，家鉢相沿。苔篆含青，墨池飲緑。玩水木之明瑟，撫花月以流連。豈特滌蕩心源，發抒才藻而已哉？而且春澗蘋花，秋田芡實。陳籩戒潔，酌醴告虔。子舍如歸，寢門宛在。頌生民於妣祖，合羣從於雲礽。所謂尊祖故敬宗，敬宗故收族者，抑更有進焉者歟？僕愧負買山之錢，未遂躬耕之願。道味自腴。有慚學者，清芬可誦，未暢宗風。睹川谷之清娱，探亭林之幽閟。別有會心，藉抒結轖。爰假豪素，以寫幽情。

又 擁緑園，邑人鄭夔別業。近浮漚館。浮漚館未久積廢，嘉慶間，夔從孫鑾重就擁緑園脩築，植竹數區，顔其門曰篠園。芍田梅嶺，略復舊觀，又并入浮漚館遺址，樹柳種蔬，栽荷蓺菊，草亭翼然於其上。蕭疏遠致，過者猶想見當年名勝云。

清 同治《蘇州府志》卷四六 檉林小隱在史家巷，考功郎顧予咸所居。其東偏曰雅園，水木渟泓，南池遺意。亭尤幽勝，類山居。考功自記云：予家兹里，里中有曠土，俗呼野園。余拮据數年，粗成小築，易野爲雅，從吴語也。考功第十子知新會縣嗣協，別構依園，在乘鯉坊西，有妙嚴臺。梁妙嚴公主墓在其下。第十一子翰林嗣立秀野園在依園東，有秀野草堂，名最著。

又 顧都憲汧鳳池園在鑾駕巷，俗呼鈕家港。汧自中州歸，得顧氏舊圃，重修治之，益擅名勝，汧自有記。今其東歸，陳大業易名省園，蔣元益有記。其西歸，大學士潘世恩名仍其舊。顧汧《鳳池園記》：鳳池在吾蘇城東，昔爲顧隱君別業。池清且漣，滂不溢亢，旱不能竭，相傳有靈泉焉。考《府志》，僅載有鳳池鄉，亦莫詳鳳池之何以得名也。予自少游憩於此。乙亥歲，解組歸田，園已易主。頹垣灌莽，慨焉有感。乃厚其直以購之。於是就深加濬，攘剔荒穢，拓闢鄰園，卜築軒豁，遂移居焉。園之門曰日涉，志歸也。石徑逶迤，桐陰布濩，四時野卉紛披，苔蘚於前，則武陵一曲。花石還勝，板橋壓流，迴廊盤互。嶺有梅，寒香凝雪，疏影横雲，恍若羅浮之清夢焉。亭有桂，金粟交柯，天香籠月，邈乎淮南招隱之思焉。又有石臺爽塏，寒塘浸玉。官柳起舞乎風前，文杏斜倚乎欄畔。於後則傑然而高矗者，曰御書樓，奎章絢目，榮光燭天。窈然而静深者，曰洗心齋，墨妙在序，樹下可宿。曠然臨流而四望者，曰康洽亭，菊畦繚繞乎籬籚，藥岡低亞乎坡側。左則虹梁橫渡，鶴浦偃卧，桃浪夾岸，而涌紋蘭窩，藏密而芽茁。榭曰擷香，羣芳之所呈妍也。閣曰岫雲，西山之所拱翠也。左則崇邱崔嵬，洞壑陰森。牡丹錦發，朱藤霞舒，竹木曬蔓以蔽日，樠李問砢而凌波。此皆沿流俯仰，目遇心怡。或櫂槳艇而嘯歌，或垂絲綸而泳躍。時而嚶鳴求友，風柔日熏，足以賞其婉麗，觴詠留連。時而玉露戒寒，金波懸曜，足以滌其塵襟，辭煩就素。其迤西則老樹參雲，軒名抱樸，蓋二三百年之遺植也。石橋宛轉，陸居似舟。榆槐夾路，薇花對溪。俯菡萏之清渠，涉芙蓉之幽澗。柏岡環護，石壁列屏，則有見南山房于焉，可以中隱者也。蓋天下川原林麓之美，類多出於煙蘿鳥道，轍迹罕至之所。其或歌臺舞榭，近麗城闉。又往往塵雜紛如，轇轕踵至。若夫結廬人境，心遠地偏，不出郊坰，而神已游濠濮之表。蓋境不自異，因心而開，非所稱城市山林者耶。且予以垂暮之年，幸得朝斯夕斯、息焉游焉於此園者，皆聖天子之賜也。伏念康熙二十九年，上諭有云「鄉紳居家，當令知有田園之樂」。大哉王言，抑何曲體臣下之情甚深且厚也。竊嘗謂，士君子處廟堂之上，當時存泉石之思，處江湖之遠，亦當無忘社稷之計，所謂「邱壑夔龍，衣冠巢許」，其義一也。彼夫入而不出，汲汲於富貴，往而不返，硜硜於巖穴者，庸詎足語出處之宜也。夫得此意，則今日之鳳池，庶幾與陸渾山莊、輞川別業寄情不遠矣。

又 謝鷗草堂在齊門外，永昌王文恪公六世孫忘庵先生武之別業。歸莊《謝鷗草堂記》：吴之王勤中文恪公之後以善畫名，及余與之交，又知其能詩。嘗取陸魯望「裁詩謝白鷗」之句，顔其別業之堂曰謝鷗，屬記之。其言曰：草堂在望齊門外四十餘里，村名永昌。東西聚落，煙火相接。先是先君以世將亂，買田築室於此，爲避地之計。亂後民多竄徙，林廬蕪廢，我爲治荒薉，得還舊觀。又佃户負租，歸我以屋，因得而廓之爲草堂。陽山在其南，自北迤西，則虞山及梁溪諸山皆在望。而前臨洪流，俗名漕河，以漕船所經也。河之中波濤煙靄，帆檣罛罶，歷歷在目，皆足供我丹青圖寫。而數點閒鷗，日夕相對，尤似與主人有情。興至吟詠，欣然自得，此謝鷗之所由名也。夫草堂之景與夫營築之因，勤中既自言之矣。余於謝鷗之名獨有感焉。物之忘機者，莫鷗若也。然人欲取而玩之，則遠而不復至。翛然去來，浮没於江湖之中，亦可以無患矣。然世顧猶有取之者，因歎聖王之世，魚鼈咸若而在，晚世糾江湖之鳥，亦有不能安其生者。今草堂所見之鷗，乃能游泳自如，以供騷人墨客之玩，而無矰繳網罟之虞，有幸矣。昔者師曠奏清商，而玄鶴翔舞；魯人擊鐘鼓而爰居駴走。物性之不同如此。吾不知鷗鳥之性，視彼二禽爲何如。而草堂主人之吟詠，鷗已習聞之，雖復鏗訇其聲，當不至駴而走也。

又 網師園在葑門内闊堦頭巷，宋廉訪宗元所居，彭啓豐有説。後歸太倉瞿氏，錢大昕、褚廷璋皆有記。同治中，歸李廉訪鴻裔，易名曰蘇東鄰。錢大昕《網師園記》：古人爲園以樹果，爲圃以種菜。《詩》三百篇言園者，曰有桃，有棘，有樹檀，非以侈游觀之美也。漢魏而下，西園冠蓋之游，一時誇爲盛事。而士大夫亦各有家園，羅致花石，以豪舉相尚。至宋，而洛陽名園之記，傳播藝林矣。然亭臺樹石之勝，必待名流宴賞、詩文唱酬以傳，否則辟疆驅客，徒資後人嘔噱而已。吴中爲都會城郭，以内宅第駢闐，肩摩趾錯。獨東南隅負郭臨流，樹木叢蔚，頗有半村半郭之趣。帶城橋之南，宋時爲史氏萬卷堂故址與南園滄浪亭相望。有巷曰網師者，本名王思，曩三十年前宋光禄慤庭購其地，治別業，爲歸老之計，因以網師自號，并顔其園。蓋託於魚隱之義，亦取巷名音相似也。光禄既没，其園日就頽圮，喬木古石大半損失，惟池水一泓尚清澈無恙。瞿君遠村偶過其地，懼其鞠爲茂草也，爲之太息。問旁舍者，知主人方求售，遂買而有之。因其規模，別爲結構，疊石種木，布置得宜。增建亭宇，易舊爲新。既落成，招予輩四五人談宴，爲竟日之集。石徑屈曲，似往而復。滄波渺然，一望無際。有堂曰梅花鐵石，山房曰小山叢樹，軒有閣曰濯纓水閣，有燕居之室曰蹈和館，有亭於水者曰月到風來，有亭於厓者曰雲岡，有斜軒曰竹外一枝，有齋曰集虚，皆遠村目營手畫，而名之者也。地祗數畝，而有紆迴不盡之致。居雖近廛，而有雲水相忘之樂。柳子厚所謂「奥如曠如」者，殆兼得之矣。園已非昔，而猶存網師之名，不忘舊也。予嘗讀《松陵集》，《賦任氏園池》云：池容澹而古，樹意蒼然僻。不知清景在，盡付任君宅。輒欣然神往。今乃於斯園遇之，予雖無皮陸之詩才，而遠村之勝情雅尚，視任晦實有過之。爰記其事，以繼二游之後，古今人何遽不相及也。

清 光緒《湖山便覽》卷七《南屏山》 小有天園 舊名壑菴，郡人汪之蕚別業。石皆瘦削玲瓏，似經洗剔而出，可証鼂無咎「洗土開南屏」語。契嵩所稱幽居洞等蹟，皆萃于此。蓋此實南屏正面也。有泉白石溽出，匯爲深池，游人稱賽西湖。乾隆十六年，聖駕臨幸，御題曰小有天園。二十七年又題山半亭曰勝閣。

清 光緒《廣州府志》卷八五 碧梧園在陳村，邑人李殿苞建。袤廣十餘畝，古木森陰，蜿蜒若天巧。前爲方池，池中累石成山，傍封冢二，葬殘筆敝硯。其中且勒銘以志之。其子瑄朗復搆亭臺於山上，布置如畫，顔曰一簣山房。據張《府志》

又 卷一六一 廣州舊多名園，其在城東者，曰東皋別業，陳大令之所營也。初從山口關之東而入，有一湖曰蔬葉，嘗有蔬葉自羅浮流至湖。中有樓，環以芙蓉、楊柳，三白石峰矗其前，高可數丈。湖上榕堤竹塢，步步縈迴，小汊穿橋，若連若斷。自挹清堂以往，一路皆奇石，起伏芊眠，陂陀巖洞之類，與花林相錯。其花不雜植，各爲曹族，以五色區分。林中亭榭則以其花爲名，器皿、几案、窗欞各肖其花形象爲之。花有專司，灌溉不攝。司梅者則處梅中，客至梅中，司梅者供其茗果，而以梅之利輸主人，他所有花木皆然。登其臺，珠海前環，白雲後抱。蒲澗、文溪諸水曲曲交流，悉貫玉帶橋而出。有彩舟四，曰只在，曰弄碧，曰漁長，曰浮家。客至隨所欲乘，主人弗問。夾岸桃樹，有一坊，書曰「桃花源裏人家」。越一曲爲錦袍灣，二曲爲九龍井，委折而西，與鳧鷗相逐，日不知其幾十里也。湖盡萬松謖，謖直接赤岡山徑而止。桂叢藤蔓，繚繞不窮，行者輒迴環迷路。文忠公與大令兄弟也有詩云：山水經營始寧墅，畫圖二十孟城坳。此城東名園之故事也。其在城南者，曰斐園，文忠公所營。閣曰桐君，公嘗自號桐君，故名爲。其在城西者曰西疇，吴光禄所築，梅花最盛。《廣語》

清 光緒《潛江縣志》卷八 一枝齋 邑太僕歐陽東鳳別業，在河東。亭榭參差，臺沼逶迤，環古木千章，建三層閣以藏圖史。公休致後，學《易》其中，著《我乾》、《飛霞》、《閣草》諸書。順治戊戌，傅家灣堤决，沈爲潭，僅餘公自題《曲柳銘》一石於斷堤間，銘曰：誰鑄爾形，鞠躬道周。含煙拂草，迎颸弄柔。爾游爾鈞，我綸我鈎。意不在魚，愛爾風流。

清 光緒《慈溪縣志》卷四四 嘉慶十六年冬十一月，余承母命，爲兄弟析炊，余得堂焉。因挈妻子移居，重爲修整，補其不足。以程督有天竺、亦大椿之説，乃植數叢代之。堂之遺，植羅漢松一株，輪囷葱鬱。舊與大椿相埒者，紫荆、紫藤、木香、蠟梅，暨先君子手植之。桂皆聳秀，芍藥凡十餘本，茂密可愛，皆先人之清芬也。余補樹桐柳榆槐，以爲易生之物，冀其日就長成。奇松怪石，委棄山林而不容於世者，輒羅致之。其餘芳草幽枝，花隨四時，參差交錯，相地之宜。堂舊有竹深荷净之額，留客納涼，往時可想。今寂寥已久，補之有不容緩耳。在昔，吾家丙午、壬子兩遭火厄，惟是堂巋然獨存。先君嘗暫住此，余時猶童穉也。親見灌溉滋培，不遺餘力。意若一草一木先澤所貽，不敢忽者。堂之扁額楹帖，皆寒村公左筆，今無恙。君子之澤已五世，喬木之蔭且百年。自先君不禄，樹亦遽壞。使余於此，徒以爲奉母之地。登斯堂也，亦甚感慨繫之矣。雖然，大椿其苦乎朽株兀立於諸卉木中，典型固未墜也。余其株守以終老焉。

清 施男《邛竹杖》卷五《拂水山房》 廿三日，從慧日寺命楫，徑西關不數里，松楸陰蔭，亭館虚寥，水田釣艇，聊浪娱目。及山房入門，爲秋水閣。屏扆巃嵸，縣岩飛濺，古所稱海虞石室礧磈處也。右瞰巨湖，前匯清溪，堂築其中，軒敞宏麗。迤左則曲房連檻，庖湢軒除，迷眸炫趾，思出匪夷。右爲屋梁，爲石磴，浣擲箕踞，涼颸森耳。環宅中邊，夾植老梅修竹。池蓮井桐，引水激池，婆娑葳蕤，彌供矚玩。偏東嶐然中起，舊爲耦畊堂，程孟陽賦詩讀書所，今穿爲馬鬣。兩尊人千秋窀穸，是憑依焉。展拜之餘，因思山房楔棹，顔曰明發，是將藉此爲瀧岡西陽。玄閟裡亭之宫，豈徒緑野輞川，觴酌宴游，娱悦目前已也？成排律二十咏：夙昔敦嘉尚，微生逐轉蓬。長懷君子室，側近古人風。茂徑臨山麓，清渠豁石衖。亭臺俱别墅，墓隧盡群公。巨壑一流遠，豐湖四匯同。地當青嶂合，門倚緑烟叢。高閣凴虚靄，横橋落漲洪。苔封軒砌古，檐敞畫榱崇。曲房連宛轉，回榭瞰玲瓏。雲樹窗嘗皎，冰炎氣不通。寒泉汲宇下，碧澗遶墻東。枯枿梅椿瘦，交稍竹影籠。池蓮折臂藕，屋葉響秋桐。舊隱羅名彦，新阡起窶宫。漆鐙光炤夜，華表望侵穹。匪藉盤游樂，聿爲盼蠁隆。經營歸素志，締搆識淵衷。梓澤榛蕪久，瀧岡碑版雄。遵時聊自晦，抱道署稱蒙。陋彼平泉戒，甘兹半野窮。

清 光緒《容縣志》卷二八 容之佳勝，惟元次山之經略臺。其東南一隅，俯瞰江流，形如匹練，而都嶠八峰及雲陵掛榜諸山，横列几案間，每當斜陽西墜，兔□東升，水色山光，千態萬狀，洵五筦之大觀也。前人就其地葺矮屋三間，而位震面兑，東南諸勝隔於後垣，熟視無覩，游者歎焉。光緒丁酉，邑人黄玉年等聯合同志捐貲庀材，改棟宇而東之，爲堂三楹，軒窗面面，遠收山翠。階下架石爲臺，深十尺，廣與堂稱。中爲凉亭，兩旁爲朱欄曲檻，以畜花鳥，因竊取宋郡守王慶曾之遺意，顔之曰次山堂。蓋不忘漫叟之流風焉。由堂北下梯十餘級，得地數畝，闢爲園圃，雜植嘉卉。園之東偏，容江齧其下，寒潭澄碧，漣漪絶底。復疊石甃基，搆孤亭一區，游者憑欄顧影，如在鏡中，榜曰一拳亭。

清 張培仁《静娱亭筆記》卷一一《隨園瑣記》 偶見先生之孫袁翔甫大令所著《隨園瑣記》，備載當日園亭山水之樂，今摘録數條以志嚮往。每一披閲，神入畫中，輒作天際真人想。

小倉山房三楹，居北山上。山房之左，有室一區，顏曰「夏涼冬燠處」。南窗極宏敞，檐外種竹、樹桂，薰風徐來。窗下大几嵌滇南大理石，長幾及丈，闊半之，爲先大父朝夕觀書、握管常坐之處。東壁嵌瓊瓏木架，上置古銅鑪數尊，冬溫以火，舉室生春。

面東兩楹，屈曲而遠，階前疊石爲芍藥臺，香氣襲人，花光醉客。爲廿三間屋，最僻之所。静中佳境，故號小眠齋。

繞廊而西，列屋三間，窗嵌全緑色玻璨，四座生涼，一塵不染。軒右一椽，兩窗皆嵌藍色玻璨，几榻器具悉嵌螺甸，爲蔚藍天。上即捧月樓。迓天上之蟾輝，挹西山之爽氣，可望見清涼山、翠微亭。

南臺在三層樓之左，面對南山，俯臨全園。臺後多大樹，緑陰匝地。夏日納涼，良宵玩月最佳。迤邐而下，有迴廊。中結小亭，爲游人駐足小憩之所。種梅百株，顏曰羣玉。山頭有一聯云：放鶴去尋三島客，任人來看四時花。

垂柳之中有軒三楹，背山臨流，極稱軒爽。山上徧種牡丹，花時如一座錦繡屏風。

沿堤而南，於山凹水曲處建兩亭，相爲聯屬，如疊雙方勝式，曰鴛鴦亭。集中有句云：爲愛池蓮開並蒂，湖心亭子學鴛鴦。

水西亭，亦名垂虹亭。在湖之西，形爲巨艇。周以紅欄，聽鶯觀魚。別有幽趣。萬竿修竹，兩岸芙蓉。游人至此，必須小憩。西山之水皆由此趨入於湖焉。

澄碧泉上有堂，周以廊。壓屋老桂數十株。花時自然，香徧一園。尹望山相國題曰小棲霞。王夢樓贈聯云：雲山金石圖書，此地可稱三絶；循吏儒林隱逸，先生自有千秋。

結松爲亭，其數六株，天然成就，不假人力。其枝幹之披拂，儼然緑瓦之參差。嘯傲其間，幾疑仙侶。

園中之花，四時皆備。合而論之，自以梅爲巨觀。紅者、白者、黄者、緑萼者、胭脂者，花時一望無際，雪中更覺清絶。此時游人絶少，惟主人獨領其趣。

秋海棠，亦曰斷腸花。園中隨處皆有。閒庭冷院，不厭其多。此花開後，可以窨粉，可以釀蜜，故閨中眷屬求索殊繁。

冬日之景，滿山紅葉，蕭然入畫。春初之一園新緑，尤覺可人。此百花之外別饒景致，游人所鮮知者。

夏時，忽而黑雲在天，萬緑皆暗。竹摇松動，柳舞荷傾。偕良友或坐樓頭，或依亭際，自有一種爽適之趣。

雨景，春夏皆佳。蓋小雨潤花，最適人意。一雨而衆山皆緑，尤覺宜人。若時當酷暑，非雨不足以生涼。憑欄觀荷上之珠，倚枕聽竹間之響，清境也，静境也。或大雨滂沱，則四山之瀑布齊飛，更覺爽人心目，恍入天台、雁蕩間矣。

柳陰垂釣，自饒逸趣。清明節後，游魚出水，便可垂釣。隨意臨流，最能養性。夕陽既墜，手挈數鱗，付之庖厨以供晚膳，或隨處就花小飲，可稱樂事。

桐城黄君文炳，於因樹爲屋，題一聯云：衹一座樓臺，占斷六朝烟景；問幾人詩酒，能争絶代風流。

園中來游，麗人甚多。小婢傳來，家人争覩。往往隔花窺探，倚竹留連。若三春時節，竟有山陰道上應接不暇之勢。伯姊紫卿曾賦《臺城路》一闋，曰：園林風景疑蓬島，莫辭長日延佇。柳罨溪橋，花迷樓閣，誰在闌干笑語。嬉春好女，指影轉斜廊，怯遲纖步。半晌低徊，被人偷認靚妝去。

斜陽紅挂樹。怪游絲無力，難綰春住。展印明量，衣香暗襲。多是繫人情處，新詞漫賦。詩説與姮娥，又妨相妒。不放清光，照伊愁獨訴。

小艇一葉，泛於湖中。隨波上下，最爲適意。先大父有句云：隨着春風吹上下，料應流不到他鄉。酷暑之時，予嘗繫舟垂柳陰中，或蘆葦深處。一竿垂釣，忘却炎敲。有時二人對奕其中，清風徐來，水波不興，真是清涼世界。

園以山水花木、亭臺樓閣占勝金陵，而先大父因園擴充，無美不備。所最難得者，祠墓、田廬與園合而爲一。此已載之《隨園六記》中。至於食物，除豆腐一物須購自市間外，其他則無物不備。有客至，止殺雞爲黍，咄嗟立辦。蓋園之去市二里餘，往返需時，那堪久待！惟取之自近，真有山林之趣，亦他園所不能及者。

當春耕秋穫之日，登樓觀之。秧歌四起，入耳堪娱。即打麥之聲，亦復耐人尋味。若禾稼既登，婦子嘻嘻斗酒隻雞，歡呼聚飲，又是一翻佳景。

隨園東西之田地山池，分十三户承領耕種。主人遇有吉凶喜慶等事，即招十三户中人供役。每日所需之蔬菜以及年終雞豚之類，均各户排日，按年值日供給。

婦女之來游者，以春秋兩時爲較多。穿花拂柳，足爲園亭生色。若到山房巨鏡邊，無不對鏡理妝，有不期然而然者。

予與諸侄輩讀書園中，幾二十年。課餘，或按笛、或垂綸、或敲棋、或鬥酒。一日在層樓閒眺，聚二三知己清歌小飲，一曲方終，聞游人之屬耳者羣相羡曰：此真神仙中人。予殊不解所謂，迄今思之，深悟少年折福不小。

每遇花晨月夕，同人常作蝴蝶會。各自一壺兩楪，隨處會飲，取像形諧聲之義也。與會者：根香圃主人侯青甫廣文雲松，琴隱園獅子窟主人湯貞愍公貽汾，緑園主人邢小尹明府德裕，廙園主人張子和明府熙之數人者，迭爲賓主。先期訂明，蝴蝶飛於何處，諸人如期攜具就飲。終以會於隨園較多。

倉山之西，有徑一條，直登巔頂。披榛而入，别有天地，俗名海子。其中兩岸夾溪，溪水盈盈，澄清可掬。東岸琅玕一片，青翠宜人。西岸菜畦數畝，傍有人家，即十三家佃户之一也。境最幽僻，終年鮮經屐齒，仿佛桃源景象。貞愍於隨園北數十步得佳境，曰獅子窟。編茅築室，徜徉其間。包慎伯先生爲題其門曰「雙溪千樹獨家村」。亦時時來園，商訂蝴蝶會。

先大父嘗曰：予身後得保此園三十年，予願足矣。先君仕大梁，嘗寄廉俸葺而新之。金陵陷後，歷三十年始得克復，園已鞠爲茂草。圖書金石，大理石之桌椅盡付刦灰。先大父遺囑，身後墓道但書一碣曰：清故袁隨園先生之墓。千載後，必有知我者。後遭兵燹，賴不題官閥，故墓道獨未傷殘，此則可慰在天之靈也。隨園圖，向有稿本在族兄竹畦起處，亂後兄重摹刊印，請曾文正公題句。相繼題者甚多，皆一時名公巨卿，元戎上將，已陸續梓圖後。

藝文

清 魏允枏《早秋游北園》（《檇李詩系》卷二九輯） 炎夏駕云邁，涼飇發新秋。爰有同懷客，招要出行游。修松交密蔭，嘉木翳崇丘。時禽變好音，雌雄鳴相求。綺疏結長軒，户庭一何幽。攜策登高岑，揚舲眺中洲。芳荷映緑池，游魚激清流。良苗亦懷風，遠烟輕且浮。爲樂未須臾，白日忽已遒。弭節薄虞淵，丹霞夾重樓。聆彼蟋蟀唱，聿爲良士謀。賞心寄所宜，使我忘百憂。

清 魏學渠《游祁氏寓園即忠愍先生沈淵處》（《檇李詩系》卷二五輯） 北望首陽巔，黄雲愁欲暮。南沂汨羅水，清光渺難晤。我行陟寓山，哲人想芳素。岡巒互起伏，蘭蕙紛無數。亭榭鬱參差，夕霞横古渡。的的緑池荷，飛飛汀洲鷺。孤鳥西北來，哀鳴如有訴。風雨眺高原，慷慨登樓賦。之子赴澄潭，客徒悲薤露。山鬼披羅立，湘娥倚竹顧。人生不百年，喟然怵先露。

清 魏裔介《兼濟堂文集》卷一七《愜園十景詩選五首》 愜園在城南八里西，汪村先子所築也。十景皆園中之勝。

太行返照 山色東奔勢若流，深林返景一園收。桃源舊址猶堪賞，莫説仙蹤古趙州。

岳廟遠鐘 干戈擾擾隔東籬，人世興亡總不知。夜半鐘聲驚夢覺，此身不負白雲期。

長橋攬翠 汲水編茅成小池，千株楊柳向人垂。橋邊猶恐春陰薄，自插新畦三兩枝。

竹逕流水 琅玕數畝傍深潭，曲水流觴興正酣。野客閒來復閒往，蓬居只在此村南。

荷池夜棹 一片紅香冪水灣，幽情更不到雲鬟。孤舟自愛凌波去，寒露蒼蒼起白鷗。

清 梁清標《蕉林詩集·成文穆公素園圖歌》 靡靡魏郡聖賢宅，相國此中弄泉石。誅茆種竹結草堂，萬株高柳雙桐碧。我聞當年文穆公，立朝正色古人同。兒童共識司馬相，九重雅重曲江風。一旦拂衣卧丘壑，冥冥鴻羽翔寥廓。時許羊求過竹扉，不教車馬驚鈴閣。綽約芙蕖照水開，柳塘曲沼恣徘徊。讀書教子餘清課，波影烟光入眺來。一自公歸問松菊，那知世變多翻覆。海内空嗟謝傅賢，中朝誰救蒼生哭。悵予不及見先生，少傅承家躋鼎衡。爲寫雲林入圖畫，展卷仿佛蒼烟横。春風亭榭長無恙，欹枕如在羲皇上。不假人工事瑰奇，衹令水木供清曠。朱樓何限高接雲，輞川之名千載聞。相國素園良有托，午橋金谷徒紛紛。

清 陶季《舟車集》卷一八《范氏西園二首》 小邑爲園好，橋通白版扉。芳池新漲闊，灌木舊陰肥。有地堪忘世，何人願采薇。會當疏雨夜，熠熠亂螢飛。

北嚮芙蕖閣，人來羡水仙。衆魚争唼藻，深樹獨鳴蟬。一榻涼飇後，三杯熟夢前。更滋無限樂，新浴暮晴天。

清 毛奇齡《西河集》卷一二七《萬柳堂賦》 若夫城南杜曲，郭内張田。坊名履道，地類平泉。上宰欽賢之館，相公獨樂之園。開丙舍于廣陸，尋午橋之通川。緑野匪伊闕之舊，藍田出輞水之間。豈若謝氏東岡、潘仁西宅，林繞桐園，溪連梓澤。花飛會老之堂，草滿藏春之域。圖竹木于游巖，拾槐枝于李石。安邑之玉杯易碎，永寧之金盞可擲。築日華之館而糜其貲，奪沁水之園而減其值。乃若院因起草，巖有退思。星辰相聚，雨露攸滋。谷口賜逍遥之榜，池邊吟醉白之詩。誰不遠企槐堂，近規薇省，閬苑千重，蓬池萬頃。竪三山之亭，倒九柱之景。李下無愧賢之名，竹中有解經之請。喜鳳侣之棲遲，待鸞車之行幸。又況心存公物，道在開濟。彷内府之無闌，郊重門之撤備。韓滉作夾廡而更隳，裴垍欲垂簾而無計。總鮮鄭侯垣舍之心，原無陳仲掃除之意。是用經營甌窶，規偃豬澤。除地町町，築牆橐橐。編棘爲樊，牽蘿作箔。立囊荷之柱，開金杏之閾。魏勃爲之掃門，陶侃于焉運甓。夸娥之丘望而可就，愚公之山移而即得。穿林置放鶴之亭，鑿渚見藏魚之壑。蜀女因照水而屏開，越王將渡溪而屐落。于是徑設朱欄，橋成紅板。雁齒堦長，蹲鴟柱短。天垂吸水之虹，岸接通泉之筧。遂使山髻如螺，峰頭似傘。粉浪冬遥，紅泉春淺。編錢作溝，操琴在磵。巖共壑爲七盤，水隨山而九轉。乃致人疑皇子之陂，客訝鄭公之谷。呼白雁于山阿，泛紅鹽于水澳。在庭有蘭杜之軒，在水有芙蓉之舳。既梁麗以來游，亦柴市而競逐。錢鏗之斟雉方馨，函鼎之烹雞已熟。燃蚖脂于白水之濱，聽鳥語于青柯之麓。銜杯據王氏之床，倚檻和燕人之築。元規當此處而興生，文正且因之以爲樂。然而梁亭之瓜不分彼我，牛山之杏無間飽饑。故魯國有行惠之樹，清平畜濟生之池。甯成給陂田以游以，燕元琰治蔬圃如取如携。又況靈囿蒭蕘頗供樵采，芳林草木可娛心耳。故其爲樹也，以千章之材，爲百年之計。郁郁菲菲，狎獵旖旎。綏山一桃，渤海九李。堦下來禽，林間新雉。乃有紅羅館後之梅，碎錦坊南之杏，青門五色之瓜，烏椑八棱之柿。潘家以大谷成名，庾信之小園難比。擷碧薤于書帶之間，繡緑草于裙腰之裏。笑蘿女之垂釵，留宛童之遺屜。緣巖分竊衣之花，繞砌種摇車之藟。將欲捋蒲以求仙，何止拔茅而進士。又況東門之楊，其葉湑湑。漢宮垂柳，千株萬株。長條短幹，茀鬱依紆。絲絲縷縷，或結或舒。參天跨地，傍苑臨渠。如帷如幔，一區兩區。行列成門，蓬童似廬。低堪繫馬，深可藏烏。彭澤之家園盡蒔，武昌之官道皆除。葉葉蔽長康之目，條條染李子之裾。張緒之當年無時不見，王恭之春月何地能渝。是固合平丘之種而不加其盛，增元豐之植而轉見其疏。況乎雚谷殊名，樫河異地。南垞之浪難平，官渡之城未閉。章臺失眉嫵之青，楚苑嘆宮腰之細。節度移振武而驚其成林，司馬過金城而羞其破涕。又況春半飛花，日長飄絮。灩灩池塘，漫漫江路。雉銜藻以爲童，鳩裝綿而逐婦。釀酒來鑾女之思，點袂起貴嬪之妒。雖復種移郎省，賦試貢士，接九列之衙，望三衢之市。猶且徘徊緑天，淪漣碧沚。塞谷相望，宮牆遥倚。青眼垂來，黄鶯啼起。枝着雨而低迷，葉迎風而披靡。恍淑氣之移人，攬遥情而自喜。置身冥栢之鄉，曠望熊山之阯。離塵垢之紛紜，與天地爲終始。因錫之以嘉名，渺躊躕而不已。

清 朱彝尊《曝書亭集》卷一《水木明瑟園賦并序》 僕生平不耐作賦。雖以賦通籍，非稱意之作不存也。康熙甲申八月，陸上舍貽書相要過上沙别業，遂泛舟木瀆，取道靈巖以往。抵其間，則吴趨數子在焉。愛其水木明瑟，取以名園。上舍延賓治具，飲饌豐潔，主客醉飽。留七日乃還。念勝引之難再也，成賦一篇。先民有言：人各有能有不能。賦非僕之所能也。辭曰：

度十畝之地，葺宅一區。沚有阡而可越，渾分沙而不淤。翦六枳而揵藩，因雙樹而闢閭。嘉水木之明瑟，愛徑畛之盤紆。山有穴而成岫，土戴石而名岨。磬兩判而得路，蕚四照兮盈株。園之主人，則陸生稹也。

又《李檢討澄中紺園雜詠六首》

荷陂 風過蓮葉香，日出釣船去。不聞雞犬聲，但有鵁鶄語。

柳浪 斷岸緑楊齊，濃陰覆水低。東風吹太急，扶起過橋西。

緑水軒 軒中獨木几，檻外獨木橋。際夜沙月明，蘆荻風蕭蕭。

會心亭 雜卉秋尚開，淺莎晴可坐。於此獨寤言，浮榮等糠莝。

鏡香樓 吾里鏡香亭，君家鏡香樓。滿池鴛鴦浴，四面芙蓉秋。

松風臺 山月無片雲，夜半松風起。欲寫入瑶琴，風聲吹不已。

清 宋犖《西陂類稿》卷三《游祖園雜詩七首》 春光偏向客中催，選勝城南並馬來。多少閒愁消欲盡，路旁茅屋綘桃開。

插天高柳碧絲絲，一片東風淡蕩吹。仿佛隋家堤上過，露條煙葉叫黄鸝。

園林晴日散芳菲，曲逕藤梢欲罥衣。愛殺水亭風景好，蒲芽纔吐燕雙飛。

亭北名葩取次看，一枝將放倚雕闌。梁園記得春深日，斗大花開緑牡丹。

高臺突兀俯紅亭，樹杪西山一抹青。誰繫斑騅花塢外，故吹長笛使人聽。

名園自昔追隨數，回首俄驚二十年。最是夕陽花底坐，游絲依舊落尊前。

折得風前赤玉枝，帽檐斜插醉歸時。重游好待將離放，還唱旗亭絶妙詞。

清 田雯《古歡堂集》卷三《方氏園亭雜詩》 敧籬一水圍，垂楊四面種。入門徑欲迷，轉廊花始衆。或紅如淡脂，或緑如幺鳳。腷膊鴨浴亂，清圓鳥聲呀。龜殼支床脚，泥封劈酒瓮。杜陵據吾廬，東野輪半俸。

大石坐千人，小石絡樹根。其餘何磊磊，高下排幽軒。上有木香棚，無數蜂蜨喧。不知何峰雲，來往自孤騫。手覆魚枕蕉，静對已忘言。

一花名山樊，一草爲書帶。所耆在異種，凡卉皆可汰。隘地插藩籬，垢面蒙蕪穢。尤自矜爛漫，庸俗那可瘥。芍藥特地開，香艷非常態。風雨自護惜，烟日不崩壞。娱賞覺嫣然，豈但迷下蔡。

食書似蟫癡，課睡思毁茗。索索蕉葉雨，治具但説餅。晚紅天色佳，窺園黄鸝請。不見輞川人，獨上斤竹嶺。

又 卷一二《**張寄亭洗馬招偕諸公看芍藥晚歸同王少宰顥菴游祖園四律**》選三　漫將婪尾比名姝，白糁紅酣十萬株。亭上閒雲連野色，衣痕蝶粉與蜂鬚。較來洛下諸園少，《洛陽名園記》言芍藥者一。看徧龍興四院無。合倩熙筌爲畫本，一番没骨費工夫。

山情不用太喧豗，静坐小亭風榭隈。一事相關惟芍藥，千叢得意是豐臺。燕因窺客多狂舞，花爲衰年盡滿開。瀲灧樽前慚小户，須招北海酒龍來。

將軍園外野橋通，一帶桑枝麥穗中。别墅半移禪榻地，孤村斜卷酒旗風。翠微西去無多路，蜈水寒流有斷虹。十里烏啼城柝響，蕭蕭鞭影夕陽紅。

清 孔貞瑄《聊園詩略續集·北園十景》 **古堞朝霞**　曲阜元來少皞都，元公胙土有遺模。壁經檢校衰衣老，偶築荒園占一隅。朝旭分光騰海角，赤城炫彩映蓬壺。自聞蒙發千秋後，信有燭龍照夜珠。

蓮塘暮雨　一灣緑水遶城隅，細細幽香帶芡菰。風裊紅蕖摇砌錦，雨翻翠蓋碎連珠。青湖原許狂臣借，白墮漫從逸士沽。擬買小舟游曲港，倩誰爲寫愛蓮圖。

介石藏雲　愛爾孤高耿介心，飛來華岳象嶔岑。雙峰直上冲霄漢，一砫中流砥古今。出岫雲看膚寸合，作霖澤沛隰原深。不須追琢憐荆璞，爲賦小山續楚吟。

孤松梗日　鬱鬱園中百尺松，盤拏偃蓋翠重重。怪形疑作蛟龍舞，勁質煉成冰鐵容。淅淅秋風篩影碎，炎炎夏日藉陰濃。與君相對成嘉侶，笑爾龍鍾憁似儂。

層臺玩月　獨步高臺意若何，清宵嘉興庾樓多。凌虚自覺青天近，舒嘯如聞白雪歌。暗露泠泠星有暈，明河耿耿月流波。房皇欲乞長生藥，爲叩蟾宫問素娥。

曲沼觀魚　園畔雪消春水生，劚山新甃小渠成。岸盈筠籜連空翠，池孕鯤苗見底清。幻比丙淵乘赤鯉，妄思滄海駕飛鯨。我知魚樂君非我，誰解濠梁物外情。

梅塢鳴琴　阿誰與我爲三友，繞屋梅花共一琴。雅調不隨時序變，幽香何慮歲寒侵。舒懷漫作穎唐句，寓意猶存太古心。中散已亡箕穎遠，世間無復廣陵音。

石船垂釣　陸海揚波盪石船，滄田無恙任推遷。挂帆歷盡風濤險，縶纜還同鷗鷺眠。餌中鯨鰲須慢下，鈎連川岳莫輕牽。古來惟有桐江叟，偶脱笠簑動象躔。

茅亭雪霽　韋亭一捧圓如笠，堆石爲山小似拳。洞壑玲瓏鵝卵砌，檐牙歷落蝟毛懸。頗愁風捲層茅盡，最愛雪晴霽景鮮。筮得彙征連茹起，園翁更以數椽傳。

柳浪鶯聲　聊園園外柳鬖鬖，新雨初晴風日酣。瀲灧湖波縈似帶，參差雲岫削如簪。嚶其鳴矣簧音轉，菀彼柳斯碧影涵。欲滌詩腸煩鼓吹，好攜斗酒醉雙柑。

清 張英《文端集》卷一三《芙蓉島十二詠》 **松堤**　雙澗夾平疇，長堤堰谿水。手自種山松，千株蔭清沚。中横樵采徑，人行翠微裏。谿聲有時静，日夕松籟起。

芙蓉汫　經歲植芙蓉，娉婷泣秋露。松際亘花城，一抹霞光曙。下臨清淺波，盈盈嬌欲語。有客問衡門，只在花深處。

青槐陌　言度芙蓉城，槐徑延深入。脩條散清陰，玉樹參差立。日影不到地，幽香蒼苔濕。時有耕稼人，閑來挂蓑笠。

蓮谿　大谿西北來，交流經石堰。曲沼貯清泉，緑荷點千片。緬想林下風，謝女落金鈿。何緣深山中，臨波見芳蒨。

北玉雪岡　北阜何坡陀，種梅繞山麓。春鳥時一鳴，寒香滿幽谷。寂寂茅亭晚，齒齒石徑曲。會攜陶令詩，披裘雪中讀。

南玉雪岡　崇岡倚石谿，側近椒園道。古梅間松杉，詰屈樹偏老。一林晴雪霏，十日春風蚤。惟有山翁知，破寒事幽討。

杏圃　文杏怯春寒，高枝烘暝日。艷艷紅粉妝，牆頭美人立。輕煙繚繞之，態憨若無質。桃李步後塵，覻面應自失。

桂叢　南隅入短垣，巖桂盈一畝。山空秋露白，埽花擁箕帚。芬烈侵衣裾，餘香發樽瓿。深宵對涼月，清景兩無負。

蘭皋　薙草藝蘭叢，孤芳欣有託。光風泛紫英，香氣滿林壑。班荆對幽人，銜露偏綽約。古稱同心言，應難逾此樂。

竹垞　餘地翦榛蕪，臨水堪種竹。翠莖照白沙，髣髴淇園綠。高節飽風霜，清陰蕩炎溽。時聽戛玉聲，藉以療吾俗。

薇館　閣前宫樣花，移植清池上。愛此鸞鳳姿，臨風解輕颺。誰能經十旬，璀璨紅珠帳。高館日正長，攤書永相向。

楓亭　略彴渡小谿，數楓圍石磴。一夕江鴈飛，霜葉紅滿徑。錦繡倚晴張，茜紫經寒凝。步屧登山椒，秋聲飽清聽。

又卷一四《憶家山詩十首》勺園　勺園風景重相思，有夢先歸春草池。里巷過從兄弟樂，園林佳勝夏秋時。穿階新笋生何地，拂檻名花發幾枝。最是石堤臨水處，遠心長綰綠楊絲。

澄對軒　西南别業傍城隈，澄對軒中首重回。碧柳影從冰簟拂，白蓮花抱水亭開。微波似織涼初起，隔岸如絲雨欲來。濁酒一尊詩一卷，知君夢不到塵埃。

松湖　兄弟躬耕自結廬，湖山深處狎樵漁。稻香自與荷香接，松影還兼竹影疏。魚鱠似銀收網後，藕絲如雪出泥初。棣棠花下羣回首，定念天涯有索居。

遠峰亭　遠峰亭畔綠陰遮，半畝琅玕一徑斜。風捲江雲看九子，雨來山郭暗千家。兒童笑逐枝頭鳥，杖履閒尋葉底花。華髮頻年惟繞膝，平生不願客天涯。

花亞軒　花亞軒中樹影稠，微涼纔動暑全收。繩床午夢湘簾暗，茗椀春香紙閣幽。翠竹便堪消永日，海棠蚤已報新秋。北堂况復依萱影，絶勝風塵事遠游。

伊蒿小圃　元度城南闢草廬，門迎荒圃種山蔬。蟻浮春瓮常留客，蠹落匡床自著書。竹路過從精舍近，荷香披拂晚涼初。廿年風雨頻游地，花落花開總憶余。

疊翠樓有牡丹，爲先世手植。羅昭諫有「看到子孫能幾家」之句　樓接蒼巒俛縣門，城中勝地屬偏園。家餘閒地皆松竹，世看名花到子孫。小院微涼侵簟扇，西山紫翠自朝昏。高窗吟望增惆悵，綠鬢紅綃何處邨。

半圃　回軒僻巷有精廬，門閉高梧影更疏。翠竹笋成迷巷陌，紫薇花發映庭除。東牆老圃朝耡菜，小閣佳兒夜讀書。棠棣天南知爛漫，寂寥依舊子雲居。

石經齋　半畝潘園種竹餘，安仁聊且賦閒居。故鄉别後俱千里，京國春來少素書。游屐倦時花事好，草堂開處綠陰疏。老親繡佛吟詩暇，日日輸君奉板輿。

龍眠水竹山房　龍眠深處結茅茨，憶爾空山冰雪時。岑寂久從爲客慣，清寒翻覺畏人知。荒厨積雨遲煙火，草閣懸鐙下布帷。底事吟成轉嗚咽，淚痕傾向蓼莪詩。

清　彭孫遹《松桂堂全集》卷四〇《瑞鶴仙·題袁氏園亭》　擕來一片石，直壓倒，江上三山無色。名園堪永日，有翠幹蕭森，明玕鮮碧，桐陰竹實。看聯翩鵷雛接翼，問何人、領袖烟霞。身是東吳倦客。　猶憶梁鴻廡下，梅福門前，舊曾相識。重逢此地，同訪瓊花消息。待粗酬婚嫁，遠尋禽，向五岳安排游屐。記他年行藥，歸來龍鱗千尺。

清　李繩遠《尋壑外言》卷二《登范叔林園》　吾家三名園，鼎列梅花谿。遥林接館宇，飛橋帶町畦。霽雪春園開，游人競攀躋。溪水碧如玉，曲折迷東西。瞬息三百年，時事傷睽攜。田廬震鼙鼓，華堂換雕題。主人行不還，空樓閉雲梯。手種桃李花，今與樓檐齊。我來荷畚鍤，掃石刈蓬藜。落景浮綠樽，鄰叟饋豚蹄。麻麥醉新壠，雞犬惑故蹊。興感在疇曩，悠然念巖棲。

清　高士奇《北墅詩紀》江邨草堂　江邨者，先世姚江舊業也。余茲卜居平湖，因自然之園圃，不加締構。堂廡周環，曲房連接。前有修竹古樹，後有廣池長渠。草堂之側，牡丹數本，花時最佳。休閒容膝足，便野性也。仍名之曰江邨，不忘舊云。

我家越江觜，桑麻自成邨。柴屏枕淥水，煙雨娱朝昏。微名苦羈紲，三徑嗟徒存。初服幸已遂，湖曲聊屏喧。草堂雖闃寂，香霞爛前軒。溪翁與巖叟，時時叩我門。坐談足風月，雅集惟雞豚。鋤犁我舊業，用以長子孫。

蘭渚　草堂之東，迴廊迤邐，有軒三楹，俯瞰清池。疊石成山，小峰嵌竇。黄山松數株，扶疏掩映。幽蘭被壑，芳杜匝堦。杜鵑兩樹，花開彌月。又有蠟名之。

振衣亦有岡，濯足亦有流。我無濟勝具，志願畢一丘。瓦屋敞三間，中列圖書幽。小池清可鑑，石勢當空浮。稺松森屋角，薜荔披牆頭。叢蘭不受露，窅窕深巖秋。攀磴時一憩，其下見游鯈。空谷故可老，身世焉所求。

瀛山館　舊有瀛山館，遺址在池南，莫知其始。蘭渚數十武，古堂南向。禪閣虛静，幽室凝邃，堦前梓樹八株，高可數丈，清蔭滿庭。前度石梁，別成丘壑。崖磴巑岏，坦處可坐十餘人。紫薇烏桕，接葉交枝。俯鑑清流，遠觀竹木，層層深隱，睇矚不窮，可以滌煩消暑。墅中佳境，此爲最勝。瀛山之稱，當之無愧。

高閣俯林梢，別館當其下。交枝翠欲滴，亂藥紅可藉。層崖雁齒平，小彴虹梁跨。倒影入波心，花光遥蕩射。隔溪晝悄悄，竹木自相亞。萬樹間高低，人影出樹罅。逍遥恣遐矚，趺坐日忘夜。樹底來清風，科頭結長夏。

紅雨山房　高子於墅中尤所耽愛者，紅雨也。紅雨者，梓樹落花也。山房地極爽塏，前後梓樹數株，與瀛山相映帶。夏初著花，碧葉紫英。遠近望之，爛如雲錦。詫爲異觀，實亦他處所無。微風拂處，隨落隨開。瓦霤苔堦，鋪積數寸，不令園丁除埽。藤榻蕭閒，浹旬吟覽，每咏昔人「一簾紅雨枕書眠」之句。

黄鸝唤春歸，百花開已竟。山房鬥芳菲，文梓誇後勁。緗幃乍捲燈，茜妝初卸鏡。直幹排青蒼，遠近枝交映。開處曉霞蒸，落時夜雨橫。瓦溝旋盈尺，石鋪紛没脛。嫋嫋隨風翻，故故與春競。家僮慎勿掃，酒徒且相命。醉倒紅茵埋，擁鼻發狂咏。

花南水北之亭　由山房後闢小扉，轉長廊，度小石橋，有亭跨水。前面修竹，左臨花潭。游者至此，可以少休茗飲。

石徑何盤紆，細流亦回互。孤亭亂竹間，緑影參差護。落花水面浮，俯見羣魚聚。烹茗吸清泉，此焉得小住。

酣春樹　樹在瀛山之西，盈盈隔水。窗櫺三面，遞倚小山。上有海棠、繡毬。自瀛山觀之，繁艷迷目。巖葩砌草，更助芳菲。霞旦風宵，清談娱客。樵蘇不爨，酣春而已。

春雨潤於酥，春日濃於酒。剪彩更塗蠟，東皇逞好手。瑣窗三面開，暖氣排户牖。草色暗拖裙，花光全拂綬。況有浴鷺波，瀲灩新醅厚。宴坐足酣醺，焉用酌大斗。

醒閣　醒閣在酣春樹側。舊有碑石，刻陳希夷小像。對岸老木壽藤，垂陰水上。近水堪藏小舟，草屋覆之。世人纏乎名利，皆若大夢未醒。歸來隨地可娱，何妨隘闃。

小閣臨水次，隔岸藤花垂。藤花開三月，紅紫紛葳蕤。濃陰布帷幄，裊裊呈春姿。豈知所緣樹，糾絆成枯枝。辟如人一身，閒散性所宜。無端罣世網，名利交伺之。不繩甘自縛，行樂當何時。茫茫大槐國，悠悠醒者誰。雄飛悔往失，雌伏悟來兹。碑旁推枕起，大笑呼希夷。

泛渌亭　墅中河水環流，幽深曲折。惟亭前瀦爲大池，北至問花埠，東至蔬香園，皆舟楫可通。五六月時，朱荷出水。炳射朝霞，或斷虹霽雨。蕩漾輕舠，采蓮雪藕，可以超絶世氛。瀛山館、紅雨山房，在池北岸。闌檻相望，秋空月皎，曠朗宜人。葭葦蕭疏，芙蓉澹冶，不異五湖煙水。

濯枝足曉雨，漲痕没三篙。微風漾輕紋，寒碧湛蒲萄。荷香來水面，日午清煩囂。散髮亭中坐，碧筒倒芳醪。采蓮自製曲，乘醉移輕舠。

松盤山　當湖地皆平衍，無山可登。竹陰茂密中，忽有陂陀。岡巒竦疊，登路有二。無攀蘿捫葛之勞，有升高眺遠之趣。其上長松古木，皆二百餘年物也。山茶數樹，生於崖谷，大可合抱。花時正紅，與蒼翠相映。微風徐拂，謖謖濤聲。仰瞻俯窺，足以蕩滌塵襟矣。舊名松盤山，今仍之。

小山不盈拳，婉孌瞰平楚。濃陰四環匝，海紅當春吐。雨深積蘚斑，風勁長松古。蒼根剥虬鱗，亂葉墮釵股。坐來晨露清，濯濯流金乳。

雪香亭　墅有大梅園、小梅園，凡千餘樹，皆古幹可觀。舊有八角樓，在大梅園中。易之爲亭，四檐虛敞。深冬積雪，凍萼將舒。初春晴日，横枝盡放。時與二三朋舊，攜酒席地，齅攬寒香，心神俱泠。

梅花冰雪姿，高子煙霞相。世外締深交，空山合相傍。繞亭千百株，攫拏老益壯。查牙猛列陣勢水，香海驚浩蕩月落參斗斜，無言共惆悵。

金粟徑　桂樹數百株，夾植里許。緑葉蔽天，赫曦罕至。秋時花開，香氣清馥，遠邇畢聞。行其下者，如在金粟世界中。

北地擅五株，南禺誇八樹。未若吾園中，金粟繁星布。細路疊石成，縈紆過百步。團陰全障日，甕藥低承露。天風吹月明，落子不知數。萬斛貯清香，窺恐姮娥妒。

修篁塢 墅中處處皆竹。自金粟徑折而東上，修篁蒙密，高下成林。梅雨後，新梢解籜，緑粉生香，彌覆川塢。所謂非亭午夜分，不見曦月。每一獨往，幽嘯忘歸。

遶園竹萬箇，長身削寒玉。幽塢更奇觀，斑駁湘潭族。過雨認淚痕，映花摇浄緑。放梢影離離，拔地聲簌簌。清風來四面，赤日忘三伏。遇臘曾手栽，逢辰輒課僕。便可截爲冠，何妨食無肉。千户我所輕，與子藏深谷。

晚花軒 軒前後多薔薇。其一緣，古樹高數丈。老幹蟠虬，細枝婀娜。花開樹頂，紅鮮可愛。一春花事，至此將闌，尤當惜而玩之。古人重晚花新筍時，有以也。

薔薇開何晚，細纈嬌可憐。蜿蜒上高樹，當軒紅欲然。託身幸得所，攀折誰敢前。封姨慎勿猜，留取供春妍。

秋柯坪 秋柯坪三間，如舟船。前臨野水，松、桂、桐、楊、楓、柏、棗、柿、楊梅、石楠之屬，夾布堦牖。隔水林木蕭森，雜蘺蔚蔚。秋蟬春鳥，鳴聲相續。晴初霜旦，丹葉如酡。雖云園圃，想同巖谷。

西風下平皋，衆卉凋華姿。策策園中樹，青青終不移。叢陰入户暗，紅葉當檐披。逝將保歲寒，豈爲秋霜萎。繞樹日三匝，素心良在兹。

香芹澗 渠水瀏瀏，周墅内外凡三。竹木叢蔭，闃若幽溪。梅雨漲時，泛小舟行游其間，淺翠嬌青，籠煙惹霧。仰矚俯映，彌習彌佳。地多水芹菜，以香芹澗名之。

漓漓澗中水，彎環繞陂塘。輕風散萍葉，皎若鏡面光。參差竹柏影，倒映月一方。雙雙浴鷗鷺，拍拍飛鴛鴦。柔櫓破春煙，兩岸流芹香。采摘自盈把，誰羡青泥坊。

抱瓮坡 路迴曲阜，孤亭兀然。境絶荒邃，亦有古藤、紅薔，盤旋老樹。好鳥時鳴，黄蝶上下。余性耽卉木，親爲灌溉。手足稍倦，於此偃仰，雖樂不期歡，而欣已永日。

揚子愛一區，皇甫耽十畝。幸全抱瓮身，不挂論文口。牛角玩書史，蟹螺足升斗。蓬頭王霸兒，椎髻伯鸞婦。且狎麋鹿羣，何須沮溺耦。千載漢陰翁，忘機真我友。

清 謝重輝《杏村詩集·丙戌詩·秋日北園作》 吾園規治總遺跡，雖添茆亭未改昔。入門籬落不勝荒，舉眼階除磥砢積。夜來秋色到園中，紛紛黄蝶各意適。風動蓮房墜粉紅，露裛牽牛吐花碧。縱無佳客來淹留，已喜天香慰闃寂。何妨比我夜郎王，自覺風味不容易。

清 張競光《寵壽堂詩集》卷八《游顥亭園》 兹園寂以静，曲徑誠透迤。當户自曠遠，槿籬正參差。修篁紛冉冉，菡萏何離離。列宅挺高樹，好鳥縱横飛。華沼接通川，疊嶂繞階基。登樓可潛盤，曲房臨清池。何當敬愛客，繾綣良獨希。攜手憩飛梁，相與叙離思。杯行酌芳醴，高談亦賦詩。抗迹懷遠託，居然隱遁栖。徜徉同所樂，是願豈能違。矯矯風塵外，詎使世人知。

清 陳元龍《遂初園詩序》（《海塘録》卷八輯） 寧邑城西北隅多陂池，昔從曾祖明太常公因池爲園，名隅園。歲久荒廢。余就故址，爲補植竹木，重葺館舍，冀退休歸老焉。而出入中外，任鉅責重，雖年逾大耋，不敢自有其身林壑之思，徒托諸夢寐間耳。癸丑春，衰病且篤，疏請致政。蒙聖主俯俞，重以恩禮，賜賚稠叠，御書堂額，以光里第，曰林泉耆碩。則家中所有，一池之水，千竿之竹，不異鑑湖之賜。竊幸初心之獲遂也，因名之曰遂初園。令家僮掃徑，策杖而游。園本近市，經曲巷，忽見茂林脩竹，即園門也。入門屋三楹，曰城隅花墅。有長廊，曰引勝。旁倚脩陂，皆種梅花。循廊而西，有一大池，望見堂宇在水中央。平橋横亘，曰小石樑。過橋，有古藤，水榭臨水，迴廊繞之。中峙一堂，曰環碧堂。廣庭面沼，水色林巒，迴環左右。堂之右曰清映軒，階前文石，有流觴曲水之致。東曰溪槎，跨水如舟。臨岸多薔薇屏、葡萄架，西曰瀲灩館，西池寬廣，水光澄澈。池中有一亭，曰烟波風月之亭。凌空憑眺，晴雨皆宜。中間有樓五間，曰逍遥樓，前俯平岡，種牡丹數十本。此檻倚清流，對面梅花滿山麓。間樓之西偏，渡小橋，穿山逕，别有院，曰静明書屋。南榮北牖，軒爽可悦心目。自此而西，池流益廣，景象空明，有堂翼然，八窗洞達。斯堂也，實爲一園之主敬奉天章，以垂不朽。而名斯堂曰賜安堂。安老於斯，永不忘君賜也。堂之右矗以崇岡，環以幽麓。循級登其巔，有亭曰翠微亭，以供憑眺。下有碕石磯，可坐而垂綸。岡之南有環橋，東西二池交會於此。橋之南有山，皆種桃杏。花開時，髣髴武陵溪畔。桃山之南，桂樹數百株，高下茂密。中有亭，曰天香隝，極小山叢桂之勝。旁有小閣，曰羣芳閣。登閣，則梅杏桃李、桂花皆在目前。從山根折而東，曲橋宛轉如長虹，可通於環碧堂。再折而南，有曲澗夾岸，石壁鬆柏交蔭。由環碧堂以通於南池，中隔高阜，林木鬱葱，儼如峻嶺。南池之西有軒，曰瀁月軒。初月，澄潭天水一色。池南脩竹之中有亭，曰南澗亭。北望林烟山翠，如列屏幛。迤東有樓，四面曲折，曰十二樓，與城隅花墅相接。園之西尚有隙地，爲魚池，爲菜圃，可供朝夕之需。此遂初園之大槩也。園無雕繢，無粉飾，無名花奇石，而池水竹木幽雅古樸，悠然塵外。老人隨意所之，游覽既畢，良晨佳夕可以觴咏，可以寤歌。因各系以詩焉。

城隅花墅　莫嫌近市少清娱，林木依然有一隅。種樹十年陰已茂，爲山萬仞意成圖。還家敢擬鄉名鄭，歸卧真堪谷號愚。童子候門迎我笑，田園猶喜未全蕪。

小石梁　隔塵便是白雲鄉，笑指溪橋擬石梁。行過東西殊縹緲，水分南北自汪洋。高梧影直閒垂釣，雙柳陰濃坐納凉。最愛月明風静處，淵魚極樂鳥迴翔。

古藤水榭　池迴岸斗見泱泱，水榭空明繞曲廊。蘭薄當階清影動，古藤垂架緑陰凉。風來嶺畔飄林翠，月到波心射屋梁。簾幕不施貪騁目，畫圖一幅似瀟湘。

環碧堂　疏簾曲檻水中央，風月烟霞萃一堂。日暖波光摇素壁，晚晴山翠入迴廊。畫圖凝緑多生趣，几硯浮雲自有香。隔斷紅塵依碧落，蕭閒無事對滄浪。

清映軒　碧檻迴廊抱此軒，高低文石水沄沄。激湍時向階前湧，過雨微聞澗底喧。林樹風多清影動，烟波晴漾白雲屯。置身畫裏消長晝，又見山頭月一痕。

澂瀾館　塍埒盤紆又一池，步櫚曲屋俯漣漪。幽篁風度鳴千管，高柳晴空織萬絲。山愛斜陽迴照處，水留新月未沉時。西來顥氣秋先至，一望空明有所思。

溪槎　買得吴舲倚岸東，高柯深處百花叢。芙渠檻畔迎初日，楊柳磯頭漾晚風。天上坐時疑縹緲，洞房小處更玲瓏。人間自有仙源好，漫道銀河路可通。

逍遥樓　梅杏重重繞一洲，背山臨水有高樓。花香縹緲穿雲近，樹色參差入幕收。夜静潮聲來枕上，風清月影滿床頭。海天空曠閒憑眺，便擬逍遥物外游。

烟波風月之亭　最愛虚明景象殊，淩空小榭儼冰壺。天邊風月爲吾有，江上烟波得似無。横笛飛聲千樹動，高吟寡和一亭孤。此身已在塵氛外，寧必扁舟下五湖。

静明書屋　林幽境杳似深山，静掩書堂水一灣。北牖南榮風日好，花香鳥語性情閒。堆床卷帙空摩眼，滿地莓苔欲閉關。只有樵青來竹外，茶烟一縷聽潺湲。

賜安堂　主恩安老賜林泉，近水堂開别有天。竹樹陰濃飛濕翠，山巒環擁漾晴烟。八窗風月疑塵外，四面芬芳列眼前。誰信此中安一叟，太平無事獨翛然。

翠微亭　山頭亭子白雲間，脩竹蒼松列翠環。野鶴飛從巖下過，天香近向月中攀。路穿石磴藏三逕，橋鎖清池剩半環。策杖登臨朝復暮，散人今擬號高閒。

碕石磯　山阿水澨正凉初，坐愛磯頭望太虚。便欲遨游窮碧落，可知俯仰在方諸。波光摇蕩曾何定，雲影浮沉任所如。回首乍看新月上，手中垂釣已忘魚。

天香塢　四照亭虚倚曲闌，山阿叢桂出林端。玲瓏碧玉千枝繞，燦爛黄金萬蘂攢。馥郁不隨風乍散，氤氲如與露俱溥。秋光留取天香久，月皎霜清仔細看。

羣芳閣　山頭小閣挹芳華，一望山頭總是花。千樹寒梅香似雪，百層紅杏氣蒸霞。平鋪不覺溪流隔，俯視無愁月影遮。更愛秋香金粟滿，西風颯颯見霜葩。

瀁月軒　晚來閒步恣幽探，待月東軒倚碧潭。明鏡未曾天上掛，冰輪先向水中涵。摇光直欲通銀漢，散彩渾疑浣蔚藍。坐賞空明人不寐，城頭乍聽鼓聲三。

南澗亭　北沼南池一澗通，兩崖翠壁亦巃嵸。半篙清淺藤蘿裏，小艇夸猶水石中。山徑雲遮迷牧竪，溪頭雨歇卧漁翁。尋幽欲到林深處，堤斷橋迴未可窮。

十二樓　池邊結屋愛清幽，窈窕湘簾最上頭。曲院鶯花人欲醉，層軒風月座中收。笑無紅袖憑雕檻，剩有霜顛倚畫樓。浪得嘉名誇十二，任他游客慕風流。

清　李孚《野香亭集》乙亥稿《宜園九詠》　**方湖**　春水漲一篙，湖光新蕩漾。面面不通潮，風波自無恙。樂我銅斗歌，勝伊小海唱。

東來山　亂點千佛頭，斜舒五老臂。氤氳翁欲消，突兀飛來勢。日上金芙蓉，蜀山真瑣細。

環緑亭　四圍楊柳浪，半天榆莢雨。但覺翠浮空，不見亭何處。颯然山風吹，軒窗時一露。

月洲　掐破白玉盤，巧界懸弓式。平湖夜寂寥，高下光相逼。潮退沙痕明，一片寒星色。

坐雲閣　不棲白閣峰，不宿紫閣樹。獨愛吾廬幽，時向繩床住。笑看秦嶺西，日似行人去。

擁練廊　杳靄撲溪煙，迷濛鎖巖竹。春陰濕不收，日傍長廊宿。佇立久憑欄，衣裳浸寒緑。

待月軒　漁樵各自歸，空山絶行跡。軒晚花冥冥，一樽聊自適。少焉明月來，即是瑶臺客。

竹榭　漢上賤如蓬，渭濱多比棘。截得數竿青，結作三間室。記取春雨餘，門徑瀟湘色。

釣魚臺　葉嶼復花潭，堂堂還策策。日得襄陽鯿，不數灤河鯽。多少蓬池人，湖山夢中碧。

清　周禮《月巖集》卷五《會芳園賦》　惟山川之亢爽，實高明之區域。繁族類焉於斯，固智士之所適。緬人材之蔚興，必先資於翰墨。曠村左之高岑，獨騫飛而曠佚。建崇館於山腰，邈穹窿而岩翼。堂中正以不偏，阿四周而靡忒。陽馬飛承，撑柱斜立。崎嶬重注，瓦縫鱗集。素壁紛其皚皚兮，丹雘焕而照日。斜欞虚而穿月兮，户來風而窅飄。樓軒敞而脱氛兮，凌雲氣以嘘噏。不雕斲以傷朴兮，固大雅之所則。試披窗而遠望兮，覩千里於毫忽。爾其雨霽雲散，煙消霧收，皃屼莽互，蛟蟠龍浮。前則龍鬚揚鬣而夭矯，中台入漢而巋嵬。雲霞葱蘢以繚繞，仙真噏忽而徘徊。後則中華屹立，獅山蹲伏。逍遥則岃而聳起，曹洞浬迤而潆曲。聞經聲於上方，疑天花之攢蹙。左則羅山聖公，正覺蓮峰。接龍跨川而偃蹇，驚波雷吼而飛冲。江妃翩躚而解珮，耕夫揚光而照穹。右則巴山臬岊，接嶺迴絶。飛來高聳，搭峰巀嶭。若舞若馳，或迎或謁。相低相亞，如頏如頡。環四隅以周覽，信羣峰之可悦。至若庭植奇葩，山蕃異木，朱桂點備而飛香，蘭茝婀娜而被谷。春桃迎春以解語，秋菊耀金而爭馥。松杉之植千章，篔簹之産萬簏。張梨文棗，柹栗麥稑。嘉果珍種，殊品詭畜。莫不連岡包原，參差紛郁。若乃百花爛熳，好鳥嚶鳴，荷香拂袂，桂萼含英。梅飛香於寒岩，雪積素於檐楹。皓魄當階而昭灼，和風透體而爽輕。景勿隨方而呈妍，時序迭運而代成。步廣庭以容與，澹形神而永清。亂曰：園之春兮，草木芬兮。敷華布葉，無鬱屯兮。含毫研思，如湧雲兮。園之夏兮，萬象華兮。奇雲茂蔭，日廣大兮。披襟吟嘯，昭大化兮。園之秋兮，萬物揫兮。霜明潦净，肅以收兮。搦管抽思，絶塵游兮。園之冬兮，衆有封兮。貞固渾淪，葆在中兮。凝神定志，体跡融兮。兄弟既翕，和樂雍兮。秉義正身，自琢攻兮。無越志兮，承先公兮。

清　潘鍾麟《深秀亭詩集》卷四《王制府趵突園三首》選一　水傍城隅曲，門開樹影濃。鈎衣撑野竹，劈面立奇峰。大有琴書在，空教簾幕重。啼禽驚乍散，應見客如龍。

清　潘宗洛《潘中丞文集》卷三《秦園》　西尋山麓得秦園，鑿石疏泉繚短垣。人度朱橋池影亂，蟬爭清露樹聲喧。一庭草實供棲鶴，夾岸蒲根護浴鴛。丹竈茶爐隨位置，何如身入武陵源。

清　邱嘉穗《東山草堂詩集》卷三《初夏飲管將軍園林二首》選一　火雲燒百粤，此地獨清涼。曲徑紆寒翠，層巖吐晚芳。鱗游空鏡裏，蝶戲落花傍。移席連陰樹，蟬吟白晝長。

清　魏荔彤《懷舫詩集》卷八《游太倉相國東園》　太倉城東樂郊園，幽閒舊是烟霞宅。先公遺構二百年，世卿栽培當鼎革。相國久□承明廬，容扣山扉納游屐。老樹蒼藤皆法物，樓顔壁字悉世澤。淳龐朴茂見家風，屏盡繁華謝赫赫。春曉臺前水一泓，静影涵空照天脊。婆娑古柳卧池陰，似爲芙蓉護艷魄。孤亭挺出霄烟上，危檻疏欞跨積石。振衣舒嘯引松風，幽籟爭鳴海雲闢。畫就軒虚得景多，烟烘月染無筆迹。深堂行過板橋東，野藻披紛映几席。雜花細竹繞籬根，稻香更接晴雲陌。勝地鍾祥歸德門，偶游足慰嬰塵客。猶記翠華南駐日，遍幸名園賜題額。三逕苔深無輦路，奉君心共秋陽白。襟期雅澹本前徽，奕葉勳名照史册。

清　丁嗣澂《雪菴詩存》卷上《游錢氏園》　錢子約我乘輕舟，溯洄徐出東門道。望中小閣臨谿開，夾岸桃花雜芳草。神往不及少逡巡，鶯轉疏林春色好。主人揖客叙良晤，石磴横陂塵迹掃。竹風凌亂松濤鳴，疑泛滄江勢如倒。虚堂瑶瑟自泠然，鼓檝歸來何不蚤。

清 桑調元《弢甫詩集》卷五《朱園》 荒園隱洲島，夙昔嘗寄居。古木窈蒙密，修竹羅清疎。東頭小瓦閣，風帆漾晴湖。詩朋來接跡，小艇緣菰蘆。撫懷欣慨雜，倏忽十載餘。空齋喜我至，秋畦剪芳蔬。燈前拜童稚，迴然洗嘆歔。蓬茅添幾楹，攜家與之俱。耕耰計良得，暇讀叢殘書。清霜鶴立硼，寒水魚依蒲。幽深松窟宅，須着高吟徒。此意亦邈然，惘惘臨尊壺。明朝解舸去，淡烟望林墟。

清 程夢星《今有堂詩後集・暢餘集・篠園十詠》 園在郭西北，其西南爲廿四橋，蜀岡迤邐而來，可騁目見者，栖靈、法海二寺也。上下雷塘、七星塘皆在左右，因得「夕陽雙寺外，春水五塘西」二語，書爲堂聯，即以爲十韻之次。

今有堂 謝康樂《山家》詩云：中爲天地物今成，鄙夫有何古非今。即今成有遂以名堂。

林野有清曠，天意閟荒僻。偶然落吾手，榛莽倏已闢。長嘯愜幽懷，於焉樂晨夕。

修到亭 環亭種子梅百本，花下可布十餘席。「幾生修得到，梅花謝疊山」句也。

誅茅面高阜，種樹南山陽。先春挺孤秀，一一凌雪霜。因之結夙契，竟體凝寒香。

初月沜 池半規如初月，植菡萏，畜水鳥其中。跨以略彴，激湖水灌之，四時可不竭。

蟾影纖如鈎，下照白石淙。向夕池上酌，一瀉傾春缸。鷗羣久相狎，來往時一雙。

南坡 築土爲坡，亂石間之。當今有堂之南。其高出林杪，躡小橋而升。

杖策過危橋，拾級上空翠。曲塍急春流，前林出高寺。遥見耦耕人，攜鉏話農事。

來雨閣 竹塢之西閣可眺可咏。知舊能來，當不間今雨矣。

萬個羅清陰，蕭散人境外。舊雨時來游，一徑入烟靄。風細殊不聞，嘹然發天籟。

暢餘軒 啓菴扉而入，平軒三楹，以觴以奕。劉靈預答竟陵王書云：暢餘陰于山澤，託暮情于魚鳥。

歸懷在山澤，好景無冬春。孤賞白日静，佳趣已畢陳。永言暢餘陰，企彼羲皇人。

飯松菴 堂之北偏雜植花藥，繚以周垣，爲偃息之所。故多松，其秀色可餐云。

山客了無營，提筐拾松子。食之潤毛髮，清芬味如水。願與素心友，共此烟霞髓。

紅藥欄 芍藥以廣陵爲最，近無好事者。西軒新植數十本，雖無奇種，亦自可人。

不見廣陵花，一别歲云五。豐臺擅奇艷，所惜涴塵土。歸吟紅葉詞，移種及春雨。

藕麋 欄檻之外，一籬界之。其外湖田百頃，遍種芙蕖。朱華碧葉，水天相映。毛詩：麋與湄通。

采蓮去東渡，鼓枻下迴塘。日晚歌聲起，滿湖風露香。落月泠葭葦，夜宿湖中央。

桂坪 暢餘軒多隙地，桂三十樹，移自白門。密葉濃陰皆可愛，不必花時也。

天香發遥夜，山月方銜西。森森坪間桂，緑葉含丹荑。連蜷不自閟，招我成深栖。

又《東園八詠》 其椐堂 喬木蔭虚堂，入門失塵想。秋氣日夕佳，平楚正蒼莽。不見伐柯人，衆山滿清響。

几山樓 拾級巡危欄，振衣躡高閣。坐對南山南，空翠入林薄。等閒風雨來，雲氣白簾幕。

西池吟社 曲沼環西池，琮琤鳴以瀉。桂子落秋衫，寒如山雨灑。招月共清吟，開尊風露下。

分喜亭 半畝犁春雲，田畯亦吾耦。鼓腹行且歌，帝力知何有。浩然賦歸來，古人不相負。

心聽軒 齋居兀無事，日長小年永。吾心古井水，山光淡雲影。天風半夜吹，妙悟入虚牝。

西墅 西蹊桃試花，紅樹緣流轉。無語笑東風，飛香落蒼蘚。欲問前度人，烟中辨雞犬。

鶴廠 此鳥詎可籠，幽柴接烟渚。雖懷稻粱恩，終戀江海侶。多事笑乘軒，凌雲任遐舉。

漁菴 澄凈愛秋潭，架屋倚崖側。游魚簇浪花，水痕細如織。向夕獨垂綸，忘筌亦忘得。

清 帥家相《卓山詩集》卷七《林園》 青烟蕩紫陌，楊柳昨夜新。連騎欲有適，出門天地春。笙簫九衢市，彩繪重城闉。微飈扇馳道，繡轂交清塵。紫游亦徐控，迴出官河津。紅樓漾澄淥，畫舫遮翠蘋。解鞍駕方舟，挈榼醉意頻。中流盼趙舞，龍女調歌唇。潫波徹清聽，吹沫騰倏鱗。物情競妍美，冶意爭紛綸。却顧桃李園，起踏苔蘚茵。青邱眼中見，白社置不論。興酣登平臺，千里流氤氳。萬象一芳藹，安知榮悴均。繁華盛都會，青帝爲陶鈞。及際熙攘游，山川豈常因。承平古不易，爲樂思共珍。延覽馳四極，諒哉曠無垠。

清 高宗愛新覺羅・弘曆《御製詩集》三集卷二一《駐陳氏安瀾園即事雜詠六首》 名園陳氏業，題額曰安瀾。至此緣觀海，居停暫解鞍。金堤築籌固，沙渚漲希寬。總廑萬民戚，非尋一己歡。

兩世鳳池邊，高樓睿藻懸。渥恩賚耆碩，適性愜林泉。是日亭臺景，春游角徵絃。觀瀾遂反駕，供帳漫求妍。

隅園舊有名，以是園爲閱塘暫憩之所，因賜今額。隅園其舊名也。巖壑窈而清。城市山林趣，春風花鳥情。溪堂擅東海，古樹識前明。世守猶陳氏，休因擬奉誠。

別業千年古，喬松徑路尋。梅香聞不厭，竹靜望偏深。瑞鶴舞清影，時禽歌好音。最嘉泉石處，撫帖玩懸針。

元臣娱老地，內翰肯堂年。睹墅棋聲罷，木天甎影捐。竹堂致瀟灑，月閣挹清娟。竹堂月閣皆園內名勝。信宿當迴蹕，池邊坐少延。

天朗惠風柔，臨溪禊可修是日上巳。趣真如谷口，姓不讓罔頭。意以延清永，步因覓句留。安瀾祝同郡，寧爲暢巡游。

清 蔣宗海《古春園》（《如皋縣志》卷二〇引） 維江海之內地，連衣帶乎東皋。翳名區之佳勝，數更僕而猶勞。遠稽宋代，厥有文昭。讀書遺跡，雨香僧寮。近溯有明，迄於本朝。北有水繪，南是樸巢。同人沓來，於焉逍遥。范家古澹，僻在城坳。沙氏西園，近小六橋。圓通精舍，露香環交。廢興感深，老成謝凋。乃有黄公，系出江夏，世居城北，保世滋大。前臨闤闠，後通藷蔗巷名。兄友弟恭，子效孫化，肅肅雍雍，讀書耕稼。探其本源，黄香之派。世以孝稱，於今不亞。出郭十里，在田之居。迆邐而北，先墓之廬。既封既窆，春秋屢徂。先生在焉，伴此邱墟。墓木已拱，聞風欷歔。築登削平，部署先圖。遂成邱壑，幽邃寬舒。遥而望之，葱葱鬱鬱。其徑蜿蜒，蛇盤而入。綠蔭蔽天，生風却日。即而觀之，別一洞天。門無車馬，室有雲烟。是登是眺，布護幽偏。芳草緑縟，春日爭嫣。嘉木葱龍，夏風泠然。秋聲蕭摵，歐陽賦篇。冬氣凛冽，裹陽梅箋。羣卉競秀，百果獻甜。池魚沸鬱，游泳淪漣。可以習靜，可以永年。而黄之意，寔不在此。謂我先人，生平所喜。體魄歸藏，神氣左右。花月之夜，形聲宛爾。不見不聞，如臨如履。世世子孫，守此勿毁。嘆前修之不永兮，一再傳而已非。極奢靡以爲游觀兮，宜乎興盡而莫可支。孰若依先靈以永庇兮，長留此不朽之芳徽。然冒氏逸園，壁鐫石像。累代衣冠，儼然可仰。未及數傳，廢爲土壤。是在貽謀之遠大，庶幾不愆而不忘。若先生者，可無多讓。

清 李化楠《醒園》（《羅江縣志》卷三六引） 買地十畝，築室三楹。避俗離塵，風景擅平泉之勝。背山臨水，烟霞繪輞川之圖。手栽竹木，漸成林樂哉。斯土自是園廬，多逸興，老矣歸田，散步獨游，曲折檻欄，花爛熳。憑高遠眺，迷離村樹，屋參差。既適志以安身，亦陶情而悦性。年華易逝，那有仙藥駐紅顔。富貴何時，肯對靈山。辭緑蟻，本來面目，醉裏乾坤。僻地無鄰，嶺上白雲常在户。高峰有主，天邊明月不須錢。登東皋以舒懷，橐筆成韻。倚北窗而寄傲，薤簟生凉。謂我何求，只向林園尋活計。於心已足，不勞蓬島問因緣。爰作小詩，以質同好。

何處堪宜着此身，園林幽敞絶囂塵。鋤荒結就三間屋，便與烟霞作主人。

山居非吏亦非仙，喜得名花盡日妍。酒罷長吟無一事，望江亭下水連天。

牽衣直上七層臺，眼底乾坤大放開。林樹蒼茫村舍酒，白雲深處有人來。

看看兩鬢白如絲，角利貪名到幾時。願得人皆閒似我，常來共對一枰棋。

清 劉紹攽《二南遺音》卷二《村居》 谿山迴抱野田平，邨野幽居稱意成。隨竹編籬纔闢徑，就槐架屋不妨明。幾番風信催紅葉，無數禽鳥報雨晴。誰叩柴門親啓看，鄰翁有約課春耕。

爲園一畝小山林，曲徑周圍緑樹深。犬護雙扉驚吠影，犢歸午日愛眠陰。草堂檐敞風能入，石洞床低暑不侵。燕子呢喃鶯睍睆，餘無別事可招尋。

無多屋宇近西疇，位置蕭疏爽氣流。露浥緑蕪三徑曉，風翻紅葉一園秋。階前天地宜邀月，檻外山川好上樓。十斛新收家釀熟，花開不向白衣謀。

列樹森梢竹翠新，閉關却埽净無塵。隔風親補月窗紙，烹雪呼添茶竈薪。僮逞衣棉當户立，鷄隨拋粒繞階馴。脱膚粟美黄虀脆，兒女謹啜未是貧。

清 **唐之鳳**《**天香閣詩集**》**卷二**《**過西園有感**》 暇日步西園，風景已非昨。雲霞空捲舒，金碧半凋落。曲樹感荒凉，高臺怨寂寞。叢條翳錦石，蔓草縈脩籜。信矣運盈虚，傷哉時蕭索。霜濃萎芰荷，月朗噪鳥雀。百年開異境，數世得真樂。徘徊嘆哲人，縱情在丘壑。

憶昔全盛日，乃在隆萬年。嶇嶔築奇石，蕩漾濬清川。樓臺倚洞壑，亭榭儼神仙。山椒接別搆，樹杪出飛椽。觴花進妙伎，醉月列綺筵。境以林泉異，景因歲月遷。盛衰感易迫，俯仰情彌牽。沉吟耿憂思，慨然慕往賢。

清 **咸珊**《**笑門詩集**》**卷一三**《**題謝氏園亭**》 梅花遠向故交尋，一酌清泉見子心。有道不嫌居市近，忘情何必入山深。茆亭治亂詩人跡，布褐寒暄處士襟。僻土誰知康樂意，空將白眼看園林。

清 **乾隆**《**梅里志**》**卷六** 褚于逕《過王覺菴園亭》詩：名園臨曲水，樓閣徑邊通。鈎挂珊瑚月，簾開翡翠風。魚翻池瀲灩，山疊石瓏瓏。静者焚香坐，憑軒賦草蟲。

清 **畢沅**《**靈巖山人詩集**》**卷五**《**游寄暢園**》 名園惠山麓，穿鑿得靈界。石仿三島雲，水分二泉派。翠壁出牆頭，銀濤落天外。旋折赴石罅，就下必争隘。一宵春雨深，濺珠恣澎湃。灩灩渟銀塘，長虹卧鏡背。凌虚倒塔影，異境沈其内。亭紅花百重，欄青山一帶。危嶂立疑人，孤松張若蓋。沙嶼奪雲明，風簾摇日碎。牆題過客詩，屏暗何年畫。幽塢數雅歸，虚巖學人話。汲泉烹竹爐，幽芬實堪愛。淮海舊清門，流風已易代。月泉撫畫圖，吟社虚高會。前明中葉，秦氏結月泉吟社于此，沈石田爲繪圖，今藏予家。夜色盪波光，明星如月大。

清 **李調元**《**五月初一日同墨莊游醒園**》（《**羅江縣志**》**卷三六引**） 久不到醒園，三徑荒都遍。低頭碍花枝，每被蛛絲罥。池作十字裂，草深魚不見。酴醾架未支，縱横草間出。蘭花真幽獨，細葉乾如綫。翻讓滋蘭圖，畫出轉葱蒨。蓬蒿争雄長，荆棘來相唁。垣頹蹊爲塞，石崩山亦怨。拌足虺蛇蟠，衝路鳥獸竄。破窗風颼颼，古屋月艷艷。借問此胡然，課督失勸諌。畦人事西疇，新田十雙佃。專力及我私，于公遂失盼。今朝花木喜，幸識主人面。伯仲兩老翁，相攜邀乃眷。既來必有詩，吟成試聽念。何人具雞黍，日暮舉酒燕。吾家有阿興，烹炮能亦擅。老子興不淺，一醉目如眩。回頭謂園丁，誡之莫吾慢。

清 **張鑑**《**冬青館集**》**甲集卷二**《**題揚州江氏別墅十八首**》**録十五首**

康山草堂 武功舊游處，茅堂倚平楚。凉風衆緑零，古懷浩如許。衰柳咽寒蜩，髣髴琵琶語。

漚館 愛此一泓碧，秋來瑩心神。策策魚數頭，引我濠梁情。日夕多古懽，聊結沙鷗盟。

連理玉樹堂 生香交芳柯，東風拂其外。君家兩瓊枝，態度春雲藹。不見城南韋，月作花樹會。

秋聲館 小録記鐵牛，選勝心忡忡。一雨廣陵城，凉葉辭高桐。歲暮衣裳單，鐙下鳴草蟲。

穆陀軒 一束磁青箋，寫經手不皸。松風入瓶笙，宛向臞僧乞。緑雪味有餘，不數雞蘇佛。

卧松原 髯翁疲津梁，西風一瀟灑。寒濤晚來深，松子落其下。誰與讀素書，時有負苓者。

辟萊堂 幽人耽林居，十笏團香茅。灌莽一以薙，豈殊海棠巢。但留菖蒲茸，映彼長頸匏。

紫玲瓏閣 春風語流鶯，早解丁香結。遠道何所思，日晏不堪折。却卷水精簾，露寒望香雪。

數帆臺 天風吹浪浪，決眦海門闊。瓜步寒潮空，峭帆渡超越。高館濃花時，佳人渺天末。

裂帛澗 秋霖活磵户，一宵水浛浛。長謡滄浪詩，寒流清可枕。時逢鹿兩頭，青蜺不敢飲。

對山樓 明詩衍中葉，古學起何李。康公磊落人，秦聲亦偶爾。疑獄中山狼，誰共空同理。

鶴樊 八尺鹿眼籬，老樹半癬疥。養得青田雛，不遺羽翮鎩。試入輞川圖，亦足配鹿柴。

結緑泉 山溜何清泠，一匊古玉色。樵青洗研回，晴瀾漾餘墨。逕之而不緇，其冽亦可食。

踐約亭 碧雲日暮合，三益望已久。菌閣秋褉殘，折束翦菘韭。駕言償詩逋，怕罰羊劉酒。

引蘿梁 華頂昔曾來，石梁極修整。何時種花瀨，照此秋雪冷。試劚萬年藤，石上弄清影。

清 嘉慶《長沙縣志》卷二三《古蹟志》 榕樹園，莊沖虛太史建。有《園中雜咏》詩十六首云。【略】

蘭亭如在眼，攀磴一相過。拔地臨丹壑，憑虛到緑波。觴隨流水曲，竹倚茂林多。莫道山陰褉，爭傳昔永和。其六。

水榭披襟處，中流日夜清。客來杯裏渡，魚樂鏡中行。橋影支靈鵲，波光蕩石鯨。一尊聊復爾，不必問蓬瀛。其七。

清 嘉慶《揚州府志》卷三三 愛日園，吏部員外孫宗彝築。孫宗彝詩：小築天然在水中，四圍都放藕花紅。亭高亭下茅能補，橋斷橋連路可通。埽地剷苔移秀石，賦詩留客賞新桐。閑情擬著忘憂賦，漫説當年林下風。【略】蕭然釣石枕城頭，傍水含山著意幽。三徑竹松添主客，一天風月在林邱。船邊鷗鳥尊前狎，水面欄杆鏡裏浮。喜是芳辰逢勝友，竹林蓮社共優游。

清 陳其錕《游聽松園八首録四》（《松心詩録》卷一〇輯） 寺認林紅處，園開澗緑邊。地分蘭若界，花近素馨田。烟雨遥連井，園近大通寺，有烟雨井。樓臺別有天。千章饒古木，種植始何年。

松廬名已舊，園牓署初新。壁畫多前輩，楹題半古人。桑麻閒自課，魚鳥狎來親。更約梅爲伴，還添杏作鄰。園後即鄧蔭泉、杏林莊。

海氣忽成霞，紅棉正吐花。池光涵鏡檻，帆影度窗紗。詩伯今詞伯，漁家又笛家。醉拈新樂府，高唱付銅琶。君自號珠海老漁，詞集名《海天霞唱》。

萊彩榮常有，烟霞痼獨深。能酬平子願，不負季鷹心。園爲喆嗣小蓬孝廉構以娛親。吏隱名兼遂，詩禪味細尋。歸田多樂事，難得好園林。

清 屠倬《是程堂集》卷七《趙氏園》 竹密難分个，林寒不積烟。嵌空山石瘦，面勢水亭圓。小憩渾忘客，安心即是禪。接䍠𢬵倒載，狂醉習池邊。

清 施國祁《元遺山詩集箋注》卷二《趙吉甫西園》 園名種德。《河汾詩·曹益甫〈趙吉甫種德園〉詩》：培植工夫與日新，風光别是一家春。三株槐茂堂堪搆，九畹蘭芳佩可紉。桃李陰成應有地，棟梁材出豈無人。從今不羡燕山竇，五桂聯芳老一椿。《陵川集·種德園記》：趙氏，燕膴仕之家也。汲古先生置園別第。繚園而草木發，闢館而泉石列。不務嬉游而不畜宴樂，有意乎推本之種夫德也，故名之曰種德。將由名以致實。張本乎是園，必推而放之四海而準而後已。搢紳先生皆有詩文以誦之。丁未夏，敬君鼎臣自燕致命于僕以爲記。僕亦冀夫種德之慶、繁衍之盛集乎趙氏之門，而有以徵之爲天下倡，使天下之人皆有以種夫德之目。故蔓衍而爲是言。

王城比民居，近市無閑田。閑田八九畝，乃在城西偏。久矣瓦礫場，莽爲狐兔阡。高人一留顧，老木生雲煙。築屋臨清流，開窗見西山。人境偶相值，遂無城市喧。趙侯嗜讀書，兀坐守遺編。性情入吟咏，古淡無妖妍。酸鹹與世殊，至味久乃全。我作別墅詩，請爲子孫傳。畊耘有定業，歉豐屬之天。寧作鹵莽兒，袖手待逢年。汲古先有齋，種德今有園。期君在晚歲，無庸計目前。

清 張維屏《松心詩録》卷三《上元後三日，劉樸石編修彬華招同謝澧浦庶常蘭生、吕子羽上舍翔、漆龍淵璘、高西山士釗兩孝廉，葉雲谷農部夢龍，載酒花埭，飲於翠林園。席上醉歌》 珠江碧水摇菰蒲，花光倒影浮珊瑚。一船移泊衆香國，花氣醉客如醍醐。主人種花識花意，萬花深處留餘地。小橋一道背嬌紅，高閣三間面疏翠。迴廊曲榭臨方塘，酒人列坐花中央。千紅萬紫在堂下，堂上侍酒惟花王。牡丹初放。手持一杯與花語，春光澹宕無風雨。客來酒滿花是賓，客去園空花作主。羣芳且莫驕青春，多少拾翠停橈人。欄畔驚鴻波底影，風前飛燕掌中身。酒後看花三里霧，惜花客欲陪花住。張顛沉醉問劉郎，欲訪天台向何處。我不願封萬户侯，亦不願識韓荊州。但願春醪多似水，年年花發客同游。

又 卷九《聽松園有序 八首録四》 園在珠江之南、花埭之東，大通寺居其前，杏林莊在其後。地十餘畝，中有二池，喬木林立，蓋百年物也。二兒祥瀛見而愛之，欲購爲余娱老之所。余止之，瀛固請，謂園易得，樹難得，遂聽之。瀛度地施工，爲堂爲廊、爲軒爲亭、爲樓爲閣、爲室爲厨、爲橋爲舟，經始於丙午夏，落成於丁未春。餘地數畝，姑曠弗治，留有餘不盡之意焉。園以水木勝，木以松勝。余性愛松，昔既以聽松名廬，今復以聽松名園。園常有，松不常有。松常有，園内外有松，且百歲之松不常有。園常有，水不常有。水常有，園内外有水，且四面皆水不常有。至若樓高見山，池活通海，帆移樹杪，天在鏡中。江村烟屋，稻疇菜畦，綺交繡錯，四望若無際焉。且夫陶公三徑、子山小園、白傅草堂、摩詰輞川，地以人著，人偕地傳。自惟樗櫟景逼桑榆，敢希昔賢，聊涉新趣，春秋佳日，朋舊盍簪以遨以游，斯陶斯詠，花竹禽魚，溪山風月，造物所贈，吾何私焉？惠然肯來，與衆共之。道光二十七年仲春之月，百花生日，珠海老漁張維屏記。記成，即以此爲《聽松園詩序》。

花竹尋常有，所難松百千。當時誰種汝，此老不知年。翠色映流水，濤聲飛遠天。蒼顔真健者，並立有紅棉。木棉高三丈。

古寺大通名，游園路必經。禪心如水白，客眼似松青。勝蹟出烟雨，大通烟雨，羊城八景之一。茂林堆錦屏。卜鄰依净域，天許養衰齡。

萬緑夾松澗，百花圍草堂。文窗分紫翠，詩境對滄浪。徑曲肱三折，亭虚水一方。臨流安枕簟，有夢亦清凉。

借他無滯水，養我不羈身。胸次少時事，壁間多古人。林泉原愛舊，魚鳥似知新。笑語來游者，何須問主賓。

又 卷九《四月十五日聽松園獨酌》 我來因玩月，不意乃得雨。得雨亦可喜，潤澤偏農圃。池荷葉已高，石榴花漸吐。翩然好鳥鳴，似欲向我語。其言雖不解，其意蓋得所。此鳥即友朋，相對吾與汝。此園亦傳舍，豈必吾是主。瀛兒爲鹺務所累，園將售與人。明日未來今，昨日已往古。今日且永日，追暇飲此湑。雨止月亦明，清景天所與。

清 阮元《揅經室集》四集卷三《海寧安瀾園雜詠》 修竹影風淪，清意每相媚。秋逕有人來，颯然破空翠。御題水竹延清

老竹露花垂，新竹風梢亂。莫聽琳琅聲，微妙在鼻觀。御題筠香館

叢桂抱幽亭，秋香聚圓谷。懸知昨夜晴，明月三更足。天香塢

小閣據木末，千花向閣開。不知出花上，花底看人來。羣芳閣

窗前十畝池，月出定滉瀁。今宵難待月，金波入清想。瀁月軒

陂陀易留人，頗可釣寒碧。雨餘秋水深，又没一層石。碕石磯

風來月復到，吟弄當如何。我不識禪理，惟知張志和。烟波風月

雲生竹趣深，雨歇荷香定。有客放舟來，風蟬動涼聽。竹深荷净

虚庭雜花樹，料此宜春宵。笙歌初散後，滿地花影摇。和風皎月

癯叟説青籐，籐古叟尚幼。揭來八十年，入秋更堅瘦。古籐水榭

乘興每登樓，坐見芳林杪。寶思發春華，高情屬雲表。掞藻樓

石徑滑蒼苔，危欄四面開。何人要脚健，直上此亭來。翠微亭

又 卷九《小園雜詩》録二首

古藤幾架紫垂簷，小刺荼蘼蓋曲廊。上番笋抽新竹密，午時陰冪老槐凉。黄扉退直鳴珂静，青簡修書刻箭長。忽有微風生夏氣，疏簾初試棗花香。

小園休賦庾蘭成，但向幽軒較雨晴。入户風圓飛絮轉，鋪池水定落花平。偶思晝寢安横榻，更爲齋居結小棚。多少案頭書史在，商量可似古人情。

清 盛大士《蘊愫閣别集》卷一《檀園賦》 客有懷練祁之勝者，百數十載，白雲誰侶，青山誰買。化鶴之石蔓萋乎荒煙，飛仙之槎寂寥乎滄海。當其庀近三隱，閣起六浮，窈窕紺寒之室，清虚墊巾之樓。聊因樹以爲屋，或就岸而牽舟。不衫不履而皆逸客，亦莊亦老無非勝流。主人絶交宦而晦迹，視榮利如脱屣。王霸之茆屋蓬户以病歸隱，周黨之短布單衣連徵不起。此間可以寤宿，可以寤歌。且復五日畫山，十日畫水，蓬蒿仲蔚之家，松菊淵明之里，終吾生以徜徉，極幽居之樂矣。斯園也，周迴廊廡，環繞漣漪，螺粘苔髮，魚穿荇絲。蜘蛛網户而煙細，蟾蜍窺簾而影遲。方春乍晴，雜花鬥媚，千聲啼鳥，不絶數尺。游絲欲墜南畝之筐筥，紛其饟黍東菑之臺笠。聚若鱗次，加以層軒博敞，夏室清閟。櫻實朱肥，荷衣紅醉。拳鷺不飛，病鶴獨睡。比王官之谷象其窅深，如武陵之源别有天地。又何必刻藻裁茵，雕金飾翠，侈博陸侯之園林，開竟陵王之邸第。凉飈颯爽，秋意蕭疏。秔稻之香滿野，雞豚之社比閭。千頭之橘，官免其稅。一頃之豆，歲儲其租。量十笏兮容膝，愛三餘之箸書。明月可掬，梅花自鋤。雪壓枝頭，花疑着樹。冰生水腹，磵不通渠。乃消九九之寒，圍爐到此。爲掃三三之徑，入室灑如。泉石枕漱，足移我情。煙雲供養，豈求人給。乍曳菅鞋，偶攜藤笈。或染香庵主扣舷而來，或松圓老人迎門而揖。老樹成鱗，小舟如芥。稚子烹葵，山妻剪薤。杖有貯錢，門無索債。非有意于軒車，本無嫌乎湫隘。丹林千樹，停車小杜之詩。緑水一灣，着色大癡之畫。城郭如故，風景不殊。小橋斜曲，深巷縈紆。過其地者，惟見釣月漁叟，擔煙樵夫。秋霜千樹，春水一湖，魚鳥仍識，田園已蕪。夫誰遡乎僧筏之所布置，而長蘅之所宴娱。

清 沈欽韓《幼學堂詩稿》卷一六《次日泛舟下崦至澗上潘氏園亭》 巒容獻篷窗，水色清自照。柳絲罥垂竿，蘋花顫過櫂。小泊當斜陽，偶步展清眺。雲壑本天然，池館粗能肖。長廊桐未陰，踈欞竹已嘯。山亭水榭倚，白波青嶂繞。菟裘老空營，鶴影孤相弔。榴房紅漸坼，花冠艶如燒。潘生釀法傳，潘邠老見東坡集。酒徒有常調。斟酌秋光中，記此開口笑。

清 陳綽然《冬至日孫禮南招飲集謝氏草塘記》（《順昌縣志》卷八引）

維永昌之别墅，有謝氏之草塘。門幽深而負廓，逕曲折以沿街。古巷書聲，恰近午晴白晝。山房燭影，偏宜乙夜黄昏。檻當飛瀑鳴泉，琴絃欲响。軒納青螺翠黛，眼界皆空。洵所謂「非山非林、亦邱亦壑」者歟。內有非山非林、亦壑亦邱小額。【略】感歲序之推遷，盼景物以容與。高低遠岫，斷雲將落。葉俱飛寂瀝空堦，竹響共風聲相亂。看墻頭柳樹，寒煙尚鎖千條。指屋角梅花，早雪纔開

數點。樓不甚聳，鑑池塘而波紋繞綠。亭不必高，望華陽而排闥送青。內有一鑑樓、望華亭。石雖頑，夾林木而隱約如山。竹非俗，傍粉壁而整斜似畫。欄曲曲而穿林轉折，垣低低而寓目玲瓏。魚戲清波，坐可垂釣。花移滿架，香不分叢。此則繪輞川之圖，高風不遠，追河朔之飲，芳躅堪傳者也。

清　梁章鉅《退菴詩存》卷二三《東園落成雜詩十二首索同人和作》

藤花吟館　二十年前，舊宅有老藤甚奇古。曾集同人開吟社，其間陳秋坪先生爲題「藤花吟館」四字，今屢易主矣，而舊扁猶存。適園中有藤一架，仍以爲額。

昔者藤花館，久矣非吾廬。一樹復在兹，仍堪入畫圖。俯仰廿載贏，翩然已遂初。所愧詩不進，詩外無工夫。用陸放翁詩意。

榕風樓　家居多暇，蒐輯閩詩，自唐五代至國朝合爲《東南嶠外詩鈔》，綴以詩話。將脱稿矣，而是樓適成，喜而紀之。

園中本無榕，曷以名我樓。我鈔閩海詩，榕風一樓收。區區敬共意，孟晉希前修。我志豈在樓，此數亦千秋。

百一峰閣　閣左連榕風，樓右達賓月臺，距地三丈餘尺。城外諸山，悉在眉睫。因約舉其數，以爲閣榜。

環城皆成峰，豈宜限百一。就可指數者，森森特秀出。三山如列鼎，雙塔如卓筆。一閣領其勝，城中殆無匹。

荔香齋　榕風樓前，庭柯陰翳，而荔支爲之長，遂以名齋。

宦游二十年，荔時必回首。濃陰忽在眼，嘉實佇入手。坐享色香味，庸庸福何厚。但恐蔡與蘇，空中笑裂口。

寶蘭堂　吾齋藏褚臨《蘭亭》黄絹本，爲海內有數墨寶。曾勒石於吴門。歸田後，携石與俱，作堂貯之。爲作詩。

褚臨絶瓌奇，米跋亦淵古。上石自吴門，瑶臺耿風矩。持歸詫朋輩，眼福到瀛滸。庋之以華堂，吾鄉之定武。

曼華精舍　庭前老桂一株，雜花相間，中爲精室兩間，取伊墨卿所贈舊扁懸之。

昔寫梧竹窗，無梧亦無竹。余曾取蘇齋師論詩語作《燈窗梧竹圖》，名流題詠甚多。今營曼華舍，扶疏樹繞屋。果否木犀聞，有無梅子熟。是身作天香，何分香味觸。

瀟碧廊　廊長而曲，與竹相屬。從叢篁茂，密處取徑以通於庭。故以竹爲主而題其門。

修竹不嫌多，長廊不嫌曲。恰從竹深處，闢出一徑綠。戛風生聲聞，韜日滄炎燠。何須豔響屧，即此差免俗。

般若臺　臺凡三成，空曠可四望。右壁獨寬，爰手摹李少温篆字於壁，即爲臺名。

東園最高處，亦名般若臺。爲有李監篆，政好供磨崖。笑對烏山巔，巽岑乃同苔。定知亘天虹，夜夜光昭回。

賓月臺　臺之高與樓閣等，面東而立，得月最先。命之曰賓月臺，而系以銘，鐫之壁。

招月月即來，形影成三人。招賓月下飲，與月迭主賓。般若何必假，鄰霄何必真。臺之對壁勒「鄰霄」二大字，亦從烏石山摹來者。今月即古月，此臺景常新。

滄困沼　沼中無他物而水甚清。憶吾宗伯鸞高士遺句云「無營無欲，滄爾淵清」，因取滄困二字勒諸石。

無營復無欲，滄淵信余情。宗賢有遺訓，恰宜此沼名。不須芰荷鋪，亦無藻荇横。所欣臨水影，依然在山清。

小滄浪亭　方池之右，雜花修竹之間，有小亭翼然。偶憶吴中舊事，題曰小滄浪亭。

憶修滄浪亭，佳話喧吴中。歸來補茆屋，詩夢猶惺忪。並水取微徑，竹石隨坳隆。光景諒不殊，所得則已豐。

浴佛泉　四月八日，於榕風樓前濬井，爲灌花計耳。甫三尺而清泉湧出，其勢甚暢。因疊石爲小池，名之曰浴佛泉。

鑿井乃得池，所得非所擬。恰當浴佛日，現此功德水。非惟養魚便，更喜灌花邇。水到渠自成，静觀悟其理。

清　彭藴章《松風閣詩鈔》卷二〇《借園八景》　壬子春，假孔修師園寓居半載，今又居此一年矣。庭中有古柏修篁，藥欄藤架，牆纏薜荔，籬植黄花。疊石如山，小樓延月。春秋佳日，流覽怡情。因題曰借園，而繫之以詩。

古柏　森森古柏後凋姿，歷盡冰霜勁節支。留得清陰消暑氣，薰風庭院午晴時。

叢竹　西窗叢竹景偏幽，謖謖清風滿徑秋。一枕蘧然莊夢醒，羲皇高卧不知愁。

藥欄　階前紅藥我新栽，不及陳根爛漫開。始悟十年期樹木，幾經雨露受滋培。

藤架　簾外枯籐花下垂，花開香色總相宜。盤拏老幹龍蛇伏，絡石穿林態崛奇。

荔牆　薜荔牆邊細雨收，空濛冷翠一庭秋。黄梅時節蝡蝓畫，不似人間顧虎頭。

短籬　竹籬門對夕陽開，野草閒花滿地栽。苔徑不堪延俗客，太常仙蝶偶飛來。

疊石　瘦石玲瓏闢逕新，倪迂獅子出風塵。嶙峋縱比淮南小，五岳天涯結比鄰。

小樓　小樓高傍畫堂東，落日開簾面面風。最好清秋明月夜，千家燈火笛聲中。

清　彭藴章《歸樸龕叢稿》卷一《鉏雲園賦并序》　乾隆初，先曾祖告養家居，築此園以娱母。地不逾五畝，而有亭有臺、有池有橋，奇石聳秀，喬柯環蔭，水陸之花四時畢備。余幼讀書其中，迄今追憶，賦此以志先澤云。

鮮溪之濱，南園之畔。園號鉏雲，地同槃澗。竹石幽深，花木葱蒨。春秋佳日，于焉賞玩。其中則有延緑之軒，南對衡門。砌以文石，繚以周垣。白榆千尺，垂蔭庭間。竹籬十丈，春盡花繁。酴醿綴雪，薔薇爛然。香風飄蕩，醉心銷魂。其北則有蘭陔之堂，孤松特立。矯似鶴翔，蜿如龍蟄。黛色山濃，烟痕霧濕。清風徐來，驚濤夜急。其西則有蝶夢之龕，温房冬煥，窗納朝曦，牖臨脩竹。閉户調琴，焚香夜讀，怡養心神，屏營幽獨。南臨高閣，是名涵青。八窗洞達，四望杳冥。時維春暮，菜花連町，東風吹送，萬隰餘馨。秋月皎潔，銀河有聲，欹枕獨寐，夢落滄溟。東則亭名漱玉，翼然凌波。緑水一鏡，紅妝萬荷。漪漣之橋，中流三折。虹影横拖，縠紋中裂。小艇摇摇，纖鱗鱍鱍。又東則有環蔭之屋，丹桂森階。秋飄金粟，香沁詩懷。丈人之石，孑立無儕。坡陀南屬，玉筍低排。牡丹耀艷，周乎其厓。南對幔仙之閣，藏書萬帙，富掩鄴侯，秋陽可暴。望旭登樓，蟫編入手。鷲嶺凝眸，其旁則有見山之岡，游目天表，踏葉人衡穿雲雁杳。下則歸雲之洞，仄徑盤紆。緣蘿入谷，振策登衢。循牆西度，略彴當渠。復自軒中北尋，疑舫靈鼉，曝石赤鯉。躍浪濠濮，齊觀天倪。和暢景美辰，良地偏心曠。憶余稚齒讀書其中，春風秋月，流覽無窮。十年紆綬，九陌乘驄。何時歸去，一畝儒宫。緬惟我祖卜築溪濱，匪侈游觀實用娱親。敝廬可託，大庇子孫。平泉已渺，緑野何存。繼承勿替，惟德之敦。如木有本，如水有源。瞻言故里，永念家園。濡豪作賦，以示後昆。

清　蔣湘南《春暉閣詩選》卷一《宜園》二首録一

前代周司馬，圃開君子亭。相通兩湖白，祇隔一山青。樓豁吞僧塔，梁空躍鼈靈。名山同不朽，舉酒酹空庭。

清　李兆洛《養一齋文集》補遺《東圃賦》　余往來京洛，賃廡閒居。直廬之楊已長，學市之槐空緑。城闕莫往，闤都匪思。廓焉鮮歡，時過東圃。蓋觀察潛齋先生之别墅，而吾友山子吴君之清館也。王猷竹徑，時或不逢。主人文舉酒尊，固亦無嫌多客。既忘其適，良以爲常。當丁卯之紀，年屬庚寅之降日，賓從至止，壺觴錯然。斯游難忘，渺然有賦。蓋樂燕好者流譽於嘉樹，頌壽考者托言於栲杻。爾乃結搆南瀕，經始東田。密邇苑籞，駢連市廛。西潦經其宫，南墉阻其前。猶是縱横百步，繚繞數折。巷能通幰，門劣容轍。膝可容而實隘，塵不障而已隔。非石門之新居，是陸賓之舊宅。於是剗層蕪課，短町夷觚。坳範垣瓴，徑濕留履。籬細中繩，上則步櫚四敞，連階拓楹。既鄰水榭，亦象風亭。抗疏橑於高楣，洞密牖於直櫺。左則軒號西晴，亭號小眠。籯經柱史，是度是安。横琴床破，攤書榻穿。遴芳兮蒔木，朝撫兮暮祝。柳條短兮過墻，槐蔭濃兮蔽目。買海棠兮問香，謝夭桃兮慵緑。下則叢叢芍藥，處處江籬。野花無種，細蕊隨時。峰撑拳石，泉瀉盆池。吟蟲争喑，儵魚出窺。當夫碧雲欲收，皓月初上，翠氣滿庭，微風承幌。争御籃輿，乍扶藤杖。攀玩荑華，低徊蔬壤。喜舊菊之未荒，訝新松之暗長。忘世態於庶幾，寄閒緣於獨賞。況乎魚鳥之具，花樹之居，八院相對，兩騶並驅。射牛分脯，製鳳争珠。摶文散袟，尤足相娱者也。非喬非阿，可嘯可歌。聖自淡於理愜，世常苦乎意多。悟叔山之尊足，慕謝客之養疴。諒知止其不殆，保年命其奚頗。

清　徐寶善《壺園詩外集》卷五《别壺園》　日余落斯園，作噩月維窉。

敂敂舉家色，粤歸方自郢。修軫素商駕，沉蕩碧天冏。故園一迴睇，中夜夢魂憬。丁年負殷憂，洪濤泛寸梗。南山隱深霧，寬閒得幽屏。補我中庭桂，培我前榮杏。我架絡朱籐，我池文翠荇。平原閒草木，襂䂮各持整。如何未黔突，復此驪駒騁。綽約拒霜華，十色朝霞靚。似祖遠行客，凌波鬥嬌影。古人重出處，如水别暖冷。不薄萬乘相，要懼一端眚。夫豈爲身榮，將使蒼生幸。高名盜由光，恥與脂韋并。功成炎瑣退，貪棧亦所警。息壤志斯言，無爲怒疊穎。

又《辟疆古園歌》　辟疆園在梁溪之西關，爲顧修遠先生宸之别業。先生崇禎己卯孝廉，與同里唐采臣、錢湘靈諸先生結社，稱聽社十七子。喜藏書，富埒虞山。錢氏絳雲樓鼎韋後不樂仕進，先生六世孫孝廉蔄塘作辟疆古園圖。蓋二百餘年來，園之荒圮久矣，而余家先司寇遂園不三傳，與傳是樓者皆成瓦礫，傳之子孫者僅存。康熙甲戌，耆英修禊。横卷讀蔄塘是圖，均有不勝故園喬木之感者矣。

長康家貧無一椽，十載藏身萬人海。袖中示我新畫本，中有先人敝廬在。九龍峰高翠入雲，名園草木酣青春。參軍愛客主壇坫，二泉觴詠如龍津。擁書不殊南面王，洗耳甘作谿東鄰。眼看銅駝卧荆棘，小園蘭成空愴神。百年劫火紅羊换，竹瘦杉枯瑱甃斷。遺老猶傳顔闔家，行人誰識陳陶觀。吾家遂園傍玉峰，禊飲遠續蘭亭蹤。主斯會者尚書公，鴻臚作圖寫貌工，圖中一一鬚眉雄。吁嗟乎！衛公平泉成白地，世閥空繩隤敳裔。尚聞鉛淚瀉金仙，何況區區故侯第。讀君甘州曲，令我心煩憂。名山君自乘千秋，魚袋緋衣安用求，百不及君一事優。鴟巨儻逐五湖去，我已松門營菟裘。

清　汪曰楨《玉鑑堂詩集》卷二《安瀾園四十韻》　緑野千秋著，丹毫兩字標。蓬瀛連浩渺，風月恣鏤雕。疊石岡迴複，栽花土沃饒。古藤臨水榭，修竹上山椒。蛇蚓彎環逕，虹霓宛轉橋。塢深丹桂發，岩迴絳桃夭。瀾湧清於染，嵐堆黛欲描。青杉横小牐，碧荇碍輕橈。櫻顆珊瑚樹，楊絲翡翠翹。漁磯坐煙雨，曲水泛樽瓢。十二飛樓敞，三千眼界遥。相君當日住，園爲海寧相國陳文簡公元龍别業。塵域此中超。梓里金貂擁，槐廷鼎鼐調。花開春擊鼓，人静夜吹簫。旌建風曾相，園舊有相風旌，今已無存。杯傾月可邀。新盟結汀鷺，芳宴薦江珧。舞態回紅袖，歌聲記緑腰。玉梭鶯語滑，金勒馬蹄驕。琴韻鳴珠柱，茶芽煮石銚。蘭焚煙細裊，棠睡燭高燒。好著歸田録，如聞擊壤謡。樓臺餘百尺，雨露荷三霄。雲暖丹楹護，風和翠蓋飄。時巡六飛駐，行在萬靈朝。寵命題宸藻，清音譜大韶。鳳毛綿世德，鸞輅扈清鑣。文簡公子愚亭先生官侍讀。歸志初心遂，豪情往事消。人增華屋感，我爲垺鄉招。賢主誇三薛，才名擬二鼂。園同游獨樂，意可慰無聊。來趁探幽屐，剛看指亥杓。闌心重駐足，回首憶垂髫。淺沼晨垂釣，孤燈晚聽潮。詩情煙外樹，畫本雪中蕉。苔蘚尋陳迹，亭池訂久要。蠨蛸徧堂宇，鵂鶹换昏朝。遠嶂臘梅綻，空庭悴葉凋。菊黄無戲蝶，林黑有鳴鴞。觸目頻興喟，吟腸祇愧枵。猶疑鈞樂奏，松籟起回飆。

又卷三《葉少藴石林園》　疊嶂横蒼弁，清池映碧琳。名園前代迹，月石古人心。突兀青厓峙，嵯峨緑蘚侵。地偏岡起伏，巖古徑幽森。勝事今何在，高情夙所欽。詞人曾久住，此地發清吟。明月瓊瑶路，春風翡翠岑。有時攜蠟屐，當日佩朝簪。階秩登祠部，聲華重翰林。防江垂鉅績，領郡矢清箴。武衛龍韜壯，軍籌虎帳深。團兵威獨奮，轉餉力能任。神武冠初挂，苕溪路可尋。官非持節使，家有買山金。卜築三椽屋，言歸一水潯。雲根圍峭拔，瑶筍列崎嵚。力士開偏速，夸娥負莫禁。鐫劖疑斧鑿，搜剔等璆琛。精舍留真意，新居愜素襟。兼山收麗景，承詔仰綸音。放論宜巖下，清游喜竹陰。躋雲瞻勝概，愛日見忠忱。界啓清虚府，泉鳴太古琴。米顛原石癖，皇甫亦書淫。讀易占凶吉，搜聞記古今。春秋推甲子，謨誥辨辛壬。玉澗書纔續，金樽酒屢斟。螺鬟工位置，鳩杖好登臨。古嶺煙嵐合，寒林夕照沈。巖阿終寂寂，歲月已駸駸。勝地棲狐鼠，遺編付蠹蟫。層巒凝黛點，峭石鋭霜鐔。老鶻巢庭樹，羣麋覓野芩。階皷藤繞蔓，徑仄棘抽鍼。破屋秋風圮，空山夜雨淋。巖尋羅漢舊，訪古思愔愔。

清　沈學淵《桂留山房詩集》卷一《東園十二景爲張子淵作》　六山　五日畫一石，畫師故作態。何如運甓成，叱使巨鼇戴。

石臺　琴絃寫秋心，棋局消午倦。小坐未移時，松花落如霰。

香雪塢　積雪照林巒，晴香封蓓蕾。欲上最高峰，爲君唱小海。

梅隱居　隱者不知處，梅花成一村。主人題句在，烟月舊柴門。

碧雲深處　宫詹老著書，借此一分屋。至今碧雲深，想見竹汀竹。

玉照軒　籍甚張功甫，留題得舊名。開軒花四照，朗朗玉山行。

聽雨榭　蕉葉大於幄，雨聲四面秋。嵩高山下客，破傘正蒙頭。

鄰竹山房　緑楊兩家春，寄書約元九。卜鄰亦大難，從君乞千畝。

暎香嶼　釀酒愛老僧，翻經憐名妓。梅園種牡丹，亦自有佳致。

聽魚磯　竹竿嫋烟絲，聞根付冥想。隔岸荇花黄，時聽一聲響。

孤山市　橘柚輸官租，梔茜收貨殖。惜少種梅書，補入齊民術。

藥圃　我愛韓康市，閒園拓數弓。四山多小草，請付藥籠中。

清　胡敬《崇雅堂詩鈔》卷一《陪施澹珍外舅游舒氏園亭》　意行訪名園，委曲度深巷。虚亭面寒碧，層構極軒暢。屏山疊石成，厓崿屹相向。萬箇青琅玕，煙靄杳摩盪。微於枝缺處，一角見遥嶂。清陰落琴薦，蒼翠滿衣桁。行行盡深叢，陡覺天宇曠。修廊忽中斷，略彴跨其上。活水環城根，百頃波滉瀁。芙蓉鏡漣漪，剛報一枝放。登臨豁幽抱，流覽愜素尚。湫隘城市中，似此見真創。豫擬梅花開，更作剡谿訪。杖履隨春風，鑾榼挈村釀。

又《昆園八詠》　**雪浪山房**　宦海破除煩惱，家山歸養冲和。想得懷如冰雪，閒看世上風波。

秋聲閣　歐陽感生夜讀，昌黎理悟蟲鳴。窗間竹影梧影，簾外風聲雨聲。

平橋　瀲灧魚鱗春漲，彎環鴈齒紅橋。比似濠間心樂，不同灞上魂銷。

曲洞　具體名山六六，斜通仄徑三三。偶學書臨池北，更穿雲過花南。

老松　謖謖風聲盈耳，森森黛色參天。共詡生來得地，不知栽自何年。

古桐　剛賦詩逢雨至，正披襟值風來。即此自成天籟，何須取作琴材。

盤槐　如蓋童童葉翠，到秋冪冪花黄。我輩干卿何事，年來爲爾添忙。

雙桂　高潔肯争春豔，芳華留照秋暉。揀取一枝安穩，笑他招隱方歸。

又　**卷六《留别頤園》**　亦知同傳舍，無那意難忘。隙地閒雲駐，寬庭愛日長。徑通挑菜渚，村接養魚莊。草木心珍重，平泉記載詳。

最愛山亭敞，虚簾不上鈎。斷霞明雉堞，蒼靄暗漁洲。蛾影青山展，螺痕采石浮。四時煙景好，都向望中收。

亭畔空心柏，皤然倚若峰。葉香宜宿鳳，枝老欲成龍。雷火燒痕舊，霜華黛色濃。偕松强同調，無意更邀封。

古槐高百尺，時代莫能名。似蓋繁條布，如槎老幹横。葉從崖下覆，根向石中生。好在交初夏，閒關聽鳥聲。

臨池亭亦好，支木作平橋。白藕花翻雪，青萍葉捲綃。空明人在鏡，消長水通潮。歸卧滄江晚，成連不可招。

園中足嘉卉，第一數梅花。仄徑扶筇探，低枝壓帽斜。蘚痕青剥落，蘿影翠交加。不盡相思意，神仙萼緑華。

就中難捨甚，脩竹是深交。夜月看篩影，春風聽坼苞。酌删鋪砌篠，留長出牆梢。中有柯亭質，園丁莫浪抛。

日涉還成趣，慈闈樂有餘。丹黄收夏果，葱翠翦秋蔬。千里催歸棹，三年許暫居。故園蕪已甚，親抱可能舒。

清　**查揆《篔谷詩鈔》卷五《拙政園二首》**　十笏荒園話廢興，百年青史感難勝。壽陽已報平南入，姑熟空將太傅憑。春燕有情迷舊巷，兔葵無限賸寒塍。風流何似鷗波老，閨閣争傳管道昇。

萬里遼陽化鶴還，閨人歲歲望刀鐶。徒令聖主輕危素，何似江南怨子山。落葉有詩吟故國，小園無賦出人寰。寶珠今日多零落，尚想花光照髻鬟。

清　**鄧廷楨《雙硯齋詩鈔》卷三《玉泉院東楊氏園林》**名翼，武官。甘肅循化同知。曲徑蒼筤暗，修垣薜荔封。疏泉留五畝，開閣納三峰。濁飲前郇酒，清聞隔院鐘。吟窜成小憩，此境稱疏慵。

又　**卷八《憶萬竹園》**　吾家萬竿竹，籊籊繞清池。紅日不到處，緑雲無盡時。林深藏遠堞，徑曲隔疏籬。自哂經年别，寬閒讓鷺絲。

清　**柏葰《薜箖吟館鈔存》卷一《重游賈氏别業》**　洞門高閣板橋横，細草茸茸石路平。水不在深清可挹，樹猶如此碧無情。偶尋竹嶼科頭坐，又見花欄照眼明。纔識通幽多曲徑，杖藜便擬到蓬瀛。

清　**王慶勳《詒安堂詩初稿》卷一《游青溪霽園》**　野鳥不停呼，招來暢遐矚。危樓峭插雲，奔泉寒漱玉。峰攢户牖青，竹染須眉緑。芳草似帶圍，亂把飛花束。

清　**賴蘊山《賴家園》（《橘中人語》輯）**　賴氏園依寶嶺陽，亭名楚頌背方塘。小橋斜入蘼蕪徑，古木横穿薜荔墻。竹雜野花居不俗，橘餘碩果韻猶香。平生雅有林泉癖，鴻雪留題志不忘。

清　**張應昌《彝壽軒詩鈔》卷二《游陳氏安瀾園》**　茂林修竹繞崇山，曲水清流左右環。古意蒼然金粉少，風流王謝想閒閒。

一重山盡一重開，碧沼蒼巖護紫臺。境邃渾忘城郭小，松雲深擁翠華來。

又　**卷三《金陀園》**　重過名園又十年，相逢富貴豔陽天。小山流水真邱壑，喬木修篁舊雨煙。樓閣倚城春曠衍，圖書圍壁手雕鐫。雖無遠秀窗中岫，自覺憑欄思渺然。

又　**卷八《劉氏學圃**養素方伯于濤别墅**》**　小築傍花洲，繞堂流水周。天然圖畫得，不必美完求。香净荷間暑，風來樹裏樓。先憂斯後樂，保衛此鄉州。樓名後樂。

又　**卷一〇《喬氏小園**瀛槎太守延槐寓舍**》**　小圃秋英絢，疏寮書几清。留人叢桂樹，傍榻煮茶鐺。松白龍鱗古，花紅鳳羽輕。灌園如可學，抱瓮侍先生。

又　**《陳氏别墅**陳克齋别駕進脩**》**　城北結廬寬，閒開十畝間。廣庭先得月，繁卉疊成山。鶯徑通籬落，鵝池傍竹灣。高人軒冕賤，倦鳥早飛還。

清　**許瑶光《雪門詩草》卷二《仲春馬雲莊招飲澹園紀贈》**　澹園在湘城白沙泉之西。南傍水作樓，倚山結閣。奇花異卉，甲於長沙。雲莊半生經營悉萃於此。花時招客，杯酒不空，地勝主賢，不可無詩。

主人愛花兼愛客，朝朝瓮打梨花白。散盡黄金買碧山，招人共枕山間石。去年訪友來山齋，偷盼林花悦心魄。登樓正值麥秋時，颯颯冷風入窗格。買餅蒸餻飽我饑，梅雨連天望江碧。那知今歲更殷勤，爲我春前展花席。鼠姑含露尚未開，紅杏壓枝低可摘。薄霧濛濛水上綃，游魚躍浪青萍拆。莫嫌主出歸來遲，好竹當門笑相逆。【略】歸來一枕玉窗前，恍聽白沙泉脉脉。

清 徐時棟《烟嶼樓詩集》卷一四《同葉小峰同年維藩季弟石門泛舟，游林氏夢園》 聞説城南路，名園緑水邊。扁舟才一到，小築已三年。位置天然别，登臨我亦仙。何當攜斗酒，蕭爾話林泉。

樓迴深深接，山低曲曲通。小窗皆卍亞，老樹自西東。烟靄微茫裏，人家指顧中。更臨池水上，濠濮興相同。

舊日農耕地，新來已闢町。短牆圍菊圃，幽徑出雲亭。牆外有小亭，童丈蕁君顔以「團雲」。黯色春都是，奇花眼未經。自慚斯事拙，小立問園丁。

闌外更何有，縱横復結廬。一庵新供佛，滿架亂堆書。圃外有庵，曰無無庵，以供冬心居士所畫佛像。種種因緣見，無無色相如。庭前千个竹，欲爲證空虚。

清 譚嗣同《莽蒼蒼齋詩》卷一《蜕園》 水晶樓閣倚寒玉，竹翠描空遠天緑。湘波濕影芙蓉魂，千年敗草萋平麓。扁舟卧聽瘦龍吼，幽花潛向詩鬼哭。昔日繁華餘柳枝，水底倒挂黄金絲。

清 陳作霖《可園詩存》卷一《隨園二首》 本來宦隱此身俱，占得倉山東北隅。何點數椽籬下宅，王維一幅輞川圖。樓依山作高低屋，水界堤成内外湖。到此令人增悵望，本來名士出菰蘆。

紅廊曲折漸通幽，振策先登最上頭。鏡設空堂疑有路，地蟠古樹不知樓。樓有小院，挺古樹一株，蓋依山所爲也。檻從宿鳥窠邊出，人在盤蛇谷裏游。結構匠心如此巧，文章那得不千秋。

又 卷四《游汪氏水南園二首》 别有幽居趣，誰家築小園。橋通紅板路，樹裹緑雲村。修竹排成徑，流泉響到門。此中堪避世，何必武陵源。

屐齒印蒼苔，陶家三徑開。欄紅盤路曲，山翠撲簾來。春冷花猶斂，年深鶴已胎。清談閒坐久，隨意試茶杯。

又 卷一六《可園八詠》 養和軒 寒夜圍爐坐，軒窗四面明。雪深街柝静，猶聽讀書聲。

凝暉廊 室外迴廊静，園居爲奉親。晴暉凝小院，花草總長春。

瑞華館 萬卷羅經史，其書亦滿家。文章吐奇瑞，不數洛如花。

寒香塢 殘葉脱未盡，梅花已孕胎。珊枝挂冷月，香意先春來。

叢碧徑 桑竹散清陰，蕉梧蔚深秀。林深不逢人，彈琴遺長晝。

望蔣墩 向晚立平臺，日入萬象暝。清光一片來，月上鐘山頂。

延清亭 秋色牆頭山，點點青無恙。罩椒聳翠微，十里遥相望。

蔬圃 抱瓮日灌園，韭菘隨處有。養拙息機心，吾師漢陰叟。

清 朱徑《燕堂詩鈔》卷一《游田氏園二首》 入門苔徑澀，滿架蔓藤牽。花盡三秋雨，蒲荒十月天。層樓低接樹，曲舫暗通泉。頗覺幽人趣，名園屬輞川。

堂轉迴廊杳，橋支細水流。山高不礙月，池小僅容舟。有鳥還能語，無花可解愁。只緣苦寂歷，此地暫淹留。

未窮黄葉徑，先覺有溪聲。柳席虚鶯坐，荷珠得月明。有懷吹藥竈，無意飾茅楹。入夜人忘倦，花移柝幾更。

雜録

清 梁詩正 沈德潛等《西湖志纂》卷七《北山勝蹟上》 雪莊 在葛嶺下。舊有宋時石仙人八座，因名八仙莊。後石仙移置通元觀，今爲海寧許氏别業，更名雪莊。

清 乾隆《昌邑縣志》卷一 遇仙園 金武略將軍李順真家青石山之陽，養恬守素，名其園曰歲寒，菴曰守休。仙人劉長生過其地，以瓜殼題石，曰遇仙園，碑至今尚存。碑陰有詩，長生子作也。詩云：仙人墳墓在其中，裏面約栽數百松。雨過西南聞雪浪，雲收東北看青峰。春來檻外賞花柳，秋後菴前對月風。萬物凋零松不變，這些幽景樂無窮。

清 黄印《錫金識小録》卷三《緑芝堂》 錫山之陰多美蔭。有緑芝堂，道士沈自修得前人瘞金而造者。堂九楹，宏敞幽邃，左右後三方皆列精舍，竹環之。竹中嘗産緑芝，故以名堂。一時名士多託足肄業，先後成名。壁有題名記。

清 乾隆《元和縣志》卷一八 南園在陽城東湖，鄭景行所築。前臨巨浸，後據畝邱，中多聚奇石爲山，環以脩竹名花。有擷芳徑、觀魚檻、聽鶴亭。

東園在甫里甿牛涇北，馬文遠勖所築，爲周興趙文輩詩文酬唱之所。中有佳石曰翠雲朵。

都御史徐源别業在瓜涇。中有池館林泉之勝，與夾浦橋相望，名曰夾浦書莊。

芳草園在定跨橋北，青霞居士顧凝遠築。水石清幽，花竹秀野，别館開亭，頗極佳勝。後屢易主，僅傳其名曰花谿云。

清 乾隆《梅里志》卷六 藿園在徽州埸後，李博士應徵築。後歸王方伯言遠，子覺菴添設十錦塘諸勝。尋改爲菴。李鹺使嶧山廢菴爲園，里人仍稱王園云。

又 林埜《王星紀園亭記》：今丙午春復構小亭臨池上。户南北向，東西列牖，方廣約數十武。顧視左右，則修篁掩映，佳木紛披，風雨晦明，景物迭變。《鈍齋集》

又 周篔後《游王氏園亭記》：王子星紀公來有別業在居南，爲其親正區晚節游息地。叢梅數十樹，桃李榆柳環植之。有渠焉泓然而澄，有竹焉鬱然而深。林薄之外，谿流遶之，若襟帶焉。《采山堂集》

清 錢泳《履園叢話・張侯府園》 張侯府園在江寧府城東，國初爲靖逆侯張勇所建，今爲劉觀察承書得之。園不甚廣，大廳東偏，有賜書樓一座最高，可以望遠，萬家烟火，俱在目前，亦勝地也。其他如邢氏園、孫淵如觀察所搆之五松園，皆有可觀。邢氏園以水勝，孫氏園以石勝也。

又《瞿園》 瞿園，即宋氏網師園故址。嘉定瞿遠村氏增築之。其西數十步，即前大宗伯沈歸愚先生舊宅也。嘉慶戊寅四月，余嘗同范芝巖、潘榕皋、吴槐江諸先生看園中芍藥，其花之盛，可與揚州尺五樓相埒。范有詩云：看花車馬聲如沸，誰問尚書舊第來。今又歸天都吴氏矣。

又《涉園》 涉園在新橋巷東，郡人陸閏亭太守所築。園不甚廣，東近城垣，有小鬱林、觀魚檻、吾愛亭、藤花舫、浮紅漾碧諸勝，近爲崇明祝氏別墅。

又《寒碧山莊》 寒碧山莊在閶門外花步洞庭，劉蓉峰觀察所築，園中有十二峰，皆太湖之選。道光三年始開園門，來游者無虚日，傾動一時。

又《水木明瑟園》 明瑟園在上沙，初吴江高士徐介白隱居于此，後郡人陸上舍稹增拓之，遂稱勝地。秀水朱竹垞檢討爲作《明瑟園賦》，後復荒蕪。乾隆五十二年，其族孫萬仞嘗得王石谷所繪園圖見示，余爲補書朱賦，於後忽忽三十年，又爲畢秋帆尚書營兆地，今且松籟如怒濤聲矣。

又《壺隱園》 壺隱園在常熟縣西門内致道觀西南，明左都御史陳察舊第。嘉慶十年，吴竹橋禮部長君曼堂得之，築爲亭臺，頗有旨趣，其後即虞山也。越數年復得彭家埸空地，亦明時邑人錢允輝南皋別業舊址，造爲小築，田園種竹養魚，亦清幽可憩。

又《燕谷》 燕谷在常熟北門内令公殿右前，臺灣知府蔣元樞所築。後五十年，其族子泰安令因培購得之，倩晉陵戈裕良疊石一堆，名曰燕谷。園甚小，而曲折得宜，結搆有法，余每入城亦時寓焉。

又《小玲瓏山館》 揚州馬主政名曰琯，字秋玉，住東關街。好古博雅，考校文藝，評隲史傳，旁及金石、書畫、鼎彝、古玉、玩器諸物，與其弟曰璐俱能詩，好客，爲東南壇坫。所居曰小玲瓏山館，有看山樓、紅藥階、七峰草堂、清響閣、藤花書屋、叢書樓、覓句廊、澆藥井、梅寮諸勝，今亭榭依然，惜非舊主人矣。

又《片石山房》 揚州新城花園巷又有片石山房者，二廳之後，湫以方池，池上有太湖石山子一座，高五六丈，甚奇峭，相傳爲石濤和尚手筆。其地係吴氏舊宅，後爲一媒婆所得，以開麵館，兼爲賣戲之所，改造大廳房，仿佛京師前門外戲園式樣，俗不可耐矣。

又《江園》 揚州江畹香侍郎家有一園，在闕口門大街，回廊曲榭，花柳池臺，直可與康山争勝。中有黄鸝數箇生長其間，每三春時，宛轉一聲，莫不爲之神往，余嘗與中丞之侄元卿員外把酒聽之。未三十年，侍郎員外叔侄相繼殂謝，此園遂屬之他人。余每過其門，不勝惘惘。

又《九峰園》 揚州九峰園，奇石玲瓏，其最高者有九，故以名園，相傳皆海岳菴舊物也。高宗南巡見之，選二石入御苑，止存七峰。近又頹廢，不過四五石而已。高東井有詩云：名園九箇丈人尊，兩叟蒼顔獨受恩。也似山王通籍去，竹林惟有五君存。

又《嘯園》 嘯園在婁縣治東，明太僕卿范惟一所築，内有振文堂、天游閣諸勝。乾隆間沈氏虞揚得之，再爲修造，清池峭石，窈若深山，不知在城市間也。

又《右倪園》 右倪園在松江府城北門外，沈綺雲司馬恕所居，今謂之北倉，即姚平山搆倪氏舊園而重葺者也。相傳元末倪雲林避亂嘗寓于此，恐亦附會。園中湖石甚多，清水一泓，叢桂百本，當爲雲間園林第一。

又《吾園》 吾園在上海城西，邑人李氏別業。得露香園水蜜桃種，植數百樹，桃花開時，游人如蟻。園中有帶鋤山館、紅雨樓諸勝，桃林中築一亭，二鶴居之，每歲生雛，畜之可愛。

又《從溪園》 從溪園在法華鎮，亦邑人李氏別業。法華故多牡丹，爲東吳之冠，而園中所植者尤蕃茂。花開時，園主人必設筵，宴請當道搢紳輩爲雅集焉。

又《二十五峰園》 二十五峰園，在嘉善縣城内環整坊科甲埭，本海昌查氏舊園，有春風第一軒、八方亭、清夢軒、平遠樓諸勝，園多湖石，洞壑瓌瓏。今歸蘇州汪厚齋氏，終年關鎖，命僕守之。三十年來，園主人未嘗一至也。

又《寓園》 寓園在山陰縣西南二十里寓山之麓，明末御史祁彪佳所築，有芙蓉渡、玉女臺、回波嶼、梅坡、試鶯館、即花舍、歸雲軒、遠山堂八景。崇禎乙酉閏月六日夜，彪佳衣冠投池，殉節于此，其子理孫等遂葬公園旁，今爲祠，塑公像，子孫至今守之。

清 嘉慶《新修江寧府志》卷九 萬竹園亦魏國公子家園也。地廣，皆種竹。明季爲張太守孚之、玉太守爾祝、許鴻臚穀分據之。張名佚園，許名新園，在瓦官寺南、驍騎倉西北。今數易主矣。

清 嘉慶《松江府志》卷七七《名蹟志·第宅》 御史馮恩宅 在放鶴灘左前，後列爲二第太學生曾可居。尤極廣饒，内多亭榭竹石之勝。第有三層閣，高十丈餘，與元輔新第爭雄。後屬大學士錢龍錫，今爲前營游擊署。

又 嗇圃 在蕭塘，某隱士張嗇甫所居。

計東《記》：張子嗇甫在華亭縣三十里，曰蕭塘。一畝之宫，而旁後有隙地，爲小圃，種竹千百竿，梅花三十樹，橙橘二三十株。讀書灌園，不求聞達，脩然樂也。予考，蕭塘舊曰秦塘，始皇南游觀海時所築，距上縣五十里，介於黄浦、周浦之間。夫黄浦受三泖五湖巨浸，考水利者言，其瀦蓄宣歙、苕、霅諸水最大，從此涇浦入海。凡濱其間者，土田肥美，不患燥濕。《周禮辨》：壚壤墳隰，五穀各有土宜。其不宜者，農圃不敢植。獨蕭塘兩浦，數十里間高下俱高腴，無不可植之物。大至木棉桑麻，小至果蔬瓜芋，所獲倍他邑。張之居此亦樂矣。張子又自言，家居、賓客、祭祀，雞豚之外，皆取給於圃。圃旁又有蕉三十本，有緑天書屋三楹，今即以予名予圃，志予實嗇土物，不敢盡地方之意。予曰：善，請爲之記。

清 嘉慶《介休縣志》卷一四 南園離城三里許，李曉園別駕之別業。松柏蒼老，引流疊石，亭軒極其幽勝。縉紳先生往來行過是都者，多宴集題詠其中。毗連有張氏静觀、佳興二園。地稍隘而近，亦就荒矣。

清 汪曰楨《南潯鎮志》卷六 姚氏園 在東柵洗粉兜，姚景熹所築。園中有石峭立如筍，高丈餘。

董恂《潯溪棹歌》：荒烟寒雨繞枯藤，姚氏園林自昔稱。看竹不須重問主，一峰如筍立峥岐。

清 道光《膠州志》卷一六 楊家園即嘉樹園之遺址，然特園中之一隅耳。楊比部階結搆池亭，蒔花種竹，經營數十年而成。鐵尚書保題其館，曰水木清華之齋。近日州人雅集，無踰此地者。

清 同治《贛縣志》卷七《古蹟》 寄暢園 在城内東南，前河南太守曹元仁建築。堂曰留春，樓曰大觀，亭曰擁翠，曰香遠，齋曰舫齋。竹樹青蒨，名花叢綴，饒有幽致。通判包濤記。

徐世仕詩：名園依府第，豈爲愛煙霞。五馬辭黄閣，慈烏戀白華。齋中時運甓，雨後自移花。幽暢應云寄，蒼生望正奢。

清 同治《南昌府志》卷七 閬園 在永和門内，李宗伯明睿搆，弋陽王之舊邸也。有山腰官閣、古石堂、碧欄池、浣花池、天池諸跡。公自言閬園以池勝，以竹勝，尤以松勝，他園不敢望焉。

清 同治《續纂揚州府志》卷五《古蹟·泰州》 日涉園在州治南，雍正間邑人高鳳翥重建，易名三峰園，以園有三石筍，故名。咸豐六年，儀徵吴文錫僑居於此，脩葺一新。

清 同治《上海縣志》卷八 思敬園在城東，朱之淇別業。四時花木繁盛，頗擅幽致。有望雲閣、一草亭、非水居、聳翠亭諸勝。後爲家祠。

又 叢桂園，一名北園，又名遂初園。在法華西鎮，王璞別業。有叢桂堂，坐花、醉月、聽松山房。後歸李氏，增式訓樓、石虹池館、調鶴榭。

又 從溪園，即東園，在法華東鎮。王沛別業。李炎闢爲園，有露凝深處、全真草堂、枝安山房、清嘯坐忘機諸勝。老梅枯而復榮者再，牡丹亦繁盛。後爲丙曜昆弟娛親所。

清 光緒《江西通志》卷一一四《勝績略二·署宅》 陳處士園在（南昌）郡東湖南涯，處士陳陶於此植花竹、種蔬芋，兼植柑橙，課山童賣之。

清 光緒《新平縣鄉土志》 茂林園，前游擊安徽黄桂芳造修，後知縣劉國祉續蓋上房四楹。三四月間，緑柳成陰，棗花吐蕊，香芬襲人。登樓遠望，渠水潺潺，不覺心曠神怡，令人有遠涉江湖之想。

清 光緒《潛江縣志》卷八《風土志》 紫霞莊 邑處士默石子朱孔昭躬耕處。瀕河築室，流水繞舍，嘉樹千章。庭植紫微一本八幹，幹俱二十丈許。中可置几，七八人環坐吟歗。花時蔚蔚若紫霞，故以名莊。

清　光緒《北流縣志》卷一八　謝興先，字肯堂。乾隆乙卯科舉，入官陽朔縣教諭。性澹退，司鐸數載歸來，即杜門不出，家城東，於後圃拓數弓地，築小室，蒔花種竹，焚香静坐於其間，以此爲樂。

清　光緒《湖南通志》卷三五　仍園在〔澧州〕州北五十里，明魯勳故居。地臨涔水，池亭最勝。中有翠芳館。

清　光緒《重修天津府志》卷二三　沽水草堂在城東南六里，安氏別業。中饒水竹、臺榭之勝。復構邃宇數楹，藏弆金石、書畫甚富，時人擬之清閟閣，差不愧云。今廢。《縣志》

一畝園在城外東北隅，亦張氏別業。中有垂虹榭、緑宜亭、紅墜樓、遂閒堂諸勝，今與問津園俱廢。《縣志》

問津園在城東北，錦衣衛橋魯菴張氏別業。樹石葱蒨，亭榭疏曠，海内名流過津者，無不假館，稱爲小玉山云。

水西莊在城西三里芥園，查氏別墅。地周百畝，水木清華，爲津門園亭之冠。中有攬翠軒、枕谿廊、數帆臺、藕香榭、花影菴、碧海浮螺亭，泊月舫、繡野簃、一犂春雨諸勝。

虚舟亭在城南一里許，與海光寺相近，宋氏別業也。平橋曲榭，蘆葦紛披，景極幽邃。夏時荷開繞亭，望之爛如雲錦。

清　光緒《忠義鄉志》卷一七　西亭　西陝康熙間庠士卓家賓別業。家賓年四十時，見西陝山秀，搆亭其間。旁栽李桃梅竹，讀書其中。作西亭箴三條，人稱西亭先生。其詩稿一帙，與《通鑑》、《平治》、《彙貫》等書皆成自西亭。《松陝卓譜》

五畝園　吴江涇村後。康熙間庠士吴紳築。今園内廬舍尚存，又有池一方，佳木數種。

清　光緒《德平縣志》卷二　宜疏園在縣東三里。左都御史葛守禮別墅。方四十畝，歷下李攀龍有詩紀其勝。共適園在縣東南二里，中爲集玉山房，尚寶卿葛昕別墅。壘石爲峰，穿渠通水，亭榭掩映，花木環繞。新安程可中記之。川上草堂在南門外偏西，中翰葛彙□書室。書帶園在南門外東偏，按察使葛如麟別業。今俱圮。

園林寺觀部

綜述

隋 釋智顗《奉晉王述匡山寺書》(《釋文紀》卷四二輯) 江州匡山東林寺者,東晉鴈門慧遠法師之所創也。【略】於林右建立伽藍,因以爲名東林之寺。遠自創般若、佛影二臺謝,靈運穿鑿流池三所。梁孝元構造重閣莊岩寺宇,即曰宛然。

唐 王勃《王子安集》卷五 山東有道君廟,古者相傳以名焉爾。其丹壑藂倚,玄崖糾合,俯臨萬仞,平視重玄,乘杳冥之絶境,屬芬華之暮節。玉房跨霄而懸居,瓊臺出雲而高峙。亦有野獸羣狎,山鶯互囀。崇松埒巨,柏争陰積,瀨與幽湍合,響眇眇焉,逌逌焉。王孫何以不歸,羽人何以長往?

唐 陸羽《惠山寺記》(《無錫縣志》卷四中引) 惠山,古華山也。【略】梁大同中有青蓮花育於此山。因以古華山精舍爲惠山寺。寺在無錫縣西七里,宋司徒右長史湛茂之家此山下,故南平王鑠有贈答之詩,江淹、劉孝標、周文信並游焉。寺前有曲水亭,一名憩亭,一名歇馬亭,以備士庶投息之所。其水九曲,甃以文甎,瓿甋窊淪,潺湲濯漱。移日寺中有方池,一名千葉蓮花池,一名纑塘,亦名浣沼。歲集山姬野婦漂紗滌縷,其皎皎之色彼耶溪鏡湖不類也。池上有大同殿,以梁大同年置因名之。從大同殿直上至望湖閣,東北九里,有北湖,一名射貴湖,一名芙蓉湖。其湖南控長洲,東洞江陰,北淹晉陵,周回一萬五千三百頃。蒼蒼渺渺,迫於軒户。閣西有黄公澗,昔楚考烈王之時,封春申君黄歇於吴之故墟則此也。其祠宇,亨以醪酒,樂以鼓舞,禪流道伴,不勝淬噪,遷於山東南林墅之中。夫江南山淺土薄,不有流水,而此山泉源傍注崖谷下,溉田十餘頃。此山又當太湖之西北隅,縈疏四十餘里,唯中峰有叢篁灌木,餘盡古石嵌崒而已,凡煙嵐所集,發於蘿薜,令石山橫亘,濃翠可掬。昔周柱史伯陽謂之西神山,豈虚言哉,傷其至靈無當世之名,惜其至異爲訛俗所棄。無當世之名,以其棟宇不完也。爲訛俗所棄,必其聞見不遠也。且如吴西之虎丘,丹徒之鶴林,錢塘之天竺,以其臺殿樓榭崇崇業業,車輿荐至,是有嘉名,不然何以與此山爲儔列耶。若以鶴林望江,天竺觀海,虎丘平眺,郡郭以爲雄,則曷若此山絶頂,下瞰五湖,彼大雷小雷洞庭諸山以掌睨可矣。向若引修廊,開邃宇,飛檐眺檻,凌煙架日,則江淮之地著名之寺,斯爲最也。此山亦猶人之秉至行負淳,德無冠裳,鐘鼎流也。苟無其源流,將安發子敦其源亦伺其流,希他日之營立爲後世之洪注云。

唐 符載《梵閣寺常準上人精院記》(《文苑英華》卷八一七輯) 峰巒不巉峭,無以爲泰華。院宇不嚴麗,無以爲梵閣。此寺之有此院,猶頭之戴冕弁,目之懸眸子。有闕是者,謂之顒昂丈夫,其實誣之矣。蜀郡豪也,其民侈而夸者有之,其土腴而譁者有之。偶得静地,黄金以梯。一作戔,疑作棧。梵閣據龜城犀浦之間,背郭六七里而遥。擺喧傲俗,已有真趣。及履吾之精院也,非天雲而高,非川澤而深,非江海而遠,非山林而静。滿庭多修竹古樹,喬柯密葉,扶踈膠轕。其下向有茅齋洞啓。晨朝日出,光照屋棟。一聞鍾磬,焚香掃地,其心泠然也。亭午無人,經行林中,凡鳥不來。時聞天風,其形飄然也。沉沉子夜,清宵夐絶,唯餘皓月,鋪軒洞牖,其氣凝然也。

宋 夏竦《文莊集》卷二一《杭州寶雲寺記》 寶雲寺者,吴越忠懿王所建千光王寺也。以乾德戊辰歲春二月創是寺於錢塘門之西,建千光王像,因以名之。其制則臺門前闢紺殿,中立高樓,東建鴻鐘,屢發案臺,西峙龍藏常轉,旁儼像設,後引堂,搆經齋、方丈、温室、雲厨。四百其楹,再潤而畢。面白傅之湖,負武林之岫。右則鵲巢遺阜,左則星隕派峰,石怒欲飛,松怪如折,梵聲飄海外,香雲蔭空際,清吹時落纖塵不飛,乃朝貴游心之境,蒼生祈福之所。

宋 余靖《武溪集》卷七《韶州翁源縣净源山耽石院記》 其相土也,則疊岫賓揖,澄溪帶附。其度材也,則百堵雲搆,四阿翬飛。其設像也,則金璧睟容,天龍善衛。其據境也,則珍木彌望,佳氣襲人。真崇福之秘宇,絶塵之幽致也。苟非智者創謀,善人協規,孰能與於此哉。巨石如屏,泉淙於下,可以爽精靈,可以滌塵慮。命名之始其在兹乎,就崖礱琢,傳之不朽。

又《廬山歸宗禪院妙圓大師塔銘》 江南號爲江山佳麗甲於天下，其巖岫峻拔，磅礴千里者，廬阜爲最。梵刹相照，其間名古佛道場者，山之陽則曰歸宗，據雲水之都要。山之西則有雲居，覽泉石之幽。

宋 梅堯臣《宛陵集》卷八《金山寺序》 昔嘗聞謝紫微言金山之勝，峰壑攢水上，秀拔殊衆山。環以臺殿，高下隨勢，向使善工摸畫，不能盡其美。初恨未游，赴官吴興，船次瓜洲，值海汐冬落，孤港未通，獨行江際，始見故所聞金山者，與謝公之説無異也。因借小舟以往，乃陟迴閣上。上方歷絶頂以問山阿，危亭曲軒，窮極山水之趣。一草一木，雖未萼發，而或青或凋，皆森植可愛。

宋 宋敏求《長安志》卷一〇《唐京城四》 章敬寺 大歷元年作章敬寺于長安之東門。總四千一百三十餘間，四十八院。内侍魚朝恩請以通化門外莊爲章敬皇后立寺。故以章敬爲名。《代宗實録》曰：是莊連城對郭，林沼臺榭，形勝第一。朝恩初欲得之，及是建寺，窮極壯麗，以爲城市材木不足充費，乃奏壞曲江亭館、華清宫觀風樓及百司行廨，并將相没官宅，給其用焉。土木之役，僅逾萬億。《會要》曰：因拆哥舒翰宅，及曲江百司館室，及華清宫之觀風樓，造焉。

宋 張禮《游城南記》 酒闌，過東閣，閣以華巖有所蔽，而登覽勝之。真如塔在焉，謂之東閣，以西有華巖寺故也，今爲草堂别院。張注曰：《長安志》曰，真如塔在華巖寺，今其塔在東閣法堂之北。壁間二石記皆唐刻也，具載華巖寺始末，則華巖東閣本一寺也，不知其後何以隸草堂焉。下閣至澄襟院，引北巖泉水，架竹落庭，注石盆中。瑩徹可挹，使人不覺頓忘俗意。時予虚希古先歸院之東，元醫之居也，予與明微宿焉。張注曰：澄襟院，唐左街僧録遍覺大師智慧之塔院也。碑云起塔於萬年縣神禾鄉孫村，今屬鴻固鄉。元醫世爲樊川人，其居北倚高坡，泉聲泠泠，竹陰相接。圃中植花，穴洞巖間架閣。池上茂林修竹，與之隱映，真有幽勝之趣。

宋 李綱《梁谿集》卷一三三《邵武軍泰寧縣瑞光巖丹霞禪院記》 東南名山，如所謂四明、天台、衡岳、廬阜，號爲瓌偉秀絶者，多爲浮圖氏所居。名藍巨刹，緜亘相望，至于下州小邑，一巖一壑搜奇擇勝，亦靡遺者。推原其端，必有開士法眼清净，道行高潔，爲一方之所信仰，乃能披榛棘，創道場，肇基開迹，以貽後人，非偶然也。邵武軍泰寧縣山水之勝，冠於諸邑。出縣西門二十里，曰瑞溪。有山焉，三峰秀峙，巖洞相聯，西曰豐巖，東曰瑞光，巖中曰羅漢。巖岌□嵌空鼎足而列，皆有蘭若建於其下。不塗墍茨，而風雨之患除，不鑿户牖而日月之光入。堂殿樓閣窈窕玲瓏，泉石草木幽奇芳潤。疊嶂屏其前，層巒擁其後，山迴路轉，巖洞乃出，謂造物者融結，無意吾不信也。

宋 孫覿《鴻慶居士集》卷二一《撫州曹山寶積院僧堂記》 曹山距州治之東百二十里。魁大秀偉，雄視一方。有大比邱，號元證，避五季兵亂，顧見此山，結屋居之。今爲寶積禪院。谿谷邃深，有泉坌然溢於山之腹而附右脅，以屈梁石爲渠，水行空中，而墜之庭，鏘鳴如環珮之音。又折而東，伏出山下。日灌千畦，水窮壤斷。茅竹蒙翳，獸蹄鳥跡交締于懸崖亂石之中，不類人境。故寺之興及今二百年，屋壁間無一人。

宋 張邦基《墨莊漫録》卷四 鎮江府甘露寺在北固山上，江山之勝，煙雲顯晦，萃於目前。舊有多景樓，尤爲登覽之最，蓋取李贊皇題臨江亭詩，有「多景懸窗牖」之句，以是命名樓，即臨江故基也。裴煜守潤日有詩云：登臨每憶衛公詩，多景惟於此處宜。海岸千艘浮若芥，邦人萬室佈如棋。江山氣象回環見，宇宙端倪指點知。禪老莫辭勤候迓，使君官滿有歸期。自經兵火，樓今廢，近雖稍復營繕，而樓基半已侵削，殊可惜也。

宋 曾敏行《獨醒雜志》卷六 吉水有南華院者，在山谷之窮絶處。山行可十里，院傍石溪冬夏潺湲。溪中皆巨石，方流圓折，宛然曲水流觴之勝。石上有履痕，士人呼爲仙人跡。院有白雲堂，在最高處，劉偉明未達時館於山前之富家，亦嘗寓書劍於此。堂有二詩曰：紫翠浮浮奪晚昏，生涯谷汲與松焚。客塵一點自應少，終日到門惟白雲。又曰：野興由來愜杖藜，層巒影裏見翬飛。虚堂一炷起凝碧，化作九天雲染衣。老僧云元題字壁間，幼嘗見之，兵火之後始失去矣。今寺僧於堂之坎建閣，牓曰浮翠閣。之下爲堂，曰雲到，蓋摘其詩語也。

宋 范成大《驂鸞録》 勝業寺在（南岳）廟前，登御書閣以望岳，晚晴衆山雲盡捲。石廩、紫蓋、峋嶁，諸峰畢見。惟祝融在雲氣中。岳廟正直紫蓋峰下一小山，曰赤帝峰。南臺寺在瑞應峰上，登山之最近者。勝業寺有隋柏盤踞於地幾一畝，甚怪奇。

宋 周必大《文忠集》卷一六六《閒居録》 乙未游西峰寺，寺在栅門外南安巖，主得法於此。門外松徑蕭森，寺後有三秀亭在松林間，舊名秀野。以芝生，改今名。黄魯直作記。

宋 樓鑰《攻媿集》卷五七《雪竇山錦鏡記》 雪竇山名天下，自下而升，既至絶頂而地始平曠，四山又環之，寺據正中。氣象雄秀，二水不知所從來，出山之兩腋而會於前，徑赴大壑。峭石削立，險不可測。崩空落崖，飛雪千丈，洞心駭目，勝絶一方，此山之所以得名也。繇古以來登覽之士不知其幾，眩於創見，何暇擬議。紹興甲子，郡太守尚書莫公將來游，乃始發妙意於萬象之表，謂水去太亟，屬寺僧以田爲池，使二流匯其中，寬納而緩出之，則寺當少利。有詩云：能廢千畦渟玉雪，不妨飛練掛丹梯。讀者韙之，而四十餘年，十易主人，咸睥睨以爲難。淳熙十一年，足庵鑒公禪師既至，百廢修舉。取莫公之説，斟酌之。八月己未，遂興畚。鍤池深一尋，縱四百三十尺，廣半之，築堤南西以便往來。因橋爲閘，視水漲落而閉縱焉。明年二月庚子池成。漪漣拍堤，渟滀如拭，千巖倒景，空明相映。道俗欣嘆，見未曾有禽魚下上，咸有喜色。師問名於雪窗，張武子良臣武子曰：是所謂淵林錦鏡者也，遂以錦鏡名。

又 卷五七《安巖華嚴院記》 吾鄉僧刹最衆，奉川一邑，凡七十有二，雪竇古道場爲冠，其次則安巖山也。林壑幽邃，非餘山比。【略】康定元年括囊山人志全爲之記，大率稱其地之勝，東接奉川，西連台嶠，南臨滄海，北倚四明。言其興造之速，則曰：霜暑不再，金碧相輝，師又自作十方遺戒，謂永爲十方。宗師説法道場。語論深切，蓋凛然可畏人也。手植松六千本，自葛隩至門約十餘里，亦有松門記。三碑皆居士所立，稱爲檀越。主則施財出力爲多矣，慶曆三年賜華嚴禪院之額，外建玉澗、流峽、望春、濯塵，四橋。中有釣臺，緑蘿望海亭，皆爲佳境。

金 王處一《西岳華山志》 白雲峰在岳之東北，唐明皇妹金仙公主修行之所，名曰白雲宮。八仙洞、看岳棚、上竹園、下竹園、棗樹栗子林、花圃、藥畦、磑碓見在焉。白雲側有焦真人石洞。

宋 陳公亮 劉文富纂修《嚴州經》 卷二 玉泉菴在仁安山之東麓，距城七里，不知建造之始。有陳學古隸書玉泉菴三字，爲之榜。學古，文惠公之子也，書肖其父。菴之西有泉，冬夏不竭。昔人甃石爲瀑流如噴玉然，故以名之。舊有屋相對，名玉泉亭。紹興八年，移亭跨水上，即改基作任樂堂。又即玉泉亭之南近水源作亭，名曲水。甃石其中，可以流蕩。亭相對有厓，故諫議大夫江公望名唯菴。菴之上有石佛，歲久，其石漸長，殆所謂息石也。初入山，縈紆松徑，有亭當路，名曰尋幽，又自石磴而上有亭，名曰競秀，然後至菴。

宋 吴自牧《夢粱録》卷八《宗陽宮》 宗陽宮在三聖廟橋東，以德壽宮地一半建宮，賜名以奉感生帝。蓋此地前後環建王邸，又建廟毓聖之所，天瑞地符，蓋大彰顯，詔兩司相度建宮。大門扁曰宗陽之宮，中門扁曰開明之門，正殿扁曰無極妙道之殿，以奉三清。順福殿奉太皇元命。三清殿後爲虚皇之殿。直北有門，扁曰真應之門。中建毓瑞之殿，以奉感生帝。後爲申佑殿，奉元命。通真殿，奉佑聖。自開明門内，左有玉籟之樓，景緯之殿，壽元之殿。右有鑾簡之樓，瓊章寶藏、北辰之殿，規制祀典並視龍翔宮。行常以原饗回歸。行款謁禮有降輦殿，曰福臨殿，門曰福臨殿門，進膳殿曰端拱。後有軒，扁曰勁霜。有圃，建堂二，曰志敬，曰清風，亭扁曰丹立。玄圃亭之北鑿石池，堂扁曰垂福，後曰清境。圃内四時奇花異木，修竹松檜正盛。宮西有介真館堂，曰大範觀，復灌妙齋曰會真、澄妙、常淨，俱度宗奎藻。

宋 陳郁《藏一話腴》外編卷下 明之慈溪縣西北有慶安寺，寺之前有古松夾道，綿亘數里，望之如蒼雲。其一最巨而奇，蜿蜒若龍飛，偃如蓋，臨池之上。寺後有泉出於深谷，僧以巨竹連筒引行數里，支分千松，下石池，溢入干溪。舒龍圖亶有詩云：門前屏障邊潺湲，付與林僧夜定還。松蓋作雲散十里，竹龍行雨出千山。白公香火蓮開後，謝氏池塘草夢間。我亦鳳凰臺上客，圖閒却笑未能閒。其後邑長沈時升有造舟之役，睥睨茲松。將斤焉，里士馮文學覾作詩以遺沈，賴以不伐，松因詩而壽焉。曰：寒松一幹老蒼蒼，古寺門前歲月長。匠伯偶圖舟楫利，禪翁方患斧斤傷。得全此日同齊櫟，勿剪他年比召棠。可但與君期久遠，相將俱列大夫行。

宋 陳著《本堂集》卷四八《雪竇山資聖禪寺記》 雪竇山秀甲四明，正峰昂首下視，臂左右引，寬抱百頃。平麓之陽，資聖禪寺宅焉。山出二水，交于寺西南隅。戰險哄怒，瀉峭舞空，俯之以納奇觀，有飛雪亭。匯支澗而池，環池植美花佳木。闢其拗，延覽風月，有錦鏡。橋徑而步，陟懸崖，縱尋丈許，立萬仞表其下。羣山紫翠，遠近映帶。數老松在上，多過龍迹，築危而闌檻之，以壯臨眺。有妙高臺。寺擅名勝，天鏡參錯，居者游者如在半空五雲中，盤礴不能去。至元庚辰，師善來以宿望公選領此寺，日以葺，歲以營，氣象益以宏麗。

宋 祝穆《方輿勝覽》卷五二 龍門院 在永康縣六里青城，大面三十六峰，嵯峨萬仞，盡在軒檻間。張天覺記其本末，且賦詩云：四時積雪瞻岷嶺，三派飛泉出洞天。

宋 周密《武林舊事》卷五《湖山勝槩》 靈芝崇福寺 錢王故苑，以芝生其間捨以爲寺，故名靈芝。高宗孝宗嘗到，凡四臨幸。有浮碧軒、依光堂。亦爲新進士會拜題名之所。朱静佳有詩云：黄金匝地小橋通，四面清平納遠空。雲氣常扶天子座，日光浮動梵王宫。殘碑幾字莓苔雨，清磬一聲楊柳風。沙鳥不知行樂事，背人飛過夕陽東。

又 褒親崇壽寺 在鳳凰山，劉貴妃功德。有鳳凰泉、瑞應泉、松雲亭、觀音洞、筆架池、偃松、交枝檜。三門有陳公儲畫龍，甚奇。弁陽翁詩云：翟羽鸞綃事已空，奉華遺寺對高松。宫斜鳳去無人見，且看門前粉壁龍。奉華劉妃閣名。

又 龍井延恩衍慶寺 辯才故地，舊名報國看經院，後改壽聖，東坡書額猶存，又改廣福。元祐以來，諸賢留題甚多，及東坡竹石、廉宣仲枯木。寺前有過溪橋，又名歸隱橋，又名二老橋。寺有方圓菴、寂照閣、清獻趙公閒堂、訥齋、潮音堂、滌心沼、鏡清堂、冲泉、薩埵石，辯才、清獻、東坡三賢祠，辯才塔、諸天閣。山有獅子峰。

又 廣化院 舊名永福，自孤山遷於此。舊有白公竹閣、柏堂、水鑑堂、涵暉亭、凌雲閣、金沙井、辟支佛骨塔、慧琳塔、白公祠堂。黄宜山詩云：移自孤山占此山，荒凉老屋萬琅玕。櫻桃楊柳空花夢，千古清風滿閣寒。

又 時思薦福寺 吴益王墳寺。舊以下竺爲墳寺，後以古刹，遂别建於此。高宗嘗臨幸，吴太后手書金剛經。有楊太后跋及高宗御書心經並刻石，藏下竺靈山塔下。益王神道碑蔣燦書，甚佳。墓前二石馬琢刻如生，舊傳夜輒馳驟，其鬣鬱光瑩如玉，至今苔蘚不侵。寺有宜對亭、通雲亭、雙珠亭、萬玉軒。湖山至此極幽邃矣。

又 下天竺靈山教寺 在隋號南天竺，五代時號五百羅漢院。祥符初號靈山寺，天禧復名天竺寺，紹興改賜天竺。時思薦福爲吴秦王香火，慶元復今額。有御書閣，藏仁宗及中興五朝御書。曲水亭，前塔，跳珠泉，枕流亭，適安亭，清暉亭，九品觀，堂石，面靈桃石，蓮花水波石，悟侍者塔並祠。草堂，西嶺，卧雲石，石門澗，神尼舍利塔，日觀菴。方丈曰佛國山。法堂二字，乃雲房鍾離權書，甚奇古。金光明三昧堂，神御殿，瑞光塔，普賢殿，無量壽閣，回軒亭，七叶堂，客兒亭，大悲泉，重榮檜，葛仙丹井，白少傅烹茶井，石梁，翻經臺，望海閣，香林亭，香林洞，無根藤，門雞巖，夜講堂，登嘯亭，靈山後塔，慈雲懺主榻，七寶普賢閣，旃檀觀音瑞像，有記。大抵靈竺之勝，周回數十里，巖壑尤美，實聚於下天竺寺。自飛來峰轉至寺後，諸巖洞皆嵌空玲瓏，瑩滑清潤，如虬龍瑞鳳，如層華吐萼，如皺縠疊浪，穿幽透深，不可容貌。林木皆自巖骨拔起，不土而生。傳言兹巖韞玉，故腴潤若此。石間波紋水迹，不知何時有之其間。唐宋游人題名不可殫記，覽者顧景興懷云。

宋 釋覺範《石門文字禪》卷二一《信州天寧寺記》 江南山水冠天下，而上饒又冠江南，自昔多爲得道者所廬。鵝湖、龜峰、懷玉號稱形勝，而靈山尤秀絶。

又 卷二二《寄老庵記》 高安南州之屬郡，地連西山廬岳之勝，俗美訟簡，士大夫自爲江西道院。飛楹畫棟，間見層出於茂林修竹，往往皆浮圖老子之廬。龍城院去郭餘一舍，山川精神發於雲泉林壑間，如人眉目處。

宋 釋道璨《柳塘外集》卷二《重修普濟寺記》 豫章城東出少折而北，平原沃壤，極目無界限。林隱岡伏，聚青叢碧，有寺曰普濟。顛末無志可考，今額治平，天子所賜。予西歸時常過之，門庭闢殿廬飾，像設尊岩，鐘閣步廊，從衡數十楹，皆堅壯新好，内與外稱。

宋 倪守約《赤松山志·宫宇類·寶積觀》 即赤松宫。按觀碑，自二皇君因赤松子傳授以道而得仙，同邦之人議曰：崆峒訪道，帝王有順風之請，瀨鄉立祠，桑梓置棲神之所，兹爲勝地，可得忽乎？遂建赤松宫真廟。大中祥符元年始改今額。宫與卧羊山相對，宫前有二派水，合爲一流。其一自上霄而下，其一自棋盤穿小桃源而下。宫内由左廡而上，可問桃源之津。由右廡而入，可尋濯纓枕流之勝。又數步，可坐過清亭而觀漱玉。徘徊官廳，可覽騷人勝士之風月。朝廷所降御書及石刻並誥敕等，見奉安於宸翰堂。

宋 張公亮《重修靈巖寺記》（《山東通志》卷三五輯） 泰山西北阯，羣山擁翼連屬百餘里。摩空干雲，秀拔萬狀，曲如列屏，削如立壁，矗如攢劍，鋭如植圭，幃幌掩映，城堡環遶，虎兕奔突，龍蛇盤屈。峦爲靈谷，岈爲洞穴，斷爲谿磵，引爲林麓。峰阜嶺聳，巒跳巘疊，翠木蔭蔚，飛泉激越。中有川焉，厥土衍沃。齊魯通道出於其間。左一山特起，曰雞鳴。緣北路絶澗，循峪口上東北二十里，險盡地平，山勢圍抱，四面峭絶如堵牆。蒼巖之下，紺殿崛起，峻塔齊雲，寶樓結瑶。高門嵯峨，長廊連延，遠而望若畫圖中物，即是寺也。【略】景祐中，主僧瓊環在即衆坐，東架殿兩層，龜首四出，南鄉安觀音像，文楣藻拱，頗極精麗。設虛刻鯨以警昏曉。後主事者復置殿之兩楹，闢土壘石墳澗，爲迴廊。庭除顯敞，乃爲大壯。寺有石三門，千佛殿，與釋迦殿，辟支佛塔，皆古制。塔無長松狀若偃蓋。背有一峰，聳起百丈。北望正方，青壁削成如秣羯。玉半有石龕，金容儼然。西尖峰可登。下視深谷千仞。前有洞，東西三門相通。中設羅漢像，西南望一山，壁穴如車輪。午達晴日在南，飛光透徹。講堂東石壁下一泉，曰錫杖。又東南五步一泉，曰白鶴。一見一否，又東北二百步，一泉曰甘露。門西百步一泉，曰黃龍，皆爲絶景。神宗章聖嘗錫御書琅函，鳳篆輝映巖谷。皇上復降御篆「飛白」爲賜。天文炳焕，雲日相照。寺之殿堂、廊廡、厨庫、像房，間總五百四十。

宋　家之巽《千頃雲記》（《吴都文粹續集》卷三一輯）　虎阜爲吴會絶景，幽巖曲沼，佳木盤石之環麗娟秀，悉在寺前。劍池鑱山腹以出，清泉在寺中。寺眠山勢爲高下廣袤，規置不能平直，而梯空駕虛，俯仰避就，各有態度。丈室盡山之背，一目千里，以故遐披遠眺，空濛浩渺之趣，乃在寺後。中爲致爽閣，灌木蔽虧，目不得騁。少東可十步，前無蓊翳，望眼始逸。屋圮陋弗稱。今住山古田師撤而堂之。前爲軒，居東面以延納空翠，收拾平遠，然後畦疇畎澮之交錯，遥岑平湖之隱現。

金　雷淵《嵩州福昌縣竹閣禪院記》（《宜陽縣志》卷一五引）　至女几山下，崇岡限其陰，洛水貫之，水原衍沃，修竹喬木彌望。泉行竹間，泠泠有聲，出其途者頓忘崤函塵土登頓之勞，而恍然如行畫圖異境也。其封域古韓，介於周秦之間，民力穡而能勞苦，迄今猶然。厥田宜稻與麻，極水陸之饒。道連昌抵三鄉而西，得浮屠之居，曰竹閣。負崇岡而面女几，萬竹森然爲之衛。自門而陟，漸而至其堂，得岡之高。齊之有二泉出其腹，珠璣冰玉，頃刻百斛。寺仰以清，而竹仰以茂也。或曰竹非山石間物，性殊喜水。凡山之有竹者，必泉之所出也。階升而入，有閣之象合是式物，浮屠所以得名。

元　王旭《蘭軒集》卷一一《游佛峪寺序》　泰山之陰有佛峪，去州治五十餘里，其境勝絶。元貞乙未春，余寓居奉高，同諸君往游焉。出郭東行，山盡北轉而西，巖谷阻深，高下重疊。入峪數里，綫路縈紆，俯臨千尺之壑。寒藤巨石，修篁怪松，交掩互映。時久旱，流泉斷絶，以不得聞潺湲激之聲爲恨。既至寺，登重閣，憩松棚，酌玉泉，烹山茗。南對天門、日觀、蓮花諸峰，其東西北三面亦皆蒼翠萬仞，環繞拱峙，煙雲晦冥，頃刻千變。是夕留宿僧堂，爽氣蕭然，此身不自謂在塵世間。天明出峪，尚回首戀戀不忍去也。噫，勝境難逢，良朋易失，清興所寓，能無識乎。

元　歐陽玄《師子林菩提正宗寺記》（《吴都文粹續集》卷三〇輯）　姑蘇城中有林曰師子，有寺曰菩提正宗，天如、維則之門人爲其師創造者也。林有竹萬箇。竹下多怪石，有狀如狻猊者，故名師子林。且師得法普應國師中峰，本公中峰倡道天目山之師子岩，又以識其授受原也。寺名菩提正宗者，帝師法旨與以是額也。按，其地本前代貴家別業。至正二年壬午，師之門人相率出貲買地，結屋以居其師，而擇勝於斯焉。因地之隆阜者，命之曰山。因山有石而崛起者，命之曰峰。曰含暉，曰吐月，曰立玉，曰昂霄者，皆峰也。其中最高狀如狻猊，是所謂師子峰，其膺有文以識其名也。立玉峰之前，有舊屋遺址，容石磴可坐六七人，即其地作栖鳳亭。昂霄峰之前，因地下窪瀦爲澗，作石梁跨之，曰小飛虹。他石或跂或蹲，狀狻猊者不一，林之名亦以其多也。寺左右前後竹與石居地大半，故作屋不多。然而崇佛之祠、止僧之舍、延賓之館、香積之厨、出納之所，悉如叢林規制。外門扁曰菩提蘭若，安禪之室曰卧雲，傳法之堂曰立雪。庭舊有柏者，曰騰蛟，今曰指柏之軒。有梅者曰卧龍，今曰問梅之閣。竹間結茅，曰禪窩，即方丈也。上肖七佛，下施禪坐，間列八境，光相互攝，期以普利見聞者也。大概林之占勝，其位置雖出乎天成，其經營寔由乎智巧，究其所以然，亦師之願力所成就也。

元　揭傒斯《浮雲道院記》（《揭曼碩文選》輯）　廬陵永豐，雞山之陽，鷲溪之濱，山川傑厚，草木濃麗。其人秀而多壽，絃誦之聲，溢乎四境。畊種之民，交乎四野。【略】劉鶚字楚奇，闢園數畝，種桑柘三百株，枳橘皆千株。木實之脂，可食可燭。俗號山茶又曰木子，樹者七百株，茶五百株，桃李雜果松竹之屬稱是。築室四楹其中，取《論語》「不義而富且貴，於我而浮雲」之語，扁曰浮雲道院。

元　鄭元祐《遂昌雜録》　錢塘門西出石函橋，河西僧三寶者壘石與磚爲西番塔。舊無有也，今四五十年矣，想塔未能如舊也。塔南即宋放生池，舊碑磨去。【略】西去即保叔塔。山脚下有大石，世傳秦始皇纜船石。喻彌陀勸人修西方浄業，畫丈餘彌陀，遇埧頭行刑日。彌陀張大像，頌佛號其用勤矣。正鑿纜船石，爲大佛頭，耳竅可坐七人，其大可知。東臨湖白雲宗寺，西則水月園。由山而上，則相嚴寺。寺西石磴直上，則叔寶塔也。下則多寶寺。寺西宋詩人孫花翁墓也。墓西嘉澤廟，祠西湖龍王。蘇文忠公題和靖處士像語，結謂：不然配食水仙王，一盞寒泉薦秋菊。祠西小寺，忘其名。稍西復陟巘，瞿運使廨宇在焉。後捨爲善住閣。其間有山中四時小䆫横幅、安樂窩之類，其結搆皆明敞可喜。稍西爲壽星寺，寺有寒碧軒，蘇文忠公題詩尚在。寺稍西陟磴而上，爲江湖偉觀。文忠公所謂「一舸鴟夷江海去，尚餘君子六千人」。余嘗與張貞居欲登偉觀，則磴道壞，不復有其處矣。寺西則瑪瑙寺，寺南養樂園，園中花卉湖石杉檜尚存。臨湖飛樓雄麗，賈相養其母夫人。車船自其第茶頃便至園。園有悦生堂，前有亭，今歸吴中周僉省。園北出稍西，復登巘，則玉清宫也。宫北户直上，爲初陽臺。臺有亭，倚亭而望，盡得西湖之勝。復有屋數間，祠葛仙翁。宫西爲閣山寺，爲六一泉寺，爲圓明寺。寺西則栖霞嶺，嶺下爲岳王墳。南臨湖爲褒忠寺，寺爲其孫毁，今遷寺忠烈廟後。岳墳西則冲虚宫，宋寧宗老宫人爲女冠所建也。宫西爲耿家步。余先人舊居與宫正相對，今屢易主矣。由耿家步而西，爲東山庵。庵有女冠神宫，火後僅仿佛爾。內附後僧建静勝寺，殊宏壯。

元　吴元美《靈寶觀記》（《廣西通志》卷一〇九引）　度西山巔涉落桑，江豁然平川。曠野中，石山綿延，直抵北流之西。其南跨大江之半，古勾漏城也。距今邑凡十里，羣峰屹然如中天，觀闕旌旄，棨戟武庫五兵森羅在上，而道出其間。行者皆愕驚不敢前。靈寶觀蓋直當其門户，觀後石峰千仞，獨以一柱擎天。三朝宸奎閟藏其跡。案《圖經》此有觀久矣。南漢始更今名。殿庭卑隘，門徑荒蕪，碑碣可考可詢，令人慨歎不已。然土木雖儉陋，而氣象雄古，雲物輪囷，真靈仙所宅。香火灑掃，雖無人而奎壁照耀，雲漢昭回，自有神物護持之左右。數里，雖絶無居者，豈仙聖之意樂閒曠厭囂煩，故不欲廛井畜牧之混其所也。觀東百餘步，臨大道傍，有龍潭，洞披荆榛，而入俯伏蹲踞，淵渟幽閟，冷襲毛骨。村甿云，神龍所蟄伏，勿以瓦礫投也。直觀後二小洞，南向者曰太陽，有浮屠象。其北曰太陰，淺塞不通，然名義所稽第。恐俚語以南北分陰陽耳，故附之書，或有知其詳者。

明　宋濂《文憲集》卷四《游塗荆二山記》（塗）山之下聚落甚盛，廟史云名禹會村，乃禹會諸侯之地。廬舍之比如櫛。移踵入廟，廟前杏樹一章，大可蔽牛。二柏參差左右。樹東置小瓮，杏柯之水，時津津滴其中。廟史云，當晨霧四集，水愈多。其來如泉，可代井汲。石碣二，一大書有夏皇祖之廟六字，下方刻宋慶元初州守劉仲光自造《禱雨記》，一亦記禱雨事。

明　劉鎬《五岳觀碑》（《粤西文載》卷四一輯）　西南藩鎮之重，惟廣右爲要衝。廣右宫觀之美，惟五岳爲第一。有城市山林之勝，而無仙凡喧寂之異。屹然爲祝聖道場之都會，而列郡嗣玄教者咸於是取則焉。故其殿堂門廡之制，巍然而高大，炳然而輪奂，隱然壯觀於一方，而足以領袖乎羣仙也。雖其門俯通衢，車馬絡繹，而地位清高，迥隔風塵，飄飄然有蓬萊方壺之氣象焉。前迎馬鞍之雙峰，後瞰桂江之清流，左望七星之高巖，右挹西山之爽氣。浮嵐暖翠。常對乎軒窗。緑竹緋桃，輝映乎亭檻。過者竦然起敬，游者終日忘倦，信乎爲八桂仙境之最。【略】於是仙門高聳，殿宇翬飛，奎壁輝煌，照耀城郭。且法像莊岩，尤極端麗。而觀之扁額，又得掌書王志海以相成之。仰而觀之，規模宏敞矣。

明　王彝《王常宗集續補遺・獅子林記》　蘇城之東北區，有林若干畝，佛者居之，曰獅子。獅子者，林之一峰如其形，故名。而其地特隆然以起爲丘焉。雜植竹樹。丘之北窪然，以下爲谷焉，皆植竹，多至數十萬本。始升其丘之南麓，便仰見獅子峰，高仞有若千尺，如舞且踞。兩傍復各有峰，亞匹之。東曰含暉，作人立，左腋下有穴一，腹枵然，有四穴。日始出，則其暉晻曖相射。西曰吐月，頗峭且鋭，稍夕月即見其上。獅之北有室一，曰禪窩。含暉之東有隙地踰尋，砌以石子，爲環坐者所藉，曰繙經臺。傍有峰特出，曰立玉。然其狀嵌空，若刀劍劃作四五葉者。或曰以「地肺」名爲宜。吐月之西有澗自竹谷中來，因架石爲梁，曰飛虹。踰飛虹以西而下其西麓，乃北入竹谷中，委蛇東來，折以南出。玉立後而上其東麓，復折而南且西，出獅子前而下其南麓，凡丘之顛踵自三四峰外諸小峰凡十數計，且叢列怪石，什百爲羣，而所取道往往經緯其間。既下南麓，有二道。其循麓而西者，至問梅閣。問梅與指柏相值，梅與柏各一，皆相結爲蛟虬，其壽幾二百年。柏之南有池，曰玉鑑，若鑑影以自媚者。梅之西有井，曰冰壺。初鑿井時，得古壺尊地下，而其泉冽且甘，以瀹茗味尤勝云。

明　李賢等《明一統志》卷一一　焦山寺　在焦山上，內有海雲堂，贊善閣，吸江亭。宋蘇軾詩：金山樓觀何眈眈，撞鐘擊鼓聞淮南。焦山何有有脩竹，采薪汲水僧兩三。雲霾浪打人迹絶，時有沙户析春蠶。我來金山更留宿，而此不到心懷慚。同游盡返決獨往，賦命窮薄輕江潭。清晨無風浪自湧，中流歌笑倚半酣。老僧山下驚客至，迎笑喜作巴人談。

又 甘露寺 在北固山上，吳甘露中建，因名。內有梁武帝所書天下第一江山六字，所賜鐵鑊二，其量容百斛。唐盧肇詩：北固巖端寺，佳名自上台。地從京口斷，山到海門來。曙色煙中滅，潮聲日下回。一隅通雉堞，千仞聳樓臺。寺內又有北軒。杜牧詩：曾上蓬萊宮裏行，此軒欄檻最留情。孤高堪弄桓伊笛，縹緲疑聞子晉笙。天接海門秋水色，煙籠鹿苑暮鐘聲。他年會著荷衣去，不向山僧道姓名。

又 卷一四 紫微觀 在紫微山，宋縣令阮美成斥大之。湖山重複，巖谷幽閟，三峰峙於前，兩洞擁於後。美成詩：湖上西風折葦廬，小橋斷岸柳疏疏。誰人肯出丹青手，寫作金庭煙水圖。

又 卷三八 靈隱寺 在武林山，晉咸和初建寺。有觀風、虛白、候仙、見山、冷泉五亭。唐白居易所謂五亭相望，即此。寺外夾道有九里松，唐郡守袁仁敬所植。

明 吳寬《家藏集》卷三八《正覺寺記》 予嘗獨愛正覺爲寺，其地殆百畝，非不能爲彼侈麗之觀者，顧其屋纔數楹，於奉佛居僧僅足而已。其外悉用以樹藝，其徒特食其所入以自足，不鼓其說以求於人。其亦賢於其類者哉，故爲記之。志寧，故大家。在當時園亭最勝，尤好植竹。至今美種蔓延不絕，人猶以竹堂稱之。地既幽僻，入其寺，竹樹茂密，禽聲上下如在山林中。不知其爲城市也。

明 朱存理《珊瑚木難》卷三《跋》 大姚去姑蘇城東南三十里，臨諸江湖。江則曰吳淞江，姚城江，白蜆江，小龍江。湖則有陳湖、葉宅湖，車坊漾獨墅淹是也。大姚地可百畝，浮諸水之間。有小山，高不滿數丈，上有古刹，依山之顛，曰文殊院。正殿有文殊坐獅子像，甚奇古。周圍有深渠數匝，乃誦經行道之跡也。唐宋名公留題甚多，皆刻諸石，以置於壁間。米南宮弟兄嘗居於其地，舊址猶可考。

明 王鏊《震澤集》卷一七《堯峰山佛殿記》 始相與立山門，繚以石垣，觀音龍王之殿，寶雲碧玉之沼。東齋西隱，以次修復，而大雄殿費鉅未遽議也。久之，雲谷示寂通，矢卒先志，乞諸檀越，一時鉅公名士亦多禮焉。於是富者施財，貧者施力，豫章瓴甓，無脛而自至，不召而雲集。大雄之殿，倏還舊觀矣。初予自內閣告歸，間一造焉，峭壁梯空，側足而上，及至其顛，曠然平夷，林壑巖洞之縈紆，池沼泉石之秀麗。却而望之，太湖萬頃，浩蕩在前，而吳興雲間諸峰，亦隱隱可見，信地之高且勝者也。

明 錢穀《吳都文粹續集》卷三四《常熟縣慧日寺修造記》 梁僧慧嚮造大寺三，在淮南曰慧照，在崑山曰慧聚，在常熟曰慧日。環常熟之境，他佛廬無慮數十所，或背岡巒而深隱，或面江湖而舒曠，其得勝槩固宜。獨慧日在縣西稍北九十步，一殿屹立，檜柏葱翠，當闤闠中，乃有山林瀟灑意。鐘磬石鼓之音，時徹縣齋，爲令者藉以少清胸次，爲不易得也。

明 田汝成《西湖游覽志》卷六《南山勝蹟》 褒親崇壽教寺俗稱劉娘子寺。【略】有泉自鳳凰山而下，注爲方池。命爲鳳凰泉，于湖張孝祥書刻。內有松雪亭，觀音洞，筆架池，偃松交枝檜壁間。舊有陳公儲畫龍，甚奇。【略】西林法惠院，宋乾德三年建。慶曆間禪師法言作西軒。激水爲池，疊石爲山。灑粉峰巒草木之上，以象飛雪。蘇子瞻見而愛之，題曰雪齋。【略】梯雲嶺石磴峻絕。嶺下舊有水月寺，宋太平興國二年建，元末燬。有水月池，靈固石。蘇子瞻詩：千尺長松掛薜蘿，梯雲嶺上一聲歌。湖山深秀有何處，水月池中桂影多。

又 卷七《南山勝蹟》 嶺畔舊有報恩寺，唐元貞間建。元至正間築城移建大井巷，國初并海會寺成化間仍徙故址。內有舞鳳軒、萬菊軒、浣雲池、銅井。白樂天《浣雲池詩》：白雲本無心，舒卷長自潔。影落一鑑空，可浣不可涅。鳶飛魚躍間，上下俱澄澈。此意難與言，覽之自怡悅。蘇子瞻《萬菊軒詩》：一軒專爲黃花設，富擬人間萬石君。佳本盡從方外得，異香多在月中聞。引泉北澗分清露，開徑南山破白雲。此意欲爲知者道，陶翁猶自未離羣。

又 卷八《北山勝蹟》 寶雲庵，宋乾德二年吳越王建，名千光王寺，雍熙二年改今額。寶慶間爲邳王攢所，元至正末燬。內有靈泉井、月窟、澄心閣、南隱堂、妙思堂。蘇子瞻《次寶雲僧仲殊雪中游湖韻詩》：寶雲樓閣鬧千門，林靜初無一鳥喧。閉户莫教風掃地，捲簾疑有月臨軒。水光瀲灩猶浮碧，山色空濛已斂昏。乞得湯休奇絕句，始知鹽絮是陳言。

又 招賢寺，唐德宗時郡人吳元卿爲六宮內使，棄官學道，結庵山中。開運三年，錢氏改建爲寺。有尉遲恭井、蒙泉，東坡書扁。白樂天《紫陽花詩序》云：招賢寺有山花一樹，色紫氣香，芳麗可愛，頗類仙物而人無識者，因以紫陽花名之。詩云：何年植向仙壇上，早晚移栽到梵家。雖在人間人不識，與君名作紫陽花。

又　壽星院有杯泉、靈泉、寒碧軒、此君軒、平秀軒、垂雲亭、明遠堂。其上有閣，曰江湖偉觀，安撫趙與𥲅建。蘇子瞻守杭日常游焉。入門即悟前身曾到，歷言院後殿閣山石之名，無一遺謬。故湖中詩詠於此居多。

又　菩提院本錢惟演別墅也，捨以爲寺。有白蓮、綠野等堂，碧玉、四觀、披顥等軒，南漪、迎薰、澄心、涵碧、玉壺、雪氍毹等亭，後并入昭慶寺。

又　卷一一《北山勝蹟》　慶元三年改天竺靈隱寺。三竺之勝，周回數十里，而巖壑尤美者，迴聚茲區。自飛來峰轉至寺後，巖洞玲瓏，瑩拔清朗，如伏虬飛鳳，層花紊萼，皺縠疊浪。妍態怪狀，不可縷陳。其材木皆自巖骨擢起，蒼翠葱鬱，不土而茂。傳言茲山産玉，故腴潤育物如此。張祐詩：西南山最勝，一界是諸天。上路穿巖竹，分流入寺泉。躡雲丹井畔，望月石橋邊。洞壑江聲遠，樓臺海氣連。塔明春嶺雪，鐘散暮松煙。何處去猶恨，更看峰頂蓮。

靈鷲峰，即飛來峰之別名也，靈隱、天竺皆慧理道場，而桂子、天香之景，兩寺共之。樂天詩所謂「一山門作兩山門，兩寺元從一寺分」者是也。

寺畔舊有七寶普賢閣，日觀庵，西嶺草堂、七葉堂、九品觀堂、金光明三昧堂、夜講堂、無量壽閣、慈雲懺主榻、旃檀觀音像、瑞光塔、重榮檜、石面靈桃、無根藤、水臺盤、曲水亭、回車軒、枕流亭、登嘯亭、適安亭、清暉亭、跳珠亭、蓮花水波石、門鷄巖、朱墅。並廢。【略】西嶺草堂，唐時道標法師立。遵式詩：昔人枕窮林，築室行真道。自後數百年，山邊惟蔓草。七葉堂白樂天詩：鬱鬱復鬱鬱，此熱何時畢。宜人七葉堂，煩暑隨步失。檐雨稍霏微，窗風正蕭瑟。清閒一覺睡，可以消百疾。　重榮檜在光明懺堂後，隋朝所植，高數丈，大十圍，後爲兵火所燎，至大中祥符間復茂。　石面靈桃在翻經臺之側，生於石面，結實甚大而甘，宋政和間取植上苑。　曲水亭一名流杯亭，亭心有水臺，盤曲折可流觴。傍有遵式所立陸羽二寺記碑。薛映詩：臺盤疏石渠，激流環四面。夏屋有餘清，羽觴隨意轉。賓告醉言歸，主稱情未倦。雖非禊飲辰，豈謝蘭亭宴。梅詢詩：鶴髮山中人，疏泉鑿幽石。如憑青玉案，分遞白雲液。泠泠濺雕俎，瑟瑟穿吟席。醉坐三伏中，煩襟自消釋。　回軒亭在曲水亭傍。　枕流亭内有無竭泉，宋高宗嘗臨觀賜扁。　跳珠軒在客寮中。有泉出石罅，飛灑如珠。蘇子瞻詩：道眼轉丹青，嘗于寂處鳴。早知雨是水，不作兩般聲。

又　卷一一　上天竺寺，晉天福間僧道翊結庵。【略】寺内有白雲堂、兩峰堂、中印堂、雲漢閣、應真閣、延桂閣、秋芳閣、伴雲閣、清華軒、植杖亭、謝屐亭、流虹澗、金佛橋、琮老橋、凝翠泉、觀音泉、雲液池。池上有辨才手植山茶花，並廢，唯白雲堂尚存。

又　卷一二《南山城内勝蹟》　寶奎寺在寶山頂，宋丞相喬行簡故第。奇石峭拔，東望海門，如在咫尺。紹定間理宗幸其第，書「見滄」二字賜之，勒之崖石，遂舍宅爲寺。以寶奎請額，詔從之，元季燬。皇明弘治間重建，尚書洪鐘爲之記。郡人茅瓚讀書寺中，嘉靖十七年狀元及第，因號見滄而作亭覆石上。

明　徐學謨《徐化海隅集文編》卷一〇《游九峰寺記》　九峰寺距武昌城東僅一舍，在黄柏、石門、天馬、楊鑼諸山中，而當門一峰作鉢盂狀者，爲鉢盂峰，旁八峰附麗之，嶄然離列可數，是名九峰。九峰之瀑，股分而下注，淙然匯於卧龍橋下，自卧龍橋入爲山門。自山門入，兩廡翼如環大雄殿而拱焉，其址咸甃□石。級而陟，愈陟愈陡聳，規製略似洪山崇□□寺，而草木蓊結，巖岫盤鬱，幽邃大過之。迤邐至獅子峰，始不可步武，爲寺之最高處。

明　姜寶《姜鳳阿文集》留部稿卷五《棲霞寺游記》　棲霞寺在攝山之陽，攝山在上元縣治之東北，由太平門經姚坊門至山頂，計四十五里。而遠山爲鍾阜，支脉高百三十丈有奇，周四十里而廣，以多産藥草可以攝生也，故名攝山。山形如蓋，故又名傘山。【略】由棲霞街東行數百步，經石蓮池池淤石蓮者。石鑿而成蓮花形，今移在白乳泉池内。達山門，入飛來石佛殿，又經天王殿。殿前有銀杏二株，高數尋，徑丈許，蓋前代舊物。其傍有碑亭，亭有唐高宗御製明徵君碑，碑陰有棲霞二大字，江總碑則宋時重翻刻，而卧置天王殿之地上。其後爲佛殿、爲鐘樓、爲伽藍殿，又後爲法堂，中貯藏經若干函。其左爲禪堂，累級以達方丈【略】次早觀山，山屹然中立，迤邐而南者爲中峰。其左流泉瀠帶者，爲中峰澗。澗出一泓，流自石隙中，色正白者爲白乳泉。泉流分入池，内由石蓮孔中濆起，爲品外泉，寺僧皆取汲於此。

明　田藝衡《香宇集》卷一三《游鍾山記》　太平門外爲後湖。湖周四十里，夾堤紅白蓮花猶盛。香色薰人可愛。在晉曰北湖，宋曰玄武湖。迤邐而北爲鍾山。【略】策蹇騎東南行甚遠，爲靈谷寺。洞門曰第一禪林，洪武御書也。進此則長松密蔭，坦途中闢。曳履蒼翠間可三四里，僅見天開一綫，綠陰布幃，曰影飾金，風聲播濤，四望岑寂，已非人境。復有麋鹿百十爲群，呦呦濯濯往來于茂林豐草中。馴而不擾。自謂此仙都也。不覺樊心灑然，無復纖塵點染矣。寺前爲萬工池，門内甬道夷潔。每鼓掌振足，則音響相應，若彈絲竹者然，曰琵琶街。其後爲寶公塔。

明　董其昌《雲棲禪院記》（《武林梵志》卷二輯）　杭之山自天目來，帶苕水，挾聖湖，南盡於江，折而東。是爲鳳凰諸山，宋之故宫在焉。遡流而西二十里，是爲五雲山。循山麓而西四五里，是爲雲棲寺。則今蓮池禪師之道場也。陂陀坻平，巖谷幽密。劃然野處，而不與湖山爲羣。境則變喧而幽，土則去穢而净，一似遺世者。山當江之三折，海門濤頭，雪湧而霆擊者，至此蕩爲平川。洋洋瀰瀰，怒氣消盡，一似忍辱者。由東岡而上，有壁觀峰，青龍泉出焉。中峰之旁復出一泉，名曰「聖義泉」。西岡之下復出一泉，名曰金液泉。涓涓甘冽，汲灌不竭，一似利生者。此非有道者莫能居。

明　朱孟震《汾上續談》卷一《奉聖寺》　太原縣十里晉祠，蓋以祀唐叔。而中有元君廟。泉出其下，匯而爲池。又前行數十步，流漸盛，東西分注，太原、清源二邑實賴之。水淵泓澄徹，爲晉中勝景，其西爲奉聖寺。

又　卷二《温湯寺》　釣魚城下十五里有温湯寺，山如翔鳳，泉出山中，氣勃勃流爲浴池。又從池邊出殿前，爲大池，迂回曲折清暖可掬，有魚黑色游池中。又左流入前浴池，池三四，皆覆以屋。又從池繞山下流入江，亦一勝境也。陳督學玉叔行部合州，因游焉，有《游温泉蕪懷社中諸子》詩云：招尋古寺酒尊同，濯得温泉興不窮。芳樹青山春更好，上方朱閣晚尤紅。二千品秩稱良吏，十五詩篇見國風。記得向來投贈意，故人多在大江東。

明　馮時可《再游攝山記略》（《金陵梵刹記》卷四輯）　出太平門從堤上度，曰小邏，始抵山麓。松柏攢鬱，結暗生陰，顧時有缺處。老僧云，舊有宋元時木數百株，奇古異狀。嘉靖初尚及見，後爲豪者伐盡。賴里人孫富爭之，僅存其一。【略】得舍利數百顆，分八十三州各樹塔，蔣州其一也。前設導引二佛，往露立，今亭焉。像貌衣縷，有虎頭筆法。塔左一泉泓然，水從石蓮中蹙沸而起，名品外泉，謂鴻漸未品耳。【略】入小菴，酌白鹿泉，已陟千佛巖，而進有紗帽峰。自此漸入岐路，糾紛樹色相引，繁陰如幄。蓋兹山之妙，以奥以古，不以奇以峭也。【略】庭有銀杏二本，高數尋，徑五圍，繁陰覆地，前代物也。【略】上人特駕石梁，與閣相接，可謂善能布勝。祝給諫題曰磊砢閣。坐有頃，至天開巖。其側一菴，隱深篁中。委蛇而入，其上三舍。有客讀書，不得憩從。其傍有曰醒石，房三楹，倚石立屋。

明　吴之鯨《武林梵志》卷一　長壽庵《放生池記》：西湖，古放生池也。法久而敝，實亡名存。敝之久而安焉。恒産乎水族，并迷其名若罔聞者。歲在乙未，予演圓覺于佛國山之南屏。南屏故有池，當其三門。一時主會諸名公，捐資贖而出之，植蓮其中，斷漁業。人由是知放生池爲武林舊事。既而予復鑿池上方。既而北門有園，園有池。復贖之。園距上方南北相望者半拘盧舍，而城之内有二放生池矣。頃，予碑上方，謂以是爲之兆，兆且引而蔓延之。顧予德微年衰，不足以風，未知繼此而興起者更幾池也。上方苦隘，僅爲池餘。少叢竹、羽蟲之獲，逭其生者聊以依止。兹頗閒曠，池聯比擴之則瀸然成浸，水涵而土山壘之則巋然成山，循而界之則幽然成徑。相其宜而樹之竹禾則鬱然蔭而成林。將使嚶嚶洋洋，樂而相忘。雖無谿擬、飛泳亭之萬一，而猶冀想像其遺踪，則上方所不逮也。園以東爲興福禪院，旋而南爲養濟院，又旋而西爲得一道院。養濟昔號悲田。

又　卷三　法相寺俗稱長耳相，宋范楷記，碑漸蝕，明王穀祥記甚核。寺内有宗慧堂、竹閣、雲壑、禪棲、穎秀山房、青蓮居、種石軒、夢化石。近寺里許，高竹青森，非復塵界。督撫甘士价，平湖陸長庚倡緣，築石逵甚整。沿塢而上爲定光菴，古佛修證處。陸長庚有記。菖蒲缸、錫杖泉、聽泉亭，蘇軾題。又上爲西生築鏡花閣，古梅參差，湖波掩映，亦佳境也。明王穀祥《記法相寺宗慧大師碑》：杭州西湖之南山最勝處爲南高峰。其陽則巖巒洞壑，奇絶詭麗。其陰則羣山紆迴，壁石嶮峭。透迤入徑，深木茂育，如與世隔。爲法相寺，五代石晉時建，故名長耳院，宋易今名。

又　卷五　妙智庵一名報國觀音院，在棲霞嶺上。舊多桃花，春時爛然如霞，故名棲霞。左有寶雲，右有仙姑二山，相挾嶺在其中如劍門，故名劍門嶺。有危松翠華如蓋。上臨，賜爲御愛松。有紫雲洞、棲霞洞、金鼓洞、靈芝岩、烏石峰。闍頭陀盛暑曝背其上，改名悟石。

明　謝肇淛《滇略》卷二　雲巖山在永昌城北二十五里，高二百丈餘，盤迴三里許。雜木陰森，巖石深百步。中有石横卧于下，長丈餘。好事者鑿而爲佛，建寺以覆之，扁曰雲巖卧佛。其左有洞，洞門高三尺，深十餘丈。寺外築臺建門，臺下有池。

明 曹學佺《明一統名勝志·陝西名勝志》卷二《西安府屬臨潼縣》 福嚴寺在縣之南山半腹，臨石瓮谷。懸泉激石，有似瓮形，舊名石瓮寺。宋太平興國，始改今名。唐開元中，以造華清宮餘材修繕。上有層樓，比丘懸轆轤干欄楯，斜引修綆長二百餘尺，以汲瓮泉出于紅樓喬樹之杪，殊稱險絶。樓上有玄宗題詩，草八分每句爲體，及王維山水兩壁。按，儲光羲有《石瓮寺》詩，沈佺期有《紅樓院應制》詩，俱即此寺。前孔雀松下有赤茯苓，入土千年成琥珀。

明 李流芳《檀園集》卷一一《雲居寺》 武林城中招提之勝，當以雲居爲最。繞山門前後皆長松，參天蔽日，相傳以爲中峰手植，歲久浸淫爲。寺僧剪伐什不存一，見之輒有老成凋謝之感，殆不欲多至其地。去年五月偕方回泛小舟自小築至清波訪張懋良，寺中落日，坐長廊沽酒小飲已，裒回城上，望鳳凰南屏，諸山沿月，踏歌而歸。翌日遂爲孟陽畫，此殊可思也，壬子十二月鹿城舟中題。

明 徐應秋《玉芝堂談薈》卷三 王侯第宅多題爲寺，壽丘里閭，列刹相望，祇垣鬱起，寶塔高陵。四月初八日，京師士女多至河間寺，觀其廟廡綺麗，無不歎息，以爲蓬萊仙室亦不是過。入其後園，見溝瀆蹇産，石磴嶕嶢，朱荷出池，緑萍浮水，飛梁跨閣，奇樓出雲，咸皆唧唧，雖梁王兔苑想亦不如也。

明 劉侗 于奕正《帝京景物略》卷三《韋公寺》 京師七奇樹，韋公寺三焉。天壇拗榆錢也。榆春錢，天壇榆之錢以秋。顯靈宮折枝柏也。雷披一枝，屏於霤中，折而不殊，二百年葱葱。報國寺矬松也。幹數尺，枝横數丈，如淺水荇，如蛀架藤。卧佛寺古娑羅也。下根盡出，纍纍露筋，上葉砌之，雨日不下。與韋公寺内之海棠也，蘋婆也，寺後五里之柰子而七也。寺在左安門外二里，武宗朝常侍韋霦建，貲竭不能竟。詔水衡佐焉，賜額弘善寺。寺東行一折有堂，堂三折有亭，亭後假山，亭前深溪。溪里許，蘆荻滿中，可舟爾而無舟。寺無香火，田地以果實歲，樹周帀層列可千萬數。寺南觀音閣，蘋婆一株，高五六丈，花時鮮紅新緑，五六丈皆花葉光。實時早秋，果着日色，焰焰于春花時，實成而葉渴矣。但見垂累紫白，丸丸五六丈也。寺内二西府海棠，樹二尋，左右列。游者左右目其盛，年年次第之，花不敢懈。寺後五里柰子樹，歲柰花開，奈旁人家擔負几案酒殽，具以待游者，賃賣旬日。卒歲爲業。樹旁枝低亞，入樹中，曠然容十數席。花陰暗日，花光明之，看花日暮，多就宿韋公寺者。海棠、蘋婆、柰子色二紅白，花淡蕊濃，跗長多態。海棠紅于蘋婆，蘋婆紅于柰子也。崇禎己巳冬之警，我師駐寺，海棠蘋婆以存，奈子樹薪之。

明 袁中道《珂雪齋前集》卷一五《碧雲寺》 寺泉出石根，中有聲，石壁色甚古，亭其前爲聽水佳處。泉繞亭而出，流于小池，種白蓮千本，鮮潔澄淨，便覺紅蓮未能免俗。塘前有稺竹一方，嫩緑可愛。予家園中翠竹萬竿，視此如小兒頭上髮耳。然小竹嬌姹亦自有致，况在燕中尤爲難得。竹之前爲銀杏二株，盤曲蔭蔽數畝。其左爲洞，一若夏屋，可坐。泉繞之而出，達于青豆之舍。流泉鳴於廡下，至殿前而泉始大。爲方塘，石梁界之，養朱魚萬尾，紅爍人目。泉從左達于梁，聲始宏，復有危橋，下爲修澗寺，較隘于香山而整麗過之。

又《卧佛寺》 寺在深山中，絶澗乃得寺，以崒波爲門。殿前古樹二株，其孫枝皆可爲他山喬木。詢僧，云婆羅樹。昔如來示寂於婆羅樹也。予游燕子磯，見寺外有二樹亦類此而差小，豈皆西來之種耶。寺西有泉注於池，池上有美石一，具色如碧玉。遡泉行極遠，多美箭佳樹，宛似江南。聞此泉水最宜養花，故僧舍多爲中貴所據。鄄泉以注于畦畛之問，花事最盛。寺中一老僧亦以養花自給，有餘即以施往來行脚者。予昔年游此，但驚詫喬木之奇，未見石與泉也。天下事以偶過眼而失之者多矣，獨此哉？

又《法雲寺》 法雲寺在西山後，去沙河四十里。遠視之惟一山，逼近則山山相倚如笋籜，皺雲駁霞，極其生動。其根爲千年雨溜洗去，石骨棱棱，每山窮處即有小峰如筆格。法雲寺枕最高處，乃妙高峰也。近寺，有雙泉鳴于左右。過石梁，屢級而上至寺門内，有方池，石橋間之，水冷然沉碧，依稀如清溪水色，此雙泉交會處也。其上有銀杏二株，大數十圍。至三層殿後乃得泉源。西泉出石罅間，經茶堂兩廡繞霤而下。東泉出後山，經蔬圃入香積而下，會于前之方塘，是名香水也。山石雖倩，更得此水活之，其秀媚殊甚。有樓可卧看諸山。右有偃蓋松，可覆數畝。故老云金章宗游覽之所，凡有八院，此其香水院也。

清 孫承澤《春明夢餘録》卷六八 （退）谷口外沿泉東行，皆石壁也。大石一方，上建觀音閣。再東則卧佛寺傍扉。入扉，娑羅古樹大可數圍，柯幹參天，瞿曇酣卧殿上。亂後寺廢，香燈久斷矣。寺門白塔高矗，大松兩行擁之，香翠撲人衣裾。

谷西南里許爲廣應寺。寺有白松如雪，門外深澗，石橋横之。橋傍喬松數十株，箕踞其下，看碧雲、香山諸寺，丹甍碧瓦，如蜃樓、如絳闕，又惝恍如夢際。谷西越澗而過，則長嶺横拖。嶺半爲章宗看花臺，古松一株，夭矯磅礴。拾級而登，此則佳主人也。

清 康熙《寧化縣志》卷二八《寺觀》 瑞華菴 去邑一百里，菴後有岩，溪流前繞。左畔古木千章灘奇，天橋虧蔽天日，皆千年物也。順治甲午，僧檀評訟，寺爲官姓折毁。僅存佛殿，僧舍之廢者百數十間。千年古木悉供樵薪矣。

清 閔麟嗣《黄山志定本》卷二《建置志》 文殊院在天都蓮花兩峰間，後擁玉屏峰，前有菩薩座。登座趺坐，煙雲無際，萬峰出没。足底院爲普門大師創，崇禎子丑間不戒於火，戊寅休寧汪之龍重建。過小心坡，夾壁争高，綫光曳白，爲一綫天。又進級轉壁，回厓益崩，磴益削，途復窮。雙崖斷若峽，假松棧以渡。渡已升級，天復一綫，級愈升，壁癒合，相視顔色如夜。約半里，仰窺石頂，突口如喉，憑梯出突，突出天開，衆峰盡露。里餘至院，光明頂之曠，桃花源之幽，石筍矼之異，各擅其勝，惟文殊院兼收之。其奇尤在山徑，緣梯棧，穿石穴，歷歷見遠山平楚，故景爲獨絶。院額「到者方知」四字，邑孝廉汪沐日丙子年題，今作「密雲老人誤」柱聯「孤雲卧此中，萬山拜其下」，釋道據書。右側憑虚閣可望後海諸峰。院燬後復搆，閣則聽其久廢矣。

清 趙吉士《寄園寄所寄》卷三 弘濟寺，自龍江獅子山連亘而東，皆崖壁峻峭。五里至幕府，十里至弘濟。又從南而東連亘不絶，二十餘里至攝山，而弘濟之形起，上覆出如兜率，俗名觀音山。山下臨大江，麓有一徑，石甃而上，入弘濟寺。寺之殿宇廊舍負山横起，短垣長檻，接連而去。有閣自麓至梯絶處，凡數十丈，檐阿峻起，復繫鐵索于山前。置木檻，使可憑以瞰江上。陰風怒濤，勢欲飛動，晴江净練，可以坐閲。夜當明月横，江尤可愛也。前人弘濟山記。

清《武定府志》卷一 秀屏排闥 郎北門外文殊寺也，高數十丈。一徑紆折而上，梵宇弘敞。後山聳出如屏掌，嶋遶其前，盤龍環其右，群峰排拱，原隰繡錯。花香鳥語之勝，悦人心目。知府王清賢勸農，常憩其處，題曰滇之峨眉。

清 高士奇《金鰲退食筆記》卷下 宏仁寺在太液池西南岸，地最爽朗。本朝康熙年間，即清馥殿基址改建爲寺，迎旃檀佛居之。黄甓碧甃，齋館敞麗。前樹二坊，東曰廣恩敷化，西曰普度能仁。入寺數武，白石甃方池，上跨三梁，緑荷出水，朱魚吹藻。其西作龍首，自牆外汲太液水貫注之。池北天王殿，殿東西分峙兩樓，以懸鐘鼓。再進爲慈仁寶殿，左曰弼教，右曰翊化。以進爲大寶殿，左曰覺德，右曰普慧。僧房之前松柏楸槐，蔭植庭廡，所謂兜率净宫、須彌寶殿莫尚于斯也。

清 查慎行《人海記》卷下《興勝寺》 興勝寺去摩訶菴二里許，土人目爲松林。今松無復存者，萬曆中所建，後有藏經閣，可眺西山。東北有果園，園中有亭曰衆芳亭。北砌石爲流觴曲水，其東有閣曰明遠春月。桃杏雜發，登閣望之，不異錦城花海也。

清 雍正《畿輔通志》卷一七《山川·順天府》 玉泉西南行數里，度兩石橋循溪轉至卧佛寺，復二里爲碧雲寺。巖下有泉，從石罅中出。有亭曰聽水佳處。亭前小池種白蓮百本，池邊修竹成林。康熙十七年，聖祖御書激湍二字。碧雲金碧鮮妍，宛一天界。巖下一泉，石渠導之，過齋厨，繞長廊，匯於殿前。石池泉傍一柳，人呼瘿柳。柳左堂三楹，明萬曆御題水天一色。前臨荷沼，沼南修竹成林，巖下一亭，曰嘯雲。《天府廣記》

清 乾隆《國朝宫史》卷一六《宫殿六·西苑下》 順治八年立塔建寺，爲白塔寺，今爲永安寺。寺門三楹，南向。入門爲法輪殿，殿内御筆匾曰慈雲覺海，又匾曰人天調御。聯曰：靈鷲風香傳妙偈，澄潭月皎印真如。又曰：青蓮法界本清净，白毫相光常滿圓。殿後拾級而上有坊一座，其南榜曰龍光，北曰紫照。左右有亭二，東曰引勝，西曰滌靄。亭後各有石，東曰崑崙，西曰岳雲。由甬道拾級而上，左右有方亭二，東曰雲依，西曰意遠。亭下各有石洞，可緣以升降。其東洞有匾，曰楞伽窟，正中爲正覺殿。殿之後爲普安殿。御筆匾曰慧根圓相，又匾曰如如不動。聯曰：真諦總涵華海露，慈光長仰德山雲。又曰：心鏡朗懸空色相，智燈長滿燭人天。殿前東爲宗鏡殿，西爲聖果殿。殿後石磴層躋而升，爲善因殿。中供梵銅佛像，殿後即白塔也。由白塔東下至山足爲智珠殿，東向，供文殊佛像。御筆匾曰般若香臺，聯曰：塔影迴懸霄漢上，佛光常現水雲間。其前圓牆，如月城。由殿後緣山徑折而北爲交翠庭，聯曰：波光入窗澹，草色護堦新。

清　乾隆《盤山志》卷一《外八景・天成寺》　盤山諸寺大半以險得幽。游者必披叢莽，或崖懸壑絶，縋而可至。其路稍坦而境絶勝者，爲天成寺。沿歷坡間，行者忘疲。峰轉境拓，飛甍出於樹杪，爲寺門之樓。顔曰江山一覽，可登眺。凡巖岫之羅列，林麓之映帶，於山之陽者，纖悉靡不呈露。內爲佛殿，金碧焕耀。背負翠屏，旁臨澗泉。步步引人入勝矣。

又《萬松寺》　盈山皆松也，松之性，得土而悦，得石而奇。土石相錯，則蒼茂夭矯，兼擅其美。矧泉流之激蕩，煙雲之繚繞，歲月滋久，靈氣盤鬱。其體幹，又非擾龍、偃蓋諸名狀所能盡耶。寺在舞劍臺之東，本名衛公菴，後拓而新之。聖祖屢幸，賜顔萬松，蓋紀其實，且以標一山之勝也。石甃數成，崇欄四注，宏麗中饒清幽之觀。循磴入寺，寒翠侵衣，竽籟交作，怳置身清涼佛境。泰山之所植，天都之所長，又不可同年語矣。

又《盤谷寺》以盤名山，而谷居盤之中，尤稱幽阻。蓋昔隱士之所棲止也，人往而路茀。國朝僧始闢地以建寺，聖祖錫額曰「盤谷」，以復舊稱。寺從石門入，蹊徑縈繞，花木踈扶。諸泉瀌瀌，俱流入青溝。溝之側有巖、有坳、有阪，而阪尤勝。植杏萬樹，春花齊發，望之若紅雪。寺中有堂有軒，與磴道爲高下。

又《雲罩寺》游田盤而不至舍利塔，不足以盡山之勝。塔峙挂月峰，路由雲罩殿左磴，緣壁如棧。老松出嵌巖，其奇者，乃如青鸞之舒翼。登其巔俯視四極，蒼然一色，山川雜陳，細瑣莫辨，世外巨觀也。寺中景物幽靚，魚板清肅。古德之所過化，高僧於焉習静。時有雲氣生檐宇間，遥望之若萬疊波濤，滚滚無際。雖岱之雲臺，黄之雲海，無以踰此。况數十年來翠輦時臨，天章疊賁，更足令山色嵐光益增氣象耶。寺後有峰曰自來，與挂月接。舊有無梁殿址，其所見與挂月蓋相類云。

又《千相寺》 華首觀化應真著蹟是處有之，而此寺獨以千相名者，相傳有尊者於巖下澄泉見千僧洗鉢，因構精舍，旋刻崖石，具儀相，略如所見之數。事雖涉幻異，而奔走瞻仰者遍十方界，恍若伽那石窟中留影光亮矣。寺去篦可三里許，緣嶔崎而上，長松夾道作虬龍形，殿宇整潔。明僧憨山曾遇隱士於寺後之石室，今稱契真，洞旁近巖岫，俱嵌空谺䆗，固皆當時晨夕經行地耶。摇動石亦奇，然他處間有之，以爲敬信所致，則類假託矣。

又《附載十六景·東竺庵》 庵在松樹峪，峪多土壤，可樹藝。結架無幾而以朴野勝。編茅爲亭，倚巖石爲牆。庭中雜蒔卉木，花香四時不絶，亦地奥而氣聚使然。

又《水月菴》 砂嶺爲走平谷，孔道迤北而東折，則法藏、青峰諸寺在焉。舊號巉險，明時始鑱鑿成路。路旁石猶瑰詭，大者如廈屋，小者如甖缶，俱作黝黑色。嶺南盡處有泉仰出，甃石爲池，如月半規。泉上結屋，從右門入爲精舍，以奉大士。因以水月名泉，味甘冽，行人每解鞍瓢酌焉。密樹陰翳，禽蟬啼响，遥睇重巒，屏施障展。煙靄萬狀，如置身清凉界中，塵慮盡滌矣。

清 于敏中 英廉等《日下舊聞考》卷七七《苑囿》 原：萬曆五年三月，建萬壽寺于西直門外七里。【略】其正殿曰大延壽，閣曰寧安，重樓複榭，隱映蔽虧。寺後壘石爲三山，以奉西方三大士，蓋象普陀、清凉、峨嵋。凡占地四頃有奇，浹歲即成。《野獲編》

原：萬壽寺在真覺寺西二里，神宗朝敕建。丹樓紺宇，幾與大内等。蓋上幸山陵嘗爲駐蹕地也。方丈築山上，有廣榭，下峙小亭，寺僧云：先帝曾於此尚食。後有圃數頃，賜出萬石大鐘，乃太宗時製，昔懸于樓，迴年有訛言帝里白虎分不宜鳴鐘者，遂卧鐘于地。《燕都游覽志》

原：萬壽寺在廣源閘之西，萬曆五年，太監馮保奉命作。中大延壽殿五楹，旁羅漢殿各九楹，後藏經閣高廣如中殿，左右韋馱、達摩殿各三楹。方丈後輦石爲山，所取土處爲三池。山上三大士殿各一，三池共一亭，山後圃百畝。寺碑大學士張居正奉敕撰。《帝京景物略》

又 卷八四《苑囿清漪園》 原：瓮山在都城西三十里玉泉之東，西湖當其前，金山拱其後。山下有寺曰圓静，寺後石壁百尺，步磴而上，晶庵在焉。《清溪漫稿》

原：西湖堤東稻畦千頃，接瓮山之麓，有寺曰圓静，因巖而構，甃爲石磴。游者拾級而上。山頂有屋曰雪洞，俯視湖曲，平田遠村，綿亘無際。《白巖集》

原：瓮山前有仁慈菴，入門三百步，兩傍椿樹夾之。登石磴二十級，有堂三楹，兩廡翼之。西廡前爲樓，菴左爲圓静寺。寺門度石橋，大道通湖堤，門内半里許，從左小徑登臺，精藍十餘。室之西殿三楹，左右精舍一間，據山面湖。《山行雜記》

又 卷八七《國朝苑囿·静宜園》 原：香山一徑幽遐，青松夾道，流泉下注，朱闌上引。依巖爲刹，高傑整麗。獨是作者騁象馬之雄圖，乏邱壑之妙思，數十年後金碧蝕於蛛絲，堦砌隱於苔蘚，游人漸稀，樹木漸老，則兹山之勝當倍於今日矣。《袁中郎集》

原：香山門徑寬博，喬木夾道，流泉界之，依山汙隆以爲殿宇殿。前古松二株，虬龍詰曲。左來青軒如衫袖忽開，盡見原隰。寺後有藏經閣，石路净潔，高松列植，四望比來青較遠。其傍僧舍數十處，多植偃蓋之松，引流水周其霤下。《珂雪齋集》

原：穿洪光寺柏徑而上，即香山藏經殿，步而下即後殿，從兩廊透迤，行至正殿，歷級從東行，至方丈，自迴廊後東爲來青軒。下見坡陀，杏樹可十萬株。寺中來青軒、鬱秀、清雅、望都亭四扁皆御書。《燕都游覽志》

原：香山夾道盡白楊青檜，流憇亭在山半灌木陰翳中。來青軒前，兩山相距而虛其襟，以捧帝城。自無量殿折而至洪光寺，皆短垣疏柏。中涓甃白石爲階，東望閣道參差，爲光裕寺。《緱山集》

又 原：自洪光折而東，取道松杉中二里許，從槐徑入，一谿横之，跨以石梁，爲碧雲寺。壯麗與香山相伯仲。歷數百級，登佛殿，殿前甃石爲池，深丈許，水引自寺後石罅出，噴薄入小渠，人以卓錫名之。寺僧導之過齋厨，遶長廊，出殿兩廡左右折，復匯於殿前石池，金鯽千頭，上嘗臨觀焉。《長安客話》

增：碧雲寺左側有泉，屋之，納以方池，吐以螭脣，紅酣緑沉，餌之則争。《帝京景物略》

原：碧雲寺泉從山西壁螭首口中吐出，去渠尺許，微有飛沫。時雨初過，淙淙若琴筑。下注於渠，渠遶亭後，折而東南，又折而北。渠廣尺餘，越數步設一堛。亭前有沼可一畝，渠水注之，亦由螭口出。迤東南注垣下，過香積厨，又西南注殿前沼。《余文敏集》

原：碧雲剎後有泉從石罅出，有聲，石壁色甚古，亭曰聽水佳處。泉遶亭而出，流於小池，種白蓮百本。塘前穉竹嫩緑有致，竹旁有銀杏二株，陰蔭一畝。其左一洞若夏屋，泉復遶之而出，達於廊下。引入殿前爲池，界以石梁，朱魚潑刺，水脉隱見。至寺門迸入溪。《珂雪齋集》

原：碧雲寺金銀宮闕若王者之居，殿前有池，跨以石梁。上移蹕再幸，樂之，設帟飲梁上，觀魚。寺前有泉亭竹樹，留御書額，額曰蒼松古柏，曰水天一色。其西峭壁如城，有石室三臨澗，石門石竇，盛夏可以避暑，冬則徙卉木藏焉。《大復山房集》

原：碧雲寺修除連拱，與香山稱。左緣曲徑，有卓錫泉，環庭際瀌瀌鳴，中爲廣亭，右壁綴以文石，境之最幽者。《長安可游記》

原：出香山策馬東行，轉而西北即碧雲寺。寺門有石獅二，雕鏤絶工。鐘樓西石刻蛟形，泉從口湧，泠泠瀉溝中，出寺而納於澗。同上

清 乾隆《韓城縣志》卷二 竹林寺 在柳枝邨。《名勝志》云距西莊數里，映水開軒者曰竹林寺。寺之前篔簹如林，小桃夾岸，梵唄聲與泉韻相宜，爲觴詠清境。

清 乾隆《廣靈縣志》卷三《山川》 聖泉寺在南山之西，有石泉焉，寒流當澗，飛瀑懸崖，厥寺最古。兩崖蒼松屈曲交加，盤盤菌菌，陰翳蔽天，風濤號谷。坐其下者，每疑有寶花墜空，笙簧隔水也。

清 乾隆《南巡盛典》卷八四《名勝·揚州》 慧因寺向爲舍利禪院。恭逢車駕臨幸，賜今名。旁有小園，叢桂古松，境絶清迴。中有悟香亭，寺鐘初動，梵唱同聲，時得静中之趣。西爲曲廊，水榭低貼水際，北折爲廳，顔曰緑楊城郭。右爲芍園，多異種，小築數椽，亦饒秀野静閒之勝。乾隆辛未，御題額曰慧因寺，丁丑御書額曰慈緣勝果。

又 卷八五《名勝·蘇州》 靈巖山，在蘇州府西三十里，一名石鼓山，又名硯山，吴王置館娃宫於此，今靈巖寺其址也。内有響屧廊、琴臺、吴王井諸遺蹟。頂有月池、硯池、玩華池，雖旱不竭。西南石壁峭拔者爲佛日巖，欣然如立，弛然如卧者爲壽星石，醉僧石。又有松嘯、迎暉二亭，並據勝地。宋范大成謂：下瞰太湖洞庭兩山，滴翠叢碧在琉璃世界中。洵奇境也。

又 卷八六《名勝·杭州》 玉泉魚躍在清漣寺内，泉發源西山，伏流數十里至此始見。甃石爲池，方廣三丈許，清澈見底。畜五色魚，鱗鬣可數。投以香餌，則揚鬐而來，吞之輒去，有相忘江湖之樂。泉上有亭，曰洗心。旁一小池，水色翠緑，以白粉投之，亦成緑色。聖祖仁皇帝賜名清漣寺。

又 卷八七《名勝·江寧》 幽居菴在中峰之右，與西峰相接。數楹量笏，竹木環之，闃若人境外。坡前乳石數叢，雲堆浪立，獸伏鵰蹲，奇怪莫可名狀。堦下流泉，泠泠如奏琴筑，拾級而登，崇欄曲逕，直達禹碑。洞壑深幽，以此爲最。皇上奎章叠賜永勒貞珉，誠山靈之厚幸也。

清 李斗《揚州畫舫録》卷一《草河録上》 竹西芳徑在蜀岡上，岡勢至此漸平。嘉靖志所謂蜀岡迤邐，正東北四十餘里至灣頭，官河水際而微之處也。上方禪智寺在其上，門中建大殿，左右廡序翼張，後爲僧樓，即正覺舊址。左序通勺藥圃，圃前有門，門内五楹。中爲甬路，夾植槐榆。上爲廳事三楹，左接長廊，壁間嵌三絶碑，爲吴道子畫寶志公像，李太白讚，顔魯公書。後有趙子昂跋。歲久石泐，明僧本初重刻。又蘇文忠公次伯固韻送李孝博詩石刻。廊外有吕祖照面池，由池入圃，圃前有泉在石隙。志曰蜀井，今曰第一泉，寺有八景，在寺外者，月明橋一，竹西亭二，崑邱臺三。在寺内者，三絶碑一，蘇詩二，照面池三，蜀井四，勺藥圃五。

又 卷二 「臨水紅霞」即桃花庵，在長春橋西。野樹成林，溪毛礙槳，茅屋三四間在松楸中，其旁厝屋鱗次，植桃樹數百株，半藏于丹樓翠閣，倏隱倏見。前有嶼，上結茅亭，額曰螺亭。亭南有板橋接入穆如亭。亭北砌石爲堦，坊表插天，額曰「臨水紅霞」。折南爲桃花庵，大門三楹，門内大殿三楹，殿後飛霞樓三楹，樓左爲見悟堂，堂後小樓又三楹，爲僧舍，庵之檀越柴賓臣延江寧僧道存居之。樓右小廊開圓門，門外穿太湖石，入廳事，復三楹，額曰千樹紅霞，庵中呼之爲紅霞廳。迤東曲廊數折，兩亭浮水，小橋通之。再東曰桐軒，右爲舫屋。又過橋入東，爲枕流亭。穿曲廊，得小室，曰臨流映壑。室外無限烟水，而平岡又雲起矣。平岡爲古「平岡秋望」之遺阜，北郊土厚，任其自然增累成岡，間載盤礴大石。石隙小路横出，岡燒中斷，盤行縈曲，繼以木棧，倚石排空，周環而上。溪河繞其下，愈繞愈曲。岸上多梅樹，花時如雪，故庵後名「平岡艷雪」。

又 桃花庵僻處長春橋内，過橋沿小溪河邊折入山徑，嵂嶁難行。小澳夾兩陵間，嶼亦分而爲兩，左右有螺亭、穆如亭。嶼竟，琢石爲堦，庵門額爲朱思堂轉運所書。溪水到門，可以欹身汲流漱齒。中多水鳥，白毛初滿，時得人稀水深之樂。

又 卷四 枝上村，天寧寺西園下院也。在寺西偏，今歸御花園。舊有晉樹二株，門與寺齊。入門，竹徑逶迤，花瓦牆周圍數十丈。中爲大殿，旁建六方亭于兩樹間，名曰晉樹亭，爲徐葆光所書。南構彈指閣三楹，三間五架，製極規矩。閣中貯圖書玩好，皆希世珍。閣外竹樹疏密相間，鶴二往來閒逸。閣後竹籬。籬外修竹參天，斷絶人路。僧文思居之。

清 英和《恩福堂筆記》卷下 西山大覺寺，金之清水院，故名靈泉。明宣宗易以今名，正統間復修葺之。寺建於山腰，遠望煙樹葱蘢，但露浮圖數級，及廟始見山門。碧瓦丹垣，繚以方沼。有泉出自山巔，盤旋迴繞，到處皆通，淙淙瀌瀌，不舍晝夜，與檐馬塔鈴相酬答，聞之發人深省。寺中花木不多，惟翠竹千竿，高盈四丈，一碧干霄。七尺牡丹一樹，花時絢爛甲都下。西山南北梵宇不少，各標名勝，而余獨以此寺爲最焉。

清 道光《河内縣志》卷一八《古蹟》 天鶩池 即潮音寺池也，寺植池中，跨以虹橋，芙蕖萬柄，争發於梵音之中。不隔市廛而囂塵自遠，提琴命侶，開樽延月，庶可浣其凡襟矣，俗名小南海。

清化祝融觀後荷亭 祝融觀後舊有潦池十餘畝，通判李公璧植荷其中，

暑辰花發，香颸蓊郁。闕觀之右面花啟軒，可以延憩。水北復建小簃數椽，尤爲怡爽。冠蓋邑士游賞殆無虛日矣。

清　范泰恒《聖駕巡幸明月山寶光寺記》（《河内縣志》卷二三引）　天壇、王屋爲太行首崒，律鬱盤東行二百里景便奇絶。翠柏萬株，彌漫巖谷。背隆起兩址，相抱如環，故曰明月山寺，則創自金，歷元明形勢漸著，至本朝而大備。巔石嶂列，軒五楹而廠，其前嵩屏河帶，指顧可見。左側爲大士閣，飛檐層構。出松杉而清流曲折於階除者，則課蜜泉也。又東有殿曰藏經，南下而勢復起，覆以茅亭，翠竹百竿，掩映蕭森。右爲方亭，類四明車，緣磴而下，石室三窟，以祀吕道人。室西有洞，外狹而内寬，相傳爲倉公宴息地。循徑南出，石壁長列，廣亭翼之，左右雜植畦菊，扶疏燦爛，殆山間而具園林之觀焉。旁起石臺，青松孤出，槎枒偃蹇，拏雲攫空。上踞六面亭，朝旭東升，影出林隙，可舉目得也。隨步左右，下基平而廣，有殿三，最後曰水陸殿，旁各三楹，前爲大雄殿，又前爲天王殿。殿與閣相植，閣昂首而三殿其腹也。階下雙井湧見，不竭不溢。前殿古柏數株，挺挺直立若拱衛，儼空門護法也。兩廊環繞，僧寮紆複以達於山門。其外石坊對峙東山，勢稍昂，爲鐘樓。西南坦而長廠，楹三，以便瞻眺，蓋鳳凰臺舊基云。或曰，天壇山高擬帝闕，其下千萬巖巒，若堂若室，名王屋，實惟王者之居。而軒閣聳出，列奇紛綴，殿宇寮舍，蔽虧山坳，此亦離宮別館也。望幸之所於是乎在，不其然乎。

清　道光《廣東通志》卷二二九　長壽庵在城西南五里，舊順母橋故址。明萬曆三十四年，巡按御史沈正隆建，爲慈度閣，爲妙證堂。禪房翼之，地可八畝，有御史碑記。寺創於萬曆間，禪人大汕重新之。寺西偏有池通珠江，水增減應潮汐。池北爲半帆，循廊曲折而東爲繪空軒。軒前佛桑、寶相諸花，叢萃可愛。由半帆並池而南，緣岸皆荔枝。龍目池之南爲懷古樓、高明洞，豁其下爲離六堂、水木清華。房廊幽窈，如吴越間寺。

又　卷二三〇　北山寺在（陽山）縣治北賢令山之東，循石磴，層折而上，古松遶徑，清泉響潤，石橋流水，別有天地。明崇正四年邑人歐陽熙修建。

清　史誠直《香泉寺記》（《兩當縣志》卷一一引）　故道黄花今名兩當，於縣北得香泉焉。水清而甘，自池中湧出，灌園六百餘畝。池之上建佛殿三間，右旁有印月軒，前對元武臺，後接西塘嶺，南望文山之嶺，北連椒園之水。異景錯出，不可勝叙。是水也，尤長於煮茗，有清心明目之功。池邊古柏森然，亭亭獨秀，池内魴魚數尾，游觀者每暢覽焉。邑之紳士培以薔薇、梅桂等花，又置太湖石於山門之内，真卓然勝境也。夫有形勝之地，而不得極勝之。文以詠之，殊爲憾事，故邑宰泠公題其門聯曰：泉脉初開百里桑麻貴德水，神光普照萬家烟火仰慈燈。又有「一泓秋水鑑臣心，一泓止水走晴雷」之句。

清　光緒《順天府志》卷一七　月河寺在朝陽門外南。月河梵院，僧道深別院也，池亭幽疋，甲於都邑。古名寶藏寺，相傳有一粟軒、聚星亭，諸蹟已圮廢矣。

又　十方普覺寺，雍正年間怡賢親王修建也，在玉泉山西南。寺創於唐，名兜率。元名昭孝。【略】後曰洪慶，曰壽安。亦以泉勝，層巖夾道，木石散置，可游可坐。兩殿各卧一佛，長可丈餘，其一滲金甚精。寺内娑羅樹二株，子如橡栗，可療心疾。門西有石盤，方廣數丈，高亦稱是，上創觀音堂，周以欄楯。石盤下有小竇出，泉淙淙琤琤，下擊石底，聽之泠然。寺多牡丹，蓋中官所植，取以上供。俗稱卧佛寺。

清　光緒《浦城縣志》卷三《名勝》　漁梁山麓萬樂寺，昔名溪峰寺，唐昭宗特賜今名。寺内瀑布居天下第三，去瀑布泉數百步，有石壁如門，中挂小瀑，宛若珠簾。水簾之上，水從巖頂分布，里人因呼爲雪澆彌勒。水簾之下，石疊如階，因名萬石階。階側數石，中虚而圓，謂之汙尊，俗謂之仙人臼。又有仙人跡在金雞巖，巖高十數丈，中有罅甚圓，相傳爲仙人履跡。又有仙疊石，在寺後，小大相疊，高五丈餘。寺門前爲七松壇，舊有松七株，國初僅存其二，康熙間僧德出補種五株，今皆合抱矣。

紀事

南朝宋　劉義慶《世説新語》卷下之上《容止》　康僧淵在豫章去郭數十里立精舍。旁連嶺，帶長川，林列於軒庭，清流激於堂宇。

北魏　崔鴻《十六國春秋》卷五七　弘始七年春正月，興居羅什於逍遥園，以國師禮待之，奉之如神，甚見優寵。親帥羣臣如逍遥園引諸沙門於澄玄堂聽什演説佛經。遂大營塔寺，起逍遥宮殿。庭左右有樓閣，高百尺，相去四十丈，以麻繩大一圍。兩頭各經樓。【略】起造浮圖於永貴里，立波若臺。

於中宮作須彌山，四面有崇巖峻壁，珍禽異獸，山林草木，精奇怪異。仙人佛象人所未識，見者皆以爲奇。

北魏　楊衒之《洛陽伽藍記》卷一　瑶光寺，世宗宣武皇帝所立。御道北去千秋門二里。千秋門内道北有西游園，園中有凌雲臺，即是魏文帝所築者。臺上有八角井。高祖於井北造凉風觀，登之遠望，目極洛川。臺下有碧海曲池，臺東有宣慈觀，去地十丈。觀東有靈芝釣臺，累木爲之，出於海中，去地二十丈。風生户牖，雲起梁棟，丹楹刻桷，圖寫列仙。刻石爲鯨魚，背負釣臺，既如從地踴出，又似空中飛下。釣臺南有宣光殿，北有嘉福殿，西有九龍殿。殿前九龍，吐水成一海，凡四殿皆有飛閣，向靈芝往來。三伏之月，皇帝在靈芝臺以避暑。

又　卷三　景明寺，宣武皇帝所立也。景明年中立，因以爲名。在宣陽門外一里，御道東，其寺東西南北方五百步，前望嵩山、少室，却負帝城。青林垂影，緑水爲文，形勝之地，爽塏獨美。山懸臺觀，光盛一千餘間。複殿重房，交疏對霤。青臺紫閣，浮道相通。雖外有四時而内無寒暑。房檐之外皆是山池，竹松蘭芷垂列堦墀，含風團露流香吐馥。至正元年，中太后始造七層浮圖一所，去地百仞，是以邢子才碑文云「俯聞激電，旁屬奔星」是也。妝飾華麗，侔於永寧，金盤寶鐸，焕爛霞表。寺有三池，萑蒲菱藕水物生焉，或黄甲紫鱗出没於蘩藻，或青鳧白雁浮沈於緑水。礱磑舂簸皆用水功。伽藍之妙，最得稱首。

又　卷四　寶光寺在西陽門外御道北，有三層浮圖一所，以石爲基，形製甚古，畫工雕刻。隱士趙逸見而歎曰：晉朝石塔寺今爲寶光寺也。人問其故，逸曰：晉朝三十二寺盡皆湮滅，惟此寺獨存。指園中一處曰：此是浴室，前五步應有一井。衆僧掘之果得屋及井焉。井雖填塞，磚口如初。浴堂下猶有石數十枚，當時園池平衍，果菜葱青，莫不歎息焉。園中有一海，號咸池，葭菼被岸，菱荷覆水，青松翠竹，羅生其旁。京邑士子至於良辰美日休沐告歸，徵友命朋來游此寺，雲車接軫，羽蓋成陰。或置酒林泉，題詩花圃，折藕浮瓜，以爲興適。

唐　宋叔鈞《窅澗谷肅上人禪房記》（《河内縣志》卷二〇引）　於西域耆闍，東溟方丈，蓋羽化之所窟宅，真如之所游衍。攸哉邈矣，固難得而周流，其於一邱一壑勝之美者，亦往往有焉。矧王屋大形，左右相睨。方且七百，其高萬仞。松桂蘩植，峰巒交薄，幽奇之麗者，何可單論。而此谷焉，特名窅澗，夤緣六七里，攀援數十丈，一壁却立，直戴雲天，兩崖翼張，横窺日月。稽首則神靈交集，笑語則雷風聿興。伊昔鄉人選勝兹所，宏願既果，經始勿亟。其始也，琢石爲堂，功成一簣。其終也，飾金作像，數滿大千。而物换時移，斯迹猶著，翔而後集，不亦宜乎！我上人德冠三乘，行超十地，夢幻驟體，水月澄心。以禪寂爲不二之門，以意識爲五藴之户，克紹先烈，獨秀禪林。乃拔溺寰中，投身物外，懿其事也，搆其居也，因厥舊而新是圖，采椽不斲，亘爲禪宇，爰居爰處，南東其户。西次卌步，别置水亭焉，高纔一尋，方僅五尺，膚泉自出，環流鏡清，注于平，溢爲沼，靈草千種，修篁數莖，花香互開，煙媚時發。春禽軥呩，似聽色空。元猿罷吟，如求漸頓。登陟者結縛懸解，經行者塵昏自朗。

唐　段成式《酉陽雜俎》續集卷五《寺塔記上》　光明寺中，鬼子母及文惠太子塑像，舉止態度如生。工名李岫。山庭院，古木崇阜，幽若山谷。當時輦上營之。　上座璘公院，有穗柏一株，衢柯偃覆，下坐十餘人。

又　卷六《寺塔記下》　慈恩寺　寺本净覺故伽藍，因而營建焉。凡十餘院，總一千八百九十七間，敕度三百僧。【略】寺中柿樹、白牡丹，是法力上人手植。上人時常執爐循諸屋壁，有變相處，輒獻虔祝，年無虚月。又殿庭大莎羅樹，大曆中安西所進。其木棲賜此寺四橛，橛皆灼固。

唐　康駢《劇談録》卷下《老君廟畫》　政平坊安國觀，明皇朝玉真公主所建。門樓高九十尺，而柱端無栱枓。殿南有精思院，琢玉爲天尊老君之像，葉法善、羅公遠、張果先生並圖之於壁。院南池沼引御渠水注之，壘石像蓬萊、方丈、瀛洲三山。女冠多上陽退宫嬪，御其東，與國學相接。咸通中有書生云，每清風朗月，即聞山池之内步虚笙磬之音。盧尚書有詩云：夕照紗窗起暗塵，青松遶殿不知春。君看白首誦經者，半是宫中歌舞人。

宋　余靖《武溪集》卷七《韶州翁源縣净源山耽石院記》　古之學佛者，内樂空寂以照自性，外作饒益以濟群動。故行脩於己，而功施於物，雖巖居穴處，草衣木食，委去浮累，超然獨往。而萬家之城，十室之聚，率有信嚮仰爲開導。由是攀蘿躡靄，棧險梁深，異人所居，必立精舍。耽石院者，翁川之列刹也，山川葱鬱，杳絶紛囂，泉石幽奇，足以耽玩。【略】其相土也，則疊岫賓挹，澄溪帶附。其度材也，則百堵雲搆，四阿翬飛。其設像也，則金璧睟容，天龍善衡。其據境也，則珍木彌望，佳氣襲人，真崇福之秘宇，絕塵之幽致也。苟非智者創謀，善人協規，孰能與於此哉，巨石如屏，泉淙於下，可以爽精靈，可以滌塵慮。命名之始，其在兹乎！

宋 鄭獬《鄖溪集》卷一五《福源觀大殿記》 洛陽之東南山亦爲玉仙山，而溪爲玉仙溪，其上有玉仙祠。【略】道士陳景顥始作玉仙祠於都城之南，前作方池，取玉仙溪水而貯之。於其東別爲大殿，塑玉仙像及靈官侍衛，左右嚴列肅如也，都人皆往祠焉。【略】而陳君不悔也，丐取收拾凡三十年，於是祠成。又作真君殿及道院齋館，庖房廥畜之室皆具。其南闢爲花圃，植雜花數千株，則向之腐壞汙塹狐鼠之徑，俄而爲飛亭曲閣、修林翠竹之美觀也。

宋 蘇軾《東坡全集》卷三七《黄州安國寺記》 城南精舍曰安國寺，有茂林修竹、陂池亭榭。【略】寺立於僞唐保大二年始名護國，嘉祐八年賜今名。堂宇齋閣連皆易新之，嚴麗深穩，悦可人意，至者忘歸。

宋 釋覺範《石門文字禪》卷二二《華嚴院記代》 政和四年春二月，余自高安赴官臨汝。行豐城境十餘里，奇峰秀深，沃野自獻，有白沙清流，茂林脩竹之勝。望林表出楯瓦，路人曰其下華嚴院也，遂造焉。碧杉脩徑，苾芻戢戢出迎客。廈屋崇成如幻出，禪齋風櫺，金碧隨目，殆應接不暇。

宋 陸游《渭南文集》卷一七《雲門壽聖院記》 雲門寺自晉唐以來名天下。父老言，昔盛時繚山並谿，樓塔重複，依巖跨壑，金碧飛踊。居之者忘老，寓之者忘歸。游觀者累日乃徧，往往迷不得出，雖寺中人或旬月不相覯也。入寺稍西，石壁峰爲看經院，又西爲藥師院，又西繚而北爲上方。已而少衰，於是看經別爲寺曰顯聖，藥師別爲寺曰雍熙，最後上方亦別曰壽聖，而古雲門寺更曰淳化。一山凡四寺，壽聖最小，不得與三寺班，然山尤勝絕。游山者自淳化歷顯聖、雍熙，酌煉丹泉，闚筆倉，追想葛稚川、王子敬之遺風，行聽灘聲，而坐蔭木影，徘徊好泉亭上，山水之樂，饜飫極矣。而亭之旁始得支徑逶迤如綫，脩竹老木，怪藤醜石，交覆而角立。破崖絕澗，奔泉迅流，喊呀而噴薄。方暑，凛然以寒，正晝仰視，不見日景。如此行百餘步，始至壽聖，嶄然孤絕。

又 卷二〇《上天竺復菴記》 嘉泰二年，上天竺廣慧法師築退居於寺門橋南，名之曰復菴。後負白雲峰，前直獅子、乳寶二峰，帶以清溪，環以美箭嘉木，凡屋七十餘間。寢有室，講有堂，中則爲殿，以奉西方像設。殿前闢大池，兩序列館，以處四方學者。炊爨湢浴，皆有其所，床敷巾鉢，雲布鱗次。又以爲傳授講習梵唄之勤，宜有游息之地，以休其暇日，則又作園亭流泉，以與學者共之。

宋 周必大《文忠集》卷一七《跋山谷萍鄉縣寶積禪寺記》 寶積禪寺本周廣順中以民李氏施地宅建梵林寺，寺有僧伽像。顯德中見光怪累日，因改寶積寺。星居六室，以元符二年十二月敕破律爲禪，以僧紹槩主之。而槩于萍鄉無法緣，居十月而里人不施一錢，于是棄而去。三年十月，余伯氏元明爲令，乃擇請延慶院山主宗禪來尸法席。禪倦游諸方，號稱得安樂法，其居延慶院也。變飲酒食肉處爲菩提坊，開草萊荆棘叢爲金碧聚。故元明以爲是必能興我寶積。三招而後肯來，至則破六律院爲一叢林。謗者杜口，檀者傾施，不閲歲盡徹蜂房之屋，鬱爲鷲峰之會。建中靖國之元，方丈三間、世尊之廟崇成矣。越明年，樂浄堂、德味厨、法堂皆畢工。凡率有家之錢五百萬，而所以庇覆安樂，道衆冗徒之屋無不具。

又 卷一六六《閒居録》 由別徑步過珠林，入護國院。門術幽深，面對黄原、白玉諸山。本與靈泉皆爲邦人游賞之地，今轉而爲北邙矣。子澄自此入螺岡門先歸，予與二兄季懷復行二三里，入北庵招義寺。按慶曆間朱處約記文云，祥符中僧守至首創精舍，後三十餘年而成。景物幽寂，近城不易得也。門有水松三株可觀。

又 卷一六七《泛舟游山録》 出西門，諸峰橫陳，瀑布中瀉，寒食節游人布路。約十餘里至開先寺。長老不在，同西堂、元湛上漱玉亭，觀石柱間東坡辛巳四月題名，開先舊屋惟有此亭。其上即石橋，又其上瀑水落焉。瀦爲龍潭，旱歲祈禱頗應。回觀僧堂，即南唐玄宗少年書堂也。古碑一空，魯直院記偶存耳。寺之東山別有小瀑，號馬尾泉。其餘境物之勝，僧徒皆不能言要當。

又 卷一七一《乾道壬辰南歸録》 戊午社早冒雨【略】行四里許至佛日山浄慧禪院【略】寺不經兵火，面對黄鶴峰，有清冷一擊寺軒，庫堂後有池。池中有渥洼，泉出石罅中。東坡嘗題五絕句，所謂「東鹿雲根露角牙，細泉咽咽走金沙。不堪土肉藏山骨，未放蒼龍浴渥洼」者是也。

乙酉早周覽寺宇，修廊華殿，吴中之名刹。按《碑志》本梁天監中西域僧䭔䭔和尚卓錫出泉，今在寺左百步，深纔數尺，大旱不竭。寺高泉低，爲石槽仰而注之，僧有衆寡，視以給用。齋前流多，齋後差少，兹其異也。【略】寺有清輝軒、碧玉沼。寺左觀音岩、白龍洞、多景岩、寶雲井，寺右偃蓋松二鐵塔、妙高峰，東齊西隱。同長老了愈偏覽畢，由龍洞觀音岩而下，蓋寺後路也。

宋 張敦頤《六朝事迹編類》卷上《三巖石》 臺城內千福禪院，本梁同泰寺，後吳順義二年置院。前有醜石四，各高丈餘。又三巖山西有白蓮閣，閣下有小石池，面方一丈餘，言是陳時景陽井。今有古石井，欄其上。本鐫刻文字，悉已殘毁，惟「戒哉」二字可辨，今名法寶院。楊修有詩曰：蘿蔓藤花歲自添，露痕還似雨痕霑。莫將廢苑爲閒地，猶可巖巖使具瞻。

宋 談鑰《吳興志》卷一三 飛英寺【略】舊《圖經》云在白鶴鄉。咸通十三年建爲資聖禪寺，中和五年改上乘寺。寺前有石甃洗馬池，寺內有舍利石塔，白蓮池二所。唐刺史高湜、劉植、杜儒林有詞。吳興郡王錢偡詩云：兩岸槿花紅步障，一行山色緑屏風。景物可想。

又 惠覺寺在縣西北一十五里法華山，梁普通二年建。號法華寺，寺有偃松、九曲池、流杯亭、望湖亭。

又 護國禪院在縣西北二十五里石頤山，唐咸通五年建。景趣幽絶，有佀禪師坐禪石及虎跑泉，清澈無底。《舊編云》：佀師以結庵，有一虎常隨之。師以乏水爲憂，虎跑地得泉，因以爲名。

又 隆教院，在縣西北十八里銅山之麓。石晉天福三年建，周顯德中名資福，本朝治平二年改今額。建中靖國初，僧維琳居之。院內有無畏庵、內苑橋，外有清奏亭、古月泉、擎天松，後有牛頭峰、緩步堤、毛公堂，皆師所創。

宋 鄧牧《洞霄圖志》卷一《三清殿》 即郭真君結茅之地。殿前三松其所手植，今不存矣。錢王遷坐庚向甲，蓋指此也。宋政和間方臘之變，惟徽宗本命殿獨存。住持道士金致一奉旨改爲三清殿。聖像乃汴京孟成忠所塑，號爲絶技。至元庚寅復建，壯麗殆過。於昔有桂柏相間，列峙前向。

又 《沖天觀》 在九鎖山門外，東天柱山新址。先是宋咸淳間，住山龔文焕建於德清之青坡，至元壬午知宫事周允和更建此處，今住山沈多福疏鑿泉石，栽植松梅，頗有徜徉登眺之趣。

又 《洞晨觀》 在餘杭縣東郭河上安樂山，東爲陳季卿故址。季卿餘杭人，世傳遇終南山，仙翁以竹葉爲舟者。宋景定癸亥住山貝大欽建。松竹掩映，流水迴環，植梅一塢，扁無盡春。先是接待最盛有記。

又 《岳祠道院》 在餘杭縣南湖之上，先是爲土人聞武功圃，後施地建祠。遥望西溪諸山，森然拱立。祠旁小阜曰鳳凰山，以形似名。巨石林立，流水周旋幾百餘折。葛仙翁丹竈據其上，下可羅坐數人，有亭臨流對之。今建道院於祠右，扁名鳳山道院。

宋 謝翱《晞髮集》卷一〇《游赤松觀羊石記》 金華洞爲初平叱石處。余髫而聞之，髮種種乃一至，而叱石處復不在金華洞。未至洞十五里，有山曰赤松。今爲寶積觀。觀傍祠二仙，即皇氏兄弟是其處也。石故在山之顛，變怪牴牾，宛然如羊，多爲樵牧及好事者取去。道士拾其遺蓄觀中，余得借而觀之者三處。其一天井東，僅十數。角嶄然，羣伏且起狀，無牴觸意，苔蒙茸若草藉地，可近而玩。其一並曲池之北岸，累石爲山。參布伍列，犬牙其上，卧者十八九，伏者十七，抵者蹶者十五，歷險而跂者十三，倚而齕跪而乳者十一。若觀古鼎彝滏之蹟於石形，不求完而意自足。其一積小坻，位置加密，跂伏齕乳牴蹶，與前變態略同。復有拱而人立者，奇崛特甚。道士易以他名，使不與羣羊伍。余曰：是不可易。左元放之遇曹瞞，其化而爲羊，與兹羊之化爲石，是或一物也。今而後觀兹石，若憑而游，若蜕而休，茫乎日與對，而泊不知所求。其有不復化爲是物乎！道士顧笑，衆皆沈寂起立若植，以余言爲然，故書以啓。

元 吳元美《韜真觀記》（《粵西文載》卷一九輯） 出白沙洞門而西，左右皆小峰相對。山北平疇，孤烟落照，茅茨篁竹間始有人居，曰道村。其東南諸峰間見層出，寒松古樾，蓊鬱杳靄，有洞掩映其間，曰韜真觀。中有石碣，記南漢時中官陳君所經營，及今近二百年。醮壇道院故址盡没榛莽，道蕪不可行。予至，亟令火而焚之，課僕從葺茅齋一間爲食息處，修治掃除，鳴鐘鼓，奉香火，已覺洞前山川改觀矣。左右二石室，其深四五尋，石林相對，大冬亦温，疑下積硫磺氣而然。其一狹而長。捫壁度穴，直抵玉虚洞後山，而出約不啻里餘也。觀之上重重如層樓複閣，其下溪澗映帶，如長虹巨蟒。其外亂石崖立，絶如人家假山。有靡麗如羅縠者，有雕績如珠帶者，有明潔如金玉，有漣漪如淵波者，其各體異狀亦多怪也。讀其碣，云巖洞多嵌空，或深數尺，遂積土以實之。予陋之曰：大爲洞，小爲穴，凡石以嵌空爲奇，政欲空所有，安可實所無哉。今俯觀者如綺疏藻井，旁通者如瓮牖圭竇，凹者如圈如臼，凸者如甍如蓋。陰陽闔闢，呀天穴地，豈不奇哉！乃實而夷之，使吾不獲見造化之全巧，顧不惜哉。茅齋之右有石窟，高深丈餘，古木垂蓋，藤蘿圜繞。予終日坐卧其中，遂私語其僕從曰：茲觀當勾漏之中，旁鄰玉虛，面揖玉田，東望寶圭，三里抵普照巖。前抵獨秀巖，漁歌樵吹，雞犬相間。吾儕得三四人從者，五六人相與耕田鑿井，暇則往來徜徉其間。或有葛翁之來，秘方刀圭，可幸而觀也。因問村吒曰：道人有居此者乎？村吒曰：一老黄冠隷名茲觀久矣。然去四十里而家，歲或一來，來未嘗留宿。予額蹙曰，有志於此者，何憚遠而不來，有此佳景，迷不肯往世間。凡骨何其滔滔耶。

元　吴師道《敬鄉録》卷一四《顯慶寺林泉記》　旌德顯慶寺嵌大小陵嶺間，面二高峰，而龍井之水横貫以入於湖，信吉壤也。寺後大石贔屭蓊然，雲逗粲然，星離筋脉，奇瘦如覩。夔源竅穴玲瓏如鑿混沌，環行卒愕，疑欲搏噬，其勝絶尤在右腋，方池湛湛。舊有亭翼然，主僧智印以其與鄰林、冷泉鼎峙，更扁曰林泉，蓋合二者而言之也。講課餘間，拄頤眺望，意造物之無盡，藏必有如隋珠和璧之不露者。集數客，佩欔鋤，决疏沮洳，剔决嵁巖，凋谷透邃，俄若異境。蔽虧往復，疑於無窮，意甚樂之。筧竹引泉，激流過頪。又數十，舉武亭於岩上，取無心出岫之義，名以静雲。稍東漫瓏坡陀，龍鼻注水歕亂。幽竇上蔭老木，小徑斗折西向，著亭取「烟光凝而暮山紫」之句，名以凝紫。羣岡擁護，萬松干霄，而層巒疊巘，無不合奇轉勢，自獻於几席之下矣。靈苗異卉，莫可名狀，禽聲上下，與鐘梵答，大非人間世也。

元　王冑《獅子庵記》《天下名山諸勝一覽記》卷一一輯）　羅浮名山，學道者萃焉。寺觀僧道各庭宇精嚴，景物幽絶，然猶涉人世之事。其有人迹不到之地，締草爲庵，翛然物外。又不可以人間勝景論也。山中之庵何啻百餘，皆路入迂詰，勢隱崟嶔，護以水石，環以花果。綯茅穴土，鮮絜無塵，殆谷茹芝，清澹有味。一到其間，名利之心釋然矣。余丙戌冬携家而往游焉，宿留浹辰靈迹勝地，無間夷險，皆得徧及。一日訪黄龍洞，登七星壇，有道人神定者延入其庵，素壁茅檐，柴扉竹榻，池雖不甓而可以鑑。旁而覗之，岩洞幽邃，峰巒巃嵸，背負九峰，路通雲頂。回聯七松，勢逼斗魁。左右岩石，如翔如伏，如揖如顧，如樓閣、棧道之勢。花果隨分，禽獸自得。林影散而白日閑，風籟停而翠谷寂，其勝甲於諸庵。俯視世俗，迥然隔絶而不相聞。顧問道人是庵何名，道人曰：此獅子洞也。前此亦多欲爲庵，而苦於無水。嘉定癸未，普通竅其地，得水於榻之側，其味甘冷，視景泰之卓錫無異焉，故前以洞名庵，今改泉源矣。

明　太祖朱元璋《高皇帝御製文集》卷一四《靈谷寺記》　當欲遷寺之時，命太師某詣山擇地。及其歸告，乃云山川形勢，非尋常之地。其勢川曠水縈，且左包以重山，右掩以峻嶺。背靠穹岑，排森松以摩霄漢。虎嘯幽谷，應孤燈而倡影。鶯轉巖前，啓翛人之清興。飲潔流於山根，洗鉢於湍外。魚躍於前淵，鳥棲於喬木。鹿鳴呦呦，爲食野之萍。云之若是，既聽斯言，朕懽忻不已，此真釋迦道場之所也。即日召工曹，會百工，趨所在而建址。百工聞用伎以妥保志，曜靈佛法，人皆如流之趨下。【略】一日潔己而往禮視，去將近剎餘里，俄谷深處，嵐霞之杪，出一浮圖。又一里，既將近三門。立騎四顧，見山環水迂，禽獸之所以，果然左羣山，右峻嶺，北倚天之疊嶂，復窮岑以排空。諸巒布勢，若堆螺髻於天邊。朝鶴摩天而翅去，暮猿挽樹而跳歸。喬松偃蹇於崖畔，洞雲射五色以霞天。

明　劉基《誠意伯文集》卷八《自靈峰適深居過普濟寺清遠樓記》　出靈峰徇溪而上至雲門近十里，取道禾黍中二三界，爲普濟寺。外視甚峻絶，若無所容，陟石徑數十步，忽平廣而寺始見。入其中則松柏幽茂，徑路窈窅，似不在人間世。問之，則晉時鴻明禪師講經之所。將軍何充常詣聽講，有何胤讀書之室，故又謂之何山寺。寺西廡有樓焉，其扁曰清遠。昔創之者雲峰和尚，而今居之者，砥上人也。客至，上人邀客坐樓上，日色方甚熾，上人出茶瓜酒食延客。開户左右眺，則陶山、刺浮、柯公、秦望、紫霞諸山皆在眼底。有泉出竹根，流入于樓下，其聲琅琅然。又有白石岡在樓外，其石色皆白如玉。上人見客喜，因請爲詩，詩成，又求叙清遠之義。予笑曰：樓之名，子與之也。我安能知子意哉？且盈目前皆山水也，我不知其孰爲清，孰爲遠也。今夫天清而望遠，無遠之弗見也，及其雲雨晦冥，則所謂遠者安在哉。請無求諸目而求諸心。上人不應，既而躍然曰：命之矣。

又《發普濟過明覺寺至深居記》　上人持其酒追至寺門外亭上。臨池水坐，更盡四五杯，忽有雲自西方飛來翳日。奎上人拊掌曰：可行矣。乃登輿度何山嶺、上刺浮，至明覺寺，雲去。因相視大笑。時日方懸天中氣如爐炭，乃皆坐松下石上。俯視澗水，風出松水間，淅淅作凉意。少頃，有僧出揖客，乃偕上後山麓，謁千歲和尚塔，觀洗骨池於東廡下。蓋當山之巔，而有水能爲池，雖大旱不乾，謂之靈跡，或可信也。而予特愛其前三澗自三方來，皆會石壁下，正與寺門對。鹿頭龜鶴之山，隔澗水若拜其下，而柯公、陶山、木禾、鵝鼻諸峰，咸外列如屏障，故寺雖高不露。人言天下名山水多爲浮屠所佔，豈虚語哉！

明 錢穀《吴都文粹續集》卷三四 破山興福寺，在虞山北嶺下。齊始興五年，邑人郴州刺史倪德光捨宅爲寺，名曰大慈。梁大同三年，改興福寺，舊有飛橋石泉、修廊複閣，氣象雄古。多唐時屋，堂三柱皆有雷篆倒書，奇怪不可識。庭有瓔珞樹，左開花，右結實。池產白蓮千葉，香色異常。有巨鐘，相傳爲僖宗咸通九年所賜。寺有通幽軒、空心亭，蓋取唐常建詩語。歷歲久，其跡皆廢，獨石梁外尊勝石幢猶存。其上經刻，乃宋平原陸展書，清勁有法，妙蹟也。寺址修廣，自官路外山門，皆僧業。

明 王訓《東坡月潭寺記》（《貴州通州》卷四〇引） 貴與楚鄰，封當兩疆之界曰東坡。由道左入躋攀林麓僅百武許，有飛巖倒懸，巑岏巧怪，垂珠滴乳，盡態極奇。若神蛟之駕秋雲，鳴鳳之騫晴漢。又如千乘萬騎浮空以馳，仙子靈姝御風而下。雖以五丁之力、吴剛之技，追而琢之，不足以方其妙，蓋天成也。旁有崆峒，邃不可入，而一清泉泠泠自半巖出，奔流平野，居人飲焉。其佳勝無與爲比。惟在夷區，古所弗治，故轍跡罕焉。爰自皇明一統，始制兵衛，隸貴曰興隆，隸楚曰偏橋，而周道由之，由是來往者得以觀游。間有學佛者結廬，號普陀岩。正統間，游僧德彬來營寺址，名曰月潭。時貴之都指揮使常智爲衛興隆，倡衆募財，首建正室，中塑法像，金碧麗美，茂林修竹，環擁芳翠，遂有聞於四方。余惟山川因人而顯，宇内佳山水經品題而載輿志者固多，若斯岩之美，蓋千百而什一也。

明 史鑑《西村集》卷七《記韜光庵三天竺寺四》 環西湖之山凡三，面西山爲最佳。據西山之佳惟四寺，靈隱爲最勝。領靈隱之勝有五亭，韜光爲最幽。韜光在寺後之北高峰下，其始由西北隅上山，路險峻，曲折蛇行。兩旁皆巖崖陡絶，數里中連屬不斷。嘉樹美竹森其上，兔絲女蘿之屬，蔓延而羅生，枝蔭交加，蒼翠蒙密。日光漏木葉下，瑩净如琉璃可愛。禽鳥聞人聲近，輒飛鳴翔舞，若報客狀。峰回路轉，客或先後行相失，望見樹隙中微有人影，往往遥相呼應。遇會心處則倚樹而息，藉草而坐，悠然遐想者久之。起而行，行而止，猶徘徊不忍去。道中聞梵音，泠泠如金石出林杪。因徐步聽之久方及門。堂宇因山爲高下，明净整潔，一塵不生。周圍峰巒環抱，勢極奥曲，窈然深秀。乳泉交流屋上下，隨處充滿，晝夜常如風雨聲。老僧八九人皆擁衲趺坐，閉目静觀，客至不起，惟融庵主者出肅客。坐小軒中，焚香供茗果，甚虔。復引客出，屋後見大竹數萬竹。盡西一小邱，高可數丈，攀援而登其上，望見西湖湛然在城下。南北兩山繞湖如雙龍抱一銀盤，晃漾不定，使人心目蕭爽，神思飄逸，疑乘雲御風，浮游於灝氣上也。吁，快矣哉。復循舊路下山，而傳上人追客及飛來峰下，同往游三天竺。初，慧理法師自西域來，見峰之秀拔，有靈鷲小朵飛來之歎，蓋言其形似而未必有實也。既建靈隱於峰後，次建靈鷲於峰左，又次建靈山於峰前。靈山一名天竺，靈鷲已久廢。靈隱地勢又窮，惟靈山之右山益深，地益高，勢綿延未已。後人乃於其隙相繼建二寺，并靈山爲三。三寺並列同名天竺，而上中下别之，以高下言先上竺，後下竺。以久近言先下竺，後上竺，中竺則介乎其兩間。三竺皆臨絶磵，限連山深秘密勿，疑若無路，惟其左有所入處，署曰佛國山，張即之書也。長松參天，半路平坦，無上下之險，無陟降之勞。行不甚遠，人不甚困，而舉盡其游觀之美焉。上竺既深邃，在五峰之間，雙桂乳竇，白雲磈礧，獅子其目也。寺有鴛鴦殿，蓋重而合之。中藏沈香大士像，人捐寶玉爲供，至建閣貯之，雖多而無絶異者。寺僧瓛秉中名能詩，出稿示客，惟絶句頗佳耳。中竺稍荒廢，僧有寶楚瑛者，自言其師吴僧也，故視客爲尤親。延入千歲巖下，登曲水亭。亭有巨石，上鑿爲蜿蜒形，引水注之，屈折行其間，因呼酒實觴而流焉。至則接取以飲，客甚歡洽。下竺多古跡，葛公井、理公巖、三生石、香桂林、翻經臺、跳珠磵、東坡煮茶亭咸具在無恙。方丈負飛來峰，其背不施户牖，恒與峰面石之秀者，與冷泉同。

又《記石屋虎跑玉岑山六通寺六》 又西南行五里許，覺山益奇，路益曲，水泉多交流，乃虎跑寺也。風氣藏納，竹樹掩映，窈然而深，鬱然而陰。後之行人望前行者如入緑雲中，倏忽不見。如此者又二里餘，方至重門。内有方池，水清如鏡，俯見天影，石橋跨之。水從門竇中出，轟然雷鳴澗中也。樓殿宏麗疊處，山上下門廡堂室，無不整齊完好，南山中之最清處也。敬祖規上人導客往觀虎跑泉。泉在佛殿西階上，覆以畫亭，護以朱闌。泉流階除下，汩汩然。

又《記銀瓶祠紫陽庵三茅觀九》 遂循街南行數里，過朝天門復西，上吳山之鰲峰，乃紫陽庵也。前後左右皆大石，怪怪奇奇，如蛟龍，如虎貂，如麒麟，如鳳凰，如獅子，如羅漢，如壽星，如蓮花，如芝草，如鄉雲，如蜂房，如燕巢，如車蓋，如馬鞍，如浮屠，如蝦蟆。又如牛如鹿，如鐘如磬如鼓，如鼎彝，如筆架，如屏風者甚衆。客循行其間，常若上墜，旁仆戰懼失色，毛髮森竪。道士顧本清出陪客談故事，云昔徐洞陽夢紫陽張平叔授丹訣，故以名庵。

明　王洙《游風穴寺記》（《三台文獻録》卷六輯）　山川在百里内者莫風穴寺爲最，寺不知成于何年，盤結窅邃，或少林伏牛之別勝也。出郭遥見檜柏倉鬱，風回濤震，如幡如蓋，如颺娑飄帶者，無慮數百千章。入山里許，則浮煙旋碧，如玉帶然。惜流水易涸也，游者病之。乃令僧人之好事者仿閘河爲木閘以蓄止之，閘上建橋，橋上建亭，以便往來游息。面亭爲門，一江子爰名其額曰玉帶橋，視蘇公所留，殆亦天人之別矣。自此環橋夾澗皆禪居丹洞，招提聚族其間，或老或幼，或眠或立，或行或定，如羅漢五百身，然莫能盡識。循澗而行再一二里，則白雲寺門。入門，則古刹巋立，龍象莊嚴。老僧云唐宋已前金碧也。殿後法堂横截山半，四壁多名人題詠。堂左皆陡厓絶壑，稍寬處有亭，下與浮圖齊尖，雲烟亙匝，曰翠風亭。緣厓再上數十步有亭峭如，舊名望州在川。譚子扁之曰觀風。一江子復加之曲欄横檻，以便俯矙。上有觀風亭碑，崆峒李子所撰也。厓下有石泉，方而深，可五六尺。旱不加消，澇不可溢，紺寒甘美，異香可敵惠山之二泉。泉傍復鑿石爲螭頭，以泄餘水。覆泉有亭，一江子稍加充拓，名之曰漣漪亭。前有斜橋，南通鳥道，橋側有古青楊樹一株，長藤纏繞其上，花葉蔽日，青翠滴衣，蓋坐則雖六月而風寒之氣森如也。一江子時或照影池中，習静石上，悠悠然有駕青龍驂白螭之想。亭後爲老曇所居，雲氣出没，一江子名之曰半雲。盡東頭則澗水狹處，一江子爲置一獨木小橋，以接曲徑。近南復得高丘丈許，爲置茅菴，内僅容四三人，名之曰無心處，摘吳彦章《青玉案》詞也，坐覽者當自得之。

明　劉節《寶制堂録》上卷《重脩真覺寺碑記》　吾郡據西江上游，爲京國交廣要津。其梅山巇嵲章水淵澄，足稱一郡奇觀。去郡治僅里許，有山歸然東峙，建佛刹於其上，茂林修竹，幽敻艶深，凡達人高士詞工藝客無不登臨。玄覽一方勝槩，萬井閭閻，望之咸在中，且峰巒盤結，溪澗縈紆。余謝事歸，愛其有林居之樂，無俗鞅之擾，常與鄉大夫耆俊息駕寄興於茲。但其卑隘傾圮，不足以延賓從恣游觀也。余欲拓其址，宏其規而聿新之，乃以僧性定主盟是事，勸郡中賢俊耆碩【略】共成其美。庀材鳩工，伐石以樹棹楔，表曰南州勝覽。厥前爲山門，爲蒙川館，引泉泛觴。厥中爲堂爲殿，厥後爲觀音閣，爲真武宫。厥宇弘壯，厥制英偉，厥度高寬廣，厥直取諸衆，厥力取諸募，規模改觀，山川增勝，游人之憩。斯息斯飲，斯樂斯吟斯詠，斯興適情怡，神爽心曠，莫不稱其美麗伉潔也。經始于嘉靖丙午秋九月，告成于冬十二月。

明　柴奇《黼菴遺稿》卷七《游徐州駱駝山記》　墩居湖水中，水可百餘畝，水之南環以松崗，崗下有堤，續以小橋，百步餘抵墩前。墩上有僧寺，周迴松竹茂鬱，悉蔽殿宇。每微風初起，湖水演漾，墩與寺若浮動者，斯亦奇觀也已。墩下篁竹，一小徑逶迤達寺門。榆木數株，藤蘿交翠。寺有殿二，規制朴隘。【略】從左廡適墩後，長松六株，亭亭若蓋，間以脩竹。竹間有檀樹，春初采其葉煮茶。石徑折入草莽間，深不可步。命一童子持枎前擊，始可進出。墩後得一洞，頗幽，疊石而成，洞門隘甚，予輩傴僂而入。既入始高敞，中凡七室，愈進愈深，涼氣襲人，衆謂洞且深，人少至者。遂止。

明　王叔果《仙巖記》（《浙江通志》卷二六二輯）　永嘉之山，惟大羅山最鉅，磅礴數十里。其西麓爲仙巖，乃天下二十六福地界永瑞二邑境。其寺建自唐貞觀僧慧通者後廢。至宋富民陳七宅茲村忽聞地下有鐘鼓聲，遂捨爲寺。時有僧安楞嚴常騎虎出入，號伏虎禪師。大興法場，宋儒陳止齋先生讀書其中，朱晦翁亦嘗來游。大書「溪山第一」四字，茲山三面環抱，惟西口空，内有小溪環繞梅潭。水由此出，外通大河，往年可入小舟，今沙石淤溪矣。寺前石坊舊額止「鑑空」、「伏虎」二大字，已失去。今中書舍人趙性魯直，扁書「仙巖」，横扁書「天下二十六福地」。由石坊轉入爲虎溪橋。覆以亭，旁有繫虎石，橋之南屹然而聳者，爲慧光塔。昔傳有銀滿飛燈之異。其東畔列石幢十餘座，故有僧舍名外菴，今廢。度橋而北則止齋祠在焉，乃瑞邑尹劉畿重建。祠前有亭，扁曰流芳。則寺僧道憙爲劉公作也。祠後高峰數十尋，翳以蘿蔓，望之鬱然，爲積翠峰。由止齋祠東行，有沙門，有佛殿，則國初鎮守内臣重建者，甚宏偉。歲久敝壞，今漸圖新焉。而獅子峰卧象山，則相爲環抱者。往大殿東行數十步，憙上人新創一菴，門扁叢林佳趣，前爲方丈，後爲清虚樓。樓後駢植花卉，亭面之，曰挹芳。瑞平朱文二令尹捐貲升構，改曰超覽菴。門外有亭相並，坐其中則雲峰森列，予題曰參雲榭。左方有舊菴，今改爲安禪之所。由舊菴東轉折而北，有門翼然，懸晦翁所書「溪山第一」扁。前行數十步，爲嘉樹臺。以古榕樹根盤崖上，重蔭交翠。其下甃石爲臺，臺之東爲流觴亭。亭八角，水環繞流觴，仍注於池。池周圍數十尋，多植白蓮，名曰白蓮池。泰順歐尹益資寺僧作亭池中，而問名於予，予命曰憩蓮。出流觴亭，循崖北行，躡級而上，爲翠微嶺，嶺側有石如屏。刻唐吏部侍郎姚揆銘。嶺下俯見澄潭，志載有三仙姑謁安禪師，一語而悟，入潭化去，因以名。潭前爲仰止臺。以仰而望之，則止齋讀書臺在焉。臺表西崖高處，有石如砥方數十丈。旁鑿小石盂注水盥手則止齋舊蹟也。由仰止亭北行，乃入梅潭。正路又折而東，崖谷甚異，有洞如室，盤旋而通梅潭，名通元洞。洞之背有亭，少師張文忠公孚敬建，名澤潤亭。亭之前即梅雨潭，潭之勝在此山爲最。四面巖壁，削立，瀑水飛灑潭中，空濛若細雨，然潭口兩巨巖相倚，中開一空，向背亂石堆塞，今砌石爲磯。正面飛瀑名曰歎玉磯，可列二卓坐數人在磯上，對瀑如處竈門引首自内觀天也。潭之四周崖壁奇絶，昔傳有升仙其上者，爲昇仙巖。又有振玉亭在潭上。近西與飛瀑相對乃今瑞邑余尹世儒新建。越潭之東崖，稍循澗高陟，爲三皇井，煉丹井，黄帝池，其義未詳。蓋幻迹云再上爲雷潭，潭深邃，莫窺其底。以巨石投之，若雷鳴。又有龍鬚潭在雷潭之上，水循崖而下，如懸布，或以黄帝乘龍飛升時有鬚墮，故名由潭。西登則有白雲上方菴，乃憙上人所構，即伏虎禪師菴，故址菴僅一楹。望之如斗，大而延賓禮佛入定各有其方。至庖廁庫湢之屬，亦罔不備，憙上人之經制巧矣。初上人於此，入定三年不出户。予命其住持仙巖寺，始下。三菴之上爲玉函潭，去梅潭約二三里游人率至此而返，山漸高峻，已爲仙巖絶境矣。

明 王世貞《弇州四部稿》續稿卷六三《游攝山栖霞寺記》 是爲攝山。趣馳道數百武，得寺曰栖霞。右方有穹碑，唐高宗所撰，以傳明隱君僧紹者。隱君故栖此山已，捨宅爲寺，人主賢而志之，碑陰栖霞二大字，雄麗飛動，疑即唐人筆也。稍東攝級而上曰山門，江總持一碑卧於地，拂而讀之。復前爲門四天王所托宇焉，攝級復上傑殿，新搆工可十之八。而前庭頗偪側。僧曰：未已也，是將廣之。移四天王宇于山門，而加偉殿。後攝級復上爲方丈。僧供起麵餅茵蔯菌而甘，噉之至飽。飯已，與元春、兒騏由殿後啟左竇而出，探所謂千佛巖者。其陽爲石塔，塔不甚高，而壁金剛力士像於四周，頗巧緻。此塔隋文皇所建，以藏舍利者也。文皇遇異尼得舍利數百顆，分樹塔以藏之。【略】塔左圓池，一泉泓然滿其中，石蓮花蹙沸而起，僧雛咸資汲焉，曰品外泉。兹泉陸羽所未品也，千佛巖獨隱君子仲璋所鐫無量壽佛像可耳，觀音大勢至已不逮。其他若文惠太子豫章竟陵王千像，皆刓損天趣以就人巧，使門拔奇峭之態，泯没不復可跡。且所謂佛者，一而已，何千之有。循千佛巖，沿澗而進，迤邐不可窮。時旭日漸融，草樹被之，葱蘢罨靄有光澤，澗水受雨爭道下迸，勢如散珠，聲若戛玉。僧雛以酒茗從，輿至輒酒，足疲輒茗，已谿中峰澗至白乳泉。探蠡酌之，盡一器。乃踸踔過嶺，其直如截者曰天開巖。中僅通一綫，逕雖不甚高，而孤險噣足可畏。將自此問絶頂，而力不勝矣。其西則層疊浪嶺，直下亂石錯之若海波萬沸，洶湧灝漾，熟視之，審其名之稱也。可二里許，一蘭若承之，曰觀音庵。方有事於土木，其壯麗幾與寺埒。【略】今天下名山大刹處處有之，然不能兩相得，而其最著而最古者，獨兹寺與濟南之靈岩，天台之國清，荆州之玉泉而已。

明 張佳胤《居來先生集》卷三九《游太華山記》 出寺里許，由大徑登太華，迴折數盤。兩僧持茗椀立亭右，乃少憩，寓目萬頃湖波行於木末。又轉攀磴道，長松茂草，蔽膝參天。散步緑陰，灕然如畫。至寺，僧鳴鐘磬禮空王。出視兩墀，山茶樹八本，皆高二丈餘，枝葉團扶，萬花如錦。雜以黄楊，繞以松檜，紅緑争奇，光彩奪目。兼佛宇翬飛，金碧輝映。勝地良辰，游人之稀覯也。由殿右登石磴上，一殿巋然，石欄繚繞，萬象畢呈，最爲勝覽。復下磴道，歷左廊，觀沐氏世像。轉入聚星堂，有脩竹數竿舞怪石上，可喜。堂後爲叢林香閣，閣前老椿，圍二丈，蒼幹入雲，蓋千餘年物。右依山接竹引泉入釜，飛流直下，不煩汲取。出堂，飯畢，過殿右。東入一樓，扁云一碧萬頃。憑欄頫視，樹杪可手般般，濤聲疾徐相續，而湖水空曠四際煙渚。時夕陽既下，太華山影盡落湖中，波光蕩摇，千峰俱動。無何，昏鐘鳴。

明 于慎行《穀城山館文集》卷一六《雲翠山天柱觀記》 吾邑之東南，千巖萬壑，環列如壁，而其突兀聳拔者，爲雲翠之巔。其狀削成四方，壁立萬仞，諸峰莫敢望焉。所謂天柱峰也，以其形似亦謂之印峰。峰之北坳故元時有祖師殿四楹，稻池一區，學士李公謙嘗爲之記，謂之南天觀。南天觀者，以白鴈池上有天平觀，此在其南也。觀之北阯有平峰如几，謂之丘子坪。丘子者，鍊師丘長春也。峰之東南有巖如壇，謂之子陵臺，蓋曰嚴光隱此云，長春仙于東海之上，其徒擇勝而居，稱丘子之派，固無定所。而漢史著子陵隱於齊，國邑在齊之南境，足跡及此，理亦有之。然皆無所考據，而其峰巒秀異，甲於齊魯之交。即不必有仙人隱士之跡，而已爲一方之名勝矣。【略】蓋今所修觀在故祖師殿之東。有門北向，墄數十級，略如盤道，謂之天門。門之内有閣，南向謂之憑虚閣，其高三成，許公坐卧處也。又内有閣北向，謂之長春閣。其高三成，貌丘公而事之四方客至者下几榻焉。閣之後築巖而竅之如二楹屋，謂之回陽洞。洞之中坎地而泉，曰天一泉。泉出洞而匯爲池。池上爲小塢，别種花卉。由洞而右緣墄數十級。上垣而宫之，謂之道院。院之中鑿山而竅之，謂之許公洞，洞之上即所謂玉皇閣也。閣負離向坎，其高三成而峻，壯麗嵬峨，焕若鈞天之居矣。閣之左有殿以奉玄帝，其右有殿以奉三元，而巖之上下左右種杏千餘，雜以楊柳，春二三月花樹紛鬱，山鳥多音，儼然玄圃、石室中游也。由觀而上行可二三里，乃得天柱峰。

明 馮時可《滇行紀略》（《滇繫山川》輯） 仲夏廿七日游崇聖寺。出北門二里許，寺前平遠，下臨洱水，古杉圍繞，青蒼干霄。中有三浮屠，大者高三百餘丈，其二差小。諸别院甚多。出門見前山環抱，丹翠相錯，大有勝致，但以不得登蒼山巔爲歉。顛高六十里，上有白雲擁護，白雪堆積。行者恐迷且墜，且無栖宿處，有沈隱士曾一登，言其勝甲寰區，真神仙窟也。

明 黄汝亨《寓林集》卷八《承興寺記》 西溪有名刹曰永興，寺當靈鷲之陰。唐貞觀中悟明尊者開山，宋鐵牛印禪師重建。濟顛復壘石爲安樂橋，不數武而當水豁處，嶔碕欲墮，乃夏漲秋灌，勢甚衝決，而巋然獨存，真聖蹟也。郊民將食螺螄，已斷其尾，顛乞放之池中，遂活，至今皆無尾。寺中廢。嘉靖間復興，失其東偏爲萬氏祠，而祠又屬趙氏，馮祭酒開之倡緣以七十緡贖還。于是永興東境始復，僧真麟居禪堂舊址，焚修不懈。禪房三間在池左，高榆修行間，碧琅緑雪，翛然可人。池右種梅百本，霏霏晴雪，芳馥林表。祭酒因屬麟上人，并佛宇一新之，數往來此寺，嘗歎曰：此寺非惟地境幽絶，僧仆真無綺，妄非諸山等，即十八里梅花，春時山家焙茶，香聞十餘里，亦清勝冠諸叢林矣。因題曰二雪堂。永興有緣不減蘇學士三過矣。寺後有方丈名安樂松軒，是予所書。厨下井名聖泉。雲間陸尚書樹聲有「净界莊嚴」題，莫方伯如忠所書俱名筆，足與寺千載□記。

又 卷一〇《雪浪》 自華山東下近廿里爲雪浪庵。緑野翠林，所在等觀。是日立夏，日近午稍渴熱，投林中桠下地名漫塘者小憩。僧人持食榼茗椀相餉，據林而飲，有無懷之致。頃之即近庵。山峰齒列，白石疊起，可當雪浪之目。蜿委户外，掩映户内，可稱雪浪山之庵，蓋三懷法師曰洪恩者所新也。庵亦爲梁寶公别院，堙滅入人家久之。自恩公師無極和尚與陸平泉宗伯協願得買此山，歸然無林樹池竹之屬。自恩法師蚤慧，通理藻翰，講説稱海内，名宿學者尊師之，稍爲開擴其宇。爲堂爲樓，爲廊爲屋，燦然具備，所未完者佛殿五楹耳。最勝者爲樓居，三面皆山，雲林花鳥皆入几席，而雪浪當其中。左修竹百竿，葱蒨森立。屋前方廣地有括子松一株，亭亭相向，散置小石，雜以名花香草。予坐其中，草棲霞、華山二紀，甚適也。從庵門右有山泉一泓，清澄互映，臨以石壁。華山中單，稱一丘一壑之美，恐不能加。再上數百武，山泉如乳，泠泠不竭。趙太史定宇題曰無極泉，即雪浪師之師勤公號也。名僧小小結勝，自與凡夫位置差别。

又 卷一〇《重游棲霞記》 從巖而上數百步，有茅庵頽，側出其背，得小石壁，壁下有水穴盈尺，清冷殊絶，即所稱白鹿泉者。前爲頽檐所遮，僧復聚溷，游者輒嘆恨去。倘移庵而左數十步，其前稍闢，爲軒亭，即不負此泉矣。從巖而下又有品外泉者，蓋陸羽所未及嘗。欄砌甚工，其泉出中峰，伏道引入砌，甘美澄徹，山中人盡取給。近偶有僧於泉所莳竹掘地得金，諸貪兒争以斤斸從事，中貴又以琢砌加工，泉脉遂絶。今自中峰而下，峰石英奇，可喜可怪。徑路幽曠，稍似靈隱、韜光上下，而清泉斷流，無咽石礪齒之爽，真大恨事也。從此折而右，又上爲天開巖。巖石若擘，峻贈崩削，不盡如舊。觀巖右刻大禹鳥跡文四扇，鐫注是范長白筆。又左有迎賢石三字，石房二字，皆勁峭，似虞世南筆意。又下數百步爲霞心庵，中貴鄗公所建。宇舍新麗，大都似西山墳庵，規制不甚都，惟庵前平臺開敞，盡得左右羣山之勝，大快心眼。緣他庵爲牆壁所障，令覽者悶悶，遂少遜耳。其右爲叠浪巖，萬石亂出，蹲沓樹下。巽父笑云：此吴兒鑲嵌一大文具。頗似而排蕩錯落，翳以烟雲，蒙以草叢，斜睨之不減浪文，亦一勝也。浪巖左爲故净業堂，葛祠部易之爲清歡堂，以爲游客憩息之所，共十有四楹。庭廡高爽，庖湢具備。祠部去，堂日就圮，寺僧教授者聚徒其中，早晚鳥徙。游客至此，無主者灑掃之役，索然清歡矣。浪巖下有奇石跨澗，可布小橋，可搆净室，而寺僧疊以溷厠，游屐却進，殊敗人意。選清歡堂主僧，令滌石除穢，以便衣冠巢許之流，此祠部餘事也。因語巽父，云歸時當與羅玄父諸君言。此事不做，爲此山紗帽峰所笑。巽父亦大笑起。會日晚，不及登山巔。次早招住持來，竟此游。從白乳泉而上三里許爲太虚亭，萬松離立，秋濤落響，已足俯視大江。松盡路出，望山巔如傘半張。漸上，松漸少，路漸陡，有小庵危據，松濤謖謖從山腰起，俯視松色如水積藻，而千佛巖與中峰便與平地等，即攝山最高頂也。兹山三面瞰江，西爲燕磯，東爲龍潭，對岸爲瓜阜，魏太武佛狸侵宋時所駐馬處。游目所得，不能加昔觀。獨記舊記所稱奇險絶倫，似天台石梁一帶，尚未經眼。問之，山僧摇手亾有。憮然久之，乃從山巔下過太虚亭。有山脊横峙，樹瘦石奇，嵚崎歷落，綿亘里許，罄折蒲伏，乃始得渡。予詩所謂「短筇斜倚立若眠，長鬚遥曳行如揖」者。是名中峰，即其處也。予呼山僧質證，僧笑答云，日見諸貴人貴足賤山，貧道怯難趨易，向者胡遮幸勿見怪，予與巽父復大噱。行見峰面有突然而起者，是名紗帽峰也。松籟蕭瑟，不能加太虚亭所得，而有白雲庵隱其下，志言此庵即齊徵君明僧紹宅址，有宋王安國碑記，已堙没無聞矣。予謂此山全寺俱僧紹所捨，不應專屬此庵，當是别舍耳。白雲庵而下爲翠微庵，亦老僧蒼麓分住處。前臨幽澗，後倚絶壁，曲房小閣，翠色交加，雲林風壑，盡供几案。所謂紫盆峰、明月臺俱在。諸庵之中，結幽、集美當推爲冠，或小不耐炎蒸之夕耳。小憩久之，復從碧巖畔得古佛庵，入坐。是佛色黝如漆，衣摺之妙，不減京師鷲峰寺旃檀香佛。近亦是齊梁間物，對庵有遠峰亦佳，予詩云「庵前何所有，片石數竿竹」是也。此游竟二日於棲霞之勝，庶乎全收。

明　謝肇淛《小草齋文集》卷九《游東林寺記》　翌日行三十里，道左門榜翼如。山僧兩兩膜拜肅客，則東林寺也。山門竪柳公權虞集二碑。入門則零落荒穢，殊不逮所聞。小橋斷澗，蔓草其中云虎溪也。余謂：遠公送客不過此，今若輩乃蒲伏車塵下耶。相視覼然。小臺數尺，碑僕其傍。左右二白蓮池，云自遠公手植之後，千年吞絶。至萬曆癸巳，余從祖司農公開府章貢道出東林，見冉冉一枝草間挺秀，爲之驚喜。命寺僧愛護。因甃二池，廣植其種，自爲文勒石，以紀其事。今池廢荷殘，碑亦委地，回首司農墓草久已宿矣。事去人亡，能無山陽之感哉。佛堂數畝，盡爲瓦礫，壁間古碑，缺蝕十九。蓋自回禄之後百餘年，無能復興之者。左有舊殿一所，棼橑堅樸，不數今製。法相三身，相傳唐時物也。右爲遠公法堂，堂前智池丈許，云是遠師開山時浮木自此湧出者。又右爲方丈，繪三笑於壁間。其餘僧寮香積，皆頹陋不可耐矣。寺泉三，一爲虎跑，一爲草錫，一爲玉壺，皆遠公時甃也。

明　姚希孟《游洞庭諸剎記》（《名山勝槩記》卷四六輯）　西洞庭多古寺，有十八招提之目，余次序游之。十七日，從包山至羅漢塢，有寺廢而將興，上方寺亦蒼凉無足觀。是日登縹緲，循山後坡陀而下，問西湖寺宿焉。寺衰颯將成菜圃，賴沈朗屨修净因于此，而某生新之。坐稍定，有聲洶然鳴。以寺逼西太湖，奔濤震響，霜月之下，倍覺悽清。夜半夢醒，巨聲轟磕，欲排匡床，使我神骨俱慄。詰旦，緣湖入村塢，朱實黄離與旭光相炤，此昔人所謂「好景君須記」也。將抵水月寺，長松夾道，寺前銀杏數本，大可合圍，霜葉凌舞，令人鬚眉古淡。摩石碑讀白香山、蘇滄浪二詩，迂道觀無礙，泉涓涓一泓而已。渡嶺得華山寺，寺在山之陰，連岡矗矗，撥黛挼藍，當仲伯包山。長松類水月，龍鱗虬幹，壽且數倍之，映月更角奇炫怪，第山高月出嶺背，比樹頭髮白，夜闌矣。又次日，離華山，渡一小嶺，橙橘愈繁，籬落間不勝艷冶，乃其風格嚴直，非若春葩撩人，差可擬安石榴耳。行行入長壽寺，寺所踞不甚勝，且摧圮，賴主僧修，已饒韻致，能淹客。去寺半里，得松臺磐石，如生公説法處。一古松嵯峨驕蹇，前對霜橘百株，又爲青林點絳。因游角菴，道柯家嶺。嶺襟帶西湖。是日風暄氣柔，羣峰可數，晴湖如鏡，不風而濤砰砰猶隔宵枕上。山坳起伏處并東湖亦出肘腋下。連岡若腰帶，兩湖左右垂，最宜虚閣。而搆神祠者築垣閉之，與湖光爲仇，可怪。至角菴，闌入果園，有短檣插湖中。憑牆西矚，頹陽忽忽將墮，蒸霞飈發，目留而餞之。赤盤半玦，至深紅一綫，既滅既没，湖水倒映，忽如長虹，而四山冥合矣。是夜游峈，别有記。曉游角頭山，返舟中，窮龍渚石公之奇。廿三日，復從包山至天王寺。松林亡際，横被數畝，其大小類水月，而近寺數十株，鱗疊羽綴，殆華山雁行。正殿亦就頹，然制度古雅，前朝遺式也。坐華藏閣，獨一面見山，而東西不穴窗，以爲恨。同日游資慶，覩黄葉紛飛，又疑水月銀杏。然斜陽映其上，如蒼髯老翁，臉暈微酣，不獨棱棱霜氣。山同樹，樹同時，而借朝暾夕曛之態，各自爲姿容，猶人之含顰帶笑，閃忽改顔，豈可以一貌盡哉。寺前香花橋，有古木轇轕，覺其寺之深。橋以外無樹，便覺山之淺。此包山、華山之所以爲妙也，次則水月、天王矣。嘗謂名剎之勝不在焜炫，而在古雅。老樹插天，連章合抱，霜皮縐理，滴溜成瘢，一古也。殿閣參差，丹雘闇淡，女蘿陵苕，赤紛緑駭，二古也。小有頹落，不傷静窈，若金碧爍晴，固爲嚴飾，搜討幽懷，轉非所愜。西山諸寺雖焕麗不足，而邃穆有餘，大都借蔭于叠岫，而貸色于崇柯。更以締構既遠，兵燹不經，非六季之遺規，則唐宋之故址。傾聽而清音集，瞪視而喬影現。嚣垢屏滌，靡侈汰浄，正令人超忽荒藹，有烟外之意。若使梵響時聞，禪規肇整，即鷲峰、獅窟，何多讓焉。

明 王世懋《宿暖泉寺游嵩山少林寺記》（《嵩書》卷二二輯） 乃之暖泉寺宿焉。寺在洛北，兩山夾泉，下注於洛。循澗入可一里許，見石上流泉瀰漫，居民就泉種稻。稻香四發，心殊樂之。已入寺，寺頗窄，僧貧甚，就中庭施坐，憩焉已，乃携姚生出寺觀所謂暖泉者。僧指示泉出處，縷縷潛布而已，入溝始涓涓有聲已，匯爲一大池，池底如碎珠上溢，不可勝數。其泉至冬時暖甚，夏秋間温於他水。【略】蛇行三四里許，漸入西徑，山圍欲盡而少林殿角已掛林端矣。山門前跨大澗，泉淙淙自西而東，不知所從始，亦不知何所出。山林木蔽虧，藤垣蘿壁迤邐下上。及門，二綽楔徑窅如也。殿庭老柏森列，碑碣羅立，大雄殿不甚宏而制度堅雅，猶是宋時重建者。【略】因與共登菴，上謁祖師像畢。出視庭前四柏樹皆合抱參天，而三株爲老藤所纏，生理稍困，圍殺無藤者十之三。師曰此即所謂少室三花也。殿後更一室，前種二松，偃蓋古色，其藤亦三百年外物也，即松柏可知矣。殿西一室，祖師面壁像塑焉，傍立二祖。雪中而前置一石，即祖師面壁影也。石不盈二尺，師像眉目胡髯皆具，袈裟紋如西域衣，石理亦光潤可愛。先是招提寺中亦有一石，作祖師披巾像，不能甚分明，云亦自嵩山得之，竟不知其所以。師云五乳峰形如鳳張兩翅，而祖菴正當鳳頭，即少林寺形勝不能逮也。須菴後視之，乃盡勝槩。因與步菴後平地，將十餘畝。松柏森列，五峰了了可觀，真如鳳舞。

明 葛寅亮《金陵梵剎志》卷三《鐘山靈谷寺》 洪武十四年敕改今地，賜額靈谷禪寺，葱蔚深秀，中宏外拱，勝甲天邑。山門敕書第一禪林寺。左爲梅花塢，春來香雪萬株，倍增幽勝。入寺，萬松杳靄可五里許。有放生池，植荷其內。歷金剛、天王二殿爲無量殿，純甃空搆，不施寸木。次爲五方殿，已圮。今擬重建。又次爲大法堂，及律堂，而寶公塔巋然在焉。左爲法臺，基臺前有街，俗名琵琶。履之啌然，響應撫掌若彈絲。臺後引八功德水，紆縈九曲。右爲方丈，扁以青林堂榜。宸章其上，又右爲禪堂。右之前爲左右方丈，及公塾庫司，今無量殿圍牆，禪律二堂，方丈公塾，皆滿新嚴葺，不失壯觀。

明 吕柟《游靈谷記》（《金陵梵剎志》卷三輯） 至第一禪林門，下輿徒步里餘，就蔭佇立，四面睇望，虬枝蛟枚如麻如葛，然體幹瘦細，間有三二合抱者，則又爲羣木壓挽匝擠，不能直挺，予嘆玩焉。其下瑶草仙卉，碧紫爛熳，或並藤蘿纏繆縈蓋。問諸吏皂，但曰野花。則又嘆曰：彼抱美含芳于幽獨而不名者，其殆此乎。【略】乃遂出游大佛殿。又後登禪堂，崇峻弘敞，爽人心目，而寶公石像正當其下，爲吴子所畫，果非塵世形態，旁鐫自著十二時歌。又北觀寶公塑像，在浮屠塔下，旁有長榜壁立，不可上，乃已，遂出。東觀八功德水之九曲，曲上一松奇古，或云高祖掛衣處。隨至無梁殿，殿皆瓴甋作三券洞，不以木爲梁。只此一殿費可萬金，其規制又多自齊梁時來，國朝雖或補葺，然必不加也。上西廊，觀吴道子所畫折蘆渡江，及烏巢佛印三教畫壁乃還。

明 姚希孟《循滄集》卷一《游洞庭諸剎記》 西洞庭多古寺，有十八招提之目。余次序游之。十七日，從包山至羅漢塢，有寺廢而將興，上方寺亦蒼凉無足觀。是日，登縹緲，循山後坡陀而下，問西湖寺宿焉。寺衰颯，將成菜圃，賴沈朗曜脩浄因于此，而某生新之。坐稍定，有聲洶然鳴，以寺逼西太湖，奔濤震響，霜月之下，倍覺悽情。夜半夢醒，巨聲轟磕，欲排匡床，使我神骨俱慄。詰旦，緣湖入村塢，朱實黄離與旭光相炤，此昔人所謂「好景君須記」也。將抵水月寺，長松夾道，寺前銀杏數本，大可合圍，霜葉凌舞，令人鬢眉古淡。摩石碑，讀白香山、蘇滄浪二詩，迂道觀無礙，泉涓涓一泓而已。渡嶺，得華山寺。寺在山之陰，連岡矗矗，撥黛挼藍，當伯仲包山長松，類水月龍鱗虬幹，壽且數倍之，映月更角奇炫怪。第山高月出，嶺背北樹頭發白，夜闌矣。又次日，離華山，渡一小嶺，橙橘愈蘩，籬落間不勝豔冶，乃其風格嚴整，非若春葩撩人，差可擬安石榴耳。行行入長壽寺。寺所踞不甚勝，且摧圮，賴主僧脩，已饒韻致，能淹客。去寺半里，得松臺，磐石如生，公説法處，一古松嵯峨驕蹇，前對霜橘百株，又爲青林點絳。因游角菴，道柯家嶺。嶺襟帶西湖。是日風暄氣柔，羣峰可數，晴湖如鏡，不風而濤砰砰，猶隔宵枕上。山坳起伏處，并東湖亦出肘腋下，連岡若腰帶，兩湖左右垂，最宜虚閣，而構神祠者築垣閉之，與湖光爲仇，可怪。至角菴，闌入果園，有短牆插湖中。憑牆西矚，頽陽忽忽將墮，蒸霞飈發，目留而餞之，赤盤半玦，至深紅一綫，既滅既没，湖水倒映，忽如長虹，而四山冥合矣。是夜游峿，別有記。曉游角頭山，返舟中，窮龍渚、石公之奇。念三日，復從包山至天王寺，松林亡際，橫被數畝，其大小類水月，而近寺數十株，鱗疊羽綴，殆華山雁行。正殿亦就頹，然制度古雅，前朝遺式也。坐華藏閣，獨一面見山，而東西不穴窗，以爲恨。同日游資慶，覩黄葉紛飛，又疑水月銀杏，然斜陽映其上，如蒼髯老翁，臉暈微酣，不獨棱棱霜氣。山同樹，樹同時，而借朝暾夕曛之態，各自爲姿容，猶人之含顰帶笑，閃忽改顔，豈可以一貌盡哉？寺前香花橋，有古木轇轕，覺其寺之深，橋以外無樹，便覺山之淺，此包山、華山之所以爲妙也。次則水月、天王矣。嘗謂名刹之勝，不在焜炫，而在古雅。老樹插天，連章合抱，霜皮縐理，滴溜成瘢，一古也。殿閣參差，丹雘闇淡，女蘿陵苕，赤紛緑駭，二古也。小有頹落，不傷静窈。若金碧爍晴，固爲岩飭，搜討幽懷，轉非所愜。西山諸寺，雖焕麗不足，而邃穆有餘。大都借蔭于疊岫，而貸色于崇柯，更以締構既遠，兵燹不經，非六季之遺規，則唐宋之故址。傾聽而清音集，瞠視而喬影現。囂垢屏滌，靡侈汰浄，正令人超忽荒藹，有煙外之意。若使梵響時聞，禪規肇整，即鷲峰、獅窟，何多讓焉？

明 王洪《毅齋集》卷六《游西山記》 吾郡多佳山水，最勝者曰西山。西山多名刹，最勝者曰三天竺。寺距郡城不半舍遠。永樂己丑，予請告歸覲。友人孫孟博金士傑謂予，兹山之游不易屢也，乃相與策蹇從隸僕，由北郭循湖堤折旋而西，上寶石山，登浮屠氏之塔，羣山屏列，湖水鏡浄，雲光倒垂，萬象在下。而漁人釣艇往往若鳧鷖出没烟波浩渺間，遠而益微，僅見其影。東望羅刹，江若匹練新濯，遥接海色，茫然無窮。而吾郡城正值湖江之間，委蛇曲折，左右映帶，屋宇鱗次，樹木雲翁，佳氣鬱鬱，盡在眉睫之下。行未甚遠，便得殊景，益健遠興。又西行二三里，拜岳鄂王廟。周旋墓下，古木離立，悵然者久之。又西經行春橋、逾集慶蘭若，始至飛來峰下，地志稱虎林山，而《浮屠異傳》以爲西域靈鷲小朵峰飛來者，蓋西山第一佳處也。其高不逾五六十丈，岩石嵬怪特異，若犢駭，若隼立，若豹躍，若虎踞，若蛇逝，若棋置。劍植衡從偃仰，益玩益奇。上多異木，木幹筆直，枝葉碧色，不假土壤，根出石外，冬夏常鬱然。丹葩翠蕤，蒙蔓聯絡，種種殊異不可名狀。其下巖洞若曲室，玲瓏相通，中外鑿僧佛像。泉自石脈出滴石上，作鏗然鳴，隱隱出洞，久而始散。有寺在山趾，曰靈隱，有亭曰冷泉。洞經其下始出，沸激久乃徐流，白礫布底，坦然平瑩，袚石漱波，爽澈毛骨。又西行不二里許至下天竺寺，住持伯珪上人具禮邀款，遂同入上天竺。石路夷潔，蒼松兩行，若翠羽蓋列左右，人行緑陰中，清風徐來，暑日不爍。遇古春名宿泊帟，上人茶話久之，薄暮還宿伯珪所。入天香室，觴小朵軒，脱帽坐石壁下，林壑陰翳，萬籟岑寂，蒼然暮色自遠而至，山風飄颻徐動，林木響應溪谷，間以幽鳥，其韻益遠，令人蕭然有忘世之志。明旦由故逕東還，顧瞻白雲横亘四山，北峰浮圖上出其半，日影照映，茸茸如白綿可揭而取也。噫，予游四海久矣。岳之秀者，泰岱衡華。水之巨者，洞庭彭蠡。而名刹高士僧勝，未有若吾郡俱美者，宜吾徒樂而忘歸也。

明 文翔鳳《文太青先生文集·游青泥澗吉祥寺雜記》 予既去，冬至城西數里之文殊寺。寺閲一嶺而當其坳折處，客云寺更有幽而勝者，有吉祥於青泥之澗。【略】西北有小徑，夾以平蒼之楚。鳥韻松濤，迂紆如隨人。木既有橋俯小壑。又折而微陟，則爲坂而平，如一臂之撮雲者。前百武隆起如車蓋，結文殊之腦，而後直鳳凰山之右腋，可以遠眺，望有長楸嘯風於蘞蔓之城者，爲一流觀。西又爲長壑，度之而大，陟則又爲坂所，眺望有加，遥見直西棗琳坪之天息山，有白氣犂空者如練，拖如川决，而弓曲竟天。东北垂於香爐峰之上，長可七十八里。兩山則氣黝如黯如。或曰譎雲，或曰宜爲嵐氣，或謂其雨。然一氣而雙垂，如飲澗之虹，疑爲白虹。予又疑雨山本雄雌之相偶和，一氣而雙垂，決知不如朝那善湫之相搏也，然終不可解。又良久，而車碾吉祥寺之背，青衣或墜馬，予嘆曰：幸不至飛身直下八千尺耳。寺所踞蓋壺形，左右咸斷壑，而其腰頸皆數尺，腹爲寺，首爲寺之眺臺。寺蓋圓通寺下院，圓通又西三里而遥者。入寺微雨輒止，坐而銜杯，則見列巘之東寺壺而直前者，左如龍伏，右如虎虓。再三折而達於汝峴山，其九疊之屏，璜雲則案横，而中有丘如懸珠，若侍龍口之銜者，此寺之大體也。臨臺則見泉在澗，可數百武，遂下行澗中，屢折而得泉。泉可得水二斗，而不流不涸，副寺汲命茵其卉。

明 凌雪《總持閣碑記》（《韶州府志》卷二六引） 吾邑自東門緣河堧迤邐而上，不五里許爲鰲魚角，其地不山而高，而一覽衆山，悉若環衛。然踞鰲角而棟之宇之，曰總持閣。按，閣之址縱横僅可百武，架木而樓者二。前奉三元大帝，後則韋馱洎諸天菩薩環侍一大士也。由大門而客廳，兩耳房翼之。其正廳祀梓潼帝君，是文章所司命者。左右僧房各三之，兒輩曩所偃息以習白業者也。進而迴廊而簃，而香積，皆明浄有規制。此閣以内之大槩也。由香積小折而北，納水種蓮，雖不甚闊，每于菡萏開時，馥氣薰人，令人坐而忘暑。山門外方池一口，廣可放生，别有隙地，可蔬以供粥，可竹可木以蔽風雨，此閣以外之大槩也。

清 孫廷銓《沚亭删定文集》卷上《游盤山千像寺記》 游盤山者陟其東麓，有寺曰千像。阻九華峰而居，前則大壑臨之，古佑唐寺也。初上二三里，漸入松石，森森礚礚，蒼我心目。稍進，石澗之水隔樹遠聞，側瀨凄清半嶺而下，其過人遠落者，松樹漸稠，不知聲在何處，尚咨咨未已。過此盤折而行，乍上乍下，足前却之，目左右之，身俯仰之，森森礚礚，百狀於前。仰視聳若樓觀，下視空谷寂歷。林下若有人居，視之則屋，察之則石。凡不可以上、不可以足之地，松石輒益争之。寺緣峻坂而升，旁逼中深，粗具威儀。寺僧之闢地而居者，磴道四懸，茶煙磬響出於蒼崖翠壁之上。牽引徐進，輒歷碌於巨石，若驚若伏，若引若拒。立者跂跂，攢者錯錯，墜者慄慄，抗者棱棱，時時有藤幕之松覆之。客至此者，好猿升鵠立，拊其背而下窺，或枕藉之遥相語也。

清 李斗《揚州畫舫録》卷八《城西録》 秋雨庵，本里人楊氏出家之地，臨潼張仙洲感于夢，搆爲庵名，曰掃垢精舍。康熙五年，靈隱大殿落成。後八月十三日，早落月中桂子，浙僧戴公過揚州，遺四五粒于庵中種之，因又改名金粟庵。庵四圍皆竹，竹外編籬，籬内方塘，塘北山門，門内大殿三楹。院中緑蕚梅一株，白藤花一株，緣木而生。兩廡各五楹，環繞殿之左右，後樓五楹爲方丈庵。左爲桂園，園中桂樹是月中種子，花開皆紅黄色，右爲竹圃，又名笋園。園中有六方亭，名曰竹亭。

清 沈復《浮生六記》卷四《浪游記快》 余乃躋路細矚，於千竿竹中隱隱見亂石牆舍，徑撥叢竹間，横穿入覓之，始得一門，曰「無隱禪院，某年月日南園老人彭某重修」。【略】山門一啓，即見佛面，金光與緣陰相映，庭階石礎苔積如繡。殿後臺級如牆，石闌繞之。循臺而西，有石形如饅頭，高二丈許，細竹環其趾。再西折北，由斜廊躡級而登。客堂三楹緊對大石。石下鑿一小月池，清泉一派，荇藻交横。堂東即正殿。殿左西向爲僧房厨竈。殿後臨峭壁，樹雜陰濃，仰不見天。由東廂出一小門，折北，有石磴如梯約數十級；於竹塢中瞥見一樓。又梯而上，八窗洞然，額曰飛雲閣。四山抱列如城，缺西南一角，遥見一水浸天風帆隱隱，即太湖也。倚窗俯視，風動竹梢如翻麥浪。【略】因又下樓，折而西，十餘級，忽豁然開朗，平坦如臺。度其地已在殿後峭壁之上，殘磚缺礎尚存，蓋亦昔日之殿基也。週望環山，較閣更暢。

又 乘騎至華陰廟。過華封里，即堯時三祝處。廟内多秦槐漢柏，大皆三四抱，有槐中抱柏而生者，柏中抱槐而生者。殿廷古碑甚多。内有陳希夷書福壽字。華山之脚有玉泉院，即希夷先生化形骨蜕處。有石洞如斗室，塑先生卧像于石床。其地水净沙明，草多絳色，泉流甚急，修竹繞之。洞外一方亭，額曰無憂亭。旁有古樹三株，紋如裂炭，葉似槐而色深，不知其名。土人即呼曰無憂樹。

清 陳維岱《游楓隱寺記》（《宜興縣志》卷一〇引） 出城南十餘里入山，夾路皆松濤竹翳，又聞澗響潺潺不絶。山愈深，徑愈曲，依山而轉。梅花雜發，每當春日，邑之人莫不挈酒攜榼過而訪之，蓋數十年于兹矣。丁未歲，余同儲子友三、曹子南耕、仲兄半雪探梅山中，憩楓隱寺，飯訖於僧舍而歸。寺爲孝廉吴公園址，孝廉余姑丈也，自號楓隱居士，故名其園，亦曰楓隱園。孝廉没而捨爲寺，猶言楓隱者，物不忘其初也。先是孝廉在日，於春花秋月夏雲冬雪之時，常攜賓從過作數日歡。憶余爲童子時，孝廉挈余至坐方屋中，旋登函經閣，陟山崖之亭，觀澗水衝激處名曰瀑布者。又澗内所生蓴菜，孝廉常取以啖余。嗚呼，何其盛耶！及孝廉没，予亦間歲一往，然一過焉，而臺之圮者有矣，池之淤者有矣。再過焉，而方屋之精、函經閣之勝不可復問矣，蓴菜之味更不可得而嘗矣！

清 嘉慶《重修江寧府志》卷一〇《古跡下》 棲霞寺在太平門外四十里攝山。齊永明間明僧紹捨宅爲寺，陳江總有碑，隋造舍利塔。唐改名棲霞寺，南唐改妙因寺，宋太平興國間改名普雲寺，元祐改嚴因崇報禪院，明洪武仍名賜額棲霞寺。國朝仍舊名，寺有大石佛古銅佛，法鐘銀杏樹，妙因寺額金寶坊牌，其勝則有千佛巖、疊浪巖、天開巖、般若臺、明月臺、珍珠泉、白鹿泉、白雲菴。紫峰閣，明時覺浪禪師開法於此，塔在焉。其後笑峰、竺菴相繼，創禪堂於中峰之下。

清 嘉慶《松江府志》卷七六《名跡志·寺觀》 萬壽道院 在（青浦縣）小西門外，初名神清道院，康熙二十六年易今名。有廉餘草堂、養素堂、禮石山房、瀟香亭、小蟾窟、浮青閣、恰受舫、眺雲處諸勝。四圍竹樹葱鬱成林，池水環之，遂爲青邑琳宫之勝。

清 道光《廣東通志》卷二二九 海幢寺在（番禺縣）河南，蓋萬松嶺福場園地也。舊有千秋寺址，南漢所建，廢爲民居。僧光牟募於郭龍岳稍加葺治，顔曰海幢。僧池月今無次第建佛殿、經閣、方丈。康熙十一年平藩，建天王殿，其山門則巡撫劉秉權所建也。有鷹爪蘭，爲郭園舊植，地改而蘭仍茂，以亭蓋之。有藏經閣，極偉麗。北望白雲粤秀，西望石門、靈峰、西樵諸山，東眺雷峰，即往波羅道也，南爲花田。寺中龍象莊岩，甲諸刹。

又　卷二三〇　天寧寺在〔海康〕縣西關外，唐大曆五年建，舊名報恩，宋蘇軾書萬山第一四大字於門。【略】康熙十年知府吴盛藻重修。叢林幽迴，山水環遶，亦郡之大觀。

清《晃州廳志》卷四一〈寺觀志〉　〔蒼松寺〕亦屬大晏家，明萬歷間建，歲久傾塌。國朝乾隆年間，僧如仙皈告父老，爲四門化首，遷於關山口。有大松數株，蔭地數畝，不知何時所植，署曰蒼松寺。

清　黄鈞宰《金壺七墨・金壺浪墨》卷四《靈谷寺》　感澤招游鍾山，策騎同往。由孝陵至靈谷寺，虬松怪柏，分列成行。題詩壁上云：平原蒼翠入秋宜，萬古悲凉會此期。環拱山河神肅穆，凋零花草骨清奇。遥天鐘磬聞仙梵，立馬風雲失羽儀。王氣禪心各流水，爛柯棋局竟誰欺。寺有石屏，高二丈許，寬如其十之八，光滑如鏡，即爲佛座屏風。又鐵鼎一具，兩股横徑七八尺，長則倍之。委之苔蘚之間，同人力舉，不少動。老僧曰：是從南海飛來，不計其年矣。感澤不信。僧曰：疾風震雷之時，飛砂走石，地可動，山可移，於一鼎乎何有？山半有泉，距寺里許。寺僧截竹爲筒，高下曲折，首尾相銜，達於厨下。飲之清冽而甘，憩息既久，薄暮馳歸。人海叢巾，燈火漸上。馬上口占云：半街斜日綺樓開，香作輕塵錦作堆。擾擾萬人分道立，實鞍驄馬看山迴。

又　卷六《拈花寺》　拈花禪寺，爲益都相國萬柳堂址。周迴一頃有餘，中有小土山，昔之蓮塘花嶼也。當日横橋並馬，曲水傳杯，堂帶遠峰，歌翻驟雨之盛；自石氏改建佛閣，遂爲荒凉寂寞之區。西北爲夕照寺，八景中「金臺夕照」即此。殿壁有陳壽山手畫雙松，剥落殆盡。予《雜詠》詩云：一代風流少嗣音，幾株楊柳黯疏林。游魚吹却桃花片，不許春風引佛心。金臺風景占京畿，壁上雙松墨蹟稀。賸有白雲千古在，夕陽高閣曬僧衣。

清　同治重修《蘇州府志》卷四〇《寺觀》　壽聖寺在横山西南之堯峰，唐末創爲免水院。《圖經續記》：俗傳堯民於此避水。宋改寺，後廢。明弘治中重建，寺有十景，清輝軒、碧玉沼、多景巖、寶雲井、相傳宋時僧寶雲所鑿，味最甘冽。白龍洞、觀音巖、偃蓋松、妙高峰、東齋西隱。

清　光緒《順天府志》卷一六《京師志十六・寺觀一》　崇效寺唐刹也，在白紙坊。唐劉懠捨宅爲寺地，在唐城之内，元至正初重葺。明天順間修之，嘉靖壬午，内官監太監袁福等同僧了空同修。其地舊名柳河村，寺在村之西。舊題無塵别境，明楊忠烈手蹟也，惜已洗去。其方丈舊署静觀二字，順治丁亥王鐸書。有僧塔六，環植棗樹千株。王士禎偁寺爲棗花寺，今尚有存者。又康熙年間，有僧名雪塢者曾種梅二株，今無聞矣。又寺中舊傳四季多花，游屐頗盛，王士禎，朱彝尊輩俱有題詠，有《紅杏》、《青松》長卷。又有王朱手植丁香，吴嵩梁又移植海棠於丁香左，今俱存。

又　卷一七　極樂寺，在西直門外高梁橋西三里。寺元至元間建，明成化中重修。有明碑二，一無撰人姓名，一嚴嵩撰，皆嘉靖年立。寺最幽邃，長河蔭前，高阜倚後。東有國花堂，西有勺亭。乾隆時多荷花，詩人游屐最盛。今荷花零落，池亦淤淺，惟海棠數十株。暮春三月拆苞吐馥，豔如頳霞，嬌如晴雪，夕陽萬點，盡收其中。間以丁香，毵毵碎紫，城西一勝地也。

又　昌運宫，明太監張永建也，在西直門西廣源園橋之南。初名混元靈應宫，建於正德六年，至萬曆四十四年重修，督修者太監林潮也。工竣，更名天禧昌運宫，殿宇七重，松栝二十三株，柏二十株。大皆合圍，夾以雜樹。上枝千霄，下陰蔽地。有二碑，築亭覆之，一爲敕建碑，一爲大學士李東陽撰。【略】敕修門内爲元天聖境，有鐘鼓樓，功曹殿。中爲元天玉虚寶殿，後爲神霄延壽寶殿，最後爲玉霄上穹寶殿。殿前立高宗御製詩碑二，右國書，左漢書。西半里爲興勝菴，土人目爲松林。今松無復存者，萬曆中所建也。後有藏經閣，可眺西山。東北有果園，園中有亭曰衆芳亭。北砌石爲流觴曲水，其東有閣，曰明遠。春月桃杏雜發，登閣望之，不異錦城花海也。《人悔記》

清　光緒《盱眙縣志稾》卷一一《古蹟》　白衣庵，治西南。知縣黄若庸《游白衣庵記》：康熙癸卯九月望後一日，偶憩白衣庵。庵爲萬曆中里人李生因夢捨地，供西竺大士處也。石徑窈曲，林木幽邃，淮河出其右，水光數重環遶之。寺面湖，湖正秋漲，晨起迷濛一片。客坐山門下，疑置身水晶國中。亭午，同衲子登峰頂，見千家鱗疊，青山映帶，而杏花園霜葉深紅可愛。回望林影參差，人行樹杪，宛如一幅畫圖。憶吾家愚長向日爲余寫都梁小景極工，此處真堪髣髴耳。是日晡東風作，遠雨遮山，精舍無事，因援筆書此。

清　光緒《襄陽府志》卷五《輿地志五・古蹟》　演教寺在縣西六十里，唐元和中建，明天順暨嘉靖中重修。旁有獅子巖，上有蓮花堰，清溪環流，柏林千株，蔚然深秀。

清 光緒《撫寧縣志》卷六《壇廟寺觀庵堂附》 尋真觀在縣西北二十五里，俗名螞蚱菴。道士劉大成結菴於此，日率弟子種植果木，積資創建玉皇殿、紫霞洞、小蓬萊閣。每逢春日花開，游人畢至，尤擅一時之勝。

清 陳作霖《可園文存》卷九《春明舊游記》 邸東南有龍泉寺，華嚴樓閣，龍象護持。庭中二楸樹，老幹離立，著花逾妍。壁嵌董文敏梁山舟諸石刻。佛會之期，士女雲集，亦宣南一名刹也。迤東至龍樹院，院以龍爪槐得名。禪房曲徑，花木蔚如。清水一泓，紆迴繞屋。其間爲蒹葭簃，敗葦叢蘆，不減後湖風景。上有憑虛閣，遠峰蒼翠，直撲檐宇。坐久逾寂，不知身在人海中也。再南爲陶然亭，亭爲江藻所築，故又名江亭。晶窗四拓，遠挹西山。時當雨餘，净緑如沐。下視沃壤，良苗勃然。江南野趣，不圖於北土風沙中見之。亭外有香冢、鸚鵡冢相連，各立石碣。銘文冶豔，好事者之所爲也。法源寺在會邸西，唐之憫忠寺也。太宗征高麗埋士卒戰骨於此，宋謝文節公絶粒處焉。寺有佛幢二，一開元年立，一金源時造。古殿崢嶸，老栝蒼秀。石壇幡影，闃其無人。街北即謝公祠，臨川李春湖侍郎碑記在壁。入謁。謝疊山先生像，面目清癯。其中廊房修潔，水木清華，與松筠菴相望也。松筠菴在上斜街，奉楊忠愍公像，於中端笏而坐，霜威懔然。內有諫草堂，石勒椒山先生手疏真蹟，張石舟之所摹也。堂前竹石池亭，翛然意遠。迤南有蓮花、保安二寺，頹廢不足觀矣。慈仁寺在彰義門內，今名報國寺。入門右側有顧亭、林處士祠，何子貞太史所創築也。牆上嵌唐幽州押衙太原王公夫人張氏墓志，辭拙字劣，然的是貞元時物。門外有井闌，上鐫開成五年字。既入二重院，老松奇崛槎枒，襯以竹槐。古翠薪陰，纖埃不起，時時聞清梵聲，正殿南向，石闌環之如來尊者。位各以次，後供磁觀音像，莊嚴端好，善才龍女夾侍凝然，云係窑變所成。殿蓮座上有純皇帝御贊，謂孫國敉燕都游覽記詳述其事蓋，明時之故物也。殿後有毘盧閣，貯全藏經。於是窮幽而入，又有再來亭，爲戒和尚尋前身之幻境。旁有禪室，懸壽陽祁文端公聯云「五六月中無暑氣，二三更裏有鐘聲」，其冷静可想。已出門西北行，遥望緑樹陰中露紅牆一角，是爲善果寺。寺宏敞遜於慈仁，而大雄殿兩廊塑海上五百尊者像。飛行絶迹，超出劫塵。其下水族紛攢，奇形詭狀，工妙絶倫，所謂懸島是也。崇效寺在城西南隅，地極曠僻，棗花滿林，故又號棗花寺。壁上多嵌唐人墓碣，開山律師智公有「紅杏青松卷，子粗如牛鬌」。國朝文章鉅公胥加題跋及詩於上。主僧出以示客。展玩之餘，愛不忍釋。端木子疇侍讀爲書同，觀字以歸之。出彰義門里許，有天寧寺。兩塔相對，鈴鐸摇風。院中芍藥初開，秋藤清陰滿架。就山高下分精舍數間，亦達官燕賓之所也。較陶然亭、龍樹院，尤爲幽逸。

藝文

唐 孔德紹《登白馬山護明寺》（《文苑英華》卷二三三輯） 名岳標形勝，危峰遠鬱紆。成象建瓌極，大壯闡規模。曾臺聳靈鷲，南殿邇陽烏。暫同游閬苑，還類入仙都。三休開碧嶺，萬户動金鋪。攝心罄前禮，訪道把中衢。遥瞻盡地軸，長望極天隅。白雲起梁棟，丹霞映松櫨。露花疑濯錦，泉月似沉珠。今日桃源客，相顧失歸塗。

唐 王勃《王子安集》卷三《游梵宇三覺寺》 香閣披青磴，琱臺控紫岑。葉齊山路狹，花積野壇深。蘿幌棲禪影，松門聽梵音。遽欣陪妙躅，延賞滌煩襟。

唐 楊炯《盈川集》卷二《和劉侍郎入隆唐觀》 福地陰陽合，仙都日月開。山川凌四險，城樹隱三臺。伏檻排雲出，飛軒遶澗回。參差凌倒景，瀟灑軼浮埃。百果珠爲實，羣峰錦作苔。懸蘿暗疑霧，瀑布響成雷。方士燒丹液，真人泛玉杯。還如問桃水，更似得蓬萊。漢帝求仙日，相如作賦才，自然金石奏，何必上天台。

唐 宋之問《游韶州廣果寺》（《文苑英華》卷二三三輯） 影殿臨丹壑，香臺隱翠霞。巢飛銜一作含象鳥，砌蹋雨空花。寶鐸摇初霽，金池映晚沙。莫愁歸路遠，門外有三車。

又《游法華寺》（《文苑英華》卷二三三輯） 高岫擬耆闍，真乘歆妙車。空中結樓殿，意表出雲霞。後果傳三足，前因感一作取六牙。宴林薰寶樹，水漏溜集作溜滴金沙。寒谷梅猶淺，温庭橘未華。臺香紅藥亂，塔影緑篁遮。

又《游雲門寺》（《文苑英華》卷二三三輯） 維舟探静域，作禮事尊經。投跡一蕭散，爲心自杳冥。龕交大禹穴，樓倚少微星。沓嶂圍蘭若，迴溪抱竹庭。覺花塗砌白，甘露洗山青。鴈塔鶱金地，虹橋轉翠屏。

又《題杭州天竺寺》（《文苑英華》卷二三三輯） 鷲嶺鬱岧嶢，龍宮隱寂寥。樓看一作觀滄海日，門聽浙江潮。桂子月中落，天香雲外飄。捫蘿登塔遠，刳木取泉遥。霜序花更發，冰溪葉未凋。夙齡尚遐異，搜對滌煩囂。會入天台裏，看余渡石橋。

唐 沈佺期《游少林寺》（《三體唐詩》卷五輯） 長歌游寶地，徙倚對珠林。鴈塔風霜古，龍池歲月深。紺園澄夕霽，碧殿下秋陰。歸路烟霞晚，山蟬處處吟。

唐 張説《張燕公集》卷八《清遠江峽山寺》 流落經荒外，逍遥此梵宫。雲峰吐月白，石壁淡煙紅。寶塔靈仙湧，懸龕造化功。天香涵竹氣，虚唄引松風。檐牖飛花入，房廊激水通。猿鳴知山静，魚戲辨江空。静默將何貴，所貴心境同。

唐 綦毋潛《題鶴林寺》（《河岳英靈集》卷中輯） 道門集作林隱形勝，向背臨層霄。集作行法橋。松覆山殿冷，花藏溪路遥。珊珊寶幡掛，焰焰明燈燒。遲日半空谷，春風連上潮。少憑集作適水木興，蹔忝集作添又作令身心調。願謝携手客，兹山禪誦饒。

又《登天竺寺》（《文苑英華》卷二三四輯） 郡有化城最，西窮疊嶂深。松門當澗口，石路在峰心。幽見夕陽霽，高逢暮雨陰。佛身瞻紺髮，寶地踐黄金。雲向竹溪盡，月從花洞臨。因物成真悟，遺世在兹集作孤岑。

唐 王維《過香積寺》（《王右丞集箋注》卷七輯） 不知香積寺，數里入雲峰。古木無人徑，深山何處鐘。泉聲咽危石，日色冷青松。薄暮空潭曲，安禪制毒龍。

又 卷八《登辨覺寺》 竹逕連初地，蓮峰出化城。窗中三楚盡，林外九江平。軟草承趺坐，長松響梵聲。空居法雲外，觀世得無生。

又 卷一二《游感化寺》 翡翠香烟合，瑠璃寶地平。龍宫連棟宇，虎穴傍檐楹。谷静惟松響，山深無鳥聲。瓊峰當户拆，金澗透林鳴。郢路雲端迥，秦川雨外晴。雁王銜果獻，雁，一作鳳。非。鹿女踏花行。抖擻辭貧里，歸依宿化城。繞籬生野蕨，空館發山櫻。香飯青菰米，嘉蔬緑芋羹。誓陪清梵末，端坐學無生。

唐 儲光羲《儲光羲詩集》卷二《石瓮寺》 遥山起真宇，西向盡花林。下見宫殿小，上看廊廡深。苑花落池水，天語聞松音。君子又知我，焚香期化心。

唐 劉長卿《劉隨州集》卷七《題武丘寺》 青林虎丘寺，林際翠微路。仰見山僧來，遥從飛鳥處。兹峰論寶玉，千載唯丘墓。埋劍人空傳，鑿山龍已去。捫蘿披翳薈，路轉夕陽遽。虎嘯崖谷寒，猿鳴杉松暮。徘徊北樓上，江海窮一顧。日映千里帆，鴉歸萬家樹。

唐 杜甫《杜工部詩集》卷二〇《岳麓山道林二寺行》 玉泉之南麓山殊，道林林壑争盤紆。寺門高開洞庭野，殿脚插入赤沙湖。五月寒風冷佛骨，六時天樂朝香爐。地靈步步雪山草，僧寶人人滄海珠。塔劫宫牆壯麗敵，香厨松道清涼俱。蓮花交響共命鳥，金榜雙迴三足烏。方丈涉海費時節，玄圃尋河知有無。暮年且喜經行近，春日兼蒙暄暖扶。飄然斑白身奚適，旁此煙霞茅可誅。桃源人家易制度，橘洲田土仍膏腴。潭府邑中甚淳古，太守庭内不喧呼。昔遭衰世皆晦迹，今幸樂國養微軀。依止老宿亦未晚，富貴功名焉足圖。久爲野客尋幽慣，細學何顒免興孤。一重一掩吾肺腑，山鳥山花吾友于。宋公放逐曾題壁，物色分留與老夫。

唐 李華《李遐叔文集》卷四《仙游寺有龍潭穴弄玉祠》 捨事入樵逕，雲木深谷口。萬壑移晦明，千峰轉前後。嶷然龍潭上，石勢若奔走。開坼秋天光，崩騰夏雷吼。靈溪自兹去，紆直互紛糾。聽聲静復喧，望色無更有。冥冥翠微下，高殿映杉柳。滴滴洞穴中，懸泉響相扣。昔時秦王女，羽化年代久。日暮松風來，簫聲生左右。早窺神仙籙，願結芝木友。安得羨門方，青囊繫吾肘。

唐 釋皎然《杼山集》卷三《五言奉陪陸使君長源裴端公樞春游東西武邱寺》 雲水夾雙刹，遥疑涌平陂。入門見藏山，元化何谿窺。曳組探詭怪，停驄訪幽奇。情高氣爲爽，德暖春亦隨。瑶草自的皪，蕙樓争蔽虧。金精落壞陵，劍彩沉古池。一覽市天界，中峰步未移。應嘉生公石，列坐援松枝。

唐 韋應物《韋蘇州集》卷七《慈恩精舍南池作》 清境豈云遠，炎氛忽如遺。重門布緑陰，菡萏滿廣池。石髮散清淺，林光動漣漪。緣崖摘紫房，扣檻集靈龜。浥浥餘露氣，馥馥幽襟披。積喧忻物曠，耽玩覺景馳。明晨復趨府，幽賞當反思。

又《行寬禪師院》 北望極長廊，斜扉映一作掩。叢竹。亭午一來尋，院幽僧亦獨。唯聞山鳥啼，愛此林下宿。

又《游瑯琊山寺》 受命恤人隱，兹游久未遑。鳴騶響幽澗，前旌耀崇岡。青冥臺砌寒，緑縟草木香。填壑躋花界，疊石構雲房。經製隨巖轉，繚繞豈定方。新泉泄陰壁，高蘿蔭緑塘。攀林一栖止，飲水得清涼。物累誠可遣，疲吅終未忘。還歸坐郡閣,但見山蒼蒼。

唐 戴叔倫《游清溪蘭若》(《文苑英華》卷二三六輯) 西看疊嶂幾千重,秀色孤標此一峰。丹竈久閒荒宿草,碧潭深處有潛龍。靈仙已去空巖室,到客唯聞古寺鐘。遠對白雲幽隱在,年年不離舊杉松。

唐 盧綸《春日陪李庶子遵善寺東院曉望》(《文苑英華》卷二三六輯) 映竹水横分,當山起雁群。陽峰高對寺,陰井下通雲。雪盡唯逢鶴,花時此見君。由來禪誦地,多有諸公文。

唐 張暈《題栖霞寺》(《文苑英華》卷二三六輯) 躋險入幽林,翠微含竹殿。泉聲無休歇,山色時隱見。潮來雜風雨,梅落成霜霰。一從方外游,頓覺塵心變。

唐 李端《題雲際寺準公房》(《文苑英華》卷二三五輯) 高僧居處似天台,錫杖銅缾對緑苔。竹巷雨晴春鳥囀,山房日午老人來。園中鹿過椒枝動,潭底龍游水沫開。獨夜焚香禮遺像,空林月出始應迴。

唐 權德輿《權文公集》卷七《與沈十九拾遺同游棲霞寺上方夜於亮上人院會宿二首》 攝山標勝絶,暇日諧想矚。縈紆松路深,繞繞雲巖曲。重樓迴樹杪,古像鑿山腹。人遠水木清,地深蘭桂馥。層臺聳金碧,絶頂摩净緑。下界誠可悲,南朝紛在目。焚香入古殿,待月出深竹。

唐 張籍《張司業集》卷一《野寺後池寄友》 佛寺連野水,池幽夏景清。繁木蔭芙蕖,時有水禽鳴。通溪岸壍斷,分渚流復縈。唄僧鐘磬罷,月來池上明。

唐 白居易《白氏長慶集》卷六《游悟貞寺詩》 元和九年秋,八月月上絃。我游悟貞寺,寺在王順山。去山四五里,先聞水潺湲。自兹捨車馬,始步藍溪灣。手拄青竹杖,足蹋白石灘。漸怪耳目曠,不聞人世喧。山下望山上,初疑不可攀。誰知中有路,盤折通巖巔。一息幡竿下,再休石龕邊。龕間長丈餘,門户無扃關。仰窺不見人,石髮垂若鬟。驚出白蝙蝠,雙飛如雪翻。回首寺門望,青崖夾朱軒。如擘山腹開,置寺於其間。入門無平地,地窄虚空寬。房廊與臺殿,高下隨峰巒。巖崿無撮土,樹木多瘦堅。根株抱石長,屈曲蟲蛇蟠。松桂亂無行,四時鬱芊芊。枝梢裊青翠,韻若風中絃。日月光不透,緑陰相交延。幽鳥時一聲,聞之似寒蟬。首憩賓位亭,就坐未及安。須臾開北户,萬里明豁然。拂檐虹霏微,遶棟雲回旋。赤日間白雨,陰晴同一川。野緑簇草樹,眼界吞秦原。渭水細不見,漢陵小於拳。却顧來時路,縈紆映朱欄。歷歷上山人,一一遥可觀。前對多寶塔,風鐸鳴四端。欒櫨與户牖,恰恰金碧繁。云昔迦葉佛,此地坐涅槃。至今鐵鉢在,當底手跡穿。西開玉像殿,白佛森比肩。抖擻塵埃衣,禮拜冰雪顔。疊霜爲袈裟,貫雹爲華鬘。逼觀疑鬼功,其跡非雕鐫。次登觀音堂,未到聞栴檀。上堦脱雙履,斂足升瑶筵。六楹排玉鏡,四座敷金鈿。黑夜自光明,不待燈燭然。衆寶互低昂,碧珮珊瑚幡。風來似天樂,相觸聲珊珊。白珠乘露凝,赤珠滴血殷。點綴佛髻上,合爲七寶冠。雙瓶白琉璃,色若秋水寒。隔瓶見舍利,圓轉如金丹。玉笛何代物,天人施祇園。吹如秋鶴聲,可以降靈仙。是時秋方中,三五月正圓。寶堂豁三門,金魄當其前。月與寶相射,晶光争鮮妍。照人心骨冷,竟夕不欲眠。曉尋南塔路,亂竹低嬋娟。林幽不逢人,寒蝶飛翾翾。山果不識名,離離夾道蕃。足以療飢乏,摘嘗味甘酸。道南藍谷神,紫傘白紙錢。若歲有水旱,詔使修蘋蘩。以地清净故,獻奠無葷羶。危石疊四五,嵬嵬欹且刓。造物者何意,堆在巖東偏。冷滑無人跡,苔點如花牋。我來登上頭,下臨不測淵。目眩手足掉,不敢低頭看。風從石上生,薄人而上搏。衣服似羽翮,開張欲飛騫。巉巉三面峰,峰尖刀劍攢。悠悠白雲過,决開露青天。西北日落時,夕暉紅團團。千里翠屏外,走下丹砂丸。東南月上時,夜氣清漫漫。百丈碧潭底,寫出黄金盤。藍水色似藍,日夜長潺潺。周迴繞山轉,下視如青環。或鋪爲慢流,或激爲奔湍。弘澄最深處,浮出蛟龍涎。側身入其中,懸磴猶險難。捫蘿蹋樛木,下逐飲澗猨。雪迸起白鷺,錦跳驚紅鱣。歇定方盥漱,濯去支體煩。淺深皆洞徹,可照腦與肝。但愛清見底,欲尋不知源。東崖饒怪石,積甃蒼琅玕。温潤發於外,其間韞璵璠。卞和死已久,良玉多棄捐。或時泄光彩,夜與星月連。中頂最高峰,拄天青玉竿。鬫𩗗上不得,豈我能攀援。上有白蓮池,紫葩覆清瀾。聞名不可到,處所非人寰。又有一片石,大如方尺甎。插在半壁上,其下萬仞懸。云有過去師,坐得無生禪。號爲定心石,長老世所傳。却上謁仙祠,蔓草生綿綿。昔聞王氏子,羽化升上玄。其西曬藥臺,猶對芝术田。時復明月夜,上聞黄鶴言。迴尋畫龍堂,二叟鬚髮斑。想見聽法時,歡喜禮印壇。復歸泉窟下,化作龍蜿蜒。階前石孔在,欲雨生白煙。往有寫經僧,身净心精專。感彼雲外鴿,羣飛千翩翩。來添硯中水,去吸巖下泉。一日三往復,時節長不愆。經成號聖僧,弟子名揚難。誦此蓮花偈,數滿百億千。身壞口不壞,舌根如紅蓮。顱骨今不見，石函尚存焉。粉壁有吴畫，筆彩依舊鮮。素屏有褚書，墨色如新乾。名境與異跡，周覽無不殫。

又 卷一一《開元寺東池早春》 池水暖温暾，水清波瀲灩。簇簇青泥中，新蒲葉如劍。梅房小白裹，柳彩輕黄染。順氣草薰薰，適情鷗泛泛。

又 卷二一《題靈巖寺》 寺即吴館娃宫，鳴屧廊、硯池、采香徑遺跡在焉。 娃宫屧廊尋已傾，硯池香徑又欲平。二三月時但草緑，幾百年來空月明。

又 卷二三《留題天竺靈隱兩寺》 在郡六百日，入山十二回。宿因月桂落，醉爲海榴開。天竺嘗有月中桂子落。靈隱多海石榴花也。 黄紙除書到，青宫詔命催。僧徒多悵望，賓從亦徘徊。寺闇煙埋竹，林香雨落梅。别橋憐白石，辭洞戀青苔。石橋在天竺，明洞在靈隱。 漸出松間路，猶飛馬上杯。誰教冷泉水，送我下山來。

又 卷二四《題東武丘寺六韻》 香刹看非遠，祇園入始深。龍蟠松矯矯，玉立竹森森。怪石千僧坐，靈池一劍沉。海當亭兩面，山在寺中心。酒熟憑花勸，詩成倩鳥吟。寄言軒冕客，此地好抽簪。

唐 李紳《追昔游集》卷中《寶林寺》 寺在城郭最囂煩處，自有一峰，巖壑皆入寺中。 最深城郭在人煙，疑借壺中到梵天。巖樹桂花開月殿，石樓風鐸繞金仙。地無塵染多靈草，室鑒真空有定泉。應是法宫傳覺路，使無煩惱見青蓮。

又 卷下《蘇州不住遥望武丘報恩兩寺》 秋山古寺東西遶，竹院松門悵望同。幽鳥静時侵徑月，野煙消處滿林風。塔分朱鴈餘霞外，刹對金螭落照中。宦備散寮身却累，往來慚謝二蓮宫。

唐 柳宗元《柳河東集》卷四三《構法華寺西亭》 竄身楚南極，山水窮險艱。步登最高寺，蕭散任疏頑。西垂下斗絶，欲似窺人寰。反如在幽谷，榛翳不可攀。命童恣披翦，葺宇横斷山。割如判清濁，飄若昇雲間。遠岫攢衆頂，澄江抱清灣。夕照臨軒墮，棲鳥當我還。菡萏溢嘉色，篔簹遺清班。神舒屏羈鎖，志適忘憂潺。棄逐久枯槁，迨今始開顔。賞心難久留，離念來相關。北望間親愛，南瞻雜夷蠻。置之勿復道，且寄須臾間。

唐 姚合《姚少監詩集》卷七《題山寺》 千重山崦裏，樓閣影參差。未暇尋僧院，先看置寺碑。竹深行漸暗，石穩坐多時。古蜡蟲蛇善，陰廊鳥雀癡。雲開上界近，泉落下方遲。爲愛青桐葉，因題滿樹詩。

唐 楊衡《游峽山寺》（《文苑英華》卷二三七輯） 結構天南畔，勝絶固難儔。幸蒙時所漏，遂得恣閒游。路石蔭松蓋，檻藤維鶴舟。雨霽花木潤，風和景氣柔。寶殿敞丹扉，靈幡垂絳旒。照曜芙蓉壺，金人居上頭。翔禽拂危刹，落日避層樓。端溪瀾漫駛，曲澗潺湲流。高居何重沓，登覽自夷猶。煙霞無隱態，巖洞詎遺幽。奔馭非久耀，馳波肯暫留。會從香火緣，滅跡此山丘。

唐 元稹《元氏長慶集》卷一三《和友封題開善寺十韻》 梁王開佛廟，雲構歲時遥。珠綴飛閒鴿，紅泥落碎椒。燈籠青焰短，香印白灰銷。古匣收遺施，行廊畫本朝。藏經霑雨爛，魔女捧花嬌。亞樹牽藤閣，横查壓石橋。竹荒新筍細，池淺小魚跳。匠正琉璃瓦，僧鋤芍藥苗。旋蒸茶嫩葉，偏把柳長條。便欲忘歸路，方知隱易招。

唐 張祜《張承吉集》卷三《題杭州孤山寺》 樓臺聳碧岑，一逕入湖心。不雨山長潤，無雲水自陰。斷橋荒蘚澀，空院落花深。猶憶西窗月，鐘聲在北林。

又 《題杭州天竺寺》 西南山最勝，一界是諸天。上路穿巖竹，分流入寺泉。躡雲丹井畔，望月石橋邊。洞壑江聲遠，樓臺海氣連。塔明春嶺雪，鐘散暮松煙。何處去猶恨，更看峰頂蓮。

又 《題南陵隱静寺》 松逕上登攀，深行煙靄間。合流厨下水，對聳殿前山。潤壁鳥音迴，泉源僧步閑。更憐飛一錫，天外與雲還。

又 《題招隱寺》 千年戴顒宅，佛廟此崇修。古井人名在，清泉鹿跡幽。竹光寒閉院，山影夜藏樓。未得高僧旨，煙霞空暫游。

又 《題惠山寺》 舊人宅何在，空門客自過。泉聲到池盡，月色上樓多。小洞生斜竹，重堦夾細莎。殷勤望城市，雲水暮鐘和。

又 《題虎丘東寺》 雲樹擁崔嵬，深行異俗埃。寺門山外入，石壁地中開。俯砌池光動，登樓海氣來。傷心万年意，金玉葬寒灰。

又 《題虎丘寺》 輕棹駐迴流，門登西虎丘。霧青山月曉，雲白海天秋。倚殿松株澀，欹庭石片幽。青娥幾時暮，空色尚悠悠。

唐 温庭筠《温飛卿詩集》卷九《清凉寺》 黄花紅樹謝芳蹊，宫殿參差黛巘西。詩閣曉窗藏雪嶺，畫堂秋水接藍溪。松飄晚吹一作翠。 摐金鐸，楊衒之《伽藍記》：永寧寺有九層浮屠刹，上有金寶瓶，寶瓶有承露金盤，周匝皆垂金鐸。高風永夜，寶鐸和鳴，鏗鏘之聲聞及十餘里。 竹蔭寒苔上石梯。妙迹奇名竟何在，下方煙暝草萋萋。

唐　陸龜蒙《甫里集》卷二《三宿神景宫》 過此即神宫，虚堂愜雲性。四軒盡疏達，一榻何清零。髣髴聞玉笙，敲鏗動凉磬。風凝古松齲，露壓脩荷柄。萬籟既無聲，澄明但心聽。希微辨真語，若受虚皇命。尺宅按來平，華池漱餘浄。頻窺宿羽麗，三吸晨霞盛。豈獨冷衣襟，更堪遺造請。徒深物外趣，未脱塵中病。舉首謝靈峰，徜徉事歸榜。

唐　喻鳧《題翠微寺》（《文苑英華》卷二三六輯） 沿溪又陟嶺，始喜入前軒。鐘度鳥沉壑，殿扃雲濕幡。凉泉墮衆石，古木徹疎猿。月上僧皆近，斯游豈易言。

唐　薛逢《題春臺觀》（《文苑英華》卷二七八輯） 殿前松柏晦蒼蒼，杏遶仙壇水遶廊。垂露額題精思院，博山爐裹降真香。苔侵古碣迷陳事，雲到中峰失上方。便擬尋溪弄花去，洞天誰更待劉郎。

唐　崔珏《道林寺》（《文苑英華》卷三四二輯） 臨湘之濱麓之隅，西有松寺東岸無。松風千里擺不斷，竹泉瀉入于僧厨。宏梁大棟何足貴，山寺難有山泉俱。四時唯夏不敢入，燭龍安敢停斯須。遠公池上種何物，碧羅扇底紅鱗魚。香閣朝鳴大法鼓，天宫夜轉三乘書。野花市井栽不着，山鷄飲啄聲相呼。金檻僧迴步步影，石盆水濺聯聯珠。北臨高處日正午，舉手欲摸黄金烏。遥江大船小於葉，遠村雜樹齊如蔬。潭州城郭在何處，東邊一片青模糊。

唐　皮日休《孤園寺》（《松陵集》卷三） 艇子小且兀，緣湖蕩白芷。縈紆泊一碕，宛到孤園寺。蘿島凝清陰，松門湛虚翠。寒泉飛碧螭，古木鬥蒼兕。鐘梵在水魄，樓臺入雲肆。岩邊足鳴蠻，樹杪多飛鸓。香莎滿院落，風泛金霍靡。静鶴啄柏蠹，閒猱美榅崎。小殿薰陸香，古經貝多紙。

唐　王武陵《宿惠山寺》（《無錫縣志》卷四上輯） 秋日游古寺，秋山正蒼蒼。泛舟次巖壑，稽首金仙堂。下有寒泉流，上有珍禽翔。石門吐明月，竹木涵清光。中夜何沉沉，但聞松桂香。曠然出塵境，幽慮澹已忘。

唐　韓熙載《真風觀碑序》（《全唐文》卷八七七輯） 於是乎名山福地，勝境靈蹤。壞室頹垣，荒壇廢址。咸期完葺，式表興隆。廬山之陽，有女真觀曰崇善。松門蘚磴，蘿蔦交陰。層巒浚流，嵐靄相接。怪石古木，峭壁懸崖。怪狀奇姿，望欲騰擲。千尋落水，飛静練於林端。萬仞危峰，聳寒青於天半。晝夜若風雨，盛夏如素秋。高岡密林，豁達蓊鬱。信洞府之絶境，神仙之勝游也。而庭廡荒凉，殿堂傾側。醮壇丹井，但有榛蕪。古像隳檐，略存香火。

唐　釋無可《寄題廬山二林寺》（《文苑英華》卷二三七輯） 廬岳東南秀，香花惠遠蹤。名齊松嶺峻，氣比沃州濃。積岫連何處，幽崖越幾重。雙流溢隱隱，九派棹憧憧。山限東西寺，林交旦暮鐘。半天傾瀑溜，數郡見罏峰。巖並金繩道，潭分玉像容。江微匡俗路，日杲晉朝松。棕逕新苞拆，梅籬故葉纏。嵐光生疊砌，霞焰發高墉。窗籟虚聞狖，庭煙黑過龍。定僧仙嶠起，逋客虎溪逢。濩落垂楊户，荒凉種杏封。塔留紅舍利，池吐白芙蓉。畫壁披雲見，禪衣對鶴縫。喧經泉滴瀝，没履草豐茸。翠竇歌攀乳，苔橋側杖笻。探奇盈夢想，搜峭滌心胸。冥奥終難盡，登臨惜未從。上方薇蕨滿，歸去養乖慵。

唐　伍喬《題西林寺水閣》（《全唐詩》卷七四四輯） 竹翠苔花遶檻濃，此亭幽致詎曾逢。水分林下清泠派，山峙雲間峭峻峰。怪石夜光寒射燭，老杉秋韻冷和鐘。不知來往留題客，誰約重尋蓮社蹤。

宋　歐陽修《文忠集》卷一〇《廣愛寺》 都人布金地，紺宇巋然存。山氣蒸經閣，鐘聲出國門。老杉春自緑，古壁雨先昏。應有幽人屐，來留石蘚痕。

宋　蘇舜欽《蘇學士集》卷二《越州雲門寺》 翠嶂環合封白雲，中有蕭寺三爲鄰。老松偃蹇若傲世，飛泉噴薄如避人。蒼猨嘯斷夜月古，丹花開徧陽崖春。盤桓數日不忍去，舟出邪溪猶慘神。

又　卷四《金山寺》 孤峰湧滄江，突兀臺殿積。驚波四面起，日夜走霹靂。陰壑滀風雲，陽厓産金碧。離披萬年樹，根抱太古石。修廊轉峻閣，窈窕壓山脊。寶像浮海來，珠瓔冷光滴。叩闌見黿鼉，揚首意自得。

宋　吴奎《游雲門寺留題靈運上人房》（《會稽掇英總集》卷七輯） 雲門入雲深，樹密山轉幽。谿亭修竹裏，激激玉泉流。仁智所遐想，古今爲勝游。我來休沐至，窮覽殊難周。金碧樓殿午，寒香松桂秋。清風動高興，飄越不可收。禪師索題詩，捉筆事冥搜。欲速馳思遠，頃刻歷九州。象外有真物，惝恍難爲求。徒形陳熟言，羞澀爲爾留。

宋　陳襄《古靈集》卷二五《和程大卿游鳳池院》 白雲深處一軒開，鳳去池空折野梅。山接九龍争夭矯，路盤千騎久徘徊。煙嵐翠入樽前滴，水石深從澗底來。誰與忘機此棲息，笑看林鳥下層臺。

宋　文同《丹淵集》卷四《蒼溪山寺》 正午風色高，遂泊蒼溪縣。層崖抱林木，有寺藏葱蒨。出舡步危磴，蔭密頗縈轉。上到金仙家，緣空列臺殿。

修篁掛懸溜，坐覺炎暑變。老僧曉經論，言語何貫穿。引我上高閣，闌干俯江面。寥寥百里内，山水盡奇觀。誰謂覊旅中，所見皆所願。汀洲白鳥聚，井邑青烟散。樂此暮忘歸，疎鐘起岩畔。徙倚下松門，尚怪舟人喚。

又　卷一〇《香積寺》　道險轉詰曲，山深愈嶒岏。行松耳目清，入竹襟袖寒。殿閣紅芙蕖，巖巒碧琅玕。高僧把金字，擁衲對雲看。

宋　鄭獬《鄖溪集》卷二三《冬日同仲巽及府寮游萬壽寺》　野寺對寒水，白壁敞雲扃。嶢深松桂黑，地古莓苔青。朱橘擁繁梢，懸綴黃金鈴。横梯出虚閣，古像銅青熒。眺聽揖秋境，豁露無藏形。清氣換俗骨，蕭爽毛髮醒。汲泉煮露芽，却坐竹間亭。

宋　孔平仲《游六和寺》（《清江三孔集》卷二〇輯）　同尋六和寺，去旁蒼崖行。峥嶸石林氣，瀧瀧流水鳴。見此俗慮減，入門心更清。盤空到窈窕，小憩山前亭。天晴脩竹外，颯有風雨聲。僧云金魚池，近日秋雨足。餘波落清壁，散作雪色瀑。徐興視其流，登高穿屈曲。忽逢白練飛，碎點濺珠玉。清冷振毛髪，瀟灑盪心腹。金魚在何處，演漾戲平渌。鱗鬣老愈黃，點漆作雙目。憶爲兒童時，嘗劇此池旁。聞人説金魚，已謂百歲强。今踰二十年，僧死草木荒。此魚尚無著，纖質不改常。

宋　劉攽《彭城集》卷一五《承天寺翠景亭》　一山篁竹間松杉，伏虎猶存居士庵。鐘磬有時聞絶壁，漁樵將晚會平潭。薄雲未解成春雨，返照偏能破夕嵐。我所思人桂林外，憑高惆悵贈雙南。

松有喬林桂有叢，石梯苔壁興無窮。快心疊嶂雲如掃，會意澄波日正中。修竹緣崖高竦竦，早梅飄雪細瓏瓏。狂吟大叫青冥外，驚看漁郎下釣筒。

宋　韋驤《錢塘集》卷一《鵝湖仁壽寺》　環抱烟雲峰，坦夷杉松逕。古寺聊税鞅，忻然遇幽勝。躋攀上崖閣，足以遠眺聽。秋花或丹紫，殘蟬尚呼應。著處有佳趣，征途自無定。臨風誦韓詩，兩事皆害性。

宋　張商英《香林院》（《兩宋名賢小集》卷一六〇輯）　瑟瑟松上風，冥冥竹間露。窗虚簟色寒，石側蒼苔古。長廊寂無人，殿閣下鈴語。此意兩蕭然，徘徊不能去。

宋　李復《潏水集》卷一一《過興德寺》　躋攲到寺石磴滑，紅葉擁門人迹稀。升堂坐定聞魚鼓，亦傳齋盋慰我飢。久陰忽開日色薄，初見竹影摇窗扉。開山寶塔真相在，瞻拜入爐香霏霏。塔前蒼松盡手植，到今百尺森相圍。

又　卷一五　芸叟召杜城晚飯遂宿於東軒欲同游五臺寺有詩因和其韻

第五橋東潏水濱，山紅滴滴緑紛紛。溪邊童子風雩舞，林外先生植杖耘。高論但談雙樹法，勝游將步五峰雲。東軒夜久清無寐，山雨初從葉上聞。

宋　賀鑄《慶湖遺老詩集》卷三《宿法惠寺》　在歷陽西南九十里。戊辰四月七日，沿事至順天里，越斗峴山冷泉澗，薄晚投宿此寺。寺三隅面山而豁，其西北竹樹邃密，如不與人境相接。庭中有泉如輪，清冽而甘。跨山起小閣，榜曰餘翠。登望曠快，因賦是詩題其上。

驅馬越飛澗，揚旌下回岡。欻見層浮圖，高風振琅璫。重門壯且深，老柏森然行。佛子出延客，投鞭步長廊。中庭汲新泉，一飲生清涼。孤坐興登覽，危梯趨上方。蕭蕭荒竹林，檐外如環牆。樵木斷行徑，龍蛇知所藏。山禽喜喧暘，嘯侶何琅琅。子規特殷勤，使人懷故鄉。引領落西北，暮色來蒼茫。一官早見縻，微尚久未償。明發復東去，斯游良不忘。

宋　劉跂《學易集》卷二《宿靈泉寺》　團團芳桂樹，隱隱邑之幽。敷坐翳其陰，酌彼飛泉流。絲桐懷友人，寫我心離憂。

宋　趙鼎《忠正德文集》卷五《龜山寺詩》　夕照銜半壁，煙霏淡横練。呼風掛帆席，晚著淮東岸。波流蕩伏龜，山脚插秋漢。白塔欻飛動，紺宇鎖華焕。小閣候潮平，微徑依山轉。雲林杳靄間，歷歷皆奇觀。

宋　周壽《題金粟寺菴》（《宋詩紀事》卷二八輯）　清池帶蒼巘，結搆俯林麓。扶疏竹外山，相向隔羅縠。

宋　徐嘉言《題金粟寺和前韻》（《宋詩紀事》卷二八輯）　招提敞山岩，新菴隱岩麓。石沼引清流，風漪皺文縠。晴暉滿虚室，一水含自足。菴前有含暉亭。心明身宴閑，境寂誰尋逐。

宋　李彌遜《筠溪集》卷一一《法王東庵》　吾宗丘壑資，耿耿抱幽獨。結構祇洹家，縈回轉巖腹。前川布黃金，合嶂來蒼玉。步出覺華天，乘凌眩生目。雲間起層林，林際懸高屋。斷砌滴疏泉，微蹤隱深斸。堂空貝葉昏，苔封半堦緑。朱幡久不來，哀猿響秋谷。

又　《五松寺》　人言五松下，曾是瞿曇宅。至今梧竹陰，列屋栖禪寂。塵纓得暫解，俗駕聊可息。怡顔巖間樹，洗耳泉上石。孤雲共還往，窈窕去無迹。道人粲可流，獨步少林席。客來了不言，碧眼照庭柏。希聲出鍾梵，妙意生牆壁。

宋 孫覿《鴻慶居士集》卷二《長樂寺》 層梯倚天碧，細路連草莽。蕭蕭青松門，税此杯中鞅。輪囷老樹枝，偃蹇怪石狀。中有蓮花臺，迥出諸天上。空堂卧鐘鼓，古佛暗龍像。飛泉漱石除，夜半發清響。雲低雪浮浮，柳動春盎盎。超摇萬里眼，更欲登叠嶂。

宋 王之道《相山集》卷三《龍門呈心老》 千山倚天高，一徑穿雲斜。忽然見樓閣，知是佛子家。蒼松老不死，夭矯如龍蛇。霜皮自鱗皴，風梢互槎牙。幽花似薝蔔，清絶不可加。過庭送好音，異哉碧鴝伽。我來不忍去，一步三咨嗟。終當解冠裳，從師卧煙霞。

又 卷八《題宣州書堂山寺》 書堂形勝好，山轉與江抛。泉古應黄蘗，亭新换白茅。雨餘蒼蘚合，春晚緑陰交。欲問香嚴旨，風林竹自敲。

宋 張擴《東窗集》卷一《游虎丘寺詩》 官舟轉城隅，十里虎丘路。招提占山頂，像設儼廊廡。池深歸寶劍，石老化蹲虎。

宋 洪適《盤洲文集》卷二《宿佛窟寺》 籃輿登佛窟，高閣望中清。古木爾許蔭，飛泉無限聲。雨消今日暑，雲作晚來晴。獨對青山久，相逢如有情。

又 卷三《天台觀》 芝田環拱碧崔嵬，流瀑高從天際來。飛沫有風長是雪，寒聲無日不如雷。巖前八桂人誰折，溪畔千桃路未開。使覺仙都清晝永，翻愁歸路染黄埃。

宋 曾丰《緣督集》卷六《游齊覺寺》 築寺依横嶠，開門對短汀。聞之心已渴，見者眼皆醒。水瀉鴨頭緑，山排螺髻青。他無避地處，得此可忘形。

宋 張鎡《南湖集》卷三《夜宿龍井廣福寺分韻得來字》 陽烏翅焦雲崔嵬，避熱馬轉南山隈。邊湖興熟厭頻往，幽討林落穿莓苔。澗聲引步陟層嶺，亭矗路側雙扉開。泓泉湛碧透坤軸，合有龍卧專風雷。撫欄立瞰眩奇閟，漱挹未敢持深杯。瘦筇趨寺更幽寂，苴補不到欄楹摧。

又 卷五《游臞庵》 入門黄葉擁危橋，竹裏山茶刺亂梢。釣雪亭修人未坐，浮天閣廢鷺應巢。

又 卷六《楊伯時李子永潘茂洪同游安福寺詩》 湖濱初試暮春衣，緑逕鐘殘到寺遲。二月梅花還傍竹，一時游客總能詩。横欄著硯争濡墨，斷石緣蒲静看池。莫問鄰亭是誰築，山園持酒本幽期。

又 卷八《送客至無相蘭若歸過慈雲嶺小憩崇壽寺書所見十首選六》 故殿檐陰石匯泉，針魚苔净樂回旋。持杯挹取雖無暇，照影心腸更灑然。

南山好處劉家寺，門裏松篁一逕銜。自有禽聲喜迎客，不須知事更鳴鐘。

老僧分袂倏三年，猶記芳池躍翠泉。新叠兩山都未識，北堂引看更東偏。

支徑坡陀竹最多，籜龍纔起更成窠。穿嵐觸翠坳塘出，一片香來得嫩荷。

井分泉脉透巉巖，誰道飛流是假山。水鳥樹林皆作供，可憐居士只偷閒。

亭橋兩面看芙蕖，静數波間小隊魚。碧幛彎環遮去路，净天終待此同居。

宋 孫應時《燭湖集》卷一四《如寧庵》 川原相縈紆，林谷遞深秀。步迎流水聲，聒聒新雨後。愴然瞻故丘，喬木百年舊。精廬跨略彴，苔竹故幽茂。

宋 高翥《菊磵集·靈鷲寺》 靈鷲名山萬古名，幾回無事繞廊行。殿前流水晴猶急，塔上春雲晚自生。鶴傍經床聽梵語，鳥窺齋鉢候鐘聲。我來借得團蒲坐，歸去閒眠夢亦清。

宋 周弼《端平詩雋》卷三《西湖竹閣寺》 精舍蕭疏近水涼，分明一徑緑沉槍。就移山近湖皆隱，放出樓高寺倒藏。春透露梢齊曲檻，曉翻風籜過修牆。長堤花盡人稀少，來聽蟬聲伴夕陽。

元 王惲《秋澗集》卷二《游金山寺》 我登金山江似練，金山突兀神鼇抃。樓閣參差四五層，覆壓崖巔瞰江面。壁間不見老坡詩，空歷長廊瞻湧殿。江山形勢互爲勝，直上金鼇窮偉觀。徘徊久眺吞海亭，海門兩點烟螺濺。就中望處不争多，大抵蒼茫烟一片。

元 王旭《蘭軒集》卷一《游靈巖寺》 靈岳走西北，連峰鬱崔嵬。中有古佛宫，地勢深還回。蒼煙萬木表，金碧出樓臺。山僧喜迎客，笑捧松醪杯。憩定導客行，登臨共徘徊。題名滿石壁，歲久昏蒼苔。天風收白雲，千仞矗丹崖。初疑赤城現，又訝朱陵開。清泉甘若醴，流入厨中來。峨峨五花殿，締搆真奇哉。壓雲亭最高，晴空嵐氣埋。扶筇立絶景亭名，萬象生吟懷。方知此形勝，當爲天下魁。佛界長清涼，人世多塵埃。吾非西方學，幽隱心所諧。詩成出山去，猿鶴空悲哀。

元 趙孟頫《松雪齋集》卷三《游幻住菴》 雨後溪水溢，黄流行地中。輕舟何□適，沿波兼順風。碧蘆幹始長，柔桑葉已空。瞬息抵山曲，窈窕微徑通。青林夾道周，流泉響幽蔌。多慚衆衲子，前路相迎逢。禪居新結構，斧斤未輟工。雙閣出塵囂，六窗自玲瓏。久矣厭城市，飄如脱樊籠。妙香清鼻觀，新鶯驚耳聾。汲水插山花，開牖納松風。經聲出廊廡，寂然聞鼓鐘。【略】

元　維則《獅子林即景》（《吳都文粹續集》卷三〇輯）鳥啼花落屋西東，柏子烟青芋火紅。人道我居城市裏，我疑身在萬山中。
萬竿緑玉繞禪房，頭角森森笋稚長。坐起自攜藤七尺，巡林絡繹似巡堂。
素壁光摇眼倍明，隔林風樹弄新晴。樹根瓦鼓鳴殘雨，恍惚南山水樂聲。
指柏軒中六七僧，坐忘忽怪異香生。推窗日色暖如火，薝蔔花開雪一棚。
相君來扣少林宗，官從盈門隘不通。散入鳳亭深竹處，石林分坐繞飛虹。
林下禪關盡日開，放人來看卧龍梅。山童莫厭門庭鬧，不是愛閒人不來。
斜梅勢壓石闌干，花似垂頭照影看。白晝陰雲天欲雪，半池星斗逼人寒。

元　張翥《奉題師子林二十韻就簡天如和尚》（《吳都文粹續集》卷三〇輯）老佛叢林伯，休居得名園。幽藏巖壑勝，敻絶城市喧。除徑去宿莽，引池發真源。鳳亭遡澗橋，梅閣臨柏軒。咄嗟龍象地，丹碧峨雲騫。怪石洞庭來，荒臺洗秋痕。散落萬竹裏，劣若熊豹蹲。中有青狻猊，主當衆峰尊。

明　王彝《王常宗集續補遺·獅子林記并詩》蘇城之東北區有林若干畝，佛者居之，曰獅子。獅子者，林之一峰如其形，故名。而其地特隆然以起，爲丘焉，雜植竹樹。丘之北窪然以下，爲谷焉，皆植竹，多至數十萬本。始昇其丘之南麓，便仰見獅子峰，高仞有若千尺，如舞且踞，兩傍復各有峰亞匹之。東曰含暉，作人立。左腋下有穴一，腹枵然有四穴，日始出則其暉，晻曖相射。西曰吐月，頗峭且鋭，稍夕月即見其上。獅子北有室一，曰禪窩。含暉之東有隙地踰尋，砌以石子，爲環坐者所藉，曰繙經臺。傍有峰特出，曰立玉，然其狀嵌空，若刀劍劃作四五葉者。或曰以地肺名爲宜。吐月之西有澗自竹谷中來，因架石爲梁，曰飛虹。踰飛虹以西而下，其西麓乃北入竹谷中，委蛇東來，折以南出。玉立後而上其東麓，復折而南且西，出獅子前，而下其南麓，凡丘之顛踵自三四峰外，諸小峰凡十數計，且叢列怪石，什百爲羣，而所取道，往往經緯其間。既下南麓，有二道。其循麓而西者，至問梅閣。問梅與指柏相值，梅與柏各一，皆相結爲蛟虬，其壽幾二百年。柏之南有池曰玉鑑，若鑑影以自媚者。梅之西有井，曰冰壺。初鑿井時，得古壺尊地下，而其泉冽且甘，以瀹茗味尤勝云。余在昔於斯遊也，蓋屢焉而不厭。今年秋，復與茅宅民、陳彦廉、張曼端來遊，而因師者余故人也，止余宿問梅閣，得詠歌其丘與谷者累日。師曰：是果可以詠歌歟，願有記也。故書之石而使刻之。先是有十二詠書石上，其倡者高太史季迪，和者張水部子宜、王文學止仲、謝翰林玄懿。今亦爲同遊者。洪武五年秋七月，稽岳王彝記。

獅子峰　昔年清凉山，焰焰金毛赤。來此自何年，蒼然化爲石。
含暉峰　鑿翠從陽谷，移來佛屋東。空嵌纔一竇，夜與日華通。
吐月峰　勢作金蟆立，呀然仰太清。每當三五夕，先放半規明。
立玉峰　昆岡分半股，插地四無鄰。爲有懷中璧，虹光夜夜春。
禪窩　古屋依青澗，袈裟半是苔。壁間僧影在，一坐九年來。
繙經臺　雲麓最高層，依依月乍升。聊因看貝葉，帶露一來登。
竹谷　幾曲轉逶迤，月明人跡稀。長林秋露落，一犬吠山扉。
小飛虹　龍影夕連蜷，不飲吴江渚。截斷澗東天，飛來澗西雨。
立雪堂　大地寒深處，參師不自知。青天還日出，一路見來時。
卧雲室　秋潭看月還，片雨千山暝。獨有鉢中龍，蜿蜒伴僧定。
指柏軒　行道出深薆，空庭秋颯然。風來人不見，青子落僧前。
問梅閣　窗間月色微，薄雪自風吹。誰得春消息，南枝定北枝。
玉鑑池　水清不生萍，況復生魚子。僧面此中看，分明佛光裏。
冰壺井　銅瓶百尺下，出甃帶微霜。注入蓮筒去，風吹滿寺香。

明　王越《游靈巖寺》（《石倉歷代詩選》卷三八六輯）前峰俯伏如象卧，後巖蹲踞如獅坐。東南朝拱朗公山，路接鷄鳴寨下過。中間掩映梵王宫，五花寶殿高玲瓏。石門深鎖觀音洞，峭壁斜生摩頂松。松枝遥指天門樹，老禪創始開山處。面前湧出甘露泉，流漿香積厨房去。香積厨中杖錫泉，黄龍白鶴相通連。又添平岸池頭水，净洗菩提種福田。一重流水一重竹，竹編盡是山僧屋。上方下界知幾重，銀杏紅椒滿空谷。山僧汲水煮新茶，茶罷焚香看佛牙。莫言此事爲虚誕，請君更問鐵袈裟。

明　吴寬《家藏集》卷五《入玄墓寺》落落長松間，一徑獨深邃。鞺鞳鐘磬聲，鳥雀少驚異。仰面睇山腰，殿宇危若墜。長廊掃清風，脩竹自爲篲。結夏四五人，趺坐更無事。樹密山果懸，草深井泉秘。盤旋登小樓。洞庭正相值。洋洋太湖波，兀兀林屋翠。始知衆山中，此寺真畫笥。

明　王守仁《王文成全書》卷一九《白雪堂》白雲僧舍市橋東，別院迴廊小徑通。歲古檜松存獨幹，春還庭竹發新叢。晴窗暗映羣峰雪，清梵長飄高閣風。遷客從來甘寂寞，青鞋時過月明中。

明　李夢陽《空同集》卷一五《平坡寺》西山萬佛宇，爛若舒錦繡。平坡憑風迴，突出衆山右。宮閣因岩坳，面勢巧相就。百里見琉璃，巀嶭戴雲構。朋游探絶迹，杪秋歷羣岫。得此目力展，恍疑出氛圄。仰看北斗逼，俯恐東海溜。雄壓香山麗，闊掩望湖秀。落木響岩牖，寒嵐染衣袖。

又《香山寺》萬山突而止，兩崖南北抱。鑿翠置殿榭，級石上穹昊。高畢各稱妙，曲盡結構巧。有泉如綫縷，盤轉出松杪。嗜奇忘登頓，緣危肆探討。險絶逼牛斗，蕭颯若風島。夜宿來青軒，天色碧可掃。湖沙静莽莽，海月白皓皓。想當邦邑初，此地只蒿草。綺麗仡誰鑿，岩壑爛相葆。但看全盛時，民力爲茲槁。

明 陳煒《游開先寺》（《石倉歷代詩選》卷三五九輯）長憶匡廬秀，無由結勝緣。風濤避彭蠡，冠蓋到開先。徑轉山環抱，岩欹樹倒顛。曇花當馬落，蘿薜向人懸。瀑布檐飛玉，香爐頂吐烟。排窗招五老，入室見諸天。勝地堪棲跡，名途暫息肩。

明 馬汝驥《西玄詩集》卷一八《碧雲寺行》西山臺殿數百十，侈麗無過碧雲寺。創構土木元自誰，山川是昔主人異。憶當先朝垂暮年，中官十輩持權勢。長安奪宅盈九衢，復置祠園開此地。斬削峰巒巘嶂平，穿池出泉千丈清。黄金作堂玉作闕，蛟龍屈曲飛檐楹。三梁直訝虹霓起，萬户迴看星月生。後有香爐前寶塔，石麟翁仲雙峥嶸。陰洞鑿空嵐翠裂，水亭幽敞失炎熱。紫竹蒼松南土産，北移幾歲森盤結。玳瑁琉璃何足奇，光景照耀煙霞滅。錦幡彩勝揚雲霄，法鼓齋鐘振巖穴。内苑輪倕工巧在，江湖花石官頻采。重泉銅鐵豈不固，横遭夷伐爲銀海。

明 萬士和《萬文恭公摘集》卷三《游芙蓉寺》荆溪古刹讓芙蓉，岡阜岧嶢氣勢雄。千頃竹圍青嶂合，萬株松蔽翠烟重。直探虎穴開山祖，遠挹龍池對案峰。懷古遍尋高士跡，石橋三到定相逢。

明 黄克晦《黄吾野先生詩集》卷三《東林寺》遠公禪誦處，下馬數聲鐘。池水芙蓉盡，經臺薜荔重。谷鳴將别鳥，溪湧不流峰。空有攢眉客，停杯對暮松。

明 王世貞《弇州四部稿》續稿卷五《入小祇林門至此君軒穿竹徑度清凉界梵生橋達藏經閣》衡門枕游逕，往往嚴扃鐍。中有小年日，不與俗客説。幽亭抱脩篁，三垂碧於玦。殘陽過林表，餘映散瑣屑。長者所布金，蒼苔互明滅。徑窮勝自出，地轉天亦豁。白榆蔭銀河，恍疑梵王設。穹閣樹杪呈，二藏各安列。

又 卷一九《宿泖塔佛院》莫言初地小，但覺四天寬。面面芙蓉鏡，層層薜荔冠。一泓鶩眼碧，九點鷲頭丹。唄響波聲合，漁歌夜色殘。

明 王樵《方麓集》卷一四《香山寺》曉色開層閣，春天浄翠屏。檻凴千樹緑，門挹四山青。遠寺分林見，流泉夾路聽。禪房人不到，花竹晝冥冥。

明 吴兆《雪浪菴看桃花呈恩公》（《御選明詩》卷四八輯）白石累累如雪浪，青山疊疊疑屏障。孤菴結處絶人尋，千樹桃花深又深。吾師講散生徒暇，或行或坐桃花下。悠然花下悟真機，落花偏著定時衣。處處飄來天女散，紛紛銜出佛禽飛。如此春山誰獨往，城中人有山中想。磵户疏鐘出谷遲，石橋流水和雲响。幾曲雲林望不通，惟將流水世人同。徐穿鳥語枝邊路，傳過經聲花裏風。步步留人春不盡，掩映嵐光無遠近。池上數株昨夜開，舊紅幾點逐沿洄。禪關自與仙源異，莫誤漁人不再來。

明 程可中《程仲權先生詩集》卷四《游醴泉寺》背寺山如扆，澄湖入抱來。分行存老樹，拾級得荒臺。眢井斡欹石，豐碑字蝕苔。攀躋無限意，寒日忽西頽。

明 韓守益《且停寺并引》（《石倉歷代詩選》卷三三二輯）寺在内丘縣西山中，晉佛圖澄之所建也，奇峰喬林，清泉修竹，境致幽絶，非他山可並。昔號太子于寺駐馬，曰且停寺。有碑在焉。

老年落魄猶非昔，破帽遮頭誰識得。不問水郭與山村，杖藜到處尋陳迹。西丘地勢一何壯，建國當年詩石勒。竺師賴有佛圖澄，問道從容降詞色。至今禪刹遺磵阿，松扉晝掩紫煙蘿。水流涓涓水樂奏，山木黯黯山禽歌。樵人牧竪不敢到，竹逕雲斷惟僧過。

清 楊素藴《見山樓詩集·宿周府庵》亭亭門前柏，青青林中竹。灼灼澗底花，呦呦山下鹿。此地足幽棲，豁達開心目。近閣樹乍明，遥峰月漸伏。徙倚引芳柯，夜凉風出谷。更有八株桂，叢生香氣馥。名境如高人，作意在嚴肅。我來宿其中，氿泉資盥沐。彈棋香更焚，庵有棋亭。揮琴茶正熟。庵有琴亭。靈籟灑塵襟，幽房謝羈束。搔首俯下方，擾擾多跼蹐。願得素心人，丹經其把讀。

明 陸渾山《東林寺》（《東甌詩集》卷六輯）東林上人屏衆慮，結屋翠麓深石扉。崖松結子野雉作，澗草吐花山鹿肥。夜窗敲茶霜墜竹，春爐焙藥雲滿衣。東風不會幽棲意，溪上柳綿如雪飛。

清 王士禛《精華録》卷一《竹林寺》 迢迢夾山道，幽幽竹林寺。林公闢山處，泉澗饒古意。鐘磬聞諸天，花藥覆平地。森梢萬竿竹，烟景滿空翠。

清 聖祖愛新覺羅·玄燁《聖祖仁皇帝御製文集》卷三五《夏日潭柘寺》 微雲綴岡嶺，細路揚前旌。磴轉松門開，漸覺沙界平。潭漣石甃露，柘古苔紋生。一徑得疏豁，層軒面崢嶸。愛此户外泉，俯視涓涓清。修篁挺蒼翠，其下流交横。裴然淇澳思，宛爾渭濱情。嶰谷有遺響，簫韶鸞鳳聲。

清 竇遴奇《倚雉堂集》卷九《碧雲寺》 山勢巍峨兜率天，莊嚴十丈吐金蓮。泉如趵突穿千徑，竹似淇園媚百川。松裏健風能虎嘯，巖邊怪石學龍眠。老僧坐話前朝事，家有藏溪手自煎。

清 吴學炯《棲霞寺》（《百名家詩選》卷八六輯） 石磴層層倩短筇，薜蘿門外水溶溶。緑齊新圃千竿竹，翠積高巖一壑松。客卧禪關招遠鶴，僧歸煙徑起疏鐘。名山到處爲知已，欲向雲間乞半峰。

清 王鉞《世德堂集》卷三《游龍華寺》 野雲蒼翠處，古寺帶山腰。竹引泉歸竈，石疊路作橋。高崖猿跡亂，遠漢鳥飛遥。若對焚香坐，應知萬慮消。

清 高宗愛新覺羅·弘曆《御製詩集》初集 卷三八《東竺菴》 策騎循羊腸，盤紆歷嶕嶢。却望掛月峰，聳入雲端遥。陽阿泉已壯，陰崖雪未消。精舍枕林芝，蔽虧古木喬。遠聞疎鐘聲，下見旛影飄。攬結既云富，僕御亦已勞。此間泉石佳，小憩山僧寮。海棠開笑靨，杏花剪絳綃。未見天女散，得毋谷神要。問其意云何，報我今花朝。

又 二集 卷二五《韜光》 雲林境已幽，韜光幽更極。蜿蜒盤雲逕，仰視天一隙。琅玕輪尺圍，過雨翠欲滴。葱蒨交風枝，似掃行人迹。野禽送春聲，可見不可識。猶嫌山寂歷，間以泉淙石。攀陟造其巔，長烟一空白。稍待烟旋消，千里來几席。近湖遠者江，由江達海直。足力不能窮，結攬須臾得。譬如虛室光，其通乃在塞。留兹片晌興，酬彼萬古客。

清 夢麟《白雲寺》（《湖海詩傳》卷一〇輯） 曉發蘇門山，晚憩白雲寺。晨昏辨朱樓，亭午行乃至。車輪軋犖确，砂礫軼軒輊。檜柏晝晦冥，叢薄鬱深閟。時聞風入松，灑然落清吹。遵闌步幽澗，雲搆妥布置。楂枒老樹醜，嵌空怪石墜。有泉出樹杪，噴薄不到地。跳珠落圓鏡，喧静源不貳。境古塵貌銷，谷邃日容避。其巔開華堂，佳木森静植。烟雲倏爽朗，巒陵雜虛翠。山春釀暄和，苔繡簇鮮媚。乃知林壑妙，明晦各有致。

清 趙翼《甌北集》卷四四《靈谷寺》 崇閎古招提，背倚鍾山麓。平岡左右抱，陰翳萬樹緑。山門到堂廡，鞭馬嫌不速。中恢無梁殿，制彷古陶復。累甓代棟隆，穹作層阿屋。旁有琵琶街，㞮響賽琴筑。最後功德水，趵突地底伏。憤盈一湧出，直上三丈竹。鐘魚腫僧顱，丹碧眩鳥目。當年誰結搆，巨麗壓坤軸。

清 平恕《清遠峽飛來寺是日阻風》（《晚晴簃詩匯》卷九五輯） 西峽何有空雲煙，二禺獨富林與泉。泉聲百道出澗谷，樹影密鎖重崖圓。我從白廟溯中宿，迢迢百丈山腰牽。峰回路轉入凝碧，一灣緑净波淪漣。今朝況是浴佛日，入門贊歎朝金仙。禪房雖好未暇坐，欲趁脚力窮幽妍。古苔滑汰石犖确，半嶺瀑布懸奔川。小亭恰占瀑勝處，烈風迅雷下九天。松聲水聲不可辨，咫尺霧雨霾層巔。山僧留客瀹清茗，佛桑一株紅欲然。飛來古寺更絶頂，細路策杖螺盤旋。杜鵑苦號山木戰，紺霜夜降丹葉鮮。試登高處一憑眺，三十六峰羅眼前。濛濛雲起濕衣袂，颶颶風緊無行船。歸猿洞古碧環杳，阮俞徑在蒼瑶堅。僧言此寺壓鳳背，兩厓展翅如騰騫。果然便恐復飛去，榕根藤蔓牢糾纏。

清 魏源《古微堂詩集》卷二《重游盤山寺》 青壁障我前，丹崖枕我席。瀑雪想我左，松雲滃我腑。溪聲以爲樓，溪光以爲宅。山重水複中，放出一泓碧。僧送出山泉，泉迓入山客。【略】

又 卷五《理安寺偶題贈道宜上人》 六合塔畔舍舟行，峰回路轉流泉迎，不聞江聲聞澗聲。入谷九溪十澗更，漸漸穿林略彴横，不聞人聲聞鳥聲。參天雲樹無陰[illegible]，日蕁空谷林丁丁，不聞鳥聲聞樵聲。再轉風幡出塔層，寺門鈴語鐘磬鳴，不聞樵聲聞梵聲。

清 郡懿辰《碧雲寺》（《晚晴簃詩匯》卷一三六輯） 連峰浩奔駛，登高見如環。佛寺初不見，窈窕藏隈灣。入門忽金碧，百尺飛孱顔。穹梁跨陰壑，涌殿開中巒。螺旋上塔頂，俯視心骨寒。吾徒樂一眺，始作財力殫。想當伐石時，萬杵殷千山。净虛屈雄鷙，化人豈求安。崇基有阤毁，成虧諒不難。惟有太古水，盤洄出人間。

又《卧佛寺》（《晚晴簃詩匯》卷一三六輯） 近山泉石佳，卧佛益峻清。古佛倦對客，高枕流水聲。方池窈深黑，墜瀑鏘然鳴。草樹掩壁色，繞林虛風生。宴坐入水氣，下有飛泉行。山空聞遠樵，微響激雷鞫。長廊穿洞達，午貫何縱横。庭前娑羅樹，柯葉交清瑩。上無凡禽棲，下無惡草萌。徑欲餌其實，使我煩疴平。

清 屠倬《是程堂集》總目 卷一《雨中游靈石山至龍井》 雨中尋山杳如夢，變滅烟嵐遞相送。林深谷轉至此住，有似驊騮勒飛鞚。接羅倒著蠟屐輕，泥滑山深與誰共。蓬頭奴子赤雙脚，雨笠攲斜踏寒霧。天風吹雨過前山，一片空青豁飛棟。寺門斜抱竹光圓，翠羽翩翩集青鳳。馬鞍山高樵斧響，沙盆塢僻幽鳥哢。白雲忽向松頂飛，倒挂松門合無縫。紅筇撞破石扇開，鐘乳千年濕不凍。山桃花開澗水紅，花片紛紛流出洞。浙東諸山我昔游，五泄雲門真伯仲。眼前好景幻難説，似讀奇書紛錯綜。山中信宿歸去來，回首蓮華屹不動。

清 吴燦光《石雲山人詩集》卷二《鄧尉光福寺》 天風來太湖，吹我入山寺。初日烟霏開，人影光福里。具區闢靈奥，此塢富山水。東崦閟林木，西灣聚清沘。古塔自禪關，羣嵐照書几。萬樹萬梅花，魂在空巖裏。茫茫香雪海，寂寂亭臺圮。【略】

清 沈學淵《桂留山房詩集》卷一《同石芑厓丕烈游極樂寺》 古寺圍枳籬，城隅闃清静。入門怖鴿飛，守户仙龙猛。花宫一畝寬，竹隝千竿冷。鐘聲出林杪，日華繪潭影。蔬香雜韭菘，果熟墮梅杏。【略】

清 鄧廷楨《雙硯齋詩鈔》卷三《玉泉院》三首録二 繚垣低連蜷，曲廊深窅窱。樓頫平川遠，山壓孤亭小。微風生古木，薄靄暗疏篠。來游及青春，光景媚清曉。嵐氣不可逼，仙掌視縹緲。安能躡蓮峰，長嘯出塵表。

玉泉聲潺潺，直向螭口瀉。雹霰落空際，琴筑響階下。文甃碧苔淺，小彴斷虹跨。澴潏鑑毛髮，蜿蜒過廊榭。巖杏含新苞，照影弄嬌姹。我思酌匏尊，更向道人借。

清 王慶勳《詒安堂二集》卷一《青蓮菴》 芳草碧如昨，亭臺影已空。地爲顧氏露香園址。寺藏修竹裏，僧老磬聲中。流水肥涵緑，飛花瘦減紅。書音雜梵唱，聽慣是鄰翁。

清 史夢蘭《爾爾書屋詩草》卷一《水塔寺》 驅車出郭門，緇塵迎面撲。引領見西山，頓覺豁心目。金碧焕樓臺，清華足水木。蘭若遠相望，煙嵐團簇簇。言尋相國園，水塔名久熟。取徑御園西，岡巒争起伏。詰曲度龍潭，一徑入松竹。池榭雖荒凉，邨壑尚迴複。架石以爲梁，牽藤可補屋。繞砌亂泉鳴，依檐飛鳥宿。雲來萬樹平，雨過千峰沐。奇石蹲虎龍，幽林狎麋鹿。仙果間名葩，朝暮散清馥。【略】

清 童槐《今白華堂詩録》卷三《游海幢寺觀白端石塔》 迴帆並海門，一漚見空碧。到岸收客心，入寺見佛迹。古榕儼離衛，香界翠雲闢。檐鐸喧潮音，經幢老風色。百折穿複廊，闖然出後壁。耕寮敞十畝，緣疇緑無隙。高荷大芋開，野氣夏寒積。鷹蘭郭家園，虬松楊子宅。只此豁塵慮，奚論仙與釋。僧言塔殿好，導觀若相逼。仰首忽失聲，雪山湧千尺。四周二百圍，奇光瑩玉液。端谿白雲腴，乃爾恣旁魄。嵌空菩薩像，聳身欲騰擲。誰歟作此弄，巖腹洞刳剔。想見垂旒尊，龍象奔勢力。【略】

清 陳作霖《可園詩存》卷一《歸途偶憩妙相菴》 日晚戒歸途，游興恐蕭索。假道入招提，小憩養腰脚。水面露孤亭，木杪懸高閣。香氣襲氤氲，雜花齊吐蕚。竹屋極清幽，茶話恣歡謔。題壁紀新詩，書牆留後約。待當餞春天，再來賞芍藥。

又 卷四《盱眙臺子仙訪棲雲菴》 羈棲幸已定，復騁游遨足。行行不知疲，山徑窈而曲。拾級入寺門，夾道皆修竹。日光漏深紅，風影摇新緑。籬編麂眼明，筍作龍孫伏。清飆颯然來，撲去塵萬斛。頗憶江南景，同此怡心目。歸夢倘可尋，冷抱碧雲宿。

又 卷一三《春初游靈谷寺》 靈谷僧寮一徑開，平視岡巒伏更起。蒼松歷劫化龍飛，地脈有靈燒不死。補蒔竹樹未成林，風聲已足蕩心耳。石磴彎環路欲窮，步入山門大歡喜。古殿森森苔色寒，無棟無梁空傍倚。鎮蛟頑鐵作鸇形，呼作飛來詞近俚。志公塔前三絶碑，畫手寫生吴道子。太白作贊魯公書，我欲搨之苦無紙。其東深澈老龍湫，時有游魚戲清瀰。大旱不枯潦不溢，即是西方功德水。周遭一覽心惻然，當時舊蹟惟餘此。

又 卷二五《登半山寺後山作》 鍾山白雲起，蒼然秋氣深。古寺在山麓，入門松檜陰。牆根一水流，激石成清音。青溪源所導，未受纖塵侵。步屧隨徑轉，高處恣登臨。兩亭參差立，間以丹楓林。洞扉遥相望，東巖聳孤岑。謝墩至今在，王宅何處尋。矯情物可鎮，變法力難任。鐘聲聞一杵，消盡争競心。

又 卷二六《尋竹林寺》 京江西南郊，林壑尤蔚美。雲合亂山巔，寺藏深樹裏。合掌僧遠迎，信步客隨喜。殿緣層磴高，樓依峭壁起。窗外別有天，日氣射山紫。塔毁賸幢竿，殘字尋蕭李。疑入薝蔔林，色香參佛旨。花落無人拈，濃陰清似水。

清　吴重憙《石蓮闇詩》卷五《游玉泉院》　華趾舊宫觀，錯置如棋布。恢廓首雲台，窳敗失故步。玉泉以泉名，冬來泉亦錮。但餘石輪囷，清溜想吞吐。崖間牓石碣，題是圖南墓。嵌竇卧石像，豈真公睡處。大石曰山孫，額題山孫。圓亭立如鷺。鑿磴躡以升，危欄憑不怖。迤北艤石船，篷窗記洄溯。無乃張融家，牽來岸上住。西曰無憂亭，兩戺夾奇樹。虚中幹連蜷，排條枝柈枑。奇根似榕盤，柔葉認桑誤。當年竹葉亭，游記未曾注。觀或曰仙宫，宫或曰太素。循徑小流連，蒼煙已日暮。惆悵青柯枰，杳如隔煙霧。仰首青蓮花，何時覓仙路。

雜録

宋　洪邁《容齋三筆》卷一《東坡三詩》　東坡初赴惠州，過峽山寺，不值主人，故其詩云：山僧本幽獨，乞食況未還。雲碓水自舂，松門風爲關。石泉解娱客，琴筑鳴空山。既至惠州，殘臘獨出，至栖禪寺，亦不逢一僧，故其詩云：江邊有微行，詰曲背城市。平湖春草合，步到栖禪寺。堂空不見人，老稚掩關睡。所營在一食，食已寧復事。客行豈無得，施子净掃地。風松獨不静，送我作鼓吹。後在儋耳作觀棋詩，記游廬山白鶴觀，觀中人皆闔户晝寢，獨聞棋聲，云：五老峰前，白鶴遺址。長松蔭庭，風日清美。我時獨游，不逢一士。誰歟棋者，户外屨二。不聞人聲，時聞落子。其寂莫冷落之味可以想見。句語之妙，一至於此。

宋　陳公亮　劉文富《嚴州圖經》卷三　龍泉院在昌期鄉，唐咸通七年建院。有泉一泓許，能出雲，南以蘇旱乾，疑有龍在焉，因以名。國朝政和六年，縣人袁錢一新，贈諫議大夫江公望爲之記，具載龍泉之異。其略曰：一斛之水甚微，龍託之而神。濡爲膏澤，以福於人，而佛祠託之以興。餘不盡載。

宋　談鑰《吴興志》卷一三　精舍禪院在施渚，陳永定中青州刺史管聚捨宅爲院。見舊經統記載，管聚捨宅後，再到游覽題詩，有「昔捨家山爲梵宇，今來此寺覽遺蹤」之句，又白樂天詩寄題曰：慣游山水住南州，行盡天台及虎丘。惟有上强精舍寺，最堪游處未曾游。又唐中書舍人李百藥，御史大夫高知周，金部郎中錢起，郢州刺史郎士元，各有題詩在寺。唐大中元年改爲禪院，院中有井廣半畝，水甚清泚，中有靈鰻，長數尺，背有金綫，俗呼爲鰻菩薩井。殊靈異，水旱如禱，即見井面。

元　高德基《平江記事》　白鶴觀在吴城東北隅，鶴舞橋之東，宋信安郡王藏春園地。至元間，草石荒凉，井旁大松樹獨存。雲游道人張應玄初來，結屋松下以棲身。丁丑三月朔，有羣鶴自東南來，徘徊久之，一白鶴留松上不去，經歲作巢，廣若酒家七石缸。性若靈異，清晨俛首長鳴曰，必有大檀越至。候之以爲常，預備齋供以待士衆皈依，喜捨雲集。應玄更爲應鶴，欲創立道觀以焚修。不久物故，弟子集應真承其業，緣募十方，卒成其事。觀成，鶴乃飛去，遂名爲白鶴觀。

元　辛文房《唐才子傳》卷一　宋之問貶還，道出錢塘，游靈隱寺。夜月行吟長廊下曰：鷲嶺鬱岧嶢，龍宫隱寂寥。未得下聯。有老僧然燈坐禪，問曰：少年不寐而吟諷甚苦，何耶？之問曰，欲題此寺，而思不屬。僧笑曰：何不道「樓觀滄海日，門對浙江潮」？之問終篇曰：桂子月中落，天香雲外飄。捫蘿登塔遠，刳木取泉遥。雲薄霜初下，冰輕葉未凋。待入天台路，看余度石橋。僧一聯篇中警策也。遲明訪之，已不見。老僧即賓王也，傳聞浮海而去矣。

清　王棠《燕在閣知新録》卷三〇《花之寺》　《分甘餘話》云，沂水縣有花之寺。問之土人，云以寺門多花卉，而徑路窈折如之字，故以爲名。周侍郎《櫟園》詩：月明蕭寺憶花之。《榕槎蠡説》云，周侍郎與劉公蕃談花之寺句，云「佳名獨愛花之寺，隱地誰尋石者居」。臨朐傳某作石者，居于黄雲山中。「花之」對「石者」，天機妙合。

清　雍正《湖廣通志》卷八〇《衡陽县》　花光寺在衡陽太平都，昔悟禪師嘗養白鷄，每誦經則登膝而聽，後鷄死埋於寺側，未幾，生白蓮花。花謝泉湧，因號白鷄泉。後有僧花光居寺，善畫梅。

清　乾隆《晉江縣志》卷一五《雜志》　承天寺七佛石塔　宋景德中祖珍禪師建，塔間榕樹砌石闌之，至今蒼蠅止塔者首悉下向榕樹，棲禽絶無矢污。榕根盤鬱，無出闌砌外，尤勝蹟之奇也。

沈復《浮生六記》卷四《浪游記快》　秋後二日，有吴雲客偕毛憶香王星爛邀余游西山小静室。【略】余獨步出閶門，至山前，過水踏橋，循田塍而西，見一菴南向，門帶清流。【略】余曰：自橋至此，未見有菴。其人回指曰：客不見土牆中森森多竹者，即是也。余乃返，至牆下，小門深閉。門隙窺之，短籬曲徑，緑竹猗猗，寂不聞人語聲。叩之亦無應者。一人過曰：牆穴有石，敲門具也。余試連擊，果有小沙彌出應。余即循徑入，過小石橋，向西一折，始見山門，懸黑漆額粉書來鶴二字，後有長跋，不暇細觀。入門經韋駝殿，上下光潔纖塵不染，知爲好静室。忽見左廊又一小沙彌奉壺出。余大聲呼問。即聞室内星爛笑曰：何如？我謂三白决不失信也。旋見雲客出迎，曰：候君早膳，何來之遲？一僧繼其後，向余稽首，問知爲竹逸和尚。入其室，僅小屋三椽，額曰桂軒。庭中雙桂盛開。

清 道光《**陽曲縣志**》**卷一** 延慶寺 明成化年晉藩建，顏曰延慶禪林，爽塏清幽。殿院有古楸二株，高數丈。後殿院有古佛樓，東有八角樓，名浩然臺。

清 道光《**廣東通志五**》**卷二二九** 花山寺在扶胥北五里，漫山皆杜鵑花。方春時，婦女往往就結其花，以爲熊羆之兆。蔣穎叔詩云「開遍滿山紅躑躅，香風一簇美人來」謂此也。

清 咸豐《**梓潼縣志**》**卷三**《**祥異**》 邑之北門外西埧四里許連枝廟，舊有嘉靖碑記，鄉人賽會祭坊與水庸處也。有古樹，上已分枝三四尺許，中復生短幹相連。父老相傳，名之曰連枝廟，所出稱也。虬枝偉幹，傳是前明故物。古有連理，或聞是歟。

清 同治重修《**蘇州府志**》**卷一四五**《**雜記二**》 宋朱勔駐扎蘇州虎阜，采辦花石綱，置田三十萬畝，建瑞光寺浮圖。今胥門内朱家園，園名緑木，其廢園也。相傳中有魚池十八處，其弃田壞室可知矣。《顧丹五筆記》

清 光緒《**江西通志**》**卷一一八** 龍泉精舍，一曰龍泉菴，在（德化）縣南三十二里，晉江州刺史桓伊爲遠法師建。初遠法師遺諸道人行卜地，息此而渴，法師因以杖揞地，即泉湧出。天旱，法師令道人讀龍王經，泉中有物如蛇而出角，騰空中去，須臾而雨。

又 卷一二五 東林寺在德化縣廬山麓，晉太元九年，慧遠開創，木料俱從池中湧出，至今有出木池，在彌陀殿側。

墉，爲池溝沼渠瀑，潨潺終出，汩汩街巷、畦町、阡陌間入汾。巨樹木資土悍水沮，宗族盛茂，旁蔭遠映，錦繡交，果枝香，畹麗絶他郡。考其臺亭沼池之增，蓋豪王才侯襲以奇意相勝，至今過客尚往往有指可創起處。余退常吁後其能無果有不補建者。池由於煬，反者雅、文安發土築臺爲拒。誅，幾附於汙宫。水本於正平軌，病井滷生物瘠，引古沃澣人便，幾附於河渠。嗚呼！爲附於河渠則可，爲附於汙宫其可。書以薦後君子。長慶三年五月十七日。

衙署園林部

綜　述

唐　樊宗師《絳守居園池記》　絳即東雍，爲守理所。禀參實沈分，氣蓄兩河潤，有陶唐冀遺風餘思。晉韓魏之相剥剖，世説總鬬其土田士人，令無磽雜擾。宜得地形勝，瀉水施法。豈新田又蕞猥不可居。州地或自有興廢，人因得附爲奢儉。將爲守説致平理與？益侈心耗物害時與？自將失敦窮華，終披夷不可知。陴緬孤顛跒倔，玄武踞守居割有北，自甲辛苞大池泓，横硤旁。潭中癸次，木腔瀑三丈餘，涎玉沫珠。子午梁貫，亭曰徊漣。虹蜺雄雌，穹鞠覷蜃，礙佷島坻，淹淹萎萎。莎靡縵蘿薔，翠蔓紅刺相拂綴。南連軒井，陣中踴曰香，承守寢晬思。西南有門曰虎豹，左畫虎搏立，萬力千氣底發。彘匿地，努肩腦口牙快抗。雹火雷風，黑山震將合。右胡人鬅，黄帘纍珠，丹碧錦襖，肩護，羁鬱蔭後頤。渠決决緣池西，直南折廡赴，可宴可衙。又東騫渠曰望月，又東騫窮角池，研雲曰柏。有柏、蒼官、青士擁列，與槐朋友，巉陰洽色。北俯渠憧憧來，刮級迴西。巽隅間黄原玦天，汾水鉤帶。白言謁行，旦艮間，遠嵒青縈，近樓臺井閭點晝察。可四時合奇士，觀雲風霜露雨雪所爲發生收斂，賦歌詩。正東曰蒼塘，蹲瀕西漭望，瑶翻碧瀲，光文切鏤，梨壑撓撓收窮。正北曰風，堤乘攜左右，北迴股努，墆捩蹴墉，御渠歃池。南楯楹，景怪爥，蛟龍鉤牽，寶龜靈鼉，文文章章，陰欲蟄欹。煙漬靄漿桃李蘭蕙，神君仙人衣裳雅冶，可會脱赤熱。西北曰鼇蝝，原開哈儲，虚明茫茫，嵬眼澒耳，可大客旅鐘鼓樂。提鶻挐鷺，倡池豪渠，憎乖憐圞。正西曰白濱、薈深。梨素女雪舞百佾。水翠披，啷啷千幅。迎西引東土長崖，挾横埒日。卯酉樵途塢徑幽委，虫鳥聲無人。風日燈火之，晝夜漏刻，詭姽絢化。大小亭飣池渠間，走池堤上亭後前。陴乘墉如連山羣峰擁，地高下如原隰堤谿壑。水引古自源卅里，鑿高槽，絶竇

唐　樊宗師撰　元　趙仁舉注　清　吴師道　許謙補正《絳守居園池記》　絳即東雍，按，春秋時爲故絳。《寰宇記》至後魏始改爲東雍州。爲守理所。爲太守治所。補曰：唐諱治字，故云理。禀參實沉分，《左傳》：高辛氏有二子，伯曰閼伯，季曰實沉。堯遷閼伯於商丘，主辰。遷實沉于大夏，主參。大夏，今晉陽縣是。氣蓄兩河潤，酈道元《水經注》：澮出絳縣，西入汾。《漢書》：汾水出太原汾陽縣北山，至汾陰入河。《説文》：汾出太原晉陽山西，入河。言東雍蓄此兩河之潤澤。正曰：氣蓄，風氣含蓄也。補曰：《左傳》：韓獻子曰：新田有汾澮，以流其惡。有陶唐冀遺風餘思。《尚書》注，堯都平陽而冀州。正曰：堯初爲唐侯，後爲天子。都陶在冀州。《書》：惟彼陶唐，有此冀方。《詩·唐風·蟋蟀》序：風俗憂深思遠，乃有堯之遺風焉。晉、韓、魏之相剥剖，《史記》：三家分晉，韓魏分平陽、安邑，趙分晉陽。故云晉。世説總鬬其土田士人，俗説總括其土田之經界及士民之名數。正曰：不必以俗代世。補曰：碑「總」下滅一字，義不可知。其字漫黑。唐諱「世」爲「代」，諱「民」爲「人」。此諱民而不諱世，不知何謂。令無磽雜擾。磽，瘠薄也。令土田無磽，士與民不得雜擾。宜皆得其宜。正曰：句非。宜，屬下文。得地形勝，瀉水施瀍。瀍，或作法。既得地之形勝，所以能瀉水施法。後有「鑿高槽絶竇墉」是也。豈新田又蕞猥不可居。《左傳》：晉近新田，今絳縣是。言新田非復小鄙不可居也。州地或自有興廢，言此絳州之地，或自有興廢之時。「州」字或屬上句。正曰：「州」屬上句不可通。中讀則可。人因得附爲奢儉。將爲守説致平理與？漢宣帝云：庶民所以無嘆息愁恨之聲者，政平訟理。益侈心耗物害時與？增其淫侈之心，耗蠹其物，仍韓魏之剥剖，以害時與。二句不定之辭。自將失敦窮華，敦或作瞰。若爲太守者，失敦厚、窮奢華。終披夷不可知。果若失敦窮華，終披分其家，夷滅其身不可測。正曰：喜致平治，侈耗害時，言奢也。失喪其敦厚，窮陋其華麗，言儉也。因上文「興廢」、「奢儉」而云。終披散夷滅，往事不可知已。陴緬孤顛緬或作緬。陴城上僻，傀也。緬，險峻也。言絳城女墻峻險孤高。僻傀，音睥睨。緬，疑陑。跒倔，《廣韻》：不向前貌。言絳城形勢如此。正：曰跒，跁行貌也。倔，屈强也。言陴之狀孤高顛跋、跒跁屈强，若行不前也。注句非。玄武踞本名玄武，宋時諱

玄，故曰真武。俗說此州不利太守，故真武廟厭之。至今北城謂之玄武岡。守居割有北，割太守之居北地。正曰：地之北，形爲玄武之踞。守居割其地。若如注說，則「踞」作「據」矣。《曲禮》：前朱雀，後玄武。地理家有玄武之說。自甲辛苞大池泓，正東西北包池大而深也。正曰：甲東辛西，中包含大池也。苞，包通。横硤旁。《說文》：横，闌木也。硤石以木，石甃其池。潭中癸次，潭中北地。補曰：中，陟仲切。木腔瀑三丈餘，瀑或作暴。腔，《說文》內空也。言木中空。出水高三丈。補曰：腔，取江切。涎玉沫珠。涎垂如玉，沫濺如珠。子午梁貫，亭曰徊漣。子，北地。午，南地。爲二橋貫徊漣。亭北者謂之通仙橋，南者謂之采蓮橋。正曰：爲梁貫南北二名，中有亭，曰徊漣。按，咸平中，孫沖序云：亭池渠堤故處多徙移，諸亭異于樊文，且多皆非當時所名。今通仙、采蓮。又，孫序所無，疑亦後來名之者。虹蜺雄雌，《爾雅》：雄曰虹，雌曰蜺。言二橋如虹蜺然。穹鞠覷蜃。鞠或作窮鞠。穹鞠，曲脊貌。言水中見橋影，如虹蜺曲脊，而俯覷如蜃氣，象樓臺狀。正曰：注不必言影。礙佷島坻，礙，止也。佷，門也。《說文》：水中有山可依止，曰島。水渚曰坻。言二橋如虹蜺，門于島坻之上。正曰：《廣韻》：佷，戾行難也。但言止而不進之意。淹淹委委。淹淹，漬也。委委，美也。狀水橋之景。莎靡縵莎，草名。縵，《說文》：繒，無文也。言莎之色美。蘿薔，翠蔓紅刺相拂輒。薔或作蘠，言藤蘿之翠蔓、薔微之紅刺相亂連遶。正曰：《說文》：蘿，莪蒿屬。《爾雅》：唐蒙兔絲。兔絲，女蘿。陸佃云：在木爲女蘿，在草爲兔絲。今文與薔並言，非類。當是止言薔。薔有翠蔓，故云蘿薔也。南連軒井，言池南連香亭之北軒。軒下有井。正曰：其南接連有軒，有井處。陣中踴曰香，香，亭名也。言薔薇花陣中踴出此亭。承守寢晬思。寢，臥也。言香亭當守寢居，可靜穆思慮也。西南有門曰虎豹，左畫虎、右畫豹，故曰虎豹。左畫虎搏立，畫，或作書。左以寅主東方，故東垣畫虎，若有所擊搏而起立。萬力千氣言虎氣力之多。底發。底，致也。發，奮怒也。底音止。正曰：底，典禮切，下也。趙本誤作「底」，故以「致」釋之。此言虎豹之氣力從下而發也。當連上作一句。彘匿地，彘，豕也。虎起搏立，彘匿在下也。努肩腦口牙快抗。快或作怏。《說文》：怏，不服也。努肩腦，向前露口牙，以抗拒而不服。雹火雷風，黑山震將合。此形容虎與彘鬥氣也。右胡人髯，髯，鬢髮亂貌。黄帟纍珠，《說文》：帟，幡也。幡上綴纍珠纍垂也。丹碧錦襖，言胡人著二色錦衣。正曰：丹赤碧，深青色。襖，袍也。身刀囊韡撾紹。撾或作檛。撾，瓜頭環尾，柄尺餘。言胡人身有刀，脂皮作韡似囊。紹，土刀切，與絛同。正曰：言韡皮似刀囊，文紹以繫撾。白豹玄斑，釋虎豹記云：豹主西方，故志西壁。言豹白質黑章，在胡人旁。飫距言豹自以舌舐其距。飫，飽也。掌胛言胡人以掌撫豹胛。意相得。言豹與胡人，兩意相得。正曰：自飫距下作一句。東南有亭曰新，虎豹門之東南有亭，名(新)。

前含曰槐。言新亭門口又有一亭，名曰槐。有槐肩護，肩用力也。有槐若施力遮護槐亭。正曰：「肩」屬下文。霑鬱蔭後頤。摯虞《槐賦》曰：豐融靄霑，蓊鬱扶疎。言若黑雲，氣蔭亭之後檐也。補曰：頤，頷也。檐下垂若頤頷也。「後頤」與「前含」字相顧。渠決決緣池西，直南折廡赴，決決，流行貌。廡，堂下廊也。言渠水緣大池西來，到南折回赴廊內去。補曰：似韓子「水濊濊循除鳴」句。可宴可衎。言此處可以宴集，又可決事。又東騫渠曰望月，騫，疑騫，音軒。《說文》：飛過貌。《西京賦》：鳳騫翥於甍標。言堂東過渠有亭，曰望月。今爲四望亭。正曰：正是騫字。趙本誤。此形容亭勢如鳥騫飛也。《楚辭》：騫翥楊脩書飛騫。杜甫「孤騫柳」用此字不一。東騫渠，是承上文之渠言之。注言堂東過渠，非。補曰：碑缺「渠」字。又東騫窮角池，言又過池之東南角。正曰：又東騫者，承上「望月」言之。窮角池者，極用之池當。下至「柏」字句。研雲曰柏。研，磨也。有亭名曰柏。言亭之高，故曰磨雲。有柏，蒼官，青士蒼官，松也。青士，竹也。言亭邊有柏、有松、有竹也。補曰：蒼官青士指松竹，據注云爾，不知樊意政如此否。後來王介甫之用蒼官，楊廷秀之用青士，皆出于此也。擁列，與槐朋友，言松、竹、柏序立而相親，與槐爲朋友。正曰：「列」字屬上句。巉陰洽色。言槐柏陰高而松竹之色相和合也。正曰：陰、色不必分屬。北俯渠北向俯視池渠。正曰：「北俯」下至「西」字是一句。憧憧來，憧憧，《說文》：不定也。刮級迴西。言近新槐二亭之陣，轉西而去。補曰：刮，摩切也。學《漢書》刮席字。正曰：刮柏亭之階級，非新槐二亭也。渠以西來，歷南東北而復西，故以迴言也。巽隅間言園池之東南辰巳之間。隅，疑隅。正曰：字書有禺。日在巳，曰禺中。黄原玦天，黄原，絳南原也。其土赤色，故曰黄原。《白虎通》云：佩如環而有缺處曰玦。言南原盤迴掩映，見天如玦。正曰：黄原斷處，如玦見天也。汾水鉤帶。言園池內東南，顧見汾水遶絳，若鉤帶然。白言謁言此處可以白事、告言、請謁也。行，旦艮間言平旦日初出時，閒行於園池內，望東北艮地。正曰：當以「白言謁行」句，「旦艮間」連下文。東北寅艮地，以旦言寅，如上言巽隅。遠崖青縈，崖，或作岡、崗。遠則有岡青翠縈繞。近樓臺井間點畫察。畫或作畫。近則樓臺井邑點畫之間皆可察見。補曰：按字書，有「畫」無「畫」。畫，界也，胡界切者，兼訓繪。俗書作畫。上文有畫虎字。可四時合奇士，觀雲風霜露雨雪，所爲發生收斂，賦歌詩。正曰：自「可」字下至此一句。「士」、「斂」字中讀，意自見。正東曰蒼塘，亭名也。以其近水池之蒼碧，故曰蒼塘。蹲瀕西漭望，漭，大水貌。言池邊蹲踞西望。瑤翻碧瀲，言水之色。光文切鏤，言水之光，文似雕刻然。補曰：碑缺「光」字。梨壑撓撓收窮。壑或作深。撓，撓亂也。正曰：壑，坑也，谷也。言樹深而趨下，撓撓亂動，收斂以至于盡也。正北曰風，堤守居正北有堤，堤有風亭，故曰風堤。正曰：風，亭名。下文「可會脫赤熱」可見。「堤」屬下句。乘攜左右，言堤高峻，顧左右可以乘攜。一說，登此堤必用左右扶策則可上。正曰：堤之勢如乘如攜，在亭左右。北迴股努，股，脾股也。言堤上北去往來兩股甚施力也。正曰：堤形勢如股之努也。墆捩蹴墉，墆，徒計切。捩，力計切。或作披。蹴，子六切。墆捩，《廣韻》：隱，蔽也。蹴，蹋也。正曰：捩，關捩也。言隱翳其關捩，若蹴蹋城墉，承股努而言。銜渠歆池。銜，含也。歆，饗也。形容堤勢包渠，若銜含池水，若歆饗也。南楯楹，正曰：南欄楯楹柱，指風亭也。景怪燭，燭或作爛。燭與燭同，言楯楹雕刻形采奇怪，皆池中照見。正曰：景象光怪相照，燭下有蛟龍龜鼊文章故爾。蛟龍鈎牽，寶龜靈鼊，鼊，《說文》：蚌屬，長爲鼊，圓爲蠣。文文章章，言照見似蛟龍龜鼊之文章也。正曰：注「照見似」三字誤。自「南楯楹」以下，言臨池之景。蛟龍龜鼊，言池中之物。注以楯楹雕刻言，故咸言「似」。下句誤同。陰欲蟄歞。陰，闇也。欲，啜也。蟄，下也。歞，貪欲也。言似蛟龍之屬，或聞啜者有之，或下貪戲者有之。正曰：欲，歡。歞，笑貌也。陰蟄，言水中。欲歞，言蛟龍龜鼊之狀。煙潰靄褧桃李蘭蕙，褧或作聚　褧，《說文》：檾也。枲草也，麻屬。《詩》云：衣錦褧衣。言桃李蘭蕙加之以烟靄，似錦上著襌縠衣也。補曰：潰，散也。神君仙人衣裳雅治，《詩》注：上曰衣，下曰裳。又言烟靄在桃李蘭蕙之上，似神君仙人衣裳閑雅艷治也。可會脱赤熱。遇夏可脱去赤日暑氣。西北曰鼇亦亭名也。其基址如鼇背隆高，故名。蝝，原《廣韻》：冢掘地曰蝝。言守居西北有原，形勢如此。正曰：蝝，音灰。趙誤作蝝。蝝，音緣，蝗子也。字見《春秋》。鼇蝝，亭名。原字屬下句。鼇蝝，或曰原也。此文「甲辛」以下言近，「巽隅」以下言遠。其言近者曰甲辛、曰子午、曰西南、曰東南，而不言東北西北。其言遠者曰巽隅，曰南、曰旦艮、東北，曰正東、曰正北、曰西北、曰正西，而不言正南西南，豈亦但據所見乎。開咍儲。咍，笑也。見《楚辭》。儲，積也，言蝝原之上開懷，可笑散積愁。或是言原之形勢如開口咍笑。散，儲也。正曰：「咍儲」與「堤乘攜左右」句同。虛明茫茫，言原上空明廣大也。碑缺上一「茫」字。鬼眼澒耳，鬼，山貌。澒，大水聲。聳動見聞也。可大客旅鐘鼓樂。可大會客旅，大作鐘鼓之樂。提鷃挈鷺，二亭名也。言原勢高峻，可以提挈卑飛之鷃鷺也，故以名亭。正曰：文凡亭名，上必有「曰」字。二亭說非。倡池豪渠，正曰：倡，趙本作「倡」字，誤。倡有二音，蚩良切者訓樂，尺亮切者訓導，又發歌也。今按，「倡豪」與「提挈」皆對文並類。豪，亦作譹，今省文，言倡歌呼譹於池渠之間。憎乖憐圍。正曰：憎乖，散。憐圍，合。正西曰白濱，亭名也，近水，故曰白濱。薈深，薈，《說文》草多貌。草多而深也。補曰：碑缺「深」字。梨言有梨園。正曰：當連下文而作讀。梨指木言。素女雪舞百佾。佾，舞列也。言梨花之白，似百行素女雪中舞也。水翠披，此說稻田也，水澆稻畦，翠色分披也。晽晽千幅。晽晽，驚視貌。言稻畦若絹帛之幅千也。迎西

引東土長崖，一作迎引西東　州城西有長崖，自西來至城下。挾橫埒，挾，攜也。橫埒，卑垣也。土崖西來，俯視橫埒，似有攜挈意。日卯酉日出没時。樵途塢徑幽委，言樵途村徑皆深闇委曲也。補曰：黄魯直《送王郎》詩全用此句。又《贈王化善》詩云：鳥聲無人兮我友來即。虫鳥聲無人。風日燈火之，有風日燈火之時。正曰：風日爲燈火也，此句妙。補曰：「巽禺間」以下與「正北曰」以下文勢似相對。「巽禺」、「白言謁行」句，上無可字。「且艮間」、「四時合奇士」句上有可字。「正東蒼塘」首言躋望，末言水與梨，終之而不言可以，何爲正北「會脱赤熱」、西北「大客旅鐘鼓樂」句上俱有可字，正西首言梨與水，而末言土厓塢徑幽委，故亦不言可以，何爲？晝夜漏刻，詭姽絢化。詭，譎詐。姽，閑美也。絢，文采貌。晝夜屬上句，言風日之晝或燈火之夜，漏刻之間，美惡怪異，變化萬狀。正曰：屬上句說非。大小亭餖池渠間，餖，飣餖，貯食也。言大小亭如貯置於池渠之間。補曰：以下又再總言之。走池堤上亭後前，陴乘墉墉，城也。言女墻在城上。如連山羣峰擁，正曰：連上句讀，意自見。地高下如原隰堤谿壑。正曰：原高隰下，言地高下如原隰之堤障谿壑。水引古按《圖經》：鼓堆水。言園池之水引自鼓堆。補曰：鼓古音同，可通。自源卅里，言鼓堆在絳西北三十里。卅，《說文》：三十并也。鑿高，有高處水不得過則鑿之。槽絶，有絶處以槽閣之。竇墉，竇，竇穴也。言鼓水穴城而入。爲池溝沼渠瀑，潨潺終出，潨，水會也。潺，水聲也。正曰：當以渠字句。謂引水既爲池溝沼渠，猶有餘瀑流聚潺潺，終而溢出。汩汩街巷、畦町、阡陌間汩汩，疾流貌。正曰：言餘水之多。入汾。正曰：連上是一句，「間」字讀。巨樹木正曰：下至「沮」字句「木」中讀。資土悍水沮，《詩·國風》：彼汾沮洳。沮，漸濕也。正曰：資，訓助也，取也，賴也，禀也，給也。言樹木資土之悍、水之沮，故大也。宗族盛茂，宗族，言衆木也。補曰：碑作茂盛，通。旁蔭遠映，《吳都賦》：宗生高岡，族茂幽阜。擢本千尋，垂蔭萬畝。錦繡交，果枝香，言樹木若錦繡相交加而香也。正曰：果字句，謂果色不一。畹麗畹，田畝。言稻田之美麗。一説，畹疑婉，通。上下作一句。正曰：《楚辭》：滋蘭九畹枝香。畹麗承錦綉交果而言，謂畹畝之華麗也。絶他郡。考其臺亭沼池之增，蓋豪王才侯襲以奇意相勝，襲，重也。至今過客尚往往有指可創起處。余退常吁後其能無正曰：「後」至「者」字一句果有不補建者。正曰：其能無，疑辭。果有不，決辭。連用六字，文奇。池由於煬，言園池脩建始於隋煬帝時。正曰：此言池之所始，注非。當下至拒字句。「池」字「安」字中讀。反者雅、文安雅，薛雅也；絳人。文安者姓裴，聞喜人。魯應漢、王諒反，因據此城。《隋史》「雅」爲「粹」字，蓋書之誤。發土築臺爲拒，發土築臺，以拒王師。誅。雅、文安既誅，或屬上句。幾附於汙宮。《禮記》：殺其人，壞其室，洿其宮而豬焉。明不欲人復處之。《說文》：瀦，水所停。水本於

正平軌，言正平縣令梁軌始引鼓水入城。補曰：按孫冲序云，隋開皇三年，内軍將軍梁軌爲臨汾令。十八年，改臨汾爲正平。軌字世誓，材令也。軌，趙作軓。《字書》：軓，父鋄切。軌，矩鮪切。釋者槩謂車轊頭，音異義同。正曰：連下至「便」句。水、軌、瘠三字中讀。病井滷生物瘠，憂井水鹹生，物不豐茂。補曰：瘠，瘦也。《唐志》太原井苦不可飲，李勣引晉水以甘民。食皆地近斥鹵故。引古所以引鼓水。沃澣人便，人以爲便。幾附於河渠。緣絳人爲便，幾附於河渠之書。嗚呼，爲附於河渠則可，爲附於汙宫其可。補曰：其可字用《左傳》襄二十六年子産語。書以薦後君子。薦，進也。長慶三年五月十七日。唐穆宗年號也。補曰：觀記中所書，景物皆深春至中夏時也。豈紹述特詳於所已見者乎。趙本末有「記」字。據結語，云「書以薦後君子」則已具記意。碑本「長慶」以下别作行，無「記」字，是亦變體也。

補注

絳守居園池記　記守居之園池，非記守居也。舊注兼守居言，故多誤。

絳即東雍，爲守理所。絳，春秋爲晉都，秦屬河東郡。後魏置東雍州，後周改絳州。此言絳之爲州，就東雍舊治之地爲治所。世説總其土田士人，令無磽雜擾。宜得地形勝。令，善也。世至令二句，世之言者，此地既善，故宜擇其形勝處以爲園池。「將爲」二句。言地興而人附奢。「自將」二句。言地廢而人附儉，以守絳故因以爲戒。文以二將字，對言興廢。陴陑孤顛跀偃，此言城之最高，蓋北城也。玄武踞守居守居踞城之北，在孤顛下。割有北，自甲辛。割守居北之半以爲園。潭中癸次。蓋池在園北而少偏於東。木腔瀑。蓋激渠水入也。徊漣。橋上之亭。虹蜺雄雌，穹鞠覷蜃。礙佷島坻。雄曰虹，色盛者，喻橋。雌曰蜺，色闇者，喻橋影。橋與影相合，中空而圓，如蜃狀島。坻喻亭影，亭影倒侵高厚而上者若島，低小而立者若坻。香。園最南之亭也。蓋池之南莎草、蘿薔蔓連，至其南則香亭。承守寢。香亭前承守寢居之後。虎豹。入園之門也，東西與香亭並。胛。音甲，背胛也。前含曰槐。槐，亭名。「徊漣」上著亭字，下曰「香」則蒙之。其次敘門，故新上復著亭字。「槐」以下凡曰某者則亭也，皆蒙之。爲臨於槐，故以槐名亭。此記敘園池景物自正北之池始，次言池上之橋及亭，遂言橋正南之亭，次及入園之門。於是循而東，由東南至東北，次正北，次西北，至西而終。自西南之門循東爲新亭，又東爲槐亭，是爲新亭之前也。可宴可衙。亭之大，亦可以宴，亦可以聽政。謂可衙，而又先言宴，則非廳可知。又東騫窮角池，研雲曰柏。東偏臨反渠，有望月之亭。直望月之北至於東北，園之窮。池之角而渠，自東折北之地，建亭曰柏。下蒼官，即柏也。與槐亭文勢同。若柏非亭名，則下有柏字爲贅。刮級。非亭則無級。巽隅間黄原玦天，汾水鉤帶。汾水自絳州東北而南下，經絳州則折而西，絳正在四折之間，故園之巽隅有黄原如玦而倚天。汾水過於其外，折而如鉤，縈而如帶。白言謁行。旦記中四隅則據園而言，東北西則據池而言。園之東南正當守居之左。蓋絳依山而城，故白言謁者，旦於原上往來也。以園則在巽，以城言則在寅甲間也。艮間遠豈青縈。近。遠岡之青者縈紆而來，近於城之艮，故可俯瞰洞見城市。蒼塘。池正東之亭名。下三句皆言西望池水遠且文，梨則池西白濱測之梨也。收窮者，極西北也。風堤正北池堤上亭名。乘攜左右。北堤上築基特高，起爲亭，乘於上，若堤挈左右然。北迴股努，墆捩蹴墉，衙渠歆池。堤上就築高爲風堤之基，其基北出，直抵北城，如股衙渠，謂此股跨渠上而渠流於其下，蓋北城之内即渠，渠之南即堤，堤之南即池。「衙渠歆池」指堤之南北也。「南楯楹」以下言池，「煙漬」以下言亭兩傍之景。可會脱赤熱。風堤之亭面背皆水，兩旁花木陰翳，可會賓避暑氣。原開怡儲。北城，園西北之原也。於原上開懷怡笑，以散儲蓄之思。白賓。亭名，與「蒼塘」、「風堤」皆因池取義。亭側多梨，即蒼塘所望者。池之東樹柏竹，故亭名蒼塘。池之西樹梨，故亭曰白賓。水翠拔。以下皆言城外之景。蓋白賓之亭高可見田崖。日卯酉。此下專言長崖，自日卯至酉常幽陰，惟風動林木，而日射之則僅若燈火之照也。晝夜漏刻，詭施絢化。以下總言園池景。大小亭餖池渠間。大小亭十。徊漣，池中之亭也。曰香，曰新，曰槐，曰望月，曰柏臨渠之亭也。曰蒼塘，曰風堤，曰白濱，臨池之亭也。鼇蛖，原上之亭也。故曰餖池渠間。走池堤上亭後前，言游行之人。陴乘墉如連山羣峰擁，一句。地高下如原隰堤谿壑。園中之地高平者如原，下濕者如隰，擁者如堤，流者如谿，深者如壑。鑿高槽絶，此言城外引水。竇墉爲池溝沼渠瀑。一句。此言引水入城。汩汩街巷，畦町、阡陌間入汾。汩，音骨。引古水，自西北原之南鑿城以入，則南流折而東，又折而北，又折而西，環園畢則自西北原之東，穴城而出。渠之别流則循行街巷之間，上文所謂溝沼是也。既而復合於渠而出焉。街巷，此水流於城中者也。畦町、阡陌，此水流於城外將入汾者也。蓋又經城北流東而入汾。池。此敘池之始，因雅、文安發土藥臺，後人因以其坎爲池。水。此敘渠之始。下有「河渠」字，故易「渠」爲「水」。於文之終，乃叙池渠之本始，因以爲戒，亦文之一大奇也。記園池而終於池渠，蓋渠池即園之境故也。

韓子《志樊紹述墓》謂，紹述有所著，書總六十卷，雜文總三百十一篇，詩七百十九首，今皆亡矣。近世謂紹述文之存者僅一卷，亦未之見也。惟《絳守居園池記》獨傳，艱深險怪，殆不可讀。豈紹述之文盡若是，而此篇以拔乎萃而能久邪？以獨奇而爲志怪者所實，反得久邪？往年余得是文而讀之，强爲之句，而多所未解。及觀吴居正傳補正、趙氏注釋，始得究其名義。然徐而誦之，意若猶有異者。因重句之而疏其説於右，方將復正於吴君焉。愚嘗謂，六籍之下盡文章之妙。正無過於孟子，奇無過於莊周。周雖外於聖人，而其學則自有所本，汪洋自恣之辭皆以明道是，豈徒尚奇倔而已哉！紹述之辭深已探其本或末也。雖然，亦豈易至哉。其間有精到之語，皆蕩滌塵滓，采掇菁華，可但以險怪目之乎？文章之法固不在是，但取其怪以資笑談亦過矣。延祐庚申四月十日，金華許謙書。

泰定丁卯，予在宣城，得趙氏注園池記刊本。大德中知晉州日，翰林徐公琰、閻公復所爲序引者，讀之，與向所見抄本多異。凡予所欲補正者，往往增改，而猶恨其有未盡也。因以其本復加刊定，篇中諸亭名，元注未之考向，略考見其端。而許君按據文勢，辨正條理，悉以圈抹著之，皆與今改注合。竊伏精鑒，俾存而弗削焉。吁！自予始校此文逮今二十年，參之見聞，屢經竄易，計今尚未得爲定稿也。區區者猶若是，況乎聖經賢傳之奥而欲以一見了之，不亦舛乎？并書以自儆。至順三年歲次壬申十一月二十二日，吴師道識。

唐　樊綽《蠻書》卷五　陽苴咩城南詔大衙，門上重樓，左右又有階道，高二丈餘，甃以青石爲磴。樓前方二三里，南北城門相對，太和來往通衢也。從樓下門行三百步至第二重門，門屋五間兩行，門樓相對，各有牓，并清平官大軍將六曹長宅也。入第二重門行二百餘步至第三重門，門列戟，上有重樓，入門是屏墻，又行一百餘步至大廳，階高丈餘，重屋製如蛛網，架空無柱，兩邊皆有門樓，下臨清池，大廳後小廳，小廳後即南詔宅也。客館在門樓外東南二里，館前有亭，亮臨方池，周迴七里，水深數丈，魚鼈悉有。

宋　劉攽《彭城集》卷三二《兗州美章園記》　魯泰山二郡國，四千石所治，今合爲兗州都督，東方大府也。自昔典城剖符，皆達官鉅人，吾問於耆舊老人，其遺風餘烈，蓋罕傳焉。獨府舍園池亭榭，得二三公之遺事。李丞相鑿池，爲濟川、擷芳亭，孔中丞名岳雲亭，傅侍郎新柏悦堂，李右司作蒙、觀、緑野三亭。凡此游觀，皆爽塏而高明邃深，至今以爲美，用是觀之，惟諸公曩昔之治，其亦若此，固多愜於人心者矣。夫教令因民而設施者也，賓僚與時而聚集者也。方其時以爲善既，過則泯默寂寥。然古人有言，目前之事，或存或廢，千不識一，況此數十年之久，其能勿忘乎？自予從宦四方，閲州郡園圃如此府者蓋鮮，而無令名以顯之，亦可惜也。座客聞吾言而請之。爲其多喬木焉，因目之曰美章。夫珍章嘉卉，所以逞顔色、娱心意者，可一日而具也。今此長林美蔭，高十尋，大連抱，非千百年之積不能至此。以謂有老成耆德君子之風，資以定名，不亦宜乎。乃命除道南出，闢大門，揭榜書之。既又刻石，廣其説以示後。曰：凡塗塈梁棟，梓匠之所可勉也，戒勿隳廢而已。良幹豐本，受命於天，非人力所能及，戒勿翦伐之爾。北望岱宗，南眺鄒嶧，巖嶸蒼翠，泄雲興雨，天下之壯觀。能者面之，明耳目，就空曠，以達其胸中之氣。不能者面之，亦何隳廢翦伐之虞乎？

宋　韓琦《安陽集》卷二一《定州衆春園記》　郡城東北隅，瀦水爲塘，廣百餘畝，植柳數萬本。亭榭花卉之盛，冠於北垂。蓋今宣徽李公昭亮始興之，後實廢焉。予之來，懼陷其心於不公也，復完而興之。凡棟宇樹蓺前所未備者，一從新意，罔有漏缺。又治長堤，鑿門西南隅，以便游者。於是園池之勝，益倍疇昔，總而名之曰衆春園。庶乎良辰佳節，太守得與吏民同一日之適，游覽其間，以通乎聖時無事之樂，此其意也。後之人視園之廢興，其知爲政者之用心焉。

又《相州新修園池記》　相於河朔爲近藩，而地据形勝，西走鎮、定之衝，屯師積穀，與邊鎮相左右。然當無事時，州之武備，日懈不嚴，至五兵不設庫，散處於廳事之廊廡間，敗壞堆積，莫可詳閲。郡署有後園，北逼牙城，東西幾四十丈，而南北不及百尺，雖有亭榭蒼木，而扼束蔽密，隘陋殊甚。牙城之北，乃有官蔬之圃，縱廣半夫，中有廢臺巋然，荆棘蒙没，州人但以其基，正圓，有道回環而上如螺殼然，故以「抱螺」名之，雖老胥宿校，不能知興廢之由。予之來，雖以病不堪事，然猶不敢偷安自放，而忘治之所急。於是闢牙城而北之三分蔬圃之地。其一居新城之南，西爲甲仗庫，凡五十六間，由是兵械百萬計，始區而别焉。以庫東之餘地通於後園，由是園之南北始與東西均焉。又於其東前直太守之居建大堂曰晝錦，堂之東南建射亭曰求己，堂之西北建小亭曰廣春。其二居新城之北，爲園曰康樂。直廢臺鑿門曰通之，治臺起屋曰休逸，得魏冰井廢臺鐵梁四爲之柱。臺北鑿大池，引洹水而灌之，有蓮有魚。南北二園，皆植名花雜果、松柏楊柳所宜之木，凡數千株。既成，而遇寒食節，州之士女無老幼，皆摩肩躡武，來游吾園。或遇樂而留，或擇勝而飲，歎賞歌呼，至徘徊忘歸。而知天子聖仁，致時之康。太守能宣布上恩，使我屬有此一時之樂，則吾名園之意爲不誣矣。觀吾堂者，知太守仗旄節來故鄉，得古人衣錦晝游之美，而不知吾竊志榮幸之過，朝夕自視，思有以報吾君也。登吾臺者，西見太行之下，千山萬峰，延亘南北，争奇角秀，不可繪畫，朝嵐暮靄，變態無窮。俯視郛郭之中，民閻官寺，伽藍僧廬，與夫蒼顔柳色，紅緑交映，燦然如指掌之上，一無遺者，而知太守興此，爲我屬歲時休暇優逸之觀，而不知吾亦自謂能勤于作德，然後處兹而休且逸也。夫予始以武備不嚴，不敢以疾而忘治之所急，而因得志其榮遇，以及衆人之樂，則是舉也，豈無益之爲哉？故直書大槩，并告來者。夫郡縣之爲政，有期而更也。政有所利，非一人能保其久也。前倡之，後繼之，推其心以公而相照，則國家之事，無不濟者，況一園池之末哉！葺之廢之，必有能辨其心者。時至和三年三月十五日記。

宋 蘇轍《欒城集》卷二四《南康直節堂記》 南康太守聽事之東有堂曰直節，朝請大夫徐君望聖之所作也。庭有八杉，長短鉅細若一，直如引繩，高三尋，而後枝葉附之，岌然如揭太常之旗，如建承露之莖，凛然如公卿大夫高冠長劍，立於王廷有不可犯之色。堂始爲軍六曹吏所居。杉之陰，府史之所蹲伏而簿書之所填委，莫知貴也。君見而憐之，作堂而以直節命焉。夫物之生未有不直者也，不幸而風雨撓之，巖石軋之，然後委曲隨物，不能自保，雖竹箭之良，松柏之堅，皆不免於此。惟杉能遂其性不扶而直，其生能傲冰雪，而死能利棟宇者，與行柏同而以直過之。求之於人，蓋所謂不待文王而興者耶。徐君温良泛愛，所居以循吏稱，不爲皦察之政而行不失於直，觀其所説而其爲人可得也。《詩》曰：惟其有之，是以似之。堂成，君以客飲於堂上，客醉而歌曰：吾欲爲曲，爲曲必屈，曲可爲乎？吾欲爲直，爲直必折，直可爲乎？有如此杉特立不倚，散柯布葉，安而不危乎？清風吹衣，飛雪滿庭，顔色不變，君來燕嬉乎？封植灌溉，翦伐不至，杉不自知，而人是依乎？廬山之民升堂見杉，懷思其人其無已乎？歌闋而罷。元豐八年正月十四日，眉山蘇轍記。

宋 廖剛《高峰文集》卷一一《滌軒記》 嘉禾儀參之舍，前臨市衢，背抵城堞。其深可百尺許，聽事、堂室並設。其廣僅少侈焉。廳之北有小軒方丈，乃余燕息之所。東西之隙，爲方沼二，其中叠石爲峰巒，植以花木，森蔚可愛。塵囂所不到也。

宋 張珉《延射亭記》（《吴都文粹》卷九輯） 君世襲衣纓，練明吏術。下車未幾，政用佳茂。乃因聽訟之隙，周睨廨舍，患無清曠之所，得奉宴息之娱。縣之西偏舊有幽圃，俯於佛舍，并吞仍歲。君披圖按籍，命工糞除，叠繚垣以入之。由是砥乎其基，而巋然爲亭。雲集被築，而岌乎爲堋。蔭以佳木之清，畦以雜花之英。穿沼以類滄溟，築山以擬蓬瀛。五畝之地，百步之徑，而嘉政足矣。

元 楊譓《昆山郡志》卷一 鄭氏園在舊治西北、馬鞍山前，海陵史君竦建。繼又創退畊堂，水竹環茂，可容數十客。捋寮張郡之書扁，西磵葉丞相書廳之扁，曰玉峰佳處。園內西南又有道院，庭植洛花數百本，皆吴中所無者。今廢。

明 鄭紀《東園文集》卷五《光風霽月亭記》 福之郡庠有亭翼然於明倫之東少南，爲師生游息之所，蓋有元大德間主教東武劉君内直始建也。亭成，謀名未得。適民間有獻其所藏宋晦菴朱先生「光風霽月」四字，遂扁之，以名其亭，越今幾二百載，亭僅存而扁已逸，所揭者特摹本耳。成化丙申，華亭唐君廷貴以司寇正郎出守是郡，明年因學宫傾圮，悉撤而新之，以次而及於兹亭然。每以先賢遺墨不可復得爲憾，亭成，逸扁復出，唐君大喜，遂揭於亭中。亭環以沼，廣盈畝，袤如之。甃以巨石，翊以疏闌，通以復道。沼之中疊石爲島，象海外三神山。松桂菱藻覆島浮波。每天朗氣清，風光月霽，萬象森然，羣籟俱寂，是亭雜處於中，不待繪河馬洛龜而渾然一太極之寓也。

明 黄傅《縣署小記六首》（《江陰縣志》卷二五引） **達觀樓**

樓凡三間，周遭闌檻，八面皆窗闥。四遠蒼莽，窮望無際。東窺海虞，西盼晉陵。北枕君山，南挹由里。而太平之塔卓然正中，與君山賓主相直如引繩。嘗以公事之暇，憑闌凝眺，隱几沈思。見雲來鳥逝，草榮木枯，與人物馳擾，市聲喧闐。或沙際獨漁，雨外耦耕，山梁樵謳，平蕪牧笛。紫陌蹄輪，青樓簫鼓，長衢狗馬，高冢麒麟。燈火人家砧聲，院落雪晴月黑。鄰雞野犬，一切可喜可愕可悲可怨，憤懣謔噱，幽憂寂歷，千情萬態，攬而付之。百年之光陰，都如亂絲投火，淬雪入湯，翕欻消滅無復痕響。昔之崢嶸磈礧，塊然天地之間者，始不知其從何而來，後又不知其從何而去。賈生所謂鑪工銅炭者，豈真是耶？若然，則於世人之所汲汲汹汹者，可以少任之矣。遂命曰達觀樓。

省吾軒

樓下兩端爲密室，庋架版籍，虚敞其中。北面東庭爲小坐之所。臨庭爲步廊，不置門壁，疏達朗照，豁如也。障其南，榮以爲軒。軒前累壁傅堊爲高牆。牆下亦爲堋砌，種蘭八九莖。砌前對列五石、瓮二，養蓮數十本。每退自公，時至此軒，反手掩户，面牆獨居。事物既遠，志慮清明。客氣不擾，天理全露。反觀内省旦晝所爲，何者爲國，何者爲民，何者爲家，何者爲身。有喜有怒，其公其私。有賞有刑，其當其否。作何事功，應何經義。接何人物，見何賢才。心所存主，理欲何如。口所論説，畢竟是否。省之又省，面背汗赤。遂命曰省吾軒。

澄心池

池約三畝，中涵兩坻。縈迴旋繞，渟瀠演漾。緑池四周，間種桃柳，錯以芙蓉。茭蒲蒙茸，菱荷點綴。水花舒香，野禽狎泳。天光樹影，湛碧澄鮮。簿書獄訟之餘，神情憒瞀，胸中如積塵百斛。便往池上，拂石危坐，注目漣漪游神碧落。如炊五斗黍時，則毛骨清凉，臟腑澄澈。恍然自失，以爲身在瑶天銀漢之上。吸雲液而遡泠風，忘其在塵世簿書筐篋之間也。遂命曰澄心池。

寄傲臺

臺在渟瀠之心。架橋而渡，累石甃甓爲之。廣一丈八尺，長二丈六尺，高七尺。上有菀柳，陰垂半畝。橋東葡萄架覆池上，與柳交蔭。柳下設石墩四五坐。墩畔倚綸竿，有鈎無餌。臺北端爲石磴，入池澡濯。磴前澄水爲小方田，塹以編簜，泛荷花數百頭。平時奔走塵土中，覺堆阜生胸臆間。懷抱蕴蔞，無處吐泄。則一往臺上，把釣弄水。招呼魚鳥，狎弄風花，以寫散之。或鄉有親客，則亦引置園池，舉鼎臺上。然火沸湯，設餌出魚。投鼎作羹，酒五七行，豪氣横發，則鋪席而卧，仰視雲霄，把竿擊節，楚聲高歌，既又曲肱旁睨，臨水開花，倒影交映。神爽飛動，直欲吞海嶠而抆江濤，奴卒晉楚而負劍隨光也。未幾，堂吏抱牘，趣起視事。一時浩興，頓就韜卷，遂命曰寄傲臺。

富春洲

繇東橋至臺，復倚臺爲西橋。至洲，洲方一畝。四面際水，水畔亦種桃及芙蓉。洲心雜樹杏、李、櫻桃、梨、梅各數十株。春朝明媚時，羣花爛開。則岸幘獨往，直入深叢，徙倚徘徊。樹幼土腴，花盛而繁。積密堆疊，不露柯條。紅花赫赫，照面如炙。平生苦貧，紈錦絶交。竹床木榻，素無帳帳。一旦得此，豈啻金谷？結綺而又雍容，順適顯受無慚。蓋天畀之至富也。遂命曰富春洲。

鎮躁園

園東西九十步，南北六十六步，種蘆菔、芋魁、韭薤、瓜瓠、莧陸、茄芥各一二畦。北牆之陰養竹數百个，蕭疏蓋地矣。於是日出而作，了公家事，視門無羣候，則退游北園。玩弄諸勝，惟日戀戀。永懷欠缺，心有餘愛。景不充欲，願言滯調，覆恐速遷。京雒無書，雲山有夢。憺乎頹乎，委順任化。遂總而命之，曰鎮躁園。

明　姚鏌《東泉文集》卷二《凝翠軒記》　行部之西爲軒。軒之前，旁列松柏數株。枝葉駢附，交錯而成陰。其色鬱然可愛。客有過者，因名曰凝翠軒。予惟山原林麓之内，多清雅幽絶之觀。此隱居者之所事，仕宦欲兼之而有，未能也。是軒固官署，而松柏之翠乃獨有此。其密如織，其廣如帷，其覆如蓋。雨一過之，其浄如洗。夜既午，明月娟娟映之，其色益鮮明欲墮，玄蔭耽耽，餘清入室。山林之勝仕宦者值焉，有不詫以爲難哉。然予每挹玩之，其在四時，則亦有不同者。方夫春和景明，青緑滿目。兹軒之翠，與凡木等耳，固莫之或異也。其韓相國之剛方峭直，方混迹於衆而未有識其鋒棱者乎？夏之時，炎火如爐。草木皆翕翕以附於熱，不因之而變者鮮矣。是翠也，乃獨能却煩囂，祛溽暑，憩息於是者，亦真若游蓬圃以屬於冰壺也。其管幼安之潔身浮海，遠跡卿相，特立風塵之表者乎？暨秋而冬，則萬物漸零落。至冰雪凜冽，則復委地矣。是翠也，益孤秀而聳拔，蒼然太古之色，欲狎不可。挺然歲寒之操，雖摧折之不能變。其孟軻氏之以道自重，抗禮王公，使人望之而非意自消。次則張睢陽之徒，爲國御難，間關百戰，雖瀕死而不懼、不懾者乎？昔柳子厚記《永州新堂》，比物盡類，一州之政寓焉。然則是軒也，吾徜徉其間，俯仰今古，得於世變多矣。亦所謂視其細，因知其大者也。豈徒據清幽之境，與區區山林者争一日之快而已哉！客曰：可以記矣。乃刻之石。

明　董傳策《心遠亭記》（《粤西文載》卷三三輯）　凡好游適林樹與獲其幽勝境，大都曠逸之夫，而仕紳鮮遺焉。至其密邇治所者尤少，即有之，或迫吏務鞅掌，聽斷籌判，不少暇閒，就休沐一過從，聊假宣泄湮鬱，要非其廓衷所真好也。嗟夫，爲理之貴適尚矣。託象游神，翕張時措，靡不有圓機。然非超敏軼塵之倫，其疇能辨諸？粤西巡臬治廨其在邕，管者殊僻隘，乃後僅圃數畦，逼市氓廢舍表，達衢巷。官私並屬未穩頃者，臺石使君屬邕守捐贏金買其地，爲闢荒徑，植卉竹，結亭其間，鬱然敞茂。氓所遺園故有林木，使君且嚮意增潤之，於是臬廨之幽勝殆亡異曠逸。夫所遺矣，亭仍故圃而新者以放一鶴，名孤鶴亭。環以幔林之邃，名留陰。使君業自爲記矣。其背衢巷之亭巋然爽塏，名之曰心遠。蓋取陶淵明「人境結廬」「心遠地偏」之語。歲甲子竣工，屬余爲記。余惟使君高材敏識，庭無滯案，經略封寰之隙，時時操觚染翰坐亭中，攄幽暢之懷，權翕張之度。醒然神游，滿腔春意。其所爲覆澤斯土者，匪專徇象假合云爾。命之心遠，良協化機，遠而靡忘，邇而罔泄，斯心應迹昭矣，獨亭乎哉？抑余追景往哲而有慨乎中云？夫淵明業遂卷懷，遭時改玉，雖已寄興冥沉，猶稱心遠，宛然戀主赤衷。世之高淵明非爲其逸也，而或以避喧近達者，繆矣。若使君出自掖垣，握符風紀，激揚攸寄，胞與鍾情。其所孳孳思務，規恢仰宣王人德，意旁暢退壤隱憂，又豈能匏繫轍迹，徒自舒形適志于幽勝間哉！以故略寰中詭奇而稱述先民之心遠，厥指微矣。然則心遠名亭，惟使君輩爲宜，即以標山澤之癯，悠悠忘世者不可也。

明 鍾羽正《崇雅堂集》卷九《澄心亭記》 澄心亭者，縣署西齋也。予考《舊志》，蓋有畫舫齋云。齋，六一公所建，既久廢，而爲斯齋，大司馬張公業取「忠節」名之矣，而復稱「澄心」者何？志吾所游息也。【略】齋方廣三十餘丈，高明爽凱，去市井遠，無囂塵。去室家庖厨遠，無烟鬱。幅巾解帶，徜徉其中，隱几吟嘯蕭然。自適少間，則課童僕灌花木、鳴琴繙書爲逍遥游，而又倦，則展床簟高枕卧矣。當此時也，不知有名法之拘、案牘之勞、利害好惡之柴柵於内，而纓棄之纏繳於外也。

清 康熙《懷柔縣新志》卷一 （縣治）宅門内爲考中堂，堂後房屋三層，東西園館雜蒔花木。東有射圃、射亭，環以菜圃。後有大井。今亭館鞠爲茂草，花木無存。余抵任後，見廳事頽廢不可坐考，中堂又庳壞不堪，乃捐資鳩工，撤考中堂，即其址搆堂五楹，爲聽斷之地。署覇昌道湘潭陳公滄洲題其額曰黍春堂。堂前古柏四株，三百年物也。黍春堂後老屋三間，歲久破漏，不可修葺。每暑雨時，上漏下濕，空庭積水，堂户皆成沮洳。乃於東偏古樹之下搆書室三楹，移植紅螺山叢篠數竿於軒下，因名曰螺竹軒。公餘於此宴息云。

清 乾隆《江南通志》卷一四《揚州府》 蜀岡在府西北四里，綿亘四十餘里，西接儀徵縣界，東北抵茱萸灣，隔江與金陵諸山相對。上有平山堂，一名崑岡，鮑昭《蕪城賦》軸以崑岡是也。洪武舊志云：揚州山以蜀岡爲首，上有蜀井，相傳地脉通蜀。《寰宇記》云：蜀岡有茶園，其味甘香，如蒙頂。蒙頂在蜀，故以名岡。郡人藝花者亦多居此。

清 乾隆《歷城縣志》卷一〇《建置考一》 歷城縣署南至濟南府，北至巡監察院，東至塔行街，西至東華門。大堂六楹，顔曰愛牧堂。東庫房四楹，左右吏舍各十六楹。堂前戒石亭，亭前儀門四楹。儀門兩腋爲角門。東角門外爲土地祠，西角門外爲寅賓館，館有額，曰大賓館。門西有獄，獄中有廣生室、獄神祠、草舍十楹。獄南爲倉。儀門外爲大門四楹，門内有收糧房，門外有屏，旁有铺。堂後有退堂，有衙舍、有内書房。堂西爲西書房。又西爲清軍衙。又西爲水利衙，今裁。又西爲管糧衙。又西爲巡捕衙。凡五衙，崇禎己卯燬於兵，知縣宋祖法捐俸重建。

清 嘉慶《寧遠縣志》卷三《建置志·城池》 衙後地最寬敞，統以垣墻，横二十九丈，直一十八丈，有園有池。池上有小阜，雜樹成陰，登而望之，一覽無際。近顧，城垣則在俯視中矣。鍾志所述如此，風景依然，惟小阜之前，當百靈祠後，有古皂莢樹一株，大至十餘抱，枝葉扶疎，參天直上。近城數里，樹無與之並者，其根盤曲隆起，宛成几凳，可坐數人，非歷千年，豈易臻此？祠靈異昭著，或云神所憑依，即在此樹之下。有亭爲夏月納凉之所，濃陰匝地，如坐緑天，顔之曰：寒碧，勝境也。前志未載，爰補録之以著古物云。

清 梁詩正 沈德潛《西湖志纂》卷六 虚白堂 《古蹟考》在郡圃，唐時建，後爲錢氏都會堂。白居易虚白堂詩：虚白堂前衙退後，更無一事到中心。移床就日檐間卧，卧咏閒詩側枕琴。趙抃虚白堂詩：松蘿瀟灑似居山，賓退公餘半是閒。誰謂樂天虚白意，只傳詩句落人間。

清 道光《廣東通志》卷二一八 西園在郡署。宋余靖《寄題田待制廣州西園》詩：善政編修舉，□完池館清。地含春氣早，月映暮潮生。石有羣星象，花多外國名。與民同雉兔，邀客醉蓬瀛。翰墨資吟興，雲泉適野情。鎮應持左蟹，快欲鱠長鯨。積靄藏樓閣，馴鷗識旆旌。甘棠留美蔭，高倚越王城。

清 道光《寶應縣圖經》卷一 縣治東有察院署，明巡按御史行館也。有澄清堂、冰玉堂、静觀亭。察院之南，宋涇河西岸，唐之安宜園林。《寶應名勝紀略》：園址在縣治前百步。唐儲光羲安宜園林，《見高使君》詩：直道已三黜，幸從江上迴。新居茅茨迥，起見秋雲開。十里次舟楫，二橋通往來。楚言滿鄰里，雁叫喧池臺。魚鼈樂仁政，沈浮亦至哉。小山宜大隱，要自望蓬萊。明通政使李茂英同園即其地。康熙《寶應志》：同園二水合流，其下亭榭花石爲一邑冠。《寶應名勝紀略》：園三面臨河，皆重樓朱碧，影浸水中。積石爲山，穿石爲池，引水灌焉。明宫偉鏐詩：曉纜依沙立，宫亭拂霧開。曲池今雨過，高樹午風回。戲藻游魚躍，穿花小燕偎。月明湖水白，疑是夜珠來。又：長堤湖水闊，客入草堂幽。檻外倪迂樹，窗前范蠡舟。晴鳩啼雨濕，海燕掠沙秋。落日平安道，渾忘汗漫游。張珥詩：捲簾山色透窗櫺，舉酒閒酬處士星。短曲聲飛千嶂曲，高樓人倚百花屏。

幽棲歲月忘今古，理照心情化渭涇。誰識登臨無限意，春風吹徧草青青。在廣惠橋北，通濟橋。隔水之西，有月榭、叢桂苑、牡丹亭。其南，明陝西按察使仲本選勝園，明顧璘詩：風葉揺新竹，虬枝結古松。宛臨三畝宅，翻土九華峰。池淨深深見，花繁處處逢。愛君多美酒，留賞與從容。朱應登《仲氏池亭宴集留别》詩：高亭飲餞動涼颸，小艓淹留宿水涯。錦鯉暗跳輕濺沫，青蟲半墮仰行枝。徵君逸思驅談麈，倦客離心落釣絲。豈厭糟醨辭衆醉，將因風月繫吾私。朱應辰詩：幽堂水邊開，坐久暑氣絶。風來亂荷卷，雨過鳴蟬歇。浮觴觸澗藤，横琴候松月。黄昏近寺鐘，隱隱度林樾。一名南園。明朱日藩詩：飛閣臨衢支徑穿，古壇風冷杏花然。千門小雨鈎簾外，青草羣鵝染翰前。春服未成聊出浴，漁翁何事獨鳴舷。世情祗覺滄州好，白眼曾騰醉看天。有高風山。

清 咸豐《新疆孚化志略》 欽憲大人署後有園一座，東西三畝餘，南北畝餘。東建通街角門，以便看園人等出入。馬門内人樹垂户門一座，前憲璧星泉大人題額名醉柳閣。因園内多柳，間有數園，人多欹卧，故名曰醉柳。後楣上題「甲午之秋來鎮孚化見」。署後清泉一縷，大樹千章，杈杈於荒芦敗葉之間，而凄寂陰森，動人心目。適值城工之役，與以爲辦公之所，於是刈除草萊，通引水道，稍增以亭榭橋舟，略加點綴，居然成趣。後之來者長晝公餘可作較射之處，欲題是額，必得佳名。即以園中叢柳蔭翳暢茂、沃飲甘泉，其枝垂幹俯仰卧蜿蜒若醉狀，因題曰醉柳園云爾。其園内廟宇亭臺、橋船屋宇皆星泉大人重修點綴。後經歷憲護持，各有留題。園内有清溪一道，其泉由韋陀山下而出，岸南建屋三椽如船形，皆呼爲船房。公餘後爲較射之所。星泉大人於東廊楣上題額云：無所争。後維荷堂，大人題聯云：繞來却有山林趣，興至還思鈎射心。麟楳谷大人於門上楣有《醉柳園詠題》二則：園中醉柳幾何年，小有亭臺亦灑然。一道清泉寒漱石，百圍高樹緑參天。地臨化日龍亭畔，墻外有黄亭，即拜牌行禮處。窗列晴嵐雉堞前。遥憶春歸無限好，數枝青到酒旗邊。船房北門上題額曰紅杏在林，兩楹聯云：且少憩從萬里程來，莫久留看一時花去。西廊楣上敦柳橋大人題額曰挹爽延暉。屋内常子澄大人題聯云：楊柳春風悠悠自得，蒹葭秋水渺渺予懷。楳谷大人題額云受風簃。後跋云：用元微之「柳偏東面受風多」句以顔其額。題聯云：於此間得少住趣，亦足以暢叙幽情。裏屋岳松亭，大人題額云：柔絲碎錦。後跋云：孚化節署後園，柳条颺緑，杏蕊吹紅，公務餘閒，足娱烟景，以歸去來兮。聯云：園日涉以成趣，門雖設而常關。每於春際，園内杏花盛開，一帶清流，浮萍叠翠，兩岸野草閒花，真令人心忘在塞外矣。

清 同治《蘇州府志》卷七 西園在郡圃之西，其前隙地南宋爲教場，俗呼後設場。唐白居易《西園》：閒園多芳草，春夏香靡靡。深樹足佳禽，旦暮鳴不已。院門閉松竹，庭徑穿蘭芷。愛彼池上橋，獨來聊徙倚。魚依藻長樂，鷗見人暫起。有時舟隨風，盡日蓮照水。誰知郡府内，景物閒如此。始悟喧静緣，何嘗繫遠邇。

清 宣統《固原州志》卷一《州署》 按州署建於前明，爲都指揮使署，舊址同治軍興，傾圮殆盡。前知州廖公溥明乃重修之。東爲福神祠，西爲獄所。又東爲永寧驛，又西爲吏目署。門堂廳院僅蔽風雨。西廳吴學使大澂篆額名，曰補春榭。其對峙者爲書室，顔曰且住。南樓，今東院，設有習藝所，以資藝徒工作。至堂前之柳數十株，亦知州王學伊所手植也。惟壯快廳，屯捕皂諸班居堂之左。吏户工倉禮兵刑承各科，居堂之右。

紀事

漢 袁康《越絶書》卷二 太守府大殿者，秦始皇刻石所起也。到更始元年，太守許時燒。六年十二月乙卯，鑿官池，東西十五丈七尺，南北三十丈。

唐 韋夏卿《東山記》（《文苑英華》卷八二九輯） 自江之南，號爲水鄉，日月掩藹，陂湖蕩漾。游有魚鱉，翔有鳧鴈。涉之或風波之懼，望之多煙雲之思。自朱方達於震澤三百里而遥，惟毗陵地高，林麓相望，丘陵埠阜，隱嶙蟬聯。雖有崖嶨之形，終無峻極之狀。封域之内，罕名山焉。有唐良二千石獨孤公之莅是邦也，人安俗阜，三稔於兹。文爲宗師，政號清淨。有仁智山水之樂，有風流遐曠之懷，如獨鶴唳天，孤雲出岫，想見其人也。公嘗言，謝公東山亦非名岳，苟林巒興遠，丘壑意深，則一拳之多，數仞爲廣矣。由是於近郊傳舍之東得崇丘浚壑之地，密林修竹，森蔚其間，白雲丹霞，照耀其上，使登臨者能賞，游覽者忘歸。我是以東山定號，始於中峰之頂建茅茨焉。出雲木之高標，視湖山如屏障。城市非遠，幽聞鳥聲。軒車每來，静見水色。復有南池西館，宛如方丈、瀛洲。秋有芰荷，春生蘋藻。晨光炯曜，夕月澄虚。信可以曠高士之襟懷，發詩人之歌詠也。自公之往，清風寂寥，野獸恒游，山禽每萃。不轉之石斯固，勿伐之木惟喬。而繼守數公實皆朝彦，雖下車必理，或周月而遷，志在葺修，時則未暇。貞元八年，余出守是邦，迨今四載，政成訟簡，民用小康。永懷前賢，屢陟茲阜。芟薈翳而松桂出，夷坎窞而溪谷通，不改池臺，唯雜風月，東山之賞實中興哉！於是加置四亭，合爲五所。瞰野望山者位正，背林面水者勢高。籩斝區陳，賓寮有位。琴棋間作，簫管時聞。從我之游者，咸遇其勝也。嘗以水通舟檝，陸阻車徒，端徑術於通津，翦樛蕪於迴野。凡五六里抵於亭之南，植山松以作門，樹官柳以界道，蟠麾旌於原上，騁騏驥於途中，又有塞門壠坂之意也。懿乎創物，垂名俾傳。來者登山臨水，每想古人，亦何謝石門林泉、峴首風景而已矣。爲文斵石於彼山阿。時貞元十一年歲在乙亥九月九日記。

唐　薛文美《小廳記》（《涇縣志》卷一〇引）　余自出周行來治斯邑，竊觀圖籍，亦覩風土，歷代屢爲郡，復改縣，隸豫章一作宣州焉。爾後割龍門鄉爲太平縣，沙門鄉爲旌德縣，石埭鄉爲石埭縣，可知封疆遠近爾。太和中，裴明府銲惜其山勢雄峭，溪帶奔傾，翠鎖民居，烟和公舍，奏聞，依萬年縣廨宇制置縣。署之後，池塘迂折半里有餘，雖水涸草浸、波瀾不見，而斜灣曲岸，景致宛然。別有亭基五所，古木修篁，交蔭若蓋。覩斯遺址，甚鬱于懷。然則民疾未除，官方到任，不可追往有害于今，終伺豐穰以續故事。庚戌歲中秋，始創高亭。一間兩廈，風來八面，目達四方，危擬鰲頭，静同天籟。乃命曰齊雲亭。小廳者，乃縣之古廳也，不記年代。屢曾增修，柱木傾斜，風雨不蔽。頹毁既甚，坐立非安。議始重興，量功采斫。先有洪水漂出巨材，久在溪壖，謂其蠹朽。試請少府邢公楷監工人往視，得直木數條沿泝而來，如神所惠。爰運斤斧，遄就公廳。榱桷端堅，棟樑宏壯，威儀百里，光焕一方。復于廳後蓋屋三間，水閣三間，重梁續柱，架險飛空，檐影照波，荷香入檻，曰來風閣。東北隅茅亭一所，花卉蓁雜，果實枝繁，翠色常在，嵐光不散。亦重修飾，別是幽奇，曰烟鎖亭。因記小廳，乃得總述。非衒功績，要在記歲時也。

宋　歐陽修《文忠集》卷四〇《真州東園記》　真爲州，當東南之水會，故爲江淮、兩浙、荆湖發運使之治所。龍圖閣直學士施君正臣、侍御史許君子春之爲使也，得監察御史裏行馬君仲塗爲其判官。三人者，樂其相得之懽，而因其暇日，得州之監軍廢營以作東園，而日往游焉。歲秋八月，子春以其職事走京師，圖其所謂東園者，來以示予曰：園之廣百畝，而流水横其前，清池浸其右，高臺起其北，臺，吾望以拂雲之亭，池，吾俯以澄虚之閣，水，吾泛以畫舫之舟。敞其中以爲清宴之堂，闢其後以爲射賓之圃。芙渠芰荷之的歷，幽蘭白芷之芬芳，與夫佳花美木，列植而交陰，此前日之蒼烟白露而荆棘也。高甍巨桷，水光日景，動摇而下上，其寬閒深靚，可以答遠響而生清風，此前日之頽垣斷塹而荒墟也。嘉時令節，州人士女，嘯歌而管絃，此前日之晦明風雨，鼪鼯鳥獸之嘷音也。吾於是信有力焉，凡圖之所載，蓋其一二之略也。若乃升于高，以望江山之遠近，嬉于水，而逐魚鳥之浮沉，其物象意趣，登臨之樂，覽者各自得焉。凡工之所不能畫者，吾亦不能言也。其爲我書其大概焉。又曰：真，天下之衝也，四方之賓客往來者，吾與之共樂於此，豈獨私吾三人者哉？然而池臺日益以新，草樹日益以茂，四方之士，無日而不來，而吾三人者，有時而皆去也，豈不眷眷於是哉？不爲之記，則後孰知其自吾三人者始也。予以爲三君子之材賢，足以相濟，而又協于其職，知所後先，使上下給足。而東南六路之人，無辛苦愁怨之聲，然後休其餘閒，又與四方之賢士大夫共樂于此，是皆可嘉也。乃爲之書。廬陵歐陽修記。

又　卷六三《東齋記》　官署之東有閣以燕休。或曰，齋，謂夫閒居平心以養思慮，若於此而齋戒也，故曰齋。河南主簿張應之居縣署，亦理小齋一作治。河南雖赤縣，然征賦之民户纔七八千。田利之入率無一鍾之畝，人稀土不膏腴，則少爭訟。幸而歲不大凶，亦無逋租，凡主簿之所職者甚簡少，故未嘗憂吏責而得優游以嬉。應之又素病羸，宜其有以閒居而平心者也。應之雖病，然力自爲學，常曰：我之疾，氣留而不行，血滯而流逆。故其病咳血，然每體之不康，則或取六經百氏，若古人述作之文章誦之。愛其深博閎達，雄富偉麗之説，則必茫乎以思，暢乎以平，釋然不知一作覺疾之在體。因多取古書文字貯齋中，少休則探以覽焉。夫世之善醫者必多畜金石、百草之物以毒其疾，須其瞑眩而後瘳。應之獨能安居是齋，以養思慮，又以聖人之道和平其心而忘厥疾，真古之三字一作可謂樂善者歟。傍有小池，竹樹環之。應之時時引客坐其間，飲酒言笑，終日不倦，而某嘗從應之於此，因書於其壁。

宋　曾鞏《元豐類稿》卷一八《思政堂記》　尚書祠部員外郎集賢校理太原王君爲池州之明年，治其後堂北嚮而命之曰思政之堂，謂其出政於南嚮之堂而思之於此也。其冬，予客過池而屬予記之。初，君之治此堂得公之餘錢以易其舊腐壞斷，既完以固，不窘寒暑闢而即之。即舊圃之勝，凉臺清池，游息之亭，微步之徑，皆在其前。平畦淺檻，佳花美木，竹林香草之植皆在其左右。君於是退處其中，心一意用其日夜之思者，不敢忘其政。則君之治民之意勤矣乎。夫接於人無窮而使人善惑者，事也。推移無常而不可以拘者，時也。其應無方而不可以易者，理也。知時之變而因之，見必然之理而循之，則事者雖無窮而易應也，雖善惑而易治也。故所與由之必人之所安也，所與違之必人之所厭也。如此者，未有不始於思，然後得於己。得於己故謂之德，正己而治人故謂之政。政者，豈止於治文書、督賦斂、斷獄訟而已乎！然及其已得矣，則無思也。已化矣，則亦豈止於政哉！古君子之治，未嘗有易此者也。今君之學於書，無所不讀而尤深於春秋，其挺然獨見，破去前惑，人有所不及也。來爲是邦施用素學以脩其政，元氏得以休其暇日，乃自以爲不足而思之於此。雖今之吏不得以盡行其志，然迹君之勤如此，則池之人其不有蒙其澤者乎！故予爲之書。嘉祐三年冬至日，南豐曾鞏記。

宋　王安石《臨川文集》卷八三《揚州新園亭記》　諸侯宮室，臺榭、講軍、賓容、俎豆各有制度。揚，古今大都。方伯所治處制度狹庳，軍實不講，俎豆無以容，不以偪諸侯哉。宋公至自丞相府，化清事省，喟然有意其圖之也。今太常刁君實集其意，會公去鎮鄆，君即而考之，占府乾隅，夷茀而基，因城而垣，並垣而溝，周六百步。竹萬箇覆其上，故高亭在垣東南。循而西三十軌，作堂曰愛思，道僚吏之不忘宋公也。堂南北鄉袤八筵，廣六筵，直北爲射埒，列樹八百本以翼其旁，賓至而享，吏休而宴，於是乎在。又循而西十有二軌，作亭曰隸武。南北鄉袤四筵，廣如之，埒如堂列樹以鄉。歲時，教士戰射坐作之法於是乎在。始慶曆二年十二月某日，凡若干日卒功。云：初，宋公之政，務不煩其民。是役也，力出於兵，材資於宮之饒，地瞰於公宮之隙，成公志也。噫！揚之物與監東南所規仰，天子宰相所垂意而選，繼乎宜有若宋公者，丞乎宜有若刁君者。金石可弊，此無廢已。慶曆三年四月某日，臨川王某記。

宋　晁補之《雞肋集》卷三〇《有竹堂記》　濟南李文叔爲太學正，得屋於經衢之西，輪直於官而居之，治其南軒地植竹，砌傍而名其堂曰有竹，牓諸楝間，又爲之記於壁。率午歸自太學，則坐堂中，埽地置筆研，呻吟策牘爲文章，日數十篇不休，如繭抽緒，如山雲蒸，如泉出地流，如春至草木發，須臾盈卷軸。門窗几案，婢僕犬馬，目前之物有一可指，無不論説形容彊謿而故評之，以致其欣悦，而於竹尤數數也。顧其地狹而卑，天雨溱濊，蜘蛛之織河柳，兔葵之所交横而蒙翳，人不知其竹也。有過者，文叔必顧堂下而語之讀壁間記，仰楝而指其牓曰：吾固詔客矣。【略】若孟若桐梓之軀。其膠轇峭岩之上而臨百仞之淵，不特出屋檐而摩牆堵也。莫春者，春雷隱山萬笴奮角如犀兕，作擘解而出碧，一日百尺，彌望不可以極。於時刀斧之取材者，度經圍而得之。大小齊一，西轉巴笮，南引江漢，浮渭而亂河，困束籍屬而下者，爲筒、爲干、爲屋椽。揵菑千丈之笮，偏國之藩籬，是賴與簌而比夫律呂以悲哀娱耳者，昔聲滿天地也，是其旁之人室廬竹也。用器，竹也。樵而薪者，竹也。以貿米鹽而出之其鄰境者，竹也。夫此人豈知竹之愛翛然而喜諄諄？然語人而以夸之曰，吾居有竹也哉。文叔亦囅然而笑曰，不然。夫物安知其貴賤之所常在？玉之美而藍田以抵，鵲沈爲美木而交趾以爲檠。食鶂、白鷴、錦雉山中，以醢腊而貴人，以百金致茗以爲粥，而胡人以爲佩。夫物固有以多爲賤而以少爲貴者。今夫王城之廣大，九塗四達，三門、十二百坊之棋置，上自王侯至於百姓庶民，宮接而垣比。車馬之所騰藉，人氣之所蒸漬，囂塵百里，欲求尺寸之地以休佚而莫之致，而貧者置圜無所，況於其他哉。然則環堵不容丈而有竹如吾堂者，不知能幾人也。則余所以揭之於楝而名之，書諸壁而記之，翛然而喜，諄諄然語客而以夸之，不亦可哉！且竹之美，昔人以比德松柏，在冬夏青青，君子之所獨也，以夫少猶貴之。使余得見夫渭川淇園與南山之薈蔚者而游其間，雖多固不可賤也。夫多猶不可賤，而又況其少哉？客曰唯，雖然，吾聞昔王子猷好竹，嘗曰安可一日無此君，聞吴中士大夫有佳竹，欲觀之，徑出，坐輿造竹下，諷嘯良久，主人欲留而不可。將出，主人閉之，因盡歡而返。今文叔居有竹，文叔姑亦灑埽儲具，借不邀客。客將造門，坐堂上不去，曰竹固招我。元祐四年五月二十八日，潁川晁補之无咎記。

宋　蘇轍《欒城集》卷二四《東軒記》　余既以罪謫監筠州鹽酒税，未至，大雨，筠水泛溢，蔑南市，登北岸，敗刺史府門。鹽酒税治舍，俯江之漘，水患尤甚。既至，弊不可處，乃告於郡，假部使者府以居。郡憐其無歸也，許之。歲十二月，乃克支其欹斜，補其圮缺，闢聽事堂之東爲軒，種杉二本，竹百箇，以爲宴休之所。【略】余既以讁來此，雖知桎梏之害而勢不得去，獨幸歲月之久，世或哀而憐之，使得歸伏田里，治先人之弊廬，爲環堵之室而居之，然後追求顔氏之樂，懷思東軒，優游以忘其老，然而非所敢望也。

宋　朱長文《吴郡圖經續記》卷上《州宅上》　《郡國志》云：今太守所居室，即春申君之子爲假君之殿也。因數失火，塗以雄黄，故曰黄堂。又傳吴宫，至秦時猶存。守宫吏以火視燕窟，遂火焉。其遺蹟雖無存者，其地則未聞或改也。漢會稽太守治於吴，朱買臣載其故妻到太守舍置園中，給食之，即此地也。

今郡廨承有唐五代之後，昔韋蘇州《詩》云：海上風雨至，逍遥池閣凉。白樂天於西樓命宴，齊雲樓晚望，皆有篇什，所謂池閣者，蓋今之後池是也。西樓者，蓋今之觀風樓也。齊雲樓者，蓋今之飛雲閣也。白公《詩》云：欲辭南園去，重上北城看。木蘭堂之名，亦久矣。皮陸唱和詩有木蘭後池，即此也。池中有老檜婆娑尚存，父老云白公手植，已二百餘載矣。詢之士子，云張刑部太初作山陰堂，蔣密直治後池諸亭及瞰野亭、見山閣，吕光禄建按武堂，蔡秘閣。子直置射堂，裴校理如晦立飛雲閣，韓度支子文植怪石二於便廳，後牓曰介軒。近晏大夫處善葺故亭於城西北隅，號曰月臺，以便登覽。餘則未悉聞也。

又《州宅下》 蓋古之諸侯有三門，外曰皋門，中曰應門，内曰路門。因其門以爲三朝。朝之後有三寢，曰路寢一，曰燕寢二。自罷侯置守，其名既殊，其制稍削，然猶存其槩。今之子城門，古之所謂皋門也。今之戟門，古之所謂應門也。今之便廳門，古之所謂路門也。今之大廳，古之外朝也。今之宅堂，古之路寢也。蘇爲東南大州，地望優重，府庭有此稱。自唐乾寧元年，刺史成及建大廳，更五代至於聖朝嘉祐間，年祀寖遠，棟宇既敝，紫微王公君玉乃新作是廳，選材鳩工，閎敞甲諸郡。陳祠部天常新作子城，門樓觀甚偉，而大廳之前，戟門之後，廊廡卑陋不稱，且甲仗、架閣二庫在焉。海瀕卑濕，暑氣蒸潤。戎器簿籍，或材敝文朽不可用。又高麗人來朝，過郡，郡有燕勞，其從者皆坐於廊。此而不葺，非所以革弊示遠也。元豐六年，太守朝議大夫章公以是説謀於轉運使，得羡錢二百萬，又以公使助之。於是易以修廊，覆以重屋，二樓對立，樓各八楹，木章必精，陶埴以良，吏無容姦，工各獻巧，故省費而功速。明年春，落成。又修戟門易之，高於舊三尺。由是臺門至于府庭，棟宇相副，輪焉奂焉，不陋不奢，後無以加也。

又《南園》 南園之興，自廣陵王元瓘帥中吴，好治林圃。於是釃流以為沼，積土以爲山，島嶼峰巒出於巧思。求致異木，名品甚多。比及積歲，皆為合抱。亭宇臺榭值景而造，所謂三閣八亭二臺。龜首、旋螺之類，名載《圖經》，蓋舊物也。錢氏去國，此園不毁。王黄州詩云：他年我若功成後，乞取南園作醉鄉。乃玩而愛之之至也。或傳祥符中作景靈宫，構求珍石。郡中嘗取於此，以供京師。其間樓榭歲久摧圮。吕濟叔嘗作熙熙堂，厥後守將亦加修飾。今所存之亭有流杯、四照、百花、樂豐、惹雲、風月之目。每春，縱士女遊覽以為樂焉。

又《亭館》 臨水之亭，《圖經》所載者四，今漕渠之上增建者，多矣。曰按部、曰緇衣、曰濟川、曰皇華、曰使星、曰候春、曰褒德、曰旌隱之類，聯比於岸矣。所謂褒德者，近于秘監富公之居。旌隱者，近於密直蔣公之居。昔之郡將名亭，以褒二老也。近歲，高麗人來貢，聖朝方務綏遠。又於城中闢懷遠、安流二亭，及盤閶之外，各建大館，爲賓餞之所。

宋 米友仁《茂苑堂記》（《吴都文粹》卷九輯） 長洲令尹石珵瑩中，才高氣剛，嗜古好雅。下車既久，政成事簡，蓋牛刀割雞，游刃裕如者。邑廨之東有所謂茂苑堂，前人取左太沖語「帶朝夕之濬池，佩長洲之茂苑」意也。考之《圖經》，即江爲池，距縣南七十里。多歷年所，高岸爲谷，無足深怪，訂之於古，莫可得實。視棟楹之顛圮，乃鳩工而亟新之。堂之南欒植以嘉木脩竹、奇芳蕙草，鬱葱吐秀而森然敷陰，如在邱壑邃深處。與堂相直，曰百花亭，即堂之西爲遭屋，曰尊美堂。其北龜首，曰維摩丈。室北向，聚羣石如岩谷，曰緑野軒。又南開竹逕，曰緑筠庵，皆增廣而揭以是名。琴書雅玩陳列於中，客至則閲古賞奇，試茗烹飲，必與之從容竟日，怡然自適，曾不少倦。後之君子游息乎其上，要當勿復剪伐，如甘棠之愛顧不懿歟！紹興己未季夏二十日，襄陽米友仁元暉記。

宋 葉夢得《避暑録話》卷上 歐陽文忠公在揚州作平山堂，壯麗爲淮南第一。堂據蜀岡，下臨江，南數百里。真、潤、金陵三州，隱隱若可見。公每暑時，輒凌晨攜客往游。遣人走邵伯取荷花千餘朵，以畫盆分插百許盆，與客相間。遇酒行，即遣妓取一花傳客，以次摘其葉，盡處則飲酒，往往侵夜載月而歸。余紹聖初始登第，嘗以六七月之間館于此堂者幾月。是歲大暑，環堂左右，老木參天，後有竹千餘竿，大如椽，不復見日色。蘇子瞻詩所謂「稚節可專車」是也。寺有一僧，年八十餘，及見公，猶能道公時事甚詳。邇來幾四十年，念之猶在目。今余小池植蓮雖不多，來歲花開，當與山中一二客修此故事。

宋 洪适《盤洲文集》卷三〇《分繡閣記》 浙河以東，曾岡峭岑，盤深複陸，出會稽，道天姥，百有餘里，財得夷曠之地十有五頃，以爲天台郡。郡踐山作郛，而餘麓及屹立崖石廢不可廬者，亦十一二，故官寺民區鮮鉅麗之所。十數年中，監州始有以員外置者，僑宇城之巽隅，距黄堂七百步而贏。其職業之商讞，僚類之謁請，吏抱文書祑屬，闤闠隘蹊，間舉不以爲便。乃徙幕曹之舍，爲今所居，與正員相東西焉。然規恢下窄，榮奥埃墨，無復高明顯爽之觀。獨東偏有地斗大，叢榛委甓，蚓虺所潛，前沿後仍，指爲棄壤。則薙剃葦治，培基建閣。以夏四日課材，閱月而斤斧諭功。其高四尋，衡袤二十有七尺，南北不及者九之一。羣山縈環，垂光獻狀，故以分繡名。推去冗牘，登臨領略，則巖姿之西峙，煙霏雲采之隱見，每與意會。舉杯屬客，則琴歌奕思，恢乎其有樂地。閣之下對植美竹，以清閟目其堂。後穿小池，可容萍藻，則又爲舞漪之亭。

宋 韓元吉《南澗甲乙稿》卷一六《絶塵軒記》 貴溪尉舍舊有黄梅出于垣間。元符己卯歲，廖明略舉宋廣平之事，題曰能賦堂，以況尉君曾敬之也。明略既爲之記，而晁無咎題其後，謂其于敬之遠矣。無咎又和其試茶看花二詩，有兩絶塵之句，則敬之爲人固可知也。後八十有二年，福唐鄭肇之子仁實爲尉于此，乃葺堂之壞而更新之，訪梅枏而增培之，亦治其東偏，爲小軒。寘筆研書帙其間，以朝夕坐卧而休焉。會秩滿將更，而予因榜之曰絶塵，蓋取于無咎之詩語也。

宋 常棠《海鹽澉水志》卷七《秀野堂記》 鮑郎，鹽場鎮舊廨也。廨西一臺，扁曰秀野。堂之外有清樹翠蔓，凄神寒骨如英雋之排列者。有龍蹲虎踞，巖崿霳霸如珪璋之挺特者。有方臺中址，蟠回詰曲如前村後墅之通行者。有馴毛集羽，斜窺澹泞如甌哈越語之不羈者。堂之内有騷人墨客，獻瑰吐琦如壺鑑之清瑩者。有牙籤玉軸，裁綺純繡如河漢之美麗者。有米老詭書，嵐溪烟嶠，如夜竇秋色之曠逸者。有蔡邕焦枯，高山流水，如叢篁聞佩之邃幽者。堂之上遥岑寸壁，石劍泉紳，可夢而知中衡清淑之氣。堂之下蒼苔依砌，花影畫簾，可醉而思枕簟。入林之僻，雲卷空舒，月桂霜蟾，天宇修眉，斗牛璀璨。時則三光五岳之氣盎乎盈目。疏風春雨，榕齋琴續，隔墻謹呼，樵牧倡應，時則於彼幽壑之竅洋乎充耳。然則秀野得名宜哉。是名之立，嘉定癸未，苕溪朱君俯始分事員扁之。未幾，頽壁敗霤，相繼摧毁。越十五禩，姑蘇周君應旂發鉶退食，慨曰：吾寧捐俸起廢，可其彷例弗爲。於是鋤薉削蕪，藝梅畚竹，重楹列牖，蓋瓦級磚丹如也。堂成，乃芊奥寢，乃跂書宇，靡鳩靡斂，次第塗雘，視舊廨改觀矣。

宋 袁甫《蒙齋集》卷一三《江東倉司無倦堂記》 余持江東使節至秋浦之初，年實紹定己丑夏六月也，與僚屬議政西齋，窮晝夜不少休。間縱步城上，小亭圮甚，因葺焉。青山在望，豁人心目，取康節《雨後静觀山》意思，扁曰静觀。城俯大江，慨然懷感。河洛久苦邊塵，我畫江自守，池亦一衝要也。事會之來，何有終極。圃植牡丹。舊有亭，曰花光。易曰思洛。次年冬十月，余遷司臬，仍兼庾事。睠睠不忍，舍兩亭。豈爲愛山與牡丹哉。己丑迄癸巳，歲荐饑，無日不講荒政，亦念不到園亭也。幕客之留池者，諗余曰湖山樓，將壓矣，議更樓爲堂。既訖功，請所以名其堂者。子路問政，夫子告以無倦。

宋 趙與泌 黄巖孫《仙溪志》卷一 （縣治）東有甲仗庫。庫之上有樓，曰大隱。舊名見山，縣尉周瑞常改今名，自記。西有軒，植雙梅於前，曰梅林。梅林之北，有堂曰思賢。縣尉黄巖孫記。堂之前，有熙春臺之舊址。由臺而北，有古松數十株，夾以梅竹，氣象幽雅。中爲亭，曰環秀。陳復齋宓書。

元 郝經《陵川集》卷二七《鏡蘺亭記》 中統元年夏四月，宋維揚火，人屋燔盡。經適奉使告登寶位，宋人以火餘無以館客，乃以儀真即忠勇軍營總制真州軍馬治所置館，鏡蘺亭則館外東偏水亭也。入館之初，不知有此。明年夏，伴使潘拱伯輩始邀，一至其後，或數日或數月一往焉。真州瀕江，在老岸下，溝渠池塘皆與朝通。東接維揚，南對金陵岸。在六朝爲白沙，其後爲迎鑾，爲永貞，爲揚子。宋大中、祥符中，升爲州。自唐劉晏筦鹽鐵，江淮之人仰食海鹽，於是置揚子十院漕鹽，以給江淮而運行入於州中。宋人因之置淮東運司。行商舶賈，遠近畢集，故爲江壖一都會，號稱揚。一貞二亭則直古揚子院，今運司後。其東南垣墉，則揚子故縣城也。而館與州治、縣衙、宣聖廟、天慶觀等皆在故縣中。縣即州子城矣。館東之池亦與潮通，而亭處其中，有故隸字，牓曰鏡蘺亭。池中一甬路直亭南北，界池爲二。池有蓮蒲，而柳皆成蔭。拘滯之間時得改步寓目者，惟此焉。歲益遠，出益希。今年春復爲一往，以嘆旱之故，荷死柳折，潮不復至，而不可復觀矣。於是自春踰夏，而不復出焉。初，朝廷於沁南賜第一區，田十頃，州吏進牒及圖，則其田在河陽，封畛包絡，全得揚子。一店在黄河老岸下。明年遂入宋。每登是亭，與古揚子縣城相對，江壖河濱，殆無以異，恍然而悟曰：天下事斷不偶然。行使止尼，殆必有主張者。河濱之田有以兆此行矣。乃書其入館登亭之事，以寓感傷焉。他日復到河濱之野，而思館中之亭，則必如今見館中之亭而憶河濱之野矣。彼且爲是邪，此且爲非邪，彼此之間其一揚子邪？中統五年夏六月謹記。

元 納新《河朔訪古記》卷中 彰德路總管府治後花圃，曰康樂園。昔宋至和中，韓魏公以武康之節歸典鄉，郡因闢牙城作甲仗庫，以備不虞，遂大修亭池，名曰康樂園，取斯民共樂康時之意，故云。魏公自爲記書，而刻諸書錦堂上。園中舊有七堂，曰書錦、燕申、自公、榮歸、忘機、大悲、涼堂。又有八亭，曰御書、紅芳、求己、迎和、狎鷗、觀魚、曲水、廣春。又有休逸、飛仙二亭，故老相傳，黄堂廳事，肇啟建於節度韓重贇。宋太宗歸自河東，視其廳曰：朕之所居，亦不過也。【略】至魏公大加完飾，郡廨園亭雄壯華麗，甲於河朔。又傳，休逸臺，魏公取鄴城冰井臺四鐵梁爲柱。初，鐵梁棄鄴臺。歲久，光瑩無蘚剥。人以爲神物，呵護不敢動。及以爲臺柱，羣疑始定。今園亭廢毁，皆不可考。惟飛仙臺基在府治敏公堂後，今構觀音堂其上。臺北十餘步，踰小巷後園，有休逸臺基，面山亭基。金節度完顔熙載作養素堂其上，今廢，其碑尚存。其餘則不可知矣。晝錦堂記碑今移至魏公祠堂，云：公有《康樂園詩》曰：名園初闢至和中，思與康時衆樂同。一紀年光雖易老，萬家春色且無窮。歸來敢衒吾鄉勝，到此須知舊鄴榮。病守縱疲猶强葺，欲隨民適醉東風。十二月，予至彰德府治後，因游康樂園，今皆菜畦麥隴。可考者惟休逸荒臺基，餘皆不復辨矣。

明 毛澄《三江遺稿》卷下《水鏡堂記》 吏部左廂之東，故有屋數楹，爲冢宰公退食之所。每夏月居之，輒苦煩熱，歒隘故也。正德乙亥冬，文選司火詔重建焉。既訖，有餘材。冢宰長洲陸公始採官屬議改作之。選地子部之東南隅，規畫深高廣下，酌厥中而要諸永久。爰命文選郎中劉志道、員外郎苏民董其事。工且半，其用坐竭。公以己貲相于成。中爲堂三楹，南向，徙置故屋。左右偏爲兩廂，繚以周垣，而門於西，便出入也。始事丙子七月九日，閲八旬而畢。是役也，志道坐司務繁第總其大，而始終躬其勞者，民也。於是少宰南陽王公階澄入賀，廳路平引，中庭廓如，芟乂之餘，古槐獨存。登堂而望，則他胄之茂樹森列窗中，切雲之飛鳥翱翔天際，所以通燕閒而醒心目者，皆不期而集。地之勝信因人而成耶！方坐啜茗，公顧澄等曰：吾欲揭法語一二楣間，時以自考，二公何以示我？王公曰：鴻儒聞之：知人則哲能官人。史稱司馬徽清雅，有知人之鑒，麗德公目爲水鏡，請以水鏡名堂。公曰：善。屬澄記之。

明 顧璘《息園存稿文》卷四《郡圃秋佳軒記》 余家江南，有亭臨池，曰秋佳，荒蕪無足愛。自余謫湘中，離親戚，去閭井，日思返乎故鄉，雖是亭亦未嘗忘于懷。郡圃故有池，乃作軒其上以象之，慰歸思也。踈竹前挺，芙蓉後耀，杪秋摇落，蔚有佳色。時釋簿書而來詠歌其中，油油于于，若使吾身周旋故園之側，去其離索者不亦大可樂邪。或曰：湘中山水甲天下，當以金陵諸名勝或莫上下，又何一池一亭之足慕乎？余曰：不然。人情懷土，君子重去其鄉。漢太公養以天下，不忘新豐。謝安石位太傅，道行廊廟，且猶築丘以象東山。古人之情，有同然矣，矧予羈旅之吏乎？由是言之，則斯軒之可樂雖等以湘柳諸名山，余不知孰先後也。因爲文以識東壁，俟夫知余懷者。

明 王以旂《王襄敏公集》卷一《清風亭》 亭扁清風字，誰傳御史心。乾坤容際遇，此日足登臨。古柏撑層漢，岩霜破宿陰。更憐窗外竹，苦節是知音。

清風亭在大梁察院之後，不知建自何人，占其志趣，亦非凡者。余以戊寅初冬入汴，常憩其間。見前有古柏，西有修行，每嘆其不負亭景，而獨慚主之者小廉曲謹，祇可以近清之名，而其振揚鼓動之妙則於風未聞也。特亦遭際然耳。逾年不及一學。蛩吟是日，偶思入春僅旬餘，而宦轍將無定所，不可以不記。是用賦之。時正德己卯十二月望日也。

明 王樵《方麓集》卷一一《静虚亭》 静虚亭在大理寺後堂之後。刑部後堂後最迫，而大理寺獨寬，遠見江上。山庭廣可數畝，脩柏翳不見日，多直幹虬枝，而亭前二株尤鉅，雙植若桓。亭扁曰静虚，不知何公所立，書者景公暘也。亭中立御碑。萬曆癸巳夏至，齋居與右丞朱公夜坐亭前雙柏之下，謂可待月之上。時當五月下旬，月非可待也。謂此景宜此時耳。

明 朱家法《重修相公園記》（《重印信陽州志》卷一引） 唐姚文獻公、宋范忠宣公先後守申，申人至今尸而祝之。郡署咸喜堂後故有兩相堂，蓋爲兩公建也。而堂在相公園中，則忠宣作守時創，爲游燕勝地。後人因名曰相公園，不啻召之棠羊之碑矣。顧園久蕪穢不治，堂亦頽圮穿漏，弗蔽風雨。余至申之明年，顧瞻太息，自念爲兒時，外傅指授以忠宣麥舟事，即欣欣知，願爲執鞭。今奈何當吾世而使兹園鞠爲茂草哉！乃捐俸鳩工，稍加葺理。園入門，有修竹數竿，顔其室曰君子居。居後即兩相堂，堂前植叢桂與葵榴、木槿諸雜卉。舊有古桑數株，森陰蒼鬱，蘚作龍鱗，即非忠宣遺植，亦當是二百年前物。堂後有環翠亭，松檜遶之，冬夏不改色。亭垣外即爲郡城，城頭高柳長榆，蔽芾亭上，亦增兹園之勝者也。

明 朱錦《梅花嶺記》（《郭中州禹門集》卷二附録） 嶺在新城廣儲門之北岸。萬曆二十年，秀水吴公守揚州時，濬河積土築而成者也。環山樹以梅花，遂名爲梅花嶺。嶺之前，有樓有堂，有池臺亭樹，中間雜蒔花樹，以寄游觀。東西翼爲諸州邑長之會館。署其門曰偕樂園。吴公爲文記之。久之荒廢，而蘭楯毁之風雨，池臺鞠爲茂草矣。丙申，内侍魯君奉敕出理兩淮鹽政，因次第修葺其堂與樓，署其堂曰講德，樓曰官梅，門曰漱芳。樓之背，池可數畝，創亭重楹矯峻，而洞其下，以往來儵魚，署曰濠想。南北爲露橋以度，木石居半，度處各樹之坊，南曰瀕漪，北曰延碧。東西甃以石，堤池種芙蓉菱芡，覆以垂柳，間植桃李、木芙蓉諸卉。花時雕繪滿眼，能令游者應接不暇。度橋之北爲平臺，雕石爲蘭，方廣數丈許。石徑而上可二十級，級盡得亭三楹。踞嶺之巔，舊有梅花若干株，而新增以緑萼玉蝶諸品。亭之中，憑眺江南諸山，歷歷棲檐。下視樓所，受尤勝，余顔之曰「羅浮古雪」。左右對峙二小亭，左曰吴亭，中書秀水吴公《偕樂園舊記》。右曰武亭，書舊江都令武公《維揚紀事》，皆不欲忘舊也。循嶺而東，有隙地若干弓，可梧可竹，計創亭于上，今未及也。

清 張毓碧《罷署浣云亭記》（《云南府志》卷二一引） 余莅滇任，既復公署舊址而葺建。若堂若廳若樓院之屬，亦既鼎新完固，可安吾身而貽後人爲可繼矣。他若亭臺園囿，足以娱目而悦心者，務既弗遑而力亦未逮。惟職思堂西偏，揖山堂之陽，有隙地二畝許，可供小築。營度久之，屬以簿牘鞅掌，亦竟不復措意。一日，客謂余曰：使君之置斯地於不治也，其毋乃緩其所急乎？夫二千石之爲治也，其地遠而事繁，其精神智慮必暇豫而靡所不周，故古循良治理極其效，至於民無怨嘆，而野無蒿萊。苟以堦前盈尺而不暇治，其將如此遠且繁者何？且使君之戴星出入，心不遑游而懷無可騁者久矣。夫久鬱其心而不舒，則智慮日紛。久困其懷而不暢，則精神日瘁。紛且瘁，則近者將不暇舉，而又何遠與繁之能爲。使君奈何緩所急以自苦乎？余心頷之。越明年，乃簡點向者建署之零壤剩桶，與餘甓斷磚，而各增購其所未備，構亭于揖山堂之西南。其向東，亭面廣八尺許，深可盈丈。鑿小池于其後，蒔竹百餘竿。前以疏籬環護，凡名葩異卉，盆盎臺砌之所樹植者，惟滇所産。四時開謝，稍稍稱備，顔其亭曰浣雲。義尚高敞，揖山而出之，雲可即吾地而浣也。余政暇，攜琴負書，偃息其中。時或涼風徐來，竹籟長鳴，則心可清也。時或檐花作笑，野鳥鳴聲，對明月而銜杯，撫朱欄而短詠，覺佳思生而懷且暫適也。凡花木之環吾亭者，枝之繁者删之，勞之甲者培之，本之枯者溉之。鬱鬱菁菁，冀其永無凋殘之色者，是余心也。既落成，觴酒于亭。客復揖余而言曰：使君不見夫造物者乎？其興也必有廢，其盛也必有衰。桑田也而滄海矣，倉狗也而白衣矣。向之蔓草荒荆，頹垣圮塹者，今既丹檻緑樞，嫣紅艷紫矣。夫苟可娱目前，安必異日之長存不敝。余竊見使君之結搆滋培，一似勤勤計及久遠者，奚爲？余曰：有是哉，客之告我也。雖然，不有盛者，其何以衰，不有興者，其何以廢。余惟盡其在我而已。朝斯夕斯，是余居也，非傳舍也。或樸或斵，載芟載柞，是余事也，不敢怠也。若夫樂安居而思創建之難，對繁陰而念棓植之勤，後君子必有繼余而時其修葺，戒其剪伐者。人同此心，心同此理也。又何爲慮焉。遂書以爲記。

清 雍正《山西通志》卷三七《貢院》 在迎澤門東，承恩門西。面城背水，形勢崇高。其地四十七畝有奇，圍四百一十三步。明指揮使陳彬故宅。以西南角水池及空地易之。正統十年，建牌坊三間，額曰登明選公，明遠樓額曰爲國薦賢，又曰日監在兹。瞭望樓四額，曰東觀、西璧、斗横、宿曜。供給有所，吏承有房。號舍萬餘間，至公堂七間。衡鑑堂五間，藻鑑堂五間。内簾掄材堂七間。五經房十二間。提調監試、收掌試卷館，各一區。萬曆癸酉，就南城壁起奎光樓，登仙橋，規模壯麗，甲於他省。

又 國朝知州張雲龍、劉顯第、胡一俊，俱增修花萼堂。後有居園池，爲唐刺史樊宗師遺址，亭曰洄漣，軒曰香承，西南門曰虎豹，東南亭曰新前，舍曰槐負，渠曰望月，自東南有蒼塘、風堤、鼉蟓、白濱諸名勝，俱自爲記。

清 雍正《江西通志》卷四二《古蹟·南安府》 緑陰亭，《林志》在府治内。宋至道間，知軍李夸庚建亭，側有池，竹樹森列。王奇詩：創得幽亭近嶺梅，緑陰名好稱仙才。四邊山色檐頭出，一帶泉香竹裏來。

清 黄廷鈺《託素軒記》（《静寧州志》卷七引） 距聽事之東偏有廢址一，大可五畝許。四圍山色，平遠空闊，相傳爲古使者停車處。經兵燹後，規模都盡，惟見荒煙蔓草而已。歲辛卯臈底，余捧檄牧兹土，今年夏始構小軒於内軒，僅三楹，外環女牆板壁，茅檐前後，疏櫺洞闢，一榻一几，別無長物，顔曰託素。非誇向秀深心，聊滌官場膩態。素心人當自了了也。軒前名藥數本，叢菊兩行。牆角嫩柳，隨風輕盈。其左小桃、山檎數株，春花競發，韶令可人。其右古井一，汲其水可施灌溉。井畔小竹十許竿，緑葵紫藜，都有野意。軒後去人家絶遠，有古剎高踞城堙，老木垂蔭，余設義塾處也。每當風清午寂，吹亂書聲頗助清幽。余因集郡中佳士，會業軒中，月爲期二，風雨晦明弗倦也。而余時值簿書，餘閒則露頂披襟，手把一卷，偃卧北窗下，看遠山一帶，浮青滴翠，間有牧竪耕夫，隱現於平岡低岫之上。人中畫耶，畫中人耶？薄暮烟靄横生，暝色四合，飛鴉點點，都作歸計。於是邀二三客，箕踞草茵，沃以小酌，雜以長短歌。行少焉，素魄東升，銀光如水，仰天長嘯，不復作人間塵土思。於乎，何莫非素之所託也耶。雖然，是固昔之所謂荒煙蔓草地也，曾幾何時而軒已屹立矣。託素已名矣。自今以後更數十年，吾不知此軒又何如，軒中人又何如。是烏可以不記。康熙癸巳夏六月，奉天澹園黄廷鈺書。

清 乾隆《江都縣志》卷六 郡圃 《寶祐志略》云：唐開元間，揚州太守園中有杏數十畷，開時大宴，立館曰争春。元和中，李夷簡於城之西南建亭，曰玉鈎。咸通中，李蔚鎮淮海，於戲馬臺西連玉鈎斜道葺亭，曰賞心，以爲勝游之地。宋元祐間，韓琦於郡圃建堂，曰四并，壯麗極一時。陳升之又建雲山閣於城之西北隅，歲久閣圮。淳熙間，鄭興裔撤玉鈎亭，增而大之，命名雲山觀。慶元中，趙鞏始以杏花邨重建堂，取韓公舊名扁之。而後之刺是州者，率以邊務倥偬，廢而不理，如柳徑、菊坡，静境皆無復存。寶祐二年，大使賈似道鎮淮之五年，邊鄙不聳。增陂浚隍，靡一不具。乃以餘力復雲山觀於小金山。初，教場倚山之右，狹隘不足以展軍容。因徙置州治之北，以便日閲。而雲山觀之規，始不相病。自州宅之東，歷繚墻入可百步，有二亭。東曰翠陰，西曰雪𦾓。直北有淮南道院，後爲兩廡，通竹西精舍焉。後有小阜，曰梅坡。上葺茅爲亭，曰詩興。坡之東北隅，有亭曰友山。循曲徑而東望，飛檐雕楹，縹緲於高阜之巔，是爲雲山觀。於池上爲露橋，以度。橋之北翼，以亭曰依緑。南有小亭對立，曰絃風、曰簫月。又百餘步，始躡危級，而登雲山。其下爲沼，深廣可舟。山之趾二亭，曰濠想、曰剡興。釣磯在其南，砌臺在其北。水之外爲長堤，朱闌相映，夾以垂柳閣。於南爲面山亭。於東曰留春、曰好音。於西曰玉鈎、曰駐屐。觀之直北，畫棟層出者，爲淮海堂。其東鉅竹森然，亭其間者，曰對鶴。又東有道院，曰半閑堂。堂之後爲複道，而升與雲山並峙，可以眺遠者，爲平野堂。春日卉木競發揚之游觀者，不禁春盡乃止。又《名勝志》云：宋慶曆初，有郡丞刁君者，於郡圃搆新園亭。王安石爲之記，按郡圃屢易其地，今分江甘二邑舊址，亦所分隸專附江都者，從其始也。

清 厲鶚《東城雜記》卷上《灌園生》 元末，潘時雍居郡城東宋葦院故址，有隙地十餘畝，古井一區。簡淡力學，詩句脱塵，嘗賦徐一夔獨樹軒云：瀟灑幽軒面水開，軒前老樹倚雲栽。閒來倚仗過三匝，醉後支頤看百回。風雨欲隨龍化去，雲霄常聽鶴飛來。結鄰擬共榮枯事，遮莫人知是散材。客居海鹽之黄灣，見海宇兵起，遂歸，抱瓮而隱，自號灌園生。崇德貝廷琚瓊爲作《灌園賦并序》云：錢唐潘時雍治圃於城東門，築垣四周，引水成渠，以灌園自號。其意以爲無功而食人之食者，元氣之賊、萬物之蠹也。故勞焉而後食，身執其役以給朝夕之費。二親無戚戚之憂，萊妻有同志之驩。吁豢於富貴者，不知澹泊之爲高。耽於榮利者，不知道德之爲大。既榮而覆，古今一轍，則灌園之利不已多乎？昔於陵仲子辭三公，而爲人灌園，充其廉也。向秀吕安灌園於山陽，安其逸也。潘岳去長安令而閒居灌園，病其拙也。時雍亦若人匹與？或者疑其居有闤闠、罔利之習，座有俗客鳴聲之聒，又安能效彼之所爲者，非知言也。乃述賦以廣其意云。賦曰：步青門而長嘯，游余心于古初。目藻麗而弗近，敦樸素而爲廬。食五鼎爲不及，飲一瓢爲有餘。幸免隸於征戍，或弦琴而讀書。耻桔槔之尚巧，逐末景而區區。其地襟江帶湖，青紆黛蓄。拱以連山，突怒起伏。實東南之形勝，爲帝王之行都。周金城兮萬雉列，甲第而當衢。族茂許史，家擬陶朱。肆有藍田之玉，斗量南海之珠。技博古今之妙，音會八方之殊。傾國遇乎燕趙，跕利屣而曳輕裾。若神人之綽約，耀冰雪之肌膚。於是命相開藩，鎮我南服。象天河而鑿池，擬紫微而建閣。集貂蟬之濟濟，衛虎豹之肅肅。殫慮乎庶務者，蕭曹之倫。鋪張乎太平者，枚馬之屬。衣襲綺紈，食兼粱肉。塗比車蓋，庭奏絲竹。巖棲者未睹其盛，家食者思發其所畜也。乏匡時之明略，乃退處乎齊民。墾不食之棄壤，托鹿豕以爲羣。疏濁流而遠注，闢斜徑而支分。筍長渭川之竹，菜生雲夢之菫。蒲荒秋雨，菘茂早春。甘者如薺，脆者勝芹。始芽茁而冒土，忽葉布而覆雲。荼三名而可食，藕五色而成文。侯靈雞而畢起，庶戒逸而務勤。冀擷秀於寒暑，必浹潤於朝曛。恒獨往而無求，爰四顧而欣欣。乳鳩呼而相應，惡草蔓而當耘。感生成之攸遂，亦有藉乎人人。其或風雨之晨，燈火之夕。俎豆娱親，琴尊命客。揄竿有鮮，充庖有辛。夏果磊落，秋瓜輪囷。兹田夫之所美，又焉得獻之吾君。嗚呼！章紱不優於野服，瑶臺何異於蓬室。諒乘軒而取譏，雖抱瓮而奚恤。寧陋彼而榮此，聊逍遥以終日。金谷廢而蛙鳴，玉津空而狐穴。中雖侈於五畝，後孰恤夫一石。乃爲之歌曰：朝汲於河兮，其流湯湯。暮觀我圃兮，其葉已黄。炎風卷沙兮白日藏，尚昏其事兮毋棄而荒。又歌曰：登彼陸兮，猛虎噬人。涉彼海兮，白波滔天。我藝而灌兮，入以事親。誓勿彼適兮，危其身。歌既闋，幽情暢。白露下，初月上。陶然一適，混乎無象。安通塞之有時，蹇余行其焉往。

又《寄時雍》詩云：潘岳閒居學灌園，一椽茅屋近青門。野烏得食頻將子，慈竹團陰定長孫。賓客過門車馬合，兒童汲井轆轤喧。春風金谷空流水，且共高歌醉瓦盆。張光弼爲《灌園生潘時雍賦》云：却惡喧囂遠市廛，自耕荒僻浙河邊。時非蘇子投書日，髩是潘郎作賦年。飯客夜春鸎鵡粒，灌園春引桔槔泉。嗒然鼾睡茅茨下，榮辱何因到爾前。按，青門謂東青門，今名慶春門。每徑行菘塍瓜架間，髣髴時雍故居所在也。

清 狄斗南《灌書園記》（《甘州府志》卷一四引） 張掖郡，渾邪王故地也。曠野高原，沙石歷亂。求一臺池草木，以爲憩息之所，蓋戛戛乎難之。然時清已久，膺民社者，又有遼海王公以文章飾吏治。政餘無事，鳩羣工，度地勢，胸中別具町畦，使荆榛狐兔之苑變而爲吟風弄月之場。王子安云「人傑地靈」，良有以也。河西之勝，莫如甘泉。疏而通之，以資園中沾溉。地不越數十方，軒然而上者，有亭有臺，所植奇花異卉，俱從西域來是。即漢使徒空到神農，竟不知之類。每一玩賞勝，讀杜《浣花詩》。萬樹叢緑外，山影宛如螺髻。朝爽夕霏，時入几席之間。户外讀書淵淵，平擲金石聲，無一點塵氛氣得而染之。王公以「灌書」榜其門，義取諸此。昔香山、東坡出守蘇杭，築幽館，鑿清池，宦游之暇，未有不以林泉爲樂者。誰謂古今人不相及也？四韻詩成，遂摻筆而爲之記。不是蘇公定白公，政餘日日課園工。文章靜悟落花裏，生意微參芳草中。遠岫列窗何用買，清泉隔屋總能通。從知小住多佳趣，卧看閒原萬緑叢。乾隆己丑八月立。

清 俞蛟《夢厂雜著》卷五《游踪選勝·平山堂記》 維揚之有平山堂，猶武林之有西湖也。薄海内外，咸慕其勝。有相距道遠、不獲一至爲恨者。西湖去吾鄉百餘里，六橋三竺，山色湖光領略殆遍，獨於平山則南北往來經維揚者再，不獲艤舟而一覽焉。丙午秋，余有事維揚，主鹽政董蘭坡六閱月。時携小童出天寧門，一望花木扶蘇，亭臺掩映。兩岸疊石爲山，有峰有巒、有岡有嶺，崒屼嶙峋，千態萬狀。而其間之崇樓邃閣、曲沼横塘、竹逕莎堤、花香鳥語，足以供士女之嬉游憑眺者，歷四時而皆宜。余每入其中，於神怡心曠之餘，而歎人巧奪天工至此極耶。平山高數仞，其上平曠，廣里餘。有廳事數楹，歐陽公讀書處也。右禪智寺，爲今上行宫，翠華巡幸駐蹕於此。有井深不可測，蓋亭覆之，額曰天下第五泉，味清洌。每往，僧必汲水瀹茗以獻。余雖無盧仝之癖，頗亦領其滋趣。其左宛延屈曲，聳如龍脊，則蜀岡也。植梅花千樹，開時瑩白如雪，暗香襲衣袂，仿佛行孤山庾嶺間，余爲之低徊而不忍去也。昔人謂「人生只合揚州死」，又曰「天下三分明月，二分獨照揚州」。夫當日之所謂平山堂者，山則培塿，堂不過數椽書屋而已。烏有亭臺花木，掩映扶蘇，極雕繪，疏鑿至十里之修廣，令舞裙歌扇倚畫舫以呈妍。烏帽青衫，醉芳樽而拄笏，使昔人生當斯世，其留連咏歎，不知又當何如也。余滯跡京華，日鹿鹿於車塵馬迹，欲鼓維揚之棹，再續斯游，勢有未能。慮滄桑多更，勝蹟易湮也，故援筆記之。

清 李斗《揚州畫舫録》卷一六 平山堂在蜀岡上。《寰宇記》曰：邗溝城在蜀岡上。宋慶曆八年二月，廬陵歐陽文忠公繼韓魏公之後守揚州，搆廳事于寺之坤隅。江南諸山拱揖檻前，若可攀躋，名曰平山堂。《寄魏公書》有云：平山堂占勝蜀岡，一目千里。謂此其時公携客往游，遣人走邵伯湖折荷花遣伎取花傳客事載諸家説部中。【略】（康熙）十二年，山陰金長真鎮知揚州府事，舍人汪蛟、門懋麟修復平山堂。堂之大門仍居寺之坤隅。門内種桂樹，緣階數十級，上行春臺。臺上搆廳事，額曰平山堂。時蕭山毛奇齡、寧都魏叔子、郡人宗觀及長真蛟門皆有記。會太守遷驛傳道，十四年過郡蛟門，拓堂後地，建真賞樓。樓下爲晴空閣，樓上祀宋諸賢，堂下爲講堂，額其門曰歐陽文忠公書院。乾隆元年，汪應庚重建，增置洛春堂，又于堂西建西園。自是改門額爲「平山堂書院」之名始革。此山堂興廢之大略也。本朝聖祖賜平山堂賢守、清風、怡情、澄曠四匾上賜「詩意豈因今古異，山光長在有無中」一聯，時和筆暢四字。臨定《武蘭亭卷·梅花扇生秋詩》草書一卷，今皆石刻，供奉山堂中。

山堂大門在寺坤隅，門内植老桂百餘株。琢石爲堦，凡三十餘級，上築石臺，即行春臺。臺上老梅四五株，即歐公柳、薛公柳、左司麋師、旦屬揚帥種柳處。上建廳事，顔曰平山堂。扁長一丈六尺，爲鄭谷口八分書。朱竹垞檢討《贈谷口》詩云：平山堂成蜀岡湧，百里照耀連雲榱。工師斲扁一丈六，衆賓嘆息相瞠眙。須臾望見筐來至，井水一斗研隃麋。山來能事在獨得，筆縱字大隨手爲。觀者但妒不敢營，五加皮酒浮千鴟。

真賞樓，本晴川閣舊址，閣名取「平山欄檻倚晴空」句，爲孔東塘尚任所書。旁懸章藻功聯云：雨今雨舊乃知晴亦爲佳，無想無因那不空諸所有。自金觀察按郡過揚州，汪氏改閣爲樓，取「遙知爲我紹真賞」句，遂以真賞名。上祀歐韓劉刁王蘇諸公，以王文簡、金太守、汪刑部配享。追建三賢祠是祀乃停樓下，即以晴川閣舊扁懸之。今樓下貯御製壬午平山堂絶句八首石屏，不禁民拓。

洛春堂在真賞樓後，多石壁，上植繡毬，下栽牡丹。洛春之名，蓋以歐公《花品叙》有洛陽牡丹天下第一之語，因有今名。郡城多繡毬花，恒以此配牡丹。繡毬之下必有牡丹，牡丹之上必有繡毬，相延成俗，遍地皆然。北郊園亭尤甚，而是堂又極繡毬牡丹之盛。

又 西園在法净寺西，即塔院西廊井舊址。盧轉運《紅橋修禊詩序》云：自乾隆辛未，始修平山堂。御苑即此地。園内鑿池數十丈，瀹瀑突泉庋宛轉橋，由山亭南入舫屋。池中建覆井亭，亭前建荷花廳。緣石磴而南，石隙中陷明徐九皋書「第五泉」三字。石刻旁爲觀瀑亭，亭後建梅花廳，廳前奇石削天。旁有泉泠泠，説者謂即明釋滄溟所得井。良常王澍書「天下第五泉」五字，石刻今嵌壁上。《圖志》所謂「是地擬濟南勝境」者也。

覆井亭在池中，高十數丈，重屋反宇，上置轆轤，效古美泉。亭之制，先是雍正辛亥間王虚舟爲馬秋玉書天下第五泉五字，欲嵌入小玲瓏山館廊下舊泉之側，忽爲劉景山索去。迨應庚建是園得泉，遣人往索虚舟書。時虚舟痔作，不得書，因命來者往惠山歇馬亭拓其少時所書「天下第二泉」石刻，即以二字改五字。故是地天下第五泉石刻之字與惠山同。

梅花廳奇石爲壁，兩壁夾澗，壁中有第五泉，黝黑不側洞外石隙，層級而上，築閣嶺際。中有便門通行。春臺昔時剖竹相接，釘以竹丁，引五泉水貯僧廚，即入此門。杜工部詩所謂「竹竿裊裊細泉分」，仁和李夫人詩所謂「引泉竹溜穿廚入」即此。

西園之右，山勢折入西南，山民編竹爲籬，種樹爲園，藤蘿雜卉，列若墻壁。内構矮瓦三四楹，樹間多鶴，清夜輒唳。秋深，風栗霜柿綴若繁星。居人逢市會則置竹櫈、茶灶于門外，以供游人勝賞，謂之西園茶棹子。《鼓吹時序》云：蜀岡上有井，相傳地脉通蜀郡，人之藝花者居之，即此類也。

清 錢泳《履園叢話・澄懷園京師》 澄懷園在圓明園東南隅，每年夏月，車駕幸園，尚書房暨南書房諸臣侍直之所。芳塘若鏡，紅藕如船，傑閣參差，緑槐夾道，真仙境也。余嘗於嘉慶十四年七月，相國英公有筆墨事見囑，小寓于此。時公爲户部侍郎兼副提督，適姚伯昂、席子遠兩編修新入南書房，同在近光樓盤桓者四十餘日，而上海趙謙士少農亦在園中，讀畫評書，徵歌度曲，殊不知有春明門外十丈紅塵也。余時將回江南，因賦七律四首云：「樓前車馬響如雷，人在青山紫禁隈。百頃池臺因地起，千年雲木傍天開。久欽二妙同民部，恰見雙星列上台。惟我清閒無一事，獨隨野鶴步蒼苔。有鄰園仙鶴常來棲止，飛翔樓下。」「蓬萊十日小勾留，喜共羣仙會一樓。太液蓮華猶自發，薊門山色最宜秋。仲宣不免思鄉淚，鄭衆偏多爲國憂。別院笙歌聽未歇，雞人傳唱月如鈎。」「一番秋雨一番凉，立馬重門夜未央。謂英公也。玉露珠圓雙闕曉，宮槐花落四蹄香。明朝彩仗應無事，昨夕銀河倍有光。我亦相思千里道，欲憑行止費商量。」從今歸去聽秋聲，恰與飛鴻結伴行。雲水偶然留雪爪，江天何處覓鷗盟。回思舊事千腸結，乍覺新涼百感生。却羨昆明池上柳，世間離別不關情。」

又　平山堂　揚州之平山堂，余於乾隆五十二年秋始到，其時九峰園、倚虹園、篠園、西園、曲水、小金山、尺五樓諸處，自天寧門外起直到淮南第一觀，樓臺掩映，朱碧鮮新，宛入趙千里仙山樓閣中。今隔三十餘年，幾成瓦礫場，非復舊時光景矣。有人題壁云：「樓臺也似佳人老，剩粉殘脂倍可憐。」余亦有句云：「《畫舫録》中人半死，倚虹園外柳如煙。」撫今追昔，恍如一夢。

又　皋園　皋園在清泰門北，俗名金衙莊，以金中丞曾居於此，故名。國初爲餘姚岩少司農沆所搆，中有梧月樓、小滄浪、墨琴堂、緑雪軒、芙蓉城、怡雲亭諸勝。余以嘉慶元年自半山看桃花回，同海豐張穆菴都轉訪之，園主人託故不納，悵然而返。至道光壬辰歲，又爲岩河帥烺卜築於此。國初岩公官少農，今河帥岩公號小農，俱住此園，斯已奇矣。其明年冬，余偶至杭州，又偕范吾山觀察訪之，甫入門，見叢桂編籬，枯槐抱竹，正顧盼間，園丁出報云，有官眷游園，不便入也。乃知一游一豫，俱有小數存乎其間。

清　沈復《浮生六記》卷四《浪游記快》　由河南閿鄉縣西出函谷關，有「紫氣東來」四字，即老子乘青牛所過之地。兩山夾道，僅容二馬並行。約十里即潼關，左背峭壁右臨黄河。關在山河之間扼喉而起，重樓疊垛極其雄峻，而車馬寂然人煙亦稀。昌黎詩曰「日照潼關四扇開」，殆亦言其冷落耶？城中觀察之下，僅一別駕。道署緊靠北城，後有園圃，横長約三畝。東西鑿兩池，水從西南牆外而入，東流至兩池間，支分三道：一向南，至大厨房，以供日用，一向東，入東池；一向北折西，由石螭口中噴入西池，遶至西北設閘泄瀉，由城脚轉北，穿竇而出，直下黄河。日夜環流，殊清人耳。竹樹陰濃，仰不見天。西池中有亭，藕花繞左右。東有面南書室三間，庭有蒲萄架，下設方石，可弈可飲。以外皆菊畦。西有面東軒屋三間，坐其中可聽流水聲。軒南有小門可通内室。軒北窗下另鑿小池。池之北有小廟，祀花神。園正中築三層樓一座，緊靠北城，高與城齊，俯視城外即黄河也。河之北，山如屏列，已屬山西界，真洋洋大觀也。余居園南，屋如舟式，庭有土山，上有小亭，登之可覽園中之概。緑陰四合，夏無暑氣。琢堂爲余顔其齋曰不繫之舟。此余幕游以來，第一好居室也。土山之間，藝菊數十種，惜未及含葩，而琢堂調山左廉訪矣。

清　陳綸《藝園記》（《滇繫》卷八四輯）　永在滇西南千里，風景物色宜若與中土殊，而《通志》稱，其人喜游玩有江左風，心嘗識之。鎮署舊有池，在城東隅，爲前都督偏公所建。嗣而廓之者，榆城段公。花木亭臺，四時掩映。活水灌池，紅蕖秀吐。斯園遂稱勝地。庚申歲，余來鎮是邦，重爲較藝地，歲加補葺。復於西偏卑濕處再浚小池，即以浚池之土，纍石爲臺。登是而東望，則羣山環峙，一堂平舒。漁浦烟村，農桑遍野。回眺則賀峰聳秀，遠嶂飛青。鱗次樓臺，萬家烟火。四圍不隔，盡在目前。求之城市中之山林，在所未有。予猶惜斯地之僅以荷著也，因顔曰藝園。觀德之餘，偕賓從休憩。風來月到，魚躍鳶飛，會心不遠藝也，不更進於道乎？夫幽深静遠勝地，不必在山林也。從來艷稱者，金谷、習園。當日才人學士，往往見之篇章，曾幾何時而雲散風流，徒以供後人之欷歔憑弔。而斯園孤懸天末，興而廢，廢而興，今且駸駸乎大觀焉。客是邦者，詩歌嘯詠，郡之人士絡繹恬游，相爲輝映，共會心於觀德興道之中，可不幸哉！語曰：「地以人傳」。余固不能重是園也，而不能無望於後來者。是爲記。

清　道光《廣東通志》卷一二九　提督學院署在内城九曜坊，即南漢南宫舊址。宋嘉祐中，改爲轉運使司署。後有瑞芝堂，前有景濂堂，又前爲濂溪書院。湖上建愛蓮亭。明正德二年，提學副使林廷玉改爲崇正書院。嘉靖二年，提學副使魏校遷濂溪祠于粵秀山下，改爲提學道署。三年，歐陽鐸增築照墻坊牌。

又　卷一三一　文惠堂，宋陳堯佐爲州守，故名。有堯佐手植荔，郡人呼爲將軍樹。淳祐初，趙守汝馭改爲延相堂。堂後爲圃，曰春香圃。東壘石爲島，曰蓬萊。上有亭，曰飄雲。堂原在城東北。成化間徙元妙觀左。

清　許原清《快園記》（《廈門志》卷九引）　廈門廳事後，依山爲園。古木陰翳，怪石林立。有洞有泉，有亭有臺，面漳海，臨浯洒，大擔、小擔峙其前。滄波灝瀚，檣桅萬里。每一登眺，快然于心。因名之曰快園。【略】廈門介乎漳泉，而無漳泉紛紜擾壤之習，民氣安恬，訟獄稀少。朝而理焉，日可食。夕而理焉，夜可寢。又快又獨得于廈門者也。于是以政事之餘閒，選園林之幽勝，舉步即至，不煩輿從也。奇峰異石，天然位置，不假穿鑿也。樓觀臺樹，前之人所經營也。滄溟在目，烟波無際。風雨晦明，變幻萬狀。似天之設此景，以娱吾心目者也。游焉息焉，惟意之適，緬維身世，海闊天空，快何如之？夫久渴者，酌清泉而易歡，遇平林而思憩。日逐逐于簿書鞅掌間，得瞑目少坐便已快然，況園林耶？不然平泉花木之記，辟疆詩酒之場，其勝概有什伯于此者，吾何快于斯園哉？

清　孫衣言《遜學齋文鈔》卷二《柃指花館記》　咸豐五年七月二十有

一日，天子移蹕圓明園。於是，駕在大内五年矣。兩書房，翰林直廬在澄懷園者，多漏敝。其可居者，諸君或先之。於是黄縣相國析其居之西偏以居，予所謂食筍之齋也。屋南向，才三楹，其東南小屋數間，南墻下細竹三五十竿，疏風纖珊，青出於垣，當塗黄尚書鉞之所種也。尚書之居此以種竹，故遂命之曰「食筍齋」。已而，歙程侍郎恩澤、壽陽祁相國嶲藻、常熟翁尚書心存相繼居之。又西入一門，有屋南北向，各三楹，牆復於池而艾蒿拒户。其南室之西，南阿桷亦陊矣。剷其草，崇其垣，陊者補之。於是以妻子居北室，其南以爲退休、讀書之所，而食筍齋設坐以待客，猶相國之舊也。澄懷園本國初貴臣索某之墅。世宗時以賜内廷翰林，園之周二里而近，而小山環其外，其中帶以曲池。山蓋鑿池時畚土之所爲也。園之西南，溝扇子湖之水以注於園中，而其源蓋自玉泉之山，故水清而甘。園之爲廬凡七，而皆臨於池之上。予之居，水獨前後匯，故同居園中者，與予皆隔水相望。自予居出門而右，度石橋，並山以北，循池行二百四十有五步，以至於園之西門。出門而左，亦並山稍東而北，度石橋，循池行二百五十七步，以至於園之東門。池之中多芙蕖，多茭慈姑。鯉魚大者二三尺。其山多樗，多柳，多柏，多高榆，多赤棘。予居之南山，有柏四、柳一，而榆最大，鵲營其顛。其北山有杻二，柳二，柏一，樗一，楮一。而榆之大如南山，杻最小，其大者纔逾丈。然程侍郎獨喜之，嘗爲之著賦，或曰「侍郎時杻特大」，今其存蓋枿云。而北室之庭，有棠棣、丁香、合歡之花，杻亦謂之檍，亦謂之橿，亦謂之杄楮，而俗謂之牛筋木。以侍郎之爲賦也，故予遂以名其居，謂之曰杄楮之館。而予友王户部錫振復爲之書，以表之。故予遂爲之記，十月十三日。

清 同治《宜昌府志》卷四 灣潭泛衛昌營左哨千總衙署一所，雍正十三年，守備張文藻駐此。同建照牆一座，頭門二間，儀門三門，東西科房六間，大堂二間，二堂三門，三堂三間，東廂房三間。有古桂花、木瓜各一株。西廂房三間，厨房二間，馬房二間。後守備改駐鶴峰州，設千總一員署，多坍塌不可居。

清 同治《蘇州府志》卷二一《公署》 郡圃在府宅北。前臨池光亭大池，後抵齊雲樓城下，甚廣袤。宋嘉定十三年，綦奎濬方池，環以土山，葺西齋之石以增飾之，構四亭於上，曰棱玉、蒼霞、煙岫、清漪，皆取昔賢郡中賦詠而名。端平三年，張嗣古改名同樂園。

又 君子堂、共賦堂皆在縣廳北，舊有之，歲久圮。宋慶元四年，孫應時新之。又於廳東創笑軒，葺其後圃爲亭，曰友山。西爲夾牆，繚寢室以通。西偏爲亭於西北，曰是亭。亭之南，即共賦堂。堂後，累石爲山，竹木陰翳。嘉泰二年，何兗重修。

清 同治《臨川縣志》卷九《古蹟》 玉茗亭　在府署見山堂西。宋雍熙間，郡東院産白山茶一株。康定間，州守崔仁冀賦之名之，曰玉茗，謂古樹奇花，天下止此一株，在揚州瓊花之上。黄山谷謝竹友、曾南豐皆和之。淳熙中，州守趙熠自東偏移於見山堂西，建亭曰玉茗亭，亭前有石聳立如笋，呼笋石。亭家坤翁重修，今廢。

清 同治《續纂揚州府志》卷三《公署》 兩淮都轉鹽運使司　咸豐三年後，公署疊經粤匪拆毁。同治八年，建造開工。先成經歷知事庫，大使各署。十年，公署完竣，續建鹽捕營、演武廳於大門内公廨隙地，十一年，一律告成。　方濬頤《新築儀董軒記》：揚州題襟館之名震於大江南北。亂後葺治之，已非復舊觀。館之東，爲景賢樓。後稍右，爲董子祠。祠北，則董子井在焉。隙地甚廣，榛蕪瓦礫，覩之惻然。同治己巳莫春，濬頤由粤東抵邗上，適運署工作方興，竊思此地爲江都故宅，顧名思義，當於題襟館外，另闢一區，以表醕儒高躅焉。乃召工匠，祠之北建屋六楹，繚以曲廊。井之東建屋九楹。又於井之西浚池，畚土築高阜。於九楹之南，稍稍種竹樹焉。工未畢，而予有嶺南之役。庚午二月，假裝渡嶺。十月始返，園中之竹則已半枯矣。趣園丁補種之，忽忽又逾三稔。今年春，將於肥濱築屋，作歸老計。因念後圃未完，恐爲來者所訾議。爰乃重加相度。六楹者已作書室，無可更張。其九楹者，東西南三面皆敞。軒檐故太淺，不避風雨。加廡焉，以障之。西軒爲夕照所侵，不如東軒，本三楹也，釐而爲五，乃以曲勝。軒北如街，拓其地，亦爲三楹。東軒宜夏，顔曰待月簃。北軒宜冬，顔曰小吟窩。而南軒則面山環樹，空曠幽雅，特以儀董名之，千百載後，猶令人起景行之慕，以視題襟蔑如也。西軒，以爲奴子烹茶洗研之所。遂堙井而翼以亭。於東南隅別穿一井，以資澆灌。舉向之榛蕪瓦礫，悉芟夷而剗削之。軒以外，桐桂桃杏之屬，各十餘樹，竹數百竿。其尤勝者，一松塔，一槐龍，夭矯獨異乎羣木。而金絲柳搖曳其間，蘸雨籠煙，別饒野趣。柳林之側，紅白梅十五株。花時爛漫可愛。因起團蕉，編茆覆之，額以香雪。軒之前，編矮籬爲花徑。雜蒔雞冠、雁來紅，斕斒奪目，豔過陽春。軒之兩傍，則架高籬，種瓜豆、壺盧、忍冬、薔薇，以引蔓其上。今夏多雨，顧盼即成翠幄。乃招二三知己，排日作消夏之會。有客軒渠，告余曰：邗上園亭多矣，類皆誇多門靡，疊床架屋，壘山鑿沼，畫棟雕甍，侈華麗之觀，少疏宕之致。費鉅萬白鏹，以經營一臺一榭，倏遭寇劫，頓長蓬蒿。試問年時存者，尚有幾耶？曷若茲軒，結搆玲瓏而不傷於綺，點綴蒙密而不病其繁。使君之工於位置的乎超前軼後已。予曰：唯唯，否否。濬頤之築此軒也，誠以辨天人、明義利。江都爲千古醇儒掌盆者，朝斯夕斯，咸宜奉爲典刑，毋得囿於塵俗。亦猶重修平山、谷林二堂，俾後人毋忘兩文忠之文章政事耳。豈得謂之騁游觀、耽逸豫云爾哉。客退，遂濡筆而爲之記。

清 于作霖《挹青館記》（《安遠縣志》卷九引） 安署左偏有宇軒而廠，仰其額，曰静觀堂，邑人則羣呼爲百花亭，不知始何年，求其花蓋十不得一焉。余詢之吏曰：此亭先名百花，而後易以静觀耶？抑某植花實繁，雖扁静觀而人艷其稱爲百花耶？吏不能對。余乃嘆曰：世之名實不相副者何多也，有如此亭矣。余乃令而求實之，遂廣徵花且以金購，騷人釋子有聞而遺者，輒受之不以爲貪。期年，而嘉卉芳草不下數十種，或盂而几，或閑之籬。高下參差，若蹲若侍。亭之前三十武爲方池，池之上别建一館，四楹重梁，豉然爽豁，與静觀相望。適吾兄陸阿至，題之曰：是宜名挹青。挹青者何？左挹東峰，右挹西霞，南挹九龍，諸嶂如屏如黛，而近則挹吾花竹庭暉也。是館成，而亭之佳勝始具。涖事之暇，與二三從游坐堦前大榴下，銜杯縱談，睥睨肆顧，爰指盆而數之曰，若者爲建蘭、爲茉莉、爲佛手柑、爲梔子，若者爲矮榴、爲秋海棠、爲探春蘭，若者幹似虬而刺爲虎檜，葉似茉莉而枝吐菡萏爲木蓮；不盈尺而實離離者，爲盆桃。又指左離而目之曰，若者爲舜花、爲芭蕉、爲羅漢松，捧心紅顔、孆然若西子顰者爲美人蕉，若者爲菊、爲斑竹、爲芙蓉、爲蜀葵、爲月計、爲玉白簪、爲金絲海棠，實小而花嬌者爲珍珠李。又指右籬而目之曰，若者爲赭白鳳仙、爲白牡丹、爲玫瑰、爲朝陽、爲雞冠，若者爲紫竹鳳竹、爲小桃紅、爲紫蘇、爲蟠墻龍。質非竹而以竹名、狀似萱者，爲扁竹。西顧墻陰挺挺而葉藹者，爲青桐。别植龍虎亭，森然而茂密者，爲老桂。附其下爲紫荆。其迤而北，則十丈柏。東顧宇下，扶疏而上者爲楮。南則觀音竹。其隅爲天夭桃，實甘可食。步亭之後，園植瓜蔬果蓏，而墻覆旋藤，竹生數叢，爲枇杷果、爲橙莖。類椶而葉似孔雀翩翩相承者，爲鳳尾樹。噫！余之植花雖不滿百，蓋幾幾乎半之矣，再期而及之未可知。登斯亭也，幽馥送馨，叠嵐獻翠，萬樹含煙，千畦漾緑，可坐而覽，可卧而游，可緩步而騁懷，可憑檻而遠志。既曰挹之，言將注之，注之何盡，挹之又何窮哉？陸阿掀髯而笑曰：有是哉。吾弟之爲治，蓋務實而非好名者也，雖不敢望河陽之芳蹤，亦少異乎筐篋之俗吏。于是爲之記。

清 黄印《錫金識小録》卷三《尚書第》 邵文莊公尚書第作十二景。有曾侍堂，泥金畫仲尼，居曾子侍像於屏。容春精舍，庋藏書萬卷於其中。後燕居亭，亭旁一齋祀祖，存一公小像。其南爲嘉樹亭，庭以石子壘八卦象，曰八角臺。臺西置九畹，畹各滋蘭九本，名蘭畹。曾侍堂石鑿小池種荷，名思濂。沼上有石梁，曰光霽。橋其旁多竹，名静深徑。堂前有二石，取其形似名之，一曰圭，一曰冕。又一石如屏，出西蜀，種蒲其上，曰雪浪菖蒲石。地不甚廣，而取名繁多。性亦好土木，終歲治第。第成，而田不及七頃。時尤蒼梧弼與公游甚暱，謂曰：國賢得毋木剋土乎？山中點易臺成，尤又曰：讀易何必點，點易何必臺？文莊笑曰：生平知己，惟我遂良。

清 歐陽主生《重修荷花館記》（《永年縣志》卷三七引） 萬曆中，前守蔣君作荷花館於城外，以待過客。郡之有亭自此始。蓋郡城環河種蓮，故志稱花類數種，而其佳者則蓮，蓮以廣平重也。

清 光緒《新寧州志》卷二 知州署，在城内東北隅。明隆慶六年，始設州治。創建大堂一座五間。前兩序爲六房廨宇，又前爲儀門、大門。大堂後爲二堂。其旁爲東西花廳。後爲東西上房。相傳各署木料，皆伐東西塘雜木爲之。歲久，或有傾圮。

清 光緒《桃源縣志》卷二 光緒十五年，知縣余良棟規畫全署。自儀門以至後堂，一例更新。外添八櫃，以便徵收。内起樓閣亭館、池沼磽梁，爲公餘游息之所。題其門曰問津園。

附 記

桃花源東北三十里，官廨在焉。廨左隔地數百弓，舊爲燕息之所，無修葺者。戊子秋，予自辰陽遷宰是邑。甫入居，疾作雨，閲月始瘳。日者言：君居陋甚，滲漏風雨，此疾媒也，盍修治之？予韙其言，政繁未果。越明年，天子親政，四海久安。疆吏承風，化行偏壤。予慶斯民偕躋，於衽席無留事，乃闢是園。雜植松梅桃柳各數本，題曰問津。蓋反靖節桃花源記中意而隱以自況也。園之南有廡三楹，曰移紅館，課子是閒，書聲琅琅然。去館十數武，爲天香閣。閣之北複宇相瞰，有軒邃然，額曰琴鶴，理公牘焉。軒之東一水環帶，名曰美池，水清淺見底，蓄金魚百許頭，人呼爲小濠濮。跨池爲橋，循橋以升，爲曠怡樓。折樓而南，驛營以廐，神駿嘶風，倏往倏來，郵政胥賴以稽。其后别爲新溪，水深過美池之半，游魚日戲荇藻間，賓至可又得之。溪中有洲，狀與螺似，故名其洲曰螺洲。洲畔可以飼鶴，又名其亭曰待鶴。波亘以橋，可達彼岸。是爲虹橋。沿溪行，桑竹交映，園丁以離障隙地，間藝蔬焉。溪之西爲琵琶洞，昔人間洞中有琵琶聲，故名。環溪百餘步，有樓翼然，諺呼爲仙姑樓。樓旁有亭，曰盟心亭。亭小而静，可彈棋。公餘對客，聲錚錚起。亭後聚石爲洞，是謂靈巖。出靈巖而陟崇樓，俯仰覽聽，塵慮俱空。惟見隔江嵐翠，飛墮眉睫，極目河干，征帆雲影與波上下，同不自知爲治世也。是爲記。

清 同治《大庾縣志》卷二 緑陰亭 在府治内。宋至道間，知軍李夷庚建。亭側有池，竹樹森列。王奇詩：創得幽亭近嶺梅，緑陰名好稱仙才。四邊山色檐頭出，一帶泉香竹裏來。

清 同治《贛縣志》卷七《古蹟》 種蘭堂 在榷使署内，禮部主事盛符升建。有記。

盛符升《種蘭堂記》：虔地多蘭，然蘭非虔産也。昔宋人譜蘭，以産之閩者爲佳。而閩人舟行必取道於貢江，故江上之人多以藝蘭爲業。實不逮閩蘭遠甚。今閩蘭之流傳四方，出自虔者。八九則以行旅走集，並在虔兩江間也。丁卯之冬，余有虔江之役，同年友勞君書升贈之以詩有云：公餘逸興多瀟灑，好課園丁學種蘭。亦慕乎其名而稱之歟。比余抵虔偪處，庫舍鬱鬱，不自得受事三日即闢其後之廢地，築室四楹，名其堂曰「種蘭」。而附以桂藂書屋，不敢忘良友意也。堂成有客過，吒余曰：榷之官歲一易耳。人皆傳舍視之，而況所居之官舍乎。兹且構而飾之以貽後，此不知誰何之人過矣。又何知後之人不庖湢其堂齋，薪芻其草木耶。余應之曰：不然，天地之爲，逆旅也。古今之爲，日暮也。人生其間亦何地可以便安？何時可以怠廢？古之君子或所至灑掃，或所過焚香掃地，所以淬厲其身心者，無往不然。余之官斯地也，雖以一歲去，念此歲中所治之事有當興者，有當革者。凡商民之利害，皆當備悉而爲之。釐定可聽其叢脞焉。否乎，然則余之治斯堂也，亦猶是矣。堂之中有書可讀，有詩可詠，有翰墨可以自娱。治事之暇，往往澄心静坐，熟復其故業，悠然如對故人。堂之外有竹百竿，有花數十種。林木陰翳，雲山四望，可騁觀而適志，聊自解。其岑寂，余固不能逆計。夫後之何如？然有以知後之，來者樂有斯堂，必無異於余之今日也。因取虔蘭之特秀者，列植堂前。等其高下而復求之貢江以東。如舊譜所載，高花闊葉，玉幹紫莖，森然畢具，庶乎閩蘭之實，克副其名矣。若樹蘭珠蘭風蘭之屬，皆其別種。又譜所稱品外之奇也。因述斯堂之本末而記之。

清 譚宏憲《金粟禪林碑記》（《新蔡縣誌》卷九引） 邑南郭舊有池，環數十畝，名曰南塘。創自助甫張公，其後數易其主，荒落已久。公先贈君明初購得之，園中花木皆贈君所手植，因悟木樨無隱之義，植桂尤多。追贈君没旋值兵燹，公自易水解節，避亂江南。及中原底定，始獲旋里，再過南塘則三徑就荒，而所植桂樹獨翳然無恙。公念贈君手澤之遺，因而增置亭榭。入門有第五橋，門内有宛在堂，前有此君亭，後有瑞芝閣，旁有醒花草堂、臥梅幹、深秀軒、浮友亭、水心亭、清陰廳。幽篁深處，其間板橋曲逕，皆有雅人深致。

清 蘇嵋《東圃記》（《三水縣誌》卷一四引） 邑署東隙地數畝，蕪穢不治，惟存三老容，飽歷風霜，盤根錯節，龍鱗班剥，虬枝蜿蜒。更有木棉兩株，方春花盛開時，燦若丹霞，耀映牆外。而羣峰遥矗，黛色浮天，左顧雁塭峻嶒，森竦卓立。予偶過而樂之，曰是可爲圃也。鳩工相度薙荊榛，剔瓦礫，刱數椽於中，歲庚戌十二月落成。其西爲蔬圃，令伻人昕夕事灌園，俾菜根嘗咬，且兼待剪韭留客之需。其東爲射圃，暇則聽其角弓矢爲戲。匪戲也。習武備戒不虞也。越明年，復庀回廊以翼之，題曰擷芳亭，顔以飲露餐英，署一聯云：青山疊翠供詩案，白塭連雲映筆峰。固斯圃實録至止者，始知之。西偏搆一小齋，爲游息處。夏月薰風徐來，仿佛北牕高致，因購松、槐、桃、李、柑、柚、荔枝、圓眼、石榴、蕉、竹諸樹，參差布置之。復覓桂、蘭、菊、蕙、芙蓉、佛桑、朱槿、繡毬、茉莉、金鳳、雞冠、馬纓丹衆卉，徧植于兩圃之旁，勿使侵菜畦，妨射侯騣騣乎日涉成趣矣。又明年，拓亭前地，砌露臺，挹西山之朝爽，睇南浦之暮雲。眼開胸豁，無復齷齪故態，編竹爲籬，雜移花草，爛熳籬間。

清 光緒《江西通志》卷六七 江西《巡撫部院署》，在南昌東西大街中。明寧府前宫遺址。先是正統間，鎮守都御史署。在東湖貢院左，即故南昌道，以待刷卷清軍分巡之所。後鎮守不常設，署廢。至嘉靖三十二年，并入貢院。成化間，巡撫都御史閔珪始以永寧寺北、鐘鼓樓右，爲署。正德十五年，巡撫都御史王守仁以舊院僻隘，兩司議政亦遠。於是布政使陳策、按察使伍文定，合議逆濠，承奉司一所。地勢規模高廣，改建巡撫署。迤北爲提學署，尋裁巡撫，以署改巡按察院。嘉靖六年，復設巡撫。十七年，都御史胡岳即提學署改建，中爲表正堂，東爲友士軒，後爲虚受堂，東、西爲衙廨，西、南有清風亭、演武亭，儀門東爲旗纛廟，前爲院門，門外兩翼爲各屬茶廳，前有雄藩節鎮坊，外有屏牆坊，左右爲轅門。

又 卷一一四 雙松堂，宋南昌縣治，在城東北隅。廳側古松二株，司馬光《送鄭紳令南昌》詩，有「長江湛湛帶楓林，古木寒林縣寺深」之句。紹興間，知縣蔡宰建堂，榜曰雙松。

又 卷一一五 樂游堂東湖，舊有四亭，不治以荒。予別爲堂亭臺閣其上，樂州人之觀游是好，遂署其中。堂曰樂游，東堂曰廉在。樂游之西曰遜堂。堂北爲射堋。南有石，高丈餘，奇秀可愛，實自盧肇故宅徙焉。抗水而榭，有采香閣。背城而東向者，爲采珠閣。因城之高，有月臺。上有休亭、銷暑亭。則據城之隅，與月臺相屬而小者，曰風亭。

清 光緒《潛江縣志》卷八 得樹草堂，在縣廨東。榆柳數株，清蔭層垣，皆百年物，舊棄廢圃中。康熙九年，知縣王又旦擴基鑿池，種蓮移竹，臨水葺館，爲政暇觴詠之地。題曰得樹草堂，蓋取杜少陵「老樹空庭得」之義也。侯去不踰年，廢爲馬廄矣，惜哉。

清 陳懋《重修東花廳記》（《日照縣志》卷一一引） 縣署二堂東偏，舊有小院，廳房三楹，平臺一座，乃宮君本昂所監修者，已漸就荒蕪矣。余莅任之明年，出俸錢稍葺之，且爲編籬，蒔竹，積石成山。公餘之暇，與二三幕友於此間煮茗賞花，吟風弄月，亦聊以仿先賢愛竹癖石之意也，故志之。

清 吴楷《南甸園記》（《騰越廳志》卷一七引） 土司署向稱雄麗。乾隆三十一年，邊事起土司，遷於署之西二十里永安山寨，結草舍以居舊署，留目守之。余於三十五年，治騰越，【略】始建議。時永昌太守周君際清偕余相度建置事宜，議給土司銀，買其署爲都司署。土司寡妻刀思氏，攜其孤刀三錫雪，涕言祖父業不敢得價，且不忍棄。翌日，率其民百餘人拆正房三間而去。余知其意，因令存樓三間、堂三間、大門三楹，繚以周垣，還其片壤，爲土司舊封地，名之曰南甸園。園中老樹數本。夏秋時，白鷺翱翔，卵育於其上，望之如雪樹。旁有活水，從山間來，匯爲方池。擬作草堂於其畔，名之曰振鷺亭，以寄意。樓上四面開窗，藉以遠眺。一從西南百里，出黃林崗，通千崖盞達。一從東南二百里，上杉木籠山，通隴川猛卯。左右環抱，號稱形勝。後之君子有能登高作賦，余將拭目俟之，並以告繼今守此土者，知是園爲土司之舊址。用志遺蹟，永永無極。

清 光緒《化州志》卷三八《建置》 臨江閣一座俱在箭道。知州《黃錫賓記》曰：署之西偏隙地數弓，名曰射圃。中有橘樹十餘本，結實以供土貢。北面高阜處爲志遠樓舊址，曠棄日久，前人漫不收拾，蒿萊滿目，荊棘叢生，已爲蛇蠍所凭依，人跡所罕到矣。甲申秋，余承乏斯土，家君迎養在任，顧而楸然曰：地廣大荒而不治，且爲守土者之責。公廨以内頹廢若此，其何以事事？急命土工薙榛莽，除瓦礫，芟夷而蘊崇之，毋使滋蔓。由是毒虺匿跡，好鳥親人，蕪穢除而清光來，廓如也。明年即其東，偏築室二楹，顏曰橘林覽勝。圍以籓籬，植以花木，近移芭蕉數本，以障烈日。芬蘭繞砌，幽菊穿籬，游鱗漾其天機，修竹舒其清籟。老人顧而樂之，暇日攜書一卷，兀坐吟哦，以娱清晝至足樂也。

清 光緒《鬱林州志》卷五 州判署在州署右沙街。大門三楹，東側又一楹，爲書吏房。大堂三楹，東側一楹爲竈。西側一楹爲土地祠。二堂五楹。右側空地，有古龍眼樹二株。右側花廳一楹，有古榕樹一株。後有空地一區，橫五丈、長九丈，近古西甌池。乾隆五十六年，署州判劉玉麐捐俸葺治墻屋二堂，前建捲篷一所。東厨院内鑿井，深一丈，及白沙得泉，味甚甘洌。環甃以磚，名曰白沙泉。花廳前楹，建窗户一重，又於廳前後院植芭蕉數十本，名曰聽雨軒。

藝文

唐 白居易《白氏長慶集》卷八《官舍》 高樹換新葉，陰陰覆地隅。何言太守宅，有似幽人居。太守卧其下，閒慵兩有餘。起嘗一甌茗，行讀一卷書。早梅結青實，殘櫻落紅珠。稚女弄庭果，嬉戲牽人裾。是日晚彌静，巢禽下相呼。嘖嘖護兒鵲，啞啞母子烏。豈唯云鳥爾，吾亦引吾雛。

又 卷二四《官宅》 紅紫共紛紛，祗承老使君。移舟木蘭棹，行酒石榴裙。水色窗窗見，花香院院聞。戀他官舍住，雙鬢白如雲。

又 卷二五《秘省後廳》 槐花雨潤新秋地，桐葉風翻欲夜天。盡日後廳無一事，白頭老監枕書眠。

又《題崔常侍濟源莊》 谷口誰家住，雲扃鏁竹泉。主人何處去，蘿薜換貂蟬。籍在金閨内，班排玉扆前。誠知憶山水，歸得是何年。

又 卷二八《府西池北新葺水齋即事招賓偶題十六韻》 繚繞府西面，潺湲池北頭。鑿開明月峽，決破白蘋洲。清淺漪瀾急，夤緣浦嶼幽。直衝行逕斷，平入卧齋流。石疊青棱玉，波翻白片鷗。噴時千點雨，澄處一泓油。絶境應難別，同心豈易求。少逢人愛玩，多是我淹留。夾岸鋪長簟，當軒泊小舟。枕前看鶴浴，床下見魚游。洞户斜開扇，疏簾半上鈎。紫浮萍泛泛，碧亞竹修修。讀罷書仍展，棋終局未收。午茶能散睡，卯酒善消愁。檐雨晚初霽，窗風涼欲休。誰能伴老尹，時復一閒游。

宋 歐陽修《文忠集》卷二《留題鎮陽潭園》 官雖鎮陽居，身是鎮陽客。北園潭上花，安問誰所植。春風無先後，爛漫争紅白。一花聊一醉，盡醉猶須百。而我病不飲，對花空歎息。朝來不能歸，暮看不忍摘。謂言花縱落，滿地猶可席。不來纔幾時，人事已非昔。芳枝結青杏，翠葉新奕奕。落絮風卷盡，春歸不留迹。空餘緑潭水，尚帶餘春色。疑春竟何之，意謂追可得。東西遶潭行，蜂鳥已寂寂。惘然無所依，歸駕不停軛。寓興誠可樂，留情豈非惑。至今清夜夢，猶遶北潭北。

又《初伏日招王幾道小飲》 北園數畝官墻下，嗟我官居如傳舍。滹沲北渡馬踏一作蹄冰，西山病歸花已謝。落英不見空繞樹，細草初長猶可藉。空園一鎖不復窺，不覺芳蹊繁早夏。隔墻時時聞好鳥，如得嘉一作佳客聽清話。今朝試去繞園尋，緑李橫枝礙行馬。蒲萄憶見初引蔓，翠葉陰一作成陰還滿架。紅榴一作榴花最晚子已繁，猶有殘花藏葉罅。一本有「雖無桃李競繁華，固有竹柏資瀟灑」兩句。人生有酒復何求，官事無了須偷暇。古云伏日當早歸，況今著令許休假。能來解帶相就飲，爲子掃月開風榭。

宋 文同《丹淵集》卷一四《興元府園亭雜詠》 **甚美堂** 潭潭棟宇盛，窅窅軒窗闢。高深與地稱，可大張宴席。府事如少休，兹焉會佳客。

武陵軒 水從前巖來，轉入後溪去。中間載酒下，各到客前住。醉後皆悦然，再來無覓處。

緑景亭 竹間有幽亭，所宜惟暑飲。層陰隔炎日，四坐障緑錦。過午不可留，單絺覺微凛。

激湍亭 高輪轉深淵，下瀉石蟾口。臨之設軒檻，清絶更無有。愛此山中來，應須坐良久。

凝雲榭 朝雲南山吐，暮雲北山翕。來往高榭中，留者頗堆積。坐客如久之，去須襟袖濕。

照筠壇 積土削爲壇，險然在深竹。中惟一詩石，獨坐擁寒玉。勿謂人少知，此境不容俗。

桂石堂 嘗聞陽朔山，萬尺從地起。孤峰立庭下，此石無乃似。愛爾常獨來，一日須三四。

四照亭 巒嶺附梁山，汀洲隨漢水。秋容上屏障，左右二百里。此景誰能論，殘霞獨憑几。

垂蘿逕 長蘿託高株，晻曖蔽煙霧。垂蔓已百尺，更引欲何處。願少放餘條，恐傷君所附。

盤雲塢 幾曲上層城，盤盤次文石。愛之有佳趣，不倦紆晚策。禽蟲應見疑，日遇此狂客。

北軒 天上之貴神，所居皆在北。有軒正相望，慢恐取陰劾。余常過則趨，不敢兹少息。

棋軒 北城云最高，上復有喬木。垂蘿密如帳，中乃營小屋。時引方外人，百憂銷一局。

山堂 何以山名堂，層石作崖巘。余本巖穴士，每往不欲返。公吏呈俗書，還來愧冠冕。

静庵 知動以爲幻，既知即非静。名庵以静者，無乃自起争。爲語庵中人，勿以静爲病。

宋 游酢《游廌山集》卷四《題河清縣廨》 小院閒亭長薜蘿，鹿來穿徑晚經過。夕陽蕭散簿書少，窗裏南山明月多。

宋 張鎡《南湖集》卷八《緑筠軒舊在於潛寂照寺，今移立縣治之東，竹間鑿小池植蓮，爲賦兩絶》 按圖得此已欣然，勝趣何嘗有變遷。一把香茅千箇玉，不妨邂逅揖蘇仙。

氣韻非關竹有無，莫嫌清蔭雜芙蕖。官居不俗從何得，窗下風翻未盡書。

宋 彭汝礪《鄱陽集》卷一二《游真州東園，惜其將廢。運使兵部子正近止，因寄小詩》四首録二

不見當年花木春，丹青臺榭欲荆榛。簿書到日應無事，會與江山作主人。

渌水荷花一片開，池塘終日少塵埃。鶺鴒鸂鶒無窮喜，總擬將迎畫舫來。

宋 程俱《北山集》卷六《某前日，謁見國史侍讀尚書，獲款燕談，蒙出示周楊子書，報許藏山中得巖壑之勝過冷泉亭者，歎想不已，俾某賦詩。退成七言古句一首，上呈。戊申》 素王之宫行秘府，斷取瀛州納環堵。諸儒何必四庫書，正自胸中有千古。野人上車纔不落，索米無庸面如鼓。歸來仰屋坐太息，咄咄書空欲誰語。石林居士今龍坂，憂國形臞心獨苦。向來豈止見夷吾，叩閤何由避寒暑。伯仁三日應可爾，頓解新亭對悽楚。坐中人傳雙尺素，思洛橋南雪溪渚。山回壤接二百里，許藏幽奇天所與。人間那得此巖壑，坐想周郎喜而舞。蒼崖壁立欲千仞，蔽日青林自風雨。信知靈境不待匠，古澗穿巖巧吞吐。慇懃留此萬里流，更覺山川生媚嫵。了觀澄湛本非住，却覓喧豗無處所。手誅陰木結茅屋，掀抉高深期盡取。四山擢翠若無地，三石撑空梟相柱。書詞豈夸驚我甚，下視呼猨觸天姥。卞峰勝絶固自足，莫爲東山思解組。龍驤雲起要侯王，鶴唳風聲走夷虜。會令藿食飽安眠，北固山南事幽圃。三館寓局夫子廟之西廡，故有素王之宫之句。

宋　陳文蔚《克齋集》卷一六《題趙守飛霞亭》　問津早似武陵溪，屋上鵝峰有遁肥。醉臉丹時歌雪白，碧山深處染桃緋。林亭縹緲仙翁樂，酒盞交酬花片飛。消遣箇中閒日月，賦詩應不送春歸。

又《再用韻呈趙守》　不待漁舠喚隔溪，種桃千樹正紅肥。山園曉障新圖畫，花押春班簇紫緋。池凈白鷗相對浴，客來青鳥故雙飛。寄詩爲問花前醉，何似天香滿袖歸。

宋　潛説友《咸淳臨安志》卷七《秘書省·後圃》　有群玉堂，以蘇軾畫竹真蹟爲屏。有蓬萊。前爲池，度以石橋。池之前各累石爲山，又有芸香亭，席珍亭，方壺，含章亭，茹芝館，射圃，繹志亭。蓋自淳熙初，陳騤爲少監始經營，來者增葺頗爲華邃云。

明　朱衡《王中泉園亭》（《盛明百家詩》卷三二四輯）　蔡憲使初至過副憲宅分賦得三台星奉和三首。

霅水聯雙壁，秋曹曾並驂。有聞聊識二，非傑偶爲三。濟水階前注，華峰樹裏含。從兹一相聚，朝夕奉清談。

潘臬官聯重，東西省對開。慚無經世策，賴有出羣才。卿月懸青海，文星接上台。還看膚寸合，一爲澤蒿萊。

爾卧松雲久，蕭條歲屢經。知稀心自黑，戰勝鬢逾青。秋争雲中崿，風清歷下亭。高吟兼縱飲，寧復嘆晨星。

明　孟洋《襄陵省中池亭甚佳因懷張李二明府》（《石倉歷代詩輯》卷四七二引）　日暮襄陵池上亭，孤吟長坐嘆飄零。荷花無主誰爲色，竹葉憐人獨自青。暝逼高林回倦鳥，風生曲檻度流螢。季鷹元禮俱何在，好對青霄倒玉瓶。

明　曹學佺《蜀中廣記》卷二四《方輿勝覽》云：整暇堂在府治。黄魯直《記》又云：治平園，宋治平初，太守朱壽昌築于牙城東。文與可嘗爲賦十絶，其《錦屏閣》詩云：茂林斑若錦，秀巘矗如屏。底處供登覽，闌干在杳冥。《清風臺》云：無時來見襲，有地更臨高。坐客清談起，紛紛落麈毛。《四照亭》云：畫箔褰何礙，珍叢癸已圓。願公皆遍賞，莫爲一隅偏。《柳橋》云：援風詩晚態，垂雨怯春寒。爲問題芳意，同誰倚畫欄。《曲池》云：水似珠瑠入，池如玉磬開。臨流唯自適，魚鳥莫相猜。《明月臺》云：微椏生海角，圓魄到天心。共上惟佳客，無容照俗襟。《三角亭》云：合棟交生角，迴欄互引牙。由來因地勢，不是故尖斜。《花塢》云：繚繞穿紅萼，斕斑踏紫苔。誰將錦步障，端爲使君開。《藥欄》云：玉笋齊抽日，金缸競列時。自然俱可愛，莫放畫簾垂。《郎中菴》云：已築環爲堵，仍裁月作床。公來時隱几，身世在羲皇。

明　陳邦瞻《陳氏荷華山房詩稿》卷一五《題李本寧人參甫柏臺代作》

柏臺高築楚天西，手澤當年太谷攜。翠色偏宜春雨溜，蒼枝應拂白雲低。堦前馴鹿寧相觸，署裏慈烏只自啼。見道雕欄饒氣色，葳蕤芝玉謝庭齊。

清　李宗渭《瓦缶集》卷三九《桂林官舍小樓落成》　趨庭至官舍，晨起理朝蔬。疏泉出瓦礫，並得治精廬。植基傍嘉樹，下階引清渠。伐木近山下，誅茅野田墟。一月工始畢，可以讀吾書。閒庭蓺時菊，小沼種文魚。細草安用芟，落葉不掃除。吾友能時來，並坐講樵漁。時復登曾樓，一使心神舒。紙窗拓三面，盡納青芙蕖。秋色日夕佳，蕭蕭林水疏。山月來照人，清光萬里虚。有酒共斟酌，無酒且躊躇。焉知後來者，誰與保厥初。吾將謀今日，庶以道自如。

清　沈欽韓《幼學堂詩稿》卷一四《白雲堂董尚書份丙舍》　廣廈雲根起，風吹樵斧聲。鳥銜紅柿墮，魚帖白蘋明。襯屐松毛厚，勾衣棘刺横。生憐舊翁仲，青鬢點苔成。

清　彭兆蓀《小謨觴館續集》詩續集卷二《瞻園三首》　園在江寧藩廨，爲明中山武寧王第。

藩枳雄吴京，林園開別廨。修篁映櫚隅，細路出花外。廊檻紅微殷，池楊碧多態。奇礓石壍峭，迎面一峰對。樹老含古春，亭高納遥睞。鍾山積翠陰，莽莽入襟帶。天空城堞長，江近波聲大。魚鳥同蒼黔，昌辰均帖泰。秋情妥客悰，爽氣延虚籟。叢桂方留人，含香佇飛蓋。

王侯出屠販，詎謂無奇功。斬戮干天和，名成殃亦從。元勳起濠州，佐命如文終。獨持慈惠心，藹然鋒鏑叢。行師不嗜殺，大帥真儒宗。德望祭征虜，尊榮竇安豐。至今留遺邸，神鑒猶昭融。靈兮定綏此，山水長清雄。呵護資福力，報祈盛歌鐘。回飈蕩華屋，怳惚雲旗風。

蒼松與白石，向夕各生煙。清池與皓月，永夜相澄鮮。露下坐兀兀，風凉袖翩翩。恍疑此境外，尚有千山環。蓬閬隔瀛渤，欲到或引還。欣然顧形影，置我方壺間。衙鼓忽遥送，方知在闤闠。賓館誠傳舍，何必非因緣。海山與兜率，歸著知何年。且呼雲中君，聽予池上篇。

清　祁寯藻《䜉䜉亭集》卷一《灌園督署後園名》　屋下流水屋上山，柳陰亭子疏籬環。園丁種蔬緑畦徑，雜花生樹鳴禽閒。曲折如入秦人洞，辛勤不藉漢陰瓮。用力既少成功多，城外機輪能輓河。

清　吴振棫《花宜館詩鈔》卷一三《亦園感舊》　園在布政使署廳事之西。嘉慶戊辰，外舅姚一如方伯命余讀書署中，距今四十二年。重來兹園，風景如新，而髪已種種矣。感念今昔，不能無詩。

亦園昉何時，塵掾北查榜。余今幸重來，二月碧草長。池塘既明净，亭樹亦森爽。檐花百重亞，牆竹萬梢養。豈無新種植，或有舊吟賞。人應巢燕識，事與江水往。有如夢所歷，醒憶半迷罔。當時同游人，風流入長想。向晨數天星，存者僅三兩。羲和不停鞭，白髪已盈丈。酒杯無好懷，琴絃有悽響。

清　吴重憙《石蓮闇詩》卷五《閩臬署雜詠》　入門一徑夾雙流，水珮風裳夏似秋。荷葉香清花韻遠，筍輿過處宛如舟。

齋高幽敞透晴光，南檻風來北檻凉。無縫緑雲排檻外，倒涵竹影小方塘。

東園一百本芭蕉，不爲風摇爲雨摇。蠣粉泥牆攔不住，怒芽横出走廊腰。

曉露枝頭摘荔枝，井華新汲浸名瓷。分嘗百果饞饕否，紅擘霞裳玉築脂。

門旁榕龕壯繆祠，祠旁叢篠蔭清池。晚來不斷投林響，碧緑濃陰白鷺鷥。

城中小市近魚蝦，海氣餘腥買到家。石首長年來不斷，不須楝子候開花。

名泉汲得性温良，不數驪山玉甃方。最是晚凉新浴好，湯門門外水如湯。

清　劉湝年《意園十一詠》（《惠州府志》卷二六引）惠州郡齋後舊有廢圃，略爲埽除，居然改觀。顔曰意園，以意爲之也。擇少可寓目者十一區，各繫以詩。

古梅　松風不可見，玉蘂等瓊玖。一株傍南榮，餘香散十畝。似有縞衣來，云曾見髯叟。

榕廬　老榕高參天，大可蔽十牛。結廬於其間，炎夏如清秋。有客手一編，息影方藏修。

箭樹　射義昔所重，予亦烏可已。闢作剪柳塲，軒敞頗足喜。古人不主皮，予技恰如此。

紅蕉塢　紅蕉處處花，一雨色逾艷。昔時瓦礫堆，今日芳菲院。此塢合藏春，美人情繾綣。

香界　芳香能襲人，情至易以傷。無以界畫之，美好奚能長。君子慎所暱，所貴岩其防。

東籬　編籬作鹿眼，乃在東牆東。疏疏插黄花，預擬留秋容。清節俱在兹，俯仰淵明風。

荻岸　泠泠來清風，鳴玉差足擬。掩映叢荻間，意已在流水。儻坐此垂釣，無魚亦可喜。

松花圃　種菘非種花，有時花已黄。學圃我未能，聊與相徜徉。此中味自佳，辛苦曾親嘗。

天然圖畫　插竹傍粉牆，天趣無不有。有似圖瀟湘，無煩墨一斗。試問文與可，有此生動否。

雲牖　梨花如白雲，當我窗牖前。偶然開綺窗，雲影方翁然。有興躡雲去，從此能飛仙。

小緑天　地僻拓三弓，管窺意局促。一本種芭蕉，數尺展新緑。即此即是天，雖小無不足。

雜録

漢　袁康《越絶書》卷二　今太守舍者，春申君所造。後壁屋以爲桃夏宫。

宋　邵博《聞見後録》卷二六　鳳翔府園有枯槐一株，故老云，昭宗扶此樹令朱全忠結韈，四顧無應者，故至今謂手托槐云。

明　董斯張《吴興備志》卷一五　百花洲，宋熙寧中，郡守孫覺創開于峴山之麓，外植芰荷，內栽花柳，亭樹參差，竹木森修，水陸通道，往來鱗集。

明　祁彪佳《越中園亭記》卷一　**大觀堂**　堂在府署內，後有吏隱軒，即向所謂龍首書院也。從書院涉山巔，爲觀風亭，自此竹木蒼蔚，可達望海亭。爲東園未幾，改爲別駕宅，今仍屬府署。

希范亭　即清白堂，故址久圮。太守蕭公良翰新之，門曰公餘小隱，齋曰吾兼，亭仍曰清白，在府堂之西，照磨宅後。

梓隱軒　向爲別駕宅，後改作府署。太守洪公珠葺居之。軒之前有清省堂，後有鶴軒，地居龍山之西，崖麓漸高，眺望斯暢。自太守許芳谷公徙居別駕宅，而署歸司理衙舍矣。

委宛齋　鄰於舊府署，司理陳公汝璧所題也。後有雙桂亭。

越望亭　在龍山巔，即望海亭故址。越人猶有以望海稱者，太守湯公紹恩建。

紫翠亭　沘水許公方谷，治越郡有聲，以其暇留連詩酒。於龍山之左峰建亭，與越望亭若拱揖然者，越山水之勝，此亭能盡有之。當開鑿時，得蘇長公所遺硯鐫銘，尚有越人題詠甚盛。

霖雨亭　在府儀仗庫後，二守王公近訥建，張太僕天復公有記。

光化亭　山陰縣署，亦踞龍山之麓。半山爲仰止亭，去府一里許。其後大令余公懋孳更建雲來閣，能盡收諸山之勝。

三友亭　在曾稽縣治內，大令戴鵬修之。王宥作記。東又有清遠樓，大令楊節於此得瑞瓜，更爲嘉瓜樓。

清　張逸少　汪灝等《佩文齋廣群芳譜》卷三五　《饒州志》蜀錦亭，在府治慶朔堂右。宋范仲淹植海棠二株，其後鄒柯築亭，題曰蜀錦。王十朋詩：亭廢名猶在，春來花自芳。猶餘蜀中錦，愛惜比甘棠。

清　雍正《陝西通志》卷七三　廉相泉園　元至元中，平章廉希憲行省陝右，愛秦中山水，遂於樊川杜曲林泉佳處葺治廳館亭榭。導泉灌園，移植漢沔東洛奇花異卉，畦分棋布。松檜梅竹，羅列成行。

清　乾隆《柳州縣志》卷二　錦秋亭，唐柳子厚建在府署內，久廢。明太守譚元方重建，亭旁蒔花草，擅一署之勝，以錦秋二字爲號，後再圮。

清　乾隆《鄞縣志》卷二四　老香堂　吴潛建在府治後，面北植桂百本，取「山頭老桂吹古香」之句以名。前築一壇，名月地，可坐三十客。堂扁潛自題。

又　蒼雲堂　在郡圃之北。自老香堂爲步廊數十間，周迴而至。前有古檜數本，奇甚，疊石佐之。堂額張即之書。《開慶續志》

清　道光《廈門志》卷二　又署東有小山，山有魁星石，前有池可以蓄魚，秉鉞欲建園，以調任而止。周凱莅任，欲爲之，因下有池林彭三姓祖塋，未便，作《僑園記》以寄意。

清　道光《廣東通志》卷二三三　十仙園，在新兴縣治西南。相傳唐宋時，官新州者訟簡務稀，因置此園。內有薰風堂、延景亭、明水軒、藏仙亭，宋末俱廢。

清　同治《蘇州府志》卷二二《長洲元和吴三縣》　宋浙西提刑使司在烏鵲橋西北，建炎四年置使。紹興初，建廳事。後曰明清堂。堂後小圃種竹，有亭曰留客。

清　同治《梧州府志》卷四　面面亭，在縣東大蓮塘上。《名勝志》云：唐大曆間，元結爲容州管經略使，植蓮於廨後，構亭其上，以其四周爽豁，因名可矚蓮花，故又名蓮塘。

清　同治《大庾縣志》卷二　此君堂　在府治內，郡守林椿建，舊有竹千竿，匝其三面。

圖表

清　雍正《湖廣通志》卷二　白雪樓在安陸府治西，下臨漢江。取宋玉對楚襄王問陽春白雪之歌名。

白雪樓圖

清 同治《徐州府志》卷二

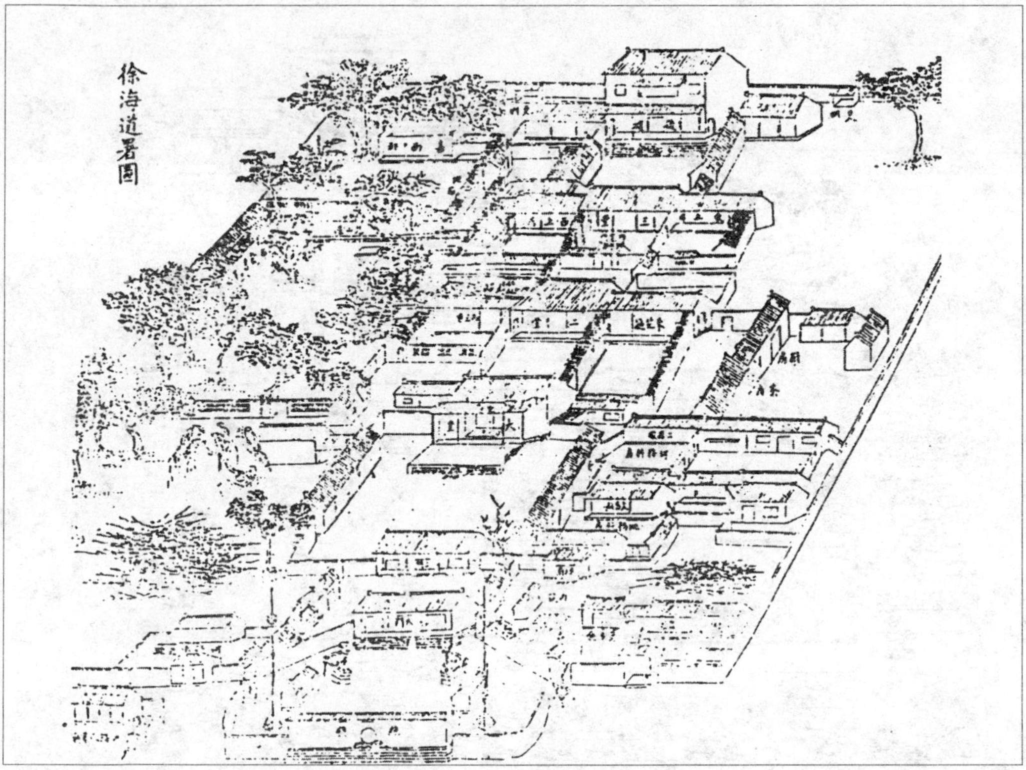

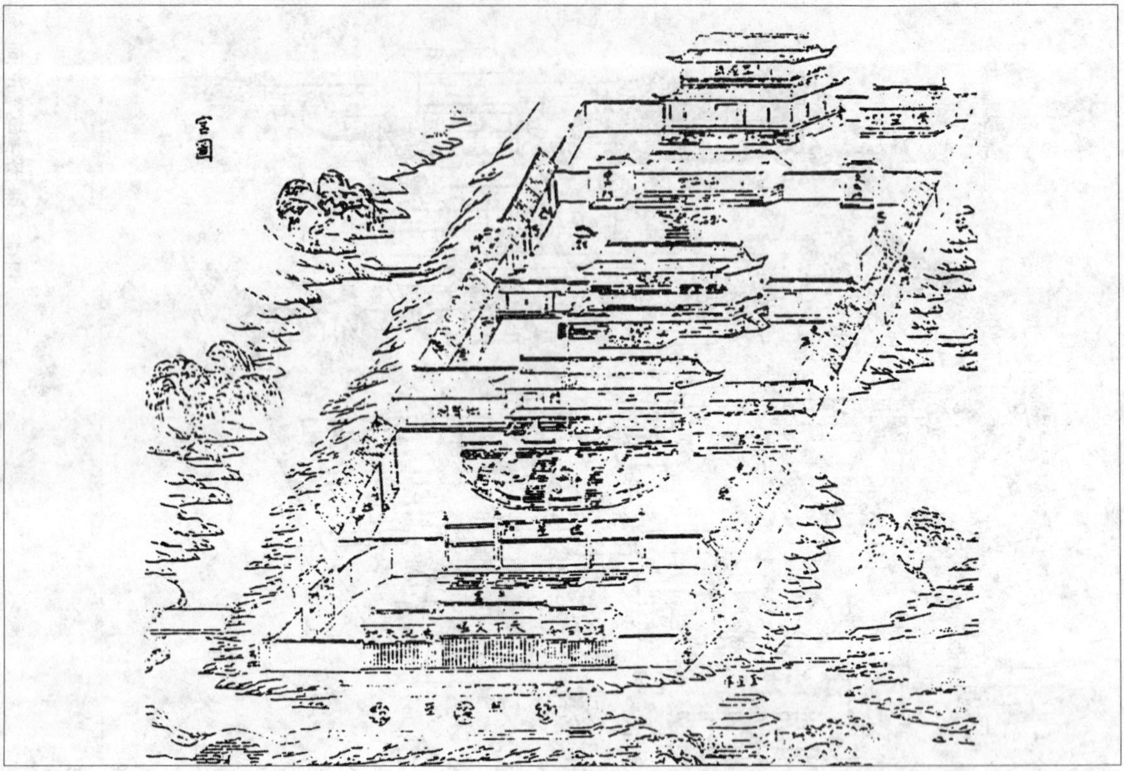
宮圖

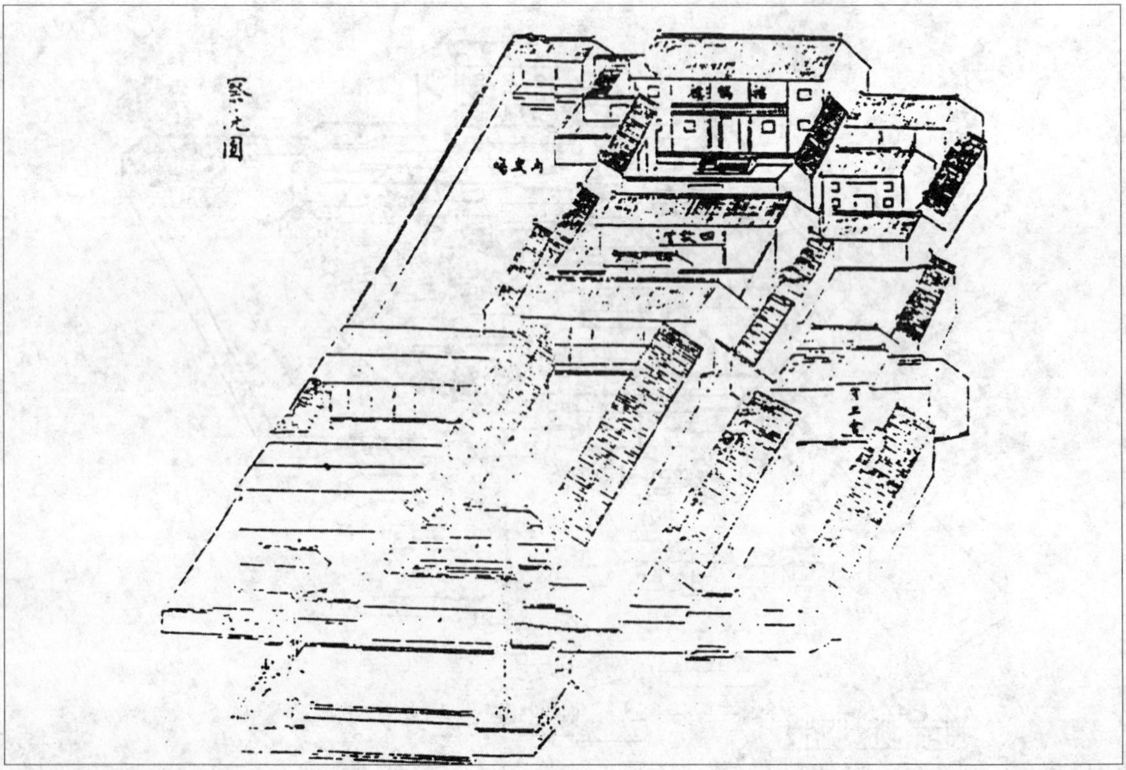
聚光園

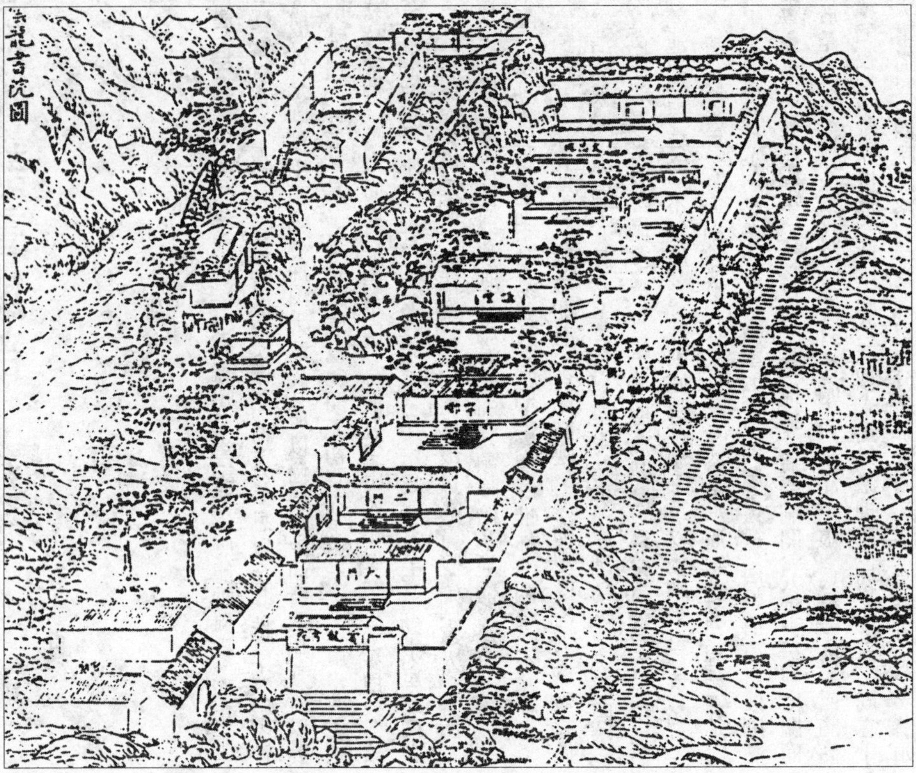
雲龍書院圖
大門
二門

書院·讀書處部

題解

唐 吕温《吕衡州集》卷一〇《虢州三堂記》 應龍乘風雲、作雷雨，退必蟠蟄以全其力。君子役智能、統機劇，退必晏息以全其性。力全則神化無窮，性全則精用不竭。深山大澤，其所以蟠蟄乎，高齋清池其所以晏息乎。虢州三堂者，君子晏息之境也。開元初，天子思二南之風，並選宗英，共持理柄。虢大而近，匪親不居，時惟五王出入相授。承平易理，逸政多暇。考卜惟勝，作爲三堂。三者，明臣子在三之節。堂者，勵宗室克構之義。豈徒造適，實以垂訓。居德樂善，何其盛哉！然當時漢同家人，魯用王禮，棟宇制度，非諸侯居。後刺史馬君錫因其頹陊始革基構，豐而不侈，約而不陋。以琴竹詩書之幽素，易綺紈鐘鼓之繁喧。惟林池烟景，不讓他日。觀其廣踰百畝，深入重扃，迴塘屈盤，沓島交映。溟渤轉於環堵，蓬壺起於中庭。浩然天成，孰曰人智。及春之日，衆木花坼，岸鋪島織，沈浮照耀，其水五色。於是乎襲馨擷奇，方舟逶迤，樂魚時翻，飄蘂雪飛，泝沿環迴，隱映差池，咫尺迷路，不知所歸。此則武陵桃源未足以極幽絶也。夏之日，石寒水清，松密竹深，大柳起風，甘棠垂陰。於是乎濯纓漣漪，解帶升堂，畏景火雲，隔林無光，虚甍沈沈，皓壁如霜，羽扇不摇，南軒清凉。此則楚襄蘭臺未足以滌炎鬱也。秋之日，金飈掃林，蓊鬱洞開，太華爽氣，出關而來。於是乎絃琴端居，景物廓如，月委皓素，水涵空虚，鳥驚寒沙，露滴高梧，境隨夜深，疑與世殊。此則庾公西樓未足以澹神慮也。冬之日，同雲千里，大雪盈尺，四眺無路，三堂虚白。於是乎置酒褰帷，憑軒倚楹，瑶階如真，玉樹羅生，日暮天霽，雲開月明，冰泉潺潺，終夜有聲。此則子猷山陰未足以暢吟嘯也。

綜述

宋 鄒浩《道鄉集》卷二五《二軒記》 鳳山堂蓋襄陽憲宇之勝地也，負郭皆名山，獨鳳山揭其西南隅，景物相禪，出奇無窮。至是，既以憲宇爲學，遂即堂而廣之，以爲教官之居。由堂而南爲東西廡，又南而爲廳，合二十間。又於廳之兩旁各以其一間爲軒，東曰坦腹，西曰炙背，所以順陰陽之宜也。東殖蘭桂，西殖梅菊，惟其時物也。東西皆殖竹，取其實貫四時而柯葉不改易也。余頃備員辟雍幾一年，論者矇然指其罪戾，朝廷寬恩不以遠竄，猶使分教事于此邦。獲與豪英周旋道義，中且以餘日覽勝於江山之上，揖古人而一笑，固已幸矣。今又拔之於欹傾竹屋之下，而庇以輪奐廣廈之蔭，構軒而時居，以濯清風，以傲田父，以冥心於無何有之鄉，豈不甚幸也哉！客或語以治天下遺來世，有不得而不憂者，則曰吾方坦腹炙背而未暇。

宋 吕午《竹坡類稿》卷二《見山庵記》 新安古稱大好山水，邦人室廬率多依山間，屋平陸，則左右前後近不跬步。遠不三數里，無非山也。凡人遇物罕見，必駭矚指目以爲奇。君生長于山，朝夕與接，往往玩而忘矣。子方子家豐乘溪上，面秦潭山，自提孩髫齔迄今，起居出入，無日不見兹山，宜其玩而忘也。一旦即舊所築書堂，以「見山庵」名之，而求記于予。吕若驚喜，創見者之爲何哉？記曰：心不在焉，視之而不見。攫金者不見市人，逐鹿者不見泰山。夫莫多于市人、莫高于泰山，而攫金、逐鹿者不之見，心不在也。心苟在焉，坐見于牆，食見于羹矣。方子之志巍巍乎常在兹山也。志常在兹，則見常在兹，安得玩而忘之乎？疇昔嘗游是庵，徘徊四顧。其西則黄山支脉超遥蜿蜒，至是而將止。其北則靈山蒼翠羅列屏障，与黄山相掩映。其自南而來，則金紫、黄羅諸峰，迤邐會于郡闉者也。而秦潭之山，特峙于是庵之前。方子讀書于是，會賓于是。食而游與勞而憩。于是每奉自見山，寧無感于陶靖節「悠然見南山」之詩乎！

宋 葉適《水心集》卷九《石洞書院記》 東陽郭君欽止作書院於石洞之下。石洞，郭氏名山也。初，洞深複無行徑，薪者給采而已。君始以意疏治，益前，阻崖壁，衆不知所爲，欲止。君逼視其罅，遥聞水聲出空中，曰：噫，是也。鑿崖百步梯級而後進，土開谷明，俄若異境。稍復深入，臻於曠平，則石之高翔俯踞，而竹堅木瘦皆衣被於其上。水之飛湍瀑流，而蕉紅蒲緑皆浸灌於其下。潭澗之窪衍，阿嶺之嵌突，以亭以宇，可釣可奕，巧智所欲集，皆不謀而先成。君又蔭茂密以崇其幽，植芳妍以絢其陽，左右面勢，彼此回薄，而山之向背曲折，陰晴早暮，姿態備矣。君甚樂之，以爲山水之美千載而潛，譬猶趙璧隋珠，璞於外而韞於中，其一日忽彰，何異武陵、天台，顯於今而閟於昔也。既而歎曰：吾寒生也，地之偶出於吾廬，非賜余者。吾其可自泰而游？將使子孫勤而學於斯，學其可以專，盍使鄉里之秀並焉！於是度爲書院，禮名士主其學。徙家之藏書以實之，儲洞之田爲書院之食，而斥洞之山爲書院之山，示郭氏不敢有也。君既卒，諸子修之不廢。

明王禕《王忠文集》卷八《靈谷書院記》 靈谷書院在麐湖山中。麐湖者，貢溪之名山，崇峻而幽邃，最爲奇勝，與龍虎山相距十五里。相傳昔有學仙此山者，常見羣鹿飲湖水。麐，鹿之大者，故山以得名。由饒嶺之阿從山阯東陟有大石，中判離立澗限作門焉，曰龍礤關。由龍礤行數十步，北過澗，兩崖壁立，從崖隙仰見青天，如横石梁。白水兩道，迸落厓底。蜿蜒數仞若龍狀，曰青天白龍。由澗北往東行，俯瞰靈湫。湫前百十步，兩石偶立如削者，雙劍石也。逕折經石下，邐迤過濯纓澗。澗流至是，泓渟而深冽，可濯可沿。過此而行，稍就夷曠，有雋峰。出澗，南峰下石室，可坐數十人。别取道，涉澗乃至其處，曰得道岩。有仙者祝氏嘗居之。又東過雲門，隔澗列嶂如幨幃。其下有石，拔起數十丈。綽約秀整，狀若飛仙。澗左群石盤據爲臺。遥睇飛仙石，如將迎之，曰迎仙臺。至是，徑阻絶，勞攀躋。折而少南，徑出臺上。俄而回眄，向所見飛仙石乃在下矣。復東去，逕益峻風，泉益駃。有大石約十許圍，高可四五丈，峭崒峙澗。北其阯無所附著，曰飛來石。自是，長林喬木蒙密蔽翳。行二三里，復有兩厓削立。瀑流濆薄下注者，峽口飛泉也。稍進有門，曰雲雪之關。入關度橋，曰問津。而橋北則爲麐湖矣。湖東北築堤灣，環如偃月，曰駐鶴壇。壇北有屋，曰天游菴。由庵東南入桃坪，遡澗流西轉，澗側皆樹桃，墜紅泛波，演漾可愛，曰流花嶼。復益西，入廣中。壤土甚膏潤，異草茶蕈，曰玉苗塢。塢西行百步，攀援而上，有亭翼然。攢崿疊巘，皆在履屐下。而仙都闤闠平疇，遠水參錯乎烟霏渺莽間。舉在目睫，曰一覽亭。又北經庵後，上凌絶顛。望彭蠡，潋灧如杯。雲林三十六峰，若薺在地。自山阯至是，約行十餘里，而山之峻極矣。乃循來逕還庵前，沿澗東行，北過漱芳橋，入東谷。兩山相並如負扆。其内則廓然以虚，所謂靈谷也。入靈谷而望，第見峰巒旁拱，清泉怪石，與古樹長蘿相映帶，邈然若與世隔。而書院在焉。書院者，里人桂先生之所建也。初，桂氏在其鄉最爲著姓，自司空公顯于五季之世，其後往往擢儒科、躋仕籍，詩書文澤，繼繼繩繩。凡十世而先生出焉。先生諱本字林伯，承家學之淵源，覃思經術，推其所得，托諸述作，以衛翼聖賢之道。其所著有《四書通義》、《五經統會》、《三極一貫圖》、《金精鰲極類纂》、《道統銘》等書，皆能致力於前儒之所未及，而自立於不朽者也。故其講學兹山，知道之在己者爲既重，而不以世好動其慮。一時學者翕然從之游，書院所爲作也。書院成於延祐中，爲屋三楹間。東爲端彝齋，西爲鈍齋，而講説、棲息暨庖湢之所咸備焉。自昔君子之爲學，必居乎深山幽遐寥闃之境，紛華盛麗無所接於耳目，故能精神澹而志慮專，而於道爲有得也。宋如臯胡公翼之，及平陽孫公明復、奉符石公守道，實相與讀書泰山者。十年學既成矣。故出而用世皆卓哉。聖賢之爲道者也。今先生之居兹山，可謂古人之爲學，雖終隱不出爲世用，而其立言亦足以紹前哲而垂後昆。其於聖賢之道，復何媿焉。且麐湖之東有象山者，陸文安公之所講學也。陸氏之學，簡易正大，然與新安朱氏並立而異趨。先生固繼陸氏而興起者，而所學則本之朱氏爲多，蓋庶幾會朱陸之異而同之，學術之懿不其有可徵者歟！嗚呼！九原不可作矣，而先生之子孟元方尤力學，善文章，號能稱其家。自先生没，元方與其徒仍講習於兹。麗澤之益久而不替，何其盛哉！元方屬余書其顛末，故爲之記，而并道夫山水之勝，俾來學者知其所自云爾。

明程敏政《篁墩文集》卷一八《竹南書舍記》 流塘去予南山不一二里而近。予每行溪上，見西南山蔚然深秀，有竹林高出，若一島然，人輒相指曰：此詹氏世居也。恒欲一逕造看竹，不果。已而識其彦曰貴存中。存中喜問學，尤善爲古近體詩。因相還往，佳時良日，命車出游。若斷石村、古城巖諸勝處，率在流塘。上下必存中與俱，倦則必望流塘抵宿，酒酣論詩，意甚樂也。一日，存中指其屋後山上竹曰：此植嘗燬而益茂。僕於衆卉中獨愛之。近爲屋數椽山麓，謂其在竹之南也，以竹南書舍名之。僕樂游建陽，每瞻《禮》，考亭遺址，窅然有高山景行之思，而建陽書産也。益購古今圖籍以歸置斯舍中。展卷而長吟，則此君之聲戛然不已者，若我和焉。掩卷而沉思，則此君之心洞然中虛者，若我契焉。蓋僕之有得於竹者如此。幸夫子記之一言。予曰：不能也。惟我先世發跡篁墩，而南山竹院，予熟憩者。近復得北山別墅，竹益蕃，而吾曾不能吐一詞以重此君，乃欲爲子記竹南之居乎？存中曰：是有説焉。蓋聞之人情多不暇於故常，而有得於新見。夫子無靳也。則告之曰：古之人有取於物者，豈徒充玩而已哉？將藉以爲輔爾。夫竹，節勁直而不屈，色青而不艶，故比德於君子。若其用之可貴，則小足以備器物，大足以供簡書、調律吕，非他草木可比。子之隱於此也讀書求志，而不思其用之在將來者當何如，是未爲有得於竹者。存中曰：不然。人之所爲，有立於世者，亦各循其分而已。僕生於斯，長於斯，其見諸用者，孝弟之外何所事其行，耕漁之外何所事其業哉。若吾竹之不生於市朝而生於山林，與山林士結歲寒之好而不渝者，其迹一也。夫子謂之何哉？予不覺撫掌曰：姑試子爾。雖然，子喜爲詩者也，他日當結詩壘於竹南，剗新籜之粉，臨風擊節，與諸君子爲存中賦之。

明　夏鍭《夏赤城先生文集》卷一六《緦山記》　庵之前方巖書院。書院之屬有相觀、恐聞二齋，有方石山房、桃溪書屋二羡室。庵之西環以竹樹，曰竹林池。庵之南被以菱芡，曰采藻池；池之上構石面水，曰采藻亭。亭之左累石承溜，曰濯纓池。池之東南其翳四撤，前淼大水，曰望海亭。後巖方巖，曰仰高亭。

明　邵寶《容春堂前集》卷一一《東湖書院記》　東湖書院者，廣東按察僉事梧州吳公廷舉之所建也。院在州東門外，南臨潯灕二江，北負大雲山。山之下公三代先塋在焉。有水出山半，左右夾流，至院之前匯而爲池。池方四畝，曰小東湖者，公名之也。公之先爲湖廣嘉魚人。嘉魚有東湖，既取以名又以扁夫院者，蓋示不忘其先也，抑有尚友之道焉。昔宋周元公茂叔嘗濯纓江州廬山蓮花峰下，樂其水之清也，遂寓以濂溪之號。濂溪出道州，去江州幾千餘里，蓮峰之水非濂溪之水也。然自道眼觀之，則孔子之所謂「逝者如斯」，孟子之所謂「有本者如是」者，固未嘗異也。故觀道有術，莫切於水，得於水而不泥於水，此有道者之大觀也。吾於元公見之大雲之於東湖，其亦類是矣。夫公之學道從可知已。然遠而望其故鄉則得水木之義，近而邇其先塋則廣風木之思。傍以招引後學而退將自養焉。一舉數得，是皆道中之事也。矧院之爲勝，負山嚮水，草木魚鳥之觀日陳于前。登堂曠如，入室奥如，經書圖史取諸左右，無不應手。而掘趨其間，皆鄉里秀敏之士。

明　方獻夫《西樵遺稿》卷六《石泉書院記》　西樵山西有山從肇慶來，至南海鎮涌堡黄岡村渡江，而東有石跡，爲石頭村。乃南而北綿延數十里，丘垤連累，無慮百數，乃崛起而爲西樵。周迴四十里有峰七十二，奇秀峭拔，面皆内向，秀氣中蓄。山巔如平地，可居可田，可沼可井，尤宜茗植焉。山之主峰爲大科，大科之北面中條，頓伏而起，爲紗帽峰。右翼起爲鉢子峰，叠下而爲石泉。左翼起爲大仙峰，亦數峰抱衛而下，蜿蜒如蛇如龍。然大科之右臂爲小科，爲紫雲峰，峭秀特出峙于東，乃伏爲石臺，長近百尋，如伏虎狀。左臂爲雷壇峰，爲鷓鴣嶺，爲八棱峰，巋然雄鎮峙于西，乃伏而爲平岡，前揖如案，其地多丰石美泉，故名石泉。正德壬申，方子以銓部郎謝病歸。丁丑，乃於此搆紫雲樓、沛然堂以居，曰石泉精舍。後廓新之，恭貯欽賜書籍，改稱書院。斯搆也，右遡白山碧雲村，而左以雲端石牌村爲依。雲表村擁其後，寶鴨池、觀翠巖在其兩腋間。前有大路，樵者游者皆由焉。路岐爲石泉洞門，乃適翳門，闢而達于觀山市迴視之羣峰翕合，林木蓊鬱，有風雲之狀。山上大泉三，一出大科北麓，曰雙泉。過雲表村爲西竺泉，注于寶鴨池，乃瀑布而下，歷雙魚、陂石牌村而東，當書院前匯爲湖，曰天湖，亦名小鑑湖。一出小科北麓，合碧、雲二泉注于觀翠巖，又合紫雲溪，過白山村大虎臺，亦瀑布而下，匯于天湖。一出珠度坑，歷銀瓶盤龍石，而會于天湖，諸山之泉皆歸之。又有二小泉，一出盤龍石側，繞書院門而東，甘洌香潔，爲井食焉。一出後岡浮石，亦清洌可食，並流東潤入天湖，湖水出留虹橋，過無底井，從珠院飛瀉而下。天湖之上有亭，有方子釣臺。盤龍石下有與鹿亭。伏虎臺下有洗耳巖，愛瀑軒，觀翠巖，有亭。寶鴨池有耕足窩，皆方子游適處也。雷壇北下爲大科書院，湛子居焉。前有鐵泉，後有雲谷、雷壇。南下爲四峰書院，霍子居焉。左有九龍洞、七星巖、烏利巖、雞冠峰、紫姑峰、龍爪峰、聚仙峰，右爲玉案峰、仙掌峰，境皆勝焉。

明　霍韜《渭崖文集》卷六《見古書院記》　先是久菴黄子之視部事也，節量公堂之費，買柳樹之灣、龍窩之埏，于工曹私署之左，建禮官退食之衙。爲堂爲室、爲院爲軒、爲亭爲閣，凡五十餘楹。堂曰秩禮。禮之秩也，禮臣所守職也。居室曰凝和。和也者，禮之用也。凝和也者，禮所生也。軒曰停雲，訏思也。忠臣孝子思無窮焉。閣曰虛明。虛生明也。嗣是，甘泉湛子至，因佳山之園，爲室五楹，翼廊六楹。渭厓霍子至，因濯纓之西爲池，曰涵池。池之上爲亭，曰涵亭。侄兒珪瑶、璉璞、瑕珉、瑲玦、瓔璒肄業焉，因龍窩書。院之北爲樓，曰見古樓。易龍窩書院曰見古書院。因亭名見古，并易濯纓池曰見古池。或曰：見古，何爲者也？渭厓子曰：道也者，形而上下之間者也。君子於是有見焉。思過半矣。古也者，今之影也。涵池也者，古今具涵者也。禮之秩也，今也秩原於天古也。和凝所以復古也，停雲竚思。何思也，古也。虚明之用所以思也。古道之不復見也，是所由思也。後之君子居斯堂也，尚思身履爲禮而身復古禮乎？尚思心純爲和而純古其心乎？抑吾之思古人也，猶後人之吾思也。吾如之何？庶幾後人之吾思也，猶吾之思古人乎？故曰見古。思所以見也。

明　龔用卿《雲崗選稿》卷九《金紫山房記》　蜀之山水名天下，見於李太白、杜子美諸名賢之所歌詠者屢矣。廣安，順慶之屬州也。其山水尤稱奇特。篆江姜公於州治之北隅得吉壤焉，曰紫荆山。東環篆水，西倚秀屏，北拱龍市樓，南朝霄漢閣。居處幽僻，不邇市廛。樹木茂盛，泉石芳潔。清風日至，白鶴時來。下有蘆竹溪，涵泓停蓄，土脉豐潤。山腰有臺。臺有昔人居址。漫爲平陸，可亭可棲。於是築室其上，以藏古今書畫。率諸子與二三同志講習其中，扁其門曰金紫山房。對鶴有堂，賞幽有亭，太極有軒，凌虚有閣，諸景備矣。

明　蔡羽《碧筠精舍記》（《珊瑚網》卷一四引）　天王寺洽南洲爲精舍，竹二畝，池倍之，閣十尋，軒五，竹之一。客之造南洲，先於軒，次竹，次池，次閣，還休於軒，古器像充焉。暑之月，池於濯，竹於巾，窗於書，席於琴，於奕，閣於風。酒食之會，則於軒。其霄也，池明、竹明、窗明、席明，而閣又極明。城中之臺榭，城外之雲山，皆在閣。其晦也，池暝、竹暝、窗暝，而閣亦暝，聞蘋藻之聲、竹之韵而已。余之卧是軒也，當壬午六月，洞心澄觀，則得之池焉。灑襟臆、颯毛髮，則得之竹焉。細書昏誦，則得之窗焉。馮空御遠，觀中吴之氣、雲物之變，則得之閣焉。憩息、舒卷、守神，則得之軒焉。彌月居得已久多，使終身居之，得又何如也？書以爲《碧筠精舍記》。嘉靖八年己丑三月二十九日，林屋山人蔡羽書于玄秀樓。

明　黄芳《桂林書院記》（《粤西文載》卷二九輯）　學校所以造士。書院又合郡邑士掄其最秀者造之。桂林宣成書院舊矣，此則侍御上饒汪公淵所建也。公按治廣右之明年，惟嘉靖甲申，吏治式序。會督學李公中以憂去憲使，余公祐攝教事，乃購地城西隅，請於公，建焉。【略】爲堂曰五經會講堂，東西各二區，爲齋各若干楹。東以館禮春秋之士，西則業詩書者居之，門巷臚列，設司閽二人，以嚴启閉。門之外濬井各一，以便庖汲。區各有講室，置經師分處，其所以時訓肄士。至者廪費時給，疾疴。有醫，任使有徒，什器溷湢咸庀。且飾堂後爲燕寢。前爲中門，爲大門，扁曰桂林書院。外東西竪牌坊二，曰師聖，曰友賢。其下縈川紆徐，横亘數里，曰西湖塘。塘東構一亭，曰浴沂。循是迤邐而北，有池介詩書二區間，袤十有六尋，廣殺四之三，環甃以石，橋而亭之，曰寶賢池。之西坝一亭，曰觀蓮。觀蓮浴沂言乎情，鎮守所建。寶賢言乎德大參成之。師聖友賢言乎志，則憲副力也。院後園池數畝，惟宗室别墅。方伯彭公續貿益之建樓云。

清　田雯《古歡堂集》卷二四《二十四泉草堂詩序》　二十四泉草堂者，王子秋史書屋也。依歷下城西郭，沿射圃上千佛山脚才二里。屋前後疏畦芡塘，流水映帶。牆外老柳數株，蒼皮空腔，高垂屋頂，長條踠地。茆茨鐙火，吟詩聲與泉聲争響，即其處也。泉曰望水，明殷棠川相國築川上精舍於此。園中篬筤箖箊以萬計，今斤竹已盡，大石猶存，王子數椽在焉。得茸屋詩四章句，云「百年竟落書生手，滿郡猶呼閣老亭」是也。曾南豐謂，齊多甘泉，冠於天下，其顯名者以十數，色味皆同，蓋濼水之旁出者。七十二泉之名見於齊乘元于欽所編《望水泉》，列第二十四則，其雁次相綴，非篤論也。余嘗取而閱之，趵突、芙蓉、濯纓數者而外，其名率俚而不雅。望水尤俚之甚者。于欽注泉水其詞旨不及酈元遠甚。而華不注之華泉，明水鎮之净明泉皆失不録，柳又疎矣。今夫詩人之可傳也，百世後并其山川里巷而亦傳之，如阮籍之縠水，盧仝之玉川，司空圖之王官谷，無不割據一林麓谿澗之勝弗以讓人，而詩人讀書之屋亦前後遞授，庸夫俗子不得而託足焉。如宋玉故廬則庾子山居之，王右丞輞口山莊乃宋之問舊宅也。余每怪濟南名泉不乏，詩人邊廷實、李于鱗、許殿卿輩生於其鄉，曾未聞於某泉之側攫半弓隙地爲别墅者。白雪樓在韓倉村，或云在峼橋廛市間，漫無可考，獨棠川先生以相國工詩，搜抉望水之奇，卜築其上，閣老亭是以傳焉。而今古上下，偃仰流連，落王子秋史之手，此其所以矜喜自負，氣足以豪而詩因之曰工也。余論秋史之詩，仍以泉喻，可乎？夫泚然以鮮者，泉之源也。淰淰而澀澀者，泉之波也。當夫風雨噴薄、水石湍激之際，於猨啼楓落時聞之，不啻雍門之琴、荆山之泣，有助人淒其而不能自已者。秋史之爲詩，悲歌慷慨，鬱陶莫釋。一往蒼凉，蕭摵恇憭。無憀之音，髣髴似之。識者歎爲騷體之遺才、人之高致矣。一變而叶於金石，歸之大雅，猶夫泉之垂溜天紳，衆山皆響，匯爲風潭，萬頃而汗瀾，卓踔以放乎江河，詎可量哉。噫！是時秋也，泉之上白雁書「天水明木瑟」。余將欲撰杖草堂，掃殷園之風籜，聽佛巖之石雨，酒酣濡筆，易「望水」爲「秋史」泉，亦阮曲郎官湖之意，殆以洗于欽之陋，而補酈元之所未注歟。

清 湯傳榘《玉華洞王郡伯書院記》（《汀州府志》卷四一引） 穹窿上下，自五岳四瀆而外，絶粤奇嶂，足以盪心耳而離垢氛者，所在多有。然學士大夫僅借以爲躡屩舒嘯、載酒宴樂之地而已。匪景物之廢興，實與生民休戚相係屬，使朝夕之間無以給其求而遂其生，則將憂水旱，備凶荒，饑寒疾苦之聲不絶於閭閻，雖有仙源靈區，亦零落於荒烟蔓草，無有過而問之者。故必在上之君子能憂生民之憂，而後可以樂山水之樂也。我郡憲太原王公，以經時濟世之材來守臨汀。五年間，生聚教訓不遺餘力，八邑之人因得以享樂利之福。而公乃于郡城導兩河，修八景，以利濟而休息之，亦既繪山區爲樂國矣。尤念清色僻在奔湍杳嶺之間，其靈氣所鍾，當必有磅礴鬱結，迥出尋常者。去縣治四十里許，當東西孔道，有洞名玉華，層崖聳拔，隱伏天外，體勢歷落而奥折。宋、元、明人叙記碑刻猶存蘚苔榛莽之中。其巔，舊有玉華亭，傾塌十年餘矣。我公以公事過此，娱目騁懷，超然物外，遂捐俸新其亭，額曰小有洞天，爲記事於石，題句於楹，週以短垣，縈以曲逕，蔭以佳木美竹，嵚崟錦繢，若天地之奇觀至是忽開也。此後，公每往來，必登眺竟日，至暝，猶然命燭，盤旋自爲歌詩，琅若出金石。於是邑人士咸欣然曰：公乃不鄙夷我清如是耶！公之物色我清，一如几席，襟帶拂拭，愛玩之如是耶！公憑覽吟咏，上追古人，而使我清有所傳述，以增山川風土之重如是耶。相與樂數晨夕，矢詩以繼其音，乃建書院三楹於兹山之麓，用寄瞻仰之惠。闢小逕達於洞口，爲小亭以憩行人。東偏創茶亭，招住持，四時給漿，以濟行旅。置田若干畝，供薪茗修葺之費，凡皆以廣公惠也。下復建亭於左，將勒石以示後。人以傳榘承乏此土，屬筆爲紀其盛。予語之曰：諸人士毋徒視此爲游宴之地也。昔廬陵、眉山作豐樂、喜雨二亭，皆所以先民憂而後民樂者。讀其遺文，想見當時景物民風熙熙安適之象。今玉華吐納烟雲，氣暄物媚，焕然若輕霞之散流彩。迴思數十年來，巖穴荒凉，人民凋瘵，豈易有此形勝？然則即與公之治，謂與歐蘇二公輝映後先，豈不可耶？傳榘受我公樾蔭，待罪於兹七年，不克毫髮有助，乃得從諸人士附名於丹崖翠岫之間，有餘榮焉，又安敢不文辭哉？是爲記。

清 雍正《湖廣通志》卷七七 荷葉山房在縣南三十里，袁宗道兄弟讀書處。入門老松數十株，高古入畫，澗水出其下，曰松風澗，跨以木橋。古槐壓澗，生蔭可十餘丈。其下爲臺，曰清蔭臺。黄山葱然一點在望。渡澗而北，爲荷葉山。蜿蜒皆土嶺，遠見澧陽諸山及谷昇一帶，湖水浩淼，晶瑩摇蕩，曉日山中，古松千本，翠蓋如雲，大者可三人圍。山前有池，闊可四十餘畝，曰荷葉池，經兵火後，村落林木毁伐殆盡，獨此地巋然如舊。

清 乾隆《福州府志》卷二一 二梅亭 即道承讀書處，在所居東。許均《二梅亭記》：種芋山人有梅癖，然居近闤闠，無種植之所也。因割所居後屋三楹爲讀書處。中虚其地，寬半畝，複以半爲池，留餘地以種植。先是屋西角有梅一株，山人時巡檐索，笑種非良，志弗慊也。一日，莊犀水以緑萼一本遺之。緑萼品特貴，花較晚，瘦幽致，寥寥數枝，以少爲貴。適嚴冬，出入擁裘，坐樹下，如肅大賓。晨起，向枝頭簡點複短視，虞礙枝有痕弗覺。灌溉以時，如慈母之護赤子。方蓓蕾如豆子大，山人作歌以催之。清茗一壺，山人跪拜如儀，犀水傍立唱禮。讀長歌竟，花爲放數枝，以助幽興。後復得二種，一紅梅，置東角。一燈影，移與緑萼並，半皆臨池。霜月之下，交影横斜，低昂相向，疑兩異人拱揖空山流水中，而二童子亭亭侍也。於是山人藉以名亭，而削其二，如附庸諸侯，不得列朝會之數。復易其字曰古梅。花時，余與林子蒼巖、黄子莘田輒過訪耳。亭前有石几，覆以氈，列金石古文其上，以秘本善搨爲勝負。浮文白，落英滿杯，咽之使清氣沁心脾。有時相對忘言，手一編，倚樹立，窮日夕不去，幾忘主人之爲梅，與梅之爲主人也。客有謂予曰：山人長者也，而言多欺。治舉子業，而稱山人，市居而言種芋，二梅而頑爾而命曰古，山人欺我哉。余曰：山人之志，各有寓也。山人束身如處子，懼聲名太甚，故以山人自晦。少嗜芋，因以種芋爲名。昔柳子厚記愚溪，舉山水而愚之，人不以爲非。今山人貌甚古，行有古風，愛梅而不侔於俗，則二梅雖非古，山人古之，即古矣。方今嶺徼荒寺，老梅不啻數百本，落落穆穆，不得山人嘯傲於其間，梅又安得古哉。然則二梅之古乃真古，不宜以山人爲欺也。客唯唯而退。莘田曰：是宜記之，以質于古梅也。

清 錢泳《履園叢話・雩園》 雩園在廣儲門内。嘉慶甲子、乙丑間吴門王鐵夫學博爲儀徵書院山長，寓此最久，同時汪浣雲、華吉崖亦嘗寓焉。

清　嘉慶《溧陽縣志》卷三　紅泉書屋，在下莊，史文靖相第，本其從父静海令普所構，後歸相國子侍郎奕昂。拓地增修。圃有井，下貯丹砂，故取謝客詩語，命曰紅泉井。側樓三楹，亦即顔以「紅泉書屋」，秀水朱彝尊筆也。樓前疊石爲山，依山作池。有橋曰挹翠，前後修竹萬竿，風韻可聽。過此數折，有雲在亭，奕昂自題，以致思親之感。亭西有桂數十株，大者合抱，小亦數圍。花時香聞里許，游者謂「桂林之勝，甲於郡邑」。桂林之北，有亭華亭，王鴻緒顔之曰秋樹。其南曰叢桂軒。軒南廳事三間，敬張世宗憲皇帝賜相國「坐石吟新月，臨流納晚涼」聯語。

清　嘉慶《揚州府志》卷三三　百花洲，明宗周與子臣讀書處。有芙蕖館。明陸元李宗公《百花洲記》志載廣陵勝蹟曰：百花洲者，吾邑宗公方城先生讀書處也。竊嘗疑之，洲不過畝許，所值幾何，曷以傳，曷以百花傳？曰：地以人重也。蓋士生於世傳於後，氣節、事功、文章，三者並重。先生浩然氣節，不啻松柏之堅貞也。赫然事功，不啻梗楠杞梓之材之足備樑棟用也。至其見諸吟嘯者，宏詞麗句，絡繹繽紛，又不啻姚黄魏紫之燦燦雜陳而光彩奪目也。先生抱器於斯洲，亦自道其蓄藏之富，有發越之奇麗焉耳。洲所以名也，雖然洲背城面曠，小橋流水，風景絶殊。先生度越恒流，雅與古人俱。陶之菊、周之蓮、王之竹，又何嘗不心愛之，而手植之。洲所以名也，洲無異百花，亦無異異之者，先生處之耳。非先生處之，而洲塊然、百花亦闇然，惟先生處之，而芬芳與協、爛漫與同，固自有相得益彰之佳致歟！抑又聞之，當日者，氣求類聚，如謝子榛、李子攀龍、徐子中行、梁子有譽、王子世貞、吴子國倫，皆天下才，一代之英也。【略】明李春芳詩：美人卜築向蒹葭，載酒相過坐日斜。莫欲逃禪先闢社，豈因浮海故横槎。溪蓮葉葉鋪青荇，岸柳枝枝俯碧沙。共羡少年能奏賦，莫將勳業誤煙霞。城隅亭館即非遥，盡日垂簾净俗囂。蔣逕有畦還種菊，習池一水正容舠。坐深海月移瑶席，望裏墟煙靄畫橋。自是揚雄耽著述，倘容時泛問奇橈。國朝王士禎詩：懷古城南路，輕舠溯急流。典型一茅屋，風物百花洲。野渡神雅集，西風苦竹愁。斯人如旦暮，三歎此淹留。跌蕩黄初彦，名高著作庭。風塵多怨慕，江海颯飄零。大筆留淮海，仙蹤寄幔亭。斯文吾後死，惆悵下煙汀。

清　嘉慶《松江府志》卷七八　梅坡　在法華鎮，戴張傑植梅數十株，讀書其中，即以自號。

清　道光《寶山縣志》卷一三　湄浦草堂　在楊行西北，蘇灦築嘗與黄醇耀、周陳假講學於此。蘇灦《自題草堂》詩：新築草堂傍水幽，波光翠影入窗流。鳥偷熟果時窺客，魚隱輕萍巧避鉤。荒月難過頻望歲，窮顔易老怕逢秋。無聊兀自攤書坐，半卧還消半日愁。蘇灦《湄浦村居》：年來生計漫云賒，百畝桑田半磧沙。旱甚早秋全槁稻，雨翻八月又潰花。荒村蟹斷潮平路，水岸漁燈火到家。坐向夜深東野望，海光珠母上青霞。

又　惕庵　在湄浦北，蘇灦讀書處。邑人須鼎《過蘇眉困惕庵題壁》：夏日攜舟湄浦濱，惕庵重過倍傷神。老鶯已去園林寂，雛燕將飛風雨頻。窗外竹摇清影瘦，階前榴墮血痕新。九原欲識題詩客，三十年交衣布人。

清　光緒《淳安縣志》卷四　錢時宅　在縣西七十里，永平鄉招賢里，融堂先生所居，其講學著書之所。爲齋者四，曰高齋、冬窩、安素、蜀阜。爲堂者三，曰此山、敬止、慶光。登臨吟咏之所，爲亭者五，曰巋然、歲寒、詠歸、山翁、野翁，吟光風霽月。其歸自史館，乃創經史閣，以貯書籍。融堂則慈湖，楊簡所書贈也。別有滄浪亭、亦亭、可亭，並在時故宅。

清　光緒《荆州府志》卷七　荷葉山房，在長安村。袁太史宗道讀書處。澗曰松風，臺曰清蔭。中有室，曰白蘇齋。後有土阜，可眺遠，名曰幕翠嶺。阜旁爲廊，曰斜月廊。自阜而下，地勢平坦。修竹萬竿，搆草堂，曰净緑堂。後有澗，水常涸，少時與諸弟騎羊於此，曰騎羊坡。渡澗而北，爲荷葉山。山中古松千本，翠蓋如雲。一老栗，中空而前竅，可容定，僧名之曰楞庵。山前有池，曰荷葉池。

清　光緒《江西通志》卷一一七　象山精舍，宋儒陸九淵講學處。精舍前兩山迴合，如肘臂兩腋。開有二池，東曰濯纓，西曰浸月。一家結廬於東隅之上，比精舍之地爲少高，雲所自出，故名以儲雲。一家結廬於前山之右，比精舍之地爲少卑，有石澗、飛瀑，縈紆而帶。其側因名以佩玉。

清　光緒《福安縣志》卷三一　杠竹城別墅，在西郊龜湖邊。知海陽縣陳新築，訓子孫讀書於此。植竹木以御水患，人呼爲杠竹城。翰林史安題有「夜半山月出，書聲度寒松」之句。

紀事

宋　葉適《水心集》卷九《白石净慧院經藏記》　樂清之山，東則雁蕩，西則白石。舟行至上水陸，見巨石冠於崖首，勢甚壯偉，去之尚數十里外。險絶有奇致。其山麓漫平，深泉衍流，多香草大木。陸地尤美居之者。黄錢二家累世不貧，以文義自篤爲秀士。北山有小學舍，余少所講習之地也。常沿流上下，讀書以忘日月，間亦從黃氏父子漁釣，島嶼縈錯，可游者十數。有楊翁者善種花，余或來玩其花，必大喜延請無倦。

宋 朱長文《吳郡圖經續記》卷上《學校》 吳郡昔未有學，以文講解者，不過數人。景祐中，范文正公以內閣典藩，而歎庠序之未立。我先君光祿，率州人請建學，文正公請於朝，奏可，乃割南園之一隅以創焉。既成，或以爲太廣，范公曰：吾恐異時患其隘耳。乃置學田，命師儒。其後爲守者，繼成其事。富郎中嚴又建六經閣。自安定先生翼之首居於此，而博洽有道之士，如王會之逢、張舜民翁、張公達伯玉之儔，繼處其任，學者甚衆，登科者不絕。有若滕正議元發、錢翰林醇老諸公，稍稍以出。熙寧之際，朝廷選置學官，更問大義，士之來者甚盛矣。頃時，李校理綖又割南園地，以廣其垣，然黌舍未多，今猶以爲隘也。宣聖殿旁，舊有文正公祠，以安定先生配，歲時釋奠者，皆焚香拜首。學中有十題，曰卒夷、百幹黃楊、公堂槐、鼎足松、雙桐、石楠、龜頭檜、蘸水檜、泮池、玲瓏石。或云，蘇子美嘗掌學，命名也。

宋 黃幹《勉齋集》卷二〇《南康軍新修白鹿書院記》 廬山之陽，傑然而以峰名者五老。五老之麓，窈然而以洞名者白鹿。唐太子賓客李公渤之所隱居，而南唐廣之以爲養士之地。聖宋肇興，文教敷暢。開寶中，有以高第知廬山學士，而洞學始盛。太平興國，有賜書之寵。大中祥符，有加繕之命。慶曆，詔郡縣皆立學，而舊有學者率仍其舊。聖祖神宗所以崇儒風，惠士子者至矣。蕩爲丘墟，莽爲荆榛者，豈立學之後，士趨簡便，不復爲林泉之適耶？淳熙八年，詔以文公朱先生起家爲郡，始得遺址規復之。歲適大祲，役從其簡。已而請額與書以重其事，則其簡也，固有待也。繼爲郡侯爲博士者，累累增治，然量力之宜，踵堂之舊，未有能侈而大之者也。嘉定十年，先生之子在，以大理正來踐世職，思所以揚休命，成先志。鳩工度材，缺者增之，爲前賢之祠，寓賓之館，閣東之齋，趨洞之路。狹者廣之，爲禮殿，爲直舍，爲門，爲墉。已具而弊者新之，雖庖湢之屬不苟也。又以先生嘗著跪坐之制，聞於朝，請鼇正之。其規模閎壯，皆它郡學所不及，於康廬絕特之觀甚稱，於諸生講肄之所甚宜。宣聖朝崇尚之風，成前人教育之美，皆可無憾矣。周衰道晦，且千餘載，周、程夫子始得孔孟不傳之緒，未及百年，大義乖矣。先生洞究其道，而推其所未發。其爲郡也，固嘗與諸生熟講之，規誨之語約而盡矣。今侯亦招致嘗從學先生而通其說者，使長其事講授焉，所望於諸生豈淺哉！苟徒資口腹，媒利祿，而治心修身漫不加意，則既失崇尚教育之旨，覽觀山川之勝，周旋堂宇之盛，於心安乎！侯之爲政，得於過庭詩禮之餘。戢姦扶弱，革弊興壞，而尤以字民爲先務。南康地瘠民貧，先生累乞蠲減租稅。與凡無藝之征，侯亦扼滲漏，節浮冗，代民之輸，而蠲其負者至緡錢六萬餘。尚能以其餘力，屬意於儒官者如此，是固不可不書。幹頃從先生游，及觀書院之始。後三十有八年，復觀書院之成。既悲往哲之不復見，又喜賢侯之善繼其志。命之記，不得辭也。是爲記。嘉定十年三月也。

宋 幸元龍《重編古筠洪城幸清節公松垣文集》卷三《桂巖書院記》 桂巖書院在高安郡北六十里，唐國子祭酒幸南容公之舊址也。山之發源自桂陽池，至於慈雲，過祿原巒坡盤旋，至於神童，林鬱而清，骨秀而豐。一山自右而左者如笏，外蟠兩溪。一山自左而右者如帶。上有祭酒幸使君祠在焉。環兩山之間，厥地邃而深，水泉清冽而草木敷茂者，即桂巖也。面鳳嶺雙岫，出碧背慈雲，千巖競秀，白鶴峰聳於北，晉宋神仙所宅。幕山虎踞偏於南，實祭酒之故居。烟雲吐納，明晦變化，丹青莫狀。昔嘗卜此山開館授業，有孫曰軾，以咸通七年中三史科。中科二年，爲太子校書郎，家徙於郡，而書院自是蕪矣。予以嘉定辛未叨春官歸，待次林泉，披閱圖籍，喟然欲復舊觀。乃翦草萊，鑿山取徑，列以青松，間以冬青，半山創小亭，曰紫翠。自紫翠迂迴而行，東至於古松，枝葉婆娑，清風間生，殷殷有鳴琴聲。松下有小坡，世傳祭酒杖履所憩。村民至今以春秋祀之。路折而西，青杉夾道，至於舊址，蘭蕙幽芳，竹柳疏雅。因植桂百株，結草堂數間，爲齋者四。講肄有舍，庖膳有所益。國周公爲大書，扁曰桂巖書院。復得魏公鶴山匾曰桂巖精舍。日與諸弟課書其中，相勉以振，祭酒遺緒庶乎此，名之不朽也。

宋 韓元吉《武夷精舍記》（《古今事文類聚》續集卷八輯） 武夷山，在閩、粵直北。其山勢雄深盤礴。自漢以見于祀事。閩之諸山，皆後出也。其峰之最大者，豐上而斂下，巋然若巨人之戴弁，緣隙磴道，可望而不可登。世傳避秦而仙者蛻骨在焉。溪出其下，絕壁高峻，皆數十丈，岸則巨石林立，磊落奇秀。好事者一目不能盡，則卧小舟杭溪而上，號爲九曲。以左右顧視，至其地或平衍，景物環會，必爲之停舟，曳杖倚徙而不忍去。山故多王孫，鳥則白鷴、鷓鴣，聞人聲，或磔磔集崖上，散漫飛走，而無驚懼之態。水流有聲，其深處可泳，草木四時敷華。道士即溪之窮僅爲一廬，以待游者之食息。往往酌酒未半，已迫曛暮，而不可留矣。山距驛道纔一二里許，逆旅遥望，不俾僕夫馬足之勞，幸而至老氏之宫宿焉。明日，始能裹飯命舟。而溪之長，復倍於驛道之遠。促促而來，遽遽而歸，前後踵相屬也。予舊家閩中，兩宦于建安，蓋亦遽歸之一耳。吾友朱元晦居于五天山，在武夷精舍而近，若其外圃。暇則游焉，與其門生弟子挾書而誦，取古詩三百篇及楚人之詞，哦而歌之，得酒嘯詠，留必數日，蓋山中之樂，悉爲元晦之私也。予每愧焉。淳熙之十年，元晦既辭使節於江東，遂賦祠官之禄，則又曰：吾今營其地，果盡有山中之樂矣。蓋其游益數，而於其溪五折，負大石屏，規之以爲精舍，取道士之廬猶半也。誅鋤草茅，僅得數畝，面勢清幽，奇木佳石，拱揖映帶，若陰相而遺我者。使弟子具畚鍤，集瓦竹，相率成之。元晦躬畫其處，中以爲堂，旁以爲齋，高以爲亭，下以爲室，講書肄業，琴歌酒賦，莫不在是。予聞之，恍然如寐而醒，醒而析，隱隱猶記其地之美也，且曰：其爲吾記之。夫元晦，儒者也，方以學行其鄉，善其徒，非若畸人隱士，遁藏山谷，服氣茹芝，以慕夫道家者流也。然秦漢以來，道之不明久矣。吾夫子所謂志於道，亦何事哉。夫子，聖人也，其步與趨，莫不有則。至於登泰山之巔，而誦言於舞雩之下，未嘗不游，胸中蓋自有地，而一時弟子鼓瑟鏗然，春服既成之詠，乃獨爲聖人所予。古之君子息焉者，豈以是拘拘乎？元晦既有以識之，試以告夫來者，相與酬酢於精舍之下，俾或自得。其視幔亭之風柳又何如也？是歲八月，潁川韓元吉記。

明　王禕《王忠文集》卷八《游白鹿洞記》　去郡北行十五里，至羅漢寺。路分兩岐，由東入棲賢谷，西則至白鹿洞也。比至，兩山勢回合。當其合處，澗水出焉。過澗逾小嶺，嶺有缺若關門然。入關，路循澗北並山轉。澗南皆良田也。約二三里，乃至書院遺址，正當五老峰下。書院燬已十五年。樹生瓦礫間，大且數圍。前有石橋，曰濯纓。其左又有石橋，曰枕流。過枕流，則從列女廟。登北岡，岡上有大杉木，六七百年物也，有司今盡伐爲御殿物矣。於是書院所存者，獨此二橋。從卒指殿堂、齋廬及風泉雲壑樓故處以告，甚歷歷慨想。昔日規制不可見，惟聞山鳥相呼鳴。山谷虚，餘韻悠揚，恍類弦歌聲。或云從此右折東南，逾重岡，行二三里，乃至所謂白鹿洞。却從洞後復右折，陟嶺乃可到尋真觀，望水簾也。不果往，徘徊久之而還。

明　何自學《平樂昭文樓記》（《粤西文載》卷三二輯）　平樂知府昆陵唐侯既新其郡治，乃作學校。修建大成殿、明倫堂暨齋舍門廡、庫廪庖湢，靡不完具，規模壯觀矣。復於明倫堂後斬茅闢土，創樓三間。繪古之勤學者於四壁，以爲諸生藏修、游息之所，扁曰昭文。落成日，予適巡按至是。課諸生之暇，因獲登臨，以覽江山之秀，徘徊不忍舍去，遂大書「昭文樓」三字揭之。

明　韓雍《襄毅文集》卷九《友清書院記》　昔米元章以石爲友，白樂天以詩酒琴爲三友，曾端伯以名花海棠、酴醾之類爲十友。夫友石者，泥於奇；友詩酒琴流於放；友海棠、酴醾之類，近於侈。彼皆偏於所好者爲之。吾之友則異焉。蒼梧行臺之前除，有古松三十株，高糸天。即松之西，作屋三楹，爲休憩之所。移古梅十五株，修竹三百竿，環植之。竹既叢生，梅亦盛開，吾休暇與客遊其間。見松之亭亭交峙如冠劍大臣，國有大政庭立而議也。見竹之縱縱森列，如百萬甲兵密陣環侍，畏令而不敢囂也。見梅之疎瘦横斜，如山林高士辟穀導引，危立於顛厓之上也。三者相依，一塵不侵，吾愛其清，將取以爲友。客疑之，曰：子嘗以古人友物爲偏於所好，何亦取於兹乎？噫！自《伐木詩》降，友道不能盡古，若世之人，平居無事相處，與契合親密，真若終始不相遺，有事可以相扶持。一旦地位殊，利害近，多反眼若不相識。或勢位相逼，讒毁排擠無不至。雖門生故吏，亦多隨時逐利，前恭而後倨，初附而終叛，以怨報德者有焉。若是者，宜非士君子所爲而其人且忍爲之。奚望其有忠孝大節哉？維松也竹也，歷四時風雨霜雪之繁，盡萬物之榮枯，獨能不改柯易節。有久而能敬，士窮見節義之道焉。梅也，不與羣芳争麗于春風豔陽，而獨秀於嚴冬之時，有秉心無競，途窮見交態之理焉。是則彼皆有歲寒之操，君子之德，吾友其德，以爲晚節之規。如之何其不可？客曰：子取友得矣！因舉酒屬賀。少焉，明月東升，天風徐來，舞蚪鸞、鏘金石、響寒濤。蘭蕙之馨，馥馥芬芬。吾耳目鼻息之所得，又如遊鈞天廣寒，如中秋後登吴山絶頂，如趁朝近御爐，其清何如哉！乃謝客曰：是果吾清友也。書以爲《友清書院記》。

明　鄭紀《東園文集》卷五《寒栖館記》　武夷之山環轉九曲，溪流因之而曲，或三峰四峰，或五峰九峰，曲中爲峰三十有六，皆奇秀險怪，峭拔磽礐，不類人間境。天下山川不可盡知，在閩中此其第一也。有宋大儒晦菴先生，愛其幽深静寂不雜塵世，乃築精舍于五曲隱屏山下，以爲講學授徒之所。九曲適中處也，視諸曲山水，頗夷曠衍沃而奇古過之。舍之旁有堂，曰隱求，曰止宿，曰仁智。齋曰觀善，館曰寒栖，塢曰石門，亭曰晚對，曰鐵笛。又有釣磯漁艇布列左右。一時諸儒聚會，講道游息，繼往開來，實關天下萬世斯文之命脈，亦武夷山川一時之遭遇也。先生没，精舍而下駸以頽圮。國朝正統間，先生八世孫詢等復建書院三間于故址，像先生其中，左右各翼一室。自隱求堂而下則皆蓁莽焉。成化間，崇安令張鋭又建屋三間於院庭之左，以爲士大夫拜謁者更衣休息之所。方成，未扁而去。癸卯夏五月，紀與鄉年友監察御史林君貴實同起告中上京師，舟過此山之下，因晉而舍芨焉。是夜，宿于張所建屋中。時當初伏，夜半之後，寒氣逼人。翊早，紀謂林曰：是屋正先生時所謂寒栖館也。林曰：然。遂援筆爲書而扁之，俾紀爲記，庶見者有所感，而隱求諸堂可因此復焉。紀以天地之氣動則爲陽静則爲陰，陽爲暑陰爲寒，則寒實静之所生也。人静則此心虚明，自無外擾，聰明睿智皆由此出，由是而制羣動，鎮萬躁，無施而不利，所謂定之以中正仁義而主静者也。先生學集大成，偉然爲千百世之大儒，非自此中得乎！紀自幼讀先生之書，即求先生之所以爲學，篤志立行，亦既有年矣，而猶未領其要。兹幸謁先生之精舍而假寓焉，寤寐之頃，受教深矣。於是乎書。

明 祁順《巽川祁先生集》卷一二《游白鹿洞記》 昔唐李渤隱廬山白鹿洞，後刺江州。即洞創臺榭，植花木，而名勝遂聞於時。南唐昇元中，始建學，命李善道主其教，宋初以九經印本賜之。皇祐間，郎中孫琛置館給田，學者雲集。其後淪於鬻廢，至晦庵文公復大興焉。【略】出郭之北，歷田野，涉蹊徑，望五老峰，而前白雲罩峰，巔隱隱不可辨。書院正當其下。岡巒環抱，澗水自西來，繞而東之。由貫道橋入欞星、大成二門，旁經兩廡，上謁聖殿。殿西有明倫堂兩齋，東有先賢祠，塑李賓客、周濂溪、朱晦翁像。祠後爲希賢室，其東爲號房，爲延賓館，皆正統以來所脩復者。舊有橋曰濯纓，樓曰聖旨，曰風泉雲壑，閣曰聖經，曰雲章。及風雩、枕流、自潔三亭，成德、攝儀、友善、文會四堂，皆弗存。惟枕流橋無恙，若流杯池、小三峽、勘書百花二臺遺址，與風雩、觀德、漱石、枕流、聖澤、釣臺、風泉雲壑諸石刻，咸宛然如故。又有刻文行忠信四字，敕賜白鹿書院六字，各爲一石者。登覽徘徊，不覺爲之興懷。莊君别去，予就延賓館小憩，欲爲書院賦，未克成。急雨遄止，出望四山，濕翠炫日，如金碧芙蓉隱映萬狀。從院西適棲賢寺故址，不數里而近。越岡阜田澗，穿松山森鬱中，細雨飄灑，居人掃門伺憩。不入道，聞水聲砰湃。至則兩山折裂，泉瀉石間，盤折斗絶，石橋横其上，甚堅整。昔人以其深險，取三峽名之。橋東有陸羽泉，西有飛來亭。亭側一碑置石壁，刻宋郡守錢聞詩所題。其北有玉淵潭於是。寺廢百餘年，舊址盡爲禾黍之墟矣。因念斯地與白鹿洞幽勝，其經名人賞愛亦不相上下。然寺廢久，莫之復。而書院或廢或興，得如今日之美盛者，聖賢道化與天地相悠久。其講授之處，山川英靈，固默相而陰護也。循澗以還，經村落十數，蔬畦草徑，稻雲松風，宛有佳趣。回顧五老之巔，雲散日明，若開顔相送，眷戀不舍。近郭數里，見西岩白虹掛天而下者，開先瀑布也。曩予嘗至焉。景蹟猶歷歷在心目間。抵分司，未暮，乃記游覩大概，以示同行諸生。賦成并書于石。

明 陳敬宗《澹然先生文集》卷二《長林書屋記》 吉水城南去縣治十五里，有山曰青山。山之麓，茂林陰翳之中有居，曰長林書屋。今兵部郎中鄒公麟讀書之所也。公世家邑市闤闠，聞布衣時篤悉嗜學，以避喧，卜是别業居之。居之前有佳花美木、清池白石之勝。四時之景清妍秀麗，可以娱心而悦目。居之中，庋列經史、百氏之書甚富。公延師友相与講習，討論於其中，慮其博而無成，乃獨取春秋三傳、胡氏諸書，日誦數千百言，不以寒暑而暫休。

明 李東陽《懷麓堂集》卷六七《景州廟學重修記》 蓋景爲河間要地，舊有學，學有廟。歲久敝陋，存不過十二。弘治丙辰，馬君始知是州，圖新其故。顧公帑匱竭，無能爲計。養民畜財，三年而有成效，曰：可矣。乃會材僦工，拓地參址，構大成殿八楹，左右廡各二十有一楹，前爲戟門，門之東爲神厨、神庫，爲宰牲之所，其楹各四。西爲致齋之所，其楹八。又前爲欞星之門，門東西爲綽楔四。又前爲屏牆數丈，以障行者。總之，屋以間計者七十有四焉。廟之東爲學門，轉而西至殿之後爲泮池。池有橋，橋之後爲堂，曰泮宫，其楹四。又後爲明倫之堂。又爲後堂，楹皆如殿之數而差小。堂之左右爲肄業之齋、會饌之堂，楹皆如泮堂。後堂之左右爲號舍，楹各視廡之半。環而南爲東西倉，楹皆如齋之一。又以其後之隙地爲廨宇，視號舍之楹幾倍。學之東隙爲射圃，圃有亭曰觀德之亭。楹亦如齋而差廣。屋以間計者一百一十有七焉。夫自唐虞設官以教胄子而天下化之，學校之法至周乃備。其間羣聖人者皆以其道爲治爲教。治衰則教亦隨之。羣聖之道至孔子而明，故天下舉其道而歸之孔子。凡所爲學，皆孔子之道也。因其道而報本反始，於是祭之義生焉。道在萬世，則萬世祀之。天下之學者不得徧祀羣聖，而得祀孔子，以及於萬世者其教存焉耳。故學之有廟，雖不待於禁令而莫之敢闕。豈非秉彝好德之心無以異哉。

明 桑悦《大中書院記》（《直隸南雄州志》卷一九引） 予爲西昌校官，

訓課暇時，率門生浮江而上，抵於南安，因上下庾嶺以發千古之奇。南雄郡侯貴溪江公，遣生徒邀予至其郡，故得游大中書院，即侯所建也。在泮宫之右，池水汪洋數頃，東西皆有橋。橋之外，東曰登雲，西曰步月。直書院之前有亭涌波，曰一鑑。左翼以天光雲影，右翼以鳶飛魚躍。入院正門，有堂數間，曰明德。堂之後有樓高數十尺，曰作賢。堂之傍有書舍數十間，爲諸生講習之所。樓之左右有亭各二，左一曰麗日祥雲，一曰高山仰止；右一曰光風霽月，一曰活水源頭。侯善書，扁皆侯書。院之前後雜植花卉竹柏。於時有梅數株臨池盛開，素妝照波，靚妍可愛。【略】侯名璞，字伯温，别號中山道人，文章學行，海内重之，其創是院，設施布置，亦可見經濟之大略云。

明 邵寶《容春堂後集》卷一四《復吾司馬先生問精舍狀》 承問及精舍所在，敢不敬復。精舍在無錫城東南隅，冉涇之上，即吾七世祖元處士容春府君舊居也。傳二世，别徙南塘，居以漸圮，繼而屬他姓。弘治戊午，某贖而復之。四周爲垣，中爲堂三間，扁曰容春精舍。容春者，先世軒名也。吾師涯翁先生嘗爲之記。正德壬申，某侍養歸自户部，稍加益焉，奉母居之。未幾，别建于其西爲堂寢。於是某病初愈，乃即精舍静坐飲藥，暇則取古書，哦誦自適。客至輒以起居弗良，謝不見。不得謝或便服見於斯。蓋自癸酉至今，凡五年。丙子春，提學侍御張君汝立至，見門之未有扁也，遂大書曰二泉書院。某謝不敏，當乃用吾師篆書「二泉精舍」四字。扁之末復署曰門生某立。既而張君又欲藉執事爲吾重也，於是乎有記之請。精舍中爲堂三間，仍扁曰容春精舍，吾師八分書。前堂五間，中爲厨二十庋，古今書籍萬餘卷，扁曰泉齋。吾師真書。二堂之間爲庭庭中立黿山石一，左右植松四株，梅二株，竹數竿。堂左直前門爲燕居亭，中懸仲尼燕居之像。堂右爲曲徑，通家廟以達堂寢。每晨興，侯吾母起，居于寢，出于堂，謁家廟，乃至燕居亭，瞻謁先聖，退就精舍。蓋日例如此。精舍門左爲冉涇橋，引弓河水自東來，其西爲陰渠，通弦河惠泉及震澤，時復注焉。題其側曰源頭活水。由橋至渠所，凡數百步。某久坐而困，時野服策杖，游於其上。雖在城市，有山林之趣。每見稱於野人云。其在惠山，則侍御徐君子謙重建李忠定祠，因爲予作講堂焉，亦曰二泉精舍。謹復。

明 蔣信《蔣道林先生文粹》卷四《衡嶽甘泉精舍記》 由衡嶽廟西北行可二裏許，爲宋胡康侯祠，即其隱居著書之所。由祠西北行數百步許，有峰翺然伏而下垂，曰紫雲峰，其麓爲古衡嶽觀廢址。鞠爲草莽，殘石僅存。其出脉發自祝融、天柱，歷南臺蜿蜒而來。其左右支山各若爲龍虎蟠伏不去。右支即康侯祠坐山也。後峰當其左，後爲芙蓉峰者勢尤聳拔，若將蔽護之者。前峰環遶，望之如展案。其左脇有泉，涓涓流而爲磵，遶石而前，紆曲可愛。其右脇則奇石峭立，泉溜其下。此紫雲洞之大槩，而衡嶽之最勝者也。

明 茅坤《耄年録》卷四《何氏園林記題辭》 （何）仁仲問於公所讀書處，故嘗三降之以甘露也，而搆之爲園，輒按公所自好，而種名花、藝嘉樹。復穿池、甃石，欄檻之以臺榭洞房，然特城以内也。又於城東南，復引他流水數里，仿仙家島嶼故事别葺爲園，題之曰采芳洲。日攜縉紳學士、騷人墨子客游其間，而客亦徜徉爲歡，共賦詩歌若干什。甚且不及游者，輒嚮風唱和，頃貽所哀而刻之者上下編，累二三百篇。而予三覆之，翩翩乎海内之鳴球大貝，什且八九矣。嗟矣！先公以勳名道術奮當世，而仁仲復繼之以風流文物，鏗金石、燦琬琰，特罍也。

明 王世貞《弇州四部稿》續稿卷五七《相國養齋嚴公讀書堂記》 太子太保吏部尚書、武英殿大學士常熟嚴公，嘗讀書於虞山之北麓云。而會公去諸生久，其書屋漸以廢，獨遺趾存，而公之執戚蕭君者，感公恩而葺之。爲堂五楹，以庋公之所讀書，而竢公之子孫來游者。其進而三楹，祠故言子游。其又進而三楹，祠故虞仲雍。蓋吾夫子之所後先推許以當逸民文學選，而公之平生服膺而願學者也。堂既據山之勝，怪石攢屹而贅目，清泉瀌瀌而薦耳。修竹茂樹，中外映帶。其蒼然之色與石會，而鏗然之音與泉會。即公杖屨一再過，亦爲之欣然忘返，而蕭君謂不可無述，乃屬余記之，以示永永。

又 卷六二《小崑山讀書處記》 崑山爲吴屬，邑中有山巋然，以是得號，故老云此馬鞍山也。去華亭之西南十八里，乃真爲崐山，今以崑山之爲邑，故辱之曰小崑山。是故婁侯陸遜之孫機雲所讀書處也。然其大實不能當馬鞍之半。而又以地偏而水迂，不爲使輈游槳之所便習。今年丙戌春，友生徐孟孺、陳仲醇游焉。其阯蝕民居，逶迤而上至半嶺，而有佳木美箭之屬，其勝始露。更上數十武，爲石塔。而郡之所詩九峰三泖者悉歸焉。二子樂之，挾塔僧而下與偕。東過一庄墅楚楚，僧曰：是鄉老陳姓之室也。業且售之，無爲主者。問其直，止可三十金。二子適有某甲饋，欲返其槖而不可，曰：士衡不云乎「髣髴谷水陽，婉戀崑山陰」，即此地也。夫誦其詩不知其人，可乎？請售其地而祠之，置丙舍，以歲時賡讀書其中。太原王辰玉聞而欣然爲助其不給，乃稍稍更飭之。其居前俯清流，左右壘黃石爲短垣。其陽獨闕，樹槿藩之，曰槿垣。中有堂三楹，頗整靚，斑竹千竿擁之，蒼翠襲几席，曰湘玉堂。側室蕉數本，輔之以長夏、弄碧、可念，曰蕉室。中奉二陸主，又曰二陸香火處。有石刻《曇陽子古篆心經》、《梓雕居士集》庋焉。祠之後左偏，石岩高可數十丈，空闊瑰奇，石楠十餘樹覆之，石皆作紫紺色，曰赭石壑。竹後小池，蜿蜒至屋角而盡，蘋藻空明，鯈魚出没，曰蝌斗灣。出槿藩門，則所謂清流者，其淺可以菱。菱熟，則紅如夕霞，曰紅菱渡。渡之東，板橋橫焉，左右多垂楊，曰楊柳橋。稍折而東，堰水一區，方廣三畝，馴鶴浴之没不能踁，曰洗鶴溪。斑竹之餘勢上延山椒，芟其繁者，得地而亭，曰花麓亭。湘玉堂之陽，與祠之左爲廣場，且六畝，二子念欲雜蒔諸花卉實之，而橐裝耻矣。乃自草疏請諸戚，執曰爲我。塗澤此石者，花爲我。映帶此水者，花爲我。挽客趾者，花爲我。娱二陸先生之靈者，花即捐。花而惠之，百不爲多，一不爲少，稱意而已俟。花成，當目之，曰乞花場。場之右，方有井，洌而甘，亦前目之，曰澆花井。而屬山人爲記。

又　卷六五《振始堂記》　陽羨之甲族毋逾吴者。吴之先有味菜公，以經術顯名。嘗築室東溪之上，讀書而樂之，署曰滄浜。味菜公以貢至都下，會其從子文肅公在翰林。公笑曰：吾老矣，安能與兒子輩衡進？遂歸。而公有子武城令是，曰滄溪公，因滄浜之舊而稍飭之。滄溪公卒，滄浜之業屬其仲子駕，而仲子跅弛不問産，遂落他人手。駕之兄詹簿君每過之，輒扼腕歎曰：余王父及余考之履跡不淺矣，而據之者乃某子甲。苟不復，異日何以見地下？悉橐而贖之，因故阯崇堂其上，宏麗踰於曩時。周山人公瑕大書扁之，曰振始。傍畝益拓治圃，其左有堂仿振始而小，扁之曰葆真。堂後鑿池，種紅白茄，累石爲山，竹樹雜映，與魚鳥共之。別構一樓曰擥秀，以承銅官山之勝，烟巒出没百態。樓之前砌石臺。臺之下有池，與東溪通，憑欄而坐，則風帆沙鳥歷歷在目。詹簿君間從客觴咏其中，甚樂也。

明　馮夢禎《快雪堂集》卷二八《新拓廣庭可見鍾山及冠松齋記》　東隅精舍既成以居塾師錢麟仲，而幼子辟邪鶵孫延年受業焉。名理軒，則爲師生宴集之所。而余館北麓，後寢自若。丁酉冬，麟仲告歸。余始易處其中，而遞張名人畫於軒，與二三相知共鑪香茗椀之樂。新正二日，汪仲嘉來相從游衍，偶啟東窗，翠色隱隱撩人諦視，則鍾山頂也。乃大喜：幾失此君。立命撤去蘆棚，而受山益多。然東鄰屋角未免障望。召而好言安慰，令析去，而酬以直。其人唯唯，遂并東南之敗屋，東之女牆盡空之，以爲廣庭。不但鍾山半落几席，而兩兒書齋啟北墉，則鷄鳴、浮屠、岡松歷歷爛然橫陳。乃擴牖去壁，置長短窗八，而外爲蘆軒二楹，甃地設欄。中庭插籬，附以雜卉。庭外蒔桃李梅杏諸嘉木，凡數十株，以次放花，互色照耀。而余精舍則盡南垣爲庭，庭際植竹，東限以籬。籬內外夾樹青桐二，啟竹扉，則一徑達兩兒書齋矣。驥兒請曰：此既佳景，何可無佳額？余思之不得。一日，面岡松，恍然得之，名之曰冠松，取陶令「青松冠巖列」句也。而改名理軒曰遠岫，取玄暉「窗中列遠岫」句也。遠岫東西稍逼，不堪消夏，乃通精舍之南半，與軒爲一，以紗窗四隔。其後爲小室，中設木榻，而遠岫益勝。夫遠則鍾山，近則岡松，俱常在不去之物，吾有取焉。至于花卉盈庭，榮枯開落，未免隨時。姑舍是已。久之，夏木漸繁，鍾山稍蔽，而前垣南際宿楮二章，布葉干霄，即岡松亦虧其三之二。乃余適以人言屏居待罪，迹頗似之。且晚放歸，所謂「詢美而非吾土者」也。遂援筆爲記。記之日，戊戌孟秋壬子也。

明　周魯奇《陽朔讀書處記》（《粵西文載》卷三二輯）　陽朔儒學，東臨大江，地勢攲側。皆甃石，特起如壁然。後平整相稱，經營創始，功莫大焉。明德齋後，舊有萬雲亭，歷歲滋久，摧朽不存。今即其故基，作讀書樓，半出池、半覆地，平廣一丈八尺，深二丈四尺，高如廣之數。厥位面陽，厥材孔良，不事藻飾，朴素渾堅。諸山羅列於其前，湍水奔流於其下，風帆沙鳥，朝暮隱見。烟雲竹樹，遠近蔽翳。凡其物類，莫不合形輔勢來助斯樓之勝，使人觀望，心舒目凝，誠怡神養性藏修游息之佳所也。

明　黃道周《大滌書院記》（《明文海》卷三六六輯）　壬申歲余游茲山，嘗爲之記，久不復憶。比復重歷，如讀經史，再翻之後，心眼亦別是。左數百武即大滌洞，洞九曲，上下正平，如鏤承塵。傍爲湧浪，盤翠欲漾。出洞左得小逕，不數折。去屐前齒，得兩龍潭。螺旋而上，踰嶺不十丈，丹黃交映。折小逕而左，歷頂西瞰，可掇兩天目。見蒼石蘊草間，叩之若磬。是將達於棲真矣。棲真右垣列壁數丈許，唇齒匹之可銜一亭，棲真谽谺如百間屋，詭樓迷廈。右鑿石逕隱現，璣樹如門鷹鶴。可數百步即達歸雲矣。從歸雲西旋，循諸石徑，稍東南，行過黃山嶺，還就小徑，復於龍潭望大滌之口，宛然歸雲也。從是口而思棲真，居然大滌矣書院。大滌南折而東扆於天柱以妃。大滌右行數百武，得兩石門，瓊液霏然，如茶竈之在庋。閣右少煩拄杖，仰捫湧翠巖，猶從驪龍逆鱗間行也。自是出溪口，涉畲吻，可探石室。石室未蓋而函，殊可寶也。南呑丹泉，東出九鎖之溪，龍蜕踞於北崖，鳳暝伏於南窈，蓋出九鎖而洞霄之觀始究其自九鎖入者。別從西嶺下，南陟石步障，以宿天柱之麓，於以西探歸雲，東掇石室，仰承棲真，俯納大滌，猶右襟之結衣帶矣。【略】伯紀、元晦二公祠即在書院之左腹。書院制度及諸興創啟闢者不在記中。

又《大滌書院後記》 大滌山者，當餘杭之西。宋人所營洞霄宫者也。古瓦殘碑依稀在焉，而李伯紀、朱元晦以俎豆特存。壬申之歲，予以放履常歷是山，坐卧李朱几案之下。今復七年矣，再爲逐客，重歷是山。【略】是山吐泉北出爲九鎖之溪。溪源發於天柱，中際爲金竺坪、扆坪。承柱築小講舍，以面大滌。是臨安諸賢所共余晤語者也。謝傅嘗云：臨安以西多金堂玉室，異人所棲。余嘗上下徑山天目三四百里間，捫高探深，杖履所結堂室異棲未有盛於大滌者矣。大滌一山凡六七洞，其博奥不及天台，靈幻不及雁宕，石嶂流溪不及武夷，飛瀑隆巒不及匡阜，奇峻不及九、黄，山精巧不及浮立、白岳，而獨以諸洞著於天下。凡天下洞壑，率在窪崖洪濤之所鼓盪，龍匠移宫，鮫人徙宅，故其變態萃焉。大滌當萬山之中，寗父之所未陶，康樂之所不鑿，而谽谺窅室，遂若藥房壯於層屋，若棲真之嵬峨，歸雲之寥窅，玄蓋之浄雅。雖不復藉諸勝，亦良足撮其所長矣。玄蓋者，即大滌。上下正平如削，承塵謂之玄蓋。棲真在大滌西，髻洞門如城闉，層樓環聯，旁有通竇，道書所謂懸霤歸雲。西望天目，暮靄所巢喻舌吞之。此三洞者，雖不必異人所棲，然使漢武聞而搴裳，燕昭聽而抵掌，何詎過乎。杜光庭稱是山「玲瓏玄牝之竅妙，棲息之下可以大滌塵心」。

明 費寀《明少保費文通公文集選要》卷五《廣德州儒學青雲樓記》 廣德爲南畿大州，古稱沃壤。惟是人才疏闊，自國初及今，以科第顯者，僅十餘人。雖有司頗能造進，諸士多所奮勵，而尚鮮有徵驗焉。嘉靖癸巳之仲冬，東潭涂子夢卜來倅是邦，愀然有思，爰即學宫而徙倚焉。南望則遥峰疊巘，蒼翠參錯。顧瞻則尊經閣贔屓負之。西眺則闤闠傍列如倚衛之狀。惟東面呀然空缺，蓋地勢獨卑，爲州治水出處。平疇曠野，窪如也。涂子噫嘻笑曰：其在是也。堪輿家謂：風氣疏泄，則靈秀不鍾。其仕是耶！亟欲起樓當之，而費無所出，乃諭於衆。衆好義者争出所有助之，遂售陰陽官施大縉之田若干畝。築土爲基，高距三尺。差吉鳩工，創樓其上，樓高三十尺有奇，廣倍之，深倍廣十尺。□檐峻宇，静牖飛甍，呑日月、帶煙霏，拂層霄、軼浮溘。翼乎西與闤闠相拱。顧於學宫之形勢，乃宛乎其一週也。樓前有臺，掖以兩廊。廊各四楹，東偏復小屋三楹。燕息庖湢各有其所。臺之前扁以三門。門之東環以一橋。蓋經始于某年月日。工善吏勤，衆手交作，越六月而告成焉。扁之曰青雲樓。走使請予記之。

清 陳宏緒《江城名蹟》卷三 芳樹齋 在城隍廟前，予友萬茂先徵君時華早歲讀書於此。修廊矮屋，雜植碧梧、丹桂、山茶、玉蘭於前，取徐文長「鳥下窺書古，花飛綴字紅」之句，題于檐楹，《芳樹齋詩》之所爲刻也。後卜築溉湖，遂名其集曰溉園。頃，兩地俱委蔓草，殊增人樵、車寂歷之感爾。

清 張岱《西湖夢尋》卷二《岣嶁山房》 李芠號岣嶁，武林人，住靈隱韜光山下。造山房數楹，盡駕迴溪絶壑之上。溪聲淙淙出閣下，高厓插天，古木蓊蔚，大有幽致。山人居此，孑然一身，好詩，與天池徐渭友善。客至則呼僮駕小舫，盪槳於西泠斷橋之間，笑咏竟日。以山石自礫生壙，死即埋之。所著有《岣嶁山人詩集》四卷。天啟甲子，余與趙介臣、陳章侯、顔叙伯、卓阿月、余弟平子讀書其中，主僧自超，園蔬山蔌，淡薄凄清。但恨名利之心未浄，未免唐突山靈，至今猶有媿色。

張岱《岣嶁山房小記》：岣嶁山房，偪山、偪谿、偪韜光路。故無徑不梁，無屋不閣。門外蒼松傲睨，蓊以雜木，冷緑萬頃，人面俱失。石橋低磴，可坐十人。寺僧刳竹引泉，橋下交交牙牙，皆爲竹節。天啟甲子，余鍵户其中者七閱月，耳飽谿聲，目飽清樾。山上下多西栗鞭笋，甘芳無比。鄰人以山房爲市，蔬果羽族日致之，而獨無魚，乃瀦谿爲壑，繫巨魚數十頭。有客至，輒取魚給鮮。日晡，必出步冷泉亭、包園、飛來峰。

徐渭《訪李岣嶁山人詩》：岣嶁詩客學全真，半日深山説鬼神。送到澗聲無響處，歸來明月滿前津。七年火宅三車客，十里荷花兩槳人。兩岸鷗鳧仍似昨，就中應有舊相親。

王思任《岣嶁僧舍詩》：亂苔膏古蔭，慘緑蔽新芊。鳥語皆番異，泉心即佛禪。買山應較尺，賒月敢辭錢。多少清涼界，幽僧抱竹眠。

清 王餘祐《五公山人集》卷一〇《郝氏醉營齋記》 余友參甫郝君，其人豪爽，有深思，喜書翰，工吟咏，又雅愛交游，頗有釀酒好客、散金收書之致。昔年余與數晨夕者洽歲。每令節佳時，一樽宴衎，山水亦爲增韻。嘗嫌其讀書處近宅室。別於南園營精舍，欲即其故基闢而新之。槐高籠月，牆低度雲，蓋將於此藏萬卷，以遂其徜徉圖籍友朋之樂。規模已定，而未就也。嗣此，余流寓遠鄉數載，始還山。參甫馳書云：新齋告竣矣。乞爲文記之。余思天壤間，浮雲蒼狗變幻莫測。一丘一壑恐不足爲卒歲計，而且園亭是庀乎！雖然，居因道廣，地以名傳。山川易陳也，而不朽者以人。光陰有限也，而可久者以業。昔崔鄲居光德里，創便齋自居。宣宗歎其孝友，親爲題之。李約之破屋，買蕭子雲書，建一室棲之，至今呼爲蕭齋。是齋之以人不朽也。宋太學十齋，有守約、存心、養正、持志、率復誠意，諸目人能繹其義而力勉之，別德成矣。是齋之以業可久也。今參甫抱豪爽深思之資，藏焉、修焉於此。凡山經、海志、兵農、禮樂、陰陽、醫卜，諸子百家之賾，無不講求時。與其朋引杯探策，浩歌吹藜，朝夕考德而問業焉是齋也。豈特一草、一木取悦幽人，一觴、一詠銷憂隙日而已哉？河上丈人云：心若醉六經，目若營四海。余於參甫望之，請即醉營顔其齋，可也。

清 雍正《山西通志》卷二五 冠山，在州西南八里，盤踞巍峨。山椒有孔子洞，一石琢成。 元好問詩「冠山移得近城頭」。喬宇《夫子洞記》平定之西九里，山勢秀拔，曰冠山。元左丞吕公思誠書院舊址在焉。南有巨石，高丈餘，廣倍之。太守孫君朝用命工琢爲洞，肖夫子像，以顔子、曾子配。又疊石爲二洞，以備士類息偃游藝之所。繚以垣墉，與書院相表裏。

清 乾隆《西湖志纂》卷六 敷文書院 在萬松嶺上，本名萬松書院。宋爲報恩寺，元廢。明弘治十一年，浙江右參政周木因寺址改建書院，奉宋太學宣聖石像於此，立石坊，題曰太和元氣。上有芙蓉巖、可汲亭、石匣泉，稍西有水雲亭、振衣亭，中爲飛躍軒，西有留月臺，東有掬湖臺，中有毓秀閣。又西有如圭峰，正中爲明道堂，右爲居仁齋，左爲由義齋，又有顔樂亭，曾唯亭，後圮。嘉靖三十三年，杭州知府孫孟重建。萬曆五年，巡鹽御史馬應夢即毓秀閣北，建繼道堂，翼以窮理、居敬二齋。歲久，復圮。國朝康熙十年，巡撫范承謨重建。康熙五十五年，巡撫徐元夢奉聖祖仁皇帝御書「浙水敷文」四大字恭懸堂中，並勒石焉。後爲正誼堂，爲存誠閣，迤西巖上有亭。巡撫朱軾顔曰玩心高明。又前有軒，顔曰表裏洞然。稍西有載道亭，督學汪漋題曰與灝氣俱登山，遐矚左江右湖，如在襟帶中。多奇石，不可名狀，雜植桃李、桂杏之屬，繁英繽紛，緑陰冪䍥，足爲藏修息游之所。雍正十一年，命省會創建書院，給帑金以資膏火。頒賜經籍，延師督課，俾十一郡諸生肄業其中。乾隆元年，欽奉諭旨慎選師儒以居講席，月有課，日有程，兩浙人文蔚起。乾隆十六年三月初三日，駕由浄慈寺過萬松嶺，臨幸書院。御製題敷文書院詩：松岡迴首望祇園，講舍層階喜得門。氣助湖山鍾遠秀，道傳孔孟有真源。清游祇欲心無逸，名教何非樂所存。嘉爾青衿真濟濟，嗣音實行勉相敦。

又 卷九 紫陽書院 在紫陽山下太廟巷。《兩浙鹽法志》：康熙四十二年，鹽法道高熊徵捐建書院。巡撫張泰交顔曰紫陽別墅，以其地爲紫陽山麓，適與新安之紫陽同名，遂以別墅別之。其中爲樂育堂，奉朱子位。堂後有簪花閣，巢翠亭，五雲深處。講堂東爲近水樓，南宫舫，瀛洲榭。集民商士子於此絃誦焉。雍正七年重修，改巢翠亭爲文昌閣。

清 乾隆《元和縣志》卷五 （元和縣學宫） 西舍後爲射圃。中有觀德亭。廟學之間有夾道，由夾道北折面東爲先師廟。後爲啟聖祠。今名崇聖祠。祠附禮樂二庫，自右入，迤北爲尊經閣。閣後有土山，搆道山亭。其上遵山徑而北，有橋曰望闕，跨玉帶河。東爲蔬圃。稍西爲桃李園。由園而北而西，聚太湖石，壘小山，建敬一亭。由尊經閣而東爲會饌堂。又東爲倅廪倉。折而北有岐路。一南行通東夾道，一東行爲跨玉橋。過橋北折爲游息所。又北爲杏花村。嘉樹館有橘數十株。南折而東有小池，池有桂。跨池之橋曰折桂。過橋，屋數楹，藏宋元以來石刻。後有土山松林，蒔雜花數十株，名春宴園。又東蒔竹數百竿，名小淇園。蓋玉帶河以東之地盡於此。

清 乾隆《曆城縣志》卷一二 宋熙寧間，郡守李恭始建府學於大明湖南。元至正六年庚辰秋八月，山東憲曹告朔於廟，憲副珊竹忽埋哈赤知事李彦敬乃議修垣。廣千二百五十二尺，高一丈六尺，廣四尺。以石築基，以白污堊，覆之以瓦。宫牆始峻，有張起巖記。洪武二年，崔太守亮重建。天順五年，陳太守銓修。成化十九年，蔡太守晟建鄉賢祠，增兩廡像龕樂器。正德七年，章太守寓之，建講堂。萬曆庚子，沈太守蒸修，引芙蓉泉水入外泮池，名其水道曰梯雲。溪櫺星門外左右建方圓二亭。天啟丁卯，樊太守時英名二亭曰中規、中矩。又引明湖水入巽，方爲一池，蓄金鯉，種桃柳，建亭其上，曰飛躍。又引水西入内泮池，由西廡後繞尊經閣而東，名曰玉帶河。崇正癸酉，圮廢，顧太守燕語重修。戊寅，荀太守好善重修大殿明倫堂，會兵變而明倫堂燬。《舊志》

又 歷山書院 趵突泉東、巡監御史畢公懋康於萬曆甲寅年建。其制中爲精一堂，六楹。堂後有穿廊，有後堂，六楹。庭四楹，各有配房，四楹。週圍書舍數十楹，堂前爲儀門，左右有掖門。儀門前有橋，引白龍泉水，經趵突泉前。東注之復會趵突泉。前爲大門，四楹。門前有坊，曰歷山書院。初六郡士子讀書其中者，以百計。天啟初，爲郵亭。士人不敢過而問矣。

清　乾隆《廣豐縣志》卷三　鶴棲書舍　太漢卿吕懷記：霞之溪，隔岸東北有州焉。其地墳起於平野，中廣而平，蟠而折，怪石臨其左，澄潭映其右。古樹奇葩錯雜而交茂，朝含旭日，暮鎖寒煙。舊建書舍曰鶴棲軒，名仍地也。鄉之高士望爐等日游而樂之，因相與拓址鳩工。各就其旁可相通處，增爲亭榭，翼以廊廡，而復虚其中以爲閣，與古松參差相間。入其間者，幾弗能窮其勝。視邑侯孫公所，顔爲環秀，既爽塏別出而曲徑較多也。於是聚族子弟之秀而傑者，以時吟課其中。四方騷逸名流亦咸樂題詠焉。絃誦之音與水聲上下，可謂得其幽致矣。是歲之夏，同學由孟君與予偕飲於此，披涼風，卧竹榻，面東山之紫氣，挹仙掌之白雲，會見屼嵂層巒，鼎鼎摹漢，嵯峨老樹，鬱鬱參天，慨然想見先世孤忠皓魄，淩轢古今，抑且松青如蓋，草緑似茵，水潺湲以龍吟，石蟬聯而□走。文成千載，會勝一時，則將來之焜燿斯軒者，誠未有艾也。不佞迹雖類乎寒蟬，獵輒見而心喜，行且操筆硯以從事。賞花問序，分席呼盧，其有足樂乎？其無足樂乎！

清　乾隆《獲嘉縣志》卷五　巨柏園，在縣東北，因其村以爲名。明邑人賀盛瑞讀書處。賀長喜《柏園記》：獲邑附郭，咸瘠土也。東北行五里許，頗肥美。稼時恒聞轆轤聲，士人汲水灌園，畦町縱横，雜蔬葱肥。即而近之，有廬舍參差隱見於林樾間者，巨柏村也。村之西偏擲柏茂密，翠色可餐。棲臺高聳，修竹掩映者，先大夫參憲公棲隱處也。公嘗鼎建宸居，竭忠盡瘁，經營土木之役。不遣官，不加賦，工程告竣而帑藏之□餘以百萬計，則事君之誠、愛民之仁、裕國之義，幾無□矣。乃工成被嫉。退，然有遐思焉。心已盡而才已殫，自□懷才不試，甘爲肥遯者流也。故其隱也，不隱於山，不隱於泉，而隱於翠柏之陰。乃名其園曰柏園。向離爲門□三楹，外植雙槐，内延甬道，道旁植柏爲林，直達前庭。曰環緑堂，環堵皆柏也。種雜卉於其中，古槐蔽於檐際，緑陰環繞。公所以集良友、會嘉賓，求□鳴之好者也。由堂而北，則此事樓在焉。樓之下，匪棟匪梁，甃之以磚。内爲曲洞，由兩旁拾級而登之，則疊屋二重，廣三楹。起角重檐，回廊四圍。家居讀書其中，乃慨然曰：一經作吏，此事便廢，今賦歸來，此事復修矣。樓之後則有池。止水一泓，青蓮承露。良宵雨歇，水無心於邀月，月無意於投水。水月交輝於緑荷紅霧間者，蓋不期而會也。因名其池曰清漣池。池上有橋曰獨立橋，「舉世皆濁而我獨清」，其卓然獨立者歟。稍北則爲因隱亭，寬五楹，兩旁置小閣，圖書藏於内。閒時録行過事，宜輯爲文稿，以寫其志者也。階旁置翠竹百个，老梅數本，則公之清風高節可概見矣。此事樓之左則有眺蟾臺，邀東山之月，而醉於擲柏叢中。由臺而北則有小高樓。臺榭屋宇，超然獨上也。由此而西，可達於因隱亭。此事樓之右則有醉豁亭，一楹小閣，四面玲瓏。微醉登眺，萬緑凝眸。由亭而北則有小有天。蓋昭昭之天，與六合之天，原非二天，又何必問仇池之穴而潛通之也。由此而東，可達於因隱亭。亭之後爲桃塢。經春爛熳，快人心目。亭之前而池而樓，直達前庭。柏園之大觀盡此矣。

清　錢泳《履園叢話・樸園》　樸園在儀徵東南三十里，巴君樸園、宿崖昆仲以其墓旁餘地，添築亭臺，爲一家子弟讀書之所，凡費白金二十餘萬兩，五年始成。園甚寬廣，梅萼千株，幽花滿砌。其牡丹廳最軒敞，吳山尊學士書楹帖一聯云：「花候過丁香，喜我至剛逢穀雨；仙根依丙舍，祝君家看到仍雲。」有黄石山一座，可以望遠，隔江諸山，歷歷可數，掩映于松楸野戍之間。而湖石數峰，洞壑宛轉，較吳閶之獅子林尤有過之，實淮南第一名園也。道光癸未秋九月，余自邗上往游，與童君石林、張君石樵輩信宿其中，得十六景，有梅花嶺、芳草坨、含暉洞、飲鶴澗、魚樂溪、尋詩經、紅藥闌、菡萏軒、宛轉橋、竹深處、識秋亭、積書巖、仙棋石、斜陽坂、望雲峰、小漁梁諸名目，各繫一詩，刻石園中。

清　李斗《揚州畫舫録》卷三　梅花書院在廣儲門外，明湛尚書若水書院故址也。若水，字甘泉，廣東增城縣人。嘉靖間，以大司成考績道出揚州，一時秉贄而謁者幾十人。揚州貢士葛澗與其弟洞，早年從之游。是時，因選地城東一里，承甘泉山之脉，創講道之所，名曰行窩。門人吕柟以湛公之號與山名不約而同，書甘泉二字于門，又撰《甘泉行窩記》。行窩門北，有銀杏樹一株，就樹築土爲壇。上壇築基，爲堂，題曰至止堂。其心性圖説，在北墉鐘磬，在東墉琴鼓，在西墉學習。誠明進、脩敬義二齋在東，序燕居在堂北。厨庫在燕居左右，繚以周垣，凡六十有二丈。垣外有溝，溝外有樹，先門外有池。池水與溝水襟帶行窩，而池上有橋。當行窩之旁，又置田二十餘畝，以資四方來學者，皆澗所助也。通山朱廷立爲巡鹽御史，改名「甘泉山書館」。厥後御史徐九皋立純正門，禮門提學御史聞人銓立義路坊，知府侯秩劉宗仁、知縣正維賢相繼修拓。御史陳蕙增置祠堂、射圃等地，御史洪垣增置艾陵湖、官莊田八十畝。此嘉靖間湛公書院也。萬曆二十年，太守吴秀開濬城濠，積土爲嶺，樹以梅，因名梅花嶺。緣嶺以樓臺池榭，名曰平山别墅。東西爲州縣會館，名之曰偕樂園。後立吴公木主于園中，子舍名曰吴公祠。三十三年，太監魯保重修，知府朱錦作碑記，當道檄毁之，存其堂與樓，爲諸生講學之所。巡按御史牛應元改名之曰崇雅書院，祀湛公木主于堂，又曰湛公祠。崇禎間，書院又廢。國朝雍正十二年，郡丞劉重選倡教造士，邑士馬曰琯重建堂宇，名曰梅花書院。前列三楹爲門舍，其左爲雙忠祠，右爲蕭孝子祠。又三楹爲儀門。升階而上爲堂，凡五重。複道四周。又進爲講堂，亦五重。東號舍六十四間，旁立陴宇，爲庖厨浴湢之所。西有土阜，高丈許，即梅花嶺也。嶺上搆數楹，虚窗當檐。檐以外憑墉而立，四望烟户如列屏障。下嶺則虚亭翼然，樹以雜木。【略】乾隆初年，復名甘泉書院。戊戌，長白朱孝純由泰安知府轉運兩淮，又名梅花書院，而廓新其宇。于市河之西岸立大門，自書「梅花書院」扁，刻石陷門上。甬道二十餘丈，雕牆高五丈、長十餘丈。牆下濬方塘，種柳栽葦。面塘爲大門。雙忠祠、蕭孝子墓、節孝祠在其左，距書院舊址相去丈許矣。書院正堂制度悉如郡丞劉公之舊。更以濬塘之土累積于右，樹以梅，以復梅花嶺舊觀。嶺下增搆廳事五楹，亭舍閣道點綴其間。

清　姜希轍《青藤書屋記》（《山陰縣志》卷二八引）　書屋在縣治。有巷名觀巷，右即其址。正德辛巳，徐山人生於是。青藤，其所手植。山人生年七十有三，自癸巳後經今，又九十一年。計兹藤，爲百四十餘年物矣。藤下一池，方十尺。池上近北，横一小平橋。橋承以柱，橋上覆以石。臺下可爲亭，額曰天漢分源，背即顔曰自在巖。題臺下雙柱，曰一池金玉。「如如化滿眼，青黄色色真」。背復題曰「未必玄關别名教，須知書户孕江山」。題乘橋之柱，曰砥柱中流，皆自書是。所謂「天池也，山人自譜自觀」。巷之宅失考妣兄嫂，主凡八遷，今觀山人所傳墨蹟，每以青藤、天池自號，他若柿葉、鸝桃未之有及，蓋不忘始基耳。前此餘四十年，暨陽陳洪綬識其處，曰青藤書屋。後施氏從潘氏售而有之，治茀爲廬，請董瑒扁曰孺子下榻處，以山人嘗自號「孺子」也。又護藤以石，藤亦名薜荔，山人又號漱仙，又嘗以天池漱石自識，則又勒於面藤之壁，曰漱藤阿。董瑒歌曰：越王城中有名蹟，種山東下怪山北。憑橋社古神最靈，牆西舊是山人宅。山人名渭厥姓徐，詩字文畫世競趨。有雙白鹿獻天子，前後二表皆曰俞。當年作者尚粉藻，史漢兒孫轉相藐。有人高踞白華樓，一見其文便傾倒。海内於今誦二川，山人品次相後先。猶有隨聲拾餘慧，杜詩韓集同棄捐。兹藤盤屈連書屋，旁有方池入亭腹。山人已去色尚青，柱上題詩最堪讀。自古名賢不易逢，青藤留得山人蹤。不知輞水藍田業，可許王裴賦詠重。而社内東寮之壁，山人於戊寅正月三日過此，題云：童時畫壁剥成泥，圓澤投胎錦水西。一念忽穿三十載，竹梢寒雨覆窗低。時山人年五十八矣。其低徊窗竹如此，能無松鱗藻影之繫思耶？案此宅今售歸邑人陳氏。

清　同治《歷陽典録》卷七　半在園　含山城北隅，唐泰初冠賢、再適進賢兩先生讀書處。清池湛然，雜樹交蔭。小軒映水，幽静疏豁。極城市、山林之樂。泰初，雍正丁未進士，直隸任縣知縣。再適，雍正癸丑翰林。四川松茂道。

清　光緒《西湖志》卷九　敷文書院　在鳳凰山西嶺。宋爲報恩寺，元廢。明弘治十一年，浙江右參政周木因廢寺舊址改建萬松書院。上有芙蓉巖、可汲亭、石匣泉，稍西有水雲亭、振衣亭，中有飛躍軒，西有留月臺，東有玉湖臺，中有毓秀閣。稍西有如圭峰、明道堂，右有居仁齋，左有由義齋。又有顔樂、曾唯二亭。嘉靖三十三年，杭州知府孫孟重建明道堂及居仁齋、由義齋。萬曆五年，巡鹽御史馬應夢即毓秀閣北建繼道堂，翼以窮理居、敬一齋。歲久盡圮。國朝康熙十年，巡撫范承謨重建。康熙五十五年巡撫徐元夢奉聖祖仁皇帝御書浙水敷文四大字敬懸中堂，並勒石焉。後有正誼堂、存誠閣。逶迤而西，有亭翼然，巡撫朱軾顔曰玩心高明。又前有軒，顔曰表裏洞然。稍西有載道亭，督學汪漋顔曰與灝氣俱。登山遐矚，左江右湖，如在襟帶。萬松離立，謖謖作聲。中多怪石，猙獰奇特不可名狀。夾以桃柳梅杏檉桐杉桂之屬。四時繁英繽紛，緑陰冪歷，凡肄業諸生，藏修息游，足暢胸臆。湖濱勝概，此爲巨麗云。

清　光緒《江西通志》卷八二　白鹿書院在府北十五里廬山五老峰下。唐貞元中洛陽人李渤與兄涉隱於此，渤嘗養一白鹿自隨，人稱白鹿先生。寶曆中，渤爲江州刺史，就其地創臺榭，遂以白鹿名洞。

清　光緒《重修天津府志》卷二二　七十二沽草堂，在鍋店街後，門臨大河，梁氏别墅。宜亭在西門外，演武廳右、月堤上。康熙間，天津道朱士傑建亭，四周環植楊柳，炎日絶無暑氣，游者忘返。今廢。

著　録

明　羅亨信《覺非集》卷一《贈雲巖書舍圖序》　寶安之景有八，海月巖，其一也，在邑西南。之海壖巖，則居右山之顛，深廣幾二十尋，雲烟出没，泉流清徹，昔人嘗即巖建祠，崇奉浮屠暨海神，以祈景貺。曾有仙人來游于此，又曰仙巖焉。前瞰巨浸，傍多沃壤。茂林修竹，桑麻之盛，物產之饒，無出其右者。宜秀民碩氏之隱處焉。大族劉氏世居其陽，子孫衆多，比屋鱗砌，篤詩禮之風，敦媚睦之行者蓋多。其人有號，雲巖翁者，體貌瓌奇，襟懷灑落，聲利不干而甘恬退。嘗搆一室，爲養晦之所。爽愷夷曠，不藻不華，積書畫於中。日以金玩爲樂，因額曰雲巖書舍。庠生翁廷信爲圖其景，林木蒼翠，筆意清潤，翁棲遲偃仰，不知老之將至。

藝文

宋 朱熹《晦庵集》卷九《行視武夷精舍作》 神山九折溪，沿泝此中半。水深波浪闊，浮緑春渙渙。上有蒼石屏，百仞聳雄觀。嶄巖露垠堮，突兀倚霄漢。淺麓下縈迴，深林久叢灌。胡然閟千載，逮此開一旦。我乘新村船，輟棹青草岸。榛莽喜誅鉏，面勢窮考按。居然一環堵，妙處豈輪奐。左右矗奇峰，躊躇極佳玩。是時芳節闌，紅緑紛有爛。好鳥時一鳴，王孫遠相唤。暫游意已愜，獨往身猶絆。珍重舍瑟人，重來多幽伴。

又《武夷精舍雜詠并序》 武夷之溪東流凡九曲，而第五曲爲最深。蓋其山自北而南者，至此而盡聳。全石爲一峰，拔地千尺，上小平處微戴土，生林木，極蒼翠可玩，而四隤稍下則反削而入，如方屋帽者，舊經所謂大隱屏也。屏下兩麓坡陁旁引，還復相抱。抱中地平廣數畝。抱外溪水隨山勢從西北來，四屈折始過其南，乃復繞山東，北流亦四屈折而出。溪流兩旁，丹崖翠壁，林立環擁，神剜鬼刻，不可名狀。舟行上下者，方左右顧瞻，錯愕之不暇，而忽得平岡長阜，蒼藤茂木，按衍迤靡，膠葛蒙翳，使人心目曠然以舒，窈然以深，若不可極者，即精舍之所在也。直屏下兩麓相抱之中，西南向爲屋三間者，仁智堂也。堂左右兩室。左曰隱求，以待棲息。右曰止宿，以延賓友。左麓之外復前引，而右抱中又自爲一塢，因累石以門之，而命曰石門之塢。別爲屋，其中以俟學者之羣居而取《學記》相觀而善之義，命之曰觀善之齋。石門之西少南又爲屋，以居道流。取道書真誥中語，命之曰寒棲之館。直觀善前山之顛爲亭，回望大隱屏最正且盡，取杜子美詩語，名以晚對。其東出山背臨溪水，因故基爲亭，取胡公語，名以鐵笛。說具本詩注中寒栖之外，乃植樱列樊以斷兩麓之口，掩以柴扉，而以武夷精舍之扁揭焉。經始於淳熙癸卯之春，其夏四月既望堂成，而始來居之四方士友。來者亦甚衆，莫不歎其佳勝，而恨它屋之未具，不可以久留也。釣磯、茶竈皆在大隱屏西。磯石上平，在溪北岸。竈在溪中流，巨石屹然，可環坐八九人，四面皆深水，當中科臼自然如竈，可爨以瀹茗。凡溪水九曲，左右皆石壁，無側足之徑。唯南山之南有蹊焉，而精舍乃在溪北。以故凡出入乎此者，非魚艇不濟。總之爲賦、小詩十有二篇，以紀其實。若夫晦明昏旦之異候，風烟草木之殊態，以至於人物之相羊、猿鳥之吟嘯，則有一日之間恍惚萬變而不可窮者。同好之士其尚有以發於予所欲言而不及者乎哉？

精舍 琴書四十年，幾作山中客。一日茅棟成，居然我泉石。

仁智堂 我慙仁知心，偶自愛山水。蒼崖無古今，碧澗日千里。

隱求齋 晨窗林影開，夜枕山泉響。隱去復何求，無言道心長。

止宿寮 故人肯相尋，共寄一茅宇。山水爲留行，無勞具雞黍。

石門塢 朝開雲氣擁，暮掩薜蘿深。自笑晨門者，那知孔氏心。

觀善齋 負笈何方來，今朝此同席。日用無餘功，相看俱努力。

寒栖館 竹間彼何人，抱甕靡遺力。遥夜更不眠，焚香坐看壁。

晚對亭 倚筇南山巔，卻立有晚對。蒼峭矗寒空，落日明影翠。

鐵笛亭 何人轟鐵笛，噴薄兩崖開。千載留餘響，猶疑笙鶴來。

釣磯 削成蒼石稜，倒影寒潭碧。永日靜垂竿，兹心竟誰識。

茶竈 仙翁遺石竈，宛在水中央。飲罷方舟去，茶烟裊細香。

漁艇 出載長烟重，歸裝片月輕。千巖猿鶴友，愁絶棹歌聲。

宋 張堯同《嘉禾百詠·簡齋》 詩老追唐句，閒居築簡齋。芙蓉寒浦外，紅落感秋懷。

附：考齋爲陳與義所築，舊屬郡境後析桐鄉，在青鎮廣福院後芙蓉浦上。又有南軒三友亭諸勝。後趙子昂作古篆，顏曰簡齋讀書處。

元 任士林《松鄉集》卷六《寶麓賦》 成宗皇帝臨御之明年，陞奉化縣爲奉化州。於是始興復文公書院於寶鹿之陽。既成，假祠吏任士林賦以落之。其詞曰：

紛萬山而越行兮，氣蜿蜒以沖融。東赴海而將窮兮，勢糾結以益隆。又析

鄞而東行兮，有開元之故封。出雲南之廿里兮，摘青檽於秋風。斵華頂之右股
兮，乃益崇其西墉。叱太白其逆走兮，柱南山而膺空。下廣衍兮爲疇爲丘，中
疏瀹兮爲洄爲流。忽寶龕其隆起兮，實雄枕乎一州。喧豗於釋子之鐘鼓兮，屈
辱於牧豎之蓑笠。又不知白雲蒼狗幾變幻兮，而春忽秋也。木偃蹇其獨卧兮，
而秦封之不受。固將叩其據於混沌也。花摧折其特芳兮而移根。天上之年暸
乎其猶可問也。於是訪昔人之所廬兮得嘉宛之故址。察鳶魚之上下兮，收端
倪於天地。乃薙蓬藋，乃斵松梓。棟突兀其凌雲兮，門洞開而出日。水抱曲而
呑江兮，玉横陳而架筆。羌紫陽之舊祀兮，有白鹿之初訓。瞻申申之燕居兮，立
青青之彦俊。以游以息，以講以習。時風乎其詠舞兮，曰微吾其誰歸。曰彌高
其鑽仰兮，亶卓乎其如立。噫！道不擇地而存兮，地不擇勝而尊。蹈廣大兮，精
微之用著。宅高明兮，中庸之體具。倘從事於斯文兮，其有考於廢興之故。

元　李繼本《一山文集》卷一《福源精舍》　京城六月日如火，風軒散髮
執書坐。頓嫌城市多煩囂，欲買田廬何處可。素几茶甌吹碧香，有客敲扉偶相
過。爲言越中好山水，厥土膏腴不偏頗。魏氏之子文貞孫，玉樹臨風色瑳瑳。
讀書浰水之東頭，蒐今摭古以自課。夏蓋湖光白湧雲，福祈山氣青浮座。三江
帆上暮天長，八月潮平秋水大亭。邊獮猿長如人，月黑林昏盜山果。桃源人家
疑此是，洞口雲深書無鎖。百壺滿醉江南春，擊缶高歌兒子和。西蜀少陵恒苦
吟，南陽武侯尚高卧。文貞昔在貞觀中，大節堂堂不終挫。好將舊學佐朝堂，
行見英流振頑懦。索居何日賦歸來，盡理遺書載經舸。我昔耕牧峴山陽，門前
水田足秔穤。十年道阻不可歸，江上秋風茅屋破。舊栽松柏定成林，石牆竹梢
添幾箇。向來耆舊安穩無，每一思之淚交墮。福源林壑倘見分，卜鄰擬住山之
左。客歸好語仲遠君，歲晚寄書煩報我。

明　姚夔《飲和堂集詩》卷七《望鵝湖山》　碧岑高聳顯鵝湖，舊是新安
講學區。花鳥盈前皆入理，吉凶先見未成圖。尼山車馬詩書共，淇水珪璋歲月
俱。當日紫陽經百慮，九淵終覺費支吾。

明　邵寶《容春堂後集》卷九《蓉溪書屋歌》　綿州城東結書屋，秋晚芙
蓉花簇簇。主人他日一歸來，手檢牙籤三萬軸。花謝花開清夢遥，主人執法
立中朝。門前不植淵明柳，觀裏曾歌禹錫桃。主人懷思客賦詩，此是諸郎擢第
時。西曹法吏春秋筆，東閣儒臣雅頌詞。君不見劍閣巉巖去天近，左右峰巒相
控引，回首蓉溪雲隱隱。

明　嚴嵩《松皐書屋詩爲少保許公賦》（《石倉歷代詩選》卷四八一引）
嵩洛紀名勝，巇崿分接連。中有萬松樹，蒼蒼入雲煙。樛枝鸞鶴舞，偃蓋蛟龍
騫。上宰契高致，結屋長林邊。聽濤過絶澗，撫翠倚層巔。直節聳千仞，美蔭
覆八埏。時卉豈不榮，愛此晚節堅。且聞啖脂術，皓若崆峒仙。風霜既多歷，
雨露矧乃偏。幽真媲令德，因之歌永年。

明　皇甫汸《皇甫司勳集》卷三一《郡學八景》　**南園**　地本宋相居，宮
由素王闢。嘉樹既敷榮，澄流復凝碧。

道山　仞由寸乃積，高以下爲基。攀躋一延眺，仰止良在斯。

泮池　璧水湛圜流，金波漾清沚。中有游魚戲，荷香隨風起。

杏壇　瑶壇茂文杏，得地歲華深。時有青衿子，横經坐晚陰。

古檜　託根上干霄，偃蓋久承露。不念植者勞，但知匠者顧。

來秀橋　仙源渺何處，鏡接太湖長。奇峰七十二，隱隱在危梁。

采芹亭　言采泮水芹，因登道山岸。斜日抱亭扉，春風集童冠。

春雨亭　條風將化雨，一夕灑南園。門下多桃李，芳菲總不言。

明　王世貞《弇州四部稿》續稿卷九《題昆山精舍是潘中丞讀書處》　清
遠吴興古山水，昆山去郡不十里。一塔飛英到峰墮，萬井炊煙並雲起。梁國才
人柳侍中，搆亭争勝白蘋風。棠陰欲盡兔葵出，千載風流指顧空。仿佛山靈訴
天帝，遣作中丞讀書地。洗硯池含星斗文，題詩壁吐雲霞氣。脩廊複閣冠坡
陀，美篠蒼藤衣澗阿。花如懷縣齋前密，果比閒居賦裏多。我歌一贈昆山長，
爲是浮家易來往。糟丘好釀三百斛，莫遣王猷信仍爽。

明　董嗣成《青棠集》卷二《讀書臺》　昆山何來天目宗，一點秀出凌青
空。蒼茫震澤匯其北，蜿蜒苕水環其東。上有柳惲讀書處，至今雲樹常青葱。
芳名高軌不易續，千年勝地開靈宫。地靈人傑會相待，誰其搆者云潘公。潘公
勛名震宇宙，手撼砥柱驅蛟龍。功成歸從赤松子，采芝鍊藥來山中。雕欄歷歷
披晴日，傑閣峨峨繞碧虹。雲開翠巘幾萬叠，月明白浪三千重。瑶編寶籙閲今
古，蒼松脩竹無春冬。吁嗟盛世有黄綺，高舉胡羨冥飛鴻。風流異代遥相映，
山與兩公垂無窮。高吟木葉秋雲句，飄然絶壑來清風。

明　唐錦《寄題林子行草堂書屋》（《石倉歷代詩選》卷四五二輯）　西山
有佳麓，美人好爰居。一椽宜偃蹇，半畝常紆徐。蔬藥剩雨畦，稻粱足和畲。
縹囊貯蝌斗，牙籤栖蠹魚。豈羨鄴侯架，争訝孔明廬。揮毫臨太玄，閉門悟潛

虚。龍卧及脩義，無乃時與俱。披煙露華采，凌空脱泥淤。物滯固有化，至理斯乘除。願言早致力，無徒惜居諸。

明 費寀《明少保費文通公文集選要》卷一《柏臺書屋爲同年敖尹乘之題》 種柏種柏萬株足，十丈深來大如斛。繞院陰生夏涼，當窗隱隱涵春緑。隔斷浮紅不得侵，飛來空翠真堪掬。林端草閣八九間，架上牙籤千萬軸。通宵燈火聲瑯瑯，驚起梢頭鳳鸞宿。縣齋松竹此餘清，昌黎詩云：出宰山水縣，讀書松竹林。故云。憲府風霜舊芳躅。孤直終膺神鬼護，五車更付兒孫讀。眼底體勞矮屋嗟，清時梁棟須良木。

明 袁中徹《廬山書屋》（《白鹿書院志》卷一六引） 廬山九疊雲錦重，靈鍾秀結摩蒼穹。先賢愛此昔僑寓，至今白鹿留遺蹤。四明山人美如玉，重把清風結茆屋。青燈黄卷飽三餘，縹帙牙籤盈萬軸。竹光團舍棐几涼，硯池滴露松花香。囊螢有時學車胤，映雪亦復追孫康。時時更有登臨趣，彭蠡磯頭落星渚。青牛或向月中眠，白鶴時來洞中舞。君臨芹泮初十年，讀書讀律志已堅。只今半刺多公暇，燈火猶知親簡編。

清 王清閑《花開文院》（《武定府志》卷四上引） 縱屐獅山上，臨風一色清。花神酣上苑，過客悟浮生。姿豔心能淡，情深眼倍明。依稀天上墜，賦就却無聲。

清 查祥《雲在詩鈔》卷七《還梅花書院雜詠》五首録三

近郊多藥圃，彌望各勾尖。乍喜排根密，今誇入饌甜。得嘗深覺忝，有味寔羞兼。藜莧真吾分，晨餐看漸添。

客過誇鄰井，曾經賞識先。始知連日飲，竟是有名泉。入口徐吞嚥，當階惜棄捐。祗愁多汲累，且莫盛喧傳。

屋後幾稜地，籬邊四季花。經年爲活計，負郭此生涯。貼貼荷舒卷，叢叢菊努芽。重來應熟識，隨路款鄰家。

清 高宗愛新覺羅·弘曆《御制詩集》三集卷一二《題蓮池書院十二景》選十

春午坡 菁莪雅化闢蓮池，秀障當門春午披。漫愛牡丹花富貴，濂溪愛處正宜思。

花南研北草堂 别有平臺宛轉廊，緋桃緑柳豔韶光。若云不羨清幽好，何必顔堂曰草堂。

宛虹亭 垂虹宛宛跨堤濆，一笠横空與半分。却是清波無我見，亭橋入影總沄沄。

鶴柴 衹宜古柏堪爲柴，也許潛魚可結鄰。不必禽經徵故事，九皋深意緬風人。

蕊幢精舍 此蓮池匪彼蓮池，綴景聊觀精舍奇。若論顧名思正義，藏經應效郝經爲。

藻泳樓 波漾風行鏡裏披，青蒲白芷畫中猗。朱闌小憑知魚樂，正是濠梁春水時。

繹堂 繹堂小坐繹然思，六藝原應兼執之。設使工夫艱並及，不妨力守一經爲。

寒緑軒 無礙歲寒曰有筠，春來緑色又從新。池中埭上皆君子，舍此應爲何等人。

篇留洞 牝谷含虚逕轉幽，雲漿疑是乳鍾流。笑予詩句非坡也，一例鐫崖七字留。

含滄亭 曲峽盈科就下行，泠泠落落若琴鳴。勖哉負笈來游者，宜味滄浪之水清。

又 卷一六《清綺書屋》三首 一株老松當牖盤，奇形翠色傲歲寒。書屋雖然號清綺，了知元李不如韓。

老松籠屋彴横溪，雨過山蹊印鹿蹄。此處徵詩合虞夏，三唐清綺類醯雞。

山房不在多，高下即殊致。捲幔迥延眺，據榻静澄思。秋花紛綺錯，秋意惟清寄。小憩夕照明，涼靄落巖翠。含青齋隔谷，還可跋游騎。

又 四集卷六《經畬書屋》 就山高下構軒楹，題額因之輒異名。入室隨方堪象玩，據床返已愧經横。潤增巒巘初過雨，爽挹衣衫喜快晴。一晌斯之未能信，幾曾枕葄細研精。

清 胡敬《崇雅堂詩鈔》卷四《江陰試院西園》 晚凉苔徑愜幽尋，紅雨吹殘徧緑陰。小有樓臺偏近水，無多花木便成林。地臨滄海生風易，時到黄梅入夏深。閒倚闌干歌水調，一雙鶯起踏枝禽。

清游隨地足招涼，池館愔愔夏日長。新竹摇風初散影，野花含露乍吹香。四圍冷濇芙蓉水，一帶彎環薜荔牆。極目試登高閣望，參差城堞倚斜陽。

清 黄爵滋《仙屏書屋初集》詩録卷一《題余氏梧陰書屋》 處士植七松，先生栽五柳。何似龍門枝，堪作鵷雛藪。桐花籠簌春風深，桐葉蕭疏秋滿林。青溪一曲洗花影，碧山十里環樹陰。峨峨虚閣臨江渚，開軒時揖漁樵侶。種樹百年人已古，猶聽書聲出廊廡。

清 王慶勳《詒安堂二集》卷一《游小琅環園即柬東墅》 泉石蕭森養素心，任將清福占園林。半簾花氣蒸紅雨，一縷茶烟罥緑陰。山色濃包樓閣影，鳥聲歡作管絃音。著書此地真無負，何止幽閒趣可尋。

又《詒安堂詩初稿》卷四《蘂珠書院即目》 東風也護好樓臺，不惜繁華境特開。草色緑從遥岸見，花光紅出短牆來。亭廊幾處看新築，桃李多情戀舊栽。誰果筆端争麗景，長官今日正掄才。

清 孫衣言《遜學齋詩鈔》續鈔卷一《紫陽書院十六詠》 紫陽書院南牆壁有阮文達公《觀瀾樓記》石刻，其略曰：康熙四十二年，浙江鹽法道高公熊徵建紫陽書院，於杭州紫陽山下。有詩十二章，分詠其地。今之聽事，北向者爲「樂育堂」。堂後高屋三楹，拾級乃登者爲「五雲深處」。折而東有池，廣一畝，湛然清深，曰春草池。池上水閣，南向，今名凌虚者，曰南宫舫。東向者曰簪花閣。池南有山，如重巘山之空明處，皆南宋人所抉剔，曰別有天，曰尋詩徑，曰巢翠亭，曰螺泉，曰鸚鵡石，曰筆架峰，曰垂釣磯，鸚鵡石側之校經亭爲元所建。山之最上者曰看潮臺，臺久圮。嘉慶八年巡鹽使者某建高樓五楹，以冠此山，名之曰觀瀾樓。蓋是時以看潮臺故阯改建觀瀾樓，文達爲之記，而梁山舟學士書以刻石。同治四年之冬，衣言來此主講，喜其山水臺榭之勝，而所謂巢翠亭、校經亭者，僅存遺阯，高公所爲詩亦不可復得；因思此地自高公十二詩之後至文達時，而有校經亭。又南宫舫爲凌虚閣，看潮臺爲觀瀾樓。比予之來，則今方伯楊公昌濬又以俸錢買地，闢新堂於其東，前後凡二十楹，名曰景徽堂。而堂前巖石林立，諸生讀書，環石以居。予爲命之曰聽經巖。則其地之可詠者又多矣。因爲小詩十六章以繼高公之後。將使同志者和之，以示余與諸生。雖更寇亂，猶得相從講誦爲文章，共此山水游息之樂，不可謂非幸。且使後之人有所考見，以時修葺、增廣之，毋廢前人之遺迹。則此十六詠者，或即爲書院異時掌故，是亦文達作記之意也。丙寅六月，瑞安孫衣言記。

樂育堂 四載官太學，談經立海客。三年 西掖居，温藉聊塞責。今者登此堂，汗背面發赤。人無韓愈賢，坐愧戴憑席。授業豈能然，有惑庶予釋。

五雲深處 堂前兩梅花，堂後萬修竹。高樓啟八窗，面面納山緑。是間真山林，有客亦冰玉。標題彼何人，蓬萊忽在目。回首舊巢痕，歲月如轉轂。

春草池 青山疊重巘，石穴吐清流。三日春雨餘，渌浄蘋荇稠。云何集腥穢，相視如溝湫。我欲召畚鍤，返此璇沼幽。日長了無事，坐看儵魚游。

凌虚閣 便坐南面山，臨池樂清泚。畫船託南宫，或曰語近鄙。儀徵爲易名，凌虚差有理。其間設短榻，客來心所喜。有時坐談元，游魚出深水。水閣有扁，曰南宫舫，今猶揭於楣間。春初，王定甫見之，大以爲俗。讀文達記，乃知已易名凌虚也。

簪花閣 大賢不違俗，簪花宴聞喜。高閣有嘉名，息壤亦在此。殿前臚句傳，上殿見天子。回首二十年，報恩竟何似。諸生學日新，不才我老矣。

別有天 池南山畏壘，細路蛇蜿蜒。石磴拾級上，巉巖紛我前。去地不十丈，已覺心超然。靈區孰搜剔，一瞬垂千年。我來不肯去，風袖行翩翩。

尋詩徑 經年不作詩，作亦不復佳。故交死大半，存者行天涯。今朝躡澗石，欣然寫我懷。乘興聊自適，與衆安能諧。索之復無有，有得非安排。

巢翠亭 孤亭無遺基，山翠猶如滴。大槐墮層陰，高梧擢丹壁。脩纖萬琅玕，輕風相盪激。我來看山光，獨坐人境寂。珍禽時一鳴，林深不可覓。

螺泉 螺泉何涓涓，仰出蒼石穴。潤物不自知，終古此凛冽。黄河萬里流，東趨漲溟渤。要其初發源，本此一勺潔。諸生來問道，我復何言説。

鸚鵡石 斯飛復戢翼，千年棲雲峰。蒼苔上丹碧，毛羽何豐茸。隴鳥不回頭，人間争鷄蟲。孰知頑與慧，賦予皆天工。汝幸不能言，差免送籠中。

筆架峰 奇石若植戟，三峰鑱青天。移玩入几席，我筆若修椽。酒酣忽感憤，怒草垂天雲。飛書責海外，單于敢嫚言。奈何毛錐子，相對使聲吞。

垂釣磯 盤陀一卷石，下浸蒼波根。上平廣可肘，有誰來垂竿。連鼇設六犗，此間多鯢桓。羊裘不受召，五月富春山。沄沄演溪水，懷哉舊考槃。予所居舊廬曰演溪草堂。

校經亭 江都五經師，朝陽始鳴鳳。後生日縱横，聞道在洛誦。豈知聖人經，身世兩致用。寂寞元亭餘，著書覆酒瓮。我爲斯民虞，孔情發周夢。

觀瀾樓 曾樓俯百尺，大江動我前。青山不可極，濫觴誰尋源。羣流既匯合，八月爲波山。海門更東去，遂納百谷寬。諸生無閉户，來此共憑闌。

景徽堂 新構堂東偏，開門納閒敞。南望文公祠，高山近可仰。大賢爲道憂，榮名安能奬。中朝不相容，林壑宜獨往。回首幔亭峰，臨風發遐想。壬戌九月游武夷，嘗一拜文公書堂。

聽經巖　堂前數立石，頭角何嶔奇。峨峨偉丈夫，儕伍相因依。六經聲貫珠，諸生堂東西。至静涵大妙，太璞豈不移。生公昔都講，亦有點頭時。

清　陳璞《尺岡草堂遺集》遺詩卷一《顏紫虚半園》　讀書堂外闢餘地，割取禺山半林翠。未能全身置邱壑，且分一椼供游戲。四時風景難遍賞，祇得春秋亦足慰。人生朝夕豈長閒，秉燭夜游詎非計。壺公一壺處已狹，又向壺中剖爲二。短榻容膝窗見肘，矮屋礙眉路交臂。奇峰如削或未成，好花粗有無求備。客來亦復雜忙閒，酒後何妨具醒醉。戲君呼君作半人，癡黠付君稱君意。

雜　録

明　祁彪佳《越中園亭記》　曲池　羅坟之西半里許，折而北入委巷中，爲曲池，海樵陳山人讀書處。朱君二孺重搆之。池寬廣可數畝，堂臨其上，旁有軒三楹，小山隱起於右。聯扁多海樵手筆。

芸圃　古小學。祀尹和靖先生，今爲劉念臺先生講學處。芸圃在隔岸，書室止三楹。取其地無市廛之囂耳。

王公書舍　王積齋公以方伯致政歸。清望特著，好山水，善草楷書。書舍在大善寺旁。重其人，故志名於此。

石簣山房　坐幽巖下，面對諸峰，曹山之景，至此曠然得遠色。中有空華閣遠□□。石簣陶先生與江右李儲山居此講學。渺論高□，學者至今仰止。

玄對山房　陶髯曲太守築此爲公郎讀書處。其地即俗所名曰白塔也有白塔寺古蹟尚存。

灌谿書舍　從髯里西至九眼橋之南。有小山焉。叢篁灌木中，隱隱有書舍數楹，主人周君。久不葺治，堂宇荒落。然及其地，猶若有絃誦聲。良谿處境幽韻耳。

假我堂　石堰山下從洋湖橋入，一水迎門，花木蓊鬱。以此爲耕讀之所，有餘適也。但亭軒恨其盡耳。

深柳讀書堂　在□□□□□季方所搆也。亭矗左右，環以大沼。行人□□□□浮翠欲濕衣裾。雲山隱隱，極目四望，曠若無際。

清　道光《廣東通志》卷二一八　四峰書院在西樵寶林洞中，有崇禮堂，前爲環翠樓，後爲卧雲樓。四峰中若盤谷，爲霍文敏公宅。

又　雲谷書院在西樵山上，明湛若水建。

又　大科書院在西樵，湛甘泉講學之地。

又　石泉書院在西樵，明方獻夫建。有紫雲樓，沛然堂。

又　卷二二四　桐墩書舍，瓊州陳徽於郡城東二十里得此墩。高可十數尋，樹桐數十本，且築室其麓，藏書若干卷，名之曰桐墩書舍。

清　同治《上海縣志》卷八　梅坡，在法華東。鎮戴張傑讀書處。植梅數十本，今僅存矮屋三楹，顧氏居之。

清　同治《大庾縣志》卷二　竹軒　張九成自記，子張子謫居大庾，借僧舍數椽，閲七年。即東窗種竹數竿，爲讀書之所。因榜之曰竹軒。

清　光緒《江西通志》卷一一八　六和精舍，去〔会昌〕縣西南七里，邑人尹天民讀書處。前有石窗、石鼓、瀑布、水簾、試劍石。

圖　表

清　董天工《武夷山志》卷一〇《武夷精舍圖説》　昔紫陽，夫子講學武夷，建精舍於五曲之隱屏峰前。謹按夫子《精舍雜詠》詩，中有仁智堂、隱求室、止宿寮、石門塢、觀善齋、寒棲館、晚對亭、鐵笛亭、釣磯、茶竈、漁艇。爲詩十二首，以紀其勝，誠武夷之巨觀也。惜乎年久頽廢，多缺不存。今書院與舊志繪圖不甚相遠，敬重刊之，如日恢復舊規，是所望於當道君子表章聖模重新復古云爾。

清　光緒《縉雲縣志》卷首　新建莊爲西鄉會文之所。正殿三楹，爲文昌宫。左右廂屋，各二間。東西兩廡各三間，前爲廳門，建魁閣一座。外建書室十八間。宫後巷内，東闊五尺，西闊二尺。巷後簟基五分，承四宫。左耳門路，長九丈三尺。内闊九尺，外闊六尺。右路長十丈，内闊三尺五寸，外闊五尺門。前横路闊七尺。直路闊八尺，達大街前。左角空基，横二丈二尺，直五丈五尺，外長七丈零。前闊二丈，中闊一丈四尺。

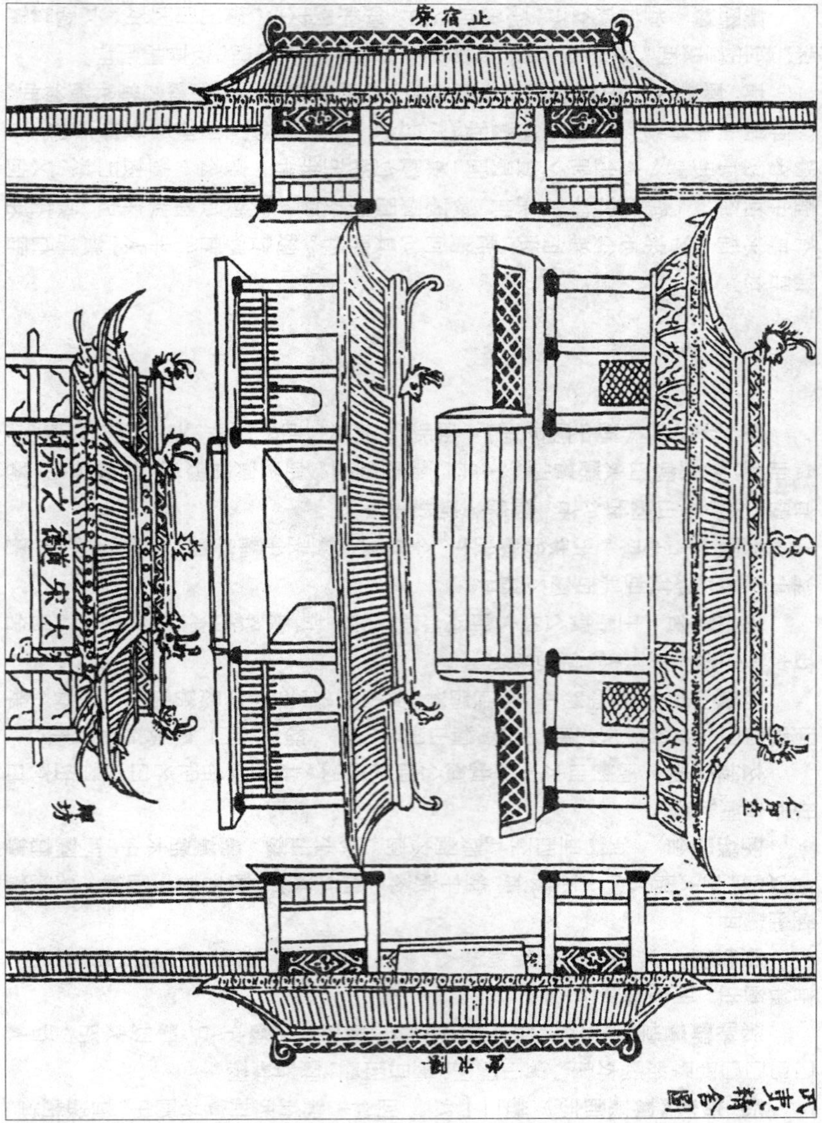
止宿寮
仁智堂
牌坊

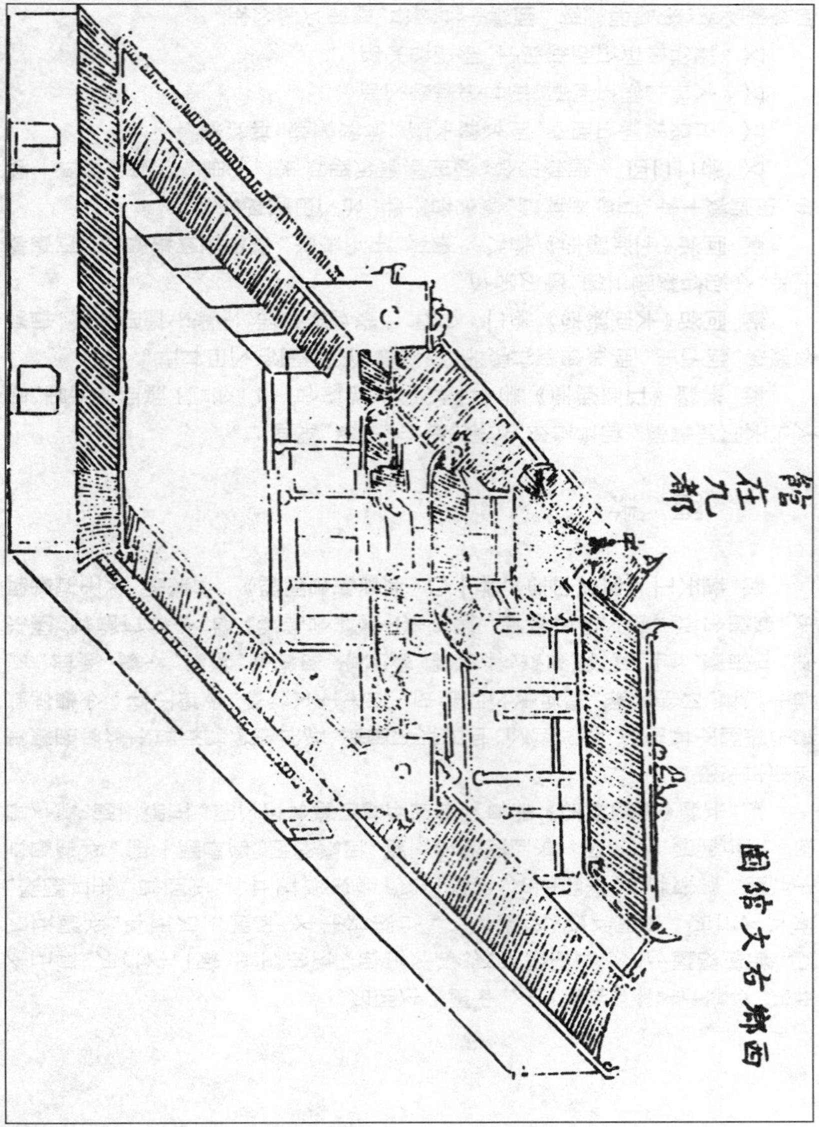
館在九都

其他園林部

綜述

北魏 酈道元《水經注》卷二六 巨洋水自朱虚北入臨朐縣，熏冶泉水注之，水出西溪飛泉側，瀨于窮坎之下。泉溪之上，源麓之側，有一祠，目之爲冶泉祠。按《廣雅》，金神謂之清明。斯地蓋古冶官所在，故水取稱焉。水色澄明而清泠特異，淵無潛石，淺鏤沙文，中有古壇，參差相對，後人微加功飾，以爲嬉游之處。南北邃岸凌空，疏木交合。先公以太和中作鎮海岱，余總角之年，侍節東州。至若炎夏火流，閒居倦想，提琴命友，嬉娱永日。桂筍尋波，輕林委浪，琴歌既洽，歡情亦暢，是焉棲寄，寔可憑衿。小東有一湖，佳饒鮮筍，匪直芳齊芍藥，寔亦潔並飛鱗。其水東北流入巨洋，謂之熏冶泉。

唐 李吉甫《元和郡縣志》卷一六《河東道三·太原府·晉陽縣》 晉祠一名王祠，周唐叔虞祠也，在（晉陽）縣西南十二里。《水經注》曰：昔智伯遏晉水以灌晉陽，其川上溯後人蓄以爲沼，沼西際山枕水有唐叔虞祠，水側有涼堂結飛梁于水上，晉川之中最爲勝處。《序行記》曰：高洋天保中大起樓觀，穿築池塘，自洋以下皆遊集焉，至今爲北都之勝。

唐 權德輿《許氏吴興溪亭記》（《文苑英華》卷八二五輯） 溪亭者何在？吴興東部，主人許氏所由作也。亭製約而雅，溪流安以清，是二者相爲用，而主人盡有之，其智可知也。夸目奓心者，或大其閈閎，文其節棁，儉士耻之。絶世離俗者，或梯構巖巘，紉結蘿薜，世教鄙之。曷若此亭，與人寰不相遠，而勝境自至。青蒼在目，而潺湲激砌。晴煙蔭嵐，明晦萬狀。鷗飛魚游，不驚不偶。時時歸雲，來冒茅洞。許氏方岸鵠冠，支笻竹，目送溪鳥，口吟《招隱》，則神機自生，集作王。利欲自薄，百骸六藏之内累無自而入焉。有田二頃，傅于亭下，鎡基之功，出於僮指。每露蟬一聲，秋稼成實，倚杖眺遠，不覺日暮。歲食之羨，則以給樽中，方其引滿，陶然心與境冥，集作寂。則是非得喪相與奔北之不暇，又何可滑於胸中？嚱！夫舉世徇物以失性，而不能自適，一有其適二字。且繆戾於動静之理。君之動也，代耕筮仕，必於山水之鄉。故尉義興贊武康，皆有嘉聞而無粃政。其静也，則偃曝於斯亭，循分食力，不矯不躁。庸詎知今日善閉，不爲異時之大來耶？予知之深，故因斯亭以廣其詞云。

唐 莫休符《桂林風土記》《訾家洲》 在子城東南百餘步長河中，先是訾家所居，因以名焉。洲每經大水，不曾淹浸，相承言其浮也。元和中裴大夫創造亭宇，種植花木，迄今繁盛。東風融和，衆卉爭妍。有大儒柳宗元員外撰碑千餘言猶在。前汴州楊尚書宴游題詩云：桂林雲物盡漫漫，雨裏花開雨裏殘。唯有今朝好風景，櫻桃含笑柳眉攢。前政從事陸宏休詩云：新春藥綻訾家洲，信是南方最勝游。酒滿百分殊不怕，人添一歲更堪愁。鶯聲暗逐歌聲艷，花態還隨舞態羞。莫惜今朝同酩酊，任他龜鶴與蜉蝣。

又《隱仙亭》 本名盤龍岡。在府西郭三里，與延齡寺相近。寶曆年，前使李給事名渤開置亭臺，種植花木。有池沼巨巖，水深無際。有嘉蓮洞、白雀峒、石盆大亭。有慶雲亭在山頂，有朝陽亭、夕陽亭、連理橘。

宋 徐鉉《騎省集》卷一四《喬公亭記》 桐安城北有雙溪禪院焉。皖水經其南，求塘出其左。前瞻城邑，則萬井纚連。却眺平陸，則三峰翠積。朱橘偃蹇，倒景於清流。巨木輪囷，交陰于别島。其地豐潤，故植之者茂遂。其氣清粹，故宅之者英秀。聞諸耆耋，喬公之舊居也。雖年世屢遷而風流不泯，故有方外之士爰構經行之室。回廊重宇，耽若深岩。水瀕最勝，猶鞠茂草。甲寅歲，前吏部郎中鍾君某字某左官兹郡，來游此谿。顧瞻徘徊，有懷創造，審曲面勢，經之營之。院主僧自新聿應善言，允符夙契，即日而裁，逾月而畢。不奢不陋，既幽既閒。馮軒俯盼，盡濠梁之樂。開牖長矚，忘漢陰之機。川原之景象咸歸，卉木之光華一變。每冠蓋萃止，壺觴畢陳，吟嘯發其和，琴棋助其適。郡人瞻望，飄若神仙。署曰喬公之亭，志古也。

宋 曾鞏《元豐類稿》卷一九《齊州二堂記》 齊濱濼水，而初無使客之館。使客至，則常發民調材木爲舍以寓。去，則徹之。既費且陋。乃爲徙官之廢屋，爲二堂，於濼水之上以舍客。因考其山川而名之。蓋《史記·五帝紀》謂舜耕歷山，漁雷澤，陶河濱，作什器於壽丘。就時於負夏鄭康成釋歷山，在河東雷澤，在濟陰負夏，衛地皇甫謐釋壽丘。在魯東門之北，河濱濟陰定陶。西南陶丘亭，是也。

元 方回《桐江集》卷二《秀亭記》 桐江之水至清也，山至奇也，山水之間其林壑至幽而深也。沿歙浦，泝浙濤，上下泳游，繆沙玉石，星燦弈布。蝦鬚魚鬐黛曳錦搖，紺苔之髮、翠藻之縷，可俯舷仰視而細數。至其遇迅，灘扼湍瀨，雷吼雪噴，旋渦跳沫，牽者、僂篙者呼足蹈檣，如飛猱寸攀尺進，一失手磴撞磯觸，老黿饞蛟相賀於淵湫矣。夾以穹岸，束以峭壁，危峰怪岫，障日滃霧。試嘗捫蘿危陟，穿榛曲、步高拄青霄下。入異谷，種椽藝蔾之土，無一席之平。而枯椿斷崖，隔徑絶蹊，横如脩蛇，偃如寢虎。間與斸畲掘苓者值，有木客毛人，奔麢急鹿之意互駭而交愕乃者。偃武節，盪兵氛。疑衲子梵場、羽流隱洞，必有陰專環而私擅勝者。究求探討，無脩廊巨闕金飛碧耀之觀，無燠房凉牖、茗樹藥窩、談禪問道、憩傯滌霽之所。非頽邱敗冢之慘愴，即蕪社荒祠之圮落。顧問蕘天紡嫗：亦有腴貲大姓朱户華軒、退官寓公名園珍墅可寓目者乎？率瞠然不答。夫如是，余雖爲太守七年，於兹境與心違，事隨影瘵，未嘗有一日之樂也。僑寓之北、子垣之東，峻阜孤圓夷址中，削煩痾之暇，獨盤礴臨眺其上，腦鼻芬馨，齒舌津液。耳納佳韻，目眩殊彩。臂指便輕，髮毛颯爽。更譙治寺之丹堊，市樓里閈之黑白。牆仞塔級，酤簾思旗。絢竹樹而飛烟霞，風帆沙鳥之去來，旅鞍征帽之出没。臺釣翳弋，餉榼樵饞。經水雲而緯坂隰，葩卉競而陽春媚。雷霓駕而時雨作，氣肅景朗。綺織繡組，黄稻粟而丹柏楓。塵銷雨霽，瑶鏤瑜雕，□冰霜而縞雪月。盡去鴻於無壁之天，煜踈燈於欲暝之野。角遥吹，其如怨笛孤起而忘歸。余於是歎而笑曰：異哉，此亦足以忘憂矣，而太守不知。乃延賓客致父老而徵其故，曰：此所謂秀亭者，三植三廢，今二百餘年矣。亭之興復，嘗有記乎？曰：無之。嘻！是邦也，水至清也而激，山至奇也而刻，林壑至幽深也而闃寂。惟斯亭也，挹清斂奇，擢幽拔深，無激刻闃寂之病，而有千幻萬化不可名之秀，民何獨不然？齟齬於險阻之域，杌桯於冥昧之區，茹凄酸，攬凉瘠，憂叢而樂潰，秀安在哉？攄之要會而通其塞，納之宏敞而明其晦，生意妍好，嘉氣娟净。冶思澤態，騰菁發華。樂至而憂遺，秀者出矣。無位之士憂樂惟己，憂人之憂、樂人之樂者，太守責也。余日與同志觴詠於斯，其能登邦人於樂而脱其憂如，斯亭之足以穎脱群秀否乎？抑昔人有亭而無記，摭其秀不哀其實，余也蔭茂木以代亭，繪太空而作記，物易朽而文難磨，蓋不以磬椽錯檻秀其秀於一時，而將以精鈎神索，實其秀於無窮也。至元十八年辛巳三月望，方回記。

明　劉基《誠意伯文集》卷八《怡怡山堂記》　怡怡山堂者，任君伯大兄弟别業之所也。任君居越之蕭山，家世讀書，父母具慶年過七十，而伯大亦年五十有餘矣。乃以其二親之命，預卜葬地于北幹山之陽，去郭四五里，室其旁以爲游息之地，所謂怡怡山堂是也。其爲堂也，背負崇岡，左迴右環，衆木扶疏，脩篁來風。前迤平疇。夏麥秋禾，芃芃離離。遥望越山，蟜若游龍。帶以長渠，舟楫通焉。匯以清池，石泉泄焉。聽之泠泠，如筑如琴。赤鱗之魚，氾濫藻荇。憩之沉沉，泳之熙熙。景與心融，莫知其疲。於是天清日明，二老乃泛輕舟、乘板輿，從以諸孫斑裳彩衣，徜徉乎其中，不知其忘昏晨，而樂以終永年也。

明　方孝孺《遜志齋集》卷一五《巾山草堂記》　踰浙江以東多大山東南極海上尤秀絶。其最著者，天台、四明、鴈蕩、天姥，皆穹窿嶻峻，爲天下奇觀。跡僻乎蓬閬，名播乎區極。士之選幽探勝者，宜其樂趨之。然而居其旁者往往終身未嘗一至。豈以其崇高不易援企而遺之歟？台城中有小山特立，圓秀蒼潤。遠望之如人之弁冠。人因語之曰巾山。其上有樓閣室廬之美，高人至郡者，無不往游。凡宅於左右者，必搆危架迥，以挹取朝嵐夕霏之異態。蓋其勢邇且卑矣，所蘊易見至而窮之不難也。是以衆樂觀焉。盧處士定谷家正與山相面，因名其堂曰巾山草堂。定谷知讀書、識義理，其才智可用，而恬静不競。非安於卑近者，豈其心有所得，鉅小崇卑固不足較乎？夫天下之至崇大者莫過於道，而卑且近者，道亦未嘗不在也。憚其難而安於淺陋固不可，忽細微而慕夫高且大者，亦烏可哉？故順親弟長事非遠也，而性與天道不外焉。堯舜之道與天準，而謹言慎行可以馴致焉。巾山巖壑之盛，視天台四明，固有間焉。其有會於人心而人樂之不厭者，果有異乎？否耶。定谷必有以識此矣。

明　王直《抑庵文集》卷一《環秀堂記》　吉水王端爲常熟教諭將之官，介其親戚大理丞廖君來告予曰：端家吉水之金塘久矣。先祖立雪翁徙故址之東、鳳岡之麓，先人固隱，又闢地作堂，以盡山川之勝，而名之曰環秀。蓋鳳岡在其後，蒼翠奇拔，左右騫翥如鳳凰舉而羽翼張。前挹金塘，湛然黛蓄。又其前則鼇峰也，森聳羅列，紆青繚碧，上入雲際。大江東流經其下，遠而望之，滄波瀰漫，與天一色，皆斯堂之勝槩也。惟先人之爲此，蓋劬躬殫力而後成之，敢請文爲記，以示後人俾世守之，永勿壞。孔子曰：智者樂水，仁者樂山。故君子之卜宅，必相其宜，然後安。而善觀人者，亦必觀其所處。果能得山水之勝而當清淑靈秀之氣之所萃，其人必英偉不常有，以樂其心而裕其後矣。王氏名堂如此，則其地之美與固隱之所以樂，其子孫之所以蒙其福者，皆可知也。雖然環秀者，秀之見于外者也。其鍾于人者，蓋有矣山川之秀鍾于人，此聰明才俊之所由出也。

明 田汝成《西湖游覽志》卷一三 最樂坊，舊名衆樂坊，俗稱虎跑巷。後通大瓦子，亦曰上瓦。宋時瓦子有名者，十有三。在城則南瓦、中瓦、上瓦、下瓦、蒲橋瓦。城外則便門瓦、候潮門瓦、小偃瓦、新門瓦、薦橋瓦、菜市瓦、錢湖瓦、赤山瓦、舊瓦、嘉惠瓦、新瓦、艮山瓦、羊坊橋瓦、王家橋瓦、龍山瓦。皆羣花所聚，蓋取「聚則瓦合，散則瓦解」之義也。

又 壽安坊，俗稱官巷，又稱冠巷。宋時謂之花市，亦曰花團。蓋汴京有壽安山，山下多花園。春時賞燕，爭華競靡，錦簇繡圍。移都後，以花市比之，故稱壽安坊。

又 豐樂橋，宋有豐樂樓酒肆。其北有橘園亭，宋時此地多樹橘，號橘園。高宗幸建康，於此登舟，作亭臨河，故稱橘園亭也。亭傍有夏皇后宅、十少保府。其南爲狗兒山，隱隱地中，無可登陟。其東有常惠井。橋之上有華光廟。其北有青字營。

清 雍正《西湖志》卷九 在浄慈寺側南屏山麓下，有精舍曰壑菴，郡人汪之萼廬墓處也。菴多奇石，疏數偃仰，類形合勢。清泉周流，若環若玦。刳木作橋，實以拳石，竹欄扶之。池岸饒嘉木、美箭，被以芙蓉，游觀者契集，號賽西湖菴。

清 乾隆《南巡盛典》卷八六 吟香別業，在孤山放鶴亭之南，舊稱勾留處。前浙江撫臣范承謨去杭時，取白樂天「未能抛得杭州去，一半勾留是此湖」一句，書勾留處三大字，揭於湖心亭。後移額建亭於此。亭臨方塘，清瑩如鑑。塘內栽荷花。花時風來四面，香滿一亭，紫的緑房，足供吟賞。

清 李斗《揚州畫舫録》卷一 北郊酒肆，自醉白園始。康熙間，如野園、冶春社、七賢居，且停車之類皆在虹橋。壺觴有限，不過游人小酌而已。後里人韓醉白于蓮花埂搆小山亭，游人多于其家聚飲，因呼之曰韓園。迨醉白死，北門街搆食肆，慕其名而書之，謂之醉白園。園之後門，居小迎恩河西岸，畫舫多因之飲食焉。

又 雙虹樓，北門橋茶肆也。樓五楹，東壁開牖，可以眺遠。吾鄉茶肆甲于天下，多有以此爲業者。出金建造花園，或鬻故家大宅廢園爲之。樓臺亭舍，花木竹石，杯盤匙筯，無不精美。轅門橋有二梅軒、蕙芳軒、集芳軒，教場有腕腋生香、文蘭天香，埂子上有豐樂園。小東門有品陸軒，廣儲門有雨蓮、瓊花，觀巷有文杏園、萬家園，有四宜軒、花園巷，有小方壺，皆城中葷茶肆之最盛者。天寧門之天福居，西門之緑天居，又素茶肆之最盛者。

又 自小迎恩橋至此，爲草河。支流在南，則接城河，爲城闉清梵矣。

邗上農桑、杏花村舍二景，在迎恩河西。仿聖祖耕織圖做法，封限爲岸，建倉房、餢飳橋、報豐祠，祠前擊鼓吹豳臺，左有礱房，右有浴蠶房、分箔房、緑葉亭，亭外桑陰鬱鬱，時聞斧聲，樹間建大起樓。樓下長廊至染色房、練絲房，房外爲練池，池外有春及堂，堂右有嫘祖祠，經絲房聽機樓。樓後有東織房、紡絲房，房外板橋二三折，至西織房、成衣房，接獻功樓，自此以南，一片丹碧，塞破烟霧，盡在長春橋外矣。

又 西岸矮屋比櫛，屋前地平如掌，轆軸參横。草居霧宿，豚柵雞栖。繞屋左右，門田數頃。農具齊發，水車四起。地防不行秧，針刺出雞頭。菱角熟干，池沼葭菼。蒼然遠浦，明滅打穀之歌，盈于四野。山妻稚子，是任是負。其瓴甋宋，廧屹如山立者，倉房也。集唐人句，爲對聯云：厫庾千箱在薛存誠，芳華二月初趙冬曦。

杏花村舍自浴蠶房始。河至此愈曲愈幽，鷗鷺往來，清風泛于樽俎。高柳映人家，奇松襯樓閣，由礱房屋角至浴蠶房。聯云：金屋瑶筐開寶勝崔日用，小橋流水接平沙劉兼。過此有小水口，上覆板橋。過橋至緑桑亭，堤隨河轉。屋亦西斜，爲分箔房。聯云：樹影悠悠花悄悄曹唐，羅衫曳曳繡重重王建。大起樓接于分箔房尾，竹木護村，邱園自適。巔風作力，披闥而入。聯云：碧樹紅花相掩映慈恩寺仙，天香瑞彩合絪緼温庭筠。

杏花村舍止于此。平時園牆版屋盡皆撤去。居人固不事織，惟蒲漁菱芡是利。間亦放鴨爲生。近年村樹漸老，長堤草秀，樓影入湖，斜陽更遠，樓臺疏處，野趣甚饒也。是地爲臨水紅霞之對岸，稍南則長春橋矣。

又 平岡豔雪，在邗上農桑之對岸，臨水紅霞之後路。迎恩河至此，水局益大。夏月浦荷作花，出葉尺許。鬧紅一舸，盤旋數十折，總不出裏橋外橋中。其上搆清韻軒，前後兩層，粉垣四週，修竹夾徑，爲園丁所居。山地種蔬，水鄉捕魚。采蓮踏藕，生計不窮。余每愛此地人家，本色清言，尋常茶飯，絶俗離世，令人憮然。自清韻軒後，梁空磴險，山徑峭拔，游人有攀躋傴僂之難。有豔雪亭，聯云：苔染渾成綺皮日休，春生即有花馬戴。

水心亭在豔雪亭之側，築土爲堵，一溪遶屋。聯云：楊柳風來潮未落趙嘏，梧桐葉下雁初飛杜牧。

草河錄上圖四十

平岡艷雪
草河錄上圖五十

漁舟小屋，居平岡豔雪之末。湖上梅花以此地爲勝，蓋其枝枝臨水，得疏影横斜之態。集杜聯云：水深魚極樂，雲在意俱遲。再南，爲臨水紅霞。

又 卷二 飛霞樓在大殿後二層，樓前老桂四株，繡毬二株，秋間多白海棠、白鳳仙花。聯云：四野緑雲籠稼穡，九春風景足林泉。紅霞廳面河，後倚石壁，多牡丹。廳内開東西牖，東牖外多竹，西牖外凌霄花附枯木上，婆娑作蔭。夏間池荷盛開。園丁踏藕來者，時自牖上送入。廳前多古樹，有拏雲攫石之勢，樹間一桁。河路横穿而來，河外對岸，平原如掌，直接蜀岡三峰。白塔紅廟，朱樓粉郭，了在目前。

又 桐軒，在飛霞樓後，地多梧桐。聯云：涼意生竹樹張說，疏雨滴梧桐孟浩然。是軒祀三賢神主，三賢爲宋歐陽文忠公、蘇文忠公及王文簡公盧轉運。【略】軒旁由六角門入桐蔭書屋。屋後小亭，額曰枕流。聯云：鳥宿池旁樹賈島，花香洞裏天許渾。亭石石隙有瀑布入澗中。澗旁築亭，額曰臨流映壑。聯云：新水乳侵青草路雍陶，疏簾半捲野亭風李羣玉。至此「臨水紅霞」之景畢矣。

又 卷六 季雪村居射圃，地寬可較射。中構小室四五楹，皆雪村所居。雪村有水癖，雨時引檐溜貯于四五石大缸中，有桃花、黄梅、伏水、雪水之别，風雨則覆，蓋晴則露之，使受日月星之氣，用以烹茶，味極甘美。

小洪園後門，爲舊時且停車茶肆。其旁爲七賢居，亦茶肆也。二肆最盛。于清明節放紙鳶，端午龍船市，九月重陽，九皇會鬥蟋蟀，看菊花。歲時記中勝地也。

又 卷九 小秦淮茶肆，在五敵臺。入門堦十餘級，螺轉而下，小屋三楹，屋旁小閣二楹，黄石巑岏。石中古木十數株，下圍一弓地，置石几石床。前構方亭，亭左河房四間，久稱佳搆，後改名東籬，今又改爲客舍，爲清客評話、戲法女班、及伎館母家、來訪者所寓焉。

又 卷一〇 冶春詩社在虹橋西岸。康熙間，虹橋茶肆名冶春社。孔東塘爲之題榜，旁爲王山藹别墅。厲樊榭有詩云：王家樓子不多寬，五月添衣怯晚寒。樹底鳴蟬樹頭雨，灑人泥殺曲欄杆。即此地也。後歸田氏，並以冶春社圍入園中，題其景曰冶春詩社。由輞川圖畫閣旁卷牆門入叢竹中，高樹或仰或偃，怪石忽出忽没，搆數十間小廊于山後，時見時隱。外搆方亭，題曰懷仙館。館左小水口，引水注池中，上覆方版，入秋思山房。其旁搆方樓，通閣道，爲冶春樓。樓南有槐蔭廳，樓北有橋西草堂，樓尾接香影樓，後山搆山亭二，一曰歐譜，一曰雲搆。

又 卷一三 桃花塢，與韓園比鄰。竹籬爲界，籬下開門。門中方塘種荷，四旁幽竹蒙翳。構響廊。庋版庲水上，額曰澄鮮閣。聯云：隔沼連香芰杜甫，中流泛羽觴陳希烈。自是由水中宛轉，橋接於疏峰館之東，疏峰館之西。山勢蜿蜒，列峰如雲，幽泉漱玉，下偪寒潭。山半桃花，春時紅白相間，映于水面。花中構蒸霞堂。聯云：桃花飛緑水李白，野竹上青霄杜甫。復構紅閣十餘楹於半山，一面向北、一面向西，上構八角層屋，額曰縱目亭。聯云：地勝林亭好孫逖，月圓松竹深無可。至此則長春嶺、蓮性寺、紅亭、白塔，皆在目前。

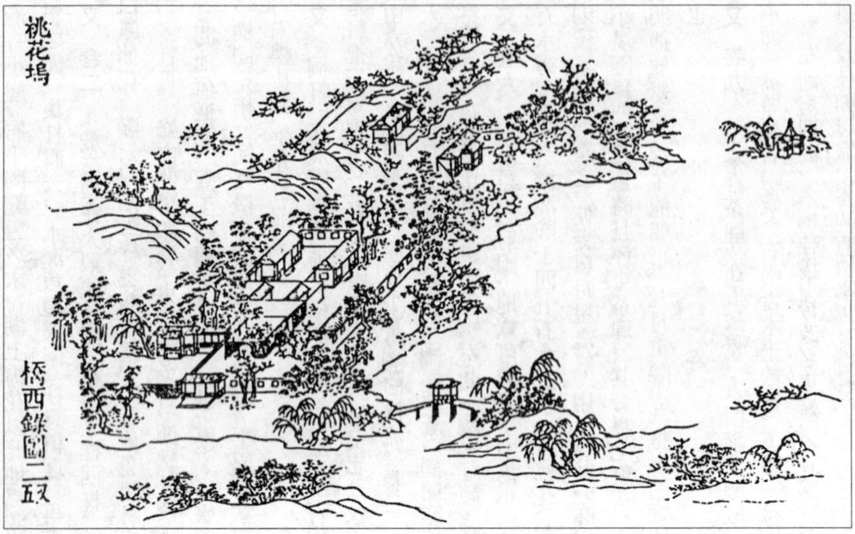

橋西録圖二五

中川亭樹多竹柏，構亭八翼，四面皆靠山，脊中聳重屋。聯云：小松含瑞露鄭谷，好鳥鳴高枝曹植。

由蒸霞堂閣道過嶺入後山，四圍矮垣蜿蜒透迤，達于法海橋南路。曲處藏小門，門内碧桃數十株，琢石爲徑，人傴僂行花下，鬚髮皆香。有草堂三間，左數椽爲茶屋，屋後多落葉松。地幽僻，人不多至。後改爲酒肆，名曰挹爽，而游人乃得攬其勝矣。

桃花塢在長堤上，堤上多桃樹。鄭氏於桃花叢中構園，門在河曲處，與關帝廟大門相對。

園門開八角式，石刻桃花塢三字額其上，爲朱思堂運使所書。内構廳事，額曰疏峰館。集韋莊聯云：千重碧樹籠青苑，一桁青山倒碧峰。

又 卷一六《蜀岡録》 雙峰雲棧，在九曲池。《九朝編年録》云：宋藝祖破李重進，駐蹕蜀岡寺，有龍門于九曲池，命立九曲亭以紀其事。是後又稱波光亭。《江都縣志》云：乾道二年，郡守周淙重建，以波光亭匾揭之。陳造有賦。已而亭廢池塞。慶元五年，郭果命工濬池，引注諸池之水建亭于上，遂復舊觀。又築風臺、月榭，東西對峙，繚以柳陰，亦一時清境也。又五龍廟，亦作九龍廟。《府志》云：在九曲池側，陳造有記。又《府志》云：宋熙寧間，郡守馬仲甫于九曲池築亭，名曰偕山，有詩云：平野緑陰蔽，亂山青黛浮。厥後向子固重建。又《縣志》云：借山亭下有竹心亭，宋淳熙二年吴企中建。此皆九曲池古蹟，今之雙峰雲棧即是地也。雙峰雲棧在兩山中，有聽泉、樓露、香亭、環緑閣諸勝。兩山中爲峒，今峒中激出一片假水，漩于萬折棧道之下，湖山之氣至此愈壯。

清 沈復《浮生六記》卷四《浪游記快》 高義園即范文正公墓。白雲精舍在其旁。一軒面壁，上懸藤蘿，下鑿一潭廣丈許，一泓清碧，有金鱗游泳其中，名曰鉢盂泉。竹爐茶竈，位置極幽。軒後於萬緑叢中，可瞰范園之概。

清 馬宏琦《水竹居記》（《如皋縣志》卷二八引） 北極門北五百餘步，盤紆峿崒，隱嶙蒼鬱者，霞山。右肱之匿峰，廬也。環峰皆竹，琅玕萬个。響戞輕颸而直節虚中，君子比德焉。其下皆水，瀺灂嘉魚，差池翠羽。冬則照澄圓鏡，夏則波跳明珠。其流行不滯也，似智。其槩而弗滿也，似仁。若其讓而就下，則又有禮焉。姻丈甸巖，解組幽棲，既割履道。園爲家祠，復築樓於兹。范子迦陵書其楣曰僑鳳。昔沈東陽作《郊居賦》云：僑棲仁於東里，鳳晦迹於西唐。方之古人甸巖何讓歟。樓前層軒，曰雙清。令子觀光、觀政肄業其中，捧詩禮以趨庭，授琴樽而嘯侣。甸巖樂之。或鏃縮彇彎，歌采蘋而射。或綸絲截竿，蔭高柳而漁。藴積既宣，心神俱遠。樓之西南周以水榭，名曰深净。每於紅藕花時，佇襟遐想，不染之説，斯非誣矣。其外聳蕭館於雲中，聯叢祠於星社，杳冥雲霧，梵唄俱飛，突兀林皋，華鯨四落。既無境之不適，復何慮而何營，總其號曰水竹居。水能性淡，竹解心虚。環味香山之句，殆人境兩合者乎。

清　嘉慶《溧陽縣志》卷三　如園在東門外三里。明萬曆間，新安知縣宋臣熙就其地位，置樹石，規作栖游之所。子太僕卿劼踵事增成之。池館清幽，饒有物外趣。吴穎少時嘗往謁，見其獨坐深樹，俛觀流水，意淡如也。園中清瑶閣最先成，圖畫一壁，丹青焕然，其讀書處顔曰欣有。堂後復建一堂，曰載石，陳繼儒書額。始臣熙罷令，嘗載一石歸里，後爲新安人所得，劼贖歸寘之堂前，以示無忘先澤。又有春信草堂，此則劼子之繩赴部會試時建之，以志期望者吴學濂作縣志，園已荒廢。

清　道光《廣東通志》卷二二二　菊圃在郡廳西，宋守包拯建。前有軒，累土爲山，砥石爲基，榜曰爛柯洞天。今廢爲廨舍。

清　趙之壁《平山堂圖志》卷二《名勝》　三賢祠，故編修程夢星篠園舊基，運使盧見曾購得之，以畀奉宸。苑卿汪廷璋改建爲祠，見曾自爲記，刻之石。先是邑人祀宋韓琦、歐陽修、刁約、王居卿、蘇軾等諸人於平山堂後真賞樓，而以本朝之王士禛、金鎮、汪懋麟爲配。後學臣胡宫庶潤爲士正，辛未會試所得士，邑人有三賢之請而未果行。至是，始專以士禛並祀歐蘇，而諸賢從桃矣。祠門東向，門以外爲蘇亭，又稱三過亭。因蘇詞有「三過平山堂下」之句，故以名之。入門，道左有亭在梅花深處，道右有門南向，顔曰篠園，以存其舊焉。門右爲堂，祀三賢木主。堂左穿深竹以北爲溜止樓。樓左由曲廊以東爲舊雨亭，亭前迤左，爲牡丹廳。廳後爲曲室樓，右由長廊北折，西向爲瑞芍亭。是爲篠園花瑞。

清　梁章鉅《浪迹續談》卷五《張園楹聯》　温州城中有三園，皆足供士大夫游宴之所在。西爲陳園。曲徑通幽，臺榭錯出，聊堪小憩。陳園之南爲曾園，則水木明瑟，亭館鮮妍，遠出陳園之右，其所編桂屏、所築水檻，尤具匠心，爲他園林所未見。思以兩詩紀其勝，尚未能成章也。在東爲張園。緊貼積穀山下。按《太平寰宇記》言，謝公池在積穀山之東。積穀山即今東山，則謝池舊趾似即在此。山之左近，故張鑑湖觀察亦就此地闢園起樓，以存其意。而屬蔡生甫學士書池上樓三字爲樓匾。樓之左爲鶴舫，並水依山，最爲幽勝。余屢游宴其中，山即東山之麓，水即城下之濠，實爲城中第一勝區。因撰一柱聯云：面壁拓幽居，一角永嘉好山水；築樓存古意，千秋康樂舊池塘。

清　光緒《江西通志》卷一一七　梅巖精舍在玉山縣懷玉山下，宋王斗山隱居。磨石鐫「青天白日，古今一人，至元逸民」十二字。

又　卷一一八　王鴻隱居（雩都）縣南四十里爲需巖，宋孝廉王鴻隱居在焉。鴻工篆籀。有泉曰龍光液，松曰甘露松，皆鴻表也。木樨巖在其下，有池曰需塘。左涵虚洞，右釣魚臺。又里許爲墨煙巖，曲徑盤旋，松竹茂密，亦鴻所闢。

清　光緒《會同縣志》卷一三《形勝志・廟祠》　洞庭宫在洪市大河邊，係江西南昌府會館。乾隆三年，買梁姓地基，創立神殿三間，後觀音堂、客堂、前戲臺。臺前桂樹數株，樓下有硃砂井。境甚清幽。

清　光緒《順天府志》卷七一《亞谷叢書》云：京師戲館，唯太平園、四宜園最久，名亦佳。查家樓、月明樓其次，比年，方壺齋、蓬萊軒、昇平軒最著，今考諸園俱廢，查樓僅存。木榜唯方壺齋，屢易新名，人尚稱爲方壺齋。城西僅此一館，春初尚盛，在永光寺西街。《藤陰雜記》

清　光緒《慈谿縣志》卷四三　緑雨齋　蔡氏庵側，秦公輔所居。秦步瀛《緑雨齋記》：緑雨齋者，余三世祖教諭復生公藏修之室也。公既卜葬祖，考於東山，因就其麓結庵奉主。中供浮屠家像，延僧主之。復於東廂之東搆數椽，自居其中。每晨昏，輒趨墓瞻拜，如定省禮。返則灑掃寢閣，或手烹杯茗，侑以時果，或奉卮酒，佐以山肴，祝而奠之以爲常。暇則就齋室，爇片香，横巨編，朗吟高誦，聲震山谷。閒興到則賦新詩，或命小酌，暢然自得。一時名下士咸樂與之游。蓋公自洪武初膺徵辟不就，益夷然有遺世之志。齋既成，乃曰：是菟裘也，吾終老矣。於是墓廬也遂以爲藏修地焉。其顔曰「緑雨」者，何公性愛此君？好子猷曰何可一日無。齋之左爲香積厨，不可施種植。其右迆後皆山，巉然俯瞰窗壁。土且潤無瓦礫。公戴笠攜鋤，先後栽幾萬竿。數年茂密，環齋若屏焉。煙梢露葉，侵户拂檐，照几案皆緑。值花晨月夕好風蕩來，則簌簌者紛若雨下，庭除積厚寸許。公顧而樂之曰：此綠雨也。因取以名齋云。拓齋户觀得八景，皆爲詩志之。今詩亡存。

清 光緒《鹿邑縣志》卷五《古蹟》 澄清亭在昇仙臺東南，康熙間知縣吕士鵕建，久廢。吕志所謂「湖水瀠洄，頗饒野趣」者，今悉爲荒墟矣。吕士鵕《澄清亭記》：予既治鹿之八年，修廢舉墜。若睢陽精忠祠、老子明道宮、縣學鄉校，以次就理。乃作亭於明道宮之東隅。顔曰澄清。用志古人攬轡之義，以爲往來輶軒駐節之所。而時以公餘游息、講藝、飲射於其中。亭凡三楹，前後爲欞屏，左右啟牖，使其疏達，可以遠眺無蔽耳目。爲橋於猶龍堤之側，以通來徑。亭後有阜，因築而方之。歲植榆柳於其上，復爲橋以道阜，使周折皆中規矩。此其大致也。若乃朝暉出，夕月升，林光城影，水天上下，漁歌出業蘆間，與鐘磬互答，兹亭之收勝亦云廣矣。夫善爲居者因地，善爲政者因民。古之循吏奉天子法，與民休息而已。史稱曹參師，蓋公得老氏術，清静寗一，民歌思之。及文景之世，號稱極治，皆有得於黄老，固未可盡信。要以奉法順流，行所無事，舉大綱，赦小過爲治，去其太甚之意也。予聞古人有作皆可傳於後，若豐樂、喜雨諸記，風流輝映與天壤俱敝。予不敏，敢附古人者哉？顧地之興廢有時，而託諸文辭者庶幾可久。予安知後之官兹土者之修舉廢墜不加愈於予耶？姑志其略，以知予志焉。

清 光緒《長治縣志》卷三 小松穴 《吴志》：在五龍山東坡。四圍峭壁，深邃幽偏。有松千百章，亭之聳立，具撑漢拏雲之勢。上建大士三官閣，南爲元帝殿，後爲啟聖祠。前架以雲梯，盤雲數十丈，右爲曲房，稍東過小橋，有孤亭，足資流覽。是蓋天然名勝也。有周再勳《葺修亭序》云。五龍廟去東北里許，有小松穴在。此山獨爲幽偏深邃。山固多松，他山夭矯詰曲，而此則獨聳直上。凡九千百章，如矢如筆，拏雲撑漢。並無阿附折腰態。穴以小松名。其不可同年而語者，與抑或别有類也，不可識矣。穴枕岡而踞阜，三面皆絶壑斷崖。北則爲雲梯，梯上冠以傑閣，祀大士三官。稍南爲玄帝殿，後爲啟聖祠。空山寂歷，歲久坍圮，敗壁頽垣，不堪目擊。會先李太史以讀禮居山中，屏騎數過，深惜夫名山缺陷，竟無有洗發其精采者，毅然以修葺爲己任，乃捐貲首倡。聞者景從，鏤山骨而蟠洪基，裂雲根而疊崇岸，厥基鞏矣夫。然後裁文杏以爲梁，剪香茅以代瓦，還其舊制而爽塏過之。右爲曲房，以備偃仰。東隔斷橋，矗以孤亭以資流覽。諸凡金鋪藻井、複道觚棱，靡不鼎新而革其故。但見驚虹掣彩，飛閣流丹，翠榭紅亭掩映於琳宮貝闕者，如蜃市出没，變幻合離，而不可方物也。若夫雲氣穿牖，明月時舉，掃榻分嵐，捲幔霧旅。俯察品類，仰觀天宇，風雨之所交會，雲烟之所吞吐，以至冰霜霹靂，晦明寒暑，濃抹淡妝，空濛静古。向之汗渙無歸，泛濫無主者，皆於斯軒貯之。可謂裒金銀之氣幻撰龍宮，傾寶藏之儲以結鮫室矣。若太史胸中邱壑，不以塵鞅礙烟霞，而獨成此不朽韻事。日與二三知己坐卧其内，敲枰鼓琴，飛觴瀹茗。松風盦響，巖巖震動，山若增之而高，水若增之而深者，何也？物華聚而靈秀升其英，神藴發而山川吐其寶，其勢然也。夫於穆甫清滌盪荒穢，然後可以集悽愴而依鬼神，弭熘釋青錫嘏臻祥所自來矣。况龍山之奇奥，結爲小松穴。小松穴之壯麗，鎮以玄帝廟，輔弼不全，玉虚涣散，甚非所以謐天象而妥玄靈也。太史之意，倘在斯乎？區區游覽之陳迹，杖履之絡繹，以爲名勝則可。其與靈境亦何損益之有？兹舉也，經始於順治戊戌三月，而於己亥十一月告成。營度結搆皆出太史之區畫。高下遠近，位置天然，窈窕崟岈，迴環不盡。宜其與縹緲五城同爲氣化者也。嘗見步障、行厨、車騎彌滿山谷，雕枰綺席，緑竹響遏行雲。即有競秀争流，唐碑漢碣皆偀偀不暇及。迨暇矣，而崇飾荒山，塗繢野廟，必視爲不急之務也。止餘騷人之憑弔，樵夫之遺蹤，同銷沉於寒烟縞雪已耳。然則山靈顯晦，豈不以人哉？至於始終，董率聿觀厥成，而贊襄以底其蹟者，實爲王君維翰，例故附書。 程之璵詩：百尺松遮百尺樓，林深路仄境多幽。晚風戛樹濤争吼，晨露連烟翠欲流。何處鐘聲驚客夢，無端鳥語唤人愁。幾時得踐溪山約，熟讀黄庭煮石頭。 張皇輔詩：龍山勝處莫他求，松蔭山穴景倍幽。石磴斜穿雲漸落，仙樓直上鳥偏稠。周遭灌木屏風去，一座孤亭任月留。無限野光迎兩眼，閒來搦管一齊收。

清 光緒《德慶州志》卷五 荔子園在城東里許，半月洲後。國朝乾隆時州人温拙可建，多植荔，爲吟賞地。知州楊瓚《荔子園記》：康州爲嶺西舟車之會，士大夫多以宮室鉅麗相矜，故家豐其居，而地少苑囿，間有之則又出於人力之所經營，要未有天作而地造之以貽其人者，而温氏荔子園遂獨絶。園在州城外廛舍後，面東。出文學拙可君得之，而樓其中。左右前後植以荔樹。墉環櫛比，隱然如城郭狀。遂以名園。雖然，此可以力而致也。園本洲形，三面皆以水環之，又如新月形，波紋漱灎，芰荷的皪。亭臺之影，摇動而上下。每月出，金光耀彩，宛在琉璃堆中。由亭中而東望，一帶曠野，曠然無際。其間耕者、牧者、樵者行歌響答之聲，日不絶聞。而遠山綺縮繡錯、屏風於園之面者，或偃蹇或戟豎，莫不掠鬢修眉。出，而巍然一塔，則又與諸山之峻者争妍鬥鋭，呈奇獻巧，悉會於户庭之外，斯則人力之所不能及，而智者之所不能設施，可不謂天作而地造者歟。意斯園也，若使在窮山野谷之中，田夫樵叟日往來其間而不知其勝，亦莫名其狀，其或幸而出於通都大邑，又不幸而出於多財貴勢、肉食寡墨之家，日與燕朋門客嘯歌而絃管其中，則樓臺林澗方且增羞，又安得其物象意趣之殊。而詩禮之儒、文學世其家一旦得之，而藏修息游於此，則塘之淪漪，足以抒清思。荔之蓊蔚，足以發藻采。

而山野之空曠綿邈，又足以啟幽思遐想于千里之外。等一地也而氣象頗殊，豈非以其人哉，豈非以其人哉！

紀事

三國魏 孫該《三公山下祠賦有序》（《歷代賦彙》卷一一〇輯） 趙國元氏縣西界有六神祠。吾觀其一焉，在陘山之陽，即三公祠焉。崇堂既峻，危閣造雲，櫺軒臨萬仞之壑，土木被丹藻之華。是時寓目永日，夕宿東序，召彼故老訊之。舊典云：棟宇初興七十載，三台耀靈，實降甘雨。夫山以有形爲神，神以無形爲王。若乃歊蒸於上，雷動於下，公田穰於多黍，嫠婦利其滯穗，亦茲邦之所以報歷葉不輟也。於是援筆作賦，昭神靈之有憑，壯夏屋之弘麗。

唐 太宗李世民《晉書》卷八〇《列傳第五十·王羲之》 會稽有佳山水，名士多居之，謝安未仕時亦居焉。孫綽、李充、許詢、支遁等皆以文義冠世，並築室東土，與羲之同好。嘗與同志宴集於會稽山陰之蘭亭。羲之自爲之序，以申其志，曰：永和九年，歲在癸丑，暮春之初，會於會稽山陰之蘭亭，修禊事也。羣賢畢至，少長咸集。此地有崇山峻嶺，茂林修竹，又有清流激湍，映帶左右。引以爲流觴曲水，列坐其次，雖無絲竹管絃之盛，一觴一詠，亦足以暢敘幽情。是日也，天朗氣清，惠風和暢。仰觀宇宙之大，俯察品類之盛，所以游目騁懷，足以極視聽之娱，信可樂也。夫人之相與，俯仰一世。或取諸懷抱，晤言一室之内；或因寄所托，放浪形骸之外。雖趣舍萬殊，静躁不同，當其欣於所遇，蹔得於己，快然自足，不知老之將至。

唐 歐陽詹《歐陽行周文集》卷五《二公亭記泉州》 今年暮春月，邦牧安定席公、别駕置同正員前相國天水姜公，念茲邦川逼溟渤，山連蒼梧，炎氛時迴，濕雲多來。又日臨胃次，斗建辰位，和氣將徂，畏景方至。《月令》云「可以升山陵，可以居高明」，蓋謂是月。況地理卑庳，而不擇爽塏，以蕩夫污濊乎？因問風俗，相原隰，郭東里所，共得奇阜。高不至崇，卑不至夷，形勢廣袤，四隅若一。含之以澄湖萬頃，挹之以危峰千嶺，點圓水之心，當奔崖之前，如鏡之鈕，狀鼇之首。二公止旌輿以迴睇，假漁舟而上陟。幕煙茵草，玩懌移日，心眸意籌，有建亭之算，而未之言也。二公既迴，邑人踵公游於斯者如市。登中隆，觀媚麗，前來後至，異口同詞曰：漢帝不曰「百姓安其田里而無愁怨之聲者，其由良二千石乎」？是謂政平教成，使俗泰而民以寧者也。《虞書》不曰「股肱良哉，庶事康哉」，是謂翼帝藩皇，調陰序陽，使物阜而民以昌者也。席公今日之化育，吾徒是以寧。姜公昔歲之弼諧，吾徒是以昌。且以之寧，又以之昌，愷悌君子也。《詩》云：「愷悌君子，民之父母。」二公者，真吾父母矣。茲阜二公攸選，尚而加愛物，務休訟簡，必復斯至。上露下蕪，忍令父母憩之乎？遂偕發爲公就亭之功，如牆而前，陳誠於縣尹。縣尹允其請，而爲之辨方經蹠等，周環當上頂，誡奢訓簡，以授子來。於是家有餘力，圃有餘才，或掬一抔土焉，或剪一枝材焉。一心百身，蜂還蟻往。榛莽可去以自薙，瓦甓無脛而奔萃。一之日斤斧之功畢，二之日圬墁之傭息。再晨而成，二公莫知。層梁亘以中豁，飛甍翼而四翥。東南西北，方不殊致，糊白墳以呈素，臒頳壤而垂繪。通以虹橋，綴以綺樹，華而非侈，儉而不陋。煙水交浮，巖巒疊迴，精舍奉其旁達，都城企其遐際。容影光彩，摇漪入瀾。指朱軒於潭底，閲雲岑乎波裏，爌潰油演，如飛若動。又釣人飄飖於左右，游禽出没乎前後。一眄一睐，千趣萬態。税息之者，若在蓬壺方丈之上。二公重清曠於舊賞，納衷懇乎羣庶，尋幽探異常於斯，勞賓祖客常於斯。加以平疇間闢，通途在下，可以觀耕耨，可以采謳謡，作一亭而衆美具。噫！天造茲阜，其固與人爲亭歟？不然，何不遠郛郭，而博敞詭秀之若此？非常之地，意待非常之人，故越千萬祀而至二公方覿也。邑人想之，復言曰：事無隱義，物有正名。地爲二公而見，亭從二公而建，斯亭也，可署曰二公亭。雖芻蕘之云，其實有謂。二公不忽，遂以爲號。小子藝忝於文，曾觀光上國。去之日歷越游吳，歸之辰踰荆泛漢。會稽之蘭亭，姑蘇之華亭，襄陽峴首，豫章湖中，皆古今稱爲佳境，或棟宇猶在，或基趾未没，山川物象，遍得而覽。方之於此，遠有慚德懿哉。二公智周德厚，卜地如此，感民若彼。某非飾説，入吾邑者，升吾亭者知之。古之製器物，造宫室，或有銘頌，以昭其義。斯亭也，豈無斆古而爲之章句者？小子薄劣，不敢議其事，粗述其旨，姑爲之記。兼借二公之名，於記左以爲邦榮，在位元寮，亦以次序從公而列。貞元九年三月二十五日記。

唐 陳鴻《廬州同食館記》（《唐文粹》卷七五輯） 合肥郡城南門東上曰同食館，粱柱朽蠹，軒户攲傾，斷栿委階，椽落棟折。風雨雪霜，賓不可宿。太守陽平路君刺郡之明年，冬十月，歲向熟，民且閒，陶瓦於原，伐木于山。磨舊礎築新墉。乃豐賓堂，乃峨前軒。怒桷虯虯，層櫨牙牙。中回洞深，高櫓騰掀。階閒容揖讓，闕閒容賓盤，柱閒容樂工，屏閒容將吏。左右爲寢室更衣之所，朱户素壁，潔而不華。東西廂複廊直澍，又西開下閤作饔舍，廄屋宏大。中敞作南門，容旌旗駟馬。北上作丁字亭，亭北列朱檻，面城墉。其下淤溝開導通水，因古岸植竹樹，爲風月宴游地。東南自會稽、朱方、宣城、揚州，西達蔡汝，陸行抵京師。江淮牧守，三臺郎吏，出入多游郡道。是館成，大賓小賓，皆有次舍。

唐　韋夏卿《東山記》（《文苑英華》卷八二九輯）　自江之南號爲水鄉，日月掩藹，陂湖蕩漾，游有魚鱉，翔有凫鴈。涉之或風波之懼，望之多煙雲之思。自朱方達於震澤三百里而遥，惟毗陵地高，林麓相望，丘陵埴阜，隱嶙蟬聯。雖有崖崿之形，終無峻極之狀。封域之内，罕名山焉。有唐良二千石獨孤公之莅是邦也，人安俗阜三稔於兹。文爲宗師，政號清净。有仁智山水之樂，有風流遐曠之懷，如獨鶴唳天，孤雲出岫，想見其人也。公嘗言，謝公東山亦非名岳，苟林巒興遠，丘壑意深，則一拳之多，數仞爲廣矣。由是於近郊傳舍之東得崇丘浚壑之地，密林修竹，森蔚其間，白雲丹霞，照耀其上，使登臨者能賞，游覽者忘歸。我是以東山定號，始於中峰之頂建茅茨焉。出雲木之高標，視湖山如屏障。城市非遠，幽聞鳥聲。軒車每來，静見水色。復有南池西館，宛如方丈、瀛洲。秋有芰荷，春生蘋藻。晨光炯曜，夕月澄虛。信可以曠高士之襟懷，發詩人之歌詠也。自公之往，清風寂寥，野獸恒游，山禽每萃。不轉之石斯固，勿伐之木惟喬。而繼守數公實皆朝彦，雖下車必理，或周月而遷，志在葺修，時則未暇。貞元八年，余出守是邦，迨今四載，政成訟簡，民用小康。永懷前賢，屢陟兹阜。芟薈翳而松桂出，夷坎窞而溪谷通，不改池臺，唯雜風月，東山之賞實中興哉！於是加置四亭，合爲五所。瞰野望山者，位正。背林面水者，勢高。籩罍區陳，賓寮有位。琴棋間作，簫管時聞。從我之游者，咸遇其勝也。嘗以水通舟檝，陸阻車徒，端徑術於通津，翦樛蕪於迥野。凡五六里抵於亭之南，植山松以作門，樹官柳以界道，蟠麾旄於原上，騁騏驥於途中，又有塞門壠坂之意也。懿乎創物，垂名俾傳。來者登山臨水，每想古人，亦何謝石門林泉、峴首風景而已矣。爲文斵石於彼山阿。時貞元十一年歲在乙亥九月九日記。

唐　白居易《白氏長慶集》卷七一《白蘋洲五亭記》　湖州城東南二百步抵雪溪，連汀洲，一名白蘋梁。吴興守柳惲於此賦詩云「汀洲采白蘋」，因以爲名也。前不知幾千萬年，後又數百載，有名無亭，鞠爲荒澤。至大曆十一年，顔魯公真卿爲刺史始剪榛，導流作八角亭以游息焉。旋屬災潦薦至，沼堙臺圮。後又數十載，萎蕪隙地。至開成三年，弘農楊君爲刺史，乃疏四渠，濬二池，樹三園，搆五亭，卉木荷竹、舟橋廊室，泊游宴息宿之具靡不備焉。觀其架大溪、跨長汀者，謂之白蘋亭。介二園、閲百卉者，謂之集芳亭。面廣池、目列岫者，謂之山光亭。玩晨曦者，謂之朝霞亭。狎清漣者，謂之碧波亭。五亭間開，萬象迭入。嚮背俯仰，勝無遁形。每至汀風春溪月秋、花繁鳥啼之旦，蓮開水香之夕，賓友集歌吹作，舟棹徐動，觴詠半酣，飄然恍然。游者相顧，咸曰：此不知方外也，人間也，又不知蓬瀛、崑閬復何如哉！時予守官在洛陽，楊君紙書賫圖，請予爲記。予按圖握筆，心存目想，覼縷梗槩，十不得其二三。大凡地有勝境，得人而後發。人有心匠，得物而後開。境心相遇，固有時耶，蓋是境也。實柳守濫觴之，顔公椎輪之，楊君繪素之，三賢始終能畢事矣。楊君前牧舒，舒人治今牧湖。湖人康，康之由，革弊興利，若改茶法、變税書之類是也。利興，故府有羡財。政成，故居多暇日。是以餘力濟高情、成勝槩，三者旋相爲用，豈偶然哉？昔謝柳爲郡，樂山水多高情，不聞善政。龔黄爲郡，憂黎庶，有善政，不聞勝槩兼而有者，其吾友楊君乎。君名漢公，字用，又恐年祀久遠，來者不知，故名而字之。時開成四年十月十五日記。

唐　馮翊子《桂苑叢談・賞心亭》　咸通中，丞相姑臧公拜端揆日，自大梁移鎮淮海。政績日聞，未期周榮加水土，移風易俗，甚洽羣情。自彭門亂常之後，藩鎮瘡痍未平，公按轡躬已而治之，補綴頹毁，整葺壞綱，功無虛日。以其郡無勝游之地，且風亭月榭既已荒涼，花圃釣臺未愜深旨，一朝命於戲馬亭西，連玉鉤斜道，開闢池沼，搆葺亭臺。揮斤既畢，萃其所，芳春九旬，都人士女得以游觀，一旦聞浙。右小校薛陽陶監押度支運米入城，公喜其姓同曩日朱崖左右者，遂令詢之，果是其人矣。公愈喜，似獲古物，乃命衙庭小將代押，留止别館。一日，公召陶同游，問及往日蘆管之事，陶因獻朱崖陸鬯元白所撰歌一曲，公亦喜之，即于兹亭奏之。其管絶微，每於一觱篥管中，常容三管也，聲如天際自然而來，情思寬閒，公大佳賞之，亦贈其詩。不記終篇，其發端云：虚心纖質鴈銜餘，鳳吹龍吟定不如。於是賜賚甚豐。出其二子，皆授牢盆倅職。初，公構池亭畢，未有名，因名賞心，諸從事以公近諱，蓋賞字有尚也。公曰：宜父言徵不言在，言在不稱徵。且非内官宫妾，何避其疑哉。遂不改作。其亭自秦畢陷逆，乃爲芻豢之地。嗟乎！公孫弘之東閣，劉屈氂後爲馬廄，亦何異哉。

宋 王禹偁《新修太和宫記》（《吴都文粹》卷七輯） 蘇州太和宫者，唐畢瑊之别業也。瑊之子師顔及其子宗逸避巢寇之亂，從而家焉。先是道士戴省甄者，長洲人也，幼喪其父，隨母歸於畢氏，宗逸無子，戴實嗣焉，與兄子棄俗入道。淮海王之有國也，五世其昌，三教具舉。顧毗陵之勍敵，建吴門之巨屏，利用御寇，匪親不居。節度使錢公文奉茅土是分，緇黄尤盛，乃以子玄主開元觀省甄，處洞玄宫尋屬。兄也云亡，委兹棣蕚。母兮不造，傷彼棘心。且念出破琴之家，繼卧瓮之後，林烏返哺以無及，桑虫受食而有懷。思舍田園，肇興寶宇。爰以己巳歲申牒而請命焉。則神德啟運之九年，開寶紀號之二祀也，錢氏賜額曰太和，乃與弟子吴玄芝主而建焉。於是剪榛蕪以樹垣墉，浚汙潦以開池沼。伐彼良木，鳩於梓人。繫日以僝功，隨方以募衆。亦既無怠，斯焉告成。倬彼仙鄉，忽如神化。則有上清之殿事天尊也，北極之堂列仙官也，星壇三級侈祠祀也，霜鐘萬鈞警昏旭也。繪事盡妙，睟容有儀。芝蓋雲軿，宛若瑶池之會。冰膚雪態，依然姑射之人。其或民罹扎瘥，歲有水旱，則必禱三官而禳謝，修七齋之威儀。霜清步虚，露冷直籙，章醮具矣。福祐隨之，實天神之攸憑，生民之所怙也。爾乃就水以治檻，因高而創亭。奇花移茂苑之春，怪石減洞庭之翠。夏筍錦折，秋荷蓋圓。纖埃不生，衆卉自茂。漁人誤入，應謂桃源，海客遐瞻，更迷蓬島。姑蘇勝概，此實盡之。

宋 胡宿《文恭集》卷三五《潤州金壇縣清修亭記》 縣邑之任，有社稷民人之衆，兼典刑政令之重。春秋齋祠尚于肅，朝夕聽斷主于明。大率神過用則疲，形太勞則殆。鄙吝乘間而得入，和粹有時而致虧，君子防其然也。故官寺設宴息之所，公日著休澣之令，撥去几案，依于琴壺，宴嘉賓友。多聞陶冶情性，發舒誠明，節適語默之宜，均齊諠静之觀夫。然則神與境會，心將道俱，乃可以彊有涯之生，應一切之用，以之事神、治民，則有成志而無違心。疵吝日銷，純白來舍者也。濮陽吴君中復，端粹而文爲金壇長。縣治三茅之左密邇，勝秀精氣，利澤延施。此《郊山記》所載句。金之壇取是紀邑。而縣寺湫底承前弗治，廳前數椽，裁容受署。至于委蛇退食之餘，則無他齋以息外物，患其若此議未從出。會民有輒伐叢祠材竹者事發，當籍之入官，計踰百章，足支一構。因宜乘利，究奇選勝，乃得西偏爽塏之地。裁作崇址，揭爲新亭。繞帶清渠，環映碧竹，野色在望，真想滿前。榜之曰清修亭。君寶元初登科，聞喜宴日，上用故事賜第一人，以下御詩于時。斷章有「勖爾在清修」之句，因摘二字以名其亭。且虔上化而服官政。亭成不日，書至言狀求記。乃事欲詒諸後，使知命名之。自而識置亭之本，不止專宴游、資賞眺、樂禽魚馴、閒玩卉樹華滋而已。靖恭爾位，其有意于大雅者乎？君以緒餘風力能舉其政字，綏諸氓不翅己子。勤恤此職，有踰家事。退則發舊書囊櫝，觀前言往行，間命僚佐相與觴詠。曹無留事，訟源自閉。引伸此道，奚適而弗裕哉！雖一亭一邑之細，其規爲思致所存蓋遠矣。

宋 歐陽修《文忠集》卷三九《豐樂亭記》 修既治滁之明年，夏始飲滁水而甘。問諸滁人，得於州南百步之近。其上豐山聳然而特立，下則幽谷窈然而深藏，中有清泉滃然而仰出。俯仰左右，顧而樂之。於是疏泉鑿石，闢地以爲亭，而與滁人往游於其間。滁於五代干戈之際，用武之地也。昔太祖皇帝嘗以周師破李景兵十五萬於清流山下，生擒其將皇甫暉、姚鳳於滁東門之外，遂以平滁。修嘗考其山川，按其圖記，升高以望清流之間，欲求暉鳳就擒之所，而故老皆無在者，蓋天下之平久矣。自唐失其政，海内分裂，豪傑並起而争，所在爲敵國者何可勝數。及宋受天命，聖人出而四海一，嚮之憑恃險阻，剗削消磨，百年之間，漠然徒見山高而水清。欲問其事而遺老盡矣。今滁介於江淮之間，舟車商賈四方賓客之所不至，民生不見外事而安於畎畝衣食，以樂生送死。而孰知上之功德，休養生息，涵煦百年之深也。修之來此，樂其地僻而事簡，又愛其俗之安閒，既得斯泉于山谷之間，乃日與滁人仰而望山，俯而聽泉。掇幽芳而蔭喬木，風霜冰雪，刻露清秀，四時之景無不可愛。又幸其民樂其歲物之豐成，而喜與予游也。因爲本其山川，道其風俗之美，使民之所以安此豐年之樂者，幸生無事之時也。夫宣上恩德，以與民共樂，刺史之事也。遂書以名其亭焉。

又 卷四〇《有美堂記》 嘉祐二年，龍圖閣直學士、尚書吏部郎中梅公出守于杭。於其行也，天子寵之以詩，於是始作有美堂，蓋取賜詩之首章而名之，以爲杭人之榮。然公之甚愛斯堂也，雖去而不忘。今年自金陵遣人走京師，命予志之，其請至六七而不倦。予乃爲之言曰：夫舉天下之至美與其樂，有不得而兼焉者多矣。故窮山水登臨之美者，必之乎寬閑之野、寂寞之鄉而後得焉。覽人物之盛麗，誇都邑之雄富者，必據乎四達之衝、舟車之會而後足焉。蓋彼放心於物外，而此娛意于繁華，二者各有適焉。然其爲樂不得而兼也。今夫所謂羅浮、天台、衡岳、廬阜、洞庭之廣，三峽之險，號爲東南奇偉秀絶者，乃皆在乎下州小邑僻陋之邦，此幽潛之士、窮愁放逐之臣之所樂也。若乃四方之聚，百貨之所交，物盛人衆，爲一都會，而又能兼有山水之美，以資富貴之娱者，惟金陵、錢塘，然二邦皆僭竊於混世。及聖宋受命，海内爲一，金陵以後服見誅，今其江山雖在，而頽垣廢址，荒烟野草，過而覽者莫不爲之躊躇而悽愴。獨錢塘自五代時知尊中國，效臣順。及其亡也，頓首請命，不煩干戈，今其民幸富完安樂。又其俗習工巧，邑屋華麗，蓋十餘萬家。環以湖山，左右映帶。而閩商海賈，風帆浪舶，出入於江濤浩渺烟雲杳靄之間，可謂盛矣。而臨是邦者，必皆朝廷公卿大臣，若天子之侍從。又有四方游士爲之賓客，故喜占形勝，治亭榭，相與極游覽之娱。然其於所取，有得於此者，必有遺於彼。獨所謂有美堂者，山水登臨之美，人物邑居之繁，一寓目而盡得之。蓋錢塘兼有天下之美，而斯堂者又盡得錢塘之美焉，宜乎公之甚愛而難忘也。梅公清慎好學，君子也。視其所好，可以知其人焉。四年八月丁亥，廬陵歐陽修記。

宋 鄒浩《道鄉集》卷二五《翱風亭記》 昭州荒僻纔數百家，無餘屋可以寓人。余之來也，偶得進士王氏拾青閣居焉。前俯樂川，後倚寶山，脩竹高松環作清奥，非初望所及。王氏馴馴類有識者，特爲規山，腰松竹最深處，築亭以避暑，余題其榜曰翱風亭。

宋 王安中《初寮集》卷六《河間旌麾園記》 清河公既作經武堂，語其屬曰：君子之教，必因人之所甚欲，而寓所不欲焉。飲酒而習射，故觵撻不駭。從禽而習戰，故誓禁不拂。凡吾堂之作，固不曰資燕喜、備游觀，而盛服以臨吏士，令行如霜，不枚而寂，是誰與歌舞之哉！吾將使人勸趨樂赴，聲氣愉怡，而視聽不聳，則吾堂之事沛乎？其易，易矣。於是，即堂背盡城，築亭以爲游集棲息之所。因故水別穿二方池，爲橋東西跨，以達於亭。既又仆除頽垣廢堋，則高陽臺見於左。經武舊堂與水間一亭見於右。軒露映發，如獻如酢。公喜曰：吾得之矣。乃鐫補凸凹，疏塞壅豁。指布臺榭之所置，及蒔花種木之所宜。口講手畫，皆就條理，而觀者怳然如記昔游，如閲奇畫，遂欲眩丹碧而擷芳菲也。既圖具，邦人有進者曰：【略】歲時，樂胥士女穌會自今兹無窮休，且使有事於經武者無倦。公之所寓深矣。願無忘公之德，某輒推是意而命諸名。民屬於賢，淵珠山玉，於魯季子審其數，思舊堂宜名曰來賢堂。慈惠之施，我則有本。奚取於水，河潤九里。水間亭宜曰流潤亭。臨人不愧，使君壽考，高明之崇納。此日月臺宜曰存景臺。桃李成蹊，松柏後凋。種木者誰？有斐君子。四時門亭，宜曰種德亭。杖屨透迤，民樂豈弟其趣？超然一丘一壑中。休亭宜曰成趣亭。雨露之播，有暐其華，健步遠移，從衆好耳。新堂西亭宜曰繁華亭。暖然似春，吾道不粃。草木欣榮，孰披拂是。新堂東亭宜曰惠風亭。從公于堂，知樂其樂。優哉游哉，處女虓虎。負城亭宜曰和樂亭。雖然天下之事，一廢一興，默自有數。而瀛之有此適自公始。固將以榮公之來，故又取杜子美「十年出幕府，自可持旌麾」語，合而名之，曰旌麾園。而子城北樓門，適園門也。

宋 汪藻《浮溪集》卷一九《永州柳先生祠堂記》 先生以永貞元年冬自尚書郎出爲邵州刺史，道貶永州司馬。至元和九年十二月，詔追赴都，復出爲柳州刺史。蓋先生居零陵者將十年，至今言先生者必曰零陵，有零陵者亦必曰先生。零陵去長安四千餘里，極窮陋之區也。而先生辱居之，零陵徒以先生居之故，遂名聞天下。在先生謂不幸可也，而零陵獨非幸歟！先生始居龍興寺西序之下，間坐法華西亭，見西山愛之，命僕夫過瀟水剪薙榛蕪，搜奇選勝，自放于山水之間。入冉溪二三里，得尤絶者家焉。因結茅樹蔬，爲沼沚臺榭，目曰愚溪。而刻《八愚》詩于溪石之上。其謂之鈷鉧潭、西小丘、小石潭者，循愚溪而出也。其謂之南澗、朝陽岩、袁家渴、蕪江、百家瀨者，泝瀟水而上也。皆在愚溪數里間，爲先生杖履徜徉之地。惟黄溪爲最遠，去郡城七十餘里，游者未嘗到，則豈先生好奇如謝康樂，伐木開徑，窮山水之趣而亦游之不數耶！紹興十四年，予來零陵，距先生三百餘年，求先生遺跡如愚溪、鈷鉧潭、南澗、朝陽岩之類皆在，獨龍興寺并先生故居曰愚堂、愚亭者，已湮蕪不可復識。《八愚》詩石亦訪之無有。黄溪則爲峒獠侵耕，嶝危徑塞，無自而入。郡人指高山寺曰：此法華亭故處，而龍興者，今太平寺西瞰大江者是也。其果然歟？周衰言，文章之盛者莫如漢唐。賈誼馳騁于孝文之初時，漢興纔三十餘年耳。其談治道、述騷辭已追還三代之風如此，自是踵相躡有之。末而至于劉向、揚雄，益精深不可及，去古未遠故也。唐承貞觀、開元習治之餘，以文章顯者如陳子昂、蕭穎士、李邕、燕許之徒，燕，音烟。燕公張說，許公蘇頲。固不爲無人。東漢以來，猥并之氣未除也。至元和，始粹然一返于正。其所以臻此者，非先生及昌黎韓公之力歟？故以唐三百年，世所推尊者曰韓柳而已，豈非盛哉！先生雖坐貞元黨，與劉夢得同，夢得會昌時猶尊顯于朝，先生未及爲時君所省，而遽没于元和之世，事業遂不大見于時，可深惜哉！然零陵一泉石一草木經先生品題者，莫不爲後世所慕想見其風流，而先生之文載集中，凡瓌奇絶特者，皆居零陵時所作，則予所謂幸不幸者豈不然哉！零陵之祠先生于學、于愚溪之上，更郡守不知其幾而莫之敢廢。顧未有求其遺跡而紀之者，余于是采先生之集與劉夢得之詩可見者，書而置之祠中，附《零陵圖志》之末。庶幾來者有考焉。

宋　程洵《衡州杜黄二先生祠堂記》（《新安文獻志》卷一二引）　衡陽在湘中爲佳郡。然近城無名山可登覽，獨城南數里有山曰花光。坡陀曼延，竹樹茂密。中有浮屠精舍，依山臨壑，蕭然絶俗。淳熙甲辰，洵始造官，即往游焉。寺僧導予由寺後俛穿薈翳，陟山之巔，倚筇東南望，則雲濤彩翠，曠然與天相際。而所謂耒陽縣者，蓋可仿佛意求於空濛杳靄之間也。地有廢亭，遺址僅存。僧言是爲思杜亭。問所以得名，則曰：往時，郡將有慕少陵杜公之爲人者，謂耒陽公墓在焉。欲一至其所，酹而弔之，不可得。因即此爲亭，以致望思之意。然亭頽圮久矣，莫有嗣爲之者。因相與太息久之。後二年，臨江劉侯始來典州事。暇日復登焉，慨然有意興起之，且求諸圖記。則又知兹山昔豫章黄公南遷時所嘗游也。黄公以詩名天下，而句法悉本杜公，其制行亦略相似。方其亡恙時，固已神交千載，使没而有知，安知其不以氣類相從於溟漠邪？於是捐緡錢，俾寺主僧普涇即亭舊址建堂，舉杜公祀而以黄公配焉。既又命洵記之。洵曰：湖嶺自古爲遷臣逐客與夫懷材抱道而鬱不得施者羈游之地。衡陽又其舟車往來之會，自唐以來，過焉而徘徊登覽於此者，不知其幾何。人往往十九湮滅無聞，而二公獨能使後世追思慨慕如此，夫豈特其詞章言語之妙有以起之，蓋其所立於世，固有風節存焉。是以若此巍巍而使人不能忘也。杜公遭時多故，流落饑寒，終身不偶，而一飯未嘗忘君。黄公紬金匱石室書，不肯少屈董狐之筆，卒見擠權臣，坐鈎黨，死不悔。二公風節不同於事而同於忠，其俱爲人思慕不能忘宜哉！孟子曰：誦其詩，讀其書，不知其人，可乎？是以論其世也，是尚友也。劉侯生今之世而尚友於千百歲之前，其志節抑又可見。然堂未成而侯去郡。卒成侯之志者，涇也。涇雖浮屠氏而喜詩，其能成侯之志也固宜。侯名清之，字子澄云。周益公曰：允夫詩文議論平正，辭氣和粹。

宋　吴泰《湘春樓記》（《粤西文載》卷三一輯）　全臨江而城，其南門之樓曰湘春，山川之勝盡在目中。癸亥端午，郡守彭公與客飲於此，坐不横肱，輿皂無所駐，因拂舊題。知前牧蔣侯所建，歲未久，風楹雨壁，勢且驃矣。既而曰：侯於規理荒殘，幸有餘力及此。可責以宏麗乎？繼之者其奚辭？是年冬，譙樓先成，輪奂突兀，人咸期可與雄藩巨鎮相伯仲。惜前卑隘，弗稱是。公聞之曰：吾有志久矣。因循未果。迨甲子之夏，乃撤而新之。卑者崇，隘者廣，譙樓對峙，丹堊交映，易其扁曰鎮湘。乃以重午宴賓佐於上。八窗虛明，恍非人境。邦人咸謂，視昔有光公，兩年之間，郡政具舉，城壁廬舍，靡廢不興。譙與是樓之役最鉅。其所以爲國之慮者甚至，是可書也。抑費用盡出節縮，廉也。工役不及旅伍，仁也。堅幹築以其可久，智也。不動聲色以迨於成，材也。叠是四美，尤不可不書。昔僖公治魯十年，作新南門之役，春秋義之。公今不歲月間，兩樓巍然，千載不朽，此吾夫子之所喜而書者也。泰爲公門下士，既不能竭吾力以任畚鍤，則紀述之責奚遜。是用志之。

宋　陳耆卿《赤城志》卷五　漏澤園在城東法安院側，初奉旨建。嘉定四年，黄守㽦重新之。先是地止三十餘畝，守以僧行，力不任。近舍有民王姓者自爲之守，四繚以牆，其後屢壞。民死皆道攢路瘞，過者惻焉。黄遣於東西南三隅，比城五里，循古城根、山宫、梅花園、後嶺、麻車術等處，括遺骸一千五百餘。乃先葺舊園，且求園外地及威神院側、後嶺庵三所置新園，永爲邦人聚葬之地焉。

宋　祝穆《方輿勝覽》卷二一　擬峴臺　曾子固記：尚書司門員外郎、晉國裴君，治撫州之二年，因城之東隅作臺以游，而命之曰擬峴臺，謂其溪山之形擬乎峴山也。數與其屬與州之寄客者游，而間獨求記於余。初，州之東，其城因大邱，其隍因大溪，其隅因客土，以出溪上。其外連山高陵，野林荒墟，遠近高下，壯大宏闊。壯奇可喜之觀環撫之東南者，可坐而見也。然而雨驃潦毁，蓋藏委棄於榛藂茀草之間，未有即而愛之者也。君得之而喜，增甓其土，易其破缺，去榛與草，發其亢爽。繚以横檻，覆以高甍。因而爲臺，以脱埃氛，絶煩囂。出雲氣而臨風雨，然後溪之平沙漫流，微風遠響，與夫浪波洶湧，破山拔木之奔放，至於高桅勁艣，沙禽水獸下上而浮沉者，皆出乎履舃之下。山之蒼顔秀色，巔崖拔出，挾光景而薄星辰。至於平岡長陸，虎豹踞而龍蛇走，與夫荒蹊聚落，樹陰晻曖，游人行旅隱見而斷續者，皆出乎衽席之内。若夫雲煙開斂，日光出没，四時朝暮，雨暘明晦，變化之不同，則雖覽之不厭，而雖有智者，亦不能窮其狀也。或飲者淋漓，歌者激烈。或靚觀微步，旁皇徙倚，則得於耳目與得之於心者，雖所寓之樂有殊而亦各適其適也。撫非通道，故貴人富賈之游不至。多良田，故水旱螟螣之菑少。其民樂於耕桑以自足，故牛馬之牧於山谷者不收，五穀之積於郊野者不垣。而晏然不知桴鼓之警，發召之役也。君既因其土俗而治以簡静，故得以休其暇日而寓其樂於此。州人士女樂其安且治，而又得游觀之美，亦將同其樂也。故予之爲記其成也。王介甫詩：君作新臺擬峴山，羊公千載得追攀。歌鍾隱地登臨處，花木移春指顧間。城似大堤來宛宛，溪如清漢落潺潺。時平不比征吴日，緩帶尤宜向此間。

宋 曹涇《横舟亭記》（《新安文獻志》卷一四引） 吴君叔震既新厥居其西爲燕賓之堂，軒窗高明，廊廡脩敞。中以花畦，見方廣，亦足名樂事賞心矣。既又得閒地，於兩廡之外構一亭焉。高與廡平，廣與堂侔。上閣如蓬，旁闌如舷，如舟之制，丹青飾之。即而飲，如風止浪恬，帆收櫂歇，相勞苦以樂也。憑以睡，如湖舫意行次於林園，停篙徙倚，花繁柳緑，鶯蝶嫵媚，玩以忘歸，不知日之將暮也。其自西堂乍入，竦而視之，則又如龍驤萬斛，與岸俱閒。漁郎去來，鳧鷗上下，自爲景情。而主人若無所事，乃命之曰横舟，而謂涇宜爲之記。

宋 周密 朱廷焕補《增補武林舊事》卷七《游閲古泉》 至元丁亥九月四日，周公謹偕錢菊泉至天慶觀，訪褚伯透，遂同道士王盤隱游寶蓮山韓平原故園。山四環皆秀石，絶類香林、冷泉等處。石多穿透嶄絶，互相附麗。有如玉色者，取以爲環珥之類。中有石徑杳而深，泉涓涓自内流出，疑此即所謂閲古泉也。徑旁有開成元年六月南岳道士邢令開、錢塘縣令錢華題名，道士諸葛鑑元書，鐫之石上。又南，石壁上鐫佛像及大字心經，甚奇古，不知何時爲火所燬，佛又殘缺。又一洞甚奇，山頂一大石墜下，傍有一石承之如餖飣然。又前一巨石，不通路，中鑿一門，門上横石梁。又有一枯池間，石壁皆細小水波紋，不知何年水直至此處，然則今之城市皆當深在水底數十丈。深谷爲陵，非寓言也。其餘磴道石池、亭館遺址，歷歷皆在。雖草木殘毁殆盡，而巖石秀潤可愛。大江横陳于前，時正見潮上如疋練然。其下俯視太廟，執政府在焉。山頂更覺奇峭，必有可喜、可愕者，以足憊不果。往且聞近日多虎，往往白晝出没不常，遂不能盡討此山之勝。故書以示好事尋游者。

金 趙秉文《滏水集》卷一三《寓樂亭記》 河朔之地沃野千里。【略】宋廣平、魏文貞皆河朔人。傳曰：三晉多奇士，其土風之然乎。寧晉實趙郡之附庸，而吾真定王君敬之棲棘于此。越明年，政成，乃即城以爲亭，因隍以爲池，引洨水，其中植以荷蓮，以爲士民游觀之地。吾友邑令吴微公妙伻來以記請。某曰：今夫樵者樂于山，漁者樂于水，與夫其静如山，其動如川，此智仁者之所樂也。其所樂同，其所以寓者或異。嘗試與子登兹亭以四望，其亦有得乎？無得乎？將爲仁者静乎？抑爲智者動乎？其動静交相養乎？其亦動静兼忘乎？不移一席之地而寓妙意于數百里之外，皆兹亭之所助也。

元 黄溍《古齋記》（《松江府志》卷七引） 古齋者，雲間曹君貞素之所游息也。曹君之先爲永嘉大族。其於雲間，有爲宋季名進士者，君之伯父也。家益充，所居益侈大，尺椽寸瓦，皆非先廬之舊，獨此齋之屋猶爲六世故物。自君之曾大父宫使府君徙置今所，號爲西齋，於是又八十有六年矣。君復繕治藻飾，環以佳花美木，池臺水月之勝，蕭然如在穹林邃谷間，更號之曰古齋。

元 許有壬《至正集》卷三九《南山亭記》 貴溪，夏君明進既葬其親南山之陽，遣子元棣走京師，請曰：南山去家財五里，山形迴環，風藏氣完，良田下抱。清泉流潤，冬夏不竭。左右映帶嘉禾脩竹，奇峰怪石不可殫數。作亭其側，以爲拜掃休息之地。一言之，則榮幸及地下矣。余聞而復之曰：而父卜宅兆而葬其親，禮也。予尚何言。然予習於葬者也，試爲子言。中原地厚而夷，易措也。大江而南，山水居地七八，甌窶汙邪又居半，故必慎擇其地。一域之内，僅一竁或二三爾。否則必有水泉螻蟻之患。歲時展省，東西馳騖甚有至他郡數百里外者，其亦不得已也哉。昔朝議欲天下通行扶葬之制，而區區抗論以爲不可者，其以是也。孝子卜擇得佳地，遠近不校也。得佳地又近其居若明進，可以爲説矣。若夫嘉木脩竹、奇峰怪石，亦有與於是乎！人子有終身之喪，四時變易，隨地感觸。況見荆榛蔓草、酸風苦月，有不爲之心摧肝裂者乎？木也竹也、峰也石也，亦有可説者乎？昔人以思名亭，勖其孝而益其思，得名之正者也。南山之名，因其地也。親葬之地，聞其名親斯在焉，況即其地乎？即其地，與親邇矣，況登其亭乎？況觀其扁而提撕之助益有所感乎？則南山之名，其有益於孝思者哉！若是則木也石也、竹也峰也，不能撓吾之思矣，不寧不能撓吾之思也。將由南山之扃，亦有以發吾之思矣。顧孝子之心所存何如爾。

元　戴良《九靈山房集》卷一二《蓬萊山房記》　東海之上，達蓬山之陽，黄氏世居之。黄氏之彦炳文，即所居之西偏，闢爲一室，以領山海之勝。右闞波瀾，左撫林麓。前岡後阜，如揖如拱。每晨曦東升，夕月西出，窅乎而列缺倒景，泠乎而沆瀣降精。青鳥翥于雲間，白鹿走于烟際。嚻聲遠遁，幽意畢來。人居其中，殆不知有人間世也。炳文曰：自吾之闢是室，日與良朋勝友昆弟子姓，游焉息焉。或騁懷以舒嘯，或游目而望遠。恍兮惚兮，若從赤松子于朱宫，黄石君于紫府，而羨門、安期爲之後先也。因名之曰蓬萊山房。間以語嚻嚻生，願請記之，生聞而嘆曰：炳文亦世之高士哉。世傳蓬萊、方丈、瀛洲在東海中，列仙居之。然人莫有至之者。秦皇嘗令徐福采藥其地，卒亦莫能以一至焉。惟其不可以幸至也。故世之慕清閒而樂虚遠者，往往託之以自高，若瀛洲之擬于吾儒，方丈、蓬萊之榜于道家異人，蓋累累也。炳文之先多大儒先生，而炳文與諸子，又皆世守其業如一日。自他人言之，孰不欲以吾儒登瀛之事爲己任，然乃棄此不務，顧有取於道家異人之説。以名其居室，有以見炳文之高風逸韻，迥邁等倫。比年以來，齒益高而操益厲，遂悉斂其致君澤民之思，退藏于一室，蘧蘧然與顥氣俱，栩栩然與造化游，于以超出乎六合之表，遐觀乎八荒之外，而彼蓬萊之不可以幸至者，且在乎室中矣。況其所居，一皆岸海而屋，其去蓬萊爲甚近。昔人求仙，欲由之以善達，故字其山曰達蓬。炳文冀遇其仙而不得，得夫昔人求仙之處，則低徊慕戀之不已，不亦人之常情哉？抑又聞之，古之列仙，皆忠孝仁義之人，或有所譴，則謫降人間，混迹以自晦。若炳文者，豈仙之謫歟？不然果高世之士也。因援琴爲鼓蓬萊之操而歌之曰：蓬山兮峨峨，築室兮山阿。山可游兮室可歌，宜于此兮婆娑。婆娑兮樂只，望羣仙兮不遠伊邇。朝却粒兮莫脱屣，晳飄飄兮遐舉。遐舉兮焉極，返吾室兮聊逍遥以容與。遂并書以爲之記，嚻嚻生别號九靈山房人云。

明　劉基《誠意伯文集》卷八《深居精舍記》　深居精舍者，雲門廣孝寺上人浮休公退居室也。上人名允若，字季蘅，以文行聞于時，賢士大夫無不與交，號之曰若耶，谿因其名而配以地也。深居去雲門十里而嬴，初入谿口，有奇石拔起沙水中，狀如折桂。其下者如伏獸，其名曰釣臺。其石罅皆有樹。自釣臺泝谿入，谿色湛碧，兩岸皆秔稻。風過之，其香菲菲然。有三山鼎足列，狀如三獅子。九墩錯其間，爲九毬。深居在三獅子中，其背山曰柯公之山。山上有潭，潭中云有白龜、有龍，恒出作雲雨。歲旱禱輒應。其右山曰化鹿之山，亦曰鹿頭。相傳葛稚川既化爲仙，有木几亦化爲鹿在此山。其外山曰秦望，其左山曰木禾。木禾視羣山爲最高。其前山曰鵝鼻之峰，其高與木禾等。峰頂大石突起，望之如鵝鼻，大海在鵝鼻東北。其上云有秦時碑，今亡之矣。鵝鼻北下小山曰望秦。秦望在望，秦北又北，曰天柱，曰玉笥。又東北爲陽明之山，是爲禹穴，其下維湖。予既至深居，與浮休公語，極相得。又愛其有美木、佳水石花竹，且静僻無妄人跡，雖隆暑不汗。因留八日出，既出而心恒思之。

明　宋濂《文憲集》卷三《看松庵記》　龍泉多大山，其西南一百餘里，諸山爲尤深，有四旁奮起而中窊下者，狀類箕筐，人因號之爲匡山。山多髯松，彌望入青雲，新翠照人如濯。松上薜蘿份披，横敷數十尋，嫩緑可噉。松根茯苓，其大如斗，雜以黄精、前胡及牡鞠之苗，采之可茹。吾友章君三益樂之，新結庵廬其間。菴之西南若干步有深淵，二蛟龍潛于其中，雲英英騰上，頃刻覆山谷。其色正白，若大海茫無津涯，大風東來輒飄去。君復爲搆烟雲萬頃亭。庵之東北又若干步，山益高，峰巒益峭刻，氣勢欲連霄漢。南望閩中數百里，嘉樹帖帖地上如薺。君復爲搆唯天在上亭。庵之東南又若干步，林樾蒼潤，空翠沉沉撲人，陰飈一動，雖當烈火流金之候，使人翛翛有挾纊意。君復爲搆清高亭。庵之正南又若干步，地明迥爽潔，東西北諸峰皆競秀獻狀，令人愛玩忘倦，兼之可琴可奕、可挈尊罍而飲，無不宜者，君復爲搆環中亭。君詩書之暇，被鶴氅衣，支九節筇，歷游四亭中。退坐庵廬，回睇髯松，如元夫鉅人拱揖左右。注視之久，精神凝合，物我兩忘，恍若與古豪傑共語千載之上。君樂甚，起穿謝公屐曰：歌吟萬松間，屐聲鏘然合。節與歌聲相答和，髯松似解君意，亦微微作笙簫音，以相娱君。喈曰：此予得看松之趣者也。遂以名其庵廬云。

明　王鏊《姑蘇志》卷三一　城南佳趣堂在虞山東之芝谿上。邑人虞子賢嘗得朱晦菴和張廣漢忠獻《城南雜咏》真跡，遂築堂以居。番陽周伯琦題扁曰城南佳趣。《秦約記略》曰：虞山之東有地曰芝谿，虞子賢世居焉。子賢博雅好修，家有先世所藏古今法書名畫。兵後，有得徽國朱子和廣漢張忠獻《城南雜咏》真跡一卷，蓋自是建中還新安而作也。於宅之西構堂三楹，松竹花卉之類環列左右，宛若山林然，顔曰城南佳趣。番易周伯温題其椽而爲之記。倪瓚詩：天闊海漫漫，崑山望眼寛。桃源迷晉世，松樹受秦官。雨蘚鹿跡遍，霜梧鶯影寒。封題數行字，聊問竹平安。

明　王守仁《月潭公館記》（《天下名山諸勝一覽記》卷一五引）　興隆之

南有寺曰月潭，其巖壁立千仞，檐垂數百尺。其上頂洞玲瓏，浮者若雲霞，亘者若虹霓，豁若樓殿門闕，懸若鼓鐘編磬。幨幢纓絡，若摶風之鵬，翻集翔鵠。螭虺之糾蟠，猱猊之駭躍，奇怪變幻，不可具狀。而其下澄潭邃谷，不測之洞，環秘回伏。喬林秀木，垂蔭蔽虧。鳴瀑清溪，渟洄映帶。天下之山，萃於雲、貴，連亘萬里，際天無極。行旅之往來，日攀緣下上於穹崖絶壑之間，雖雅有泉石之癖者，一入雲、貴之途，亦皆踣困煩厭，非復夙好。而惟至於茲巖之下，則又皆灑然開豁，心洗目醒。雖庸儔俗侶，素不知有山水之觀者，亦皆徘徊顧盼，相與延戀而不忍去。則茲巖之勝，蓋不言可知矣。巖界興隆、偏橋之間各數十里，行者至是，皆頓頓憊饑悴，宜有休息之所。而巖麓故有寺，附巖之戍卒官吏與凡苗夷犵狫之種連屬而居者，歲時令節皆於是焉釐祝。寺漸蕪廢，行禮無所，衆方以爲病。今按察使滇南朱公文瑞時以兵備副使按部至是，樂茲巖之勝，憫行旅之艱，乃捐資庀材，新其寺於巖之右，以爲釐祝之所。不兩月而工告畢。於是茲巖之奇，若又增而勝也。夫當法綱嚴密之時，衆方喘息憂危，動虞牽觸，而而獨能從容于山水泉石之好，行其心之所不愧者，而無求免於俗焉。斯其非見外之輕而中有定者，能若是乎？寺始于戍卒周齋公，成于游僧德斌，增治于指揮劉瑄、常智、李勝及其屬王威、韓儉之徒，至是凡三葺，而公館之建，則自今日始。

明 皇甫汸《皇甫司勳集》卷四九《仙都草堂記》 侍御樊君既卜仙都之原，從堪輿家言，襄其母夫人，乃結廬於右，以寧一所公。而君得棲趾墓傍，題曰仙都草堂。間馳尺牘，請余爲記，其略曰：家君號一所主人，性質直慷慨，好游善飲，多吟咏，與世事踈闊。少負才名，累試不遇，就教山東陵縣，後遷高密。母氏與偕，竟以疾卒於官舍。不肖自留臺來奔，家君翻然棄歸。謂曰：汝母奄背，吾不望汝以旨甘獨養，但能居我於仙都以終餘年，足矣。賢哉，翁之志行如此。按，仙都在栝之縉雲，去邑二十餘里，道書所謂第二十九洞天，軒后龍昇地也。【略】稍轉爲仙人碓。碓之上石峰攢峙，翁築層臺，延瞰鼎湖，名曰羣玉。南可百步許，爲暘谷洞，宋朱晦翁遺蹟在焉。下抱澄潭，與小蓬萊、赤壁、趙侯船諸景相聯絡，花鳥冬春，烟霏日夕，展可樂而忘世也。蓋福庭神窟，往往異人居焉。如劉阮、羊許輩，茹芝委化，事匪盡幻矣。夫世之慕鍾鼎者，必耽廊廟。薄珪組者，必安丘陵。性各有尚也。昔仲公理歎曰：若得背山游覽平原，此亦足矣，何爲區區於帝王之門哉？而宗敬微亦曰：性同鱗羽愛止山壑，眷戀松筠，有若狂者，忽不知老之將至，探翁之志正合古人，非惑鴻苑之書，談玄牝之術，希冲舉而逃虚寂者。

明 徐浦《白云精舍記》（《粤西文載》卷三三輯） 青秀山在邕郡東十里。山嵂然高，石磷然瑰而奇也。山之腰有甘泉，清洌可食，山之麓則江水匯流，瀰漫浩渺爲巨浸。山舊有寺，歲久頹圮。獨合抱老松數十株，挺秀與此山並青。竊意青秀山之所以得名，或此。是山雖未擅美載籍，然其麗亘延袤，形勢甲於諸山，亦邕南一名勝也。上海幼海董先生以忠諫謫居於邕，時常杖履此山，吟咏嘯眺，以發舒忠君愛國之情。邕之守既於泉之畔構亭，以爲先生憩息所矣。而亭之上，山勢峙聳，俯瞰羣山，皆環列拜伏其下。先生思親望鄉之心勃鬱于中，無以自寄，乃自築土一區若臺然。少暇輒登望白雲以寓思況。精神嚮往，恍若遥對尊嚴慈於數千里之外焉。噫！先生之懷苦矣。癸亥秋仲，徐子偕先生游青山，登斯臺，因憶吾邑有西陽嶺，昔人別友於其地，賦青山白雲之咏，至今傳誦，鐫石不朽。夫古人思友如此，而況先生忠君愛親之心寄興是山，又與昔人之題咏者若合符節。乃捐資命工，築室三間，題曰白雲精舍。蓋取狄公望雲之義，以寓先生臣子之衷也。舍成，先生登青山，望白雲，其忠孝之心固有以自寄。而後之人登斯山、拜斯舍者，其忠孝之心不亦觀感而有興哉！維時同游豹谷陳子在坐，以精舍之築不惟可以寄先生之懷，其有裨吾邕風教多矣。爰命書爲記，而繫之以詞曰：惟山有松，勁節淩空。惟山有泉，令名屬公。惟山有雲，瞻彼昊穹。有山有巖，仰止攸同。嗚呼！先生之風，忠孝之衷，與山並崇，永世無窮。

明 歸有光《震川集》卷一五《野鶴軒壁記》 嘉靖戊戌之春，予與諸友會文於野鶴軒。吾崑之馬鞍山，小而實奇。軒在山之麓，旁有泉，芳洌可飲。稍折而東，多磐石。山之勝處俗謂之東崖，亦謂劉龍洲墓，以宋劉過葬於此。墓在亂石中，從墓間仰視，蒼碧嶙峋，不見有土。惟石壁旁有小徑蜿蜒出其上，莫測所往，意其間有仙人居也。始慈溪楊子器名父創此軒，令能好文愛士，不爲俗吏者稱。名父今奉以爲名父祠。嗟夫！名父豈知四十餘年之後，吾黨之聚於此耶！時會者六人，後至者二人，潘士英自嘉定來，汲泉煮茗，翻爲主人。予等時時散去，士英獨與其徒處。烈風暴雨，崖崩石落，山鬼夜號可念也。

明 徐學謨《徐氏海隅集文編》卷一〇《游石亭步記》 柳子厚曰：江之滸，凡舟可縻而下上者，曰步。石亭步距義興城東南五里，可水陸行，其幽絶處爲徐文靖公園。余與游者挾三艇，循氿尾進，湖波淼瀰，莫省嚮詣。一樵者指點墟烟中，遂促檝而浮迫一里，艤而騰陸。延步皆小山，逗山拗，迤邐石塍。塍旁綠疇如雲。塍盡，見兩松夾道，逕兩松數十武爲園扉，有道士款門。初自湢宇入，頗湫隘。稍折而西，有重樓環矗，登之，望銅棺、離墨諸山，翠蔓聯洛，若翔若拱。庭中蒔大竹數百竿，高柿欞檻間，風摇之，作佩玉聲。樓之後雜卉蓊翳，幽泉從西來，不知所自。氣如白虹，淙淙然清越可聽。有石梁跨其上亭焉。亭爲他游者所據，遂闖亭而右則澗道而厓。人蟻集，沿流袒跣坐，各以石甓下流數丈爲流觴飲。而余所列籍獨當流之中，游目綺縹，差互雜遝。旁徹笙歌，傾左右耳入，令童子吹篴和之。響答潺湲，且觴且咏，或他客觴突甓而前，則恣取之以爲笑。有小鯈數十尾，時集觴下，觴動復俶然逝，若與游者相徵逐。其上爲斗崖，級而登，有屋數楹，支以甃石。俯瞰重樓，已偃然伏其下。時迫莫觑，樓前諸山半入烟暝，不可辨識。遂題壁去。客曰：子亦憶會稽蘭亭之期乎？余始恍然不知游與期會。復申詩一章，是爲丁卯上巳日。

明　黄汝亨《寓林集》卷九《玉版居託》　鍾陵民儉，境以内，山川城郭半蕭瑟，絶少勝地可眺覽。獨城南山寺名福勝者，去城里許，徑窅而僻，都無市喧，惟是苔衣樹色相映。寺殿亦净廠可坐，前令於此集父老或諸生五六輩説約講秇。而寺以後方丈地有修竹幾百竿，古樹十數株，爲松、爲櫪、爲樟、爲樸、爲蠟、爲柞、爲楓及芭蕉。細草間之，四面墻不盈尺。野林山翠，葱蒨蒼靄，可鬱而望。六月坐之，可忘暑。清風白月，秋聲夜色，摇摇墮竹樹下。間以吏事稀少，獨與往還，覺山陰，道不遠亦自忘。其吏之爲俗，借境汰情，似於其中不無小勝，因出餘鍰，命工築小屋一座，圍欞牕四周。牕以外長廊尺許，帶以朱闌干。薙草砌石，可步可倚。最後隙地亦佳，覆樹似屋，據而坐亦近乎巢。樹鑿壞之，民而總之，以竹居勝。即傍竹爲徑，題之以小淇園，顔其居曰玉版。里父老諸生未始不可與集，高客韻士與之俱，更益清遠。間覓閒孤往，亦復自勝。不佞令此地無善狀，庶幾此袈裟地片居爲政林下者云爾已矣。

明　張翀《龍山道院記》（《貴州通志》卷四〇引）　余居都勻，每吟誦少暇，即與諸生司子推輩搜奇於山水間。見隔河有峰，雄峙崔嵬，其高插天，遂杖履躋其頂。山勢逶迤數十里，羣山俱出其下，徘徊四望，南盡交廣，北極湘漢，西連滇蜀，皆在目前。余曰：壯哉觀乎！安得結廬而棲之。時有霽川司君撫月泉劉君鎧二人殊好奇者，即以其言謀於衆。衆曰：誠吾勻之勝槩，豈天以啟張公耶。乃各捐金募工，即其山之旁取材，得巨材若干楹。山勢陡峭不可作屋基，衆方卜其處。俄有靈龜大尺餘，自石中出，突至其前，三日不去。衆以爲神，告其地，遂即其處掘而平之。前爲樓，樓之上復爲小閣，後爲殿，殿之旁復爲小廊其所祀神。惟民自山嶺以至其麓皆鑿石磴，曲折盤桓，可數千尺。循磴而轉，各樹以柏。殿後有石坡，高廣平坦，其文青赤，登之使人曠然。石下有泉出，冷冷然潔也。院左右皆古木藤蘿，時有清風至，聲如萬壑之濤起伏而不可爲狀。樹多烏猿白鶴往來其間，憑欄望之，若素相狎者。工既成鶴樓，張子負甑而來，以習静其間。就樓之上設一小榻，每至夜分，常有白雲數片從窗入樓中，徐徐進榻傍與余相依，逮平旦則又飛去，半鎖山腹，使余下盼之，宛然如霄漢間也。清平孫子亭訪余於山中，見其景而悦之，欲得記其事。余曰：噫嘻，自開闢以來即有兹山，孰從而棲之。余産在五嶺外，相去數千里，安知其來游此耶。即來游此又安知結樓於中，遂爲一方勝槩耶。由是觀之，其山川之開闢與余之來游皆天也，非人之能爲也。山舊名蟒，余與劉君鎧走飛泉處，見有龍青色，因更號爲龍山，故院亦隨其山名云。

清　朱彝尊《曝書亭集》卷六七《游晉祠記》　晉祠者，唐叔虞之祠也，在太原縣西南八里。其曰汾東王、曰興安王者，歷代之封號也。祠南向，其西崇山蔽虧。山下有聖母廟，東向。水從堂下出，經祠前。又西南有泉曰難老，合流分注于溝澮之下，溉田千頃，《山海經》所云「懸瓮之山，晉水出焉」是也。水下流會于汾，地卑于祠數丈，《詩》言「彼汾沮洳」是也。聖母廟不知所自始，土人遇歲旱，有禱輒應，故廟特巍奕，而唐叔祠反若居其偏者。隋將王威、高君雅因禱雨晉祠，以圖高祖是也。廟南有臺駘祠，子産所云汾神是也。祠之東有唐太宗晉祠之銘。又東五十步，有宋太平興國碑。環祠古木數本，皆千年物，酈道元謂「水側有凉堂，結飛梁于水上，左右雜樹交蔭，希見曦景」是也。自智伯决此水以灌晉陽，而宋太祖、太宗卒用其法定北漢，蓋汾水勢與太原平，而晉水高出汾水之上，决汾之水不足以拔城，惟合二水，而後城可灌也。歲在丙午二月，予游天龍之山，道經祠下息焉。逍遥石橋之上，草香泉冽，灌木森況，鯈魚羣游，鳴鳥不已。故鄉山水之勝若或睹之，蓋予之爲客久矣。自雲中歷太原七百里而遥，黄沙從風，眼眯不辨川谷，桑乾、滹沱，亂水如沸湯。無浮橋舟楫可渡。馬行深淖，左右不相顧。雁門勾注，坡陀厄隘。向之所謂山水之勝者，適足以增其憂愁怫鬱、悲憤無聊之思已焉。既至祠下，乃始欣然樂其樂也。由唐叔迄今三千年，而臺駘者，金天氏之裔，歷歲更遠。蓋山川清淑之境，匪直游人過而樂之，雖神靈窟宅，亦馮依焉而不去，豈非理有固然者與！爲之記，不獨志來游之歲月，且以爲後之游者告也。

清　藍鼎元《鹿洲初集》卷一〇《高叟洞可堂記》　浦邑東郊五十里，有高叟洞。洞之名，不知何自。昉或曰晉仙人葛洪棲隱處，或曰宋高東溪先生讀書於此。紀傳皆不載。余意後説爲是。而梁山之上，東溪書屋存焉，有不得不姑闕者。洞處萬山之麓，三面峻峭，獨開其南爲門户。門内兩山拳然，從大峰迤邐而下，似雙鵝形。雌鵝曲項在田際，雄鵝昂首若向天鳴者，巔坦平，可容一屋。余曩爲諸生規模闊大，以其陋也置之。宦海風波，孤忠靡騁。遥憶澗巒，如在天上。思欲移家入空谷耕山，而食守先聖君子「居之何陋之有」之訓，命長兒雲錦相度之。結茅數椽，名曰可堂。堂廣一丈四尺，深丈有七尺。房廣九尺，深如堂之數。東西小屋三楹，深廣各不過十尺。棟桷諸材，出伯兄敬菴所助。其陶瓦，則良友黄澤齋賜也。土木工匠之費，鬻一婢充之。既落成，輪耶奂耶。柴扉不具，土堦不築。編籬爲捍，聊存内外而已。夫何可之有哉？雖然可，不可在心者也。心以爲未可，則甲第連雲、亭臺數里，尚饜若無容身之地。以爲可，則管寧藜床、嵇康鍛竈，坐卧且有餘適。況如斯之綽綽者，室雖小山則大，地雖狹天則多，田雖少岡可稼，木雖濯根可斸，是造物者藏富之區也。何不可之有哉？余將墾蓬蒿，闢峭壁，種黍稌薯芋薑瓜，錯落石罅。外蒔松杉竹木。内植橘荔棗栗諸果之品以百數。嶺上梅花澗邊，桃柳以及蘭桂薇荆諸花之植以百數。參以畜牧，五七年而成富家，陶朱公可坐致也。東西兩澗至鵝嘴合，流甘棠、白石間，淙淙然大有佳趣。堰爲池，可釣可濯。澗畔松陰掃地，布席焚香煮茗，可展卷作竟日坐。坐則濡毫著書，或集子弟親友講經史、《小學》、《近思録》數章。客至則摘園蔬，炰筍蕨，射雞取魚，放飲盡醉。醉則枕一石以卧。覺而徐徐然起，命兒曹援琴而鼓之，以清客懷。操畢，舞劍數周，以壯客氣。復令諸子並攜巨硯，對客揮毫，較臨摹工拙。隨興賦詩，或聯吟一二首，投壺對奕。復挈巨觥，持弓矢，登觀德之坡，以中且貫草爲勝負。又相與陟危巒，窮叠巘，居高眺遠，目極天地之廣大。天地間之樂，復有過於斯者乎？【略】古人躬耕畎畝，隱居以求其志，豈僅坐茂樹以終日，濯清泉而自潔？而茂樹清泉其當前受用者也，則以此高叟洞爲李愿盤谷也可，南陽卧龍岡也可。紫陽白鹿洞也可。何必深辯東溪之果否來學，及沈淪神仙荒渺之説，以滋人世之惑哉？爰書以爲記。

清　屈復《揚州東園記》（《平山堂圖志》卷九引）　東園曰揚州者，别於真州也。園在城西而曰東園者，地居蓮性寺東，因以名之，從舊也。前五十年，余嘗登平山堂。北郭園林連錦錯繡，惟關壯繆祠外荒園一區，古杏二株，扶疏干雲日。叢篁蓊密，荆棘森然。去年春，又過之，則凋者芳，塊者殖，凹凸者因之而高深，游人摩肩繼踵矣。周以修廊，紆以曲檻，右結翛然亭，左搆春雨堂，嶺下爲池，梁偃其上。新泉出焉，味甘冽不減蜀岡，名曰品外第一泉。雲山、品仙二閣，矗乎前後。門臨流水，花氣煙霏，而古杏新篁愈濃且翠。縱步躋攀，攜手千里。堂以宴，亭以憩，閣以眺，而隔江諸勝皆爲我有矣。臨汾賀吴村舉酒屬予曰：此某偶約同鄉諸君所新葺者也。歐文忠《東園記》有云「四方之客無日而不來」，吾三人者則有時而皆去也。今揚之衝繁過於真來者日益多。君行且歸老於北，余明年亦將旋里矣。幸爲余記之。夫君與鄉之同志，標舉勝槩，既各適其適，而籬門不閉，揚之人士又時游焉。雖去，而鄉之同志有不封殖其林木，修葺其牆屋者乎？揚之人有不因鑑湖而懷賀監者乎？則君固未嘗去耳。吴邨名君召，喜風雅，好賓客，與人不設町畦。每觴余於此，余知其襟度灑然，異夫擁所有以自封者，故爲之記。

清　厲鶚《東城雜記》卷下《竹深亭》　城東地腴美多水而宜竹，竹色深碧，筍稍晚，與西溪種略異。洪武中，潯陽張羽《來儀竹深亭記》云：杭城之東偏，有地曰戚家園。周廣十畝，通衢外環，限以修垣。其中民舍若干區。舍西有大竹數百竿，青秀敷腴，蓊若深谷，煩囂攸祛，忘在闤闠，然居人莫知爲勝。吴興沈君某僦廬于斯，悼衆之遺，乃增亭竹間，以娱宴休，命之曰竹深亭。亭縱一筵，衡廣倍之。棟宇簡易，疏櫺閒静，林園之勝專于是矣。丁未之冬，予至自吴門，沈君避是亭舍，予居之三月而後去。每清風激林，驟雨合至，飄蕩播灑，萬葉交振。鵾鷄鴝鴿之類，翔萃其中，鳴聲啁啾，與天籟合，乍大乍細，聽之無窮。故吾知是亭于風雨爲宜。窮陰之夕，雪霰交墜，玲瓏蕭條，坐聽既久，心寒耳凄，則就枕而卧。中夜聞折竹聲如裂帛、如櫟敔，清迅激越，出人不意，乍寐復寤。旦起視之，高者竦峭，下者披靡。琅玕翠碧，化爲瑤林。變眩洞射，暗牖皆白。故吾知是亭於雪爲宜。烟霏朝斂，黛緑摇翳，日光穿漏，影布窗上，翕忽推移，偃仰開合。雖善繪者莫能窮其態。投林之翼與暝色皆至，流霞倒影，晃摇其顛，久而後没。故吾又知此亭於晴爲宜。凡人之居有一勝焉猶足以夸，况斯亭不出尋丈以極萬變晦明，朝暮攬之不竭。苟無所述，誠居者之愧。乃記予所歷，俾揩之壁間。然予又意是亭于夏宜避暑，于秋宜玩月。惜予不及其時，故無以寫其狀。姑闕之以俟來者，予喜此文盡得竹之情狀，亟録之。

清 李斗《揚州畫舫録》卷一〇 虹橋即紅橋，在保障湖中。《府志》云：在北門外，一名虹橋，朱闌跨岸，緑楊盈堤，酒帘掩映，爲郡城勝游地。《鼓吹詞序》云在城西北二里。崇禎間，形家設以鎖水口者。朱闌數丈，遠通兩岸，彩虹卧波，丹蛟截水，不足以喻。而荷香柳色，曲檻雕楹，鱗次環繞，綿亘十餘里。春夏之交，繁弦急管，金勒畫船，掩映出没于其間，誠一郡之舊觀也。文簡《游記》云：出鎮淮門，循小秦淮折而北，陂岸起伏，竹木蓊鬱，人家多因水爲園亭溪塘，幽窈明瑟，頗盡四時之美。拏小艇循河西北行，林下盡處，有橋宛然，如垂虹下飲于澗，又如麗人靚妝照明鏡中，所謂紅橋也。紅橋，原係板橋，橋樁四層，層各四樁，橋板六層，層各四板，南北跨保障湖水口，圍以紅欄，故名紅橋，丙辰黄郎中履昴改建石橋，辛未後，巡鹽御史吉慶、普福、高恒相次重建。上建過橋亭，「紅」改作「虹」。國初制府于公建虹橋書院，亦紀此橋之勝也。宗定九有《虹橋小景圖》，盧雅雨有《虹橋攬勝圖》，方耦堂有《虹橋春泛圖》，明春巖有《虹橋待月圖》，今皆不存。唯程令延《虹橋圖》在《揚州名園記》中。

清 許忠《重修北極臺記》（《深澤縣志》卷九引） 深澤舊無北門。有明嘉靖間，大同李公承式來宰兹邑，于壬戌歲壬癸方築臺于城闉之上，而祀元武焉。其下鑿池引泉，環植楊柳。予嘗摳衣重階，一爲憑眺，則田疇曠衍，村落參差，靡不在目。若當殘月在樹，塵籟闃然，尤足以豁煩襟而發遐想，不覺顧而躔之。公餘詢諸父老，咸曰：斯臺之建，一邑文明之所繫也。邑之科，視臺之興廢以爲盛衰。三百年中，惟聞河津侯公、内黄蕭公曾葺新之，迄今又六十年，土木之工敝矣。膠庠寥落，其有待于我公乎？予諾曰：此守土者之責也。夫技術諸書不敢深信，而形家者言則可證千古，誦詩而至公劉，讀書而至洛誥，所以相陰陽、卜西東。詳乎言之，古聖人講求形勢，意不深且遠哉？爰于咸豐丁巳，出俸爲倡。丹堊既竣，樹坊其前，中闢爲塘，旁疏爲渠，翼以直欄，補柳三百五十株，規模之美，視昔有加。歲辛酉，予攝宣化事。壬戌，復莅斯邑。柳枯者易之，雜以桃李；渠淺者濬之，跨以略彴。又于廂之此窗，分嵌水玉，以通山澤之氣。俾平原嚮背之區，更無障蔽，比來捷南宫、歌鹿鳴者，蟬聯而起。予益信李之創建斯臺，真大有造于深澤之人士也。予不敏，何敢竊比前賢，所願文風蔚興，豐年屢告，與吾民熙熙然，同登春臺而樂昇平也。夫豈徒詩酒陶情，侈游觀之勝云爾哉！是爲記。

清 陸繼輅《崇百藥齋文集》卷一五《怡園記》 河南府署西北隅，向有蔬圃三畝許。余割其半，蒔花疊石，爲公餘賓客談宴之地，名之曰怡園。園北有一亭，南向，余易而東之。方寒食節後，農家望澤久。亭成，而雨大集，因取蘇文忠《喜雨亭記》中語，署曰吾亭適成。吾亭之東北，竹屋如艇。緣艇右旁歷級而升，有平臺在艇上，宜月。下布席小飲，署其下層曰天際歸舟，蓋非徒形似而已。

清 乾隆《梅里志》卷六 伊湯安《重建暴書亭記》：梅會里暴書亭者，秀水朱竹垞先生所築，而因以名其集者也。先生舉康熙戊午詞科，入翰林，預修《明史》。歸田後擁書八萬卷，勤著述，尤篤於經，海内翕然宗之。嘉慶元年，學使閣學儀徵阮公案試禾郡，事畢，特訪暴書亭遺址，則廢已百年矣。乃與大中丞玉公、方伯謝公、觀察秦公議修是亭，而湯安承乏郡守，實任其事。遂清復遺址，官給值以贖之，芟荒鋤薉，繚以短垣。亭柱四，易以貞石，使可久，且以爲鐫字之地。仍懸嚴蓀友中允所書扁，過者不啻先生在時也。且蒔花貼石，略還桐階蘭砌之舊。墻陰有桑百十株，則畀其後人資修葺費。而曩之荄池芋陂諸景，供游觀之勝者，姑俟郡人之續成焉可已。落成之日，乃進斯鄉之人而告之曰：公之建是亭也，非徒惜名迹之湮没也，非徒爲檢討子孫復祖業也，將使鄉之人知鄉之有賢士大夫，雖没世而猶當尊且敬如此也。使檢討之子孫知先人之遺書手澤存焉，當守且讀如此也。且使四方之士，知通經博古，述作不朽，潛德久而益光，其興起當何如也。

清 袁翼《邃懷堂全集》卷一五《游晉祠記》 太原縣城南八里曰晉祠鎮，隴阜蜿蜒，廛市櫛比，而祠居其中。弋轂作記。始徵弱弟之分疆元魏，加封不混沙陀之僭號，則其祠古矣。祠南向，冕旒肅穆，侍從威嚴。壁畫龍蛇似河津之禹廟。階鳴蟋蟀，細詩什於唐風。余考《竹書》，叔虞建社在成王十年。是時年已踰冠，翦桐戲封，千古佳話。實無此事也。諸記皆云：唐太宗起義時，禱於祠下。然讀貞觀二十一年御書碑銘云：先皇用竭誠心以祈嘉福。爰初鞠旅，發跡神祠。則舊志謂高祖禱於祠下，其説爲確。此文勒石於祠東隅。鴛湖朱竹垞手自填搨，惜其字半磨滅，俗子鑱深其迹。骨力既亡，形勢復失。余爲摩挲者久之。竹垞集少陵「文章千古事」、「社稷一戎衣」句書於亭柱，今已不存。其右新碑一通，傳爲傅青主臨摹，先生自言書學二王。而此書峭勁之中殊乏姿媚，疑爲贋託。祠西層巒拔起，即懸瓮山。晉水之源出焉。水屬陰精，神塑女像，或云娘子廟，或云女郎祠，如海若之天妃，地壇之富媪，不必求其神以實之矣。細琮戛擊，寒氣颼颼。碧玉之色，掬明珠以招涼；青松之聲，咽危石而欲語。伏行數十步，旁出二穴，瀦爲二泉，南曰難老，北曰善利。罩以圓亭，架以飛梁，凡臺駘之寶殿、聖母之香龕、真人埋劍之池、王子吹簫之館，皆泉流所環繞也。北折而東，噴溝射竇，田疇方罫，轆轤灌溉，稻畦蒲町，煙雪渺漫。范文正詩云：千家溉秔稌，滿目江鄉田。其景十字盡之矣。聖母殿前石方臺，有宋時金人四，其一出亡，明弘治間補鑄。其一夜至市中取食已，擊折其腕。金銅仙人辭漢闕而下淚，昭王華表化小兒而能言，洵非妄語。又蘇記云：方臺中有奇樹一株，若廣陵瓊花。今無此樹。殿北石欄外有隋時雙柏，輪囷十圍，虬蟠龍卧，不雨而翠，無風自籟。徙倚其旁，神骨俱聳。相傳一瘿大如鼓，未見也。樹梢鱗鱗碧瓦，中有窑房若覆釜者，曰朝陽洞。陟石梯五十餘級，始至洞口。又折西而上，曰望川亭。元遺山詩云「望川亭上閱今古，但有麥浪摇春風」是也。今改爲純陽閣。左有青主讀書臺，然弘治間游記已有此臺。徵君不過棲止其中爾。亭矗祠中最高之阜，西望隱泉，卜子夏之經廬在焉。東望五臺，文殊師之舍利藏焉。滹沱發源，湧黄雲之十層。汾晉合流，射晶光之一綫。雲霞出於胸腑，參井捫於咫尺。亦可以發弔古之幽情，滌懷鄉之羈緒矣。是夕宿朝陽洞，秉燭讀《周砥齋壁記》。擬俟月上後，與藪南先生痛飲雙柏下，掬晉水煮茗，坐小蘭亭，聽足底泉聲。而大風揚沙，衆竅奏籟，斜月蝕魄，列宿隱芒。余遂自崖而返矣。同游者桐城左君藪南。道光乙未七月十九日也。

清　道光《廣東通志》卷二二五　湖上十亭在海陽湖上，唐刺史劉禹錫建，曰吏隱，曰切雲，曰英雲潭，曰元覽，曰裴溪，曰飛練瀑，曰蒙池，曰芬絲瀑，曰雙溪，曰月窟。唐元和間，裴佋以御史坐事貶連州，嘗與禹錫倡和其間，謂之《海陽十詠》。

清　光緒《襄陽府志》卷五　夫子像冢在鄧侯祠桫欏樹前。宋及元皆塑像供奉。明嘉靖中，易木主，爲設障蔽。萬曆元年，遷學宫葬此。桫欏樹在舊城南，大數十圍。永樂中，知縣王時中列鄭陽八景之一，曰桫欏夜月。後爲暴風所折，有赤水流出。未幾，復一株生夫子廟中。與前樹同幹，古皮皺，子徑寸許。剖之，中有太極圖形。遠方爭購之，云以療疾。咸豐六年，賊燬。

清　唐曜《後樂亭記》（《永年縣志》卷三七引）　廣平，故趙地也。【略】明年丙午，歲大登，民樂其業。始因民之樂，治亭於陽和門外。郡中無佳山川，惟城四周雜植槐柳，池水環之。有荷有魚，髣髴南土。視郊坰爲勝。東門之隅地，既疏曠，池益廣，花卉益茂，視他所爲尤勝。亭於斯，俾邦人士游息焉。

清　漆文昌《萬華館記》（《騰越廳志》卷一七引）　萬華館主人，武橋鄧公也。武橋乃建斯館之主人也，館則客所主矣。客以館爲主，館以客爲主也。館有亭有池，有圃有石，有竹木花草禽魚，有奇峰、藻野、秀田，皆不足以當萬華，乃寄慨於館之所客。客有錦轡翠旌、長纓麗服而過斯者，斯館之春華也。客有瘠馬敝裘、危冠空履而過斯者，斯館之秋華也。客有輕别而擊缶慷慨、撫劍激烈、酣歌懷古而過斯者，斯館之春華也。客有重别而越鄉、興思怨離、贈恨傷世、含毫而過斯者，斯館之秋華也。以往俯今，以今俟後。以新成舊，以舊間新。以歌成泣，以泣當歌。所謂别雖一事，緒乃萬端，斯萬華之寓言也。客不知萬華之不在斯館，而在吾轔轔蕭蕭車馬之過客也。如以其名而已。則是館成於萬曆二十年中秋日。余轉官廣東，而武橋偕余大夫心宇，銜杯聚别於斯館，覽斯池。蓮蓋田田，敷華的的。是萬華館所取名歟，願客斯館者收萬華於一實，以爲斯館重，可也。

清　光緒《南陽縣志》卷二（諸葛草廬）國朝屢葺之。馮偉《重修卧龍岡諸葛廬記》：嘗讀古而至「卧龍躬耕南陽，昭烈三顧其廬」，輒心焉嚮往。慕其地而以不得一至爲悵然者，匪朝伊夕矣。辛卯冬，余旅食京師。廣陵楊公出鎮是邦，以皇華許君爲媒，羅而致之幕下，挈來南陽。越明年，春王正月有四日，值雪霽，遂策蹇往游焉。余向慕夫南陽諸葛廬者，意必邱壑幽深，竹籬茅舍，卧龍先生之流風餘韻猶有存者，乃見靈旗遠□，殿角嵯峨，丹扉洞啓，固已爽然若失矣。肅冠裳，瞻拜遺像。覓黄冠而問之，黄冠曰：三顧遺蹤，無復舊存。此地向有祠宇數椽，傾圮敗壞，不堪蔽風雨。瀋陽羅公來守兹土，爲鳩工創舉。廣大其殿宇，飛翬其廟貌，殆未數月耳。殿後尚多隙地。有古柏十餘株，皆數百年物。已建一草亭，最後造層樓，可以瞭遠。請往觀焉。於是歷草亭、登危樓，憑高望遠，穆然徙見山高而水長也。黄冠曰：觀止矣。復數日，郡守羅公請鎮臺往游，商所以經營而擴充之。楊公曰：此武侯隱居之地也。若徒廣其廊廡，增其廟堂，不盡失其本來面目歟？樓前隙地頗寬廠，曷若積土爲山，壘石成峰，設曲廊，置臺榭，爲南陽勝概可乎？羅公曰：善！第似此經營，須得一位置邱壑人。顧安所得其人乎？楊公遂以予爲言，余謝不敏，强而往。城之西北隅，爲前唐藩舊址。有山石尚存荒烟蔓草中。爰撿取其什一，駕牛車而運至其所。工始之日，治平基址于土礫中。得石碑五，俱先輩題詠。內有卧龍岡十景，題爲前藩唐王所首倡。羅公喜曰：此天欲與此工也？請即以十景位置焉。余曰唯唯。爰是，因其先創草亭爲之一亭，外置小橋爲小虹橋，亭之東稍北爲古柏亭，三面開窗牖，護以闌干。自東而北爲曲廊，爲山梯，上舊所有高樓而遠觀焉。樓之南自東而至西北，蜿蜒作土山，正面叠石成峰，爲梁父巖。自西北而南而西，穿一穴爲老龍洞，上造一平臺，曰半月臺。樓之東南復作一小山，依古柏置石磴，爲抱膝石。樓之西北竹屏曲徑，草廬三間，爲野雲菴。樓之北，密栽修竹，竹逕逶迤至東牆。由月窟位其中。花卉竹果密于內，榆柳雜樹圍于外，而卧龍岡之十景復全，遂成南陽名勝矣。至若其外，則平疇嘉禾，繞屋秀實。置一田舍，爲躬耕田。其南造小殿一層，爲三顧堂，昭烈遺像春和景明，百物資生，花香鳥語，水秀山清。夏則濃陰蓊蔚，白河如帶，清風徐來，披襟稱快。時而秋也，楓葉霜酣，烏鴉翔集，雲樹奇觀。冬凝素雪，一望無際，千頃瓊瑶，光涵萬里。而四時風景爲之畢備也。時平歲豐，政通人和，案牘不繁。公餘之暇，郡守羅公時邀與俱游一日登樓望遠，把酒臨風，相與歷數古跡廢興，或至湮没而不可考。羅公愀然曰：此亦荒烟蔓草之墟也，今則改觀矣。安知異日不復變而爲荒烟蔓草乎？鎮臺楊公曰：人生行樂耳，富貴於我如浮雲。又安計夫身後之名耶！然昔者東坡知杭州，于西河築長堤，跨六橋，迄今十景猶存。烏知吾兩人去南陽後，來賢者修葺常新，更擴充而廣大之，未可知也。總之不離瀋陽羅公爲之創。相與大笑，各滿飲一大白，屬余爲之記。

藝文

南朝梁　簡文帝蕭綱《山齋》（《六朝聲偶集》卷二輯）　玲瓏繞竹澗，間關通槿蕃。缺岸新成浦，危石久爲門。比榮下飛柱，南柯吟夜猿。暮流澄錦磧，晨冰照采鸞。

唐　李白《李太白文集》卷六《梁園吟》　我浮黄河去京闕，挂席欲進波連山。天長水闊厭遠涉，訪古始及平臺間。平臺爲客憂思多，對酒遂作梁園歌。却憶蓬池阮公詠，因吟渌水揚洪波。洪波浩蕩迷舊國，路遠西歸安可得。人生達命豈假愁，且飲美酒登高樓。平頭奴子摇大扇，五月不熱疑清秋。玉盤楊梅爲君設，吴鹽如花皎白雪。持鹽把酒但飲之，莫學夷齊事高潔。昔人豪貴信陵君，今人耕種信陵墳。荒城虚照碧山月，古木盡入蒼梧雲。梁王宫闕今安在？枚馬先歸不相待。舞影歌聲散渌池，空餘汴水東流海。沈吟此事淚滿衣，黄金買醉未能歸。連呼五白行六博，分曹賭酒酣馳暉。歌且謡，意方遠，東山高卧時起來，欲濟蒼生未應晚。

唐　劉禹錫《劉賓客外集》卷八《海陽十咏并引》　元次山始作海陽湖，後之人或立亭榭，率無指名。及余而大備。每疏鑿搆置，必揣稱以標之。人咸曰有旨。異日，遷官裴侍郎爲《十咏》以示余，頗明麗而不虚美。因捃拾裴詩所未道者，從而和之。一云，余爲吏隱亭述言海陽之所從來詳美。「異日」下與此同。

吏隱亭　結搆得奇勢，朱門交碧潯。外來始一望，寫盡平生心。日軒漾波影，月砌鏤松陰。幾度欲歸去，回眸情更深。

切雲亭　迥破林烟出，俯窺石潭空。波摇杏梁日，松韻碧窗風。隔水生別島，帶橋如斷虹。九疑南面事，盡入寸眸中。

雲英潭　芳幄覆雲屏，石奩開碧鏡。支流日飛灑，深處身疑瑩。潛去不見迹，清音常滿聽。有時病朝酲，來此心神醒。

玄覽亭　瀟灑青林際，夤緣碧潭隈。淙流冒石下，輕波逐砌回。香風逼人度，幽花覆水開。故令無四壁，晴夜月光來。

裴溪　時御史已遇新恩　楚客憶關中，疏溪想汾水。縈紆非一曲，意態如千里。倒影羅文動，微波笑顔起。君今賜環歸，何人承玉趾。

飛練瀑　晶晶擲巖端，潔光如可把。瓊枝曲不折，雪片晴猶下。石堅激清響，葉動承餘灑。前時明月中，見是銀河瀉。

蒙池　瀠渟幽壁下，深净如無力。風起不成文，月來同一色。地靈草木瘦，人遠烟霞逼。往往疑列仙，圍棋在巖側。

棼絲瀑　飛流透嵌隙，噴灑如絲棼。含暈迎初旭，翻光破夕曛。餘波繞石去，碎響隔溪聞。却望瓊沙際，逶迤見脈分。

雙溪　流水繞雙島，碧溪相並深。浮花擁曲處，遠影落中心。閒鷺久獨立，曝龜驚復沉。蘋風有時起，滿谷簫韶音。

月窟　溅溅漱幽石，注入團圓處。有如常滿杯，承彼清夜露。巖曲月斜照，林寒春晚煦。游人不敢觸，恐有蛟龍護。

唐　李直方《白蘋亭記》（《唐文粹》卷七四輯）　新作白蘋亭，書時且志政也。梁太守柳惲賦詩於始，因以名洲。今邦伯李公成室於終，兹用目亭。度乎事則位均，考乎地則境同，合美配德，古今相望。亭之時義至矣！吴江之南，震澤之陰，曰湖州。幅員千里，棋布九邑，卞山屈盤而爲之鎮。五谿叢流，以道其氣，其土沃，其水清，其人壽，其風信實。公之始至也，用恭寬明恕以懷之，敬事賚罰以勸之。賦令之先，必度其物宜，而咨于前訓。故居者逸，亡者旋，或蹈境而留，或聆聲而還。提封之内無榛灌，繩墨之下無姦傲。既而外邑多材，郡不能渫，公命懸諸善價，俾代常傜。於是乎幽巖之巨木斯出，積歲之逋租必入，公家受其利，山氓蒙其惠，繇是白蘋之制經矣。洲在郡城南，東亂霅谿而即焉。白沙如浮，流波環之。前有大野，繇雲繚以萬峰。顧有名都，壓水駢以千室。邑居可望，而喧埃不及。空水交映，而雲天在下。造物之工，若有私於是焉。茭菰叢生，鳧鶴朋游，嘉名雖曜，清境或棄。公於是相顯爽之宜，立卑高之程，據洲之陽，揆日之正，揭大亭一焉，修廊雙注，北距於霅，浮軒瞰流，峨水亭二焉。大可以施筵席，小可以容宴豆，凡棟宇之法，輪奂之美，銛刮密石，用成翬飛。施宏壯而有度，備彤紫而不踰。内則庭除朗絜，彌望鋪雪。曲沼透迤以中貫，飛梁夭矯而對起。紫桂翠篁，辛荑木蘭。碧枚丹實，蛇走珠綴。鮮飈暗起，縈葉振藻。落英飄飖，灑空浮水。天目神池之上，多不名之卉。洞庭水府之下，産怪狀之石。嶙峋乎玉容，葳蕤乎瑶芳。衆榮偶植，羅列布濩。外則差又白蘋，間之紅蕖，川與天遠，百里如組。邦君之來，肅肅旆旌，彩舟徐移，魚躍鳥鳴。亭成之日，三吴之賢大夫集焉，公用鼓鍾羽籥以樂之。然後使臣之臨，重客之來，獲游是者，悅乎有遺區之歎，則爲邦之成績，作亭之良規。參合二美，游揚四海，坐馳而逝，與廄置偕；矧蘋之爲用，《風》有季女之奠，《騷》有放臣之望。夫以澗谿之賤微，而可充王公之殷薦，是故君子重之。然今扶贊勝賞也如彼，哲賢詠歌也如此，則是亭憑眺之外，又有傳經之道焉。若乃乘農隙之暇時，購武夫之羨功，廛閭不煩，財用不屈，揚昔人之休烈，垂不朽之遐觀。洛其創物之智，有以加人。不如是，烏能及此？

唐　楊發《宿黄花館》（《文苑英華》卷二九八輯）　孤館蕭條槐葉稀，暮蟬聲隔水聲微。年年爲客路無盡，日日送人身未歸。何處迷鴻離浦月，誰家愁婦搗霜衣。夜深不卧簾猶捲，數點殘螢入户飛。

唐　洪子輿《嚴陵祠》（《文苑英華》卷三二〇輯）　漢主召子陵，歸宿洛陽殿。客星今安在，隱迹猶可見。水石空潺湲，松篁尚葱蒨。岸深翠陰合，川迴白雲遍。幽逕滋蕪没，荒祠冪霜霰。垂釣想遺芳，掇蘋羞野薦。高風激終古，語理忘榮賤。方驗道可遵，山林情不變。

宋　蔣堂《春卿遺稿·溪館二首》　宅南溪上，結宇十餘楹，名溪館。及築南湖臺於水中，亦皆有詩。皇祐中，於溪館知州李仲偃集賓僚賦詩爲壽，因立靈芝坊，胡宿撰《溪館記》。

年來納組去，林下得身還。泚泚清流處，童童碧樹間。淵魚樂且静，庭鶴壽而閒。粗有淮安趣，誰同賦小山。

野意本自遂，玆溪稱獨醒。雲蘿環静室，水石照疏櫺。殺竹編書古，紉蘭作佩馨。王通昔不遇，時亦坐汾亭。

又《南湖臺三首》　危臺竹樹間，湖水伴深閒。清淺采香徑，方圓明月灣。放魚隨物性，載石作家山。自喜歸休早，全勝賀老還。

嶢榭水中央，玆爲隱遁鄉。小園香寂寂，一派曉泱泱。煙草碧彌岸，霜桃紅壓牆。鴟夷倘在此，未必入滄浪。

水次揭危亭，煙堤四面平。栽蘆延宿鷺，種柳待啼鶯。雪霽清流漲，風來野艇横。輕肥莫臨顧，我老懶逢迎。

宋　歐陽修《文忠集》卷二《晉祠一本作過并州晉祠泉》　古一作故。城南出十里間，鳴渠夾路一作石渠夾道何潺潺。行人望祠下馬謁，退即祠下窺水源。地靈草木得餘潤，鬱鬱古一作松。柏含蒼烟。并兒自古事一作重豪俠，戰争五代幾百年。天開地闢真主出，猶須再駕方凱旋。頑民盡遷高壘削，秋草自緑埋空垣。一作自緑空塞垣。并人昔游晉水上，清鏡照耀涵朱顔。晉水今入并州裏，稻花漠漠澆平田。廢興髣髴無舊一作故。老，氣象寂寞餘山川。惟存祖宗聖功業，干戈象舞被管絃。我來覽登一作登覽。爲歎息，暫照白髮臨清泉。鳥啼人去廟門闔，還有山月來娟娟。

又　卷五五《鄭駕部射圃》　夢草西堂射圃連，蘭苕初日露華鮮。暈含畫的弦開月，牙算行籌酒滿船。鏤管思催吟韻劇，妓簾陰薄舞衣翩。當筵獨愧探牛炙，儉府芙蓉客盡賢。

宋　梅堯臣《宛陵集》卷六《寄題滁州豐樂亭》　泠泠幽谷泉，近在青峰下。使君去窮源，林外留車馬。一徑穿篠深，蔽日復瀟灑。行盡逢泓澄，翠影如可瀉。雲樹陰其傍，造物將有假。引水開石池，結宇覆碧瓦。乃知愛玩心，朝夕未忍捨。近移溪上石，怪古蒼蘚惹。芍藥廣陵來，山卉雜天冶。春禽時相鳴，賓從不應寡。欲問淮南趣，還思洛陽社。勝事已不辜，吟觴無倦把。

宋 吴中復《西園十詠》(《成都文類》卷七輯) 成都西園，樓榭亭池庵洞最勝者凡十所，又於其間絶勝者，西樓賞皓月、眺岷山，衆熙臨清池、濯錦水。志殊士之産，有方物快蔭樾之風，有竹洞雜花異卉四時遞開，翠幹茂林，蔽映軒户，足以會賓僚，資燕息。因題十詠，以見登覽之盛也。

西樓 信美他鄉地，登臨有故樓。清風破大暑，明月轉高秋。朝暮岷山秀，東西錦水流。賓朋逢好景，把酒爲遲留。

衆熙亭 亭枕方塘上，軒開四照新。花涵清露曉，風卷緑波春。日暖眠汀鷺，荷翻躍錦鱗。熙熙游宴地，行樂慰西人。

竹洞 陰森過百步，屈曲鎖莓苔。翠色寒無改，清風時自來。葉籠蒼玉幹，路入碧雲堆。吏散無公事，支筇到幾回。

方物亭 草木蟲魚部，披尋自古無。飛沉天産異，生植土風殊。物色隨心匠，形容記績圖。虚亭玩真意，浩思滿江湖。

翠柏亭 衆木墜黄葉，皴皮抱翠枝。自然根性在，不爲雪霜移。靈潤承多露，清陰貫四時。婆娑歲寒意，每到坐遲遲。

圓通庵 坐對圓通境，陶然勝静齋。觀空無物我，扣寂外形骸。燕坐埋遺照，虚名莫疚懷。人間憂樂地，所喪甚山崖。

琴壇 瀟灑琴壇上，賢侯養道情。無今亦無古，求意不求聲。林邃風初静，雲收月乍明。拂絃成一弄，塵思浩然清。

流杯亭 結客乘公暇，流觴逐浩歌。亂峰晴倒影，曲水宛迴波。小海逢元巳，蘭亭記永和。西州行樂事，應比晉賢多。

喬柟亭 古木西園勝，亭延上客過。色無花卉妒，堅爲雪霜多。幹育千年秀，根含一氣和。明堂求厚棟，可得老巖阿。

錦亭 簾幕臨雕檻，窗疏照爛霞。園林初過雨，風日猛催花。香入游人袖，紅堆刺史家。四時俱好景，終不似春華。

宋 趙公豫《燕堂詩稿·梅仙祠》 漢尉垂綸處，遺風事可傳。林深飛鳥入，水隔小橋連。道室幽如許，山花晚倍妍。到來心志静，不復有塵緣。

宋 陳造《江湖長翁集》卷一三《題林監税漁鄉小樓》 半是蜚軒半是樓，主人雅趣寄滄州。晨霞莫靄紛濃淡，越舶番檣閲去留。徙倚想君舒醉眼，從容須我掉吟頭。病來止酒便高卧，幾夢煙波没白鷗。

宋 趙汝鐩《野谷詩稿》卷一《三閣曲》 叔寶沉迷建鄴宫，厭厭夜飲清晝同。金碧三閣插晴漢，沉檀十里聞香風。疊石爲山水爲沼，後庭萬花拆春叢。狎客倡酬女學士，污詞媚句爭新工。被之絃歌恣酣樂，千娥行列紛青紅。將軍忽遇韓擒虎，江神今識清河公。憑欄碧月詞未終，誰知攜手兩妃游井中。

又 卷五《化成巖二首》 命友化成巖，同尋頃刻閒。半途瞻佛塔，數里禪關。松動影移日，江清波漾山。衛公讀書處，有鷺宿其間。有李衛公讀書堂。公集中載《白鷺賦》。

一綫沿崖路，衰殘步屧遲。攀蘿衝霧上，倚檻俯空危。石佛像須久，山僧言不知。看來衆亭子，最是妙高奇。

宋 周文璞《方泉詩集》卷二《鶴廟》 櫻桃花覆地，古廟自青春。帳裏還丹使，山中采藥人。風林嗥黑虎，雲路列斑麟。欲見神君面，連朝禮北辰。

元 方回《桐江續集》卷二三《風雩亭》 昔人築雩壇，群巫此歌舞。驕陽煽蘊隆，吁嘆以降雨。良辰歲時和，遺迹林壑古。枯枿换槁葉，芳荑抽宿莽。徜徉沂水上，童冠七或五。春袖風乎兹，繢繡無火黼。千載想佳人，不仕東國魯。異彼三子撰，聖師獨予取。吾友趙隱君，笑唾卿相組。猿鳥聽新詠，點瑟時一鼓。漢歌曾罔聞，楚臺未渠數。冷冷列御寇，肯爾噲等伍。

元 曹文晦《新山别館十景并序》(《御選元詩》卷五三輯) 耳目所得者爲景，性情所得者爲樂。景常多而樂常少者何也？今夫農夫樵牧之處於山野也，雲峰雪嶺、清泉茂林日當其前，身勞於斧斤犁鉏而不知所以爲樂。富貴之人心醉於聲色勢利，雖有凉風佳日、異卉名花，亦不暇顧以爲樂。間有高世絶俗之士歸田園而見南山，拄手版而挹西爽者，噫可數也夫。余家東北麓作考妣祠堂，題曰新山别館。直赤城之陽烏岡之右。隴勢北走而中斷，屋臨山北，繚以修垣，牽連岡隴。前挺高竹，後植羣松。上下雜遝，蒼翠如織。東偏爲門，登石版，涉隴上，旁通支徑，彎環花竹間。入館中，西翼小亭，坐可五六人。有負嶠却立其前。樹氣清郁，禽語瀏亮，皆若效奇以出，映帶後先。余以耳目所接，次其景，性情所得發爲韻，語雖不足以鼓吹風雅，然必著之篇什者，志吾樂也。吾之樂異乎前所聞，非徒樂是山之景而樂吾親之所遺我者何如也。同志之士，一唱三和。吾蚤暮誦之館中，以樂吾之所樂，亦仁人永錫爾類之心。至正庚寅夏日。

桃源春曉 數點殘星掛緑蘿，看桃行入舊山阿。洞門花霧紅成陣，沙麓巖前翠作渦。天外曙虹驚鶴夢，水邊啼鳥和漁歌。劉郎去後無人到，吟倚東風草色多。

赤城棲霞　赤城霞起建高標，萬丈紅光映碧寥。美人不卷錦繡段，仙翁瀉下丹砂瓢。氣連海嶼貫旭日，光入溪瓮生春潮。我欲結爲五色佩，碧桃花下呼周喬。

雙澗觀瀾　柱峰堂下翠紛紛，俯鑒澄源氣自芬。兩澗合流元有緒，八風吹水自成文。沄沄尚想在川上，混混終當放海濆。欲舉源頭問寒拾，幽亭盡日對松雲。

華頂歸雲　四萬八千山上山，山中夜夜白雲還。底須出岫彌六合，且復與僧分半間。古殿結陰燈影澹，長松留瞑寺門關。謫仙已覽廬山秀，留得書堂相對閒。

螺溪釣艇　舊日溪源浸巨螺，一竿來此老漁蓑。遠尋短櫂輕舟興，高唱斜風細雨歌。夜泊松潭明月近，晝眠花港緑陰多。朝朝老瓦盆邊醉，冷看王孫細馬馱。

清溪落雁　清溪溪口荻花秋，底事年年伴白鷗。北去不辭書帛寄，南來非爲稻粱謀。荒煙渺渺長橋外，落葉蕭蕭古渡頭。見説洞庭風月好，碧波千頃少漁舟。

南山秋色　觀彼南山小衆山，霜明紅樹碧雲寒。餘清入座挹不盡，積翠浮空染未乾。漠漠祗愁晴霧隔，霏霏休待夕陽看。何人會得悠然趣，前有陶公後有韓。

瓊臺夜月　萬仞臺端接絳霄，秋風吹夢度金橋。素娥獨倚白銀闕，羽客雙吹紫玉簫。清氣逼人凡骨换，孤光入酒醉魂消。繡襦甲帳今何在，誰爲文生一見招。

石梁雪瀑　山北山南盡白雲，雲中有水接天津。兩龍争壑那知夜，一石橫空不度人。潭底怒雷生雨雹，松頭飛霧濕衣巾。曇華亭上茶初試，一滴曹溪恐未真。

寒巖夕照　巖户陰森隔萬松，暮雲捲盡寺林空。天邊漸蝕千峰紫，木杪猶餘一縷紅。兩箇歸僧開竹院，數聲殘磬度溪風。憑誰唤起寒山子，共看迴光入梵宫。

明　陳伯康《蘭亭》（《石倉歷代詩選》卷三一二輯）　會稽内史多高情，山陰脩禊開蘭亭。晴暉絢彩射藻井，茂林脩竹圍春屏。山椒引泉碧雲裏，羣賢結佩臨清泚。羽觴隨波白日遲，璽紙揮毫畢能事。滔滔逝水隨東流，絶代衣冠成古丘。當時絲竹輟遺響，千年草緑空山秋。華青蟬聯天上客，南鎮雄藩羅畫戟。揮麈傳杯坐賦詩，碧瓦朱欄换陳迹。今之視昔後視今，今人亦復多古心。人生富貴行樂矣，何用屑屑悲死生。

明　文肇祉《天平山謁范魏公祠》（《文氏五家集》卷一二輯）　入山人境隔，古寺白雲留。萬笏齊青漢，斜陽下石丘。義田存後裔，勳業慰先憂。尚有泉清冽，濺濺一脉流。

明　邵寶《容春堂續集》卷一〇《繡嶺壽藏四景》

左石　有石有石，其形厖厖。且偃蹇，名宜床。篆題者冰刻自唐，介我雙松，左壽宫。叶風來松間如鼓簧，客撫斯坐長蒼蒼。

右松　松兮離立兄及弟矣，二龍乘雲，獨未離乎地也。古亦有言維德不孤，賢哉大夫，我作壽域，宜有此夫。

前泉　我泉我池，源源其來。叶我池我泉，不絶涓涓。既清且漣，匪于我前，何千百年。

後嶺　嶺兮如屏，孰爲之繡？彼桃萬株，厥亦惟舊。山之蒼蒼，朝煙夕霞。千載武陵，非仙家邪？

明　嚴嵩《尋愚溪謁柳子廟》（《石倉歷代詩選》卷四八一輯）　柳侯祠堂溪水上，溪樹荒煙非昔時。世遠居民無冉姓，蹟奇泉石有愚詩。城春湘岸雜花木，洲晚漁歌清竹枝。才子古來多謫宦，長沙猶痛賈生辭。

明　黄省曾《五岳山人集》卷六《會稽山禹廟一首》　戴逵不易面，同舟五雲門。了然明湖色，流水桃花渾。榜人棹清溪，紆回停會稽。孤翻天際鶴，獨轉雲中雞。千巖隔白日，衆壑升朝隮。掇蘭步崒嶪，撫松坐崎嶇。神禹封爵處，超然使我迷。白玉著山經，洞天標道書。攀登有肴酒，壯觀生嘻吁。旒冕瞻禹像，峨殿紛穹碑。紫極命告祀，雄文比璠璵。仰讀嗟聖典，千載垂光輝。

明　左國璣《郭桐岡樓宴集》（《石倉歷代詩選》卷四四九輯）　華圃倚崇墉，飛觀凌白日。招尋偶同游，登陟遂閒逸。逍遥覽芳蒨，結構轉幽密。亭深碧篠茂，倚挺丹泉溢。虚曠迴遠阡，岧嶤促危膝。迴飈灑窗牖，朗咏散縹帙。仙依李郭棹，綺振王楊筆。慕往歎暌離，俯來繼前述。憂傷感蜉蝣，局促展蟋蟀。勿爲逝波惜，且共賞瑶瑟。

明　屠隆《白榆集》卷一《衆芳亭燕坐》　亭空日初澹，坐對青崖小。鮮雲度虛牖，斜光瀉明了。山鵲來幽篁，池魚上嘉藻。縣齋聊足寄，長林夾迴谿。息機復抱拙，忘言桃李蹊。吏散晚峰紫，兀然居士棲。焚香滿清磬，繙經臨竹西。調心有真訣，觀化無端倪。往者既已逝，來者不可稽。一言悟禪觀，煩惱爲菩提。雖非面壁日，離塵躡丹梯。

明 王而御《芸暉圃》（《江皋小築集》卷上輯） 緑墅芳洲圃幾畦，種芸春滿曉萋萋。枝分徑竹琅函敞，葉雜河欒翠暈齊。漢殿不妨存舊數，相門應恥受新題。直愁蠹食神仙字，願托餘香護赫蹏。

清 高宗愛新覺羅・弘曆《御製詩集》三集卷四六《游倚虹園》 情知名墅郡城西，遂艤蘭舟步蘇堤。花木正佳二月景，人家疑近武陵溪。笙歌隔水翻嫌鬧，池館藏筠致可題。片刻徘徊還進舫，蜀岡秀色重相徯。

又 五集卷六《漪園》 遠圖映碧嶺，近鏡俯清波。一晌尋澄勝，五言寄静哦。雖攄賞春興，却念占湖多。漪園，在雷峰西照亭下，蓋依山占湖爲之。寬十畝許。西湖本以蓄水。民間牟利者，因緣侵占湖面。或以水鬭葑田，或圍之以爲池囿，均於民田未便。乙酉南巡時，即降旨嚴禁侵占，以有關水利故也。因識君難語，政無不慮麼。

清 方淯《漁灣賦》（《雲臺新志》卷七引） 漁灣在雲臺山塢中，昔爲漁人泊舟所。予祖父除榛莽，葺廬舍，安排泉石，山之生面一開。予不敢忘先子釣游之意，爰作賦曰：

漁灣者，郁洲之一曲也。峰徙蒼梧，波連蓬島。地軸孤懸，天池灝淼。漂沙泉石，鼓泱漭之洪濤。浴日浮槎，幻仙靈而縹緲。結茅誰復邴原，采藥空思坡老。蜃市偏多，犀軒絶少。天低孤嶼，一竿垂漁父之綸。雨暗危檣，五兩泊蜑人之棹。無何而滄洲波徙，又變桑田。五疊鼇愁，精衛之冤沈頓改，三看水淺，麻姑之塵起非前。蠟屐支筇，客向丹霞嶺上。疏泉鑿石，人尋緑玉灣邊。洵乎有歸盤之樂，何惜夫買山之錢。惟我王父，于焉登陟，燒薙菑畬，翦除榛棘。背巖岫以僝傸，開林泉而釣弋。聊充魚户之租，頗足狙公之食。一庭月到，井梧之新影層層。十樹梅開，紙閣之寒香默默。提壺人至，青鞋踏花雨以俱來。學稼軒，開緑野，襯香畦而一色。且未暇數夫澗谷之奇觀，而先狀夫園林之佳。植其樹則老柏千尋，枯杉十畝，皮裂半皴，腹僵全剖。或獸攫而蘷睒，或龍挐而蛟吼。儼膠膈之虬螭，若陸離之蝌蚪。其石則脂凝五色，秀可一拳。幾認媧皇之煉，還餘嬴政之鞭。虎自何年，躍向將軍草畔。牛從飲處，恍逢織女機邊。嶺頭崎嶇，何多仙子。叱來陣陣，澗底嶙峋。無限高人，漱作澌澌。若夫巖名拜佛，洞號朝陽。歷三危之鳥道，步九折之羊腸。滚子河邊，蜀客鳴榔而容與。西山園畔，樵人伐木以徜徉。瀉空青而蔚秀，皴古黛而靚妝。眺一桁之晴嵐，畫裏黄癡倪。懶陟千尋之峭壁，眼前牛鬼蛇王。花鏡石前，林篩碎月。珍珠簾下，茗煮生香。則有泉似布懸，崖如掌削。爲耕父之潛藏，或鮫人所寄托。建瓴百尺，銀瀉高峰。净練千層，珠噴絶壑。天晴而雨訝沾衣，晝暑而凉疑隕籜。灣灣曲水，觴可同流。細細清波，纓堪共濯。漣漪徹底，何殊印渚之觀。景物怡人，不亞濠梁之樂。若乃春山蹙黛，春水生鱗，紅綬之桃礙帽，青袍之草承襪。玉笛樓中，共鶯梭而細囀。斑騅陌上，映柳眼以初新。短牆開到薔薇，翠袖柔荑香浣露。野徑攢來石竹，紅裙小衩錦堆茵。盤馬之王孫繡鞚，踏莎之游女香輪。社鼓鞦韆，既盈郊而雜沓。錫簫鸞管，亦賽會以紛陳。及夫緑樹陰濃，翠篠風細。望朱櫻之紅綻，萬顆星懸。看碧沼之花香，一簾風遞。山齋寂静，絶無穠纖人來。石徑陰森，只聽泬寥鶴唳。蕉窗則揮塵而談，松院可移床而憩。更或西山送爽，東壁餘暄。白露蒼苔之渚，碧雲黄葉之村。紫岫煙霏，烏桕全酣，霜葉金飈，月上黄花。正繞柴門斷續，寒蛩偏吟古砌。聯翩塞雁，又下荒原。倒村瓮而酌殘醽醁，送夕陽而吟偏黄昏。至於日淡冰澌，橙黄橘緑。彤雲密布，飛成六出之花。綃縠輕裁，綴滿千林之玉。坐深屋而静擁薰爐，檢殘編而高燒華燭。溪頭獨釣，若箇煙簑。橋畔孤吟，何來蹇足。却寒有術，田家之榾柮常煨。愛日多暄，農父之晴檐可曝。更若幽坡踏去，荒徑行來。原頭誰氏之墳，野棠自發。巖畔何年之寺，寒殿空開。斷碣則全埋碧草，陰廊則半没蒼苔。緣感時而念舊，亦觸目以增哀。僕也心耽邱壑，癖染煙霞。樂村居之清邃，厭塵市之紛華。閑敲棋子，沈醉園花。滯墨魚吞，時臨溪而洗硯。清煙鶴避，亦爇火以烹茶。攜手聯床，或良友同評花月。課晴問雨，有村夫共話桑麻。喜海上之波久静，感先人之澤非遐。爰自抒其胸臆，曾不計夫疵瑕。

清 蔣學沂《游徐園記》（《常州駢體文録》輯） 箸雍紀歲月，維厲皋小淵。明府以放衙餘閒，選茲勝日，載約儔侶，宴於徐園。其地也，背城後市，沿堤枕岡。圃拓百弓，堵集五版。茅亭面南，密葉交蔭。窗牖不設，遶之回廊。松杉四圍，聲韻風雨。牆缺半角，遥山補青。雲氣升降，疑落檻外。登亭以眺，則堂紀互伏，田原下低。花枝接乎衣衿，鳥語窺其斗棋。紅藥敷萼，摇風景繁。殘英亂飛，堆雜榆莢。古幹綴蕊，紛披遠香。循徑而東，爰闢精舍。修竹十百，叢生階除。碧陰沈沈，几席皆爽。陶潛之榼，無人不攜。孔融之尊，有酒皆滿。時復靈曜沈采，望舒耀空華苢。既張卜之以夜，則又酣嬉窮於日夕，旅處忘其岑寂者矣。嗟嗟盛事，幾何芳筵不再。古今俄頃，悟指於無生形骸。梏桎味言於往哲。非金石之質，百年何以固存。等蒲柳之姿，四序能無凋謝。此竹林高會，步兵累慝於狂。蘭亭勝游，右軍夙增其慨也。聊因幽賞，爲繫數言，庶幾壺觴之詠，遠繼夫前蹤，笑語之歡，猶存爲故蹟焉耳。

清 陸繼輅《崇百藥齋集》三集卷一〇《懷小隱岩》 貴溪小隱岩，一簇見雲樹，尤多杜鵑花。花光欲争曙，云是夏相國少日讀書處。出城不數里，徑往可徒步。前人別集中往往有題句： 實從直暇日，紛然挈茶具。歸來向我言，秀野愜幽懷。辭官來章門，忽憶清游誤。荏苒歷三歲，蹉跎凡幾度。方知猿鶴性，久爲簿書錮。宦味仍淺嘗，雅興媿浮慕。専營念不及，處静發深悟。因循豈一端，去住况多遽。夙願誠無奢，積痾已成痼。跼蹐一室中，何由遣遲暮。

清 袁翼《邃懷堂全集》卷五《游晉祠雜詠》 畫出江南景，漁莊繞水田。青山雙屐雨，緑野一犂烟。蟋蟀風猶古，嘉禾頌未傳。此鄉真樂土，惜少結廬錢。

周遭環雉堞，蓊蔚轉長林。避暑遺宫没，尋仙古洞陰。花無嫌客意，雲有入山心。片晌苔階坐，蒼痕滿短襟。

弱弟靈祠啟，層巒疊嶂間。參旗唐分野，桐瑞晉河山。繪壁龍蛇動，棲梁鵓鴿閒。橋邊颭笠影，知是老僧還。

百級霞梯掛，搴衣上碧空。漱瑶泉瀉月，懸瓮谷藏風。聖母香龕邃，汾神寶殿雄。村民來報賽，還與昔時同。

層層探勝地，漸陟最高峰。王子簫聲遠，真人劍氣封。松凉消暍影，草薙認樵蹤。邱壑期知己，山靈一笑逢。

小蘭亭跨水，地勝會稽山。觴詠懷人後，烟波落照間。霸圖空五代，旅夢遶三關。欲問蓮師法，天龍不可攀。

清 尤書《游萬松園》（《日照縣志》卷一一引） 西郊幽勝舊曾聞，今日招攜喜遇君。山静有時喧鳥雀，竹深無地着塵氛。人依怪石心偏逸，煙散寒林日已曛。好是天然圖畫在，松巖斷處補層雲。

雜録

北魏 酈道元《水經注》卷二一《汝水》 水渚即栗州也。樹木高茂，望若屯雲積氣矣。林中有栗堂射埻，甚閑敞，牧宰及英彦多所游。薄其城上西北隅，高祖以太和中幸懸瓠，平南王肅起高臺於小城，建層樓於隅阿，下際水湄，降眺栗渚，左右列樹，四周參差競跱，奇爲佳觀也。

唐 莫休符《桂林風土記》《嚴光亭》 在北羅門外，臺亭巖洞亞於越亭，亦是元常侍新置。有石棋局、爛柯石嶂、金貂。有五十韻詩云：石静如開鏡，山高若聳蓮。筍竿抽玉管，花蔓綴金鈿。

明 李賢等《明一統志》卷二六《開封府》 玉津園 在府城南，宋都人游賞之所。劉敞詩：垂楊冉冉籠清蹕，細草茸茸覆路沙。長閉園門人不見，禁渠流出雨殘花。

又 卷六三 蒼筤谷 在岳麓山下，乃仙巢先生鍾尚書閒居游觀之地。上有吹香亭，宋理宗親書「仙巢吹香亭」五字。有詩云：放鶴去尋三島客，任人來看四時花。

明 祁彪佳《越中園亭記》卷一《快閣》 向爲定心□，僧寶光以邪魔殛死。陸景鄴先生改爲祠，以祀放翁先生。放翁曠懷高致，迴出千古。豆俎之處。即是名園，况此中高閣虚堂，足以吞納煙雲，孕含巒岫，固屬鑑曲勝地乎！

又 卷七《松舫》 一家嶺之下，爲樵風祠。去此平疇中，馮氏莊也。棲不可以藏山，堂不可以容水。惟籬落外有翠蒼之色耳。

清 查慎行《人海記》卷下《景皇帝園》 景皇帝園不稱陵，在金山上，距西山不十里。陵前坎陷，樹多白楊及椿，合三四人抱，高可二十丈。

清 趙吉士《寄園寄所寄》卷三《倚杖寄·名勝》 嚴陵，嚴先生祠，古柏陰風，夾江滴翠。氣象整峻，有俯視雲臺之意。由客星亭右遥二十餘折，趾西臺，亭曰留鼎一絲。復從龍脊上騎過東臺，亭曰垂竿百尺。附東臺一平嶼。陡削畏眺。一石笋横起幽澗，蹇仰恣傲，頗似先生手足。磴道中俱老松古木，風冷骨脾。此兩臺者，或當曰振衣之所，空鈎意釣，何必魴鯉，吾不以滄桑泥高下也。王思任《道釣臺記》。

清 張逸少 汪灝等《佩文齋廣群芳譜》卷三五 海棠池，在城西北五里，環池皆植海棠，爲郡守賓僚游宴之地。

清 雍正《井陘縣志》卷一 蒼巖山，在縣東南七十里，隋妙陽公主證道處。層巒疊障，壁立萬仞。橋樓結搆空中，廟宇輝煌崖裏。古木環圍，烟雲縹緲，宛如畫圖。

清 乾隆《江都縣志》卷一六 舊傳揚州有東閣，爲梁何遜詠梅之所。唐杜甫《和裴迪》詩：東閣官梅動，詩興還如何。遜在揚州，宋有假東坡名注杜詩者云：遜作揚州法曹，廨舍有梅一株，吟咏其下。後居洛，思之，請再任揚州，值梅花盛開，相對彷徨終日。明楊慎《丹鉛録》云：東閣官梅，乃新津之地。

清　乾隆《**西湖志纂**》**卷四**《**南山勝蹟上**》　翠芳園　《西湖游覽志》：在净慈寺側，舊名屏山園，宋理宗改曰翠芳。内有五花亭、蘭樾、梅槎。咸淳間，移取亭館花石於宗陽宫。

清　李斗《**揚州画舫録**》**卷七**　秀野園酒肆在硯池北，對岸爲掃垢山。春暖鶯飛，禽聲雜出，湖外黄花爛熳，千頃一色。

清　錢泳《**履園叢話·静修儉養之軒**》　静修儉養之軒在齊寧門内鮑肯園，贈公所築。四圍樓閣，通以廊廡，階前湖石數峰，盡栽叢桂、繡毬、丁香、白皮松之屬。余於壬午、癸未兩年，寓其中最久，每逢花晨月夕，坐卧窗前，致足樂也。

清　徐崧　張大純《**百城煙水**》**卷八**　東園，在東門外半里許，王文肅公錫爵種芍藥處。有藻野堂、揖山樓、凉心閣、期仙廬諸勝。孫奉常公時敏益加修治焉。

清　嘉慶《**松江府志**》**卷七八**　芳桂堂　烏溪趙宏毅燕游處，其後古桂森列，名人多賦詠之，允嗣庭鸞集爲數卷。

清　同治《**上海縣志**》**卷八**　香化草堂在法華西鎮張德基植牡丹處。後爲王氏居。

清　光緒《**江西通志**》**卷一一六**　棲霞樓在（臨川）城西百餘步，臨川王營置，清暑游焉。羅君章居之，因名爲羅公洲。樓下洲上，果竹交蔭，長楊旁映，高梧前疏。雖即城隍，趣同邱壑。

清　光緒《**黄州府志**》**卷三**　定惠院在城東清淮門外。宋蘇軾以元豐三年二月至黄，寓此院。東有海棠一株，軾所爲賦詩也。又書開嘯二字勒石。下有快哉亭。前有海棠軒，後有洗墨池。又有睡足堂、捫腹軒。

圖　表

清　雍正《**湖廣通志**》**卷二**《**輿圖志萬壽宫圖**》

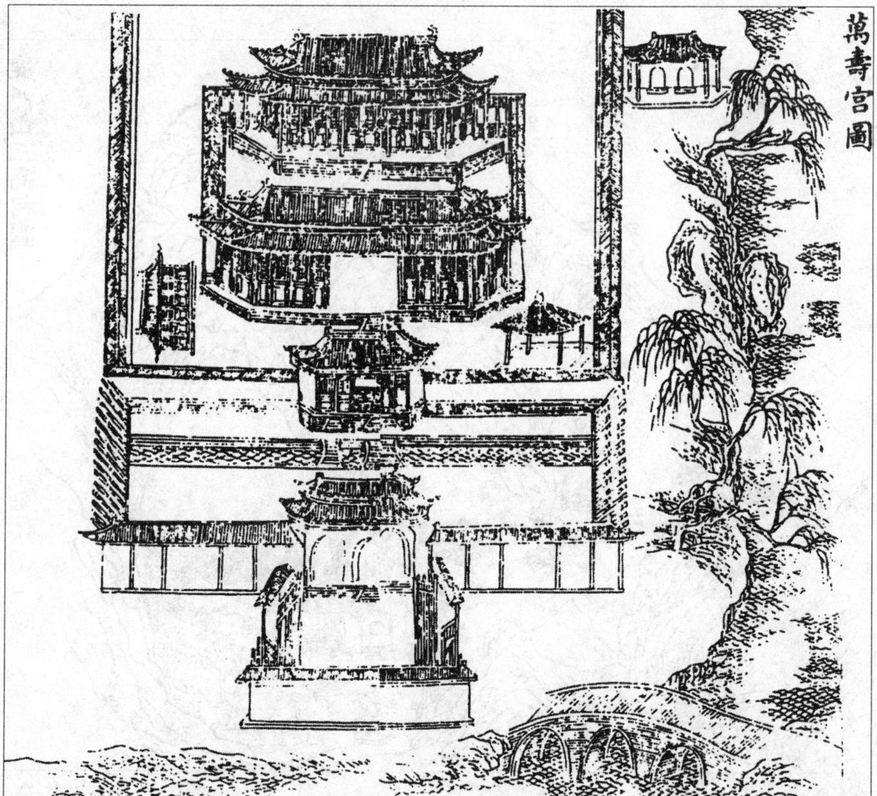

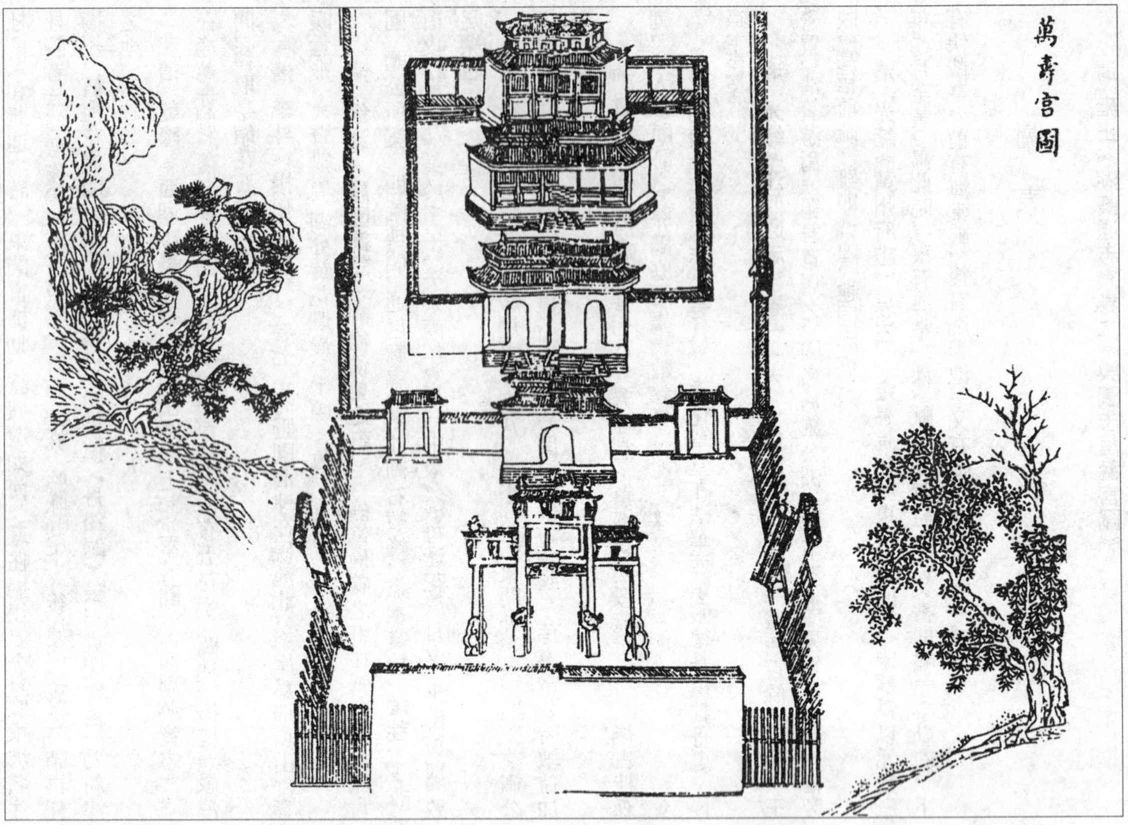

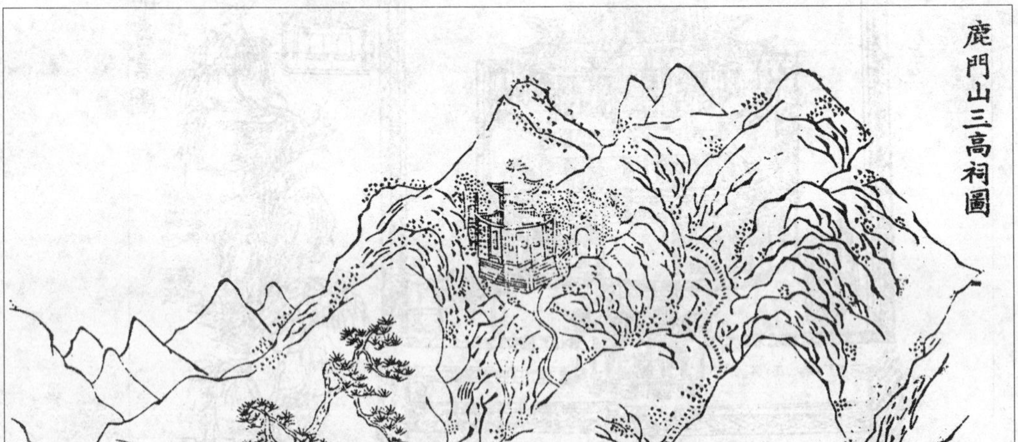

清光緒《襄陽府志》卷一《輿圖·鹿門山三高祠圖》

風景名勝總部

風景名勝總部提要

中國古代園林的建造一直從自然山水那裏尋找靈感，講求的是體會自然之理，假借自然山水風物，創造園林意境。園林的整體立意是取意於自然，造園中的細部手法，一招一式，也大都來於自然，最終使園林景觀更加理想化、典型化，使景外有景，園外有園，天趣無窮，妙造自然，以收「多方景勝，咫尺山林」的整體勝景。源於自然，體現自然，趣歸自然，委心自然，乃是中國古代造園活動的最高要求和最終目標。揭示中國古典園林與風景名勝之間的這種密不可分的關係，是《風景名勝總部》資料收集的基本原則。

《總論部》收録綜合性的資料。設三個分部。「勝境結構」，收録形勝及在風景勝境構築亭、臺、樓、閣等資料。一座亭、臺、樓、閣的建設常常是點睛之筆，意味著對一處風景的發現和肯定。「一方勝概」，收録的是某地「八景」、「十景」之類的資料，它們以集約的方式反映了景致之間的搭配映襯情況或互文關係。「諸類景觀」，收録綜合描述各類景觀、文字上難以分割的資料。

在《總論部》之外，按風景類型，分設《人文名勝部》、《山林風景部》、《水文風景部》、《泉石風景部》。

《人文名勝部》收録與中華文明形成和發展關係密切，歷史文化遺存、遺跡積淀深厚的風景名勝資料，如「五岳」、「佛道名山」等歷史人文因素較重的人文勝跡，突出其文化意義和内涵。「古蹟遺意」分部收集其他零散但具代表性的資料。

《山林風景部》收録以森林、山體等山岳地貌和景觀爲主要特徵的風景名勝資料，側重於山岳本身的自然生態價值和游憩觀賞價值。本部不設分部。

《水文風景部》收録以江、河、湖、海及各種天然或人工河流爲主體的風景名勝資料，包括江山、湖山和一些江邊湖畔的建築名勝及其他景觀。爲方便閲覽，分成「江山洲嶼」和「湖泊潭溪」兩個分部。

《泉石風景部》收録以泉水、石林、巖石、巖洞爲主體的風景。爲便於收納資料，設置三個分部。「泉溪澗瀑」，收録各地觀賞泉，及與泉水伴生的奇特景致，包括歷史文化名泉、温泉，瀑布、湖、潭、澗、溪、湫等。「山巖石洞」，包括山巖、奇石、象形巖、石林、石壁，以及巖洞、鍾乳石洞等爲主體的奇特景觀。「泉石勝境」，包括各地兼具泉水及巖石勝景的資料。

必須説明的是，一處風景名勝大都不會是單一類型，常常具有多重類型特徵，表現出綜合類型的特色。本總部只按所收具體資料的核心價值，按風景類型而不是按某山某地予以歸類。這意味著，同一個風景名勝的資料並不是集中編排在一處，而是分散在不同風景類型之中。

《風景名勝總部》主編：王嘉川，羅華莉。

總論部

勝境結構

題解

唐 柳宗元《柳河東集》卷二七《桂州訾家洲亭記》 大凡以觀游名於代者，不過視於一方，其或傍達左右，則以爲特異。至若不鶩遠，不陵危，環山洄江，四出如一，夸奇競秀，咸不相讓，徧行天下者，唯是得之。桂州多靈山，發地峭豎，林立四野。署之左曰灕水，水之中曰訾氏之洲。凡嶠南之山川，達于海上，於是畢出，而古今莫能知。元和十二年，御史中丞裴公來莅兹邦，都督二十七州諸軍州事。盜遁姦革，德惠敷施，期年政成。而當天子平淮夷，定河朔，告于諸侯。公既施慶于下，乃合僚吏登兹以嬉，觀望悠長。悼前之遺，於是厚貨居甿，移于閒壤，伐惡木，刜奥草，前指後畫，心舒目行。忽焉若飄浮上騰，以臨雲氣，萬山面內，重江束隘，聯嵐含輝，旋視具宜。常所未覩，倏然互見，以爲飛舞奔走，與游者偕來。乃經工庀材，考極相方。南爲燕亭，延宇垂阿，步檐更衣，周若一舍。北有崇軒，以臨千里。左浮飛閣，右列閒館。比舟爲梁，與波升降。苞灕山，涵龍宫，昔之所大，蓄在亭內。日出扶桑，雲飛蒼梧，海霞島霧，來助游物。其隙則抗月檻於迴谿，出風榭於篁中。晝極其美，又益以夜。列星下布，顥氣迴合，邃然萬變，若與安期、羨門安期、羨門，古仙人也。接於物外。則凡名觀游於天下者，有不屈伏退讓以推高是亭者乎？既成以燕，歡極而賀。咸曰：昔之遺勝槩者，必於深山窮谷，人罕能至，而好事者後得以爲己功。未有直治城，挾闤闠，車輿步騎，朝過夕視，訖千百年莫或異顧，一旦得之，遂出於他邦，雖博物辯口，莫能舉其上者。然則人之心目，其果有遼絶特殊而不可至者耶？蓋非桂山之靈，不足以環觀；非是州之曠，不足以極視；非公之鑒，不能以獨得。噫！造物者之設是久矣，而盡之於今，余其可以無藉乎！

又《零陵三亭記》 邑之有觀游，或者以爲非政，是大不然。夫氣煩則慮亂，視壅則志滯。君子必有游息之物，高明之具，使之清寧平夷，恒若有餘，然後理達而事成。零陵縣東有山麓，泉出石中，沮洳污塗，羣畜食焉，牆藩以蔽之，爲縣者積數十人，莫知發視。河東薛存義以吏能聞荆楚間，潭部舉之，假湘源令。會零陵政尨賦擾，民訟于牧，推能濟弊，來莅兹邑。遁逃復還，愁痛笑歌，逋租匿役，期年辯理。宿蠹藏奸，披露首服。民既卒税，相與歡歸道塗，迎賀里閭。門不施胥吏之席，耳不聞鼛鼓之召。雞豚糗醑，得及宗族。州牧尚焉，傍邑仿焉。然而未嘗以劇自撓，山水鳥魚之樂，澹然自若也。乃發墙藩，驅羣畜，决疏沮洳，搜剔山麓，萬石如林，積坳爲池。爰有嘉木美卉，垂水藂峰，瓏璁蕭條，清風自生，翠烟自留，不植而遂。魚樂廣閒，鳥慕静深，别孕巢穴，沉浮嘯萃，不畜而富。伐木墜江，流于邑門。陶土以埴，亦在署側。人無勞力，工得以利。乃作三亭，陟降晦明，高者冠山巔，下者俯清池。更衣膳饔，列置備具，賓以燕好，旅以館舍。高明游息之道具於是邑，由薛爲首。在昔裨諶謀野而獲，宓子彈琴而理。亂慮滯志，無所容入。則夫觀游者果爲政之具歟？薛之志其果出於是歟？及其弊也，則以玩替政，以荒去理。使繼是者咸有薛之志，則邑民之福其可既乎？余愛其始，而欲久其道，乃撰其事，以書于石。薛拜首曰：吾志也。遂刻之。

論說

宋 李昭玘《樂静集》卷六《徐州巽臺記》 徐，古大州，氣象雄奥，面抱巨峰，背負連嶂。汴泗走乎兩肋，長洪豁於衿領之間。重岡鈎阜，夾曳旁立，如門如遂，如邏如遏。雖欲放觀長想，意已迫矣。州之東南，地勢委靡，紆以平林，演以廣隰。山舒而水緩，悠然逝，隤然止，如大路焉，安安徐步，如隱君子，偃卧退匿，可望而不可及，使人心目暢達而不病乎拘底，獨此一隅爾。鳳山僧行介即其居之餘址，叠石爲臺，崛然百尺，以直其隅。憑陵半空，睥睨孤刹，東南之勝，交薦於臺上。臺上之觀，委虵而無窮也。涼秋八月，金氣既明，草木鮮鮮，天宇空澈。太守王公率僚屬，登其上而宴飲焉。是時也，微風颾颾，墮乎欄檻，飄飄乎衣裾，颯然撇巾髮而過也。煩昏頓祛，神爽超發，邈焉引覽，千里在睫。況練光之横溢，紺螺之明滅，飛帆欻見，孤鶩乍失，不舟不轂，以意爲適，直將跨流雲於蒼莽，軼征鴻於泬寥而後已也。公顧客曰：巽日有此樂乎？吾欲據東南之會，名此爲巽臺，非特辨方配物，又以表吾之所樂也。有客曰：巽之名則稱，所以爲巽之説，竊爲公發焉。解倥偬而攬高明，逃諠囂而接遐曠，欣於暫得而横謂之樂，非樂也。今夫肆目之所逐，快心之所適，觀滄海之浩茫，識閬崑之縹緲。摶扶摇，擲膠葛，浮河漢，而問津於牛女，猶未厭也。須臾，思窮力怠，摧頹却顧，杯案狼藉，人語聒聒，曾未離乎一席之上，已愀然不悦。及乎風霾暴勃，霧雨迷塞，天寒日暮，不可竚立。嚮來之樂，顛倒潰亂，不可復覩，而憂隨之矣。大哉樂乎！古之爲道者，不交於物，意無所至。收耳目之役，關吾神明之舍，冥乎至虚，以六合爲内。如此則高明遐曠，無時而不與吾俱存，又何能終日栩栩從物飛揚而不返哉！故《易》曰巽，入也。

宋 曾丰《緣督集》卷一九《華蓋山新建三廬記》 江西名山華蓋於他無得，巽自三仙遺霧其顛也。聞者信，故有禱。禱者萃，故有廬。籥馬萬丈而高，環馬千里而迴。故顛於廬，其風勁而易淫，其雨横而易淫，其日烈而易剥。故廬於顛，其竪也竹不若木，其負也磚不若石，其覆也茅不若瓦。自四方之乞霧其顛也，好施者莫不欲壯木以竪，壯石以負，壯瓦以覆。其如工若，徒何仰而躋，其上壁立，其傍板蕩，其曲斗絶，視不敢分，步不能寸。所齎輕曾未免傴僂然也，重擧蹣然，加重扶伏然矣。其難如此。故自永康迨紹慶七八百年間，爲殿、爲閣、爲亭，未始一滿施者意。慶元三年，歲在丙辰，裴省中主觀事，稽首三仙罷，念殿敗舊矣，新之非我誰歟？謀以戊午而始柱，以庚申而起工，以壬戌而止，一年閣成，三年亭成。竪者、負者、覆者材皆壯，免易摇、易淫、易剥之患，傳二三百年可也。省中首尾十年，中興其先七八百年，欲爲未爲之工，遺其後二三百年，欲繼莫繼之蹟。嗟夫，難哉！非其氣鋭始孰經？非其材施中孰勝？非其志堅卒孰成？既成矣，何加焉？曰：猶須移其志於道也。道之初，有虚而已。虚生氣，氣生天地人。天地之初，有土而已。土生萬物。人之初有儒而已，儒生百氏。故土爲萬物宗，儒爲百氏宗。土之氣，中氣也。儒之道，中道也。萬物宗土、百氏宗儒無他，萬理不外一中而已矣。獨不見三廬之創乎？石、木、瓦於萬物爲三，始置土上，則高於土矣。而終之泐折腐，石泐歸土，木折歸土，瓦腐歸土。蓋還原也。老於百氏爲一，自負高於儒矣，安知其終之不還源也？特未易前期爾。予恐省中誠欲移其志於道，故於記三廬也借事爲喻，識其端使擇焉。

宋 葉適《水心集》卷一一《湖州勝賞樓記》 凡城邑據江海陂澤之勝，皆即以爲賞，蓋物常聚於大矣。吴興三面切太湖，涉足稍峻偉浸，可几席盡也。然四水會於霅溪，鏡波藍浪，梁梠動摇，而靚妝袨服之倒影，互爲散合，衆流放於荷葉浦，沉清浮渌，鳧鵠棲止。而綺荷文蔆之羅生，無有際畔，特嶺聯亘，巧石綿絡，頗抑湖之重勢，而蔽遮其寒風，故其人意安而氣和。舸經舫緯艇繪艓縷，細聲窈眇，豪唱激越，宛轉一州間。隨地而勝，隨勝而賞，無不得所求，具區雖大不假觀也。夫豈娱於耳目之狹者，易徇而迪於心志之廣者，難親耶？亦其神靈爽異，所獨鍾彼，雖大而此不小也。國風廢，王道息，柳惲以江南曲名，於時古之采蘋，莒盈而釜熟，薦於大宗，禮至敬也。主於少女，教至行也。惲之采蘋，徒詠而已，其思蕩，其志淫，豈名南本指哉！然而詞人藝士，爭共詩述，郡之勝賞，由是而始。敞堂奥館，益盛於今，太守趙君，既新白蘋亭，復樓於側，其言曰：清風水遁，碧瀾山隱，兼之者，斯樓也。力能見湖而不爲者，民方與我游於麗密之内，我不敢與民縱於青冥之外也。雖然以道講民，見湖可哉！白居易論謝柳樂山水，多高情不聞善政。按史惲守吴興，前後十年，其政清静，吏民所懷。病去而乞，留千餘人，居易偶不詳也。政在平平，在久加以不倦，瘠土可使沃，窮閻可使富，况蒲魚豐衍，明山媚水，素稱勝絶乎！君初至，損税直，增學廩，親不葬，女不嫁，廢疾無，醫死無，斂棺皆助之恐不及，可謂有志矣。惜其暫不得久近惠而未及遠利也。故録以次。惲君名希蒼，字漢英，嘉定十五年三月。

明 宋濂《文憲集》卷二《游琅琊山記》 夫亭臺廢興，乃物理之常，奚足深慨？所可慨者，世間奇山川如琅琊者何限，第以處于偏州下邑，無名勝士若幼卿者黼黻之，故潛伏而無聞焉爾。且幼卿固能使琅琊聞于一方，自非歐陽公之文，安足以達於天下？或謂文辭無關于世，果定論邪？然公以道德師表一世，故人樂誦其文。不然文雖工，未必能久傳也，傳不傳亦不足深論。

明 王褘《王忠文集》卷八《心迹雙清亭記》 上清程外史，即其宫東偏青雲墩之麓作亭焉。初，雲屋陳君嘗建山居，其所久而以菑廢。希石黄君繼即其所作懷雲山居。壬辰兵燹，復廢不存，外史之亭所爲作也。亭凡三楹間，高可數仞，甃石爲阯，崇亢而疏敞。遥對廛湖、琵琶、聖井諸峰，層巒疊嶂，如翠屏排空，杳在天半。藐姑象山，隱如隆如出其東。瓊林仙巖，或起或伏列其右。羣山秀色，可攬而致也。前臨大溪，縈紆如帶，而俯瞰瓊臺琳館，浮丹湧碧，掩映於林霏蒼莽間。亭之四周，大抵長松修竹，蒼凝翠結，錯雜相蔽虧。林飈徐興，振發天籟，而玄猿白鶴，清響互應。游其間者，疑爲真神仙境，非復人間世也。客有語外史者曰：吾之游斯亭也，盪開靈襟，助法神觀，恍兮惚兮，如神行萬物之表，而情超八極之外。意者列御寇之御風，莊周之天游，殆不是過。心之鬱者，廓然以攄，迹之累者，超然以舒，是可謂心迹雙清者矣。盍即是以爲亭名也？外史曰：噫子之言！就子之所得言之耳。抑吾之所聞者，非是之謂也。謂吾果有心乎？吾心泊然，其猶太虚耳，止水耳。日月之明不能燭其微，鬼神之靈不能測其倪，雖吾亦不自知其主宰我者。此也，是可謂之有心乎，無心乎？謂吾果有迹乎？吾雖不能不與物接，而固未嘗物於物也。當吾乘天地之正，御六氣之辨，以游於無物之始，而無所窮止，雖吾亦不自知所當止而止矣。是可謂之有迹乎，無迹乎？心與迹俱無矣，而果孰爲清乎？且吾聞之，心迹俱無者，至人也。至人無己，已不有矣，於心迹奚取哉？吾之所造，非敢及是也。然即是論之，與子之所得者，不其有間乎？雖然，吾之作斯亭，固將與衆人同其得耳。子之言，吾安敢廢也。乃遂以名亭，而并述客語以爲記。外史名元翼，字南冥，程姓。

明 梁潛《泊菴集》卷三《湧翠樓記》 廬陵城北數里，望羣山如圍，江流際山而極，不見其所往。然其地少平，荒壘之雉堞與人家之竹樹鬱然布列。其中山之可望者，尤未盡見也。張君思忠之居城北者，因而爲樓，以據高邱，出氛埃，而臨廣野，然後天玉、瑞華、青原諸峰，遠在百里之外者，皆見焉。其巖壑蒼翠，高下横縱，如鱗攢而粟聚，如滄海之波濤。其孤嶂重壁，森聳而出者，如虎豹之跳躍，而出乎叢薄之外。風雨晦冥，光景倚薄，變化倏忽，而其狀益奇。因名其樓曰湧翠之樓。至其淺坡平陸，衍迤起伏之際，仙宫釋宇往往據之以隱伏。而遠沙極浦之間，帆去檣留之可見。水之溢出者，因而堤之以爲渠。渠藝以荷，而堤皆植以柳。風至而荷香，烟霽而柳媚。蓋居其上與常游其間者，皆不知其勝獨於樓而後得之，若其勝在於樓而非其地之有也，亦奇矣哉。夫天下山川之美者常多，而好之者少也。雖好而居之僻有不可得，或仕於四方，賈於江湖之遠，意有所不暇，一見而心已厭。至於其適也，則樂玩愛賞之不足，而憂愁離思系之矣。求其常與之處，又有暇力爲樓以盡其勝，朝夕飫見熟玩而未嘗厭者，什百中一二耳，若張君者是也。君所好如此，其志趣度越於人者亦遠矣哉！永樂癸巳之秋，予獲登樓而縱目焉。然方上京師，又輒別去，所謂意有所未暇者，其予也哉！

明 張寧《方洲集》卷一九《環秀樓記》 南昌舒氏爲靖安之望，其文章、科第、仕宦備見於草廬吳文正公墓表。自雙峰先生至嘉興守謙益，府君十世皆同業。謙益仲子良玉在太學時，即所居西偏創樓十餘楹。不改前度，不侈後觀，不蓄奇玩，藏雙峰文稿及遺書數千帙而已。樓前鑿池，結茆屋，號漁樂亭。客有至者，或先息跡亭中而後登樓，卑高小大，亦所以示升行之序。北有長溪，經舟楫。三面皆山，草木茂滋。廬舍聯比，平居顧瞻，及目而止，山水之奇未可以坐得。至層樓特起，窗几洞明，駕空憑虚，陵陟倒景，俯仰四睇，高者遠者突者窪者，隱伏蔽翳，匯遡沿洄，蒙泉奥區無所不見。山如引帷，水如縈帶，氣馳翕而勢參拔。韓子所謂天作地藏遺乎其人者，盡在几席之上。若夫朝夕晦明，温凉暑寒，景與時會，事與人宜，又樓之餘美也。落成日，適郡同知徐君至，值雨信宿，顧而樂之，因題爲環秀。嗟夫！舒氏之居自宋至今，更歷已久。至於山水奇觀，必待樓而盡，繇所處高明也。君子置身之地，其可一暫苟安，使聞見日下，不廣遠哉！良玉丞海寧，致仕過訪，具道其故實，因記之，爲舒氏子孫告。

明 汪循《汪仁峰先生文集》卷一二《三峰記》 里第之前有三峰，當面突起者爲最高峰，迤邐東下，中峰次之，三峰又其次也，南園書屋面焉。三峰之巔，圓秀舒展，可坐百餘人。日游其上，頓忘世慮。中峰下瞰灘瀨，壁立百仞，玉聲淙淙，上應山谷。結亭以臨之，曰觀瀾，指道體也。高峰奇崛巉巖，有石如臺，憑而登之，先隴宛然在目，不任感愴之悲，因名爲望思臺，志孝思也。夫以一山而三名，徙步而異狀，隨所見而有所感，因所寓而繫所思，皆不爲邪私妄誕、縱欲敗度之累，於以宣暢其湮鬱，裨益其高明，充發其智慮，真可以佚老餘年，而兹山不負於我也矣。迂愚寡昧，我其有負於兹山也哉！

明 田汝成《天然洞記》（《貴州通志》卷四〇引） 古之官於其地而善爲山水游者，若晉謝靈運、唐柳子厚是也。靈運永嘉守，子厚永州刺史也。守刺史，專一州，官尊而政劇，而二子灑然脱略，恣蕩風情。凡州之山水稍可取者，必涉足而寓目焉。又能作爲詩文以張大景物，使不落漠寰中，斯亦奇矣。然未識二子踪跡所遺者，至於今復有表章之乎？否也。方今海内名士善爲山水游者，予所聞，姑蘇郁元敬、天水方思道、天台蔡巨源。是三子之好爲山水游也，若飢食渴飲而病就醫也。其有聞而求必得之也，若獮搜而虞逐也。元敬、思道之游，予未之考蹟。若巨源，則既知矣。正德中，巨源參議貴州。貴州山水磽硤，鮮可游者，而巨源必游。凡一丘一壑，苟不爲糞壤者，皆涉足而寓目焉。又善爲大書嘉勒，名稱以紀踪跡，庶幾靈運、子厚之風者。夫巨源之游貴州亦密矣，而清平尤熟。清平者，巨源所與民同患者也。清平地東三里，所謂太極洞。又其東十一里，所謂雲溪洞。雲溪、太極者，皆巨源因象名之也。絜其間，去太極百步許，即今所謂天然洞也。當其時翳於榛莽，狐狸之宅而螻蟻之封，不爲巨源所甄録。乃今去巨源二十餘年矣，風雨滌薄，門逕呀然，弘邃虚明，可肆筵几。較其奇於雲溪、太極，不啻若華屋層軒之與蓬蓽伍也。晦於前而顯於後，豈非數與。今夫崑山之玉，滄海之珠，千載求之，尚有遺寶，物之無盡藏也如是。

明 釋大壑《南屏净慈寺志》卷一《形勝》《叙》曰：武林山水，西湖最勝。西湖山水，南屏最勝。洞壑之靈奇，紀靈鷲烟霞，然冷泉僅一衣帶，無浩淼之水佐其嘘噏波勢。澒涌怪變，紀曲江之濤，然無玲瓏巖石增其點綴。惟是南屏之山，祖天都、禰天目，南高而南歷育王、九曜，乃始開展。玉屏粲若青芙蓉，駘蕩水末。鳳凰、瑞石飛騫，大江蟠紆。其後兩故宫暨都會、百萬家烟火在焉。雷峰前迴，如食前之豆。巒嶂點蒼林，□滴翠□□大峪前俯兩湖，登臨四眺，窈靄無際。真刹雲連，法幢巍樹，絨韉錦轡，桂檝蘭橈。輻輳絡繹，無弗權輿。於此予故歷數其巖岫，仿佛象貌之。俾觀者爰地勝知靈萃，爰靈萃知法弘。列祖布錫，王臣創營，非偶然矣。首紀形勝。

清 邵詠《洗心亭記》（《電白縣志》卷一四引） 莊山寺東數十武，澗石磷峋，大者如屋，次者如屏，小者如几，鋭者圓者，曲而平者。中有巨石横卧，老樹蟠焉，藤蘿垂蔓。澗泉自山頂循石奔流，或流或伏，音淙淙然至樹旁，争出石峽，其聲尤喧。歸樹下，匯而爲壑，鏡然以清。壬申九秋，余與同人游而樂之，咸謂宜得亭於壑上。鏤金鳩工，芟木闢石，半月而亭成。于是仰觀俯聽，四山翠滴，軒檻泉聲，終日繞砌而鳴。水光山影，動摇衣袖，覺塵慮之盡滌也，因額之曰洗心。夫世人營營名利，馳逐于紅塵闤市之間，天地有高閒清曠之境而不知取，亦勞甚矣。亭臨是泉，虚明清澈。春夏花木芳妍，秋冬巖谷峭露，變態各出，令游者情移意悦，若超世外，有不知其然而然者，是誠足以洗心也矣。顧人力不殫天工，未見古人所謂美不自美，因人而彰。彼奇泉秀石，蕪没空山者多矣，而斯泉不遇數君子，亦不過供樵翁牧子之湔濯，野禽山獸之啼嗥，鼪鼯蛇蟲之飲吸耳。乃千百年餘，得好事者點綴之，雖地僅容膝，而名留天壤，豈非幸乎！

清 金城《迎龍亭記》（《東流縣志》卷一七引） 亭名迎龍，非創也。邑自歷山憑陵江表，迤邐數十里，抵望江山，叠嶂層巒，起伏迎送，莫可名狀。稍近，距迎曦門可許里，爲入首歸聚之處，略嫌平衍，形家名山爲龍，往往少之。余少時從諸父老游，聞之，常以時往來其間，凝盼再四。東迎山勢，西受江潮，地靈恒於斯，人傑恒於斯，斯又未可以厚非比。乃庀材鳩工，勉搆斯亭，巍然屹立，與歷山西來諸峰脉絡聯綴，若彼主者排山而來，我自迎之，岐增聳處，尊羅列如兒孫，其在斯乎，其在斯乎！

綜述

宋 歐陽修《文忠集》卷四〇《峴山亭記》 峴山臨漢上，望之隱然，蓋諸山之小者，而其名特著於荆州者，豈非以其人哉？其人謂誰？羊祜叔子、杜預元凱是已。【略】山故有亭，世傳以爲叔子之所游止也，故其屢廢而復興者，由後世慕其名而思其人者多也。熙寧元年，余友人史君中煇以光禄卿來守襄陽。明年，因亭之舊，廣而新之，即（一無此字）周以回廊之壯，又大其後軒，使與亭相稱。君知名當世，所至有聲。襄人安其政而樂從其游也，因以君之官，名其後軒爲（一作曰）光禄堂。又欲紀其事于石，以與叔子、元凱之名並傳于久遠，君皆不能止也。乃來以記屬於余。余謂君知慕叔子之風而襲其遺迹，則其爲人與其志之所存者可知矣。襄人愛君而安樂之如此，則君之爲政於襄者又可知矣。此襄人之所欲書也。若其左右山川之勝勢，與夫草木雲煙之杳靄，出没於空曠有無之間，而可以備詩人之登高，寫離騷之極目者，宜其覽者自得之。

宋 王漢《金城山記》（《潮州府志》卷四一引） 金城山，山之最奇者也。距州治越二百步，東臨惡溪，西瞰大湖，閭閻占其南，垣墉固其北。在昔榛莽翳奥，爲蛇虺之囿，麋鹿之居。徑路未闢，人不得游。壬子仲冬，余至郡，見其近逼庫廪，伏莽爲虞，始命攘剔之，然不意其爲勝境也。初得一徑，從石門東上幾半里，得地如砥，方廣三十步，左右有樹，惟荔枝爲多。乃立亭曰荔枝亭。更五十步陟其巔，一石峨然出叢薄中，因以峰名之曰獨秀。北行十步，地勢孤聳，四望曠絶，西南與鳳山對立，亭曰鳳亭。東行七十步，又得一邱，前列數石尤佳，宜朝旭，故立亭曰初陽。由鳳亭西廣一百步，地如堂，南有石子如翹首狀，名之曰望賢。由望賢石西連大岡，踰十步，有巨石光澤可鑑，題曰鑑石岡。其下有石，宜日之昃，立亭曰西暉亭。南巖壁峭嶮，亦以西暉名巖。東南五步，怪石磊磊，叢篁蔽之，評曰隱石。石側有洞曰仙游，有臺曰鳳臺，謂仙所宜游，鳳所宜集也。凡命名皆刻於石，俾來者得以觀焉。噫！潮爲郡，隋唐以來賢守相繼，兹山之不興，得非有待乎？韓文公嘗即東山爲亭，以便游覽，人呼曰侍郎亭。渡惡溪逾峻嶺，勞於遠涉，而今亭已久圮，惟一樹獨存。夏炙赫曦，無所芘陰。兹山居城隅，邇郡署，木石相間，曲徑通幽，游者以爲勝於東山，而余之治潮則不逮韓遠也。既咏以詩，復書此記之。

宋 沈括《長興集》卷二一《江州攬秀亭記》 江州據吴鄣之麓，垂踵江滋，虹騫螭絡，貫城皆山，而庶民列館會市於其下，臺觀壓廬高下隱見於茂陰篁竹之間。西有荷芰之池，南屬差廬，連嶂紺天闕 湓、浦、甘棠之水，北漸九江之醲流。隱然幕植于百里之外者淮南群舒之諸山。四時之景，變化吐吸類無常物，非語言繪素之所能一。官司士大夫、都人之家大率闕 山，故崇臺危榭可以臨高而遠眺者，甍陛相望。然所得多主一景，江湖山水、闤闠之趣，不能兼有也。郡城廣寧監之西垣，有故樓之湮，爲棄數雉。東瞰井邑，其臺觀壓廬隱見於茂蔭篁竹之間者，齒布其下。荷芰之池差廬，甘棠、湓、浦大江。江北之羣山，悉羅于左右前後。前此爲羣者，嘗築觀其上。其法闕陋不足以三絶賞美觀之所會。至此乃徹而新之，上爲重堦廣堂，以御賓燕。其前可以席工，步珩珮之節。環堂爲晝疏綺撩，可以來沓遞之景，而盡嘯歌俯仰之適。李白嘗有詩以謂「九江秀色可攬結，吾將此地巢雪松」。使九江之秀可攬而無所遺者，非此無以當之。今太守莆田蔡履中之規畫，而監廣寧監南昌孟處善元徒以成之。凡覽觀之勝，雖具至此而后畢，爲吾耳目之所有。其雄特則廬山之峻峙，奥奇閟靈之所御，燭爲象曜，散爲璚觴，蒸爲虹霓，激爲霰雨，矛拒戟礫者，連峰累百。木摇霧集，則寒暑爲之失。行大江之闌衍，翕爲二三，敷爲八九。震風之所鼓，則巨浪山屹，飛鳥跕墮。澄淡不揚，則日星瑠錯，連檣萬艘，鳥驚而争先。其曠麗則南山千丈瀑布，西江萬頃明月，足以稱豪。而四時之葩，華蓁組糅駮塢别爲曹。連山茂木隱見於雲煙之間，乍晦倏明，終坐而屢變者，不可以形殫此大略。若夫時和歲登，人物阜樂，徒歌而腹嬉，飽食而朋游。於是太守率其僚士，爲賓射豆觴，休勞百職，與都人士女嘯咏興俯，追古人所以與民共樂者。千里秀色，入於樽俎。山飛水游，蓮婦櫂工，嘯歌之聲，雜起于珮環、竽瑟之間。當是之時，清淳之氣，和平之樂，浹于人心。其高舉遠蹈，則有沼白蓮、攡英菊，巾車卉服，以游乎方檢之外。其悲傷感槩，則有慨商婦之胡琴，壯大江之黄雲，寫意撫節，流於咏歎。其遺風餘蹟，尚有以攄滌滯淫，以爲後世之美者，此又非得以言諭者也。履中治江而百職舉民。既安其政，又求有以共樂之，而處善能推其志以就奇曠之賞。凡此皆將傳之不朽。

宋 胡寅《斐然集》卷二〇《永州澹山巖扃記》 瑰奇偉絶之觀，人所同好也。覆壓淪溺之害，人所同畏也。役於甚好，而忘其可畏，人所同惑也。今夫山之秀拔，孰如西方之所謂大華者乎？俯仰而滿足其意，孰若麓之人飲食起居之與山接者乎？熙寧中，一峰剥墜，六社皆没，近山之患，乃有如此者。錢塘海潮盡波濤壯觀，不論四方至者，自其土俗朝與夕差，肩疊跡待，望而不厭也。壬子歲中秋，潮來且近，忽聞一枝卷岸，勢如電掣，濺若雹散，其所鞭激處，漂落五千餘人。予蓋親見之，是在平地，非有帆楫傾欹。水至弱也，狎而玩之，則組甲練兵起於足下。甚美必有甚惡，亦何往而不然？永城南二十餘里，有曰淡山岩，自山谷詩既行，名聞於天下。凡岩之病，以暗而濕，淡岩獨竅北而透南，方臺夷燥，嘘吸雲氣，受風納月，信乎其稱絶景也。然印眂脉絡，往往鱗皴，而岩中大小石，蓋不可勝數。人不幸或值一拳許焉，則碎首虀矣，况巨片哉！因嘆且笑曰：此古人所謂雞肋不足以當者。今乃襄羊終日，而忘知命之訓，仁者樂山，殆不然也。乃相南缺，得地不盈丈，爲亭，命之曰岩扃。却顧中虚，盡攬勝致，而重山大壑環乎外者，又咸在目。且令穿山壑間，剪竹開徑，以趨於亭。自今騷人游子，去來徙倚，得所好而遠所畏，然後斯岩之美全矣。

宋 陳耆卿《赤城志》卷二〇 靈巖在縣北一十里，又名鷲峰。後有飛瀑垂崖而下，石根插水，潴爲一潭。樵人續藤繫石測之，無極。慶元四年，令常灊孫亭其上，曰擘翠。又一石洞，在嵚崟間，號天風門，又名小空明。左緯詩有「怪巖摩足力，空谷答人聲」之句。

宋 白玉蟾《湧翠亭記》（《小窗艷紀》輯） 騷翁逸人，品藻山水，平章風月，皆曰：江南山水窟，江西風月窩。嘉定戊寅，瓊山白玉蟾攜劍過玉隆，訪富川，道經武城。雙鳧淩烟，一龍披月。憩武城之西，望大江之東，撫劍而長呼，顧天而長嘯。環武城皆山也，蒼巖翠壑，青松白石，寒猿叫樹，古澗生風，峭壁數層，斷巖千尺，翼然如舞天之鶴，婉然如罩煙之龍者，柳山也。白蘋紅蓼，紫竹蒼沙，魚浮碧波，鷗卧素月，琉璃萬頃，舳艫千棕，窈然如霞姬之帔，湛然如湘娥之縠者，修江也。山之下而江，江之上而亭，亭曰湧翠，蓋取東坡「山爲翠浪湧」之句。觀其風物，披其景象，如章貢之鬱孤臺，如潯陽之琵琶亭者，湧翠亭也。飛暈際天，倒影蘸水，天光水色，上下如鏡，烟柳雲絲，高低如幕。緑窗漏蟾，朱檐咬雨，華椽躍風，鱗瓦鋪鴛。四榻無塵，一間如畫，玉欄截勝，銀海凝清。鷗鷺不驚，龜魚自樂，適其酒量，任其詩懷者，亭中人也。若夫風開柳眼，露浥桃腮，黄鸝呼春，青鳥送雨，海棠嫩紫，芍藥蔫紅，宜其春也。碧荷鑄錢，緑柳繅絲，龍孫脱殼，鳩婦唤晴，雨釀黄梅，日蒸緑李，宜其夏也。槐陰未斷，鴈信初來，秋英無言，曉露欲結，蓐收避席，青女辦裝，宜其秋也。桂子風高，蘆花月老，溪毛碧瘦，山骨蒼寒，千巖見梅，一雪欲臘，宜其冬也。復何所宜哉？朝陽東杲，萬山青紅，夕鳥南飛，群木紫翠，桐花落盡，柏子燒殘，閑中日長，静裏天大，漁舟唱晚，樵笛驚霞。有時而琴，胸中猿咽，指下泉悲。有時而棋，剥琢玉聲，縱横星點。有時而書，春蛇八章，暮鴈歸蘆。有時而畫，溪山改觀，草木生春。以此清興，以此清幽，收入酒生涯，擁歸詩世界，蓋有得於斯亭，而不知有身世矣。山光浩蕩，江勢澎湃，松聲如濤，月華如水。螢火萬點，俯仰浮光，禽簧一聲，前後應和。飛青舞碧，凝紫流蒼。於是而曰湧翠，蘆灣不盡，鳧渚無窮。挽回亭前，酌以元酒，招入酒裏，詠入新詩。名公鉅儒，鱗踴疊副，騷板如櫛，峻韻如霜，前者唱，後者和，長篇今，短篇古，亦莫罄其趣也。最是春雪浮空，高下玉樹，夜月浸水，表裏冰壺。漁歌斷虜，碧芷浮天，帆影落時，緑蕪漲岸。菰蒲蕭瑟，舟楫往來，樂自無窮也。作亭者誰？

宋 潛説友《咸淳臨安志》卷二四《翠微亭》 自來賢巖前東五十餘步，登小坡而上，名青檀山。路之右皆依巖，左臨深坎。路旁有巨石，與巖對峙，號曰小石門。過此則巖石轉，有泉自石溜下注於巖穴，狀如石盂，横探小竅，深不可測。其水不盈不涸，號曰洞酌。洞酌之上有巨石，圓竅玲瓏，號曰月窟。月窟之西有穴盛溜，最冷，號曰水壺。洞酌之下又有泉穴，其水最清，號曰鏡潭。今泉源湮没，皆非舊。迤邐至試劍巖，其石如劍劈斷，旁有巖隙，可憩數人。行二十餘步，有峭壁面北，從地涌出，高可二三丈，廣二三十丈。其上蒼翠玲瓏，奇怪萬狀，出於天巧，莫可形容。其秀氣發自來賢，至此半里餘，始畢露無遺。上有石乳，焚之最香。但有巖自北而生，正蔽其前，外旁相去猶有數尺深，入僅可容人。臨坎作亭，名曰翠微。

又 卷三二《豐樂樓》 在豐豫門外，舊名聳翠樓。樓據西湖之會，千峰連環，一碧萬頃。柳汀花塢，歷歷檻欄，間而游橈畫艙，櫂歌堤唱，往往會合於樓下，爲游覽最。顧以官酤喧雜，樓亦卑小，弗與景稱。淳祐九年，趙安撫與𥲅始撤新之，瑰麗宏特，高切雲漢，遂爲西湖之壯。其旁花徑曲折，亭榭參差，與茲樓映帶，搢紳多聚拜於此。

明 李賢等《明一統志》卷五八《贛州府》 鬱孤臺 在府治西南。隆阜鬱然孤起，登其上者，如跨鼇背而升方壺。臺莫知所始，唐郡守李勉登臨北望，改名望闕。宋郡守魯慥增創二臺，南爲鬱孤，北爲望闕。趙抃詩：「羣峰鬱然起，惟此山獨孤。築臺山之顛，鬱孤名以呼。」蘇軾詩：「烟雲縹緲鬱孤臺，積翠浮空雨半開。想見之罘觀海市，絳宮明滅是蓬萊。」

又 卷五九《漢陽府》 秋興亭 在鳳棲山顛。唐刺史賈載建，中書舍人賈至作記，大略謂詩人之興秋最高，故以名亭。後飛閣瞰大湖，對大別山，景趣尤勝。宋元祐初，郡守吴處厚從而新之，實一郡偉觀。孫杓詩：「前有長江後有湖，天將此景屬吾徒。當時想未見秋興，漫説南樓天下無。」本朝景泰四年重修。

明 黄仲昭《未軒文集》卷三《環翠樓記》 去仙邑東二十里許，有地曰仙水。其發脈自九仙迤邐而來，至是衍爲平陸。有隆一山嵬然突起其中，邑《志》擬其形勢，謂如神龜出洛。蓋爲邑境内之勝處也。邑之彦曰：陳君士鎮者世居之。其正寢之東南有隙地焉，背陰面陽，高下得所，出於天成。君因樓於其上，以爲藏修游息之所。樓之形勢，北枕何嶺，南揖崑崙，東西翼以古重、大飛諸山。四望平田，環繞如璧。方伯周翠渠先生爲大書「環翠」二字扁之。蓋茲樓又爲陳氏所居之勝處也。當春之時，膏雨融液，宿草回青，遥山獻碧。登茲樓也，景與心融而神情暢適。當夏之時，南薰送涼，新苗薿薿，茂樹蒼蒼。

登茲樓也，神隨氣爽而寵辱俱忘。時乎秋也，炎方多燠，百卉未零，而吾心悠然與秋俱清。時乎冬也，松篁繞屋，蓊鬱葱蒨，而吾心盎然歲寒不變。若夫日出而林霏開，雲歸而巖穴暝。朝暮之景，變態萬狀，亦無往而不可樂也。予嘗觀夫古人之爲宫室，據其山川風氣之會，揆其翕宣爽燠之宜，所以順陰陽、適游息者，豈徒以燕其身、頤其心而已哉！亦欲馮高望遠，以達其見聞而反求諸心，以爲進修之助也。【略】茲樓之建，其亦有古人之意乎。吾知君之子孫讀書於此，則有以悟夫智仁動静之理。鼓琴於此，則有以得夫高山流水之趣。覩烟雲之開豁，則吾心之邪穢因之以滌。覩鳶魚之飛躍，則化育之流行因之以著。至若覩農者水耕火耨之辛勤，樵者烟簑雨笠之陟降，行者擔簦負笈之往來，則又有以悟夫四民皆有常業，而各俛焉以盡其當爲之事也。陶鎔既久，必有成德。達材出爲世用，以繼前人之芳躅者，則其有得於茲樓之助不既多乎。

明 彭輅《冲谿先生集》卷一一《煙雨樓志後序》 《煙雨樓志》既成，或曰：斯樓也，藉土一壞，結屋數楹耳，奚以志爲？夫嘉，江南名郡，雖物力殫詘，而金繒秔稻之賦，走司農、供王府者，浩穰踰他方。頃者，經術道藝之彦雲烝鶱變，致身卿孤，載筆石渠天禄者，彬彬鴈行，海内以文獻歸之。嘉顧其地，則乏靈山上游之奇，瓌瑋峻迴之觀，獨鴛鴦、馬場二湖，枕鞞縈帶，洋洋澤國，故昔人以煙雨名樓，置之湖心地肺，爰備壯觀。談者謂嘉之有斯樓，是爲子都、毛嬙，潤眉髮而華衣履，陳帷帳而置琴筑也。柰爲胡元所燬，至嘉靖己酉，始有訪厥遺址，累土成一洲嶼，復建樓於上，而仍其故名者。曾未幾，會海寇震蕩，矛槊瘡痍，不暇議樽俎攬眺，樓用漸圮而洲莽滋蔓，無能副名勝而騁遐矚也。萬曆癸未，郡守龔公爲捐俸葺新之，重階未闌，室稍丹臒，剪蕪薙榛，環植垂柳，而召僧秉其鑰。樓陰復營一磯，長數武，廣半倍之，手作「釣鰲磯」三大書，勒石置磯下。【略】（樓）在水中央，律屼南浦，勢入寘漠，縹緲虚無。方其春水盛蒲，不見兩涯，烟樹周遭，雲霞蔚起，綺縠千頃，羲景倒懸，島笛悠揚，菱歌嘽緩，文魚踴於波際，高鳥翥於層旻，闤闠匹乎五陵，吴越拆其兩戒，亦足以縱寥廓之觀，而舒倏然之思矣。况北有胥山，乃子胥秣馬膠弓，圖越之地也。此二湖者，范蠡功成，遠引扁舟，往來浮泛者也。真如塔影，即裴休悟後所捨之宅也。瀕湖市橋曰宣公者，陸敬輿風猷聲烈，令人至今景企者也。俛仰宇宙，有流波陳迹，蕭條千古之慨。微斯樓，孰與發之？且地繇人勝，景與襟期，故同構異蹟，同賞異情。吾嘉當孔道，京省衣冠，軺傳雲擁，公間與其賢豪契好觴咏樓中，因之采謡問俗而謀諸野，則斯樓之得公，猶西湖之子瞻，虎丘之應物，豐樂、醉翁之永叔，其爲斯樓重，永永也。

明 陳繼儒《晚香堂集》卷四《虎丘三泉亭記》 吴人不善附麗，山亦如之，虎丘是也。凡地勢相牽相聯，若斷或續，突爲崇山峻嶺，綿爲蔓壑枝峰，散爲飛泉噴瀑，多使人心膽震眩，耳目旋轉而不得停。大抵附麗者必高大，高大者必險絶，其勢然也。虎丘前無援，後無推，孤行獨峙于平疇衍漾之中，而不見有因緣攀附、巉聳刻露之跡，其秀至今甲天下，石平如砥，泉瑩如雪，陸羽、張又新品泉而甘之，埒居第三，與中泠、惠山鼎足矣。申文定自少喜登此山，解相印歸，數與故人父老觴詠其上，斟泉瀹茗，欣然忘歸，曰：百歲後，吾魂魄猶應依此。文定薨，郡中業有專祠。至是，士大夫醵金考室，復祠公于劍池之南、鶴澗之西，曰公平康正直，一生相業，無所附麗，而起此水此丘，神所樂也。祠北恰枕三泉，寺僧久屋其上，湫隘塵垢，日月之光不射，雲霞之彩不生。冏卿司理捐金錢施僧，撤屋剗土。土去而石根露，石露而泉脉疏。穹壁高廣，截若刀削，凡數百年鐫題字跡，隱隱出嶙峋隙縫間。禪窟懸崖，經聲曳于樹杪，石梁浮澗，苔紋繡于水中。周之以曲廊，扞之以闌楯。游者逡巡玩流，憑三泉亭而小憩焉。夫自古有此虎丘，即有此清泉石壁，歲不絶歌舞太平，日不絶品題名勝，鮮有發覆疏明，爲泉石一洗塵土面目者。有之，則文定之冏卿司理始，搜剔經營，則客周伯讓始。文定有靈，將無釋冠劍、屏侍衛，夷猶于亭之上下乎？

清 錢邦芑《他山記》（《貴州通志》卷四〇引） 宇内山石之奇，無過川黔楚粤，然幽遐荒險，車馬不交之處，奇詭殆甚而世或鮮知之。至川黔楚粤之交，選第名山奇水幾以百計，而黎峨之鰲溪，幽麗爲最。自鰲溪至湄水可百餘里，幽崖深溪，堪怡玩者何止數十，而蒲村爲最也。村之上有柳湖，湖之陰爲他山。山高不半里，迴曲斜抱，上多奇石，樹多楓樟楠梓。中一石最奇突，名曰翠屏，外削而内空，余鐫「他山」兩大字於上。石腰有洞，曲透其背。其峰勢横飛處，瘦薄而偏聳，爲石帆峰。峰背古木掩映，四布如房然，名曰雲房。左一石高而怪異，曰九面峰。峰前石壁中虚，梅幹從洞口長出，名曰梅蒼。稍上，一石横卧，中刳如船，有孔植梅其中，名曰梅舟。石帆之右有洞，曰小洞天。梅蒼之左有崖奇險，名霹靂崖。稍上有峽，曰藏書峽。此外前後大石二十餘處，低者如蹲如伏，昂者如奮如翥，不可名似。中構一亭，名曰拜石。坐亭中則諸石之奇畢呈。自拜石亭後上二百步，極他山之巔。四顧諸峰，環拱如兒孫。俯視柳湖，湖光圓浄如鏡。此外縈青繚白，攢蹙點聚，蒼碧圍混，遠與天際，奇觀哉！

清 陳宏緒《江城名蹟》卷二 仰高樓 明初南昌羅德厚建。眺望西山，峰巒歷歷。朱學士善自遼海歸，館於其家，爲作樓記云：按《圖志》，西山之高與廬阜等，而諸峰競秀，環三百餘里。其巖洞之幽深，泉石之清美，竹箭之茂密，草木之靈異，琳宫梵宇之相望，良田名圃之相屬，所産之富，足以衣被城中十萬之衆，其利澤之所及者遠矣。

清 張岱《西湖夢尋》卷三《西湖中路·湖心亭》 湖心亭舊爲湖心寺，湖中三塔，此其一也。明弘治間，按察司僉事陰子淑秉憲甚厲，寺僧怙鎮守中官，杜門不納官長。陰廉其姦事，毁之，并去其塔。嘉靖三十一年，太守孫孟尋遺跡，建亭其上。露臺畝許，周以石欄，湖山勝槩，一覽無遺。數年尋圮。萬曆四年，僉事徐廷祼重建。二十八年，司禮監孫東瀛改爲清喜閣。金碧輝煌，規模壯麗，游人望之，如海市蜃樓，煙雲吞吐，恐滕王閣、岳陽樓俱無其偉觀也。春時，山景睺羅，書畫骨董盈砌盈堦，喧闐擾嚷，聲息不辨。夜月登此，闃寂凄凉，如入鮫宫海藏。月光晶沁，水氣滃之，人稀地僻，不可久留。

張京元《湖心亭小記》：湖心亭雄麗空闊。時晚照在山，倒射水面，新月掛東，所不滿者半規，金盤玉餅，與夕陽彩翠重輪交網，不覺狂叫欲絶。恨亭中四字匾隔句對聯，填楣盈棟，安得借咸陽一炬，了此業障。

清 康熙《武定府志》卷一 一憩亭 在西門外，建於康熙癸丑年。樓結兩層，檻開八面。參天喬木，半畝濃陰。傍庭流水一灣，當户緑晴千頃。誠元陽之佳景也。

清 雍正《江西通志》卷三九《古蹟·袁州府》 宜春臺 《府志》：在府城東南隅。《城冢記》：漢宜春侯劉成於城中立五臺，其最勝者，宜春也。高五十餘丈，植桃李以萬計。宋劉嗣隆記：闤闠之傍，崛起數百尺，陰森竹樹，掩映棟宇，周覽川原，下望人煙，爲一州壯觀。祖無擇詩序：郡有五臺，號宜春者爲甲。李覯詩：謫官誰住小蓬萊，惟有宜春最古臺。千里待看毫末去，萬家攢作畫圖來。

又 卷四一《古蹟·饒州府》 漫吾亭 《名勝志》：在浮梁縣東龍潭上。宋程瑀自記：暇日與一二友縱步潭東南隅，披榛斬荆，臨渠而植樹，水聲嘈吰如鼓鏞。外瞰長溪，鄱水之源發焉。遠則奇峰層巘，卓然拱立，輪青而聳翠。爰即渠上爲亭，名之曰漫吾。

又《古蹟·饒州府》 風泉雲壑亭 《廬山志》：在白鹿書院勘書臺。《西林志》：有泉自洞左流至石崖爲懸瀑者，十餘丈，朱子愛之，號爲小瀑布。後李山長爲亭，以石上舊有風泉雲壑四字，故名。

清 章樞《諤崖脞説》卷二 京師山水之勝，以海淀、西山爲極。然軟紅中無閒人，問津者蓋絶少也。余于雍正三年四月入都，五年三月南旋，留滯兩載。日從馬首望西山晴翠，竟未獲一至。稍暇，步屧尋幽，惟王少傅崇簡怡園一再過。廊軒窈窕，堂室宏深，不必有殊絶之賞。佳處在西南隅一亭，亭跨石泉之上，錯落置十許磯。泉迴環漱其根，引以爲流觴曲水。亭外土坡迤邐，老樹蒼藤，有巖壑自然之趣。每静對，移日不能去。此外則黑窑廠之陶然亭，最可登眺，以寄江鄉魚鳥之思。嘗于新秋獨往，碧水黄蘆，荒亭獨樹，遠山疊疊，殘照依依，絶似江南野意，黯然銷魂，轉增愁味。然不逾跬步間，轉輪穿巷而達九衢，即浩然人海。心目盡移，利鎖名韁，與越阡度陌，僅隔一兩衚衕地界也。此處亦可發人警悟之機。

清 乾隆《歸善縣志》卷四《古蹟》 第一江山亭 在府治後圃，明天順中知府李叔玉建。旁有二小亭，東曰方舟，西曰方壺，今廢。明吴高《第一江山亭記略》：三山李公叔玉，由地官員外郎來守惠郡，升高而望，得異處焉。斬茅而嘉樹列，發石而清泉激。迺塈迺塗，山勢坡坨，江流環繞，呈奇獻秀於几席。公退，角巾鶴氅，偕賓僚文士商榷古今，詢問民隱，一觴一咏，但見風帆浪楫之往來，白沙翠竹之掩映，漁歌樵唱，村墟市廛，或遠或近，或有或無，山川勝槩，入我襟袖，無日而非我有。公甚樂之，名其亭爲第一江山。構二小亭，東曰方舟，客坐亭上，如在舟中，東西南北，信所之也。西曰方壺，公之居有方壺樓，蓬萊、方丈如在目前，不忘桑梓也。間謂予曰，願爲記之。夫自有天地，即有江山，謂之第一何？蓋羣峰雖多，而羅浮、象嶺山之秀者，磅礴之氣於焉而止，則羣山皆拱揖而退讓矣。萬壑争流，而合江西湖水之秀者，其清淑之氣於焉而聚，則衆水皆縈迴而趨就矣。謂之第一，固宜。昔者，宋陳文惠公守郡，愛山水之美，建野吏亭於城隅，亭廢碑存，公無乃野吏是慕乎？公悚然曰：吾才不逮古人，而催科政拙，名予爲拙吏可矣。衆皆大笑，遂書于壁。

清 王培荀《鄉園憶舊録》卷四　大明湖中歷下亭，杜少陵與李北海宴客于此，所謂海右。此亭古也，其亭甚高，四圍有廊，屢修屢圮。純皇帝詩碑在焉。北渚亭，晁補之作賦。或以明湖北之小圃當之，非是。按其形勢，今之北極臺高聳，背城面湖，當是此地。臺上祀真武，懸聯云：宫中下見南山盡，城上平臨北斗懸。唐人句若爲此地設也。俯視荷花百頃，蘆葦參差，蟹舍漁莊，歷歷可數，若不知在城市間。南岸垂柳數株，披風曳露，即漁洋詠秋柳處。或於湖東委巷建一院，題秋柳詩社。去湖遠，未可信。昔有人維舟湖中，夜半忽小舟出葦間，一偉丈夫攜麗人，四顧太息曰：丁酉與漁洋會此，今歲又丁酉矣。倏忽不知所往。劉金門夫子與鐵冶亭撫臺泛舟，共作一聯云：四面荷花三面柳，一城山色半城湖。不可移置他處。百花洲與明湖别爲一區，如附庸。蓮葉田田，地極幽静。李滄溟白雪樓移建于此，後屬邢太僕子愿。其實老屋三間，王季木得之，築問山亭，猶仍白雪樓舊額。自歷下亭一舸順風可至鐵公祠。公于靖難時守城盡節，至今俎豆儼然。祠西廳三楹，前面虚廠，扁曰水木明瑟，取《水經注》語，恰合。聯取漁洋句云：烟巒濃淡山千疊，荷芰扶疏水半城。雅切有餘味。疊石爲小山，建得月亭，兩廊盡畫墨竹。前面架板爲屋。前後盡廠，眺望烟水無際。余見其圮而復建者三，不知何時遽然撤去。雖空闊有餘，而絶無收束少含蓄。蓋人日趨簡易，諸事如此，不獨一游賞地也。爲之慨然。按，此名小滄浪。

清 嘉慶重修《揚州府志》卷三一《古蹟》　平樓即平遠樓。棲靈寺地藏殿之左，有小軒三楹。軒之左，拾級而登，平樓在焉。創於雍正十年，凡七楹，而敞其南東兩面，介江岸海之山，隱然在望。郭熙《山水訓》云：自近山而望遠山，謂之平遠。平遠之意，冲融而縹緲。因以平樓名之。

又 卷三二《古蹟》　天開圖畫亭　姚伯願使君築亭真州子城西北隅，盡得江山之勝，乞名於四明王正己，因誦山谷「天開圖畫即江山」之句，遂以名亭。《宋詩紀事王正己詩序》。宋淳熙中，郡守姚恪建，後因甃城亭廢，以其名揭於瀕江樓。嘉定間，吴機别建於朝宗門外江濱，揭以舊名，又於其後創水竹、喜凉、漣漪、聞凱、轉幽五亭。《康熙儀徵縣志》。宋□紘《天開圖畫亭記》：真於淮爲亢，舊曰白沙鎮。皇朝乾德二年置建安軍，大中祥符六年更今名，而州之棟宇宏麗，雉堞環矗，而二千石治所始雄於他郡。逆虜不道，腥我封略，歲在辛巳，蕩爲灰埃。前葺後補，視舊爲簡。武經大夫姚公恪來鎮之，明年，政平訟清，盜遁姦伏，合境之内，無一人敢帶刀佩劍以干其法禁者。暇日，公領客登城西北隅，坐草亭，覽汀山之勝，慨然而歎曰：吾其可負此哉！因命僚吏賦工庀材，增庳爲高，撤故爲新。不浹旬，而飛甍華榱突焉出乎崇墉之上，削之繩如，張之翼如，塗塈丹雘，不侈不陋。公將乞名於部使者，四明王公迺涓吉觴以落之。聯嵐横浮，驚浪迭湧，樵歌牧唱，聲在杳靄。吴檣楚柁，相與上下於漂渺瀰漫之中。朝形暮態，隱見萬變，目廣心遠，疑若蓬萊瀛洲，乘虚駕幻，與仙人羡門偕來也。王公因取山谷之詩，榜之以「天開圖畫」，然後地隨人勝，而江山無遁情矣。

清 吴雲《京口三山志・焦山志》卷一《建志》　行宫恭建焦山南面，倚參天之峭壁，俯萬里之長江。後山曰獅子巖，一曰海雲巖。外羅京口諸峰，則象山當其前，左圌山而右北固，兼雄秀雅麗之觀。考其基地，似即宋海雲堂之舊址。天秘名區，待時而興，理固然哉。《廬志》云：金山當吴楚之衝，南北舟楫來往便於登陟，而焦山爲僻。自鑾輿疊至，宸翰親題有「若以本色論山水，我意在此不在彼」之句，焦山聲價增重不啻倍之，山之鍾靈以效輝媚宜矣。又兹地舊有題額，曰天開勝境，相傳爲宋人書。中有娑羅樹，又名七葉樹，亭亭直上如蓋如幢，亦他山所稀有也。

清 光緒《湖南通志》卷三四《地理志三十四・古跡三》　魚梁亭在〔臨湘〕縣南一里魚梁山下。旁多垂柳，水盡蒹葭。每當新晴山□時，漁歌欸乃，牧笛邨煙，使人樂而忘返，亦一邑之勝游也。

紀事

晉 王羲之《蘭亭序》（《晉書》卷八〇《王羲之傳》引）　永和九年，歲在癸丑，暮春之初，會于會稽山陰之蘭亭，修禊事也。羣賢畢至，少長咸集。此地有崇山峻嶺，茂林修竹，又有清流激湍，映帶左右，引以爲流觴曲水，列坐其次，雖無絲竹管絃之盛，一觴一詠，亦足以暢叙幽情。是日也，天朗氣清，惠風和暢，仰觀宇宙之大，俯察品類之盛，所以游目騁懷，足以極視聽之娱，信可樂也。夫人之相與，俯仰一世，或取諸懷抱，晤言一室之内；或因寄所託，放浪形骸之外。雖趣舍萬殊，静躁不同，當其欣于所遇，暫得于己，快然自足，不知老之將至。及其所之既倦，情隨事遷，感慨係之矣。向之所欣，俛仰之間，以爲陳迹，猶不能不以之興懷，況修短隨化，終期于盡。古人云：死生亦大矣。豈不痛哉！

每覽昔人興感之由，若合一契，未嘗不臨文嗟悼，不能喻之于懷。固知一死生爲虛誕，齊彭殤爲妄作，後之視今，亦猶今之視昔，悲夫！故列叙時人，録其所述，雖世殊事異，所以興懷，其致一也。後之攬者，亦將有感于斯文。

唐 元結《次山集》卷九《右溪記》 道州城西百餘步，有小溪。南流數十步，合營溪。水抵兩岸，悉皆怪石，欹嵌盤屈，不可名狀。清流觸石，洄懸激注。休木異行，垂陰相蔭。此溪若在山野，則宜逸民退士之所游處。在人間，可爲都邑之勝境，静者之林亭。而置州已來，無人賞愛。徘徊溪上，爲之悵然。乃疏鑿蕪穢，俾爲亭宇，植松與桂，兼之香草，以裨形勝。爲溪在州右，遂命之曰右溪，刻銘石上，彰示來者。

又《寒亭記》 永泰丙午中，巡屬縣至江華，縣大夫瞿令問咨曰：縣南水石相映，望之可愛。相傳不可登臨，俾求之，得洞穴而入，棧險以通之，始得構茅亭於石上。及亭成也，所以階檻憑空，下臨長江，軒楹雲端，上齊絶巔。若旦暮景氣，煙靄異色，蒼蒼石墉，含映水木。欲名斯亭，狀類不得。敢請名之，表示來世。於是于亭上爲商之曰：今大暑登之，疑天時將寒，炎烝之地而清凉可安，合命之曰寒亭歟？乃爲寒亭，作記刻之亭背。

唐 歐陽詹《歐陽行周文集》卷五《泉州二公亭記》 今年暮春月，邦牧安定席公、别駕置同正員前相國天水姜公，念兹邦川逼溟渤，山連蒼梧，炎氛時迴，濕雲多來，又日臨胃次，斗建辰位，和氣將徂，畏景方至。《月令》云「可以升山陵，可以居高明」，蓋謂是月。况地理卑庳而不擇爽塏，以蕩夫汙瀘乎？因問風俗，相原隰。郭東里所，共得奇阜，高不至崇，卑不至夷，形勢廣袤，四隅若一，含之以澄湖萬頃，挹之以危峰千嶺，點圓水之心，當奔崖之前，如鏡之鈿，狀鼇之首。二公止旌輿以迴睇，假漁舟而上陟，幕煙茵草，玩懌移日，心眸意籌，有建亭之算，而未之言也。【略】（邑人）遂偕發爲公就亭之功，如牆而前，陳誠於縣尹。縣尹允其請，而爲之辨方經蹠，等周環，當上頂，諴奢訓簡，以授子來。於是家有餘力，圃有餘才，或掬一抔土焉，或剪一枝材焉，一心百身，蜂還蟻往，榛莽可去以自薙，瓦甓無脛而奔萃。一之日，斤斧之功畢。二之日，圬墁之傭息，再晨而成，二公莫知。層梁亘以中豁，飛甍翼而四翥。東南西北，方不殊致，糊白墳以呈素，臒頳壤而垂繪。通以虹橋，綴以綺樹，華而非侈，儉而不陋。煙水交浮，巖巒疊迴。精舍奉其旁達，都城企其遐際。容影光彩，摇漪入瀾，指朱軒於潭底，閱雲岑乎波裏。爙潢油演，如飛若動，又釣人飄飄於左右，游禽出没乎前後，一眄一睞，千趣萬態。税息之者，若在蓬壺、方丈之上。二公重清曠於舊賞，納衷懇乎羣庶，尋幽探異常於斯，勞賓祖客常於斯。加以平疇間闢，通途在下，可以觀耕耨，可以采謳謡，作一亭而衆美具。噫！天造兹阜，其固與人爲亭歟？不然，何不遠郛郭而博敞詭秀之，若此非常之地，意待非常之人？故越千萬祀，而至二公方覯也。邑人想之，復言曰：事無隱義，物有正名，地爲二公而見，亭從二公而建，斯亭也，可署曰二公亭。

唐 張友正《歙州披雲亭記》（《文苑英華》卷八二五輯） 處高明所以蕩陰滯，臨顯敞所以窮遠睇。故有岳峙九層，雲峨百里，極玄功以壯址，殫山林於崇構者，人力也。今則排層空，架重峰，高出星漢之上，坐馳寰區之表者，天造也。州之陽漸乎水，木之陰攢乎山，山有佛寺，而迴廊翼旋，飛閣雲騫，萬家井邑，在我宇下，實一方之勝槩也。杜史魏公，將命駕游焉。公徘徊賞味，情有餘致，每美其峰聳絶，靈氣紛郁，乃竦勁策，躍輕屐，絙蔓梯崖，逕造夫巔焉。高哉曠乎！果天下之絶境也。乃命剷嶮巖，夷翳薈，心匠密構，亭形虛無，而賓從莫之窺也。然後跨峻谷，掖修木，疊石爲趺，無尋常之地，其崇卑廣袤，與斵樸杇塗之節稱焉。峨峨絶頂，一上千仞，未幾營之，屹而冠焉。屬東風敷和，春物爛山。公乃敞層軒，披晴空，憑九霄以高視，周八極而遐觀。塊如衆山，杯分百川，籠吴楚之封境，領江湖之氣象，有足廓虛懷而攄曠抱矣。眺覽未既，盡壺觴云舉，瞽史陳藝，笙簧合奏，仁風洋洋，下俚同觀，而吴哇裊空，楚舞嬌春，隨天籟以遠去，映花林而半出。仰之者有若子喬、方平、弄玉、飛瓊，相與樂羣仙於上清。自公之暇理于兹，撫傷夷，懷流離，流離旋矣，傷夷痊矣，而猶阜俗康民之志慊如也。今市囂在耳，村煙在目，可以廉風俗之趨尚，省農桑之豐耗，况又暢四肢，攄七情，神完氣全，宜爲太和。自當渟源普洽，上下交澤，况有襦袴謡乎？公問俗之來，四序分矣。蓮府將復，星軒莫留，人之情也。步武所及，有一物契於素懷者，雖細必録，况目經心攝，獲千古之遺勝者，愛而不書，得無寤寐思之乎？然歙人被公之仁化也深，思異日攀公之轅不及，瞻此亭也。友正家在此山之下，獲游此亭之上，思刊懋績，輒課庸詞。若莛加鐘而蠡挹海，蓬勃之音，溟茫之波，可得而希也。又兹峰之高棲天宇，上篷雲族，朝薈蔚而暮氤氲，亭無處所，晴景一照，敻焉標空。今建名披雲，義在此也。其潤色寺宇，輝華郡郭，增東南之巨麗者，無終極乎？貞元壬午夏四月，大火南次之七日記。

唐 柳宗元《柳河東集》卷二七《邕州馬退山茅亭記》 冬十月，作新亭于馬退山之陽。因高丘之阻以面勢，無欂櫨節棁之華。不斲椽，不剪茨，不列牆，以白雲爲藩籬，碧山爲屏風，昭其儉也。是山崒然起於莽蒼之中，馳奔雲矗，亘數十百里，尾蟠荒陬，首注大溪，諸山來朝，勢若星拱，蒼翠詭狀，綺綰繡錯。蓋天鍾秀於是，不限於遐裔也。然以壤接荒服，俗參夷徼，周王之馬跡不至，謝公之屐齒不及，巖徑蕭條，登探者以爲歎。歲在辛卯，我仲兄以方牧之命，試于是邦。其德及故信孚，信孚故人和，人和故政多暇。由是嘗徘徊此山，以寄勝槩。乃塈乃塗，作我攸宇，於是不崇朝而木工告成。每風止雨收，煙霞澄鮮，輒角巾鹿裘，率昆弟友生冠者五六人，步山椒而登焉。於是手揮絲桐，目送還雲，西山爽氣，在我襟袖，以極萬類，攬不盈掌。夫美不自美，因人而彰，蘭亭也，不遭右軍，則清湍脩竹，蕪没於空山矣。是亭也，僻介閩嶺，佳境罕到，不書所作，使盛跡鬱堙，是貽林澗之媿，故志之。

又《永州萬石亭記》 御史中丞清河男崔公來莅永州。間日，登城北墉，臨于荒野藂翳之隙，見怪石特出，度其下必有殊勝。步自西門，以求其墟，伐竹披奥，攲側以入。繇谷跨谿，皆大石林立，渙若奔雲，錯若置棋，怒者虎鬭，企者鳥厲。抉其穴則鼻口相呀，搜其根則蹄股交峙，環行卒愕，疑若搏噬。於是刳闢朽壤，翦焚榛薉，決澮溝，導伏流，散爲疎林，洄爲清池。寥廓泓渟，若造物者始判清濁，效奇於兹地，非人力也。乃立游亭，以宅厥中。直亭之西，石若掖分，可以眺望。其上青壁斗絶，沉于淵源，若究其極。自下而望，則合乎攢巒，與山無窮。明日，州邑耋老雜然而至曰：吾儕生是州，蓺是野，眉厖齒鯢，未嘗知此。豈天墜地出，設兹神物，以彰我公之德歟？既賀而請名。公曰：是石之數，不可知也。以其多，而命之曰萬石亭。耋老又言曰：懿夫公之名亭也，豈專狀物而已哉！公嘗六爲二千石，既盈其數。然而有道之士，咸恨公之嘉績未洽于人。敢頌休聲，祝于明神。漢之三公，秩號萬石，我公之德，宜受兹錫。漢有禮臣，惟萬石君。我公之化，始于閨門。道合于古，祐之自天。野夫獻辭，公壽萬年。宗元嘗以牋奏隸尚書，敢專筆削，以附零陵故事。時元和十年正月五日記。

唐 李濆《荇溪新亭記》（《文苑英華》卷八二六輯） 上臨御明年，濆自洛陽令之太守詔牧滁民之三月，得古溪郡之東北十里。按地圖志，在皇道山之右。昔始皇途經是山，因以名焉。其下西永陽嶺，迸溪于荇溪，此溪是也。不濾川，導廣泉，演漾潭島，影溢江漢。埇中流，衺平壇，四浪淣朗，雙派委輸。襟帶一川，斜盼千畝。無茭苗蘋萍之雜，其淼練如也。有廢亭占勝之地，其狀依然也。照晴而空水相鮮，澄遠而霽山瀉色，趣向奇狀，不可窮竟。訪郡之長老，考亭之廢興，皆曰三十甲子二周星，而不知其所由來矣。驗圖籍，亦昧其始典之歲也。秋七月，前河中監察汝南公況、前武寧軍殿中隴西公、拱州遷客司馬弘農公紹復，咸以勝槩爲宴之須，乃卜于亭。是咨是謀，遂古創今，僉曰惟目。不越月，他工具。洎六旬有六日，新亭就。楹不茀茀，昭其儉也。甍不仡仡，示無僭也。内不重門，曠其景也。外不崇墉，達其望也。繇是四時之氣，成象不絶。春水秀容，夏雲奇峰，秋天爽空，冬日暖濃，觸類有景，與溪無窮。雖羊公峴溪，曷足以加其勝矣？於戲！物之廢興，時也。苟非其時，聖人微言，矧其蒙者乎！時會昌二年正月八日建。

宋 王禹偁《小畜集》卷一七《黄州新建小竹樓記》 黄岡之地多竹，大者如椽。竹工破之，刳去其節，用代陶瓦，比屋皆然，以其價廉而工省也。子城西北隅，雉堞圮毁，榛莽荒穢，因作小樓二間，與月波樓通。遠吞山光，平挹江瀨，幽闃遼敻，不可具狀。夏宜急雨，有瀑布聲，冬宜密雪，有碎玉聲。宜鼓琴，琴調和暢。宜詠詩，詩韻清絶。宜圍棋，子聲丁丁然。宜投壺，矢聲錚錚然。皆竹樓之所助也。公退之暇，披鶴氅衣，戴華陽巾，手執《周易》一卷，焚香默坐，銷遣世慮。江山之外，第見風帆沙鳥、煙雲竹樹而已。待其酒力醒，茶煙歇，送夕陽，迎素月，亦謫居之勝槩也。

宋 胡宿《文恭集》卷三五《流杯亭記》 城邑之粹，依于山川，所以通氣象而宣底滯。府寺之勝，寄于亭沼，所以棲神明而外氛濁。許昌之右，其水曰西湖。自東北導潩水一支，納于湖中。淼漫瀉淪，浸可數里，精氣利澤，秋冬不涸，蓋璧田所依之川也。一名緑鴨陂，唐薛能增廣其沚，作亭其上，所謂緑鴨亭者，名今在焉。大抵湖水脩于南北，狹于東西。芹蘋芡芰，菰蒲菡萏之植，含葩聳幹，或丹或白，羅映洲沚，粲若繪境。秋鷺寒鵜，鼓浪往來。晨鳧夕鴈，乘煙上下。翩翩去翼，嗈嗈餘聲，江湖幽情，滿于眺聽。天王都汴，許在寰内，殿藩之重，率用二府。前弼及兩禁邇臣，于以均執恪之勞，就偃休之適，亦由湖水名勝，可以濯煩襟而養妙氣也。前後諸公，構亭環其上者甚夥。釣臺射堋，左右棲映，隨所面勢，咸極佳趣。其規摹宏大者，有若湖中之堂，曰清暑，錢思公之所作也。橋跨一面，樹環四際，青蒼俯映，潺湲可弄。湖陰之亭曰會景，吕文靖之所構也。正據北岸，臨瞰泉水，禽魚卉木，形無遁者。會景之北，有梅梨桃杏之園，履中十畝，中有堂曰凈居。凈居之北，有池曰迷魚。清泉碧樹，幽邃閒靜，有山間林下之思。慶曆丙戌，植直李公給事之治許也，年獲豐茂，日多暇豫。間引參佐，觴于湖上，躊躇四顧，超然獨得曰：湖居之麗，前人系作，究奇選勝，殆窮目巧。然上巳修禊勝集也，念此獨闕，溟水在側而弗知用，豈未之思耶？乃立亭于迷魚之後，西北置閼礱石作渠，析溟上流，曲折凡二百步許，彎環轉激，注于亭中，爲浮觴樂飲之所。東西植雜果，前後樹衆卉，與清暑會景參然互映，爲深遠無窮之景焉。亭成，榜之曰流杯，落之以鐘鼓。車騎夙駕，冠蓋大集。賢侯莅止，嘉賓就序，朱鮪登俎，淥醅在樽，流波不停，來觴無算。人具醉止，莫不華藻篇章間作，足以續永和之韻矣。復即湖之坤隅，乘羡水以作磑，紓旅力之弊，廣羣游之觀。使漢陰老父見之，其必曰：施于觴酌游觀之美，何其佳哉！

宋 李師中《蒙亭記》（《桂勝》卷一引） 桂林，天下之勝處，茲山水又稱其尤。而在城一隅，荒穢不治，若無人知者，數千百年間。豈天秘地藏，不以示人？意必有仁智者，然後能樂，蓋性情自得之也。經略吴君嘗爲諫官，以言事罷，不復，遂來殿方。即安邊靜民，而後及此，師中覽而壯之。又因斯民之樂，名其亭而繫以詩。詩曰：凡物之蒙，在人亦昧。既有見焉，其迹難晦。斯亭之成，景物來會。江山之勝，相與無際。鳧鷺在水，或在於潯。中洲蒲蓮，迤邐靜深。巖壑沉沉，雲氣長陰。自公以暇，來燕來臨。同民之樂，而無醉飽之心。

宋 歐陽修《文忠集》卷三九《醉翁亭記》 環滁皆山也。其西南諸峰，林壑尤美。望之蔚然而深秀者，琅琊也。山行六七里，漸聞水聲潺潺，而瀉出於兩峰之間者，釀泉也。峰迴路轉，有亭翼然臨於泉上者，醉翁亭也。作亭者誰？山之僧智仙也。名之者誰？太守自謂也。太守與客來飲於此，飲少輒醉，而年又最高，故自號曰醉翁也。醉翁之意不在酒，而在乎山水之間也。山水之樂，得之心而寓之酒也。若夫日出而林霏開，雲歸而巖穴暝，晦明變化者，山間之朝暮也。野芳發而幽香，佳木秀而繁陰，風霜高潔，水落而石出者，山間之四時也。朝而往，暮而歸，四時之景不同，而樂亦無窮也。至於負者歌於塗，行者休於樹，前者呼，後者應，傴僂提攜，往來而不絶者，滁人游也。臨谿而漁，谿深而魚肥；釀泉爲酒，泉香而酒冽。山肴野蔌，雜然而前陳者，太守宴也。宴酣之樂，非絲非竹，射者中，奕者勝，觥籌交錯，起坐而諠譁者，衆賓懽也。蒼顔白髮，頹然乎其間者，太守醉也。已而夕陽在山，人影散亂，太守歸而賓客從也。樹林陰翳，鳴聲上下，游人去而禽鳥樂也。然而禽鳥知山林之樂，而不知人之樂；人知從太守游而樂，而不知太守之樂其樂也。醉能同其樂，醒能述以文者，太守也。太守謂誰？廬陵歐陽修也。

又《豐樂亭記》 修既治滁之明年夏，始飲滁水而甘。問諸滁人，得於州南百步之近。其上豐山聳然而特立，下則幽谷窈然而深藏，中有清泉滃然而仰出。俯仰左右，顧而樂之。於是疏泉鑿石，闢地以爲亭，而與滁人往游於其間。修之來此，樂其地僻而事簡，又愛其俗之安閒。既得斯泉于山谷之間，乃日與滁人仰而望山，俯而聽泉，掇幽芳而陰喬木，風霜冰雪，刻露清秀，四時之景，無不可愛。又幸其民樂其歲物之豐成，而喜與予游也。因爲本其山川，道其風俗之美，使民之所以安此豐年之樂者，幸生無事之時也。夫宣上恩德，以與民共樂，刺史之事也，遂書以名其亭焉。

又 卷六三《叢翠亭記》 九州皆有名山以爲鎮，而洛陽天下中。周營漢都，自古常以王者制度臨四方，宜其山川之勢雄深偉麗，以壯萬邦之所瞻。由都城而南以東，山之近者闕塞、萬安、轘轅、緱氏，以連嵩室，首尾盤屈踰百里。從城中因高以望之，衆山逶迤，或見或否，惟嵩最遠最獨出，其巓巖聳秀，拔立諸峰上而不可掩蔽。蓋其名在祀典，與四岳俱備天子巡狩望祭，其秩甚尊，則其高大殊傑，當然。城中可以望而見者，若巡檢署之居洛北者爲尤高。巡檢使內殿崇班李君，始入其署，即相其西南隅而增築之，治亭於上，敞其南北，嚮以望焉，見山之連者、峰者、岫者，駱驛聯亘，卑相附，高相摩，亭然起，崒然止，來而向，去而背。傾崖怪壑，若奔若蹲，若鬬若倚。世所傳嵩陽三十六峰者，皆可以坐而數之。因取其蒼翠叢列之狀，遂以叢翠名其亭。亭成，李君與賓客以酒食登而落之，其古所謂居高明而遠眺望者歟！既而欲紀其始造之歲月，因求修辭而刻之云。

宋 曾鞏《元豐類稿》卷一八《道山亭記》 閩，故隷周者也，至秦開其地，列於中國，始并爲閩中郡。自粵之太末，與吴之豫章，爲其通路。其路在閩者，陸出則阸於兩山之間，山相屬無間斷，累數驛乃一得平地，小爲縣，大爲州，然其四顧亦山也。其途或逆坂如緣絙，或垂崖如一髮，或側徑鉤出於不測之谿上，皆石芒峭發，擇然後可投步。負戴者雖其士人，猶側足然後能進。非其土人罕不躓也。其谿行，則水皆自高瀉下，石錯出其間，如林立，如士騎滿野，千里下上，不見首尾。水行其隙間，或衡縮蟉糅，或逆走旁射，其狀若蚓結，若蟲鏤，其旋若輪，其激若矢。舟泝沿者，投便利，失毫分，輒破溺。雖其土長川居之人，非生而習水事者，不敢以舟楫自任也。其水陸之險如此。漢嘗處其衆江淮之間而虚其地，蓋以其陿多阻，豈虚也哉？福州治侯官，於閩爲土中，所謂閩中也。其地於閩爲最平以廣，四出之山皆遠，而長江在其南，大海在其東。其城之内外皆涂，旁而溝，溝通潮汐，舟載者晝夜屬其門庭。麓多桀木，而匠多良能。人以屋室鉅麗相矜，雖下貧必豐其居，而佛、老子之徒，其宮又特盛。城之中三山，西曰閩山，東曰九仙山，北曰粤王山，三山者鼎趾立。其附山，蓋佛、老子之宮以數十百，其環詭殊絶之狀，蓋已盡人力。光禄卿、直昭文館程公爲是州，得閩山嵚崟之際，爲亭於其處。其山川之勝，城邑之大，宮室之榮，不下簟席而盡於四矚。程公以謂在江海之上，爲登覽之觀，可比於道家所謂蓬萊、方丈、瀛州之山，故名之曰道山之亭。

宋 蘇軾《東坡全集》卷三六《放鶴亭記》 熙寧十年秋，彭城大水，雲龍山人張君之草堂，水及其半扉。明年春，水落，遷於故居之東，東山之麓。升高而望，得異境焉，作亭於其上。彭城之山，岡嶺四合，隱然如大環，獨缺其西南面，而山人之亭適當其缺。春夏之交，草木際天。秋冬雪月，千里一色。風雨晦明之間，俯仰百變。山人有二鶴，甚馴而善飛。旦則望西山之缺而放焉，縱其所如，或立於陂田，或翔於雲表，莫則傃東山而歸。故名之曰放鶴亭。

宋 蘇轍《欒城集》卷二四《黄州快哉亭記》 江出西陵，始得平地，其流奔放肆大。南合湘沅，北合漢沔，其勢益張。至於赤壁之下，波流浸灌，與海相若。清河張君夢得，謫居齊安，即其廬之西南爲亭，以覽觀江流之勝。而余兄子瞻名之曰快哉。蓋亭之所見，南北百里，東西一舍，濤瀾洶湧，風雲開闔，晝則舟楫出没於其前，夜則魚龍悲嘯於其下。變化倏忽，動心駭目，不可久視。今乃得玩之几席之上，舉目而足。西望武昌諸山，岡陵起伏，草木行列，烟消日出，漁夫樵父之舍，皆可指數。此其所以爲快哉者也。

又《武昌九曲亭記》 子瞻遷於齊安，廬於江上。齊安無名山，而江之南武昌諸山，坡陁蔓延，澗谷深密，中有浮圖精舍，西曰西山，東曰寒谿。依山臨壑，隱蔽松櫪，蕭然絶俗，車馬之迹不至。每風止日出，江水伏息，子瞻杖策載酒，乘漁舟，亂流而南。【略】將適西山，行於松柏之間，羊腸九曲，而獲少平。游者至此必息，倚怪石，蔭茂木，俯視大江，仰瞻陵阜，旁矚溪谷，風雲變化，林麓向背，皆效於左右。有廢亭焉，其遺址甚狹，不足以席衆客。其旁古木數十，其大皆百圍千尺，不可加以斤斧。子瞻每至其下，輒睥睨終日。一旦大風雷雨，拔去其一，斥其所據，亭得以廣。子瞻與客入山視之，笑曰：兹欲以成吾亭耶？遂相與營之。亭成，而西山之勝始具。子瞻於是最樂。【略】蓋天下之樂無窮，而以適意爲悦。方其得意，萬物無以易之。及其既厭，未有不灑然自笑者也。譬之飲食，雜陳於前，要之一飽，而同委於臭腐。夫孰知得失之所在？惟其無愧於中，無責於外，而姑寓焉。此子瞻之所以有樂於是也。

宋 張汝賢《扃岫亭記》（《揚州府志》卷三二《古蹟》引） 儀真城北有土山，可以舒眺。予倅創亭於山腰，以聚遠景，領略江淮之盛。萬井盤旋，千峰森聳，川光野秀，參陳錯峙，蓋一俯仰之頃，疊嶂累驛趨户牖間，殆無貽恨者。一日請名於予，以扃岫命之，意取北山移文所謂扃岫幌云爾。

宋 劉誼《曾公巖記》（《粤西文載》卷一九引） 元豐元年冬，交人入貢，上方擇人處置疆事，乃詔曾公自廣州移帥桂府。二年，南方無事，民和歲豐。公以其餘暇訪尋桂之山水奇勝處。一日，率羣僚游所謂風洞者。縱步而東行，得一巖於榛莽間。巖之前，有石爲之門。曲屈而入，則流水横其中，碧乳垂其上。周環四視，其狀如雕鐫刻鏤，殆出於鬼工，而不類於融結者也。公於是拂石求前人之迹，則未嘗有至者焉。乃構長橋，跨中流而渡，以爲游觀宴休之處，且與衆共樂之。自是州人士女與夫四方之人，無日而不來，其巖遂爲桂林絶觀。夫桂之洞穴最多，南有白龍，北有石門，迴穴據其東，隱山在其西，皆唐名流之所嘗游也。觀其詠歌序刻，莫不極道其勝概，而歎前人之所遺者。斯巖之景，亦冠絶矣，而乃獨遺之，是真可歎也已。豈得時忽於尋訪而不見邪？將唐人所謂天作而地設之，必待我子而後顯邪？余生長東吴，號爲山水窟中，如天台，鴈蕩最爲奇觀，然未有過此者也。邦人樂公之德政，而願以曾公名其巖，以比甘棠之思。余故爲書之，且以告後人，收入爲圖經盛事云。公名布，字子宣。

宋 陸佃《陶山集》卷一一《適南亭記》 會稽爲越之絶，而山川之秀，甲于東南。自晉以來，高曠宏放之士，多在于此。至唐，餘杭始盛，而與越爭勝。見元仰之間，海氣浮樓臺，野氣墮宮闕，雲霞無定，其彩五色，少頃百變，殆詞人畫史，不能寫也。于是閩州以爲美觀，而春時，無貴賤皆往。又其風俗潔雅，嬉游皆乘畫舫，平湖清淺，晴天浮動。及登是亭，四眺無路，風輕日永，若在蓬萊之上，可謂奇矣。然則所謂餘杭者，未必如也。公蘇人也，自其少時，已有詩名，咳唾成珠，人以傳玩。則摹寫物象，道所難言，其在公賦之乎！雖然公之美志，喜于發揚，幽懿豈特賁一山而已。凡此鄉之人，藏道蓄德，晦于耕隴，釣瀨屠市，卜肆魚鹽之間者，正仰天子仁聖，拔用忠賢夢想多士，斯可以出矣。庶幾託公之翼，摶風雲而上哉。

宋 程俱《飽山閣記》（《新安文志》卷一一引） 吾宗伯寓世家浮梁，浮梁山水之勝名番陽。紹興七年，伯寓以提舉太平觀歸里中二年矣，始治第室龍潭之上，以據山水之會。舍之東有山曰洞靈，番水出焉。行三里爲龍潭，釀而爲渠，映帶左右，琤琮演迤，宛轉成趣。淺有蓀芷，深有蒲荷，茂林豐草蔭，翳霾靡。作亭其上，名曰漫吾。躊躇四顧，百里之内，奇峰秀巘，間見層出。而伯寓猶以爲未足也，又爲閣東偏，以盡登覽之勝，而名曰飽山。

宋 連希覺《衆樂亭記》（《天下名山諸勝一覽記》卷一一引） 度庾嶺而南，惟九韶之石爲天下最。巒阜秀拔，接于湞陽，而南山之致，尤爲殊絶。孤峰擎天，峭立千仞。昔舜鳴絃於其上，因以名之，至今有二臣祠。峰之下，石壁萬疊。唐之聞人，嘗搜覽勝槩，名其景者非一，如寒翠亭、晞陽島、凌煙嶂、涵暉谷。羽仙霞舉，有煉丹之竈；乳溜泓澄，置煮茗之臺。仙翁瞰沂風之亭，南巖對桃花之塢。與夫象鼻、登光之磯，潛靈、碧落之洞，蓮花之孤臺，好静之虚巖，定光之幽室，虎跑之飛泉，拊擊寒石，鏜鼓磬響，乳竇風穴，千怪萬狀。以至步飛霞嶺，立棲雲洞，攀緣危磴，遂履平地，下視千里如指掌間者，薰風亭也。紹聖元年夏，莆陽方公出守是郡，因暇日閱圖諜，徧求南山之景。由回龍石而上，得寒翠亭故基，拂拭苔蘚，視唐人元固識名於壁間。自此則路勢斷絶，不可躡而前也。公乃緣崖築道，袤及百丈，始歷涵暉之谷，得元傑留銘，自稱爲谷客。山有浮屠，名曰聖壽，梁之果業寺也。曾構亭於谷島之兩間，公即其基廣之，名曰衆樂亭。亭之前，跨空爲臺，高數仞，名日月臺。凡經昔人游者，遂因名而亭之。嘉禾美木，環植數千本。下臨深淵，中横沙渚，遠岫屏倚，重城臂迴。洞谷之邃幽，檐楹之高下，雖丹青莫能繪。行客艤舟仰視，若在雲漢間。雖武陵桃源，莫能勝也。投轄登臨，縱步杳藹，古木連絡，藤蘿下垂，野猿遐集，汀鷺群立，兀坐幽石，塵勞頓捐。以至酌乳水以煎雲，臨釣磯而烹鮮，勝通天之萬像，嘆碧落之難到，可謂極勝。九成臺即此地。

宋 吴儆《竹洲集》卷一一《騎鯨軒記》 新安汪南美以紹興十年來宰安仁，作亭於雲歸山之巔，以其坐挹上清、仙巖諸山，名曰挹，仙境絶勝。郡尉王公良顯爲賦詩，殊工。後二十有六年，南美之邑子吴子某承乏於此，亭已弊甚，而詩與名固無恙，且前人之迹不可廢且更也，乃治其後爲小軒，取王公「騎鯨摶扶摇」之語以名之。蓋亭面空闊，陵煙霏，而軒蔽蔭茂林，映帶修竹，下臨巨壑，旁瞰長流。連屬掩抑，出没光景，必登是軒，而後亭之境益曠，柳州所謂奥如豁如者，幾兩得之也。

宋 范成大《驂鸞録》 十三日登富壽堂。城西有富壽岡，盤繞郡治，以此爲形勝，因以名堂。登清江臺，前眺江流，練練如横一帶。閣皂玉笥諸山，江外殘雪未盡，縈青繚白，遠目增明。

宋 廖剛《高峰文集》卷一一《圓菴記》 圓菴者，高峰居士之所建也。高峰之南，交溪之北，有山敦大而圓浄，其一方宛然如基，可受屋廬，蓋山之東也。正面一山，亦復圓如覆盂。碧澗道其下而南騖，左窮山源，則羣峰如擁，瀑飛絶磴，莫知所從來之遠近。右睨谷則山回路轉，蔽合如障，雞犬烟村纔百步外，而窈窕深邃，若與世隔。惟兹勝境，殆神物之所秘藏，不輕以畀人也。居士生長山間，自爲兒童時頗知愛之。逮宣和辛丑，既倦於游，驚幻泡之餘齡，念休息於净土，於是始有營焉。即其宛然之址，而等級之。爲門廡堂殿，日增月葺，乃至種種功德，莊巖殊勝，若將歷千劫而不壞。夫豈偶然哉！惟庵之巔與前山皆爲圓相，故因以得名。而門俯澗谷，高且數丈，故前敞巍觀，亦名合璧，爲其如日月之相邇也。谷之南跨澗爲閣，榜曰玩珠，蓋是中有明月珠。陰雨晦冥之夕，往往去來山間，光采爛然，照映林麓，不知其幾千百年也。閣之南因澗高下，留水爲池，蓋兩山之址皆石壁，不假疏鑿而成。汪然瑩徹，可燭鬚眉，故二池之間，有橋曰臨清，游庵者路所由也。凡是命名，皆雖因其實，妙義固存焉耳。是故居士每一至止，神朗心開，山色水聲，儼然如在靈山會上，聽八萬四千偈言，未嘗不歡喜厭足，而不能以告人也。或問居士：法不孤起仗境，方生無是庵者，當復如何。居士笑曰：本覺圓成，人人具足。精真妙明，如滿月輪，如摩尼珠，照耀大千，隨取隨得。是故居士既作是庵，已因作如是觀。居士爲誰？順興廖某，家於高峰之下，故以自名而記之云爾。紹興四年十有一月朔也。

宋 李彦弼《八桂堂記》（《臨桂縣志》卷一八引） 湘水之南，粵壤之西，是爲桂林。秦以郡置，唐以管分，遥制海疆，旁控谿峒。宿兵授帥，襟喉二十有六州，巍然爲會府，蓋承聖宋之御圖也。堯仁舜恩，覆被無外，點僚效順，師徒弗勤，而邊境自拓。斯民樂其業而安其生，喜見太平官府。故桂邦之俗，歲時載榼提醪，口簫腰鼓，以游遨燕賞爲事。然而郡山蜿蟺，環轃郛郭，幽巖邃壑，窮欄密檻，多栖于烟嵐風磴之外，不足以容邦人車蓋之盛，輿情患之。龍圖閣鄱陽程公自紹聖四載擁旄開府，今閱五春矣。公淵淪胸襟，恬澹壇宇，閫閾權謀，不運聲氣而威揚，澤雺瘴塵，消廓卧，鼓邊亭。于是裘輕帶緩，時爲逍遥游，因欲以豁邦人鬱紆之情。乃度州治東北隅有隙野焉，蘭皋蕪原，陂陀軒霍，萬景獻秀，可以圃而堂之爾。乃薙莽剗榛，掃除猩猱，鼯鼬所以嗥風嘯雨之區，而爲穹臺曲榭、峥嶸環麗之觀。獨秀屹其孤，伏波嶫其偉。前繚以平湖，爲菰蒲菡萏之境。中闢以廣庭，爲車騎樂舞之場。右峙迎曦，以賓朝暾。左開待月，以呼夕魄。山川滿目，桃李成蹊，鋪遲日以采纈，激光風而轉蕙。而封植丹桂，爲蒼蒼之林。散蟾窟之天馨，飄薄於几席之間，是爲八桂堂也。輪吸清漪，筒莽迅注。泛蘭舟而載雕觴，環嘉賓而算醇醪，是爲流桂泉也。鑿芳沼而聳中洲，叩淺欄而數游鱗，翛然有濠上之趣，不減惠、莊之真，是爲知魚閣也。因岡爲臺，憑高徙倚，蘸波影于檐楹，漱灘聲于眉宇，而峻以青瓊盪空，而嬉士女喧咽，心醉物華，不知珥墮簪遺，是爲熙春臺也。公乘休暇，則驅貔貅，抗幢旆，引賢士大夫而來游，相與傲清晝，擷芳鮮，酌桂漿之金波，浮朱春之玉乳。投驍壺而敲芳枰，西晷頹光，鳴珂而歸。夾道之人仰公高致，邈在物表，謂公雍容燕衎，坐鎮數千里于尊俎之上，若將與民相忘者，雖山季倫之醉習池，羊叔子之登峴山，風流之敏妙，僚侣之英華，未足多謝。彦弼乃招稠人而語之曰：爾知公之所以游乎？夫君子長者之于人，未有不先同其憂而後同其樂者。蓋數炊秤爨，足以享己，而不足以享人。此小知之士，所以長見笑于大方之家。公之帥桂也，明政事，練甲兵，銷患未萌，而人無駭輿之變，此先同其憂也。公之闢圃也，敞扉通途，無隔塞之禁，而不忍擅一身之私，此後同其樂也。惟憂樂與斯人共之，是爲公所以建八桂之意歟？于是衆口嗟咨，感公盛德，謂：山可泐，川可涸，斯堂之景豈有既乎？雖然，景則有時而盡，公則有時而去，一日歸拜明光，密侍嚴凝，則吾人思公之心，亦豈有既乎？願得公之文，以紀無既之景，垂無既之思。僕曰：公手植八桂於堂之砌，異時公歸在朝，爾邦之人擁翠幹，面培深根，徘徊撫玩于濃陰之下，想風采而詠芳馨，期爲勿剪之千齡，則是真甘棠之思也。顧吾之文，亦何與哉！謹記。

宋 楊萬里《誠齋集》卷七四《建昌軍麻姑山藏書山房記》 余同年何同叔謂予曰：里中有名山曰麻姑者，山水之勝甲大江之西，距建昌郡城十里所，山自址距椒稱是。道旁古松合抱，皆二百年物。瀑泉雙流，若自天而下。有老子之宫曰仙都者，枕山而居，隨山之高下爲屋。或云蔡經之舊宅，與王遠麻姑邂逅之地，或云仙者葛洪煉丹之所，其井故在。而顔魯公記之，但云山頂有壇，相傳麻姑於此得道，則前之二説然乎否也，未可知也。淳熙丁未之春，偶至山中，爲留一月。一日藤杖芒履，乘興孤往。至宫之西，財數武間，見松竹羅植，相得爲林，前對五峰，下臨一水，欣然會心。因喟曰：此地獨無喜事者結屋數椽，上建小閣，用廬山李氏藏書故事，作一山房，使來游者登閣覽勝，把卷倚欄，顧不樂哉！自是此意往來於懷，雖去山，未嘗去山也。後一年，客裏逢今邦侯江君，相語及之，江曰：當不忘此。其冬抵官下。後一年，郡事畢葺，蠱者飭，廢者舉。後一年，乃諏其地，踐曩之言。立屋六楹，後贅一室，前作重霤，乃閣其上。月扉風欞，縹緲飛動，若出天半。仍斲大木，乃架乃櫝。經史百氏，訪之旁郡，是庋是置。道士李惟實、鄧本度相與戮力，春孟作之，季而落之，談者以爲山中盛事。子盍爲余書之，俾來游者知賢太守之文雅，二道士之勞勩。余曰：諾。爲書其語。

宋 楊萬里《皆山閣記》（《粵西文載》卷三〇輯） 全州清湘令安侯圭，紹興三十有二年春閏二月十二日，以書遺萬里曰：吾邑雖陋，而山特奇。吾於縣治之旁，擇面勢之最宜於山者，作一閣焉。既成，獨上四顧，則四面之山皆湊於几席，吾取於醉翁之語，而名以皆山。願爲予記其説。萬里曰：人於山常厚，而山於人常疏，非山遠於人，而人遠於山也。其病一曰俗，二曰貴。世之君子，誰不以一丘一壑自許哉？然衣有京洛之塵，面有康衢之埃，而欲與夜鶴同夢，白鷗同意，難矣。

宋 朱熹《晦庵集》卷七《江陵府曲江樓記》 廣漢張侯敬夫守荆州之明

年，歲豐人和，幕府無事。顧常病其學門之外即阻高墉，無以宣暢鬱湮，導迎清曠，乃直其南鑿門通道，以臨白河，而取旁近廢門舊額以榜之，且爲樓觀以表其上。敬夫一日與客往而登焉，則大江重湖縈紆渺瀰，一目千里，而西陵諸山空濛晻靄，又皆隱見出没於雲空煙水之外。敬夫於是顧而歎曰：此亦曲江公所謂江陵郡城南樓者邪？昔公去相而守於此，其平居暇日登臨賦詠，蓋皆翛然有出塵之想。至其傷時感事，寤歎隱憂，則其心未嘗一日不在於朝廷，而汲汲然惟恐其道之終不行也。於戲悲夫！乃書其扁曰曲江之樓。

宋 朱熹《晦庵别集》卷四《題折桂院行記》 始予至折桂院之西軒，愛其江山之勝。道人雲公爲予言：此未足觀，少上當益奇。因道予行深竹中，竹盡，得大阜，背負五老，面直江湖，東西數百里，雲山煙水，渺莽縈帶，勝絶不可名狀。乃規作亭其處，取李翰林《廬山謡》中語，命以爲黄雲觀。會雲公去，不果爲。今年春乃克爲之，未訖工而予代去。

宋 孫覿《鴻慶居士集》卷二二《滁州重建醉翁亭記》 文忠歐陽公慶曆中嘗謫守滁陽，直治城六七里，得琅邪幽谷之勝。有泉坌然溢一於兩峰之間，斗折蛇行，流出平地，蓄爲大井。築一亭與游人游愒爲上。仰矚青山，俯聽流水，晨煙夕霏，開闔變化，争效於左右，名之曰醉翁。蓋滁爲小州，在淮海窮絶處。晉琅邪王嘗國於此，遂名其山。山舒水緩，年豐事少。公曰從寮吏賓客徜徉泉山，把酒臨聽，樂而忘歸。於是望清流關，吊古戰場，西川堙谷變不可復識矣。登懷公懷嵩樓，酌庶子泉，觀李陽冰小篆，而筆畫雄怪，號天下之奇蹟。記菱谿石，徙置幽谷中，以遺好奇者洞心駭目之觀。穹林巨植，干霄蔽日。曲欄幽樹，隱見木杪。泉鳴澗中，乍細乍大，若奏琴築。嘉葩異卉，紅紫低昂。百鳥相命，鳴聲上下。千巖萬壑，迴巧獻伎。

宋 葉適《水心集》卷九《煙霏樓記》 煙霏樓者，本西樓也，太守仲并更名之。余自湖口渡江，沿淮北上至王潼洲，燒葦夜行，投宿民舍。遲明，道上車夫與牙兵相詈擊，慰謝之，然後肯去。踐小楊湖，一步數陷，所過空堤絶岸，敗蘆衰莽而已。入濯港，乃見黄梅諸峰雄秀可喜。而百餘里之間，碎坡叢岫，靡迤連接，淺泉細石，經絡田畔，則蕲之士無不闢而居者相望矣。然而州無城堞，市無廛肆，屋無樓觀，佳卉良木不殖，公私一切簡陋。四方之集徙者，以欺誕苟且爲生，促具衣食則止。其於絶埃煩，近清涼，理榛荒，致茂好，居高覽遠，以遂其生之樂，非惟不能，亦未之知也。故郡之涵暉，見山與超然觀之廢址，不散則傴，景蔽而意昏，皆不足以處。煙霏者，直通判廳之西。其下中洲隱士李之翰所居，稍有水竹花石之勝。四旁廬宅以寬且遠，不見甚陋。鷗鷺之羽，雞犬之聲，飛走喧寂，各會其性。林樊間錯，晻靄西去，對靈虬、馬下等山，拱揖賓伏，陰晴旦暮。天地之氣迭爲降升，登之者亦如在吴越綺麗之鄉，湖湘清幽之濱，使吟者忘句而飲者忘酒也。蓋一州之觀，無以過此。

元 段天祐《空心亭記》（《吴都文粹續集》卷三四輯） 海虞山，循常熟州治西北十里而近，曰破山。直破山之麓有寺，曰興福。澗流絶山而下，瀦爲深潭。潭之上有空心亭，山以厓斷石裂得破山之名，亭以唐少府常建詩得空心之名。海虞之勝萃于破山，而破山之秀鍾于斯亭。孱颜峙其前，泠冽渟其下。設置既宜，而稱謂也當。

元 虞集《明遠樓記》（《粵西文載》卷三一輯） 廣西遐在南服，而動息治忽，無一不聞於天子者，以其有耳目之託，而得其人也。至元二十八年，始立憲治，因宋舊官舍以爲之署。延祐四年，監憲董福復新廳事，作樓於其後，題曰明遠。下爲清燕之堂，則退食自公所在也。至今三十年，敝而弗葺。至正四年，監憲康里托公、憲副高昌托克托穆爾公，河東李公思敬，憲僉河東宋公思義，與經歷呼圖克知事王士勖，公事之餘，慨然以爲前人之所爲，憲體之所係，不可莫之振也。相與命工度材而更新之。監憲托公至官遂以疾去，數君子實卒成之。樓五間，凡三十有二楹，上施欄楯，下有垣墉之固，光敞雄麗，丹碧輝映。費自公出，役以傭作，民無與焉。數月而落成，仍命曰明遠。明年冬十二月，仕於桂府者真定范淳，至臨川山中請余記之。其言曰：樓之高也，登而望焉。漓江左帶，西山右峙，奇峰怪石陳態獻狀於几席者，可指而明也。城郭之完固，形勝之要害，烟雲杳靄，林壑熙暢，民風景象，一寓目而在睫矣，此樓所以爲明遠歟。公寓於斯也，服忠孝於厥身，本清慎以律己，不苛察爲嚴，不姑息爲惠，咨詢謀度，每懷靡及暇則登樓，將以達其聞見，息其思慮，以答天子負託之重，豈直優游休暇，圖爲游覽之樂者乎！

元 趙汸《東山存稿》卷三《月潭八景記》 由屯溪溯流西南，入張公山二百里，盡浙江之源。水皆自高注下，湍流峻急，灘淺者可揭也。當山水奇會處，輒匯爲蛟龍窟宅。自浮游至龍深，以潭名且十數，而月潭最奇。潭上兩山相揖，如牛飲於溪，其鼻皆巨石，夾溪對峙如門。其南有山，合諸小水來會，離立參拱，故潭形正圓，其深不可測也。每春夏溪流大漲，束於石門，湧而復墜，則震蕩迴潏，聲振天地，勢摧山岳。水之所入，深若歸壑，虛汨之所出，旋如車輪，使人目眩心掉，不可端視。其水落波平，則淺深一碧，瑩徹無瑕。鳥飛魚躍於溪光山色間，皆悠然自適。夾溪多白沙翠竹，販舟魚艇，往來其間，如畫圖然，而雪天尤爲清絶，此月潭之大都也。朱君伯初父世居潭上，心獨有樂於是，乃閣其南曰臨清，亭其北涯曰觀瀾。造小舟，置筆床茶竈其中，曰釣雪。其取於是潭者備矣，其於游觀之樂至矣。潭之北曰平林，竹樹蒙密，有隱君子居之。平林東五里有古叢林，曰星洲寺，每與客艤舟其下，意適則澹然忘歸。南七里有顔公山，相傳昔有隱者於此仙去。君暇則杖屨獨游，游輒數日而還。蓋君之所好樂者如此，而廓然無累於其中又如此。是故其神不勞，其形不衰，優游無爲，若將終其身而不厭也。於是，好事者即潭之景物，曰月潭，曰石門，曰臨清閣，曰觀瀾亭，曰釣雪舟，曰平林小隱，曰星洲寺，曰顔公山，爲詩凡八詠，以貺君而屬汸記之。

明 劉基《誠意伯文集》卷八《松風閣記》 松風閣在金鷄峰下，活水源上。予今春始至，留再宿，皆值雨。但聞波濤聲徹晝夜，未盡閱其妙也。至是，往來止閣上凡十餘日，因得備悉其變態。蓋閣後之峰，獨高于群峰，而松又在峰頂，仰視如幢葆臨頭上。當日正中時，有風拂其枝，如龍鳳翔舞，離褷蜿蜒，轇轕徘徊，影落檐瓦間，金碧相組繡，觀之者目爲之明。有聲如吹塤篪，如過雨，又如水激崖石，或如鐵馬馳驟，劍槊相磨戛。忽又作草蟲鳴切切，乍大乍小，若遠若近，莫可名狀。聽之者耳爲之聰。

明 宋濂《文憲集》卷三《環翠亭記》 臨川郡城之南，有五峰巍然聳起，如青芙蕖，鮮靚可愛。其青雲第一峰，雉堞實繞乎峰上，旁支曼衍，蛇蟠磬折，沿城直趨。而西如渴驥欲奔泉者，是爲羅家之山。大姓許氏世居其下。其居之後有地數畝餘，承平之時，有字仲孚者，當承尊公之命，植竹萬竿而搆亭其中。當積雨初霽，晨光熹微，空明掩映，若青琉璃然。浮光閃彩，晶熒連娟，撲人衣袂，皆成碧色。冲融於北南，洋溢乎西東，莫不紺聯緑涵，無有虧欠。仲孚嘯歌亭上，儼若經翠水之陽而待笙鳳之臨也。虞文靖公聞而樂之，曰：此足以抗清寥而冥塵襟。乃以「環翠」題其額。至正壬辰之亂，烽火相連，非惟亭且毁，而萬竹亦剪伐無餘。過者爲之彈指欷歔。及逢真人龍飛，六合載清，仲孚挈妻孥自山中歸。既完其閭廬，復搆亭以還舊貫，而竹之曲蘖亦叢叢然生，三年而成林。州之壽俊與其有連者咸詣夫。仲孚舉觴次第爲壽，且歎曰：江右多名宗右族，昔時甲第相望，而亭榭在在有之，占幽勝而挹爽塏，非不美也。兵興以來，有一僨而無不復者矣；有困心衡慮，僅脱於震淩者矣，有爬梳不暇，遷徙無寧居者矣，況所謂游觀之所哉！是亭雖微，可以卜許氏之有後，足以克負先志，前承後引，蓋未有艾也。飲且酣而興，歌曰：五山拔起兮青蕤蕤，六千君子兮何師師。鳳毛離徙兮啄其腴，秋風吹翠兮實纍纍。遐千載兮動遐思。歌已而退。壽俊中有陳聞先生者，謂不可無以示後人，乃同仲孚來詞林，請予爲之記。嗚呼！昔人有題名園記者言，亭榭之興廢，可以占時之盛衰。余初甚疑之，今徵於仲孚，其言似不誣也。向者仲孚出入於兵車蹂踐之間，朝兢暮惕，雖軀命不能自全。今得以安乎畊鑿，崇乎詩書，而於暇日怡情景物之表，豈無其故哉？蓋帝力如天，撥亂而返之正，四海致太平已十有餘年矣。觀仲孚熙熙以樂其生，則江右諸郡可知；江右諸郡如斯，則天下之廣又從可知矣。是則斯亭之重搆，非特爲仲孚善繼而喜，實可以卜世道之向治，三代之盛，誠可期也。予雖不文，故樂爲天下道之，非止記一亭而已。仲孚名仲麗，嗜學而好脩，士大夫翕然稱之。

明 陳瑄《水簾亭記》（《潮陽縣志》卷二一引） 東山爲潮陽形勝地，風氣曠夷，樹木葱鬱，舊有泉水自半山而下，源源不竭。又有亭翼然臨於其上，以爲曲水流觴之所，歲月滋久，亭宇傾廢，惟水流不息如故。予嘗暇日過此，感慨良久，欲修未能。今海寇初平，民康物阜。遂鳩工計材。甃石爲甃，葦木爲亭，繚以闌干其規制，視昔有加。後之人宴集於斯，一觴一詠，真足以暢叙幽情。雖蘭亭之名，勝不是過也，用書此以志歲月云。

明 秦夔《觀瀑亭記》（《江西通志》卷一三〇引） 當麻姑絶頂，有泉自丹霞觀西北來，蛇行斗折，伏流篁竹間數十里，經仙壇下與神功泉會。其流瀌瀌不疾不徐，至三峽橋，厓谷忽破裂，其下亂石森立，泉自上墮坑谷中，下與石鬥，不勝怒則洶湧作秋濤出峽。聲奔放衝突，不數百步至石梁，忽作兩白龍下垂，飛雪灑灑濺人。其聲清越，天風引之，乍細乍高，若士女裂帛，明珠落盤，又若鐵騎突出而刀鎗戛擊，響振林谷，誠山中之一偉觀也。成化辛丑，予承乏是邦，又明年，適祀麻姑，始獲觀是泉而愛焉。因命道士洞淵作亭，其旁扁曰觀瀑。

明 王直《抑庵文後集》卷二《挹秀樓記》 桑園周氏，故大家，其族屬蕃衍，比屋而居，檐宇相次如魚鱗，雖有山水之秀，而爲高閎峻墉之所隔閡，喬木茂樹之所蔽翳，不得以盡見其美。師與，周氏之傑也，乃治地作樓若干楹，其高若干尺，巋然出於衆屋之上。既成，與宗族賓客之賢者登而周覽焉，山水之秀可挹也。其前白富一峰雄峙，如卓筆拔出霄漢間。南有南峰，北有北華，諸山磅礴離立，若虎豹踞而蛟龍翔。溪水自永豐來，徑其中，紆餘曲折可百餘里，以達於大江。蓋扶輿清淑之氣之所會也，而斯樓盡得之，因名之曰挹秀之樓。

又 卷四《**凝翠樓記**》 予泰和多大家，灌溪其一也。灌溪在縣東南四十里，尹氏世居之，而以貲富科第顯名。彥偉，蓋今之傑然者也。灌溪多好山，彥偉好之，思舉目而盡其勝，乃作新樓，巋然出於羣屋之上，閒暇則登以望焉。見山之蒼然環列，高者下者，特起者，離立者，窈而深、迴而曲者，如鵬鶱，如鶻峙，如蚓結蛇蟠，虎豹踞而蛟螭走，千態萬狀，皆在乎履舄之下。嵐光秀色，飛碧流黛，隨風飄泛。凌冒遠邇，披拂乎帷席，衍溢乎軒窗。雖昔人之居終南、少室，所以寓目適情者，不是過也。彥偉樂焉，因名樓曰凝翠之樓。

明 商輅《**商文毅公集**》**卷六**《**重建岳陽樓記**》 岳陽樓在岳州府治西南，右瞰洞庭，左挹君山，波光巒影，萬景在目，誠一郡偉觀也。【略】成化丁亥，進士眉山吳節以郎官有聲，出守茲郡。登覽之餘，憮然有感，謂吳山景象不減舊聞，而樓之規模大非昔比。詢之，則後來郡人所構，卑陋弗稱。亟欲改作，還於舊觀。【略】始事於辛卯冬十一月，訖工於壬辰夏五月。傑棟崢嶸，層檐暈飛，高宏壯麗有加於前。落成之日，衆皆欣悦，以爲盛事不可無述。於是太守具事狀介太僕寺丞鄧君廷瓚來徵予記。嗟乎！物不自美，因人而美，此理也夫！以岳陽爲樓，據有洞庭之勝，既云美矣，而范公爲記又歷叙因情變態之妙，以寓夫先憂後樂之心，使人誦而味之，非惟不出户庭而湖山景物盡在目中。凡素存憂國憂民之念者，自將惕然警省，而油然興起矣。然則是樓之建，豈爲游觀之好哉！

又《**重建醉翁亭記**》 滁州城西南六七里，舊有醉翁亭，創於瑯琊僧智仙，而名於歐陽文忠。【略】遂鳩工度材，闢地廣基，亭因其舊而增修之，益以梁拱，飭以丹漆。堂撤其舊而改建之，高廣倍昔，輪奐有加焉。亭西南隅別構屋數楹，召方外士居守，割近亭周圍隙地畀之，令力耕自給。亭下故有釀泉，原無亭，蓋圓亭覆之。亭前後山瀕溪，雜植松竹柳凡數千百株，鑿石甃橋，築巨堤，水環遶亭前，澄澈可愛。經始於成化己丑冬十一月，至明年夏五月畢工。鄧君暨同志具始末，來徵予記。惟文忠公治滁在慶曆丙戌，至是已四百餘年。而所謂醉翁亭者，其興廢屢矣，世之君子聞醉翁之名，誦醉翁之記，恍然如醉翁在目，矧親歷瑯琊之間，徘徊釀泉之上，遐想芳躅，寧不爲之惕然有感於中乎？此亭堂之修建所爲，有補於風化，非徒游觀之樂而已。

明 王鏊《**震澤集**》**卷一五**《**静觀樓記**》 太湖之山七十二，其最大者，兩洞庭。兩洞庭分峙湖心，望之渺渺忽忽，與波升降，若道家所謂方壺、員嶠者。湖山之勝，於是爲最。樓在山之下，湖之上，又盡得湖山之勝焉。山自莫釐，起伏還逈，有若巨象奔逸，驤首還顧，遂分爲二。一轉而南，爲寒山，欝然深秀，樓枕其峮。一轉而北，復起雙峰，亭亭如蓋，末如長蛇，夭矯蜿蜒西逝。西洞庭偃然如屏障列其前。湖中諸山，或遠或近，出没於波濤之間，烟霏開合，頃刻萬狀。登斯樓也，亦可謂天下之奇矣。自昔臨觀之美，莫若滕王閣、岳陽樓，以彭蠡、岳陽之廣也。然二湖所見，廬山五阜而已，君山一峰而已。若夫三萬六千頃之波濤，七十二峰之蒼翠，有若是之勝者乎？有若是樓之兼得者乎？語有之，知者樂水，仁者樂山。吾雖未及乎仁知，而於山水則若有宿契焉。心誠樂之，而患其難值也，乃於是樓焉得之，又幸其不界于通都要津，適值予故土，予得專而有之。豈天設地造，特以爲拙者之適静中之觀乎？故名其樓曰「静觀」，而爲之記。

明 顧璘《**息園存稿文**》**卷四**《**清曠亭記**》 東郊課畊之廬，臨淤田，翳灌木，居之欝欝，夏月尤病。乃相後圃，有丘突然，且高且明，四顧甚暢。於是誅茅而亭之，删繁理秀，風自遠至，氣爽意開，不識炎暑。南盡天印，北盡鍾陵，東盡青龍，西盡都城，以至幕府，皆金陵名山也，一坐間得之，可謂不勝乎？客以清曠名之，取靈運詩語也。顧子起謝曰：善哉，名亭教我矣。抑知斯亭之所以清曠乎？由地高明耳。惟人則亦有然者。夫不溷於物之謂清，不牿於物之謂曠。【略】無溷無牿，不亦清曠乎？故曰極高明，極則過人遠矣。吾作亭，得進德之方，敢不謝客之教？

又《**萬松山始開石路作三亭記**》 萬松之勝以石，石乃在莽間，不可以步。嘉靖庚寅，璘長東藩，適觀察使池陽汪公珊、樞使台南李公節同在，三司休澣登焉。顧瞻羣石蒙翳，飄泊標見而秀弗逞，乃相與歎曰：地有材而俾弗見，非吾黨之過與？於是乃議疏抉之役，召吏鳩工，厚之直餼。斬荆棘，芟蓬蒿，凡延蔓爲石障者，去之必盡。然後平險通礙，蜿蜒石間，因高卑爲之徑，夫人始得步觀焉。見石之端偉壁起者，若正人立朝，巖巖然有不可犯之色。磊落廉厲、陳奇獻異者，若衆士布列，效其功能。其鎖屑參錯、四散不可窮者，又若方聚羣分，物物各安其居也。嗚呼勝哉！翌日，僚佐諸公、林壑高逸咸來賞視，又相屬曰：功則偉矣，非有臺榭爲游憩之所，則跡少而徑將荒，安知來者不如前之蕪没乎？衆皆曰然。於是相地面勢，作三亭焉。路自書院門西而上達山巔留月巖，凡若干丈。又自山半而下達圭石，凡若干丈。前山之亭曰振衣，璘作。後曰池陽，汪公作。李公作於山麓，曰秀水。於時僚佐、布政使司則具官某某，並一時勝品，或謂與地靈相感會云。是歲冬十月望日，左布政使姑蘇顧璘記。

又《露勝亭記》（《粤西文載》卷三二輯） 余始謫全州，愛予者輒以得游湘山爲賀。至則徵徭訟獄，日絆於庭，不暇出城郭，惟望其蒼然者，心動而已。越明年，正月，太守曹君德容期、方伯將公及公僚飲於光孝寺之雷音堂。既午，乃登山觀飛來石，歷磴道至半峰間，奇石錯列，若虎豹虬螭，躍伏左右，使人愛之不能去。乃就石布坐，盤桓平砥之上，舉觴而遠望焉。時雨新霽，諸峰雲氣映靄，出没草木，向春濯濯，有容一山之勝，畢露於此。諸君且飲且詠，忽不知其醉而忘返也。因名其亭曰露勝。

明　程文《拄笏軒記》（《新安文獻志》卷一五引） 嵎山之陽、箬嶺之谷，我程氏世居之餘五百年矣。其土膏沃，其泉潔清。羣山周迴，風氣綿密。俗尚雅素，不浮不俚。無金玉錦繡之儲，無高牙大纛之貴，無魚鹽商賈之利。居者安田里，游者輕四海。説者以爲有先公忠壯之遺風焉。歲在戊寅夏五月，伯兄宸卿因所居之左廡，闢以爲軒，以領谷中之勝。丹青不施，雕斲不加，虚敞高明，優游有餘。仰觀西山，俯瞰方施。左岡右陵，昂青伏翠，如拱如揖。窅然而深者鱗潛，鬱然而茂者羽翥。樵歌起於煙際，農人語於竹外。朝陽東升，檐影在水。夕月西照，花陰入簾。雲霞之鮮明，風雨之杳晦，四時景物之變，皆輸奇納秀於几席之上，而是軒又勝於谷中矣。

明　汪循《汪仁峰先生文集》卷一一《志豐亭記》 鹿城有九山，華蓋爲九山之望。距南五里，平地突起一山，與華蓋對峙，位出於巽，因名巽山，兩學宫皆面焉。説者謂：巽宜峰，惜爲連甍所遮，不得攬其秀，盍築亭以益之？邑令曰：是誠在我。踰月而亭成，與客登焉。怪石嶙峋，喬松蓊蔚，如騰虬，如蹲獸，奇雅特甚。復當天朗氣清，萬象呈露，襟江帶河，負山望海，一覽而東南之勝、天地之奇，了然心目之間，杳不知身世之在何境也。

明　宗璽《拱辰亭記》（《粤西文載》卷三二輯） 由紫極宫西十餘步，有委巷折北而入，計半里許，是爲疊彩巖。巖附桂山，爲都會雄鎮。昔人治石作磴以上，仰步驟瞻，若清都蓬島從天而下。雪色未晴，雲氣恒濕，已疑非人間世界。有寺焉，占巖之額，檐阿突兀，宛然名畫家佈置。至其處，憑欄一顧，萬象在目，歷歷可數，不可盡也。寺之後，巨石劃裂，有峒沉沉。中鑿門以通，今俗名風峒。是雖有智者未易狀，寬者廓如，竅者堞如，深者奥如，下者寂如。冷風颯颯，雖盛夏亭午，無暑氣。循洞後出，爲巖脊。好事者據半腰架樓，名以疊彩。自下望之，如虚舟泊岸，飄然欲浮。既登斯樓，則出深隱而凌光景，易覽改觀，清境復别。凡江之平川漫流，沙禽水鳥，與夫風檣勁艣，漁唱樵歌，郊野景物，種種可玩。游人墨客，謂勝止於此，不復計其餘矣。然樓惟北牖壁，其東西南無所睹。戊寅夏，鎮守太監傅倫一日避暑登樓，指西北隅曰：是當有異，盍往焉？寺僧曰：險不可武。曰：寧可已乎？曰：棧梯之。少頃，且喜且矜，跽而復曰：厥勢岧嶤，厥望迢遥，絶乏塵囂，即亭乎？因山之高，位占玄枵，上應斗樞之杓。公曰：果然，吾其增葺之，與游覽者共。又曰：不可更煩吾民。遂捐己資若干緡，傭匠氏而舉役焉。斷石剗路，飾其破缺，刈蓁芟蕪，發其亢爽。有亭翼然，扁曰拱辰，謂其當斗樞之柄，故云。亭落成，適菊節之旦，公遂邀大侍御黄岡曹公、安城伍公、副總戎張公，皆宴於兹。酒終登高，各賦唐體律詩一章而罷。諸藩臬既盡歡，公舉酒屬予記其成。不揣愚陋而言曰：諸名山環桂城而咸奇者類皆是，邇或三五里，遠或往返竟日，未有其近若此者矣。佳景雖偏，好事未嘗不至。陰雨晦冥，或妨於天時；寒暑憂患，或病於人事。否則車轅馬足或告罷，未有可數游而必至於斯者。況其地之近也，則游之數；其游之數也，則覽之詳；覽之詳，詎復有遺勝隱功，鬱而不售者？夫其有不然者，佳境固將有待邪？蓋扶輿清淑之氣磅礴宇宙内，鍾之爲山川，毓之爲人物。氣有潛形，數有真會，蔽於古而顯於今，不可執以爲偶者。矧兹役也，費出於己，而不勞於民。兹亭也，樂同於人，而不私於己，是可記也。使鑱諸崖石，以示永久。

明　沈大韶《游石洲記》（《天下名山諸勝一覽記》卷三引） 環池皆名山，中饒湖陂。湖西南一山突然，曰石洲。自有池以來，未有主之者。六槐柱先生嘗過齊山别業，見怪石特出水面，度其中必有殊勝，賈用以求其所，果得地一區。剪荆蓁，剗蕪穢，搆數椽，静俯題曰石洲書屋。正德庚午仲秋落成，走偕汝和、祥閏，沿堤呼舟一游。時清秋，水落石出，長空若洗，四山如畫，艤柱若洲。由弄月石，度洗心石巖，上思忠亭。亭後有石如獅子狀，曰獅子石，攸伏書屋左。屋高不踰丈，闊倍之，可容數客。窗户洞達，圖書滿前。少憩於思忠，東得一洞，圓丈許，曰瀛仙。瀛仙前一道，少折而北，一石門可傴僂而入，曰小蒼玉峽，以不減齊山之勝也。復尋獅子石，後可植小松萬株，巖曰萬松，將亭焉。巖前可扶壁而下，見石頹然狀醉翁，曰醉翁巖。巖之南一石，波濤衝撞，若石鐘聲，曰漱玉。漱玉之北，一石如屏，曰屏巖。屏巖之右下，有石臨水，可坐以浴，曰浴沂石。由浴沂援壁而上，歷萬壑巖。遭巖而西，有亭面翠微，曰懷柱。懷柱之下，有巖如蜒蜒，傳言有龍化于兹，曰見龍巖。懷柱北下曰雪坡。雪坡之下，有洞曰迎潮。雪坡後獨多瑶草，曰瑶草巖。少後古蘿蔓石，蒼翠可掬，曰萬蘿巖。巖之前一亭臨流，曰水鑑。水鑑之前，一巖倒支溪水間，有風波，萬玉飛空，曰噴玉。水鑑之左，石壁斗絶，奇形怪狀，不可名舉，若太湖洞庭之異，曰小洞庭。前有亭曰石杯，亭之下有石臨秋泉，潭曰濯纓。潭之中有古石斷橋，水波不興，漁樵人常見之。上數步，入臨闊閣。出閣後爲石級，通補山亭。亭之右，一峰峻拔，倦游，振衣其上，塵想脱然，曰振衣岡。岡之下二石峽，皆可步而下，曰雙峽門。岡之西一臺，曰風咏，乃先生浴歸風咏之所也。補山亭前一石曰玉枕，玉枕之東，兩石相藉，曰疊山巖。玉枕後一峰高出，曰桂巖，左曰東桂巖，右曰西桂巖。中一峰如頓筆，曰丈筆峰。桂巖下有亭萬桂。萬桂西南有奇竹迸石而出，曰來鳳巖。後數步有古樓亭，曰小孤山亭。亭之前二石對峙如門，曰石門。石門視一山尤寬平可嘉。是洲視不盈掌，而層巒疊巘，不下華岳之富矣。

明 李汛《齊雲巖西記》（《天下名山諸勝一覽記》卷三引） 道士汪泰元號養素者，遣其徒方瓊真來告曰：吾師近得巖西異境數處，皆人未見者，願一覽焉。西行數十里，一石横可五丈餘，深半之，高又半之。上覆如閣，養素室其下，因名退思。左鑿崖引泉一綫，入而爲井，淵然以涵。右古松一株，不知何代物也。出巖西，上浮雲嶺，南下數十步，仰視棲霞洞，其頂横卧一石如螮蝀，曰鵲橋。下有洗藥池，取盥者謂能去痍。左崛起巨崖曰紫霄，其下可避風雨。前一石御尾封脊，引頸欲鳴，曰橐駝。西北人立數峰，有堆翠如螺髻者，曰三姑；有矯矯類力士之取金牛者，曰五丁；又有類有道者，比肩而來，曰五老。卒然遇之，不甚疑其爲山也。南一石卓立，曰天柱，險不可即。乃轉天獨障。障之巔，夷曠可坐數百人。予曰：此蓋天造，以憩游者，宜亭其上。養素欣然。一澗自西北逶迤而來，幽漠瀰汩，而爲潭者三，散而爲井者九。井視潭加小而深，爲龍所宅。澗口飛瀑若晴雪，滿山清沁肌骨。北三里一石洞，屏榻整然，殆異人隱處。又北一里，五峰並峙，而中稍高，曰五鳳樓。上有石人，呼之隱隱若有聲應。嗚呼異哉！養素又謂，西去十五里，有巨石飛跨兩山間，長五十餘丈，廣十丈，其下去地百尺，人間無此橋也。迫暮未及往，亟循故道返，月色已在榻矣。明旦，登天鼓峰，緣絶壁而上若有挾之者，不覺遂至其巔。予曰：嗟乎高哉！黟、祁、歙、婺之山，煙樹歷歷，一目盡矣。

明 皇甫汸《皇甫司勳集》卷四九《茭巘亭記》 或出或處，君子之道。若得若喪，達人之情。夫一官未效而三逕自賁者，抗時之高蹈也。東都甫免而南山流懟者，憤世之激衷也。我友張仲則異於是。方其與伯氏二千石早發鼯科，並登顯仕，蜚聲赤縣，彪映蘭司。當是時，豈不欲閱致崇品，垂功太常，以展生平之蘊乎。既而被讒謝秩，人咸弗豫。君曾不嬰念，視其官若解懸釋負而脱屣者。歸乃闢第治園，疏泉灌樹。據茭山之勝，結亭其上，名曰茭巘。錦峰攸接，白雲延望，近在几席。而迴挹烟嵐，不出户庭而獨觀昭曠，無登頓之勞而窮眺聽之賞，此其胸次所得，有超於塵壒之外者，所謂道可重故物爲輕，心既遠故地斯偏，豈爵服之玩能移之哉！【略】園凡八景，亭爲最勝。括曰自得，而君出處之節，得喪之較，有可見者。昔敬通蒙詆，杜門却掃胡隘也。山簡好游，習池倒載胡豪也。余不敢自附襄陽之豪，而君不爲馮生之隘，請日陟君園，臨君池，坐亭中，搴長茭而誦君之詩，裴迪湛思願和輞川之什，王筠抵掌請鑒郊居之賦，君爲何如哉！乃驩然命余書之爲記。

明 王儀《平川樓記》（《新安文獻志》卷一四引） 平川，朱伯時父號也，又以名其樓。伯時族大且蕃，聚居若城邑，非他無樓也。登焉以望，則南甍北棟，逼塞近乎前，欲求膚寸之隙少放其目，而不可得，夫如是尚何取於樓哉？惟伯時負山而居，據其爽塏，固已廓然。謝湫隘，挹高明，而是樓也，入傑出乎所居之表。自堂而視，其後隆隆相延，皆山也。自樓而步，其左右綿綿如大塗，不知其爲山也。故一登樓而心曠神豫，恍然得所未見焉。伯時屢與予徙倚其上，而亦每爲之忘去。記之請，其可辭乎？夫天下莫不有川也，東南之川常不峻激而平然。一過於平，則土必厚，淵必深，野必夷，望必遠，草木必茂，生齒必繁。故凡川之平爲貴。今伯時之里淵多魚，野多稼，居人成聚。百年之木參天，而視其川爲最平。伯時取以自號，固已獨會其旨。又爲是樓以極眺望，使一方之勝，不下衽席而盡得之。川之外，雲山煙靄，淡與天際，如卧吴山而對西興，如倚平山欄檻望江南，空濛一視，飛鳥去來，曾何計地上之丘陵險阻也。復以自號者而名其樓，誰曰不宜？方昔之未有斯樓也，則比屋之樓廬，若在若伏，若偃若投，吾獨遠覽而莫或與争，是知處物不可以不平，而自處不可以不高。處物不平則物有憾於己，自處不高則已無異於物。伯時既以川之平處物矣於樓也，又見其自處矣。此衆人所以不及也。苟以吾説爲無戾於道，則有不法川而平，不賴樓而高者。伯時能進乎此，宜别有勝賞在，豈惟是記哉！

明　陳文《山雨樓記》（《新安文獻志》卷一五引）　葉村之山，最秀拔者爲飛來峰。民居其下者，仰而視之，不能得其全也。唯洪君節夫，居北山之麓，能得其全。而屋又東向，飛來在其右，出户始見之。節夫以爲憾，乃即左廡之隙，因高面勢，爲小樓三間，以與兹峰對。於是飛來攢青蹙翠，排雲御風，踴躍奮迅，自天而下，若鳥窺巢而馬赴廐也。其旁諸山羽翼兹峰，亦皆搜奇抉怪以自納而無隱也。樓雖小，而勝甲於一方矣。置圖書几研，供張諸物其中，客至則相與縱目以嬉。然而客之至者，或一餉而去，或一日二日以至旬日期月而去，予獨館於是者一年。朝陽夕陰，四時之化，百物之變，花草竹木之狀，煙霞雪月之態，可喜可愕，舉集於目。雖予之所遇欣戚不同，而兹峰之傾倒於予，亦云至矣。嘗欲記其大端，揭諸樓壁。含意未發，久而失之。他日以語鄭隱君，隱君曰：吾嘗卧斯樓矣，見白雲生於山阿，飄風泠然，時雨驟至，瀟瀟涔涔，過予樓而東也。吾甚樂之，以爲斯樓之壯觀，無踰山雨者，欲名之曰山雨之樓，而未嘗以語節夫。文乃歎曰：古人有言，人之所游，觀其所見，我之所游，觀其所變。若隱君，善觀變哉！因山雨之過目，名斯樓於不朽。澤物之心宏矣，高世之志遠矣，示人之意微矣。舞雩之風，北窗之卧，同一機也。後之登斯樓者，庶幾有取於斯。遂書以遺節夫，定爲《山雨樓記》。

明　李鶴鳴《游齊山三奇亭記》（《名山勝槩記》卷四六引）　江之南多名山，並江而郡者，池爲勝。蓋九華之秀立傑出，可以匹武夷、鴈蕩，然僻在郡東南七十里外，負郭有齊山焉，高不能三十仞，實多怪石，人士不絶游，故嘗齊名九華。然怪石狀雖衆，陵厲叢沓，類鮮天趣。惟南有妙空巖者，乳溜所凝結，穹若空隆，紺翠蒼緑，潤如過雨。妙空西上爲石鼓洞，洞有石，旁出如肺肝，白肌赤脉，擊之鼜然，遠聞可諧管絃。又西爲仙人橋，廣僅咫尺，長五之，並跨兩崖，膚理渾成，殆造物者之肆巧。維是三者，於齊山爲勝。前太守一竹田子亭於其會，命之曰三奇，特表異之。歲更而亭敗。嘉靖十三年，東崖虞子按節于池，從太守三峰侯子指齊山登焉，迨兹亭址，謂太守曰：山之奇誠莫踰此，子其復亭之。

明　王世貞《弇州四部稿》續稿卷五八《喬峰亭記》　喬峰者，信陽王太史公所名亭也。何以亭？公之西圃有玉門、暉章之二樹樹焉，其下幹相距武十而近，其上枝庇畝十而遥，其下若比鄰，而上若互有室，退者若交讓，而進者若交驩，美蔭磅礴，烈炎不侵。公憩而樂之，壘石爲臺，臺不取矩，緣趾而已。構材爲亭，亭不取向，緣臺而已。亭成而昉名之曰喬峰，美其樹也。

明　秦夔《五峰遺稿》卷一四《觀瀑亭記》　當麻姑絶頂，有泉自丹霞觀西北來，蛇行斗折，伏流篁竹間數十里，經仙壇下，與神功泉會。其流濊濊，不疾不徐，至三峽橋厓谷忽破裂，其下亂石森立，泉自上墮坑谷中，下與石門，不勝怒，則洶湧作秋濤出峽聲，奔放衝突。不數百步至石梁，忽作兩白龍，下垂飛雪，灑灑濺人。其聲清越，而天風引之，乍高乍細，若士女裂帛，明珠落盤，又若鐵騎突出，而刀鎗戛擊，響振林谷，誠山中之一偉觀也。成化辛丑，余承乏是邦。又明年，適禋祀麻姑，始獲觀是泉而愛焉。因命道士曰洞淵者作亭其旁，扁曰觀瀑。

明　陳文燭《二酉園集》續集卷一一《麗農樓記》　麗農山在海外，蓋天之西岳云。東曰廣乘，南曰長離，中曰崑崙，北曰廣野。所稱白華之闕，三素之城，玉泉之宫，即蓬閬中特異焉。右丞宋公時祥取以名樓，豈以湖山之秀俱在西，而六合之内、六合之外有相通者耶？兹亦奇矣。一日，謂不佞曰：孤山一峰，在西湖爲最勝，而吾樓當之。列樓之左，則林和靖處士放鶴亭也。帶樓之右，則西泠橋，秦望、寶雲諸山也。眺而東望，非東坡學士所樹桃柳，而號蘇堤者乎？俄而北顧，非葛稺圭煮丹砂故處，而號仙嶺者乎？兩山夾翠，一水澄澈。晝則歌吹鼎沸，夜則漁火星羅。至不雨山常潤，無雲水自陰，唐人已道之。而烟霞雪月，變幻萬狀。踰山之陽，有六一泉爲外湖，樓不能兼攬也。吾嘗菀裘而老于農，况有膏壤，可昏作勞。嘉穎蕁蕁，麗如也。幸吾子記之，以爲西湖重。

明　劉維《游浚泉記》（《武定府志》卷四上引）　萬曆八年庚辰夏四月，余以使事至武定。越一月，爲首夏之閏六日甲辰，門人孫起謨、袁焕、石元龍自永昌來見訪，攜之游獅山。是日出郭，登山及寺，醉酢杯酌。其見晴景移時，登觀音閣，忽見陰雲且作，雷雨雙虹見于閣外，氣色明朗，酌以清醑，彩橋高駕，逼于寰宇，山前之奇觀也。既霽，更上絕頂，周覽山後，有石溝如綫，曲曲遠引，窮其際，得源泉一泓在山隅間。問之山僧，曰：此古龍泉。泉之所出，一方資之以飲。元龍等曰：兹山高明曠蕩而出，其泉渾渾下注，景之至佳者也。宜浚而表之以亭，登覽斯不徒矣。余雅取其意，退與太守商之。【略】乃屬和曲州守易其直爲公費，就山取材，庀地而亭之。亭成，三子既返，門人葉中彥、王寵、譚繼航、李佳會，或自臨安，或自祿豐至。余方落成兹亭，而喜四子不期而來，若有符于初議之三子者，則與之偕往。時孟秋，大火西流，天清氣肅，瘴斂嵐收，烈日皜皜，涼風颼颼。爰載壺觴，壓以文餚，野簌山肴，不戒而修，更有山童嘹亮歌喉，于是相與撫佳景，暢幽懷，任真率，忘形骸，倣蘭亭之遺事，因曲水以流杯，豈曰飲少而輒醉，固以歡合而量開。已而酒醉興適，列星在天，刻漏屢下，衆籟恬恬，乃振衣命駕，望公庭而相旋。明日，同游者進曰：兹山兹泉，其來舊矣。顧混茫之前，山且未有其名也，而暇及於泉。迨逆亂於賊鳳，泉且不遑於飲也，而暇及其源且浚之乎？自公駐此日久，民物熙恬，意況閒而山靈發，得遂登覽，誠奇觀也。不可以無紀。余聞斯言，亦恍然悟，䍐然喜也。命永昌劉松繪其事，集諸君詩歌成帙，丐憲伯馬君其泉序之。越仲冬戊子，燈下檢校書笥，此帙在目，展而玩之，臺殿垣牖，森然俱備，寶塔玉立，梵宇金貫，古木叢林，遠近蒙密而蔽蔽者，獅山之泉也。山路三臺負岩而特立者，玉虛閣、觀音閣並新建層樓也。有山中高而兩垂，勢若屏藩，前有臺，臺覆以屋，九曲之水流於面者，浚泉亭也。亭下有池，水光澄碧，群松蒼翠，株連而虬遶者，龍泉之所趨也。亭左有樹，大合數圍，石砌方整，衛而護之者，古羅漢松也。山漸迴合，鬱鬱古林，林中有碑，碑前有池者，藏雞足紀游詩文處也。

明　趙釴《無聞堂稿》卷五《偕樂亭記》　桐四塞皆山。其最勝者，東則有浮渡山、白雲巖，南則有大龍山、小龍山，皆去縣百里。北則有洪濤山、麒麟山，西則有五嶺、掛車山，皆去縣四五十里。其最近者，則龍眠山、鳳凰山、靈泉山。然龍眠其山邃，鳳凰其山峭，游者歲不能一至。惟靈泉山，秀而磅礴，爲縣之後。龍自仙姑井至王母塔，橫亘數里，皆其支也。民枕山而居，爲縣之右間。間之中爲正學書院、爲輔仁會所。書院之後有山窿然而起，圓上泰下，高不數仞，見可百里。是年古泉盛，亞卿欲移屋其上，力不能就。侯登而四望，見群山垣列，而村居市廛，秩秩于白雲紫霧之中，龍眠水、桐陂水穿閭里，左腋蜿蜒如白龍，南下而練潭、鴨湖、白兔河，諸水緯注而絡匯之，與山演漾生奇。侯曰：有以也。桐無城郭而安，不貿易而足，豈非山水鬱盤、風氣完聚故耶？是山誠不可以無亭。乃廓其巔，爲屋三楹，期月始成。一時觀者欣忭，如突入層霄，山水驟合，因名其亭曰偕樂。

明　徐浦《南寧最高臺記》（《粵西文載》卷三三輯）　南寧郡城之西有土一區，聳然特起，如岡如阜，下視廛廛闤闠若蟻蛭。父老傳聞咸謂梯雲閣舊址，然不可考。但其地勢突兀超拔，巍然孤峙，非惟快游之士洞心駭目之觀，即有警便瞭望焉，亦一郡雄勝也。先是，郡二守張公貫搆臺其上，草率未備。予巡邕之明年，爲之增垣牖闢。前隙地稍廣，其制視昔頗稱美矣。每良辰，延賓登賞，因得以縱觀其勝槩，但有晴空霽日，孤嶼遠橫，斷嶂連巒，諸峰拱揖。至於青羅二山之勝，亦皆環列拜伏其下，如几如席。而臺之前後，復有佳木繁陰，翠篠敷郁。俯睇城之居民，負者休、行者歌、老者扶、壯者矯，商賈市肆，嬉嬉焉咸得其所。登之者，未有不心曠神怡，精爽飛越，若挾翅於千仞之上焉。夫粵西諸郡，惟邕城爲高，而青羅二山，又郡之擅名者，而是臺乃獨超然於二山之上，特出於一城之表焉。命之曰最高臺，名斯稱矣。然竊惟自古羈游之士寄跡寓土，必有名勝之地以疏暢其情性。若陳公之淩虛，庾老之南樓。雖其興致不同，而憑高嘯詠，托物愜懷，無二也。況斯臺有裨封守，又不獨游觀之具而已乎。僉謂不可無記，遂書之，以屬守邕者。

明　傅振商《河上草亭記》（《汝陽縣志》卷一〇引）　河上草亭者，乃吾弟彥芳跨河負郭選勝創起者也。首事於己巳七月，予以祝□。十月過里，覘其經營甚篤。誚曰：奚不作家人業，乃欲爲河上乎？逍遥不太早乎？迨邊憲歸里，徵，其督作益力。於四月勝日，設樽酒於河上草亭，招予曰：亭粗成，試一散襟寓目焉。予過之，瞻其區，北隘於市，濱河約六丈，橫亦如之。爲亭三間，題曰清漣館。堦下植以花卉，前爲小樓，一間飾以雕闌，題曰漱玉。架河爲草亭俯流，如空中之閣。橋直懸岸，數武始達亭，題曰觀瀾。傍植榆柳，樹杪皆捧亭腹。或登樓陟亭，則城堞如障如環，長河如帶。漱亭之東四十五武，長橋如虹，鎮關下流。人物往來，似裝點幽亭景趣者然。自街市迤東關一路，南行至河岸路西折，對起二小木坊，題曰壺中煙月，西題曰河上風光。路至樓亭，亭中徑南北始便陟登。蓋地未盈畝，廬僅五間，曲折位置頗有遠致。一凝眸，汝北林光，懸瓠市影，飛鳥游魚，皆效技於亭畔之下。

明 呂維祺《明德先生文集》卷一〇《夢游醉翁亭紀》 且夫天下有游，有弗游，有游弗竟，有游之反以弗游，弗游而反以游者。行止之間，有天焉者也。心目醉醒夢覺之間，有神行焉者也。余性好游，遇佳山水或古名人蹟，必迂道窮探，或偶違之，必見諸夢寐栩栩然游也。夜或夢飛翔八極，或如御風水面，或如登層峰重閣，或登且墮墮，復攖身直上，若挾羽翼。以是胸中多天下名山水及古人蹟，無他長物也。滁山水不甚聞於天下，自文忠醉翁、豐樂兩記，天下始嘖嘖稱勝。余幼讀兩記，心游之矣。庚午之秋，冏寺諸公招余於豐樂，又目游之矣。然其曰薄暮始出城，及登山，日暝燈舉矣。於所謂景歐、倚豐、保豐、來遠諸亭，紫微諸泉，皆暗中摸索也。而獨未見所吾與子之所共適，似謂風月隨人取足，天不能限之，而孰知即山水風月之緣，亦不可易得也。故曰有天焉者也。余然後浩然歸馬上流覽，若豊山、瑯琊、梅亭、釀泉，宛宛在目，每數步必一回首。及去滁遠，猶於雲霞中迴環西望，恍若遇之。夜抵江浦，意尤不忘，遂栩栩若與三使君游致足樂也。山水遝雜，不可盡辨識，意澄泓叢石間，即柏子潭也。山椒有亭，即梧桐岡之蹋，□繹思也。雜于林泉而聞梵聲者，即龍泉寺、幽棲無量庵也。五賢堂祀韋蘇州、王元之、張文定、曾文昭與文忠公也。陽明書院祀文成先生也。與豊山聯峙，而深翠多幽致者，其瑯琊耶。有梅亭，有見梅亭，而翼然于釀泉上者，其醉翁亭耶。自醉翁亭周覧之，其爲亭者，曰攬秀，曰三友，曰皆空，曰班春，曰曉光，曰日觀。其爲洞者，曰重熙，曰歸隱。其爲泉者，曰庶子，曰石屏。而又有菱溪、瑯琊溪，有醡醾軒，有曰龍、法華諸池。有招隱、了了諸堂。有望月臺，有明月渡。栲栳峰在其東，丫頭山在其南，摩拖、回馬嶺在其北，其他尚有龍蟠、玩珠、馬鞍、側菱、花山荻港，皆不可一一指識。大抵覺時記憶若此。雖然，其以余爲游也乎哉。余固未嘗游，其以余爲弗游也乎哉。余固已游意者，游亦在神之所遇，不在夢覺耶。試爲之回思，昨日果游，今亦視之，謂醉翁亭者。是年壬申，余奉命視庚鳳陽道，過滁，余意之曰：是可窮滁之勝。已乃二月八日至，是日大風雨，是夜楊百芝、徐泰掖、鄒匪石三使君爲筵，邀余夜話。意之所結、語之所至，無非醉翁亭也。使君曰：返旆日，當于溪深魚肥、泉香酒冽處遲之。余亦心諾。亡何歸之日，復值夜，余遂不能果三使君之約。而明日，余以有事太倉遄行矣。蓋過滁之日三，而一遇雨，兩遇夜。遄行之日，景和日麗，復春華美色，萬壑争妍，而余不果游。意者行止之間，亦有天耶！子瞻賦云「苟非吾之所有，雖一毫而莫取」，蓋言天也。至其論江風山月，則曰：是造物之無盡藏也。

明 馬顧澤《浚泉亭記》（《武定府志》卷四上引） 武定依山而城，山勢岋嶫，而山峆岈若有雄踞狀，故以獅名云。山何以亭？爲浚泉也。泉孰浚之？侍御荊南劉公也。公奉璽書，按全滇，王事孔殷矣，曷暇浚之？噫，物之遇不過，固有時哉！蓋泉源發獅山西之極巔，距城幾十里而遥。武定新芟逆鳳，去彝未遠，滇郡中頗稱荒簡。觀風者往往不樂居之，不踰旬輒行，奚暇于泉？公曰：是郡也，僻可居。惟公生厭粉華，樂恬淡，性然也。萬曆庚辰，初夏徂秋，駐驂凡六□月，視巡歷他郡縣期最久。于時，按滇事且浚，及瓜未代，百務底成，德化旁浹，威信貼彝酋，膏澤沛全滇，迤東及西，雨暘時若，邊圉晏如。父老嘻嘻相傳道路曰：此千載一時也。以故多暇日，得登臨是山。窮其巔，蒼茫流觀，四境淪空，徘徊岩崖，一徑潛通，乃見水流曲折，潺潺有聲，莫得其所自。公曰：美哉，涣涣乎！余春游鶴拓，偕中谿李公登蕩山，有泉渟泓，愛其寒泉。茲泉殆庶幾乎！于是相與斬荊棘，探幽奇，尋泉源而浚焉，作亭其上，曰浚泉。【略】凡三楹，廣若干，或飾以榱桷，遶以樗垣，鑿方池以蓄泄，引西水以盤旋，可涉而嬉，可坐而息，可蔭而風，可觴而詠，可止尼父之渴，可濯孺子之纓。乃若徙倚檻曲，極目烟際，峭石奇峰，秀樹佳卉，凝烟秀□，四時朝暮，不可名狀，舉一山之勝，皆斯亭所有者也。【略】亭以泉之浚而名，泉以亭之勝而名益不朽。《詩》歌甘棠曰：勿剪勿伐，召伯所茇。公之德在人心，與泉同流。然則登斯亭也，能不有感于斯泉？

清 李成棟《後樂亭記》（《樂昌縣志》卷一八引） 余得從今上之三年又六月來守斯邑，越今茲期月矣。地多磽确，而民且疲，兀兀鬱鬱，無以發其滯悶者，殆越月如年也。偶吉州之劉子崛膺以年譜同駕一葉舟訪余於昌，往復宴笑，於是祛悶效顰，方爲疏簿書，親詩酒。忽暘谷張先生招劉子暨予飲，甫登堂，即語余云：吾一亭纔落成，展席以待，請得省儀，從謝聲樂，爲竟夕歡。乃紆道而入，見盤曲者古木，樸遬者籬牆，不必大加修葺，而已有引人入勝之意。及覽亭之額曰後樂，甚矣夫！先憂後樂，先生志天下之志，如是之豫，如是之切也。余謂後民樂者，未始不樂民樂，余三人其已得民治之，其未得民治之，俱當敬求斯民之樂以樂之。爰命童子設果餌，進旨酒，或嘯以舒懷，或詩以聯韻，或雜陳往古，或正襟以剖説道理，蓋不減王摩詰輞川別墅與斐迪等賦詩景況也。是日溽暑方歇，即有清風來席，花香入簾，三人相視而大快。顧其亭後枕瀧江湍流，漾瀉之聲潺潺於耳間。右睇龜山一峰，影半天漢，且有優曇鉢瑞應於其中，烟霧平林，小山歷落而列户牖。左連城村，雖兵燹之餘，尚有敲筑擊缶過其側者。乃若諸峰層巒，列岫排翠，阡陌原隰之間，實穎實好，一望而横闊二十餘里，則亭前之巨觀，較甚三面也。

清 翟鳳翥《涑水編》卷二《龍劍臺記》 邑城之西，涑水之滸，有臺焉。迴瀾塔屹然于左，紅鶴樓巋然于右。品列三城，前洲茂對。水蜒蜿而來，曲折臺下。漲則雷湧，平則雲淀，如龍峽渦口然。癸卯重陰前三日，翟子鼎一亭于其上，踞形勝也。亭甫立，雷雨交作，電光繞柱。一龍閃爍而起，遠近皆見之。時震二木，似劍工人劍之，仍掛柱頭，以象延津雙龍。因思涑出豢龍池，每盛涑，浪裂冰掀，有霹靂聲，説者謂蛟行也。玆其奮而上乎，名曰龍劍臺，志異也。樓坐石鰲，塔卧銕牛，合之皆龍劍之綴也。左闢方塘，植蓮，搆半荷以視曰紅幕。幕之左爲龍角亭，枕流溯洄也。右累石爲五樹山，以食龍。山下出泉，懸流瀑布，而池曰鼎湖，龍所起也。繇山徑而西，臺之陽也。築一洞曰蟠雲，龍所居也。洞頂可玩山月。臺後園十餘畝，爲草亭。歲䁱畦場，泄泄閑閑，予之兔園也。自臺而下，凡十數曲，可達五老星湖。作小艇以時上下間，登樓環眺，煙林翠黛，氣象萬千。

清 潘耒《遂初堂文集》卷一二《望川亭記》 懸瓮之山，空中而多竇。晉水自其竇出，沸而爲泉，噴而爲瀑，瀦而爲潭，流而爲溪，可沿可泳，可濯可漱。翼之樓可以登，跨之橋可以坐。夾岸雜樹千章，可蔭而哦。白石游魚，可把而數。而山之頂，乃童然無奇峰削壁，使人躋險而忘歸者。以故來游之士，率及泉而止，謁晉祠而休，若不知有懸瓮者然。噫！此豈山之奇，果盡於泉與祠歟？抑人之情有所移，而境有所域歟？壬子夏，余偕客游玆山。甫入祠，緑陰漫天，空水見底，瀑泉挾雨而怒，聲砰砰然，飛沫上濕衣洗盞，聽之不知日之將夕。客曰：樂哉，斯游觀止矣。余曰：未也。嘗試與子登高而望。於是捫葛踐苔，循祠之陰以達於嶺，十步一折，得平地而休焉。則見遥空澄明，萬象在下，麓臺罕山之屬，如屏如案。了了落照間，汾川下裂石之口，東南流抱故太原城祠下之水，注於雙渠，瀉於平田，斗折蛇行，以入於汾兩川之間。緑野蒼陂，相錯如繡。至是而後，懸瓮之奇始盡。余曰：是可亭也。適有得草間片碣者，辨之，知爲古望川亭之墟。以語太原令萬君，發贖鍰之羡，鳩工庀材，旬月而亭成。於是游者稍稍登懸瓮矣。嗟乎！山川之勝槩何常，顧人之會心何如耳。耽奇嗜僻之士，一丘一壑，自以極宇内之奇。而達人曠觀，則五岳三山，或同於部婁。今夫晉祠，非不幽且秀也。一泉焉，玩之而忘疲。一石焉，踞之而戀戀。游斯者自以爲得矣，而一登斯亭，則見夫天空而水流，日生而月没，曠然有遺世獨立之思焉。迴觀向之所欣，有不茫乎自失者哉？異哉！超乎境者，乃可以窮乎勝也。夫孰能超乎境以觀物者？吾將與之登望川之亭。是爲記。

清 宋犖《西陂類稿》卷二六《游姑蘇臺記》 予再莅吴將四載，欲訪姑蘇臺，未果。丙子五月廿四日雨後，自胥江泛小舟，出日暉橋，觀農夫插蒔，婦子滿田塍，泥滓被體，桔槔與歌聲相答，其勞苦殊甚。迤邐過横塘，羣峰翠色欲滴。未至木瀆二里許，由别港過兩小橋，遂抵臺下。山高尚不及虎丘，望之僅一荒阜耳。舍舟乘竹輿，緣山麓而東，稍見村落。竹樹森蔚，稻畦相錯如繡。山腰小赤壁，水石頗幽，髣髴虎丘劍池。夾道稺松叢棘，薝蔔點綴其間如殘雪，香氣撲鼻。時正午，赤日炎歊，從者皆喘汗。予興愈豪，褰衣賈勇，如猿猱騰踏而上。陟其巔，黄沙平衍，南北十餘丈，闊數尺，相傳即胥臺故址也，頗訝不逮所聞。吾友方鈍翁《記》稱「方石中穿，傳爲吴王用以竿旌者」。又「矮松壽藤，類一二百年物」。今皆無有。獨見震澤掀天湧日，七十二峰出没於晴雲滃淼中。環望穹窿、靈巖、高峰、堯峰諸山，一一獻奇於臺之左右。而霸業銷沈，美人黄土，欲問夫差之遺跡，而山中人無能言之者，不禁三歎。從山北下，抵留雲菴。菴小，有泉石，僧貧而無世法，酌泉烹茗以進。

清 袁枚《小倉山房文集》卷二九《峽江寺飛泉亭記》 余年來觀瀑屢矣，至峽江寺而意難决捨，則飛泉一亭爲之也。凡人之情，其目悦，其體不適，勢不能久留。天台之瀑，離寺百步。雁宕瀑旁無寺。他若匡廬、若羅浮、若青田之石門瀑，未嘗不奇，而游者皆暴日中，踞危厓，不得從容以觀。如傾蓋交，雖懽易别。惟粵東峽山，高不過里許，而磴級紆曲，古松張覆，驕陽不炙。過石橋有三奇，樹鼎足立，忽至半空，凝結爲一。凡樹皆根合而枝分，此獨根分而枝合，奇已。登山大半，飛瀑雷震，從空而下。瀑旁有室，即飛泉亭也。縱横丈餘，八窗明净，閉窗瀑聞，開窗瀑至。人可坐可卧，可箕踞，可偃仰，可放筆研，可瀹茗置飲。以人之逸，待水之勞，取九天銀河，置几席間作玩。當時建此亭者，其仙乎？僧澄波善奕，余命霞裳與之對枰。于是水聲棋聲、松聲鳥聲，參錯並奏。頃之，又有曳杖聲從雲中來者，則老僧懷遠抱詩集尺許來索余序。于是，吟詠之聲又復大作。天籟人籟，合同而化。不圖觀瀑之娛一至于斯，亭之功大矣。

雍正《江西通志》卷一三五《重修琵琶亭記》 江州琵琶亭，天下古今一大名勝也。其地介於匡廬潯水間，爲游覽者所必至。古今冠蓋士夫、騷人墨客，豔其事，訪其跡者，率寄之謳吟憑弔，佳篇名句，不翅春花秋卉之蕃茂矣。自樂天迄今八九百年，不知幾經興廢。雖興而廢、廢而興，爲時有久暫之異，而人無有不知之而傳之者，以瀕臨大江，爲風濤涮蕩，圮岸斷沙間，僅存一笠，柱檻傾側，旦晚莫支，幾爲洪波巨浸中桑田。噫！司馬青衫之淚，應不免爲斯亭再濕也。因思亭爲天下古今之名勝，則修葺保護之責謀所以興之者，天下古今人所不得而辭。余自乾隆己未，奉命司榷潯關計駐節亭側，已八載。於兹觸目動心，不忍視名勝淪没。於是量節匕箸，經營葺補，數年來始得新。其亭培其基、築以提，搆以樓檻廊廡，留先賢之遺韻供後賢之游觀。矻矻孜孜，致熱心於冷澹，排場以暫客，而新久遠之跡。固知往來於斯亭者，頷者、半笑者亦半，然不暇顧也。丙寅春，工既竣，爰約諸同事偕游。游而樂，樂而吟，吟而憑闌注目，見夫雲態烟容，大江東去，不禁爽然。【略】從來名勝之區，人傳事，事傳地。地傳人在一時之事，與地則甚暫，而傳之後則又甚久，要皆以人爲政。天之篤生斯人，實非偶然。樂天之後，雖無樂天，千載而下風塵牛馬中傳其慨息尚有藐兹一余。余之後又安必無風流大雅如樂天其人者，而余又何足道斯亭也。創於前，葺於後，其繼而葺之者且或擴充輪奐，較勝於今日。則興於一時，感於百世。雖古今之時不同，先後之事不同，而人之雅風逸韻，當必有同焉者。

清 光緒《湖南通志》卷二三八《方外志一·寺觀一》 開福寺在長沙縣北湘春門外，《一統志》。長沙開福蘭若，故爲馬氏避暑之地，所謂會春園者。寺之西祓禊亭，下臨湖光，舉目平遠，自爲此邦登覽勝處也。《張栻集》在紫微山碧浪湖之前，楚馬殷建，其子希範作會春園、嘉宴堂於此。

藝 文

三國魏 王粲《登樓賦》（《漢魏六朝百三家集》卷二九輯） 登兹樓以四望兮，聊暇日以銷憂。覽斯宇之所處兮，實顯敞而寡仇。挾清漳之通浦兮，倚曲沮之長洲。背墳衍之廣陸兮，臨皋隰之沃流。北彌陶牧，西接昭丘。華實蔽野，黍稷盈疇。雖信美而非吾土兮，曾何足以少留。遭紛濁而遷逝兮，漫踰紀以迄今。情眷眷而懷歸兮，孰憂思之可任。憑軒檻以遥望兮，向北風而開襟。平原遠而極目兮，蔽荆山之高岑。路逶迤而修迥兮，川既漾而濟深。悲舊鄉之壅隔兮，涕横墜而弗禁。昔尼父之在陳兮，有歸歟之歎音。鍾儀幽而楚奏兮，莊舄顯而越吟。人情同於懷土兮，豈窮達而異心。惟日月之逾邁兮，俟河清其未極。冀王道之一平兮，假高衢而騁力。懼匏瓜之徒懸兮，畏井渫之莫食。步棲遲以徙倚兮，白日忽其將匿。風蕭瑟而並興兮，天慘慘而無色。獸狂顧以求羣兮，鳥相鳴而舉翼。原野闃其無人兮，征夫行而未息。心悽愴以感發兮，意忉怛而憯惻。循階除而下降兮，氣交憤於胸臆。夜參半而不寐兮，悵盤桓以反側。

南朝宋 謝靈運《游南亭》（《漢魏六朝百三家集》卷六六輯） 時竟夕澄霽，雲歸日西馳。密林含餘清，遠峰隱半規。久痗昏墊苦，旅館眺郊岐。澤蘭漸被徑，芙蓉始發池。未厭青春好，已觀朱明移。戚戚感物歎，星星白髮垂。藥餌情所止，衰疾忽在斯。逝將候秋水，息景偃舊崖。我志誰與亮，賞心惟良知。

又《過白岸亭詩》（《漢魏六朝百三家集》卷六六輯） 拂衣遵沙垣，緩步入蓬屋。近澗涓密石，遠山映疏木。空翠難强名，漁釣易爲曲。援蘿聆青崖，春心自相屬。交交止栩黄，呦呦食苹鹿。傷彼人百哀，嘉爾承筐樂。榮悴迭去來，窮通成休慽。未若長疏散，萬事恒抱樸。

又《石門新營所住四面高山迴溪石瀨茂林脩竹》（《漢魏六朝百三家集》卷六六輯） 躋險築幽居，披雲卧石門。苔滑誰能步，葛弱豈可捫。嫋嫋秋風過，萋萋春草繁。美人游不還，佳期何繇敦。芳塵凝瑶席，清醑滿金尊。洞庭空波瀾，桂枝徒攀翻。結念屬霄漢，孤景莫與諼。俯濯石下潭，仰看條上猿。早聞夕飈急，晚見朝日暾。崖傾光難留，林深響易奔。感往慮有復，理來情無存。庶持乘日車，得以慰營魂。匪爲衆人說，冀與智者論。

唐 王勃《王子安集》卷二《滕王閣》 滕王高閣臨江渚，珮玉鳴鸞罷歌舞。畫棟朝飛南浦雲，朱簾暮捲西山雨。閒雲潭影日悠悠，物換星移幾度秋。閣中帝子今何在，檻外長江空自流。

又 卷五《滕王閣詩序》 南昌故郡，洪都新府。星分翼軫，地接衡廬。襟三江而帶五湖，控蠻荆而引甌越。物華天寶，龍光射牛斗之墟；人傑地靈，徐孺下陳蕃之榻。雄州霧列，俊彩星馳。臺隍枕夷夏之交，賓主盡東南之美。都督閻公之雅望，棨戟遥臨；宇文新州之懿範，襜帷暫駐。十旬休暇，勝友如雲；千里逢迎，高朋滿座。騰蛟起鳳，孟學士之詞宗；紫電清霜，王將軍之武庫。家君作宰，路出名區；童子何知，躬逢勝餞。時維九月，序屬三秋。潦水盡而寒潭清，煙光凝而暮山紫。儼驂騑於上路，訪風景於崇阿。臨帝子之長洲，得仙人之舊館。層巒聳翠，上出重霄；飛閣流丹，下臨無地。鶴汀鳧渚，窮島嶼之縈迴；桂殿蘭宫，列岡巒之體勢。披繡闥，俯雕甍。山原曠其盈視，川澤盱其駭矚。閭閻撲地，鐘鳴鼎食之家；舸艦彌津，青雀黄龍之軸。虹銷雨霽，彩徹區明。落霞與孤鶩齊飛，秋水共長天一色。漁舟唱晚，響窮彭蠡之濱；鴈陣驚寒，聲斷衡陽之浦。遥襟俯暢，逸興遄飛。爽籟發而清風生，纖歌凝而白雲遏。睢園緑竹，氣凌彭澤之樽；鄴水朱華，光照臨川之筆。四美具，二難并。窮睇盼於中天，極娱游於暇日。天高地迥，覺宇宙之無窮；興盡悲來，識盈虚之有數。望長安於日下，指吴會於雲間。地勢極而南溟深，天柱高而北辰遠。關山難越，誰悲失路之人；萍水相逢，盡是他鄉之客。懷帝閽而不見，奉宣室以何年？嗟乎！時運不齊，命途多舛。馮唐易老，李廣難封。屈賈誼於長沙，非無聖主；竄梁鴻於海曲，豈乏明時？所賴君子安貧，達人知命。老當益壯，寧移白首之心。窮且益堅，不墜青雲之志。酌貪泉而覺爽，處涸轍以猶歡。北海雖賒，扶摇可接。東隅已逝，桑榆非晚。孟嘗高潔，空餘報國之情；阮籍猖狂，豈效窮途之哭！勃，三尺微命，一介書生。無路請纓，等終軍之弱冠；有懷投筆，慕宗慤之長風。舍簪笏於百齡，奉晨昏於萬里。非謝家之寶樹，接孟氏之芳鄰。他日趨庭，叨陪鯉對；今晨捧袂，喜託龍門。楊意不逢，撫凌雲而自惜；鍾期既遇，奏流水以何慚！嗚呼！勝地不常，盛筵難再。蘭亭已矣，梓澤丘墟。臨别贈言，幸承恩於偉餞；登高作賦，是所望於羣公。敢竭鄙誠，恭疏短引。一言均賦，四韻俱成。請灑潘江，各傾陸海云爾。

唐 王之涣《登鸛雀樓》（《文苑英華》卷三一二輯）　白日依山盡，黄河入海流。欲窮千里目，更上一層樓。

唐 元結《次山集》卷一二《唐亭銘序》　浯溪之口有異石焉，高六十餘丈，周迴四十餘步。西面在江口，東望峿臺，北臨大淵，南枕浯溪。唐亭當乎石上，異木夾户，疏竹傍檐。瀛洲言無，由此可信，若在亭上。目所厭者，遠山清川。耳所厭者，水聲松吹。霜朝厭者寒日，方暑厭者清風。於戲！厭，不厭也。厭猶愛也。命曰唐亭，旌獨有也。

又《峿臺銘》　浯溪東北二十餘丈，得怪石焉，周行三百餘步。從未申至丑寅，崖壁斗絶，左屬回鮮。前有磴道，高八九十尺。下當洄潭，其勢硱磳，半出水底，蒼然泛泛，若在波上。石巔勝異之處，悉爲亭堂。小峰歖竇，其間松竹。掩映軒户，畢皆幽奇。於戲！古人畜憤悶與病於時俗者，力不能築高臺以瞻眺，則必山顛海畔，伸頸歌吟，以自暢達。今取兹石，將爲峿臺，蓋非愁怨，乃所好也。銘曰：

湘淵清深，峿臺陗陖。登臨長望，無遠不盡。誰厭朝士，覊牽局促。借君此臺，一縱心目。陽崖礱琢，如瑾如瑁。作銘刻之，彰示後人。

唐 李渤《南溪詩序》（《全唐詩》卷四七三輯）　桂水灘山，右匯陽江。數里餘，得南溪口。溪左屏崖巘外，鬥麗争高。其孕翠曳煙，邐迤如畫。左連幽野，園田鷄犬，疑非人間。泝流數百步至巖，巖下有灣壤沮洳。因尊爲新泉。山有二洞九室，西南曰白龍洞，横透巽維，蜕骨如玉。西北曰玄巖洞，曲通坎隅，晴眺灕水。玄巖之上曰丹室，白龍之右曰夕室。巽維北，梯險至仙窟。北又有石室，參差呀豁，延景宿雲。其洞室並乳溜凝化，詭勢奇狀。俯而察之，如傘如奩，如欒櫨支撐，如蓮蔓藻井。左睨右瞰，似簾似幃，似松偃竹裊，似海蕩雲驚。其玉池玄井，嵐飈迴環交錯，迷不可紀。從夕室梁溪向郭四里而近，去松衢二百步而遥，余獲之若獲荆璆與隋珠焉，亦疑夫大舜游此而忘歸矣。遂命發潛敞深，磴危宅，既翼之以亭榭，又韻之以松竹，似宴方丈，似昇瑶臺。以溪在郡之南，因目爲南溪云。

唐 竇牟《望終南》（《竇氏聯珠集》卷二）　日愛南山好，時逢夏景殘。白雲兼似雪，清晝乍生寒。九陌峰如墜，千門翠可團。欲知形勝盡，都在紫宸看。

宋 歐陽修《文忠集》卷五四《會峰亭》　山勢百里見，新亭壓其巔。羣峰漸靡迤，高下相綿聯。下窺疑無地，杳藹但蒼烟。是時新雨餘，衆壑鳴春泉。林籟静更響，山光晚逾鮮。巖花爲誰開，春去夏猶妍。野鳥窺我醉，谿雲留我眠。日暮山風來，吹我還醒然。醉醒各任物，雲鳥徒留連。

宋 韋驤《錢塘集》卷三《睦州千峰榭二首》　千峰圍繞自蒼然，古榭淒涼不記年。搜索舊名逢雅尚，主張佳境有豪篇。坐凌翠靄羣巒隔，眠入清秋萬狀全。蕪廢不唯興此地，當知民物盡陶甄。

層基突兀倚晴空，碧嶂回環勢複重。秀色有時侵畫隼，蒼煙盡日卧烏龍。嚴公瀨近增幽槩，方叟詩存得舊蹤。賢守葺遺殊衆好，政閒把酒看千峰。

偏。惟有此亭無一物，坐觀萬景得天全。

宋 蘇軾《東坡全集》卷七《涵虚亭》 水軒花榭兩争妍，秋月春風各自

宋 馮山《安岳集》卷二《寶峰亭》 益昌萬山間，寶峰秀惟獨。使臺俯山下，氣象互盤覆。鬱勃尚南走，回環已西屬。古城削千仞，危棧轉幾曲。錦繡紛上嶺，琅玕翠摇腹。亭榭何參差，遠覽意尚局。絶頂躋寶峰，超然脱羈束。城市纔唾落，二江可手掬。重關固天險，大道不停轂。古意劇滿眼，人事傷轉足。主人始經構，高蹈非絶俗。幽懷捲雲霧，長嘯動巖谷。鳥雀争脱林，冥冥有鳴鵠。寸步異出處，虚心見榮辱。屈將經濟才，分繼騷雅躅。語默固可傳，誰爲寶峰録。

宋 張鎡《南湖集》卷六《次韻叔祖題詠澤亭》 疆塞聲威昔據鞍，築亭聊此水雲看。地連牛斗東南勝，心體鳶魚上下觀。一節愛君通表裏，百年耽句置炎寒。莫疵緣岸規模淺，幽潔從來極怕寬。

宋 劉才邵《檆溪居士集》卷一《觀瀾閣爲羅長卿題》 贛水出而激，交流虎城背。崎嶇三百里，方脱灘石礙。滔滔遂北之，遠與西江會。揚瀾在其北，拗怒兩崖隘。春天雲氣裂，拍岸山石碎。老蛟千丈强，擘水見光怪。水初無定形，因勢生萬態。出石未入江，其間幸平快。公家起高閣，下瞰鋪練帶。天光迷上下，山影分向背。魚行吹細浪，鷺下點晴黛。氣象日夕佳，無一可揀汰。獨憐風動地，萬竅雜號噫。雖微江濤壯，波山亦高大。取名遂以此，用意知有在。西江天設險，雄絶難摹繢。賴有醉翁詞，卓偉蓋當代。神清鸞鶴遠，故里江山在。後來揮翰手，顧豈易追配。因公索題詩，愧汗若方頮。盛意難虚辱，輕作恐終悔。以兹進退間，捉筆久不黴。牢辭既不獲，聊復書梗概。聖言如大川，到海無邊界。百家或可觀，時雨集溝澮。其餘復細瑣，僅若坳浮芥。學道當何從，於此貴不昧。如子識鑒高，終不釣灘瀨。定同昌黎公，去飽鯨魚鱠。

又 卷二《題清軒》 大江之源發乎岷山，蓄餘怒於瞿塘。混衆流以東下，渺翻空而湯湯。天風下兮蹙縞練，白浪如山衝馬當。邈不知其所止，接雲海之茫茫。魚龍並育細不遺，龍驤萬斛浮若飛。噴雲霓兮散霧雨，功利浩博難盡窺。眷彼溪谷流，夫豈不清泚？飛鷗墮影魚依空，水濺濺兮石齒齒。景趣信佳傷險狹，纔可濯纓兼洗耳。清乎清乎期及物，清不能容徒潔己。知公博覽眼不寒，築室雖小識量寬。聖朝撥亂收羣策，難擅丘壑耽雲山。願公爲萬里之長江，勿作細流之驚湍。

宋 陳造《江湖長翁集》卷三《游慈溪龍虎軒軒有石湖碑字如新刻》 坐曹可勝勞，出郭復行役。半年定海令，三度慈溪客。慈溪足勝處，山秀江繚碧。終然縈夢寐，遑此事游歷。高軒閟龍虎，表表市闤側。得興不暇慵，徙倚且數刻。洞户初推敲，階除旋登陟。向來攫怒勢，枯幹抱頑石。乃知名實間，未易膠今昔。尚喜詩翁碑，不受蒼蘚蝕。可但神所護，人未忘翁德。非使老眼明，斯游竟無得。

宋 姜夔《白石道人詩集》卷下《次朴翁游蘭亭韻》 亞字橋亭面面風，六人同坐樹陰中。松交歸路如留客，石礙流杯故惱公。山色最憐秦望緑，野花只作晉時紅。夕陽啼鳥人將散，俯仰興懷自昔同。右軍祠堂。有杜鵑花兩株，極照灼。

宋 趙汝鐩《野谷詩稿》卷三《晚晴與何户登水亭簡張丞》 溪流西岸秋，日落千山暮。一亭壓其間，登覽洗萬慮。胸襟富邱壑，方領此幽趣。擲餌來潛鱗，圍棋驚過鷺。酒壺展逸興，漁唱續遠浦。安得哦松來，撚髭同覓句。

宋 釋源法《觀音洞右二丈許何易崖欲築小亭于坪之上詠之》（《普陀山志》卷一九引） 游山週四際，載行復載坐。瞥然得異境，有徑仄無奈。平平倚奇崖，丈許量可過。佳木蔭婆娑，宜添亭一箇。海天四面寬，重峰愛森播。高者愈昂頭，低者若依和。浮藍點點生。目中看小大。徘徊立良久，有亭實爲佐。洋洋山水情，來往隨饑餓。指點三神山，秋毫可矚破。

元 僧益《題徑山》（《佩文齋詠物詩選》卷八三輯） 攀蘿捫石上崔嵬，爲訪名師特地來。碧眼望穿紅日際，青鞋踏破白雲堆。松濤振壑鳴天籟，瀑布春崖動地雷。好境自然塵世别，何須海上覓蓬萊。

明 王冕《竹齋集》卷下《過蘭亭有感》 東晉風流安在哉，烟嵐漠漠山崔嵬。衰蘭無苗土花盛，長松落雪孤猿哀。滿地斜陽似無主，昏風不獨黄鸝語。當時諸子已寂寥，真本蘭亭在何許。攲檐老樹緣女蘿，崩崖斷壁青相磨。舊時觴詠行樂地，今日魚鼓瞿曇家。荒林晝静響啄木，曲水潺潺似山哭。游人不來芳草多，習習餘風度空谷。去年載酒誦古詩，今年拄杖讀古碑。年年慷慨入清夢，何事俯仰成傷悲。故人不見天地老，千古溪山爲誰好。空亭回首獨凄凉，山月無痕修竹小。

明 劉基《誠意伯文集》卷一〇《龍虎臺賦》 猗歟太行之山，呀雲豁霧，結元氣而左蟠。於赫龍虎之臺，摩乾軋坤，魁羣山而獨尊。其背崔嵬突兀，森岡巒而拱衛。其勢則崑崙駭駭，仰星辰之可捫。白虎敦圉而踞峙，蒼

龍蜿蜒而屈盤。狀昂首以奮角，恍飆興而雲屯。其北望則居庸巀嵲，煙光翠結，攢峰列戟，斷崖之鐵。踆烏飛而不度，古木樛以相掣。其下視則漲海沖瀜，飛波洗空，風帆浪舶，往來莫窮。想瀛洲之密邇，睇三山之可通。彼呼鷹戲馬，適足彰其陋，而眺蟾望鵲，曷足逞其雄。豈若兹臺之不事乎版築，而靡勞乎土功也。想其嵚崟碕礒，曼衍迤邐。形高勢平，背山面水。巨靈獻其幽秘，歸邪護其光晷。何嵩華之足吞，豈岱宗之可擬。此所以通光道於上都，揭神京之外壘。匪松喬之敢登，羌乘輿之攸止也。至若四黄既駕，鹵簿既齊。方玉車之萬乘，蔚乎翠華之萋萋。載雲罕與九游，光彩絢於虹霓。山祇執警以廣道，屏翳灑雨以清埃。朝發軔於清都，夕駐蹕於斯臺。明四目以遐覽，沛仁澤於九垓。眇軒轅之梁甫，屑神禹之會稽。雄千古之盛典，又何數乎方壺與蓬萊。慨愚生之多幸，際希世之聖明。雖未獲覩斯臺之壯觀，敢不慕乎頌聲。遂作頌曰：傑彼神靈，在京之郊。金城内阻，靈關外包。上倚天倪，下鎮地軸。太行爲臂，滄海爲腹。崇臺峨峨，虎以踞之。羣山寵嵸，龍以翼之。於鑠帝德，與臺無窮。於隆神臺，與天斯同。崇臺有偉，鸞駕爰止。天子萬年，以介遐祉。

明 胡奎《斗南老人集》卷五《題蘭亭流觴四絶爲鄭大尹賦》 開元供奉侍鑾坡，妙墨流傳辨永和。定武化身千百億，只今刻石已無多。

永興寺裏蘭亭帖，千古高風不可攀。却笑昭陵藏不得，又隨金盌出人間。

前朝畫史李龍眠，想像流觴曲水邊。四十二人同列坐，茂林修竹尚依然。

鄭公好畫比瓊琚，收得山陰禊事圖。不向昆明隨劫火，却從合浦得還珠。

明 胡儼《頤庵文選》卷上《滕王閣賦》 翳仙李之盤根，布柯條於區宇。既命爵以錫圭，遂分茅而胙土。惟滕啟封，實介鄒魯。爰來豫章，督郡開府。山川秀靈，人物蕃廡。星麗斗牛，地兼吴楚。據百粤之上游，壯雄藩之重輔。朱門畫戟，號令肅乎風雷，繡闥雕甍，詩書被乎閭里。誠東南水陸之都會，古今人材之淵藪，宜乎王公之所臨處也。想夫端居多暇，深宫日長。圖書既厭，琴瑟倦張。中心不愜，積思浩穰。乃命輕駕，肅冠裳，擁高牙，驂乘黄，俯郊郭，耀旗常。六轡總總，八鑾鏘鏘。騰吹長阪，弭節高岡。江山相望，鬱乎蒼蒼。既游目以騁懷，遂欣欣而樂康。於是戒梓人，程匠石，相陰陽，表區域。奠方位於高明，燔菑翳於蓬藋。輦杞梓之良材，斵巖巒之秋骨。締構費於經營，精神妙於規畫。巋然傑閣，成功不日。觀其臺榭凌虛，檐牙翬飛，碧窗瀟灑，彩檻透迤。際平沙兮浩浩，撫長江兮漪漪。謝氛埃於物表，接莽蒼於天涯。遠烟積兮凝黛，空翠生兮襲衣。碧瓦華榱，青山隱隱。丹楹藻棁，緑樹依依。錦纜牙檣兮璀璨，鶴汀鳧渚兮參差。至若春日載陽，花明柳碧，素練澄江，長天一色。薰風島嶼，渺孤鶩於落霞，野水蒹葭，亂白鷗於飛雪。啼鴂送半山之夕陽，征鴻横千里之明月。地位絶湫隘之炎歊，房櫳隔高寒之凛冽。四時朝暮，光景明滅。於以宴樂，於以游息。或憑高以暢神情，或望祲而書雲物。帶彭蠡之渺茫，挹華峰之秀特。列閣皂之雲屏，倚洪崖之丹壁。招五老於匡廬，納九江於几席。呼君山之紫髯，吹洞庭之玉笛。吞雲夢兮八九，曾不芥蒂於胸臆。賓從光兮羅綺陳，簫鼓咽兮歌舞新。遏行雲兮動梁塵，玉颜酡兮玉杯側，美人醉兮嬌豔春。一旦事闌人去，物换星移。樹閣公之棨戟，聳王勃之文詞。朱簾垂兮雨冷，畫棟黯兮雲飛。對樽前之潭影，目檻外之波馳。濡毫授簡，蓋已太息於當時。余嘗泛舟章江，繫榜南浦。訪故老以遺蹤，指蒼苔之斷礎。古木號兮西風，芙蓉悴兮夕露。壞堞鴉飛，滄烟蛩語。宿草迷堤，殘碑仆土。佩玉兮鳴鑾，音塵兮何許。惟江上之西山，見君王之歌舞。粲采采之黄花，空蛺蝶兮栩栩。繼三王之文雅，擅後來之韓愈。仰巴山之故亭，與丹梯而并峙。竹色兮松聲，凄凉兮杜甫。余乃浩然興懷，惻然悽楚，樂極悲來，豈惟斯故。追往事於亡陳，亘臨春與結綺。藹香風於沉檀，極人間之麗美。何啻百倍於斯閣，終亦凋零而銷毁。矧楊氏之四香，又驕奢而侈靡。彼冰山兮莫悟，竟何足以比數。並漂摇於瓦礫，而同鞠爲榛莽矣。獨河間之禮樂，暨東平之徽猷。著藩屏之良規，流芳馨於青史。顧賢否之異塗，徒感慨於千古。

明 彭輅《冲谿先生集》卷二《煙雨樓》 芳洲遠郊郭，據勝頗凌絶。已與闤闠違，炊烟尚明滅。淮南近小山，會稽連禹穴。西攬赤城霞，東延洞庭月。桂樹方叢生，杜蘅亦參列。漁父歌滄浪，愚公采新蕨。輕舟數來往，壺觴以時設。寄語中林士，偃此足怡悦。

明 謝兆申《謝耳伯先生全集》卷八《觀龍湫亭子詩》華通府倚三峽橋而作是亭，可觀水。 石歙流奔湍，故梁隱簾妙。觸險鳴哀響，俯瞰紛悸掉。洄湍宿潛靈，素氣浮巨磝。有亭倚峽橋，縣霤始日曜。夾谷斷復聯，遠黛矚闉嶠。褰裳厲磵石，草樹翳蘿蔦。岬浥潤紺碧，雷洊轉電趒。濺如朝霧霏，㩳若秋風吗。夾岸崇傾崖，披雲限壁陗。詎知曜靈烈，乃銷溽暑歊。濯此石下湫，窺彼岫中突。仰視青冥期，且適山水樂。

清　吴嵩梁《香蘇山館詩集》《古體詩鈔卷八・靈山》 千山遶郡城，此與舳亭對。白雲出復歸，陰晴極殊態。有時雲忽停，其影落山外。朝朝掛笏看，蛾眉掃新黛。

清　王慶勳《詒安堂詩初稿》卷六《陪鍾伯陽師同張儼山沈曉湖甘允之游清凉山登翠微亭》 來上翠微亭，羣峰簇畫屏。江光飛練白，山色抱城青。全攬金陵勝，曾經玉輦停。夕陽閒似舊，不見藕花馨。

雜　錄

宋　李昉等《太平廣記》卷三九七《贛臺》 虔州贛臺縣東南三百六十三里，《南康記》云：山上有臺，方廣數丈，有自然霞如屋形，風雨之後，景氣明净，頗聞山上有鼓吹聲，即山都木客爲其舞唱。出《十道記》。

明　王圻《稗史彙編》卷一二一《凌烟閣》 唐太宗貞觀十七年，詔以功臣圖形凌烟閣。閣名凌烟，世傳始于太宗，然宋鮑照亦有凌烟樓。銘曰：瞰江列楹，望景延除。積清風露，含采烟塗。俯窺淮海，俛眺荆吴。我王能架，恩寵神居。宜此萬年，倐靈所扶。則凌烟蓋始于宋也。

明　鄭仲夔《玉麈新譚》偶記卷四《掘土得蘭亭》 彭次嘉營寒松館，命僕於梧桐樹下掘土爲臺，至三四尺許，有青石一塊，石上得蘭亭刻板，字劃如新，爲余友彭雲徵所得。

一方勝概

論　説

南朝梁　陶弘景《陶隱居集》卷二《答謝中書書》 山川之美，古來共談。高峰入雲，清流見底。兩岸石壁，五色交暉。青林翠竹，四時俱備。曉霧將歇，猿鳥亂鳴。夕日欲頹，沈鱗競躍。實是欲界之仙都，自康樂以來，未復有能與其奇者。

唐　王維《山中與裴秀才迪書》卷一八《王右丞集箋注》 近臘月下，景氣和暢，故山殊可過。足下方温經，猥不敢相煩，輒便往山中，憩感配寺，與山僧飯訖而去。北涉玄灞，清月映郭。夜登華子岡，輞水淪漣，與月上下。寒山遠火，明滅林外。深巷寒犬，吠聲如豹。村墟夜舂，復與疎鐘相間。此時獨坐，僮僕静默，多思曩昔攜手賦詩，步仄逕，臨清流也。當待春中，草木蔓發，春山可望，輕鯈出水，白鷗矯翼，露濕青皋，麥隴朝雊，斯之不遠，儻能從我游乎？非子天機清妙者，豈能以此不急之務相邀？然是中有深趣矣！無忽。

明　王士性《王太初先生五岳游草》卷一二《雜志》下卷 勝槩天下名山：大華險絶，峨眉神奇，武當偉麗，天台幽邃，鴈宕、武夷工巧，桂林空洞，衡岳挺拔，終南曠蕩，太行透迤。三峽峭削，金山孤絶。武林、西山借土木之助，太岱、匡廬在日仲之間。北岳不及崧高，五臺勝於王屋。鴈宕無水，武夷可舟。望遠則峨眉，登高則太華。水則長江洶湧，黄河迅急，兩洞庭浩淼，巴江險峭，錢塘怒激，西湖嫵媚，嚴陵清俊，灕江巧幻。至於朝日如輪，晚霞若錦，長風巨浪，海舟萬斛。觀期至矣，勝斯盡矣。余皆身試，思之躍然。

磯島大江水中，石山突出，枕水爲磯，如燕子、三山、慈母、采石、黄鵠、城陵、赤壁俱佳。采石四周背水，江流有聲，月夜有餘景。赤壁三面臨水，汪洋玦抱，洲渚淺處，芳草時立鷗鷺，晴日爲宜。燕子僅水遶一方，然巉崿奇峭，怪石欲飛，晴雨雪月，無所不可人意。【略】

樓閣自古有名者：仲宣樓在荆州城上，所見惟平楚，亦非其舊址也。太白樓在濟寧州城上，濟、汶、泗水横絡其前，帆檣千百過酒樓下，時有勝致。及登南昌滕王閣，章貢大水西來注北，閣與水稱，傑然大觀。然不若武昌黄鶴樓，雖水與滕王來去不殊，而樓制工巧奇麗。立黄鵠磯上，且三面臨水，又西對晴川樓、漢陽城爲佳。總之，又不若岳州岳陽樓，君山一髮，洞庭萬頃，水天一色，杳無際涯，非若滕王、黄鶴眼界可指。故其勝爲最。三樓皆西向，岳陽更雄。

清　董聞京《復園文集》卷二《吴興耆舊傳序》 吴興山水清遠，豈虚語哉。凡天下之山，未必與水宜，而吴興之山，皆環乎水。凡天下之水，未必與山宜，而吴興之水，皆麗乎山。山水之所會，其人必近於文。故其地也，高皋平岡，通溝曲塢，襟帶相望。其産也，千章之竹木，萬頭之禽魚。【略】余嘗按節吹管而聽之，山之氣，則高以肆矣，水之氣，則激以清矣。山水相會之氣，則縈迴萬變而不自已矣。

綜　述

明 劉球《兩谿文集》卷一三《黃田八景詩序》 地之遇其人，人之名其地，皆若有所待也。極縣之北，有黃田焉。其山蜿蟺而盤，崒嵂而起，皆列翠於其四面。有水，中其兩山而行，迂徐恬潔，貫四時而長清。山之木多松，松下有逕，樵人往還扣檐，相和而歌，聲聞旦暮。遶溪皆叢竹，昏夜，漁火照映其間，錯若明星布地。溪上有舊墩橋，通驛道。驛改橋頽，而故址餘砌猶在。其山溪會處有鉅石，斷如鋸畫，分置道左右。世傳昔有二仙争道，爲前至者推石蔽其路，後至者奮劍斷石，而路復通。每冬雪霽，其峰之特峻者涷白彌旬，若玉柱矻立天表。陰崖有洞，風時從之出，則聲鳴若雷。是皆奇勝可觀。然自天開地闢，未嘗見好於人，能名於世，必待傑特有文之士。彭氏庸質莊於其間，往顧來瞻，列爲八景而後，時之能詩者歌詠興焉。夫染谿更名於子厚，而《八愚》之詩作。姑熟經游於太白，而《十詠》之誦傳。皆地之遇得其人，而後名也。今黃田之景，幸遇庸質，又豈不足發人之歌詠，昭人之耳目，以與染谿、姑熟同垂之無窮哉？余故序以張之。其八景之名：一曰羣山列翠，二曰一水清流，三曰松陰樵逕，四曰竹裏漁燈，五曰殘橋古道，六曰斷石仙蹤，七曰雪峰玉立，八曰風洞雷鳴。

又 卷一四《會稽八景序》 會稽爲浙望郡，而山水佳於天下。其南十餘里，有禹穴，在龍瑞宫之側。世謂禹藏書其中，司馬遷嘗慕而探焉。至今烟霞覆護深密。説老氏者，復指爲陽明洞天。其東南二十五里，有山蔚然，蓊茂樹而藹繁雲者，會稽山也。其名自禹始，越勾踐北於吴而栖焉，卒以餘兵克吴。其東北九十里，有山屹立海岸，曰夏蓋者，雄峙峻絶，以禹之駐蹕名也。山之下，潮汐之聲遠聞若雷。其東南十三里，聳奇疊翠，曰齋臺者，勾踐嘗壇之以事禱焉。每日將旦，則曙光曈曨，輝映遠邇，此皆山之尤佳者也。其間未嘗無水焉。其東八十里有江名娥者，漢曹盱之女死孝所也。每夕陽沉深，影映古祠殘刻，過者爲之感慨。其環城之四面爲鏡湖，周百餘里。當春融水溢之際，波光浩渺，魚鳥交泳，而蘋藻漾緑，又其最勝者，明皇賜賀知章休老處也。其西南三十里爲蘭亭，雖修禊流觴曠久不舉，而激湍之水，茂林之竹具在，右軍遺風，尚可想者。其東南七十里爲剡溪。王子猷之憶戴逵也，雪夜棹焉。今復接邇龍門若耶之勝，好古者，多慕游之，此水之尤佳者也。其間未嘗無山焉。凡

山水之尤佳者八，皆古人之跡，而後世名之矣。

明 唐文鳳《梧岡集》卷五《龕巖十景詩序》 龕巖去治之東十里許。按越國公家傳，即公講學所也。山亘石無土，少草木，間有小木、垂羅、雜草，一皆托根石罅而生，冬夏亦不枯。地氣稍寒，日光所不照，雖盛暑陰風淒然。巖形穹窿，豁谺中空。洞可容數十人。兩山開列，横闊五尺許。澗水中出，清澈寒碧。近巖底水激射，深不可測。自源口披灌莽，小徑縈紆迴折，至是以小舟筏渡，乃可到巖前。有石坡二，鑱鑿累級若階梯然。登坡至巖，架以危橋，步之摇兀，下視深壑無底，使人目眩心悸。巖下有石，形覆而長，類舫。有潭，形圓而泓，類瓮。有泉，交互流注，若索。有峰，森鋭特出，若笋。飛流直瀉者，瀑布。危峰排列者，筆架。神鯉帶鐶，令公所放生。剳石試劍，令公所遺跡。供佛有刹，讀書有巖。此東龕之十景也。

又《靈山二十景詩序》 南岳衡山在古荆州之域，周迴二千餘里，屹然七十二峰，而江南之山，皆祖於衡岳也。騰踔起伏，盤旋拱揖，如龍形之矯矯，蟲足之跂跂，虎踞而蛇行，鳳飛而鵠立，千態萬狀，奇勢異蹤，莫可窮詰。延袤綿亘，突起而爲崆峒之山，在古處之封，爲江右諸山之祖也。聚而爲府治，散而爲屬邑支縣，脈貫乍隱而復見，欲斷而更連，踴躍走五舍，駐於興國縣。羣山外環，平川中豁，據震艮之位，有靈山焉。兩崖壁立，夾水爲澗，小徑縈紆，羊腸九曲。俯卑而窺高，穿深而度密。是以層峰疊嶂，其勢嵯峨而嵌欽，頑石懸崖，其色蒼紺而黯黝。怪特詭秘，神剜鬼鑿，心駭目眩，並難名狀也，尤難摹寫也。不知天造地設、鍾英孕秀於是，歷幾千百載矣。山多勝景，莫能殫述，而擇其顯著者，得二十景。自山之麓至其隩，沿途多松，清陰覆苔，類引行人，曰引路松。於半坡翼以一危亭，白雲吞吐，隘若關險，榜曰雲關亭。入源口當寬夷處，峰回水繞，原田古木，題曰碧環亭。傍陰崖下，累石爲龕，厥世長逝，火浴風化，號曰化僧亭。近寺有橋横澗，有屋庇橋，夜月娟潔，秋波澄澈，名曰水月亭。奇峰五，各以形肖名。左蹲伏獅子，草生石面，風吹冉冉，猶毛披然。右峙垂象鼻，烟抹崖頭，霏霏漠漠，猶氣噓然。圓而仰者香爐，圓而覆者鉢盂，鋭而長者石笋。玉珠有泉，懸流點滴，如珠在貫，疑鮫人之泣也。仙女有潭，竅石空通，如壺注水，知龍公之宅也。有二巖，虚洞類屋，範金爲觀音像，庋置其中。危峭百尋，必釣繩以引，則人可到也，劃然欲睡，隱然欲伸。石曰伏虎，使李廣卒遇之，則射而没羽也。偭規而就矩，稟地像之形，扶疏葱蒨，爲方竹林。厭紅而棄青，鍾商顥之色。秀異娟净，爲白蓮池。弘敞

其門，不二於道，揭以歸一。陰翳其洞，不褻於暑，名以芭蕉。阽危架險，有橋幽幽，浮光涵影，有池湛湛。此勝景之得名，而可詠可述也。

明 楊慎《游點蒼山記》（《云南通志》卷二九之七引） 余自爲僇人，所歷道塗萬有餘里。齊魯楚越之間，號稱名山水者無不游。已乃泛洞庭，踰衡廬，出夜郎，道碧雞而西也，其於山水，蓋飫聞而饜見矣。及至葉榆之境，一望點蒼，不覺神爽飛越。比入龍尾關，且行且玩。山則蒼龍疊翠，海則半月拖藍，城郭奠山海之間，樓閣出煙雲之上。香風滿道，芳氣襲人。余時如醉而醒，如夢而覺，如久卧而起作，然後知吾向者之未嘗見山水，而見自今始。

明 嘉靖《秦安志》卷二《地理・八觀》

隴溪春色 緑溪多圃，圃多花果。而三春争妍，有異於他溪者。

鎖峽秋光 峽長三里許，而山色巃嵸，水聲砰湃。三秋風色溧溧，經行者颯然。

興國梵宫 秦少寺，而寺又多陋。興國之佛殿奇巧，稍爲可觀焉。

九龍湫窟 九龍矗矗，九湫濊濊，故其山稱靈焉。山非龍也，而雲出焉；湫非龍也，而雨興焉，可以備旱矣。

隴首曉耕 隴多平壤，又多大族。曉起耦耕，望之，如列陣然，是可觀也。

高峰晚眺 九龍之峰，高出衆山。夕陽返照，掩映千壑，行人倚馬，罔不徘徊焉。

墨土嘉禾 隴西地瘠，故其禾少嘉。若墨土之禾，易植易穫，則又勝於隴東云。

古廟奇槐 關侯廟南有槐焉，蜿蜒槎牙，宛如龍形，過者必佇目。居人不加護惜，今不復有槐矣。

明 周聖楷《楚寶》卷三三《隆中考》 隆中，即今襄陽伏龍山，在縣西南二十里。袁小修曰：伏龍隱隱若龜背，起山口，西向，如一竇。其中含□羣峰，流泉界道，古木蒼籐，封天蔽日，奇石巉巉，巖洞突兀。景有八，所謂三顧堂、六角井、古柏亭、躬耕田、梁甫崖、抱膝石、老龍洞、小虹橋、半月溪、野雲菴也。訊所云草廬處，已爲王家幽宫矣。大約因山爲墻，因水爲池，因崖爲屋，因夷爲田。不出户而山中所宜有者皆備，極邃，極廣，極清，極腴。孔明擇而居之，可謂神眼，可見隱才。

清 黄中丞《續題八景》（《寧夏府志》卷三《山川》引）

藩府名園 鹿景園、小春園，爲城東極威之觀。

承天塔影 承天寺，南廊之僧房，有塔影倒垂，後又在東廊，理本難窮，説亦非一。

南樓秋色 南薰門樓，傍山面湖，居民邨落連屬，當秋高氣爽，可以遠眺。

泮池巍閣 郡學泮池，引活水流注，魏閣高峙，映帶櫺星。

霜臺清露 城北舊有都御史行臺，儀制森岩，更樓上銅壺滴漏，午夜聲傳，猶前朝遺器。

南塘雨霽 南塘之盛，水榭畫舫，昔擬西湖，其尤佳者，雲氣初收，晴光乍展，魚鳥花柳，别有新起。

黑寶浮圖 黑寶塔十三級，高聳入雲，自七層而上，從外攀旋，雖當時明風颯颯，如御虚然。

土塔名刹 即龍興寺，在西門外。唐來渠下臺閣，高敞遠眺賀蘭，俯臨流水，與黑寶相輝映焉。

清 乾隆《甘州府志》卷四《名勝》 甘州，古流沙。其氣清曠，其風茂美。匈奴既失甘泉，擇勝地以續金人之祀，而改鑄於此，有以哉！昔人覽物，務存遠大，一草一木，一邱一壑，足以極視聽之娱。蓋天作地生，自呈工巧，水流山峙，常毓菁華。南方或窮其瑂琢，西極適肖其瑰奇也。見聞所及，最者十二，附於篇。

合黎禹蹟 合黎，删丹西，境接張掖域也。删丹西十里石嘴山，其北土崗，勢與山接而中斷，弱水出焉。世傳大禹導弱水處。水上有橋，橋北板屋參差，隱見烟林間。朝暾夕月，饒有勝致。而西望流沙，尤歎明德之遠矣。

流沙仙蹤 周柱下史老子李耳，當周衰，乘青牛入函谷關，爲關尹喜著《道德》五千言，乃去，入於流沙，不知所終。《漢志》云：張掖東北有居延海，古文以爲流沙。《括地志》云「張掖東北六十四里，有居延海」是也。土人相傳，恒隱隱有紫氣云。

居延勝塞 鐵門關北直走，亦集乃道也。連山忽闢大道，中通丹崖翠嶂，遞互逢迎，令人流眄不置。而遮虜障遺趾尚存，伏波壯猷，如在目前。又爲甘郡第一衝要焉。

柳谷神符 柳谷見《古蹟》。漢末及晉魏間，石瑞迭出，並詳《世紀》。而谷中窅深幽折，尤耐招尋，蓋亦山靈之秀異云爾。

東山烟霧 城東五十里東山寺。其後崇山甚峻，初入谷口，峰巒秀美，澗谷瀠洄。每朝日初上，掩映烟霧，望若蓬瀛。故晉郭荷隱居處也。

薤谷晴嵐 城南百里馬蹄寺，古臨松山，薤谷地也。晉宋間，敦煌郭瑀鑿石窟隱此，弟子從之者衆。後人因而擴之，遂爲名刹。峭壁削成，石泉澄澈，雲衣迷逕，嵐氣襲人。游其際者，悠然作出世想。

昭武流霞　昭武見《古蹟》部。地當山麓，前臨水湄，材埠林椒，天然幽勝。其夕日返照，明霞片片落黑水中，而板屋烟樹，掩映斜陽，尋常巷陌，不啻仙源也。

祁連積雪　郡南城樓正對祁連，積雪不消，每盛夏烈日，憑檻望之，光皎倍常，而凉生於座。

黑水春融　黑水逕城西八里铺，冬凝春泛。每至三月，農人封羊祀龍神，則水應期漲，碧波澄鮮，分流諸堰，而歸子主伯，穰穰遍野。蓋甘人舉趾於是始焉。

甘泉晚照　城南門内有甘泉廟，層閣上連雉堞，甚宏敞，下臨甘泉，旁有兩亭，舊甘泉書院精舍遺也。泉水東北出，聚爲平湖，澄澈可鑒。而憑欄遠望，長天一空，居延遮虜，類皆指顧間也。每西日返照，氣象萬千，令人有凌雲之想。

板橋夜月　板橋，賢興聖覺菩薩所建者，今湮，而黑水至斯積成巨浸。每月夜挐舟吟泛，天光水色，吞吐相照，映成一片光明世界，最足醒人心脾。

删丹朝暉　删丹山在今馬營墩南，俗名大黄山，古焉支山也。峰嶺比次，每朝日初上，其陽承暉，色若丹，而其陰凝烟爲深碧，丹碧相間如删字。漢初取以名縣，亦山水之奇觀也。

清乾隆《寧夏府志》卷三《山川·改定朔方八景》　山屏晚翠　賀蘭山環抱如屏，在郡城西。每當斜陽返照，萬壑千巖，嵐氣蒼翠欲滴。

河帶晴光　河自西南來，出峽口，繞郡城，過平羅，復北折而西，紫瀾浩汗，晃日浮金，縈迴數百里，望之若帶。

古塔凌霄　城北海寶塔，舊志稱赫連氏重脩，蓋漢某募重建焉。高十一級，計百餘尺，觚棱秀削，迥矗雲表。

長渠流潤　渠之大者，漢唐、惠農，各長二三百里，兩岸陡石以千計。洪流分注，噴瀑濺濤，繡壤連畦，瞬息並溉，洵斯民之美利，即此地之勝觀。

西橋柳色　唐渠過郡郭西，穹橋駕其上，滿漢城通途也。橋北爲龍王廟，廟西板屋數椽，面山臨流，風廊水檻，夾岸柳影，氍毹來往，輪蹄絡繹其間，望之入繪。舊志八景有官橋柳色，以今準昔，殆此勝於彼矣。

南麓果園　漢渠東官橋以南，園林尤勝，多植林檎。當果熟時，枝頭紺碧，纍纍連雲，爾望不絶。唐韋蟾詩云：賀蘭山下果園成。想昔時風物已自如是。

連湖漁歌　唐渠東畔多瀦水爲湖，俗以其相連屬，曰連湖，亦曰蓮湖。在邵剛、李俊二堡間者最大，週環數十里，不生葭菼，而水深多魚，澄泓一碧，山光倒影，遠樹層匝，時有輕舠出没煙波中。過者淼然動江鄉之思。

高臺梵刹　郡城多古刹，以高臺寺爲絶勝。前明爲小春園地，今園廢寺存。僧房佛閣，閑静崇敞。前跨兩臺間爲天橋，憑欄遠眺，極目河表數十里，青畦緑樹，皆在履舄之下，真柳子厚所謂曠如者。

清嘉慶《峽川續志》卷《名勝·續十二景》　廣福探梅　東廣福院，地踞幽僻，古梅百餘本，花時暗香疏影，與嵐光松竹相掩映，不減孤嶼之勝。

東山香市　妙智閣倚山傍水，每歲春時，遠近士女相率祈蠶，藉以踏青。雖有識者，不無蘭藥之嫌，然豐樂之景，太平之象，於此如繪已。

上方朝爽　紫微山上方近挹人煙，遠涵天碧，與夫遠水風帆，平湖隴畝，一幅天然圖畫，而當宿霧初收，朝暾乍出，景尤清。

山亭鳥語　東山磴道有亭翼然，爲半山亭。其地峰巒迴合，竹樹蒙茸，幽鳥時鳴，宫商一片。坐憩其間，令人心曠神怡。

郜嶺垂虹　郜嶺俯瞰東湖，雲水空濛，而竦秀橋環影凌波，長堤蜿蜒，隱見林麓間，宛若天際垂虹。

石窩小隱　萬石窩，奇峰門合，游跡罕至。而查公東山以拔俗之才，作出塵之計，結茆菴以棲息，真不愧世外神仙也。

鵑湖塔影　鵑湖百頃，澄静空明。而東峰之塔，流影其中，亭亭直立，儼如鰲柱建置水底，景絶奇幻。

菊莊秋色　菊莊傍東山東麓，峰巒特秀，竹籬茆舍，迥隔塵囂，丹楓黄菊，點綴秋光，頗稱幽雅。

石涇觀魚　石涇繞東山之麓，細流如帶，荇藻紛披，錦鱗游泳，一二可數，似較之花港、玉泉，更饒逸趣。

俞橋楓葉　俞橋在東山西麓，曲水環山，地最幽勝。當秋葉經霜，紅黄錯雜，而夕照穿林，嵐光迴映，杜樊川「遠上寒山」之詩，仿佛近之。

放庵晚磬　放菴在西山之西，古木疏篁，别有一天。每當茶煙乍歇，素月穿林，清磬一聲，此情此景，耐人領略。

蓬壺烟雨　蓬萊閣憑高凌虚，遠眺滄海。沿海諸峰，羅列檻外，境固爽塏。而煙雨之景，空濛一抹，更勝米顛潑墨圖，故取景以此。

清　光緒《鎮安府志》卷一〇《山川》　天馬山，州西里許。馬首昂然，有騰霄之勢。爲向武十景之一，題曰天馬昂霄。

松山，州南。環列署後，體勢莊嚴，與天台山相連。爲向武十景之一，題曰松山屏峙。

天台山，州署後里許。層巒聳翠，環列九十九峰，中一山卓立如臺，平廣數百丈，茂林修竹，曲徑橫橋。極幽遠之致，足供游眺。相傳宋時有隱於此者，石臺、石池遺蹟猶存，爲一州勝境。爲向武十景之一，題曰天台晚照。

獨巖山，州北四里。石壁嶙峋，中有三巖，逐層懸梯而上，中一巖曰萬福洞天，最上巖有釋迦像，巖石自成者。在州北偏東二里，高峻聳拔。爲向武十景之一，題曰萬福洞天。

百感巖，州東三里，石室宏敞，頂通一竅，潭水匯於巖下，石乳晶瑩，巖上石梁巧奪天工，人不能躋。舊志爲向武十景之一，題曰百感仙巖。

蒼孟嶺，州東二十五里。高峰疊嶂，四時煙霧，人迹罕到。又作蒼日，州北八十里。相傳爲狄武襄屯軍處，遺蹟尚存，爲向武十景之一，題曰蒼日屯雲。

向陽山，州東六十里。崇山對峙，一路中通，壁上大書向陽關三字。相傳係羅隱仙筆，歷久不滅。爲向武十景之一，題曰陽關鎖鑰。

八仙山，在川石里。石壁上有八仙像，爲向武十景之一，題曰八仙遺蹟。

水簾灘，州西南五里。兩溪合流，瀑布落於深溪，狀若垂簾，土名「呼泉水」。爲向武十景之一，題曰水簾掛壁。

清　光緒《海城縣志》卷二《山川·八景》

華山疊翠　山在城西南十五里。層巒聳翠，秀出西南，宛然圖畫。登臨遠眺，但覺重宵雲近，心曠神怡。雖非華岳洞天，亦邊方勝境云。

龍圖夕照　岡在縣東南六里，即華山分支。自城南轉而東，形若卧龍，勢如樓閣，俗以牌樓名之。每當夕陽西下，餘光掩映，牧童樵夫，行狀互答，如在鏡中。

古寺疏鐘　東岳古寺在城東里許，不知創自何代。雖殿閣剥落，寺有懸鐘，風朝雨夕，餘音斷續，令人生今昔之感。

清池皓月　按池在城南門外。鑿自人工，沙堤環繞，星斗虚涵，饒有空明氣象，亦山僻中水月景也。年久淤塞，光緒戊申夏，知縣楊金庚重修之。

天山積雪　山即天都山，在縣西南四十里。高出羣峰，延袤百里。冬春之季，六出常飛。自夏及秋，積冰不解。捲簾遥望，儼似玉宇瓊樓，恨不得振衣第一峰也。

靈寺散花　寺名靈光，在縣西南十五里。係華山西南隅，獨踞羣山之勝。奇花異木，渾不能名。傳寺成之日，山成蓮花，人稱靈異，詎真天女散花所致歟？

五泉競例　泉在縣南十四里五橋山下。源深不盈尺，其水清冽，城市賴之。五泉環列，水從山出，一如黄河發源之星宿。海縣城乏水，以海得名，殆即因此也耶？

雙澗分甘　五泉出山里許，流分東北，曰雙澗源。泉水甘香，晝夜不停。汲飲之餘，農圃藉以灌溉，不竭不涸，足資民生之用，亦造物之奇矣。

紀事

明　李時勉《古廉文集》卷三《中溪八景記》　距安成之東一舍許，有地寬平而曠衍，環境皆山，或磅礴而高厚如屯雲，或峭拔而離立如列旗，或連亘而縈迴如湧潮，層見疊出，不可名狀。其間又多故族，以儒雅相尚。而彭氏在平村之間，前後皆有小溪，中溪而居，故號中溪。居之北有石榴峰，特立大江之濱。峰之西南峭石壁立，江流至此，泓渟澄瀅，魚鼈之類游泳其中，可以頭數，其下深不可測，蓋有龍潭云。溪之東可五百步，有小澗狹隘，兩傍皆土，黄而堅。下有平石甚巨，中有竅如井，方圓才尺許，泉出其中，測之不可窮，雖大旱不涸。由井東南行五六百步，有峰曰東陽，高出數千尺，峰頂巨石如砥，可坐百人，天將雨則其上必先出雲。東陽之西南有山，頂趾皆石，石之半有洞，名石屋，居人立廟其中以祀唐像，像嘗爲安成令，歿而相傳以爲神，故逮今祀之。石屋之南有峰拔起，曰白馬。諺云像嘗乘白馬止此，因以名。比諸峰獨高，每朝陽初昇而光景先動。峰之下有湖曰蜜湖，方廣數百畝，然居高而輸下，爲防以瀦之，然後可以灌溉。故春夏瀰漫，秋冬則枯竭。獨南有蛟窟，其水常盈，且多魚，漁人不敢下取之。湖之上稍西，其嶺曰黄牛。舊傳有乘黄牛入此山者，不知所往。山極高，每村墟夕陰，而其頂尚餘返照。上有三仙臺，謂昔有仙者三人止此，既去，鄉人因築臺候之。天氣清明之夕，或有燈光見於其上。凡此，皆游觀之勝處，而在中溪左右前後可見者也。彭氏有佳子弟曰琉字毓敬者，乃取而名之，以爲八景，屬予記。夫山水因人而重，自古已然。毓敬聰明有智略，始第進士，已爲人所羡慕。將見鄉用於時，必卓有所樹立無疑。然則爲吾鄉山水之重者，非毓敬其誰哉！

明　汪循《汪仁峰先生文集》卷一二《鵬原十景記》　鵬原，鵬鵠原也。舊傳二鳥交集於原，故名。後居民彭護姓者有其地，易之以氏，而更原作源。有宋間，予始遷祖員公自旌城即源之口居之。襲承其舊，曰彭護源口。里書板籍失其真者五百餘年矣，莫有能復之者。家君竹山先生首考先世之所藏，旁搜野録之所載，剪訛伐舛，殺而正之，曰鵬原。復即原之山川可供吟眺者，釐爲十景。命某記之。某惟家在萬山中，隔市闤絶車馬，幽閒深邃。一泉一石，皆有清趣。一草一木，皆有生意。徜徉游泳，何所不可，而可以十景限量耶？家君之意，蓋謂耳目所接、人境所同者不足書，而書其或名於古，或勝於今焉者耳。居之北，有峰突起，曰壬辰尖。陂陀自率山而亞於率山者，又羣峰之望也。巔有巖，巖有白石肖佛，先民祀之水旱，禱焉。至於今，應曰玉佛巖。居之南，大連、小連二水合流近遶一里許，曰汪王灘。中屹巨石，曰汪王石，瑰奇怪偉，特異衆類，俗謂先越國公嘗飲馬於此，後人名之，理或然也。居之西，原之將窮，曰坑頭。古有龍井，窟圓徑一咫，清瑩澄徹，深不可度，有龍潛焉。居之東，源水出口，名深渡津。兩山夾峙，狀類象獅。獅山有石碑，水長不涸，行者指爲鼻竅，必佇目焉，是爲伏師岡。西南一峰特立，尖高若文筆，與壬辰相望，是謂仁峰尖，即某竊以自附者。東南汪王灘下，匯爲潭，曰天井窟。又下爲湍波瀾，縈迴可觀道體。左一山，奔趨扈從，直前俯首如鍾，爲覆鍾山。右一山，連岡倒下，橫伏如琴，爲橫琴嶺。鍾山下溪流頗深，有石浮水面，如印之狀，水分流，中湧小洲，復下爲淵，曰店潭。末復湧一大洲，而水環遶其側，其形如龜，謂之浮石印圓渚龜焉。此十景之大槩也。至於天生地設、工妙無窮、月夕風晨、變態萬狀，蓋莫能述。而執筆之餘，不能無所感也。水色山光，風聲月影，自開闢至於今，同也。炊烟相接，雞犬相聞，村居當與古不易也。不知自有生民以來，居於此者，幾姓能樂乎？此者幾人能樂，而知所以表章。如吾竹山君者，又不知曾有否也。某材質薄劣，猶夫人也。祇辱山靈，徒增悲慨，兹欲啟天地之秘藏、發山川之勝觀，使鵬原之山川，顯如磻溪，隱如盤谷，名勝於天下，傳播於無窮，則以俟夫後之君子。

明　王世懋《名山游記八種·京口游山記》　京口諸山，若北固、金、焦名特著，余行役皆一再至焉。客數津津誇招隱之勝，恨未一當吾游。萬曆癸酉首夏三日，余謁選北上，將至京口，與客謀爲招隱之游。悉屏騶從，治野服。同游者，周徵君公瑕、尤子子求、李子時養、陸子楚生、曹子子念，暨余從兄瞻美、從子一龍，凡數輩，皆覓筍輿魚貫而行。南折數百步，入山麓間。田疇相望，含桃錯植已。循一大樹，行可五里許，則兩山對削，中厓容徑，徑稍紆盤，漸入深窅。余從輿中望見山從面起，迴抱逕絶，乃招隱寺牓，旁出林間。余亟下輿，呼諸君前，公瑕故嘗游招隱者，揮手止毋。入寺，覩銀杏樹婆娑奇甚，相與蔭其下，圍抱竟五人。寺僧云是齊梁以前物。意且千年矣。從大樹稍折而東南，觀虎跑泉，泉匯爲二池，有亭界其間，池之外爲流觴數曲，池之溢而出山處也。又稍左而上，爲鹿跑泉，泉視虎跑稍清，而據地特勝。其亭後臨泉，前視大江，浸漫若湖，卜可榼，無易斯亭者。公瑕云：度嶺稍下爲招隱洞。余聞，鋭欲覽勝，輒偕健足者躋焉。涉頂四望，則金、焦諸山培塿並出矣。稍下，並崖而行，得所謂招隱洞者，洞可坐廿許人。坐頃之，公瑕以二童子掖而至，至則憊矣，第手指他洞及題石處。余復從輿同游者往探之。岩石稍稍異態，以洞名者無慮六七，大都不能甚奇，而嵌空互屬，竅若關轉，亦一勝覽也。所顔「玉蕊」等名及磨崖字，讀之皆弘正間人筆耳。覽竟，從它道返入泉亭。命酒脯觴，數十行，起入寺，已登小閣，下別山僧，將取道京口入舟，顧日尚中，謀所以竟日者。僧指輿者言，令小紆道，張王、東岳諸廟可游也。遂促輿行西北，久之出山。覩路旁有寺曰鶴林，廢不可游。張王廟者，俗稱張大帝，蓋水神也。【略】復稍東折見一高阜，東岳神廟焉。廟甚宏整，瞻謁而出，意覽勝止此矣。出廡東北行數武，見長堤横亘里許，大江近若來撼江上諸山，羅立東望，鐵瓮城萬井鱗鱗，烟日晃蕩，百雉争出，諸君共讙言，最勝地也。游人士女往往席堤而飲，徘徊久之，命輿而去。迤邐入舟，日猶熒熒在崦嵫，相顧游且未倦，而餘酣賈之，促命更其殽酒，步而行江千里許，至蒜山。山在淤洳中，不可登。時潮落網懸，風日澄鮮，隔江樓櫓舳艫，歷歷可指。金山正當面峙，繡碧相向，若褰裳可往。稍進，窮渡頭，折而登銀山。山跨出江中，古殿頹剥可怖。余攀磴行，據殿後危石而坐，下瞰江流齧石，作汩汩聲。須臾，日墜波間，江光縹碧，紫烟忽籠其上，顧望久之。數觴而下，歸途莽蒼。持觴者，不卅步輒一觴。比近舟，則燈火滿街壚矣。因訂明晨爲焦山之游。公暇素怖水，謂諸君毋相遲，僕且從象山渡，余業知其不能矣。听然笑別。計平生登覽，尠有窮日力如此，自幸不爲俗吏所縲。歸舟，對妻孥猶津津道不能休也。

明　王思任《謔菴文飯小品》卷三《游杭州諸勝記》　吴山頂極勝，予嘗居三茅宫，往眺之，有古松老檜數十章，前瞰海門，後臨明聖，大可生事。山主索高價，登水不力，又大盗時至，姑已之。

紫陽宮，石峭斗壁，蒼苔緑蘚，雨後游之，令我眉飛肉舞。右洞下野鶴蜕存，可以偹真，亦可以飲酒。

鳳山福院上，石笥如排衙，望大江入海晃晃然。天峰秀拔，其月巖一石圈鏡。寺僧言，中秋時，月嵌於此。不爽錙銖。

西湖之妙，山光水影，明媚相涵，圖畫天開，鏡花自照，四時皆宜也。然湧金門苦於官皂，錢塘門苦僧、苦客，清波門苦鬼。勝在岳墳，最勝在孤山與斷橋。

昭慶一市鬧耳，净寺幽雲，肥緑可愛，佛宫峻壯，入其中似我身小。東北僧舍皆竹建，寺前蓮沼，香紅萬點，白鷗沙鳥，往來飛啄。酒家魚藕甚賤，頗適游人。

黄貞父寓園在右肩，有石可剔，而無泉可淙，終不若寺門境界之豁爽可坐也。

飛來靈鷲峰，竇剔洞通，宋之問所云龍宫鎖寂，庶幾形至。然讀其全首，兼語靈隱，不獨「樓觀滄海日，門對浙江潮」也。其幽斗處曰韜光，在巢溝塢内。其疊翠處曰西清，曰岣嶁，家家以竹筧郵泉，倒行而激取之。可愛在分支擘脈，老樹萬千，老竹争蔽，戲猵騰猿，時或一見。我心所悦者，澗道石橋上，聽水看山，實爲撮要。若雪霽後，着一紅衲襖，持天台壽藤，步過僧舍，亦畫中一快仙矣。

九里松夾靈隱路植，有六朝者，有南宋者，有國初所補者，龍拏蚪舞，不與六橋桃柳争媚。

觀大士道場，水則南海，而山則上天竺，在北高峰麓，風氣團結，龍虎會合，宜其香燈之盛也。所可憾者，夾道殘人，叫號乏敗。中天竺在稽留峰北，共一佛也，過之無問者。下天竺在飛來峰下，巖洞嵌空，寺後有三生石，圓澤託生王氏事也。其磊磈堆垛者以千萬計。有一聚氣之所，菴之可以得道，内湖外江，予特訪之，留待緣人。

玉泉寺方池二畝，蓄魚五色者百頭，游人拍手呼之，啖以餅輒出應供。坐眠雲堂，吸龍井茶一甌，緑風生于兩腋。

石屋、烟霞二洞，皆琢佛纍纍。醉游者各書姓字，與酒氣肉風共留。洞亦何奇，僅可一時逃雨。其下有水樂洞，泉響似金石，可探而有之。

過惠因澗，取支徑上風篁嶺，而至辨才聖壽院。有亭曰龍井，水出龍口，流流然。寺僧飯我于潮音堂。緑雲翠雨，衣骨皆寒。

保叔塔有天然圖畫閣，勝絶。左江右湖，烟嵐萬千。至於返照蒸霞，其錦明玉采之奇，映發杯底。不知雪後更當何如？可以呼鷹落鴈矣。

法相寺有長耳佛，云定光者是。【略】老竹古杉，森立可儀。

赤山埠往南三四里，走林壑中，大率篬蕩寒翳。上一嶺而得定慧寺，坐大慈山如交椅然。門榜萬象森羅，杉檜皆數百年物。人看虎跑泉，言南岳分至。泉甘而洌，載到城，擔可百錢，汲不停手。予以蘿芥試之，僧以龍井和之，一時逸氣冷然，此子瞻題詩後一樂也。包家園何難潤屋，但其一派雪水滚至，石芽壑筍，沸走雲淙，此作泉亭狀首。次則傳錦衣過街竹閣下，有石三丈，清流扁瀉，可以追凉風取清枕，特爲粘出。于忠肅祠，入之毛竦，杭人以至日祈夢，夢不可解，解後則環伸酥破。山高木秀，安得此間結廬？

錢鏐王祠，僻静可依。坡公碑四統間立，乃吃糯米飯後所書者。

六橋花柳妍媚，忽爾松柏威森，則精忠武穆之廟墓也。山環水潴，醉人狂子。岸幘者整巾，笑喧者習肅，嗟呼！人心尚有血在。白楊碧櫝，鳥亦悲啼。

聖之清者，在花木曰梅，在禽鳥曰隺。孤山處士，終身不娶，以鶴爲妻，而梅且妾之。喜客，喜僧，喜茶，喜蔬，喜酌，喜吟，喜游，喜放浪，喜獨嶺上探梅，亭中放鶴，人皆知之，不知其孤山之妙。

湖心亭宜月，宜雪，宜烟雨，宜晚霞落照。

兩堤梅桃楊柳，花事爛熳殊有致。

冷泉亭，架壑據峰，山既飛來，水亦飛至，望之如擘鵝滚鷺，旋雪團銀，快我胸毗。同年李我存、黄瀘河觴予是間，復共探窟穿岩，看其中石乳垂滴，諸佛大士像星列，其青紫石光迸處，雲瀼瀼起，可愛也。

又《名山游記八種·京口游山記下》 余與諸君謀所，先舟子來告焦山便、金山不便。余雅意在焦山，亟頷之。比掛席行，駃若馳駿，安若就衽，瞬息抵沙岸矣。嫩葭黄麥，錯雜錦色，俄覩碧柳，盡插波間。連卷異狀，巨石偃仰，映柳中出。余時已大樂之，登岸入寺，【略】啜茗少憩，即循崖登山。道人庵在翠微，金山當其面，出庵若相賓主，息足庵中已。稍折而上，爲佳處亭，有楊石淙閣老碑記，公瑕篆書題壁間。山多密篠，蒙茸徑側，攀緣而上，遂陟山巔。巔有亭，角其四周，形似浮屠。僧云廢浮屠也。言或有據云。東望海門，與天上下，圖山或爲有無，金鼇若拳，西浮水面，不當一柱矣。迤邐欲下，以未采三詔洞，更取它道，瞻謁而返。凡上下所得，磨崖字無慮數十百，剔蘚讀之，多兩宋人名，次亦國朝名筆也。下入水晶庵，始命設罇罍。庵當南面，最勝，坐瞰江流，象山近若可梁。檣帆往來，必出其下。【略】過一院，幽閴無他奇，獨藤花翳牆，香氣鬱葧可愛已。復下，循東麓而行，歷僧舍盡，爲北麓，兩小山並峙江中，若雙闕然。淺流細石相戛爲金玉聲，則余向所濯足處也。從兹以西，壁石林立，奇環競效。人從石罅中行，尋華陽瘞鶴銘讀之，尚班班可識其半。或云好事者贋爲之銘，故在水中。然亦奇矣。石之大者若皇，小者若室，偃者若釜，立者若屏，若玦而完，若剖而連。據石仰望，上爲三詔洞，諸崖陡削，數仞，枝蔓緑綴，皆奇觀也。

明 曹學佺《石倉文稿》卷三《永福山水記》 閩中永福縣是一山水窟，東與侯官相接，有龍潭。游者徑王翰故居，地名官烈。【略】龍潭去此十里，其水流爲溪，石皆錦色，樹欹斜而古，多叢竹，竹盡見潭。潭在谷中，其上則水簾也。巖頂至下，有數十丈，縱之亦數十丈。水居十之一。有石室在水傍，居十之二。翰之子偁讀書於此。予見水簾多矣，未有傍可以室者也，與水同一岩，又同在岩頂，頂覆下，可蔽風露。地稍深，有土，有樹幾株，頹楹敗址，遺搆宛然。徑若蛇行，必累石以措足，始可達。相對有一小嶺，可觀水簾。嶺亦竹叢也，水聲入竹中，如裂繒。時揮扇則如蟬鳴，坐嶺上，衣皆濕，水到避之不及。水傍之室，近而無水患者，以其在岩頂，可狎水，水勢必至半腰，乘風始驕，不可方物也。出龍潭，有方廣岩。方廣岩亦有水簾，有石室，但以彼則水簾主而石室客，以此則石室爲主而水簾爲客也。岩之高可以樓，深可作内外堂奥，廣可作東西寮，皆石室也。室内石乳盤旋如龍尾，泉滴其下。有樹一株，草蒙茸，上不見天，而下不着土。問之，爲鳥雀巢矢溺成堆，與苔相雜，有遺果核其上，則藉泉溜以生，今漸長，推爲神功矣。石室之東爲水簾，水在室隅，遇風則横室前。水簾之下有小石室，曰靈洋。谷真爲水所隱也。宋時黄非熊讀書于此，摭其勝爲十景，如玉泉、鐘磬、仙芝、仙掌之類，亦以水石之相似者而名之爾。要其形聲之變則無窮焉。出方廣岩，越縣以西，有高蓋山，亦有水簾石室。高蓋山之石室，東西杳不相及，紆徐蜿蜒，塞則爲巖，而開則爲室。其泉之散者爲珠，而并者爲簾，總之一巖耳。始未有路，必緣崖而下，後有路從石門中出，閩王封西岳時之所開也。石門中磴百始折，折以十數。入門有樹，直高百尺，無旁枝。樹之傍有小石門通外，容一人。想未鑿磴時，可緣此入耳。【略】東室有水簾蔽之，水簾之外有古杉樹蔽之。杉樹高與水簾接，其首秃，其枝下垂，説者以爲倒植，亦徐、趙手跡耶？過水簾有飛閣，是此岩盡處，與石門蹬合爲二千級，雲霧晻藹，樹色蓊翳，從外望之，不見片石也。出高蓋則爲方壺，方壺純乎岩也，以形似故名。有閣背岩，而他縣山雜在閣前。水自岩湧出爲池，有魚，脚而神，可愈人疾。亦有石室在岩頂，自池上望見，必出寺而斜繞始可到。所望益遠，有石大士像，甚端好。荆榛中得王用文碑。所游龍潭、方廣、高蓋，俱有王用文題名，此獨竪碑，想難爲功也。出方壺爲姬巖。姬巖者，以閩王葬宫人處。又曰鷄岩，白日岩内見有金鷄飛出也。巖獨南向，高燥爽磑，可游可居。有石門、古樹如高蓋，臨池縣山如方壺，然身已處乎外，足垂乎江，目矚群山如海波。其地風凉而日淡，無時而不秋也，心甚樂之。由此可達江，與侯官接，距東而極西矣。其南而與德化接者，爲復溪。復溪源乍可濫，筏一日始可舟，至複口勢始大。舟用樟木，底方而質軟，無横梁，以釘鉗其縫。首有木，形如大刀，長丈五六尺許，名曰招。後有柁，長減三分之一。操者兩人，容可三四十石而止。由澓口抵瀨下，凡三百六十餘灘，其號最險者數十。復口而下，歷數十瀨爲大甕，將及數里，有聲轟然，如瀉水甕中。又下爲雷瀨，如驚霆乍奔，吼震地軸。舟至其處，首一人操招，瞪目視水勢，爲左右柁者聽其趨而相之，水喧不可聲傳，則左右以臂，衝怒濤，劈危石而過。舟躍丈許，陷於浪窪中，溺而復起者數四。招者危不可立，輒蹲而過之，不一瞬而出於澄潭，潭處則閣招而楫以爲常。雷瀨而下曰大毁峒溪，左爲巉巖，其右爲卵石坂，水搏兩厓間，噴沫如雪，旋轉澒洞，相激爲三四灘，聲如洪鐘。然舟過穿浪腹中，浮沉簸蕩，良久乃出。大毁峒而下，是爲菰堰瀨，石坂亘溪，水漱石卵中，若爛銀沸雪。坂盡，溪折而左，視坂稍深處而舟焉。越小灘數十處，爲蟾蜍瀨。瀨上有巨石踞立，如蟾蜍狀。其下即鼻前灘，亦云沸前，水勢比諸灘特大，洪流旋激，山根震動，頭岑足摇，幾欲顛墜。上者一纜而四五人牵之，氣乏力盡，趾距石齒，軀僵與地平，乃得尺寸進。纜修十餘丈，牵益緊縮如小指然，下則疾矣。去數刻許，而至朱坑口，由朱坑口而聽逢逢然者，曰大臀。【略】舟過，率由旁港載，重則遷所有置溪旁磐石上，以虚舟下，而更載焉。時有從鑿港過者，如入沸釜中，抵缺處，上高丈許，舟若墜然。總之，皆雷轟電瞥，倏忽滅没。其旁厓石上，特多萬年松、風蘭，徑者取之。行數里，有巨石棋布灘頭，疏水爲五六道，下注數丈，澎澎作萬鼓聲。舟蜿蜒射石坎而下，若墜而更躍然者，爲鞋鈀灘。過灘可三數食頃，至三門，巨石如阜，峙溪中流。爲門者三，濤勢洶湧，十倍于大毁。舟過浪壓蓬頂，即前後舟不相覿也。過舟來時，狗溪南上，舟人牽纜跳磯上如猿狖。磯盡，無牽路，則刺舟斜犯中流，馬蹀箕簸漂下百許步，而集于北岸。舟人預捉篙，如持滿注的，睨所欲集處，而飛刺之，否即舟圮于石，不瓦裂，即虀粉爾。其繼爲倒甕，於是溪分爲二。右分者悍激湍怒，屈曲數四，環出穹岩後，而會于下流，名曰倒水，上下由之。左分者裂石徑下，將下處旋轉出没，如車輪蛟龍魚鱉之所，不得出也。又近厓多暗石膠舟，故舟過必咫尺旋流旁，取道入倒水，稍疏手足，即爲泡沫之屬。自滾口而下，此稱極險，過此，舟輒相慶。出倒水少選，而至七尺重，亦亂石鱗次，若鞋鈀而益大，招四五轉，詰屈灘上，壓濤頭，墜雪浪中，十餘踴始定。定未幾，而奔重繼至。奔重者，七尺諸流奔而會焉。舟急，不能坦流，忽從上脱下，如降階級。稍進，至六尺重。又數十灘，抵永福縣治。縣以下爲灘數十，最險者八港，亂石阻溪上，狂瀾激射之，舟踴下，不可須臾，易以敗毁。離八港爲石塋，水中有石閾，其港若大腎未鑿時，而舟過其坳也，水涸亦多敗。離此，又二三十灘而之瀨下。瀨下有石壁横插溪上，壁下爲潭，上有古松，狀如龍爪。讖云「天寶石移，瑞雲來期」即此。王用文鑿「赤壁」二字。瀨下可抵方廣岩，過瀨下則通潮汐于江，爲龍潭之路，即東與侯官接者也。

明 姚希孟《循滄集》卷二《游京口諸山記》 甲子八月余將還朝，艤舟銕瓮城下，邵僧彌及慶雲從兄與俱，欲了九華、招隱、鶴林之興。十一日，適當雨後微雲障日，輕塵不飛，正游覽良辰也。先至九華山，相傳以爲峴山，有老僧創寺，即三四十年間事也。供奉地藏菩薩，故以九華名。殿不甚鉅麗，一小閣可望江，閣下一小軒洸洸在目，足供眺賞。史司直携酒榼來，酌數杯而出，看沈香大士像。因登輿從蒙茸中，或凸或凹，盤折六七里而至招隱。相傳戴顒所棲，其女捨宅爲寺。門前古木參差，上薄行雲，衆山四合，如在層崖盤谷中，真幽人考槃也。徘徊其下，直使人作厭世想。殿堂雖不整麗，亦不頹落，黝然古色，最與青林相宜。後殿供戴顒女，前殿佛座下供梁昭明。昭明嘗讀書于此，有讀書臺。就亂草堆蘚中，捫石刻讀之，仿佛數字而已。余到此間，徙倚不欲去。因日已迫晚，下數里至鶴林道，旁有米南宫墓，米友石發他人冢而封植之。土人頗以爲疑，余爲之下輿，然不敢作禮。鶴林乃宋武帝微時所居，佛殿亦荒楚，其幽邃不逭招隱遠甚。有宋丞相陸秀夫、周茂叔先生二祠及逢僧處。蓋指昔人竹院逢僧之地，然詩人寓興語，何必字字覈實哉。至寺，暝色已上，遂草草而出，因赴史司直李園之酌，舊南臺李君一陽别業也。飲罷秉燭夜游，引水爲池，絫石爲山，池中時聞朱魚唼水聲。司直言有數尺，如武林玉泉。山則愈透迤而愈板俗，夫山何物，而堪着「假」之一字哉？俗子不知有園亭必有假山，真可噴飯也。四鼓歸舟，夜大雨，始知竟日陰晴，正天公解事處也。次日，沈雨若從南都來，偕游甘露寺。轉迴廊，入殿禮佛，層折而上，至石亭，大江入目，胸懷廓然。登多景樓，同雨若、僧彌小飲，因評宇内山川，凡雄鉅者，未必韶麗，而獨此地兼之，文人風致，英雄戰爭，其景色盡露於此。【略】十五日欲渡江，風未順，兼爲舟師小阻。而不雨不日，又游覽所宜也。促午飯，了焦山興。余不到此山廿一年矣。廿一年前故人，忽然相對，其歡慰更何如也。至於金山爽豁，焦山深鬱，金山殿閣浮圖參差點綴，宛然一幅丹青，焦山則青林翠微，深藏窈窱，嘉樹蒸鬱，蔭樾交加。從三詔洞轉至瘞鶴銘一路，石則硶砑巉巖，皆鬼斧削成。俯瞰大江，有渴驥奔泉之勢。樹則如旌旂羽葆，掖衛擁護，使峭壁巉巒露奇而不露骨，露一節而不露全身。遠望祇江中一拳入其中，如有萬壑千巖之勝，不若金山之一覽而盡。品山者，多駕焦於金之上，良有以也。然人知焦之勝在寺，而不知其在樹。好山無美樹，如天女無五銖衣，而太真無霓裳。粗服亂頭，固自足好，然蹁躚綽約，何自而生？古人原以樹爲山之衣，江北之山有奇勢而乏秀色，正以樹不葱蒨、林不蓊鬱耳。山靈有知，當以余爲知言。僧寮之最勝者，爲水晶菴，庭際面山俯流，但僧不解事，頗乏埽治。見元房所踞絶勝，恐應酬爲煩，乃以積厨障之。禪堂幽潔之極，惜不見江山爲恨耳。所謂見元房者，短垣外芙蓉一朵，幽豔照人，有洛浦，固宜有神女。若蒼翠中不得名花點綴，則造物亦太孤冷哉！余既從三詔洞登山巔，尋其陰而下，尚不能忘情於絶壁深林。復逆折而上，留連久之乃去。

又《游廣陵記》（閼逢執徐之歲十月二日，）達郡之邗關。易舟，底天寧寺，繞畫廊，續碑碣，攝衣丈室，問訊僧寮，覩琳宇之煇煌，仰金仙之相好，使人疑冰泮而慢幢摧也。【略】至法海寺，欲就僧徒索佳茗，試大明第五泉，無一人在者。但見黄葉堆砌，寒雀啾啾而已。此寺横岡對峙，溪流四合，雖薄有小致，而探索易窮。【略】登舟，覺湖勢轉闊，意當時艨艟舴艋出没之所也。余指波臣而笑曰：「隋帝自謂解裝景趣，今日白蘋紅蓼，亦爲寒江點綴。天成景趣，何待人裝？吴絳仙蛾眉自佳，却恐被五斛螺黛點污矣。」謔浪方劇，而嵯峨臺殿，突起目前者，大明寺也。入門，有堂三楹，歐陽文忠公刺揚州時所創，題曰平山堂。遠近諸山，大者如顙，小者如臍，如列堞，如環堵，烟光水氣，横鋪其上，不知岱華高而培塿卑也。「平山」之目，雅當其實。暨讀宋人劉敞詩云「蕪城此地遠塵寰，盡借江南萬疊山」，似又爲江南吐氣矣。稍轉，得第五泉。【略】蹊岡阜迤邐東行，直趣觀音寺。門外稍植古木，夾以短牆。蜿蜒而入，有張仙寺，差可觀，佛宇殊覺湫隘。【略】殿後飛閣一區，榜曰鑑樓，海門崔宗伯桐題詩其上。【略】三日，徐君招游梅花嶺。嶺成于前刺史吴公秀，昔何水部有《揚州法曹觀梅》之作，公命蒔梅數百餘株，而嶺繇是名焉。累上爲岡，激水爲沼。聞其落成之日，

太守坐閣子上，招諸賣漿者，而遺以杖頭錢曰：桑柘影斜，市不可無醉人。願汝
日傾百斛也。【略】園成而名之曰偕樂園，橋成而名之曰廿五橋，將合三州七邑
之長而館于此。其規摹種種可觀。【略】四日，游上方禪智寺。其地名蜀岡，傳
爲煬帝離宫，月明橋在其前，俗有月明禪師度柳翠之説。張祐詩云「十里長街市
井連，月明橋上看神仙。人生只合揚州死，禪智山光好墓田」政此地也。【略】
地僻而曠，但見平蕪瀰漫，廢冢纍纍，當馳道而上，則南徐山色已落窗櫺間，罩以
孤烟，籠以薄靄，乍濃乍淡，愈增其致。昔蘇長公嘗送客于此，留題而去。山僧
勒之貞珉，詩句突兀，字法離奇，壁間隱隱如有光怪浮動，亦茲山一勝也。【略】
（五日）至瓊花觀。瓊花天下無二種，歐陽文忠公作無雙亭以誇之。徵其奇，或
以爲色微黄而香氣酷烈，開數日，則隨風而化。宋時兩移禁庭，俱萎死，還故處，
敷榮如故。至元中，其花遂絶。今藥欄猶在，叢叢如棘，不知爲何花矣。

明　陳治安《三雲島記》《湖南通志一》卷二〇引　入新化，過花橋，
北去縣七十里，有三島並峙，大可數十畝。異石參差，人立而獸踞，高或丈許，
或二三丈。蒼古聳秀，望之如雲婆娑，勁幹抱石俱老。問之居民，無以名也，
曰地則崖口耳。予爲名之曰三雲島。其北一島曰起雲，有民蘇氏居之，得其勝
處而亭焉、榭焉、精舍焉，則人世之蓬壺也。其中一島曰屯雲，衆石環聚，上有
平土，即平土而植闌檻籬落，其勝爲三島之最。其南一島曰迴雲，倚山臨溪，
聚石聳削，設有石橋茅舍、流水垂橋，錯置其間，亦蓬壺之亞旅也。天下所稱
名勝，峨嵋、武夷、石梁、雁蕩，予未暇徧歷，不得懸定優劣。若目所經見，飛
來、燕子、虎邱、赤壁以至長安之西山，饒點綴耳，境不能過此三島也。予惜此
三島前代蔽於羣巒，又去縣稍遠，游者罕至。因爲表章之，以傳於世。

清　袁枚《小倉山房文集》續集卷二九《游桂林諸山記》　凡山離城輒遠，
惟桂林諸山，離城獨近。余寓太守署中，晡食後，即于于焉而游。先登獨秀峰，歷
三百六級，詣其巔，一城烟火如繪。北下至風洞，望七星巖如七穹龜，團伏地上。
次日，過普陀，到棲霞寺。山萬仞壁立，旁有洞，道人秉火導入。初尚明，
已而沉黑窅渺。以石爲天，以沙爲地，以深壑爲池，以懸崖爲幔，以石脚插地
爲柱，以横石牽挂爲棟梁。未入時，土人先以八十餘色目列單見示，如獅、駝、
龍、象、魚網、僧磬之屬，雖附會，亦頗有因。至東方亮，則洞盡可出矣。計行
二里許，俾晝作夜。倘持火者不繼，或堵洞口，則游者如三良殉穆公之葬，永
陷坎窞中，非再開闢，不見白日。吁其危哉！所云亮處者，望東首正白，開門
趨往，捫之，竟是絶壁。方知日光從西罅穿入，反映壁上作亮，非門也。世有
自謂明于理，行乎義，而終身面牆者，率類是矣。
次日，往南薰亭，堤柳陰翳，山淡遠縈繞，改險爲平，别爲一格。
又次日，游木龍洞。洞甚狹，無火不能入。垂石乳如蓮房半爛，又似鬱肉
漏脯，離離可摘。疑人有心腹腎腸，山亦如之。再至劉仙巖，登閣望門雞山，
兩翅展奮，但欠啼耳。腰有洞，空透如一輪明月。
大抵桂林之山，多穴，多竅，多聳拔，多劍穿蟲囓。前無來龍，後無去蹤，
突然而起，戛然而止。西南無朋，東北喪偶。較他處山尤奇。余從東粤來過陽
朔，所見山業已應接不暇。單者，複者，豐者，殺者，揖讓者，角鬥者，綿延者，
斬絶者，雖奇鷳九首，貛疏一角，不足喻其多且怪也。得毋西粤所産人物，亦
皆孤峭自喜，獨成一家者乎？
記歲丙辰，余在金中丞署中，偶一出游，其時年少不省山水之樂。今隔
五十年而重來，一丘一壑，動生感慨，矧諸山之可喜可愕哉？慮其忘，故詠以
詩；慮未詳，故又足以記。

清　沈復《浮生六記》卷四《浪游記快》　余遂從至杭，西湖之勝因得暢
游。結構之妙，予以龍井爲最，小有天園次之。石取天竺之飛來峰，城隍山之瑞
石古洞。水取玉泉，以水清多魚，有活潑趣也。大約至不堪者，葛嶺之瑪瑙寺。
其餘湖心亭、六一泉諸景，各有妙處，不能盡述，然皆不脱脂粉氣，反不如小靜
室之幽僻，雅近天然。蘇小墓在西泠橋側，土人指示，初僅半坵黄土而已。乾隆
庚子，聖駕南巡曾一詢及。甲辰春，復舉南巡盛典，則蘇小墓已石築其墳，作八
角形，上立一碑，大書曰錢塘蘇小小之墓。從此弔古騷人，不須徘徊探訪矣！
余思古來烈魄貞魂堙没不傳者，固不可勝數，即傳而不久者亦不爲少；小小一
名妓耳，自南齊至今，盡人而知之，此殆靈氣所鍾，爲湖山點綴耶？橋北數武有
崇文書院，余曾與同學趙緝之投考其中。時值長夏，起極早，出錢塘門，過昭慶
寺，上斷橋，坐石闌上。旭日將昇，朝霞映於柳外，盡態極研。白蓮香裏，清風徐
來，令人心骨皆清。步至書院，題猶未出也。午後繳卷。偕緝之納涼于紫雲洞，
大可容數十人，石竅上透日光。有人設短几矮凳，賣酒于此。解衣小酌，嘗鹿脯
甚妙，佐以鮮菱雪藕。微酣，出洞。緝之曰：上有朝陽臺頗高曠，盍往一游？余
亦興發，奮勇登其巔，覺西湖如鏡，杭城如丸，錢塘江如帶，極目可數百里，此
生平第一大觀也。坐良久，陽烏將落，相攜下山，南屏晚鐘動矣。韜光雲棲路遠

未到。其紅門局之梅花，姑姑廟之鐵樹，不過爾爾。紫陽洞予以爲必可觀，而訪尋得之，洞口僅容一指，涓涓流水而已。相傳中有洞天，恨不能抉門而入。清明日，先生春祭掃墓，挈余同游。墓在東岳。是鄉多竹，墳丁掘未出土之毛筍，形如梨而尖，作羹供客。余甘之，盡其兩碗。先生曰：噫！是雖味美而尅心血，宜多食肉以解之。余素不貪屠門之嚼，至是飯量且因筍而減。歸途覺煩燥，脣舌幾裂。過石屋洞不甚可觀。水樂洞峭壁多藤蘿，入洞如斗室，有泉流甚急，其聲琅琅。池廣僅三尺，深五寸許，不溢亦不竭。余俯流就飲，煩燥頓解。洞外二小亭，坐其中可聽泉聲。衲子請觀萬年缸。缸在香積厨，形甚巨，以竹引泉灌其內，聽其滿溢，年久結苔厚尺許。冬日不冰，故不損也。

又 癸卯春，余從思齋先生就維揚之聘，始見金焦面目。金山宜遠觀，焦山宜近視，惜余往來其間，未嘗登眺。渡江而北，漁洋所謂「緑楊城郭是揚州」一語，已活現矣。平山堂離城約三四里，行其途有八九里。雖全是人功，而奇思幻想，點綴天然，即閬苑瑶池，瓊樓玉宇，諒不過此。其妙處在十餘家之園亭合而爲一，聯絡至山，氣勢俱貫。其最難位置處，出城入景，有一里許緊沿城郭。夫城綴于曠遠重山間，方可入畫。園林有此，蠢笨絶倫。而觀其或亭或臺，或牆或石，或竹或樹，半隱半露間，使游人不覺其觸目；此非胸有丘壑者斷難下手。城盡以虹園爲首。折而向北，有石梁曰虹橋。不知園以橋名乎？橋以園名乎？蕩舟過，曰長堤春柳 。此景不綴城脚而綴于此，更見佈置之妙。再折而西，壘土立廟，曰小金山。有此一擋便覺氣勢緊凑，亦非俗筆。聞此地本沙土，屢築不成，用木排若干層疊加土，費數萬金乃成。若非商家，烏能如是。過此有勝概樓，年年觀競渡于此，河面較寬。南北跨一蓮花橋。橋門通八面，橋面設五亭，揚人呼爲「四盤一暖鍋」。此思窮力竭之爲，不甚可取。橋南有蓮心寺。寺中突起喇嘛白塔，金頂纓絡高矗雲霄，殿角紅牆松柏掩映，鐘磬時聞；此天下園亭所未有者。過橋見三層高閣，畫棟飛檐五采絢爛，疊以太湖石，圍以白石闌，名曰五雲多處；如作文中間之大結搆也。過此名蜀岡朝旭，平坦無奇，且屬附會。將及山，河面漸束，堆土植竹樹，作四五曲；似已山窮水盡，而忽豁然開朗，平山之萬松林已列于前矣。平山堂爲歐陽文忠公所書。所謂淮東第五泉，真者在假山石洞中，不過一井耳，味與天泉同；其荷亭中之六孔鐵井欄者，乃係假設，水不堪飲。九峰園另在南門幽静處，別饒天趣；余以爲諸園之冠。康山未到，不識如何。此皆言其大概。其工巧處，精美處，不能盡述。大約宜以豔妝美人目之，不可作浣紗溪上觀也。

又 余年二十有五，應徽州績谿克明府之招。由武林下江山船，過富春山，登子陵釣臺。臺在山腰，一峰突起，離水十餘丈。豈漢時之水竟與峰齊耶？月夜泊界口，有巡檢署。山高月小，水落石出，此景宛然。黄山僅見其脚，惜未一瞻面目。績溪城處于萬山之中，彈丸小邑，民情淳樸。近城有石鏡山。由山彎中曲折一里許，懸厓急湍，濕翠欲滴；漸高，至山腰，有一方石亭，四面皆陡壁。亭左石削如屏，青色，光潤可鑑人形。俗傳能照前生；黄巢至此，照爲猿猴形，縱火焚之，故不復現。離城十里有火雲洞天，石紋盤結，凹凸巉巖，如黄鶴山樵筆意，而雜亂無章。洞石皆深絳色。傍有一庵甚幽静。

又 吾蘇虎邱之勝，余取後山之千頃雲一處，次則劍池而已，餘皆半藉人工，且爲脂粉所污，已失山林本相。即新起之白公祠塔影橋，不過留名雅耳。其冶坊濱，余戲改爲野芳濱，更不過脂鄉粉隊，徒形其妖冶而已。其在城中最著名之獅子林，雖曰雲林手筆，且石質玲瓏，中多古木。然以大勢觀之，竟同亂堆煤渣，積以苔蘚，穿以蟻穴，全無山林氣勢。以余管窺所及，不知其妙。靈巖山爲吴王館娃宫故址，上有西施洞、響屧廊、采香徑諸勝，而其勢散漫，曠無收束，不及天平、支硎之別饒幽趣。鄧尉山一名元墓，西背太湖，東對錦峰，丹厓翠閣望如圖畫。居人種梅爲業，花開數十里，一望如積雪，故名香雪海。山之左有古柏四樹，名之曰清奇古怪。清者一株挺直，茂如翠蓋；奇者卧地三曲，形同之字；古者秃頂扁闊，半朽如掌；怪者體似旋螺，枝幹皆然；相傳漢以前物也。

藝文

宋 范仲淹《范文正集》卷四《蘇州十詠》 泰伯廟 至德本無名，宣尼一此評。能將天下讓，知有聖人生。南國奔方遠，西山道始亨。英靈豈不在，千古碧江横。

木蘭堂 堂上列歌鐘，多慚不如古。却羨木蘭花，曾見霓裳舞。

洞庭山 吴山無此秀，乘暇一游之。萬頃湖光裏，千家橘熟時。平看月上早，遠覺鳥歸遲。近古誰真賞，白雲應得知。

虎丘山 昔見虎耽耽，今爲佛子巖。雲寒不出寺，劍静未離潭。幽步蘿垂徑，高禪雪閉菴。吴都十萬户，煙瓦亘西南。

閶門 吴門聳閶闔，迎送每躋攀。一水帝鄉路，片雲師子山。落鴻漁釣外，斜柳别離間。白傅歸休處，盤桓幾厚顔。

靈巖寺 古來興廢一愁人，白髮僧歸掩寺門。越相煙波空去鴈，吴王宫闕半啼猿。春風似舊花猶笑，往事多遺石不言。唯有延陵逃遁去，清名高節滿乾坤。

太湖 有浪即山高，無風還練静。秋宵誰與期，月華三萬頃。

伍相廟 胥也應無憾，至哉忠孝門。生能酬楚怨，死可報吴恩。直氣海濤在，片心江月存。悠悠當日者，千載祇慚魂。

觀風樓 高壓郡西城，觀風不浪名。山川千里色，語笑萬家聲。碧寺煙中静，紅橋柳際明。登臨豈劉白，滿目見詩情。

南園 西施臺下見名園，百草千花特地繁。欲問吴王當日事，後來桃李若爲言。

宋 米芾《瀟湘八景圖詩》《湖廣通志》卷八九引 瀟水出道州，湘水出全州，至永州而合流焉。自湖而南，皆二水所經，至湘陰始與沅之水會，又至洞庭與巴江之水合，故湖之南皆可以瀟湘名水。若湖之北，則漢沔湯湯，不得謂之瀟湘。瀟湘之景，可得聞乎？洞庭南來，浩淼沉碧，疊嶂層巖，綿衍千里。際以天宇之虚碧，雜以煙霞之吞吐。風帆沙鳥，出没往來，水竹雲林，映帶左右。朝昏之氣不同，四時之候不一。此則瀟湘之大觀也。若夫八景之極致，則具列於左，各繫以序。

瀟湘夜雨 苦竹叢翳，鷓鴣哀鳴。江雲黯黯，江水冥冥。翻河倒海，若注若傾。舞泣珠之淵客，悲鼓瑟之湘靈。

大王長嘯起雄風，又逐行雲入夢中。想像瑶臺環珮濕，令人腸斷楚江東。

山市晴嵐 依山爲郭，列肆爲居。魚蝦之會，菱芡之都。來者于于，往者徐徐。林端縹緲，巒表縈紆。翠含山色，紅射朝暉。舒不盈乎一掬，散則滿乎太虚。

亂峰空翠晴還濕，山市嵐昏近覺遥。正值微寒堪索醉，酒旗從此不須招。

遠浦歸帆 晴嵐漾波，落霞照水。有葉其舟，捷如飛羽。幸濟洪濤，將以寧處。家人候門，覩笑容與。

江漢游女石榴裙，一道菱歌兩岸聞。估客歸帆休悵望，閨中紅粉正思君。

煙寺晚鐘 暝入松門，陰生蓮宇。杖錫之僧，將歸林莽。蒲牢一聲，猿驚鶴舉。幽谷雲藏，東山月吐。

絶頂高僧未易逢，禪床長被白雲封。殘鐘已罷寥天遠，杖錫時過紫蓋峰。

漁村夕照 翼翼其廬，瀕崖以居。泛泛其艇，依荷與蒲。有魚可鱠，有酒可需。收綸捲網，其樂何如。西山之暉，在我桑榆。

曬網柴門返照新，桃花流水認前津。買魚酤酒湘江去，遠弔懷沙作賦人。

洞庭秋月 君山南來，浩浩滄溟。飄風之不起，層浪之不生。夜氣既清，清露斯零。素娥浴水，光盪金精。倒霓裳之清影，來廣樂之天聲。纖雲不起，上下虚明。

李白曾攜月下仙，煙波秋醉洞庭船。我來更欲騎黄鶴，直上高樓一醉眠。

平沙落雁 霜清木落，蘆葦蒼蒼。羣雁肅肅，有列其行。或飲或啄，或鳴或翔。匪上林之不美，懼繒繳之是將。雲飛水宿，聊以隨陽。

陣斷衡陽惜此迴，沙明水碧岸莓苔。相呼正喜無繒繳，又被孤城畫角催。

江天暮雪 歲晏江空，風岩水結。馮夷翦冰，亂飄灑雪。浩歌者誰？一蓬載月。獨釣寒潭，于焉曠絶。

蓑笠無踪失釣船，彤雲黯淡混江天。湘妃獨對君山老，鏡裏修眉已皓然。

又《都梁十景詩蹟十景在泗州》《珊瑚網》卷六輯 京洛風塵千里還，船頭出汴翠屏間。莫論衡霍衡星斗，自是東南第一山。第一山懷古

龜峰高聳接雲樓，撞月鐘聲疏鐵牛。一百八聲俱聽徹，夜行猶是不知休。龜山寺晚鐘

塔邊雲影任高低，閑逐清風自在飛。四海望遥人久渴，不成霖雨又空歸。五塔寺歸雲

西山月落楚天低，不放紅塵點翠微。鶴唳一聲松露滴，水晶寒濕道人衣。瑞巖庵清曉

鐵笛誰吹一曲哀，清風約我上層臺。悠揚正到堪聽處，怕惹閑愁却下來。清風山聞笛

山徑重重鎖緑苔，松花曾見幾番開。羣仙費盡招呼力，那得休官一箇來。八仙臺招隱

風輕雲淡午天春，花外游人載酒樽。不是山屏遮隔斷，牧童錯指是孤村。杏花園春晝

半山亭子老苔錢，鑿破玻瓈引碧泉。一片玉蟾留不住，夜深飛入鏡中天。玻瓈泉浸月

自是韶光不耐秋，水光山色一時休。細將瓦礫分明看，片片飛來落葉愁。

會景亭陳迹

怪石纍纍玉作堆，登臨晚景更徘徊。夕陽無限堪停好，莫到奇山空自迴。

寶積山落照

宋　趙汝鐩《野谷詩稿》卷二《八景歌》　《長沙志》載：度支宋迪工畫，尤喜爲平遠山水。其得意者，有平沙雁落、遠浦帆歸、山市晴嵐、江天暮雪、洞庭秋月、瀟湘夜雨、煙寺晚鐘、漁村落照，謂之八景。余昔嘗見圖本。及來湖湘，游目騁懷，盡得真趣，遂作八景歌。

嗷嗷哀鳴肅肅羽，魂清意爽愛湘楚。西風作惡陣脚散，斜行千點下煙浦。嗟此何景兮平沙雁落，丹青欲盡未易著。

晚日放晴雨脚收，楚山千里江吞秋。上水風生荻花渚，漠漠幅蒲天際浮。輕雲驟掩目力斷，雲消似過芳洲半。危檣逐鳥惟恐緩，燕子争飛先到岸。嗟此何景兮遠浦帆歸，丹青欲盡殊堪嗤。

朝氣吞吐影模糊，嫩日隱見光卷舒。湘巒滴翠石徑滑，遠近憧憧人趁虚。天風作意扶霽色，嘘拂昏翳半明滅。槿籬髣髴橘林隔，一竿斜插酒旗揭。嗟此何景兮山市晴嵐，丹青欲盡良獨難。

雲擁黄昏朔風急，長空杳杳水拍拍。六花飛白徧三湘，失却寒峰翠千尺。片瓊屑玉響群林，蘆叢蕭瑟聲更清。凍月開匳俄吐晴，銀宫一色上下明。嗟此何景兮江天暮雪，丹青欲盡不可得。

西顥沆碭露華白，河漢浩浩浴素魄。平湖萬頃摇銀光，秖留君山一點碧。帝子揚靈駕飛龍，鼓瑟來游水精宫。聲徹桂娥亦斂容，葉下北渚嫋嫋風。嗟此何景兮洞庭秋月，丹青欲盡那免拙。

楚天濃雲如墨潑，通宵滂沱翻江闊。寒聲徧撼蒹葭林，要將秋容洗到骨。杜若洲有鴻雁棲，震凌喧夢時驚疑。釣翁醉睡却不知，椿脱纜斷船偷移。嗟此何景兮瀟湘夜雨，丹青欲盡浪自苦。

西嶺驟暗銷殘暉，芷岸蘭汀堆夕霏。數聲撞空九天半，知有招提隱翠微。風助餘音響岸谷，蕭蕭暝港孤舟宿。禪關棲鳥争寒木，歸僧疾步穿山麓。嗟此何景兮煙寺晚鐘，丹青欲盡焉能窮。

積雨初過湘水滿，夕陽蕩金接天遠。影掛寒罾江步斜，紅殘茅檐沙巷晚。小艇澤畔收釣緡，鼓枻滄浪歌濯纓。醉眼西望送沉輪，繫纜籬根穿錦鱗。嗟此何景兮漁村落照，丹青欲盡無由妙。

元　陳櫟《定宇集》卷一二《燕山八景賦》　粤自昔之京師，稱爲衆大之區。今大業之覆燾，亘亘古之所無。建皇都于燕山，信廣大而超卓。稽載籍之所傳，跨亳殷與京洛。仰景致之佳絶，瀰泓穎而難窮。味綺名之有八，恍莫措其形容。仙凡隔于苑墻，邃深而瓊其島。天未縱夫春陽，花命長而鮮好。池雖仍于古稱，木葉豔其佳色。與景秋而最宜，涼飈生夫粼碧。瀦爲瓊玉之漿，幾萬斛之珠滴。歲釀萬壽之觴，横晴江之下垂。愛一壺之天成，金知出于誰鑄。待夕陽之熖出，色黄明而自媚。山屹峙于兑方，席花種而峥嶸。市烘黄綿之襖，天現白玉之屏。津趙北與燕南，鷄呼兔而澄澈。銀蝃蝀之高卧，玉狻猊其如活。軒轅裔之薊封，雨飛門而河翻。妙勝盧阜之瀑，高出龍門之灘。史嘗紀夫居庸，名列三關之一。山雖皴而萬疊，翠欲滴于一色。是爲八景之略，愧其詳之未知。彼瀟湘與鳳翔，亦人題之昭如。兹偏方兮下國，何皇都之足齒。中涵蓋其無極，豈八景而但已。山水自于西北，景清淑之所鍾。地廣漠而深厚，極域闕之宏崇。合官府兮市里，暨民物之富庶。孰非可觀之景，顧觀光之猶未。將究極而論之？曰在德不在景。山川以人而重，德與景而悠永。亳殷京洛之區，今視昔而依然。謂愚言之不信，何一盛而莫肩。如宋玉想像夫高唐，蘇子親見夫處境，雖鋪張恐涉于虚無，知初詠未得其要領也。

元　闕名《燕山八景賦》（《歷代賦彙》卷一六輯）　余嘗玩山川之清暉兮，澹逍遥而忘歸。雖一峰一泉之可嗜兮，日康娱而不疑。慨造化無全功兮，何多美之罕見。使競秀交流之萬千兮，又未能恢眼界於迴遠。秣吾馬而相羊兮，紛悠悠其求索。遭吾道夫桃源兮，納八景於胸臆。衆錯落以嫵媚兮，特隱者之所盤。旋思九州之博大兮，余焉能爲此淹。指江天以發櫂兮，吾焉能寧乎是邦。敞八景於萬州兮，願弭節於南浦。劇嶄巉無與娱兮，回吾鞭而上下。指京師於中天兮，駕輕風而上征。路漫漫其修遠兮，窮覽睇乎渺冥。歷黄河泰華而北拱兮，拭吾目於燕山。駭八景之並陳兮，異向來之所觀。覽博大以爽塏兮，侈帝邱而方古。環四望之險固兮，亦雄夸於天府。方韶華融融於瓊島兮，彼動植之咸適。甚雨露之瀼瀼兮，雲太平其五色。遠西風之集瑶池兮，靈沼飄飄乎文囿。天水一碧而不波兮，躍魚樂乎晴晝。納萬象於菱銅兮，湛龍舟其夷猶。漢唐同太液之名兮，此獨無芙蓉石鯨之相糾。曉吾步乎盧溝兮，璧月澹乎蒼冥。

晴光瀉九霄而相連兮，雲同流而莫分。想望舒之緩轡兮，爲馮夷而匆迫。庶以侈小黄河之壯觀兮，使毋貴宛平之鞭。石道陵鬱乎相望兮，恍水墨爲余繪之。逮夕陽其迴燭兮，表金臺而出之。紛霞光其離合兮，翔劍氣於牛斗。羲和勒朱轓而騰彩兮，顯餘輝其若繡。覽晴色於品彙兮，粲丹青其陸離。羌西山之雪積兮，乃獨能夫變化。走玉虬於樛木兮，卧鹹虎於峭壁。豈見晛而不消兮，正以彰陰陽並運而不息。惟地鄰於上界兮，屏翳每爲之斂容。必帝命嚴德澤之布兮，乃下滴於馬駿。出薊門而凝望兮，莽左右其千隊。使聖成有神筆兮，吾猶恐其難會。矧垂虹之尤異兮，俯玉泉而下垂。惟幻見之靡測兮，青與絳其相依。朝濟乎泉之西兮，人以雨候而快覩也。使就陽而東出兮，又孰肯爲之顧也。甲衆皺而獨雄兮，侈疊翠於居庸。岐太行之餘青兮，繼脈分繡乎澄空。飛龍舞鳳而護王氣兮，聳巨闕乎天極。逶迤而蜿蜒兮，開鴻業於千億。猗歟休哉！聚八景於皇都兮，隱化機之邈邈。偉萬國之觀光兮，沐承平以愉樂。判暄涼於四時兮，異昏昕於一日。俯仰孰匪可歌兮，宜際天而無匹。天倚地以示象兮，地承天而賦形。泰運交而端倪軒豁兮，蹐賁飾於文明。彼禮樂制度之煌煌兮，彌開心而蕩目。豈獨泰媪之有自然兮，資人爲而功足。苟非明良之慶會兮，欲撫玩於奚得。即輿圖而縷指兮，何古今之歷歷。美不專於流峙兮，德不貴於終隱。使決眥而忘情兮，恐八景之吾哂。恢壯志於青雲兮，來吾道夫先路。及年歲之未晏兮，庶有裨於皇度。誶曰：本乎天兮，昭晰乎山川兮，即八景而顧瞻兮，毋祇爲圖畫是傳兮。

明 朱同《覆瓿集》卷二《應制作瀟湘八景》

洞庭秋月　岳陽樓前秋風起，碧波夜涼秋在水。纖雲捲盡四望遥，一色澄清幾千里。爛爛銀盤海上來，金光蕩漾鏡中開。洞簫依微碧烟外，應有羽客凌風迴。

瀟湘夜雨　三湘重湖碧雲暮，岸葦江蘆不知數。孤篷夜半驚夢迴，四顧茫茫莽回互。乍疏乍密還瀟瀟，澤被枯槁翻天飄。江湖豈無廟堂念，恩深不知千里遥。

煙寺晚鐘　重巖叠障生虚籟，碧烟隱寺横如帶。老禪出定月照廊，數聲忽度長林外。西來大慧非頑空，要將耳覩開愚蒙。洪音浩蕩無遠邇，播揚萬里資皇風。

江天暮雪　嚴風凛冽雲垂地，遠岫平林失蒼翠。馮夷剪水作飛花，一色迷漫滿天際。孤舟釣罷昏未收，蓑衣清興勝狐裘。三白但有豐年兆，一身饑寒何足憂。

平沙落鴈　秋色澄空碧霄遠，蓐收氣肅寒雲捲。數聲嘹唳天外來，低落平沙水清淺。羽毛獨爾知隨陽，豈爲饑腸懷稻粱。銜蘆不煩避矰繳，解網今已同商湯。

遠浦歸帆　灝氣滿空秋灑灑，潦盡潭清木葉下。片帆幾點天際來，破浪乘風如走馬。江漢今爲鴈鶩池，商舶釣艇從所之。暮歸晨出會有時，慎勿縱欲令人嗤。

漁村夕照　茅屋人家小門逕，紅蓼白蘋欲齊脛。收罾曬網插疏籬，短渚長洲遞相映。紅輪留照懸遠空，水村澤國俱春融。飯飽不知身外事，欸乃一曲歌淳風。

山市晴嵐　平湖遠接青山麓，瓦屋布帘烟簇簇。曈曈海日出山頭，晻靄林霏淡平陸。鮮鱗可買醪可沽，醉歸不倩傍人扶。皇風萬里被海隅，漁樵樂土無處無。

明 高得暘《節菴集》卷四《錢塘十景》

西湖夜月　共説西湖天下景，秋來有月更奇哉。寒波拍岸金千頃，灝氣涵空玉一杯。桂子遠從雲外落，藕花多在露中開。酒船清夜乘清興，絶勝笙歌日往來。

浙江秋濤　秋滿吴天八月中，潮頭萬丈駕西風。雲驅蛟蜃雷霆鬥，水擊鯤鵬渤澥空。自古江山誇壯觀，至今父老説英雄。諸溪近海徒相應，氣勢那能與此同。

孤山霽雪　山頭白白六花鋪，水面青青一髻孤。翠鳳團雲朝貝闕，玉龍擎日出冰壺。梅花政好衝寒探，竹葉何妨踏凍沽。千載林逋留勝迹，總因佳境在西湖。

兩峰白雲　西湖之上兩奇峰，高入太虚雲氣中。華蓋漸迷青縹緲，浮圖時見碧玲瓏。陰連海眼龍歸洞，影散天心鶴繞空。幾度登臨舒遠眺，英英佳氣盪吟胸。

東海朝暾　一道長江接海門，扶桑影動浴朝暾。銅盤迴立仙人掌，金柱中撑玉女盆。出水赤烏銜火躍，隨潮白馬挾雷聲。負暄亦有磯頭老，欲效微芹獻至尊。

北關夜市　北城晚集市如林，上國流傳直到今。青苧受風摇月影，絳紗籠火照春陰。樓前飲伴聯游袂，湖上歸人散醉襟。闤闠喧闐如晝日，禁鐘未動夜將深。

九里雲松　喬松萬樹總良材，九里青雲一逕開。雨氣直從天竺去，濤聲長似海門來。人行道上依濃樾，子落僧前點嫩苔。山水清暉增偉觀，託根元不愧徂徠。

六橋烟柳　畫橋六曲繞湖頭，最愛晴烟柳上浮。淺水籠寒横晻靄，微風熏暖弄輕柔。金梭隐見聞黄鳥，錦纜縈紆出緑舟。偏倚赤闌頻注目，爲憐張緒舊風流。

靈石樵歌　靈石塢頭樵逕連，羣樵唱和石頭前。猿嘯鶴唳清相似，野調山腔近自然。木杪緣崖通窈窕，竹根濯澗雜潺湲。白雲遏處清風發，吹入長松勝管絃。

冷泉猿嘯　冷泉亭外松千樹，時有老猨啼樹間。逐侣出雲風動壑，呼兒歸洞月横山。曉空蕙帳人初去，秋入荷衣客未還。清響不同巴峽怨，時時嫋嫋和潺潺。

明　胡廣《胡文穆公文集》卷八《北京八詠和鄒侍講韻》

居庸疊翠　軍都之山矗居庸，飛崖曲折路當中。白晝千峰陰欲雨，翠屏萬疊高連空。西望洪河底柱小，東接滄溟碣石雄。天非長城限南北，神京永固無終窮。

玉泉垂虹　玉泉之山下出泉，泉流縈折如虹懸。却帶西湖連内苑，直下東海匯百川。微風時度碧波動，明月夜映清光圓。静觀太易有至理，此中曾見羲皇年。

太液晴波　微風初生太液池，蹙波鱗鱗漾漣漪。靈物蜿蜒或游戲，水花摇颺如舞儀。雲霞沉浸天影動，樓閣倒射曦光遲。每待宸游臨萬頃，行隨仙仗柳陰移。

瓊島春雲　廣寒宫殿璚爲臺，五色春雲自闔開。赤城有鶴訪玄圃，弱水無路通蓬萊。縹緲随龍天上下，倏忽帶雨山前回。方朔瑶池魯侍宴，碧桃花下長徘徊。

薊門烟樹　薊門迢迢薊邱前，層城萬雉宿暝烟。空濛遠樹遥帶郭，蒼奔長林迥接天。緑陰沉沉春雨後，黛色深深幽鳥憐。遮却榆關望不見，笑指白雲阿那邊。

西山霽雪　銀屏素壁何岧嶢，西山新霽雪未消。千林皓影粲瓊樹，萬壑晴光凌碧霄。高峰更寒初上日，小徑尚隔歸來樵。五城樓閣在咫尺，從知三島望非遥。

盧溝曉月　断雲斜月影蒼蒼，照見桑乾河水黄。茅屋居人醒殘夢，石橋行旅乘餘光。遠市生烟灯火澹，平沙明雪川途長。幾随仙蹕來游幸，蕭蕭馬色凌寒霜。

金臺夕照　數尺荒臺低接城，千古夕陽送晚晴。青山半邊欲將掩，紅葉滿林相與明。迢迢烟景靡蕪思，冉冉年華桃李情。黄金之名猶不泯，至今一統見昇平。

再用前韻

居庸疊翠　九關第一數居庸，重疊峰巒杳靄中。恒岳清秋通爽氣，太行落日並晴空。憑陵絶塞三韓遠，横亘中原萬里雄。聖主神功高百世，磨崖鐫勒頌無窮。

玉泉垂虹　石洞淙淙瀉沃泉，旋流宛見玉虹懸。山雲起處遥趋壑，花雨來時欲漲川。月落嫦娥窺鏡静，星垂神女弄珠圓。聖明霈澤如天廣，歲作甘霖頌有年。

太液晴波　太液晴波漾碧池，清風時動緑漪漪。銀潢星斗垂天派，方丈龜龍陋漢儀。玉鏡光涵璚島近，錦紋流出御溝遲。從知涵浸由開闔，長映西山影不移。

瓊島春雲　望中縹緲見仙臺，冉冉春雲晝不開。近接九重連禁籞，長留五色護蓬萊。常時過雨晴還濕，幾度臨風去却回。每侍宸游清宴處，鳳笙龍管共徘徊。

薊門烟樹　暖日和風四月前，薊門春樹帶春烟。陰陰桑柘連深社，藹藹枌榆入遠天。萬籟笙竽行客聽，半空車蓋使人憐。回看雙闕岧嶢處，正在瓊林杳靄邊。

西山霽雪　西山白雪聳岧嶢，日色繞臨凍未消。玉障寒光明早曙，銀臺素影晃重霄。山人載儉將從獵，野客緣蘿欲負樵。跨馬出郊乘逸興，便凌絶頂不辭遥。

盧溝曉月　殘星幾點月蒼蒼，晃漾渾河九折黄。山寺僧鐘鳴早梵，石梁漁艇逆流光。孤村寂匕林陰澹，古道亭亭塔影長。摇蕩蘆花千頃雪，草頭零露白如霜。

金臺夕照　荒臺伍枕廣陽城，長有斜陽映夕晴。漫説黄金招俊傑，空餘芳草發清明。圖經猶載千年蹟，雲樹中含萬古情。六國縱横星紀渾，至今方見泰階平。

明　李昌祺《運甓漫稿》卷五《遐齡十景》

遐齡仙境　西山秀矗碧芙蓉，浩劫天真宅此中。飛瀑倒懸清灑雪，層巒遠聳翠摩空。珠林有樹皆棲鶴，玉澗無泓不蟄龍。列缺蜚廉皆擁衛，彩雲長繞萬株松。

玉隆仙府　浄明宫觀軼浮埃，紫氣丹光接上台。地夐難尋茅落處，天空猶想錦飛來。江湖孽去沈淪拯，沙井源通障遏開。錬質仙岩應在此，不須東海訪蓬萊。

石泉靈瀨　跨鳳仙人杖有靈，卓開岩竇見清泠。絶勝猛虎跑來潔，不帶潛蛟鎮處腥。春漲暖添三日雨，秋澄凉浸一天星。風瓢幾度穿雲汲，坐愛潺湲洗耳聽。

天寶雲深　洞天原自異人寰，可惜梅生分太慳。參杞熟來俱不食，神仙遇後竟空還。靈呵鬼護金床隱，電掣雷轟石室關。蒼狗白雲長靉靆，恍疑移下玉京山。

紅崖疊翠　曾聞千仞岩嶢頂，上有仙翁隱碧雲。蕉葉懶揮塵自遠，楓枝不悴景長温。丹光迸井清宵焕，霧氣埋山白晝昏。積黛凝嵐轇轕處，藥爐茶臼至今存。

緱嶺朝霞　晨暾乍出上榑桑，散作奇文五色章。暘谷影高争焕爛，赤城標建遠微茫。曾爲燒佛禪師號，復作修仙道士粮。若使有縁逢子晉，便求噏嗽上升方。

蕭臺積雪　六出花飛尺許深，吹笙臺樹盡瓊。林長空鶴下巢難認，薄暮樵歸路莫尋。玉壘更添仙境勝，冰崖不受世塵侵。匏簧冷澀無遺韻，羸得琴留折竹音。

龍岡雨霽　何年神物此中蟠，化作奇峰紫翠攢。水落樹根猶半濕，泥沾花片未全乾。天東初日一輪近，隴上閑雲萬畝寬。最好連山皆白石，霧霑洗出玉鱗寒。

鸞岡秋月　銀盤端正掛瑶天，灝氣寒光兩門妍。白鶴儀鸞成恍惚，黄塵清水嘆更遷。五行秀淑兹山聚，百種禎祥此地全。應與三仙同不老，坐看兔魄護虧圓。

鳳岡夕照　彩翮高飛去不留，斜陽長自射岩幽。織烏沈處晴霞斂，巢鵲歸時暮靄收。翠鎖雲蘿千嶂暝，紅堆霜樹一林秋。人間此是通天竅，未必丹丘勝藥丘。

明　唐文鳳《梧岡集》卷二《新安八景詩》

屏山春雨　屏山在城東，爲真人聶師道修煉之所。真人羽化於揚州，有駕鶴乘空之異，竅劍履于是。山之形方類屏扆。當春月微雨沾浥，花木薈蔚，紛紅駭緑。宋黄台有詩曰「萬仞花屏問政山」，故稱華屏，又名問政云。

問政春山高倚屏，白雲飛去遥天青。松巢雨暝鶴回晚，丹池風急龍歸腥。至今劍光夜不散，石枰棋冷斧柯爛。三耳仙人濕羽衣，當年醉熟瓊花觀。

練溪朝雲　新安之溪流，濬源于楊之水，直瀉數十里，望之如練帶然。昔人有「千尋練帶新安水」之句，故稱曰練溪。每春曉雨止，白雲横溪，雲水相連，影揺素練，真奇觀也。欲吟咏之，恨無謝朓驚人語耳。

溪流素練三千尺，寒光揺曳朝雲濕。風驅勃勃海濤翻，瀰漫欲浸天宇碧。帆歸衝斷半溪分，扶桑日照收氤氲。數聲漁唱破清曉，沙際驚飛鷗鷺羣。

紫陽夜讀　紫陽山勢若飛鳳，昔我徽文公寓閩南，猶以是山名其讀書之樓，以表其不忘桑梓之意。後之學者面山構書院，以爲講學地。宋穆陵賜紫陽書院四大字，刻於貞珉，至今猶存。兵燹餘，再遷于東城縣學之旁。

新安講學尊紫陽，書堂夜永聲琅琅。穆陵宸翰鸞鳳翥，奎壁下貫晴虹光。上探孔孟繼濂洛，道重泰山與喬岳。神游故國想歸來，月明應化遼天鶴。

烏聊曉鐘　唐越國汪公華保御六州，嘗屯兵于是山，遂營州治焉。公識機慕化而歸于有唐，不失臣禮，錫以旌節。鄉人德之，立祠以祀。山冠以危樓，環以雉堞，懸以禁鐘，昕夕叩之，鏗鍧聲徹數十里。

烏聊山頭殘曉月，光射落星蒼石裂。當年故壘埋劍刀，至今猶帶英雄血。華鯨吼散秋空雲，六街車馬何紛紛。一百八聲聲更徹，直恐夢驚天上聞。

漁梁夕照　漁梁，俗傳宋太守袁公所作也。在表城門之南，練溪之下流，以南離火盛，故堰水以厭勝之。空其中，以通舟楫之往來。日欲晡，歸帆渺渺，落雁翩翩，行人若蟻緣營營然不息。登高下視之，則夕陽在鴉背，天然畫本也。

欲落不落晚日黃，歸雁寫遍遥天長。數聲漁笛起何許，孤舟下瀨如龍驤。漠漠烟横溪萬頃，鴉背斜陽駐餘景。叩舷歌斷蘋花風，殘酒半銷幽夢醒。

古巖晴嵐 古巖去歙西三十里。山形如覆盂，甚童而無草木。傃南有石巖空洞，下可容數百肘。僧結廬居之，而棟宇半接于巖前，庋佛像其中。遇春曉則晴嵐冉冉，耕夫牧子出没於隴畝烟靄之際，亦可愛也。

天遣六丁來下鑿，紺宇參差出樓閣。空巖不見椎斧痕，毋乃混沌元氣樸。嵐光林影迷烟霏，輕浮翠雨凉沾衣。樵歌未起行人少，山僧飛錫朝來歸。

黃山霽雪 黃山，舊名黟山。唐天寶六年，敕改黃山。世傳黃帝與容成子、浮丘公講道於是，今藥鑪、丹竈具存。有朱砂泉，陰火潛燃，氣如饋餾。有奇峰三十六，每當積雪收霽，日光倒射，諸峰聯絡玲瓏，勢若削玉，善畫者不能殫其巧焉。

三十六峰青作朶，朱砂泉香煮陰火。澗鳴流碎瓊瑶英，崖空積遍珠璣顆。日光倒射玉芙蓉，羣仙問道來崆峒。臨風環珮儻可挹，便欲飛身騎白龍。

白水寒蟾 白水在歙城之南二里許。山勢外周固而内寬平。地湧泉一泓，瀦爲小池，冬夏不枯。泉色甚白，如石髓玉乳，融液動盪。每夜永寒蟾流輝，微風颺之，光漾不定，有若走汞。池之旁構梵宇宏麗，以是牓其額云。

小池湛湛玉色泉，直疑下有白龍眠。山靈擘破石髓溢，一泓空碧涵漪漣。幽人和月掬在手，笑吸清輝當春酒。酒酣大叫問山靈，千年誰是知心友。

明 薛瑄《敬軒文集》卷八《神州八景》

瓊島春雲 昨夜東風海上過，玉京瑶島得春多。數峰秀色分金碧，滿谷祥雲絢綺羅。映日已增千古瑞，隨風頻繞萬年柯。祇看出岫爲霖處，長濟蒼生樂泰和。

太液秋波 仙家島嶼繞瀛洲，一鏡波澄淡靄收。影浸玉樓先得月，光鋪翠簟早生秋。九霄氣接銀河迥，萬頃風行雪浪浮。自是此中涵帝澤，年年長向世間流。

玉泉垂虹 山澤從來一氣通，山頭飛瀑瀉玲瓏。隨雲已作千秋雨，映日還爲五色虹。瑶澗金銀騰寶氣，碧霄珠玉濺高風。若爲剪取冰千尺，一洗塵懷萬斛空。

居庸疊翠 玉峰相向復相連，一雨初收霽景鮮。横界曉空青未了，平浮春野翠無邊。鳳城佳氣通朝靄，鰲海晴輝接曙烟。自是古今天設險，皇圖永奠億千年。

盧溝曉月 一曲清流遶帝畿，宿雲收盡曙光微。踈星尚照離離影，殘月猶涵淡淡暉。霜滑石橋征鐸響，風清沙渚塞鴻飛。經行并覺塵埃盡，多少清光上客衣。

薊門烟樹 石門相對一川平，嘉樹依依接鳳城。密繞溪村雲未斂，半遮山寺雨初晴。歸鴉向夕穿新緑，嬌鳥啼春護落英。試向高原凝望處，祇疑韋偃畫初成。

金臺夕照 千年玄社已消沉，尚有荒臺僅數尋。壞垺只今生翠蘚，頹垣不復貯黃金。山銜落日留殘照，樹擁孤雲帶夕陰。駿馬無聲衰草合，冷風凉月暮蟲吟。

西山晴雪 皇都一夜散瑶華，曉見西山霽景嘉。照日凍泉封素練，蹴天潮海漲銀沙。晴暉近接仙人掌，爽氣平浮上帝家。多少玉堂揮翰手，此時清興正無涯。

明 朱有燉《誠齋新録·汴城八景詩有序》 汴中舊有中州八景詩。夷山八景、梁園八景詩。昔人皆用嵩岳、太行、隨堤、金池之景命於題中，此但想像而賦也，或遠隔於數百里之外，或湮没於千百年之上，遠景陳迹，曷嘗快覩耶？又且詠此八景，本意状其四時之景，爲一時之奇觀，而乃多引用故事，感慨陳迹，似乎懷古之作，尤失其題詠八景之本意也。今予新製汴城八景，以近城朝夕可覽者命於詩題，略不引用故事，惟状此汴中佳景，以爲奇觀耳。自不揣愚拙，先詠八章，偈於篇首云。

艮岳晴雲 東北三山接太虚，輕雲冉冉雨晴初。半空玉氣濃還淡，一片香綿捲復舒。閑共朝霞凝遠岫，每從春色護王居。養花天氣鳴簫鼓，綺席清陰樂有餘。

大河春浪 千重巨浪接天陲，此是黃河二月時。中岳雪消春日暖，東風凍解曙光曦。禹門波湧魚龍化，汴岸莎平舴艋馳。南去遥通淮泗水，澄清永與太平期。

開寶晨鐘 寶塔層層霄漢中，鯨音忽起曙樓東。草分僧逕霜華白，花覆禪堂日影紅。陸座誦經隨韻轉，焚香祝壽聽音雄。此聲普濟三千界，不比姑蘇夜半鐘。

夷山夕照 夷山高處若平岡，獨立西風對夕陽。萬竈炊煙凝暮紫，滿林霜葉映秋黃。鴈行南去穿雲影，鴉陣東來耀日光。最好登臨望原野，半堤芳草下牛羊。

金梁曉月　西關南去是金梁，明月橋頭踏曉霜。野店五更雞唱早，通衢千里客途長。蟾光漸没明秋水，桂魄初沉散薄涼。照遍梁園惟此地，車輪馬足太忽忙。

資聖薰風　高閣巍巍倚碧空，炎光不到梵王宮。半天颯爽非關雨，滿座清涼只是風。解愠已知無熱惱，安禪那復有雌雄。茶餘倚檻披襟立，兩望名山杳靄中。

百岡冬雪　黃蘆衰草百岡頭，大雪瀰漫積遠洲。行客冒寒尋酒肆，老翁敲凍纜漁舟。風摧柳岸飄花去，浪湧河冰帶玉流。猶憶少年圍獵地，臂鷹馳馬着貂裘。

吹臺秋雨　金風蕭颯自西來，秋雨淋漓滿次臺。豐草濕垂蛩韻切，濃雲陰遏鴈聲哀。霏霏僧舍敧蒼竹，漠漠人家暗綠槐。明日喜晴携酒至，登高先賞菊花開。

明　尹耕《蔚州十景》（《畿輔通志》卷一四八引）　臺山高嵳峨，雪積山頭老。向來翡翠屏，化作瓊瑤島。虎行迷故丘，鶴歸失華表。何由陟層岩，鑿冰拾瑤草。臺山積雪

蔚蘿古宮巖，中有神仙府。澗底激流泉，夜深作人語。松林撼晨風，竹洞灑秋雨。會當約良朋，巖前話今古。宮巖夜話

高山懸馬頭，土色如紅削。花簇錦障泥，藤裊青絲絡。山鳴口長嘶，石滑蹄新鑿。游客晚駐驂，鐫崖刻佳作。馬頭山色

孤峰屹高撐，聳秀若天柱。林空露鶴巢，徑狹通鳥路。絶頂翳晴雲，懸崖涵宿霧。我來采瓊林，獨歸天欲暮。孤峰獨秀

石崖如蔡龜，攔斷山中路。含靈出自成，養氣由天賦。長蒿豫靈蓍，流泉飛瀑布。我欲問行藏，只今無管輅。龜崖橫翠

流泉南北分，鐵板爲界限。涇渭雜河湟，伊洛阻瀍澗。阡陌任縱橫，堤防關聚散。但願風雨調，閭閻免愁嘆。鐵板分流

城東望平湖，湛然深百尺。一輪寶鑑明，萬頃玻璃碧。洞庭燦晴霞，扶桑湧朝日。何人蕩蘭舟，浩歌采蓮實。東湖曉望

岧嶢靈鷲山，晚照相掩映。翠巘入微茫，丹崖分遠近。樵人各還家，禪僧時入定。孤鶩帶落霞，飛來上谷暝。靈山晚照

古井蓋幽亭，清泉甘比蜜。入口沉痾痊，澡身塵穢滌。鑽火鍊黃精，束薪煮白石。若欲遡靈源，華峰高萬尺。井亭甘泉

山亭邃而幽，晴日來白鶴。梅雪映檐楹，松風撼林壑。青田好山川，華表舊城郭。九臯一長鳴，清音振碧落。幽亭巢鶴

清　王夫之《瀟湘怨詞·瀟湘十景詞寄調蝶戀花》　瀟湘八景，不知始誰，差遣唯洞庭月、瀟湘雨耳，他皆江南五千里所普攝也。「湖南清絶地，萬古一長嗟。」杜陵游蹟十七於神州，而期茲萬古，豈徒然哉！瀟水出自營浦，西北流五百里而得湘。湘水出興安之海陽山，與灘背流，既合於瀟，北流千二百里至巴陵北，大江自西來注之，然後瀟湘之名釋而從江。此千五百里間，縠波繡壁，楓岸荻洲，清絶之名，於斯匙矣。蹟不勝探，探其尤者，得十景焉。情物各有因緣，歸宿不迷於萬古，視諸帆雁嵐雪，悠悠無擇地者，不猶賢乎？僕雅欲爲此詞，不知何以未暇。歌八景後，驅筆獵之。吟際習爲哀響，不能作和媚之音，應節爲湘靈起舞。曰：非我也，有臣妾我者存也。

舜嶺雲峰　瀟水自江華西北流至寧遠九疑山北疑峰，恒有雲藏其半嶺，飛雨流淙，入瀟水中。

九嶺參差無定影，淚竹陰森，迴合青溪冷。一片綠煙天際迥，迷離千里寒宵暝。香雨飛來添碧凝，認是當年，望斷蒼梧恨。東下黃陵知遠近，西崦落日回波映。

香塘淥水　湘水徑東安縣東有沈香塘，石壁罅插一株，云是沈水香。澄潭清冷，綠蘿倒影。

湘水自分灘水下，曲曲潺湲，千里飛哀瀉。冰玉半灣塵不惹，停凝欲挽東流駕。百尺危崖誰羽化，一捻殘香，拈插莓苔罅。憶自尋香人去也，寒原夕燒悲餘灺。

朝陽旭影　在零陵縣瀟水側，去鈷鉧潭愚溪不遠，北十里爲湘口，是瀟湘合處。

瑤草難尋仙苑道，洞裏春生，一霎韶光好。圓牖龍葱迎始照，天涯一點紅輪小。無那雲端迷海嶠，斷送金烏，悶損飛光倒。縱有晶熒開霽昊，斜陽又被寒煙罩。

浯溪蒼壁　在祁陽縣北。元次山勒顏魯公《中興頌》于崖壁。苔光水影，靜目愉心。

誰倚磨崖題彩筆，記得中興，仙李蟠根密。萬里湘天開白日，晶光長射蛟

龍室。欲泛扁舟尋往迹，路隔丹梯，水弱罡風疾。日暮湘靈空鼓瑟，猿聲偏向蒼灣出。

石鼓危崖 在衡陽縣北，二水匯流，潭空崖古。

蒸水東流湘水北，一曲滄浪，映帶青山色。舊是朱陵仙洞客，鶴歸不向烏衣國。 江樹迷離潭影側，畫檻筠簾，夢斷春消息。擊鼓馮夷尋未得，饞龍怪舞雲生墨。

岳峰遠碧 自衡陽北三十里，至湘潭南六十里，岳峰淺碧，宛轉入望。

見説隨帆瞻九面，碧藕花開，朵朵波心現。曉日漸飛金碧顫，晶光返射湘江練。 誰遣迷雲生絶巘，蒼水仙蹤，霧鎖靈文篆。帝女修眉愁不展，深深未許人間見。

昭山孤翠 一峰矗立江次，北去湘潭縣三十里，下爲暮雲灘。

日落天低湘岸杳，迎目龍葱，獨立蒼峰小。道是昭王南狩道，空潭流怨波光裊。 緑影寒澄春放棹，記得當年，渌水歌年少。明月南枝烏鵲遶，登樓何處依劉表。

銅官戍火 銅官浦在長沙北三十里。蘆汀遠岸，水香生於始夜，漁燈戍火，依微暮色間，如寒星映水。

打鼓津頭知野戍，萬里歸舟，認得雲中樹。日落長沙春已暮，寒煙獵火中原路。 何處停橈深夜語，江黑雲昏，莫向天涯去。舊是杜陵飄泊處，登山臨水傷心句。

湘灣曲岸 湘陰縣北三十六灣，云是馬殷所開，縈回清澈。出此即漸次入青草湖，李賓之詩「三十六灣灣對灣」者是也。

爲鎖湘流東下緩，兩岸蘆梢，片片蒲帆短。寒水茫茫漁火亂，唯應曲裏春風暖。 萬古沅湘秋思滿，六六灣頭，綰住愁無算。無那湖光都不管，鼉風吹浪連天捲。

君山浮黛 湖光極目，至君山始見一片青芙蓉浮玻瓈影上。自此出洞庭與江水合，謝朓所云「大江流日夜，客心悲未央」者，於焉始矣。湖南清絶，亦於此竟焉。

渺渺扁舟天一瞬，極目空清，只覺雲根近。片影參差浮復隱，琉璃净挂青螺印。 憶自嬴皇相借問，堯女含嚬，蘭珮悲荒燐。淚竹千竿垂紫暈，賓鴻不寄蒼梧信。

清 張英《文端集》卷九《浮山十坐處詩》 浮山在大江以北，最爲奇特。《寰宇記》載，其巖三百有五十，峰七十有二。今巖之著名可指數者，尚三十餘。山周五里，高不及三里，洞壑盤互，烟雲吐納。平湖浸其麓，長江帶其前，青蒼秀削，凌虚鏡流，固足奇也。癸亥秋，予信宿其間，與山足和尚極探尋之勝，因拈十坐處，欲繫以詩，久而未就。今始各成數韻，地勝則情易愜，境絶則語難工，聊以志疇昔之願於不忘耳。

華嚴寺後雙桂下 招提境已窮，一徑入深竹。百簇青琅玕，寒翠冒山麓。古桂挺雙柯，交枝絶凡木。奇石礙飛鳥，排空削蒼玉。中有藏經巖，紫苔翳幽谷。我來炎暑中，涼颸氣長肅。桂下趺跏人，但見鬚眉緑。寺後有藏經巖。

金谷巖西種茶處 三十六巖中，金谷尤軒翔。下建五丈旗，佛身相等量。峰頂無字碑，屹立摩穹蒼。青鳥乘天風，佛頂吹笙簧。高樓接飛泉，俛看松千章。滴珠復幽窅，谽谺當其傍。丹壁垂紫蘿，亘天如石梁，山畔荷鋤人，坐卧茗花香。金谷巖上有石卓立，昔人稱爲無字碑。旁有滴珠巖、緑蘿巖，時有青鳥飛來，鳴於巖端。

紫霞關下 空山一片石，鴻荒劈巨靈。疏鑿非禹功，無乃勞五丁。天險既已闢，山翠無時扃。從此陟丹梯，樵路穿青冥。喬柯散佳蔭，憩息如郵亭。上有仙人床，偃卧期千齡。仙人床石在關上。

首楞巖 振衣紫霞關，首楞在其上。如登燕子龕，地狹景彌曠。九子隔江峰，青蒼鬱相向。鴈侶落平湖，漁汀没秋漲。古木參差中，烟光渺難狀。側足度危岑，苔滑不容杖。尚有舊游人，姓字留孤嶂。石壁題云：「望九華若筍，長江如帶，游浮山不游首楞，不如無游。」石險處有鍾伯敬輩題名。

石龍峰松下 奇石亘長谷，蜿蜒如石龍。延步儼崇岡，仰眺成危峰。如卧復如攫，磊落千歲松。下視晚翠巖，蒼莽豺虎踪。斜日迴紫翠，百疊青芙蓉。我欲謝塵滓，夕景長扶笻。下看晚翠巖極幽蒨，人跡罕至。

陸子巖前竹下 長廊名浩歗，石窟尤離奇。天然闢户牖，烟景相蔽虧。窈窕如曲房，映以檀欒姿。微飄戛脩玉，蕩日如淪漪。曾有探奇人，高咏天風詩。遠公亦已去，浮圖冠厓巘。復聞歐陽子，來與高僧棋。至今烏啄木，響落空山時。苔痕蝕棋局，黑白誰能知。陸子名宰，山陰人。雷鯉詩有「天風醉花鳥」之句。歐陽公曾與遠録禪師圍棋於此，有石屋名浩歗廊。

指月石 躡步攀枯藤，言登指月石。誰闢奇險徑，巨斧生履跡。垂手摩松顛，沆漭山雲白。陰壑轉幽邃，羣岫互奔繹。迴睇石蓮峰，仙葩粲朱碧。天池劃澄泓，雲半葭葦積。欲畢探奇情，扶攜藉禪客。石蓮峰上有石，紋如蓮，數十朵，大盈丈，紅藍悉備。雨後洗石則益見。峰頂最高處有天池，四時不涸，中生葦荻。

佛母巖石楠樹下　海濤迴天風，乃從石上生。始知造物力，搏挖非恒情。亦號連雲峽，青壁類削成。朝暾與夕陽，丹霞彌赤城。猿鳥絶行迹，烟景相縱横。我來佛母巖，對此心魂驚。欲書貝多葉，壯觀難可名。海島巖有石如城，長里許，上有紋如波濤涌起。

響雪橋　張公昔隱此，泉有丹砂香。左跨繞雲棧，石磴懸崇岡。右帶響雪橋，潺湲落谿梁。千巖莽回互，天地皆蒼凉。或有鬼神守，荆榛閟靈光。延緣石橋望，幽絶誰能量。徒聞夕陽樓，遺迹空渺茫。張公名同之，宋人。

妙高峰石上　子瞻詠廬山，欲識廬山面。余登妙高峰，兹山乃全見。鳥道亂石叢，得松意彌倦。眙愕經時定，甫敢送遥盼。巖壑蕩烟雲，丹碧陰晴變。邨樹青數叢，江雲白千片。短松號晚鴉，奇觀怯深戀。殘陽照歸影，南湖净如練。

清　許瑶光《雪門詩草》卷一〇《南湖八景詠》　河洲荇菜，江漢喬木，風詩所載，地以景彰矣。嘉興南湖，吐納苕霅，襟城帶郭，古奥區也。而禾志只繪煙雨一樓，何攬勝之少乎？詢之耆舊，云前代曾有八景之目，而平章未確，志闕不載，未免煙霞减色矣。余守嘉，今五年。凴眺川原，俯仰風月，目之所寓，有會於心。爲湖山標異，得南湖八景。且繫以詩，增嘉話也。有客進曰：秦駐秋潮，獨山曉日，非由拳之鉅觀乎？即玉溪輦路，橋挂雙虹，胥山訪古，劍試一石。墨客騷人，所宜流連，子均不齒及，而獨注意於鴛鴦湖，得無拘墟？余曰：不然。八景莫著於瀟湘，而漁村遠浦，山市江天，無匪曲繪洞庭之狀，即西湖之孤山、段橋、南屏、花港，相去亦不過咫尺。可知雨奇晴好，會心原不在遠矣。夫文章之事，散而汗漫，不如聚而結采。景物者，大塊之文章也。何獨不然？各唯而退。因并記之，以爲序。

南湖煙雨　湖煙湖雨盪湖波，湖上清風送櫂歌。歌罷樓臺凝暮碧，芰荷深處水禽多。

東塔朝暾　地鄰東海曉波黄，縹緲朝雲捧太陽。吴越河山都入照，郤饒孤塔早霞光。

茶禪夕照　西麗橋波洗暮鐘，江天倒浸落霞紅。茶禪寺外灣灣水，霜葉蘆花一釣篷。

杉閘風帆　蘇州估客布帆輕，買醉楓橋趁曉晴。一路東風吹酒醒，夕陽紅泊秀州城。

伍塘春桑　處處清溪處處桑，緑雲低護古時塘。鳴鳩喚醒黄梅雨，知否江村四月忙。

禾墩秋稼　繡壤縱横晚稻田，青林紅樹起炊煙。西風無恙秋收好，又話黄龍紀瑞年。

韭溪明月　萬古清光勝蹟留，月波樓在韭溪頭。白雲散盡長天碧，摇曳江城鐵笛秋。

瓶山積雪　試上瓶山莫畏寒，樓臺白玉倚闌干。雪晴海國陽春早，攙入梅花一色看。

清　魏源《古微堂詩集》卷三《永嘉山水詩補謝六首》　康樂守永嘉，好游詠。而今可考者，惟江心一嶼，詩与境合。其北雁宕，僅至斤竹澗。東雁宕即白石山，僅行田其下。西雁宕即仙宕，曾不齒及，即所詠石門，亦始寧墅。東山之石門，乃康樂舊居，在金虞嵊縣，非青田之石門瀑也。殆古時山徑未闢，志乘鄉導無人，故以好游如康樂而靈奥輒遺歟。妄題數章，欲以補謝屐之憾，不復顧山靈之嘲爾。

北雁宕三章　南雁宕在平陽縣之南，距温州百餘里，游人罕至。古今所題詠者皆北雁宕。

白石太古水，蒼厓三伏冰。山僧閉户去，貽我千嶙峋。回環四拱合，負扆朝山靈。不有棨戟衛，誰尊閶闔扃。肅肅諸天气，森然集戺庭。秋碧寒疑月，鐘清遠自霆。中宵眠不穩，只恐夜雲崩。靈崖

不信入山深，但覺逢人少。尋幽不憚遥，山深誤亦好。陟降翠雨中，出入白雲繞。何石不壁立，無潭不鏡皦。但看户闥奇，已識中藏奥。深谷杳無人，流泉先我到。祇覺气蒼蒼，竟忘聲浩浩。自天下渴虹，泱雲入歸鳥。別水豈無情，相送前山窈。戀濤步步遲，濯纓媚芳沼。龍湫

何年山腹裂，蟠空結靈閈。仿佛巨靈劈，來作華佗换。爆竹一聲迸，雷震諸天憚。白雲凝不動，聞聲始流竄。當門一綫天，俯首萬山矙。諸天盗太虚，我豈爾冰炭。萬一我百骸，竟同盤古散。怪肺化槎枒，空腹穹霄漢。後人游五内，豈不驚天半。出洞尚回首，萬化誰爐煅。靈峰洞

東雁宕　白石山在樂清縣西二十里，水石奇勝，故志乘亦有雁宕之名。玉甑峰踞其

中，石洞呀豁，高廣四十餘丈，可望海日。其瀑水左右匯爲東西二潦，潦底大石砥平，長數百丈，闊數丈，號曰龍街。水鳴其上，曲折而下，響如操琴。爲潭者六，左右怪石奇峰林立。

越險入天門，凛然警心目。别開石世界，争聚雲宗族。雲石互拱処，早爲仙鬼據。呀張屹東向，海日吞其腹。逾嶺澗聲殷，驚疑山欲覆。始知水勢奇，雲石反失步。澄而爲寒碧，屹而爲府庫。坦而爲街衢，鏘而爲珮璐。造化豈無心，竭才窮部署。耳目聲光气，此時遺去住。幸有出澗泉，導我還山路。

西雁宕 仙巖古無雁宕之名，子推廣三雁宕之勝以名之。在温州瑞安縣東北，匡谷幽奧，頗有廣池，水分八派，注爲各瀑潭，高下相屬。宋陳止齋讀書之所，朱子訪之，題曰溪山第一。

犯曉尋仙巖，撥雲扶短僮。流雲不相待，先上西高峰。石門互開闔，草露森蒙茸。澗壑聲漸湧，猿鳥生慄忡。水響非一瀑，苔漾非一碶。沿潭上下尋，源究不可窮。瀑原天上坎，泉源山下蒙。昔賢棲隱地，静悟先天中。空翠微有聲，蒼寒乃無風。潭澄渟衆響，心閒水亦空。山水聰明气，發爲泉石滃。幽谷有昏旦，密林無春冬。猶聞儕侶聲，烟中尚扶笻。

石門洞瀑 洞在処州青田縣，有劉青田讀書之所。故有青田祠，非康樂所游之石門也，故謝詩不□瀑，且營構館榭。明爲始寧墅之。大小石門在今上虞縣之東山，与此無涉。故詩以補之。

來從不盡山，歸入無底谷。谷中鳴百雷，谷外鑽蒼玉。有呼響必應，環合城墉束。大聲劈天來，千丈壁如覆。再墜再飛起，匯此兩潭緑。雄豪化清泚，蒼翠圍寒肅。滿壁蛟螭痕，泉聲寒佛屋。客踞潭中砥，僧入簾中瀑。四面和松濤，諸天奏琴筑。神物蚴潭中，中宵光上燭。何時起行雨，一洗蒼生溽。

白岳東巖 白岳与黄山對峙。黄大而怪，白横而莊，黄斂而奥，白敞而靈。各擅其勝。然白岳又有東西炎涼之不同。世人歲登濟雲巖者千萬計，無一人至西巖。山志中載游記、游詩百十首，無一人及石梁、石門之勝。蓋東天門以内，真武香幣走四方，觀宇塞巖穴，無復溪山真面。其西天橋以内，爲石門寺，境奇幻而祈賽不至，游人幾無棲宿之所，溪山轉得全其本色，是爲幸中不幸，不幸中幸。故分餽二章弔賀之。

山匪仙不靈，過靈山反俗。有似羽氅客，忽享廊廟縟。何如泉石閒，長飫烟霞福。天門抱穹崖，天閾開靈竺。气聚鬼聰明，骨奇魂清肅。聲明走百靈，結構顆幽谷。人震溪山寵，客爲溪山哭。我謂兩不妨，骨山終勝肉。朝朝暮暮雲，下下高高瀑。花鳥遇木人，鐘鼓享麋鹿。何妨漢京内，自辟文成穀。東巖之天門亦石梁也，与西石樑同一結構，特長止丈餘，故僅以門名。再轉而真武宮，負玉屏。案爐峰左右，鐘鼓峰夾峙，本天設靈奥，不以喧俗掩其奇。

白岳西巖 西巖曰齊雲山，其石橋、石門之勝，十倍東巖。游山自雙溪入，則可先至西崖矣。今皆先至齊雲，入則先歷真武宮以西諸峰，皆齊雲左障。從此山勢愈西愈平，忽伏忽起，漸起諸崖，而後逆轉東南，特起一峰曰標霞崖。逆亘而南曰大石梁，上坦下穹，縱十餘丈，横三丈，高二百仞。梁穹如滿月，而梁下復重一梁，遥望又如上絃之月。當梁下半里，有峰秀峙，如立兔之擣月宫人游梁上者。後負標霞崖，前面玉兔峰，遠近四山拱青送翠，如在蓬萊天闕中。視東天門，不可同年語。再東南爲石門，壁立千仞。下有石室，横覆數十丈。門上有小崖，曰雲外坐。門前有崖横案，曰爛錦崖。而石門寺踞其中，有水簾天泉之勝，亦有大龍宫，奉真武，堂奥天設，而祈禱闃然。或曰白岳之脈自西而東，石門崖特其起祖，而齊雲匡乃其結束，故靈響皆在東崖。然棲隱者將於彼乎，於此乎？

石勢聳不已，晴雨飛無時。愛山不入山，戀此崖前池。堂皇峻屏扆，結構誰所爲。當年造物心，知欲供養誰。天風忽忽起，足跨雙蛟螭。四山紫翠气，醉我雲濤衣。空山闃無人，一響千霆馳。鱗甲盡飛動，勢挾烟巒隨。紅塵不到處，真宰將我貽。蒼然夥山雲，來偃天南陲。去去勿回首，恐化虹霓飛。

圖表

明 楊爾曾《新鐫海内奇觀》卷四《詠錢唐十勝·五雲六景》

緑暗青濃乍有無，曉鶯啼罷尚籠烏。隨風不入五侯宅，帶雨半遮西子湖。舞徹細腰曾擅楚，困酣嬌眼頑傾吴。蘇公舊日径行處，夾道低迎鵲尾爐。

冷泉亭下北山陲，曾見雌雄共引兒。慣聽山僧朝説法，能随木客夜吟詩。

松坡日暖人游後，蕙帳風寒鶴怨時。惆帳遺音無處覓，竹溪啼老野棠枝。

地遠哪聞禁鼓敲，依稀風景似元宵。綺羅香泛花間市，燈火光分柳外橋。

行客醉窺沽酒幔，游童笑逐賣餳簫。太平氣象今猶古，佇聽民间五袴謡。

柳陰曲院嫣宜春，簾捲風香逗美人。蘇公堤上當罏日，凉夜月明南浦賓。

紺霧彤霞爛不收，海門東望浪花浮。超騰渤澥三千界，照耀閻浮四百州。

暘谷神龍同变化，高崗鳴鳳自喧秋。近來匯有賓王句，試與重望鷲嶺樓。

曾向人間構小窗，卧看蒼翠擁旌幢。雄聲絶似聞三峽，秀色何須攬九江。
自與竹梅諧舊約，不隨荷桂入新腔。試觀樹杪悠揚處，疑是盤空白鶴雙。

雪後孤山擁畫圖，天開霽色炫冰壺。三竿曉日消殘凍，一脉春泉入鏡湖。
放鶴山童籠未啟，觀梅野客杖先扶。就中風味誰能識，活火熏香付茗爐。

怒扶西風勢未休，滔滔何處覓安流。青山隔岸分吴越，白浪排空逼斗牛。
鐵箭有靈来昨日，素車遺恨已千秋。晚来試倚樟亭立，楓葉蘆花滿眼愁。

大士結構破虚空，二虎南来翊神功。嘯如飈，泉觱沸，霈作醍醐寰海融。

浮光清映倚天開，謳扣弦歌楫往来。巨鱗能得龍飛去，綸竿盡入般若臺。

鹿岩秋雨霽，五色巧雲班。濃映樹中寺，横連江上山。紛紜藏勝跡，迢递隔塵寰。人在下方看，分明圖畫間。

山頂龍池古，清泉一派深。三秋逢元旱，頃刻作甘霖。氣結春雲膩，光涵曉树陰。沛然祈禱驗，足慰下民心。

閑裏開軒坐，悠然愛六花。清光照書案，香氣襲窗紗。山擁玉屏出，江潢銀漢斜。道人知意思，旋取爲煎茶。

仙子乘風去，空留仙塢名。老樵猶自識，長日唱歌行。隱隱穿雲響，丁丁應谷鳴。飄然下山去，風韻有餘清。

江潮猶未至，亭上待多時。拂石坐看景，臨窗閑和詩。海門翻雪白，煙浪逐風馳。頃刻至山下，何嘗負所期。

瀟灑禪堂景，光晴夜未闌。月從滄海起，人倚碧峰看。彩色如雲動，精光似水寒。嫦娥應有意，偏照誦經壇。

諸類景觀

論說

宋 蘇軾《東坡全集》卷三七《石鍾山記》《水經》云「彭蠡之口有石鍾山焉」。酈元以爲下臨深潭，微風鼓浪，水石相搏，聲如洪鐘。是說也，人常疑之。今以鐘磬置水中，雖大風浪，不能鳴也，而況石乎！至唐李渤始訪其遺蹤，得雙石於潭上，扣而聆之，南聲函胡，北音清越，枹止響騰，餘韻徐歇，自以爲得之矣。然是說也，余尤疑之。石之鏗然有聲者，所在皆是也，而此獨以鐘鳴，何哉？元豐七年六月丁丑，余自齊安舟行適臨汝，而長子邁將赴饒之德興尉，送之至湖口，因得觀所謂石鐘者。寺僧使小童持斧，於亂石間擇其一二扣之，硿硿焉。余固笑而不信也。至其夜月明，獨與邁乘小舟，至絶壁下。大石側立千仞，如猛獸奇鬼，森然欲搏人，而山上棲鶻，聞人聲亦驚起，磔磔雲霄間。又有若老人欬且笑於山谷中者，或曰，此鸛鶴也。余方心動欲還，而大聲發於水上，噌吰如鐘鼓不絶，舟人大恐。徐而察之，則山下皆石穴罅，不知其淺深，微波入焉，涵澹澎湃而爲此也。舟迴至兩山間，將入港口，有大石當中流，可坐百人，空中而多竅，與風水相吞吐，有窾坎鏜鞳之聲，與向之噌吰者相應，如樂作焉。因笑謂邁曰：「汝識之乎？噌吰者，周景王之無射也。窾坎鏜鞳者，魏獻子之歌鐘也。古之人不余欺也。事不目見耳聞而臆斷其有無，可乎？」酈元之所見聞，殆與余同，而言之不詳。士大夫終不肯以小舟夜泊絶壁之下，故莫能知。而漁工水師雖知而不能言。此世所以不傳也。而陋者乃以斧斤考擊而求之，自以爲得其實。余是以記之，蓋歎酈元之簡，而笑李渤之陋也。

明　羅洪先《念菴羅先生集》卷五《石鐘山記》　漢酈氏《水經》載石鐘山，以爲風起微波，激石有聲，不詳其故。東坡夜艤漁舟山下，聽其所以鳴者，本石多竅，遂爲辨以補遺。丙午春，余過湖口，臨淵上下兩山皆若鐘形，而上鐘尤奇。是時水未漲，山麓盡出，緑石以登。始若伏軾昆陽，旌旗矛戟，森然成列稍深，則縱觀咸陽，千門萬户，羅幃繡幕，掩映低垂。入其中，猶佛氏言海若獻深，珊瑚珠貝，金光碧彩，錯出於驚濤巨浪，莫可辨擇。睇而視之，垂者磬懸，側者笋茁，缺者藕拆，環者玦連。自吾栖巖穴以來，攀危歷險，未有若是奇者矣。夫音固由竅以出，苟實其中，亦復喑然。故鐘之制，甬則震，弇則鬱，是石鐘者，中虚外竅爲之也。虚者大，竅者小，故出之有餘而應且遠。今夫瓮盎罌卣，鈞虚器也，注之水，則瓮盎不若罌卣之聲，此中外小大之驗也。東坡艤涯，未目其麓，故猶有遺論。嗚呼！石本無聲，虚猶足以召之，又況人之心乎？是石當彭蠡入江處，衆流迸駛，湍迴洑射，日刓月消，石雖堅，不勝其力之久，故其形亦備鑽研磨刮之工，瑩白如玉。其未入於水者，色黯理疏，頑悍而輪囷，略不相肖。然則風靡波蕩，其亦有助於石而致虚者，固有道耶？因記以俟好古者。

明　鄒迪光《調象菴稿》卷一《九龍山賦序》　夫懸圃具茨，姑射灊霍，不周踈屬，方壺員嶠之類，胥神仙玄堀，靈怪幽墟，標名域内，托跡象外。武跡不及，評隲何繇？若乃終南太乙，天孫酉陽，宛委仇池，媧宫祝融。二華之屬，秩視三公。號崇萬禩，瘢懸事備。禜望數殊，自昔炳烺，無煩揚詡。至于從都作鎮，循邑爲表，合符受瑞，毓異鍾英，要屐勝流，賈藻藝苑，其在域中，靡可殫悉。然或疆里敻而略藐無倪，或載籍缺而詢咨失覈，或名存而實左，或曩著而今湮。其於頌紀，將非實録。惟我九龍山者，爲觀一邑，擅勝三吴，瑞氣日以晻韡，人文藉而朏輔。圖牒具在，故老聞知。游目有餘，寄心無盡。備在操觚，能乏偁引云爾？

明　馬之駿《妙遠堂全集》文張集《横山記》　横山之勝以逕，逕勝以秋。山巉秀聳拔，直不受步，乃旋折而升，如蟻之附磨，終日見大圓焉。上苦僂，其疲在背，下苦眩，其御在足。更相遇必相視，纍纍若登樹之猱，故曰其勝在逕。蘿叢棘蔓，深可没踝；霜林木脱，着地如篩；屐殷輒響，作丹黄跆籍，故曰逕之勝以秋也。登頂四望，靡所不瞷。郡脉自南來，雉堞逆踞之，東鐃氣而北稍衍，非兹山處乾維，幾緩不收矣。凡登山，使人恰者，其觀冶；使人悲者，其觀幽；使人冷者，其觀僻；使人危者，其觀峻。山理爲主，而人以氣聽之。予窮高俯仰，旁揖雲霧，感流景之頓駛，訝此身之何來，不覺逌然而發歌，泫焉而出涕，其悲固以秋，而不以山也。

清　謝章鋌《賭棋山莊所著書》文集卷三《華山後游記》　嗟乎！山水之游有五難。無濟勝具，一也。無杖頭錢，二也。無佳侶伴，三也。佳日不易得，四也。意外事敗興，五也。而道里之寥隔，職守之羈維，尚不在此數耳。太華，五岳之奥區也，唐都關中，金天近在畿輔，而唐之詩人杜少陵不及登，韓昌黎登半而止，惟李太白至落雁峰天際黄河一綫來，非身歷者不能道也。紀載之作，則古云「削成四方，直上五千仞」，最工於語言矣。後人所爲游記，大率摹擬寡情實，近則屈翁山、洪稚存爲善。屈近柳子厚，洪本酈善長，山之曲折備矣。雖然，山之體有定也，山之態無定也，游山之性情更無定也。有定者不必蹈襲，無定者，則文章之日新也。風雨泉月，朝夕萬變，余前後之游尚不同，而謂其必同於古人耶？因掇記之如此，且以志吾幸焉。

綜　述

晉　廬山諸道人《游石門詩序》（《古詩紀》卷四七輯）　石門在精舍南十餘里，一名障山。基連大嶺，體絶衆阜。闢三泉之會，並立而開流，傾巖玄映其上，蒙形表於自然，故因以爲名。此雖廬山之一隅，實斯地之奇觀。皆傳之於舊俗，而未覩者衆。將由懸瀨險峻，人獸迹絶，逕回曲阜，路阻行難，故罕經焉。釋法師以隆安四年仲春之月，因詠山水，遂杖錫而游。于時交徒同趣，三十餘人，咸拂衣晨征，悵然增興。雖林壑幽邃，而開塗競進。雖乘危履石，並以所悦爲安。既至，則援木尋葛，歷險窮崖，猿臂相引，僅乃造極。於是擁勝倚巖，詳觀其下，始知七嶺之美，藴奇於此。雙闕對峙其前，重巖映帶其後。巒阜周迴以爲障，崇巖四營而開宇。其中則有石臺、石池、宫館之象，觸類之形，致可樂也。清泉分流而合注，渌淵鏡净於天池。文石發彩，焕若披面。檉松芳草，蔚然光目。其爲神麗，亦已備矣。

宋　樂史《太平寰宇記》卷九八　天台山在州西一百一十里，《臨海記》云，天台山超然秀出，有八重，視之如一帆，高一萬八千丈，周迴二百里。又有飛泉懸流，千仞似布，故《登真隱訣》注云，此山在桐柏山後，四明山東南三百里。《啟蒙記》注云，天台山去天不遠，路經油溪，水深險清冷，前有石橋，路逕不盈尺，長數十丈，下臨絶澗，唯忘其身然。後能濟濟者梯岩壁，援蘿葛之莖，度得平路，見天台山蔚然綺秀，列雙嶺于青霄上。有瓊樓玉闕，天堂、碧林、醴泉，仙物畢具也。晉隱士闞道猷得過之，獲醴泉、紫芝、靈藥。今石橋名相山，又道書所謂玉堂。天台山其山八重，視之如一中，有金庭不死之鄉，陸邁與王逸少書云，自山陰至臨海，多有金庭玉堂、仙人芝草也。

又　卷一一〇　麻姑山在縣西南二十二里，山頂有石鼓壇，相傳麻姑得道於此。壇東南有池，池中有紅蓮，曾變爲碧。壇邊杉松，皆偃蓋，時聞鐘磬步虚之音。東南有瀑布，源下三百餘尺。山頂上有石螺蚌，或云桑田所變也。西北有麻源，謝靈運題入華子崗是麻源第三谷，詩曰「銅陵映碧澗，石磴瀉紅泉」即此處。刺史顔真卿按《神仙傳》，撰仙壇碑，備詳其事。

宋　譚粹《羅浮集序》（《廣東通志》卷五九引）　嘗觀劉禹錫初見太華，以爲此外無奇，及見荆山，以爲此外無秀，及游池州九華山，然後悼前言之容易。噫！使禹錫及見羅浮，奚特九華山之比哉！昔嘗一閲《羅浮山記》，乃郡掾郭之美采摭圖傳，纂次編集。其説謂：是山通勾曲之洞，接茅山之勝，浮雲濤于會稽，分靈島于蓬萊。始疑其誕謾而未之信。及元豐初，承乏郡事，遂獲親至而目擊。觀夫星壇天成，石鑑圓潔，湖韞冰玉，竹産籠葱。奏清音於樂池，耀寒光于丹竈。文禽異卉，交錯如繡。瑶臺霞谷，愈覽愈新。誠可謂此外無奇。羣峰壁立，間數百里，石樓倚漢，鐵橋横空，勢憑天倪，影浸溟渤，蒼翠蓊鬱，出雲爲霖。誠可謂此外無秀。

宋　韓元吉《武夷精舍》（《古今事文類聚》續集卷八輯）　武夷山在閩粤直北，其山勢雄深盤礴，自漢以來，見于祀事，閩之諸山皆後出也。其峰之最大者，豐上而歛下，巋然若巨人之戴弁。緣隙磴道，可望而不可登。世傳避秦而仙者蜕骨在焉。溪出其下，絶壁高峻，皆數十丈，岸側巨石林立，磊落奇秀。好事者一目不能盡，則卧小舟杭溪而上，號爲九曲，以左右顧視。至其地或平，衍景物環會，必爲之停舟，曳杖倚徒，而不忍去。山故多王孫，鳥則白鷴、鷓鴣，聞人聲或磔磔集崖上，散漫飛走，而無驚懼之態。水流有聲，其深處可泳。草木四時敷華，道士即溪之窮，僅爲一廬，以待游者之食息。往往酌酒未半，已迫曛暮，而不可留矣。

明　宋濂《文憲集》卷一六《官巖院碑》　浦江縣東南三十五里，有山穹然拔起於衆峰之間者，曰康侯山，又曰官巖山，俗以其形蹲踞如獅子，又稱之曰獅子岩。從岩趾斜入六百餘步，崖木回環，最號幽邃，有古招提在焉。【略】濂所居距岩不十里而近，一出户輒望見之。當天朗氣清時，嘗同二三子捫蘿攀葛而上。俯瞰縣北，岩坑、仙華諸峰如萬馬東行，或駐或躍，而浦陽江之水蜿蜿蜒蜒，又如白龍南飛，一瀉數十里，遶岩腹而去。周圓原野，星羅棋布，諸池沼厠其中，直小甌耳。方呼酒放歌。天風自東北起，四山鱗甲一時皆動。同游或戰掉不能留，誠天地間勝絶之地也。

明　王鏊《姑蘇志》卷九　楞伽山一名上方山，在吴山東北，其頂有浮圖五通廟。在其下東南麓，有丁家山，唐人丁公著父喪負土作冢，故名。其北爲寶積山，寶積寺在焉。其北爲吴王郊臺，東北爲茶磨嶼，以其三面臨水故云。嶼俗云磨盤山，東南麓有普陀巖，巖前石池，深峻厓絶，石梁跨其上，兩崖壁立，蘿木交映，特爲奇勝。

又　洞庭山在太湖中，一名包山，以四面水包之，故名，或又謂包公嘗居之。陶隱居云，包公爲句容人鮑靚。又名林屋山，山週迴一百三十五里，遥望一島，而重岡複嶺，茂林平野，鍾梵相聞，閭巷井舍，不異市邑，即其地如人區别境。其諸峰皆秀異而縹緲，峰最高登其顛，則吴越諸山隱隱在目。又有上方、下方、石公、龍頭、金鐸、相傳吴王藏金鐸於此。渡渚吴王嘗於此渡軍。諸山。雖皆山之支隴，而透迤起伏，靈棲窔構，隨高下各擅勝處。有名叢林，凡十有八，而林屋洞、毛公壇、桃花塢、消夏灣、崦裹諸迹，尤爲奇勝。唐房琯云：不游興德洞庭，未見山水。他名人品題尤多。其地相傳無虎蛇雉，而所産柑橘特佳，所謂洞庭柑也。

明鄭善夫《少谷集》卷一〇《游北山記》 北山去黄岩、澄江六七里。至山之樊巖，石業旹，有洞穹然，曰小有空明天。每風則聲從中出，復曰天風門。山以洞勝，故復曰靈巖。巖下有瀑，其聲琤琤然，注爲川。昔朱晦翁與杜方山南湖講學其上。以川之狀與樊川爲類，故名曰小樊川。後有杜清獻杜司農者起而張之，故村曰杜村。巖之上爲嶺，曰招仙嶺。東轉爲厓，縣水百餘丈，龍穴而淵，曰龍厓。厓下有亭曰二公亭。上有谷曰芝谷，氣和則紫芝生之谷。折而陘，青壁峆岈，泉涓涓出石罅，爲少谷亭。又西爲鷲峰。峰益峻，林木益翳。凝紫出天畔，北瞰赤城，南臨雁蕩，西望括蒼，東極滄海之陾，復名曰紫霄。水甘如飴，其源出峰頂一泓，顯伏不常，即志所謂影迹潭是已。莽蒼之交，黄子書院在焉。

明釋傅燈《形勝考》（《天台山全志》卷一引） 余始游鴈宕，見其峰巒秀拔，奇形怪狀，將謂海内名山無有勝此。及登天台山，觀其規模宏大，又恍然自失。因而品曰：鴈宕山其猶李青蓮之五言古詩也，天台山其猶杜拾遺之五言古詩也。以子美之詩上薄風雅，下該沈宋，言奪蘇李，氣吞曹劉，掩顔謝之孤高，雜徐庾之流麗，盡得古人之體勢，而兼昔人之所獨專近之故也。蓋此山在下望之，不啻千仞。及昇其巔，四通八達，間皆可數十里，如在平地，其勝一也。至登華頂峰頭，東望大海，南觀鴈宕，西矚括蒼，北眺錢塘，一覽可盡，其勝二也。俯瞰羣峰，皆在其下，羅列環遶，或如蓮葉，或如華鬚，恍疑一朵芙蓉浮於海上，其勝三也。僧寺道院，桑麻相接，鐘梵鳴於天上，雞犬吠於雲中，其勝四也。雖極其幽邃之地，皆明爽開豁，使人襟抱蕩然，其勝五也。山與通衢左近，車馬絡繹其下，勝概羅列，其巔可望而不可到，其勝六也。山無背向，四面如一，其勝七也。山有八支，八溪爲界，以華頂爲車軸，山之周遭如八軸輪，亦如八葉覆蓮，其勝八也。山産衆藥，又多肥蕨、黄精，此足供居者糇糧，其勝九也。山林深遠，即居民亦有未臻其奥者，可以避隱，其勝十也。且赤城爲其南標，石城爲其西固，東蒼爲其眉，四明爲其目，中有瓊臺、雙闕、佛隴、香鑪、石梁、瀑布等，諸景骨肉不偏，形神俱妙，所以爲勝也。此其梗槩耳。若夫赤城建標，珠林簇簇，誰其淡諸，霞紅雲緑，則有赤城山之勝。五峰環翠，宫殿俱高，雙澗奏響，和以松濤，則有國清寺之勝。溪界山出，路沿澗入，瀑布龍湫，凉風襲襲，則有金地道中之勝。金地在上，壁立萬仞，蒼龍委蛇，濟以天磴，則有金地嶺之勝。竹塢茆茨，疏磬間發，法語琅琅，金繩寶筏，則有定光菴之勝。古塔皇封，與山巃嵸，瞻之仰之，萬世高風，則有真覺寺之勝。法流洙泗，佛道康莊，普賢境界，脩禪道場，則有佛隴大慈寺之勝。大雷峰下，白雲精舍，數里平原，幽人命駕，則有太平寺之勝。路人羊腸，身親龍闕，山橡藤梨，美哉膚核，則有寒風闕道中之勝。亦有桑麻，非人間者，豈軒轅丘廣莫之野，則有長壽、文殊、西竺諸寺之勝。萬山之中，其嶺陂陀，若槃之宫，尚餘煙蘿，則有察嶺下高察舊隱之勝。此南門第一支，取華頂之直道，以南畧溪爲界也。若夫放生池上碧水盈堤，有物龍去，猶名螺溪，則有清心寺之勝。長松數挺，野廟披離，昔人傳教，今歸與誰，則有傳教寺廢址之勝。疊嶂千重，溪梁百折，泉落樹頭，流雲噴雪，則有螺溪道中之勝。仰攀丹崖，危磴半欹，梯雲捫葛，乃可探奇，則有幽谿嶺之勝。幽谿講肆，車塵不喧，山林盤鬱，別有乾坤，則有高明寺之勝。路隔三山，可望難即，松篁數家，泉流上泐，則有清凉寺遺蹟之勝。下有寒泉，藏蟄神龍，石筍高峙，砥柱虚空，則有螺螄潭之勝。溪南溪北，上游下游，經梵相聞，以耕以脩，則有黄墰諸菴之勝。聖僧西歸，惟遺雙屐，精神不磨，竟化爲石，則有聖蹟内外菴之勝。此南門第二支，取華頂之紆路，以螺溪爲界也。若夫雲林覆殿，寶篋藏經，諸天散花，神鬼來聽，則有慧明寺之勝。覺路平平，好山相迎，谷風溪水，且輕且清，則有栖溪道中之勝。山藏太古，水奏琴心，惟昔高士，允矣知音，則有齊高士顧歡隱處之勝。水窮山盡，有地靈墟盤石可坐，精廬可居，則有天封寺之勝。此東門第一支，取華頂之直道，以栖溪爲界也。若夫丹山夷夷，草木萎甤，何獨王愛，我亦愛之，則有王愛山之勝。脩竹千竿，蘭若數楹，長者福聚，衲子化城，則有筋竹嶺菴之勝。雲生足底，人行天上，誰挈我衣，空中五兩，則有彌陀菴、仰天湖道中之勝。此東門第二支，取華頂之仄徑，以水母溪爲界也。若夫山光明媚，水色澄鮮，真阿練若樂矣三禪，則有澄深寺之勝。猿梯達漢，鳥道通玄，疑其登者，居日月邊，則有摘星嶺之勝。山藏八景，高僧所安，彼如菴主，其塔猶完，則有大同寺之勝。瑞草藉地，拱木蔽天，禽猿嘯聚，杳無人煙，則有石筧道中之勝。此北門第一支，取華頂之岐路，以羅木溪爲界也。若夫神仙福地，茅竹洞天，金庭觀側，羲之家焉，則有金庭觀之勝。路崎而勝，水險而清，籃輿竹筏，恣我南征，則有福溪道中之勝。山奇蹟聖，佛慈如如，豐碑古記，元章之書，則有慈聖寺之勝。方廣覿面，用誰能見，八萬度門，聊通一綫，則有石梁橋之勝。瀑瀉懸崖，石潭淙淙，奇哉誰設，元龍之功，則有斷橋之勝。此北門第二支，取華頂之險路，以福溪爲界也。若夫千山倒景，蘆荻藏舟，中有釣叟，機忘海鷗，則有青溪之勝。青山崣崔，飛流介道，織女停梭，牛郎凝眺，則有瀑布水之勝。仙人拍掌，玉女濺珠，亦有僧寺，是稱仙居，則有玉女溪、瀑布寺、福勝觀之勝。九峰迢嶤，元宫逍遥，仙凡路隔，度以三橋，則有桐柏宫之勝。瓊臺薄漢，雙闕凌霄，其誰神司，仙者王喬，則有瓊臺雙闕之勝。此上有元明、洞天、仁靖、純素諸宫，白雲、壽昌諸觀，聖壽、法輪、法蓮諸院，卧雲菴等諸處之勝。小山爲伍，環畲千畝，寺倚危峰，坎坎鐘鼓，則有護國寺之勝。溪泛胡麻，上有仙家，雲中古洞，尚餘桃花，則有桃源之勝。其上有慈雲、普光，西定慧蓮華峰，上普慈、證教諸寺之勝在焉。此西門第一支，取華頂之紆路，以閶溪爲界也。若夫石沼爲池，石山爲城，金湯像教，功由巨靈，則有石城山之勝。慈氏寶相，百尺亭亭，金光赫奕，勤矣三生，則有石佛之勝。采藥歸來，雲仍七世，桑梓猶存，千年仙系，則有劉阮村之勝。南有悔山，北有悔橋，司馬子微，悔從帝招，則有司馬悔橋之勝。將入仙都，天爲設險，險豈在山，塵凡難轉，則有會墅嶺之勝。紫雲蔽野，亦翳丹霞，異産何物，苓术胡麻，則有彩煙山之勝。昔人夢游，我亦玄蒐，靈仙窟宅，葛洪丹丘，則有天姥山之勝。紅塵白雲，仙凡道分，石梁捷徑，瑞氣氤氲，則有石梁道之勝。仙人鞭石，如牛如馬，亦如萬舟，蔽流而下，則有仙人浪之勝。其甘如醴，其寒如冰，應心之泉，有待而興，則有應心泉之勝。此西門第二左支，以黄杜溪爲界也。關嶺之傍，留鄭有坊，賢哉邑侯，尚遺甘棠，則有關嶺之勝。石室深邃，厥名白巖，神靈祥瑞，余悉其凡，則有白巖山之勝。萬峰攢翠，列如畫屏，一溪直界，混混流青，則有秀溪口之勝。奇峰插天，翠莊緑翳，飛瀑如虹，懸崖飄曳，則有龍湫瀑布之勝。此西門第二右支，以秀溪爲界也。古木千章，平田數頃，中有梵宫，殆絶人境，則有萬年寺之勝。往者聖僧，歸自東海，輕駕鐵船，其湖猶在，則有鐵船湖之勝。平田飯僧，於是邀請，松柏森森，爲羅漢嶺，則有羅漢嶺之勝。心外無法，滿目青山，香鑪峰側，別開元關，則有通元峰、香鑪峰之勝。萬八峰頭，寺鄰帝座，天籟梵音，六時參和，則有華頂寺之勝。身出五雲，天空海闊，星辰四垂，斗柄可斡，則有華頂峰之勝。此西門第二支，取華頂之康莊也。是中有二岐路，一至會墅，由小路上藤公嶺，與萬年會校，近十里而景差勝也。一至萬年，過道人坑，先往石梁，至察嶺頭，會校遠五里而景差劣。若夫春日載陽，草木生香，山花奪目，好鳥相將，則有春景之勝。朱明赫赫，樹蔽原隰，數里無塵，泉流澗側，則有夏景之勝。凉風振條，林木蕭蕭，蹲鴟黄獨，山家正饒，則有秋景之勝。元冥司職，喧塵時息，幽溪泉鳴，圓通之宅，則有冬景之勝。華頂峰頭，旭日在下，乍沉乍浮，魚龍驚詫，則有日觀之勝。秋蟾皎皎，繁露津津，上薄林葉，萬頃鋪銀，則有月觀之勝。朝雲矯異，高下平填，疑清凉界，敷兜羅綿，則有雲觀之勝。江山飄瞥，林木皤然，珠宫玉闕，吾亦神仙，則有雪觀之勝。黄梅驟雨，鼓以谷風，或如飛瀑，有似流虹，則有雨觀之勝。朝雨初歇，霧氣方收，千巖競秀，萬壑争流，則有霽觀之勝。余家幽溪，鄰於佛隴，濟勝之具既健，游山之杖復備，有勝則游，興至則游，不必擇時招友。蓋台山之勝，無論四時之佳，雨霽雪月，朝雲暮霞，無不可人者。

明　楊爾曾《新鐫海内奇觀》卷六《鴈蕩山圖説》　石門潭者，水出蕩、陰諸谷。兩巨石桿其口，湛緑如王，漁舟出没，于初暘返照之時佳。此爲入山門户。老僧岩者，十丈石立出口，宛然一祝髪瞿曇。過其背視之，頂頸衣褶襘，如腰隆起，若襆被而游方者。在石梁視之，又若拱手而譚天。謝公嶺視之，又如坐繩床伸足也。乍見無不囅然笑者，真造化之巧哉！石梁者，側石如枯木，斜倚崖端，空其下，入可坐百人。左右廡楹而不椽。遠望之，如長虹飲于澗。龜脊莓苔，廣不盈咫。前臨萬仞壑，上游澗水二，並流墮石梁下，如震霆晝夜鳴。謝公嶺者，俗稱靈運爲臨海嶠開山而至也，然謝無詩。風穴者，未至靈峰，左麓下一竅大如斗，風蓬蓬出竅。人近之，六月皮毛粟起。響巖者，左右絶嶂，硼磳相逼，飛湍潺湲，其下呼之，應如響。鐵城者，巖傍一谷，爲浄明寺故址，今蓁蕪無跡。沿谷紫崖數里，夾嶂雄亘。五老峰者，洞前五石相撑，爲人立而肩摩者，似廬山而小。翔鷺峰者，兩石首相對峙，影入照膽潭，如雙鷺舞鏡前。照膽潭者，方可丈許，不以水旱涸溢，淵渟泓澂，顱髮可數。在靈峰寺右數十步。雪峰洞者，與靈崖異，峰言鋭，岩言大也。兩岩對合，高百丈許，欲合而中闢一罅，自罅至半壁抵地，可數十丈。空洞深黝，分敞若中天懸。居中甃爲平臺，容千餘人。臺前一水自洞背迸岩下，灑石軋軋如鳴雨。從岩礐中窺青天，如垂片玉。相對笑言，恍語瓮盎中。四壁石色文膩若丹雘。左右多岩罅，可居。洞内塑大士及諸應真像，環列兩序。中有一應真，乃湖石所琢。相傳海上浮來，豈爲神人所驅耶！紺珠岩者，入寺有峰，累一石如珠。僧抱石者，寺右一石，如浮屠禮拜狀，前憑一几。平霞嶂者，自天柱而北，峭壁數百丈，横色雜蒼翠，如負扆，如疊重樓，如倚雉堞，寺依以立。得夕陽輝映，爲益奇。安禪谷者，嶂左半崖，中敞如室。開山僧神朗所居谷，邃無人聲。泉出谷入池，臨寺如聽下界鐘鼓。谷外坦地有石屏風，廣數十丈，若爲谷之屏塞。龍鼻水者，由谷西折數百步，盤磴而上，中啓石龕，甚窪。兩崖凌絶，而合中劃碧石作龍狀，鱗鬣咸具，石色較兩壁迥别。從洞西南峽中奔而下，一爪踞地，垂首懸鼻如瓠。鼻孔石，瀡時下涓滴，不啻沆瀣之液，能已目翳。兩岩摹刻，多唐宋書跡。玉女峰者，洞口端正一瘦石，鋭頭如髻，雜蔓奇葩，宛如簪花狀。雙鸞峰者，去玉女不遠，儷立作舞勢，亦如靈峰之翔鸞也。卓筆峰者，孤峰直立而鋭，如筆卓然。獨秀峰者，去洞數丈，孑然陡立，頂冠孤松，掩靄蔭如垂雲。靈岩寺者，宋太平四年建，爲東谷一刹，今亦圮廢。峰崿環匝，自成堂奥，儼若武庫森列。展旗者，群峰聯絡于寺左，横曳之，如取鄭伯蝥弧以登也。天聰洞者，展旗之半有穴焉，空百尺，光自下生，投以石，訇然不及其底。外復有孔，如口目然。天柱峰者，去展旗數丈，雄峙亘霄，挾光景而薄星辰，大可數畝許。其頂古木糾錯離奇，筏骫如虬厄狀。月夜猿猴援臂而上，駢坐崖端窺人，甚狎。中夜啾啾，相和作巴吟，聲聞數里。此峰爲雲岩諸勝第一。小龍湫者，卓筆傍流泉墮澗，視大龍湫而小也。鐵板嶂者，出靈岩口，山上石正方，如屏色，如鐵雄峙。當罡風不壞。將軍抱者，貌類石將軍斜倚檻。秋風起時，甲胄如欲動摇。觀音岩者，從馬鞍嶺視之，峭崖矗天，如佛，背圓光焰。剪刀峰者，石高刺天，可幾百丈，上成兩岐畫天。每朝雲夕霧，當岐過之，真如剪綺峰際，蒼松紛樛，輪囷若蓋。大龍湫者，高山四圍，中盤一谷，飛瀑從天而下，然不見水狀。僅如烟雲。摶聚而落，落地爲珠璣，或朔風久，盤桓不下，忽迸響如震霆。又谷圍如瓮，聲出則谷傳。游人每二三十鼓譟，或以金鼓佐之，則瀑隨風飛過澗，如暴雨灑人衣面，群走避之。水激石射，咸膩滑不可立。東爲諾詎那尊者觀瀑亭，蜕骨具焉，抱膝如瞑。扁其亭者云：「六龍捲海上銀漢，萬馬呼風下鐵城。」真雁山大奇觀也。

明 劉侗《盤山記》（《盤山志》卷一二引） 山有不可登，盤而登之，曰盤山。盤山豐石而歉於土，石也，土同澤焉。樹坼石罅生者，根僨梴瘇，身載斗瘿，柯輪摶而輻引，歷録如也。山固石矣，而石羣起於山者，又戴石焉。層纍之而逾出，上若墮不墮，下若仆未仆，徑出其下，人至今慄焉。其下又多奔泉，泉動而觸乎石，濺鳴日夜，與石之鋭下而廣額者，勢相摇傾，所爲盤泉也。泉延十里，金沙其底，石所潔也。魚魚影影，不可匿，亦不可捉，石爲之竇塞也。峰危壁削，嵐氣到地，苔濕到天，千古一翠。有石欲飛欲墜，憑空而久住，所爲懸空石也。兩巖久立相肅，光潤相及者，天門開也。門開得徑，門容臂，徑容掌，巖肘其右，壑虚其左，大石阻絶，屨緉而登。僧所詡傳，戚將軍繼光、袁吏部宏道登焉。凡登天門開者，至上方寺，望而止，則舍之。西上二十里登焉，所爲盤頂也。頂爲笥，爲椎，又立塔以爲之纖穎。日過之，影落塞外，風過之，鈴振空中，雨過之，雷奔趾下，欲少佇不可得。故雲罩寺高潔而僧肅如。盤有三：下盤泉，上盤塔，中盤寺，少林寺也。

清 顧炎武《肇域志・江南七》 《越絶書》云：虞山，巫咸所居。此舊志所記也。山雖無峰巒，而蜿蜒起伏，略如卧龍，隨處望之，形勢各異。山之巔堆垤磊塊，纍纍然如蓬顆，似皆人力爲之，或疑古人葬處。其中大抵壘石爲槨，巨石覆之。自邑市入虞山門，即登山，半里至半山亭，躡山脊而上至乾元宫。前有極目亭，下瞰萬家，平挹兩湖。南望姑蘇諸山，北見大江，最爲絶勝。又西北行山脊，四望益空迥。過普照寺廢址至維摩菴，林木茂密可愛。稍北下，山腰有石屋，可坐十許人，相傳太公避紂於此。其旁流水平布石上，激激可愛。有顯親禪院、覺海菴。旁有石洞，天將雨輒出雲氣。又西北行山脊，有拂水巖，下臨山阿，崖壁峭立，水落兩石間，微風激之，濺灑霏霏，故名。山南北址皆臨大道。南道出秋報門，循山而西，致道觀、岳祠，皆瞰山之麓。又過吴王廟五六里，而有張氏光淥亭。亭前有大杏一本，花特茂異，父老相傳幾二百年，俗謂之杏花亭。花時，邑人游賞不絶，今杏已不存，亭亦改爲佛舍矣。又其西曰谷林，參議虞似平之圃。有亭曰退耕，曰翠微，今爲富民所有。山巔有巨石，石中分爲兩，望之如劍痕，俗傳吴試劍石。有亭臨流，曰劍溪。又西北至寶巖寺，山之南境盡矣。其北道出宣化門，循山而北，過寶慈寺六里，西北入破山興福寺。寺多古跡，臨龍門澗，山腰有光明菴。再出西北行十二里，入頂山寺。登白龍祠，跨小嶺至上方院。高崖曲澗，林木蒼鬱，俗謂之小堂隱。轉而下有中峰端石菴，又有水簾之勝在焉。是爲山之北境，此其大略也。

清 宋犖《盤山志序》（《盤山志》卷一二引） 其山多怪石，其樹多松。石之昂者欲翔，欹者欲墜欲壓，綿谷亘巖。松生石罅，臃腫蜷蹙，怒而不得逞，則往往作蛟虬拏攫之勢。其水皆奔泉從高處下，酈道元所稱望山上水可高二十餘里，素湍浩然。其間梵宇窣堵之勝，神燈鬼火、譎詭幻怪之觀，與夫龍蛇之神，虎豹貔狸之窟穴，高僧、隱士、墨客之所鐫鑱，山皆擅而有之。其與江南之匡阜、黄海，閩之武夷，越之台宕，粤之羅浮，巴蜀之峨嵋諸名山争雄長於域内，宜也。

清 蔡世遠《二希堂文集》卷五《別有天記》 別有天在梁山下，邑治南十里許。湮没者久矣。甲寅之亂，先王父避居梁麓。乙卯始得之。初入有潭，潭上蓋以大石，旁二石夾而起，附於潭，分其半覆之。瀾漪瀠洄，黛蓄膏渟，水聲動則羣魚畢集，可垂短竿釣。天陰似有物憑其中，疑爲龍，故名蟄龍潭。從潭上行五六十步，峭壁嶄巖。右方有石突起，廣且平，旁夾兩流，宜於亭，因預名之曰夾流亭。復南行二十餘步，爲戴石閣，閣中可坐三四人。從閣折而東，有泉流斜石，似瀑布，其下有石井，深不可測。從石井西屈曲上，有水從空中噴薄而下，是爲噴珠池。坐其上，穿流北眺，城郭烟村，豁然指顧間。階而下，若堂，若鋪几席，若由□奥登樓，所謂大洞天者也。由洞中央上，奥幽蟉虯，日影參差。下漏行少盡，天氣朗麗光耀，全石矗列闕。其一下有石，坐可數十人，其左方即琉璃洞。從蟄龍潭至琉璃洞，約八九百步，其中閣二，洞二，小池一，池連洞者二，石似門者三，泉滴於石不絶若綫者一，石壁磋碣戴草者二。游必半日方竟。

清 乾隆《福建通志》卷三《山川》 石所山 在（興游）縣城外東北六十里。山高數千仞，盤繞百餘里。其巔有石如笏，高三丈許，宋黄定齊建書堂其麓，林光朝、劉夙嘗游此，曰：天下佳山水，未有如鯉湖石所者也。上有雲居巖，古篆百餘，字如龍蛇飛舞，不可辨識。下視空闊，滄海渺漫，歷歷可數。鄭樵嘗建書院其上。山左爲麥斜巖，元時林樵谷壁卿隱此，顔之曰樵谷。山有兩石洞，巖石縱橫，洞口上覆巨石，清泠逼人。前有樓，羣山環拱，烟雲蔽虧。又旁爲南湖巖，峰巒聳秀，下瞰平湖。宋需禪師與陳易嘗棲於此。

又 卷四《山川》 百丈巖 在（永安）縣北二十五都，高約百丈，周圍三里。四面削壁，中有一徑陡絶，其巔常冒雲氣。開霽之時，香爐、獅子諸峰悉見于前。宋初，銅盤村馬五娘姑嫂姊妹五人昇仙於此，鄉人刻像祀之。巖背有新菴洞，洞口兩壁峭削，洞中之石争奇競異。元周天位坐化於此。又五里爲翠竹峰，宋陳世卿築室讀書，其下有師古堂。又五里爲黄楊巖，界永安、歸化二縣間，巖上多産小黄楊木，故名。一名萬壽巖，又名鱗峰巖，周迴可十里，角出羣峰之上。上有三洞相聯。一在巖下淳化寺旁，洞門空闊，游人秉炬而入，縈紆二里許，路狹風駛，炬隨滅，不能進。相傳龍居其中，土人嘗得齒牙骨角之類。每雲氣氤氳於洞外，即雨。有石龍，鱗爪皆具。一在碧雲巖，怪石狀如獅子，洞極幽邃，有穴上通天光，僧廬其外。一在絶頂，有石井，下透兩洞，深不可測。又一穴名天窗，或投以石，震響久之，其中尤深。南有梅齋，東有石門。巖頂數峰突起，奇詭萬狀。又里許爲侍郎巖，舊名翠雲。

又 甘乳巖 在（永安）縣南二十九都。下有洞，廣袤五十餘丈，洞口怪石森列，洞中一石突出如蓮花，泉自石中迸出，滴巨石上，如甘乳。旁一石穴，風自穴出。昔有人秉炬而入，越三日，聞溪聲澎湃，怖而出洞。右一石罅，深不可測。出洞，過石橋，緑水徑至山巔，有看經亭，亭後有小庵。前轉數十步，有洞如覆鼎，石光璀璨。洞後又有一洞，名透天，相傳神仙所宅。稍遠者爲通天巖，崖壁峻絶，山半巨石横跨如梁。由石梁而渡，僅容二人。其中平曠，泉石幽潔。石梁後負高山，爲門如竇。又遠爲蘇巖，平地拔起千餘尺。有一龍頭，吐水注石穴中，名滴乳井。近巖有池，方廣畝許，鱗屬甚多，惟鯽差大，人不敢取。

又 永安縣栟櫚山 在縣治北二十七都，多産栟櫚木，故名。宋左正言鄧肅居其下，號栟櫚居士。舊傳嘗有仙人往來其中。峰巒巖岫，不可勝數，神刓鬼劃，高下相屬。烟雲出没無時，草木蒙茸，四時一色。宋李綱目爲小武彝。有天柱峰，與獅子巖並聳百丈如削。有射垛峰，舊傳仙人校射於降仙臺，以此峰爲垛。宋明道中，耕者得石箭數十於臺側。有觀音巖，在野雲洞旁，石壁萬仞。有頭陀巖，唐時有裴頭陀者，鐵履渡江，來居於此。菴側有石罅，日湧米二升，自瞻客至隨增。有野雲洞，其中雲霧吐吞。有降仙臺，石高大而平，有仙人跡。臺下一石室，棋局界畫分明，有黑白數子。左右蒼石可坐，名爛柯石。步雲臺有走馬將，山頂寬廣坦平，相傳仙人走馬其上，蹄跡猶存。又有銅盤澗，接仙橋天池。金剛石、寶蓋石、試劍石、天威石，皆此山奇勝也。對岸有桃源洞，石壁鐫桃源洞口四字。從橋而入，迤邐盤折，澗水潺湲。三月桃花盛開，光景殊絶。有閣風臺、八角亭、一綫天等景。

清 道光《寶慶府志》卷六《疆里記二》 白雲巖 俗稱十二景之一，白雲樵隱者也。鎮江錢邦芑紀云：白雲山去寶慶城北五十里，渡石馬江至白雲鋪，右折二里至山麓，兩山並出，路由中行，流水夾道。予與郭幼隗軟輿行水聲樹影中，路既回折，樹石錯阻，前後隱現，人語相聞，不覺入山之漸深也。山中平處皆田疇，農家村落皆有水樹環繞，山徑皆古木蔭覆，山麓多楓楠。漸行漸高，則松杉蔽空，峰嶺錯互，危壁奇石，險怪多出意表。沿途多雜花，作紅白色，異香逆鼻。及采花嗅之，久復無香，問之從者，皆不測香所自出，或云草香也。又一里，有寺名慈壽寺，外環以流水，水外古木隱障，不見天日。樹外大壑絶壁，飛泉四注，駭目遜心。過此，路漸峻漸曲，山亦漸幽，棄輿策杖行。隨地領略，或回立瞻矚，或坐石睇觀。步步換形，巖曲泉壑，回折變幻，令人恍惚不能自主。再轉危磴，度高嶺，復降數十級，小平處兩崖夾峙，中畫一澗，山勢若斷而實聯。泉奔注，匯而爲溪，上跨石橋。余扶杖過，低徊歎賞。見橋邊一碑翳草間，幼隗披草視之，刻會山橋三字。細瞻山勢，羣峰迭踊，分合不一。至此，左右環抱，山水俱會，而後曲折西奔，會山之名不虚也。過橋數折，至觀音閣。又折而左，山石側逼，右升得毘盧殿，梢寬敞，可憩息。回首來路，悉在目前，縈曲繚繞，歷歷指顧。數十里咫尺間，若可撫也。【略】路雖斗仄，幸石級可陟。從左折右，右復折左，每折石梯數十層，五折乃到巖下。夾道皆大竹，翠落衣裾，人影皆碧，陰森綿邈，幽寂移情。行至第三折，足力不前。余憩石上，回見竹影間，夕陽蒸霞，紅紫篩射，如鐙影，如碎金，如花錦散落，如野燒飛舞。急呼諸子視之，皆回顧大叫奇絶。少息復上，至巖前，巖深如洞穴，極寬敞。飛檐捲起，高二丈餘。門左右闊五丈，深十餘丈，石巖凸凹，流乳凝結。

清 道光《安陸縣志》卷五《山》（白兆山）峰頂尤爲奇絶，下有紺珠泉，一名萬珠泉。觱沸澄泫，可鑑毛髮，嘉楠美箭，錯雜交映，太白詩所謂「樹雜日易隱，厓傾月難圓」者，猶可想見。山多紫籐，盤拏木杪，春時作花如纓絡。寺居山坳，有古桂二株，殿閣隱見白雲蒼靄間，鐘鳴梵和，如出世外。舊有娑羅樹一株，今朽矣。頂有廟，祀真武神。一銀杏樹大數百圍，千年物也。西則土壤腴潤，良田萬畝，太白詩所謂「還幽開山田」是也。東北有白龍洞，在寫經嶺下，兩崖危竦，絶壁中剖，有蛟潭、蜃潭、螄潭，皆昔時龍起蟄處。龍洞在潭之右。巨石棋布。入洞門，壁下一竇，有泉流出。洞屋高不尋丈，愈入愈狹。

清 王培荀《鄉園憶舊録》卷五 新甫山，九峰如蓮，東西重岡複嶺，蜿蜒環抱。北眺九峰攢翠，蓮瓣半吐，如天水蔚藍，精華在隱現之間。及山麓，諸勝皆斂。陟天門，忽開異境，層巒曲澗，百折不窮。登蓮花坪，仿佛御帳厓，而深險過之。有漢五大夫松。其上興雲洞，可布几席。夏秋雲從洞出，滴露如雨，水流洞外有聲。白衣、觀音兩巖，萬丈插天，離奇夭矯。有天然石屏，臃腫凹凸，如乳如鼻，如臍如腭，如龜龍麟鳳，錦疊繡錯，不可名狀。而雲溪風隧中，怪砂帶石，枝脚横生，又復如獠牙，如噬嗑，如錐如戟，如虹飲澗，如鼠巡穴，皆棘矜跌宕，作鈎距閃撲之形。白雲洞掛斗岩，縹緲天半，斷橋深塹，不易登陟。漢離宫在山之陽，秋千石柱猶存，雨後或得遺鈿。山中有老虎窩、麻塔堰、白雲菴、春榜溝諸勝概。春榜溝在山底，嵌空玲瓏，俯有流泉，仰見日月。昔有避亂其中者，今如桃源之迷徑矣。

清 黄鈞宰《金壺七墨·金壺浪墨》卷六《西山》 都人所稱西山，乃太行山之第八陘。《圖經》：一名小清涼。太行首於三危，東極醫無閭；複嶺支巒，不知其幾千里。而都城以西，林麓蒼莽，物産尤饒。古稱神泉者是也。沿山諸蘭若白塔，上下錯落，與碧雲青靄相間。山中流泉滿道，或自石罅噴出，散漫砂磧中，琤琮有聲，注爲小池，水色藻緑。春夏間，晴霞遠樹，鳥韻花香，幾於應接不暇。今多屬於禁園。而冬嶺積雪，尤爲奇觀，故爲燕京八景之一云。

清 光緒《湖南通志》卷二六《地理志二十六·山川十四》 巖屋山在（會同）縣西北二里，岡巒崒嵂。其巖懸覆如雲，爲縣之勝。引鐵緪始可上，數十里蒼翠，畢收几席。有巖屋寺、洞元觀、聚仙橋。 明沈朝煥《巖屋山記》：客談會邑巖屋之勝，偶以役事過之。樓堞遠隨，町畦櫛比，空水演漾，煙霏半落。盤折里許，始即山麓。乃達寺門，入門數百武，即行磵壑中。有谷呀然，峭側幽静，兩邊山木，合若掩蓋，紫翠之竹，叢生谷中。跨而爲梁，以屋覆之，蘘峰積坳，洄復互持，玲瓏蕭條，聲斷戛玉，風韻自生，靄素自留，可枕可漱。無人之境，若爲仙鬼者設。稍上，則山益峻，凡五折，石間微有磴，人迹之，左右垂繘相引，緪盡精鏐，觸石鏘然。坡陀傑偶，陘巇相屬。最上則壁開三穴，廣各二丈許，深三丈許，置屋供像，錯以金璧。俯視羣山，天漢盡低。洞復奧潔，泉瀑不穿，蛇鼠不宫。甃磴壇夷，爲毘盧殿。僧廬環翌。柳柳州以奧與曠盡游之二義，玆殆兼之。

紀事

宋 王十朋《卧龍行》（《四川通志》卷四五引） 永嘉王龜齡、少城周行可、海陵查元章，載酒來游。時凍雨初霽，風日清美，山谷明秀照人。道傍雜花盛開，籃輿徐行，應接不暇。寺有荼蘼羅絡松上，如積雪。崇蘭數百本，秀發巖石間，微風透香，所至芬郁。東榮牡丹大叢，雨前已闌。道人植蓋護持，留以供客。飲罷，縱步泉上，瀹茗戚詩而歸。乾道丙戌清明前四日。

宋 周必大《九華山録》（《名山勝槩記》卷七引） 約湯平甫共飯，同渡陳公橋、淺水橋、秀鮮橋，遂至齊山。山脚插入清溪，石色青蒼可畫，洞穴半出水中，泛舟扣其户而返。步登延慶，先爲指南環寺巖洞可見者：羅漢殿後曰妙空巖，在大石中；次曰丹砂巖，俯僂乃可入，片石斜出，扣之聲控控然，四旁屈曲，皆奇石也。法堂之下曰蕉筆巖亦名唐公巖，有黄大臨諸人題字。山之上曰春流泉。進窺無底洞，歷武功巖，遂至觀音巖。巖本名上清，兩崖對起，三面環抱，有程正輔、蔣穎叔題字。右轉登寄隱亭，西面皆翠石，有小巖，刻寄隱巖三字，其前有熙寧甲寅重陽日，太守劉斁思甫題名。東北乃紫微亭，故基面淮南諸山，下臨秋浦、清溪，直接大江，眼界豁然。又其旁拔起數峰，奇甚，謂之小九華，蓋與上清巖皆齊山最勝處也。崎嶇行峽中，僅可通人。稍前曰大石谷，又稍前曰定力窟，深不可測。又其上即翠微亭，是爲山巔。甘牧之云「江涵秋影鴈初飛」，此地此时也。東望碧峰，劍直於遠山之坳者，九華也；南望大山横陳者，太婆、嶺緑諸峰也。北眺州城，邑屋可數。大槩王山自紫巖蜿蜒西來，其左即貴池口，《輿地志》所謂梁昭明太子食貴池湖魚而美者。其右即清溪、秋浦，望之全類臨安之西湖，而一堤隱然屬城，亦類蘇公堤。此又登臨最勝處也。【略】會散，出北門二里，登貴池亭，俗呼望江亭，以其見大江，可望淮南也，亦見九華諸峰。亭久廢，今方重立。歸上南樓，南門城樓也。正對齊山，循城而東，有拱翠樓，亭隸邑廳。又稍前，即九華樓。三者相望，皆下臨清溪，見九華大抵爲太婆嶺所障，不能盡見諸峰。太婆山極高，而其名不典，圖志亦不及之。【略】出郭十餘里，登雙練亭，度西拱嶺，入龍安院，自此徐行，歷永安塔、虎跑泉，過石龍口、虎跑嶺。此兩處地勢稍高，望雙峰九子甚奇，遂入廣修院，去縣已二十五里。院宇頗雅潔，寢堂望雙峰、幘峰、真人峰、蓮花峰，是爲五老峰。步至上雪潭，源高而遠，仰視蓮花峰，正如所倚之屏，其前即石門水所注也。峭壁削成，懸瀑十丈，怒濤駭浪，不減三峽。或瀦爲深淵，或散爲犇湍，雷轟電擊。約二百餘步，爲下雪潭，其間多大石，水平布者數丈。潭中産石班魚，不常得。有瓔珞泉，水跳石上如貫珠，尤爲奇絶，而土人不貴也。

元 王惲《秋澗集》卷三六《游霖落山記》 州西北四十里，有山曰霖落，寺曰香泉者。初自寺莊入山門，約行六七里，峰回路轉，得古浮圖亭。亭出杳靄間，青嶂回抱，真畫圖也。望東北諸峰，頂磨蒼穹，足注絶壑。山之椒，萬石林立，極太湖奇特之狀，半空磊落，勢若飛來。蒼松老柏，儼侍上下，雲烟空翠，顧揖不暇，即霖落山也。行百餘步，徑漸狹，束石犖确，不能騎，青鞋竹杖，推挽以進。還自絶澗底，陟西磴道入寺。殿廢，基枕巔崖上，東西二佛龕，歲月峥嵘，皆開元間物也。南瞰哀壑，心魄爲動。王子與客循東崖而下，抵霖落足，仰看青壁，斗絶如削。今謂之捨身崖者是也。少憩，轉而東北。升石磴，攀蘿蹴蘚，度滴乳古巖，再抵華嚴壁下。壁磨崖爲之，作隸書刻華嚴部，特精緻可觀。字約萬數。寺僧誕誇時出光怪，中鑿巨龕古佛，護以龍象。其香泉自經洞石罅中流出，穿雲霤石，復從乳巖半腹下瀉作瀑布，流飛濺叢石間，珠跳玉迸，傾刻百斛，山藉以潤，寺仰以清也。西崖對峙，老藤怪石出槲樹間，蹲踞騰拏如衆獸相搏，望之愕然而恐。野人曰此獅子巖也。其西北一峰，天成如臺，石徑作梯，盤屈而上，若雌霓掛樹，連蜷未收，即寺之眺月臺也。其故址，山中相傳昔魏安王起雪宫於此，故宋人石刻皆引魏離宫故事「崎嶇一逕入禪扉，魏主離宫在翠微」之句。金盛時殿閣極侈，今祇稠禪師一殿巋然獨存。所恨薄暮，不獲陟連雲絶頂放曠遠目，以盡諸山之勝，令人仰視，飄然有整翮凌雲之志。既而林風振壑，寒日下山，蒼然暮色自遠而至，猿鳴兕嘯，凛然不可留。遂自南山半腰，歷蘚磴，俯渚岸，盤馬謹轡而還。回顧寺塔，暝烟四合，無復所見，但覺西山爽氣清潤，雄秀溢我心目，襟袂以之淋漓，詩脾爲之清壯也。

元 吴海《聞過齋集》卷三《游鼓山記》 自河口買舟，順流而下，抵白雲廨寺。時日已西，過東滐石橋，橋覆以亭，流水出其下，潺潺有聲。沿麓稍登，澗鳴在左，荔陰團團，有大石可坐。近里許，有亭曰乘雲，近亭有竅泉，行者掬以飲。又里許，至半山亭，亭後少豁，俯瞰山下。又里許，閣曰圓通，憩焉。閣外踈竹斜映，倚闌平睇，江流二道，如白虹游龍，縈帶長洲，靡焉而東趨。漁歌互答，西山凝暉，碧翠異狀。前登嶺路，夕影人背，轉而右，見奇光玲瓏，篩林若金色，點綴樹上，如花瓔絛，如果有葉，華彩相映，瑰麗不可名狀。玩之久而後去。又轉而上，皆幽林清樹。半里許，夾道有小松，曰松關。日已下山，暝色將斂，促行，度屺表，曰全閩第一峰。下坂皆平途，左爲矮垣，迤邐達寺，已昏黑。訪法上人，宿于超凡閣。明日，遶寺右行蔬畦間，度松林二三百步，入叢篁中。徑旁小竹，微露綴其上如珠，時滴人衣，覺清爽。出篁竹，皆微蹊。二里許，登小頂峰。峰直寺後，下視殿閣，若騎其尾。西望郡城，列雉數千，市廛闤闠，雜沓鱗次。麗譙浮屠，臺閣府寺，釋老之宮，揮霍崇麗，閈出其間。州邑之雄，可爲罕儷。舊時村墟野落，化爲瓦礫之場，而居者鮮矣。由小頂而上，又里許，近大頂，使童僕行前，伐灌莽，披荆棘，擬步而後可進。若是二百舉武，少轉而南，然後造乎岧嶤之顛。行者盡疲，人以意擇石而坐。午食畢，乃拂石刻，覩晦翁大字，讀沈公蟻銘，摩挲徐麗卿請雨記。記漫，久乃可辨。時晴空景明，萬象呈露，幽奇詭異，不待搜剔自來獻狀，使人翛然而塵慮消，淡然而情境融。極目西北諸峰，若數百里，攢者聳者、凌者鬥者、攘者赴者、突者篚者、特立獨出者、齟齬劍戟者。西南諸峰，若雲矗波湧，若牛羊驅，若車馬馳，遠至數千里之內，皆周旋徘徊，頓伏妥帖，間之以溪壑，流之以江河。蓋自劍、邵來者，至水西旂山而止；自汀、泉來者，至水南方山而止；自建來者，至是山而止。若夫建、劍、汀、邵之溪，合流至于洪塘，分爲二江，南過石頭，納永福之溪，與瀨溪出西峽，北過新步，亦分爲二，又合而至于長隘，乃與西峽江合，過石馬下洞，受長樂港與夐港，出閩安鎮而入于海。東南彌望，浩蕩不可極，遠至于琉球之國，近而梅花、南交諸島，咸在五步之內。自永福、閩清、長樂以至福清之境，歷歷可見焉。迴眺附城諸山，前者若迎，後者若隨，左右環輔森列，若大將之治旅，尊岩閒暇，部伍整肅而不亂。南洲諸山，若鶯翔鶴翥，邱垤礧礧，若子之在枰耳。滄溟無波，上下同色，輕颸徐來，綠皺千里，潮落渚出，平沙衍迤，蒼鳶白鳥，共下齊起。

又 卷三《游黃巖記》 水南之山，最高而大者，方山。山之陰，有峰隆然，逆馳而西，曰黃巖，望之特尊。【略】登自前山之麓，山皆荔枝，無餘木。巨石蘿薜，綿絡可愛。出荔陰，入松林，憩妙峰小菴。菴直西南，古靈、水西、龍湖諸山，帷幛屏列。望清溪，一勺可注尊罍。澄江帶如，縈過山右。水南村落，人家可辨。良久，僧汲山泉，煮茗甚佳。出菴徐行，草逕委蛇，徑旁茆葦，無復林樹。又循岡而進，乃抵黃巖之下。巖高十數丈，袤不啻倍之，壁立陡絕。鄉人祠張道者，依巖結構，堂室樓閣，軒檻周廊，複道聯屬。制度雖狹，而寢食、燕居、臨眺之所具焉。屋與巖相庋，景與地相宜。前山低横，有若户限。郡城遠出其北，連山周遭，大江迴繞，煙雲吞吐，飛鳥往來上下，蒼緑紫翠間，濃淡之相施，遠近之相涵，皆於户限外見之，亦足以賞心而娛目矣。

又 卷四《游上林記》 予舊至章山，聞西六七里許，有上林之勝；北十數里許，有鴈湖之奇。【略】由林嶼行二里許，至郭家店。川明谷豁，鷄犬數家。時村民方蒔麥，兒童狎走來往，野婦緝道上，牛羊牧其前，藹然墟落之趣。沿壑里許，乃躋石磴並麓田，折左爲畬，右爲林木。稍進而夷，踈竹數竿，老梅抱石立灌莽，吐十餘花，淡然若自娛者。歷數折，負崦一二人家，高爽幽寂，門户盡閉，益使人蕭然有出塵之想。自是以往，夾徑皆修篁，晴日篩光，微風成韻。又入深林，蔭鬱里許，表曰白馬峰，蓋佛寺在焉。地勢迴環，屋宇宏麗，輝習奪目。而予行亦倦矣，遂憩卧雲軒寺。僧焚香煮茗來供，故翰林林公、潮守王侯諸名人詩具刻在壁，余亦寫詩軒中。僧又設酒肴，延客甚勤。乃登寺山，周流盤桓，或籍草木，或坐盤石，長吟舒嘯，興至隨量而飲。望高林斜照，紫翠如染。觀僧引泉自別壑，釃之注佛殿下爲沼，以植芙蕖。沼中溢出右山之足，轉經前山，復入爲池。旁引泉入齋厨，下之以激機舂，然後遍行蔬畦間，以資灌溉。既又復歸於池以出，而泉亦勞矣。

明 盧濬《游石橋諸山記》（《天台山全志》卷一三引） 余憂居既大祥，以事出，得覽明巖諸寺，猶以石橋、華頂諸名地未了爲缺也。越月餘，四月初三，約舍弟希大、姻契范同馨偕行。次日，予先詣五峰，俟之至，遂踰金銀二地，抵大慈寺。寺前有佛隴二大字，東南有石盤，周遭四五丈，左書天台山三大字於石壁，體雋而畫勁，可羡也。俯瞰高明寺，隱隱叢莽新篠中。予笑曰：寺在山下，反曰高明，其禪家語乎？住持清廉爲午餐具，訖乃攀崖跨磴，步陟勢崇。途多水田，色腴種秏，蓋土高風厲故也。忽值平岡，藉草列坐，傾壺勸酬。同馨亦釃酒分乾餱於輿夫，撫勞之。踰十里入石橋界，山木翳焉，足以蔽日，澗泉冽焉，可以濯纓。怪石嶔谺，鳥聲上下，恍非人世。暮始至其地，則友山許先生已在矣。懽叙茗餘，即邀予輩觀石橋。【略】一橋横架如龍之卧，二流交墮如玉之飄，水聲澌湃，心目俱悸，真奇境也。亭曰曇華，層檐翔舞。曰許來，狀似欹匾。橋下有古龍湫，深衍蓊葧，臨之暢爽。曰響空，曰佇真，曰瞻風，曰方廣，諸亭悉歸草萊，梵宫鐘樓，俱遭煨燼，惟賈秋壑塑像巋然尚存，漫不可省。時有游方二僧掉臂橋上，如踐坦途，傍觀者危之。是日，過天柱嶺，盤迴屈曲，鼻股交攻，隥級不可數計。兩崖惡樗嘉杞，大之可爲棟梁，小之亦不失爲樵爨，皆洋洋然倚陵谷。斤斧赦之，遠不可致故也。旁午至華頂，即善興寺，膳焉。寺亦廢燬，僅餘數廊，而一峰孤峭，萬嶼拱羅，雲霞繡錯，杉檜蔚蒼，豈市諠塵擾所可擬哉！迤北，書堂云太白故址，墨池云羲之洗硯處，渺無可稽。又北曰望海尖，煙色參差，水光靡盪，東溟可仿佛焉者也。【略】午後移宿天封寺，寺在華頂之下，中峙佛殿，穹窿宏敞，傍葺新楹，翕受風嵐，葱蒨會矗，亦佳地哉。【略】明日，下御嶺，至歡嶴，信宿周氏宅。古傳有顧先生書堂，即其地也。山之高廣，寺之沿革，并名公仙釋之題詠，則郡志與《一統志》在。謹按，宋名臣晏公殊有云：齊州靈巖、荆州玉泉、潤州棲霞、台州國清，世稱四絶。余謂鴈蕩、武夷、四明與台石橋，當不在四絶之外。

明 薛瑄《敬軒文集》卷一八《游龍門記》 出河津縣西郭門西北三十里，抵龍門下。東西皆層巒危峰，横出天漢。大河自西北山峽中來，至是山斷河出，兩壁儼立相望。神禹疏鑿之勞，于此爲大。由東南麓穴岩構木，浮虚駕水爲棧道，盤曲而上。瀕河有寬平地，可二三畝，多石少土。中有禹廟，宫曰明德，制極宏麗。進謁庭下，悚肅思德者久之。庭多青松奇木，根負土石，突走連結，枝葉疎密交蔭，皮幹蒼勁偃蹇，形狀毅然，若壯夫離立，相持不相下。宫門西南，一石峰危出半流。步石磴，登絶頂。頂有臨思閣，以風高不可木，甃甓爲之。倚閣門俯視，大河奔湍，三面觸激，石峰疑若摇振。北顧巨峽，丹崖翠壁，生雲走霧，開闔晦明，倏忽萬變。西則連山宛宛而去，東視大山巍然與天浮。南望洪濤漫流，石洲沙渚，高原缺岸，煙村霧樹，風帆浪舸，渺茫出没，太華、潼關、雍、豫諸山，仿佛見之。蓋天下之奇觀也。下磴道，石峰東穿石崖，横立施木，憑空爲樓。樓心穴板，上置井床轆轤，懸繘汲河。憑欄檻，凉風飄灑，若列御寇馭氣在空中立也。復自水樓北道出宫後，百餘步至石谷，下視窈然。東距山，西臨河，谷南北涯相去尋尺，上横老槎爲橋，蹐步以渡。谷北二百舉武，小祠扁曰后土。北山陡起，下與河際遂窮。祠東有石龕，窿然若大屋，懸石參差，若人形，若鳥翼，若獸吻，若肝肺，若疣贅，若懸鼎，若編磬，若璞未鑿，若鑛未爐，其狀莫窮。懸泉滴石上，鏘然有聲。龕下石縱横羅列，偃者側者立者，若床若几若屏，可席可憑可倚。氣陰陰，雖甚暑，不知煩燠，但淒神寒肌，不可久處。復自槎橋道，由明德宫左歷石梯上。東南山腹有道院，地勢與臨思閣相高下，亦可以眺望河山之勝。

明 錢習禮《游玉泉山記》（《天下名山諸勝一覽記》卷三引） 玉泉山在都城西三十里，最號奇勝。常欲游，未果。正統四年，臨川王時彦、泰和王行儉約予往游，並轡西出阜成門。望西山如屏幛層列，翠出天半。馳十餘里，至豆腐閘上，高柳數株，可蔭休。少憩其下，周視野次平衍如席，麥畦縠壠相間，麥苗方生長寸許。頃之，造山下崇真觀。觀外小澗環流，澗橋壞。循岸西，得清淺處以渡。道士王希言引入山門。遍覽殿廡，依巖壁爲之，不甚弘敞。從東廡轉入小方丈，頗高爽。其前纍石爲臺。臺下甃方池，水黝然黑色，冬夏不登耗。池上有小室，揭其楣曰靈淵齋。厨後一小池，深尺餘，泉涓然流溢其中，道士取給焉，餘流入于溪。觀畢出，坐靈淵池上，清風徐來，凉滿衣袖，命具酌酒飲之。遂道予四人者沿澗詣金山寺，澗道欹窄，僅可步。水清見底，其中白石磷磷。既至寺，出抵一笑庵，觀龍洞。洞方廣無尋丈，旁有石穴，深窅莫可測。【略】欲入華嚴寺觀泉支流，不果。徑至泉所，泉上有亭。宣宗命構以備臨幸。亭下甃石爲池，泉側出石罅中，鑿石爲龍吻吐之。池前爲石橋，水從橋下出爲長溪。曲折流三百步許，瀦爲西湖。秋高氣清，泓澂渟滀，水光浮天，浩然一白。亭後三頂址皆石，無大樹。相傳上有昔人遺跡，寬可坐數十人。俗傳洞賓嘗息於此，名吕公洞。相與酌泉飲之，泉味甘洌，冰骨霜齒。行儉領二客坐洞中，遍觀游者題名而下，遂歸經聖寺。寺前松柏行直如引繩。其間臺殿甍桷飛動，金碧照人。稍東度青龍橋，橋下水聲如雷。迤邐並湖堤以行。湖畔野樹向落，枯荷殘葦槭籟洲渚間。堤下皆水田，稻多未獲，彌望如黄雲，宛然有江湖景趣，使人心目開爽，頓忘鄉土之思。

明 劉守《游武功山記》（《天下名山諸勝覽記》卷五引） 武功山距安福縣西百二十里。《郡志》云盤根八百里，在盧、蕭二山之間，爲江西南鉅鎮。【略】山行至楓木凹，即武功東界也。迤至北斗七星岡，峭徑紆折高下，循溪往，水瀧瀧激石鳴，抵平湛静，迄下行有所觸，輒復作響水，如人有語嘿。時所覯歷千岩萬巘，或峻矗入雲如筆竪笋攢，或壁嶂排頓如植碑倚屏，或倒崖如人作磬折狀，或傑竦如弁冕執圭爲敬者。又如龍鳳軒舉，如虎豹蹲且踞，如飛走器物，靡所殫述。又時出一奇石，即丹青不能施。自山麓行，叢林蒙翳，瀑布鳴鳥在上。自山半行，空翠濕衣，泉瀑鳥聲皆歸履舄下。時有偃樹横澗以濟人，而根果具存，時有石枕流如天生橋。方竹、龍草、仙茅、靈藥所在有之，野鹿逐人行，猿猴掛樹跳躍，恬不驚避。自楓木凹四十五灣，約十五里許，至迎仙橋。橋北爲喦坪菴，一名小桃源，有二杏樹逼檐對峙，各大丈餘。東花西實，至明年，花實易向矣。此植物所無也。山有五菴。箕峰在喦坪南，集雲、行宫二菴在喦坪東北，其西則九龍也。因所通道置，以憩謁者。又十五里至葛仙壇，而張、許二仙翼列者，不知其由也。謁者以壇爲頂。聞白鶴峰猶高，雲雨皆出其下，白鶴仙居之，顧未歷耳。宋趙儀可記云：廬蕭之水，各出其麓。蕭水南入洞庭，廬水東匯彭蠡。審然則以秀江爲廬水者，非也。武功水獨源其顛，湏濘噴沫，如芙渠發榮，聞人語則愈益溢出。其爲行者所循，溪皆其委也。相傳爲葛仙煉丹池，或以池旁有石臼，而此則無。丹水不達，而赴穢尚在，幽墟今爲箭竹所翳。或其然乎？西北有雷崖，谽谺洞嵌，可容數百人。路險絶，游者必絙掖而升然。人或褻之，即迅霆霾曀，故名雷崖。上有數十洞，恍惚有人居其中，可望而不可即，蓋爲葛仙藏書處。又其阻有齊雲山，山有寺，徑亦澀，惟獵者時入焉。荒基敗礎，平疇帶溪，沃田數千畝，溝塍宛然，皆柞棫充布，亦避亂全生之區也。山木填壑干霄，其大蔽牛。至頂則童，以厲風不育，故茨壇以鐵瓦，可耐霜雪。風薄雲至，烈烈鼓怒如廣陵八月潮，雲自下起，瀰漫山谷，際天一色，浩如望洋，人在頂上，猶居海島中。風驅雲砅，入岩洞如百川之投鉅壑。及其風霽也，蓬勃徐出，則又如萬竈烟浮也。雲之滃湧時，各依岩巘林木，肖像萬類，隨所命而合，真奇境也。他山安得有之乎？因以袖内雲扃行數十步，開而窺之，雲片片出袖，如向之出入岩洞，衆皆躍然，又一小奇也。

明 喬宇《游五臺山記》（《清凉山志》卷一七引） 正德丙寅夏，發沙澗驛，由南峪口十五里入山，長松古杉掀空障谷，鹿游於岩，鳥鳴於叢。上嶺至華嚴口，望諸臺甚邇，靈雲怪霧，凄風密雪相雜而起，怳然窅然，倏陰以晴，造化奇觀，不可形述。又十八盤下嶺，石徑確犖，萬澗汩汩泠泠，如笙如簧，凡揭涉七十里至顯通寺。寺因北岡而來，風景殊絶。梵刹數十擁於左右。

又《游攝山記》（《天下名山諸勝覽記》卷三引） 出都城北，經蔣山廟，東行出姚坊門，三十里入山。後有田疇平野。度石橋而東，復入山，古檜長松連抱夾路。至棲霞寺，寺扁乃宋人書。志云仁宗賜金寶牌額。熙寧間，取寄華藏寺。恐此額非也。外叢篁中一碑，乃貞觀所刻，字法右軍，尚完。寺殿宇皆古制，殿後有石浮圖數丈，極精巧。所鐫釋像于上寸許者，眉髮皆具。前有二石佛，丈餘露立，有吴道子筆法。左入山嶺，嶺之旁有泉縈迴，其聲漱石泠泠可聽。山千巖盤繞，隨處皆鑿釋像于中，飾以金碧，頂上俱有火焰。歲久剥落，深隱者其飾猶存。身皆有孔。云當時有瓔絡置其上，大者數丈，小者盈尺，望之如蜂房燕壘，皆有徑可到，名千佛嶺。志云齊明僧紹故宅捨爲寺。釋佛皆齊文惠太子所鑿，盡工師之妙。今佛頭皆斷而復續。岩中有沈傳師、徐鉉、張稚圭、王雱題名。由嶺而北，登攝山。山多藥草，可以攝生，故名。山之頂極衆山之高，下視江水如帶。左龍江，右龍潭，前瓜步、真州，金、焦二山如塊石在江中。江南登臨奇壯之勝，叢林之古，無踰于此。乃題名而歸。

又《游嵩記》（《嵩書》卷二二引） 出廟東北行四里，爲盧巖。又三里，爲盧巖寺，俗呼爲上盧巖，蓋唐盧鴻居地。自下寺至此，崖谷幽邃，竹樹陰翳，嵩少之佳處也。寺後有瀑布泉，尤爲殊勝。泉出巖頂，下瀉石壁，長踰數百尺，闊止尺餘。寺僧云泉舊闊二三尺，今歲旱，泉勢頓減。然即如兹，所見者亦甚奇麗。【略】十日庚申，復出城西，北行五里，至嵩陽宫，觀三將軍柏。其最大者，圍用六人，相傳漢武帝所封，在漢時已爲鉅木，則斯木之壽遠矣。歷年既久，狀特奇怪。予往歲代祀平陽媧皇廟，廟有古木，與此木可伯仲，意天下之木，殆未有甲於二木者。午後至少林寺，是夜宿寺中。翌日辛酉，游初祖菴。菴在寺後，林壑之美，倍於盧巖。自菴後陟五乳峰，即少室之别峰，行十餘里，始至峰頂。有達磨面壁洞，下望諸山，宏闊不逮嵩岳，而峰巒四合，攢叢映帶，亦少室諸峰之冠云。

明 李濂《嵩渚文集》卷四九《游雪竇山記》 余侵晨出郭，屏騶北走。久逕逶迤，松橡蔽日。行聞岩泉澗溜奔流鏑磕之聲，如千鯨萬鼉，哄鳴劇和，耳目應接，無不泠然善也。逾十里，始抵日嶺之麓。乃循磴而升，僕夫絙輿，居人導途，層級盤雲，視不可下。及嶺之胠，有亭翼然，榜曰烏峰。烏峰者，日嶺之别名也。亭左壁有元袁學士桷記。絶頂有巨石，亭亭屹立，圍數尋，高百餘尺，傴而頎，鋭而肖髻，故土人呼爲新婦岩，復尊之曰夫人山云。禱禳輒應，建祠以祀之。唐宋並有錫命，國初釐祀典，毁之。天順甲申，土人復其祠。祠後有二石，高肩夫人，圍倍之，罅夾長石，如巨鮪，罅上一石，纍纍然如擊鮪之狀。【略】頃雨歇，猶霡霂沾衣，乃緩轡吟行，茹奇而咽秀，嘷呼飛走，皆成媚妍。將五十餘里，有亭翠微，榜曰雪竇。山砠磴崎嶇，愈陟愈峻，乃攀藤而上，薛蘿蒙茸，莫可四望。歷數十盤，始至望官曲，迴矚下方，空闊無硋。凡官長至寺，僧於此望而迎之，故曰望官曲。于山之椒，有亭曰御書亭。宋淳祐間，天子夢游兹山，覺，詔職方氏圖天下名山以進，閱恊厥夢，乃書「應夢名山」四巨字，賜寺劖石。又行數百武，度二石梁，始見寺，僧曰：今歲三月九日寺灾，山門鐘樓藏室暨先朝賜諸經典燼矣。余聞之惻然。入山門爲佛殿，穿佛殿爲講堂，越講堂爲方丈，層起岧嶤，而方丈則據山之巔，榜曰天開圖畫。石樓敞豁，神宮仙居，萬壑烟雲，聚獻目睫。前對萬年塔，如筆插几案，乃命僧洞開牖扉，恣展遐眺，晡雨霏霏，諸峰環碧。【略】翌日饔既，步兩寮之宫，石踞花燃，種種佳勝。徐易巾屨，乃出而游焉。群山繚迴，天圻城堵。厥寺四旁平疇蕃茂，中起一石阜，廣弗盈畝，柟柏森蔚，海鶴巢之，名曰含珠林。西行數十武，曰錦鏡池，今湮爲田。僧憮然曰：昔寺盛時，池水瀦百芳週之，倒映如錦鏡。當時名僧輩出，應徵召者相望于道。邇忽泂，改池爲田，故僧鮮奇，寺亦弗振。又折北行半里，登飛雪亭，前峙千丈巖，巖畔懸瀑布泉，飛簾倒垂，下瀉無地，瀧溜噴薄，川駛雪翻。時熇炎，寒颸峭峢。亟斟酒數爵，復起而觀。飛濤洶涌，磅硠砯砰，雷霆震驚，弗聞人聲。如天河之決也，如駟之騙也，如虎旅億萬，鼓譟疾驅而前也。下灌長壑，開怒徐殺，乃邐邐瀰瀰，作白虹北去。

明 楊守陳《楊文懿公文集》卷二《游招寶山記》 招寶山在定海城東一里所，雄峻特立，所以捍海勢而奠邑居者。【略】壬午，日方升，五人者皆肩輿出城。白沙碧草彌路，抵麓下輿，攝衣躡石磴迤北數步，轉而東，始履沙土。襟帶草樹，道南崖北壑，隘且峻。又數十步，得平岡茂林，衆少憩，據胡床坐清蔭中，啜茗飲。空翠拂人襟袖，禽鳥嚶鳴，風飈颯爽，雜若吹簧絙瑟，引金石而考之，乍鳴乍止，令人樂而忘疲。坐稍久，余欲起觀海，諸公難之，獨劉侯偕余。西南行數百步，極峻險，從者或援或推，乃躋于巔。立斥堠上，四向空闊，心目開明。顧城邑廬舍，歷歷可數。江山林野，層見疊出。而大海茫無津涯，與天爲一。忽颷風起，驚濤拍天，作萬雷聲，爲之目眩心悸，立幾仆。少選，風止日開，乃見遠近諸島，或大或小，或高或卑，或稀或稠，或連或斷，有若虎蹲者，若猊立者，若蛇行者，若龍鳳飛舞者，若葆蓋者，若屏幃者，若篆笋者，鬱若翠者，粲若繡者，赤若髗者，皤若櫎者，殊狀異態，不可殫述。蜃氣龍光，隱見明滅，沙禽水獸，浪舶風帆，出没於雲濤杳靄間，可喜可愕。朝鮮、日本諸夷之域，皆在指顧中，真天下卓偉奇絶之觀也。已而東北行，且下山向盡，有洞呀然，乃微服隨導者魚貫以入。洞廣崇殆十尺，濺泥流其中，莓蘚翠濕若染，濤聲鳴嶼間，簫颯若風雨。從者循涯取海錯水蔌啖余，芳鮮溢口。出洞有老兵迓曰：諸大人聚庵中，伺同燕也。還至前坐所。北數十武，入庵，庵隘而幽勝，前臨澗，澗甚澄，水草被白沙，文石若組繡可愛。其後青壁千仞，不可上。有泉出其中，聲鏘鳴下石潭。潭廣深僅踰咫，泉味洌且甘。庵楣榜曰觀瀾。

明 姜麟《游金華山記》（《天下名山諸勝一覽記》卷四引） 弘治壬子暮春，天晴日明，春意昫昫，東望金華山。近午，次黄煙溪口。捨舟，杖而行間迷不識路，耕者指示所如往。過竹馬館，入山凡二十餘里，達智者寺，寺在芙蓉峰西畔，秀巘峙於後，群岫左右，抱如屏，蓋實金華名寺。入門，大松數十本，夾道離立，率數百年物。左一亭折而北有門如亭，門外東西壁下陷，置李陽冰所篆北山二大字，中列古碑刻。門内有池，池上有橋。二十步爲重門，入觀佛殿、法堂、玻黎閣、方丈，瞻智者塑像而退。閣下二碑，刻釋迦、觀音、世支三佛像，皆吴道子筆。自方丈西轉而北，弔古草堂。又自草堂陟後巘，循其麓東下。薄暮歸宿，雨聲瀟瀟，滿林木矣。【略】丙子，東行三里，側望芙蓉峰，拔地千尺，孤鋭如削。又二里，襲具面，益圓秀可愛。五里過東紫巖，紫巖東三里則赤松宫也。未至數百步，傍赤松山宫。石橋逼門内，澗水出其下，西流潺潺，煙巒回合如環，不知水所從出。長松茂竹，蔽翳天日，真神仙之宅也。遂游小桃源。桃源自金盆而下，出宫東北，兩崖水流亂石間，凡五七折，灑者如泉，積者如淵，飛流而下者如瀑。雖桃林亭榭，不復可尋，而泉石之勝，自可醒塵心，洗俗慮也。返觀羊石，如羊大，皆蒼白色，如卧如立，如觝如齕如拱者，形似意態，迥異他山。雖謂之羊，可也。下循水過西，是謂西崖，林木深阻，山鳥鳴嚶嚶，澗水激石，聲亂人耳，尤幽邃。還登此山樓。樓臨澗，澗外竹如簣，色映闌檻，倚而樂之，嗒然忘倦。出宫門，東度二仙橋，謁二仙祠，有碑大刻蓬瀛臺三字。其陰則吴道子所畫老子，歲久碑斷，三字已失其一，而老子猶無恙也。丁丑，欲登煉丹山，酌丹井雨，不能往。戊寅，趨山橋路，乃躡石磴三四里，得平壤數十畝，茆屋一兩家，蓋姜村也。山橋兩崖對峙如門，高數百尺。中束一澗如峽，兩崖間舊有天成石梁。宋端明學士王子文嘗作書堂其上，穆陵賁以御書子文磨崖石刻焉，繫以詩。石梁石刻今皆崩墜，而子文之詩亦苔蘚封蝕，然可掃而讀也。披拂灌莽，西行三里，爲鹿田。鹿田舊有東西寺。五里爲三洞。洞在下者，双龍也，舊有竇，可以小舟卧而入，二三十年始爲崩石所塞。洞天所見垂離離如石果者，爲仙桃。側被巖下如褐者，爲霞衣。蒼石獰狰左出，圓而肥長，而右垂若有鱗甲者，爲龍，首尾皆可以意而得也。冰壺、朝真相距伊邇。天且雨，深者不可入，高者不可躋，乃去。之九龍館山家朱氏。秉燭入九龍洞。洞痺且陋，水從洞石下滴，歲久積痕如齟齬，人因謂九龍。九龍北一里，巖曰紫薇，洞曰講堂。梁劉先生講授於此。洞廣幾百尺，緝碧如飛霞，涌水奇而爽，深而潔。結搆精岩，不啻廈屋。蓋絶冠諸洞矣。己卯，雨竟日，憑樓舒嘯，白雲隨風出入，吞吐呼吸變態，或湧而來，鬱而不散，窗几外咫尺不辨人物，慨然有浮桴瀚海之意。波濤際天，茫無畔涯，亦詭異之極者。

明 伍餘福《游麻姑山記》（《天下名山諸勝一覽記》卷五引） 麻姑山先屬撫，今屬建，寔當斗牛之交。丙申夏，偕諸子拾級而登，得半山亭，下瞰深厓，茫洋如海，而兩崖擁立於蒼松翠竹之間，如踞如蹲，莫名其狀。復進不數里，抵神功泉，上以木爲橋，其平如砥，其下空上涸，游龍蜿蜒，玉井冰壺，噴薄萬里。其初自石厓而出，滴滴淙淙，如群仙挾螭虯而來，騰梭飛練，可以振風雷，浮日月也。有道人指之曰：今之釀爲酒者，豈其泉耶？尋適仙都觀，榜曰小有洞天，有堂焉。姑仙位其中，【略】時夕陽未落，掩映空山，東没西升，晚霞一色。又步至小石橋，隨過神功，與泉復合，道人曰：復有所謂第三谷者，蓋麻源也。行數里，由林薄而入，露氣草香，連盪人目，但見石壁弘開，雲門甃駐，其傾瀉中流，蠙珠錯落。渡一橋，斷而弗續，侍者以輿濟之。憩雲門寺。寺有水，水有三支，上潘者一也，寒坪者二也，大小源者三也。至谷口，復匯一溪，不可測矣，其殆彭蠡之流乎。時綠陰滿堦，鳴鳥嚶嚶，將摩麽其所謂石壁者，以萬仞計。其上蟲書鳥篆，灑灑縱横，綽有風格。或曰：雲門沉沉，石壁棱棱。或直而起，或巨而横。又行數十里，得長岡焉，蓋謝靈運訪華子期處也。其詩所謂「桂樹凌寒山」者，猶可想像。而碧澗紅泉，惜其無復晉之度矣。登高眺遠，景象萬態，如大礉小礐，如鱗斯魚。謂之岡，則可矣，謂之華子，則不可也。悵悵而去之，始知三谷之中第二谷者，有桃花源焉，深入則倦矣。

明 王樵《方麓集》卷七《游茅山記》 次日，與仲淳登第一峰絶巔，俗名大茅峰，帢幘山俗名了髻山，正與第一峰正面相對。方山宛如几案。訪所謂龍池者，在真君殿側，方廣僅數尺，水且涸矣。疑宋時禱雨求龍處不在此也。東口戴家山有泉一道，出自第一峰下。至石子澗，奇石巉巖，水行石間，春夏有雨時，水勢尤盛，景韻尤奇，雖雖近道旁，而人不識也。山下富人引水作碓磨，又因以溉田。予與仲淳入孔氏別業，觀水磨甚鉅，挽非數人之力，不能動。乃知水勢盛時，磨自轉，水力之勁，有如此也。又泉一道，自元符宫下流，經華陽洞，名曰洞泉。西流至曲林館，過崇禧宫側，由西風橋下入赤山湖。又泉一道，出第一峰後半山天心庵，至關王廟下流，經曲林館，入赤山湖。而有泉仰出於平地者，尤奇，宛似歷下珍珠泉，俗所名喜客泉者也。凡茅山有泉，而人不知導引，故多堙塞。所謂華陽洞者，陶隱居云：此山本號句曲，其下是第八洞宫，名曰金壇。華陽之天，周回百五十里，分置三府。前漢元帝時，咸陽三茅君得道來居於此。然則所謂洞天者，豈可以塵寰幻迹求哉。陶君所謂「拓寓地空，亘涂水脉，闢闔風岫，通氣雲巘」，意非仙靈孰能到？而今人稱洞有二，一在崇壽觀後，一在元符宫東，皆無異會稽禹穴。人又稱洞口有石搾塞，愈入愈寬，予皆未及試也。洞上樹生石罅，有似純石無土洞。泉至五雲觀前，匯爲方池。池側有連理木，上合下開。

明 王叔果《仙巖記》（《浙江通志》卷二六二引） 永嘉之山，惟大羅山最鉅，磅礴數十里。【略】兹山三面環抱，惟西口空，内有小溪環繞，梅潭水由此出，外通大河。往年可入小舟，今沙石淤溪矣。寺前石坊，舊額止鑑空，伏虎二大字已失去。今中書舍人趙性魯直扁書「仙巖」，横扁書「天下二十六福地」。由石坊轉入，爲虎溪橋，覆以亭，旁有繫虎石。橋之南屹然而聳者，爲慧光塔，昔傳有銀滿飛燈之異。其東畔列石幢十餘座，故有僧舍，名外菴，今廢。度橋而北，則止齋祠在焉，乃瑞邑尹劉畿重建。祠前有亭，扁曰流芳，則寺僧道意爲劉公作也。祠後高峰數十尋，翳以蘿蔓，望之鬱然，爲積翠峰。由止齋祠東行，有沙門，有佛殿，則國初鎮守内臣重建者，甚宏偉，歲久敝壞，今漸圖新焉。而獅子峰、卧象山則相爲環抱者。往大殿東行數十步，意上人新創一菴門，扁「叢林佳趣」。前爲方丈，後爲清虚樓，樓後騈植花卉。亭面之，曰挹芳。瑞平、朱文二令尹捐貲升構，改曰超覽。菴門外有亭相並，坐其中則雲峰森列，予題曰「參雲樹」。左方有舊菴，今改爲安禪之所。由舊菴東轉，折而北，有門翼然，懸晦翁所書「溪山第一」扁。前行數十步，爲嘉樹臺。以古榕樹根盤崖，上重蔭交翠，其下甃石爲臺。臺之東，爲流觴亭。亭八角，水環繞流觴，仍注於池。池周圍數十尋，多植白蓮，名曰白蓮池，泰順歐尹益資寺僧作亭池中，而問名於予，予命曰「憩蓮」。出流觴亭，循崖北行，躡級而上，爲翠微嶺。嶺側有石如屏，刻唐吏部侍郎姚揆銘。嶺下俯見澄潭。《志》載有三仙姑謁安禪師，一語而悟，入潭化去，因以名潭。前爲仰上臺，以仰而望之則止齋讀書臺在焉。臺表西崖高處，有石如砥，方數十丈，旁鑿小石盂，注水盥手，則止齋舊蹟也。由抑止亭北行，乃入梅潭正路。又折而東，崖谷甚異，有洞如室，盤旋而通梅潭，名通元洞。洞之背有亭，少師張文忠公孚敬建，名澤潤亭。亭之前即梅雨潭，潭之勝在此山爲最。四面巖壁削立，瀑水飛灑，潭中空濛，若細雨然。潭口兩巨巖相倚，中開一空，向背亂石堆塞，今砌石爲磯。正面飛瀑名曰歕玉磯，可列二桌，坐數人在磯上，對瀑如處竈門，引首自内觀天也。潭之四周，崖壁奇絶，昔傳有升仙，其上者爲昇仙巖。又有振玉亭在潭上，近西與飛瀑相對，乃今瑞邑余尹世儒新建。越潭之東崖，稍循澗高陟爲三皇井、煉丹井、黄帝池，其義未詳蓋幻迹云。再上爲雷潭。潭深邃莫窺其底，以巨石投之，若雷鳴。又有龍鬚潭，在雷潭之上，水循崖而下，如懸布。或以黄帝乘龍飛升時有鬚墮，故名。

明　陳文燭《二酉園續集》卷一三《游武夷山記》　武夷山蓋十六洞天，稱昇真玄化者也。當閩北境，周回百餘里。自大嶺南支，奔騰崇安而止，去縣三十里。世言建寧爲丹山碧水，非以是耶？萬曆甲申，余履按察使任。【略】八月朔日入崇安。【略】是日午刻，至建溪山麓，道士曰，此萬年宫也。宫前古榕數，樹千年物，其勢參天，榜曰天下名山第一。漢時已設壇墠，唐始爲屋，僞閩增飾殿宇，南唐賜名會仙，宋太宗御書「冲佑」爲觀額，天曆間改爲宫，而昭代因之，有漢祀亭、拜章臺、三清殿、賓雲亭、玉皇閣，下祀十三仙。【略】夜雨如注。晨起，百泉亂飛樹杪，俄而晴霽，放舟徜徉于三十六峰，道士歷歷指示焉。矗立天表，高五千餘仞者，大王峰也，中有天鑑池、投龍洞、禮斗壇，左有仙鶴、徐仙巖、昇真洞，右有望鶴臺、鐵板幛，頂有蔽牛之木，縛梯百丈，可上，而御史李公元陽登而記焉。記言張仙巖有像如生，非土、非肉、非木，得道之士，真氣不散，蜕殼而形固，恨不振衣拜焉。峰下而高稍亞者，幔亭峰也。【略】止止庵在前，而獅子峰、兜鍪峰與庵相對，其水光三姑道者，仙羊、虎鼻、鯉魚、儒巾諸石，以形峙焉。换骨巖石室可容百人，其泉清冽不竭。而排峰、觀音巖東西列焉。【略】由一曲而二曲，玉女峰最秀，仙冠、妝鏡、方印、翰墨諸石，若爲玉女設者，三髻、凌霄、攬石、勒馬、虎嘯、三才諸峰，若並于北斗間者。靈巖谷口三洞相連，中洞多風，晝夜不息。右則伏羲洞相倚，僅一綫見天云。由二曲而三曲，小藏峰最高，車錢昇、日上昇諸峰皆相近也。巖曰仙船，曰仙機，堂曰會仙，曰學仙，因十三仙蜕而名也。石如三，杯如水，樂清響可聞，若仙樂云。由三曲而四曲，大藏峰在雞巢巖頂，最奇。巖有宴仙、李仙，因仙蜕而名也。雲巖石室亦可容百人。仙釣臺號真武洞，龍潭號金雞洞，大都神物聚處云。武夷精舍在五曲隱屏峰下，拜晦翁遺像，讀記實十二詩，晦明昏旦之異候，風烟草木之殊態，人物之往來，猿鳥之吟嘯，真恍惚萬變而不可窮者。【略】西有接筍峰，高三十層，兩傍鐵鎖聯屬。按慎公蒙記而登焉，非以狀如立筍，既斷而續乎？石臺三四畝，石欄植蘭以萬計，石池白蓮，四時皆花。【略】循故道出，北有天游峰，在六曲，觀名因之。千仞插天，爲仙掌峰。登一覽臺，多古今文人題詠。取楊公應詔記而讀之，鸑鶴四鳴，真鐵笛聲乎？仰而舉首若三峰，嚮而正立若蒼屏峰。棋盤石在碧霄洞，桃爲瓊琯所手植。近日李公度就杜葛巖結茅居之，名曰杜轄。玉柱、天心、火焰、紫嶺諸峰，一一在目間。滔石堂如宋天聖石寺，徒名存耳。余卧天游觀甚適，不知在人寰也。轉而七曲，石如上水龜焉，廊巖頂峰，崗巒環合，丹井極甘，是天壺峰也。轉而八曲，石如下水龜焉，如禪笠，如猫伏，如人面，如細綵在猿。藏巖如儒釋道三教，又三層其晦明可占雨暘。山蜕數函，仙艇一隻，在靈峰歲久不朽，石聲如鼓，是鼓子峰也。下有鼓子庵。既抵桃源洞，憩庵石室，御史趙公孔昭改爲並蓮庵。時將夜矣，問九曲之山，視溪稍遠，高出雲漢，聖燈隱見者，及齊雲峰也。至齊雲庵、聖者庵、大小廪石、馬月巖、毛竹洞、百花巖，莫可探焉。

明　姜畧《游東林記》（《天下名山諸勝一覽記》卷五引）　嘉靖丁亥歲孟冬月，游東林山。路透迤，樹木蕭瑟。馬踏殘黄，印地有聲。但榴枝楓葉，遥望如火樹然。就近祇見其老態，難同二月花之嬌媚耳。獨蒼松翠，竹廷秀於風霜中。不覺到虎溪，案背俱山，前後如畫，泉流環遶，潺湲不絶響。兩坊高聳，一曰虎溪，一曰西江第一山。金碧煒煌，騷人創見，當仰天大笑，况元亮諸公，何怪三笑耶？東林老僧引至一亭，亭下有橋，橋下一洞，勺水暗流，蝙蝠輕飛，出入洞口，略不避人。扁曰「長舌溪」，驚問之，僧曰因溪聲不斷名之耳。又引至井亭，井深三尺許，淫雨不盈，久旱不涸。一泓清澈，照人面目如鏡。入坐方丈，名公佳句峥嵘四壁，起而誦之，惟恐其盡。信哉，江西第一山也。既而語僧曰：東林始於慧遠。僧答以遠公有墓塔在寺西。步行萬樹中，一祠，祠中藏墓，纍石堅確，如錚錚之鐵。已而日色銜山，還宿東林僧房。四山静峭，忽落木之風颼颼振谷。少頃，鍾磬齊鳴，群僧禮佛，唄誦徹於寢所，雖黎園遏雲之調，亦不過此。启户出視，碧天如洗，星辰森列，半月高懸於喬松之上，星月之光，宮殿之色，上下照耀。久之寒氣逼人，不能久住。已而猛虎一聲，山谷動摇，群伏驚駭，語左右曰：此真虎溪矣。

明 葉良佩《葉海峰文集》卷三《游天台山記》 由鐵船峽度羅漢嶺，山縈水迴，每數里輒一曲。及至上方，地則砥平如仰盂。登妙蓮閣四眺，則八峰迴抱，而直南諸阜，纍纍如列戟排衙，兩澗水至寺門乃合流，縈迴南出。前林松杉成列，東澗古松數株，皆大十圍，有五六鸛鶴巢其上。每休坐樹陰，則聞鸛鼓牙及唳鶴之音，與風泉相雜，翛然非復人世。【略】劉阮洞去護國二里而遠，澗口如門，有古木神祠。沿澗而上，兩山綉壁參差，夾水立水，隨山曲折，時漱石有聲，曰鳴玉澗。水壖草樹，芊綿東嚮，特葱蒨可喜，曰桃花塢。又折而北上，路漸艱澀，及水窮而路盡，有巨潭渟澈如鏡，中有洞門，潛通山底，其深莫測。陳子曰：此所謂金橋潭也。即劉晨、阮肇遇真處。潼之南有盤石，可列坐以飲。於是取酒會飲其上。仰望三峰倚天，而東峰特秀，上有石如綰髻鬟，曰雙女峰。昔人見雙鬟戲水，或曰乃其精靈所爲。

明 王士性《王太初先生五岳游草》卷四《游鴈宕記》 余游所及，則東入度石門潭，抵石梁，西入沿斤竹澗，入能仁，其中可游，得四奥區。下石梁，過謝公嶺，從叢莽望見巨岩一竅，洞則風穴，峰則五老、翔鸞，爲靈峰洞者一。出洞，循溪過響岩，入馳道，峰則天柱、卓筆、紺珠、展旗、玉女、雙鸞，石則僧抱，谷則安禪，洞則天窗，水則龍鼻、龍湫，障則平霞。爲靈岩者二。出寺，過觀音岩，踰馬鞍嶺，峰則剪刀，水則瀑布，爲大龍湫者三。三者皆游人所至。一則龍湫之上有鴈湖焉，是山所得名也，游屐反無聞矣。此山之槩也。馬鞍嶺界東西二谷，谷東峰五十有三，谷西四十有八，謂之百一峰。東西亘五十里，咸片石爲底，插漢爲峰，如巧匠園丁叠綴而成，游人賞之。幽棲則否，謂其耕漁業左也。即有山田數畦，溪流數圳，徒棲岩之士，拂石之泉已爾。若其刻物肖形，如鏤木石，則種種天巧，咸可指數，請列于左方。石門潭者，水出蕩陰諸谷，兩巨石捍其口，湛彩如玉，漁舟出没于初暘返照之時佳，此爲入山門户。老僧岩者，十丈石立山口，宛然一祝髮曇瞿。過其背視之，項頸衣褶襝如，腰隆起，若襆被而游方者。坐石梁視之，又若拱手而譚天。過謝公嶺視之，又如坐繩床伸足也。乍見無不听然笑者，真造化之巧哉。石梁者，側石如枯木，斜倚崖端，空其下，入可坐百人，遠望之，又如長虹下飲于澗。洞中左右廡，楹而不椽，秋夜宿焉，明月入洞，如水風吹落木槭，槭自岩竇下，甚悲。所不及天台者，彼兩崖水石搏激□回，時作風雨聲。謝公嶺者，俗稱靈運爲臨海嶠開山而至也，然謝無詩。風穴者，未至靈峰，左麓下一竅，大如斗，風蓬蓬出竅，人近之，六月皮毛粟起，云通括蒼。五老峰者，洞前五石相撑，爲人立而肩摩者，似廬山而小。翔鸞峰者，兩石首相對峙，影入照膽潭，如雙鸞舞鏡前。靈峰者，與靈岩異，峰言鋭，岩言大也。旨哉！元李孝先其言之也，謂靈峰兩大石相倚如合掌，入天數尺，從合掌根入，兩傍植石闌，直上千步，乃至掌中，望見山嵒中青天如懸一片冰，岩罅泉水下滴，唧唧如秋雨鳴屋檐間，令人大呼，呼聲繞洞中，不即出，泉墮半，未至于地，爲聲所軋，則飄吹衣冠，草木盡濕。謂靈岩，及堦，舉頭見巨石孤立，如人俯月出，正懸東南角，星象纍纍，下垂回傍。客脇息不可上，如游魚噞喁，以身爲浮游在顥氣上也。夜夕，又數數開南牖視之，月欲墜，夜色如霜雪，諸峰相向立，儼然三四老翁，衣冠而偶語，獨西南一柱，白而長身者也，蓋謂天柱峰云。紺珠岩者，入寺有峰，纍一石如珠。僧抱石者，寺右一石，如浮屠禮拜狀，前憑一几。屏霞障者，寺後平石千丈横，色雜蒼翠如負扆，如叠重樓，如倚雉堞，寺依以立。安禪谷者，障左半崖，緣鳥道攀之，谷邃無人聲，泉出谷入池，臨寺如聽下界鍾鼓。龍鼻水者，障脇洞頑石而竅，高倖閣，陷入一龍，獨紺碧天矯，鱗鬣咸具，從洞西南峽中奔而下，一爪踞地，垂首懸鼻如瓠，鼻孔石髓時時下一滴，計已目翳。玉女峰者，洞口端正一瘦石，鋭頂如髻，雜蔓奇葩，宛如簪花狀。雙鸞峰者，去玉女不遠，麗立作舞勢，亦如靈峰之翔鸞也。卓筆者，孤峰直立，而鋭如筆卓。展旗者，群峰聯絡于左，横曳之，如耴鄭伯螯弧以登也。天聰洞者，展旗之半有穴焉，空百尺，光自下生，投以石，訇然不及其底，外復有孔如口目然。小龍湫者，卓筆傍，流泉墮澗，視大龍湫而小也。鐵板障者，出靈岩口，山上石正方如屏，色如鐵，雄峙當罡風不壞。將軍抱者，貌類石將軍斜倚檻，秋風起時，甲胄如欲動摇。觀音岩者，從馬鞍嶺視之，峭崖矗天，如佛背圓光焰也。剪刀峰者，石千丈，上成兩岐畫天，每朝雲夕霧，當岐過之，真如剪綺。大龍湫者，高山四圍，中盤一谷，初至剪刀峰下，疑有大聲起壑底，四盼不知其倪，逼近之，則見一飛瀑從天下，然無水狀，僅如烟雲搏裂而落，落地爲珠璣，幾朔風久盤桓不下，忽迸裂，響如震霆。又谷圍如瓮，聲出則谷傳，游人每二三十鼓譟，或以金鼓佐之，則瀑隨風飛過澗，如暴雨灑人衣面，群走避之水激石射，咸膩滑不可立。東爲詎那觀瀑亭，抱膝如暝，扁其亭者云「六龍捲海上銀漢，萬馬呼風下鐵城」，庶幾哉！此東爲五百靈官閣，爲雙清亭。西爲南薰亭，爲石枰，一臺崛起爲禮斗。道絶，不得至也。西望捨身崖，上爲飛昇臺，下爲試心石。日已下舂，欲去佛子岩尋不二和尚，不果。昔朱升《志岳》謂：得三大觀，棲危巔，憑太虚，如承露仙掌，擎出數千百丈，日月出没其下，不如太和。立神以扶棟宇，鑿翠以開户牖，逞伎巧于懸崖亂石間，因險爲奇，隨在成趣，不如南岩。右虎左龍，前雀後武，雖當廉貞、貪狼二獸之下，而環抱天成，楹石所棲，各有次第，不如紫霄。故論太和之勝，于其高不于大；論南岩之勝，于其怪不于其麗；論紫霄之勝，于其整不于其奇。信夫！

明 曹學佺《石倉文稿》卷三《游薊門記》 三河行五十里，至盤山之麓。仰望其巔，玄紫迴異，浮圖樹石溢于目前。既入山，有長泉一道，從峽壁間飛噴而下，穿齧石趾鳴濺濺不已。壁上劖盤泉二字。沿泉而上，至中盤寺，當即下盤耳。東折里許，有亭，左右峰勢拱抱，中一岡巒蓬然突吐，是爲亭。亭傍有松，鬣甲夭矯如虬龍，石谽砑磈磊，甚異山之石。乃從此始，石有一片數斷，又數片相連，若飛若走，若蹲伏，若卧若坐，若立若負，若搏噬，若撐若平，若傾欹，若嶅然以出，若畏而縮。樹拳而曲，徑詰而折，皆以石故。至其地差衍而松勢得以少舒者，上盤寺也。寔爲山之中，上不更有寺乎？安得遽稱窮極？且寺負雄崖而面高岡，夾以峻壁，四山岩確巑岏，鼻口呀而齗齶露，樹色蓊翠掩映，寔峰巒輻輳一都會也。夜宿寺内。早陟東西兩崖，以攬曉色。西有懸石亭，亭址爲平臺，其陰巖百仞之上，有石懸空，勢壓亭表。折而東北，躡嶺以登，將及半嶺，左望前石，若巨人仰天卧，其下峭削，背與山合處有光，斷而不斷，懸空之妙，畢呈于此。上之，始見長城。長城者，塞上山也。城與山爲高下起伏，山青而城白，如領之有緣，金玉之有相。大者爲虹霓，小者爲縞帶，縹緲糾紛，不可窮結。又上之，始見塔，體圓質素，卓立雲際，峻整精潔，如經磨礱。山有三盤，而此據其上也。寺乃别名，蒙蛇足之譏矣。行過乎寺，再折而塔，西望長安，東指山海，下臨薊門，如左足之墜隻履。西北轉小嶺，與平谷相向，中有長河横截其前，即輸輓道也。嶺陷于谷，皆松樹。松石不甚相苦，予亦怡然，因與維誠席地而坐。清風徐來，日晲叢薄，景色飄飖，金翠萬點，閃爍人衣。

明 鄒迪光《始青閣稿》卷一五《游天台山記六首選五》

記一 天台山廣八百餘里，其間巖壑縱横，不可枚舉，而總隸於台山。

鴈山一大奇觀也。能仁者，西谷外寺，僧了全于太平興國間始居山之淺者，曰芙蓉庵，即此。則其開山始也。斤竹澗，由飛泉南經寺側入于海，亦有嶺焉。火焰峰者，能仁所見之峰，簇擁如火上炎也。石羅漢者，一闍僧聞詎那至，航海來參之，登岸覓未得，偶遇一樵者，游化爲石。靈雲寺者，在西谷外，從靈雲南入山，牽藤而上，日午可到，是爲鴈湖。闊頃畝，鷹過南海，常棲止其中。湖水墮入澗，流谷口爲大龍湫。

又 卷六《太和山游記》 次早，西行十里而至龍泉觀。觀對天津橋，流九渡澗其下，澗道幽絶。始入行棧磴中，出翠微，穿怪石，忘其返也已。復沿澗上除道，曲折逾時，乃望見紫霄宫，背展旗峰若負扆，石障鐵色，横上方千仞。前對竈門峰，雲氣常如炊烟。左右翼山拱而出，銜兩員阜爲大小寶珠，金水渠竇小寶珠匯焉。泓停縹碧，名禹跡池。亭其上，池右山爲福地，道書七十二之一也。入宫登百級之堦，池三，日、月、七星。泉二，真一、大善。宫後轉山樹石竅處，名太子岩。好事者爲書「蓬萊第一峰」。岩上又爲三清石，削不可上。其下則榔梅園，歲貢實也。園右萬松亭，松杉翳天。從此跨山而去，路甚徑，然宫外古道甚治。余仍由官道，掠三公、五老諸峰，過榔梅祠。回望北壁，嵌岩繡柱，恍若蓬壺。【略】至杉木林，分二岐，從左則下輿，杖履攀索而上天門。余乃右行山之陰，下澗披灌莽，挾左右奇峰而上，積雪皚皚滿叢薄不化。十里許而至朝聖門，乃得當太和山。山孑立七十二峰之中，即天柱峰也。峰頭南北長七丈，東西半之。玄武正位，四神在列，貯以金屋，承以瑶臺，擁以石欄，倚以丹梯，繫以銕絙，護以紫金城，闢四門以象天闕羊腸鳥道，飛磴千尺，香爐燭燭，三峰恍惚當席前。俄有白雲一片西來，起足下，籠金屋之上而止。茫然四顧，身影縹緲，顥氣淋漓而俱。夫非天上五城十二樓耶？山既斗絶，無尋丈夷曠之阿。諸道流倚崖之半，架木而栖，椓棧借地，頂與崖齊，重樓層閣，叠累以居，如蜂房之結綴而纍纍也。罡風剌剌起，吹屋離崖，騈肩動摇，欲墮不墮，又如坐樓船蕩漾于驚濤怒浪中，而彼了不爲意也。蓋習之矣。已循城下，禮元君聖父母諸殿，遶出天柱峰後，盼尹喜岩，挽懸于三天門而下。三門從山頂直落如矢，幾五里餘，欄楯糾纏，十步一息，至摘星橋而始就輿。復由榔梅祠抵南岩，岩擘崖之半爲宫。從殿後左折，大石延袤百丈，如飛甍。其下前絶大壑，蓊薉蒙茸，正黑無底。天陰，籟發噫氣，灑淅滿山谷間。中爲紫霄岩，岩前一龍首石出闌外，瞰之瞻落。禮神者往往焚瓣香于鼻，從頸上望天柱拜以爲虔。

從嵊縣入則寶相寺，從天台縣入則國清寺，蓋國清其前扉，而寶相後户也。【略】入無梁殿瞻石佛，佛高十丈五尺，廣倍。殿高二十丈許，廣半倍。皆就巖石琢而成之，實惟一石，無所蹊合。殿前有屏高廿餘丈許，廣亦半倍，亦就石壁削而平之，實惟一石，無所蹊合。屏左右有山，崔嵬而擁腫，隆然如囷廪狀，約高數十丈，廣倍之，亦惟一石，無所蹊合。【略】出殿門，馳道廣衍，松杉夾之，虬龍攫蹹，是千百年物。旁有小浮屠，附樹而起，則智者大師髮塔也。出寺折而南，觀千佛巖，巖前陂陀連屬，屺岵交錯，目界亦小勝，而所雕佛甚俗，翻爲巖累。從巖後行二十里至新昌，從新昌三十里至筋竹嶺。嶺上有青松，有翠篠，有丹楓，遞相呈媚。嶺下有澗，澗有橋跨之，下多異石，爲水所漱，灕灕作人語。松篠之屬，風至則奏絲竹，亦一妙鏡也。行三十里而至太平菴。過江諸院，類多埋埝穢雜，而此獨完好净潔，有樓三楹，倚岡以居，竹色映帶，匡床受緑。

記三　宿太平菴之明日，度幽谷嶺，聳拔奇嶔，直上無際。盤礐磝礫，縱横雜置。鼻股交攻，一步一喘。所跨欵段，非騠蹄趼善陞巘，不免逡巡怯丞。號爲嶺而曰谷，又曰幽者，正以其叠嶂蔽虧，密箐翳之故也。下嶺即平衍，一巨壑中有仙人驅石甚夥，若牛羊，若犬豕，若麋若鹿，若馬若獅象，若縱放其中，任其飲水嚙草，牝牡嬉戲，互相角抵狀。初以爲真，既即之，而知其爲石耳。巨壑盡而得寺，古杉數百柯，率高十餘丈，大十餘圍，莖葉襹褷，葱蒇晻薈，嘘陽吸陰，狎霄參漢，若鹵簿幡幢，羽林干戟，參差空舉。既即之，而知其爲樹耳。寺有八峰回抱，明月娑羅，香爐大舍，銅魚藏像，烟霞應澤，而南面諸峰，更歷歷如几案。寺僧雪堂者，延余入飯。曲檻疎欞，迴廊小竇，宛轉惑路。瑶函、寶鐸、軍持、魚磬之屬，位置有度。堂中檀香千佛坐青蓮上，雕鏤巧妙，可稱精籃。飯罷，由間道抵石梁，旁有石橋。山三峰並起兩崖間，石梁横亘，龍形龜背，長可五尋，廣不盈咫，千年苔積。雙澗之水合流下注，爲瀑百餘丈，撼厓石而趨橋下，溯湱㶁㵒，如雷如霆。其飛流噴沫，漩澴滎瀯，横灑橋上，又如雨如霰。橋與厓石各爲瀑所擊，欲泐欲仆，不能自安。此如渴虹見水，倉忙奔赴，盡其猛力，而投於不測之淵。淵内復有怪物，起而格鬥。兩鬥不相下，則以其餘怒嚙山噬石，精奔神注，滲漉大地，此亦天下之至觀也。【略】衆驟見瀑，皆以爲奇，撫掌稱快。而余獨有微憾於此者。人在下而瀑在上，從下睇上，始可得其直下之勢，而窮其奔雲擁雪之奇。今所建曇花亭，與梁平，又與梁逼，地勢跼蹐，則目力不遠，安能盡得其勝也？因與金子、徐子牽葛破蘚，□一綫之路，循厓下走，坐灌纓亭基，一望則石梁在半空之上，所注瀑自半空飛下，若不知所由來，與近玩大有逕庭矣。衆因以余言爲然。

記四　天台八百里内，衆山圍合如蓮瓣，而華頂當其中，如蓮心吐蓮瓣内。其高凡一萬八千丈，濕雲毒霧，不時蒸翕，即夏秋間，長有積雪數尺，迷惑隥道，游者難之。余自斷橋，取路灌莽，褰裳涉澗，約歷磴數百折，歷路三十餘里，而至華頂。山下叠石爲三池，以綰谷口，池多嘉魚，躍藻跳荇，淪漪助色。歷池而上，五里爲古善興寺，舊有殿、有丈室，其左有太白讀書堂，右軍墨池，皆廢，而獨太白堂尚存。堂前有娑羅樹二株，至四月始花。更上五里，則華頂也。智者大師降魔塔在焉。塔附近有伏虎壇、鬼叠石、葛仙丹井，問之，皆不知所在。惟是絶頂一望，則聚而一壞者全越，伏而一樸者大海，浮而千萬浪紋者羣山，依稀有無而若莖若縷者溪湖。此七尺形骸，如蟬之翼，欲墜未墜，不能自主，急呼酒澆之，神意稍定，而身爲吾有。觀至此極矣，無以加矣。道人爲余言，此地日出，羲輪鎔金，光芒萬丈，盡世界是赤琉璃，斯爲極觀。余以體小欨，不能林卧，乃止。人世缺陷，豈不其然？下華頂而南十餘里，爲高明寺。【略】寺旁幽溪嶺，嶺下有溪，寥窆窈窕，闃無人侶，溪水蒸雲，絪緼石面，可舉手而取。溪上有洞曰圓通，一石爲覆，而三石架之，虚其口以迎翠嶂，約青霞白雲。溪風送響，若琴若筑，耳根圓通。人兀坐其中，時聞猩子猿父倚樹吟嘯，丹睛藻臆之禽，翬散陸離，何必減海外蓬壺也？余爲假榻松間，夜半枕畔聞有叟叟溌溌，琤琤琮琮聲，而知爲溪流，亟呼從客而告之，溪流作人語，敗我華胥游矣。次早，文心輩具伊蒲於松風閣，不享而出。十里，過國清寺。寺抱五峰，舒青總翠，若幕若扆。束以雙澗，浮碧漾緑，若襟若帶。表以七浮屠，起自隋時，古色黝沕，若金莖，若仙掌。三橋横澗，飛沫濺衣，若津梁。一池數十畝，涵星浴日，若阿耨水。寺西有寒山香火，竈石依然立而俟爨，斯亦台山諸寺之雄伯已。

記五　去國清十里爲赤城山。山形類雉堞，土皆赬色，晴曦閃射，霞彩爛然，故以爲名。是晉義熙曇猷大師道場也。有上下兩巖，皆可列數十席，而上巖更敞更夭矯，即舊所謂玉京洞者。【略】絶頂有浮屠七級，坐其下，見林木森然如列畫戟，巖石凝然如建麗譙，丹厓繡嶂，雲霞斐亹，如張赤幟，令人若當闕而呼，生猛厲想。又十五里至桐柏山，山有九峰環列，而宮殿居其中。宮内有夷齊石像，是宋時大内物。相傳夷齊爲九天僕射，治桐柏宮，故設像於此。宮前有女梭溪，溪畔擁一石如印，曰印山。從印山南轉爲三井，有龍穴焉，與海水通，今廢其一。從三井東轉爲洞門山，山上有亭亭焉。登亭一望，則九峰如城郭，而桐柏宮如城内閭閻，蒼靄白雲，往來彌覆，若施繪采，令人如人石家金谷，作靡麗想。還山而居，多石橋水碓，棘垣籬舍，雞犬相通，各識其家。時方秋杪，楓槲交酣，禾黍就熟，飄錦鋪金，彌岡匝野。兒童拾穗嬉游，父老報歲飲社顔酡，真仙人鄉也，又令人如入華胥，生怏樂想。由桐柏西北，取道仙人蹟，經龍潭，凡五里而至瓊臺。臺當巨壑中，巍然高起，削壁萬仞，嵐光點翠，古花結緣。俯瞰百丈潭，幽深不測，若有神物焉宅之。又二里至雙闕，玉泉、華琳兩峰對峙如闕門，路出其下，而澗水從之。登雙闕望，則九峰而外，層巒疊巘，林林矗矗，率褰旗仗鉞，望闕而趨，又令人如入細柳營，作嚴肅想。下雙闕，觀徐仙朝斗壇、王子晉吹簫臺、儀鳳石，石上鳥跡不到，亦一奇也。次觀仙人拍手巖，有瀑布，即前三井所瀉者。

記六　寒、明，兩巖也，而總一山，以脊相背而立。明巖之前有八寸關，層峭屹立，怒石紛起，棧齴巉巇，若執械以儆不若者。巖洞在其下，嵌空玲瓏，日光穿漏，若掃除以待上客者。洞口有帽影、馬跡，相傳太守閭丘胤追謁寒山、拾得二人，長嘯入巖，巖闔而閭蜕，此其遺跡也。循巖而轉，有洞而黝，又有洞而朗，若牝牡相成者。洞前兩峰相距，如人合掌，曰合掌巖。合掌之下，有三石品列，即三隱嘯詠處。流光如月，曰石月。石月之下，有巖虚朗，扣之鏗然而響，曰響巖。響巖之下，有池通海，清瑩澄徹，軟之而甘，曰長桑池。諸巖諸石，率向背得宜，不燥不濕，若有人爲之位置者。而踈杉脆篠，緑厓延壑，天籟時發，璆然泠然，依稀二仙笑聲焉。又五里，而寒巖深廣如大廈，一石方正可坐，是寒山宴坐處。其左有石龜若龜，石筍若筍。再西，有兩石分架，名雀橋，若橋。再西，有泉亂灑巖洞而下，名龍鬚，若鬚。洞前有立石數丈，五色交錯，名綬帶、若帶。其間石脂、石髓産自陰厓，可煉而餌，以當服食，真是神仙窟宅。又五里過清溪，從護國寺右轉，二里爲桃源，是劉阮遇仙之地。昔劉阮入山采藥，逢雙鬟於溪口，笑迎以入，留半載謝去，而子孫已七世矣。後人追本其事，即山而鑿石開道，環以桃花，謂澗爲鳴玉，謂峰爲雙女，謂溪爲惆悵。夫鳴玉者，珮環也；雙女者，雙鬟也；惆悵者，惜别也。無非爲仙女、仙郎寫此風流勝事也。今其地壁塢深奥，隒厓曲折，若房若櫳，葳甤深鎖，似人間，亦非人間，獨無胡麻流出耳。嗟乎！兩巖猶在，二仙何之？流水依然，雙鬟寂寂。閭丘太守，采藥郎君，然耶否耶？爲三歎而出。

明　徐夢易《游仙都山記》（《天下名山諸勝一覽記》卷四引）　初暘谷逕路杳曲，有石倚山若甑者，徐氏山居也。南唐時客之祖則常入仙都山不出，傳聞飛云。事見唐史。初暘洞二竇圓邃，日出時巧當其竇。洞下爲櫻桃洞、跆響岩，人語則盎然有聲。左注池湖石龍中峙者，侍御先隴也。下石梯回望五石巉巉若老者攢倚，五老巖也。侍御依山築臺，名群玉。過練溪，上平岡，土阜莽蕩，緑疇千畝，秀峰前列，碧厓後擁，真陰陽之會、山水之奥區也。四顧之，竟忘歸矣。溪外左山爲忘歸洞，謂李陽冰嘗宿於此。有石如天柱，突兀於前，人指爲鼎湖。高數百丈，四面，面度五十步。石巔有木蓬菘，久雨則水溢下，人故疑其中爲池。景泰時，雷火焚其柏，根墮下，如二龍自相蚪蟠，爪角宛宛，侍御獲而寶之其木龍。文石特起，儼若仙官真宰，獨步天闕，而群從擁之。後爲步虚山，山之巔，空洞而缺其前，若立視，像昇解者揭其靈蓋而出。石笋森雜如積笏，如疊玉類，皆琢成，如人披衣趨朝狀。側一逕入玉虚宫，宫傾頽不可居陟。其巔有石凌空，象跨鶴而飛者。有田數十畝。左會入，爲妙庭觀，觀後山中峰微高如屏。自中而前突起一峰，圓秀，水分左右，湖水澄深，肱腕環抱，客謂此爲鼎湖也。山勢高簇然，自冲天火星而来，去塵世若幾萬里矣。游覽四外，千峰擁峙，溪山盤鬱，風氣清肅，自成洞府，所謂「成德隱玄之天」其在此也。左右有金龍洞、雙龍洞、天堂洞、隱真洞，深邃顯秘莫測。山側有仙水洞，泉出罅中，下有石池，大旱不竭。旁有獨峰，一名玉柱峰，高三百丈，三面臨水，周一百六十丈。米文公至此，愛其山水清絶似武夷，有「碧澗修筠似故山」之句。遡後爲芙蓉帳，帳列石厓甚奇。次第之，有若人立者，獸蹲者，鳥飛者，花繡者，木植者，龜浮者，龍舞者，千形萬狀，山川之勝極矣。時初寒，晴久忽霽，群峰青翠宜摘，溪流清徹，石底可鑒，百里間山深而水平。鄉人居之，便於治生。昔謝康樂、李陽冰、朱晦菴皆旅寓於此。諸石間有題咏，客宿於山者經月，深即妙庭之奇，計欲結茆於中峰，期他日披拂鼎石，上入霄漢，一寫冲霞之思云。

寺右爲石橋巖，巖類天門，而高廣可五倍之。登橋而萬山迴合，紫緑千重，縈繞衣帶，故爲最勝之所。丁生以舒携尊罍至橋下，酾久之。雲氣起足下，雨且霡霂，業止寺中。顧湫褱無所舍，僕從乃踉蹡返，雨如絲不止，抵雙溪，暝色合矣。

明　袁中道《珂雪齋前集》卷一一《西山十記》　**記一**　出西直門，過高梁橋，楊柳夾道。帶以清溪，流水澄澈，洞見沙石。藴藻縈蔓，鬣走帶牽。小魚尾游，翕忽跳達。亘流背林，禪刹相接。緑葉穠鬱，下覆朱户。寂静無人，鳥鳴花落。過響水閘，聽水聲汩汩。至龍潭堤，樹益茂，水益闊，是爲西湖也。每至盛夏之月，芙蓉十里如錦，香風芬馥，士女駢闐，臨流泛觴，最爲勝處矣。憩青龍橋，橋側數武有寺，依山傍巖，古柏陰森，石路千級。山腰有閣，翼以千峰，縈抱屏立。積嵐沉霧，前開一鏡，堤柳溪流，雜以畦畛。叢翠之中，隱見村落。降臨水行，至功德寺，寬博有野致，前繞清流，有危橋可坐。寺僧多業農事。日已西，見道人執畚者，鍤者，帶笠者，野歌而歸。有老僧持杖散步塍間。水田浩白，羣蛙偕鳴。噫，此田家之樂也，予不見此者三年矣！

記二　功德寺循河而行，至玉泉山麓。臨水有亭，山根中時出清泉，激噴巉石中，悄然如語。至裂泉，泉水仰射，沸冰結雪，匯於池中。見石子鱗鱗，朱碧磊珂，如金沙布地，七寶妝施，蕩漾不停，閃爍晃耀，注於河。河水深碧泓渟，澄澈迅疾，潛鱗了然，荇髮可數。兩岸垂柳，帶拂清波。石梁如雪，鴈齒相次。間以獨木爲橋，跨之濯足，沁涼入骨。折而南，爲華嚴寺，有洞可容千人，有石床可坐。又有大士洞，石理詰曲，突兀奮怒，較華嚴洞更覺險怪。後有竇，深不可測。其上爲望湖亭，見西湖明如半月，又如積雪未消。柳堤一帶，不知里數，嫋嫋濯濯，封天蔽日。而溪壑間民方田作，大田浩浩，小田晶晶，鳥聲百囀，雜華在樹，宛若江南三月時矣。循溪行，至山將窮處有庵，高柳覆門，流水清激。跨水有亭，修飭而無俗氣。山餘出巉石，肌理深碧。不數步見水源，即御河發源處也，水從此隱矣。

記三　自玉泉山初日霧露之餘，穿柳市花弄，田疇畛畦間，見峰巒迴曲縈抱，萬樹濃黛，點綴山腰，飛閣危樓，騰紅酣緑者，香山也。此山門徑幽邃，青松夾道里許，流泉淙淙下注，朱欄千級，依巖爲刹，高傑整麗。憩左側來青軒，盡得峰勢。右如舒臂，左乃曲抱。林木綉錯，伽藍棋布。下見麥疇稻畦，潦壑柳路，村莊數疏，點黛設色。夫雄踞上勢，攝其勝會，華榱金鋪，切雲耀日。肖竹林於王居，失穢都之瓦礫，兹刹庶幾有博大恢弘之風。至于良辰佳節，都人士女，連珮接軫，綺羅從風，香汗飄雨，繁華鉅麗，亦一名勝。獨作者騁象馬之雄圖，無丘壑之妙思，角其人工，不合自然。未免令山澤之癯，息心望岫。然要以數十年後，金碧蝕於蛛絲，堦砌隱於苔蘚，游人漸少，樹木漸老，則恐兹山之勝，倍當刮目于今日也。

記四　從香山俯石磴，行柳路不里許，碧雲在焉。刹後有泉，從山根石罅中出，噴吐冰雪，幽韻涵澹。有老樹，中空火出，導泉于寺，周於廊下，激聒石渠。下見文礫金沙，引入殿前爲池，界以石梁。下深丈許，了若徑寸，朱魚萬尾，匝池紅酣，爍人目睛。日射清流，寫影潭底，清慧可憐。或投餅於左，羣赴于左；右亦如之，咀呷有聲。然其跳達刺潑，游戲水上者，皆數寸魚；其長尺許者，潛泳潭下，見食不赴，安閑寧寂。毋乃靜躁關其老少耶？水脈隱見，至門左奮然作鐵馬水車之聲，迸入於溪。其刹宇整麗不書，書泉，志勝也。或曰：此泉若聽其噴溢石根中，不從龍口出。其巖際砌石，不令光滑，令披露山骨。石渠不令若槽臼，則刹之勝，恐東南未必過焉。然哉！

記五　香山跨山踞巖，以山勝者也；碧雲以泉勝者也。折而北，爲臥佛峰。轉凹，不聞泉聲，然門有老柏百許森立，寒威逼人。至殿前，有老樹二株，大可百圍。鐵幹鏐枝，碧葉虯結；紆羲迴月，屯風宿霧；霜皮突兀，千瘿萬螺；怒根出土，磊塊詰曲。叩之，丁丁作石聲。殿墀周遭數百丈，數百年以來，不見日月。石墀整潔，不容唾。寺較古，游者不至，長日靜寂。若盛夏宴坐其下，凜然想衣裘矣。詢樹名，或云娑羅樹，其葉若蔌。予乃折一枝袖之，俟入城以問黄平倩，必可識也。臥佛蓋以樹勝者也。夫山刹當以老樹怪石爲勝，得其一者皆可居，不在整麗。三刹之中，野人寧居臥佛焉。

記六　背香山之額，是謂萬安山，刹庵綺錯之中，有寺不甚弘敞。而具山林之致者，翠巖也。門有渠，天雨則飛流自山顛來，巖吼石擊，濤奔雷震，直走原麓，洞駭心目。刹後石路百級，有禪院，四周皆茂樹。左右松柏千株，蚪曲幽鬱，無風而濤。好鳥和鳴於疏林中，隱隱見都城九衢，宫觀櫛比。萬歲山及白塔寺，了了可指。其郊坰之林烟水色，山徑柳堤，及近之峰巒疊秀，樓閣流丹，則固皆几席間物。出門，即爲登眺；入門，即就枕簟。雖夜色遠來，猶可不廢覽矚。有泉甚清，可煮茗，遂宿焉。風起，松柏怒號，震撼衝擊。枕上聞其聲，如在揚子舟中，駕風帆破白頭浪也。予遂定計，九夏居此，以避長安塵矣。

記七　既棲止翠巖，晏坐之餘，時復散步，循澗西行。攀磴數百武，得庵，曰中峰。門有石樓可眺，有亭高出半山，可窮原隰。墻圍可十里，悉以白石壘砌，高薄雲漢，修整中雜之紆曲。堦磴墀徑，石光可鑑，不受一塵，處處可不施簟席而卧，於諸山中鮮潔第一。刹中僅見一僧，甚静寂。予少憩石樓下，清風入户，不覺成寐。既寤，復循故澗。澗洄，而怪石經於疾流衝擊之後，墮者，偃者，横直卧者，泐者，背相負者，欲止未止，欲轉不獲轉者，猶有餘怒。其岸根水洗石出，亦復皺瘦，岐嶒崎嶔，陷坎罅中。松鼠出没，净滑可人。舍澗而上碧峰，得寺曰弘教，亦有亭可眺也。有松盤曲夭矯，膚皴枝拗，有遠韻。間有怪石。佛像清古，亦爲山中第一。降復過翠巖，循澗左行，山口中爲曹家樓，有橋可憩，竹柏駢羅。石路宛轉，可三里許。青苔紫駁，綴亂石中。墻畔亦多斧劈石，骨理甚勁。意山中概多怪石，去其土膚，石當自出。無奈修者意在整齊，即有奇石，且將去天巧以就人工；況肯爲疏通，顯其突兀奮迅之勢者乎？絶頂者亭，眺較遠，以在山口也。此處門徑弘博，不如香山，而有山家清奥之趣，亦當爲山中第一也。

記八　予欲窮萬安絶頂之勝，而僧云徐之，俟微雨灑塵，乘其爽氣，可以登涉，且宜眺矚也。一宿而微雨至，予大喜曰：是可游矣！遂遡澗而上，徘徊怪石之間，數步一息。于時宿霧既收，初日照林。松柏膏沐之餘，楊柳浣滌之後。深翠殷緑，媚紅娟美。至于原隰隱畛，草色麥秀，莫不淹潤柔滑，細膩瑩潔，似薤簟初展，文錦乍铺矣。既至層顛，意爲可望雲中、上谷間，而香山、金山諸峰，遮樾雲漢。惟東南一鑑，了了可數。平疇盡處，見南天大道一縷，捲霧噴沙，浩白無涯。或曰此走邯鄲道也。捫蘿分棘，遂過山陰。憩於香山松棚庵中，松身僅五尺許，而枝幹虬結，蔽於垣内。下有流泉，清激聲與松風相和。松花墮地，飄粉流香。時晚煙夕霧，縈薄湖山，急尋舊路以歸。

記九　依西山之麓而刹者，林相接也。而最壯麗者，爲鮑家寺。寺兩掖石樓屹立，青槐百株，交蔽修衢，微類村莊。殿墀果松僅四株，而枝葉婆娑，覆陰無隙地。飄粉吹香，寫影石路。堂宇整潔，與碧雲等。于弘教寺之下，又得滕公寺，石垣周遭，若一大縣。其中飛樓相望，五十餘所。清渠激于户下，雜花靈草，芬馥檐楹。別院宛轉，目眩心迷。幽邃清肅，規馺娑而摹未央。噫，衒之之紀伽藍盛矣！中州固應爾，燕薊號爲沙磧，數百年間，天都物力日盛。王侯貂貴，不惜象馬七珍，遂使神工鬼斧，隱軫山谷。予游天下，若金陵之攝山、牛首，錢塘之天竺、净慈，誠爲穢土清泰。至于瑰奇修整，無纖毫酸寒之氣，西山諸刹，亦爲獨步。玉環、飛燕，各不可輕。雖都人有擔金填壑之譏，然赫赫皇居，令郊坰間，皆爲黄沙茂草，不亦蕭條甚歟！王丞相所謂「不爾何以爲京師」者也。

記十　居士曰：予游山，自西山始也。或曰居士年二十時，即從長江歷吴會，窮覽越嶠之勝。北走塞上，登恒山石脂峰，望單于而還。而乃云游山自西山始何也？居士曰：予向者雅好山澤游矣，而性愛豪奢。世機未息，冶習未除。是故目解玩山色，然又未能忘粉黛也；耳解聽碧流，然又未能忘絲竹也。必如安石之載攜聲妓盤餐百金，康樂之伐木開山，子瞻之鳴金會食，乃慊于心。而勢復不能，則雖有山石洞壑之奇，往往以寂寞難堪委之去矣。此與不游正等。今予幸而厭棄世羶，少年豪習，掃除將盡矣。伊蒲可以送日，晏坐可以忘年。以法喜爲資糧，以禪悦爲妓侍。然後澹然自適之趣，與無情有致之山水兩相得而不厭。故望煙巒之窈窕突兀，聽水聲之幽閑涵澹，欣欣然沁心入脾，覺世間無物可以勝之。舉都人士所爲聞而不及游，游而不及享者，皆漸得于吾杖屐之下，于于焉，徐徐焉，朝探暮歸，若將終身焉。然後乃知予向者果未嘗游山，游山自西山始矣。

又　卷一五《靈巖記》　靈巖在岱之背，若堂皇，後有秘室。遠望之，峰巒簇花攢蘂，青翠照人。予曰：此天孫之所縷綈也。從鷄鳴山畔入，十里如永巷。東爲朗公山塞之，無出路，故其山最静寂。予自岨山道上來，見諸山起伏巧幻之甚，且早寒業已沾醉，至靈巖，矇矇如夢中游，然猶記其葱菁淹潤之狀。其制詭異，扃而不可入者，公輸所遺之五花殿。其殿右有樹數十圍，而色若珂若鐵，陡健癯立者，曰法達所植之柏。其衣褶作稻畦文，覽之沉碧，扣之錚錚有聲者，曰從地湧出之鐵袈裟。其出於石罅，作大聲，灌於方沼，有亭覆之，可坐可掬泉者，曰甘露亭。其仰視石骨棱棱，喬松鬱鬱，可望而不可往者，曰此山之顛。其東峰有山如人拱而欲語者，曰朗公石。甘露泉現已復隱，經香積而出，匯爲小池，分爲二井者，曰卓錫，曰雙鶴。二泉其豐石最古，泐而不可讀者，曰唐開元十三年梁升卿碑。其宋元人詩字極多，而可讀可覽者，曰蘇子瞻兄弟詩及金党懷英字。若夫偃蓋倒生之樹，青豆赤華之舍，磊砢枕藉，滿山彌谷，依稀入眼，則予已忘之矣。夫此巖也，望之嵐彩墨氣，浮於天際，則其色最靈。玲瓏駁蝕，虛幻鮮活，空而多竅，浮而欲落，則其骨最靈。側出横來，若有視瞻性情，可與酬酢，可與話言，則其態最靈。其山之最爲穎慧者歟？吁，巖之所以爲靈也！

明　袁中道《珂雪齋集》卷一六《游黄山記》　循歙浦里許，即見黄山雲門峰，鋒鍔甚利，已與諸山仙凡隔也。游人乍見之，有若山靈遣一使以逆客者。倚山傍溪，行松篁影中，可一舍，至山口，嶺復見之。至芳村，躍而左右。近湯口，乃隱。有若三速客而退者。從此得大溪，聲甚洪。前有三峰，壁立如美丈夫，修而瘦削，色如濃煙，則紫石、硃砂、老人三奇峰也，有若雁行序立以遲客者。湯寺在焉，溪間之。過溪遡硃砂峰足，得湯泉，香潔爲温泉冠。浴後倚壁行，過瀑布三。復踰溪，息蓮花菴，望諸峰蝕于霧。復走溪中，爲藥銚，黄帝之所烹鍊也。爲白龍潭，水石磨戛聲甚奇。舍溪，遡老人峰足，過虎頭巖，聽鳴絃泉。泉從峰顛下注于溪，石壁中刦，瀑掛虛空，淙淙有聲，殊快耳。自湯寺至此，山溪間一部水樂，隱然賓初至而絲竹喧也。

明　符驗《游鴈山記》（《三台文獻録》卷六輯）　予意兹山自天台、括蒼來，將出洋，大海局兀，扈勇成勢，其造化顯才之窟乎？子貢見夫子之文章，而曰得其門而入。意或類此。南緣至石梁，入石佛巖，崆峒如屋，高廣數丈。左一小竅，爲風洞，常颼颼。洞口紆徑入羅漢洞，高數百丈，兩上壁上合下開，深竅小穴如側軒，右有摩訶泉，頗甘。東歷和尚巖，達章義樓，是爲東外谷。達嶂近林，沿閲如畫，不能以名識。西度謝公嶺，爲東内谷。嶺下兩崇崖逼夾，奇石森布，限衆流成瀦，爲照膽潭、白雨潭、梅雨潭，水各澄碧。兩崖穴峒屢出數十丈，廣當深約十之一，穹窿巉崒，其覆如螺。捲裹起一臺，級磴數百而上，臺前飛泉數滴同下，如綫叢降，爲靈峰寺故址。前矗雙靈芝二峰，北爲北碧霄洞，大崖南爲南霄洞，面五老臺。五大石衍整徹空，自是窮壑幽窄。更上爲仙入巖。出繞而西爲連雲嶂。又西，峰巖叢擁不下百數，多不可名識。轉峇繡壁一，具上突下歛，高數十丈，爲净明寺故址，前挹石井山麗頂，右聳鷹嘴峰。復入爲蓮花峰，出繞而西爲響巖，群巖四簇而且峻，虛中一道，聲發谷響，旋激有餘音，頃之而出。巖峰展衍峭沓。緣西入靈巖寺，門當雙門二峰。從東峇有水簾谷，飛泉散墮如簾然。有鶴井洞，一石鶴立水中。西進爲四巖，整傑遮道。更進爲含珠峰，二峰尖嵌。大圓石寺扆屏霞嶂，雄凡一旦據。展旗峰揚纛在左，天柱峰偉挿在右。嶂左安禪谷，有石洞，稍下會賢谷。嶂右龍鼻水，兩石崖高百丈許，倚合成宇，下距二三丈，邃亦數丈，上合處有條石嵌如龍形，鱗骨屈偃，尾上掉，爪鼻降垂，二鼻孔滴水不絶。又左右屏風、蟾蜍峰，右雙鸞、玉女，獨秀、卓筆諸峰及僧抱石鑾，回嶂環序，種種獨秀。側泉瀑如練，爲小龍湫。更上爲劍峰泉，石罅水躍，上如劍形。展旗中裂，丈許深爲天聰洞，捫蘿扳磴而視，極底啓一竅，淵徹無盡。

明　姚希孟《循滄集》卷二《游西山小記》　廿二日出阜城門，至海淀。盤礴於臺榭之間，看芍藥，聽黄鸝聲，此身已習習輕舉矣。過米仲詔勺園，則荒落殊甚。行數里，至妙應寺。山路逶紆，盤折而上，坐山巔，眺望都城及西來諸峰，大可送目。謁景皇帝陵，不勝當年廢興之感。又數里，至玉泉。一泓如碧，游魚可數，澄澈處可鑒鬚眉，荇藻牽風，如翠旂摇曳，恐子陵灘不是過也。箕坐久之，僦史金吾别業假榻焉。廿三日至趙中貴園，亭樹軒敞，後有芍藥數十本，芬豔襲人。行數里，至卧佛寺。殿前娑羅樹二株，大可數圍，清蔭滿庭，黄鳥間關其上。余嘗恨都中少鶯聲，兩日殆不離耳畔。惜詩腸枯澀，不足鼓吹耳。卧佛二尊，前木像，慈容滿月；後銅像，稍不逮也。折而右，至妙應寺。泉石淙淙，與亂石相戛，如絲桐聲。緣澗而上，境愈幽，流泉愈響，仿佛虞山之破龍穿林。度磴至太和菴，乃泉源也。至此又作灑雪碎玉聲，憑高聽之，使人心脾都冷。還憩娑羅樹下，與蜀僧净空坐談良久，升肩輿至碧雲寺。寺鐃修竹，但不甚翠耳。殿前廣除可容數百人，制度宏麗。左折有泉，循階遶砌，引入方池中。泉之南有亭，乘輿駐驆焉。有御書「水天一色」及「蒼松古柏」二扁，遒勁有法。主僧出御座、御屏觀之。泉之後有柳，半枯而頗具驕蹇態，元時物也。飰後得黑甜一覺，遂至香山。香山之新整不逮碧雲，而稍有古雅之致。諸山樹木較少，獨此山葱蒨可觀。世廟臨幸至此，言西山惟香山有些翠色。可謂定評。來青軒亦駐蹕地也。御書楷而有骨，視姜立綱所書夐出矣。又有「清雅」、「望都亭」、「鬱秀」諸扁，皆宸翰也。廣仁殿前古松二株，亦森秀可撫。穿林而北，至紅光寺。寺乃永安寺之分派，宣德中，中貴鄭同所創也。有圓殿供毘盧，千佛遶之，精麗絶倫，同本高麗人彷彼中制度而爲之者。宿無量殿。廿四日出香山，至延壽菴，菴多古松，而天王殿西南一株爲尤奇，一幹發十餘條，每一條皆峨峨參雲，與報國松各自爲體，而各擅其奇。

明　張佳胤《居來先生集》卷三九《游太華山記》　游温泉之明日，發安寧，東踰碧鷄關，循山徑南行。徑左右多花竹流水，藤樾交蔭。左佩滇池，茭葦霜枯，如黃雲秀天。稍下爲高嶢村，帆檣鱗次，蓋賈人買舟處。中有海庄一區，昔楊太史慎謫戍居此，垂四十年卒。余作詩吊之。又南行，西陟支經，至華亭寺，臺殿鉅麗，林木蒼莽。故多僧，近苦差賦，盡逃去，寺亦稍稍就圮，僅有山鳥送客爾。出寺里許，由大徑登太華，迴折數盤，兩僧持茗椀立亭右，乃少憩。寓目萬頃湖波，行於木末。又轉攀磴道，長松茂草，蔽膝參天，散步緑陰，瀟然如畫。至寺，僧鳴鐘磬禮空王。出視兩墀山茶樹八本，皆高二丈餘，枝葉團扶，萬花如錦，雜以黃楊，繞以松檜，紅緑争奇，光彩奪目。兼佛宇翬飛，金碧輝映，勝地良辰，游人之稀覯也。由殿右登石磴上，一殿巋然，石欄繚繞，萬象畢呈，最爲勝覽。復下磴道，歷左廊，觀沐氏世像。轉入聚星堂，有脩竹數竿舞怪石上。可喜堂後爲叢林香閣，閣前老椿圍二丈，蒼幹入雲，蓋千餘年物。右依山接竹引泉入釜，飛流直下，不煩汲取。出堂飯畢，過殿右，東入一樓，扁云「一碧萬頃」。憑欄頫視，樹杪可手般般，濤聲疾徐相續，而湖水空曠，四際煙渚。時夕陽既下，太華山影盡落湖中，波光蕩搖，千峰俱動。無何，昏鐘鳴，余返於堂，問寢所，横榻香閣上。

明　黃汝亨《寓林集》卷九《天目游記》　五之日，從化成寺驅車出城南門，從瑯山鳳岫而上，爲玲瓏山，石磴蜿蜒，長巖幽壑。凡九折，似霧鷲韜光山徑，徑中書九折巖三字，乃蘇子瞻筆。其上有石亘丈許，如長榻。石下泉淙淙似枕間過，題醉眠石三字，亦坡公筆。微酣，高卧據石枕流，大快事也。石上羅漢松一株，蒼葉老幹，可合抱，定千年物。又爲三休亭，殆取摩詰「危徑幾萬轉，數里將三休」之句。再上爲辛夷亭，有辛夷一株，枝幹疏勁。洪先生古本有「飛來辛夷花」句浮玉生爲識其孫枝云。亭旁與折巖對，有石流泉珠如乳，甚佳峻。上可里許，爲石佛殿，殿旁鐫東坡、山谷佛印三像。前邑令爲之，甚鄙俗。稍左而峙殿角者，荒山殘松埋青冢一坵，爲琴操墓，許太僕爲之碑。其下有岸，芙容數株，掩映秋色，甚都。【略】六日朝，自昭明庵飯，上東目，行望數里，有片石時蒸雲氣，人呼爲白衣石。又躋蹬里許，經亂石峰。又上爲石壁，横數丈許，僧言入冬寒則縣溜成冰，如廉幕下垂，風石相擊，作鐘磬聲，日耀之作金碧色，大奇。余欲書「冰崖」二字歸之。又上爲觀瀑亭，山陰張陽和先生題。前邑令有「可階亭」三字，甚俗，可削去。又里許，爲垂虹亭，泉自峰頂布瀑，如白虹下垂，流雲浪雪，洸漾冰壺。坐聽之，令人形神俱汰。其前萬山合嶂，空濛間織烟浮碧，與虹光雪瀑相映射，他山未有真勝境也。轉而上，則昭明禪寺矣。此山爲梁昭明太子翻經處，兩目皆以擅勝殿，左有寶志公像，又有昭明像，朗秀絶倫。旁爲千佛閣。從東目頂下視，羣峰在烟雲中，回互昂伏，如海水浪文，大爽人意。寺後爲昭明洗眼池，一名迴光庵。即陽和所題，謂昭明分經時，一眼受障，以此池水得浣去云。從池而上，爲白雲窩，舊名西寺，竹色亦佳。又自松徑上，爲分經臺，即昭明分《金剛經》三十二分處。四面無竹樹，皆沙磧草蔓。臺有三松，一爲雷火所摧，存其二，俱枯立，樹留一綫如畫臺，亦殘夷已盡。余笑謂：明宗師當由大佛力爲。昭明刊落文字障與霜葉雲根俱墮耳。臺有静室，少坐，爲題一偈而下。臺旁爲葛稚川煉丹池，池水小涸，不及洗眼池甚。遂從此折而東下，爲黑驢庵。世稱希都祖師於此得道，時以黑驢往來，後爲虎所食，師受囑此山，至今無虎。山前後密陰，竹色頗佳。又折而下二里許，砂石險仄不能駐屐，過此寬坦如布。又四圍列嶂如屏，飛泉漱石，大如霧隱山之迴龍澗。澗色如縞帶，一名玉澗泉，蓋東明祖師静修所，是爲平溪庵。逆而上，仍趣昭明寺。時夕照既下，初月煒煒出松頂上。又寺前有大杉數，樹高廣可垂蔭千步，清泠之氣相逼而來。【略】次早，從白雲曳輿左徑上。稍南有旭日峰，西爲紫薇峰，東北上有昭明峰。又西爲仰止橋亭，水石一片，亦佳，坐而吸之。亭右石翳藤蘿如錦，一峰中峙，四面翠薇俱落，故名倚翠峰。又睨而望，一峰石孔攢叢千億計，似蜂窠蟻穴，與倚翠亭相對，是名花石。峰右睨而可指者，則香爐峰也。又上爲響水崖，片石丈許作障，澗水旁激，訇訇砰湃，鼎沸磬戛，隔石喧響若答，亦奇聞也。山半有亭。稍左上，爲下觀音崖。巖内小方盈幅尺，中忽生檀樹一株，長丈餘外，縣歷三十年不加長，下覆小觀音。坐僧云禱雨輒應。又左轉爲上觀音巖，巖西有鶯歌石、酤肖巖，有數松，皆清特。四面險絶無磴，貪者不能取。又上有眠牛石，相傳高峰開山時，聞牛聲，趣視，忽不見，至今有牛蹄圓跡如印云。據此，則攢玉峰立玉亭可眺而望。稍上爲真際亭，高麗國王與中峰祖師參會説法處。方在半山時，雲霧幾暝，將有雨厄。至真際，復開霽甚，山靈助我哉！又折而上，松徑甚平可步，清涼橋在焉。不數武，爲著衣亭。向緣寺僧會衆祝天壽於此，更著法衣上殿，卓光禄易爲振衣亭，似無當。歷級而上，即獅子林矣。拜佛畢，就方丈飯。已，從殿左只尺，上斷巖菴，爲斷巖祖師塔。此老苦行，是高峰最得意弟子。陸太宰五臺顏其堂曰坐斷千巖。塔頂受摩久，晶晶發白玉光。門外杉樹大四圍，枝如擎臂。從斷巖塔而上十餘里，爲金仙絶頂，樹木稀少，惟長徑數里，即就山石磊砌而成。僧云是語溪呂公希周所助。不意呂公于此存一善狀。去頂少許，有仙人解石，幾廿餘扇，鉅石如屏，横可三十餘丈，高可五丈，其上俱雲跡霜痕，如龍馬文，五色又如唐宋錦。此見化工點染之妙，【略】諸磊磊散立者，如琚如削，如蹲踞，如甲胄，不可勝狀。至頂，則爲四仙人解石處，石板薄不盈寸，長僅丈許，解文一綫可穿而望，有全解者，有解及半者，有倒解者，神工鬼斧所不及也。四仙人曰寶華，曰洞玄，曰含清，曰歸一。僅存二像坐小石屋中，吾不知爲誰。【略】稍西爲真氣洞，僧云冬燠夏凉，其息自蒸。過此爲玉柱峰，峰峻立十餘丈，廣幾二畝許，險絶無石鄰。旁二松，特插甚奇，頂五松，俱高不可攀。行頃之，得松徑，竟三五里許皆松，可數萬頭，香氣菲菲襲人，郁烈異常。

又卷一〇《游白岳記》　是日，晴霽可喜，行五里，小憩陽山寺。又二十有五里，及白岳趾，臨登封橋。橋亘大谿，木石映發，殊佳。自此而上，層層石磴，曲折高峻，然修廣可展，無崎嶮躋攀之苦。每里許一亭，每亭有顔如，曰中和，曰凌風，不勝指，亦不甚快目。至望仙亭，而林皋縈帶，奇石硌砑，與塵界迴隔，始覺冷冷爽人，爲小坐啜茗。從真氣亭折而下，復上一峰，横砥似絶，再轉，則左右壁削立數十仞，石梁横亘，畫然而開，空洞可出入，若造物爲玄武設司閽者，所稱天門也。奇哉！當天門有大楠樹一株，枝幹扶疏，可蔭百人，青翠滿眼，香林所少，不知幾千年物，亦一奇也。由天門循崖而行，爲小觀音崖，爲羅漢洞，分門標勝者，不一不足。留覽少進，則截壁瀉流，懸注百丈，纍纍貫珠，滴瀝數十行下，是爲珍珠簾，亦一奇也。【略】從西天門緣磴而下山，約二十里，皆平平無奇。越澗，有石嶙峋而蹲踞者，九虎山石也。循澗泝流，漸有幽韻，更五里，則石橋巖矣。初望之，一巖竇耳，漸近，則洞中有天如規月，至則飛虹縣亘，天成石梁，比天門横而高廣倍之。登橋，則林麓四合，蒼翠萬重，真奇觀也。

明　胡敬辰《檀雪齋集》卷一三《游香山記》　蹊京師而西，莽走黄塵，而求其蟠龍而飛，邐迤百餘里，無不佳氣鬱葱，開天拔地者，則天壽山勝。自天壽山又折而西，無不況爽神清，而奇峰特秀與雲爲鄰者，則西山勝。總西山之山以百計，寺以千計，而若是夫翠滴可飡，幽光獨絶，紫煙灑其倩碧，青霞繡作層巒者，則香山最勝。偶以待補之間，出平則門，取道謁香山。芳草换野，秀色難名。同人之行，無復以後先介意。但見白雲起於天際，淡然微韻，不異在江南諸山畫幅也。未至山，刹入秋顔，蕭焉澹蕩，曰卧佛寺。北窗老楓數十本，如山鬼突鬢狀，甚可駭魂。僧語深霜紅葉，殊爲一山之冠。竟不知何以染成，恨不當此時一飡之，令五内盡發金沙也。去與佛别，佛則好卧，而懶於送迎。出覽群山，勢皆守望相助，清來不息。遂歷玉泉，探碧雲，邀洪光，步圓殿，夷猶石門，斜穿柏徑，而香山且三揖以肅之入矣。寺前泉清，駛雷飛驚，爲河漠所落。故是水緑山明，客多逸興也。上有石梁，方池泓澈，意擬空山釣碧，而金魚聞曳履聲，輒游虚遁去，大不似碧雲之陣列。魚麗争所投餅餌，呷呷作巨鼈咳音，不畏生客也。登金剛殿，殿前六椿，貌古而體怪離披，似不近人。又上畫廊，此中多積龍象。遂躋慈恩殿，覯其莊岩好相。右折而至香烟岡，則寫石之照，以肖山之神，於是乎添三毛矣。僧來，皆深於世味，不可高談，止藉爲導師。導之藏殿，而惕乎有尊經之思焉。導之夢感泉，而恍乎有松風之覺焉。又導之祭星臺，而曠乎有禮斗之想焉。然後歷級以東，而乃得至來青軒，則香山之第一義也。軒萬青浮聳，而敞其襟，以捧都城。下有杏花萬餘，本松束古藤千餘尺，蒼窈飛怒。時倚欄放眺，諸湖山隱見於遠近，其殆朝宗於香光者乎？昔神皇帝見而嘉之，錫以宸翰，書法精妙冠世，有不朽者，跪頌良多。遂武石磴，以登絶頂。蓋數百步而遥矣。升摘星臺，疑若置身太虚，幾共咫天嘯語也。總之，香山如清遠羽人，心同水月，解領明珠，而以青嵐爲縷，白雲爲烟，泉石之幽芬，爲百和裊裊而上之化城。告以靈境，斯旃檀之所不能窺，而香林之所不得弟者矣。

又《游小隱山記》　小隱山居於鏡湖，而爲名題破，遂久隱於越人之口，從未有薦揚而津逮之者。今年十月杪，劉廣生載酒於米家船，邀余心咸、錢德輿及余六七人，奇賞遠山紅葉。放乎中流，兩岸樹影之見者，居然荇藻交横也。顧以染霜未酣，不是醉紅一種，余心大以爲未足。商所之，德輿曰：是必有異，則小隱山焉。其葉之紅凡樹得未曾有。余政苦習游者面熟，而初聞開天之山趣，棹急訪之。不數里，遥見絳雲舒卷，倚老松爲朋，又仿佛陰蛪之下，赤城霞建，驚起叫絶，以爲一水飛雲際，碧樹森森迎矣。德輿曰：此即所言小隱也。携手觀之，兩石楠色飲朱煙，與錦湖相映。客至其間，竟迷矣。洗盞放歌，傲凌滄嶼，長嘯「青天掃畫屏」之句。緩步其所爲山齋，而領意無限矣。入門有英峰十餘，立地作斗門狀。心遠搆室，蘭雪灑風，安頓秀色，無不佳雅。是所稱逸雲堂也。自有此顏，而出岫於無心者，始得放浪乎石鏡矣。折而西，則南山正面，每夕雲就宿於檐，滿地盡甘菊花，偵其種，云携自秣陵，政不減衆香國也。又折而東，則麗矚堂在焉。几上有素書三四卷，澹然媚獨，若於無味香處得之，情更蕭散矣。又復曲而西北，疎疎落落，其精舍疏越，以長清靈往復，絶不容一塵事，題凡鳥其門。路復委蛇十數轉不定，小樓斜度，如月光中雁陣參差，署曰點頌。因之弄水，瑟瑟池蓋，對此清英，夙昔名利之心於此淡盡矣。徑曲峰回，而巒不能掩其白足，則古所題勝奕亭也。松鳴杉咏，間與蒼梧相呼應。攀度遠磴，中有一石可坐，數人共坐之以息其履。上陟嶼爽亭，而山貌遂極其幽古矣。亭後翠壁玉削，爲討邃者大索而出。縱横緑字見魄深苔，依稀讀之，有「熙寧己酉」數十字尚可辨。又上一層，則諸石咸俯山之脊而互吸其腹，奇奇怪怪，如茄房，如禿角犀，如醉僧，如鶴，如器物者，甚衆。恐米老見之，拜不得休，而黄大癡画蛾眉天半圖，嘆不能似也。約行石陣中半里許，窮其靈變之幻態，而得覽古碑刻之文，始知山名於皇祐三年，爲楊太守所命。第不解未命之先，山何名耳。曰湖光亭，曰鑑中亭，曰倒影亭，皆在烟嵐銷滅間。其探幽擷芳，捫蘿三徑，則故趾似猶有存焉。然屈指編之，幾五百年矣。又數十武而至百花頂亭，山骨與古樹根多佔之，名基尚存，而政擬葺復者也。自夾磴以上，傍列奇松百餘章，皆有千古之色。至若斷碣遺跡箋繡石上者，誠不可計矣。吾知之矣，山生之始，若天欲點綴斯山之勝，特令白雲珂雪墜盡一山，并青松化爲白石耶。竟不知何時鬼劃神鏤，刀切此多許水晶，又不知何緣何法，選石開清，得洗發多許古韵也。林斂夕色，兼之細雨濕衣，韁而還舟，以圖再暢。

清　張玉書《張文貞集》卷六《游遼東千頂山記》　循遼城而南里許，山色凝碧，籬落類江左。至八里村，有梨數百株，雨後吹白如雪。踰石門，度七嶺，東南行，爲湯泉。泉近濁，可滌不可飲也。入山，經邢崖，徑路逼仄，萬峰回互，鳥鳴樹底，雜卉蓊翳。梨最盛，彌漫溪谷，七八里不絶。過南塔，有官亭遺址。勝國時，將吏宴游休暇之地。又數武，至祖越寺。寺環山而構，面俯背倚，左右拱揖，高輒數百仞，巒岩洞石，名各肖形，有神人仙佛、蓮月盂鉢、螺髻獅象之屬，惜無高人勝流特擇評品，雖稱名近鄙，仍而不變也。由寺東緣磴而上，脱帽杖藜，盤礴沙礫數百步，得巨石。石形如丸，圍徑以丈許，兀踞峰頂，凌虛聳特，不欹不仄。石上爲松坡，爲石佛崖，爲羅漢洞。洞對峙曰振衣岡，磨崖大書，蒼潤可愛，名氏已蕪蝕，略見仿佛而已。又里計，歷危磴數百級，至巔，鑿壁爲斗室，顏曰無梁。【略】僧浩然云，自祖越折而西可五百步，兩崖夾峙，劃然如門。既入，泉流潀激，泠泠如操石琴。溯流而上，一徑盤紆，古木間植。達龍泉寺，聞粥鼓聲與泉聲應，而鞫鞠鳥語雜沓其中。泉出寺後彌勒峰，峰左有石洞，方幅數尺，珠光噴湧，穿澗而溢。寺僧截木承之，刳腹類竹，引入廡下，有若懸溜。凡祖越所見西北諸峰，皆在寺東，峰勢詭異險幻，正側殊狀，游者心目駭蕩，不諦視，不能辨也。寺延袤僅數畝，其築室架壑，皆依山偃仰，有清越環映之致。故山徑峭窄，而取境特奇。

龍泉距中會不十里，山徑曠衍，林隩暢蔚，虎跡交錯，竟日無行人。晨興，循龍泉東麓折而南，有牝鹿十數，注坂徐下。僧曰：此鹿就飲溪澗水耳，畋獵罕至，故與人狎，然時墮虎口。至中會寺，寺前爲水閣，方廣半畝，夏秋之交，霪潦演溢。九峪之水匯注于下，閣因是得名。其盛時，水石交映，禽鳴魚沫，頗極登臨瞻眺之勝。今閣久廢，僅存石址，而水勢亦湮塞。尋所謂九峪水故道，無識其源流者，可爲太息。中會在五寺爲簡寂，禪宇剥落，無復脩觀。【略】龍泉西南諸山，皆倚室東隅，而松苔峰西峙，與粥魚庵故址相望，嵐氣環匝，視静而聽遠。坐移時，窅然深也。

出中會，行十里許，草樹蘩密，溪流鏘然。水穿石中，時露時伏，是爲大安寺山址。又里許，徑路盤紆，下馬拾級而上，行五百餘步，徑漸平，復騎。距寺半里許，奇峰疊嶂，聳出雲表，如立如踞，如拱如戴，孤挺峭厲，率去地數千尺。寺枕山之中，前俯後仰，萬象盤鬱。入寺，憩五峰丈室，閣鈴松韻，時發異響。坐久之，邀兩僧導游，人授一藤杖，循百佛堂，過薜庵，至瓔珞峰。峰突兀無梯，膝行而上，有泉出石旁如盎。既下，入萬松林，逶迤里許，隱蔽日月。野卉數十本，色丹而妍，錯互于古松之陰，幽麗特甚。自此山益奇，徑益偪，沙礫雜糅，積葉盈數尺，怪石怒攫，下視無際，心愯然而危。乃令兩僧前挈後掖，策杖其中。同行七人，穿叢莽，排朽株，纍纍然趾背之相錯也。行十餘里，至羅漢洞。洞深五六丈，懸崖後阻，蘚壁對峙，有明嘉靖中華學士察題石。出洞口折而西，遥望石穴如牖，爲雲封洞。背雲封，過馬蹄嶼，當衆山之中，南緬通明，北俯中會，若襟帶然。又百餘步，經石門渡嶺，天風乍起，山木盡號，仰睇仙人臺，一峰斗絶空際，疑不可即。循磴道徐上，約數十尋，至臺趾。左深潭，右絶壁，環顧諸山，盡在肘腋之下。臺上布石枰，柳柳州記仙奕山，庶幾似之。

而其矗立萬仞之巔，峻贈奇詭，飛鳥垂翼，虎豹却顧，海内諸山所罕覯也。

清 潘耒《遂初堂集》卷一三《游天台山記》 又北過察嶺，以漢隱士高察得名。折而東，走溪澗中，疏林曲水，時見民居，煮笋摘茶，人皆有自得之色。十里許，至天封寺，山勢開展，殿閣崇宏，一宿天語樓。萬壑松風，翏翏枕席。日上瑞雲峰，葱籠蒨麗，如對畫屏也。從天封西北上華頂，可六七里，多削壁懸巖，隱映烟靄中。高松美箭，蒙籠其上。清泉一綫，從天半飛來，若斷若續。忽見方塘十畝，淵停不流，則善興寺矣。寺有僧三十，號叢林然，亦編茅代瓦，其餘小小茅蓬，散處巖谷中，率皆單棲偶隱，一瓢一衲，齋鉢不繼，則煨黄獨，煮瓔珞粥食之，往往異僧在焉，恨不能徧訪。而巖阿澗曲，間值團焦，獨木爲橋，老樹縛屋，落花不掃，經聲琅琅，爲聖爲凡，吾不得而測也。華頂爲天台絶巔，適當晴明，臨望無際，大海一盂，錢塘一帶，髣髴見之。人言此山之高一萬八千丈，宜乎萬山在下。而四周青峰插漢，競勢争高者頗多。蓋台山甚大，綿亘數百里，如蓮華然，衆山爲千葉，環羅其外，而華頂爲一房，端然在中。衆山高，則華頂益高，彼獨露一尖者，皆山之小也。【略】繞天柱峰行，得小菴，爲永明禪師入定處。萬朵青芙蓉簇簇檻下，凝眺久之。僧餉黄獨數枚，不啻懶殘芋也。仍至察嶺下西折，取石橋路。路出兩山中，委婉幽折。山上皆蒼藤古木，蓊蔚陰森，異花無名，香草無種，愁猿嘯石，幽鳥哢風，春行如秋，晴行如雨。如是者數里，乃達於石梁。石梁兩山相輳，如門重扃，内有千澗之水，匯爲雙溪，洶湧而下，鬱不得泄。不知何年巨靈運斧鑿開山根，疏通水竇，而故留崖端尋丈，以表神奇於是。飛瀑從天奔騰跳蹙，望梁而陷，一跌千仞，注於淵潭，雷翻轂轉，復躍而出，夭矯蜿蜒，墜於林杪。蓋山本連也，因瀑而斷，不斷不見連之奇。水本懸也，因梁而折，不折不盡懸之妙。他瀑布雖雄，從高寫下而已，宜不能與此山争名也。【略】過鳳凰山，秀峰數疊，是錢武肅後人族葬處。經桃源塢，清流灣環，欲去復止，所謂惆悵溪者也。溯溪而上，削壁嶙峋，劈斧橫皴，别一畫筆，蒼黄相間，層層古錦。溪有九折，愈折愈高，山塞源窮，望若無路，飛梯一轉，靈境豁開。溪流時作懸瀑，時爲平潭，數折之後，瀑如晶簾，潭如玉鏡，雙女諸峰纖纖倒影，是名金橋潭。游人至此而止，余更捫蘿上數百步，見雙厓逼仄，一洞深窅，飛瀑覆之，道盡乃返，恨不得更上一層，然正以幽深無際爲佳耳。下山路每愁易盡，獨此山以曲折故，如重門深鎖，步步留人，又如十幅畫屏，段段幽異。山水信自佳絶，而文人詞客因劉阮故事，輒作情語了之，胸有仙姝，不見山水也。出溪，與夢公别，即擬游寒、明二巖，念雙闕之勝未窮，意殊耿耿，乃復道瀑水嶺，至百丈嶼，循崖而行。杳無蹊徑，崖斷則走溪澗中，躡石絶流以進。石或如劍棱，如菱角，平時萬無著足理，兹乃騰躍過之。石窮取崖，崖窮取石，左窮取右，右窮取左，鑿空闢路者五六里。疲極忘疲，險極忘險，則以奇峰紛來，應接不暇。或如金莖獨聳，或如旌節對排，或仙掌招而佛臂舒，或横帆展而危檣立，愈入愈奇。必欲造瓊臺之趾而後已，無如溪路。既絶，崖腹瓮剖，飛瀑下注爲龍湫，其深不測。一巨石斜壓其上，欲落不落，則途窮於是矣。遥望瓊臺，瓏瓏縹緲，迴在層霄，使非曾陟其巔，必謂仙都帝居，非控鶴驂鸞不可至也。昨日之游，仙乎人乎？世必有疑之者矣。雙闕麗矣，自瓊臺俯觀之尤佳；瓊臺奇矣，自雙闕仰視之尤妙。蓋必再至，而後其勝始盡，信游之不可以草草也。

又 卷一五《游黄山記》 自山口至湯口可六七十里，皆行深谷中，蒼山對闢如峽，清谿一綫從中來，灣環迴抱，乍見乍隱。崖間多壽藤古木，而山鵑、棠梨、辛夷諸花方盛開，紫白丹黄相錯如繡。人苦黄山徑路荒□，兹適當其絢爛時，殊足樂也。自入芳村，始見雲門峰，至湯口，則青鸞、紫石、天都、蓮花以次軒露。循諸峰之趾而行，抵祥符寺，寺古而僧稀。隔溪有湯泉，云是朱砂泉，爲天下温泉第一。凉燠適均，淺深便體，其色玉，其沸珠，其香蘭。澤浴之，使人飄飄然欲輕舉，是帝勞游人而賜之釁沐也。浴罷，酌酒石上，宿於紫玉軒。質明小雨，雨止，緣澗道而上，尋丹井、藥銚、藥爐，皆溪流衝激所成。惟白龍潭最壯闊，懸瀑下垂，傾珠噴雪，潭承之，泓然緑净。吴氏書齋在其旁，小樓面瀑，終年作風雨聲，銷夏最勝處也。隔溪望樹杪飛甍翼然，是慈光寺山門。磴道數折至寺，寺在朱砂峰下，舊爲朱砂菴，萬曆中普門禪師自五臺來居之，道行精苦，名聞兩宫，賜額賜金，遂爲黄山首刹。殿中毘盧佛四面七層，鎔金嵌碧，是國母所頒。泥金經四函，是惠王所賜。餘袈裟、鉢、杖，多内府物。殿前木蓮一株，枝幹蒼古，花如水蓮，香更馥郁。惟山中有之，他本皆白，而此獨紅，信奇木也。寺僧可百人，鐘板肅然，有叢林模範。【略】明日，仍由慈光上觀音巖，至龍翻石，可數里，道頗峻，十步一休。登老人峰，俯視羣峰，岾岾在地，惟天都、蓮花聳出雲表。又上，踰小嶺，折而左，爲文殊院路。路在削壁中，有兩奇松當壁口，低亞如肅客，爲迎送松。又一松身卧左壁，枝倚右壁，夭矯連蜷，爲卧龍松。壁裂十許丈，中通行人，爲一綫天。又前跨絶壑，過危橋，攀梯出石竇中，豁然別一天地，則文殊院至矣。院枕玉屏峰，左天都，右蓮華，審視最親切。天都中天特立，巍然尊高，萬山對之拱伏，如天子當陽，負斧扆而朝羣后也。蓮華高將天都，而崚嶒秀挺，一苞千萼，燦然開敷，橫看成蘂，側看成瓣。太華削成，當無此巧。二峰爲黄山冠冕，百里外即見之，愈近愈高，可親而不可即，惟此院看之分明。天橋、鐵船、石枰、石屋，歷歷可指，文殊示夢，普門開山，正爲兩峰特開生面耳。【略】又上五里，至擲鉢禪院。院踞丞相源絶勝處，一名雲谷，地勢寬敞，林巒幽邃。院門對一秀峰，童童如蓋，高松古檜數千章，爲山徑。清谿繞院而流，夾溪桃花百餘樹，落英繽紛，疑非人境。【略】晨起，觀散花塢，塢中峰益奇。峰身既瘦削，而峰端之石皆側裂駢立，如伸指爪，如編笙簫，如植矛戟，各出鋒鋩門銛利。而人立處稍平，仰視諸峰，矗立空際，故得盡露其奇，與丹臺、海門俯瞰者復迥別焉。將登始信峰，以風烈且止。先下石笋矼，亦一巨壑，滿壑皆尖峰，如一園春笋，巨者、細者、含苞者、解籜者、已穿籬者、甫出土者，鬱鬱森森，各有摩天之勢。從此下至松谷，可十餘里，水嚙道壞，不可行，還觀擾龍松。先在石笋矼，有指一奇松爲擾龍者，鴈黄曰非是，乃循始信峰之脇，憑崖側視，見一松根繞峰腰，身藏峰心，枝絡峰頂，餘枝下垂者數丈，輪囷離奇，不可致詰。黄山名松雖多，不得不以此爲第一矣。【略】黄山之勝槩，則既盡之矣。山之高大奇特，他山容或有之，而有絶異者七焉。他山土石相參，即或數峰純石，率多散而不屬，且石理多粗疏，遠觀則巧，近視則頑。黄山盤礴數百里，千峰萬壑皆一石削成，峰頭不著寸土，而蒼潤鮮華，肌理細膩，不減太湖靈璧，一也。他山各標一格，不能變化，乍見則佳，慣看則厭。黄山體兼衆妙，天都、蓮花極其端岩，青鸞、仙掌極其秀麗，光明頂、鍊丹臺極其平正，散花、石笋極其詭怪，如前堂後苑，位置井井，又如握奇布陣，奇正相生，二也。他山大勢，或如屏風，或如筆格，或面秀而背頑，或東巧而西拙。黄山則四面周圓，如大蓮花，無有偏欹缺陷，而且峰峰挺秀，石石標新，探之不窮，玩之無盡，三也。他山峰巒，皆從下仰視，不見其巔。黄山獨從上俯窺，如兒孫羅列，一一可摩其頂。脱有仙人排空御氣，下視十洲三島，不過如斯，四也。游他山多遶山而走，山外看山。游黄山獨踞山之心，山內看山，如坐蓮房旁，數蓮瓣千葉，層層不可究竟。西海門、鍊丹臺所見，不過閱師一隊，窺豹一班。其蓄於谷中，藏於海底者，不知凡幾，非如他山一覽無餘，五也。他山雲海亦時有之，而山少地偏，境界不能空闊。黄山則四面數百里皆山，各出煙雲，彙成大海，浩渺無涯。而此山獨高，登之無所不矚，風掀日耀，變眩萬端，六也。他山多雜樹，而黄山石骨，惟松爲能託根，以煙雲爲灌溉，以月露爲華滋，故蒼翠異凡松，其在山巔崖縫者，斧斤不及，歷年久長，故幹曲而枝偃，無意爲奇而至奇生焉，七也。惟是洞穴之空靈，瀑布之雄壯，則他山尚有過之者。然而黄山大矣富矣，神矣妙矣。

又《游廬山記》 又前至大林寺。寺在山巔而平敞，多竹木，碧澗流於門外。臨流寶樹一株，柯條扶疏，垂蔭數畝，千年物也。昔白樂天夏月游此，見山桃盛開，作詩歎異。余來亦當初夏，有山牡丹數十樹，作花爛如雲錦。詠白公詩，彌覺其工。主僧冏詹，亦平陽之孫，留宿繩床。明旦，傍澗西行，三四里間皆茂樹。樹多作花，所謂司馬花徑者也。澗盡處爲水口，兩崖壁立如門，水自中落。崖石層層刻削，如堆壘而成，輪囷離奇，不可名狀。雲霧所漬，都生苔花，助其蒼古。崖斷處，豁然開廓，俯見平疇繡野，澄江逶迤，風帆歷歷，幽邃空曠，兼而有之，山中絶境也。傍有石隱菴，潔浄如書屋，令人有挂瓢終老之思，戀戀不能去。又西得佛手巖。巖空洞如夏屋，佛龕、僧床羅布其下。崖端奇石側出，纖鋭不齊，如覆手而見其指，垂溜成泉，涓涓滴滴，如雨不斷。折而北，懸崖一綫，下臨絶壑，益險益奇。石鐫「竹林寺」，隸筆遒古。相傳竹林有影無形，聖僧居之，山空夜静時，聞鐘梵聲。明太祖以赤脚僧言，見周顛仙與天眼尊者並坐竹林寺中，遣使求之，不得，立訪仙亭。亭下蒼壑萬尋，奇石林立，雲氣蓬勃。天風振衣飄飄然，欲遺世而獨立也。巖畔高阜爲昇仙臺。有御碑亭，勒太祖御製文，叙顛仙事甚悉。帝王龍興，天人默相，不可誣也。自碑亭西至天池甚近。導者謂當先歷山中央，後繞其邊。遂折而南，從赤脚塔至火蓮院。院踞廬山之心，面勢弘敞。喬木千章，行行挺直，皆寶樹種也。院中可容二三百僧，亦一佳道場，惜無主者。又西至黄龍潭，山益深，境益異。寺在大谷中，一谷皆杉，大者十餘抱，材皆中棟梁。【略】明日，仍由赤脚塔至天池寺。寺以太祖敕建，故爲廬山首刹。僧官居之，嫻於酬酢，而少道韻。山境故自佳絶。清池一泓在峰頂，古塔蒼然戛雲，松杉楓楠掩冉寺門，疊嶂層巒拱揖天際。其最勝者，文殊臺危嶠孤懸，下臨絶壑，奇石磊磊，如猿猴之下緪。巖前時見聖燈分合，大小變化無方。朱晦菴、王陽明皆見而筆之，不可謂妄。【略】又東至歸宗寺，寺故王右軍宅，有洗墨池，甚清澈。寺後金輪峰亭亭聳秀，矗立雲表，萬松環之。寺在翠微中，高廣明浄。【略】去寺三四里有瀑布，名玉簾泉。山徑蕪茀，褰裳往觀之，懸瀑如散絲，隨風悠揚，墜潭無聲，最爲輕妙。對瀑有盤陀石，可趺坐熟玩。往年好事者築樓其旁，今傾壞無居者。還宿寺中。次日至簡寂觀，觀創自陸修静，道流世居之，宋時尚有許堅、錢朗輩著異蹟，今觀久廢，惟東岳廟數椽，黄冠陋甚，不堪共語。禮斗石、搗藥臼皆在枳棘中，幸有古松二十餘株，云是六朝物，龍鱗雪幹，蔽日干霄，是廬山松之最古者。撫玩移時，作長歌紀之而去。東望香爐、鶴鳴、雙劍諸峰，争高競秀，絡繹紛來。將至開先寺，遥見瀑布如千尺練，曝於巖端。至寺門，則隱不見。而夾道松杉參天，交柯接葉，陰凉沁人。平橋可布茵席，溪流潺潺，與風篁禽語相應和，如琴筑焉。院宇清潔，不著一塵。【略】寺右百步，即青玉峽，瀑布所從落也，匯爲龍潭，漱玉亭臨之，瀑短而勢雄，雷轟轂轉，有石破天驚之勢。恨久晴，未盡其奇，得雨當不減天台石梁耳。夕陽射林，瀑噴如雪，潭澄如鏡，石錯如錦，布席石上，飲酒盡一鷗。第念輿中望瀑甚長，兹見其尾，未見其首。翼日，復從寺西上峻嶺，經姊妹石，過香爐峰，憩黄巖寺，取仄徑至文殊塔，乃見瀑第一層裂雲而來，破壁而下，一白千尋，不見其底。太白所云「銀河落九天」者，甫足當之，蓋雄壯他瀑所同，高朗兹瀑所獨，擅名宇内不虚耳。【略】雨止，乃爲三疊泉之游。東北上峻坂，頗艱澀，而山勢絶奇。麻姑、大鵬、戟壁諸峰，皆石骨嵯峨，如屏如城，削立天半，酷似鴈宕、武夷，與廬山他峰不類。過雙溪亭，見溪流下合上岐，得雨而怒洶洶，皆作白波。又上至玉川門，削壁對峙，飛湍出其中，幽險蒼寒，不類人境。【略】溪源即三疊泉，溯溪而進二三里可至，石路崩塞，久斷人踪，須過溪登山頂，乃得見之。雨後水暴漲，狹處猶難渡，取水梯爲橋，横跨溪上，兩人挽竹爲欄，踐波而過。允言年稍長，余止之毋渡，獨與陳甥行。小憩凌雲舍，以其僧爲導，從鐵壁峰之腋直造其巔。石仄草深，盡鋭賈勇，牽攀而上。既登峰，則彭蠡、小孤、潯陽、大江，都在杖底。又二三里至懸崖，側徑十名塘塍緈者，乃見瀑布懸於對面，如百幅冰綃，摇曳空中。又如萬斛明珠，從天傾瀉。蓋峽束泉湧，噴空而下，都不著壁，小頓復行，分爲三節。一節直垂，二節差曲，三節更闊而長。以空行，故初無定質，風飄日映，千態萬姿，絶類鴈宕大龍湫。龍湫一道，而此三疊，似當勝之。然龍湫下垂到地，而此孤懸山心；龍湫肩輿可至，而此須攀藤附葛。故游鴈宕者必到龍湫，而游匡廬者，罕至三疊泉也。唐宋人未知有此泉，故太白、子瞻都未得見。元明人知有此泉，亦多望崖而返。余幸得見之，非勇決不及此。【略】九江環山一周，可二百餘里，蓋半月而游事畢云。綜覽一山之體勢，大抵土石相參，山水相得，秀頑相半，主賓相當，蓋得天地中和之氣，獨王於江湖間，盤礴數百里。言其高，則層峰插天，雲雨在下，然而山巔多有平土，流泉隨地湧出，可耕可鑿，非如他山之高，枯瘠而不可居。言其深，則重岡複嶺，迷徑惑蹊，灌木長林，不見日月，然而在在皆有僧舍，笠屩所至，隨意眠餐，無途窮之苦，非如他山之深，荒險而不可游。言其奇，則孤峰拔地，絶壁造天，瀑落雲中，泉懸空際，然而意象古雅，標格清疏，即之可親，復之無斁，非如他山之奇，詭怪而不可圖畫。

又 卷一五《游鼓山記》 時仲夏十四日也。清晨，出水部門，穿稻畦中行，可廿里，至山麓，飯於白雲廨院。院門古榕數株，交柯垂蔭，可以蔽日。園多橄欖、荔枝、龍眼之樹，甚清曠。徜徉久之，遂上山。山徑皆石磴，可肩輿行。夾道多長松茂林，暑氣不入。五里許至湧泉寺。寺在山半，故龍潭也。【略】寺門之東爲喝水巖，石壁巉削，一一作劈斧皴，絶澗千尺，有橋跨之，爲靈源洞。又東爲湧泉亭，有泉自龍頭吐出，清洌甘美。下有國師巖，云是晏師趺坐處。又東，二巨石嶄然對峙，人行其間，爲石門。又東爲鳳尾坡，自坡至喝水數百步，皆循懸崖行。下臨絶壑，奇石笏立萬挺，宋元名賢題刻殆徧，剔蘚觀之，累日不能竟。嶺外名區，恨乏古蹟，此爲最富矣。暮宿列祖堂，凉爽如秋，與方丈老人坐談久之，方就枕。翼日，議游白雲洞，登屴崱峰，諸君昔日已至者不復去，惟岸甫同行。從寺後西北行度小頂峰，峰陰有泉，鑿石爲筧，引流二三里，達於僧厨，其清可以漱。又北爲鳳池，在衆峰中央，地勢甚高。忽有清池數畝，長松美箭，雜植其旁，僧廬數椽，甚幽寂，拓之可成精舍，一佳境也。巖際有石如鼓，僧云鼓山以此得名，恐未必然。又西度連岡，乍高乍下，路崎嶇，舍輿而步，折入深谷中，石壁蒼黝，作積鐵色。有海音洞，洞甚狹，而深不可窮。又下爲白雲洞，石屋天然，佛龕庖湢皆在焉。有泉自石罅出，泓然如玉。下至山麓，有小徑，甚峻險，鑿石爲梯，穴石而度，名三天門洞中雲氣嘗滿，好事者以榼盛歸，放之滃然，故曰白雲。鼓山故善出雲，城中見山頂有雲一縷，須臾覆山，則雨立至，即晴明，常見白雲滿谷。余晨發寺門，至洞八九里間，初見下方一片空明如積水，以爲江也。已而辨其爲雲，漸漸破碎，如新彈木棉，微露青翠數堆，則城郭村墟在焉，猶開闔不定。至洞則氛霧盡消，俯視省城南臺，如憑樓窗瞰園圃，了了可辨。得天眼通者，視大千世界，如掌中菴摩羅果，殆如此矣。還過鳳池，啜粥而行。遂上屴崱峰，亦名大頂，是鼓山最高處。峻絶無路，披荆棘行三四里，乃至其巔。天風蓬蓬，四望無際。北則萬山連綿，龍騰潮湧；西則雙江如帶，城垣如環，村落如黛；南則方山、虎頭，千峰拱抱；東則大海茫洋，一碧萬里。長樂、連江、福清諸縣，近在足下，梅花、萬安諸衛所，亦約略辨之。黑點微茫，不知是何洲島，相傳爲大小琉球，則閩人侈言之也。山頂有石刻「天風海濤」四字，是朱晦翁書，遒逸有晉唐人風格，與晦翁他書不類，賢者固不可測。【略】尋至藏殿，觀舍利及佛牙，復至喝水巖，追凉竟日。適當月白之夕，布薩誦戒，威儀嚴整，規條肅然，諸君咸生敬心，謂今日儒門未有此也。明晨，出寺門，步松陰中里許，至舍利窟，有吸江蘭若在焉。竹樹茂密，庭院清幽，主僧落落有雅致。推窗一覽，則江平不流，練明鏡净，風帆徐來，遥山滴翠，宛然一幅瀟湘景也。山中尚有天鏡巖、積翠菴、千佛菴諸處未到，既至白雲，登絶頂，則一山之勝槩略盡。

清 許楚《青巖集》卷一《游靈山記》 靈山去新安江二十餘里，徑漸高，草木林澗漸幽。未至山數里，仰見赭巖懸峙，冠以青岑，與嵐霞相亂。至白沙嶺，忽連山競險，接岸争昂，積石磊泉相挾而上，雖崖壁峻岨，奇矯于天，殊有環曲。極于其頂，俯之，則磐棋練江之野，鋤峰黄海之前，羅巖九舉，各尊一壑，矯岫負岨，異巘同勢，或石列松巔，菡萏峰穴，交柯雲蔚，霾天晦景。雨則野瀑傾潭，懸湍迴注。中麓有石横垂，騰躍數仞，名曰車蓋。獵人觸之，終不見獲，近爲樵竪傷伐，襲曰悟石，或其苗裔。下瞰寒泉，衆山倒景，深不掩鱗，池名鱸魚。古老相傳，昔有鱸魚飛入，理涉誕異。池上有漢章帝時方黟侯祠。泉脉引苔，壇宇虚肅。【略】若夫良穗吹畦，觸裾延賞，四虚莫倚，浮響無輟，流嵐半攜，繆帶山阜，俛眺平林，烟杳在下。秋冬之際，行者裴回，猶難爲情。予于崇禎乙亥結夏將秋，與程子如晦約游兹山，適社集靈陽。山林之友麢至，顧而樂之，慶殊賞也。暨以金燈遺現，緇俗傾往，予得從同人陟巔而觀。會見巖景潛歸，伏光幽發，施於殊壑，綻若浮天。已而西角漸蔓，璀燿萬狀，絶人思議。諺云：種燈多寡，卜年豐歉。土人試之輒驗。是夜，枕席巒次，燒松炙芹。如晦作鱸魚悟石之章，予亦踞石而歌曰：清泉灌頂兮藕花肥，筠篁貞萋兮冬夏齊。白石爛兮雲依依，鱸魚何來兮鳥倦飛。翁兮翁兮胡不歸。歌罷，如晦起舞，予亦飄然。夢寐蓄之，尚存娛慰。

清 蔣中和《眉三子半農齋集》卷二《龍池山記》 常屬五邑名勝，推陽羡，而龍池爲最云。己酉春，眉子訪友過長林。長林至龍池迺且便，因適有虎患，乃拉居停、茅子暨鄰人徐子五六人，荷斧鋤，披荆棘，猿臂相引，遂造厥麓。距麓里許，皆虬松髯柏，蓊鬱軋於道，私詫劫燹而後，何從得此？且驚且慰。已而崎嶇奥窔間，若隱若見，有禪刹焉。俄一老僧延入，歘曲數語，即堅爲投轄狀，曰觀止矣。眉子眩然不自持，曰：豈其然。乃鼓勇先登，從行者尾其後。上下約五里而遥，中通一徑，徑側皆荒林茂草，求所謂人迹之往來者，絶少焉。意老僧所謂觀止者，殆爲此耶？眉子益眩然不自持，曰：豈其然。復鼓勇縱登，冉冉然不啻馮虚御風，而遂忘其所至也。嗟乎！其果觀止也耶？其猶未觀止也耶？以爲未也，則環峰攢立，如島舒翼，中有洞天，跡非人到。前此未有也，而胡爲至於斯耶？以爲未也，則東望太湖，西繞銅峰，頡頏獻媚，不啻瀑布之横懸於帶，虹霓之下飲於河也。前此未有也，而胡爲至於斯耶？以爲未也，則茗嶺斜飛，如鷗鷺隨霞於天際，二氿中分，如鷸蚌吞吐於瑶池。前此未有也，而胡爲至於斯耶？居停，茅子乃揖而前曰：嘻，其猶未也。山名龍池，龍池尚未觀，烏乎止？於是從而跡之，巔而稍降者曰上龍池，插於峰之腰者曰中龍池，大約水色淺深，石紋葱鬱，各極化工，未易優劣。俄而夕陽返照，虎嘯風生，不暇再詢下龍池，老僧亦不告以處。嗟乎！其果觀止也耶？其猶未觀止也耶？

清 徐尚忠《游冠豸山記》（《汀州府志》卷四一引） 連城居萬山之中，穠青淺碧，其足煩靈運之屐齒者，不可勝數。有山翼然，矗立於縣之東者，爲東田石。羣峰聳峙，萬石紛披，若菡萏然，故又曰蓮峰山。山之南，壁立而岩整，若惠文冠者，則又曰冠豸。要之，止一山也。予戊辰來宰是邑，不兩月而有寧化之行。己巳秋七月，始復來。乃相約爲東田之游。是日也，宿雨初收，浮雲胥斂，遠山獻翠，幽谷舍青。出寅賓門，遇安定橋三里許，遥望石門巖，兩石洞開，中如奥室。欲迴車訪所謂宿雲堂、悠然閣，而未暇也。由東行，循田間小道，上陂陀，透迤而前，見羣石叢簇，中開一徑，僅容一人，水淙淙從石底過者，爲蒼玉峽。回環曲折，踰一嶺，頗峠嶨。其轉捩處，搆亭曰半雲。由亭而上，左瞰絶壑，深黑不見底，右則石壁峭險，石上鑿磴止容足。直上數百級，行者踵頂相接，曰丹梯，周以欄檻，曰雲棧。傍崖行，下視所謂半雲者，已在山足矣。過此爲印松麓。石色蒼潤，玲瓏夭曲，每一罅隙，皆有松爲之掩映。短髯老骨，千百其狀。而冠豸已卓然於飛雲之表，端岩莊肅，可以下南宫之拜也。又前爲滴珠巖，石上流泉，垂如秋露，吾不知於滴水巖何如，而此已沁入肌骨矣。水匯爲澗，流下田壠。聞昔日當有桃花片片分飛水面，是爲桃花源，而今不可復見。其上爲三元殿，殿即彭侯祠之舊址。【略】庵後即靈芝山。崖上鐫「壁立千仞」四字。前則天香一峰，遠望文溪九曲，繚繞如練。側有白衣庵，庵下爲楊柳塘。相傳昔有歐陽仙，曾學仙術於呂純陽，卜宅於此。是爲小豐山也。山外石笋林立。內有一石，突兀數百丈，絶無依傍，俗謂之爲照天燭。復循故道，迤西爲大觀堂。先時堂前有老松數百株，聽松聲戛戛，與竹聲相雜，若笙簧，曰脩竹逕。下多蘭草，又曰芳蘭谷。今亦付之荒榛斷梗矣。前令秦抱溪於六逸草廬故址，搆宋儒五賢書院，窈窕幽深，位置天然，又爲此山開一生面，當不讓武彝山滄洲精舍也。昔者，朱晦庵卜居紫霞洲，扁曰溪山一覽。移贈於此，豈爲過乎？吾聞看山之法，曰奇險，曰幽秀。不奇險，則品不高，不幽秀，則氣不韻。蓮峰之奇險或遜，而幽秀則過之矣。

清　張裕釗《濂亭文集》卷八《游虞山記》　虞山尻尾東入常熟城，出城迤西綿二十里，四面皆廣野，山亘其中，其最勝爲拂水巖。巨石高數十尺，層積駢疊，若累芝菌，若重鉅盤爲臺，色蒼碧，舟赭斑駮，晃耀溢目。有二石中分，曰劍門，駢壁屹立，詭異殆不可狀。踞巖俯視，平疇廣衍數萬頃，澄湖奔溪，縱横蕩潏其閒，繡畫天施。南望昆陵、震澤，連山青翠相屬，厥高巉雲，雨氣日光參錯出諸峰上。水陰上薄，盪摩闔開，變滅無瞬息定。其外蒼煙渺靄圍繚，光色純天，決眦窮睇，神與極馳。巖之麓爲拂水山莊舊阯，錢牧齋之所嘗居也。嗟乎！以玆邱之勝，錢氏惘不能藏於此終焉，余與易州乃樂而不能去云。巖阿爲維摩寺，經亂，泰半燬矣。出寺西行少折，踰領而北，雲海豁開，杳若天外，而狼山忽焉在前。余指謂，易州亦昔游其上也。又西下爲三峰寺所在，室宇每每可憩息。臨望多古樹，有羅漢松一株，剥脱拳秃，類數百年物。

藝　文

南朝宋　謝靈運《石室山詩》（《漢魏六朝百三家集》卷六六輯）　清旦索幽異，放舟越坰郊。莓莓蘭渚急，藐藐苔嶺高。石室冠林陬，飛泉發山椒。虚泛徑千載，峥嵘非一朝。鄉村絶聞見，樵蘇限風霄。微我無遠覽，總笄羡升喬。靈域久韜隱，如與心賞交。合歡不容言，摘芳弄寒條。

南朝梁　江淹《江文通集》卷四《從冠軍建平王登廬山香爐峰》　廣成愛神鼎，淮南好丹經。此山具鸞鶴，往來盡仙靈。瑶草正翕艴，玉樹信葱菁。絳氣下縈薄，白雲上杳冥。中坐瞰蜿虹，俛伏視流星。不尋遐怪極，則知耳目驚。日落長沙渚，曾陰萬里生。藉蘭素多意，臨風默含情。方學松柏隱，羞逐市井名。幸承光誦末，伏思託後旍。

唐　李白《李太白文集》卷一八《登峨眉山》　蜀國多仙山，峨眉邈難匹。周流試登覽，絶怪安可悉。青冥倚天開，彩錯疑畫出。泠然紫霞賞，果得錦囊術。雲間吟瓊簫，石上弄寶瑟。平生有微尚，歡笑自此畢。烟容如在顔，塵累忽相失。儻逢騎羊子，攜手凌白日。

唐　劉溉《游黄山》（《黄山志定本》卷六引）　地迥羣峰異，蒼崖半倚天。猿啼重岫外，虎嘯白雲邊。帝馬留遺蹟，星壇隱舊仙。瀑泉長曳練，池水暖生煙。古洞排虚險，高巖列碧鮮。靈峰遥可望，異境到無緣。曉霧開還翳，晴嵐斷復連。樵歌時響亮，谷鳥日翩翩。獸露孤峰側，松欹怪石前。結茆深有意，脱屣是何年。

五代　熊皎《游嵩山》（《全唐詩》卷八八六輯）　獨背焦桐訪洞天，暫攀靈迹棄塵緣。深逢野草皆疑藥，静見樵人恐是仙。翠木入雲空自老，古碑横水莫知年。可憐幽景堪長往，一任人間歲月遷。

宋　梅堯臣《宛陵集》卷三六《送方進士游廬山》　長風沙浪屋許大，羅剎石齒水下排。歷此二險過湓浦，始見瀑布懸蒼厓。繫舟上岸入松徑，三日踏穿新蠟鞋。路盤深谷出嶺望，後山日照前山霾。偶逢風雨恐衣濕，側倚石脇人相乖。雨收不覺在高處，却見童僕提攜偕。水聲不絶鳥聲好，藥草香氣侵人懷。老僧避俗去足跣，野客就澗開門闔。樹巖隱映見寺剎，層層杳杳躋雲階。塢田將穫鳥雀横，秋果正熟猴猨來。東林澹齏應似舊，唯此足以待爾儕。子心灑落撇然往，我方塵垢難磨揩。

宋　釋道潛《參寥子詩集》卷一《廬山雜興》　古帝論匡山，南國之德鎮。爾來得躋攀，此語始吾信。雄雄壓九江，矗矗排萬仞。青天落飛瀑，白日雷霆震。石鏡俄忽開，孤光舞而運。異花無冬春，瑶草亦芳潤。遠公初渡江，道譽藹東晉。劉雷贊高風，遁世各無悶。陳迹虎溪頭，予今誰與訊。

衆峰勢連環，萬疊不可窮。香爐獨秀拔，佳氣常葱葱。長風卷游霧，曉壁開曈曨。招提出其下，樓觀排青紅。回眸盼五老，刻削金芙蓉。宜哉謫仙子，愛此巢雲松。

山南信美矣，山北尤增奇。春風錦繡谷，紅素自相依。梯空上絶巘，雲日驚倒窺。崖壁暈祥光，五色成頗黎。旁通大林寺，松竹短且皷。樂天當日游，四月桃始披。餘齡願寄此，永與人世違。

高巖吐奇雲，倏忽千萬丈。援毫欲名貌，卷縮非一狀。飛仙或遨游，隱隱出其上。驚飈忽吹滅，轉盼惟青嶂。山中勝事多，彼俗誰能亮。

宋 李南仲《羅浮山賦》（《羅浮山志會編》卷一四引） 羅浮二山，東西相聯。通句曲之洞，號朱明之天。連延大江之外，崛起滄溟之壖。乃百粤羣山之祖，與南岳而齊肩。鐵橋鎖乎絶頂，石樓峙乎半巔。登覽遐極，眇睇芊綿。爾其周迴，五百七十二里，森列四百三十二峰。迴谿峻谷，巇嵲崆峣。藻石璀璨，瀑水玲瓏。山出玳瑁，竹茂龍葱。羣雀五色，靈藥千叢。寂寞兮丹砂遺竈，岌嶪兮瑶臺隱空。懸厓斗折，徑路難通。祥雲瑞霧，晝夕朦朧。時有岸幘羽服，野人山翁，忽去倏來，不知其蹤。謂長生而久視，亦往往寓乎其中。時有萬舶乘風，不知西東。瞻我峻極，煙光蒙茸。洞谷黑昏，開乾闢坤。怒風叫號，轟騰四門。恍然之内，隱隱若萬兵之屯。呼吸號召，鬼神湊奔。徐而萬籟息，朝霞暾。日月晃耀，氣象始温。又或五夜蕭森，樂池奏音，仿佛仙籟彈絲擊金，疑有雲和之瑟，空桑之琴。青谷閟邃，列仙下臨。聚會靈族，朋來盍簪。列席環坐，開廓冲襟。疏楹廣庭，寶除翠林。海桃霞漿，左右酬斟。樂真言之恬淡，憫世綱之浮沉。倏然往來，不繼以淫。瞬息萬里，敢飇馭之。駸駸變化，倏忽孰能。究尋其上，則有惟金三品，梗柟杞梓。翡翠羽毛，虎豹犀兕。竹箭丹砂，絺纊絲枲。珍角穄桷，元龜象齒。石蜜山焦，黄精白芷。蛾眉龍骨，桂香桐子。先供賞以克庭，何九州之敢擬。真足以燦上國之文章，增皇家之盛美。矧夫當祝融之宅位，贊真主以乘離。雲行雨施，産英孕奇。其在國家，有大禱祈。驛使奔走，帝誠肅祇。投金龍與玉版，指道路以交馳。將事之夕，明靈鑿斯。乃至翔鸞舞鶴，繞殿紫芝，仙壇祭訖，宣室受釐。萬有景福，允王保之。帝子王孫，慶流本支。獻南山之壽，歌天保之詩。與夫他山頹壁，徒當乎四達之逵。亜飾別館，止可事乎游嬉。於功業兮何補，於造化兮何裨？豈比增高福地，薦美天基。鞏固四極，鎮安外彛。巍巍隆隆，無騫無虧。宸毫秘軸，文彩葳蕤。端謀顯著，又奚論乎真區之遠，而名岳之危。

宋 曾鞏《元豐類稾》卷三《游麻姑山》 軍南古原行數里，忽見峻嶺横千尋。誰開一徑破蒼翠，對植松柏何森森。危根自迸古崖出，老色不畏苺苔侵。脩竹整整儼朝士，下蔭石齒明如金。遂登半嶺望城郭，但見積靄縈江潯。岡陵稍轉露樓閣，沙莽忽盡横園林。秋光已逼花草歇，寒氣況乘巖谷深。我馳輕輿豈知倦，倏忽遂覺窮嶔崟。龍門誰來此中鑿，玉簡不記何年沉。泉聲可聽真衆籟，泉意欲瀉無瑶琴。斗迴地勢平如削，穲稏百頃黄差參。横開三門兩路出，却立兩殿當崖陰。深廊千步抵巖腹，椉木萬本摩天心。碑文磊嵬氣不俗，筆畫縹緲工非今。世傳仙人家此地，天風泠泠吹我衿。今人豈解不老術，可怪緑髪常盈簪。根源分明我能説，一室傾里輸琊琳。相高既不擁耒耜，方壯又不持戈鐔。我丁轗軻豈暇議，直喜虚曠開煩襟。清謡出口若先搆，白酒到手無停斟。山人執袂與我語，留我饋我山中禽。玲瓏當窗急雨灑，窈窕隔溪孤笛吟。未昏已移就明燭，病骨夜宿添重衾。神醒氣王目無睡，到曉獨愛流泉音。起來身去接塵事，片心未肯忘登臨。

宋 李綱《梁谿集》卷一《武夷山賦并序》 武夷山水之勝爲七閩最，圖志載之詳矣。余，閩人也，游宦四方，每以未至其下爲恨。宣和改元，承乏螭頭，寓直左省，晝寢夢游山間，四顧峰巒玉色，秀美瓌奇，不可模狀，既覺欣然，竊意所夢殆非塵世也。已而都城積水，奏疏論事，謫官沙陽。渡淮歷浙，道南江入閩境，遂游武夷。道士導余乘小舟泛九曲溪，抵晞真館，奇峰怪石，顧揖不暇。迴舟雪作，山色盡白，恍如夢中，怛然驚笑。信乎好慕之極，達乎精神，而出處分定，非人力之所能致也。留山中，賦詩幾五十篇，又廣其意而爲之賦。其辭曰：

太虚寥廓，浮清凝濁。融爲川瀆，結爲山岳。山岳之奇，萃於坤倪。秀氣磅礴，實鍾武夷。武夷之山，蜿蜒鬱蟠。作鎮南服，千里奠安。噴雲泄雨，噫風嗽霧。蔽虧日月，變移寒暑。崖谷窈窕，峰岫巃嵸。雕鎪刻削，孰尸其功。一溪九曲，演漾寒渌。貫於山中，鳳翥虬蹙。洞户杳然，棲神宅仙。蟬蜕羽化，靈骨猶傳。雲封霧消，玉潤金堅。稽於秘籍，是爲昇真。羽化之天，其環偉絶。特之觀則有幔亭之麓、天柱之峰。鐵嶂延袤，鑑池空濛。巖嘯雕虎，潭藏老龍。儼金仙之容睟，粲玉女之肌紅。儲芝玉於二廪，鑄鑾乳於三鍾。聳層峰之疊翠，落飛瀑之長虹。千巖萬壑，競秀争雄。蕩心駭目，不可殫窮。其仙聖游戲之地，則有換骨之巖，妒婦之石。掌印掬蹤，膝存跪迹。繪胎禽之縹緲，插仙舟於罅隙。留丹竈於層巔，置雞棲於峭壁。組織就而杼軸空，篇翰終而几案寂。按圖以求，秘怪難測。其植物則有翠柏毛竹、緑李丹橘，翳薈芬芳，擢幹垂實。其動物則有舞鶴鳴鵙、游羊戲鹿，棲息飛翔，分羣萃族。其内則有瓊樓珠殿，玉圃芝田，創見天地，自開山川，靈仙之所周旋也。其外則有長松茂草、異卉嘉葩，枕流漱石，朝煙夕霞，幽遁之所考槃也。合而觀之，山意深，水容湍，石色温潤，溪流屈盤。地靈而木秀，境寂而雲閒。信能騰譽，今古垂光。簡編則三十六洞而別爲一天也。惟昔仙君，來宴曾孫。彩梁虹亘，幔屋雲屯。翠旄絳節，紫褥芳裀。虚座鼎設，華筵翼分。漿瓊液玉，羞鳳脯麟。鏘金石之間作，奏古曲曰賓雲。歌人間之可哀，歎光景之易曛。紛鸞鶴以迴馭，但流水與空山。悵真游之已遠，時笙簫之夜聞。此又詭異怳忽，叵得而具論也。若夫岱宗、太華之穹崇，終南、太行之險阻。或峻極而降神，或登臨而小魯。四明天台，衡岳廬阜，度長絜大，雖雄偉之不侔，而幽邃巧妙，固不可同日而語也。爰有狷介之士，學陋識迂。誤入世網，偶聯簪裾。跡朝市而心山林，究地志而閱仙書。馳精神於夢寐，覿幽眇於畫圖。歲崢嶸以道盡，因謫宦而假途。步煙霞之岑寂，仰神仙之有無。覽魏子之遺躅，訪劉公之舊廬。嘉泉石之可樂，寄吟哦以自娱。倒冠落佩，與世闊疏。眷兹山而無斁，將狥其愚而隱居者乎？

宋　戴復古《石屏詩集》卷五《陳孟參陳明子同游麻姑山》　麻姑壇上共登臨，野客悠然起道心。丹井汲泉深百尺，星杉聳壑到千尋。青蓮花白仙蹤遠，烏桕葉紅秋意深。何用金槃擘麟脯，山肴濁酒可同斟。

宋　杜範《清獻集》卷一《雁蕩》　東南富山水，傑氣鍾雁峰。巨靈排贔屓，妙力開鴻濛。斷崖據險絶，峭壁凌寒空。分岑獻萬狀，轉盼無一同。或疊如錦繡，或鑄如青銅。或前如舞鳳，或却如飛鴻。或伏如卧虎，或矯如游龍。並如兄語弟，差如兜對翁。鋭如筆露穎，岐如剪開鋒。二湫分大小，二靈儼西東。古語聊近似，天巧難形容。

宋　謝章《武夷》（《武夷志》卷二二引）　鶯花婉娩天，晴空落紅雨。千里賦遠游，山水無重數。武夷甲天下，清絶多奇趣。名峰三十六，一一拱天柱。隔岸分西東，回首時一顧。孤峰自特立，不肯相朋附。溪流走其下，縈紆溢清泚。荒烟鎖寒碧，晴嵐滴空翠。曲曲深復深，行行止且止。時聞欸乃歌，恍入桃源路。山禽相應答，嶺雲自吞吐。此境非人寰，蔚爲神仙所。我欲深窮源，白鷗没星渚。

金　元好問《遺山集》卷五《游泰山》　泰山天壤間，屹如鬱蕭臺。厥初造化手，辦此何雄哉。天門一何高，天險若可階。積蘇與累塊，分明見九垓。扶摇九萬里，未可誣齊諧。秦皇憺威靈，茂陵亦雄材。翠華行不歸，石壇滿蒼苔。古今一俯仰，感極令人哀。是時夏春交，紅緑無邊涯。奇探忘去聲登頓，意愜自遲回。惜無賞心人，懽然盡餘杯。夜宿玉女祠，崩奔湧雲雷。山靈見光怪，似喜詩人來。雞鳴登日觀，四望無氛霾。六龍出扶桑，翻動青霞堆。平生華嵩游，兹山未忘懷。十年望齊魯，登臨負吟鞋。孤雲拂層崖青壁，落落雲間開眼前。有句道不得，但覺胸次高崔、巍。徂萊山頭喚李白，吾欲從此觀蓬萊。

元　王磐《游黄華山》（《宋金元明四朝詩·元詩卷一三引》）　林慮著太行，峰巒一都會。晴嵐照郛郭，朝日炫金翠。盤盤黄華山，高秀衆峰内。萬仞青芙蓉，屹立見根蒂。有泉不知源，滂沛落雲際。初疑玉虹垂，兼訝銀河潰。翻翻雪練飛，洶洶風雷沸。前年會一游，披覽恨未細。今兹重經過，適與佳客萃。坐分石上苔，行並林間轡。緬懷雪溪老，遠出遼海外。飛聲入中華，遂占此山麗。吾家墨竈峰，卑小衆所易。婆娑百本松，龍蛇蘙清閟。煙雨一窗書，作我幽棲地。會看此名山，永無黄華配。江山無大小，玩賞因人貴。嗟我復何人，題詩聊自戲。

元　周鎧《大别山賦》（《歷代賦彙》卷二輯）　緊大别之爲山，鎮南紀之要衝，壯荆鄂之形勝。俯江漢之朝宗，勢岌嶪而若馳，羌偃蹇而横空。根幾里其盤盤，屹數仞之崇崇。崔嵬獨立兮，安得赤壁涪溪之雄。崒嵂孤撑兮，烏有祝融天柱之峰。雖嵩華之莫追，亦培塿之難同。領地靈而歙翕，控濁浪之奔衝。青連幕阜之遥，翠挹鶴樓之重。鬱秋興兮滿亭，澹斜月兮西風。念明德兮既遠，游余目兮水湄。攀古柏之虬枝，歎神禹兮安在。偉疏鑿之宏功，歷萬世之永賴。宜此山之突兀，爲荆州之勝槩。爾乃嵯峨江滸，控扼漢流。儼翠屏之低，列映二川而相繆。渺方城兮何許，瞻彼漢兮悠悠。

明　陳觀《武夷紀游》（《武夷山志》卷二二引）　郵亭立溪湍，上有石鼓字。回顧溪水中，石鼓在所寘。移舟沂水溪，前山鬱蒼翠。一曲遽停橈，尋真步幽邃。洞天閶闔開，殿閣儼神位。秦漢紀兹山，武夷君所治。幔亭宴曾孫，遐踪人已秘。巍巍大王峰，玉女停立侍。獅子西東來，昂藏不敢肆。我本羽衣人，憩迹昇真地。珍重李仙翁，命舟行厨備。溪山偕侣游，討論每云遲。二曲頓清奇，群峰互攢翠。三曲多仙巖，峭峙罕匹類。倚空駕舟函，不腐亦不墜。小泊三杯石，坐玩亦清思。石上飲三杯，昔賢同一致。四曲入望中，繁花方嫵媚。春光耀亭臺，霧草漸萌瑞。崖陰刻字新，往往書故事。五曲達平林，藹然千古意。精舍瞻遺容，豐碑誦遺記。杏壇相因依，高堂揭仁智。坐令閩越中，居然處洙泗。雄哉大隱屏，仙掌列其次。六曲轉盼勤，仰歌發長喟。七曲著漁家，碧潭富投餌。八曲寂爾過，樓巖無鼓吹。窮幽造霧峰，玄都矧可暨。臨池數十桃，道士昔手植。感慨却回舟，烹鮮侑揚觶。九曲烟霞深，彤庭敞宏庇。仙客乍譚立，主人心已醉。歎言一宿留，醺酣飽熟睡。晨興復招邀，具我雞黍飼。臨行意有餘，醇醪饋盈器。順流睇層巔，天游行直遂。捫蘿履崎嶔，登陟良不易。絶頂隱君居，崇臺境殊異。憑虚撫危欄，重巒俱下視。參差森欲動，恍惚眩眸眦。霧颷空中來，竹松舞雪帔。杖藜還高岡，夷猶不忍棄。何當濯塵纓，永兹瓢笠寄。歸林賦長篇，聊爲斯游識。

明　邱濬《重編瓊台稾》卷二二《石鍾山賦》　石鍾山在湖口縣，東坡居士游山記，千古無改評矣。曩予嘗游其地，誦其詞，而又竊有所見焉。夏官郎中王君尚忠，縣人也，近出示其圖求賦。盱江何秋官廷秀，既爲君賦之矣。大率本坡意而廣之，意盡而語工。予無容其喙，乃即所見爲後《石鍾山賦》云。

巍乎高哉！兹山之天造地設也。扼彭蠡之口，拉岷江之脇。鼓天聲而震動，横地軸以鎮壓。豈非東南之巨障，湖江之奇絶處乎？爾其氣勢龍從，岡巒嶕嶫。衍駛驟之幾里，崇崛疊之萬疊。危臨深而欲墮，直倚空而如截。下瞰馮夷之府，上峙瞿曇之宫。洞空明兮穴竅，蓊蒼翠兮杉松。予嘗艤舟其下，履險陟崇，爰窮幽而探微，盡詭狀兮奇蹤。望天塹之渺茫，極岳祠之穹窿。適晴空之過雨，晃晨曦之昭融。雲澄澄其歸岫，波沄沄其成漈。萬籟闃息，一碧連空。於斯之時，但見石之爲石，千態萬狀，怪外而空中，而竟莫得聞噌吰之無射，窾坎鏜鞳之歌鍾也。予乃悠然以思，悚然以興。揆厥山之所元兮，始於酈注之解桑經。繼以少室山人之博兮，終以東坡老仙之精。曰古人之名山兮，多惟其形。夫何獨兹一拳兮，乃不以形而以聲？矧石之在水兮，不能自鳴，必風濤之搏激兮，然後滂濞而訇砰。風或有時而息，波亦有時而平。名山者顧舍其天然常有之巍巍，而下取夫適然作輟之硜硜。吾恐君子之正物名，以明民不如是之浮緩而不情也。於是呼兒挹酒，注之巨觥，釃江流，酹巨靈，起而問諸，以訂兹山之所以名。

明　楊琚《太岳太和山賦》（《歷代賦彙補遺》卷一輯）　惟太岳之爲山兮，形肇奠於鴻荒。乃渾淪而磅礴兮，鍾秀氣於玄黄。顧發源於嶓冢兮，擁翠浪於武當。肆連峰而接岫兮，復積嶺而重岡。峙漢水之南隅兮，跨均房之兩疆。控翼軫之分野兮，應列宿於上蒼。羌迴旋乎地軸兮，扼天關於古襄。衍脈絡於荆山兮，析支派於内方。七十有二峰，根盤八百里。崔嵬巑岏，岧嶤峛崺，㕒㕒如對，森列如簇。若迴而馳，似行而止。若豁而衍，似立而跂。或俯焉而復昂，或仰焉而崛起。或蜿蜒兮如龍如蛇，或蹲踞兮如虎如兕。或尖鋭兮如筆如鋒，或正直兮如屏如几。若乃三十六巖之幽虚，二十四澗之迤邐，五臺五井之悠悠，三泉二潭之瀰瀰。厥石則有金星銀星，厥産則有地髓石髓。堯韭禹糧，雜沓而並美，秦檜漢柏，偃蹇而長清。木實則有榹楸桫樆，櫋檅棪樗，楩樣楸櫻。野蔌則有菌蕈筍蘫，藷菜蕨葵，蘁菽蒟菁，以至迷窮。草交讓，木靈壽。杖石磴心，榔梅赭舆，巖乳鶱英，天花雲林，芳芷徽蘅，枝柑房李，鄧橘襄橙。無一不有，雖茅亦馨。萬年松，千歲艾，九仙子，天南星。白何首烏，紫花地丁。苦參百合，甘菊黄精。采之可以療諸疾，服之可以制頹齡。又有石如火焰之紅，樹如龍爪之倪。飛泉滴溜，漱乎瓊瑶，松風響籟，鳴於遠邇。四季常見靈鴉雙雙繞林坰，五更或聞天雞喔喔號雲圯。白鵬錦雉，同飲啄夫巖頭，神虎仙麋，迭巡行乎山趾。紫芝瑞世，百千其名，珍禽怪獸，不可殫紀。又如龍宫雷洞，深窅虚明，風穴星牖，泬寥呀哆。表以禹跡步雲之橋，帶以太一天池之水。日出則嵐飛靄收，蒼翠滿前，月明則鶴唳猿號，清幽無比。兼有洞天福地之靚深，孰謂蓬萊方丈之不在是也。有若大頂之峰，端然正位。處乎其中，吾不知其幾千萬仞。但見形威峻極，與天而爲柱，氣象巍峨，杖地而撑空。其高無並，其旁靡從，匪衡匪岱，匪華匪嵩。既非醫閭之可擬，亦非恒霍之可同。前有五老，後有五龍，右有搢笏九卿，左有手扒三公。東有始老展旗，瓦渡金鎖，西有隱仙疊字，千丈雞籠。北有皇崖顯定，貪狼獅子，南有仙人隱士，伏魔降龍。又有聚雲香爐，大名蠟蠋，大蓮小蓮，文曲武曲。天馬玉笥之重重，丹皂龍門之矗矗。千巒萬嶂，各獻幽奇。四面羣峰，互相倚伏。乃獨孕秀奠居，盱睥駭目。上接青雲，下臨深谷。其視衆山之周遭迴繞，拱向環簇，有如王者之臨諸侯，大宗之俯族屬。

明　王慎中《遵巖集》卷一《游麻姑山》　雲出本無心，擇棲多奇巘。類予慕真勝，涉趣不知遠。初緣碧澗行，幾傍丹崖轉。林追去虎蹤，蹬躡飛猿踐。泉流遞淺深，巖谷變陰顯。濆瀑遇留憩，石床時仰偃。桂芳洞裏秋，霞映山中晚。探異尋前期，入幽忘後反。神游力不悁，理愜情俱遣。天路如可梯，欲以微官免。

明　王樵《方麓集》卷一四《顧龍山賦》　莫言山小如一拳，華不注山亦超然。山純石而無樹，爰特起乎平原。藹蒼蒼之翠色，無遠近而皆妍。惟上古洞天之八，有金壇華陽之天。三峰西繞，諸水北纏。江潮貫城而南下，洮湖浩渺乎東偏。伊誰爲之作鎮，惟兹山鎖鑰乎中堅。山不高而遠近獻狀，水不深而千頃平田，與相曲折而回旋。陽羨金淵，漁歌釣艇。欸乃吴船，相與出没乎遠水輕煙。南窑一歲九熟，利兼漁稼而拱其右。九里隔河百家，蔽遮雲樹而當其前。葭蘆茁而洲渚相望，鳧鷖隨風而淡瀹。芰荷高而紅翠相錯，芙蓉出水而娟娟。魚便藻密，鷺慣沙圓。星羅棋布，斷而復連。凡諸景皆兹山之所有，可與濟南之華鵲並駕而争先。

明 傅梅《少室行》（《嵩書》卷一六輯） 鴻濛下墜元氣結，巨靈劈天天柱折。大禹安所施神功，五丁蜀道翻疑拙。寒玉削成萬仞高，森森畫戟排天闕。游人多在側背行，誰識此山真奇絶。前日我從臨汝來，方知山面西南開。百里巑岏看九頂，蓮花一朵誰爲栽。四下群山低若水，丹崖翠嶂凌波起。韡韡正如菡萏舒，亭亭直上雲霄裏。端整巍峨若冕旒，宋人所以稱冠子。近山步步漸易形，二三十六峰揷青冥。疑神駭鬼紛難狀，吐霧吞霞了不停。似獅似象似奔馬，如笏如几如張屏。看山到此愜幽賞，雙眼生饞雙足癢。脱却青袍箸短衣，捫蘿捋葛披榛莽。絶嶠谽谺斷忽連，幽崖磥砢窄還廣。同游二客俱好奇，穆君翩翩戚君爽。絳綃十丈代藍輿，百夫更挽作前驅。凌險狎危賈勇進，十里五里纔須臾。麋鹿豺狼俱逃遁，惟有騰猿飛鳥相追呼。絶頂振衣何所見，石粼粼兮雲片片。京洛依稀幾縷烟，黄河仿佛一條練。西天門内鐵窗遥，玉膏神霧時時變。帝休貝樹生何所，萬壑千巖目欲眩。三定思過眼界空，全山一副羅心胸。向背參差不必問，根枝脉絡遥相通。錦繡臺中猶爛熳，光明穴裏自玲瓏。來仙靈隱群真府，寶勝清凉列梵宫。巃嵸石笋映瓊壁，白鹿金牛堪共歷。歌山舞水能娱人，昔日雲鐘聲未寂。檀香紫薇原有種，雲母丹砂亦可覓。石室無主石床寒，玉笈琅函空歷歷。連天高接紫霄兮，白道洞邊多白雲。此間便好尋仙去，緱嶺吹笙咫尺聞。藥堂藥草多難識，神芝甘果長芳芬。一丈鍾乳千歲穀，冥搜未遘西日曛。

清 黄士塤《黄山》（《黄山志定本》卷七引） 問訊黄山道，登臨及夏初。溪雲常近樹，野翠欲侵輿。落日開蒼嶂，清陰散碧虚。耽慵吾有素，此興未全疏。

小憩温泉畔，披襟向淺瀾。自令心益净，不與歲俱寒。蕙帶時堪結，松纓曉未乾。何須勾漏去，靈境足盤桓。

策杖登林表，幽奇豁素懷。蟠龍森老樹，蹲虎慄深厓。五岳游何日，三山迹未乖。振衣還一笑，天地豈塵霾。

峰頭松樹好，翠色日氤氲。數尺偏饒致，千年迥不羣。托根全在石，結氣半依雲。澹蕩臨風意，惟應静者聞。

仄磴人彌罕，層峰勢欲高。憑虚生羽翼，俯曉盡纖毫。雲氣吞朝樹，風聲鼓夜濤。倦游還阻雨，岑寂付村醪。

信宿文殊院，山靈浣俗氛。猿聲清落月，鶴影迸重雲。梵徹松風和，鐘疏磵户聞。翛然天路近，無事歎離羣。

籃輿山下路，游歷正炎侵。寧識孤雲勢，能生萬里陰。虚寥增道念，瀸瀹得禪心。丘壑縈幽夢，他時倘再尋。

清 顧嗣立《經黄牛徑望黄龍洞》（《羅浮山志會編》卷二〇引） 山晚日色斜，羣峰遞隱見。嵐翠襲素襟，孤青峰名頃刻變。乍上黄牛徑，人家藉平衍。古木幹參天，密葉羅葱蒨。爪牙排金沙，根株互牽纏。遥望天華宫，叠嶂鎖芳甸。飛龍自天來，林杪拖白練。傴僂老人腰，嬋娟玉女面。山頭似相識，含笑遠流眄。徘徊不能上，欲去空眷戀。松風卷莫雲，歸鴉影驚顫。忽聽上方鐘，山花落如霰。

清 方登嶧《肇慶太守王立菴招同嚴藕漁、陸揆哉、楊接三、李華西、何漢章、劉沛然、華子千、夏宛來、聶瑱聲游七星巖。分體拈韻得一東》（《述本堂詩集·依園詩略》） 跐跋舞紅塵，秋氣横長空。峭壁矗天際，鑱削運神工。探勝恣遨游，置身星斗崇。金谷羣彦集，追隨入芳叢。飲酒成高會，列坐依琳宫。寺門秋水臨，瀰漫四望窮。瓮牖開長廊，覶面孱顔雄。怪石盤怒螭，猙獰虎豹攻。萬樹埋斷壁，崒嵂凌蒼穹。木杪見屋瓦，梵音響天中。層磴危欲墮，路狹披蒙茸。逡巡不敢登，儲與心忡忡。極目隔山瘴，洞口雲朦朧。陰崖十日雨，游筇不可通。印須掉小舟，傴僂俯崆峒。山脚石門敞，窄徑亘長虹。入門水環路，波静氣融融。迂折穿峰背，危巖聳房櫳。石乳星象垂，衣冠列仙翁。舞鳳與蹲猱，巧形生物功。吹石復擊石，鼓角鳴邊鴻。大造胡太奇，此義費折衷。出穴且數武，略彴渡亭東。荒岸卧斷碑，捫年無初終。嗟哉廢與興，萬古勞鴻濛。面崖高據几，平蕪秋草豐。山色墮杯底，長嘯震巃嵸。醉舞磅礴呼，風檐落日紅。

雜　録

清 道光《太原縣志》卷一八 天龍山另有八景，一崇山環翠，二佛閣停雲，三鼎峰獨峙，四虯柏蟠空，五龍池靈澤，六石洞棧道，七高歡暑宫，八柳子旗石。舊志

人文名勝部

五岳

論説

後周　王朴《太清神鑑》卷二《五岳》　五岳者，上應天之五星，下鎮地之五方。高峻敦厚，所以卓然立於乾坤之内者，以其相資而成天地之大也。人亦有所像焉，故額爲衡岳，欲得方而廣。頷爲恒岳，欲得圓而厚。左顴爲泰岳，右顴爲華岳，左右欲得圓而正。鼻爲嵩岳，欲得高而峻。故五岳須要豐隆而相，朝高峻而不陷，乃相之貴矣。《人倫風鑑》同。

綜述

明　楊爾曾《新鐫海内奇觀》卷一《嵩岳圖説》　嵩山亘數百里，兀立登封城之北，而少室從西峙。大都巖石蒼翠相間，峭壁環崖列抱，如芙蓉城。而三十六峰則㚅㚅如吐蕊，遠望之，共成一山。寺皆隋唐以前建，而法王一刹，則建于漢永平。佛法初入時，在達磨四百年之先。碑刻穹窿，數十百道。多古今名賢手跡，而唐碑則刻佛像于上，與今製異。樹多檜柏，即秦五品、漢三將軍外，古木蘸天，亦多與寺俱起，經千百年，此宜他寺所不得伯仲也。楊用修云：山高爲崧。《詩》稱岳之崧高，非嵩岳之高也。《白虎通》云：岳居四方之中，可高，故曰嵩，高山。

入登封界，步騎上下山坂，繇鳥道中出。江北多土山童峙，有河瀆而無澗溪，獨此石棧峽持而劍立，草木離披，紫溪水其下，恍惚如行天姥道，亦嵩山首途一勝也。遥望疊巘，如蹲虎豹，名御寨，即少室。東三里，據山陽爲崇福官，其後爲萬歲山。漢武帝臨幸，聞呼萬歲者三，因即其地建萬歲觀，唐更名

太乙，宋于此奉安真宗御容，役提舉管勾以祝釐宫。後有奕棋、樗蒲、泛觴三亭，今惟存泛觴。石宫稍東爲啓母石，石正方三十尺，而厚稱之。轉西二里，入嵩陽宫，外立唐鉅碑，碑後漢封三柏，膚殼皆脱去，獨存肉理，色蒼白，大者圍六人，次四，次三人，計千幾百年物矣。其最大者，南枝一節瘇甚。復西五里，法王寺。寺前石池丈許，紫金蓮開中秋一月，云神光説法時從地涌也。土人往

往移去即斃。又二里，會善寺。寺爲岳神受戒于珪禪師處。後立爲戒壇，今亦廢，惟餘四天王石柱，門外樹元學士李溥光茶榜筆，陳如列戟。復西二十里，少林寺。寺桓楹礙日，龍象如山，長夏無暑，碑刻種種，宋蘇子瞻、趙孟頫輩，其尤者。殿前檜柏入霄漢，寺東一槐高十丈，圍三十尺，亦可數百年。寺四百餘僧，自唐太宗退王世充，賜曇宗官僧，至今以武勇聞。寺爲跋陀所創，後四十年而達磨來自西竺。左有立雪亭。【略】五乳峰形爲飛鳳，若五乳然。火龍洞在右乳，入洞則寒冽粟起，不可禁。傍陷一隙，無底。下山轉而南上十里，爲二祖庵。庵前岩壁繡綴井四，爲祖卓錫而成者，相去丈許，味各異。南上一里，爲祖煉魔亭，伊、洛二河，環遶其下。河外邙山橫亘，山外復爲黄河，一綫西來。河北有中條諸山，逶迤不絶。此去少室絶頂，陡無別道。下山轉而東十數里，至中岳廟。廟亞少林，壁畫申甫二像，歲久剝落。大樹林立，多糾纏東轉，如手執之者，或云此即岳神，爲珪師一夜移而來也。廟在黄蓋峰下，東峰凹處稱嵩門。盧岩瀑布，不啻龍湫，此去岳頂不數里。

又《華岳圖説》　説者謂華山高五千仞。大都自青柯坪至頂二十里，蟬鳥遂絶，木惟松始生，路僅徑尺，臨萬仞壑。絶處則鑿石度以木棧，欲上，令善導者以絙曳之，下則留絙于後，名爲懸汲。遇險甚，則如猿升木，手足相禪，不能全用足行也。古語云：此本一山，當河之水過之而曲行，河神巨靈以手劈開其上，以足踏離其下，中分爲兩，以通河流。其指掌之形在華山上，而脚跡在首陽山下。似未必然。

出城南，三峰在望，插天寒碧，映入脾肺。七八里至雲臺觀。周武帝時，焦道廣居雲臺峰，築此延之。道中多頽垣，人穴其中，云古長城也。秦始皇踐華爲城，意此。十里，則玉泉院。院有石洞，貌希夷睡像如生。右爲山蓀亭，據磐石上。前對三古樹，繞以藤蘿，幽陰可人。南行，兩山對澗，嵐光交墮，上下宛轉，纚纚無絶。五里至第一關，過關曰桃花坪。數折曰希夷峽，山勢壁立，澗水經其中，匯作小池，從石室旁下之，如琴如筑，鳴聲悦耳。云希夷羽化于此。半壁有穴，飛石掩之，是第二關也。又數里，爲莎蘿坪，東面石壁可數十丈，鳴瀑挂壁，而下有坎，兩兩直上，僅容足趾，爲上方峰，石罅爲西玄門。唐金仙公主修真于此，駕鶴飛去。白雲宫細辛坪，兩鐵鎖下垂，一石池仰出其巔，北山有石如柱，曰繫馬峰。西山桃花石罅盛開，不知絶壁何緣着種，或云風吹花片，粘之輒生，山山有之。花間有物去來，謂爲山羊，善走險，棲嵌寄中。人利其毳，伺而取之。南有回峰，青柯所從之路也。四山高起，闃寥中泉聲更自清迥，雲靄與炊烟冉冉出谷，峰頭積翠，浮浮欲流。十八盤者，山最陡，望前峰已如路絶，十有八折乃得上，故名。盤盡峰回，垣屋鱗鱗綴前巘，則青柯坪矣。坪之祠廟、神像，俱經地震傾圮，間已葺治數楹，獨地勢愈高，天然之景爭獻秀爽，視莎蘿又進之。有泉掛山腰如練，爲水簾洞，直下三千尺。自蓮花峰

來，度石橋左徑里許，爲回心石。上千尺撞，撞三折，幾三百步，石裂成罅穴。罅傍成坎，斷樹枝横，接之以承足。枝枝相離尺許，凡千尺云。扳巨石而過，爲百尺峽，峽似撞而裂在峽之内。出峽爲望仙臺，方丈平石，可佇立遠眺。片雲至此欲墮不墮，作懶態，風吹斷之，如人乘鶴背來者。轉二石磴而百尺，盡爲二仙橋，突石横三丈，爲半規形，下瞰無底，絶處則布石爲橋。度橋曰雲臺石，取「石作蓮花雲作臺」之句。又盤旋詰曲而上，爲車箱崖，崖如車箱，人緣輪以行。益數折，爲白鹿龕，石寶處舊有白鹿卧其下。再折爲老君犁溝，則片石直倚插天，中裂一縫，如犁而成溝也。好事者易犁溝爲離垢，如撞如峽，而險更甚，明劉元承書「登天」二字。溝絶處，當轉身以片木度三步，最危。又數百步，爲擦耳岩，岩絶與溝稱，而壁峭直。又過之，步僅闊四寸許，右數十步，仰攀折旋出石穴而上，曰猢孫愁。有鐵猿斆踞崖畔，所謂猿猴欲度愁攀援者。自撞至此，皆南登也。又南爲登岳正道，旋而北，一山如鹿頸，長里許，名白雲峰。有石檐覆山頂，明王士性書「礙空」二字。又數十步曰倚雲亭，則峰之巔也。自此而南，爲閻王邊，游者惡其名，易以仙人砭，反徑臨險如二仙橋。復北數十武，一崖巉然，視犁溝更險，第稍短。春時，溝崖一切垂鎖可攀，徂夏，道士收其鏁。崖頭一洞，雷擊其半欲墮，洞門紅白二圈，名日月崖。又南數里，爲蒼龍嶺，嶺中起旁殺，蜿蜒入雲，人從龍脊行，危甚，或一失足。轉圜千仞，石平處暫得休，伏視下方，松頂若蓬藋在蒼烟中，濤聲萬里，疑泛巨海，罡風時時捲人衣覆面。兩傍穴，石施鐵柱，有仆有立。云舊嘗有欄，乃漢武帝登山御道也。又里許，至五將軍樹，樹怪松也。自青柯以上無他樹，樹多青松、白楊。山高風鋭，振撼無定，枝幹盤曲，獨此二松挺然離立。復數折爲上馬石，云有風道人游行山巔，一日天馬下之，風道人就石跨馬，行空而去。石傍有老松倒挂，若虬龍下雲端，忽昂首攫拏，奇奇怪怪，丹青所不能貌。過此入通天門，爲雲山崖。崖有宗土祠，謂華爲群山之宗也，已傾圮。有四仙庵，爲譚紫霄、馬丹陽、劉海蟾、丘長春修煉之所。路分兩岐，西入鎮岳祠，上西峰，東入玉女峰，上東峰。大石如龜，玉女殿正坐龜上。甓瓦皆鐵，云陶瓦則山風能颺之去也。腹下空曠，道人界二石室居之。舊有楊妓，師事韓姑于此。韓肉身猶在，稿而不腐。楊壽百餘歲，不知所去。由殿前踰石梁，爲玉女洗頭盆，蓋石上一負坎爾，水紺碧不乾。其前石裂，裂可五寸，以石投之，食頃猶有聲，云下通黄河，唐玄宗禱雨，投簡于此。南爲三清洞，道人結庵其左，所積松房長尺。過細辛坪一里而儉，上東峰，有三茅洞，前爲小殿。殿左有岩，道人依岩置扉架椽爲屋，可爨可坐。客臨崖遠眺，則中條、首陽諸山疑隔數里，黄河近縈山足如綫，千里之内，村落比比可見。雲起如飄綿飛絮，平鋪萬里，僅山尖上出，時有晴雲冉冉，孤飛入谷，忽已失之，蓋歸雲也。東下半里，爲衛叔卿下棋處。石山突起，籠以鐵亭，棋石方徑五尺，三十二子，鐵爲之，重不可舉。循崖而北曰仙掌巖，巖壁黑色，石膏自罅中流出，隨膏凝結，黄白相間。遠望之，見其大者五岐如指，後人好奇，遂謂巨靈擘山，掌跡猶存。左折爲迎陽洞，以華當少陰，故顔「迎陽」以妃合之。東南石室，藏安真人肉身，僅頭顱骨骼耳。上之爲雷神洞、八仙坑。坑右折爲朝元洞，洞之下有賀元希避静處。穴石垂雙鏁而下，鏁盡乃板道，以銅栈插之峻壁，而板載之，銅栈之上，復綴壁以鏁，攀之而行。板道下皆絶壁。松林隨山麓起伏，翠濤瀰望。賀所棲室憑于突崖，煬竈猶在。室傍有巖高十餘丈，遥覆其室，朱書「全真巖」三大字，不知當時插栈運筆時，足踏何所。真神仙留此異蹟。復北轉，環石脊，路斷，又以横木附之，一岩昂首欲飛，擘下成峽。其巔一穴，空明若洞天狀，室其牖，其傍見天如井，則希夷避詔岩也。希夷表「九重仙詔，休教丹鳳銜來」，蓋此巖上覆如屋，多怪狀，與分寧之清水岩略等。有仰天池，池邊有摘星石，吴伯與舊書「太華絶頂」四字，王士性題「縹緲巔」三字。西上爲岳殿，下爲老君練丹之所，石爐徑丈餘，高可六尺，蓋托耼以增勝耳。北爲西峰，石罅二尺直下，相傳陳香子斧劈之，留有足跡，或曰巨靈足也。又北上爲西岳大殿，殿之北爲捨身崖，崖東稍折而下爲鎮岳宫，玉井在焉。深可十丈，圓徑半之，味最甘洌，無所謂千葉白蓮也。又北上爲蓮花峰，視諸峰更高幾許，峰之半，頭陀玄繇石洞在焉。王士性爲題「石蓮房」三字。遁下有石窪如臼，凡二十有八，上應列宿，自南而北如貫珠，水經其中，由崖端掛下山腹，水簾洞泄之。前有松檜峰，後有落鴈峰，東有毛女峰、王刀三洞，西有北斗坪，下有東華帝君祠，皆青柯坪所見者也。

又《衡岳圖説》 衡岳周迴八百里，高四千一十丈，大小七十二峰。首起于衡陽之回鴈，而尾長沙之岳麓，餘則滿地皆堆阜，如田塍方就耒耜，故湖南郡國山皆稱衡也。七十二峰非連峰也，八百里非盡高山巨崖也，縱衡提攬，登祝融則一目盡之。大約自岳廟後拔地而起二萬丈，前後兩疊，左右中三支，環抱而下者爲正岳，爲古今游觀秩祀之地。記稱南極入地三十六度，惟登衡岳祝融，循地平視南海丹穴，見南極老人星，爲前無障碍也。

泛洞庭，溯沅湘，登衡山之陸，有古松三十里，虬枝龍鱗，蔽虧天日，皆數千百年物，大風時鼓濤震山谷。樹窮而岳市見，入天門，下南岳道，爲岳祠。祠立七十二楹，象峰數，神像就石筍出地刻之，雲屋皓盰與岱稱。轉西橋出廟後山麓，東向爲胡文定公書院，增城湛原明復卜舍其左，各有像。過小嶺爲絡絲潭，潭水

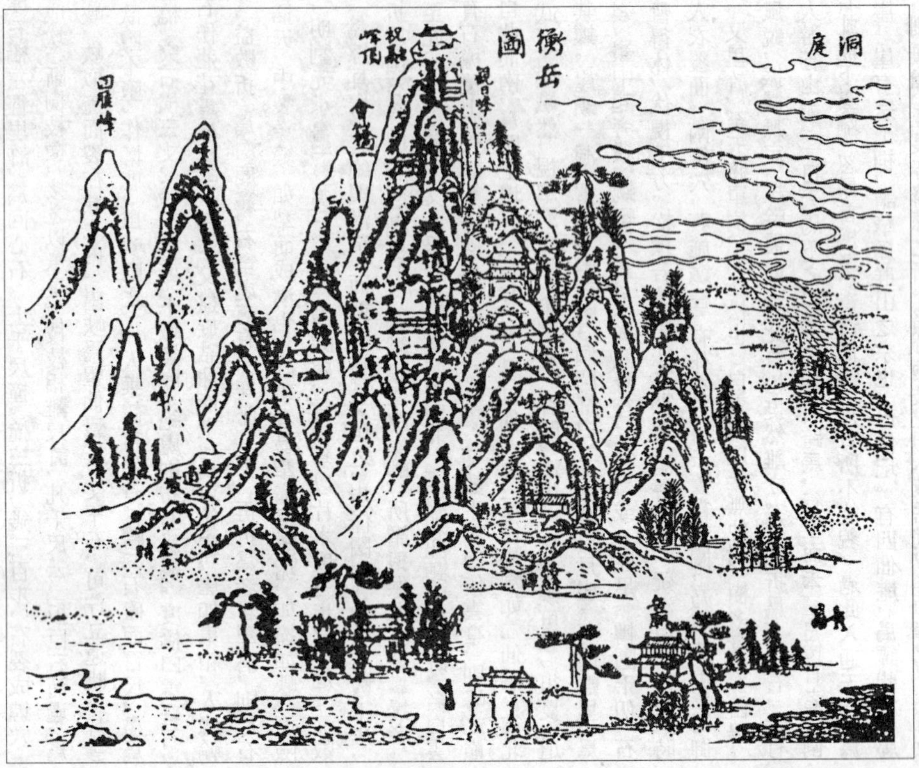

澂徹見底。溪流從亂石中跳躍而來注之，如瀑布，如絡絲者，聲固有然，形亦似之。玉板橋有亭翼然，爲寶善山房。從山房上十餘里爲半山寺，又十五里，左翼一高峰，籠烟霧如隔絳紗，爲芙蓉峰。東南一峰新翠欲滴，爲紫蓋峰。右翼一峰，屹立無雲，爲烟霞峰。西南一峰，高與紫蓋並，爲天柱峰。四峰據前山，爲半山四隅。半山前一峰造寺膝，爲香爐峰。西南孤石矗天，如倉囷然，爲石廪，傍爲赤帝。繇半山後爲湘南寺。此皆前山也。度横嶺爲衡之後山，有飛來船，一石自空而至，如船形。上封寺右轉三里許，上山之巔，則祝融峰。平望千里瀟湘，如一髮環帶山下，五折乃北去，潴于洞庭。洞庭在山北，蒼茫縹緲間，一石室祠赤帝，乃西北向，峰頭有石闌干，磲砢面正南，望岣嶁與岱宗頂石門奇。循崖畔下三里許，石崖屹立千尺，造石爲飛橋横度之，以非仙人不能，故名會仙橋。北崖插漢，凌厲欲飛，隱隱腰間有綫路若趾跡然，名捨身崖，此南岳第一險絶處。南臺有紫虚閣、黄庭觀、魏夫人昇仙石。西行四十里爲方廣寺，寺在蓮花峰下，重裹如瓣，而寺居其中。有響泉聲徹數里，大如轟雷，細如鳴絃。幽草珍卉，夾徑窈窕，錦石斑駁，照爛丹青，蓋衡山之奇勝也。而磵道險絶，岩壑幽邃，人罕至焉。東轉十餘里，則朱陵洞云，朱陵大帝之所。有瀑泉灑落，水簾數叠挂于雲際，垂如貫珠，霏如削玉，飛花散雪繁灑衣裾。岩畔有冲退石，大可逕丈，坐可數人。

又《恒岳圖説》 《水經》稱玄岳高三千九百丈，福地著其周百三十里，爲總玄之天。《五岳圖》云：恒高三千九百丈七尺，上方三十里，廣袤三千里。《輿地圖》云：河北有兩恒岳。在曲陽者，廟規城而半之，夸麗侔闕，有巨石肺覆，説自岳頂飛來，其上有玄石冢，即飲中山千日酒者。在渾源者，左大行，右洪河，翼以霍山，五臺當其案。有虞氏北巡狩所馮也。總之在渾源者近是。然國家秩祀不于渾源，而正望燎于兹宫。馬端肅主渾源祀，倪文毅猶然非之，夫豈别有見耶？

岳踞州之南二十里。入山仰視，傾崎殷殷矗星漢，凡輿人拾級，循山東北麓而上，高或崛屼，盤則紆鬱，上下遞相隅。于七里爲虎風口，樹木多輪囷，戟幹披蒙，茸行似虎豹，向人欲攫。又三里爲岳廟，廟貌不甚張。廟之上爲飛石窟，兩崖削立，豁然中虚，相傳飛于曲陽縣，明喬宇孫旭題名于懸崖。更數十武爲聚仙臺，上有石坪可坐，舉首一望，北則大漠重壤，東北則盧龍、范陽諸塞，南目五臺，隱隱在三百里外，而翠屏、五峰、晝錦、封龍諸山，皆俛首伏脊于其下。東遶大行如屏，滹沱、桑乾、清、濁、漳貫之。西黄河稍前，則漢文睨

謂慎夫人北走邯鄲道也。又有通玄谷、集仙洞、白雲堂、紫芝峪、石脂圖、白龍洞，岩峑當前，峻嶒如削，鬼工天巧，種種眩目，真偉觀也。

又《岱宗圖説》：齊州山咸起西北，而岱爲中龍之委。蓋黄河昔挾濟，流直沽入海云。隋室引河入汴，南行不還。説者謂，不無斷地脉哉？而岱宗屹立自雄，孕犕千年，不少替，豈帝自出震，無所假靈于西北耶？然則五岳通言岳，而岱獨稱宗，蓋訪于有虞氏之書爾。《道藏》稱神爲天帝之孫，群靈之府，主世界人民生死貴賤，所以焚香灸額，呼聖號以邀靈者、士女、闐駢于海内云。

太安州岳廟鉅如王宫，以堞櫓城。其四角爲六門，門内九石玲瓏，乃南海人輦而來者。墀列一檜、二松、三柏，咸形怪色秀可餐。柏則漢武東封時植也。右爲環咏亭，石壁嵌古今詩，多宋歐陽、韓、范諸名賢手澤。出登封城三

里，山麓有朱甍者，一天門也。左更衣亭。岳皆石山，入門尚土石錯澗，道石纍纍，水涓滴流，其中五里有平橋，際崖以度者，高老橋也。過短橋，左崖聳立兩石，腹相加。水從天紳岩來，駕石如明珠而射者，水簾洞也。自洞轉數里，右崖屏立，穹窿足覆馬脊者，馬棚崖也。越崖上，路僅一綫，從此兩山夾道，謝土而石，石磴益峻嶒，無馬足置處，游人咸脱騎。扱衽而前者，迴馬嶺也。迴馬而上，僧童多擊鼓彈箏于道，以邀游人之賞。游者倦，傴反喘息，亦時時爲側耳，則弗覺。忽而登其巔，既登而立内外望，則遥見三天門，尚在雲霄之表，此爲正岳之外邪，所謂黄峴嶺也。進嶺西行，折東北上，而下復。下復上者三，乃得地夷曠三里，爲快活三也。夷地窮，復徧崖上視，上益斗絶，所謂穴中望天窗者。其下水石相嚙，作建瓴聲，枕石嗽之，仰見鉄障青壁，真可萬尋，是爲二天門也。入門二里許，即御帳，宋真宗東封所露宿處。帳前雙松老幹拳曲，勢欲飛舞，人神之爲秦時五大夫松。更二百餘步，曰百丈崖。崖石如屋，可容十餘人，道旁紫蔓青蘿，摇綴蒙絡。傍有石洞，谽谺而黑，莫測深廣，爲朝陽洞也。大小龍峪石罅吐水，如龍哆口然。自此上盤道十八折，兩峰對插，峭削如壁。輿者至此，前人與後人頂踵相摩，應劭所謂畫累重人者，三天門也。入天門，左折，馳道如砥，廬而市者可三十家，廬窮而綽楔立，金鋪朱户，焜燿人目，樹以貝闕，承以文石，前爲楮池廣畝，而四時之火不絶者，碧霞元君也。元君即天孫，或云華山玉女。每歲春月，四方謁者踵至，心弗虔，立致奇報，故所入香緡以萬計。北上爲青帝宫、三觀臺。三觀者，秦觀以望長安，周觀以望雒陽，越觀以望吴門練也。宫後峭壁十仞，刻唐玄宗《紀太山銘》，字大于掌。其下漸就銷泐者，唐磨崖碑也。右爲閩人林焯劃以「忠孝廉節」四字，籠其上者，蘇頲《東封頌》也。又右爲孔子崖，復升爲玉皇殿。殿前磐石，輪囷擎突，如戴切雲之崔嵬者，岳頂也。虚其頂，四望無所不際，天爲築穖，半覆之。白雲東來，群峰盡失。非烟非霧，隱隱蕩潏。在雲下者，大海影也。西南渻鄰如縷，乍明乍滅者，汶、洸諸水也。徂徠素稱賓于岱，至此亦拱伏如兒孫。其它整敦，滿地烟火聚落，目力所不能竭者，龜、蒙、凫、嶧諸山也。頂前立石如圭，粗理而玉質，或云内有碑函之，或云止建標爲識，然非太山石。意當時驅鐸致之，則秦無字碑也。殿後有桃花洞，其石蒼顔，屹立千尺不動者，丈人峰也。又東北黄華洞，即玉女修真處。與仙人石閭咸杳渺，不可見。復轉而前，左右二峰若爲岳頂之輔者，東日觀、西月觀也。觀右一臺，顔「秦封禪臺」。葛天氏以下封泰山者七十二君，蓋洪荒半矣，非秦漢始。志稱秦碑梁父、漢封石閭、黄帝禪亭亭云云。今秦臺，右日觀存其名，非故址也。轉過一崖，巨石屹屹，下視無底，吹萬撼谷中而起者，捨身崖也。又過一壑，四石如累丸，支撑兩崖間，懸空不落者，仙人橋也。玉女池頭立石，高五尺餘，止有「臣斯」以下二十九字，則秦李斯斷碑也。天門側逕有吕仙像，傍樹「雨天下」三字石碣者，白雲洞也。輿人咸自此縋而下，復過高老橋，入一峪，平石百丈，隸金剛經，字大如斗，萬侍郎恭刻「水簾」二字于垂流間，則石峪也。出峪，一山張拱當前，如不欲爲太山下者，徂徠也。山雖純石，其石巨而奇者，惟岳頂與朝陽洞也。此山上而視之，則奇爲仰石峽，而登如出天關也，下而視之，則大爲野曠，俯東諸侯，一目而盡也。山麓有仙人影、王母池、吕公洞。岱之陽則曲阜，其陰爲靈岩。沿澗而入，夾道皆土檀，脱膚而虬節。入山門，紅鶴滿林，爲開山師法定雙鶴之瑞，定師佛圖澄，于石趙間創寺，無泉，見雙鶴棲山麓，遂卓錫而視。鶴立與錫卓處，湧成二池，爲雙鶴、卓錫二泉。殿制三層二十八角，中須彌，南觀音，北藥師，東釋迦，西阿彌，各以其方鎮之，爲寺正殿。殿右一古柏，不知種于何年。折柏西，有石竇于地下，門扃不開，爲魯班洞。北數十武，浮圖高十三級，下與洞通，爲辟支塔。蹊龍藏折而北，過千佛閣，片鐵高七尺，作水田狀，或古佛所遺衣身也，爲鐵袈裟、香積厨。東石龜，高六尺，空其中，以盛甘露泉。泉脉近塞，而龜遂裂。好事者引别流以存，故實爲甘露亭。又北攝而上，後倚獅子岩，前對鷄鳴山，鐵嶂正方如削，下藏一洞，洞下標一亭，環四山而立，夕陽之景收一寺盡矣，爲抱靈亭。遠望東岩縹緲，有石如人立，爲朗公山。寺碑不下數百，惟宋蔡卞書大碑一幅，横經四片，爲佳刻。寺南一山有穴，穿見南天，乍視之如明星爛然。冬日之午，正與寺對，爲通明竅。

明　吴道行《岳麓山水記》（《長沙府志》卷四一引）　衡山之峰，七十有二，綿邈幾七百餘里。迄長沙湘江之西而盡，則岳麓也。峭壁擎空，聯岸疊嶂，可數十里許。東面豫章、瀏醴諸峰，縹緲天際。北漾洞庭，湘水澄徹如匹練。峰西東廣約五丈，南北倍之。怪石奇偉，懸絶磴。一片如屏，禹碑刻其上。碑右一坎，爲神禹拖船坦。浲水懷山襄陵，其信然哉。折而南，兩峰環抱，中凾彝隅，幽清而衍，泉聲淙淙，瀑布落風雩亭，岳麓寺峰也。又折而南，倏伏倏起，土不勝石，而石骨蒼秀，色古倩。隨拔一峰，如伏釜覆鐘。碧樹千章，緑光隱隱浮動，若懸巖石砥，凌虚嵌空，則雲麓宫峰也。峰降若干級，江流環帶，中拓一坪如掌。再折而東，盤旋逶迤，特據江邊，大天馬山也。折而北，爲抱黃洞、崇貞觀。諸山修坂疊巘，幽渺弘曠。又折而北，羣峭駢連，面面南顧，以趨於東，道林、姚源、小天馬山也。再折而北，崔巍樹石，糾窈蒙茸，爲官星山、人字山，岷嶙平衍，駁霞騰霧，爲玉屏山，是又玆山、衣履之所覆護焉。其他圭峰、雲母、㶟潭隸左臂，金牛、金盤、旗鼓、靳江隸右臂，總以成岳麓勝槩，而爲星沙一大觀也。登山之逕匪一。自郡城，從上渡，過漁村，三里登岸。從下渡，過橘州，歷禹蹟，蹊五里登岸。從古渡，半里達中洲，僅一帶水，登岸，宋朱、張講學胥由此，代有浮橋，而今廢矣。一岸濱江，約四里，爲古柳堤，中有石坊，曰岳麓書院。宋真宗賜額也。岸内有湘西書院舊址。進而爲梅堤，爲咏歸橋，爲濯清池。約三里，抵書院。入静一堂，登尊經閣，朱晦翁手書「忠孝廉節」四大字。齊館號舍各若干楹。閣後有堂翼然，祀六君子，石壁鐫紫陽遺蹟。近北，爲流觴曲水亭、百泉軒，源自白鶴泉，歷蘭澗瀉來，轉入洗心濯纓池，一綫清流，分沙漏石。昔人所謂「冷暖與寒暑相變，盈減經旱潦不異」者，非耶？右有宣聖殿，承以崇臺，盤以文石，虬柱雲榱，華梁藻井，令人有「宫牆數仞思」。擎杉百本，幹不甚巨，而鬣葉鬖鬖如髮，晉陶士行所植，以壯菴居者。菴近藏書閣舊址，久就茀没。其他古柏蒼松，修篁巨檜，菁茂雖披，即蔚藍光碧之境，寧啻過之。左爲山齋舊址，殿後高阜百級，上有四箴亭。又上，即朱、張講學處也，今古名人碑刻列焉。稍進，故孫太守建亭，於赫曦臺山下，而今以祠道鄉先生矣。降而蒼筤谷，舊鍾仙巢吹香亭，宋理宗筆也。趨而上，有崇貞觀，晉鄧郁修鍊處也。久與萬壽宫、射蛟臺俱屬榛莽。隨捫蘿附篠以登，僅抱黃洞在焉。尋循小徑轉磴道，蜒蜿峻絶不可步，每以一足蹁跹行，左右皆萬仞之谿，無可倚。歷千餘級，登中庸亭憩焉。自是愈高愈險，每以肘代踵，更歷千餘級，憩高明亭，古赫曦臺基也。再轉數百級，達禹碑亭，於時色相斐薿，神彩焕發，岳麓之奇，當無最此已。從禹碑由故道翼而下，出櫺星門，覓雨花、諭苗兩臺基，北海碑峙山麓，旁有米元章數字碑，經千餘年，曾不少泐，豈三絶神奇，應亦有山靈呵護耶？由此渡清風橋，望蘭澗、石瀨，水石相駁激，如花如雪，湃碙有聲。登清風峽，風雩亭，道鄉臺、雪觀諸古蹟，恍在虹光嵐黛間。轉入岳麓寺不數武，經觀音閣，視白鶴泉，一綫石隙中瀸瀸出，甘洌異諸水。循僻岩數百級，上講經臺，宫殿壯麗甚。殿後依巖建静院修廊。廊外，緑峰、岩泉互相照耀，僧人刳竹從岩畔取泉，聲韻更悠。諸如古峰修柯、朱藤蔓絡，幽間蕭森，當不讓三山五院。返峽南趨，皆奇石。塊而伏者，鋭而昂者，如獅如貉，如魚鳥者。幾經轉曲層累，上雲麓峰絶頂，昔金道士禁足處也。後治鐵爲瓦，鑿石爲柱，建宫，祠玄帝，右五岳帝祠附焉。四面環繞，多珍木茂樹，輪囷蘇，而南首琅玕近千個。倚欄憑眺，谿谷田隰，岡阜林泉，江河波濤，洲渚城郭，室居廬井，俱在紫氣青煙中。稍降，有石飛岩外，如伸螭首，面平如砥，約二丈。士人竪石，爲柱爲欄，覆其上，拜衡岳。石下空，深近數丈，瞷之毛髮皆竪。百千簇竹樹，自下迸起，勁挺凌霄，姿態百出，又轉一奇觀已。從石趨南，降百十級，山自峰頂纍疊下，圍垣高護，谷中土石文級，控昭霞而襟湘水，其野色更界他山。

紀事

漢 司馬遷《史記》卷二八《封禪書》 初，天子封泰山，泰山東北阯古時有明堂處，處險不敞。上欲治明堂奉高旁，未曉其制度。濟南人公玉帶上黃帝時明堂圖。明堂圖中有一殿，四面無壁，以茅蓋，通水，圜宫垣爲複道，上有樓，從西南入，命曰昆侖，天子從之入，以拜祠上帝焉。於是上令奉高作明堂汶上，如帶圖。及五年脩封，則祠太一、五帝於明堂上坐，令高皇帝祠坐對之。祠后土於下房，以二十太牢。天子從昆侖道入，始拜明堂如郊禮。禮畢，燎堂下。而上又上泰山，自有秘祠其巔。而泰山下祠五帝，各如其方，黃帝并赤帝，而有司侍祠焉。山上舉火，下悉應之。

漢 馬第伯《封禪儀記》（《東漢文紀》卷七輯） 是朝上山，騎行往往道峻峭，下騎步牽馬，乍步乍騎且相半，至中觀留馬。去平地三十里，南向極望無不覩，仰望天關，如從谷底仰觀抗峰。其爲高也，如視浮雲。其峻也，石壁窅窱，如無道徑。遥望其人，端如行杇兀，或爲白石或雪，久之白者移過樹，乃知是人也。殊不可上，四布僵卧石上，有頃，復蘇，亦賴齎酒脯。處處有泉水，目輒爲之明，復勉强相將，行到天關。自以已至也，問道中人，言尚十餘里。其道旁山脅，大者廣八九尺，狹者五六尺，仰視巖石，松樹鬱鬱蒼蒼，若在雲中。俛視谿谷，碌碌不可見丈尺。遂至天門之下，仰視天門，窔遼如從穴中視天。直上七里，賴其羊腸逶迤，名曰環道，往往有絙索，可得而登也。兩從者扶挾，前人相牽，後人見前人履底，前人見後人頂，如畫重累人矣，所謂磨胸捏石，捫天之難也。初上此道，行十餘步一休，稍疲，咽脣焦，五六步一休。牒牒據頓，地不避濕暗，前有燥地，目視而兩脚不隨。早食上晡後，到天門，郭使者得銅物。銅物形狀如鍾，又方柄有孔，莫能識，疑封禪具也。得之者，汝南召陵人，姓楊名通。東上一里餘，得木甲。木甲者，武帝時神也。東北百餘步得封所，始皇立石及闕在南方，漢武在其北。二十餘步得北垂圓臺，高九尺，方圓三丈，所有兩陛人不得從上。從東陛上，臺上有壇，方一丈二尺所，上有方石，四維有距。石四面有闕鄉壇，再拜謁。人多置錢物壇上，亦不掃除。國家上見之，則詔書所謂酢梨、酸棗狼藉，散錢處數百幣帛，具道是武帝封禪至泰山下，未及上，百官爲先上跪拜，置梨、棗、錢于道以求福，即此也。東山名曰日觀，日觀者，雞一鳴時，見日始欲出，長三丈所。秦觀者，望見長安吴觀者，望見會稽，周觀者，望見齊。西北有石室，壇以南有玉盤，中有玉龜。山南脅神泉，飲之極清美，利人。日入下去行數環，日暮時頗雨，不見其道，一人居其前，先知蹈，有人乃舉足隨之，比至天門，下夜人定矣。

宋　張栻《南軒集》卷一五《南岳唱酬序》　由馬跡橋登山。始皆荒嶺彌望，已乃入大林壑。崖邊時有積雪，甚快。溪流觸石曲折，有聲琅琅。日暮抵方廣，氣象深窈，八峰環立，所謂蓮花峰也。登閣四望，霜月皎皎。寺皆版屋，問老宿，云用瓦輒爲水雪凍裂。自此如高臺、上封皆然也。戊寅，明發，穿小徑入高臺寺。門外萬竹森然，間爲風雪所折，特清爽可愛。住山了信有詩聲，云「良夜月明窗，牖間有猿嘯」清甚。出寺，即行古木寒藤中，陰崖積雪，厚幾數尺。望石凛如素錦屏。日影下照林間，冰墮鏘然有聲。雲陰驟起，飛霰交集，頃之乃止。出西嶺，過天柱下福巖，望南臺，歷馬祖庵，由寺背以登，路亦不至甚狹，遇險輒有石磴可步。陟蹄二十餘里，過大明寺，有飛雪數點自東嶺來，望見上封寺，猶縈迂數里許乃至。山高，草木堅瘦，門外寒松皆拳曲擁腫，樛枝下垂，冰雪凝綴，如蒼龍白鳳然。寺宇悉以版障蔽，否則雲氣噓吸其間，時不辨人物。有穹林閣，侍郎胡公題榜，蓋取韓子「雲壁潭潭，穹林攸擢」之語。予與二友始息肩，望祝融絶頂，褰裳徑往。頂上有石，可坐數十人。時烟靄未盡澄徹，然羣峰峭立，遠近異態。其外四望渺然，不知所極，如大瀛海環之，真奇觀也。湘水環帶山下，五折乃北去。寺僧指蒼莽中云：「洞庭在焉。」晚歸閣上，觀晴霞横帶千里。夜宿方丈，月照雪屋，寒光射人，泉聲隔窻，泠然通夕，恍不知此身踞千峰之上也。

元　李裕《登泰山記》（《天下名山諸勝一覽記》卷七引）　北行二里，過白鶴泉，泉出石罅，湁潗鼎沸，久旱則滲漉。距西百餘步，曰梳洗樓，不知創於何時，惟存故址。從西折北二里，有王母池，泉甘而洌，瀵沸潾溵，不竭不溢，鄉人取水禜雨頗驗。又北五十餘步，曰吕巖，有吕仙石像。宋時建，樓開堙圮，獨荒基破礎存。今圍以石垣，其中深林茂草，森布蒙密，暐暐猗猗，頗有佳致。至山麓時，日出扶桑，雲霞絢彩，目前群峰，錯立遠近，異態景物之奇，似快心意。自山麓抵迴馬嶺十餘里，群峰對峙，巀嶭峥嶸，勢相嗌䶗。中夾溪流，轉騰漱洌，觸崖石，激堆琦，其聲澎湃，濶濶浤浤，縈迂數里入汶。又有巨石，大者如輪，小者如瓮，硉矹硍礧，偃卧路徑，難以數計。策馬單行，崎嶇至嶺下。是嶺岌嶪陡絶，車騎不可前馳。余四人神思覺疲，僕從亦有倦色，少憩石上飲茗。易肩輿，穿深林，踰大石，行可四里，陡崖剸削，中夾石徑，陁陀險阨，有石磴可躋。復行二里許，即宋真宗東封帳宿處，曰御幛，其地夷衍，嘉木檥檥，繁陰布地。前即深澗，黛蓄青渟，水光映天，嵬石錯雜如斷齶。復三里餘，至黄現山。秦時有松五株，始皇登山封五大夫，枯没；後人續植者百有餘年，老幹拳曲擁腫，宛若蒼龍，勢欲飛騰。余四人休憩其下，嗟賞奇態。又行三百餘步，曰百丈崖，崖石如屋，可容十餘人。臨瞰道傍，紫蔓青蘿，摇綴蒙絡。傍有石洞，谽谺而黑，莫測深廣，人亦慴懼不敢窺。又經石壁峪，至十八盤，兩峰對插，峭削如壁。其間累石爲徑，盤繞至南天門，幾五里，遠望如梯，懸倚山畔，此最險絶。易小轎，盤道而上，入天門，東行數里，詣昭真觀。易冠服，薦祀紫霞元君。【略】即祠後觀磨崖碑，是碑唐玄宗《紀泰山銘》，字大如手，歲久風雨多剥蝕其字。距東十數步，觀始皇封泰山制，李斯所篆，其石埋植土中，高五尺，形制似方非方，四面廣狹不等。奈刮磨垢蝕而細觀之，總二十二行，行各十二字，多不可識。又西行數步，上太平頂，此泰山最高處。上有盤石方丈，廉隅尚整，黧色，光潤可愛。余四人坐石上，少頃，遂登其頂，乃俛瞰群峰攢簇，伏地若培塿，獨神霄兩峰巉嶙特起，佳花異草含丹吐白者，駢羅列布於岩谷，靈禽怪獸，啾鳴嘯號之聲，雜沓盈耳，最爲泰山奇勝。又有三峰：曰日觀、荧觀、周觀。余與景賢，因縱目四顧，渺然無極，而崧、華、恒、霍諸山，以及江、漢、河、濟諸水，皆可指數。誠天下諸山莫踰其高，而不知身踞青霄上也。復從頂東下數十步，有玉女泉，水清甘美，道士時汲瀹茗。又東行二十步，曰龍口泉，大石有罅，如龍哆其口，水自中出，其流之觀在焉。其峰曰瑞仙巖，觀之，前爲昇仙閣，憑閣望群峰，反在足下，而其上則又有峻者，磴道益斗絶，詰曲傴側而上，樹四人又爲竿，而中貫一輿，前人之趾履後人之顛，後人之趾在予眦上，其後二人知之應邵，所謂如畫重累人矣。兩旁丹壁翠厓，巉崿嶕崪，雲霞萬色，陰晴異態，飛瀑爭下，濤翻雪噴，流聲淙淙，乍大乍細，若懸絙鳴環下而迎客，而水簾洞之泉，從山上瀰漫下流，注於絶壑，以入硍礋，忽然而没，有時復出，石梁木槓互相撑柱間，以其耳目與之接，惟恐失之，而不敢縱觀。然後知此山之奇，向者真未得其一二也。又數里過黄峴嶺，西行折東北，則下而復上。又前數里，御帳坪在焉。御帳坪者，秦人所從蔽風雨也。當岳半道，負中峰而處，左右諸峰兩面環拱。石泓數畝，泉流其上，釃而下注，厥聲砰礚。宋真宗駐蹕遺趾有亭，亭前松樹二，秦所封五大夫也。生石隙中，不甚高大，而幹皮龍鱗類，數百年物，其決不爲秦時松可曉。而地則中阪無疑，意好事者，即其地樹之。從者曰松有五，雷雨壞其三。非也，五大夫者，秦之爵級，松何必五？假而封七大夫松，又將七耶？從者不對，又上則峰厓，益險。壁立插天，其石皆磊珂相承，或圓或方，或墮或長，巉巖崒嵂，不可名狀。而其垠堮之間，色相種種，望之迷沓。其丹而紺者，爲殿爲屋。兩巖之間一隙，碧而如帶者爲天光，翠而如髮者爲松蒼，白而如繪者爲苔，萬仞懸而如鳥巢者爲羽人之居。而俯視則谿谷碌碌，不可見丈尺。又數里爲大小龍口。龍口者，石峽飛泉，如龍吐也。小龍口之旁爲斗母觀，自此以上凡嵌巖之間爲仙靈，神鬼之居者，羅而列於左右，蓋所謂神房洞天、百靈之府也。又數里爲十八盤，古謂之環道。望天門如一隻矢，括在其端上，盤如緣壁矣。因謝輿拾級而上，距躍三百，揮汗如雨。出天門之上左折，而至碧霞宫。碧霞宫者，所爲祀泰山元君也。負玉皇頂而立，抱五花峰於前，日觀在其左，丈人在其右。規制狹於岳宫，而金碧煜爚，觀闕暉麗，顧反過之。其西爲使館，玉女之池在焉。青渟黛蓄，肅有靈氣。其旁巖上即李斯篆也。予與可大就館更衣，謁元君於壇，羽人贊祝。出而臨五花，岡巒糾紛，含谿懷谷，雲樹宫宇，俯在目底，下視郡城，茲茸菴靄，汶洸如綫，環之數周，川原迴合，縈青繚白，提封百萬，不盈一矚。由宫左折而上爲青帝宫，其後峭壁數十仞，鐫開元《泰山銘》。又北上數百武，爲玉皇宫，宫在絶頂，古之封壇，秦皇帝碑焉。碑石青白，高二丈，而無文，蓋歲久夷滅，或曰秦所以表泰山，其下有石函玉書，於理不誣。繞玉皇宫之後，倚闌而顧，俯見四面群山蝼蛇蜿蟺，如盤龍走蛇，遶

湢湢，有聲潨然。復從險徑南行四十步，懸崖峎峍，下臨絶壑，古木蒙蔽，余俯身覘之，毛髮豎聳。有怪石，形如大匱，虚倚崖畔，風至摇撼，問道士，云此謂捨身崖，人修道，從兹捨身入仙境。余與景賢深惻道士惑世者戕人之生，遂命州官塞路徑，絶往來。崖之西有五峰，嶙峋巉簇，其狀若蓮，名蓮花峰。自西山小山折旋而東，層嶂疊出，泉湧石上，奔瀉數十丈，縷縷如簾，名水簾泉。其鷄籠諸峰、桃花諸峪，多有靈跡奇勝，獨嶺嶠巃嵸，岩壑嶓嵲，荆蓁交迷，路徑不可到。昔程明道幼聞泰山奇秀在鄠縣，未得游覽，及登第，請爲是縣主簿，以償其素願，又自記其始末云。

明　張居正《新刻張太岳先生詩文集》卷九《游衡岳記》　乙未晨，從廟側右轉而上，仄徑縹緲，石磴垂接，懸崖巨壑，不敢旁瞬。十步九折，氣填胸臆，蓋攀雲捫天，若斯之難也。午乃至半山亭，亭去岳廟十五里，五峰背擁，雲海盪漾，亦勝境也。飯僧舍，少憩，復十五里，乃至祝融。初行山間，望芙蓉、烟霞、石廩、天柱諸峰，皆摩霄插雲，森如列戟，爭奇競秀，莫肯相下。而祝融乃藏諸峰間，才露頂如髻。及登峰首，則諸峰顧在屐底，若揖若退，若頫若拱。瀟湘蒸江，一縷環帶。因憶李白「五峰晴雪，飛花洞庭」之句，蓋實景也。旁睨蒼梧九疑，俯瞰江漢，紘埏六合，舉眦皆盡。下視連巒別巘，悉如培塿蟻垤，不足復入目中矣。【略】遂下兜率，抵南臺，循黄庭觀登魏夫人昇仙石。西行四十里，得方廣寺。方廣在蓮花峰下，四山重裹如瓣，而寺居其中。是多響泉，聲徹數里，大如轟雷，細如鳴絃。幽草珍卉，夾徑窈窕，錦石斑駁，照爛丹青。蓋衡山之勝，高稱祝融，奇言方廣。然磵道險絶，巖壑幽邃，人罕至焉。暮謁晦菴、南軒二賢祠，宿嘉會堂。夜雨。曉起，雲靄窈冥，前峰咫尺莫辨，徑道亦絶，了不知下方消息，自謂不復似世中人矣。止三日，李子拉余衝雲而下，行數里所，倏見青雲霽日，豁然中開。問山下人，乃云比日殊晴。乃悟向者吾輩正坐雲間耳。又從廟側東轉十餘里，得朱陵洞，云是朱陵大帝之所居。瀑泉灑落，水簾數疊，挂於雲際，垂如貫珠，霏如削玉，飛花散雪，縈灑衣襟。巖畔有冲退石，大可徑丈。列坐其次，解纓濯足，酌酒浩歌。當此之時，意愜心融，居然有舞雩浴沂之樂。

明　于慎行《穀城山館文集》卷一六《登泰山記》　登封門三里許，至於岳麓，有雙觀焉，謂之二天門。下車乘藍輿以上，磴道鱗鱗，谽谺逶迤，仰見峰勢嵬嶷嶢岏，如乘天之雲，峻不容屐，以爲决不可至。行數里至回馬嶺，玉帝

七十二峰之下，其支脉首尾，歷可指數，以至於海。而桃花、明月、石屋諸洞在岳之背，列仙所紀金床、玉几之勝，若將覩焉。

明 謝肇淛《小草齋文集》卷八《登岱記》 晨起沐浴，謁岱廟。廟制鉅麗，如王者居，而漸就頹圮，諸黄冠色如菜。出登封門三里，至更衣亭，則劉君已袍幘坐軟輿待矣。相與屏騶從上，入山漸深，但覺白雲黄葉，左右飛積。五里許，至高老橋，水沍且涸，即水簾洞亦涓涓如蹄涔無奇也。由水簾洞折而東，復折而北，道始峻削難行。吾游山多矣，雖絶地插天，亦必迤邐紆迴而上，或輿或步，咸得袖手騁目。獨泰山不然，其坦不能十步，輒就石磴，磴皆懸空斗削，高者百餘級，小以十數。輿中五管在上，胸膝相摩，手挽足抵，頭岑岑也。加以狹崖夾障，耳目塗塞，如道委巷中，意甚苦之。至玉皇閣，下輿迴望，始見徂徠一峰獨當南面，扼塞汶水，縈若衣帶。爲注目移時。又上爲迴馬嶺，顧從者自高老橋時，騎已不得前矣。既過黄現嶺，山勢稍凹而下，下而復上者三，是所謂快活三也。稍進，爲二天門。巨石對壘，奔流飛注，作風雨聲，殊勝水簾。秦守跨崖爲亭，余名之曰聽雨。遂拉劉君步石磴上，抵御帳憩焉。前有雙松，相傳秦所封五大夫也。是耶非耶，存而不論。主人進素饌。饌已，復就輿，由大小龍峪以至十八盤。萬梯齒齒如升天，但覺余之前趾擊輿人之脛，而冠摩其頂，蓬蓬然行雲霄上矣。梯窮，而得平壤，乃有周廬廛巷，成小村落，皆衣食於元君祠者。余居祠右公署，署後樹李斯斷碣，循而讀之，通四行，首二字已刓毁，僅得「臣斯」以下二十九字耳。旁爲玉女池，山頂常苦乏泉，獨是池未嘗竭，疑有神物護之。

明 袁宏道《袁中郎全集》卷一〇《華山記》 凡山之名者，必以骨，率不能倍膚，得三之一，奇乃著。表裏純骨者，唯華爲然。骨有態，有色。黯而濁，病在色也；塊而獰，病在態也。華之骨如割雲，如堵碎玉，天水烟雪，雜然綴壁矣。方而削，不受級，不得不穴其壁以入。壁有罅，才容人，陰者如井，陽者如霤。如井者曰幢曰峽，如霤者曰溝，皆斧爲銜，以受手足，銜窮代以枝。受手者不没指，受足者不盡踵。鐵索累千尋，直垂下，引而上，如黏壁之蹢。壁不盡罅，時爲懸道巨巒，折折相逼，若故爲亘以嘗者。横亘者綴腹倚絶厓行，足垂磴外，如面壁，如臨淵，如屬垣，攝心于粒，焉知鬼之不及夕也。長亘者搦其脊，匍匐進，危磴削立千餘仞，廣不盈背，左右顧皆絶壑，唯見深黑，吾形壘壘然如負瓮，自視甚贅。然微風至，摇摇欲落，第恐身之不爲石矣。夫人所憑仗者手足，而督在目，方其在罅，目着暗壁，升則寄視于指也，降則寄視于踵也，目受成焉耳。罅盡而厓，目乃爲祟，眩于削爲栗，眩于深爲掉，眩于仄爲喘，愚者不然，心不至目故也。今乃知嶮之所以劇矣。余衣不蔽腰，下着窮袴，見影乃笑。登厓下望，攀者如猱，側者如蟹，伏者如蛇，折者如鷂，山之臲卼乃至此，自恨無虎頭寫真筆也。踰仙掌壁，折入石弄，北旋上，石滑而不級，爲東峰。過坪躡厓，道尊持而中斷，爲南峰。度峰足蛇蜒上，石葉上覆而横裂，爲西峰。南峰踞兩峰之上，如人危坐而雙引其膝。下有土徑，異樹交絡，峽水鳴其間。峰頂各有池，如臼如盆，如破瓮，鮮壁澄澈，古松覆之。西峰石多壘，乍視如未穩。南峰之背，有静室，垂雙鎖，鎖盡爲鐵杙以承板道。東峰南下爲衛叔卿博臺，鎖對懸，拓厓自達，皆奇嶮。

又《華山後記》 從玉泉院至青柯坪，東西皆石壁，澗水縈洄出。踰張超谷，壁乃峭。至希夷峽，石忽具態，摩雲綴日，壓疊而上行，大石纍纍卧澗中，水不得直去，則躍舞飛鳴，與山争奇于一罅之内。至青柯坪，西峰斗絶出，諸山忽若屏息，奇者平，高者俯，若童子之見岩師，不知其氣之微也。西峰之奇，在水簾洞，遠視見竇，下有丹石，瀑布冪之。千尺幢而上，大奇則大嶮，小奇則小嶮，寸寸焉如弱夫之挽勁弩。至蒼龍嶺，千仞一脊，仄仄如蜕龍之骨，四匝峰巒映帶，秀不可狀。游者至此，如以片板浮顛浪中，不復謀目矣。然其奇可直一死也。若日月巖前方石，峭壁直上，止嶮耳，無他奇也。踰嶺路絶，折身反度，其嶮更甚，而不名者，厓不甚修也。過五將軍樹，度橋至通天門，嶮乃盡。山自仙人掌始爲岳，岳以内若自爲天地者。諸星曜平視得人間之半。其地微膚，長松檜，污處齊雲臺峰頂。雲臺直北，當入幢時，猶干霄，諸峰之在雲臺下者，猶矗矗也。南上即落雁峰，千山環之如羽林執戟兒，山皆奇峭，鋒鍔林林，一鋒直背如輪，若與峰争秀。渭水東行，與黄河合，下見樹影。東峰即玉女峰也。祠玉女者，乃峰之一臂，所謂洗頭盆，亦渴而淺，而東峰有之，圓滑深潔，錫以盤名亦稱。西峰最幽奥，石態生動，有石葉如蓮瓣，覆崖巔，其下有龜却立，昂首如欲行，蓋葉上物也，是即所謂蓮花峰矣。玉井在峰足，二十八潭圓轉而下，瀑布上流也，恨不于雨後觀之。山壁樹如錯繡，鳥語從隙中來，云無鳥者誤。洞少天成，然整潔可居。廬舍亦有，而黄冠不至，歲一至，以館香客耳。山靈之寂寞無侶可知矣。

明 袁中道《珂雪齋前集》卷一五《游岱宗記》 岱宗，遠視之如雲氣生動。其右有山，麗焉幾欲與岱爭秀冶，而微讓其高寒者，傲來也。至山足，始知傲來別爲一山云。從山足過高老橋，澗聲汩汩。其上爲水簾洞，巨石欹其腹，受水如織。又其上爲歇馬崖，爲黄峴石，石作黄色，泉淋漓道上，路更夷。已復躡，有大石數畝受水，中峰諸泉注焉，聲如旱雷。又其上爲宋真宗御帳。五大夫松僅餘一。右爲朝陽洞，有亭俯視傲來，煙蘂可摘，信天孫之美媵也。至是始盡見中峰全壁。石上出松，松下出泉，骨勁色蒼，了無寸土，惟餘游人爪甲泥耳。出大小龍峪，登盤道。盤在中峰與丈人峰之中，一縷上縈，磴道直懸。應仲遠謂「後人見前人履，前人見後人頂，如畫重累人」者，今殊不然。輿也而繩曳之，首反居下，足反居上；後人躡前人首，前人載後人足，如倒懸重累人畫，可爲怖絶。磴窮，爲天門，直謂岳祠，在此針鋒上耳。

東去益寬敞如村落，爲道院。已爲御香亭，爲元君廟。後嶺若玉几可憑，而左爲長巒繞之。當其前者爲五花石，若人以廣袖自障其面，五花石遂同五指爪焉，高而邃，孤而不露質。此又東爲玉女泉，又東行爲公署，上爲東岳廟。

明　喬宇《游恒山記》（《天下名山諸勝一覽記》卷一〇引）　予家太行白巖之傍。正德改元，奉天子命，分告于西藩園陵鎮。瀆，道經渾源，去北岳僅十里許，遂南行。至麓，其勢馮馮煴煴，㳫昇于天，縱盤于地。其胸盪高雲，其巔經赤日。余載喜載愕，歛色循坡東，迤嶺北而上，寔多珍花靈草，枝態不類，桃芳李葩，映帶左右。山半稍憩，俯深窺高，如緣虚歷空。上七里，是爲虎風口，其間多横松强柏，狀如飛龍怒虬，葉皆四衍，懞懞然，怪其太茂。從者云：是岳神所寳護。人樵尺寸，必有殃，故環山之斧斤，不敢至其上。路益險，登頓三里，始至岳廟，頽楹古像，余肅顔再拜。廟之上有飛石窟，兩崖壁立，豁然中虚。相傳飛于曲陽縣，今尚有石突峙，故歷代怯升，登者就祠于曲陽，以爲亦岳靈所寓也。余遂題名于懸崖，筆詩于碑及新廟之廳。上又數十步許，爲聚仙臺。臺上有石坪，於日振衣絶頂而放覽焉。東側漁陽、上谷，西則大同以南奔峰來趨，北盡渾源、雲中之景，南目五臺，隱隱在三百里外，而翠屏、五峰、畫錦、封龍諸山皆俛首伏脊于其下，因想有虞君臣會朝之事，不覺愴然。

明　尹伸《游西岳記》（《名山勝槩記》卷三九引）　秦之山，連蜷而深杳者多矣。至此三峰特起，寸壤不黏，從縣道望之，如古司寇冠。以其披㔽而冶，故又謂之蓮花峰。峰之初徑，一曰千尺幢，一曰百尺峽，俱在巨石之罍左右，劖無完膚，喙者嗑指，脣者受跂，恐其不足恃也。齒以枯木傍垂鐵綷而手之，登者臂臂相接，酷似三峽飲猿竄而出。其道在甗，肩膠于甗則生之，徒足垂于裔則死之，徒下不足時以片板補之，是名二仙橋。上有餘，吾形更有餘，則靡吾胆以準之，是名擦耳崖。甗絶始見壤，壤不離礫，或曰谷，或曰溝，皆凹也，而犂溝則始乎凹，卒乎凸，似行巨魚之背。石又竇，過而回盼，其額稍谬豁容膝，是爲陳希夷避詔處。大率幢峽以上，兩目寄於釜鑿，雖有奇不知也。經數十百折，而至蒼龍嶺，始知有奇。然嶺長五百丈，徑咫隆脊，左右洞然，巨壑其下，遂不可以尋丈。空中扶摇爲龐峰巨壁所障者，陘專受之，以夾攻行子，即傴僂丈人亦簌簌然汗下也。嶺之終爲峰之始，纖裊如雲，故曰白雲峰。踰峰，始見五松，蒼鱗古鬣，摩挲雲漢之表。秦號大夫，而此號五將軍，千百年勁風岩霜，須此君賈勇勝之。小憩，裁得仰西峰。峰之懸流千仞，具飛舞變幻之勢。是時偶涸，徒意其砰碯之聲，與松韵爭雄耳。自此至宗土祠，東峰之背直在眉睫，石痕攦捷，即仙人掌。至洗心坪，蓮花之瓣始坼，坼于左爲東峰，爲中峰，坼於右爲西南峰。計縣中所見，如冠形者中峰，隱約與東西峰相對耳。南峰爲西峰所障，從麓及腰皆不見，必躡松檜峰始識其面。絶其巔，而後見東西峰之在下也。南峰可謂善藏其高矣。東峰之頂，兩成而頫然於前，其腰有松，其足有樺，此松葉大膚青，棣如蓮房，其實可啖，與五將軍別種。松、樺之外無他木，經所謂禽獸莫居，誠然也。西峰鋭末，而其傍多竇，方及頂，得兩石，上者昂首敦梅，下者仰而若擎，儼然龜游蓮葉，從東嶺望之尤肖。南峰凌兩峰之上，而有其勝。河渭涇洛，了然衣帶，沙苑浮黄，與河涇相眩。遠山都從西南來，起伏萬族，未易名狀。至此，而吾目始得游於浩浩渾渾之間，終南、太白指顧可到，青蓮所謂呼吸通帝座者，此亦其極觀矣。峰頂有二十八潭，而經見者四，俱澄鮮可鑒。在南者曰仰天池，曰黑龍潭，在東者曰玉女洗頭盆，在西峰下者曰玉井，即生十丈蓮處。游者坐此，如處堂奥之中。四面井幹飛翼，斷續攢映，窺之不見，扣之無聲，一區自爲天地者也。從此南上中峰，下萬松嶺，已半是歸路，其所謂衛叔卿博臺，賀老石室，一在東峰絶壁之下，一在長空橋之西，俱不得至，悵望而已。

明　徐弘祖《徐霞客游記》卷一《游恒山日記》　初十日，循南來之澗，北去三里，有溪自西來合，共東北折而去。余溯西澗入，又一澗自北來，遂從其西登嶺，道甚峻。北向直上者六七里，西轉，又北躋而上者五六里，登峰兩重，造其巔，名箭筸嶺。自沙河登山涉澗，盤旋山谷，所值皆土魁荒阜，不意至此忽躋穹窿，然嶺南猶復阿蒙也。一踰嶺北，瞰東西峰連壁隤，翠蜚丹流。其盤空環映者，皆石也，而石又皆樹。石之色一也，而神理各分妍；樹之色不一也，而錯綜成合錦。石得樹而嵯峨傾嵌者，幕以藻繢而愈奇，樹得石而平鋪倒蟠者，緣以突兀而尤古。【略】有大道往西北，直抵恒山之麓，遂折而從之，去山麓尚十里。望其山兩峰亘峙，車騎絡繹，破壁而出，乃大同入倒馬、紫荆大道也。循之抵山下，兩壁削立，一澗中流，透罅而入，逼仄如無所向，曲折上下，俱成窈窕。伊闕雙峙，武夷九曲，俱不足以擬之也。時清流未泛，行即溯澗。不知何年兩崖俱鑿石坎，大四五尺，深及丈，上下排列，想水溢時插木為閣道者，今廢已久，僅存二木懸架高處，猶棟梁之巨擘也。三轉，峽愈隘，崖愈高。西崖之半，層樓高懸，曲榭斜倚，望之如蜃吐重臺者，懸空寺也。五臺北壑，亦有懸空寺，擬此未能具體。仰之神飛，鼓勇獨登，入則樓閣高下，檻路屈曲。崖既矗削，為天下巨觀，而寺之點綴，兼能盡勝。依巖結構，而不為巖石累者，僅此。僧寮位置適序，凡客坐禪龕，明窗暖榻，尋丈之間，肅然中雅。既下，又行峽中者三四轉，則洞門豁然，巒壑掩映，若別有一天者。又一里，澗東有門榜三重，高列阜上，其下石級數百層承之，則北岳恒山廟之山門也。【略】

十一日，風翳净盡，澄碧如洗。策杖登岳，面東而上，土岡淺阜，無攀陟勞。蓋山自龍泉來，凡三重，惟龍泉一重峭削在内，而關以外則土脊平曠。五臺一重雖崇峻，而骨石聳拔，俱在東底山一帶出谷之處。其第三重，自峽口入山而北，西極龍山之頂，東至恒岳之陽，亦皆藏鋒斂鍔，一臨北面，則峰峰陡削，悉現巖巖本色。一里轉北，山皆煤炭，不深鑿可得。又一里，土石皆赤，有虬松離立道旁，亭之曰望仙。又三里，崖石漸起，松影篩陰，名虎風口。石路縈迴，始循崖乘峭而上。三里，有傑坊曰「朔方第一山」，内則官廨厨井俱備。坊右東向拾級上，崖半為寢宫，宫北為飛石窟，相傳真定府恒山從此飛去。再上，則北岳殿也。上負絶壁，下臨官廨，殿下雲級插天，廡門上下，穹碑森立。從殿右上，有石窟倚而室之，曰會仙臺。臺中像羣仙，環列無隙。予時欲躋危崖，登絶頂。還過岳殿東望，兩崖斷處，中垂草莽者千尺，為登頂間道，遂解衣扳躡而登。二里，出危崖上，仰眺絶頂，猶傑然天半，而滿山短樹蒙密，槎牙枯竹，但能鈎衣刺領，扳踐輒斷折，用力雖勤，若墮洪濤，汩汩不能出。予益鼓勇上，久之棘盡，始登其頂。時日色澄麗，俯瞰山北，崩崖亂墜，雜樹蒙翳。是山土山無樹，石山則有，北向俱石，故樹在北。渾源州城一方，即在山麓，北瞰隔山一重，蒼茫無際；南惟龍泉，西惟五臺，青青與此作伍。近則龍山西亘，支峰東連，若比肩連袂，下扼沙漠者。既而下西峰，尋前入峽危崖，俯瞰茫茫，不敢下。忽回首東顧，有一人飄摇於上，因復上其處問之，指東南松柏間。望而趨，乃上時寢宫後危崖頂。未幾，果得徑，南經松柏林。先從頂上望，松柏葱青，如蒜葉草莖，至此則合抱參天，虎風口之松柏，不啻百倍之也。從崖隙直下，恰在寢宫之右，即飛石窟也，視予前上隘，中止隔崖一片耳。

明 李之椿《太華山記》（《名山勝槩記》卷三九引） 環潼津京兆間，億青萬碧，兒孫羅列，皆太華別址也。三峰影度，函谷挾蒼龍而奔，試看積翠飛來，衣袂俱成五色雲矣。過灝靈宫，徘徊玉泉者久，方敢入山。雙巖蔽日劃天，睇眡路不一二里，即五六折。翹首三峰，頃失之。泉聲如磬，如簫，如筑，如絲絃，如環珮。一水匯羣山之波，而注巨石直下。其發源自水簾洞，貫二十八潭應二十八宿。潭折而為石，石折而為穴，穴折而為溪，溪折而為灘，以至此，張超五里霧已不可見，如故者希夷峽笑耶睡耶，夫孰從而問之？入五里，蘿脩莎映，險步攢雲。逆十八盤而上，孤危錯落，山猶左右截也。將至青柯坪，三峰仍懸天末，大石挾水以蹲，一壑縫山，萬籟張而異香曳。越是道，皆泣蝠攢鼯，百峽千幢。復直其在前，何怪乎游者回心。幢内黝不見天，握綆疑斷，置坎疑錯，拾級疑墮，尺石横引，足相躡者，曰二仙橋。三峰雲障，惟毛女所居。北斗坪儼樹繡屏，兩山虛處，平田萬頃，俱縮就層烟，游者不可因險以負奇。車箱入谷，箭栝通天，美哉少陵詩也。未幾，詣老君犂。險則甚于千尺幢，幢暗而犂突，故犂窮直攀猢孫愁，萬丈危梯，道通一綫，轉而即山之北矣。靈臺峰屹然居左，高瞰三峰，亦堪耽僻。疾趨得擦耳崖，上阻極山，下臨深塹，所賴行猶昂首。再百步，仍一絶壁，號日月崖，險哉伯犂而仲幢。稍前，過三官洞，一石斬然突横天半，人與石並行，手足隘無所着。日月崖復瞠乎後。踰此地，稍平，大石翼天，鑿空居帝，傍有石微殺緒者茸茸，一區可憇。仙人掌微茫欲出。諸巒織秀，百岫争妍，烟雲上下，來往濛濛，百二關河，絲絲斷續。坐明星頂上，俯玉女而拾蓮花，又當作何想。行三里許，入萬丈龍門，酈道元所謂摋嶺森森矣。似幢而中折，似犂而上直，似崖而左右皆不測。余夫善騎龍者乎？柱下史何不龍而牛也？函谷且將鞭蒼龍起，賴有五將軍松叱之，揖將軍又幾懸度，幾令人應接不暇。予初欲先探玉女，再問蓮花。咄哉！猿迷而鶴赚，幽麗繽紛，多所莫辨，種種沁腑澄脾，所歷諸險，皆在濃霧蒼烟外。至此恍拾瑶草于三山，不更作入世想。草間琅琅有聲，則前所稱水簾，應宿暗與花風鳥韻相應于重泉夾石之際，泠泠然濯魄冰壺也。第玉井十丈蓮不可復覩爲恨耳。從玉井轉石上行，即蓮花峰。其峭處可窺水簾洞，陰晴萬態。老君煉丹爐在蓮花峰北，古柏宛有道意。歷三險方獲抵明星峰，幸孤松蔽險可度。至峰口，則一石作虎狀。入虎口而探明星，無復恐怖，迄至詣四方削成，顛現險窮，驩喜無量。蓮花在腰，玉女在面，諸峰朝拱在旁。余于是捫天大嘯曰：呼吸直通帝座，太白豈欺我哉！轉而東歷避詔崖。崖形覆前縮後，約數十丈。且浮度細辛坪，則草木蒼茫，花鳥歷亂，等于入蓮花峰之徑，而曲折微遜。且行且樂，臨風獨笑，然後睇避靜之幽崖，盼全真之斷崖，望仙棋之故址，不覺玉女珊珊其欲至矣。呼玉女三而不肯應，衹見洗頭盆裏天香浮動，欲向仙人掌上取芙蓉露，忽焉滿掌雲生，迷離莫際，又何知攀幢穿峽，度壁凌崖，逆蒼龍而奇險驚危若此也哉？時日將夕，遂取故道而返，險倍于初。回首諸天三峰如昨，仍將問太華于潼津京兆間。

清　潘耒《遂初堂集》卷一六《游南岳記》　五岳惟衡山最遠。嵩、華皆在帝都，泰岱當南北要路，昔人多登覽焉。北岳差遠而僻，至者較稀。衡山在洞庭之南，去中州二三千里，唐以前名賢無至者。杜少陵望而未游，韓退之僅至山麓岳廟而已。宋朱晦翁、張南軒乃登祝融，至方廣。明士夫非祭告而至者無幾人，惟增城湛甘泉以尚書家居，八十一至九十再至，傳爲美談。【略】晨起謁廟。廟制舊極宏壯，略如帝居，戊子歲正殿燬於火，今就二門安神座，國家數遣重臣告虔，視前代爲隆重，而棲神於門，不稱祀典，請於朝，復作寢殿，使臣與守土事也。爲題詩致慨，時陰雨連句，私禱於神，求開霽。飯後游水簾洞，洞在紫蓋峰之側。自廟東北行四五里，望見瀑布挂巖端，甚明顯。循溪度懸崖至其下，瀑不甚怒，輕明如簾，簾盡處，飛濤濺之，有洞門在其中，即道書所云朱陵洞天也。崖間題刻徧滿，惜志不載。所云潛通羅浮者，殊荒誕。而境甚幽清，宜於靜對，恨旁無片瓦，不能久留。遂復東過重嶺，至九仙觀。觀在深塢中，岡巒迴抱，竹木蔽虧，足爲棲真之地。南岳九仙不皆居此，今井肖像祠之。自唐以前，衡山羽流多著異跡，宮觀相望，自思太師振錫南來，懷讓、石頭二禪師繼起，宗風甚盛，而道流無聞。迄於今，徧山皆禪宇道觀，僅存者九仙、黄庭而已。近歲有李皓白者，居九仙，頗有才辨動公卿，觀宇田産，皆其所修復，然非潛修默鍊之士，今亦不及見矣。還過岳廟，西北行二里許，至黄庭觀，觀爲魏元君修道處，在小峰之顛，聳拔無階。觀止屋數間，下臨絶壑，泉聲瀌瀌，出松竹間，境絶幽勝。【略】前過三生塔，是思大師藏蜕處，台宗之祖也，亦無一椽，塔纍纍露巖下。又上得福嚴寺，寺在天柱峰下，傍獅子巖，是讓祖道場，濟宗最先祖庭也。【略】寺旁有明道山房，祠李鄴侯，鄴侯居衡岳寺，遇懶殘在烟霞峰下，舊有書院，在集賢峰福嚴廢邑，人乃就寺側建祠，割寺田令僧守之，非其故也。又上過讓祖塔數武，即傳鉢院，亦名磨鏡臺，是馬祖枯坐處，南宗行地如江河，發源乃在此也。地甚隘，僧亦守塔而已。又上過巳公岩、觀音寺，巖壑益深，秀林樹彌被崖間，冬不落葉，鬱然青葱。【略】至南天門，折入西北谷中，磴道停雪四五尺，幸凍不解，尚可踐之行，而巖壑益靜深，林木益茂密，怪石兀立道旁，雪裹之輪囷擁腫，樹枝四面粘雪，大皆合圍，或蹲或側，望之如猛獸奇鬼，巨竹爲雪壓，梢皆倒垂，下屬於地，如釣竿然，皆平生所未見者。可五六里，至中山寺，寺隔深澗，泉流潺潺，遥聞犬吠雲中，久之乃到。堂宇宏闊，盛時嘗容三四百僧，今寂寥甚。【略】又西二里許，至九龍，取道深松中，磴道數轉，前臨深溪，隔溪見積雪中叠屋臨崖，疏落如畫者，爲護國寺。寺左有飛泉下垂，平布石上，跨木橋以過。樹林森秀，峰岫迴環，最爲佳境。寺盛於萬曆中，舊爲傳戒之所，今亦替矣。循故道而東，至茅坪，有慈賢寺，亦臨深溪，前後多秀峰茂林，美箭蒙籠，其上泉清而甘，故龍潭也。【略】遂從新道下山，差徑而峻，過吸雲、伴雲諸菴，皆有僧迎候，爲一啜茗而行。道旁多石而少樹，清泉瀉壁間，縈絡不斷，所言芙蓉峰上有泉水飛流，如舒一匹練，分映青林，直注山下者，即此是矣。過甘泉書院，地甚清曠，惜無居之者，甘泉但卜地於此，亦未嘗居也。還宿萬壽宫。明乃爲方廣之游，由岳市西行，過止觀橋，徑緑野清溪中，十里餘乃上嶺，嶺行五里許，得西明寺。寺旁多高松大竹，瀦泉爲沼，蔚然清疏，寺小而整潔。居方廣中道，少休乃進，嶺漸峻，山色漸佳，蒼藤老樹，縈岡覆谷，夾道清泉奔瀉，如奏笙簧。道旁有秀壁，鑱大字曰「湧几」，其地尤佳，翹望諸峰，或半雪，或微雪，或掩雲中，或露雲表，開合不常，瞬息萬狀。踰小嶼、大嶼，始見蓮花峰，百千小峰，攢簇周遭，如千葉大蓮花，在七十二峰中爲最秀。其高與祝融亞，純在雪中。下嶼二里許，至方廣寺，寺正坐蓮花峰之心，而地勢寬廣，樓閣重叠，四圍皆竹木，清溪一道，縈絡寺門，洗衲池、補衲石在其右，鳴泉戛玉，懸瀑濺珠，天下絶境也。地在岳山西北，最幽邃，寺亦最寬閑，僧亦最衆，惜非禪門。晦翁、南軒游岳，自山背上，首至方廣，故有二賢專祠。明代游人到此，甚少祭告，使臣絶無至者。游岳而不游方廣，如弗游也。自此而北，則有天台寺、黑白龍潭、白門諸寺。在岳之背，又有上下南溝，余欲一至，以徑路欹仄，雪後踏凍，行甚艱危，輿人告困，遂不克往。翼日，仍由西明寺出岳市側徑，還縣寓，凡十日而畢岳游。綜論一山體勢，東西綿亘數十里，倍於南北，故曰衡山，衡，横也。名爲大峰五，實則蟠天際地，各自爲高者甚衆，不同他山，一二大峰外，餘皆卑小。大峰雖多，以祝融爲主，餘皆環拱輻輳，不同他山之參差錯雜，漫無主峰，譬如牧伯之總羣侯，大將之統列帥，有綱有紀，不僭不忒，分之各自爲雄，合之共成其大。南方高廣之山甚多，而此獨標爲岳，有以也。

清　喬光烈《最樂堂文集》卷四《登華山記》　岳有五，而太華之神秀，冠於崧、衡、岱宗。《山海經》謂，其削成四方，其高五千仞，峻極天表，險絶人境，稱名山之宗岳。東西南凡三峰，其南峰爲蓮花，視兩峰高逾甚。然自下望之，三峰隱合，常如一峰，隆隆正起，若古章甫冠狀，必登其巔。則分明對出，類菡萏，葩敷瓣拆，故謂之岳蓮矣。前世入華山者，多以爲神仙之游。自韓退之投書與家人訣，傳者爭畏其險，或裹足不敢往。客有至者，徘徊其下，仰望而已。顧予觀元明時王履道以下，及袁中郎、李之椿十數公，亦常徑游，游亦各有記。讀之喜其奥於境而奇於觀也，意恒軒軒動，特未暇一至焉。乾隆十一年，守官同州，事來華陰，因抵岳祠。祠起漢世，規模壯鉅宏麗，稱神明之宫。怪柏森立，多數百歲，有最鉅而中空者，謂植自唐開元中云。自祠南行近十里許，有觀曰雲臺，宫曰太素，皆道士所居。宫南又幾半里，得郝氏園。園竹數萬竿，交翠蒙密，不見日影坐琅玕林中，宜奕宜飲，宜布簟卧，而尤宜於暑。盤薄久之，不知外事之若忘也。自園至華山峪口，有玉泉院。傳云，宋處士陳摶舊所居，摶既仙去，其徒以摶嗜睡，爲之像若偃卧者，藏院中以奉焉。院有怪石數片，形如龍蟠。清流繞其側，古木虬枝，婆娑偃蹇。院中人曰此無憂樹也。會日且莫，遂止宿院中。因問道士登山若何，爲具言崎嶇佶屈，上下奇險，及見聞諸景狀。明日早起，從道士食訖，即引三四人出院。行凡五里，入第一關。又四里至希夷峽，陡崖百尺，人穿石洞中行。既出峽，西折四十餘步，爲第二關。大石中分，狀如關門，類斧劈者。又三里，至桫羅坪，坪勢稍夷曠。由第一關至坪，多幽壑曲澗。而張超之谷，車箱之潭，種藥之坪，壺公之臺，在山麓者，皆左右繞焉。踰坪而上，爲十八盤。以山最陡峭，必旋盤十有八折，乃得升，故以之名。盤既盡，爲青柯坪。地坦以舒，草木鮮茂，中列祠宇，有館曰青柯。計距玉泉已二十里矣。登岳者至此，甫及其半，必坐息少休。然自第一關來，雖嵜嶔側塞，尚可僦土人之健且習於險者，以籃輿舁至坪所。過此則千尺幢，一峰直上，中陷如霤，步不得施。《水經注》謂之天井者也。非易裝短衣，仰挽鐵絙，趾蹋絶壁，如猿猱攀援度，終不可上。以故游者憚其艱，至青柯坪，往往輒止。予既度幢，仰見天光如從井中出，爲之汗涊力疲，勉面前。歷百尺峽，峽險如幢。東北行二里，過二仙橋。見鐵杙横貫壁石，上架木板爲飛梁。下瞰無底，度者面崖攀鎖，屏息瞑視，踐板以過。板不盈尺，躡之振振然，益危惴。念昔時鑿懸度，施設窮人力，疑鬼神所爲。自橋益進，爲老君犂溝，爲閻王碥、蒼龍嶺。嶺兩山中斷，溪深不測。有石若橋者，南北相屬，通往來徑，凡長二丈許，形橢以削，類天台石梁。望者心悸，然必度此乃得至岳上。予既登太頂，謁顯靈宫，觀玉女井，仰天池，即圖經所爲太乙池者。水纔一泓，冬夏不盈，耗顧瞻仙掌，指拇朗列，如抵如擎。俯視瀑布，從百尺峽下垂，玉虹沈沈，倒銀漢而挂天紳矣。遠望河渭，細僅縈綫。其南連山，奔峭如海濤，起没無際，莫知紀極。

清　李鴻楷《游東岳廟記》（《高縣志》卷四八引）　嘗從臨淵閣下，挽舟溯流而上，見城東門外，迤南一里，紺宇琳宫，倚於梯雲山側。古柏參天，蒼翠欲滴，如畫也。詢，知爲東岳廟。一日，乃偕賓僚往游焉。廟東北向，前臨深溪，源自右崖懸下，鳴湍急瀨，飛素流清，淙淙然有聲。汲以瀹茗，甚清冽。邑人周皋門架長橋其上，制如樓，有欄楯。入廟者，非過此不得其門。橋之東有山，自南斜轉而趨北，如右臂，相爲捍衛。上植棡桐數百，扶疏高下，枝幹挺勁，葉茂密如蓋，濃陰不斷。其西由梯雲山斜下，少伏，復起爲冢，雄峙於北，如覆盆。邑之城緣之。兩山之口，一徑沿溪，周折上通。近橋二百步内，復有幽芳異卉，羅生左右，霏紅炫緑，隱翠約黄，因風逞氣，芳馥襲人。時方盛夏，少憩橋上，冷趣幽光，四面相逼。日景方中，無從穿下，暑氣不入。外間闤闠囂塵，杳焉隔絶。惟聞鳥聲錯亂，若與溪聲相應而已。噫！此殆向者在舟内時所未得見，固不知林深處尚有其勝者也。廟高下三層，鏤金錯采，中有雙柏離立，霜皮溜雨，約三百年間物。其後崖青杉數株，高出柏上，中間相距二百五十步，遥遥對接，合爲一色。故自下視之，直以爲止柏之杪耳。再上有地勢平敞，倚崖之半，高空無闃。老僧云昔嘗建亭其上，今圮。逕路絶，惟扳壁捫蘿可上，乃止。於是俯仰任放，游目四矚。復寧河繞其下，波光瀲灩。河東爲懷遠鎮，緑野千疇。而北望臨淵閣，飛青流丹，張煙迷雨，宛在水中。舟楫往來，越陰度洄，蓋又如畫矣。

藝　文

晉　陸機《太山吟》（《藝文類聚》卷四二輯）　太山一何高，迢迢造天庭。峻極周已遠，曾雲鬱冥冥。梁甫亦有館，蒿里亦有亭。幽塗延萬鬼，神房集百靈。長吟太山側，慷慨激楚聲。

晉　謝靈運《謝靈運集·泰山吟》（《漢魏六朝百三家集》卷六六輯）　岱宗秀維岳，崔崒刺雲天。岝㟧既嶮巇，觸石輒芊緜。登封瘞崇壇，降禪藏肅然。石閭何晻藹，明堂秘靈篇。

唐　王維《華岳》（《文苑英華》卷一五九輯）　西岳出浮雲，積翠在太清。連天凝黛色，百里遥青冥。白日爲大集作之寒，森沉華陰城。昔聞乾坤開，變化生巨靈。右足踏方山，左手推削成。天地忽開折，大河注東溟。遂爲西岳崎，集作峙岳雄雄鎮秦京。大君包覆載，至德被羣生。上帝佇昭告，金天思奉迎。人祇望幸久，何獨禪云亭。

唐　李白《李太白文集》卷一六《游太山三首》　四月上太山，石平御道開。六龍過萬壑，澗谷隨縈迴。馬跡遶碧峰，于今滿青苔。飛流灑絶巘，水急一作色松聲哀。北眺崿嶂奇，傾崖向東摧。洞門閉石扇，地底興雲雷。登高望蓬瀛，想像金銀臺。天門一長嘯，萬里清風來。玉女四五人，飄颻下九垓。含笑引素手，遺我流霞杯。稽首再拜之，自媿非仙才。曠然小宇宙，棄世何悠哉。

日觀東北傾，兩崖夾雙石。海水落眼前，天光遥空碧。千峰争攢聚，萬壑絶凌歷。緬彼鶴上仙，去無雲中跡。長松入霄漢，遠望不盈尺。山花異人間，五月雪中白。終當遇安期，於此鍊玉液。

朝飲王母池，瞑投天門闕。獨抱緑綺琴，夜行青山月。山明月露白，夜静松風歇。仙人游碧峰，處處笙歌發。寂聽娱清輝，玉真連翠微。想像鸞鳳舞，飄颻龍虎衣。捫天摘匏瓜，怳惚不憶歸。舉手弄清淺，誤攀織女機。明晨坐相失，但見五雲飛。

唐　杜甫《望岳》（《九家集注杜詩》卷一）　岱宗夫如何？齊魯青未了。造化鍾神秀，陰陽割昏曉。盪胸生曾雲，決眦入歸鳥。會當凌絶頂，一覽衆山小。

唐　鄭谷《雲台編》卷中《華山》　峭仞聳巍巍，晴嵐染近畿。孤高不可狀，圖寫盡應非。絶頂神仙會，半空鸞鶴歸。雲臺分遠靄，樹谷隱斜暉。墜石連村響，狂雷發廟威。氣中寒渭闊，影外白樓微。雲對蓮花落，泉横露掌飛。乳懸危磴滑，樵徹上方稀。澹泊生真趣，逍遥息世機。野花明澗路，春蘚澀松圍。遠洞時聞磬，羣僧晝掩扉。他年洗塵骨，香火願相依。

宋　范成大《石湖詩集》卷一五《重游南岳》　捨舟得馬如馭氣，步入青松三十里。我從蠻嶺瘴煙來，不怕雨雲埋岳趾。憶昔南征欵廟庭，往來無恙神所祉。當時已有歸田願，帝臨此心如白水。煌煌南正館於東，手握八觚温玉璽。駿奔瀟霍左右輔，好生不殺扶炎紀。崇禋竣事曉壇空，躋攀小試青鞋底。不知雲磴幾千丈，但見漫山白龍尾。石頭招我上南臺，瑞應闌干天半倚。福嚴鐘聲過橋來，仿佛三生如夢裏。堂中尊者已先去，苔鎖巖扉何日啓。竹嫌磽确老逾瘦，松畏高寒蟠不起。癯儒尚病怕深登，幽討未窮行且止。我評七十二高峰，鬱律穹窿少觀美。儼然可瞻不可玩，往往雄争如負扆。乃知岳鎮蓋深厚，不與他山争秀偉。區區獻狀眩兒童，乳洞淡巖真戲耳。

宋　陳傅良《止齋集》卷六《游南岳》　天作之山曷爲哉，遥知閶闔正南開。兩川文武長江下，百粤車書五嶺來。柴望久爲周墜典，牢愁多見楚遺才。不知崧岱還何似，我欲將書寄鴈回。

明　王慎中《遵巖集》卷五《觀周明堂故基在泰山下》　帝行先出震，玆土表青陽。對岳朝羣后，膺符築九房。陰陽隨向背，天地象圓方。環水形裁璧，疏窗色順鄉。時巡春首幸，景側晝偏長。禮樂承三統，華夷奉一王。經年宏構泯，易姓故基荒。難覩周人制，徒聞王者堂。基崇占積厚，隅廣卜圖昌。禾黍榮爲壠，牛羊踐作場。竚瞻停服馬，不至感鳴凰。勿須傷已毀，布政俟今皇。

明　孫應鼇《學孔精舍詩鈔》卷一《華山詩四首》　入谷千萬盤，絶頂信難至。身前石崚嶒，足外壑深閟。纖鐵穿寸橋，削木綴單騎。欲止負初懷，擬進轉驚悸。來非不貳心，寧免遺書淚。蹈水在無私，陟山亦同類。尺寸罔愆步，冠峰竟能企。始知歷高曠，穹壤皆俯視。

華山若君子，先民遺良言。盡日望靡厭，松柏茂以繁。山上茂松柏，谿邊饒蘭蓀。滿香亂煙道，平翠迷雲根。香翠長不歇，雲煙互吐吞。仙都出欲界，塵世何器煩。一身本自由，驅時易寒温。既以同彼視，何能喪吾存？

山峰芙蓉秀，山澗芝蕙芳。客至暮春候，高歌月幾望。晚色漸收照，林皋何混茫？崖際映微白，流暉突飛翔。孤嶂激幽籟，萬樹披寒光。頫境攝元潤，屏息怡清涼。安道曾破琴，馮亮亦結房。二妙誠高步，予何獨彷徨。

神岳本峻美，標奇發苞結。谷轉晴晦分，谿迴巒岫別。東西鬱相望，兩壁何巘蘖。屈曲陟南峰，九州幾邱垤。玉井一何甘，十丈蓮初茁。飲水醴露凝，采花芳香擷。笑談仁襟抱，容易塵想絶。前山日月巖，光景倏明滅。

明　謝肇淛《小草齋集》卷二〇《登岱五首》　疊嶂飛梯斷復連，曉烟寒葉轉堪憐。龍湫半向蒼藤瀉，鳥道翻從碧落懸。敗碣莓苔餘漢字，孤松風雨自秦年。尋真不覺仙源遠，覓得丹丘息萬緣。

山半罡風吹竹冠，洞前雲氣濕衣寒。珠簾噴雪三千尺，石磴懸空十八盤。禹服彈丸天際盡，汶河衣帶掌中看。漢家未欲論封禪，檜柏森森太乙壇。

中天飛閣俯崔嵬，吴越諸峰面面開。錯落山形皆北拱，微茫海氣自東來。秦皇驅石元無字，漢代祈靈漫有臺。七十二君多勝事，只今斜日照蒼苔。

芳草寒烟慘不舒，更從何處覓仙居。秦松漢柏名空在，玉檢金泥事已虚。怪石盡經樵火斷，古碑半損俗人書。憑高無限千秋意，西北浮雲恨有餘。

紺殿朱宮敞碧霞，樓臺縹緲玉真家。鸞驂夜繞三珠樹，羽蓋朝迎七寶車。天外金門馴虎豹，雲中絳節動龍蛇。朝元歸去瑶池冷，落盡冰桃萬樹花。

明　黄哲《游泰山》（《石倉歷代詩選》卷三〇三輯）　名山泰岱連雲上，鄒嶧徂徠鬱相望。晨霞仿佛見丹崖，旭日曈曨射青嶂。羽服逍遥山際行，垂蘿磐石漸迴縈。喬木千章寒谷秀，陰泉百道曉虹明。玄都太古瑶階在，石室丹爐長不改。中林迢遰躡天門，五色芙蓉耀光彩。東極羣真鳴珮環，招摇玉女開金關。蒼龍飛去溟海闊，黄鶴下唳清風還。奎璧祥光生縹渺，日觀扶桑擘昏曉。登臨今日九州同，顧視寧論萬山小。名岳齊天天下知，齋宫虔潔閟靈祇。寶鼎椒蘭騰馥郁，芝楹華蓋仰葳蕤。祠官祝釐朝擊鼓，玉童吹笙雙鳳舞。魯祊秦祀變浮雲，后土精靈夜相語。功成世世來登封，明堂駿奔朝岱宗。翠華行處入歸鳥，樛木盡亞隨飛龍。微茫玉簡無人識，緑壇陰洞秋聲急。但聞松喬遺素書，我欲因之蜕凡骨。絶頂玄芝應再生，神游早顧拋塵纓。笑騎蒼兕驂太乙，稽首銀臺超上清。

清　高岑《眺秋樓詩》卷二《課餘草·登恒岳》　我家居住鄰高嵩，濟勝無具登無從。太室少室望縹緲，結想常與神魂通。况乃兩岳華與岱，東西俱近千里中。力所易到尚未得，自笑身跡如轉蓬。今兹作客走雲代，取道直向恒山峰。雲中南去僅百里，插天巒影烟冥濛。昨宵早歇飽秣馬，曉行日出浮菁葱。振策爰抵山之下，解鞍僕夫忙朝饔。舉頭悵望悔失計，倉卒奚由辦屐筇。安得兩腋生羽翼，飄然高奮猶輕鴻。道旁兜輿人坐守，顧余熟視殊倥侗。辨色再四始借問，客欲登山吾儕供。聞言一時動踴躍，爾胡解事同山翁。攬衣坐輿舁且起，盤旋便捷力頗雄。高低石徑無穩步，前者戒後呼從容。初升猶坦勢漸陡，直上步心恍恍。雙肩暫息當路口，青雲渺渺前無窮。行五里許，有碑志「青雲路」於道左。舍輿摳衣爲躡險，乘興竟欲凌蒼穹。枝交屈曲偃復仰，夾道合抱皆長松。就中一株倍奇古，居然獨踞如虬龍。樹根立石，題曰踞虬。纖雲四卷天一碧，蕭蕭聲疑兼雨風。野花滿谿香不斷，繽紛如雪飄何穠。輿子爲言花發晚，當夏乃與春開同。元岳兩字深入石，懸崖磨壁窮天工。筆勢老健徑三尺，何人斧鑿臨虚空。其間鐫題不勝悉，數里遥達巍峨宫。候門道士揖我入，仰瞻肅拜階梯崇。維神職司鎮北土，庇此下宇巖巖功。册文祭告勒諸石，殿前矗立如林叢。更背絶巘幾千尺，雲容白晝常相封。勢從面起恍無路，野草披帶紛茸茸。云有仙人置棋局，别開天地超籠從。琴仙臺有仙人棋枰。赤松黄石在何許，登臨或與飛仙逢。惟時午日已西轉，暑氣乍退寒來攻。綿衣被體覺猶冷，森森萬木陰交濃。興不暇懶力難繼，弗克造極開心胸。齋厨爲我作麥飯，佐以山蔬蕨與菘。苦茗徐徐一再進，草草餔啜饑堪充。舉手長謝起就道，相視一笑心融融。輿子肩輿忽倒下，防客俯視神爲憧。愛山頗亦愜我願，正好面别青芙蓉。夕陽變幻無定態，山腰濃緑山巔紅。歸途小憩虎風口，颼颼遥答聞敲鐘。虎風口在山之半，松濤尤壯。年來南北慣飄泊，孤身日日浮雲蹤。對此勝境足浩歎，情隨澗壑相撞舂。言歸定擬訪嵩岱，兩脚不怕重雲重。平生所志在巖穴，不此卜築將焉終。

清　夏光沅《祝融峰》（《湖廣通志》卷八四引）　潺潺太陽泉，曲曲循山路。繞泉躡峰巔，岳廟鐵瓦布。凌虚忽光霽，毋乃稱奇遇。氣象立尊岩，攢簇生寬裕。萬峰何趨蹡，容與疊相顧。紫蓋隨風飀，所以失回互。羣壑吹爽籟，百鳥翔毛羽。蒼黄慘若悲，青翠滴欲雨。稍下青玉壇，攀藤始可度。兩石相爾汝，高者闊如步。坐石撫松根，枝垂葉上附。其色秀可餐，物老精英固。風高不能久，一嘯迷煙霧。

清 紀邁宜《儉重堂詩》卷九《登岳》 他山入猶坦，迤邐峰巒起。西岳獨雄絶，登陟未半里。奇峰墮我前，峭壁青冥倚。其態乃萬變，屢折愈俶詭。或紅如砂瑩，或緑如綺靡。或如鼎彝斑，或如樗蒲齒。或如獸欲搏，或如翼斯企。或矗如危樹，或截如平壘。或陷如刳鑿，或突如角犄。或如海圖拆，或如雁行比。槎枒張巨吻，蒼蔚秀懸藟。環抱迷向背，窅映漏曦晷。側身僅得過，飛湍怒嚙趾。二十八潭懸，亂舞瓊膏委。鎔銀挂疋練，長虹飲礀底。神龍掉其尾，震撼勢未止。轟若車百輛，雷吼何時已。以茲蘊靈異，神瀵化爲髓。蒼翠洞肌膚，融洽滴崖址。千仞青芙蓉，一氣混茫裏。層巔雖未到，壯觀斯爲美。憩坐久惝恍，筇枝且徐理。

清 袁枚《小倉山房詩集》卷八《登華山》 太華峙西方，倚天如插刀。閃爍鐵花冷，慘淡陰風號。雲雷莽回護，仙掌時動摇。流泉鳴青天，亂走三千條。我來躡芒蹻，逸氣不敢驕。絶壁納雙踵，白雲埋半腰。忽然身入井，忽然影墜巢。天路望已絶，雲棧斷復交。驚魂飄落葉，定志委鐵鐐。閉目謝人世，伸手探斗杓。屢見前峰俯，愈知後歷高。白日死崖上，黄河生樹梢。自笑亡命賊，不如升木猱。仍復自崖返，不敢向頂招。歸來如再生，兩眼青寥寥。

佛道名山

綜　述

宋 僧延一《五臺山志》（《古今游名山記》卷八引） 五臺山本名清凉山。《華嚴經疏》云，清凉山者，即代州鴈門郡五臺山也。以歲積堅冰，夏仍飛雪，曾無炎暑，故名清凉。五峰聳出，頂無林木，有如壘土之臺，故曰五臺。海東《文殊傳》云，五臺即是五方如來之座也，亦象菩薩頂有五髻。《華嚴疏》文云，此山磅礴數州緜五百里，左鄰恒岳，隱嶙參天，右控洪河，縈迴帶地。北臨朔野，限雄鎮之關防。南擁汾陽，作神州之勝勢。迴環日月，畜泄雲龍，雖積雪夏凝。而奇花萬品，寒風冬冽而珍卉千名丹嶂横開翠屏疊起，排空度險，時逢物外之流，捫蘿履危，每造非常之境，白雪凝布。疑净練於長江，杲日熾升認扶桑於大海。大唐《神州感通録》云，代州東南有五臺山者，古稱神仙之宅也。山方五百里，勢極崇峻，上有五臺，其頂不生草木，松柏茂林，森於谷底。其山極寒，南號清凉山。山下有清凉府。經中明説文殊將五百仙人住清凉雪山，即斯地也。所以古來求道之士，多游此山。靈蹤遺窟奄然在目，不徒設也。中臺至高去井七百望如指掌。上有小石浮圖，其量千許，即後魏文帝宏所立也。石上人馬之跡，宛然存焉。頂有大泉，名曰大華，澄清似鏡，有二浮圖夾之，中有文殊師利像。人有至者，鍾聲香氣，無日不聞，神僧瑞像，往往逢遇。又按《靈記》：五臺有四埵，去臺各一百二十里。據古圖所載，今北臺即古中臺，中臺即古南臺，大黄尖即北臺，栲栳山是西臺，漫天石是東臺。惟北臺、中臺古時有異，東西二臺，古今無異。無恤臺常山是也。昔趙簡子名無恤，曾登此山觀代國，下瞰東海蓬萊宫，觀神仙之宅，此是普賢菩薩於中止住。雲霞出没，往來五臺。登臺者多見靈瑞，緣斯聖跡，故號爲東埵也。西嶺山上有宫池古廟，隋煬帝避暑於此而居，因説天池，造立宫室，龍樓鳳闕，徧滿池邊。此池世傳神龍所居，緣斯聖跡，故號爲西埵也。南有繫舟山，上有銅鐶船，軸猶在。昔堯遭洪水繫舟於此，世傳堯覩文殊見於南臺，緣斯聖跡，故謂之南埵也。北有覆宿堆，即夏屋山也。魏孝文往覆宿此，因以名焉。下見雲州石窟寺，世傳山上有乾闥婆城，即化城也。常於日欲出時，城乃現。又望見北月旲冢，壘壘有鬼趁。南行及見南山柏，各蘖出隨行，文帝叱之，其蘖即迴，低曲而走，因謂之亞走柏，緣斯聖跡，謂之北埵也。唐儼禪師，神異僧也。嘗登南臺之上，望見五頂皆有五色雲覆之，隨雲覆者，配之爲臺。

明 釋無盡《大台山方外志》卷二《形勝考第四》 山光明媚，水色澄鮮，真阿練若樂矣。三禪則有澄深寺之勝。猿梯達漢，鳥道通玄，疑其登者居日月邊，則有摘星嶺之勝。山藏八景，高僧所安。彼如庵主，其塔猶完。則有大同寺之勝，瑞草藉地，拱木蔽天，禽猿嘯聚，杳無人烟。則有石筧道中之勝，此北門第一支。取華頂之峻路，以羅木溪爲界也。若夫神仙福地，茅竹洞天，金庭觀側羲之家焉。則有金庭觀之勝，路崎而勝，水險而清篮輿竹筏恣我，南征則有福溪道中之勝山古蹟。

清 顧祖禹《讀史方輿紀要》卷六六《四川一》 峨眉山在嘉定州峨眉縣西百里，眉州南二百里。張華以爲牙門山也，亦曰蛾眉山。以其西山相對如蛾眉然。自岷山而來，連岡叠嶂，延袤三百餘里，至此空起三峰，一爲大峨山，一爲中峨山，一爲小峨山。大峨山巖洞重複；龕谷幽阻，周圍千里，莫測遠近。登山者，自麓而上，及山之半，又歷八十四盤，山徑如綫者六十里，而後至于峰頂。山中有石龕百十二，大洞十二，小洞二十八，若伏羲、女媧、鬼谷諸洞，其最著者也。又有雷洞七十三，時出雲雨，俗以爲雷神所居。中峨山在峨眉縣南二十里，一名覆蓬山，一名綏山。小峨山在峨眉縣南三十里，一名鏵刃山。三山相連，名曰三峨，左思所云「抗峨眉之重阻」是也。《唐十道志》：劍南道名山曰峨眉。陸深云：山周迴千里，高八十里。

清 雍正《江西通志》卷一一《山川·廣信府》 龍虎山在貴溪縣南八十里，兩峰相峙，狀若龍虎。《道書》第三十二福地，漢張道陵於此煉丹。山下有演法觀，古松夾道，丹竈、丹井及飛昇臺，遺址尚存。上清宮則在龍虎兩岐之間，前對琵琶諸峰。右爲仙巖，一水縈紆，蓮花石横塞水口，真神仙窟宅也。今道陵裔世襲真人居之。

清 雍正《浙江通志》卷一 天台山高一萬八千丈，周圍八百里，四面如一山，不下數十重，總以天台名之。山巔一峰中有户闥，名曰赤城。石皆赭色，形如雉堞。右爲玉京洞，道書所云第六洞天。東爲國清寺，隋智顗師道場。山多精廬，此其絶勝。雍正十一年，敕賜鼎建。北爲清溪，西有桃源。繡壁夾澗，十里三折，仙踪惝怳，難窮其奥。西南最高峰曰華頂。自山麓至峰頂，凡八重，登其巔，大海、錢江、栝蒼、鴈蕩俱在目睫。俯瞰羣峰，或如蓮葉，或如花鬚，髣髴芙蓉一朵浮動海上，真異境也。西行爲瓊臺，有雙闕對峙。臺當大壑之心，空際石起，浮嵐插天，狀如削瓜，萬仞卓立，森倚相向。孫綽所謂「雙闕雲竦以界道，瓊臺中天而垂居」是也。中爲桐柏山，上有崇道觀。昔王子晉所治金庭洞天，仙人葛翁居之，代有興建。雍正十一年，特命動帑鼎新，遣官董視，工成鉅麗，輪奂迴越前古。其北爲寒巖，上有鵲橋。匡石欲接，一罅中斷，飛泉噴薄，猿鳥回蹤。循鳥道東折，迥絶處爲石梁，峭壁如劍削，雙澗懸流兩厓，支石滑不受趾。又綽所謂「跨穹窿之懸磴，臨萬丈之絶溟」是也。過此則應真五百所棲，兜羅示現，宫闕縹緲。津逮者，蓋自厓而返矣。

清 俞蛟《夢厂雜著》卷五《游踪選勝·夢游天台記》 余居，恒讀孫興公《天台賦》，而深景行仰止之思焉。【略】歲庚子，遇吕子鳴謙於京邸，賦詩酌酒，時相過從。鳴謙家新昌之斑竹，距天台百數十里。一日酒酣，留宿寓齋，爲余述天台山勢之峻極，峰巒之奇拔，松檜之叢鬱，溪澗之紆迴，飛瀑之激湍，及琳宫梵宇，邃閣幽軒，可以憑弔，可以宴游，歷歷如繪。其衆峰平列，乍低乍昂，如覆盂几案者，牛姑嶺也。巨杉千餘，株皆二十圍，木杪隱見梵刹者，萬年寺也。巨石左右兀立，蘭蕙叢生，芳流襟袂者，香谷巖也。磐石大如屋，瀑水蜿蜒其上，光潤膩滑，旁有井，深不可測者，觀龍潭也。小山環繞，由窄徑屈曲行，度石橋，遥望一峰插天際者，華頂峰也。其間亂峰拔起如筍，作紅霞色，瀑布千丈，直飛而下者，即興公賦中所謂「赤城霞起而建標，瀑布飛流以界道」也。由此折而東，有石梁，修二丈有奇，寬不盈二尺，梁盡處，有洞極明廠者，相傳劉阮采藥遇仙處也。他如靈巖、龍湫、慧墅、桃源，暨望月峽、桐柏宫、惆悵溪諸勝，不可枚舉矣。言者不煩，聽者忘倦，余不禁爲之馳神運思，恍若置身於台岳也。

著録

元 陳巖《九華詩集序》 九華，池陽勝境也。山有九峰，若兄弟班列，古以九子名之。唐李太白有「昔在九江上，遥望九華峰。天河挂緑水，秀出九芙蓉」之句。及來是邦，與高霽輩聯句，云「妙有分二氣，靈山開九華」。由是九華之名彰彰於世。得非地以山川重、山川以人重與？范至能云：余生東吴，北南西三方皆走萬里，所至無不登覽。太行、常山、衡岳、廬阜皆崇高渾厚，其最奇者，莫如池之九華。歙之黄山，括之仙都，温之雁蕩，夔之巫峽，此天下同珍之者。旨哉斯言！九華奇秀誠爲天下第一。劉禹錫舟過江上，以謂九華奇峰自是造化一尤物焉。李太白、杜荀鶴、羅隱、費拾遺、滕子京、王季文讀書有堂，杯渡、金地藏、葛稚川負笈修煉，至於潘逍遥、王介甫、張子湖等吟咏歌記，散出於郡邑志，書者不一。予世居其下，雖乏濟勝之具，坐卧偃息，獨專所好。雨捲朝晴，嵐光翠滴，旦而視之入吾窗户矣。泉流耀日，杉影舞烟，晝而對之，摇吾樽俎矣。月明鶴唳，雪擁猿啼，夜而聽之，透吾几席矣。故以山之東西，繪爲圖本，繡入於梓，與遠方朋友共之。昔詩人陳清隱巖負其樂山樂水之趣，遍游歷覽，隨寓吟咏，凡山中草木羽毛之名，品泉石巖洞之靈異，烟霞風月之氣象，悉采而模寫，於中皆得其事迹景物之真。蓋陳君生於九華，身所親歷，目所親覩也。詩有舊板，兵燬不全，此二百一十篇，乃余掇拾於散佚之餘者也。竊謂山乃無聲之詩，詩乃有聲之山。山之有詩，猶天有日月星辰之光彩，人有衣冠佩玉之文華也。苟或泯泯，山靈其不抱泯泯之恨乎！特捐己帑而重梓之，俾詩與山相照耀於無窮云。歲至大戊申仲秋之吉，同里方時發撰。

紀　事

宋 范成大《吴船録》卷上　峨眉有三山爲一列，曰大峨、中峨、小峨。中峨、小峨，昔傳有游者，今不復有路。惟大峨一山，其高摩霄，爲佛書所記普賢大士示現之所。自郡城出西門，濟燕渡，水洶涌甚險，此即雅州江。其源自嶲州邛部合大渡河，穿夷界千山以來過渡。宿蘇稽。壬辰早，發蘇稽。午過符文鎮，兩鎮市井繁類壯縣。符文出布，村婦聚觀於道，皆行而績麻無索手者，民皆束艾蒿於門然之，發烟意熏祓穢氣，以爲候迎禮。午後，至峨眉縣宿。癸巳發峨眉縣，出西門登山過慈福、普安二院。白水莊蜀村店十二里龍神堂自是礀谷春淙林樾雄深，小憩華嚴院。過青竹橋，峨眉縣新觀路口，梅樹埡雨龍堂。至中峰院，院有普賢閣，回還十二峰，繞之背隱。白崖峰右旁最高而峻挺者，曰呼應峰，下有茂真尊者庵，人迹罕至。孫思邈隱於峨眉，茂真在時，常與孫相呼相應於此云。出院過樟木、牛心二嶺。及牛心院路口，至雙溪橋下，石塹深數十丈，窈然沉碧，飛湍噴雪，奔出橋外，則入岑蔚中。可數十步，兩溪合爲一，以投大壑，淵渟湛澈，爲溪瀨。瀨中悉是五色及白質青章石子，水色麴塵，與石色相得如鋪翠錦，非摹寫可具。朝日照之，則有光彩發溪上，倒射巖壑，相傳以爲大士小現也。牛心寺三藏師繼業，自西域歸過此，將開山兩石門溪上，攬得其一，上有目以爲寶瑞，至今藏寺中，此水遂名寶現溪。自是登危磴，菩薩閣當道，有榜曰天下大峨山。遂至白水普賢寺，自縣至此，步步皆峻，阪四十餘里，然始是登峰頂之山脚耳。

宋 周必大《文忠集》卷一六〇　遂至齊山。山脚插入清溪，石色青蒼，畫洞穴半出水中。泛舟扣其户而返，步登延慶院，以舊僧慶先爲指南。環寺岩洞可愛者，羅漢殿後曰妙空岩，在大石中。次曰丹砂岩，俯僂乃可入。片石斜出，叩之聲控控然。四傍屈曲，皆奇石也。法堂之下蕉筆岩，亦名唐公岩。張環，字唐公。嘉祐三年司法，以蕉爲筆書岩，故云。有黄大臨諸人題字山之上，曰春流泉。進窺無底。同歷武功岩，遂至觀音岩。岩本名上清，兩岩對起，三面環抱，有程正輔、蔣穎叔題字。右轉登寄隱亭，四面皆翠石，有小岩刻「寄隱岩」三字，其前有熙寧甲寅重陽太守劉㪟思甫題名。東北乃紫薇亭故基，謂杜牧之面淮南諸山，下臨秋浦清溪，直接大江，眼界豁然。又其傍拔起數峰奇甚，謂之小九華，蓋與上清岩皆齊山最勝處也。崎嶇行硤中，僅可通人。稍前曰定力窟，深不可測。又其上即翠微亭，是爲山項。杜牧之云「江澄秋影雁初飛」，此地此時也。東望望碧峰劍立於遠山之坳者，九華也。南望大山横陳者，大婆山領緑峰也。北眺州城邑屋可數。大槩主山自紫岩蜿蜒西來，其左即貴池口，其右即清溪秋浦，望之全類臨安之西湖，而一堤隱然屬城，亦類蘇公堤，此又登覽最勝處也。予賦小詩云：地占齊山最上頭，州城宛在水中洲。蜿蜒正作長虹墮，吸住江河萬里流。又云：天遣江山助牧之，詩材猶及杜筠兒。向來稍喜唐風集，今悟樊川是父師。久之，由别徑下。九項洞上有九項，圓如盆覆，中頗平廣，有磐石可坐。嘉祐中，因太守王哲易名集仙洞。哲與王介甫唱酬甚多，即撰《齊山記》者。洞後有穴，側身可過一小洞也。竇穴上穿，頗類月岩，而其背山上，乃唐觀（數）郡（樓）基，王哲易名青霄亭，今亦廢。其下曰獨秀岩，翠壁横峙可愛。訪左史洞，爲馬軍寨所限。出寺行里許乃至焉，實寺之後山也。其深數丈，可達於外。

元 朱思本《貞一齋詩文稿·登武當大頂記》　延祐丁巳四月壬寅，蚤作，自武當山真慶宫登大頂。初穿林莽，尋微逕可五里所，碎石磽确，壞木從衡，逕漸湮蕪，乍升乍降，萬木交錯，葉或大如箕，或小如蒙茸，或直上數十百尺，或樸樕扶疎，皆昔所未見。質諸野人，亦莫能盡名也。【略】又七里所，緣青壁，攀藤蔓，而匍匐登，返顧嵌巖幽深，草木葱蒨，惟聞水聲淙淙，莫能窺其底也。咳唾笑語，山谷響應，怪禽飛翔，大如雞鶩，小如雀鷃。光采絢爛，鳴聲清越，非所嘗聞。强以其聲之似人言者名之，則有不空中空，尤爲異焉。靈草敷榮，多黄精、芎藭、草烏、大黄之屬。又七里所，至下天門，峭壁如削，辮竹繫其顛，縋而下，約可六丈餘。側足石磴間，援竹而上，始也懼而顫，中也勇而奮，既至也，則恬而嬉。天門砥平，可尋丈，兩石對立，上合而中通，謂之門亦宜。至此，山蛭虵虺皆無所見矣。《山志》云，是爲太安星厓，顯定極風二天帝所治。復上五里所，爲三天門。其勢視下天門差平夷，而從廣倍之。喬松怪石，天風冷然，長蘿卷紓，芬芳襲人。過此以往，無復甚峻，亦繚繞百轉。又數里，乃至絶頂。礱石爲方壇，東西三十有六尺，南北半之中。冶銅爲殿，凡棟梁、窗户靡不備，方廣七尺五寸，高亦如之。內奉銅像九，中爲元武，左右爲神父母，又左右爲二天帝，侍衛者四。前設銅缸一、銅爐二，缸可盛油一斛，燃燈長明，爐一置殿內，一置壇前。四望豁然，漢水環均州，若衣帶，其餘數百里間，山川城郭，皆髣髴可辨。俯視羣山，盡鱗比在山足，千態萬狀，如赴如挹，如聽命待役焉者。天宇晃朗，風景凌厲。或云，率以五鼓東望日出，尤爲奇觀。則又知非徒泰山天壇、衡岳之爲然。惜怯露宿，未暇驗其説也。盤桓久之，乃逡巡而返。至真慶，午陰微轉。大率爲里僅三十，而真慶下至分道口平地，又二十有五里云。

明 都穆《游名山記》卷一《終南山》 離牛頭，南行四十里，至終南山。入普光寺，寺在山之麓，洪武中建其一，乃在山上，即隋之龍泉寺也。【略】十六日，予欲游太一宫，西行三里，終南之陰，即宫所在。中有碑，爲希夷先生所撰宫記。其略云：太一宫者，即太一降臨之地。山水秀絶，靈迹環繞，實萬古神仙之宅。漢元封初，武帝之所建也。武帝嘗鑾輿躬臨，封其山曰太一，池曰湫元，仍立太一元君祠于池之側。晉元帝封祠爲金華洞天，唐高祖始定天下，即降手詔，修崇殿宇。中宗時，命于池北創湫源之閣，下宫創昇仙之堂。開元中，玄宗臨幸，復創駕鶴之軒于宫西北，親文其碑。自僖宗入蜀，宫罹兵火，至後晉相國桑公出鎮古雍，禱雨獲應，重修廢墜，而宫還舊觀矣。希夷人傳其詩，而文絶少，若此記者，蓋平生之僅見也。出宫而南，三里，入山谷。中有泉出奔，聲如擊筑，如轟雷，咫尺人語不辨。二里，息足磐石，道士有造橋者，持酒果來獻，衆忻然共飲。命人攜之以隨，遇泉石佳處，輒飲數杯。又二里，道益峻險，遂舍肩輿，躡亂石，冒懸厓，屈曲而上，山之西有日月巖，下刻篆書「松泉」二大字。又上至抱子巖，經玉皇洞，又有八仙洞，在山之西壁，限以流泉，足非跣不得入。又上有石，儼若老嫗憑巖而休。左一圓石，明可鑒物，謂之石鏡。再上則湫源池也，池一名太一湫，其上環以羣山，雄偉秀特，勢逼霄漢，水廣可數丈，深丈許，錦鱗浮游，人莫敢觸。鱗之大，有二三尺者，自昔禱雨，咸在於是。其南即太一殿，惟一道士居之。王維詩云：太一近天都，連山接海隅。白雲回望合，青靄入看無。分野中峰變，晴陰衆壑殊。故人投宿處，隔水問樵夫。殿左有三官、雷神二洞，所謂金華洞者。在山之最高處，道士云洞有積水，然不能至也。田君與費生，以疲極卧三官洞，予面池獨酌。頃之，道士具午食，食畢，下山復至太一宫。方舉杯，適長安令送酒，飲興益豪，題名壁上。晚回至普光，予欲玩月上寺。過門不入，命輿夫疾行上山，道悉甃以石，而松柏梨栗，夾植其旁，遇險則趨别道。已而復故，蓋五里而始至寺。孟郊詩云：鳥飛不到處，僧房繞山顛。龍在水常碧，雨開山更鮮。步出白石上，坐依清澗邊，地磽松桂短，坂險道塗偏，晚磬送歸客，數聲落瑶天。寺有方池，名曰仰天，跨以石梁，于兹宵玩月爲宜。張筵池上，而浮雲滓空。衆頗弗懌，予戲謂之曰：昔人詩不有弦管吹開之句乎！命小閣黎取笙簫雜奏之，倏焉雲開月朗，則皆大笑，謂余言之不妄也。

明 顧璘《憑几集》續編卷二《游太和山前記》 曩昔聞客談太和山高且奇，宫觀偉麗，皆天下所無有，竊疑未信。嘉靖戊戌冬，余以臺務巡，方至襄，乃謀觀其勝。十月二日，出襄陽，信宿於穀城界。山道中見岡阜迤邐相屬，人曰：此即山麓也。蓋相去二百里已然矣。四日入山，將至遇真宫，則童冠羽人數十，提香鳴樂，持旛旆來導。悠悠然度灌木溪橋之間，怳陟仙界。自是凡過一宫觀，皆然，是日宿玉虚。五日曉，循澗道往，尋玉虚巖，凡三里始至。徑險石益奇，靈草異木，青葱不類人境，平時人所不至也，宿紫霄。六日，乃登天柱峰，謁真武君金殿。歷路門者四，皆金榜石磴，曲折不可計。旁皆有石欄銕鎖人攀援以升。或憊，則引布推輓，凡數十。憩乃躋其巔，平臺設真君殿，殿可三咫許，冶銅爲質，鋈以黄金，棟柱門屏，題甍並具。其像與四天兵皆銅，精工踰土木，非竭天下之力不可作，誠盡勝矣哉。其上四望莽蒼，凡山皆下莫見，唯北見華山隱隱耳。拜禮贊嘆，徘徊良久，始下。入南巖石壁，無古人題識，唯今少傅夏公大書「福壽康寧」四字，殊雄偉。其雷神洞、捨身巖，皆險峭可駭。初七日，問山北，僻道訪五龍宫。景甚幽邃，澗泉清泠可聽，時從高厓低緣澗道，不啻千仞，如飛鳥翩然下青壁，愛且悚惕。荒茅密竹，聞往時多虎，今人盛，亦不見也。蒼杉參天，有大十圍許者，時成林，亦他山所無。間訪巖居道士，問呴嘘吐納之方，頗指鍾、吕、孫、陳諸仙人居處相示，使古無仙則已，有則不居於斯，安往哉！八日，仍抵玉虚，得故人司法陳羽伯自南陽至，乃共再宿，而别入均州，游净樂宫。至紫霄亭，云是真君誕所，或有之云。山游凡五日，歷宫九，皆絶工麗堅壯，而南巖五龍多石，爲幽觀。凡十一多居巖阿，仁威觀前有白石特奇，余題曰：玉麟梛梅，舊木已無，今乃後植者。廟凡三因事，而作無幽。槩巖名者五，玉虚、太子、隱仙尤奇，澗不可數，九度磨針特名重真君也。凡宫殿皆擬天庭帝座之崇岩，雖行寮寄寓，皆費中人百家之產，莫狀其勝。

明 陳文燭《二酉園文集》卷九《游峨山記》 行十餘里，憩德山寺。望三峨插天，雲氣如赤珠，如白鵠，如行人，鱗鱗不可名狀。讀宋英宗御制別山碑。別山者，開山寺僧，有經行者。憩聖積寺，登老寶樓，覽魏鶴山「峨峰真境」四字，寶亦宋僧別山者流。有東明沙門，年九十，擁錫而行，素與新都楊用脩、青城余懋昭游，藏二公詞翰。余爲老僧像贊而出。出過解脱橋，憩華巖寺，讀宋紹興碑，發涅槃之藴，演勿照之明。令人爽然。至楠木坪，樹如寶蓋，葱菁十餘里。見溪下一石類舟，人云，此普賢船也。至大峨石，上有陳圖南「福壽」二字。石前有流杯池，余爲《神水贊》而去。去登歌鳳臺，即楚狂隱處也。憩中峰寺，玩孫思邈藥鼎、丹竈，其形甚古。憩牛心寺，寺下爲雙龍橋，兩水分流，石梁跨之，蓋天成云。過梁渡溪，憩後牛心寺，玩唐三藏取經時所遺卓錫，非人間物。國初，高僧寶曇圓寂于此。或言高皇帝同時僧廣濟避居峨山，後宫中聞龍躍聲，詔易前杖。莫可考耳。山西會亭經南戒，名宗坊，投白水寺宿焉。訪唐濬師彈琴處，湮滅也。有鎮南沙門，與之語合。言師別傳年七十，游南海，三十年前種樹千百，今鬱鬱蔭此山矣。出内江學士趙孟静衣契讀之，謂克其心，則宰衡吐握，一代人才可種也；洙泗指述，千載人才可種也。余味其言，書短歌寄焉。越二日，鎮南隨余登頂心坡。坐筍輿，用布懸引而上。經息心所、大小深坑，有長老坪，差覺平坦。喬木千章，千雲摩蒼，交錯糾紛。古蘿蔓延下垂，人云此普賢綫也。行至鶯店，飛岑巑岏。過木皮殿，上胡孫梯，歊霧滃渟，咫尺莫辨。過梅子坡，至雷洞坪。有禁人語鐵牌，恐風雷忽震。由此轉折八十七盤，最上娑羅坪，蓋有娑羅花云。捫石穿林，黯黮不見天日，巖下磈磈，多千年積雪，冰氣皚皚射人。已入天門石，度天仙橋，投光相寺宿焉。老僧取水炊飯，爲言頂有池水，無泉脉，可給千人炊。米數沸，中食，過百沸，則心結粉粒，反不可食。卧必累褥，坐必執鑪，其寒慄異常云。越三日，沐浴，禮普賢大士，祈家按察公壽。舊有銅、鐵、錫三殿，今存鐵瓦殿云。有通天沙門，年八十薙草開林，表一小剎，不下山五十年。自言此山無豺虎，草木皆香。西域寶掌，千歲僧也，名此爲「震旦國第一山」。【略】越五日，又登絶頂，日大明如昨。一僧携放光石，如水晶，大者徑三四分，就日照之，成五色，如虹霓，望七寶臺在深崖。與通天別，從故道下山。崇峰懸磴，白雲護之，渾如銀色世界。樹間啼猿，小者如拳。暮宿白水寺。有妙境沙門，自西游還，從師高僧筍峰歷五臺、南海道場，談之津津有味。越六日，至黑水寺，訪八音池。每盛夏有水，人鼓掌則羣蛙鳴，其起止俱先一蛙，如金聲玉振。有白玉環，探之，光潤異常，乃千年物。

明 王世貞《弇州四部稿》卷七三《谿紫霄登太和絶頂記》 質明起，禮前殿壁。其後鐵色，横上千仞若屏，曰展旗峰。出憩禹跡池，泉聲益怒，飛流縹碧可愛。仰視雨脚下垂，而暫若閣者，甚畏之，然已決筴，則勵輿人前。池之右爲福地，古七十二之一也。宫其上，弗及訪。俄而漸開霽，所入皆陋徑，兩壁直上無盡，而三公、五老諸峰以次現，乃更用濯雨，故蒨潤葱蔚，因詠唐人「羣峭碧摩天」語，歎其指意之妙。久之，崖忽闢其陽，丹碧出没杳靄中，稍迫而視宫之額，則南巖也。舍弗止，乃度宫西嶺下，視大壑，若孟諸席以古松長杉之屬。自是度榔梅祠，地益高，壑益雄深，仰而睇，俯而瞰，無非以奇售者。所歷宫觀，羽衆以笙管導之，出没雲氣中，時亦爲風續斷，或前薄崖而爲回風調，穿入窪幽，則若瓮呼者。度半舍許，得一澗，輿人來請曰：「從此陋中穿，則故道也，當步上三天門。此而下趣澗，則改徑，可以輿，亡苦。」乃聽其所之，以得雨，稍走沮洳。怪石錯道，古木偃蹇，其右仰而諸峰之高以爲亡踰矣，左仰而峰勢益峻，遂失其右所在。久之，蛇行爭鳥道，凡數千級而躋太和之西嶺。又折而下，泥滑益甚，舁人足前趾恒蹈空，又數失，而顧其身，乃空懸數千仞，悔不若步之小安也。已上太和，憩傍室，顧視諸道人舍，其趾半附崖，則重累而度之，多者至七層，若蜂蠣之爲房。罡風蓬蓬，勢欲墮不墮，甚危之，而竟無恙也。改服，禮真武，遂登絶頂，曰天柱峰。由太和而望天柱，高僅百丈耳，而行若數里者。左挽懸而右肩息，不能得懸之十一，輒喘定乃復上，遂禮金殿。殿以銅爲之，而塗以黄金，中爲真武像者一，爲列將像者四。凡几坐供御，皆金飾也。已出而顧所謂七十二峰者，其香鑪最高，然猶之乎榻前物耳。

又《自南巖歷五龍出玉虚記》 由南巖右折而下半里許，爲北天門，出北天門，稍折而上，曰滴水巖，若肺覆時時一滴，下小池承之，即不以雨暵緩速。有澗，傍亦饒奇石，泉瀌瀌下流，橋度之，頗勝，而名不雅，曰竹笆，然亦未有以易也。自是壑益深曠，樹益老，高者徑百尺，大可數抱，而根皆露，交縱道上數百千萬條。其粗者若虬蟒，次爲蛇，爲擘爲即，且樹得風籁籁鳴，則根皆應而鱗起，若囓人趾者。崖顛怪石俯下欲墮，亡所附麗。其澗石又突起，若象，若獅，若龍，若鵰鶚之屬，意似欲攫人，令晦之，夕冥之，晝過之，不憭慄縮足耶？有仙龜巖，衡縱數百尺，作緑珩色。沿澗而下，至青羊橋，石益奇詭百狀，水益壯，嘈嘈若笙鏞之乍奏而自律也。下流方崖，陡上無際，水乃從其趾穿度矣。呼酒盡三爵，酌水復盡一爵。自是舍澗旁道，頗行谷間，迷陽荊離，不可以捷。可數里，乃復攀緣而上，其岡嶺故已皆土，忽復石，石遂多奇，而樫杉松柏之屬，忽盡偉蔚整麗。余謂：是且得五龍宫乎？而道轉上，轉不可盡，輿人喘而噓，數息數奮，乃抵焉。入門爲九曲道，丹垣夾之，若羊腸蟠屈。其垣之外，則皆神祠道士廬也。美木覆之，陰森綜錯，籠以微日，猶之步水藻中。其臺殿因山，獨峻出宫表，紫蓋、金鎖諸峰仿佛欄檻間物矣。庭左右有池二，以螭口出泉。傍復有井五，所謂五龍者也。廡之西復有池二，若連環，名曰日月池。日池黛，月池赭，云其色亦以時變，不可知也。【略】不覺至仁威觀。觀前石梁曰普福橋，橋之勝，下靚深伏，泉竇焉。上顧四山，若瓿口而微缺，從缺之所而得日，草木皆媚。自是復蛇行，下數里，至五龍行宫，踞其前門小憩。山忽左右闢，多爲平疇，青碧布壠，除道益廣，而所留羽儀亦至，乃改服度華陽亭，躡石梁，挹蓮花池，驟喜其脱險艱而忘諸山之盡去我也。

明 何鏜《游名山記》卷一《游嵩山記》 遂又西南行四十里，爲緱氏山，王子晉吹笙引鳳上仙之所。又三十里爲轘轅關，《左傳》所謂「趙簡子聘周王，使人出諸轘轅」即此，峰崿高嶺也。下嶺五里許，爲少林寺。寺在少室山後，西倚五峰，峰半有火龍洞，蓋達磨九年面壁處。出寺西上二里許，高阜爲初祖菴。菴西院有石高三尺，有黑影如僧狀，謂爲達磨面壁石。乃其石洞在中峰，翠微高丈餘，深廣如之，人跡罕至。余偕兩僧直造涉叢棘，緣鳥道行七里始至。薄暮下山，次寺中，偏觀漢唐以來諸石刻。有唐武后詩碑，及□元碑最古。殿宇宏麗，古柏森列，故千餘年古刹。歛衾宵卧，月色映窗，樹影横斜，上下清寂，非人境直幽棲也。晨興，復偕二僧南上尋二祖菴，爲達摩弟子惠可卓錫處。菴有四井，院前臘梅樹已蕊，階左有一紫荆花樹。出菴西登坡陀，上鍊麼臺。峻絶高險，故一奇境也。下山向嵩麓後，繞出少室之東，回視諸峰特起，殊狀如蒼虬雲林，真名山耶！去登封縣十里許，尋道過界壇寺，觀李雪樓所書茶榜。又東行登山至法王寺，坐説經臺。寺後群峰峭壁如圍，又一奇境也。下過嵩陽宫，觀漢封柏。宫右一柏，差小亦可二人圍。左前二柏最大，根蟠紐空中，可七人圍，千年故物也。前穹碑鐫李文甫撰文。又八里，至縣。遂東行十里，至嵩岳觀宿焉。夙興謁岳神締，觀宋四碑而出。過草參亭，登山尋盧鴻巖。騎行緣磴道十五里，至巖。口有空硐如鑿，硐口水一泓澄澈，蓋巖瀑所注。寺門内竹滿畬青翠如緑雲，中原所僅見。寺後爲瀑布巖，時冬涸不見瀑，乃峻級偉絶，一佳境也。先是上法王寺，見嵩山上有凹處，方整如架，聞每中秋夕月當凹而上，如鏡臺，他時不然，所謂嵩門待月者，故奇境第游，時非中秋耳。次日至密縣，謁卓太傅祠。出城五里許，爲天仙廟。廟後一古松，可三人圍。翠葉白幹，木身白如傅粉，爪入脂出。粘膩如玉人拱立，枝蓋如玉龍盤詰，前所未見者。亦造物奇種也。過天仙廟里許，一隴岸水源仰出如蓬漏，土人名滴水蓬，琤琤不絶。又越宿，由鄭州中牟而歸。是行也，蓋十有三日，走七百五十里，爲嵩山一周云。

明 姜寶《姜鳳阿文集》卷七《游峨眉記》 峨有三，二峨、三峨皆蹲伏於下，予所登大峨也。山多土而石少，竹樹叢生夾道中，經雷洞坪諸處。以竹樹叢生夾道也，雖高而不甚陡。登頂，則晒經、瓦屋、玉壘及岷、雪諸山最高遠處，一舉目皆在望。山高故風亦高，當大暑之月，猶衣綿而擁爐若隆冬然。【略】而兩殿用銅鐵瓦蓋覆，方不爲疾風飄去，非仗蜀府力不能也。此爲普賢道場，故多娑羅樹，普賢綫，草木皆蓊鬱青葱可愛，殊不似寒地所宜生，最奇景。小鳥飛鳴近人，或歇人手掌啄食，了無驚怖，僧人呼爲佛現。鳥時去時來，即家禽不能如，亦一奇玩。晚與三公宿殿後暖閣。次早起而四望，見白雲從山洞湧出，朵朵如白綿花，倏忽間飄揚滿空，則恍然銀鋪極目。僧請再留信宿，庶可見佛放光。而從人於山間土中多拾得指大石，皆六棱似水晶，寘門隙縫有日光處，光一縷而射，皆青紅五彩色。僧言，佛放光，雲與日相掩映之時，多有之，其色正如此，而滿山皆然，真又天下之奇觀也。予因悟雪精不化，結而爲小石滿山，雲與日相掩映，其光衝射滿山，正如門隙縫之光，殆即所謂佛放光爾。於是不果，再宿而下。【略】夾江毛青城太史貽予書，謂峨眉之勝每在虛無縹緲間，始焉彌望無際，渾成銀色，即佛家所謂兜羅綿世界。又謂此山秀甲天下，當於虛無中求實境，不當但求諸林洞之奇，是則然矣。至謂雲氣已平，諸大山似海中諸島，而青城一帶有如海門島焉，諸山没在雲下，則玉壘一帶，如繡如帶而不可名狀。

明 袁宏道《袁中郎全集》卷一〇《嵩游第一》 度緱嶺，越轘轅關，西北折入山坳，則少林寺也。少室截然横其前，諸山懷之，天然回合，如有尺度。京洛之間，古蹟廢盡，獨此寺猶存典型。日者過東都，覓故宫遺址，了不可識，詢李文叔所記名園亦無有。而伊闕兩崖，廢像殘碣，崩剥苔蕪間，令人墮淚。

此中差强人意，不復爲此寂寂嘆矣。樗道人曰：「今好事家所貴者，曰古，曰完，曰款識。山狩于虞，古也；霧窗雲寮，飛布崖壑，完也；隋唐以來，碑碣森列庭中，款識也。」堂頭僧曰：「道人欲置兹山于貫城市耶？請以一轉語酬價矣。」道人曰：「有大力者負之而趨。」余大笑。堂頭僧者，曹洞下兒孫言斯院者也。從院東西穿，詰曲磴道中，過甘露臺，有古樹，根如欹石，虛處如梁。已出寺，西折行，觀初祖影石，石白地墨繪，酷似應真像。老僧曰：「澗中自有此石，能爲水樹雲影。」余曰：「然，石以影重。達摩之重，不以影，不以石，不以面壁。此中不須蛇足也。」已從菴後出，行三十餘盤，得初祖洞，洞中石如波卷，不盡五乳峰者數丈。已下山，度南嶺十餘里，得慧可覓心臺。臺形如盂，倚翠壁，下臨伊、洛、黃河，蒼莽行緑烟中。已歸院，遍歷軒除庖湢，休于丈室。顧樗道人語曰：「是中有余衣履跡焉。雲樹烟巒，若舊識者，余夢游兹山久矣。」曉起出門，童白分棚立，乞觀手搏，主者曰：「山中故事也。」試之，多絶技。欲登少室，無所得路，乃止。

少室奇秀，迫視不可見，遠乃行修武道者，望若古鐘仰出諸山上。從汝來者，唯見千葉芙蓉，與天俱翠，摇曳雲表而已。山四匝皆壁，羣山翳其外，迫之乃不見巔而見翳，游人多不愜。夫豪傑之偶于衆也，凡才得肩而蔽之，及時地既遠，肩蔽者與腐草俱盡，而天下始望之若飛仙，獲其隻字以爲至寶，士患不特達耳。余數年前走南陽道，見遠翠干霄。土人曰：「九鼎蓮花寨也。」了不知所謂，及過粤嶺，忽有舉此名者，始知所見在五百里外也。少室之秀特可知矣。

又《嵩游第二》　出東關里許，有皂巾而敝藍者請曰：「由西華道耶？」余不解，及至岳祠，從垣之西竇入，不覺一笑。祠在黃蓋峰下，偏峰之左。東行數里，得澗，寂無人聲，蘆風水響，環繞山砦。沿澗而北，得山足，澗與山曲折，如月半弓。漸高得寺，寺盡而巖，盧浩然舊居也，至今猶襲其姓。山至此忽兩分，如人張左右臂，當胸腹處。削壁千仞，恨虛而却，如割大瓮之半。水從了處出，初猶黏壁，霧雪紛飛，忽然墜空，千絲直下，激石爲屑，散布一澗。時方下春，日與烟相薄，而瀑濺之，風復生態，其間正視不一色。去瀑十許步，巨石岌嶪，游人各踞一石，望瀑而飲，回風忽射，稀點灑面，起立欲避，而雨脚已斜卷去。朱非二曰：少時讀《天台賦》，知有瀑布，不知其奇麗如此。問余，余曰：三見之矣。見于五泄者，如奔雷，其觀偉。見于黃巖者，如立玉，其觀逸。若夫蒼寒霏微，簾披綃曳，此爲最幽矣。登封令傅元鼎曰：嘗夏月雨後經此，飛濤挂壁，激石倒立如柱，響震一山。余曰：然，古人謂夏山如滴，冬山如睡，瀑亦有之。夏瀑如怒，冬瀑如喜，此正盧君喜時也。壁石多奇，或爲霞，或爲紺，或爲嵐，而根下有石數丈，雲巒洗出其紋如刻畫。澗中多白石，墨浪界之，與影石相似，獨不能爲人物耳。澗西有小洞，容數人，其下流峽中，石几石龕石版，道妍不一，與碧潭相映，爲山中絶影。

又《嵩游第三》　東過嵩陽宫，觀漢三柏。大者七人圍，皮如皺石，望之若山，幹不甚修者，土掩其本也。今宫之石柱猶存其一，掘三尺餘，乃見礎。古宫殿基，高常踰仞，柏之地，視堦不當高于基三尺也。柏之得封也，必以偉，在漢已爲故物，前此之積埃，又不知幾許。余意非去土數丈，不能盡其修偉也。舊志謂石上有韓文公題名、歐陽文忠公跋，遍覓無有。【略】柏之右豐碑一，與太室争傑，其文不足言，書則徐浩八分體，字字生動欲飛，書家所云「怒猊抉石，渴驥奔泉」，不虛也。

又《嵩游第四》　古云：華山如立，嵩山如卧。二語勝畫，非久歷煙雲者，不解造是語也。然余謂華山如峨冠道士，振衣天末，嵩則眠龍而癯者也。登嵩之路，凡數處，從萬歲峰者，爲漢封故道。迂回二十餘里，至中峰巔，下視諸峰，危石削壁，或懸或仄，態貌奇古。因憶謝絳與梅聖俞書，所謂玉女窗、擣衣石、八仙壇者，按圖索之，去此當不遠，然石上無片字，從游百許人，無一人解者，可恨也。

山顛一頹室，側有古井，甚晶瑩，旱歲不竭。前復有小峰，疑即古封禪壇，規制亦敝。【略】稍東爲白鶴觀故址，背負三峰，左右皆絶壁。太熊諸山屏其前，横者如案，擁者如髻，列者如眉，幽邃平遠，實太室之奥宅也。一松亭亭立，秀傑非常。觀廢已久，山中樹大于腕者，動遭翦伐，而此松獨存，殆有物護之。松下遺跡宛然。募童子能得片碣者，與百錢；得故瓦礫者，數錢。一時隸卒散盡，披荆求之，得古瓦數片，皆琉璃，龍其首，唯碣不可得。欲過别峰，而暝色已迫。余謂元鼎曰：松間得一亭，旁搆小室，游者宿其上五日，始爲不負此山也。山之奥處不必論，其指名者如韓公之龍潭，歐公之天門泉，范公之三醉石，皆不能以一日窮。今之游者，一宿少林，輿而過太室之前，至嵩廟天中閣，倚欄一觀，歸而向人曰：「吾已盡嵩山矣。」是尚未觀其膚也。

又《嵩游第五》　石淙非嵩也，繫之嵩後者，水從東澗注，嵩之餘也。曉起見檐外絲雨，頗不快。倚軒瞻太室，翠色若滴，知非雨候也。馳而出東門，纖塵不起，翻以爲榮。

過箕山，望許由冢。雲片鱗鱗如欲坼，至測景臺，乃見日。折而東，倚澗行，山皆土阜，甚舒緩。將至石淙半里許，漸聞水聲。及至，一澗皆石，如稠林之笋，四顧不得寸膚，不知是石何時飛來，轉盼之間，向之土阜何處徙去也。石錯立波中，布置猥巧，四匝之山宜高，則爲峰爲巘爲屏，若約吾目使不外見其樸也。中央之山宜平，則爲砥爲嶼，若以供吾布席置酒之用也。石之大者可坐十許人，小者可分棚角飲，飛籌走兕，近可手攬，遠可繩度也。當澗之衝，列三峰以拒水，水漱其根，如瓮如齒，斜飛正射，交注潭中，激以觀其怒也。遶石皆深潭，幽冷如黛，渟以觀其色也。至澗之下流，石忽自夾，兩崖青壁削立，長可十餘丈，水至此如匹練，所以蓄其浩瀚，逸其奔放也。石之麗在壁，水之麗在峽。踞中央者，眩于欹危不敢迫視，則又爲洞于岸之南，人穿洞腹，出至唇而拓，水之深碧，石之奇峭，可以坐而收也。澗上之山，高者不過二十仞，卑者數仞。水可以步計，石可以笏計，然其勝爲箕、潁之冠，其去太室也，二十里而遥。

明 袁中道《珂雪齋前集》卷一五《游太和記》 首夏初九日丁酉登山。過謝家橋，經草店。此後馳道整潔，松杉夾路，菴觀櫛比，朱户隱見。至冲虚菴，流泉細細，溢於衢路。上有檜一枝，開落花如金粟，即山中亦僅此一株，不見多也。上仙關，兩山多竹篠。至玉真宫，穿松杉中，有石橋三四處，皆如碧玉妝砌。其上爲玄岳門，如一竇，方回之泥可封也。過此則煙雲金碧，輝映萬狀矣。夾道古杉千株，過元和觀，溪水争流，其左即走玉虚宫中道也。以玉虚宫需之異日，急從中路行。有危坡，稍見野意。不三里，夾道濃陰，山或左右擔。至迴龍觀，見天柱諸峰，若刻若縷。歷老君、關公廟及太子坡，皆脩潔。過平臺，下十八盤，石墀不受一塵，樹影尤濃。聞流水聲厲甚，即龍泉觀前橋也。臺路有三，一爲周行，即走紫霄南巖，登天柱者。入溪即走九渡澗，中至玉虚巖，瓊臺觀道也。其上爲紅門，即太上、八仙、羅公院諸處，可抵瓊臺者。予舊聞之中郎云，太和瓊臺一道，疊雪轟雷。游人乃云此山詘水，殊可笑。予拉游侣請先觀水，爲山靈解嘲。乃行澗中，兩山夾立處，雨點披麻，斧劈諸皴，無不備具。灑墨錯繡，花草爛斑。怪石萬種，林立水上，與水相遭，呈奇獻巧。大約以石尼水而不得往，則匯而成潭。以水間石而不得朋，則峙而爲嶼。石偶詘而水赢，則紓徐而容與。水偶詘而石赢，則頹疊而吼怒。水之行地也迅，則石之静者反動而轉之，爲龍爲虎，爲象爲兕。石之去地也遠，則水之沉者反升而躍之，爲花爲蘂，爲珠爲雪。以水洗石，水能予石以色，而能爲雲爲霞，爲砂爲翠。以石捍水，石能予水以聲，而能爲琴爲瑟，爲歌爲唄。石之趼避水，而其巖上覆，則水常含雪霰之氣，而不勝冷然。石之顱避水，而其顛内却，則水常親曦月之光，而不勝爛然。如此者凡二十餘里，抵玉虚巖。巖若青玉，下覆樓閣，流水遶之。喘息稍定，復下穿澗，水稍狹，流愈壯。百武一息，即揀石而卧。一日間行住食息，皆對怪石。爪齒纓足，俱費乳雪。生平觀水石之變，無暢於此者。又三十餘里，始與水稍疏，得中瓊臺，新毁于火。然望天柱，蠟燭諸峰，無論巖巒之奇，即百萬碧樹，緑光浮動射人。其絶壁巖棲者，隱隱樹中如蜂房，間多披裘念一之夫，餌芝煮石，咽氣殆和，永絶梯磴，獨耦煙雲，以待羽化者。至上瓊臺，日已暮，遂止焉。其後爲瓊臺峰，若一髻前指，即所謂外朝峰者，陳希夷修道處。

曉辭瓊臺，過外朝峰，從天柱後户入，登山謁帝。望七十二峰，皆如屏息拱立，髻盤鬟繞，雲駛霧騰。亦不暇問其孰爲七星、三公、千丈、萬丈等也。記《荆州圖經》云：峰首狀博山香爐，亭亭遠出。又《南雍州記》云：有三磴道：上磴道名香爐峰。蓋後人易香爐爲天柱，而以其副峰爲香爐云。【略】是日徙倚山上，神醉煙嵐。自念躡屐久矣，大都自然勝者，窮於點綴；人工極者，損其天趣。故野逸之與濃麗，往往不能相兼。惟此山骨色相和，神彩互發。清不槁，麗不俗。人言五岳不堪伯仲，良有以也。

謁帝，復下天門，舍輿而步，與游侣約毋匆匆。見山骨棱棱，雲破霧裂，則少住。見兩山忽豁，千峰髻出，則少住。見古木蕭蕭，柯韻悠揚，石橋流水，悄然如話，則少住。惟畫棟文楣，即掉臂而過之，以所不足者，非此物也。至南巖，巖石若駁雲，外覆爲循廊，以達宫門。殿宇壯麗甚，殿後依巖爲諸院宇，亦若修廊。積鐵冷金中，時出雪溜蘚斑，朱藤蔓絡。廊外緑峰照耀，見雨瀑如白龍蜿蜒而行。至聖父母殿前，望天柱，氣宇如王。息于棋亭。步至捨身巖，杉松滿路，皆數十圍。山行倦甚，至曉猶不能興。天昏昏作雨，再至南巖宫後石巖下看山。遂行過雷洞，至太子巖，石亦奇峭，有泉淙淙下滴。杉松皆數十圍。下至紫霄宫，宫殿所不論。其後爲展旗峰，前爲禹跡池，泓然沉碧，有水亭可憩。上爲福地殿，不及登。仍至九渡澗，抵平台，雨大作。

覓舊路，暫歸蘭若。

明日霽，始作玉真、五龍之游。從元和觀折而東行，路未修飭，有野致。山巒平衍，田疇匾折。近玉虛宮，松杉茂密。有大溪匯衆流界道，石橋壯麗，即九渡澗及諸澗下流也。溪繞宮右，兩岸道院櫛比，時有小橋，儼若村里小市。過宮門，壯等宸居。昔文皇以十餘萬衆，鑿石開道，繕治宮殿，皆屯集于此地。凡十二年，而後落成，故此地亦名老營矣。乘霽走九龍，不及入。沿途多平原曠野，至九龍行宮，有老松深柏。飯後，着笠子登輿。一老道人睨予而笑，訊之，則曰：「此後山陰，樹影交加，無曦日也。」乃擲去笠子而行。至此易夷爲險，山路頗多怪石，濃陰遮蔽，好鳥和鳴。近仁威觀，流水轟然。沿途溪水四至，真與九渡澗争雄，時有瀑布。過磨針澗，流水交會震厲，皆青羊澗、桃源澗水匯合處也。蓋蠟燭澗之水，下匯爲溪，其地坦迤，無所遮越，游人不惟聞其聲，多餐其色。此地兩山中蝕一縷路，深林菁茂，白晝似宵，驕陽疑月。青羊、桃花諸澗之水，四面奔流，如草中蛇，如絖中綫，疾趨而過，不知其所之。故游人不見水色，但聞水聲。風林雨澗，互答相和，荒荒冷冷，殆非人世。抵五龍門，列紫柏二株，其徑九曲。過榔梅臺拜殿前，雕欄刻石，皆若碧玉。墀下五井，各一色。又有日月二池，一黛一赭。昔陳希夷習静瓊臺峰，見二老人數數來，訊之，則曰：我五龍峰下日月池中龍也。即此池也。【略】曉，尋舊路歸，始入玉虛宮，周遭類一大縣。其中虬柱龍梁，雲榱藻井，砌以文石，覆以碧瓦，綺寮雲接，飛閣霧連。其外金字銀書之亭，真官還客之宇，皆可爲他山宫殿。其左右道宇玄院，綺錯棋布；幽宫閟室，千門萬户。流水周于堦砌，泉聲喧于几席。姹花異草，古樹蒼藤，駢羅列植，分天蔽日。海上三山，忉利五院，依稀似之。若夫山裏田間，泉周塍外。花裏有耕耨之客，雲中聞鳴吠之聲。能使芙蓉城中失其芳妍，桃花源上讓其幽邃矣。息於望仙宮，目不暇覽，情不周玩。遂策杖而出，訊之老道人，云此即異時武當縣也。出宮後，返玉真，入涉其概。步至松杉間，與游侣評山。予曰：「吾胸中已有粉本。大約太和山，一美丈夫也。從遇真至平台爲趾，竹蔭泉界，其徑路最妍。從平台至紫霄爲腹，遏雲入漢，其杉檜最古。從紫霄至天門爲臆，砂翠斑斕，以觀山骨，爲最親。從天門至天柱爲顱，雲奔霧馳，以窮山勢，爲最遠。此其軀幹也。左降而得南崖，皺煙駁霞，以巧幻勝。又降而得五龍，分天隔日，以幽邃勝。又降而得玉虛宫，近村遠林，以寬曠勝。皆隸於山之左臂。右降而得三瓊臺，依山傍澗，以淹潤勝。又降而過蠟燭澗，轉石奔雷，以滂湃勝。又降而得玉虛巖，凌虛嵌空，以蒼古勝。皆隸于山之右臂。合之，山之全體具焉。其餘皆一髮一甲，雜佩耆帶類也。」游侣曰：「君真山之顧虎頭矣！」

明　侯繼高《游普陀洛伽山記》（《普陀山志》卷一四引）　己丑昧爽，風頗利，航往如馳。須臾過蓮花洋，即抵補陀矣。由短姑道頭，從陸行二三里，至寶陀禪寺，瞻禮大士。於是縱步遐矚，峰巒錯峙，若起若伏。雲霞往來，頃刻變幻，目不暇接。寺前壘石爲浮圖，曰太子塔。蓋元元統中宣讓王施鈔所建也。由塔而南，徧地黄沙，即所稱金沙灘，菩薩示現之地，相傳爲紫竹旃檀林者也。又約三里許，至潮音洞。洞石巉巖，正瞰大海。巔有穴，可俯而窺。波濤澎湃，激入洞中。或如洪鐘忽扣，或如猛虎怒號。舊有殿宇橋梁，可以瞻禮，今皆廢。其右爲善財洞，巖有罅，窺之窅莫可測。相傳二洞中菩薩示異，秉誠叩禮，往往多見之者。余愧武人，未離火宅中，不敢妄覬。遂復折而東，又三四里，曰千步沙。有僧大智，自五臺山來，卓錫於此，結菴以居，曰海潮。菴有樓，開牖視之，則滄溟灝淼，近在几席。而濤聲訇礚，震應巖谷，超然塵世矣。菴之後山頂有泉，大智命其徒貫竹引之，瀹茗，味殊甘冽。已而日沉沉向暮，遂返舟中。往余得吴道子所繪大士像，質素而雅。近又得閻立本所繪，則莊岩而麗。二人皆唐名手，余并勒之於石。明發，復詣寶陀，植碑於前殿之中。於是再游磐陀石，石平廣，可容百餘人。俯枕大洋，可以觀扶桑日出。寺之西偏，石壁旁啓如扉，曰天門。由天門而入，爲三摩地。其下亂石離立，巖洞嵚岑，奇形詭狀，即良工不能摹也。寺之深處，有真歇石，蓋真歇了禪師修道之所。真歇之前，突然一石，名無畏石。形雖方廣，而欹側若傾，險峻莫有躋之者。獅子石即在其旁。其他若正趣峰、靈鷲峰、觀音峰，皆望而覽之，不能盡陟。而補陀之大槩盡此矣。

明　徐弘祖《徐霞客游記》卷一《游廬山日記》　二十二日出（竹林）寺，南渡溪，抵犁頭尖之陽。東轉下山十里，至楞伽院側。遥望山左脅，一瀑從空飛墜，環映青紫，夭矯滉漾，亦一雄觀。五里，過棲賢寺，山勢至此始就平。以急於三峽澗，未之入，里許，至三峽澗。澗石夾立成峽，怒流衝激而來，爲峽所束，迴奔倒涌，轟振山谷。橋懸兩崖石上，俯瞰深峽中，迸珠戛玉。過橋，從岐路東向，越嶺趨白鹿洞。路皆出五老峰之陽，山田高下，點錯民居。横歷若坡陀，仰望排嶂者三里，直入峰下，爲白鶴觀。又東北行三里，抵白鹿洞，亦五老峰前一山塢也。環山帶溪，喬松錯落。出洞，由大道行，爲開先道。蓋廬山形勢，犁頭尖居中而少遜，棲賢寺實中處焉。五老左突，下即白鹿洞，右峙者，則鶴鳴峰也，開先寺當其前。於是西向循山，橫過白鶴、棲賢之大道，十五里，經萬松寺，陟一嶺而下，山寺巍然南向者，則開先寺也。從殿後登樓眺瀑，一縷垂垂，尚在五里外，半爲山樹所翳，傾瀉之勢，不及楞伽道中所見，惟雙劍嶄嶄衆峰間，有芙蓉插天之態，香爐一峰，直山頭圓阜耳。從樓側西下壑，澗流鏗然，瀉出峽口，即瀑布下流也。瀑布至此，反隱不復見，而峽水匯爲龍潭，澄映心目。坐石久之，四山暝色。返宿殿西之鶴峰堂。

二十三日，由寺後側徑登山，越澗盤嶺，宛轉山半。隔峰復見一瀑，並掛瀑布之東，即馬尾泉也。五里，扳一尖峰，絶頂爲文殊臺。孤峰拔起，四望無倚，頂有文殊塔。對崖削立萬仞，瀑布銀河飛落，與臺僅隔一澗。自巔至底，光響俱徹。不登此臺，不悉此瀑之勝。下臺循山岡西北溯溪，即瀑布上流也。一徑忽入，山迴谷抱，則黄巖寺據雙劍峰下。越澗再上，得黄石巖。巖石飛突，平覆如砥，巖側茅閣方丈，幽雅出塵。閣外脩竹數竿，拂羣峰而上，與山花霜葉，綴映峰隙。鄱湖一點，正當窗牖。縱步溪石間，觀斷崖夾壁之勝。仍飯開先，別去。

又《游嵩山日記》二十三日，雲氣俱盡，入正殿，後登南寨。南寨者，少室絶頂也。高與太室等，而峰巒峭拔，負「九鼎蓮花」之名。俯環其陽者爲九乳峰，蜿蜒東接太室，其陰則少林寺在焉。寺甚整麗，庭中新舊碑森列成行，俱完善。夾墀二松，高偉而整，如有尺度。少室橫峙於前，仰不能見頂。游者如面牆而立，輒謂少室以遠勝。【略】從寺南渡澗登山，六七里，得二祖菴。山至此，忽截然土盡而石，石崖下墜成坑。坑半有泉，突石飛下，亦以珠簾名之。予策杖獨前，愈下愈不得路，久之乃達。其巖雄拓不如廬巖，而深峭過之。巖下深潭泓碧，僵雪四積。再上至煉丹臺，三面孤懸，斜倚翠壁。有亭曰小有天，探幽之屐，從未有抵此者。過此皆從石脊仰扳直躋，兩旁危崖萬仞，石脊懸其間，殆無寸土，手與足代匱而後得升。凡七里，始躋大峰。峰勢寬衍，向之危石，又截然忽盡爲土。從草棘中莽莽南上，約五里，遂凌南寨頂，屏翳之土始盡。南寨實少室北頂，自少林言之，爲南寨云。蓋其頂中裂，橫界南北，北頂若展屏，南頂列戟峙，其前相去僅尋丈，中爲深崖，直下如剖。兩崖夾中，坑底特起一峰，高出諸峰上，所謂摘星臺也，爲少室中央。絶頂與北崖離倚，彼此斬絶不可度。俯矚其下，一綫相屬。予解衣從之，登其上，則南頂之九峰，森立於前，北頂之半壁，橫障於後，東西皆深坑，俯不見底，罡風乍至，幾欲假翰飛去。從南寨東北轉，下土山，忽見虎跡大如升。草中行五六里，得茅菴。擊石炊所攜米爲粥，啜三四碗，饑渴霍然。去，倩菴僧爲龍潭道。下一峰，峰脊漸窄，土石間出，棘蔓翳之，懸枝以行，忽石削萬丈，勢不可度，轉上躋，望峰勢蜿蜒處趨下，而石削復如前。往復不啻數里，乃迂過一坳，又五里而道出，則龍潭溝也。仰望前迷路處，危崖欹石，俱在萬仞峭壁上，流泉噴薄其中，崖石之陰森嶄巖者，俱散成霞綺；峽夾澗轉，兩崖靜室，如蜂房燕壘。凡五里，一龍潭沈涵凝碧，深不可規以丈。又經二龍潭，遂出峽，宿少林寺。

又《游太和山日記》十三日，騎而南趨，石道平敞。三十里，越一石梁，有溪自西東注，即太和下流入漢者。越橋爲迎恩宫，西向。前有碑，大書「第一山」三字，乃米襄陽筆，書法飛動，當亦第一。又十里，過草店，襄陽來道，亦至此合。路漸西向，過遇真宫，越兩隘下，入塢中。從此西行數里，爲趨玉虚道，南躋上嶺，則走紫霄間道也。登嶺。自草店至此，共十里，爲回龍觀。望岳頂青紫插天，然相去尚五十里。滿山喬木夾道，密布上下，如行綠幕中。從此沿山行，下而復上，共二十里，過太子坡。又下入塢中，有石梁跨溪，是爲九渡澗下流。上爲平臺十八盤，即走紫霄，登太和大道。左入溪，即溯九渡澗，向瓊臺觀及八仙羅公院諸路也。峻登十里，則紫霄宫在焉。紫霄前臨禹迹池，背倚展旗峰，層臺傑殿，高敞特異。入殿瞻謁。由殿右上躋，直造展旗峰之西。峰畔有太子洞、七星巖，俱不暇問。共五里，過南巖之南天門。舍之，西度嶺，謁榔仙祠。祠與南巖對峙，前有榔樹特大，無寸膚，赤幹聳立，纖芽未發。傍多榔梅樹，亦高聳，花色深淺如桃杏，蒂垂絲作海棠狀。梅與榔本山中兩種，相傳玄帝插梅寄榔，成此異種云。共五里，過虎頭巖。又三里，抵斜橋。突峰懸崖，屢屢而是，徑多循峰隙上。五里至三天門，過朝天宫，皆石級曲折上躋，兩旁以鐵柱懸索。由三天門而二天門、一天門，率取徑峰凹間，懸級直上。路雖陡峻，而石級既整，欄索鈎連，不似華山懸空飛度也。太和宫在三天門內。日將晡，竭力造金頂，所謂天柱峰也。山頂衆峰，皆如覆鐘峙鼎，離離攢立。天柱中懸，獨出衆峰之表，四旁嶄絶。峰頂平處，縱橫止及尋丈。中奉玄帝及四將，爐案供具，悉以金爲之。督以一千户、一提點，需索香金，不啻御奪。予入叩匆匆，門已闔，竟托宿太和宫。

十四日，更衣上金頂。瞻叩畢，天宇澄朗，下瞰諸峰，近者鵠峙，遠者羅列，誠天真奥區也。遂從三天門之右小徑下峽中。此徑無級無索，亂峰離立，路穿其間，迥覺幽勝。三里餘，抵蠟燭峰右。泉涓涓溢出路旁，下爲蠟燭澗。循澗右行三里餘，峰隨山轉，下見平丘中開，爲上瓊臺觀。其旁榔梅數株，大皆合抱，花色浮空映山，絢爛巖際。地既幽絶，景復殊異。予求榔梅實，觀中道士禁不敢答。既而曰：此係禁物。前有人攜出三四枚，道流株連破家者數人。余不信，求之益力，出昇數枚，皆已黝爛，且訂無令人知。及趨中瓊臺，予復求之，主觀仍謝無有。因念由下瓊臺而出，可往玉虚巖，便失南巖紫霄，奈何得一失二，不若仍由舊徑上，至路旁前溢處，左越蠟燭峰，去南巖應較近。忽後有追呼者，則中瓊臺小黄冠，以師命促予返。主觀握手曰：「公渴求珍植，幸得兩枚，少慰公懷。但一泄於人，罪立至矣。」出而視之，形侔金橘，漉以蜂液，金相玉質，非凡品也。珍謝别去。復三里餘，直造蠟燭峰凹中。峰參差廉利，人影中度，兀兀欲動。既度，循崖宛轉，連越數重。峰頭土石，往往隨地異色。既而聞梵頌聲，則仰見峰頂，遥遥上懸，已出朝天宫右矣。仍上八里，造南巖之南天門，趨謁正殿。右轉入殿後，崇崖嵌空，如懸廊複道，蜿蜒山半，下臨無際，是名南巖，又名紫霄巖，爲三十六巖之最，天柱峰正當其面。自巖還至殿左，歷級塢中，數抱松杉，連陰挺秀。塢中層臺孤懸，高峰四眺，名飛昇臺。暮返宫，賄其小徒，復得榔梅六枚。再索之，不可得矣。

十五日，從宫左趨雷公洞。洞在懸崖間。予欲返紫霄，由太子巖歷不二菴，抵五龍。輿者謂紆曲不便，不若由南巖下竹笆橋，可覽滴水巖、仙侣巖諸勝。乃從北天門下，一徑陰森，滴水、仙侣二巖在路左。飛崖上突，泉滴瀝於中，中可容室，皆祠真武。至竹笆橋，始有流泉聲，然不隨澗行。依山越嶺，一路多突危巖，間錯於亂蒨叢翠中，時時放榔梅花，映耀遠近。過白雲、仙龜諸巖，共二十餘里，循級直下澗底，則青羊橋也。澗即竹笆橋下流，兩崖蓊葱蔽日，清流延迴，橋跨其上，不知流之所去。仰視碧落，宛若瓮口。度橋，直上攢天嶺。五里抵五龍宫，規製與紫霄、南巖相伯仲。殿後登山里許，轉入塢中，得自然菴。已還至殿右，折下塢中，二里，得凌虚巖。巖倚重巖，臨絶壑，面對桃源洞諸山。嘉木尤深密，紫翠之色，互映如圖畫，爲希夷習静處。前有傳經臺，孤瞰壑中，可與飛昇作匹。還過殿左，登榔梅臺，即下山至草店。華山四面皆石壁，故峰麓無喬枝異幹。直至峰頂，則松柏多合三人圍者。松悉五鬣，實大如蓮，間有未墮者，采食之，鮮香殊絶。太和四山環抱，百里内密樹森植，蔽日參天。至近山數十里内，則異杉老柏合三人抱者，連絡山塢，蓋國禁也。嵩、少之間，平麓上至絶頂，樵伐無遺，獨三將軍柏巍然傑出耳。山谷川原，候同氣異，予出嵩、少，始見麥畦青。至陜州，杏始花，柳色依依向人。入潼關，則驛路既平，垂楊夾道，梨李參差矣。及轉入泓谷，層冰積雪，猶滿澗谷，真春風所不度也。過塢底岔，復見杏花。出龍駒寨，桃雨柳烟，迷離竟望。忽憶日已清明，不勝景物悴情。【略】

又《後游天台山日記》 十八日仲昭坐圓通洞。寺僧導余探石筍之奇。循溪東下，抵螺溪。溯溪北上，兩崖削石夾立，樹巔飛瀑紛紛。踐石躡流，七里，山迴溪壁，已至石筍峰底。仰面峰巒莫辨，以右崖掩之也。從崖側踰隙而下，反出石筍之上，始見一石矗立澗中。澗水下倒其根，懸而爲瀑，亦水石奇勝處也。循溪北轉，兩崖愈削，下匯爲潭，是爲螺螄潭。上壁立而下淵深。扳崖側懸藤，踞石遥睇其内。潭上石壁，中劈爲四岐，若交衢然。潭水下薄，不能窺其涯涘。最内兩涯之上，一石横嵌，儼若飛梁。梁内飛瀑自上墜潭中，高與石梁等。四旁重崖迴映，可望而不可即，非石梁所能齊也。聞其上有「仙人鞋」，在寒風闕之左，可踰嶺而至。雨驟，不成行，還憩松風閣。【略】

十八日晨，急詣桃源。桃源在護國寺東二里，西去桐柏僅八里。昨游桐柏時，留爲還登萬年之道，故先寒、明。及抵護國，知其西有秀溪，由此入萬年，更可收九里坑之勝，於是又另趨桃源。初入澗口里許，得金橋潭。由此而上，西山愈束，翠壁穹崖，層叠曲折，一溪介其中。溯之，三折而溪窮，瀑布數丈，由左崖瀉溪中。予昔來瀑下，路窮莫上，仰視穹崖北峙，溪左右雙環諸峰，娟娟攢立，嵐翠交流，幾不能去。今忽從右崖叢莽中，尋得石徑層叠，遂不及呼仲昭，冒雨撥棘而上。登級既盡，復叠石横棧，度崖之左，已出瀑上。更溯之入，直抵北巖下，蹊蹬俱絶，兩瀑自巖左右分道下。遥睇巖左猶有遺磴，從之，則向有累石爲橋於左瀑之上者，橋已中斷，不能度。睇瀑之上流，從東北夾壁中來，止容一綫，可踐流而入。計其勝不若右巖之瀑，乃還。從大石間向西北上躋，抵峽窟下，得重潭甚厲。四面俱直薄峽底，無可緣陟。第從潭中西望，見石峽之内復有石峽，瀑布之上更懸瀑布，皆從西北杳冥中來，至此則繽紛亂墜於迴崖削壁之上，嵐光掩映，石色飛動。久之，還出層瀑下。仲昭以覓路未得，方獨坐觀瀑，遂同返護國。聞桃源溪口，亦有路登慈雲、通元二寺，入萬年。路較近，時以秀溪勝，故飯後仍取秀溪道。西行四里，北折入溪，溯流三里，漸轉而東向，是爲九里坑。坑窮，一瀑破東崖下墜，其上亂峰森立，路無可上。由西嶺躋，逶出其北，迴瞰瀑背，石門雙插，内有龍潭在焉。又東北上數里，踰嶺，山坪忽開，五峰圍拱中得萬年寺，去護國三十里矣。萬年爲天台西境，正與天封對，石梁當其中。寺中古杉甚多。【略】

明 楊嗣昌《楊文弱先生集》卷五六《峨眉山記》 放船平羌水中，隙篷際一箬葉，則三峨在眼。拔地數十許仞，望之娟然而夷凈如好女者，小峨也。又數百許仞，巃嵸然如魁梧丈夫者，中峨也。又數千許仞，峻嶒斷絶於天之下雲之上，而皚然如白頭翁者，大峨也。大峨時隱不見，惟旭日始旦，或絢采焉。尋大峨者。繇嘉州六十里至峨眉之邑，又七十里至巔，皆可兜而往，塗無險，不可兜，可掖而升也。行無惴，視無眩。凡以冠蓋來者，宿白水信卧雲遂下以爲常，其勝不悉歷、不能舉也。舉其最，爲華嚴塽。千章老樹，陰寒鬱然，負佛廬之背，殆非人間。爲牛心寺、雙飛橋。兩谿障石，相聞不相下，鬨怒殊欲鬥，過橋相得乃喜，奔騰迅馳，不知其所之，如偉人俠士立談定交，意氣無兩。爲無梁殿，供普賢銅像，旁有三千鐵佛繞之，並宋時物。爲龍藏樓，樓位山膝，三江九頂披橫幅其前，正側諸巒並堪映發，有岑焉形如鷄幘，卉木蓁蓁。名鉢盂山，亦有少致。過此爲山腰，其岡起伏，磴硐迴猿，牽陟而螘倒降也。每越一坂，氣纔屬。其峻甚者，曰梅子坡、胡孫梯、觀音巖。或甃亂石，或柴老枝，咸滑不受屐，若踏榆皮。其旁多古木怪形，撑者如表，側者如卧，仰而獰如虎，攫偃而舞如鸞。迴其上，莓莓然，如嬰兒之髮，水中之絲，鼓而緣如龍髯，直而蔦如鼠尾。又或附於藤，如修蛇百尺，入草而驚贅於節，如寒鴉數頭，抱枝而瞑，此爲山腰一帶之勝。而其奇爲雷洞，道側坎而下，中虚如闕，若霧填之，濛濛萬古。世言靈霆冢焉。過者譁，則雨師踊，封姨號，東王公開口笑，震霆砰砰然，莫能度。進此爲天門，石壁懸開，削如雙掌。中巖石筍，約略似之，太華、車廂不能及也。又進爲光相臺，臺即山巔。面正東向，危高隱起，孤指天外，風雨之所撼搖，冰霜之所栖宅。雖時九夏，其寒颼然。殿頭瓦，鎔鐵爲之，堅三十斤，輒或颺去。臺橫一木，可俯而窺懸巖斷壑，莫知其修，稠林護之，注視猶悸。臺左迤行丈許，爲金剛石，瘦骨棱棱，錚如老鐵。一山之石，此爲丈人。自臺東望諸山，大者如頂笠，小者如點豆，長者如弛弓，闊者如溝，窄者如綫縱橫，而慢者如游絲。西望天竺雪山，祖露其脊，高寒突兀而來撲人。沿西而北，橫峰側嶂，滅没奔走，如長鯨白齒斷續波中，不知其幾萬里。兹山之南有高丘如覆斗者，小瓦屋也。大瓦屋復在臺南，亦謂之曬經山。自臺南瞰中峨，斂襟來相揖也，而不相及類而禮。其足近構銅雀臺，之右蔽虧無所睹，殊足憾。從臺下歷五六門，限階於殿望見之。游峨山者，大都觀止於此。【略】

明 陸寶《游普陀記》（《普陀山志》卷一四引） 傍午抵山，衆僧林立祇候。余挾兩蒼頭委虵而行。度白華嶺，夾路多桃花，間以雜樹。輕紅淺碧，相錯䔧如繡。行二里嶺盡，爲蓮花池。東爲放生池，環池植柳成行，蕭疏可喜。池中皆白蓮花，時尚未著蕣萼，枯莖戢戢如葦林。池上跨以大石橋，脩廣百武。過橋歷數十石級爲寺門，榜曰敕建護國永壽普陀禪寺，蓋上命也。時雨勢驟急，余衫履半沾，足力甚倦，遂止宿白衣殿。是爲月之十五。次日庚戌，始登殿，肅禮大士。緇素千人，合什胡跪，幾無置足處。殿後拾級而上，傑閣五楹，貯今皇帝及聖母先後所賜兩藏經，梵字金字經附焉。再上爲景命殿。小憩東方丈，住山性海來會。海公，字無邊。余戲謂是覺海耶，苦海耶？傍一客曰：「回頭即覺矣。」因相與大噱。從方丈折而東上，爲煙霞館，有懷闕亭，苦茅爲之。復下觀香積厨，再下爲齋樓。十三楹，可坐千人，亦壯觀也。是日雨乍淋乍歇，山腰著霧如巾。已刻稍霽，即披衣納履而行。歷寺西數十武，彌望皆菜畦麥隴。折而稍北，路漸陟漸佳。長松離立如人，路旁多樹木爲柵。幽篁掩映，仰不受日光。忽有小塔卓地，雙扉隱隱，自籬落間入。客曰：此金剛窟也。窟負一大石巖，形如覆盂。窟前後廊百武，冠以岑樓，四窗楞楞，峰黛可挹。輕飈行竹樹中，如琴筑遞響，余顧而樂之。有僧雛薦香茗，一啜至盡。別去，經清籟菴，啓後閣，看玲瓏石。石皆散布林間，有聳有仄，有搴有伏，不住一相。石上多有雨點霜痕，蟲涎鳥跡。幂以脩藤，五色斑斕，如花幢繡蓋。頓覺太湖靈璧之勝，移作耳目近玩，爲之暢然。一食頃，至西天門，絶壁相夾，中僅容一人，危石橫亘其上，須傴僂乃得入。直上爲圓通菴，有藏殿址。稍西有石兩片，竦特干雲，題曰不二石。過此，則脩竹菴矣。菴居萬竹中，密陰濃翠，時時披拂，軒楹與塵世迴隔。已從菴背小徑下，仍行竹間，歌古詩「竹逕通幽處」，不覺擊節至再，因以其間問娑羅菴。再度一嶺，爲梅灣，是梅子真脩煉處，有丹井。迴公誅茅其間，名梅福菴。余謂先賢名不宜直述，因取孟亭之義，易爲「梅仙菴」，題額而去。里許，遂至磐陀石。石陡起三十尺，兩石相纍如盤，下鋭上廣，縫中可以引綫，亦一奇也。余躡竹梯而上，時惟二客從焉，僕夫俱狼顧反走。余因得縱覽海外，若翁洲、若桃花、馬秦，珍錯棋置，蜿蜒巨浸中，如渴虬欲飲，驚濤忽張，衆山俱動。又如駕六鼇而排風，良可喜愕。傍有二石如龜，一蹲伏巖上，一蹴踧而登作巢蓮狀，甚肖。自磐陀石，折而南下，直百級，爲法華洞。洞在四山中，嵌空刻露。有石骨倒懸拄地，四周可環而走。恨僧徒增設堵牆，洞遂黝黑，又無炬火，絶不見垂雲倒浪之奇，大爲此山缺陷。還尋林樾庵，會詩僧蓮區出庵。循鳥道，歷西方鏡，踏積翠而東，忽有石屏，昂立道左，客大叫爲奇。稍轉，見累石無算，大者百堵，小者盈拳，高者凌蒼蒼，下者傍腰及趾。攢聚獻狀，出奇無窮。爲蜃雲，爲鯨波，爲空中樓閣，爲千花塔，爲九蓮臺，爲赤城之霞、峨眉之雪，光移景奪，不可凝視。余從石林中宛轉，目左右應接，毛豎膚栗，屐齒迅不及停。客復連叫不絶，始知玲瓏石所見，僅豹文一變而已。石壁多有鑱刻，甚漶漫，獨「天柱峰」三字，差强人意。稍上爲育恩院，楊都護所創。曲房小閣，制甚精楚。院西靈一泉，磐石上有水穴盈尺，清泚可掬。時漸昏莫，月初升海嶠，微雲點綴，如五色紋。急曳杖東歸，露瀼瀼已墜襟袖矣。還至寺門，月色甚朗。余縱步蓮花橋，見東北最高頂，一燈熒熒如明星，轉瞬漸大，金光萬道，散射羣峰，奇鮮昱奕，不可名狀。同游者曰：此佛光也。相與歡喜贊歎，遂止宿方丈。晨起，小雨旋霽，乃爲茶山之游。出寺門東，看渡海紀事碑。折而北，度几寶嶺。下嶺爲玉堂街，可列方軌，無崎嶇登頓之勞。迂道入福源菴，竹色頗佳。再經禪那菴，右數折，登智度橋，有董玄宰勸緣碑。筆法秀宕，是晉人本色。過橋，豎一木坊，爲鎮海禪寺。燬於火，階級柱礎猶存。先聞有十丈傑閣，亭亭逼霄漢而近，金碧璀璨，爲一山冠，惜未之見耳。禮大士畢，僧徒導入西堂，有大智禪師像，清滿具足。讀十大願碑，因思智師以行脚到山，初無一椽蓋頂，不十年，而榛棘瓦礫之區，創爲莊岩佛國，至勤中使降香，宰官聽法，豈非靈心定力，爲如來之所印可者哉！瞻禮而退，飯於止閣。飯罷，循東道而升，攀崖陟巘，險巇互值。凡十餘里，至朝陽菴。菴據茶山麓，珍木圍繞，緑蔭如城。過此，路益陡絶，錯趾益高。余竦身獨上，山童，無草木可倚，盡力把滑，始造其巔，是名菩薩頂。俯睇光熙、妙應諸峰，纍纍如杯瓢覆積水上。僧言，雖三韓、日本，仿佛可指數云。恨是日陰霾，僅見東霍山煙巒一抹，餘者莽莽蒼蒼，空水難辨。頃之，風力愈緊，耳後肅肅如箭。黄霧四塞，張目不見睫，客皆縮脰。乃連袂趨下，過華嚴菴、秀峰院，又過一小院，有僧祇園，稱百千萬刦難遭遇，機鋒甚迅。夜宿慧濟菴，殿廡宏壯，他處莫能及。明發寒甚，至被褐煨火。從菴左循牆北行，可里許，山脊忽斷，一綫直下如懸梯，千餘級，稍住足。復疾馳數轉，煙深草茂，石勢齒齒來嚙人。蹭蹬五里，乃至宋公静室中。結一團瓢，翼屋一重，位置甚常。繞砌有泉一泓，從石罅出，潺潺作細聲，聞之清快。又折而北，山蹊迴疊，如風中浪紋，乍起乍伏，繞出茶山之背，人跡所不至，即巖岫亦大蕭索矣。行數里，始聞鳥聲，有六七短松，偃蹇石上，如趺坐僧。再一轉，忽見長松千頭，彌山被谷。松下飛泉數道，翢裂石壁，聲嘈嗾下注，絃張磬戛，與松籟相和。余字之爲「響水崖」。從此編蓬結屋，可十餘處，皆平平無奇。又闌入沙磧中，磴道絶級，捫蘿禹步，下及山之趾，則龍樹菴矣。菴背山面溪，儘饒幽致。復上至鎮海寺看飯僧，僧俗幾六千人，朗朗誦佛號。杯羹盂飯，相攫食如鳥鳶。出寺，別取逕東下，是爲千步沙。沙色布地如金，略不沾滯。寬坦軟美，又如鋪茵設席。沙際海濤上春，無風自雷，亦一奇也。又南行觀仙人井，一坎窞丈餘，水亦不甚冽。復取故道，歸宿白衣殿。次日甲寅，爲月之十九，俗傳大士降誕。拈瓣香，上殿頂禮。遂爲潮音洞之游。沿放生池，東行數十步，觀太子塔。元宣讓王所造，凡四層，頂高十丈，瓏琢太湖石爲之。有菩薩龍天像，精巧絶倫。傍鐫傅侍御《零牙志》，文亦古雅。轉而西南，歷小坡，爲普同塔，欄砌甚工。下入塔院訪西僧，僧貌蒼儉，用梵語誦《尊勝咒》一過，亦不甚辨。再上爲旃檀嶺，問紫竹林。林已失其故，惟荒藤剥蘚存焉。從此出而並海，登捨身亭，觀無梁、鐵瓦、琉璃三殿址，遂至潮音洞。洞傍奇石四布，無寸木尺土。中忽分坼，如人張兩頤。洞脚斜插海底，潮聲晝夜來撾擊，如獅吼鼉鳴，潮音之得名，以此也。上有通穴天窗，余伏而下窺，則洞中石色紫絳，多作鳥篆龍文。洞口有物，横亘如闌。僧言是佑客所布大士橋。凡百日，爲海風飄墜云。頃之，忽有蓮花二莖，湧出波面，冰蕤玉質，瑩徹分明。豈白衣示現之兆耶？乃知志所稱七寶雙牙，亦不盡誣也。洞前爲娑竭羅龍宫，余因而問，所爲毛跳石、求現臺，不過峇崿中小小示異者耳。西有善財洞，以南詢得名。石坼處差小，亦深窅不可測。崖上珠泉，滲滴不斷，可取療目眚，是爲菩薩泉，或曰慧泉。自潮音洞，越石塹而西，平沙曼衍中，爲净土菴。菴正對蓮花洋，景甚空闊。是日有戈船千艘，蔽空而進。碧油紅幟，星分鳥張，與銀屋雲山相絢發，真不減横槊賦詩景也。

明　曹履吉《博望山人稿》卷一四《嵩岳紀游》 初五午，行兩舍地，有山從雲霧中露出突兀，行漸逼，稍分巒岫，訊從吏，乃知即嵩岳也。吏具儀狀以謁岳神告。行七八里，望巖際有亭，瓦色，既近，乃辨亭在一小峰頂上，蓋從大岳嶂中別起。小頂爲岳廟之主峰，名曰黄蓋，廟峙其麓。余入謁，【略】出登黄中閣，東面望，霧障無所見。稍折而南，隱出突峰，云是許由箕山。西面近望潮嶺，敫來山正接嶺端，其前平曠，矚目無際，豈岳位至尊，諸岡巒盡伏，不敢昂頭露脊邪？過登封治而北行石田中十里許，仰首嵩山，大嶂全開，如華蓋紛披而下，至則望潮嶺更翼而左，而少室山、大雄諸峰劍排于右，當中平鋪可千畝地，則嵩陽遺跡在焉。嵩陽宫盛於唐初，燹於五季，今求故址不可得。登封令以小亭數楹髣彿其意，後爲室，偶二程先生其中，其裔守伏臘生云，熙寧中曾提舉崇福宫，著書於此。故祠前數十步爲三柏。三柏，漢武登封三將軍五色絲云，則天后封誤。樹三，一最大可七圍，枝南向蔭數百席，一樹稍前，頂上出數枯枝，如雲中鳥跡，盡皆奇。漢武非此樹不封，記封時，圍大當已如此，其植於何代，孰稽甲子？又前爲嵩陽觀，《聖德感應頌》，李林甫上，徐浩八分書，筆法遒逸，大是元常受禪碑嫡派。觀故壯麗，斷甓敗瓦不存，而此碑露立霜風雪雨中，巋然獨存，神靈護此書，不以偃月之孽累也。向行張二守應誥，復言啓母石，甚異。并盧巖、瀑布、測景臺，皆以時迫不及遍探。亟問少林寺所在，向晚易輿，而馬生儒伏送道左，於馬背舉鞭別去。仰見少室諸峰拔地，奇幻林立，弓月正掛林梢，依微可數，至其奥窔，不能矚也。行二十里，俱在夾山盤谷中，沿溪取徑，每徑窮則剪溪而渡，爇稿者不時從，昏黑中水石縱横，踏之如截鐵裂冰，亦止覺清發，不覺險畏也。抵寺已二鼓矣。風大作，張丞先爲具方丈，飲不盡數觴，就卧。初六日，晨起登佛殿。【略】古柏列植殿前，聳直入雲，紫藤蟠附，俱應千年物。若寺僧所指東院老槐，云是秦人植，即不可定，望其幹不甚古，未暇摩娑也。坐講堂，觀諸僧技擊。罷，出寺迤東北三里，升山徑，引領五峰，環拖正如五乳。【略】殿左墀一柏甚古，碑稱六祖手植，而志無考處。後二松雙立，扶疏偃蓋，入中土來僅此見之。東小亭安影石一座，長二尺許，寺僧云達摩面壁時，影入石結像。【略】登乳峰，觀面壁洞，仰望洞口石坊，卓在雲表，而峰更陡峻。馬力皆窮，余乃停。張丞無從，獨以數役人登，役人皆自半而廢，余亦幾廢也。賴數息，躋數勝，將至頂，磴不數武即折，折處僅盡足，不垂息，亦停而立無趺處，磴盡而洞見。亭覆其口，石坊其巖，俯而入，黝無所覩，但瞑目坐以休定喘，勞人之奉形，如此而已，不知何見何觀也。既開目，見洞文理甚細，香煙薰色盡黑。有道人蒲團，借少坐，或憶學篆鑰輿中，雖有官守之，忽起如此，可作面壁觀否。出洞平視，玉寨、一抹、如案、鉢盂諸峰，盡拱揖其前。下視汝脈，所落至盡，突起圓阜，祖庵連焉，兩澗水抱之。初祖之虚，初地之勝，蓋亦天造也。

清　施閏章《學餘堂文集》卷一五《嵩山游記》 旦從雨隙中，東八里，謁中岳廟。廟後有黄蓋峰，宛然車蓋。漢武帝封山，見黄雲，故名。其西則萬歲峰，所謂嵩呼者也。夜井叔對酌，部署游事，是時九月六日。余期以八日宿中峰，九日從絶頂縱觀。會連雨二日，山不見膚寸。輒私祝曰：安得風伯爲我捲雲霧？後夜，適大風。旦起，山色深碧，逕滑甚。輿登法王寺，石壁棱厲。東峰斷處，曰嵩門。唐宋人嘗以中秋夜待月於此，月從門出，號爲絶勝。余題名壁上。從嵩岳寺塔院東抵嵩陽廢宫，有三柏。相傳漢武帝封三將軍，今存其二。大皆圍三丈有奇，輪囷盤蹙，紋如垂鬘。稍北一石幢，半沈土中，見韓、歐諸公題字。東數百步有石甃九曲泉，昔人提舉崇福宫流觴處。其左爲啟母石，有漢武御道石門，篆書古甚。明旦，自此陟嶺，穿腹及背約十五里，得一石如蒲團，坐面少室，朗然几硯間，名其石曰「留仙」。西數里，側下青冥中度棧，得石窟曰高登巖，世傳仙人李八百隱處。或曰韓退之所宿石室，即此巖。隙垂乳泉，日供一僧。余留絶句而去。又西上數折，則嵩巔矣。從城郭望之，略與諸峰並。至此，則前拱後衛，羣山皆頫於少室。拊其肩背下瞰，方城爲棋枰，多黑白子。登最後玄龜峰，北望黄河如練，東西女几具茨，惝怳出没，指顧青影，於是漱玉井之泉，探白鶴之洞。日已將昃，一道士甫歸，問封禪臺、玉女窗、擣衣石，皆無以對，惟言峰左一荒址尚餘瓦礫云。顧龍潭兩寺出趾下，遂東北行二十餘里，過九龍潭，就潭下寺宿。

清　潘耒《遂初堂集》卷一六《游中岳記》 過密縣，則見嵩山巃嵸蒼翠，穹然造天。五十餘里，乃抵岳廟，廟在黄蓋峰下，居山之正南，朱甍碧瓦，壯麗如王居。廟門步至殿可里許，樛松古柏，森列成行，歷代告祭之碑，錯置庭廡，披攬不給。廟南百餘步，有石闕。立自東漢時，刻字漫滅，可辨者數言而已。廟前有小市，中州人焚香瞻禮者，三四月間爲盛。轟隱遜於東岳，然東人所媚者碧霞元君，不如禮中岳者名正而言順也。自廟西行數里，至登封縣。縣令張紫書，問所須，答言惟須《嵩志》一部，山輿一乘。既得之，則議游徑。先岳西，次岳東，後登嵩頂。明日出北郭三里許，過啓母石。石側立如削，山間常有之。啓母化石之説絶謬悠，而漢唐人爲之立闕立廟，若真有其事者，殊可笑也。去石百武爲崇福宫。嵩山昔多道觀，今自岳廟外，唯此宫尚存，然荒寂甚，黄冠無可與語者。西過疊石溪，至嵩陽書院。【略】院中舊有漢封柏三本，一燬於火，一風折其半，惟一本尚完。下合上歧，六人圍之不盡。挺立干霄，膚理如鐵石，真先秦三代物也。柏旁石柱，多唐宋人題名，韓退之所題則亡矣。唐天寶中感應頌碑，極高大，其事則鍊還丹，其文則李林甫，以徐浩八分，故多摩榻者。以其年記之，丹成而禄山之兵作矣。北去三里許爲法王寺，寺在嵩山中最先建，最知名。今殿堂僅存，殘僧四五人守之，古碑無一存者。去之百武，有嵩岳寺。本魏離宫所改，極宏麗，今尤荒凉。訪李北海碑，其亡久矣。西去五里許，至會善寺。【略】寺中有魏嵩陽寺碑、唐戒壇碑、景賢禪師塔記、楷書梵網經，戒壇前有道安禪師碑，皆絶佳。而殿前有佛祖宗派圖，乃明天順間所立，叙法系甚詳。【略】此寺既富古蹟，又甚清幽，爲停一宿。質明，西北行十里許，距永泰寺甚近，以其尼寺也，止不住。又十里許，至少林寺。寺在少室北麓五乳峰之陽，寬閑幽邃，形勝天然。【略】山深屋廣，盛暑竟日清凉。古柏二百餘章，皆挺直端圓，無少側媚態。庭除明净，月寫其影，如荇藻縱横。菩提樹不逢花時，而凌霄多託根柏旁，作花柏頂，殷紅可愛。碑刻無慮二三百通，墻壁間觸目皆是。秦王告武后詩、裴漼碑等，皆工人所常榻。【略】初祖菴去寺二里許，云是達磨面壁處。壁間有李屏山菴記，真能發明祖意者，而《嵩志》削之，儒者之拘也。像傍一石，有紋如僧趺坐，俗謂初祖九年面壁，影透入石而成。余觀此石，是水中石子。水波蕩漾，久而成人物花鳥者甚多。此偶似僧耳，何足爲異？且初祖所面者，墻壁之壁，非石壁也。况此尺許石子，并非石壁耶？欲上二祖菴，登御砦，以道荒塞不可行而止。遂還登封，道出二室之間，輿行二十里。左瞻嵩西諸峰，雄峭摩天，右眺少室東峰，秀聳拔地，如從崑閬間行，十倍山陰道上矣。登嵩顛有二路，從西麓萬歲峰上，頗陡峻。自東麓盧巖上，道新修，稍平坦。翼日，遂東行過岳廟。折而北，可五里，至下盧巖寺，易山輿，三里許至上盧巖寺，是盧鴻故居。在嵩山東掖下，峭壁四圍，境絶孤迥。瀑布自北壁下，雨後壯盛，不減匡廬、天台。惜久旱，細流滴瀝，不見其奇。寺廢無僧，圖志中十景不可問，得之意擬而已。西上三休臺，折而北，路雖闊，多碎石礙足，亦鮮樹林。稍前踰一嶺，則見松杉滿谷，清溪潺潺，奇禽迴翔，異花爛熳，迥非塵境。渡溪而西，遂上嵩山之脊。向所望虎頭、獅子諸高峰，皆以次低伏。又西至御路，與西上之徑會。道更平坦，屣履徐步，飄飄如御風而行。又北過大小鐵梁峽，削壁百尋，下臨無地，鑿石駕橋以過。俯視壑中，疊石嶙峋，雷轟斧劈，猿猱所不能攀絶也。又北過天門，雙峰中斷，風雲出入其間。折而西北，乃上中峰之頂。宋時有峻極禪院，今爲真武殿。有閣三楹，無人居之。旁有玉井天池，冬夏不竭。又上百步，乃至絶巔，古封禪壇址也。獨立天心，萬峰在下，雲開日朗，纖翳不生。北望極於成皋玉門，黄河一綫包其外。西則洛都伊闕，隱隱見之。東則方山具茨，綿亘原隰。而南山列案數重，大小熊、雙圭、三尖諸峰，並峽嶒岩崿，疊翠浮青，陸渾三塗，皆在指點間。游目盡數百里，始知嵩山之高，信無與偶，唯少室相爲伯仲，而尊岩雄傑則遜之，獨標爲岳，有以也。山巔寺院若存，當爲停信宿，今苦無駐足處，遂循故道還盧巖，計上下可五十里，日且暝矣。寺荒不可棲泊，復東北行數里，投龍潭寺宿焉。潭有九，乃一泉衝激而成。水色深黑，有龍宅焉，禱雨輒應。寺在澗旁深隝中，地絶勝，而久廢。五十年前有僧洞然修復之，爲律堂。引潭水溉田，刀耕火種，不募外緣。僧衆常數十人，會當白月之夜，誦戒布薩，濟濟可觀。寺雖新開，而威儀整肅，門庭潔清，汴洛間所希覯也。翼日，循焦河而南，可三十里，渡潁水，至告成鎮，即古之陽城也。周公卜洛，立表測景，以此爲地中，今有測景臺存焉。臺高五丈，縱廣三丈，形體正方，而闕其北面十之二。云以懸壺滴漏當闕處，鋪平石一行於地，其長視臺之高廣可二尺許，刻水道其上，以承壺漏，視水所至以定時，俗謂之量天尺。規制古樸，思理精微，非周公不能作。臺南一石高丈許，上立一表，其長八尺，是謂土圭。此唐儀鳳中所立，見於杜氏《通典》。今以石表爲測景臺，而謂崇臺爲觀星臺，非也。三代儀器，僅僅存於此。其説則諸家不同，當與知曆者推明之。次日，從告成東行六七里，觀石淙。唐武后嘗率太子、相王、羣臣游焉，各賦詩刻石。石鉛布澗旁，或欹或立，如家園中假山。平樂澗水縈繞石足，激湍成漣，小有姿致，然石僅數拳，水裁一勺，特盆盎間物耳。而袁中郎作記，過爲形容，一似武夷九鯉，蓋此石曾遭張易之輩鐫石剥膚，故天以此洗其辱也。告成之南數里爲箕山，許由墓在山巔，廟在山半。棄瓢有巖，洗耳有池，巢許高風如覿。而山童然，無可偃仰。志云多松柏，可避暑，非其質矣。是皆岳之支山裔水，窮探及此，游事可以告竣。蓋留山中者旬日，視他過客差詳審，終以未登少室之巔，有遺憾焉。究觀二室之體勢，太室如踞地蒼龍，長身危脊，蜿蜒北來，驤首於南，鱗爪四出，或舒或蟠，端岩可畏；少室如千葉蓮花，御砦爲蓮房，三十六峰爲菡萏，五乳則蓮葉也。環而望之，隨地異形，各呈巧妙。河南、淮北之山，誠無高且秀於此者。《易》象論卦爻，以居中得正爲貴。兹山宅四維之心，綰八埏之軸，可謂居中矣。恒岳偏於東北，衡山偏於西南，而此奠位土中，當陽端拱，可謂得正矣。夫是以帝室王都環布其旁，聖哲賢豪羅生其麓，中州清淑之氣，磅礴結聚於此。故詩稱峻極，傳言配天。楊用修疑唐虞止有四岳，古帝時巡，之遠不之近，故《虞書》不言中岳，而周《雅》言之，非前缺而後增也。余既耽山水，兼有嗜古之癖。二室在漢唐邦畿之内，古蹟尤多。斯游也，於古器見測景之臺，候日之表；於古木見嵩陽之柏，天仙之松；於古刻見三石闕之篆，皆二三千年物。所得六朝、唐、宋碑刻，不下數十通，他山游未有此也。雖夏節炎蒸，而深巖大壑，境自清凉。兼有油雲惠風時相披拂，都忘登涉之勞，令少遲疑，則覿面失之矣。人不可以不勇決也，如是夫。

藝　文

晉　孫綽《天台山賦并序》（《天台前集》卷上輯）　天台山者，蓋山岳之神秀也。涉海則有方丈、蓬萊，登陸則有四明、天台。皆玄聖之所游化，靈仙之所窟宅。夫其峻極之狀，嘉祥之美，窮山海之瓌富，盡人神之壯麗矣。所以不列於五岳，闕載於常典者，豈不以所立冥奧，其路幽迥，或倒影於重溟，或匿峰於千嶺。始經魑魅之塗，卒踐無人之境。舉世罕能登陟，王者莫由禋祀。故事絶於常篇，名標於奇紀。然圖像之興，豈虚也哉？非夫遺世玩道，絶粒茹芝者，焉能輕舉而宅之？非夫遠寄冥搜，篤信通神者，何肯遥想而存之。余所以馳神運思，晝詠宵興，俛仰之間，若已再升者也。方解纓絡，永託兹嶺。不任吟想之至，聊奮藻以散懷。

太虚遼廓而無閡，運自然之妙有，融而爲川瀆，結而爲山阜。嗟台岳之所奇挺，寔神明之所扶持。蔭牛宿以曜峰，託靈越以正基。結根彌於華岱，直指高於九疑。應配天於唐典，齊峻極於周詩。邈彼絶域，幽邃窈窕。近智者以守見而不之，之者以路絶而莫曉。哂夏蟲之疑冰，整輕翮而思矯。理無隱而不彰，啓二奇以示兆。赤城霞起以建標，瀑布飛流以界道。覩靈驗而遂徂，忽乎吾之將行。仍羽人於丹丘，尋不死之福庭。苟台嶺之可攀，亦何羨於層城？釋域中之常戀，暢超然之高情。被毛褐之森森，振金策之鈴鈴。披荒榛之蒙蘢，陟峭崿之崢嶸。濟楢溪而直進，落五界而迅征。跨穹隆之懸磴，臨萬丈之絶冥。踐莓苔之滑石，搏壁立之翠屏。攬樛木之長蘿，援葛藟之飛莖。雖一冒於垂堂，乃永存乎長生。必契誠於幽昧，履重險而逾平。既克隮於九折，路威夷而脩通。恣心目之寥朗，任緩步之從容。藉萋萋之纖草，蔭落落之長松。覿翔鸞之裔裔，聽鳴鳳之嗈嗈。過靈溪而一濯，疏煩想於心胸。蕩遺塵於旋流，發五蓋之游蒙。追羲農之絶軌，躡二老之玄蹤。陟降信宿，迄于仙都。雙闕雲竦以夾道，瓊臺中天而懸居。珠閣玲瓏於林間，玉堂陰映於高隅。彤雲斐亹以翼櫺，皦日炯晃於綺疏。八桂森挺以凌霜，五芝含秀而晨敷。惠風佇芳於陽林，醴泉涌溜於陰渠。建木滅景於千尋，琪樹璀璨而垂珠。王喬控鶴以冲天，應真飛錫以躡虚。騁神變之揮霍，忽出有而入無。

隋　胡師耽《登終南山擬古》（《文苑英華》卷一五九輯）　結廬終南山，西北望帝京。煙霧亂鳥道，劣見長安城。宫雉互相映，雙闕雲間生。鐘鼓沸閶闔，笳管咽承明。朱閣臨槐路，紫蓋飛縱横。望望未極已，瓮牖秋風驚。巖岫草木黄，飛鴈遺寒聲。墜葉積幽徑，繁露垂荒庭。瓮中酒新熟，澗谷寒蟲鳴。且對一壺醉，安知世間名。寄言朝市客，同君樂太平。

唐　劉禹錫《劉賓客文集》卷二六《九華山并引》　九華山在池州青陽縣西南。九峰競秀，神采奇異。昔予仰太華，以爲此外無奇，愛女几、荆山，以爲此外無秀。及今見九華，始悼前言之容易也。惜其地偏且遠，不爲世所稱，故歌以大之。

奇峰一見驚魂魄，意想洪鑪始開闢。疑是九龍天矯欲攀天，忽逢霹靂一聲化爲石。不然何至今，悠悠億萬年，氣勢不死如騰仚。雲含幽兮月添冷，日凝輝兮江漾影。結根不得要路津，迥秀長在無人境。軒皇封禪登云亭，大禹會計臨東溟。乘樏不來廣樂絶，獨與猿鳥愁青熒。君不見敬亭之山黄索漠，兀如斷岸無棱角。宣城謝守一首詩，遂使名聲齊五岳。九華山，九華山，自是造化一尤物，焉能籍甚乎人間。

宋　王禹偁《小畜集》卷七《春晚游太和宫》　數里新萍夾岸莎，春來乘興宿煙蘿。隨風蝴蝶顛狂甚，當路花枝采折多。絳節參差抽苦筍，翠鈿狼藉撒圓荷。湖山滿眼不休去，空羨漁翁雨一蓑。

宋 趙抃《清獻集》卷三《游青城山》 三十六峰峻，維岷在蜀奇。方行刺史部，重款丈人祠。涷雪諸蕃隔，晴雲六面披。訪山窮寶洞，山有寶仙第五祠，昔投龍之所。敕鬼覘豐碑。泉落寒崖響，蘿依古木垂。良工存舊筆，青城觀壁，悉孫知微名畫。老叟琢新詩。陟險齊雙屐，逢幽鼓七絲。盤桓不忍去，還作更來期。

宋 王安石《臨川文集》卷一二《和平甫舟中望九華山》 誰謂九華遠，吾身未嘗瞻。唱篇每起予，予口安能箝。憶在秋浦北，空江上新蟾。光潔寫一鏡，迴環兩堤奩。露坐引衣褵，風行欹帽檐。維舟當此時，巨細得盡瞻。試嘗論大略，次乃述微纖。此山廣以深，包畜萬物兼。噓雲吐霧雨，生育靡不漸。巍然如九皇，德澤四海沾。此山相後先，各出羣峰尖。毅然如九官，羅列在堂廉。挺身百辟上，附麗無姦憸。此山高且寒，五月不覺炎。草樹萋已綠，冰霜尚涵淹。頹然如九老，白髮連蒼髯。此山當無雲，秀色鬱以添。姹然如九女，靚飾出重簾。珮環與巾裙，紺玉青紈縑。遠之妍西施，近或醜無鹽。變態不可窮，詩者徒呫呫。

元 沈夢麟《花谿集》卷三《游普陀山》 普陀勝地由來險，大海中央出翠微。千古仙靈秘巖穴，九天法雨灑珠璣。金沙浪暖神龍舞，小白花香鸚鵡飛。稍喜寸心瞻禮罷，東風相送布帆歸。

明 方孝孺《遜志齋集》卷二四《游峨眉山紀行四首》 一鶴相隨復一飄，山巔水澨足逍遥。衹因戀闕情無限，回首忘過萬里橋。

西蜀雲山處處奇，最奇人說在峨眉。想應踏遍千崖月，露滴松梢鶴夢時。

出郭凉風入抱清，亂山遮馬似相迎。寧知待召登瀛客，忽作看雲聽水行。

王憐塵土辱凡肌，命入雲山茹紫芝。只恐同袍不相識，誤猜禮佛到峨眉。

明 王世貞《弇州四部稿》卷三二《游武當山五龍宮》 聽雨過青羊澗，披雲出紫蓋峰。曲曲蜿蜒複道，層層歷落怪松。嵌巖幾點軼輵，擁殿千朵芙蓉。倦時但引三爵，睡法不輸五龍。

清 褚國柱《過普陀》（《普陀山志》卷一八引） 蕭寺天開浩渺中，偶來乘興訪支公。千重古樹和雲碧，萬派秋濤浴日紅。峭壁迴時流急湍，幽宮深處掛殘虹。棲遲野鳥閒舒卷，疑似山頭趁晚風。

古蹟遺意

題解

明 夏良勝《東洲初稿》卷七《古蹟》 古蹟者，荒墟遺構，槁木剥石，有可指陳焉者，皆是也。是故有可以興焉，可以觀焉，可以慕焉，可以繫感慨焉，可以仰止而師焉，可以永鑒焉。《黍離》之什曰「知我者謂我心憂」，此之謂也。

明 汪應軫《青湖先生文集》卷三《游鴈山記》 夫鴈山之游多矣。紀其勝者，亦非止一人，茲可略也。余謂展旗、卓筆、獨秀、雙鸞、瓊樓、玉女諸峰，皆不若天柱之高，萬仞屹立，此則山之奇也。衆山之瀑，龍鼻之泉，皆不若大龍湫，千尋灑空，變態萬狀，此則水之奇也。靈風出洞，與四時異，暄凉如井泉，然常雲冒山巔，晴雨不斷，此則風雲之奇也。風雲之奇，奇在天，山水之奇，奇在地。使不得人奇以參之，無以並立而爲三才。及過鴈山書院，拜宋王梅溪，胡侍郎，元李五峰，明章恭毅，謝逸老，文肅諸先生，此則人之奇矣。夫天地之奇，自古及今，無可加損。人之奇，無代不生，後先相尚，雖大聖大賢，皆人之所得爲者，而造化不能與也。夫所以爲鴈山之游者，將觀天地之奇，以適吾之目乎，抑將心會人奇於象器之外乎？余故書以自警，且以諗諸游觀者。

論說

宋 朱長文《樂圃餘稿》卷七《虎邱唱和題辭》 虎邱之景，蓋有三絕。望山之形，不越岡陵。而登之者，見層峰峭壁，勢足千仞，一絕也。近臨郛郭，矗起原隰，旁無連屬，萬景都會，西聯穹窿，北亘海虞，震湖滄洲，雲氣出没，廓然四顧，指掌千里，二絕也。劍池泓渟，徹海浸雲，不盈不虛，終古湛湛，三絕也。兼是絕景，冠以浮屠僧舍精廬，重樓飛閣，碕礒岐嶒，梯巖架壑，東南之勝，罕出其右。

明 李流芳《檀園集》卷一一《虎丘》 虎丘宜月宜雪，宜雨宜煙，宜春曉，宜夏，宜秋爽，宜落木，宜夕陽，無所不宜，而獨不宜於游，人雜沓之時。

蓋不幸與城市密邇，游者皆以附羶逐臭而來，非知登覽之趣者也。

綜述

宋 李昉等《太平廣記》卷三九七《麥積山》 麥積山者，北跨清渭，南漸兩當，五百里岡巒，麥積處其半，崛起一石塊，高百萬尋，望之團團如民間積麥之狀，故有此名。其青雲之半，峭壁之間，鐫石成佛，萬龕千室，雖自人力，疑其鬼功。隋文帝分葬神尼舍利函於東閣之下，石室之中有庾信銘記刊於巖中。古記云六國共修，自平地積薪至於巖巔，從上鐫鑿其龕室佛像。功畢，旋旋折薪而下，然後梯空架險而上。其上有散花樓，七佛用金蹄銀角犢兒，由西閣懸梯而上。其間千房萬屋，緣空躡虛，登之者不敢回顧。將及絶頂，有萬菩薩堂，鑿石而成，廣古今之大殿，其雕梁畫栱，繡棟雲楣，並就石而成，萬軀菩薩列於一堂。自此室之上，更有一龕，謂之天堂。空中倚一獨梯，攀緣而上。至此，則萬中無一人敢登者。於此下顧，其羣山皆如培塿。王仁裕時獨能登之，仍題詩於天堂西壁上曰：躡盡懸空萬仞梯，等閒身共白雲齊。檐前下視羣山小，堂上平分落日低。絶頂路危人少到，古巖松健鶴頻棲。天邊爲要留名姓，拂石殷勤手自題。時前唐末辛未年登此留題，于今三十九載矣。出《玉堂閒話》。

宋 范成大《吴郡志》卷一六《虎丘記》 虎丘又名海湧山，在郡西北五里，遥望平田中一小丘。《吴地記》云：去吴縣西九里二百步，高一百三十尺，周二百十丈。比入山，則泉石奇詭，應接不暇。其最者，劍池、千人坐也。劍池，吴王闔閭葬其下，以扁諸、魚腸等劍各三千殉焉，故以劍名池。葬之三日，有白虎踞其上，故山名虎丘。唐避諱改曰武丘。劍池浙中絶景，兩岸劃開，中涵石泉，深不可測。王禹偁序蘇文忠公軾詩，形容甚工。千人坐，生公講經處也。大石盤陀數畝，高下如刻削，亦他山所無。又有秦王試劍石、點頭石、憨憨泉，皆山中之景。好事者云：天下名山，所見不及所聞，獨虎丘所聞不及所見也。其古事載傳記尤多。晉王珣《虎丘記》：四山大勢四面周圍，嶺南則是山徑，兩面壁立，交林上合，蹊路下通，并降窈窕，亦不卒至。珣又爲銘序云：武丘山先名海湧山。《吴越春秋》曰：闔閭死，葬于國西北穴，穿土爲山，積壤爲丘。

明 王樵《方麓集》卷一一《金陵雜記·牛首山》 山形中凹而旁聳。王涯云：角而巘者，爲牛首。在金陵城南三十里。舊志云，高一百四十丈，周迴四十七里。建寺始於梁，名佛窟寺，本朝正統中改名弘覺寺。寺在兩峰之間，正在中凹處。由山門至佛殿，石磴數重，有曰白雲梯者，拾級而上，恰盈百武。天王殿在白雲梯上，左有白龜池，右有虎跑泉。大雄殿在天王殿後，左觀音，右輪藏。文杏在大殿前石欄下，大可百圍，蔭可一畝。本株兩旁，若有自根而生、附本株而上聳爲長幹者，却仍連本株爲一，自根至分幹處不殊，亦一異也。寺之左爲東峰，浮屠在山椒最近，傑閣在巖際最高。初自山下仰視，若無路可登，及迤邐而至，則獻花巖前對若几案，而浮屠之頂又在檻外長松之下矣。巖穴之勝在東峰者，兜率巖爲最。在絶壁千仞之下，石室天成，誠仙窟也。有舍身臺，臺下有殿，殿旁爲憑虚閣，閣下有龍王池。巖之右爲文殊洞，洞之下爲舍利塔。舊傳影入禪堂，隙中倒垂佛几，陰晴不改，未有以驗其然也。三茅行宫在東峰之巔，左爲錫丈泉，右爲梁昭明太子飲馬池。寺之右爲西峰，有辟支洞。《建康實録》云，牛頭山西峰中有石窟，不測深淺。古老相傳云辟支佛所出是也。洞前有殿，殿左有方塔。野猪洞在辟支洞右，禪堂在辟支洞下。

明 章潢《圖書編》卷六四《西湖諸山》 錢塘孤山屹立西湖中，有金沙井，有六一泉，有林逋放鶴亭，逋墓在其南。巨石山一名寶石山，在西湖北，高六十三丈，周迴一十三里。傍有石甑山，上有七層古塔，今稱爲保叔塔。山麓有纜船石，相傳秦始皇東游泛海，艤舟於此。舊制西湖本通海，東至沙河塘，南向大江也，故始皇纜舟於此。宋宣和中，鐫此石爲佛，遂名爲大石佛。北有落星石二，一在山北址，一在山崖後。巾子峰在落星石後，西有參寥泉。詳見《通志》。西爲寶雲山。又西爲葛嶺，相傳爲葛洪煉丹之所，嶺上有葛仙翁墓。又西有虎頭巖，山形突出若虎頭然。吴越納土後，望氣者云杭州有王氣，宋藝祖命鑿之，巖下有儀王墓。葛嶺之西爲履泰山，有棲霞嶺，下有岳武穆王墓，有翊忠祠。又有牛皋墓，在劍門關畔。嶺有掃箒塢、黄龍洞履。泰之右爲仙姑山，有張憲墓。仙姑山西爲青芝塢，青芝塢西南爲慶化山水竹塢。宋置部司前軍寨，旁有周杞墓，兄弟忠信，名震一時云。又西南爲駝巘嶺。過行春橋，入九里松，唐刺史袁仁敬守杭植松以達靈竺，凡九里。前有小方池曰玉泉，旱澇不竭。舊志爲流出山外，溉田三千餘頃。折而南爲仙芝嶺，西爲集慶山。又西南過合澗爲武林山，俗稱西山，在錢塘縣西一十五里，高九十二丈，周一十二里，其峰之北起者曰北高峰。山前有飛來峰，晉咸和間，西僧慧理登而歎曰：此乃天竺國靈鷲山之小嶺，不知何日飛來仙靈窟，今復爾否？因名山曰靈隱，建靈隱寺，命其峰曰飛來，支分而回拱者。又有石筍、靈鷲、稽留、月桂、蓮花諸峰，有龍泓、青林、玉乳、射旭、呼猿諸洞。有三生石，有煉丹井，有冷泉亭，又有蕭公、茯苓、白沙、金沙諸泉。有下天竺寺，上天竺寺。西有嚴將軍墓。南屏山刻家人卦中庸樂記篇，乃唐人八分書，後人誤刻爲司馬温公書。其淩空而中峙者，爲慧日峰，今以净悲寺。後卷石刻慧日峰，亦誤也。又南曰烟霞嶺，洞壑虚窈，泉味清甘，聲如金石，名曰水樂洞。陟蹬屈折而上曰南高峰，在南北諸山之界。玉岑山在南屏西南，其對曰赤山，山之陰有筲箕泉。赤山之北曰三台山，有于肅愍公墓。三台山而北曰小麥嶺，又西曰大麥嶺，其旁爲花家山，西北爲靈石山。又西爲南籠山，風篁嶺下宋陳剛中墓。上有龍井，龍井之匯爲九溪，其西爲十八澗。栗山在錢塘縣西十七里，高二十二丈，周十八里，有石人嶺，玉女巖。過嶺爲西溪，有趙襄格公墓。大慈山在縣西南十里，有虎跑泉。南曰筆架山，有忠節祠。又南曰包家山，有冷泉峪，多桃花，號小桃源。又南曰梯雲嶺。慈雲嶺之南曰龍山，一名卧龍山，有登雲臺、珍珠泉。宋籍田郊壇，高禖壇遺址在焉。稍南曰妙因山，有吴越國文穆王忠獻王墓，宋建表忠觀。月輪山在龍山南，形圓如月，甚高聳者，爲月輪峰，有六和塔。

明 彭大翼《山堂肆考》卷一六《虎丘》 虎丘山在蘇州府長洲縣西北平田中，有小丘。《越絶書》：吴王闔閭葬此。用黄金珠玉、扁諸之劍、魚腸之干以殉。越三日，白精結爲白虎，踞其上。唐避諱改名武丘。顔真卿書「虎丘劍池」石刻四字。池之前有平石曰千人坐，蓋神僧竺道生講經處。唐李陽冰篆生公講經臺，分刻二石臺側。有點頭石，石上有可中亭，左右白蓮池。陳顧野王序：高不抗雲，深無藏景。卑非培塿，淺異踈林。路若絶而復通，石將斷而更綴。抑巨麗之名山，大吴之勝壤也。

明 竇文照《竇子紀聞類編》卷一《慧山》 陸羽記曰：慧山，古華山也。梁大同中，有青蓮花育於此山，因以華山精舍爲慧山寺。在無錫縣西七里。前有曲水亭，一名歇馬亭，乃士庶投息之所。其水九，曲迴以文。中有方池，池生千葉蓮。傍有洞陽觀、始皇塢、華孝子祠。獨孤及記云：此寺居湖西神山之足，山小多泉。其高可憑，而上下靈池異花載在方志。山上有真僧隱客遺事故迹。竟陵陸羽多識名山大川之名，與此峰白雲相爲賓主。乃稽厥創始之所以而志之，談者然後知山之方廣，勝掩他境。其泉濼涌，潛減潛滐，無址無竇，蓄而不注深源。因地勢以順水性，始雙塈袤丈之沼，疏爲懸流。使瀑布下鍾，甘流湍激，若醲醴乳，噴叢於禪床，注於德地，潺潺有聲，聽之耳清。濯其源，飲其泉，使貪者讓，燥者静，道者堅，固境静故也。

明 吴之鯨《武林梵志》卷六 東天目山昭明禪寺去臨安西四十里，踰嶺即見，若天鏡然。其形蜿蜒下蟠，于麓分二道。左爲龍王堂以木梁澗，澗中多奇石，進爲白鶴坡，則水石相激以成，游者每不能至其上。數里，即所稱平溪，茗之源也。右峽入深三里許，茂林鬱然，曰昭明庵。頗整治，有徑可斜通山中。由中麓上，躡其脊，憩且止亭，望武林諸邑，歷歷可指顧。有瀑如白龍，伏起多態，抵垂虹橋，則逼淩飛瀑濺珠衣袂間。上磴多塔松，大六七圍者數株。歷三橋，而抵昭明寺。寺久廢，黄毓鉉新創未竣。有千佛閣，以經火不燬爲靈。穴其背，出度嶺，詰曲而下，至徑密處，得黑驢庵，宋希都禪師叱虎處。徑左爲平溪庵，溪流至此忽平。上有獻珠墩，下有白龍池，飛橋跨之，四面壁立，真若飛渡者。其溪與白鶴坡近，而徑險絶不通，此東目最幽勝處。由閣之右過迴光庵，洗眼池在其後，庵所由名。出西磴，見悟道松，頂平如茵，下可隱數乘，上爲白雲窩。左轉爲分經臺，即昭明分《金剛經》處。舊有三古松，皆爲雷火摧枯，葛稚川曾修煉於此。傍有小池可掬。攀蘿分翠而上，至二頂，有石纍如青蓮華。又上數里爲大仙峰，巨石如板築者數丈，則山之絶頂，與西目相望云。

又 西天目山獅子正宗禪寺，今稱獅子林，去於潛北三十里，而雙清莊居其麓。莊右出太子庵，掬泉洗目，漱之而甘。沿澗登響水巖，初得奇壁，前望巨石如覆舟，至則如削成而方，繡蘿蓋之，名觀音巖。左通活埋道。循右穿眠牛亭，古木盤鬱。踰半山橋，有寶樹三株，與東目垂虹堪頡頏。上真際亭，則高麗王問法中峰所自署者。登獅子岩，藏蜕在口吻間，秉燭始見複閣飛樓，若淩虚而滅。其趾曰舫室，曰死關，高峰所自命。右抱象鼻，水淙淙下者曰千丈崖。越閣道，行萬松間，得玉柱峰，中立夷曠，高不及十丈，而磊砢輪囷，蒼古異常，上覆兩松如擁華蓋。東爲中峰、斷崖二塔，一杉五枝，一杉雙幹，俱大五六圍，而五枝者在斷崖，塔淩高阜，尚埋其根，而雙幹修挺入雲，居然娑羅雙樹。其下平行地，即爲正宗禪寺，榜曰獅子林。旁爲幻住庵、中雲庵，稍上爲貝林禪師華嚴庵。繞屏風石，踰金仙頂，觀怪石，斷者截者，反者豎者，若片片解而庋積於築室之場，計其高與東目肩齊。下瞰，惟西南蓮華峰幽勝。返幻住，沿石壁爲西方庵。過天關，爲立玉亭。危道如綫，趾半垂在外，委蛇以行，真若羊腸。從立玉望西方，半没雲嵐中。由西方庵峭壁中裂如隧道，曰龍門。從龍門下，若貫虚，山中之奇無以加此。分徑北行，美陰曲折，漸露幻居之崖，層構翼接，觀益奇。憩活埋庵，陟香鑪峰頂，下沿觀音石。凡所經高峰銅鉢繭衲，如熏優鉢羅花開，及中峰自題畫像，皆世所未有。煙雲萬變，必身至始能領略云。

又 黑山蟠龍庵。山在平地中陡然奮起，仰視奇絶。透迤而上數百步許，有崖。兩石峰相對，徑甚狹且迅。再數十武復開，見平地田地塘井可數十畝，四逼山崗迴遶，上見青天。中有龍池半畝許，大旱不涸，有禱輒應，常有祥雲覆其上遠方。望氣者往往登陟觀閲，皆以爲瑞，謂小麻姑洞也。有大石二：一名伏虎石，在洞口，儼然虎踞，扣之有聲。每天將雨，輒潤。登據俯眺，可閲百里，山水盡環遶拜舞于下。一名棋枰石，在前崗，寬廣平直。相傳葛仙翁與客對局在此。臘月山花盡開，至今惟此山巔有蘭花，映山紅，十二月即開。中有泉水一孔，冬夏不涸，清冽異常。

明 周聖楷《楚寶》卷三八《岳麓》 岳麓山在長沙西岸，蓋衡山之足，又名靈麓峰，爲七十二峰之一也。湘西古渡登岸，夾徑喬松，泉澗盤繞，洞壑幽深。自晉迄唐，麓山、道林二寺，踞山之勝。唐李邕碑詞所謂「幽谷左豁，崇山右峙。瞰郭萬家，帶江千里。玉水布飛，石林雲起。雷激庭際，月窺窗裏」。猶可追尋其遺咏矣。至宋咸平中，始以岳麓書院稱于天下。

清 閔敘《粤述》卷二 柳山在州北三里，舊曰北山。宋刺史柳仲塗讀書其中，更今名。山頂有源，四時不涸。中有飛來石，登其巔，則千峰萬壑，皆在足底。宋州守林岊建湘山書院，前爲柳侯祠，井中有巨石，云乘風雨而入，昂首如龍。

清 納蘭性德《通志堂集》卷一五《淥水亭雜識》 虎丘山在吴縣西北九里，唐避諱曰武丘。先名海湧山，高一百三十尺，周二百十丈。山在郡城西北五里，《吴地記》云去吴縣西九里二百步。遥望平田，中一小丘，比入山則泉石奇詭，應接不暇。《吴越春秋》：闔閭葬此，三日，金精爲白虎踞其上，因名虎丘。《郡縣志》云，秦皇鑿山以求珍異，孫權穿之亦無所得。其鑿處遂成深澗。今劍池兩厓劃開，中涵石泉，深不可測，爲吴中絶景。王元之、張敬夫皆有銘。晉王珣虎丘銘曰：虎丘先名海湧山，山大勢四面周迴，嶺南則是山徑。兩面壁立，交林上合，蹊路下通，升降窈窕，亦不卒至。王僧虔《吴地記》云，虎丘山絶巖聳壑，茂林深篁，爲江左丘壑之表。吴興太守褚淵昔嘗述職路經吴境，淹留數日，登覽不足，乃歎曰：今之所稱多過其實，今覩虎丘，逾於所聞。斯言得之矣。顧野王《虎丘山序》云：高不抗雲，深無藏影，卑非培塿，淺異棘林。路若絶而復通，石將斷而更綴，抑巨麗之名山，信大吴之勝壤也。御史中丞沈初明等游山賦詩，並書屋壁。梁郡守謝舉有《虎丘山賦》。宋何求及二弟點胤、陳顧越、唐史德義並隱此山。紹興中，洛人尹焞避地山中，書堂存焉。舊有東西二寺，即王珣別館，皆在山下。山半大石盤陀數畝，高下如刻削。因神僧竺道生於此説法，號千人坐石。他山所無。白蓮池，虎跑泉，亦生公遺跡。陸羽泉即藏殿側石井。試劍石，因大石中裂，故名。及望海樓，真娘墓，皆有古人賦詠。

清 乾隆《江南通志》卷一二《山川・蘇州府》 靈巖山，在府西南二十五里，一名硯石山。《越絶書》云「吴人於硯石山作館娃宫」，即其處也。《續圖經》云：山西有石鼓，故又名石鼓山。登其巔，俯瞰具區，烟濤浩渺，一目千里，而碧巖翠塢，點綴滄波之間，誠絶景也。《續圖經》云：山頂有三池：月池、研池、玩華池，雖旱不竭。昔吴王置離宫於此，有琴臺、館娃宫、西施洞、響屧廊、吴王井遺蹟。其石壁峭拔者，爲佛日巖。平坦處有靈巖寺。

清 王培荀《鄉園憶舊録》卷四 大明湖中歷下亭，杜少陵與李北海宴客于此，所謂「海右此亭古」也。其亭甚高，四圍有廊，屢修屢圮。純皇帝詩碑在焉。北渚亭，晁補之作賦，或以明湖北之小圃當之，非是按其形勢。今之北極臺，高聳，背城面湖，當是此地。臺上祀真武，懸聯云：宫中下見南山盡，城上平臨北斗懸。唐人句若爲此地設也。俯視荷花百頃，蘆葦參差，蟹舍漁莊，歷歷可數，若不知在城市間。南岸垂柳數株，披風曳露，即漁洋咏秋柳處。或於湖東委巷建一院，題秋柳詩社。去湖遠未可信，昔有人維舟湖中，夜半忽小舟出葦間，一偉丈夫攜麗人，四顧太息曰：丁酉與漁洋會此。今歲又丁酉矣，倏忽不知所往。劉金門，夫子與鐵冶亭撫臺泛舟，共作一聯，云「四面荷花三面柳，一城山色半城湖」，不可移置他處。百花洲與明湖別爲一區，如附庸。蓮葉田田，地極幽静，李滄溟白雪樓移建于此，後屬邢太僕子。愿其實老屋三間，王季木得之，築問山亭，猶仍白雪樓舊額。自歷下亭一舸，順風可至鐵公祠。公于靖難時，守城盡節，至今俎豆儼然。祠西廳三楹，前面虛敞，扁曰水木明瑟，取《水經注》語，恰合。聯取漁洋句云「烟巒濃淡山千疊，荷芰扶疏水半城」，雅切有餘味。疊石爲小山，建得月亭，兩廊盡畫墨竹，前面架板爲屋，前後盡敞，眺望烟水無際。余見其圮而復建者三，不知何時遽然撤去。雖空闊有餘，而絶無收束，少含蓄，蓋人日趨簡易，諸事如此，不獨一游賞地也。爲之慨然。按，此名小滄浪。

又 卷五 長白山謂之副岳，以雲氣常白，故亦名常白，有摩訶峰、會仙山、醴泉寺諸勝。跨章邱、長山、鄒平、淄川之境，漁洋作《長白山録》，載之甚詳。鄒平長白山醴泉寺，即范文正讀書處，四山迴環，一溪縈帶。上有范公祠，祠中多前代石刻，有嘉靖十三年崧少山人張鯤絶句最佳：危閣烟霞出，峰巒麋鹿來。春泉落西澗，聲繞讀書臺。山護埋金窟，泉流畫粥厨。傳鐙衣盋在，曾伴老龍圖。風晝溪楊色，煙春巖蕙香。人言背絶壑，纔是上書堂。靈刹羣峰合，名祠半日游。難逢浮海術，易集下山愁。鯤，河南鈞州人。山有黌堂嶺，云鄭康成曾居此。有曬書臺，吾淄舊志載之黌山。山生草葉細而堅紉，謂當日以此捆書，名書帶草。

紀　事

宋 王庭珪《盧溪文集》卷三四《游廬山記》 政和七年十月七日，道遇武陽聶名世，自圓通同宿東林，觀虎溪蓮池。明日，登羅漢閣，上白公草堂，至上方五杉閣，凴高而望，九十六峰隱見天末，不可名狀，而香爐一峰尤勝絶。草堂正坐其下，宜昔時隱者之所喜盤旋於此也。過西林，履平地五里許，至資聖菴。資聖而上漸峻拔，非數十步輒一休不可疾至。歷三茅亭，乃至錦繡谷。聞春時異葩怪卉層出雜見，相錯如錦繡然。自錦繡谷不半里，至天池妙吉祥寺，去平地二十里矣。是夜禮文殊於瑞光亭，拜未起，而燈光璨發於欄楯之外，大小幾百餘燈，明滅合散不常。僧指示曰：此聖燈也。【略】寺有貯雲菴，又在絶危巒頂，峭發壁立，數百千仞。吐雲氣而薄星辰者，皆出乎袵席之近。明日離菴中，由山北下三里，至佛手巖。巖下清涼瑩徹，可丈餘，水濺濺鳴其中，有石龍首浮於泉上，詭狀若欲奔動，視之毛髮爲寒。巖西半里，登相光亭，觀擲筆峰，坐禪臺竹林遺趾。山中人傳，數有僧見竹林寶刹於此，轉眄失之，故今號竹林化寺。復從巖東北下三里，至寶林，即唐大林寺。白樂天嘗序此地，實羌廬間第一境。人迹罕至，古今識游者鑱刻未泯也。寺三里，道傍有飲牛池。池一里，至峰頂菴，視香爐峰，反在其下。東有文殊、四望二臺，老松一株，極醜怪，偃於四望臺之上，若張蓋然。坐其下以觀浮圖之屋，穹堂奥殿，負崖架空，矗在天半，紺碧照耀，環山而四出。九江波濤雪色，砰擺振撼，合而東去者，皆在乎履舄之下。彷徉注視，目不得瞬，而千萬狀之變態，亦不可得而窮也。於是下峰頂，十里至普照寺。而寶興、石盆、護國三菴，居峰頂、普照之間。又下至廣巖而止。吾二人自謂幾覽徧山北好處，因回視江南，地雄富，内坦夷，數千里氣狀清淑。而玆山巉突於江濱，若造物者喜設宏壯，屏扞於此土，使江南清淑之氣蜿蟺儲育，至是礙而不得西。

宋 陸游《渭南文集》卷四五《入蜀記》 十七日，羣集於青山李太白祠堂。二教授同集。祠在青山之西北，距山尚十五里。墓在祠後，有小岡阜起伏，蓋亦青山之別支也。祠莫知其始，有唐劉全白所作墓碣及近歲張真甫舍人所作重修祠碑。太白烏巾、白衣、錦袍。又有道帽氅裘侑食於側者，郭功甫也。蚤飯罷，游青山。山南小市有謝玄暉故宅基，今爲湯氏所居。南望平野極目，而環宅皆流泉奇石，青林文篠，真佳處也。遂由宅後登山，路極險巇，凡三四里，有兩道人，持湯飲迎勞於松石間。又里許至一庵。【略】菴前有小池，曰謝公池。水味甘冷，雖盛夏不竭。絶頂又有小亭，亦名謝公亭。下視四山，如蛟龍奔放，争赴川谷，絶類吾鄉舜山。但舜山之巔，豐沃夷曠，無異平陸，此所不及也。亭北望，正對歷陽，周生言：完顔亮入寇時，戰鼓之聲震於山中云。夜歸舟次，已一鼓盡矣。坐間，信伯言桓温墓亦在近郊，有石獸石馬，製作精妙。又有碑，悉刻當時車馬衣冠之類，極可觀，恨不一到也。

又 卷四八《入蜀記》 七日，見知州右朝奉大夫葉安行，字履道。以小舟游西山甘泉寺，竹橋石磴，甚有幽趣。有静練、洗心二亭，下臨江山，頗疏豁。法堂之右小徑數十步至一泉，曰孝婦泉，謂姜詩妻龐氏也。泉上亦有龐氏祠，然歐陽文忠公不以爲信，故其詩曰：叢祠已廢姜祠在，事迹難尋楚語訛。又此篇首章云「江上孤峰蔽緑蘿」，初讀之，但謂孤峰蒙藤蘿耳，及至此乃知山下爲緑蘿谿也。又至漢景帝廟及東山寺，景帝不知何以有廟於此。歐陽公爲令時有《祈雨》文，在集中。東山寺亦見歐陽公詩。距望京門五里，寺外一亭臨小池，有山如屏環之，頗佳。亭前冬青及柏皆百餘年物。遂至夷陵縣，令見縣左從政郎胡振。廳事東至喜堂，郡守朱虞部，爲歐陽公所築者，已焚壞，柱礎尚存，規模頗雄深。又東則祠堂，亦簡陋，肖像殊不類，可歎。聽事前一井，相傳爲歐陽公所浚，水極甘寒，爲一郡之冠。井旁一柟合抱，亦傳爲公手植。晚郡集於楚塞樓，遍歷爾雅臺，錦障亭，亭前海棠二本，亦百年物。爾雅臺者，《圖經》以爲郭景純注《爾雅》於此。又有絳雪亭，取歐陽公《千葉紅梨》詩，而紅梨已不存矣。

元 李洞《游廬山記》（《江西通志》卷一二八引） 明日，過匡山精舍，臨磬湖，披奥草，求玉蟾丹井。入飛雲洞，訪隱者桂心淵，不遇。遂肩輿過東林寺。方行林隙中，白雲徐舒，青峰遞明。心忽不定，久之，因憩三笑亭。由三笑、虎溪、蓮社、蘇白堂，遂升上方。望靈運講經臺，慨然前人高風。上方出東林後，單山崛起，與匡阜對。阜若大屏居前，其上繙經臺。明日，出西林，登天池山。望絶頂，路險甚。捫歷窮澗，矯首千巖，瞰逼微嵐，下視林壑横潰。凝立待定，四顧生怯。青蘿葳蕤，咫尺無路。幽鳥飛鳴，山應逾遠。有石突出霄漢間，其略若巨艦，乘瞿塘縣流，急開峽口。問之，鐵船峰云。如是緣石磴以上，餘二十里，至天池。坐文殊閣，下視萬彙，杪甚毫髮，江流匯潒，杯帶泓明，羣山起伏，掩仰微浪。挹漢王峰，徙倚白雲亭。觀宋將岳飛詩，謂其當朝廷多事，猶能抵隙而爲是游。得支逕，上大林，僧慧遠始居，樂天、濂溪所嘗游。出緣絶壁下，入佛手巖。廣不能數楹，下蹙無地。曠覽悠邈，視天池雄麗過之。側出微徑，逾進而愈邃。崖間鐫大隸書，曰竹林寺。苔蘚綴絡，隱顯翠壁，前控飛崖如几筵，延袤丈餘，三面皆斗絶。從旁一松偃蓋下覆，方卧厓上。月在松杪，其下即錦繡谷。謂春時谷中花開猶錦繡也，故云。又謂每風雨間鐘磬梵唄，寺蓋隱其中云。是晚下宿福海寺，明日到圓通，飲三蘇堂。又明日，導者失路，遂踰匡王觀、谷簾泉、淵明栗里，抵靈湯。由是蓋轉而之山南矣。乃從報先寺杏壇間，遥望白雲、紫霄諸峰，森猶紫笋矗其巔。耶舍塔冠簪玉，如憩歸宗寺。觀晉王右軍羲之墨池，鵝池，酌鸞溪一滴泉。夜宿陸修静簡寂觀所當軒白雲川中。登石壇，瞻魁斗。徜徉雙瀑間，早書所當軒白雲川而去。至開先寺，其東馬尾泉，其西飛玉泉、萬竹亭、漱玉亭、青玉峽。峻宇天闢，兩岸嵐翠欲滴，其地如大瓮，泓渟爲潭。潭中有巨石，水從中來，觸石分二道以出，狀若白龍飛墜潭中，盤旋數四，循石阪下其巔，委勢遠益緩，始逡巡斂怒趨去。登雲錦閣西軒，望瀑布，其旁香爐、雙劍二峰，尤秀麗特甚。云上有三石梁，横絶青冥，窅不見底。苔滑不可度，度輒得遇異人。瀑行青壁間，如長虹委蛇，下沈邃淵，須臾大風暴起，泉不得行，從旁掣曳，欲斷還續。忽飛旋重輪，直入空際。迴風一散，萬象冥蒙。或文綃霞縠，陟降天際。偶隨飈車，奄爾而逝。瞬息萬狀，殆不可窮。急雨繼之，四山霧晦。銀竹森竪，形神開悟。自以兹游冠絶平生，即相與命酒，頹然就醉以卧。明日越羅漢閣，東行五老峰下。五老頷頤隆肩，欲欬以嗽者，蒼然負幃薄以立。覬其或與我語，笑顧久之。度松關入棲賢，以三峽、陸羽泉、玉淵潭之奇，因遂留宿焉。次早，見硃砂峰子雲屏閣。僧謂棲賢李渤、楞伽李公擇讀書處。其南有洗馬磵，由白鶴觀以往，亦李渤讀書處，今爲紫陽朱先生晦菴白鹿洞書院。其梁于澗曰貫道之橋，其澗之隈曰勘書之臺。又有曰風泉雲壑，曰聖澤之泉。致祀殿庭下，拜先生遺像于祠。顧瞻磅礴，思古之人得以遂其所致于兹山泉，消其塵昏，息其道氣，終以大有爲天下者，未必不少有助云。

明 王洪《毅齋集》卷六《游西山記》 吾郡多佳山水，最勝者曰西山。西山多名刹，最勝者曰三天竺寺，距郡城不半舍遠。永樂己丑，予請告歸覲，友人孫孟博、金士傑謂予兹山之游不易屢也，乃相與策蹇從隸僕，由北郭循湖堤，折旋而西上寶石山，登浮屠氏之塔。羣山屏列，湖水鏡浄，雲光倒垂，萬象在下，而漁人釣艇，往往若鳧鷖出没烟波浩渺間，遠而益微，僅見其影。東望羅刹江，若匹練新濯，遥接海色，茫然無窮。而吾郡城正值湖江之間，委蛇曲折，左右映帶，屋宇鱗次，樹木雲蓊，佳氣鬱鬱，盡在眉睫之下。行未甚遠，便得殊景，益健遠興。又西行二三里，拜岳鄂王廟，周旋墓下，古木離立，悵然者久之。又西經行春橋，逾集慶蘭若，始至飛來峰下。地志稱虎林山，而浮屠異傳以爲西域靈鷲小朵峰飛來者，蓋西山第一佳處也。其高不逾五六十丈，岩石嵬怪特異，若犢駭，若隼立，若豹躍，若虎踞，若蛇逝，若棋置劍植，衡從偃仰，益玩益奇。上多異木，木幹筆直，枝葉碧色，不假土壤，根出石外，冬夏常鬱然，丹葩翠蕤，蒙蔓聯絡，種種殊異，不可名狀。其下巖洞若曲室，玲瓏相通，中外鑿僧佛像。泉自石脈出，滴石上作鏗然鳴，隱隱出洞，久而始散。有寺在山趾曰靈隱，有亭曰冷泉，洞經其下，始出沸激，久乃徐流。白礫布底，坦然平瑩，祓石潄波，爽澈毛骨。又西行不二里許，至下天竺寺。住持伯珪上人具禮邀歘，遂同入上天竺。石路夷潔，蒼松兩行，若翠羽蓋列左右。人行緑陰中，清風徐來，暑日不爍。遇古春名宿泊鼐上人，茶話久之。薄暮，還宿伯珪所，入天香室，觴小朵軒，脱帽坐石壁下。林壑陰翳，萬籟岑寂，蒼然暮色，自遠而至，山風飄颻，徐動林木，響應溪谷，間以幽鳥，其韻益遠，令人蕭然有忘世之志。

明　李夢陽《空同集》卷四八《游廬山記》　自白鹿洞書院陟嶺東北行，並五老峰數里，至尋真觀。觀今廢，然有石橋。自觀後西北行里許，並石澗，入大壑。路傍有石刻，一宋嘉定間刻，剥落難識；一元大德間呂師中刻也。入壑行，並澗路，石漸巉巖，數里至白鹿洞，此鎖澗口者也。羣峰夾澗峭立，而巨石怒撑交加，澗口水湍激石門，旁有罅，人傴僂穿之行，此所謂白鹿洞云。過洞，復並澗，轉北行數里，則至水簾。水簾者，俗所謂三級泉也。然路過洞愈嶮澀，行蛇徑鳥道石罅間，人跡罕至矣。水簾掛五老峰，背懸崖而直下，三級而後至地。勢如游龍飛虹，架空擊霆，雪翻谷鳴，此廬山第一觀也。然李白、朱子皆莫之至，而人遂亦莫知其洞所。顧輒以書院旁鹿眠場者當之，可恨也。斯雖略見於王禕游記，然渠亦得之傳聞，又以尋真觀列之白鹿洞，後誤矣。自書院陟嶺西北行，至五老峰下，並木瓜崖西行，則至折桂寺石橋，有澗，朱子嘗游此。自折桂寺循嶺而南下，則至白鶴觀。觀，劉混成棲處也。觀背峰，曰丹砂峰。自觀西北行數里，至棲賢橋。橋跨澗孤危，宋祥符間橋也。澗曰三峽澗，澗石盰爛而巍怪，罅處淵潭碧黛，激則砰湃。橋旁有石亭，亭旁崖劖錢聞詩詩。自橋西並澗行，則至玉淵。路傍草間有石，鮮不劖也，今莫能盡記。玉淵，蓋其澗噴湧來，至此而穴石，懸注窅昧，聲如迅雷，亦天下壯觀也。石上有劖字云。過此爲棲賢寺，今廢，李白嘗寓此。自棲賢寺西行，至萬壽寺。有路通廬山絶頂，可至天池。逾澗北行，則太平寺路也。然卧龍潭則在五乳峰下，路仍自棲賢橋出澗口，西行數里，北逾重嶺，入大壑，始見潭。潭亦瀑布注而成者，潭口有長石鱗鱗，起伏猶龍也。朱子嘗欲結菴潭廣，今崖有其劖字，然嵐重，晝日常黯黯。出卧龍潭，西行數里，至萬杉寺。桯史云宋仁宗建寺，當慶雲峰，下崖間劖「龍虎嵐慶」四大字。又西至開先寺，寺有瀑布，李白詩句有龍潭、黄巖、雙劍、鶴鳴、香爐諸峰，又有蕭統讀書臺，李煜亦嘗寓此，亦廬山一大觀也。自開先西行十數里，至歸宗寺。寺有馬尾泉，亦瀑布。抱紫霄峰而下，王羲之嘗寓此，洗墨、養鵝皆有池。其南有温泉焉。自歸宗寺西北行，則至靈溪觀。觀西爲陶淵明栗里，今有橋，橋西北谷口有巨石，上有劖字言陶公醉則卧此，傍有醉石館。過醉石，入谷行，有濯纓池，崖有詩刻。自醉石館並山南折，有通書院，有天生棋盤石，上有劖字。自通書院入谷西北行，則至康王坂。有景德觀，今廢。觀傍石刻谷簾泉三大字。自觀東行十數里，則谷簾泉也。亦瀑布，與開先瀑布同源而分下，陸羽嘗品其水。自康王坂又西北行，則古柴桑地，曰鹿子坂、面陽山者，陶公宅與墓處也。自面陽山北行，可至圓通寺。此一路予未之行。予則自德安縣西，並山北東行至圓通寺。寺對石耳峰，前有猴溪，元歐陽元有記，宋黄庭堅亦寓此。自圓通寺東行，度石門澗，登廬山。尋天池寺、度錦澗，旁有錦亭。路雖攀緣上，然修整。又林木鮮伐掘，問僧，曰禁山也。路以曳御製碑開云。行一里輒有亭，路旁崖平處皆字刻也。蓋五亭而後抵寺。寺據廬山絶頂，奉敕建者也。鐵瓦而畫廊，有銅鐘象鼓，悉毁於火。殿前有池，仰出而弗竭，稱天池焉。是日晴晝秋高，下視四海，環雲若屯絮。望岷峨江、南北諸山皆見，然江與湖，益細小難觀矣。僧爲指石鏡、鐵船、獅子、芙蓉諸峰。乃東至白鹿臺觀，高皇帝自製周顛碑，高古渾雄，真帝王之文，然碑亭漸崩裂。又東觀竹林寺刻，非篆非隸，周顛手跡也。又東觀佛手巖，然皆絶頂。下游東林寺，觀虎溪。又至西林觀塔，東又觀太平宫。太平宫者，即御製碑物色周顛處也。又東至濂溪書院。又東十餘里至周子墓，墓對蓮花峰。自蓮花峰東行，至吴障山。過山逾石子、相思二澗，並五老峰行，則至白鹿洞書院。相思澗者，水簾下流也。此廬山南北之大槩也。

明　黄綰《游永康山水記》（《天下名山諸勝一覽記》卷四引）　從剡入永康，與石門子游壽巖。行見五峰相亞，意即壽巖。石門子曰：此俗呼爲翁婁巖者，請爲易之。其嶄然而出者曰天柱，其覆而左者曰石鍾，其踞而右者曰維摩臺，又左曰石甑，又右曰蟾蜍。行度一舍，沿溪折入，見大石插空，嵬屼不可仰視，群木森茂，雜然其間。又行，從木杪見樓閣在石壁中，梯石而升，弛檐而休，倚檻見東南一峰突起，曰雞鳴。少進，一峰竦出而俯，曰覆釜。覆釜之西，一峰尤傑，曰桃花。北一峰稍低，水時時下滴，曰瀑布。瀑布左連大石壁，下梯石望之，高澗數百丈，若晴霞爛然。乃顧東壁下皆洞，其一即所居樓閣，謂之壽巖。時日欲晡，谷中有雲氣籠木，蓊然蒼碧，日穿木葉，入照洞中，光景甚佳。西上塗堊僅存，煙痕荏苒，皆宋元人書游觀詩及歲月姓名。陳龍川、朱晦翁、吕子約嘗同游，乃龍川親書其上。又有兜率臺三字，亦云晦翁親書。石門子設酒茗閣上，飯罷西行，又一洞，中置觀音像，旁設大士像十八。洞口有四楹，楹間有粉壁，屢經塗治，新故數層畫題詩畫竹，皆剥落不全。惟胡彦恭詩及「鐵木普化耳會兵識」字無恙。洞廣而邃，可居。又西有石峽，飛泉直下，上有龍穴。日落，歸僧盧宿焉。明日去方巖，出山口，見一峰昂首北立，曰天馬。下有村塢，石穴中有居民，垣竹茨牖，儼若太古。踰澗南行，谽石窈窕，上有一屏名青玉。循青玉右行至一岡，坐望方巖如方城。向夕餘霞隱映，路從削壁升，石堦八九轉，未至，見崖端中開一門。既登，如行雉堞樓櫓間，忽而青山蜿蜒，中藏寺宇如平野，不知爲方巖絶頂。【略】寺後有石洞可坐。又陰崖巔絶有小石洞，爲胡公讀書堂。日已暮，乃下。復至壽巖，擁蒲燃燈。天欲暮，促行四五里，至山口，風雨至，崖松黝黑，白煙横飛，窅然不知所入。遂過靈巖洞，在山上南北通明，可容千餘人。由洞後石嶺登入，黄葉蕭蕭，客皆淒然。倦即洞中草鋪燒地爐環坐，夜久乃卧。明日天晴，出洞南，仰視洞上，蒼峰矗立，崖端柏枯死，小樹綴石若滕蔓下垂，掩映屋瓦，丹碧可愛。稍西一門下出崖半，棧石爲道，曰飛橋。下望陂田，自成村落。東行有井，深可百丈。僧云昔有龍飛去。復由後嶺下，沿溪望北山崖石，數松林鬱鬱皆可游，不暇顧。再至石鼓寮，翠壁參差。入谷，中小洞邃寂，即晦翁欲屋、吕東萊讀書處也。西南見瀑布下注，其下有潭，泓深澄黛，斑魚數尾，游揚自得，聞人聲即逝。又云東萊嘗買田四十畝，今屬方巖寺。故籍猶存可考。既出，僉謂當紀，以竢來者。

明 李濂《王屋山記》《山西通志》卷二〇七引 南行又折西北行十五里，至陽臺宫，在王屋山之麓，唐司馬承禎修真之所也。明皇御書「寥陽殿」三巨字，殿中塑昊天上帝像，旁侍十二宫辰，皆偉麗。而白雲道院，乃在寥陽殿之東，曰白雲者，承禎别號也。入道院，見大鑊一徑，丈深數尺，勝國時物也。宫之南有八仙嶺，其勢如八仙飭冠佩下天，拱揖而嚮陽臺。又有仙猫洞、不老泉，皆去宫不遠。出陽臺宫，東北行下山百餘武，謁烟蘿子祠。祠前有洗參井，祠即烟蘿子宅址也。烟蘿子者，晉天福間人，世傳烟蘿子佃陽臺宫田，苦積功行，忽一日於山中得異參，闔家食之，拔宅上昇云。過祠北行磵道中，蹇亂藤履危石，東西兩山壁立千仞，風颼颼起巖谷林木間，令人震恐。磵道中行里許，復上山坂，壘巘盤曲，莫記層數。乃循石磴，道士導引入紫薇宫。仰視臺殿，如在天上。至門，金書榜曰王屋山朝真門。門内爲天王殿，榜曰天下第一洞天。又上一層，曰三清殿，而對華蓋山如几案然。又上一層，曰通明殿，設昊天上帝像，殿中環列朱龕，貯國朝御賜道藏經若干函，有碑數十通，皆宋金元時物。薄暮，酌方丈之松菊堂。翌日庚辰，夙興，爲天壇絶頂之游。乃乘小山轎，僕夫持絙牽輿以上。出紫薇宫，西上二里，至望仙坡，閲披雲子修煉之跡。又上四里，至憇息亭。凡登絶頂者，至此必茗飲少憇，故名。其地有仰天池，四面高而中凹，舊有泉，今涸。至此則山徑愈峻險，轎不可行，乃步以上，過此則躡瘦龍嶺，登一天門。曰瘦龍者，以山脊之癯如瘦龍露骨也。過一天門，登十八盤，山石壁陡絶，旋繞而上，至躡雲嶠，觀烟蘿子登仙石。石上有足跡，下有澗曰避秦溝。又稍上則紫金巖，巖之右有三官洞，洞前有仙人橋。少頃至南天門，則愈陡絶，手攀鐵索以上，觀軒轅黄帝御愛松。小憇換衣亭，謁玉皇殿。殿之東曰清風臺，西曰明月臺，皆巨石也。又行數十步，至絶頂，入虚皇觀，謁軒轅廟、真君祠。乃陟三級瑶臺，極其遐覽。東曰日精峰，日始出時精彩爛然。西曰月華峰，月上時光華先見也。於是東望海岱，西眺崑丘，北顧析城，南俯黄河如綫，如嵩山少室隔河對峙，咸聚目前。下視華蓋諸山，卑如培塿，竊意天下奇觀，無踰此者。余徘徊久之，乃下三級瑶臺，遍觀今古諸石刻，而日已晡矣。是日，宿上方院。偶思李白詩「願隨夫子天壇上，閒與仙人掃落花」之句，超然有遺世獨立之心焉。

明 楊時喬《新刻楊端潔公文集》卷七《文公精舍玄元道院圖記》 武夷之勝在五六曲。山脉自三仰而下爲天游峰，右翼則仙掌峰，左翼則一覽臺，又左則铁板障峽，度爲羅漢岩，起爲翠屏峰，聯爲接笋峰，而止于撞冠石、羲回二洞。水脉自九曲而下，北向經大廪石、磨石、猴藏石、城高岩，北折而東向，經石門、響應二岩間，在一覽亭下東折而南向，經仙跡岩、茶竈、釣磯石、晚對峰、會仙岩、天桂峰、更衣亭南折而稍西鄉，經御茶園、金雞洞、大小藏峰、宴仙岩西折而稍北向，經玉女峰、妝鏡臺、諸岩石間而迴旋于獅子、大王、幔亭、凌霜、車錢、日昇、上昇峰之麓，復南會于鐵板、天游下，而羅漢、翠屏、接笋者屹然聳立于諸峰。峰岩洞石中，當平六五四三二曲之衝。

縱而觀之，北則天游，西則城高、仙跡、茶竈、釣機，西南則晚對、會仙，南則天柱、更衣，東南則御茶、金鷄、大小藏宴仙，東則玉女、妝鏡，東北則所謂會于鐵板、天游下。彼諸山水者，固若環拱而曲抱，意惟天地造設，神鬼剜運，靈炁盤積，奇秘顯泄，故有是其雄深偉邃，青澈紆迤是勝焉。爾隱屏之下，先生環勝小築精舍，今擴建易名。書院接笋上，舊有玄元道院，下峻上夷，前代脩真避亂者多居之。懸崖架木壘石而升，莫知其廢于何時。嘉靖丙辰，宫中羽士張廷安重闢結醒心窩，瀋承露，泉居道人麗陽汪抱、元古松，劉守益樊脩于此。戊午，樊侍御檄邑吏置木梯，最際跨銕鎖懸陡壁間，稍平處絶木棧而度。庚申，徽人范商建仙奕亭于巔，末汪續于半崖鑿精隱岩。既逝去，獨劉居十有七載。築静室于翠屏山脊内，其徒萬，本來暨志道明德，師事之。玆山遂爲洞天一巨觀，凡登其巔而九曲之勝悉在掌目中。一覽鼓子、水簾、齊雲諸山，讓美矣。

明　馮夢禎《快雪堂集》卷二八《黄山記》　黄山本稱黟山，而附會黄帝仙踪，改稱黄山，則始李唐。或云唐有隱士黄姓者，居此得名，代久傳譌，遂無確辨。名峰三十六，谿稱之，盤礴徽、寧、池三郡五百里，脉自三天子障。或云雲門峰爲中幹，實留都、兩天目之祖。或云留都、兩天目俱發三天子障，而非黄山。事缺躬歷，聞舛異同，不敢臆斷。雲門者，兩山如門。雲通其中，俗名剪刀峰。百里外即可望，間翳于雨氣，諸峰惟天都最高。潘景升常登鉢盂峰，僅及其麓，游客無敢登者。次煉丹峰，坐湯寺、紫玉軒。雙峰如丫，卓立雲際者，是其峰，僻在海子。最近蓮華峰，脉所從來，前引海門。至此，黄山之勝便如引鏡照面，堂奥畢陳。【略】自峰頂視北一峰，玲瓏蒼翠，類大士所坐海山，與南羽鴉兒就之。遠勝近劣，歸途迷入審菁里許，而出既達原路。諸君子與景升，清虚業分踞海門諸峰。其稍南一峰尤奇，爲鄭翰卿所踞。上有修石如筍，卓峰端十丈許，而下斷如一綫，呼之飛來石，磐石承之。景升、清虚先上，鴉兒，僧印我繼之，餘不能從。自飛來石循經而北，爲石筍岡、翠微寺、松谷菴。海門凡五六峰，離立如巨靈斧擘，從斷處下窺，不測其外。諸峰眩怪逞奇，起伏縱横，以千百數，而玲瓏如一。龍窟在其下。謝伯貞云：先游者二僕夫戲擲大石，轟轟而下，驚龍致雨雹，伏地一時許而免。自煉丹峰歷海門，直見九華大江，四面通望，不減千里。山産矮松，高者不過丈許，頂俱如蓋，其當煉丹、海門尤多而奇。好事者購之以充盆景，人百計取市，活者頗難。托根深山，而不免自賊，例之直伐甘竭，爲咨嗟久之。

明　楊應詔《游虎丘記》（《天下名山諸勝一覽記》卷三引）　東南號佳山水，控三江五湖之勝，莫最于姑蘇。姑蘇左淮海，右洞庭，靈巖嶄屹秀聳，莫最于虎丘。虎丘去州治僅數里，濱接舟陸，中多小溪，曲磵陜其間，如抱月然。入其境不百步許，泉之洌，石之清，林木之斷齶，不可狀。其中最幽麗者，莫善和靖祠。祠之前有平原緑疇，一望漭渺，嘘青攢白，外與天接，每暮色蒼靄，令人神悸心懌不已。其上有浮圖吮漢杪，下瞰姑蘇可一掌。轉浮圖而南，世傳生公講堂、悟石軒在焉。軒側有劍池，側立數千尺，兩崖壁峭如剖，水清寒，瀧瀧鳴且流，中疑若有神物潛其間，不敢睨視。又行數十步，下有鉅石，環敞磅礴，可羅胡床十數，座千人。旁帶有小石橋平布其上，白蓮挺挺，華若丹碧，水蒲蓊絡。西行不半里許，又稍下，皆小石路，迤邐其間，泉益奇，石益怪。俄斗折突起，松篁豁然，則和靖讀書處也。有野鹿角角方東下。説者曰：虎丘乃昔吴王闔廬葬所，中多金鳧玉鴈，銅鈼水精，碧海丹沙，諸物布列。昔始皇東游，聞其勝，欲伐之。時有白虎盤攫其巔，不果，以故名。晋司徒王珣及弟王珉俱宅於此。自王珣去闔閭千餘載，暨今又去王珣及王珉千餘載矣。計此山始墓而宅，宅而復寺，陵谷不知幾變幾遷。吴、晋之宫室臺榭，皆鞠爲蒼煙白草、野垣斷梗，與鬼燐瀟瀟，出没其所。謂酒城鶴市者，亦不知其何所。而和靖讀書臺，獨巋然雲霄，與此山相磨滅。余與寺僧果嗟嘆久之。

明　宋楙澄《九籥集》後集《游大别山記》　《禹貢》：内方至於大别。《左傳》載吴敗楚師，即此地也。余於十月五日，自武昌晨興渡江，抵漢陽漢川門。登晴川樓，南望江夏，最西爲黄鶴樓，其次石照山，又次黄鶴、鳳凰、梁城諸山。晨霧障之，佇以俟其開。始如畫之米，中如畫之王，終如畫之李矣。北爲鳳棲山，府署隸其下，東則大别障之，其西大江所吞吐也。樓取「晴川歷歷」之意，樓居百雉之上，漢陽城不啻一丸泥矣。下樓而東，不二里，至大别南磯，謁禹王廟，因登晴川閣，亦曰朝宗樓。樓凡三層，其形勝與漢陽埒，東北渚曰龍嘉湖，西北曰鳳凰山。湖煙輕籠，山勢昵就，似又漢陽所無。折而東下，爲含碧亭，鐫石題曰江漢朝宗。又折而下，曰觀音磯，羣石萬頭，如獅象黿鼉，起伏江畔。土人因爲釣磯，坐而網漁者。若而人，洵可羡也。頭陀四五，延予登閣，坐觀江流，居然有萬里之勢。昔劉定公會趙武於洛，曰：美哉！禹功明德遠矣。以今觀之，豈特伊洛哉？宜九河疏鑿之處，在在血食，而禋祀缺然。至元世祖南征，抵江夏，登黄鵠山，北望大别，顧問土人何名，對以《禹貢》所載。又問仙棗亭磯，對曰昔有仙人吹笛於上。又問是仙名何，對曰吕公。世祖深悦，蓋誤聽吕公爲禹功也。又以治水告成，於弔伐有合，因敕建廟大别。禹功因吕公而彰，亦甚奇矣。陶元亮讀書喜誤，以誤有新得。觀吕公之對，陶豈欺哉？漁人指山巔古道，苦跋跡不能登。府中郎官湖亦長年爲政，不及望而返，甚矣！薄游之不能漫也。楚人呼大别山曰龜山，黄鵠山曰蛇山，因形似耳。

明 王士性《王太初先生五岳游草》卷六《廬山游記》 遂行十里至開先寺，倚鶴鳴峰下。南唐李中主幼慕物外，問舍兹山，後賜名開先寺，故寺後有讀書臺。臺後石壁鐫黄太史七佛偈，與陽明先生紀宸濠事，王敬美爲書寶墨亭。下亭登雲錦樓，面錦屏山而峙，下有洗墨池。右轉紫氛閣，覩西南兩石筍，廉利插天，爲雙劍峰。雙劍之南，一員阜矗立，爲香爐峰，每過雨返照，紫烟縷縷從香爐出也。鶴鳴之右，水奔灑成千百縷而短，曰馬尾水。雙劍之左，懸挂千百丈如匹練而長，曰瀑布泉。二流合山峽，石扇礀甸，中爲青玉峽。出峽，練飛而紺，匯爲龍潭。前有小石坎，爲浴仙池。從潭引水過石溜，鑿爲泓，曰龍井。亭其上爲漱玉，今廢，立小石塔當之，而亭其南崖。石欄倚碧，飛沫時上人衣袂，最勝也。李白云「銀河倒掛三石梁」，今無之矣。出寺北走慶雲峰，下爲萬杉寺，惟餘「龍虎慶嵐」四大字在邃壑，一杉不存。復行東北廿里，循五老峰坡陀南下，一山而四環之，唐李渤馴白鹿，讀書其中。枕溪石窅處，爲白鹿洞。昇元中，建廬山國學，晦翁爲請書賜額，拓而大之，與嵩陽、石鼓、岳麓並。禮聖殿居中，左右列書屋百楹，以廩餼諸來學者。石鐫「風雲釣臺，枕流漱石」字，晦翁手跡居多。洞前水自凌雲來，泙湃下石峽。東爲洗心橋，亭於其上爲獸對。又亭獸對之，上爲聞泉。重山若抱，古松千樹。丙夜，天籟叫號，如波濤起松間，拉水聲度嶺去，往往令人起訝床頭風雨鳴也。面山亭爲高美，高美西下爲大意。又過濯纓橋，西有钓臺石，稍北亭爲朋來。朋來一亭，則創在山之巔。登亭視五峰，巉削横列天表，時有白雲衣之，真如五老人軒然連袂傴立，下窺重湖。李青蓮愛其勝，卜築焉。五老南下有獅子峰，其東北有九疊屏，屏下有三疊水。以日落，遠未能至，宿洞中。次日大雨，翰卿循山麓北行，余乃筍輿問天池路。復西南回二十里，至棲賢橋，三峽澗出焉。兩崖峭壁，水墮下百仞，聲撼山谷。再上十里而過楞伽院。又十里山陡絶無路，下輿而步，策短笻，掖以兩人，猶十步五墮，失足塹齒，凛凛不自持。大石亭以上，雨翻盆下，益無着趾處，頗似太華諸險，然嵐石奇怪不如。又過小石亭至含鄱口，乃匍匐上大漢陽峰。匡廬無主山，以高下各自雄長。大漢陽最高，五老次之。登漢陽四望，乃知此山拔地無倚，自高梁迤邐而來，東南北三面據江湖之會。其西則大陸群山所奔奏也。南望鄱湖，烟水蒼茫，輕鷗片片，落星一點，明鏡之翳也。北望九江，盡乎溢浦，風帆上下，千里瞬息。順流而東，則石鍾、大小孤山之所錯而踞也。其時雨脚初斷，仰見青天，懶雲歸山，雄風出壑，快哉披襟不忍去者久之。已下嶺而北，路稍夷。然大石千百，闌卧如群羊，恨無王方平叱之去。十里而至擲筆庵，又五里而入天池寺。寺前二池，世稱帝釋天尊手楂也。西有聚仙亭，以祀周顛、天眼、赤脚、徐道人。又西片石危立，瞰無底谷。一老松偃蓋卧前，爲文殊臺。漏下月明，有火光自空來，一化爲百，如亂螢落臺前，是爲佛燈。臺前有白石，霽後日射之，五色隱起，是爲佛光石。上有石浮圖，是爲佛舍利塔。塔南下有捨身崖，崖有獅子岩，岩下爲錦澗，隔澗爲鐵船峰。覽畢，夜分禪榻宿。次日，行東北里許，石阜卓立，爲白鹿昇仙臺，臺有高皇帝傅周顛碑。又東北數百武，石竅成洞，洞上石縫參差如指，爲佛手岩。岩北蒼崖巇嶮，下臨不測，一徑縈紆，廣不盈咫，望之如畫圖然。路窮處爲訪仙亭，亭下二石突起，爲鍾鼓山。後隸「竹林寺」三字。寺隱名存，風雨中時有鍾梵聲，周顛蓋于此示幻云。又數里爲大林寺，寺有兩寶樹。昔西域僧自其土携種之，鳥雀不栖。其一爲兩龍挾風雷拔去，今尚卧路側也。乃循披霞亭下甘露亭，爲竹林後門。又過躡雲亭，至錦繡亭，鳥道百盤，始抵山麓。復行二十里，入東林寺，晋遠公所開山也。山門外水爲虎溪。有三笑亭，其墻猶鬼壘故址也。門内左右爲康樂所鑿蓮池，其右尚存。遠造寺時，木自池中溢出，爲神運殿。池今故在殿下。遠公影堂後爲冰壺泉。覽十八賢像，想其素心，盡洗腸中積垢。獸淵明醉石與栗里柴桑、康王谷、陸羽泉在錦澗橋西，未至也。又北過太平宫，翰卿始從石塘來會。山中短松瘦竹，五月披裘，三月桃始華，氣候大都後一月。至煙雲雨霧，膚寸觸石，一日無慮十數變，則瓌奇之至也矣。

清　朱彝尊《曝書亭集》卷六七《登嶧山記》　嶧山上下皆積石，間不容趾。小若拳，大若堂房，若鬼工所運，而驚濤駭獸之突于前也。山遠近草木不殖，然嶧陽孤桐載在《禹貢》，豈以其生之不易，故貴之與？石質粗惡，游者鑱姓名于壁，未及百年，輒漶漫磨泐，不可辨識。李斯篆其不存于今，宜也。按《詩》言「保有鳧繹」，釋者謂「繹」與「嶧」同。鳧山在今嶧縣，縣雖以嶧名，山去縣二百里，在鄒縣之南。杜預以爲在鄒縣北，蓋縣治之徙久矣。山徑坱比，無燕憩之所，以是游者特少。然升高遠望，風檣煙浦，出没百里之外，於以覽神禹之迹，笑亡秦之愚，足以增懷慨慷。豈必林木鬱葱，臺館高下，然後爲名山也邪？同予登是山者四人，巡撫山東、工部侍郎兼右副都御史宛平劉公芳躅增美，公弟芳永大年，河間府推官、大興牛裕范式之，歙人汪之舫于鱗。登其巔者，公與之舫曁予也。

清　靖道謨《自白鹿洞游廬山記》（《江西通志》卷一三五引）　余來鹿洞三年，日與諸子讀書講學，未嘗問廬山面目也。丙寅高秋，始動游興。【略】遂自鹿洞後山，循岡脊西北行。披榛莽間，菊綻黄華，櫨垂朱實，相與采擷而食之，以當餱糧，幾忘山石之确犖也。其下爲聖澤泉，流東注鹿洞，溪聲潺潺，與人語相答響。溯流以行，至折桂寺。寺在淩雲峰下。鹿洞從五老峰降勢，兹峰爲其發軔山。寺後有讀書臺故址，唐李逢吉嘗讀書於此，已而舉進士，寺以是名。朱子有詩云：竹帛有遺臭，桂樹徒芬芳。八關十六子之號，幾令丹岩蒙滓。然「南陽諸葛廬，西蜀子雲亭」，苟善讀書，林泉當爲生色矣。入寺小憩，周覽巖岫，前山崔嵬隱蔽，彭蠡巖前有老桂一株，殆數百年物，根柢輪囷雙幹亭。亭直上，時史子師戩、徐子符瑞從，余指示二子曰：兩君各折一枝，以爲來秋之兆，可乎？相視而笑。出寺西南行，過石梁、聖澤泉，經其下登前山。攀藤蘿而上，數十步一歇息，歷數十息。山微平，石徑幽邃，青松夾道，遂至白石庵，宋李公擇讀書處也。公擇及第後，留書九千卷，以俟來者之求，蘇文忠歎爲仁者之心。元祐初，以公擇爲三司使。或言其少幹略，司馬温公曰：「使天下知吾意，不意於利。」斯真讀書人矣。寺門南臨彭蠡，湖光瀲灩，若在几席間，因止宿焉。明日爲重九佳辰。早飯畢，西南行纔里許，至木瓜崖。方子雲衢、王子久中諸人咸集崖前，望彭蠡較白石更覺清切。崖側有洞，層折而上，逾數百仞。五老峰去平地七千六百餘丈，洞在峰前，計其高下，得十之八九。大江南數百里山川，皆隱躍呈露，不獨華岳峰頭，呼吸可通帝座也。崖洞爲仙人劉混成種木瓜代食處，故以氏之。問卧龍岡路遠近，土人云南去尚二十餘里，路崎嶇特甚，人跡罕至。諸子或有難色，余曰：吾輩此行何爲，寧畏難而止乎？明日，下崖南行，過太平寺。敗垣破屋，寂無僧侶。值太平之世，有頹毁之僧廬，豈其此盛則彼衰也歟？過太平澗，折而西行，踰洗馬池，過棲賢寺側。寺亦唐李賓客讀書處。蓋廬山四大寺，秀峰、瞻雲、萬杉，兹其一也。從寺側南行，取道叢棘間，經滴水崖，下山澗中，踰高家嶺石上苔蘚斑駁滑澾，巖巒陡峻，鳥道縈紆，百步間殆不止九折也。又逾一小嶺，沿北山麓行，下見卧龍潭，水瀠澴石磵中。望磵南山麓，地稍開豁，有茅屋數間，即卧龍庵遺址。又西行數百步，則卧龍岡在焉。非山岡也。有石横亘澗中，長數丈，蜿蜒若龍，故名。今岡擁沙磧，蔽翳茅茨中，形狀藏縮，如龍之在蟄。其起亭遺址尚存，則明嘉靖中都御史何遷所重建，今亦惟餘石礎斷碑而已。潭之水從百丈絶巖懸瀑而下，有滉漾飛舞之勢，而幽深遼杳，果如前所云人迹罕至者。竊怪此地山深嵐重，若非風日晴明，則李崆峒「晝常黯黯」之言，似亦足信，何爲吾朱子當年欲築室於此？及細繹記中，幸其深阻夐絶，非車塵馬跡之所能到，則又爽然自失矣。時值亭午，秋宇澄清，與諸子徘徊留連不能去。因汲潭水，取所攜茶具，烹茗而飲之，各欣然若有所得。

清　林昌彝《小石渠閣文集》卷三《游武彝巖九曲記》　天下多奇山，獨武彝之九曲，寓仙家金丹九轉之旨。自來游眺武彝者，徒模範山水，雕鏤巖窟而已。求其發天地之房而挈兹山之奥者，自朱晦翁《武彝九曲》之詩始。九曲溪發源於三保山，出大源山、馬月巖，經曹墩合周、杉二溪，過星村，入武彝，盤繞山中二十里，至山前渡，合於大溪、晴川一帶，爲一曲。其周迴百二十里，峰之大者凡三十六，此仙家陽火之數也，而陰符即在其中。浴香潭以北爲二曲。其三曲在雲磕灘之上，下卧龍潭至古灘，爲四曲。平林渡爲五曲，其六曲則老鴉灘也，其七曲則獺控灘也，芙蓉灘東西爲八曲。過淺灘爲九曲，溪勢自西南趨東北，奔流而去。《周易》所謂「西南得朋，東北喪朋」也。蘭陽渡口爲崇溪之西岸。攜銓兒上竹簰，遶三姑石，下達山後溪。南北巖、大王峰及亭湖厓在一曲，題名石刻凡二十餘處，皆磨崖掛烟靄中。玉女峰鵠立二曲溪畔，高數十丈，娉婷天矯，絶世佳人。從天半立遠而望之，野花簇髻，松釵壓鬟，嬌羞澹冶，不可迫視。憶釋氏書有龍女獻珠於法華會上，爲之釋然。金井坑在三曲，峻峰環立，叢薄鳴泉，窈然出於塵埃。澗水沸沸落，從會仙、昇真兩麓來，亦曰金井澗。地生鬼叉草，杈枒迷路，不可行。行不一里，怳聞歌絃金管聲從雲間出，篙工曰：此幔亭峰也。昔武彝君與皇太姥、王子騫置酒會鄉人於此，峰頂奏樂，唱人間可哀之曲，至今餘音猶在人耳。銓兒問曰：此仙樂也。何以朱晦翁指爲金丹？余笑曰：此正九轉丹成，過關服食，由中宫下丹田，落黄庭，鏗然有聲者是也。倏忽間，有奇峰峭拔，如層臺複閣巍然並峙，劈面而立，曰大藏峰，曰小藏峰。峰頂有一脚人緣木去，篙工諱曰：木客，木客，此山魈也。大藏峰下有潭，深不可測，涖淪流瀠。相傳有異物宅焉，亦曰卧龍潭。蓋即道書所謂無底洞，亦名生死關，若名之曰極樂國，則破道矣。小藏峰在四曲東壁，隙間縱横插虹橋板。上有二艇，半在隙内，半懸空中，曰架壑船。大風不動，無風有時自動。蒙莊所謂大壑藏舟，亦仙家設喻之語也。洞口虹橋板堆積殆遍，徑仄不可階。惟見水光汎汎，水聲涾涾，視他曲，又别開生面。昔建安詩人許克孳於壬寅三月偕二友渡虹橋板，失足墜崖死，即此地也。道書所謂上鵲橋、下鵲橋，極言其危險，略不小心，便妨墜落。軒轅帝時，玄武君修道於武當，山有五龍，從千仞岩下，捧其身於千仞岩上，懸岩一綫，一失足成陸地仙矣。金雞洞口竪一竹竿，儼若垂綸下釣。篙工曰：此仙人釣魚臺也。依山行半里許，爲御茶園。其旁曰題詩巖，仙人許碏題詩處也。巖左壁如覆屋，下有石，平正可卧。與兒子坐數刻，掃石寫劉禹錫詩「何處人間有仙境，春山攜妓采茶時」。蓋其地有道院，製茶買茶，人鬧如市。然茶出僧製者，價倍於道院。余與兒子啜茶數椀而去。五曲高峰峭拔，夷上直下，方正如屏，玉華、接筍二峰倚列左右。接筍峰曰小隱屏，玉華峰曰大隱屏。朱晦翁曾建武彝精舍於此。嘗傳聞陳恭甫師死爲五曲山神，感念師資，低徊者久。兒子高誦阮文達公所撰《師隱屏山人傳》。巖谷間聲響如答。突有道士攜茗葉一箱至，問曰：君非林姓乎？余曰：然。又問曰：君非震來子乎？余愕然曰：鍊師何以知之？曰：昨夢神人告我耳。茗葉惠君，勿却也。飄然而去。有峰如掌，曰仙掌峰。篙工曰：此六曲也。兒子問曰：此峰半類掌痕，此掌何義？余曰：爾未見仙書「仙人掌上探消息」之句乎？天游峰高拔羣峰之上，溪山全勢，一覽而收。與兒子登天游閣，望九曲若游龍矯變，盤繞山中。俯瞰千峰，如在指掌。道書謂初出元神者，見大地山河在指掌中，即此旨也。獺控石在七曲。石有數控獺，祭魚時出入其中。北廊巖下有上下水龜石，曰八曲，龜曰玄武。舉玄武，而青龍、白虎、朱雀在其中矣。九曲溪北雲峰一曰白雲巖，上有白雲庵，遂偕兒子登焉。軒窗臨厓，憑軒遠眺，見溪水自西而來，盤迴如帶。星村之田廬、屋宇、橋梁，歷歷在目，宛然如畫。道書所謂萬里通，蓋以萬里之物均在目前也。星村者，武彝山房之名也。星渚渡在後溪，爲往星村之路。時轂犬跳踬，雞聲嘐啫，夕陽西下，坐竹箄，詣沖祐宫，謁武彝君。茶烟出石榴樹底，竹雞磔格聲不絶。篙工曰：返照入江，可以歸矣。緣溪，與兒子誦白玉蟾《仙翁雲窩記》及《止止庵記》，祝穆《武彝山記》，如聞東幄奏賓雲左仙之曲，西幄奏賓雲右仙之曲。

藝　文

南朝宋　鮑照《**鮑明遠集**》**卷八**《**登廬山二首**》　懸裝亂水區，薄旅次山楹。千巖盛阻積，萬壑勢迴縈。龍㟍高昔貌，紛亂襲前名。洞澗窺地脉，聳樹隱天經。松磴上迷密，雲竇下縱横。陰冰實夏結，炎樹信冬榮。嘈囋晨䴉思，叫嘯夜猿清。深崖伏化迹，穹岫閟長靈。乘此樂山性，重以遠游情。方躋羽人途，永與煙霧并。

訪世失隱淪，從山異靈士。明發振雲冠，升嶠遠棲趾。高岑隔半天，長崖斷千里。氛集作飛霧承星辰，潭壑洞江汜。嶄絶類虎牙，巑岏象熊耳。埋冰或百年，韜樹必千祀。雞鳴清澗中，猨嘯白雲裏。瑶波逐穴開，霞石觸峰起。迴互非一形，參差悉相似。傾聽鳳管賓，緬望釣龍子。松桂盈膝前，如何穢城市。

南朝陳　顧野王《**虎丘山序**》（《**陳文紀**》**卷七輯**）　夫少室作鎮，以峻極而標奇，太華神掌，以削成而稱貴。若兹山者，高不概雲，深無藏影，卑非培塿，淺異棘林。秀壁數尋，被杜蘭與苔蘚，椿枝十仞，掛藤葛與懸蘿。曲澗潺湲，修篁蔭映。路若絶而復通，石將頹而更綴。抑巨麗之名山，信大吴之勝壤。若乃九功六義之興，依永和聲之製。志由興作，情以詞宣。形言謌於韶夏，成文暢於鐘律，由來尚矣。未有登高能賦，而韜斐麗之章。入谷忘歸，而忽鏗鏘之節。故總轡齊鑣，競雕蟲於山水。雲合霧集，争歌頌於林泉。于時風清邃谷，景麗修巒，蘭佩堪紉，胡繩可索。林花翻灑，乍飄颻於蘭皋。山禽囀響，時弄聲於喬木。班草班荆，坐蟠石之上，濯纓濯足，就滄浪之水。傾縹瓷而酌旨酒，剪緑葉而賦新詩。肅爾若與三逕齊蹤，鎗然似共九成偕韻。盛矣哉！聊述時事，寄之翰墨。

唐　劉長卿《**劉隨州集**》**卷七**《**題武丘寺**》　青林虎丘寺，林際翠微路。仰見山僧來，遥從飛鳥處。一作去。兹峰論寶玉，千載唯丘墓。埋劍人空傳，鑿山龍已去。捫蘿披翳薈，路轉夕陽遽。虎嘯崖谷寒，猿鳴杉一作桂。松暮。徘徊北樓上，江海窮一顧。日映千里帆，鴉歸萬家樹。暫因愜所適，果得捐外慮。庭暗棲閒雲，檐香滴甘露。久迷空寂理，多爲繁華故。永欲投死生，餘生豈能誤。

宋　范成大《**石湖詩集**》**卷七**《**浮丘亭**》　黟山鬱律神仙宅，三十六峰雷雨隔。碧城欄檻偃雙旌，笑挹浮丘爲坐客。巖扉無鎖晝長開，紫雲明滅多樓臺。雲中仙馭參差是，肯爲使君乘興來。西崑巉絶不可至，東望蓬萊愁弱水。誰知芳草偏天涯，玉京只在珠簾底。他年麟閣上清空，却訪舊游尋赤松。我亦從公負丹鼎，來斸砂床汲湯井。

宋　趙公豫《**燕堂詩稿·廬山**》　廬山不可盡，躡屐且相尋。峭壁懸崖險，幽泉仄澗深。苔痕侵竹徑，雲氣結松陰。古刹安禪静，聞鐘砭俗心。

宋　岳珂《**玉楮集**》**卷四**《**雨中觀廬山**》　雨裏觀山覓不同，何須九疊看屏風。紫氤壇上排蒼壁，青步障邊鋪翠茸。谷錦未迴指日照，衣綃聊借淡煙籠。衹今萬木添紅纈，更倩青霜染曉楓。

明　袁凱《**游會稽山**》（《**石倉歷代詩選**》**卷二八七輯**）　山實揚州鎮，人逾浙水來。禹功懸白日，秦刻卧蒼苔。龍起梅梁去，神游石洞開。明朝有餘興，更上越王臺。

明　程敏政《**篁墩文集**》**卷九二**《**游黄山約二三知舊**》　三十六峰天下奇，廿年空爾卜游期。丹梯欲上捫參處，石鏬還尋煉藥池。詩刻定應誰賦好，山靈莫笑我來遲。一尊約與君同去，正值天空木落時。

明　李夢陽《**空同集**》**卷二〇**《**白鹿洞别諸生**》　東南自有匡廬山，遂與天地增藩衛。山根插入彭蠡湖，峥嶸背殺三江勢。地因人勝古有語，於乎萬物隨興廢。學館琳宫客不棲，千巖萬壑堪流涕。文采昔賢今尚存，講堂寂寞對松門。松門桂華秋月圓，拄杖高尋萬古源。梅嶺古色照石鏡，扶桑丹霞迎我軒。絶頂坐歌霜月净，石潭洗足芝草繁。更有冠者五六人，峭崖窮嶂同攀搴。草行有時聞過虎，旦暮時復啼清猿。我今胡爲公務牽，蟋蟀在户難久延。出山車馬走相送，落日遂上鄱陽船。生徒繾戀集涯涘，孤帆月照仍留連。情深過厚亦其禮，謭薄竊愧勞諸賢。明朝伐鼓凌浩蕩，五峰雙劍生秋煙。

明　董嗣成《**青棠集**》**卷六**《**虎丘山作**》　晻靄烟霏護玉岑，嵯峨樓閣頫平林。龍埋劍雨青山冷，虎卧松雲碧殿陰。塔院曇花半空落，石壇忍草四時深。姑蘇往跡重回首，慨息千年覇氣沉。

明 田藝衡《香宇集》卷四詩《游虎丘山》 山本東吴勝，高人昔遁棲。竹疑王令宅。柳尚白公堤。飛閣清泉入，懸巖緑樹齊。坐來羈思曠，落日五湖西。

明 黄表卿《九疑山賦》（《歷代賦彙》卷一九輯） 天下一景，湖南九疑。按諸古以爲據，考其圖而可知，龍駕不還，萬世衣冠之在。馬蹄所至，十分山水之奇。戴堯天而身屬堯民，履舜土而心知舜事。數千年、百千載之遐蹤遺跡，七十二、三十六之福地洞天，此則居其一也。何爲渺茫，彼乃疑其九焉？見諸圖志，父老常言，迄今以傳。巫中黔中，屬乎楚之邦，吴之境，零陵春陵，分於秦之後，漢之前。仙蹤顯天皇之始載，郡名標貞觀之初年。地方千里而物外勝地，天南一角而壺中有天。攀斷龍髯，黄鶴莫留於仙馭。空遺虎鼎，白鴉猶養於玄田。八井俱涸，而一井涌泉。九峰齊高，而三峰壓衆。桂林、杞林，左右森列，石樓、石城，東西護送。有朱明、有華蓋，而簇成萼緑一華，曰娥皇、曰女英，而對笑桃花一洞。下臨玉琯，依稀玉琯之吹鸞；上有簫韶，仿佛簫韶之來鳳。古者得道，帝之有虞。浮湘江而泝瀟浦，登疑嶺而望蒼梧。灑西江之淚兮，斑斑之文竹千畝；奏南風之琴兮，戛戛之古松數株。三麓床中，丹鍊九轉，萬歲山上，聲齊一呼。所以《尚書》已有陟方之語，至於《史記》，廣爲考古之圖。乾坤大而聖境亦寬，日月長而仙家不老。碧虚巖前，千怪萬狀；紫霞洞中，十洲三島。六月無夏，惟木惟石；四時有春，非花非草。兹境爲勝，異時可考。經藏石室，隱然六甲之護持；亭立仙梯，宛若五丁之開道。客難之曰：舜居蒲阪，本屬乎冀之北，舜卒鳴條，不在乎夷之西。殊不知無本不立，非文孰稽。有舜江則可枕可漱，有舜壇則可攀可躋。月帔兮明月上，雲閣兮白雲齊。九溪源下之流派，萬丈天邊之石梯。鳥篆穹碑，刺史元公之筆；電文怪石，舍人李嶠之題。余應之曰：百豈無於一二，十未喪其八九。紫霞高卧，前後十四輩，白日飛昇，小大三百口。不然，是賦也，何爲而作焉。以代門下摳衣而藉手。

清 湯斌《湯子遺書》卷六《長白山賦》 維輿圖之廣大，山川鬱紆而蜿蜒。實融結於太始，乃通氣乎坤乾。環九州而縣絡，類枝柯之敷宣。仰北條之弟律，望滄海而蟺延。根彌固於華岱，直嶢嶢而造天。雲中玉液，分派飛泉。鴨緑南迴而浩蕩，混同北遶而澶湲。若夫石壁崟崎，嵳峨萬丈。槩太清，觸緯象。摘列宿於楹楣，迴天漢之灝瀁。遠視則百嶺俱青，近循則一巖千狀。決飛瀑於層厓，渟盤渦於疊嶂。映朝夕而如金，隔青杉而若幛。既半散而照爛，輝天闔之閌閬。背藏太古之冰雪，面對神山之宕漾。乃其素烟晚施，白霧晨縈。或下横而疑帶，或上罥而似纓。日月隱蔽以成陰，虹梁倒掛而峥嶸。二韭四明，五奥三菁。峨嵋太白，廣霞赤城。曾未足方其崇崒，並其邃清也。千里之内，萬山駢擁。劍戟排連，勢若相拱。凝五瑞之偕來，望紫宸而遥竦。錫碧金銀，衆色炫動。遠近輕濃，窈蔚森聳。一旦觸膚寸而滃然也，飛流崩壑，噴雪迅霆。蹴崖轉石，澎湃鏗訇。不崇朝而雨天下也，豈比於岣嶁之青青。其上則有猿猨、狸貛、犴貘、猰狌、紫貂、白狼、狡兔、飛鼪、貔豹、熊羆、猨麈、麢麖。擲飛捷於窮巘，踔空絶於深硎。蹲谷底而長嘯，攀木杪而悲鳴。其下則有丹石、白拊、琳瑨、碔砆、縹青、結緑、瑊玏、昆吾、磊砢、磷爛。嵥嶸相持，間以華芝靈藥，采色叢敷。醴泉涌出於其側，經崎嶇傾注而旁趨。至於鴻鴈、雕鶚、鷹隼、鶬鶊，交精旋目，繁鶩競翔。更有珍異之鳥，彩翰朱裳，禽經不載，漢賦未詳。巨樹林陰，樛枝叢倚，合抱連卷，形質椳櫑，垂條扶疏，落英幡纚。霜霰之所沍凝，風雨之所交砥。連醫閭之暮光，接扶桑之晨菲。良真宰之所寶護，故鴻龐於兹。而初啟遂誕毓乎神聖，同貞符於丹水。東燭員嶠，西耀崑崙，北熿幽崖，南震朱垠。陸讋水慄，無不奔走而來賓。皇帝儲精垂思，耀德布恩。翱翔乎書圃，逍遥乎禮園。歌清廟之雝雝，載洪頤之翻翻。望豐鎬而顧念，升肹蠁於帝閽。坐法宫，邀近臣，歷吉日，協良辰。乘星犯露，尋崖剪榛。靡薛荔以爲席，噏流霞於通津。紛長松之謖謖，見仙鹿之甡甡。藹繽紛兮獻玉斝，闢天闕兮開地垠。光絢爛兮錫純嘏，秩俎豆兮千萬春。

清 王士禎《精華録》卷四《栖賢寺》 李渤讀書處，乃在栖賢谷。何年作招提，來尋愜幽獨。僧舍如蜂房，高下傅山麓。雲來漢陽峰，時就檐下宿。古寺無所有，脩竹間喬木。野衲喜客來，欣然設茗粥。便欲置草堂，巖栖於此卜。

清 沈堯咨《濮川詩鈔·冷泉亭》 嶙峋石壁障雲林，一道泉飛曲澗深。乍擬松間來急雨，還疑琴上落清音。閒澆七椀忘塵慮，浄洗雙眸快素心。突兀孤亭千載在，今人懷古費追尋。

雜録

宋 李昉等《太平廣記》卷三九七《上霄峰》 補闕熊皎云：廬山有上霄峰者，去平地七千仞，上有古迹，云是夏禹治水之時泊船之所，鑿石爲竅，以繫纜焉，磨崖爲碑，皆科斗文字，隱隱可見，則知大禹之功與天地不朽矣。出《玉堂閒話》。

山林風景部

論説

宋 祝穆《古今事文類聚》前集卷一四《衆山》《羣書要語》：山之爲言宣也。含澤布氣，調五神也。《春秋説題辭》山者，土之聚也。《國語》今夫山一卷石之多，及其廣大，草木生之，禽獸居之，寶藏興焉。《中庸》仁者樂山。《論語》玉在山而水潤。《荀子》積土成山，風雨興焉。《荀子》山不童。《武帝制策》

山之別名：山頂曰冢，亦曰巔，亦曰椒。山脊曰岡。山大而高曰嵩，小而高曰岑，鋭而高曰嶠。卑而大曰扈，小而衆曰巋，上大下小曰巘。山有草木曰岵，無草木曰峐。石載土曰岨，土載石曰崔嵬。山東曰朝陽，山西曰夕陽。山足曰麓，山穴曰岫，山邊曰崖。崖之高曰巖，上秀者曰峰，陬隅高者曰岊。山坡曰坂，山三襲曰陟，山再成曰坯。山中絶曰陘，未及上曰翠微。山屬曰嶧，山狹而高曰巒，巒山曰墮。土山曰阜，曲阜曰阿。大阜曰陵，小陵曰丘。以上見《説文釋名》、《爾雅》。

明 彭大翼《山堂肆考》卷一六《山》 楊文《易卦序》：險而止，山也。險而動，山也。動静皆蒙險，故曰山。《春秋説題辭》：山之爲言宣也。含澤布氣，調百神也。郭熙曰：春山淡冶如笑，夏山蒼翠如滴，秋山明浄如妝，冬山慘淡如睡。鞏氏《耳目志》：海山微茫而隱見，江山嚴厲而峭卓，溪山窈窕而幽深，塞山童穎而堆阜。王涯《仙掌辯論·山形》曰：鋭而出者爲虎牙，尖而背者爲熊耳，角而巘者爲牛首，冠而峭者爲雞頭。

清 汪洪度《黄山領要録》卷上《黄山松説》 松生黄山，獨以奇秀稱，松之遇也。松之遇幸乎？曰：有幸有不幸。何謂幸？曰：黄山多石而少土，凡木不能生，惟松生之，殆寄生於石而以石爲母者也。夫黄山之石，峻極者其性，瘦勁者其質，鮮潤者其資，詭怪變幻者其態，松之孕於石腹也。如神聖之人，未生而先得母之胎教，既生而相與厚其生者，有日月以爲之沐浴，有雲霞以爲之渲染。復有百萬嶙峋，周遭環匝，以大爲之防。人世腥濁之氣，垢穢之塵，無從得而近。四境之内，又霆擊霜欺，巖獄穴械所爲盤錯而玉於成者，更不少容其姑息，故長而受其摧折者不一致，而奇秀益生。蓋岩氣正性，屈於巉削，厄於年歲，往往裂石搏峰，離崖赴壑，各逞其詰屈，以門勝而呈奇。自非先時所能預料，亦不能預懸一格以相期者矣。此所遇之幸也，而曰不幸何也，曰：所遇之時，山之閟蓄靈異，幾千萬年，至明中葉，釋普門開山而徑始通。松於是始與世人相見，由是尊之爲帝，擾龍松。況之於佛，接引松。擬之爲龍，卧龍松。狎之爲耳目近玩，棋枰、蒲團、迎送、蓋鶴諸松。松之名，不脛而走四方矣。松名日著，保無入山而覬覦者乎。今則幽崖邃谷，刈石斸株者相尋而至，吾懼其終弗能保也。甚至蠢爾樵子，伐爲薪，火爲炭，覓微利於村市，松之不幸至此，則無寧山未開時韜其光於混沌未鑿之初，猶得自全其天倪也已。要之松不知也，幸不幸安於所遇耳。余竊歎松之生於黄山者，其所遇獨殊也。書之以告世之闇修君子。

綜述

南朝宋 釋惠遠《廬山略記》 昔太史公東游登其峰而遐觀，南眺三湖，北望九江，東西四目，若陟天庭焉。其嶺下半里許有重巘，上有懸崖，傍有石室，即古仙之所居也。其後有巖，漢董奉館于巖下，常爲人治病，法多奇神，驗絶于俗醫，病愈者令栽杏五株，數年之中，蔚然成林，計奉在民間近二百年，容狀常如三十時。俄而昇仙，遂絶迹于杏林。其北嶺西崖之間，常有懸流遥注，激勢相趨百餘仞，中雲氣映天望之若山在霄霧焉。【略】東南有香爐山，孤峰秀起，游氣籠其上，則氛氳若香烟白雲，映其外則炳然與衆山殊別。天將雨，其下水氣涌起，如馬車蓋，此即龍井之所吐。其左有翠林，青雀白猿之所憩，玄鳥之所蟄。西有石門，其前似雙闕，壁立千餘仞，而瀑布流焉。其中鳥獸草木之美，靈藥萬物之奇焉，可得聲名哉。

宋 談鑰《吴興志》卷四 官山在縣顧渚之側，林木深秀，未嘗采伐，故名。有大官山、小官山。大官山頂有虎頭巖，狀如呀嘯，下有石門，可往來。張文規詩曰：誰信隼旟吏，長對虎頭巖。

明 張鳴鳳《桂勝》卷一《南溪山》 從門雞山北水口入，是爲南溪。山以溪名，諸峰迴合，四壁峭懸，烟翠黝蒼，著衣如染。唐李公渤愛其映帶溪流，特於玄巖、白龍多所穿築。白龍之前，溪水澄碧，中有泉出，是爲新泉，亦公之所鑿。自彈精思，製序綴詩。及去桂之際，留題致意。後或改玄巖曰觀音。轉玄巖而上，有巖曰泗州，皆僧人巖居者，取所奉彼教内兩大士號之。至宋，東南諸巖，始以郡人劉仲遠學道其中，名其上巖曰劉仙，下則穿雲。緣穿雲東北行，以有仲遠足迹，名曰仙迹。劉仙之旁閣出巖際，名曰通明。其前有道觀，長松落落。據床小憩，頗有蕭踈之狀。然似不若白龍、玄巖，俯映寒漪，流玩芳藻，花猶池植，鳥似家禽。隔水茆居，砧杵間發，不知身在莽蕩之野也已。

又 卷二《屏風山》 山形折疊，故以屏名。去圓通灣不遠，灣水紆潏，下接彈丸溪，未至灣，分道行，稍北抵麓，又稍東，巖門在焉。其門東嚮，上高下廣，外屬平野，野無雜樹，彌望皆長松。七星諸峰，近在東南，蒼翠明滅，若涌松濤。入巖見兩壁瑩潔，如新琢玉屏，不但折疊微似已也。

明 章潢《圖書編》卷六〇《浮山》 其西南有峰千仞，巋然俯江。其上有兊巖。其西上爲大通巖，視諸巖尤勝，有古砦，有龍湫，人謂之天地云。又有井，其水淵洄，不溢不涸，深不可測。其内有浮苴壅積而生，草木蓊然。木今伐矣，而其根猶著水上。其西下爲張公巖，其中亦有井，甘而且洌。又其西爲西峰諸巖。巖亦有可居者。中有滴水巖，其上有門，僅可望天日。坐其中，冷然生寒，久則毛髮俱灑矣。其南下漸平曠，有浮山寺，今廢。其上多芝，多蘭，有桂，多白石，多唐宋人石刻。其週五里，其高三里。

又 卷六五《龍池山》 張渚鎮東二十里，陟平岡入平庵，坐山阿，圍峰整列。更上四里許，至龍池，爲中庵。轉陟里許，越分賓巔，歷磴而下石畔，石壁峻口，約數百仞。從巔落十數仞許，嵌葺一徑，闊不半武，左懸深壑，右屏嶙峋，雄麗巉巖。歷步四五百武，横亘不斷，乃因突兀置小閣，前楹在空。從閣側户俯而出，又百武，一石屋深丈許，闊倍之，爲避暑窟。石壁連歷尚遠，無路可陟。閣上推牖，松嵐矗矗，竹壑森森，外岫三疊迴出，如接雲表。天高地下，曠然中處，與塵界隔絶。更陟極巔處，有圜臺凌風久佇。震澤漏湖、洮湖及應天、蘇、常、鎮、湖、寧、廣諸山，長發縷縷，皆入望中。

又《龜峰山》 龜峰山在弋水之陽，高廣延袤，不知其幾百里。南北而望之，則群峰叢映，朗然如一。東西而觀之，則二山對峙，百步而遥。南聳鋭而碣樹，北憑陵而臂引。睨其背則横亘硝礌，如堅壁固壘，冠首有堞。面其前，則巑巒複崿，蟬聯星錯，矗矗巖巖，更相朝捧。石之異形，厥有千萬，或牙、或爪，或屬、或倚，呀然而怒，俯然而踞，獸視欲搏，鳥斂將翥，營星隕墜，不周折落，海怪間見，戎怪叢置，可得而睨，不得而形。且高有石橋，卑有石床，竇谷之雲，欻變異色，杉松之風，脱無俗聲。一日之内，一山之中，而景物相勝，應接不暇。

明 王圻《稗史彙編》卷八《武夷》 武夷山在福建崇安縣治之南三十里。東抵大溪，南至石鼓渡，西至將溪，北至黄龍溪。峰巒大者，三十有六。此外，以名著者，復數十餘，名曰昇真玄化洞天。昔有神人降此山，自稱武夷君。山之名由兹得焉。其山周迴一百里，巖岫連屬，形狀不一。有縝潤如玉削者，有森鋭如筍立者，有端岩拱揖如神人異僧者，有峭秀娟麗如美姝静女者。又有如樓臺之突兀，如城壘之週遭，如鍾鼓之陳設，如廩庾之峻峙。其驤如龍，其踞如虎，其蹲如猊，其驟如馬。神剜鬼削，奇奇怪怪。每天氣積陰，不復見頂，朝陽初照，則異峰幽巖，層見疊出，駭目驚心。飛瀑落崖，一瀉萬仞；溪流九曲，繚繞其間。展登棹游，仰瞻巉巖，俯弄清泚，應接不暇，真一方之勝槩也。其山大抵豐上斂下，而色皆紅潤，世言建爲丹山碧水，蓋指此也。其山有幔亭峰，在大王峰北，極高峻，冲祐觀當其下。【略】有魏王仙子頭。魏爲秦人，昇仙時所蜕骨，今藏之二千年矣。廣顙獨異色，滋潤可玩，無枯朽狀。有石壁，高數百丈，當岩端陡絶處，列朱口棺十餘口，隱然可望。問之山人，曰：「此歷代神仙髑髏也。」此縱荒誕，然人迹不到，豈有神工鬼斧門巧其間耶？

又 卷八《青城山》 青城山一名朱城山，一名青城都，一名天國山，亦爲第五大洞寶仙九室之天。群峰崦立，互相連接，仙靈所宅，祥異甚多。《地記》云：「青城高三千三百八丈，周圍五十里。有甘露、芝草、天池、醴泉。青城觀，北上十餘里，有亭臺孤聳，獨秀霞表，名曰軒轅臺。下望諸山如蟻垤，連抱之樹若薺。此臺非得仙之人不可居。」

明 張元忭《張陽和先生不二齋文選》卷四《游武當山記》 蓋地亘八百里，峰環七十二，鬱壓奇詭，既不可盡狀。若乃重門岌嶪，層搆煇煌，離宮別院，透迤相屬，馳道如砥，飛虹架壑，檜柏松杉，周遭森列，合抱參霄，莫詰年歲。此雖未央、甘泉、長楊、上林，亦不過是，豈域内諸山可得而髣髴者哉。

明 吴從先《小窗别紀》卷四《黄山小紀》 宇内名山，未能游攬，然觀之紀載，似無逾黃山者。奇石怪樹，突巘危峰，幽洞險壑，老藤古蘚，此猶尋常境界。若其變幻恍惚，忽青於染，忽淨於洗，月遇之而生白，日遇之而成紫，風遇之而聲吼，雨遇之而潤寒。插天挂漢，龍虎肖形。至於白雲縹緲，若抱樹而流，携石而走，勢與醉石共懸，澤同瀑布爭瀉，散則如蝶，結則張幔，千態萬象，不可摸擬。巧繪之士，未能描其萬一也。

清 汪洪度《黃山領要録》卷下《擾龍松》 散花隖一綫石骨，直走入壑，突起爲峰，高數百仞。峰頂方石屏立石上，一松覆之，曰擾龍松。松幹不盈三尺，周圍丈許，似欲挾石飛去不能。姑旋石而舞者，左枝長三四丈，剛極反柔，翠鬣摇曳如垂柳。有客喜搜奇險，嘗從壑中攀援至峰半，見松根長數十丈，蜿蟺出走，不知所之。右轉見峰坼，則松從坼中直上透頂，復横戹一石，力盡勢屈，始蟠縮峰頂而成幹焉。左垂一枝，乃其餘怒鬱結奮迅以出者，壑中千峰，面面與松相向，如羣后執玉來朝。松體之秀，松位之尊也。無上人又稱曰帝松。

清 許琰《普陀山志》卷一《形勝》 錦屏山在光熙峰左，法雨寺之坐山也。環若列屏，巒石晶瑩，林木青碧，加以白葩丹蕊，四時開放，掩映如錦，故名。

清 雍正《山西通志》卷一七 熊耳山在（文水）縣西北三十里。形似熊耳，松柏蒙翳。一名崇山，上有牡丹。李學詩記：西北距縣三十里，有山曰熊耳，以狀類，因名焉。峭然壁立，高超漢斗，二水環帶於東，三峰排戟於西，南則商峰，北則孤嶺，乃西晉名山也。山脇有熊耳寺，佛前牡丹一株，穿石而生，不類凡種。

又 陽山在（興）縣東南九十里，即合查山之陽，高五里，盤踞八里。危峰刻削，怪石羅峙。中峰下有伽佗嶺，松檜數萬株，上有廣應侯祠。東峰有迴光巖，林巒競秀。

又 卷一八 洪門嶺在（岳陽）縣東八十里。《縣志跋》：入岳陽境，非登山則入溪。山雖重崖叠嶂，而坳奇峰茂林，溪則清流湍急，蜿蜒大小頑石間。石有廉利，侔劍戟平正同砥礪，而坳玲瓏之致、蒼翠之色。

又 元孫文通《廟碑記》：（汾西）縣西境胥山，其中最鬱鬱蒼蒼而挺拔者，青山也。山連阜姑射，故亦以姑射名。重岡疊巘，崒嵂萬仞，枝峰蔓壑，磅礴百里。谷巖互映而幽邃，林木薈蔚而芬榮。空翠鴻濛，烟霞明媚。非塵寰之觀，乃仙游晦跡之境也。

又 卷一九 佛耳山在（壺关）縣南四十里長治界柏林鎮。遞高十一里，盤踞六十二里。張鐸《摩雲寺記》：粵惟佛嶺秀出壺關，視地無垠，與天爲黨，蕭蕭陰壑，鬱鬱喬林，絶頂難攀，纖塵不到。若爲登百仞之嶠，遂將渺萬井之區。信潞境之具瞻，太行之支秀也。

清 雍正《浙江通志》卷一八 蟠桃山 弘治《衢州府志》：在縣東北五里，巖壁峻立，上平廣，山徑縈紆，處處種桃，花時望之如蒸霞狀。蔚彦明《題蟠桃山》詩：朝來煙霧深，亭午始見天。遠近桃杏村，高下出阪田。飛湍激雷雨，老樹藏雲烟。相逢荷鋤叟，疑是武陵仙。

又 卷二一 天台山 《名勝志》：相傳中有小澗，桃花片片流出。西北一墟，似石非石，瑩白可愛。其山秀麗挺拔，爲一邑勝槩。

清 雍正《陝西通志》卷一二《平利縣》 女華山 在縣南百二十里。山極高峻，林木蓊翳。山腰有洞，入洞口二里許，皆沙河。洞中雲出必雨，人以爲候。《縣志》

又《韓城縣》 蘇山，在縣西北五里許，有漢蘇武墓，故以名山。古徑盤曲而上，有老柏三百餘柯，皆南向。其麓多柿樹，霜後，滿山紅色可愛。

又 卷一三《邠州》 豳山一名鳳凰山，又名豳巖，又名安定巖。在州治南，城垣所依。又，壽山在城東南，山高而頂平，上有居民，及茂林修竹之勝。賈《志》。

又《中部縣》 鳳凰山即鳳嶺，一名二郎山。在縣西一里，其形如鳳，一名二郎山。其中有黄花峪，入秋，金菊芬芳，香氣襲人。《縣志》。鳳嶺在西郭外，相傳軒轅截嶰竹成律吕，鳳鳴於此。《延安府志》

清 乾隆《長沙縣志》卷五《山川志·善化》 岳麓山，縣西南，岳之足，七十二峰之一。出雲必雨，又名靈麓。自古渡登峰，夾徑喬松，泉澗盤繞，諸峰森秀，俯瞰湘江。

清 乾隆《涇州志》卷上《山川》 回中山，又一名宫山。在治西二里，絶岸壁立。涇繞其左，汭環其右，下爲大佛洞，中架飛閣，憑空凌虚，羣卉絢爛如錦。上爲王母宫、文昌閣、三清樓。松柏各大數圍，高數十仞，其氣森挺，傳爲周穆、漢武游幸處。前賢題咏甚夥，摘載《藝文志》。

清 乾隆《永春州志》卷二《山川》 烏石山，《閩書》：山石盡黑。中有毗藍巖，巖下宋郵亭道也。道平如掌，花木繁陰，暑月如秋，四季似春，爲治南一勝。

清 乾隆《西湖志纂》卷四《南山勝蹟上》 翁家山 在南高峰南。《錢塘縣志》：羣山包絡，石磴參差，竹木掩映。地宜桂，秋時，如入衆香國焉。

清 蔣溥等《盤山志》卷三《名勝一》 翠屏峰在天成寺後，古木千章，悉從石罅中迸出，層層鱗砌，紅碧交映。王衡云「乃山之曲室，殆非人間」，良不虛語。

清 于敏中 英廉等《日下舊聞考》卷一〇六《百花山》 原：宛平縣西二百里，有百花山。特多花卉，有不可名者。薊中不産蛇，獨此山有七寸蛇，至毒，被螫者不救。《燕山叢録》。原：鵪子山三里餘，過閻王嶂，始躡百花山腰。西北兩山秀甚，云東西二靈山也。西北爲小五臺山，花多目所未覩，紅黄紫翠，不可名狀。一色者，跗萼各殊。有名天花者，尤嬌艷可愛。行里許，忽聞鐘聲，前進入籬門，過石洞，殿上設文殊金像，高一丈三尺。有塔，云是法身塔。上菩薩頂，峰三，以小石更累成尖，風吹不去。有登者，老僧必勸累之，云種佛因也。《長安可游記》

清 張聯元《天台山全志》卷三 華頂峰 在天台縣東北六十里，寧海縣西南一百里，新昌縣東南一百里，天台第八重最高處。舊傳高一萬八千丈，周回八百里。少晴多晦，夏有積雪，可觀日之出入。中有洞，石色光明。登絶頂，東望滄海，瀰漫無際，號望海尖。下瞰衆山，如龍虎盤踞、旗鼓布列之狀。草木薰郁，殆非人世。

又 玉霄峰 即洞天宫主山，重崖疊嶂，松竹葱蒨，且産香茅。直南巽隅，兩石對峙如門扉，號小桐柏。

清 嘉慶《崆峒山志》卷上《名勝》 北臺 孤峰特峙，三面皆削成，直至澗底。惟前有一徑，尚隔二斷塹，架板橋以度。橋南有古松十二，巨者至十圍，高六七仞，今亡。

又 西臺 自南巖宫北小徑穿林入可里許，復盤紆以上，歷十餘折，有巨石横前，由石後稍右轉，始至臺。上舊惟古佛殿一，老松數株，皆合抱，巉石如劍鋒林立。明末，闍黎造佛廬於巔，盡斬去松，石起作飛檐重棟，無復餘地。

又 翠屏山 一名大馬騣山。出馬騣之後，巉嶂逼天，怪石纍纍，或名垂珠峰，或名倒插石。雲嵐出没，浮青繚碧，望之若畫屏云。郡西多高山，崇巖絶巘，無慮數十百，盡出其下。登其巔，翻然如破樊籠，獨立青霄之上，遠望無極，尋丈千里。看此身，嚮在人間游止處，真不啻蟻垤蜣窶也。其旁老樹森立，皆不知幾百年。夏月，澍雨偶作，時在半山。

又 中條嶺 翠屏與前山斷處，下爲深谷，林壑邃密，多嘉木異草，乃崆峒之極幽奥地也。笄頭一支，出自南下，直貫其中，分其谷爲二，曰中條嶺。石幹土膚，其背有疏樹之蔭，其旁有灌莽之榮，崇山茜萃於上，巨壑谺呀於下，奇香異籟，不知所自。嶺盡，一蒼松挺出其端，倚松俯視，窈窕蒨美，若無有窮極。刊林葺茅於此，殊爲勝境，但多虎，不可久居。

又 笄頭山 介在大小馬騣山南。上鋭下廣，軒陰輊前。有斷壁絶蹊徑，東西踰兩馬騣，始達其地。高而深幽，巖端有巨石互依倚，遠望若笄然。【略】自笄西南折，有峻嶺逶迤下屬，被以修林，紅碧間植，若纈繡。至麓寺止，是爲前峽，即古笄頭道，通隴右，最險隘，乃漢建武中與隗囂相拒守處。

清 汪洪度《黄山領要録》卷上《桃花源》 故老相傳，桃花峰下沿澗，舊有桃數萬株，花時競豔，偏山皆赤，名桃花澗。花落隨流而下，名桃花浪。入湯泉，名桃花湯。邑人佘書升建菴於澗上之谷中，舊名藥谷。曰桃花源。尋源者由祥符寺左折入石林中，則書升所開徑也。徑離祥符寺，就高，巨石磊落如屋，從欹側中數折入。水聲在耳，峰影在目，夾道皆大石，與喬木參差互映，石皆絡古藤，綴異樹。行可半里，巨石如蟾，作俯狀。中隔二尺，別一巨石偃卧受之。過此摩壁，登高，下有小澗爲隔，聯以木橋。踰橋登級，右轉，有石如餅，上下皆平厚三尺餘，環三丈，兩石擎之，一石如鼻仰受，受處不盈二三寸。其上四空遠眺，可布席，其下即竇，通人行。再轉，一石壁立，横亘數丈，旁石湊爲小塢，遂隔水聲使微。古梅四株，花時籠覆其上。舊名梅花墩。再折而登，始見菴徑。至此里許，凡爲折四十二，登高三十六，每折每登，景輒隨異。澗中多石，巨者如象，小者如羊，一閣踞大石上，亦書升建也。閣正對白龍潭，萬山飛瀑，奔赴交流，旁對羅漢級，禿露如脊。中一巨石突起，雨後水從脊流，至巨石處，堋渚不得直奔，激怒旁衝，飛舞而下，林寒澗肅，水勢激而成風也。四山木葉，秋冬不凋，風過葉鳴，與衆流競響。卧是閣，徹夜枕上嘈嘈，疑風雨驟至。又如遠客江湖，夢中聞波濤之砰訇也。因以狎浪名，西偏一軒。天都、青鸞、鉢盂諸峰，瀑水當軒直落，明華亭陳繼儒題曰飛白。出後扉，登坡陀，有亭峙潭上，豐潤曹鈖題曰響雪。

清 道光《肇慶府志》卷二 鼉山在城内，自東山逶迤半里，突起平岡，其形如鼉。左爲縣治，右爲學宫。上多木棉，皆南宋時所植。當春，花紅如火。明解縉詩「鼉陽二月火燒天」是也。今其樹僅有存者，好事者補植之，以復舊觀。縣志

清　道光《道義府志》卷四　禹門山　在城東七十里。巨巒深翠，林壑翼然。西面積巖懸壁，古木修蒼。樂安江經其下，回爲深潭，中有巨鼈，出則波光皆金，樹石晃漾。相傳僧丈雪垂釣得此，解杖頭金環貫諸頸，放之，至今猶存。又有巨魚修丈許者二，時有見者。山右爲石牛山，丈雪建蕉鹿塔其上。又右爲梔岡，上多薝蔔。又右爲青山。古柏冠其顛。

又　鐘峰山　在城東南百里，山麓即三渡關山腰。石壁有鐘峰二字，僞永歷時所刻。上則古木槎枒，危巖崱屴。頂有鐘峰寺，下有靈官閣。又有京觀碑，字大尺許，相傳明末周提督追馬寶過此。左有大營坡、望軍山，山麓有數井，冬温，春水溢，多尺鯉。

清　王培荀《鄉園憶舊録》卷五　靈巖岩谷，虚中如瓠，盤旋若磨。曲道斷澗，怪石齒齒。度石梁，峰巒若百獸率舞之狀最肖者，卧象行獅，首尾生動。寺有積鐵，傳爲達摩鐵袈裟。東北甘露泉，佛堂中鑿地得源，砌以文石，清瑩徹底，飲之冷透肌骨。潛行出亭，引爲曲水。山多名人筆迹。余在長清時，去山甚近。人云靈巖之勝在松，而山下溪畔，櫻桃樹大者合抱，約五六十株，亦他處所無。然游者但稱其松。毛海客有詩，更稱其石，兼及古迹。詩云：夙聞玉符山，峰巒最奇特。束縛濟南城，無由理輕策。今日冒雨來，辛勤越阡陌。數里入山中，遥見峰崱屴。山頭萬千松，翠色似欲滴。山下數十寺，霞光互相射。過橋轉坡陀，石徑蒼蘚積。盤曲滑難行，奮勇扶蠟屐。須臾升其巔，一望盪魂魄。北帶龍洞雲，南接岱宗脉。綿亘而嵯峨，其狀殆千百。或曲如列屏，或削如立壁。或矗如劍攢，或鋭如圭植。或龍蛇屈盤，或虎兕跳躑。或圍如金墉，或排如玉戟。或窪爲澗泉，或呀爲巖隙。或森而搏人，或怒而自谿。種種各天然，不煩五丁劈。山頂有佛龕，探視深且黑。石階尚坦平，憩我濟勝客。西折下空亭，叢徑無處覓。俯窺紺宇旁，辟支數層白。憶昔後魏時，佛圖此卓錫。厥後法定師，窮巖益開闢。佛法大無邊，安禪顯神力。或穿谷空明，或卓泉飛激。青松或摩頂，袈裟或鐵蝕。負經虎自馴，引道蛇能識。白兔伏虚壇，元鶴斂奇翼。至今巖谷閒，往往顯異蹟。我時下層巒，偶向講臺息。言問龐眉僧，了了爲余晰。指點六泉名，甘露最清碧。一掬心神清，俗念俱浣滌。無端暝色來，雨聲響檐額。栖宿禪房幽，一鐙伴清寂。夢入華胥中，登陟猶歷歷。次日天黎明，恣意更游適。屐齒所未經，不妨窮其迹。言尋魯般洞，木鳶不可即。遂登靈光亭，重與山靈覿。一片曉風清，鳥聲啼格磔。雨歇山更佳，青蒼沐新色。循至飲馬溝，荒凉滿蘆荻。還從舊道行，徙倚寺門側。細讀開元碑，剥落尚堪剔。自從魏唐來，締搆屢崇飾。況經翠輦留，天章焕深刻。兹山永不磨，兹寺垂無極。游倦休松寮，長歌岸巾幘。

清　同治《龍山縣志》卷三《山水志》　天竹山　在縣南九十里，被山皆叢竹。山下有塘，土人呼爲熱湖。四時浮翠滴青，與天光水色相映，煙雲環帶，望之深秀蔚然。

清　光緒《廣州府志》卷一〇《輿地略》　荔枝山在蘿岡果村鄉，前距郡中七十餘里。高峙雲霄，登頂四覽，西白雲，東羅浮，北帽峰，南獅石、虎門，了然在目。頂有石室，可容百人。室旁有塘，方可二畝許。土人謂，先世曾效桃花源故事云。山舊多荔，以故得名。近居民種梨尤夥。春二月，花開如雪，溪水流出，悉是梨花。

清　光緒《恭城縣志》卷一《山川》　佛巖在縣北九十里，一山秀插雲中，山半有巖，寬長三丈餘，中供佛座。巖左有石盆，形似荔枝，因名荔枝盆。盆中水常不涸，足供僧食。巖右有石笋一條，從巖頂生，約長丈餘，上似龍頭，有鳳尾草，一莖常青。其下笋頭微出清泉，山僧以器盛之，烹茗極佳，宋進士田開讀書處。

紀　事

宋　蔡襄《端明集》卷二八《游徑山記》　始至山之陽，東西之徑二，登自其西，壁絶襟繞，輴行少休。松檜交錯，盤折蒙翳，尋文之間，獨聞語聲。躋棱層，披翠蒨，盡十里許。下視來逕，青虬蜿蜒，搏巖騰霄。且及其巔，峽束洞隱，幾不容並行。已而内括一區，平林坦壑，四面五峰，如手竪指。一峰南絶，卓爲巨擘，屋蓋高下在掌中矣。其間小井，或云故龍湫也，龍亡湫在。歲率嘗一來，雷雨暝曀，而鄉人祠焉者憧憧然。環山多傑木，綠杉翠樫，殆千千萬萬，若神官蒼士聯幢植葆，駢鄰倚徒，沈毅而有待者。導流周舍，鏘然璆然，若鑾行珮趨而中節者。由西峰之北數百步，砼然鉅石，屏張笏立，上下左右可

再十尺，劃而三之，若「川」字，隸文曰碣石巖。其石甚神。並傍巖被谷，修竹茂密，嘗以契刀刻竹兩節間，成「景祐三年十二月十五日」字云爾。由東逕而往，坎窖爲池，游魚矌空。其西逕東折，蹴南峰領脰之間，平地砥然，盈畒而半，偃松一本，其高丈，其蔭四之，横柯上竦，如芝孤生。松下石泓，激泉成沸，甘白可愛，即之煮茶，凡茶出北苑第品之無上者，最難其水，而此宜之。偃松之南，一日千里，浙江之濤可挹，越岫之桂可攀。雲駁霭褰，狀類互出，若圖畫蟲蠹斷裂，無有邊幅，而隱顯之物，尚可名指。

宋 鄭至道《劉阮洞記》（《志城集》卷一五輯） 劉阮洞其傳久矣。余竊邑於此，訪於故老，往往不知其所在。此按圖得之，以詢護國寺僧介豐者。乃曰：洞居寺之東北二里，斜行山谷，隱於榛莽間，人跡罕及。本朝景祐中，先師明照大師嘗采藥還，見橋跨水，光彩眩目，二女未笄，戲于水上，如劉阮所見，此水仙之洞府也。元祐二年春，植桃數百本，所以追遺跡繼故事也。越明年三月十日丁丑，寺僧報桃花盛開，并以其景物之盛求名焉，令率縣尉繙雲郭儀彥、文監征開封曹宗得之來游。而黄岩主簿西安王沔之彥楚與其弟宣德郎知金華縣事漢之彥昭繼至，乃相與幅巾杖藜，徜徉行歌。沿澗而上，觀淥波之漣漪，聽寒音之潺湲。微風過之，餘音清遠，飄飄然猶鏘珮環而朝玉闕也，遂名之曰鳴玉澗。澗之東有隖，植桃數畦，花光射日，落英繽紛，點綴芳草，流紅縹緲，隨水西下。此昔人食桃輕舉之地也，遂名之曰桃花隖。自隖以北行數步，攢峰疊翠，左右迴擁，中有澗流，隨山曲折，而游人之道從之。及水窮而道盡，則有潭。清徹淵澄，可鑒毛髮，羣山倒影，浮碧摇蕩。中有洞門，潛通山底，其深不測。雖淫霖暴至而不盈，大旱焦山而不涸，此等僧見金橋之地也，遂名之曰金潭。潭之南滸，水淺見沙。中有盤石三，不没者數寸，可坐以流飲。自上流浮杯盤，隨流蕩漾，必經三石之間。俯而掇之，如在几案，此羣仙會飲之地也，遂名之曰會仙石。擬石之端，仰而視之，三峰鼎峙，峻極雲漢。寒光襲人，虚碧相照。懸崖落花，紅雨散亂。其東峰則孤危峭拔，儀狀奇偉。上有雙石，如綰髻髻，遂名之曰雙女峰。其西峰則壁立千尋，上連巨岳，朝陽方升，先得清照，遂名之曰迎陽峰。其中峰則居中處尊，以雙女迎陽爲之輔翼。羣山之翠，合而有之，遂名之曰合翠峰。三峰之間，林麓疏廣，草木瑰異，左連瓊臺、雙闕之山，右接石橋、合澗之水。采芝茹朮，擷翠珮芳。杖履輕而白雲隨，笑語高而山谷應。翛然而往，直欲跨雙凫，御清風。逍遥乎不死之鄉，而不知塵鏡之卑，蹩涉世之有累也，遂名之曰迷仙島。以出至于迎陽峰之下，有巨石偃于山腹，廣袤數丈。寺僧目石爲址，構亭於其上。畫角雕楹，翬飛鳥革。前臨清泚，瓦影浮動，魚跳圓波，光弄樽俎浮杯之迹，顧指在目，遂名之曰浮杯亭。

宋 晁補之《雞肋集》卷三一《新城游北山記》 去新城之北三十里，山漸深，草木泉石漸幽。初猶騎行石齒間，旁皆大松，曲者如蓋，直者如幢，立者如人，卧者如虬。松下草間有泉，沮洳伏見，墮石井，鏘然而鳴。松間藤數十尺，蜿蜒如大虺。其上有鳥，黑如鴝鵒，赤冠長喙，俛而啄，磔然有聲。稍西，一峰高絶，有蹊介然，僅可步。繫馬石觜，相扶攜而上。篁篠仰不見日，如四五里，乃聞雞聲。有僧布袍躡履來迎，與之語，愕而顧，如麋鹿不可接。頂有屋數十間，曲折依崖，壁爲欄楯，如蝸鼠繚繞。乃得出，門牖相值。既坐，山風颯然而至，堂殿，鈴鐸皆鳴。二三子相顧而驚，不知身之在何境也。且遲，皆宿。於時九月，天高露清，山空月明，仰視星斗皆光大，如適在人上。窗間竹數十竿相摩戛，聲切切不已。竹間海棕森然，如鬼魅離立突鬐之狀。二三子又相顧魄動而不得寐。遲明皆去。既還家數日，猶恍惚若有遇，因追記之。

宋 謝翶《晞髮集》卷九《游仙華巖麓記》 由月泉至仙華巖麓十五里，至巖二十里，蓋余向所記，若芝掌擎空而立者。故老相傳，以爲下有穴，與鼎湖通。嘗秋夜聞水樂及擊石聲。月高風遠，復不知墮在何處。將至二三里，有山類藥壺倚巖側，雲嵐草木相掩，映日東影射其上，遠望氤氳若丹光浮動，疑是中別有一天地也。巖之麓曰鄭村者，友人方君韶卿廬焉，地馨芳草蘭梅、辛夷山礬。俗呼山礬鄧花，鄧與鄭音相近，故以名村。環左右無他族，皆依巖作屋，互向背巖，爲黄帝少女脩真之地，垂四千年。始民築祠其上，以雨暘禱輒應。有欲移祠於麓以便民禱者，一夕風雨大作，飄盂爐幡幢。所欲移處，瓦木石隨晦冥雲霧飛空下，跕跕有聲。今祠有茂陵旌額，信不誣也。祠之南二百步皆古木雜藤，棲烟霏霞，鶩風颯至，皆五色紛散，獨被髮如人立。又有藤結子若蓮，房纍纍而下，益蒼碧可愛。

金 麻革《游龍山記》（《御訂全金詩增補中州集》卷五四引） 自治城西南行十餘里，抵山下。山無麓，乍入谷，未有奇。沿溪曲折行數里，草木漸秀潤，山聳出，嶄然露芒角。水聲鏘然鳴兩峰間，心始異之。又盤山行十許里，四山忽合，若拱而揖，環而衛者。嘉木奇卉被之，葱蒨醲郁。風自木杪起，紛披震蕩，山與木若相顧而墜者，使人神駭目眩。又行數里，得泉之泓澄渟滀者焉，狀出石罅，激而爲迅流者焉。陰木蔭其顛，幽草繚其趾。【略】又行十許里，大抵一峰一盤，一溪一曲，山勢益奇峭，樹林益多杉檜栝柏，而無他凡木也。奇花種種，金間玉錯，芬香入鼻，幽遠可愛。木蘿松鬣，罥人衣袖。又縈紆行數十里，得岡之高，遽陟而上，馬力始不能勝。行茂林下，又五里，兩嶺若岐，中得浮屠氏之居，曰大雲寺。有僧數輩來迎，延入，館於寺之東軒。林巒樹石，櫛比楯立，皆在几席之下。憩過午，謁主僧英公，相與步西嶺，過文殊巖。巖前長杉數本挺立，有磴懸焉。下瞰無底之深，危峰怪石，巑岏巧鬥。試一臨之，毛骨森然。南望五臺諸峰，若相聯絡無間斷。西北遥望，峰豁而川明，村墟井邑，隱約微茫，如奕局然。徜徉者久之。【略】迴，乃徑北嶺，登萱草坡，蓋龍山絶頂也。嶺勢峻絶，無路可躋，步草而往，深翳且滑甚，攀條捫蘿，疲極乃得登。四望羣木，皆翠杉蒼檜，凌雲千尺，與山無窮，此龍山勝概之大全也。降，乃復坐文殊巖下，置酒小酌。日既入，輕烟浮雲，與暝色會。少焉月出，寒陰微明，散布石上，松聲翛然自萬壑來。客皆悚視寂聽，覺境愈清，思愈遠。已而相與言曰：世其有樂乎此者歟？酒醺，談辯蠭起，各主其家山爲勝。【略】至二鼓，乃歸臥東軒。明旦復來，各有詩識於石。迨午飯主僧丈室，已乃循嶺而東。徑甚微，木甚茂密，僅可通馬。又行五里，至玉泉寺。山勢漸頗隘，樹林漸稀闊，顧非龍山比。

元　汪澤民《游黄山記》（《新安文獻志》卷一四引）　又十里憩祥符寺，寺前淙流走萬石間。山皆直松名杉，藤絡莎被，蓊薆蘢茸。有靈泉，自硃砂峰來，依巖通二小池。上池瑩澈，廣可七尺，深半之，毫髮可鑒。泉出石底，纍纍如貫珠不絶，氣馝馞若湯，酌之甘芳，蓋非他硫黄泉比也。【略】還至蕉村之三日，行三十里，游翠微寺。古松翛篁，石澗横道，僧橋焉，覆之屋以息游者，清泠静邃，已隔塵雜。【略】又二日，從村北十里登仙源觀。至元中，新安吴萬竹習静兹壤，嘗衍易宛陵，誇詡其勝。予贈詩還山。今竹存而吴逝已久。林阜周密，南列翠峰，練形引年者，固其所哉！既還，憩吾宗公仲雲松樓。越十日，踰興嶺而南，所謂三十六峰者，駢列舒張，横絶天表，衆岫疊嶺，效奇獻秀，盡在一覽。行田疇竟，乃登横嶺，陟小丘，道左竹杉陰森，中小徑縈紆，纔屋數間。

元　吴師道《禮部集》卷一二《金華北山游記》　翌日由智者（寺）右行，取道游三洞。陟降岡麓，久乃出兩山間。循水行，山漸狹，水石清峭，十數里不絶。野人方開徑嶺下，便樵采。怪藤古木，巉厓冲湍，皆故道無有，比向所見益奇。又數里，達金華觀。觀前流水横披，圓青石彌布，若鵠卵。大者若斗罍瓮，磊磊纍負，離離錯立。楓柟青櫟，葱蘢幽翳，蓋去洞甚近也。三洞者，上朝真，中冰壺，下雙龍，中下二洞皆在觀左，下洞岩穴突出可覆。野卉發香，山紅澗碧，春物爛然。林薄鳴聲嚶嚶，摘茶者道相屬。由鹿田抵山橋石，山插澗立，樹出石上，蒼然同色。飛梁絶峽口，迴顧攢峰縣崖瀑流，曲折隱見，真絶景也。久之亦去。十里至赤松。長松落落彌山，率數百歲物。度鍊丹山，訪二皇君祠，問石羊遺跡，僅有存者。入小桃源，兩崖夾澗，奇石刻露，緣涘多栟花。亭宇相望，有流觴曲水處，碧甃底環，青莎側披，落紅出波上，點綴映媚。

元　沈貞《茶山老人遺集》卷下《游兩川記》　峰頂坐日欹午，目迴心静，疑與塵凡隔杳。就坐假寐，醒，俯視溲而窪者，曰曹婆塌。昔曹氏嫗居之，嗜草木實，不料食，得長年。一夕風雷，失嫗，所在塌，蓋是夕飛瀑激溜傾瀉者也。值驟雨潦，自塌注衮衮如拖練，如縣，如洪蜺下飲，亦誠佳玩。峰頂多巨植，楓柟椵櫧，樟柚杉松。白楊蕭蕭，紅梨飛飛。槲櫟荊杞延蔓于下，菟苓蘿蔦蓋覆其上，百鳥異喧，野花間發，音接啁啾，色分紅紫，四山風動，聲吼林麓，可駭可寂，可樂可悸，雖山間人，亦未知識此趣也。是晚寄宿山下，越厥明，前所約者皆不至，獨與二三子復游南川。川人具茗果，歡躍招延，同信步至桃源塢。塢極深，無他雜木，皆茗櫝、苦茶、桑柘，高入雲際，草蒰皆芟，討治斸蒔以菘韭瓜蓏。峰勢峻極，非强有力不可登，而川之婦人女子乃能晨暮采擷，敻不見其勞勩。塢下急澗潺潺，巨石爲底，矻爲噴流，匯爲飛湍，清冽甘美，可漱盥頮。滌澗石宗生杜若，芳馨芬馥。茍存隱逸志者，至此興趣可掬也。巡澗而上，川路稍狹，草木蒙翳，不堪杖屨。復少上至豐衍處，景物呈露，神思軒豁，竟不厭其崎嶇，但覺斷崖巉巢，絶壑嶔崟，蒙然如昏，廓然如晝，使人促氣眩眼。忽深邃中得小菴，有殷姓者居之。殷本鄉里人，年甫弱冠起，慕空寂心，無侶獨居此數十年。自能營葺，斸良地數十畝，修篁巨木，行椒奇荈，菀郁茂美，佳蔬豐倩，奇果敷碩，自了烹膳，不爲外求。奧而可居，曠而可眺，亦隱遁之佳處也。然地高氣爽，多飛雲宿靄，冽風凝嵐，衣物器用，沾濕如沐，如道人之顔貌枯瘵瘦瘁。是處雖志完氣充，神王力盛者，尚不堪久居。

明　劉基《誠意伯文集》卷八《活水源記》　靈峰之山，其上曰金雞之峰，其草多竹，其木多楓櫧，多松，其鳥多竹雞，其狀如雞而小，有文采，善鳴。寺居山中，山四面環之。其前山曰陶山，華陽外史弘景之所隱居。其東南山曰日鑄之峰，歐冶子之所鑄劍也。寺之後薄崖石有閣，曰松風閣，奎上人居之。有泉焉，其始出石罅涓涓然，冬温而夏寒，浸爲小渠，冬夏不枯，乃溢而西南流，乃伏行沙土中，旁出爲四小池，東至山麓，瀦爲大池，又東注于若耶之谿，又東北入于湖。其初爲渠時，深不踰尺，而澄澈可覽，俯視則崖上松竹華木皆在水底。故秘書卿白野公恒来游，終日坐水傍，名之曰活水源。其中有石蟹大如錢，有小鰿魚色正黑，居石空中，有水鼠常來食之。其草多水松菖蒲，有鳥大如鸜鵒，黑色而赤觜，恒鳴其上，其音如竹雞而滑。有二脊令，恒從竹中下立石上，浴飲畢鳴而去。予早春来時，方甚寒，諸水族皆隱不出，至是悉出。又有蟲四五枚，皆大如小指，狀如半蓮子，終日旋轉行水面，日照其背，色若紫水晶，不知其何蟲也。予既愛兹水之清，又愛其出之不窮，而能使羣動咸来，依有君子之德焉。

明 陶安《陶學士集》卷一七《游龍鳴山記》 從藍溪東南行五六里，兩山峙如雙闕，相距百步。綿亘東趍，中夾石田。田右小路，随兩山勢深窅曲折。行三四里，隘不宜田，僅可爲路。又數里，山益奇峻，輕嵐暖靄，微襲襟帽，山外崇峰複嶂，杳無窮極。少焉峭壁對立，狀若華表，松杉萬章夾路。北轉，澗多石底，雲深樹茂，繁卉被巖，鳥聲清碎，似非人間世。僧舍雄麗，榜曰禪寂。門外獨松古秀，大連數抱，修篁干霄，森列門内。寺長老出迎客，延坐後堂，扁曰白雲深處。其西有聽松軒，又西即韓熙載讀書堂遺址，所植檜猶存。其北有甘露室，又北上爲招雲亭，氣象空曠，攢峰玉立，視嚮所歷羣山，低俯其頂矣。遂躡蹬至潮音巖，怪石異態百出。

明 史鑑《西村集》卷七《記參寥泉鄂王墓飛來峰三》 折而南行，度洪春橋，見蒼松夾路，大皆連抱，而高或百尺，依依如人立道旁，肩摩武接，或拱或揖，自此至靈隱及三天竺，不間他族，故曰九里松云。上則枝鬣偃蓋，下則石甃夷潔，雨不沾衣，泥不塗足。每風自山頂下，則龍鳳飛舞翺翔，霄漢濤鼓籟鳴，淙錚鏗鍧，響應山谷，如聆廣樂於洞庭之野也。少焉，陟芝嶺，游普福寺。愛其清雅，欲止宿而寺僧皆出游未歸，乃進次飛來峰。峰在西山中，始由天目山發源，東來至湖止，不可去其氣，鬱積融結爲此峰，故其秀爲諸山冠。重崗如城，圍合無間，惟東北稍隙，所謂九里松者。路所從入有橋曰回龍，宋南渡後名也。行又數十步，復有橋曰合澗。峰南北有泉至橋下，同入於湖，兩寺夾立峰下，而中分之陽曰靈山，陰曰靈隱。臺殿重沓掩映，前後如畫，故白樂天有一山門作兩山門之詩，蓋指此也。峰之石無秋毫土壤，皆紺碧膩滑，攢蹙疊皺，剜巃魂礧，俯若頹雲，仰若偃蓋。峙者獸踞，騫者鳥騰，望其巔如圭璋呈露，即其址如瓊瑰委積，神設鬼施，千態萬狀，而莫有同者焉。其上則異木奇卉，不辨其名，穿透崖石，根露蔓延，而膚理光澤，枝葉葳蕤，華盛美好，類人力所灌治也。其下則巖洞空豁，容納光景，東曰龍泓，西曰呼猿，皆曲暢連貫，窈然若窮，忽又明朗，縱横出入，恍不知其端倪。客環行交錯，卒與衆遇則大呼笑，以爲樂。家僮伺主者，出亦竄入馳逐洞中，互相持驚，叫聲如瓮蓋中響，久未能出。冷泉澗如一玉帶，抱峰背流至靈隱寺前，有亭翼然臨之，名與泉同。礀底皆小石平布，圓潔如鳧雁，子泉軋其上紋如織，瀫聲如鳴佩，使人目駭耳。聳岸址則蘭芷叢生，摇青曳紫，蕊拆苞敷，香氣蓊咇，凡此皆其略耳，他勝殆不可爲狀。

又《記韜光庵三天竺寺四》 環西湖之山，凡三面，西山爲最佳。據西山之佳，惟四寺，靈隱爲最勝。領靈隱之勝，有五亭，韜光爲最幽。韜光在寺後之北高峰下，其始由西北隅上，山路險峻，曲折蚰行，兩旁皆巖崖陡絶，數里中連屬不斷。嘉樹美竹森其上，兔絲女蘿之屬蔓延而羅生。枝蔭交加，蒼翠蒙密，日光漏木葉下，瑩净如琉璃可愛。禽鳥聞人聲近，輒飛鳴翔舞，若報客狀。峰回路轉，客或先後行相失，望見樹隙中微有人影，往往遥相呼應，遇會心處則倚樹而息，藉草而坐，悠然遐想者久之。起而行，行而止，猶徘徊不忍去。道中聞梵音泠泠如金石出林杪，因徐步聽之，久方及門。堂宇因山爲高下，明净整潔，一塵不生。周圍峰巒環抱，勢極奥曲，窈然深秀，乳泉交流屋上下，隨處充滿，晝夜常如風雨聲。老僧八九人，皆擁衲趺坐，閉目静觀，客至不起，惟融庵主者出肅。客坐小軒中，焚香供茗果甚虔。復引客出，屋後見大竹數萬，竹盡西一小邱，高可數丈。攀援而登其上，望見西湖湛然在城下，南北兩山，繞湖如雙龍抱一銀盤，晃漾不定，使人心目蕭爽，神思飄逸。疑乘雲御風，浮游於灝氣上也，吁，快矣哉！

明 張啟元《游嶧山記》（《山東通志》卷三五之一九下引） 越若來三十里，抵山麓，爲紀王城。騎行石齒間，約六七里，山漸深，草木泉石漸幽。至山伯洞，其草多竹，其木多桐楷、多松，其鳥多畫眉，似瓦雀，微文而善鳴。有屋數椽，曲折依崖壁爲欄楯，如媧鼠繚繞，乃能出户牖。門前一徑，路分兩岐，由東入紀王棚，西則二郎宫、金仙菴也。循山走北轉東約三里，有朱膝橋、麗石嘴，閘狀若赤虹。攀躋而上，自小門入，緑窗穿雲，碧瓦咬雨，四壁無塵。一間如畫棟，爲静石菴。東行約一里，有石怪特，上皆鳳篆蝌蚪之文，從未有識者。近居民相傳，謂即始皇之功石云，其信然耶，抑傳之非其真耶？峰迴路轉，有亭翼然臨於池上者，超然亭也。中置花石案光如鏡，細膩無剥蝕。叩之有戛玉聲，宜琴，琴調和暢；宜詩，詩韻清絶；宜棋，子聲丁丁然，宜投壺，矢聲錚錚然；皆石之所助也。亭北有泉，自石罅瀉下，浸爲小渠，乃溢南流，伏行亭底，至前瀦爲大池。中有小石蟹、水松、菖蒲者，爲源頭活水。又北有峰，拱而若揖者，爲孔子洞，書案無存，尚有石刻之像可觀也。越如舟石，引白龍洞，有小石橋，僅可步相扶攜而始上者，爲停驂處。有松，立者如人，卧者如蚪，直者如幢，曲者如蓋。有泉，沮洳伏見，墜石井鏘然而鳴。又東約數里，有池冬夏不竭，爲玉井池。池中有蓮，香遠益清，爲十丈蓮。其左憑絶巘，後倚峭石，三面開牖，濡灰飾壁，刻錢使君題蓮詩。於其内者，爲宕影亭。其深邃窔邈、寒氣逼人者，爲石田洞口。其淺水白沙、深不逾尺、澄澈可鑑者，爲吕公塘。其欹而削，冶而若笑者，爲仙人棚。其翬飛際天、蒼松覆宇者，爲萬壽宫。得支徑而北，渡小澗，攀長葛，步危石，人不堪行。梯而上，履之有恂容者，冠子峰也。【略】其或古之所有今之所無，今之所有古之所無者，不知凡幾，然而不可考也。若乃初陽東昇，萬山青紅，夕鳥南飛，羣木紫翠者，山中之朝暮也。烟柳繅絲，晚霞製錦，碧蛇飛草，暮雁歸蘆者，山中之畫圖也。樵歌唱晚，牧笛驚霞，天風吟林，曉猿叫樹者，山中之鼓吹也。桐花落盡，柏子燒殘，閒中日長，静裏天大者，山中之受用也。又若風開柳眼，鳥罵桃花，雨釀黄梅，日蒸緑李，信雁初來，曉露欲滴，山寒蒼骨，花出六奇者，則又山中之四時也。最是雨送添硯之水，竹供掃榻之風，雲遮展山之簾，草铺坐石之褥，一班清幽，令人留連往復而不能去諸懷也，援筆而爲之記。

明　李濂《游三湖記》（《古今游名山記》卷六引）　人有言曰，河北多名山，而莫勝於輝縣中三湖，皆邃奥，尤莫勝於中湖。余慕三湖久矣，今年春始克來游，聿償夙願。云輝縣西北七十里，曰侯趙川，四面崇山，巑岏中悉平疇，煙林村墟，雞犬相應，蓋仿佛桃源焉。相傳古時避兵者居此，實四塞險阻之區也。侯趙川有水北流，土人呼爲北流河，或者乃謂無水，誤矣。然游者欲至侯趙川，必過十八盤山，而山極危峻，石磴仄隘，盤旋而上，如登天然。遇不可輿處，則徒步行，僕夫牽曳以上，俯瞰兩崖，頗深峭。視諸天壇之十八盤山，差爲易上。余晨出百泉書院，過午始抵侯趙川，頃之至中湖寺。巖谷幽窈，倚崖叢竹數萬竿，翠陰蔽日，凉飈瑟瑟，雖盛夏，亭午暑氣不到。余坐其下，聞竹音如笙簫竽籟，心神蕭爽。寺中有石鏡半規，往聞能照山河人物之影，俗稱透靈碑。余諦觀之，殊昏闇，與常石等。僧曰，昔有一上官見此石，異之，舁以歸，至盤山忽昏闇無所見，乃復送至寺。云南湖至中湖僅三里，北湖則倍之。闊大宏敞，視中湖寺咸弗及。及若各當一峰之奇，有泉有竹，則三寺同耳。余徧游三湖，昏黑不能返，宿中湖寺。是夕，風起撼林木，獵獵如秋聲。卧不成寐，乃秉燭起，坐賦詩四章。

明　王濟《君子堂日詢手鏡·游古鉢山記》　州治北數里有山，名古鉢，以形如覆鉢，故名。上有一女郎神廟，余職歲祀事，嘗一至焉。其山視諸山頗秀拔，當入嶺處有深澗，淙淙不絶。石梁跨之，逕路縈紆，松柏樟榕，諸木蓊鬱可愛。路平有屋三楹，名半山亭，殷指揮貫重建，余爲記。于石由半山轉百餘磴，有一坡極平坦，復上數十磴，有大榕木夾道離立。過此即絶頂神廟在焉。四顧遠近諸山若揖，拱不暇者，南望州治，大江、寶華諸山，皆在指顧。山後林木，一望無際，誠一州之勝也。

明　皇甫信《游金碧山記》（《吴都文粹續集》卷三三輯）　僅一里，有寺曰普賢。寺之後有山曰金碧。崇巖危岑，聳插雲霧，飛泉瀑布，清映珠璧，迴峰盤紆，花木秀麗。意者非人間世耶，其有神仙輩寓其間也。於是入深林，渡曲澗，窮高而止，濯纓溪流，箕踞遐睇，則與吴之山川，歷歷如在足膝。而輕雲微靄，綴青襲翠，眇接遠近，四望如一，而不覺恍然遺去塵氛，飄飄然意吾三人者，非所謂仙者耶？已而日色莽蒼，林蔭交密，歸鳥飛止，鳴聲無人。

明　李元陽《中谿文集》卷八《游花甸記》　花甸在點蒼山西北深溪中，距郡城七十里。【略】偕春江行十里，入萬花溪。異卉秀葩，名不可辨。又五里，至風吼門，皆緣翠微行，夷則騎，欹則輿，險則徒步。至玄武祠，春江先登，曰：此山如龜此水如蛇，盍少坐以息僕夫？澗風灑衣，頓覺凉冷，乃起行五六里，折而北，豁然夷曠，平甸二十里，净緑如拭。至此則騎者揚鞭而騁，弧者攫矢而射，步者躍舞，倦者嘯歌，如起塵世而登雲天。人各朗然自異。甸之西皆連岡，層疊如雲梯，東岡壁立如掛榜。萬木陰森，千重蒼翠，奇花異卉，綴繡垂纓。廣甸之中，水竹區別，游人來往，度竹穿花，既過一區，又見一奥，既度一奥，又見廣原。曠而奥，奥而曠，如此者四五，乃達白鹿岡。下岡以白國道人隆祐禧得名，世傳禧在此岡修煉，騎白鹿仙云，即其地也。岡東里許，兩山如壁，中夾一川，袤十餘里，廣僅百十武耳。其間雜花秀木，丰茸葳蕤，石色蒼然，窈窕修迴，有若門焉。其北谷則與人境隔絶矣。【略】北行里許，至銅屏山。山下有南詔潭，水如澄墨，其深莫測。崖有蒲草，軟厚可坐。

明　李元陽《點蒼山志》（《天下名山諸勝一覽記》卷一五引）　點蒼山在太和縣治西五里。凡十九峰，連脊屏列，内抱如弛弓。然峰各夾澗，自山椒懸瀑，注爲十八溪，翠巒條分，青嶂並峙，如大鳥之連翼將翔也。山色翠黛殷潤，歷秋冬不枯。高六十里，接連雲氣。滇西山川聯絡拱揖，若將翼之。蒙氏竊據，封爲中岳。《漢書》曰邪龍。雲南注：山似扶風、太乙之狀，上有馬河，周迴萬步，五月積雪皓然。即此山色也。《唐書》「貞元間，使崖佐時入南詔，盟于點蒼山」，即此。山本青石，山腰多白石，穴之膩如切肪，白質墨章，片琢爲屏，有山川雲物之狀。世傳點蒼山石，好事者並争致之。唐李德裕平泉莊醒酒石，即此産也。夏秋之交，山腰横雲，截如玉帶，頗號奇觀。昔人詩云「天將玉帶封山公」，言天設也。疊嶂承流，崇岡戴雪，四時皆吐鶴雲，松檜椅楸生之。其陽多山茶，其陰多丹桂。又有木蓮、躑躅，花樹並高數丈，春日紅白錯雜，被于谿谷中。巖號雪山，世傳爲佛苦行之地。草石皆作旃檀香氣，叢林列刹，諸峰相望，蓋舊在天竺幅員之内，爲阿育王封故國，有三千蘭若，兹上得其半焉，今存者什一耳。前襟榆水碧瀾萬頃，皆漾水連絡爲帶。榆水東百里，則有鷄足山。百里有畢鉢羅窟。遺靈勝蹟，偏在兹區。即林阻谷奥，而無猛虎毒蛇。冬夏氣候調適，暑至於温，寒至於凉而止。故四時無日無花，信福地也。

明　葉良材《游南松巖記》（《天下名山諸勝一覽記》卷四引）　南松巖在太平縣玉城山之南，去黄巖縣北松巖五十里而近，以其南北峙望，高又相埒，故名南松巖云。嘉靖癸巳，余尋海上諸山，止於是且四越月，始由玉城山行二里許，抵辟支巖。路險舍輿，步里許，則聞澗水激石，四山風撼木，聲若萬軍屯閧，愕立久之。復行數步，見兩巖對峙如門，入門行夾壁間可十許步，皆峭削嶄空中，類頷齶相呀，下曲折如龍游狀，是爲石門。門之内爲石壇，可坐數十人。其下爲小潭，潭之水自上龍潭來，瀨瀨行墜潭，遶石門出，遇峻險則旋而爲瀨。路漫水底，離列石椿，行瀨上，由石壇而上，有獅子山。路右折揭水以進，盡路爲龍潭，其上有瀑布，水懸數十尺，下擊潭作殷雷聲，俗傳石門始由龍潰巖以出，故其厓有蜿蜒形，理或然也。左折爲石天梯。繞獅山前趾行，達背上，上有平石負土出，下臨絶澗，澗北有石壁當面立，修廣數百尺。自此循澗行，路頗平。又二里，抵松巖，巖西北二面皆上下凹，列石坐而庥焉，風雨弗能及。西有石龕二，高僧嵩大悲、秋月師皆常於此面壁云。北爲龍鼻巖，巖色獨黄，異它石，鱗角獵獵欲飛動，常有灑瀑如雷雨墮其前，即太旱不絶。由龍鼻巖而上，有二道。其一西北行百許步，水月禪院在焉。其一東行五十步，爲羅漢洞，陟而上爲伏獅巖。登巖東向望，見海上諸山，遠近浮波濤中，煙雲杳渺無際。折而西北，爲燕子峰，爲九闐峰，此巖中最高處也。對望北松巖，勢正相埒，乃俯瞷院之屋，倚峰足如在燕窠中。院創始宋景德間，嵩大悲號松巖小隱。元至正間，秋月師始建爲水月禪院，後賜額「松巖講寺」。洪武間，并澄照寺，號水月庄。成化間，燬於災。正德初，釋永盛重建松巖堂，堂之東築水月樓，存舊也。予至，適杪秋霜露之交，風行巖石草樹間，瑟瑟如也。負檐而坐，顧見燕子、九闐諸峰，垂在几榻，囅然樂之，遂返。是山介在天台、鴈蕩間云。

明　陳文燭《二酉園續集》卷一三《游石竹山記》　余聞福清有石竹山，謂多怪石岳立，修竹檀欒。而余以發汛海上，至興化路，必經之，自謂登兹山，則元章愛石，子猷觀竹之興，一舉趾而慰之乎。九月初四日，發會城。【略】時天風忽來，林谷傳響，又異鳥群鳴，作絲竹聲。稍上數百步，有積石吐出如人立，樹多側生，此仙人坪也。群峰拱衛如列瓜牙，望之不可攀援。由坪而右曰觀音巖，巖石上覆，徑路甚狹，石下支以榱棟，中奉大士像。兜輿前度，厓厓容足。暑尚盛，余倚欄息焉。乃懸巖甚奇，白雲卷舒，英英盪吾胸。剷削點綴，疑有神工鬼斧，不可名狀者。由巖而左，多今游人詩，字刻于石壁，觀之已無宋元筆矣。中有窩曰化龍，有石曰鶴影，蓋疑窩盤處若龍游，石紋見之如鶴立耳。最上一石，有人題曰蓬壺，此一奇也。由蓬石而上，曰紫雲洞，洞廣不盈丈，深倍之，上壓以巨石。其傍石之或列或跪，或立或仆，竅穴透邃，堆阜突怒，森然周于四隅。余稍饑，以所攜壺榼酌焉。由洞而入，石門頗隘，鞠躬而進，稍得平壤，曰九仙閣。余焚香以拜，山僧請余祈夢。余曰：只于九鯉湖上一禱耳。余布席稍卧閣上，聞從者嘖嘖呼玄猿掛樹杪。余振衣視之，巨者二三，小者五六，超遥于萬木之間，啼甚楚楚。因憶往年過巫山十二峰，猿抱樹而號，今其聲似之矣。閣前見無患溪之水從西北來，合鹿角、盧交諸流，淙淙有聲。一小山突起群峰中，而古樹環之。山僧曰此仙鯉山也。

山形類魚，若乘濤嚇鰓，臨流棹尾者，豈舊傳九仙飛赤鯉也，故造化假以神其説與？此一奇也。

明 蔡羽《游石湖記》（《名山勝槩記》卷一〇引） 非高山不能驅吾神，非深林不能沈吾思。游虎丘之乙日，求石湖焉。時少雨春盡漲，未起舟，梗於越來之溪。客刺木揭跣，始獲登。遵岸百步，得茶磨之觀音崖，間行憩崖中，爲間從者至。又百步，得治平寺之竹林，西啟茶磨，東繞拜郊臺。其山皆墻立，其腹多怪木美箭，望之蔚然深黑。治平，林之樾也。從郊臺東走，環突奔縱，爲楞伽寺，有浮圖插雲中，吴西南之鎮也。竹林逮楞伽不及五里，峻甚多石，客始輿負以升。浮圖之前平展百餘步，有亭其上，曰望湖之亭。於是，石湖經其陽，梅灣出其背，左引靈崖，右帶吴淞。不出十五里，林巒疏秀，水風清潔，生雲之山，出泉之谷，咸會亭下。客始定飲於亭而臨觀焉。夫治平深林，楞伽高山。入其深，搜玄釣僻，萬化俱暝。登其高，心空目開，萬象俱顯。於一日之游，而兩極其情。四月，竹脱節，松生花，草灌茂，玉膏出，林與泉俱香，服之已喝而神生。

明 王衡《緱山先生集》卷一〇《游香山記》 至香山可一里，磧路深曠，夾道盡白楊青檜，雖都雅不減幽絶。當山之邃者曰沵憩亭，其曠而可坐眺者曰來青軒，沵憩在山半灌木陰翳之中。憶春季杏花飄飛盡矣，而此地猶能護殘紅，以遲我念而尋舊游焉。已乃過來青軒，軒前兩山爲距，而虚其襟以捧帝城，斜照薄金銀臺，蒸氣正紫，相顧謂此地宜月投枕焉。而東自無量殿數折，乃至弘光寺，皆短垣踈柏，不蔽外景。涓人甃白石爲階，其净若拭。余嘆曰：使死不速朽者，殆樂哉斯丘矣！笑而出，望之東壑中，鬱蒼攢錯，閣道參差，若飄紅掛樹葉者，其光裕寺耶？心樂之，而日且下春矣，不果游，歸待月于軒前。月初東出，光始及殿鴟，俄而茂林延之，浮浮漾漾，若鏤玉葉置水銀池中，静若淪光，蕩爲碎影，在有無空色之間。檻下流淙泌瑟，以虚寂愈聞。時或白揚籟風，犬唁鶻戛，若羯鼓之介胡琴也。

又《再游香山至平坡寺盧師山記》 由真覺寺緣湖堤，堤柳猗娜，妥水色油油然，而其下則茭芽蒲戟，虚着柳絲，鴨緑正與鵝黄相貼，顧尚不多得花。初見花數十樹或百樹，則紆騎賞之，以簪余帽且滿。已而去城漸遠，花漸繁，則當馬首者視之已，則左右指而已。小憩于望湖亭，俯而窺泉，以所佩花盡施之池。清飈或來，紅翻緑皺，悠然有春江花月之想。【略】自亭右沿山滕行，又遡一小村，而香山碧雲始見。見山以上下，皆漫漫遥白。余曰：雲也。子瞻誉視不應，徐而曰：其雲耶？將無是英英者耶？已而問之山農，乃真杏花也。始大叫，以爲奇絶。相羊至卧佛寺，面面皆花，而一緋杏據西原上者，大可盈抱，且殊麗。三人緣而上，則枝輪繆覆，若倒掛茱萸，綱綱外，復施百步錦障。余怡蕩不自持，而日且晡矣。期以明日，假碧雲道，脱衣掛壺于此。乃舍而至香山，宿于來青軒。從軒前望，花如春後，薄雪鬖鬖滿野，而不蔽纖濃草樹之觀。詰朝，陳錫玄從碧雲來視予，予與憑軒指畫諸勝，次及新柳，余曰：人盡云烟柳，烟安得柳容？其似者，正在露葉時若眠若起，半空半色之間耳。錫玄深賞其言，相携而上流憩亭。亭西一杏尚未破函，蓋昨歲遲我于花後者也。余謂錫玄曰：是當有神，酹以酒，祈明年花事焉。觴三行，欲去，至碧雲，會已有先據之者，乃别錫玄東行。經常明菴，出杏子口，而至平坡寺，所謂盧師、清凉、翠微、善應、靈光諸寺皆在焉。飯于善應寺中。東走澗道，尋盧師山。覩翠微一帶，蒼石碧瓦，掩映白楊深柏中，而新柳杏花，希稠點綴，斜分倒插，盡有深情。蓋香山如楊州，花市濃抹故佳，而此地則若耶曲徑，其不厭正在淡妝耳。

又《香山雪游記》 比到香山，且昏夜矣，賴夾道積雪奕道余行。俄而星見天井，山僧報曉霽。急科頭起，則千峰一雪，凍雲頽倚山頭，如醉玉人。乃將諸子涉環翠亭，雪徑深二尺許，從者幾以雙趺印之。觴數行，轉而憩于碧雲之余公墓平臺，坐林巒中，眺雪頗勝。已乃從舊道歸，則昨日之絲者、繭環者化爲玦矣。因相與錯叙其勝。今雪毯毬歘舞，且倦且驕，舊雪晶明浩渼，積矣而若不有。試從卑望高，如鉢和國人仰面不見山，若登高臨遠，則又身在净界，視三千大千沙礫皆净土也。其封谷完，其揣樹密，其印沙如鳥篆，其附城郭若魚麗。其幕紅寺，襯落葉，俄淺絳，俄又淡黄，種種作態可喜。至于寒雁空横，素凫旅坐，暗泉界響，老松低枝，枯蘆有聲，村火斜出，于是間更有深致。吾曹載高檐帽，披貂幨褕，奔車鞭蹇，争相指盼，以爲山林入吾畫圖，而亦知吾曹乃山林畫圖中人耶？

明 王思任《謔庵文飯小品》卷四《梅嶺松路記》 過嶺南，下有觀音巖者，蒙茸不及探。然山如積翠，臺閣一平坡千餘丈，其土頳而净，有松十數。樹欠申擎，舞如四皓八公、七賢九老輩，散髮披襟，聚作清風高話者。自此澗濤銀亂，壑草丹迷，路在山骨崎嶇側走，不可方軌。或十步一松，或五步一松，或崖或岸，皆秦漢時物。虬龍不足比其態，彝鼎不足比其古。肢肱挐攫，鱗甲蒼沉。又有壽藤夙蘚，倒映清流，而驟馬魚貫，販負行憩，各有關荆蜀道之意。生平足目，大快于此。

明 馬之駿《妙遠堂全集》記二《景山記》 景山一名月盤山，土人稱爲雷峰，以上有雷神殿故。出城遵堤行三里，過小橋，萬松倚崖立。【略】逕盡得亭，列石數十方，悉作踞獅睨虎狀。稍折而下，復亭之旁，一洞，僅受人。更上尋，嶺首有亭冠焉。西望，見江從天際白，下視姑溪，西垂縈綰如帶，遠山環睨，淡冶韶秀，獨謝家青山，磅礴峻嶒，高入雲漢，如偉人立羣稚中，其魄固足籠蓋此郡也。【略】最後看落日，日如銜雨天門中，時積陰乍解，駁金蛇，晃射熀，若在鎔之金，餘光掠溪，柘杉赭綺，不可爲色，客中之快觀也。

明 譚元春《新刻譚友夏合集》卷一一《游玄岳記》 自寒河七日抵界山，山始衆。是時方清明，男婦髻生柳枝，凄然有墳墓，想至迎恩觀，舁人忽下肩，向井東叩首，復舁上肩去，肅肅悸人矣。過沐浴堂，夾古柏陰黑成市，與王子坐柏下，告之曰：此物豈無神乎？矧今且萬林。入遇真宮，復出行于柏，窮其柏之際，仰眡枝頰盼眼，無一株遺者。柏窮爲仙關，關厄塞，他木老秃，與細竹點兩山。又行陂陀中，指元和觀：東路行人紜紜者何所也？同行僧曰：十八盤道也。返則徑其處，又行沃野，乃見王虛橋，橋渡之以之于宮耳。舍橋，繇樹隙傍至道人室，繇道人室躡板渡溷渠旁至宮，宮麗甚，制乃不可詳，且非野人所好。旁至會仙樓，晙壁四周蒼翠無間，啓後窗，有樵人方負薪過。出宮，柏數十層亂于門。又旁至先所謂橋者，微聞水音，不能去。【略】明日，從望仙樓後，繇昨所謂樵徑者，漸不逢人。椽葉正秀，壑平其阜，柳家澗初自林出嶺，行屢折，椽輒隨其折處。忽從萬椽中下一壑，高低環青，有石可坐，澗亦送聲來坐處。將至坪，左山深杳，道者結廬。繞引脰望之，有二山鷄從澗中衝起入觀中。道人方煮椽麵接衆食，隨磬下。繇齋堂啓窗，羣山墉如出，與王子坐泉中，而同行僧從左右遥呼，已先得一處爲閑亭者，爲烟客居者，皆可澹人情慮。去坪回望坪中，殊秀絶，然壑漸深，樹皆如其深數，高卑踈密，非聰明所能施設。過繫馬峰，忽一岩奇甚，連延數處，怪石與樹與草與澗若一心一手，彼隙則此充之。與王子復返其起處，詳觀焉。岩未窮，即爲仁威觀，有落葉數十片。背正紅點。橋前小池，若朱魚乘空。過觀十餘里，桃李花與映山紅盛開如春，接葉濃陰。行人渴而憩，如夏蟲切切作促織吟，紅葉委地如秋。老槐古木，鐵幹虬蜷，葉不能即發如冬。深山密徑，真莫定其四時。有猿綴樹間，方自嬉，童僕呼于後，猿挂自若。入隱仙岩，無居人，惟異柏一株，類垂楊，臯臯然新青欲墮矣。自老姥祠而上，望天柱、南岩諸峰，嵐光照人，層浪自接者，爲一重。而其下松柏翼嶺，青枝襯目，梢近而低者，又爲一重。兩重山接魂弄色于暄霽之中。萬壑樹交蓋，此圍于趾步之間，目不得移，氣不得吐，遂休五龍方丈自恣焉。宮所負山峰峭然豪立，所謂五非二池，碌碌不可照覽，一入即出。又途中經奇蹌涯，聞有凌虛岩、希夷誦經臺、自然庵皆勝，皆略之。是夜眠不穩，樓下有繫猿啼到曉。早起，梯石穿岡上，竹樹幾不可止。細流時在耳邊，與蒙茸爭路。又行四五里，俯看深壑，茫若墜烟，身在塹底，五龍忽在天際。下級，水自北來，南響始奔，自南折東，始爲青羊澗。澗上置橋，高壁成城，相圍如一瓮。樹色徹上下，波聲爲石所迫，人不得細語。桃花方自千仞落，亦作水響，聽澗自此橋始快焉。沿澗而折，過仙龜岩，如龜負苔蘚而坐，泉從中噴出濺客。此而上石多怪，向外者如捉人裾，向下者如欲自墜，突起者樹如爲之支扶，中斷者樹如爲之因緣。其爲杉、松、柏尤奇。在山上者，依山蹲石，根露獰獰，必千尋數抱而後已。其在深壑者，力森森以達于山，千尋數抱。繞及山根，而望其頂，又亭亭然與高樹同爲一蓋，此殆不可曉覺。山壑升降中，數千萬條，皆有厝置條理，參天拔地，因高就缺，若隨人意想現者。始猶色然駭，中而默息，久之告勞焉，如江客之厭月矣。然每至將有結搆處，尤警人思。自仙龜岩過百花泉。東至滴水岩，覿其水所滴如刻漏。是時南岩宮殿已迎瞻矚，猶尋徑左行，右見五龍，已如舟中望岸上送者。欠立未去，而五龍前所見衆山，紛紛委于壑，松柏各隨其山，下伏安然，與荇藻不異。自顧身所經處，怪石奇植，非無故者。度天一橋，山蕊自吐，道人室層架其上，峻坂危棧，相爲奔秀。【略】西去爲元君殿，數十折至捨身崖。大木隊而從，繇級以登，爲飛昇臺。臺孤高，亭其上，天柱峰聳然在五步内，不望亦見矣。臺旁有一樹，下窮壑，上出亭，挾千章萬株之氣，而葉未能即發，作枯木狀。臺上石後老松，有一株散作數枝，銜石而拔，大風摇之，宜可折，偏以助此臺靈奇。

明 王思任《謔菴文飯小品》卷三《泛太湖游洞庭兩山記》 蹄數十武，探暘谷洞，僅一蚌城耳。至王文恪所題丙洞屏巖，則天逗雲腰，泉淪石脚，樹横竹偃，櫻桃明熳。時翠禽啁唧，紫鴛産鷇，大有袁廣漢北山圃意。山之前爲靈佑觀，已蕪廢，問東園公隱地，無有知者。惟東岳廟前兩松蒼辣挐舞，可舒林屋屈游之氣。自此家家俱在果實中，逶迤峰逼，而包山榜出，松若麻栽，望橙橘偏谿壑間，上下垂垂也。寺鐘在樓，被荔裳纏咽，幽不可言。【略】是夜移尊寺橋，月氣冷浸，如束起五湖水，倒潑包山者。松木影寒，宿鳥翻撲，却似魚游荇藻中。而寺僧雪鶴能吴歈，則醉而嬲之，還宿空翠閣。檐頭星歷歷如杯大，夢遶萬竹，醒來鼻作橙香。明日庚寅，謀上縹緲峰。過沈氏墓，千尺松以百計，春臺夜壑，卧立之間，感彼松下人，安得不爲樂。【略】於是上法喜菴，訪梁天監時三松，而路斗絶不可通。舟人以風利，嘖嘖言華山也，所謂綺里故居黄公泉者，俱從帆前閲過。入華山，則青嶂環迴，曲流徑繞人家。別有華胥，浮在水中而實在山，藏在山中而實在水，四五里聚落，錯繡成萬花之谷，望竹籬石堵，紅橘黄柑，家垂户晃。將至寺二里，長松落落，夾道攫雲，俱數百年物，不下千章。而寺之橙橘益爛熳狼籍，翠羽丹苞之中，無數金珠火齊。寺橋傍紫葡桃藤，葉嫩紅老白，束縛古木，薜蘿野葛，强附弱攀，悉不辨倫理。寺僧蒼麓，剥橘烹泉，香風沸沸，仍落八柑相贈，富麗中幽逸清美，吾嘗欲考此數日禄命也，僭矣僭矣。大抵洞庭之山，西勝於東，而西之中，惟石公可游，花山可居。異日此言當懸之吴門，不可添減一字。乃移舟看角菴，山境已絶。太湖若掬而瞰也，有茶花一本，蔭可畝餘，四季鮮發，云角里先生手植。予來時正英英其欲吐，紅顔含寶，是飛燕來期射鳥時。【略】乃下之資慶寺，橋勝壑勝，紅樹碧樟，老山秋滿，聲瓮瓮然在空橐。【略】踰嶺而得天王寺。寺前松差遜花山，然枇杷花香風數里氤氳，山椒樹祖藤孫，萬果彙集，色味糾纏。

明　尹伸《游西岳記》（《華岳全集》卷四引）　千尺幢以上，寅緣鐵鑿之間，凡十數扦而得蒼龍嶺，嶺長五百丈，岐嶒骨立。乃纖穠其末，而爲白雲峰，東西秀嶂壁連，煙壑微窅，最煩應接，而足與目往往相違。嶺盡得五松樹，蒼鱗古鬣，摩挲雲漢之表，濤蓬蓬震巖谷，相視面栗，不可住聞。西峰水簾縣流千仞，具飛舞變幻之勢。是時偶涸，徒意其砰磞之聲，與松韻争雄耳。自此至宗土祠，東峰之背直在眉睫，石形參差處即仙人掌，但無路可上。至洗心坪，蓮花之瓣始坼。坼於左爲東峰，爲中峰，坼於右爲西南峰。計縣中所見，如冠形者中峰，隱約與東西相錯對耳。南峰爲西峰所障，從麓及胥皆不見，必躡松檜峰始識其面，絶其巔而後見東西峰之在下也，南峰可謂善藏其高矣。東峰之頂，兩成而顛然於前，茂松綴之，便覺鬱縟有致。

明　姚希孟《循滄集》卷一《宿包山寺記》　渡湖，首問林屋洞。洞口沮洳，望之黝黑，無炬無鄉導，結束未備，不可以游。循其陽，觀曲巖、伏象而下，過岳廟，遂得包山寺。徑隧深窈，松栝、櫻桃、楊梅之屬相錯矗峙。四山環合，寺若倚屏張幄而坐，目以包山，良稱矣。過石門半里許，入寺。從殿右窮僧寮，得空翠閣，閣正在翠微杳靄中，窗外脩篁直上，約之可五六常，玉筍瑶篸，摩雲翳日。目中見美箭多矣，亡逾此者。因尋毛公壇，行山坳，諸塢多植梅，間以它樹，稠樾美蔭相續也。又有童山，頹然髡其巔，匪地有枯澤，直斧柯相尋耳。毛公者，或云劉根得仙，緑毛被體。而楊廉夫言，有長毛仙客從張公洞行二百餘里，穴山而出，即根耶？今築石爲壇，觚其四隅，丹竈烟銷，寒泉涸涸。試問仙踪，杳然在斷霞殘照之間矣。是夜既望，天漢澄鮮。出殿門，望絶壁，樹影交加，葱蘢無際。月光穿竇，流暉射人。右登崇岡，樹愈護，月亦漸隱。返步溪邊，松針篩月，半明半滅，倏來倏往。移數武，至樹豁處，四望作琉璃城，跬步咫尺，千容百態。乃知有月色不可無林薄，然非疏密相間，未獻其狡獪也。山僧又言，積雪時琪林玉樹，非復人世所有。余安得長年坐卧其下，歷四序之變耶？夜將半，方闔户寢，紙窗皎然，素魄半床，盤中新摘香櫞，清芬送枕畔，不知此夕何夕矣。山中諸寺，故當以包山爲最，寺中又空翠閣爲最，惜見山不見湖。東房有小閣，頗兼湖山之勝，而位置未愜。

明　袁中道《珂雪齋近集》卷三《過藥山大龍山記》　將爲鼎州之游，渡河十里許，漸入萬山中，青松拂面。過清化驛，見山色波頭起伏，遠黛可餐，如撥筍解籜。經藥山，山尤竦秀，以其上多芍藥，故名。即李太守翱問法儼師處也。【略】餘如藥山者甚多，都不暇訊其名數目。來山路升若梯雲，俯若繘井，每自下而上，至兩山相接，中開一罅之處，則前山忽躍而出。一日中數隱數現，如相與爲迷藏之戲。至大龍驛，信步閒游，過橋，流水淙淙，遠望山松如城。訊樵人，則曰此榮邸園也。喬松夾道十餘里，流水遶其前，長橋跨之。溪澗迴環，中峰壁立，兩山環抱，袖褰帷合，層不可數。彌入彌深，爲松梵鳥聲所誘，澹然忘歸。頃十餘里，依山傍林，時有田疇。漸近，繡壁千丈，有若屏几。深林陰肅，悲風忽起，林葉皆鳴。遂尋舊路歸。

又《游德山記》　沅水竹箭而下，經枉渚，其上爲德山。楚詞云：朝發枉渚兮，夕宿辰陽。酈元云：沅水東歷小灣，謂之枉渚。渚東里許，便得枉人山。即此山也。捨舟登山，有老樹五六株，盤結石巖中，根磊磊爲怪石。門徑依山傍澗，澗水流入沅，雨後作雪瀑。澗外松柏蓊鬱，乃榮邸釜鬵處也。可百武，爲塔院，門内有斷碑一，依稀見「無事于心」數字。禮塔守僧喃喃塔長再來之讖。量之，今果二寸餘。出院，山徑坦迤，竹樹駢羅。里許至寺。寺内古柏一，如青石一峰，上飾瓔珞，千年物也。殿甚壯麗，與渚宫羅含宅相伯仲。四維皆山，如虎落圍之。後有平園老人詩碑。其左腋嶺上皆修篁，無隙地。予閒步竹中，思年來江南之竹，無處不窮，惟此地檀欒如故。居此者，無論岩壑之勝，即終日晤對此君，目視浄緑之色，耳聽哀玉之響，而飽食其笋，亦足以老矣。日已暮，遂至殿左青蓮社。【略】夜中雨滴竹葉，時復鏗然。曉，枕上聞黄鸝聲入耳圓滑。起視，初日出松中，一山皆霧露。出殿右掖，遍嶺仍多修竹，間以古樹。下嶺得少平地，有老桂三株，可菴。復登嶺，覓孤峰路，稍倦，則倚竹息。時有流泉出竹中，與風篁相和。屢跲，始至善卷臺，善卷即舜時粃糠九五，遠遁炭谷者也。臺可望遠，其近者爲善卷村，即其耕耘之處。雲林霧畦，隱畛相望。下有小河，名釣灣，以卷常把釣于此得名。酈氏所云「披溪蔭渚，長川逕則」者，是此水矣。此水一縷，直通茶山。每歲茶户載茶從此出。兩岸多峰巒，旁溪若織，甚可泛。從臺北登孤峰頂，大江積雪，圍繞郡城，若浮芥。梁山擔覆其後，隱隱接武山。餘則煙雲枕籍，不可復識。孤峰下引，若龍象之飲于江，其鼻端方營浮圖未成。大都山以樹而妍，以石而蒼，以水而活。予之施施山間也，遇老樹槎枒則少立，遇石骨峻嶒則少坐。遇嶂披樹斷，遠見江色如鬟鬢之對明鏡，湛然發其妖蒨，則爲之終日徘徊而不忍去。此山惟孤峰可瞰江得一佳練。若于此以窮其朝朝暮暮之變態，快矣！

又 卷五《游洪山九峰記》 曉，從洪山發。不數里，青青之山，濬濬之水，出左右腋。憩于關侯卓刀泉，喬松鬱然。過此，山愈層疊，了不知九峰所在。忽從山口如永巷，始見朱碧委藉山間，九峰環抱一寺，如蓮花之裹蓮房，而松楓雜立，若花鬚矣。寺極整潔，凡伽藍所應有者，無不具備。尤宜雨，以處處皆有迴廊，不須展蓋也。守僧出無念師衲衣并鉢履之屬，予曰：此非所急。急從迴廊至獅子石，登山頂，始窮山水之勝。猶爲松樹所蔽，不甚暢。予曰：此處得一高閣，則九峰之美備矣！于樹中見一處，粉墻隱隱，僧曰：此陽邏也。下山復走前山望水，武昌、漢陽江色宛然在目。松中據蒲安坐，渾忘人世。大都此中諸峰環抱，極爲幽邃，而軒敞稍不足。記李習之常言：虎丘池水不流，天竺石橋無水，靈鷲擁前山不可遠視，峽山少平地，泉出山無所潭。天地間之美，其闕陷大都如此，豈獨茲哉！

明 袁中道《珂雪齋外集》卷二《游居柿録》 枕上聞滿山黄鸝聲，入耳圓滑，因憶老杜「丸藥流鶯轉」之句。辰起，濃雲已散，宿霧未收，初日如金鉦掛松枝上。飯後，尋孤峰路，遍嶺皆脩竹，間以古樹。人從竹中行，嶺上楠樹甚古，根可卧，週圍正得二十五尺餘。竹中得少平地，有老桂三樹，可菴也。取故路復行竹中一里許，至善卷臺，堦下老梅一株，正吐萼滿地。鹿胎臺可遠望，曉霧尚深，不甚了了。從臺北登孤峰頂，望大江，積雪圍繞。至此頗厭松多，以礙看江也。歸青蓮菴晏坐，君超卧。予與公琰散步石嶺松竹中。兩山窪處有田數畝，予謂公琰，高原有松處，決可望江。步往，則嶂開，江流如帶環之，藉草而坐，恨無數椽于此，朝夕瞰山色、聽江聲也。午後復至善卷臺，蓋曉起，遠村平林盡入煙霧中。時天晴，霧漸開，可望遠。及登臺，霧稍散，亦不甚了了。君超諸公不知予等何往，遍覓之，至舟中，不得而還。夜飲，煎鮮筍湯薦酒，風味甚佳。大都此山之勝，在臨水，在道途，迂曲老樹、壽籐新篁極夥，微乏泉石耳。【略】

將曉，微雨滴瀝，甚爲山行憂。曉起梳櫛後，天放晴，往學宫石墀上看山。其尖秀玲瓏，竦峭瘦削，若有鋩刃不可迫視者，即緑蘿山也。已，舟過山下，見一山，中泐其半落水，僅存石壁，苔蘚蝕剝，不獨色之妍冶，骨尤遒勁。酈道元云：沅水東帶緑蘿山，頽巖臨水，懸蘿釣渚，漁泳幽谷，浮響若鍾。」今去數千年，巖猶頽然也。又黄閔《武陵記》曰：緑蘿山素崖若披雲，寒松摭翠，流風叩柯，則有宫商之音。今山上亦多松，君超曰：此山中，良田美宅如仲長統所言者，甚多，無處不可避世。自此以後，山勢一步一顧，五步一折，跳達儇巧，敧側冶媚。又十餘里，江漸狹，山坡間時有人家，竹樹駢羅。至白馬江，覓所爲雪濤者，無有，但存亂石，水落故耳。白馬浪光之天，傷哉！其慳緣也。由渡口携酒核，入桃花源，行亂山中，幾迷路，久之得斜徑，可陟而上，乃桃花觀後山，即瞿童瀹鼎池也。遂由徑路往，見梅花五六株，紅白間發，如一山積雪，照耀空谷，數年來看梅，未有暢于此者。松一株，旁枝攖挐，皆下垂遒古甚。時渴極，飲清冷酒數盞，并以酹花。池上室宇甚敝，道士皆閉門不出，殘碑不可讀，遂由宫右小徑以達于宫。萬山圍繞，了無出路，日已斜，急從馳道上行。至一處，桃枝夾道，可半里許，間出紅梅，漸入兩山，中裂若永巷門，内有亭可憩，前有方池流泉，淙淙下注，作碧沉色。時山行方七八里，倦極煩熱，忽聞流泉瀉澄潭，心脾頓開，煩火遂降，乃知泉石之能療病也。共取泉水，吸一盂，甚甘。循水脈行，漸陟漸高，凡八九級，其級去下遠者，則水若瀑布，忽落地，有聲甚怒，石爲水所嚙，駁蝕崚崚，作深碧色，如靈壁。又上數百步，磴左壁隔水，石上有碑一方，俱苔蝕，皆古洞也。洞門爲亂草封閉，莫能入。守僧云，曾以長竿探之，莫知其際。然此洞實見成，不必穿鑿者，但除去莎草，自可漸通人跡。此中無好事者，空令康樂笑人。或云，此山腹皆空，度此穴，即仙都矣，恐有仙靈呵護之，終古不得開也。陟級又百步，兩山愈狹，上有石泉下注，有亭十笏許，坐石床上小飲，欲再窮泉脈，而磴甚危，不可復升。公琰癯鳥行而上，久之不見來，既至，則云以上泉鳴草中，從地向上沸，山深可畏，莫能窮也。遂尋舊路下。至前夾道桃柳處，山僧曰：過半月，則數里紅酣爍人目睛矣。予恨不能待也。出山口，時有紅梅。至水溪已暮，入舟中與君超夜飲，投瓊正得一二五四，真所謂二士入桃源也，相與大笑。

明　鄧雲霄《九疑山記》（《湖南通志》卷一九引）　行數里至太平營，溪益深，松竹益密，石磴益險峻，盤辟詰曲。輿人喘極緩行，因得恣觀道傍水石之異。有石卧田中如牛羊，旭日散牛羊於田中，與石相亂。又一石斑剥如虎。轉二里許，至下西灣，又里許至上西灣，百折千盤，非復人境。有水曰青澗，白石齒齒，生苔如緑髮，長數尺，披拂石上。王歆之《神境記》：九疑有青澗，生黄色蓮花，芳氣盈谷。即此澗也。沿澗行二里，傍列怪石，具百物人鬼之狀。石罅古木，枯枒獨立，苔蘚封之，枝幹皆作鐵色。余意爲石，而土人反曰木。石窪處，果樹寓生，垂條吐穎，孃孃然。余意爲木，而土人反曰石。余乃駭謂者見石似牛羊，似虎，似人鬼，已心疑之。今直使木石罔别，山靈弔詭，若是殆凡百可疑，寧僅九也。離西灣，轉入山坳，邃若瓮底，天爲之窄。又轉，則娥皇峰在外，端正秀麗。層累而上，古木交翠。又轉則爲玉盤石，土人云舜南巡下馬石也。少頃見舜源峰，百步許即爲舜祠。【略】祠倚舜源峰麓，殿宇宏敞，中列古碑，多剥落。前有古杉十四，株大合抱，皮脱，存勁骨，叩之作銅鐵聲，數千年物也。又儲木二，一當祠門，大數十圍，一在祠側。娥皇峰正對舜祠，女英峰列於左祠。右有大馬、小馬二峰，左有旗屏二峰，拱護如城郭。舜源、娥、英諸峰皆壁立千仞，亭亭雲表。循舜源左，南去五里許，至九疑營，又里許爲紫霞巖。初循石磴上，磴旁多梧桐。

明　胡胤嘉《游慧山記》（《名山勝槩記》卷一二引）　十八日至慧山，尋鄒氏春申第一澗。澗在慧之前麓，與王家園踦立。長廊密閣，曲徑朗軒，梁溪一佳麗也。遶池皆廊，一往欲迷，如蝸鼠繚繞乃得出。余謂之迷園。徑取偪仄，無寬地平林以爲游恣。其廊之紆回，皆繞垣爲之，廊盡而趣亦畢。登高招望，見垣如格子眼，及所擬爲睥睨者，無遠峰莽蒼可眺也。王家園爲慧園之始，雖已頽廢，大木百圍，可隱可據。西角一亭，又坐領慧山之秀，鄒弗能過也。

明　羅逸《長青山記》（《名山勝槩記》卷六引）　余則獨愛長青山。歲春夏，率再至山中。每一至如見快友，頓覺神情都王，又如與闊友期萬里外，惟恨綦履之不前。今且三至，于時孟冬，風日美好，黄葉布地，行步作瑟瑟聲。竹千餘竿，日影蕩漾，衣牽水藻，如浸碧波中，令人有瀟湘間想。出竹而上如覆墩，可亭榭軒楯。天都雲門當其前，頽嵐峭緑，危峰疊翠，宛若大痴翁渲染所成，一奇觀也。其側則懸崖，畏而逡巡。俯瞰溪流，蜿蜒如帶，水聲激石如鳴玉。日景射波，曄然奪目。從樵徑轉而東，主人搆一亭，甚湫隘不稱。稍北則桐園也，每至花時如雪。折而上，蒼藤古木，晻藹不見天日。余夏游憩此，凉飈徐來，大略如八月聽廣陵濤。其顛爲羅真人冲舉處。【略】山之麓曰朱村，蓋考亭之祖居也，見朱氏譜序。自此倚石嘯歌，松風上下，妄意有羽衣蹁躚其人者，庶幾遇之。既而笑曰：不見之見，不交之交，何必形遇哉？其級石坦而夷者，瘦石獰獰，苔蘚青翠，如遇雨狀。遥望木葉着霜如渥丹。始見怪以爲紅花，久之，知爲烏桕樹也，然絶可愛。其東南連峰蒼翠百狀，而下方見田廬鱗次，菜圃麥畦，平楚細流，一望千頃，亦非他處所能及。使其中若爲道院，爲禪室，是當不負此山。主人有意而未就，蓋願力不堅，牽物從務。嗟乎！名利之誘人也如此！雖然，余見其三易主人，何異烟雲之變幻？又未嘗不慨然自失也。

明　徐弘祖《徐霞客游記》卷一《游黄山日記》　初六日，天氣甚朗，覓導各攜筇上山，過慈光寺，從左上。石峰環夾，其中石級爲積雪所平，一望如玉。棘木茸茸中。仰羣峰盤結，天都獨巍然上挺。數里，級愈峻，雪愈深，其陰處凍雪成冰，堅滑不受趾。予獨前，持杖鑿冰，得一孔，置前趾，再鑿一孔，以移後趾；從行者俱循此法得度。上至平崗，則蓮花、雲門諸峰，爭奇競秀，若爲天都擁衛者。由此而入，絶巘危崖，盡皆怪松懸結，高者不盈丈，低僅數寸，平頂短鬣，盤根虬幹，愈短愈老，愈小愈奇，不意奇山中又有此奇品也！

初七日，四山霧合。少頃，菴之東北已開，西南膩甚，若以菴爲界，即獅子峰亦在時出時没間。晨飡後，由接引崖踐雪下。塢半一峰突起，上有一松裂石而出，巨幹高不及二尺，而斜拖曲結，蟠翠三丈餘，其根穿石上下，幾與峰等，所謂「擾龍松」是也。【略】又前，鯉魚石又前白龍池，共十里。一茅庵出澗邊，爲松谷庵舊址。再五里，循谿東西行，又過五水，則松谷菴矣。再循溪下，溪邊香氣襲人，則一梅亭梅正發，山寒積雪，至是始芳。抵青龍潭，一泓深碧，更會兩溪，比白龍池勢既雄壯，而大石磊落，奔流亂注，遠近羣峰環拱，亦佳境也。

又《後游黄山日記》 轉入石門，越天都之脇而下，則天都、蓮花二頂，俱秀出天半。路旁一岐，東上，乃昔所未至者，趨而直上，幾達天都側。復北上，行石罅中，石峰片片夾起，路宛轉石間，塞者鑿之，陡者級之，斷者架木通之，懸者植梯接之。下瞰峭壑陰森，楓松相間，五色紛披，粲若圖綉。【略】眺蓮花諸峰，多在霧中。上天都，至其前則霧徙後，越右則霧出其左。松猶有曲挺縱横者，柏雖大幹如臂，無不平貼石上，如苔蘚然。山高風鉅，霧氣去來無定，下盼羣峰，時出爲碧嶠，時没爲銀海。再眺山下，則日光晶晶，别一區宇也。

明 王履《東峰記》（《華岳全集》卷四輯） 由祠北降而東，取道松間，忽有物行松上，大如鼠，尾芃芃然，聞人聲，矍視不復動。僕輩附掌激之，越樹去。行二里所，至山祠，入觀焉。山水畫滿壁，頗似范寬家法，而渾不及范。余笑曰：「此中著此畫，作者固無足責，命之者誰歟？」老君殿中居楊師迓余，余謁之再拜，因思吾夫子謂見之猶龍口張而不能噜，吾安敢不拜？師出果茗松花粉供余，并以萬年松數十本爲贈。蓋卷柏之屬而不屈者，雖有松柏名，不過石上小草耳。卷柏亦以萬歲見稱於《本草》，則知二物固皆槁而不死。大松蔽峰頂，清悄幽閒，殆不可爲情。然過青柯坪，來松弗它雜，唯白楊一二間之。每風韻松林，楊葉作策策聲，如按如節，彼吹竹彈絲、敲金擊石者，其近歟？余偃仰是間，意風味未減。貞白殿之東，則東峰盡處也。下望平野，襟懷灑然。遠近諸山，相闒于烟蕪雲樹之表。黄河隱顯，東迤如帶，潼關岡壟，積蘇于河濱。遐覽未周，雲倏陰漸黑，平野皆晦。予疑雨，東向立，風颯然自西南來，萬松皆鳴，松實交墜，日斜透雲罅出，雲影漸北逝，遂散。

明 湯賓尹《海子記》（《名山勝槩記》卷六引） 山之顛曰海子，四面皆可達。東由丞相源，西由翠微釣橋，北由松谷，南由蓮花溝。松谷最夷，蓮花溝最險。然予以試險爲奇，未之怯也。溝路皆沙礫，頃復爲蛟水所敗，莫可置武。用木皮縛橛五六尺許，各爲一梯，遞相縛攙溜壁中。横以受足，足太停，則恐其折也；縱以受手，手太舉，則恐其掀仆也。予鼓而前，教以置手宜静，置足宜輕。置手静，手之神寄於壁也；置足輕，足之力寄於手也。諸人以次相接，腹倚橛若粘壁之䗝，前人舉履，後人舉頂，若猿臂之相牽矣。

清 邵長蘅《邵子湘全集·青門旅稾》卷四《飛來峰記》 武林諸山以峰名者百數，飛來峰最奇。峰之奇以石，以巖洞。峰高五十丈許，緣址至巔皆石也。石之狀，棱者砥者劇者，植者什者，兀者獰者，獸相搏者，駢笥者，卓筆者，騫若飛、墜若壓者，奇詭萬態，而無一相肖。北倚大澗，削壁横展百餘丈，石益奇，多樹木，少土，樹多楓樟儲桂、松杉、冬青、石楠，大者圍三尺餘，冬夏蒼翠。藤蔓纏絡之根出石縫，鬱屈如虺蛇蟠怪石上。澗北爲冷泉亭。

清 方象瑛《健松齋集》續集 卷六《白岳記》 獨聳峰距西天門數里，自山至頂，約十餘丈，徑道皆絶，梯而升，手挈目眩，不得旁視。僧依巖支柱，泉流出焉，耕播在山麓，上下便疾如猱。頂有虬松、古籐、野菜數種，多别味。頫視村落，炊烟縷縷，長江縹緲如綫。余題詩石壁，蓋游跡所罕到，且有未知其處者。羅漢影壁列如屏，坐立俯仰，宛然各具，然不可名狀，奇絶正在影耳。凡瀑布皆懸崖奔瀉。珍珠簾崖石兩層，泉自上滴下，著石濺濺然，如珠飛，四時不絶。殿右里許，爲洞天福地，修真習静者居焉。長楓老檜，緑繞庭户。

清 沈彤《果堂集》卷九《碧螺峰》 自林屋山東北水行數里，見有峰拔層巒之中，色蒼翠而旋上者，碧螺峰也。稍近，而峰巔衆石若翔若集，若昂若俯，若蹲若跳，皆争出奇勢，來效目前。登陸，至其趾，多方石相倚壁立，中有罅，可往復周玩。西北面無石，石皆在東南，周不及二里，高可三十丈。升巔以瞻，則高殿縵岡，曲澗帶阜，松柏竹木交蔭其上，綿延數里，薈蔚蓊鬱。湖風寧静，波伏不興，扁舟數葉，若鳧浮鷗眠，夷猶自如，曠然以樂。將反乎舟，忽有白雲紅霞來游峰巔，丹素青碧，下上相映，仰矚流連，不能遂去。

清 楊應琚《忘機石序》（《羅浮山志會編》卷一〇引） 游羅山之二日，酥醪院道士善智謂余曰：去院八里許，有一境佳絶，盍往觀焉。余欣然起行，道士前導。肩輿三里許，山漸高，路僅容足。爰策杖步行，四望皆峻嶺危巖，深林密竹。其最高峰，諺名白水門者，云有瀑布，水長數千丈，然游人于此間遥望，僅見山椒白虹一段，餘皆爲竹木所蔽。而水氣勃勃，從林際出，如薄霧輕雲，濕人衣袂，十里外毛骨猶寒。行二里許，徑深谷中，忽山風驟起，草木皆鳴，疑虎豹千百猝至。同游七八人，前後呼應，魚貫而行。又踰一小嶺，路險甚，人從石隙間行。下臨深溪，水聲聒耳。善智指示曰：此西溪也。沿溪皆松楓樹，樹間藤蔓皆裊裊數千百尺，如龍虵盤旋上下，余撫摩久之。溪轉峰迴，有巨石當中流，可坐廿餘人，高數丈許，山泉經此石上，始流入溪中。歲久凹者成渠，水循行不至散漫。游人坐卧其上，無濕衣之慮。石側皆柔枝細木，交覆如蓋，極目數里，不見日色，深邃幽寂窈如也。因相坐石上，聽泉觀山，解衣磅礴，不知身之在何鏡也。

清　劉大櫆《海峰文集》卷五《游黄山記》　跨石越澗，左行數十步，至桃花源。石徑幽狹，穿一石而入，如門。其石有妥有欹，或覆或露，其夾如巷，其長如廊。復穿一石門而出，而老梅布石罅甚夥。由寺右緣天梯而上百餘步，幽壑不可越，以二木搘崖而度。折左紆行，可半里，有洞穹然出崖上。洞石瑩潔可愛，深三丈，高二尋，廣半之。洞盡，復有小洞如龕如堂奥然，飛泉蔽洞門而下，灑灑不絶，是曰水簾之洞。出洞循崖而左，有二小洞，中隔如墻，曰餐霞之洞。而山之左腋，有水穿亂石而下，是曰藥溪。溪石廣丈餘，中凹如臼，仰承上流，是曰藥銚。銚左欹而水出懸溜，承溜一石如圓盎，弇口，而中如螺旋，異石五色，白者如珠，是曰丹井。折而右，爲蓮花菴。入菴登閣，下瞰白龍潭。潭廣十餘丈，其上大石横亘，高三丈餘，而藥銚合諸溪之水，從叠石乘高而下，而潭以一石仰承之，其勢撞衝奮躍，鳴吼如雷潭既受水，淵渟滉漾，其深不測。睇觀既久，咸生恐慄。潭上一石，老木垂陰如蓋，下可坐飲數十人。【略】踰巖跨小塌，至老人峰，峰小而鋭，立石如老人傴僂之狀，高不盈丈，而下臨百仞，無階，挽藤上，大石磥砢，蒼松覆之，日影著石，雖盛夏而陰蔭逼人。【略】右劈一峽，淩洞巔，背負懸崖，如覆洞口，水不絶如簾。旁一池泓碧，是曰蓮花之洞。去洞復上嶺東行，有巨石當路而中虚，於其中累石爲磴數十級以上，如門，題之曰雲巢。折而上，有二松緣石夾路，枝葉交結，若與游者相揖讓，名之曰迎送之松。【略】及出石門，至平天岡，則山皆戴土，甚廣而平，其縱可五里，而横猶三里，望之如原隰焉。岡多異松，而棋枰松尤奇，高不盈二尺，而覆十圍，枝葉糾結平密，如掌如席，如織文。其上可弈，可容四人坐而相向飲。【略】由海門東迤五里許，登始信之峰。峰忽中斷，兩壁嶄然，相去可尋丈。下視嶙峋千仞，乃斬木爲橋以度。橋右憑崖，其左空而臨壑。而北崖有松，横枝直抵南崖，蔽障其空如檻，名之曰接引之松。攀枝而過，陟其巔，則羣峰環拱，怪石兵衛，盡丹臺、海門所見，若皆薈萃而植立其前。左瞰石筍岡，右臨散花塢。石筍岡界兩山之間，而山東爲峽。石起峽中，纖如指，鋭如戟，繁如竹林之筍，裂土而怒生者以千百計。散花塢亦千峰排列壑底，丹黄錯出如繡，有神仙對弈、貴客旁觀及賈胡獻寶諸肖物之形。而一峰拔壑而起，獨立無倚，可十丈。有松焉，其根長二丈餘，蜿蜒出走，未知其幹所在。循峰右轉，則見峰有裂罅，而松於罅中直上達頂，露其半可窺。更旁裂一石，乃屈曲蟠結於峰頂之四周，而横曳一枝，復下垂者，其長猶三丈，名其松曰擾龍。始信峰之西爲師子峰，自師子峰東降，其崖側巨石矗立，上平如掌，有松高四尺，其根穿巨石之頂而下，而幹據其上甚堅，名其松曰破石。由石筍岡下松谷菴，其間可二十里。將至松谷，山漸上益鋭，羣石參錯，若有偉丈夫衣冠而立者。其旁有石如牌，中含緑字，與日光相激射，其字不可視，視之雷輒擊去其字。或决欲見之，天方晴旭，行將近，忽湧雲塞霧，咫尺晦冥，終莫能見云。環松谷皆山，其自四山飛瀑而下蓋百數，而聲響各殊，聽之不窮。【略】去松谷而西，乃至翠微峰。峰高八百五十仞，而嵐光一碧無際，故山之椒皆曰翠微，而此獨以名其峰。有寺在峰之西北，環寺皆古木修篁，其境爽塏，與向之磽角稍異。【略】及至丞相源，則陰崖蔽虧，老木森翳，如行墟落間。出寺門數十武，有溪淙淙，聲乍緩乍急，巨石鎮其中流，平闊如臺，其上可布席而坐，其下可流觴。下丞相源里許，山迴溪轉，有飛泉自叢薄中騰踊至崖端而下注，澗注爲瀑，瀑注爲潭，潭復注爲瀑。一曲一潭，纍纍巖壑之阿，凡九瀑懸下，雨過則流急而飛挂如龍，是之曰九龍瀑水。

清　袁枚《小倉山房文集》卷二九《游黄山記》　步至立雪臺。有古松，根生于東，身仆于西，頭向于南，穿入石中，裂出石外。石似活，似中空，故能伏匿其中而與之相化。又似畏天不敢上。長大十圍，高無二尺也。他松類是者，多不可勝記。

清　王爾鑑《海棠崖記》（《盧氏縣志》卷一四引）　余里舍枕鳳山，面洛水。舍之東北，有澗水一曲，清流抱村。溯流而上，幽壑邃谷，叠嶂層巒，如武夷九曲，步步入勝。去舍約八里許，土人呼爲馬蹄溝，乃鳳山之左臂也。溝之西壁，懸崖高十餘仞，水繡成石，孔竅玲瓏如蜂窩狀。峰皆下垂，水自竅中出，霖霖若細雨簾，纖飛灑歷，四時無間。水草芊綿，高下聯綴，濡霞涵日，玉潤珠圓。而滿壁海棠，疏密掩映，不啻如蘭之九畹，蕙之百畝也。是謂海棠崖，崖石詭怪若龍躍虎怒，駭狀百出。崖雨下注，則絶澗春石琮琮然，有碎玉聲。崖雨遥矚，如珠簾不捲，如雪霰繽紛。崖之東壁鑿石成龕，可容書几。石平如床，可琴可席。花時朱顔若沐浹雨含春。晴光下燭，苔蘚斑駁，行吟俯仰，盡態極妍。余謂桃花源，當不是過。若未古木插天，奇峰聳翠。如結廬其麓，作亭其崖，虚四壁以舒嘯，憑欄縱目，盼西來洛水如帶，南山羅列，環若翠屏。樹大陰翳中，廬舍參差，若隱若現，鷄鳴高樹，犬吠白雲。又烏知海嶠神州所謂芝田縣圃者，果何如是耶。而環繞予舍，潺然一碧，花逕泉途，涓涓脈脈者，是崖餘波之所縈洄也。余少游斯崖，輒低徊留之，及浣塵氛十餘載，而雨氣花香，徒托諸夢想。每咏昌黎「山水初心」之句，悠然神往矣。行將賦歸去來，面崖鑿壁，穿洞結茅，棲止嘯歌於斯，以樂吾軀焉，遂援筆而志之。

清 汪洪度《黄山領要録》卷上《破石松》 從玉屏峰象石之麓右行，名懸度嶺。山徑似開似塞，水潺潺下於壁，至壁幾不容趾，捫壁以度。水激石珠濺人衣，折旋不及里許，身忽入蓮華、蓮蕊兩峰界中。從小禿脊騰空壘上者，蓮華溝也。溝云者，砂礫錯錯然爾，無泉飛而瀑懸也。溝將盡，有石高二丈，圍丈餘，一松盤旋石上，虯枝四出，陰蔭數畝地。人見頂不見幹，幹蓋藏石腹中。孕結既久，則迸裂石縫以出，盤抱如母懷子。

又《卧龍松》 別迎送松，取道石級，憑虚直上，雖欄楯外護，心惴惴然。已跼蹐入石罅中，神益斂。已忽得一巨石類蒲團，爰據石趺坐，見天都峰憧憧聳聳，儼建幢天半，意氣始得揚。已復見一松，身横左壁，枝偃右壁，長丈有奇，天矯連蜷，宛然龍卧。卧矣，頭忽上昂，角嶄鬌張，如卧將起，松盡始出罅。耽奇者神思超越，多戀戀留罅中不能去。

清 張裕釗《濂亭文集》卷八《游狼山記》 光緒二年秋八月，黎蒓齋管權務通州，余過焉。既望，與蒓齋游於州南之狼山。山多古松，桂、檜、柏數百株。倚山爲寺，寺錯樹閒。最上爲支雲塔，危踞山巔，萬景華納。迤下若萃景樓及准提、福慧諸庵，亦絶幽敻。所至僧舍房廊，屈曲左右，蒼翠環合，遠絶塵境。側身回矚，江海蕩天，近在户牖。隔江昭文、常熟諸山青出，林際蔚然。時秋殷中，海氣正白，怒濤西上，皓若素蜺，滅没隱見。

清 張澍《游黔靈山記》（《續黔書》卷四《梵净山》） 時届初秋，炎都褰埃，旻寓滌氛，遂衆興步出陸廣門。石逕紆曲，形似書字。寒谿沙衍，静無漚瀴，遠樹空碧，哀蟬激響，恍助予之鄉思。約行三里，衆山回抱中露出羊腸一綫，盤旋直上，若鳥翅霄，天風振□，足履波濤，仰視蔚藍天，蒼蒼如石壁。洎造巔，則阿平開朗，四徹中繩，若未始有山者。修篁萬个，蓊翳成林，曦暉側注，金影瑣碎。延佇凝睇，青寧蝡動，緑痕上衣裾。苾芻出，邀入净室，茶飲少憩。由正殿側右至一院，斜峰入牖。曲沼環堂，樹響飛嚶，階叢花藥，則游人匡坐之所也。壁多題時官詩，獨鄂西林相國近體二章，契予心。據石和之，擲筆舍去。抵寺後，見攢木千章，圍繞如幄，長卿緑坡而舒翠，茜子坩枝而凝紅。蒲錯振羽於草根，媚蚓引嘯於林杪，扶老之禽，與梵唄相答，石竇之水，共松濤偕鳴，余亦乍覺其秋色之上眉也。裒裒者久之，日已入蒼林，野烟漠漠，微辨來時路。望見明月，宛宛如故人。

藝文

晋 孫綽《太平山銘》（《會稽志》卷二〇引） 巍峨太平，峻踰華霍。秀嶺樊緼，奇峰挺崿。上干翠霞，下籠丹壑。有士冥游，默往奇託。肅形枯林，映心幽漠。亦見覩止，涣焉融滯。懸棟翠微，飛宇雲際。重巒蹇産，迴溪縈帶。被以青松，灑以素籟。流風佇芳，翔雲停藹。

南朝宋 謝靈運《登石門最高頂》（《漢魏六朝百三家集》卷六六輯） 晨策尋絶壁，夕息在山棲。疏峰抗高館，對嶺臨迴溪。長林羅户穴，積石擁階基。連巖覺路塞，密竹使徑迷。來人忘新術，去子惑故蹊。活活夕流駛，噭噭夜猿啼。沈冥豈別理，守道自不攜。心契九秋幹，目玩三春荑。居常以待終，處順故安排。惜無同懷客，共登青雲梯。

北周 庾信《明月山銘》（《庾開府集箋注》卷七） 竹亭標岳，四面臨虚。山危檐迴，葉落窗疏。看椽有笛，對樹無風。風生石洞，雲出山根。霜朝唳鶴，秋夜鳴猿。堤梁以堰，野路疑村。船横埭下，樹夾津門。寧殊華蓋，詎識桃源。

唐 李白《李太白文集》卷一八《望廬山五老峰》 廬山東南五老峰，青天削出金芙蓉。九江秀色可攬結，吾將此地巢雲松。

又《江上望皖公山》 奇峰出奇雲，秀木含秀氣。清宴皖公山，巉絶稱人意。獨游滄江上，終日淡無味。但愛兹嶺高，何由討靈異。默然遥相許，欲往心莫遂。待吾還丹成，投跡歸此地。

唐 元結《**次山集**》**卷九**《**九疑圖記**》 中峰之下，水無魚鱉，林無鳥獸，如蟬蠅之類，聽之亦無。往往見大谷長川，平田深淵，杉松百圍，榕栝並之。青莎白沙，洞穴丹崖，寒泉飛流，異竹雜華，回映之處，似藏人家。

唐 白居易《**白氏長慶集**》**卷一**《**廬山桂**》 偃蹇月中桂，結根依青天。天風繞月起，吹子下人間。飄零委何處，乃落匡廬山。生爲石上桂，葉如剪碧鮮。枝幹日長大，根荄日牢堅。不歸天上月，空老山中年。廬山去咸陽，道里三四千。無人爲移植，得入上林園。不及紅花樹，長栽温室前。

又 卷一六《**大林寺桃花**》 人間四月芳菲盡，山寺桃花始盛開。長恨春歸無覓處，不知轉入此中來。

唐 李德裕《**金松**》（《**天台前集**》**卷中輯**） 台嶺生奇樹，佳名世未知。纖纖疑菊葉，落落是松枝。照日含金晰，籠烟淡翠滋。勿言人去晚，猶有歲寒期。

宋 丁謂《**游東山**》（《**古今事文類聚**》**前集卷一八輯**） 數峰回抱隔煙林，一簇招提十里深。祇合步行尋石徑，不宜呵喝入松陰。遥分晝手援毫意，暗起詩人得句心。每領笙歌上高處，孤猿幽鳥減清音。

宋 王齊輿《**游桃源秦人洞**》（《**三臺文獻録**》**卷一九輯**） 楚天蕭瑟吐陰翳，楚江之深不可厲。孥舟獨放桃花源，不見紅英見碧桂。縈迴十里帀香風，邂逅尋真似兩翁。山酣陰籟杉檜冷，石扃霧雨秋濛濛。秦人咫尺如天遠，髣髴林間聽鷄犬。無柰漁郎口語何，洞門樹石深關鍵。一從清景閟人間，水自澄泓雲自山。

宋 姜夔《**白石道人詩集**》**卷上**《**昔游詩**》 昔游衡山上，未曉入幽谷。欲識所坐輿，横板挂兩竹。狀如秋千垂，高下不傾覆。登山九千丈，中道多佛屋。一峰高一峰，峰峰秀林木。仰看同來客，木末見冠服。高臺石橋路，尋常雲所宿。下方雷雨時，此上自晴旭。紫蓋何突兀，萬里在一目。餘峰六七十，僅如翠浪蠹。北有懶瓚巖，大石庇樵牧。下窺半崖花，杯盂琢紅玉。

宋 陳仁子《**牧萊脞語**》**卷一**《**雲陽山賦**》 竦兮潛蚪之躍，舒兮大弨之彎。圓兮瓮瓮之覆，方兮屏帳之搀。池澄白蓮，湛波瀼瀼。泉飛瀑布，懸溜潺潺。草木葱蒨，景物斕斒。埃坌迥絶，秀色堪餐。【略】其中則有經劫之草，色若芭蕉。盤地之松，巨若圍腰。露菊百叢，玉蘂金條。池蓮千瓣，雪蘂霜標。紫蒲兮一根而百節，仙花兮如蓋而槮欗。黃精兮奇異而芬馥，仙桃兮如爪而豊饒。它如紅桑紫柘，衣被襜裘，紫檀翠檜，欀突慶霄。皆兹山之炳英鍾異，靈苗仙種，欲荷鋤而不可冥搜者也。又有山雞之鳥，金冠玉距。白練之鵲，霜翎玉羽。青牛白鹿，長春之塢。玄豹白猿，仙壇之所。鸞鳳兮栖竹而食實，仙雞兮嘲囋而飛趄。巨蛇兮電目而森劍，鷙鳥兮鐵翼而搏舉。它如鶪鴟鳩鷚，豩豩圍圍，麃麐麅戲，驢驢麌麌，皆山中之藏奇棲怪，刷羽澤毛，欲檻致而不可枚數者也。騁餘懷兮山椒，憩余步兮平丘。宛朱陵兮別境，將祝融兮匹儔。

元 陳巖《**九華詩集・翠微峰**》 嵐氣陰陰淺色山，更分黛墨染松關。噴雲泄霧空濛外，濕翠冷沾襟袖間。

又《**處士巖**》 枯松瘦柏幾千年，老屋相依住翠烟。雷破前山風振海，先生兀兀正逃禪。

又《**滴翠峰**》 春氣薰空草木浮，緑雲冉冉起山頭。嵐光浥翠濃於染，潤入衣襟冷欲秋。

又《**香林峰**》 幾許山花照夕陽，不栽不植自芬芳。林梢一點風微起，吹作人間百合香。

元 張養浩《**歸田類稿**》**卷一七**《**游香山**》 山行彌日山益奇，亂峰挾翠如吾隨。游人聯蟻度林杪，細路一綫雲間垂。茫然四顧動心魄，嵐光蕩秀浮雙眉。路迴寶刹忽風墜，大鵬九萬離天池。林煙媚景翳復吐，欲見不見神護持。松藏雷雨太陰黑，泉迸巖藪銀虹馳。我來青帝已迴馭，大古殘雪猶離離。一聲啼鳩百花落，兩崖紅雨春淋漓。笑驅虎豹坐盤礴，悠悠萬古歸支頤。

元 虞集《**道園集**》《**木齋賦**》 奎章閣藝文監秀才方積昔在匡廬，讀書群木之間，謂之木齋，余愛其高秀，而賦之辭曰：

天何碑砐以嵯峨兮，據積木而鬱盤。有楩楠與豫章兮，翳松柏之丸丸。攬芳草之盈庭兮，聽呦呦之鳴鹿。濯余纓於滄浪兮，沐余髮乎飛瀑。余潔清以有待兮，歎望之而彌高絓。余驂以弗馳兮，氣緜薄而心勞。感春物之芳芭兮，又晚實之不食。更千歲其未已兮，退自修乎兹室。

元 黃溍《**文獻集**》**卷二**《**金華山贈同游者三十韻**》 杖藜初出城西門，萬株紅葉如雲屯。芙蓉峰前問行路，宛宛一綫隨潺湲。水聲漸遠山漸近，弱蘿纖葛手所捫。須臾横側變峰嶺，高岸忽復爲平原。細泉瀏瀏竹竿直，石樹駢立疑同根。剥金敗碧逢廢刹，猶以第一名其軒。天明獨去弔遺跡，玉女委蜕空丘墦。樓居西起望明滅，石扉呀若山之樊。罅幽穴險徑沮洳，膝行匍匐不得奔。

割觀崖广架寥泬，雙龍遶霤蟠蜿蜿。紛綸怪狀滿巖腹，熊虎踞伏鸞鳳騫。其餘
瑣細無不有，形求象索難具言。前趨林麓却下縋，俯矚九地窮涯垠。青枝翠羽
不復辨，但聽風水聲喧喧。高燒松炬度其背，珠箔忽隨華燈繁。聳身上出指絶
頂，碧桐高下彌山園。遥穿蓬艾蹋雲雨，險艱從此不易論。秋毫細路莫容足，
下瞰不測傍無藩。怪藤如鈎草如劍，舉首仰歎愁攀援。山翁顧之笑引臂，前牽
後接猴與猿。馳坑跨谷欹側過，背汗喘息逾炰燔。陰沈古洞閟星日，雖有寒暑
無朝昏。却行左轉復深入，愈覺憀慄摇心魂。珠纓縹緲現滿月，稽首大士天人
尊。拂衣徑逐飛鳥下，青山出没波濤翻。或云漢人隱身處，仿佛肩背餘苔痕。
蛇蟠磬折又數里，龕巖十丈開墉垣。夜歸草堂殿突兀，坐看雲月吐復吞。怡然
攜手盡文士，頗覺筆下來源源。名山石室如可託，幸子歲晏來無諼。

明 張旭《梅巖小稿》卷二一《竹山清隱爲岑山江曰用題》 君家有山
惟種竹，占斷湘江千頃緑。更依地利破天荒，特構茅廬遠塵俗。山之東，土
如金，桃紅李白栽培深。東君一去留不住，落花滿地愁難禁。山之西，一溪
水，清照荷花開錦綺。長空一夜火西流，無復清香聞十里。山之南，三徑長，
菊花一色黄金妝。秋光頓逐歸鴻去，滿天明月悲岩霜。山之北，風光别，梅
花一樹堆晴雪。等到調和鼎鼐時，枝頭孤負黄昏月。爭如此竹依此山，心虚
節勁難摧殘。知有天地無寒暑，兒孫祖父皆平安。春雷昨夜初驚蟄，頭角峥
嶸犨龍出。胸中却怕漲渭川，長嘯一聲山水渌。忽然火傘空中張，金流石
爍人難當。清陰滿院掃不去，北窗之下來羲皇。金風一旦從西起，落葉瀟瀟
滿人耳。開門忽見鳳飛來，影拂晴空青未已。天寒地凍愁殺人，眼底相看惟
此君。興來和就陽春曲，琅玕節下聊云云。竹山真箇堪清隱，清隱竹山風凛
凛。踈狂不許七賢游，放曠難容六逸飲。我憐此山在績溪，高名未與黄州
齊。好將此竹成樓閣，中間着我先留題。老來欲借竹山住，未審山靈在何
處。他年拄杖向君求，只恐陂前化龍去。

明 楊巍《存家詩稿》卷三《小天門》 疊嶂迴環處，桃源恐在兹。雲從
馬足起，藤向樹頭垂。磵水喧迎客，岩花笑索詩。殷勤留姓字，記我獨來時。

明 屠隆《白榆集》卷二《山中吟》 我家海上之青山，山頭白雲時往還。
藤梢細月行花裏，水濺空巖灑竹間。仙源有路春長入，石屋無門夜不關。踏花
只共野人語，蕩槳真如沙鳥閑。【略】桃花桃花爛熳紅，映天垂楊婀娜春風前。
野麛亂飲幽澗水，仙鼠倒挂洞門煙。偶因騎馬衝泥去，憶得鋪花掃石眠。

明 謝廷讚《黄山賦》（《歷代賦彙》卷二一輯） 桃源桃花，勾漏朱砂；
仙都有路，采石無瑕。登石柱之石壁，卧石床之石枕。松林之石榴可茹，雲際
之乳源堪飲。紫雲之柏木成帷，布水之紅泉似錦。擬太華之髣髴，遡蓮花而可
諗。指九華而結盟，媿顔行而謹凛。爾乃峰下有溪，峰頭有泉。溪爲泉委，峰
即泉源。八巖窋窱而内雲，三潭沉潔而成淵。石杓衡而應斗，洞吻叶乎巫山。
於是汲乳源之布水，憇乳巖之長陰。濯湯泉與湯池，遡香谷與香林。誦浮丘之
秘記，志松谷之妙音。規石塔之圓月，聆懸溜之鳴琴。攲醉石以婆娑，發謫仙
之吴吟。徒觀其韭深三尺，花紅焰山，望仙多菊，朱砂長蘭。功勞十大於仙人，
桃花十里於鍊丹。二桃則毛白異色，五竹則桂筍獨斑。茗大葉而解醒，梅先春
而能寒。毛石耳苦遮以樂饑，服朮葛胡連以駐顔。椒麓嶔崎，於何不有。珍木
如雲，嘉卉如繡。石筍縣亘於丈尋，瀑布飛流於前後。

清 田雯《古歡堂集》卷三《棲霞山》 攝山一名傘，天闕相伯仲。中峰
不可辨，元氣迷澒洞。蒙密竹樹交，綿邈烟嵐動。沿徑防攲石，跨磵作飛鞚。
或俯如運甓，或立如抱瓮。或如猛獸奔，或如行牒衆。穗實青豆垂，風作紅鶴
唳。雨疏如散花，雲奇如吐鳳。岩腰白鹿泉，活活清乳凍。人代弔齊梁，飛鴻
以目送。

清 王鴻緒《横雲山人集》卷二四《谷口續集·楓巖》 楓巖者，道從精
舍之東，參竹林，坐籃輿，度天然橋，循曲澗折而東，又折而北。兩邊皆山脊，
中縈細路。仰而登數十級，有古松盤旋，虬枝翠蓋，殆百年物，爲之稍憇。又
宛轉數十級，有平臺鋪甎，可坐十餘人。北面皆石壁，高踰城墉，長數倍之。
其下有楓林，秋時霜深丹紅耀日，雖滿山皆是，而此地爲尤勝。杜牧之所云
「停車坐愛」者，有同情也。從此更上，自松嶺而陟山巔矣。
九峰八月兮皆秋容，丹楓滿山兮惟雲峰。霜氣入林兮攢芙蓉，紅霞映壁
兮光重重。點染萬壑兮酣醇醲，裙屐陟巘兮幽人蹤。坐愛斯景兮至下春，絳巖
寂歷兮聞暮鐘。

清 高宗愛新覺羅·弘歷《御製詩集》二集卷三《對松山》 岱岳最佳
處，對松真絶奇。古心誰得貌，變態不容思。萬幢惟全碧，四時無改枝。依
稀佺羨輩，倚樹斸靈芝。

又 三集卷四〇《詠黄山松》 巧匠移雲根，劚松辭疊巘。植盆忽過江，
盤枝故偃蹇。依然標古度，卓爾契道筅。三十六峰翠，鬱葱常滿眼。春風聲奏

濤，秋月陰張傘。昂首問庭松，何不可爲伴。恰似陁移人，壽長身則短。

清 張惠言《茗柯文編》初編《黄山賦》 其石則有飛雲龍際，容成浮邱。石床布水，聖泉飛來。松林采石，紫雲翠微。霍鮮互别，翩翔相追。其谷則乖龍老蛟，蜜蜷淵處。千瀑亂入，冬夏激雨。鴻扶延延，雲轉雷聚。丹臺中填，是曰天海。轡概衆皺，棽棽參參。家影厥嶄，陴貢其惶。絡繹梟杭，藹空流光。艴霞欻焱髦紛前，翠彩濯濩般爚旁。于後則仙都茗蕘，師子亹奮，丹霞石琴，屬以始信。叢石筍植，緣卒而起。箾篸嶕峭，傑池未已。爾乃其木，則有木蓮九照，神州無偕。檀杻蓊柏，海桐辛夷，楓樹桱椰，樅桂黄楊。枒杈交柯，魁瘣紛揚。馮凌藩京，鬱鬱蓴蓴。上矗重陽，喬羽聶炕。旁却日月，中稽風聲，欐榊叫囂，無時晏寧。頽根陰幹，出火自照，輝輝熒熒。其下乃有白虎蒼豹，素雌元熊，山間一角，醜鹿人从，倏來報往，驚嘷羣訌。玃父喜顧獮子，猿公蒼髯修顔。接幹回叢，透脱牢落，夭掉無窮。其上乃有雙鵷獨鶴，列仙之乘。碧雞流離，雍雍嬰嬰。頻伽之鳥，引曲赴節，若調乎簧笙。其松則枝梧節族，膚石鬣雲，蛟螭倒投之而鰭鱗仰矚撇烈，不見柢根，奇瓌易貌，視之無窮，察之無端。其下乃有琥珀威喜，伏靈石脂，藴精閟采，仙靈是資。草則鋪于披靡，軋芴蔚蔚。蘼蕪突藋，蒟蒻薜荔。珊瑚翠雲，龍脩雲霧。春芳隱隆，秋馥霍濩。蕙花散榮，翕習蔓茗。青碧翠紫，菲菲菁菁。炤燿煌扈，不可紀名。粵有大藥，黄連山精。餘糧大苦，茱苄回芸。赤砂石乳，紫芝九莖。石藍之花，千年一榮。神農未知，俞跗未更。若乃黄柑丹杏，桃栗杜槈，枇杷棠棃，若榴木蘭。彼子楙梅，罅芳裂芬。林禽崖密，松肪出焉。爾乃其懸磴突贓，揭孽側足，庾婁犯崒，坌踏确嶨。仰冠傾陊，俛跖窈邈。震震慄慄，萬端異類。

清 魏源《古微堂詩集》卷二《盤山紀游·中盤松》 盤山一名四正山，一名五臺山，而紫蓋峰居中，背負北峰，其陽爲中盤谷，雙澗遶白四山拱青，至此不見。上下盤地，奥氣聚四時，卉木不絶，故松至中盤，愈多愈奇。而西爲李靖舞劍臺，東爲蓮花峰。峰不一隖，隖各有寺，鐘聲刹影，隱見樹杪。而西峰下之盤谷寺，松尤奇古。

峰勢合成圍，行行無所往。突奥迴無倪，但聞空谷響。松与瀑争濤，全出諸山養。面面芙蓉障，衙衙鱗甲强。俯視不見山，只疑雲海盪。一轉一幽森，百步百貯蠁。入東忘西勝，愕後失前賞。夙世蒼髯翁，重來此扶杖。禽鳥怪人啼，僧樵無揖讓。口友太古雲，日吸諸天沆。欲尋出世侶，更向雲深訪。

清 童槐《今白華堂詩録補》卷一《望盤山》 天風吹落青芙蓉，對面時隔雲重重。雲開忽訝鱗爪動，方知天際盤羣龍。山本名盤龍。盤龍勢抗西山峻，箕尾野分資巨鎮。見説磴紆百八級，能使人超二千仞。上盤之松天下稀，何山無松此欲飛。蒼靄函霄灑春雨，翠濤立海騰朝暉。中盤之石更奇拔，何山無石此能活。靈根萬笏畫地痕，高影千帆走林末。松石相遞開下盤，涵青漱白何彌漫。乳竇晶瑩錯星宿，飛淙清越鳴琅玕。循崖一綫出孤嶠，仄徑螺旋共猿踔。舉頭上矚逾幽尋，垂足下臨還絶叫。兹山舊名東五臺，山靈歲迓文殊來。泰岱侔尊副巡典，卷阿奏雅需吟才。我聞此言日想像，窗隙但窺青蕩蕩。田盤笑我溷塵中，如此仙山不得上。

水文風景部

江山洲嶼

論説

宋 祝穆《古今事文類聚》前集卷一五《海》《羣書要語》：海，晦也。主引晦濁，其水黑而晦。《釋名》天地四方，皆海水相通。地在其中，蓋無幾也。四海之外，皆復有海。東海共稱渤海，又謂之滄海。南海之别有漲海，西海之别有青海，北海之别有翰海。《博物志》夏革曰：渤海之東有大壑焉，實惟無底之谷，名曰歸虚。八紘九野之水，天漢之流，莫不注之，而無增無減焉。《列子·湯問》中國名曰赤縣神州，有大瀛海環其外。《史記》東有碧海，水不鹹苦，正作碧色。《十洲記》扶桑在碧海之中，有太常宫，太真東王所居。有蓬萊山，周迴五十里，外有員海繞山，其海水色正黑，謂之溟海。無風而洪波百丈，惟飛仙能到。《山海經》海傍有蜃氣爲樓臺。《漢書》江漢朝宗于海。《禹貢》海濱廣斥。同上。百川學海，而至於海。《揚子》萬川歸之，不知何時止而不盈。尾閭泄之，不知何時已而不虚。《莊子》君處北海，寡人處南海，惟是風馬牛不相及。《左傳》九天之雲下垂，四海之水皆立。杜甫《大禮賦》

又 卷一六《江》《羣書要語》：江，貢也。所出珍物，可獻貢也。《風俗通》九江孔殷。《禹貢》岷山導江，東别爲沱。《禹貢》三江既入，震澤底定，注岷江爲大江，至九江爲中江，至金陵爲北江，蓋一源而三目。《禹貢》江水始出岷山，其源可以濫觴，及其至於江津，不舫楫，不避風，不可以涉。《家語》四瀆：江、河、淮、濟。《晉天文志》令沅湘兮無波，使江水兮安流。《楚辭》

又《河》《羣書要語》：導河自積石至于龍門，南至于華陰，北至于砥柱，東至于孟津，東過洛汭，至于大伾。北過洚水，至于大陸。又北播爲九河，同爲逆河，入于海。《禹貢》砥柱山，禹鑿之以通河。河水分流包山而過。山見水中若柱然，故曰砥柱。《水經》崑崙山，河水出焉。《山海經》河有兩源，一出葱嶺，一出于闐。在南山下，其河北流，與葱嶺河合，東注蒲昌海。《漢書》誰謂河廣，一葦杭之。《詩》河出圖。《易繫》丹丘千年一燒，黄河千年一清，皆至聖之君以爲瑞。又曰：黄河清而聖人生。王子年《拾遺記》河水清，天下平。《京房易傳》河自冀之大陸北流入兗，分爲九道，故兗州所以首言。九河既導，即《爾雅》所謂「一曰徒駭，二曰太史，三曰馬頰，四曰覆釜，五曰胡蘇，六曰簡七，曰潔八，曰鉤盤，九曰鬲津」是也。《書注》河下龍門，流駛竹箭，駟馬追不可及。《慎子》清濟貫黄河，截流而不混。《六帖》黄河如帶。《漢封功臣誓》暴虎馮河，死而無悔。《論語》偃鼠飲河，不過滿腹。《逍遥》宣房，水之靈府。《爾雅》

綜述

北魏 酈道元《水經注》卷四《河水》孟門即龍門之上口也，實爲河之巨阸，兼孟門津之名矣。此石經始禹鑿，河中漱廣，夾岸崇深，傾崖返捍，巨石臨危，若墜復倚。古之人有言：水非石鑿而能入石。信哉！其中水流交衝，素氣雲浮，往來遥觀者，常若霧露沾人，窺深悸魄。其水尚崩浪萬尋，懸流千丈，渾洪贔怒，鼓若山騰，濬波頽疊，迄于下口，方知慎子下龍門，流浮竹，非駟馬之追也。

又 卷一一《易水 滱水》博水又東南逕穀梁亭南，又東逕陽城縣，散爲澤渚。渚水瀦漲，方廣數里，匪直蒲筍是豐，寔亦偏饒菱藕。至若孌婉丱童，及弱年崽子，或單舟采菱，或疊舸折芰，長歌陽春，愛深緑水，掇拾者不言疲，謡詠者自流響。于時行旅過矚，亦有慰于羈望矣！世謂之爲陽城淀也。

又 卷三四《江水》自三峽七百里中，兩岸連山，略無闕處；重巖疊嶂，隱天蔽日，自非停午夜分，不見曦月。至于夏水襄陵，沿泝阻絶。或王命急宣，有時朝發白帝，暮到江陵，其間千二百里，雖乘奔御風，不以疾也。春冬之時，則素湍緑潭，迴清倒影。絶巘多生怪柏，懸泉瀑布，飛漱其間。清榮峻茂，良多趣味。每至晴初霜旦，林寒澗肅，常有高猿長嘯，屬引淒異。空谷傳響，哀轉久絶。故漁者歌曰：巴東三峽巫峽長，猿鳴三聲淚沾裳。

又 《宜都記》曰：自黄牛灘東入西陵界，至峽口百許里，山水紆曲，而兩岸高山重障，非日中夜半，不見日月。絶壁或千許丈，其石彩色形容，多所像類。林木高茂，略盡冬春。猿鳴至清，山谷傳響，泠泠不絶。所謂三峽，此其一也。山松言：常聞峽中水疾，書記及口傳悉以臨懼相戒，曾無稱有山水之美也。及余來踐躋此境，既至欣然，始信耳聞之不如親見矣。其疊崿秀峰，奇構異形，固難以辭敘。林木蕭森，離離蔚蔚，乃在霞氣之表。仰矚俯映，彌習彌佳，流連信宿，不覺忘返。目所履歷，未嘗有也。既自欣得此奇觀，山水有靈，亦當驚知己于千古矣。

唐 閻伯里《黄鶴樓記》（《文苑英華》卷八〇一輯） 州城西南隅有黄鶴樓者，《圖經》云：費禕登仙，嘗駕黄鶴返憩於此，遂以名樓。事列神仙之傳，迹存述異之志。觀其聳構巍峨，高標巃嵸，上倚河漢，下臨江流，重檐翼館，四闥霞敞，坐窺井邑，俯拍雲烟，亦荆吴形勝之最也。何必賴鄉九柱、東陽八詠，乃可賞觀時物，會集靈仙者哉？

宋 范仲淹《范文正集》卷七《岳陽樓記》 余觀夫巴陵勝狀，在洞庭一湖。銜遠山，吞長江，浩浩湯湯，横無際涯，朝暉夕陰，氣象萬千。此則岳陽樓之大觀也，前人之述備矣。然則北通巫峽，南極瀟湘，遷客騷人，多會於此，覽物之情，得無異乎？若夫霪雨霏霏，連月不開，陰風怒號，濁浪排空，日星隱耀，山岳潛形，商旅不行，檣傾楫摧，薄暮冥冥，虎嘯猿啼。登斯樓也，則有去國懷鄉，憂讒畏譏，滿目蕭然，感極而悲者矣。至若春和景明，波瀾不驚，上下天光，一碧萬頃，沙鷗翔集，錦鱗游泳，岸芷汀蘭，郁郁青青。而或長煙一空，皓月千里，浮光躍金，静影沉璧，漁歌互答，此樂何極！登斯樓也，則有心曠神怡，寵辱偕忘，把酒臨風，其喜洋洋者矣。

明 田藝蘅《香宇集》卷二六《游峽山記》 峽山在清遠之北，溯湞水而上者三十里。東漢譚子相《海嶠志》云，二五八月，有潮直上此峽，逐浪返五羊，一宿而至，故名中宿峽。今潮不復至。第名清遠峽，兩厓夾峙，中東江流。昔黄帝二子太禺、仲陽降居南海，感五羊之瑞，鼎湖既升，二子不返，遂隱峽中。太禺居南，仲陽居北，故其山曰二禺。由半雲亭面上，山枕于江，寺枕于山，曰飛來寺。相傳梁庚子之歲，二神人叩舒州，貞俊禪師求建道場。夜中風雨大作，遲明，上元寶殿忽已神運來此，實普通元年也。寺後巖壑窈窕，竹松閟密。曰歸猿洞，則唐進士孫恪之妻留環之所也。曰和光洞，則宋永淳尉安昌期仙隱之所也。洞有五色石榴花，梯磴百級，飛泉錚淙。其石之奇者，在東南而類狻猊者，爲獅子。在西而方坦可以禪坐者，爲達磨。最高而積翠插雲者，爲葛壇。依石構亭，曰葛仙亭。其擁障寺門如屏如帳者，則縹幡嶺也。遂下，少憩于挹泉亭。泉源清淺，味甚甘冽，是爲定心泉。又西由釣鯉臺而下，則兹山之勝畢攬矣。

明 謝肇淛《滇略》卷二 西洱河在大理城東，即葉榆水也，一曰洱海。【略】《水經》曰：罷谷之山，洱水出焉。山在浪穹縣北，泉湧起如珠樹，經玉案山前，繞郡而南，西出天橋點蒼山後，是爲瀵水，與漾水合，又西入于蘭滄江，又南入于海。其水有三島四洲，九曲彎環如新月，島形如案，故名玉案。石上有朱文若古篆，不可辨。【略】水濱有神祠，其狀牛首人身，或虎頭雞喙，皆大石自地湧出，非人工也，雨旱禱之輒應。冬月海風，水面常有陰火高數丈起，《海賦》曰「陰火潛然」是已。東岸有分水崖，儼若斧劃。南爲河，北爲海，所産魚不相入。八月望夜時，有珊瑚出水面，志云即恒河也。

明 張鳴鳳《桂勝》卷一《灕山》 陽江西來，東入灕水，魁然起據南皋之端，是爲灕山。横障江口，引犇瀾東注，有北招伏波，南與鬥鷄、雉山并力扞江之狀。洞曰水月，門出水上，其高侔闕，夏秋之交，移舟入中，游魚千百，瀺灂几席間，洞朗潭澈，光相映燭，濱水諸巖洞不能及也。南溪諸山，列戟山陽，陽江餘波出雉山者，亦迴合於前。

《虞衡志》云：水月洞在宜山之麓，其半枕江。刓刻作大洞門，透徹山背，頂高數十丈，其形正圓，望之端整如大月。輪江别派，流貫洞中。踞石弄水，如坐捲蓬大橋下。

又 卷一《雉山》 山東北麓下款江水，其上側起，有昂首欲飛之勢，名或因之。昔人遂以白雉聞，僧顒誦經事附之山。山在灕山南溪諸山間。往城南虹橋未築時，灕波撼其東，陽江遶其北，襟帶兩水，潭綰其轂。弭櫂登皋，巖門在焉。巖自南入稍深，詰曲可七八丈。倚山南望，見灕挾陽江與彈丸、南溪諸水，淼漭長邁，瀾縈灘迅，縹緑天際，翂翂然欲起，即攬雲於蒼梧，觀濤於南海也。有宋諸公，當日宴集禊亭、青羅閣，今皆不知所在。近得僧粗營巷居，鐘磬餘音適與水石蕭寥之響相答，亦堪清聽。乃山北危崖佛閣、平野酒亭，非不據勝，互列巖表，然巖壁無一舊刻。豈昔人游覽有未及哉？毋亦以閣則迫山陀陘，亭則對岸喧囂，自昔已然矣。

又 卷三《疊彩山》 桂城直北重門夾山，山分東行，曰鎮南。歷仙鶴至疊彩，其洞亦以山名，一曰風洞。洞左小山曰干越，其右小支戟立，曰四望。唐元常侍晦各有小記鏤於其山，多所發明，《越亭》一詩，爲兹山麗製。至其移鎮浙東，戀戀不忍去，見於留别之詠，三山蓋常侍之清賞處。築鑿之盛，略具風土記中。當揭帝未陸時，廣池漸麓，茂樹連山干越，四望擁翠，而前殘霞斷靄，涣漫層崖，何異疊彩？然不但石文已也。洞後則堯山蔽天，而下灕江若練，南下鬥鷄，目之所游，羣勝交集。又四望之，下乳石縱横，枕藉排突，半起半伏，坡陀隱軫，門逕延蔓，亦他山所希有。右極城壯，蒼翠緜絡，下則混沌，上則瞻鶴，諸巖互經，亦其輔也。

《風土記》云：越亭在府城北，與壽聖寺接連，有巖洞亭臺，高峰碧嶂，山穴透出北面，因名北牖洞。遠眺長江，極目煙水，北人至此，多軫鄉思。

唐桂州刺史兼御史中丞元晦《越亭》排律：乏才叨八使，徇禄非三顧。南服頒詔條，東林證迷誤。未聞述職效，偶脱嚣煩趣。激水瀦坳塘，緣崖欹磴步。西巖焕朝旭，深壑囊宿霧。顥氣爽衣巾，凉飈輕杖屨。臨高神慮寂，遠眺川原布。孤帆逗汀煙，翻鴉集江樹。獨探洞府静，怳若偓佺遇。一瞬契真宗，百年成妄故。孱顔石户敞，杳靄溪雲度。松籟韻宫商，鴛甍勢翔遡。津梁危彴架，濟物虚舟渡。環流馳羽觴，金英妒妝嫮。笳吟寒壘迥，鳥噪空山暮。悵望麋鹿心，低迴車馬路。懸冠謝陶令，褫珮懷疏傅。遐想蜕纓綏，徒慚卹襦袴。福盈禍之倚，權勝道所惡。何必棲禪關，無言自冥悟。

明 楊爾曾《新鐫海内奇觀》卷八《黄鶴樓岳陽樓赤壁磯圖説》 黄鶴樓在武昌府，鸚鵡汀浮其上。漢水自西來數千里，注其下。雕欄畫棟，阿閣翬飛。祠立十二楹，拓架作菱花狀。山脚鐫天下奇觀四字，每字方圍。約數人坐對晴川，丹青在目，視滕王爲過之。巴陵縣有城陵磯，有洞庭湖，有岳陽樓、君山島。城陵爲江湖交處，風檣千樹，烟火萬家，岳之巨鎮也。夏漲則江濁而湖高以清，秋落則江清而湖低以濁。湖盤三郡，澥渚皛溔，齊旱潦而視彭蠡爲深，登岳陽樓望之，浮白天際，杳不見四山有無，日月若晨昏出没其中者。時而長風鼓浪，可高于屋。風平浪恬，則君山浮黛如螺髻然。故三樓望遠，又以岳陽爲甲觀。樓前水中産麥飯石，質鬆而色如銀，可療諸毒。山上祠湘君夫人，傍有酒香亭、柳毅井，其三十六灣，則湘流之曲也。黄州府黄岡縣有赤壁磯，亦名赤鼻磯，乃蘇子瞻所賦，非孫曹戰處也。三面臨水，平沙淺渚，蘋蓼参差，鷗鷺飛浴，晴日游之爲佳。

紀事

宋 陸游《渭南文集》卷四八《入蜀記》 八日五鼓盡，解船過下牢關。夾江千峰萬嶂，有競起者，有獨拔者，有崩欲壓者，有危欲墜者，有横裂者，有直拆者，有凸者，有窪者，有罅者，奇怪不可盡狀。初冬，草木皆青蒼不凋。西望重山如闕，江出其間，則所謂下牢谿也。歐陽文忠公有《下牢津》詩云「入峽山漸曲，轉灘山更多」，即此也。繫船與諸子及證師登三游洞，躡石磴二里，其險處不可著脚。洞大如三間屋，有一穴通人過，然陰黑峻險，尤可畏。繚山腹，傴僂自巖下至洞前，差可行。然下臨溪潭，石壁十餘丈，水聲恐人。又一穴，後有壁可居，鍾乳歲久垂地若柱，正當穴門。

又 九日微雪。過扇子峽，重山相掩，政如屏風扇，疑以此得名。登蝦蟆碚，《水品》所載第四泉是也。蝦蟆在山麓臨江，頭鼻吻頷絶類，而背脊皰處尤逼真，造物之巧有如此者，自背上深入，得一洞穴，石色緑潤，泉泠泠有聲自洞出，垂蝦蟆口鼻間，成水簾入江。是日極寒，巖嶺有積雪，而洞中温然如春。碚洞相對。稍西，有一峰孤起，侵雲，名天柱峰。自此山勢稍平，然江岸皆大石堆積，彌望正如濬渠積土狀。

元 吴萊《淵穎集》卷七《甬東山水古蹟記》 昌國中多大山，四面皆海，人家頗居篁竹蘆葦間，或散在沙墺，非舟不相往來。田種少類，入海中捕魚，蝤蛑蛇母，彈塗傑步，腥涎褻味，逆人鼻口。歲或仰穀他郡，東從舟山過赤嶼，轉入外洋，望岸客山。山出白艾，地多蛇。東到梅岭山，梅子真煉藥處山，梵書所謂補怛洛迦山也。唐言小白花山，自山東行，西折爲觀音洞。洞瞰海外，巉中裂，大石壁紫黑，旁罅而兩岐，亂石如斷圭，積伏蟠結，怒潮撥擊晝夜，作魚龍嘯吼聲。又西則爲善財洞，峭石齧足，泉流滲滴，懸縷不斷。前入海數百步有洞，土人云曾有老僧秉燭行洞穴，且半里，山石合一竅，有光大如盤盂。側首睨之，寬弘潔白，非水非土，遠不辨涯際。又自山北轉得盤陀石山粗怪益高。壘石如垤，東望窅窅，想像高麗、日本，界如在雲霧蒼莽中。日初出大如米篩，海盡赤，跳踊出天末，六合翕然鮮明。及日光照海，薄雲掩蔽，空水弄影，恍類鋪僧伽黎衣，或現或滅。南望桃花、馬秦諸山，嵌空刻露，屹立巨浸，如世疊太湖、靈壁，不著寸土尺樹，天然可愛。東南望東霍山，山多大樹，徐市

明 徐訒《三峽考》（《名山勝槩記》卷四四引） 三峽中，峰巒形象離奇，石色詭異，有坦上渺下而礬頭者，有磨盤層纍而矗峙者，有蒼黄排障而摺屏者，有赤赭横舒而城列者，有青碧如太湖石而紫黟如霞蒸霧翳者，有平夷端好如坡塘、如堦城、如槃陀而不斧鑿者，有白質黑章、蒼質紫章、凹凸相錯而如欞星門者，有如皺縠疊波、披麻插戟而斜逶積鋏者，大抵畫家諸法，罔不備具此中。它若宛肖人形，依稀物類，更自獻怪争奇而險惡萬態焉。峰趾直卓江底，駛流觸則濤驚。【略】兩巖猿狎人，百十群散，有獮雛如小鳥，跳擲枝間，緣竹巖壁，可玩也。峽中剩有隙地，壅爲畝塍，如盤如盂，稍通耕夫樵子。仰視之，見衣白人，正如栗粘絶壁，又如蝸延高垣，亦一殊觀。

清 乾隆《江南通志》卷一一《山川·江寧府》 燕子磯在上元界觀音門外。磴道盤曲而上，丹崖翠壁，凌江欲飛，絶頂有亭，能攬江天之勝。

清 乾隆《海澄縣志》卷一《輿地》 太武山 在邑東南六十里，一名太姥山。【略】南麓從石壁入，逶迤百丈，峭峻而上，石多奇。跡有浴仙盆，仙人跡宛然，傍大石刻象，徑雲根洞。又刻諸游人題詠。鎮海城在其南十里許，雉堞廬舍，井井凝眸。東望大海，汪洋無際，魚舟商艘，數葉中流。巔有石城，稱爲秦建德城。又有石塔，甚工緻，稱延壽塔，可坐十數人，海中歸舶，望以爲標。陟其巔，回望西北，漳泉巨嶂，盡在目中，斯閩南之大觀也。

清 沈復《浮生六記》卷四《浪游記快》 武昌黄鶴樓在黄鵠磯上，後拖黄鵠山，俗呼爲蛇山。樓有三層，畫棟飛檐。倚城屹峙，面臨漢江，與漢陽晴川閣相對。余與琢堂冒雪登焉。仰視長空，瓊花風舞，遥指銀山玉樹，恍如身在瑶臺。江中往來小艇，縱横掀播，如浪捲殘葉，名利之心至此一冷。壁間題咏甚多，不能記憶。但記楹對有云：何時黄鶴重來，且共倒金樽，澆洲渚千年芳草；但見白雲飛去，更誰吹玉笛，落江城五月梅花。

又 黄州赤壁在府城漢川門外，屹立江濱，截然如壁，石皆絳色故名焉。《水經》謂之赤鼻山。東坡游此作二賦，指爲吴魏交兵處，則非也。壁下已成陸地。上有二賦亭。

清 道光《遵義府志》卷四 水牛山 在治東八十里，周三里許。其陽田稜繞麓，林竹幽蔭，陰則懸崖巉絶，冠柏釣蘿，迥非人境。樂安江緣其尻來，分支出尾下，乃循右腹而唇回爲潭，深莫測，是曰大回。復循左腹，周于尻，與尾支會爲潭，是曰小回。山蹲水中，如水牛也，尾上有我山。

蓋駐舟此。土人云，自東霍轉而北行，盡昌國北界，有蓬萊山，衆山四圍峙立，旋繞小嶼，屹如千尺樓臺。而中處又有紫霞洞，與山爲鄰，中畔通明，方如大車之輿。

元 朱德潤《游江陰三山記》（《古今游名山記》卷四輯） 明日西回，登覽高丘，則東瞰長江，南連吳會。復自灣河過佗村而北，皆美田沃壤，斥堠相望迤邐，青山迎棹，樵歌牧唱，相與應答。舟人迴牽沿山前小河而行。村墟相接，岸柳交映，兩山之間，浦溆縈帶。北通江口，地名石堰。既而舟轉岸曲，板橋爲梁，即三山塢。其間民居輳集，屋瓦參差，稻秸堆委，連衢比巷，如墉如櫛，風俗熙熙。翁呼兒蕘，婦餉姑汲，牛羊在山，大豕在圈。鳥噪于林，雞登于屋，藹然太平豐稔之象，若古朱陳村焉。其山皆不甚高峻，而松篁蒼翠，石磴丹堊，或頹然如屋，或頑然如虎，窪然而湫，林然而壁。少焉，却出山塢，有横山在前野田開豁，水港漸寬，詢其地，則常之晉陵縣界。於是舟人鼓棹，稚子扣舷，風帆二十里，抵官塘，溸市橋而泊焉。

元 鄭玉《師山集》卷四《小金山記》 新安江自率山發源，東流三百里爲淳安縣。未至縣之十里，江心倚南少西，玆山在焉。東北江面百餘丈，西南僅僅一澗，環之如帶。大旱或可揭，四時非舟楫不能渡。古樹蕭然，出煙蒼水黃間。石色峻嶒，苔蘚如繡。上有佛寺，舊極壯麗，歲久寖就頹圮，僧徒星散。今無有存者，惟敗屋數椽，而玆山之景無改也。濟岸而南，攀援至山腰，爲石洞者三，穹然如夏屋，大可二三十人坐，中半之，小十數人。餘又有一巖，嵌嵌特甚，如浮圖氏所塑觀音像。坐石東望，西洲溪分兩派，居民廬舍櫛比鱗輳，黄花翠竹、果木桑麻之屬，蓊鬱葱蒨，無所不有。傍一石出灘瀨中，如龜形，溯流而上，號龜石灘。西去錦沙村纔一二里，燕石巖相對峙，若樓閣飛簾出臨水上。蓋一縣山川之勝，聚焉於此，百里間無與之敵者。嗟夫！山之爲物，一拳石之多也。其小大固不足論，至於景物之多寡，勝槩之優劣，亦有不得不論者。玆山所少，中濡一泉爾。至於巖洞之幽，錦沙燕石之勝，西洲龜石之奇，金山所無有也。試約兩山之靈，相與可否，將伯仲之而忘其大小矣。予居西一舍，近有山出水中，曰岑山者，氣象大與玆山比。嘗欲以是名之，而未果也。今乃爲其先焉，予將歸而題之曰「小焦山」云。

明 都穆《游名山記》卷二《焦山》 弘治甲子秋八月，予北上京師，丙辰道經鎮江，思覽焦山之勝。丁卯，出定波門，東北行十里，憩象山下，望焦山屹立江中，崔嵬聳拔，若堆藍凝黛，而殿宇墻廡歷歷可辨。予喜不自禁，呼舟疾渡，須臾抵山。入普濟禪寺，門有徐武功書牓，曰「諸山第一峰」。歷藏殿，謁焦隱士祠。隱士名光，字孝然，漢末河東人，嘗隱山中，寺今祠爲護伽藍神。前楹有佛印禪師十六詠詩石，及沈尚書固祀記。僧導予出寺，西行，上山二百步，崖上刻浮玉二大字，乃趙宋人書。蓋玆山即古之浮玉，其名焦，則始於隱士，所謂地因人而勝者也。崖左右有昔人題名，摩蘚讀之，前一石横出，其刻字曰石屏，與浮玉對。北折登江山壯觀亭，讀徐武功亭記。又六十步，緣石而上，至三召洞，洞石硌砑，容可數人，中像隱士。僧云光在漢末嘗三召不起，按蔡中郎贊稱光爲徵君，則三召之語，蓋非虚也。循故道，兩躋石級，登觀音閣，前修篁叢立。其右僧房據江之勝，而金山雄峙其前，尤爲妙絶。東折餘二百步，飲吸江亭，相傳其址舊爲浮圖，洪武初燬於火，後遂易以亭。西小軒三楹，予復飲焉。東行經焦山嶺，上大悲亭，即宋善財亭故址，山之最高處也。江波浩渺，極目無際，而雲樹風帆，隱映遐邇，五年塵土，一洗而盡，誠奇觀也。午飯罷，僧酌予於自然菴，面其前者，汝山、象山，而象山去尤不遠。予問僧瘞鶴銘所在，云在山之足，石已崩裂墮江，雖水落亦不復見。古謂石有時而泐，信哉！

明 金幼孜《金文靖集》卷八《象江八景記》 余友蕭君迪哲，世家淦之象江。上距玉峽，下接湄湘，前瞻玉笥、羊角諸峰之秀，後據百丈均山、鶴峰之勝。其地夷曠饒沃，居遠近皆竹樹桑麻。緣江多蘭芷。魚雁鳧鷗，游泳上下。風帆浪舶，往來蔽虧。水光雲影，浮動大空。而四時之間，凡可以供臨眺者，舉出於履舄之下。蕭君顧而樂之，乃以其景之勝者，命爲八題。賢士、大夫相繼爲之歌詠。而學士曾君子棨既爲之序，乃復以書來，屬余記之。予謂象江爲淦川之勝，而八景又象江之勝。然自開闢以來，其景之在象江者，若無所增損也。何曠世之間，無一人爲之品題，乃始聞於今日耶？是知山水之勝亦必得所遭也。嗚呼！峴山之高不逾於太華，得羊叔子而其名遂傳於天下。蘭亭之勝不逾於金谷，得王右軍而其美遂冠於古今。象江非有瀟湘洞庭之廣，不得吾蕭君爲之攄幽發奇，又安能顯著於今日？然則柳子所謂地因人而勝者，不其信歟？雖然，天下山水之樂無窮，而或地之所寓非奇勝之區，景之所得乏偉麗之觀，則其樂有不能盡者。今蕭君之居象江，其於奇勝偉麗，蓋兼有焉。宜其撫而樂之，而攄諸歌詠也如此。余年逾六十，漸進衰老。幸他日謝官南還，得從蕭君往來於象江之上。攬玉山之白雲，招金川之明月，相與酣嬉觴酌，以極夫奇勝偉麗之觀。然後發羣公八景之詩，援琴而賡之。吾知其樂又非他人所得而與者，姑以是諗於蕭君，且以致余願慕之私云。

明 呂柟《涇野先生文集》卷一七《游燕子磯記》 是日晨興，予獨先往北，出觀音門，即傍山西行。其路巉疆傴仄，輿馬皆難，乃令吏扶持，迤邐而步，登弘濟寺。階磴十數層，病足艱進，一皂前挽衣袂，一皂後擁推之，兩吏攙掖，而後上。出寺而西，則觀音巖也。怪石礌垂，蒼黛參差，上接雲霄，而大江自龍江關西南來，直過其下。俯按女墻睇之，頗可驚駭。僧曰：此其下基，皆石甃。僧衆朝夕行，猶坦途爾。予嘆曰：果然。苟有基，雖臨深淵亦無妨也。昔列子言當呂梁之上，履危石，足二分垂在外而不怖者，尚未似僧言穩爾。乃從僧上觀音閣，閣亦傍巖，下就江唇築基。基上交豎九柱，皆丹。柱上棚棧構閣，閣三面皆闌干，凴之瞰江，若在樓船頂立也。是時晴見萬里，日映碧流，江豚吹浪，上下逐波。西望定山，細如蛾眉，東指爪步，小如丘垤。他山皆閃閃冥冥，如落鴈蹲鵠，不可辨矣。【略】至觀音港，解舟登壽亭侯廟，先至水雲亭，其扁爲予友景前溪所書，精采如神存。乃面江小坐，與觀音巖看江又不同矣。遂上謁壽亭侯，其祠左簃有大觀亭，亦前溪書。至此看江，日隱斷雲，煙霧霏微，蒼茫無際，與水雲亭又不同矣。遂攀松捫蘿以上燕子磯。磯皆巉石疊起，水圍三面，其石罅猶見江轉磯底。此可以高覽八極無礙也。

明 王樵《方麓集》卷一一《金陵雜記・燕子磯 三臺洞》 游燕子磯者，必登觀音閣，始盡江山之勝。登觀音閣者，必下由山趾至三臺洞，始盡沿江巖穴之奇。予先年曾一至閣，而磯與三臺洞則未至。萬曆乙未二月將盡，天日暄和，四郊麥壠青青，村落中桃李爛漫。承丹陽荆鴻臚、賀文學約，爲郊外之游。二君侵晨先出神策門相候，予出太平門，季子岳陞侍行。至磯，日尚未午，據磯之前者，爲義勇武安王廟，有亭在其絶巔，登眺於春夏月尤宜。亭之後爲磯之尾。憑危石俯瞰，江流洶湧，近在尋丈間。亭上酒數行，飯於道士方丈。復挈榼携酒，至觀音閣。憶昔年登閣憑欄至暮，光景如昨，不覺又三年矣。下至小殿，臨江酒數行，問三臺洞所在。僧答云：在山下一里許，但恐道濘難行。歸路當入佛寧門，山路崎嶇有數里，須下輿步行耳。予曰：此何足爲難？遂登輿行。江濱洲渚，上甚平而闊，沿江一帶，絶壁巉巖，連亘不斷，其峭絶處，有類削成。天險自然，爲金陵外護。其稍夷處，則壘石爲塹。蓋外城與山屈曲高下，亦連延不斷也。自觀音閣下，凡經數折，始至三臺洞。洞不甚深，而崇廣軒豁，奇石倒垂，皆成峰巒之狀，有琢削之所不能及。左又一洞，有磴道，歷級而上。洞雖不及前之廣，而深則倍之，有石室可坐。洞巔有三穴，上透天光，仰視若星，故有三臺之名焉。去洞三十餘武，有洞名閣陽，以迎夕照故也，頗類脩鑿，不若三臺之天成也。西有亭，少憩，自此不復從舊路。入佛寧門，行山谷中。至一山，果陡而路甚傴仄，乃舍輿而步，遇稍平處，復登輿。至一山口，南望則皆平野矣。遥見玄武湖瀰瀰在輕煙緑樹之外，誤以爲長江猶在目也。

明 李默《望江記》（《明文海》卷三五五輯） 嘉靖甲申夏六月，予則以駕部主事，假滿還朝，取道江陰，薄次君山。君山者，楚春申君葬處也。江至此漸縮，風濤駭目，不覺呼酒狂叫。已乃下毘陵，趨京口，登金山絶頂望焉。極目千里，帆檣井井，蔽江上下，煙景蒼蒼，鐘聞兩岸，極瑰瑋之觀，心殊樂之。閱九載，爲歲壬辰，時有宣州之謫。秋七月由廣陵西出真州，往者常絶江而渡。風帆迅駛，如涉清溪。是時鼓櫂東指，踰六七十里乃達京口。方黑雲垂垂起西北，颶且作，往來舟楫稀甚。予獨駕輕舸，乘流直下，雖風力漸柔，水波微漾，然洪流空渺，闃寂無聲，始察泛江之險，予心殆悲焉。薄暮復艤舟金山，登陟如初，則日已西墜，江光半落，烟暝中非復如曩時景況矣。是冬臘月既望，發自宣州，過太平，留眺雷峰。進憩景峰亭上，忽見江自南來，直走姑熟之西，數百里間縹緲如帶，意未厭也。晡時再登黄山，拊臨猷之石，江勢可辨，如坐景峰時。其夜漏下十刻，馳至采石，遂扣謫仙樓，推窗望之，不可得。乃穿松磴，造峨眉亭，則江出肘腋間矣。然烟靄蔽虧，月湧波心，恍不得視。左右曰：白如氣、光如練者是矣。爲之決眦引睇者久之。又明日，至建業，從二三客登雨花臺。張筵坐笑，風颸颸下，衣袂皆飛。彼排石頭而繞鍾陵，使英雄鼎峙六合分裂者，非此也邪！因相與談興亡之故，慷慨行歌，衆客皆歔欷而散。雖其濫觴岷汶，滈汗三巴，走白帝，絶洞庭，帶彭蠡，吾不知其吐納何似，然而江之形勝，大都可得而覽矣。

明 徐學謨《徐氏海隅集》卷一〇《游金山記》 山以得水爲勝，山峙而水環之，山愈峻，水愈駛，則愈益勝。岷江出巴巫，盤洞岳，下鄂潯，達建康以東赴於海。乃金、焦離列海門上游，而金山尤鋭，從潤州望之，直卓筆耳。然江至此不得不少折，折而不得注，則輒支嚙而鬥，以故奔騰震噴，瀠洄沸潏之聲，亡晝夜間。日月薄而雷霆迸，走大塊之奇觀，宜莫當之矣。中流砥柱之説所從來哉。顧獨怪其地介衝都兩涯，颿舶倏而鱗集，倏而鳥翔，貴游沾客，往往狎是山而有之。徵歌選舞，囂擁尨雜，酒食之氣，薰塞巖岫間。即山靈亡恙，而侮皾已甚。余游屢矣，兹偶以大寒之月往，雱雪始霽，陰風劃然，江爲一空。游跡稍屏，乃諸頭陀亦出，就檀那布施，四顧闃然，唯一衲者，伴老黿晝曝。余挾舴艋，犯怒濤，迫刺陟，枯坐江天閣上久之。周覽八極，慨然有今古興亡之感。迴睇蘆花釣舟，隱隱浮没，便爽然欲飛去。已降閣，搴拏故相言穹碑，上填蘇長公「大江東去」詞一闋，隱然若自負以天下之重，其後失勢，碑尾名姓久爲人剗滅，不可復識，而新貴人之題刻，方紛紛炳揭。山僧各護持之，不令游客點汙。因知足山蒙世情之垢，不獨酒食一事。而焦山以稍遠人境，無從而侮皾之也，幸矣哉！

明 王世貞《弇州四部稿》卷七二《海游記》 登故枕海山，東門不一里，大蒐之圃在焉。其陽依海壖而壇。余與參政姜君良翰行部登，既視事五日，乃以牘之閒出游，觴於壇。輕雲蒙籠，風師不驚，文淪若縠，容裔滉瀁，與天下上。俄而東南雄虹起，亘空若銀橋蜿蜒，而下飲於海，驚流噴鬣，璣貝萬斛，飛躍注射，若五金之在鎔，芒穎絢爛，眦觸睛眩，已徐徐縮入海。既久之，顧見鼉磯、大小竹諸島雲氣驟變，峰嶼盡改，或斷或續，或方或圓，或峻或衍，或英或坯，或陟或密，或墮或陳，或漫漶波浪，或斗插入漢，或爲鴟，或爲伏虬、爲虎豹者不一。

明 陳沂《游海上鼇山記》（《天下名山諸勝一覽記》卷七引） 鼇山一曰勞山，有大勞、小勞。齊記謂泰山高，不如東海勞。始皇登勞盛山，即此，以勞於陟也。在今即墨之東南四十里。東西南直距海上，山形延亘若城雉，峰起如堞。縱橫高卑，直突旁擁，相系凡五百餘里。其奇峰怪石，不能以狀。崩崖幽谷，深巖絶壑，峻嶺曲崦，不盡以名。棲禪、鍊真、靈異之蹟，不可以偏。土人以峰名峒，山多峒名。嘉靖癸巳秋，余按縣至自膠，聞藍侍御玉夫悉山之勝，云土人不易到，不能自遏。與玉夫出東郭三十里，由三標山出海上蒿莽中十里。纍纍數丘，一高起曰鶴山。至則攀陟亦峻，石峆岈磊砢，憑籍爲磴，松多偃枝古幹，夾石而上。一道宫曰通真庵，後有洞，傍巨石，鑱道人丘長春大書「鶴山洞」。余亦勒同游歲月。鼇之東麓也。西南諸峰，插天横亘數重，望之若劍戟羽鏃森列，而恍然若雲。並海濱東南行二十里，山皆巉巖，一峰深秀，多長松怪石。由叢石歷塊轉折成路，至獅子巖，下有臺宇，乃宋太平宫也。巖側有三石，結架如户出其上。時夕陽在峰頂，海濤撞激，直至峰下。是夜，宿道人居。夜半，月色潮聲不能寐，起坐臺際。鷄鳴，與玉夫登巖。見日自海隅湧出，雲霞異色，海氣蒼莽，日光浮金萬里，天下之大觀也。是日，巖下題石門曰寅賓巖，壁大書一詩。從宫之南渡飛仙橋，尋白龍、老君、華陽諸洞，降巘乘小兜，從者徒步，緣海灘乳石間行，轉入山麓，遵海而東歷番眼嶺，下臨不測，屢策杖惴惴。由惡水河、亂石灘，皆海濤中行，山迴從蛟龍嘴、歇肚石、黑松林，皆山腹處，極險，非人跡所至。有下清宫在山之隅，不能至。從黄水灘西北入山中，凡三十里，始有人居。就樹下飯。由山徑歷黄山峒、黑山峒、觀音崦，皆矗起數百仞，極奇秀。又三十里，入群岫間，北峰峻極，山半隱隱臺殿。至則巉削攀絶，僧垂木階下，乃援而升。上有石洞，洞額大書「明霞洞」，大安辛未題。余勒詩一章。其中空洞上如廈，環石如堵。前設户牖，洞左有佛宇，僧廬，右石門。從磴數百級，上絶壁數仞，下視滄海，與天浮動，島嶼皆空。壁下一草庵，老僧定處。是夜宿洞中。明日晨飯畢，下山經石瓢、清涼甸、聚寶峰、三里山峰，下有道院，亦宋所建上清宫。宫傍石間，跨朝真、迎仙二橋。橋側巨石鑱詩十絶，亦丘長春書，字畫端整。余書《如夢令》詞于右。由寶珠山、八水河十五里，登天門山，極峻險，峰多奇狀，如仙釋擁出山口。復有二峰，若石疊就，高數十仞，兩楹相峙，上逼雲際，下瞰滄海。峰有丘長春大書南天門三字。大抵海上之山，人跡罕至，道釋之外鮮有登陟，丘蓋宋南渡後避世于此者。從天門南下，歷數十峰，初視若蟻壤且近，行數十里不絶，每峰皆峻大而仰莫及者。降至麓，瀕海上曰韓寨，上有聚仙宫，碑勒元學士張起巖記。飯于宫。復從西北入山，循滂牛澗，磚塔嶺、僧帽石、大風口、三里河、小風口、瘦龍嶺、清涼寺、仙跡橋、金剛峒，二十里至巨峰。其峰最高而奇，周山之峰異狀百出，徘徊不能去。巨峰下，數石百仞壁立，梯窮徑絶。有兩石若劈，劈處見一竅，上聞犬聲，一僧垂木梯下，請升，遂援之而上。由壁中行，轉至一茅菴，甚明潔。左有佛宇嵌崖隙，甚幽。西北群峰直出其後，東南海色相應。庵前牡丹諸奇花，偃松異木。其建築木石、所植花卉，皆僧負戴梯而至者。但苦行，無智慧心，余留二偈石壁間，乃悟。供具麥飯野簌，謂不圖得遇大知識。是夜宿庵中，僧立牖下竟夜。明日，因題其夾石處曰「面壁洞」，紀同玉夫來游事及侍從之名。澗上壁大篆靈鷲庵三字。從故道下，五里出海濱，循山麓西北行，皆平地。四十里至華樓山下，玉夫有别墅，即其祖贈侍郎公之墓側。從墅後，緣澗仄徑而陟，數里至巔。松千林，皆偃蓋。從石隙間深入，有萬壽宫、老君殿。少憩，尋翠屏巖。余梯而大書之。時已晚，宿道人庵。明日晨起，與玉夫尋古遺跡。周山之石摩勒殆遍，多金元人作者。從王喬峒至凌煙峒下，題同游、歲月。峰隙。見海色遠映，道人吹笙笛于高架峒上，飄然有物外之想。遂循金液泉，夕陽洞，石門山，至清風嶺，題名于嶺之石門。又步至華表峰下，一曰聚仙臺。其峰疊石數十仞，峻拔且秀奇。

明　王士性《王太初先生五岳游草》卷六《楚江識行》　楚本澤國，環亘六千里，洞庭、左蠡、江漢皆楚也，今爲豫章、鄂、渚諸郡。古今所艷稱江樓澤宫、奇島巨浸，多余入粤所必繇，如買舟信江，而抵洪都，閣則有滕王，湖則有鄱陽。【略】閣其舊址于章江門外，高五十尺，四周步櫚，咸複陸閣道，垂以簾櫳。下刻三王詞與韓昌黎記。章、貢二水自西南來，蜿蜒右角，去東北入湖，憑欄浩淼無際。鄱陽一名彭蠡，又名揚瀾、左蠡，居南饒、九江四郡之中。春水方漲，掛帆截洞，瞬息百里，茫無津涯，足配洞庭。霜降水落，則長堤曲岸，縱横秋草而已。中有徐孺子亭、蘇雲卿隱居。東則康山功臣祠，高皇與僞漢百戰之地也。東北爲古敷淺源，水與豫章鐵柱井盈涸相上下。湖北窮處，落星一島，翳于鏡中，是爲星子縣。書院則有白鹿，宋四大書院，楚居其三。白鹿則踞匡廬之支，對平岫，臨碧流，松杉千本，夜半，隨風作濤謖。出鄱湖，晨坐大意亭，五老翠色未收，往往若俯視，與溪上人語者。洞在禮聖殿後，石壁刻晦翁墨跡爲多，此山水之最秀者也。出湖口，水則有江，島則有大孤、小孤。大江出蜀三峽，合漢、沔、七澤、九江之水而下，怒濤射日翻空。至湖口復會湖水，三山浮水面，直截狂流，與鞋山相望爲砥柱。近縣又有石鐘寺，弄月最佳。過潯陽，至黄岡，磯則有赤壁，亦名赤鼻。蘇子云：東望夏口，西望武昌，非孟德之困于周郎者乎？或云此蘇公所賦，非孫曹戰處也。嶢榭出高櫓下，三面臨水，平洲淺渚，多蘋蓼亂流，浴鷗飛鶩，晴日爲勝。溯游至鄂渚，水則有漢，磯則有黄鶴，阿閣翬飛，乃臨城頭，周立十二楹，拓架作菱花狀，雕欄畫棟，麗譙無競巧于此者。坐對晴川，丹朱在目，鸚鵡洲浮其上。漢水自西來，數千里注其下，曠望視滕王過之。又溯而上巴陵，磯則有城陵，湖則有洞庭，樓則有岳陽，島則有君山、城陵，乃江湖交處。風檣千樹，烟火萬家，岳之巨鎮也。夏漲則江濁，而湖高以清。秋落則江清，而湖低以濁。湖盤三郡，潮涛晶漾，齊旱潦而視彭蠡爲深。登岳陽樓望之，浮白天際，杳不見四山有無，日月若晨昏出没其中者。時而長風鼓浪，可高于屋。風平浪恬，則君山浮黛，如螺髻然。故三樓望遠，又以岳陽爲甲。觀山上祠，湘君夫人傍，有酒香亭、柳毅井。

明　王思任《謔菴文飯小品》卷三《游敬亭山記》　天際識歸舟，雲中辨江樹。不道宣城，不知言者之賞心也。姑孰據江之上游，山魁而水怒。從青山討宛，則曲曲鏡灣，吐雲蒸媚，山水秀而清矣。曾過響潭，鳥語入流，兩壁互答。望敬亭絳霁浮隱，令我杳然生翼，而吏卒守之，不得動。既束帶竣謁事，乃以青鞋走眺之。一徑千繞，緑霞翳染，不知幾千萬竹樹，黨結寒陰，使人骨面之血，皆爲酱碧。而向之所謂鳥啼鶯囀者，但有茫然，竟不知聲在何處。厨人尾我，以一觴勞之，留雲閣上。至此，而又知「衆鳥高飛盡，孤雲獨往還」造句之精也。眺乎，白乎，歸來乎？吾與爾凌丹梯以接天語也。

明　袁中道《珂雪齋集》卷一四《游君山記》　萬曆辛亥暮春，漢陽王子以弔中郎至，予感其意，送至岳陽，同游君山。以風逆，泊舟南津港。質明，東風細細，波平如掌。初日甫出，與王子方舟進發，過編山。《水經注》云：編山多篊竹，與君山對峙，孤影若浮。今作𦨴，非也。甚童，都無竹。頃之抵山足，見喬木蓊鬱，虧蔽天日，黯黯含雪霰氣。兩掖之山，如垂長袖，怪石磊珂，飲水而下。寺内鴨脚四株，唐宋以来物也，上巢白鶴數百，遠視之如玉蘭花。正殿亦壯偉，後爲藏經樓。左廡祠柳毅秀才，作健兒裝。西去穿喬木中，新篁緑色照人。蓋遠視此山，直似長眉一抹。入其中，求所謂十二螺者，亦不得，都爲老樹壽藤所遮，仿佛見污隆耳。然曲徑中，竹翠茶香，雜花芬馥，極紆迴有幽致，宛似江南佳麗名園。過軒轅臺，此處可覽湖中之勝，惜以文昌閣封之。復行竹石中，登酒香亭，其下乃走鼎、澧諸州道也。還至寺左掖髻上，得朗吟亭，望長沙、湘潭，去帆如陣。上有古松數株，陡健清人肌骨。共坐其上看水。大約天水一色，光景乃此山尋常受用，然亦不能于此外覓一奇語能模寫其澄鮮也。步至湘妃廟，穿林中，忽得曠野平田，極有野趣。入廟中，了無一人。閲古碑，頗喃喃皇英事。不知帝女者，乃天帝之二女，非堯二女也。自秦以來，譌訛久矣。晚，復至山口，覓石踞坐，看水上雲變。予謂王子曰：天下惟夏雲最奇，而湖上之夏雲尤奇。蓋八百里之水氣，上蒸空界，淋淋漓漓，生生動動，極百物之態，窮雕鏤之巧。昔米老謂於瀟湘得畫景，蓋謂湖上雲物異也。吾又安得一椽竹中，聽水觀雲，以娱餘生耶？是夜王子大有卜築之意。水氣清冷，不成寐。晨起，定一庵趾在寺之右，近軒轅臺，雙髻曲抱，竹樹駢羅。猛風乍作，趣別山靈，一帆走岳陽樓下。

明 宋楙澄《九籥集》后集《楚游上・楚游五記・游赤壁記》 楚之爲赤壁五：曰漢陽、漢川、黄州、嘉魚、江夏。昔周郎敗曹公處，唐《元和志》云：在蒲圻縣西北，對烏林，故南名赤壁。今其地屬江夏。《圖經》以爲江南，信矣。東坡所游者，江北黄州之赤鼻山。當蘇君時，江水直觸山下。元末江漸成洲，襟帶數重，益增此地之勝。土人目爲磯窩河。後官黄州者，念東坡所至，輒有西湖，因改磯窩爲西河，以補守黄之缺。其勝果屬於西，波光千頃，下臨絶壁。北更空闊，淺處輒成沙堤，緑楊寄跡焉，亦鴈鶩之逆旅也。似不必借勝江流，而江流煙景，皆滕目於此。榜曰西湖覽勝，西下數十級曰白龜渚，爲毛寶放龜處。下數十級亭曰水月，上豐下削，瞰之生汗。石龜向江，宛然欲逝。西北走陽邏道，柳色未衰，楓林間出，疑美人紅袖，渺渺招予。轉登觀音閣，下供子瞻像，青揚美少年也。于思拂衣領間，飄然如純陽之侶。傍列赤壁二賦。登梯抵中樓，足遠眺矣。而勝未覽也。最上一層，則漢陽、武昌，歷歷若孔雀開屏於西南，而西山尤聳，遥想所爲九曲精舍，今猶昔耶？北望羣汀，寒鴻與白鷺不分主客而居，鴈忽努翼悲鳴，鷺亦羣起亂之，黯然興平仲善交之思。

明 鍾惺《中巖記》（《翠娱閣評選鍾伯敬先生合集》文集卷四） 去青神西南十五里，江色盡緑玉，中邊皆見。隔岸坐立數山若架閣者，中巖也。巖下上連，延可十數里許，迴流峻壁，冥壑複磴，竹樹蒙籠，大要向背往復，皆與此巖終始。渡江即水月樓，樓趾踏江，寺冠之。由樓視江則已頫，由寺登樓乃反降階。階垂窮與樓凑，階代樓爲梯者强半，揣本齊末，度樓之腰猶未能至乎寺趾也。降自樓，出山門右行，不見江，則摩磴如蟻，數折爲唤魚潭，魚聽掌出。石壁百仞，立而微頫，潭漱其脛，石無完膚。有邵伯温大書可模。並壁行數武，爲羅漢洞，洞低，曲僂而入，如行牛角中。隙處稍右則爲伏虎巖，鑱巖爲十千萬億佛，如恒河沙數，巖半之。跨壑爲一小石橋，銜木其壁爲閣，若居人架竹梁上以承燕巢者，人屈曲行其下，沿緣洞壑俯仰竹石者數里，曰此走井研、富順道也。巖又半爲流杯池，一曰太極池，有屋數楹。屋後爲泉，泉流洞中，石壁四周有黄魯直大小二石刻。壁間宋元刻頗多，每兩石縫接處，往往上下各截其半，中嵌俗筆，亦有居石隙苟完者。出洞緣磴行，輿步歎代，去所謂羅漢洞伏虎巖者，度可四三里，乃復睹前鑱巖佛象，鬚眉歷歷可數，才隔一壑，尋橦可度，疑前此一段途徑可省矣。大抵唤魚潭以往，行皆並壑，石壁夾之若岸，壑若溪，藤蘿虧蔽壑中，若荇藻，老樹如槎，根若石，猿鳥往來，若游魚，特無水耳。諸峰映帶，時讓時争，時違時應，時拒時迎，哀短避就，准形匠心，横竪參錯，各有妙理，不可思議。又行里許，蹭蹬拾級，乃睹古中巖題額。去三石笋不遠，所謂諾詎那尊者，引牛頭僧持鑰扣石笋，笋開得低頭佛盗珠是也。鍾子曰：自中巖至尊者巖，從下視上，頂踵腹背，其石脉皆當爲笋。笋隙且平處，則置屋，仄則鑿磴，斷則爲橋，處危臨深則設石欄，欄則復見江。從江中望巖上，僧舍佛刹，雖一居之内，前軒後寢，纍纍綴高壁，上下疊而不覺其前後通也。登巖行屋中，皆磴道，乃稍得其要領，趾後竟即摩前頂。石笋中分處如一門，尊者像處其中，右旋復爲佛殿，殿傍一笋屹如浮屠，與中分者而三，實一笋也。人直指其巋然三峰者，爲石笋耳。笋上宋元刻亦多，俗書灾石者，亦復倍之。

明 王立程《巾子山記》（《名山勝槩記》卷二一引） 山在臨海郡，介天台、括蒼，據大固，面靈江。西則石壁千尋，沿江稍緣一綫，可通單騎，俯瞰層波，神魂驚慴。東枕湖，湖堤桃柳間錯，春日游人如蟻，凉夜泛小艇，掬水弄月，雉堞倒影，潛鱗躍空，足暢幽致。家方伯公因築别館於東堤，時與諸兄弟步小瀛洲，過樵夫亭，聽妙應閣鐘魚隱隱如六橋堤畔，第袤廣僅百頃耳。

明 胡胤嘉《游釣臺記》（《文章辨體彙選》卷六〇五輯） 舟抵七里瀧，詢子陵釣臺，榜人遥指在五里外。帆疾水瀉，舟若翔燕，無復停橈理。未至，數十丈帆繚自斷，余私喜，如有宿契。登岸謁子陵遺像，其兩廡則唐之方玄英午、宋之謝皋羽翱也。徑由西階，階石鱗砌，陳根宿草，積爲軟裀。老松如龍爪，張勢欲攫。三折，而臺石崿立，東西若峙，舟中望之，陂陁不見峭險。登其上，石脣外拓，恒有落勢，水湯湯自石下出也，是爲東臺。西則平礙如虎丘，千人坐而廣三之，二孫石若拱，面臨諸山若屏。左右迴抱，不見去路。其泉即鴻漸所品第十九泉。余烹嘗之，香味不異街口下一帶水也。俯臨其亭，棹楔比於麻竹。

明　龍膺《桃源縣至漁仙洞紀程記》（《湖南通志》卷二三引）　由桃源西發爲緑蘿溪，南岸峰巒繚繞，葱蒨如屏，黛緑空青，墮人眉睫，是爲緑蘿山。歷伏波灘行十里，爲緑蘿鋪。岸北浪花如沸，漲則勢益淜湃如卷雪然，是曰雪濤。又有大小月汊二灘，在中洲南北。已歷洞灘行十里，爲白馬渡。怪石臨江，蒼松拂澗，浸尋靈境矣。由渡入桃花洞僅五里許，爲水溪。洞中巖壑幽深，泉林窈窕，緋桃翠柳，方竹虯松，崄峭崯岈，别一天地。歷石蹬數百級，臻其巔。劈巖如扃，白雲封之，鳴瀨琮琤，豬爲方沼。中突兀一峰，卓庵供大士，巋然尊秀。腋擁兩山，俯瞰諸峰，攢列如星，江流如帶，是其最勝處也。逾水溪五里許，由水行，爲白林洲，山漸却。又十里爲固鄉，則川原曠衍，阡陌連延。溪流亦平潤弗駛。又十里爲沙蘿邨。沿溪中流多漁梁，爲舟楫患。紆岸而南望，見衆山騰躍出。其一峰欹溪岸，而末鋭如甕。傴視之，又如鷄鶩。草樹鬖鬖如毛，是爲甕子峰，俗名毛甕云。峰北岸皆石，蟠亘水底，噴沫盤渦。浪勢澎湃，如廣陵之濤，舟非羣力牽挽不能上。羣石或卧或立，潛伏下流，皆前溪諸巖根爾。踰瓮灘而上，歷倒水巖十二峰，爲漁仙洞。東距沙羅亦十里。

又《倒水巖漁仙洞記》　倒水巖在甕子灘上，龍家溪自北出截其流。而巖有十二峰列馬石溪左。第一巖爲龜山首，臨水而昂，峰背青緑，偃卧如伏。視諸峰獨横亘捍流而前，衷溪之半。西距五十尺小却，爲赤霞嶂。嶂壁立如削，上多五色花。下赤赫如霞綺，籠蓋林嶺如丹，下有釣磯石。又小却爲鐵壁巖。壁與霞嶂等，顧其色黧如鐵，薜蘿蘭芷，濕翠欲流。又小却爲仙蜕巖。巖勢更高廣迤逶，上鑿石室者十。内一室藏黄腸者五。舊傳爲沈香棺，年遠而朽，白骨頭顱隱隱在望。舟人有以竿攫其上者，雷輒震怒，素靈異云。巖麓一峰空洞，垂雙孔如象鼻，名象鼻巖。又小却爲龍池峰。峰左懸一道，如鐵如劍，草木不生，爲龍挂鱗甲處，俗名龍磨石。峰頂有池，注泉四時不涸。上聯峙一峰，圓頂而秀，亭亭葱蔚，直干雲霄。下環卧一石，伸足翔翼，宛如翔鳳，名曰鳳翥峰。峰脊横峙一巒，中出蜿蜒，下垂如乳，又如蓮房。凹處形如缺月，乘以三臺，恍畫棱相次。予開一徑，巍崛迢蒂，築讀書臺其上。山曰卧龍，臺曰萬壑。兩腋下各一洞，左飛瀑，汝澂不斷，名曰龍湫，是爲瀏公洞。右洞如壺，名玉壺洞。洞之上，一峰與鳳翥、龍池對峙，而蹲伏其股，狀若稽首然，名虎拜石。石上三峰共一枝幹，宛若具體，實以中互爲心腹，左右竦爲肩壁云。虎拜下西折，有石如梁，又如馬，俗名馬石。下環溪水，即以此名。由馬石西折而北，行絛蕩中。歷庵而東，長巖横亘千尺，有石室者三。中爲伏波洞，左爲欽山洞。又東折，兩峰峽束清泉濺濺下流，石徑一綫。歷層磴坎壈而上，爲紫竹灣。環石壁如鐵，四時垂異花，種種争妍，莫可辨識。陟其高阜處，壁愈盤紆，詰曲如闉。雲構自然，不假匠石。俗名瓮城，予更名小金剛輪圍山，而閣其上，曰蕊香幢閣，歷閣而上，爲方臺。由臺陟而上，沿石壁行，得東西巖相望，各闢方丈，恍絶塵世。由輪山出，東折而北，爲紫霞巖。由巖歷嶺而上，爲雪峰巖。巖花如雪，垂紅藺赤荔如畫。下有洞二。洞右一石如筍，名玉筍石。左一峰，岑嵂干霄，勢甚奇秀。下有雪池，池下爲芙蓉澗。由澗西折而上，爲象巖，與獅子峰對峙。歷象巖而上，爲巖頭山，下有洞，圓明宏曠。四山湊合如列屏，曰聖珠洞宅。衆山之中，靈勝爲最。登高四眺，則嶸然如華蓋而特者爲天柱，巋然如峨冠而挺者爲丈人，巃然如負扆而拱者爲玉屏，橐然如戴角而班者爲元鹿，皆踞其北。溪以南肅然如列鼎而揖者爲玉案；燦然如鏤彩而插者爲金華，崿然如畫；奎壁而聳者爲卓筆。其他前後扈從，如車馬，如璋珪，如劍戟，如幢旐，如金牖銀榜者，不可勝紀，總命曰百子峰。以諸峰環侍天柱丈人儼，若兒孫遥拱羅拜其下，森森如也，翼翼如也。由伏波祠南下，爲莎羅庵。門西向，入北折爲崖馱殿。歷階而上爲大士閣，閣背爲僧寮，爲静室。又東折攀巖而上，倚石洞爲閣，供元帝，實於睢陽公創之，洞有睢陽遺像焉。門額「源陽仙隱」諸書，先計部元扈公手澤也。兹山神奇靈秀，不知闢之何代何人。第傳漢時馬文淵南征，曾避暑於此，故石室祠貌焉。而仙蜕長留，靈蹙呵護，此尤其異者。溯馬石而上，水涯浮一石，如舟如柱，已爲穿石巖。又溯而上爲青湘，爲仙人、兩溪，已爲水心巖。下爲漁纏溪，絶幽勝。夫溪與洞，皆以漁以仙名，當是所稱避世漁郎，皆神仙流耳。後乃譌「漁」爲「餘」。邨故名莎羅。今以莎羅名庵，取其近似，且從佛也。

清　劉體仁《七頌堂文集》卷二《游焦山記》　自江風山月亭出舡，即焦隱君祠，額曰「漢三詔焦隱士處」。人之祀隱君，將以三詔重也。【略】其左老檜橫撑，寺門陰陰，復左入方丈，行檜間，觀古鼎，與遠侯摩挲辨識，止得十餘子。【略】少憩，寺僧導之右寺前，面江即象山，波平如鏡。東瞻沙脚，秃柳沿岸，帆檣出杳靄間。西望潤州，真煙嵐叠嶂也。竚立久之，子端登山，折右徑，右青崖壁立，懸石欲墮，古木幽篁出石罅間。徑左有巨石屹立，奇樹指羅，江光上射。又二樹特古，藤蘿繞之。下三石可坐，因少憩。望石上苔厚如錦，灌木青黄，未盡凋落。石壁題名，多元豐、紹聖間人。過丹井，右折磴道，緑草如小竹，而山背江光矣。磴道左一弓地稍平，板扉圭竇，僧剥啄久之，方有應者。入佛廬，出廊右折，得精舍，窗檻軒豁，左右傾崖障日。前有隙地，喬木環立，寒風生六月，當作避暑佳處。【略】更進，老檜引望，堅瘦突兀。道傍皆雜編竹棘障之，想足防游者怖畏。登華山，履蜀棧，豈皆伯昏瞀人耶？道稍平即絶頂，有四面佛殿，舊爲塔趾，東向平曠，望圌山在有無間，山巔四面竹樹蒙密，似在崖壑。乃敷茵，與遠侯倚卧枕籍。天氣如二三月，山頂草如帶，仰窺碧落，無復纖雲。旁睨江流，似欲浮起。

清　胡作梅《重九游岳麓記》（《長沙府・岳麓》卷七引）　自巴陵濟湖，溯湘江而上，距長沙南數百里，爲衡山。山勢綿亘甚，士大夫舟過洞庭，蓋未嘗不作望岳想。然層雲隱蔽，不可於數百里外見也。其在長沙郡，有山環江，西岸爲岳麓。岳麓者，岳之麓也，山足蓋曰麓。【略】時維九月，序屬重陽，或曰是孟嘉龍山落帽時也。遂濟江而西，載酒摘萸，將選高而登之。初至江，扁舟艤岸側，輕利如葉，風徐徐游江水上，尺波不興，羅縠如織。沙渚尖鋭出江中，破江爲兩，漁舟停其間。炊烟浮沙際不絶，布網迎風，有魚戲水面忘歸，致翩翩似與漁人狎者。比到岸，舍舟從騎，便得山。山四圍皆草，取逕入，如入谷中。中有樵蘇，人長與茂草齊，幾不辨。折而西，又折而南，又折而東而西，又折而西南，環視前後左右，皆山也，路崎嶇若不可行者。前望有淺山迎馬首，遂渡嶺，復得一谷，從山縫偷覷，其東有村落，宛然不知其與江將誰左右也。遂聞人聲從院宇中喧呼，若相指使者，爲岳麓書院。【略】未幾，達山寺。寺鑿山爲址，竹樹環之，有泉冽然，流甚細。自竹根中逍遥來寺後，尋山峰，不復見，蓋有蔽之者，將往求之，而余游具且蕭然，遂返。從山腰看，郡城内外游市中，如小兒衣冠隱隱。湘江一帶，漁舟大如瓢，不可指數。白鷺著沙汀，甚微，出没隱見，仿佛如畫。院中匠作邪許聲，近在山下，杳不驚山上人耳，第見揮斧運斤，人影摇動而已。徐而下，得平地，山周之如環。向之所樂江城漁鷺遠眺之形，及其山下鳩工庀材縱橫上下經營之狀，一旦逃避去，色聲香臭味蕩然都空。余方惕息四顧，覺天機之動，灝灝從心目間抽曳矣。

藝文

三國魏　王粲《游海賦》（《漢魏六朝百三家集》卷二九引）　乘菌桂之芳舟，浮大江而遥逝。翼驚風而長驅，集會稽而一睨。登陰隅以東望，覽滄海之體勢。吐星出日，天與水際。其深不測，其廣無臬。尋之冥地，不見涯泄。章亥所不極，盧敖所不届。懷珍藏寶，神隱怪匿。或無氣而能行，或含血而不食，或有葉而無根，或能飛而無翼。鳥則爰居孔鵠，翡翠鷫鷞，繽紛往來，沈浮翱翔。魚則橫尾曲頭，方目偃額，大者若山陵，小者重鈞石。乃有賁蛟大貝，明月夜光，蠵鼊瑇瑁，金質黑章。若夫長洲别島，棋布星峙，高或萬尋，近或千里。桂林藂乎其上，珊瑚周乎其趾。群犀代角，巨象解齒，黄金碧玉，名不可紀。洪洪洋洋，誠不可度也。處嵎夷之正位兮，同色號於穹蒼。包納污之弘量，正宗廟之紀綱。總衆流而臣下，爲百谷之君王。

晋　成公綏《大河賦》（《古今事文類聚》前集卷一六輯）　覽百川之弘壯兮，莫尚美於黄河。潛昆崙之峻極兮，出積石之嵯峨。登龍門而南游兮，拂華陰與曲阿。凌砥柱而激湍兮，踰汭洛而揚波。體委蛇於后土兮，配靈漢於穹蒼。貫中夏之畿甸兮，經朔狄之遐荒。歷二周之北境兮，流三晋之南鄉。秦自西而啓壤兮，齊據東而畫疆。殷徒涉而永固兮，衛遷濟而遂强。趙決流而却魏兮，嬴引溝而滅梁。思先哲之攸歎兮，何水德之難量。

南朝宋　鮑照《鮑明遠集》卷九《登大雷岸與妹書》　東顧三洲之隔，西眺九派之分，窺地門之絶景，望天際之孤雲。長圖大念，隱心者久矣。南則積山萬狀，爭氣負高。含霞飲景，參差代雄。凌跨長隴，前後相屬。帶天有匝，橫地無窮。東則砥原遠隰，亡端靡際。寒蓬夕卷，古樹雲平。旋風匹起，思鳥羣歸。静聽無聞，極視不見。北則陂池潛演，湖脈通連。苧蒿攸積，菰蘆所繁。栖波之鳥，水化之蟲，智吞愚，彊捕八，號噪驚聒，紛平其中。西則回江永指，長波天合。滔滔何窮，漫漫安竭。創古迄今，舳艫相接。思盡波濤，悲滿潭壑。煙歸八表，終爲野塵，而是注集，長寫不測。修靈浩盪，知其何故哉！西南望廬山，又特驚異。基壓江湖，峰與辰漢連接。上常積雲霞，雕錦褥。若華夕曜，巖澤氣通，傳明散彩，赫似絳天。左右青靄，表裏紫霄。從嶺而上，氣甚金光，半山純以下，爲黛色。信可以神居帝郊，鎮控湘漢者也。若衆洞所積，溪壑所射，鼓怒之所豗擊，湧澓之所宕滌，則上窮荻浦，下至狶洲，南薄燕瓜，北極雷澱。削長埤短，可數百里。中騰波觸天，高浪灌日。吞吐百川，寫泄萬壑。輕烟不流，華鼎振湝。弱草朱靡，洪漣隴蹙。散渙長鷩，電透箭疾。穹溘崩聚，坻飛嶺覆。回沫冠山，奔濤空谷。碪石爲之摧碎，倚岸爲之齏落。仰視大火，俯聽波聲，愁魄脅息，心驚慓矣。至於繁化殊育，詭質怪章，則有江鵝海鴨、魚鮫水虎之類，豚首象鼻、芒鬚針尾之族，石蟹土蚌、燕箕雀蛤之儔，折甲曲牙、逆鱗返舌之屬，掩沙漲，被草渚，浴雨排風，吹澇弄翮。夕景欲沈，曉霧將合，孤鶩寒嘯，游鴻遠吟。樵蘇一歎，舟子再泣。誠足悲憂，不可說也。

隋　盧思道《**河曲游**》（《**樂府詩集**》**卷七七輯**）　鄴下盛風流，河曲有名游。應徐託後乘，車馬踐芳洲。手茸雞樹密，遥裔鶴烟稠。日上疑高蓋，雲起類重樓。金羈自沃若，蘭棹成夷猶。懸匏動清吹，采菱轉豔謳。還珂響金埒，歸袂拂銅溝。唯畏三春晚，勿言千載憂。

唐　楊炯《**盈川集**》**卷二**《**廣溪峽**》　廣溪三峽首，曠望兼川陸。山路逶羊腸，江城鎮魚腹。喬林百尺偃，飛水千尋瀑。驚浪迴高天，盤渦轉深谷。

唐　陸敬《**巫山高**》（《**全蜀藝文志**》**卷九輯**）　巫岫鬱岧嶤，高高入紫霄。白雲抱危石，玄猿迴挂條。懸崖激巨浪，脆葉殞驚飈。別有陽臺處，風雨共飄飄。

唐　張若虛《**春江花月夜**》（《**樂府詩集**》**卷四七輯**）　春江潮水連海平，海上明月共潮生。灩灩隨波千萬里，何處春江無月明。江流宛轉遶芳甸，月照花林皆似霰。空裏流霜不覺飛，汀上白沙看不見。江天一色無纖塵，皎皎空中孤月輪。

唐　王之渙《**登鸛雀樓**》（《**文苑英華**》**卷三一二輯**）　白日依山盡，黄河入海流。欲窮千里目，更上一層樓。

唐　李白《**李太白文集**》**卷一八**《**鸚鵡洲**》　鸚鵡來過吴江水，江上洲傳鸚鵡名。鸚鵡西飛隴山去，芳洲之樹何青青。烟開蘭葉香風暖，岸夾桃花錦浪生。遷客此時徒極目，長洲孤月向誰明。

又《**望天門山**》　天門中斷楚江開，碧水東流直北迴。兩岸青山相對出，孤帆一片日邊來。

又《**自巴東舟行經瞿唐峽登巫山最高峰晚還題壁**》　江行幾千里，海月十五圓。始經瞿唐峽，遂步巫山巔。巫山高不窮，巴國盡所歷。日邊攀垂蘿，霞外倚穹石。飛步凌絶頂，極目無纖烟。却顧失丹壑，仰觀臨青天。青天若可捫，銀漢去安在。望雲知蒼梧，記水辨瀛海。周游孤光晚，歷覽幽意多。積雪照空谷，悲風鳴森柯。歸途行欲曛，佳趣尚未歇。江寒早啼猿，松暝已吐月。月色何悠悠，清猿響啾啾。辭山不忍聽，揮策還孤舟。

宋　歐陽修《**文忠集**》**卷五六**《**初至虎牙灘見江山類龍門**》　曉鼓潭潭客夢驚，虎牙灘上作船行。山形酷似龍門秀，江色不如伊水清。平日兩京人少壯，今年三峽歲峥嶸。卧聞乳石淙流響，疑是香林八節聲。

宋　蘇軾《**東坡全集**》**卷二七**《**巫山**》　瞿塘迤邐盡，巫峽峥嶸起。連峰稍可怪，石色變蒼翠。天工運神巧，漸欲作奇偉。坱軋勢方深，結構意未遂。旁觀不暇瞬，步步造幽邃。蒼崖忽相逼，絶壁凛可悸。仰觀八九頂，俊爽凌顥氣。晃蕩天宇高，崩騰江水沸。孤超兀不讓，直拔勇無畏。攀緣見神宇，憩坐就石位。巉巉隔江波，一一問廟吏。遥觀神女石，綽約誠有以。俯首見斜鬟，拖霞弄修帔。人心隨物變，遠覺含深意。野老笑吾旁，少年嘗屢至。去隨猿猱上，反以繩索試。石笋倚孤峰，突兀殊不類。世人喜神怪，論説驚幼稚。楚賦亦虚傳，神仙安有是。次問掃壇竹，云此今尚爾。翠葉紛下垂，婆娑緑鳳尾。風來自偃仰，若爲神物使。絶頂有三碑，詰曲古篆字。老人那解讀，偶見不能記。窮探到峰背，采斫黄楊子。黄楊生石上，堅瘦文如綺。貪心去不顧，澗谷千尋縋。山高虎狼絶，深入坦無忌。洪濛草樹密，葱蒨雲霞膩。石竇有洪泉，甘滑如流髓。終朝自盥漱，冷冽清心胃。浣衣挂樹梢，磨斧就石鼻。徘徊雲日晚，歸意念城市。

又　卷三三《**前赤壁賦**》　壬戌之秋，七月既望，蘇子與客泛舟，游於赤壁之下。清風徐來，水波不興。舉酒屬客，誦明月之詩，歌窈窕之章。少焉，月出於東山之上，徘徊於斗牛之間。白露横江，水光接天。縱一葦之所如，凌萬頃之茫然。浩浩乎如馮虚御風，而不知其所止。飄飄乎如遺世獨立，羽化而登仙。

宋 趙公豫《燕堂詩稿·新安江泛棹》 秋水何清澈，舟行境不窮。猿啼深谷裏，人泛碧流中。雲影連帆影，林紅映日紅。灘聲時斷續，高曠羡漁翁。

元 周權《此山詩集》卷三《赤壁泛舟》 赤壁之山何峻嶒，下有江水何清泠。天空月出夜寥泬，玻璃萬頃涵秋冰。爲問黄州雪堂老，遷官何如謫官好。酒酣携客夜拏舟，憂患都將談笑了。劃然長嘯來天風，神游八極世慮空。但見横江秋露白，錯落低垂斗柄紅。洞簫聲斷潛蛟舞，月下清尊貯千古。老瞞當日困周郎，十萬樓船鬥貔虎。煙消水冷沈戈矛，空餘野燐寒沙頭。江山牢落滿陳跡，追憶往事懷風流。勝游到我知幾度，感昔視今猶旦暮。乾坤何事老英雄，衮衮長江自東去。

明 柯潛《竹巖集》卷二《石鐘山》 巍乎高哉！石鐘之山不知幾千丈。大孤小孤不可與等齊兮，五老香罏屹相向。龍盤虎踞誰其使然兮，謂是天作東南一藩障。長江浩浩從西來，疏派銀潢勢豪壯。山根石罅搏風濤，髣髴歌鐘出深浪。大音闐鞈兮，舞幽壑之潛虬，小音嘈呟兮，徹遥汀之漁唱。馮夷海若紛雜沓兮，驚聽廣樂奏鈞天，不似人世尋常鼓盆盎。古來騷翁韻士多品題，坡老文章獨官樣。懸厓石刻光騰星斗間，鬼物撝訶至今尚無恙。名蹤異跡天下所無兮，比之方丈、蓬壺豈多讓。況有濂溪無極翁，栗里陶元亮。故居遺址皆在其左右兮，流韻餘風可嘉尚。

明 張弼《張東海先生詩集·石鐘山歌》 昔官左轄湖湘去，彭蠡風高帆不駐。回頭空戀石鐘山，白鷗飛斷迷煙樹。朅來又擢大江西，石鐘山上幾栖遲。時聞鐘聲發山下，緩復急兮高復低。恍如野寺僧唤粥，高棟懸筳時一觸。又如鳴珮趨鵷班，五雲雙闕聲催促。前呵暫止問山翁，翁云此處無金鐘。巖下玲瓏石作竇，江風鼓浪相激衝。遂令天然至音起，何煩協律分條理。煙波客夢幾回驚，塵土勞心頓時洗。乃知鐘名不我欺，委蛇石磴尋石碑。蔓草垂蘿石碑没，剔蘚漫閲前賢詩。乾坤俯仰五百載，物换星移素風灑。

明 來知德《重刻來瞿唐先生日録》外篇卷三《燕子磯》 紫燕依孤壁，紅亭瞰大江。烏衣無永巷，白下足回翔。上氣蟠龍虎，丹丘枕鳳皇。崔嵬通鳥翮，迢遞繞黿梁。二水浮空廓，三湘接渺茫。遠峰雲若布，極浦樹如芒。脩竹分仙宅，苔階更上方。芝留千歲草，笛落五更霜。松檜排虚牖，煙霞護短墻。匡畝陶淡鹿，石跪左慈羊。

明 鄺宗舜《金山賦》（《歷代賦彙》卷二一輯） 金山峨峨，立彼江波。其天造而地設，抑神鑿而鬼磨。煙雲兮繚繞，星辰兮布羅。日月懸於楹牖，蛟龍游於檻阿。壯哉奇矣！嘅夫長江萬里，順流而東，瀰瀰瀞瀞，淼淼湝湝，吼狻猊，馳風駿，拔坤軸，轉乾杠，轟轟雷逐，赫赫龍從，斷瞿塘之峽，劈五老之峰，固瞬息而千里，若囊綻而矢衝。由之濤珠濺而柱折，飛沫灑而磯崩。順騰牛渚，直指吴淞。滄瀛既邇，合派愈衆。斯正赴壑之勢，窮寇之鋒。將避之而恐及，敢獨立以當衝。兹山則亭亭閒閒，突自中起。立静專，壓波靡，鄰援不資，聲色不侈。縱震撼之不驚，亦中立而不倚。遏長驅於破竹，衝堅陣於兩臂。

清 彭孫遹《松桂堂全集》卷四《小孤山》 孤峰立水中，迢迢四無際。樹色碧如簪，山形小于髻。上有靈祠鏁緑蘿，美人獨坐掩修蛾。不知爲雨定何處，烟滿空江水始波。

清 劉子壯《屺思堂詩集·黄鶴樓》 晴川與黄鶴，氣勢遥縱横。静見水聲合，空疑山意争。三洲秋色遠，萬樹午煙晴。帆影中流處，摇摇江漢情。

清 田雯《古歡堂集》卷六《小孤山》 名山廣袤亘百里，或千百峰或數峰。獨有小孤何挺拔，高標奇絶摩蒼穹。大江浩淼中央立，亭亭一本青芙蓉。四圍斗壁無路涉，懸絙鳥道捫蘿通。岩虚半垂石齒齒，梅開將落花重重。巔頂一亭小如笠，下有佛閣雲朣朧。

清 潘耒《遂初堂詩集·石鐘山》 沿江山連連，氣象但雄闊。湖口見石鐘，軒然特奇拔。雙峰似奔猊，下飲湖波渴。不知幾千載，水石相蕩汩。嵌空山懸根，透瘦石露骨。側立肖斧皴，中開象門闥。亭亭吐花跗，矗矗排箭筈。翩若垂旌旛，屹如具袍笏。樓閣綴飛巖，流盼窮天末。彭蠡静如杯，匡廬青可掇。征帆逐天風，岩關不可越。即境成淹留，會心得超忽。水石有奇音，鏗鍧時一發。欲驗坡公言，歸舟候崖月。

清 皮錫瑞《師伏堂駢文二種》第一種卷一《游空靈峽記》 泝湘而上，有空靈峽，載在酈《注》，一名空泠。岸狹束江，湍怒轟石，乃有巖岫枕乎荒江。登艫遠眺，若剖巨瓠，中裂一縫，浮爲匏樽。又若兩盂俯仰各異勢，未及合，呀然中開。徒觀其庨豁表狀，谽谺蕴靈，壯逾獅蹲，吐舌舑談，雄壓虎踞，排牙巉巉。鬼斧之刃，剖而横分；巨靈之掌，擘乃中斷。則伊闕之鑿，無其險也；五丁之開，無其奇也。若乃入其腹，窮其異，躡足蹬道，游心環中，探虎吻以極深，效蛇伏以穿穴，狹不覺猛，人力摩肩，淵無嫌幽，火靡秉炬，耳目異觀，人境殊隔，靈宇斯闢，精廬肇啟。中乃佛殿，内爲禪堂，燈光長明，像設莊麗。有僧三四，終年穴居，游人時來，禮佛而去。月逾仲秋，膜拜衡岳，過謁盡敬，數尤夥夥。寶座之後，乃有小池，澄泓奫濴，下通大江。廣不數尺，深至無際。巖罅生泥，是挺緑竹，根怒裂石，枝脩拂雲，青碧森梢，下映江表。循堂而左，有亭翼然，中祀杜陵，榜以詩聖。以彼老作賓客，没猶江湖。晚過空靈，眷此霞石，欲託長嘯，以榮吾居，可謂計畫無俚，生民至厄。乃綿歷千祀，光燄萬丈，表斯遺蹟，於焉薦馨。是知陵石有遷，聲華不没，沄沄素浪，感慨係之矣。妙盡所歷，相羊回舟。反顧巖顛，天然雄麗，哆彼張口，若將吞舟，吐吸煙霞，歕欲波浪。領彼佳處，還期後游。回舟援毫，且志崖略。

雜録

晉 王嘉《拾遺記》卷一〇 洞庭山浮於水上，其下有金堂數百間，玉女居之。四時聞金石絲竹之聲，徹於山頂。楚懷王之時，與羣才賦詩於水湄，故云瀟湘洞庭之樂，聽者令人難老，雖《咸池》、《九韶》不得比焉。每四仲之節，王嘗繞山以游宴，各舉四仲之氣以爲樂章。仲春律中夾鍾，乃作輕風流水之詩，醼於山南；律中蕤賓，乃作皓露秋霜之曲。後懷王好進姦雄，羣賢逃越。屈原以忠見斥，隱於沅湘，披蓁茹草，混同禽獸，不交世務，采柏實以和桂膏，用養心神，被王逼逐，乃赴清冷之淵。楚人思慕，謂之水仙。其神游於天河，精靈時降湘浦。楚人爲之立祠，漢末猶在。其上又有靈洞，入中常如有燭於前。中有異香芬馥，泉石明朗。采藥石之人入中，如行十里，迥然天清霞耀，花芳柳暗，丹樓瓊宇，宫觀異常。乃見衆女，霓裳冰顔，艷質與世人殊别。來邀采藥之人，飲以瓊漿金液，延入璇室，奏以簫管絲桐。餞令還家，贈之丹醴之訣。雖懷慕戀，且思其子息，卻還洞穴，還若燈燭導前，便絶饑渴，而達舊鄉。已見邑里人户，各非故鄉鄰，唯尋得九代孫，問之，云遠祖入洞庭山采藥不還，今經三百年也。其人説於鄰里，亦失所之。

圖表

清 光緒《重修安徽通志》卷二三 大江自潯陽南下，挾衆流而趨。突起一峰，如拳如髻如筍，直立中流，遏狂瀾，使不得逞皖江厄要地也。元人於此立鐵柱，曰海門第一關。山高數百丈，惟北岸石磧有路可通。屢折而上，石徑欹仄，劣不容足。絶頂則俯瞰江流，洶湧澎湃，令人不敢久立。按，大孤小孤，以山孤峭，故名，而或曰水陰德，所奉多女神。自宋歐蘇皆辨之，不待論矣。

又 **卷二三** 巢湖在廬州府東五十里，一名焦湖。周四百餘里，占合肥、舒城、廬、江巢四邑之境，東南之巨浸也。納衆流下注於江，濡須扼其衝而東西關輔翼之，爲古今形勢扼要之地。蓋淮水受渦東南，流入於此，昔人謂守淮於清、潁二口，守江於濡須，而尤莫重於巢湖。自吴諸葛恪築堤遏湖，置重兵屯守，而委輸灌注，藉以潤膏腴之産者，其利尤不可殫述云。

湖泊潭溪

論說

宋　祝穆《古今事文類聚》前集卷一七《湖》《羣書要語》：湖，池也。《廣雅》。湖，大陂也。《説文》。湖，都也。流瀆四面，所限都也。《風俗通》。周官揚州，其浸五湖。按張勃《吴録》：五湖者，太湖之别名，以其周行五百餘里，故以五湖爲名。或説以太湖、射陽湖、上湖、洮湖、滆湖爲五湖。按《國語》：吴越戰於五湖，直在笠澤一湖中戰耳，則知或説非也。《揚州記》曰：太湖一名震澤，一名笠澤，一名洞庭。《荆州記》云：宫亭即彭蠡澤也，一名應澤。青草湖，一名洞庭湖。雲夢澤，一名巴丘湖，凡此並昭昭尤著也。《初學記》。受三方之灌溉，爲百川之巨都。追潮水而往還，通蓬萊與瀛洲。晉《楊泉賦》。湘江北流至岳陽，達蜀江。夏潦後，蜀江漲遏住湘，波溢爲洞庭，凡數百里，而君山宛在水中。秋水歸，此山復居於陸，惟一條湘川而已。《北夢瑣言》。詩句：攀崖照石鏡，牽葉入松門。謝靈運《彭蠡湖》。氣蒸雲夢澤，波撼岳陽城。孟浩然《洞庭湖》。鑑湖五月凉。李白。若把西湖比西子，淡妝濃抹總相宜。東坡。

明　倪宗正《倪小野先生全集·東潭記》 某宅東有潭，故號東潭。夫天下之水，流也。惟潭則止，故静。静則無所滑，故清。凡水清則見底，兹潭水清而不見底，故深。静也，清也，深也，潭之常也。日映之以濯錦，月映之以冶金，烟映之以沉璧，雪映之以浸玉。其元氣之所鍾，蛟龍百怪之所穴。元氣噓吸，而蛟龍百怪相之則吐雲霧，渾六合，鼓雷擊霆，掣電爲雨，爲風。撼萬木，起波濤，威震天地，雄争湖海，此其光輝變化，所遇則然也。然有其常，而後可以言所遇光輝變化，又於所遇大小見之。某於東潭，法其静以養其德，法其清以養其廉，法其深以養其藴。

清　張岱《西湖夢尋》卷一《西湖總記·明聖二湖》 自馬臻開鑑湖，而繇漢及唐，得名最蚤。後至北宋，西湖起而奪之，人皆奔走西湖，而鑑湖之澹遠，自不及西湖之冶豔矣。至於湘湖，則僻處蕭然，舟車罕至，故韻士高人無有齒及之者。余弟毅孺，常比西湖爲美人，湘湖爲隱士，鑑湖爲神仙。余不謂然。余以湘湖爲處子，眠娗羞澀，猶及見其未嫁之時。而鑑湖爲名門閨淑，可欽而不可狎。若西湖，則爲曲中名妓，聲色俱麗，然倚門獻笑，人人得而媟褻之矣。人人得而媟褻，故人人得而豔羨。人人得而豔羨，故人人得而輕慢。在春夏則熱鬧之至，秋冬則冷落矣。在花朝則喧閧之至，月夕則星散矣。在清明則萍聚之至，雨雪則寂寥矣。故余嘗謂，善讀書無過董遇「三餘」，而善游湖者，亦無過董遇「三餘」。董遇曰：冬者，歲之餘也。夜者，日之餘也。雨者，月之餘也。雪巘古梅，何遜煙堤高柳？夜月空明，何遜朝花綽約？雨色涳濛，何遜晴光灩瀲？深情領略，是在解人。即湖上四賢，余亦謂樂天之曠達，固不若和靖之靜深，鄴侯之荒誕，自不若東坡之靈敏也。其餘如賈似道之豪奢，孫東瀛之華贍，雖在西湖數十年，用錢數十萬，其於西湖之性情，西湖之風味，實有未曾夢見者在也。世間措大，何得易言游湖？

綜　述

唐　樊綽《蠻書》卷二　昆池，在柘東城西南百餘里，四十五里。案此四字疑衍文。水源從金馬山東北來，柘東城北十數餘里，官路有橋渡。此水闊二丈餘，清深迅急，至碧雞山下，爲昆州，因水爲名也，土蠻亦呼名滇池。案今晉寧川中，自有大池在東南，當是滇池。水不可呼池，乃蠻不能別。滇池水亦名東昆池，西南邊山，又西北池流爲河，過安寧城下。亘水東西，有橋三十一，闊長三百餘步，徒行七日程，與瀘水合。

唐　康駢《劇談録》卷下《曲江》　曲江池本秦世隑洲，開元中疏鑿，遂爲勝境。其南有紫雲樓、芙蓉苑，其西有杏園、慈恩寺，花卉環周，煙水明媚。都人游玩，盛於中和上巳之節，彩幄翠幬匝於堤岸，鮮車健馬比肩擊轂。上巳即賜宴臣僚，京兆府大陳筵席。長安、萬年兩縣以雄盛相較，錦繡珍玩無所不施，百辟會於山亭。恩賜太常及教坊聲樂，池中備彩舟數隻，唯宰相、三使、北省官與翰林學士登焉。每歲傾動皇州，以爲盛觀。入夏則菰蒲葱翠，柳陰四合，碧波紅蕖，湛然可愛。好事者賞芳辰，玩清景，聯騎攜觴，亹亹不絕。

宋　鄭文寶《南唐近事》卷一　金陵城北有湖，周迴十數里，幕府、雞籠二山環其西，鍾阜、蔣山諸峰聳其左。名園勝境，掩映如畫。六朝舊跡，多出其間。每歲菱藕罟網之利，不下數十千。《建康實録》所謂玄武湖是也。

宋　周密撰　明　朱廷焕補《增補武林舊事》卷七　飛來峰界乎靈隱、天竺兩山之間，蓋支龍之秀演者，高不踰數十丈，而怪石森立，青蒼玉削，若駭豹蹲獅，筆卓劍植，衡從偃仰，益玩益奇。上多異木，不假土壤，根生石外，矯若龍蛇，鬱鬱然。丹葩翠蕤，蒙幂聯絡，冬夏常青，烟、雨、雪、月四景尤佳。其下巖扃窈窕，屈曲通明，壁間布鐫佛像，皆元浮屠楊璉真伽所爲也。晉咸和元年，西僧慧理登而嘆曰：此乃中天竺國靈鷲山之小嶺，不知何以飛來，仙靈隱窟，今復爾否？因樹錫結菴，名曰靈隱，命其峰曰飛來。

元　鄭元祐《遂昌雜録》　錢塘湖上舊多行樂處，西太乙宮、四聖觀皆在孤山。宋雖遷僧寺、建宮觀於其上，而六一泉寺、喜鵲寺皆遷北山，亦各擅山水之勝。西太乙成後，西出斷橋，夾蘇公堤，皆植花柳，而時時有小亭館可憩息。若夫宮之景、福之門、迎真之館、黄庭之殿，結構之巧，丹雘之岩，真擅蓬萊道山之勝。四聖觀雖建於高宗朝，其規制相去遠矣。余童時尚記，孤山之陰，一山亭在高阜上，曰歲寒，繚亭皆古梅。亭下臨水，曰挹翠閣，上下皆拱斗砌成，極爲宏麗。蓋盧、董兩璫以内府錢建西太乙宮，又能以其餘資建兩閣，亦可謂能事。嘉木揚喇勒智奪爲僧窟，今皆無一存，荒榛滿目，可勝嘆哉！

明　田汝成《西湖游覽志》卷二《孤山三提勝蹟·蘇公堤》　蘇公堤，自南新路屬之，北新路横截湖中。宋元祐間，蘇子瞻守郡，濬湖而築之，人因名蘇公堤。夾植花柳，中爲六橋，橋各有亭覆之。其詩云：六橋横截天漢上，北山始與南屏通。忽驚二十五萬丈，老葑席卷蒼烟空。章子厚詩云：天面長虹一鑑痕，直通南北兩山春。自是湖分爲兩，西曰裏湖，東曰外湖。南渡後，堤橋成市，歌舞叢之，走馬游船，達旦不息。歲久弗治，兩湖之濤，日淫嚙之，堤漸廉削。我國朝成化已前，裏湖盡爲民業，六橋水流如綫。楊孟瑛闢之，西抵北新堤爲界，增益蘇堤，高二丈，闊五丈三尺，列插萬柳，頓復舊觀。久之，柳敗而稀，堤亦就圮。嘉靖十二年，縣令王釴令犯人小罪可宥者，得雜植桃柳爲贖。自是紅翠爛盈，燦如錦帶矣。

堤南第一橋曰映波，與西岸第六橋對，舊有旌德觀、先賢堂。觀本定香寺，今止存定香橋。寶慶間，京尹袁韶改建爲觀，有虛舟、雪錦二亭，堂名仰高，祠祀許由而下四十人。寶慶初，去潘閬及節孝婦孫夫人凡五人。中有振衣、清風二亭，花竹縈紆，小山曲徑。尋并入旌德觀。第二橋曰鎖瀾，與西岸第五橋對，舊有湖山堂，京尹洪燾建。結構雄傑，面勢端閎，前擁雙塔，後植兩峰，矗起拱衛，顧盼生輝，四望洲回浦合，蔚然雲錦。三賢堂，袁公所建，以祀白、蘇、林三公者。後有三堂，扁曰：水西雲北月香，水影晴光雨色。第三橋曰望山，與西岸第四橋斜對。水名花港，所謂「花港觀魚」者是也。舊有雪江講堂，淳祐中，婺州布衣胡侊充三賢堂堂長，號雪江，有《錦囊集》。第四橋曰壓堤，與西岸第三橋對，舊有崇真道院，俗稱施水庵，賈似道建。庵傍有石臺，籠燈以照夜船。水仙王廟，亦名龍王祠。先是，以樂天、和靖、子瞻附祀兩廡。有井曰薦菊，蓋取蘇詩「不然配食水仙王，一盞寒泉薦秋菊」之義也，今廢。嘉靖二十二年，郡守陳士賢構亭其上。第五橋曰東浦，與西岸第二橋對。第六橋曰跨虹，與西岸第一橋斜對，稍北則爲西陵橋矣。高竹屋《咏蘇堤芙蓉・菩薩蠻》詞：紅雲半壓秋波急，艷妝泣露啼嬌色。幽夢入便城，風流石曼卿。　宮袍呼醉醒，休捲西風錦。明日粉香殘，六橋烟水寒。陳剛中《湖堤感舊》詩：昔日珠樓擁翠鈿，女牆猶在草芊芊。東風第六橋邊柳，不見黃鸝見杜鵑。張光弼《湖堤即事》詩：湖柳湖波盡可憐，不知春在阿誰邊。滿頭翡翠雙鬟女，細雨吴歌濕畫船。李草閣《春曉過湖》詩：宿雲如墨繞湖堤，細柳新蒲咫尺迷。行到畫橋天忽醒，誰家茅屋一聲鷄。吴養浩《與張伯雨湖堤暮歸》詩：柳絲淡蕩雨霏微，隔水遥看羽蓋飛。馬上仙人强支酒，踏花何處晚來歸。何夢桂《春日過湖》詩：白髮星星紗帽烏，强隨年少過西湖。清明上冢行人在，寒食開門宫使無。半世行藏隨杖屨，百年悲樂寄尊壺。歸來第五橋邊路，半樹斜陽噪畢逋。孫太初詩：十里飛花送酒卮，六橋兒女蹋春詞。無人會得漁翁意，獨立晴湖照影時。趙公堤，宋淳祐中，京尹趙與簒，自北新路第二橋至曲院築堤，以通靈、竺之路。中作回面堂、三亭，夾岸花柳，以比蘇堤，人遂稱趙公堤也。

明 袁宏道《袁中郎全集》卷八《飛來峰》 湖上諸峰，當以飛來爲第一。高不餘數十丈，而蒼翠玉立。渴虎奔猊，不足爲其怒也。神呼鬼立，不足爲其怪也。秋水暮烟，不足爲其色也。顛書吴畫，不足爲其變幻詰曲也。石上多異木，不假土壤，根生石外。前後大小洞四五，窈窕通明，溜乳作花，若刻若鏤。壁間佛像，皆楊禿所爲，如美人面上瘢痕，奇醜可厭。

明 袁中道《珂雪齋前集》卷一五《西湖》 出西直門，即不與水相捨，乍洪乍細，乍喧乍寂，至是匯爲湖。湖中蓮花盛開，可千畝。以守衛者岩，故花事極盛。步長堤，息于龍王廟，香風益熾，去山較近，繞湖如袖。至功德寺，水漸約，花事亦減，多腴田，若好時也。功德寺門景極佳，內已燬。

又《大明湖記》 湖在郡城內西北隅，一名西湖。其半猶浩白，一壑可泛，而其半爲規菱藕之利者。畦分塍列，如白地明光錦變爲百結衲衣，殊可惋惜。夫此湖之源，舊出於濼者也。今濼已徑從城外入小清河，而此水之所取給者，僅藩封內珍珠、濯纓諸小泉耳，然而其爲巨浸如故也，豈湖中自有泉脉耶？夫湖不出於濼而入於濼，濼不入大清而入小清，谷之變也。珍珠泉有二，南珍珠泉已塞，惟北珍珠泉從藩府中入於湖。舜泉舊亦入湖，古人所云「清涵廣陌，冷浸平湖」者，今已索然，惟見一勺。又城西金綫泉，澄澈見底，中有金綫一道，隱起水面。其小入濠，不入湖。

明 周聖楷《楚寶》卷七《滇池考》 滇池在今雲南府城南，一名昆明池，周回三百餘里。水源深廣，而末更淺狹，有似倒流，故謂之滇池。金馬、碧鷄、玉案、點蒼諸山，俯仰映帶，真奥區也。楊太史慎有《滇海曲》，如「跨海虹橋三十里，廣寒宫殿夜飄香。雲氣開成銀色界，天工斵出點蒼山。天氣常如二三月，花枝不斷四時春。」皆實録。

清 張岱《西湖夢尋》卷一《西湖北路・玉蓮亭》 白樂天守杭州，政平訟簡。貧民有犯法者，於西湖種樹幾株。富民有贖罪者，令於西湖開葑田數畝。歷任多年，湖葑盡拓，樹木成陰。樂天每於此地，載妓看山，尋花問柳。居民設像祀之。亭臨湖岸，多種青蓮，以象公之潔白。右折而北，爲纜舟亭，樓船鱗集，高柳長堤。游人至此，買舫入湖者，喧闐如市。東去爲玉鳧園，湖水一角，僻處城阿，舟楫罕到。寓西湖者，欲避囂雜，莫于此地爲宜。園中有樓，倚窗南望，沙際水明。常見浴鳧數百出没波心，此景幽絶。

又 卷二《西湖西路・飛來峰》 飛來峰，棱層剔透，嵌空玲瓏，是米顛袖中一塊奇石。使有石癖者見之，必具袍笏下拜，不敢以稱位簡褻，只以石丈呼之也。深恨楊髡徧體俱鑿佛像，羅漢世尊，櫛比皆是，如西子以花豔之膚、瑩白之體，刺作臺池鳥獸，乃以黔墨塗之也。奇格天成，妄遭錐鑿，思之骨痛。翻恨其不匿影西方，輕出靈鷲，受人戮辱。

又 卷三《西湖中路・十錦塘》 十錦塘，一名孫堤，在斷橋下。司禮太監孫隆於萬曆十七年修築。堤闊二丈，徧植桃柳，一如蘇堤。歲月既多，樹皆合抱。行其下者，枝葉扶蘇，漏下月光，碎如殘雪。意向言斷橋殘雪，或言月影也。蘇堤離城遠，爲清波孔道，行旅甚稀。孫堤直達西泠，車馬游人，往來如織。兼以兩湖光艷，十里荷香，如入山陰道上，使人應接不暇。湖船小者，可入裏湖，大者緣堤倚徙，繇錦帶橋循至望湖亭，亭在十錦塘之盡。漸近孤山，湖面寬廠。孫東瀛修葺華麗，增築露臺，可風可月，兼可肆筵設席。笙歌劇戲，無日無之。今改作龍王堂，旁綴數楹，咽塞離披，舊景盡失。再去，則孫太監生祠，背山面湖，頗極壯麗。近爲盧太監捨以供佛，改名盧捨菴，而以孫東瀛像置之佛龕之後。孫太監以數十萬金錢裝塑西湖，其功不在蘇學士之下，乃使其遺像不得一見湖光山色，幽囚面壁，見之大爲鯁悶。

清 陸求可《陸密菴文集》卷八《西湖游記》 天目、秦望，蓋龍飛鳳舞矣。錢塘實吳越一都會，而山與水會，莫有過於西湖。湖之中渟然泓然，倚水爲亭，倚麓爲園，不離於湖之濱。寺列如林，山巢而峭，泉甘而土肥。傳漢時有金井現，人以爲明聖之瑞。蓋所云明聖湖也。宋則名放生池，內有三塔，塔下有三潭。又有孤山出自水中，盤結湖側。樂天之金沙井，子瞻之六一泉，和靖之墓，蘇小之墳，於今猶在。故水西雲北，月香漚影，晴光雨色，烟波萬里，海市蜃樓，湖之映碧而居奇者，十之八九。南連鳳山，鬱葱蔓延，影矗雲漢，所云南高峰分擘五雲山之壘，則有然者。蓋浮屠上聳，其麓實四出云。自大慈山，歷虎跑、真珠，過慈雲嶺，出包家、鳳凰、秦望三山，多南宋故跡。自大小二麥嶺，至龍井，深不可測。傳有龍居，禱則必應。方士葛洪煉丹其地焉。總皆湖之指臂支分也。西有辨才塔，子由爲銘，參寥泉出焉。覘錢塘清波，以至湧金，舊名豐豫者，是蓋湖之出入處也。由閻妃墳，入佛國山，內有張即之所書扁。因歷三竺，上竺觀音爲靈，下竺古跡爲勝，雲影松籟，半落湖心。游人捨舟而陸，襟帶湖光，西湖所由無盡藏也。北過胭脂嶺，出九里松，有北高峰，秀出諸山。靈分上竺，磅礴起伏，直武林山，抵北關夜市，燈火萬家，分夜月湖光之勝。飛來峰面昭慶，肘靈隱，壯麗五山；亘岳廟，俯葛溪，腋帶韜光。巾山如巾，甑山如甑，皆足左右湖，飲其瀲灎。湖之所以爲湖，不僅以一水著，蓋如斯也。至蘇公所築之堤，設六橋以分湖之勝，間桃柳以佐湖之不及，復覆之以亭榭，以供玩賞之所寄興，蓋深有見於湖之不可廢者五也。湖之錯出呈奇，蓋若是其不可方物與？乃其寓名流之題跋，寄高士之詠歌。朝沐其芳，夕挹其秀。餐落英於渚畔，飲墜露於沱濱。或重以人，或志以姓。或寺以耀其靈，或峰以標其勝。或水窮山盡，假輿馬以濟其峻阻；或景逼勢臨，借色象以紀其奇瑰。夜月秋濤，白雲霽雪，漁樵烟柳，鼓吹笙歌，游踪雜沓，士女繽紛，何莫非點綴湖中，逍遥澤畔者哉！

清 趙吉士《寄園寄所寄》卷三 龍潭在婺源城東百里，山澗僻處，頗稱靈異。夾澗石爲巉崿，風景忽殊。左崖間時見瀑布，奇甚，凡垂如簾者，一爲三折，及直而懸者，又各一。少前，山益峻峭闃寂，摸捫蘿蔦，揭厲漣漪，蓋深涉于虎豹蛇虺之域，已逼靈境。又前及里許，踰澗，循其石崖青壁，逕崩崖裂石，下復踰澗左入。潭在大石峰，距絶壁下。石掬兩股爲崖，瀑自其後，乘高怒噴，直下數十尺，遠望如出穴中。雹狂雨狠，淙淙不絶，而其細者，空濛霏微如薄霧。潭研而吸之，周迴可二百餘步，摇光蕩緑，莫測其深。自是，始流平地爲澗。潭上陰幽黯黑，風雨水氣，合而爲清，竦人肌骨。聞其上復有小潭，亦龍所窟。水自石門入而注焉，逕迂險不可上。汪古逸《游龍潭記》。

清 田雯《古歡堂集》卷三八《涵碧潭》 定廣、威平之水，至四方河始合流而入南明，越霽虹橋東，將折而北。水至此淵而不流，是爲涵碧潭。煙雲演漾風日遲回。縠軟鷗眠，沙明蚌兩，令人悠然作濠濮間想。上爲鼇磯，石梁亘之，昔所築以障水也。磯上有甲秀樓、阿閣三重，丹青綺分，望若圖繡。紫池人士讀書地也。左武鄉侯祠，斷碑巋然記征蠻也。右維摩閣，微雨佛燈，山僧往來也。闌光瓦影，下上參差。梵響磬吟，近遠互答。每春波揺緑，秋沚澄青，岸柳乍垂，芹芽正弩。覽漁舠之泛泛，洗杯斝以臨流。誰謂黔中無佳山水哉。接䍠可倒，安問習池。姓字如傳，何須漢水。余於是一往有深情矣。

清 閔麟嗣《黄山志定本》卷一《形勝志》 白龍潭在白雲溪，由祥符寺左小徑，徑盡得潭。相傳黄帝取潭水錬丹，感白龍見，因名潭。水深作碧黝色，得日如瓊，得空如晶，澄澈可畏。方廣十餘丈，深不測，高三丈有奇。僅以數石纍湊而成，可想見石之大。更幸此大石無一落潭中，得成此奇也。水從叠石乘高而下，一石仰承，對潭之鵠假從潭畔側落，亦不壯觀矣。洶湧之勢，凌空噴射，偏溪見水不見石。藥銚木亦入潭中，流入朱砂溪，合湯泉溪之水，而其源益盛。

又 五龍潭在松谷溪中。緣澗而上者二，左黑龍潭，右白龍潭。左窟形如方印，其色黝，題以璽潭。或以水流澗中，鏗然有聲，宜名漱玉。右在路傍，形狹長如拖紳，名曰流翠，又以玉檢呼之。合洞而源益巨，砯砰洸潰，不可名狀。上潭黄龍所居，其名珠淵。下潭則青龍偃伏其底，曰瓚玉，曰空青，曰澄碧，不一名。巨石亘其後，水潺潺出石罅中，下注於潭。以綆約之，深倍。尋其中，青翠可摘，璀璨奪目。水味酷似揚子中泠泉，或謂過之。最下實稱油潭，其色緑，因名曰懸藜。共五潭。是溪魚有四足，與龍分地潛蟠，不侵不擾。

清 雍正《江西通志》卷一二《山川·南康府》 玉淵潭在棲賢寺側，三峽澗中。諸水合流，奔注潭中，驚波噴空，瀉下三峽。潭上有白石如羊，橫亘中流。其南爲三峽橋，長幾百尺，横絶大壑。橋下有龍潭，曰金井。兩崖石皆紫赤角立，軒軒然如壯士戴橋立者。其東有招隱泉，泉出石龍首中，瀉下三峽澗，匯爲巨潭，曰石橋潭。唐陸羽《茶經》品其水爲天下第六，舊有陸羽亭，今廢。

清 雍正《浙江通志》卷九 西湖一名明聖湖 《水經注》：錢塘縣南江側有明聖湖。父老傳言，湖有金牛，古見之，神化不測，湖取名焉。《宋史·河渠志》：西湖周迴三十里，源出武林泉。《西湖游覽志》：本名錢塘湖，以在郡西，故名西湖。三面環山，溪谷縷注，下有淵泉百道，瀦而爲湖。諸山之脉皆宗天目，蜿蟺東來，若翔若舞，萃于錢塘。南北諸山峥嶸迴繞，泄惡停深，若練若鏡。形勝關乎郡城，餘波潤于下邑。《方輿勝覽》：西湖十題，有平湖秋月、蘇堤春曉、斷橋殘雪、雷峰落照、南屏晚鐘、曲院風荷、花港觀魚、柳浪聞鶯、三潭映月、兩峰插雲。

又 卷一三 月湖 《輿地紀勝》：在州南。湖中有汀、洲、島嶼凡十，曰柳汀、雪汀、芳草洲、芙蓉洲、菊花洲、月島、松島、花嶼、竹嶼、烟嶼。四時之景不同，而士女游賞特盛於春夏。飛蓋成陰，畫船漾影，無虚日也。《四明它山水利便覽》：湖之支渠繚繞城市，往往家映修蕖，人酌清泚。有旱則引它山之水入月湖，以濟一城之用。

又 卷二〇 梅雨潭 《仙巖寺志》：兩巖陡削，飛流濺沫，煙霧濛濛，宛若梅雨。卓敬《游梅雨潭詩》：横空峭壁瀉飛瀑，聲震淵霆摇地軸。絪緼氣濕浮太空，銜崖散作珠萬斛。源頭直與銀河通，半空簸落飛流淙。此境定知無炎熱，萬壑千巖灑晴雪。吴稼澄《飲梅雨潭上詩》：逶迤轉深峽，清淺歷幽渚。空潭生晝寒，飛瀑散晴雨。轟然振谷響，驟爾奪人語。壁峙千仞餘，藤垂萬年許。興到呼一尊，莫適爲誰主。羅坐盤石間，秋氣結眉宇。杯光瀉天色，蕩漾無端緒。雲從澗底生，翠向波中吐。顧視忘所懷，翩翩欲冲舉。

清 乾隆《烏程縣志》卷二《山川》 道場山，縣南十二里，舊名雲峰，後人建寺奉佛謂之道場。山麓有百步磧，從松陰而上，曲徑盤旋，數折而至其巔，爲一郡之望。山與何山相接。崇正烏程縣志

都穆《游道場山》記略：予至吴興太守，同年吕文郁招予爲道場之游。舟出南門三里，入硯山寺，已而泛碧浪湖。夾岸之山遠近起伏，蒼翠欲滴，而湖水如玉，每風生浪湧，色尤可愛。南行二里經浮玉山，又七里抵道場。浜西行里許即道場山，上山六百步經嘯月亭故址，又上四百餘步有老屋三楹，榜曰「伏虎道場」洪武初郡守襄陽楚岳筆也。西北而上百十二步有金剛殿，折而北經萬佛閣，閣左右鐘鼓樓，僅存其址。度石梁，其下爲放生池。佛殿東北曰一勺泉，北二池曰萬工，曰瑶席，取蘇文忠詩「屋底清池照瑶席」也。南上幾二百步經華光樓西，即所謂伏虎岩。百三十步至仰高亭，又上至息肩亭。自此至望湖亭。太湖在目，群峰環之，登臨佳處也。又上百步有華光殿，其後閣雄據山巔，名曰雲峰閣。之東有浮屠，一成化間，燬於雷火，今惟存其中之石矣。《南濠集》

清 乾隆《西湖志纂》卷一《名勝圖·聖祖仁皇帝御題西湖十景圖》

蘇堤春曉 宋元祐間，蘇軾守臨安，築堤湖上。自南山至北山，夾道植柳。嗣守林希榜曰蘇公堤。國朝康熙三十八年，聖祖仁皇帝南巡，御書「蘇堤春曉」，爲西湖十景之首。爰建亭於望山橋之南，奉懸宸翰，并勒貞珉於亭内。雍正八年，以亭隘不稱瞻仰，改建岑樓，增培堤岸，補植桃柳，並構曙霞亭於左。榱桷凌雲，檐牙浸水。春時晨光初啟，宿霧未散，雜花生樹，飛英蘸波，紛披掩映，如列錦鋪繡。攬勝者咸謂四時皆宜，而春曉爲最云。

柳浪聞鶯　宋時豐豫門外，沿堤植柳，地名柳洲，上有柳浪橋。豐豫門，即今湧金門也。稍南爲清波門。國朝康熙三十八年，聖祖仁皇帝御題「柳浪聞鶯」，爲十景之一，建亭於柳洲之南，奉懸宸翰，并恭摹勒石於亭右。因别構舫，齊平臨湖，曲架石梁於堤上。柳絲踠地，輕風摇颺，如翠浪翻空。春時黄鳥睍睆其間，流連傾聽，與畫舫笙歌相應答焉。

花港觀魚　蘇堤第三橋曰望山，與西岸第四橋斜對。水名花港，通花家山。山下有園，爲宋内侍盧允升别墅。鑿池甃石，引湖水其中，畜異魚數十種，稱花港觀魚。後湮廢。康熙三十八年，建樓於花港南，當三台山出入之徑，去定香橋數十步。飛甍倒水，重檐接霄，珠網綺疏，輝映雲日。旁濬方池，清可見底。揚鬐鼓鬣之狀，鱗萃畢陳，或潛深淵，或躍清波，以泳以游，咸若其性。雖濠濮之間，無以踰此。恭懸聖祖仁皇帝御書扁額，樓北建御書碑亭，亭後置高軒，環以曲廊，疊石爲山，重門洞啟，花徑透迤，爲湖南最勝處。乾隆十六年春，聖駕巡幸，御製《花港觀魚》詩：花家山下流花港，花著魚身魚嘬花。最是春光萃西子，底須秋水悟南華。

曲院風荷　宋時取金沙澗之水，造麴以釀官酒，名麴院，中多荷花。在行春橋西，靈竺路所從入也。舊稱「麴院荷風」。國朝康熙三十八年，構亭於跨虹橋之西，平臨湖面，環植芙蕖。聖祖仁皇帝御題「曲院風荷」扁額，奉懸亭楣，東建御碑亭，恭摹宸翰。又東爲迎薰閣，正東爲望春樓。軒檻瓌瓏，池亭窅窱。花時香風四起，水波不興，緑蓋紅衣，紛披掩映，穆然如見南風解愠時也。

雙峰插雲　南高、北高兩峰相去十里許，其間層巒疊嶂，蜿蜒蟠結，列峙争雄。而兩峰獨以高名，爲會城之巨鎮，往往能興雲雨，故其上多奇雲。山峰高出雲表時，露雙尖，望之如插，宋人稱兩峰插雲。康熙三十八年，聖祖仁皇帝臨幸西湖，御題十景，易「兩峰」爲「雙峰」，構亭於行春橋之側，適當兩峰正中。崇奉奎章，并恭摹勒石於亭後，繚以周垣，丹革翬飛，與雙峰相對。每春秋佳日，憑欄四望，儼如天門雙闕，拔地撑霄，祥雲靉靆，隨風卷舒，日光遥映，常現五色太平雲物之瑞，玆焉可睹矣。

雷峰西照 出清波門，過茶坊嶺，有峰自九曜山來，逶迤起伏，蓋南屏之支麓也。舊名中峰，穹窿迴映，亦曰回峰。《咸淳臨安志》又稱郡人雷就所居，遂名雷峰。吴越王妃建塔於峰頂。林逋《中峰》詩云「夕照前村見」，故十景有「雷峰夕照」之目。國朝康熙三十八年，聖祖仁皇帝御書，易「夕照」爲「西照」。遂於雷峰之西築亭以奉扁額，復摹穹碑於亭後。塔本七級，後止存五級。舊有重檐飛棟，窗户洞達。嗣燬於火，窣堵巍然，磚皆赤色，藤蘿蔓引，蒼翠欲滴。每當日輪西照，亭臺金碧，與山光互映，如金鏡初開，火珠將墜，雖赤城、棲霞，不是過也。

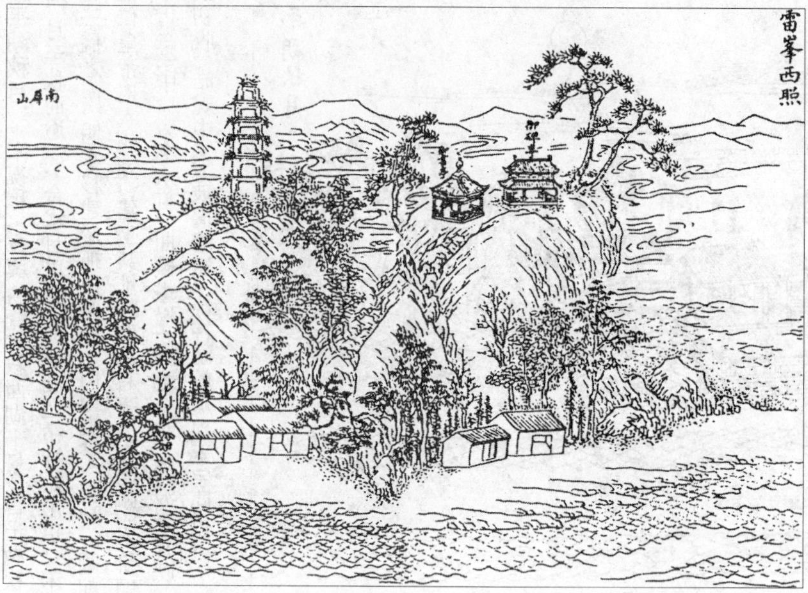

三潭印月 蘇軾留意西湖，極力濬復，於湖中立塔以爲標表，著令：塔以内不許侵爲菱蕩。舊有石塔三，土人呼爲三塔基。《名勝志》云：舊湖心寺外三塔鼎立，相傳湖中有三潭，深不可測，故建浮屠以鎮之。塔影如瓶，浮漾水中。明弘治間毁。萬歷間，濬取葑泥，繞潭作埂，爲放生池，池外湖心仍置三塔以復舊跡。月光映潭，影分爲三，故有「三潭印月」之目。國朝康熙三十八年，於池上構亭，恭懸聖祖御書扁額，復建一亭於池北，以奉御碑，内置高軒傑閣。度平橋，三折而入，空明窅映，儼然湖中之湖。夜涼人寂，孤艇沿洄，洵可濯魄洗心，頓遣塵慮也。

平湖秋月　宋祝穆《方輿勝覽》叙西湖十景，首平湖秋月。蓋湖至秋而益澄，月至秋而逾潔，合水月以觀，而全湖之精神始出也。宋時有水仙王廟在蘇堤三橋之南，明季移建於孤山路口，曰望湖亭，後圮。國朝康熙三十八年，聖祖仁皇帝巡幸西湖，建亭其址。前爲石臺，三面臨水，御題「平湖秋月」扁額，奉懸亭中。旁構水軒，曲欄畫檻，蟬聯金碧，與波光互映。每當清秋氣爽，水痕初收，皓魄中天，玻璃澄澈，恍神游於瓊樓玉宇間也。

南屏晚鐘　南屏山當西湖之南，正對孤山，層巒聳列，翠嶺横披，宛若屏障。凌空而中峙者，爲慧日峰。下有慧日永明院，即今之净慈寺也。寺鐘一鳴，山谷皆應，逾時方息。蓋兹山隆起，中多巖壑，嵌空瓏瓏，傳聲獨遠，故稱「南屏晚鐘」。康熙三十八年，奉聖祖仁皇帝御書扁額，建亭於寺門前，正中面臨萬工池，恭懸宸翰，並勒石於池，北建御碑亭。

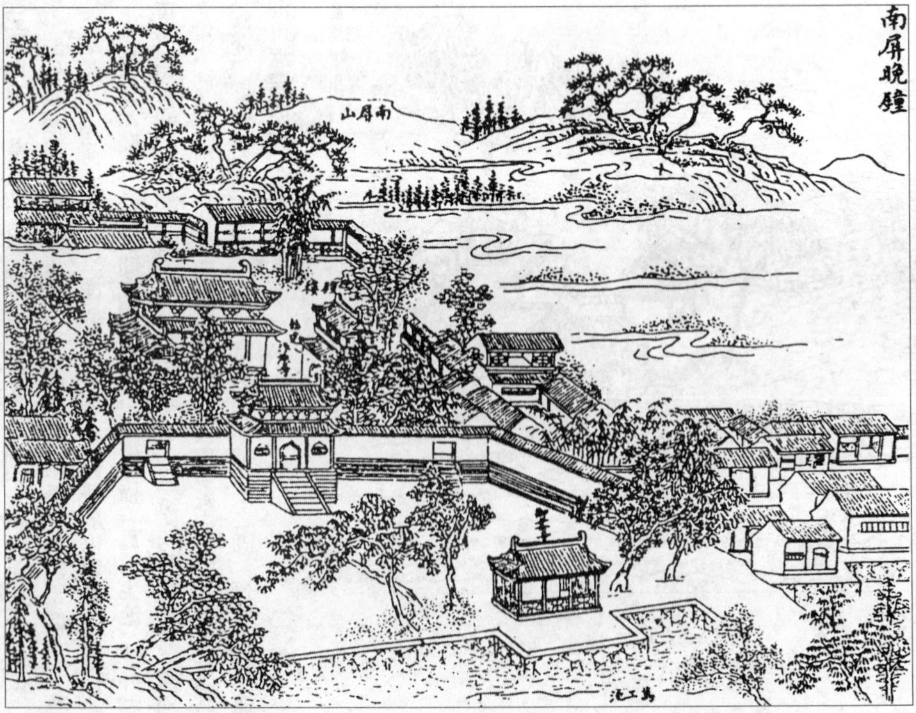

斷橋殘雪　白沙堤第一橋曰斷橋，界於前後兩湖之間。水光瀲灧，橋影浸水，如玉腰金背。凡探梅孤山，蠟屐過此，輒春雪未消，葛嶺東西樓臺高下，悉瓊林瑤樹，晶瑩朗澈，不啻玉山上行。聖祖仁皇帝五幸西湖，皆大地陽和之日，而御題十景，特書「斷橋殘雪」扁額，蓋積素凝華，實爲三農上瑞，而名區勝地，正宜常施粉繪，以潤色太平。爰於橋上構亭，奉懸宸翰，復恭摹勒石，建亭於橋左。每當六出飛霙，條風將至，寒巖深谷尚積餘光，塔頂峰頭猶餘片白，誠熙時瑞象也。

又《增修十八景圖》　吳山大觀　吳山最高處名紫陽山，亦名瑞石山。上有宋米芾書「第一山」石刻存焉。頂石砥平，天成若臺，可容憑眺。舊稱大觀臺，故有「吳山大觀」之目。

湖心平眺　湖心亭居全湖中心，四面臨水，西向左右正對南北兩峰，翼以雕欄，花柳掩映。上爲岑樓，憑欄四望，羣山環列如屏。後爲水軒，平臨湖面。康熙二十八年，聖祖仁皇帝巡幸西湖，御製《湖心亭》詩：水上起樓臺，湖面平如鏡。春風吟柳條，遠與山光映。三十八年再幸，又御製《湖心亭閒眺》詩：虛牖層欄挹翠微，春容澹沲送晴暉。澄波如鏡涵天影，魚鳥欣欣自息機。皆恭摹勒石立於亭中。由是，斯亭之勝爲湖山甲。乾隆十六年春，恭逢聖駕巡幸，泛舟湖心，御製《湖心亭》詩：無地樓臺鏡影空，仙居蓬閬許舟通。四圍景物屋窗外，三面山光雉堞東。俯檻閒看魚畫水，捲簾低引燕裁風。坐游省識無邊樂，奚必幽遐一一窮。

浙江秋濤　西湖雖不通江，而江湖實相表裏。錢塘江本名浙江，亦名曲江，以江流三折，故稱曲焉。枚乘《七發》云「觀濤於廣陵之曲江」是也。凡江皆有潮，而觀濤獨於浙江者，因海潮逆流而上，受龕赭兩山約束，蹙不得騁，與山争勢，洶而爲濤。或云下有沙潬，横亘隔閡，洪波起而爲濤，一日夜再至，而秋八月尤盛。康熙四十三年，聖祖仁皇帝御製《錢塘江潮》詩：相傳冰岸雪崖勢，滚滚掀翻湧怒濤。風静不聞千里浪，三臨越地識江皋。四十六年，復由江上幸雲棲舟中，御製詩一首：鳥道沿江問信潮，石尤恬静有歸橈。轉移至險看洄洑，盡得人防莫失調。並恭摹勒石於江岸，構觀潮樓奉懸御書「恬波利濟」四字額。自是川靈效順，潮汐以時。奇瑰之觀，爲東南甲。

玉泉觀魚 玉泉在清漣寺内，發源西山，伏流數十里，至此始見。舊傳齊建元中，僧曇超説法，龍君來聽，爲撫掌出泉，因建龍祠。甃石爲池，方廣三丈許，清澈見底，中畜五色魚，游泳潑剌，鱗鬣可數，投以香餌，則揚鬐而來，吞之輒去，有相忘江湖之樂。泉上有亭，曰洗心。旁一小池，水色翠緑，以白粉投之，亦成緑色。

玉帶晴虹 宋咸淳間，京尹趙與𥲅自北新路第二橋築堤，以達靈竺路，名小新堤。中有橋，又作四面堂及三亭於堤上。夾植桃柳，以比蘇堤，人稱趙公堤。歲久，湖水侵齧，堤與橋皆圮。國朝雍正八年，作堤於東浦橋之南，西接金沙澗，名金沙堤。堤上構石梁，以通裏湖舟楫。設有三洞，狀如帶環，遂以玉帶名之，與關帝祠相屬。迴廊繞水，朱欄倒影，金碧澄鮮。橋畔花柳夾映，上構紅亭，飛革高騫，晴光照灼，儼如長虹卧波，横亘霄漢。與蘇堤第六橋之跨虹，遠近輝映，彌覺爛然可觀。

天竺香市 靈隱、天竺兩山，與北高峰相屬，總爲武林山。自慧理有「天竺國靈鷲飛來」之語，遂以飛來峰之陰爲靈隱，飛來峰之陽爲天竺，而兩山各擅其勝。由飛來峰轉至下竺，諸巖洞皆嵌空瓌瓏，瑩粹清潤，林木悉自巖骨拔起，不土而生。更進爲中竺，又進爲上竺。夾道溪流瑽琤，松篁茂密，所在多郵市野店。春時，鄉民扶老攜幼，焚香頂禮大士，以祝豐年。更有自遠方負擔而至者，名曰香客，駢肩接踵，歲以爲常。三寺皆極宏麗，而上竺尤盛。

雲棲梵徑 雲棲塢在五雲山之西。舊傳山上時有五色瑞雲飛集塢中，遂名。雲棲前繞大江，沿江取路而入，行萬竹中，石徑幽仄，仰不見日，高下屈曲，延緣十餘里。轉入轉深，不辨所出。山半有洗心亭，爲游人憩息之所。行久，漸聞鐘磬音，則雲棲寺在焉。寺建於吴越時，後名棲真院。明隆、萬間，釋袾宏號蓮池者居之，復名雲棲。國朝康熙二十八年，聖祖仁皇帝御書扁額，御製《雲棲竹樹甚茂幽蘭滿山》詩：山徑紆徐合，溪聲到處聞。竹深陰戛日，木古勢干雲。倚檻聽啼鳥，攀厓采異芬。韶華春已半，萬物各欣欣。

葛嶺朝暾 初陽臺，據葛嶺之巔。《舊志》稱：十月朔，海日初出，爛然可觀。蓋地勢高峻，直望東北海門，日輪乍起，微露一痕，瞬息間，霞光萬道，天半俱赤，紅若琥珀，大如銅盤，光景離奇，倏忽變幻，不可端倪，故錢塘八景有「東海朝暾」之目。凡山峰高處，皆可觀日出。泰岱日觀峰，其最著者，近如靈隱之韜光，亦有「樓觀海日」之句。而葛嶺獨以初陽名。蓋十月朔日，日行之道，恰當臺之正面，是以所見益真。或云，日初起時，四山皆晦，惟臺上獨明，山鳥羣起，遥望霞氣中，時有海風蕩潏，水面更有一影，互相照映，傳是日月並升。其説似未可信。

西溪探梅 西湖北山之陰，過石人嶺爲西溪。溪水灣環，山徑幽邃，直薄餘杭縣界，受南湖之浸，羣山繞之，凡三十六里。自古蕩以西並稱西溪。居民以樹梅爲業，花時彌漫如雪，故舊有「西溪探梅」之目。然地皆沃壤，宜稻宜蔬，宜桑宜竹，其水宜魚，多茭荷葭芡之利。民風近樸，高僧畸人，往往結廬其間，非獨以梅花著勝也。康熙二十八年，聖祖仁皇帝巡幸西溪，御製《西溪》一首：十里清溪曲，修篁入望森。暖催梅信早，水落草痕深。俗藉漁爲業，圍饒筍作林。民風愛淳樸，不厭一登臨。

清 乾隆《西湖志纂》卷一〇《西溪勝蹟》 西溪 在西湖之西。《西湖游覽志》：過石人嶺爲西溪。萬曆《杭州府志》：相傳宋高宗欲都其地，後得鳳凰山，遂云西溪且留下，因稱留下，俗訛爲棲下云。《錢塘縣志》：西溪溪流深曲，受餘杭南湖之浸，横山環之。凡三十六里，支港繁多，溝塍錯出，有三路可入。一由寶石山後陸行至秦亭山，沿山十八里，爲宋時入洞霄宫之輦道。一由仙姑山之西入青芝塢，經法華山，去北十里，爲西溪。一水道由松木場入古蕩，溪流淺狹，僅容小舟。自古蕩以西，並稱西溪。羣山回繞，曲水灣環，沙溆蘆汀，重重間隔，置略彴以通行，人有車馬所不能至者。葉紹翁西溪詩：一條橫木過前溪，邨女齊登采葉梯。獨立衡門春雨細，白雞飛上樹梢啼。

清 沈彤《果堂集》卷九《石公山》 太湖之峰七十二，名者八九，包山最著。包山之勝數十，名者六七，石公最著。石公之山，在包山東南隅，少土多石，周可二里，三面湖水環之。有小菴負其西壁，菴之北爲歸雲洞。洞高廣可二十尺，相傳舊有石垂洞口，如雲之方歸，故名。又北爲蟠龍洞，在水厓洞旁。石悉嵌空，多竅穴，或迤逦數丈作龍鱗狀，有名爲石梁、石琴者，俱倚厓跨水。上厓折而東爲山之陰，多小松亂石。上有石方而平如臺，宜觀落照。自臺東下爲山之左厓，厓北有十三折，類曲屏斜圍，每折異狀。厓南有巨石，傴僂似老父，爲石公山受名焉。旁有石姥，稍高石公之上。有劍樓，高四五丈，廣十之。中開五弄，體斷勢接，廉隅門竦。望之，夾樓刺天弄壁，俱鋭劖若攢劍鋒，其名者曰風弄。穿雲磵，劍樓之下有明月坡，廣容數百人，月夜可嘯歌其上。自坡而上西折，爲山之陽，有聯雲幛、雲梯，雙峰競舉，桀然干霄。又折而北爲山之右，有夕光洞，中有日如浮圖之倒垂。日夕返照，光熊熊然。石堂花冠洞在厓下，水方出没其中。又北即小菴也。余以康熙五十九年孟春來舍於菴，得周覽山之體勢與山石怪奇之狀，而知其名不妄傳。故詳記之，以示世之好游者。

清 沈復《浮生六記》卷四《浪游記快》 山東濟南府城内，西有大明湖。其中有歷下亭、水香亭諸勝。夏月柳陰濃處，菡萏香來，載酒泛舟，極有幽趣。余冬日往視，但見衰柳寒煙，一水茫茫而已。

清 乾隆《曆城縣志》卷九《山水考》《濟南行記》：大明湖，其大占府城三之一。秋荷方盛，紅緑如繡，令人渺然有吴兒洲渚之想。《遺山集》

大明湖在府城内西北隅，一名西湖。大明湖水北注會波橋，遠通華不注。湖光浩渺，山色遥連。冬泛冰天，夏挹荷浪，秋容蘆雪，春色楊烟。鼓枻其中，如游香國。鷗鷺點乎晴波，簫鼓助其遠韻。固江北之獨勝也。景標爲「明湖泛舟」。王季木曰：湖出城中，擅奇宇内，異在恒雨不漲，久旱不涸，蛇不見，蛙不鳴。雖夾蘆爲沼，有礙大觀，然蓮芡魚蔬，利用多矣。

清 于敏中 英廉等《日下舊聞考》卷七九 原：帝京西十五里，海淀凡二，南則輢于白龍廟，又南凑于湖北，斜鄰嶁岣河。又西五里爲甕山，又五里爲青龍桁河，東南流入于淀之夕陽延而南者五里，旁與巴溝鄰曰丹棱，沜沜之大，以百頃十畝瀦爲湖。西有貴人别業在焉。後有樓沜，自垣以西入於樓之漘爲小湖，中多菱芡魚蝦，上有竹萬箇，又有石苔、沙棠、甘菊、忍冬、蘼蕪之屬，蔓延以入於沜。樓外有大査鐵鎖，纜之以度行者。南爲官道，東入海淀。循沜而西町塍相連，有石梁曰「西勾」，復瀦爲小溪，溪上有大磐石，溪中倒映見西山諸峰，小魚淰淰如吹雲。又南爲陂，五六沜水再瀦爲溪，有村曰東雉。水入地中，出於巴溝，自溝達於白石以入於高梁。溯而北，自嶁岣入於西湖，東有古祠，斷碑尚存，乃元上都路制使都哩沁撰文，上有「丹棱沜」字，餘皆磨滅。沜雖小，然忽瀦忽隱，可舟可釣，蓋神臯之勝也。

又 卷八四 原：西湖去玉泉山僅里許，即玉泉龍泉所瀦。此地最窪，受諸泉之委，匯爲巨浸，土名大泊湖。沙禽水鳥，出没隱見於天光雲影中，可稱絶勝。湖濱舊有釣臺，武廟幸西山曾釣于此。萬曆十六年，謁陵迴鑾，幸西山，經西湖登龍舟。后妃嬪御皆從。先期水衡於下流閉水，水與岸平。白波淼蕩，一望十里。内侍潛繫巨魚水中以標識之，一舉網，紫鱗潑刺波面，天顔亦爲解頤。是時艅艎青雀，首尾相銜，即漢之昆明，殆不過是。近爲南人興水田之利，盡決諸窪，築堤列塍，爲菑爲畬，菱芡蓮菰，靡不畢具。宛然江南風景，而長波瀰望則少減矣。《長安客話》

清 嘉慶《山西通志》卷二五 石甕潭在［樂平］縣東七十里車寺村東山峽間。廣一畝，深不可測。巨石覆其上，天鑿孔竅，臯落諸水，繇此溜入，迅疾則繇巨石徑下。下多白石壑，中胥空洞而碧湍注之。語曰空竅者，神明之户牖也。潭側建賢王廟，禱雨輒應。

清 汪洪度《黄山領要録》卷上《白龍潭》 唐刺史李敬方浴湯泉，見白龍於潭，因作堂於湯之西，勒銘於石，潭之得名始此。或曰，雨過風發，四山瀑水，掉頭捽尾，望若奔虯，故名潭。方廣十餘丈，數大石纍凑而成。類有思致者，爲之水匯，諸澗泉高懸數丈，乘空落下，一石仰承，中凹處正受水，如臼之受杵，聲轟轟然。水急臼不任受，復湧起從空橫噴，然後瀉入潭中，勢以層疊而得壯猛。假從石旁側落，則勢緩矣。雨急泉怒，則不暇由故道，橫空越潭，挾千百雷霆飛下。潭静時，空明洞徹，作淺玻瓈色，望去若無，花片落著，水上微風，漾作韡紋，始辨其爲水面也。四周高蘿古木，如張帷幄，如疊旌旆，時有羣猿纍纍，接臂而下飲焉。按白龍潭一山，衆水之門也。將雨，或見白雲一縷起潭中，須臾彌布山谷，雨則大至。

又 卷下《逍遥溪》 雲谷後踰二嶺，徑中源菴舊址。又里許，礫没骭，箐没頂。望空明以趨，徑窮壁轉，溪水硌硌出絶壁中。漸進漸闊，復得曠豁者，逍遥溪也，一名錦魚溪。沿溪水石相半，石岐嶒詭變，蹲者昂者、削者、輪囷者，皆透通宛轉，一石各具一態。人行石上，水行石下，呼吸之聲相應。乍舍磵而凌峭，猿鳥幾不能至。有朽木梁之，履而中折，捫壁作蝸延，復振起跉踔以免。溪有三源，一源中出，東西源夾之，東力稍勁，則合中西以敵。激鬥方石間，湯賓尹題曰鬥玉。東陬有潭，如夾鏡當崖，削而助其豪，下此爲潭，殆不可數。尤異者有印潭、月潭、劍潭、犀潭、花潭，以潭形之方者、規者、長者、曲且角者、瓣縷者名之。形奇矣，色復奇，潭淺色淺碧，潭深色深青，潭石白而色濯素也，潭石赭而色研朱也，潭石錯金而色粲黄也。其底皆若有神物蟄焉者，幽不可測。溪行十里，躡石者三之二，石阻水逕斷行叢薄中三之一焉。更進，兩壁争束一峰，守溪之廉，老松冠之，水石之不接者里餘，可望不可即。方拱乾云，潭纍纍可數十，一潭獨緑如碧玉光，光與日影去來爲幻。杖擊水，緑雨晴飛。予習潭情最熟，惟霜時、月白時秋氣澄净，乃得此，此乃時時爾爾。當是峰色倒映，非關溪也。

又《五潭》 將至松谷，遥見澗泉亂流，蓋挾各道所行之水。於層峰疊嶂閒，盡力衝擊而下，轟號贔怒，迸爲深潭。青黄黑白，各如其名。流出則净潔同派，從師子林外注，流入寺後者，爲黑龍潭。黄龍潭，在青龍潭右，高隔一澗。三潭俱當寺之外壑，寺之上壑則爲小白龍潭。潭在路旁，可先一憩。《志》稱松谷有四潭，合以油潭則五矣。湯濱尹所題爲珠淵者，則黄龍潭也。潭既受水，砂石在底，魚藻在宮，隨所納見之。天形山形，人物往來之形，雲煙草樹，爪指鬚髮，紛相掩映於光明界中，混爲一迹，都忘上下。吴伯與所稱潭淵渟泓澄，大石梁斜覆其上，覆不盡者什三。得日如瓊玉，得空若碧琉璃，得雲若燭銀飛瀑者，則青龍潭也。大石上有天生池，池中白石光碧晶瑩，渟滀盪漾，如有神物歕漱其閒，令觀者怖悸。至所謂油潭者，以石縫直長如油榨得名也。越數武，一大石嵌空如屋，題曰龍淵。激水横行屋下，聲若轟雷，石竅闢通，各争奇妙。潭如五千人大釜，他潭色皆沈黝，中莫可窺。此獨黟縈黛衍，清澈見底，底白石粲然如怒魚欲躍，可垂手而取。及以脩綆投之，則僅至潭半而止，雖增至十餘尋，仍餘半焉。按，潭而繫以青黄黑白者，各以所映石壁之色名之也，稱龍以表其幽深耳。山中人遂以潭之色爲龍之色，曰龍實居之，潘之恒曾更其名。黑曰璺澤，白曰玉檢，黄曰瓚石，青曰空青，油潭色沈緑也，曰懸黎。惜未鐫於潭石也。

又《洋湖》 太平縣西二十餘里，一山當前，怪石攢其上，芙蓉峰也。峰下湖名洋湖，湖十頃，峰環泉注，中生荇藻，絲髮可數。明霞返照，倒影湖底，夜嵐如曳練。蘆葦花時秋雪漫漫，不見涯涘。釋普門擬築臺湖中，中建無量殿，旁開十門，外離水三丈，週遭築堤，堤上建十堂，接游侣，各用橋度。入殿堂後垂檐，上建飛閣，四面環湖，往來用筏以渡。志業未遂，今一望爲蕪田矣。然鴻雁來，猶多棲宿其中。

清 吴康侯《封山記略》（《富陽縣志》卷二引） 封禺二山之間，古汪芒氏之封國，即防風也。封山之陽，湖曰封渚，延袤九里。湖上豸山，東西映帶，藕花菱葉，溶滴平波。假東坡、和靖兩公築堤，移柳栽梅，放鶴舄亞，荷花十里，桂子三秋耶？山之麓爲防風廟，晉元康初，邑令賀循建。吴越王錢鏐微時，禱之有驗，後封靈德王，其碑碣猶存。洪武四年敕封防風氏神。至今仲秋二十五日，都人士封羊釃酒，有司俎豆祀之，歲一舉焉。廟之後爲大悲堂，堂之東，緣磴而上，有石穴槎牙，中有積水寒慄，仙鼠窟之。又東上爲封公洞，俗呼蝙蝠洞。巖竇軒翥，高可三四丈，如堂皇然，其中可陳百席。出洞之左，又上爲石浤，三面石壁如削，獨虧其陽，水清以深，野人云，龍池也。又折而上，石壁壯偉，如雙闕對峙，其後環周如障，其中積水爲池，竹橋從池面渡，復立木緣梯而升。右巖壁罅處，嵌空如屋室，可蔽風雨，宴坐其中。其下，游人爲石嘴隱蔽弗見，使斷橋抉梯，隔絶紅塵，惟許雲鳥往還耳。南望禺山，相距可二十里。下封山西去，爲聖堂嶺，嶺上爲東岳行宮，道旁一石，先是中夜有光，崇禎末，一夕爲盜發寶劍去，惟匣影留焉。又西爲泗水庵，庵後石壁突兀，下俯清泉。庵之西登山半里許，兩岑岸立，中貫一石，如梁可渡。下臨絶壑，曰仙人橋。渡橋而上，爲百丈潭。潭四周皆絶壁，而北啟一隅，高峰排雲，寒泉隱日，投以小石，滐然響答。日卓午，游魚漾影，可指數也。大抵泉石幽奇，巑岏獨立，惟封山特異。山下濱湖居人，以埏埴爲業。其東曰觀音嶺，上爲大士閣，憑空履巘，湖光浩然，月下鳴榔蘆中，欸乃日出煙消，碧山如畫，此景尤爲勝絶。

紀事

宋 錢時《三潭記》（《新安文獻志》卷一三引） 淳安之西百里有三潭焉，在崇岡僻嶠極深處。源出昱嶺，至是始折而東，瀉瀑垂斗絶，潴而爲潭，連三垂瀑。而三潭高下相比上者可一畝，居中者尤大，而其下則差小。旁皆崖石。圓拱口收而腹衍如釜，勢束乎兩山之間。傾注澒洞，聲振林麓。路臨其上，撼撼欲浮然，而寒碧淵澄，波紋不動。聞之故老，嘗有輪麻縷垂石下測之者，盡一輪，莫竟其底。中潭之涯，則小山孤起，有古祠出蒼烟老木間。下有岩穴，容數十輩。水益東出，淙淙亂石中流去。道左片石側立，過者颼颼聞松風聲，曰響石。又數十百步，兩崖對峙如堵牆，水流其間，宛若門闕中過。上多怪石，其犁然作手形者，曰仙人掌。三潭之別源，當合富、流漿二水之衝，有石柱尤奇，方廣三丈許，從澗底挺然拔起者幾七十尋，上下相直，不偏倚。蟠松壽蔓，夭喬纏糾。

宋 周密《癸辛雜識》續集卷下《西湖好處》 江西有張秀才者，未始至杭。胡存齋攜之而來，一日泛湖，問之曰：西湖好否？曰：甚好。曰：何謂好？曰：青山四圍，中涵綠水，金碧樓臺相間，全似著色山水。獨東偏無山，乃有鱗鱗萬瓦，屋宇充滿，此天生地設好處也。此語雖粗俗，然能道西湖面目形勢，爲可喜也。

明 李裕《游濟南大明湖記》（《古今游名山記》卷五引） 濟南面高山，其地低窪，有七十二名泉，皆散流匯爲大明湖，由北水門注於濟濼，迂東流數百里達於海。湖占城内地三之一，延亘長堤。堤傍多柳，堤上跨七橋，以通諸泉之流泄。棋布於中，若洲若渚、若沚若溆者以百數，爲歷下勝槩。余至濟南閲四載，未獲覽湖上之勝。成化己丑，左長史屈公天錫新構軒於湖北之湄，其夏邀余與葉公拱宸、鄭公德聚、劉公行恕、董公國器、張公鳴王、吴公大禄至軒，臨清以嬉。泛覽湖上，水光映天，澄鮮一碧，屬玉水鴞，浮游而先後。洲渚間崇林茂柳，輪幽呈秀，空翠輕煙，舒斂異狀，誠爲佳致。【略】時清風徐至，荷香襲人心，凝形釋與，萬物冥會，恍若身在閬苑、蓬萊間。遂循南岸至歷下、環波、水香三亭，亭瞰湖濱。宋曾子固知齊州重建，今湮圮基存。余與拱宸輩深嘆古人之樂事，四百年來無一人繼，曾後而新之者。比日將申，舟由北岸復至軒下飲茗。天錫復携具，偕余輩登北門城樓，啟窗四顧，其泰山綿亘百里，重疊而南拱，華不注峰虎牙傑立於其東，鵲、藥諸山環抱於西北。俯視白雲巨合，諸水皆在階戺下，而東、兖、登、萊數州之土壤俱在望中，濟南山川形勢，亦雄矣哉。

明 王鏊《震澤集》卷一五《七十二峰記》 太湖之山，發自天目，迤邐至宜興，入太湖，融爲諸山。湖之西北，爲山十有四，馬跡最大。又東爲山四十有一，西洞庭最大。又東爲山十有七，東洞庭最大。馬跡、兩洞庭，望之渺然如世外，即之，茂林平野，閭巷井舍，仙宫梵宇，星布棋列。馬跡之北，津里、夫椒爲大，夫差敗越處也。西洞庭之東北，渡渚黿山、横山、陰山、葉余、長沙山爲大。長沙之西，衝山、漫山爲大。東洞庭之東，武山，北則餘山，西南三山、厥山、澤山爲大。此其上亦有居人數百家，或數十家。馬跡、兩洞庭分峙湖中，其餘諸山，或遠或近，若浮若沉，隱見出没於波濤之間。馬跡之西北，有若積錢者，曰錢堆。稍東曰大嶕、小嶕，與錫山若連而斷，舟行其中，曰獨山。有若二鼂相向者，曰東鴨、西鴨。中爲三峰，稍南大墮、小墮。與夫椒相對而差小，爲小椒，爲杜圻，范蠡所嘗止也。西洞庭之北，貢湖中有兩山相近，曰大貢、小貢。有若五星聚，曰五石浮，曰茆浮，曰思夫山。有若兩烏飛且止者，曰南烏、北烏。其西兩山，南北相對而不相見，見即有風雷之異，曰大雷、小雷。横山之東，曰千山、紹山，曰瞳浮，曰東獄、西獄。世傳吴王於此置男、女二獄也。其前爲粥山，云吴王飼囚者也。有若琴者曰琴山，若杵曰杵山，曰大竹、小竹。與衝山近，若物浮水面可見者，曰長浮。癩頭浮殿前，浮與黿山相對而差小者，爲龜山。有二女娟好相對，曰謝姑。有若立柱巀嶭，玉柱稍却，金庭。其南爲崍山，爲歷耳。中高而旁下者，筆格。驤首若逝者，石蛇。有若老人立，石公、石虵，石公石最奇。與黿山、龜山南北相對，曰鼂山。山旁曰小鼂。若螺者青，浮二鼂之間，若隱若見，曰鷩籃。東洞庭之南，首鋭而末岐者曰箭浮。若屋敧者曰王舍浮、苧浮。又南爲白浮。澤厥之間，有若笠浮水面者，曰蒻帽。有逸於前，後追而及之者，曰猫鼠。有若碑碣横者，曰石牌。是爲七十二，然其最大而名者，兩洞庭也。

明　慎蒙《游五雲山記》（《天下名山諸勝一覽記》卷四引）　武林多山，而語山之極高者，南北二峰爲最，乃登高攬勝者之所必由也。其北則初陽臺，南則太虛樓，又子胥廟前第一山，西則六和塔。蓋初陽臺自高臨下，俯視西湖如帶，扁舟一葉。凡南之太虛樓雲峰庵、雷峰塔，皆在所畢照。登太虛樓，則北之大佛、昭慶諸刹與内外二湖，明若匹練，飛帆摇曳，所謂天然圖畫者，非誣也。登第一山，則城南之萬家煙火鱗次櫛比，江東諸景如指諸掌。登六和塔，則江以西與南之蕭山，俱在一望。又登攬之所誇以爲雄者。萬曆甲戌秋，客有談五雲之勝者，予乃由六橋至淨慈，又由邵墳歷虎跑至江口，繞六和塔，沿江而行。江路既盡，至一石牌坊暫憩。復進而北，則有一石牌大書五雲二字。自此則路漸高，山益深，舍輿而徒矣。復憩一亭，内供小佛一尊，亭四向，四圍山繞，真如列障。予題曰山列翠屏。又曲折蛇行，遥見一亭，隱然山隩，若在霄漢，視之則伏虎亭也。予南向而視，則二山夾峙，凡爲江之海門，與夫蕭山、嚴州諸山，及南北二高峰，與吴山六和塔，皆可俯窺，真如丘垤。因題曰第一奇觀。遂入法堂，絶無人聲，若與塵世隔絶。予題曰隔凡真境。度之，則已在山極高處矣。高明雄麗，殊覺賞心。前有二井，覆以亭欄，名曰龍井。井旁有一軒，凡諸名公之題詠皆在。飯罷，登僧樓借榻以卧，如置身羲皇之上，亦佛家所謂歸歡喜地也。夫是山也，雄踞武林，獨立雲表，收拾萬象於指顧眉睫之頃，孔子所稱登東山而小魯，信哉！

明　李元陽《中谿文集》卷八《游青碧溪三潭記》　溪在點蒼山、馬龍峰之南。【略】源出上下石澗，湧沸爲潭。深丈許，明熒不可藏鍼。小石布底，纍纍如卵如珠，青緑白黑麗於寶玉，錯如霞綺。纔有墜葉到潭面，鳥隨銜去。潭三面皆石崖，其淨如拭，纖塵不住。觀玩久之，乃側上左崖石罅中，避雨而坐，俯瞰潭水。更互傳杯，不覺盡醉。右崖有「禹穴」二字，楊公所刻。出潭東行，見石上流泉漸靡成渠，最滑不可著足。有輕躡者，輒失脚落。中潭深二丈許，以水明見底，人多狎易之，不知其叵測也。下潭水光深青色，中潭鴉碧色，上潭鸚緑色，水石相因，水光愈浮，石色愈麗。予每至溪上，縠紋璧影，印心染神。出溪，雖涉塵事，而幽光在目，屢月不能忘。緣溪而出，水之所經，因地賦形，圓者如鏡，曲者如初月，各有姿態，皆可亭以賞其趣。馬、任二公嘗建濯纓亭，今廢矣。此溪四時不竭，灌潤千畝，人稱爲德溪云。

明　蔡羽《游消夏灣記》（《名山勝槩記》卷一〇引）　山以水襲爲奇，水以山襲尤奇也。載襲之以水，又襲之以山，中涵池沼，寬周二十里，舉天下之所無，奇之又奇，消夏灣是也。灣去郡城且百二十里，春秋時吴子嘗從避暑，因名消夏。自吴迄今垂二千年，游而顯者不過三五輩，其不爲凡俗所有可知已。湖之峰，莫大於包山。山之峰，莫大於縹緲峰。高不知其幾里，足袤五十里有畸也。峰之南水道三十里，爲苕溪，其弗能與苕溪參者，諸巒抱其外也。苕之舟，其行三十里以求縹緲峰，其弗能與峰直者，亦諸巒爲之拒也。四面峰巒交萃，獨以一面受太湖，中虛如抱瓮，其南列門闕焉。由門闕東西盼，西爲龍頭山，其次爲小洞庭，爲石蛇，爲舍爲蕪，爲鼠門之石，不得而名焉。東爲大小明月灣，爲石公，爲澤爲厥，爲三山，不得而名焉。明月之灣，其背爲梭山，厥土墳壚，厥産林禽、鴨脚、櫻蕣、柚、柿、梨、栗。龍頭之背爲圻峰，厥土白礫，厥産玉石、盧橘。中消夏之腹印浮其上，乍有乍無，爲衆安之洲。上則四面環合，爲屏爲翰，聳妍效譎，以與縹緲朝拱。峰之巔有草無木，其麓多木無草。丹宫梵室，蒙蔽林靄，鐘鳴鼓應，然後知仙釋之廬。魚行鳥過，形影交徹，帆翔其上，而莫知之避也。夫地既異而處甚僻，信乎游者之難至矣。

明　徐學謨《徐氏海隅集》文編卷一〇《游洞庭君山記》　君山者，故湘山也。其上蓋有堯女湘君墓，更名君山云。鼎、澧、沅、湘、資、黔諸水退溢而北，瀦泯江，走巫荆，嚙決東下，逆折而南，俱匯於洞庭。曠莽延數百里，不見涯際。日月之光，東西盪射之，滉漾作天鏡色，而獨君山以一培塿介綴波面。夏秋之交，霖潦集之，水愈大，山愈細，震撼噴滈，倒景浮動。從岳陽樓望之，宛然少女，綰青螺髻，離列十二，出没銀濤雪浪間。可念世所傳海外岱輿、蓬萊、方丈，疑亦類是。余曩游焉，會秋霆方滯舟，犯石尤風，業濟而不得渡，迄於今，荏苒十三年矣。兹幸以始春之月偕客往，雰雪初霽，淙流偃蹇，僅航城下，一衣帶水，即揭而翔，陸葦沙陀漫，其奇勝，即不逮水漲時，而閑遐窈渺之觀固在。輿行十五里，迫山之椒降，而謁禮二妃廟，訪其蜕骨處。已雜灌莽，不可辨識。折而西北，行數百步，有叢林一區，前插干霄古杉杏，水鸛千群巢之，聞呵騶聲，皆摩空避官人去。乃諸頭陀引逗叢林後，觀唐柳毅遇洞庭君女故井。井泉芳洌而憨湧可掬，而傳書亭已瀕廢。列籍坐久之，返飯於龍堂，繙佛藏經卷，罷復斥輿出，折叢林而西，尋軒轅鑄鼎臺遺址。蜀人李惟觀閣其上，懸寮疏敞，游目烟帆雲舶，接九嶷、衡岳諸峰色，縹緲掩映，目盡方止。

明 王世貞《弇州四部稿》卷七二《玉女潭諸游記》 出張公洞半里許，得史氏之廢院憩焉，即故天申宮址也。會所齎酒脯至，相勞苦飲食。小閒仰視，旁石壁峭上十餘丈，下有泉紺碧色，酌之甘。客曰，循此西，可抵玉女潭。余遂起，蹩蹩行蔓草中，然甃石鱗切，道甚平，曰史氏所治也。可三里所棹，楔書甚偉，至則道益飭治。倏篁茂松，葱菁峭蒨，極望無涘，有老氏宮宮焉。主者則二僧，延余縱觀爲上祠鼇處，久之出。緣石磴上可數十武，稍折而南爲玉女潭。潭方廣各五丈許，不以水旱溢涸。渝渟泓澄，可數顱髮，大石梁斜覆之，覆不盡者十二，黄葉時墮，鏗然有聲。李生約絙以石而擲之，其深者竟五丈，絙不見底。余呼酒舉一巵下，僧導余行，可百弓，抵瓊樹所。夭矯偃蹇，欲無白日，幹若數虬盤蟉而下取，根則上搏相格，益怒甲鬣開奮，即唐人獨孤及所稱日思瓊樹者也，計其歲，可伯仲吾虞山檜耳。傍有巨石昂首出，隆準兀峍，兩洞睕睕，水深緑如雙睛，却視令人僂然。僧乃導余飯史氏莊中，堂亦祠鼇處也。周環若壁，爲八卦齋，後樓憑之，可從隙望太湖門者，傲余以不可上，乃止。史氏者，今太僕恭甫也。僧間爲言所以得玉女潭狀，云史氏初行地山下，榛蕪隱約中，若有覩者，異之，刊蔓而潭見，其右爲虎窟，人獸骨甚多，募獵士逐之去，亭其上。凡史氏所得地以十數，而龍湫、鈞陽洞最勝。余故已耳龍湫，遂攝衣往。可里許至湫，湫爲石澗，衡二丈奇，縱可六丈而殺，三方皆峭壁，壁多青緑色，潴泉淵然，甚冽而甘寒。方舟覆焉，僧爲言舟可以入洞，第非數十人，莫能復。余顧從行士有賈勇者，募之復舟，人予三鐶。七人裸而泅，舟遂復。已從峭壁下盤入，壁愈益斗絶。仰視天一霤熒熒射人，石色與水色鬥碧赤。余劇呼酒，張生扣舷歌，歌聲泠然，逗崖石間。欲留小醉，需次入者，妒而疾呼，乃强出爲待之，徐行至鈞陽，亦水洞也。中空，可容百人，流水潺湲出石間。傍復得一竇，傴而入，益開朗，石益奇，水聲益壯，蓋游客所不時識者。僧復言某某地亦可游，以非耶，姜君不答，第趣觴，觴余醉而歸。

明 王世懋《名山游記八種·游九鯉湖記》 余於泉石癖，蓋天性也。顧於泉恨所出處多無奇，即有奇巖絶壑，又每恨水不得注。兹山故饒奇石，然山所出泉，僅古梅洞邊一縷耳。湖水乃從永福萬山中來，所歷無慮數十百里，而九漈之石，適與遇合，相得爲奇麗觀，快心醒目，自匡廬、雁蕩外，不多見也，宜其爲神仙所窟宅云。何仙兄弟九人乘鯉事，頗杳冥，又與淮南八公異顛末，即夢奇中，余未敢信然。然要是地靈所鍾，世有神仙，定當顧而樂之。

明 李維楨《大泌山房集》卷六〇《太湖兩洞庭游記》 至靈巖，巖故吴館娃宮，梁天監時爲寺。寺西得二井，一規，一八方，相距丈所。方者蔚藍，與天一色。僧言井通太湖，有魚時上游，其深不測。規者吴王時物，方者知積師開山鑿也。更西登琴臺，臺石可坐鼓琴，是扼湖山中樞。崑之馬鞍，常熟之虞，錫之惠，江陰之均，洞庭之東西，皆可俯而窺也。江外諸山，輕烟一抹，如畫長蛾。不審夷光顰時，何似琴臺。下即響屧廊遺址。山麓溪流如綫，曰采香涇。香山當席如小几，吴王種花處也。山所稱西施事，多後人附會，若玭柱爲乳耳，不足信。

明 潘之恒《消摇谿記》（《黄山志定本》卷三引） 消摇谿相傳有容成子釣石，是名錦魚谿，或云軒轅拳龍所也，是名清潭。上爲清潭峰。【略】問寓安消摇谿路，披蓁莽行，箐没頂數尺。約里許，始得澗。怪石纍纍斷斷，或立或卧，或鋭或秃，或仄或陡。行者若跨若躍，若緣若引，若絙若縋，與木石爭捷爭奇。揚旟鼓鬐，欲裂壁以進，若觸不周，蹠二華。又若挾山超海，驅雷策電，飄忽以度，真擲命於九淵，而不暇恤者。乍舍澗而凌峭，猿挂鳥飛，所絶有。朽木梁之。余與導僧履而中折，面皴爪脱，捫壁作蝸延。復振起跉踔，以免太史踵跡之。去僅咫不爲却，而衆皆膽喪矣。源水中出，東西源夾之，東力稍勁則合，中西以敵，激鬥於方石間，題曰鬥玉。天下之流委交觸，自瀔洛外尠聞，故谿漲時亦以并三源而益巨。東陿有潭如夾鏡，當崖削而助其豪，太史謂勝開先玉峽。下此爲潭者四五，色皆縹碧，落瀑各異態，怒石亦殊觀，或一束綫，或散萬琲，或積羣玉，或析鄰虚。窺其底，若神物居之，莫測其際。選坐谿滑，觀雲中數壁。飛躡數百武，始穿峽以升釣石，雲壁益獻奇。太史曰：可以消摇矣。蒨崖孤立，下涵清泠，曰青潭坪。曩游者自此返，玉涵金櫃封之崖半，兩峰若扃。太史及方生汝實猶臨水裔，下見二泓，方臺矗焉，有二龍子泳於波。太史曰：止。止毋侵龍宮，而驚其族。超澗石十里，少憩中源，猶觀仙燈洞，而後返於擲鉢院宿焉。

明 田藝衡《香宇集》卷二二《游石湖楞伽山記》 今湖中大者，名亦有五，曰菱湖，非湖州之菱湖。曰莫湖，曰游湖，曰貢湖，曰胥湖。而其外又有小湖三，曰梅梁，曰金鼎，曰東皐。若宜興之滆湖、吴縣之石湖，則又其旁之最小者也。石湖在太湖東北隅，東風揚帆，頃刻可至，云是范蠡乘舟入五湖故道。而小椒、杜圻諸山，則蠡之所嘗游也。于是檥舟楞伽山下，迤邐而上，苦無喬木可蔭。楞伽寺隋碑甚古，轉眺望湖亭，則俯仰觀察，五湖全體具露。回視扁舟，破浪而來，不覺此身凌風迴出于霄漢之表也。還，煮茶于上方寶積僧房。循支徑而北，爲郊臺，蓋吴王僭祀處，平坦尚可列席百方。其下爲治平寺，有井，亦稱第四泉，然不甚佳。出而瀕湖，有亭翼然，即石湖亭。亭近行春橋，橋通越來溪，溪上酒城在焉。越來溪者，勾踐破吴入兵便道也。酒城者，夫差醖釀之府也，頽然花笑，酣然鳥啼，非昔日之醉鄉乎？草木旂常，風雲輦輅，非昔日之郊祀乎？酸風卷波，淒雨滿城，非敵國駢而宗祚覆者乎？落紅亂飛，逝水不返，非謀臣亡而妖姬遁者乎？吴邪越邪，兩安在邪？漁家之火對眠，寒山之鐘到枕，欠伸篷底，誠一夢耳。伯王興亡，大略古今幾感慨矣。故君子必觀太湖，而後知石湖之窄也，必觀滄海，而後知太湖之隘也。不登縹緲峰，不足以見支硎之小，不登崑崙山，不足以見縹緲之卑。彼介然一隅，竊勺水拳石以自多者。

明 袁中道《珂雪齋近集》卷三《游桃源記》 曉登山，即武山也。自德山遡江而西，兩岸皆平疇沃野，山盡伏。至是始稍稍起，武山不甚高，而峰巒曲抱，不識山顛所在，屢陟始見山閣軒窗。又折而南，乃見山門，前封大江，孟浩然所云「水迴青嶂合」者，即此地也。下山至山脚石根上少息。石色如頳霞，右一石如人吐舌，左一石如郎當舞袖。兩石中間，有泉淙淙下注，石子、小洲墳起，即武水之源也。石如舌者，旁爲千萬年水所嚙，橫泐而成洞，可蛇行入，其下多餘竅。如袖者緣袖而下，石多爲水所穿水痕，中可坐掬江流，大魚時擲。中郎記此處，但云「霞石映緑潭」，甚麗。是時水漲，不見石根故也。然此石佳處，正在根，非水落石出不見。十餘里，過鄢溪，漸近桃源縣，山欲起而復伏，如馬受銜而未即馳，如帆將挂而未即張，如鸞翔鳳翥，欲往而尚有侍也。夜宿邑之近郭，微雨滴瀝，甚爲山程憂。曉霽，急往學宫石墀上看山。前此自武山來，山之欲起而復伏者，至是兩岸之山始大起，其穎秀玲瓏，竦峭瘦削，若有鋩刃不可迫視者，即緑蘿山也。舟過山下，見一壁中泐其半落水，苔蘚蝕剝，骨甚遒勁，酈氏所云「頹巖臨水，浮響若鐘」者，信不虛也。此後山勢欹側冶媚。又十餘里，江漸狹，山坡間時有人家，竹樹駢羅。至白馬江，雪濤掀舞，震蕩峰巒，瀩浣草木，所謂「白馬浪光天」也。由渡口入花源，行亂山中，幾迷路。久之，見一門，有斜徑可陟，乃花源後户，其上即瞿童瀹鼎池也，梅花五六株，如積雪照耀空谷。【略】曉辭花源，出水溪口，山皆伏，是爲鈔蘿村。左右遠山疊疊，皆在數十里外。與游侶奕，一枰未終，而舟人呼曰：看山！訊之，則仙蜕石也。蓋至仙蜕石，而兩岸之山又起矣。石數千百丈，側立水中。皆霞紋雜以緑蘚，若劈若裂，鍾鼎几案、龍鳳象馬之形，種種具備，磊磊入潭，亭亭直上。顛或外窺，根復内却，仰而睇之，既已爪削不受一塵。捷猿莫攀，飛鳥靡託，理絶穿鑿，而方洞纍纍，内有黄腸，俗云仙蜕仙與非仙，不可知，要之必鬼工也。里許，至漁仙寺，閣覆洞外，可眺遠山。旁又有洞二，云伏波避暑室。過洞，三峰錯峙，石理斑爛，旋螺而上，間有隙地可室。別漁仙山，漸伏登舟，天風大作，珠雨隨之，飛帆破浪，頃刻十餘里。俄雲霧中，見有一峰，亭亭若鬟髻者。訊之，則穿石也。蓋至穿石，而兩岸之山，又起矣。一壁峙水上，作精鏐色，中穿如大圓鏡。望前山疊疊，若有視瞻，性情甚可愛玩。登舟回視之，宛似香象。截流而渡，亂石出水中，大類突星灘。日已暮，雨漸注，遂維舟亂石中。至曉雨不止，予起披衣坐，淋淋滴蓬窗有聲。一舟人皆熟寐，甚清寂。辰後稍霽，乃留舟穿石，覓一小舠，携健夫數人以往。去穿石十餘里，漸近鏡內，所見諸山，夾道林立，浣濯之餘，妖倩百出。入雲巖壁，皆千峰萬峰攢簇而成，咫尺皆有波瀾，曲折瀠迴，翻成動物，蓋山遠易于取態，至近而態不失者絶少。惟此一帶山，愈近愈活。至清湘溪水，頻爲山所約，欲窮去路，山至此，如陣如城，如千葉青蓮，如畫中所稱陁子之頭、道子之脚，無不具備。實爲佳山水之聚。恨夙生福薄，不得于此溪畔作漁郎也。【略】大約水上看山，惟三峽與花源耳。三峽雄奇，花源秀邃。三峽馬《史》也，花源班《漢》也。三峽子美詩也，花源摩詰詩也。第瞿唐、灩澦之勝，常以險奪，而此地一舟泛泛，無風濤之怖。

明 鍾惺《鍾伯敬先生全集》卷四《浣花谿記》 出成都南門，左爲萬里橋，西折，纖秀長曲，所見如連環、如玦如帶、如規如鉤，色如鑑、如琅玕、如緑沈瓜，窈然深碧，瀠迴城下者，皆浣花谿委也。然必至草堂，而後浣花有專名，則以少陵浣花居在焉耳。行三四里，爲青羊宫，谿時遠時近，竹柏蒼然。隔岸陰森者，盡谿平望如薺。水木清華，神膚洞達。自宫以西，流匯而橋者三，相距各不半里。舁夫云通灌縣，或所云江從灌口來是也。人家住谿左，則谿蔽不時見，稍斷則復見，谿如是者數處。縛柴編竹，頗有次第。橋盡，一亭樹道左，署曰緣江路。過此則武侯祠，祠前跨谿爲板橋一，覆以水檻，乃覩「浣花谿」

題牓。過橋，一小洲横斜插水間如梭。谿周之，非橋不通，置亭其上，題曰百花潭。水由此亭還。度橋，過梵安寺，始爲杜工部祠，像頗清古，不必求肖，想當爾爾。

明　姚希孟《循滄集》卷一《登縹緲峰記》　吴山以南靈巖望太湖最豁，至銅井、西磧諸山，直薄湖漬矣。然西望至縹緲而窮，即莫釐亦爲縹緲所障，僅半面裝也。夫神禹奠大川，哆言底定，若與四瀆争雄長，豈無意耶？上自宛陵、瀨陽、曲阿諸水，旁而新安、天目，數百里内所環注者，震澤爲巨壑焉。即密邇海東，然積坎所瀦，厚集而徐走，其性紓而悍，非若江河日夜犇趍，赴谷王如歸也。湖之形圍于東南，而漭瀁于西北，故觀湖者，必觀之縹緲。余以九月之十七日，步自消夏灣，從后土祠右折而上，勢雖峻而徑坦，石磴承之，無彳亍蜷跼諸苦。陟山腰，過靈官殿，路漸陡，湖面亦漸開。徐步登其巔，泱乎漭乎，身在蓬瀛之上矣。縹緲、莫釐兩相嚮，而帛翔雁浴，黿縮蚰伸，鸛陣排營，雁字撥墨，昂首傴腰，左迎右顧者，合之得七十二，獨縹緲爲之長。憑高下睇，即非羣后之覲至尊，亦幾於牧伯登壇，劍佩鏘趍者哉！其點點若聚墨，作兩山附庸不足紀，而羅峙四維，翰宣遐服者，若弁若峴，若道塲。在西之南，則箬溪、苕、霅諸山也，若銅官、離墨。在其西，則荆溪山也。夫椒在西之北，則晉陵山也，若惠若錫。在直北，則梁谿諸山也。是日北風驟厲，挾霧氣籠罩水面，巔峰嶄岫如口，流蘇陰霾之色騰騰上昇。余睫力不遠，恍惚迷離，聽旁人指呼，瞪目注射，第意片雲垂脚，靉靆不收而已。風從山背來，層岡障之山之陽，則輕波駘蕩，夕陽滿湖，漁艇曳網而行，如寒汀宿鷺，佇立不徙，又疑諸峰外添三五小山。久之，波光動溶，并諸山亦摇摇若颺風移樹泊岸也。日向晚，漸作艷金色，山變紫，湖之遠日者亦紫，其日没處變黄，晃耀殊常，終以風師播威，不復列霓旌霞葆，僅絳節一道，送羲輪迴馭而已。忽見一大摩尼珠，晶瑩爍睛，又如朗月初升，去落暉不盈尺。蓋倒影入水，其散者爲鎔金，爲走珠，其兩山封峽處聚而成球。鮫人不敢吞，以獻解事賞鑒家如余者。

又《游峆記》　山水相錯間有峧，有疃，有峆。其蜿蜒入湖，砂土成堤，如渴虹飲澗者，曰峆，方言也。十九日渡柯家嶺，回首青林一抹，插入湖漬，楓葉間之，濃于縟繡，問同游者，曰峆也。是夕抵長壽，昏黄矣，游需月上，擬步往。山人鄭季真言：登陟屨穿且重趼矣，舟可泛也。掉小艇載月而行，時秋水初落，灘頭多礫，相携陟岸。有夏禹廟，頗嚴整。以報底定功宜爾，惜林木翳月，樹頭紫緑萬狀，蒼茫一色，而澄湖又隔樹外，游未快也。擊舷中流，隨月光所漾，乘波來往，忽見一石坡大畝許，上有石壁陡削者，窈窱者，矗峙而窾。其胸劈其理者，與木蘿松鬣皆昂首磔張，作山鬼搏人狀。余大詫奇絶，乃縱步坡陀上。石初出水，歲受激砉，脂滑無芒，距行不留跗。湖沙浄膩，踐之如文茵。余輩騰亂石上，或騎其項，或跨其脊，戲笑爲適。黄生曼聲爲吴歈，山僧瀹茗代酒，各有致。坐久，月逾皎，輕煙縷霧，與水上游絲紛射，疑在水晶鮫宫。天風徐來，又忽忽欲颺去。銀波雪濤之間，素魄動溶，綴若貫珠，長如浮圖，觸睞成象，恍惚復失，大抵實境似夢中，醒境似醉中，塵世境似仙島中。李青蓮與崔宗之衣錦袍、泛采石，固千秋豪舉，夢蝶御風，率爲寓言。若即景迷離，疑真疑幻，千古惟子瞻夜半赤壁時，今何幸類之。還舟徐徐行，又得一石，巉巖灌木俱相類，其幽絶奇絶多朦朧，不甚了了。月夜之游，勝于白日，正以此從來游洞庭，未有及峆者。即余此游，亦非料簡所及。然非月夜不奇，即月夜而非卒然解，后神與境合，不大奇？後有尋途問涉者，得毋嚼蠟哉？姚子曰：世所謂仙者，了不異人，不過月皎風清，渡瀛海、登曾城，以驕視塵樊耳。若吾輩時時作此游，游時時歷此境，囂悰既滌，穢形可捐，便當拍洪崖之肩，躡浮丘之迹，何用海上三神山及不死大藥哉。試問奪予而去者伊誰？辭仙不居何故？厭樂耽愁，悁悁以老，良可嘆也。是夜同游爲門人黄虞，山中鄭季真，長壽僧修己，水月僧誠如，華山僧定水，從行僧淳如。此數人者，又赤壁二客所深妒也。

明　胡敬辰《檀雪齋集》卷一三《游十八澗記》　一出清波門，百千之山情水氣，無不工其致。【略】時千山之秋已老，途中紅葉間相問訊，悠然穿空濛而入，似第一橋間，高松瘦石有招之者，豈心靈之幻於目耶？里許至橋上，見澗首浸於白雲中，而餘以爲綫、爲蛇、爲珠簾、爲瀑、爲文、爲練、爲蟹眼、爲香雪，法相具足，曲折而赴之者，曾不知其何所止也。徐步訪之，則青霞負弩，散作芙蓉，而夾粹冷以淙淙於委澗中。自然宫商，一如伯牙坐彈流水矣。約二百步許，兩山一轉，轉一橋，橋曲一澗，澗易一畫。復百步許亦然，復一百五六十步許又復然。凡山之澗十有八，乃畢其瀧瀧之性而橋，告竣事焉。當其轉也，山泉迴合，疑於無路可出，而盡處則別有天地，杳非人間，何澗之靈變若此哉！橋色俱蒼古遠人，而泉則清冷有致。大略西湖水靈好静，畏爲俗子所狎。初生山水，盡竊其奇清之藏而逋於此者。然而幽絶之味，須爲能文者用，誠未識作誰人心舌耳。余之神魄，至此爲山之窈窕所醉，爲水之翠碧所迷，豈復知桃源外有世界乎？至末澗而數訛其一，更迴步覈之，丹頂傾國，良勝思書之誤，爲一快矣。且夫樹以妍山之衣，石以表山之骨，水以活山之魂，曠覽者或能知之。而至澗以流山之靜，則非智乎仁者未之有及也。此寧僅東澗水流西澗水耶？中行十里餘，鳥鳴助幽，人影森淡，即不爲湖之所誘而同乎流，又不爲江之所脇而屈其勢，信乎，此澗之宅清而棲冲也，有若斯也。余所以拔此而若驚奇，賞此而不忍去也。蓋西湖擅佳山水之勝，而斯澗者，又全得西湖之勝焉，安得以知希不貴哉。

明　吴從先《小窗自紀》卷四《游西湖紀》　山以奇秀勝，水以清遠勝。奇秀矣，而水不涇匯，譬之入定之禪。清遠矣，而山不靈耀，終爲寒□之女。故浙中山如天台、鴈宕、會稽、山陰、秦駐，水如鏡湖、竹溪、若耶、二巫、五湖，非不各臻其美，各擅其名，而西湖甲於天下者，以山與水相爲瀠峙也。今年春二月十四日，自新安抵武林六和塔，由鳳凰山、聖果寺、宋大内、女戰場、八卦田，轉入慈雲嶺，即米元章題「第一山」處也。【略】携肴核，駕小舟，從昭慶沿斷橋，遵放鶴亭而西，微風細雨，煙鎖雲流，或半山吐翠，或山頭飛練，或尖峰露于碧落，或半麓浮於空漚，或影若奔鳥，或斷若殘雪。倏而林木可數，倏而鄰舟不辨。笙歌在空，人聲悠渺。芊芊飄帶，草樹絜長，洵天地之浮廓也。抵龍王塘，舊□龍居之。湖惟此水深不可測，有巨魚潛焉。居人謂湖水驟漲，魚輒游行，其脊可窺，黑鱗蓬戟，長鬐大目，至岳廟而返，不能越北橋也。折而東，將過湖心亭。此時境與天連，窅冥恍惚，飛雨噴濤，激而成練，已忘其爲山水也。天稍開，而南屏塔隱隱雲霧中。【略】又西爲九里松，清風拂拂衣裾間，幽寂沉秀，紆于曲沓，爲靈鷲開一菩提路。入飛來峯，登貞父先生凖提閣，左有冷泉。泉達深澗，淙淙彈擊木末，有餘韻也。尋靈隱古蹟，巍然大刹，惜無駱丞點長壽燈，老宋獨步苦吟，然亦不負梵王宫殿也。西上跨澗，盤折直進，岐路之東爲北臯峰，路西爲弢光庵，純陽默坐閣中，栩栩有生氣乎。凴欄而望，江海一天從松杪出，心曠而神飛焉。金蓮池不深而泓，若淺而潔。巨石四顧，青草徘徊，山之靈液乎。純陽自不能忘情于北。載上，有茅隱數四，闃寂無人，門亦不扃，殆與人間隔絶。遂下坐冷泉亭中，靈鷲峰摇摇欲飛，余曰：木翠雲深，草招鳥呼，不過鼓吾輩鋭力，物色諸勝耳。相與撲掌長嘯，逕從峽上捫蘿而登。石之奇秀淋漓，豁豁蹲舞。跳笑絶頂，爲蓮花峰。東爲小朵峰，稍下則靈光塔，嘗下視此塔，故在霄漢中。登之不過半領，包藏聯絡，洵美且都，非人可了。及探空谷，若栱、若凳、若床，皆仙人留蹟。【略】小逕透出，從佛殿轉入，理三生石，則蘇子瞻記園澤李公擇得道故事，三石默定，神澤猶生，石壁層波，瓏瓏直立，則圓公洞在半腰間，云是揭石門而入者。遂息足。蚤起，進中竺，寂然不囂。余謂菩薩得居此，稍清净耳。上竺則香房，如金屋滿壁貯阿嬌，皆應以淫欲身得度者耶？登殿禮菩薩像，亦獵較也。出後門，竹如筤篁，谷浮翠捋滴，香陰留人。其下爲石人嶺，右則法華、龍門諸山。龍門隱僻，人跡不到。諸山拱衛，兩溪合抱。溪深處爲龍宫，龍自三月至八月入海，水香可飲，九月至正月，水腥觸人。龍之往来，居人不覺，然于溪水驗之，不相爽耳。復東出三竺後，一帶梅花，望之白雪若皚，吸之異香浸骨，仙境哉！恨不能坐卧數日，以映其生平耳。

明　湯賓尹《睡庵稿》卷一三《游廬山記》　開先寺之勝以青玉峽。峽水從峻嶺來，巨石扼之，激爲兩崝，盛氣而下，勢不破地不止。一潭如缽盂，偃腹渡之。水壹掠潭面，輒疾走。復得一潭，如大釜，相與洄洑，水氣勢揉盡，乃降匿石根以去。潭色碧如練，石子如螺，行其上，須眉可數。其傍爲漱玉亭，足當一絶矣。從開先度橋，轉折轉險，所稱雙劍、香爐、姊妹諸峰，森森虤立，人行峰壘中，如恐壓者。一岡稍迤，忽突爲文殊塔。塔與瀑布敵面，踞塔觀瀑如千人走駿馬下坂，驚風驟雨，不可名狀，大勝開先亭上望也。余旬日行彭蠡，初入山，將謂以山勝，乃更得諸水，然水又與彭蠡異觀矣。【略】一山亘五百餘里，坐卧數郡，南吻雄湖，北枕長江，天下奇觀莫鉅焉。中間疊壁層巒，複溪叢瀑，不足云也。觀湖於含鄱嶺，觀江於天池、於竹林寺，勝槩扼矣。上嶺之日，天際空朗，五步一息，十步一回顧，數株煙樹，離離水湄者，南康郡也。疑一帆獨插，經時不動者，落星墩也。嵌硃剥翠，蜿蜒周遭，若起若伏者，都昌、餘干諸山也。大小漢陽，獨長諸峰，屹然雙矗，五老居白鹿之右，横見側出，周旋四五十里，不暫捨嶺，腰爲他峰所蔽，一老猶殷勤送客，望望下嶺而後別，山南之致，於斯爲備。及予游北山，登天池，尋竹林寺，獨立訪仙亭上，江如帶，舟如凫，田疇如拆龜下雉，諸山隱隱來赴，如屏如幂，少焉雲縷縷出山下，如數白鵠徊翔林莽間，斯須瀰漫天地，江山人我，四顧無影。視立既静，若有翕忽往來，游行空中者。

清　藍鼎元《鹿洲初集》卷一〇《游惠州西湖記》　辛亥冬十月，余將之羊城，留惠州，聞城西有湖，爲天下三西湖之一，心羨之。既生魄，偕友人散步出西關。一望澄然，延袤十里許，山青水緑，橋閣參差，依稀武林圖繪，足未至而身已馳，初不意嶺外之有斯景也。循蘇堤過西新橋，遂登六如亭，弔朝雲墓，望孤山，臨西子池。蘇堤、孤山皆本杭州西湖之舊。傅會雷同，余所弗喜，但東坡遠謫，專賴此湖，歸善錢塘，若合符節，雖盡舉山川而姓名附麗，亦君子所不厭，况金錢犀帶既資工築，侍兒魂魄尚眷戀茲，則謂蘇家之私有，以朝雲當西子可也。前山有浮圖曰泗洲，下爲表忠祠，祀建文殉難御史王度，以洪熙初諒江州判劉簡配，忠節相同，故表而出之。前爲崇道祠，祀濂溪周子，今不見。【略】憮然下山麓，趨烟霞橋。橋介豐、鰐二湖間，截豐水而堤而橋，其内爲鰐湖，東坡所築放生池，自謂少有功德者，置之勿復道耳。上有永福寺，浮屠所居，今惠守吴公簡民建惠陽書院於側，以居學者，取逃墨歸儒之義，大可人意。又北爲豐山，山前歸雲洞，明興寧令祝允明有辭鐫諸石。訪平遠臺故址，溯横槎溪，溪故豐源所自出。還睇湖中，古觀巍峨，黄冠所宅。倦於行，從旁指數，芳華洲、荷花浦、平湖堤、明月灣、澄心亭、湖光亭、點翠洲、落霞榭。尋坡詩望湖樓故處，仍返西新，泛漁艇游湖心亭，陟黄塘，徜徉於留雲亭上。遠望黄崗、石埭諸山，半徑樵歸，水簾飛瀑，仿佛天台武陵，不復知瘴海氣象。從人指前面有桃花源、龍塘，水最佳，宜茶，唐子西有烹茶説。又有清醒泉，甘太守欽采飲之而甘，以爲不入世味，故名。泉上爲榜山，中有鳳棲洞，韶華石。石埭之東爲飛鵝嶺，西南有澗曰濯纓，遶石環瀉，逸韻鏘鳴。東南沙子步爲子西嶺，以博士唐庚所居名之也。對峙南隱堤有鐵陵橋、大通橋、集鷗渚，縱觀荔浦、泛菱溪、釣臺，經浮碧渚、披雲島而歸，則斜陽已在山矣。黄冠禿子之巢窩，老兵俗吏之祠堂，余未暇爲悉數也。嗟乎！以斯湖之景，位置姑蘇、燕臺之間，點綴作興，豈杭、潁二湖所能過？不幸遠棄遐荒，摧殘濯濯於蠻烟瘴雨、海天寥落之外，僅遇東坡一爲知己。子西留相于時卜居，亦不能有所發明，爲此地壯山川之色，况今四五百年，又更寂寂，斯亦宇宙間一缺憾事也。余家行潦，珍若蓬瀛，恨不能移此湖於高叟洞中，作東南半壁之名勝。

清 徐崇岳《游九氣臺芘碧湖記》（《滇繫》第八册《藝文》輯） 人目浪穹九氣臺爲小西湖，丙寅秋始覽其勝。臺在城東里許，出東門即草湖，湖心一綫堤，沿以古柳，映水同碧。跨石梁四，規模雖小，而風致不減六橋。湖中地可半頃，人匝居之，復有怪石如龜蛇狀，高丈餘，相傳與水上下，亦靈石也，搆真武閣鎮焉。石竇中温泉有九，瀧瀧湧出如鼎沸，不可試以指，朝望氣蒸然分九道，故名。汲泉入茗，即可飲，僧人點以椒鹽少許，謂能寬胸胃。沽酒置湯中，輒熱。坐石上飲，暖如重裀。土人引湯爲浴池，温熱隨其蓄泄。浴罷登閣，覽平湖中十樹一村，五樹一塢，水面人家，以蒲柳疏密爲隱現。時見小舟人影縹碧，而葦藻荇蘋間鷗鷺出没。久之，鼓棹尋諸水村，大約烟從樹出，水與堦平，可濯足床下，可垂釣枕上。殘荷數十頃，淡而艷。至海口，澄然一碧如緑玉，無復湖中荇藻，惟芘碧花生焉。花清香如錦蓮，而小葉視初生荷錢，其蒂長可數丈。湖之得名以此。《山海經》謂：罷谷之山，洱水出焉。昔人以爲即其地。谷源在望，擬尋躍珠處，以日夕風濤不果，然亦觀止矣。遂回舟，因西顧標山之林麓，東仰赤壁之巉巖，如迎如送，而九氣臺忽亦入望，氣縷縷如青烟。柳堤盡處，樹抱山城。西峰寺觀，倒影湖中。澗碧山紅，組織如畫。人知浪穹之勝在九氣臺，而不知其勝尤在芘碧湖。楊用修謂「新蒲細柳似江南」，信然。惜未經點染，故芘碧湖之名未振。人之抱奇負異名，湮没而不彰，何以異此？然苟以青泉白石，化爲粉地糟邱，則失真面目矣。湖名未振而得全，是又不可不爲芘碧湖幸也。

清 王拯《龍壁山房文集》卷五《游天湖山飛水潭記》 粤西三江之水匯蒼梧下，肇慶羚羊束之。羚羊峽東北岸曰羅隱，邨溪流出焉。循溪行，出峽山背十餘里，溪流或見或否。抵天湖山麓，溪益微出没山石間，似田水聲。登山及半有亭，南北兩崖對立，松篁椶檜之木蔽翳天日，中夾石磵，泉出始漸豪，花飛雪舞，曲折繞亭下去。踰磵再登，旋折百餘級，泉聲隱躍林薄中。前有巨壁，磴道左右出，左達慶雲寺，在象來峰麓，爲山之最高處。右循巨壁陟降又百餘級，岡嶺四合，忽聞雷鼓鞺鞳之聲，震蕩林木，木葉不風自下。高崖極天，崖頂中稍凹處，泉噴出一，再折數丈，如匹練沈沈落無聲。崖半巨石，挺出大甎，泉激怒聲始大，左右分流，若裂絫十餘丈，濺珠噴玉，其左者尤奇。又下若飛雹，大小千百擲崖落者。得磵，平流百餘步。坐磵側磐石上，觀泉水從足下過，蓄油油然。磵絶崖起，泉復怒迸爲三，山益狹，泉怒益甚，并三爲一，聲硼湃亦益豪，數丈，乃不見。自磐石下窺，澄潭滀之，湛然深碧，凝流若不動者，蓋泉自崖頂落，五折下數十丈，崖横廣亦將十餘丈然。其右猶十數丈，黝壁濯濯然。意春夏泉方盛時，皆其落處，顧皆以潭納之，自潭稍溢者，乃復爲泉，自山半出也。天湖一曰鼎湖，譌説不足辨。或曰頂湖，以山頂先有湖，常不竭，人莫知其處。或曰慶雲。西上有寺曰白雲者，其旁有湖，或又曰白雲，在山之背，非其頂。余以山之泉自崖頂落，必有所由，至湖其在焉，意山之顛復寥絶之區，人所罕至，而未見也。登山日未中，及下山半亭，已日西，復循溪行，至溪流入江處登舟，日遂晡云。

又《蘭渚游記》 庚戌九月十有九日，余謁墓於蘭渚之黄塂。蘭渚者，出偏門將十里，舟行過狭獼湖，水稍狭，至此復寬，故名。四山環繞，中有東西兩岸，郘市相連，石橋横跨水上，以通往來，居人聚焉，故又曰蘭渚橋，鄉人率以是稱。舟從橋下過，里許至黄塂。既事，日銜山，舍舟而陸行。數里抵蘭亭，時猶未暮。亭左側有法雲寺，稱幽勝，游人之所憩也。余以暮不及往，遂直趨亭。亭之廣袤數丈，欄檻就衰，中有豐碑屹然，爲仁廟御書《蘭亭修禊序》文，字如巨盌，波磔偃畫，搆體悉如羲之所書。【略】列屋長廊，四圍錯周，久漸傾敝。亭前有池，瀦積沮洳。列石大小，參差其中。或謂當時流觴故蹟。余由黄塂來數里，紆迴行郘落間，羲之所謂茂林修竹、清流激湍者，所至皆然。蓋亭西北，諸山巉巖，中一巨壁，高張極天者，曰獅山，而諸山群擁之。水從諸山出，行郘落間，涂畎犖确，多沙石。衆流大小，因勢高下，則聲潨然，或號號鳴，尤宜於竹。居人又因其利而多植之，彌望蒼筤。余既觀於亭池，稍東，渡一石橋，謁右軍祠，叢篠中，日既暝色，蒼然就昏。凡多竹處，濛濛皆似煙霧。歸途及半，持炬以行。復過黄塂，出蘭渚橋，登舟渡狭獼湖。月出，水天相接，波光蕩漾，似金蛇百道，蜿蜒水中。入城門已二鼓。嗚呼！東南多名勝，罨爲最。罨之名勝，蘭亭又著稱，然鄉人多言不足游。即所稱鑑湖，亦殆不可考。吾獨以謂環罨水郘數百，皆宜爲湖，而蘭亭者，則自橋以至於亭，所謂蘭渚處，皆可游。

清　陳作霖《可園文存》卷九《後湖秋泛記》 登舟，緣秦淮而東。至青溪之竹橋，舍舟行緣陰中。三里許，出太平門。【略】於是循湖堤而下，見瓜皮小艇，縱横港汊中。既上湖舟，掠蘆葦而過，泛乎中流。殘蒲疏蓼，與波光相掩映。五里至蓮萼洲，煙樹蒼茫，數家臨水，朱欄曲榭，若隱若見，則湖神廟在焉。廟居湖心，四圍皆水，以棘爲牆，不施磚甓。殿南向院中，鴈來紅數十株，鮮豔欲滴，有蟲飛集其上，文采爛然。步廊而東，亭出屋際如卓錐。又東爲飛樓，樓之北爲舫齋。俯臨湖渚，憑窗而眺，山色青蒼，或遠或近，皆獻媚於几席間。微風一過，枯荷蕭蕭作響，遥想花時芬芳襲人，其娱目騁懷，當什伯於是也。合坐傳觴，飲皆薄醉，湖風吹面，酒力頓消。仰視日已漸西，乃出廟門，循側徑而行入竹林中，萬竿森立，上有刻字，疏古錯落，如屋漏痕。

藝　文

南朝宋　謝靈運《從斤竹澗越嶺溪行》（《漢魏六朝百三家集》卷六六輯）

猿鳴誠知曙，谷幽光未顯。巖下雲方合，花上露猶泫。逶迤傍隈隩，迢遞陟陘峴。過澗既厲急，登棧亦陵緬。川渚屢徑復，乘流玩迴轉。蘋萍泛沈深，菰蒲冒清淺。企石挹飛泉，攀林摘葉卷。想見山阿人，薜蘿若在眼。握蘭勤徒結，折麻心莫展。情用賞爲美，事昧竟誰辨。觀此遺物慮，一悟得所遣。

又《於南山往北山經湖中瞻眺》 朝旦發陽崖，景落憩陰峰。舍舟眺迥渚，停策倚茂松。側逕既窈窕，環洲亦玲瓏。俛視喬木杪，仰聆大壑淙。石横水分流，林密蹊絶蹤。解作竟何感，升長皆丰容。初篁苞緑籜，新蒲含紫茸。海鷗戲春岸，天雞弄和風。

又《入彭蠡湖口》 客游倦水宿，風潮難具論。洲島驟迴合，圻岸屢崩奔。乘月聽哀狖，浥露馥芳蓀。春晚緑野秀，巖高白雲屯。千念集日夜，萬感盈朝昏。攀崖照石鏡，牽葉入松門。三江事多往，九派理空存。靈物吝珍怪，異人秘精魂。金膏滅明光，水碧綴流温。徒作千里曲，絃絶念彌敦。

唐　崔顥《登黄鶴樓》（《文苑英華》卷三一二輯） 昔人已乘白雲去，兹地空遺黄鶴樓。黄鶴一去不復返，白雲千載空悠悠。晴川歷歷漢陽樹，春草青青鸚鵡洲。日暮鄉關何處是，煙波江上使人愁。

唐　李白《李太白文集》卷一七《泛沔州城南郎官湖并序》 乾元歲秋八月，白遷於夜郎。遇故人尚書郎張謂出使夏口。沔州牧杜公、漢陽宰王公觴于江城之南湖，樂天下之再平也。方夜，水月如練，清光可掇。張公殊有勝槩。四望超然，乃顧白曰：此湖古來賢豪游者非一，而枉踐佳景，寂寥無聞。夫子可爲我標之嘉名，以傳不朽。白因舉酒酹水，號之曰郎官湖。亦猶鄭圃之有僕射陂也。席上文士輔翼、岑静以爲知言。乃命賦詩紀事，刻石湖側。將與大別山共相磨滅焉。

張公多逸興，共泛沔城隅。當時秋月好，不減武昌都。四坐醉清光，爲歡古來無。郎官愛此水，因號郎官湖。風流若未減，名與此山俱。

唐　劉禹錫《劉賓客文集》外集卷八《望洞庭》 湖光秋月兩相和，潭面無風鏡未磨。遥望洞庭山水翠，白銀盤裏一青螺。

唐 韓愈《岳陽樓别竇司直》（《古今事文類聚》前集卷一七輯） 洞庭九州間，厥大誰與讓。南維羣崖水，北注何奔放。瀦爲七百里，吞納各殊狀。自古澄不清，環混無歸嚮。炎風日搜攪，幽怪多冗長。軒然大波起，宇宙溢而放。巍峨拔嵩華，騰躍較健壯。聲音一何宏，轟磕車萬兩。猶疑帝軒轅，張樂就空曠。蛟螭露筍簴，縞練吹組帳。鬼神非人世，節奏頗跌蕩。陽施見夸麗，陰閉感悽愴。朝迴宜春口，極地缺堤障。夜纜巴陵洲，叢芮纔可傍。星河盡涵泳，俯仰迷下上。餘瀾怒不已，喧聒鳴瓮盎。明登岳陽樓，輝焕朝日亮。飛廉戢其威，清晏息纖纊。泓澄湛凝緑，物影巧相況。江豚時出戲，驚波忽蕩瀁。時當冬之孟，隙竅縮寒漲。前臨指近岸，側坐眇難望。滌濯神魂清，幽懷舒以暢。

唐 白居易《白氏長慶集》卷七《游湓水》 四月未全熱，麥凉江風秋。湖山處處好，最愛湓水頭。湓水從東來，一派入江流。可憐似縈帶，中有隨風舟。命酒一臨泛，捨鞍揚棹謳。放迴岸傍馬，去逐波間鷗。煙浪始渺渺，風襟亦悠悠。初疑上河漢，中若尋瀛洲。汀樹緑拂池，沙草芳未休。青蘿與紫葛，枝蔓垂相樛。繫纜步平岸，回頭望江州。城雉映水見，隱隱如蜃樓。日入意未盡，將歸復少留。到官行半歲，今日方一游。此地來何暮，可以寫吾憂。

又《題岳陽樓》 岳陽城下水漫漫，獨上危樓倚曲欄。春岸緑時連夢澤，夕波紅處近長安。猿攀樹立啼何苦，鴈點湖飛渡亦難。此地惟堪畫圖障，華堂張與貴人看。

又 卷二〇《錢塘湖春行》 孤山寺北賈亭西，水面初平雲脚低。幾處早鶯爭暖樹，誰家新燕啄春泥。亂花漸欲迷人眼，淺草纔能没馬蹄。最愛湖東行不足，緑楊陰裏白沙堤。

又 卷二三《春題湖上》 湖上春來似畫圖，亂峰圍繞水平鋪。松排山面千重翠，月點波心一顆珠。碧毯綫頭抽早稻，青羅裙帶展新蒲。未能抛得杭州去，一半勾留是此湖。

又 卷二四《夜泛陽塢入明月灣即事寄崔湖州》 湖山處處好淹留，最愛東灣北塢頭。掩映橘林千點火，泓澄潭水一盆油。龍頭畫舸銜明月，鵲脚紅旗蘸碧流。爲報茶山崔太守，與君各是一家游。

唐 劉長卿《劉隨州集》卷四《雲母溪》 雲母映溪水，溪流知幾春。深藏武陵客，時過洞庭人。白髮慚皎鏡，清光媚奫淪。寥寥古松下，歲晚掛頭巾。

又《赤沙湖》 茫茫葭菼外，一望一霑衣。秋水連天闊，涔陽何處歸。沙鷗積暮雪，川日動寒暉。楚客來相問，孤舟泊釣磯。

又《花石潭》 江楓日摇落，轉愛寒潭静。水色淡如空，山光復相映。人間流更慢，魚戲波難定。楚客往來多，偏知白鷗性。

唐 孟郊《孟東野詩集》卷四《石淙十首選三》 巖谷不自勝，水木幽奇多。朔風入空曲，涇流無大波。迢遥逗難盡，參差勢相羅。雪霜有時洗，塵土無由和。潔冷誠未厭，晚步將如何。

出曲水未斷，入山深更重。泠泠若仙語，皎皎多異容。萬響不相雜，四時皆自濃。日月互分照，雲霞各生峰。久迷向方理，逮兹聳前蹤。

百尺明鏡流，千曲寒星飛。爲君洗故物，有色如新衣。不飲泥土污，但飲雪霜饑。石棱玉纖纖，草色瓊霏霏。谷磑有餘力，溪舂亦多機。從來一智萌，能使衆利歸。因之山水中，喧然論是非。

唐 方干《玄英集》卷二《處州洞溪》 氣象四時清，無人畫得成。衆山寒疊翠，兩派緑分聲。坐月何曾夜，聽松不似晴。混元融結後，便有此溪名。

唐 皮日休《初入太湖》（《松陵集》卷三） 聞有太湖名，十年未曾識。今朝得游泛，大笑稱平昔。一舍行胥塘，盡日到震澤。三萬六千頃，頃頃頗黎色。連空淡無類，照野平絶隟。好放青翰舟，堪弄白玉笛。疏岑七十二，巉巉露矛戟。悠然嘯傲去，天上摇畫鷁。西風乍獵獵，驚波罨涵碧。倏忽雪陣吼，須臾玉崖拆。樹動爲蜃尾，山浮似鼇脊。落照射鴻溶，清輝蕩抛擲。雲輕似可染，霞爛如堪摘。漸暝無處泊，挽帆從所適。枕下聞澎汃，肌上生瘆痱。討異足邅迴，尋幽多阻隔。願風與良便，吹入神仙宅。甘將一蕴書，永事嵩山伯。

宋 范仲淹《范文正集》卷四《太湖》 有浪即山高，無風還練静。秋宵誰與期，月華三萬頃。

宋 歐陽修《文忠集》卷一《下牢溪》 隔谷聞溪聲，尋溪度横嶺。清流涵白石，静見千峰影。巖花無時歇，翠柏鬱何整。安能戀潺湲，俯仰弄雲景。

宋 蘇軾《東坡全集》卷四《飲湖上初晴後雨》 水光瀲灩晴方好，山色空濛雨亦奇。欲把西湖比西子，淡妝濃抹總相宜。

宋 蘇轍《欒城集》卷二《東湖》 不到東湖上，但聞東湖吟。詩詞已清絶，佳境亦可尋。蜿蜒蒼石螭，蟠拏據湖心。倒腹吐流水，奔注爲重深。清風蕩微波，渺渺平無音。有鼈行在沙，有魚躍在潯。鼈圓如新荷，魚細如蠹蟫。梧桐生兩涯，蕭蕭自成林。孫枝復生孫，已中瑟與琴。秋蟲噪蜩蛰，春鳥鳴鳩鴦。有客來無時，濯足蔭清陰。自忘府中官，取酒石上斟。醉倒卧石上，野蟲上其襟。醒來不知莫，湖月翻黄金。油然上馬去，縱意不自箴。

宋　劉弇《龍雲集》卷七《鄱陽湖四十韻》　巨浸連吴越，高躔直斗牛。玄冥開別府，江伯匯支流。象緯元精逼，神姧秘怪裒。番君疏帶礪，彭蠡壯襟喉。赴隙如無地，憑壖忽有州。津涯逾寫澗，窟宅定刳幽。島認瀛鼇戴，濤疑陣馬蒐。珠跳憐雨駛，鏡滑識風收。樹帶喬枝隱，山餘短碧浮。窺覘波罔象，睥睨怵陽侯。漾月都迷皓，蒸雲間作油。涵濡均藻荇，冗長到鰕鰍。蜃幻晴噓閣，龍腥夜拔湫。萬尋懸圃玉，一帶洞庭秋。

宋　劉跂《學易集》卷四《又泛西溪詩十首》　溪小纔容舴艋舟，一樽聊復寄春流。縱横不用施篙棹，自在教隨水上鷗。

溪頭青草弄春柔，一帶花開動客愁。貪看波中錦紋石，不知船已過芳洲。

春水微生放鷁初，和風習習日舒舒。洲前且爲停輕楫，待摘蔞蒿煮白魚。

扁舟如箭過前灣，飛鷺多情送我還。張起片帆風正急，回頭已失蔡公山。

天生橋畔水交流，夾岸花飛逐客舟。時聽山禽歌一曲，何須吹笛舞凉州。

下瀨忽驚花滿樹，踏舟常恐酒杯翻。鼻頭只怪香風遠，知是行過桃李村。

寒沙如雪水如藍，歌嘯中流響半巖。衹恐驪龍驚睡覺，呼風吹浪濺春衫。

春樹連山水浸雲，櫂歌初奏浪花分。溪神爲我添風色，十里歸來日未曛。

淡淡春煙夕照微，渡頭已覺行人稀。玉罇未盡賓朋意，兩槳何妨待月歸。

岸邊漸長陶潛菊，渚畔初生柳惲蘋。自學操舟狎清泚，從今休笑往來頻。

宋　李彭《日涉園集》卷七《游石鏡溪》　石鏡溪邊樹，金輪峰上雲。貪看魚弄影，不覺鳥迷曛。山態迤迤好，泉聲細細分。銀鈎懷柱史，誰復振斯文。

宋　曾覿《游湖・柳梢青》（《西湖志纂》卷一二引）　湖岸千峰，嵌巖隱映，緑竹青松。古寺東西，樓臺上下，煙霧冥濛。波光萬頃溶溶，人面與荷花共紅。撥棹歸歟，一天明月，十里香風。

宋　趙汝鐩《野谷詩稿》卷二《東湖歌》　湖光蕩緑春拍塞，百雉之東纔咫尺。五步一亭十步榭，軒窗處處臨水闢。露濃晝淑花溜紅，煙嫩堤平草連碧。俯窺萍罅魚上下，仰聽木杪禽格磔。拂拭塵埃讀祖碑，摩挲峰竅憐盧石。中年懷抱多感慨，東西跳丸駒過隙。山林鐘鼎同一盡，可笑世網甘形役。瓮邊吏部真得計，右酒左蟹船中拍。明朝風雨那可料，且對湖山醉今夕。沙鷗許我再尋盟，從此時攜杖頭百。人謂盧肇石三峰九竅，梅聖俞和盧石詩云：高峰削出嵩華骨，虚竅鑿破蛟螭額。

又《仙湖歌》　湖之緑兮如藍，湖之明兮如鏡。藍染晴空晚色鮮，鏡照天宇秋毫净。乾坤兩間自開闢，魚鳥四時自飛泳。炎州著脚苦蒸鬱，對此恍入清凉境。其東群木合抱森，觀政觀魚連秀陰。濂泉沸甃珠的皪，飲瓢洗我太古心。其西冰壺爽到骨，曉波澄秋夜印月。藏春園種雜花稠，分得庚梅攙先發。其南粉雉霄漢横，旋補楊柳沿堤青。上下天光同一碧，我來拈出營新亭。其北十片石洲石，或虬或鳳或劍戟。環流軒館瘴霧收，檐影倒漾水底日。葛仙昔煉九轉丹，丹成飛上羅浮山。海邊亭外春萬里，御風忽挹仙翁袂。翁乘飆車擁霓旌，約我十二樓五城。翁言羽化世已久，問湖風月依舊否。仙湖在廣東漕治，乃葛仙翁煉丹之所。觀政、觀魚、秀陰、濂泉、冰壺、一碧、石洲、海邊春，皆亭名。

宋　劉子寰《沁園春・西巖三澗》（《花菴詞選》續集卷一〇輯）　雲壑泉泓，小者如杯，大者如罌。更名筵平瑩，寬容數客，淙流回激，環遶飛觥。三澗交流，兩崖懸瀑，擣雪飛霜落翠屏。經行處，有丹荑碧草，古木蒼藤。　衰裒却倚山楹，笑山水，娱人若有情。見傍回側轉，峰巒疊疊，欲窮還有，巖谷層層。仰視雲間，茅茨雞犬，疑有仙家來避秦。青林表，望煙霞縹緲，隱隱鸞笙。

宋　周弼《端平詩雋》卷一《黄鶴樓歌》　城上危樓高縹緲，城下澄江復相繞。有時漾影入中流，俯看游魚仰飛鳥。近樓多少未行舟，滿江落花灑汀洲。人同江狎不怕浪，登樓對酒彈箜篌。大别山頭白雲起，金口渡邊雨如洗。半鈎新月上孤城，還照高樓與江水。晴江依舊瀉潯陽，黄鶴無由歸故鄉。一聲玉笛起何處，燕撲闌干花影長。

宋　周密《蘋洲漁笛譜》卷一《木兰花慢・西湖十景》蘇堤春曉

恰芳菲夢醒，漾殘月、轉湘簾。正翠崦收鐘，彤墀放仗，臺榭輕烟。東園。夜游乍散，聽金壺、逗曉歇花籤。宮柳微開露眼，小鶯寂妒春眠。　冰匳。黛淺紅鮮。臨曉鑑、競晨妍。怕誤却佳期，宿妝旋整，忙上雕軿。都緣。探芳起蚤，看堤邊、早有已開船。薇帳殘香淚蠟，有人病酒懨懨。

平湖秋月　碧霄澄暮靄，引瓊駕、碾秋光。看翠闕風高，珠樓夜午，誰擣玄霜。滄茫。玉田萬頃，趁仙查、只赤接天潢。髣髴凌波步影，露濃珮冷衣凉。明璫。凈洗新妝。隨皓彩、過西廂。正霧衣香潤，雲鬟紺濕，私語相將。鴛鴦。誤驚夢曉，掠芙蓉、度影入銀塘。十二闌干竚立，鳳簫怨徹清商。

斷橋殘雪　覓梅花信息，擁吟袖、莫鞭寒。自放鶴人歸，月香水影，詩冷孤山。等閑。泮寒晛暖，看融城、御水到人間。瓦隴竹根更好，柳邊小駐游鞍。琅玕。半倚雲灣。孤棹晚、載詩還。是醉魂醒處，畫橋第二，奩月初三。東欄。有人步玉，怪冰泥、沁濕錦鴛班。還見晴波漲緑，謝池夢草相關。

雷峰落照　塔輪分斷雨，倒霞影、漾新晴。看滿鑑春紅，輕橈占岸，叠鼓收聲。簾旌。半鈎待燕，料香濃、徑遠趲蜂程。芳陌人扶醉玉，路傍懶拾遺簪。郊坰。未厭游情。雲暮合、漫銷凝。想罷歌停舞，烟花露柳，都付棲鶯。重闉。已催鳳鑰，正鈿車、繡勒入爭門。銀燭擎花夜暖，禁街淡月黄昏。

曲院風荷　軟塵飛不到，過微雨、錦機張。正蔭緑池幽，交枝徑窄，臨水追凉。宫妝。蓋羅障暑，泛青蘋、亂舞五雲裳。迷眼紅綃絳彩，翠深偷見鴛鴦。湖光。兩岸瀟湘。風薦爽、扇摇香。算惱人偏是，縈緣露藕，連理秋房。涉江。采芳舊恨，怕紅衣、夜冷落横塘。折得荷花妄却，棹歌唱入斜陽。

花港觀魚　六橋春浪暖，漲桃雨、鱖初肥。正短棹輕簑，牽筒荇帶，縈網蓴絲。依俙。岸紅迴遠，漾仙舟、誤入武陵溪。何處金刀膾玉，畫船傍柳頻催。芳堤。漸滿斜暉。舟棻亂、浪花飛。聽暮榔聲合，鷗沉暗渚，鷺起烟磯。忘機。夜深浪静，任烟寒、自載月明歸。三十六鱗過却，素牋不寄相思。

南屏晚鐘　踈鐘獻暝色，正遠樹、緑愔愔。看渡水僧歸，投林鳥聚，烟冷秋屏。孤雲。漸沈鴈影，尚殘簫、倦鼓別游人。宫柳棲鴉未穩，露梢已掛踈星。重城。禁鼓催更。羅袖怯、暮寒輕。想綺疏空掩，鸞綃翳錦，魚錀收銀。蘭燈。伴人夜語，怕香銷、漏永着温存。猶憶回廊待月，畫欄倚遍桐陰。

柳浪聞鶯　晴空摇翠浪，畫禽静、霽烟收。聽暗柳啼鶯，新簧弄巧，如度秦謳。誰紬。翠絲萬縷，颺金梭、宛轉織芳愁。風裊餘音甚處，絮花三月宫溝。扁舟。纜繫輕柔。沙路遠、倦追游。望斷橋斜日，蠻腰競舞，蘇小墻頭。偏憂。杜鵑喚去，鎮緜蠻、竟日挽春留。啼覺瓊疏午夢，翠丸驚度西樓。

三潭印月　游船人散後，正蟾影、印寒湫。看冷沁鮫眠，清宜兔浴，皓彩輕浮。扁舟。泛天鏡裏，遡流光、澄碧浸明眸。栖鷺空驚碧草，素鱗遠避金鈎。　臨流。萬象涵秋。懷渺渺、水悠悠。念漢皐遺佩，湘波步襪，空想仙游。風收。翠奩乍啟，度飛星、倒影入芳洲。瑶瑟誰弹古怨，渚宫夜舞潛蚪。

兩峰插雲　碧尖相對處，向烟外、挹遥岑。記舞鷲啼猨，天香桂子，曾去幽尋。輕陰。易晴易雨，看南峰、淡日北峰雲。雙塔擎秋露冷，亂鐘曉送霜清。　登臨。望眼增明。沙路白、海門青。正地幽天迴，水鳴山籟，風奏松琴。虚楹。半空聚遠，倚闌干、暮色與雲平。明月千巖夜午，遡風跨鶴吹笙。

明 楊基《眉菴集》卷三《登岳陽樓望君山》　洞庭無烟晚風定，春水平鋪如練凈。君山一點望中青，湘女梳頭對明鏡。鏡裏芙蓉夜不收，水光山色兩悠悠。直教流下春江去，消得巴陵萬古愁。

又卷一七《九潭詩》　岩岩千仞嶺，下有百尺潭。夕風起微瀾，湫湫動晴嵐。俯之鑒我心，佇玩雲波涵。流蕤颺寒清，躍魚手可探。蹊暝樵響歇，猿鳥來相參。寄語泥中物，長蟠恐未堪。

明 薛蕙《考功集》卷七《西湖》　苑外西湖似若耶，翠湍錦石象雲霞。春深杜若已滿徑，日暖鳧鷖正在沙。勝地欲令誰作主，浮生安得此爲家。直須輕舸隨煙霧，還仗新詩對物華。

明 趙完璧《海壑吟稿》卷三《沙川東望》　小橋東畔過沙洲，一望清光雨乍收。雲矗山腰横玉帶，水環屋角遶蒼虬。磯邊楊柳堪垂釣，天外滄浪好放舟。鄉土有情風景勝，白頭心事共誰籌。

明 王鵬《太湖賦》（《吴都文粹續集》卷二二輯）　吴之有太湖，仿佛乎三萬六千頃，寔水德之所鍾，乃江南之佳境。跨三州而無限，納大象而絶迴。隸淮海之維揚，賴禹疏而克静。匪歸虚之可方，或雲夢之堪並。觀其浩渼潢洋，瀾漫渺茫。沉沉隱隱，訇磕砰磅。動盪地軸，噴薄穹蒼。尋源委而未涯，混朝宗而有常。鄙綱絡之羣流，包涓滴之濫觴。鼓洪濤之激逸，沃玉蟾之盛光。

扇大塊之怒氣，蕩陽烏於扶桑。灎灎乎不可以際，飄飄乎莫之能傍。滃焉如霧，勃焉如烟。泫澄澮沱，泓漭䌓延。陽侯崛强而起立，馮夷織翠而周旋。象未凝之胚渾，器已極之幅隕。曠矣哉！習坎之道不可以計，往而弘兮罔知津，來而闊兮渺無備。此則太湖之大略也。若夫大魚峥嶸，老蜃蟉蚌，巨鱗濯錦而展綃，長鬣拂雲而捎斗。其静也，則風烟帖寂，四望一碧。其動也，則驚濤觸天，高浪沃日。撇捩而林谷俱振，吞噬而舟航若失。其滈湟之際，璇環之中，玄陰連屋而燭夜，珠光抹電而燒空。神鰲怪鼉，間且詑出，聳兮可怖，邈兮可踪。復有豪漁旅旅，千檣萬櫓，挾任公之奇能，效龍伯之步武。運若林之筌笭，列排雲之網罟。然後鬣掉尾振，迅儵撇者，曝采赤腮，晃淵起溺，大者丈餘，小者數尺，或迎網而自獻，或飲鈎而可得。腥烟蔽昏，數不可極。其山則有東洞庭，嶷然如立。其上則有神人之府，真仙之宅。乃左神幽虚之天，南接羅浮，北通岱岳，王屋東連，峨眉西達，故謂之洞庭地脉。及有招提蘭若，丹青烜赫。其石則如煤如鐵，谽谺瓌瓏，透眼穿穴，龍虬蟠結，虎豹巑嶣。文士卑以楚辭，謟人貢之魏闕。其松則連雲卧島，捫參歷昴，修百仞，廣合抱，材中棟梁，勢凌穹昊。上有白鶴飛翔，下有蒼麕出没。其中民居，如城如市，鱗次櫛比，駢甍連墁，華榱接址。大者則有陶朱猗頓之流，海賈番商之侣。衺貨如阜，鬻産成庾，靡分毫倪，惟利是務。間有以經史爲生涯，付光陰於膏晷，道宗程朱，詩法李杜，作爲詞章，雲騰川騖。亦有務光巢許之徒，長沮桀溺之輩，待玉帛如塵囂，覩爵禄爲泥滓，樂考槃以自適，耐枕流而成趣。家必有園，則千頭木奴，飽霜爛目。其他櫻桃枇杷，楊梅盧橘，梅杏桃李，蒲萄椒栗，衺衺如綴，照曜風日，翳游目之觀瞻，寔卒歲之衣食。更有餘峰七十有二，燦焉如羣螺之墮玉盤者，又豈勝悉舉其跡哉！辭既，客有舟而過者，曰：子之知太湖之樂者如此，而可懼者則有未知也。是猶知火可燃炙，而不顧其燬裂之禍；知水之可飲可滌，而不顧其沉溺之患者也。先生曰：噫！予非不知也。經不云乎「飄風不終朝，驟雨不終夕」？天地尚不能久於其常，吾惟謹於涉而簡於出，寧揜關高卧之固守，何知揚帆騁興之取忒？故當順其變之足慮，難保乘其勝之偶得也歟？客喜而歌曰：瀰瀰太湖，其波漣兮。覃及四方，王道平兮。先生於是乃賡。再歌曰：太湖之深兮，可以養我之心兮。太湖之浩兮，可以泰吾之道兮。客乃胡盧舒襟，揮袂再揖，辭謝鼓枻而去。

明　楊爾曾《新鐫海内奇觀》卷三《詞詠西湖十景》

蘇堤春曉　十里樓臺花霧繞。宜雨宜晴，山色籠春曉。楊柳稍頭殘月小，海棠枝上猶眠鳥。　蘭帳玉人初睡覺，試問樓前，画舫开多少。報道尋芳人起早。紫騮嘶過香塵道。

花港觀魚　杜若浮香春霽雨。浪暖桃花，錦帳鴛鴦渚。碧藻叢深菱葉底，纖鱗歙沫摇朱尾。　戲把金鈎垂绿水，却憶雕欄，翠袖人同倚。腸斷蕭孃書一紙，相思欲報憑雙鯉。

柳浪聞鶯 西子湖頭春過半。萬縷垂楊，洶似波紋亂。黄褪緑匀誰暗摸，俊游来繫蒼驄慣。紅喙嬌鶯啼緩緩，韻叶笙簧，幾被風吹斷。惱亂佳人停鳳管，背花偷把春纖按。

麯院風荷 五月涼風来麯院。緑水芙蕖，紅白都開遍。風遞花香清不斷，采蓮舟過歌聲緩。醉折碧筒供笑玩，翠蓋紅綃，高下翻零亂。向晚新涼醒酒面，六銖衣薄停紈扇。

雷峰夕照 古塔斜陽紅欲暝。西崦人家，半在桑榆景。水印殘霞如濯錦，煙籠佛國非凡境。十里畫船歸欲盡，漁唱菱歌，别是湖中景。待月玉人樓上等，珠簾半捲闌重憑。

平湖秋月 水湛冰壺秋色朗。寶镜楊輝，照澈光明藏。髣髴仙姝凌碧浪，一塵不動天香颺。多少游人耽玩賞，画舫笙歌，夜出平湖上。清景如憐客易曠，不妨達曙殷勤望。

三潭印月 秋静寒潭澄見底。玉色蟾蜍，飛入清冷水。睡熟驪龍呼不起，頷珠光照冰壺裏。 宴賞此時能有幾，遥憶同懽，今夜人千里。試問龍淵深幾許，騎鯨欲共姮娥語。

斷橋殘雪 快雪時晴寒尚沍。玉屑銀沙，紛滿西湖路。一道垂虹如約素，素腰草色非前度。 斷㻅遺環愁日暮，想像凌波，羅襪應難步。欲探梅花無處所，山童指點逋仙墓。

南屏晚鐘 翠巘深深幾許。佛閣華鐘，鯨吼西風裏。回首南莊行樂地，暝煙隔斷青蓮宇。 宴飲芳園人散去，金鑰嚴城，次第催將閉。一望長橋燈火起，絳紗影裏聯歸騎。

兩峰出雲 南北峰頭雲氣繞。玉削芙蓉，迥出青天表。金碧浮圖瞻縹緲，朱甍繡檻臨黄道。 下界紅塵飛不到，東望洞庭，日出扶桑曉。願借謫仙希有鳥，瑶笙吹上蓬萊島。

清　何鼎《洞庭春色·洞庭湖》（《名家詞鈔》輯）　青筰移船，黄頭舉櫂，捷似踏雲。有移山雪浪，掀舟怪木；舞花練沫，礙柁江豚。十幅蒲帆，斜蘸水覺，一派波連天色昏。試問取，當葡萄萬疊，誰不消魂。　中流欸而浪寂。真個是、明鏡無塵。見旗飄竿影，風分柳縠。山浮螺色，竹淚湘君。落日沉紅，千頃碧都，入浦停橈一夜村。銀蟾掛，又神鴉影裏，霞彩繽紛。

清　陳鵬年《陳恪勤集》卷四《西湖》　輕烟如綺羅，曉日湖波媚。春光喚塵勞，焉能禁游恣。萬梅競幽芬，千峰露遥翠。孤山六橋間，鈿車雜寶騎。紙鳶落人頭，明璫墮馬髻。我來逐蜂蝶，蹴踏香雲碎。樓臺盡金銀，别館轉清閟。朱橋梟垂虹，複道盤空至。鳳舸高出雲，池亭巧位置。其間植花卉，儼若名園邃。吴娃盪蘭橈，舞裙弄瑶吹。隨山如列屏，聚景疑縮地。非獨侈繁華，古澹愜幽意。白日既繽紛，清宵更殊麗。星毬夾火樹，百變魚龍戲。筵張紫霞溢，樂奏霓裳遝。圓月正東來，烟花照無睡。人間有杭州，絶勝今無二。舟人話太平，大與前代異。時清百司職，歲稔羣生遂。傳聞六龍幸，咫尺恩膏被。花草歘改觀，湖山叠呈瑞。釵釧買春醪，壺漿待巡視。夕陽挂歸帆，欸乃東風利。霏微颺青帘，晻靄投紺寺。暮色摇金波，小飲亦沉醉。

清　屈復《弱水集》卷三《游西湖》　新堤引桃花，孤山蔭叢竹。雲薄日將華，意遲舟不速。繫纜登高亭，湖心初縱目。遠影澄碧流，烟霏謝成玉。此身浮太虚，何處覓仙躅。短棹擊空明，清光滿林陸。乃至鄂王墳，身世堪痛哭。花氣過湖平，鶯聲出柳緑。景物方暄妍，明發遍天竺。

清　沈彤《果堂集》卷九《縹緲峰》　登碧螺峰頂，已獲眺望之樂。又自北而西行四五日，歷涵霄二峰，而至縹緲峰南麓。峰高可數里，峥嶸插漢。心快之，遂取道秦家嶺，策杖以上，直造巔末。於時雲澹天開，風輕日明。環湖之南，東折而北。山層嶺複，如黛如雲，林木攢茂，鬱鬱蒼蒼。通二三百里，繚繞弗絶。湖吞吐百瀆，嘘吸三江。少輪廣受，瀰漫淼茫。波瀾散合，雲日俱蕩。七十二峰，或直而聳，或斜而倚，或横而背，或曲而向，皆破水投波，如沈又浮。縱覽既久，藉茅仰卧，天宇穹隆，浩然長空，心目益曠，肢體皆適。起而俯視，支山叢羅，若兒孫之拱立。村塢繡錯，澗壑縈回，脩竹長林，蒙蘢茂密。高堂巨殿，雜厠其中，赤白隱見。兹峰所觀，與碧螺登望之勝，遠近大小，真敻然其不侔矣。夫登高則見遠以大，登愈高，則遠者近，大者小，而其見又殊。昔之人所以欲至其所不至，而不肯僅得其半也。日昃踟躕，歎息而下。

清　趙懷玉《亦有生齋集》詩卷　卷七《西湖》　昔游愛紫峰，千尋啟屏障。今游愛西湖，十里明晃漾。紫峰妙于收，西湖妙于放。空濛乍極目，煙靄忽殊狀。亭宜傍溪搆，山反隔林望。虹影卧平橋，鏡奩瑩列嶂。夕陽帶鴈來，秋色隨鷗上。山居喜見水，陡覺心氣王。如臨濠濮勝，好證光明藏。地當鹿苑右，名豈虎林讓。我來逾信宿，獲此詫奇創。乃知泊相遭，每愜素所尚。怡情適增累，欲别屢添悵。何如本無睹，萬物齊得喪。

清　王慶勳《詒安堂二集》卷四《九溪十八澗》　言尋九溪十八澗，山僧導我來琳宫。層巒叠嶂互環抱，幾疑無路能相通。陰崖猶浸古時緑，岩花新借春光紅。千仞峭壁拔地起，鈎連草木遮叢叢。谷底蟠蛇散毒霧，洞邊嘯虎吹腥風。高低岩竇瀉靈乳，縱横溪澗分西東。奔波屈曲赴滄海，流聲日夜無終窮。翠微深處不可止，無邊嵐氣霏晴空。忽聞人語自天下，峰腰缺曲來樵童。幾泓寒碧掠衣過，此身如鳥初離籠。林間隱約木魚響，驚看脚底炊烟烘。遥指翁家山下屋，人家都東浮雲中。

清　魏源《古微堂詩集》卷三《黄山諸谷二首》　人言黄山勝以峰，不以水，水特不在山上耳。其麓四谷，南有湯谷之白龍潭，東有雲谷之九龍潭，西松谷五龍潭，北逍遥溪白龍止一潭。當徽、歙入山，孔道又近，硃砂泉名最著。然藥鐺、藥銚皆等兒戲，又皆塞于亂石。逍遥溪蹊徑荒險，不可游。其最勝可游者，惟雲谷、松谷乎。雲谷一瀑，迭注成九，松谷五潭，各爲一壑，其勝不相上下。

松谷五龍潭　松谷，後海門户。谷在四山中，受石筍矼、師林諸澗之瀑，匯爲青黑黄白四潭，并下油潭而五。潭各隔澗不相屬，各以所映石壁之色名之，惟油潭以上澗狹長如油榨得名。榨下石厂嵌空，水横行下，孔竅陿轟，潭如大釜受之，釜底白石可數，而垂綆數丈，不得其底，空明窅幻，于諸潭尤勝。

溪山喜游人，先遣流泉導。流泉畏出山，十里聲先譟。後海此門户，硐壑窅深峭。諸峰如筍城，古寺專其奥。一壑一龍宫，不肯同堂奥。一湫一石色，不肯複形貌。其上白雨飛，其下鏡臺耀。石或嵌或穹，松或蔭或冒。百尺水精簾，四面水仙操。會成大寒碧，徹骨乾坤照。始悟萬化初，一泓水源肖。並無聲潺湲，但有光澄妙。何必入山深，瑩然塵夢覺。從此討仙源，步步皆壺嶠。

雲谷九龍潭　九龍潭受散花塢、丞相原之水，鎖以横石岡、冒岡，迭注而下，成九瀑潭。幽瑩寒碧，甲于黄岳，但須親至潭側，方知其妙。今人憚谷口入路迂遠，但從天紳亭隔岡遥望而已。若有好事者，從岡下砌一石磴，俾游人逕得至潭側，則事半功倍，不但游屐有資，即山靈亦當驚知己於千古。

誰令石化水，誰令水化龍。始知龍水石，一氣性相通。曲折雲一道，貫穿月九重。出石入石坎，出山在山蒙。幽森不敢近，中有潛螺宫。宫中寒碧天，不因石与松。我來鏡須髮，光影前身逢。極彼色相麗，轉令色相空。極彼舌廣長，轉歸寥寂中。安得開徑人，不被烟雲封。

清 郭嵩燾《養知書屋詩集》卷六《黑沙潭》 高巖下奔谼，渴日暗深谷。天風四飛揚，數里見懸瀑。咆哮湔沫噴，浩渺澄潭蹙。既放乃渟洄，激使奔騰速。巉削兩巖張，窐深九溟伏。見石不見湫，動與龍抵觸。海師擇勝處，迴壓天地肅。交加萬木陰，隱隱雲氣覆。七十二峰間，繚窅斯巖獨。端須百斛泉，聊遣塵心沃。垂瓶取深嚥，清寒不敢掬。

又《石鏡潭》 山如削玉水濺珠，潭上雲煙出畫圖。石瀨注溪三四尺，野榆夾澗萬千株。寺壇幢影風鴉散，巖壁松聲水鶴孤。此景人間應少見，便將石鏡擬蓬壺。

清 吴鴻**《洞庭洞歌》（《華容縣志》卷一四下引）** 大湖何茫茫，乃在巴陵之西，瀟湘之東。奔流會九水，積氣涵鴻濛。汪洋演迤八百里，日月沐浴經其中。上有湛湛虚廓之青天，下有百怪譎詭之靈宫。黄河東走不敢敵，直與滄海分元工。朝開遠煙碧，夕射流霞紅。老蛟鼓鐵笛，軒帝磨青銅。陰暗明晦各異狀，但見雲濤滉瀁點點飛。

清 陳作霖《可園詩存》卷一七《烏龍潭春游詩二首》 雜花萬樹柳千株，淺緑深紅似畫圖。一道長堤分内外，游人説是小西湖。

孤亭屹立水中央，習習微風透薄裳。四面芰荷香不斷，他時來納暑天涼。

泉石風景部

泉溪澗瀑

論説

宋 秦觀《淮海集》卷三八《龍井記》 龍井舊名龍泓，距錢塘十里。吴赤烏中方士葛洪嘗錬丹於此，事見《圖記》。其地當西湖之西，浙江之北，風篁嶺之上，實深山亂石之中泉也。每歲旱，禱雨於他祠不獲則禱於此，其禱輒應，故相傳以爲有龍居之。然泉者，山之精氣所發也。西湖深靚空闊，納光景而涵煙霏。菱芡荷花之所附麗，龜魚鳥蟲之所依憑。漫衍而不迫，紆餘以成文。陰晴之中，各有奇態，而不可以言盡也。故岸湖之山多爲所誘，而不克以爲泉。浙江介於吴越之間，一晝一夜，濤頭自海而上者，再疾擊而遠馳，兕虎駭而風雨怒。遇者摧，當者壞，乘高而望之，使人毛髮盡立，心掉而不禁。故岸江之山多爲所脇而不暇以爲泉，惟此地蟠幽而踞阻，内無靡曼之誘以散越其精，外無豪捍之脇以虧疎其氣，故嶺之左右，大率多泉，龍井其尤者也。夫畜之深者，發之遠。其養也不苟，則其施也無窮。龍井之德，蓋有至於是者，則其爲神物之託也，亦奚疑哉。

宋 祝穆《古今事文類聚》前集卷一八《泉》《羣書要語》：水本曰源，源曰泉。正直上出曰檻泉，從上溜下曰下泉，湧出曰濆泉，側出曰氿軌泉。泉所出同所歸異曰肥泉，異出同流曰瀵泉。見《爾雅》及詩注。

明 劉士龍《游白沙泉記》《陝西通志》卷九二引) 泉莫勝于終南而鄠爲最，泉莫勝于鄠而西南鄉爲最，泉莫勝于鄠之西南鄉，而白沙泉爲最。蓋泉亦難言矣。貌不難于澄而味難于甘，神不難于寂而韻難于活，惟白沙泉則具有之。色如銀而加湛，味如飴而加冽，其奮而上湧者，如湯沸，如波騰。其翻而漚泛者，如珠噴，如璣躍，溢而爲流。其清激而雋快者，如哀玉出聲，霜鐘遞響，滋而爲草。其葱鬱而浮動者，如鏡窺緑鬟，風牽翠帶。每風辰月夕，晴日雪朝，或孤往，或偕游，流連忘歸，率以爲常。即人事紛錯，書債糾纏，未有不極力擺撥而偷閒一至者也。聲色味俱佳，耳目口皆適，而深領之則肺腸都濯，魂夢亦清。我輩受益于泉者多矣，因與克甫商所以酧泉者，爲泉加護。惜焉白璧砌而青玉闌，毋爲頑石所辱也。瘿瓢汲而定甆貯，毋爲穢器所褻也。戰茗取足于靈液，漱濯不得輕試也。標格欲稱其清容，塵俗不得少著也，又爲泉加點綴焉。芝蘭叢種，松竹環列，而惡草不容託，常木不容蔭也。白鷗睡其旁，朱魚戲其中，而俗禽不容浴，凡鱗不許泳也。架築無貴于華整，蓋頭一把，取足庇風雨而已。招呼無及于猥雜，識韻一人，取足供笑語而已。泉主我賓，我歌泉答，而泉之常清者不受溷，常静者不受喧也。泉受益于我輩者，亦不少矣。是泉于我輩相遇交相益而相酧也，亦千百世一段佳語也。

明 王圻《稗史彙編》卷一〇《水泉》 水，一也，發之爲泉。有出於高原者，有起自地中者，有洶湧澎湃者，有散漫如珠者，名狀不一。以予所歷覽，若楚中之噴玉，滇西之飛瀑，其聲如雷。貴陽之喜客泉，客至則漚沫騰起。永昌之九龍池，涓涓下氾，灌田無算。齊魯之趵突，亦自下而上。東甌鴈山，新昌南明之瀑布，又如飛匹練。青田石門洞，水出高源而下，又散漫若珠。瑞安仙岩之瀑布，則發源山巔，奔流曲折，寺僧殺水勢，以爲舂碓。此所謂天一生之而不窮，地六成之而不竭，其造化至妙，至妙者歟。

清 李鐸《冷泉亭記》《續修雲林寺志》卷五引) 夏日舒長，炎風正熯，思得清凉之地以滌煩襟。有告我者曰：雲林之間有亭焉，幽人所棲，雅絶塵俗，曷往游之？遂歷其所，徜徉彌日，塵襟頓舒。乃枕石藉裀而卧，甚酣，豁然有朗曠之致。仰而視之則蒼蒼者，天也；近而玩之則青青者，林也。傾耳聽之，則泉流之涓涓也。嶔崎巉峭，則怪石之玲瓏也。杳然陰翳、往來莫定者，則無心之雲物也。山樹高而禽鳥啼，山徑幽而猨狖嘯，萬物熙熙，各得其所。逍遥乎此，若夢若迷，予其仙耶，僧耶，樵耶，予不自知。而此山之爲何山，此亭之爲何亭，予亦不知也。心爲之曠焉，神爲之怡焉。混兮其若虚，茫乎其若失。融融焉自有其樂，而樂之所極，則予又莫能言。嗟乎！人或百年，其遇不遇，數也。遇則爲出世之懽，不遇則有負俗之累。煙波之釣叟，江湖之散人，彭湘之漁父，皆得乎此者也。是以少伯有五湖之游，子陵有羊裘之樂，彼自有所得于其心，故能相從於汗漫也。子曰：飯疏食飲水，曲肱而枕之，樂亦在其中矣。又曰：一簞食，一瓢飲，人不堪其憂，回也不改其樂。今日之游，溪流可以飲，野蔌可以茹。煙雲竹樹，岩谷禽聲，可以賞心而快意。予以非仙、非僧、非樵者，忽焉而飄飄其若仙，寂寂其若僧，詡詡然其若山間之樵父，則不能自言之樂，又何可不以語人也。爲記記之，是曰西湖之冷泉亭。

綜　述

宋 范成大《吴郡志》卷一五　天平山在吴縣西二十里，此山在吴中最爲峭崒高聳。一峰端正特立，《續圖經》以爲吴鎮，不誣也。山皆奇石，卓筆峰爲最。山半白雲泉亦爲吴中第一水，比年有寺僧師壽，搜采巖巒，别立數亭，皆奇峭。又於白雲之上石壁中得一泉如綫，尤清冽云。

又《驂鸞録》　出山遵湘水，岸壁行石磴上，清流如箭，境清而麗，佳處名盤石山。有泉自洞罅中噴出當道，名玉髓泉。

宋 周密《武林舊事》卷五《龍井》　吴赤烏中，葛稚川嘗煉丹於此。在風篁嶺上，巖壑林樾幽古，石竇一泓，清澈翠寒，甘美可愛，雖久旱不涸。石上流水處，其色如丹，游者視久水輒溢，人击即減。其深不可測，相傳與江海通，有龍居之，每禱雨必應，或見小蟹、斑魚、蜥蜴之類。井傍有惠濟龍王祠。

宋 周密撰 明 朱廷焕補《增補武林舊事》卷七《冷泉》　有亭在泉上，「冷泉」二字乃白樂天書，「亭」字乃東坡續書。詩扁充棟，不能悉録。林丹山詩云：一泓清可浸詩脾，冷暖年來只自知。流向西湖載歌舞，回頭不似在山時。

冷泉亭建於唐，至宋郡守毛友拆去之，今所建又不知起於何時。其自叙云，昔人加亭於冷泉，如明鏡中加繪畫，山翠水光，去者過半。拂拭菑翳，舊觀還復。夫冷泉亭之景，白樂天極其褒頌，而毛守以爲去之，乃佳好尚不同如此。《西湖志》

西湖今但知有冷泉而不知有温泉、醴泉在冷泉之上。楊廉夫《西湖竹枝詞》「家住西湖新婦磯」，又「石新婦下水連空，飛來峰前山萬重」，郯九成《竹枝詞》「風篁嶺頭西日暉，青龍港口新月微」，馮士頤詞「請看雙投橋下水，新開兩朵玉芙蓉」，皆遺逸隱蹟。田藝蘅《留青日北》

宋 鄧牧《洞霄圖志》卷二《丹泉一名天柱泉》　是泉發源最高，歷天柱山半。初但聞有聲，殷殷若雷，至大滌洞西百餘步，始出地上。既清且甘，大旱不竭，有方池瀦焉。天宇清明，則有赤光，四旁苔蘚時作紫暈。東坡居士詩云：一庵閒寄洞霄宫，井有丹砂水常赤。故扁丹泉池上亭曰「清音」，取左太冲「山水有清音」之句。除引供厨堂及十八齋之外，一境田疇咸仰灌溉云。

宋 潛説友《咸淳臨安志》卷三七《龍井》　本名龍泓，吴赤烏中葛洪煉丹於此。道西湖南山，登風篁嶺，澗泉決決，與幽花野草延。緣山磴更上嶺背，巖壑林樾皆老蒼，而西湖已蔽掩不可見，氣象愈清古。巖骨棱瘦，泉流渟涵，一泓清澈，即之凄然。相傳有龍在焉，觸石爲雲，禱者輒應，因建龍祠，曰惠濟廟。井有記，秦少游撰，米元章書。咸淳五年，安撫潛説友重建門，古篆龍井二大字爲扁。

又 卷三八《天井泉》　在昌花縣西五十里。地名葉源，有馬塢。小山巔有石竅，名天井，深不可測。其中若列梯級，通人上下。有泉涓涓，灌注石面，凝結石脂。圓者名寒水石，如冰筯者名鵝管石。晝執燭可入，光采奪目。或以絲繫石試井，聲鼕鼕如鼓，盡絲一籰，石墜未已。井東有銅山神，入者褻慢即迷所出。舊傳此泉通朱浪村長潭。

金 王寂《鴨江行部志》（明昌辛亥歲二月）丙午游北巖，觀瀑布水。野服曳杖至于絶頂，其水初出于東北一峰之肋。懸流數十尺，盤轉于窪石之上，蓄之爲池，從横可二丈。池滿則傾瀉于石壁之下。水殿最爲龍門佳處。北望蒼巖，瀑布如千尺玉虹飛落。滄海下瞰，雲濤雪浪，舂撞擊搏。其聲如奔雷驟雨，跳珠濺玉，倒射軒窗，雖六月不知暑也。少東有大石屹然介于兩水之中，其平如掌，上可容三十客。方夏秋霖潦，水勢湍猛，非以此石殺其怒，則水殿無復有焉。大抵如瞿塘之灩澦堆也。

元 吴萊《淵穎集》卷九《南海山水人物古蹟記》　東坡泉在西城内天慶觀。蘇文忠公初鑿，得一石，狀如龜，泉涌出，號龜泉。清冽亞達磨泉。淳祐間經略使方大琮浚泉，護以定林廢寺鐵井欄。大琮有鐵井欄銘。

明《無錫縣志》卷三下　第二泉即陸子泉也，在惠山之麓若冰洞前。洞高咫尺，廣可方丈。《吴地記》云是洞通義興張公洞，今歲久堙没，不可蹤跡。泉源自洞中浸出，洞前有石池。池中蓄泉嘗滿，號冰泉。是泉及洞，唐僧若冰訪求得之，故皆指僧而名。池上舊有屋，連蓋洞口，半以覆地。池前有極目亭，今廢爲五賢祠。池右有涵碧、濕雲及漱香諸亭，皆可坐以觀泉。池底水液潛貫山下池中，山下池方圓各一。唐會昌中，刺史張中丞置連屋一十間於池上，有梁源亭在焉。其方池甃以陶甓，繚以朱欄，云宋高宗南渡時，嘗在此池酌泉，故其後設欄衛護，謂之上池。去上池尺許，即圓池。鑿石爲底，廠若銼釜。池之四旁及欄楯皆琢石爲之，是謂中池。池口有暗渠，導泉從龍吻出，注下池。下池方丈餘，深可二尺。池上有堂三楹，曰漪瀾堂，今之真賞亭也。亭基下即通龍吻石渠，渠中泉自龍吻中噴出，洋溢下池，然後分爲二道。其一道北人黿池，漸流至金蓮花池。金蓮花池者，池中有金蓮花，蔓生如荇，開花黄色似蓮蘂，半開而不實，朵小如水仙，甚香。舊稱千葉，云後有女子入池澡浴，花遂省爲五瓣。傳説者有僧不知來自何方，携植于此。是花天下凡有三種，其一在華山方池中，其一在廬山池内，其一在此池，皆是僧手植。池上有石梁通惠山寺，宋蘇舜欽嘗築亭寺前，鑿石爲流觴曲水，疏泉脈爲之泉。自金蓮花池迂迴過寺中香積池，出寺涇達雙河，合五瀉水，越江陰界水，同入于江。其一道東入暗渠，涓涓引流出錫山澗，迤邐順流下梁溪，合梁溪入太湖。其餘旁支別派，斜分曲匯，山民悉爲溝畎導流山下，溉田可數頃，無旱乾之憂。

明　喬宇《觀趵突泉記》（《古今游名山記》卷五引）　山東濟南之名泉著于碑、品于論，詳于《志》、傳千人口者，七十有二。在府城自金綫、珍珠以下，在章丘自百脉、净明以下，在泰山自白鶴、水簾以下，在新泰自玉寶以下，或取其澄澈，或可釀，或可已目翳。或如垂練，或縷縷如簾，或色如玉、明如鑑，皆不若城西之趵突泉。其源出山西之王屋山下，伏流至河南濟源縣，湧出過黄河，溢爲滎西北。至黄山濁馬崖，又伏流五十里，至城西突冒而出，爲此泉。昔人浮糠于源，竟達于此。其泉凡三穴，其出瀵高尺許。珠沫大湧。土人云數十年前高二三尺許，豈氣有盛衰然耶！其泉之周圍皆芳草清蘭，垂流帶波，可臨可飲。其出也，又會諸泉入城，匯爲大明湖，占城三之一。由北水門出，與濟水合，沛漫無際。又流爲小清河，爲濟之南源。經章丘、鄒平新城界，入海，其歸也。大其源也千里，所以爲名泉之冠。泉上有觀瀾亭，余小憩于上。亭壁有趙松雪詩，因次其韻，遂生策杖王屋尋源之興。

明　楊慎《升菴集》卷七七《半月泉》　會稽天依寺有半月泉，泉隱岩下，雖月圓滿，望池中只見其半，最爲佳處。有僧鑿開岩名滿月，殊可惜也。因作《殺風景》一絶，云：磨墨濃填蟬翅帖，開半月岩爲滿月，富翁漆却斷紋琴，老僧削圓方竹節。

又《龍湫瀑布》　唐僧貫休詩：鴈蕩經行雲漠漠，龍湫燕坐雨濛濛。所謂雨者，非雨也，瀑布之濺沫也。按《鴈宕志》云，西谷龍湫如井狀，檻中作凹，石壁數仞，水從凹中瀉下，望之若懸布。隨風作態，遠近斜正變幻不一。或如散珠，如驟雨，如飛雪，如輕烟濛霧，或飄轉中斷，或左右飛散，或直下如注雷，或屈曲如蜿蜒。觀者每立於潭外，相去數十步，水忽轉舞向人亂灑，衣帽沾濕。或大注如晴雷，或爲風所遏，盤桓而不下，皆奇態也。匡山視此不及遠矣。彼以名聞天下者，路當要區耳。按，此段奇景，披《志》見之，亦爽心目，況親至之乎？可入卧游録。

明　田汝成《西湖游覽志》卷一二《南山城内勝蹟》　青衣泉淅淅出石罅，清鑒毛髮。崖壁鐫有唐開成五年南岳道士邢令聞、錢唐縣令錢華、道士諸葛鑑八分書題名，傍鐫佛像及大字心經。山頂巨石墜下，有石承之，若餖飣然。前有石門，上横石梁，壁間皆細字水波文，不知何年洚水至此。宋慶元間，韓侂胄賜第寶蓮山下，建閱古堂，砌瑪瑙石爲池，引泉注之，名閱古泉。

明　謝肇淛《滇略》卷二《碧玉泉》　滇温泉最多，而安寧州之碧玉泉爲冠。在城北十里許，四山壁立，中爲石凹，飛泉注焉。清可鑒髮，香可瀹茗。有坐石正方，碧色如玉，故名。楊慎亟稱之，謂「海内第一湯」。其上爲曹溪寺，倚山飛閣，登之可望百里諸山。有海眼泉，一日三潮，隨涌隨涸，相傳僧戒照卓錫之所。

又《五雜組》卷四《地部二》　鴈蕩瀑布無聲，故自奇絶。閩中水簾數處，皆無聲，蓋巖腰凹而水噴空，則爲水簾，自不能奔號也。水簾奇於瀑布。吾閩四山，皆瀑也。而黄巖峰瀑布，數百里外皆望見，如疋練焉。余又在黄山見九龍潭水，從絶頂分爲三而下，至半腰合流，又三分之。如是者三，始至地。望之如雜佩然，亦一奇也。

明　袁宏道《錦帆集》卷二《天平》　天平山以白樂天顯。山腹有亭，亭側清泉泠泠不竭，所謂白雲泉也。《吴邑志》云：天平在吴中，最爲崷崒，多奇石，山半白雲泉亦爲吴中第一水。蘇舜欽有詩云：清溪至峰前，仰視勢飛舞。偉石如長人，聚立欲言語。石竇落玉泉，泠泠四時雨。吴人至今稱之。聞方春時游舟甚盛。簫管綺羅，與上方諸山等。

明　袁中道《珂雪齋前集》卷一五《裂帛泉》　泉從玉泉山脚石根出，流聲甚壯，溢爲渠。了了見文石，沁冷徹骨。依山瞰泉，原爲昭化寺基。寺已廢，予謂像法至今日盛極矣。山陬海澨莫不備極莊嚴。至西山一帶，寶地相望，此處於京師最近。山棱棱有骨，水泉涵澹，極爲秀冶，而聽其凋殘，且夷而爲場圃，剎固亦有幸有不幸歟。其鄰即爲史園，正泉所出也，有亭在焉。石色泉聲大類虎丘、劍池。以水活，故勝之。緣竹徑而上，如龜背。上有堂三楹，可望遠，後有洞陰森甚。燕中不蓄竹，此地獨盛。夜宿其中，風大作，如廣陵潮生時也。

明 陳耀文《天中記》卷一〇 五泉 蘭州五泉水在皋蘭山下，泉有五眼，瀑布飛瀉，潺然可聽。衆流成溪，灌溉甚博。俗謂霍去病以鞭卓之而出者。

又 噴玉 壽安縣有噴玉泉，石溪皆山水之絶勝也。貞元中，李賓客詞爲縣令，乃剗翦薈、開徑隧，人方聞而異焉。太和中，博陵崔蒙爲主簿，標堠于道，周人方造而游焉。傳載

又 半月泉 李紳《題法華山天衣寺》詩：殿湧全身塔，池開半月泉。此泉隱於岩下，雖月圓池中止見，其半最爲佳處。紹興初，愚禿法聰遂鑿開巖上，易名滿月池，泉甚可惜也。吴興德清慈相寺石壁下有半月泉，晉咸和僧曇卓庵其處，鑿石罅如半月得泉，清凉甘美，名曰靈泉，後人即其形似更名半月，覆亭其上。《西吴記》

又 金綫泉 齊州城西有金綫泉，澄澈見底。池心南北有金綫一道，微起水面。以油滴之，則綫文還。云或以杖亂之，則綫輒不見，水止如故，天陰亦不見。《湘山野録》

又 潮泉 雞籠山下澗中有數十處，累石若有人功。水常深，天餘朝夕，輒有湧泉溢出，如潮水。時刻不差，前望尤大，號爲潮泉，常如沸湯。《潯陽記》

明 李賢等《明一統志》卷一《京師》 玉泉 在玉泉山東北。泉出石罅間，因鑿石爲螭頭，泉從螭口噴出，鳴若雜佩，色若素練，味極甘美。瀦而爲池，廣三丈許，池東跨小石橋，水經橋下，東流入西湖，爲京師八景之一，名曰玉泉垂虹。本朝王英詩：山下泉流似玉虹，清泠不與衆泉同。地連瓊島瀛洲近，源與蓬萊翠水通。出澗曉光斜映月，入湖春浪細含風。迢迢終見歸滄海，萬物皆資潤澤功。

清 顧炎武《肇域志》《山東一》 金綫泉在城西。石甃方池，泉湧亂發。其下注城濠，澄澈見底。波心南北有金綫一道隱起水面。

又《山東四》 趵突泉，濼水之源也，一名瀑流。春秋桓公十八年，公會齊侯于濼。蓋岱陰之水奔流，自縣西南六十里之黄山下，匯爲池，伏流至城西南，發爲此泉。平地泉源觱湧，三窟突起，雪濤數尺，聲如隱雷，冬夏如一，固寰中之絶勝也。

清 孫廷銓《顔山雜記》卷一 大洪泉 大洪泉，又名白雲泉。在鳳嶺之陽阿。巉岩壘疊相承如版幹，怒濤裂石而出，水竇處可闊八尺，高六七寸，傾岩爭吐，石淙懸注，下激深潭，驚湍急峽，恍忽動摇。每清秋霽夕，緣溪洄溯，雪浪飛寒，覺微風扇於蘋末。臨石徙倚，如霧露沾。人雖去之若遥，砰雷之聲猶自在耳。

又 孝泉 出大洪泉百步外，顔文姜祠下。深源静閟，匯爲清池，深可丈餘。浮泡泛珠，吹沙湧起，澄净寒徹，不掩針芒，藻翻荇摇，皆可辨數。其上虚檐翠柏，負日高寒。臨斯池也，靡不倚檻徘徊、蠲煩易慮者矣。水出祠外，與大洪泉水合。逕踐積石，悉成湍瀨。峨嶺之陽，諸山泉水左注之。鷺立凫投，小有渟瀦。乃行峽中，石梁起於絶壑。闌干横帶兩山。過梁，支離泉、柳林泉水右注之，北流逕西寺閣前。黄石起於山根，輕湍爲之洄注。至鎮城西北范河口，范水左注之。又北沙溝，山水右注之。又北出於兩山之間，是爲虎山矣。其水半瀦深陂，半流石上。又東北後峪諸山泉水左注之。又屈曲西北，石臼河水右注之。又北至般陽與般水會。

又 范泉 出東阜范文正公祠堂下。祠前臨秋谷，澗道迴合。舊富喬木，其泉流入澗，遠樹穿林，木葉泉聲，瀟瀟響答，文正微時讀書處也。按文正父爲淄青記室，客死。文正少孤，育於長山朱氏，因名朱説。嘗讀書長白山醴泉寺，斷虀畫粥，刻苦勵志，及登第乃易姓名。故其表曰「入境遂稱張禄，乘舟偶效陶朱。」以秋谷之接迹，長白實爲勝地。伏讀棲尋，其有由然。近居人於此谷上，遠駕石梁，平通山脚，接引泉水，遂乃於梁上跨谷分流。每尋梁憩，集虚谷來風，青岩阻日，弄溪光，拾澗藻。石梁上下，南澗北流，東泉西逝，月净波明，宛成十字，濠梁之性樂以忘還。

清 閔麟嗣《黄山志定本》卷一《形勝志》 湯泉在朱砂峰下，長丈許，闊半之。泉口大如椀，涌沸石間。雖冱寒如温春時，色微紅，蓋朱砂泉也。水過熾石罅别出，寒泉流入池，温凉正適。屆冬則涸，讓池之温。池左畔碧蘚縈軟，一竅流垢，駛瀏靡停，隨滌隨潔，浴者快之。池上天生片石，覆池之半爲泉广，居然仙琢。嘉靖中，溪南某鑿石砌亭，惜哉。去池數十武有泉窟，亦芳温

可浴，尚未池疏之鑿之，是在後之好事者。

又　落星泉，從停雪石入谷，行半里，有泉淙然，勢如游龍飛虹，雪翻谷鳴。注石而成科坎者三，盈科復下，衝激而成坎者五。曰落星泉，即今鳴絃澗。澗名而泉隱，人能名澗，不能名泉也。特表出之。

清　雍正《江西通志》卷一一《山川・廣州府》　石井在鉛山縣北四里。巨石間有竇湧泉，匯爲井，上有石龕覆之。石文隱起，錯縷如蓮花倒生。縣多膽水，味澀，此獨甘。日夜流不竭，溉田數百頃。舊名玉洞泉，又有碧玉、慈濟、醒心諸名。唐光啓中賜額名石井，朱子詩：一竇陰風萬斛泉，新秋曾此弄清漣。人言湛碧深無底，只恐潛通小有天。通判軍州洪芻記以爲，余習廬山泉石之勝，如開先之瀑布，棲賢之三峽，康王之谷簾，卧龍之懸水，縞練飛而雷霆吼，可謂壯觀矣。然其泓澄渟蓄，滿而不溢若石井，比者無有也。

又　卷一二《山川・南康府》　瀑布泉在開先寺者有二，其在東北者，瀉出鶴鳴龜背之間，曰馬尾水。水勢奔注而崖口隘束，噴散數十百縷如馬尾。然其在西南者，則自坡頂下注雙劍峰背邃壑中，匯爲大龍潭，繞出雙劍之東，下注大壑，懸挂數百丈，曰瀑布水。水循壑東北逝，與馬尾水合，流出山峽中，下注石潭。石碧而削，水練而飛，潭紺而淵，爲開先佳境。因名其峽曰青玉峽，潭曰龍池云。又，簡寂觀側有二瀑布水，東澗瀑廣而傷於短，西澗瀑高而病其微。

又　三疊泉在五老峰背。泉下注盤石三疊，而後至地，亦名三級泉。上級如飄雲拖練，中級如碎玉摧冰，下級如玉龍走潭。散珠噴雪，真天下絶景，非谷簾瀑布所可方。朱子謂之「新瀑恨不一見與」，黄商伯書屢及之。

清　雍正《廣東通志》卷一〇　西樵山　在城西南一百二十里。高聳千仞，勢若游龍。有七十二峰。周圍四十里，若蓮花擎空。上有民居十三村。中峰雄特，是爲大科峰，碧雲、紫雲、黄雲三峰，屏列於東。其南爲天峰，雙瀑高懸，夾瀉雲谷。前有九曲溪，飛瀑成水簾，爲噴玉巖。其下玉溪、金銀井在焉。大科峰西南，爲雷壇峰、寶峰。又有寶林洞。寶林之東，爲九龍洞。南，爲聚仙峰。其巔有聚仙臺，上有敬亭，拔地四百仞。後列五石，曰仙留石，瑰奇可觀。又大科峰西北，爲煙霞洞，鐵泉出焉。下爲錦巖，飛瀑與西北諸泉會於廣朗洞。又前有白雲洞。大科峰北，爲石泉洞。踰洞而北，爲小西湖。洞西有寶鴨池。東爲觀翠巖。其前爲天湖。下爲碧玉洞，乃西樵二十四泉之冠。

清　汪洪度《黄山領要録》卷上《朱砂泉》　泉之温，率硫之華也。天下泉之不藉硫而温者有三，驪山以礜石，安寧以碧玉，黄山以朱砂。朱砂泉在香泉溪上，石池天成，長丈許，廣半之，深不踰三尺，瑩澈見底。旁有欹石，碧色可枕。上蒸氣如甑，下布細砂，砂中沸泡噴湧，蟹眼魚眼，以次而升，旋復成珠，迸散而四射。沸處砂熱不可擉，魚鰕誤入輒斃。而水中苔蘚，終古不變蒼翠，春時色微紅，夏秋水過灼，則石罅別出寒泉瀉入，温凉適劑，至冬而別派竭，水加灼焉。左畔小石竅，水溢則從竅流，偕穢濁以出，駛疾靡停，終日人浴而垢不積。舊有片石，覆池之半爲天生泉廣，不知何年鑿石甃亭如橋孔，游者惋惜至今。【略】《志》稱山有湯泉二，此爲上池，溪流數十步爲下池。下池又分爲二，小者稍隘，大者廣倍之，而無覆石。沙漲水淺，小石齒齒如榴子。山僧屢圖疏鑿，以待行旅，別鐍此以供佳客云。池上懸崖千尺，竹樹邃密，周設帷幄，苔厚如茵，巖花點繡。石壁鑴元鄭玉先生題名池，對岸有石，先生嘗垂釣其上，人稱鄭公釣石。

又　卷下《九疊泉》　循苦竹溪十餘里，古木深林，交柯接蔭。石級遞引，直上青天中。有亭曰天紳，坐亭中，兩耳風濤聲無斷續者，對山峽中泉鳴也。仰視泉飛處則瀑，瀑渟處則潭，潭復注下則又瀑，數其潭則九也。當峽静水緩時，潭色澄虚，如一串緑珠，分散峽中而嵌之。大雨過，激湍怒浪，盤旋衝擊，覺徧山飛溜，盡爲瀑攝，以助其肆。秋未深，林木得霜，丹黄錯繡，色與山翠相間。練帛一道，半隱半露，蜿蜒雲中。《志》一稱九龍潭。從亭右折而上，回顧九疊忽在下，聲亦漸遠，然其源罕有能窮者。

清　雍正《山西通志》卷二四《山川・虞鄉縣》　東瀑布泉　西瀑布泉　胥在王官谷内，發天柱峰東懸流百尺而下。西瀑尤奇，出王官谷入沙。冬時泉脉微循崖而流，涓涓一綫，沍寒則冰崖百尺，似白虹倒懸。至春夏飛湍直下，望之似懸索。水所注石胥成穴，噴珠濺玉，夏月數十步外寒冽逼人。東瀑崖少曲，湍亦差緩，岸上蒼苔歲久，胥玲瓏爲石似羊脾狀。昔人謂大樹五百年化爲青羊，信矣。二瀑經休休亭前，合流出谷。

清　雍正《浙江通志》卷二〇　大龍湫　《名勝志》：在雁山西，谷水自雁湖合諸溪澗，會成巨淵。淵側石檻有龍窟如井，深窈不測，檻中作凹，石壁數百仞。水從凹中瀉下，望之若懸布，隨風變態，縱横不一。徐弘祖《游雁蕩山記》：大龍湫水出絶頂之南，常雲峰之北，夾塢中即其源也。

清 和珅《大清一統志》卷二一三 月牙泉 在敦煌縣南十里鳴沙山麓，南鄰黨河。淵渟澄澈，映月無塵，環以流沙，雖遇烈風，而泉不爲沙掩。舊傳水産鐵背魚，七星草，服之可長生。舊志在沙州衛南十里。

清 乾隆《南巡盛典》卷八七《名勝・徐州》 珍珠泉在西峰之麓。泉纚纚出石間，歷澗而下。相傳游人拍手呼笑，則白珠點點上浮，晶瑩可玩。

清 乾隆《諸暨縣志》卷三《山川》 五洩山 《名勝志》：在諸暨西南界。《輿地志》：山峻而有五級，故名。《水經注》：浙江合浦陽江，東經諸暨縣，與泄溪合溪，廣數丈。中道有兩高山夾溪，造雲壁立，凡有五洩，洩懸三十餘丈，廣十丈。中二洩不可至，登山遠望乃得見之。下泄懸百餘丈，水勢高急，聲震林外。上洩懸二百餘丈，望若雲垂，此是瀑布，土人號爲洩也。宋刁約云：俗謂之小雁蕩。溪源自富陽山峽，下有東西兩龍潭，東龍潭即飛瀑處，有響鐵嶺過嶺，即富陽界。嶺曲一峰，轉而西南，下有五泄寺。西龍潭深入谷中五里許，未到潭一嶺爲浦江界，隨潭流北至寺前，與東潭水合。山勢轉而面北，兩山夾潭，流東行綿延十餘里，奇跡秀絶。

清 于敏中 英廉等《日下舊聞考》卷七九 原：高梁橋西北十里，平地有泉四出，瀦爲小溪，凡數十處。北爲北海淀，南爲南海淀。北海之水來自巴溝，或云巴溝即南海淀也。有石梁一，是曰西勾。巴溝之旁有水從青龍橋河東南流入，於淀南五里爲丹棱沜。又南爲陂五六，出於巴溝，達白石橋，與高梁水合。《長安客話》

又 卷八五 原：玉泉山以泉名。泉出石罅，瀦而爲池，廣三丈許。水清而碧，細石流沙，緑藻紫荇，一一可辨。池東跨小石橋，水經橋下東流入西湖。山頂有金行宫芙蓉殿故址，相傳章宗嘗避暑于此。《長安客話》

原：穿青龍橋而西得玉泉山。山培塿耳，而土紋隱起，作蒼龍鱗。其下爲池，瀦泉而亭之，曰望湖亭。其東爲華嚴寺，寺西泉清可辨蘿髮。《緱山集》

原：玉泉山沙痕石隙隨地皆泉。山陽有巨穴，泉歕而上，淙淙有聲，或名之噴雪泉。《燕都游覽志》

原：玉泉山泉出如沸，滀爲池，清可鑑毛髮，此西湖之源也。《白巖集》

原：玉泉山金章宗嘗建行宫，今廢。山之北麓鑿石爲螭頭，泉從螭口出，瀦而爲池。《南濠集》

原：玉泉山麓有寺，所謂玉泉寺也。山有吕公洞，稍東爲龍王祠。渟泓方廣數丈，湧泉如珠，名裂帛湖。然玉泉山傍，每遇石縫即迸流濺雪，不特裂帛湖也。《游業》

清 道光《廣東通志》卷一〇一《山川略二・東莞縣》 十龍潭在深溪，與彭尚大嶺青嶂相連，甚幽邃。山有一大瀑布，注處輒爲一潭，凡十注，遂成十潭。初潭在谷口，春水初生，潭上之石掩其直瀉，水皆横飛以入潭，狀甚詭激。右折爲第二潭，水稍平，石齒歷歷可數。其上蒼壁平削，飛溜濺空，其下瀦水相環，如雙輪迴轉，爲第三第四兩潭。上峰益纖峻，水益湍駛。溪中多有美玉，色如紺青。樵人以礪斤斧，異香馥郁。雲霧晦暝，白沙朱草之間，虎跡常滿。此山之最深處也，是爲第五潭。上百步爲第六潭，左右多怪石横抵，飛湍勢若熊羆決鬥。與潭水衝激，常有火光隨風四射，第七第八第九潭皆然。磴道峭危，往往中絶。涉澗蛇蝮行，乃得至大瀑布下。大瀑布高千尺，排峰直注，水花成片如雲，既墜復起，從空旋舞，備極瓌詭之觀。其下爲第十潭，水甚黝黑，是爲激龍之淵。天旱，人投以熱鐵，則大雨，故曰激龍。《府志》

清 道光《敦煌縣志》卷七《雜類》 月泉曉徹 《衛志》：水廣數十武，周圍皆流沙，灣環如月，清徹見底。又舊志載，景致有渥水澄波，別爲一景（詳《地理志・山川内》）。今按：渥洼泉，即月牙泉，後世因其形似，故訛渥洼之音爲月牙。

清 同治《枝江縣志》卷二《地理中・山川》 雞公泉在縣西十六里。水從危石中出，清晨聽之，隱隱若雞聲，因名。石上有冬青樹數株，棉麻藤施於上，曲蟠如虬龍，枝葉古茂，有明時物也。相傳居人伐之則雲興雷作，故至今猶存。

紀事

唐 柳宗元《柳河東集》卷二九《至小丘西石潭記》 從小丘西行百二十步，隔篁竹，聞水聲，如鳴珮環，心樂之。伐竹取道，下見小潭，水尤清冽。全石以爲底，近岸卷石底以出，爲坻爲嶼，爲嵁爲巖。青樹翠蔓，蒙絡搖綴，參差披拂。潭中魚可百許頭，皆若空游無所依。一云披拂潭中，俯視游魚類若乘空。日光下澈，影布石上，佁然不動，俶爾遠逝，往來翕忽，似與游者相樂。

潭西南而望，斗折蛇行，明滅可見。其岸勢犬牙差互，不可知其源。坐潭上，四面竹樹環合，寂寥無人，凄神寒骨，悄愴幽邃。以其境過清，不可久居，乃記之而去。

宋 唐庚《眉山文集》卷二《游湯泉記》 過水北十餘里得白水山，山行一里所得佛跡院。院中湧二泉，其東所謂湯泉，其西雪如也。二泉相去步武間，而東泉熱甚，殆不可觸指，以西泉解之，然後調適可浴。意山之出二泉，專爲浴者計哉。或説炎州地性酷烈，故山谷多湯泉。或説水出硫黄，地中即温。初不問南北，今臨潼湯泉乃在正西，而炎州餘水未必皆熱，則地性之説固已失之。然以硫黄置水中，水不能温，則硫黄之論亦未爲得吾意。湯泉在天地間自爲一類，受性本然，不必有待然後温也。凡物各求其類，而水性尤耿介。得其類，則雖數千萬里，而伏流相通。非其類，則横絶徑過，十字旁午，而不相入，故二泉之間，不能容尋常，而炎涼特異如此，蓋亦無足怪者。吹氣爲寒，呵氣爲温，而同出於一口，此其證也。臨潼之水在開元天寶時最爲知名，思幸寵遇，震動一時。然自是以來，是非口語亦紛紛矣。此泉出東南萬里外，非山僧野叟之所游嬉，則騷人遷客之所嘯咏而裴徊也。寵辱何自而至哉，爲泉計者，其肯以此而易彼乎。同游者三人。

宋 賀允中《應心泉記》（《赤城集》卷一四引） 居士賀子忱編茅爲屋，與其孥寓居於天台山萬年禪院之西。地勢爽塏，土脉深厚，植花種竹，日以成趣。惟是水之去人稍遠，而饋餾滌濯之用不足。上有小澗，走以竹渠，則寒月常冰。下有廢井，汲以桔槔，則人力深勤。一日居士齋心炷香，仰首穹靈而祝之曰：聚族百指，結草而居。上下蔬食，甘苦一律。所需於世者甚薄，而瓢飲之樂，未適其願。昔耿恭拜井而泉溢，王霸濟渡而冰合。雖今昔異時，閒劇殊事，而約已爲衆，有求斯應。誠苟至焉，理則均也。神其吐之乎？既祝之十日，旱陽驕亢，氣蒸如焚。舍之東北相去十步，不加穿治，天洌之泉，既潔且豐。其甘如醴，其寒如冰，其澤如玉，其清如鑑。由是一家之用，不煩人力而遂給足。衡茅之勝，寖以膏潤矣。山中父老明日舉相謂曰：此地無泉何慮數千百年。君居未久，而浹旬之間忽於平地湧激，靈源若出造化，如是之敏，是何祥也。豈天嗇其寳，將有待而出耶？抑時至事契，而適相濟遇也？將以化尼父之雨以資之後學耶。將以興傳説之霖而被蒼生耶。不然則泉源混混，不舍晝夜，胡爲一日而驟至也。居士曰：汝無佞予，予將告汝。夫通天下者一氣，備萬物者一誠。我之禱也以衆，泉之應也以心。天地鬼神昭昭，然常在人上。若將閔予而告之曰，爾家何貧，爾志何清，棄官何勇，樂閑何真。人棄爾取，人疏爾親，處荒山以自適，邈四顧而無鄰。地若有泉而不畀，天下其孰與爲仁。以吾心如陶潛，故得泉涓涓而始流。以吾心如李愿，故得濯清泉以自潔，吾方將拜天之遺落泉之成。借此之居，以爲斜川盤谷，求諸文人作賦序以侈其貺而流其聲，不亦可乎。父老曰唯唯，居士乃命工甃。

宋 陸游《渭南文集·放翁逸稿》卷上《閲古泉記》 大師平原王韓公府之西，繚山而上，五步一磴，十步一壑，崖如伏黿，徑如驚蛇。大石礧礧，或如地踊以立，或如翔空而下，或翩如將奮，或森如欲搏。名葩碩果，更出互見。壽藤怪蔓，羅絡蒙密。地多桂竹，秋而華敷，夏而籜解。至者應接不暇，及左顧而右盼，則呀然而江横陳，豁然而湖自獻。天造地設，非人力所能爲者。其尤勝絶之地曰閲古泉，在溜玉亭之西。繚以翠麓，覆以美蔭。又以其東向，故浴海之日，既望之月，泉輒先得之。袤三尺，深不知其幾也。霖雨不溢，久旱不涸。其甘飴蜜，其寒冰雪，其泓止明静，可鑒毛髮。雖游塵墮葉，常若有神物呵護屏除者。朝暮雨暘，無時不鏡如也。泉上有小亭，亭中置瓢，可飲可濯，尤於烹茗、釀酒爲宜，他石泉皆莫逮。公常與客倘佯泉上，酌以飲客。游年最老，獨盡一瓢。公顧而喜曰：君爲我記此泉，使後知吾輩之游，亦一勝也。游按，泉之壁有唐開成五年道士諸葛鑑元八分書題名，蓋此泉湮伏弗耀者，幾四百年。公乃復發之時，「閲古」蓋先忠獻王以名堂者，則泉可謂榮矣。游起於告老之後，視道士爲有媿，其視泉尤有媿也。幸旦暮得復歸故山，幅巾裋褐，從公一酌此泉。而行尚能賦之。

宋 周密《癸辛雜識》後集《游閲古泉》 至元丁亥九月四日，余偕錢菊泉至天慶觀訪褚伯秀，遂同道士王磐隱游寳蓮山韓平原故園。山四環皆秀石，絶類香林冷泉等處。石多穿透嶄絶，互相附麗。其石有如玉色者，聞匠者取以爲環珥之類。中有石拱，杳而深。泉涓涓自内流出，疑此即所謂閲古泉也。拱傍有開成元年六月南岳道士邢令開、錢塘縣令錢華題名，道士諸葛鑑元書，鐫之石上。又南石壁上鐫佛像及大字心經，甚奇，古不知何時爲火所煅，佛及殘缺。又一洞甚奇，山頂一大石墜下，傍一石承之如飣餖，然又前一巨石不通路，中鑿一門，門上横石梁。又有一枯池石壁間，皆細波紋，不知何年水直至此處，然則今之城市皆當深在水底數十丈矣，深谷爲陵非寓言也。其餘磴道石池亭館遺跡歷歷皆在，雖草木殘落殆盡，而巖石秀潤可愛。大江横陳於前，時正見湖上如疋練然。其下俯視，太廟及執政府在焉。山頂更覺奇峭，必有可喜可噩者，以足憊不果。往且聞近多虎，往往白晝出没不常，遂不能盡討此山之勝，故書之以詒好事之尋游者。

宋 舒岳祥《閬風集》卷一二《跋劉正仲作潘君石林記》 丙子春夏間，予嘗行所謂石林之境矣。自閬風西行二十里，涉深甽緣蛟湖，由支徑上峭壁，下臨峻壑，戴履皆石，與肩相摩，犖确百折。過者無憩息之所，目眩膽掉，不暇以爲觀。又南五里，東入爲雁蒼山，石路豁然，夾以長松，宛轉如螺，盤盤囷囷。蹐爲幽谷，有僧院據石上。寺前後皆石無窮，其戴土者輒産茶竹。下有良田百畝，其居人皆寺之隸也。山頂有石屋，唅呀容數十人。昔有一僧膜拜趺坐其間，今其旁惟茨闔一二家焉，斧條枚剪榴翳，而後能入箕踞夷，猶衆峰岫仰闖其下。由寺門之前遡溪而東行二里，得高巖穹然，常有宿雲，其上皆與紫洞龍湫通一脉，水行其趾。又以石爲底，其凸水面者盤礴餘五十步，童子以石扣擊，有大聲起如鼓，是謂石鼓山。予嘗與之銘矣。出鴈蒼口又南五里，東入譚山，以昔有隱者譚姓居之故以名焉。山上流泉至半山，劈大巖以出，其勢不得縱，絲絲如馬尾。值天雨新霽，如雪崩練曳而聯鶴積鷺下于千仞也。水煙濺撲，飛雨襲人，羣魚瀺灂，駕湍欲上，爲巖所遏，口喁喁迎受飛沫，有嗛然意。潭旁有巖穴如蝸牛廬，雖淺而明，可三四人環坐。去穴十餘步有亭三間，宜小憩以觀瀑也。出譚山，望前峰窈窕處漫爲坡麓，林薄鬱蒼，人煙出没，霞鶩斷續，亦台剡間一通道也。

宋 謝翱《晞髮集》卷九《小爐峰三瀑記》 余至新亭之紫溪，得爐峰，紫烟浮動，旁無雜植。肯肋之地，以爲之累，而又見遺於《圖經》，不爲人所知，故得歸然。以存水，南出經其趾，雜苔藻不染他色。友人翁君世居其下，因約余賦詩。聞有龍門瀑布者，相去復不遠。由溪之别澗行三五百步，水皆西流。余謂水於天地間，西行極少，所産必珍禽怪石，與有道者居焉。故三萬里遡風而西，即其大者，遂相與躡足蒼苔水石間。有岩穹窿如門，落深瀑數十丈，下爲潭，浴石蒼碧，類白虹飲於井，而蛟龍搏之者，既匊泉嘸且卻，毛髮起竪。由穹窿捫蘿而上，望雙流繞麓，石益深翠。日且晚，各賦詩，岸幘乘月而歸。約九日尋源至其頂。如期，攜酒插菊，遡雙流益東。古藤青壁，殆非人境。沿溝溪二百餘步，地稍峻泥如沙欲流者。數處仆且起。亂石雲浮，烟嵐薄林木，片片欲斷，足相趾而進，不敢視。稍間斷前足已遠後者，望前者如乘雲空中，遺影在地。進至峽得一瀑自巖下爲三級，流乳成池。四顧巖壁木根，翠色欲滴。衆客青蓑白帢，浮杯乳上，舉酒酹水，遺殽核其中。樵童牧竪觀以爲異。復攀亂雲上，稍南一石，嶔嵌飛動，瀑蜿蜒如舞白虹而下，涎沫轉棹，余無以名其狀。復緣厓至頂，望乳池上復二級，流乳叢薄中，草木皆芝术香，蓋峽中所望而未見者。明日，復由前峽登前壁，望上級垂蘿裹濕蘚，下與瀑屬歸而定其處爲三瀑。識其可爲亭者四，曰放鶴，在瀑頂。曰穹石，在下瀑。浴石旁曰可嘸，在上乳池之下。曰弄月，居亂雲之上。可爲橋者二，跨中瀑曰玉峽，居兩瀑合流曰雙徙。爲圖遺同游者謀之，不欲簸鑿樸斷，贅疣焉以累兹山。始櫰蕙茸，葯以備藏，修種梅爲本，瀑旁爲泥丸散桃巖，上下春秋，臨流濯髮。夏乘風長嘯，頂上冬看水柱，如是以老，吾年足矣。橋與亭以某月經始，先紀其事，與同游各賦六詩書於後，後二年亭成，而刻之石。

宋 汪炎昶《古逸民先生集》卷二《游龍潭記》 龍潭在婺源城東百里山澗僻處，頗稱有靈異。距余所寓館五里而近。【略】入其境，夾澗石爲巇㟼，風景忽殊。左厓間時見瀑布，奇甚。凡垂如簾者，一爲三折，及直而懸者又各一。少前，山益峻峭闃寂，摸捫蘿蔦，揭厲漣漪，蓋深涉乎虎豹虺蛇之域。余疑已逼靈境，主人曰未也。又前及里許，踰澗，循其石崖青壁，逕崩崖裂石下。復踰澗左入潭，在大石峰距絶壁下，石擲兩股爲崖瀑，自其後乘高怒噴，直下數十尺。遠望如出穴中，雹狂雨狠，淙淙不絶。而其細者空濛霏微，如薄霧。潭呀而吸之，周迴可二百餘步，摇光蕩緑，莫測其深，自是始流平地爲澗。潭上陰幽黯黑，風與水氣合而爲清，痺人肌骨。聞其上復有小潭，亦龍所窟，水自石門入而注焉。逕迂險不可上，但徘徊潭側，久之而退。忽微雨即止，回憩山家小飲，殊無雨意。既歸，而雨大作，澗水暴溢。

元 李孝光《五峰集》卷一《大龍湫記》 大德七年秋八月，予嘗從老先生來觀大龍湫。苦雨積日夜。是日大風起，西北始見日出，湫水方大，入谷未到五里餘，聞大聲轉出谷中，從者心掉。望見西北立石作人俯勢，又如大楹。行過二百步，乃更作兩股相倚立，更進百數步，又如樹大屏風，而其顛谽谺猶蟹兩螯，時一動摇，行者兀兀不可入。轉緣南山趾稍北，回視如樹圭。又折而入東崦，則仰見大水從天上墮地，不掛著四壁，或盤桓久不下，忽迸落如震霆。東岩趾有諸詎那菴，相去五六步，山風横射，水飛著人，走入菴避。餘沫迸入屋，猶如暴雨，至水下擣大潭轟然萬人鼓也。人相持語，但見口張不聞作聲，則相顧大笑。先生曰：壯哉，吾行天下未見如此瀑布也。是後予一歲或一至，至常以九月十月，則皆水縮不能如向所見。今年冬又大旱，客入到菴外，石矼上漸聞有水聲，乃緣石矼下，出亂石間，始見瀑布垂，勃勃如蒼烟，乍大乍小，鳴漸壯急。水落潭上窪石，石被激射反紅如丹砂，石間無秋毫土氣，產木宜瘠黑，反碧滑如翠羽鳧毛。潭中有斑魚廿餘頭，聞轉石聲洋洋遠去，閒暇回緩如避世士然。家僮方置大瓶石旁，仰接瀑水，水忽舞向人，又益壯一倍，不可復得瓶。乃解衣脱帽著石上，相持扼掔，欲争取之，因大呼笑。西南石壁上黄猿數十，聞呼聲皆自驚擾，挽崖端偃木牽連下窺人而啼。縱觀久之，行出瑞鹿院。前日已入蒼林積葉前，行人迷不得路，獨見明月宛宛如故人，老先生謂南山公也。

元 貢師泰《玩齋集》卷七《再來泉記》 杭州三天竺名天下，而下竺尤奇勝。晉慧理法師所謂「靈鷲小朵峰飛來」者，即兹山也。山之西崦有泉側出巖竇間，下被草石，纍纍如貫珠，故名纓絡泉。亭其旁曰香林，久廢不治。至正四年，行之安法師來主寺，乃復葺之。具鑿方池，接竹引泉以供食飲。甘美殊絶，用之瀹茗，味不在無錫惠山泉下。後十年，行之退居草堂，泉亦隨涸。又三年，丞相康里公選於衆，起季蘅若法師於越之雲門。既至三日，與其徒方舟登斯亭，扣巖而祝曰：泉得再來，庶徵吾緣乎。越五日，方舟過焉，泉果涌出，因走告其師，率諸僧往視之，罔不驚駭贊嘆，以爲山川之靈而季蘅虔篤之報也。明年冬，予以休沐入山中，有僧照庵邀坐亭上，具白其故，照庵苦行超卓，知其言之不妄矣。

明 王禕《王忠文集》卷八《開先寺觀瀑布記》 廬山南北瀑布以十數，獨開先寺所見者最勝。開先瀑布有二，其一曰馬尾泉，其一在馬尾泉東，出自雙劍香爐兩峰間，爲尤勝，或曰瀑水之源。昔人未有窮之者。或曰水出山絶頂，衝激入深澗，西入康王谷爲水簾，東出香爐峰則爲瀑布也。十一月十八日，日南至，余約郡守吕侯肩輿十數里至開先。主僧志一作丈室未成，邀坐茅屋中，乃訪漱玉亭，却至龍潭石峽口。由寺至亭可二百步，由亭至峽口僅數十步。蓋自遠觀之，瀑布出自兩峰間，如瀉天半。由近而觀則二瀑下注，匯爲重潭，潭水出石峽，乃爲溪。循山足東流以入，於彭蠡當峽口仰望，但見水從潭中出，巖谷回互，二瀑所從來不可復見矣。峽口上刻「青玉峽」及「第一山」字，大二尺，米芾書也。石間多題名，石枯字畫淺，初不可悉辨，命左右掬水沃之，字乃見，大率宋南渡後人。其人無聞者居多，可識者纔十二三。因慨君子惟植節砥行，乃可不朽，苟不出此，雖托名岩石，未久人不識也。又從石壁間讀淳熙中郡守禱雨神龍示現事。一公爲余言，歲春夏交，大雨後瀑水盛潭遽溢，積葉墜梗皆蕩滌去不留，謂之龍洗潭，或歲旱人來取水潭中，禱龍神輒有應，至今常然。回坐亭阯上，亭廢已久，亭下池亦爲石所堙。初寺僧作石霤接潭上，引水至寺中給庖湢。又鑿石作此池，即蘇長公賦詩處也。徑八九尺，霤水從潭上來，流入池，乃從池中復入霤以去，而石霤廢亦十五六。予命一公葺之，一辭力弗贍也。明年三月廿六日，雨初霽，郡中又無事，復約吕侯及通判羅從道，幕賓徐君弼、姚執中、星子令葛俊德游焉。比抵寺，諸公皆先詣一公，余獨徑往潭下，坐石上，瀑水方怒瀉奔騰，湓激聲震如萬雷，令人心怖神悸，股戰栗不休。頃焉諸公至，見余獨坐，又顔色變，皆拍手呼大笑，然水聲澒洞，呼笑聲亦不聞也。寺僧云龍適洗潭矣。於是一公丈室已完，又作竹筧，接石霤引水過階除下，清駛極可愛。余命取水煮新茗。一公謂近從後巖下得泉一窪以煮茗，味比瀑水乃倍佳。試之，果然。

明 程敏政《篁墩文集》卷一三《游九龍池記》 成化戊戌春二月二十四日，有事於西陵。自昌平抵齋所，日未午，因約商懋衡、李世賢兩太史尋九龍池。跨馬迤西山而南，絶小磵。磵小，騰沸石齒間，馬爲之前却。踰磵望前峰趨之，失道，徑茂林入灌莽中，遇樵者指示，乃並高阜。東南行不五里，忽聞鷄犬聲出谷中，相顧異之。俯瞰得委巷草舍，隱然成村。詢之，乃陵卒所居，池適在其南。未至池，石瀨濺濺北流，石溝塍稍寬處輒有蒲芷蔽翳，鵝鴛泳游其間。下馬自朱門入，池方廣踰十丈，重垣護之，覆以黄甓石。琢九龍首甃西垣下，呀然張頦，噴泉沫入池。有聲泠然，相應池上。石壁千仞，巉削如斧鑿痕。泉脉出其中，山脚爲小石方井，識泉源。檜竹桃柳夾池東西，一峰蒼然峙其南。池中影沉沉紺寒。門稍東爲月關泄水，水淙淙出關。東爲小渠，過石梁乃縈迴匝入。山下田即前所見者。予與兩太史命從者下石磴以碗承龍口泉，飲一勺，味甘爽，毛骨森然。聽陵卒道文廟駐蹕泉上事，久之乃去。

明 潘旦《湯泉記》(《黄山志定本》卷三引) 黄山名泉七十二，而湯池爲最。寺近池，人以湯名之，不知爲祥符也。池有二，上池廣六尺許，深三之一，泉湧如沸湯。大石覆其上，如洞浮漚滾滾吐白沙。中流入泠泉，如貫珠然，上懸崖千尺，鐫元鄭師山諸詩文，磨滅不可讀。溪流數十步爲下池，又分爲二。小者稍隘，里人呼爲女池，大者廣倍之而無覆石，沙漲木淺，小石齒齒如榴子狀。絶壁篆「湯泉」二字，或云僧汲以釀酒，香味自别，飲之可以延年，病瘡者浴之輒瘥，真異泉也。予里亦有石泉，源源清流，寒砭肌骨，雖酷暑人不敢浴，予甚奇之。今復得游斯泉，方嚴冬，深山積雪，萬象閉藏，而此泉固温然可浴，殆天地陽和之氣偶泄於此，不尤奇哉。予於是始悟陰陽造化之無盡藏也，喜而記之。

明 李濂《游百泉記》（《古今游名山記》卷六引）《詩》曰：毖彼泉水，亦流于淇。又曰：源泉在左。斯蓋謂共城之百泉，實衛源云。共城西北七里，有蘇門山，一曰百門山，乃百泉始出之山。其地巖谷幽邃，林樾茂密，古名士多卜居焉。今歲暮春，膏車西邁，逾二日止百泉書院，肅謁先師像。遂登蘇門，徘徊嘯臺。【略】仙人巖在蘇門，有仙人足跡，巖石上刻曰仙人跡下。嘯臺迤邐西轉約里半許，至康節安樂窩，拜其遺像。【略】出窩東行南下，入三仙洞，内塑丘、劉、譚三真人像，乃其修真處也，或以是爲登舊居之土窟，誤矣。降洞游集仙資福宮，寔書院之左鄰，乃蔡氏園址也。而院西墻下有古白楊樹十四株，大可蔽牛，蓋數百年物也。過院爲思親亭，在蘇門之麓，許師可爲衛輝路總管，以其父魯齋嘗寓共城，思之爲立亭。過亭爲衛源廟，廟世稱靈源公殿，曰清輝。郡邑之得名曰輝以此。宋元皆封王。至洪武初，釐正祀典改稱衛源之神，禱雨輒應。廟中碑刻具載唐宋以來褒封之典。近廟有湧金亭。泉仰出，縷縷千萬窠匯爲巨池。池方廣一頃餘，水泠泠澄白，日照之如金，故名。中有菰蒲荇藻魚蟹之饒。亭正壁有蘇東坡書「蘇門山湧金門」六大字，且多宋元來名士題詠。埒湧金翼然而相對者，噴玉亭也。亭中有石碣刻「靈源」二大字，即俗所謂聖井者。而看花樓乃在湧金亭南，池水中盛夏蓮荷芬郁翠色，色浮砆跣葱蒨，今改爲穠翠亭。亭左曰洗心亭，右曰雲橋，寔爲中流勝槩。薄暮移酌穠翠亭，坐聞棹歌漁唱于蒹葭洲渚之間，而泉流觸石，怒響作噌吰鏜鞳之聲，晝夜不絶。余倚闌四顧，波光接天，沙鷗水鳥飛鳴下上者，殆不可數。時春雨初晴，岸花雜吐，酒酣起舞，逸興浩發。於是援筆賦詩，書諸亭上，而又爲記，以紀一時勝游云。

明 張佳胤《居來先生集》卷三九《游安寧温泉記》 舟中望一山峻插東北隅，兩峰如削，凹其中如筆架形，土人因以名山，一名岱晟山，一名坎山。【略】又北行五里，水回折作曲瓠形，堂琅川多直北流，至此週遶二里，逕龍山下。山川窔窕，松石參差，最爲佳境。東岸一帶巖石硌岈，上鐫漕溪夜月四字。稍下紅石削起，鐫赤壁天成四字，皆楊太史慎題也。行半里，七洞臨水，飛巖峭立，五彩絢雜，洞口重扃大似雕藻。再行半里，至温泉，乃艤舟登其亭。飯罷，觀温池而浴之。池水皓潔，纖毫不隱。四面璧起，不煩甃甓。中二石光膩勝玉，碧色奪目。《華陽志》云：水神祠祀亦有温泉，顧祠今廢矣。浴罷風乎亭上，一峰對峙，命觴相矚，覺兩腋間習習風舉。余嘗浴驪山、香陵、渝峽諸泉，類多穢氣逆人鼻，楊太史品兹泉爲海内第一湯，似非溢美。時日且午，聞西岸有聖水，一名海眼泉，潮應子午卯酉之候。亟渡而西登，陸陟其所，古木參雲，水自竇中出，盈盈溝澗，土人謂此午潮至，遂名曰「聖水三潮」。不云四者，子夜故不及見爾。余曾觀泉華清宮下，水出左右二竅，應朔望不爽。自是造化氣數，兹泉無足異者。又披荆榛，南陟一里，至漕溪寺。寺在龍山之麓，土人一名葱山。【略】觴山寺右一泉瀌瀌鳴亂莽間。循泉散步，南行一里許，下有龍洞。造其門，下視深黑不測，寒氣逼人。投石其中，逢逢成響，七八疊而後止。又西南步行可三里，至龍潭，乃水源處。有二穴，穴口多小魚。山樹蓊菁如蓋。坐樹下飲水，甘之。瞑瞰平疇，如波文可愛。指顧太華纍纍入眦，遠近奇峰錯列。杖舄下問之，類皆夷名，甚辱兹山也。由東南下山，復登舟逆水行。夕陽既下，萬峰盡紫，西望虎丘山寺，與太極諸山棋布相屬。復繫舟登岸，里許至寺，襟帶堂琅，枕藉虎丘，信一靈境。

明 馮夢禎《快雪堂集》卷二八《孤山僕夫泉記》 孤山一帶，凡有名泉三。一爲白香山金屑井，一爲六一泉。余得孤山于故人汪生，因指示叢篠中小低窪處，微水如沫而不易涸，曰此一泉也。真實居士因手自搜滌，命兩僮子運去瓦礫幾數石許。下至石底，中深如釜，而西界以石板，東爲鄰墻所壓，南則土阜臨其上。浮沙朽葉，時復易零，尚擬一整剔之。水寒洌，以烹粲煮鮮，遠在湖水上，而不堪入茗，與金屑、六一同一氣味。但二泉俱在平地，而此在丘嶺顛厓之間，差爲勝耳。參寥子有泉出講堂之下，而名曰僕夫者，此真是矣。此亦山中一快事，因爲之記。

明 張所望《瑞泉記》（《粵西文載》卷二一引） 粵之西，瘴鄉也。溪水多毒，吏兹土者，尤戒心於此。余受命備兵鬱林，既至，首詢其水之宜人者。州守李君華父進曰：不腆下國，越在遐鄙。惟是南流之濱，有紫泉焉，可當潢潦之獻，幸無虞。余乃稍稍心慰已。循故事周視城垣，守向西指謂余：「其下即紫泉也。」然憑高一望，了無所見，余曰：盍往觀乎？守唯唯。遂命駕出西郭，不里許，至江岸。相去數十武，得一盤石，狀若蹲獸，色清潤圓，徑可二丈許。石有二穴，中濆湧而上，涓涓不絶，流入於江，所謂南流江也。挹而注之，色瑩潔如玉，氣温而味甘，風韻絶勝。考舊志，宋以前無聞。淳熙間郡守黄齡名之曰濯纓泉，至嘉定中水忽湧紫色，因更今名。自是每紫水出，州人士獲儁必多。驗之，往往不爽，故又稱瑞泉。云土人取以釀酒，既清且旨，亦謂之紫酒，今作「子」，誤也。余生平好游，所遇佳山水多矣，如兹泉者，殆未易匹。又泉穴多出山間，蓋山氣融液而成，而此獨得之乎。原出於石罅，尤爲可異，若乃易色徵瑞，豫啓人文，比諸河清，斯可作輔，則又異之異者，是不可以不紀。

明 袁宏道《瀟碧堂集》卷一三《開先寺至黄巖寺觀瀑記》 廬山之面在南康，數十里皆壁，水從壁罅出，萬仞直落，勢不得不森竪躍舞，故飛瀑多，而開先爲絶勝。登望瀑樓，見飛瀑之半，不甚暢。沿崖而折，得青玉峽。峽蒼碧立，匯爲潭，巨石當其下，横偃側布，瀑水掠潭行，與石遇，齧而鬥不勝，久乃斂狂斜趨，侵其趾而去。游人坐石上，潭色浸膚，撲面，皆泠翠。良久月上，枕澗聲而卧。一客以文相質，余曰：試扣諸泉。又問，余曰：試扣諸澗。客以爲戲，余告之曰：夫文，以蓄入，以氣出者也。今夫泉淵然黛，泓然静者，其蓄也。及其觸石而行，則虹飛龍矯，曳而爲練，匯而爲輪，絡而爲紳，激而爲霆，故夫水之變至於幻怪翕忽無所不有者，氣爲之也。今吾與子歷含嶓、涉三峽，濯澗聽泉，得其浩瀚古雅者，則爲《六經》；鬱激曼衍者，則《騷賦》；幽奇怪偉、變幻詰曲者，則爲子史百家。凡水之一貌一情，吾直以文遇之，故悲笑歌鳴，卒然與水俱發，而不能自止。客起而謝。次日晨起，復至峽觀香爐紫烟，心動。僧曰：至黄巖之文殊塔，瀑勢乃極。杖而往，磴狹且多折，芒草割人面，少進石愈巉，白日蒸厓，如行熱冶中。微聞諸客皆有嗟嘆聲。既至，半力皆憊，游者昏昏愁墮。一客眩，思返。余曰：戀軀惜命，何用游山。且而與其死於床第，孰若死於一片冷石也。客大笑，勇百倍，頃入躋其巔。入黄巖寺，少定，折而至前嶺。席文殊塔觀瀑。瀑注青壁下，雷奔海立，孤搴萬仞，峽風逆之，簾捲而上，忽焉横曳，東披西帶。

明 袁中道《珂雪齋近集》卷五《游玉泉記》 出當陽城西，跡重阜，見諸山贔負象峙，而其中一峰尊特踈秀，氣宇如王，姸美如冠者，即玉泉山也。其上時有異氣，非烟非霧，如兜羅綿，與諸山特異。山以泉得名，故二十里外，即得泉。爲入沮道，皆莽莽修澗至巴公嶺下。西泉之水繞度門而出，會于玉泉，其水較洪。岸畔多石，水始汩汩有聲，從此兩掖多坦迤之山。泉出其左，游人不復與泉相捨。時見磚埒，皆先朝所修馳道。近寺得嶺，如龜背起。村市駢列。逾此如一竇，諸山左右障泉，聲始厲嗡。右壁半落如赤霞，左爲諸山窮處，得圓阜，以精鏐冶窣坡其上，中如永巷，是謂寺門。入門，泉自東來帶寺，有危橋，正殿依山如屏，兩峰袖遶。上有智者道場四字，黄太史筆。昔智者從天台歸荆州，登紀山望當陽，山色如藍，上有紫雲輪囷如蓋，遂杖策孤征，過玉泉至青溪，欲建道場，意嫌迫隘，遂還玉泉，止金龍池，趺坐枯樹中。致關公皈依，冥建福庭，湫潭千丈，化爲平址，棟宇焕麗，巧奪人目。【略】左右各一池，清泉從殿後出，匯爲池，注于玉泉，或云那伽之宫在焉。故一山皆泉，甃之以種芙蓉最佳。相傳即金龍池。出護世殿，得前橋，復與泉遇。東行二百餘步爲乳窟。窟中石作珂色，懸乳如蠟淚。前一壁如幻霞，玉泉之水嚙其根而復出，時作壯籟。其絶壁有坎相當，云前人穴以架閣。下隱隱有字，盡駁。予謂是張孟及元微之所書，自可惜，若是俗筆能疥，煙雲水霜苔蘚亦大解意。憶元微之游此山詩，云「松門接官路」，則當時官路原在門外。曰「泉脉過僧房」，則當時僧房正對清泉流水，周于户下，光景可想。今重墻圍裹，惟恐見泉，乃知填蟬翼、帖規、方竹杖者，何代篾有。過洞，兩崖多石骨，較狹，屨以石丸渡至響水潭。有巨石亘溪中，去地丈餘，泉從石墜，忽作大聲，墜而復躍，激爲浪花濤雪，沾濡衣屨。山行稍倦，童子以蒲團從坐泉上，稍瞑目。疾雷破山，急雨隨之，大似振秦皇帝驅山鐸也。過此兩崖愈狹，雷泉以出，石骨爲泉所蝕。作篆籀文，乃捨溪復上山。徑至關侯廟前，水始寂，是謂泉源。過橋，撫掌皆如珠串上沸。

又《游青溪記》 去玉泉五里許，入一音寺界。一音寺亦智者所建，峰巒甚多，總名爲一音寺巖也。翔舞飛騰，已異玉泉。中有兩峰特起，若象王迴顧，下有聚落，背山臨流正玉泉青溪中。路訊一音寺址，云正在巖頗，今廢矣。可四五里許，始入青溪諸山之界。裂霧奔雲，恣態横生。昔游桃花源上，酷愛其山勢生動，天外浪壁層層，以爲稀有。今見此山，不啻故人。生平有山水癖，夢魂常在吴越間，豈知眉睫前有青蓮世界乎。夫論峰勢，玉泉最爲尊。特若其層叠多態，起伏回環，吾不能不愛青溪諸山。少年見妖姬，高士見山色。雖濃澹不同，其怡志銷魂一也。已近寺，忽見清流一泓，滂湃噴舞，是謂青溪。青溪之跳珠濺雪，亦無以異于諸泉，獨其水色最奇。蓋世間之色，其爲正也間也吾知之，獨於碧不甚了然，今見此水乃悟。世間真有碧色，如秋天，如晚嵐，比之含煙新柳則較濃，比之脱籜初篁則較淡。温于玉，滑于紈，至寒至腴，可掬可飡。至其沉鬱深厚之處，螭伏蛟盤，窅不可測。入寺後折而右，步至龍女廟，即青溪發源處。昔僧法琳于此作論，龍女來聽，因祠之。祠前有方廣地，最宜聽水。相傳泉發源同江，故與江水共消長。然石中出泉至冬猶滂湃，尤諸泉所無。泉之上有峰一，壁若燭淚，下注駁蝕，巉巉可畏。其色朱碧相宜，霞雪雜出，皆千萬年雨溜所成。爲洞二，大士洞徑路斗絶，惟卧雲洞在道旁，若夏屋可居，即琳法師著論處，元又有卧雲禪師居之，故亦名卧雲洞。洞邊石磊磊，色碧而中空，酷似太湖之佳者。與度門覓一卓菴處，後倚危石，前臨九子。晚飲龍女廟前。按《水經注》：青溪水出縣西青山之東，有濫泉即青溪源也。以源出青山，故曰青溪。今人殊不知濫泉、青山名。盛弘之云：裥水傍生，凌空交合，危樓傾岳，恒有落勢。風泉傳響于青林之下，巖猿流聲于白雲之上。游者常若目不周玩，情不給賞，是以林徒栖託，雲客宅心，多結道士精廬。即此地也。則青溪之勝，其來久矣。秣陵亦有青溪發源鍾山，水光山色，遠不及此，而此處名不甚顯，題咏亦少。豈非以其僻哉！

又《玉泉閒游記》 住山飽後即持杖閒行，偶風日清和，呼老衲同步。山門外立泉田間，予曰：將田之半鑿爲渠，引泉水其中，作放生池，中種芰荷，不一年香風襲人矣。天下惟活水難得，惜無好事者，過鐵塔至玄帝廟，是爲玉泉。左掖之山，嶺上之松風與溪下之泉響相競。行近溪則松風爲泉聲隱，從嶺脊上行，則松風喧甚，泉聲亦少隱。至一荒畦中，望九子如刻畫諸山中，惟此中獨有芒刃。昔秋浦九子劉禹錫謂之尤物。此山甚秀媚，堪作九子虎賁。其後稍坦夷者箕山也。俗名許由山，許由之跡在今登封嵩少之下。近山有負黍亭，故馮敬通《顯志賦》曰「求善卷之所在，遇許由于負黍」，與此地都不相涉。豈因其山之名偶同，而附會之耶。左有危坡，可下聽泉。臨流忽見青石磊砢，石爲泉所穿成深渠，大類蟲書鳥篆。泉從渠下注，聲響若鐘，因呼爲石鐘峽也。坐峽畔近，僧以茗來，云到處覓不得，口中復喃喃，爲泉聲所遮。復東行澗中，可五十餘步至繡石澗。澗兩岸皆奇石，緑苔附生，秀縟若錦綺。石中時有軟莎葉，如長爪，依稀似仙掌茶，嘗之味亦甘香。其上多突出，可避雨。復倚石坐，水爲兩岸石所束，故流疾而聲愈不平。石爲千萬年疾流所擊，奇形異態百出。過此爲雙石關，以有二石相耦如門。又千餘步，爲獨石關，一童子以石丸渡至響水潭，若奔雷矣。復取山徑而西，過漢壽廟里許，有青石突出如蓋，乃樵人逃雨石也。近洞有樵家，墻外青石如碧煙，石隙紅杳兩三株盛開。不數步又有青石。四周如墻，中圍數笏，地可作静室。蓋玉泉前山以泉勝，此處以石勝。色皆類英石，然玉泉之水實爲天下絶奇，而石稍劣，故此寺不以石名。方欲窮山後之勝，而山雨數點至，遂歸。

明 何鏜《游名山記》卷一《游喜客泉記》 自平壩行八里許，路左揳綽顔曰喜客泉。前爲靈泉祠，一徑左入不百武，爲泉亭。亭三楹臨水泉，泉自西而東流。亭前石湫方丈許，泉底皆沙石，砂中泡沫上出，水面如珠。土人云泉珠濺起，逢人笑語則愈大起，鍾鼓交作，則又大起，似喜客臨賞者。故憲副泌陽焦公易今名。焦自爲記，鐫石碑立亭中左方。余步入，玩視久之而行。又自喜客泉西行二十里，爲石關口哨砦。砦左一山亭立數里外，望之如宫臺石樓，迫視則巖半有洞，可容數人坐立。乃舍輿，步上百餘武，攀蘿葛始達洞口。剜入有小巖石蔽其前，內虚可容一人坐。其左上二孔，如倉洞深入。又由洞口沿山西上，登一石臺，蓋哨夫瞭望之所。又東折而上，極頂乃平，如盆池，石欄凹下。又中分一石溝，深丈許，廣不盈步。四顧平野，净緑滿目，亦奇觀也。

明 徐弘祖《徐霞客游記》卷一〇下 又南越岡而下，過松山及諸所二十里，而入熱水塘李老家。時猶下午，遍觀熱水所泄，其出甚異。蓋塢中有小水，自東峽中注，而西者冷泉也。小水之左右，泉孔隨地而出，其大如管，噴竅而上作鼓沸狀，滔滔有聲，躍起水面者二三寸，其熱如沸。有數孔突出一處者，有石窞中斜噴者，其熱尤甚。土人就其下流作一方池，而露浴之。余畏其熱不能下，體僅踞池中石上，拂拭之而已。此冷泉南坡之熱水也。其北倚東坡之下，復有數處，或出於砂孔，或出於石窞，其前亦作方池，而熱亦如之。兩池相望，而溢孔不啻百也。

明 戴澳《杜曲集》卷八《五洩紀游》 至清口，則五洩之門户矣。兩崖忽斗削，玄壁千層，棱棱可片數，且霜樹正紅，雜亞石縫間，大類赤城霞起。凡十餘折，溪緣之，雲峰迴合，肅肅如迎。比見烟出林杪，知近寺矣，猶數盤始達。寺僧一清出迎，時且近暝，七十二峰已於筍輿上得其半。夜有小雨，比曉稍霽。先尋西龍潭，一清導之。兩壁夾澗，上開綫天，猿猱坐峰頂睨人，色甚據。澗石磊砢，武不得展。時阻斷崖，作守宮緣壁。如是數折，度一石門，選石水中，始投一步。又數折，見畝許一潭，上承懸瀑，重嵐映射作五色光，恍見靈物蜿蜒，骨肅神悚。懸瀑之上應復有殊觀，但恐犀然逼渚，靈族莫遁，不敢作太真已甚。相顧迴策，空翠在衣。歸詑寺僧曰：今日德山親到龍潭矣。次早尋五洩。顧五洩從紫閬平流，至第一洩，陡作飛瀑。峭崖數轉，一轉爲一洩，懸溜穴石，深不可底，溢出復懸，忽如天墜，各自現相，來源俱隱，若洩自穴中，故謂之洩。蓋他山瀑布以疋練直下爲奇，此特以奔而能宛、峭而能秘爲奇。即作鼠緣蟻巡，遍窮五洩，此含彼露，目不能紆。石換泉移，境仍成隔。善紆故靈，善隔故貴。觀其一，直可謂瀑，窮其五，始覺爲泄。乃有恨不能作霄漢觀，使迴伏隱現，了無匿形者。至無匿形，而靈貴之意索然盡矣，是惡知五泄之所以奇哉！瀑似鴈宕龍湫，而水更壯，其源遠也。分之視龍湫微短，合之則龍湫且駭而不敢望，爭奇鴈宕，非虛語耳。每轉一泄，止有蒼壁夾肩，青天覆頂，而噴玉殷雷，時許猿聲，相亂盤桓，殊不能去。

清 施閏章《學餘堂文集》卷一五《盱江諸山游記》 盱江之山最麻姑，麻姑之蹟，以顔魯公仙壇記著。山半有亭，驟聞風雨聲颮然者，瀑也。源出西芙蓉峰，過石梁垂爲水簾，匯爲龍湫，砰轉數百丈，忽分爲二，夾練爭飛，左右稍異，俗呼雌雄水。下有觀瀑亭，瀑洶洶來壓人。龍湫上百步有神功泉，出石底，土人取以釀，謂之麻姑酒。去此即仙都觀，祀麻姑。榜曰丹霞小有洞天。傳稱王方平過吴門蔡經家，召麻姑會。

清 邵長蘅《邵子湘全集》卷九《廬山游記一青玉峽記》 距開先寺西百餘步爲青玉峽，峽之源有二，其一馬尾，水出鶴鳴峰側，水從石罅迸射數十百縷，如馬尾，因以名。余未至其下，然望見之，其一即黄巖瀑布。瀑下與馬尾合，然後磅峽出，奔注谷底，兩潭遞受之。激者沸白，渟者沉黛。砰雷轉轂，澎湃千狀。夾峙削壁百仞餘，嵌壁雜樹，經新霜作丹碧色相間。樹葉墜潭中，瀠漩洄洑，久之乃急溜而去。峽之右有亭曰漱玉，余與周生同游觀廬山瀑布，自茲峽始。是日宿開先寺，夜大月，凉影如水，挾周生復走潭上，蹣跚竹樹間，影離立如山魈搏人。葉聲蔌蔌，周生心悸欲還，强之前。籟寂谷虚，瀑聲益奮，對面語不相聞。余大聲呼曰：天壤閒自有此峽以來，乘月坐石上聽瀑如吾兩人者，亦不多得。捫崖石題名而返。周生名瑩工，畫嗜山水。游以壬子九月廿日。

又《廬山游記三玉簾泉記》 玉簾泉在歸宗寺東北五里，徑皆行松葉水聲中。未至泉里許，望小閣如燕巢，仰綴崖石間，即泉菴也。菴右跨澗爲小橋，過橋傴僂穿石罅，下坐潭側仰望，玉簾縣空五十丈許，如急雨，如濺珠漩雪。已注潭，復激射倒躍，上五六尺，然後折而去。泉旁石壁横展數百丈，若列屏，丹碧渲染之。對面巨石突出，勢嵬嵬然。然下厰而上砥平，廣可布二席，雜樹四五株，斜映其旁，日照高樹，正與泉射。泉腰一綫如玦，如斷虹，青碧相半，已復散爲五色瑩暈，光景奇絶。昔蘇子瞻以三峽青玉當廬山第一，而不及兹泉，意子瞻時泉猶翳阤蝪榛莽閒耶，然則山水雖勝顯晦固自有時耶。

又《廬山游記四三疊泉記》 游玉簾後十日，乃往尋三疊泉。先一日宿觀音閣，晨起雛僧導行五里，抵玉川門。玉川門者，峭石撑拄成洞，旁有竇，人傴僂穿竇中如門焉。門内小菴正瞰鐵壁峰，峰皆斧削，横亘二三里，如張大屏障，色黑類鐵，因以名聞。春夏山鵑開，景最奇麗。菴後循澗行里許，抵一潭，石多異狀，泉作三級，下注十餘丈。僧曰：是三疊泉也。余意盡去之，仍憩玉川門，老衲元公詢游狀，笑曰：外龍潭耳。泉距此尚五里，然險絶近罕游者。乃賈勇復往，元公操杖從。尋舊徑抵潭，揭澗而北踰一石齦，不能受趾，腹帖石，翕翕然過。此皆鳥道榛莽，不及頸以下三之一。磴碕而滑，每陟磴必攀援上，膝幾拄頦，茅脊劇十指至血，濡縷不顧矣。澗闊十餘丈，牽衣屢渡，從石上猱接猿騰，湍壯石嵬，爲之股栗。久之先見下疊，轉絶壁三疊俱見。至此則兩壁削峙，青天逼狹，如徿泉從天落，奚止千仞，山志稱初級。自崖口縣注，裊裊垂練，既激於石則如雨如霧，噴灑二級石上。然後匯注龍潭，轟轟如萬人鼓，乃三級之半。石又軋之，别似二級，則志未之及也。泉於廬山最奇，最後出。太白、樂天、晦菴諸公皆未及觀。茲游余似有厚幸，然使曩驟信導僧所給，即不之信而不遇元公導之，遇矣而或怵於險泉之奇，迄無由覩也。噫嘻！天下一闋，其藩遽信爲是與。夫困於無導與怵險而卻者，蓋什且八九也。斯又重可嘅惜也哉。

又《廬山游記五小三級泉記》 小三級泉在玉川門内里許，舊名外龍潭，即導僧指余三疊處也。語在前記中。俗以三疊泉下爲内龍潭，故此外之。云泉從高山凹處作三級下墜。潭每級可二三丈，初級循崖蜿蜒如白虹而差短。二級怒軋於石，噴數尺許，跳珠急雪，飛注潭面，不復循三級下。而三級乃在其裏，蜿蜒匯於潭。相傳潭有龍，歲旱磔狗投潭中，輒雨。潭三面拒壁，轟聲如在巨甓中，震激異他泉。余與元公觀三疊泉返，復憩其旁，語元公曰：兹潭倘置之吴會之區，游觀之士日集，名必籍甚。今處是山也，介玉簾三疊間，曾不足比數，談者遂不之及，庸非不幸耶。然兹潭亘千百年而適與余遇，詎非潭之幸耶。既出語，南康守廖公鐫小三級泉四字潭石上，令後游者知泉之名，自毗陵邵長蘅始。

清 翟鳳翥《涑水編》卷二《游石鐘山記》 湖口兩鐘，好事者謂之亂雲堆，或謂之對芙蓉，坡仙鐘辯，羅念菴讀鐘記，他如詩如文，累累然，如石如林。予以爲文人之文，詩人之詩，畫人之畫也。官西江八年，三過山下，眺望略焉，未窮厥奥，猶以爲文人之文，詩人之詩，畫人之畫也。庚子冬，由楚之閩，舟次湖口，風占者三日。石鐘主人喬子文衣導予游。先上鐘，鐘空多竅，風水宕焉，如鐘鼓聲，酈、蘇之言不虚矣。摳衣穿竅中，蜿蜒鐘頂，三石柱，劉將軍銅柱也。山腰曰水簾洞，石下垂，似普陀潮音座。洞口兩石爲門，門外亂石，玲瓏峋嶙，從江濤中出，如蓮花初綻，又如春筍繽紛。金谷平泉，未必有也。迤城而西爲下鐘，半山入城，怪石如砌，上有園亭，文人畹也。城外即石鐘寺，樓閣棱層，林樹砢礧，片石斜插，如芝如旆。瞰江揖湖，攀援箕踞，飃飄然乘雲盤而際太虚也。俯睨層人，出入硤磚，桃花溪與？秦魚谷與？書「芝雲舞岫」，勒之。白雲洞，古亭石壁，名人詩半蒙減不可識，兩鐘皆然。予以爲古龜紐蝌斗也。携樽履磴，□贔鐘巔。五老雙姑，几席間耳。稍析如右，壁裂一綫，側而入，上懸中坎，風雨不能及，爲大士巖，視前水簾洞，别一天。横木爲檻，檻憑江潭，繫梯下之，文漁曾也。鐘腹如蜂房羊腸，竅竅通明，曲透山陰。石垂者、斷者、橋者、峥者、伏者，誠云奇鬼猛獸，不可形狀。泛艇而洄，循巖諟聽，噌吰鎧鞳之音，瀝瀝然也。閣右一片石，石扣之如木魚然，與水石聲互間，共李康君所謂函胡清越者與？尤異者，兩鐘之間，山城如寒，下鐘如懸，上鐘如覆，又如旗鼓劍戟，牙列左右。東來彭蠡，清濁攸分，大江入懷，中洲如案。邑治居山水之奇，必有異人出焉，文人之文、詩人之詩、畫人之畫，足以盡之哉？坡仙、念菴諸記，初謂過之，今尚尤其未至也。予之記之，亦止足之所即，目之所擊，猶愧筆之未能盡，其所未至者，尚多遺憾也。

清 陳玉璂《卓錫泉記》（《宜興縣志》卷一〇引） 宜興南岳山有泉名卓錫。據釋氏云，昔有伏虎禪師者，至此山結茅爲庵。視其旁址石罅而土穴，以杖導之，泉潨然出，飲之而甘。久之其徒爲亭三楹于泉之上，因以卓錫名泉而書于亭。亭旁大樹一株，懸崖生，圍十數抱。根盤曲石壁，怒突夭矯，不可以狀。相傳禪師導泉後，以杖剚土中，生枝葉，他枝葉無似者，不名何樹，因亦稱卓錫樹云。亭勢因山高下，似欹似缺，若垤若穴，無樽櫨户檻之設。石之突然錯者四五，環以短垣，俾游者可坐而休，若人之置之。然南山故産茶處與洞山連絡。洞山有峽名岕，産尤佳，今所名岕茶是也。二山茶又並稱陽羡，歲歲貢于朝。南山既得泉，凡洞山人每産茶，日輒擕就泉烹之，與南山種茶人相角勝。泉深尺許，圍四之，清冽如鏡，俯見石齒斷斷然。其上嘉木美箭，婆娑偃仰，早暮不知。日出没時，與雲氣相盪摩，縈青繚白，異態百出。

清 袁枚《小倉山房文集》卷二九《浙西三瀑布記》 甚矣，造物之才也。同一自高而下之水，而浙西三瀑三異，卒無複筆。壬寅歲，余游天台石梁，四面崒者厜㕒，重者甗隒，皆環梁遮迣。梁長二丈，寬三尺許，若鰲脊跨山腰。其下嵌空，水來自華頂，平疊四層，至此會合。如萬馬結隊，穿梁狂奔。凡水被石撓，必怒，怒必叫號以崩落千尺之勢，爲羣碨砢所攩挔，自然拗怒鬱勃，喧聲雷震，人相對不聞言語。余坐石梁，恍若身騎瀑布上，走山脚仰觀，則飛沫濺頂，目光炫亂，坐立俱不能牢，疑此身將與水俱去矣。瀑上寺曰「上方廣」，下寺曰「下方廣」。以愛瀑故遂兩宿焉。後十日至雁宕之大龍湫，未到三里外，一疋練從天下，恰無聲響。及前諦視，則二十丈以上是瀑，二十丈以下非瀑也，盡化爲烟、爲霧、爲輕綃、爲玉塵、爲珠屑、爲琉璃絲、爲楊白花。既墜矣又似上升，既疏矣又似密織。風來摇之，飄散無着。日光照之，五色眏麗。或遠立而濡其首，或逼視而衣無沾。其故由于落處太高，崖腹中窪，絶無憑藉，不得不隨風作幻。又少所抵觸，不能助威揚聲，較石梁絶不相似。大抵石梁武，龍湫文。石梁喧，龍湫静。石梁急，龍湫緩。石梁衝盪無前，龍湫如往而復。此其所以異也。初觀石梁，時以爲瀑，狀不過爾爾，龍湫可以不到。及至此而后知耳目所未及者，不可以臆測也。後半月過青田之石門洞，疑造物雖巧，不能再作狡獪矣。乃其瀑在石洞中，如巨蚌張口，可吞數百人。受瀑處池寬畝餘，深百丈，疑蛟龍欲起，激盪之聲如考鐘鼓于瓮内，此又石梁龍湫所無也。

藝 文

漢 張衡《温泉賦》（《古文苑》卷五輯） 按漢《地理志》：京兆尹新豐縣驪山，

古驪戎地也。山有神井，泉温如湯。辛氏《三秦記》云：驪山湯可以去疾消病。《武帝故事》云：驪山湯，初始皇砌石起亭，漢武加修飾焉。至唐時有宮在驪山下，名温泉宮。天寶間治湯井爲池，環山列宮室。

陽春之月，百草萋萋。余在遠行，顧望有懷。遂適驪山，觀温泉，浴神井，風中巒，壯厥類之獨美，思在化之所原。覽中域之珍怪，無斯水之神靈。控湯谷乎瀛洲，濯日月乎中營。瀛洲，海中山，上有湯谷。《山海經》：湯谷上有扶桑，十日所浴也。日月坎離之精濯乎其中，故液泉而温。蔭高山之北延，處幽屏以閒清。於是殊方跂涉，駿奔來臻。士女曄其鱗萃，紛雜遝其如絪。音因。《易》：天地絪緼。似有缺文。亂曰：天地之德，莫若生兮。帝育蒸人，資厥成兮。六氣淫錯，有疾癘兮。温泉汩焉，以流穢兮。蠲除苛慝，服中正兮。熙哉帝載，保性命兮。

唐 張九齡《曲江集》卷四《入廬山仰望瀑布水》 絶頂有懸泉，喧喧出煙杪。不知幾時歲，但見無昏曉。閃閃青崖落，鮮鮮白日皎。灑流濕行雲，濺沫驚飛鳥。雷吼何噴薄，箭馳入窈窕。昔聞山下蒙，今乃林巒表。物情有詭激，坤元曷紛矯。默然置此去，變化誰能了。

又《湖口望廬山瀑布泉》 萬丈紅泉落，迢迢半紫氛。奔飛下雜樹，灑落出重雲。日照虹霓似，天清風雨聞。靈山多秀色，空水共氤氲。

唐 王維《過清溪水作》(《文苑英華》卷一六六輯) 言入黄花川，每逐清溪水。隨山將萬轉，趣途無百里。聲喧亂石中，色浄深松裏。漾漾泛菱荇，澄澄映葭葦。我心素已閒，清川澹如此。請留盤石上，垂釣將已矣。

唐 李白《李太白文集》卷一八《望廬山瀑布二首》 西登香爐峰，南見瀑布水。挂流三百丈，噴壑數十里。欻如飛電來，隱若白虹起。初驚河漢落，半灑雲天裏。仰觀勢轉雄，壯哉造化功。海風吹不斷，江月照還空。空中亂潨射，左右洗青壁。飛珠散輕霞，流沫沸穹石。而我游名山，對之心益閑。無論漱瓊液，且得洗塵顔。且諧宿所好，永願辭人間。

日照香爐生紫煙，遥看瀑布挂長川。飛流直下三千尺，疑是銀河落九天。

又 卷二二《求崔山人百丈崖瀑布圖》 百丈素崖裂，四山丹壁開。龍潭中噴射，晝夜生風雷。但見瀑泉落，如潨雲漢來。聞君寫真圖，島嶼備縈迴。石黛刷幽草，曾青澤古苔。幽緘儻相傳，何必向天台。

唐 皇甫冉《二皇甫集》卷二《雜言無錫惠山寺流泉歌》 寺有泉兮泉在山，鏘金鳴玉兮長潺潺。作潭鏡兮澄寺內，泛巖花兮到人間。土膏脉動知春早，隈隩陰深長苔草。處處縈迴石磴喧，朝朝盥漱山僧老。僧自老松自新，流活活無冬春。任疏鑿兮任汲引，若有意兮山中人。偏依佛界通仙境，明滅玲瓏媚林嶺。宛如太室臨九潭，詎減天台望三井。我來結綬未經秋，已厭微官憶舊游。且復遲迴猶未去，此心祗爲靈泉留。

唐 夏侯楚《秋齋望廬山瀑布》(《文苑英華》卷一八三輯) 常思瀑布幽，晴眺喜逢秋。一帶連青嶂，千尋倒碧流。濕雲應誤鶴，翻浪定驚鷗。星浦虹初下，爐峰煙未收。巖高時裊裊，天浄起悠悠。儻見朝宗日，還須濟巨舟。

唐 李紳《追昔游集》卷下《別石泉》 在惠山寺松竹之下，甘爽乃人間靈液。清澄鑒肌骨，含漱開神慮。茶得此水，皆盡芳味。

素沙見底空無色，青石潛流暗有聲。微度竹風涵淅瀝，細浮松月透輕明。桂凝秋露添靈液，茗折香芽泛玉英。應是梵宮連洞府，浴池今化醒泉清。

唐 白居易《白氏長慶集》卷二五《題噴玉泉》泉在壽安山下，高百餘尺，直瀉潭中。 泉噴聲如玉，潭澄色似空。練垂青嶂上，珠寫緑盆中。溜滴三秋雨，寒生六月風。何時此岩下，來作濯纓翁。

唐 趙瑕《經漢武泉》(《文苑英華》卷一六四輯) 芙蓉池苑起清秋，漢武泉聲落御溝。他日江山映蓬鬢，二年楊柳別漁舟。行間駐馬題詩去，物外何人識醉游。盡把歸心付紅葉，晚來隨水向東流。

唐 方幹《玄英集》卷七《石門瀑布》 奔傾漱石亦噴苔，此是便隨元化來。長片挂巖輕似練，遠聲離洞咽於雷。氣侵松樹千枝潤，勢晝雲霞一道開。直是銀河分派落，兼聞碎滴濺天台。

唐 鄭谷《雲臺編》卷下《石門山泉》 一脉清冷何所之，縈莎激蘚入僧池。雲邊野客窮來處，石上寒猿見落時。聚沫繞槎殘雪在，迸流穿樹墮花隨。煙春雨晚閒吟去，不復遠尋皇子陂。

唐 徐寅《徐正字詩賦》卷二《泉》 非鑿非疏出洞門，源深流嶮合還分。高成瀑布漱通客，清入御溝朝聖君。迸滴幾山穿破石，迅飛層嶠噴開雲。舊齋一帶連松竹，明月窗前枕上聞。

又《和尚書詠泉山瀑布十二韻》 名齊火浣溢山椒，誰把驚虹挂一條。天外倚來秋水刃，海心飛上白龍綃。民田鑿斷雲根引，僧圃穿通竹影澆。噴石似烟輕漠漠，濺崖如雨冷瀟瀟。水中蠶緒纏蒼壁，日裏虹精挂絳霄。寒漱緑陰仙桂老，碎流紅艷野桃夭。千尋練寫長年在，六出花開夏日消。急恐劃分青嶂骨，久應裍裂翠微腰。濯纓便可譏漁父，洗耳還宜傲帝堯。林際猿猱偏得飯，岸邊烏鵲擬爲橋。赤城未到詩先寄，廬阜曾游夢已遥。數夜積霖聲更遠，郡樓欹枕聽良宵。

宋 王禹偁《小畜集》卷五《庶子泉》 物趣固天造，物景不自勝。泉乎未遇人，石罅徒流迸。宫相政多暇，行樂躡巖磴。發蒙漲爲溪，幽致兹焉盛。唐賢大曆後，峭壁刻名姓。我來一何暮，今秋始乘興。山勢環有缺，山門壺引柄。乍挹清泚姿，頗愜幽閒性。味將春茗宜，光與曉嵐暝。架竹落僧厨，遠聲入清磬。何當宿禪室，欹枕終夜聽。飲多病骨换，照久塵襟迥。銷盡謫居愁，無心治歸艇。

又《白龍泉》 岸石何鑿鑿，渤潏湧山脚。含虚光可鑑，倒影壁如削。瀰漫到前溪，支脈通遠壑。白龍乃神物，胡此戀一勺。勢能爲霖雨，力可興雷雹。上天未有命，兹焉縮頭角。應防困螻蟻，泥蟠詎敢躍。俎醢曾是憂，豢養殊非樂。亦如君子道，出處肯先覺。吾生苦遷謫，未免郡政縛。偶來泉畔坐，感興題秋籜。拌擻纓上塵，試就清漣濯。聊將一掬水，洗我面慚怍。日暮不忍歸，風埃滿城郭。

宋 范仲淹《范文正公集》卷二《天平山白雲泉》 靈泉在天半，狂波不能侵。神蛟穴其中，渴虎不敢臨。隱照涵秋碧，泓然一勺深。游潤騰龍飛，散作三日霖。天造豈無意，神化安可尋。挹之如醍醐，盡得清凉心。聞之異絲竹，不含哀樂音。月好羣籟息，涓涓度前林。子晉罷雲笙，伯牙收玉琴。徘徊不擬去，復發滄浪吟。乃云堯湯歲，盈盈常若今。萬里江海源，千秋松桂陰。兹焉如有價，北斗量黄金。

又《晉祠泉》 神哉叔虞廟，地勝出嘉泉。一源甚澄静，數步忽潺湲。此異孰可窮，觀者增恭虔。錦鱗無敢釣，長生同水仙。千家溉禾稻，滿目江鄉田。我來動所思，致主愧前賢。大道果能行，時雨宜不愆。皆如晉祠下，生民無旱年。

宋 梅堯臣《宛陵集》卷一二《嘗惠山泉》 吴楚千萬山，山泉莫知數。其以甘味傳，幾何若飴露。大禹書不載，陸生品嘗著。昔惟廬谷亞，久與茶經附。相襲好事人，砂瓶和月注。持參萬錢鼎，豈足調羹助。彼哉一勺微，唐突爲霖澍。疏濃既不同，物用誠有處。空林癯面僧，安比侯王趣。

宋 歐陽修《文忠集》卷三《幽谷泉》 踏石弄泉流，尋源入幽谷。泉傍野人家，四面深篁竹。溉稻滿春疇，鳴渠遶茅屋。生長飲泉甘，蔭泉栽美木。潺湲無春冬，日夜響山曲。自言今白首，未慣逢朱轂。顧我應可怪，每來聽不足。

宋 曾鞏《元豐類稿》卷七《金絲泉》 玉甃常浮灝氣鮮，金絲不定路南泉。雲依美藻争成縷，月照靈漪巧上弦。已繞渚花紅灼灼，更縈沙竹翠娟娟。無風到底塵埃盡，界破冰霜一片天。

宋 王安石《臨川文集》卷一二《躍馬泉》 古水縮蛟螭，憎山欲驟突。山祇來伐之，半嶺跳騊駼。玉珂鳴塞空，組練光照日。崩騰赴不測，一陷常萬匹。神戰異人間，千秋爲儵忽。泉旁往來客，夜寄幽人室。但聽鳴蕭蕭，何由見神物。

宋 韋驤《錢塘集》卷一《新泉》 美泉在山人不知，美泉出山還有時。琅邪之東幽谷西，公來發此清漣漪。搜尋土脈示山叟，霜鑁入土荆榛披。逡巡方丈露澄瑩，十目争看青琉璃。一之二之來觱沸，嶺猿驚嘯溪禽飛。呼工藁手甃白石，玉匣寶鑒生光輝。自從開鑿貯寒碧，朝雲夜月常遲遲。春華將近天氣爽，公携賓從何逶迤。回環欄楯照丹碧，顛倒旌旆浮葳蕤。飛觴弄翰不勝樂，梅柳恨不先芳菲。此時玩泉愛清切，異日飲德欽規爲。甘香潤澤濟枯槁，源源難絶滁人思。

宋 蘇軾《東坡全集》卷五《虎跑泉》 亭亭石塔東峰上，此老初來百神仰。虎移泉眼趁行脚，龍作浪花供撫掌。至今游人灌濯罷，卧聽空堦環玦響。故知此老如此泉，莫作人間去來想。

又 卷八《留别雩泉》 舉酒屬雩泉，白髮日夜新。何時泉中天，復照泉上人。二年飲泉水，魚鳥亦相親。還將弄泉手，遮日向西秦。

又 卷二六《荆門惠泉》 泉源從高來，走下隨石脈。紛紛白沫亂，隱隱蒼崖坼。縈回成曲沼，清澈見肝膈。衆瀉爲長溪，奔駛蕩蛙蟈。初開不容椀，漸去已如帛。傳聞此山中，神物懶遭謫。不能致雷雨，灔灔吐寒碧。遂令山前人，千古灌稻麥。

又 卷九六《六一泉銘并叙》 歐陽文忠公將老，自謂六一居士。予昔通守錢塘，見公於汝陰而南。公曰：西湖僧惠勤甚文。【略】又十八年，予爲錢塘守，則勤亦化去久矣。訪其舊居，則弟子二仲在焉。畫公與勤之像，事之如生。舍下舊無泉，予未至數月，泉出講堂之後、孤山之趾，汪然溢流，甚白而甘。即其地鑿巖架石爲室，二仲謂余：師聞公來，出泉以相勞苦，公可無言乎？乃取勤舊語，推本其意，名之曰六一泉，且銘之曰：

泉之出也，去公數千里。後公之没，十有八年。而名之曰六一，不幾於誕乎。曰：君子之澤，豈獨五世而已。蓋得其人，則可至於百傳。嘗試與子登孤山而望吴越，歌山中之樂而飲此水，則公之遺風餘烈，亦或見於斯泉也。

宋 蘇轍《欒城集》卷一《荆門惠泉》 泉源何從來，山下長溪發。油然本無營，誰使自激冽。茫茫九地底，大水浮一葉。使水皆爲泉，地已不勝泄。應是衆水中，獨不容至潔。涓涓自傾瀉，奕奕見清澈。石泓净無塵，中有三尺雪。下爲百大溪，冷不受魚鼈。脱衣浣中流，解我雙足熱。樂哉泉上翁，大旱不知渴。

又 卷一〇《開先瀑布》 山上流泉自作谿，行逢石缺瀉虹霓。定知雲外波瀾闊，飛到峰前本末齊。入海明河驚照曜，倚天長劍失提攜。誰來卧枕莓苔石，一洗塵心萬斛泥。

宋 黄庭堅《山谷集》卷一三《靈龜銘》 發皖口而西四十里，泉淙淙行山徑亂石間。謂其來甚遠，乃不能三里。裂石而發源，坎甃清澈，魚鰕輩游見其中。頂有大石如龜，引氣出源上，酌泉飲之，愛其甘，問泉上之人曰：是不知水旱。下而爲田，其溉種五百斛，於是原德媲形，命曰靈龜泉而銘之：

雲涔涔兮山木造天，亂石却走兮扶屋椽。有龜闖首兮足尾伏匿，閱游者兮不知年。鍾一德兮養靈根，漱石齒兮吐寒泉。中深可以濯纓，下流可以濯足。揭族兮未病，多瓶罌不休。其汝覆雖不能火而兆兮，吉凶不欺唯汝卜。

宋 黄庭堅《山谷外集》卷一二《玉照泉》 玉照泉與灊山之玉照峰相直，舅氏李公擇始坎石因采而名之。

仙人持玉照，留在灊西峰。一往不返顧，塵痕廢磨礱。想當光溢匣，雲山疊萬重。有井洌寒泉，照影互相容。得名未覺晚，學士古人風。持節按九成，樂此水一鐘。税車來井上，談笑考百工。金瓶煮山腴，茗椀不暇攻。蘇侯亦静者，疏鑿濟成功。排遣塵滓行，石竇清如空。能令水源濁，魚鰕來其中。生子歲月多，往往隱蛟龍。玉照不見影，盤桓蝸螺宫。一朝揭源去，枯瀆草茸茸。

宋 吕南公《灌園集》卷二《至瀑布崖前》 忽過亂峰曲，隔林聞水聲。止車問樵夫，知是飛瀑鳴。下步入幽徑，蕭然覓澎洶。仰看百尺崖，倒瀉霜雪明。乍近骨月健，久留毛髮驚。疑身是雷仙，滿耳鼓不停。六月地赤渴，平川露乾汀。此源一何長，奔注常淫盈。利澤固不淺，邦人昧嗟矜。徒聞晏豫時，相與憐淒清。

宋 劉一止《苕溪集》卷四《觀大龍湫一首》 峰頭鴈何在，井底龍不出。吐作玉虹流，倒挂二千尺。落澗勢初緩，漸聽轉山急。噀面飛雨過，着衣晨霧濕。造物等幻戲，此地真絶特。勿言王事勞，遇勝得小立。慚愧大尊者，幾載面青壁。山高不礙見，泉聲不妨寂。

宋 程俱《北山集》卷六《五月二日同叔問過彌陀閣觀山中飛瀑》 飛泉落青冥，掩冉振森木。驚雷殷厚地，噴薄轉空谷。崩湍争喧豗，漱此千丈玉。洶如秦軍破，勢比不周觸。初疑三峽移，無乃九井蹙。雲中阿蘭若，峻嶺鏁重麓。悽寒絶人境，共此娟幽獨。長饑不難忍，洗耳謝羈束。君方應時須，我已甘脱粟。正恐山不深，從今友麋鹿。

宋 趙鼎《忠正德文集》卷五《南泉》 陰液淪山顛，天匠鑿其腹。噴薄湧飛泉，散落珠百斛。幽人時一來，但愛消煩溽。何當作膏雨，萬里蒙霢霂。

宋 王十朋《梅溪前集》卷二《題雙瀑》 瀑水蕭峰下，靈源不可尋。倚天雙寶劍，點石萬星金。勢合鯨鯢鬥，聲聯虎豹吟。我來游勝境，洗耳聽清音。

宋 蔡戡《定齋集》卷一八《鴈蕩》 又持一節向東州，自怪平生欠此游。勝地百年開鴈蕩，漏天千古瀉龍湫。雲生半岫輕隨足，泉落空巖急打頭。却恨昔賢無轍迹，謝公嶺上更遲留。

宋 袁説友《東塘集》卷二《峽中瀑布泉》 萬石枕山眠，千峰隨路轉。林深暝巖穴，一道寒泉濺。分明冰箸垂空壁，隱約珠簾掛蒼石。深山寂寞有誰知，只與行人潤詩筆。

宋 劉過《龍洲集》卷二《觀三疊泉》 五老峰北崖峨顛，龍泉三疊來自天。只因開闢便有此，山雲蔽護經歲年。一朝何事失扃鐍，樵者得之人共傳。欲往從之人憚遠，險溪絶壑窮攀緣。初疑霜崩漏天谷，翻若雲奔下巖宿。散爲風飛颺輕煙，垂似銀絲貫珠玉。隨風變態難盡名，洞駭游者心與目。清寒侵袂心益爽，清甘熨齒手屢掬。我欲攬之作玉虹，開似九丈錦屏風。有若插碧金芙蓉，笑騎揮斥凌太空，窮源直到天河東。

宋 黄幹《勉齋集》卷四〇《道間觀瀑布》 行行益以遠，愜此心期幽。一徑險復夷，千林密相樛。回首天際山，矗面懸飛流。銀潢倚石壁，玉龍下山湫。光摇日璀璨，勢激水飀飀。可望不可親，神往形獨留。眷言桃枝山，久矣卜築謀。豈無一日閒，努力窮冥搜。

宋 孫應時《燭湖集》卷一四《游靈巖觀瀑布》 一雨天氣清，暑事亮未酷。煩囂念蕭散，茲晨正休沐。籃輿試經行，勝槩入遐矚。紆餘緣清溪，窈窕得幽谷。一巖四壁浄，千仞落飛瀑。雷霆鞭蟄户，風雨撼林麓。光寒白虹下，勢劇天河覆。繽紛曜冰雪，激射碎珠玉。危亭著佳處，盡日看不足。澒洞開心胸，眩晃新耳目。龍臍更奇事，滴滴掛崖腹。人言七年旱，不減此一掬。天壤富瓌怪，名字有顯伏。冉溪逢子厚，釀泉須永叔。摩挲蒼苔碑，徙倚古寺竹。微吟忽忘歸，俗駕不可宿。

又 卷一五《三泉龍門詩》 蒼山石骨高棱層，繚斷谷口如堅城。何年穴作瓮門入，豁然天地中開明。門深十丈碧鐵色，錯落鱗甲潛光晶。溪聲瀉出駭風雨，巖泉亂滴紛珠瓔。老藤翠木蔚回合，幽花好鳥相逢迎。異哉人世有此境，顧盼蕭爽心骨驚。想見伏龍擘山出，澒洞冰雹轟雷霆。不然避秦客仙去，中有桃花門不扃。谷深路窈望不極，有泉可濯田可耕。何當顓此一丘壑，家在東吴空復情。

又 卷一八《和趙生唐卿師白韻游横溪》 野橋高竹轉修籬，問訊東風步屧隨。雨過天清水聲急，山長雲白鳥飛遲。從來丘壑多幽興，隨分風流到小詩。一榻煙霞須早計，莫教容易鬢成絲。

又 卷一九《隨晃巖瀑布》 高山流水去沉沉，迸落長屏百仞深。暗有衝風起崖腹，散成飛雨到潭心。梯空直下知無計，攀木旁窺戰不禁。好著孤亭巧相對，重來應得慰登臨。

宋 許綸《涉齋集》卷一《次韻薛子明賦雪淵寒瀑》 南山阻且秀，三峰屹而挺。笙跨夜鶴聲，松納古潭影。珍潛淪無眹，樵涉深及脛。星娥闕靈蹤，月卿探幽屏。同氣想飛霞，相過談倒景。儻遇蓮葉舟，定自太華井。

宋 喻良能《香山集》卷一五《題五泄瀑布四首》 玉龍千丈自夭矯，飛雨十里長廉纖。愚柳一見心眼爽，未須界圍觀水簾。

香爐太白有佳句，鴈蕩老坡題畫圖。安得二仙居至此，新詩想見唾成珠。

越絶徒聞萬壑流，他山未比此山幽。誰云十地有熱惱，但覺三伏生涼秋。

瀑雨霏霏濕翠嵐，來從天半許誰探。凌空踏盡峻嶒石，始到峰頭第一潭。

宋 高似孫《剡録》卷六下《西溪》 玉龍擘山開，南鶩肆奔猛。風蕩雪濛濛，月流光炯炯。壯氣動貴門，前驅入蛟井。萬籟息中宵，一區臨絶境。奔雪有遺音，垂磬得深省。白雲何所聞，就宿孤峰頂。

宋 包恢《敝帚稿略》卷八《鴈蕩靈巖》 展旗天柱立，寶印伏獅雄。瀑噴千珠碎，窗開四牖空。争奇排怪石，獨秀出孤峰。龍鼻泉流出，如何造物工。

宋 魏了翁《鶴山集》卷三《飛雪亭》 自荆入蜀路險絶，墨猿聲中膽欲折。萬州江頭舍舟楫，又趣擔登窮岌嶪。危磴連雲如積鐵，亂石砐足十九跌。僕夫流汗馬吐舌，遥望盤龍拄天脊。懸瀑落巖噴霏屑，中間有亭曰飛雪。十里陰風寒入髮，人言此地無六月。火雲射地人不暍，誰知利欲所熏灼。以身試險車結轍，伐性焚和火如烈。試於此亭解羈紲，呼取大斗約甘潔，一飲令君消内熱。

宋 趙汝鐩《野谷詩稿》卷二《蒙泉行》 二十年前客中都，壁間誰掛蒙泉圖。天造地設有如此，果若所畫疑蓬壺。御風來游洞庭北，此境突兀眼前出。荆門之外天下稀，翻思畫圖纔髣髴。山根寒源月一泓，細流循沼曲折分。天光倒影寫晴碧，對此洗我瀟灑心。雲木枕崖影濕翠，金蓮鋪鏡葩在水。流觴自是模蘭亭，山陰今日那得爾。向暮深林啼子規，柳花作團貼水飛。吟興未盡征馬嘶，他時清夢猶見之。

宋 杜範《清獻集》卷二《水簾谷》 巨崖森四立，谺洞費前瞻。鳥道穿危磴，虬松奮老髯。巖高全似砌，水小不成簾。半生纔此見，雖倦未應嫌。

宋 陳文蔚《克齋集》卷一四《卧龍瀑布》 登陟百險艱，來看雲間瀑。飛從千仞峰，瀉作一條玉。冬夏有盈縮，古今無斷續。當日武夷翁，翩然來結屋。

金 元好問《中州集》卷六《濟南珍珠泉》 大地萬寶藏，玄冥不敢私。抉開青玉罅，渾渾流珠璣。輕明疑夜光，潔白真摩尼。風吹忽脱串，日射俄生輝。有時如少靳，觱沸却纍纍。風色媚一川，老蚌初未知。君看一日間，巧歷所不貲。游人隨意滿，不畀乾没兒。吾謂歷下城，繁華富瑰奇。貪夫死專利，帝意憐其癡。故露連城珍，可玩不可幾。若曰天壤間，所遇皆汝資。何必秘篋笥，自貽伊瑕疵。詩成一大笑，臆説量天機。

又《遺山集》卷三《游黄華山》 黄華水簾天下絶，我初聞之雪谿翁。丹霞翠碧高歡宫，銀河下濯青芙蓉。昨朝一游亦偶爾，更覺摹寫難爲功。是時節氣已三月，山木赤立無春容。湍聲洶洶轉絶壑，雪氣凛凛隨陰風。懸流千丈忽當眼，芥蒂一洗生平胸。雷公怒擊散飛雹，日脚倒射垂長虹。驪珠百斛供一瀉，海藏翻倒愁龍公。輕明圓轉不相礙，變見融結誰爲雄。歸來心魄爲動盪，曉夢月落春山空。手中仙人九節杖，每恨勝景不得窮。擕壺重來巖下宿，道人已約山櫻紅。

元　顧瑛《草堂雅集》卷三《惠山泉》　九龍之峰秀蜿蜒，玉漿迸出爲寒泉。來歸石井僧分汲，流入草堂吾獨憐。暗滴洞中雲細細，冷穿池上月娟娟。好乞茶經與水記，俟予歲晚奉周旋。

元　張養浩《歸田類稿》卷二〇《趵突泉》　繞欄驚視重徘徊，流水緣何自起堆。三尺不消平地雪，四時常吼半空雷。深通滄海愁波盡，怒撼秋風恐岸摧。每過塵懷爲瀟灑，斜陽欲没未能回。

元　陳樵《鹿皮子集》卷四《寶掌泉》　屋上無端雨亂飄，雨留石罅碧寥寥。浮光出穴藏丹淺，浣水爲花到地消。石髮年深長滿洞，玉魚春冷未生苗。泉中自是蛟龍窟，頃刻陰雲滿樹腰。

元　尹廷高《玉井樵唱》卷中《三巖瀑布》　天然石室踞雲根，上有飛泉勢若奔。千尺素簾寒不卷，一潭碧玉碎無痕。風飄餘濕沾香案，月漏疏光射洞門。我欲捫蘿登絶頂，桃花流水細窮源。

元　沈貞《茶山老人遺集》卷上《響泉崖》　響泉滴滴復丁丁，蚯蚓竅内喧蒼蠅。乍疑作勞吾耳鳴，不知上有飛來一派滚滚汩汩之泉泓。泉泓紛紛落崖不，驪珠亂跳白龍掛。初從涓涓溜松根，更復悠悠流石罅。東陽水樂洞，地老天荒誰賞重。武林水樂亭，兵殘火鑠人無聽。争如深山窮谷裏，乃有琮琤搏躍噴濺懸崖水。非琴非筑聲圓美，乘流遇坎還知止，莫遣潁川人洗耳。

明　陶安《陶學士集》卷五《瀑布泉》　懸流飛落大峰尖，千丈中涵萬縷纖。河漢機空垂雪練，石巖户闢掛冰簾。白龍倒噴天邊雨，銀浪急衝江底蟾。薄暮香爐紫烟散，卧聽冷響入松檐。

明　晏璧《歷下名泉詠》（《山東通志》卷三五之一下引）　**柳絮泉**　金綫池邊楊柳青，泉分石竇曉泠泠。東風三月飄香絮，一夜隨波化緑萍。

柳泉　杏花開遍柳垂絲，柳下清泉漾碧漪。莫折柔條留繫馬，緑陰深處聽黄鸝。

洗鉢泉　淺井東邊有冽泉，山僧洗鉢是何年。泉中流出伊蒲饌，參透三生石上禪。

淺井泉　齊城淺井不盈尺，一掬能令塵慮消。日暮兒童瓶汲處，芭蕉葉上雨瀟瀟。

懸珠泉　泉脈如懸黍米珠，源頭活水世間無。洞中恐有驪龍卧，吐出香涎下峼湖。

熨斗泉　泉如熨斗氣温温，龍洞分來第一源。欲識坎離交媾意，請參道德五千言。

懸泉　百尺深泉石上懸，龍歸洞口散晴烟。曾從五老觀飛瀑，倒挽銀河落九天。

劉氏泉　泉名劉氏果何人，千載風流憶伯倫。天産釀泉清可掬，松花滿泛瓮頭春。

明　唐文鳳《梧岡集》卷二《索泉》　兩股寒泉互交絡，圍繞山腰遭束縛。金鎖朝垂鐵石懸，玉繩夜浸銀河落。當時曾縶内難兒，至今千古流無窮。我來滌筆寫奇句，一條噴雪飛晴空。

明　王九思《同康侯觀胡公泉歌》（《石倉歷代詩選》卷四六九輯）　鄠西丈八村東側，平地湧泉映空碧。繞岸圓甃數十圍，澄波到底餘五尺。石罅暗瀉東北流，旱亦不竭潦不溢。東北萬頃樹秠秠，歲資灌溉蒙膏澤。泉頭廟貌祀胡公，歲久傾圮委岡脊。康侯歎息語父老，新廟亟成何焕赫。侯來呼我共游眺，匆匆下馬日已夕。封羊釃酹妥靈畢，下走覓泉憩苔石。水面緑萍命掃拭，雲影天光可指畫。泉眼觱拂底見沙，荇根游泳鰍與鯽。時維二月雨新霽，花柳映帶春拍拍。汲泉煮茗試一啜，頓覺清風生兩腋。康侯興狂起欲舞，嘯歌聲激浪花白。人言康侯文雅世無匹，只恐天子召之臺端簪白筆，難戀此泉常挾客。

明　黎民表《瑶石山人稿》卷五《游西山玉泉池》　圓渟知異脈，方折紀靈蹤。濯月金規滿，含風石鏡融。平湖隱作浪，曲澗瀉爲淙。一入昆明去，千秋照綺櫳。

明　張居正《新刻張太岳先生文集一》卷六《聽泉》　恰向峰頭窺日出，還來松下聽泉鳴。飛濤跳沫幾千里，轉石轟雷一夜聲。

明　鄭若庸《北游漫稿·小溪》　大溪多奔流，小溪無沮洳。巖谷互相映，窈窕幽人居。山深鳥音媚，野曠林影疎。霽景華月流，皎若匹練舒。雙扉枕清漣，悠然愛吾廬。迢迢逐雲萍，耿耿懷甾畬。願言控飛翰，乘飈凌太虚。歸卧溪邊雲，聊爾謝居諸。

清　吴綺《林蕙堂全集》卷一五《三疊泉》　絶頂名泉注，奔流向此間。雲飛千尺澗，雪濺六朝山。迅急欲何似，琤琮知未閒。獨來嘗倚杖，清聽不知還。

清 唐夢賚《志壑後集》卷三《趵突泉》 山翁臨水聽潺湲，酌水看山不肯還。王屋山通金綫水，杜康水照玉函山。山當紫閣水聲咽，水湧朱橋山影閒。有水無山不奥衍，幽人意在水山間。

清 田雯《古歡堂集》卷五《趵突泉歌》 十年不到趵突泉，今夕觀泉頗詄蕩。乍聽只疑地肺坼，坐久如聞江黿漲。澄泓一池竹樹深，吞納千溪亭榭曠。馮陵叫嘯衆山響，迸落檐花劈高浪。白髭道士前致詞，七十二泉各殊狀。獨有趵突絶神奇，王屋倒瀉夸娥創。崩裂不聞海髓乾，噴薄直從石竅上。軒轅張樂列笙鏞，白蜺掉尾欽瓮盎。濼源百脈皆洑流，此水不知安歸向。鵲華屹立四扇開，面面諸峰作屏障。我聞道士説泉源，塵壒掃除神色王。岸幘振翮思騫騰，如御樵風吹五兩。錢塘勁弩射潮回，廣陵夜雨聽濤壯。況自千佛巖頂歸，春風緑酒供行帳。波紋凌亂菡萏出，山脚斑駁桃花放。及到此泉已昏黑，冷冷月色照衣裄。有客登樓蹋白雪，何人吹笛送高唱。陂陀犖确泥路滑，橋邊一鶴行相傍。

又 卷七《盧巖瀑布》 兩山忽張匹練垂，欲斷不斷天風吹。下注澗壑如奔馬，山根摇動駭鼓椎。泉石膏肓那可假，須尋佳處結茅舍。爲語吾家老游巖，同來觀此瀑布者。

清 李澄《登文殊臺看瀑布歌》（《詩觀初集》卷六輯） 巨靈斧劈山骨裂，九天千劫噴冰雪。石走濤翻鰲極跪，獅子一峰偏突兀。古塔矗立文殊臺，臺邊鳥道臨削鐵。我來積雨連春月，屐滑苔深幾傾跌。海霧冥濛猿狖身，黑雲黯黮蛟龍窟。黄巖僧舍夜熟眠，朝來竹樹開晴烟。攜筇直上芙蓉巔，萬象歷歷豁眼前。空際鮫綃真破碎，雨餘翠黛轉澄鮮。安得入極挾飛仙，憑虛跳躍清泠淵。是時曉日照山邊，赤光煜爚珊瑚鞭。驚風旁掣忽不下，惆心駭目神茫然。曲磵行歌薜荔濕，怪湫晞髮靈芝妍。此景造物所秘惜，而我眺賞有夙緣。亭午雲氣復靉靆，嵯岈歷盡下平川。樵人指點五老背，奇絶還尋三疊泉。

清 葉封《六月二十二日盧巖觀瀑布》（《詩觀二集》卷九輯） 嵩前諸水，龍潭、石淙皆絶勝，而盧巖瀑布尤爲第一。但嵩山水少，平時谿澗常至斷流，瀑雖不涸絶，亦僅涓涓灑潤而已。過而游者至不以時，往往不能得十之三四。壬子歲六月二十二日大雨初霽，亟往觀之，見驚泉倒注，傾瀉飛飈，奇恣萬狀。倘不觀乎此，亦烏知此水之盡其材有如是者耶！巖在山隖深處，林壑茂美，坐卧其間，覺塵坌都隔。蓋唐盧顥然隱居地，故以其姓名之也。視龍潭之險阻，石淙之嶔崟，此殆以幽曠過之矣。

山窮壁立劃崖岸，如懸大瓠剖其半。瀑水遥從雲外來，風雨蒼茫吹不斷。爾乃晴嵐晻靄秋復春，霏微淅瀝無昏晨。亦覺輕陰散霡霂，透迤石罅生粼粼。北望羣峰滿盈雷雨作，喧豗淜湃傾叢薄。崇朝霽色洗芙蓉，萬丈銀河自天落。碧崿承流湉欲隱若蹲，驚趨哀壑争飈奔。滄溟潮生浪花白，騰波急溜衝雲根。從兹直下垂天紳，潰，冰山乍倒璚枝碎。玉龍被剚鱗甲摧，激怒難回亂飛墜。從兹直下垂天紳，建瓴之勢無停輪。纍纍小珠大珠墮，崩濤積雪浮松筠。曦暉照見閃虹電，雲影徘徊浄霜練。微風忽度相欹斜，細雨輕煙拂人面。仰觀不足常淙淙，厥狀非一難形容。晝暮陰晴亦屢異，窮工極態烟光重。越昔盧鴻宅其下，翠庭樾館何瀟灑。巖因其姓以爲名，高蹈應空後來者。君不見龍潭石淙皆絶奇，奇在嶙峋水挾之。盧巖之奇乃在水，林壑藉以增幽姿。況且嵩中水泉少，潺湲不絶無如斯。曠然疑是別天地，胡爲乎無人于此誅茅茨。空懷舊有草堂圖，石林題語良非徒。嗟彼少年不知游之樂，吾將老矣寧真愚。三四年間始一遇能無。樂此忘疲忽天暮。扶筇出壑野踟躕，猶聽濤聲在深樹。

清 顧嗣立《味蔗詩集》卷三《嵩岱集下·趵突泉》 黄河之源出自昆侖顛，銊銊一瀉千里奔平川。豈如此泉裂開坤柱三千六百軸，倒傾鮫室噴飛涎。濟南名泉七十二，就中濼源最奇異。黑水灣經渴馬崖，蓄積羣流伏九地。忽然龍吟起深湫，元氣漏泄空中浮。洪濤春天舞霜雪，腰圍尺六無時休。初疑神人鞭巨石，又訝雷公扇霹靂。海眼笋動鼇足翻，龍伯水官俱辟易。我來泉上今已三，當年弱冠照鬖髿。一條白練飛十丈，乍見老龍升古潭。十八年後重到此，金碧媥爛映清泚。水纔三尺雖漸平，猶自鏗訇怒不已。今來又歷十八年，一池荇藻吹漪漣。浪花尺許濺亂沫，琮琤激響珠璣旋。舜廟叢殘井水膩，二堂祇剩南豐記。還愁此後再來游，一畝清甘變平地。我欲乘星橋龍宮，竊天瓢更借神禹。刊木斧劈開混沌，獨千古手挽銀河。通地窟務使此泉，滔滔汩汩長趵突。

清 高宗愛新覺羅·弘曆《御制詩集》初集 卷一七《觀敖漢瀑布水》 我聞奥區天所秘，疑信向半今信然。浩浩萬里沙漠塞，乃有瀑水崇岡懸。車塵方苦紛堨壒，豁開壺裏別有天。侵尋峰岫羅嘉樹，漸潤澗谷無埃烟。是時仲秋曝晶日，忽聞雷聲殷前川。坐令林巒失輕蒨，朗吟清眺萬慮蠲。大者明珠小者璣，如傾栲栳投深淵。虎狼騄走不敢飲，下疑千載蒼龍眠。巨石橫斷無土壤，粵生美箭奇而堅。山葉紅緑如錯繡，無名野卉相新鮮。鸛鵠徘徊不忍去，鼪鼯時向虬枝穿。禹鑿龍門未至此，胡乃三級限鯆鰱。蒙古相傳瀑水以下，鱗類甚夥，而以上絶無，亦甚奇云。吁嘻泉石誠觀止，賞咏自我羌誰先。匡廬香爐無足喻，山靈占此永不遷。設置飛觴搦管地，混沌竅鑿應難全。

清 杜堮《遂初草廬詩集》卷七《觀石門瀑布》 幼讀先大參公詩，夢想其境。今行過之，泊舟石闕下，沿流而入，峭壁四圍，一水回折。飛布千尺，挂巖直下，隨風飛灑，若烟若雲。浸衣濺面，肌骨皆清。意謂非人世也。同游諸友咸共嗟異，歸而紀之以詩。

疾雷擘玉峽，白龍飛上天。至今但留所行路，噴爲萬斛頳犁泉。削壁直上一千尺，隆隆陣鼓殷其顛。凹凸激宕成飄灑，抛珠濺沫如風烟。書生仰面詫奇絶，忽覺衣袂凌蹁躚。雲陰日暮不歸去，癡想欲問皇古前。無乃倒吸滄海入，亦恐上鑿銀河穿。四圍蒼翠皆岝崿，一棹宛轉相沿緣。天生此泉在此境，神工鬼斧誰雕鐫。興來舉杯一引滿，出門自謂臨江仙。扁舟夢醒不知處，赤壁之游空惘然。

清 張維屏《松心詩録》卷八《鼎湖飛泉亭觀瀑歌》 匡廬瀑布天下奇，去年覽勝心神怡。今晨特訪鼎湖勝，快意欲慰平生思。打頭猛雨阻不得，拚此衣袂霑淋漓。雨師肯退三舍避，似識游志堅不移。半山小歇已悦目，奔濤激瀨翻琉璃。左盤右折十四轉，層青疊翠如階梯。我來爲瀑不爲寺，到寺雖飯猶輖飢。亟尋飛瀑舍寺去，一亭屹立山四圍。登亭仰面忽叫絶，虚空粉碎誰所爲。泉自山頂來迻迤，瀑直擊石石欲支。石力敵瀑瀑則馳，縱横跌宕紛離披。他瀑粗豪此細膩，侔色揣稱難爲辭。雪花六出向風舞，珠塵萬斛當空揮。近觀勢作雨點點，遥瞻態若煙霏霏。匡廬瀑似河漢落，鼎湖瀑類星斗飛。大哉造物巧善變，長短巨細無不宜。我聞有湖在山頂，湖水不竭龍宅斯。龍兮龍兮本神物，禱雨輒應來祁祁。但願居民年豐游客樂，此湖曰鼎曰頂，一任疑傳疑。

清 魏源《古微堂詩集》卷五《天台石梁雨後觀瀑歌》 雁湫之瀑煙蒼蒼，中條之瀑雷硠硠。匡廬之瀑浩浩如河江，惟有天台之瀑不奇在瀑奇石梁。如人側卧一肱張，力能撑開八萬四千丈，放出青霄九道銀河霜。我來正值連朝雨，兩厓偪束風逾怒。松濤一湧千萬重，奔泉衝奪游人路。重岡四合如重城，震雷萬車爭殷轔。山頭草木思他徙，但有虎嘯蒼龍吟。須臾雨盡月華濕，月瀑更較雨瀑謐。千山萬山惟一音，耳畔衆響皆休息。靜中疑是曲江濤，此則雲垂彼海立。我曾觀潮更觀瀑，浩氣胸中兩儀塞。不以目視以耳聽，齋心三日鈞天瑟。造物睨我良不慳，所至江山縱奇特。山僧掉頭笑休道：雨瀑月瀑那如冰瀑妙，破玉裂瓊凝不流，黑光中綫空明窈。層冰積壓忽一摧，天崩地坼空晴昊。前冰已裂後冰乘，一日玉山百頹倒。是時樵牧無聲游屐絶，老僧扶杖窮幽討。山中勝不傳山外。武陵難向漁郎道：語罷月落山茫茫，但覺石梁之下煙蒼蒼，雷硠硠，挾以風雨，浩浩如河江。

山巖石洞

題解

明 穆希文《説原》卷五 山之深邃曰洞，又有以直者曰洞，横者曰竇，曲者曰竅。

清 道光《廣東通志》卷一〇七《郡志》：縣北六里爲定山，其下有石室，亦曰崧臺。連屬有七星巖，則七星巖似與石室爲一，不知定山總名。石室崧臺，其一區也。即以巖論，亦不止於七山。總六區，半屹湖，半出平陸。其高者百餘仞，廣三之，腹背三之。一質純石，色瑩如玉，外受侵風雨故黝黑。隙中稍受土，故草繡錯，望之葱蒨間宫觀若懸，游人若螘。其下穹窿開闊，又如五染之梁。大者十尋，小者如蠹蝕，贅附無算。或稱巖，或稱洞，又或稱島瀦。水則稱井、稱泉。曠者稱室，屹者稱臺，削者稱柱，覆者稱船，瞰者稱磯，平者稱床，攦者稱指，皆若神工役鬼斧鑿混沌而成者。或云神仙下都，或云帝觴百神之所，或云九九水洞天之一，殆不可得而名矣。《七星巖記》

論説

明 陳瑾《游桃源洞記》（《桃源縣志》卷一四引） 袁石公《咏桃源縣詩》

有曰：仙人成邑里，烟水作城池。又曰：偶然嵐翠起，一縣緑離離。余意其邑，必峰巒周匝如織苞濃朵，横見側出，方稱是詩。及履其地，則平岡漫衍，聚落坡陁，心殊訝之。江上望緑蘿山，數峰如畫，頗具秀色。然亦頑頳枯秃，不類酈注所云「懸蘿釣渚」之目，豈古今邱壑煙姿亦有滄桑耶？而石公亟稱之，或亦看山者如看美人，止取其態，不取其色耶。至桃源洞，自是仙跡，不必山水盡佳也。夫游桃源者，如十人共讀《桃花源記》，而人人胸中各具一想頭。及乎親身到來，又人人各有一會心處，不能互相告語，不能一一牽合證據，而續鳧脛、添蛇足爲也。余今年七月望後四日，始復往游。是日天氣陰爽，同計部隱岑李公上遇仙橋。坐石壁懸溜處，酌泉瀹茗，仰視層岩陡絶，人跡罕到。而桃川宫一帶，田地平曠，妄作一想，疑漁郎初從石隙得逾巖口，乃豁然開朗。今良田美池，一一在眼，阡陌不改，古人依然。而游人反眺洞中，則謂問津者必由山下至此，然則石隙之内，豈其有天如竹林方廣之類乎？總之皆噏囈語也。我輩既作虚無縹緲之游，那得著相遂相與一笑。下山尋桃川宫，路觀古斷碑及瞿仙丹鼎、丹池而還。薄暮抵縣，烟雨迷離，緑瀋映江，而出石公之句，尚不我欺也，况靖節耶。

清　袁枚《小倉山房文集》卷二九《游黄龍山記》　壬寅四月，余游天台、雁宕畢，游處州之黄龍山。山皆礫礫大圓石，坻伏欝堙，各相跆藉。類東魯嶧山，與台宕絶異。人疑造物矜奇乃爾。予曉之曰：此豈造物者之有意爲哉？使有意爲之，必不能成如是形，就成如是形亦不能有此奇變。惟其氣化推遷，偶然而生，適然而成。正恐造物者有意不爲之，而反有所不能，何也？余幼時嬉戲，好置水盂，鎔錫投之，沸然有聲，俄而立者、蹲者、卧者，叠爲架倚者，巨而宏者，碎且雜者，欹側而斜橢者，若相鬥又相悦者，蓋無弗備焉。其狀則爲獅爲象、爲龍爲馬、爲雞蟲雜物，爲華岳嵩岱諸名勝，亦無不備焉，是豈余之有意爲哉，其傾之于水也。余之所知也，其成如是形也非余之所知也。問之錫，錫不知。問之水，水亦不知。山之道，何獨不然？當元黄未判時，元氣茫茫，山水土沙，鎔爲一片。一旦天浮地沉，沙飛水歸，風從而蕩揉之，星横于天，石横于地，詭狀殊形，或開闢即露，或俟後人搜爬始露，歷年愈久，藴畜愈厚，山形愈奇。今人見山頂有舡，有匣，有屋，有朽槽，此豈真有人焉飛上置之哉。所以然者，職此之由。惜人形體小，年壽促，後天地生，先天地亡，不能坐而待之，瞭然視之耳。然其理不過如是，或曰是山説也，非山記也，于黄龍何與。曰：舉一隅可知三隅，并可知千百萬隅，余因游黄龍而憬然有悟，故揭所見以書之，且游台宕，俱有詩，游黄龍無詩記之，所以代游黄龍之詩也。

綜　述

北魏　酈道元《水經注》卷一四《地理志》曰：大碣石山在右北平驪成縣西南，王莽改曰揭石也。漢武帝亦嘗登之以望巨海，而勒其石于此。今枕海有石如甬道數十里，當山頂有大石如柱形，往往而見立于巨海之中，潮水大至則隱，及潮波退，不動不没，不知深淺，世名之天橋柱也。狀若人造，要亦非人力所就，韋昭亦指此以爲碣石也。

南朝梁　吴均《續齊諧記》　吴興故鄣縣東三十里有梅溪山，山根直竪一石，可高百餘丈。至青而圓，如兩間屋大，四面斗絶，仰之於雲外，無登陟之理。其上復有盤石，圓如車蓋，恒轉如磨，聲若風雨。土人號爲石磨，轉快則年豐，轉遲則歲儉，欲知年之豐儉，驗之無失。

宋　曾敏行《獨醒雜志》卷四　零陵淡山有石巖中空，可容千人。東南有石窗，眺望甚遠，相傳以爲其地宜淡竹，而山因得名。或云舊有淡姓人居之，故曰淡山。秦時有隱者曰周貞實，嘗隱於巖中。始皇好神仙，方士或薦貞實，始皇召之，使凡三往。貞實不起，遂化爲石巖。去州二十餘里，傍有寺觀，往來者無虚日。士人謂巖之幽勝，當與浯溪朝陽等。元次山居是邦，而獨無品題，甚可怪也。山谷謫宜州時，嘗至巖下，今其詩之卒章曰「惜哉次山世未顯，不得雄文鑱翠珉」，蓋紀永人之語。

宋　杜綰《雲林石譜》卷上《全州石》　全州湘江一帶泝流而上，江邊兩岸狹處間有土石山，懸石如鍾乳嵌空。巉岩萬狀，扣之聲清越。其色若靈壁，青翠可喜。余舟過石側，擊取數塊，高尺餘，甚奇巧。

又《卞山石》　湖州西門外十五里有卞山，在郡山最爲崷崒，頃朱先生所居。産石奇巧，羅布山間。嵌石礧磈，色類靈壁而清潤尤勝。葉少藴得其地，蓋堂以就其景，故號石林。石上皆有李唐遊人題字，自顔魯公而下悉署焉。又州之西北鳳凰山後地名前山，於乳篠間有石生土中，下多流泉，石質嵌空，嶮怪往往多穿眼，青翠如湖，口悉高大，鮮有小者。宣和間嘗使土人取之，重不可致，今有數塊留道傍。

又 卷中《何君石》 臨安江軍新塗縣玉笥山玉梁擱有澗洞，名何君。按《圖經》：十人避秦，九人仙去，獨何君爲地仙，居其洞，故因號焉。岩洞透邃，中有石棋枰。山之前後聞産巨石，皆巉怪。昔何君洞有一石，懸於洞口，其狀如雲，廣數尺。巉岩秀碧，扣之無聲。土人云何氏擊取，置亭榭中。

又《洪巖石》 饒州府樂平縣東山鄉地名洪巖，有三洞，名木梓、樹水。岩各有巖穴，炬火而入，自水岩上半間，可不數十丈，方到底。聞水聲如雷，窮之即無水源。其洞中有石田、鍾鼓磬、仙人帳，若人力所爲。其山高下巉岩翠壁。巖穴中有石佛羅漢，相儀如生，凡高十餘尺。

又《袁州石》 袁州分宜縣距縣二十里有五侯嶺。嶺上四旁皆山石，岩崿峭絶，若劃裂摧倒勢，其嵌空多狙猨。凡山下石，或立或伏，當是山上飛墮者。石色紺青，不潤澤，玲瓏奇怪萬狀。間有數人可遠致者，臨江士人魯子明月石癖，嘗親訪其處，以漁舟載歸滿灘，列置所居。又去縣十里有石洞，名洪陽。游者持炬以入，聞有十六室，詭怪百狀。又有石乳、石田、牛羊、鍾鼓，凡倉廩、床榻之類。石帆高數丈，段段有邊幅，如有船檣所駕暴疾風狀。石田頃畝，與真無異。凡洞高處刻唐人題字，仿佛可辨。父老云是晉葛洪妻陽二仙所隱，得名其洞。穴深邃不可徧覽，頃一道人結菴，輒盡游其室。賫糧秉炬，才歷數室。聞洞上有篙撑船聲，駭懼而返。

又 卷下《鍾乳石》 婺州金華縣智者三洞，洞中産石巉岩，如雪洞。土間有懸石如鍾乳，色灰白嵌空。頃余於洞上獲一石，大如拳，高數寸。若二龍交尾，纏繞鱗鬣，爪甲悉備。石之中有數竅，因植蓀，爲好事者求去，亦疑鍾乳點化所成。又洞中有石鼓、石磬，擊之各有聲。

宋 范成大《桂海虞衡志》 讀書巖在獨秀峰下，直立郡治後，爲桂主山。傍無坡阜，突起千丈。峰趾石屋，有便房、石榻、石牖，如環堵之室。顔延年守郡時，讀書其中。

伏波巖在灕江濱，突然而起，且千丈，下有洞可容二十榻，穿鑿通透，户牖傍出，有懸石如柱，去地一綫不合，俗名爲伏波試劍石。前浸江濱，波浪洶湧，日夜漱嚙之。

又 水月洞在宜山之麓，其半枕江，天然刓刻作洞，透徹山背。頂高數十丈，其形正員，望之端整，如大月輪。江別派流貫洞中，踞石弄水，如坐捲篷大橋下。

龍隱洞、龍隱巖皆在七星山脚，没江水中。泛舟至石壁下，有大洞門，高可百丈。鼓棹而入，仰觀洞頂，有龍跡夭矯若印泥，然其長竟洞，舟行僅一箭許。别有洞門可出，巖在洞側。山半有小寺，即巖爲佛堂，不復屋。

又 棲霞洞在七星山。七星山者，七峰位置如北斗，又一小峰在傍曰輔星。石洞在山半腹，入石門，下行百餘級得平地，可坐數十人。六月無炎，大冬温。然傍有兩路，其一西行，兩壁石液凝沍，玉雪晶熒，頂高數十丈，路闊亦三四丈，如行通衢中。頓足曳杖，鏗然有聲，如鼓鐘，蓋洞之下又有洞焉。半里遇大壑不可進。一路北行，俯僂而入數步，則廣寬。兩傍十許丈，鍾乳垂下綦綦，凡乳床必因石脈而出，不自頑石出也。進里餘所見益奇，又行食頃，則多岐，游者恐迷途，不敢進，云通九疑山也。

又 曾公洞舊名冷水巖，山根石門砑然。入門石橋甚華，曾丞相子宣所作。有澗水，莫知所從來，自洞中右旋，東流橋下，復自右入，莫知所往，或洑流入于江也。度橋有仙田數畝，過田，路窄且濕，俯視石罅尺餘，匍匐而進，旋復高曠，可通棲霞。

屏風巖在平地斷山峭壁之下。入洞門，上下左右皆高廣百餘丈，中有平地可宴百客。仰視鍾乳，森然倒垂者甚多。躡石蹬五十級，有石穴，通明透穴而出，則山川城郭恍然無際。余因其處作壺天觀，而命其洞曰空明。隱公六洞皆在西湖中隱山之上，一曰朝陽，二曰夕陽，三曰南華，四曰北牖，五曰嘉遁，六曰白雀。泛洞泊舟，自西北登山，先至南華，出洞而西至夕陽，洞窮有石門可出，至北牖，出洞十許步至朝陽，又西至白雀，穴口隘狹，側身入，有穴通嘉遁。西湖之外，既有四山巉巖、碧玉千峰倒影水面，固已奇絶，而湖心又浸陰諸洞之外，别有奇峰，繪畫所不及。荷花時有泛舟故事，勝賞甲於西南。

又 佛子巖亦名鍾隱巖，去城十里，號最遠。一山崒起莽蒼中，山腰有上中下三洞。下洞最廣，中洞明敞，高百許丈，上洞差窄。一小寺就洞中結架，因石屋爲堂室。

又 鍾乳，桂林接宜融，山中洞穴至多，勝連州遠甚。余游洞親訪之，仰視石脈湧起處，即有乳床如玉雪，石液融結所爲也。乳床下垂，如倒數峰小山。峰端漸鋭且長，如冰柱。柱端輕薄中空，如鵝管。乳水滴瀝未已，且滴且凝，此乳之最精者。以竹管仰承折取之，煉治家又以鵝管之端尤輕明，如雲母爪甲者爲勝。

宋 周去非《嶺外代答》卷一《桂林巖洞》 石湖嘗評桂山之奇，宜爲天下第一。及考唐韓退之詩云「水作青羅帶，山如碧玉簪」，柳子厚《訾家洲記》云「桂州多靈山，發地峭竪，林立四野」，觀前人品題桂林之意，端不誣矣。山皆中空，故峰下多佳巖洞，神刓鬼刻，高者憑崖，如化城。下者穿隧，若水府。大者可建五丈旗，小者猶可容十客。或浮爲洲渚，或内通舟楫。去城不過七八里，近二三里，几杖間可以徧覽巖穴。有名可紀者三十餘所。

又《靈巖》 洞穴有水，然後稱奇。桂林諸洞，無慮百所，率近在城外數里，俱有可觀。若水東之曾公巖，興安之石乳洞，皆有流水自洞而出。施直橋横檻其上，遨游者得以徙倚。其間異於他洞者，空明幽邃而已。雖然，未若城南之水月洞、東江之龍隱巖也。水月中通，形如半規，江流貫之，中有石橋可以觴客。龍隱修曲而高明，江流貫之，鼓棹而入，仰視洞頂，夭矯乎真龍之脊脅也。范石湖謂二洞奇賞絶世。融州老君洞，亦通川流，中有小洲，其旁高岑，有乳石滴成老君之形，鬚眉衣冠，無一不具。張于湖榜曰天下第一真仙之洞，以是知凡洞必以川流爲貴也。雖然二賢所賞，水深數尺，廣纔丈餘耳，若夫桂之靈川縣有靈巖者，二賢未知也。是巖也，大江洞其腹，水闊二十丈，深當倍之。余嘗攝邑靈川，天久不雨，往禱于巖。方舟造洞，遥望大江，平闊直抵山根，横有一綫之光，邇而望之，乃知洞穴表裏明徹而然也。即其洞口，水面貼阽，正將枕山，不可得入者。舟子擊水伏而進。仰視洞頂，與水面相去纔丈餘，水與洞頂皆平如掌。舟入漸深，楫聲隱隱震動，固已駭人心目。人聲一發，山水皆應，大音叱咤，洞虚砉裂。當巖之中，洞頂穹窿如寶蓋，然其下即神龍所居也。余斂板焚香，巫者以修綆下瓶汲深，奉之以歸，輒有感應。是江也，西通猺峒，日寫良材，貫巖而下，水深不可施篙。撑拄巖頂而後得出。余求之事實，謂此江古來逺出山外，忽雷雨數日，神龍穿破山腹以定窟宅，遂命曰靈巖縣，曰靈川亦以是得名，今洞旁山觜尚有故江跡存。噫，此巖水色沉碧，雄深岩静，人至其間，若有神靈左右之者，誠非游觀之地。去城三十里，不若諸洞之邇，於人所以未蒙賞音，惜哉。

又《羅叢巖》 羅叢巖在潯州西南六十里，巖中明快，可容數百人。每遇重九，合鄰郡之人而集焉，以爲登高之樂。巖内有三聖殿，殿側有石鐘，其大合抱，自然天成。殿東則有碧虚洞，由石穴而入，通行平坦，其屈曲約半里餘，出于巖之東。洞内則有石佛、石磬、石獅子、石床、石鐘。殿西則有靈源洞，由石穴而入，通行平坦，其屈曲約一二里，出于巖之西。洞内則有石羅漢、石象、石馬、石魚、石筍、石鼓。凡游兩洞者，必秉火炬以觀。聯巖之外，西則有水月巖，約深數丈，約闊十五丈。泉源清徹，四時不涸，中有異魚存焉。巖口則有龍王殿，入巖中則有觀音堂。或遇歲旱，里人禱之，甘雨必應。由大巖之中，皆用石板平砌。而出巖門則有鐘樓，樓之西倚巖，則以石甃，高數丈，爲方丈。樓之外則有三門，門之外則有超然亭，亭之左右則有石板爲路，連袤一二里，四圍皆植松竹，實潯之勝槩云。

宋 祝穆《方輿勝覽》卷二四《道州》 斜巖 在縣南二百餘步，古木蒼煙，石田棋布，巖竇可二丈，其中深不可極，或云通天。執炬而入，但見峻巖峭壁，寒泉冷風，滴乳如佛像，如車蓋，如花果，如器皿，如飛走。唐薛伯高命名。至道初，太守張觀名曰紫虚洞，有冠萊公題名在焉。

又卷三〇《澧州》 花石 在慈利縣武口寨。石上自然有花，如牡丹之狀，枝葉繚繞，雖精於畫者莫能及。或以物擊其花，應手而碎，既拂拭之，其花復見，重疊非一，莫不異之。

宋 鄧牧《洞霄圖志》卷二《湧翠石壁》 自試劍巖復三十餘步，有峭壁面北，從地湧起，高可一二丈，廣二三十丈，其上蒼翠玲瓏，奇怪萬狀，莫可形容。蓋兹山秀氣發自來賢，至此半里餘，始盡呈露。上有石乳，焚之芳香。有巖對峙，相去僅數尺，不容並行，若以人力開闢，尚可作亭，盡意觀覽。爾巖外向有亭，曰翠微。

又卷四《來賢巖》 在宫東南青檀山前，嵌空數丈，盤石蘩竹可以游息。宋熙寧間，東坡居士爲杭通守，與蔡準、吴天常、欒富國、聞人安道、俞康直、張日華，皆幅巾藜杖，盤桓於此。東坡賦詩云：上帝高居愍世頑，故留瓊館在凡間。青山九鎖不易到，作者七人相對閒。庭下流泉翠蛟舞，洞中飛鼠白鴉翻。長松怪石宜霜鬢，不用金丹苦駐顔。餘不悉紀。後人名巖來賢，作亭其上，曰宜霜。亦摘坡語。

宋 潛説友《咸淳臨安志》卷二六《新郎新婦石》 新郎石在西峰半山之中道，面東昂立，勢高五丈，天然人形，與東峰新婦石相望。嘉祐中，新婦石爲雷震碎，今新郎石獨存。

又《望江石》 在雲封菴之右隴，軒然特立。小望江石在半山之西隅，高約百丈，下鋭上豐，須緣梯級乃可登。遥望浙江如一綫許，海門日上，紅光曜目。

元 吴萊《淵穎集》卷九《南海山水人物古蹟記》 西樵岩在南海西南，岩有石室，石珠，飛瀑如瀉下，爲玉女淘沙灘、漉梨泉、龍泓、九真洞，歲時恒禱雨，龍泓占風雨雲氣，南漢時有烏利仙迹。

宋 鄧牧《洞霄圖志》卷二《大滌山》 在宫北，凡四峰，於九鎖内最爲巨。山西洞據其領，石室出其半，天壇冠其顛，皆山中勝處也。是山以洞名之，舊志謂大可以洗滌塵心，故名大滌。

又 卷三《歸雲洞》 去宫五里，在棲真洞左偏半里許，即棲真之後門，深可百餘尺，石壁光瑩，洞有罡頂，亞於前洞。按記云，是神仙回車之便道，故曰歸雲。常有雲氣往還於洞外，又有隙地，皆灌木疏篁，隱映前谷，此舊志云爾。今洞門狹，僅數尺，下入丈許，石皆如瑪瑙，五色紋理如旋雲飛霞。直下方池，深不盈尺，廣可二尺，長可三尺。池底白色如纍珠，鏤玉可愛，泉水則盈涸不常。又下十數步，有白石若瓠者三。又下數步，左偏上陟則有石盆。其上流泉涓涓，下入盆内，可以盥。四周石乳，如垂瓔珞。復返右偏，直下十四五步，闊二丈許，其中有石如積銅錢者，周圍平坦，容三十餘人。

元 陶宗儀《輟耕録》卷七《委羽山》 吾鄉台之黄巖諸山，脉絡相連，屬大江。越州治北，自州出南門，陸行四五里許，有委羽山，特立不倚，形如落舞鳳，故得名。然州人與之朝夕者，俱弗自知其爲勝山，旁廣而中深，青樹翠蔓，蔭翳蓊鬱，幽泉琮琤，若鳴珮環於修竹間，千變萬態不可狀其略。中藏洞穴，仙家所謂空明洞天者是也。好道之士嘗持炬入，行兩日不可窮，聞櫓聲乃出。

又 卷二九《黄龍洞》 黄龍洞，在吴興郡北，去城闉廿里，枕太湖。其山皆怪石林立，中有一石最尊，上大其本小，危立如種，自石上湧起。輕撼則摇動，稍加力排輒不動，人甚異之。洞旁壁立千仞，頫瞰不能見底。投以石不應，以聲呼則相答。深窅不測，每歲旱郡民禱之。東坡先生曾游，題詩述龍之跡。山谷先生書「黄龍洞」三字，刻猶存。

明 章潢《圖書編》卷六三《流香洞》 永城之右，大江之西，愚溪之南，有所謂朝陽巖者，郡之形勝最佳處也。巖下風磴盤空，轉折而不下，路盡洞見。洞口虛敞，泉出冥中，扁曰流香。寒徹清芬，味冽可酌。循泉沿澗而入，深探乃得其源。泉自石竇噴出，合流觸石，湍激成聲，錚錚鏦鏦。雲璈下空，忽抑復揚。仙佩鑑鏘，迴旋委曲。由中達外勢欲盡處，則瀑飛如練，尋丈下懸，注於瀟水。本天成曲水流觴之地，不假疏導引而然。游者往往于此席地泛觴，縱飲爲樂，自成佳趣。

明 張鳴鳳《桂勝》卷三《隱山 潛洞山 西山》 隱山當夾山之南口，潛洞出其東北，西山屏其西南，小於諸山，若亂石疊盤。壯高南下，似無奇峰秀壁，眩目驚心，惟中有六洞。洞皆有水，不異鑿出，上浮水際。唐李公渤名其洞之水曰蒙泉，疏泉出山，名之曰蒙溪。諸洞之名，各有三隸書，曰朝陽、夕陽、南華。北牖、白雀、嘉蓮，疑即渤筆。宋人云，北牖有渤題名，今不知所在。亭榭湖水之盛，具吴韋記中。宋則張公維大爲修浚，拓湖至潛洞。洞門今尚有刻，多紀其事。洞前後兩門，可通出入。潛有南北之號，或因之。西山迤邐，兩峰夾道，上至高處，環桂山水。其勝溢眦，故唐人於此登高。禪刹道觀，争據兩崖。崖鐫佛像，僅餘金碧。若乃樓閣塵銷，文子露立，烏啼荒冢，草蔓石堦，雖足俯視兩山，然積廢太甚，不可復支矣。

《風土記》云：隱山本名盤龍岡，在府西郭三里，與延齡寺相近。寶曆年間，使李給事渤開置亭臺，種植花木。有池沼巨巖，水深無際。有嘉蓮、白雀諸洞，有慶雲亭在山頂。有朝陽亭、夕陽亭、連理橘，山河秀異，皆入畫圖。作屏障爲信好之珍，有從事皇甫湜、吴武陵撰碑碣。【略】《虞衡志》云：隱山六洞皆在西湖之上。泛湖泊舟，自西北登山，先至南華，出洞而西至夕陽，洞窮有石門可出。至北牖，穴口隘狹，側身入，有穴通嘉蓮。西湖之外，既有四山巉巖碧玉千峰倒影水面，固已奇絶，而湖心又浸陰山諸洞，之外别有奇峰，繪畫所不及。荷花時有，泛舟故事，勝賞甲於東南。

明 謝肇淛《滇略》卷二 瓊英洞在順寧西南西粤山之麓。其山層峰叠壑，石壁横峭。洞口豁然如城闕狀，可十丈許，嵌空奇崛。其上有青蓮，華蓋朶朶，下垂洞中。石鐘鼓磬，擊之琳琅成韻。深邃莫窮，幽致萬狀，蓋西南之奇觀也。

明 李賢等《明一統志》卷五一《廣信府》 仙巖 在貴溪縣南，去龍虎山二里。峰巒削立，高出雲表，巖石嵌空，多洞穴、房屋、窗牖、床榻、倉廩、棺槨、雞犬、禽鳥之狀。共二十四巖。宋白玉蟾題《仙機巖詩》云：織就霓裳御冷風，玉梭隨手化成龍。天孫歸去星河畔，滿洞白雲機杵空。王文卿題《轆轤巖詩》：天上霞開金井曉，山中風引玉繩秋。長江萬古吸不盡，斷岸夕陽飛白鷗。

又　卷八三《桂林府》　礲巖　在全州北一十五里。巖上有飛泉，噴瀉如練。中有觀音像，蓮花臺，旁有一穴深邃，秉燭可入，又名漱玉巖。宋林岊詩：嘗聞仙人渡海術，授以尺杖如飛龍。馮虚閉目不敢瞬，波濤洶湧喧天風。玆巖山窟非海岸，中掃一澗聲何雄。瞑行十步水入耳，明探萬壑雲生胸。

又　屏風巖　在府城東北五里，一名程公巖。斷山屹立，高百餘丈，中有平地可容百人。仰視鍾乳倒垂，狀如瓔珞。登石磴五十餘級，有石穴通明。昔人嘗即其處作壺天觀，而名其洞曰空明。

明　袁宏道《解脱集》卷三《天目二》　天目之山，敞于幻住，奇于立玉，險于獅子巖，幽于活埋菴。菴小而飾，竹石皆秀，面峰奇削，廣不累丈。游人行刀脊上，鬓皆豎。峰顛老松偃石側出，周望緣而上，坐其幹。余謂陶王孫：今即真矣。周望身羸瘦，故有此戲。獅子巖架壁爲閣，下臨無地，巨木繡壁如韭，飛巖怒壑不可盡狀。立玉骨色類湖石，一峰拔地立，玲瓏纖峭，高千餘級。四面石壁刻露，攢青簇黛，似有高手堆疊而成。米南宫所謂秀瘦皺透，大約其體石之變幻奇詭者也。峰腰拔屋二間，一頭陀坐其中，縣破瓦釜，壁間掛一烟黄本，其行脚時所著論也。行迫，未及問其名字。從立玉至此，徑甚嶮，面臨絶崖，梯級而下，不容半趾。一老人從平路望，兩足酸木，遂不能步。幻住即中峰道場，景尤空闊，諸峰奇態畢供眼前。從山足至此可十餘里，由幻住而上山愈高峻。然佳處皆在山半，好事者若游至，再抵幻住，便可息足矣。

又《聽響水石記》　石在天目山半，静而聽之，中有流水聲。韻致清遠，名響水石。石高二丈餘，廣倍之，色冶而骨遒，可補石譜之闕。

明　彭大翼《山堂肆考》卷二五《棲霞》　桂林府七星山畔有棲霞洞。緣磴而上，入石門百步始坦夷，可坐數十人。其下復有洞，入半里許，遇大壑不可進。有路北行，頫僂而前數步，復寬衍。兩旁十餘丈，石乳下垂，如玉簪珠旒，寒泉怪石交映疊出。世傳穴通九疑山。洞有老君像，唐明皇置。

明　吴之鯨《武林梵志》卷四　蓮華窟在佛日塢蓮華峰之左脇，僧大慧累石爲基，編茅爲室，因峰得名，故名蓮華窟。有石翼然，如飛雲之狀，名片雲巖。有泉瑩淨潔白，從石底細竇湧出，味如醴蜜，名天乳泉。有池形如泮，名半月池。

明　鄭仲夔《玉麈新譚》卷六《誠僞》　去弋陽城七十里有潮水巖，内有石鐘、石鼓、石雲板，叩之各有聲，與真鐘鼓雲板無别。又有石大士像，石供案，但巖中黑暗如漆，游人須秉燭可進。巖前有潮水，每日辰午二時，水忽漲旋落，謂之潮發，巖因此得名。

清　藍鼎元《鹿洲初集》卷一〇《望七星巖記》　端州七星巖，名勝也，嶺西山水之奇，此爲第一。《隋志》謂之定山，余閲《端州志》：七區連突，形勢如北斗，故名。最著者曰崧臺，即石室巖，聳石廣二十餘丈，高二百丈有奇。下爲石室，南北二門，似人功闢成，生風煙中，高五丈餘，寬廣可坐百人。左右各有穴，入以燭。前爲高星浦。西壁有石如懸鐘，擊之鏗然，以石擊地作鼓聲，所謂石鐘地鼓者是也。唐李北海邕書「景福」二大字及《石室記》鐫諸石。又有璇璣臺、水洞、副墨巖、抱珠井諸勝。唐宋以來游人書名氏紀歲月鏤石間，不可悉數。連逾瀝湖，羣巖匝布如列星，曰屏風，曰閬風，曰天柱，曰蟾蜍，曰仙掌，曰阿陂。六巖相距或一里半里，或二里，皆不出十里之外。合石室巖而七之，瀝湖環其下，可通舟。春夏之交，湖水盛長，雖蓬瀛無以過也。【略】雉堞之外，奇峰森立，如雕如削，如假如繪，鬱蒼磊砢，在水中央。方之武夷，覺九曲乘桴，嫌其水小。較杭州之西湖，又覺土山擁腫，不如玲瓏蕩漾。信乎，雖蓬瀛無以過也，中原山水若斯之勝者寡矣。

明　張聯元《天台山全志》卷三　圓通洞　在幽溪之上，一石横架，廣丈許，脩二丈許。下則四石砥盛，玲瓏空洞，四窗開豁，松風溪聲，隱隱相送坐中。

清　施男《邛竹杖》卷四《岩灘》　繇桐廬溯岩灘，緑嶂青川，湍急峰回，舟横灘渚，水中石如困如砧，如虎豹蹲，如人卧起。突兀一山，壁立千仞，仰瞰若可垂絚然者，釣臺也。峰劈爲兩臺，因有東西之名。躡磴迴歷絶壑縣巖，蕩潁滌襟。

清　顧炎武《肇域志·陝西三》　石仙洞在岳北面半腹中。其深不可測，時出異色雲氣。洞口有丹青石，似仙人之狀，故名。上有瀑布，飛流直下三千餘丈，又名水簾洞。

清　閔麟嗣《黄山志定本》卷一　雙龜石在石門峰。兩山相通，山半壁有大石横架其上。兩畔相對各有一大石床，如龜形，長數丈，通人行。中又有石塔，圓如月，四層。址圍二丈，高三丈，上大下小狀如刻成，蓋靈仙所建也。又白龍潭側一石類龜。聞曾與龍鬥，頸爲雷斧擊斷，近歲斷處幾復合，視之良然。

又　飛來石在海門飛來峰上。石高十丈許，與下石絶不相屬，爲飛至無疑。又穎林庵前小峰如柱，石段段層壘，縫合極密。至頂兩石立如筊，似合實分。復一石寄一笅上，恍若飛來。視之正摇摇未定，風欲掣去。又翠微寺西峰堂側一小石，亦云飛來石。

清 屈大均《廣東新語》卷三《七星巖》 七星巖在瀝湖中，去肇慶城北六里，一曰罔臺山，一曰員屋。七峰兩兩離立，不相連屬，二十餘里間若貫珠引繩，璇璣迴轉。蓋帝車之精所成，而瀝湖則雲漢之餘液也。玉屏居七峰之東，是象玉衡，或以七峰純作金形，上應西方白虎七宿。予謂《易》稱效法謂坤。天有七星以爲象，則地有七峰以爲法。象者，精氣之所爲。峰無精氣，以星爲精氣。其含雲吐雨，居禽獸而生草木，皆星之所爲之。石乳者，星之津液。寶藏者，星之光芒。一卷之多，皆珠斗之子孫也。其或巖間積濕生光，熒熒若星，則鹹之所作。鹹始於潤下，終於炎上。潤下爲火之陰，炎上爲火之陽，亦皆星之變化也。七峰皆中空，各爲一巖，巖皆南向。一小者名阿波巖，北向。南向者，陽明之洞。道書所謂大天日月，分精照之者也。日月忽然起滅不繇，孔穴則陽明之所爲也。大巖當諸巖中央，有南北二門前後相通，是爲崧臺正室。其頂穹窿如蓋，高數百丈。上開天井，雲氣可以直出。折而北洞户益敞，有龍床，坐人百餘，其平如砥。又有龍磨角石，有大小龍井三四，與潮汐上下。巖中復多石乳，始滴爲乳，終滴則凝爲石。長者玉柱，短者瑶篸，自上而下，復自下而上，互相撑抵，如此者以千萬計。其爲人物諸瑰異，五色間錯，亦皆石之餘髓，非他物。大抵山空則氣蒸於内，而爲乳山。實則氣蒸於外，而爲雲。雲暖故散乳寒，故凝雲與乳同類，故皆詭怪萬狀，變化成章。乳者，山之精液，雲者，山之華也。巖外之石，色多白，瓊脂的皪，一一穿漏。亦有乳流注其間，乳乾者膏膩，嚼之淅淅有聲。其薄而成片者，聲皆清越。中訇竅穴，以衣覆而叩之，作鼓聲，杖擊則作鐘聲。其一在厓間者，小如碗，吹之嗚嗚，若海螺。又以石擊巖，餘地亦作鼓聲，謂之地鼓。曰河鼓巖者，亦兩門然，皆南出。中有水圓積，如疊鼓，又如半月之弦，其淺處清見數丈。諸巖皆水環石，此獨石環水，澄注淵深，故以水勝。曰辟支巖者，距後瀝水二里許，舍舟循平田北入，奇石森列，房櫳户牖咸具。有水自巖端下注，溉田數百畝。土人於此祀禾花仙女以祈歲。當西水漲時，諸巖皆可舟游，宛似武夷九曲。古時肇慶稱兩水夾州，蓋西江之水一從城南出羚羊峽，一從七星巖前出後瀝水。今此水淤塞，半爲田，半爲瀝湖。瀝湖者，言西江之餘瀝所成也。兩水夾州，則西江勢分，無泛濫之患，形勢更宜。非常之人，當復有疏鑿之者。

東峰名玉屏者，以磴道勝。初折而上，一石半嵌山腰，大丈餘，甚平，爲扶嘯臺。又折而上，峻石夾立如堵墻，中通小逕百餘步，一石横卧厓上，若門楣然。長丈，大可五尺，質蒼黑，作斧劈皴，與諸巖石不類，疑飛來客石也。兩端僅及厓際，離厓寸許，若不著厓然者，欹斜若醉。左右二石扶掖之，是名醉石。自醉石而上有一罅，兩厓相夾，容一二人。上有一石圓而小半，當唇齒之間，舊名含珠逕。予以其狀若岑山千尺峽，因刻云小千尺峽。

清 陳元龍《格致鏡原》卷七《羅浮山記》：有大小石樓相去五里，皆孤高峻秀，邈出雲表。重檐四柱，宛如樓閣，霞灼雲掩，人迹罕到。又有石如鞍橋，在石樓之間，望之高五十餘步，謂之鐵橋。

清 鈕琇《觚賸》卷八《秦觚・飛浮石》 飛浮山在黄河中，出没不時。峰巒下垂，上平如几。山勢可三四里許。近河好事者，或棹舟敲取其石爲玩石，竅皆空能吸水倒升。順治丁西歲出浮河面，不久而没，非常見也。史又作飛服山。

清 沈彤《果堂集》卷九《龍頭山》 縹緲峰之南數里有支山二，東曰梭山，西曰龍頭山。梭山大而多土，無可游。龍頭山多石，石之奇與石公等。有三峰，周可三里，南面岸太湖，水齧其趾，尤多奇勢。中有一巨石類龍頭，故山納其稱。余自縹緲來游，登高降深，環麓二三日，凡石之奇者，既熟觀以悉其狀，而爲上爲下，咸可品目。龍頭之石，昂首張口，揚睛奮鬣，風濤來迎，矯焉若乘之以飛，雄傑而軒舉，最爲怪奇。自龍頭而外，其奇之最者，東則有龍門、小洞庭石，西則有小龍門、蜂房石、石鼎。龍門高敞如門，有宇有柱，環立四垂，縱廣三四丈，多彈窩。小洞庭石屹立水中，峰巒森聳，隱然有七十二峰之形。小龍門高廣減龍門之半，而其狀惟肖。蜂房石色黄黑，嶄巖若具孔穴，倒垂厓上，密如櫛。石鼎凡數枚，形方而鐵色，各有足相倚峙立。其奇之次者，萬羊岡之石則色白，起伏蹲卧，遠望若羊羣。幽谷則石勢翻騰，如波如雲，並當龍頭之北。其他諸石有若板倚者，屋穹者，冰裂者，樹根朽者，虎踞獅坐而熊羆立者，不可勝數，亦各擅其奇，然其品又稍下矣。龍頭與石公皆以石著，而石公之石奇者，輒有名號。龍頭之石雖甚奇，而少佳名，故余於諸名者外，略以前人所形容者名之，若小龍門、蜂房石、石鼎是也。

清 蔣超《峨眉山志》卷二《洞》 龍門洞，離縣西十里，在石家壩，即雙飛橋下。二水今流至此，兩山相對如，合水從中出，紺碧無底。兩巖卓立，色如碧玉。刻削光潤。入峽千餘尺，有兩瀑布各出一巖頂，巖根有盤石承之，激爲飛雨濺沫，人過其前，衣皆沾濕。絶壁有圓龕出水，可二丈，即龍洞也。峽中石寒水清，非復人世境，人亦不能久留也。昔人云聞峨眉雙飛，不減廬山峽。及至龍門，雙飛又在下風。天下峽泉之勝推第一。云有東坡大書龍門二字。游者乘桴而入，援梯而上，道極險峻，壁上刻古今文人詞翰極多。

清 閔叙《粤述》卷二 梵音洞，在興安縣西南十餘里。石門甚狹，中極寬坦，石乳下懸。巖壁又有石笋、石盤，泉聲琮琤若鳴鐘磬。乳洞與梵音相連，有上中下三洞，其中虛明，夏凉冬温。清泉噴出，觸石有聲。左旋十餘步至中洞，地勢軒爽，有田數畦。常有烟霧出石罅，屈曲磴級里許，至上洞。淺水可步，秉火入之，石乳玲瓏，有巨石亘其上。又有石柱高十餘丈，石皆五色。又有石床、石室，千態萬狀。宋李邦彦名其洞，下曰噴雷，中曰駐雲，上曰飛霞。

清 許纘曾《東還紀程·黔中溪洞》 登鎮遠府東山，歷中和洞、青龍洞及樓閣諸名勝。兩大洞俱在山顛，其曲穴交穿，不減飛來峰。中和又名中元，洞内祀大士。山在城内，下洄長流，高架虹橋，城分兩岸。離鎮遠三十餘里，有華嚴洞。天然石洞，冰乳倒垂，曲折約深五六丈，内有天生大士及羅漢、獅象形狀。洞臨道旁，觀者燃薪而入。離偏橋三十里，有飛雲巖，巖臨道旁，似洞非洞，其石勢倒垂，宛若萬疊碧雲，舒卷風前，飛騰可愛。巖前峙怪石數峰，峰頭架小亭一二，山下清流俯長橋，橋邊即月潭古刹也。去清平縣十里許，有雲溪洞，土人號大峰洞。洞深闊約數丈，旁穿小穴甚多，明朗可觀。再委蛇而入，深約八九里，燃薪秉燭方能入，然亦止行里許。其六七里，即一派水雲洞天矣。白水河在鎮寧城南，懸崖飛瀑數十仞，雲霧塞其下，真大觀也。

清 袁枚《續新齊諧》卷六《玉女峰》 雁宕有石如女子獨立，長五丈餘，頭有髻形，杜鵑花開紅滿一頭，恰無一朵拂其面上者，袍色微紅，裙色慘緑，若天然染就，狀界畫分明，衣褶之痕，宛然若織。

清 汪洪度《黄山領要録》卷下《石筍矼》 石筍之奇，奇者峰，尤奇者矼。峰之奇一石耳。高數十仞，豐下鋭上，矗矗茁於新長竹，剥剥落落净於初解籜，遠望若混同一片，至其側則孑然秀峙，與羣峰實相離遠。矼之奇，筍族蕃衍，不可以數計。意其初本一峰巨靈，支敲骨析，蕩爲無數化身，撑拄虚空，以作黄山後勁。峰峰偶然，實峰峰位置。造物其有心歟，其無心歟？數里内森然齊，舉目揺揺，四屬無主，口張不得下，覺盡人世所有形狀器物，咸備畢肖，雜陳天半。西望有立佛，東望有貢寶番，附於矼肭有游仙。佛宜冠冠之，番宜弁弁之，仙宜劍劍之，宜佩佩之，宜髻髻之，宜巾巾之，類有意施設者。又石每如累棋萬尋之杪，壘處若懸髮欲墮。不墮石上必有松，松之奇，極畫師意之所創，不必目之所有，隨筆賦形，即畫師亦自訝其無似。而以貌矼中石上之松，則無弗肖。有一峰而綴以數松者，有一松而籠覆數峰者，登矼循覽，莫奇於雨新霽時。峰色一一從雨氣中洗出，積靄欲歛，殘雲尚流，一片蘢蔥，幕以輕縠，如花在鏡、美人在簾，若有若無，忽遮忽露。且雲之能匪帷幕之又從而界之，或兩峰疑一，界之而始知爲兩也。或削峰疑肥，界之而始知爲削也。一轉一複，神秀迭見，緣庢涉澗。

清 董天工《武夷山志》卷一五 杜葛巖在梧桐窠。北其巔，可遠眺城市。相傳昔有杜氏、葛氏隱此山，隈壘石爲門，入逕絶幽。又傳爲姓杜名葛者，嘗糾鄉兵於此，以御山寇，亦名杜葛寨。由石門進不數武，懸崖嵌空，風雨不侵，乃高真燕集之都，曰會仙洞。是爲下洞，由兹登躋，石磴盤折，鳥道縈紆，名曰小有洞，是爲上洞。萬曆初道人程常静建吕仙亭於此，因石爲龕，以安仙像。又建會仙樓三間，以祀玉皇諸仙。又傍爲雲水樓，樓傍夾蝸爲静圜室。其炊餐處，鐫曰飛霞巖。同時浦城吴司丞中立隱此，勒景陽洞天四字於巖壁。易葛爲轄，曰杜轄巖，謂路逕幽曲，杜絶車轄也。扁其庵曰養恬庵，爲之記。明末邑人邱四可棄諸生而隱亦居於此，巖背有萬曆時草鞋仙，嘗結小屋以居，今遺蜕猶存。

又 水簾洞在丹霞嶂北，一名唐曜洞。天石壁廣數十丈，高稱之。斜覆爲厂，中構祠觀數處，不施陶瓦，風雨不侵。巖頂有水曰珠泉，自上瀉下，隨風飄灑，狀如珠簾。注於池，山中最勝之境也。自縣出城南行二十里即達，不煩經歷諸峰矣。

清 畢沅《關中勝蹟圖志》卷二〇 朝陽洞在略陽縣北百二十里。《通志》：在白水江邊懸崖間，一名藥水洞。有佛宇其内，有鍾乳。石蓮花盆承石上水，飲之已疾。左壁瀑布十餘尋。又雷洞深不可測，中殷殷有聲。又風洞外狹内廣，時有風出。又雨洞嵌空玲瓏，頂覆千葉石蓮，有水四時傾瀉，傳爲勝槩。

又卷二七 中嶺在三水縣東三十里，堡嶺之右，《通志》中一作仲。峭壁三百尺，下臨汃水，高下穴數十，可容數百人，相傳爲漢盧芳所鑿。《縣志》：巖數丈，可避風雨。又桑村洞在其左，相傳元御史僧格實哩所穿。門依碧流，崖懸翠靄，今爲覽勝之地。

又 卷二八 白崖洞在紫陽縣南四十五里。《縣志》：沿汝河三十里，懸崖峭壁，竹木叢茂，上下二洞，距五丈許。洞中垂石亂滴水，下有石笋承之，形若雌雄相顧。四傍石紋如鱗次，相傳爲宋時仙隱處。

清 雍正《浙江通志》卷九 棲霞洞《咸淳臨安志》：在棲霞嶺巔妙智寺側。其地多巖石，蔽翳蓁莽中。入其中，穹然如夏屋，雙巨石相倚爲門闔。每風從南來，穿谽谺而出，輒凄神寒骨，不可久立，故暑游最勝。

又 卷一七《金華洞》 萬曆《金華府志》：在縣北三十里，周五百里，道家所稱三十六洞金華洞元之天。其洞有三，巍然在上，去天若尺五者，曰朝真。洌然在中，有泉若擊鼓聲之聲者，曰冰壺。豁然在下，有石若白龍之升降者，曰雙龍。《赤松山志》：與赤松山相接，分上中下三洞，上曰朝真，中曰冰壺，下曰雙龍。上洞有石真人，儼然臨跨，莫測端倪。中洞有水簾直下，寒玉横飛，其間有石像，石笋等。下洞有石龍、虎、獅、象、麟、鳳、鐘鼓之類，難可枚數。下沿門極低，非舟不可入，非燭不可見，此洞天原係赤松所轄。

清 雍正《陝西通志》卷一二《雒南》 玉虚洞 在縣東北三十里羅家溝後。萬曆十三年，有僧見白兔，因發其洞，深五里許，高二丈餘，廣可容千餘人。燃炬行五十餘步，陟一山下，見石乳之垂而凝者，長至丈餘，有小如翎孔者，薄如蟬翅者，散如飛霜之著林木者。石壁兩傍有諸佛像，皆天然而成，非妝塑所及。乳脂積其下，或爲獅象，或爲異獸，或如柱而峙，或如塔而有級，或如欄杆而玲瓏，或如山而蒙雪，或如僧伽瞑坐，三五相對。中有水積爲池，水與石平，石瓣皆成蓮花。頂有一穴不可探。旁有二岔，幽深不可入。柳州疑造物者之有無，此真絶人思議矣。《賈志》

清 雍正《江西通志》卷七《山川·南昌府》 秦人洞在西山齊源嶺側。《徐世溥游記》云：洞口容兩人，稍進可容十餘人。沙石明浄，水聲在上，從洞中聽之，若笙簧自天來矣。前有石門限，由限進三十餘步，石門閉不可開，窺之緑草萋然，多紫蜻蜓飛翔。往來境幽窈，舉火始可得徑。昔有入者見石几胡床之屬，父老云世治則石門閉，亂則自開，以待隱者。相近爲鄢家山，地僻民淳，花香竹翠。世溥亦有小記。

又 卷八《山川·瑞州府》 靈棲巖在萬載縣西九十里，高數丈，有崇勝寺，巖下有泉，自周公洞流來，灌田數百畝。相近又有龍成巖，其地名梅陂，山勢聳特，中有石室。宋元祐中，有獵者逐獸至此，後人往觀得一獸骨，其頂穹然如角，識者謂龍蜕骨也。室中有石如列仙者數十，下有石鐘，扣之有聲。有石硯，巖溜注之，墨横硯上，筆在硯傍，皆石也。有石人坐白沙傍，如鬻鹽狀，或埽之，他日復積。

又 桃源洞在分宜縣北一百三十里。洞口空闊，東北行半里許，至一石室，有石鐘，石磬，扣之有聲。直北一室，天窗虚明。石級如田，田傍生荔支。有池泓澄，石龍夭矯其上。距洞二里許爲風洞，居山之陽，不可入。傍有泉，流水潺湲，清風生焉，冬温夏冷。避暑者置盤餐於中，食頃輒凍。其上有亭。

又 卷九《山川·吉安府》 鷓鴣洞在吉水縣西北五十里。四面山皆環合，中分南洞、西洞。有田數百畝，多鷓鴣。南唐時盜吴光據之，今其地猶有馬家營鼓樓。洲又西北十里爲石蓮洞，磐石屹立，可三四丈，中空如屋，洞口有羅漢松，枝甚奇古，如虬龍然。其洞本屬虎穴，明羅文恭、洪先手闢榛莽，自題梅關二字，又書虎豹關三字，其後虎絶跡焉。洪先於洞南建正學堂，有《石樓》、《閉關》諸詩，講堂久廢。國朝康熙五年，守道施閏章有志興復之，嘗著游記二。其《夜宿題洞門絶句》云：古木蒼藤老未枯，洞門幽鳥自相呼。白雲不記人來往，誰似當年舊主無。

清 雍正《山西通志》卷一七 仙洞在（興）縣東二十五里桃花山南。山半石穴可通，入其中，時寛時隘，似門户者三。內平地二畝許，四望胥石穴、東南穴，清源湛深。水中三白石柱，上楮洞頂，柱左右又有窈洞，一云桃花寨。下石穴曰仙人洞，有三口，劣容側身。入數百武倏開敞，怪石峭立，石隙小穴如蜂房，入者必以草節識路。東南入，倏有灘，曰莜麥灘。地殊寛，洞頂高十數丈，四壁胥鍾乳滴綴，似積莜麥。然又東南入，曰仙人澗。水廣可二丈，色黑，有獨木橋，無敢渡者。水有三石柱，晶瑩似玉。其旁洞不可勝計，人莫能窮。洞外峰突起，羽士搆閣其上。

又 卷二三 南陽仙洞在（沁水）縣西南五十里南陽村。南山洞名仙人碣。洞口闊虚牖，石蓮倒垂。進數武，石雲層湧，色蒼白。又百武，洞高至五六丈，廣半之，有石床、石龜、石龍、石獅、石象。又一里，有石蓮臺、石佛、石鼓，擊之聲徹洞外，後有竇，時聞風濤聲云。

清 雍正《廣東通志》卷一二 七星巖 連屬崧臺，七巖列峙如北斗狀。中爲石室巖，東爲屏風巖、閬風巖。西爲天柱巖、蟾蜍巖、仙掌巖。西北爲阿坡巖。諸峰皆壁削離奇，嵌空秀峙，瀝湖環之，亦端州一奇觀也。

清 雍正《廣西通志》卷一三 龍隱巖在城東二里，小東江遶其下，洞門踞江水中游者。鼓棹而入，仰視洞頂，龍跡夭矯，長可數丈。由洞門登岸，緣麓十數武，有大巖，或題曰龍騰，有滴玉泉，泉從巖頂滴墜石穴，琤然作清響。舊有釋迦寺，環翠閣，宋范成大建驂鸞亭，後改怡雲，今皆廢。元祐黨籍碑及崇寧獎諭敕書尚存，游客鐫題最多，壁無完石，他巖未之有。

又 疊彩巖在桂山之東，唐元晦記云：《圖經》謂石文層疊如錯彩，故名。枕壓灕水，巖扉南向，好事者就基搆樓。由石磴而上，憑欄周鑒萬象，歷歷可數。中有寺，寺後有穴直透山北，故名北牖洞。石壁皆鐫佛像，故又名福真洞。旁有仙鶴巖，下有混沌巖，又有棲真洞，諸巖互經，皆其輔也。巖後有越亭及拱辰望江二亭，元晦於此多建臺榭，最稱勝境，今俱廢。

清 雍正《江南通志》卷一五《山川·徽州府》 靈巖三洞在婺源縣西北百二十里。東北曰慶雲洞，巖竇皆五色，兩巖瀑流，上有鸞鶴雲霞之象。西曰蓮花洞，有大石室，刻石像。傍有羽蓋旛節，皆乳石所成。南曰含虛洞，洞有二重，中有仙雲帳、雪崖香嶺。又北曰瓊芝洞，以石堅白得名。實有四洞，詳戴銑游記，又有六洞，合爲九産。硯石色紫如肝，瑩者可擬端溪。

又 卷一八《山川·潁州府》 五花巖山在州北七十里，橫列五峰，其峰最高。峰頂有白佛祠，石壁上刻唐天寶年月。相近有長樂洞，洞内廣數丈，深不可測。其中復多潭、洞、石乳，融結千態萬狀。又有石鼓，以杵擊之有聲。有窮其深者，度險踰闞，至水深炬滅而止。

清 乾隆《汀州府志》卷三《山川》 玉華洞在玉華嶺上，亦名小玉華。奇峰矗立，洞石嵌空，玲瓏可容數百人。有石窗、石龕、石觀音、蓮花、獅子之類。宋乾道間，始建佛廬。洞西有三穴，名石燕洞。舊傳一道士行一日餘，出洞口，乃寧化境。洞東有巨石如龜，名靈龜洞。

清 乾隆《湖南通志》卷一〇 桃花洞在縣南七里官道左。〔府志〕洞扉高丈餘，石室宏敞，石乳凝結如水渦，疊浪如夏雲。奇峰旁有小洞，有石象大如豕。頂有一竇通明，中有石竈。右有石磴，盤旋可出。峰頂洞前多桃樹，花落水中，從山後小溪中流出。

清 乾隆《南巡盛典》卷八六《名勝·杭州》 瑞石洞在瑞石山麓，有宋米芾書第一山三字。由半山亭而上，爲觀音洞、壽星石、青芙蓉石，再上即瑞石洞。洞頂有飛來石，旁爲丁仙閣，元道士丁野鶴棲真於此。秀石玲瓏，巖竇窈窱，清幽徹骨，空翠撲肌，湖山奥區，罕有倫匹。

又 水樂洞在煙霞嶺下。四望林巒聳秀，巖石蟠結，有洞深窈莫測，夏涼冬温。清泉自洞底出，奔赴磵谷，泠泠然作金石聲。宋守鄭獬題曰水樂，蘇軾爲詩紀之。其旁僧居，乃吴越時所創，名西關净化院，今爲點石菴。

又 蕉石鳴琴在丁家山當湖之西，上有岡阜，俯瞰全湖，與北岸之烏石峰、棲霞嶺相拱揖。奇石林立，狀類芭蕉，題曰蕉石山房。其下有池，泉從石罅出，瀃瀃作琴筑聲。磴道之南有石壁高丈許，卓立如屏，遂稱蕉屏。内庋石床石几，瑩潤無滓，可以撫琴。

又 卷八七《名勝·徐州》 疊浪崖在西峰之側，層崖岜嶨，亂石錯之，高低起伏如大海潮汐，波瀾萬疊。崖下爲見山樓，前後疏窗洞達，通以迴廊，翼以傑閣，憑欄而望，九松鬱然，爲西峰最勝之處。

又 天開巖在中峰之右，石壁奇峭如截，中通一綫，仄境森沉，若天開然。下有大石，刻六朝人所書醒石二字，後爲迎賓石。明時楊時喬摹刻衡山岣嶁碑於其陰石壁上，有宋徐鉉、徐鍇、張稚圭等題名。

清 乾隆《石屏州志》卷一 乾陽洞 在州北三里許，高山壁立，盤旋而上。巖際飛泉若噴，中有古洞。洞口虚朗可坐，池開七星、太極，龍湖襟帶於前。四望奇峰森列，爲州大觀。

清 嘉慶《寧遠縣志》卷一〇《古蹟志》 四壇石 亦曰修真石，四壇俱在麓床之上。有茜草長丈餘，如虎鬚，古人鍊丹之地，鐵臼猶存。二壇有清池東流，第三壇有石林筆竹，其大者，圍將及二尺。四壇有石盆，水出不竭，今絶。

清 道光《廣東通志》卷一〇七（肇慶）七星巖連屬嵩臺，七巖列峙如北斗狀。《廣東輿圖》一曰石室巖，即今所呼大巖也。上有崧臺，下有石室。室有南北二門，入門歷階而上，則穹窿鑿空，高廣一十餘丈。旁多唐宋名人石刻，然剥蝕過半，獨東壁鐫「景福」二大字完善，李邕所書。西壁有石，扣之鏗然如鐘。又一石以衣䃋其竅，手拊之作鼓聲，謂之石鐘。石鼓巖左右有穴，可燭以入。北有斗魁臺，此七星巖之一也。七區連屬，瀝湖環其下，明嘉靖間始除道，築璇璣臺於石室之内，因斗魁臺而改爲之，作亭巖前，曰臨壑。又於巖後建星聚亭，亭西有紫竹洞。巖前稍東爲寶陀巖，隆慶間建水月宮，而沼其前，於山半建玉虚宫。自水月宮後，盤磴五百步乃躋焉。一曰屏風巖，在石室東半里。隔瀝湖水，矗石巑岏，無所謂巖也。山麓有碧霞元君祠。上數百磴曰三仙閣，又上數百磴至頂，曰玉皇殿。一曰閶風巖，在屏風巖東半里，兩巖相連屬。明建棲霞亭於山麓。稍上曰太極洞，又上爲巖，舊名石角，更上積石如戟。又有流霞島、潛曜洞諸勝。一曰天柱巖，在石室西半里。巖去地百餘丈，劍削壁立，險不可上。萬曆間，郡守王泮始穴石百步，循躡而登。中遺瓴甓，不知何代物，相傳怪物蟄此，非蛟非螭，風雨晦冥，人有見之者。一曰仙掌巖，爲龍媪穴，相傳爲衆仙擣藥處。一曰蟾蜍巖，在石室西二里。巖在山半，前在石室西二里，峰頂有石如攤指然。一曰阿坡巖，在石室西北二里，又名辟支巖。府志旁皆瀕水，水源出北山。諸澗繞流，一自石頂岡出入江，一自高峽山後出入江。

又 三洲巖在（德慶州）城東七十里，一名玉乳巖。宋李綱書玉乳巖三大字。有石室，懸乳皆蒼緑色，自成觀音像、石鐘、地鼓，擊之有聲。巖内空洞，可容數千人，高十餘丈。昔門在北，爲石所壓。南有小門，梯嶺而入，更覺深邃。近另闢一門，從西入洞，由洞至巔。古今題詠甚多，宋周敦頤題云「濂溪周敦頤茂叔熙寧元年戊申季冬二十六日游」。蘇軾題云：東坡居士自海南還來游武陵，弓允明夫東坡幼子過叔黨同至元符三年九月二十四日也」。《州志》舊經云即西江之三島也。《輿地紀勝》

又 卷一二一 清涼洞在（遂溪）縣東南七十里，俗名仙人洞。石壁高十數仞，中爲洞，丹竈、禪床之類皆具。一泓清水流其中。水之左右峭潔砥平，可臨流坐卧，或云仙人嘗煉丹於此。循洞而下數百步，石壁林巒，樹木蔭翳。水自石下穿流，以達於田。洞中冬暖而夏凉，爽塏而無蒸濕，亦一清幽之地。與湖光巖相去數里，並稱勝景。

清 道光《廣東通志》卷一一二《山川略三》 石盤去（崖州）城十三里，面平如掌，非磨琢所能。周圍數丈，可坐十客。林木茂密，傍有澗水，秋夏不竭。清冷甘洌，可濯可飲。周使君嘗至其處，愛其清絶，伐木誅茅，結亭石盤之北，曰清賞。

又 卷一一三《山川略十四》 洞清巖在（羅定州）城東稍南五十里，巖深十丈。相傳昔有岑洞清隱化於此，故名。中有石柱如塔，頂上一石肖大士像，相對一石肖韋馱像，兩旁石多肖佛形。壁間石蕊，蒼古潤澤。右一小徑，曲邃通幽。游者用火引入，每數丈一曲。又有一石孔透光，石皆如虎跑龍飛狀。竟日探尋，無所底極。又傳有陽春仙人劉三姑，善歌陽春白雪調，一日巖頂高唱，追人上而姑已去。見巖頂石面有二石，一似麻籃，一似水碗，至今旱時碗水不乾。巖傍有石窟數處，形如田邱，歲中常產不稼之禾，謂之「三姑跡」云。

又 九星巖在（東安）縣北五十里，九峰尖秀如玉笋。羣峰森列，獨西南一峰有石室穹窿，高八九丈，寬可容數十人。一石有竅，吹之聲振山谷，相傳猺蠻吹以號衆者。左偏有竅門，深窈幽邃，名曰觀音洞。北爲下巖，諸水會出其下，引流溉田。下巖爲九峰之一，石乳垂形，不可名狀。泉流石罅，淙淙有聲。前後石梁、石棧皆巧出天成。巖傍人家，柴門石垣與翠篠晴川相映帶。

又 東山在（萬州）城東二里。嶺南有巨石如盤，又一石如印。嶺上一巖刻華封二字，傍有丹井。又南有維石巖，泉出石壁下。山周六里餘，中有石澗，兩旁壁立，入處僅容一人。山門刻珠崖第一山五字。外有盤石，周數十丈，名補天石。内有大巫峽、小巫峽、渡仙橋諸勝。

又 卷二二〇《古跡略五・署宅三》 仙人石室在（樂昌）縣西五里。石高三十餘丈，室外藤蔓聯絡。登之者攀緣而入，有石床石印，此即泐溪福地，《仙經》七十二福地之一。黄志

宋余靖《西巖石室記》：人之陟高望遠，樂在林壑者，厭游不得，其勝則無所託焉。地之蘊靈蓄秀，鎮於古域者，所賞不遇，其人則無所發焉。游賞之會，其難乎哉。【略】其始，去縣西北平行五里而近西爲大山，其厚無極。東亘高阜，積石所成。澄溪下流，人迹中斷。揭溪即阜屬，當大竅外，若蔽屏中。扣華屋平有度，筵之廣高逾結棟之隆穹。中四注屏舒玉屑，幽崖婉入，如曲房小檻之形。斜竇平通，有連甍接廡之勢。雲蒸霧積，閉陰闢陽，冬漏暖脈，夏含凄氣。天地炎涼所不能制，是故仙游之所宅，巖棲之佳致也。既而遍覽幽趣，庶逢前軌，洗塵而視，則有陸羽題名墨蹟在焉。張炬而入，則有六祖偃息石床在焉。於虖！苟非子元奏刀恢恢之暇，以奇勝見招，何由崎嶇百里，一屆其域。及窺陳迹，則古之賢哲寢處爲常。乃知世稱今人不如古，宜哉。

清 道光《雲臺新志》卷七《勝蹟》 石海 歙之黄山，蜀之峨眉，俱有雲海。畿南有樹海，貴州鎮安亦有樹海，杭之西溪有花海。朐之東磊，濱海之

山也而以石勝，飛潛萬狀，肖象而構。顧志稱其怪石嶙峋，雖坡阪中，悉如鴟蹲龜伏，似猶未足盡之。今品之以海，爲東磊增故實焉。

謝元淮《石海》：海水高如山，山石多於海。磊砢各争奇，是名爲東礧。當在混沌初，天地涵一水。高下勢既分，淘激形未改。作此萬狀殊，使我心目駭。大者爲連峰，小者爲巾几。爲屋爲燈檠，爲船爲鼎鼐。爲蛟蜃魚龍，爲虎豹犀兕。爲峽透天光，爲洞入地底。萬類靡不爲，想像皆可擬。來往人定仙，雕鑿工疑鬼。攀援誠好事，失足那容悔。予與默深登山尋仙人洞，出入履險，默深失足墮隻履。連朝肆幽探，奇險無過此。夕陽紅半岑，歸鞭指嵬磥。《養默山房詩鈔》

清 道光《肇慶府志》卷二 三洲巖在城東七十里，一名玉乳巖。宋李綱書玉乳巖三大字，有石室懸乳，皆蒼緑色。自成觀音像，石鐘地鼓，擊之有聲。巖内空洞，可容數千人，高十餘丈。昔洞門在北，爲石所壓。南有小門，梯嶺而入，更覺深邃。近别闢一門，從西入洞。由洞至巔，古今題咏甚多。州志舊《圖經》云，即西江之三島也。輿地紀勝

宋祖無擇銘：康州之東七十里有山焉。高不百仞，下有石室，窿然洞然，哮豁靚深，可容數千人。兩旁有隙穴，俯僂以入，而復高明。大者如堂，小者如房。若窗若户，妙達曲密。上棟下宇，得大壯之象。吾不知鎔結之始有意而爲之，其偶然耶。何怪奇詭異之如是。按《郡牒》云，三洲洞即此也。因爲之銘。

又 卷二 崆峝巖在城西十里許。石壁穹窿，半巖開一穴，若洞門。内深廣十餘丈，分前後洞。透光生明。中擎二柱，石下懸若倒垂蓮、肝、肺狀者甚多。常有水滴，風颸之若雪花散落。其凝成於下者可研爲粉，名石乳粉。前洞有龍床，厚僅可尺。床上皆靈芝狀，平鋪如席。後洞更深邃，皆白石，瑩净如金銀，而常濕，且多蝙蝠及石蓮子。入者須以火。右有懸石二，叩若鐘鼓聲，號石鐘鼓。再入，則半壁又開一大竇，而明生焉。攀躋而上，仍可外望遠視，其得名，以空而有洞故也。乾隆二十年，知縣姜山芟夷開鑿，更覺可觀。刑科給諫曹秀先鐫「雲巖」、「巖亭」各二字於石。《吴志》

清 光緒《湖南通志》卷一九 月巖在（道）州西營山西南二里。一名太極巖，東去濂溪十五里，亦名穿巖。《一統志》穿巖形如圓廪，中可容數萬斛。東西兩門相通，望之若城闕，又如偃月。巖前有石，如走猊伏犀，其形不一。明《統志》明王會《月巖圖説》：元公故里西八里許，有山巍聳，中爲巖洞。東西兩門可通往來，望之若城闕。當洞之中而虚其頂。自東望之，如月上弦。自西望之，如月下弦。就中望之，又如月之望。隨行進退，盈虧異狀，俗以其形象月，故呼爲月巖。好事者奇之，以爲太極星象，如汙之圖，洛之書。曾謂先生之道，未必因月巖而得，但此山不生於他，而生於先生之故里，則謂之太極洞也，亦宜因磨崖刻之，曰太極洞云。洞高可四五十丈，寬可容數千人，中有濂溪書堂，盛夏無暑。奇石峭壁如走猊相逐，如伏犀俯顧，如龜蹣跚，如鳳翱翔，如龍蛇蜿蜒，而石液凝注，望之如滴。西壁有竇，石筍矗立如入定僧。又一竇深黑不可入，飛鳥之音，行人之聲經其中，如奏笙簧，誠大造奇觀也。

又 斜巖在寧遠縣東南。巖内古木蒼煙，石田棋布，有竇可二丈，深不可測。執炬而入，見峻崖峭壁，寒泉冷風，石乳所結成佛像、車蓋、花果、器皿、飛走之屬。唐刺史薛伯高命名。至道初，太守張觀更名紫虚洞。《方輿勝覽》明嘉靖中改曰重華洞，又曰紫霞巖。中有石室，可坐百人，其東有洞，廣大無際，兼有風洞、雷洞之異。巖内有宋寇準題名。

又 卷二〇 桃花洞在（邵陽）縣南七里官道左。洞扉高丈餘，石室宏敞，頂有一竇通明，中有石床、石竈，右有石磴，盤旋可出。峰頂洞前多桃樹，花落水中，從山後小溪中流出。《一統志》：明謝省《桃花洞記》：洞距城南七里許，石門峪岈，路險且幽窈，須火以行。入可數十丈，倍門之廣，而高加廣三之二。上有一穴，俗呼天窗，明見須眉。石之側生者如筍，四出者，如獸頭、如爪，如鱗甲、如人之垂肩，如抱膝、如擁劍戟。奇詭之狀，不可盡名。崖間有昔人篆刻，細辨其點畫，皆可成誦。左有小路可通一人，土人言嘗入其内，歷二十小洞，一洞有路，低不可行，匍匐入約三丈。有大洞廣且高，其石狀尤奇，若不識其始，入之路則迷，不得出。予聞是言，遂不果入。

又 白雲洞在（城步）縣東三里。中有清泉曲潭，幽深莫測。内有石牛、石月諸象。《一統志》：國朝何璘《白雲洞記》：城步治東三里許有白雲洞，深八九尺，廣三之二，高與廣稱。中藏小洞十數，其一最深，然炬方可入，或曰白雲出洞内，故名。或曰洞中石色正白如雲。中有方池，石泉流注，清冷不竭。池中有石如卧牛，洞前敞後奥，堂户宛然。石之羅列上下，或如飛梁懸棟，轇轕杈枒，或如鼎鼐釜錡，囷廪籧筐之屬。凹者虚，凸者實，莫可名狀。有童子懷石以進，仰而右擲，則逢逢然鼓也，左擲則鏗鏗然鐘也。二石形皆不類，其聲聞之異若此。非氣清質粹，如人之蘊德於中者，不可以貌取邪。洞之陽故有僧舍，燬於兵火。縣令張君方佳拓其地，建白雲書院，爲邑弟子肄業所。余以夏月往游，方鬱溽熏熇，至洞則灑然如深秋云。

又 卷二五 艮巖在縣南二里。有泉曰亭泉，自巖湧出，其深不測。宋吴鎰《蒙艮二巖記》：始余來宜章，希盜訟，足於燕閒而寡僚友，無與游晤。紬研書傳之倦時，思

賞詠水石息焉。考圖志、訪故老，得石竇於道觀景星之東。怪石林立，妍醜異態。石林之巔有巖牙然，穹堂邃户，離榮坤牖。其趾雙全，左儒右武，規爲深池，衍之修渠。巖以屏暑，泉以延月，於夏秋最宜。得泉洞於寶相佛寺之北山，斷川開石，亂水急束隘，激險如峽如贑，亦有雙泉瀵發，横貫人者，井甃天者，鏄鐳井泉，琴鳴澗流，鼓答永夜以忘寐。陟巖厲澗，意未足也。又他日，浩彎崎見崖壁，是有異焉，奇峰巧嶺，誰剖其半。層植圖張，宜負爲亭。測西片磬，矯欲騫舉。遠眺舒掌，近睨擁扇。砥平助潤，可書可刊，余心蓋屬厭焉。久之有驟以異境告者，殆夫强往上巖，俯入秉燭，數里無奇。下巖揭石千鈞，得路横咫，其中三之，縱入九之，規矧矩削，神工鬼力。潛流穴溢，旋歸嵌隱，黝然幽深，疑宅異物。稍前近陽，因抵爲臺，湜湜其周。六七月之間，寒氣悵然。屢歎有是尤絶，幾失之也。

清 王培荀《鄉園憶舊録》卷四 佛峪之西二里許有龍洞。初行山谷中無甚異，深造覺有可觀。至山門左，僅小溪微流，有亭翼然，名一珠亭。祠面東，祠之後兩山夾峙，一轉一曲，不知所窮。游時在秋，夜氣澄清，庭前三面皆山，近在咫尺，陡立若牆壁。萬緑蒙茸，流螢亂飛，渺不知塵世在何許也。石壁大書敕龍洞聖壽院六字，極奇偉，傳是東坡遺迹。洞口在崖半，中丞陳笠帆先生、豫學使王伯伸先生引之題名刻石。其洞深杳，非多備油燭柴火，不敢深入。元時張公養浩同友人來游，作記甚佳，但入半途而返，未窮其奧。

清 蕭雄《聽園西疆雜述詩》卷四《山洞》 古洞幽深晝景昏，何年鑿破至今存。壺中可有仙居在，煙鎖東西峭壁門。

喀什噶爾城東門外，皆高崖土壁，壁下有洞，名曰托米斯鄂占。洞有二門，一東一西，相隔里餘。其中忽高忽低，忽廣忽狹，甚黑暗，土人不敢深入。時有煙霧，自洞口騰出。又城北五十里名土山，峰巒甚峻，其懸崖半壁間，有三洞，土人名爲玉舒布爾杭。曾懸梯視之，無異處。又圖虚克洞，已於祭祀句中述及，土人稱爲教主大門人修昇之所，在喀什噶爾正北八十餘里，大雪山中。其山名圖虚克塔克，勢峻絶，攀援無路，亦有石隙。如博克達山奇境者，窄步可入。盤旋而上，六七里許，至山頂，則豁然開朗，一片平岡。周將三十里，水清草茂，蒼松緑柳，果木之屬，自生其間。四圍峰峻崖懸，上有瀑布，注平岡爲深潭。洞在西崖絶壁，口徑數尺，即圖虚克洞也。聞木梯猶有存者，可仰望而不能近。

清 光緒《平樂縣志》卷一《山川》 獅子巖在樂山里，爲元壇名勝區也。夏則清風徐來，冬則暖氣薰蒸。入巖口百餘步，有石龍二，一黑一黄，黑居巖右，鱗脊宛然。再入則黄龍見焉，頭角峥然，壁上有龍珠數顆，大如斗。旁有石似十指橛者，以火燭之，光華奪目。下結祥雲滿地，旁結玲瓏寶塔，高約一仞，層次分明。寶塔側有盤，盤盛小石，形如荔枝，指不勝屈。更入數武，有龍門，並有天橋，長十餘步，闊丈餘，深莫測。有人入鈞，由潭邊過，可通數里，鄉人於此立寨。

紀事

唐 韋宗卿《隱山六硐記》（《粵西文載》卷一九輯） 天作南北，星斗辨之。地分方夏，山川間之。其土殊，其鎮異，故磅礴厚，隱嶙鬱嵂，連崗走峰，千里一息，秦之山也。發地干霄上，爲嶕嶢攢空交映，積爲崇嶺，越之山也。桂林郡邪，千巖競秀，世情賤目，俗態無心，故茲山接城郭之間，億萬斯年，石不能言，人未稱焉。寶曆紀元，給事中隴西李公以直諫匡主，圖贊國政。時未及泰，人安得寧。公辭帝鄉白雲，爲越嶺時雨。六條紘布，百城震肅。人既安，年既豐，羽扇空摇，鈴閣不引。盼羣山而獨往興發，得絶境而素尚心來。茲山在焉，且謚爲隱。若夫地因人弘，山自人顯。故有巖結太素，至説稱傳。谷闢洪荒，及超號張。我得茲山，以隱名彰。爾其爲狀也，左扼郡城之固，右對招提之刹。前虚明而散祝融之火，後清泚而壓玄武之水。外孤峰而競聳，中六洞而潛通。諒仁智之所樂。信靈仙之所宅。登山自西，舉趾維左，首至於南華嵓。峒中水長十餘步，闊不可踰，深莫之測，澄爲靈泉，播爲陽江。水側平坦，可坐數十人。自南華峒西轉五十步至夕陽峒。峒長數十丈，其旁有水與峒終始。在水之東，高下有石，如砥如礪，十數人可憩。峒窮有大石，高可跋及，廣不盈尺。鑿穴而望，復使下尋。有潭東去，莫究深廣。又北轉而東八十步，至於石門，自石門又東北五十步，至北牖峒。峒虚潭幽，其水潑墨。中有巨魚，可三四尺，鏤鱗鏇甲，朱鬛赬尾。人或見者，龍以敬之。潭之左右，怪石萬狀，如鳥斯飛，如虎斯蹲，如衣裳發笥，如龍蛇出奔。乳竇懸玉，石壁流雲。潭之南有石室，深有便房，高有石窗，追琢不加，清瑩可愛。又東南轉山一十步至朝陽峒，峒中有水，旁浸潭，則長可數十步。三峒之水，周圍相通，亂於池，入於江。水中有石高可三尺，其色白，其容光，圓如薰籠，大如巨床。以其水浸於潭側，故曰側潭。尋側潭之西數十步，上有潛洞，歷險可至。

窈窕深邃，羽人來暨。却上南壁約六七丈，有雙碧石盤，懸如半壁，容水數升。其上尋尺，有一白石盆，常有水升餘，酌之不竭，味甘如醴，色白疑乳，煎以病愈，飲以顏駐。其側可坐五六人，左右石壁皆光滑密緻，有如磨礱，不碍綿絮。却下從峒口北轉，路絶越險，山屐不通，構梯架空，得至雲户。户内博敞，容二十人，旁透虚明，洪纖可鑒。有貞石榻，勒爲棋局，對以手談。局之左右，可以偃仰。詠於斯，觴於斯，賓從徒侶，各有攸處。出雲户下視，北牖、蒙溪如指諸掌。户外有二徑，其一直上至山頂，山之最高處也。桂江屬望，縈紆若帶。越嶺遐眺，點簇如黛。寸眸千里，周覽一息。搆亭其上，以俟登臨。是歲孟秋月，慶雲見於西方，自卯及酉，南北極望。萬狀競變，五色相鮮。州吏請圖以獻之，公允而不阻。既而亭搆，因目之爲慶雲亭。自亭却下，至南華峒口，又一徑西去十餘步，至白雀峒。郡人有獲白雀來獻者，雪毛霜羽，赬觜紅趾，且旌雀瑞，因志峒名。峒口狹隘，側身稍通，摩臍夾耳，可以方之。漸下十餘步，其右有立石，望之如人。次有石室，光滑寬敞，人或宴息，可容數十。從此更下，有玄潭，其深莫測。潭東西巖上有一石樓，高低可二三尺，自下而望，如妝點成。樓南有二石，相去纔數尺，被服如人狀，意若就樓而看者。玄潭泓澄，水色如墨，見者神悚，方暑生寒。乃作閣道架潭，瞬息疾過。西南透於石穴中，石穴路右復有乳垂，亦如朝陽峒者，視其周圍，但微小耳，愛其光潤，則或逾之。峒内有穴通嘉蓮洞，初嘉蓮峒開而未得其號，會有獻同心蓮者，遂紀事而名之。從峒北出六十步，西去有峒，其深不測。中路多白蝙蝠，飛舞在空。從東有穴，棧閣盤迴却透。玄潭之北有兩穴。東穴透明，長可數丈，人不可過，莫能究之。西穴出於峒口，峒内平坦，石榻縱横，湯茗在兹，笙竽以間。有石琴薦，寘以撫絃，聲越金石。自峒西去，至夕陽，出西山，復人寰，六峒之能事畢矣。自諸水隱山下池，謚曰蒙泉。派合成流，水源有二。其一源自夕陽，注嘉蓮，經白雀，歷朝陽，旁浸北牖，出於南華，流沚積爲池。其一源自蒙溪，溪源在北牖峒，東北里餘出於北山，自山南流會於南華峒，水合而成池。池因山麓，不資人力，高深向背，繚繞縈迴。五六里間，方舟蕩漾。靡微風，鏡清波，棹女唱，榜人歌。羽族載依，鳧鷖翔泳。鱗介是宅，魚鼈噞喁。野花依叢，游絲轉空。蘋末風清，荷底水紅。蒖者取，飢者采。與人同利，恨斯池之不大也。招提之南，長松夾路，陰濃蔽日，韻響含秋。外有連理松，異本同幹，内有偃蓋松，低枝覆空，爲寺之光華，作山之粉澤。松側有竹，夤緣盡岸。策杖未窮，步履猶遠。北牖峒口有閑田砥平，南北十餘步，東西稱是，可以施欄檻，爲戰酒之場。可以構檐楹，爲更衣之所。乃作水閣，立風廊，闢厨户，列便房。華而不逾，儉而不偪。面兹池以滉漾，對他山之青翠。絲竹競藝，賓僚滿觴。歌聲遏雲，舞影臨水。取樂今日，鄉心暫忘。客有中席而言曰，夫時景賞樂，四者難備。東西南北，百年不閒。既别而復會兹山，悵懷而未卜他日。請執筆紀大賢獨得之勝，并立碣垂隱山六峒之由，匪曰爲丈，且示來者。

宋 洪适《盤洲文集》卷三〇《通天巖記》 自英州西南行十五里，至石角頭山。自山麓二百步至山半，有洞門，冷風襲人，雖半春晏温，皆挾纊。不數步即黑，束緼爇火始可入。洞之左數石對峙，曰菩薩，曰金剛，神晶彩盪，目如沙中星。振杖陟嶮，奇詭迭露，其平處可坐數十百人。益深入，石小破如盤盂。見光却出，直東又二百步始大明。雙竅穿豁，垂蔓摇絲，雲在木葉間，日影漏入，亂石總總，所謂通天巖也。行前復持火，過羣石外，厥壤坦然。循其石，砑然有穴。下之，多龍田，皆分塍畛，如絔蛇盤蚪，仰視如覆樓閣，去人不遠。其平處復可坐數十百人，撞之，坎然如鼉鼓。徒杖亦鳴，意其下必更空洞。其旁一穴，類眢井，不敢探。地出碎乳，槎牙散亂如鐵滓，曰龍失，踐之棘趾。窮高田，有水一丘，其下縈石壁有渠，云春夏雍沮，不可涉。自水丘處竇甚隘，傴以往。列户如蜂房，其頂結乳，如珠纓，如流蘇，如裂瓜，如垂蓮，如肺肝。四壁如椸上衣，有紋摺。凝於地者，如神鬼形，如幡幢，如旌纛，如帷帳，如筍，如枯木，如禽獸，如器物，多不可名。有冰柱，短長小大不一。有蹲石，博下鋭上如壁。遥視之如水，即之飲不盈掬，捫之如龍鱗。旁曰輪藏石，皆棱然，巧非追琢。有羅漢小像，可周以步。有石燕逢火輒飛去，其幽鏬隱竇，莫可窮測。

又 卷三一《碧落洞記》 自通天巖南行六七里，有洞曰碧落。前後穹壁堵立，刳中如虹橋。有潤水從南來，西折直貫而東，廣或倍尋，或數尋，深不及仞。觸石有聲，如鳴環，如奏琴。多石鯨魚，班班然，白黑成文，羣嬉若無人。乳蓋殊狀，垂光紺爛。洗雲茹日，山含餘滋。水南一石高丈餘，其巔有蛟骨，後人斲函以周之。登其西崖，可望兩崖中斷，規往不克。水北地平坦，可陳几席，咸植杖而休焉。是日也，氣淑風柔，長松老榕，分影入懷，心由境清，埃壒自遠。茗退抵上流，書杯浮之令，曰得一字者酌一分。衆皆離坐蟠石，接杯第飲。數多者則雜然以笑，雖事未方古，而歡亦自足。洞口有蹲石，具吻鼻，曰蟾蜍，惟肖。外有穴，名雲華室。燭而進，可十許丈。石中綻如户隙，小竇在旁，皆不可入。昔有爇薪通天巖者，煙自室中出，唐周夔謂之到難。予以省親嗣，歲再至，則到殊不難也。桑榆收照，僕駕請迴。循澗東北行，采甘菊，香留舌本。返顧猿鳥，樂不汝如。涉澗穿叢蘆，出松徑，不一舍到郡。

宋　范成大《湖州石林記》（《文章辨體彙選》卷五七二輯）　石湖居士以乾道壬辰冬發吴郡，帥廣西。行十日至湖州，將游北山石林。入山，松桂深幽，絶無塵事。過大嶺，乃至石林，則棟宇乃傾頽，惟正堂無恙。堂正面卞山之高峰，層巒空翠照衣袂，略似上天竺白雲堂所見，而加雄偉。自堂西過二小亭，佳石錯立。道周至西巖，石益奇且多。有小堂曰承詔，葉公自歸守先隴，經始此堂，後以天官召還，受命於此，因以爲名焉。其旁登高有羅漢巖，石詭皆嵌空裝綴，巧過鐫劖。自西巖回步至東巖，石之高壯礨砢。又過西巖小亭，亦頽矣。葉公好石，盡力剔山骨，森然發露若林，而開徑於石間，亦有自他所移徙置道旁以補闕空者。方公著書釋經於堂上，四方學士聞風仰之如璇璣。景星語石林所在，又如仙都道山，欲至不可得。蓋棺未幾，而其家已不能守，或謂此地離人太遠，岑蔚荒虚，非大官部曲衆多者，難久處。又云公殁後，山鬼搶攘暮夜與人錯行，婦子不能安室，故諸郎去之云。出石林，飯旌善寺，葉氏墳祠也。霅川有兩玲瓏山，石林爲大玲瓏。又有小玲瓏，在長興縣界路口，聞其尤勝石林，遂過之。小玲瓏今屬之沈氏，此山石色微黄，而更奇古。一丘悉空，中洞穴千數，皆傍相通貫，故名玲瓏。泉聲瀉三磴，中窈如深谷，前小池石如牛馬虺隤其中。池後山屏上洗出之石蘗積，嵌巖巧恡萬狀，缺罅清泉泓泓，叢桂覆其上，亭館既無人居，亦漸荒廢。霅川特無好事能捐厚貲買之，沈氏雖不得山，亦足以豪矣。玲瓏山，杜牧之所游，即石林，是以小玲瓏脱出，而加勝云。

宋　吴元美《白沙洞記》（《粵西文載》卷一九輯）　予平生俗眼，未嘗觀寶圭之勝，以爲天下極美，而客有言曰白沙其尤美乎。予聞喜而不寐，黎明杖屨崎嶇亂石間，秉燭從竇入。俯傴扶伏，凡經六七竇，所過益寬，而所見益奇。行里餘乃至中洞，縱廣一頃，高數十仞，石膏玉英，散彩流光。大者齊雉堞，小者雜毫芒。奎壁交加，星宿焜煌，愈於寶圭，不可爲量數。仰睇之，如崩雲，如飛幄，如棟梁，如榱桷。俯盼之，如驚湍，如怒濤，如畦畎，如坻阿，如鼎俎，如籩豆、柷敔、笙竽之爲禮樂器者，如弧矢、刀劍戈矛、甲胄之爲兵戎具者，如杵臼、犂軸、瓶罌瓮盎爲農庶家所費用者，如塔像臺案、幢旛鐘磬爲僧道居所岩設者。如齊縞吴紵，霜縑霧縠，其文彩鋪張於椸架。如趙璧楚璞，圓環方玦，其雕琢堆疊於府藏。其朴如蕢桴土鼓，其奇怪如神鬼形狀。千巔萬壑，不可殫盡。或考擊之，則鏘然如洪鐘，轟然如震雷，厲然如長風吼。衆籟泠然如飛瀑瀉谷，令人神思飛揚，形容不逮。但索筆書曰：勾漏甲於天下，而此洞爲勾漏第一。

又《玉田洞記》　玉田洞在韶真觀之西，巫山寨之北，其界相望也。洞闢三門，其高者險絶難攀，其卑者傴蹇難行，獨由中而入。路分三岐，右則坎阻杳黑，左則虚明朗快，受明之所則洞門高處也。庭中廣深如在觀閣之下。其盤石皆翠碧色，平夷通明，可以偃仰。其膏乳則玉石流光，悉具物象。緣石棧行百步，傾身而入，乃至石田。其田數坵，廣有二丈，長三倍之，中且平。其塍畔皆匀續蜿蜒，刻鏤精緻，如今人食用器皿所爲。其傍有花瓣寸餘，純然玉色，亦如今人器皿日用。銅銀爲飾，造化巧妙瑣屑，遂至於此，安可以描模億度也。田中積水，無間夏冬，不溢不涸，不增不減，氣常温和，蓋萬乳所融泄耳。越疆而東，其竅多鍾乳，垂而四五寸者，光采曄然。時可采取，舊曰石田，予謂石田何所用之，此正仙人種玉處，遂更名曰玉田洞。出洞而南，半里至玉田寨，寨高至十餘仞，其坳中瀦蓄，湛然如挼藍潑黛，厲風不動摇。廣四五丈，深莫測也。蓨蘿陰翳，怪石蹲踞，如神守鬼護。其北流爲二池，中有小島嶼狀。其南則潛流，北出溢入大江，春時江中大魚逆躍入此，似有知也。

宋　吴元美《玉虚洞記》（《廣西通志》卷一〇九引）　予寓韶真洞，與道村老農周游遍覽。酷愛東南羣峰，傑出烟林之表，丹崖翠嶂，與洞穴相間。晴嵐霧靄，變態無窮。繚繞如城郭，羅列如屏幢。堆壘如囷倉，馳驅如車馬。上而高室者，下而突竈者，浮圖而合其尖者，大圭而挫其首者，如指曰之戈，如倚天之劍，如囊脱之錐，如垂雲之翼，如承露之掌，如威象之齒，如芒星之光，如堂階之設。簴業列羽，如壇墳之俎簋尊登。競巧效奇，譎怪百出。雖公輸之巧不能琢削，雖龍衍之辨不能形容也。每疑其下韜虚孕秀，各有洞府，但不能得其門入耳。村甿陳訪者【略】笑指觀旁一峰曰：此唫經窟也。舊有凈行諷誦於其石，相去跬步，能可登乎。予從之捫蘿而上，由空穴數重，至其腰。有巖深廣二丈，可坐卧。外闞東野，如觀畫圖，循緣躋攀，如旋羚羊之角，如披蝸牛之殼。久之，直徹峰頂而出。憑高遐矚，去天尺五，令人有飄然凌雲、泠然御風之態。既而復指其下曰：此觀衡洞也。復隨之從穴而入。其峰勢支分派别，開拓旁午，紆餘屈曲，如列衆柱而成室屋。南北東西，路脈交通。火光四燭，洞焕太虚。俯者仰者、蟠者飛者走者、倚者負者，皆瑩如玉，爛如銀也。有潭碧色，或云每枯旱時，雲氣中蒸，上徹霄漢，如薰爐，如炊甑。雨必立至，雨止則四風颯然橐籥而入，蓋龍之升降也。予謂此峰上摩天輪，下控地軸，其中洞然凝結如玉色，而名曰念經窟、觀衡洞皆不雅，輒更其名爲玉虚洞云。

又《普照巖記》 普照巖距韜真觀五里，山如覆釜，洞穴當其胸。唐時有草亭於上，蕪没久矣。或以洞中之奇來諗，遽到其麓，從者厭高陟，剪蘿蔓，荆榛雜然，因以菟窟見欺。予曰：第焚，吾先登。既至巖下，舊址歸然。回首却顧，則西望東皋，南北阡陌盡在足下。黄坡翠巘，與石峰相間，歷歷落落，尤可觀也。入間數步，上通若中霤狀，古木覆之，屏几之右有玉貌，立於旁。堂之中簾幕高張，筵几肆列。仰視則如玉京山、紫虚府，鬱秀不可階升也。俯瞰室内，恍敞森岩，詭怪絶特，令人毛髮颯然。與月夜扁舟於千崖萬壑，風烈水寒無異。其中仙壇臺塔，低昂交錯。靈旛寶幢，霓裳羽衣，皆獵獵如龍夭矯，如鰲贔屭，如龜折甲，如麟有趾。以火燭之，鱗甲耀目，以物擊之，聲響駭耳。旁睇壁間，則蟲篆瑣碎，圭璧成文。緑質白章，駢花鬥錦。濃粗疏密，各有態度。不知雕琢之奇，繪繡之工，果誰爲之。當安僧迦於巖，以實其名，以傳不朽，可也。

又《獨秀巖記》 度普照巖之西，長坡巨阪，川原遐曠，石山到此稀矣。遠矚平野，中鬱然孤峙者，獨秀巖也。予初望如㢝狀，意頗隘之。既至則洞門宏邃，古木蕭森，與韜真觀抗衡。石室中廣六丈，高倍之，虚明平夷，可容千數人。石乳掛壁上，如彌陀大士像，此又韜真所無者。徐升其巔，徘徊倚望，四顧豁然，前雖小室，附庸亦足觀者，此蓋勾漏别峰也。車馬往來，距邑十里，雲山莽蒼。西入鬱平，松灣竹塢，樵木出没，此異人居止處。

宋 程珌《洺水集》卷七《游金華三洞記》 出蘭溪門行可十餘里至上中下三洞。下洞石壁卓立，水深三尺。人仰卧舟中，羣僕岸立，用竹竿箭入丈餘，乃登岸。仰視石門，去人面僅四五寸，舉火燭四壁，壁有題，名皆五代國初人。不見風日，墨蹟如新。中有搗藥臼，臼可闊三尺，有泉正滴其中，終歲不滿。旁有仙人田，邱陌井井，有耕犁蹟。又有仙人衣，如摺疊羅帛。洞中有蝙蝠，大如鴉，白如玉，正類坡仙所記碧落洞中蝙蝠觀。已乃出洞，約闊十丈許，此下洞也。中洞有水簾飛涎濺沫，有石壺深不可測，足稍不謹則墮其中，幸有石天窗，光燭其處，此中洞也。上洞亦有石天窗，其石如亂雲，如堆卵。石崩裂欲落，人皆不敢仰視，然亦亘古至今，終不落也。中有洞房，側身乃可入，上有玉女端坐如觀音，纓絡具備。觀音之前有泉，蜜甘能愈疾，人既飲，復筥挈以歸。時偕行者八人，其七不敢登，畏其險也。聊記之以示來游者。

宋 金履祥《仁山文集》卷二《洞山十詠序》 金華爲東南佳山，而洞山最其奇勝。清賞之士固嘗憩椒庭，航雙龍，探冰壺，窺朝真，而此山之勝，所遺尚多也。思誠子張君，少游金華，攬奇選勝，晚好逾極。丁丑戊寅之間，避地是山，有桃源之心焉。朝夕游處其中，始盡其美。嘗謂洞山之勝有十景焉。暇日邀余相與觀之。大抵金華一山，其最高處，岡巒繚繞，四高而中下，有似仰盆，故舊名金盆。金盆諸峰，平挹競爽，而正南一岫，差爲最高。又衆岡皆土，此獨戴石。其絶頂上平，又數大石浮着其北，如自天而下也。思誠子名之曰高石巖。自高石巖而下，兩山夾澗以趨，其東支即爲洞山。南高處朝真洞，中冰壺洞，下雙龍洞。三洞嵬奇，不在論述。洞前椒庭，清勝之士多謂築堤止水，即與靈隱、飛來峰、冷泉亭無異。思誠子以爲信。高石巖既爲中正之峰，則其下兩支之間，澗水當爲金華中澗。中澗發源巖下數百尺，初始沮洳隱見竹石間，涓涓漸成流，合諸源泉始大。忽石巖疊疊水中，下懸數丈，飛湍濺沫，瀧瀧震厲，名之曰小龍門。又下行石間，或平或瀉，約凡五節，殊可觀，名之曰五疊泉。自此澗旁無路，山路横出，通朝真之前。自横路中下，又得中澗之濱，石巖崎嶔，可庇十人。石際有古梅，老幹嫩條，澗水濺濺遶其旁，名之曰老梅巖。自梅巖南出，其西支横出一峰，突臨中澗之上。山西小澗合流其南，則此山爲中澗之中峰無疑也，故名曰中峰。

宋 吴自牧《夢粱録》卷一一《水樂洞》 （杭）城外有洞者，凡一十有七。曰南高峰烟霞洞，下曰水樂洞。其洞前四望，林巒聳秀，岩石筍峙，洞虚窈渟涵如淵，泉珠且清甜可掬。洞中有水聲，如金石之音。頃爲楊谷郡王别圃。案：石築亭最爲幽稚，歲時都人游觀集焉。歷年，多蕪穢弗治，水樂音聲已絶。賈秋壑以厚直得之，增葺其景，顧與其水音秋壑俯睨旁聽，悠然有契。曰谷虚而後能應，水激而後能有聲，令水瀦其中，土壑其外，顧振聲得乎？亟命流壅導瀦，有聲自洞間出，節奏自然。二百年勝槩於今如始也。

宋 王嚮《石籠記》（《天下名山諸勝一覽記》卷五引） 龍安自陂下，東入其山，躡浮雲而上之，極十里有群石環會突立。石頂有雙瀑淙下，有石澗，廣六七尋。傍無荒茅萑葦之穢，而其水無泥沙，皆清泠可啜。游魚沉浗，歷歷可見。而水間之石，或哮然如岩，或剜然如臼，或偃然如槽，或落然如盂。端正瑩徹，類非鐫鑿之能及。凡若此行數十步，即至其所謂石籠者。籠之狀類巨槽，而圜圍斗壁，下闊五丈，會一澗之水而環之，已即復泄。而爲澗前之岩者，槽者，盂者，又紛羅錯列，亦無苔蘚泥沙之穢焉。由此少進，而澗下之石乃坦然成盤，縱數十尺。盤之中直發小甽，廣纔盈咫，而一澗之水，又悉流于盤之下，其聲瓏瓏若雷。窺其底廣深不可窮，而水涓涓可愛。熙寧九年，余在龍安時，與諸生尋泉流而得其處，於是樂而忘歸焉。夫天作而地藏之，以遺其人者，可謂至矣。

宋 謝翱《晞髮集》卷一〇《遊赤松觀羊石記》 金華洞爲初平叱石處。余髫而聞之，髮種種乃一至，而叱石處復不在金華洞。未至洞十五里，有山曰赤松，今爲寶積觀。觀傍祠二仙，即皇氏兄弟，是其處也。石故在山之顛，變恠牴牾，宛然如羊，多爲樵牧及好事者取去。道士拾其遺蓄觀中，余得借而觀之者三處，其一天井東，僅十數角，嶄然羣伏，且起狀無牴觸意。苔蒙茸若草藉地，可近而玩。其一並曲池之北岸，累石爲山，參布伍，列犬牙，其上卧者十八九，伏者十七，抵者蹶者十五，歷險而跂者十三，倚而齕跪而乳者十一。若觀古鼎彝窪之蹟於石形，不求完而意自足。其一積小坻，位置加密，跂伏齕乳，牴蹶與前變態略同。復有拱而人立者，奇崛特甚，道士易以他名，使不與羣羊伍。

元 李孝光《五峰集》卷一《暮入靈岩記》 出靈峰院，偶坐澗水南，客有言雁山信多奇，然豈復有過於此者。予爲言山之峭刻瑰詭，莫若靈峰，雄壯渾龐，莫若靈岩。峰言鋭，岩言大也。余適小疲，倚大樹坐，甚恬。客聞靈岩，急欲往。即起，促不得休。前是一日行五里輒止舍，是日會已暮，頃刻馳十里。到寺天正曛黑，及階舉頭，見巨石孤立如人之俯。月出，正懸東南角，星象纍纍，下垂四旁。客脅息不可上，如游魚噞喁，以身爲浮游在灝氣上也。入坐佛宫南階上，正視見其面進升堂。倚石夾室，則旁睨其脇。夜分又數數開南牖視之。月欲墮未墮，夜色如霜雪，諸峰相向立，儼然三四老翁，衣冠而偶語。獨西南一柱，白而長身者也。明日粥後，由昌上人房下。過澗，得小石嶺，可五六百步，上觀所謂龍鼻水。山半横石作鱗甲狀，陷入石中，獨見其脊。從西南石峽中繞出數十丈，勢盡乃垂入谷中作懸鼻，疑是石髓積歲月化爲石故。獨此鼻如瓠大，乃紺碧膩滑異他石。鼻端泉時時一下滴谷。石澗西有立石長三千丈如卓筆，曰卓筆峰。峰傍流泉墮入澗中，亦三千丈，曰小龍湫。稍西飛泉湧出石罅，直上指尺許，曰劍峰泉，寺以岩名，岩又以佛宫北大石障。獨高且大，絶頂正平如塗丹堊，是爲平霞障。諸峰皆牽連在障傍。其大石如樹旗，居障左臂，曰展旗。其大柱居障右臂，曰天柱。龍鼻水又在障右脇間，小龍湫、卓筆峰、劍峰泉當居脇中。

明 章潢《圖書編》卷六七《廣東各郡諸名山·獅子洞》 羅浮名山，學道者萃焉。寺觀各庭宇精岩，景物幽絶。然猶涉人世之事，其有人跡不到之處，締草爲庵，翛然物外，又不可以人間勝景論也。山中之庵何啻百餘，皆路入迂結，勢隱崟嶔，護以水石，環以花果，陶茅穴土，鮮潔無塵。飧谷茹芝，清澹有味。一到其間，名利之心釋然矣。予丙戌冬攜家而往游，宿留浹辰。靈跡勝地，無間險易，皆得遍及。一日訪黄龍洞，登七星壇，有道人神定者，延入其庵。素壁茅檐，柴扉竹榻，雖不甓而可以鑑。旁而睨之，巖洞幽邃，峰巒嵱嵷，背負九峰，路通雲頂，面聯七松，勢逼斗魁。左右巖石如翔如伏，如揖如顧，如樓閣棧道之勢。花果隨分，禽獸自得。林影散而白日閒，風籟停而翠谷寂。其諸甲于諸庵，俯視塵俗迥然，隔絶而不相聞。顧問道人是庵何名，道人曰，此獅子洞也。前此亦多欲爲庵，而苦于無水，普通竅其地，得水于榻之側，其味甘冷，視景秦之卓錫無異焉。故前以洞名巖，今改泉源矣。

明 史鑑《西村集》卷七《記風篁嶺靈石山煙霞洞五》 西山之勝既盡，將理輿南游。傅上人引治裝者先往六通寺候。僉憲與客辭飛來峰出路口，猶時時回顧，至不是乃已。因指而誓曰：自此當歲一相見也。遂經集慶寺，過夕佳樓，歷梅坡園，皆荒坵草舍，遺跡無幾存者。豈弘行，出荊篠間，上靈石山。磴道危險如登梯，輿人皆喘汗欲仆。客前行者覺有異，則指示大呼笑，後行者亦呼而應之，聲振林壑不已。連山綿谷，萬石如林，奇怪迭出。大者小者，側者正者，瘦者壯者，皺者滑者，枯者潤者，方者圓者，奮者斂者，青者紺者，黝者起者，仆者蹲踞者，偃蹇大侈麗之觀，爲天道所惡而然耶？抑廢興別有數耶？相與一慨。道中見古墓，在山半。立夫指云：此句曲外史張天雨葬其下。惜榛莽荒穢，不果登。又行數百步，始至風篁嶺。下福邸園，龍井寺正據其上。嶺甚高大，上下純嵌空。大石玲瓏挺秀，萬怪千奇，無以爲之狀。近年有中貴人，將事搜剔，則愈出愈奇，度不可窮，乃止。園廢久，垣屋卉木已蕩然，惟水樂洞在。水自頂溜洞中，潨然有聲，如合節奏，儼乎宫商之相宣也。坐洞口聽，久不能去。龍井在山頂，窪然石眼也。刻石爲龍頭，吐之頦下濯濯然，如鬚鬣動水中。寺僧以泉煮茶飲客，味絶勝他水。自此南者，蜿蜒者，突怒者，透漏者，人立者，羊觸者，牛眠者，虎搏者，仰而欹者，俯而屈者，騰而上者，頹而下者，如人之面目皆具，而無一相似。信天設其巧，地發其秀，以表異於茲邦也歟。然嶺上無水，雖鑿井亦不得。意其下皆空洞穿漏，故不能渟蓄乎。轉東行二里許，至一寺。有洞在西北山上，以煙霞名之，寺又以洞名名之。僉憲倦，步欲不往。衆强輿至洞，約高二丈，中窅然深黑，不知所止。溜水下滴石上，歲久成波浪粼然。洞頂及兩壁皆鍾乳凝結，青碧黃白相間，其紋如雲氣，如雨脚，如蓮花龍鳳，不可勝計。雖甚巧，莫能角其技焉。

明 程敏政《篁墩文集》卷一三《游齊雲巖記》 環休寧縣山皆平遠，不足以當大觀。出縣西三十里至白岳嶺，山始高，峰始奇。石路盤迴如綫，不能容馬，游者肩輿緣梯而升，至以雙絙曳前後，其甚處輒下行拊背，或彳亍不能成步。自白岳西南行五里至桃源嶺，重厓夾峙，上結小屋以臨風雨，曰中和亭。立亭心下視，已數百仞，野田茅屋，秩秩如畫。亭下二巨石礴伏，色黧黑，中有白質，成突睛，曰石鼉塢。塢旁大壑，深不得其底，但聞水聲濺濺出草樹間，曰桃花磵。循磵南行里餘，至獨聳巖，蒼然峭壁，橫截一山。近西乃有石罅，方廣若門，蓋天造以通游者。門首石楠一株，其大數圍，四顧門下，諸石如伏犀馴象，不可狎玩。入石門，東南聯巖如城，懸石四覆，勢欲飛墜。其第一曰彌陀巖，巖屋不踰丈。第二曰觀音巖，視彌陀稍劣。前一石色正緑，昂喙而軃尾，曰鸚鵡石。第三曰羅漢洞，稍加大焉。二石龍循洞門旁出，鱗骨隱隱。蹴之，疑爲石子所砌，諦視之石肉相黏，復意其爲真龍也。洞深二十餘里，束炬東出，可抵縣之藍渡溪，然愈入愈狹，莫敢爲之導者。第四曰龍王巖，視觀音加劣。巖上飛泉灑灑，落厓下如雨，四時不竭，曰珍珠簾。瀦水沸散於西磵，曰龍池。泉西巘有虎迹，如泥淖所印者，曰黑虎岑。黑虎西行折南里餘，至車⿰彳其嶺，其峻視白岳倍之。車⿰彳其南二里餘至玄武觀，觀後一山突起如屏，倚天正立，所謂齊雲巖也。古松數十，夭矯如虬龍，皆數百年物。觀左一峰曰石鼓，右一峰曰石鐘，夾屏兩峰曰輦輅，皆以其形名。觀前溪水如帶，委蛇而東，爲石橋以渡。南直觀門數百步，一峰挺然拔出莽蒼中，不與羣山相屬，曰香爐峰。橋西數百步，高厓中斷，一小峰離立磵下，曰捨身崖。崖西二里餘，五峰差別，如羣仙冠珮下天際，以向齊雲，曰五老峰。峰西聞有沉香洞，人跡罕至，草木蒙翳，時有蛇虎潛其中，不能往也。游者始入，率以白岳爲高，至桃源則白岳已在其下，至車⿰彳其則桃源又下，至齊雲則車⿰彳其益下，於此以見天之高，地之迥，杳不知身之在何境也。

明 桑悦《思玄集》卷六《仙巖記》 離玉融城而南三四里有洞，洞前有小江，並造三石橋，俗云人神鬼行之，可笑。洞門高三十餘丈，猿猱不能上。昔道士杜應然置鐵環岩頂，燃燈光照三十里，今環尚存。進洞，高明軒豁，石崖蒼然，與雲氣相接。從旁穿窈窕而入，有小洞曰應化，頗淺狹。外爲壇三層，置三清諸真像。稍曲折而進，有結乳，長二丈餘，遠望儼如老子宴坐其間，鬚眉皓然，凝然不動。有新浴非人意。諸石獻奇，旌幢擁列。獅子居前，烏猿居左，青牛卧於溪傍。直前丹竈半破，履跡如新。水從安靈潭界岩而下，漱石作潺潺聲，似誦五千言者。相傳老子曾投丹其中，飲者恒得高年，故云壽溪。用火炬直入，寬廣如堂殿。復從一石奥穿出，縫隙下視，洞見溪流，曰水有洞天。履小石堤過溪而南，崖邊有白石，佇立如鶴。又有一四平小石門嵌石壁中，名兵書峽，門已缺一角。少西，攀齒崒而上，一穴通天，恒置竹梯其中，上爲羊角寨。群夷不靖，居民則從梯而下，避兵岩中。其芝田、丹井連絡布列。循溪西行，復從南斜入沙磧。積乳成屋，户牖玲瓏。化工結搆，奇巧入神。又下溪滸而望巖之盡處，明露一竅，乃以小舟從竅而出。俱巨石蔽虧其前，涉流而北，面西復得一洞，垂乳如纓。細流一灣從洞前過。至此如入老君之室。即李惟德所謂千萬年人迹罕至者。初，洞以老君名，又名靈巖，宋祥符中改今名。張孝祥曾評是巖爲天下第一。仁宗賜御書百軸。石像後建閣寶藏，屢經兵火，琅函與閣俱付烏有。數百年故物，惟洞門左三角卷石上。嘉定間，守融州鮑粹然建亭其上，如魯靈光之獨存。屢猗斜復正，疑有神護。舊插木版於巖，爲橋以渡。今版將腐，人無敢過，名亭從巖名。長沙易紱爲之賦，碑藏巖中，如新刻。洞凡數處，惟應化有扁，其他或名天葩，或名乳花，或名和光，或名寒烟，或名王葩，或名實搆，或名碧堂，或名清奥。奇石異狀，除前確然定名外，其他或名仙梯，或名仙衣，或名玲瓏，或名金星，或名蛇倉，或名蓮花，或名北山轉斗，或名呂仙隱形，或名鍾離觀泉，或名尹喜現相。各同分支，如仙室、仙徑、飛星壇、釣臺、棋臺、雲臺、放生池、羅漢壁，又不可悉數。易曰「仁者見之謂之仁，智者見之謂之智」此之謂歟。

明　邵寶《容春堂續集》卷一〇《石記》　邵子作點易臺，基既定矣。偶行於其崖之上，有石突出，其高數尺，其廣半之。其西有如級者，可升；其上有如榻者，可坐；其右有如几者，可倚可枕。右之前有如案者，誦可攤書，書可伸紙，飲可置蔬一盂、酒一壺。其東若北，皆嶄焉壁立，有巖巖之象。或坐而東北望，則武進之橫山，江陰之定山，吾東野之膠山、高山、芙蓉山、鴻山、函山、嵩山、石室諸山，歷歷可指。近瞰蓉湖如沼在圃，通波柱渚，錯襟互帶，而奇松一株，適當其前，觀者以爲此真臺也。邵子喜，遂以所書「點易臺」三字，刻於石上。

明　林俊《三游洞記》《湖廣通志》卷一〇八引）　山自巫峽而東，多奇勢，雲峦煙龕，雪崖而風竅，如筍茁乳垂。門闔而指戟懸練，張幄而流蘇下綴，如猿狙攫拏。神樓鬼户，豺虎蛟鼉之穴，競妍爭媚相怪險，目左右接不暇。黄牛五峰雄峙，崖影若黄牛，陵廟在焉。又東，峽東水益隘，兩石夾拱，人立名捎公峽。又東，水漸平，山亦漸乏奇勝，洞隱然山陰。循鳥徑曲折數百武，及山之顛。下仄徑，厓險以甚傴，俯瞰無底。左掖一人，一人扶右，皆帖石側行。修繩前引，後者綴捍予於巾，猶足蹋心顫，目以眩息。不時，貫歷數曲，地稍平。腰折百武出，石下地又平。穹然一洞，上如覆蓬，高六餘丈，廣優其半。奇石牆立，中擎三柱，非圓非方，上廣而鋭。直下洞，爽以曠，如堂，可布三十席。柱之旁，三空如户，聯以三奥室。中右室可布四席，左室可布十席。上空若懸，扣之類鐘，名天鐘。搥其下，音如鼓，所謂地鼓者也。旁横一石，擊之音若磬。正德庚午，余征藍賊道經游焉。從者考擊以待，予疑僧候迎。意會之，皆谿虚發。谿上皆石。懸者大以圓故如鐘，突者方以小故如磬，下雜以土，故逢逢然鼓音。室之背有石，如床，可卧十許人。西如廚，東如座。凡洞之石，如鑿如鏤，如穴以出水，如陶室，如複道，如綴珠懸旒，如蟠螭，如刻畫。雲鳥、藻火、波濤之狀，巧雕不能舉，丹青者無得而摹寫仿佛之也。下横一溪，名下牢，僅聞水聲泠泠然。地底又外，一山如臺。臺中如立笏谿。他亦乏奇勝，洞奪之矣。予玩適久之，留詩三章而去，然其意未嘗不在洞也。

明　袁袠《胥臺先生集》卷一五《游乳洞記》　余既試士興安，問土人山水之可游者，得乳洞。出城西南十里，路多榛莽。至洞口，有清溪，石梁。洞有三，下曰噴雷，中曰駐雲，上曰飛霞。下洞有泉流石壁間，匯而爲溪，觸石湍激有聲。洞門軒敞，其中虚明，夏涼而冬温。其下石如田壟，溝塍如鑿。左旋至中洞，烟霧冥濛，有石柱三及石室、石床。復左旋百步，至上洞。入門平曠，水淺可涉。石乳玲瓏有五色，石横亘其上。秉炬深入，石愈怪奇。三洞蓋宋李邦彦名也，有碑記，及張孝祥大書上清三洞，皆在下洞口。上洞有范成大詩刻，徧讀之。小飲下洞而歸。夫桂多巖洞，然三洞並豁，亦足奇矣。興安士風簡朴，泯不知游。而三洞者竟不能悶，見賞名流如范、張、李諸公，將山川發靈，因人益顯歟。譬之士，苟有奇雋瑰瑋，雖在遐壤，必能振奮施其聲光，鵲起顯露，欲自閟匿，不可得也。

又　張公洞去宜興四十里，而善卷稍遠，乃與溧陽近。初方山人賀甫述二洞之奇，而尤奇善卷，謂其上乾而下水也，勢如重樓云。【略】歸塗逢華君從龍，乃相與爲善卷之游，循山而上，攀蘿踐苔，蛇徑盤紆，百折而抵洞口。石開開豁，土原平敷，外峻中軒，敞如堂闕。仙床旁列，玉柱上竦，鍾乳交懸，險滑難入。詢之土人，曰此乾洞也。下有大水洞，而小水洞在其旁。乃緣崖而下，壁削泉飛，湍濤噴激，聲如萬雷。從者凡數十人，雖喧譁不相聞。下多亂石，沉浮水面，而洞無徑可入，且冬月水冷不利涉。余獨攝衣跣行者百步，同游者咸莫能從焉。既乃踞坐磐石，飛觴沉飲，又令一僕肩立休承題名，陟崖而出。游善卷之明日，乃至張公洞。洞在山麓，而洞門仰開，俗所謂天窗者也。洞口多雜樹，蒙密翳蔚，望之深黑。既下則甚明，曲磴盤複，香臺崛峙，石形紛詭，森若刀戟，懸如鍾鏞。緑逾翠黛，白疑霜雪。路愈狹而石愈奇，縱横起伏，殊難模狀。乃張列炬而觀之，丹竈芝田，往往而在，深昧不可窮。乃穿後洞口而出。

明　王濟《游湴塘巖記》《粵西文載》卷二〇輯）　與客坐，間談横州山水佳勝，必首及湴塘巖，次則謝村巖焉。彼人呼洞曰巖。余終以公事羈縻，不能一往。後乘進表之行，軍衛、鄉宦、舉人諸公置酒舟中餞別，乘興一登，始畢素願。先至謝村，方維舟，村老一人率百夫列炬前導。行半里，皆平坡。後入小路，透迤縈繞，數曲即有巨怪石數十餘。依石轉二三曲得一絶壁，若無可入處。復巡一石，後方有一洞。門頗寬敞，入數步一小方池，水甚清徹，云歲旱不涸。沿池轉摺數十步，秉炬而行，復轉一曲，即有小水。聲常汩汩，深淺莫測。洞約深數里，水亦如之。白石如玉，奇怪不可言。有石如老君危坐臺上，人亦呼爲老君石。亦有若獅象人虎，千態萬狀。或如冰柱下垂，亦有自地涌出上插者。行半復有一岐石，亦深廣。至盡處，極高曠。頂有一穴，光射洞中，明朗可愛。【略】游畢，還舟渡江。行里許，見一山巋然於平曠中，即滃塘巖也。陸行皆叢楚榛莽中，有小蹊，乃前村老輩率人新薙入者。約數百步，有巨石磊塊塞洞口。巡石環走得入。洞處中甚寬廣明朗，四圍及頂皆有穴透入日光。中多奇石，色青翠若所繪金碧。傍升一石，有若磴，數級即一小路。巡石壁而行，縈繞數曲，一石隙可上。地亦平曠，其西有窗數處，可以下窺先所入處。復於其上有一石，如舌下垂，人呼爲龍舌石。遂索一梯，自龍舌攀而上，得一門入，復平曠如前。以入洞時計，此第三層也。余遂索筆大書重樓洞天四字於上。傍亦有一門，出得平地一區，若露臺。下視甚高峻，四望亦曠遠。長江若一練帶，圍繞遠近。諸山如列屏障，此又可愛。諸公於洞中盡醉，出至江滸而别。

明　施昱《游朝陽巖記》（《名山勝槩記》卷三〇引）　巖在治城南。出城西門，舟行二里而近，登岸以上，不百武至山頂，前人即平曠處爲堂以憩客。堂南稍轉而東，石磴緣崖，拾級以降，面東而广出者，巖也。巖有上下，上巖石广聳植，闊僅數楹，广際兩凹，相次如仰蓮瓣。一石下垂，去地二三尺許，隱如游雲，飄如凝烟，疊如蜂房，矯如龍首，騫如鳳翼，而適當其右。中兩崖石皆堅潤，好事者往往留題其間。石側一亭，額曰觀瀾，則江流其在下也。過此再歷石磴，下數拾級，乃至下巖。其巖亦不甚闊，然空虛明朗，洞然無物，一水自中出，淙淙有聲。大江汩汩循其前，可以列席，可以布武，可以曠目。次山之所得，即此也。前人題刻甚多，間有爲人劃去姓名者。予以爲二巖皆無大奇觀，上巖似偪仄而欠空虛，然广頽隆起，而懸旒下施仰蓮上，此則非下巖之所有。下巖似卑湫而乏高聳，然广中空洞，而清泉内出，江流外遶，則上巖亦不能過也。豈所謂有主則寔，無物則虛者哉。予觀二巖，而地中有山，山下出泉之義則具矣。夫自有山川以來，斯巖之生亦久矣。次山識之而始名。自朝陽以來，二巖之勝亦久矣，而人未有能異之者。抑山川顯晦，自有時哉。

明　王世貞《弇州四部稿》卷七二《游張公洞記》　由義興而左泛曰東九九者，九里衮也。水皆縹碧，兩山旁襲之，掩映喬木，黄雲儲野，得夕照爲益奇已。泊湖㳇。湖㳇者，洞所從首逕也。【略】可四里許抵洞，始隆然若覆敦耳。張生者，故嘗游焉，謂余當從後洞入，毋從前洞。所以毋從前洞者，前路寬，一覽意輒盡，無復餘意。盡而穿横關，險陿甚多，中悔不能達。余乃決策從後入，多列炬火前導。始委身一竅，魚貫而下，漸下漸滑，且峻級，不能盡受足，後趾俟前趾發乃發，迫則以肩相輔。其上隘，又不能盡受肩。如是數十百級，稍稍覩前行人，如烟霧中鳥。又聞若瓮中語者，發炬則大叫驚絶。巨萬乳皆下垂，崑崙巉錡，玲瓏晶熒，不可名狀。大抵色若漁陽媚玉，而潤過之。稍西南爲大磐石，石柱踞其上，傍有所謂床及丹竈、鹽廪者。稍東，地欹下而濕，跡之則益濕，且益窪不可究，即所謂仙人田也。回顧所入竅，不知幾百丈，熒熒若日中沫，時現時滅。久之，路幾斷。其下穿不二尺所，余扶服過。下上凡百餘級，忽呀然中闢，可容萬人坐。石乳之下垂者，愈益奇。爲五色，自然丹雘，晃爛刺人眼，大者如玉柱。或下垂至地，所不及者尺所。或怒發上，不及者亦尺所。或上下際不接者，僅一髮。石狀如潛虬，如躍龍，如奔獅，如踞象，如蓮花，如鐘鼓，如飛仙，如僧胡跪，不可勝紀。余時憊，足益蹇，强作氣而上至石臺。俯視朗然，洞之勝至是而既矣。

又《游善權洞記》　從小水洞復折而東北，上山不里許，至善權洞。洞左峭壁陡起，古木紛樛若怒虬，其本别坼石而出，復爲樹。時秋晚，徧壑皆金燈花，綺錯如繡。洞門峙巨石呀然而中闢，可容萬人。乳下垂，怪偉殊絶，多作蒼赤色。色不能如張公洞，而敞過之。左右石壁峭峻，貌若鹽堆、米堆及仙人床、丹竈者。僧一一指示之。上有仙人掌出乳間，下垂若招，五指柔荑，色白勝玉。又有石柱可二丈許，大十圍，色亦如漁陽玉。循柱而左折，益勝。空洞無際，稍尋舊逕出。

明　葉良佩《葉海峰文集》卷二《南松巖記》　南松巖在太平縣王城山之南，去黄巖縣北松巖五十里而近。以其南北峙望，高又相埒，故號曰南松巖云。嘉靖癸巳年，予乘小肩輿尋海上諸山，止於是且四越月，始由部濆山行二里許，抵辟支巖。路險不可輿，乃下輿步行里許，則聞澗水激石，四山風撼木之聲，若有萬軍屯鬬其間，愕立久之。行復數步，見兩巖對峙如門。入門行夾壁間可十許步，皆峭削嶄空中，類頷齶相呀。下曲折如龍游狀，是爲石門。門之内爲石壇，可坐數十人，其下爲小潭。潭之水自上龍潭來，瀄瀄行墜潭，遶石門出，遇峻險則旋而爲瀨。路漫水底，離列石椿。行瀨上由石壇而上，有獅子山。路右折揭水以進，盡路爲龍潭。其上有瀑布，水懸數十尺，下擊潭作殷雷聲，俗傳石門始山龍潰巖以出，故其崖有蜿蜒形，理或然也。左折爲石天梯，繞獅巖前趾行達背上，上有平石負土出，下臨絶澗。澗北有石壁當面立，脩廣數百尺，自此循澗行路頗平。又二里抵松巖，巖西北二面皆上厂下凹，列石坐而庥焉，風雨弗能及。西有石龕二，高僧嵩大悲、秋月師，皆嘗於此面壁云。北爲龍鼻巖，巖色獨黃異它石，鱗角獵獵，勢欲飛動，常有灑瀑如雷雨墮其前，即大旱不絕。由龍鼻巖而上有二道，其一西北行百許步，水月禪院在焉。其一東行五十步，爲羅漢洞。陟而上爲伏獅巖，登巖東向望，見海上諸山，遠近浮波濤中，煙雲杳渺無際。折而西北爲燕子巖，又爲九閬峰，此巖中最高處也。對望北松巖，勢正相埒，還而俯瞷院之屋，革倚峰足，如在燕巢中。

明　張佳胤《居來先生集》卷三九《游臨安三洞記》　臨安古句町國，治在滇之巽。方勢最下，達交廣界僅四百里，氣蚤燠。初春，衣不能袷，望皆童異。郡治博大而爽塏，西北有水雲、萬象、南明三洞者，傳奇久矣。【略】出東門，北渡瀘江橋，逕南營哨煥文諸山。從右起，連峰兢秀，環郡點黛。行約兩舍，至南明洞。洞前亭三楹，頫瞰羣峰，足供杯酌。與盧君握手步洞門，僅容二人，似卑淺。從右小石門俯僂入，稍進，四顧高敞。白石勝玉，鍾乳懸注，物象瓌譎。岩畔若垂旒狀者，不可殫述。爰有天窗接啓，不假炬光。日射石室，萬形可辯。與盧君坐石上，各數觥罷，至洞庢岩。高四尋許，上露大竅，奇樹婆娑，舞影落洞中，又南明第一觀也。出洞從左登降岩壑，可二里，至萬象洞。洞口半規懸壁，吐檐若廣厦。與盧君倚騶奴肩下磴，憩其門。酌罷，秉炬入百武許，垂乳萬狀，十倍南明中。惟石輪藏特異，即雕刻不能到。傍一小池如芙蕖，容水數升。余飲之甘，清涼驚骨，自是從者各牛飲。其中不竭，蓋天漿乎。稍進一里，攀磴上下，亂石鈎衣，前令數童子擊石鐘、石磬，余倚壁聽之，聲戛戛繞萬竅，此又南明所無。再進一里許，多支壑危石橫道，深黑難測，傳聞此洞杳不可極。石路硆砑，躡屩甚艱，乃出洞。陟磴道，踸踔深沙中，命二吏從前後曳擁，始就平。遂席地坐，與盧君相對張吻，作鋸木聲。少息，復北行。折而東，沿山麓行十里，道若之玄。復下山從西澗沿瀘江入，水聲傾澗，澎贔雷轉。約三里至水雲洞。洞舊名巖洞，殊蕭不稱，余易今名。云洞門峻啓，霞壁刺天，石堂窔奧，顯敞寡匹，垂乳如林，難以辭叙。稍進則飛龕丹盤，標舉秀發，曲折其中，如遵兩掖。其石扉高雄，呑束長津。上垂石簾數丈，若有天帝端居清虛之表，令人正襟而立。再進則秉炬，望一竇，乃江水奔流處，不可逕矣。余顧盧君謂：兹洞明豁閎傑，勝萬象、南明遠甚，致足樂也。將理策返。左右曰：此前門，若觀中洞更奇。余與盧君撫掌曰，有是哉。遂由北行，山逕羊腸，舍輿而步，可三里至中洞。甫至洞口，見飛巖截雲似墜。復倚一石柱，從右撐拄，甚奇。與盧君列席坐沙上，仰對蒼壁，下臨江水，蓋瀘江從前門入者伏流至此。素湍淥潭，迴清倒影，特可稱心。時指揮王磐石命漁者取魚數頭，跳柈水中，令庖丁擊之佐觴焉。觴數行畢，由左渡橋入。時日射洞水巖懸，萬類上下搖動，最爲佳境。稍入深黑，前列大炬松燈百餘枝，驅鼓吹十餘人傳響。前導攜從者，暨遠近旄倪，來觀者幾五百人。稍進一里許，顧四圍，石形玉立，上懸下踞，左詭右奇，不可窮詰。又進數百武，屏石柱瓏，透藻麗文踰刻畫，如是者百餘處。游人穿屏柱，左右隨意雜踏。此中敞橫，不止容數萬人。兩壁間，千門萬户，不惟足跡難遍。如昔人所謂，目不周玩，情不給賞者矣。又見空中四垂，如蛟龍倒飲，如幢幡標建，凡宇宙水陸動植物象，洪纖悉備。兩沿水行一里，部吏好事者用木塊上作梅花燈百餘盞浮水中，點點星流，參差相望。余立橋上，顧渚邊白石，笑對盧君曰，昔人探斗牛宮，取支機石者，豈足多哉。復沿水行半里，隱隱見一人立水中，亟索長炬照之，乃白石丈餘，類大士像。下有石鸚鵡，似傍大士而鳴。從者皆呼此水觀音，合掌禮之。又渡橋行二里許，冥冥漠漠，仰面環視，四無界際。碧潭澄渟，寒烟縈罩，間有腥風逆鼻，神魄俱怖。時從者各攜燈炬，命盡燒之，不下千餘。火無光焰，初甚疑悸，旋思之乃澒。洞深廣，火力耗散，仍命二三武吏取烽火數竿，橫豎射之，皆如行空中。不能極，乃知斯境高廣無量。欲再探，部吏皆作驚悚狀請罷。一恐炬火難繼，一恐太遠迷歸。余忽回想，距洞口誠寥邈矣。遂返洞中，皆平沙，無援高降深之險。出洞口時，真似脱胎天府，偶落人間，徘徊靈境，悵焉如失。

明　楊應詔《游紫陽洞記》（《天下名山諸勝一覽記》卷四引）　歲乙卯冬至，錢塘時積雪盈旬。余穿小幽徑，轉北林行雪中，抵其麓，坐石，圻紫陽洞天上。旁睨有小石堵門，予排石入之，則見林竹嶒岈，中有石池泓然。樵者曰此野鶴仙鍊丹處也。池水清寒，中有菖蒲。池後有采芝園，以雪弗果往。遥睇前，忽石碪突出，有一石類林鹿蹲其間。余亟往趨之，雪峻峻落。余乃復循石堵出，憩歸雲巖，見飛靄流氛，從巖洞中出。沿側石罅徑東上，欲訪野鶴仙祠，遡古瑞石洞。未至洞少許，則見傍嵐岫巉嶭，石乳垂下，奇甚。洞深窈紆邃，游玩久之。出，又沿石梯前，始至祠。拜野鶴遺蜕，瞻其像，清臞而飛逸，真若羽衣自海天西來。乃循庵側復穿洞，傍忽又至一山巒，洞口傍大鐫曰朝元路。乃捫蘿徑至其側，見兩崖峭削壁起，中微一綫路。天光隱隱，頂忽一黃木跨其上，狀若石梁，然余欲梯之。叢雪數尺許，不能進。返至小蓬萊，衣履交濕矣。道澄延余至列仙堂，已謁老君遺像，出。余攀石欄，佇覰欄側，有古大樹數十株，皆生石上。俯視錢塘，一抹萬家，玉宇玲瓏，心益奇甚。

明 焦希程《雲龍洞記》（《貴州通志》卷四〇引） 威清衛，本羅甸國故地也。國初始，置衛以中華人守之。去城西二里許，有洞，人莫知奇也，且辱以凉傘之名。丙辰秋杪，藩參莆田雪峰黄公暨余往焉。洞門卑隘，磬折而入，其中寬衍，可容數十人。其上則氤氲之氣蒸而成溜，清而成漳，蓊然蔚然。厓石變幻，望之如雲，而狀態互異，或如靈芝，或如蓓蕾，或如璣衡，或如凝露，或如蜂房，或如蛛網。篆烟盤旋於密石，或如齊紈越縠飄渺於風中，或鋭如懸錐而鋒芒射目，或幻如長虹而夭矯乘空，或如神龍自天而下，凛乎雷電之將至也。余因憶家食時，每觀夏雲奇峰往往見神龍垂其端，信宿上下而雲從。今洞殆不異也，因名以雲龍。

明 鄒應龍《阿迷州通靈洞記》（《云南通志》卷二九之七引） 夫物有秘而必彰，事有開而必應，幽贊神明，存乎其人。阿迷，郡名，輿地創始，音稱之美，孰敢議之。【略】山溪坱圠，步行且艱。至一洞，懸石萃崔，詭譎遡迴。樹根盤拏，暇結條上。造霄藤蘿，纏挂覆如蓋，圖畫所不能盡也。下有水涌出，分兩派注之溪，會歸盤江焉。洞門横可容三四人，予去戎服佩珥，俯僂入，列數炬前導。初入壁逼仄，下則水石交砌。足踧踖，徐捫壁，登一石磴，力躡之。上頗寬敞，懸石柱數。四垂者，倚者，植立者，變態疊出。地皆沙石，水痕鱗次，氣蒸蒸如鬱。再歷十數步，則一孔豁然透天日，心目即爽朗。又旋繞之，如經數堂宇，一處更高廣。仰視之，狀如龍盤鳳翔，鐘鼓懸列，紆舒屈曲，珠纍乳滴，浸淫蜿蜒，鬼怪駭異，真奇境也。南崖下黯渺漂沓，火燭之，則見横流洶涌，波驚浪躍，决如奔馬，淵淴潰瀑，杳不可測。志所謂「以石投之，深而雷鳴」者也。遂由故道出，距巖而立，反顧醒然如得。問其名，曰龍洞。左旁石有標題，曰南洞。咸謂距此有洞三，皆無此奇。

明 袁中道《珂雪齋近集》卷六《游靈巖記》 游花源後，從間溪入小河，至蘇溪，舍舟而陸。遡小溪行，即靈岩洞中所出泉也。數息老樹下。近巖數里，見山峰波騰，秀媚特甚。至寺，泉聲益厲，予不暇入寺，先之洞，見洞中泠然石雲，排當怒立，即欣然一笑曰：不虚此來矣。洞縱可數百丈，横可數十丈，中有一溪，淵深不可測。其上常有雨點下滴，若融雪響。大都一洞，皆千年溜乳所成，窮工極變，色如陳雪。佛大士及鐘鼎象兕、花鳥之類，以意模之，皆得其仿佛，正不必真似也。予乃屏息静觀，從游者呼云：急來看洞後石變。予曰：徐之，如啖佳珍，須少咀嚼耳。頂上時作稻畦文，其乳下注而中止者，如懸挂衲衣，摺理下垂。已杖而上，復過一竅，即爲洞之後户。見緣溪石理如洞庭湖中軟浪，叠砌而成，石脂注于泐隙，如乳雪、旋螺。上覆忽若一鐘，然取象可種種，不獨鐘也。其溪可以益舟入，若蛇行，過此一重關，其中必有異。蓋予輩膽薄，失此靈境，悲夫。起坐洞後平地上小飲，僧云新洞亦去此不遠。蓋數年間，偶崩出一石門。往瞰之，更大于此，其石理亦相類。特昏黑，須火炬而入，急令人縛炬數十，各持杖往。至洞口，泉聲汩汩，亦有一溪。以炬前，予等相尾而入。有室，有皇佛大士，及象馬岸兕之屬，種種呈態。其流聲至深入益厲，蓋由此洞暗入前洞也。炬既而還，洞口石摇摇欲墜，殊可怖。其右即爲桃花洞，一洞皆水，惟亂石錯立水上，可步往。其中有門，水從門中出。予曰：桃花洞口，名不虚也。

明 袁宗周《游形獅巖記》（《武夷山志》卷一五引） 巖蓋武夷之别支也，以其狀如獅子，因遂名之。范公虚靈小隱在焉，經始於嘉靖己未，去今四十餘載，而余於萬曆戊戌始獲一至。遵洲渚而西，渡黄柏溪，透迤於田疇山澗之間，乍寬乍隘，忽無去路。遲迴之際，乃於山麓得一間道，僅容負擔。兩旁陡絶，灌木陰森，移數十步豁然平曠。稻田高下，環繞溪流，游魚歷歷可數。不二里有巖突兀，猊蹲於天際，即所謂形獅者是也。巖之陽壁立萬仞，稍彎若屏而色丹。半壁掛飛閣數楹，烟雲掩映，微茫中若有人俟於窗櫺者，鷄犬聲出雲端。阡陌盡得小阜，阜半有地數弓，甚平坦可亭。其上循阜折而東，石磴數十百級，曲逕縈紆，而柴關闢焉。關右崖溜水淙淙作環佩聲，匯爲方池。池上環植二色芙蓉，俯瞰清波，摇風弄影，若矜其艷者。花陰犬獰甚，主人披衣出迎，始知向之俟於窗櫺者，主人也。一笑登樓，樓瞰柴關，下臨深壑，回視所履，則身在層霄。即有暴客一夫當之，足矣。中列堂三間，創制草草，遠而望之，不啻珠宫貝闕。堂之西餘基數十丈，每月夜主人蹲怪石，揮杯勸影，足稱月臺。自是至絶頂，則城邑若帶，萬竈烟霏，間以翠微，武夷諸峰，低昂拱揖，雲谷插天。於是咏左思《招隱》詩而下，由堂東攀危石而上，有巖隆然若釣臺。臺下石洞可容十許人，旁通一竅天然瓮牖，外窺深不可測，烟霧空濛，欲墮不墮。自非達人，則四體爲痿矣。主人語余，玆山見辱於樵人牧豎者，不知幾千百載。偶以采藥而至於斯，披荊夷險，始聞於人，若知所凴依者。遂名其洞曰虛靈，竊以自號，今棲遲此中者，四十餘年矣。

明 鄒迪光《由寒明歷桃源記》（《天台山全志》卷一三引） 寒明，兩巖也而總一山，以脊相背而立。明巖之前，有八寸關。層峭屹立，怒石紛起，棧齴巉嶮，若執械以儆不若者。巖洞在其下，嵌空玲瓏，日光穿漏，若掃除以待上客者。洞口有帽影馬跡，相傳太守閭丘蔭追謁寒山，拾得二人，長嘯入巖，巖闔而閒蜕，此其遺跡也。又五里而寒巖，深廣如大厦。一石方正可坐，是寒山宴坐處。其左有石龜若龜，石筍若筍。再西有兩石分架，名雀橋，若橋。再西，有泉亂灑巖洞而下，名龍鬚，若鬚。洞前有立石數丈，五色交錯，名綬帶，若帶。其間石脂石髓，產自陰厓，可煉而餌，以當服食，真是神仙窟宅。又五里過清溪，從護國寺右轉二里，爲桃源，劉阮遇仙之地。昔劉阮入山采藥，逢雙鬟於溪口，笑迎以入，留半載謝去，而子孫已七世矣。後人追本其事，即山而鑿石開道，環以桃花，謂澗爲鳴玉，謂峰爲雙女，謂溪爲惆悵。夫鳴玉者，珮環也。雙女者，雙鬟也。惆悵者，惜別也。無非爲仙女仙郎寫此風流勝事也。今其地壁塢深奧，陡崖曲折，若房若櫳，葳蕤深鎖，似人間亦非人間。獨無胡麻流出耳。嗟乎，兩巖猶在，二仙何之？流水依然，雙鬟寂寂。閭丘太守，采藥郎君，然耶，否耶，爲三歎而出。

明 姚奎《游石屋記》（《天下名山諸勝一覽記》卷七引） 泰山東行三四里，無復蹊徑，披蒙茸，攀巉巖。傴僂而上，愈進愈險，下瞰嶺崖，驚汗浹背。又三里，盤旋轉一岡，而石屋在望矣。有羽士迓于青松絶壑間。前牽後擁，乃獲躋焉。瞠目縱眺，上有削鐵奇峰千朵，前有夷地可半畝，入其中，窈然而深，朗然而虛明。石竇涓涓凝結玉柱，大十圍，高丈餘，晶瑩可鑒。厓有元君手印，玉指宛然。後有石床，則元君偃息處。左偏一竅，透絶頂。頂有石樓，可坐三四人。水滑不能升躋，攀數蹬而下。力疲卧石床，毛骨灑灑。旁有聖水池，清冽而甘，恒不盈不涸。下有石曰牛心，甚奇怪。又下有洗鶴灣，深不可測。一鶴鳴于上，似與人聲相應和，實真仙境界也。人之游泰山者，每以道左日窮爲畫，於斯罕到，孰知石屋之多奇。

明 解經《游阿盧仙洞記》（《天下名山諸勝一覽記》卷一五引） 至大洞口，有大虎石當門。左旁有廊，一連四隔，頗露其奇。行數步有小洞口，止容一人匍匐而入，亦有大虎石當門。又數步，路甚狹，若人咽喉。然行數步，其路宏敞深邃，不辯東西南北也。又下雕欄一週，行數步，下有彩雲一段，左旁有大傘蓋一柄。又行，旁有甑，二女供炊。行數步，懸石甚多，鳴啞各異。以石有獅、象、猿三獸。固無全形，皆顯其首。行數步，旁有寶塔一峰。行數步，旁扣之，其聲有如大鼓者，有如洪鍾者，鏗鏗隱隱，足聳聽聞。行數步，水滴有燈盞，圓深可愛。行數步，有擎天玉柱，高三丈許，身披錦繡，挺然獨立，直抵千山頂，真天下奇觀也。行數步，有水田一段，牛眠其內。行數步，有瑶床一張，若施帳幔者。行數步，佛龕一座，構檐結棟，雖工于畫者不能模寫其妙矣。行數步，右旁陡，下有水，其深莫測。夫凡此數事，特指其中有名者也。至于上則層巒倒掛，呈奇而獻巧；下則群峰突起，門麗以誇妍。千態萬狀，莫非天造地設之景象。神仙養道于斯，所謂「洞裏乾坤大，壺中日月長」者是已。

明 黄中《南明洞天記》（《天下名山諸勝一覽記》卷一五引） 句町之山多洞壑，率幽深窔突，非列炬不可入。兹洞盤旋屈折不能二百步，而仰開三竇，天光晶晶，可別鬚眉，蓋他洞所絶無也。當口處僅一竅，大如瓮，荒榛野蔓，又從而翳之，雖土之人無知之者。今年秋，予按郡臨安。公暇，偕大參芹溪沈君，兵憲虹泉蔣君游萬象洞天，過而疑焉。命從者從竅旁擊之，聲蓬蓬然，中若有應之者，知其洞也。遂薙而門焉，直窮堂陝，谽谺曠衍，可容數百人。氣核水沫，胚腪凝結，奇形詭狀，紛錯空寂，令人心驚目眩，應接不暇。昔人謂神仙之所窟宅，非歟。即予謂兹洞自開闢來便有之，顧今乃始見知于人，豈造物者顧自秘靳，不輕以示人耶，抑亦待時而後顯也？因名之曰南明洞天，而系之詩云。

明 吴炳《龍虎山记》（《天下名山諸勝一覽記》卷五引） 是山東距信二百里，西距饒三百里，爲天下福地祖天師於此煉丹，青龍白虎盤旋左右，因以名山，即上清宫也。【略】宫前二十里，曰仙岩。祖天師始至信，仰闕俯闕，窮極目力，窅乎不可及，遂於此煉丹。下有棋盤石居水中，如砥平，可坐眺。壁有大書「仙岩」二字。岩上有仙人寺，石山森布，一峰中高，曰天竺。又有岩曰白華，陡絶如削，下臨不測。後仙岩，宋熙寧，寶月禪師自浦城來，緣峭壁抵白華，人跡往視之，見師燕坐岩中，自是通往來。洞開二十四岩，各具器物。泛舟仰眺，歷歷如新。陰陽之鎔冶，神鬼之造構，夫亦勞矣。若三人並立，持論者爲三教岩。若一人俯溪以觀者，爲觀水岩。中設棋枰，若二人對奕者，爲奕棋岩。張機欲織，或空倚杼軸者，爲機杼岩。杵臼宛置者，爲杵臼岩。如展一輛者，爲木屐岩。搆架駢列，染色猶有存者，爲染其岩。中安石磨，磨傍置藥羅者，爲藥羅岩。若泥成竈，有水淋火煅之色者，爲丹竈岩。中□瓮横欹不動者，爲酒瓮岩。中横一棺者，爲仙棺岩。雜列鐵器，泥爐側者，爲鐵爐岩。累木料而傍積白泥者，爲泥料岩。中横一舟者，爲仙□岩。石榻設而白雲常覆者，爲仙床岩。若重樓複閣者，爲棲真岩。兩柱間一擫若將抹馬者，爲馬廐岩。張架若鷹矢積者，爲鷹架岩。狻猊中伏者，爲獅子岩。若卧犬羊者，爲仙犬岩，爲仙羊岩。昔人浮舟游，聞樂聲要妙，出自岩中者，爲仙樂岩。岩有倉，倉有門，新舊開闔，農家取以占歲者，凡三所，爲仙倉岩。一木出尺餘，繫汲器，時斜閣木上，時收入無定，洪武間武士來游者，援弓射之，木乃縮，今猶見其半者，爲轆轤岩。仙岩北有桃源觀，揭水由石峡入。里許，地夷曠膏沃，石嶺蔽之，始道人誅茅，以居地多猿猴，嘗采果以獻，後人建宇耕桑，恍如隔世。岩北復有鍾鼓岩，中有竅，透東可出。昔有宜修者，石臼出米，石盞出油，石鍾鼓擊之，各應鳴。道人欲開臼鑿盞以希餘積，由是鍾鼓絶響，油米不復出矣。仙岩下五里，有馬祖岩，巨石爲門，緣石級入岩，置屋石隙一小房，中通天光一綫，夏凉冬温，佳景也。

明　楊嗣昌《靈巖洞記》(《湖南通志》卷二三引)　靈巖爲洞者三。沿寺左行，逆泉而上，得峭壁，爲前洞。洞門巨石欹立如醉，截而三如累棋，已飛落其一，餘摇摇欲從風靡矣。洞南北穿五百餘尺，豁然空明，其下流水潺潺，如一衣帶。出洞數里，溢而爲溪，其上絡乳垂珠，形狀不一。或如鵝管，或如蝶翎，或片片斷如□雲，或疊疊如竿上柄。或如青蓮含□而未墜，或如竹萌解籜而斜出。或脱落如齒蜕而齦見，或窈深如蝸出而殼懸。或鑿鑿如龍鱗，或格格如馬齒。要知山河大地，無所不有，而不可名言。其溜雨則滴瀝如殘雪墜檐，清泠如寒風入磬。又或如鐘鼓閒作，緊響鏗然。出兹洞後，踰脊骨而下，入其坳爲後洞。洞額殊廣，巖紋如細浪，層層然。修藤倒挂，如紐篆。洞腹高視前洞加半，而不能隙日月光。持炬燭之左脇，乳成自然佛像。舊目爲白衣大士浮海者，石瑩如定州瓷，古色可愛。相去丈許，復得一像，頭足粘壁閒，一軀透脱。余目爲普賢乘象。物態宛然，因疑有三大士，已見其二矣。過是，炬火不復能然，煙鬱如爨室。濃脂蕩蕩不留足，或脱則墮水中，懼不敢入，復尋故道出。

明　張一清《游水月巖記》(《粵西文載》卷二一輯)　鬱林東南行二十里，有所謂水月巖，云東距勾漏洞三十里。骨脈聯絡，斷續嶔嶔。至小月則石更瘦，峰越巉削。虚其中而爲巖，門西北首清澗潆洄，曲折遶其外。渡野橋抵巖，虚明爽豁，中高類蓬壺。鍾乳琅玕，倒懸錯列，其下可坐數百人。澗水迂其中，蕩漾奔激，微有聲。澗之中巨石蹲踞，矻爲砥柱。由巖石轉，遵澗行，爲陰洞，日月秘而龍虎藏，游必列炬。跨木渡澗數十步，水石益奇，削爲玉蓮，伸爲仙掌，渦而爲盤，立而爲柱。飛翔變怪，流泉鬱紆蒼壁之下。有銅鼓石，擊之能作雌雄聲。澗之東有石竇，水半坎。把火下照，紫鱗巨細，洋洋悠悠，不避人。再攀援而上數十步，婉轉曲折，則出於巖左矣。山之麓有田幾坵，環列數峰，所缺一草亭耳。復西南行，有峰拔地起，草木森蓊，是爲天馬洞，云洞視水月差小，其中佳勝，略與水月埒。外無障蔽，有兩石昂首而對峙，若上馬木。木之前，地平若泥沙，視之皆石也。有馬蹄迹，莫記數。迹入二三寸許。洞最幽邃，灣環旋轉，出入共一門。復行西，度兩峰，則爲鈞天洞焉。洞頗高，門在山之半，其下多峻石，廉利不堪步履，須捫蘿傴僂然後至。門之内有奇石卓立，若樹塞。遶石行數步，豬水爲潭，斷焉。潭夏盈冬涸。度潭，乃爲鈞天洞，云洞分上下二界，下界臨潭水。有石垂垂下，叩之鏗然若金韻，最悠。有石磬，戛之哀然若玉。地中虚，撞之皇皇若革。越石而登上界，尤軒豁，天光透明，廣可坐百人。下擊衆音鼓鐘迭奏，金玉相宣，飄飄乎真坐九霄而聽鈞天之韶濩。謂之寰中絶景，非邪。復行而南，折而北。東二里，小峰磊落，奇石鑽矗，擁爲胡椅。内巉峭壁，立不可登。躡右有巨石，石中分爲小門，僅通人行。從門入，是爲栖霞菴。云菴之背有草亭，曰太虚亭。亭之左有小洞二，曰隱真，曰天谷。菴之前匯泉爲潭，曰浴日。潭左有天井泉，味甘冽，嗽之泠然。由石門而左，去山頗遠，煙雲蔽虧，林木菁葱，是爲得一書院舊址焉。

清　彭而述《飛雲洞記》(《貴州通志》卷四〇引)　黔山多童，樹不及尺，石亦頑。自沅入鎮遠可四五百里皆然，疑黔山止此矣。偶鎮遠北道傍，忽見山半壁如墻堵，百仞嶙峋，色態青緑，結陣而來，馬上神眩。同游者曰：即前所云飛雲洞也。嶔嶔歷落，萬山飛動。予驚悟曰：何奇怪乃爾。城濮之役，一戰而霸，何求多爲。先登者呼曰：此中大有物。盍先内而後外，爲拾級而登，朱門照耀，時官題楔。折而上，有巨象一軀，可十餘圍。自山椒頫身，下捲鼻與巖牙相鬥，雌雄未决，若有待者。又晉一階，爲平臺爽塏，如飛樓數間，闊可數丈。下臨絶壑，有石欄爲遮。欄外三峰，肺石鼎峙，山額溢出，飛榭四蔽，懸瓠下垂，乃簇光怪樓中。左右壁大且環堵，如陣雲、戰馬、劍戟相列，如怒獅搏豹。有鳳翔者，有鸞舞者。其慧且黠者，如獮猴數百纍纍，引手飲澗下。如鼯鼪跳躍，追逐木末。如鸞鳥愁胡，攫身欲動。其樸如定者，爲甑爲釜，爲尊彝，爲胎銅，爲珊瑚。或簇荇藻，或結芝蘭，或圓若璧，或半若珪，種種不可思議，洞中兼而有之。嗟乎，此明堂考王會圖也。又折而右，有石蟒塞路，猙獰矯首而出。石梯再下數武，又有一小洞，水潺潺流出。石乳亂下，其詭譎欲過之。聞此中二三年，大水湧出，輒見龍一枚，以爲常。

清 王命岳《耻躬堂文集》卷一三《石鐘記》 前去江州幾何，從者曰可六十里。余欣然同游。出闉迤西數十步，爲下鐘，建大士閣其上。閣之右有亭翼然。亭之右片石奔江，可坐二三人。然俯瞰凛然若墜，不可迫視。迴而東出，石徑後有堂巍然。堂中石叩之作木聲，聞數里。堂之左峭壁巉岩，古今題咏鏤石上者錯錯爾。復沿徑而登，怪石嵌空，錯立道旁，不可殫舉。轉上乃得平岡，可坐百人。同官史焕章題石曰「五老飛來」。是日蒙陰，所謂五老峰隱不見，惟見天際浩淼，與白雲相涵虚而已。迴從小徑，東有石罅一綫，俯臨無際，隱隱有石砌。文衣曰，漁人從砌而下，立尺石上，布罾取魚，了無怖畏。又轉而東下，得石徑。徑不盈尺，側身而入，摩鼻盪腹。曲折數十步得一平石，足坐五六人，有石屋覆其上，水點滴覆石下。余與文衣憩而酌酒。下窺江潭，深碧黝窅。左一巨石，石有小竅，植木其中。文衣曰，漁者引挽上下，下臨江丈地，亦置罾焉。余泫然曰：危石之下，重淵也。魚無求於人，人猶求於魚，能相忘於江湖乎。回出石徑，稍下至沙汀。文衣指坎謂余曰，從此側入皆空洞，有堂有廡，有亭有榭，忽明忽昏，玲瓏四達，景在冬春間，可平步而入，今水漲，未能也。遂泛舟泝流而西，始知向山行皆在石髻中，今乃見。沿江石壁悉立根水下，聳拔雲際。而水激石上，噌吰鏜鞳之音已鏗然入耳。忽有持罾而立丈地絶壁下者，即余向所泫然處也。壁下石嵌小者如斗，大者如車，皆與前洞相屬無何，而石壁忽開一綫，舟中視之，可二三寸許，自綫中出一人立水際，疑山魈、木客，蓋向所謂從石砌而下者也。果持罾人。壁上小穴，大可容栗，有小鳥疾飛入其内。余笑謂文衣：是鳥當無死法矣。猶存此穴，見宇宙之寬乎。移棹漸西，俄有一石飄渺雲際，獨窺江上，峥嵘如飛霞，如堆雲。真山也如假山，真石也如畫石，奇異不可名狀，此何景也。文衣曰：此即初游時亭右奔江片石。自江上觀之，愈益奇。余曰，下鐘之游止乎，果不崇朝也。李少室南音北音之石，蘇子瞻歌鐘無射之聲，雖未細按，而得之大意，已在耳目間矣。

清 施閏章《學餘堂文集》卷一四《碧巖記》 余至湖州之三日，問太守吴公以山水之最，則首舉碧巖。碧巖故弁山高處，太守嘗與客游憩其上，而湖之人罕至焉。凡湖之山皆濱水，可舟游，而碧巖距水八九里，石磴欹危，逕草没骭，芒屨竹杖，畢力而後至焉。林木荒薈，風灌灌然，暮寒侵骨。有僧雪波者，出其詩具言山中勝事。屋後石壁十丈許，罥以老藤，攫拏佶曲，下覆石泉。中有物如蜥蜴，蜿蜒五色，禱雨則取之，或時不見，謂之龍子。春夏之交，藤花盛開，和笋作饌，風味絶殊。地産茶與廟岕相敵，然皆寄生箐篁巖石間，滋以雲霧，僧蟻附而擷之，曰野茶。最高者曰雲峰，尤清絶不多得。余嘗過匡廬五老峰，啜雲霧茶，蓋此類也。寺東有洞如龍口，草木旁綴爲鬚。逕西則珠簾泉，下瀉爲瀑布。時秋晴，水僅相屬，不能作崩崖砰石聲。憑巖面太湖，澄泓無際，拍臆盪胸。巖石皆累峭。初至山腰時，望之若崇墉，苔蘚繡錯，山稱碧巖，或以此。蘇文忠嘗題字其上，今剥落，猶髣髴可辨。聞山後有精舍三四，皆鉅觀。

又《振衣石記》 湖洪厓井而上百餘步，一石獨峙，坐容三四人。俯觀瀑泉數十道，砰轉谷間可濯衣。憑流測源，畢景忘返，其旁有舊刻云「嘉靖癸亥冬，武陽王洪泉奉命經此」凡十四字，大如拳。問土人，莫能名。余以笻杖擊石，歌「振衣千仞岡，濯足萬里流」之句，遂名曰振衣石，記之而去。客言上數里有兩石如輪，水激之作鐘磬聲，異日當更尋之。

又 卷一五《游廬巖及石淙記》 十一日登龍潭，南尋廬巖寺，蓋唐徵君盧鴻乙隱處。泉出千尋巖上，雨後爲瀑布，回風拂之爲捲簾。會秋旱，尚灑灑如散珠然。下有盤石，可坐數十人。盧隱居授徒，累徵不起，著《嵩岳記》一卷。問邑人，亡是書矣。東二十餘里，過周公測景臺。南望箕山，故有許由冢，人皆曰許由山云。又十里，大聲發山磵，怪石林立，是爲石淙。水從東北來，東以石崖，人立而猊踞，中卧巨石，激湍淙淙然。循崖南上，壁面斗削，下爲小潭。前人竅壁置懸亭，磨崖勒銘，今亭廢，字遠不甚辨。左右石以百數，大小抗墜突缺之勢，不可具狀。西一石離立爲蹲虎，頭目欲動。前有釣魚臺，其流少遠，水聲漸細。夕陽既西，崖黑蘚青，倒映澄緑，鯈魚長二寸許，粲粲可數。土人言，昔官僚游宴，嘗取魚石穴佐酒，謂之小鮮。危石竦峙其下流，齟齬交錯，如不聽水去，每曲注爲潭，必有平石可布席，類造物者所位置，以待幽人。

又《游石梁記》　游天台而最者，高則華頂，奇則赤城石梁。赤城距城西數里，山色正殷，崇墉複闕，上下二巖若層城。去此北五十里爲石梁，兩崖堵立橫片石，長三尋，廣可盈咫，龍首龜脊。西北雙磵飛來抵巨石，合流爭道，萬籟鍧砰，崖石皆洶洶蠕動。旁據曇華亭，俯瞰梁下，直瀉千仞，烟霏霧散，殆絶髣髴。循亭檻東下望之，則飛梁冠雲，白虹數百道垂天而下矣。雙磵一出華頂，一自桃源洞，逕蓮花橋，擊石坎躍出，如白鶴振裳，如建瓴噴乳，尤爲奇絶。

清　趙吉士《寄園寄所寄》卷三　雲水洞，橫突一山。洞口啓巖下，洞外一小厂，爲游人息足處。初進頗閎敞，如三楹巖屋。再入，洞門一束，俯而行。可二十步，人俱傴僂。又二十步，則屈踵匍伏。再二十步，則蛇蚓蜿蜒。火光中望石竇，僅容身焉。越此忽寬闊，石乳所結，萬象羅目。左行過仙人橋，有老龍潭。石壁有二龍，鱗甲生動。他如幢幡、寶塔、花卉、鳳凰、珍珠、米雪之山，皆玲瓏神肖。二里許，忽躋而上，又復入一洞，似行夾壁中。籧篨而蟹步者二十餘武，更斜側而下，復平廣高遠。再入，有大士講法臺。臺高十數尺，旁有木魚、鐘鼓、雲板玉磬。擊之音清辨，各如其響。再入，則十八羅漢，修短不一，而形態宛然。入洞來已五里，折而右，景象變幻如左。吴啓元《上方山雲水洞記》

清　田雯《古歡堂集》卷三八《碧雲洞》　盤州出郭里許，平疇交風，浄翻綠浪，環溪繞陌，清見赤頳。沿緣曲徑，直造巖陰，有洞憑焉。谽谺忽裂，齒頰皆露，不知鴻蒙何年鑿也。一屏當門，灑青抹綠，游者摩挲拂拭，疑爲古玉。幽流旁泄，濺濺作擊筑聲。上有片石，如泗濱之浮磬，又如涿鹿之神鉦，叩之清越以長。始入暗甚，必假松炬以行，沙石錯然，戛人踝趾。坐息少定，則劃然開朗。天窗漏日，下射層深，毛髮可數。黄虺下垂如斗，瞿曇、大士、番僧之像各一，或倚巖舞褎，或踞石跏趺，或蟠厓仰覷，鬚貌如生。絶壁千尺，有竜升之，長與之竟。倘使葉公見之，知其必驚走也。稍進則駭浪犇雷，奪人氣魄，望之欲止。左方一徑甚微，側仄窞欿，足不可置。前牽後挽，螘附螺旋，而後達。丹竈藥罏，無一不具。安期耶，羨門耶，何以舍青城而穴處於此也。巍然一塔，拔地粘天，鬼斧雖工，憑誰著想。漸進漸濕，亦漸陋，不欲往，亦不敢往。乃緣巖而上，可出洞頂。俯視萬山，川原歷歷，乃復知有人世。一僧爲予言曰：水入洞，則世運泰亨。蓋已信而有徵矣。

清　陳玉璂《學文堂集·章山洞記》　章山洞左右皆石壁，延袤數百丈，高數仞。石嶔嵚轉側，偃仰什立，非人工伎巧所設。古樹藤蘿，倒垂其下。鼯鼯跳走如飛。旁小徑可躋山頂，人行其間，如幅壁上。湖水噴薄前後，中可容四五人。石縫泉滴瀝，芳潔可飲。夫椒、洞庭、軍嶂、林屋諸山環列如屏。山外復爲湖，又小山出没烟霧中。奄忽變幻，倏連倏斷。雲霞片片，飛水而或流遠山，或橫木杪，或游行洞口，飄飄非人間境。相傳昔有仙人居洞中，故又名章仙洞也。

清　吴道凝《天心厂記》（《名山勝槩記》卷五引）　巖具足靈質，而天心厂更靈於巖之靈。巖具足幻相，而天心厂更幻於巖之幻。遥觀之，一石壁也。即近探之，亦一石壁也。曲道盤旋，歷幾許峰頭，度幾許懸崖，纔有依稀可認，逕已迷矣。於是與二三同志，躡山頂以窮其高祇。見累石數仞，奇卉古松環遶以成幽異，尚未能模索此厂之萬一也。而山半石旁，固所不必尋矣。天將暮，爲反舍計，自險至夷，忽見數石層叠有如級狀，命鬟奴刈其茅，見石之累而上者，以百數計。級絶，得一巖，方廣可三尺許，其高稱之。予大詫曰：素聞天心厂爲金紫巨觀，以此當之，恐貽山靈羞耳。適樵者過，謂余曰：此名避兒爲天心厂。出入竇。索之，得一石巷，可容欹身進。行數步復得一木梯，訊出自誰氏。樵者曰：此隱士鄭先生讀書處，因置之以便來往也。入其中，其平如掌，地可坐數百人，一大石覆其上之半，餘其半以通明。厂畔猶有一石，地亦可坐數十人。值晴，遂能極吾桐湖影，即石巷之蓋也。後復自開石門，能達茶臺，但其路稍峻，而梅竹交香鬻花送難，更無減於來時。又可作天心厂一段後勝觀止也。其未即止也，余幾負此矣。因浮三大白以謝樵者。

清　俞蛟《夢厂雜著》卷五《游踪選勝·七星巖》　桂林八景皆奇偉瑰怪，幽邃滃鬱，而七星巖爲最。巖石上舊鐫北斗文，近已漫滅，而名尚存。【略】中多鍾乳，點滴如檐溜。柳子厚謂楚粤多鍾乳，餌之最良者，土人謂之石漿，經千百年凝結而成。巨石有直立者如人，獰惡者如鬼魅，蹲伏而張爪牙者如猛獸，蟠旋環繞、揚鰭鼓鬣，鱗甲閃爍者如蛟龍。千態萬狀，不可摹擬，真奇觀也。復行二里餘，有石欄圍繞。憑欄俯瞰，窈然而深，投以石，半晌始聞水聲灌然。道士曰，此癩子潭也。其源通彭蠡，深不可測，有黿伏其下。余爲之毛髮森竪，促道士引出。約百餘武，如曙光初逗，旭日將昇，名曰東方亮，則出巖矣。

清　金武祥《粟香二筆》卷四　昔人稱桂多岩洞，深奥奇怪，無逾七星。游西郭隱山後，遂出東郭，越浮橋、花橋，少北至棲霞寺。先拾級至北帝廟，旁有芙蓉小榭，倚巖而起，聳翠流丹，已擅奇勝。旋由聽月亭造碧虚亭小憩，乃至洞口。覓土人，持炬而入。洞口在山半，下行數十級，宏敞如堂皇。仰見錦鯉魚躍洞頂，波譎雲詭，游泳如生。歷入三天門，皆石楹垂立。再進，則高或十尋，闊或百尺，地亦寬平。忽有路窄而高者，號摩天嶺。傴僂升降，頗爲崎嶇，過此則又坦矣。四壁皆白，劉克莊詩云「玉爲牆壁雪爲城」，信然。氣極温煦如春。粤多蛇虺，獨洞中不藏，惟蝙蝠見火飛鳴耳。頓足曳杖，鏗然有聲如鐘鼓，蓋洞之下又有洞焉。以火四照，旁列萬形。土人一一指之，爲老稱人物、幢蓋、囷廩、獅象、龍鳳之狀者，不可勝計。半爲石乳滴瀝而成，巧如雕鏤。半乃真石，其初蓋亦乳結也。造物之奇如此。昔唐人鄭冠卿遇日華君、月華君于洞中，與詩云：不因今世行方便，安得今朝會碧虚。蓋仙靈之窟宅也。有數潭深黑不可測，潭旁有金銀沙屑閃爍者，爲金銀沙井，豈山之寶藏耶。約行里餘，聞土人呼曰：舉首一望，東天發亮。則見天光一道，如長夜忽旦，爲之惝怳。隨園所謂出洞如出夢，諒哉。度石橋即至洞口，是爲曾公岩，舊名冷水岩，亦七星之一。

清　鄭光祖《醒世一斑録》雜述卷二《林屋洞》　滇黔川廣多山，亦多山洞，類可深入。若江南山固不多有洞，亦難深入。惟太湖中，洞庭西山鎮下之林屋洞，至深可入者數百丈。初入洞口，寬宏如大厦，滴水下漬。泥甚滑，寸步難行，尚不知内洞所在，惟向内稍從右匍匐蛇行，得内洞，如在人口之入於喉。若少左，與兩旁之洞皆誤也。洞中上下四旁皆玲瓏湖石，是上古地水出入衝成。從内洞深入，洞忽大忽小，忽起忽伏，須處處識之，毋使欲出而迷。洞口微有氣出，知其中不藴死氣，不然不可輕入也。然須於冬季天晴水枯時入爲便。余屢至皆在春夏，故未一入。此山一阜峙湖邊，與内疊嶂不相屬。洞雖深，其曲折只在一阜中。深入者至隔凡兩字處，則不易再入，謂其内必仙境也。但是處安知不切近外包土面，儻鑿開一穴，外透天光，則仙境安在。人之愚往往如是。更有言洞在湖底之下，并聞波浪之聲，則其愚更不可問矣。洞口石上刊曰天下第九洞天。

清　陳衍《石遺室文集》卷五《游方廣巖記》　片石成厂，壁立數十仞，袤廣數十筵，深十丈，淺者數丈，殆吾方廣之所獨也。自葛嶺東北行，兩山分排，中落廣澗。循出東麓，上石磴，經一石亭，輿夫遠指一峰，峰頂方平，異於衆峰，一松獨巨，異於衆松。告余曰：此方廣也。由是石磴數十級輒一轉，數轉則六疊之泉瀉焉。又數轉，石壁陡立，磴居其外，壁鎸捫壁二字，若告人以難行者，然固妥帖不頃險也。又轉，七疊之泉瀉焉。泉右有亭，延佇久之。由是磴益蹙，松益長，澗益仄。又數轉，萬翠蒙密，山路若窮，近乃得罅，則石門也。門本兩巖相倚，無路可進，何時劀開石扇，崩墜猶在。更進，則側身巖，身側乃過。又進，全巖乃見。佛屋嵌空數十間，向所見之巨松表焉。無一瓦而上不雨，無一墻而旁不風。弦月在樹而雨聲潺湲，花木覆檐而上介樵路，則因厂爲屋，水簾數百尺，被乎其右也。厂石斑剥攢結，千態百狀，抑其末矣。福州自陶江以南泝流永福縣治，以抵永春之德化，寔名南港。山刻水厲，富竹饒石，巨口、赤壁諸山略如長江之石鐘、馬當、道士磯。葛嶺二小瀑，分左右三疊而下，尤似匡廬開先。而水莫雄於龍潭，石莫奇於方廣。博於游者自知之，非余私其鄉之言，然僻在荒裔，游者恒未及知，則以余爲私其鄉之言也，亦奚不可。

清　李晉興《黄門巖記》（《湖南通志》卷二五引）　黄門巖有柏子書屋，四面環以崇山，聳拔峻峭，隱然如城郭。中繞一溪如帶，瀌瀌有聲。自華陰山瀠洄曲折，夾兩山以奔赴，其窮則爲兩峰，耦峙於書屋之前，昂首斜趾，蹲踞若相揖狀，又若門户然。從所耦窺其外，則邑城居民，煙樹闌珊，入目並韓張，一亭亦巋然在望。邑屋煙樹之外，有峰焉。彎如眉黛，青葱秀敞，啓吾柴關，可置爲外翰。泝溪流而上，漸遠衝函，達於猺峝，入於華陰。極於無人之境，不雲而雲，不雨而雨。其中鹿兔猨狸，野牛馬豬之屬，無異家豢。時有魑魅，白日出與人侣，人且狎焉，而不知怪，蓋非復人間世矣。書屋之左，隔溪有赤石峭立，若朝日射彩，右山積翠欲滴。有白石層疊，横亘數丈，與赤石對照。沿溪行過石峽，有泉瀉於石罅，娟娟然。下有石鉢承之，滿而注外，其鉢之高，與人身等。行道有□者，可立飲泉上。有谷多菊花，凌霜燦爛，可知是泉之靈，爲延年甘液也。度泉路繞巉巖，巖上蒼藤古木，盤曲空際，時有瀑布灑落，立者滿身濡濕。過此則爲拱立兩峰，繞而上爲虞峰。峰頂有廟，祀帝舜。繞而下爲牛岡，殆就形似名之。巖産白石，擊之縱横解，即方解石也。武溪自華陰山奔赴至此，受束縛，又多巉石，激之怒湍，盤旋難下。從此至峰頂，山徑益峻險。賈勇而登，萬象森列，左則城郭市邨，煙火迷離在望。右盼高嶺嵯峨，山澗迴向，千盤萬曲，郵居雜出，若遠若近。前招華陰三峰聳於雲漢，後覽東山而龍洞煙雲，如結桂嶺，光藻炫目。廟前一石盈數丈，斜倚欲墜。相傳舜南巡駐此，奏韶樂，山神震動，石將圮。有巨靈以掌承之，今掌迹宛然。下爲資福古制，舜峰有石纍纍如雪霜，可照樹木人物，或即雪霜凝結耳。廟側有古寨，雉堞門□井然。或曰此古昔居民避亂所築。余謂是當年南巡駐師遺址，亦想當然耳。由此返行，一帶平岡，俯視書屋，如在幽洞中。匑施之盡，傴僂以下。有小澗流出與武水會，曰塘頭冲。冲盡山曰飛仙塝，意即穿鐵屐者之冲舉處乎。悵望久之，爲蹇裳涉溪。臨溪峭壁側立千仞，蒼翠滿鋪，敞若屏障。高不可攀者，則鐵屐雙置小石穴中，儼然鐵鍊□成，歲久銹黄，不知飛仙蜕於何代，殆可望不可即焉。山半石竇開門户者四五，下有石磴，攀援以登，僅堪容足。由左躍入内，敞開平地，有大罅。日光朗射，可盤坐暢飲。其右不能飛越，亦曾見有冒險緣過者。中之所有，惟入者領之。又有兩户平開，亦可出入。高數十丈，未易攀躋。其敞開平地者，若廳之後有室，室後有樓，並有階級可登。其間怪石岐嶒，奇花異草，丹堊錯雜，不可名言，爰紀其略如此。書院爲先王父瓊芳公建，明末燬於兵燹。今所創者，非舊制也。

藝文

南朝陳 張正見《石賦》（《藝文類聚》卷六輯） 連山蔽虧，巨石嶔崎。上興雲而蔚薈，下激水而推移。舒丹霞於九折，混白露於三危。鎮方城於濮水，固天闕於湯池。開五岳之靈圖，集九老之仙都。韜神弓於射的，産利劍於昆吾。魚躍湘鄉之水，鴈浮平固之湖。隨山鵲之金印，碎驪龍之寶珠。奄藹披衣，氤氲翠微。精衛取而填海，天孫用以支機。隨西王而不落，傍東武而俱飛。

唐 元結《次山集》卷六《五如石銘并序》 涍泉之陽得怪石焉，左右前後及登石顛，均有如似，故命之曰五如石。石皆有竇，竇中湧泉，泉詭異於七泉，故命爲七勝泉。石有雙目，一目命爲洞井，井與泉通。一目命爲洞樽，樽可賑酒。石尾有穴，且如礲者，又如瀧者。泉可渟澄，匝石而流，入于礲中，出而爲瀧。於戲！彼能異於此，安可不稱顯之。銘曰：

五如之石，何以爲名。請悉狀之，誰爲我聽。左如旋龍，低首回顧。右如驚鴻，張翅未去。前如飲虎，飲而蹲焉。後如怒龜，出洞登山。若坐于顛，石則如乘彼靈槎，在漢之間。洞井如鑿，淵然泉湧。澄瀾涵石，彼起如動。不旌尤異，焉用爲文。刻銘石上，於千萬春。

又《朝陽岩銘并序》 永泰丙午中，自舂陵詣都使計兵，至零陵。愛其郭中有水石之異，泊舟尋之，得岩與洞。此邦之形勝也，自古荒之，而無名稱。以其東向，遂以朝陽命焉。前刺史獨孤愐爲吾剪闢榛莽，後攝刺史竇必爲吾創制茅閣。於是朝陽水石，始有勝絶之名。已而刻銘岩下，將示來世。銘曰：

於戲朝陽，怪異難狀。蒼蒼半山，如在水上。朝陽水石，可謂幽奇。岩下洞口，洞中泉垂彼高岩，絶崖深洞寒泉縱。僻在幽遠，猶宜往焉。況郡城井邑，岩洞相對，無人修賞，競競當作竟使蕪穢。刻石岩下，問我何爲，欲零陵水石，世人有知。

唐 白居易《白氏長慶集》卷七《遊石門澗》 石門無舊徑，披榛訪遺跡。時逢山水秋，清輝如古昔。常聞慧遠輩，題詩此巖壁。雲覆莓苔封，蒼然無處覓。蕭疎野生竹，崩剥多年石。自從東晉後，無復人遊歷。獨有秋澗聲，潺湲空旦夕。

又 卷四三《三游洞序》 三月十日，參會於夷陵。翌日，微之反棹送予至下牢戍。又翌日，將别未忍，引舟上下者久之。酒酣，聞石間泉聲，因捨棹進策，步入缺岸。初見石如疊如削，其怪者如引臂、如垂幢。次見泉如瀉如灑，其奇者如懸練，如不絶綫。遂相與維舟巖下，率僕夫芟蕪刈翳，梯危縋滑，休而復上者凡四焉。仰睇俯察，絶無人迹。但水石相薄，磷磷鑿鑿，跳珠濺玉，驚動耳目。自未訖戌，愛不能去。俄而峽山昏黑，雲破月出，光氣含吐，互相明滅，晶熒玲瓏，象生其中。雖有敏口，不能名狀。既而通夕不寐，迨旦將去，憐奇惜别，且嘆且言。

唐 劉禹錫《劉賓客集》外集卷九《含輝洞述》 河東薛公景晦以文無害爲尚書刑部郎中，以訕爲道州刺史。居郡大理，至於無事，清機羨益，盡付山水。一旦以書來誇曰：吾得異境于近郊。自城西門並南山俯江水，有石穹然如夏屋。其左右前後，又如回廊曲房，藻繡雕彤之象。雲生日入，怪狀迭發。水石卉木，香非人寰。意其當爲食霞御氣者之所游息，委蜕而去，不知其幾千百年。逮今得諸黄冠野夫。及請而往，因名其地曰含輝洞，蓋詩家流所謂「山水含清輝」者是已。吾子常以詞雄於世，盍爲我志焉。愚得書，退而深惟若薛公者，少居江湖間，游名山，東探禹穴，止四明、句曲、金華、陽羨，南過九江，薄匡廬以涉彭蠡，天下山水之籍存乎胸中，第其高下，銖兩不失。及是而口呿不能名，顧謂奇，信矣。若江華者，九疑三湘之佳麗地也。【略】故述焉，以書于洞陰曰：

營陽鬱鬱，山水第一。洞有含輝，游人忘歸。公也孔樂，請言其微。先是斯境，翳于榛薄。天姿孤絶，凡目所忽。閟其清光，有待而發。公之來思，探奇玩奇。芟野薙林，而民悦之。既悦其至，益知所嗜。捫陘歷峴，來適公志。偶得奇絶，聿來告公。駕言從之，谷岸溟濛。有石如門，又如垣墉。樛蔓交木，似綸似組。乃芟乃治，乃可布武。伸脰掉臂，空洞無阻。左右回環，儼若廊廡。飛泉出竇，練緌花吐。觸石吹沙，珮摇絃撫。側逕貪緣，豁然見天。有石如堂，度之五筵。東西二門，與日明昏。奥者如室，宣者如軒。因其高下，爰搆亭榭。匠生於心，隨指如化。開山剪木，後以私屬。結構暨茨，子來嬉嬉。無事而就，邦人不知。淑清之辰，休澣之時。雅步幅巾，琴壺以隨。前無俗人，與白雲期。年日盡適，形神不羈。元氣顥然，觀吾朵頤。遵渚之鴻，有時而飛。石門之下，可以棲遲。此谷而盈，彼丘而夷。維公之跡，永在于斯。

唐　皮日休《入林屋洞》（《松陵集》卷三輯）　其門纔函丈，初若盤薄硎。洞氣黑昳䀘，苔髮紅鬖髿。試足值坎窞，低頭避崢嶸。攀緣不知倦，怪異焉敢驚。匍匐一百步，稍稍策可横。忽然白蝙蝠，來撲松炬明。人語散澒洞，石響高玲玎。脚底龍蛇氣，頭上波浪聲。有時若服匿，偪仄如見綳。俄爾造平澹，豁然逢光晶。金堂似鑄出，玉座如琢成。前有方丈沼，凝碧融人情。雲漿湛不動，瓊露涵而馨。嗽之恐減算，酌之必延齡。愁爲三官責，不敢携甀。

唐　陸龜蒙《甫里集》卷六《潺湲洞》　石淺洞門深，潺潺萬古音。似吹雙羽管，如奏落霞琴。倒穴漂龍沫，穿松濺鶴襟。何人乘月弄，應作上清吟。

宋　文彦博《潞公文集》卷三《游紫雲洞》　幽奇素所希，險絶曾無恐。况此巖谷游，不知雙舄重。攝衣叩洞户，肅若心神悚。兩崖勢相嵌，左右如抱擁。萬木傍森羅，一水中洶湧。信哉天下奇，豈適俗間用。

宋　歐陽修《文忠集》卷一《三游洞》　漾楫泝清川，捨舟緣翠嶺。探奇冒層嶮，因以窮人境。弄舟終日愛雲山，徒見青蒼杳靄間。誰知一室烟霞裏，乳竇雲腴凝石髓。蒼崖一徑横查渡，翠壁千尋當户起。昔人心賞爲誰留，人去山阿跡更幽。青蘿緑桂何岑寂，山鳥嘐嘐不驚客。松鳴澗底自生風，月出林間來照席。仙境難尋復易迷，山回路轉幾人知。惟應洞口春花落，流出巖前百丈谿。

又　卷三《菱溪大石》　新霜夜落秋水淺，有石露出寒溪垠。苔昏土蝕禽鳥啄，出没溪水秋復春。溪邊老翁生長見，疑我來視何殷勤。愛之遠徙向幽谷，曳以三犢載兩輪。行穿城中罷市看，但驚可怪誰復珍。荒烟野草埋没久，洗以石竇清泠泉。朱欄緑竹相掩映，選一作邀。致佳處當南軒。南軒旁列千萬峰，曾未有此奇嶙峋。乃知異物世所少，萬金争買傳幾人。山河百戰變陵谷，何爲落彼荒溪濱。山經地志不可究，遂令異説争紛紜。皆云女媧初鍛鍊，融結一氣凝精純。仰視蒼蒼補其缺，染此紺碧瑩且温。或疑古者燧人氏，鑽以出火爲炮燔。茍非神聖親手迹，不爾孔竅誰雕剜。又云漢使把漢節，西北萬里窮昆崙。行經于闐得寶玉，流入中國隨河源。沙磨水激自穿穴，所以鐫鑿無瑕痕。嗟予有口莫能辯，歎息但以兩手捫。盧仝韓愈不在世，彈壓百怪無雄文。争奇鬥異各取勝，遂至荒誕無根原。天高地厚靡不有，好醜萬狀奚足論。惟當掃雪席其側，日與嘉客陳清罇。

又　卷一五《遊石子澗富相公創亭》　巖嶭高亭古澗隈，偶携嘉客共徘徊。席間風起聞天籟，雨後山光入酒杯。一作「朝廷元老今華衮，巖壁遺文已緑苔」。泉落斷崖春壑響，花藏深崦過春開。一作「新雨亂泉逢石響，過春深谷尚花開」。麏麚一作林間禽鳥莫驚顧，太守不將車騎來。

宋　鄭獬《鄖溪集》卷二八《過三十六洞》　草深樹密不見溪，但聞地底溪聲迴。忽從山口渡流水，始知此溪山北來。

蒼山連環不斷頭，溪聲繞山無時休。後溪已穿緑樹去，前溪却向山前流。

高溪却瀉低溪水，溪裏分明見白沙。夜來山上暴風雨，溪口流出紅桃花。

宋　蘇軾《東坡全集》卷二二《碧落洞》　槎牙亂峰合，晃蕩絶壁横。遥知紫翠間，古來仙釋并。陽崖射朝日，高處連玉京。陰谷扣白月，夢中游化城。果然石門開，中有銀河傾。幽龕入窈窕，別户穿虚明。泉流下珠琲，乳蓋交纓纓。我行畏人知，恐爲仙者迎。小語輒響答，空山自雷驚。策杖歸去來，治具煩方平。

宋　蘇轍《欒城集》卷一《三游洞》　洞前危逕不容足，洞中明曠坐百人。蒼崖硉兀起成柱，亂石散列如驚麇。清溪百丈下無路，水滿沙土如魚鱗。夜深明月出山頂，下照洞口纔及唇。沉沉深黑若大屋，野老篝火青如燐。平明欲出迷上下，洞氣飄亂爲横雲。深山大澤亦有是，野鳥鳴噪孤熊蹲。三人一去無復見，至今冠蓋長滿門。

宋 鮮于洗《**靈巖**》（《**宋金元明四朝詩**》**卷一三輯**） 千峰環郡宇，二水遶城堞。每憐山水佳，况復開巖穴。川流數里近，放棹扳巘巢。靈巖駭神化，環蔭數畝闊。何人營佛祠，棟宇殆天設。前軒瞰溪山，眺聽心耳豁。徑穿巨水下，碧玉聳高節。涓流瀉石褀，玉乳甘且潔。其東乃小巖，洞户敞深徹。嵌巖見石柱，任重立精鐵。昔人遇真仙，相攜觀貝闕。川平聽雞犬，始覺人世別。屈曲沿青溪，桃花正開發。塵緣念鄉縣，歸思若眩涉。寤寐瞬息間，巖扉已嚴鐍。時遷等陵谷，事勝存圖牒。獨有滄江流，青霄鑒明月。予來秋之季，氣象頗淒切。草木自變衰，山川常活潑。清暉沃賞識，異景差勝絶。薄暮上歸艎，依然望林樾。

宋 韋驤《**錢塘集**》**卷一**《**月巖**》 一等造化功，此巖何異絶。其高僅齊雲，中空杳如月。如月月不圓，望之光芒全。何人植蒼桂，婆娑亦相緣。凡物偶有象，愛好獨難偏。强名雖自人，所得重天然。詩者銜巧思，或比蝕與弦。由來假借中，奚必加鑽研。

宋 吕南公《**灌園集**》**卷二麻姑山詩**《**入丹霞洞**》 霞光滿西山，古洞在其下。石老只嵌空，泉寒亦飛瀉。有居容冠褐，無路縱車馬。游人務周徧，强往不敢捨。森森南榮樹，飄葉撲香灺。過盡去來人，誰爲愛閒者。

宋 程俱《**北山集**》**卷二**《**張公洞 善權洞**》 嘗聞包山境，中有林屋天。旁通號地脉，岳瀆潛鈎連。兹山豈其類，洞洞皆中穿。二巖岌山足，琤淙激奔泉。牛羊走大石，吐受無窮年。金堂下石液，雪積如烹煎。從來米鹽稱，浪播俚俗傳。一洞啓山腹，穹窿亦聯綿。誰題九斗字，大篆仍深鐫。中藏丈五石，屹若龍騰淵。

宋 孫覿《**鴻慶居士集**》**卷三**《**礲岩去全州十五里**》 日上千峰亂，風岩萬壑秋。兩岩折天罅，一水漲岩幽。絶岸飛橋過，尋源秉燭遊。倚空翹翠葆，漱石走蒼虬。老樹挽天立，奔雲接地流。

宋 李彌遜《**筠溪集**》**卷一一**《**巖巃寺**》 披榛得深徑，漾楫過陰壑。巖開雙牖户，石立四壁落。斕斑旁累丸，空洞中縣橐。誰於崑崙腹，施此混沌鑿。潛移蛟黿宮，欻拂佛祖閣。世無探穴公，造化終寘漠。

宋 孫覿《**鴻慶居士集**》**卷三**《**棲霞洞**》 飛仙巢三山，弱水環四溟。誰知黄茅嶺，自有白玉京。獨曳一枝笻，枝空上青冥。蟾飛墮八桂，石隕化七星。幽幽炬火然，異狀不可名。垂天紫雲蓋，插地翠羽屏。已無俗士駕，上有遷客經。敢言居夷陋，妙紗冠平生。

宋 陸游《**劍南詩稾**》**卷二**《**繫舟下牢溪游三游洞二十八韻**》 及兹下牢戍，峰嶂畢自呈。下入裂坤軸，高騫插青冥。角勝多列峙，擅美有孤撐。或如釜上甑，或如坐後屏。或如倨而立，或如喜而迎。或深如螺房，或疏如窗櫺。峨巍冠冕古，婀娜髻鬟傾。其間絶出者，虎搏蛟龍獰。崩崖凜欲墮，修梁架空横。懸瀑瀉無底，終古何時盈。幽泉莫知處，但聞珩珮鳴。怪怪與奇奇，萬狀不可名。久聞三游洞，疾走忘病嬰。竇穴初漆黑，傴僂捫壁行。方虞觸蟄蛇，頫見一點明。扶接困僮奴，恍然出瓶罌。穹穹厦屋寬，滴乳成微泓。題名歐與黄，雲蒸蒼蘚平。穿林走驚麕，拂面逢飛鼪。息倦盤石上，拾樵置茶鐺。長嘯答谷響，清吟和松聲。

宋 范成大《**石湖詩集**》**卷一六**《**嘲峽石并序**》 峽山江濱，亂石萬狀，極其醜怪，不可形容，舉非世間諸所有石之比。走筆戲題，且以紀異。

峽山狠無情，其下多醜石。頑貿賈憎唾，傀狀發笑啞。粗類墳壤黄，沉漬鐵矢黑。或如溝泥涴，或似凍壁坼。堆疑聚稟粟，陊若壞城甓。槎牙鏤朽木，狼籍委枯骼。礧砢包蠃蚌，淋漓錮鉛錫。縱文瓦溝壠，横叠衣摺襞。鱗皴斧鑿餘，坎窞蹴踏力。云何清淑氣，孕此詭譎跡。我本一丘壑，嗜石舊成癖。端溪紫琳腴，洮河緑沉色。階册截肪膩，泗磬鳴球擊。嵌空太湖底，偶立韶江側。真陽劖千巖，營道剷寸碧。倦游所閲多，未易一二籍。揭來兹山下，刺眼昔未覿。或云峽多材，奇秀鬱以積。絶代昭君村，驚世屈原宅。東家兩兒女，氣足豪萬國。山石何重輕，奚暇更融液。我亦味其言，作詩曉行客。

宋 朱熹《**晦菴集**》**卷五**《**章巖**》 豁爾天開宇，呀然夜不扃。閒雲任棲宿，密雨斷飄零。破屋僧常住，高軒客屢經。古今題寫處，一半蘚文青。

宋 尤袤《**梁谿遺稿**》**卷一**《**游張公洞**》 舟次湖汱，侍季父伯兄游洞靈。步行五百里，夾道皆喬木參天，鶴巢其上，若笑若咳，澗水濺濺，鳴聲甚悲，殆不類人間也。入洞靈宮，覽前賢留題，徘徊久之。由石徑里許，達于洞。洞深數十丈，磴道險絶，俯僂僅可下。下寬廣容數百人，大石林立，或下聳欲落，若劍盾矛戟相撐拄，或巃嵷起而不斷，若虎豹蹲伏俯踞而拏攫。中有小門，持炬乃得入，丹竈井田在焉。由石罅而上，皆奇石怪形，莫名其狀。旁行屈曲，益深遠不可到。其陽有懸崖滴乳水，水流澗谷，乍細乍大，自成宫商。横澗得小閣，可憩。朱藤纏絡崖上，丹花簌簌下墜，芬芳襲人，毛髮凛然。欲少留而大風作，遂歸。余游山川多矣，兹游最可紀。因成五百字，貽我同志，以備他日覽焉。

吾聞荆漢南，有地仙所宅。十年勞夢想，今日著脚歷。扁舟下湖洑，水漲没沙磧。結纜小橋旁，杖藜從此適。平岡面陂陀，疊嶂堆蘗積。行行三兩里，夾道喬木植。其木幾合抱，其高乃千尺。風生萬壑響，日照四山赤。時摇樹林杪，忽見屋宇脊。宫門何峥嶸，古道頗脩直。長廊景噎噎，崩殿人寂寂。寥落昔賢題，摩挲壁間墨。捫蘿上層巔，俯瞰得深窟。危梯交支撑，鳥道穿詰屈。投身乍寬閒，跼步仍逼窄。攀援愁顛躋，傲睨驚險僻。懸崖朵頦頷，亂石供劍戟。白雲何時横，乳溢或自滴。中空正須洞，了不見天隙。冥行迷近遠，傴僂猶擿埴。巉巖豈人工，隱軫入地脈。窮幽或篝火，俯跪僅容席。仙壇尚故處，丹竈儼遺跡。山蟲鳴咿嚘，野鼠聲嘖唶。傳聞老父語，以往真莫測。中有白玉堂，横絶巨石塞。傍連洞庭野，欲去不可極。潛窺目光旋，縱走膝無力。遭迴步西徑，突兀出峭壁。樅風高枝樛，藤蔓青陰冪。芳草何芊緜，丹花亦狼籍。躊躇古亭上，頫仰幽澗碧，玎當下流水，磊魄欲落石。雖云培塿高，氣與嵩華敵。其南有空穴，澮瀬殷幽黑。陰風牙吞吐，冷氣森噴逼。蛟龍久伏藏，金玉閟簡册。靈蹤信茫昧，幻怪紛慘戚。將無神物守，欲與世壤隔。平生丘壑念，蚤歲泉石癖。豈不思三山，所恨無六翮。樂哉兹辰游，逸興潛有激。仙翁在何許，緑髮尚如昔。髣髴笙簫聲，徘徊鸞鶴翼。俗緣磨不盡，夢境坐形役。何階築衡茅，幽時窮日夕。風雲西北起，天地忽改色。倉皇促歸舟，造物豈戲劇。良游易乖忤，真賞難再得。寄語山中人，重來儻相識。

宋 孫應時《燭湖集》卷一五《玉虚洞》 駕言玉虚游，奇絶慰心賞。餘雪明層陰，初旭上清朗。寒溪玻瓈色，遠壑風雨響。刺船度石瀬，散策步林莽。洞門劃褰開，瑶室下深廣。分明堂九筵，帖匝旗五丈。壁紋妙雕刻，石骨工劖磢。雲霞夾日月，麾幢導龍象。異哉非人境，儼然故仙仗。

宋 許綸《涉齋集》卷八《題石乳洞》 山前老石碧巑岏，山後縈紆洞府寬。妙處通行隨步武，到頭平坦上團欒。寶鍾池秘金爲奏，甘井天成玉作欄。古怪洪陽清石乳，平章留與後人看。

又《題洪陽洞》 劃開靈怪幾千年，傳與洪陽二老仙。石室盡頭真境秘，天窗明處葆光圓。乳泉暖滴燒丹井，芝徑畦分種玉田。不是到來須束火，故應名勝限嚣塵。

宋 戴復古《石屏詩集》卷一《靈壁石歌爲方岩王侍郎作》 靈壁一峰天下奇，體勢雄偉身巍巍。巨靈怒拗天柱擲，平地蒼龍驤首尾。兩片黑雲腰夾之，聲如青銅色碧玉。秀潤四時嵐翠濕，乾坤所寶落世間。鬼神上訴天公泣，謂有非常人致此非常物，可磨斫賊劍，可倚擊姦笏，可祝不老年，可比至剛德。自從突兀在眼前，溪山日夜生顔色。君不見杭州風流白使君，雅愛天竺雙雲根。又不見奇章公家太湖碧，高下品題分甲乙。二公名與石不磨，今到方巖有靈壁。我來欲作靈壁歌，擊石一唱三摩挲。秋風蕭蕭淮水波，中分南北横干戈。邊塵埋没漢山河，泗濱靈壁今如何。安得此石來巖阿，鬱然盤礴中原氣，對此令人感慨多。

又《玉華洞》 憶昨游桂林，巖洞甲天下。奇奇怪怪生，妙不可摸寫。玉華東西巖，具體而微者。神工巧穿鑿，石壁生孔罅。玲瓏透風月，宜冬復宜夏。中有補陀仙，坐斷此瀟灑。空山茅葦區，無地可税駕。舉目忽此逢，心駭見希詫。題詩愧不能，行人亦無暇。

宋 包恢《敝帚稿略》卷八《題碧巖二首》 萬山擁碧屹不動，萬石嵌崖何可攀。似這立身須定得，定時方始是牢關。

碧巖只在丹霞裏，丹碧從他色自殊。我斷不隨他境轉，身心一定誓無渝。

宋 杜範《清獻集》卷一《良月游水樂洞》 久矣聞水樂，邂逅作此游。林立攢萬石，曲徑穿深幽。豁谺開古洞，下有清淺流。惜哉非古樂，噴薄皆人謀。流觴飲山緑，風鬢吹颼颼。欲歸興未盡，攜手湖上樓。斜陽獻萬狀，浩以百目收。白鳥去復還，翩翩良自由。

宋 劉克莊《後村集》卷六《龍隱洞》 先賢評桂山，推爾居第一。豁然碧瑶户，夾似雙玉壁。中有無底淵，黑浪常蕩潏。諒當剖判初，倍費造化力。雷嗔斧山開，龍怒裂石出。至今絶頂上，千丈留尾脊。

宋 趙師恕《月巖》（《海塘録》卷七輯） 睇此巖壑勝，領客共登臨。危棧臨石側，巇途歷嶔崟。俯仰極高低，上下窮幽深。來登空明山，千崖正沉沉。下瞰青羅江，古木鬱蕭森。清風萬里來，層雲盪孤襟。

明 唐文鳳《梧岡集》卷二《遊東龕巖賦十景詩·石舫》 無帆無楫空類舫，不經江漲波濤漾。當年已辦濟川功，留得遺形巖石上。縱令百丈那可牽，高歌擊節時叩舷。雲流如水疑欲泛，滄海桑田多變遷。

又《石筍》 尖石森然疑筍出，恰類龍孫啓雷蟄。草如撐解春雨香，樹若枝凝曉雲濕。山鬼忍饞不敢鋤，頭角放倚青天孤。何年成竹結丹實，鳳凰飛來銜瑞圖。

明 孫應鼇《學孔精舍詩鈔》卷二《重游白鹿洞歌》 白雲齊開瀑布飛，逸客復來登翠微。山影照耀轉日暉，忽忽滿空煙雨霏。穿林渡岸苔蘚肥，野花袭人香氣馡。洞口波長没釣磯，石脈泉溜衝荆扉。愛景步涉忘曲碕，隨到杯酒相與揮。

明 張居正《新刻張太岳先生文集》卷六《飛來船》 石艦飛來幾閱年，半落不落雲中懸。何當棹向銀河去，直取支機下九天。

明 歐大任《游西樵噴玉巖》（《廣東通志》卷六一引） 天泉百道下晴潭，淙淙西嶺霾烟嵐。跳珠翻雪不知數，獨稱噴玉千丈巖。噴玉天泉水，源從山上起。倏看閃電來，半在青山裏。灑流横激濕行雲，濺沫時驚過鳥羣。征飈萬里吹難斷，浩月三更影不分。初疑白鷺在樹出，更疑寶劍倚天立。左瀠右射洗青空，頽崖快瀉雙石矼。幾見嶔崟下赤日，遂令頑洞來寒風。曾聞天台之南雁宕北，絶巘飛泉削蒼壁。偃蓋低飄萬樹松，明霞削映五色石。匡廬九叠屏風張，銀河倒挂三石梁。香爐鬱葱吐雲散，瀑布夭矯鷩能翔。合山廬岳遥相望，我昔扁舟恣長往。玉巖之水澄我心，歸來福地何蕭爽。漱石枕流奚所營，朝餐金液暮赤英。仙人招我彩雲裏，便御茅龍朝太清。

明 黄汝亨《寓林集詩》卷一《玉露洞》 危崖躡層霄，杖策展游目。側見雙緑樹，下臨空洞屋。玲瓏七寶妝，從横五雲覆。中有露如泉，泫泫流芳馥。赤松洵不遐，丹液良可服。去去將無窮，仰嘆白日速。

又 卷五《雙龍洞》 紫微岩畔問雙龍，巨石盤空夾翠重。一片晴嵐翻海浪，細流玉乳破雲容。岧嶢似覺天門近，滲泬時來水樂供。此地不教沉醉去，三山何必覓仙蹤。

明 鄒迪光《鬱儀樓集》卷八《石屋洞》 曰余恣冥討，歷覽未皇休。始收雲門勝，復窺地肺幽。靈穴何離奇，廓如白玉樓。芙蓉繡排列，玫瑰相撐摎。丹艧既自然，締構亦以周。儵忽所拓闢，混沌那及謀。煉石由女媧，益以班倕鏤。金膏日夜滴，瓊乳紛錯繆。巡行有虎兕，呵護多龍虬。鎛日漏朱光，不使萬象廋。琤琤奏天樂，肅肅叩鳴鏐。神仙匪可冀，歎息登兹丘。

明 張賁孫《同閩中王伯咨游歷吼山曹溪洞》（《詩觀初集》卷八輯） 鑿石自何代，羣峰削如剪。亭亭似晴雲，風吹畫不卷。高巔踞危石，山頭如戴冕。放艇入深谷，信步恣幽選。巖連洞參錯，渚曲岸流衍。高月浸寒潭，飛霞擁岑巘。獅頭蹲虚空，釣磯俯清淺。朱藤絶壁上，幽壑白露泫。憑檻倚深溜，游魚如在眼。矻立架僧寮，嶺折檐楹轉。嵌空本天工，五丁詎能辨。俯仰物外意，縱情自幽緬。況偕同心侣，日暮不知返。

明 黄德燝《玉虚洞》（《汀州府志》卷四四引） 造工希巧匠，鏤此巑岏石。截斷碧雲根，匯成烟冰宅。雷風殷空洞，珠瀑奔流湱。鼉渡石梁横，鯨鳴鼉鼓拍。

清 朱慎《游石鵝洞》（《詩觀三集》卷六輯） 女媧鍊石補蒼穹，手持玉斧游鴻濛。遍鑿名山五色石，天衣補就山骨空。武川岩洞遺跡多，特留缺陷顯神工。昔我攬勝行西山，曾登雙玉及金公。今復携伴游石鵝，意勢倍覺擅奇雄。攀蘿捫石歷幽折，徑路偪仄林鬱葱。手排雲霧陟其處，天然石室何玲瓏。高張巨口吞宇宙，河山一望青濛濛。層樓百尺恣登眺，萬象變化歸簾櫳。洞甚寬大，可容數千人。洞中造三層樓，登其上可望千里。汹淪磅礴有元氣，呼吸直與帝座通。高談雄辨發異響，恍若鼉鼓聲逢逢。洞中二石頗奇怪，卧龍伏虎列西東。上有珠泉長滴瀝，氣味清香迥不同。老僧烹茶邀客飲，肌骨習習生涼風。山下主人能好客，携肴擔酒入山中。松杉枝上月色白，菩提座前燈影紅。共拚卜夜遣清興，頽然一醉倒郫倚。三宿其中始歸去，頓覺愁病俱消融。人間有此神仙宅，何必更覓蓬萊宫。他年若遂赤松志，願住此山作老翁。

清 蔡龍驤《獅山花石》（《武定府志》卷四上引） 獅山迢遞嵌中峰，壑底層層乳石鍾。金玉成胚形五色，瓊瑶結塊影千松。探奇應遇連城璧，玩器常驚落彩虹。天産精萃名勝跡，不須巧作與人同。

清 田雯《古歡堂集》卷三八《飛雲巖》 天下之山聚於黔，延袤數千里。行旅往來，日攀躋於窮嶺絶壁之間，手胼足趼。雖夙癖泉石者，莫不困頓蹐躓，聽鷓鴣而生悔，謂莊蹻之多事也。東坡之陽，曰飛雲巖。途次至此，則心目開霽，又皆裴回瞻眺，遷延徙倚而不肯徑去。豈謂黔山無奇，足以殢人也哉。山下有溪，石梁亘其左，可作津逮，水聲滺滺然。餘溜風吹，雁次相綴。過橋歷級升之，仰視空際，插天桀竪，競勢争高，若攢圖之托霄上。忽而霧籠烟接，擘絮湧綿，離離如螺髻形，故曰飛雲也。既陟，則門旁怪石揖我以入，大於數百間屋。蛟、蛇、獅、象由碧乳滴瀝而成者，上垂下伏，鬣甲皆動。面前三峰拱立，高與檻齊，僅及巖之半。石色青紅各殊，牽拂相招，向人欲語。聞巖性好潔，昔有信宿於此而身垢者，既去則瀑水突至，瀰漫山椒而澣之，再垢復澣。庚何米倪之癖，不足多矣。下有月潭寺，古杉萬本，梗柯參連，橘刺藤梢，裁通逕步。老衲引觀殘碑於潭側，王陽明一記，雖剥落猶可辨。日暮登車，茫茫前路，一帶惟童阜耳。所云殢人流連，正未可多得也。遂索筆，題二詩於壁。

飛雲巖立翠千重，草草登臨日下春。莫信人間唯五岳，須知天末有三峰。秦灰漢壘羣仙宅，雲陣花幢古佛蹤。如此奇山誰領略，曾無七十二家封。

粘天拔地湧明霞，虎豹司閽瀑布遮。鬼斧神工峰口石，紅酣白糁寺門花。客兒游屐何曾到，支遁禪栖便是家。跬步從前應自笑，真同井底一寒蛙。

清 徐釚《南州草堂集》卷一五《石公石婆》 洞庭山石奇，莫測造化功。或如猛獸攫，或如山鬼雄。劍槊或排列，戈矛或擊椿。矯或若猿猱，盤或若蛟龍。如棋或重累，如屋或中空。或削如頤霤，或嶄如崇墉。幻出䜌巀姿，悉數誠難窮。異哉兹二石，態度尤從容。端然互相向，屹立儼相從。未知誰作匹，名爲婆與公。俚説極荒唐，直可欺愚蒙。吾欲証其誣，其詞恐難終。且憑此翁媪，去辯雌雄風。

清 齊召南《寶綸堂詩鈔》卷二《憩吴山丁仙亭喜其巖石奇幻》 清晨登吴山，探奇選邱壑。不意飛來峰，又飛入城郭。有亭名丁仙，千載想控鶴。怪石湧岐嶒，變幻誰造作。遠視峥嶸并，近觀形態各。夷者羣玉平，峭則太華削。缺疑萬户修，隘必五丁鑿。玲瓏嵌空虚，對人勢欲落。色皆含晶瑩，黯淡雕月魄。驚濤濺龍門，寒風結洛澤。衡陽火雲起，出岫未離脚。巨靈信工巧，道流善棲託。能於繁華地，幽寂藏卓犖。真山乃假山，堪愛更堪愕。時俗喜喧闐，此間絶屨屩。望望西子湖，簫鼓紛行樂。登峰發長嘯，江天睇寥廓。

清 高宗愛新覺羅·弘曆《御製詩集》初集卷三九《浮石舫》 山中雲氣鬱勃，瀰漫浩浩如雪海，峰巒出没其中如烟檣乘風。上甘澗東北峰頂，有石如艨艟萬斛，當雲起時，幾欲駕飛濤凌溟渤矣。

孤撑不繫幾千秋，雲海波瀾任拍浮。學士小哉惟識畫，將軍往者漫稱樓。武陵舍處今溪口，靈鷲飛來古渡頭。放眼縱看天以外，覆杯何異芥爲舟。

清 曹文植《觀音巖》（《晚晴簃詩匯》卷八九引） 神工不沿襲，生面開硌岈。彈子磯已險，狻猊斯有加。巨石插江表，屹立凌雲霞。幻作倒垂勢，彌望何槎枒。蟠虬露首尾，渴虎張爪牙。寒光偶一閃，凜凜懸鏌鋣。猿猱所不及，半壁蒼穹遮。古洞復誰鑿，黯淡臨江涯。冉冉蒸水氣，冪壓輕煙斜。或恐匿魍魎，亦慮藏虺蛇。飛仙庶能度，風馬雲爲車。如何峙層構，中有山僧家。仿佛普陀石，海上横孤槎。快游試新險，打槳乘短艖。飄忽到巖麓，曲磴通幽遐。洞口已昏黑，欲入空嗟呀。山僧解愛客，夾徑燃燭花。天光漏一綫，西向穿窗紗。樓閣半無地，支以枯木椏。有檻不敢倚，側足雙手叉。驚瀧俯浩渺，石齒紛齟齬。盤渦與旋沫，咫尺千坳窪。蛟龍此窟宅，毋乃時攫拏。正容戒僮僕，下視聲勿譁。須臾暮色起，津鼓聞三撾。篙師理輕楫，蕩漾歸平沙。隔江騁遥睇，波影殊清嘉。佛鐙照明滅，幾點盤神鴉。

清 陳景福《石筍》（《兩浙輶軒録》卷三二輯） 叠嶂重巒矗幾層，抽芽豈必待時乘。在山何意來塵市，出地無心向老僧。似竹一林皆挺拔，此君千載總岐嶒。任他霜雪頻磨折，瘦骨珊珊不掩棱。

清 陳德榮《飛雲洞》（《畿輔詩傳》卷三〇輯） 古巖如雲覆，山根敞幽邃。石形各異狀，一一煩仰睇。玲瓏冰筋滴，比櫛蜂房次。滑突人乳垂，拳曲佛手繫。大者疑雲龍，頭爪露靈異。又如洪濤翻，盤渦互騰沸。沈沈太古色，青蒼鬱虧蔽。遥想融結初，真宰勞位置。中間供維摩，十笏香花地。下有不測洞，蒙幕鬼窟閟。藴蓄雲水根，吐納山川氣。倉皇昔經過，鞅掌役王事。今兹撫石闌，揮灑勞人淚。亭午天微晴，杏花辭故蒂。方池一泓水，清澈識我意。老柏勢更奇，撐拄青霄際。千年霜雪皮，秀翠含古媚。日月促勞筋，倦足此暫憩。意與雲俱遲，蠻荒展佳麗。摩挲亭上碑，游人富清製。媿無曹劉才，難勒石上字。好帶片雲歸，閒擬柳州記。

清 阮元《定香亭筆談》卷一《游桂林棲霞洞》 桂林山最奇，有骨而無肉。幾點棲霞山，玲瓏洞聯六。洞門六重，俗呼爲六洞。選暇此散策，路陡兩崖蹙。老僧篝火來，導我入山腹。下行百餘級，洞門廣如屋。土紋纏靈芝，洞口俱芝紋。石室黯蒼玉。洞暗火光得，境窄語聲促。上下與左右，怪石相排矗。或平如刈田，或高如張幄。或攢如蜂窠，或窘如蝸角。壁上趺笑佛，蓮花繞其足。漁人立頎然，撒網向江隩。渟泉無底深，相傳有龍浴。石床薄如葉，仙人作棋局。垂空騰怒螭，横道駭奔鹿。鍾乳千萬年，珠孔八九曲。后土不容脚，羲馭折翻軸。忽焉啓雙門，路岐步躑躅。右洞至者少，云通九疑麓。寒風吹颼飀，微窺逼矑睩。褰衣向左行，略彴卧飛瀑。咿喔聞鳴雞，熹微露朝旭。

蛇行四五里，至此躬猶鞠。劃然別有天，疑不在塵俗。開朗桃花源，黑暗阿鼻獄。直是穿胸脇，豈徒識面目。袖間出浮雲，目中無列岳。回者望諸峰，蒼烟裹犖埆。作詩紀奇景，追逋翦雙燭。

清 張維屏《松心詩録》卷八《七星巖》 紆回造星巖，突兀驚鬼斧。厓厗地疑穿，石巨天可補。降精應北斗，佐鎮宅南土。深黑臨淵泉，空青闢牖户。明明現纓珞，鑿鑿指鐘鼓。古臺立璇璣，妙藥采鍾乳。離離垂雲根，裊裊出煙縷。洞陰潛蛟虬，穴潤蓄風雨。奇觀自化工，大氣誰力舉。秉炬窮其幽，采入勇可賈。

又《龍隱洞》 山本至静物，而有波濤形。石本至頑物，而有鱗甲靈。千尋透夭矯，萬竅穿瓏玲。根自伏水府，勢欲騰天庭。宋代盛游蹟，蘇壁紛題名。當年泛舟處，今乃屐齒停。放翁詩境字，照眼開巖扃。高吟驚人句，或有潛虬聽。出洞一長嘯，數峰天外青。

清 吴振棫《花宜館詩鈔》卷二《牟珠洞》 老僧導我入山脇，古雲出洞如相迎。瘦藤支拄代健僕，猛炬照耀逃山精。愈深愈曲愈傴仄，忽凹忽凸忽坦平。鍾乳亂灑千點重，日脚不漏一綫明。其中厓石錯齟齬，無數物象嵌巖阬。竹芽突兀錦綳脱，蓮萼偃仰仙槎輕。猛如攸飛相格殺，飄然春女行嬌獰。倏羅空中八臂現，林雍地下一足趯。若鶴伸頸鳳排翼，若虎鋸齒龍摇睛。子母牛戴狀層累，内外蛇鬥形縱横。彭亨脹腹覆大鼎，鉤連門角揷華楹。金光玉色寶瓔珞，黑肌赤脈仙棋枰。意象萬萬入劖削，仿佛一一可指名。蠻荒亦苦渾沌鑿，狡獪難與造化爭。懸厂谽谺觸頟礙，窘步犖确試脚行。乾晴氣霏雪窨冷，細語響答雷車轟。枯泉暗踏綫珠迸，陰霧眩亂十色成。罷游破寺瀹苦茗，出坎猶覺心怦怦。

清 王慶勳《詒安堂二集》卷四《水樂洞》 路折山始深，林邃勢益莽。潆洄水一泓，地廣不盈丈。颯颯絲竹聲，細審音何朗。高下協宫商，還藉風磨盪。激石忽不鏘，琴筑互相仿。節奏出天然，應鼓巨靈掌。大章與咸池，俗樂豈能仿。憶昔賈平章，會來聆妙響。奸回豈知音，徒辱山英貺。我來值初春，洗耳愜清賞。泠泠太古音，何處着塵想。

雜録

唐 段成式《酉陽雜俎》續集卷二 有人游終南山一乳洞，洞深數里，乳旋滴瀝成飛仙狀。洞中已有數十，眉目衣服形製精巧。原闕處滴至腰已上，其人因手承漱之。經年再往，見其所承滴像已成矣。乳不復滴，當手承處，衣缺二寸不就。

五代 杜光庭《録異記》卷六《洞》 開州後倚盛山，東枕清江，泝江而北三十餘里，至温湯井。井有湯泉北山上，麟德年因雷雨震霹，山脚摧裂，洞門目開。當門有石鐘，自然成形，如數千斤鐘大，懸身去地二尺許。外像鐘而中實，扣之無聲。門兩壁有石，如金剛力士之形者數人。鐘旁有小徑，高六尺已來，行二三丈稍闊。有石碑，巨龜負之，自然而成，但無文字而已。碑側有巨屏，上與鼎相連，下有一穴，側身可入。一二尺許，自是廣闊，中有路徑，平坦與常無異。路之左右，滴乳爲石，羅列衆形。龍麟鸞鶴，頹雲巍山，如林如柱，似動似躍，乍飛乍顧，千形萬態，不可殫紀。僅一里許，傍竦蓮臺，周迴數步，高三四丈，層綴重疊，皆可攀躋。旋生乳石如臂如指者，以燭照之，通透瑩徹，隨折脆斷。及出洞門外得風，皆爲白石矣。

清 來儁之《倘湖樵書》初編卷五《自然之畫》 《未齋雜言》云，肇慶岩洞中，石乳溢出，結成人物之狀者甚衆。其瀕海處，則有石蟹、石蛇之屬，首足尾甲皆具。而端溪之可以爲硯者，往往五色成文，萬象皆具宛若畫。

清 佟賦偉《二樓紀略》卷四 三天洞，洞中三竅通明見天。旁有風穴，有暗洞，皆深窅莫可名狀。貢學士奎詩：山風潛入户，泉竇暗通池。梅大參守德則云：地疑探禹穴，人似見秦餘。湯司成賓尹云：地胏風嘗宿，山頭日欲銜。又：乳借仙丹和，崖驅鬼斧劖。此景殆奇絶也。雲山頂有藏書洞，下有金牛洞。洞亦奇，屈曲谽谺。秉炬循梯，延袤百丈，而膏乳清泉，窈窕寒緑，仙蹟則石枰棋子在焉。宣之士子雖好游者，亦往往不能達。余聞其勝，未嘗不神移久之。

清 光緒《容縣志》卷二八《舊聞志·雜紀》 康熙間，土寇易天章，據水里沙木大峒爲亂，居民多挈家竄匿於大容山中。有某囗爲人踪跡，結伴尋幽谷卜居。至峭嶺，見石穴如門，探視不大了了。秉炬而入，爲羣蝠撲滅。因編竹爲籠，束葦灌松脂燃之。行半里，有石崖甚宏敞，溪流紆折，時聞水聲潺潺。燭之亦莫審其往。出石室後乃見天光，前阻大池，方停十餘畝。巨石直跨池間，中絶不可渡。衆出，砍竹負入作筏。登岸里許，空闊如洞天。有方石坪，二石人對坐。又去，出崎嶺，山水峭麗，蒼松老柏，修竹森列，景致絶勝。芳卉間一圓石臺，峨然屹立。有四石，具人形像，一對坐，二旁視，神氣如生。又去，路徑傴狹。出石巷數十武，復展夷。奇石橫踞如龍。一望極目無際，景象絕不類人間。衆心悸，共坐石龍尾閒下。少憩。有碎石，色甚異，嗅之如雄黄。某拾數片，偕衆趨歸。約日再往，則向所游處杳不可復識矣。後某家人患瘡，或云雄黄調醋塗之效。某以向所拾者，疑即雄黄，如法研製，持以塗患者。碟中所研石，勿旋轉，起舞化爲龍形，久之乃散。某逢人傳說，好事者索試，果不爽。後爲游客攜去。

泉石勝境

論説

宋 周密撰 明 朱廷焕補《增補武林舊事》卷七《瑞石山》 秀石玲瓏，巖竇窈窱，寒泉涓瀝匯爲澄泓者，往往而有清幽徹骨，空翠撥肌。湖山奥區，罕與倫比槖駝峰。峭削凌空，雪風洞谽閉曲徑。履舄所涉，栩栩然覺有仙風焉。《西湖志》

明 袁宏道《解脱集》卷三《天目一》 天目幽邃奇古，由莊至顛，可二十餘里。凡山，深僻者多荒凉，峭削者鮮迂曲，貌古則鮮妍不足，骨大則玲瓏絶少。以至山高水乏，石峻毛枯，凡此皆山之病。天目盈山皆壑，飛流淙淙，若萬疋縞，一絶也。石色蒼潤，石骨奥巧，石徑曲折，石壁竦峭，二絶也。雖幽谷縣巖，菴宇皆精，三絶也。山間雷聲，僅似兒啼，四絶也。蘇子瞻集中云云。然恐他山高者皆如此。曉起看雲在絶壑下，白净如綿，奔騰如浪，諸山尖出雲上若萍，五絶也。虞長孺云，雲變態最不常，其觀奇甚。非山居久者，不能悉其狀。山樹大者，幾四十圍，松不踰數尺，而偃蹇輒數丈，六絶也。頭茶之香者，遠勝龍井，筍味清遠，非他處所及，七絶也。余謂大江之南，修真棲隱之地，無踰此者，便有出纏結室之想矣。

明 袁中道《珂雪齋近集》卷四《游石首繡林山記》 大江自三峽來，所遇無非石者，勢常結約不舒。至西陵以下，岸多沙泥，當之輒靡，水始得遂其剽悍之性。如此者凡數百里，皆不敢與之争。而至此忽與石遇，水洶湧直下，注射拳石，石崿崿力抵其鋒，而水與石始若相持而戰。以水戰石，則汗汗田田，滮滮洴洴，劈之爲林，蝕之爲竅，鋭之爲劍戟，轉之爲虎兕。石若不能無少讓者，而以石戰水，壁立雄峙，怒獰健鷙，隨其洗磨。簸蕩之來，而浪返濤迴，觸而徐邁，如負如北，千萬年來，極其力之所至，止能損其一毛一甲，而終不能嚙骨理而動齦齶。于是石常勝而水常不勝，此所以能爲一邑砥柱，而萬世賴焉者也。予與長石諸公跻其顛，望江光皓淼，黄山如展旆，意甚樂之。已而見山下石磊磊立，遂走磯上，各據一石而坐。静聽水石相搏，大如旱雷，小如哀玉，而細睇之，或形如鐘鼎，色加雲霞，文如篆籀。石得水以助發其妍而益之媚，不惟不相害而且相與用。予歎曰：士之值坎壈不平而激爲文章以垂後世者，何以異此哉？山以玄德娶孫夫人于此，石被綈錦，故名。

綜述

唐 莫休符《桂林風土記·東觀》 觀在府郭三里，隔長河，其東南皆崇山巨壑，緑竹青松，崆峒幽奇，登臨險易不可名狀。有石門，似公府之狀而隘。秉燭行五十步，有洞穴坦平，如毬埸，可容千百人。如此者八九所，約略相似，皆有清泉渌水，乳液葩漿，怪石嵌空，龍盤虎踞。引燭緣涉，竟日而還，終莫能際。相傳云，昔有人好泉石，多束花果裹糧，深涉而行。還計其所行，已及東河之下，如聞棹檝湍湍之聲。在其上又有山外高峰，舊有亭臺，近已摧壞。【略】咸通年前政張大夫叢游東觀詩曰：巖岫碧孱顔，靈蹤若可攀。樓臺煙靄外，松竹翠微間。玉液寒深洞，秋光秀遠山。憑君指歸路，何處是人寰。

宋 樂史《太平寰宇記》卷七四《劍南西道三·眉州》 峨眉山，按《益州記》云，峨眉山在南安縣界，兩山相對，狀似蛾眉。張華《博物志》以爲牙門山。東峰石穴深數里，出鍾乳，常有人持火入穴，有蝙蝠大如箕，來撲火。穴中有水流，冬夏不歇。此山之外又有小峨眉山。

宋 蘇軾《東坡全集》卷一〇〇《白水山》 白水山在象頭南。蘇軾曰：羅浮之東麓也，有懸泉百仞，山八九折，折處輒爲潭，深者縋石四五丈不能及。旁有巨人跡數十，謂之佛跡巖。巖西故有院，亦曰佛跡。

宋 范成大《吴郡志》卷一五 天平山在吴縣西二十里。此山在吴中最爲崷崒高聳，一峰端正特立，《續圖經》以爲吴鎮，不誣也。山皆奇石，卓筆峰爲最。山半白雲泉，亦爲吴中第一水。比年有寺僧師壽，搜采巖巒，别立數亭，皆奇峭。又於白雲之上石壁中得一泉如綫，尤清洌云。

宋 羅願《新安志》卷四《山阜》 祁山在縣東北一里。高四十仞，周二十五里。三面皆石壁，中有石室，高五丈，廣二丈，名青蘿巖，亦曰棲真巖。旁有涌泉，號乳泉，味甘。山西半壁昔有石丈餘墜溪中，墜處有龍骨存焉。

宋 高似孫《剡録》卷二《山水志》 鹿苑山，山有葛仙翁祠。祠下有二石瓮蹲峙。石崖壁立，懸瀑十數丈，下注石穴，匯爲龍潭。鹿苑寺西源出水巔二小穴，石湧流至葛仙翁祠，下出二石瓮間。又一里許，石崖壁立，瀑布十餘丈，下瀦爲潭。頃歲旱，投符潭內，水石有聲，俄頃水盡黑，雹自潭發，雨驟至如響。又西爲五龍山，又曰烏豬山。重岡複嶺，峰壑蟬聯。老木虬松，青蓊失日。水自真如山，其來迢迢，或奔或匯，爲靈潭者，五龍抱雲雨。又西北爲葛峴山，高僧竺法崇居焉。孔淳之訪之，信宿不去。又西曰響巖，雲雨奮作，巖輒有聲。巖亦有神龍井。

宋 鄧牧《洞霄圖志》卷二《東天柱嶺》 在宮右偏、青檀山後，道飛玉泉以陟，又名九曲，蓋自山趾歷九折乃達。其巔有亭可憩，亦曰九曲。越嶺則爲山南，循東溪亦達邑中。道間溪山清勝，有足觀者。

宋 潛說友《咸淳臨安志》卷二三《黃鶴山》 《祥符志》云：在仁和縣，舊治東北三十八里。《寰宇記》：舊有黃鶴樓，今佛日山之北，高約百餘丈。巔有龍池，一名渥洼。北塢有龍洞。石裂爲路，深險不可視。山之腰有黃鶴仙洞，外甚狹，中可容數人，深窈而黑。時有樵牧爇松明而入，愈行愈遠，疑有龍在焉。池出雲必雨。又有潭在山之東。故老相傳有詩云：但看黃鶴山頂雲，化作白龍潭上雨。或爲僧道潛作。

明 鄒矩《麻姑山記》（《麻姑集》卷一輯） 盱江山水最勝，而名天下，惟麻姑。直城西十里，緑山麓而上百餘步，有尋真亭。又數百步，有雲關嶺，極峻，山皆纍然囷貯。益上斗折數百步至山半，勢益高，俯視諸山，如龍首峰、赤面從姑石，皆帖然出履下。山下有澗，嚙石南奔十餘里，其流而平布石者如織組，其擁石而下者如驅潮、如捲海。前者未去，後者湧至，暴悍奇怪，殆莫可名狀。其聲細者如響環珮、如鳴球。其大者震撼林谷，如轟雷。直上數十仞，俄有水垂峽如懸河，蓋所謂瀑布者，其雄壯瓌異，人以其尤爲麻姑奇觀，信然。上有潭，深黝而正碧，有龍藏吴中。有金龍潭，大旱祈禱輒雨潤。傍爲亭：枕流、垂玉、飛練、湧雪。下上聯絡如貫珠然，皆因水而名。又上數百步，有橋翼然架石澗上。石峽束水倒流，聲淙然，特幽勝。石罅有泉側出，極甘洌。

明 謝肇淛《滇略》卷二 哀牢山在永昌東二十里。孤峰秀聳，如拱如坐，高三百丈餘，雄視西陲，延袤三十里許。頂石巉巖如鱗，有二穴名天井，水出其中。土人於春首視水之盈涸，卜歲之豐稔。穴下相通，取左穴水則右穴涸，取右穴亦然。山下有石如鼻二孔，出泉南温北冷，分流數十步，復合爲一，號玉泉，故又名玉泉山。

又 雪山在麗江西北二十餘里，一名玉龍山。條岡百里，巑岏千峰，上插雲霄，下臨麗水。山巔積雪盛夏不消，巖泉瀑布百道飛流。蒙氏封爲北岳。元李京詩：麗江雪山天下絶，積玉堆瓊幾千叠。足盤厚地背摩天，衡華真成兩丘垤，平生愛作子長游。覽勝探奇不少休，安得乘風凌絶頂，倒騎箕尾看神州。

明 張鳴鳳《桂勝》卷二《龍隱山》 七星迴映並薄青旻，惟龍隱分道，宅南自表，宜以巖名建山之號云。或曰龍影，以龍去影存。游者刺舟轉碕入竇，見其上石裂長數丈，作鱗甲形。登岸緣麓，則有大巖如排高門，坐堂皇可以廣宴。或題曰龍騰，謂龍已絶，地上飛翽。右亦有巖曰月牙，狀月之初，乃騰隱兩巖。列坐則丹曜減焰，引舟則玄壑生凉，用消夏爲快，不似諸空洞來風，或中人也。騰巖又有滴玉泉，泉從山椒點點墮石穴，琤然作清響。宋人來游，酌石溜，試新茗，即此。中故有釋迦寺，環翠、驂鸞兩閣，又有兩華堂。或曰：驂鸞，乃宋范公成大亭，或仍閣之名。范又有《驂鸞記》，記自吴入桂道里所歷。亭廢續建，後更名曰怡雲，即故亭地。宋游最盛，鐫題之衆至環兩巖，使壁無完石。他巖未之有也。

又 卷三《中隱山》 山去西城四五里。至則小溪淺碧，可踐而過。循麓入巖，巖有三重。其下附地者最爲廣平。上漸束削，然戴履純石瑩然朗净，無復下方埃壒之狀。陟第三重，倚牖而望，若游目天表，暝烟歸鳥似從下飛。俟山返照，入巖轉光。風自西來，薄巖拂樹，與東麓僧菴鐘磬相和，炊烟縷縷起叢薄間，遥聞餘響，微似犬吠。僧云此去木林不遠。木林即其旁地名，居人頗衆。中隱，一作鍾隱，土人曰佛子巖，以宋乾道間建有福緣寺，爲僧祖華所居，故名之。寺廢已久，惟東小菴，其地陋阸不足騁目。乃三巖下鐫有「張公洞」三大篆書。又其先有稱「吕公巖」，各具爾時所爲，序記中之吕、之張，不知誰屬，乃中隱則其昔名焉。

又 卷四《琴潭山》 其山在西郊闕外，下有空洞。洞有流水，觸石成響，如聞雅弄，故以琴潭名。旁有荔枝巖，窅然深秀，乳凝多奇狀，亦佳境也。

仞，乍見亦可觀。山下石骨爲匠者搜去。積水爲潭，望之洞黑如墨汁，深不可測。每相去數丈，由石柱一以支之。上宇下淵，門闥洞穴，窈窕迂迴。雨後飛瀑，綴簾而下。余等自外望，興不可遏。呼小舟游其中，潭深無所用篙，每一轉折，則震蕩數四，舟人皆股慄。因停舟石壁下，觀玩良久。陶氏有山房在此，頗稱幽奇。然荒蕪甚，軒前草深丈餘矣。

明 李賢等《明一統志》卷八三《桂林府》 伏波山 在府治東北，又名伏波巖。突起千尺，與獨秀山相望。下有洞，可容二十榻。石如蒼玉，旁有懸石如柱，俗號馬伏波試劍石。巖上有巨人跡，復有紫白二紋，長數丈，蜿蜒相向，有圓暈直其首，如二龍戲珠，舊名玩珠洞。宋張維易曰還珠，張孝祥大書於石洞前。石脚插入灕江，章峴詩：江瀾洄洑嚙山根，山裂巖開石室存。溺鬼夜呼千嶂黑，蟄龍晨起一川渾。

明 龔黄《六岳登臨志》卷三《嵩之勝地·盧巖》 在岳廟東北，嵩山之左。唐盧諫議隱此，有盧巖下寺。又北五里，溪谷幽邃，竹樹陰鬱，盧讀書堂址尚存。舊有諫議祠，西爲盧巖上寺。寺後有瀑布泉，泉出巖巔，飛瀉石壁，長數百尺。

明 李汶《南游三紀》（《任邱縣志》卷一二引） 東望爲天台，雙峰特起，望入雲表。【略】北爲桃源洞，歲久湮謝，晨肇無據。【略】北向圍山壁立，亂草蒙茸山際。腰曲羊腸，僅餘一綫，夾逼澗泚。亂石嵯岈，上下羣流，當其中者搏激跳躍，澎湃怒號，細急繁匏，險訇驚霆，其大有不得其平者乎。循崖數轉，溪忽分兩流碧淙，雙瀑直下，恍小湫然。【略】西望巨淙，如暍虹下澗，駭駟馳原。渀漾浩瀁，狂瀾倒重巒而墮落，忽低透石梁峻阪，挂爲飛練，噴灑石矼盱衡，石梁復夭矯上拱。

明 謝陛《萬志歙節略》（《黄山志定本》卷一引） 域中之山獨尊，而爲孝陵祖脉者，黄山。山峰三十六，最高者爲天都，香谷源、香水溪在焉。其相峙而起者，煉丹峰，鼎竈臼杵，儼然具存。鍊丹源，洗藥溪在焉。其連天都，而勢倒懸如舞者，爲青鸞峰。下有采藥源。連青鸞而巍聳者，其色黯赤，爲紫石峰。下有湯泉源，泉口如椀大，出於石間，熱可點茗水。下流湯泉溪中。有湯院，即祥符寺□。連鍊丹峰而勢如覆鉢者，名鉢盂峰。有洞，名仙僧洞。洞口陰，夕有光如星，謂之聖燈。又有擲鉢源，錫杖泉。連鉢盂而起者，爲桃花峰。下有桃花源、桃花溪，處處皆桃花。水流入湯泉溪，名桃花湯。有峰宛如削成，奇峭亘上者，名朱砂峰。半壁有朱砂巖，望之如崩頹，捷獮所不能攀也。下有洞有石、有源有溪，皆以朱砂名。西南之峰，其勢昂踞，首大於趾者，爲獅子峰。下有錦霞，時時布幕，因名其洞。又有香林源。朱砂峰北，其勢簇簇湧天而開者，爲蓮花峰。若洞若源，皆名蓮花。其北宛若人狀者，爲石人峰。下有白鹿源，駕鶴洞。峰西爲雲際峰，下有藏雲洞，乳水源。其西高峙者，層疊而上，如屏如扆，名疊嶂峰。巖中石乳四時長滴，名石乳巖。有阮，長陰不見日，名陰阮。源源水入白雲溪，溪中潭影清絶，白石横底，曰白龍潭。連疊嶂之西南者，爲浮丘峰。下有浮丘廟觀。唐會昌中廢。有五雲源，又有浮丘溪，今浮溪是也。峰之東其高與齊者，名容成峰，溪爲容溪。紫芝生於峰頂者，爲軒轅峰。有仙人石座，仙人洞，紫雲溪，仙石室。又有毛人巖。東北高出頂，若兩石人對坐者，爲仙人峰，下有仙人洞。連峰而源、巖溪皆曰阮公者，上昇峰也。曰清潭峰者，因潭而名也。潭水倒瀉百餘仞，源曰布水，溪曰錦魚。曰翠微峰，洞、源與寺皆無異名，溪獨曰青牛。峰畔則布水源在焉。曰仙都峰，在翠微東，源、觀亦循其名。北連而起者，爲望仙峰。龍鬚巖，龍鬚草生焉，溪、洞皆曰弦歌。九龍峰合九巒之勢，如龍纏糾，蜿蜒相屬，亦以名其溪、洞、巖、源、宫觀焉。翀九龍桃花間，形如胥鼓，而聳然亘天者，聖泉峰。峰頭有湯池，鄰峰遥望之，則見池波沸湧，其水向頂。東南而下入湯泉源，甘泉溪，其爲黄山之中峰，曰石門峰。石相擘如門，山之半壁，一大石横架其上，兩畔相對。一石床如龜形，長數丈。一石塔四層，正圓如月，阯圍二丈，高一丈，上大下小，狀如刻成。又一石澡瓶引喙如杓柄，流泉出其中，源、溪皆以石門名。峰畔則棋石峰，其源即名棋石。有石亭，亭獨上撐霄擎日，望之如幹者，石柱峰也。源曰石壁，有石劃然齊峙，雲氣中通者，雲門峰也，亦以名其源溪。西望水淙淙而下，長十餘丈者，布水峰也。源曰百藥，藥生於源也。溪曰紅泉，泉水紅色也。布水之東北峰曰石床，床長一丈二尺，闊五尺，如白玉琢成。上有碧石枕三枚，紫石床三張。石室源在其下，如屋，深十餘丈。丹霞之峰，溪水亦曰丹霞，而紅朮遍生於源，遂以名其源。舉首雲際，莫極其巔，曰雲外峰。上有杜鵑花，繞峰而生。從上俯瞰，杏樹無數，紅杏源在焉。松林峰，溪亦曰松林，黄連源，石榴巖俱在其下。紫雲峰紫氣如蓋，多柏木者，源也。勝榆花者，溪也。芙蓉峰隔溪。有馬跡石，石上馬蹄跡如泥印。百花嘈雜，源洞深圓，連之而西者，采石峰也。峰下多白石如玉，黑夜即見。倒流而下，有布水百尺，其巖、源俱以白龍名。疑因石色純素，横亘猶龍也。此諸峰溪洞巖之大略也。大抵此山，面面蓮花，海子處則漸入佳境也。新安大好山水，亶其然乎。

清 顧炎武《肇域志·江南七》 天平山在吴縣西二十里，支硎南五里，巍然獨出視諸山，最爲崷崒。其林木亦秀潤。山多奇石，詭異萬狀。有卓筆峰，飛來峰，五丈石，卧龍峰，巾子龍，毛魚池，大小石屋。其山頂正平，曰望湖臺，即遠公菴遺址。上巨石圓而面湖者，曰炤湖鏡。山半有白雲泉，别有一泉如綫，注出石罅，尤清冽，曰一綫泉。宋僧壽老始發之。有古松蟉虯如蓋，曰華蓋松。又有穿山洞、蟾蜍石、龍頭石、靈龜石及龍門。南址有白雲寺，范文正公祖墓在焉。其西有筆架峰，其後羣石林立，名萬笏林。萬曆末年，范參議允臨構爲别業，亭館臺榭璀璨一時。

又 金山亦天平之支壠，初名茶塢山。晉宋間鑿石得金，易今名。山半有繙經方石，石丈餘，平坦如砥。石梁一，横架兩壁，脈理不聯，無所根蔕，又非礱琢而成，其下空洞通人行。泉一，在石壁上滴下，小池承之，冬夏不竭，名曰珍珠泉。山巔石池一，坎闊三尺許，長丈餘，深不可測，水瑩緑，大旱弗縮，名曰雲瀨趾。有方石池一，名梵功，其旁有育王塔。山之東嶺有文殊菴，寺東南爲牛眠俺。

又《陝西七》 麥積山，又曰麥積岩，其高壁立入雲，旁山莫伍。其岩上懸而下洞，其内可坐百人，遠望之如厦，近仰之如蓋。岩水下滴如檐，中有萬佛堂、千佛堂、上七佛、中七佛、下七佛諸殿。懸崖百丈，上有石洞，洞有大碑六，皆高丈餘。大木一，長七丈，然洞門僅闊三尺，而碑在其内，木横其中，人以爲異。其堂、其殿、其洞皆鑿石爲之，曲徑懸閣，並列如屏，非磚非瓦非木，狀若天然。登踰千仞下視，羣山如在其中。其下有湫，自石瀉出，不涸不溢，其味甘，云飲之已疾。初爲普净寺，因産靈芝，改名應乾。至唐，復産靈芝，改名瑞應。其山天將雨，即有霧自牛堂石中滃出，即雨。故曰麥積烟雨。天水第一佳境也。其南曰香積山，其下有香積洞，永川水出焉。麥積之北曰雕窠谷，其上有隗囂避暑宫，其前有瀑布，瀉蒼厓間。

又《廣東二》 西樵山，高聳數百仞，勢如游龍，盤踞四十餘里，簡村、沙頭、龍津、金甌四堡之地。峰巒大者七十有二，互相聯屬，内顧若羅城然。山半多平陸民居。前有水簾千尺，其下有金銀池，諸山之泉出焉，注于百會泉，以達于碧江。

清 趙吉士《寄園寄所寄》卷三 廬山之面在南康數十里，皆壁。水從壁噴出，萬仞直落，勢安得不森竪躍舞，故飛瀑多，開先爲絶勝。登望瀑樓，見飛瀑之半，不甚暢。沿巖而折，得青玉峽，峽蒼碧立，匯爲源，巨石當其下，横偃側布，瀑水掠潭，行與石遇，嚙而鬥不勝，久乃斂狂斜趨，侵具趾而去。游人坐石上，潭色浸膚，撲面皆冷翠。廬山觀瀑記

清 顧祖禹《讀史方輿紀要》卷八五《江西》 龍虎山 縣西南八十里，在象山之西南。《志》云：象山一支西行數十里，乃折而南，西峰對峙如龍昂虎踞，道書以爲第二十九福地。出龍虎山而西一二十里，南迫大溪，溪水澄瀅可鑒毛髮，則仙巖引焉。其巖峰巒削立，高出雲表，巖石嵌空，多爲洞穴、房室、窗牖、床榻、倉廩之狀，共二十有四巖，而總名之曰仙巖，與饒州府安仁縣接界。

清 雍正《江西通志》卷一一《山川五·廣信府》 靈山在府城西北七十里，信之鎮山也。道書第三十三福地。山有七十二峰，下有石井，石室。溪五派，西流入江。按七十二峰之名，舊志闕。如《廣信新志》特詳，今摘其尤者。石屏峰，居靈山中位，頂有龍池，瀑布高懸百丈。石人峰在靈山東北，孤石挺立如人形。花巖峰在雙石東，峰下有巖，怪石嶙峋如花瓣。雙峰之下有聖井。鷹嘴峰在石人峰西南，高鋭如鷹喙。巖前峰在迴龍峰西，下有養真巖，胡超公學仙處。龍泉峰有泉極清洌。笑天獅峰怪石突起如獅昂首，下有石洞。水晶峰在遮嶺峰後，瀑布映日，遠望之若水晶。最險者爲登樓峰，在石屏西，俗呼石階梯，於兩崖石竅中，置杙横大鐵索於上，約二丈許。行者以手扶索循崖而渡，稍下視則膽落矣。草堂峰在白雲峰南，下有草堂。聚講峰若生徒聚講狀。東臺中臺二峰下俱有菴。插旗峰在天梯峰右，石竅圓深，可卓旗。下有洪梁洞。龍頭峰在中臺西，石陡起如龍頭狀。西臺峰在老人峰西，下有西臺菴。石合峰兩石相合，人潛聲撫之則動摇發聲則否。又名摇石。西峰絶頂爲葛仙峰，相傳葛仙翁脩煉處，壇址猶存。九牛峰石有九，狀如牛。春鳥花峰石色紅如杜鵑。天半月峰在天馬峰東北，形如偃月，下有泉，名北澗響泉。黄泥峰亦名黄土嶺，路通徽、饒。道士仙峰在靈山北，下有洞，風氣往來輒有聲，名仙洞鳴琴。北峰最高者爲頂山峰，下有龍湫，水常溢出，名陽際靈湫。三十六尖峰森列如卓筆，爲數三十有六。銅峰石色如銅，其麓有七星潭。

又 卷一一《山川·廣信府》 三清山在玉山縣北一百餘里，界衢、饒、信三州之境。三峰峻拔，與懷玉山並峙。明魯起元游記云，至金砂靈濟廟，叩水

玉洞，行里許，大石斜覆若屋，曰龍門。匍匐而過。又數十步至洞口，石壁如削，寒氣逼人，飛瀑直瀉入洞，底深不可測。登山路五六里至馬鞍灣，路忽下㬥如入井，自此路直上如登梯。凡二升降，至銀屏石下，仰望石與雲齊。度風門，又二升降，至結鬢巖，上有巨石橫亘，路在其下，相傳李尚書結鬢而度，故以爲號。又二升降至神仙洞，怪石羅列。又三升降至羅漢洞，石如補陀巖。又二升降，三石齊立若排，又一石若屏，始至山頂。凡二十五里。稍下，得平地，寬可八九畝，有老屋其上，作三清觀。有石刻三清石仙君、葛仙翁、李尚書、金童玉女及潘元帥像。登香爐石上，望了巖山，見石仙君、仙人橋鐵爐如石上生成。尚書所鑄也。有卓旗石、雷公石、判官石、幞頭石、勾刀石、帽石。西望彭蠡饒信，東望衢岩，隱隱在雲霧中。萬山盡在脚下。山之下，水西出則入於江，東出則入於浙，蓋江浙山水宗也。

又 卷一二《山川·贛州府》 濛山在寧都縣北二十五里。山間雲氣濛濛，懸崖飛瀑。頂有巖，闊可丈餘，前爲户牖、石床、石梯，不假斧鑿而成。又一巖，容百餘人。其餘巖穴大小各極其妙。相傳東晉時里人賴箕廬此，元曾郕有記。

又 卷一三《山川·南安府》 西華山在府城西十里。石壁如削，轉磴而上，平衍有田。有僧院，宋崇寧中建，後尋圮。院前有石澗，無魚蝦，傳是神龍所游。澗旁一石甚平，名釣月臺。澗底有卧僧遺跡，瀑布凡三十餘丈。南有石洞，可坐十餘人。左有松數千株，皆直幹無旁枝。又老樹五，自地摩空，亦無枝蔓。張弼與黎民表陳健等倡和，有「參差樹影青雲上，遠近泉聲白石間」之句。

清 雍正《山西通志》卷一七《陽曲縣》 洌石谷在陽曲縣西北四十里，一作烈石。山罅出泉，傍有龍井，所謂洌石寒泉也。有竇鳴犢廟。洌石口巖穹百重，如斷如削。汾河谿口出。竇大夫祠西，數泉泠泠可愛，名寒泉。【略】明于謙烈石祠碑，其地山川環抱，樹木蓊鬱。朝雲暮靄，恒出檐楹棟宇間。祠之右有池，靈源浚發，澄波滉漾。穹甲巨鱗，出没天光，雲影中。隱現恍惚，若有神以憑之。

又 興縣卧龍岡在西北七十里，高一里，盤踞二里。岡南兩峰對峙，一名雙侯山。中有大壑，河水自南北注，當壑有石壁數百丈橫亘，連合兩峰，曰卧龍岡。水繇岡下洞穴流出，合嵐漪水，洞石衝出者，矗立水中，其北峰曰天磑山，峭壁千尋，徹下中裂，外望之石紋如磑齒，兩兩相錯，亦一奇也。

清 雍正《江南通志》卷一一《山川·江寧府》 芝山在江寧府溧水縣東南七十里，並界高淳。《溧陽景定志》云，山産芝草，故名。有洞數十，梅仙洞者，漢梅福居之。又有李洞，泉出沸湧。有燕洞，産石燕。《金陵志》云，宣州田頵舉兵，邑人避難於此。

國朝蕭秉晉有《芝山記》：芝山在邑治東南七十里，跨溧陽境，遠視之隆然數阜也。山多怪石，皆黝色，鱗次疊疊成波紋。大者如獅象，如馬牛，小者如猿狖，如禽鳥。嵚崎變態，起伏橫側，疑神工鬼斧刓刻以成。每巨石聚處，即隱洞穴。舊謂有三十六洞云，今可尋者僅六七耳。非土人導之不克入，入必令一人執松火而前。初入之如墮深井，闇若長夜，先後踵頂相接而下。暗中有石級可尋，忽至坦處，可容數十百人。石色紺赤，光絢駭目，即震澤石不過也。所稱古燕洞，亦名堆霞。入穴數十武，忽排空矗起丈餘，轉數武又變一狀。每一折旁引一門，下坦可數十武。中有石臺平起，如席如几，云是仙子棋枰，游者至此得以憩焉。仰視之螺旋而上，火光漸弱，憾不能窺其頂也。石燕見人輒驚飛，鳴聲殷雷。久之潛入竇穴，昔黄山人所謂仍落爲石者，妄也。旁列三門，亦漸狹。委蛇陡峻，其盡處一水如帶，闊可五六尺，深淺莫測。遥望若有岸相對，人莫敢踰，所謂仙几隔處，端在此矣。黄龍洞僅如竇，數折而下，有巨石懸覆如板，廣三四丈，其色白，作龍蟠形，皆石液所凝，宛如刻畫者。又一竇，直上有大士像懸石壁間，名觀音洞。梅仙洞初入險陡如鋸鋒，客横行其上作蟹狀，手攀東則足抵西。下視深闇如無底，而坦處又堪坐卧。天井洞景獨外露，不類他洞。峰石叠甃，如崩如墮，忽一坦處，方幾畝。仰視高三四丈，如天井，故名。旁有穴，兩折而下，不甚深，平如屋，風雨不及，可陳几榻。凡此數洞，皆在邑界，跨溧陽境者，不悉志。大約此山洞皆通連，或爲榛莽所封，或爲亂石壅塞。安得游人如謝康樂之好事，柳子厚之於馬退諸山，則靈跡異境，必標而出之，不致隱晦爲幽壤耳。又洞中最異者，山泉洳濕，泥水滴瀝，疑污人衣履。然入者苟不言，則不稍染。又絶無蚊豸虺蜴之屬，誠一邑之奇觀。惜地界僻左，名流罕至，莫紀其勝。晉故從所覩而率記之。

又 卷一六《山川·寧國府》 龍池山在青陽縣東南七里。有石池不竭，相傳龍居之下。巖有二竇，出泉曰三度，曰潮泉，可溉田。宋令曹機築方塘，構亭于上。其嶺有石橋，飛泉懸瀑，最爲奇勝。

又 《櫟山縣志》作《歷山寰宇記》云：石埭縣西百六十里有櫟山，高五里，與祁門、太平接壤。其山石壁峭削，下有龍池可百畝。池右一石高丈許，直裂爲二，中擎一丸。又一石鏡，縱橫二丈，光明可鑑人物，皆奇跡也。其並峙者曰峒山，具泉石之勝。

清 汪洪度《黄山領要録》卷上《鳴絃泉》 沿香泉溪行數里中，像類分明，呈奇獻巧者無窮，視之皆石也。其在溪上，有虎負嵎立，昂首張牙，勢同搏噬。前一石揞其頦，於不意中顧之，殊駭愕。已乃傴僂出入，其腹下曰虎頭巖。巖上里許，有僧傍溪湉立而嘔，負手側項，衣袂仙仙，若不勝飲而逃以避者，曰醉石。石旁有聲鏜鞳，出林木之上，曰鳴絃泉。一山中凹旁張，凹處層石磊磊，懸泉百仞。至山半而戹於石，則激射逆上，散爲數十道，其勢稍殺。下有横石，長三丈許，虚庋其麓，若琴横於几，空其中而泉徑焉。餘沫及濺石上，如冰絃初調，五音畢具。春夏瀑布盛時，則以黄鍾爲宫，其聲爲天風海濤，或鼓霹靂之引，形聲皆肖琴也，曰横琴石。下有伏石，爲坻爲嶼爲島，色陽白而陰黝，如太古雪積未消，曰停雪石。入谷行半里，有泉泠然注石，而成科者三，盈科復下衝激而成科者五，光粲粲然，曰落星泉。谷折而陘，有石倚巖圻裂，曰劍石。其下皆溪，溪中亂石間有井，弇口而淺中，底如圓盎，受水十斗許。下積五色卵石，出石成斛底如故，不能測其所窮，先公明左司馬，諱道昆。題曰丹井。井上有物，鱗甲奮張，櫻之刺觸人手，如龍魚也，然無頭角鬐鬛，曰鱗石。溪中有泉，奔而觸石，石不任受，激而爲狂濤怒浪。一巨石中立砥之，其流乃紆徐罄折，有波轉渦迴之觀，明江中丞東之題曰迴瀾石。溪邊崖上，有石如巨舸，初從峽中出，可坐二十餘人，人坐其上，四顧羣峰環繞，藤蔓披拂，峰影入水，上下一碧，先公大書石上曰藏舟於壑。

清 蔣溥等《盤山志》卷四 天池在洗心石下。智朴《天池記》：天池，石池也。在西甘澗迤北直上里許，縱横三丈餘。塊石而成，不假雕鑿。其深不盈尺，其水不涸。其南面有小口，方六七寸，凡夏秋之交，其水溢，則自口而出，活活有聲。樵牧就之而浴，蟲鳥就之而飲。土人呼爲石盆。其上有磐，周五丈許，平如几筵，曰洗心石。游人坐此，心目灑然。

清 乾隆《福建通志》卷四《山川·建寧府甌寧縣》 西溪 在建寧府城西。源出崇安縣分水嶺及浦城縣漁梁嶺，合建陽諸溪。水過萬安洲，踰萬石灘而下。溪中怪石林立，水穿石罅間，奔騰澎湃，交注於城之西北隅，合建安東溪，歷延平，注福州入於海。

清 張泓《滇南新語·雞足山》 山中大寺三百六十餘，茅庵不可指屈。峰巒奇秀，曲折幽深，甲於方輿諸名山。產竹笋，香而甘，夏秋食之美。山多松，皆偃蓋攫拏如羣龍，盡數圍，撐天幕地，行人鬚眉皆緑，諸刹隱隱在空翠中。有水發於西壇寺，飛挂晴峰，闊數丈，高數千尺，如玉虬夭矯舞松竹間，匡廬瀑布，蓋不足數也。

清 凌揚藻《蠡勺編》卷三二《西樵》 陳獨漉謂，西樵方十里，東西南北一日可盡。凡山，知名而小者，莫西樵若也。山小而富泉石，亦莫西樵若也。然所在皆水，麗於水而有巖洞匡壁，可觀者得二三十境。按《圖經》，去廣州治西百餘里，奇秀峭拔，峰皆内向，大小相屬，隱於削成之中，若芙蕖之未開然者。東凡二十峰，南十有五，西十有八，北亦十有八，合爲七十二峰，而以太科爲絶頂。巖二十有一，洞十。其飛泉之散於諸峰間，乍合乍分，或卧或立，凡三十有二。其一在噴玉巖，一在錦巖，一在漱玉巖。二在垂虹洞，左右飛流如雙虹下飲，故曰垂虹。又有二泉在雲谷。谷中羣峰迴合，有白沙書院。瀑布夾峰左右，曰左天泉、右天泉，合奔雲谷，注於九曲。谿有二亭，以收其勝。其在廣朗洞口者，作三級，透迤而下，冰轟雪吼，倒射青冥，其勢益暴。又一在水簾洞，爲九曲溪，下流披灑壁間，霏微若珠箔。又一在雲端村，從空細下，石薄巖虚，琮琤相應。其在碧玉洞者，擘匡而出，横直無定勢，餘氣散爲煙霧冥濛數十丈，望之若飛泉然。蓋自噴玉巖至此爲飛泉者，十有三矣，而以碧玉巖之瀑爲最。有陳中州「壁立一片雪，風含白雲端」十字勒石上。蓋是山固多泉，飛泉外，其迸出石間者，或仄或涌，爲乳爲湯，大瀾小淪，無不極其變怪。盤舞噴薄，響振一山。山中人沿溪以居，或截流爲湖，或築垦爲塘，於四十餘里間，以泛以漁，隨舟所至，蓋不知山在水中，抑水在山中矣。山中又多平地，可以種茶。茶田中有村十餘，雞犬鳴吠，若近若遠。杜鵑蘭桂之屬，掩苒含風，花棧參差，雲畦歷亂，游者往往迷路。

清 道光《遵義府志》卷四 湘山 在城東南二里，上有大德護國寺。山怪石壘砢，面湘一帶石尤蒼瘦。古木千章，清陰夾徑。幽風徐引，緑塵細霏。炎天坐卧其間，日影碎金，時聞鳥語，人境雙寂，恍然世外也。西南別徑下南轉，得鶴池。池舊名響水洞，前守趙遵律擘窠「鶴池」二大字巖上，以易名。洞高廣各丈餘，揭入七八丈許，石龜踞水中，下深莫測。更内，日光不到，無能究者。洞嵌石，色奇蒼如古劍鏽。甃其口，可供萬家汲，餘流入於湘池。東南二百步有白雲洞在巖腰，距江五丈許，危磴屈上若登。蓮峰洞廣七八尺，深丈餘，容鞠躬行，舊時瀑布出洞唇。乾隆末，居民抑之出巖脚以灌田，餘瀝注江，裂練而下。漾藻泳苔，尚供小玩。沿湘東南行里許，爲木龍溪。渡石矼達西岸里許，有仙女洞。《通志》謂城東五里者也。今呼白馬洞。

清 金武祥《粟香二筆》卷四 在龍隱西南，隔江而峙者，爲灘山，即象鼻山。乃越訾家洲、渡灘水，遥見突立水濱，厥形類象。上有石塔如寶瓶，下有鼻垂水作大洞門，其形正圓如大月，名水月洞。乃倚棹登麓。入洞中，踞石弄水，如坐捲篷大橋下。《虞衡志》云，大月輪之中又一小規。穿山而南出，暑月坐規中，風颼颼起洞口，真不減北窗羲皇也。余口占絶句云：灘江何澄澄，灘山何屹屹。香象渡河來，空明惟水月。

清 蕭雄《聽園西疆雜述詩》卷四《名勝·博克達山》 千盤松徑步凌虚，海湧雲中畫不如。更有孤峰還隔嶺，重重圍住列仙居。

博克達山，天山之一段也。自阜康南行十餘里，入峽口，寬只數丈。行半里許，則豁然平川，廣至七八里。兩山自幹崙横出，西之脈勢低而略短，東則屹立如城。卒復逆行數里，大氣圍抱，抄至西山之尾，交錯以巖門徑，使北流之水，繞西而出。一入此間，已殊塵境。自此川行二十餘里，兩山忽近，中僅容溪，沿溪雜樹叢生，塞於澗底。岸無路，惟覓徑樹中，如此者十餘里，復稍開展。溪邊可步，再二十里許，則截然崇巒，横阻於前，不復能入矣，但有清流奔赴，從石隙中出。石千仞壁立，一隙端直若劈成，寬二尺餘，下平於溪，遠約百餘丈，望之如複牆小巷。水出勢寬，潺湲湍急，洞天異境，耐人流連者也。溪流大旱不竭，山外數百里，土田人民，賴此滋養。山神多靈，乾隆間列入祀典，名福壽山，但歷來望祭而不能到，惟喇麻諸人，從隙涉入者間有之。光緒七八年間，擬建祠山中，時楚軍一營駐阜康。始乘暇於石左，刊木鑿山成路，紆迴數折，約二三里，達於層巒之半。復繞右轉入，下小坡至溪邊，即石隙之上游也。過溪再上五六里，遠聞空中聲若殷雷，及上危坡俯瞰，其右則小海在焉。其南崖有瀑布，係山頂海中之水，穿山流入小海處，傾瀉沸騰，聞於下界者也。路右新搆一亭，瀕懸崖，下臨小海，望之戰懼。

清 王培荀《鄉園憶舊録》卷四 掖縣龍溪在寒同之陽，萬峰秀峙。南踰大河里許，有趙氏園。出園而東，緑柳隨堤，丹崖迴抱，是爲溪門。稍入開敞，漸至卧龍巖。東爲落雁灘，灘盡雙峰壁立，鐫龍溪二大字。積水深碧，中涵砥砫石。藉橋而渡，建注雲閣。閣前天門中斷，瀑布雷奔，方潭十丈，清可見底。壁上有龍影，每陰雨，鱗甲飛動，意欲凌空。對閣鬬洞，曰梅岑。洞左巖又鬬小洞，通以仙橋。俯視龍潭，心神悼慄。潭北石壁峭直，鑿孔不容足，紆迴投澗底。過飛魚峰數武，石筍林立，穿崖入，危峰下天成雲窟，即罘罳洞。洞上層巒紅緑婆娑，即散花巖。有天耳石。稍東石色變爲黄赤，石文皆成鬼面。逕轉而南，至馬鬣峰，兩巖對峙，細通一綫，壁間長松亭。亭直入雲表，外屏以五老峰，即溪之南門也。登玉臺山遠眺，蒼緑萬頃，微風乍起，清音泠泠然來矣。

又 徂崍峰巒嵯峨，迴迴百二十里。由嵘石峪進，有廣石瀑布跨斷山腰，殿宇隱松楸之中，溪流藏藤葛之下，岩阿逼側。逾西溪，溯流而北，另闢洞天，林木葱鬱，溪則隨處導爲魚沼蓮池，洑行出山外。過溪由山腹趨二聖宫，澗壑嶙峋，不通屐齒。或壘石表其往來之向。跨三嶺而北，下深峪而西出，二聖之背如穎脱囊底，即樂貧岩矣。溪間多竹，罥以藤蘿。外有轉珠山當谷口，風迴水停，一山之勝，此爲弁冕，當是竹溪無疑。有元時殘碣，剥落不全，大抵記孔子老子講道之言。

紀事

唐 柳宗元《柳河東集》卷二九《游黄溪記》 北之晉，西適豳，東極吴，南至楚越之交，其間名山水而州者以百數，永最善。環永之治百里，北至於浯溪，西至於湘之源，南至於瀧泉，東至於黄溪、東屯，其間名山水而村者以百數，黄溪最善。黄溪距州治七十里，由東屯南行六百步至黄神祠。祠之上兩山牆立，如丹碧之華葉駢植。與山升降，其缺者爲崖峭、巖窟。水之中皆小石，平布黄神之上。揭水八十步，（揭音憩。）至初潭，最奇麗，殆不可狀。其略若剖大瓮，側立千尺。溪水積焉，（積一作即）黛蓄膏渟。來若白虹，沉沉無聲。有魚數百尾，方來會石下。南去又行百步至第二潭，石皆巍然，臨浚流，若頦頷斷齶。其下大石雜列，可坐飲食。有鳥赤首烏翼大如鵠，方東向立。自是南數里，地皆一狀，樹益壯，石益瘦，水鳴皆鏘然。

又《袁家渴記》 由冉溪西南，水行十里，山水之可取者五，莫若鈷鉧潭。由溪口而西，陸行可取者八九，莫若西山。由朝陽巖東南，水行至蕪江，可取者三，莫若袁家渴。皆永中幽麗奇處也。楚越之間，方言謂水之支流者爲「渴」，音若衣褐之褐。渴上與南館高嶂合，下與百家瀨合。其中重洲小溪、澄潭淺渚間厠曲折，平者深黑，峻者沸白。舟行若窮，忽又無際。有小山出水中，山皆美石，石上生青叢，冬夏常蔚然。其旁多巖洞，其下多白礫。其樹多楓、柟、石楠、梗、櫧、樟、柚，草則蘭芷。又有異卉，類合歡而蔓生，轇轕水石。每風自四山而下，振動大水，掩苒衆草，紛紅駭緑，蓊葧香氣。衝濤旋瀨，退貯溪谷，摇颺葳蕤，與時推移，其大都如此。余無以窮其狀，永之人未嘗游焉。余得之不敢專也。出而傳於世，其地世主袁氏，故以名焉。

宋　歐陽修《文忠集》卷四〇《浮槎山水記》　浮槎山在慎縣南三十五里，或曰浮闍山，或曰浮巢二山。其事出於浮屠老子之徒荒怪誕幻之説。其上有泉，自前世論水者皆弗道。余嘗讀《茶經》，愛陸羽善言水。【略】其論曰：「山水上，江次之，井爲下。山水乳泉石池漫流者上。」其言雖簡，而於論水盡矣。浮槎之水發自李侯。嘉祐二年，李侯以鎮東軍，留後出守廬州，因游金陵，登蔣山飲其水。既又登浮槎，至其山，上有石池，涓涓可愛，蓋羽所謂「乳泉漫流者」也。飲之而甘。乃考《圖記》，問於故老，得其事迹，因以其水遺余於京師。予報之曰：李侯可謂賢矣。夫窮天下之物無不得其欲者，富貴者之樂也。至於蔭長松，藉豐草，聽山流之潺湲，飲石泉之滴瀝，此山林者之樂也。而山林之士視天下之樂不一動其心。或有欲於心，顧力不可得而止者，乃能退而獲樂於斯。彼富貴者之能致物矣，而其不可兼者，惟山林之樂爾。惟富貴者而不得兼，然後貧賤之士，有以自足而高世。其不能兩得，亦其理與勢之然歟。今李侯生長富貴，厭於耳目，又知山林之爲樂，至於攀緣上下，幽隱窮絶，人所不及者皆能得之。其兼取於物者，可謂多矣。李侯折節好學，喜交賢士，敏於爲政，所至有能名。凡物不能自見而待人以彰者有矣，其物未必可貴而因人以重者亦有矣。故予爲志其事，俾世知斯泉發自李侯始也。

宋　黄庭堅《山谷外集》卷二〇《黔南道中行記》　過大悲、遵微行高下二里許至三游，間一徑，棧閣繞山腹，下視深谿悚人，一徑穿山。腹黮闇，出洞乃明，洞中略可容百人，有石乳，久乃一滴。中有空處，深二丈餘，可立。嘗有道人宴居，不耐久而去。厥壬子，堯夫舟先發，不相待。日中乃至蝦蟆碚。從舟中望之，頤頷口吻甚類蝦蟆也。予從元明尋泉源入洞中，石氣清寒，流泉激激，泉中出石，腰骨若虬龍糾結之狀。洞中有崩石，平闊可容數人宴坐也。水流循蝦蟆背垂鼻口間乃入江耳，泉味亦不極甘，但冷熨人齒，亦其源深來遠故耶。

宋　秦觀《淮海集》卷三八《游湯泉記》　東南馳八里至龍洞山下，棄馬而徒步，山形斗起，蒙籠曲道，尤難登。捫蘿進者五里，然後至其山椒。是日風曀，望建業江山，蟠龍踞虎之狀，皆依約而得之。自山椒轉而西南，盤紆徑復，又二里而至龍洞，其上巃嵸崟岑不可窮竟。門則大穴也。漸下十數丈，窅然深黑，日光所不及，揭炬然後可行。腹中空豁，可儲粟數萬斛，屏以青壁，而泉嚙其趾，蓋以乳石，而鼠家其竇。仰而視之，或突然傲岸而出，若有恃者；或侵尋而却，若有畏者。雲撓而鳥企，鼻口呀而齗齶，露其隙牙。横逕卒愕之變，疑生於鬼神，雖智者造謀而巧者述之，未必能爾也。惜乎閟於龕巖敻絶，人迹罕至之地，世莫得而窺焉。夫豈負天下之奇勝者，固不欲售，其伎必待夫至誠篤好之士，然後與之接耶。

宋　陸游《渭南文集》卷四八《入蜀記》　十二日早過東瀼灘，入馬肝峽，石壁高絶處有石下垂如肝，故以名。峽其傍又有獅子巖，巖中有一小石蹲踞張頤，碧草被之，正如一青獅子。微泉泠泠自巖中出，舟行急，不能取嘗，當亦佳泉也。溪上又有一峰孤起，秀麗略如小孤山。【略】十五日。舟人盡出所載，始能挽舟過灘，然須修治，遂易舟。離新灘過白狗峽，泊舟興山口，肩輿游玉虚洞。去江岸百里許，隔一溪，所謂香溪也，源出昭君村，水味美，録於《水品》，色碧如黛。呼小舟以渡，過溪又里餘，洞門小纔袤丈，既入則極大，可容數百人，宏敞壯麗如入大宫殿中。有石成幢蓋旛旗、芝草竹笋、仙人、龍虎鳥獸之屬，千狀萬態，莫不逼真。其絶異者，東石正圓如日，西石半規如月，予平生所見巖竇，無能及者。【略】二十二日，發巴東。山益奇怪，有夫子洞者一竇，在峭壁絶高處，人迹所不可至，然髣髴若有欄楯。不知所謂夫子者何也。過三分泉，自山竇中出，止兩派。俗云三派有年，兩派中熟，一派或絶流饑饉。

宋　范成大《吴船録》　出（中峰）院，過樟木、牛心二嶺，及牛心院路口，至雙溪橋，下石塹深數十丈，窈然沉碧，飛湍噴雪，奔出橋外，則入岑蔚中，可數十步，兩溪合爲一，以投大壑，淵渟湛澈，爲溪灘。灘中悉是五色及白質青章石子，水色麴塵，與石色相得，如鋪翠錦，非摹寫可具。朝日照之，則有光彩發溪上，倒射巖壑。相傳以爲大士小現也。

宋　周必大《文忠集》卷一六八　遂入廣修院，去縣已二十五里。院宇頗雅潔，寢堂望雙峰，遠望如雙劍者，此二峰也聞最高。情峰，真人峰，蓮花峰，是五老峰。步至上雪潭，源高而遠，仰視蓮花峰，正如所倚之屏。其前即石門，水所注也，峭壁削成，懸十丈，怒濤駭浪不減三峽，或瀦爲深淵，或散爲奔湍，雷轟電擊。約二百餘步，爲下雪潭，其間多大石，水平布者數丈，潭中産石班魚，不常流。有瓔珞泉，水跳石上如貫珠，尤爲奇絶，而土人不貴也。

宋 朱熹《晦庵集》卷七八《百丈山記》 登百丈山三里許，右俯絶壑，左控垂崖。疊石爲磴十餘級，乃得度。山之勝蓋自此始。循磴而東，即得小澗，石梁跨於其上，皆蒼藤古木，雖盛夏亭午無暑氣。水皆清澈，自高淙下，其聲濺濺然。度石梁，循兩崖曲折而上，得山門小屋三間，不能容十許人，然前瞰澗水，後臨石池，風來兩峽間，終日不絶。門内跨池又爲石梁，度而北，躡石梯數級入庵。庵纔老屋數間，卑庳迫隘，無足觀，獨其西閣爲勝。水自西谷中循石罅奔射出閣下，南與東谷水並注池中，自池而出，乃爲前所謂小澗者。閣據其上流，當水石峻激相搏處，最爲可玩。乃壁其後，無所睹。獨夜卧其上，則枕席之下，終夕潺潺，久而益悲爲可愛耳。出山門而東十許步得石臺，下臨峭岸，深昧險絶於林薄間。東南望見瀑布，自前巖穴瀵湧而出，投空下數十尺。其沫乃如散珠噴霧，日光燭之，璀璨奪目，不可正視。臺當山西南缺，前揖蘆山，一峰獨秀出，而數百里間峰巒高下，亦皆歷歷在眼。日薄西山，餘光横照，紫翠重疊，不可殫數。旦起下視，白雲滿川如海波起伏，而遠近諸山出其中者，皆若飛浮來往，或湧或没，頃刻萬變。臺東徑斷，鄉人鑿石容磴以度，而作神祠於其東，水旱禱焉。畏險者或不敢度，然山之可觀者，至是則亦窮矣。

元 吴師道《禮部集》卷一二《金華北山游記》 金華爲天下名山，環亘數百里，岩洞泉石之勝，顯在山北。距余家不再舍而生未之識。【略】然幽絶奇麗之觀，所得亦多矣。先是數百人。小竇容舟，游者仰卧以入。燭之，穹然高敞，飛厓流乳，列石怪狀，爲華蓋、垂衣、湧濤、積雪，爲龍爲龜，爲狻猊象。町者爲田，方者爲床。爲鐘鼓，可考擊。爲硯，一眼受滴水，以手承之則否。他詭異不可悉名次，中洞穴仰天，墜石鍵崖罅欲壓，幽險深入，如墮壺中。飛泉出岩半數十丈，散垂爲簾，下注無底。怒聲奔雷，使人膽掉髮竪。出宿觀中。山南夜作水聲，雜然如呼如啼，如嘯歌悲吟，爲不寐。達旦，雨稍止。行數里，趨朝真。重岡複嶺，所歷益高狹，徑俯壑萬仞，蘿弱苔滑。聞前向塗稍絶，乃還游鹿田東西二寺。鹿田者，相傳仙人宋玉女驅鹿以耕。山有玉女墓，墓上樹不知名，甚奇。西寺第一軒前立石森然，穿穴玲瓏，類靈壁、太湖。間以巨竹，泉流交其間。昔默成潘公所憩。遺刻多存者。

明 宋濂《文憲集》卷六《桃花澗修禊詩序》 浦江縣東行二十六里，有峰聳然而葱蒨者，玄麓山也。山之西，桃花澗水出焉。【略】約二里所，始得澗流。遂沿澗而入，水蝕道幾盡，肩不得比，先後纍纍如魚貫。又三里所，夾岸皆桃花，山寒花開遲，及是始繁。傍多髯松，入天如青雲。忽見鮮葩，點濕翠間，焰焰欲然可玩。又三十步，詭石人立，高可十尺餘，面正平可坐，而簫曰鳳簫臺。下有小泓，泓上石壇廣尋丈，可釣。聞大雪下時，四圍皆璚樹瑶林，益清絶，曰釣雪磯。西垂蒼壁，俯瞰臺磯，間女蘿與陵苕，轇轕之赤紛緑駭，曰翠霞屏。又六七步，奇石怒出，下臨小窪，泉冽甚宜飲鶴，曰飲鶴川。自川導水爲蛇行勢，前出石壇下，鏘鏘作環佩鳴。客有善琴者，不樂泉聲之獨清，鼓琴與之争，琴聲與泉聲相和，絶可聽。又五六步，水左右屈盤，始南逝曰五折泉。又四十步從山趾斗折入澗底，水匯爲潭。潭左列石爲坐，如半月。其上危巖墻峙，飛泉中瀉，遇石角激之，泉怒躍起一二尺，細沫散潭中，點點成暈，真若飛雨之驟至。仰見青天鏡净，始悟爲泉曰飛雨洞。洞傍皆山，峭石冠其顛，邃夐幽邃，宜仙人居，曰蘂珠巖。

又 卷二六《五洩山水志》 五洩山在婺杭越三州境上，北距富春，南據勾無，東接浦陽。其山水最號奇峭。齊謝玄卿嘗以采藥深入其中，而宋刁景純、吴處厚亦頗游焉。自西坑嶺入，過遇龍橋，北行二十步始入西潭。前横一溪，水甚寒，履之如冰。由溪而前，徑小潭，旁有礁石突起，類大瓮斜覆。乃捫石而登，一失足輒墜。又行二里所，地稍夷曠，怪石四瞰，峰巒環列獻狀，其紋縈縈然，類神工鬼斧所雕刓者。山多猴，游人或恐之撤石亂下如雨。又前行半里所，泉自石竇中出，瀏瀏作聲，若琴若笙竽。泉西流匯爲小窪，瑩澈泓渟，毫髮不隱。鯈魚數尾，洋洋往來，如行琉璃瓶中，見人至潛去。窪左大樹離立，極怪偉，倒影入水中如畫。又前行五十步，大石闕道。相傳有岩角肖鷹喙，忽夜大雷雨喙崩下，聲聞二十里。又行三十步，榛篠成林，翠光浮映，衣袂成碧色。山蟲崖虺，奔逸後先，瞬目失所在。至此則氣象陰幽，絶不類人世，如升蓬嶠坐水晶宫，生平烟火氣消盡。又自山腰，緣葛而前，竹籜覆地厚足，動輒仆。又過十步許，抵小潭。小潭上曰西潭，流水傾沫成白簾，闊可七八尺，冉冉下注，滑而無聲。兩傍石崖峭立，苔蝕蘚暈，時有水珠毵毵滴下。歲旱鄉民禱龍於此，遇禱，水或湧，取蜥蜴入瓶盂中，持以歸，多驗。自遇龍橋至此，約可五六里，皆蛇盤磬折，路行若窮，又復軒敞，其中勝致，難得具記。或言潭上有石河，從石河至三臺塔，人跡罕至，莫詳也。尋故路而出，斜迤而東過香爐。

峰峭拔，上有石類香爐，故名香爐。北有峰，圓而童，名鉢盂峰，或曰肖東甌。鴈蕩，又名雁蕩。峰由雁蕩而南，時有白雲覆於谷者，曰雪峰。屹然人立者，名玉女峰。嶄嶄勢欲柱天者，名天柱峰。其他諸峰，星聯肺附，登名圖籍者，蓋七十有二焉。復從崖東折，度略彴橋，趍三學院，院唐靈默禪師道場。師嘗降龍於此，遺跡尚存。由院北深入又百餘步，至東潭。上飛瀑可二十丈，瀑怒參倒，擊崖竅中若運萬斛雪從天擲下，白光閃閃，奪人目睛。至潭底，輒復逆上，有聲如輥雷，人笑語咫尺不能辨，猶聞瓮中聲。居人云，每天風一號，四山林木震撼欲折，黑雲下罩，杳不知昏曉。歲多投龍者，其多驗如西潭。復北折而西泝潭之源，登響鐵嶺，度紫閬山，村人多舍篁葦間。有平皋數百畝，可耕概，傍沿石河。又行一里所，地名石鼓，足頓之鼕鼕鳴。越十步至第一潭，潭如井，睨之正黑，投以小石，鏘若佩環。又越十餘步至第二潭，圓如錡釜，面廣而底敞，大水驅亂石聚其内，迨滿復泄去。潭下石壁百餘尺，險不可寘足。從其石懸藤墜下至第三潭，潭甚深，以綫縋之，下不見底。其形方狹而長。天向陰，常有雲氣從中起，疑有蛟龍潛其下，人恒以幽悄爲病。第四潭咸不敢往，或以絢圍腰繫巨杙，俯崖而瞰，潭左右皆楓木，其形大概如第二潭，而廣袤倍之。側有晉劉龍子墓，相傳龍子常釣於潭，得驪珠吞之，化龍飛去。後人爲壘石作冢，或云龍子之母葬焉，世遠不可辨。又其下至第五潭，即東潭。因其水五級，故名之爲泄云。噫，造物之委形山水者，其奇峭有是哉！

明 李元陽《中谿文集》卷八《游石寶山記》 石寶山，在劍川州西南深山中。嘉靖辛卯暮春，【略】四日丁巳，過劍川，侵曉入山。風威凜凜，逕路崎險，或騎或步，日西至山頂。遥見層層叠叠，如板屋、如棧閣者，石寶巖也。箐底有鐘鼓洞，從游之士窺而擊之，予二人從洞外聽之，宛如鐘鼓聲也。寺門在望，竟不可即，二僧來迎，挽手而上。歷覽洞壑，一步一坐，且駭且訝。升階謁佛殿，折北升石梯，至觀音堂。又折北，磴險捫蘿而上，山頂有聖泉從孔湧出，不溢不流，約可升許。時從者皆渴，争先挹取，飲百餘人而水不減。升菴曰：真聖泉也。予二人各飲泉一盞，殊覺爽健。由故道下。至僧丈，舉酒相勞，各賦詩，盡醉而宿。五日戊午，出南行，望飛崖如廊廡然，心甚奇之，路人曰此中巖也。巖頂雕鏤石佛、菩薩之像，皆精巧奇特。山石皆蝦蟆狀，聞西澗中亦有巖洞，然榛莽塞路，不容移步，悵然久之，遂於馬上哦詩而回。然長懷西澗，未曾歷覽，每以爲歉。至壬戌孟春，予偕弟元和、姊丈張斗、友人楊和，泛舟西洱，踰象嶺，觀鶴林寺，歷鳥吊山。遂乘興復至石寶。此行由間道宿村舍，路人多不相識。一泉一石，隨興坐卧，殊覺暢適。既到石寶，將由故道向中巖。忽有樵者指曰：由西涉澗，所見尤勝。遂如其言而行。二里許見一石山，藍碧如染，逼而觀之，宛然一獅子也。掉尾低頭，如奮迅之狀，從行人皆懽呼驚羡。獅背可坐千餘人，復由石獅腹下，穿出石澗，遥見西溪窈窕，巖岸如削，立石如屏，方石如屋，可以結茅而居。奈暮景且逼，空山無人，竟不能往東行一里。石上雕一波斯人，雖出人爲然，前代工也。又半里，石崖險處有一石如象。折南而上，有玉女井，方尺，清冽可飲。又里許，乃至舊游之地，追憶升菴垠溪，未嘗見此，今已下世，悽愴揮涕，因賦一詩，書之壁間，以寄吾思焉。又南行三里，有方崖矗矗，儼如經藏。溪中水石轇轕，南岸怪石如人如獸如城如壘，風行其中，有介冑聲，令人愀然。既而日下西嶺，不及窮搜，村人結松幕相待，各把巨觥，引滿三酌而去。

又《游石門山記》 石門山，在點蒼山之背。嘉靖甲寅春首，予約雪屏趙中丞、史城楊江津，遵洱河，歷天橋出，宿樣鼻村舍。翌午至金牛屯，飯，當孔道有石如牛，村因得名。騎向石門，亂石夾荊榛，且芟且行。至則兩壁牆立，青蒼萬仞若門焉。予窺其中，萬松參天，高巖蔽日，陰森窈窕，深幾十餘里。窄處如鐵峽，廣如桃源，兩岸石苔，滑不可著足。南岸峻削，石色蒼然。北岸亦斗絶，然石上負土，松崿之際，可亭可廬。流泉穿石，往往成渠，静默有頃，但聞泉聲淙淙，如鳴琴佩玉。林際鳥語，素所未聞，令人起絶粒想。東一峰尖削，集雪未消，正臨壑上。時日亭午，蒼翠中值一玉筍，與壑中水石相爲照耀。忽驚飆從空飛墮，聲如鍧雷，凜乎不可留，從者扶挽而出。有野老來告曰：壑底少人行，從高處俯瞰，則壑中景物，不能遁藏矣。予三人乃折東北，緣坡而升數里，至一寺，汲泉瀹茗，少憩。又東一里，有大石四面如削，村人構亭其上，今燬矣。又東南升三里，至仙真閣，閣南有石洞，洞前石檻，可憑，則見向之石門在其西。下視數千尺，壑底水石，或窪如盎，或方如槽，黛蓄膏渟，不可名狀。微風度壑，如怒濤擊撞，即向之雷鍧處也。

明 唐文鳳《梧岡集》卷六《大牛山龍湫記》 歙北距城可二十里，有山曰大牛，或曰大人。其形類人踞坐而首欹側。重岡複隴，騰踔起伏，而兹山獨巍然高以大山之半。去麓二里許有石巖，空洞深杳，泉涓涓自中出，冬夏不竭。巖之東百步，有澂湫，水寒紺清澈，龍實居之。每遇久晴則龍現，鱗甲光彩耀日，或掛樹，或蟠石。須臾，雲氣勃起如翻，海濤幂於山頂，則降雨。

明　田汝成《觀賀將行游廣西諸山記》（《粵西文載》卷二〇輯）　甲寅，偕諸僚及朱敬之游七星山。去城東里許，錯落如北斗之形。下爲玄風洞，陰氣觱烈，盛暑如躡層冰，凚涬不可久處，傳曰空谷來風，又曰盛怒土囊之口。然諸巖洞，亦有無風者，豈地脉差殊與。宗室約䟽爲予言，巖洞冬時温如附火，蓋陽伏之徵也。繞而西爲棲霞洞，内極寬衍，兩崖石乳凝結，刻畫峥嶸，蒼翠漬潤，若佛刹畫。壁頂懸金鯉，鬐尾狎獵，勢欲騰騫。稍深即窈黑，秉炬而入，所見益奇。瓌瑋百態，其最肖者，漁父施罛、傴僂踏船，仿佛若畫。中多岐路，云通九疑，然未有探極者。洞口有老君像，傳唐明皇所置，故又名仙李巖。巖前有齊雲、碧虚二亭，今廢矣。僕從亦貪奇擁入，迷失道者六人，經宿不可出。翌日乙卯，以燭出之。遂偕都指揮使顧良弼以小艇穿水月洞，泊訾家洲。洲上舊有亭榭，乃唐都督裴行立所營，而柳子厚爲之記者。今皆蕩滅，而環山洄江，夸奇競秀之景，猶存舊觀。遂游龍隱巖，巖口臨江，水深莫測。仰視其上有龍迹夭矯，長竟數丈，鱗鬣宛然，疑龍蜕去，迹印泥上，久而化爲石也。左有石屋，寬朗可容百人，頂鐫元祐黨籍一通，以司馬光爲首。豈諸賢削迹龍蟄於斯與！緣磴而上，舊有驂鸞亭，宋郡守范成大所創也，今改怡雲亭。稍北爲月牙巖，捫蘿而上石磴數十級，崖室半懸，形如初月，故以名也。還舟過花橋，泝灕水，艤伏波山，入還珠洞。相傳昔有漁翁入此，遭睡龍，竊其珠，懼而還之，龍猶未醒也。又言馬援征交趾，載薏苡而還。旁有石柱，去地不合者一綫許，乃伏波試劍石云。此皆幻妄無據。今洞中石上有巨人迹，紋理如刻，復有紫白二蛟，長數丈，蜿蜒相向。有圓暈如珠，直其首，豈還珠所起名與。舍舟登逍遥樓，望海陽山，湘漓二水所自出也。同原别流，南北分瀉。灕水南下繞桂林合癸水，漱伏波山下。【略】移棹入南溪。將游白龍洞，暝不克登。詰朝登焉，巖扉呀豁，略肖龍隱。其西爲劉仙巖，異人劉仲遠飛昇之所。乳竇窈窕，爽氣淒清。旁有履痕若攀躡之狀，俗呼穿雲迹也。還舟遄發，過南亭驛，游甘巖。巖若剖甓，外窄中穹，輪廣畝許。以艑艚入焉。西壁有泉側出，渟匯巖中，深可二丈。下睽沙磧，游魚如指者三五百頭，往來追逐，若與客戲者。大抵桂林巖洞，爽朗莫如龍隱，邃奥莫如棲霞，而寒冽寥寂、兼山水之奇，莫如甘巖之勝。甘巖名義無取，殆以泉甘之故。而土人訛爲官巖，不可解矣。

明　吴國倫《甔甀洞稾》卷四五《登道士山記》　予登峽石之明日，友人司性初氏裹飯來訪，予因與步過蓮花山。循湖而南一里許，漸近道士山麓。山本斗削瑰奇，又其時日已西垂，落霞倒映諸怪石，仰而視之，金碧炫目，空翠迫天表。遂賈勇蹻足，覓樵徑以往，直躋其絶頂。蓋巖然與峽石相望爲蓮華内户。回視所謂蓮華山者，大自有真氣，英英可摘。南睇門坊兩巨石如狼牙相扼，則外關也。北自長樂堰以下，水凡數十道，並匯于湖，而泄之長河，達大江。四山羅列若環衛者不可勝數。故山雖不滿百仞，而百里之勝可一縱目概焉已。從厓間見一石突起，北面拱立若道士禮斗狀，山因得名。

明　章潢《圖書編》卷六六《武夷山》　予至山下，道人導予自洞天門至方丈一飯。飯畢復出，方闌躊躇，四望始知是宫北。枕太王峰，高可五千餘仞，絶頂有投龍洞，天鑑池。有仙鶴岩者，舊所繪鶴翎朱頂，歲久不磨。東有昇真洞，石壁中特開一堂，廣數丈，而深倍之。最北有幔亭峰，其形如幄。宋李綱所謂「猿鳥夜呼千嶂月，松篁間鎖一溪雲」者是也。予三人步行數武，百折而西，忽驚九曲在望，乃命一舟載童子六五人，奏樂先導，予三人以舟尾行。道士首指點曰：此一曲。水中虎鼻岩也，其石上題曰「智動仁静」。溪石爲大小觀音石，獅子岩則巍然獨立，比衆峰尤爲聳拔。嘗自延平至建寧十里外望之，蹲踞昂首，真如狻猊，今親觀之，始見其真。石上刻九曲溪三字者，水光石也。右有鐵板嶂，其色純黑，壁立鑱削如砥。轉至二曲，有玉女峰，如美姝麗人之態。稍低則妝鏡臺、仙冠石以次並峙，若爲玉女曉妝而有事者。其側峰巒森秀，中峰尤峻而聳者，爲三峰石。後名昇仙峰者，張真君之飛昇處也。試劍石則控鶴仙人劍成而試之，石分爲二，故以試劍名也。下有小九曲，游舟可入，尤爲奇絶。仙船岩即小藏岩之峭壁間，忽開一穴，小船駕于懸崖横木之上，所謂絶壑駕船，亦三曲之仙蹤。仙學堂，則石壁環繞，中有石屋，几案具存，蓋仙家翰墨之館，又名曰翰墨岩。其他曰水樂，曰車錢，肝聯肺腑，不可勝數。曰仙機者，于峭壁上谺開一洞，木板横亘，如機杼狀也。又最勝者則大藏岩，峻拔壁立，下際深淵，上接星斗，人跡所不到，猿猱所不能升。乃有楛槎于石罅間，以度舟船棺柩之屬，外列陶器，至今不朽。或以羣仙各逞技巧，理或有之。金雞洞在四曲，稍斜，朱晦庵所謂「金雞叫罷無人識，月滿空山水滿潭」者，此也。晦庵精舍後有大隱屏，背倚大王峰，懸崖瀑布，俯瞰清溪，碧流萬頃，又其最也。且水之東流凡九曲，而五曲爲最。深蓋山之自北而南者，至此而盡，傳有蛟龍居之。予在舟中仰視峭壁，兼之水勢滉瀁，令人心悸目眩。蓋以南之天柱，獨聳金石爲一峰，拔地千尺，玉光燦然，與水相映。下有更衣石，平正如几，可以佇足，昔魏王於此更衣，以登天柱者。道人謂天游一峰，獨號多景，高深玄奧，羣峰之鼻祖也。其勝出一綫天之右，可忽略乎。于是仍從一二曲，經龍門灣數折而達於六曲。舍舟游仙掌峰，入兩崖插天中門，龍湫一道，恍疑銀河落自九天。天游一庵，隱隱瀑布林薄間，捫蘿拾級數經鳥道始得。上達磨崖絶壁，多前人題識。躡其巔前有萬峰亭，亭後精廬數間，道人倏煉其中。復循故道，倚棹溪頭，將窮七八九曲之勝，而烟雲布空，復作雨狀，乃止。

明 于慎行《穀城山館文集》卷一六《游泗上泉林記》 出城十里觴於鮑莊之泉。泉出石間數泓，匯山麓下，曲折北流，得磐石數十武，平如馳道。水漫其上，可羅胡床八九。置几而飲，水聲聒聒出於床下，固一奇也。又東數里，觴於石竇之泉。其狀上下一坎，坎石墻立，橫嚙一竇，水噴其中，雪濤如激，如出車轂下與石門。旁有拆峽，孟君懸綆而下，取蠡承竇中水，一漱而出。又東數里，觴於趙莊之泉。其伏平地爲一石池，深廣丈許。泉出其中，泓渟無聲，厥色紺碧，流爲石渠，曲折宛轉可數十武。濫觴而飲，援琴鼓之。鱣魚長尺有只。凝然出，聽土人曰，泉故無魚。異之。【略】又東數十里，過卞子之城，乃卞明氏之故國、莊子邑焉。城東有橋，過橋而東，泝水三里，則泉林也。泉出陪尾山下，其中爲寺。山之左右衆泉夾寺環之一匝，泉名二十有五，厥數倍之。寺右爲山之西面，泗淵之泉出焉泉。出石洞，門高二尺許，漬瀑沸騰，如决渠堰，匯而爲池，傾溶滉瀁，折而西流，趵突之泉出焉。負巖直瀉，埒石竇而大，又流而西，玉波之泉出焉。突起平地，如濼水之源，而小會而爲渠，悠然長邁。其清見底，水中小石平布，頳丹縹碧，五色葩熾，與水門奇。日光射之，如繪如織。泉多刻石。予度其一梁之，解衣寢其上。水聲淙淙，欻如轉輪，泠如鳴球，懸如匹練。人影下窺，如入玉壺，若有若無。木葉蕭森，天光沉浮。急呼大白，嘯歌沉冥，不知有人間世矣。起而過寺之左，泉出平地，或三或兩，布如列星，各爲一溪，更相灌注，縱橫交互，綺錯脉分。林麓黝靄，大木千章，非楸非梧，輪囷離奇。擁腫茷骫，如芝如菌，如鳥雀巢。效奇呈巧，務爲相勝。而其支幹下垂，往往如虬龍盤蟉。其根上搏，又若相噬。或橫架溪上，以通往來，曰浮槎渡。或出而臨水，房蹲鼎跱，上坐數人，水流其下，曰蟠木磯。予與杜君坐蟠木上，二仲與客坐浮槎。或卧命僕從上流放杯，折枝鈎之。夕陽滿川，藉以砂石映爲紅流，與霞相混。

明 慎蒙《天下名山諸勝一覽記》卷一五《雲南曲靖府志》 真峰山在府西南三十五里，峰巒秀麗，多産花木。其山南聳北伏，狀如騁驥，堪輿家取爲天馬。山陰有觀音洞，深數里許，有清水龍潭，水出石隙，潝洌湢洄，遶山漩樹穿檐透屋，雖大旱亦不涸。山鈐爲安國寺，寺址之下爲大壑，號普賢洞。深入三十五步，再深爲石筍，琳瑯空巖難測，闊如架屋。洞口則楸花喬木，竹障藤蘿，水石交雜，乃洞天之真境耳。石門在陸凉州西，平壤石笋森密周匝十餘里，大者高數仞，參差不齊，望之如林。俯仰側直，千態萬狀，東西行者，穿其中，故曰石門。又東出數百步，有離石焉，狀類西岳三峰，百蘊生綃，似難圖畫。

明 袁宏道《袁中郎全集》卷九《游盤山記》 盤山外骨而中膚。外骨，故峭石危立，望之若劍戟、羆虎之林。中膚，故果木繁，而松之抉石罅出者，欹巇虬曲，與石爭怒。其幹壓霜雪不得伸，故旁行側偃每十餘丈。其面削不受足，其背坦，故游者可迂而達。其石皆鋭下而豐上，故多飛動。其疊而上者，漸高則漸出。高者屢數十尋，則其出必半久焉，若半圮之橋，故登者慄。其下不極，述其最者，初入得盤泉，次曰懸空石，最高曰盤頂也。泉莽莽行至是，落爲小潭，白石卷而出，底皆金沙。纖魚數頭，尾鬣可數。落花漾而過影徹底，忽與之亂。游者樂釋衣稍以足沁水，忽大呼曰奇，快則皆躍入没胸。稍沂而上踰三四石，水益譁，語不得達。間或取梨李擲以觀旋折奔舞而已。懸空石數峰，一壁青削到地，石粘空而立，如有神氣性情者。亭負壁，臨絶澗，澗聲上徹，與松韻答。其旁爲上方精舍，盤之絶勝處也。

明 袁中道《珂雪齋近集》卷五《游鬼谷記》 自青溪至鬼谷，道中多磊磊之石。石色沉碧，空中而多竅，其文如竹葉、鳥跡。過嶺，入溪中行，溪石爲千百年雨溜所洗，皆如雪色。至鬼谷洞前，二峰如砌。入洞門少憩，道人持炬火前導，見洞上皆旋螺作殘雪色，其下若龜文，所謂蓮花池也。水下注淙淙有聲，傍池行，入兩重石門，蝙蝠若鷄鶩。級其上即所謂飲乳泉，而長生者見火皆起，或墜水中。至前一小門，道人蛇行而入，會炬烟薰人目，遂退。其唱佛陀，潤潤作金石響。道人云洞左有桃源、三郎、及石柱洞可游。不半里，至桃源洞。入洞皆大叫。其中若大廈，上爲亂雲封砌，盤溜蹴乳，閃爍變幻。中隆起一案若佛龕。三郎洞較狹于桃源，而深過之。亦用炬入，重門大類鬼谷。石柱洞蘿蔯封門，猿接而上，中有千年石乳若柱。此洞有水，不可住，然水極清湛。覓路下，沿溪復從故道以歸鬼谷。

明 王思任《謔菴文飯小品》卷三《瑞安仙巖記》 泉石之奇，皆泉石之聰明強有力所自致者，泉不安於泉，躍而爲瀑布。石粱曰：吾以之爲驚河，吾以之爲狎雷。而我其雄哉。大龍湫曰：夫匡氏之子，九華之生，將起而角之。焉用此壁立爲。夫不有空行而天弔者耶！仙巖曰：是誣其祖矣。戴鼎盛以席垂成，胡不起家自奮發也。於是乎有仙巖之瀑，瀑不他藉，賴從已腹中出，如千本火樹，笑吐銀花，突如其來，烟呼雪喊，鼓鐵亂鍧。人相對止，見口張口翕，必欲相聞，則更語之，或帖面附耳。對瀑爲澤潤亭。【略】入仙巖洞，觀所謂梅雨潭者，飛沫濺流，此地必無晴日。一洞射風，口緊腹脹，予吻袖而下。偶爲苔滑，一決其袖，而氣吸不得呼，幾爲禁絶。老人病人斷不可作此觀矣。傍洞壁出噴玉磯，忍睨之，則洄渦香眩，萬斛明珠，拔山搗下也。急走上，而葛衫眼眼粟寒，鬚髮是根，俱爲霧雲泚盡。於是仍登亭愕想之。巖名仙，謂曾此有仙飛去。雪寒月冷，力量在八素之上，方廣以羅漢。此以仙，仙佛了不異人意矣。亭前一樹蒨甚，而不免爲當户之蘭。季中力敕僧即克之，青眼不妨頓白。【略】相攜擇石齒，窺通玄洞。洞可達梅雨潭，望之窈窕，而爲水所壯據。轉翠微逕，酌流觴亭，奔泉驛酒如浪，不可少待，不能勝。遂走憩蓮亭，託遠公以避難。亭下池可方畝，玉蕊胎含，萬衣簇碧，放馥時繡作瀑花之布，滿山荷韻，不知是泉香花香也。卧象與獅子二峰，鬥積翠之勝，仿佛瓊島。石磴曲屈，泉從屋上經過，屋下俱是雲碓，亂緑濃寒，竹松都無語處。反有怪松十丈，寄巖而産，遂拜嘉樹之封。此下爲虎溪寺，有慧光塔、陳止齋祠。有虎溪橋，虎溪不在此。而宋安禪師曾騎虎此出入，故得名。有溪山第一坊，是晦翁字。

明 曹學佺《石倉文稿》卷三《游房山記》 折而東北，可一里至山門。入門始昂首，見諸菴縱横稠疊處于懸崖峭壁，蒙茸之内如鳥巢然，所謂禪棲也。獨上方寺正中，如負扆以居，躡千百磴始可到。傍有兩磵流下，聞而不見水，其上有冰封之耳。又東折而往，則連巖層陰，雪堆未化，獨有古柏青青，龍蟠虬舞出雪之上。其巖軒揭如仄，奇秀如雲穿注，如蜂房燕壘。巖下有泉深三尺，廣倍之，面一平臺，又十倍之。相傳開山時，有龍占此，禪師叱之，避盡挈其山泉以去。師飛錫擊其尾，留泉僅滿斗，今山即名斗泉也。山下有洞，尚隔一山，説者以此山空腹，寺徑達洞。然人必自其上行上行，必徑前峰，孤圓突兀形如摘星，望之甚憚，陟亦可至。峰半可頫諸菴，巔亦劣平，尚不見洞。又下五里，入洞，如一城。僧家依洞爲窟，石床茆扉，可掬爲客煮茗。初不得水，以葫蘆繫腰，至洞裏取水曳之出入。尋縛枯藤爲炬，鱗次而進。第一洞猶隱隱見影，二洞以内，即黯黑無光。三洞是一小竇，圍可三四尺，深五六丈。伏地匍匐，束身蛇行，即僧所曳葫蘆處也。入三洞倏高廣，燎炬不見頂。傍有一潭，石蜿蜒如雙龍狀。其中圓光如珠，于是取水焉。抵九洞無路，有穴如井，入者後人躡前人背。丈餘，復空闊，但霧氣翁塞，履滑衣濕，不易前進。至十三洞，路尚不窮，云過此無奇，興盡返矣。大抵中以一曲爲一洞，十三洞約有六七里。洞中之石，玉白鏡瑩，剗爲琉璃，踰寸明徹。其境之最著者曰蓮華山，片片如青蓮瓣。曰龍虎，宛肖龍虎。曰長眷祖師，兀坐岩畔，眉修然垂。曰吕純陽，儼然具道者衣冠。曰石塔，層層筆立。曰石鍾鼓，叩之作鍾鼓聲。此非歷三洞穿竇之苦不能得也。又其最著者曰須彌山，一山甚大，行良久難盡。曰雪山，焱如積雪，捫之若刺。曰萬花樓，山之上有重樓焉，以雪爲地，吐花如靈芝者數萬朵。曰仙人橋，跨清溪而渡。曰十八羅漢，爲修短欹正，各狀貌。曰接引幡，從頂倒懸，縹渺若拂。此非歷九洞、入井之危，不能得也。出洞之後，依然天光，迴若隔世，驚喜異常。

明 徐弘祖《徐霞客游記》卷《游武夷山日記》 二十三日，登陸覓換骨巖，水簾洞諸勝。命移舟十里，候於赤石街。予乃入會真觀，謁武彝君及徐仙遺蜕。出廟循幔亭，東麓北行二里，見幔亭峰後三峰駢立，異而問之，三姑峰也，換骨巖即在其旁。望之趨登山里許，飛流汩然下瀉，俯瞰其下，亦有危壁。泉從壁半突出，踈竹掩映，殊有清韻。然業已上登不及返，顧遂從三姑。又上半里，抵換骨巖，巖即幔亭峰後崖也。巖前有菴，從巖後懸梯兩層。更登一巖，巖不甚深，而環繞山巔，如疊嶂。土人新以木板循巖爲室，曲直高下，隨巖宛轉。循巖隙扳升幾至幔亭之頂，以路塞而止，返至三姑峰麓。遶出其後，復從舊路下至前，所瞰突泉處，從此越嶺，即水簾洞。路從此而下，即突泉壁也。予前從上瞰，未盡其妙。至是復造其下，仰望突泉，又在半壁之上。傍引水爲碓，有梯架之，鑿爲溝，以引泉。予循梯扳壁至突泉下，其凹僅二丈，上下俱危壁。泉從上壁墮凹中，復從凹中溢而下墮。凹之上下，四旁無處非水，而中有一石突起可坐。坐久之下壁循竹間路，越嶺三重，從山腰約行七里，乃下塢穿石門。而上半里即水簾洞，危崖千仞，上突下嵌。泉從巖頂墮下，巖既雄擴，泉亦高散，千條萬縷，懸空傾瀉，亦大觀也。其巖高矗上突，故巖下搆室數重，而飛泉猶落檻外。

明　鄺露《赤雅》卷中《游桂林招隱山小記》　自西湖至招隱山二里，山光水碧，石門劍立，矍然若神物持之。西折北牖洞，綺窗串玉，下則巖水潑墨，巨魚金鬣朱鬐。北壁有穴如門，出門爲金龜潭，潭盡芰荷。外爲濛溪，横五里，逕二百步，今皆灌爲田矣。東南轉嶺，石林夾聳，至朝陽洞，洞口直下二十步有水，傍浸潭側。南望玉乳，如飛燕擁雪。南陟飛梯四十級，有雙碧玉盤，二乳滴下，聲如清漏。又九級，有白玉盤，自然出水，可飲十人，予寫張衡四愁其上。還自石盤東北上十二級，一本無有雙碧玉盤，至十二級，四十六字。得石堂。乳穗交垂，戛之錚錚哀玉。自堂北出西，入小峽，得内洞。東有石室如畫，頂上方井，華蟲綺藻。自洞南下，仰矚東崖小樓雙石人，如舞閣妖姬，搴楯窺客。自樓閣斗下，次蛟渠，渠跨石梁，長三百步，非列炬勿進。南抵絶壁，飛梯九盤及水，是爲玄潭。下有石閣，綴以危檻，景落潛囷，羣龍詰吸。自石閣還上絶壁，西一本作四。十步得小洞，僂行三十步，左右鐘乳，朗然映人，有穴通嘉蓮洞。從洞出六十步，有石室，多白蝙蝠。又北上得外洞，壁下有石，其面砥平。有白石琴薦，可撫清絃。東有便房，節棁桁櫨，凹樽曲几，鬼工之追琢也。北七步臨西石門，至夕陽洞，深九丈許，崖北有道，可以專車。崖南有水，可以鏡魚。自南北崖，下眺南潛北潛二洞，有連理松，連理橘，偃蓋柏，玲瓏鐵幹。連卷怪石，香臺梵刹，皆從枝葉間出，自西洞口去二矢得南華洞，西有石可容數榻，東有清泉，又一矢得白雀洞。洞口隘狹摩臍擦耳，側身通人。北上山頂，盤曲五百步，硉兀奇聳，靈石奇於東南。一本作靈谷峙於南□。松蘿萃於西北，□一本空三格。其水自嘉蓮、經白雀、歷朝陽、傍一本無傍字。浸北牖出於南華而入於湖。又一派自濛溪源北牖之北，出於北山，南匯南華而入於湖。其六洞小篆，皆唐李渤所書。然兹山雖奇，著勝在水。

清　施潤章《學餘堂文集》卷一五《山門游記》　寧郡匝萬山，其磥砢而谽谺者，往往竅爲洞穴。而其環山皆洞，交屬旁通者，莫如寧邑之山門。山石横亘，中豁如瓮，城高廣數丈，其西爲文脊峰，中多平野，山爲郛郭。其前後高下以洞名者，曰朝陽，曰紫雲，曰漣漪，曰枇杷，曰龍潭，相距不一里許。朝陽者，南向爽塏，户牖三面，相傳瞿硎先生披鹿裘坐石室處。東百餘步，從怪石中側墜下者，紫雲也。窅深而明，時出雲氣。自西北穿磵谷，深黑可三百步，瀧瀧聞流泉。僧炬而導客，南出於山之尻，所謂漣漪者也。左陟山椒，又陷而中虚，崖罅有枇杷樹，洞以是名。其稍遠者爲龍潭，大旱不涸，龍窟其中。嘉靖間，土人竭水灌田，雷奮龍見，日爲晝暝，其水東北逕漣漪合流匯於港口，其餘如竇如井，多深陋不可入。春夏水漲，灌輸萬竅，衆山怒號，若考鐘鼓。始入門曰靈巖寺，有古木大數十圍，人稱瞿硎樹。寺外精舍有所謂鑿鋏菴者，又别闢一石門，隨山架宇，倚石爲壁，曲榭層樓，人蹈空際中。有獅子峰，倚天昂首。環顧崇巖，萬怪竦疊。余少而聞之，將老而游。春日既佳，歡興殫洽，樂其洞穴之幽而多軒豁通朗，給人游目，類有道而能容者。

又《雁蕩游記》　入山行數里，見大石巋然人形高坐，是爲老僧巖。稍進則石屋層軒，洞門横石如楣梁，爲石梁洞。又西過謝公嶺，前望數十峰，棱峭天矯，雲挾之欲飛去，輿人告余曰：此靈峰也。循石谷行，夾面山皆拔地骨立無土膚，作人物鳥獸草木狀以十數。寺前危崖壁立，中罅石扇，高五百級。乳泉滴溜泠泠然，爲羅漢洞。會微雨，白雲塞路，急前問靈巖寺。其境視靈峰尤最左，大小展旂。峰右天柱上蔽雲日，背倚丹霞，嶂綴以霜，樹青紅爛。然天半。從寺右側東上入石洞，得龍鼻水石，脊蜿蜒，昂尾俯首，泉正出懸鼻中如垂珠。洞後有小龍湫，泉挂巖壁數十丈。而獨秀、卓筆、雙鸞等峰，肩摩趾錯，相聚尋丈間，是爲造物之房，惜小龍湫飛瀑稍渴耳。問大龍湫，尚隔十餘里。西度馬鞍嶺，日將夕，風泉瀧瀧如虎嗥恐人。趨羅漢寺宿。旦日山霽，復循磵涉錦溪，可五里，過常雲峰下，望見獨石側峙，其端兩岐，曰剪刀。數折而入，則鐵壁連雲，飛泉出天漢，綜若曳練，析若散絲，將墜中翔，隨風回薄。舊傳鼓吹聲作，泉輒飛舞。適從者拍掌大呼，叫聲裂石崩崖，木葉颼颼雨下。初陽斜映，光采萬狀，是之謂大龍湫。其旁有詎那亭，余倚杖忻歎，不謂戎馬遲暮，重獲此觀也。僧言其源出雁蕩，去此可二十里，土人謂之雁湖。好事者嘗裹餱糧，攀藤葛，半日可至。今山下石門寺久廢，榛塞逕絶矣。雁蕩者，羣山之絶巔也。泉涌成湖，鴻雁攸歸。自初古蔽灌莽間，至宋祥符中伐木始顯。故謝公游屐不至，今又絶人跡。是日過能仁寺，後觀燕尾泉，遂下芙蓉嶺去，他不復記。

清　藍鼎元《鹿洲初集》卷一〇《游武夷山記》　武夷殊快甚。登問津亭，入古觀，參天卉木，夾道繁陰。遂遨堂上，遠後庭摩娑斷碣以爲娱。遠望高岡彌天，石壁有「幔亭」二字，大可二尺許。黄冠云方廣各二丈，乃紫陽夫子手書。采茗童叟復嗚嗚歌唱相上下，洵可樂也。出迴廊臨清溪，土人編木爲桴畀，余乘之，由一曲溯流九曲，兩岸奇觀，目接不暇。大王峰巍然高拱，玉女亭亭若迎若送，其餘羣峰，羅列拜舞，俯仰進退，皆似有眷戀情緒。大抵海内名山多奇在石，未如此山，渾然石骨，儼似人工削成，巉巖昂霄，巔大於麓，水泉從石末迸出，瀏瀏竹樹間，如天半飛花，滴歷澗底，峰峰皆然。峰下溪流瀠洄，坐水游山，飄飄有仙意，所以老氏之徒，號爲洞天，而吾鄉山水，無復有能出其右也。

清 戚學《鶴泉文鈔續選》卷五《游雁宕記》 游雁宕以乙未冬。同輩有事青嶼，天日晴霽，遥岑寸碧，迴出雲端，云是雁山，遂躡雙屐出。湖霧十餘里，見老僧巖於道若迎候者。將抵大京，先游石門潭。兩崖對峙，水自峽匯爲深溪，陰陰澄緑，凈不可唾。雖届岩節，林木蒼然，有小鳥啁啁飛繞，炊煙一縷出深竹間。問，知爲南閣，明章恭毅公給故居也。自大京盤曲行，登謝公嶺。疊嶂重重，望姚奧猶在半天。回視吾鄉，王城獅山已貼貼伏地若門限。過十八盤，入雁山深處，觀天柱翦刀峰、瀑布一綫天諸景。並異像天設，尤以靈峰洞、龍鼻水爲最。龍身蜿蟺自山後來，下垂洞中，鼻作兩孔。一孔泉出，石盤承之，終年不斷，亦不溢。兩旁土山黄色，獨龍身石純青，鱗甲翕張欲活，造物之奇，莫可思議。

藝文

南朝齊 謝朓《謝宣城集》卷三《游敬亭山》 兹山亘百里，合沓與雲濟。隱淪既已託，靈異居然棲。上干蔽白日，下屬帶迴谿。交藤荒且蔓，樛枝聳復低。獨鶴方朝唳，飢鼯此夜啼。渫雲已漫漫，夕雨亦凄凄。我行雖紆組，兼得尋幽蹊。緑源殊未極，歸徑窅如迷。要欲追奇趣，即此凌丹梯。皇恩竟已矣，兹理庶無睽。

唐 李白《李太白文集》卷一八《秋登巴陵望洞庭》 清晨登巴陵，周覽無不極。明湖映天光，徹底見秋色。秋色何蒼然，際海俱澄鮮。山青滅遠樹，水淥無寒烟。來帆出江中，去鳥向日邊。風清長沙浦，霜空雲夢田。瞻光惜頹髮，閲水悲徂年。北渚既蕩漾，東流自潺湲。郢人唱白雪，越女歌采蓮。聽此更腸斷，憑崖淚如泉。

唐 顧況《華陽集》卷上《華山西岡游贈隱元叟》 羣峰鬱初霽，潑黛若鬟沐。天風鼓唅呀，摇撼千灌木。木葉微墮黄，石泉净停緑。危磴蘿薜牽，迴步入幽谷。我心寄青霞，世事慚蒼鹿。遂令巢許輩，于焉謝塵俗。想是悠悠雲，可契去留躅。

唐 賈島《長江集》卷七《馬戴居華山因寄》 玉女洗頭盆，孤高不可言。瀑流蓮岳頂，河注華山根。絶雀林藏鶻，無人境有猿。秋蟾纔過雨，石上古松門。

唐 黄滔《黄御史集》卷三《故山》 支頤默省舊林泉，石徑茅堂到目前。衰碧鳴蛩莎有露，濃陰歇鹿竹無烟。水從井底通滄海，山在窗中倚遠天。何事蒼髯不歸去，燕昭臺上一年年。

唐 許渾《歲暮自廣江至新興往復中題峽山寺》（《丁卯集箋注》卷一） 薄暮緣西峽，停橈一訪僧。鷺巢横卧柳，猿飲倒垂藤。水曲巖千疊，雲重樹百層。山風寒殿磬，溪雨夜船燈。灘漲危槎没，泉衝怪石崩。中臺一襟淚，歲杪别良朋。

宋 歐陽修《文忠集》卷五三《幽谷一作豐樂亭晚飲》 一徑入蒙密，已聞流水聲。行穿翠篠盡，忽見青山横。山勢抱幽谷，谷泉含石泓。旁生嘉樹林，上有好鳥鳴。鳥語谷中静，樹涼泉影清。露蟬已嘒嘒，風留時泠泠。渴心不待飲，醉耳傾還醒。嘉我二三友，偶同丘壑情。環流席高蔭，置酒當峥嶸。是時新雨餘，日落山更明。山色已可愛，泉聲難久聽。安得白玉琴，寫以朱絲繩。

又 卷五六《龍門泛舟晚向香山》 暫解塵中紱，來尋物外游。褰蘭流水曲，弄桂倚山幽。波影巖前緑，灘聲石上流。忘機下鷗鳥，至樂玩游鯈。

宋 蘇舜欽《蘇學士集》卷三《天平山》 吴會括衆山，戢戢不可數。其間號天平，突兀爲之主。傑然鎮爲南，羣嶺争拱輔。焉知造物意，必以屏天府。清溪至峰前，仰視勢飛舞。偉石如長人，肅立欲言語。捫蘿緣險磴，爛漫松竹古。中腰有危亭，前對翠壁舉。在竇落玉泉，泠泠四時雨。源生白雲間，顔色若粉乳。旱年或播灑，潤可足九土。奈何但澄澈，未爲應龍取。予才棄塵中，巖壑素自許。盤桓擇勝處，至此快心膂。養素聊自清，終勝甘於虎。

宋 文同《丹淵集》卷四《後溪》 新晴揉藍染溪色，我愛常來坐溪側。一林奇石宛如畫，兩岸野花殊不識。蟬鳴盡日競何事，鷺下多時猶未食。細觀物理須静中，歸去無辭更昏黑。

宋　劉攽《彭城集》卷三《東關山水》　青靄望不極，連峰如置關。不知清溪水，漾漾出其間。孟夏江水深，溪流正西還。崖根亂石多，散激聲潺潺。雜樹色相映，密竹不可刪。造幽覽衆妙，撫事清心顔。洄洑自多魚，網罟羅前灣。幽人閉上方，繚逕纔可攀。疇昔新安江，寤寐龍門山。目擊暫有遇，絶勝猶班班。容程非趨時，淹泊寧所艱。少留盡餘興，更伴浮雲閒。

宋　蘇轍《欒城集》卷一〇《游鍾山》　江南四月如三伏，北望鍾山萬松碧。杖藜試上寶公龕，衆壑秋聲起相襲。青峰回抱石城小，白練前横大江直。石梯南下俯城闉，松徑東蟠轉山谷。

宋　黄庭堅《山谷集》外集卷三《詠清水巖呈郭明叔并序》　清水巖號爲天下勝處，去縣庭才二十里，一山空洞，如覆青玉盎也。寒泉在其間甚壯急，至巖口，伏流入石鼻中。巖下有石鐘鼓磬，其聲清越宏敞，衮衮跑跑，能警動人世間，金革聲亦不足道也。巖前平衍，略可坐千人，不審旌旆。嘗因公事一游否。

嘗聞清水巖，空洞極明好。虎狼仙部曲，鐘鼓天擊考。雲生卧龍石，水入鍊丹竈。有意攜管絃，山祇應灑掃。

宋　洪炎《西渡集》卷上《游都梁山》　風吹古汳口，雲滿都梁山。執熱厭傴仄，幽尋上孱顔。清泉似石乳，滴瀝岩竇間。乞此一瓢飲，爲袪千載煩。山靈知我意，殷然下層巒。散空作急雨，抉石出甘寒。一酌蕩齒頰，三咽縈肺肝。輕軀變滯骨，塵鞅思靈關。來當踏雲至，去當御風還。再拜謝神休，幸汝不我慳。

宋　程俱《北山集》卷一《谿行歎》　濺濺石間流，落落灘下石。相因成悍嶮，日夜更拒激。化爲百雷車，轉入千丈碧。推舟上磊砢，盡日不尋尺。我行三伏中，正自澀如棘。于時久不雨，陽炎劇炊炙。谿流僅如綫，但見沙渚赤。

宋　王炎《雙溪類稾》卷一《鳴水洞辭序》　艾西有澗水，自黄龍山西流，達于巴陵郡之平江，而注于湘水。平江，故羅縣。以地志考之，此水即汨之原也。其間泉石最佳處曰鳴水洞，青山中裂，水行石上，懸注崖下爲瀑流，遠望之如曳縞素，迫視如撞瓊玉而碎之。瀑布上水徐行則皺緑，度石齒間多沸白，如操琴筑音。又其上，石絶水爲竇石之窪，大小不一，皆如古樽罍錡釜狀。與石爭怒聲，澒洞如風旋雷吼。兩崖皆峭險，不可陟降。蒼松數百株，相扶瘦立，枝格偃屈。據木末，俯眂崖下，使人神凄髮竪，有蕭然遺世之意。崖上有轉雷亭，韓舍人子蒼作而名之。歲久亭壞，惟故址僅存。

元　貢師泰《玩齋集》卷一《過仙霞嶺》　初緣榎磴危，漸轉重關側。攢峰與疊巘，盡日走崱屴。連岡蹋衕衕，絶壑瞰冒冒。遠岫忽已違，近隴復相逼。躋攀苦分寸，跬步輒止疑。砉然造曾顛，軒豁始有得。或列若屏幃，或限若户閾。或偃若覆釜，或俯若鼎鉞。或恭若執圭，或竦若憑軾。或尊若受朝，或卑若就職。或若孤鶴翥，或若萬馬勒。或若華蓋張，或若芙蓉植。或凈若新沐，或靚若初飾。或争先若馳，或嚴整若飭。或若進而拱，或若退而劾。或傴若將趨，或顛若將踣。或堅若長城，或錯若列國。或聯若串珠，或牽若徽纆。或搏若熊羆，或射若虺蜮。或冕若華旒，或屨若赤舄。或顒顒若昂，或踽踽若抑。或軒軒若舉，或悄悄若默。或欣欣若喜，或慊慊若戚。或騃若蠢愚，或穎若岐嶷。或窮若龜曝，或直若隼革。或差若頡頏，或比若楅棱。或倚若弓劍，或羅若罟罭。或鋭若戈矛，或卓若橜杙。或渥焉若丹，或黝焉若墨。或離焉若愁，或俛焉若畫。或儼焉若思，或慘焉若憶。或谽谺若噬，或鑱削若剋。崎嶇歷萬狀，意態轉惶惑。矯首勞脛脰，舉膝撐胸臆。僕夫盡劬瘁，負擔屢蒲伏。健駭猿猱勢，快羡飛鳥翼。長風度林薄，草樹紛偃仄。雲歸窾竇昏，潤滴嵌岩泐。涓流半逶迤，懸溜竟湢汃。豫章間梗楠，榛莽翳柞棫。野草績山果，瑣碎多不識。爛熳錦機翻，離披翠羽織。竹籟笙鳳鳴，藤雨淵珠滴。濃淡各異態，不豐亦不嗇。根露獸鬥敍，株朽人直立。幽谷嗥怪禽，坳塘落鸂鶒。古柴蔓草荒，廢井苔蘚蝕。茅屋列二三，亂石羅萬億。水耕雜秔稌，火種饒黍稷。寒泉浸蹲鴟，飢食同稼穡。憑高謾徘徊，得麽暫休息。掬水滌煩襟，坐愛清湜湜。仰看高空青，俯視深潭黑。其上浩無際，其下深莫測。豈惟龍蛇都，實乃虎豹域。前瞻已出險，後顧猶未即。我行既已遠，我志敢不力。

又《天台林氏山齋·瀑布泉》　飛龍上青天，忽聽山石裂。怒驅萬壑雷，散作半空雪。脱巾弄潺湲，展席映澄澈。毛髮爲森立，盡洗人間熱。浩歌下山去，日莫風烈烈。

明　王守仁《王文成全書》卷一九《水濵洞》　送遠憩岨谷，濯纓俯清流。沿溪涉危石，曲洞藏深幽。花静馥常閟，溜暗光亦浮。平生泉石好，所遇成淹留。好鳥忽雙下，鯈魚亦羣游。坐久塵慮息，澹然與道謀。

明　陸深《儼山集》卷一四《百鹿洞游眺》　亭臺高下恣登臨，泉石松篁處處尋。一徑莓苔無俗轍，四時弦誦有清音。人逢勝境功名薄，山到斜陽紫翠深。五老不隨雲雨變，卜鄰初見古人心。

明 霍韜《渭厓文集》卷五《游西樵序》 命僕撐舟載糧，直指西樵。時颶風發作，層巒雲迷。駐二日乃游。時惟玉泉瀉千丈巖厓，注于石池可浴。即浴龍池。時惟九龍巖，壁石迂迴，聳插千仞，屈突爲九巖。巖龍口含石珠，澤水萬丈注于玉泉。時惟碧雲，雲間半崖浮石三，立奇崖側。時惟雞冠兩峰，老石蒼松，可咏以歌。時惟雲谷，四峰環立，逸民可盤以居。即湛太史欲卜築處。時惟石泉，中居衍沃，可樵可植。即吏部方書院基。時惟錦巖，雲草錯蘗，巖深不可窮極。即陳仲遠讀書所。時惟紫雲峰，錐尖削直不能攀爬。時惟大鍋峰即大口峰。孤聳。七十二峰登望中原，亦奇游也。然履巖厓，憑淵谷，下上高深，左半足即墜爲。溝壑塵且厓谷阻深，日月所不照，烏知蛇虺蝎蠆不竊據于內，以陰爲之主也。是適意可人之境伏，至可慮者又如此。予將足跡天下，姑于西樵試之。於戲！繼有游者，其起深長之思哉。

明 陶望齡《歇菴集》卷一《第五洩》 五洩之名以瀑水勝，然山徑固已奇絶矣。入青口十里至五洩寺，寺右緣溪剡澨而上，復折遂至瀑布所。水懸可千尺，石壁如削，左右環擁，映水益壯，不知視匡廬、雁蕩何如也。然聲勢震蕩，口喑目旋，神魄失守，亦雄偉奇特之觀。

白蜺飲晴壑，一飲萬人鼓。腥風歘涎沫，下有神龍府。傾崖與迴薄，獝石佐尨怒。十里骨立山，洗濯無撮土。遥源杳何處，落地名第五。客來泉亦喜，舞作千溪雨。赤脚立雨中，衣沾翳厓樹。廿年成始至，重游在何許。憑君鐵錐書，一破蒼苔古。

白龍井 五洩有二龍井。黑龍井即第五洩下石潭，白龍井在寺南五六里許。穿谷中而入，大抵如青口道也，而兩壁加隘，巖巒加巧，溪加駛，石門、石困、石果罩皆具而加巨，轉摺變換不可名狀。稍進，云已是寺前，案山背似非人世之行，客相顧恍然而已。時日漸曛，幽悄可畏，不至龍井而還。

招提萬山裏，門與蒼崖對。嘗聞白龍井，窈出清溪外。沿洄未覺遠，忽抵前山背。半壁仙屋深，迴峰洞門礙。奇巒互傾仄，飛溜各形態。厓松老將化，石筍看來大。盤谷戴土耕，寒苗接流溉。蹊幽生晚畏，逕轉添新愛。已謂人境窮，蓦與村翁會。息肩支短策，洗足坐鳴瀨。但見玄髮垂，安能辨年輩。因知雲霧間，神仙宛焉在。

第一洩 宋景濂記云：諸洩惟第四級不可至。或以絢圍䇟繫巨枕，俯而瞰其取道，蓋從嶺上下耳。僧言山下有細路，緣厓可上，則四洩皆可至也。時方雨，險滑不可置足，褰裳從之，從者多諫，罷歸寺。詰朝步上響鐵嶺，從山腰得斜徑，攀挽而行，臨其巔望之，四瀑皆宛宛可見。夫匡廬、雁宕一級水耳，猶得名，况五洩耶？

山雨無崇朝，青苔助巖險。四洩安可求，山僧只指點。興來身命微，危磴幾欲犯。童僕進苦規，同游亦譏貶。慮深膽易慴，計阻心竟歉。勝事忽若呑，清眠夢如魘。辰餐動歸策，臨瞰勢已儼。蘿葛疲攀緣，荆榛費誅斬。跖石愁足跌，蹲泥任衣染。下望五白龍，遥遥競騰閃。

明 佘翔《薜荔園詩集》卷三《黄山七景選四》 **白龍潭** 龍湫萬片白雲寒，中有玉龍日夜蟠。長嘯一聲龍欲起，明珠如月鏡中看。

丹洞 石洞雲深白日寒，鼎中砂熟跨飛鸞。若教解得刀圭訣，何處烟霞不可餐。

湯泉 山中赤水瀉蓬壺，水底元珠竟有無。濯髮振衣堪謁帝，長生殿裏合靈符。

桃花溪 山下溪流曲曲斜，春風吹落武陵花。漁郎若問桃源路，雞犬雲中別有家。

明 李待問《游西樵山》（《廣東通志》卷六一引） 上爲雲屏玉峙，七星浮黛以蔽虧。下爲噴玉飛簾，千山濺雪而寒漪。石梁倒挂明珠璣，素濤飛舞雙白螭。中峰遥接天柱眉，雷壇火蓋多累垂。雞聲鳴午雲間出，桃花流水何參差。仰天長嘯振衣立，大科小科如拱揖。洞拂蓬萊疊錦張，石綻芙蓉空翠濕。

清 田雯《古歡堂集》卷四《菉蘿山五百字》 漢南佳山水，乃有菉蘿峰。拔地亘百里，伏僑千萬重。一峰初來謁，褰開行其中。嵐靄首相引，逶迤隨短笻。俄歘衆峰至，無數青芙蓉。石與人争路，嶂插天門雄。迴矚衣色變，堆身空翠濃。俛卬各因依，偪塞復玲瓏。吟狖不住啼，哀湍無停衝。沅水貫其腹，晝夜相磨礱。夸娥未崩壞，狡獪而靈通。礅礅聲弗息，只疑兩耳充。岩乳所滴瀝，獅象蛇龜龍。合掌二古佛，瓔絡坐軒窻。上有貝葉幢，下有怪石供。日午逐峰侶，捃摭難形容。前者數間屋，後者兩石弓。左者雁鶩羣，右者虎豹叢。凹者杵臼缺，凸者汲冢豐。昂者觸天柱，圓者養鶴籠。小者千鈞弩，大者萬斛艨。立者魚復陣，行者桓典驄。來者細侯駕，去者彭澤蹤。紺者翠色羽，艷者丹葉楓。黝者螺子黛，黄者蜜房蜂。斑斑如鳳凰，離離如螮蝀。如沉香小亭，如館娃舊宮。如修眉穠緑，如蟬鬢鬅鬆。如醜女生癭，如病夫潰癰。如老僧拄杖，如道士鞠躬。如説法寶志，如搬家葛洪。如五神車送，如三素雲烘。如賓客對揖，如劉項交鋒。如禡牙開張，如沓潮泛渢。如旌旗壁壘，如馬同車攻。如捫蝨談席，如送船分風。如勾連阡陌，如罷亞稏穜。如天女散花，如俊鶻摶空。如盆罌俎豆，如城闕鼓鐘。奇葩既芬郁，喬木何鬱葱。雨後葡萄白，沙邊躑躅紅。百尺垂髯杉，五粒摩頂松。石欞鳴竹雞，潼汸眠水犎。蝴蝶大如斗，狐狸化爲翁。混沌妙結搆，慘淡施鬼工。神仙互盤踞，窟宅環西東。我行一筍兜，憑虚駕長虹。平生所罕覯，開拓萬古胸。療治此痼疾，焚香謝蒼穹。前訪瀹鼎池，跫然遇瞿童。暫與衆峰别，清嘯日下舂。

清 魏源《古微堂詩集》卷二《太行諸谷·下盤泉》 盤泉之勝，全在行宫，蓋東西澗水會于中盤，有唐文皇晾甲石横亘。其衝卷水爲小潭，水至石怒躍而下，曰千尺雪，爲行宫第一勝。從此歷坡坂，流亂松中。忽有小石城，負壁面瀑，而亭於松間，以聽衆濤，爲第二勝。再下則南峰横案其前，四山翠合，而面芙蓉而静寄山莊在焉，水涯左大澗，閘之、橋之、亭之，潆洄蕩潄，聲光並絶，而泉觀止矣。左踰橋上山，復有行宫四所，以覽雲壑，則勝在山不在水，今不述焉。

水無石不奇，尤難駛石面。不墜深塹中，欲助松濤戀。萬泉趨一澗，何來横石堰。力慳出山泉，欲激羣龍戰。自非石當關，安得水百變。從此瀑瀑松，習坎逢重洊。從此澗澗石，卧虹飲飛練。閘内百潆洄，閘外千霆電。梁上石嶙峋，梁下雪奔濺。蒼寒浸金碧，乾坤鏡一片。大哉動静情，聲光愜宸眷。

又 卷五《雁蕩吟》 何山不奇泉与石，石不離土兮水不離石。何故雁山天破格，膚去髮髡惟骨岌。水盡空際飛，石盡天外立。飛水莫若龍湫傳，我來不見水兮惟見煙。長虹下飲有無間，頗嫌玉女何嬋娟。誰道山靈知我意，忽忽奔騰雷雨至。由數倍兮數十倍，呼聲逾壯瀑逾厲。不知上源盛極如何，繼風忽卷兮入雲際。霧濛濛兮濕天地，始知空谷之中閟。萬氣人聲所至兮氣飛動，氣所至兮泉奔嘪。海市岳雲何足異，回首洞天已森閉。泉事窮石事始，靈巖靈峰插天起。一峰一峰千百峰，城郭堂防百十里。或洞裂兮鬼府藏，或亂射兮天弧矢，或疑龍宫怪族來，酣戰女媧，搏造無情。理月出兮萬峰一，魂雲來兮衆壑千。髓爆雷迸兮諸天震，劫火燼兮混沌死。十步九回頭，逾嶺漸邐迤。甫大開，即大束，石門雙鎖一潭渌。山既住，水亦住。化明鏡，環蒼玉。雲影峰影樹影匯，一曲山到此三變局。險怪窮，空明遇，若使觀源不觀委，幾疑剖泄無渟蓄。純是神行非骨立，蕭復瑟兮芒復芴。探谷須探海濱谷，直移島嶠於平陸。森然萬丈槎枒，空洞之氣撐人腹。筆爲怒，骨爲崛，倒昌黎，哭昌谷。

清 王拯《龍壁山房詩草》卷一四《舟過平郡灘勢稍平而奇峰疊起百里至陽朔間所謂桂林諸山天下之奇也復得四詩次於灘行選二》 一峰旋青螺，一峰起黄鵠。一行馬戴鞍，一伏鳥就菢。一容翔鳳鸞，一獰踞虎豹。一隆爲夏屋，一覆爲員窌。爲匡仙子床，爲窔鍊師竈。爲柎蕚花葉，爲數罟罾罩。或昂而上傾，或僂而下頫。或角或丱弁，或踞或睨嘯。盡形人與物，厥性怒且笑。羣灘若繚之，欲鬥山嬥嬈。甑罌既浡溢，箕筥又[illegible]。牙攢獝子獥。雅文所未釋，桂勝才能要。陳陳雖志詠，碌碌闕石號。誰爲南山篇，惜未東坡到。

諸山最稱名，唯獨畫山馬。燕然遂遭刓，厥有好事者。風鬘與霧鬣，數過獨眯哆。粤山多奇勝，誠不在埏冶。譬如行宛國，神驥布滿野。豈其良樂至，唯辨色白赭。青青萬芙蓉，三日蓮峰下。娉婷圍四壁，誰與一尊把。問名山中客，往欲覓管賈。喧喧瀑布聲，似説徐凝謏。安得挾荆關，隃麋百幢灑。

清 陳作霖《可園詩存》卷二五《由靈谷寺山行至紫霞洞觀瀑有作》 鍾山近在東郭外，歷代幽栖多佛寺。初夏陰陰氣候佳，筍輿十里行纔至。身入雲中不見雲，凉沁衣襟生潤膩。合抱長松誰補栽，時有幽花落空翠。樹林夾路高障天，風來往往流清吹。斷碑倒地苔蘚埋，剔觀恐有齊梁字。志公一塔巋然存，鳥道沿緑徑深細。隨山作勢低復昂，陡崖劣不容車騎。手攜藤杖鼓勇登，脚底石摇踏欲墜。古洞陰森山腹嵌，水簾一瀉噴珠碎。掬泉冷嚥亦自甘，輕清不減中泠味。尋源雨後逾奔騰，終古淋浪不開霽。境當寂處斷聲聞，内觀頗悟西來意。嗚呼我生苦不辰，羣言淆亂如羹沸。安得結茅住此間，不復與聞塵世事。

中華大典·林業典

園林與風景名勝分典　引用書目

引用書目

説明

一、本書目著録《園林與風景名勝分典》引用的主要典籍。
二、本書目按朝代及書名音序排列。
三、著録順序依次爲書名、時代、作者、版本或出版社及出版時間。各書均不著録卷數。

周禮　四庫全書　商務印書館二〇〇五年文津閣本，下同
詩經　四庫全書
春秋左氏傳　四庫全書
孟子　四部備要　中華書局聚珍仿宋版影印本
周易　十三經注疏　中華書局一九八〇年據阮元校刻本影印本，下同
韓非子　戰國　韓非　四庫全書
墨子　戰國　墨翟　四庫全書
吕氏春秋　秦　吕不韋撰　漢　高誘注　四庫全書
蔡中郎文集補　漢　蔡邕撰　清　吴志忠輯　續修四庫全書　上海古籍出版社二〇〇二年，下同
楚辭章句　漢　王逸　四庫全書
大戴禮記　漢　戴德　北周　盧辯注　四庫全書
東觀漢記　漢　劉珍　四庫全書
漢書　漢　班固撰　唐　顔師古注　四庫全書
淮南鴻烈解　漢　劉安　高誘注　四庫全書
毛詩注疏　漢　鄭玄箋　唐　陸德明音義　孔穎達疏　四庫全書
枚叔集　漢　枚乘撰　清　丁晏輯　續修四庫全書
孟子注疏　漢　趙岐注　四庫全書
前漢紀　漢　荀悦　四庫全書
三輔黄圖　漢　佚名　四庫全書
三秦記　漢　辛氏撰　清　張澍編輯　叢書集成續編　上海書店出版社一九九四年，下同
神異經　漢　東方朔　四庫全書
史記　漢　司馬遷撰　南朝宋　裴駰集解　四庫全書
釋名　漢　劉熙　四庫全書
説苑　漢　劉向　四庫全書
吴越春秋　漢　趙煜　四庫全書
西京雜記　漢　劉歆撰　晉　葛洪輯　四庫全書
新序　漢　劉向　四庫全書
揚子雲集　漢　揚雄撰　明　鄭樸補　四庫全書
越絶書　漢　袁康　四庫全書
戰國策　漢　劉向編　高誘注　宋　姚宏續注　四庫全書
曹子建集　三國魏　曹植　四庫全書
毛詩草木鳥獸蟲魚疏　三國吴　陸璣　四庫全書
抱樸子内篇　晉　葛洪　四庫全書
博物志　晉　張華　四庫全書
春秋左傳注疏　晉　杜預注　唐　孔穎達疏　四庫全書
爾雅注疏　晉　郭璞注　唐　陸德明音義　宋　邢昺疏　四庫全書
古今注　晉　崔豹　四庫全書
穆天子傳　晉　郭璞注　四庫全書

南方草木狀　晉　嵇含　四庫全書
三國志　晉　陳壽撰　南朝宋　裴松之注　四庫全書
山海經　晉　郭璞注　四庫全書
詩雋類函　晉　湛方生撰　四庫存目叢書　齊魯書社一九九七年，下同
拾遺記　晉　王嘉　四庫全書
孫廷尉集　晉　孫綽　續修四庫全書
陶淵明集　晉　陶潛　四庫全書
鄴中記　晉　陸翽　四庫全書
庾開府集箋注　北周　庾信撰　清　吴兆宜注　四庫全書
洛陽伽藍記　北魏　楊衒之　四庫全書
十六國春秋　北魏　崔鴻　四庫全書
水經注　北魏　酈道元　四庫全書
鮑明遠集　南朝宋　鮑照　四庫全書
後漢書　南朝宋　范曄撰　唐　李賢注　四庫全書
廬山略記　南朝宋　釋惠遠　四庫全書
世説新語　南朝宋　劉義慶撰　梁　劉峻注　四庫全書
魏書　南朝齊　魏收　四庫全書
謝宣城集　南朝齊　謝朓　四庫全書
廣弘明集　南朝梁　劉峻　四庫全書
江文通集　南朝梁　江淹　四庫全書
金樓子　南朝梁　蕭繹　四庫全書
六臣注文選　南朝梁　蕭統編　唐　李善　劉良　張銑　吕向　李周翰注
　四庫全書
南齊書　南朝梁　蕭子顯　四庫全書
述異志　南朝梁　任昉　四庫全書
宋書　南朝梁　沈約　四庫全書
陶隱居集　南朝梁　陶弘景　叢書集成續編
文選　南朝梁　蕭統編　唐　李善注　四庫全書
續齊諧記　南朝梁　吴均　四庫全書
庾子山集　南朝梁　庾信撰　清　倪璠纂注　四庫全書

玉臺新詠　南朝陳　徐陵　四庫全書
白孔六帖　唐　白居易原本　宋　孔傳續　四庫全書
白蓮集　唐　釋齊已　四庫全書
白氏長慶集　唐　白居易　四庫全書
白香山詩集　唐　白居易　四庫全書
北户録　唐　段公路撰　龜圖注　四庫全書
碧雲集　唐　李中　續修四庫全書
別本韓文考異　唐　韓愈　四庫全書
才調集　唐　韋縠編　四庫全書
禪月集　唐　釋貫休　四庫全書
昌穀集　唐　李賀　四庫全書
長江集　唐　賈島　四庫全書
常建詩　唐　常建　四庫全書
朝野僉載　唐　張鷟　四庫全書
陳拾遺集　唐　陳子昂　四庫全書
陳書　唐　姚思廉　四庫全書
初學記　唐　徐堅　四庫全書
次柳氏舊聞　唐　李德裕　四庫全書
儲光義詩集　唐　儲光義　四庫全書
次山集　唐　元結　四庫全書
丁卯集箋注　唐　許渾撰　清　許培榮箋注　續修四庫全書
丁卯詩集補遺　唐　許渾　四庫全書
東皋子集　唐　王績　四庫全書
杜工部集　唐　杜甫　四庫全書
杜工部詩集　唐　杜甫　四庫全書
杜陽雜編　唐　蘇鶚　四庫全書
二皇甫集　唐　皇甫冉　四庫全書
法苑珠林　唐　釋道世　四庫全書
樊川集　唐　杜牧　四庫全書
樊川文集　唐　杜牧　四庫全書

封氏聞見記　唐　封演　四庫全書
甫里集　唐　陸龜蒙　四庫全書
古清涼傳　唐　釋彗祥　續修四庫全書
桂林風土記　唐　莫休符　續修四庫全書
桂苑叢談　唐　馮翊子　四庫全書
韓内翰別集　唐　韓偓　四庫全書
華陽集　唐　顧況　四庫全書
黄御史集　唐　黄滔　四庫全書
極玄集　唐　姚合　四庫全書
集千家注杜工部詩集　唐　杜甫　四庫全書
兼明書　唐　丘光庭　四庫全書
建康實録　唐　許嵩　四庫全書
絳守居園池記　唐　樊宗師　四庫全書
晉書　唐　房玄齡等　四庫全書
劇談録　唐　康駢　四庫全書
開天傳信記　唐　鄭綮　四庫全書
類箋唐王右丞詩集　唐　王維撰　宋　劉辰翁評　明　顧起經注　四庫存目叢書
李丞相詩集　唐　李建勳　續修四庫全書
李嶠雜詠　唐　李嶠　續修四庫全書
李羣玉詩後集　唐　李群玉　四庫全書
李太白集　唐　李白　四庫全書
李太白集注　唐　李白　四庫全書
李太白文集　唐　李白　四庫全書
李衛公別集　唐　李德裕　四庫全書
李文公集　唐　李翱　四庫全書
李遐叔文集　唐　李華　四庫全書
李義山詩集　唐　李商隱　四庫全書
笠澤叢書　唐　陸龜蒙　四庫全書
梁書　唐　姚思廉　四庫全書
麟角集　唐　王棨歡　四庫全書
嶺表録異　唐　劉恂　四庫全書
劉賓客嘉話録　唐　韋絢　四庫全書
劉賓客外集　唐　劉禹錫　四庫全書
劉賓客文集　唐　劉禹錫　四庫全書
劉隨州集　唐　劉長卿　四庫全書
柳河東集　唐　柳宗元　四庫全書
盧昇之集　唐　盧照鄰　四庫全書
吕衡州集　唐　吕温　四庫全書
羅昭諫集　唐　羅隱　四庫全書
駱丞集　唐　駱賓王　四庫全書
蠻書　唐　樊綽　四庫全書
孟東野詩集　唐　孟郊　四庫全書
孟浩然集　唐　孟浩然　四庫全書
明皇雜録　唐　鄭處誨　四庫全書
南史　唐　李延壽　四庫全書
南嶽小録　唐　李仲昭　圖書集成初編　商務印書館　中華書局，下同
歐陽行周文集　唐　歐陽詹　四庫全書
毗陵集　唐　獨孤及　四庫全書
錢仲文集　唐　錢起　四庫全書
曲江集　唐　張九齡　四庫全書
權文公集　唐　權德輿　四庫全書
三體唐詩　唐　楊發　四庫全書
沈下賢集　唐　沈亞之　四庫全書
司空表聖文集　唐　司空圖　四庫全書
松窗雜録　唐　李濬　四庫全書
松陵集　唐　皮日休　陸龜蒙　四庫全書
蘇氏演義　唐　蘇鶚　四庫全書
隋書　唐　魏徵　四庫全書
歲時雜詠　唐　萬齊融　四庫全書

孫可之集　唐　孫樵　四庫全書
唐國史補　唐　李肇　四庫全書
唐秘書省正字先輩徐公釣磯文集　唐　徐夤　續修四庫全書
唐僧弘秀集　唐　周賀　四庫全書
唐新語　唐　劉肅　四庫全書
唐英歌詩　唐　吴融　四庫全書
唐英歌詩　唐　吴融　四庫全書
王司馬集　唐　王建　四庫全書
王右丞集箋注　唐　王維撰　清　趙殿成箋注　四庫全書
王子安集　唐　王勃　四庫全書
韋蘇州集　唐　韋應物　四庫全書
温飛卿詩集箋注　唐　温庭筠撰　明　曾益注　清　顧予咸補注　顧嗣立重訂　四庫全書
五百家注昌黎文集　唐　韓愈撰　宋　魏仲舉編　四庫全書
五百家注柳先生集　唐　柳宗元　宋　魏仲舉編　四庫全書
蕭茂挺文集　唐　蕭穎士　四庫全書
徐正字詩賦　唐　徐寅　四庫全書
玄英集　唐　方幹　四庫全書
薛濤李冶詩集　唐　薛濤　李冶　四庫全書
顔魯公集　唐　顔真卿　四庫全書
姚少監詩集　唐　姚合　四庫全書
藝文類聚　唐　歐陽詢　四庫全書
因話録　唐　趙璘　四庫全書
盈川集　唐　楊炯　四庫全書
酉陽雜俎　唐　段成式　中華書局一九八一年
酉陽雜俎續集　唐　段成式　四庫全書
玉谿生詩詳注　唐　李商隱撰　清　馮浩注　續修四庫全書
元和郡縣志　唐　李吉甫　四庫全書
元氏長慶集　唐　元稹　四庫全書
雲臺編　唐　鄭谷　四庫全書
雲谿友議　唐　范攄　四庫全書
雲仙雜記　唐　馮贄　四庫全書
張承吉集　唐　張祜　續修四庫全書
張司業集　唐　張籍　四庫全書
張燕公集　唐　張説　四庫全書
周書　唐　令狐德棻等　四庫全書
朱慶餘詩集　唐　朱慶餘　四部叢刊續編
渚宫舊事補遺　唐　余知古　四庫全書
杼山集　唐　釋皎然　四庫全書
追昔遊集　唐　李紳　四庫全書
資暇集　唐　李匡乂　四庫全書
舊唐書　五代　劉昫等　四庫全書
開元天寶遺事　五代　王仁裕　四庫全書
録異記　五代　杜光庭　續修四庫全書
太清神鑑　後周　王朴　四庫全書
齊民要術　後魏　賈思勰　四庫全書
洞冥記　後漢　郭憲　四庫全書
賈氏譚録　南唐　張洎　四庫全書
中朝故事　南唐　尉遲偓　四庫全書
艾軒集　宋　林光朝　四庫全書
安陽集　宋　韓琦　北京圖書館古籍珍本叢刊
安岳集　宋　馮山　四庫全書
白石道人詩集　宋　姜夔　四庫全書
百菊集譜　宋　史鑄　四庫全書
寶慶四明志　宋　羅濬　四庫全書
寶晉英光集　宋　米芾　四庫全書
寶真齋法書贊　宋　岳珂　四庫全書
北山集　宋　程俱　四庫全書
本堂集　宋　陳著　四庫全書
敝帚藁略　宋　包恢　四庫全書

碧鷄漫志　宋　王灼　四庫全書
碧梧玩芳集　宋　馬廷鸞　四庫全書
避暑録話　宋　葉夢得　叢書集成初編
別本韓文考異　宋　王伯大重編　四庫全書
栟櫚集　宋　鄧肅　四庫全書
補筆談　宋　沈括　四庫全書
補注杜詩　宋　黄希原本　黄鶴補注　四庫全書
采芝集　宋　釋斯植　續修四庫全書
參寥子詩集　宋　釋道潛　四庫全書
驂鸞録　宋　范成大　四庫全書
滄洲塵缶編　宋　程公許　四庫全書
藏海居士集　宋　吴可　四庫全書
藏一話腴　宋　陳郁　四庫全書
册府元龜　宋　王欽若等　四庫全書
茶山集　宋　曾幾　四庫全書
柴氏四隱集　宋　柴望　等　柴復貞輯　四庫全書
昌谷集　宋　曹彦約　四庫全書
長安志　宋　宋敏求　四庫全書
長興集　宋　沈括　四庫全書
郴江百詠　宋　阮閲　四庫全書
陳氏香譜　宋　陳敬　四庫全書
成都文類　宋　扈仲榮等編　四庫全書
誠齋集　宋　楊萬里　楊長孺編　四庫全書
赤城集　宋　林表民編　四庫全書
赤城志　宋　陳耆卿　四庫全書
赤松山志　宋　倪守約　四庫全書
仇池筆記　宋　蘇軾　四庫全書
初寮集　宋　王安中　四庫全書
楚辭集注　宋　朱子集注　四庫全書
楚辭評林總評　宋　朱熹集注　明　沈雲翔輯評　四庫存目叢書

傳家集　宋　司馬光　四庫全書
春卿遺稿　宋　蔣堂　四庫全書
春秋比事　宋　沈棐　四庫全書
春秋左傳要義　宋　魏了翁　四庫全書
淳熙稿　宋　趙蕃　四庫全書
淳熙三山志　宋　梁克家　四庫全書
祠部集　宋　强至　四庫全書
存雅堂遺稿　宋　方鳳　四庫全書
大事記解題　宋　吕祖謙　四庫全書
大隱集　宋　李正民　四庫全書
丹淵集　宋　文同撰　家誠之編　四庫全書
澹軒集　宋　李吕　四庫全書
澹齋集　宋　李流謙　四庫全書
道鄉集　宋　鄒浩　四庫全書
釣磯立談　宋　軼名　四庫全書
釣磯詩集　宋　邱葵　續修四庫全書
叠山集　宋　謝枋得　四庫全書
定齋集　宋　蔡戡　四庫全書
東窗集　宋　張擴　四庫全書
東都事略　宋　王稱　四庫全書
東觀集　宋　魏野　四庫全書
東家雜記　宋　孔傳　四庫全書
東京夢華録　宋　孟元老　四庫全書
東萊詩集　宋　吕本中　四庫全書
東牟集　宋、王洋　四庫全書
東坡詞　宋　蘇軾　四庫全書
東坡全集　宋　蘇軾　四庫全書
東坡詩集注　宋　蘇軾撰　王十朋注　四庫全書
東坡志林　宋　蘇軾　四庫全書
東山詩選　宋　葛紹體　四庫全書

東堂詞　宋　毛滂　四庫全書
東堂集　宋　袁説友　四庫全書
東塘集　宋　袁説友　四庫全書
東齋記事　宋　范鎮　四庫全書
洞天清録　宋　趙希鵠　四庫全書
洞霄圖志　宋　鄧牧　四庫全書
都城紀勝　宋　耐得翁　四庫全書
都官集　宋　陳舜俞　四庫全書
獨醒雜志　宋　曾敏行　四庫全書
蠹齋鉛刀編　宋　周孚　四庫全書
端明集　宋　蔡襄　四庫全書
端平詩雋　宋　周弼撰　李龏編　四庫全書
爾雅翼　宋　羅願撰　元　洪焱祖音釋　四庫全書
爾雅注　宋　鄭樵　四庫全書
二程遺書　宋　朱熹編　四庫全書
伐檀集　宋　黄庶　四庫全書
范村梅譜　宋　范成大　四庫全書
范文正公文集　宋　范仲淹　四庫全書
范文正集　宋　范仲淹　四庫全書
范忠宣集　宋　范純仁　四庫全書
范村菊譜　宋　范成大　四庫全書
方壺存稿　宋　汪莘　四庫全書
方泉詩集　宋　周文璞　四庫全書
方是閒居士小稿　宋　劉學箕　叢書集成三編
方輿勝覽　宋　祝穆　四庫全書
方舟集　宋　李石　四庫全書
芳蘭軒集　宋　徐照　四庫全書
放翁逸稾　宋　陸游　四庫全書
斐然集　宋　胡寅　四庫全書
分門古今類事　宋　軼名　四庫全書
分門瑣碎録　宋　温革　續修四庫全書
楓窗小牘　宋　袁褧　四庫全書
浮溪集　宋　汪藻　四庫全書
富山遺稿　宋　方夔　四庫全書
紺珠集　宋　朱勝非　四庫全書
高峰文集　宋　廖剛　四庫全書
格物麤談　宋　蘇軾　叢書集成初編
給事集　宋　劉安上　四庫全書
公是集　宋　劉敞　四庫全書
攻媿集　宋　樓鑰　四庫全書
古今合璧事類備要别集　宋　謝維新　四庫全書
古今事文類聚　宋　祝穆　四庫全書
古靈集　宋　陳襄撰　陳紹夫編　四庫全書
古梅遺稿　宋　吴龍翰　四庫全書
古文苑　宋　章樵注　四庫全書
古逸民先生集　宋　汪炎昶　續修四庫全書
乖崖集　宋　張詠　四庫全書
灌園集　宋　吕南公　四庫全書
廣陵集　宋　王令　四庫全書
龜山集　宋　楊時　四庫全書
龜谿集　宋　沈與求　四庫全書
癸辛雜識　宋　周密　四庫全書
桂海虞衡志　宋　范成大　四庫全書
海陵集　宋　周麟之　四庫全書
海棠譜　宋　陳思　四庫全書
海鹽澉水志　宋　常棠　四庫全書
寒松閣集　宋　詹初　四庫全書
河東集　宋　柳開　四庫全書
鶴林玉露　宋　羅大經　四庫全書
鶴山集　宋　魏了翁　四庫全書

横塘集　宋　許景衡　四庫全書
横浦集　宋　張九成　四庫全書
鴻慶居士集　宋　孫覿　四庫全書
侯鯖録　宋　趙德麟　四庫全書
後村集　宋　劉克莊　四庫全書
後山集　宋　陳師道　四庫全書
後山詩集　宋　陳師道撰　任淵注　四庫全書
湖山集　宋　吴芾　四庫全書
湖山類藁　宋　汪元量　四庫全書
花菴詞選續集　宋　劉子寰　四庫全書
華陽集　宋　潜説友　四庫全書
華陽集　宋　王珪　四庫全書
畫繼　宋　鄧椿　四庫全書
淮海集　宋　秦觀　四庫全書
黄氏日抄　宋　黄震　四庫全書
揮麈後録　宋　王明清　四庫全書
晦庵别集　宋　朱熹　四庫全書
晦庵集　宋　朱熹　四庫全書
會稽掇英總集　宋　孔延之編　四庫全書
會稽三賦　宋　王十朋撰　周世則注　史鑄增注　四庫全書
會稽續志　宋　張淏　四庫全書
會稽志　宋　施宿等　四庫全書
稽神録　宋　徐鉉　四庫全書
擊壤集　宋　邵雍　四庫全書
雞肋編　宋　莊綽　四庫全書
雞肋集　宋　晁補之　四庫全書
濟南集　宋　李廌　四庫全書
嘉禾百咏　宋　張堯同　四庫全書
嘉祐集　宋　蘇洵　四庫全書
簡齋集　宋　陳與義　四庫全書
建炎以來繫年要録　宋　李心傳　四庫全書
建炎雜記　宋　李心傳　四庫全書
建炎雜記甲集　宋　李心傳　四庫全書
劍南詩藁　宋　陸游　四庫全書
澗泉集　宋　韓淲　四庫全書
江湖長翁集　宋　陳造　四庫全書
江湖後集　宋　陳起　四庫全書
江湖小集　宋　陳起編　四庫全書
江淮異人録　宋　吴淑　四庫全書
江南餘載　宋　鄭文寶　四庫全書
蛟峰文集　宋　方逢振　四庫全書
節孝集　宋　徐積　四庫全書
金陵百詠　宋　曾極　四庫全書
金氏文集　宋　金君卿　四庫全書
金漳蘭譜　宋　趙時庚　四庫全書
錦繡萬花谷後集　宋　軼名　四庫全書
經鉏雜堂志　宋　倪思　四庫存目叢書
景定建康志　宋　周應合撰　蔣維鈞編　四庫全書
景文集　宋　宋祁　四庫全書
浄德集　宋　吕陶　四庫全書
九朝編年備要　宋　陳均　四庫全書
九家集注杜詩　宋　郭知達編　四庫全書
舊五代史　宋　薛居正等　四庫全書
菊磵集　宋　高翥撰　清　高士奇編　四庫全書
潏水集　宋　李復　四庫全書
筠溪集　宋　李彌遜　四庫全書
開慶四明續志　宋　梅應發　劉錫同　四庫全書
康範詩集　宋　汪晫　四庫全書
柯山集　宋　張耒　四庫全書
克齋集　宋　陳文蔚　四庫全書

睽車志 宋 郭彖 四庫全書
嬾真子 宋 馬永卿 叢書集成續編
閬風集 宋 舒岳祥 四庫全書
浪語集 宋 薛季宣 四庫全書
老學庵筆記 宋 陸游 四庫全書
樂府詩集 宋 郭茂倩輯 四庫全書
樂静集 宋 李昭玘 四庫全書
樂圃餘藁 宋 朱長文 四庫全書
樂軒集 宋 陳藻 四庫全書
類説 宋 曾慥編 四庫全書
冷然齋詩集 宋 蘇泂 四庫全書
離騷草木疏 宋 吴仁傑 四庫全書
李忠定公文集 宋 李綱 四庫存目叢書
梁谿集 宋 李綱 四庫全書
梁谿遺稿 宋 尤袤 四庫全書
兩漢博聞 宋 楊侃輯 四庫全書
兩漢刊誤補遺 宋 吴仁傑 四庫全書
兩宋名賢小集 宋 陳思編 元 陳世隆補 四庫全書
林和靖集 宋 林逋 四庫全書
林泉高致集 宋 郭思編 四庫全書
臨川文集 宋 王安石 四庫全書
陵陽集 宋 韓駒 四庫全書
嶺外代答 宋 周去非 四庫全書
劉氏菊譜 宋 劉蒙 四庫全書
柳塘外集 宋 釋道璨 四庫全書
六朝事蹟編類 宋 張敦頤 四庫全書
六書故 宋 戴侗 四庫全書
龍川集 宋 陳亮 四庫全書
龍雲集 宋 劉弇 四庫全書
龍洲集 宋 劉過 四庫全書

盧溪文集 宋 王庭珪 四庫全書
廬山記 宋 陳舜俞 圖書集成初編
魯齋集 宋 王柏 四庫全書
潞公文集 宋 文彦博 四庫全書
吕氏春秋集解 宋 吕本中 四庫全書
緑督集 宋 曾丰 四庫全書
欒城集 宋 蘇轍 四庫全書
羅鄂州小集 宋 羅願 四庫全書
洛陽名園記 宋 李格非 四庫全書
漫堂集 宋 劉宰 四庫全書
茅亭客話 宋 黄休復 四庫全書
鄮峰真隱漫録 宋 史浩 四庫全書
眉山文集 宋 唐庚 四庫全書
梅山續藁 宋 姜特立 四庫全書
梅屋集 宋 許棐 四庫全書
梅溪集 宋 王十朋 四庫全書
捫虱新話 宋 陳善 續修四庫全書
夢粱録 宋 吴自牧 四庫全書
夢溪筆談 宋 沈括 四庫全書
蒙隱集 宋 陳棣 四庫全書
蒙齋集 宋 袁甫 四庫全書
勉齋集 宋 黄榦 四庫全書
洺水集 宋 程珌 四庫全書
墨客揮犀 宋 彭乘 四庫全書
墨莊漫録 宋 張邦基 四庫全書
默堂集 宋 陳淵 四庫全書
牡丹榮辱志 宋 丘璩 四庫存目叢書
牧萊脞語 宋 陳仁子 四庫存目叢書
穆參軍集 宋 穆修 四庫全書
南部新書 宋 錢易 叢書集成初編

南湖集 宋 張鎡 四庫全書
南澗甲乙稿 宋 韓元吉 四庫全書
南唐近事 宋 鄭文寶 四庫全書
南軒集 宋 張栻 四庫全書
南陽集 宋 韓維 四庫全書
南陽集 宋 趙湘 四庫全書
内簡尺牘 宋 孫覿撰 李祖堯編注 四庫全書
能改齋漫録 宋 吴曾 四庫全書
寧極齋稿 宋 陳深 四庫全書
盤洲文集 宋 洪适 四庫全書
彭城集 宋 劉攽 四庫全書
埤雅 宋 陸佃 四庫全書
平塘陶先生詩 宋 陶夢桂 續修四庫全書
平齋集 宋 洪咨夔 四庫全書
屏山集 宋 劉子翬撰 劉玶編 四庫全書
萍洲可談 宋 朱彧 四庫全書
蘋洲漁笛譜 宋 周密 四庫全書
鄱陽集 宋 彭汝礪 四庫全書
耆舊續聞 宋 陳鵠 四庫全書
齊東野語 宋 周密 四庫全書
齊山文集 宋 杜景熙 四庫全書
騎省集 宋 徐鉉撰 吴淑編 四庫全書
乾道臨安志 宋 周淙 四庫全書
錢塘集 宋 韋驤 四庫全書
灊山集 宋 朱翌 四庫全書
潛山集 宋 釋文珦 四庫全書
欽定重訂契丹國志 宋 葉隆禮 四庫全書
青山集 宋 郭祥正 四庫全書
清波雜志 宋 周煇 四庫全書
清江三孔集 宋 孔武仲 四庫全書
清獻集 宋 杜範 四庫全書
清異録 宋 陶穀 四庫全書
清苑齋詩集 宋 趙師秀 四庫全書
清正存稿 宋 徐鹿卿 四庫全書
慶湖遺老詩集 宋 賀鑄 四庫全書
秋聲集 宋 衛宗武 四庫全書
秋崖集 宋 方岳 四庫全書
曲洧舊聞 宋 朱弁 知不足齋叢書 叢書集成初編
臞軒集 宋 王邁 四庫全書
全芳備祖 宋 陳景沂 中國農學珍本叢刊 農業出版社一九八二年
仁山文集 宋 金履祥 四庫全書
日涉園集 宋 李彭 四庫全書
容齋隨筆 宋 洪邁 四庫全書
儒林公議 宋 田況 四庫全書
三朝北盟會編 宋 徐夢莘 四庫全書
三餘集 宋 黄彦平 四庫全書
山房集 宋 周南 四庫全書
山谷别集 宋 黄庭堅 四庫全書
山谷集 宋 黄庭堅 四庫全書
山谷内集詩注 宋 黄庭堅撰 任淵注 四庫全書
山谷外集 宋 黄庭堅 四庫全書
山中白雲詞 宋 張炎 四庫全書
檆溪居士集 宋 劉才邵 四庫全書
剡録 宋 高似孫 四庫全書
尚書全解 宋 林之奇 四庫全書
苕溪集 宋 劉一止 四庫全書
佘兒編 宋 孫奕 四庫全書
涉齋集 宋 許綸 四庫全書
澠水燕談録 宋 王闢之 四庫全書
省齋集 宋 廖行之 四庫全書

賸語　宋　艾性　四庫全書
施注蘇詩　宋　蘇軾撰　施元之原注　邵長蘅刪補　四庫全書
詩話總龜　宋　阮閱　四庫全書
詩林廣記　宋　蔡正孫編　四庫全書
詩翼　宋　何無適　倪希程輯　四庫存目叢書
石湖詩集　宋　范成大　四庫全書
石林燕語　宋　葉夢得　四庫全書
石門文字禪　宋　釋惠洪　四庫全書
石屏詩集　宋　戴復古　四庫全書
史氏菊譜　宋　史正志　四庫全書
示兒編　宋　孫奕　四庫全書
事實類苑　宋　江少虞　四庫全書
事物紀原　宋　高承　四庫全書
壽親養老新書　宋　陳直編　元　鄒鉉續編　四庫全書
鼠璞　宋　戴植　四庫全書
蜀檮杌　宋　張唐英　四庫全書
漱玉詞　宋　李清照　續修四庫全書
雙溪集　宋　蘇籀　四庫全書
雙溪類稾　宋　王炎　四庫全書
水心集　宋　葉適撰　明　黎諒編　四庫全書
四朝聞見録　宋　葉紹翁　四庫全書
四明圖經　宋　張津　續修四庫全書
四明續志　宋　梅應發　劉錫同　四庫全書
松漠紀聞　宋　洪皓　四庫全書
松隱集　宋　曹勛　四庫全書
崧菴集　宋　李處權　四庫全書
嵩山集　宋　晁公遡　四庫全書
宋文鑑　宋　吕祖謙編　四庫全書
宋元憲集　宋　宋庠　四庫全書
蘇魏公文集　宋　蘇頌撰　蘇攜編　四庫全書
蘇學士集　宋　蘇舜欽　四庫全書
歲時廣記　宋　陳元靚　四庫全書
太倉稊米集　宋　周紫芝　四庫全書
太平廣記　宋　李昉等　四庫全書
太平寰宇記　宋　樂史　四庫全書
太平御覽　宋　李昉等　四庫全書
太平治跡統類　宋　彭百川　四庫全書
談苑　宋　孔平仲　四庫全書
坦菴詞　宋　趙師使　四庫全書
唐百家詩選　宋　王安石編　四庫全書
唐大詔令集　宋　宋敏求編　四庫全書
唐會要　宋　王溥　四庫全書
唐詩紀事　宋　計敏夫　四庫全書
唐文粹　宋　姚鉉編　四庫全書
唐語林　宋　王讜　四庫全書
陶朱新録　宋　馬純　四庫全書
鐵圍山叢談　宋　蔡絛　四庫全書
桯史　宋　岳珂　四庫全書
通鑑紀事本末　宋　袁樞　四庫全書
通志　宋　鄭樵　四庫全書
童蒙訓　宋　吕本中　四庫全書
圖畫見聞志　宋　郭若虚　四庫全書
宛陵集　宋　梅堯臣　四庫全書
萬首唐人絶句　宋　洪邁編　四庫全書
王荆公詩注　宋　李壁　四庫全書
韋齋集　宋　朱松　四庫全書
葦航漫遊稿　宋　胡仲弓　四庫全書
渭南文集　宋　陸游　四庫全書
文昌雜録　宋　龐元英　四庫全書
文公易説　宋　朱鑑　四庫全書

文恭集　宋　胡宿　四庫全書
文山集　宋　文天祥　四庫全書
文苑英華　宋　李昉等編　四庫全書
文章正宗　宋　真德秀編　四庫全書
文忠集　宋　歐陽修撰　周必大編　四庫全書
文莊集　宋　夏竦　四庫全書
聞見後録　宋　邵博　四庫全書
聞見近録　宋　王鞏　四庫全書
聞見録　宋　邵伯温　四庫全書
甕牖閒評　宋　袁文　四庫全書
卧游録　宋　吕祖謙　續修四庫全書
吴船録　宋　范成大　四庫全書
吴都文粹　宋　鄭虎臣編　四庫全書
吴郡圖經續記　宋　朱長文　四庫全書
吴郡志　宋　范成大　四庫全書
吴興志　宋　談鑰　續修四庫全書
吴越備史　宋　錢儼　四庫全書
武林舊事　宋　周密　四庫全書
無爲集　宋　楊傑　四庫全書
武溪集　宋　余靖　四庫全書
武夷新集　宋　楊億　四庫全書
勿軒集　宋　熊禾　四庫全書
物類相感志　宋　蘇軾　叢書集成初編
西塍集　宋　宋伯仁　四庫全書
西渡集　宋　洪炎　四庫全書
西渡集附録　宋　洪朋　洪芻編　四庫全書
西山文集　宋　真德秀　四庫全書
西臺集　宋　畢仲游　四庫全書
西塘集　宋　鄭俠　四庫全書
西溪叢語　宋　姚寬　四庫全書
西溪集　宋　沈遘　四庫全書
西嶽華山志　宋　王處一　四庫存目叢書
晞髮集　宋　謝翱　四庫全書
惜香樂府　宋　趙長卿　四庫全書
溪堂集　宋　謝逸　四庫全書
[寶祐]仙溪志　宋　趙與沁　黄巖孫纂　續修四庫全書
先聖大訓　宋　楊簡　四庫全書
咸淳臨安志　宋　潜説友　四庫全書
咸平集　宋　田錫　四庫全書
相山集　宋　王之道　四庫全書
香譜　宋　洪芻　四庫全書
香山集　宋　喻良能　四庫全書
香溪集　宋　范浚　四庫全書
象山集　宋　陸九淵　四庫全書
逍遥集　宋　潘閬　四庫全書
蕭冰崖詩集拾遺　宋　蕭立之　續修四庫全書
小畜集　宋　王禹偁　四庫全書
絜齋集　宋　袁燮　四庫全書
新安志　宋　羅願　四庫全書
新唐書　宋　歐陽修　宋祁等　四庫全書
新五代史　宋　歐陽修　四庫全書
新注朱淑真斷腸詩集　宋　朱淑真　續修四庫全書
鐔津集　宋　釋契嵩　四庫全書
盱江集　宋　李覯　四庫全書
須溪集　宋　劉辰翁　四庫全書
續博物志　宋　李石　四庫全書
續墨客揮犀　宋　彭乘　續修四庫全書
續文章正宗　宋　真德秀原本　倪澄重編　明　胡松增訂　四庫全書
續資治通鑑長編　宋　李燾　四庫全書
宣和奉使高麗圖經　宋　徐兢　叢書集成初編

宣和畫譜　宋　軼名　四庫全書
學林　宋　王觀國　四庫全書
學易集　宋　劉跂　四庫全書
雪坡集　宋　姚勉　姚龍起編　四庫全書
嚴州圖經　宋　陳公亮　劉文富纂修　續修四庫全書
巖下放言　宋　葉夢得　四庫全書
演繁露　宋　程大昌　四庫全書
演山集　宋　黄裳　四庫全書
彦周詩話　宋　許顗　四庫全書
燕堂詩稿　宋　趙公豫　四庫全書
揚州芍藥譜　宋　王觀　四庫全書
野處類稿　宋　洪邁　四庫全書
野谷詩稿　宋　趙汝鐩　四庫全書
野客叢書　宋　王楙　四庫全書
夷堅支志　宋　洪邁　四庫全書
夷堅志　宋　洪邁　四庫全書
頤菴居士集　宋　劉應時　四庫全書
彝齋文編　宋　趙孟堅　四庫全書
倚松詩集　宋　饒節　四庫全書
益部方物略記　宋　宋祁　四庫全書
營造法式　宋　李誡　四庫全書
邕州小集　宋　陶弼　四庫全書
雍録　宋　程大昌　四庫全書
遊城南記　宋　張禮　四庫全書
游廌山集　宋　游酢　四庫全書
遊宦紀聞　宋　張世南　四庫全書
友林遺稿　宋　史彌甯　四庫全書
于湖集　宋　張孝祥　四庫全書
漁隱叢話前集　宋　胡仔　四庫全書
禹貢指南　宋　毛晃　四庫全書

玉楮集　宋　岳珂　四庫全書
玉海　宋　王應麟　四庫全書
玉堂雜記　宋　周必大　四庫全書
寓簡　宋　沈作喆　四庫全書
豫章文集　宋　羅從彦　四庫全書
元豐類藳　宋　曾鞏　四庫全書
緣督集　宋　曾豐　四庫全書
越史略　宋　軼名　四庫全書
云溪居士集　宋　華鎮　四庫全書
芸庵類稿　宋　李洪　四庫全書
芸隱倦遊稿　宋　施樞　四庫全書
芸隱横舟稿　宋　施樞　四庫全書
雲巢集　宋　沈遼　四庫全書
鄖溪集　宋　鄭獬　四庫全書
雲谷雜紀　宋　張淏　四庫全書
雲林石譜　宋　杜綰　四庫全書
雲麓漫抄　宋　趙彦衛　四庫全書
雲泉詩　宋　薛嵎　四庫全書
雲溪集　宋　郭印　四庫全書
雲煙過眼録　宋　周密　四庫全書
雲莊集　宋　曾協　四庫全書
芸隱横舟稿　宋　施樞　四庫全書
則堂集　宋　家鉉翁　四庫全書
增節音注精議資治通鑑　宋　陸唐老　四庫存目叢書
增修埤雅廣要　宋　陸佃撰　牛衷增　續修四庫全書
張氏可書　宋　張知甫　四庫全書
張氏拙軒集　宋　張侃　四庫全書
趙寶峰先生文集　宋　趙偕　四庫存目叢書
真山民集　宋　真桂芳　四庫全書
鄭忠肅奏議遺集　宋　鄭興裔　四庫全書

知稼翁集　宋　黄公度　四庫全書
直齋書録解題　宋　陳振孫　四庫全書
止齋集　宋　陳傅良　四庫全書
中吴紀聞　宋　龔明之　四庫全書
忠愍集　宋　李若水　四庫全書
忠愍集　宋　寇準撰　范雍編　四庫全書
忠肅集　宋　劉摯　四庫全書
忠正德文集　宋　趙鼎　四庫全書
重編古筠洪城幸清節公松垣文集　宋　幸元龍　續修四庫全書
重訂大金國志　宋　宇文懋昭　四庫全書
重修毗陵志　宋　史能之纂修　續修四庫全書　咸淳
諸蕃志　宋　趙汝適　四庫全書
竹坡類藁　宋　吕午　續修四庫全書
竹坡詩話　宋　周紫芝　四庫全書
竹溪鬳齋十一稿續集　宋　林希逸　四庫全書
竹友集　宋　謝薖　四庫全書
竹齋詩集　宋　裘萬頃　四庫全書
竹洲集　宋　吴儆　四庫全書
竹莊詩話　宋　劉無言　四庫全書
燭湖集　宋　孫應時　四庫全書
莊簡集　宋　李光　四庫全書
資治通鑑　宋　司馬光撰　胡三省音注　四庫全書
紫微集　宋　張嵲　四庫全書
紫巖詩選　宋　于石　四庫全書
自堂存稿　宋　陳傑　四庫全書
尊白堂集　宋　虞儔　四庫全書
碧溪詩話　宋　黄徹　四庫全書
二妙集　金　段克己　四庫全書
滏水集　金　趙秉文　四庫全書
鴨江行部志　金　王寂　續修四庫全書
遺山集　金　元好問　四庫全書
遺山先生詩集　金　元好問　四庫存目叢書
中州集　金　元好問　四庫全書
莊靖集　金　李俊民　四庫全書
安南志略　元　黎崱　四庫全書
安雅堂集　元　陳旅　四庫全書
巴西集　元　鄧文原　四庫全書
弁山小隱吟録　元　黄玠　四庫全書
滄浪軒詩集　元　吕彦貞　續修四庫全書
藏春集　元　劉秉忠　四庫全書
草閣詩集　元　李昱　四庫全書
草堂雅集　元　顧瑛編　四庫全書
茶山老人遺集　元　沈貞　續修四庫全書
長安志圖　元　李好文　四庫全書
陳剛中詩集　元　陳孚　四庫全書
純白齋類稿　元　胡助　四庫全書
輟耕録　元　陶宗儀　四庫全書
此山詩集　元　周權　四庫全書
待制集　元　柳貫　四庫全書
道園集　元　虞集　四庫存目叢書
道園學古録　元　虞集　四庫全書
道園遺稿　元　虞集　四庫全書
定宇集　元　陳櫟　四庫全書
東山存稿　元　趙汸　四庫全書
東維子集　元　楊維楨　四庫全書
范德機詩集　元　范梈　四庫全書
范文白公詩集　元　范梈撰　楊翬選　四庫存目叢書
風雅翼　元　劉履編　四庫全書
艮齋詩集　元　侯克中　四庫全書
古今考　元　方回續　四庫全書

谷響集 元 釋善住 四庫全書
圭塘小藁 元 許有壬 四庫全書
圭齋文集 元 歐陽玄 四庫全書
龜巢稿 元 謝應芳 四庫全書
歸潛志 元 劉祁 四庫全書
歸田類稿 元 張養浩 四庫全書
桂隱詩集 元 劉詵 四庫全書
桂隱文集 元 劉詵 四庫全書
韓山人詩集 元 韓奕 續修四庫全書
河汾諸老詩集 元 房祺編 四庫全書
河朔訪古記 元 納新 四庫全書
鶴年詩集 元 丁鶴年 四庫全書
花谿集 元 沈夢麟 四庫全書
淮陽集 元 張宏範 四庫全書
還山遺稿 元 楊奐 四庫全書
環谷集 元 汪克寬 四庫全書
冀越集記 元 熊太吉 續修四庫全書
稼村類稿 元 王義山 四庫全書
閒居叢稿 元 蒲道源 四庫全書
江月松風集 元 錢惟善 四庫全書
揭曼碩文選 元 揭傒斯撰 清 劉肇虞 四庫存目叢書
金華黄先生文集 元 黄溍 續修四庫全書
金史 元 脱脱等修 四庫全書
金臺集 元 納延 四庫全書
金淵集 元 仇遠 四庫全書
禁扁 元 王士點 四庫全書
敬鄉録 元 吴師道輯 四庫全書
静修集 元 劉因 四庫全書
九華詩集 元 陳巖 四庫全書
九靈山房集 元 戴良 四庫全書
居家必用事類全集 元 軼名 續修四庫全書
句曲外史集補遺 元 張雨 四庫全書
栲栳山人詩集 元 岑安卿 四庫全書
昆山郡志 元 楊譓纂 續修四庫全書
蘭軒集 元 王旭 四庫全書
禮部集 元 吴師道 四庫全書
歷代十八史略 元 曾先之 四庫存目叢書
遼史 元 脱脱等修 四庫全書
陵川集 元 郝經 四庫全書
魯齋遺書 元 許衡 四庫全書
鹿皮子集 元 陳樵 四庫全書
梅花百詠 元 馮子振 釋明 四庫全書
民齋詩集 元 侯克中 四庫全書
牧庵集 元 姚燧 四庫全書
農桑輯要 元 司農司 四庫全書
農書 元 王禎 四庫全書
平江記事 元 高德基 四庫全書
屏巖小稿 元 張觀光 四庫全書
栖碧先生黄楊集 元 陳方 四庫存目叢書
齊乘 元 于欽 四庫全書
錢塘遺事 元 劉一清 四庫全書
墻東類稿 元 陸文圭 四庫全書
僑吴集 元 鄭元祐 四庫全書
青崖集 元 魏初 四庫全書
清閟閣全集 元 倪瓚 四庫全書
清容居士集 元 袁桷 四庫全書
秋澗集 元 王惲 四庫全書
山窗餘稿 元 甘復 四庫全書
山村遺藁 元 仇遠 續修四庫全書
山村遺集 元 仇遠 四庫全書

山房隨筆　元　蔣正子　四庫全書
山居新話　元　楊瑀　四庫全書
師山集　元　鄭玉　四庫全書
石田文集　元　馬祖常　四庫全書
書蔡氏傳旁通　元　陳師凱　四庫全書
書林外集　元　袁士元　續修四庫全書
樹藝篇　元　胡古愚　續修四庫全書
説郛　元　陶宗儀　四庫全書
松鄉集　元　任士林　四庫全書
松雪齋集　元　趙孟頫　四庫全書
宋詩拾遺　元　陳世隆　續修四庫全書
宋史　元　脱脱等修　四庫全書
宋史全文　元　軼名　四庫全書
遂昌雜録　元　鄭元祐　四庫全書
唐才子傳　元　辛文房　四庫全書
唐音　元　楊士弘撰　張震注　四庫全書
天下同文集　元　周南瑞編　四庫全書
桐江集　元　方回　續修四庫全書
桐江續集　元　方回　四庫全書
蜕庵集　元　張翥　四庫全書
蜕巖詞　元　張翥　四庫全書
玩齋集　元　貢師泰　四庫全書
惟實集　元　劉鶚　四庫全書
畏齋集　元　程端禮　四庫全書
文安集　元　揭傒斯　四庫全書
文獻集　元　黄溍　四庫全書
文獻通考　元　馬端臨　四庫全書
聞過齋集　元　吴海　四庫全書
吴書山先生遺集　元　吴會　四庫存目叢書
吴文正集　元　吴澄　四庫全書
吴中舊事　元　陸友仁　四庫全書
五峰集　元　李孝光　四庫全書
西巖集　元　張之翰　四庫全書
小亨集　元　楊弘道　四庫全書
性情集　元　周巽　四庫全書
續古今攷　元　方回　四庫全書
續軒渠集　元　洪希文　四庫全書
雪樓集　元　程文海　四庫全書
延祐四明志　元　袁桷　四庫全書
研北雜志　元　陸友仁　四庫全書
燕石集　元　宋褧　四庫全書
楊仲弘集　元　楊載　四庫全書
葯房樵唱　元　吴景奎　四庫全書
野趣有聲畫　元　楊公遠　四庫全書
一山文集　元　李繼本撰　明　李伸編　四庫全書
伊濵集　元　王沂　四庫全書
夷白齋稿　元　陳基　四庫全書
音點春秋左傳　元　朱申　四庫存目叢書
瀛奎律髓　元　方回編　四庫全書
玉井樵唱　元　尹廷高　四庫全書
玉山名勝集　元　顧瑛編　四庫全書
淵穎集　元　吴萊　四庫全書
元懶翁詩集　元　董壽民　續修四庫全書
元文類　元　蘇左爵編　四庫全書
月屋漫稿　元　黄庚　四庫全書
湛然居士集　元　耶律楚材　四庫全書
貞素齋文集　元　舒頔　四庫全書
貞一齋詩文稿　元　朱思本　續修四庫全書
知非堂稿　元　何中　四庫全書
至大金陵新志　元　張鉉　四庫全書

至元嘉禾志 元 徐碩 四庫全書
至正集 元 許有壬 四庫全書
竹譜 元 李衎 四庫全書
竹譜詳録 元 李衎 知不足齋叢書 上海古書流通處 一九二一年影印
安老懷幼書 明 劉宇輯 四庫存目叢書
八厓集 明 周廷用 四庫存目叢書補編
白下集 明 黄姬水 四庫存目叢書
白榆集 明 屠隆 四庫存目叢書
白雲集 明 唐桂芳 四庫全書
白雲樵唱集 明 王恭 四庫全書
白齋先生詩集 明 張琦 四庫存目叢書
百花藏譜 明 江之源 依明萬曆刻本摹抄
百花洲集 明 鄧雲霄 四庫存目叢書
稗史彙編 明 王圻輯 四庫存目叢書
半江趙先生文集 明 趙寛 四庫存目叢書
半軒集 明 王行 四庫全書
寶菴集 明 顧紹芳 四庫存目叢書補編
寶制堂録 明 劉節 四庫存目叢書
北固三山志 明 潘一桂 中國方志叢書
北郭集 明 徐賁 四庫全書
北遊漫稿 明 鄭若庸 四庫存目叢書
本草乘雅半偈 明 盧之頤 四庫全書
本草綱目 明 李時珍 四庫全書
薜荔山房藏稿 明 敖文禎 續修四庫全書
薜荔園詩集 明 佘翔 四庫全書
汴京遺跡志 明 李濂 四庫全書
便民圖集 明 鄺璠 續修四庫全書
蠙衣生蜀草 明 郭子章 四庫全書
泊庵集 明 梁潛 四庫全書
亳州牡丹史 明 薛鳳翔 四庫存目叢書
博望山人稿 明 曹履吉 四庫存目叢書
博物要覽 明 谷泰輯 四庫存目叢書
博物志補 明 游潛 四庫存目叢書
采詩樓記 明 沈愷 四庫存目叢書
滄溟集 明 李攀龍 四庫全書
槎翁詩集 明 劉嵩 四庫全書
槎翁文集 明 劉崧 四庫存目叢書
長谷集 明 徐獻忠 四庫存目叢書
長物志 明 文震亨 四庫全書
晁采館清課 明 費元禄 四庫存目叢書
陳眉公集 明 陳繼儒 續修四庫全書
陳氏荷華山房詩稿 明 陳邦瞻 續修四庫全書
陳文紀 明 梅鼎祚 四庫全書
程仲權先生文集 明 程可中 四庫存目叢書
誠意伯文集 明 劉基 四庫全書
誠齋録 明 朱有燉 續修四庫全書
誠齋新録 明 朱有燉 續修四庫全書
冲谿先生集 明 彭輅 四庫存目叢書
重編瓊台藁 明 邱濬 四庫全書
重刻來瞿唐先生日録 明 來知德 續修四庫全書
崇雅堂集 明 鍾羽正 四庫存目叢書
楚寶 明 周聖楷 續修四庫全書
楚辭集解 明 汪瑗 四庫存目叢書
春草齋集 明 烏斯道 四庫全書
賜閒堂集 明 申時行 四庫全書存目
蘗桂軒詩 明 吴大經 四庫存目叢書
翠屏集 明 張以寧 四庫全書
翠渠摘稿 明 周瑛 四庫全書
翠娱閣評選鍾伯敬先生合集 明 鍾惺撰 陸雲龍評 續修四庫全書
存家詩稿 明 楊巍 四庫全書

大復集　明　何景明　四庫全書
大泌山房集　明　李維楨　四庫存目叢書
大明宣宗皇帝御製集　明　宣宗朱瞻基　四庫存目叢書
大全集　明　高啓　四庫全書
大學衍義補　明　丘濬　四庫全書
大鄣山人集　明　吴子玉　四庫存目叢書
淡軒稿　明　林文　四庫存目叢書
丹鉛録　明　楊慎　四庫全書
澹然先生文集　明　陳敬宗　四庫存目叢書
甔甀洞藁　明　吴國倫　續修四庫全書
帝京景物略　明　劉侗等　續修四庫全書
滇略　明　謝肇淛　四庫全書
滇雲紀勝書　明　顧養謙　續修四庫全書
滇志　明　劉文徵纂修　續修四庫全書
調象菴稿　明　鄒迪光　四庫存目叢書
定山集　明　莊㫤　四庫全書
東皋録　明　釋妙聲　四庫全書
東江家藏集　明　顧清　四庫全書
東里詩集　明　楊士奇　四庫全書
東里續集　明　楊士奇　四庫全書
東甌詩集　明　蔡璞編　四庫存目叢書
東泉文集　明　姚鏌　四庫存目叢書
東所先生文集　明　張詡　四庫存目叢書
東園文集　明　鄭紀　四庫全書
斗南老人集　明　胡奎　四庫全書
竇子紀聞類編　明　竇文照輯　四庫存目叢書
讀詩略記　明　朱朝瑛　四庫全書
讀易餘言　明　崔銑　四庫全書
杜曲集　明　戴澳　四庫禁燬書叢刊　明崇禎刻本　北京出版社二〇〇〇年
端峰先生松菊堂集　明　孫鏊　四庫存目叢書

對山集　明　康海　四庫全書
多能鄙事　明　劉基　續修四庫全書
峨眉山志　明　蔣超　續修四庫全書
耳談類增　明　王同軌　續修四庫全書
二酉園續集　明　陳文燭　四庫存目叢書
伐檀齋集　明　張元凱　四庫全書
方洲集　明　張寧　四庫全書
方麓集　明　王樵　四庫全書
汾上續談　明　朱孟震　續修四庫全書
豐對樓詩選　明　沈明臣　四庫存目叢書
豐陽人文紀略　明　曾棨　四庫存目叢書
豐陽先生集　明　馮皋謨　四庫存目叢書
豐正元先生詩　明　豐越人　四庫存目叢書
鳳池吟稿　明　汪廣洋　四庫全書
浮湘藁　明　顧璘　四庫全書
甫田集　明　文徵明　四庫全書
副墨　明　汪道昆　四庫存目叢書
覆瓿集　明　朱同　四庫全書
綱鑑正史約　明　顧錫疇　四庫全書
高素齋集　明　黄姬水　四庫存目叢書
高陽集　明　孫承宗　續修四庫全書
格古要論　明　曹昭　四庫全書
緱山先生集　明　王衡　四庫存目叢書
姑蘇雜詠合刻　明　周希夔編　四庫存目叢書
姑蘇志　明　王鏊　四庫全書
古今禪藻集　明　釋正勉　釋性通輯　四庫全書
古今詩删　明　王廷相　四庫全書
古今説海　明　陸楫編　四庫全書
古今譚概　明　馮夢龍輯　四庫存目叢書
古今遊名山記　明　何鏜輯　四庫存目叢書

古今韻史　明　陳繼儒　四庫存目叢書
古廉文集　明　李時勉　四庫全書
古穰集　明　李賢　四庫全書
古詩紀　明　馮惟訥　四庫全書
穀城山館文集　明　于慎行　四庫存目叢書
顧華玉集　明　顧璘　四庫全書
館閣漫録　明　張元忭　四庫存目叢書
灌園草木識　明　陳正學　續修四庫全書
廣博物志　明　董斯張　四庫全書
廣艷異編　明　吳大震　續修四庫全書
歸有園稿文編　明　徐學謨　四庫存目叢書
桂勝　明　張鳴鳳　四庫全書
桂洲詩集　明　夏言　續修四庫全書
貴州通志　明　王訓　四庫全書
國朝獻徵録　明　焦竑輯　四庫存目叢書
國榷　明　談遷撰　張宗祥校點　續修四庫全書
海槎餘録　明　顧岕　四庫存目叢書
海浮山堂詩稿　明　馮惟敏　續修四庫全書
海壑吟稿　明　趙完璧　四庫全書
海樵先生全集　明　陳鶴　四庫存目叢書
海桑集　明　陳謨　四庫全書
海叟集　明　袁凱　四庫全書
海語　明　黃衷　四庫全書
漢魏六朝百三家集　明　張溥　四庫全書
翰林記　明　黃佐　四庫全書
翰林學士耐軒王先生天遊雜稿　明　王達　四庫存目叢書
何翰林集　明　何良俊　續修四庫全書
何氏語林　明　何良俊　四庫全書
河上楮談　明　朱孟震　續修四庫全書
衡廬精舍藏稿　明　胡直　四庫全書
弘藝録　明　邵經邦　四庫存目叢書
鴻苞　明　屠隆　四庫存目叢書
胡文穆公文集　明　胡廣　四庫存目叢書
胡莊肅公文集　明　胡松　四庫存目叢書
湖海搜奇　明　王兆雲　四庫存目
湖山勝概　明　軼名　續修四庫全書
花間碎事　明　華淑輯　叢書集成續編
花裏活　明　陳詩教　四庫存目叢書
花史　明　軼名　續修四庫全書
花史左編　明　王路　四庫存目叢書
華泉集　明　邊貢　四庫全書
華夷花木鳥獸珍玩考　明　慎懋官　四庫存目叢書
華嶽全集　明　張維新等纂　續修四庫全書
懷麓堂集　明　李東陽　四庫全書
懷星堂集　明　祝允明　四庫全書
洹詞　明　崔銑　四庫全書
皇甫少玄集　明　皇甫涍　四庫全書
皇甫司勳集　明　皇甫汸　四庫全書
皇明詞林人物考　明　王兆雲　續修四庫全書　四庫存目叢書
皇明大政紀　明　雷禮　續修四庫全書
皇明典故紀聞　明　余繼登　四庫存目叢書
皇明廣蒙求　明　姚光祚　四庫存目叢書
皇明文範　明　魯鐸　四庫存目叢書
皇明文衡　明　程敏政編　四庫全書
黃淳父先生全集　明　黃姬水　四庫存目叢書
黃丹巖先生集　明　黃雲　四庫存目叢書
黃吾野先生詩集　明　黃克晦　四庫存目叢書
篁墩文集　明　程敏政　四庫全書
繪事微言　明　唐志契　四庫全書
鷄土集詩　明　劉乾　四庫存目叢書

季漢書　明　謝陛　四庫存目叢書
家藏集　明　吴寬　四庫全書
江皋小築集　明　李元弼編　四庫存目叢書
姜鳳阿文集　明　姜寶　四庫存目叢書
疆識略　明　吴楚材輯　四庫全書
蔣道林先生文粹　明　蔣信　四庫存目叢書
焦氏澹園續集　明　焦竑　續修四庫全書
焦氏筆乘　明　焦竑　續修四庫全書
焦氏説楛　明　焦周　續修四庫全書
節菴集　明　高得暘　四庫存目叢書
解脱集　明　袁宏道　續修四庫全書
戒菴老人漫筆　明　李詡　續修四庫全書
金陵梵刹志　明　葛寅亮　續修四庫全書
金文靖集　明　金幼孜　四庫全書
錦帆集　明　袁宏道　續修四庫全書
荆川稗編　明　唐順之編　四庫全書
荆川集　明　唐順之　四庫全書
涇林詩文集　明　周復俊　四庫存目叢書
涇野先生文集　明　吕柟　續修四庫全書
徑山志　明　宋奎光　四庫存目叢書
敬和堂集　明　許孚遠　四庫存目
敬所王先生文集　明　王宗沐　四庫存目叢書
敬軒文集　明　薛瑄　四庫全書
静學文集　明　王原采　四庫全書
静軒先生文集　明　汪舜明　續修四庫全書
九籥集　明　宋楙澄　續修四庫全書
救荒本草　明　周王朱橚　四庫全書
居來先生集　明　張佳胤　四庫存目叢書補編
矩洲詩集　明　黄衷　四庫存目叢書
具茨文集　明　王立道專　四庫全書
瞿冏卿集　明　瞿汝稷　四庫存目叢書
鐫五侯鯖　明　彭儼　四庫存目叢書
覺非集　明　羅亨信　四庫存目叢書
覺非齋文集　明　金實　續修四庫全書
君子堂日詢手鏡　明　王濟　叢書集成初編
考功集　明　薛蕙　四庫全書
考槃餘事　明　屠隆　四庫存目叢書
珂雪齋集　明　袁中道　續修四庫全書
刻徐文長先生秘集　明　徐渭輯　四庫存目叢書
刻曾西墅先生集　明　曾棨　四庫存目叢書
客座贅語　明　顧起元　續修四庫全書
空同集　明　李夢陽　四庫全書
快雪堂集　明　馮夢禎　四庫存目叢書
獪園　明　錢希言　續修四庫全書
鯤溟詩集　明　郭諫臣　四庫全書
藍山集　明　藍仁　四庫全書
蘭汀存藁　明　梁有譽　續修四庫全書
蘭庭集　明　謝晉　四庫全書
黎文僖公集　明　黎淳　續修四庫全書
黎陽王太傅詩文集　明　王越　四庫存目叢書
李卓吾先生批評西游記　明　吴承恩撰　李贄評　續修四庫全書
禮部志稿　明　俞汝楫　四庫全書
歷代史纂左編　明　唐順之　四庫存目叢書
兩谿文集　明　劉球　四庫全書
兩浙名賢録　明　徐象梅　四庫存目叢書
林登州集　明　林弼　四庫全書
林石逸興　明　薛論道　續修四庫全書
凌谿先生集　明　朱應登　續修四庫全書
留青日札　明　田藝蘅　續修四庫全書
六朝聲偶集　明　徐獻忠輯　四庫存目叢書

六李集　明　李宗木等　四庫存目叢書補編
六研齋筆記　明　李日華　四庫全書
六研齋二筆　明　李日華　四庫全書
六嶽登臨志　明　龔黄　續修四庫全書
翏翏集　明　俞安期　四庫存目叢書
樓山堂集　明　吴應箕　續修四庫全書
露書　明　姚旅　四庫存目叢書
魯文恪公文集　明　魯鐸　四庫存目叢書
陸箕齋文集　明　陸埰　四庫存目叢書補編
陸文裕公行遠集　明　陸深　四庫存目叢書
鹿裘石室集　明　梅鼎祚　續修四庫全書
羅浮山志會編　明　湛若水　續修四庫全書
麻姑集　明　陳克昌編　四庫存目叢書
麻姑山丹霞洞天志　明　左宗郢　四庫存目叢書
茅鹿門先生文集　明　茅坤　續修四庫全書
耄年録　明　茅坤　四庫存目叢書
眉菴集　明　楊基　四庫全書
梅國前集　明　劉節　四庫存目叢書
梅花草堂集筆談　明　張大復　四庫存目叢書
梅巖小稿　明　張旭　四庫存目叢書
渼陂集　明　王九思　四庫存目叢書
夢澤集　明　王廷陳　四庫全書
孟有涯集　明　孟洋　四庫存目叢書
密菴集　明　謝肅　四庫全書
妙遠堂全集　明　馬之駿　四庫存目叢書
閩書　明　何喬遠　四庫存目叢書
名山勝概記　明　楊循吉　四庫存目叢書
名山遊記八種　明　王世懋　四庫存目叢書
名物通　明　劉侗　輯　四庫存目叢書
名義考　明　周祈　四庫全書
明德先生文集　明　吕維祺　四庫存目叢書
明宫史　明　吕毖　四庫全書
明少保費文通公文集選要　明　費宷　四庫存目叢書
明詩紀事　明　陳田輯　續修四庫全書
明太祖文集　明　朱元璋　四庫全書
明文遠　明　董應舉　四庫存目叢書
明夏赤城先生文集　明　夏鍭　四庫存目叢書
明一統志　明　李賢等　四庫全書
鳴盛集　明　林鴻　四庫全書
南北史鈔　明　周詩雅　四庫全書
南川藁　明　陶諧　四庫存目叢書
南屏净慈寺志　明　釋大壑　續修四庫全書
南齊文紀　明　梅鼎祚編　四庫全書
倪文僖集　明　倪謙　四庫全書
倪小野先生全集　明　倪宗正　四庫存目叢書
念菴羅先生集　明　羅洪先　四庫存目叢書
念菴文集　明　羅洪先　四庫全書
農政全書　明　徐光啓　四庫全書
耦耕堂集　明　程嘉燧　續修四庫全書
潘象安詩集　明　潘緯　四庫存目
龐眉先生集　明　于慎思　四庫存目叢書
彭惠安集　明　彭韶　四庫全書
瓶史　明　袁宏道　續修四庫全書
瓶花譜　明　張謙德　續修四庫全書
普陀山志　明　李言恭　續修四庫全書
七修類藁　明　郎瑛　四庫全書
祁彪佳集　明　祁彪佳　中華書局
耆年録　明　茅坤　四庫存目叢書
謙光堂詩集　明　朱彌鉗　四庫存目叢書
錢臨江先生集　明　錢琦　四庫存目叢書

錢太史鶴灘集 明 錢福 四庫存目叢書
秦安志 明 胡贊宗 中國方志叢書
欽定清涼山志 明 喬宇 四庫全書
青湖先生集 明 汪應軫 四庫存目叢書
青棠集 明 董嗣成 四庫存目叢書
青谿漫稿 明 倪嶽 四庫存目叢書
清河書畫舫 明 張丑 四庫全書
清江詩集 明 貝瓊 四庫全書
清江文集 明 貝瓊 四庫全書
清權堂集 明 沈德符 續修四庫全書
清賞録 明 包衡 四庫存目叢書
清溪漫稿 明 倪岳 武林往哲遺著後編 江蘇廣陵古籍刻印社一九八五年，下同
全明文 明 朱元璋 上海古籍出版社
全蜀藝文志 明 周復俊編 四庫全書
群芳譜 明 王象晉 四庫存目叢書補編
容春堂集 明 邵寶 四庫全書
榕陰新檢 明 徐𤊹 續修四庫全書
汝南圃史 明 周文華 續修四庫全書
三華集 明 錢子正 錢子義 錢仲益撰 錢公善編 四庫全書
三江遺稿 明 毛澄 四庫存目叢書
三台文獻録 明 李時漸輯 四庫存目叢書補編
山草堂集 明 郝敬 四庫存目叢書
山帶閣集 明 朱曰藩 四庫存目叢書
山海漫談 明 任環 四庫全書
山堂肆考 明 彭大翼 四庫全書
珊瑚木難 明 朱德潤 四庫全書
珊瑚網 明 汪砢玉 四庫全書
商文毅公集 明 商輅 四庫存目叢書
尚書葦籥 明 潘士遴 四庫存目叢書
少穀集 明 鄭善夫 四庫全書
少泉詩集 明 王格 四庫存目叢書
少室山房集 明 胡應麟 四庫全書
神農本草經疏 明 繆希雍 四庫全書
慎言 明 王廷相 四庫存目叢書
升菴集 明 楊慎 四庫全書
盛明百家詩 明 俞憲 四庫存目叢書
盛明百家詩選 明 朱之蕃 四庫存目叢書
師竹堂集 明 王祖嫡 叢書集成續編
師子林紀勝 明 釋道恂編 四庫存目叢書
獅山掌録 明 吳之俊輯 四庫存目叢書
詩雋類函 明 俞安期撰 梅鼎祚增定 四庫存目叢書
石倉歷代詩選 明 曹學佺編 四庫全書
石倉文稿 明 曹學佺 續修四庫全書
石淙詩稿 明 楊一清 四庫存目叢書
石湖志 明 莫震撰 莫旦增補 續修四庫全書
石門集 明 梁寅 四庫全書
石民四十集 明 茅元儀 續修四庫全書
石品 明 郁濬 四庫存目叢書補編
石田詩選 明 沈周 四庫全書
石溪周先生文集 明 周敘 四庫存目叢書
石語齋集 明 鄒迪光 四庫存目叢書
石秀齋集 明 莫是龍 四庫存目叢書
始豐稿 明 徐一夔 四庫全書
始青閣稿 明 鄒迪光 四庫禁毁書叢刊 明天啓刻本
菽園雜記 明 陸容 四庫全書
蜀中廣記 明 曹學佺 四庫全書
水東日記 明 葉盛 四庫全書
睡庵稿 明 湯賓尹 四庫禁毁書叢刊 明萬歷三十九年刻本
説郛 明 陶宗儀 四庫全書

說郛續　明　陶珽　續修四庫全書
說原　明　穆希文　四庫存目叢書
思軒文集　明　王偀　續修四庫全書
思玄集　明　桑悅　四庫存目叢書
四六霞肆　明　何偉然　四庫存目叢書
四溟集　明　謝榛　四庫全書
松籌堂集　明　楊循吉　四庫存目叢書
松窗夢語　明　張恭懿　續修四庫全書
嵩書　明　傅梅　續修四庫全書
嵩渚文集　明　李濂　四庫存目叢書
宋史紀事本末　明　馮琦編　陳邦瞻增輯　四庫全書
宋文歸　明　鍾惺輯評　四庫存目叢書
蘇山選集　明　陳柏　四庫存目叢書
素軒集　明　沐昂　續修四庫全書
素園石譜　明　林有麟輯　續修四庫全書
蓀堂集　明　吴文奎　四庫存目叢書
太白山人漫藁　明　孫一元　四庫全書
太函集　明　汪道昆　四庫存目叢書
太平清話　明　陳繼儒　四庫存目叢書
太乙詩集　明　張誎　四庫存目叢書補編
太子少保王忠銘先生文集天池草重編　明　王弘誨　四庫存目叢書
泰安州志　明　任弘烈編　中國方志叢書
檀雪齋集　明　胡敬辰　四庫存目叢書
檀園集　明　李流芳　四庫存目叢書
坦菴先生文集　明　梁本之　四庫存目叢書
唐詩鏡　明　陸時雍編　四庫全書
唐詩類苑　明　張之象編　四庫存目叢書
唐詩品彙　明　高棅編　四庫全書
唐詩品彙拾遺　明　高棅輯　四庫全書
唐文恪公文集　明　唐文獻　四庫存目叢書
逃虚子詩集　明　姚廣孝　續修四庫全書
陶菴全集　明　黄淳耀　四庫全書
陶學士集　明　陶安　四庫全書
題鄰溪園　明　孔天胤　四庫存目叢書
天台山方外志　明　釋無盡　四庫存目叢書
天台山全志　明　張聯元　續修四庫全書
天台詩選　明　杜寧　四庫存目叢書補編
天下名山記鈔　明　吴秋士輯　四庫存目叢書
天下名山諸勝一覽記　明　慎蒙　四庫存目叢書
天遠樓集　明　徐顯卿　四庫存目叢書
天中記　明　陳耀文　四庫全書
通雅　明　方以智　四庫全書
圖書編　明　章潢　四庫全書
推篷寤語　明　李豫亨　續修四庫全書
玩梅亭集稿　明　柴惟道　四庫存目叢書
晚香堂集　明　陳繼儒　四庫存目叢書
汪仁峰先生文集　明　汪循　四庫存目叢書
王常宗集續補遺　明　王彝　四庫全書
王端毅公文集　明　王恕　四庫存目叢書
王舍人詩集　明　王紱　四庫全書
王太初先生五嶽遊草　明　王士性　四庫存目叢書
王文成全書　明　王守仁　四庫全書
王文端公詩集　明　王家屏　四庫存目叢書
王襄敏公集　明　王以旂　四庫存目叢書
王忠文集　明　王褘　四庫全書
未軒文集　明　黄仲昭　四庫全書
渭崖文集　明　霍韜　四庫存目叢書
温恭毅集　明　温純　四庫全書
文谷集　明　孔天胤　四庫存目叢書
文簡集　明　孫承恩　四庫全書

文敏集　明　楊榮　四庫全書
文氏五家集　明　文彭　四庫全書
文太青先生文集　明　文翔鳳　四庫存目叢書
文憲集　明　宋濂　四庫全書
文毅集　明　解縉　四庫全書
文章辨體彙選　明　賀復徵編　四庫全書
文忠集　明　范景文　四庫全書
吴都文粹續集　明　錢穀　四庫全書
吴與備志　明　董斯張　四庫全書
吴竹頗先生文集　明　吴節　四庫存目叢書
梧岡集　明　唐文鳳　四庫全書
五峰遺稿　明　秦夔　續修四庫全書
五嶽山人集　明　黄省曾　四庫存目叢書
五雜組　明　謝肇淛　續修四庫全書
午塘先生集　明　閔如霖　四庫存目叢書
武功集　明　徐有貞　四庫全書
武林梵志　明　吴之鯨　四庫全書
物理小識　明　方以智　四庫全書
西村集　明　史鑑　四庫全書
西漢文紀　明　梅鼎祚　四庫全書
西樵遺稿　明　方獻夫　四庫存目叢書
西玄詩集　明　馬汝驥　四庫存目叢書
息園存稿詩　明　顧璘　四庫全書
息園存稿文　明　顧璘　四庫全書
谿田文集　明　馬理　四庫存目叢書
夏赤城先生文集　明　夏鍭　四庫存目叢書
夏桂洲先生文集　明　夏言　四庫存目叢書
峴山志　明　張睿卿　四庫存目叢書
香乘　明　周嘉胄　四庫全書
香雪林集　明　王思義輯　四庫存目叢書
香宇集　明　田藝蘅　續修四庫全書
香宇續集　明　田藝蘅　續修四庫全書
湘皋集　明　蔣冕　四庫存目叢書
襄毅文集　明　韓雍　四庫全書
瀟碧堂集　明　袁宏道　續修四庫全書
小草齋文集　明　謝肇淛　四庫存目叢書
小窗豔紀　明　吴從先輯　四庫存目叢書
小窗别紀　明　吴從先輯　四庫存目叢書
小窗自紀　明　吴從先輯　四庫存目叢書
小鳴稿　明　朱誠泳　四庫全書
小瀛洲十老社詩　明　錢孺穀　四庫存目叢書補編
小漁先生遺稿　明　唐汝輯　四庫存目叢書
歇菴集　明　陶望齡　續修四庫全書《御選宋金元明四朝詩》
謝耳伯先生初集　明　謝兆申　四庫存目叢書
謝耳伯先生全集　明　謝兆申　四庫存目叢書
心遠堂遺集　明　王永積　四庫存目叢書
新安文獻志　明　程敏政編　四庫全書
新鐫古今事物原始全書　明　徐炬　四庫存目叢書
新鐫海内奇觀　明　楊尔曾　續修四庫全書
新刻何氏類鎔　明　何三畏　四庫存目叢書
新刻譚友夏合集　明　譚元春　續修四庫全書
新刻楊端潔公文集　明　楊時喬　四庫存目叢書
新刻張太岳先生詩文集　明　張居正　續修四庫全書
杏東先生文集　明　郭維藩　四庫存目叢書
杏花　明　懷悦轉　四庫存目叢書補編
胥臺先生集　明　袁袠　四庫存目叢書
徐氏筆精　明　徐𤊹　四庫全書
徐氏海隅集文編　明　徐學謨　四庫存目叢書
徐文長文集　明　徐渭　續修四庫全書
徐文長逸稿　明　徐渭　四庫存目叢書

徐霞客遊記　明　徐弘祖　四庫全書
學孔精舍詩鈔　明　孫應鰲　四庫存目叢書
學圃雜疏　明　王世懋　四庫存目叢書
雪菴清史　明　樂純　四庫存目叢書
謔菴文飯小品　明　王思任　續修四庫全書
循滄集　明　姚希孟　四庫存目叢書
巽川祁先生集　明　祁順　四庫存目叢書
巽隱集　明　程本立　四庫全書
遜志齋集　明　方孝孺　四庫全書
雅宜山人集　明　王寵　四庫存目叢書
煙霞小説十三種　明　不著者　四庫存目叢書
岩棲幽事　明　陳繼儒　四庫存目叢書
弇州四部稿　明　王世貞　四庫全書
弇州續稿　明　王世貞　四庫全書
儼山集　明　陸深　四庫全書
儼山外集　明　陸深　四庫全書
燕居功課　明　安世鳳　四庫存目叢書
楊道行集　明　楊於庭　四庫存目叢書
楊文恪公文集　明　楊道賓　續修四庫全書
楊文弱先生集　明　楊嗣昌　續修四庫全書
楊文懿公文集　明　楊守陳　叢書集成續編
養餘月令　明　戴羲　四庫存目叢書
瑶石山人稿　明　黎民表　四庫全書
冶叙　明　阮大鋮　中國建築工業出版社一九八八年
野古集　明　龔詡　四庫全書
葉海峰文集　明　葉良佩　四庫存目叢書
一峰文集　明　羅倫　四庫全書
宜賓縣志　明　尹伸　中國方志叢書　臺北成文出版社
疑耀　明　張萱　四庫全書
頤庵文集　明　胡儼　四庫全書
頤庵文選　明　胡儼　四庫全書
抑菴文後集　明　王直　四庫全書
益部談資　明　何宇度　四庫全書
毅齋集　明　王洪　四庫全書
蟫精雋　明　徐伯齡　四庫全書
飲和堂集詩　明　姚夔　四庫存目叢書
隱秀軒集　明　鍾惺　上海古籍出版社
湧幢小品　明　朱國禎　續修四庫全書
遊名山記　明　都穆　叢書集成初編
栖真館集　明　屠隆　續修四庫全書
祐山雜説　明　馮汝弼　四庫存目叢書
余文敏公文集　明　余有丁　續修四庫全書
愚谷集　明　李舜臣　四庫全書
漁嬉稿　明　孔天胤　四庫存目叢書
玉塵新譚　明　鄭仲夔　續修四庫全書
玉峰詩纂　明　張和　四庫存目叢書補編
玉茗堂全集　明　湯顯祖　續修四庫全書
玉女潭題贈史吏部恭甫　明　殷邁　四庫全書
玉芝堂談薈　明　徐應秋　四庫全書
寓林集詩　明　黄汝亨　續修四庫全書
御定歷代題畫詩類　明　沈周　四庫全書
御定歷代賦彙　明　陳元龍編　四庫全書
御定歷代賦彙補遺　明　楊琚　四庫全書
御龍子集　明　范守己　四庫存目叢書
御定歷代賦彙　明　仲弘道　四庫全書
鬱儀樓集　明　鄒迪光　四庫存目叢書
元史　明　宋濂　中華書局一九七六年
袁中郎全集　明　袁宏道　續修四庫全書
園冶　明　計成　續修四庫全書
遠山堂詩集　明　祁彪佳　續修四庫全書

苑洛集　明　韓邦奇　四庫全書
越中園亭記　明　祁彪佳　續修四庫全書
粵西文載　明　顧璘　四庫全書
雲崗選稿　明　龔用卿　四庫存目叢書
雲過淡墨　明　木增　續修四庫全書
[景泰]雲南圖經志書　明　陳文　續修四庫全書
增定雅俗稽言　明　張存紳輯　四庫存目叢書
運甓漫稿　明　李昌祺　四庫全書
張東海先生詩集　明　張弼　四庫存目叢書
張伎陵集　明　張鳳翔　四庫存目叢書
張陽和先生不二齋文選　明　張元忭　四庫存目叢書
掌中宇宙　明　盧翰　續修四庫全書
趙氏鐵網珊瑚　明　趙琦美編　四庫全書
蟄菴日録　明　顧起元　四庫存目叢書
柘軒集　明　淩雲翰　四庫全書
震川集　明　歸有光　四庫全書
震澤集　明　王鏊　四庫全書
震澤縣志　明　陳和志修　倪師孟等纂　中國方志叢書
整菴存稿　明　羅欽順　四庫全書
鄭心材續輯　明　鄭履淳輯　四庫存目叢書
芝園定集　明　張時徹　四庫存目叢書
止啼齋集　明　釋如愚　四庫存目叢書
中丞集　明　練子寧　四庫全書
中谿家傳彙稿　明　李元陽　叢書集成續編
中谿文集　明　李元陽　叢書集成續編
忠靖集　明　夏原吉　四庫全書
忠肅集　明　盧象昇　四庫全書
鍾伯敬全集　明　鍾惺　續修四庫全書
仲蔚先生文集　明　俞允文　續修四庫全書
增補武林舊事　明　朱廷焕　四庫全書
周海門先生文録　明　周汝登　四庫存目叢書
朱楓林集　明　朱升　四庫存目叢書
朱文懿公文集　明　朱賡　四庫存目叢書
諸葛忠武書　明　楊時偉編　四庫全書
諸器圖説　明　王徵　四庫全書
竹澗集　明　潘希曾　四庫全書
竹巖集　明　柯潛　續修四庫全書
竹嶼山房雜部　明　宋詡　四庫全書
竹齋集　明　王冕　四庫全書
竹齋詩續集　明　王冕　叢書集成續編
祝子志怪録　明　祝允明　續修四庫全書
卓吾先生批評龍溪王先生語録鈔　明　王畿撰　明　李贄批　續修四庫全書
宗伯集　明　孫繼皋　四庫全書
宗子相集　明　宗臣　四庫全書
尊拙堂文集　明　丁元薦　四庫存目叢書
遵生八牋　明　高濂　四庫全書
遵巖集　明　王慎中　四庫全書
䜱䜲亭集　清　祁寯藻　續修四庫全書
唐堂集　清　黃之雋　四庫存目叢書
愛日堂詩集　清　陳元龍　四庫存目叢書
[同治]安福縣志　清　姚濬昌修　周立瀛纂　中國方志叢書　臺北成文出版社，下同
[道光]安陸縣志　清　王履謙修　李廷錫纂　中國方志叢書
[同治]安遠縣志　清　丁佩等修　黃瑞圖等纂　中國方志叢書
八指頭陀詩集　清　釋敬安　續修四庫全書
[同治]巴東縣志　清　廖恩樹修　中國方志叢書
白鶴山房詩鈔　清　葉紹本　續修四庫全書
白鹿書院志　清　毛德琦　續修四庫全書
白茅堂集　清　顧景星　四庫存目叢書
白雲詩集　清　盧存心　四庫存目叢書

百城煙水　清　徐崧　張大純輯　續修四庫全書
百尺梧桐閣集　清　汪懋麟　四庫存目叢書
百名家詩選　清　魏憲輯　續修四庫全書
[光緒]保安州續志　清　張毓生纂　尋鑾晉修　中國方志叢書
葆冲書屋外集　清　汪如洋　續修四庫全書
寶綸堂詩抄　清　齊召南　續修四庫全書
[道光]寶慶府志　清　黄宅中等修　鄧顯鶴等纂　中國方志叢書
[道光]寶山縣志　清　梁蒲貴修　宋延射等纂　中國方志叢書
寶香亭筆談　清　阮元　續修四庫全書
[道光]寶應縣圖經　清　劉寶楠　中國方志叢書
[光緒]北流縣志　清　徐作梅修　李士琨纂　中國方志叢書
抱珠軒詩存　清　薛雪　續修四庫全書
北墅抱翁録　清　高士奇　四庫存目叢書
北墅詩紀　清　高士奇　四庫存目叢書
本草綱目拾遺　清　趙學敏　續修四庫全書
薜箖吟館鈔存　清　柏葰　續修四庫全書
祓園集　清　梁清遠　四庫存目叢書補編
泊鷗山房集　清　陶元藻　續修四庫全書
蒼雪山房稿　清　朱綱　四庫存目叢書補編
曹州牡丹譜　清　余鵬年　續修四庫全書
艸亭先生集　清　周篆　續修四庫全書
茶花譜　清　樸静子　續修四庫全書
[同治]茶陵縣志　清　梁葆頤等修　譚鍾麟等纂　中國方志叢書
茶香室叢鈔　清　俞樾　續修四庫全書
柴村全集　清　邱志廣　續修四庫全書
産鶴亭詩　清　曹庭棟　四庫存目叢書
[乾隆]昌邑縣志　清　周來邰纂修　中國方志叢書
[嘉慶]長安縣志　清　張聰賢修　董曾臣等纂　中國方志叢書
[康熙]長沙府嶽麓志　清　趙寧纂修　四庫全書存目叢書
[嘉慶]長沙縣志　清　趙文在等修　易文基等纂　中國方志叢書
[光緒]長治縣志　清　陳澤霖監定　楊篤纂修　中國方志叢書
巢林筆談續編　清　龔煒　續修四庫全書
[光緒]潮陽縣志　清　周恒重修　張其翻纂　中國方志叢書
[光緒]潮州府志　清　周碩勛纂修　中國方志叢書
陳檢討四六　清　陳維崧　四庫全書
陳恪勤集　清　陳鵬年　四庫存目叢書
[乾隆]成縣新志　清　黄泳第纂　中國方志叢書
[光緒]承德府志　清　海忠修　林從炯等纂　中國方志叢書
[同治]城步縣志　清　盛鎰源等修　戴聯璧等纂　中國方志叢書
誠正齋文集　清　上官立　四庫存目叢書
澄遠堂三世詩　清　李繩遠編　四庫存目叢書
池北偶談　清　王士禎　四庫全書
尺岡草堂遺集　清　陳璞　續修四庫全書
耻躬堂文集　清　王命岳　四庫存目叢書
崇百藥齋文集　清　陸繼輅　續修四庫全書
崇川詩集　清　孫翔輯　四庫存目叢書補編
崇雅堂詩鈔　清　胡敬　續修四庫全書
寵壽堂詩集　清　張競光　四庫存目叢書
[民國]重印信陽州志　清　張鉞纂修　萬侯等編輯　中國方志叢書
樗園銷夏録　清　郭鹿　續修四庫全書
船山詩草　清　張問陶　續修四庫全書
傳經堂詩鈔　清　韋謙恒　續修四庫全書
春暉閣詩選　清　蔣湘南　續修四庫全書
春明夢餘録　清　孫承澤　四庫全書
春秋戰國異詞　清　陳厚燿　四庫全書
春泉聞見録　清　劉壽眉　續修四庫全書
春融堂集　清　王昶　續修四庫全書
春在堂詩編　清　俞樾　續修四庫全書
春在堂隨筆　清　俞樾　續修四庫全書
[光緒]淳安縣志　清　李詩等纂修　中國方志叢書

[光緒]慈谿縣志　清　馮可鏞修　楊泰亨纂　中國方志叢書
賜綺堂集　清　詹應甲　續修四庫全書
叢碧山房詩　清　龐塏　四庫全書存目補編
存悔齋集　清　劉鳳誥　四庫全書
大成通志　清　楊慶輯　四庫存目叢書
大清律例　清　紀昀編纂　四庫全書
大清一統志　清　和珅　四庫全書
[同治]大庾縣志　清　陳蔭昌等修　石景芬等纂　中國方志叢書
帶經堂集　清　王士禛　續修四庫全書
丹魁堂詩集　清　季芝昌　續修四庫全書
[光緒]丹徒縣志　清　何紹章等修　中國方志叢書
憺園文集　清　徐乾學　四庫存目叢書
澹友軒文集　清　薛所藴　四庫存目叢書
道古堂詩集　清　杭世駿　續修四庫全書
道貴堂遺稿　清　徐倬　四庫存目叢書
稻香吟館詩稿　清　李賡芸　續修四庫全書
[光緒]德安府志　清　賡音布等修　劉國光等纂　中國方志叢書
[光緒]德平縣志　清　凌錫祺　李敬熙總纂　中國方志叢書
[光緒]德慶州志　清　楊文駿修　朱新一纂　中國方志叢書
[乾隆]鄧州志　清　姚子琅纂　蔣光祖修　中國方志叢書
[乾隆]狄道州志　清　呼延華國纂修　中國方志叢書
棣華書屋近刻　清　朱緗　朱絳等　四庫存目叢書
滇南新語　清　張泓纂　圖書集成初編
[嘉慶]滇繫　清　師範纂　中國方志叢書
點蒼山人詩鈔　清　沙琛　四庫存目叢書
[道光]電白縣志　清　葉廷芳等修　邵詠等纂　中國方志叢書
定峰樂府　清　沙張白　四庫全書
訂訛類編　清　杭世駿　續修四庫全書
冬青館甲集　清　張鑑　續修四庫全書
冬青館乙集　清　張鑑　續修四庫全書

[道光]東阿縣志　清　李賢書裁定　吴怡纂　中國方志叢書
[光緒]東安縣志　清　黄心菊修　胡元士纂　中國方志叢書
東城雜記　清　厲鶚　四庫全書
東谷集　清　白胤謙　四庫存目叢書
[同治]東湖縣志　清　金大鏞修　王伯心纂　中國方志叢書
東還紀程　清　許纘曾　四庫存目叢書
東籬中正　清　許兆熊　續修四庫全書
[嘉慶]東流縣志　清　吴篪修　李兆洛等纂　續修四庫全書
東坡養生集　清　王如錫輯　四庫存目叢書
東山草堂詩集　清　邱嘉穗　四庫存目叢書
東山草堂文集　清　邱嘉穗　四庫存目叢書
東洲草堂詩抄　清　何紹基　續修四庫全書
董湖涉園　清　嚴正矩　中國方志叢書
棟亭詩鈔　清　曹寅　續修四庫全書
獨漉堂詩集　清　陳恭尹　四庫存目叢書
獨學廬稿　清　石韞玉　續修四庫全書
讀史方輿紀要　清　顧祖禹編　續修四庫全書
讀書堂綵衣全集　清　趙士麟　四庫存目叢書
賭棋山莊所著書　清　謝章鋌　續修四庫全書
杜詩詳注　清　仇兆鰲注　四庫全書
[道光]敦煌縣志　清　蘇履吉修　曾誠纂　中國方志叢書
鈍翁前後類稿　清　汪琬　四庫存目叢書
諤崖脞説　清　章楹　四庫存目叢書
恩福堂筆記　清　英和　續修四庫全書
爾爾書屋詩草　清　史夢蘭　續修四庫全書
二樓紀略　清　佟賦偉　續修四庫全書
二希堂文集　清　蔡世遠　四庫全書
二知軒文存　清　方濬頤　續修四庫全書
樊山續集　清　樊增祥　續修四庫全書
樊榭山房集　清　厲鶚　四庫全書

樊榭山房續集　清　厲鶚　四庫全書
[道光]繁昌縣志書　清　曹德贊纂　張星焕增纂　中國方志叢書
范忠貞集　清　范承謨　四庫全書
分甘餘話　清　王士禛　叢書集成續編
[乾隆]汾州府志　清　孫和相修　戴震纂　續修四庫全書
豐草菴詩集　清　董説　叢書集成續編
[同治]豐城縣志　清　王家杰修　周文鳳　李庚等纂　中國方志叢書
缶廬詩　清　吴昌碩　續修四庫全書
浮生六記　清　沈復　上海光華書局一九二九年
[光緒]福安縣志　清　張景祁等纂修　中國方志叢書
[乾隆]福建通志　清　郝玉麟監修　謝道承編纂　四庫全書
[乾隆]福州府志　清　徐景熹修　魯曾煜等纂　中國方志叢書
撫寧縣志　清　張上龢修　史夢蘭纂　續修四庫全書
復園文集　清　董閏京　四庫存目叢書
[光緒]甘泉縣志　清　洪汝奎等修　徐成敟等纂　中國方志叢書
[乾隆]甘肅通志　清　許容監修　李迪編纂　四庫全書
[乾隆]甘州府志　清　鍾庚起纂修　中國方志叢書
紺寒亭詩集　清　趙愈　四庫存目叢書
[同治]贛縣志　清　黄德溥等修　褚景昕等纂　中國方志叢書
缸荷譜　清　楊鍾寶　農學叢書　成書於嘉慶十三年(一八〇八)
[同治]高縣志　清　敖立榜　曾毓佐等纂修　中國方志叢書
[民國]藁城縣志　清　李正儒創修　賴於宣重輯　汪度續修　中國方志叢書
格致鏡原　清　陳元龍　四庫全書
更生集　清　洪亮吉　續修四庫全書
更生齋集　清　洪吉亮　續修四庫全書
耕心農話　清　奚誠　續修四庫全書
公餘集　清　劉秉恬　續修四庫全書
[光緒]恭城縣志　清　陶墫修　陸履中等纂　中國方志叢書
龔定盦全集　清　龔自珍　續修四庫全書
觚賸　清　鈕琇　續修四庫全書
觚勝續編　清　代鈕琇　續修四庫全書
古歡堂集　清　田雯　四庫全書
古今疏　清　朱虚　四庫存目叢書
古微堂詩集　清　魏源　續修四庫全書
古雪堂文集　清　王令　四庫存目叢書
古謡諺　清　杜文瀾　續修四庫全書
谷口山房詩集　清　李念慈　四庫存目叢書
[宣統]固原州志　清　王學伊等纂修　中國方志叢書
冠豸山堂文集　清　童能靈　四庫存目
關中勝蹟圖志　清　畢沅　四庫全書
觀樹堂詩集　清　朱樟　四庫存目叢書
[光緒]青浦縣志　清　陳其元等修　熊其英等纂　中國方志叢書
廣東詩粹　清　梁善長　四庫存目叢書
[道光]廣東通志　清　阮元修　陳昌齊等纂　續修四庫全書
廣東新語　清　屈大均　續修四庫全書
[乾隆]廣豐縣志　清　連柱　胡光祖等纂　中國方志叢書
[乾隆]廣靈縣志　清　郭磊纂修　中國方志叢書
[雍正]廣西通志　清　金鉷監修　錢元昌編纂　四庫全書
[光緒]廣州府志　清　戴肇辰等修　史澄等纂　中國方志叢書
圭美堂集　清　徐用錫　四庫存目叢書補編
歸樸龕叢稿　清　彭藴章　續修四庫全書
[乾隆]歸善縣志　清　章壽彭等修　陸飛纂　中國方志叢書
歸玄恭遺著　清　歸莊　續修四庫全書
[同治]桂東縣志　清　劉華邦　郭岐勳纂　中國方志叢書
桂留山房詩集　清　沈學淵　續修四庫全書
[同治]貴溪縣志　清　楊長杰等修　黄聯玨等纂　中國方志叢書
郭中州禹門集　清　郭振遐　四庫存目叢書
國朝常州駢體文録　清　屠寄輯　續修四庫全書
國朝詞綜　清　王昶　續修四庫全書
國朝宫史　清　乾隆　四庫全書

國朝閨閣詩鈔　清　蔡殿齊　續修四庫全書
國朝畿輔詩傳　清　陶樑輯　續修四庫全書
國朝文匯　清　沈粹芬　黃人等輯　續修四庫全書
果堂集　清　沈彤　四庫全書
過夏續録　清　周廣業　續修四庫全書
[光緒]海城縣志　清　楊金庚修　陳廷玲纂　中國方志叢書
[乾隆]海澄縣志　清　陳鍈等修　鄧廷祚等纂　中國方志叢書
海峰文集　清　劉大櫆　續修四庫全書
海塘録　清　翟均廉　四庫全書
[光緒]海鹽縣志　清　王彬修　徐用儀纂　中國方志叢書
含經堂集　清　徐元文　續修四庫全書
[乾隆]韓城縣志　清　傅應奎修　錢坫等纂　續修四庫全書
[嘉慶]漢州志　清　劉長庚等修　侯肇元等纂　中國方志叢書
[雍正]河南通志　清　田文鏡　王士俊監修　孫灝　顧棟高編纂　四庫全書
河内縣志　清　袁通纂修　方履籛編輯　中國方志叢書
鶴泉文鈔續選　清　戚學標　續修四庫全書
鶴嶺山人詩集　清　王澤弘　四庫存目叢書補編
鶴静堂集　清　周茂源　四庫存目叢書
橫雲山人集　清　王鴻緒　續修四庫全書
紅樓夢　清　曹雪芹　續修四庫全書
鴻逸堂稿　清　王艮　四庫存目叢書
壺天録　清　百一居士　續修四庫全書
壺園詩外集　清　徐寶善　續修四庫全書
[康熙]湖廣通志　清　四庫全書
湖海詩傳　清　王昶輯　續修四庫全書
[光緒]湖南通志　清　卞寶第　李翰章等修　續修四庫全書
[光緒]湖山便覽　清　翟灝等輯　王維瀚重訂　中國方志叢書
湖雅　清　汪日楨　光緒庚辰刻本
花木鳥獸集類　清　吳寶芝　四庫全書
花木小志　清　謝堃　續修四庫全書
花宜館詩鈔　清　吳振棫　續修四庫全書
[光緒]華容縣志　清　孫炳煜等修　張釗纂　中國方志叢書
[光緒]重修華亭縣志　清　楊開第修　姚光發等纂　中國方志叢書
[光緒]化州志　清　彭詒孫修　彭步瀛纂　中國方志叢書
[乾隆]淮安府志　清　衛哲治等修　葉長揚　顧棟高等纂　續修四庫全書
懷舫詩集　清　魏荔彤　四庫存目叢書補編
懷古田舍詩節鈔　清　徐榮　續修四庫全書
懷清堂集　清　湯右曾　四庫全書
[民國]河北省懷柔縣新志　清　吳景果等修　中國方志叢書
浣月山房詩集　清　龍啓瑞　續修四庫全書
皇清文穎　清　陳廷敬　張廷玉　四庫全書
[同治]黃陂縣志　清　劉昌緒修　徐瀛纂　中國方志叢書
黃山志定本　清　閔麟嗣　四庫存目叢書
[光緒]黃巖縣志　清　陳鍾英等修　王咏霓纂　中國方志叢書
[光緒]黃州府志　清　英啟修　鄧琛纂　中國方志叢書
黃山領要録　清　汪洪度　圖書集成初編
黃山志定本　清　閔麟嗣　續修四庫全書
[道光]晃州廳志　清　張映蛟等修　俞克振等纂　中國方志叢書
[光緒]惠州府志　清　劉溎平修　鄧掄斌等纂　中國方志叢書
[同治]會理州志　清　楊昶等修　王繼會等纂　中國方志叢書
[光緒]會同縣志　清　孫炳煜纂修　中國方志叢書
[乾隆]獲嘉縣志　清　吳喬齡　李棟纂修　中國方志叢書
[雍正]畿輔通志　清　唐執玉　李衛監修　田易編纂　四庫全書
[光緒]畿輔通志　清　李鴻章等修　黃彭年等纂　續修四庫全書
雞足山志　清　范承勳　四庫存目叢書
[同治]即墨縣志　清　林溥修　周翕鐄　黃念昀纂　中國方志叢書
寄庵詩文鈔　清　劉大紳　續修四庫全書
寄園寄所寄　清　趙吉士　四庫存目叢書
迦陵詞全集　清　陳維崧　續修四庫全書
兼濟堂文集　清　魏裔介　四庫全書

箋卉　清　吴崧　四庫存目叢書
儉重堂詩　清　紀邁宜　四庫未收書輯刊
見山樓詩集　清　楊素藴　四庫存目叢書
見聞續筆　清　齊學裘　續修四庫全書
[道光]建德縣志　清　周興嶧等修　嚴可均等纂　中國方志叢書
健松齋集　清　方象瑛　四庫存目叢書
閒情偶寄　清　李漁　續修四庫全書
江城名蹟　清　陳宏緒　四庫全書
[乾隆]江都縣志　清　高士鑰修　五格等纂　中國方志叢書
[乾隆]江南通志　清　趙弘恩等監修　黄之雋等編纂　四庫全書
[光緒]江西通志　清　曾國藩　劉坤一等修　劉繹　趙之謙等纂　續修四庫全書
[雍正]江西通志　清　謝旻監修　陶成編纂　四庫全書
[道光]江陰縣志　清　陳延恩等修　李兆洛等纂　中國方志叢書
薑齋文集　清　王夫之　續修四庫全書
[道光]膠州志　清　張同聲修　李圖等纂　中國方志叢書
蕉林詩集　清　梁清標　四庫存目叢書
解春集詩鈔　清　馮景　叢書集成初編
[嘉慶]介休縣志　清　徐品山修　陸元鏸纂　中國方志叢書
今白華堂詩録　清　童槐　續修四庫全書
今有堂詩集　清　程夢星　四庫存目叢書補編
金鰲退食筆記　清　高士奇　四庫全書
金壺七墨　清　黄鈞宰　續修四庫全書
金華文略　清　王崇炳編　四庫存目叢書
金粟山房詩鈔　清　朱寯瀛　續修四庫全書
[光緒]金陵瑣志　清　陳作霖等編　中國方志叢書
金文通公集　清　金之俊　續修四庫全書
[乾隆]晋江縣志　清　方鼎等修　朱升元等纂　中國方志叢書
[光緒]縉雲縣志　清　何乃容等修　潘樹棠等纂　中國方志叢書
[道光]京口山水志　清　楊棨　中國方志叢書
[光緒]荆州府志　清　倪文蔚等修　顧嘉衡等纂　中國方志叢書
[乾隆]涇州志　清　張延福纂修　中國方志叢書
精華録　清　王士禛　四庫全書
[雍正]井陘縣志　清　鍾文英纂修　中國方志叢書
敬業堂詩集　清　查慎行　四庫全書
敬一堂詩抄　清　顧八代　續修四庫全書
[乾隆]静寧州志　清　王烜纂修　中國方志叢書
静厓詩初稿　清　汪學金　續修四庫全書
静厓詩後稾　清　汪學金　續修四庫全書
静娱亭筆記　清　張培仁　續修四庫全書
居易録　清　王士禛　四庫全書
菊譜　清　葉天培　續修四庫全書
橘中人語　清　賴藴山　續修四庫全書
瞿山詩略　清　梅清　四庫存目叢書
卷施閣集　清　洪亮吉　續修四庫全書
倦圃蒔植記　清　曹溶　續修四庫全書
[嘉慶]濬縣志　清　武穆淳修　熊象階纂　中國方志叢書
堪齋詩存　清　顧大申　四庫存目叢書
可園詩存　清　陳作霖　續修四庫全書
可園文存　清　陳作霖　續修四庫全書
課民植牧講義稾　清　陳憲舜　續修四庫全書
[嘉慶]崆峒山志　清　張伯魁纂修　中國方志叢書
[乾隆]口北三廳志　清　金志節原本　黄可潤增修　中國方志叢書
匡山文集　清　王沛恂　四庫存目叢書
[光緒]藍田縣志　清　吕懋勛等修　袁廷俊等纂　中國方志叢書
[光緒]蘭谿縣志　清　秦簧修　唐壬森纂　中國地方志集成
嬾齋別集　清　僧通門　四庫存目叢書
浪跡續談　清　梁章鉅　續修四庫全書
[同治]樂安縣志　清　朱奎章修　胡芳杏纂　中國方志叢書
[同治]樂昌縣志　清　徐寶符等修　李禨等纂　中國方志叢書

樂志堂文集　清　譚瑩　續修四庫全書
蠡勺編　清　凌揚藻　續修四庫全書
荔村草堂詩鈔　清　譚宗浚　續修四庫全書
[嘉慶]溧陽縣志　清　李景嶧修　史炳等纂　中國方志叢書
歷代詩話　清　吴景旭　四庫全書
[乾隆]歷城縣志　清　胡德琳修　李文藻等纂　續修四庫全書
歷代宅京記　清　顧炎武　中華書局一九八四年
[乾隆]歷陽典録　清　陳廷桂纂輯　中國方志叢書
漣漪堂遺稿　清　沈峻曾　四庫存目叢書補編
[乾隆]蓮花廳志　清　李其昌纂修　中國方志叢書
蓮洋詩鈔　清　吴雯　四庫全書
濂亭文集　清　張裕釗　續修四庫全書
楝亭詩別集　清　曹寅　續修四庫全書
[道光]兩當縣志　清　德俊等纂修　中國方志叢書
兩浙輶軒録　清　胡濤　續修四庫全書
兩浙輶軒録補遺　清　阮元輯　續修四庫全書
聊園詩略續集　清　孔貞瑄　四庫存目叢書
林蕙堂全集　清　吴綺　四庫全書
林屋文稿　清　宋征輿　四庫存目叢書
[同治]臨川縣志　清　童范儼等修　陳慶齡等纂　中國方志叢書
[嘉慶]臨桂縣志　清　蔡呈韶等修　胡虔等纂　中國方志叢書
[乾隆]臨潼縣志　清　史傳遠修　中國方志叢書
[光緒]零陵縣志　清　嵇有慶修　劉沛纂　中國方志叢書
靈巖山人詩集　清　畢沅　續修四庫全書
嶺南風物記　清　吴綺　四庫全書
嶺南群雅　清　劉彬華輯　續修四庫全書
劉繼莊先生廣陽雜記　清　劉獻廷　續修四庫全書
劉文清公遺集　清　劉墉　續修四庫全書
柳南隨筆　清　王應奎　續修四庫全書
柳亭詩話　清　宋長白　續修四庫全書
[乾隆]柳州縣志　清　舒啓修　吴光昇纂　中國方志叢書
六瑩堂集　清　梁佩蘭　四庫存目叢書
龍壁山房詩草　清　王拯　續修四庫全書
龍壁山房文集　清　王拯　續修四庫全書
[同治]龍山縣志　清　符爲霖修　劉沛纂　中國方志叢書
[道光]龍巖州志　清　彭衍堂修　陳文衡纂　中國方志叢書
陸舫詩草　清　丁耀亢　四庫存目叢書
陸密菴文集　清　陸求可　四庫存目叢書
[光緒]鹿邑縣志　清　于滄瀾主纂　蔣師轍纂修　中國方志叢書
鹿洲初集　清　藍鼎元　四庫全書
履園叢話　清　錢泳　中華書局
緑漪草堂詩集　清　羅汝懷　續修四庫全書
[同治]欒城縣志　清　陳詠修　張淳德纂　中國方志叢書
羅浮待鶴山人詩草　清　鄭官應　續修四庫全書
[嘉慶]羅江縣志　清　李桂林纂　鄧林等修　中國方志叢書
洛如詩抄　清　朱彝尊輯　四庫存目叢書補編
莽蒼蒼齋詩　清　譚嗣同　續修四庫全書
毛詩稽古編　清　陳啓源　四庫全書
眉三子半農齋集　清　蔣中和　四庫存目叢書
梅村集　清　吴偉業　四庫全書
梅里志　清　楊謙纂　李富孫補輯　續修四庫全書
夢幻居畫學簡明　清　鄭績　續修四庫全書
夢厂雜著　清　俞蛟　續修四庫全書
夢樓詩集　清　王文治　續修四庫全書
秘傳花鏡　清　陳淏子　續修四庫全書
勉行堂詩集　清　程晉芳　續修四庫全書
妙香齋詩集　清　趙德懋　續修四庫全書
名花譜　清　軼名　四庫存目叢書
名家詩鈔　清　聶先輯　四庫存目叢書補編
明善堂詩集　清　弘曉　續修四庫全書

明詩綜　清　朱彝尊編　四庫全書
明史　清　張廷玉　四庫全書
明史紀事本末　清　谷應泰編　四庫全書
明文海　清　黄宗羲編　四庫全書
明文授讀　清　黄宗羲編　四庫存目叢書
茗柯詞　清　張惠言　續修四庫全書
茗柯文編　清　張惠言　續修四庫全書
[嘉慶]莫愁湖志　清　馬士圖著　中國方志叢書
[康熙]明州岳林寺志　清　戴明琮纂輯　中國方志叢書
牧齋初學集　清　錢謙益　續修四庫全書
[同治]南昌府志　清　許應鎔等修　曾作舟等纂　中國方志叢書
南村隨筆　清　陸庭燦　續修四庫全書
[同治]南海縣志　清　鄭夢玉等修　中國方志叢書
南滙縣志　清　金福曾等修　張文虎等纂　中國方志叢書
南江詩鈔　清　邵晉涵　續修四庫全書
南康府志　清　盛元等纂修　中國方志叢書
南樂縣志　清　施有方修　武勳朝纂　中國方志叢書
南雷文定後集　清　黄宗羲　四庫存目叢書
南屏山人集　清　任端書　續修四庫全書
南沙文集　清　洪若皋　四庫存目叢書
南山集　清　戴名世　續修四庫全書
南宋古蹟考　清　朱彭　叢書集成初編
南潯鎮志　清　汪曰楨纂　續修四庫全書
南陽縣志　清　潘守廉修　中國方志叢書
南州草堂集　清　徐釚　續修四庫全書
寧海縣志　清　王瑞成修　張等纂　中國方志叢書
寧化縣志　清　李世熊　中國方志叢書
寧夏府志　清　張金城修　楊浣雨輯　中國方志叢書
[嘉慶]寧遠縣志　清　曾鈺纂修　中國方志叢書
甌北集　清　趙翼　續修四庫全書
偶齋詩草　清　寶廷　續修四庫全書
潘中丞文集　清　潘宗洛　四庫存目叢書
培蔭軒詩集　清　胡季堂　續修四庫全書
[光緒]彭縣志　清　張龍甲等修　龔世瑩等纂　中國方志叢書
蓬山密記　清　高士奇　叢書集成續編
[光緒]平樂縣志　清　全文炳修　伍嘉猷等纂　中國方志叢書
[民國]平陸縣志　清　言如泗總修　韓夔典纂修　中國方志叢書
[乾隆]平山堂圖志　清　趙之壁編纂　中國方志叢書
[乾隆]平原縣志　清　黄懷祖纂修　中國方志叢書
濮川詩鈔　清　沈堯咨　陳光裕輯　四庫存目叢書
[光緒]浦城縣志　清　翁天祜修　翁昭泰纂　中國方志叢書
曝書亭集　清　朱彝尊　四庫全書
七録齋詩鈔　清　阮葵生　續修四庫全書
七十二峰足徵集　清　吴定璋輯　四庫存目叢書補編
七頌堂文集　清　劉體仁　四庫存目叢書補編
栖雲閣文集　清　高珩　四庫存目叢書
[同治]祁門縣志　清　周溶修　汪韻珊纂　中國方志叢書
屺思堂詩集　清　劉子壯　四庫存目叢書
錢文敏公全集　清　錢維城　續修四庫全書
潛江縣志　清　劉煥原修　史致謨續纂　中國方志叢書
且園近集　清　王岱　四庫存目叢書
大清一統志　清　和珅等　四庫全書
滿洲源流考　清　阿桂　于敏中　四庫全書
南巡盛典　清　高晉等初編　薩載等續編　阿桂等合編　四庫全書
盤山志　清　蔣溥等　四庫全書
熱河志　清　和珅　梁國治等　四庫全書
日下舊聞考　清　于敏中　英廉等編　四庫全書
盛京通志　清　阿桂　劉謹之　四庫全書
續通志　清　嵇璜　曹仁虎　四庫全書
青郊詩存　清　梁焕奎　續修四庫全書

[光緒]江蘇省青浦縣志　清　陳其元等修　熊其英等纂　中國方志叢書
青巖集　清　許楚　四庫未收書輯刊
青芝山館集　清　樂鈞　續修四庫全書
清芬堂存稿　清　胡會恩　四庫存目叢書
[光緒]綏遠省清水河廳志　清　阿克達春　文秀等纂修　中國方志叢書
[乾隆]清水縣志　清　朱超纂修　中國方志叢書
邛竹杖　清　施男　續修四庫全書
[咸豐]瓊山縣志　清　李文恒修　鄭文彩纂　中國方志叢書
[民國]山東省邱縣志　清　黄景會修　靳淵然等纂　中國方志叢書
秋燈叢話　清　王椷　續修四庫全書
秋笳集　清　吴兆騫　續修四庫全書
秋江集　清　黄任　四庫存目叢書
秋夢盦詞鈔　清　葉衍蘭　續修四庫全書
秋水閣詩集　清　許兆椿　續修四庫全書
求是堂詩集　清　胡承珙　續修四庫全書
裘文達公詩集　清　裘日修　續修四庫全書
蘧廬詞　清　韓純玉　四庫存目叢書
[康熙]浙江省衢州府志　清　楊廷望纂修　中國方志叢書
全唐詩　清　曹寅　彭定求等編　四庫全書
[乾隆]任邱縣志　清　劉統修　劉炳纂　中國方志叢書
[光緒]日照縣志　清　陳懋修　張庭詩纂　中國方志叢書
[光緒]容縣志　清　易紹德修　封祝唐纂　中國方志叢書
榕村集　清　李光地　四庫全書
榮性堂集　清　吴俊　續修四庫全書
入海記　清　查慎行　續修四庫全書
[嘉慶]如皋縣志　清　楊受廷等修　馬汝舟等纂　中國方志叢書
儒宗理要　清　張能鱗　續修四庫全書
瑞竹亭合藁　清　王愈擴　四庫存目叢書補編
若菴集　清　程庭　四庫存目叢書補編
弱水集　清　屈復　續修四庫全書

三農紀　清　張宗法　續修四庫全書
三十六灣草廬稿　清　黄本騏　續修四庫全書
[嘉慶]三水縣志　清　李友榕等修　鄧雲龍等纂　中國方志叢書
三松堂集　清　潘奕雋　續修四庫全書
三魚堂文集　清　陸隴其　侯銓編　四庫全書
山帶閣注楚辭　清　蔣驥　四庫全書
山東通志　清　岳濬監修　杜詔編纂　四庫全書
山海經廣注　清　吴任臣　四庫全書
山西通志　清　覺羅石麟監修　儲大文編纂　四庫全書
山曉閣詩存　清　孫琮　四庫存目叢書
山左明詩鈔　清　宋弼　四庫存目叢書
賞雨茅屋詩集　清　曾燠　續修四庫全書
[同治]上海縣志　清　寶應時修　俞樾纂　中國方志叢書
[道光]上元縣志　清　陳栻等纂　中國方志叢書
尚絅堂集　清　劉嗣綰　續修四庫全書
[同治]廣東省韶州府志　清　林述訓等修　單興詩　歐樾華等纂　中國方志叢書
[光緒]邵武府志　清　王琛等修　張景祁等纂　中國方志叢書
[光緒]邵陽縣志　清　黄文琛纂修　中國方志叢書
邵子湘全集　清　邵長蘅　四庫存目叢書
深秀亭詩集　清　潘鍾麟　四庫存目叢書
[咸豐]深澤縣志　清　王肇晉修　中國方志叢書
神農本草經百種録　清　徐大椿　四庫全書
勝飲編　清　郎廷極　四庫存目叢書
聖祖仁皇帝御製文集　清　康熙　四庫全書
師伏堂駢文二種　清　皮錫瑞　續修四庫全書
師伏堂詩草　清　皮錫瑞　續修四庫全書
獅子林記勝續集　清　葉紹本　四庫存目叢書
詩傳名物集覽　清　陳大章　四庫全書

詩觀集　清　鄧漢儀輯　四庫存目叢書補編
詩識名解　清　姚炳　四庫全書
十國春秋　清　吴任臣　四庫全書
石蓮闇詩　清　吴重熹　續修四庫全書
[同治]石門縣志　清　林葆元修　申正颺纂　中國方志叢書
石渠寶笈　清　張照　梁詩正等　四庫全書
石遺室文集　清　陳衍　續修四庫全書
石雲山人詩集　清　吴榮光　續修四庫全書
[乾隆]石屏州志　清　管學宣纂修　中國方志叢書
拾籜餘閒　清　孔毓埏　四庫全書
世德堂集　清　王鉞　四庫存目叢書
世恩堂詩集　清　王項齡　四庫存目叢書補編
世宗憲皇帝御製文集　清　四庫全書
式古堂書畫彙考　清　卞永譽　四庫全書
是程堂集　清　屠倬　續修四庫全書
守意龕詩集　清　百齡　續修四庫全書
書隱叢説　清　袁棟　四庫存目叢書
述本堂詩集　清　方登嶧　四庫存目叢書
霜紅龕集　清　傅山　續修四庫全書
雙橋隨筆　清　周召　四庫全書
雙硯齋詩抄　清　鄧廷楨　續修四庫全書
水田居文集　清　賀貽孫　四庫存目叢書
[道光]順昌縣志　清　賈懋功修　中國方志叢書
[光緒]順天府志　清　周家楣　沈秉成　薛福辰修　張之洞　繆荃孫纂　續修四庫全書
思辨録輯要　清　陸世儀　張伯行編　四庫全書
四川通志　清　黄廷桂監修　張晉生編纂　四庫全書
四庫全書總目　清　永瑢等　四庫全書
四書逸箋　清　程大中　四庫全書
四思堂文集　清　傅維鱗　四庫存目叢書
四焉齋文集　清　曹一士　四庫存目叢書
四言史徵　清　葛震　四庫存目叢書
笥河詩集　清　朱筠　續修四庫全書
笥河文集　清　朱筠　續修四庫全書
松風閣詩鈔　清　彭蘊章　續修四庫全書
松桂堂全集　清　彭孫遹　四庫全書
松鶴山房詩集　清　陳夢雷　續修四庫全書
[嘉慶]松江府志　清　宋如林等修　孫星衍等纂　中國方志叢書
松龕先生詩集　清　徐繼畬　續修四庫全書
松泉集　清　汪由敦　四庫全書
松壽堂詩鈔　清　陳夔龍　續修四庫全書
松亭行紀　清　高士奇　四庫全書
松心詩録　清　張維屏　續修四庫全書
宋詩鈔　清　吴之振編　四庫全書
[同治]蘇州府志　清　李銘皖等修　馮桂芬等纂　中國方志叢書
涑水編　清　翟鳳翥　四庫存目叢書
粟香隨筆　清　金武祥　續修四庫全書
粟香二筆　清　金武祥　續修四庫全書
遂初草廬詩集　清　杜堮　續修四庫全書
遂初堂集　清　潘耒　四庫存目叢書
遂初堂詩集　清　潘耒　四庫存目叢書
邃懷堂全集　清　袁翼　續修四庫全書
邃懷堂詩集　清　袁翼　續修四庫全書
臺海使槎録　清　黄叔璥　四庫全書
太乙舟文集　清　陳用光　續修四庫全書
[道光]山西省太原縣志　清　員佩蘭總裁　楊國泰纂修　中國方志叢書
泰雲堂集　清　孫爾準　續修四庫全書
[乾隆]郯城縣志　清　王植　張金城等纂修　中國方志叢書
湯子遺書　清　湯斌　四庫全書
[乾隆]唐縣志　清　吴泰來　黄文蓮纂修　中國方志叢書

倘湖樵書　清　來集之　續修四庫全書
弢甫詩集　清　桑調元　四庫存目叢書
桃源縣志　清　余良棟修　劉鳳苞纂　中國方志叢書
陶文毅公全集　清　陶澍　續修四庫全書
藤陰雜記　清　戴璐　續修四庫全書
[光緒]騰越廳志　清　陳宗海修　趙端禮纂　中國方志叢書
[光緒]騰越州志　清　屠述濂纂修　中國方志叢書
天史　清　丁耀亢　續修四庫全書
天外談初集　清　石龐　四庫存目叢書
天香閣詩集　清　唐之鳳　四庫存目叢書
天延閣後集　清　梅清　四庫存目叢書
天慵庵筆記　清　方士庶　叢書集成初編
天真閣集　清　孫原湘　續修四庫全書
田間詩集　清　錢澄之　續修四庫全書
眺秋樓詩　清　高岑　四庫存目叢書
[乾隆]汀州府志　清　曾日瑛等修　李紱等纂　中國方志叢書
聽園西疆雜述詩　清　蕭雄　圖書集成初編
[光緒]通渭縣新志　清　高蔚霞修　苟廷誠纂　中國方志叢書
通志堂集　清　納蘭性德　四庫存目叢書
同人集　清　冒襄輯　四庫存目叢書
桐村集　清　馮詠　四庫存目叢書
[光緒]桐鄉縣志　清　嚴辰等纂修　中國方志叢書
童山文集　清　李調元　續修四庫全書
銅梁山人詩集　清　王汝璧　續修四庫全書
退庵詩存　清　梁章鉅　續修四庫全書
退庵文集　清　李敬　四庫存目叢書
退補齋文存　清　胡鳳丹　續修四庫全書
蘀石齋詩集　清　錢載　續修四庫全書
瓦缶集　清　李宗渭　四庫存目叢書
宛鄰集　清　張琦　續修四庫全書
晚晴簃時匯　清　徐世昌　續修四庫全書
萬善花室文藁　清　方履籛　續修四庫全書
萬壽盛典初集　清　王掞監修　王原祁　王奕清等　四庫全書
汪子詩録　清　汪縉　續修四庫全書
王石和文集　清　王珻　四庫存目叢書
王右丞集箋注　清　王維撰　趙殿成箋注　四庫全書
望溪集　清　方苞　四庫全書
畏壘山人詩集　清　徐昂發　四庫存目叢書補編
文道希先生遺詩　清　文廷式　續修四庫全書
[光緒]文登縣志　清　李祖年修　于霖逢纂　中國方志叢書
文端集　清　張英　四庫全書
[康熙]文水縣志　清　傅星裁定　鄭立功等編纂　中國方志叢書
翁山詩外　清　屈大均　續修四庫全書
[乾隆]山西省聞喜縣志　清　李遵唐纂修　中國方志叢書
[乾隆]烏程縣志　清　羅愫　杭世駿纂修　中國方志叢書
[光緒]吳橋縣志　清　倪昌燮等修　施崇禮等纂　中國方志叢書
吳文節公遺集　清　吳文鎔　續修四庫全書
[光緒]無錫金匱縣志　清　裴大中等修　秦緗業等纂　中國方志叢書
[同治]梧州府志　清　吳九齡修　史鳴臯等纂　中國方志叢書
無悔齋集　清　周京　四庫存目叢書
五公山人集　清　王餘祐　四庫存目叢書
[光緒]五河縣志　清　賴同宴修　俞宗誠纂　中國方志叢書
五禮通考　清　秦蕙田　四庫全書
五石瓠　清　劉鑾　叢書集成續編
五研齋詩鈔　清　沈赤然　續修四庫全書
午風堂集　清　鄒炳泰　續修四庫全書
午亭文編　清　陳廷敬　四庫全書
[康熙]武定府志　清　王清賢修　陳淳纂修　續修四庫全書
[道光]浙江省武康縣志　清　疏筤等纂修　中國方志叢書
武夷山志　清　董天工　續修四庫全書

瀟湘聽雨録　清　江昱　續修四庫全書
瀟湘怨詞　清　王夫之　續修四庫全書
小倉山房文集　清　袁枚　續修四庫全書
小倉山房續文集　清　袁枚　續修四庫全書
小謨觴館續集　清　彭兆蓀　續修四庫全書
小山畫譜　清　鄒一桂　四庫全書
小山詩文全稿　清　王時翔　四庫存目叢書
小山詩餘　清　王時翔　續修四庫全書
小石渠閣文集　清　林昌彝　續修四庫全書
小峴山人詩文集　清　秦瀛　續修四庫全書
小重山房詩詞全集　清　張祥河　續修四庫全書
[光緒]湖北省孝感縣志　清　朱希白等修　沈用增纂　中國方志叢書
校禮堂詩集　清　凌廷堪　續修四庫全書
笑門詩集　清　戚玾　四庫存目叢書
嘯亭雜録　清　昭槤　續修四庫全書
欣然堂集　清　陶孚尹　四庫存目叢書補編
[乾隆]新蔡縣志　清　莫璽章修　王增纂　中國方志叢書
[同治]新化縣志　清　關培鈞等修　劉洪澤等纂　中國方志叢書
[咸豐]新疆孚化志略　清　欽憲保達彙編　中國方志叢書
[光緒]新寧州志　清　戴焕南修　張粲奎纂　中國方志叢書
[光緒]新疆新平縣鄉土志　清　周芳煦纂　中國方志叢書
[嘉慶]重刊江寧府志　清　吕燕昭修　姚鼐纂　中國方志叢書
[乾隆]新野縣志　清　徐金位纂修　中國方志叢書
[道光]新喻縣志　清　黄之晉纂修　中國方志叢書
信陽子卓録　清　張鵬翮　續修四庫全書
[光緒]興寧縣志　清　郭樹馨　劉錫九修　黄榜元纂　中國方志叢書
醒世一斑録　清　鄭光祖　續修四庫全書
杏村詩集　清　謝重輝　四庫存目叢書
杏花邨志　清　郎遂　四庫存目叢書
性影集　清　王時憲　四庫存目叢書

[乾隆]陝西省西安府志　清　舒其紳等修　嚴長明等纂　中國方志叢書
西陂類稿　清　宋犖　四庫全書
西河集　清　毛奇齡　四庫全書
西湖夢尋　清　張岱　續修四庫全書
西湖遊覽志　清　田汝成　四庫全書
[雍正]浙江省西湖志　清　李衛等修　傅王露等纂　中國方志叢書
西湖志纂　清　梁詩正　沈德潛等　四庫全書
西臺漫紀　清　趙翼　續修四庫全書
西堂詩集　清　尤侗　續修四庫全書
熙朝新語　清　余金　續修四庫全書
[乾隆]歙縣志　清　張佩芳修　劉大櫆纂　中國方志叢書
錫金識小録　清　黄印輯　中國方志叢書
習苦齋詩集　清　戴熙　續修四庫全書
曬書堂集　清　郝懿行　續修四庫全書
隙光亭雜識　清　納蘭揆敘　續修四庫全書
陝西通志　清　劉于義監修　沈青崖編纂　四庫全書
[嘉慶]浙江省峽川續志　清　王德浩修　曹宗載編　中國方志叢書
[同治]江西省峽江縣志　清　暴大儒等修　廖其觀等纂　中國方志叢書
[道光]厦門志　清　周凱修　凌翰等纂　中國方志叢書
仙屏書屋初集　清　皇爵滋　續修四庫全書
[嘉慶]陝西省咸寧縣志　清　高廷法修　陸耀通纂　中國方志叢書
閑情偶寄　清　李漁　續修四庫全書
香蘇山館詩集　清　吴嵩梁　續修四庫全書
香祖筆記　清　王士禎　四庫全書
鄉園憶舊録　清　王培荀　續修四庫全書
湘綺樓全集　清　王闓運　續修四庫全書
[光緒]襄陽府志　清　恩聯修　王萬芳纂　中國方志叢書
[宣統]項城縣志　清　施景舜等纂修　中國方志叢書
逍遥遊　清　丁耀亢　四庫存目叢書
蕭亭詩選　清　張實居　四庫存目叢書

雄雉齋選集　清　顧圖河　四庫存目叢書
修吉堂遺稿　清　徐元正　四庫存目叢書
修潔齋閑筆　清　劉堅　續修四庫全書
[光緒]安徽省盱眙縣志稿　清　王錫元等纂　中國方志叢書
徐園秋花譜序　清　吴儀一　昭代叢書　吴江沈氏世楷堂
[同治]徐州府志　清　朱忻等修　劉庠等纂　中國方志叢書
續黔書　清　張澍　續修四庫全書
續新齊諧　清　袁枚　續修四庫全書
續修雲林寺志　清　厲鶚　四庫全書
[光緒]續纂江寧府志　清　汪士鐸等纂　蔣啓勛等修　中國方志叢書
[同治]續纂揚州府志　清　英傑修　晏修書等纂　中國方志叢書
選石記　清　成性　叢書集成初編
薛箖吟館鈔存　清　柏葰　續修四庫全書
學文堂集　清　陳玉璂　四庫存目叢書
學餘堂集　清　陳玉璂　四庫存目叢書補編
學餘堂詩集　清　施閏章　四庫全書
學餘堂文集　清　施閏章　四庫全書
學源堂文集　清　郭棻　四庫存目叢書
雪門詩草　清　許瑶光　續修四庫全書
尋壑外言　清　李繩遠　四庫存目叢書
遜學齋詩鈔　清　孫衣言　續修四庫全書
[乾隆]雅州府志　清　曹掄彬　曹掄翰纂輯　中國方志叢書
焉署雜鈔　清　汪爲熹　四庫存目叢書
煙嶼樓詩集　清　徐時棟　續修四庫全書
鄢署雜鈔　清　汪爲熹　四庫存目叢書
揅經室集　清　阮元　續修四庫全書
顔山雜記　清　孫廷銓　四庫全書
硯北雜録　清　黄叔琳　四庫存目叢書
燕堂詩鈔　清　朱徑　四庫存目叢書
燕在閣知新録　清　王棠　續修四庫全書

[道光]山西省陽曲縣志　清　李培謙監修　閻士驤纂輯　中國方志叢書
[嘉慶]揚州府志　清　阿克當阿修　姚文田纂　中國方志叢書
揚州畫舫録　清　李斗　續修四庫全書
養吉齋叢録　清　吴振棫　續修四庫全書
養默山房詩藁　清　謝元淮　續修四庫全書
養素堂詩集　清　張澎　續修四庫全書
養一齋文集　清　李兆洛　續修四庫全書
養知書屋詩集　清　郭嵩燾　續修四庫全書
堯峰文鈔　清　汪琬　四庫全書
瑶華集　清　蔣景祁　續修四庫全書
野香亭集　清　李孚青　四庫存目叢書補編
夜航船　清　張岱　續修四庫全書
[乾隆]掖縣志　清　張思勉修　于始瞻纂　中國方志叢書
葉文敏公集　清　葉方靄　續修四庫全書
[同治]葉縣志　清　歐陽霖修　倉景恬　胡廷楨纂　中國方志叢書
一家言　清　李漁　上海科學技術出版社一九八四年
[同治]黟縣三志　清　謝永泰等修　程鴻詔等纂　中國方志叢書
[同治]宜昌府志　清　聶光鑾等修　王柏心等纂　中國方志叢書
[道光]重刊續纂宜荆縣志　清　顧名等修　吴德旋纂　中國方志叢書
[嘉慶]宜興縣志　清　阮升基等修　寧楷等纂　中國方志叢書
[光緒]宜陽縣志　清　謝應起等修　劉占卿等纂　中國方志叢書
詒安堂二集　清　王慶勳　續修四庫全書
詒安堂詩初稿　清　王慶勳　續修四庫全書
詒晉齋集　清　永瑆　續修四庫全書
頤道堂詩外集　清　陳文述　續修四庫全書
彝壽軒詩鈔　清　張應昌　續修四庫全書
已畦集　清　葉燮　四庫存目叢書
倚雉堂集　清　竇遴奇　四庫存目叢書
亦有生齋集　清　趙懷玉　續修四庫全書
義門讀書記　清　何焯撰　蔣維鈞編　四庫全書

[同治]義寧州志　清　王維新等修　涂家傑等纂　中國方志叢書
憶漫菴賸稿　清　余集　續修四庫全書
憶山堂詩録　清　宋翔鳳　續修四庫全書
藝菊志　清　陸廷燦　續修四庫全書
藝林彙考　清　沈自南　四庫全書
因寄軒文集補遺　清　管同　續修四庫全書
因園集　清　趙執信　四庫全書
鄞縣志　清　錢維喬　錢大昕纂　續修四庫全書
隱拙齋續集　清　沈廷芳　四庫存目叢書補編
[光緒]永昌府志　清　劉毓珂等修　中華方志叢書
[乾隆]永春州志　清　鄭一崧修　顔璘纂　中國方志叢書
[光緒]永嘉縣志　清　張寶琳修　王棻等纂　中國方志叢書
[光緒]永年縣志　清　夏詒鈺等纂修　中國方志叢書
[康熙]永平府志　清　宋琬纂修　張朝琮續修　四庫存目叢書
甬上耆舊詩　清　胡文學編　四庫全書
友聲集　清　王相輯　續修四庫全書
有懷堂文稿　清　韓菼　四庫存目叢書
有正味齋詩集　清　吴錫麒　續修四庫全書
幼學堂詩稿　清　沈欽韓　續修四庫全書
幼學堂文稿　清　沈欽韓　續修四庫全書
于清端政書　清　于成龍　四庫全書
于野集　清　王原輯　四庫存目叢書補編
愚菴小集　清　朱鶴齡　四庫全書
[光緒]虞城縣志　清　李淇修　席慶雲纂　中國方志叢書
漁洋山人精華録訓纂　清　惠棟　四庫存目叢書
漁洋山人文略　清　王士禛　四庫存目叢書
漁洋詩集　清　王士禛　四庫存目叢書
[咸豐]重修興化縣志　清　梁園棣等纂修　中國方志叢書
與稽齋叢稿　清　吴翌鳳　續修四庫全書
玉鑑堂詩集　清　汪曰楨　續修四庫全書
御定歷代題畫詩類　清　陳邦彥等編　四庫全書
御定佩文齋廣群芳譜　清　汪灝　張逸少等　四庫全書
御定佩文齋書畫譜　清　孫岳頒　四庫全書
御定全唐詩　清　彭定求等纂　四庫全書
御批歷代通鑑輯覽　清　傅恒等　四庫全書
御選宋金元明四朝詩　清　張豫章編　四庫全書
御選歷代詩餘　清　沈辰垣　王奕清等編　四庫全書
御製詩集　清　愛新覺羅·弘歷撰　蔣溥編　四庫全書
御製文集　清　愛新覺羅·弘歷　四庫全書
御纂朱子全書　清　李光地等編　四庫全書
御纂春秋直解　清　傅恒等　四庫全書
[康熙]裕州志　清　董學禮原修　宋名立增修　中國方志叢書
御定佩文齋詠物詩選　清　王霖　蔡升元　楊瑄等輯　四庫全書
御定月令輯要　清　李光地　四庫全書
御選宋金元明四朝詩　清　張豫章等編　四庫全書
御製樂善堂全集定本　清　愛新覺羅·弘歷　四庫全書
御製詩集　清　愛新覺羅·弘歷　四庫全書
御製文初集　清　愛新覺羅·弘歷　四庫全書
[光緒]鬱林州志　清　馮德材等修　文德馨等纂　中國方志叢書
淵雅堂全集　清　王芑孫　續修四庫全書
[乾隆]元和縣志　清　許治修　沈德潛　顧詒禄纂　續修四庫全書
元明事類鈔　清　姚之駰　四庫全書
元詩選　清　顧嗣立編　續修四庫全書
元遺山詩集箋注　清　施國祁　續修四庫全書
沅湘耆舊集　清　鄧顯鶴輯　續修四庫全書
緣蘿山莊駢體文集　清　胡浚　叢書集成續編
月季花譜　清　評花館主　續修四庫全書
月巖集　清　周禮　四庫存目叢書
悦親樓詩集　清　祝德麟　續修四庫全書
粵閩巡視紀略　清　杜臻　四庫全書

粵述　清　閔敘　圖書集成初編
粵西叢載　清　汪森　編　四庫全書
粵西詩載　清　汪森　編　四庫全書
閱微草堂筆記　清　紀昀　續修四庫全書
雲在詩鈔　清　查祥　四庫存目叢書
[康熙]雲南府志　清　范承勛　張毓碧修　謝儼等纂　中國方志叢書
雲南通志　清　鄂爾泰監修　靖道謨編纂　四庫全書
[道光]雲臺新志　清　徐喬林纂輯　中國方志叢書
雲臥山莊詩集　清　郭昆燾　續修四庫全書
雲在詩鈔　清　查祥　四庫存目叢書
篔谷詩鈔　清　查揆　續修四庫全書
蘊愫閣別集　清　盛大士　續修四庫全書
蘊愫閣詩集　清　盛大士　續修四庫全書
蘊愫閣文集　清　盛大士　續修四庫全書
栽花總録　清　軼名　據上海歷史文獻圖書館藏舊抄本抄録
在陸草堂文集　清　儲欣　四庫存目叢書
棗林雜俎　清　談遷　四庫存目叢書
[光緒]會同縣志　清　孫炳煜纂修　中國方志叢書
增修雲林寺志　清　厲鶚　續修四庫全書
[光緒]雲南省霑益州志　清　陳燕等修　李景賢等纂　中國方志叢書
湛園集　清　姜宸英　四庫全書
張季子詩録　清　張謇　續修四庫全書
張文貞集　清　張玉書　四庫全書
[道光]肇慶府志　清　屠英等修　胡森　江藩纂　續修四庫全書
肇域志　清　顧炎武　續修四庫全書
[雍正]浙江通志　清　嵇曾筠監修　沈翼機編纂　四庫全書
[光緒]鎮海縣志　清　俞樾纂　中國方志叢書
鄭靜菴先生詩集　清　鄭日奎　四庫存目叢書
[同治]枝江縣志　清　查子庚修　熊文瀾等纂　中國方志叢書
枝語　清　孫之騄　四庫全書
知足齋詩集　清　朱珪　續修四庫全書
織簾書屋詩鈔　清　沈兆澐　續修四庫全書
直隸南雄州志　清　余保純等修　黄其勤纂　中國方志叢書
植物名實圖考　清　吴其濬　續修四庫全書
止園筆談　清　史夢蘭　續修四庫全書
沚亭删定文集　清　孫廷銓　四庫存目叢書
至聖先師孔子年譜　清　楊方晃　四庫存目叢書
志豁堂文集　清　唐夢賚　四庫存目叢書
質園詩集　清　商盤　四庫存目叢書補編
中嚴文介先生文集　清　宋振麟　四庫存目叢書
[光緒]忠義鄉志　清　吴文江修　中國方志叢書
衷聖齋詩集　清　劉光第　續修四庫全書
[光緒]重修安徽通志　清　沈葆楨等主修　何紹基等纂　續修四庫全書
[道光]重修寶應縣志　清　孟毓蘭修　成觀宜等監訂　中國方志叢書
[光緒]重修天津府志　清　沈家本　榮銓修　徐宗亮　蔡啓盛纂　續修四庫全書
舟車集　清　陶季　四庫存目叢書
周易孔義集説　清　沈起元　四庫全書
書隱叢説　清　袁棟　四庫存目叢書
籀經堂類稾　清　陳慶鏞　續修四庫全書
竹初詩鈔　清　錢維喬　續修四庫全書
諸暨縣志　清　沈椿等修　樓卜瀍等纂　中國方志叢書
竹葉庵文集　清　張塤　續修四庫全書
卓山詩集　清　帥家相　四庫存目叢書
斫桂山房詩存　清　薛雪　續修四庫全書
資治通鑒後編　清　徐乾學　四庫全書
[咸豐]梓潼縣志　清　張香海　楊曦等纂　中國方志叢書
紫峴山人全集　清　張九鉞　續修四庫全書
棕亭詩鈔　清　金兆燕　續修四庫全書
最樂堂文集　清　喬光烈　四庫未存書輯刊
檇李詩系　清　沈季友編　四庫全書
[道光]遵義府志　清　平翰等修　鄭珍　莫友芝纂　續修四庫全書

《中華大典·林業典·園林與風景名勝分典》編纂編委會

主　　編：閻景娟

副 主 編：王嘉川　趙瑞玲　史建橋

編　　委：（以姓氏筆劃爲序）

王子凡　王嘉川　史建橋　任力鈞　李　元　李　飛

李豔鳳　吴明紅　要守文　高劉巍　陳永昶　程　曦

趙瑞玲　閻景娟　羅華莉　羅龍祥

編撰人員：（以姓氏筆劃爲序）

丁曉梅　王　勇　王　雁　王麗頻　朱兆虎　李玉芝

李　汶　李葉亞　李傳印　吴道良　明海英　周景勇

侯學文　姚舞豔　徐希軍　徐清祥　殷定泉　奚春華

陳佳勇　高　晨　袁　嬋　曹小文　張文濤　張　超

張瑞芳　董傳鋒　程　鵬　馮敏良　趙志華　趙來昌

趙盛林　趙瑞青　薛　胤　蘇秀林　譚卓華　譚澤寧

工作人員：

王　維　白曉飛　劉偉華　李　卉　楊昌軍　張國權

《中華大典》辦公室

主　任：于永湛
副主任：伍　傑
　　　　姜學中
編　審：趙含坤
　　　　崔望雲
秘　書：宋　陽
裝幀設計：章耀達

《中華大典·林業典·園林與風景名勝分典》

責任編輯：李相東

圖書在版編目（ＣＩＰ）數據

中華大典. 林業典. 園林與風景名勝分典 / 《中華大典》工作委員會, 《中華大典》編纂委員會編纂. -- 南京 : 鳳凰出版社, 2014.12
ISBN 978-7-5506-2092-6

Ⅰ. ①中… Ⅱ. ①中… ②中… Ⅲ. ①百科全書－中國②園林植物－中國③古典園林－中國④風景名勝區－中國 Ⅳ. ①Z227②F326.2

中國版本圖書館CIP數據核字(2014)第280040號

中華大典・林業典・園林與風景名勝分典

編　　纂:《中華大典》工作委員會
《中華大典》編纂委員會
出版發行:鳳凰出版傳媒股份有限公司
鳳凰出版社(原江蘇古籍出版社)
發行部電話 025-83223462
南京市湖南路1號A樓,郵編:210009
出版社地址:南京市中央路165號,郵編:210009
出版社網址:http://www.fhcbs.com
經　　銷:鳳凰出版傳媒股份有限公司
照　　排:南京展望文化發展有限公司
印　　刷:南京愛德印刷有限公司
南京市江寧區東善橋秣周中路99號,郵編:211153
開　　本:787×1092　1/16
印　　張:114.25
字　　數:3729千字
版　　次:2014年12月第1版　2014年12月第1次印刷
標準書號:ISBN 978-7-5506-2092-6
定　　價:1390.00圓(全二册)

ISBN 978-7-5506-2092-6
定價：1390.00圓（全二冊）